『빠알리-한글사전』과 『한글-빠알리사전』

빠알리어사전

Pāli Dictionary

Pāli-Korean/Korean-Pāli Dictionary

退玄 全在星 編著

Edited by Cheon, Jae Seong Ph. D.

KB186960

한국빠알리성전협회

Korea Pali Text Society

2012

編著 : 退玄 全在星

철학박사. 서울대학교를 졸업했고, 한국대학생불교연합회 13년차 회장을 역임했다. 동국대학교 인도철학과 석·박사과정을 수료하고, 독일 본대학에서 인도학 및 중앙아시아학연구소에서 티베트학을 연구했으며, 독일 본대학과 쾰른 동아시아 박물관 강사, 동국대 강사, 중앙승가대학 교수, 경전연구소 상임연구원, 한국불교대학(스리랑카 빠알리불교대학 분교)교수, 충남대 강사, 가산불교문화원 객원교수를 역임했고, 현재 한국빠알리성전협회 회장을 역임하고 있다.

역서로는 〈인도사회와 신불교〉(일역, 한길사), 저서에는 〈거지성자〉(선재, 안그라픽스), 〈천수다라니와 붓다의 가르침〉〈초기불교의 연기사상〉 그리고 편저로 〈빠알리어-한글사전〉〈티베트어-한글사전〉〈금강경-번개처럼 자르는 지혜의 완성〉〈붓다의 가르침과 팔정도〉〈범어문법학〉, 역주서로는 〈쌍윳따니까야 전집〉〈오늘 부처님께 묻는다면〉〈맛지마니까야 전집〉〈명상수행의 바다〉〈앙굿따라니까야 전집〉〈생활 속의 명상수행〉〈디가니까야 전집〉〈신들과 인간의 스승〉〈법구경-담마파다〉〈우다나-감흥어린 시구〉〈숫타니파타〉(이상, 한국빠알리성전협회)가 있다. 주요논문으로 〈初期佛敎의 緣起性 硏究〉〈中論歸敬偈無畏疏硏究〉〈學問梵語의 硏究〉〈環境倫理學의 諸問題와 佛敎〉등 다수 있다.

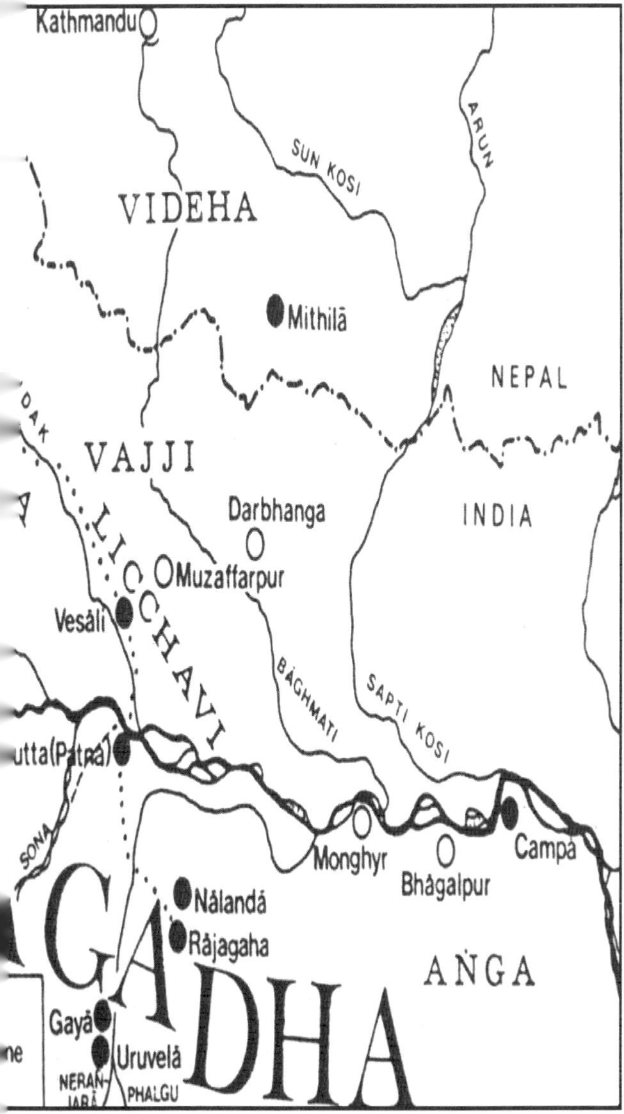

A
Ā
I
Ī
U
Ū
E
O
K
Kh
G
Gh
Ṅ
C
Ch
J
Jh
Ñ
Ṭ
Ṭh
Ḍ
Ḍh
Ṇ
T
Th
D
Dh
N
P
Ph
B
Bh
M
Y
R
L
Ḷ
V
S
H

『빠알리-한글사전』과 『한글-빠알리사전』

빠알리어사전

빠알리-한글사전 / 한글-빠알리사전

Pāli Dictionary

Pāli-Korean/Korean-Pāli Dictionary

Edited by Cheon, Jae Seong Ph. D.

退玄 全在星 編著

한국빠알리성전협회

Korea Pali Text Society

2012

빠알리어사전 — 빠알리-한글사전/한글-빠알리사전

(Pāli-Korean/Korean-Pāli Dictionary)

정가 120,000원

발행일 2012년 4월 20일 초판발행
(빠알리-한글사전과 문법은 1994년 6월 20일 발행 이래의 개정증보판)
발행인 도 법
편저자 전재성
편집위원 보국 지문영 정준영 수지행

발행처 한국빠알리성전협회
1999년 5월 31일 등록갱신(등록번호:제13-938)
서울 서대문구 홍제동 456 #홍제성원102-102
전화 02-2631-1381; 070-7767-8437
팩스 02-735-8832
전자우편 kptsoc@kptsoc.org
홈페이지 www.kptsoc.org

Korea Pali Text Society
456 Hongjedong Suhdaemunku #Seongwon 102-102
Seoul 120-090 Korea
TEL 82-2-2631-1381; FAX 82-2-735-8832

전자우편 kptsoc@kptsoc.org
홈페이지 www.kptsoc.org

ⓒ Cheon, Jae Seong, 2012, *Printed in Korea*

ISBN 978-89-8996-671-5 91790

·이 책은 출판저작권법의 보호를 받고 있습니다.
·잘못된 책은 바꾸어 드립니다.

발 간 사

초판『빠알리어사전』은 본인이 학장으로 있던 한국불교대학 - 스리랑카 빠알리불교대학 분교 - 에서 제자인 전재성 교수의 노력으로 출간된 것이었습니다. 지금으로부터 26년 전 경제적으로 열악한 환경 아래서 출간되는 바람에 초고를 충분히 교정하지 못한 점이 많이 있었고 6년 전에 출간된『빠알리어-한글사전』도 컴퓨터 입력과정에서 단순오류와 일부 잘못 해설된 경우도 적지 않게 발견되었습니다. 그런데 이번에『한글-빠알리사전』을 추가하면서 이러한 오류들을 시정하고, 어휘수를 늘여, 도합 십만여어휘의 세계 최대 규모의『빠알리어사전』을 새로 출간하니 학계의 큰 경사가 아닐 수 없습니다.

『빠알리어사전』은 빠알리삼장의 언어를 해석하기 위한 사전일뿐아니라 한글이나 한문불교용어의 어원을 찾아볼 수 있는 사전입니다. 빠알리삼장은 글자로 기록된 삼장으로서는 불교역사상 가장 최초의 것이며 대략 서력기원전 250년경에 아쇼카왕 주재로 결집된 제3결집에서 완결된 삼장입니다. 이 삼장이 아쇼카 왕의 스리랑카에로의 불교포교에 따라서 스리랑카에 처음 구전으로 옮겨지다가 대략 서력기원전 29~17년경 스리랑카 밧타가마니왕 치세시에 500비구들의 송출에 근거하여 싱할리문자로 기록된 것이 지금 스리랑카에 현존하는 빠알리삼장입니다. 그 가운데 경장을 오부니까야라고 하는 바 그 가운데 사부니까야, 즉 ≪디가니까야≫, ≪쌍윳따니까야≫, ≪맛지마니까야≫, ≪앙굿따니까야≫를 전재성 박사가 한국에 불교가 전래된 이후 1600 여년 만에 처음으로 한글로 완역하여 출간했습니다.

전재성 박사의 빠알리대장경 역경과 빠알리-한글 사전의 출간은 천 육백여년이나 되는 한국불교역사상에서 또 하나의 새로운 시대를 여는, 세 번째의 획기적인 이정표입니다. 그 첫째는 고려대장경 각판이고 두 번째는 동국대학교역경원에서 완료된 한글대장경완역입니다. 그 세 번째가 전재성 박사의 빠알리대장경의 번역과 빠알리어 사전의 출간입니다. 빠알리대장경의 번역은 부처님의 금구직설에 조금 더 가까이 가는 점에서는 한국불교경전 성립역사상에서 그 첫 번째와 두 번째와는 본질적으로 다른 가치를 지닙니다. 이러한 번역의 토대는 전재성 박사 자신의 빠알리어사전을 통해서 이루어진 성과물입니다.

근대 빠알리어 사전의 선구자는 트렝크너(V. Trenckner)였습니다. 그는 1824년에 코펜하겐에서 태어났습니다. 아버지는 독일 출신으로 베이커였습니다. 1841년 코펜하겐의 대학에 입학하여 언어학을 전공하였고 이때에 페르시아어, 아랍어, 시리아어 등의 동양어를 공부하고 그리고 독일어, 영어, 불어, 스페인어, 이태리어, 러시아어 등도 배웠습니다. 1850년 이후 웨스터가드의 지도 아래 산스크리트어와 고전 페르시아어를 추가로 배우고 뿐만 아니라 1854년부터는 빠알리어, 벵갈어, 힌디어, 버어마어 등을 연구했습니다. 그는 마하바라타 뿐만 아니라 파우스 뵐이 교열한 빠알리어 경전을 독파했습니다. 그는 왕립도서관에서 일하길 원했으나 교수들의 추천에도 불구하고 자리를 얻을 수 없었습니다. 1861년 그는 간신히 코펜하겐의 고아원에 자리를 얻어 1891년 죽기까지 가난한 아이들에게 덴마크어와 역사나 지리를 가르쳤습니다. 그러면서도 그는 빠알리 언어학의 역사에 결코 잊을 수 없는 초석을 마련했습니다. 그는 수많은 빠알리대장경의 경전을 각 나라 판본을 비교하여 가장 정교하게 교열했습니다. 그는 종이쪽지에 단어들의 문법사항 – 어원. 전철. 곡용. 활용. 구문 등 – 뿐만 아니라 원전의 인용, 년대기, 법률, 식물의 이름, 고유명사, 책명, 인명, 지명 등을 상세히 분류하여 설명했습니다. 그의 전 생애는 은둔과 근면으로 요약될 수 있습니다. 그는 고요하고 고독한 삶을 지냈습니다. '방일하지 말고 정진하라'는 부처님의 유언을 현대에 적용한다면 그를 두고 하는 말일 것입니다. 그의 작업을 기초로 한 완벽한 비판 빠알리어 사전이 1924년 출간되기 시작했으나 100년이 지나도록 재정적인 어려움으로 아직 극히 일부만 출간된 상태입니다. 이것은 진정한 학문의 길이 얼마나 험난한 것인가를 보여주는 것입니다.

이번에 이 양방향『빠알리어사전』이 출간될 수 있도록 후원하신 진양유조선 황경환 사장과 우리아이티이의 권경환 대표이사님을 비롯하여 그동안 빠알리니까야 번역에서 전 박사에게 힘이 되어주신 모든 선지식들께 부처님의 가호가 함께 할 것을 믿습니다. 후원해주신 모든 분들은 한국불교문화사업에 위대한 공덕을 쌓은 것입니다. 모쪼록 니까야의 한글완역과 그 출판이 전재성 박사의 생애에서 이루어지도록 여러분께서 발원협력 정진하여 주시길 부처님 앞에 그리고 여러분 앞에 두 손 모아 엎드려 빌고 또 비는 바입니다.

불기 2556년(2012년) 4월 20일
한국빠알리성전협회 고문 및 전 인도철학회 회장

명예철학박사 尤村 원 의 범

『빠알리-한글사전』 출간에 부쳐

전재성 교수가 빠알리 한글 사전과 한국어로 된 빠알리 문법을 완성하였다는 소식을 들었습니다. 한국어를 모르는 탓에 그 저작들을 검토해 볼 수 없지만 그것은 의심할 바 없이 한국불교사에서 대단히 중요한 성과이며 획기적인 이정표라고 할 수 있습니다. 한국인들은 이제 비로소 빠알리 경전과 그 보조적인 문헌들에 직접 접근할 수 있게 되었으며 그로 말미암아 테라바다불교의 고전적이고도 정통적인 전통 속에서 보존되어온 부처님 말씀을 스스로 훨씬 쉽게 읽을 수 있는 길이 열린 것입니다. 한국사회와 한국인들에게 베푼 전교수의 이러한 기여를 진심으로 경하해마지 않습니다.

I undestand that Professor Cheon, Jae Seong has completed a Pāli-Korean Dictionary and Pāli Grammar in Korean. My ignorance of Korean prevents me from inspecting the work myself. But this is without doubt an important achievement and a milestone in the History of Buddhism in Korea. It will make directly accessible to Koreans the Pāli Canon and its ancillary works, and thus make it Buddhas as they are preserved in the ancient and authentic tradition of the Theravada. I would like to congratulate Professor Cheon on performing this service to his country and his people.

1994년 6월 20일

옥스퍼드 대학교 범어학 보오든 교수 및 빠알리성전협회 회장

리챠드 곰브리지 Richard Gombrich

『한글-빠알리사전』 합본발간에 부쳐

퇴현 전재성 박사가 빠알리 대장경의 번역을 위해 『빠알리-한글사전』을 편찬 한지도 벌써 18년의 세월이 지나갔습니다. 그동안 전 박사는 사전 편찬 이후로 숱한 자신의 어려움이 있었는데 그것을 극복해 가며 부처님의 원음 대장경 ≪사부니까야≫ 전체와 ≪오부니까야≫의 3권을 완역하여 한국불교 1,600년사에 길이 빛날 새로운 주춧돌을 놓았습니다. 그것은 부처님 원음에 목말라하는 많은 불교도들에게는 감로의 단비와 같았고, 국제사회에 뒤쳐진 초기불교의 한국 위상을 올려놓는데 선구자적인 역할이었습니다. 그런데 부처님 가르침의 진리인 다르마(法)의 심오함에 다가갈수록 그 가르침의 원어가 어떤지를 알고자 하여도, 『빠알리-한글사전』만으로는 빠알리어의 기초지식 없이 원어를 확인하는 작업이 여간 어렵고 불편한 것이 아니었습니다. 그래서 2008년 본인의 부탁으로 시작한 전 박사의 『한글-빠알리사전』이 탈고되기까지 4년이란 시간이 걸렸습니다. 이제 우리는 사성제, 팔정도, 십이연기, 삼법인 등과 같은 중요한 불교 술어의 고대 인도어적인 어원을 알게 되어 부처님의 가르침을 보다 근원적으로, 심층적으로 이해하는 길이 열리게 되었습니다. 『빠알리-한글사전』의 출간이 대장경 번역의 초석이라고 한다면, 『한글-빠알리사전』은 불교의 전문술어에 대한 바른 이해의 바탕이 됩니다. 나아가서 이 양방향사전은 국제적으로도 부처님의 근본 가르침에 기초한 공감과 소통의 필수적인 계기가 될 것을 의심하지 않습니다.

I deeply appreciate Dr. Cheon, who edited 『Pāli-Korean Dictionary』 18 years ago, for his ongoing work of translating the Pāli-Tipitaka into Korean. I also congratulate him from the bottom of my heart on his publications in translating most of the Five Nikāyas, which stand amongst the highest important achievements in the 1600 years of Korean Buddhist history. His works serve the Korean desire for access to the early teachings of Buddhism. While the 『Pāli-Korean Dictionary』 has been the fundamental pillar in translating the Pāli-Tipitaka into Korean, Dr. Cheon's new 『Korean-Pāli Dictionary』 is an essential tool to understand the original meaning of the language of Buddhism for Korean Buddhist practitioners. Today, the early teachings of Buddhism are increasingly becoming central to spiritual practice. I wish the newly combined 『Pāli-Korean/Korean-Pāli Dictionary』 plays the prime role of sympathy and communication in Buddhism.

2012. 4. 20.

한국빠알리성전협회 자문위원 무진 황경환

Hwang. Kyung Hwan

머 리 말

빠알리 삼장은 원형에 가깝게 보존되어 있는 역사적인 부처님의 말씀(Buddhavacana)과 관계된 모음집으로서 남전대장경이라고도 한다. 북전의 팔만대장경이나 티베트대장경의 원형이 되는 것이다.

빠알리 삼장에 빠알리어는 부처님 당시의 마가다어에 기초한 사교어이며, 고대인도의 보편어(Lingua franca)였고, 부처님이 직접 사용한 언어였을 것이라는 가정이 점차 확실시되고 있다. 따라서 부처님의 근본 가르침이 무엇인가를 이해하기 위해서는 빠알리어에 대한 연구가 필수불가결하다. 그래서 일찍부터 빠알리어로 된 경전의 출간과 함께 빠알리어 사전의 출판이 시도되었다.

AD. 12세기에 저술된 1,203개 게송으로 된 목갈라나(Moggallāna)의 『명의등』(名義燈 : Abhidhānappadīpikā)은 간단한 빠알리어 사전이었다. 그렇지만 그것은 범어문법과 범어사전학을 바탕으로 기계적으로 만든 것이며, 경전상에서 사용된 실제의 빠알리어를 대상으로 한 것이 아니었다.

현대의 빠알리어 사전은 불과 130년 전부터 출판되기 시작했다. 칠더스(R. C. Childers)의 『빠알리어사전』(A Dictionary of the Pali Language, 1875)과 빠알리성전협회(PTS)의 리스 데이비드(Rhys David)와 스테드(W. Stede)가 『빠알리어-영어 사전』(Pali-English Dictionary, 1921-1925)을 간행했는데, 전자는 『명의등』을 그대로 반영하였기 때문에 경전에 등장하는 어휘보다는 사전적인 어휘가 많고 오류가 적지 않으며, 후자는 경전에서 실제 사용된 어휘를 분석하여 상세하고 어휘도 비교적 풍부한 편이나 주석서를 보기에는 여전히 어휘가 턱없이 부족하다. 역자는 칠더스의 사전의 일부와 스테드의 사전의 어휘의 대부분을 반영했다. 그리고 붓다닷따(A. P. Buddhadatta)의 『빠알리어-영어 소사전』(Concise Pali-English Dictionary : 1955, 콜롬보)은 어휘수가 너무 빈약한 것이 흠이다. 주목할 만한 사전은 동일한 저자의 『영어-빠알리어 사전』(English-Pali Dictionary)이다. 여기에는 현대적 언어에 대한 빠알리어적 표현이 풍부하게 들어있다. 이 밖에 앤더슨(D. Anderson)과 스미스(H. Smith)가 트렝크너(V. Trenchkner)의 사전적 기초 작업에서 시작한 『비판빠알리어사전』(A Critical Pali Dictionary)은 빠알리어의 집대성을 목표로 시작하였지만, 1924년 이래 아직 문자의 순서로 Ka도 끝내지 못했다. 이 사전의 어휘는 대부분 반영했다.

일본에서는 구미의 빠알리어 사전 편찬에 자극을 받아 구모이 소젠(雲井昭善)이 서구의 사전을 참고로 하여 니까야를 보기 위한 『파화소사전』(巴和小辭典 : 1964년)을 펴냈으나 어휘수가 충분하지 못해 소기의 목적을 달성하지 못했다. 그러자 미즈노 고겐(水野弘元 : 1968)이 빠알리어 입문 사전의 필요성을 절감하여 4년 뒤에 『빠알리어사전』(パーリ語辭典 : 1968)을 출간했다. 미즈노 고겐의 사전은 일본의 남전대장경이 역경된 이후에 출간했기 때문에 한역경전의 번역 용어를 비교적 충실하게 반영하고 있다. 그러나 어휘 수나 어휘 설명에서는 『빠알리-영어 사전』도 제대로 반영하지 못하였고, 너무 간략해서 사전으로서의 가치를 상실하고 있다. 필자는 이들 일본 사전들의 어휘도 대부분 반영했다.

한편, 빠알리 문장을 제대로 해석하기 위해서는 어휘 뿐 아니라 빠알리어를 기록하고 있는 각 나라의 문자와 빠알리어 자체에 대한 문헌적인 지식과 문법적인 지식이 필요한데, 지금까지 출판된 다른 나라의 모든 사전에서는 이러한 것을 반영하지 못하고 있는데, 편자는 그러한 사항을 개선했다. 이번에 출간하는 『빠알리어사전』은 앞서 출간된 필자의 구판 『빠알리어사전』과 『빠알리어-한글 사전』에 『한글-빠알리사전』을 추가하여 발전시킨 사전이다. 제1장 기초편에 빠알리문헌에 관한 지식을 수록했고, 제2장 빠알리-한글사전편에서는 빠알리경전에서 실제로 사용되는 어휘를 중심으로 하여 토착 빠알리사전의 사전적 어휘 그리고 새롭게 기초적인 아비달마 술어와 그리고 현대어의 빠알리어적 표현도 반영하였다. 제3장 한글-빠알리사전편은 우리말에 맞추어 빠알리어 사전을 만든 것이 아니라 단지 빠알리-한글사전편을 도치시켜 한글자모순으로 배열하고 일부 필수적인 용어나 현대적 용어를 보완하여 만든 것으로 성수격 등은 모두 생략하였다. 따라서 우리말이 지시하는 빠알리어에 대한 정확한 의미와 문법사항을 알려면 해당하는 빠알리어에 대하여 한 번 더 빠알리-한글사전편을 찾아보도록 꾸민 것이다. 그리고 제4장 문법편에서는 기본적인 문법뿐만 아니라 난해한 불규칙 명사·형용사 변화와 동사활용까지 상세히 소개하고자 노력했다. 제5장 어원편은 빠알리어근활용사전과 범어어근사전, 그리고 빠알리어미사전을 통해, 단어의 어원을 쉽게 추적하고, 활용된 단어의 의미를 쉽게 파악할 수 있도록 했다. 그리고 마지막 부록에는 인명과 문헌에 대해 제1장을 좀더 쉽게 찾아볼 수 있도록 인명문헌색인을, 제4장과 제5장에서 문법사항을 좀더 쉽게 찾아볼 수 있도록 난해어형색인을 실었고, 그밖에 참고문헌, 빠알리어한글표기법, 불교의 세계관, 한국빠알리성전협회와 빠알리대장경구성에 대해서 실었다.

제1장 기초편에서 빠알리문헌에 관한 소개는 가이거(W. Geiger)의 『빠알리 문헌과 언어』(Pali Literatur und Sprache)를 주로 참고했고, 제4장 문법편에서 음성론은 필자의 저서 『범어문법학』 안에 있는 음성론(音聲論)에 관한 논문을 실었고, 필자의 빠알리어의 일반격변화원리(一般格變化原理)를 보충했고 형태론에 관해서는 가장 잘 종합되어 있는 파스(A. Fahs)의 『빠알리어문법』(Grammatik des Pali)을 그대로 번역했다. 그리고 구문론(構文論)이나 조어론(造語論)에 관해서는 붓다닷따의 『신빠알리어코스』(The New Pali Course)와 미즈노 고겐의 『빠알리문법』(パーリ文法)과 오스카 폰 휜위버(Oskar von Hinüber)의 논문 「빠알리격구문연구」(Studium zur Kasussyntax des Pali)를 참조했다.

이 『빠알리어사전』은 세계에서 가장 방대한 어휘수를 가진 빠알리어 사전으로 편집되었다. 지금까지 최대의 어휘수를 자랑하는 옥스포드 빠알리성전협회 간행의 『빠알리-영어 사전』의 표제어 수가 17, 920 개인데 비해 이 『빠알리사전』의 빠알리-한글사전편의 어휘는 표제어 25,688개와 복합어 34,788개 그리고 동사활용어 5,974개를 합하여 자는 66,450개이고, 한글-빠알리사전편의 표제어휘수는 54,843이다. 양자를 합하여 121,293 단어에 이른다. 80여년 전에 덴마크에서 시작한 『비판빠알리어사전』이 완성되면, 최대의 표제어 수를 자랑하게 되겠지만 아직 철자 K도 완성하지 못하고 중단된 상태이다.

필자가 스리랑카 빠알리불교대학의 유일한 한국분교였던 한국불교대학에서 1994년에 처음 출간한 구판 『빠알리어사전』은 상하권으로 되어있는데, 상권의 어휘사전은 필자에게 빠알리어를 배운 지문영 선생이 리스 데이비드의 『빠알리어-영어 사전』의 단어 설명부분을 일차적으로 번역한 것에 필자가 각 나라 사전을 참고로 개역하고 보완한 것이고, 하권의 『문법편』은 필자가 편집하거나 저술한 것이었다. 그러나 한국불교대학의 행사에 맞추어 출간하다보니 많은 오타와 오역을 교정되지 못한 채로 출간되었다. 1997년 한국불교대학이 문을 닫으면서 교정본의 출간이 어려워졌다. 그러다가 2004년 ≪맛지마니까야≫를 완간한 다음 개정증보판의 작업을 시작하게 되었다. 구판 『빠알리어사전』이 출간된 지 10년이 지난 시점이었다. 그러나 예전의 사전의 컴퓨터상 호환불가능으로 2004년 중반에 일일이 수작업으로 입력하느라 조카 박근표 군이 크게 수고했고 생명평화결사의 이수향 간사가 많은 도움을 주었다. 그리고 그간 경전을 번역하면서 빠알리용어에 대한 기존의 해설을 한국어로 정초시킨 것을 대폭 반영하고, 『빠알리어-한글사전』에 조금밖에 반영하지 못했던 『비판빠알리어사전』의 용어를 거의 모두 보완하였다. 이 작업에만 꼬박 필자는 일 년간 매달렸다. 그리고 2005년 개정판이 출간된 지 6년이 흘렀다. 우선 「한글-빠알리사전」을 만들기 위한 기초작업은 2010년 초에 보국스님께서 「빠알리-한글사전」을 「한글-빠알리사전」으로 컴퓨터상에서 치환함으로서 이루어졌다. 필자는 그 기초를 토대로 ≪디가니까야≫의 완역을 끝낸 2011년부터 2년에 걸쳐 누락된 복합어부분을 보완하고 교정하면서 중요한 법수적 어휘와 아비달마적 용어를 새롭게 설명하고, 붓다닷따(Buddhadatta)의 『영어-빠알리어 사전(English- Pali Dictionary)』을 참고로 현대어의 빠알리어적 표현을 보완하였다. 그러나 주석서를 완전히 읽어내기에는 아직도 미흡한 점이 많이 있다. 지금까지의 세계적인 번역의 성과와 주석서의 단어와 단어의 출전 등을 완전히 포함하는 방대한 사전을 편찬하려면 많은 인력과 경비, 그리고 시간이 소요된다. 훗날 제불보살의 가피로 보다 완벽한 사전으로 거듭 태어날 수 있기를 기대해 본다.

이 책이 나오기까지 많은 불보살의 가피를 입었다. 필자가 학문을 하도록 이끌어 주셨고 항상 자애로운 은사였던 이제 91세의 원로 학자 원의범 교수님께서 발간사를 써주신 것과 구판 빠알리사전 편찬에 빠알리성전협회의 회장으로 계셨던 옥스퍼드 대학의 곰브리지 교수가 보내주셨던 축하의 편지는 필자의 무한한 영광이었다. 그리고 생명평화운동에 헌신하면서도 이 책이 나오기까지 아름답게 편집하여 그 틀을 만들어주신 수지행 선생의 노고는 무엇과도 바꿀 수 없는 것이었다. 또한 구 빠알리사전 편찬에 가장 큰 힘을 보태주었던 지문영 선생과 구 개정판 빠알리어사전 철자의 교정에 참여해준 제자 정준영 박사, 그리고 컴퓨터상에 사전어휘치환에 힘을 보태주신 보국스님께 깊은 감사를 드린다.

끝으로 평소 빠알리대장경 번역에 지대한 관심을 가지고 지켜보신 두 분, 본회 자문위원이신 진양유조선의 황경환 대표이사님과 우리이티아이 권경환 대표이사님께서 출판비의 대부분을 후원해주신 것에 대해서 무엇보다 깊은 감사를 드린다. 그 밖에 평소 본협회를 물심양면으로 후원하신 한별병원 최훈동 원장님, 서울대 김규원 교수님, 박승관 교수님, 작은 손길의 김광하 대표님을 비롯한 빠알리성전협회 간행 서적의 독자 여러분께도 깊은 감사를 드린다.

2012. 4. 20
한국빠알리성전협회 연구실에서
퇴현 전재성 합장

목 차

제1장 기 초 편

I. 빠알리어와 빠알리 문헌

II. 빠알리어의 고전적 표기

제2장 빠알리 - 한글사전편

제3장 한글-빠알리사전편

제4장 빠알리문법편

1. 음 성 론

2. 형 태 론

3. 구 문 론

4. 조 어 론

5. 시 형 론

제4장 어 원 편

■ 부 록

일 러 두 기

1. 이 빠알리사전은 빠알리-한글사전뿐만 아니라 한글-빠알리사전을 겸하고, 빠알리문자를 비롯하여 빠알리문헌이나 문법을 모두 살펴볼 수 있도록 꾸몄다. 단, 한글-빠알리사전의 경우 문법적 사항이나 어의의 상세한 구분을 별도로 기술하지 않았으므로 우리말에 해당하는 빠알리어의 정확한 활용을 알기 위해서는 빠알리-한글사전을 다시 찾으면 도움이 되도록 두 사전을 합본한 것이다.
2. 빠알리문자는 고유문자가 따로 없으므로 싱할리 문자 등으로 기록된 빠알리어를 로마자로 표기했다. 단, 장음이나 단음이 모두 해당할 경우에는 ˘ 로 표기했다. 그러나 전통적으로 빠알리어 경전을 표기했던 각 나라의 문자에 관해서는 기초편에서 상세히 소개했다.
3. 빠알리-한글사전 어휘는 표제어와 복합어로 나누고 표제어는 굵은 활자로 복합어는 표제어 안에서 하이픈으로 연결하여 본문활자로 표기했다. 그러나 한글-빠알리사전 어휘는 표제어와 복합어의 구분을 무시하고 모두 표제어로 표기하였다.
4. 빠알리-한글사전의 경우, 본문활자는 바탕체와 이탤릭체로 나누어 표기되어 있는데 약어로 표현된 문법적인 기호는 이탤릭으로 표기했다. 표제어와 단어의 설명 사이에 명사일 경우는 성을 표시하고 형용사나 불변사일 경우에는 각각 그 표기를 하고, 동사일 경우는 품사표시를 하지 않고 [ ]속에 어원관계를 추적하여 밝혔다. 이때에 어원이 어근일 경우에는 표제어에 준하는 중고딕으로 표기했다. 어원의 추적은 베다어와 고전범어는 *sk.*로 표기하고 빠알리어 보다 후기의 범어는 *sk.**로 표기하고 범어와 빠알리어가 동일할 경우 [〃]라는 표시를 하였다. 어원관계가 불분명할 경우는 [?]라고 표기했으며, 불교범어는 *bsk.*로 중세범어는 *msk.*로 쁘라끄리띠어는 *prk.*로 마가다어는 *mg.*로 아르다 마가디어는 *amg.*로 아베스타어는 *av.*로 방언은 *dial.*로 비아리안어는 *non-aryan*으로 표기했다. 어원이 다른 동형의 어휘는 동일 표제어 아래 처리했으며, ①, ②, ③ 등으로 어원과 어휘를 구분하였다. 그리고 어원이 같더라도 현저히 의미가 다른 경우에도 ①, ②, ③ 등으로 구분하여 어휘설명을 하였다. 어휘설명은 다양한 의미와 상이한 의미의 품사가 병렬이 되더라도 모두 마침표로 구분하였다. 단, A나 B의 병렬적인 설명일 경우에는 A·B로 표기했다. 그리고 어휘설명에 해설이 필요한 경우는 어휘설명 뒤에 [ ]안에 해설을 부가했다. 복합어의 성의 표시는 복합어의 뒷부분을 구성하는 단어에 준하는 경우가 많으므로 모두 생략했다. 수사의 경우 복합어가 아니더라도 복합어에 준하는 법수적인 표현이 많이 있는데 이럴 경우에는 ~의 표시로서 준복합어를 표기하였다. 표제어가 대명사나 동사일 경우에는 그 변화유형을 포괄적으로 단어해설의 뒷부분에 병기하였다. 표제어 가운데 빠알리 문헌에 나타나는 오독이나 탈자 또는 오기가 발견되는데, 그 단어를 그대로 기재하고 가능한 한 원어를 밝히고 오독은 *misr.*로 표기하였다.
5. 어원편에서 어근활용사전이나 어근사전, 어미사전 등을 두어 어휘사전을 보완하였고 부록에서 인명문헌색인과 난해어형색인을 두어 빠알리문헌해독에 도움을 주도록 최대한 배려했다.

약 어 표

* 인도게르만어의 어근.
1. 1st. 일인칭
2. 2nd. 이인칭
3. 3rd. 삼인칭
adj. adjctive 형용사
abl. ablative 탈격
abs. absolutive 절대사 = gerund 연속체
abs. loc. absolute locative 절대처격
abstr. abstract 추상명사
acc. accusative 대격, 목적격
act. active 능동태
adv. adverb 부사
av. avesta 아베스타어
amg. Ardha-Magadhi 아르다 마가디어
aor. aorist 아오리스트(부정과거)
bsk. Buddhist Sanskrit 불교범어, 혼성범어
caus. causative 사역형
cf. confer 비교참조
compar. comparative 비교급
cond. conditional 조건법
conj. conjunction 접속사
corr. correct 교정
cpd. compound 복합어
dat. dative 위격, 여격
denom. denominative 명사파생동사
desid. desiderative 희구법
dial. dialective 방언
eng. english 영어
f. feminine 여성
fut. future 미래형
gen. genitive 속격, 소유격
grd. gerundive 미래수동분사, 의무분사
ide. indo-european 인도유럽어
ifc. infine compositi 복합어의 후반부
imp. imperative 명령법
ind. indicative 직설법, indeclinable 불변사
inf. infinitive 부정사(不定詞)
ins. instrumental 구격
intens. intensive 강의동사
interj. interjection 감탄사
interr. interrogative 의문사
lat. latin 라틴어.
lexico. lexicographical 사전편집상의
loc. locative 처격
loc. abs. locative absolute 절대처격
m. masculine 남성
med. medium 위자태(爲自態), 반조태(返照態)
metath. metathesis 자위전환(字位轉換)
mg. Magadhi 마가디어
msk. Medival Sanskrit 중세범어
n. neutral 중성
nom. nominative 주격
num. numeral 수사(數詞)
onomat. onomative 의성어(擬聲語)
opp. opposite 반대
opt. optative 원망법, optential 가능법
pass. passive 수동형
perf. perfect 완료형
pfut. future participle 미래분사
pp. past participle passive 과거수동분사
ppr. present participle 현재분사
pres. present 현재형
pref. prefix 접두사
prep. preposition 전치사
sg. singular 단수
sh. sinhali 싱할리어
sk. sanskrit 범어
suf. suffix 접미사
superl. superlative 최상급
voc. vocative 호격

제1장 기 초 편

I. 빠알리어와 빠알리 문헌

1. 빠알리어의 의미

빠알리어는 스리랑카와 동남아시아의 불교성전인 남전대장경(Tipiṭaka)과 그와 관련된 문헌에서 사용하는 고전어이다. 빠알리(Pāli·Pāḷi)라는 말은 문헌 또는 성스러운 성전이란 의미를 지니고 있다. 따라서 우리는 빠알리어 즉, 빠알리바싸(Pālibhāsā)라는 말 대신에 그것을 축약해서 빠알리란 말을 사용하고 있다. 이 빠알리바싸라는 말과 동일하게 사용되는 말로 딴띠바싸(Tantibhāṣā)란 단어가 있다.

2. 빠알리어와 베다어

언어는 리그-베다 시대부터 형이상학적인 원리로 인식되어 왔다. 세계를 만든 창조주(Viśvakarman)는 언어의 주(Vācapati)라고도 불렸다. 이러한 사상은 고대 인도의 신관사(神觀史)의 발달에 따라 고대의 베다어에서 문법적으로 잘 정리된 범어로 발전한다. 범어는 사제를 비롯한 상류계층이 사용하던 베다어를 기원전 4, 5세기경에 문법가 빠니니(Pāṇini)가 정리한 것이다. 이후 이 범어는 교양 있는 인사들이 사용하는 표준어(bhāṣā)가 되었다. 베다어는 빠니니에 의해서 문법적으로 고정되어 범어가 되었지만 문장론이나 형태론에서는 범어와 상당한 차이를 보인다. 그러나 음운의 변화에 있어서는 액센트가 억양액센트에서 강세 액센트로 변한 것 외에 권설음의 사용이 현저히 증가한다든가 하는 작은 차이 밖에 없다.

3. 범어와 빠알리어의 관계

빠알리어는 중세 인도어 가운데 고전 쁘라끄리뜨어(Prakṛt)에 속하지만, 중세 인도어와 고대 인도어를 구분짓는 특징을 지녔다. 그러나 빠알리어는 고대 인도어인 범어에서 직접 파생된 언어는 아니다. 빠알리어는 그 보다 고대의 베다어에 가깝다. 빠알리어는 본래 인도 아리아어에서 발전한 것으로 범어나 베다어의 영향을 모두 받고 있는 쁘라끄리뜨어이다. 음운의 변화는 베다어와 범어의 관계보다 훨씬 크다. 음운의 동화, 이화 그리고 연성법칙이 심하게 일어나서 많은 상이함을 보이고 있다. 따라서 베다어와 범어는 고대 인도어에 포함시켜 같이 연구할 수 있으나 빠알리어를 베다어나 범어와 같이 취급하는 것은 문제가 있다고 할 수 있다. 그런데 실제로는 베다어의 음운이 가장 포괄적이며 다양하여 범어와 빠알리어의 음가를 포괄하며 표음문자에 의해 이미 음운의 동화, 이화 및 연성법칙이 실제 문법적 법칙에 따라 문장상에 기록되어 있다. 따라서 빠알리어 연구에서 고전 범어 뿐만 아니라 베다어의 연구도 필수적이라고 할 수 있다.

4. 빠알리어의 구분

빠알리어는 통일된 언어가 아니다. 많은 중첩된 문법체계를 보여주고 있는 것으로 보아 혼합방언의 형식을 취하고 있다. 지역적인 사투리 현상도 많이 발견된다. 또한 언어형성의 시대적인 차이, 즉 빠알리 언어의 내적인 발전과정이 빠알리어 안에서 분명히 드러난다. 그 발전과정을 네 가지 층으로 나누어 볼 수 있다.

1) 니까야의 게송(Gāthā)의 언어

게송에 사용된 빠알리어는 모두 동일하지는 않다. 한편으로 게송언어는 고대인도어와 음성학적으로 구별되지 않는 많은 고대언어의 특징을 포함하고 있다. 다른 한편으로는 빠알리어에만 국한되는 독자적인 문법형태로 동일한 게송이 상당부분 새롭게 형성되었다. 때로는 시형론 자체가 그 형태를 결정짓는데 중요한 역할을 담당했다. 그래서 아주 오래된 언어형태를 고층언어에서 신층언어로 번역할 때에 원형언어와 긴밀한 연관을 밝히기 위해 사용하는 수가 있다.

2) 니까야의 산문언어

니까야의 산문언어는 게송언어보다는 통일적이고 조화가 되어있다. 고대의 베다어적인 문법형태는 드물게 나타나며, 부분적으로 또는 완전히 사라졌다. 이 산문언어에서는 보다 문법적 형태가 고층의 빠알리어, 즉 게송언어에서처럼 우연히 또는 의도적으로 나타나는 것이 아니라 일관된 규칙에 따라서 나타난다.

3) 니까야 이후 삼장문헌에서의 산문언어

밀린다왕문경(Milindapañhā)이나 논장(論藏)과 같은 후기 삼장문헌에서의 산문은 니까야의 산문언어에서 유래하며 그것을 기술적이고 학문적으로 사용한 것이다. 따라서 니까야 게송언어와 니까야 산문언어의 차이가 니까야 산문언어와 니까야 이후 삼장문헌에서의 산문언어의 차이보다 훨씬 크다. 이 삼장문헌에서의 산문언어는 고대인도어인 베다어의 다양한 문법적 형태를 보다 간략화하고 정형화하는 것을 특징으로 한다.

4) 후기의 예술과 문학에서의 언어

이 언어는 통일적인 문법형태를 띠고 있지 않다. 저자들은 언어에 대한 현학적인 지식을 구가하면서 고층과 신층의 언어를 혼용해서 사용하였다. 이것은 베다어나 범어를 섞어 쓰기도 하는 혼성빠알리어라고 할 수 있다.

5. 빠알리어의 특성

빠알리어는 상당부분 인공언어의 특성을 띠고 있다. 즉 여러 가지 방언이 종합된 것이다. 미나예프(Minayeff)와 케른(H. Kern)은 특히 빠알리어 연구에 있어서 이 점을 강조한다. 그러나 쿤(E. Kuhn)은 빠알리어를 인공어로 정의할 때에 그 언어의 특성이 해명되는 것이 아니라 단지 불분명하게 하는 결과를 초래할 뿐이라고 주장했다. 그는 '때때로 가능한 모든 방언을 동원해서 보충된 인공적인 문어일지라도 특수한 방언을 기초로 하지 않으면 안 된다'라고 주장했다. 따라서 그에게는 빠알리어가 인도의 어떤 지방의 방언인가 하는 것이 문제가 된다.

6. 빠알리어의 마가다어설

남방불교의 전통에 따르면, 빠알리어는 불교가 성립된 지방의 언어이며, 마가다어(Māgadhī, Māghadhānirutti, Māghadikabhāṣā)이다. 이 사실은 중대한 의미를 지닌다. 왜냐하면 '빠알리 삼장(Pālitipiṭaka)은 부처님께서 직접 사용한 언어로 기술된 것이며 다른 삼장들보다 근원적이다.'라는 주장을 뒷받침하기 때문이다. 그러므로 이 견해에 따른다면 마가다어는 부처님 말씀이 근원적으로 정착된 근본어(Mūlabhāṣā)로 규정되며, 다른 언어는 부차적인 것으로 취급될 수 있다.

7. 빠알리어와 마가다어의 차이점

빠알리어의 마가다어설을 따르더라도 우리가 문법학자의 연구 또는 비문(碑文)이나 희곡을 통해 알고 있는 것처럼 빠알리어는 마가다어와는 다른 측면도 갖고 있다. 마가다어의 주요한 특징은 1) 모든 r이 l로, 모든 s가 ś로 바뀐다든가 2) 남성과 중성의 단수 주격에서 어간모음 a와 그에 따르는 자음곡용이 e로 끝나는 것이다. 그러나 빠알리어에서는 r이 l로 변환되는 것은 자주 있기는 하지만 일반적인 법칙이 아니고, ś는 존재하지도 않으며 s만이 존재한다. 그리고 남성과 중성의 단수 주격에서 어미가 -o내지 -aṁ이 된다. 그래서 부르누프(Burnouf)와 라센(Lassen)은 이러한 것을 근거로 빠알리어가 마가다어의 방언이라고 주장한다.

8. 빠알리어의 웃자이니 방언설

한편 웨스터가드(Westergaard)와 그를 따르는 쿤(E. Kuhn)은 웃자이니 방언설을 주장한다. 그 이유는 빠알리어가 기르나르(Girnar)의 아쇼카 왕의 비문의 언어와 가장 가깝고 또한 웃자이니(Ujjayinī)의 방언이 스리랑카에 불교를 전파시킨 아쇼카 왕의 아들 마힌다의 모국어였기 때문이다. 한편 프랑케(R. O. Franke)는 전혀 다른 방법으로 이와 비슷한 결론에 도달했다. 그는 인도의 속어들에서 두드러지게 나타나는 모든 특수한 언어현상을 제거함으로써 빠알리어를 정착시키려고 노력하다가 '빠알리어는 크게 맛지마니까야에서 서부 빈디야(Vindhya)산맥에 걸쳐 있는 지역의 언어를 말한다'라는 결론에 도달했다. 이 지역의 중심이 바로 웃자이니 지방이었다. 스텐 코노우(Sten Konow)도 결론적으로 빈디야 산맥 지역을 빠알리어의 고향으로 보았다. 그는 특히 빠알리어와 빠이샤찌어(Paiśaci) 사이에 밀접한 관계에 주목했다. 그는 전임자인 그리손(Grieson)과 반대로 서북인도가 아니라 웃자이니 지방이 빠이샤찌어의 고향이라고 주장했다.

9. 빠알리어의 깔링가 방언설

올덴베르크(Oldenberg)는 빠알리어를 깔링가(Kaliṅga) 지방의 언어라고 주장했다. 그는 아쇼카 왕의 아들 마힌다의 스리랑카 불교전파를 비역사적인 신화로 여겼다. 그는 불교와 그 삼장(三藏)이 오히려 오랜 기간을 거쳐서 섬(스리랑카)과 육지(깔링가 지방)를 잇는 지속적인 교역을 통해서 스리랑카로 전해졌다고 보았다. 그는 언어적인 특징에 관해서는 무엇보다도 깡링가 지방에 있는 아쇼카 왕의 칸다기리(Khandagiri) 비문의 방언이 오히려 빠알리어와 일치한다고 주장했다. 또한 뮐러(E. Müller)도 깔링가 지방을 빠알리어의 고향으로 보았다. 그는 그 증거로 스리랑카의 아주 오래된 거주지는 건너편 육지에서 유래된 것이지 벵갈에서 유래된 것이 아니라는 이유를 들고 있다.

10. 빠알리어의 아르다 마가다어설

이와 같이 학자들은 빠알리어의 고향에 대한 견해를 일치시키는데 실패했다. 그래서 빈디쉬(Windish)는 빠알리어를 마가다어 자체이거나 마가다의 방언이 부처님이 직접 사용한 언어라고 주장하는 전통적인 견해로 돌아갔다. 부처님이 사용한 이 언어는 순수한 속어가 아니며, 부처님 이전부터 인도에서의 활발한 교역이 만들어 놓은 수준 높은 지성적 언어였다. 따라서 빠알리어는 완전히 통일된 형태를 갖출 수는 없었지만 링구아 프란차(lingua franca ; 普遍語)였으며, 방언적인 요소가 있지만 두드러진 속어적 현상은 여과된 사교적인 언어였다는 것이다. 부처님 자신은 마가다 인은 아니지만 마가다 지역과 그 인접한 지역에서 주로 활동했으므로 설법을 하실 때 마가다어를 중심적으로 사용했으리라고 추측할 수 있다. 따라서 빠알리어는 거친 속어적인 특징을 제외한다면 마가다어라고 규정지을 수 있다. 빈디쉬는 부처님이 열반에 드신 이후 그 언어는 전문적인 언어로 발전했을 것이라고 주장했다. 사람들은 부처님의 가르침을 원형대로 보존하고 싶어서 멀리 떨어졌더라도 여러 사원으로부터 모든 가르침을 점차적으로 경전의 형태로 편집하였을 것이다. 결론적으로 빈디쉬는 경전의 언어가 마가다어이며, 더 정확하게는 마가다어의 일종인 자이나 경전의 언어인 아르샤(Ārṣa)와 유사하다고 말했다. 이 언어는 아르다-마가다어(Ardhamāgadhī)란 이름을 갖고 있다. 아르다-마가다어는 빠알리어처럼 본래의 마가다어와 다른 점을 지니고 있다. 이 아르다-마가다어는 r 을 l 로 바꾸지 않으며 주격변화에서도 마가다형의 변화어미 e 대신에 o 를 취한다. 그리고 아르다-마가다어와 빠알리어 사이에는 단어와 그 형태에서 많은 유사점이 발견된다. 따라서 빠알리어는 아르다-마가다어의 한 종류라고 볼 수도 있다.

11. 마가다어에 기초한 사교어로서의 빠알리어

가이거(W. Geiger)는 남방불교의 전승을 성급하게 무시하지 않고 빠알리어가 순수한 마가다어는 아니지만 마가다어의 기초 위에 성립된 사교어로서 부처님 스스로 사용한 언어라고 생각하는 것이 현명하고, 또한 빠알리어 경전은 부처님 말씀(Buddhavacana)을 자신의 원형적인 형태로 묘사하려고 시도한 것이라고 주장했다. 그러나 이러한 가정은 빠알리어 경전이 어떤 다른 방언에서 번역된 것이라고 입증될 때에는 무너져버린다. 실비엔 레비(Sylvian Lévi)는 그러한 증명을 시도했다. 그는 에꼬디(ekodi), 쌍가디쎄싸(saṅghādisesa)등의 무성파열음 대신에 유성음이 있는 다른 불교용어를 나열했다. 거기서 그는 모음 사이에 놓인 무성파열음의 유성음화가 일어났으리라고 추측되는 전경전어(前經典語)가 있다는 결론을 내렸다. 그러나 가이거는 레비의 증명을 결정적인 것으로 보지 않았고 레비의 어원분석은 설득력이 없다고 보았다. 무성파열음의 유성음화는 불교용어에만 나타나는 것이 아니라 다른 많은 단어 속에서도 등장한다. 결론적으로 음성현상은 결코 독립적으로 분리되어 다루어져서는 안 된다. 그것은 빠알리어에서 발견되는 다양한 방언현상일 뿐이다. 이를테면 그와는 반대로 유성파열음의 격음화현상도 빠알리어에서 일어나는데 이것은 빠알리어의 혼합적인 성격을 잘 보여주는 것이다.

12. 부처님 말씀으로서의 빠알리어

가이거에 따르면 빠알리어는 부처님이 사용한 것이며, 마가다어의 형태를 지녔다. 따라서 부처님의 가르침이 처음부터 인도의 다양한 지역에서 그 지역의 방언으로 설교되고 학습되었을 수는 있겠지만 — 가이거는 이것이 옳지 않다고 믿지만 — 빠알리 경전은 부처님 말씀의 전통적인 모음집으로서 손색이 없다. 이러한 사실은 소품(Cullavagga V. 33 1.), 즉 율장의 한 부분(Vin. II. 139)에서 증명된다. 여기서 두 수행승은 부처님에게 수행승들이 다양한 지방의 출신이기 때문에 자신들의 방언으로(sakāya niruttiyā) 부처님 말씀을 왜곡시킨다고 불평을 털어놓는다. 그러면서 그들은 부처님 말씀을 범어나 범어의 시(chandaso)로만 표현할 것을 제안한다.

그럼에도 불구하고, 부처님은 그 제안을 거절하고 말했다 : '아누자나미 빅카베 싸까야 니루띠야 붓다바짜남 빠리야뿌니뚬(anujānāmi bhikkhave sakāya niruttiyā buddhavacanaṁ pariyāpuṇituṁ).'

리스 데이비드(RhysDavids)와 올덴베르크(Oldenberg)는 이 문장을 '형제들이여, 나는 깨달은 이들의 말을 각각 그 자신의 방언으로 표현하도록 허락한다.(I allow you, o brethren, to learn the world of buddhas each in his own dialect)'라고 번역했다. 그러나 붓다고싸는 이와 다르게 해석한다. 그리고 가이거는 이 문장을 거듭 숙고한 뒤 붓다고싸의 해석에 따라 '나는 깨달은 님의 말을 그 자신의 언어 — 부처님이 사용한 마가다어 — 로 배우도록 허락한다(Ich verordne, das Buddhawort in seiner eigenen Sprache — d. h. in der vom Buddha gesprochenen Sprache, der Māgadhī — zu lernen)'라고 번역했다.

가이거에 따르면, 이 율장의 소품에서 처음에는 그때그때의 방언에 따른 설교의 문제는 두 수행승에게서나 부처님에게서 고려의 대상이 되지 않고 있다. 단지 범어로 설법을 해야하는가만이 문제시되고 있다. 그러나 부처님께서는 결정적으로 부정적인 형태로 이를 거절하고 다시 부정사를 사용하지 않고 그러한 처방을 내렸다. 이것은 부처님의 말씀이 스승 스스로가 선언한 것 이외에는 다른 형태가 있을 수 없다는 것을 의미한다. 이것은 인도 지성들의 가르침의 전승에서는 모두 공통되는 일이다. 부처님이 살아있을 당시에 벌써 사람들은 그의 가르침을 가능한 한 내용이나 형식에 관해서 정통적으로 전승시키려고 생각했다. 열반한 뒤에도 마찬가지이다. 그리고 그 외적인 형태는 마가다어, 즉 빠알리어였다.

13. 경전의 성립과 삼장의 성립

빠알리 삼장은 띠삐따까(Tipiṭaka, *sk.* Tripiṭaka)라고 하는데, 이것은 세 분야, 즉 율장(律藏 : Vinaya-piṭaka), 경장(經藏 : Suttapiṭaka), 논장(論藏 : Abhidhammapiṭaka)으로 나뉘어져 있기 때문이다. 빠알리 삼장은 분별설부(分別說部 : Vibhajavādin)라고 부르는 테라바다(上座部 : Theravāda)의 경전이다. 믿을 만한 전승에 따르면, 이 경전은 부처님이 돌아가신 직후인 BC. 483년 왕사성(王舍城 : Rājagaha)의 결집에서 처음 편집되었다. 그리고 백 년 뒤의 베쌀리(Vesālī)의 결집에서 보완되었다. 이 제2차 결집은 승려들의 계율의 완화를 목표로 한 것이었다. 그 후 아쇼카 왕(*sk.* Aśoka, *pali.* Asoka BC. 264-227) 당시의 세 번째 결집에서 주요한 경전이 형식적으로 완성되었으리라고 추측된다. 그 결집에서 장로 띳싸 목갈리뿟따(Tissa Moggaliputta)가 전승에 따라 논사(論事 : Kathāvatthu)를 강의함으로써 논장의 형성이 이루어졌다. 이 책은 252가지의 사견에 대한 반박이 실려 있는데, 그것은 논장에 편입되어 있다. 이 세 번째의 결집은 불교를 이웃나라에 전파하려고 포교사를 파견하기로 결정한 것으로도 중요한 의미를 지닌다. 이러한 사실은 흥미롭게도 아쇼카 비문의 발굴로 증명되었다. 아쇼카 왕의 아들 마힌다(Mahinda *sk.* Mahendra)가 불법의 포교사로 스리랑카에 파견되었다. 그는 스리랑카에 테라바다에서 만든 경전을 전하였다.

14. 삼장의 성립

이와 같이 경전이 점차적으로 성립하자, 각각의 사원마다 부처님의 가르침과 대화를 발굴하는 대로 될 수 있는 한 모두 결집하려고 했을 것이다. 그래서 경전의 서문에 '나는 이와 같이 들었다(evaṁ me sutaṁ)'라는 말이 들어가 있다. 결집과 같은 커다란 모임에서 개개의 경전이 승인되거나 검증되었다. 이렇게 해서 경전의 자료는 점점 증가하게 되고 일정한 모음집의 형태로 분류되었다. 결집의 형성 유래를 살펴보면, 처음부터 학파나 부파의 존재가능성을 추측해볼 수 있다. 두 번째 결집을 기회로 해서 이러한 경향이 노골화되어 교파의 갈등, 즉 테라바다(上座部 : Theravāda)와 마하쌍기까(大衆部 : Mahāsaṅghika)의 분열로 나타났다. 따라서 부처님이 돌아가신 뒤 200년 안에 경전의 대부분이 편집되었으리라고 생각된다.

인도에서 아직까지 해독 가능한 가장 오래된 문자의 기록은 아쇼카 왕(대략 B.C. 268-232년)의 비문이다. 따라서 아쇼카 왕의 비문에 반영되어 있다는 것은 인도에서 오래된 고층의 문헌이라고 볼 수 있다. 아쇼카 왕은 부처님이 말씀하신 것은 모두 잘 설해진 것이라고 규정하고, 그 선법이 오래 지속하도록 하기 위하여 각 지방에 비(碑)를 세웠다. 이 비문들 가운데 등장하는 용어인 담마까띠까(Dhammakathika ; 法說), 뻬따낀(Peṭakin ; 藏), 쑤딴띠까(Suttantika ; 經), 빤짜네까이까(Pañcanekāyika ; 五니까야) 등은 아쇼카 왕 당시에 벌써 경전이 후세와 유사한 분류형태를 지니고 있었음을 나타낸다. 특히 캘커타 바이라트(Calcutta-Bairāṭ) 비문에는 초기불교와 숫타니파타의 경들이 인용되어 있는데, 그 비문을 완역하면 아래와 같다.

> 마가다의 왕 삐리야닷씬(Priyadassin)은 승단의 수행승들에게 경의를 표하고 그들에게 건강과 매사의 안녕을 기원하며, 그들에게 다음과 같은 메시지를 전합니다. 존자들이여, 얼마나 짐이 부처님과 가르침과 참모임에 존경과 신뢰를 펼쳐나가는지 잘 아실 것입니다. 존자들이여, 부처님께서 설하신 가르침은 어떠한 것이든지 그것은 훌륭하게 설해진 것입니다. 그러나 존자들이여,

진정한 가르침이 어떻게든 오래 동안 존재할 수 있도록 하기 위한 길에 관하여 나에게 떠오른 것을 말하는 것이 옳다고 생각합니다. 존자들이여, 짐은 수많은 비구와 비구니들이 다음과 같은 가르침의 경들을 항상 배우고 사유하기를 바라마지 않습니다 : ① '제어에 대한 선양(Vinayasamukkasse)', ② '고귀한 삶(Aliyavasāṇi)', ③ '미래에 대한 두려움(Anāgatabhayāni)', ④ '성자의 노래(Munigāthā)', ⑤ '성자의 삶에 대한 법문(Moneyasūtte)', ⑥ '우빠띠싸의 질문(Upatissapasine)', ⑦ '라훌라에 대한 교훈(Lāghulovāde)'. 마찬가지로 부처님의 재가의 남녀 신도들도 이 성스러운 경들을 듣고 사유하여야 합니다. 존자들이여, 이 비문은 이와 같은 목적, 즉 백성들이 짐의 뜻을 알게 하려고 쓴 것입니다."

위의 비문에는 일곱 경이 인용되어 있다. 리스 데이비드에 의하면, 그 가운데 ④ '성자의 노래'는 이 숫타니파타의 '성자의 경(Stn. 207-221)을 말하고, 꼬삼비나 빈터닛쯔에 의하면, 그 가운데 ⑤ '성자의 삶에 대한 법문'은 숫타니파타의 '날라까의 경'의 후반부(Stn. 699-723)를 말한다. 찰머에 의하면, 날라까 경은 실제로 '성자의 삶에 대한 경(Moneyyasutta)'이라고도 불렸기 때문이다. 그리고 꼬쌈비에 의하면, ⑥ '우빠띠사에 대한 질문'은 숫타니파타의 '싸리뿟따의 경'을 말한다. 우빠띠사는 싸리뿟따의 이름이었기 때문이다. 그리고 자야비끄라마에 의하면, ⑦ '라훌라에 대한 교훈'은 숫타니파타의 '라훌라의 경'일 가능성이 있으나, 일반적으로는 맛지마니까야의 '라훌라에 대한 교훈의 작은 경(MN. 147 : Cūḷarāhulaovāda-sutta)'을 의미할 가능성이 더 크다고 받아들여지고 있다. 또한 ① '제어에 대한 선양'은 자야비끄라마에 의하면, 숫타니파타의 '올바른 유행의 경'일 가능성이 있고, '서두름의 경'을 지칭하는 것이라는 학설도 있다. 그러나 제어라는 말의 어원인 비나야로 보면, 율장과 관계되는 것으로 볼 수 있는데, 무라카미 신칸(村上眞完)은 율장의 초전법륜을 의미한다고 주장한다. 율장의 초전법륜에 나타나는 네 가지 거룩한 진리(四聖諦)에 대한 가르침이야말로 최상의 계율이기 때문이다. ② '고귀한 삶'은 디가니까야(DN. III. 269-271)에 나오는 '열 가지 성스러운 삶(dasa ariyavāsā : 十賢聖居)'이라는 설과 앙굿따라니까야(AN. II. 27-28)에 나오는 '네 가지 성스러운 전통(四聖種 : cattāro ariyavaṁsā)'이라는 설이 있다. ③ '미래에 대한 두려움'은 앙굿따라니까야(AN. III. 100-110)의 '다섯 가지 미래에 대한 두려움(五種怖畏 : pañcanaṁ anāgatabhayaṁ)'을 말한다는 설이 있다.

따라서 아쇼카 왕의 캘커타 바이라뜨 비문에 언급된 일곱 경들 가운데 적게는 세 경, 많게는 다섯 경이 숫타니파타에서 유래하는 것을 알 수 있다. 그런데 불교도들이 매우 흠모하는 이 아쇼카 왕이 실제로 빠알리 경전의 어디에도 언급되고 있지 않다는 사실은 매우 흥미롭다. 이것은 빠알리 경전이 아쇼카 왕 때에는 이미 내용적으로 완결되었다는 것을 의미한다.

15. 삼장의 기록

부처님의 가르침은 처음에 구전(口傳)으로 전승되었다. 믿을 만한 역사적 사실을 기록한 것으로 여겨지는 마하방싸(大史 : Mahāvaṁsa)나 디빠방싸(島史 : Dīpavaṁsa)에 따르면, 스리랑카에서는 기원전 수십 년 전에 밧따가마니(Vaṭṭagāmani)왕 치세시에 전쟁이 발생하고 큰 기근이 들어 수많은 사람들과 승려들이 질병과 굶주림으로 죽어가게 되었다. 따라서 구전(口傳)으로 전승되어오던 부처님의 가르침이 멸실될 가능성이 있었기 때문에 왕의 명령으로 삼장과 그 주석서(Aṭṭhakathā)가 처음으로 문자로 기록되었다.

16. 경전의 형식

400년 동안에 걸친 빠알리 경전의 성립과 구전을 이해함으로써 우리는 빠알리 경전의 특징을 알아볼 수 있다. 개개의 경전이 시간적으로나 공간적으로 일치하지 않는 모순을 지녔다는 프랑케의 주장은 일면 이해될 수 있지만, 그렇다고 하여 결코 모순으로만 남는 것은 아니다. 이것은 여러 가지 측면에서 당연한 것으로 이해될 수 있기 때문이다. 구전이 지니고 있는 그 구성과 되돌아오는 반복성, 자연발생적으로 자주 등장하는 사태와 상황에 대해 판에 박은 것처럼 동일한 단어로 구성된 문장형태를 취하고 있다는 데서도 알 수 있다. 또한 경전에 자주 등장하는 문장에는 수행승이 지녀야할 필수불가결한 지식에 관한 것들도 있다.

가이거는 이러한 논거에 항상 반복적이고 동의어적인 표현방식, 승가고시를 치르는 듯한 질문과 대답을 통한 설명방식, 그리고 신화와 비유 또는 격언을 포함시켜 모순성이 없음을 증명하려고 한다. 특히 이 성스러운 경전은 처음부터 설법을 목적으로 사용되었다. 그렇기 때문에 모든 승려들이 잘 알고 있던 내용들까지 항상 전승에 관여했다고 볼 수는 없다. 빠알리 경전을 읽다보면 어느 경전이 정통성을 갖고 있는가를 결정할 수 없을 정도로 동일한 경전의 여러 이본들이 단순한 차례로 나열되어있는 것을 발견할 수 있다. 특히 두드러지는 것은 동일한 모음집에서도 같은 내용의 경전이 두 개 이상 동일한 내용에 동일한 단어로 이어지면서 인물과 장소만을 달리하는 경우가 많다는 것이다. 이것은 부처님께서 동일한 가르침을 다른 시간에 다른 공간에서 다른 대상을 향해 설한 것으로 볼 수 있다. 그리고 경전을 결집하고 문자로 기록하는데 순수한 문헌학적인 활동이 영향을 끼칠 수밖에 없다. 경전의 결집과 문자화는 가능한 가르침을 완벽한 형태로 보존하는 것을 목표로 삼기 때문이다. 이러한 것은 이미 완벽하게 구성된 하나의 모음집에서 한 경전이 다른 모음집으로 편입되는 경우에서도 잘 나타난다. 예를 들어 뒤에 결집된 맛지마니까야에 쌍윳따니까야의 경전들이 포함되어 있는 것과 같다.

17. 경전의 정통성

이와 같이 경전의 편집은 제1차 결집 이후 시대와 공간에 따라 특정한 동기가 주어졌을 때 다양하게 시도된 것이다. 따라서 우리는 빠알리어로 기술된 모든 경전이 부처님께서 설법한 그대로라고 주장할 수는 없다. 어떤 경전들은 적어도 부처님이 스스로 완성시킨 이미 존재하는 정신적인 틀에 따라 모방한 것이 있다. 또한 어떤 경전들은 순전히 승려들의 창작이다. 예를 들어 율장의 모든 계율이 부처님의 가르침이라고 주장할 수는 없다. 율장에서도 모든 계율은 특정한 틀에 맞추어 반복적으로 사용된다.

그렇다면 '경전의 정통성을 어떠한 의미에서 규정해야하는가'라는 문제가 남는다. 그렇지만 빠알리경전에 대한 의혹을 너무 증폭시켜서도 안 된다. 경전의 대부분은 부처님이 돌아가시고 난 뒤에 200년 안에 성립된 것으로, 당시만 해도 부처님에 대한 생동하는 기억이 맥박 칠 때이다. 그러므로 제자들의 기억 속에 남아 있던 부처님의 가르침과 언행을 경전에 제대로 담지 못했을 경우 그 경전은 편집과정에서 승인되지 못했을 것임에 틀림없다. 특히 대반열반경(大般涅槃經 : Mahāparinibbānasutta)과 같은 경우 독자들은 부처님의 마지막 최후의 생애에 대한 실제적인 묘사가 전제되어 있다는 인상 없이는 읽을 수가 없다. 따라서 경전이 다른 시대, 다른 공간, 다른 동기에서 편집되었다고 할지라도 부처님 가르침을 기억하고 보존하려는 성실한 제자들의 노력을 의심할 만한 아무런 근거가 없는 것이다. 빠알리 경전에서 부처님의 이미지는 논어에서 공자의 이미지를 보는 것과 같고 크세노폰(Xenophon)과 플라톤(Platon)의 문헌에서 소크라테스의 이미지를 보는 것과 마찬가지라고 말할 수 있다.

18. 빠알리대장경의 분류와 출판

빠알리대장경은 보통 경·율·론 삼장으로 분류된다. 그러나 이외에도 남방불교의 전통에 따르면 또 다른 분류방식들이 있다. 첫 번째는 다섯 개의 모음집(部集 : Nikāya)으로 이루어진 경장과 율장과 논장으로 구분하는 방법이다. 경장은 디가니까야·맛지마니까야·쌍윳따니까야·앙굿따라니까야(長部 : Dīghanikāya, 中部 : Majjhimanikāya, 相應部 : Saṁyuttanikāya, 增一部: Aṅguttaranikāya)와 쿳다까니까야(小部: Khuddakanikāya)의 오부니까야(五部: Pañcanikāya)로 분류된다. 그리고 순전히 형식적인 분류방식으로는 구분교(九分教)에 의한 것도 있다. 이 분류방식에 따르면 빠알리경전은 각각 경(經 : Sutta), 응송(應頌 : Geyya), 수기(授記 : Veyyākaraṇa), 게송(偈頌 : Gāthā), 감흥어(感興語 : Udāna), 여시어(如是語 : Itivuttaka), 전생담(前生談 : Jātaka), 미증유법(未曾有法 : Abbhutadhamma), 교리문답(教理問答 : Vedalla)으로 나누어진다. 경은 숫타니파타(Suttanipāta)의 몇몇 부분을 포함하는 부처님의 모든 대화를 기록한 것이다. 응송은 모든 산문과 시가 뒤섞인 것이다. 수기는 논장과 그와 유사한 아비담마 텍스트를 의미한다. 게송은 오로지 시로써만 구성된 것을 말한다. 그리고 감흥어, 여시어, 본생경은 쿳다까니까야에 소속되어 있는 것이다. 미증유법은 초자연적인 상태나 힘을 다루고 있는 경전을 뜻한다. 끝으로 교리문답의 어원인 베달라(Vedalla)라는 말은 매우 정의하기 힘든 것인데, 팔만사천의 법온(法蘊 : Dhammakkhandha) 가운데 한 단위를 뜻한다. 그리고 십이분교(十二分教)로 분류할 경우에는 여기에 인연담(因緣譚 : Nidāna)과 비유경(譬喩經 : Apadāna), 논의(論義 : Upadesa)가 포함된다. 인연담은 특히 계율이 설해지게 된 인연에 관한 이야기이며 비유는 부처님 외의 보살들의 전생담 및 교훈적인 이야기를 뜻한다. 논의는 경에 대한 주석을 의미한다.

19. 율장(律藏 : Vinaya)

율장은 승려들의 교단의 규칙이다. 율장은 다음과 같이 구성되어 있다.

1) 경분별(經分別 : Vibhaṅga) : (a) 단두죄(斷頭罪 : 波羅夷 : Pārājika).
(b) 고백참회죄(告白懺悔罪 : 波逸提 : Pācittiya)

2) 건도부(健度部 : Khandhaka) : (a) 대품(大品 : Mahāvagga).
(b) 소품(小品 : Cullavagga)

3) 부수(附隨 : Parivāra)

20. 경분별(經分別 : Suttavibhaṅga)

경분별의 기초는 계본(戒本 : Pātimokkha)이다. 이 계본은 가장 오래된 텍스트 가운데 하나로 승단에서 포살일(布薩日 : Uposatha)에 참회하는 데 사용하는 계율을 기록한 것이다. 이 텍스트에다 주석을 단 것이 경분별이다. 각각의 위계(違戒)는 그 죄질의 무거움에 따라 분류되어 있다. 단두죄법(斷頭罪法 : Pārājikā dhammā)은 가장 무거운 것으로 승단에서의 추방에 해당하는 것이다. 그밖에 권리정지에 해당하는 승잔법(僧殘法 : Saṅghādisesā dhammā), 증언에 의해서만 죄가 되는 부정법(不定法 : Aniyatā dhammā)이 있고, 범하면 고백하고 참회해야하는 고백참회법(告白懺悔法 : Pācittiyā dhammā), 가벼운 죄인 회과법(悔過法 : Pāṭidesaniyā dhammā), 위의(威儀)에 관한 작법인 중학법(衆學法 : Sekhiyā dhammā) 등이 있다. 경분별에는 계율에 제정된 동기를 먼저 싣고 있다. 그리고 계본의 조목에 따라 파계한 계율에 대한 참회에 해당하는 결정이 주어지고, 언어학적인 설명이 보태지고, 각각의 경우와 가능성에 대한 예증적인 해석이 첨가된다. 경분별에는 비구를 위한 227계를 설하는 대분별(大分別 : Mahāvibhaṅga)이 먼저 나오고 그에 이어 311계를 설하는 비구니분별(比丘尼分別 : Bhikkunīvibhaṅga)이 나온다. 그리고 이 비구니분별도 대분별과 유사한 구조를 갖고 있다.

21. 건도부(健度部 : Khandhaka)

건도부는 경분별에 비해 긍정적인 측면을 형성한다. 여기에는 승단에서의 삶을 규정하는 원칙이 내포되어 있다. 건도부는 대품(大品 ; Mahāvagga)과 소품(小品 : Cullavagga)으로 분류된다. 대품은 10개의 편으로 구성되어 있으며, 부처님의 성도(成道)에서부터 코삼비 승단의 분열과 다툼, 그리고 승단의 화합에 대한 가르침이 실려 있다. 소품은 이 대품에 이어지는 것으로 모두 12편인데, 특히 마지막 11편과 12편에서는 제1결집과 제2결집에 관한 내용을 다루고 있다. 이 건도부는 각 승단에 의해 결정된 다양한 갈마의규(羯磨義規 : Kammavācā)와 밀접한 관계가 있다. 열일곱 가지 갈마의규가 시설되어 있는데, 그 가운데 구족계갈마(具足戒羯磨 : Upasampadākamma)는 상가의 구성원을 받아들일 때 행하는 의식에 사용되고 있다. 갈마의규는 모두 건도부의 해당조항과 일치한다. 건도부는 그러한 갈마의규를 보다 상세하게 그 원인을 밝혀 설명한데 지나지 않는다.

22. 부수(附隨 : Parivāra)

부수는 19장으로 되어 있는데, 후기문헌에 속한다. 실제적으로는 아마도 스리랑카에서 비로소 성립되었을 것으로 추측되는데 그것은 서문의 시에서 증명이 된다. 부수는 율장을 교육하기 위한 안내서의 성격을 지니고 있고, 독립적인 가치가 없는 것으로서 내용의 목차(論母 : Mātikā)이다.

23. 경장(經藏 : Suttapiṭaka)

경장에는 먼저 다섯 개의 니까야(部集 : Nikāya) 즉, 디가니까야·맛지마니까야·쌍윳따니까야·앙굿따라니까야·쿳다까니까야(長部 : Dīghanikāya, 中部 : Majjhimanikāya, 相應部 : Saṁyuttanikāya, 增一部 : Aṅguttaranikāya, 小部 : Khuddakanikāya)가 있다. 그것은 모두 경(經 : Sutta)의 모음집이다. 모든 부처님의 말씀과 대화 또는 가르침을 기록한 것이지만 때로는 거기에 부처님의 최초 제자들의 가르침도 실려 있다. 형태는 시가 들어 있는 산문형식을 취하고 있다. 각각의 경은 지역적으로나 시간적으로 서로 상이하다. 북전의 한역 대장경에 그와 일치하는 경모음을 아함(阿含 : Āgama)이라고 부르고 있다. 단지 아함에는 쿳다까니까야(小部 : Khuddakanikāya)가 포함되어 있지 않다. 아함이라는 말은 전승(傳承)을 의미한다. 경장은 역사적인 부처님의 가르침인 법(法)에 대한 지식의 가장 주요한 원천이다.

24. 디가니까야(長部 : Dīghanikāya)

디가니까야는 북전의 장아함(長阿含)에 해당하는 경전으로 내용이 긴 경을 모아놓은 모음집이다. 이 디가니까야는 상당히 일찍 성립된 것으로, 여기에 포함되어 있는 범망경(梵網經 : Brahamajālasutta)은 쌍윳따니까야(相應部 : Saṁyuttanikāya)에 인용되어 있다. 프랑케는 이 디가니까야를 '어떤 저술가의 통일적인 작품으로서 종합적으로 결집되어 저작된 작품'이라고 평가했다. 그러나 그것은 분명히 잘못된 것이다. 왜냐하면 디가니까야 내부에서도 빠알리 경전 전체에서처럼 상호 모순되는 것이 있기 때문이다. 프랑케가 개개의 경전에 대해 증명한 외적인 관계성은 한 경이 모음집에서 하필 특정한 곳에 삽입되어야 하는가를 해명할 뿐이며 그 이상의 결론을 추론해낼 수 없다. 디가니까야의 열여섯 번째 경전인 대반열반경(大般涅槃經 : Mahāparinibbānasutta)은 부처님의 마지막 생애의 사건들을 묘사한 것으로 특유한 위치를 점하고 있다. 디가니까야에 포함된 경의 숫자는 34개이다. 디가니까야는 세 개의 품, 즉 계온품(戒蘊品 : Sīlakkhandhavagga : 1-13), 대품(大品 : Mahāvagga : 14-23), 파리품(波梨品 : Pāṭikavagga : 24-34)으로 나뉘어 있다.

25. 맛지마니까야(中部 : Majjhimanikāya)

맛지마니까야는 북전의 중아함(中阿含)에 해당하는 경전으로 중간 길이의 경들을 모아놓은 모음집이다. 이 맛지마니까야에서는 부처님의 다양한 가르침이 치밀하고도 체계적인 담론으로 전개된다. 몇 개의 경전(예를 들어 No. 82. 83. 95)은 그 가운데도 가장 아름다운 것에 속한다. 맛지마니까야에 포함된 경의 숫자는 152개이다. 크게는 세 개의 그룹으로 나뉘어져 있다 : 근본오십품(根本五拾品 : Mūlapaṇṇāsa : 1-50), 중분오십품(中分五拾品 : Majjhimapaṇṇāsa : 51-100), 상분오십품(上分五拾品 : Uparipaṇṇāsa : 101-152). 프랑케는 디가니까야에서처럼 맛지마니까야에서도 본질적으로 동일한 관점을 견지하면서 이 맛지마니까야도 단순히 모음집이 아니라 숫타니빠따(Suttanipāta)와 동일한 관련 하에 '특정한 저술가에 의해서 편성된 작품'이라고 규정하였다. 그러나 '맛지마니까야가 체계적이긴 하지만 그것은 순수한 문헌학적인 활동에 의해 수집된 것이 아니라 한 저술가의 작품'이라고 단정할 근거는 결코 없다.

26. 쌍윳따니까야(相應部 : Saṁyuttanikāya)

쌍윳따니까야는 디가니까야나 맛지마니까야보다 늦게 편집된 성격을 지니고 있으면서도 내용적으로는 더욱 부처님의 직설에 가까운 고층(古層)에 속하는 특징을 지니고 있다. 따라서 쌍윳따니까야의 경전들 가운데 특히 앞부분은 공자의 논어나 소크라테스의 대화편에 해당할 정도로 중요성을 지닌다. 쌍윳따니까야의 빠알리 원어인 쌍윳따니까야(Saṁyuttanikāya)란 말은 '주제에 따라 잘 편집된 모음집'이란 뜻이다. 예를 들어 싹까쌍윳따(帝釋相應 : Sakkasaṁyutta)은 제석천이 등장하는 짧은 경들을 모은 것이다. 그리고 보장가쌍윳따(覺支相應 : Bojjhaṅgasaṁyutta)은 일곱 가지 깨달음의 고리(七覺支分)에 대한 설명이 있는 경을 모은 것이다. 여기에 대응하는 북전이 잡아함(雜阿含)으로 번역된 것은 이에 해당되는 범어경전이 중국으로 옮겨질 때 착간(錯簡)되었기 때문이다. 쌍윳따니까야에서 유명한 경은 전법륜경(轉法輪經 : Dhammacakkapavattanasutta)이다. 여기에는 전법자로서의 생애를 시작하는 부처님의 첫 설법이 들어있다. 쌍윳따니까야 5품 56상응(相應 : Saṁyutta)으로 분류되며 총 숫자는 2,889 개이거나 편집의 형태에 따라서는 그 이상이다.

27. 앙굿따라니까야(增部 : Aṅguttaranikāya)

앙굿따라니까야는 북전의 증일아함(增一阿含)에 대응하는 경전으로 쌍윳따니까야와 유사한 성격을 지니고 있으며 짤막한 경전들로 이루어져 있다. 11개의 장(障 : Nipāta)으로 분류되며 각 장은 해당되는 숫자와 어떤 관련이 있는 경을 포함하고 있다. 예를 들어 제1권(第一卷: Ekanipāta)의 첫 경은 사람의 둘이 아닌 마음을 속이는 한 여인에 대한 이야기이다. 제5권(第五卷: Pañcanipāta)은 다섯 가지 유학력(有學力 : sekhabalāni)에 대한 경으로 시작한다. 그러나 해당되는 숫자와 관련된 자료가 모자라는 비교적 큰 숫자의 장, 예를 들어 제9장의 경우에는 5+4, 제11장에는 3+3+3+2의 상징으로 연결되어 있다. 이러한 공리공론적인 자료의 배치는 번쇄한 아비달마철학과 가깝다. 경전의 숫자는 각국 판본에 따라 조금씩 차이가 나지만 최소한 2,308개이며 각 장의 각 품(Vagga)는 일반적으로 열 개의 경으로 구성되어 있다.

28. 쿳다까이까야(小部 : KhuddakaNikāya)

경장 가운데 다섯 번째가 쿳다까니까야인데, 짧은 텍스트의 모음집이란 뜻을 갖고 있다. 이 쿳다까니까야는 여러 가지 성격의 경전을 포함하고 있다. 그 내용에 있어서 스리랑카, 미얀마, 태국의 경전들 사이에 완전한 일치가 성립되어 있는 것은 아니다. 스리랑카에서 이 쿳다까니까야에 속한 경전으로 다음과 같은 경전을 들고 있다.

29. 소송경(小誦經 : Khuddakapāṭha)

소송경은 아홉 개의 작은 경과 유사한 텍스트로 구성되어 있는 모음집이다. 일상적인 의례에 사용하는 기도서의 형태를 띠고 있다. 이 가운데 세 개의 경(No. 5, 6, 9)은 숫타니파타(經集 : Suttanipāta)에 나타나 있다. 그리고 그 가운데 아주 민속적인 경전으로 아귀(餓鬼 : peta) 또는 망자의 영혼을 다루고 있는 호외경(戶外經 : Tirokuḍḍasutta : No. 7)이 있다. 그것은 주문의 성격을 지니고 있다. 이 가운데 일부는 현재에도 스리랑카나 태국에서 화장할 때 낭송되고 있다.

30. 담마파다(法句經 : Dhammapada)

법구경은 423개의 격언시를 모아놓은 모음집이다. 인도의 격언에 내포된 교훈의 모음집이라고도 할 수 있다. 내용적으로 26개의 품(Vagga)으로 나뉘어져 있다. 때때로 많은 인접한 시들이 밀접한 연관 아래 쓰여졌으며 자체로 연시를 이루고 있다. 이 시들의 반 이상은 다른 경전에서 입증될 수 있는 것들이다. 편집자는 불경에서 뿐만 아니라 인도에서 구전되어온 많은 격언으로부터 법구경을 만들어냈다.

31. 우다나(自說經=感興語 : Udāna)

자설경은 붓다의 감흥어린 말씀을 대부분 시의 형태로 모아놓은 모음집으로 감흥어(感興語)라고도 한다. 그리고 그 시가 읊어진 동기가 산문으로서 첨가되어 있다. 여덟 개의 품으로 나뉘어져 있으며 82개의 이야기가 들어 있다. 이 가운데 특히 자설(自說 : Udāna. viii. 1~4)은 중관철학의 팔불사상(八不思想)의 시원으로 유명한 열반시(涅槃詩)를 포함하고 있다.

32. 이띠붓따까(如是語經 : Itivuttaka)

여시어경은 '이와 같이 말씀되어졌다'는 뜻이 담겨져 있는 경으로 자설경과 유사하다. 이는 주로 붓다의 윤리적인 가르침을 담고 있다. 산문과 시가 섞여 있는 개개의 경의 숫자는 112개에 이른다. 산문과 시는 보완되거나 산문이 먼저 나오고 시가 따르면서 동일한 사상을 전달하고 있다. 이와 같은 여시어경은 앙굿따라니까야의 품으로 이루어지는 권 또는 장(卷·障 : Nipāta)의 분류방식과 유사하게 나뉘어 있다.

33. 숫타니파타(經集 : Suttanipāta)

경집은 매우 고대적인 특성을 갖고 있다. 첫 번째 네 품(Vagga)이 54개의 경으로 이루어졌으며, 그 중 다섯 번째의 품은 피안도품(彼岸道品 : Pārāyaṇavagga)이라고 하는데, 바바리(Bāvarī)외 16제자들이 붓다에게 질문한 것과 거기에 대한 붓다의 응답으로 이루어진 것으로 18개의 부분으로 나뉘어져 있다. 경집의 대부분의 경은 고담시(古譚時 : Ākhyāna)의 형태를 띠우고 있다. 나라가경(那羅迦經 : Nālaka-sutta) 같은 것은 대화는 시적이며 도입부와 연결부는 산문적이다.

34. 천궁사(天宮事 : Vimānavatthu)와 아귀사(餓鬼事 : Petavatthu)

천궁사와 아귀사는 나중에 성립된 것으로 그다지 환영받지 못하는 조작된 경이다. 그 가운데 제3결집 바로 이전에 편집되었으리라고 추측되는 신층에서 문법가 삥갈라까(Piṅgalaka) 등에 대해 언급하고 있는 것을 볼 때, 언어학의 입장에서 보더라도 조작된 경이라고 증명된다. 천궁사는 신들이 이 세상에서 실천한 선행의 과보로 천궁에서 행복하게 지내는 것을 묘사하고 있는데, 일곱 개 품으로 나뉘어져 있으며 83개의 이야기가 들어 있다. 아귀사는 유령의 슬픈 운명이나 아귀들이 이 세상에서 지은 죄를 속죄하는 내용을 묘사하고 있으며 네 개의 품으로 나뉜 51개의 이야기를 포함하고 있다.

35. 장로게(長老偈 : Theragāthā)와 장로니게(長老尼偈 : Therīgāthā)

장로게와 장로니게는 천궁사와 아귀사처럼 순수하게 시적으로 구성되어 있다. 탁월한 장로와 장로니들에 의해 저술된 시들의 모음집인데, 각 시들에는 해당하는 저자가 명기되어 있다. 부처님 재세시 진정한 불교도의 작품이라고 할 수 있다. 이 가운데 많은 시들은 편집자가 단편적인 추억이나 회상으로부터 재편집한 것으로 보인다. 그 과정에서 시의 내용을 감안하여 시의 내용을 감안하여 특정한 장로나 장로니의 시라고 명기한 것으로 보인다. 그러나 그 시들은 각각 잘 보존된 전승에서부터 기원한다는 사실도 간과해서는 안 된다. 설사 잘 알려진 문헌에 나타난 게송의 병행성을 인정한다고 하더라도, 이 경들은 결코 전체가 한 사람이 저술한 작품이라고는 볼 수 없다. 장로게는 1279개이고 장로니게는 522개이다. 각각 21장(章 : Nipāta)과 16장(章 : Nipāta)으로 구성되어 있다.

36. 본생경(本生經 : Jātaka)

전생담 또는 본생담이라고도 하는데, 산문이야기가 섞여 있는 시의 모음집이며 내용은 부처님의 전생이야기이다. 여기에 포함된 시를 경으로 인정하며, 산문이야기는 편집자가 다소간의 추측으로 윤색한 것으로 보이는데, 그것은 주석에 속하는 것이다. 그리고 경으로 인정되는 시들의 구성은 굉장히 다양하다. 역사를 포함하는 격언이 있는가 하면, 등장인물의 발언과 응답, 대화, 이야기가 있다. 전생담 가운데 늦게 성립한 것일수록 대화체나 이야기체의 시를 포함하고 있는데, 심지어 담시(譚詩)와 시가(詩歌)가 섞여 있기도 하다. 이러한 다양성으로 볼 때 전생담의 모든 시들이 한 저자의 개인적인 작품으로서 통일적으로 조명되어야 한다는 이론은 용납될 수가 없다. 전생담의 시들은 의심할 바 없이 문헌학적인 활동에 의한 하나의 모음집으로 봐야 한다. 한편, 이 모음집의 분류방식은 장로게, 장로니게처럼 순전히 형식적인 것으로 장(章 : Nipāta)으로 나뉘어져 있다. 예를 들어 첫 장의 경우 모두 한 개의 시로 구성된 이야기이며 두 번째 장은 두 개의 시로 구성된 이야기이다.

37. 의석(義釋 : Niddesa)

쿳다까니까야의 마지막에 경집의 한 부분에 대한 주석서인 의석이 있다. 이 의석은 주석임에도 불구하고 경장에 소속되어 있다. 이 경의 저자는 전승에 의하면 사리불(舍利佛 : Sāriputta)이다.

38. 무애해도(無碍解道 : Paṭisambhidāmagga)

무애해도는 아라한의 성취를 위한 지혜에 관한 것을 설명한 것으로, 그 성격이나 형식으로 보아 논장에 귀속되어야 하는 것인데, 경장에 소속되어 있다.

39. 비유경(譬喩經 : Apadāna)

비유경은 불교의 성자들이나 보살들의 전생담인데, 그들의 위대한 행위를 기리는 전설적인 이야기로 지어진 시를 모은 것이다. 이 작품은 비교적 신층에 속하는 것이다. 그렇지만 북전대장경의 범어문헌에서 유래하는 아바다나(阿波陀那 : Avadāna)보다는 오래된 것이다.

40. 불종성경(佛種姓經 : Buddhavaṁsa)

불종성경은 스물네 분의 과거불의 이야기를 고따마 붓다가 직접 설하는 방식을 취한 경이다.

41. 소행장(所行藏 : Cariyāpiṭaka)

소행장은 25개의 모범적인 전생담을 고른 것이다. 부처님은 이 소행장에서 '어떠한 공덕으로 전생에 십바라밀(十波羅蜜)을 성취했는가', '어떤 것이 깨달은 님의 경지를 성취시키는 조건인가'에서 설명하고 있다. 북전의 아함경에서는 이러한 바라밀 사상이 등장하지 않는다. 빈터닛쯔(Winternitz)는 소행장경을 시인이 아닌 탁월한 승려들이 만든 작품으로 이미 존재하는 전생담의 자료에서 교훈적인 이야기를 다듬어낸 것이라고 규정했다. 이 소행장에 대해서는 많은 평석이 존재한다.

42. 논장(論藏 : Abhidhammapiṭaka)

논장은 결코 체계적인 철학이 아니라 경장에 대한 보충적 해설서이다. 여기에 속하는 논서들은 대부분 부처님의 가르침에 나오는 인식론이나 심리학적이고 윤리적인 내용을 상세하게 설명하고 있다. 대부분의 논서들이 그렇듯이 그 형태는 교리적이고 현학적이다. 개념들은 조직적으로 분류되었지만 본질적으로 정의되지는 않았고, 동의어의 반복을 통해서 다양한 각도로 설명된다. 특히 논장은 미얀마에서 많이 연구되고 있다. 경장에서 논장으로의 중간과정에 있는 경전으로는 일련의 숫자놀음과 결합되어 있는 앙굿따라니까야나 디가니까야의 마지막 두 경과 그 유사한 경들이다.

43. 일곱 개의 논장(論藏 : Abhidhammapiṭaka)

논장에는 일곱 개의 작품이 있다. 1) 법집론(法集論 : Dhammasaṅgaṇi) : 주로 형이심리학적인 현상을 설명한 논서이다. 심심소법(心心所法)·색법(色法)·일체법(一切法)의 순서로 평면적, 사전적으로 설하고 있다. 2) 분별론(分別論 : Vibhaṅga) : 법집론에 대한 보충서이다. 온처계제(蘊·處·界·諦)등의 18항목에 관해서 주로 경분별(經分別)·논분별(論分別)·문난(問難)의 입장에서 정의하고 고찰하는 입체적인 설명이 시도되고 있다. 3) 논사(論事 : Kathāvatthu) : 아쇼카 왕 시대에 불교는 18부로 분열되어 혼란을 초래했으므로 장로 띳싸 목가리뿟따(Tissa Moggaliputta)가 252가지의 이단사설을 공격한 파사론(破邪論)으로 논장의 역사에서 중요한 위치를 차지한다. 이 전승은 믿을 만한 것이다. 4) 인시설론(人施設論 : Puggalapaññatti) : 여러 인격과 개인의 성격, 그리고 성자의 지위에 대한 물음과 답변으로 이루어져 있다.

5) 계론(界論 : Dhātukathā) : 여러 형이심리학적인 현상과 그 범주에 관한 논서이다. 제법(諸法)의 상섭상응(相攝相應)하는 범주를 밝혀놓은 것으로 형식적인 번쇄론(煩鎖論)이다. 6) 쌍론(雙論 : Yamaka) : 모든 형이심리적 현상은 특수한 전제와 근온처계제(根·蘊·處·界·諦)등의 십쌍대(十雙對)의 품으로 이루어져 있으며, 논장 가운데서 발취론 다음으로 방대하다. 7) 발취론(發趣論 : Paṭṭhāna, Mahāpaṭṭhāna) : 논장 가운데 가장 방대한 문헌으로 24연기(二十緣起)의 분별과 시설에 관한 인과론을 다루고 있는데, 그것에 대해 올바로 이해한다는 것은 매우 어렵다. 논장에 대해 가장 박학했던 리스 데이비드 부인조차 이 발취론에 관해 다음과 같이 말했다 : '이 텍스트는 서구교육을 받은 사람에게 매우 어렵고 불분명한 것 같다. 나는 이 문제의 어느 하나도 제대로 해결하기 힘들다.'

44. 호주(護呪 : Pirit)

호주는 민속적인 주문을 경전의 모음집에 포함시킨 것이다. 스리랑카에서는 오늘날도 이러한 호주의례(*sgh.* Pirit)가 보편적으로 행해진다. 자이덴스튀커(Seidenstücker)에 의하면 집을 새로 짓는다든지 장례를 지낸다든지 질병을 앓는다든지 하는 경우에 이 호주의례가 행해진다고 한다. 이때 호주에 있는 주문을 외우게 된다. 이 가운데는 28개의 경이 있는데 그 중 7개는 이 경전의 선구로 여겨지는 소송경(1. 2.)에서 차용한 것이다. 미얀마에서도 이 소송경은 대중적으로 인기가 있다. 그러나 언제 이러한 호주가 편집되었는지는 알려져 있지 않다. 주문은 불교에서 매우 오래된 것이다. 부처님은 스스로 한 제자에게 '뱀의 축복'이란 주문을 가르쳤다. 뱀에게 '자비의 마음이 스며들게 하는(mettena cittena pharituṁ)' 주문으로 뱀이 남을 상해하지 않도록 유도하기 위한 것이다. 밀린다왕문경에도 이러한 호주는 부처님이 직접 가르친 것이라고 쓰여 있다. 예로서 언급하고 있는 6가지 텍스트 가운데 다섯 가지가 이 호주경에서 발견된다. 법구경의 주석서에는 부처님이 살았을 당시 아난다(Ānanda)가 경집에 나오는 보경(寶經 : Ratanasutta)을 수단으로 실행한 커다란 굿에 관한 이야기가 등장한다.

45. 붓다고싸 이전의 경전외의 문헌과 고대 싱할리주석서들

스리랑카의 전승에 따르면, 아쇼카 왕의 아들 마힌다가 삼장 이외에도 의소(義疏 : Aṭṭhakathā)들을 스리랑카로 가져왔다고 한다. 이 전승이 옳고 그름에 대해서는 아직도 미결인 채로 있다. 스리랑카에는 일찍이 주석문헌이 상당한 양과 다양한 내용으로 존재했음에 틀림없다. 그것에서 나온 것이 붓다고싸의 것과 같은 후기의 주석서뿐 아니라 도사(島史 : Dīpavaṁsa)를 비롯한 역사적 문헌이다. 늦어도 12세기까지 이 의소들이 스리랑카에 존재했고 학자들이 사용했다는 사실을 알 수 있다. 율장에 대한 주석서인 선견율비바사(善見律毘婆沙 : Samantapāsādikā) 서문에서 붓다고싸는 의소들이 '나의 주석서들의 원천'이라고 말하고 있다. 붓다고싸에 따르면 이 의소는 싱할리어로 쓰여 있었다. 그는 붓다씨리(Buddhasiri) 장로의 권유로 이것들을 비구들이 사용할 수 있게 하기 위해서 빠알리어로 번역했다. 그 주요 원천은 대의소(大義疏 : Mahā-Aṭṭhakathā)였다. 그 밖에 다른 의소들, 즉 마하빳짜리 의소(Mahāpaccarī-Aṭṭhakathā), 꾸룬디 의소(Kurundī-Aṭṭhakathā) 등도 함께 사용했다. 선견율비바사의 복주(復註 : Ṭīkā)로는 바지라붓디(Vajirabuddhi)와 싸랏타디빠니(Sāratthadīpanī) 외에 쭐라빳짜리(Cullapaccarī), 안닷타카타(Andhaṭṭhakathā), 빤나바라(Paṇṇavāra), 쌍케빳타카타(Saṅkhepaṭṭhakathā)도 거론된다. 섭묘법(攝妙法, 14세기의 論書 : Saddhammasaṅgaha)에 따르면 대의소는 경장의 주석서, 마하빳짜리는 논장의 주석서, 꾸룬디는 율장의 주석서였다고 한다. 서사(書史 : Gandhavaṁsa)도 이 동일한 세 개의 의소에 관해 언급하고 있고 대의소는 뽀라나짜리야(Porāṇācariyā) 들의 저작으로 되어 있다. 다른 두 개의 의소는 그들의 제자로 생각되는 간다짜리야(Gandhācariyā)의 것으로 되어 있다. 그러나 이러한 고대 싱할리어로 기술된 주석서들은 원형 그대로 보존되지 않았고 직접적으로 전해지지도 않는다.

46. 붓다고싸 이전의 현존하는 경전외 문헌

붓다고싸 이전의 것으로 실제 존재하는 것은 1) 도론(道論 : Nettippakaraṇa)과 2) 장훈(藏訓 : Peṭakopadesa)인데, 미얀마에서는 이것이 경전에 편입되어 있다. 제목에서 보는 바와 같이 이 논서들은 부처님의 가르침에 대한 입문서이다. 전해오는 바에 따르면 그것들은 부처님의 탁월한 제자로서 논의제일(論議第一)이였던 마하깟짜야나(大迦旃延 : Mahākaccāyana)의 저작이라고 한다. 그러나 이는 옳지 않다. 추측하건데 이 저작자가 깟짜야나라는 이름을 갖고 있어서 부처님의 제자인 마하깟짜야나와 혼동되었을 것이다. 유명한 문법가인 깟짜야나(Kaccāyana)를 두고도 그러한 혼동이 일어났던 것은 다 아는 사실이다. 하디(E. Hardy)는 이 두 논서의 발생년도를 내적이거나 외적인 근거를 내세워 서력기원 전후로 보았다.

3) 그밖에 경집록(經輯錄 : Suttasaṅgaha)이 언급되지만 실제 존재여부는 밝혀지지 않았다. 이것은 경들만이 아니라 천궁사 등과 같은 텍스트에서 비롯된 방대한 선집(選集)이다. 저자와 성립연대는 밝혀져 있지 않다. 이 작품이 여기에 언급되어 있는 것은 미얀마에서는 도론, 장훈, 밀린다왕문경과 더불어 쿳다까니까야에 소속되어 있기 때문이다.

47. 밀린다왕문경(王問經 : Milindapañhā)

이 경은 왕 밀린다(Milinda)와 장로 나가쎄나(Nāgasena)가 부처님의 가르침의 중요한 문제에 관하여 대론한 것이다. 내용적으로 이 작품은 정통적인 상좌부(上座部)의 불교를 대변한다. 밀린다는 희랍 박트리아의 왕 메난드로스(Menandros; B. C. 2세기말)의 인도적인 표현이다. 그는 불교에 상당한 호의를 갖고 있었으나 실제로 불교에 귀의했는가 하는 것은 잘 알려져 있지 않다. 밀린다왕문경은 원래 범어로 기술된 서력기원 직후의 서북 인도의 판본을 기초로 한 것이다. 서북인도의 범어판본이 빠알리어로 옮겨진 것은 스리랑카에서인데, 붓다고싸가 밀린다왕문경을 많이 인용하고 있는 것으로 보아 붓다고싸 이전의 시대에 이루어졌다. 중국의 번역본이 보여주는 것처럼, 이 경의 원본은 상당히 짧았다고 생각된다. 한문경전은 제2장으로 끝나지만 빠알리어 경전에서는 바로 그 자리에 '나가쎄나에 대한 밀린다왕의 질문이 끝났다(Nāgasena-Milindarājā-pañhā niṭṭhitā)'라는 말이 등장하면서 경전이 계속된다. 또한 한역 경전의 도입부는 빠알리어의 번안보다도 훨씬 간략하다. 원본에 스리랑카에 이미 존재하던 여러 다른 자료가 첨가되어 번안된 것으로 보인다. 빠알리어의 번안에도 온전히 전승된 빠알리어 밀린다왕문경 이외에 여러 가지 번안본들이 있었으리라는 것을 추측할 수 있는데, 빠알리어 텍스트 가운데에는 시적인 번안 작업이 이루어진 여러 단편들이 발견된다.

48. 붓다고싸 이전의 역사서

붓다고싸 이전의 작품으로 마지막으로 도사(島史 : Dīpavaṁsa)가 있다. 이것은 마하쎄나왕(Mahāsena; 325-352 A.D.)이 다스릴 때까지 스리랑카의 역사를 기록한 책이다. 붓다고싸가 이 책에 관해 알고 있었으므로 이 책은 A.D. 352년에서 450년 사이에 쓰여졌을 것이다. 문헌학적 입장에서 보면, 이 책은 허술한 작품이다. 그것은 저자가 빠알리어에 관해 탁월한 능력이 없었으므로 언어학적으로 자신이 공부한 원전에만 의존하고 있기 때문이다. 프랑케가 그것을 입증했다. 그러나 프랑케가 형식과 내용을 혼동하여 역사적인 기초로서 도사의 의미와 가치를 왜곡하고 있는데, 그것은 옳지 않은 일이다. 이 역사서는 내용적으로 고대 의소 가운데 역사적인 부분에서 기원하는 것이다. 이 역사서의 진술이 허황된 것이 아니라는 사실은 인도대륙의 전승과 내용적인 일치를 통해서 증명된다. 따라서 도사는 옛 역사적인 전승의 담지자로서 역사 비평의 과제에 공헌하는 가치를 지니고 있다.

49. 붓다고싸의 주석서와 5세기에서 11세기까지의 문헌

이 시기는 고대 의소에서 유래하는 삼장에 대한 주석서들이 써진 시기이다. 여기서 무엇보다도 중요한 인물은 붓다고싸이다. 그는 북인도의 바라문 가문에서 태어났는데 마하나마왕(Mahānāma : A.D. 458-480) 당시에 스리랑카에 왔으며 마하비하라(Mahāvihāra) 승원에서 아누라다뿌라(Anurādhapura)에게 삼장과 의소를 배운 뒤에 많은 문헌적 업적을 남겼다. 그의 생애에 관한 단편적인 전승은 모두 전설적이다. 그가 쓴 삼장에 대한 주석서들은 다음과 같다.

[율 장]

1) 선견율비바사소(善見律毘婆沙疏 : Samantapāsādikā) : 율장에 대한 주석
2) 해의소(解疑疏 : Kaṅkhāvitaraṇī) : 계본(戒本)에 대한 주석

[경 장]

3) 묘길상찬(妙吉祥讚 : Sumaṅgalavilāsinī) : 디가니까야에 관한 주석
4) 멸희론소(滅戱論疏 : Papañcasūdanī) : 맛지마니까야에 관한 주석
5) 요의해소(要義解疏 : Sāratthappakāsinī) : 쌍윳따니까야에 관한 주석
6) 여의성취소(如意成就疏 : Manorathapūraṇī) : 앙굿따라니까야에 관한 주석
7) 승의명소(勝義明疏 : Paramatthajotikā) : 쿳다까니까야(小誦經과 經集)에 관한 주석

[논 장]
8) 승의소(勝義疏 : Atthasālinī) : 법집론에 대한 주석
9) 제미망소(除迷妄疏 : Sammohavinodanī) : 분별론에 대한 주석
10) 오론의소(五論義疏 : Pañcappakaraṇaṭṭhakathā) : 오론(五論; 界論, 人施設論, 論事, 雙論, 發趣論)에 관한 주석

논장에 대한 주석서들을 통칭해서 승의론(勝義論 : Paramatthakathā)라고 불렀던 것 같다. 뿐만 아니라 붓다고싸의 이름으로 된 주석서에는 전생담과 법구경에 대한 것도 있다. 거기에 대해서는 다음에 이야기 한다. 그리고 틀림없이 붓다고싸는 영웅담(英雄談) 또는 비유경(譬喩經 : Apadāna)에 관해서도 주석서를 썼을 것이다. 뿐만 아니라 그는 인도에서 법집론 주석서의 설계도라고 할 수 있는 지혜생주(智慧生註 : Ñāṇodaya)라는 주석서를 썼으리라고 추측된다.

50. 청정도론(淸淨道論 : Visuddhimagga)

붓다고싸의 주석서 가운데 가장 인기가 있는 것이 청정도론이다. 그것은 계(戒)·정(定)·혜(慧) 삼학으로 나뉘어져 있으며, 부처님의 가르침에 대한 백과사전의 형식을 띠고 있다. 이러한 청정도론의 성립배경은 전설 속에 쌓여 있다. 그것은 오늘날 남방불교에서 매우 존중되고 있는 대부분 텍스트의 성립배경이 그런 것과 같다.

51. 본생경찬석(本生經讚釋 : Jātakaṭṭhavaṇṇanā)

본생경찬석은 붓다고싸의 저술로 되어 있으나 이는 확실하지 않다. 파우스뵐(Fausböll)의 교정본에 나와 있는 것처럼 본생경의 주석은 부처님의 전생을 취급하는 547개의 모든 이야기에 관한 것이다. 각각의 이야기는 네 부분으로 구성되어 있다. 1) 게송(Gāthā) : 핵심이 되는 내용의 시(詩), 2) 과거사(過擧事 : Atītavatthūni) : 게송의 내용에 관한 전생의 산문적 이야기, 3) 현재사(現在事 : Paccuppannavatthūni) : 이 전생담이 설해져야 하는 이유가 되는 현재의 이야기와 그 과거사와의 인연관계(總攝 : samodhānāni), 4) 해설(解說 : Veyyākaraṇāni) : 게송을 한 단어 한 단어씩 설명하는 주석. 이 본생경찬석에 부처님의 전생이야기와 현생에서 싸밧띠(舍衛城 : Sāvatthi)에 있는 기원정사(祈園精舍 : Jetavanavihāra)를 기증받게 되는 인연담(因緣譚 : Nidānakhathā)이 도입부에 실려 있다. 가이거의 견해에 따르면, 외적 형식으로 보아 본생경찬석은 붓다고싸의 저술이 아니라면 동시대의 스리랑카의 한 승려의 작품이거나 또 다른 후기의 학자의 작품이다. 그러나 저작자는 자료를 고대 의소에서 취하고 있다. 이 고대의 의소는 또한 본질적으로 구전에서 유래한다. 처음부터 의심할 바 없이 게송과 이야기는 함께 전승되었다. 이야기가 없는 게송 자체만으로는 대부분 무의미하다. 그러나 그 두 가지 전승은 형태를 달리한다. 게송은 정해져 있었으므로 변하지 않고 전승된 반면, 산문적인 이야기는 다소간 송출자의 임의에 맡겨졌다. 여기서 게송인 시와 경문인 산문 사이에 존재하는 모순이 드러나며, 그것은 분명히 고대 의소에서 싹텄으리라고 추측된다. 한마디로 말해서 본생경은 고담(古譚 : Ākhyāna)에 속한다. 그러나 완전히 그런 것은 아니다. 게송인 시가 없는 이야기도 모음집에 편입되어 있다. 예를 들어 게송이 이야기 속에 있지 않고, 이야기 뒤의 총섭(總攝 : Samodhānāni)에서 부처님이 말씀하는 현등각게송(現等覺揭頌 : Abhisambuddhagāthā)을 지닌 본생경이 그러하다. 다른 한편 우리는 본생경찬석의 후편에 연결되는 이야기가 게송에 비교해서 아주 뒤로 물러나 있는 경우를 볼 수 있는데, 이는 고담형식에서 서사시의 형식으로 점차적으로 발전하는 단계를 보여주는 것이다. 일찍이 본생경찬석은 교훈적인 설교로써 사용되었다. 예전부터 지금까지 불교교단에서 가장 널리 읽혀지는 텍스트 가운데 하나이다. 그러나 이 본생경찬석은 본래 특별히 불교적인 것이 아니라 인도 국민의 보편적인 유산이다. 왜냐하면 본생경과 인도의 서사시의 사이에는 많은 관계성이 발견되기 때문이다. 불교도들은 민중의 민속적인 이야기들을 불교적으로 각색해서 불교문학의 범주에 넣은 것이다. 우리는 그러한 민담들이 어떻게 부처님의 전생담으로 각색되었는가를 실제로 살펴볼 수 있다. 전생담으로의 편입은 현재사(現在事 : Paccuppannavatthūni) 속에서 일어난다. 그것은 과거사(過去事 : Atītavatthūni)에 비해서 신층에 속한다. 가이거는 이 층은 이미 고대 의소에 속해 있던 것이라고 믿고 있다. 본생경찬석의 무대배경이 상당히 다양한 것은 과거사는 주로 서북인도(Gandhāraraṭṭha, Kāsiraṭṭha)를 중심무대로 하고 현재사는 주로 동인도(Kosalaraṭṭha, Magadharaṭṭha)를 중심으로 하기 때문이다.

52. 법구의석(法句義釋 : Dhammapadaṭṭhakathā)

법구의석(法句義釋 : Dhammapadaṭṭhakathā)은 본생경보다 오래된 것이다. 아주 질서있게 짜여진 도입부의 시에 따르면 법구의석은 고대 의소를 빠알리어로 번역했을 가능성이 짙다. 가이거는 이것이 붓다고싸의 저술이라는 것을 믿지 않는다. 여기에는 이 새로운 작품이 보다 오래된 원본에 근거한다는 강력한 의존성이 엿보이기 때문이다. 법구의소는 법구경의 각각의 시나 연시에 부처님이 설법한 이야기를 실었고 그 이야기 끝에 법구경의 게송을 부가했다. 여기에는 본생담보다 훨씬 많은 불교적인 이야기가 나온다. 특히 불교승려와 성자들이 중요한 역할을 담당한다. 주인공에 대한 전생담인 과거사(過去事)도 드물지 않게 섞여 있다. 이러한 전생담의 삽입은 본생경을 통해서 증명된다. 뿐만 아니라 본생경의 현재사(現在事)가 인용될 때도 있다. 이 법구의소에 삽입된 이야기에는 본생경 이외에도 니까야, 천궁사, 아귀사, 경집, 율장 등에서 인용된 이야기도 있다. 법구의소와 다른 작품들 간의 자료적 일치가 있다면, 공통적인 제3의 원전에서 유래한 것일 수도 있다.

53. 붓다고싸 이외의 주요 논사의 주석서

붓다고싸 이외에도 1) 붓다닷따(Buddhadatta)가 있는데 그는 전설에 따르면 붓다고싸와 동시대인이다. 불종성경의 주석서인 여밀의찬(如蜜義讚 : Madhuratthavilāsinī = 如蜜義解疏 Madhuratthappakāsinī), 빠알리어 시로 되어 있는 계율의 편람인 율결정집(律決定集 : Vinayavinicchaya), 그와 유사한 상결정집(上決定集 : Uttaravinicchaya), 불교형이상학의 입문서인 입아비담론(入阿毘曇論 : Abhidhammāvatāra)과 나중에 언급되는 것과 동일한 제목의 작품은 분명히 아니지만 승자장엄(勝者莊嚴 : Jinālaṅkāra)이 그의 저술로 되어 있다. 이 가운데 제일 첫 번째 작품 이외에는 모든 것이 의심스럽다. 붓다닷따라는 인물이 붓다고싸 시대에 있었을 가능성은 있지만 전승을 통해서 후세의 유능한 다른 승려의 작품이 그의 이름을 빌렸을 가능성이 짙다. 2) 아난다(Ānanda)는 인도 출신으로 논장의 주석에 대한 가장 오래된 복주(復註)인 근본복주(根本復註 : Mūlaṭīkā) 또는 승법근본복주(勝法根本復註 : Abhidhammamūlaṭīkā)를 쓴 저자이다. 붓다고싸에게 멸희론소를 쓰도록 권한 붓다밋따(Buddhamitta)가 안난다에게도 그러한 작품들을 쓰도록 동기를 부여했다. 그러므로 그 두 저자는 동시대인이라고 할 수 있다. 3) 담마빨라(Dhammapāla)는 빠다리띳따(Padaratittha) 출신으로 붓다고싸가 주석을 달지 않은 쿳다까니까야인 감흥어, 여시어경, 천궁사, 아귀사, 장로게, 장로니게, 소행장에 대한 주석인 승의등소(勝義燈疏 : Paramatthadīpanī)을 저술했다. 그밖에 그의 이름으로 되어 있는 것은 청정도론의 주석인 대복주(大復註 : Mahāṭīkā) 또는 승의보함(勝義寶函 : Paramatthamañjūsā)가 있으며, 도론의 주석인 도론의찬(道論義讚 : Nettipakaraṇassa Atthasaṁvaṇṇanā)이 있고, 그 자신의 저술 등의 복주인 현의찬석(玄義讚釋 : Līnatthavaṇṇanā)이 있다. 그리고 또한 첫 네 가지 니까야의 주석에 대한 복주인 현의해소(玄義解疏 : Līnatthappakāsinī)도 있고, 본생경찬석에 대한 복주와 붓다닷따의 여밀의찬에 대한 복주, 논의소에 대한 복주 등이 있다. 이 마지막 언급한 네 개의 작품은 현의해소의 일부를 제외하곤 더 이상 존재하지 않는다. 그는 붓다고싸의 젊은 동시대인일 가능성이 높으며 그 후 많은 동일한 이름을 지닌 장로들의 작품이 이 한 이름으로 전승되었을 가능성이 짙다. 그러한 전승의 사명은 붓다고싸가 하지 못한 것을 보충하는 역할이었다. 그가 현장(玄奘) 법사를 가르친 날란다(Nālandā) 대학의 담바빨라[法護]와 동일한 인물이었다면, 담마빨라에 대한 연대 측정은 한 세기가 늦어질 것이다. 가이거는 이러한 주장을 한 하디(E. Hardy)의 말은 증거가 없는 것으로 일축했다.

54. 붓다고싸 이외의 주요 논사의 보충적 주석서

다음과 같은 이름의 많은 주석가들이 보충적인 주석서를 남겼다. 1) 쭐라 담마빨라(Culla-Dhammapāla) : 아난다의 제자인 그는 제요약론(諦要略論 : Saccasaṅkhepa)을 저술했다. 2) 우빠쎄나(Upasena) : 쿳다까니까야의 주석에 대한 복주인 묘법의론(妙法義論 : Saddhammaṭṭhikā·Saddhammappajotikā)를 저술했다. 3) 마하나마(Mahānāma) : 무애해도에 대한 주석인 묘법해소(妙法解疏 : Saddhammappakāsinī)의 저자이다. 4) 깟싸빠(Kassapa) : 단치론(斷痴論 : Mohavicchedanī)과 단혹론(斷惑論 : Vimaticchedanī)의 저자이다. 5) 바지라붓디(Vajirabuddhi) : 선견율비바사소의 복주인 금강지혜론(金剛智慧論 : Vajirabuddhi)의 저자이다. 서사(書史)에 따르면 마하 바지라붓디와 쭐라 바지라붓디가 서로 다르며 모두 인도에서 왔는데 마하 바지라붓디가 비나야간디(Vinayagaṇḍhi)이란 작품을 썼으리라고 생각된다. 6) 케마(Khema) : 안온론(安穩論 : Khemappakaraṇa)의 저자, 쭐라 담바빨라 그리고 아누룻다(Anuruddha)

와 함께 거론된다. 7) 아누룻다(Anuruddha) : 섭승법의론(攝勝法義論 : Abhidhammatthasaṅgaha)이라는 가장 많이 읽히는 논장에 대한 입문서의 저자이다. 이 책에 대하여 12세기의 많은 장로들이 복주를 썼다. 또한 그는 승의결정론(勝義決定論 : Paramatthavinicchaya)과 명색한정론(名色限定論 : Nāmarūpaparicchheda)의 저자이며 이들에 대해서는 각각 두 개의 복주들이 있다.

55. 율장에 대한 개론서

또한 율장에 속하는 작지만 중요한 텍스트로 담마씨리(Dhammasiri)의 소학(小學 : Khuddasikkhā)과 마하싸민(Mahāsāmin)의 근본학(根本學 : Mūlasikkhā)이 있다. 이 책들은 대부분 연시로 작성된 계율에 대한 집록인데, 암기하기 위해 만들어진 것이다. 이 두 책과 싱할리어의 번역본에 관해서는 많은 주석서들이 있다. 사용한 언어로 보아서는 11세기 이전으로까지 소급하지는 않는다. 그리고 빠락까마바후왕 1세(Parakkamabāhu : 12세기 후반)의 갈비하라(Galvihara)의 비문에서 뽈론나루와(Polonnaruwa)에 대한 언급이 그 하한선을 결정한다. 당시에 벌써 이 책들은 상당히 널리 알려져 있었다.

56. 붓다고싸 이후의 역사서(大史 : Mahavaṁsa)

이 시기의 스리랑카 역사서로서 유명한 것은 마하나마(Mahānāma)의 대사(大史 : Mahāvaṁsa)이다. 이 책은 도사(島史 : Dīpavaṁsa)와 마찬가지로 동일한 순서와 거의 동일한 시기를 대상으로 하고 있다. 메마른 역사서인 도사가 고대 의소로부터 가져온 새로운 풍부한 자료를 바탕으로 예술적으로 정리된 서사시로 변모되었는데 그것이 대사이다. 왕 데바남삐야띳싸(Devānampiyatissa : 247-207 B.C.)와 왕 둣따가마니(Duṭṭhagāmaṇi : 101-77 BC.)가 이 사서(史書)의 중심을 이룬다. 대사는 역사적인 관점으로 보면, 도사의 주석서이다. 그래서 전반부의 주석서는 복주(復註 : Ṭīkā)라고 불린다. 가이거는 대사의 38·59소절이 시의 성립의 역사와 관련하여 그 저작 연대가 AD. 6세기 다뚜쎄나(Dhātusena) 왕 시기였다고 결정하고 있다. 원래의 대사는 37·50에서 '대사(大史)는 완성되었다.(Mahāvaṁso niṭṭhito)'란 말로 끝난다. 나중에 계속 지은 이가 덧붙이기 위해 이미 끝난 종결을 파괴했던 것이다.

57. 부처님에 관한 전설서

부처님의 전설에 관한 것으로는 1) 깟싸빠(Kassapa)의 미래사(未來史 : Anāgatavaṁsa)가 있는데 이것은 미래불인 미륵(彌勒 : Metteyya)에 대한 부처님의 수기에 관한 내용을 시의 형식으로 표현한 것이다. 전승에 따르면 저자는 단치론 또는 단혹론의 저자와 동일한 이라고 한다. 2) 우빠띳싸(Upatissa)의 보리사(菩提史 : Bodhivaṁsa) 또는 대보리사(大菩提史 : Mahābodhivaṁsa)가 있는데, 이것은 아누라다뿌라(Anurādhapura)에 있는 성스러운 나무의 이야기를 엮은 것으로 과거의 연등불(燃燈佛 : Dīpaṅkara)까지 소급해간다. 이 작품은 산문으로 써져 있으며 거의 별도의 기술이 없는 것으로 보아 인연담이나 대사처럼 고대의 작품을 모아놓은 것이다. 성립 시기는 가이거가 입증한 바와 같이 11세기 전반이다.

58. 깟짜야나의 문법서

붓다고싸의 시기에 활동한 사람으로 유명한 이는 문법가 깟짜야나(Kaccāyana)이다. 그의 작품인 깟짜야나문법(迦旃延文法 : Kaccāyanavyākaraṇa) 또는 가전연서(迦旃延書 : Kaccāyanagandha)는 가장 오래된 빠알리어 문법서이다. 프랑케는 붓다고싸나 담마빨라 이전에 이미 정해진 문법체계가 존재했으나 그것은 깟짜야나와 다르며 아마도 보디쌋따(Bodhisatta)에서 기원했으리라고 추정하고 있다. 깟짜야나 문법의 결점은 빠알리어와 범어의 역사적 관련에 관해서는 언급하고 있지 않다는 사실이다. 빠알리어가 그 자체로서 설명되어 있다. 물론 깟짜야나는 부처님의 제자였던 마하깟짜야나(Mahākaccāyana : 大迦旃延)와는 관계가 없다. 뿐만 아니라 3세기경에 빠니니(Pāṇini)의 문법에 주석을 달은 까띠야야나(Kātyāyana)와도 다르다. 또한 도론의 저작자와도 무관하다. 그가 붓다고싸 이후에 살았던 사람이라는 것은 의심할 바 없다. 왜냐하면 그의 문법 용어는 더 오래된 고전 문법에서 채용되고 있기 때문이다. 깟짜야나 연대의 하한선은 그가 샤르바바르만(Śarvavarman)의 까딴뜨라(Kātantra) 문전뿐만 아니라 빠니니 이외에 그 후계자와 함께 까씨까(Kaśikā : AD. 7世紀)를 인용한 것으로 보아서도 알 수 있다. 따라서 깟짜야나는 A. D. 7세기 이후의 사람이다. 그는 주요한 문법서 외에 다른 두 개의 문법서인 대사서(大詞書 : Mahāniruttigandha)와 소사서(小詞書 : Cullaniruttigandha)를 저술했다. 깟짜야나 저술에 대한 많은 주석서 가운데 유명한 것으로는 비말라붓디(Vimalabuddhi)의 기명소(記名疏 : Nyāsa) 또는 입문등소(入門燈疏 : Mukhamatthadīpanī)이 있다. 따라서 비말라붓디는 A.D. 7세기 이후의 시대에 속하는

데 12세 후반 이전의 사람이다. 그 이유는 차빠다(Chapada : 12세기 후반)가 기명소에 대한 복주(復註)인 기명등(記名燈 : Nyāsapadīpa)이란 것을 저술했기 때문이다.

59. 마하깟싸바(Mahākassapa)의 결집

빠락까마바후 1세(Parakkamabāhu I. 1153~1186)의 통치 아래 스리랑카에서 문헌적인 활동은 극치에 달했다. 그의 보호 아래 장로 마하깟싸빠(Mahākassapa)는 붓다고싸의 주석서에 대한 복주(復註 : Ṭīkā)를 빠알리어로 정리할 목적으로 결집을 행했다. 이 복주들의 리스트는 다음과 같다.

1) 요의등소(要義燈疏 : Sāratthadīpanī) : 선견율비바사소에 대한 복주
2) 제일요의보함(第一要義寶函 : Paṭhamasāratthamañjūsā) : 묘길상소에 대한 복주
3) 제이요의보함(第二要義寶函 : Dutiyasāratthamañjūsā) : 멸희론소에 대한 복주
4) 제삼요의보함(第三要義寶函 : Tatiyasāratthamañjūsā) : 해요의소에 대한 복주
5) 제사요의보함(第四要義寶函 : Catutthasāratthamañjūsā) : 여의성취소에 대한 복주
6) 제일승의해소(第一勝義燈解疏 : Paṭhamaparamatthappakāsinī) : 승의설소에 대한 복주
7) 제이승의해소(第二勝義燈解疏 : Dutiyaparamatthappakāsinī) : 제미망소에 대한 복주
8) 제삼승의해소(第三勝義燈解疏 : Tatiyaparamatthappakāsinī) : 오론의소에 대한 복주

상기에 언급한 복주들 가운데 현재 존재하는 것은 싸리뿟따(Sāriputta)의 요의등소뿐이다. 그밖에 사리뿟따의 작품으로 멸희론소에 대한 복주인 현의해소(玄義解疏 : Līnatthappakāsinī)가 존재한다. 마하 깟싸빠가 소집한 결집은 고대의 결집의 방법에 따라 이루어졌다. 복주를 저술하려는 동기가 모여서 생동하는 문헌적 활동이 이루어졌던 것은 당연하다. 그리고 그 중심으로서 싸리뿟따가 자신의 제자들과 함께 참여했다. 그의 작품으로는 위에서 인용한 두 작품 이외에 섭율(攝律 : Vinayasaṅgaha)이라고 불리는 것이 있었다. 서사(書史)에 따르면, 그는 여의성취소에 대한 제사요의보함도 저술했다.

60. 싸리뿟따(Sāriputta)의 제자들의 복주

싸리뿟따의 제자로서는 다음과 같은 인물이 있다. 1) 쌍가락키따(Saṅgharakkhita) : 소학복주(小學復註 : Khuddasikāṭīkā)의 저자 마하야싸(Mahāyasa)의 이름으로 되어 있는 고주(古註 : Porāṇaṭīkā) 보다는 신층에 속한다. 이 두 주석서는 보존되어 있다. 2) 붓다나가(Buddhanāga) : 필사본으로 남아 있는 단혹론에 대한 복주의 하나인 율의보함(律義寶函 : Vinayatthamañjūsā)의 저자이다. 3) 바찟싸라(Vācissara) : 서사에 따르면 그는 18개의 작품을 썼다. a) 근본학신주(根本學新註 : Mūlasikkhābhinavaṭīkā) : 비말라싸라의 고주 뒤에 나왔을 것이다. b) 섭장엄결계론(攝莊嚴結界論 : Sīmālaṅkarasaṅgaha) : 계율의 범주에 속하며, 성스러운 지역의 비구들이 계율을 함께 선택해서 사는 지역에 관한 것이다. c) 안온론주(安穩論註 : Khemappakaraṇaṭīkā) : 케마가 쓴 안온론에 대한 주석서이다. d) 명색한정론주(名色限定論註 : Nāmarūpaparicchedaṭīkā) : 아누룻다의 명색한정론에 대한 주석서이다. e) 제요약론주(諦要略論註 : Saccasaṅkhepaṭīkā) : 해당 제요약론에 대한 쑤망갈라의 작품보다 오래되었다. f) 입아비담론주(入阿毘曇論註 : Abhidhammāvatāraṭīkā) : 붓다닷따의 유명한 작품인 입아비담론에 대한 주석서이다. g) 색비색분별론주(色毘色分別論註 : Rūpārūpavubhāgaṭīkā) : 붓다닷따의 색비색분별론에 대한 주석서이다. 그밖에 율결정집주(律決定集註 : Vinayavinicchayaṭīkā)와 상결정집주(上決定集註 : Uttaravinicchayaṭīkā)도 언급되어 있다. 그리고 소학에 대한 주석서인 묘길상정명소(妙吉祥淨明疏 : Sumaṅgalappasādanī)가 있고 그밖에 작품들이 있다. 이와 같이 많은 작품들이 바찟싸라의 이름으로 되어 있지만, 추측하건대 한 사람의 바찟싸라가 아니라 동일한 이름의 상이한 장로에 의해 쓰여졌을 것이다. 4) 쑤망갈라(Sumaṅgala)는 아누룻다의 섭승법의론에 관한 주석을 해승법의소(解勝法義疏 : Abhidhammatthavibhāvanī)이란 이름으로, 입아비담론에 대해서는 개승법의론(開勝法義疏 : Abhidhammatthavikāsanī)란 이름으로 주석서를 썼다. 그리고 신주(新註 : Abhinavaṭīkā)라고 부르는 제요약론에 대한 복주를 썼는데, 그것을 포함해서 위의 세 작품은 모두 필사본으로 남아 있다.

61. 싸담마조띠빨라(Sadhammajotipāla)의 논서

싸리뿟따의 제자로서 싸담마조띠빨라(Sadhammajotipāla) 또는 차빠다(Chapada)라고 불리는 이가 있다. 그는 미얀마 출생인데 A.D. 1170~1180년에 스리랑카에 머물면서 수업했다. 그의 작품으로 논장에

속하는 것은 1) 입율의등소(立律義燈疏 : Vinayasamuṭṭhānadīpanī) 2) 청정계본(淸淨戒本 : Pātim-okhavisodhanī) 3) 율현의등소(律玄義燈疏 : Vinayagūḷhatthadīpanī)이 있고, 바찟싸라의 섭장엄결계는에 대한 주석서인 4) 섭장엄결계주(莊嚴結界註 : Sīmālaṅkarasaṅgahaṭīkā)가 있다. 그의 작품에서 논장에 속하는 것은 5) 논모의등소(論母義燈疏 : Mātikatthadīpanī), 6) 발취산론(發趣算論 : Paṭṭhāna-gaṇanānaya), 7) 명행등소(名行燈疏 : Nāmacāradīpanī), 그리고 그의 아주 유명한 작품으로 아누룻다의 승법에 대한 주석인 8) 섭승법의략주(攝勝法義略註 : Abhidhammatthasaṅgahasaṅkhepaṭīkā)가 있다. 그리고 마지막으로 경전모음집이라고 보여지는 9) 경전강요(經典綱要 : Gandhasārā)가 언급되고 있다. 차빠다와 관련하여 AD. 1246에 입멸한 승려 싸리뿟따(Sāriputta) 또는 담마빌라싸마(Dhammavilāsa)가 언급되기도 하는데, 그는 차빠다가 스리랑카에서 미얀마로 갈 때 동반했던 네 장로 가운데 한 분인 아난다(Ānanda)로부터 구족계를 받았다. 담마빌라싸는 고대 미얀마의 법전인 담마빌라싸 법전(法典 : Dhammavilāsadhammasattha)의 저자이다. 이 책에서 후대 미얀마의 법률이 기원한다.

62. 부처님의 전설과 교단사에 관한 저술

싸리뿟따의 제자들은 블교적인 전설과 교단의 역사에 대한 연구에 종사했다. 여기에 속하는 것으로 다음과 같은 작품들이 있다. 1) 담마낏띠(Dhammakitti)의 불아사(佛牙史 : Dāṭhāvaṁsa) : 부처님의 치아사리에 대한 역사를 취급하고 있는데, 이것은 대사(大史)에서도 나오는 이야기에 스리랑카의 지방 전통에서 채택된 전승이 포함되어 있다. 마지막 게송에서 저자는 자신이 싸리따누자(Sāritanuja)의 제자라고 밝히고 있다. 도입부의 게송에서는 13세기에 이 게송이 저술되었다고 쓰고 있다. 2) 바찟싸라(Vācissara)의 사리탑사(舍利塔史 : Thūpavaṁsa) : 산문적으로 쓰여졌는데 결국 인연담, 선견율비바사소, 대사 등과 그 복주 등에서 선별하여 저술한 책이다. 여기서도 저자가 분명히 싸리뿟따의 제자인 것을 알 수 있다. 13세기 전반에 저술된 것으로 신층의 싱할리어 게송은 1250년과 1260년 사이에 성립한 것이다. 3) 붓다락키따(Buddharakkhita)의 승자장엄(勝者莊嚴 : Jinālaṅkāra) : 부처님의 생애를 그 대각(大覺)까지 묘사하고 있는데, 세련된 언어와 예술적인 시구로 이루어진 게송으로 후대 인도예술시의 모든 특징을 갖추고 있다. 마지막 게송에서 저술연대가 AD. 1156년이라고 밝히고 있다. 이 진술이 옳다면, 붓다닷따의 저술로 되어 있는 승자장엄은 이것과 무관하다. 4) 메당까라(Medhaṅkara)의 승자행찬(勝者行讚 : Jinacarita) : 이 저술도 예술적인 작품으로 승자장엄과 유사한 내용이다. 서사(書史)에 따르면, 저자는 바찟싸라(Vācissara), 쑤망갈라(Sumaṅgala)와 담마낏띠(Dhammakitti) 바로 직후의 인물로 곧 싸리뿟따의 제자로 취급되고 있다. 저자는 최종 게송에서 비자야바후왕(Vijayabāhu)이 마련해준 승방(僧房 : Priveṇa)에서 이 저술을 썼다고 기록하고 있다. 그것은 의도적으로 경의를 표한 것처럼 보인다. 따라서 그 왕이 살아있을 때 한해서 의미를 지녔다고 해석할 수 있다. 비자야바후 3세(Vijayabāhu III. : AD. 1225~1229)를 추측해 볼 수 있는데, 그렇다면 메당까라는 바찟싸라와 동시대인이다.

63. 사의해소(史義解疏 : Vaṁsatthappakāsinī)

대사(大史)의 복주로 사의해소(史義解疏 : Vaṁsatthappakāsinī)가 있는데, 저자는 알려져 있지 않다. 성립연도는 다토빠띳싸왕 2세(Dāṭhopatissa II. AD. 670년경)를 상한선으로 하고, 사리탑사(舍利塔史 : Thūpavaṁsa 13세기전반)의 내용이 언급되어 있는 것으로 보아 그것으로 하한선으로 잡는다. 그 속에 언급된 대보리사론(大菩提史論 : Mahābodhivaṁsakathā)이 사의해소와 일치한다면, 상한선은 좀 더 정확해진다. 대보리사론의 주석서는 원래의 대사(大史)가 끝나는 동일한 지점에서 중단되므로, 담마낏띠(Dhammakitti)가 이어서 집필한 대사보다 오래된 것이다. 아마도 사의해소는 12세기에 저술되었을 것이다. 그 의의는 대사의 복주로서 고대 의소로부터 많은 보충자료를 대사를 이해하기 위해 제공했다는데 있다. 이 책은 이 책이 성립될 당시까지는 구할 수 있었던 싱할리 의소의 풍부한 내용을 발견할 수 있게 하기 때문에 전승의 풍요로운 원천이 되었다. 물론 그 하나하나의 사실은 검증되어야 한다.

64. 베데하테라(Vedehathera)의 저술

달뤼(D'Alwis)와 스텐 코노우(Sten Konow)가 증명했듯이 베데하테라(Vedehathera)는 AD. 13세기에 속한다. 그의 저술에 따르면 그는 빕빠가마(Vippagāma)의 바라문 가계에 속한 숲 속의 고행자였고 아랑냐야따나(Araññāyatana)라고 불리는 장로 아난다(Ānanda)의 제자였다. 그의 저술들은 다음과 같다. 1) 등보산정찬(登普山頂讚 : Samantakūṭavaṇṇanā) : 이 책의 게송들은 부처님의 생애를 서술하고 있고 특히 스리랑카에 세 번 방문한 적이 있다는 전설을 싣고 있다. 세 번째 방문에서 부처님은 싸만따꾸따(普山

頂) 산에 올라 왼쪽 발바닥의 인장인 스리바다(Śrīpada)를 남겨놓았다고 한다. 게송 722~746은 이 성스러운 산에 대해 묘사하고 있다. 2) 유미거(有味車 : Rasavāhanī) : 서문에 의하면 고대 싱할리 의소를 바탕으로 저술된 산문 이야기이다. 이 원서는 마하비하라(Mahāvihāra)에서 랏타빨라(Raṭṭhapāla)가 빠알리어로 옮겼으며, 이 번역을 베데하테라가 새로 윤문하여 유미거가 형성된 것이다. 이 책은 103개의 게송을 포함하고 있는데 그 가운데 40개는 인도, 즉 염부제(閻浮提 : Jambudīpa)의 이야기이고, 나머지 63개는 스리랑카, 즉 랑까디빠(Laṅkādīpa)에서의 이야기이다. 내용은 전설적인 이야기, 동화, 교훈적인 이야기로 되어 있다. 이러한 자료들은 고대 의소에서 차용한 것들이다. 그래서 '옛 성인들이 말씀하시길(tenāhu porāṇā)'이라는 인용이 자주 등장한다. 현존하는 유미거의 빠알리어본의 이야기는 대사(大史)로부터 상당히 인용한 것이며, 몇 개의 이야기는 비유경이나 본생경으로부터 인용한 것이다. 이 유미거는 미얀마에서 스리랑카로 다시 수입된 일천사서(一千事書 : Sahassavatthuppakaraṇa)와 내용적으로 동일한 맥락을 갖고 있다.

65. 붓답삐야(Buddhappiya)시대의 저술

베데하테라의 동시대인으로 붓답삐야(Buddhappiya)가 있다. 그는 행로유밀(行路有蜜 : Pajjamadhu)의 저자이다. 이 책에서 104개의 게송으로 부처님의 아름다움과 지혜를 찬양했다. 그는 최후의 시들 속에서 자기 자신을 거론하고 아난다(Ānanda)의 제자임을 밝히고 있다. 이 아난다는 틀림없이 베데하테라의 스승이기도 하다. 유미거의 저술과 비슷한 시기인 13세기 후반에 앗따나갈루 사지(寺誌 : Attanagaluvihāravaṁsa)가 저술되었다. 이 책은 산문과 시가 섞여 있는데, 내용은 앗따나갈루사를 건설하고 거기서 죽은 씨리쌍가보디(Sirisaṅghabodhi) 부부의 죽음에 관한 이야기이다. 익명의 저자가 스스로 밝히듯이 승려 아노마닷씬(Anomadassin)의 권고로 쓴 것이다. 대보리사에 따르면 빠락까마바후왕 2세(Parakkamabāhu II. AD. 1229-1246) 아래서 대신 빠띠라자(Paṭirāja)가 앗따나갈루사를 맡아서 새로 건물을 많이 지었다는 기록이 있는데, 사지는 바로 이 사원에 대해 기술한 것이다.

66. 신층의 역사서(小史 : Cullavaṁsa)

마하나마(Mahānāma)의 대사(大史 : Mahāvaṁsa)는 소사(小史 : Cullavaṁsa)란 이름으로 계속 집필되어 스리랑카의 전 역사를 포함하는 연대기로 발전했다. 전승에 의하면 첫 번째 계승자가 장로 담마낏띠(Dhammakitti)이다. 그는 대사(Mhvm. 84. 12)에 따르면 빠락까마바후 2세(Parakkamabāhu II.) 시대에 미얀마에서 스리랑카로 온 인물이다. 신층의 대사에서 분명히 알 수 있는 첨가는 1248년 빠락까마바후 4세의 지배가 끝난 직후의 장(Mhvm. 90. 104)에서 비로소 발견된다. 바로 앞의 대사의 두 번째 부분(Mhvm. 37~90장)은 무엇보다도 빠락까마바후 1세(Parakkamabāhu I. AD. 1153-1186)의 영광스런 시대를 포함하고 있고, 또한 빠락까마바후 2세의 중요한 시기에 관한 자료도 제공하고 있다. 그리고 대사(Mhvm. 90. 78)에 따르면 낏띠씨리(Kittisiri; 18세기 후반) 왕은 연대기를 자신의 시대에까지 계속시키도록 조처했다. 이 세 번째 부분은 90장 이후부터 100장까지를 포함하고 있다. 101장에서는 스리랑카에 영국인들이 도착할 때까지의 기록을 싣고 있다.

67. 13세기에서 14세기 사이 전환기의 저술

1) 씻닷타(Siddhattha)의 섭요론(攝要論 : Sārasaṅgaha) : 부처님의 가르침에 관한 것으로 산문과 시가 섞여 있다. 저자는 마지막 게송에서 자신을 붓다삐야(Buddhappiya)의 제자임을 밝히고 있다. 그가 행로유밀(行路有密)의 저자라면 섭요론의 저작연대가 어느 정도 밝혀진다. 하한선은 1457년 저술된 목련오등(目蓮五燈 : Moggallānapañcikāpadīpa)에서의 인용으로 밝혀진다. 섭요론의 내용은 각 장에 따라 다르다. 1~3장까지는 예를 들어 '부처님들의 결의(Buddhānam abhinīhara)', '여래의 부사의(tathāgatassa acchariyāni)' 등을 다루고 13~15장은 계율(戒律 : sīlāni), 업처(業處 : kammaṭṭhānāni), 열반(涅般 : nibbāna)을 다루고 30장에서 34장까지는 용(龍 : nāga), 금시조(金翅鳥 : supaṇṇa), 아귀(餓鬼 : peta), 아수라(阿修羅 : asura), 신(神 : deva)을 각각 다루고 있다. 마지막 장은 세계정립(世界定立 : lokasaṇṭhiti)으로 우주론을 취급한다. 2) 위 작품보다 조금 늦게 담마낏띠 마하싸민(Dhammakitti Mahāsāmin)의 섭묘법론(攝妙法論 : Saddhammasaṅgaha)이 성립했다. 이 저작자가 14세기 후반에 활동했던 우리에게 알려진 가장 후대의 담마낏띠이다. 9장에는 많은 저자와 저술에 관해서 언급하고 있다. 이들 가운데 최후의 것이 13세기에 속한다. 섭묘법론은 40장으로 되어 있으며 내용적으로 경전 결집부터 당시까지의 불교교단의 이야기를 기록한 것으로 새로운 사실은 없다. 마지막 장에서는 가르침에 대한 찬양과 자신의 공부에

가피가 있을 것을 기원하며 끝맺는다.

68. 14세기의 저술

1) 세계등강요(世界燈綱要 : Lokappadīpasāra) : 교사(敎史 : Sāsanavaṁsa)에 따르면, 스리랑카에서 공부한 미얀마 승려 메당까라(Medaṅkara)의 저술이다. 이 작품은 현상세계(現象世界 : saṅkhāraloka) 즉 지옥, 아귀, 축생, 인간, 유정계(有情界 : sattaloka), 공간계(空間界 : ākāsaloka) 등에서의 윤회형태를 다룬다. 각각의 대상은 전설 형식으로 설명되고 있다. 제5장은 인간의 윤회를 다루고 있는데 대사(大史)로부터 많은 이야기가 전용되고 있다. 2) 오취명(五趣明 : Pañcagatidīpana)도 위와 유사한데 114개의 게송으로 되어 있고, 지옥, 축생, 아귀, 인간, 현상계에서의 윤회형태에 관해 취급하고 있다. 저자와 성립연대는 알려져 있지 않다. 3) 불음생록(佛音生錄 : Buddhaghosuppatti) : 저자는 마하망갈라(Mahāmaṅgala)인데 그가 문법가인 망갈라(Maṅgala)와 같다면 14세기의 작품이다. 이 문헌은 교사(敎史)와 관계가 있듯이 유명한 주석가인 붓다고싸의 전기이다. 저자는 과거제사(過去諸師 : Pubbācariyā)란 책의 진술에 의존하고 있다.

69. 저자미상의 저술(入妙法頌·油鼎偈頌)

가이거는 저자와 성립연대가 알려지지 않은 두 개의 게송집을 소개했다. 1) 입묘법송(入妙法頌 : Saddhammopāyana) : 이 책은 부처님의 가르침을 찬탄한 것으로 9장 621게송으로 되어 있다. 그것은 십악을 저지른 자와 아귀의 팔난(八難 : akkhaṇā)에 관해 시작하며 보시, 지계 등의 공덕행을 언급하고 있다. 2) 유정게송(油鼎偈頌 : Telakaṭagāthā) : 끓는 기름 가마에 던져지도록 판결을 받은 한 장로가 48개의 게송을 쓴 것이다. 사람들은 그를 띳싸(Tissa) 왕의 왕비와의 간통사건에 연루시켜 죄를 뒤집어씌운 것이다. 이 이야기는 로하나(Rohaṇa) 산의 전설적 이야기인데 대사(大史22. 12)에서는 지워져 있지만 후대의 작품에서는 상세히 설명되고 있다. 끓는 기름이 장로에게 해를 끼치지 못하자 장로는 부처님의 가르침을 설명하는 게송을 읊는다. 이 작품은 죽음, 무상, 고통, 자아의 환상 등에 관해 이야기한다.

70. 15-16세기의 주석서와 저술

이때부터는 미얀마 승려들의 활동이 두드러진다. 그들의 주된 연구대상은 논장이었다. 1) 아리야방싸(Ariyavaṁsa) : 나라빠띠(Narapati) 왕의 치하에서 아바(Ava)에서 살았는데 다음과 같은 주석서를 썼다. a) 마니보함론(摩尼寶函論 : Maṇisāramañjūsā) : 쑤망갈라의 해승법의론에 대한 주석서이다. b) 보등론(寶燈論 : Maṇidīpa) : 붓다고싸의 승의소(勝義疏 : Atthasālinī)에 대한 복주이다. c) 청정본생(淸淨本生 : Jātakavisodhana) : 본생경에 대한 저술이다. 2) 쌋담마빨라씨리(Saddhamapālasiri), 아리야방싸와 동시대인으로 도론(道論)의 복주인 계도론(啓道論 : Nettibhāvanī)의 저자이다. 3) 씰라방싸(Sīlavaṁsa) : 불장엄(佛莊嚴 : Buddhālaṅkāra)의 저자이며 이 작품은 본생경찬석에 나오는 쑤메다(Sumedha)의 이야기를 시적으로 각색한 것이다. 4) 랏타싸라(Raṭṭhasāra) : 여러 본생경의 이야기를 시로 각색한 작품들의 저자이다. 5) 작가불명 : 15세기경부터 유래하는, 감관의 극복을 주장하는 이신게(離身偈 : Kāyaviratigāthā)는 작가불명의 저술이다. 그리고 16세기에 속하는 작품들과 저자들은 다음과 같다. 6) 쌋담마랑까라(Saddhammālaṅkāra) : 발취등소(發趣燈疏 : Paṭṭhānadīpanī)의 저자이다. 7) 마하나마(Mahānāma) : 근본복주(根本復註 : Mūlaṭīkā)에 대한 주석서인 밀요의등주(蜜要義釋 : Madhusāratthadīpanī)의 저작자이다. 16세기는 이미 언급한 담마빌라싸의 법전(法典 : Dhammavilāsadhammasattha)의 13세기적 전통의 종식을 뜻한다. 이 계열에 다른 미얀마의 계율 문헌들이 속하는데 그것들은 인찬론(人讚論 : Manuvaṇṇanā 18세기) 또는 단치론(斷痴論 : Mohavinodanī 19세기)처럼 부분적으로는 모국어로 부분적으로는 빠알리어로 써졌다.

71. 17세기의 저술가와 논서

17세기의 저술가로서는 다음과 같은 사람이 있다. 1) 띠삐따까랑까라(Tipiṭakālaṅkāra) : 그는 다음과 같은 작품을 썼다. a) 이십송찬(二十頌讚 : Vīsativaṇṇanā) : 승의소의 도입부 20개의 게송에 대한 주석서이다. b) 칭예증익사(稱譽增益事 : Yasavaḍḍhanavatthu)와 c) 율장엄(律莊嚴 : Vinayalaṅkāra)은 싸리뿟따의 섭율론에 대한 주석서이다. 2) 띨로까구루(Tilokaguru) : 그는 다음과 같은 작품들의 저자이다. a) 계론복주찬(界論復註讚 : Dhātukathāṭīkāvaṇṇanā)과 b) 계론복복주찬(界論復復註讚 : Dhātukathānuṭīkāvaṇṇanā)는 모두 계론에 대한 주석서이다. c) 쌍론찬(雙論讚 : Yamakavaṇṇanā)과 d) 발취론찬(發趣

論讚 : Paṭṭhānavaṇṇanā)은 각각 그들에 일치하는 논장의 주석서이다. 3) 싸라다씬(Saradassin) : 계론석(界論釋 : Dhātukathāyojanā)의 저자이다. 4) 마하깟싸빠(Mahākassapa) : 논장의 어려운 용어를 해설한 아비담결구론(阿毘曇結句論 : Abhidhammatthagaṇṭhipada)의 저자이다. 그리고 18세기에 속하는 저술가들은 다음과 같다. 5) 난나비방싸(Ñāṇābhivaṁsa) : 미얀마의 승가왕(僧伽王 : Saṅgharāja)이다. 그의 저술로는 다음과 같은 것이 있다. a) 장엄장론(莊嚴藏論 : Petakālaṅkāra) : 도론(道論 : Nettipakaraṇa)의 주석서이다. b) 선근찬(善根讚 : Sādhuvilāsinī)의 디가니까야의 한 부분에 대한 주석서이다. c) 사사문사(四沙門事 : Catusāmaṇeravatthu) 또는 왕훈계사(王訓事 : Rājovādavatthu)와 같은 교훈적 이야기도 있다. d) 상왕찬(上王讚 : Rājādhirājavilāsinī) : 당시의 왕 보도빠야(Bodhopaya)를 찬양하는 산문이다. 이 작품은 학자의 문헌적 업적으로는 표본이 되는 것으로 본생경 등 다양한 문헌에서의 인용으로 유명하다. 이것은 비간데뜨(Bigandet)의 번역으로 잘 알려진, 부처님의 생애를 그린 익명 저술가의 화만장엄(華鬘莊嚴 : Mālālaṅkāra)보다도 오래된 것이다.

72. 19세기의 불교문헌

다음에 나열하는 것은 다수의 근대문헌으로 19세기에 저술된 것이다. 연대와 저자가 모두 밝혀져 있지 않다. 1) 액사리사(額舍利史 : Nalāṭadhātuvaṁsa) : 이 문헌은 부처님의 액골사리(額骨舍利)의 역사를 취급하고 있다. 이것은 동일한 장으로 구성된 싱할리어의 계사(界史 : Dhātuvaṁsa)의 원본이자 빠알리어본이다. 2) 육발사리사(六髮舍利史 : Chakesadhātuvaṁsa) : 이 작품은 미얀마의 근대적 작품이다. 부처님의 여섯 개의 머리카락에 관한 이야기이다. 여섯 명의 제자에게 나누어졌는데 여러 장소에 그 탑이 건설되었다고 한다. 그리고 스리랑카와 미얀마 사이의 관계에 대하여 흥미로운 관점을 제공하는 3) 전법론(傳法論 : Sandesakathā)과 4) 결계쟁사결정론(結界諍事決定論 : Sīmāvivādavinicayakathā)이 있다. 이 책들은 내용 안에 저작연대가 A.D. 1000년과 A.D. 1801년으로 되어 있다. 5) 아주 특별한 저술이 있는데 서사(書史 : Gandhavaṁsa)가 그것이다. 미얀마에서 성립한 저자와 저작에 관한 도서목록의 일종이다. 도입부의 귀경게 뒤에서 바로 삼장의 분석이 시작된다. 그리고 나서 마하깟짜야나(Mahākaccāyana)를 제외한, 부처님 말씀을 확정한 세 번의 결집에 참여한 장로에 관해 언급한 고사(古師 : Porāṇācariyā)로 넘어간다. 이와 동일한 것은 의소사(義疏師 : Aṭṭhakathācariyā)이다. 마하깟짜야나는 서사에서 유명한 문법서, 대·소사(大·小詞 : Mahā-, Culla-Nirutti), 도론(道論 : Netti), 장훈(藏訓 : Peṭakopadesa), 성정리(姓正理 : Vaṇṇanīti)의 저자로 알려져 있다. 그는 또한 삼종명사(三種名師 : Tividhanāmakācariyā)에서의 유일한 예로서 언급되고 있다. 그리고 서사(書師 : Gandhakācariyā)의 긴 목록들이 제시되고 있다. 처음에 저자 꾸룬디(Kurundī)를 비롯해서 마하빳짜리(Mahāpaccarī), 붓다고싸(Buddhaghosa), 붓다닷따(Buddhadatta), 아난다(Ānanda), 담마빨라(Dhammapāla) 등이 거론된다. 마지막으로 언급된 사람이 아리야방싸(Ariyavaṁsa)와 우둠바라(Udumbara)이다. 그리고는 익명의 저술들이 언급된다. 그 뒤에 스리랑카에서 활동한 저자들과 인도와 동남아시아에서 활동한 저자들이 구분되어 있다. 마지막으로 어떠한 작품이 어떤 다른 인물의 자극으로 저술되고, 어떤 작품이 저자 스스로의 동기에 의해 저술되었는지를 밝히고 있다. 6) 빵냐싸민(Paññasāmin)의 교사(敎史 : Sāsanavaṁsa) : 이 작품은 미얀마 기원으로 1223년, 즉 A.D. 1861년 작품으로 근대적인 작품이지만 고전 문헌에 바탕을 두고 있으므로 매우 중요한 문헌이다. 10장으로 나뉘어져 있으며 인도에서의 아쇼카 왕 아래에서 결집에 이르기까지의 역사와 스리랑카 다른 동남아지역에서의 불교교단의 역사가 완전하게 실려 있다. 특히 제6장에서는 미래왕국(未來王國 : Aparantaraṭṭha), 즉 미얀마의 불교역사가 상세히 기록되어 있다. 특히 눈에 띄는 것은, 미얀마의 전승에 의하면 도사(道史 : 8. I.)와 대사(大事 : 12. I.)에 등장하는 포교사를 파견한 아홉 지역 가운데 다섯 지역이나 동남아시아에 있었다는 사실이다. 그 지역의 이름으로는 금지국(金地國 : Suvaṇṇabhūmi), 임부구(林斧國 : Vanavāsi), 미래국(未來國 : Aparanta), 유나국(臾那國 : Yonaka), 대국(大國 : Mahāraṭṭha)이 있다. 교사의 원천적인 자료는 선견률비바사소, 도사, 대사와 미얀마의 역사서에서 유래한 것이다. 고대 의소도 포함되지만 오로지 간접적으로 인용되고 있다.

73. 빠알리어의 연구의 계파와 문헌

언어학의 분야에서는 스리랑카 뿐만 아니라 미얀마에서도 활발한 문헌적인 활동이 펼쳐졌다. 토착 빠알리어 문법과 사전에 관해 언급한 것과 쑤부띠(Subhuti)의 명화만(名華鬘 : Nāmamālā)이란 책에서 언급한 바를 분류하면, 문법적인 저술은 다음과 같이 세 가지로 분류할 수 있다 : 1) 깟짜야나(Kaccāyana)와 관련된 것 : 아동입문(兒童入門 : Bālāvatāra), 색성취(色成就 : Rūpasiddhi), 2) 목갈라나와 관련된

것 : 가행성취(加行成就 : Payogasiddhi), 어법성취(語法成就 : Padasādhana)등, 3) 악가방싸의 성정리론(聲正理論 : Saddanīti)와 관련된 것 : 소성정리(小聲正理 : Cullasaddanīti). 이 세 학파에는 각각 하나의 어근사전이 있다. 순서대로 어근보함(語根寶函 : Dhātumañjūsā), 어근구의(語根句義 : Dhātupāṭha), 어근의등소(語根義燈疏 : Dhātvatthadīpanī)이다. 일반사전으로는 명의등(名義燈 : Abhidhānappadīpikā)이 있다. 그 밖에 시형론 등에 관한 저술들이 있다. 오토 프랑케는 이러한 토착문법들은 빠알리어 연구의 보조역할을 담당한다고 했다. 그러나 이 저술들은 살아있는 구어체로서의 빠알리어를 대상으로 한 것이 아니다. 저자들은 우리도 볼 수 있는 문헌 속에서만 자료를 취했다. 그들 연구서들은 빠알리어가 구어로서 말해지던 시기로 소급해서 연관성이 있는 전승에 기반을 둔 것이 아니다. 오히려 범어의 문법과 사전학을 바탕으로 기계적으로 빠알리어로 옮기고 있는 것이다. 우리는 토착문법책에서 발견되는 빠알리어의 문법형태나 단어들은 문헌 속에서 증명되지 않는 한, 아주 조심스럽게 다루지 않으면 안 된다. 그것들은 범어에서 조작된 구조를 지닐 가능성이 높기 때문이다.

74. 깟자야나(Kaccāyana)학파 Ⅰ

깟짜야나와 관련된 저술들로는 앞서 이야기한 기명소(記名疏 : Nyāsa)란 주석서가 있다. 그 다음의 오래된 저술로서는 다음과 같은 것이 있다. 1) 차빠다(Chapada)의 경광설(經廣說 : Suttaniddesa) : 쑤부띠는 성립연대를 A.D. 1181년으로 잡고 있다. 내용은 깟짜야나(Kaccāyana)의 주석이다. 2) 쌍가락키따(Saṅgharakkhita)의 문장고(文章考 : Sambandhacintā) : 여기에 작자미상의 주석도 포함되는데 내용은 빠알리어 문장론이다. 3) 쌋담마씨리(Saddhamasiri) 장로의 성의분별고(聲義分別考 : Saddatthabheda-cintā)도 있다. 저자도 미얀마의 아리맛다나(Arimaddana) 출신으로 이 책은 복주를 갖고 있다. 그리고 깟짜야나 문법을 새로 개작한 것으로 4) 색성취(色成就 : Rūpasiddhi) 또는 구색성취(句色成就 : Pada-rūpasiddhi)가 있다. 저자는 아난다 장로의 제자이며 별명이 디빵까라(Dīpaṅkara)인 붓답삐야(Buddha-ppiya)로 되어있다. 그는 바로 행로유밀(行路有蜜 : Pajjamadhu)의 제자이다. 그러므로 색성취는 13세기 후반에 속한다. 이 저술은 7장으로 나뉘는데 대체로 깟짜야나의 문법체계를 따른다. 이 색성취에는 하나의 복주가 있고 싱할리어의 개작(sannaya)이 있다. 후자는 라훌라의 목련상해등소(目蓮詳解燈疏 : Mog-gallāyanapañcikāpadīpa)에서도 언급하고 있듯, A.D. 1456년의 저술이다. 5) 아동입문(兒童入門 : Bālāvatāra) : 스리랑카나 태국이나 미얀마에서 가장 인기 있는 빠알리어 입문서이다. 깟짜야나 문법책을 요약하고 변형한 개작서이다. 저작자는 전승에 따르면 담마낏띠(Dhammakitti)이다. 그는 섭묘법(攝妙法 : Saddhammaṣaṅgaha)의 저자이다. 따라서 아동입문은 14세기 후반의 저술이다. 서사(書史 : 62-67)에 따르면, 바찟싸라(Vācissara)의 저작이므로 백 년 이상 더 오래된 것인 셈이다. 이 책에 대해서는 작자미상의 복주가 있다. 6) 미얀마 승려 깐따까키빠나기따(Kaṇṭakakhipanāgita)의 성요의망(聲要義網 : Saddasāratthajālinī) : 명의등의 주석서와 마찬가지로 AD. 1356년경에 저술된 것이다. 자료의 배열이 깟짜야나 문법과 매우 유사하다. 줄여서 나기따(Nāgita)라고 부른다.

75. 깟짜야나(Kaccāyana)학파 Ⅱ

깟짜야나(Kaccāyana)학파에 속하는 저술로 또한 다음과 같은 것들이 있다. 7) 장로 마하야싸(Mahāya-sa)의 주석서인 가전연상해(迦旃延詳解 : Kaccāyanabheda) : 저자는 14세기 후반에 살았다. 파우스뵐은 저자로서 랏싸테라(Rassathera)를 들고 있다. 400게송 7장으로 구성되어 있는 이 저술에 두 개의 복주가 있다. 하나는 미얀마 승려 아리야랑까라(Ariyālaṅkāra)에서 유래한 것으로 AD. 1680년에 저술되었고 이름은 요의개화(要義開花 : Sāratthavikāsinī)이다. 다른 것은 웃따마씩카의 가전연상해대복주(迦旃延詳解大復註 : Kaccāyanabhedamahāṭīkā)이다. 이 마하야싸의 저술로 가전연핵심(迦旃延核心 : Kaccā-yanasāra)이 전해온다. 그 저자가 직접 복주를 저술했으리라고 추측되는 가전연핵심고주(迦旃延核心古註 : Kaccāyanasārapurāṇaṭīkā)가 있다. 그러나 이것에 대하여 쑤부띠는 저자와 성립연대가 밝혀져 있지 않다고 주장했다. 또 다른 복주로서 미얀마 승려 싸담마빌라싸(Saddhammavilāsa)가 저술한 가전연강요신주(迦旃延綱要新註 : Kaccāyanasārābhinavaṭīkā)가 있다. 그것은 제치몽론(除痴蒙論 : Sammoha-vināsinī)이라고도 불린다. 8) 15세기 후반에 속하는 것으로서 성일적론(聲一滴論 : Saddabindu)이 있다. 그것은 21개의 게송으로 되어 있다. 교사(敎史 : 76)는 미얀마의 왕 짜스와(Kyacvā)가 저자라고 기록하고 있으나 의심스럽다. 쑤부띠에 의하면 설립연대는 A.D. 1481년이다. 성일적론주(聲一滴論註 : Sadda-binduṭīkā)에 대해서는 16세기경에 냐나빌라싸(Ñāṇavilāsa)가 파현의론(破玄義論 : Līnatthasūdanī)란 이름으로 발표했다. 9) 각우치론(覺愚癡論 : Bālappabodhana)에 대해서는 저자와 성립연대가 알려져 있지 않다. 이 책을 출판한 쑤담마랑까라(Sudhammālaṅkāra)를 고려한다면, A.D. 1556년경의 저술이다. 아무튼 이 문헌은 가전연상해나 각우치론보다도 앞선다. 각우치론에 대한 복주인 각우치론주(覺愚癡論註 : Bālappabodhanaṭīkā)도 작자미상이다. 10) 씨리싸담마랑까라(Sirisaddhammālaṅkāra)의 신소사론(新小詞論 : Abhinavacullanirutti)은 성립연대를 알 수 없으며, 깟짜야나의 문법규칙의 예외를 다루고 있다. 11) 마지막으로 미얀마 장로 마하비지따빈(Mahāvijitāvin)의 가전연찬(迦旃延讚 : Kaccāyana-vaṇṇanā)이 있는데, A.D. 1600년경의 저술이다. 이 작품은 깟짜야나의 연성정법(連聲正法 : Sandhi-kappa)에 대한 주석서이다. 서문의 게송에서 중요한 과거의 저술들인 기명(記名), 색성취(色成就), 성정리(聲正理)등의 저자들에 관해 언급하고 있다. 그러나 이 가전연찬은 색성취의 서문의 게송에서 언급된 동일한 제목을 지닌 고층의 저술과는 혼동되어서는 안 된다. 12) 그리고 마하비지따빈(Mahāvijitāvin)은 언어론(言語論 : Vācakopadesa)의 저자이다. 올덴베르크에 의하면, 이 저술에서는 문법적인 범주들이 논리적으로 다루어지고 있다.

76. 목갈라나(Moggallāna)학파 I

깟짜야나 외에 새로운 문법학파의 시조는 장로 목갈라나(Moggallāna, Mogallāyana)이다. 그의 저술은 1) 목련문법(目蓮文法 : Moggallāyanavyākaraṇa)이 있는데, 이것은 성상론(聲相論 : Saddalakkhaṇa)이라고 불린다. 그리고 거기에 속하는 자신의 주석서인 목련상해(目蓮詳解 : Moggallāyanapañcikā)가 있는데, 더 이상 존재하지 않는다. 프랑케나 가이거는 목갈라나 문법은 깟짜야나 문법에 비해서 월등한 측면이 있다고 믿고 있다. 토착 빠알리어 문법을 정말 자신의 것으로 소화했는가는 의문의 여지가 있지마는 목갈라나는 빠알리어의 본질과 성격을 충분히 이해하고 언어자료를 전체적으로 남김없이 분석하고 있다. 목갈라나의 문법은 깟짜야나와 비교하면, 문법의 분류와 목차 그리고 용어의 선택에서 커다란 차이가 난다. 목갈라나는 옛 빠알리어 문법책 이외에도 까딴뜨라(Kātantra)와 빠니니(Pāṇini)의 저술이외에도 짠드라고민(Candragomin)의 저술을 인용하고 있다. 목갈나나는 자신의 저술에서 마지막 게송을 빌어 빠락까마부자(Parakkamabhuja)왕 시대에 저술했다고 기록하고 있다. 그 왕은 바로 빠락까마바후 1세(Parakkamabāhu I. AD. 1153-1186)왕을 뜻한다. 목갈라나는 아누라다뿌라(Anurāddhapura)에서 살았다. 거기서 그는 투빠라마(Thūparāma)와 함께 지냈다. 서사(書史 62, 71)에 따르면, 바찟싸라(Vācissara)가 목갈라나의 문법에 관한 주석서를 썼다고 되어 있으나 그는 싸리뿟따의 제자가 아니라 장로 라훌라(Rāhula) 즉, 목련상해등소(目蓮詳解燈疏 : Moggallāyanapañcikāpadīpa)의 저자를 의미한다. 왜냐하면, 그도 역시 별명으로 바찟싸라란 이름을 갖고 있었기 때문이다.

77. 목갈라나(Moggallāna)학파 II

목갈라나 문법과 관계있는 저술은 깟짜야나의 것처럼 많다. 1) 삐야닷씬(Piyadassin)의 어법성취(語法成就 : Padasādhana) : 저자는 바로 목갈라나의 직제자이며, AD. 12세기 말경의 사람이다. 그 저술은 목갈라나의 저술을 간추린 것인데, 드 조와싸(De Zoysa)는 깟짜야나 문법에서 아동입문에 해당한다고 기술했다. 이것에 대한 주석으로는 싱할리 문헌으로 잘 알려진 쓰리 라훌라(Sri Rahula)가 쓴 어법성취주(語法成就註 : Padasādhanaṭīkā) 또는 각정명론(覺淨明論 : Buddhippasādanī)이란 이름의 주석서가 있다. 2) 목갈라나 학파의 가장 중요한 주석서로 꼽히는 것은 메당까라(Medhaṅkara)의 가행성취(加行成就 : Payogasiddhi)이다. 이것은 드 조와싸에 따르면, 까짜야나 문법에서의 색성취에 해당한다. 저자는 빠락까마바후 왕의 아들인 부바네까바후(Bhuvanekabāhu) 통치하에서 살았다. 추측하건데 그 왕이 부바네까바후 3세를 뜻한다면, AD. 1300년경에 살았을 것이다. 그 저자는 앞에 이미 언급한 메당까라와 다른 인물이다. 3) 목련상해등소(目蓮詳解燈疏 : Moggallāyanapañcikāpadīpa)의 저자는 어법성취론을 쓴 쓰리 라훌라(Sri Rahula)이다. 이 목련상해등소는 부분적으로는 빠알리어로 부분적으로는 싱할리어로 기술된 것이다. 드 조와싸는 이 저술이야말로 빠알리문법에 관한한 아주 풍부한 자료를 포함하고 있어 학문적으로 가장 잘 된 것으로 평가하고 있다. 쑤부띠는 이 책에 인용된 문법서는 50가지가 넘는다고 헤아렸다. 거기에는 짠드라(Candra)의 범어문법도 포함되어 있다. 이 목련오등의 연대는 AD. 1457이다.

78. 미얀마의 문법학파

스리랑카에는 별도로 미얀마에서 성립한 문법서가 있다. 이러한 전승 가운데 독특한 위치를 차지하는 악가방싸(Aggavaṁsa)의 성정리론(聲正理論 : Saddanīti)이다. 이 문법학에 대한 스리랑카와 승려의 관심이 고조된 것은 미얀마의 웃따라지바(Uttarājīva)의 활동을 통해서였다. 이 문법학의 지식이 옳은가를 검증하기 위해서 스리랑카의 승려들이 악가방싸의 고향인 미얀마의 아릿맛다나(Arimaddana)에 도착했을 때에 그들은 그것에 필적할 만한 문법학이 스리랑카에서는 존재하지 않는 것을 고백하지 않을 수 없었다. 성정리론의 성립연대는 AD. 1154년으로 기록되어있다. 저자 악가방싸는 악가빤디따 3세(Aggapaṇḍita Ⅲ.)인데, 악가반디따 2세의 조카였다. 악가빤디따 2세는 악가빤디따 1세의 제자였고, 그는 나라빠띠씨투(Narapatisithu AD. 1167-1202) 왕의 스승이었다. 프랑케에 따르면, 이 성정리론은 깟짜야나 문법에 의지하고 있어 그 학파와 구별한다는 것은 구체적으로 이론적 근거를 확보할 수가 없다. 그밖에도 악가방싸는 빠니니 등과 같은 범어문법가들을 인용했다. 그리고 그는 당연히 성정리론 이후에 출간된 목갈라나의 문법서에 관해서는 모르고 있었다. 성정리론은 27장으로 구성되어있으며, 첫 18장까지는 대성정리론이고 그 이후의 9장은 소성정리론으로 이름지어져있다. 이 저술은 경전의 문헌에 속하는 스승(Ācariya)의 문헌에서 자료를 취했음을 밝히고 있다.

79. 명의등(名義燈 : Abhidhānappadīpikā)

빠알리어 사전에 관해서는 예전부터 목갈라나의 명의등(名義燈 : Abhidhānappadīpikā) 한 권뿐이었다. 이 사전의 저자인 목갈라나는 문법가 목갈라나가 아니라고 달뤼(D'Alwis) 이후에 밝혀졌다. 이 사전의 마지막 계송이 언급되어진 내용에 따르면, 목갈라나는 뿌랏티뿌라(Pulatthipura : Polonnaruwa)에 있는 제따바나(Jetavāna) 사원에 거주하고 있다고 밝히고 있다. 그러나 문법가 목갈라나는 아누라다뿌라(Anurādhapura)의 투빠라마(Thūpārāma)에서 살았다. 따라서 서사(書史62)에서도 그를 문법가 목갈라나와는 달리 신 목갈라나(Nava Moggallāna)라고 부르고 있다. 그렇다고 두 사람 사이의 시기의 차이가 중요한 것은 아니다. 마지막 계송에서 그는 빠락가마부자 I세(Parakkamabhuja = Parakkamabāhu I.)에 관하여 언급하고 있는데, 그의 통치기간은 AD. 1153-1186 사이이므로 이 사전이 저술된 것은 AD. 12세기 말이라고 보아야한다. 이 사전은 세 부분으로 나뉘어져있다. 동의어, 동음이어, 불변화사의 1,203게송으로 이루어져있다. 이 사전에 모범이 된 것은 감로보고(甘露寶庫 : Amarakośa)라는 범어사전이었다. 모든 부분에서 — 동의어부분에서는 특히 심하지만 — 감로보고의 단순한 번역이라는 인상을 짙게 준다. 목갈라나는 범어단어를 기준으로 음성학적으로 일치하는 빠알리어를 구성하여 사전을 만든 것이다. 그러나 프랑케는 목갈라나가 감로보고 이외의 다른 범어사전도 참고했으리라고 추측했다. 이와 달리 가이거는 이 명의등에 앞서서 다른 빠알리어 동의어 사전이 있었으리라고 진단했다. 14세기 중반에 이 명의등에 대한 복주가 저술되었다. 그리고 미얀마승려 쌋담마낏띠(Saddhamakitti)의 일음보고(一音寶庫 : Ekakkharakosa)라는 책이 있는데, 범어를 기반으로 하여 빠알리어의 한 음절 한 음절 단어의 운율을 기록한 목록이다. 저작연대는 A.D. 1465년이다.

80. 어근사전(語根事典)

어근사전에는 다음과 같은 것이 있다. 1) 어근보함(語根寶函 : Dhātumañjūsā) : 깟짜야나 학파에 속한다. 그래서 가전연어근보함(迦旃延語根寶函 : Kaccāyanadhātumañjūsā)이라고도 불린다. 저자는 그의 서명으로 보아 약캇딜레나(Yakkhaddilena : 오늘날의 Yakdessāgala) 사원의 장로 씰라방싸(Sīlavaṁsa)이다. 쑤부띠에 의하면, 보빠데바(Vopadeva)의 시인여의수(詩人如意樹 : Kavikalpadruma)가 저자에게 원본이 되었다. 이 어근보함이 깟짜야나 학파에 속한다는 것은 어근류의 분석을 통해서 증명되었다. 프랑케에 따르면, 빠니니어근구의(빠니니語根句義 : Pāṇinidhātupāṭha)와 그 유사한 것들을 참고로 했다. 2) 어근구의(語根句義 : Dhātupāṭha)는 목갈라나학파에 속한다. 어근류의 목차로 보아 알 수 있는데, 짧고 운율적이 아니다. 성립연대와 저자는 밝혀져 있지 않다. 아마도 이 어근구의는 어근보함보다 오래되었을 것이다. 3) 어근의등소(語根義燈疏 : Dhātvatthadīpanī) : 이 책은 프랑케에 따르면, 성정리론의 한 장에 열거되어 있는 어근들에 대한 운문적인 개작이라고 한다. 어근류의 분류순서는 성정리론과 일치한다. 가이거에 따르면, 저자는 어근보함과 어근구의 뿐만 아니라 빠니니어근구의도 사용했다.

81. 빠알리수사학

1) 빠알리 수사학에 대해서는 이미 언급한 쌍가락키따(Saṅgharakkhita)의 선해장엄(善解莊嚴 : Subodhālaṅkāra)이 있다. 이것에 관해서 그 복주가 존재한다. 쌍가락키따는 그밖에 빠알리어 시형론에 관한 책을 언생기(言生起 : Vuttodaya)란 이름으로 저술했다. 여기에도 어의등(語義燈 : Vacanatthajotikā)란 복주가 있다. 2) 그 밖에 쑤부띠(Subhuti)가 언급하고 있는 많은 문법적인 내용의 문헌들이 있다. a) 사미(沙彌)인 담마닷씬(Dhammadassin)이 지은 유미사(唯美辭 : Vaccavācaka)란 저술이 있다. 저자는

미얀마의 아리맛다나(Arimaddana) 출신으로 100개의 게송으로 이루어진 이 책을 썼다. 14세기 말의 저술이다. 이것에 대한 복주는 A.D. 1788년에 미얀마의 케마바따라(Khemāvatāra) 사원의 승려 쌋담마난딘(Saddhammanandin)이 쓴 것이다. b) 망갈라(Maṅgala)의 서골(書骨 : Gandhaṭṭhi) : 분사에 관한 문헌으로 14세기에 속하며 유미사보다는 오래된 문헌이다. c) 아리야방싸(Ariyavaṁsa)의 서영락(書瓔珞 : Gandhābharaṇa) : 역시 분사에 관한 책으로 A.D. 1436년에 저술되었으며 이것에 관한 복주는 미얀마의 쑤반나라씨(Suvaṇṇarāsi)에 의해 A.D. 1548년 써졌다. d) 격의론(格義論 : Vibhattyatthappakaraṇa) : 격변화에 대한 37개의 게송으로 된 책이다. 미얀마의 왕 짜스와(Kyacvā)의 공주가 쓴 것이다. 쑤부띠에 의하면 성립연대는 A.D. 1481년이다. 여기에 대한 주석으로는 드 조와싸와 파우스뵐이 언급한 격의등명(格義論 : Vibhattyatthadīpanī)과 격의론주(格義論註 : Vibhattyatthaṭīkā)가 있었다. 또한 드 조와싸에 의하면, 격논찬(格論讚 : Vibhattīkāthavaṇṇanā)이란 이름의 주석도 있었다. e) 잠부다자(Jambudhaja)의 상찬론등(償理論燈 : Saṁvaṇṇanānayadīpanī) : A.D. 1651년 작품이다. 이 저자의 다른 작품으로는 언어총섭(言語總攝 : Niruttisaṅgaha)과 일체지이취등소(一切智理趣燈疏 : Sarvajñanyāyadīpanī)이 있다. f) 쌋담마구루(Saddhammaguru)의 성관(聲慣 : Saddavutti) : A.D. 1656년의 작품으로 미얀마승려 싸리뿟따(Sāriputta)의 복주가 있다. g) 앗따라가마 반다라 라자구루(Attaragama Baṇḍāra Rājaguru)의 조화경(造花莖 : Kārakapupphamañjarī) : 왕 끼르띠스리 라자싱하(Kirtiśri Rājasiṅha : A.D. 1747-1780) 시대의 작품으로 문장론을 다루고 있다. 그리고 동일한 작가의 저술인 영현문장엄(英賢門莊嚴 : Sudhīramukhamaṇḍana)이 있다. h) 미얀마승려 비찟따짜라(Vicittācāra)의 해이취상(解理趣相 : Nayalakkhaṇavibhāvanī) : 18세기 후반의 작품이다.

Ⅱ. 빠알리어의 고전적 표기

♤ 1. 싱할리 문자

싱할리문자는 다른 인도의 계통의 문자처럼 브라흐미(Brāhmī)문자에서 기원한다. 원리적으로 이 문자는 범어의 데바나가리(Devanāgarī) 문자처럼 사용된다. 모음표기는 어두가 모음으로 시작되는 단어에서만 사용되지만 때때로 단어 내부의 음절의 어두로서 사용되기도 한다. 모든 자음 표기에는 모음 a가 내포되어 있다. 그래서 자음 자체는 ka, ta, ma, va, sa 등으로 발음된다. 자음에 다른 모음이 연결될 경우에는 — 이를테면, kā, ki, kī, ku, kū, ke, ko — 에는 자음 표시에 특수한 모음기호(*sh.* pilla pāli. pili)를 첨가해야 한다. 그리고 자음의 종류에 따라 순수한 자음의 표기방식에는 두 가지 상이한 기호를 사용한다. 그 도움으로 모음을 포함하지 않는 단순한 자음을 표기할 수 있다. 싱할리 인들은 이 기호의 사용을 범어문법에서 차용한 전문용어로 할끼리마(hal kirima : 자음을 만드는 자)라고 부른다.

1) 자모의 분류

단모음	අ a	ඉ i	උ u		
복모음	ආ ā	ඊ ī	ඌ ū	එ e	ඔ o
자음	무성무기음	폐쇄대기음	유성무기음	유성대기	비음
후음	ක ka	ඛ kha	ග ga	ඝ gha	ඞ ṅa
구개음	ච ca	ඡ cha	ජ ja	ඣ jha	ඤ ña
권설음	ට ṭa	ඨ ṭha	ඩ ḍa	ඪ ḍha	ණ ṇa
치음	ත ta	ථ tha	ද da	ධ dha	න na
순음	ප pa	ඵ pha	බ ba	භ bha	ම ma
반모음	ය ya	ර ra	ල la	ව va	
마찰음	ස sa				
기식음	හ ha				
설측음	ළ ḷa				
억제음	ං ṁ				

※ 반비음은 ň은 g, d, ḍ와 결합하여 반비음 m̆은 b와 결합하여 다음과 같은 복자음을 형성한다.
ඟ ňga. ඬ ňda. ඳ ňḍa ඹ m̆ba

2) 자음의 묵음(默音) 표기

-a를 포함하는 자음 가운데 왼쪽에서 오른쪽 윗부분으로 향해 끝나는 자음에다 ˆ기호를 첨가해준다. i 부호와는 분명히 구별된다.

[예] ච් c ට් ṭ ඩ් ḍ බ් b ම් m ව් v
ඛ් kh ඞ් ṅ ඣ් jh ධ් dh

다른 모든 자음에는 비라마(virāma)라는 휴지부호 ් 를 첨가해준다.
[예] ක් k, ඛ් kh, ත් t, ථ් th, න් n, ය් y, ස් s.

3) -a 이외의 다른 모음의 기호

① -ā : 기호 ා 가 자음의 오른 쪽에 첨가된다.

කා kā, ලා lā, සා sā

그러나 ñ, ňd와 d에는 기호 ා가 다음과 같이 변형되어 첨가된다.

ඤා ñā, ඳා ňḍā, දා dā

② -i와 -ī의 기호 : 기호 ි과 ී이 자음위에 첨가된다.

කි ki, නි ni, දි di, පි pi, මි mi, රි ri

කී kī, නී nī, දී dī, පී pī, මී mī, රී rī

③ -u와 -ū의 기호 : 두 가지 상이한 방식으로 표기된다.

= 먼저, k, bh, g에서는 ු u와 ූ ū가 다음과 같이 표기된다.

කු ku **තු tu** **ගු gu**

කූ kū **තූ tū** **ගූ gū**

= r에서는 ු u와 ූ ū가 다음과 같이 표기된다.

රු ru රූ rū බ්‍රු bru

※ 다른 자음에는 ු와 ූ가 첨가된다.

ටු ṭu ටූ ṭū ලු lu ලූ lū දු du දූ dū

④ -e의 기호 : 기호 ෙ가 왼쪽으로 자음 앞에 첨가된다.

කෙ ke ටෙ ṭe යෙ ye

⑤ -o의 기호 : 기호 ෙ가 왼쪽으로 자음 앞에 첨가되고 ා가 오른 쪽에 놓인다.

කො ko ලො lo දො do

⑥ 범어에서 차용된 모음의 표기는 다음과 같이 한다.

-ṛ과 -ṝ의 표기 : ෘ와 ෲ를 자음 뒤에 표기한다 : කෘ kṛ කෲ kṝ

-ḷ의 표기 : ෟ를 자음 뒤에 표기한다 : කෟ kḷ

-ai와 -au의 표기 : ෛ과 ෙ-ෟ로 표기한다 : කෛ kai කෞ kau

4) 복자음의 표기

① 두 개의 자음이 겹쳐질 때는 연이어 쓰며, 이 마지막 자음만이 a를 포함한다.

අතත atta

② 이체 자음의 결합에서는 서로 용해되어 붙어버린다.

ඳ nda **ක්‍ෂ kṣa**

ට්ඨ ttha **ත්‍ව tva**

※ mba는 ම්බ mba이외에도 ඹ m̆ba로 표기하기도 한다.

③ 왼쪽으로 자음 앞에 놓이는 기호는 복자음 앞에 놓인다.

දණෙඩන් daṇḍen

④ ṭṭha와 ddha의 복자음 표기에는 ට්ඨ 와 ද්ධ 이 있다

⑤ dva, ñca, ñja는 특별한 기호를 갖는다 : ද්ව, ඤ්ච, ඦ

⑥ 복자음을 구성하는 r은 ්‍ර 기호로서 자음 밑에 결합한다.

ත්‍ර tra, බ්‍ර bra, ද්‍ර dra, ප්‍ර pra, ක්‍ර kra

r이 자음 앞에 놓일 경우에는 직접적으로 ර් r이 자음 앞에 놓이거나 자음 위에 ‍ර්‍ 으로 놓일 수 있다.

ධර්මය ≧ ධර්මය dharmaya

සර්පයා ≧ සර්පයා sarpayā

⑦ ya가 묶음인 자음 뒤에 따라올 때에 ය 로 다시 주어지는 것이 아니라 ්‍ය 란 기호로서 자음에 부착된다. 이때에 물론 비라마는 탈락한다.

කාව්‍යය kāvyaya **වාක්‍යය vākyaya** **පද්‍යය padaya**

5) 싱할리 빠알리문자의 예

모음		අ	a	ආ	ā	ඉ	i	ඊ	ī	උ	u	ඌ	ū	එ	e	ඔ	o
자음																	
ක්	k	ක	ka	කා	kā	කි	ki	කී	kī	කු	ku	කූ	kū	කෙ	ke	කො	ko
ග්	g	ග	ga	ගා	gā	ගි	gi	ගී	gī	ගු	gu	ගූ	gū	ගෙ	ge	ගො	go
ච්	c	ච	ca	චා	cā	චි	ci	චී	cī	චු	cu	චූ	cū	චෙ	ce	චො	co
ජ්	j	ජ	ja	ජා	jā	ජි	ji	ජී	jī	ජු	ju	ජූ	jū	ජෙ	je	ජො	jo
ට්	ṭ	ට	ṭa	ටා	ṭā	ටි	ṭi	ටී	ṭī	ටු	ṭu	ටූ	ṭū	ටෙ	ṭe	ටො	ṭo
ඩ්	ḍ	ඩ	ḍa	ඩා	ḍā	ඩි	ḍi	ඩී	ḍī	ඩු	ḍu	ඩූ	ḍū	ඩෙ	ḍe	ඩො	ḍo
ණ්	ṇ	ණ	ṇa	ණා	ṇā	ණි	ṇi	ණී	ṇī	ණු	ṇu	ණූ	ṇū	ණෙ	ṇe	ණො	ṇo
ත්	t	ත	ta	තා	tā	ති	ti	තී	tī	තු	tu	තූ	tū	තෙ	te	තො	to
ද්	d	ද	da	දා	dā	දි	di	දී	dī	දු	du	දූ	dū	දෙ	de	දො	do
න්	n	න	na	නා	nā	නි	ni	නී	nī	නු	nụ	නූ	nū	නෙ	ne	නො	no
ප්	p	ප	pa	පා	pā	පි	pi	පී	pī	පු	pu	පූ	pū	පෙ	pe	පො	po
බ්	b	බ	ba	බා	bā	බි	bi	බී	bī	බු	bu	බූ	bū	බෙ	be	බො	bo
ම්	m	ම	ma	මා	mā	මි	mi	මී	mī	මු	mu	මූ	mū	මෙ	me	මො	mo
ය්	y	ය	ya	යා	yā	යි	yi	යී	yī	යු	yu	යූ	yū	යෙ	ye	යො	yo
ර්	r	ර	ra	රා	rā	රි	ri	රී	rī	රු	ru	රූ	rū	රෙ	re	රො	ro
ල්	l	ල	la	ලා	lā	ලි	li	ලී	lī	ලු	lu	ලූ	lū	ලෙ	le	ලො	lo
ව්	v	ව	va	වා	vā	වි	vi	වී	vī	වු	vu	වූ	vū	වෙ	ve	වො	vo
ස්	s	ස	sa	සා	sā	සි	si	සී	sī	සු	su	සූ	sū	සෙ	se	සො	so
හ්	h	හ	ha	හා	hā	හි	hi	හී	hī	හු	hu	හූ	hū	හෙ	he	හො	ho
ළ්	ḷ	ළ	ḷa	ළා	ḷā	ළි	ḷi	ළී	ḷī	ළු	ḷu	ළූ	ḷū	ළෙ	ḷe	ළො	ḷo

※ 싱할리 문자에는 아라비아숫자에 해당하는 기호가 없다.

※ 싱할리 문자의 쓰는 순서는 고리모양 부분부터 오른 쪽으로 또는 왼쪽으로 돌면서 써내려가며 복보음이 있는 음절일 경우에는 자음부분을 먼저 쓰고 왼쪽부터 시작해서 써내려간다.

♤ 2. 타이 빠알리문자.

1) 자모의 분류

단모음	อ a	อิ i	อุ u		
복모음	อา ā	อี ī	อู ū	เอ e	โอ o
자음	무성무기음	폐쇄대기음	유성무기음	유성대기음	비음
후음	ก ka	ข kha	ค ga	ฆ gha	ง ṅa
구개음	จ ca	ฉ cha	ช ja	ฌ jha	ญ ña
권설음	ฏ ṭa	ฐ ṭha	ฑ ḍa	ฒ ḍha	ณ ṇa
치음	ต ta	ถ tha	ท da	ธ dha	น na
순음	ป pa	ผ pha	พ ba	ภ bha	ม ma
반모음	ย ya	ร ra	ล la	ว va	
마찰음	ส sa				
기식음	ห ha				
설측음	ฬ ḷa				
억제음	ํ ṁ				

2) 자모의 결합방식
단모음 : 없음 a า(右) ā ิ(上) i ี(上) ī ุ(下) u ู(下) ū
복모음 : เ(左) e โ(左) o.

3) 자음으로서의 묵음표시인 비라마(Virāma)는 문자의 우하(右下)에 점으로 표시한다.
อปฺปมตฺโต appamatto

4) 타이문자에는 연자(連字)가 없으므로 위의 문자만으로도 빠알리어의 모든 표기가 가능하다.

5) 타이문자의 숫자표시
๑ 1, ๒ 2, ๓ 3, ๔ 4, ๕ 5, ๖ 6, ๗ 7, ๘ 8, ๙ 9, ๐ 0.

6) 글자의 쓰는 순서는 작은 동그라미 부분이 오른 쪽으로 또는 왼 쪽으로 돌면서 시작된다.

♤ 3. 미얀마의 빠알리문자.

1) 자모의 분류

단모음	အ a	ဣ i	ဥ u		
복모음	အာ ā	ဤ ī	ဦ ū	ဧ e	ဩ o
자음	무성무기음	폐쇄대기음	유성무기음	유성대기음	비음
후음	က ka	ခ kha	ဂ ga	ဃ gha	င ṅa
구개음	စ ca	ဆ cha	ဇ ja	ဈ jha	ဉ ña
권설음	ဋ ṭa	ဌ ṭha	ဍ ḍa	ဎ ḍha	ဏ ṇa
치음	တ ta	ထ tha	ဒ da	ဓ dha	န na
순음	ပ pa	ဖ pha	ဗ ba	ဘ bha	မ ma
반모음	ယ ya	ရ ra	လ la	ဝ va	
마찰음	သ sa				
기식음	ဟ ha				
설측음	ဠ ḷa				
억제음	ံ ṁ				

2) 자모의 결합방식

က	ka	ကာ	kā	ကိ	ki	ကီ	kī	ကု	ku	ကူ	kū	ကေ	ke	ကော	ko
ခ	kha	ခါ	khā	ခိ	khi	ခီ	khī	ခု	khu	ခူ	khū	ခေ	khe	ခေါ	kho

3) 연자(連字)의 표기방식

က္က	kka	ဉ္စ	ñca	ဒွ	dva	မ္ဗ	mba
က္ခ	kkha	ဉ္ဆ	ñcha	ဓျ	dhya	မ္ဘ	mbha
ကျ	kya	ဉ္ဇ	ñja	ဓွ	dhva	မ္မ	mma
ကြိ	kri	ဉ္ဈ	ñjha	န္တ	nta	မျ	mya
က္လ	kla	ဋ္ဋ	ṭṭa	န္တွ	ntva	မှ	mha
ကွ	kva	ဋ္ဌ	ṭṭha	န္ထ	ntha	ယျ	yya
ချ	khya	ဍ္ဍ	ḍḍa	န္ဒ	nda	ယှ	yha
ခွ	khva	ဍ္ဎ	ḍḍha	န္ဒြ	ndra	လ္လ	lla
ဂ္ဂ	gga	ဏ္ဋ	ṇṭa	န္ဓ	ndha	လျ	lya
ဂ္ဃ	ggha	ဏ္ဌ	ṇṭha	န္န	nna	လှ	lha
ဂျ	gya	ဏ္ဍ	ṇḍa	နျ	nya	ဝှ	vha
ဂြ	gra	ဏ္ဏ	ṇṇa	နှ	nha	သ္တ	sta
င်္က	ṅka	ဏှ	ṇha	ပ္ပ	ppa	သ္တြ	stra
င်္ခ	ṅkha	တ္တ	tta	ပ္ဖ	ppha	သ္န	sna
င်္ဂ	ṅga	တ္ထ	ttha	ပျ	pya	သျ	sya
င်္ဃ	ṅgha	တွ	tva	ပ္လ	pla	ဿ	ssa
စ္စ	cca	တျ	tya	ဗ္ဗ	bba	သ္မ	sma
စ္ဆ	ccha	တြ	tra	ဗ္ဘ	bbha	သွ	sva
ဇ္ဇ	jja	ဒ္ဒ	dda	ဗျ	bya	ဟ္မ	hma
ဇ္ဈ	jjha	ဒ္ဓ	ddha	ဗြ	bra	ဟွ	hva
ဉ္ဉ	ñña	ဒျ	dya	မ္ပ	mpa	ဠှ	ḷha
ညှ	ñha	ဒြ	dra	မ္ဖ	mpha		

4) 미안마문자의 숫자표기

၁	၂	၃	၄	၅	၆	၇	၈	၉	၀
1	2	3	4	5	6	7	8	9	0

5) 미안마문자의 쓰는 순서는 왼 쪽에서 오른 쪽으로 쓰며, 상하로 분리된 문자는 상방의 문자부터 쓴다. 이때에 복모음이 있는 음절일 경우 자음을 먼저 쓰고 왼쪽부터 시작해서 오른 쪽의 모음을 써내려간다.

♤ 4. 인도 데바나가리의 빠알리문자

1) 자모의 분류

단모음	अ a	इ i	उ u		
복모음	आ ā	ई ī	ऊ ū	ए e	ओ o

자음	무성무기음	폐쇄대기음	유성무기음	유성대기음	비음
후음	क ka	ख kha	ग ga	घ gha	ङ ṅa
구개음	च ca	छ cha	ज ja	झ jha	ञ ña
권설음	ट ṭa	ठ ṭha	ड ḍa	ढ ḍha	ण ṇa
치음	त ta	थ tha	द da	ध dha	न na
순음	प pa	फ pha	ब ba	भ bha	म ma
반모음	य ya	र ra	ल la	व va	
마찰음	स sa				
기식음	ह ha				
설측음	ळ ḷa				
억제음	ं ṁ				

2) 자모의 결합방식

का kā　कि ki　की kī　कु ku　कू kū　कृ kṛ
कॄ kṝ　के ke　कै kai　को ko　कौ kau　रु ru
रू rū　र्ह rṛ　शु 또는 शु śu　शू 또는 शू śū
शृ śṛ　हु 또는 हु hu　हृ hṛ

3) 데바나가리 연자의 표기방식

क्क kka　क्य kya　ख्य khya　ग्र gra　ङ्क ṅka
ङ्ख ṅkha　ङ्ग ṅga　ङ्घ ṅgha　च्च cca　च्छ ccha
ज्ज jja　ज्झ jjha　ज्य jya　ञ्च ñca　ञ्ज ñja
ट्ट ṭṭa　ढ्य ḍhya　ण्ठ ṇṭha　ण्ड ṇḍa　ण्ण ṇṇa
त्त tta　त्थ ttha　त्य tya　त्र tra　त्व tva
द्द dda　द्ध ddha　द्य dya　द्र dra　द्व dva
न्त nta　न्द nda　न्न nna　न्व nva　प्य pya
प्ल pla　ब्य bya　ब्र bra　म्प mpa　म्ब mba
म्य mya　य्य yya　ल्य lya　ल्ल lla　स्त sta
स्म sma　स्व sva

※ 데바나가리 연자 가운데 빠알리어표기에 사용되는 연자만을 표기했는데, 그 밖의 연자의 데바나가리 표기는 생략한다.

4) 데바나가리문자의 숫자표기

१	२	३	४	५	६	७	८	९	०
1	2	3	4	5	6	7	8	9	0

5) 데바나가리 문자는 소수의 특징적인 문자를 제외하고는 모두 수평선을 관으로 쓰고 있다.

이 수평선을 맨 마지막으로 쓰며, 따라서 쓰는 순서는 왼쪽부터 출발해서 수평선의 관을 맨 마지막에 쓴다. 그리고 수평선 이외의 형태가 수직선과 연결된 문자는 수직선부터 먼저 내리면서 연결하여 쓴다.

♤ 5. 캄보디아의 빠알리문자

1) 자모의 분류

단모음	អ a	ឥ i អិ	ឧ u អុ		
복모음	អា ā	ឦ ī អី	ឩ ū អូ	ឯ e អេ	ឱ o អោ

자음	무성무기음	폐쇄대기음	유성무기음	유성대기음	비음
후음	ក ka	ខ kha	គ ga	ឃ gha	ង ṅa
구개음	ច ca	ឆ cha	ជ ja	ឈ jha	ញ ña
권설음	ដ ṭa	ឋ ṭha	ឌ ḍa	ឍ ḍha	ណ ṇa
치음	ត ta	ថ tha	ទ da	ធ dha	ន na
순음	ប pa	ផ pha	ព ba	ភ bha	ម ma
반모음	យ ya	រ ra	ល la	វ va	
마찰음	ស sa				
기식음	ហ ha				
설측음	ឡ ḷa				
억제음	ំ ṁ				

2) 자모의 결합방식

ក ka　កា kā　កិ ki　កី kī　កុ ku　កូ kū　កេ ke　កោ ko

3) 캄보디아 연자의 표기방식

្រ ra		្ម ma		្ 중복	
ប្រ bra	ន្ទ្រ ndra	ហ្ម hma	ស្ម sma	ស្ស ssa	ប្ប ppa

ក្ខ kkha　ង្ឃ ṅgha　ច្ឆ ccha　ញ្ច ñca　ដ្ឋ ṭṭha　ណ្ឌ ṇḍa

ត្ថ ttha　ត្វ tva　ទ្ធ ddha　ទ្វ dva　ន្ន nna　ម្ព mba

4) 캄보디아 문자의 숫자표기

១	២	៣	៤	៥	៦	៧	៨	៩	០
1	2	3	4	5	6	7	8	9	0

제2장 빠알리-한글사전편

A

a ① 모음·문자 a의 이름. ② 근본접미사의 일종[어근에 부가되어 명사를 만듦].
a° *pref.* ① 없음이나 아님의 부정을 나타낸다[자음 앞에서 a가(a-kusala) 부가되고 모음 앞에서는 an이(an-attan) 부가됨]. ② ā°가 복자음 앞에서는 a°가 된다[akkosati<ā-kosati] ③ *pret. aor. cond.*에서는 동사 앞에 과거의 행위를 나타내는 접두모음(augment) a를 둔다. 그러나 때로는 시형론적 이유로 탈락되기도 하고 동사에 전철이 있을 경우, 전철과 어근 사이에 놓이거나 전철과 전철 사이에 놓이거나 전철과 어근 앞에 놓이기도 한다[a-kāsi. a-bhavissa. avâcari. apânudi. paccaniyyāsi. a-paribrūhayi 등]. 이 접두모음 a를 갖는 *aor.*는 현재시제의 종료로서 쓰이기도 한다[apucchasi 등]. ④ 특별한 의미 없이 단지 시형론적 이유로 단어 앞에 부가됨[a-punappunaṁ a-piḷāndhana. a-siñcati. a-nantaka 등].
aṁ [*sk.* aṁ] 대격을 나타내는 비음[문법]. -vacana 대격[문법].
aṁsa ① *m* [*sk.* aṁśa] 부분. 몫. 옆(측면). 쪽. 끝(端). 코너. 시기(時期). aṁsika. 분비를 받는. -bhāga 구석. 코너. ② *m* [〃] 어깨. -kūṭa '어깨의 불거져 나온 부분' 어깨. 어깨쭉지. -bandhaka. -vaṭṭaka. -vaddhaka 어깨끈. 멜빵. ③ 전차의 장식물.
aṁsā *m pl.* [*sk.* arśa] ① 치질(痔疾). 치핵(痔核). ② 비루(皮膚病?).
aṁsi *f.* [*cf. sk.* aśri] ① 구석. 귀퉁이. ② 끝.
aṁsika *m* [*cf.* aṁsa-ika] 어깨에 힘주는 사람.
aṁsu [*sk.* aṁśu] ① 빛살. 광선. ② 실. -mālin 태양.
aṁsuka *n.* [*sk.* aṁśuka] 옷. 의복.
aka *suf.* 근본접미사의 일종[어근에 첨가되어 명사를 형성].
akaṁ. akaṁsu karoti의 *aor.*
akakkasa *adj.* [a-kakkasa] ① 거칠지 않은. 부드러운. ② 우아한. ③ 순수한. ④ 해롭지 않은. -aṅga 부드러운 사지를 지닌.
akakkala *adj.* [a-kakkala] ① 단단하지 않은. 부드러운. ② 유창한. -vācatā 말이 유창한.
akakkalatā *f.* [akakkala의 *abstr.*] ① 부드러움. ② 매끄러움. ③ 유창함.
akaṅkha. akaṅkhin *adj.* [<a-kaṅkha] ① 의혹이 없는. ② 신뢰하는.
akaccha *adj.* [*sk.* akathya] ① 이야기에 적합하지 않은. ② 대화에 적합하지 않은.
akaṭa *adj.* [a-kata] = akata ① 만들어진 것이 아닌. 인위적인 것이 아닌. 준비된 것이 아닌. ② 자연의. 천연의. 무위(無爲)의. -pabbhāra 자연적인 경사면. -bhūmibhāga 경작되지 않은 토양. -yūsa 천연주스. 천연즙. 묽은 수프. -viññatti 준비되지 않은 일에 대한 요청. 생략된 시설. -vidha 만들어지도록 하게 하지 않은.
akaṭṭha *adj.* [a-kaṭṭha] 경작되지 않은.
akaṇa *adj.* [a-kaṇa] ① 겉겨가 없는. ② 잘 정미(精米)된.
akaṇika *adj.* [a-kaṇa-ika] 점이 없는. 반점(斑點)을 지닌.
akaṇṭaka *adj.* [a-kaṇṭaka] ① 가시가 없는. ② 적이 없는. ③ 고뇌가 없는. ④ 즐거운. 유쾌한.
akaṇha *adj.* [a-kaṇha] ① 검지 않은. 어둡지 않은. ② 비천하지 않은. ③ 나쁘지 않은. -asukka -vipāka 나쁘거나 좋은 결과가 없는. -netta 밝은 눈을 가진.
akata *adj.* [a-kata] = akaṭa. ① 만들어진 것이 아닌. 인위적인 것이 아닌. 준비된 것이 아닌. ② 자연의. 천연의. 무위(無爲)의. ③ 교양이 없는. -kappa 허락이 이루어지지 않은. -kamma 업을 만들지 않은. -kalyāṇa 착하고 건전한 일을 하지 않은. -kibbisa 죄를 저지르지 않은. -kusala 착하고 건전한 일을 하지 않은. -ññu. -ññū 은혜를 모르는. 감사할 줄 모르는. -ññurūpa 본래 은혜를 모르는. -tta 교양이 없는 것. -pariggaha 결혼하지 않은 것. -paritta 수호주문을 외우지 않은. -pāpa 악을 저지르지 않은. -puñña 공덕을 짓지 못한. -bahumāna 존경받지 못한. -buddhi 깨달음을 얻지 못한. -bhīruttāṇa 확실한 피난처를 얻지 못한. -mallaka 일반적인 긁는 도구. -yogga 실천되지 않은. -rassa 짧아지지 않은. -luddha 잔인한 일을 하지 않은. -vedin 은혜를 모르는. 감사를 모르는. -veditā 배은망덕. -saṁvidhāna 아직 존재하지 않은 옷의 제조.
akataññū *m* [a-katta-ññū. *bsk.* akṛtajña] ① 은혜를 모르는 자. ② 배은망덕한 자.
akattar *m.* [a-kattar] 선(善)을 행하지 않는 자. 불선행자(不善行者).
akatvā *abs.* [a-katvā] ~하지 않고 (나서).
akathaṁkathā *f.* [a-kathaṁkathā] 의심이 없는

것. 무의(無疑).

akathaṁkathin *adj.* [a-kathaṁkathā-in] 의심에서 벗어난. 의심이 없는.

akaniṭṭha *adj. m* [*bsk.* Akaniṣṭha] '위대한 존재' ① 구경(究竟)의. ② 궁극적인 미세한 물질로 이루어진 신들의 하느님의 세계. 아가니타천(阿迦膩吒天). 색구경천(色究竟天). 유정천(有頂天). Akaniṭṭhā devā 궁극적인 미세한 물질로 이루어진 신들의 하느님 세계. 궁극적인 미세한 물질로 이루어진 하느님 세계의 신들[神·神界의 이름. 色界四禪 最高天의 하느님 세계]. -gāmin 궁극적인 미세한 물질로 이루어진 신들의 하느님 세계로 가는 님. 색구경행자(色究竟行者)[오종불환자(五種不還者: pañca anāgamino)에서 상세한 설명을 보라]. -devatā 궁극적인 미세한 물질로 이루어진 신들의 하느님 세계의 신. 색구경천(色究竟天).

akanta. akantika. akantiya *adj.* [<a-kanta] ① 원하지 않는. 탐내지 않는. ② 불쾌한.

akappayuṁ [kappeti의 *aor. 3pl.*)] 일을 했다. 행했다. 준비했다.

akappiya *adj.* [a-kappiya] ① 부적당한. 맞지 않는. 시기가 적당하지 않은. 허용될 수 없는. ② 부정(不正)한. ③ 포함되지 않은. -aṭṭhena 부적당하다는 의미에서 -kata 허용될 수 있다고 선언되지 않은. -bhaṇḍa 인정되지 않은 물건. -maṁsa 적당하지 않은 고기.

akampa *adj.* [a-kampa] ① 동요하지 않는. ② 확고한. 견고(堅固)한.

akampanīya *adj.* [<a-kamp] ① 동요될 수 없는. ② 확고한. 견고(堅固)한.

akampin *adj.* [a-kampa-in] 동요하지 않는.

akampita *adj.* [a-kamp의 *pp.*] 동요하지 않은.

akampiya *adj.* [<a-kampa] ① 동요될 수 없는. ② 확고한. 견고(堅固)한.

akampiyatta *n.* [akampiya의 *abstr.*] 확고한 상태. 견고(堅固).

akamha. akaraṁ. akara. akarā karoti의 *aor.*

akamma *n.* [a-kamma] ① 행해지지 않은 것. ② 비행(非行)[사악한 행동]. -kāma 의무적인 것이 아닌. -ja 업에서 생겨난 것이 아닌.

akammaka *adj.* [a-kamma-ka] ① 행해지지 않은 것. ② 비행(非行)[사악한 행동].

akammañña. akammanīya. akammaneyya *adj.* [<*sk.* a-karma] ① 작업에 적당하지 않은. ② ~할 마음을 잃게 된.

akammāsa *adj.* [*sk.* a-kalmāṣa] '잡색이 아닌.' ① 때 없는. 무구(無垢)의. ② 순수한. -kārin (언행이) 일치하게 행동하는.

akaraṁ *ind.* [a-karoti의 *ppr. m sg. nom.*] ~하지 않는 (사람).

akaraṇa *n.* [a-karaṇa] 하지 않는 것. 부작(不作). 비소작(非所作).

akaraṇiya *adj.* [a-karaṇiya] 해서는 안 되는. 마땅히 하지 말아야 할. 불응작(不應作)의.

akaramha. akarāma. akari karoti의 *aor.*

akariṁsu. akaruṁ karoti의 *aor.*

akaronta *adj.* [a-karonta] 하지 않는. 부작(不作)의. *cf.* karonta(<karoti).

akalu. akaḷu *m.* [*cf.* agalu] ① 연고로 사용되는 향기로운 알로에 나무. 알로에 연고. ② 침향(沈香). -candana-vilitta 침향(沈香)과 전단향(전단향)으로 기름을 부어진.

akalya. akalla *adj.* [a-kalya. a-kalla] ① 부적당한. ② 좋지 않은. 불쾌한. ③ 불건전한. 병약한.

akallaka *adj.* [a-kalla-ka] 병든. 아픈.

akalyatā. akallatā *f.* [akalla의 *abstr.*] ① 기분이 언짢음. 내키지 않음. ② 부적당. 질병.

akavāṭaka *adj.* [a-kavāta-ka] 창문이 없는.

akasāva *adj.* [a-kasāva] ① 더러움이 없는. ② 잘못이 없는.

akasira *adj.* [a-kasira] ① 곤란하지 않은. ② 용이한. -lābhin 쉽게 얻는.

akāca *adj.* [a-kāca] ① 더럽지 않은. ② 맑은. 청정한.

akācin *adj.* [a-kāca-in] = akāca.

akāpurisasevita *adj.* [a-kāpurisa-sevita] 악한 사람들에 의해서 출입·봉사되지 않는.

akāma *adj.* [a-kāma] ① 원하지 않는. ② 주저하는. -karaṇīya 자신의 의지와는 반대로 행해지는. -kāmin 감각적인 쾌락의 욕망이 없는. 평정한. 냉정한. 무욕의. -rūpa 원하지 않는.

akāmatā *f.* [akāma의 *abstr.*] 강제로 행해진 상태. *ins.* akāmatāya 필연적으로.

akāmaka *adj.* [a-kāmaka] 원하지 않는. 마지못해 하는.

akāmasā *ind.* [<akāma] 의지와는 반대로. 비자발적으로.

akāmā *ind.* [<akāma] ① 의지와는 반대로. 비자발적으로. ② 좋아하지 않는다면.

akāmita *adj.* [<a-kāmita] 사랑받지 못한.

akāra *m. adj.* [a-kāra] ① a의 문자·소리·음절. -āgama a의 문자·소리·음절의 추가. -ādikosa 사전(辭典). -ādesa a의 문자·소리·음절의 대체. -lopa a의 문자·소리·음절의 제거. ② '아무 잘못도 행하지 않은' 순진한. -bhāva 순진.

akāraka *adj.* [a-kāraka] ① '아무 잘못도 행하지 않은' 순진한. ② '아무런 좋은 것도 행하지 않은'

봉사를 행하지 않은. 쓸모없는.
akāraṇa *adj. n.* [a-kāraṇa] ① 원인이 없는. ② 무인(無因).
akārita *adj.* [a-kārita] 적용되지 않은 -pubba 예전에 적용되지 않은.
akāriya *adj.* [a-kāriya] = akaraṇīya 하지 말아야 할. 만들지 말아야 할.
akāruññatā *f.* [a-kāruññatā] ① 불친절. ② 자비롭지 못함.
akāla *adj.* [a-kāla] ① 적당한 때가 아닌. 때 아닌 때의. ② 시기를 놓친[너무 빠르거나 너무 늦음]. -cariyā 시기를 놓친 행위. 비시행(非時行) -cārin 때아닌 때에 (탁발하러) 가는. -cīvara 철에 맞지 않는 옷. 비시의(非時衣) -ññū 올바른 시간을 알지 못하는 자. -puppha 제철이 아닌 때 핀 꽃. 비시화(非時花). -phala 제철이 아닌 열매. -maccu. -maraṇa 때가 아닌 죽음. -megha 때 아닌 구름. -rāvin 때 아닌 때에 소리를 지르는. -rūpa 불편한. 때가 아닌. -vādin 잘못된 시간에 말하는. -vijjutā 때 아닌 때의 번개. -samaya 기대하지 않았던 순간.
akālika *adj.* [a-kālika] ① 지체되지 않는. 현세의. 즉시의. ② 시간에 메이지 않는. ③ 때 아닌 때의.
akālussiya *adj.* [a-kālussiya] 더러움이 없는. 청정한. -paccupaṭṭhāna 청정에 의해 나타난.
akāle. akālena *ind.* [a-kāla의 *loc. ins.*] '때 아닌 때에' 부적당한 때에.
akāsi. karoti 의 *aor.*
akāsika *adj.* [a-kāsi-ka] 까씨 국의 출신이 아닌.
akāsittha. akāsiṁ. akāsuṁ karoti의 *aor.*
akāsiya *adj.* [a-kāsika ?] ① 까씨 국 출신이 아닌(?). ② 왕을 보좌하는 세무 공무원.
akicca *adj.* [*sk.* a-kṛtya] 행해지지 않아야 할. -kara 의무를 행하지 않는. 해야 할 바를 하지 않는. 쓸모없는. (약의) 효과 없는. -kārin 부적당한 사업에 종사하는. 잘못 행동하는.
akiccha *adj.* [a-kiccha] ① 곤란하지 않는. ② 어렵지 않은. 쉬운. -lābhin 쉽게 얻는.
akiñcana *adj.* [a-kiñcana] 아무 것도 없는. 무소유(無所有)의. *cf.* ākiñcañña
akiñci *n.* [a-kiñci] ① 조금도~ 아님. 결코 ~아님. ② 아무 것도 없음.
akitava *m.* [a-kitava] ① 사기꾼이 아닌 사람. ② 도박꾼이 아닌 사람.
akitti ① *f.* [a-kitti] 악명(惡名). -sañjananī 악명을 만들어내는. ② *m.* [*sk.* Agastya] 아낏띠[인명 또는 지명] -tittha 베나레스 근처의 목욕장. -dvāra 베나레스에 있는 문.
akittima *adj.* [*sk.* akṛtrima] = akuttima 인공적이 아닌. 사실적인. 자연적인.
akittayi kitteti의 *aor. sg.*
akiriya *adj.* [a-kiriya] ① 행해질 수 없는. 실천적이지 못한. ② 업[선악의 행위]의 작용을 인정하지 않는. ③ 어리석은. -diṭṭhi 업의 작용을 인정하지 않는 견해. 무작론(無作論). -rūpa 행해질 수 없는. 부적당한. -vāda 업의 작용을 인정하지 않는 이론. 비작업론자(非作業論者). 비작용론자(非作用論者). -suddhi 활동하지 않음을 통한 청정.
akiriyā *f.* [<a-kiriya] ① 행하지 않는 것. 활동하지 않음. ② 부적당한 행동.
akilanta *adj.* [a-kilanta] ① 피곤하지 않은. 졸리지 않은. ② 기민한.
akilāsu *adj.* [a-kilāsu] ① 지치는 일이 없는. 피로를 모르는. ② 근면한.
akiliṭṭha *adj.* [*sk.* a-kiliṣṭa] ① 오염되지 않은. ② 번뇌가 없는.
akissava *adj.* [?] ① 지혜가 없는(?). ② akiñcana의 *misr.*(?)
akukkuka *adj.* [a-kukku-ka] ① 짧지 않은. ② 아주 높은.
akukkuca *adj.* [a-kukkuca] 잘못된 행동 없는.
akukkuccaka *adj.* [a-kukkuccaka] ① 후회하지 않는. ② 의심할 여지가 없는.
akuṭila *adj.* [a-kuṭila] ① 구부러지지 않은. ② 정직한.
akuṇḍka *adj.* = a-kaṇa
akutūhala *adj.* [a-kutūhala] ① 소동이 없는. ② 미신적인 관점이 없는.
akuto. akutoci *ind.* [<*sk.* a-kutas] 어떤 방향에서도 아닌. akutoci-upaddava 어떠한 스트레스도 없는. 어떠한 공격도 없는. akuto-bhaya 어느 방향에서도 두려움 없는. 안전한.
akuttima = akittima.
akuddha *adj.* [a-kuddha] = akkuddha 화내지 않는. 분노하지 않는.
akuppa *adj.* [a-kuppa<kup *bsk.* akopya] '화내지 않는' ① 흔들리지 않는. ② 견고한. 부동(不動)의. -ṭṭhāna 확고한 위치. -dhamma 부동의 원리를 지닌. 확고한 계법을 지닌. -cetovimutti 부동의 마음에 의한 해탈(不動心解脫).
akuppatā *f.* [a-kuppa의 *abstr.*] 견고성. 부동성(不動性)[특히 열반의 특성을 나타냄].
akubbant *adj.* [karoti의 *neg. ppr.*] ① 행하지 않는. ② 만들지 않는.
akula *adj. n.* [a-kula] ① 좋은 가문이 아닌. ② 집·가족이 아님. -putta 좋은 가문이 아닌 자.
akulīna *adj.* [a-kulīna] 좋은 가문이 아닌.

akusala *adj.* *n.* [a-kusala] ① 능숙하지 못한. 현명하지 못한. ② 악하고 불건전한. 죄 많은. 불선(不善)의. ③ 불행한. ④ 유익하지 못한. 해로운. ⑤ 악하고 불건전함. 죄악. 악(惡). 악행. 불선(不善). -uppatti 죄악의 발생. -ûpaparikkha 악하고 불건전한 것에 대한 성찰. -kamma 악하고 불건전한 행위. 악하고 불건전한 업. 불선업(不善業). -kārin 착하지 않은 행위를 하는. -citta 악하고 불건전한 마음. 불선심(不善心). -cetasikasampayoganaya 악하고 불건전한 마음의 작용의 결합방식. -dhamma 악하고 불건전한 법. 불선법(不善法). -dhātu 악하고 불건전한 세계. 불선법(不善界). -parikkhā 악하고 불건전한 것에 대한 성찰. -pariccāga 악하고 불건전한 것을 버림. -mūla 악하고 불건전한 것의 뿌리. 불선근(不善根)[貪·瞋·痴의 三不善根]. -rāsi 악하고 불건전한 것의 집적. -vitakka 악하고 불건전한 사유. 불선심사(不善尋思). -vipāka 악한 결과를 가져오는. -vipākacitta 악한 결과를 가져오는 마음. -vipākasaṅkhāramūlaka 악한 결과를 가져오는 형성의 근본. 불선이숙행근본(不善異熟行根本). -saṅkappa 악하고 불건전한 의도. -saṅkhāta 악하고 불건전한 것이라고 불리는. -saṅgaha 악하고 불건전한 것의 분류. -sañcetanika 의도적인 악하고 불건전한 것과 관계된. -saññā 악하고 불건전한 관념. 악하고 불건전한 것에 대한 지각. -sādhāraṇacetasika 불건전한 것에 공통되는 정신적인 요소[ahirika. anottapa. uddhacca. moha]. -sīla 악하고 불건전한 성품. -hetu 악하고 불건전한 것의 원인.

akusīta *adj.* [a-kusīta] 게으르지 않은. 나태하지 않은.

akuha *adj.* [a-kuha] ① 속이지 않는. ② 정직한. 믿을 만한.

akūjana *adj.* [a-kūjana] (마차 등이) 삐걱거리지 않는.

akūṭa *adj.* [a-kūṭa] ① 속이지 않는. 사기가 아닌. 거짓이 아닌. ② 뿔이 없지 않은. 대머리의.

aketubhin *adj.* [a-keṭubha-in] 위선이 없는.

akerāṭika *adj.* [a-kerāṭika] ① 속이지 않는. ② 정직한.

akevala *adj.* [a-kevala] ① 전체가 아닌. ② 절대적이 아닌. ③ 불완전한.

akevalin *adj.* [a-kevalin] ① 불완전한. ② 결함이 있는.

akoṭigata *adj.* [a-koṭi-gata] 끝을 성취하지 못한. 결과를 내지 못한.

akotūhalamaṅgalika *adj.* [a-kotūhala-maṅgalika] 미신적인 견해가 없는.

akodhana *adj.* [a-kodha. °na] 화내지 않는. 성내지 않는.

akopa *adj.* [a-kopa] ① 화내지 않는. ② 친한.

akovida *adj.* [a-kovida] ① 잘 알지 못하는. ② 현명하지 못한. 무지한.

akosalla *adj.* [a-kosalla] 유능하지 못한. 숙련되지 못한.

akka *m.* [*cf.* *sk.* arka] ① 광선. 태양. ② 악까[새가 먹는 초본식물로 제비풀의 일종. Calotropis Gigantea]. -nāla 옷감의 일종. -vāṭa 악까바따[농장 입구의 문의 이름]. 악까로 만든 움직이는 울타리. -panna 악까의 잎. -vāka 악까의 껍질. -vāṭa 악까바따[특별한 창문·문의 종류].

akkanta *adj.* akkamati의 *pp.*

akkandati[ā-krand] ① 신음하다. ② 아우성치다. 큰소리로 부르다. 울부짖다. *aor.* *3pl.* akkanduṁ

akkamati [ā-kram] ① 밟다. 걷다. 가까이 가다. ② 공격하다. ③ 일어나다. 올라가다. *aor.* *sg.* akkami; *abs.* akkamma; *pp.* akkanta. akkamma.

akkamana. akkamaṇa *n.* [<akkamati. *bsk.* ākramaṇa] ① 접근. 유행(遊行) ② 공격. 정복.

akkuddha *adj.* [a-kuddha] 화내지 않는.

akkuṭṭha *adj.* [akkosati의 *pp.*] ① 욕먹지 않은. ② 비난받지 않은.

akkula *adj.* [=ākula] ① 당황한. 혼란된. ② 주저하는. akkulo pakkulo[외치거나 절규하는 모습].

akkocchi. akkochi. akkosi akkosati의 *aor.* *sg.*

akkodha *m.* [a-kodha] 분노가 없음. 친절함. 호의. -ûpāyāsa 분노의 고뇌가 없는.

akkodhana *adj.* [a-kodhana] 호의적인. 친절한.

akkosa *m.* [*sk.* ākrośa] ① 심한 욕을 함. 악을 씀. ② 비난. 매도. -pahāra 욕설과 구타. -vacana 비난하는 말. -vatthu (열 가지) 욕설의 바탕·표현방식.

akkosaka *adj.* *m.* [akkosa-ka] ① 심한 욕을 하는. ② 악을 쓰는 사람. 비난하는 사람. -paribhāsaka 욕하고 멸시하는 사람.

akkosati [ā-kruś] ① 욕하다. ② 비난하다. 매도하다. *aor.* *sg.* akkocchi. akkochi. akkosi; *pp.* akkoṭṭha; *n.* akkosana. *adj.* *m.* akkosaka.

akkosana *n.* [<akkosati] ① 욕설. ② 비난.

akkha *m.* [*sk.* akṣa] ① 차축. 차의 굴대. -aggakīla 바퀴멈추개. -abbhañjana 차축에 윤활제를 바름. -āṇi 차축의 바퀴멈추개[핀]. -âhata 차축위에 단단히 고정된. -chinna. -bhagga 차축이 부서진. -bhañjana 차축의 파괴. -bandha 차축 밧줄. -mālā 염주(念珠). ② 눈(眼). -aṭṭhi 눈-

뼈. ③ 주사위. 해자(垓字). 도박. 게임. -dassa 도박의 심판자. 대법관. -devin. -dhutta 도박을 하는 사람. 도박꾼. -patīta 도박을 좋아하는. -parājita 도박에 패한. -mada 도박에 중독된. -yuddha 주사위 도박. -vāṭa 레슬링 · 씨름을 하는 장소의 울타리. ④ *n.* 감관. ⑤ *adj.* 눈이 있는. ⑥ 악까나무[씨앗이 주사위로 사용되는 나무. Terminale Bererica]. ⑦ 악까[무게의 단위 : 2악까 = 5 māsaka. 8악까 = 1 dharaṇa]. -kkhāyikachātaka 설익은 악까 열매를 삶아먹을 정도의 기근.

akkhaka *m.* [akkha-ka] ① 목뼈. 쇄골(鎖骨). ② [=akkha ⑦] 악카까[무게의 단위 : 2 악카까 = 5 māsaka. 8악카까 = 1 dharaṇa].

akkhaṇa[1] *m.* [a-khaṇa] ① 좋지 않은 때. ② 불운. 불행. ② 지체 없이 빠른 것. 번개와 같은 것. 불시(不時). -vedhin 능숙한 사수(射手). 번개처럼 맞추는 자.

akkhaṇa[2] *n.* akkhaṇā *f.* [a-khaṇā] 번개.

akkhaṇḍa → akhaṇḍa

akkhata *adj. n.* [a-khata<kṣata] ① 해를 입지 않은. 상처가 없는. 안전하고 건전한. *acc.* akkhataṁ *adv.* 안전하게. 상처가 없이. ~의 뜻대로. ② 튀긴 보리알.

akkhanti *f.* [a-khanti] ① 참지 못함. ② 불관용. 용서하지 못함.

akkhama *adj.* [a-khama] ① 참을 수 없는. ② 인내가 없는. -paṭibhāna 신뢰할 수 있는 변재(弁才)·말솜씨.

akkhamana *adj.* [a-kṣam의 *ppr.*] ① 인내하지 못하는. ② 용서하지 못하는.

akkhambhiya *adj.* [a-kṣam의 *ppr.*] 흔들릴 수 없는.

akkhaya *adj.* [a-khaya] ① 파괴되지 않는. 변하지 않는. ② 신뢰할 수 있는. -paṭibhāna 신뢰할 수 있는 변재(弁才)·말솜씨.

akkhayita *adj.* [a-khayita] ① 파괴되지 않는. ② 부패하지 않은.

akkhara *adj. n.* [*sk.* akṣara] ① 불멸의. 영원한. ② 글자. 문자(文字). 철자(綴字). 자모(字母). ③ 칭호(稱號). akkharehi caritanirūpana 필적학(筆跡學). -ññū 글을 읽고 쓸 줄 아는. -attha 단어의 문자적 의미. -uttarikayamaka 각운(脚韻)의 특별한 형태. -kosalla 철자에 능숙한. -cintaka 문법가. 시인. -jānanakīḷā 문자를 인식하는 게임. -paṭṭikā 비문이 적힌 작은 천 조각. -padaniyamata 운율적으로 처리된. -pāripūrī 음절의 완전성. -pabheda 어원론. 음성론(音聲論). -piṇḍa '철자의 덩어리' 다른 소리와 만나는 연속성. 단어나 음성의 연속. 어단(語團). -phalaka 칠판. -vidhāna 철자법에 대한 규칙. -vipatti 철자법에서의 실수. -vipallāsa 철자순서를 바꾼 말. -visodhanī 악카라비쏘다니[문법서]. -saññāta 철자를 통해 지각된. -sannipāta 철자의 모음. -samaya 철자론(綴字論). -samavāya 소리의 연결. -sammohacchedanī 악카라쌈모핫체다니[문법서].

akkharā *f.* [*sk.* akṣarā] 음절(音節).

akkharikā *f.* [akkhara-ikā] ① 문자. 음절. ② 판독놀이[특정한 놀이의 이름].

akkhāta *adj.* [akkhāti의 *pp.*] ① 알려진. ② 선언된. 고(告)해진. ③ 가르쳐진. 설법된. -rūpa 완전히 알려진.

akkhātar *m.* [akkhāti의 *ag.*] ① 이야기하는 사람. ② 알리는 사람.

akkhāti [ā-khyā] ① 이야기하다. ② 알리다. 고(告)하다. ③ 가르치다. 설법하다. *pp.* akkhāta; *m.* akkhātar; *aor.* akkhāsi; *imp.* akkhāhi; *fut.* akkhissati; *cond.* akkhissaṁ; *pass.* akkhāyati.

akkhāna *n.* [*sk.* ākhyāna] ① 이야기함. 이야기. ② 읽을거리. ③ 옛날이야기. ④ 발음. ⑤ 설법. ⑥ 설명.

akkhāyati [akkhāti의 *pass.*] ① 알려지다. ② 선언되다. 고(告)해지다. ③ 가르쳐지다. 이야기되다. 설법되다.

akkhāyika *adj.* [<akkhāti] 이야기의.

akkhāyikā *f.* [<akkhāyika] 이야기.

akkhāyita *adj.* [a-khāyita] 소모되지 않은.

akkhāyin *adj. m.* [akkhāya-in] ① 설명하는. 이야기하는. ② 논자(論者).

akkhāhata *adj.* [akkha-āhata] ① 차축의 단단한 부분. ② 소모되지 않은.

akkhi *n.* [*sk.* akṣi] 눈(眼). -añjana 눈의 연고. 세안제(洗眼劑). 정안제(淨眼劑). -kūṭa 눈썹미. -kūpa 눈구멍. -koṭi 눈썹미. -ga 눈에 있는. -gaṇḍa 눈두덩[눈껍풀과 속눈썹을 포함]. -gūtha(ka) 눈으로부터의 분비물. 눈꼽. -chidda 눈꺼풀의 터진 자리. -tārā. -tārakā 눈동자. -dala 눈꺼풀. -daha 안염(眼炎). -diṭṭhi 시력(視力). -nimmīlana '눈의 깜박임' 순간(瞬間). -paṭala 눈의 각막. -pāta 힐끗 쳐다봄. 별견(瞥見). -pūjā 축제의 이름. -pūra 눈에 가득 찬 (눈물). -maṇḍala 둥글게 보이는 눈. -mala 눈곱. -roga 눈병. -loma 눈썹. -vejja 안과의(眼科醫). 안과의사.

akkhika *adj. m.* [<akkhi] ① 눈이 있는. 눈의. -hāraka 눈을 뽑아버리는. an° 눈이 없는. ② 그물눈의. ③ 주사위 놀이에서 이긴. ④ 도박꾼.

akkhitta *adj.* ① [a-khitta] 버려지지 않은. 어지럽지 않은. 혼란이 없는. ② [*bsk.* ākṣipta] 얻어맞는. 던져진.
akkhin = akkhika.
akkhuddâvakāsa *adj.* [a-khudda-avakāsa.] 출현이 적지 않은.
akkhubhita *adj.* [a-khubhita] 평화로운.
akkhema *adj.* [a-khema.] 안전하지 못한.
akkheyya *adj.* [akkhāti의 *grd.*] (단어로) 표현될 수 있는.
akkhula → akkula
akkhobbha. akkhobhana akkhobhiya *adj.* [a- khobbha. *sk.* akṣobhya] ① 흔들리지 않는. ② 견고한. 부동(不動)의. *f.* akkhobhaṇī *cf. bsk.* akṣobhya 부동여래(不動如來) 아촉불(阿觸佛).
akkhohiṇī *f.* [=akkhobhiṇī] ① 완비된 군대. -mahāsenāghāta 완비된 대군에 의한 살육. ② 악코히니[큰 숫자. koṭi^{n} (n=6)]. 대수(大數).
akhaṇḍa *adj.* [a-khaṇḍa] ① 부서지지 않은. 부족하지 않은. 단편적이 아닌. ② 전체적인. 완전한. ③ 범하지 않는. 어기지 않는. -kārin 완전히 행하는. -pañcasīla 오계와 관련해서 어기지 않는. -phulla 부서진 부분이 없는. 완전한. -vutti 어긋남이 없는 삶을 이끄는.
akhanti → akkhanti.
akhambhiya → akkhambiya.
akhara *adj.* [a-khara] ① 단단하지 않은. ② 부드러운.
akhalita *adj. n.* [a-khalita] ① 잘못된 걸음이 없는. 실수가 없는. ② 올바른 읽음.
akhāta *adj.* [a-khāta] 파헤쳐지지 않은.
akhādanta *adj.* [a-khādanta] 먹지 않는.
akhāditapubba *adj.* [a-khādita-pubba] 예전에 먹어보지 못한.
akhārika *adj.* [a-khārika] 맵지 않은.
akhila *adj.* [a-khila] ① 황무지가 없는. ② 고루(固陋)하지 않은. 고집이 세지 않은. ③ (탐·진·치나 다섯 가지 장애에서 생겨나는) 마음의 황무지가 없는.
akhīṇa *adj.* [a-khīṇa] ① 가난하지 않은. ② 몰락하지 않은. ③ 파괴되지 않은. -āsava 번뇌가 파괴되지 않은 자.
akhīla. akhīlaka. *adj.* [a-khīla] ① 가시가 없는. 못이 없는. ② (貪·瞋·痴의) 마음의 가시가 없는. 못이 없는. ③ 황무지가 없는[akhila와 혼동되어 쓰임].
akhetta *adj. n.* [a-khetta] ① 땅이 없는. 황무지의. 척박한 토양의. ② 적당하지 않은 장소. -ñña 지방에 친숙하지 않은. -ññu (탁발하기에) 적당한 곳을 모르는. -bandhu 토지도 친척도 없는. -bhāva 토양이 없는.
aga *m.* [<a-gam] '가지 않는 것' ① 나무. ② 산.
agaṁ. agacchisaṁ gacchati의 *aor. 1sg.*
agaṇita *adj.* [a-gaṇeti의 *pp.*] ① 헤아려지지 않은. ② 포함되지 않은.
agaṇhana *adj.* [a-gaṇhana] 붙잡지 않음.
agaṇhiṁ gaṇhāti의 *aor.*
agaṇhi. agaṇhiṁ gaṇhāti의 *aor.*
agata *adj.* [a-gata] ① 도착하지 않은. ② 얻지 못한. -pubba 전에 얻지 못한.
agati *f.* [a-gati] ① 오지 않음. 입장하지 않음. ② 도리에 어긋남. 잘못된 길. 비도(非道). 하지 말아야 할 행위. -kilesa 도리에 어긋나는 행위로 이끄는 번뇌·오염[네 가지(chanda. dosa. moha. bhaya)가 있음]. -gamana 도리에 어긋나는 행위[네 가지 이유에 따른 非道 : chanda°. dosa°. moha°. bhaya-agatigamana].
agathita *adj.* [a-gathita] ① 속박되지 않은. ② 집착하지 않는.
agada *adj. m.* [a-gada] ① 병없는. 무병(無病)의. ② 약(藥). 아가다약(阿伽陀藥). 해독제. -aṅgāra 약 가루. -âmalaka (일종의) 미로발란[아시아산 자두]의 과일. -gandha 약냄새. -sama 약과 같은. -harīṭaka (일종의) 미로발란의 과일.
agantar *m.* [a-gacchati의 *ag.*] 가지 않은 사람.
aganthaniya *adj.* [a-ganthaniya] 쉽게 묶이지 않는. 계박되지 않는. 불순계(不順繫)의.
agandhaka *adj.* [a-gandha-ka] 향기가 없는.
agandhatā *f.* [a-gandha의 *abstr.*] 향기가 없는 상태.
agabbhaseyyaka *adj.* [a-gandha-seyyaka] 자궁에 임신하지 않은.
agabbhinī *adj. f.* [a-gabbhinī] 임신하지 않은 (여인). -saññā 임신하지 않은 것에 대한 지각.
agamaṁsu. agamamha gacchati의 *aor.*
agamana *adj.* [a-gamana] 가지 않는.
agamanīya *adj.* [a-gamanīya] 접근할 수 없는. 가기로 허락되지 않은.
agamāni *f.* [a-gamani] 가지 않음.
agamā. agamāsi. agami gacchati의 *aor.*
agamiṁ. agamuṁ. agamha gacchati의 *aor.*
agambhīra *adj.* [a-gambhīra] 깊지 않은.
agayha *adj.* [a-gayha<gṛhya] 붙잡을 수 없는. -ûpaga 붙잡기에 적당하지 않는. 파악하기 어려운. 접근하기 어려운.
agarahiya *adj.* [a-garahiya] 꾸짖어서는 안 될.
agaru *adj.* [a-garu. *sk.* aguru] ① 무겁지 않은. ② 수고스럽지 않은. 불편하지 않은. ③ 중요하

지 않은. ④ 천한. 비천한. ⑤ 존경받지 못하는. ⑥ 스승이 ~ 아닌. sace te ~만약 너에게 지장이 없다면. 당신에게 실례가 되지 않는다면. -karoti 어렵다고 생각하지 않다. -kulavāsika 스승의 집에서 살지 않는. ② *m.* [*sk.* aguru] 침향(沈香).

agalī → aṭalī

agalu. agaḷu *m.* [*sk.* aguru] = agaru 알로에 나무. 노회수(蘆薈樹). 침향(沈香).

agaḷita *adj.* [a-gaḷita] ① 유창한. ② 분명한. -padavyañjana 분명히 발음된.

agahana *adj.* [a-gahana] ① 방해받지 않은. ② 엉클어지지 않은. ③ 분명한.

agahita *adj.* [a-gahita] 붙잡지 않은. -daṇḍa '몽둥이를 붙잡지 않은' 가혹하지 않은.

agā. aguṁ. agū gacchati의 *aor.*

agādha *adj.* [〃] ① 아주 깊은. 심원한. ② 바닥 없는. 의존할 곳이 없는.

agāma *adj.* [〃] 마을이 아닌.

agāmaka *adj.* [〃] ① 마을이 없는. ② 정착지가 없는.

agāra *n.* [〃] 집. 가옥. 속가(俗家) -majjhe 가정생활을 돌보는 가운데. -muni 재가의 성자. -vāsa 가정생활. -sappa 집뱀.

agāraka *n.* [agāra-ka] ① 작은 집. ② 낡은 집.

agārayha *adj.* [a-gārayha] 비난받을 수 없는. 흠잡을 데 없는.

agārava *adj.* [a-gārava] 존경하지 않는. 불경스러운.

agārika. agāriya *adj.* *m.* [agāra-ika. °iya] ① 집을 갖고 있는. 재가(在家)의. ② 속인. 재가신자. 가장(家長). agārika° -bhūta 가정생활을 이끄는. -ratana '가장의 보물' 탁월한 가장. -vibhūsā 재가신자의 장식. agāriya° -paṭipatti 재가신자의 실천. -bhūta 가정생활을 이끄는.

agārikā *f.* [agāra-ikā] 가정의 아내. 주부.

agārin *adj.* *m.* [agāra-in] ① 재가(在家)의. ② 가장(家長).

agārinī *f.* [agārin의 *f.*] 주부.

agiddha *adj.* [a-giddha] 탐욕이 없는.

agiddhima. agiddhiman *adj.* [a-giddhi-man] 탐욕이 없는.

agiddhilobha. agiddhilobhin *adj.* [a-giddhi-lobha] 탐욕과 욕망이 없는.

agilāna *adj.* [a-gilāna] 병에 걸리지 않은. 무병(無病)의.

agiha. agaha. ageha *adj.* [*sk.* a-gṛha] = an-agāra 집 없는. 출가(出家) 상태의.

aguṇa *adj.* *m.* [a-guṇa] ① 덕이 없는. 부덕(不德)한. ② 잘못. -gavesaka. -pariyesaka (자신의) 잘못을 찾는. -vādin 잘못들 가운데 하나를 말하는.

agutta *adj.* [a-gutta] ① 수호되지 않는. ② 자제되지 않는. 통제되지 않는 -dvāra 문[門 : 감관]이 통제되지 않는. 불호문자(不護門者). -dvāratā 문[門 : 감관]이 통제되지 않음. -indriya 감각기관이 통제 되지 않음. 불호제근(不護諸根).

agutti *f.* [a-gutti] ① 수호받지 못함. ② 자제하지 못함.

agūḷha *adj.* [a-gūḷha] 개방적인. 공개적인.

agedha *adj.* [a-gedha] 탐욕스럽지 않은. -tā 무탐(無貪). -lakkhaṇa 탐욕스럽지 않음을 특징으로 하는.

ageha *adj.* [a-geha] 집 없는.

agocara *adj.* *m.* [a-gocara] ① 부적절한 삶의 영역에 속하는. ② ~에 몰두하지 못하는. ③ 행동·작용의 범주[行境]가 아닌. ④ 부적절한 목장. 부적절한 작용의 범주. 비행경(非行境). 비행처(非行處).

agopanā *f.* [a-gopanā] 경향이 없음.

agopita = agutta.

agga *adj.* *n.* [*sk.* agra] ① 최상의. 최초의. ~순간의(*cpd.*). 우선적인. 최승(最勝)의. 탁월한. 존중된. ② 제일. 최상. 최초. 정점. 꼭대기. 주요한 인물. 최상의 상태. *abl.* aggato → aggato. *loc.* agge 직후에. -agga 가장 탁월한. -aṅkura(ka) 새싹의 끝. -aṅgulī 집게손가락. 검지. 손가락의 끝. -âriyavaṁsika (수행승의 행동과 관련하여) 최상의 단정함. -âsana 주좌(主座). 상석(上席). -issara (aggis°) 최상의 지배자. -udaka(aggôdaka) 최상의 물의 제공. 최초의 물의 헌공. -upaṭṭhāka(aggup°) 수석비서관. -upāsaka(a- ggup°) 최상의 믿음이 있는 재가신자. -kārikā 첫 번째의 맛보기. 견본. 최상의 부분[주로 음식에 사용]. -kata 전면에 나온. 나타난. 평가된. -kaṭacchu 숟가락의 끝. -kārikā (제공된 음식의) 첫 부분 또는 가장 좋은 부분. -kulika 높이 평가받는 가문에 속하는. -gimha 여름의 시작. -ja 먼저 태어난. 맏형. -jivhā 혀끝. -ñña 원초적인 것으로 인지된. 초기의. 태고의. 원시의. -ṭṭhāna 최상의 위치. -dakkhiṇeyya 최초의 헌공을 받을 만한. -danta 완전히 절제된 사람[불타(佛陀)]. 이빨의 끝. -dāna 첫 번째 것의 보시. -dāyin 첫 수확을 바치는. -dvāra 문의 윗부분. 주문(主門). -dhānugaha 가장 탁월한 활잡이. -dhamma 최상의 상태[아라한의 경지]. 최상의 가르침. 최상의 가르침을 지닌. 제일법(第一法). -nakha 손톱의 끝. -nagara 수도(首都). 서울. -naṅguṭṭha 꼬리의 끝. -nikkhitta 아주 유명한. 전문가로서 칭송받는. -nikkhittaka 원천적인 믿음의 수탁자(受託者). -pakatimant 최상의 성품을 지닌. -paññatti 위대함과 관련된 명성의 칭호. -paṇḍita 악가빤디따[미얀마의 문법가 이름]. -patta 최상을 얻은. -pada 최상의 성구(最勝句). 최상의 상태. -parisā 사부대중의 첫째[比丘衆] -pavāḷa 싹의 끝. -pāda 발의 앞부분. -piṭṭha (손가락) 끝의 윗부분. -piṇḍa 첫 번째의 공양. 최상의 공양. 제일공양(第一供養). -piṇḍika 최상의 공양을 받는. -puggala 최상의 인간[부처님]. -puppha 골라 뽑은 꽃. -purohita 총리대신. -ppatta 최상을 얻은. -ppasāda 최상의 믿음. -phala 최상의 결과. 아라한과(阿羅漢果). -bāhā 앞팔. -bīja 가지에 종자가 있는. 가지로 부터 번식하는 종자. 꺾꽂이로 번식하는 종자. -bhakkha 최상의 음식. -bhaṇḍa 최상의 상품. -bhatta 최초의 음식. 최상의 음식. -bhāga 앞부분. -bhāva 최상의 상태. -bhikkhā 가장 정선된 탁발음식. -m-agga 각 종류 가운데 최상인. -ma- gga (해탈에 이르는) 최상의 길을 얻은자. 아라한도(阿羅漢道). -mahesī 왕의 제일왕비. -mālā 탁월한 화환. -yāna 최상의 수레. -yodha 우두머리 전사. -ratana 가장 값비싼 보석. -rasa 정선된 맛. -rājā 최상의 왕. 황제. -rūpa 가장 아름다운 것. -vandana (아침의) 첫 번째 인사. -vara 가장 유익한. -vāda 초기의 가르침 [=theravāda]. -vādin 최상을 설하는 자[부처님]. -sa- ntike 최상의 존재 앞에. -sassa 곡물의 첫수확. -sākhā 나무가지의 끝. -sāvaka 가장 뛰어난 제자. -sāvikā 가장 뛰어난 여제자. -sissa 첫 번째 학생. 가장 나이든 학생. -suñña 최상공(最上空)[일체행(一切行)이 적지(寂止)된 열반을 이름]. -seṭṭhin 주요한 상인. ③ *n.* [agāra의 단축형]. 집. dānagga 보시가 행해지는 집. 보시당(布施堂). salākagga (비구들에게) 음식이 분배되는 오두막. 식사(食舍). 식당(食堂).

aggatā *f.* aggatta *n.* [agga의 *abstr.*] 최고인 것. 최상의 것. 최승성(最勝性).

aggato *ind.* [agga의 *abl.*] ① ~의 시작에. ② ~의 앞에. ③ 꼭대기에서부터. -kata 눈앞에 놓인. 상상된. -pasanna 최상의 탁월함을 믿는.

aggaḷa *m.* aggaḷā *f.* [*sk.* argala<rakṣ] ① 빗장. 걸쇠. 가로대. 볼트. ② 옷을 보강하기 위한 천조각. aggaḷa° -antarikā 문의 틈새. -dāna (의복 따위에) 보강용 삼각천을 대는. -gutta 빗장으로 수호함. -ṭṭhāpana 빗장을 고정시킴. -(t)-thambha 문의 기둥. -dāna 천 조각의 보시. -pura 악갈라뿌라[도시의 이름]. -phalaka 문틀. -rukkha 문의 빗장. -vaṭṭi 문의 기둥. -vara 최상의. 최초의. -vāda 근본적인 가르침. -vādin 최상을 선언하는 자. -santike 최상자의 앞에. -sassa 곡물의 첫수확. -sākhā 꼭대기 가지. -sāvaka 최초의 제자. 최상의 제자. -sāvikā 최초의 여제자. 최상의 여제자. -sīsa = kapisīsa. -sūci 볼트. 못. 핀[열쇄의 사용 등 문의 보안을 위한 것].

aggavant *adj.* [agga-vant] 최상의. 최고의. *f.* aggavati. aggavatī parisā 최상의 대중.

aggahi. aggahiṁ. gaṇhāti의 *aor.*

aggaheso. aggahesiṁ gaṇhāti의 *aor.*

aggahita *adj.* ① [a-gaṇhati의 *pp.*] 붙잡히지 않은. 파악되지 않은. ② [ā-gaṇhati의 *pp.*] 붙잡힌. 파악된.

Aggāḷava *m. n.* [*sk.* agnyālayā] 알라비(Āḷavī)에 있는 사원.

aggi *m.* [*sk.* agni] ① 불. ② 땔감. 화장용장작. ③ 고통의 불꽃. 열뇌[비유적]. ④ 제화(祭火). ⑤ 불의 신. 화신(火神). ti-aggi 세 가지 불[貪・瞋・痴]. -agāra(agyāgāra) 덥혀진 방. 불이 있는 오두막. 성화당(聖火堂). -antāraya(agy-antāraya) 불의 장애. 불의 위험. -ābhā(aggābhā) 불의 광휘. -āloka(aggāloka) 불빛. -uṭṭhāna 불의 발생. -kapalla 화로. -karaṇīya 불로 인해 영향을 받을 수 있는. -kkhandha 큰 불덩이. 큰 불. 화온(火蘊). 화취(火聚). -gata 불이 되어버린. 불처럼 된. -gantha 불을 다루는 텍스트. -gavesin 불을 찾는. -ja 불에서 생겨난. -jālana 불로 데우는. 불을 지핌. -jālā 불꽃. 악기잘라[식물의 이름]. -juhana 화신에 대한 헌공. -ṭṭha. -ṭṭhāna 불이 있는 장소. 아궁이. 화로. -tthika 불을 원하는. -daḍḍha 불에 타버린. -datta 악기닷따[바라문의 이름]. -dahana 화로. -deva 화신(火神). 악기데바[왕자의 이름]. -ḍāha. -dāha 대화재. -namassana 배화교(拜火教). -nāḷī 권총. 총(銃). -nikāsin 불을 통해 빛나는[태양의 비유]. -nibbāna 불의 소진(消盡). -nibbāpana 악기닙바빠나[전륜왕의 이름]. -nimittapāṭhaka 불점술. -pakka 불에 요리된. -pajjota 불빛. -paditta 불에 불타는. -papaṭikā 불꽃의 튕김. -paricaraṇaṭṭhāna 불을 섬기는 장소. -paricārika 불을 숭배하는. -parijita 불에 상처를 입은. 화상을 입은. -pariyesana 불을 찾는 것. -pāka 불에 끓인. -pāricariyā 화신을 섬김. -pūjopakaraṇa = aggihuttamissa. -bhaya 불에 대한 공포. -bhājana 화로. -manta 악기만따[불을 지피는데 사용되는 나무. Premna Spinosa]. -mālāyatta 불꽃의. 불꽃제조술의. -mālāsampādana 불꽃제조술. -mukha 악기무카[독사의 일종]. 화덕. -yāyatana. -yāyana. 제화당(祭火堂). -vaṇṇa 뜨거운. 작열하는. -vata 불에 대한 의무. 소방의 의무. -vījanaka 불을 지피는 도구. -vessana 악기벳싸나 [Nigaṇṭha Nāthaputta 등의 姓]. -saññita 점화용 풀섶. -santāpa 불의 열기. -sama 불꽃이 넘실대는. 악기싸마[전륜왕의 이름]. -samphassa 불꽃의 접촉. -sālā 화실(火室). 화당(火堂). 제화당(祭火堂). -sikha 악기씨카[용왕의 이름. 전륜왕의 이름]. -sikhā 불꽃. -sikhūpama 불꽃 같은. 타오르는. 작열하는. 눈부시게 빛나는. -soma 악기쏘마[문법가의 이름]. -hutta 제사용의 불. 화신에의 헌공. 제화(祭火). 화사(火祀). -huttaka 제화(祭火). -huttamissa 화신을 섬기기 위한 여러 가지 도구. -huttamukha 화신을 섬기는 것을 주요한 것으로 삼는. -huttasālā 제화당(祭火堂). -hotta = -hutta. -hottasālā = -huttasālā. -hottapadhāna. -hottaseṭṭha 화신을 섬기는 것을 최상으로 삼는. -homa 화신에의 헌공. 화공(火供).

aggika *adj.* [aggi-ka] 불을 숭배하는. 배화(拜火)의. 사화(事火)의.

Aggika Bhāradvāja *m.* 악기까 바라드와자[바라문의 이름].

aggini *m.* [=aggi] 불. 불꽃. -sama 불꽃이 넘실대는.

Aggimāla *m.* [aggi-mālā] 악기말라[신화적인 상상의 바다이름].

agge *ind.* [agga의 *loc.*] ① 앞에. ② 끝에.

aggena *ind.* [agga의 *ins.*] ~에 따라서.

aggha ① *m.* [*sk.* argha] 값. 가격. 가치. 평가. ~ṁ niyameti 가격을 정하다. ② *n.* [*sk.* arghya] 환대. 후대. (물. 쌀 등의) 공양물. 시물. -kāraka 평가하는 사람. 평가사(評價士). -ṭṭhapana 고정된 가격. -pada 귀중한 것. 값비싼 것. 귀중품. -samodhāna 함께 조직된 수습기간의 특별한 형태. 합일별주(合一別住)라는 수습기간의 특별한 형태.

agghaka. agghanaka *adj.* [<aggha] 가치 있는. ~의 값이 있는. *f.* agghanikā.

agghati [*sk.* arghati<arh] ① 평가하다. ② 가치가 있다. ~에 상당하다. *caus.* agghāpeti. *pass.* agghīyati

agghana *n.* [<agghati] ① 값. 가치. ② 평가. -bhāva 그러한 가격인.

agghanaka. agghanika *adj.* [<agghati] 값이 있는. 가치가 있는.

agghaniya. agghanīya *adj.* [agghati의 *grd.*] ① 매우 귀중(貴重)한. 고가(高價)의. ② 평가할 수 없는.

agghāpana *n.* [<agghāpeti] 가격을 정함. 평가.

agghāpanaka *m.* [<agghāpeti] 평가하는 사람. 평가사.

agghāpaniya *adj. n.* [<agghāpeti] ① 평가받아야 할. ② 감정(鑑定). 평가(評價). -kamma 평가업무.

agghāpeti [agghati의 *caus.*] ① 평가하다. 가치를 매기다. ② 어림잡다.

agghika *adj. n.* [aggha-ika. -iya] ① 가치 있는. 소중한. ② 기부. 보시. 헌납. 봉헌. 소중한 공물(供物).

agghikā *f.* [aggha-ika] ① 기부. 보시. ② 헌납. 봉헌.

agghiya *adj. n.* [agghati의 *grd.*] ① 값어치가 있는. 가치가 있는. 귀중한. ③ 오락(娛樂). 여흥(餘興). 연예(演藝).

agghīyati [agghati의 *pass.*] 평가되다.

aggheti [agghati의 *caus.*] 가격을 정하다.

agyantarāya *m.* [aggi-antāraya] ① 불의 위험. ② 불의 장애.

agyāgāra *n.* [aggi-agāra] ① 덮혀진 방. 불이 있는 오두막. ② 화당(火堂). 성화당(聖火堂).

agha *n.* [〃] ① 사악함. 죄. 죄악. 잘못. 증오. 고통. 불행. 비참. 근심. 걱정. 화(禍). 역경(逆境). -apaha(aghâp°) 죄악을 부수는. -āvaha(aghâv°) 고통을 가져오는. -kara 죄악을 행하는. -jāta 고통을 받은. -bhūta 고통이 있는. 고통의 존재. -mūla 고통의 근원. -m-miga 야생의 맹수. -vinaya 증오의 제거. ② 하늘. 무개(無蓋). 공(空). -gata 허공을 가로지르는. 허공에 있는. 허공의 요소. -gāmin 공중을 통해 가는. 천체(天體).

aghaṭṭanīya *adj.* [a-ghaṭṭeti의 *grd.*] 때려질 수 없는. 충돌될 수 없는.

aghaṭṭita *adj.* [a-ghaṭṭeti의 *pp.*] 혼란되지 않은. 혼란이 없는.

aghata = agha-gata(?).

aghammiga *m.* [agha-m-miga] 난폭한 야생의 맹수.

aghara *m.* [a-ghara] 집이 없음.

aghasigama *adj.* [aghasi(*loc.*)-gama] 하늘에서 가는. 허공을 가는.

aghātayi ghāteti의 *aor.*

aghātetabba *adj.* [a-ghāteti의 *grd.*] 공격할 수 없는. 불가침의.

aghāvin *adj.* [<agha] ① 고통을 느끼는. ② 비

참한 상태에 있는.
aghosa *adj.* [a-ghosa] ① 소리가 없는. ② 무성(無聲)의[문법].
aṅka *m.* ① = aṅga. 구성부분. 몸의 부분. 표시. 상징. 날인. -karaṇa 낙인을 찍는 것. ② [*sk.* <añc] 닻. 갈고리. 낚싯바늘. 무릎. (어린 아이를 업은 어머니의) 등허리.
aṅkita *adj.* [aṅketi 의 *pp.*] ① 표시된. ② 낙인찍힌. -kaṇṇaka 귀에 낙인이 찍힌[잘려지거나 구멍이 뚫린 것].
aṅkura *m.* [〃<aṅka] ① 싹. 새싹. 움. ② 발아(發芽). -ka 작은 새싹. -nibbattanaṭṭhāna 새싹이 움트는 곳. -vaṇṇa 새싹의 색깔을 한. ③ [*sk.* akrūra] 앙꾸라[왕자의 이름].
aṅkusa *m.* [*sk.* aṅkuśa] ① 갈고리. 닻. ② 갈고리가 달린 막대기. -gayha(sippa) (코끼리 조련사의) 갈고리를 사용하는 기술. -ggaha 코끼리 조련사(象師).
aṅkusaka *m.* [aṅkusa-ka] = aṅkusa. 작은 갈고리. -yaṭṭhi ① 고행자의 굽은 지팡이. 갈고리 모양의 주장자. ② 등산용 지팡이.
aṅketi [aṅka의 *denom.*] ① 표시하다. 낙인찍다. lekhāhi aṅketi 설계하다. ② 상표를 붙이다. ③ 번호를 매기다. *pp.* aṅkita.
aṅkola. aṅkolaka *m.* [〃] 앙꼴라[나무 이름. Alangium Hexapetalum].
aṅkolaka. aṅkolapupphiya *m.* [<aṅkola] 앙꼴라까. 앙꼴라뿝피야[장로의 이름].
aṅkya *m.* [〃] 탬버린[악기의 종류].
aṅga *n.* [〃] ① 사지(四肢). 몸. 신체. 사지(四肢)의 한 부분. 가지. 부분. 종류. ② 연결부위. 연결고리. 이음매. 요소. 요인. ③ 속성. 특징. 인상. 부분. 손의 점상(占相). 신분(身分). -âtikamma 선정의 요소·고리를 뛰어넘는. -ânusārin 몸 안에 감도는[몸 안의 여섯 가지 바람을 지칭]. -ârammaṇa 선정에서 요소와 대상. -oḷārika 선정의 요소·고리와 관련된 물질성. -kūṭa 무게를 재는 데의 특정한 속임수. -ghaṁsana 몸의 마찰. -cchedana 몸의 절단수술. -da 팔찌. -din 팔찌를 찬. -dubbala 선정의 요소·고리와 관련된 허약함. -jāta 남성 또는 여성의 성기. -paccaṅga 손발. 수족(手足). -paccaṅgatā 결함이 없는 몸. -paccaṅgin 몸에 결함이 없는. -pariccāga 몸의 희생. -pariṇāma 선정의 요소의 변화. -pāpuraṇa 사지로 감싸는 것[보호]. -maṁsa 사지의 고기. -m-aṅga 사지의 한 부분씩의. 사지를 차례로 하는. -rakkhaka 보디가드. 경호원. -rāga 사지에 바르는 연지. -laṭṭhi 날씬하게 뻗은 모양. -vavaṭṭhāna 선정의 요소의 구분. -vavaṭṭhāpana 선정의 요소의 고정. -vāta 관절염. -vikala 사지가 절단된. 사지가 기형인. -vikāra 신체의 결함. -vikkhepa 몸짓. 제스처. -vijjā 신체의 특징으로 성격과 운명을 아는 학문. 인상학(印象學). 관상학(觀相學). -vijjāvidū 인상학자(印象學者). 관상가(觀相家). -viyojana 분해(分解). -vekalla 신체의 기형. -saṅkanti 다른 선정의 요소로 옮겨감. -sattha 관상술(觀相術). -sadisa 사지와 비교되는. -santatā 요소에 대하여 적정(寂靜)한 것. -sama 자신의 사지와 같은. -sampanna 사지가 완전한. -sambhāra 부분의 연결·집합. 절집(節集). -sarikkhaka 자신의 몸처럼 사랑스러운. -hāra 몸짓. -hīna 신체의 불구. -hetu 사지(四肢)를 위한. -hetuka 앙가헤뚜까[야생조류의 일종]. ④ *ind.* 아이러니를 표현하는 분사. kimaṅga 어떻게 그럴 수가. 하물며 ~에 있어서야. kimaṅga pana 그런데 어떻게? ⑤ 관심. 이유. iminā pi aṅgena 이점에 의해서도. tadaṅga 사실. 참으로. 확실히. tadaṅgena 그러므로. 그 점 때문에. 그 점에 의해서. ⑥ 앙가국[부처님 당시의 十六大國의 하나]. -māgadha 앙가국과 마가다국. -loka 앙가로까[나라의 이름]. ⑦ 앙가[연각불의 이름. 장로의 이름].
aṅgaṇa *n.* [〃] ① 열린 공간. 광장. 안뜰. 개간지. 주변. 주잡(周匝). -ṭṭhāna 빈터[숲이나 공원의 빈 공간]. -pariyanta 광장의 경계선. ② 쓰레기. 먼지. 번뇌. 예(穢). 죄장(罪障)
aṅgaṇā *f.* [<aṅgaṇa] 여인. 아낙네.
aṅgada *m.* [〃] 팔찌. 팔가락지.
aṅgadin *adj.* [aṅgada-in] 팔찌를 찬.
aṅgala *n.* [aṅgala] 영국(英國). -jātika 영국인. -desa 영국. -desīya 영국의. -bhāsā 영어.
aṅgavijjā *f* [aṅga-sattha] 관상학(觀相學).
aṅgasattha *m.* [aṅga-sattha] 관상술(觀相術).
aṅgahāra *m.* [aṅga-hāra] 몸짓. 제스처.
aṅgāra *m. n.* [〃] ① 숯. ② 불타는 숯. 숯불. -kaṭāha 숯불을 담는 단지. 화호(火壺). -kapalla. -kammakara 화로. 숯불화로. -kāsu 숯·숯불 구덩이. 화갱(火坑). 탄화갱(炭火坑). -kāsupamā 숯·숯불 구덩이의 비유. -gabbha 타는 숯불 속. -citaka. -citā. 숯불의 장작더미. -jāta 숯불처럼 뜨거워진. -pakka 숯불에 구워진. -thūpa 타다 남은 숯의 탑. -pacchi 숯을 모우는 통. -pabbata 숯불의 산. -piṇḍa 숯덩이. -puṇṇakūpa 숯불로 가득 찬 구덩이. -bhāva 숯인 상태. -bhūta 숯과 같은 존재[타락한 가문의 일원에 대한 지칭]. -maṁsa 훈제 고기. -masi 검댕이. 매연. -rāsi 타는 숯불더미. -vassa 타는 숯불의 비. -vāra 화요일.

aṅgāraka *adj. m* [aṅgāra-ka] ① 숯불의. 붉은 색의. ② 화성(火星). -pakka 숯불에 요리한. -vassa 불꽃의 비[雨].
aṅgārika *m* [aṅgāra-ika] 숯불 화로.
aṅgārin *adj.* [aṅgāra-in] 붉은. 심홍색의.
aṅgika *adj.* [aṅga-ika] ① 부분의. ② 가지의. aṭṭhaṅgika 여덟 가지의. 팔지(八支)의.
aṅgin *adj.* [aṅga-in] ① 사지가 있는. ② 사지가 쭉 뻗은. *f.* aṅginī.
aṅgīrasa *m* [〃] ① 찬란한 빛을 발하는 사람. 방광자(放光者). 붓다(佛陀). ② 바라문(波羅門)의 이름. 앙기라(鴦耆羅).
aṅgīrasī *f.* [〃] 천녀(天女).
aṅguṭṭha. aṅguṭṭhaka *n.* [*sk.* aṅguṣṭha] 엄지 손가락. 엄지발가락. 대지(大指). -gaṇanā 손가락 세기. -pada 엄지손가락 표시·지문. -sineha 엄지손가락의 촉촉함[성생활을 위해 신비스런 우유로 적시는 것].
aṅguttara° *cpd.* [aṅga-uttara] 하나를 더하는 것. 증일(增一). -āgama 앙굿따라니까야. -ekaka 앙굿따라니까야의 제일권. -duka 앙굿따라니까야의 제이권. -bhāṇaka 앙굿따라니까야의 암송자. -samāyuta 앙굿따라니까야에 포함된.
Aṅguttaraṭṭhakathā *f.* [aṅguttara-aṭṭhakathā] 증지부의소(增支部義疏). [=여의성취소(如意成就疏 : Manorathapūraṇī)].
Aṅguttaranikāya *m.* [aṅguttara-nikāya] 증지부(增支部)[오부(五部)의 하나].
Aṅguttarāpa *m.* 앙굿따라빠[앙가국의 한 지방과 주민의 이름].
Aṅguttarikanikāya = aṅguttaranikāya.
aṅgula *n.* [〃] ① 손가락. 발가락. ② 손가락의 한 마디[1인치의 크기]. -agga 손가락끝. -aṭṭhi 손가락·발가락과 뼈. -aṅguli 손가락과 발가락. -antara 발가락 사이. -antarikā 손가락 사이의 간격. -kāla 짧은 시간. 촌음(寸陰)[그림자가 일 인치정도 길이를 보이는 시간]. -matta 손가락 크기. 손가락 한 마디의 길이. -pabba 손가락 관절. 손가락 한 마디의 길이.
aṅgulika *adj. n.* [aṅguli-ka] ① 손가락으로 무엇인가 하는. ② 손가락.
aṅguli. aṅgulī. *f.* [〃] 손가락. aṅguli° -koṭimaṁsa 손가락 끝의 살. -kosa(ka) 골무. -gaṇita 손가락셈. -chinna 손가락이 잘린. -tāṇaka 골무. -patodaka 손가락으로 툭치는 것. -pada 손가락의 표시. 지문(指紋). -pabba 손가락 관절. -piṭṭhamaṁsa 손가락의 등살. -potha 손가락을 튕김. 탄지(彈指). -matta 손가락 넓이. -māna 손가락 길이의. -māla(ka). -mālin 손가락들로 이루어진 화환을 지닌. 앙굴리말라[살해자의 이름]. -muddā 수인(手印). -muddikā 수인(手印)을 새긴 반지. -yaka 손가락반지. -lekhā 손가락 표시. -vikkhepa 손가락 짓. -vināmana 손가락 구부리기. -veṭha(na)ka 손가락 반지. -saṅkhalikā 엮은 손가락 사슬. -saṅghaṭṭana 손가락을 튕김. 탄지(彈指).
Aṅgulimāla *m.* [aṅguli-māla] 앙굴리말라. 앙굴마라(央堀摩羅). 지만(指鬘)[흉악한 도적에서 부처의 제자가 된 자].
aṅgulīyaka. aṅguleyyaka *n.* [*sk.* aṅgulīyaka] 손가락의 장식물.
acakkhu. acakkhuka *adj.* [a-cakkhu. a-cakkhuka] ① 눈이 없는. 무안(無眼)의. ② 눈먼. -karaṇa 눈멀게 만들기.
acakkhussa *adj.* [<a-cakkhu] 눈에 나쁜.
acaṅkama *adj. m* [a-caṅkama] ① 비행(非行)의. ② 걷기[經行]에 적절하지 않은 (장소).
acari. acariṁsu carati의 *aor.*
acarima *adj.* [a-carima] ① 이어지지 않는. 계속되지 않는. ② 동시의. apubbaṁ acarimaṁ 앞에도 뒤에도 없이. 동시에.
acarisaṁ. acaruṁ carati의 *aor.*
acala *adj. m* [a-cala] ① 움직이지 않는. 흔들리지 않는. ② 평정. 부동(不動). -patta 부동의 경지에 도달한. -ppasāda 부동의 평온. -buddhi (마음의) 부동에 대한 인지. -sabhāva 부동의 성질을 지닌. 부동의 본성을 지닌. ③ 산. ④ 아짤라[장로의 이름].
acalita *adj.* [a-calita] 움직이지 않는. 흔들리지 않는. 부동(不動)의.
acavana *adj.* [a-cavana] 쇠망하지 않는. 쇠퇴하지 않는. -dhamma 쇠망하지 않는 법[윤회에 속하지 않는 법].
acāri. acārisaṁ carati의 *aor.*
acārisuṁ. acāruṁ carati의 *aor.*
acāvayi cāveti의 *aor.*
acittaka *adj.* [a-cittaka] ① 생각이 없는. ② 무감각의. 무정한. ③ 의식이 없는. *ins.* acittakena *adv.*무정하게. 비정하게. 생각 없이.
acittikata *adj.* [a-citta-kata] ① 잘 고려하지 않은. ② ~에 좋은 생각을 지니지 않은.
acittikatvā *ind.* [a-citti-kṛ의 *abs.*] ① 잘 고려하기 않고. ② 존경하지 않고.
acintayuṁ cinteti의 *aor.*
acintiya. acintanīya *adj. m* [a-cintiya. a-cintanīya] 생각할 수 없는.
acinteyya *adj. n.* [a-cintiya. a-cinteyya] 생각할 수 없는. 불가사의(不可思議). 부사의(不思

議)[→ cattāri acinteyyāni].

acira *adj.* [a-cira] ① 머지않아. 최근의. ② 잠깐 동안의. *adv.* acirarii. acirena 얼마 안 있어. 곧. 이윽고. acirūpasampanna 구족계(具足戒)를 받은 지 얼마 되지 않는 (자). 새로 구족계를 받은 (자). -pakkanta 떠나고 곧.

Aciravatī *f.* 아찌라바띠. 아치라벌지(阿致羅筏底). 이라발제(伊羅跋提). 아이나화제(阿夷那和提)[인도의 큰 다섯 강 가운데 하나].

acetana *adj.* [a-cetana] ① 생각이 없는. 몰이해하는. ② 의도가 없는. ③ 무정한. 무감각한. 둔감한. -tta 둔감(鈍感). 몰이해(沒理解).

acetayi ceteti(=cinteti)의 *aor.*

acetasika *adj.* [a-cetasika] ① 정신적인 것이 아닌. 비정신적인. ② 무의식적인. 자동적인. ③ 마음의 부수(附隨)가 아닌. 비심소(非心所).

acela *adj.* [a-cela] 옷이 없는. 벌거벗은.

acelaka *adj. m.* [a-celaka] ① 옷을 벗은. 벌거벗은. ② 벌거벗은 고행자. 나형외도(裸形外道)의 -vāda 나형론자(裸形論者).

Acela-Kassapa *m.* [acela-kassapa] 아쩨라 깟싸빠. 아지라가섭(阿支羅迦葉)[나형외도(裸形外道)인 사람이름. 비구이름].

acodayi codeti 의 *aor. sg.*

acora *adj.* [a-cora] 도둑이 아닌. -āharaṇa 도둑에 의해 운반되지 않은.

acc° ① a+c° accuta = a-cuta. ② ati+모음. c+자음의 동화작용의 결과. *cf.* acci = arci.

accagamā. accagā. acagū atigacchati의 *aor.*

accaṅkusa *adj.* [ati-aṅkusa] 갈고리가 달린 막대의 거리를 넘는.

accana *n.* accanā *f.* [<*sk.* arcana] ① 경의. 숭배. 존경. 기림. ② 봉헌식. 헌공식.

accanta *adj. n.* [*sk.* ati-anta] ① 방해받지 않고 지속적인. 영원한. ② 궁극적인. 절대적인. 완전한. 구경(究竟)의. ③ 극단적인. 과도한. 극도의. ③ 궁극. 구경. 열반. -âdhammabahula 극단적으로 불의[非法]에 몰두하는. -kakkhala 극도로 사악한. -kāmânugata 극단적으로 아첨하는. -kāmāsā 오르가즘. 절정(絶頂). -kodhana 극단적으로 화를 내는. -(k)khaya 완전한 부숨. -khāra 항상 짠. -dāliddiya 극히 가난한. -dussīlya 극단적으로 악한 성품을 지닌. -niṭṭha 궁극적인 완성에 도달한 사람. 필경구경자(畢竟究竟者). 궁극적인 경지로 나아감. 구경취(究竟趣). -niyata 궁극적인 확신을 지닌. -niyāma 궁극적인 확신. 궁극적인 길. -nirodha 궁극적인 소멸. -pariyosāna 궁극적인 완성을 획득한. -piyavādin 언제나 친절하게 말하는. -pemānugata 무한한 사랑을 지닌. -yogakhemin 궁극적인 안온을 얻은. -vaṇṇa 지극히 아름다운. -vipavāsa 영원한 부재(不在). -vimutta 궁극적으로 해탈된. -virāga 궁극적 사라짐. 완전한 이욕(離欲). -vodhāna 궁극적 청정. -bālatā 극도의 어리석음. -virāga 궁극적인 사라짐. 궁극적인 이욕(離欲). -saṁyoga 영속적인 지속. -saṅghika 승단에 독점적으로 지정된. -saṁvigga 극도로 실망한. -santa 궁극적으로 고요한. -santi 궁극적인 적멸. -sukha 지복(至福). -sukhumāla 지극히 섬세한. -suddhi 궁극적인 청정. -seṭṭha 지극히 좋은.

accapala → acapala

accaya *m.* [*sk.* atyaya<ati-i] ① 죽음. 사망. (시간의) 경과. *ins.* accayena *adv.* 죽고 난 후에. 사후에. ② 우월. 초월. 정복. duraccaya 이기기 어려운. ③ 죄. 과실. 죄과(罪過). accayaṁ deseti 죄과를 고백하다. -paṭiggahana 용서. 사죄.

accayati → acceti.

accaruci → atirocati.

accasara. accasārin *adj.* [<atisarati] ① 범위를 벗어나는. 초월적인. ② 거만한.

accasarā. accasari. accasāri [ati-sarati<sṛ의 *aor. sg.*] ① 초과했다. 너무 멀리 갔다. ② 죄를 범했다.

accasarā *f.* [<atisarati] ① 왜곡. ② 기만. 사기. ③ 위범(違犯).

accahāsi [atiharati의 *aor. sg.*] ① 가져왔다. ② 인도했다.

accādara [ati-ādara] 커다란 배려. *ins.* accādarena 용의주도하게.

accādahati [ati-ā-dhā] ① 위에 놓다. ② 두다. *abs.* accādhāya.

accābhikkhaṇa *adj.* [ati-abhikkhaṇa] 너무 자주 있는.

accāyata *adj.* [ati-āyata] ① 너무 많이 펼친. ② 과도하게 방향을 튼.

accāyika *adj.* [<accāyata] ① 특별한. 긴급한. 불규칙한. ② 열심인. 성미가 급한.

accāraddha *adj.* [ati-āraddha] 지극히 정진·노력하는. 극정진(極精進)의.

accāvadati [ati-ā-vadati] ① 아주 잘 말하다. 설득하다. ② 꾀다.

accāsana *adj.* [ati-āsana] 지나치게 많이 먹는.

accāsanna *adj.* [ati-āsanna] 지나치게 가까운. 매우 가까운.

accāsarati *f.* [<ati-ā-sṛ] 너무 멀리가다. 한계를 넘어서다.

accāsarā *f.* [<accāsarati] ① 왜곡. 기만. 사기.

② 위범(違犯).
accāhita *adj.* [ati-ahita] ① 너무 불리한. ② 참혹한. ③ 가련한.
accikā *f.* [acci-kā] 불꽃. 화염.
accita *adj.* [accati의 *pp.*] ① 존경받는. ② 칭찬받은.
accibandha *adj.* [acci-bandha] ① 작은 조각으로 갈라진. ② 관개된 논이 정방형을 지닌.
accimant *adj.* [acci-mant] 작열하는. 빛나는.
acci. accī *f.* [*sk.* arci. arcis] 불꽃. 화염. 광선(光線). acci° -jālā 작열하는 불꽃. -kkhandha 불꽃의 더미. -baddha '빛의 묶임(?)' 줄무늬로 나누어진(?). -mālin 불꽃의 화환. -mukhī 아찌무키[여자의 이름]. -vega 맹렬한 기세의 화염의 지닌. -saṅgha 화염의 덩어리.
accuggacchati [ati-ud-gacchati] 올라가다. 상승하다. 솟아오르다. *abs.* accuggamma.
accuggata *adj.* [ati-uggata] 아주 높은. 지나치게 높은. -dhaja 게양된 깃발. -sarīra 키가 큰 상(像).
accuṇha *adj.* [ati-uṇha] 너무 더운.
accuta *adj. m.* [a-cuta] ① 죽지 않는. 불멸의. 불사(不死)의. 영원한. ② 불사(不死). 열반(涅槃). -gāmavyāmaka 앗쭈따가마비야마까[연각불의 이름]. -gāmin 앗쭈따가민[인명]. -ṭhāna 불사(不死)의 경지. -pada 불멸(不滅)의 길. 불사(不死)의 도(道). -vāda 불사(不死)에 대한 견해를 지닌. 열반에 대한 견해를 지닌.
Accuta *m.* [a-cuta] 불멸천(不滅天). 아쭈타천(阿周陀天).
accuti *f.* [a-cuti] ① 죽지 않음. 불멸. ② 새로운 존재로 태어나지 않음.
accuddhumāta *adj.* [ati-uddhumāta] ① 자부심이 강한. 교만심이 강한. ② 허영심이 강한. -bhāva 자부심. 허영심.
accunnatabhāva *m.* [ati-ut-nata(<nam)-bhāva] ① 고위 신분. ② 위대한 명성.
accunnatimāna *m.* [ati-ut-nati(<nam)-māna] ① 너무 자부심이 강한. ② 허영심이 강한.
accupati [accupapatati의 *aor. 3rd. metrical haplology*] 가까이 날았다.
accupaṭṭhapeti = apaccupaṭṭhapeti.
accuḷāra *adj.* [ati-uḷāra] 아주 당당한.
accussanna *adj.* [ati-ussanna] 아주 많은. 너무 풍부한.
accūpasaveti [ati-upa-saveti] 너무 많은 관계를 갖다.
acceka *adj.* [=accāyika] 특별한 -cīvara 특별한 때에 승려에게 주어진 옷.
acceti ① [ati-eti<i] = accayati 지나가다. (시간이) 경과하다. 정복하다. 이기다. 극복하다. ② [accati<arc] 존경하다. 숭배하다.
accela. accelaka = acela. acelaka
accokkaṭṭha *adj.* [*sk.* ati-avakṛṣṭa] 너무 아래로 잡아당긴.
accogāḷha *adj.* [ati-ogāḷha] '아주 깊은 곳에 빠진' 매우 풍부한.
accodaka *adj.* [ati-udaka] 물이 너무 많은.
accodara *n.* [ati-udara] 과식. 탐욕.
accodāta *adj.* [ati-odāta] ① 너무 하얀. ② 너무 깨끗한 피부를 지닌.
accha ① *adj.* [〃] 맑은. 투명한. 빛나는. -ôdaka. -ôdika 맑은 물이 있는. -kañjī. -kañjikā 맑은 묽은 죽. -lākhārasavaṇṇa 순수한 액체 락(lac)의 색깔을 한. ② *m.* [*sk.* ṛkṣa] 곰. -camma 곰의 가죽. 곰의 피부. = acchaka. -kokatara-cchayo 곰과 늑대와 승냥이. -phandanā 곰과 판다나 나무. -maṁsa 곰의 고기. -vasā 곰의 기름. ③ *n.* [*sk.* akṣi] 눈[眼]. ④ *m.* [=akkha] 주사위. ④ *adj.* [*ved.* ṛkṣa] 아픈. 고통스러운. 나쁜.
acchati [*sk.* āsyate. āste] ① 앉다. ② 묵다. ③ 살다. 머물다. 지주(止住)하다. ④ 혼자 남다. *pres. 3pl.* acchare; *opt.* acche; *aor.* acchi. acchisaṁ; *ppr.* acchat.
acchatta [a-chatta] 우산이 아닌.
acchandaka. *n.* [a-chanda-ka] 욕구가 없음.
acchandika. *adj.* [a-chanda-ika] ① 욕망이 없는. ② ~에 기쁨을 갖지 못하는.
acchanna ① *adj.* [a-chādeti의 *pp.*] 덮이지 않은. 지붕이 없는. ② *adj.* [ā-chādeti의 *pp.*] 덮인. 옷을 걸친.
acchambhin *adj.* [a-chambhin] 두려움이 없는. 겁내지 않는.
acchara *n.* [*sk.* āścarya] ① 놀라움. 경이(驚異). ② 불가사의(不可思議). ③ 희유(希有).
accharā *f.* [*sk.* apsaras] ① 선녀(仙女). 천녀(天女). 요정. -ûpama(accharūpama) 요정과 같은. -gaṇa. -saṅgaṇa. -saṅgha 요정의 무리. -sahassaparivāra 천 명의 욕정에 둘러싸인. ② 손가락 튕기기[명령의 신호. 질책의 표현. 거절의 표현. 경멸의 표현. 저주의 표현. 만족과 기쁨의 표현]. ③ 두 손가락으로 집을 수 있을 만큼의 양. 초(秒). -âghāta 손가락 튕기기. -âghāta-kālika 손가락 튕기기의 순간적 지속. -gahaṇa-matta 두 손가락으로 집을 수 있을 만큼의 양. -yogga (만족의 표현으로) 손가락을 튕길 만한 가치가 있는. -saṅghāṭa 손가락을 튕기는 데 걸리는 시간. 순간. 찰나. -sadda 손가락을 튕기는 소리.
accharika *adj.* *n.* [<accharā] ① 천녀(天女)의. 하늘의. ② 천녀의 음악.
accharikā *f.* [accharā의 *dimin.*] 작은 요정. 작은 천녀(天女).
acchariya *adj.* [*sk.* āścarya] ① 놀라운. 경이로운. ② 불가사의(不可思議)한. ③ 희유(希有)한. -abbhutacittajāta 놀라움과 불가사의와 경이로움으로 가득 찬. -kathā 놀라운 이야기. -gāmin 경이로움으로 이끄는. -dhamma 놀라운 법. -manussa 놀라운 사람. -rūpa 놀라운. 경이로운. 불가사의한.
acchasi atiharati.의 *aor.* *3sg*
acchādana *n.* acchādanā *f.* [<acchādeti] ① 덮는 것. 싸는 것. 보호하는 것. 복폐(覆蔽). ② 의복(衣服).
acchādeti [ā-chādeti. chad의 *caus.* *bsk.* ācchādayati] ① 덮다. 씌우다. 싸다. ② (옷을) 입다. *pp.* acchanna. acchādita.
acchādāpeti [acchādeti의 *caus.*] ① 덮게 하다. ② (옷을) 입게 만들다.
acchāpeti [acchādeti의 *caus.*] ① 덮다. 씌우다. 싸다. ② (옷을) 입다. *pp.* acchanna.
acchi = 원래는 acci.
acchijja acchindati의 *abs.*
acchida. cchidā. acchidda. acchindi chindati의 *aor.*
acchidda. acchiddaka *adj.* [<a-chidda] ① 끊기지 않는. ② 흠이 없는. 잘못이 없는. ③ 단단한. 조밀한. *cf.* chidda. acchidda° -kārin 결함없이 완벽하게 일하는. -pāṭhaka 연속적인 숫자의 계산대. -vacana 믿을 만한 말의. -vutti 잘못이 없는 삶을 영위하는.
acchindati [ā-chindati] ① 빼앗다. 약탈하다. ② 끊다. 꺾다. ③ 철폐하다. *abs.* acchijja. acchinditvā. acchetvā; *pp.* acchinna; *pass.* acchindīyati; *caus.* acchindāpeti.
acchindana *n.* [<acchindati] ① 약탈. ② 철폐.
acchindāpeti [acchindati의 *caus.*] 약탈하게 하다. 철폐시키다.
acchinna *adj.* ① [ā-chinna] 약탈된. 빼앗긴. 제거된. -cīvara. 옷을 빼앗긴. 탈의(奪衣). -raṭṭha 왕국을 빼앗긴. -lajjitā 수줍음이 없는. -vutti = acchiddavutti. -sadda 약탈된 자가 마드는 소음. ② [a-chinna] 잘라지지 않은. 나누어지지 않은. 불가분단(不可分斷)의. -kesa 머리카락을 자르지 않은. -dhāra 물이 지속적으로 흐르는.
acchinnaka *adj.* [a-chinna] 나누어지지 않은. 불가분단(不可分斷)의.
acchiva [*sk.** akṣība] 앗치바[나무의 일종. Hypanthera Moringa].
acchisaṁ acchati의 *aor.* *1sg.*)
acchupati [ā-chup] 접촉하다.
acchupanta [āchupati의 *ppr.*] 접촉하지 않는.
acchupitvā [āchupati의 *abs.*] 접촉하지 않고.
acchupīyati [āchupeti의 *pass.*] ① 입수되다. ② 넣어 지다. ③ 설치되다.
acchupeti [ā-chup] ① 입수하다. 조달하다. ② 밀어 넣다. ③ 설치하다.
accheka [ā-cheka] ① 영리하지 못한. 현명하지 못한. ② 순수하지 못한. ③ 가짜의.
acchecchi. acchejji [*sk.* acchaitsit] chindati의 *aor.*
acchejja *adj.* [a-chid의 *grd.*] ① 잘라질 수 없는. ② 파괴될 수 없는. 파멸되지 않는.
acchetvā *ind.* [acchindati의 *abs.*] 자르지 않고.
acchedana *n.* [*cf.* acchindati] 약탈. 강탈.
acchedasaṅkin *adj.* [accheda-saṅkin] 약탈을 두려워하는.
acchera. accheraka = acchariya.
accheratara acchera의 *compar.*
accherarūpa = acchariya.
acchôdaka acchôdika *adj.* [accha-udaka] 맑은 물이 있는.
ach° 이 음절의 철자는 대부분 acch°에서 찾아보아야한다. achatta → acchatta. achinna → acchinna.
aja *m.* [〃] ① 염소. ② 산양. -eḷaka 염소와 양. -gara '산양을 삼키는 것' 큰 뱀. 비단뱀. 용(龍). -koṭṭhāsa 제사의 부분으로서의 염소들. -camma 염소의 가죽. 염소의 피부. -patha 염소의 통로. -pada 염소의 발[끝이 갈라진 지팡이]. -pāla(ka) 염소치는 사람. 산양의 목자. 아자빨라 나무. 아자화라수(阿闍和羅樹). -pālataru. -pālanigrodha 아자빨라니그로다 나무. 양목니구율수(羊牧尼拘律樹). 아유바라니구율수(阿踰波羅尼拘律·樹). -pālikā 염소치는 여인. 산양의 목녀(牧女). -yūtha 산양의 떼·무리. -ratha 염소가 끄는 수레. -lakkhana 염소의 상을 보고 치는 점. -laṇḍikā 염소똥. -vata 염소의 습관. 염소를 흉내 내는 고행자의 수행. -visāṇabaddhaka 염소의 뿔처럼 끝이 뾰족한. -vīthi 건기와 일치하는 태양과 달의 천체궤도의 한 부분. *cf.* nāgavīthi. govīthi. -saṅgha 염소의 무리. -sadda 염소의 소리. -sīla (고행으로) 염소의 행위의 실천.
ajaka *m.* [aja의 *dimin.*] 작은 염소. 귀여운 염소. *f.* ajikā.

ajakara = ajagara.
Ajakaraṇī *m.* 아자까라니[강의 이름].
Ajakalāpaka *m.* 아자깔라빠까[야차의 이름].
ajagara *m.* [aja-gara=gala<gel '삼키다'] 비단뱀. 이무기. 거대한 뱀. 아나콘다.
ajaggita *adj.* [a-jaggati의 *pp.*] 보살펴지지 않은. 부양되지 않은.
ajañña *adj.* [a-jañña] ① 청정하지 못한. 더러운. ② 고귀하지 않은. 천한.
ajacca *adj.* [a-jacca] 천한 태생의.
ajajjara *adj.* [a-jajjara] 늙지 않는. 노쇠하지 않는[열반에 관한 설명].
ajaṭâkāsa *m.* [a-jaṭa-ākāsa] 우주의 공간.
ajaddhuka *n.* ajaddhukā *f.* [a-jaddhu-ka] 음식을 삼가는 훈련.
ajaddhumāri(kā) *f.* [<a-jaddhu-māra] 기아로 인한 죽음.
ajana *n.* [<aj] 선동하는 행위.
ajanapada *m.* [a-janapada] 나라가 아님.
ajanayamāna *adj.* [janeti의 *ppr.*] 생산하지 않는. 낳지 않는.
ajanetabba *adj.* [janeti의 *grd.*] 생산될 수 없는. 낳아질 수 없는.
ajapa *m.* [a-japa] (기도에서) 중얼거리지 않는.
ajamoja *m.* [*sk.* ajamoda] ① 커민[미나리과 식물의 이름]. ② 커민의 종자.
ajara *adj.* [a-jara] 늙지 않는. 쇠퇴하지 않는. -âmara 늙지 않고 죽지 않는. 불노불사(不老不死)[열반].
ajaḷa *adj.* [a-jaḷa] 어리석지 않는. -tā 어리석지 않은 상태.
ajahita *adj.* [a-jahita] 버려지지 않은. 포기되지 않은.
ajā *f.* [〃] ① 암염소. ② 암산양.
ajāta *adj.* [a-jāta] 태어나지 않은. 발생하지 않은. 무생(無生)의.
Ajātasattu *m.* [*sk.* Ajāta-śatru] 아자따쌋뚜 왕. 미생원(未生怨). 아자세왕(阿闍世王). ~vedehiputta 베데히 비(妃)의 아들인 아자따쌋뚜 왕.
ajāti *f.* [a-jāti] ① 생겨나지 않음. 불생(不生). ② 천하게 태어남.
ajātima *adj.* [a-jātima] 천하게 태어난.
ajānana *adj.* [a-jānana] 알지 못하는 무지(無知)의. -bhāva 모르는 상태.
ajānant. ajānamāna *adj.* [a-jānāti의 *ppr.*] 무지한. 알지 못하는. *sg. dat. gen.* ajānato.
ajāni jānāti의 *aor.*
ajānika *adj.* [a-jānika] 알려지지 않은.
ajānikā *f.* [<a-jānika] 비밀.
ajāmiga = aja.
ajāyatha. ajāyi jāyati의 *aor.*
ajāyisaṁ. ajāyisuṁ jāyati의 *aor.*
ajikā. ajiyā *f.* [aja의 *f.*] = ajā. 암염소. -khīra 염소의 젖. -sappi 염소의 버터.
ajiṇṇa *m.* [a-jiṇṇa] ① 소화되지 않는. ② 변비의. -âsaṅkā 변비에 대한 두려움. -roga 소화불량. 위장병.
ajita *adj.* [a-jita] 정복되지 않은. 항복하지 않는. 이길 수 없는. 무능승(無能勝)의.
Ajita *m.* [〃] 아지따. 아일다(阿逸多)[사람 이름. 장로. 붓다. 바라문 등의 이름].
Ajitakesakambali *m.* 아지따께사깜발리. 아이다시사침바라(阿夷多翅舍欽婆羅). 아기다시사침바라(阿耆多翅舍欽婆羅)[六師外道의 한분].
ajitapañha *m.* [ajita-pañha] 아지따의 질문. 아일다소문경(雅逸多所聞經)[숫타니파타].
ajina *n.* [〃] ① 양가죽. 영양(羚羊)의 가죽. ② 녹피(鹿皮). ③ 가죽. 피(皮). ③ 아지나[장로의 이름]. -uttaravāsin(ajinott°) 윗옷을 만들기 위한 가죽을 지닌. -ûpasevita 가죽시트가 깔려진. -kkhipa 검은 영양의 가죽 끈을 그물처럼 짜서 만든 옷. 녹피의(鹿皮依). -camma 영양(羚羊)의 가죽. -pattā 박쥐. -ppaveṇi 영양 가죽을 꿰매 만든 덮개. -miga 가죽을 제공하는 영양. -yoni 모피를 제공하는 동물군. -sāṭī (영양의) 가죽으로 만든 겉옷.
ajini. ajesi jināti의 *aor.*
ajimha *adj.* [a-jimha] 구부러지지 않은. 곧은.
ajiya *adj.* [a-jiyā] 활시위가 없는.
ajira *n.* [〃] ① 뜰. 마당. ② 영역.
ajivha(vat) *adj.* [〃] 혀가 없는.
ajīraka *n.* [a-jīraka] 소화불량.
ajīraṇa *n.* [a-jīraṇa] ① 늙지 않음. 불노(不老)[열반]. ② 소화불량. -dhamma 소화되지 않는.
Ajīvaka *m.* [a-jīvaka] '수명이 짧은' 아지바까[가상인물의 이름].
ajūtakara *m.* [*cf. sk.* dyūtakara] ① 도박꾼이 아닌 자. ② 노름꾼이 아닌 자.
ajeguccha *adj.* [a-jeguccha] 혐오하지 않는. 경멸하지 않는.
ajeyya. ajjeyya *adj.* ① [a-jeyya<jayati] 이길 수 없는. 정복될 수 없는. ② [a-jeyya<jīyati] 파괴될 수 없는. 영원한.
ajeyyaṁ → ajjiyyaṁ.
ajeḷaka *m. n.* [aja-eḷaka] 염소와 양. 염소들과 양들. -paṭiggahaṇa 염소들과 양들을 수용하는.
ajesi jeti. jayati의 *aor.*
ajja *n.* [*sk.* ājya] 제사에 바칠 정제된 버터.

ajjaka. ajjuta *n. m.* [*sk.* arjaka] 앗자까[식물의 이름. Ocimum gratissimum].
ajjatana *adj.* [*sk.* adyatana] 오늘날의. 현재의. 현대의.
ajjatanāya *ind.* [<ajjatana] 오늘을 위하여.
ajjatanī *f.* [*sk.* adyatanī] 아오리스트 시제[오늘 확정되거나 불확실한 과거를 나타냄. 문법].
ajjatā *f.* [<ajja] 현재. 금일. *acc.* ajjataṁ *adv.* ajjatañ ca 바로 오늘.
ajjati [*sk.* arjati<ṛj] ① 얻다. 획득하다. ② 초래하다.
ajjato [ajja-to] 오늘부터.
ajjana *n.* [<ajjati] 얻음. 획득.
ajjava *adj. n.* [*sk.* ārjava *cf.* uju] ① 솔직한. 정직한. ② 질직(質直).
ajjavatā *f.* [ajjava의 *abstr.*] 정직. 방정(方正).
ajja. ajjā *ind.* [*sk.* adya. *ved.* adyā] 오늘. 지금. ajj° -ekadivasaṁ 오로지 오늘. -uṇho 오늘[오늘의 밤낮에서 남은 오늘]. -etarahi 오늘날. -ekarattiṁ 오로지 오늘 밤. ajja° -kālaṁ 이 시간에. -jāta 오늘 태어난. -tagge. -dagge 오늘 이후. 금후(今後). -divasa 금일. 오늘. -ppabhuti 오늘 이후. 오늘부터. -ratti 오늘 밤. 지난 밤. -saṭṭhiṁ '오늘은 여섯 번째 날' 육일 전에. -ssuve 오늘과 내일.
ajjita *adj.* [ajjati의 *pp.*] 획득된.
ajjuka *m.* [*sk.** arjaka] = ajjaka. 앗주까. 아리수(阿梨樹)[식물의 이름. Ocimum Gratissimum].
Ajjuka *m.* [〃] 앗주까. 아수(阿酬)[거사의 이름. 수행승의 이름].
ajjukaṇṇa *m.* [*sk.** arjakarṇa] 앗주깐나[나무의 이름. Pentaptera Tomentosa].
ajjukā *f.* [?] ① 고급창부(高級娼婦). ② 왕후나 귀족의 정부(情婦).
ajjuṇho. ajjaṇho *ind.* [ajja-juṇho] 오늘[오늘 밤낮에서 남은 오늘].
ajjuna *m.* [*sk.* arjuna] 앗주나[나무의 이름. Pentaptera Arjuna]. -pupphiya 앗주나뿝삐야[장로의 이름].
ajjh° adhi+모음의 동화작용의 결과.
ajjhagā. ajjhagāma. ajjhagū adhigacchati의 *aor.*
ajjhatta *adj.* [adhi-atta. *sk.* adhyātman] ① 자신의. 개인적인. 소우주의. ② 안(쪽)의. 내적인. *acc.* ajjhataṁ *adv.* 내적으로. 자신에 관해서. -ajjhatta 극히 개인적인. -ttika 내적인 것을 비롯한 세 가지[內·外·內外]. -ārammaṇa 사유의 주관적 대상. 내소연(內所緣). -cintin 내성적인. -dhamma 내적인 현상. 내법(內法). -dhammavidū 철학자(哲學者). -pucchā 내적인 물음. -bahiddhā. -bāhira 내적 외적인. 상호작용하는. -bhātika 자신의 형제. -rata 속으로 기뻐하는. -rūpa 내적인 물질. 내색(內色). -vavatthāna 내적인 요소에 대한 분석. -vimokkha 개인적인 해탈. -vuṭṭhāna 내적인 요소를 버림. -vera 자신의 내부의 적. 내적인 적. -saṁyojana. -saññojana 내적인 속박. -saṅkhārā 내적인 형성. 내적인 경향. -santi 내적인 평화. 내적인 적멸. -samuṭṭāna 내적인 기원. 내인(內因). -suñña 내적인 공. 내공(內空)[내적 감관에 아(我)와 아소(我所) 등이 없는 것].
ajjhattika *adj.* [*sk.* adhyātmika] ① 자신의. 개인적인. 사적인. ② 안(內)의. 내적인. ③ 정신적인. -kammaṭṭhāna 내적인 명상주제. -karaṇa 자신의 도구. -kkhandha 내적인 존재의 다발. 내온(內蘊). -dāna 자기 것의 보시. -bāhira 내외적인. -rūpa 내적인 물질. 내색(內色)[감성의 물질]. -vatthuka 물질적인 기초를 내부에 갖고 있는. -vasena 정신적으로. -vera 자신의 내부로부터의 원한. -saṅgaha 자신의 백성에 친절한. -santati 개인적인.
ajjhappatta *adj.* [adhi-ā-patta] 도달한. 획득한.
ajjhabhavi. ajjhabhu adhibhavati의 *aor.*
ajjhabhāsi adhibhāsati의 *aor.*
ajjhayana *n.* [=ajjhena] 연구. 학습.
ajjhavasāyi adhivāseti의 *aor.*
ajjhavodahi ajjhodahati의 *aor.*
ajjhā *f.* ① acchā = ajana ② = ajjhāya.
ajjhāgāre *ind.* [adhi-agāra의 *loc.*] 집에서. 자택(自宅)에서.
ajjhācarati [adhi-ā-carati] ① 실천하다. ② 준수하다. *grd.* ajjhācariya. ajjhācaraṇīya.
ajjhācāra *m.* [*bsk.* adhyācāra] ① 증상행(增上行). 부정행(不淨行). 파계(破戒). 작은 잘못. ② 제계(制戒)[바라이(波羅夷)·승잔(僧殘)이외의 소계(小戒)]. ③ (남녀의) 의혹. 성교.
ajjhāciṇṇa *adj.* [ajjhācarati 의 *pp.*] 습관적으로 행해진.
ajjhājīva *m.* [< adhi-ā-jīv] 지나치게 엄격한 섭생(攝生).
ajjhāna → ajjhayana.
ajjhāpaka *adj.* [*cf.* ajjheti] 교육의. -sabhā 교육위원회(敎育委員會).
ajjhāpajjati [adhi-ā-pajjati<pad] 죄를 범하다. 위범(違犯)하다. *pp.* ajjhāpanna.
ajjhāpatti *f.* [<ajjhāpajjati] 범죄. 죄과(罪過).
ajjhāpana *n.* ① [*cf.* ajjheti] 교훈. 교육. -maṇḍala 교육부. 교육청. -amacca 교육부장관. 교

육청장. ② [ā-jhāpana<kṣā] 타서 없어짐. 소실(燒失). 큰 불.
ajjhāpanna. ajjhāpannaka *adj.* [ajjhāpajjati의 *pp.* (-ka)] 죄를 범한. 잘못이 있는.
ajjhāpita *adj.* [a-jhāpeti의 *pp.*] 소각되지 않은.
ajjhāpīḷita *adj.* [adhi-ā-pīḷita] ① 잔뜩 시달린. ② 괴로워하는.
ajjhāpekkhati [ajjha-apekkhati] ① 포기하다. ② 무시하다.
ajjhābhava *m.* [<ajjhābhavati] ① 교제(交際). ② 접촉.
ajjhābhavati [adhi-ā-bhū] ① 교제하다. ② 관계를 맺다.
ajjhāya *m.* [*sk.* adhyāya] 독송(讀誦). 장(章).
ajjhāyaka *m.* [*sk.* adhyāyaka] ① 베다를 배우는 자. 바라문. 경전의 학자. ② 학식 있는 사람. 스승. 교사(敎師). -kula 베다스승의 가문.
ajjhāyati [ajjhāya의 *denom.*] ① 학습하다. ② 독송(讀誦)하다.
ajjhāyana *n.* [=ajjhayana] ① 연구. ② 학습.
ajjhāyin *adj.* [ajjhāya-in] ① 연구에 몰두하는. ② 학습에 전념하는.
ajjhāruha. ajjhārūha *adj.* [<adhi-ā-ruh] ① 성장하는. ② 제압하는. 압도하는.
ajjhārūḷha *adj.* [ajjhārūhati의 *pp.*] ① 성장된. ② 번영하는.
ajjhārūhati [adhi-ārohati] ① 올라가다. ② 성장하다. 생장(生長)하다. 번영하다.
Ajjhāroha *m.* [adhi-āroha] 앗자로하[신비한 물고기의 이름].
ajjhāvadati = accāvadati.
ajjhāvara *adj. m.* [<adhi-ā-var] ① 둘레에 있는. 시중드는. ② 시중드는 자. 수행원. 일행(一行). 후보자.
ajjhāvasati [adhi-ā-vasati] ① 살다. 정착하다. ② 삶을 영위하다. *pp.* ajjhāvuttha; *caus.* ajjhāvāseti.
ajjhāvasathe [adhi-āvasathe] = ajjhāgāre. 집안에서.
ajjhāvahanika [adhi-ā-vahanika] 신부의 혼인지참금.
ajjhāvuttha *adj.* [ajjhāvasati의 *pp.*] ① 점유된. ② 거주하는.
ajjhāsa = ajjhāsaya.
ajjhāsate [*sk.* adhi-ās] ~위에 앉다.
ajjhāsaya *adj. m.* [adhi-āsaya. *bsk.* adhyāśaya] ① 거주하는. 의존하는. ② 의도. 의견. 소망. 욕망. 성향. 경향. -ânurūpa 성향에 따르는. -ânusandhi (듣는 자의) 성향에 지배되는 (경전에서의 가르침들 사이의) 연결부분. -gahaṇa 성향을 따르기 위한. -dhātu 경향의 요소. -pūraṇa 욕망을 채우는. -phala 욕망의 수확. -sampanna 올바른 의도를 갖춘.
ajjhāsayaṁ *ind.* [ajjhāsaya의 *acc.*] ① 성향과 관련하여. ② 마음의 상태와 관련하여.
ajjhāsayatā *f.* [ajjhāsaya의 *abstr.*] ① 지향성(志向性). 경향. ② 바램. 동경.
ajjhāsita *adj.* [ajjhāsayati의 *pp.*] ① 뜻을 둔. ② 여념이 없는. 열심인.
ajjhāharati [adhi-ā-hṛ] 공급하다.
ajjhāhāra *m.* [<ajjhāharati] 공급.
ajjhiṭṭha *adj.* [ajjhesati의 *pp.*] = ajjhesita ① 진심으로 원해진. ② 요청된. 청해진.
ajjhiṇamutta *adj.* [adhi-iṇa-mutta] 채무가 없는. 빚이 없는.
ajjhupagacchati [adhi-upa-gam] ① 도달하다. 도착하다. ② 얻다. ③ 동의하다. 따르다. *aor.* ajjhupāgami.
ajjhupagata *adj.* [ajjhupagacchati의 *pp.*] ① 도달된. ② 얻어진. ③ 동의된.
ajjhupagamana *n.* [<ajjhupagacchati] ① 도달. ② 동의. 일치.
ajjhupaharati [adhi-upa-hṛ] (음식등을) 손에 잡다. 손에 넣다. *aor.* ajjhupāhari.
ajjhupāgata = ajjhupagata.
ajjhupāvekkhi [adhi-upa-viṣ의 *aor.*] 앉았다.
ajjhupekkhaka *adj.* [<ajjhupekkhati] ① 불편부당한. 간섭하지 않는. ② 무관심한.
ajjhupekkhaṇa *n.* ajjhupekkhaṇā *f.* [<ajjhupekkhati] ① 불편부당. 불간섭. ② 무관심.
ajjhupekkhati [adhi-upekkhati] ① 응시하다. 관찰하다. 주의하다. 성찰하다. ② 등한히 하다. 무시하다.
ajjhupekkhitar *m.* [ajjhupekkhati의 *ag.*] ① 주의하는 사람. 관찰하는 사람. ② 보조. 관리인.
ajjhupeta *adj.* [ajjhupeti의 *pp.*] 얻은.
ajjhupeti [adhi-upa-i] 만나러 가다. (장소에) 가서 눕다.
ajjheti [adhyāya의 *denom. sk.* ādyāyati] ① 걱정하다. ② 후회하다. 괴로워하다.
ajjhena *n. m. adj.* [*sk.* adhyayana] = ajjhayana ① 연구. 학습. 습득. ② 독송하는. 암송하는. -kujja 쓸데없는 공부. 쓸데없는 교리. -m-aggiṁ 정화된 버터로 성화에 공양하는.
ajjhesaka *adj.* [<ajjhesati] 요청하는.
ajjhesati [adhi-esati<iṣ *bsk.* adhyeṣate] ① 진심으로 원하다. ② 요청하다. 부탁하다. 권청(勸請)하다. 간원(懇願)하다. 간청하다. 애원하다.

aor. ajjhesi; *pp.* ajjhittha. ajjhesita.
ajjhesanā *f.* [<ajjhesati] ① 애원 ② 요청. 간청. 권청. 간원(懇願).
ajjhesita *adj.* [ajjhesati의 *pp.*] 요청된. 간청된.
ajjhokāsa *m.* [adhi-okāsa *cf.* abbhokāsa] 한데. 노천(露天). 옥외(屋外).
ajjhokāsika *adj. m.* [ajjhokāsa-ika] 노천(露天)에서 지내는 (자). 옥외에서 지내는 (자). -aṅga 노지에서 지내는 수행. 노지주지(露地住支)[두타행].
ajjhokirati [adhi-ava-kṝ] 흩뿌리다.
ajjhogahati. ajjhogāhati. ajjhogaheti. ajjhogāheti. [*sk.* abhyavagāhate] ① 잠수하다. ② 들어가다. 깊이 들어가다.
ajjhogāḷha *adj.* [ajjhogāhati의 *pp.*] ① 뛰어든. 잠입한. ② 들어간. 깊이 들어간.
ajjhoṭhapeti *adj.* [adhi-ava-ṭhapeti<sthā] ① 가져오다. ② 초래하다.
ajjhotthaṭa ajjhotthata *adj.* [ajjhottharati의 *pp.*] ① 펴진. 덮인. 가득 찬. ② 정복된. 압도된.
ajjhottharati [adhi-ava-tharati<stṛ] ① 깔다. 펴다. 덮다. 덮치다. 압박하다. ② 정복하다. ③ 넘다. 경계를 어기다. ④ 가라앉다. *aor.* ajjhotthari; *pp.* ajjhotthata. ajjhotthaṭa; *caus.* ajjhotthariyati.
ajjhottharaṇa *n.* [<ajjhottharati] ① 폄. 덮음. ② (경계를) 어김.
ajjhopanna *adj. m* [<adhi-ava-pad] ① 탐닉된. 탐착하는. ② 이기심. 탐욕. 탐착. *cf.* ajjhosāna. ajjhāpanna의 *misr.*
ajjhobhavati [adhi-ava-bhū] ① 정복하다. ② 파괴하다. *aor.* ajjhobhavi.)
ajjhomaddati [adhi-ava-maddati<mṛd] ① 빻다. ② 부수다. 분쇄하다.
ajjhomucchita [adhi-ava-mūch의 *pp.* *cf.* adhimucchita] 정신을 잃은. 기절한.
ajjholambati [adhi-ava-lamb] ① 매달다. ② 붙잡다. ③ 집착하다.
ajjhosa = ajjhosāya.
ajjhosati [adhi-ava-sayati<sā] ① 집착하다. 고집하다. ② 원하다. ③ 탐닉하다. *fut.* ajjhosissati; *grd.* ajjhositabba; *abs.* ajjhosāya; *pp.* ajjhosita.
ajjhosāna *n.* [*bsk.* adhyavasāna] ① 집착. 고집. ② 의취. 목적. ③ 탐닉.
ajjhosāya [ajjhosati의 *abs.* *bsk.* adhyavasāya] 집착하여. 고집하여.
ajjhosita *adj.* [ajjhosati의 *pp.*] 집착된. 고착된. 고집하는.
ajjhoharaṇa *n.* = ajjhohāra.
ajjhoharati [*sk.* abhyavaharati] ① 삼키다. ② 입에 처넣다. 처먹다. *pp.* ajjhohaṭa; *grd.* ajjhoharaṇīya.
ajjhohāra *m.* [*sk.* abhyavahāra] = ajjhoharaṇa. ① 삼키는 것. 먹는 것. ② 식물(食物).
ajjhohita *adj.* [adhi-ava-dhā의 *pp.*] 놓여진.
añāṇa. añāta → aññāṇa. aññāta
añcati. añchati [añc] 끌다. 당기다.
añcala *m.* [〃] 옷의 테두리. 옷의 솔.
Añcavana = Añjanavana
añcuka *adj.* [<añc] 줄이는.
añja *ind.* [<añchati의 *imp.*] 이리야![소에게 하는 소리].
añjati ① [*sk.* ṛñjati] 당기다. 끌다. 세우다. ② [*sk.* añjayati<añj] 바르다. 기름을 칠하다. 세안제를 바르다. *pp.* añjita; *caus.* añjāpeti.
añjana *n.* [<añjati] ① 안약(眼藥). 세안제(洗眼劑). 연고. 고약(膏藥). ② *adj.* 칠흑의. 새까만. *n.* 흑청색(黑淸色). ③ 칠흑수(漆黑樹). ④ 안티몬[금속]. -akkhika 안약을 바른 눈으로. -ûpapisana (눈을 위한) 가루연고. -cuṇṇa 향기 있는 분(粉). -nāḷi 연고를 담는 작은 유리병. -puñja 세안제(洗眼劑) 더미. -makkhita 안약을 바른. -maya 안티몬[금속]으로 이루어진. -lomasādisa 세안제처럼 검은 머리를 지닌. -rukkha 칠흑수(漆黑樹). -vaṇṇa 칠흑의. 새까만. -sadisa 세안제와 같은.
Añjana *n.* [<añjana] 아자나(阿闍那). 안자나[코끼리의 이름. 싸끼야 국 왕자의 이름. 왕의 이름. 산의 이름. 숲의 이름]. -giri 안자나산. -vana 안자나바나[Sāketa근처의 숲의 이름]. -vasabha 안자나바싸바[코끼리의 이름]. -Sakka 안자나싹까[Mahāpajāpati Gotamī의 아버지 이름].
Añjanā *f.* =Añjana. -giri 안자나산. -vana 안자나바나[Sāketa근처의 숲의 이름].
añjanikā *f.* [〃] 흰 배를 가진 쥐.
añjanithavikā *f.* [añjana-thavikā] 세안제(洗眼劑)를 넣는 주머니.
añjanisalākā *f.* [añjana-salākā] 연고를 바르는 막대.
añjanī *f.* [<añjana] ① 연고를 넣는 상자. ② 고약 항아리. 화장용스틱.
añjaya *adj.* [<añjati] 똑바른. *cf.* ajjava.
añjali *m.* [〃] ① 열린 빈 손. ② 합장(合掌). ~ṁ paṇāmeti. ~ṁ karoti. ~ṁ paggaṇhāti 합장을 하다. -kamma 정중한 인사. 합장의 행위. -kata 합장(合掌)을 한. -karaṇiya 합장을 받을 만하다. -paggaha 합장하기 위해 손을 올린. -ppa-

ṇāma 공경하는 인사. 합장.
añjalika(ta) *adj.* [<añjali] ① (인사를 위해) 두 손을 올리는. ② 합장(合掌)하는.
añjalikamma *n.* [<añjali] ① (인사를 위해) 두 손을 올림. ② 합장(合掌).
añjalikaraṇīya *adj.* [<añjali] ① 존경스러운. ② 공경할 가치가 있는.
añjalikā *f.* = añjali.
Añjalī *f.* [<añjali] 안잘리[수행녀의 이름].
añjasa *adj. m.* [<añjati] ① (길 따위가) 똑바른. ② 구부러지지 않은. ③ 지름길. ④ 안자싸[전륜왕의 이름]. *ins.* añjasā 똑바로. -âparaddha 지름길을 잃어버린. -âyana 지름길.
añjāpeti [añjati의 *caus.*] (연고를) 바르게 하다. 칠하게 하다.
añjiṭṭha *adj.* [*sk.* añjiṣṭha] 태양.
añjita *adj.* [añjeti의 *pp.*] (기름·액체 따위가) 칠해진. -akkha 눈에 세안제를 바른.
añjīra *n.* [〃] 안지라[무화과나무 또는 그 열매].
añjeti [añj] = añjati ① 기름을 바르다. ② 세안제를 바르다. *aor.* anjesi.
añña *adj. m. n. pron.* [*sk.* anya] ① 다른. 또 다른. 여타의. ② (이것에 대한) 저것. ③ 타자. 타인. 새로운 것. 남은 것. *ins.* aññena 다른 방법으로. 달리. aññe *m. pl. nom. acc.* 다른 사람들. añño aññaṁ. aññamaññaṁ. aññoññaṁ 서로서로. 상호간에. aññena aññaṁ 서로 다르게. 모순되게. aññena vā aññnaṁ paṭicarissati 모순되게 대처하다. 부당하게 발뺌하다. aññaṁ jivaṁ aññaṁ sarīraṁ 영혼과 몸은 다르다. anañña 다른 것이 아닌. 자기 자신의. -añña(aññañña) 하나는 ~ 다른 것은. -âdhikāravacanârambha 새로운 주제의 설명을 시작하는. -âdhīna 다른 자들에게 종속하는. -âpadesa 다른 것에 대한 참조. -ādisa 상이한. -ālāpa 완곡어구(婉曲語句). -indriya(aññindriya) 궁극적 앎을 향한 능력. 이지근(已知根)[궁극적인 앎을 향한 이해의 능력으로 흐름에 든 님 이상의 여섯 단계의 앎]. -uddisika 다른 것으로 결정된. -kāraṇa 다른 동기. -khantika 다른 견해나 믿음·성향을 지니는. -gati 다른 과정. -gatika 다른 것에 의지하는. -gocara 다른 목초지로 살아가는. -jana 타인들. 다른 사람들. -jāti 다른 존재. -jātika 다른 출신의. -ṭṭhāna 다른 곳. 타지(他地). -ṭṭhānaharaṇa 운송(運送). 수송(輸送). -tattha = aññathā. -titthiya 다른 종파의 신봉자. 이교도(異教徒). 외도(外道). -titthiyāyatana 이교도적 환경. -diṭṭhika 다른 견해를 가지고 있는. -padattha 격한정복합어의 기능을 위한 문법적 용어. -purisasāratha 타인에 매혹된. -bhāgiya 타인에 속하는. -pubba 이미 외도의 제자인 사람. -mokkha 타인에 의해 해탈된. -rucika 다른 성향을 지닌. -vāda 다른 견해를 가지는 -vādaka (사물들에 대해) 다른 설명을 하길 좋아하는 사람. -vādin (불교가 아닌) 다른 가르침을 교수하는. -vihita(ka) 다른 것에 사로잡힌. 주의가 산만한. -sattha 다른 스승. -sabhāva 다른 성질을 지닌. 다른 본성을 지닌. -samāna 다른 것과 같아지는. -sita 다른 것에 의존하는. -saraṇa 다른 사람에게 피난처를 구하는. 의존적인. -sita 다른 사람들에 의지하는. ③ *adj.* [*sk.* ajña] 무지한.
Añña-Koṇḍañña [*sk.* Ājñāta-Kauṇḍinya] 깨달은 꼰당냐. 교진여(憍陣如). 아약교진녀(阿若憍陣如)[초전법륜(初轉法輪)에서의 다섯 비구 가운데 하나].
aññatama *pron. adj.* [añña의 *superl.*] ① 여럿 가운데 하나의. ② 어떤.
aññatara *pron. adj.* [añña의 *compar.*] ① 둘 중에 하나의. ② 어떤. ~ aññatara 하나는 ~ 다른 하나는. -ttherā 다양한 장로들.
aññatābhāva *m.* [*sk.* anyatā-bhāva] 달라져 변화하는 것.
aññato *ind.* [añña-to] ① 다른 사람으로부터. 다른 곳으로부터. ② 다른 장소로. 다른 방향으로.
aññatta *n.* [*sk.* anyatā] 다른 상태. 차이.
aññattha ① *ind.* [*sk.* anyatra] 다른 곳에. 어딘가 다른 곳에. ② *adj.* [*sk.* anyârtha] 다른 목적으로 지닌. 무언가 다른.
aññatra ① *ind.* [añña-tra] 어딘가 딴 곳에. -diṭṭhi 이견(異見). ② ~을 제외하고. 빼고. kiṁ karaṇīyaṁ aññatra dhammacariyāya 바른 실천(法行)을 제외하면 무엇이 이루어져야 할 것인가. -gati 다른 존재로 가는 것. -paribhoga 한 장소에 속하지만 다른 장소에서 사용된. -yoga 다른 명상적 수행을 갖는.
aññathatta *n.* [aññathā의 *abstr.*] ① 다름. 차이. ② 변형. 이형(異形). ③ 변화.
aññathā *ind.* [añña-thā] 다른 방법으로. 달리. -ācariya(ka) 다른 수행체계를 갖는. 이수행(異修行). -tta 달라짐. 교체. 변심(變心). -disa 다른 방향을 갖는. -dhamma 다른 가르침을 갖는. -bhāva 달라진 존재. 다른 상태. 변화. -bhāvin 변화하는. -saññin 다른 지각을 갖는. 다른 생각을 갖는.
aññadattika *adj.* [añña-dattika] 타자에 의해 주어진.

aññadatthika *adj.* [añña-d-atthika] 다른 사람에게 유익한.

aññadatthu *ind.* [aññad-atthu] '다른 것이 있더라도' ① 무엇이든지. 어떠한 경우이든지. ② 확실히. 반드시. 여하튼. ③ 어떠한 경우이든지. -jaya 완전한 승리. -dasa 모든 것을 보는 자. 널리 보는 자. 보견자(普見者). -hara 어떤 것이라도 가져가는 사람.

aññadā *ind.* [añña-dā] ① 다른 때에. ② 한번은. 한 때에.

aññadīya *adj.* [*sk.* anyadīya] 다른 사람에게 속하는.

aññamañña *adj.* [añña-añña] ① 상호의. 서로의. ② 동의(同義)의[문법]. ③ 변덕스러운. ③ 따로따로의. 각각의. *acc.* aññamaññaṁ *adv.* 상호간에. 서로. 상호. -ûpaghaṭṭita 서로 치고받는. -ûpatthambha 서로 지지하는. 서로 돕는. -ûpanissita 서로 의지하는. -khādikā 서로 잡아먹음. -gutta 서로 보호하는. -citta 변덕스러운 마음. -nissita 서로 의존하는. -paccaya 서로에 대한 원인. 상호조건. 상호연(相互緣). -p-pavatti 반작용(反作用). -bhojana (두 동물의) 따로따로의 음식. -rakkhita 서로 수호하는. -lagga 서로 달라붙은. -vacana 상호대화. -virodha 간섭(干涉). -virodhin 자가당착(自家撞着)의. -vevacana 동의어. 유의어. -satthar 각자의 스승. -samagga 상호화해. -sambandha 상호성(相互性).

aññaṇaka *adj.* [aññaṇa-ka] ① 앎이 없는. 무지한. ② 앎이 있는. 지혜로운.

aññaṇin *adj.* [aññaṇa-in] 무지한. 알지 못하는.

aññassati *adj.* ājānāti의 *fut.*

aññā *f.* [*sk.* ājñā] ① 앎. 개오(開悟). ② 최상의 지혜. 완전한 지혜. 궁극의 앎. 완전지(完全智). 구경지(究境智). 영지(靈智). -atthika 완전한 지혜를 원하는. -âpe(k)kha 알고자 하는. -ārādhana 완전한 지혜의 성취. -indriya(aññin°) 완전한 지혜를 통한 능력. 완전한 지혜를 가진 자의 감각기능. 이지근(已知根). -citta 영지(靈知)에 대한 생각. 아라한(阿羅漢)의 경지에 도달하고자 하는 의도. -paṭivedha 완전한 지혜의 통찰을 얻은[아라한의 경지]. -phala 완전한 지혜를 결과하는. -vimutta 완전한 지혜에 의한 해탈. -vimo(k)kha 완전한 지혜에 의한 해탈. 지해탈(智解脫). 지해심(知解心). 요지심(了知心). -vyākaraṇa 완전한 지혜의 의미.

aññāṇa *adj. n.* [a-ñāṇa] ① 앎이 없는. 무지(無知)한. ② 무지(無智). -âbhibhūta 무지에 의해 정복된. -upekkhā. -ûpekkhā 무지와 관련된 평정(平靜). -karaṇa 무지를 야기하는. -cariyā 무지한 행동. -jātika 무지한 자에 속하는. -tā 무지한 상태. -dukkha 무지에서 오는 고통에 관한. -dhamma 무지에 대한 가르침. -pakata 지혜의 결여 때문에. -pakkha 무지한 당파들과 사귀는. -bhāva 무지한 상태. -mūlappabhava 무지의 뿌리에서 유래하는. -lakkhaṇa 무지에 의해 특징지어지는. ② *n.* [ā-ñāṇa] 앎. 인식. 슬기. 지혜.

aññāta ① *adj.* [ājānāti의 *pp.*] 알려진. 개오(開悟)한. -mānin 알았다고 자만하는. 완전한 지혜를 갖고 있다고 자랑하는 사람. ② *adj.* [a-ñāta] 무지한. 알려지지 않은. -vesa 변장. 기만.

Aññāta-Koṇḍannña = Aññā-Koṇḍannña.

aññātaka ① *adj.* [a-ñātaka] 친지가 없는 (사람). ② *adj.* [aññāta-ka] 알려지지 않는. 인식할 수 없는. -vesa 변장. 기만.

aññātar *m.* [ājānati의 *ag.*] ① 앎을 갖춘 사람. ② 완전한 지혜를 얻은 사람. 구경지(究竟智)를 얻은 자.

aññātāvin *adj. m.* [<aññāta] ① 완전한 지혜를 가진. 궁극적 지혜를 가진. ② 완전한 지혜를 지닌 자. 구지자(俱知者). -indriya(aññātāvindriya) 궁극적 앎을 갖춘 능력. 구지근(具知根)[궁극적인 앎을 갖춘 자들의 앎의 작용이 완료된 상태의 능력으로 거룩한 님의 능력].

aññāti *adj.* [a-ñātika] 친지가 아닌. -uñcha '친지가 아닌 자에게서 이삭줍기'. 친지가 아닌 자로부터의 도움.

aññātika *adj.* [a-ñātika] 친지가 아닌.

aññātikā *f.* [a-ñātika] 여자친지가 아닌.

aññātukāma *adj.* [ā-jānātu-kāma] ① 앎을 원하는. ② 완전한 지혜를 얻기를 원하는.

aññādi(kkha). aññādisa *adj.* [<anya-dṛṣ] 다른 것과 같은. 다른 종류의. -tā 다른 종류.

aññāya [ājānāti의 *abs.*] 완전히 알고 나서. 개오(開悟)하고 나서.

aññāsi ājānāti의 *aor.*

Aññāsi-Koṇḍañña = Aññā(ta)-Koṇḍañña .

aññindriya *n.* [añña-indriya] 완전한 지혜를 통한 능력. 완전한 지혜를 가진 자의 감각기능. 이지근(已知根).

aññeyya *adj.* [ājānāti의 *grd.*] 알려져야 할. 이해될 수 있는.

aññoñña *adj.* [=aññamañña] 상호의. -nissita 상호 의존하는.

aññhamāna *adj.* [aññhati=asati의 *ppr.*] 먹는.

aṭaṭa *m.* [*bsk.* 〃] 아따따 지옥. 팔한지옥(八寒地獄)의 하나.

aṭana. aṭana *n.* [〃] 배회(徘徊).
aṭanaka. aṭanaka *adj.* [aṭana-ka] ① 배회하는. ② 거친.
aṭati [aṭ] 배회(徘徊)하다. 여행(旅行)하다.
aṭani *f.* [〃] 침대의 구조물[침대의 틀을 구성하는 네 가지 레일가운데 하나].
aṭala *adj.* [*cf. sk.* aṭṭa] 단단한. 강한.
aṭalī *f.* [<aṭala(?)] 신발의 한 종류.
aṭavi. aṭavī *f.* [〃] ① 광대한 숲. 숲. 삼림. ② 숲 속에 사는 사람·부족. aṭavi° -ārakkhika 삼림지기. -cora 숲속의 도둑. -janapada 삼림국가. -magga 숲속의 길. -majjha 숲속. -mukha 숲의 입구. 숲가. -vāsin 숲에 사는. -saṅkopa의 *misr.*원시적 부족의 침범.
aṭṭa ① *m.* [*sk.* aṭṭa] 옥탑방. 감시탑. 망루. 플랫폼(platform). 족장(足場). ② *m.* [*sk.* artha] 재판. 소송. 소송의 이유. -kamma 법적인 조치. 소송. -karaṇa 소송을 제기하는. -kāra 소송하는. 소송관계자. -kulika 심판관. 재판관. -parājita 소송에 진. -yoga 소송. ③ *adj. m.* [*sk.* ārta] 괴로워하는. 핍박받은. 곤혹스러워하는. 고통. -ssara 고통의 외침. -hāsa 커다란 웃음.
aṭṭaka *m.* [=aṭṭa ①] ① 옥탑방. 감시탑. 망루(望樓). ② 플랫폼(platform). -luddaka 망루를 사용하는 사냥꾼·엽사(獵師).
aṭṭahāsaka *m.* [aṭṭa-hāsaka] 앗따하싸까[야생 재스민].
aṭṭāna *n.* [?<aṭṭhāna] 때를 제거하는 기둥[벤 자국이 있는 거친 기둥으로 목욕하는 사람들이 때를 밀기 위해 사용하는 기둥].
aṭṭāla. aṭṭālaka *m.* [*cf.* aṭṭa ①] 옥탑방. 감시탑. 망루(望樓).
aṭṭi *f.* [*sk.* ārti] 질병.
aṭṭita *adj.* [*cf.* aṭṭa ③] ① 괴로운. ② 비통한. 핍박받은.
aṭṭiyati. aṭṭīyati [aṭṭa ③의 *denom.*] ① 괴로워하다. ② 곤혹스러워하다[harāyati와 함께 사용. *ppr.* 로서는 aṭṭiyamāna harāyamāna 곤혹스러워하며 참괴(慚愧)하는].
aṭṭiyana. aṭṭiyanā *n. f.* [*sk.* ardana] ① 공포. 경악. ② 싫어함. 혐오.
aṭṭha *num.* [*sk.* aṣṭa] ① 여덟. ② = attha. aṭṭha sata 팔백. aṭṭhasahassa 팔천. aṭṭhavīsati 28. aṭṭhatiṁsā 38. aṭṭhanavuti 98. aṭṭhasata 108. aṭṭhārasa 18. -aṁsa 팔각형의 -aṁsika 팔각형(八角形)[완전한 영적인 구조]. 천상의 기둥. 다이아몬드의 팔각형. -aṅgika. -aṅgasamannāgata. -aṅgasusamāgata. -aṅgasusamāhita 여덟 가지 고리를 갖춘. 여덟 가지 요소를 구족한. -aṅgikayānayāyin 여덟 가지 수레를 사용하는. -aṅguposathin 여덟 가지 재계를 갖춘 포살을 행하는. -aṅgupāgata. -aṅgupeta 여덟 가지 요소를 갖춘. -aṅgula 팔 인치 크기의. -aṭṭhaka 팔일마다. -aḍḍha 여덟의 절반. 4. -usabha (aṭṭhusabha) 8 우싸바[길이의 단위. 20 yaṭṭha 로 140 腕尺]. -kahāpana 8 까하빠나[화폐의 단위]. -kuṭika 여덟 채의 오두막을 가진. -koṇa 팔각형의. -koṇaka 팔각(八角形). -kkhattuṁ 여덟 번. -khura 여덟 발굽. -gādha 거미. -guṇa 여덟 종류의. -cattārīsa. -cattāḷīsa 마흔여덟. 48. -tantika 팔현금(八絃琴). -tiṁsā̆ 38. -tthamba 여덟 개의 기둥을 지닌. -dantaka 여덟 개의 이빨을 지닌 갈퀴. -dasika 열여덟 살의. -doṇa 8도나[용량의 단위]로 나뉜. -dosasamākiṇṇa 여덟 가지 잘못으로 가득 찬. -dhammasamodhāna 여덟 가지 요소의 연결고리. -nakha 여덟 개의 발굽을 지닌. -nava 8 또는 9. -navuti 98. -nipāta 팔집(八集). 팔장(八章). -paññāsā 58. -pada 가로세로로 여덟 줄의 눈을 지닌 놀이판. 팔목기(八目碁). 여덟 갈래로 분류된. 여덟 겹으로 꼰. -padaṭṭhapana 머리카락을 마무리하는 형식. -padaka 1/8. -padaphalaka 팔목기판(八目碁板). -parivaṭṭa 여덟 가지 항목으로 구성된. -pāda 여덟 개의 발을 지닌 곤충. 거미. 사슴[=sarabha]. -mukha 여덟 가지 주요한 점. -yojana 팔 유순 거리의[1由旬=14km]. -ratana. -ratanika 팔 완척[1腕尺=46-56cm]에 해당하는. -ratanubbedha 높이나 키가 8 완척인. -maṅgala 여덟 가지 축복. 여덟 가지 행운. 팔길조(八吉兆). -māsa 여덟 달. -māsika 여덟 달의 나이를 먹은. -vaṅka 8면 입방체의. -vatthuka 여덟 가지 주제와 관련된. 여덟 가지에 기초한. -vassika 8 살의. -vācika 여덟 가지 과정과 연관된. -vidha 8 가지의. -vīsati 스물여덟. 28. -vīsasata 128. -saṭṭhi 예순여덟. 68. -sata 백팔. 108. -satabheda 108 세분(細分)으로 나누어진. -satasahassavibhava 재산이 팔십만 냥에 이르는. -sattativassa 78살 먹은. -samāpattiyāna 여덟 가지 선정의 수레. -salākabhatta 여덟 개의 식권에 해당하는 음식. -sahassa 팔천(八千). 8,000. -hattha 8 완척(腕尺)의.
aṭṭha
~ akkhaṇā 여덟 가지 불행한 시간[청정한 삶을 영위하는데 불리한 경우]. 팔난(八難)=팔비시(八非時 : aṭṭha asamayā)[1. 부처님이 세상에 출현하였으나 지옥(地獄 : niraya)에 태어날 경우, 2. 부처님이 세상에 출현하였으나 축생(畜

生 : tiracchānayoni)으로 태어날 경우, 3. 부처님이 세상에 출현하였으나 축생으로 태어날 경우 아귀계(餓鬼界)(pettivisaya)에 태어날 경우, 4. 부처님이 세상에 출현하였으나 어떤 수명이 긴 신들의 무리(長壽天 : dīghāyukadevanikāya)에 태어날 경우, 5. 부처님이 세상에 출현하였으나 수행녀, 재가의 남자 신도, 재가의 여자 신도도 없는 변경지역의 무지한 야만인들(milakkhā) 사이에 태어날 경우, 6. 부처님이 세상에 출현하여 중앙지역에 태어나더라도 이와 같이 '보시도 없고, 제사도 없고, 헌공도 없고, 선악의 행위에 대한 과보도 없고, 이 세상도 없고, 저 세상도 없고, 어머니도 없고, 아버지도 없고, 화생하는 뭇삶도 없다. 이 세상과 저 세상을 스스로 곧바로 알고 깨달아서, 그것을 다른 사람들에게 알려주는, 세상에서 올바로 살고 올바로 실천하는 수행자들이나 성직자들도 없다.' 라는 잘못된 견해(micchādiṭṭhi)와 잘못된 관점을 가질 경우, 7. 부처님이 세상에 출현하여 중앙지역에 태어나더라도 지혜가 없어 둔하고 어리석어(duppañño jaḷo elamūgo) 잘 설해진 것과 잘못 설해진 것을 구분할 줄 모를 경우, 8. 부처님이 세상에 출현하지 않았으나 중앙지역에 태어나 지혜를 갖추어 둔하지 않고 어리석지 않아(paññavā ajaḷo anelamūgo) 잘 설해진 것과 잘못 설해진 것을 구분할 줄 알 경우].

-aṅgikamagga = ariya atthaṅgikamagga 여덟 가지 고귀한 길. 팔정도(八正道)[1. 올바른 견해(正見 : sammādiṭṭhi), 2. 올바른 사유(正思惟 : sammāsaṅkappa), 3. 올바른 언어(正語 : sammāvācā), 4. 올바른 행위(正行 : sammākammanta), 5. 올바른 생활(正命 : sammāājīva), 6. 올바른 정진(正精進 : sammāvāyāma), 7. 올바른 새김(正念 : sammāsati), 8. 올바른 집중(正定 : sammāsamādhi)].

-aṅguposatha 여덟 가지 덕목을 갖춘 포살. 여덟 가지 재계를 갖춘 포살. 팔관재계(八關齋戒). 팔재계(八齋戒)[1. 거룩한 님은 목숨이 다하도록, 살아있는 생명을 죽이는 것을 버리고, 살아있는 생명을 죽이는 것을 삼가고, 몽둥이를 놓아버리고, 칼을 놓아버리고, 부끄러움을 알고, 자비심을 일으키고, 일체의 생명을 이롭게 하고 애민히 여긴다. 나도 바로 오늘 낮 오늘 밤 살아있는 생명을 죽이는 것을 버리고, 살아있는 생명을 죽이는 것을 삼가고, 몽둥이를 놓아버리고, 칼을 놓아버리고, 부끄러움을 알고, 자비심을 일으키고, 일체의 생명을 이롭게 하고 애민히 여기리라. 이러한 성품으로 나는 거룩한 님을 따르며, 포살을 지킬 것이다(不殺生). 2. 거룩한 님은 목숨이 다하도록, 주지 않은 것을 빼앗는 것을 버리고, 주지 않은 것을 빼앗는 것을 삼가고, 주는 것만을 취하고, 주어진 것만을 바라고, 도둑질하지 않고, 청정한 마음을 지닌다. 나도 바로 오늘 낮 오늘 밤 주지 않은 것을 빼앗는 것을 버리고, 주지 않은 것을 빼앗는 것을 삼가고, 주는 것만을 취하고, 주어진 것만을 바라고, 도둑질하지 않고, 청정한 마음을 지내리라. 이러한 성품으로 나는 거룩한 님을 따르며, 포살을 지킬 것이다(不偸盜). 3. 거룩한 님은 목숨이 다하도록, 순결하지 못한 삶을 버리고, 순결한 삶을 살고, 멀리 여읨의 삶을 살고, 천한 행위인 성적 접촉을 삼간다. 나도 바로 오늘 낮 오늘 밤 순결하지 못한 삶을 버리고, 순결한 삶을 살고, 멀리 여읨의 삶을 살고, 천한 행위인 성적 접촉을 삼가리라. 이러한 성품으로 나는 거룩한 님을 따르며, 포살을 지킬 것이다(不邪淫). 4. 거룩한 님은 목숨이 다하도록, 거짓말을 버리고, 거짓말을 삼가고, 진실을 말하고, 진실과 관련된 것, 사실인 것, 신뢰할 수 있는 것, 세상을 속이지 않는 것을 말한다. 나도 바로 오늘 낮 오늘 밤 거짓말을 버리고, 거짓말을 삼가고, 진실을 말하고, 진실과 관련된 것, 사실인 것, 신뢰할 수 있는 것, 세상을 속이지 않는 것을 말하리라. 이러한 성품으로 나는 거룩한 님을 따르며, 포살을 지킬 것이다(不妄語). 5. 거룩한 님은 목숨이 다하도록, 곡주나 과일주 등 취하게 하는 것을 마시는 것을 버리고, 곡주나 과일주 등 취하게 하는 것을 마시는 것을 삼간다. 나도 바로 오늘 낮 오늘 밤 곡주나 과일주 등 취하게 하는 것을 마시는 것을 버리고, 곡주나 과일주 등 취하게 하는 것을 마시는 것을 삼가리라. 이러한 성품으로 나는 거룩한 님을 따르며, 포살을 지킬 것이다(不飮酒). 6. 거룩한 님은 목숨이 다하도록, 하루 한 끼 식사를 하고 저녁은 들지 않고, 때 아닌 때에 식사를 삼간다. 나도 바로 오늘 낮 오늘 밤 하루 한 끼 식사를 하고 저녁은 들지 않고, 때 아닌 때에 식사를 삼가리라. 이러한 성품으로 나는 거룩한 님을 따르며, 포살을 지킬 것이다(一食非時不食). 7. 거룩한 님은 목숨이 다하도록, 춤, 노래, 음악, 연극을 보거나 화환, 향기, 크림을 가지고 단장하고 치장하는 것을 삼간다. 나도 바로 오늘 낮 오늘 밤 춤, 노래, 음악, 연극을 보거나 화환, 향기, 크림을 가지고 단장하고 치장하는 것을 삼가리라. 이러한 성품으로 나는 거룩한 님을 따르며, 포살을 지킬 것이다(不得歌舞娼技及觀聽不得脂粉塗身). 8. 거룩한 님은 목숨이 다하도록, 높은 침대, 큰 침대를 버리고 높은 침대, 큰 침대를 삼가고 낮은 침대 즉

안락의자나 풀로 엮은 깔개에서 잠을 청한다. 나도 바로 오늘 낮 오늘 밤 높은 침대, 큰 침대를 버리고 높은 침대, 큰 침대를 삼가고 낮은 침대 즉 안락의자나 풀로 엮은 깔개에서 잠을 청하리라. 이러한 성품으로 나는 거룩한 님을 따르며, 포살을 지킬 것이다(不得上高廣大床)].

~ abhibhāyatanāni 여덟 가지 초극의 단계. 팔승처(八勝處)[1. 안으로 색깔에 대한 지각을 가지고 밖으로 한계가 있는 아름답거나 추한 색깔들을 보고, 이것들을 초극하여 '나는 안다. 나는 본다.'라고 지각하는 단계(內有色想觀外色小勝處), 2. 안으로 색깔에 대한 지각을 가지고 밖으로 한계가 없는 아름답거나 추한 색깔들을 보고, 이것들을 초극하여 '나는 안다. 나는 본다.' 라고 지각하는 단계(內有色想觀外色多勝處), 3. 안으로 색깔에 대한 지각을 여의고 밖으로 한계가 있는 아름답거나 추한 색깔들을 보고, 이것들을 초극하여 '나는 안다. 나는 본다.'라고 지각하는 단계(內無色想觀外色小勝處), 4. 안으로 색깔에 대한 지각을 여의고 밖으로 한계가 없는 아름답거나 추한 색깔들을 보고, 이것들을 초극하여 '나는 안다. 나는 본다.'라고 지각하는 단계(內無色想觀外色多勝處), 5. 안으로 색깔에 대한 지각을 여의고 밖으로 푸름, 푸른 색, 푸른 외관, 푸른 광채를 보고, 이것들을 초극하여 '나는 안다. 나는 본다.'라고 지각하는 단계(內無色想觀外色靑勝處), 6. 안으로 색깔에 대한 지각을 여의고 밖으로 노람, 노란 색, 노란 외관, 노란 광채를 보고, 이것들을 초극하여 '나는 안다. 나는 본다.'라고 지각하는 단계(內無色想觀外色黃勝處), 7. 안으로 색깔에 대한 지각을 여의고 밖으로 붉음, 붉은 색, 붉은 외관, 붉은 광채를 보고, 이것들을 초극하여 '나는 안다. 나는 본다.' 라고 지각하는 단계(內無色想觀外色赤勝處), 8. 안으로 색깔에 대한 지각을 여의고 밖으로 흰, 흰 색, 흰 외관, 흰 광채를 보고, 그것들을 초극하여 '나는 안다. 나는 본다.'라고 지각하는 단계(內無色想觀外色白勝處)].

~ ārambhavatthūni, ārabbhavatthūni 여덟 가지 정진의 토대. 팔정진사(八精進事)[1. '나는 일을 해야 한다. 그러나 내가 일을 하면 부처님의 가르침에 정신활동을 기울이기가 쉽지 않다. 자! 이제 얻지 못한 것을 얻고 도달하지 못한 것에 도달하고 깨닫지 못한 것을 깨닫기 위해, 정진하자.'라고 정진하는 것, 2. '나는 일을 했다. 그러나 내가 일을 했으므로 부처님의 가르침에 정신활동을 기울이기가 쉽지 않다. 자! 이제 얻지 못한 것을 얻고 도달하지 못한 것에 도달하고 깨닫지 못한 것을 깨닫기 위해, 정진하자.'라고 정진하는 것, 3. '나는 길을 가야 한다. 그러나 내가 길을 가면 부처님의 가르침에 정신활동을 기울이기가 쉽지 않다. 자! 이제 얻지 못한 것을 얻고 도달하지 못한 것에 도달하고 깨닫지 못한 것을 깨닫기 위해, 정진하자.'라고 정진하는 것, 4. '나는 길을 갔다. 그러나 내가 길을 갔으므로 부처님의 가르침에 정신활동을 기울이기가 쉽지 않다. 자! 이제 얻지 못한 것을 얻고 도달하지 못한 것에 도달하고 깨닫지 못한 것을 깨닫기 위해, 정진하자.'라고 정진하는 것, 5. '나는 마을이나 도시로 가서 거칠거나 훌륭한 음식을 원하는 만큼 충분히 얻지 못했다. 그런 나의 몸은 가볍고 유연하다. 자! 이제 얻지 못한 것을 얻고 도달하지 못한 것에 도달하고 깨닫지 못한 것을 깨닫기 위해, 정진하자.'라고 정진하는 것, 6. '나는 마을이나 도시로 가서 거칠거나 훌륭한 음식을 원하는 만큼 충분히 얻었다. 그런 나의 몸은 힘있고 유연하다. 자! 이제 얻지 못한 것을 얻고 도달하지 못한 것에 도달하고 깨닫지 못한 것을 깨닫기 위해, 정진하자.'라고 정진하는 것, 7. '나는 사소한 병이 들었다. 어쩌면 이 병이 더 심해질 수도 있을 것이다. 자! 이제 얻지 못한 것을 얻고 도달하지 못한 것에 도달하고 깨닫지 못한 것을 깨닫기 위해, 정진하자.'라고 정진하는 것, 8. '나는 병이 나아서 병상에서 일어난 지 오래되지 않았다. 어쩌면 이 병이 다시 도질 수도 있을 것이다. 자! 이제 얻지 못한 것을 얻고 도달하지 못한 것에 도달하고 깨닫지 못한 것을 깨닫기 위해, 정진하자.'라고 정진하는 것].

~ cariyā 여덟 가지 삶의 실천. 팔행(八行)[1. (네 가지 행주좌와에서) 위의를 지키는 삶의 실천(威儀行 : iriyāpathacariyā), 2. (여섯 가지 내적인) 감역을 수호하는 삶의 실천(處行 : āyatanacariyā), 3. (네 가지) 새김의 토대를 닦는 삶의 실천(念行 : saticariyā), 4. (네 가지) 선정을 닦는 삶의 실천(定行 : samādhicariyā), 5. (네 가지) 거룩한 진리에 대한 앎을 닦는 삶의 실천(智行 : ñāṇacariya), ⑥ (네 가지) 고귀한 길(四向)을 닦는 삶의 실천(道行 : maggacariyā), ⑦ (네 가지) 수행자의 경지(四果)를 닦는 삶의 실천(成就行 : patticariyā), ⑧ (모든) 뭇삶을 유익하게 하는 삶의 실천(利世間行 : lokatthacariyā)].

~ kusītavatthūni 여덟 가지 나태의 토대. 팔해태사(八懈怠事)[1. 나는 일을 해야 한다. 그러나 내가 일을 하면 몸이 피곤할 것이다. 에라, 드러눕자.'라고 게으름 피우는 것, 2. '나는 일을 했다. 그러나 내가 일을 했으므로 몸이 피곤하다. 에라, 드러눕자.'라고 게으름 피우는 것, 3. '나는

길을 가야 한다. 그러나 내가 길을 가면 몸이 피곤할 것이다. 에라, 드러눕자.'라고 게으름 피우는 것, 4. '나는 길을 갔다. 그러나 내가 길을 갔으므로 몸이 피곤하다. 에라, 드러눕자.'라고 게으름 피우는 것, 5. '나는 마을이나 도시로 가서 거칠거나 훌륭한 음식을 원하는 만큼 충분히 얻지 못했다. 그런 나의 몸은 피곤하여 일을 할 수 없다. 에라, 드러눕자.'라고 게으름 피우는 것, 6. '나는 마을이나 도시로 가서 거칠거나 훌륭한 음식을 원하는 만큼 충분히 얻었다. 그런 나의 몸은 무거워 생각건대 젖은 콩자루 같아 일을 할 수 없다. 에라, 드러눕자.'라고 게으름 피우는 것, 7. '나는 사소한 병이 들었다. 드러누울 핑계가 생겼다. 에라, 드러눕자.'라고 게으름 피우는 것, 8. '나는 병이 나아서 병상에서 일어난 지 오래되지 않았다. 그런 나의 몸은 힘이 없어 일을 하지 못한다. 에라, 드러눕자.'라고 게으름 피우는 것].

~ diṭṭhiṭṭhānā 여덟 가지 견해의 근거. 팔견처(八見處)[존재의 다발(蘊 : khandha), 무명(無明 : avijjā), 접촉(接觸 : phassa), 지각(想 : saññā), 사유(尋 : vitakka), 이치에 맞지 않는 정신활동(非如理作意 : ayoniso manasikāra), 악한 친구(惡友 : pāpamitta), 타자의 소리(他聲 : paratoghosa)]

~ dānavatthūni 여덟 가지 보시의 토대[1. 즉시에 보시하는 것, 2. 두려워서 보시하는 것, 3. 나에게 주었다고 보시하는 것, 4. 나에게 줄 것이기 때문에 보시하는 것, 5. 보시가 좋은 것이라고 보시하는 것, 6. '나는 요리하는데, 이들은 요리하지 않는다, 내가 요리하면서 요리하지 않는 자에게 베푸는 것은 가치가 없는 일은 아닐 것이다.'라고 생각하여 보시하는 것, 7. '내가 이 보시를 하면, 좋은 명성이 드날릴 것이다.'라고 생각하여 보시하는 것, 8. 마음을 장식하고 마음을 치장하기 위해 보시하는 것].

~ dānuppatiyo 여덟 가지 보시에 의한 태어남. 팔시생(八施生)[수행자나 성직자에게 먹을 것이나 마실 것이나 옷이나 탈 것이나 꽃이나 향이나 크림이나 침대나 처소나 등불을 보시하며 서원한 것에 대하여 그 대가를 기대할 수 있다 : 1. '나는 몸이 파괴되어 죽은 뒤에 부유한 왕족들이나 부유한 바라문들이나 부유한 장자들 사이에 태어나고 싶다.'라고 생각하고 마음을 닦고 계행을 지키면 이루어지는 것, 2. '나는 네 위대한 왕들의 하늘나라의 신들 사이에 태어나고 싶다.'라고 생각하고 마음을 닦고 계행을 지키면 이루어지는 것, 3. '나는 서른 셋 하늘나라의 신들 사이에 태어나고 싶다.'라고 생각하고 마음을 닦고 계행을 지키면 이루어지는 것, 4. '나는 축복받은 하늘나라의 신들 사이에 태어나고 싶다.'라고 생각하고 마음을 닦고 계행을 지키면 이루어지는 것, 5. '나는 만족을 아는 하늘나라의 신들 사이에 태어나고 싶다.'라고 생각하고 마음을 닦고 계행을 지키면 이루어지는 것, 6. '나는 창조하고 기뻐하는 하늘나라의 신들 사이에 태어나고 싶다.'라고 생각하고 마음을 닦고 계행을 지키면 이루어지는 것, 7. '나는 다른 신들이 창조한 것을 누리는 하늘나라의 신들 사이에 태어나고 싶다.'라고 생각하고 마음을 닦고 계행을 지키면 이루어지는 것, 8. '나는 하느님의 권속인 하느님의 세계의 신들 사이에 태어나고 싶다.'라고 생각하고 마음을 닦고 계행을 지키면 이루어지는 것].

~ ñāṇāni 여덟 가지 앎. 팔지(八智)[1. 생멸의 관찰에 대한 앎(生滅隨觀智 : udayabbayânupassanāñāṇa). 2. 괴멸의 관찰에 대한 앎(壞隨觀智 : bhaṅgânupassanāñāṇa), 3. 공포의 현기에 대한 앎(怖畏現起智 : bhayupaṭṭhānañāṇa), 4. 위험의 관찰에 대한 앎(過患隨觀智 : ādīnavânupassanāñāṇa), 5. 염리의 관찰에 대한 앎(厭離隨觀智 : nibbidânupassanāñāṇa), 6. 해탈의 욕구에 대한 앎(脫欲智 : muccitukamyatāñāṇa), 7. 성찰의 관찰에 대한 앎(省察隨觀智 : paṭisaṅkhânupassanāñāṇa), 8. 형성의 평정에 대한 앎(行捨智 : saṅkhārupekkhāñāṇa)]

- parikkhāra 여덟 가지 필수품. 팔요구(八要具). 팔자구(八資具)[세벌의 옷 · 발우 · 면도칼 · 바늘 · 허리띠 · 녹수낭].

~ parisā 여덟 종류의 무리. 팔중(八衆)[1. 왕족들의 모임(刹提利衆 : khattiyaparisā), 2. 바라문들의 모임(婆羅門衆 : brāhmaṇaparisā), 3. 장자들의 모임(長者衆 : gahapatiparisā), 4. 수행자들의 모임(沙門衆 : samaṇaparisā), 5. 네 위대한 왕들의 하늘나라의 신들의 모임(四大王天衆 : cātummahārājikaparisā), 6. 서른셋 하늘나라 신들의 모임(三十三天衆 : tāvatiṁsaparisā), 7. 악마들의 모임(魔衆 : māraparisā), 8. 하느님들의 모임(梵天衆 : brahmaparisā)].

~ puggalā dakkhiṇeyyā 여덟 종류 공양 받을 만한 사람. 팔응공인(八應供人)[1. 흐름에 든 님(預流者 : sotāpanna), 2. 흐름에 든 경지를 실현하기 위해 길을 가는 님(預流向 : sotāpattiphalasacchikiriyāya paṭipanna), 3. 한번 돌아오는 님(一來者 : sakadāgāmin), 4. 한번 돌아오는 경지를 실현하기 위해 길을 가는 님(一來向 : sakadāgāmiphalasacchikiriyāya paṭipanna), 5. 돌아오지 않는 님(不還者 : anāgāmin), 6. 돌아오

지 않는 경지를 실현하기 위해 길을 가는 님(不還向 : anāgāmiphalasacchikiriyāya paṭipanna), 7. 거룩한 님(阿羅漢 : arahant), 8. 거룩한 경지를 실현하기 위해 길을 가는 님(阿羅漢向 : arahattaphalasacchikiriyāya paṭipanna)].

~ puññâbhisandā 여덟 가지 공덕의 넘침. 팔복등류(八福等流)[삼귀의(三歸依)를 통한 행복을 가져오는 공덕의 넘침과 오계(五戒)를 통한 두려움 없음의 보시, 원한 없음의 보시, 상해 없음의 보시를 나누어 갖는 오시(五施)를 통한 공덕의 넘침].

~ purisapuggalā 여덟 종류의 참사람. 팔배(八輩)[네 길을 가는 자와 네 경지에 도달한 자(四向四果 : cattāro paṭipannā cattāro phalā) 또는 네 쌍으로 여덟이 되는 참사람(四雙八輩 : purisayugāni aṭṭhapurisapuggalā) = aṭṭha puggalā dakkhiṇeyyā].

~ purisabhūmiyo 여덟 가지 인간의 성장단계. 팔인지(八人地)[1. 유아의 단계(mandabhūmi), 2. 놀이의 단계(khiḍḍābhūmi), 3. 탐구의 단계(vīmaṁsabhūmi), 4. 직립의 단계(ujugatabhūmi), 5. 학인의 단계(sekhabhūmi), 6. 수행자의 단계(samaṇabhūmi), 7. 승리자의 단계(jinabhūmi), 8. 성취자의 단계(pannabhūmi)].

~ balāni 여덟 가지 힘. 팔력(八力)[1. 어린아이가 우는 것으로 힘을 삼는 것(ruṇṇabala), 2. 여인이 성냄으로 힘을 삼는 것(kodhabala), 3. 도둑이 무기로 힘을 삼는 것(āvudhabala), 4. 왕이 권력으로 힘을 삼는 것(issariyabala), 5. 어리석은 자가 불만으로 힘을 삼는 것(ujjhattibala), 6. 현명한 자가 성찰로 힘을 삼는 것(nijjhattibala), 8. 많이 배운 자가 숙고로 힘을 삼는 것(paṭiṅkhānabala), 9. 수행자나 성직자가 인내로 힘을 삼는 것(khantibala)]. [번뇌를 부순 자(漏盡者)의 여덟 가지 힘 : 1. 일체의 형성은 무상하다고 있는 그대로 올바른 지혜로 분명히 보는 힘. 2. 감각적 쾌락의 욕망은 작열하는 숯불과 같다고 있는 그대로 올바른 지혜로 분명히 보는 힘. 3. 마음은 멀리 여읨으로 향하고, 멀리 여읨으로 기울고, 멀리 여읨으로 들어가고, 멀리 여읨으로 지내고, 멀리 여읨을 즐기며, 모든 번뇌에서 생겨난 것들을 종식시키는 힘. 4. 네 가지 새김의 토대가 닦여졌는데, 아주 잘 닦여진 것의 힘. 5. 네 가지 신통의 기초가 닦여졌는데, 아주 잘 닦여진 것의 힘. 6. 다섯 가지 능력이 닦여졌는데, 아주 잘 닦여진 것의 힘. 7. 일곱 가지 깨달음의 고리가 닦여졌는데, 아주 잘 닦여진 것의 힘. 8. 여덟 가지 고귀한 길이 닦여졌는데, 아주 잘 닦여진 것의 힘].

~ malāni 여덟 가지 때. 여덟 가지 얼룩. 팔구(八垢)[1. 공부하지 않는 것은 지혜의 얼룩이고, 2. 일하지 않는 것은 가정의 얼룩, 3. 나태한 것은 아름다움의 얼룩, 4. 방일한 것은 파수꾼의 얼룩, 5. 사악한 것은 부녀자의 얼룩, 6. 인색한 것은 보시자의 얼룩, 7. 악하고 불건전한 것은 이 세상과 저 세상의 얼룩, 8. 무명은 가장 심한 최대의 얼룩]

~ mahāpurisavitakkā 여덟 가지 위대한 사람의 사유. 팔대인각(八大人覺)[1. 이 원리는 욕망을 여읜 자를 위한 것이지, 이 원리는 욕망이 많은 자를 위한 것이 아니다. 2. 이 원리는 불만을 여읜 자를 위한 것이지, 이 원리는 불만이 많은 자를 위한 것이 아니다. 3. 이 원리는 멀리 여읜 자를 위한 것이지, 이 원리는 함께 즐기는 자를 위한 것이 아니다. 4. 이 원리는 열심히 정진하는 자를 위한 것이지, 이 원리는 게으른 자를 위한 것이 아니다. 5. 이 원리는 새김을 확립한 자를 위한 것이지, 이 원리는 새김을 잃은 자를 위한 것이 아니다. 6. 이 원리는 집중하는 자를 위한 것이지, 이 원리는 집중을 잃은 자를 위한 것이 아니다. 7. 이 원리는 지혜로운 자를 위한 것이지, 이 원리는 어리석은 자를 위한 것이 아니다. 8. 이 원리는 희론을 여읜 자를 위한 것이지, 이 원리는 희론을 즐기는 자를 위한 것이 아니다.]

~ micchattā 여덟 가지 잘못. 팔사(八邪). 팔사도(八邪道)[1. 잘못된 견해(邪見 : micchādiṭṭhi), 2. 잘못된 사유(邪思惟 : micchāsaṅkappa), 3. 잘못된 언어(邪語 : miccāvācā), 4. 잘못된 행위(邪行 : , micchākammanta), 5. 잘못된 생활(邪命 : micchāājīva), 6. 잘못된 정진(邪精進 : micchāvāyāma), 7. 잘못된 새김(邪念 : micchāsati), 8. 잘못된 집중(邪定 : micchāsamādhi)].

~ lokadhammā 여덟 가지 세상의 원리. 팔세법(八世法)[1. 이득(利 : lābha), 2. 불익(不益 : alābha), 3. 명예(名譽 : yasa), 4. 불명예(不名譽 : ayasa), 5. 칭찬(稱讚 : pasaṁsā), 6. 비난(非難 : nindā), 7. 행복(樂 : sukha), 8. 불행(苦 : dukkha)].

~ vimokkhā 여덟 가지 해탈. 팔해탈(八解脫)[1. 색깔을 지닌 자로서 색깔을 보는 것(자신의 몸의 색채적인 대상에서 유래하는 편처에 대한 수행을 통한 네 가지 선정의 성취), 2. 안으로 색깔에 대한 지각을 여의고 밖으로 색깔들을 보는 것(외부적인 대상에서 유래하는 두루채움에 대한 수행을 통한 네 가지 선정의 성취), 3. 오로지 아름다운 것에 전념하는 것(세 번째의 해탈은 아주 순수하고 아름다운 두루채움에 대한 수행이나 네 가지 청정한 삶을 통한 선정의 성취), 4.

미세한 물질계에 대한 지각을 완전히 뛰어넘어 감각적 저촉의 지각이 사라진 뒤에 다양성의 지각에 대한 정신활동을 여읨으로써 '공간이 무한하다.'라고 알아채며 무한공간의 세계를 성취하는 것, 5. 무한공간의 세계를 완전히 뛰어넘어 '의식이 무한하다.'라고 알아채며 무한의식의 세계를 성취하는 것, 6. 무한의식의 세계를 완전히 뛰어넘어 '아무 것도 없다.'라고 알아채며 '아무 것도 없는 세계'를 성취하는 것, 7. 아무 것도 없는 세계를 완전히 뛰어넘어 '지각하는 것도 아니고 지각하지 않는 것도 아닌 세계'를 성취하는 것, 8. 지각하는 것도 아니고 지각하지 않는 것도 아닌 세계를 완전히 뛰어넘어 '지각과 느낌의 소멸'을 성취하는 것].

-vidhā tāpasā 여덟 종류의 고행자. 팔종고행자(八種苦行者)[1. 농사나 장사를 하며 처자식을 거느리고 사는 '처자를 거느린 고행자'(saputta-bhariyatāpasa), 2. 아슈람을 짓고 귀족들에게 기예 등을 가르치며 그들이 기부하는 금과 은으로 생계를 유지하는 '이삭을 줍는 고행자' (uñ-chācārikatāpasa), 3. 식사 때에만 음식을 얻어 연명하는 '끼니를 연명하는 고행자'(sampat-tākālikatāpasa), 4. 열매를 따서 그것을 먹는 '화식을 먹지 않는 고행자(anaggipakkikatāpasa)', 5. 돌을 주먹에 쥐거나 다른 도끼나 칼을 가지고 다니다가 배고프면 나무껍질 등을 취해 연명하지만 포살을 지키고 네 가지 청정한 삶을 닦는 '돌을 주먹에 쥔 고행자'(assamuṭṭhika-tāpasa), 6. 돌 등을 사용하지 않고 배고프면 이빨로 나무껍질 등을 물어뜯어 연명하지만 포살을 지키고 네 가지 청정한 삶을 닦는 '이빨로 물어뜯는 고행자'(dantaluyyakatāpasa), 7. 호수나 숲에서 살면서 연뿌리나 꽃필 때의 꽃이나 열매가 열릴 때의 열매 또는 나무의 싹 등을 취해 살면서 포살을 지키고 청정한 삶을 닦는 '익은 열매로 사는 고행자'(pavattaphalikatāpasa), 8. 줄기에서 땅에 떨어진 것을 먹고 사는 '줄기에서 떨어진 것으로 사는 고행자'(vaṇṭamuttakatā-pasa)]

~ sappurisadānāni 여덟 가지 참사람의 보시. 팔선사시(八善士施)[1. 청정한 것을 보시하는 것, 2. 탁월한 것을 보시하는 것, 3. 바른 때에 보시하는 것, 4. 알맞은 것을 보시하는 것, 5. 숙고한 것을 보시하는 것, 6. 자주 보시하는 것, 7. 보시할 때 마음을 청정히 하는 것, 8. 보시한 뒤에 만족하는 것].

~ sammattā 여덟 가지 바름. 팔정(八正). 팔정도(八正道)[1. 올바른 견해(正見 : sammādiṭ-ṭhi), 2. 올바른 사유(正思惟 : sammāsaṅkap-pa), 3. 올바른 언어(正語 : sammāvācā), 4. 올바른 행위(正行 : sammākammanta), 5. 올바른 생활(正命 : sammāājīva), 6. 올바른 정진(正精進 : sammāvāyāma), 7. 올바른 새김(正念 : sammāsati), 8. 올바른 집중(正定 : sammāsa-mādhi)].

~ samāpattiyo 여덟 가지 선정. 팔등지(八等至). 팔선(八禪)[1. 감각적 쾌락의 욕망을 여의고 악하고 불건전한 상태를 떠난 뒤, 사유와 숙고를 갖추고 멀리 여읨에서 생겨나는 희열과 행복을 갖춘 첫 번째 선정. 2. 사유와 숙고가 멈추어진 뒤, 내적인 평온과 마음의 통일을 이루고, 사유와 숙고를 여의어, 삼매에서 생겨나는 희열과 행복을 갖춘 두 번째 선정. 3. 희열이 사라진 뒤, 평정하고 새김이 있고 올바른 알아차림을 갖추며 신체적으로 행복을 느끼며 고귀한 님들이 평정하고 새김이 있고 행복하다고 표현하는 세 번째 선정. 4. 행복과 고통이 버려지고 만족과 불만도 사라진 뒤, 괴로움도 없고 즐거움도 없는, 평정하고 새김이 있고 청정한 네 번째 선정. 5. 미세한 물질계에 대한 지각을 완전히 뛰어넘어 감각적 저촉에 대한 지각이 사라진 뒤에 다양성에 대한 지각에 정신활동을 여읨으로써 '공간이 무한하다.'라는 무한공간의 세계. 6. 무한공간의 세계를 완전히 뛰어넘어 '의식이 무한하다.'라는 무한의식의 세계. 7. 무한의식의 세계를 완전히 뛰어넘어 '아무 것도 없다.'고 알아채며 아무 것도 없는 세계. 8. 아무 것도 없는 세계를 완전히 뛰어넘어 지각하는 것도 아니고 지각하지 않는 것도 아닌 세계. *cf.* jhāna].

aṭṭhaṁsa *m.* [aṭṭha-aṁsika] ① 팔각형. 다이아몬드의 팔각형. ② 완전한 영적인 구조. 천상의 기둥.

aṭṭhaṁsika *adj.* [aṭṭha-aṁsika] 팔각형의.

aṭṭhaṁsu tiṭṭhati의 *aor. 3pl.*

aṭṭhaka *adj.* [*sk.* aṣṭaka] 여덟의. 팔법(八法)의. -niggaha 여덟 가지 논박. -bhatta 여덟 개의 표에 해당하는 음식. 문어

Aṭṭhaka *m.* 앗타까. 아타마(阿陀摩)[바라문 선인의 이름]. -nagara 앗타까나가라[도시의 이름]. -nāgara 앗타까나가라[장자의 성].

aṭṭhakā *f.* [*sk.* aṣṭakā] 두 겨울의 달(Māgha. Phagguna)에서 보름날 이후의 여덟 번째 날. 팔일제(八日祭).

aṭṭhakathā *f.* [= attha-kathā] 주석서. 의소(義疏).

aṭṭhakathika *m.* [= attha-kathā] 의소(義疏)를 공부하는 자.

aṭṭhadhā *ind.* [attha-dhā] 여덟 가지로.

aṭṭhapanā *f.* [*sk.* āsthāpana<sthā] 정리. 배열.
aṭṭhapitadhura *adj.* [a-ṭhapita-dhura] 멍에를 거절하지 않는.
aṭṭhapesi [ṭhapeti의 *aor.*] 그만두었다. 버렸다.
aṭṭhama *adj.* [*sk.* aṣṭama. aṭṭha의 서수] 여덟 번째의.
aṭṭhamaka *m.* [aṭṭhama-ka] 여덟 번째 참사람. 수다원향(須陀洹向).
aṭṭhamī *f.* [<aṭṭhama] 여덟 번째 날(日).
aṭṭhasata *num.* [aṭṭha-sata] 백여덟. 백팔(百八)
~ taṇhāvicaritāni 백여덟 가지 갈애의 행로. 백팔애행(百八愛行)[십팔애행(十八愛行 : → aṭṭhārasa taṇhāvicaritāni) × 내·외 × 과거·미래·현재]
~ kilesā 백여덟 가지 번뇌. 백팔번뇌(百八煩惱)[삼애(三愛 : tisso taṇhā : 欲愛·有愛·無有愛)× 색·성·향·미·촉·법×과거·미래·현재 ×내·외]
aṭṭhā. aṭṭhāsi tiṭṭhati의 *aor. sg.*
aṭṭhādasa *num.* [aṭṭha-dasa] = aṭṭhārasa 십팔(18).
aṭṭhāna *n.* [ā-ṭṭhāna] ① 입장. 위치. 목욕할 때 몸을 문지르는 기둥이나 돌. ② [a-ṭṭhāna] 잘못된 장소. 잘못된 입장. 불가능성. 불가능한 조건. 이유가 없음. -kusalatā 그릇된 근거에 밝은. -kusalatā 그릇된 근거에 밝은 것. 비처선교(非處善巧)[각각의 사실들이 각각의 사실들의 생기를 위한 원인이 아니고 조건이 아닌 경우, 각각의 그른 근거인데, 그것에 대해서 분명히 알고 올바른 알아차림을 갖추는 것으로 예를 들어, 시각을 토대로 형상을 대상으로 생겨나지 않는 청각의식 등에서 시각과 형상은 근거가 아니고 또한 원인이 아닌데, 이처럼 그른 근거를 확정할 수 있는 지혜를 지닌 것]. -kopa 이유가 없는 분노. -parikappa 불가능한 조건들의 가정. -m-anavakāsatā 불가능의 존재.
aṭṭhānavuti → aṭṭhanavuti.
aṭṭhānaso *ind.* [a-ṭṭhāna-so] 부적절하게. 맞지 않게.
aṭṭhānâraha *adj.* [a-ṭṭhāna-araha] 위치에 있을 가치가 없는. 폐지되어야 하는.
aṭṭhānīyakathā *f.* [a-ṭṭhānīya-kathā] 불가능한 주장.
aṭṭhāpada *n.* [*sk.* aṣṭāpada] ① 주사위판. 팔목기(八目碁)의 그림의 틀[거미·벌레.·안전핀·금]. -kata 주사위판의 형식에 따라 정리된.
aṭṭhārasa *num.* [*sk.* aṣṭadaśa] 열여덟(18). -kkhattuṁ 열여덟 번. -ma 열여덟 번째. -ratanubbedha 키가 18 완척(腕尺)인. -vassa 열여덟 살의. -vidha 18 종류의. -hatthubbedha 키가 18 완척(腕尺)인.
aṭṭhārasa
~ taṇhāvicaritāni 열여덟 가지 갈애의 행로. 십팔애행(十八愛行)[I. 내부적으로 조건지어진 것(ajjhattikassa upādāya) : 1.'나는 있다.'라는 생각이(asmīti) 있으므로, 2. '나는 이것이다.'라는 생각이(itthasmīti) 일어나고, 3. '나는 같다.'라는 생각이(evamasmīti) 일어나고, 4. '나는 다르다.'라는 생각이(aññathasmīti) 일어나고, 5. '나는 영원히 있다.'라는 생각이(asasmīti) 일어나고, 6. '나는 영원히 있지 않다.'라는 생각이(satasmīti) 일어나고, 7. '나는 있을 수 있다.'라는 생각이(santi) 일어나고, 8. '나는 이것일 수 있다.'라는 생각이(itthaṁ santi) 일어나고, 9. '나는 같을 수 있다.'라는 생각이(evaṁ santi) 일어나고, 10. '나는 다를 수 있다.'라는 생각이(aññathā santi) 일어나고, 11. '나는 있고 싶다.'라는 생각이(api ha santi) 일어나고, 12. '나는 이것이고 싶다.'라는 생각(api itthaṁ santi)이 생겨나고, 13. '나는 같고 싶다.'라는 생각이(api evaṁ santi) 일어나고, 14. '나는 다르고 싶다.'라는 생각이(api aññathā santi) 일어나고, 15. '나는 있을 것이다.'라는 생각이(bhavissanti) 일어나고, 16. '나는 이것이 될 것이다.'라는 생각이(itthaṁ bhavissanti) 일어나고, 17. '나는 같게 될 것이다.'라는 생각이(evaṁ bhavissanti) 일어나고, 18. '나는 다르게 될 것이다.'라는 생각이(aññathā bhavissanti) 일어난다. II. 외부적으로 조건지어진 것(bāhirassa upādāya) : 1. '이것에 의해서 나는 있다.'라는 생각이(iminā asmīti) 있으므로, 2. '이것에 의해서 나는 이것이다.'라는 생각이(iminā itthasmīti) 일어나고, 3. '이것에 의해서 나는 같다.'라는 생각이(iminā evasmīti) 일어나고, 4. '이것에 의해서 나는 다르다.'라는 생각이(iminā aññathasmīti) 일어나고, 5. '이것에 의해서 나는 영원히 있다.'라는 생각이(iminā asasmīti) 일어나고, 6. '이것에 의해서 나는 영원히 있지 않다.'라는 생각이(iminā satasmīti) 일어나고, 7. '이것에 의해서 나는 있을 수 있다.'라는 생각이(iminā santi) 일어나고, 8. '이것에 의해서 나는 이것일 수 있다.'라는 생각이(iminā itthaṁ santi) 일어나고, 9. '이것에 의해서 나는 같을 수 있다.'라는 생각이(iminā evaṁ santi) 일어나고, 10. '이것에 의해서 나는 다를 수 있다.'라는 생각이(iminā aññathā santi) 일어나고, 11. '이것에 의해서 나는 있고 싶다.'라는 생각이(iminā apiha santi) 일어나고, 12. '이것에 의해서 나는 이것이고 싶다.'라는 생각이(iminā api itthaṁ santi) 일어나고, 13. '이

것에 의해서 나는 같고 싶다.'라는 생각이(iminā api evaṁ santi) 일어나고, 14. '이것에 의해서 나는 다르고 싶다.'라는 생각이(iminā api aññathā santi) 일어나고, 15. '이것에 의해서 나는 있을 것이다.'라는 생각이(iminā bhavissanti) 일어나고, 16. '이것에 의해서 나는 이것이 될 것이다.'라는 생각이(iminā itthaṁ bhavissanti) 일어나고, 17. '이것에 의해서 나는 같게 될 것이다.'라는 생각이(iminā evaṁ bhavissanti) 일어나고, 18. '이것에 의해서 나는 다르게 될 것이다.'라는 생각이(iminā aññathā bhavissanti) 일어난다].

~ dhātuyo 열여덟 가지 인식의 세계. 십팔계(十八界)[시각의 세계(眼界 : cakkhudhātu), 형상의 세계(色界 : rūpadhātu), 시각의식의 세계(眼識界 : cakkhuviññāṇadhātu), 청각의 세계(耳界 : sotadhātu), 소리의 세계(聲界 : saddadhātu), 청각의식의 세계(耳識界 : sotaviññāṇadhātu), 후각의 세계(鼻界 : ghānadhātu), 냄새의 세계(香界 : gandhadhātu), 후각의식의 세계(鼻識界 : ghānaviññāṇadhātu), 미각의 세계(舌界 : jivhādhātu), 맛의 세계(味界 : rasadhātu), 미각의식의 세계(舌識界 : jivhāviññāṇadhātu), 촉각의 세계(身界 : kāyadhātu), 감촉의 세계(觸界 : phoṭṭhabbadhātu), 촉각의식의 세계(身識界 : kāyaviññāṇadhātu), 정신의 세계(意界 : manodhātu), 사실의 세계(法界 : dhammadhātu), 정신의식의 세계(意識界 : manoviññāṇadhātu)].

~ manopavicārā 열여덟 가지 정신적 탐구. 십팔의근사(十八意近伺)[시각으로 형상을 보고 쾌락을 야기하는 형상에 대한 탐구, 불쾌를 야기하는 형상에 대한 탐구, 평정을 야기하는 형상에 대한 탐구를 행하고, 청각으로 소리를 듣고 쾌락을 야기하는 소리에 대한 탐구, 불쾌를 야기하는 소리에 대한 탐구, 평정을 야기하는 소리에 대한 탐구를 행하고, 후각으로 냄새를 맡고 쾌락을 야기하는 냄새에 대한 탐구, 불쾌를 야기하는 냄새에 대한 탐구, 평정을 야기하는 냄새에 대한 탐구를 행하고, 미각으로 맛을 맛보고 쾌락을 야기하는 맛에 대한 탐구, 불쾌를 야기하는 맛에 대한 탐구, 평정을 야기하는 맛에 대한 탐구를 행하고, 촉각으로 감촉을 촉지하고 쾌락을 야기하는 감촉에 대한 탐구, 불쾌를 야기하는 감촉에 대한 탐구, 평정을 야기하는 감촉에 대한 탐구를 행하고, 정신으로 사실을 인지하고 쾌락을 야기하는 사실에 대한 탐구, 불쾌를 야기하는 사실에 대한 탐구, 평정을 야기하는 사실에 대한 탐구].

~ mahāvipassanā 열여덟 가지 광대한 관찰. 십팔대관(十八大觀)[1. 무상에 대한 관찰(無常隨觀 : aniccânupassanā : 영원에 대한 지각nic-casaññā의 극복), 2. 괴로움에 대한 관찰(苦隨觀 : dukkhânupassanā : 즐거움에 대한 지각 sukhasaññā의 극복), 3. 무아에 대한 관찰(無我隨觀 : anattânupassanā : 자아에 대한 지각at-tasaññā의 극복), 4. 싫어하여 떠남에 대한 관찰(厭離隨觀 : nibbidânupassanā : 환희nandi의 극복), 5. 사라짐에 대한 관찰(離貪隨觀 : virā-gânupassanā : 탐욕rāga의 극복), 6. 소멸에 대한 관찰(滅隨觀 : nirodhânupassanā : 발생sa-mudaya의 극복), 7. 보내버림에 대한 관찰(捨遣隨觀 : paṭinissagânupassanā : 집착ādāna의 극복), 8. 지멸에 대한 관찰(止滅隨觀 : khayânu-passanā : 견고성에 대한 지각ghanasaññā의 극복), 9. 쇠멸에 대한 관찰(衰滅隨觀 : vayânu-passanā : 업의 축적āyūhana의 극복), 10. 변화에 대한 관찰(變易隨觀 : vipariṇāmânupassanā : 불변성에 대한 지각dhuvasaññā의 극복), 11. 인상의 여읨에 대한 관찰(無相隨觀 : animittâ-nupassanā : 인상nimitta의 극복), 12. 바램의 여읨에 대한 관찰(無願隨觀 : appaṇihitânupa-ssanā : 바램paṇidhi에 대한 극복), 13. 있음의 여읨에 대한 관찰(空隨觀 : suññatânupassanā : 경향abhinivesa의 극복), 14. 보다 높은 지혜의 원리에 대한 통찰(增上慧法隨觀 : adhipañ-ñādhammavipassanā : 본질에 대한 견고한 관념적 경향sārādānâbhinivesa의 극복), 15. 있는 그대로 앎과 봄(如實知見 : yathābhūtañāṇada-ssana : 미망의 경향sammohâbhinivesa의 극복), 16. 위험에 대한 관찰(患難隨觀 : ādīna-vânupassanā : 탐욕의 경향ālayâbhinivesa의 극복), 17. 성찰에 대한 관찰(簡擇隨觀 : paṭisa-ṅkhânupassanā : 무성찰appaṭisaṅkha의 극복), 18. 환멸에 대한 관찰(還滅隨觀 : vivaṭṭanânu-passanā : 결박의 경향saṁyogâbhinivesa의 극복)].

aṭṭhāsi tiṭṭhati의 *aor.*

aṭṭhâsīti *num.* [aṭṭha-asīti] 여든여덟(88).

aṭṭhâha *n.* [aṭṭha-aha] 팔일. -paṭichanna 팔일 동안 숨겨진.

aṭṭhi *n.* [*sk.* asthi] ① 뼈. 해골(骸骨). ② (단단한) 씨. 씨앗. -kaṅkala 골격. 해골. -kaṅkalakuṭi 해골의 집. -kacchaka 앗티깟차까[커다란 나무의 일종] -kacchapa 앗티깟차빠[거북이의 일종]. -kadalī 파초[Musa Sapientum] -kalyāṇa 이빨·골격의 아름다움. -kīḷana 해골놀이. -kumma 앗티꿈마[거북이의 일종]. -koṭi 뼈의 포인트. -kh-ala 해골더미. -cchida 뼈를 부수는. -camma 뼈

와 가죽. -(t)taca 뼈와 가죽. 피골(皮骨). -tuṇḍa 새[鳥]. -toda 골질환. -thūṇa 몸. -nahārusaññuta 뼈와 힘줄이 함께 얽힌. -nissita 뼈들에 의존하는. -pakkha 뼈들의 날개들을 지닌. -pākāra 뼈들의 벽[몸]. -puñja 해골더미. -puṭa 해골의 함몰부. -bhāga 몸의 뼈부분. -maṁsa 뼈 가까이의 근육. -mattâvasesa 뼈만 남은. -maya 뼈로 만들어진. -mālā 뼈로 만든 화환. -miñjā 골수(骨髓). -yaka 뼈와 간(肝) -rāsi 뼈의 더미. -vaṇṇanā 정골요법(整骨療法). -vijjā 정골학(整骨學). -vedhaviddha 뼈까지 부상당한. -vedhin 깊이 부상당한. -saṁhāraka 무수리. -saṅkhala. saṅkhalikā 뼈의 사슬. 해골(骸骨). 골쇄(骨鎖). -saṅghāṭa 뼈의 결합. 해골. -sañcaya 뼈 더미. -saññā 뼈에 대한 관념. 뼈에 대한 지각. 골상(骨想). -saṇṭhāna 뼈의 구조. -sandhi 관절. -samuha 뼈의 다발. -sīsa 뼈로만 만들어진 것 같은 머리를 지닌. -sesa 뼈를 제외한. -sosa 뼈를 말리는 질병. ③ *f.* [*sk.* aṣṭi] 앗티[운율의 일종].

aṭṭhika ① [aṭṭhi의 *dimin.*] 뼈. 해골. -paṭikūla 해골에 대한 혐오. -paripuṇṇa 해골로 가득 찬. -saṅkhalikā 뼈의 사슬. -saññā 해골만 남은 시체에 대한 지각. 해골상(骸骨想). ② 유용한. ③ aṭṭita의 *misr.*

aṭṭhikatvā *ind.* [<aṭṭha-karoti] ① 대상의 가치를 인식하고. ② 고려하고. 흥미를 가지고.

aṭṭhita *adj.* [a-ṭhita] ① 멈추지 않는. 방해되지 않은. ② 확고하지 않은. 일치하지 않는. -dhamma 가르침에 관련하여 일치하지 않는. ② [ā-ṭhita] 확고한. 실시된. 도달된. 사유된. 고찰된. -kārin 확고하게 행하는. -kiriyatā 확고하게 행함. -padhāna 확고한 자의 정근. -sabhāva 확고한 성질을 지닌. ③ → aṭṭhika.

aṭṭhitaṁ *ind.* [aṭṭhita의 *acc.*] ① 항상. 지속적으로. ② 확고하게.

aṭṭhitā → atthitā.

aṭṭhiti *f.* [a-ṭṭhiti.] ① 확고하지 못함. ② 불안.

aṭṭhin. aṭṭhiya *adj.* [<aṭṭha] 유용한.

aṭṭhilla *m.* [*sk.* aṣṭhīlā] ① 둥근 돌. ② 자갈.

Aṭṭhisena *m.* 앗티쎄나[바라문의 이름].

Aṭṭhissara *m.* 앗티싸라[연각불의 이름].

aṭṭhuttarasata *n.* [aṭṭha-uttara-sata] 백팔(108).

aṭṭhuppatti *f.* [aṭṭha-uppatti] ① 경우. ② 사건의 발생. 유래. -kāla 사건의 발생시간.

aṭṭhuppattika *adj.* [aṭṭha-uppatti] 사건의 발생에 기인하는.

aḍaṁsi. aḍañchi ḍasati의 *aor.*

aḍḍuraka → aḍḍhauka.

aḍḍha ① *adj.* [*sk.* ardha] = addha. 반. 절반. aḍḍha° -akkhika 절반의 눈으로. 곁눈으로. 은밀한 눈길로. -aṭṭha 8의 반 = 4. -aṭṭhama 7½. -aṅgulimatta 절반의 손가락 크기를 지닌. -âlaṅkata 반쯤 옷을 입은. -āḷhaka 1/2 승(升). 1/2 알하까[곡식을 재는 용량의 단위]. -âva- sesa 절반만이 남은. -uḍḍha = aḍḍhacatuttha 3½. -ummatta 반쯤 미친. -ullikhita 반쯤 머리를 빗은. 반쯤 옷을 입은. -usabha 1/2 우싸바[길이의 단위. 20 yaṭṭha로 140 腕尺]. -ekādasa 10½. -ocitaka 반쯤 뽑아낸. -karīsa 반 까리싸의. -kahāpaṇa 1/2 까하빠나. -kāya 몸의 절반. -kāyika 인간의 몸의 절반크기의. -kāsika 까씨[바라나씨] 사람들의 절반에 충분한 만큼의. -khādita 절반을 먹은. -kuḍḍaka 절반의 벽. -kumbha 반쯤 찬 물단지. -kusi 짧은 이음매[裁縫]. -kosa 1/2 꼬싸[1kosa = 1gāvuta= 3~4km]. -kosakâhāra 음식의 반 스푼으로 사는. -gāvuta 1/2 가부따[1gāvuta = 1kosa= 3~4km]. -ghosa 소리를 쳐서 들리는 거리의 절반. -canda 앗다짠다[어떤 식물의 이름]. -candaka 반달의 작은 모양. -candiya 앗다짠디야[장로의 이름]. -celaka 앗다쩰라까[장로의 이름]. -cchaṭṭha 5½. -(j)jhāma 반쯤 구워진. -tiya. -teyya 2½. -teyyasata 250. -terasa. -teḷasa 12½. -daṇḍaka 짧은 지팡이. 곤봉(棍棒). -duka = -ruka. -navama 8½. -nāḷika(-matta) 반 날리에 해당하는. -nisā 한 밤중. -pakkaphala 절반쯤 익은 과일. -pallaṅka 반가부좌(半跏趺坐). 반가부좌로 앉은. -porisa 절반의 사람키를 한. -beluva 절반의 모과열매. -bhāga 몫의 반. 반절. -maṇḍala 반원형의. -māna 1/2 마나에 해당하는. -māsa 반달(半月). 보름. 이주간. 동전의 반냥. -māsaka 동전반냥. -māsakagghanika 동전반냥의 가치가 있는. -māsakarāja 앗다마싸까라자[왕의 이름]. -māsantarika 반달의 간격을 지닌. -māsika 동전반냥에 해당하는. 반달마다의. -māsī 반달이 뜨는 날. -māsupasampanna 보름전에 구족계를 받은 자. -muṇḍaka 반쯤 머리를 삭발한. -yoga '반쯤 지어진 것' 어떤 종류의 집. 금당(金堂). -yojana 반유순(半由旬)[7 km 정도]. -ratanika 1/2 라따나[1ratana = 1hattha = 46-56cm]의. -rattā. -ratti 한밤중. -rūka 배위에까지 머리를 늘어뜨린 헤어스타일. -lakāra 절반의 돛대. -lābusama 반쪽의 조롱박과 같은. -vivaṭa 반쯤 열린. -samavutta 운율에서 첫 번째 시행과 세 번째 시행이 같고 두 번째와 네 번째 시행이 같은[시형론]. -sāra (동전에서) 액면

가의 절반의 가치를 지닌. -sukkha 반쯤 마른. -soḷasa 15½. ② *adj.* [*sk.* āḍhya] 부유한. 풍부한. -kula 부유한 가문. -vāda 부에 대한 이론. 부자인 것처럼 말하는.

aḍḍhaka *adj.* [aḍḍha-ka] 부유한.

Aḍḍhakāsī. Aḍḍhakāsikā. *f.* [aḍḍha-ka] 앗다까씨[까씨국의 기생의 이름].

aḍḍhatā *f.* [aḍḍha의 *abstr.*] 부유함. 풍부함. 부(富).

aṇa *m.* [*sk.* ṛṇa] = iṇa. 빚 부채. aṇaṁ katvā 빌려서. 임차해서.

aṇati *m.* [aṇ] 독송하다. 암송하다.

aṇi *m.* [〃] ① 무기(武器)의 날. ② 극단(極端). ③ 밭의 경계. ④ 지방의 경계.

aṇima(n) *m.* [<aṇu] ① 미세(微細). 원자의 본성. ② 자신을 원자처럼 작게 만드는 능력[요기의 신통력의 하나].

aṇīka *m.* [?] ① 대대(大隊). 연대(聯隊). ② 조직.

aṇīkaṭṭha *m.* [?] 보디가드. 경호원.

aṇu *adj. m.* [〃] ① 아주 작은. 미세한. 원자의. ② 원자. 극미(極微). -ṁ-thūla 미세하고 거친. 작고 큰. -dhamma 사소한. 무가치한. -parimitakāya 원자크기의 몸을 지닌. -ppamāṇa 가장 작은 크기의. -ppamāṇajīvin 미생물. -bīja 아주 작은 씨앗. -majjhima 날씬한 허리를 지닌. -matta 아주 작은. 원자 크기의. -vādin 원자론자. -sahagata '미세한 것이 수반된' 극미(極微)를 수반하는. 아주 적게 남은. 최소한의 찌꺼기가 있는.

aṇuka *adj. m.* = aṇu의 *dimin.*

aṇutā *f.* aṇutta *n.* [aṇu의 *abstr.*] 원자인 상태. 원자성(原子性).

aṇḍa *n.* [〃] ① 알. 달걀. ② 불알. 고환(睾丸). -ākāra 알모양의. 원형의. -kapāla 알껍질. 난각(卵殼). -kosa 고환. 불알. 알껍질. 난각(卵殼). -cheda(ka) 거세하는 사람. -ja 알에서 태어난. 난생(卵生). -jayoni 난생의 모태. 난생(卵生). 새. 뱀. -tthāya 알을 위하여. -bhārin 고환을 어깨에 달고 다니는. -bhūta '알 속에 있는' 둘러싸인. 움직일 수 없는. 자유롭지 못한. 외부세계와 차단된. 경험이 없는. -miñjā 난황(卵黃). 노른자. 계란노른자. -vuddhi 고환이 부풀어 오름. 음낭수종(陰囊水腫). -sambhava 알에서 생겨난. -hāraka (숲속에서) 알을 찾아다니는 사람.

aṇḍaka ① *adj.* [<caṇḍaka? aṭṭa<ard] 거친. 난폭한. 과격한. -vāca 말이 거친. 말하는데 무례한. ② aṇḍa의 *dimin.* = aṇḍa

aṇḍākāra *adj.* [aṇḍa-ākāra] 알모양의. 원형(圓形)의. -raṅgamaṇḍala 원형경기장(圓形競技場)

aṇḍālu *m.* [〃] 안달루[물고기의 이름].

aṇḍī *f.* [<aṇḍa] 알. 계란.

aṇḍīra *m.* [〃] 남자. 사람.

aṇḍuka *n.* [?] ① (옷이나 머리카락 등의) 회전. ② 두루마리. aṇḍukāvidhāna 머리카락을 마무리하는 특수한 형태.

aṇḍūpaka *n.* [?] (용기의) 받침두루마리. (용기의) 받침대. 패드.

aṇṇa ① *m.* [*sk.* arṇa] 물. 흐름. ② = anna 음식. 곡물.

aṇṇava *n.* [*sk.* arṇa. arṇava] ① 바다. 큰 바다. ② 큰 강. 하천. -kucchi 바다의 깊은 곳. 바다의 심연.

aṇṇobhava *m.* [*sk.* arṇobhava] 폭탄. 탄피.

aṇha *m.* [=anha. *sk.* ahna. *cf.* aha] 날[日]. *cf.* pubaṇha. sāyaṇha.

atakkaka *adj.* [a-takka-ka] 치즈가 섞이지 않은. 유락(乳酪)이 없는.

atakkagāha *m.* [a-takka-gāha] ① 이유 없이 붙잡음. ② 근거 없는 선택.

atakkâvacara *adj.* [a-takka-avac-ara] ① 추론의 범위를 벗어난. ② 심오한.

atakkika *adj.* [a-takka<tark-ika] 사변(思辨)에서 벗어난. 추론에서 벗어난.

atakkito *adj.* [a-takkito<tark] 기대하지 않는.

ataccha *adj.* [a-taccha] ① 진실이 아닌. ② 허위의. 허망한.

atajjesi tajjeti의 *aor.*

ataṭa *n.* [〃] 산의 절벽. 현애(懸崖).

ataṇḍula *n.* [a-taṇḍula] 쌀이 없는.

atati *n.* [at] 가다.

atatha *adj.* [a-tathā] ① 진실이 아닌. ② 허위의. 허망한.

atandita *adj.* [a-tandita] ① 게으르지 않은. ② 노력하는. 활동적인.

atandin = atandita.

atapanīya *adj.* [a-tapanīya] ① 후회로 이끌지 않는. 가책으로 이끌지 않는. ② 고행이 아닌. ③ 괴로워하지 않아도 되는.

atappa *adj. m.* [a-tappa] ① 괴로움이 없는. ② 무열천(無熱天). atappā devā 괴로움이 없는 신들의 하느님 세계. 괴로움이 없는 하느님 세계의 신들. 무열천(無熱天)[神·神界의 이름. 色界四禪의 하느님 세계].

atappaka *adj.* [*sk.* atarpaka] ① 물리게 하지 않는. 벗어날 수 없는. ② 만족을 모르는. -dassana 벗어날 수 없는 광경.

atappanīya. atappaneyya *adj.* [*sk.* atarpaṇīya] ① 물리게 하지 않는. ② 만족을 모르는.

atappaya. atappiya *adj.* [<a-tṛp] ① 만족할 수 없는. ② 만족할 줄 모르는.
atammaya *adj.* ① [*sk.* tan-maya] 열중하지 못한. 몰두하지 못한. 욕망이 없는. ② [a-taṁ-aya] 그것에 도달하지 않은. 관계하지 않는.
atammayatā *f.* [a-tammaya 의 *abstr.*] ① 무관(無關). 무관계(無關係). ② 갈애(渴愛)가 없음.
Atarandā Mahābodhikkhandha *m.* 아따란다 마하보딕칸다[마을의 이름].
ataramāna *adj.* [a-taramāna] ① 급하지 않은. ② 서두르지 않는.
atari. atariṁsu. tarati의 *aor.*
atala *n.* [〃] 아딸라[땅 밑 지옥의 이름].
atalamphassa *adj.* [a-tala-phassa] 바닥없는.
atasa *m.* [〃] ① 바람. ② 몸. ③ 무기(武器).
atasitāya → attasitāya.
atasī *f.* [〃] 아마(亞麻)[Linum Usitatissimum]. -pupphavaṇṇa 그 나무의 꽃들의 색을 가진.
atāṇa → attāṇa.
atāyanatā → attāyanatā.
atāri. atārayi. atāruṁ tarati의 *aor.*
ati *ind. pref.* ① 지극히. 극단적으로. 과도하게. 어긋나게. ② 지나치게. 우월하게. 더없이. 초월하여. 안으로. 매우. adhi 또는 abhi의 역할을 대신하기도 한다. 음편(音便)의 경우는 주로 모음 앞에서 acc°로 된다. ③ '축적'을 암시하는 반복적인 복합어의 삽입철로 쓰인다. cakkâticakka balâtibala. mañcâtimañca.
atiaggatā *m.* [atī-agga-tā] 극단적인 우월.
atiaggi *m.* [*sk.* atyagni] 너무 뜨거운 불.
atiañjati [ati-añj] ① 너무 비싼 값을 요구하다. ② 너무 많이 물리다.
atiaccheraka *adj. n.* [ati-acchera] ① 아주 놀라운. ② 아주 경이로운 것.
atiambila *adj.* [*sk.* ati-ambila] 너무 신. 너무 시큼한.
atiarahant *adj.* [ati-arahant] (다른) 아라한을 초월한. (다른) 아라한을 넘어서는.
atiasana = accāsana.
atiahita = accāhita.
atiādhāya = accādhāya.
atiāyata = accāyata.
atiiṭṭha *adj.* [ati-iṭṭha] 극단적으로 열망한.
atiissara *adj.* [*sk.* ati-īśvara] ① 매우 권세가 있는. ② 값비싼. 막강한. -bhesajja 매우 값비싼 의약품.
atiuggata = accuggata.
atiuccaṁ *ind.* [ati-ucca] 너무 높이.
atiuṇha *adj.* [*sk.* ati-uṣṇa] 매우 더운.
atiuttama *adj.* [*sk.* ati-ud-tama] 극도로 최상의. 가장 탁월한.
atiudaka *adj.* [*sk.* ati-udaka] 너무 많은 물이 포함된.
atiudara → accodara.
atiuddharati [ati-ud-hṛ] 너무 높이 올리다.
atiupari *ind.* [ati-upari] 너무 위로.
atiussūre *ind.* [<ati-ussūra] 너무 아침 일찍.
atieti [ati-i] 아주 가버리다. 지나가다.
atikaṭuka *adj.* [ati-kaṭuka] ① 아주 심한. ② 중태(重態)의.
atikaṭa. atikata *adj.* [ati-kaṭa] ① 너무 많이 한. 너무 심한. ② 보복된.
atikaḍḍhati [ati-kaḍḍhati] ① 너무 당기다. ② 괴롭히다. *aor.* atikaḍḍhi.
atikaṇha *adj.* [ati-kaṇha] 아주 검은.
atikathā *f.* [〃] 무의미한 말.
atikanta *adj.* [ati-kanta] 매우 아름다운.
atikara *m.* [ati-kara] = atikāra 지나친 행위.
atikaruṇa *adj.* [ati-karuṇa] 아주 불쌍한. 매우 비참한.
atikassa *ind.* [ati-kassati<kṛṣ의 *abs.*] 끌어 당겨서.
atikāya *adj.* [ati-kāya] 비범한 몸을 지닌.
atikāra *m.* [ati-kara] = atikara 지나친 행위.
atikāla *m.* [ati-kāla] ① 시간이 맞지 않음. ② 이른 시간.
atikāḷa *adj.* [ati-kāḷa] 너무 어두운.
atikilamati [ati-klam] 너무 피곤해지다.
atikilinna *adj.* [ati-klid의 *pp.*] 너무 많이 끓인.
atikisa *adj.* [ati-kṛśa] 너무 가는. 너무 얇은.
atikuddha *adj.* [ati-krudh] 너무 화난.
atikusala *adj.* [ati-kusala] 아주 능숙한. 아주 밝은.
atikodha *m.* [ati-kodha] 지나친 분노.
atikkanta *adj.* [atikkamati의 *pp.*] ① 지나간. ② 초월한. 넘어간. ③ 뛰어난. -attha 자신의 이익을 놓친. -caturogha 네 가지 거센 흐름을 건넌. -mānusaka 보통 사람을 초월한. 비범한 초인(超人). -rāgavat 탐욕이 있는 자[흐름에 든 자와 배우지 못한 일반사람]를 넘어선. -vanatha 욕망을 극복한. -vara 이익을 넘어선. -vela 한계를 넘어선. 시간이 맞지 않는. -saññin 경과된 시간을 지각하는. -satthuka 더 이상 스승이 없는. -sīla =accantasīla.
atikkantatā *f.* [atikkanta의 *abstr.*] ① 초월. ② 한계를 넘어섬. 무법(無法).
atikkantikā *f.* [atikkanta-ikā] 선행의 한계를 넘어선 여자.

atikkama *m.* [*sk.* atikrama] ① 초과. ② 정복. ③ 계(戒)를 어김.
atikkamati [ati-kamati. *sk.* atikramati] ① 지나가다. ② 초과하다. (한계를) 넘어서다. 어기다. ③ 정복하다. 이기다. *abs.* atikkamitvā. atikkamma; *grd.* atikkamanīya; *pp.* atikkanta. ; *caus.* atikkameti. atikkamāpeti.
atikkamana *n.* [*sk.* atikramaṇa] ① 초과. ② 정복. 극복. ③ 계(戒)를 어김. -citta 어김에 대한 사유.
atikkamanaka *adj.* [atikkamana-ka] ① 지나가는. ② 초과하는. ③ 초월하는.
atikkameti. atikkāmeti. atikkamāpeti [ati-kamati의 *caus.*] ① 지나가게 하다. ② (시간을) 보내다.
atikkhaya *m.* [ati-khaya] ① 손실. ② 파괴.
atikkhippaṁ *ind.* [ati-khippaṁ] 너무 빠르게.
atikhaṇa *n.* [ati-khaṇa] 너무 깊이 파냄.
atikhaṇati [ati-khaṇ] 너무 깊이 파내다.
atikhaṇana *n.* [<atikhaṇati] 너무 깊이 파냄.
atikhara *adj.* [ati-khara] 너무 매운.
atikhiṇa *adj.* [ati-khiṇa] ① 아주 부서진. 아주 닳아빠진. 아주 소모된. ② 활에 맞은.
atiga. atigata *adj.* [ati-ga(ta)] ① 초월한. ② 이긴. 정복한. 극복한. 벗어난. ogha-atiga 폭류를 벗어난. saṅga-atiga 집착을 극복한. sīma- atiga 한계를 초월한.
atigacchati [ati-gacchati] ① 지나가다. ② 초월하다. ③ 정복하다. 능가하다. *aor. sg.* accagā. accagamā. *pl.* accaguṁ.
atigandha *adj. m.* [ati-gandha] ① 강한 냄새가 나는. ② 레몬. ③ 유황(硫黃).
atigambhīra *adj.* [ati-gambhīra] 아주 깊은. 아주 심오한. 엄숙한.
atigaru *adj.* [ati-garu] 높이 존경받는.
atigā atigacchati의 *aor.*
atigāmin *adj.* [ati-gāmin] ① 지나가는. 초월하는. ② 정복하는.
atigālayati. atigāleti. atigāḷayati. atigāḷeti [ati-gāḷeti. *sk.* galati의 *caus.*] ① 사라지게 하다. 쇠미하게 하다. ② 청소하다.
atigāḷha *adj.* [*sk.* ati-gāḷha] ① 꽉 묶인. ② 철저한. 집중적인. 집약적인. *cf.* atigāḷhita.
atigāḷhita *adj.* [atigāḷha의 *denom pp.*] ① 억압받은. 상처받은. ② 패배한. ③ 파괴된.
atiguṇakāraka *m.* [ati-guṇa-kāraka] 공덕이 헤아릴 수 없이 많은 자. *f.* atiguṇakārikā.
atiguṇatā *f.* [ati-guṇa의 *abstr.*] 비범한 덕성.
atighaṁsati [ati-ghṛṣ] ① 비벼서 벗기다. ② 문질러 지우다. ③ 제거하다.
atighora *adj.* [ati-ghora] 아주 무서운. 매우 잔인한. 매우 잔혹한.
aticakka → cakkâticakka.
aticaṇḍa *adj.* [〃] 매우 폭력적인. 아주 잔인한.
aticaraṇa *n.* [ati-caraṇa] 잘못을 저지름. 범행(犯行). 위범(違犯)[특히 간통].
aticarati [ati-carati] ① 방황(彷徨)하다. ② 배반하다. 범하다. 어기다. *aor.* aticari.
aticaritar *adj. m.* [aticarati의 *ag.*] ① 법을 어기는. ② 위범자. 간부(姦夫).
aticariyā *f.* [ati-cariyā] ① 위범. 죄. ② 간통. 행음(行淫). 사음(邪淫).
aticāra *m.* [<aticarati] ① 범행(犯行). ② 간통. 행음(行淫). 사음(邪淫).
aticārin *adj. m.* [aticāra-in] ① 범법자. ② 간통자(姦通者).
aticārinī *f.* [aticārin의 *f.*] 화냥년. 간통녀(姦通女). 간부(姦婦).
aticitra *adj.* [ati-citra] 아주 훌륭한. 빛나는.
aticiraṁ *ind.* [ati-cira] 너무 오랫동안. -nivāsa 너무 오랜 체류.
aticirāyati [aticira의 *denom.*] 너무 오래 걸리다.
aticca *ind. m.* [ateti<ati-i의 *abs.*] ① 경과해서. 초월해서. 범행해서. ② 범행. ③ 간통.
aticchatā *f.* [ati-iccha의 (*abstr.*] ① 지나친 욕심이 있음. ② 과욕성(過欲性).
aticchati ① [ati-icchati<iṣ] 지나치게 요구하다. ② [ati-i] 지나가다. *imp.* aticchatha. 다른 곳에서 구하십시오. 그냥 가시오[탁발 할 때 공양을 거절함].
aticchatta *n.* [ati-chatta] ① 아주 탁월한 차양. ② 아주 우수한 파라솔.
aticchā *n.* [ati-icchā] 탐욕. 갈망.
aticchāpeti *n.* [aticchati의 *caus.*] 지나가도록 부탁하다.
atichāta *n.* [ati-chāta] ① 너무 배고픈. ② 너무 굶주린.
aticheka *n.* [ati-cheka] ① 아주 영특한. ② 아주 능숙한.
atijagatī *n.* [ati-jagatī] 아띠자가띠[운율 이름].
atijaccatā *f.* [ati-jāti의 *abstr.*] 아주 막강한 상태.
atijaññatā *f.* [ati-jañña의 *abstr.*] 아주 고귀한 상태.
atijalate [ati-jalate] 연기를 내며 불타다.
atijavana *adj.* [ati-javana] 매우 빠른.
atijāta *adj.* [ati-jāta] ① 잘 사는. ② 가문·출신이 좋은. = atitāta.

atijāti *adj.* [ati-jāti] ① 고귀한 출신의. ② 고귀한 성품을 지닌.
atijighacchita *adj.* [ati-jighacchita] 아주 굶주린. 아주 배고픈.
atijotitā *f.* [ati-joti의 *abstr.*] 너무 더운 상태. 너무 뜨거운 상태.
atiṇṇa *adj.* [ati-tiṇṇa] 아직 건너지 못한.
atitaṇha *adj.* [ati-taṇha] 대단히 갈망하는.
atitarati [ati-tarati] ① 건너다. 뛰어 건너다. ② 초월하다. *aor.* accatari.
atitaruṇa *adj.* [ati-taruṇa] ① 아주 젊은. ② 아주 어린.
atitāpa *m.* [ati-tāpa] 대단한 열기.
atitikkha *adj.* [*sk.* ati-tikhiṇa] ① 아주 예리한. 아주 자극적인. ② 아주 가혹한.
atitikhiṇa *adj.* [*sk.* ati-tīkṣṇa] ① 너무 예리한. 너무 자극적인. ② 아주 가혹한.
atitittaka *adj.* [*sk.* ati-tikta] 아주 쓴. 쓰디쓴.
atitiriya atitarati의 *abs.*
atituṭṭhi *f.* [*sk.* ati-tuṭṭhi] 극도의 만족. 극도의 환희(歡喜).
atiturita *adj.* [ati-turita] 너무 서두르는.
atitula *adj.* [ati-tula] 비교할 수 없는. 잴 수 없는. 비길 데 없는.
atitussati [ati-tus] ① 아주 만족하다. ② 극도로 기뻐하다.
atitta *adj.* [*sk.* a-tṛpta] 만족스럽지 않은. 불만족스러운. -rūpa 불만족스러운.
atitti *f.* [*sk.* a-tṛpti] 불만. -kara 불만을 만드는.
atittha *n.* [a-tittha] '잘못된 나루터. 잘못된 여울목' ① 잘못된 길. 잘못된 행동. ② 부적당한 장소·시기.
atitthuta *adj.* [ati-tthuta] 높이 찬양받는.
atithaddha *adj.* [ati-*sk.* stabdha] 아주 완고한.
atithi *m.* [〃] ① 손님. ② 낯선 사람. 새로 온 사람. -karaṇīya. -kiriyā 손님에 대한 의무. -bali 손님에 대한 공양. -sakkārāyatta 주객간(主客間)의. 주객관계의.
atithūla *adj.* [ati-thūla] 너무 살찐. 비대한. -tta 비대(肥大).
atithoka *adj.* [ati-thoka] 아주 적은. 너무 적은.
atidappita *adj.* [ati-dappita] 너무 자랑하는.
atidaḷhaṁ *ind.* [ati-daḷha] 아주 단단하게.
atidayita *adj.* [ati-dayita] 아주 사랑스러운.
atidassana *adj.* [ati-dassana] 볼 수 없는.
atidassanīya *adj.* [ati-dassanīya] 아주 멋진.
atidahara *adj.* [ati-dahara] 너무 어린.
atidāna *n.* [ati-dāna] 너무 많은 보시.
atidāruṇa *adj.* [ati-dāruṇa] ① 광포한. ② 아주 잔인한.
atidiṭṭhi *f.* [ati-diṭṭhi] ① 견해에 대한 것. 증상견(增上見). ② 뛰어난 견해. 승견(勝見).
atidivā *ind.* [ati-divā] 하루 중 늦게. 오후에.
atidisati [ati-disati] 더 상세히 설명하다.
atidīgha *adj.* [ati-dīgha] 아주 긴. 지나치게 키가 큰. -sutta 너무 신중한.
atidīna *adj.* [ati-dīna] 아주 비참한. 완전히 풀이 죽은.
atidukkara *adj.* [ati-dukkara] 아주 어려운.
atidukkha *adj.* [ati-dukkha] 아주 고통스러운. -vāca 상처를 주는 말.
atiduddasa *adj.* [ati-duddasa] 아주 발견하기 어려운.
atidubbhikkhachātaka *n.* [ati-dubbhikkha-chātaka] 너무 많은 죽음과 기아.
atidubbala *adj.* [ati-dubbala] 너무 힘없는.
atidūra *adj.* [ati-dūra] ① 아주 먼. 지나치게 먼. ③ 심원(深遠)한.
atideva *m.* [ati-deva] ① 아주 뛰어난 신(神)[부처님. 보살]. 천중천(天中天). devâtideva 신 중의 신[부처님]. ② 아띠데바[바라문의 이름]. -patta 신보다 뛰어난 길을 얻은 자. -bhāva 뛰어난 신의 상태.
atidevadeva *m.* [atideva-deva] 신(天) 중의 신(天)[부처님].
atidesa *m.* [ati-desa] 확장된 적용[문법].
atidosa *m.* [ati-dosa] 극도의 분노.
atidhaja *m.* [ati-dhaja] 탁월한 깃발.
atidhañña *adj.* [ati-dhañña] 너무 행복한.
atidhanta *adj. n.* [atidhamati의 *pp.*] ① 너무 세게 치는 (것). ② 너무 세게 부는 (것).
atidhamati [ati-dhamati] ① (북을) 너무 세게 치다. ② (트럼펫을) 너무 세게 불다. *aor.* ati-dhami. *pp.* atidhanta.
atidhammabhāra *m.* [ati-dhamma-bhāra] 너무 많은 것[法]을 짊어짐.
atidhāta [ati-dhāta] ① 너무 배부른. ② 너무 만족한.
atidhāvati [ati-dhāvati] 빨리 달리다. 한계를 넘다. *aor.* atidhāvi.
atidhuti *f.* [ati-dhuti] 시의 운율의 이름.
atidhonacārin *adj.* ① [ati-dhāvana-cārin] 윤회 속에 방황 하는. 죄 많은. ② [ati-dhona-cārin] 의복과 음식 등에 지나치게 집착하는.
atinaṭṭha *adj.* [ati-naś의 *pp.*] ① 완전히 잃어버린. ② 완전히 부서진.
atināmeti [*bsk.* atināmayati. atināmeti] 시간을 보내다. 지내다. *aor.* atināmayi.

atiniggaṇhāti [ati-niggaṇhāti] 너무 꾸짖다.
atinipāta *m.* [ati-nipāta] ① 아주 내려감. 아주 천함. ② 비천한 오만. 비비만(卑卑慢)
atinivāsa *m.* [ati-nivāsa] 한 곳에 너무 오래 머무는 것.
atinīcaka *adj.* [ati-nicaka] ① 아주 비천한. 저열한. ② 낮은.
atineti [ati-neti] 가져오다. 공급하다.
atindriya *adj.* [ati-indriya] 감관의 영역[六根]을 넘어서는.
atipakka *adj.* [ati-pakka] 아주 익은.
atipakkhittamajja *adj.* [ati-neti] 너무 많은 술과 섞인.
atipageva → atippageva
atipaggahīta *adj.* [ati-paggahīta] 너무 긴장된.
atipacchā *ind.* [ati-pacchā] 너무 뒤에.
atipaṇīta *adj.* [ati-paṇīta] 아주 고귀한. 아주 승묘(勝妙)한.
atipaṇḍita *adj. m.* [ati-paṇḍita] ① 박식한. 현학적인. ② 수재(秀才)의. 너무 현명한. ③ 아띠빤디따[한 상인의 이름]. -mānitā 지식에 대한 과도한 자만.
atipaṇḍitatā *f.* [atipaṇḍita의 *abstr.*] ① 아주 현명한 것. ② 박식한 사실. 현학적인 것. -dassāvin 미사여구를 좋아하는 자.
atipatti *f.* [〃] 지나감. 현재[문법].
atipadāna *n.* [ati-pa-dāna] 너무 많은 보시.
atipanna *adj.* [ati-panna] 지나간. 과거의[문법].
atipapañca *m.* [ati-papañca] 너무 지체하는 것. 너무 늦음.
atipariccāga *m.* [ati-pariccāga] 너무 자유분방함. 방종(放縱).
atiparitta *adj.* [ati-paritta] 아주 작은. 극소의.
atipassati [ati-passati] ① 응시(凝視)하다. ② 찾다. 발견하다.
atipāta *m.* [*cf.* atipāteti] ① 죽이는 것. 베는 것. ② 살해. pāṇâtipāta 생물을 죽이는 것. 살생.
atipātika *adj.* [<atipāteti] 긴급한. 지루하게 지체되지 않는.
atipātin *adj. m.* [<atipatati, atipāteti] ① 범하는. ② 날아가는. 도망가는. ③ 범법자. 살인자.
atipateti. atipāteti [atipatati의 *caus.*] ① 파괴하다. 베다. 죽이다. ② (화살을) 날아가게 하다.
atipāto *ind.* [ati-pāto] 아주 일찍. 너무 일찍.
atipāpeti → atimāpeti.
atipāyin → atidāyin.
atipāsādika *adj.* [ati-pāsādika] 매력적인. 멋진.
atipipāsita *adj.* [ati-pipāsita] 아주 목마른. 갈증이 심한.
atipīṇita *adj.* [ati-pīṇita] 너무 사랑스러운. 매우 귀여운.
atipīḷita *adj.* [ati-pīḷita. *cf. sk.* abhipīḍita] ① 억압된. 괴롭힘을 받는. ② 시달린.
atipuññatā *f.* [ati-puñña의 *abstr.*] ① 탁월한 공덕. ② 선행의 탁월함.
atipuṇṇatta *n.* [ati-puṇṇatta의 *abstr.*] ① 너무 가득 참. ② 너무 넘침.
atipūra *m.* [ati-pūra] 너무 넘침.
atippagabhāva *m.* [ati-ppaga-bhāva] 너무 일찍 존재하는 것.
atippageva *ind.* [<ati-page] 너무 일찍. 아주 일찍.
atippago *ind.* [ati-paga의 *nom.*] 너무 일찍. 아주 일찍.
atippadāna *ind.* [ati-padāna] 너무 많이 지출하는. 낭비하는.
atippabhatā *f.* [ati-pabhā의 *abstr.*] 극도로 찬란하게 빛남.
atippabhedagata *adj.* [ati-pabhedas-gata] 많은 하위단위로 이루어진.
atippamāṇa *adj.* [ati-pamāṇa] 굉장한.
atippasaṅga *m.* [ati-pasaṅga] 너무 확장된 연결. 규칙의 너무 일반적인 적용[문법].
atippasattha *adj.* [ati-pasattha] 높이 칭찬받는. 아주 탁월한.
atippiya *adj.* [ati-piya] 너무 귀여운.
atipharusa *adj.* [ati-pharusa] 너무 거친.
atiphīta *adj.* [ati-phīta<*sk.* sphīta] 너무 유복한.
atibaddha *adj.* [atibandhati의 *pp.*] 단단히 묶인. 결합된.
atibandhati [ati-bandhati] 단단하게 묶다. *pp.* atibaddha.
atibala *adj.* [ati-bala] 힘이 센. 대력(大力)의.
atibahala *adj.* [ati-bahala] ① 아주 많은. ② 아주 두터운.
atibahu. atibahuka *adj.* [ati-bahu] 너무 많은.
atibāḷha *adj.* [ati-bāḷha] 매우 큰 (강한).
atibāḷhaṁ *ind.* [atibāḷha의 *n. acc.*] 너무 많게. 너무 강하게.
atibāheti [ati-bāheti] ① 쫓아내다. ② 물리치다. 격퇴하다.
atibuddhi *adj.* [ati-buddhi] 아주 영리한. 아주 지혜로운. -sampanna 탁월한 지혜를 갖춘.
atibrahman *m.* [ati-brahmā] 아주 위대한 브라흐마. 위대한 하느님. 초범(初梵). 대범(大梵).
atibrāhmaṇa *m.* [ati-brāhmaṇa] 바라문 보다 더욱 탁월한 바라문.
atibrūheti [ati-brūheti *cf. sk.* abhibṛṁhayati] 외

치다. 큰 소리를 내다.
atibhaginiputta *m.* [ati-bhaginiputta] 누이의 아들보다 사랑스러운 자.
atibhaginī *f.* [ati-bhaginī] 매우 사랑스러운 자매.
atibhaya *n.* [ati-bhaya] 과도한 두려움.
atibharita *adj.* [ati-bharita] ① 너무 가득 찬. ② 너무 넘치는.
atibhāyati [ati-bhāyati] 몹시 두려워하다. 크게 공포를 느끼다.
atibhāra *m.* [ati-bhāra] ① 너무 무거운 짐. ② 과중한 부담.
atibhārita *adj.* [ati-bhārita] ① 너무 무게가 나가는. ② 초과적재의.
atibhāriya *adj.* [ati-bhāriya] ① 너무 무거운. ② 너무 심각한.
atibhiṁsana *adj.* [ati-bhiṁsana] 아주 무서운.
atibhīta *adj.* [ati-bhīta] 아주 놀란.
atibhīruka *adj.* [ati-bhīruka] 아주 수줍은.
atibhuñjati [ati-bhuñjati] 너무 많이 먹다. 과식하다. *pp.* atibhutta.
atibhūmiṁ *ind.* [ati-bhumiṁ] 처방된 한계를 넘어가서.
atibherava *adj.* [ati-bherava] 극도로 두려운.
atibhojana *n.* [ati-bhojana] 과식.
atibhoti [ati-bhavati] ① 능가하다. 극복하다. ② 속이다. ③ 패배시키다. *aor.* atibhavi.
atimañca *adj. m.* [ati-mañca] ① 침대를 필요로 하지 않는. ② 다른 침대. 상층침대.
atimaññati. atimaññeti [*sk.* atimanyate] ① 경멸하다. ② 무시하다.
atimaññanā *f.* [<atimaññati] 거만. 경멸.
atimaṭāhaka *adj.* [=atikhuddaka(?)] 너무 짧은(?). 너무 과민한(?). 너무 부서지기 쉬운(?).
atimatta *adj.* ① [ati-matta<mad] 너무 자만하는. ② [ati-matta<mātra] 초과하는. 지나친.
atimadhura *adj.* [ati-madhura] ① 너무 달콤한. ② 너무 매력적인.
atimanāpa *adj.* [ati-manāpa] ① 매우 사랑스러운. 아주 사랑하는. ② 아주 귀여운.
atimanorama *adj.* [ati-manorama] ① 아주 사랑스러운. ② 매력적인.
atimanohara *adj.* [ati-monohara] ① 아주 매혹적인. ② 아주 멋있는.
atimanda. atimandaka *adj.* [ati-manda] ① 너무 느린. ② 너무 약한.
atimamāyati [ati-mamāyati] ① 너무 귀여워하다. 너무 좋아하다. ② 망치다.
atimahant *adj.* [ati-mahant] 거대한. 아주 큰.
atimahāsāvajja *adj.* [ati-mahā-sāvajja] 아주 비난할 만한.
atimāna *m.* [〃] ① 자만. 거만. ② 자부심. -hata 자만에 의해 손상된.
atimānin *adj.* [atimāna-in] 오만한. 거만한.
atimānusaka *adj.* [ati-mānusaka] 초인적인.
atimāpayāpeti [ati-māpeti의 *caus.*] ① 상해하게 만들다. ② 살해하게 하다. 죽이게 하다.
atimāpita *adj.* [atimāpeti의 *pp.*] ① 상해를 입은. ② 살해된. ③ 파괴된.
atimāpeti [ati-māpeti] = atipāteti. ① 살해하다. 죽이다. ② 파괴하다.
atimāyavin *adj.* [ati-māya-vin] 아주 속아 넘어가기 쉬운.
atimāla *adj.* [ati-māla] 화환보다 아름다운.
atimīḷhaja *m.* [ati-mīḷha-ja] 개구쟁이[어린아이의 지칭].
atimukhara *adj.* [ati-mukhara] 너무 말이 많은. -tā 수다.
atimutta *m.* [*sk.* ati-mukta] ① 아띠뭇따[재스민의 일종. Gaertnera Racemosa]. ② 아띠뭇따[장로의 이름].
atimuttaka *m.* [*sk.* atimuktaka] ① 아띠뭇따까 나무 또는 꽃[덩굴식물의 일종. Dalbergia Ujjenesis]. ② 아띠뭇따까[학생의 이름]. -mālā 아띠뭇따까 화환. -susāna 바라나씨 근처의 공동묘지.
atimuduka *adj.* [ati-muduka] ① 너무 부드러운. ② 아주 연약한.
atimoda *adj.* [ati-moda] 너무 기쁜.
atimodati [ati-modati] 너무 기뻐하다.
atimodā *f.* [ati-modā] 재스민 식물.
atimoha *adj.* [ati-moha] 너무 어리석은.
atiyakkha *m.* [ati-yakkha] ① 마법사(魔法師). ② 점쟁이.
atiyakkhā *f.* [ati-yakkhā] ① 여자 마법사. ② 여자 점쟁이. ③ 무녀(巫女).
atiyācaka *adj.* [ati-yācaka] 너무 많이 요구를 하는.
atiyācanā *f.* [<ati-yācati] 너무 많은 것에 대한 요구.
atiyāti [ati-yā] ① 압도하다. 극복하다. 능가하다. 뛰어나다. ② 빗나가다. 퇴각하다. 퇴군하다.
atiyāna *m.* [<atiyati] ① 압도. 극복. 능가. ② 위범(違犯). 퇴각. 퇴군.
atiracchānakathika *adj.* [a-tiracchāna-kathika] 세속적인 것을 이야기하지 않는.
atiracchānagāmin *adj.* [a-tiracchāna-gāmin] 축생으로 태어나지 않는.
atiratanabhāra *adj.* [ati-ratana-bhāra] 귀중품

의 무게가 너무 큰.
atiratta *adj.* [ati-ratta] 밤늦은
atirattiṁ *ind.* [ati-rattiṁ] 밤늦도록.
atiratha *adj.* [ati-ratha] 전차군(戰車軍).
atiramaṇīya *adj.* [ati-ramaṇīya] ① 대단히 즐거운. ② 대단히 매력적인. ③ 대단히 아름다운.
atirasapūva. atirasakapūva *m.* [ati-rasa-pūva] 아주 맛있는 케이크.
atirassa *adj.* [ati-rassa] 너무 짧은.
atirāga *adj.* [ati-rāga] 너무 탐욕스러운.
atirājan *m.* [ati-rājan] 황제.
atiriccati [ati-riccati<riñcati] ① 남기다. ② 남다. *aor.* atiricci. *abs.* atiricca
atiritta *adj.* [ati-riccati의 *pp.*] 남겨진. 남은. 나머지의. -bhojana 남은 음식.
atiriva *ind.* [ati-r-iva] ① 과도하게. ② 너무 많이. *cf.* ativiya.
atirukkhavāca *adj.* [ati-rukkha-vāca] 매우 거칠게 말하는.
atirucira *adj.* [ati-rucira] 대단히 사랑스러운.
atirūpin *adj.* [ati-rūpin] 대단히 아름다운.
atireka *adj.* [〃] ① 여분의. 나머지의. ② 별도의. ③ 과도한. 과다한. -cīvara 여분의 옷. 별도의 옷. 장의(長衣). -paṇṇāsa 50보다 많은. -patta 여분의 발우. 별도의 발우. 장발(長鉢). -padasata 100시행보다 많은. -ppamāṇa 특별한 치수. -bhāga 적당한 몫보다 많은. -māsa 한 달보다 많은. -lābha 부수입. -saññin 과도한 것에 대하여 지각하는. -satta 7보다 많은.
atirekatā *f.* [atireka의 *abstr.*] ① 여분. ② 초과. 과잉. 과다.
atirocati [ati-ruc] ① 강하게 빛나다. ② 장엄하게 빛나다.
atiromasa *adj. m.* [ati-romasa] = atilomasa ① 털투성이의. ② 염소.
atilahuṁ *ind.* [ati-lahu] ① 너무 빨리. ② 너무 생각 없이.
atilahukaṁ *ind.* [ati-lahuka] 너무 빠르게.
atilahupāpuraṇaṁ *adj.* [ati-lahu-pāpuraṇa] 가벼운 옷을 걸칠 시간도 없는.
atilīna *adj.* [ati-līna] 너무 저속한. 너무 세속에 오염된.
atiluddha *adj.* [ati-luddha] ① 매우 비참한. ② 아주 엄한. ③ 아주 탐욕스런. -tta 악마주의(惡魔主義).
atilūkha *adj.* [ati-lūkha] ① 매우 비참한. 매우 불쌍한. ② 아주 거친.
atiloma *adj.* [ati-loma] ① 털이 너무 많은. ② 머리숱이 너무 많은.
atiloṇa *adj.* [ati-loṇa] 너무 짠.
atilobha *m.* [ati-lobha] 지나친 욕심.
atilomasa *adj. m.* [ati-lomasa] = atiromasa ① 털투성이의. ② 염소.
ativaṅka. ativaṅkin *adj.* [<ati-vaṅkha] 매우 굽어진.
ativaṇṇati [ati-vaṇṇati] (색깔이) 조화가 되지 않다.
ativatta *adj.* [ativattati의 *pp.*] ① 초월된. ② 초과된. ③ 정복된.
ativattati [*sk.* ativartate<vṛt] ① 초월하다. ② 초과하다. ③ 정복하다. 이기다. *pp.* ativatta.
ativattana *n.* [<ativattati] ① 압도. 극복. ② 정복. 초월.
ativattar *m.* ① [ativattati의 *ag.*] 정복자. ② [ati-vac의 *ag.*] 비난하는 자. 모욕하는 자.
ativattāpeti [ativattati의 *caus.*] ① 지나가게 하다. ② 초과하게 하다.
ativatteti [ativattati의 *caus.*] ① 지나가게 하다. ② 방황하게 하다.
ativaddha *adj.* [*sk.* ati-vṛddha] ① 나이가 충분히 든. ② 아주 늙은.
ativasa *adj.* [ati-vasa] ① 다른 사람의 지배하에 있는. ② 의존하는.
ativassati [ati-vassati<vṛṣ] 비가 세차게 내리다. *aor.* ativassi. *pp.* ativaṭṭha.
ativassita *adj.* [ati-vassita<vāś] 너무 시끄럽게 외치는. 너무 크게 우는.
ativahati *adj.* [ati-vahati] ① 넘겨주다. ② 방황하도록 이끌다.
ativākya *n.* [<ati-vac] ① 욕. ② 비방. ③ 질책.
ativāta *m.* [ati-vāta] 강한 바람(强風).
ativāyati [ati-vāyati] ① 과도하게 향기를 채우다. ② 스며들다. 퍼지다. ③ 만족시키다.
ativāha *m.* [<ati-vah] ① 운반(運搬). ② 운반자. 안내자.
ativāhika *m.* [<ativāha] 안내인. 지도자.
ativikāla *adj.* [ati-vikāla] 아주 부적절한 때의.
ativijjhati [*sk.* ati-vidhyati<vyadh] ① 꿰뚫다. 통달하다. ② 통찰하다. *abs.* ativijjha.
ativibhūta *adj.* [ati-vibhūta] 매우 선명한. 아주 명료한.
ativiya *ind.* [*sk.* atīva] ① 지나치게. 터무니없이. ② 유달리. 비상하게. ③ 무엇보다도. atiriva. atīva 라고도 쓴다.
ativiriya *n.* [ati-viriya] 너무 큰 노력.
ativivecaka *m.* [ati-vivecaka] 혹평가(酷評家).
ativivecana *n.* [ati-vivecana] 혹평(酷評).
ativirocati [ati-virocati] 과도하게 비추다.

ativisa *adj.* [ati-visa] 맹독이 있는.
ativisā *f.* [*sk.* ativiṣā] 아띠비싸[약용 나무].
ativisāla *adj.* [ati-visāla] ① 너무 넓은. 너무 광대한. ② 거대한.
ativisuddha *adj.* [ati-visuddha] ① 너무 맑은. ② 너무 밝은.
ativissaṭṭha *adj.* [ati-visattha<vi-śṛj] ① 너무 흘린[글씨]. ② 너무 유창한. ③ 너무 많은. -vākya 너무 유창하게 말하는.
ativissattha *adj.* [ati-visattha<vi-śvas] 매우 믿을 만한.
ativissāsika *adj.* [ati-vissāsika] ① 매우 믿을 만한. 매우 신용이 있는. ② 너무 허물없는.
ativissuta *adj.* [ati-vissuta] 아주 유명한.
ativuṭṭhi *f.* [ati-vuṭṭhi] ① 너무 많은 비. ② 폭우(暴雨).
ativuddha *adj.* [ati-vuddha] 아주 늙은.
ativega *m.* [ati-vega] 아주 급한. 비등(沸騰). -yutta 비등(沸騰)하는.
ativeṭheti [ati-veṣṭ] ① 충분히 포함하다. 모두 포함하다. ② 압박하다.
ativela *adj.* [ati-vela] ① 과도한 긴 시간의. 한계를 넘어서는. ② 부적절한. 시간이 맞지 않는. *acc.* ativelaṁ *adv.* 너무 오래. 시간에 어긋나게. 시간에 맞지 않게.
Atisa *m.* 아띠싸[인명].
atisakka *m.* [ati-sakka] 신들의 제왕 제석천을 넘어서는 자[부처님을 지칭].
atisakkata *adj.* [ati-sakkata] 아주 존경받는.
atisakkarī *f.* [*sk.* ati-śakvarī] 운율의 이름.
atisagga *m.* [*sk.* ati-sarga] ① 허락의 인준. ② 떠남의 허락.
atisaṅkhepa *m.* [ati-sakkata] 심한 단축. 심한 요약.
atisajjana *n.* [ati-sarjana] 지령의 하달.
atisañcara *adj.* [ati-sañcāra] 너무 방황하는.
atisaṇikaṁ *ind.* [<*sk.* ati-saṇika] 너무 느리게.
atisaṇha *adj.* [*sk.* atiślakṣṇa] ① 너무 섬세한. 너무 간결한. ② 매우 난해한.
atisaddhā *f.* [ati-saddhā] 광신(狂信).
atisanta *adj.* [ati-santa] 너무 고요한. 엄숙한.
atisantaseti *adj.* [ati-san-taseti] 공포에 떨게 하다.
atisantike *ind.* [ati-santike] 너무 가까이.
atisabba *adj.* [ati-sabba] 모두보다 월등한.
atisamaṇa *m.* [ati-samaṇa] 수행자들의 우두머리. 사문의 지도자.
atisampanna *adj.* [ati-sampanna] 아주 잘 갖추어진. 아주 성공적인.
atisambādha *adj.* [ati-sambādha] ① 너무 꼭 묶은. ② 아주 붐비는. ③ 아주 굽은.
atisammukhaṁ *ind.* [ati-sammukha] ① 너무 앞에. ② 너무 가까이 맞댄.
atisammūḷha *adj.* [ati-sammūḷha] ① 너무 혼란된. ② 너무 어리석은
atisaya *m.* [<atisayati] ① 과도함. 그 이상. ② 탁월함. 우수. 풍부. ③ 비교급[문법]. *ins.* atisayena *adv.* 과도하게. 탁월하게. -attha 탁월한 의미를 지닌 것. 중요한 것. -utti 과장법(誇張法). -nirodha 그 이상의 제어. -bharita 너무 채운. -visuddha 너무 청정한. 너무 맑은.
atisayati. atiseti [ati-śī] ① 매우 뛰어나다. ② 능가하다.
atisallekha *m.* [ati-sallekha] ① 과도한 간소함. ② 과도한 절제.
atisallekhati [atisallekha의 *denom.*] ① 아주 간소하게 살다. ② 과도하게 절제하다.
atisara *adj.* [<atisarati] ① 위반하는. ② 죄를 범하는.
atisarati [ati-sṛ] ① 너무 멀리 가다. ② 한계를 넘다. 위반하다. ③ 제외하다. *aor.* atisari. accasari. accasarā; *abs.* atisitvā.
atisahasā *ind.* [ati-sahasā] 아주 갑자기.
atisādu *adj.* [ati-sādu] 아주 달콤한.
atisāyaṁ *ind.* [ati-sāyaṁ] ① 아주 늦게. ② 저녁 늦게.
atisāyaṇha *m.* [ati-sāyaṇha] 아주 늦은 저녁.
atisāra *m.* [〃 *cf.* atisarati] ① 한계를 넘음. 잘못. 침입. 월권. 죄(罪). ② 태만. ③ 설사(泄瀉). -diṭṭhi 잘못된 견해. 이교적인 견해.
atisāhasa *adj.* [ati-sāhasa] 아주 급속한. 아주 격렬한.
atisikkhita *n.* [ati-sikkhita] 너무 많은 학습.
atisigaṇa *m.* [ati-isi-gaṇa] 아주 많은 선인(仙人)의 무리.
atisitvā *abs.* [<atisarati] 제외하고.
atisithila *adj.* [ati-sithila] ① 너무 느슨한. ② 너무 헐거운.
atisīghaṁ *ind.* [ati-sīghaṁ] 아주 빨리.
atisīta(la) *adj.* [ati-sīta(la)] 매우 추운.
atisīmacara *adj.* [ati-sīma-cara] 경계를 넘어가는. 한계를 넘어가는.
atisīlavanta *adj.* [ati-sīlavant] 아주 도덕적인.
atisukkha *adj.* [ati-sukkha] 아주 건조한.
atisukhuma *adj.* [ati-sukhuma] 아주 섬세한.
atisuṇa *m.* [ati-suṇa] 미친개. 광견(狂犬).
atisundara *adj.* [ati-sundara] 아주 아름다운.
atisūra *adj.* [ati-sūra] 너무 영웅적인[나쁜 의미

로 쓰임].
atiseti [ati-śī] = atisayati ① 매우 뛰어나다. ② 능가하다.
atisevati [ati-sev] 너무 자주 관계를 갖다.
atissara [ati-issara] ① 매우 강력한. ② 아주 지배적인.
atihaṭṭha *adj.* [ati-haṭṭha] 매우 기쁜.
atiharati [ati-hṛ] ① 운반해가다. ② 가져오다. ③ 수확하다. *pp.* atihita; *caus.* atiharapeti. atiharāpeti
atiharapeti. atiharāpeti [atiharapeti. atiharāpeti의 *caus.*] ① 운반하게 하다. ② 수확하다.
atihīna *adj.* [ati-hīna] 아주 열등한. 아주 천한.
atihīḷeti [ati-hīḍ] 경멸하다.
atiheṭṭhā *ind.* [ati-heṭṭhā] 너무 아래에.
atihoti [ati-hoti<bhū] 능가하다. 지배하다.
atīta *adj. n.* [〃 ateti<ati-i의 *pp.*] ① 지나가버린. 상실한. 과거의. ② 과거. -aṁsa 과거. 과거분(過去分). -aṁsañāṇa 과거에 대한 앎. 과거분지(過去分智). -(m)-attha 이익을 상실한. 목표를 잃은. -addha 과거의 시간. 과거시(過去時). -addhakatha 과거에 기초한 진술['있었다'에 기초한 진술]. -âdhivacana 과거라는 용어. -ânanatara 바로 직전의. -ânugamana 의고체(擬古體). -ânāgatapaccuppanna 과거와 미래와 현재. -ārammaṇa 과거로부터 발생한 마음의 상태. 과거소연(過擧所緣). -kappa 과거의 겁(劫). -kamma 과거의 업. -kālika 과거의 시간에 속하는. -koṭṭhāsa 시간의 과거구분. -gatasattha 스승이 오래전에 죽은 사람. -jāti 전생(前生). -ñati 고인이 된 친지. -puccha 과거에 대한 질문. -bhava 전생의 존재. -mānusa(ka) 인간의 힘을 초월한. -yobbana 젊음이 지나가버린. -vatthūni 과거사(過去事)[전생담에서 전생의 인연 이야기]. -vacana 과거의 지칭. -vatthu 과거사(過去事). -vela 시간을 놓친. -satthuka 더 이상 스승이 없는. -sāsana 가르침에 불복종하는.
atītatta *n.* [atīta의 *abstr.*] ① 이미 지나가버린 것. ② 극복된 사실.
atītattika *m n.* [atīta의 *abstr.*-ka] '과거 등과 관계된 세 가지' 삼시(三時)[과거·현재·미래].
atīraka *adj.* [a-tīra-ka] 한계가 없는.
atīraṇeyya *adj.* [a-tīreti의 *grd.*] 탐구가 불가능한. 실천이 불가능한.
atīradakkhin *adj.* [a-tīra-dakkhin] 해안·언덕의 전망이 없는.
atīradassin *adj.* [a-tīra-dassin] 해안·언덕을 보지 못하는. *f.* atīradassanī.
atīrita *adj.* [a-tīreti의 *pp.*] 탐구되지 않은. 조사되지 않은.
atīva *ind.* [=ativiya] ① 지나치게. 터무니없이. ② 비상하게. 대단히. ③ 특히. 유달리.
atīsāra *m.* [〃 *cf.* atisarati] = atisāra. -(ṁ)-diṭṭhi 이교적인 견해.
atuccaṁ *ind.* [ati-uccaṁ] 너무 높이.
atuccha *adj.* [a-tuccha] ① 비어있지 않은. ② 허망하지 않은. 불공(不空)의.
atuṭṭha *adj.* [a-tuṭṭha] 만족하지 않는. 불만의. 불만스러운.
atuṭṭhi *f.* [a-tuṭṭhi] 불만.
aturita *adj.* [a-turita] 서두르지 않는. 느린. 한가한.
atula *adj.* [a-tula] ① 비할 데 없는. 비교할 수 없는. 잴 수 없는. 측량할 수 없는. ② 동등하지 않은. 평등하지 않은.
atulita *adj.* [a-tul의 *pp.*] ① 측량되지 않은. ② 무게를 달지 않은.
atuliya. atulya. atulla *adj.* [a-tula-iya] ① 비교할 수 없는. ② 측량할 수 없는. 잴 수 없는.
atekicca *adj.* [a-tekicca] ① 치료할 수 없는. 고칠 수 없는. ② 구할 수 없는. 구제 불가능한.
atejavat *adj.* [a-tejavat] 정력적이지 못한. 허약한. 나약한.
atela *adj.* [a-tela] 기름이 없는.
at'eva *adj.* [ati-eva] 더욱이.
ato *ind.* [*sk.* ataḥ] 그 결과. 그러므로.
atoṇa *m.* [?] 마술사. 곡예사.
atta ① *adj.* [ādāti의 *pp.*] 얻은. 잡은. -daṇḍa 손에 몽둥이를 가지고 있는. -ñjaha 책임·임무를 거부하는. 얻은 바를 버리는 -mana 즐거운. 기쁜. ② *adj.* [*sk.* āpta] 가득 찬. 완전한. ③ *n.* [*sk.* a-tva] A의 존재. ④ *n.* [*sk.* atra] 음식. ⑤ *adj.* [*sk.* ātmya] 자아와 관계되는. 자신의. ⑥ *adj.* [*sk.* akta] añjati의 *pp.*
attan *m.* [*sk.* ātman] ① 자신(自身). 자기. ② 아(我). 자아. 영혼. *nom.* attā; *acc.* attānaṁ. attaṁ; *gen. dat.* attano; *ins. abl.* attanā; *loc.* attani; *ins.* attena. *abl.* attato. atta° -attha 자신의 이익. 자리(自利). -atthakāmin 이기주의적인. 자기본위의. -ajjhāsaya 자신의 결정. 자신의 소망. -atthiya 자신의 이익을 추구하는. -atthiyagaha 자신과 자신의 것에 대한 믿음·집착. -âdhipateyya 자아의 지배적인 영향. 자신의 동기. 개인의 동기. 아증상(我增上). -âdhīna 자립의. 독립의. -ânuyogin 자신에 대하여 명상하는 사람. -ânuvāda 자신을 비난함. -ânavajjatādassin 독선적인. -âbhimana 자기존중(自己尊重). 자존심

(自尊心). -ukkaṁsaka(attu°) 자신을 칭찬하는 자. 자찬자(自讚者). -ukkaṁsanā 자화자찬(自畵自讚). -uññā(attu°) 겸손. 자기비하(自己卑下). -uddesa(attu°) 자기를 위해 지향된. -upakkama(attu°) 자신으로부터의 공격. -upatthambhana 자조(自助). 자립(自立). -ûpaghāta 자신을 파괴하는. -ûpanayika 자신에 속하는. 자신에게 적용된. -ûpama 자신을 예로 드는. 자신과 같은. 자신을 친구로 삼는. -ûpaladdhi 자아의 개념. -ôvāda (atto°) 자기교육. -kata 스스로 지음. 자기에 의해 만들어진. 자작(自作). -kāma 자기가 잘 되길 바라는. 자기애(自己愛). -kāmatā 이기주의(利己主義). 개인주의(個人主義). -kāra 개체. 자신. -kicca 자신의 일. 자신의 의무. -kilamatha 자신을 피곤하게 함. 고행(苦行). -gatika 자신을 피난처로 삼는. -garahin 오로지 자기를 비난하길 일삼는. -garu 자기를 존중하는. -gārava 자기존중. -gāha (영원한) 자아이론에 대한 취착. -gutta 자신을 수호하는. -gutti 자기수호. 자기방어. -ghañña. -ghāta 자기파괴. 자멸(自滅). 자살. -catuttha 자신을 네 번째로 포함한[다른 세삼과 자기 자신]. -ja 자신으로부터 생긴. 적출(嫡出)의 자식(子息). 자기의 자식. -jana 자신의 백성. -jaya 자기극복. -ññu 자신을 아는. -ññū 자신을 아는 자. 아지자(我知者). -ṭṭha 자기본위의. -(n)tapa 고행(苦行). -daṇḍa 몽둥이를 사용하는. 폭력적인. -(d)attha 자신의 이익. 자신에 유용한 것. 자리(自利). -danta 자신을 훈련한. 침착한. -damatha. -damana 자신의 훈련. -dassa 거울. -diṭṭhi 자아가 실체로 존재한다는 견해. 아견(我見). -dīpa 자신을 섬으로 하는. 독립적인. 자주(自洲)[北傳에서는 자신을 등불로 한다는 의미로 自燈明이라고 하지만, 이것은 어원을 잘못 해석한 것임]. -dukkha 자신의 고통. -dutiya 자신을 친구로 삼는. -dvādasama 자신을 열두번째로 하는[자신을 포함한 열한 명의]. -nimitta 자아의 특징. 아상(我相). -niyyātana 헌신하는. -pakkhiya 자신의 부분에 속하는. -paccakkha 스스로 목격한. 직접 체험된. -paccakkhika 목격자. -paccatthika 자신에게 적대적인. -pañcadasama 다른 14명과 자신. -paṭilābha 개성의 획득. 자신의 존재방식의 획득. -pariccāga 자기희생. 헌신. -pariccāgin 자신을 희생하는. -paritāpana 자기학대(自己虐待). 고행(苦行). -parittā 자신을 수호하는 주문. -paribhava 자신을 경멸하는. -pariyāya 목숨의 파괴. -ppayoga 자신의 솔선수범. -ppasaṁsaka 자신을 자랑하는. -bandhu 자신의 친척. -bhañjanaka 자신을 파괴하는. -bhara 자신의 필요를 관리하는. -bhāva 자신의 존재. 영혼의 존재. 개성적 존재. 생물. 몸. 자신의 본성. 개성(個性). 자체(自體). 삶. 윤회. 자성(自性). -māna 자아를 ~으로 여기는. -māraṇiya 자신의 죽음을 야기하는. -mokkha 자기해탈. -rakkha 자신의 보호. -rakkhita 자신을 수호하는. -rūpa 자신의 복지를 위하는. -rūpena 혼자서. 자신을 위하여. -lābha '자신의 획득' 탄생. -vañña(att'avañña) 자신에 대한 경멸. -vaṇṇa 자신에 대한 칭찬. -vadha 자기 파멸. 자살. -vāda 자아의 실체에 대한 이론. 아론(我論). -vādin 자아의 실체를 주장하는 자. 심령론자(心靈論者). 아론자(我論者). -vādûpādāna 자아의 이론에 대한 집착. 아어취(我語取). -vinipāta 자신의 파괴. -vipatti 자신의 불운. -vīra 의형제(義兄弟). -vetanabhata 자신의 벌이에 의해 지원된. -vyābādha 자신의 고통. 자신의 비탄. -sañcetanā 자아에 대한 관심. 자기의 의도. -saññata 자족적인. -saññatā 자제된 상태. -saññā 자아에 대한 지각. -santuṭṭha 자기만족적인. -sanniyatāna 헌신적인. -sannissita 자신의 몸에 관한. -sama 자기와 같은. -samatha 자기를 고요히 하는. -samānatā 자신과 같음. -samuṭṭhāna 자기에게서 생겨난. -sampatti 자기의 재산. -sampadā 자기완성. -attasampanna 자신에게 완벽한. -sambhava 자기자신에게서 기원하는. 자생(自生)의. -sambhāvanā 자부심(自負心). 자존심(自尊心). -sambhūta 자신에게서 기인하는. -sammāpaṇidhi 자기에 대한 올바른 서원[자신에 대한 배려과 준비]. -saraṇa 자신을 피난처로 삼는. -sāra 자신의 본질. 아견실(我堅實). -sineha 이기심(利己心). -silāghā 자화자찬(自畵自讚). -sukha 자신의 행복. -hita 자신의 이익. 자리(自利). -hetu 자신을 위한.

Attanagaluvihāravaṁsa *m.* [attanagalu-vihāra-vaṁsa] 앗따나갈루사(寺)의 사지(史誌).

attaniya *adj.* [attan-iya] 자아에 속하는. 영혼에 속하는. -diṭṭhi 영혼의 본성에 관한 견해. 아소견(我所見).

attamana *adj.* [atta ①-mana] 즐거운. 기쁜. 마음에 맞는.

attamanatā *f.* [attamana의 *abstr.*] 기쁨. 만족. 환희(歡喜).

attāṇa *n.* [a-tāṇa] 보호를 받지 못하는 것. 피난처가 없는 것.

attānuyogin *adj.* [atta-anuyogin] 자신을 관해 명상하는. 자신을 관(觀)하는.

attha ① [*sk.* atra] 여기에. 이것에. 이것에 관해. ② *m. n.* [*sk.* artha] 목표. 길. 결과. 사용. 필요. 욕구. 행복. 안녕. 재산. 복지. 이익. 유익. 안정.

사물. 대상. 유익한 것. 좋은 일. 사업. 의미. 설명. 이론. 도리(道理). 재판. *dat.* atthāya ~을 위하여. 이익을 위하여. -akkhāyin 이익이 많은 것을 설명해주는. -ajjhogahana 의미 속으로 들어감. -attha 재물. 풍부함. 부(富). -antara 의미들 사이의 차이. 의미심장한. 의미가 일치하는. 이익을 지향하는. -âdhigama 의미의 이해. -ânativatti 질문에서 빗나기 않은. -ânattha 이익과 불익.-ânisaṁsa 사물에 좋은 것. -ânusārin 목표를 추구하는. 진리를 따르는. -ânusāsana. -ânusiṭṭhi. 정부. 행정부. -âpagata 의미와는 동떨어진. -âpatti 암시(暗示). -âpaya 의미의 상실. -âbhisamaya 유익한 것에 대한 분명한 이해. -āvaha 이익을 가져오는. -uccāraṇavisesa 의미와 발음의 차이. -uddhāra 내용의 축약. 요약. -ûpaparikkhā 의미의 조사. 해석. -ûpasaṁhita 좋은 일과 연관된. 유익한. -ûpeta 성전의 정신에 정통한. -kathā 의미의 해설. 주석(註釋). -kathācariya 주석학자. -kara 유익한. 실용적인. -karaṇa 좋은 일을 행함. 재판을 함. 판결. -karaṇika 사업에 능숙한. -kavi 교훈시(詩). -kāma. -kāmin (다른 사람 또는 자신의) 이익을 원하는 (자). -kāraṇā 이익을 위해서. -kusala 유익한 것을 발견하는데 현명한. 사물에 밝은. 도리에 밝은. -gavesaka 의미를 찾는. -gahana 의미의 파악. -cara 선을 행하는. -caraka 이타행자(利他行者). -cariyā 이로운 행위. 이행(利行). -ññu 의미를 아는. -ññū 의미를 아는 자. 의지자(義知者). -jāta 필요가 생긴. 수단. 부(富). -jāpika 일을 마스터한. 부를 산출하는. -jāla = brahmajāla. -jotaka 사물에 적절한 빛을 비추는. 조명하는. -dassin 유익한 것을 지향하는. 선견지명이 있는. -dassimant 원인을 조사하는. -desanā 해석. 해명. -dvaya 두 개의 다른 의미. -dhamma 이론과 실천. 의미와 문맥. 이성과 도덕. 이법(理法). -naya 설명방법. -nānatā 의미의 다양성. -nigamana 결론적인 진술. -nipphatti 결과. -nissita 유익한. -pakāsaka 의미를 설명하는. -paññatti 개념. -paṭibhāna 도리에 대한 변명. -paṭilābha 의미에 대한 분명한 이해. -paṭivedha 의미를 꿰뚫음. -paṭisaṁvedin 의미를 아는. -paṭisambhidā 의미에 대한 분석적인 앎. 대상에 대한 분석적인 앎. 의무애해(義無碍解). -pati 왕. 임금. -pada 유익한 말. 좋은 뜻의 말. 의구(義句). -parikkha 의미에 대한 조사. -pariganhana 유익한 것에 대한 파악. -pariccheda 의미에 대한 규정. 정의(定義). -paridīpanā 의미에 대한 설명. -pucchana 의미에 대한 질문. -ppabheda 의미의 차별화. 대상의 분류. -ppayoga 고리대금(高利貸金). -baddha 좋은 일을 기대하는. 배우고자 원하는. -bhañjanaka 복지를 파괴하는. -bhūta 유익한. -bheda 복지의 파괴. 의미의 분류[문법]. -majjha 허리가 아름다운. -lābha 부(富)의 획득. -lesa 의미의 유사성. -vat 유익한. 의미 있는. 중요한. -vaḍḍhi 부(富)의 증가. -vaṇ- ṇanā 주석서. 의찬(義讚). -vavaṭṭhāna 의미의 고정. -yutta 중요한. 적당한. -yutti 사물의 성립하는 경우의 논리적인 관계. -yojanā 해석. -rahita 무의미한. -rasa 의미의 달콤함. 의미(意味). -vaḍḍhi 행복의 증익. 복보증장(福寶增長). -vasa 합리적인. 이유. 결과. 원인. 도리. -vasika 분별 있는. 재치 있는. -vasin 자신의 목표에 열중하는. -vādin 선한 말을 하는 사람. -veda 뜻을 믿고 따름. -saṁvaṇṇanā 설명. 해석. -saṁhita 이익을 가져오는. 유익한. -saṅkhata 의미의 결정. 정의. -sattha 경제학(經濟學). -satthaññū 경제학자. -saddacintā 의미와 언어에 대한 사유. -saṇṭhāna 보고(寶庫). 은행(銀行). -sandassana 최고의 좋은 것을 보여주는. 의미를 보여주는. -sandhi 의미에 대한 연결. -sampatti 의미의 구족. -sambandha 의미를 이해하기 위한 단어의 구문론적인 해석. -sambhava 의미의 가능성. -sarikkhatā 의미의 일치. -sallāpikā 대화 속에 나타난 우화(寓話). -sādhaka 부를 성취한. -siddhi 목표의 성취. 이익의 달성. 성공. -hetu 이익을 위한. ③ *adj. n.* [*sk.* asta] 던져진. 버려진. 사라진. 져버린. 일몰. 소멸. 서쪽. 해지는 곳. 서산(西山). atthaṁ gacchati 해가 서쪽으로 지다. atthaṅ° -gata (해가 서쪽으로) 진. -gama. -gamana 일몰. 전멸. 소멸. ④ atthi의 *pres. 2pl.* ⑤ *n.* [*sk.* astra] 미사일. 투척기.⑥ *adj.* [*sk.* ārtha] 부유한. 능숙한. ⑦ *adj.* [=atthamajjha] 허리가 아름다운.

atthaṅkathā *f.* [attha-kathā] 의미의 해석. 주석(註釋).

atthata *adj.* [attharati의 *pp.*] ① 펼쳐진. ② 깔아진. ③ 덮인.

atthatta *n.* [attha ①의 *abstr.*] ① 이유. ② 원인. 근거.

atthattha *n.* [attha-attha] 정말 유익한 것. 정말 필요한 것.

atthaddha. athaddha *adj.* [a-thaddha] 완고하지 않은. 고집이 세지 않은.

atthanā *f.* [*sk.* arthanā] 구걸. 청원.

atthara *m.* [<attharati] ① (말이나 코끼리를 위한) 깔개. ② 카펫. 양탄자. 매트. 매트리스. 요.

attharaka *m.* [atthara-ka] ① 깔개(를 펴는 자).

요(를 덮는 자).
attharaṇa *n.* [<attharati] ① 펼침. ② 깔개. ③ 피복. 외피.
attharati [ā-stṛ] ① 펴다. ② 깔다. ③ 덮다. *pp.* atthata ; *aor.* atthari; *caus.* attharāpeti.
atthavant *adj.* [attha-vant. *sk.* arthavant] 이익이 있는.
atthaso *adj.* [*sk.* arthaśas] ① 목표에 따라서. ② 결과에 따라서.
Atthasālinī *f.* [<attha-sālin] 승의소(勝義疏)[법집론의 주석서. 법집론주(法集論註)].
atthāpeti. [attha의 *denom.*] 유익하게 만들다. 유익한 것을 가르치다.
atthāya *ind.* [attha의 *dat.*] ~위하여. kimatthāya: 무엇을 위하여?
atthāra. atthāraka *m.* [*sk.* āstāra] (옷을) 펴는 자. (깔개)를 놓는 사람
atthi [*sk.* asti] ① 있다. 존재하다. *pres. 1sg.* asmi. amhi. *2sg.* asi. *3sg.* atthi; *1pl.* asma. amha. amhase. amhāse. asmase. *2pl.* attha. *3pl.* santi. imp. atthu; *opt.* siyā. assa. assaṁ. assu; *aor.* āsiṁ. āsi. āsuṁ; *ppr.* santa. samāna. *loc.* sati. ② *f.* [=atthitā] 존재. 실재. 유(有). -kkhaṇa 존재의 바로 그 순간. -khīra 우유가 있는. -dhamma 실재의 존재를 지닌. -paccaya 현존조건. 유연(有緣)[현존함을 특징으로 있음의 존재를 통해서 다른 것을 지탱함으로써 도움을 주는 조건으로 예를 들어 네 가지 광대한 존재(地·水·火·風)는 각각 별도로 존재하는 것이 아니라 서로에게 현존조건이 됨]. -bhāva 현존(現存). -sukha 소유의 행복.
atthika *adj.* [*sk.* arthika] ① 적당한. ② 몹시 바라는. 필요한. 원하는. -bhāva ① 유용성. ② 필요성. 궁핍. 결핍. -vanta. 무언가 원하는 사람. 사명(使命)이 있는 사람. -vāda(attha-ika-vāda) 존재론을 설하는 자. 설유론자(說有論者).
atthi(ṁ)katā → aṭṭhikatā
atthi(ṁ)katvā → aṭṭhikatvā
atthitā *f.* [atthi의 *abstr.*] ① 존재. 실재. 유(有). ② 있음의 상태.
atthin *adj.* [*sk.* arthin] ① 찾는. 구하는. ② 몹시 바라는.
atthiya *adj.* = atthika ②
atthiyā *ind.* [atthiya의 *abl.*] ① ~ 때문에. ② ~을 위하여.
atthu atthi의 *imp.*
atthuti *f.* [*sk.* astuti] ① 칭찬하지 않음. ② 비난.
attheta *adj* [a-theta] ① 불안정한. ② 신뢰할 수 없는.
attheti [arth] 요청하다.
atthena *adj.* [a-thena] 도벽이 없는.
atyappa *adj.* [ati-appa] 아주 적은.
atyukkaṭṭha *adj.* [ati-ukkaṭṭha] 무엇보다 중요한.
atra *ind.* [〃] = attha. 여기에. 이것에 관해.
atraja *adj. m.* [*cf.* attaja. *sk.* ātmaja] ① 자신으로부터 태어난. ② 자식.
atriccha *adj.* atricchā *f.* [*sk.* atṛptyā(?) ati-icchā(?)] ① 매우 탐욕스런. ② 너무 많이 원하는. ③ 지나친 탐욕. 불만족. *abstr. f.* atricchatā.
atha. atho *ind.* ① 그리고. 또한. ② 또는. ③ 그런데. ⑤ 이제. athâparaṁ 다시 또. atha kiṁ 예. 확실히. atha kho 이제. 그런데. atha ca pana 다른 한편. atha vā 혹은. ⑥ atha 근본접미사[어근에 부가되어 명사형성].
athakana *n.* [a-thakana] ① 덮지 않음. ② 보호하지 않음.
athaddha → atthaddha.
athabbaṇa(veda) *m.* [*sk.* atharvan] ① 아타르바-베다[인도고대의 주술을 다루고 있는 성전]. ② 아타르바-베다에 정통한 사람.
athavā *ind.* [atha-vā] 또는.
athāresiṁ → atāresiṁ(?). adhāresiṁ(?).
athāvara *adj.* [a-thāvara] ① 확고하지 않은. ② 동요하는.
athira *adj.* [*sk.* asthira] ① 안정되지 않은. ② 쉽게 변화하는.
athusa *adj.* [a-thusa] 외피(外皮)가 없는. 껍질이 없는.
athena *m.* [a-thena] 도둑이 아닌 사람.
athenī *f.* [a-thenī] 도둑이 아닌 여자.
atho *ind.* = atha
ada. adaka *adj.* [*cf.* adeti<ad] 먹는.
adaṁ. adaṁsu. adattha dadāti 의 *aor.*
adakkhi. adakkhuṁ dassati의 *aor.*
adaḍḍha *adj.* [a-daḍḍha] 불타지 않은.
adaṇḍa *adj.* [a-daṇḍa] ① 지팡이나 몽둥이가 없는. ② 처벌을 면한. 무죄의. -âraha 처벌받을 만하지 않은.
adaṇḍiya *adj.* [a-daṇḍa-iya] 처벌받을 만하지 않은.
adati [ad] 먹다.
adatta *adj.* [a-datta] 주어지지 않은.
adattā *f.* [a-datta] '주어지지 않은 여자' 결혼하지 않은 소녀.
adadaṁ. adamha dadāti의 *aor.*
adana *n.* [<adeti] ① 먹기. 시식(試食). ② 음식. 음식물. -esanā 음식 구하기.

adanta *adj.* [a-danta] ① 길들여지지 않은. ② 훈련을 받지 않은.
adandha *adj.* [a-dandha] ① 느리지 않은. ② 상당히 빠른.
adandhāyanā *f* [<a-dandheti] ① 서툴지 않음. ② 솜씨가 있음.
adabba *n.* [a-dabba] = addabba 비실체적인 것. -vācaka 비실체적인 것을 지칭하는.
adamita *adj.* [a-damita] 훈련되지 않은.
adayāpanna *adj.* [a-dayāpanna] 자비롭지 못한.
adara *adj.* [a-dara] 걱정이 없는.
adalidda *adj.* [a-dalidda] 가난하지 않은. 궁색하지 않은.
adaḷhadiṭṭhi *adj.* [a-daḷha-diṭṭhi] ① 완고하지 않은. ② 쉽게 확신하는.
adasaka *adj.* [a-dasa-ka] 테두리가 없는. -nisīdana 테두리가 없는 깔개. 무연좌구(無緣坐具).
adasagava *adj.* [a-dasa-gava] 열 마리의 소보다 적은.
adassa dadāti의 *cond.*
adassatha. adassiṁ dassati의 *aor.*
adassana *adj. n.* [a-dassana] ① 보는 것이 없는. ② 통찰력이 없는. 통찰력이 없음. ③ 견해가 없음. 철학이 없음. -kamyatā 보기를 원하지 않는 상태. -kāma 보기를 원하지 않는. -pariyosāna 사라짐으로 끝나는.
adassanīya *adj. n.* [a-dassanīya] 보여서는 안 되는 (것).
adassāvin *adj.* [a-dassāvin] 보지 않는. 대화하지 않는.
adassi. adassī dakkhati의 *aor.*
adassin *adj.* [a-dassin] 보지 못하는. 이해하지 못하는.
adā. adāsi. adāsimha dadāti의 *aor.*
adātar *m.* [a-dātar] ① 보시하지 않는 사람. ② 인색한 사람.
adātukāmatā *f.* [a-dātu-kāma의 *abstr.*] 주고 싶지 않음.
adāna *n.* [a-dāna] 보시하지 않음. -ajjhāsaya 보시하지 않으려 하는. -âdhimutta 보시할 마음을 잃어버린. -pakatika 인색한 성품을 지닌. -sammata 보시로서 찬성하지 않는. -sīla 인색한 성품을 지닌. 보시의 의무를 하지 않는.
adāyaka *adj.* [a-dāna] 보시하지 않는.
adāyāda *adj.* [a-dāna] 상속자가 없는.
adārabharaṇa *adj.* [a-dāra-bharaṇa] ① 아내를 부양하지 않는. ② 결혼하지 않은.
adāsa *m.* ① [*sk.* adaṁsa] 아다싸[새의 이름]. ② [a-dāsa] 더 이상 노예가 아님. ③ 자유.
adāsī *f.* [a-dāsī] ① 더 이상 여자노예가 아님. ② 자유.
adiṭṭha *adj.* [a-diṭṭha *pp.*<dissati] ① 보이지 않는. 볼 수 없는. ② 알려지지 않은. -pubba 예전에는 보지 못한. -vādin 모르는 것으로 여기는. -sacca 진리를 보지 못한. -sahāya 보지 못한 자와 친구인 자.
adiṭṭhā [=adisvā. a-diṭṭhā. dissati의 *abs.*] 보지 않고.
adiṭṭhi *f.* [a-diṭṭhi] 삿된 견해가 없음.
Aditi *f.* [〃] 아디띠[신들의 어머니 이름].
Aditinandana *m.* [aditi-nandana] 아디띠난다나[아디띠의 아들].
adinna *adj.* [a-dinna] 주어진 것이 아닌. -ādāna 주어지지 않는 것을 취하는 것. 훔침. 도둑질. 불여취(不與取). 투도(偸盜) -ādāyin 주어지지 않은 것을 취하는 자. 도둑. -pubba 예전에 주어지지 않은.
adissatha. adissittha dissati의 *aor.*
adissamāna *adj.* [a-dissamāna] 보이지 않는. 볼 수 없는.
adīna. adīnava *adj.* [a-dīna] ① 천하지 않은. 불쌍하지 않은. ② 고귀(高貴)한. adīna-satta 고귀한 존재인.
adu *ind.* [아마도 aduṁ. asu의 *pron. n.*] = ādu ① 예. 그렇다. 참으로. ② 게다가. 뿐만 아니라. 조차. 오히려. 사실은[긍정어의 일부].
aduṁ *n. pron.* = adu.
adukkha *adj.* [a-dukkha] 고통스럽지도 않은.
adukkhamasukha *adj.* [a-dukkha-m-a-sukha] 고통스럽지도 않고 행복하지도 않은. 불고불락(不苦不樂). -vedanā 괴롭지도 즐겁지도 않은 느낌. 불고불낙수(不苦不樂受).
aduṭṭha *adj.* [a-duṭṭha] ① 악하지 않은. ② 화내지 않는. ③ 타락하지 않은. -citta 분노로 괴로워하지 않는 마음. 불사심(不邪心).
aduṭṭhulla *adj.* [a-duṭṭhulla] ① 추하지 않은. ② 거칠지 않은.
adutiya *adj.* [a-dutiya] 외로운.
aduppayutta *adj.* [a-duppayutta] 잘못 적용되지 않은.
adubbha → adūbha.
adubbhana *n.* [<a-dūbhati] 속이지 않음. 믿음.
adurāgata *adj.* [a-dur-āgata] ① 잘못 오지 않은. ② 환영받는. = svāgata.
adussanaka *adj.* [a-dussanaka] 싫어하지 않는. 증오하지 않는.
adussanā *f.* [a-dussanā] 미워하지 않음. 증오가

없음.
adussita *adj.* [a-dussita] 미워하지 않는. 증오하지 않는.
adūbha *adj.* [a-dūbha] ① 배반하지 않는. ② 속이지 않는. -pāṇi 순수한 손[친구의 손].
adūbhaka *adj.* [a-dūbhaka] ① 배반·반역하지 않는. ② 충실한.
adūra *adj.* [a-dūra] 멀지 않은.
adūsaka. adūsita adūsiya *adj.* [<a-dūsaka] ① 더럽혀지지 않은. 오염되지 않은. ② 순수한. adūsikā *f.*
adūhala *adj.* [a-dūhala] ① 함정의 일종. ② 덫의 종류.
adejjha *adj.* ① [*sk.* a-dvaidhya] 둘로 나누어지지 않은. ② [*sk.* adhijya '弦을 갖는'] 통일된. 묶여진.
adeti [*sk.* ādayati. ad의 *caus.*] 먹다. (*1sg.*) ademi; *opt.* adeyya.
adevasatta *adj.* [a-deva-satta] 신에 사로잡히지 않은.
adevadiṭṭhi *adj.* [a-deva-diṭṭhi] 무신론(無神論).
adevadiṭṭhin *adj. m.* [a-deva-diṭṭhi] 무신론(無神論)의. 무신론자(無神論者).
adesa *m.* [a-desa] 올바른 장소가 아닌 곳. 비처(非處).
adesanagāmin *adj.* [a-desana-gāmin] ① 가르침을 따르지 않는. ② 고백에 의해서는 참회되지 않는.
adesayi. adesesi deseti의 *aor.*
ado dadāti의 *aor.*
adosa *m.* ① [*sk.* a-doṣa] 잘못이 없음. ② [*sk.* a-dveṣa] 화내지 않음. 성내지 않음. 무진(無瞋). -ajjhāsaya 성냄의 여읨을 열망하는. -kusalamūla 성냄을 여읨의 착하고 건전한 뿌리. 무진선근(無瞋善根). -ja 성냄의 여읨에서 생겨난. -nidāna 성냄의 여읨을 인연으로. -niddesa 성냄의 여읨에 대한 설명. -nissandatā 성냄의 여읨의 결과인 상태. -pakata 성냄의 여읨에서 기원하는. -paccaya 성냄의 여읨을 조건으로. -samudaya 성냄의 여읨의 발생. -ussada 성냄의 여읨으로 가득한.
adda ① *adj.* [*sk.* ārdra] 축축한. 물기 젖은. 미끄러움. -āvalepana '물기 있게 바른' 윤기 있는. 반짝이는. -bhāva 축축한 상태. ② *m.* [*sk.* ādraka] 생강(生薑). -siṅgivera 푸른 (마르지 않은) 생강.
adda. addakkhi. addakkhiṁ dassati의 *aor.*
addaka *m.* [*sk.* ādraka] 푸른 (마르지 않은) 생강.
addana *m.* [*sk.* adrana] ① 방해하는. ② 부수는. ③ 괴롭히는.
addabba → adabba.
addava → ajjava.
addasa. addasaṁ. addasā dassati의 *aor.*
addasāsi. addasāsiṁ. addasāmi dassati의 *aor.*
addasāsuṁ. addasuṁ. addā dassati의 *aor.*
addā. addāyanā anādariya의 정의에서 *misr.* 또는 ādā와 ādāyana의 *dial.*
addāyate [adda의 *denom.*] ① 젖다. ② 물들다.
addāriṭṭhaka *m.* [*sk.* ādra-ariṣṭaka] 아릿따까[검은 색의 무환자(無患子) 나무속(屬)의 식물로 그 열매는 비누 대용으로 쓰임]의 신선한 씨.
addāvalepana *adj.* [*sk.* ādra-avalepana] 새로 중복된.
addi *m.* [*sk.* ardri] ① 돌. ② 산. -pāvaka 화산.
addiṭṭha *adj.* [a-diṭṭha] = adiṭṭha 보이지 않는.
addita *adj.* [*sk.* ardita] = aṭṭa. 괴로운. 핍박받는. 압박을 받는.
addipāvaka *m.* [*sk.* adri-pāvaka] '산불' 화산.
addiyati [ard] ① 걱정하다. ② 혐오를 느끼다. ③ 지루함을 느끼다.
Addilaraṭṭha *m.* 앗딜라랏타[나라의 이름].
addu *adj.* [*sk.* advan] 먹는.
adduva *m.* [?] 무릎. 정강이.
addha ① = aḍḍha *num.* 반. 절반. -māsa 반달. 보름. 이주간(二週間). -goḷasikhara 돔(dome). -yojana 반유순(半由旬)[7km 정도]. ② *m.* = adda *adj.* [*sk.* ārdra] 젖은. 집착하는. ③ = addhan. ③ *adj.* [*sk.* ṛddha] 부유한.
addhan *m.* [*sk.* adhvan] *cf.* addhāna. ① 길. 여정(旅程). ② 시간. 경과(經過). *nom.* addhā; (*gen. dat.*) addhuno; *ins.* addhunā; *acc.* addhānaṁ; *loc.* addhaṁ; (*pl.* addhā.) tayo addhā 삼시(三時 : 과거·현재·미래) dighaṁ addhānaṁ *adv.* 긴 시간. 오랫동안. addha° -āyu 생애. 삶의 지속. 장수. -āvaṭṭa 곡선(曲線). -gata 짧은 인생의 여로를 산 사람. 늙은 사람. 만년(晩年). 구식(舊式)의. -gū (도보) 여행자. 유행자(遊行者). 편력자(編歷者). -ttaya 삼시(三時)[과거·미래·현재]. -maṇḍala 곡선(曲線).
addhana *n.* [a-dhana] ① 재산이 없음. ② 가난.
addhaniya. addhaneyya *adj.* [<addhan] ① 여행에 적합한. ② 긴 시간의. 오랜 세월의. 오랫동안 지속하는.
addhabhavi = ajjhabhavi. adhibhavi.
addhabhavati. addhābhavati [adhi-bhū. abhi-bhū] ① ~의 수준에 있다. ② ~에 숙달하다. 지배력을 갖다.

addhabhuta. addhābhūta *adj.* [adhi-bhū. abhi-bhū의 *pp.*] ① 의존(依存)된. 묶인. ② 자유롭지 못한.
addhara *m.* [*sk.* adhvara] 제사의 일종.
addhariya *m.* [*sk.* adhvaryu] 제사를 주관하는 사제. 공희승(供犧僧).
addhava → adduva.
addhavīhina → addhāna-hīna.
addhā *ind.* [〃] 확실히. 참으로. 틀림없이.
addhāna *n.* [<addhan] ① 시간. 시기. 시대. ② 여행. 큰 길. 먼 길. dīghaṁ addhānaṁ 긴 시간. 오랫동안. -antaratā 시간과 관련해서의 직접성. -iriyāpatha 길 위에서의 위의로(威儀路). -kilamatha 긴 여행에서의 피로. -kovida 길을 잘 아는. -kkhama 긴 여행을 견디는. -gamana 긴 여행을 행하는. 여행(旅行). -daratha 여행에 지친. -pariccheda 시간의 구분. 삶의 시간에 대한 결정. 시한(時限). -pariññā (열반에 이르는) 길에 대한 완전한 앎. -pariyāyapatha 먼 거리의 코스. -parissama 여행에 지친. -parissama 여행의 피로. -magga 여행길(旅路). -vemattatā 시대의 상이성(相異性). -hīna 시대 아래 존재하는. -paccuppanna 지속적으로 현존하는.
addhābhavati → addhabhavati.
addhāyu *n.* [addha-āyu] ① 삶의 지속. 생애. ② 장수.
addhâvalepana → addâvalepana.
addhika. addhin *adj.* [addha-in] ① 거니는. 여행하는. ② 방랑하는. 유랑하는 ③ addhika → āḷhiya.
addhita → aṭṭita의 *misr.*
addhuva. adhuva *adj.* [a-dhuva] ① 안정되지 못한. ② 무상한. ③ 불확실한.
addhūnanava *num.* [addha-ūna-nava] 8½.
adrūbhaka → dubbha.
advaya *adj.* [a-dvaya] 둘이 아닌. 이원적이 아닌. 불이(不二). -vāda 일원론(一元論). 불이론(不二論).
advārarūpa *n* [a-dvāra-rūpa] 감각문(感覺門)의 물질이 아닌 물질. 비문색(非門色)[감각의 물질(감성의 물질과 암시의 물질)이 아닌 물질].
advārika *adj.* [a-dvārika] ① 문이 없는. ② 감관의 문(다섯 가지)을 통해 일어나지 않는.
advitta *n.* [a-dvitta] 중복(重複)이 없음.
advejjha *adj.* [a-dvejjha] ① 나누어지지 않은. ② 확실한. 진지한. 참된. ③ 의심이 없는. ④ 흔들리지 않는. -kathā 진지한 이야기. -gāmin 의심 없음으로 이끄는. -tā. -bhāva 진실. 참. -manasa 흔들리지 않는 마음. -vacana. -vāca 두 가지로 말하지 않는. 확실한 말.
adveḷhaka *adj.* [a-dvaiḍhaka] = advejjha.
adha° = adho.
adhaṁsiya *adj.* [a-dhvaṁs의 *grd.*] 타락될 수 없는. 파괴될 수 없는.
adhakkhaka *n.* [adho-akkhaka] 쇄골(鎖骨) 아래에 있는 것.
adhakkhandha *adj.* [adho-khandha] 머리를 아래로 향한.
adhagga *adj.* [adho-agga] 끝이 아래로 향한 [윗이빨의 묘사].
adhañña *adj.* [a-dañña] 불행한.
adhana *adj.* [a-dhana] 재물이 없는. 가난한.
Adhanapālī *f.* [adhana-pāli] 아다나빨리[가공적인 인물의 이름].
adhama *adj.* [adho의 *superl.*] ① 최하의. 하층의. ② 가장 열등한. ③ 비천한. -aṅga 발. -jana 하층계급의 사람들.
adhamma *m.* [a-dhamma] ① → dhamma의 반대. ② 틀린 가르침. 그릇된 법(法). 비법(非法). ③ 그릇된. 도덕적이 아닌. 사악한. -kamma 비법갈마(非法羯摩). -kāra 불의(不義). -kāraka 사악한 행위자. -kiriyā 불의(不義). -gārava 불의(不義)를 중시하는. -caraṇa. -cariyā 그릇된 행위. 그릇된 가르침의 준수(非法行). -cārin. -cārika. 그릇된 가르침을 행하는 사람. 사악한 사람. 비법행자(非法行者). -cudita(ka) 잘못 경고된. -codaka 잘못 다른 사람을 경고하는 사람. 비법가책자(非法呵責者). -ṭṭha 그릇되게 사는 사람. 비법주자(非法住者). -tta 불의(不義). -diṭṭhi 불법적인 것으로 여기는. -niviṭṭha. 사악한 것에 몰두하는. -nissita 사악한 것에 의존하는. -bali 불법적인 세금. -rāga 근친상간(近親相姦). -rūpa 사악한. -laddha 정당하게 얻지 못한. -vādin 그릇된 가르침을 설하는 사람. 비법설자(非法說者). -vitakka 죄악에 가득 찬 사유. -saññin 불법적이라고 여기는. -sammata 도덕적이라고 여겨지지 않는. -hāsa 사악한 웃음.
adhammika *adj.* [a-dhammika] ① 그릇된 가르침의. ② 정의롭지 못한. 사악한. ③ 경건하지 않는. -kapaṇarāja 사악하고 인색한 왕. -tta. -bhāva 그릇됨. 사악함. -vāda 그릇된 가르침을 설함.
adhammikatā *f.* [a-dhammika의 *abstr.*] ① 정의롭지 못함. ② 불의(不義). 비법(非法).
adhammiya = adhammika.
adhammiyamāna *adj.* [a-dhamma의 *denom. ppr.*] 법에 따라 행동하지 못하는.

adhara *adj.* [adho의 *compar.*] ① 보다 낮은. ② 보다 열등한. -âraṇī 부싯목[燧木]의 윗부분. -ôṭṭhara 아랫입술. -ôttara 아래쪽과 위쪽. -kāya 하체(下體).
Adharaṭṭeri *f.* 아다랏떼리[남인도의 마을 이름].
adharaṇatā *f.* [a-dharaṇa의 *abstr.*] 마음에 새기지 않음.
adhārita dhāreti의 *pp.*
adhārayiṁ dhāreti의 *aor. 1sg.*
adhi° *pref.* [〃] ① ~으로. ~향해서[한정된 목표에로의 움직임]. ② ~위에. ~에 대해서[장소]. ③ 뛰어난. 초월적인. 첨가해서[修飾].
adhika *adj.* [〃] ① 더한. ② 뛰어난. 초월적인. ③ 대단한. 비상한. paññsâdhikāni pañca vassasatāni 50을 더한 500년. 550년. -ālaṅkārayuttalipi 과식체(過飾體). -issaravacana '보다 많은' 또는 '가운데 최상'의 표현. -guṇatā 우월성. 탁월성(卓越性). -citta = adhicitta. -cchedana 너무 많이 자른. -taraṁ 몹시. -vega 비등(沸騰). 절정(絶頂). 오르가즘.
Adhikakka *adj.* 아디깍까[신성한 목욕장 이름].
adhikata *adj.* [*sk.* adhikṛta] ① 머리에 놓인. 앞에 놓인. 우선적인. -ussāha 우선적인 관심사. ② 관련된. 의존해 있는. ③ 망설이는. 불안정한. 난처한. 난감한.
adhikatara *adj.* [adhika의 *compar.*] ① 보다 더한. ② 보다 뛰어난.
adhikatta *n.* [adhika의 *abstr.*] 탁월성. 우월성.
adhikaraṇa *n.* [〃] '머리 위에 둔' ① 문제. 의문. 일. 사건. 일의 처리. ② 논쟁. 소송. 다툼. 쟁사(諍事). ③ 관계. 소의(所依). ④ 이유. 원인. ⑤ 처격(處格)[문법]. *acc.* adhikaraṇaṁ *adv.* ~때문에. ~한 까닭에. ~의 결과로서. -avhāna 소환(召喚). -kāraka 소송하는 사람. 논쟁하는 사람. 쟁론자(諍論者). -jāta 쟁사에 말려든. -nirodha 쟁사의 소멸. 멸쟁(滅諍). -vūpasama 쟁사의 중지. 멸쟁(滅諍). -saṅgaha 쟁사의 분류. -samatha 쟁사를 그침. 지쟁(止諍). -samuṭṭhāna. -samudaya. -samuppāda 쟁사의 발생. -sālā 법정(法廷).
adhikaraṇika *adj. m.* [adhikaraṇa-ika] ① 소송하기를 좋아하는. 논쟁하기를 좋아하는. ② 재판관. 쟁론자(諍論者).
adhikaraṇī *f.* [<adhikaraṇa] 대장장이의 모루.
adhikaroti [adhi-kṛ] ① 누구에게 부담을 주다. ② 주요한 목표를 위해 ~을 갖다. 고용하다. *pass.* adhikarīyati.
adhikāra *m.* [〃] ① 관리. 경영. 경영자(經營者). 관리자(管理者). ② 의무. 임무. 권한. ③ 덕행. 선행. ④ 명예. 존경. adhikāraṁ deti 권한을 부여하다. -antara 새로운 주제. -kata 의무를 완수한 사람. -kamma 덕행. 선행. -cāga 은퇴(隱退).
adhikārika *adj.* [adhikāra-ika] ① 봉사하는. ② 경영하는. 관리하는. ③ 관계하는. ④ 목표하는.
adhikārin *m.* [〃] 경영자(經營者). 사용자(使用者). 관리자(管理者). 점령자(占領者).
adhikuṭṭana *n.* [adhi-kuṭṭana] 자르기. 찌르기.
adhikuṭṭanā *f.* [adhi-kuṭṭanā̆] 푸줏간의 도마.
adhikumāri *ind.* [adhi-kumāri] 소녀에 관해서.
adhikusala *adj.* [adhi-kusala] ① 보다 착하고 건전한. ② 승선(勝善)의.
adhikūnaka *adj.* [adhika-ūna-ka] 하나를 더하거나 빼는.
adhikoṭṭanā *f.* [adhi-koṭṭanā̆] 푸줏간의 도마.
adhikodhita *adj.* [adhi-kodhita] 매우 화가 난. 매우 성난.
adhikkhipati [adhi-kṣip] ① 던지다. 투척하다. ② 도전하다.
adhigacchati [adhi-gam] ① 도달하다. 얻다. 성취하다. ② 이해하다. 파악하다. 증득(證得)하다. *opt.* adhigaccheyya. adhigacche; *abs.* adhigamma. adhigantvā; *grd.* adhigantabba; *cond.* adhigacchissaṁ; *aor. sg.* ajjhagā. adhigacchi. *3pl.* ajjhagū. ajjhāgamuṁ; *pp.* adhigata.
adhig(g)aṇhāti [adhi-gaṇhāti] ① 초월하다. ② 승리하다. 이겨내다. ③ 포획하다. 포착하다. ④ 점거하다. 점령하다. *abs.* adhigayha. adhiggahetvā; *pp.* adhiggahīta.
adhigata *adj.* [adhi-gam의 *pp.*] ① 획득된. 도달된. 성취된. ② 파악된. 이해된. ③ 체험한. 증득된. -appanā 근본삼매를 체험한. 안지정(安止定)을 체험한. -phala 경지를 체험한. 과위(果位)를 체험한. -māna 이해했다는 것에 대한 교만. -rūpa 환영. 유령(幽靈). -rūpadassana 환영을 본. 유령을 본. -vat 획득한 자. 이해한 자. 증득한 자. -saññin 이해한 것으로 여기는.
adhigama *m.* [*cf.* adhigacchati] ① 획득. 도달. ② 파악. 이해. 지식(知識). ③ 증득(證得). 업적(業績). -antaradhāna 획득된 것의 사라짐. -appiccha 증득에 관하여 욕구가 없는 자. -ûpaya 증득의 방법. -kāraṇa 증득의 동기. -paṭibhāṇavat 증득에 재능이 있는. -vyatti 증득에 관한 분명한 이해. -vipulavarasamapatti 증득에 관한 최상 최선의 성취. -saddhammapaṭirūpaka 증득에 관한 바른 이론에 반대가 되는. -saddhā 증득에 대한 믿음. -sampadā 증득의 구족. 완전한 증득. -sampanna 증득을 구족한.

adhigamana *n.* [*cf.* adhigacchati] ① 획득. 도달. ② 이해. 증득(證得).

adhigameti [adhigacchati의 *caus.*] ① 도달하게 하다. ② 이해하게 하다.

adhiggahita [adhiganhāti의 *pp.*] ① 패배한. 제압당한. 점거된. 점령된. ② 붙잡힌.

adhiciṇṇa → aviciṇṇa.

adhicitta *n.* [adhi-citta] ① 보다 높은 마음. 집중된 마음. 증상심(增上心). ② 최상의 사유. 선정(禪定). adhicitte yutto 선정에 들었다. -sikkhā 보다 높은 마음에 대한 배움. 증상심학(增上心學).

adhiceto *adj.* [adhi-ceto] 고상한. 기뻐하는.

adhicca *ind.* [adhi-i의 *abs.*] ① 배우고. 공부하고. ② '지나치고' 우연히. 드물게. 뜻밖에. 원인이 없이. 이유가 없이. -āpattika 우연히 저지름. 드물게 죄를 저지른. -uppatti 우연적인 발생. -dassavin 드물게 보는. -laddha 뜻밖에 획득된. 우연히 얻은. -samuppatti 우연적 발생. -samuppattika 원인 없는 발생의. 우연히 생겨난. 무인생기(無因生起)의. 무인(無因)의. -samuppanna 원인 없이 발생된. 우연히 생겨난. 갑자기 생겨난. -samuppannika 우연론자(偶然論者). 무인론자(無因論者).

adhiccakā *f.* [*sk.* adhityakā] 고원(高原).

adhichindana *n.* [adhi-chindana] 조각들로 자름. 분쇄.

adhijeguccha *n.* [adhi-jeguccha] ① (타인들에 대한) 매우 신중한 배려. ② 혐오스러운 것과 관련된. 증상둔세(增上遁世).

adhiṭṭhahati. adhiṭṭhāti [*sk.* adhitiṣṭhati] ① 확립하다. 고집하다. ② 해결하다. 결정하다. ③ 집중하다. 가호하다. 가지(加持)하다. ④ 서식하다. 머물다. *inf.* adhiṭṭhātuṁ; *abs.* adhiṭṭhahitvā. adhiṭṭhāya; *grd.* adhiṭṭhātabba; *aor.* adhiṭṭhahi. adhiṭṭhāsi; *pp.* adhiṭṭhita.

adhiṭṭhāna *n.* [*sk.* adhiṣṭhāna<adhi-sthā] ① 주거. 기반. 서식장소. 입장. ② 확립. 결정. 해결. 의지. 결의(決意). 수지(受持). ③ 돌봄. 돌보기. 관리. 지도. 가호(加護). 가지(加持). 섭지(攝持). ④ 완고. 고집. 편견(偏見). ⑤ 시(市). 도성(都城). -iddhi(°niddhi) 결정의 불가사의한 힘. 섭지신족(攝持神變)[자신을 많게 만들 수 있는 신비한 능력]. -uposatha(°nu-) 자신의 결정에 따라 개최된 포살. 수지포살(受持布薩). -citta 결정의 마음. -javana 의도적 통각의 계기. 결정의 순간적 포착. -pāramī. -pāramitā 결정의 완성. 결정바라밀(決定波羅密). 수지바라밀(受持波羅密). -pavāraṇa 자신의 결정으로 개최된 포살을 파괴하는. -bala 해결하는 힘. 섭지력(攝持力). -bhāva 주요한 기반의 존재. -mana 해결할 수 있는 힘을 수련하는 정신. -vasin (선정의 기간을) 미리 결정하는데 자재한. 돌봄에 자재한. -vasitā 돌봄의 자유자재. 섭지자재(攝持自在). -vidhāna 결정을 위한 규칙. -suñña 섭지공(攝持空)[출리(出離). 무진(無瞋)등의 확립·섭지(攝持)에 따라 생겨나는 공(空)]. -hāra 해설의 방식[16 hāra의 하나].

adhiṭṭhāya [adhiṭṭhāti의 *abs.*] ① 결심하고. ② 관리하고. 감독하고.

adhiṭṭhāyaka *adj. m.* [adhiṭṭhāyaka] ① 감독하는. ② 감독관. 관리자. 지배인.

adhiṭṭhita *adj.* [adhiṭṭhāti의 *pp.*] ① 결정된. 보증을 받은. 확립된. 수지된. ② 섭지(攝持)된. 가호받는.

adhitthi *adj.* [adhi-itthi] 여성과 관련된.

adhideva *adj. m.* [adhi-deva] ① 신들에 관련된 (것). 의천(依天). ② 우주. -ñāṇadassana 신들과 관련된 것에 대한 앎과 봄. ③ 최고의 신. *cf.* atideva. -kara 최고의 신의 지위로 이끄는.

adhinītivedin *adj. m.* [adhi-nīti-vedin] ① 변호하는. ② 법정변호사.

adhipa *m.* [〃 adhipati의 축약] ① 왕. 군주. ② 지배자. 통치자.

adhipaka *adj.* [adhipa-ka] ① 지배하는. ② 군주와 관계자.

adhipacca *n.* [adhipati-ya] 지배.

adhipajjati [adhi-pajjati] 도달하다. 이르다. *pp.* adhipanna.

adhipaññā [*bsk.* adhiprajñā] 더 높은 지혜. 증상혜(增上慧). -dhammavipassanā 보다 높은 지혜의 원리에 대한 통찰. 증상혜법수관(增上慧法隨觀). -sikkhā 보다 높은 지혜에 대한 배움. 증상혜학(增上慧學).

adhipatati [adhi-patati] 날아가 버리다. 사라지다. *caus.* adhipāteti.

adhipatana *n.* [<adhipatati] ① 향해서 날아감. ② 공격. 압박.

adhipati *adj. m.* [adhi-pati] ① 왕. 군주. ② 지배자. 제어자. ③ 지배적인 요소. 지배. 영향. ④ 주권을 장악한. 통치하는. ⑤ 탁월한. 뛰어난. 우세한. 현저한. -paccaya 현저한 조건. 우세한 원인. 영향조건. 증상연(增上緣).

adhipatiya *n.* [adhipati-ya] 주권.

adhipateyya *n.* [<adhipati] ① 탁월성. ② 지배적 영향. 권력(權力). 위력. 증상(增上). ③ 동기(動機). *cf.* ādhipateyya.

adhipatthita [adhipattheti의 *pp.*] ① 원해진. 바

래진. ② 요청되어진.
adhipanna *adj.* [adhi-pad의 *pp.*] 공격받은. 사로잡힌.
adhipā *f* [<adhipa] 여자 우두머리. 여왕.
adhipāṭimokkha *n.* [adhi-pāṭimokkha] 증상바라제목차(增上波羅提木叉).
adhipāta *m.* ① [<adhipāteti] 쪼갬. 균열. 파괴. ② [<adhipatati=*sk.* atipatati] 파리. 나방.
adhipātaka *m.* [<*sk.* atipatati] 나방. 모기.
adhipātin *adj.* [adhipāta-in] ① 쪼개는. 균열시키는. ② 파괴하는.
adhipātikā *f.* [<*sk.* atipatati] ① 나방. 모기. 메뚜기. ② 벼룩.
adhipāteti [adhipatati의 *caus. sk.* abhipātayati] ① 쪼개다. 절단하다. ② 파괴하다. 헐다.
adhipagacchati [adhi-pa-gam] ① 향해 가다. ② 전진하다. *aor. 3sg.* adhippāgā.
adhippageva *ind.* [adhi-pag'eva] 아침 일찍.
adhippasanna *adj.* [abhi-pasanna] 아주 고요한. 아주 적정(寂靜)한.
adhippagharati [adhi-pa-ghar-ati] ① 흐르다. ② 액체가 조금씩 흘러나오다.
adhippāya *m.* [*sk.* abhiprāya] ① 의도. 욕구. 소망. 의견. 관념(觀念). ② 의미. 해석. ③ 결론. -ânurūpaṁ 욕구와 일치하도록. -ânusandhi 의미와 적용. -naya 해석의 특정한 방식. -nidassana 소망의 표시. 욕구의 표현. -phala 의도한 결과. -yojanā 의미의 구성. -vidū 타자의 욕구를 아는 자.
adhippāyosa *m.* [adhi-pāyosa] ① 특징. 특성. ② 차이.
adhippeta *adj.* [*sk.* adhipreta] ① 의도하는. 욕구하는. ② 의미하는.
adhippetatta *n.* [adhippeta의 *abstr.*] ① 이해된 것. ② 의미가 부여된 사실.
adhibādheti [adhi-bādheti. *sk.* adhibādhayati] ① 괴롭히다. ② 억압하다.
adhibrahman *m.* [adhi-brahman *cf.* atibrahmā] 훌륭한 하느님. 탁월한 브라흐마. 상범(上梵).
adhibrahmānaṁ *ind.* [adhi-brahmā *cf.* atibrahmā] 하느님에 대하여. 범천에 대하여.
adhibhavati [adhi-bhavati. *sk.* abhibhavati] ① 이기다. 승리하다. ② 정복하다. 제압하다. *aor. sg.* adhibhavi. ajjhabhavi. addhabhavi. *3pl.* adhibhaṁsu; *pp.* adhibhūta.
adhibhāsati [adhi-bhāsati] ① 말을 걸다. ② 말하다. *aor.* ajjhabhāsi.
adhibhū. adhibhūta *adj. m.* [adhibhavati. *sk.* adhibhū] ① 이긴 (자). 정복한 (자). ② 군주.
adhimatta *adj.* [adhi-matta] 정도가 지나친. 극도의. *acc.* adhimattaṁ *adv.* 극히. 극단적으로. -tā 극단적인 상태(adhimatta의 *abstr.*)
adhimana *n. adj.* [adhi-mano] ① 주의. 집중. 지향. ② 열중하는. 지향하는. 차분한.
adhimanasa. adhimānasa *adj.* [<adhi-mano] ① 열중한. 차분한. ② 경향이 있는. 지향하는.
adhimāna *m.* [*sk.* abhimāna. *bsk.* adhimāna] ① 극도로 자신을 평가하는 것. 자만(自慢). 증상만(增上慢). 과만심(過慢心). ② 환상. ③ 망상(妄想). -yutta 자기만족적인.
adhimānika *adj.* [addhimāna-ika] ① 극도로 교만한. 과만심(過慢心)한. ② 망상(妄想)에 사로잡힌.
adhimucca. adhimuccana *n.* [<adhimuccati] ① 확신. 전념. 몰입. 지향. ② 승해(勝解). 신해(信解).
adhimuccati. adhimuñcati [adhi-muc *sk.* adhimucyate] ① 확신하다. 몰입하다. ② 지향하다. 믿다. ③ 승해(勝解)하다. 신해(信解)하다. *pp.* adhimutta; adhimuccita ; *caus.* adhimoceti.
adhimuccita. *adj.* [adhimuccati의 *pp.*] ① 확신된. ② 신해(信解)된. ③ 지향된.
adhimuccitar *m.* [adhimuccati의 ag.] 신뢰자. 믿을 만한 사람.
adhimucchita *adj.* [adhi-mūrch의 *pp.*] (욕망이나 회한에) 집착하는.
adhimuñcati → adhimuccati.
adhimutta *adj. m.* [adhimuccati<adhi-muc의 *pp. bsk.* adhimukta] ① 차분한. 몰입된. 확신된. ② 몰입. 지향. 신해(信解). 승해(勝解). -citta 확신된 마음. 차분한 마음. 승해심(勝解心). -tā. -tta adhimutta의 *abstr.*
adhimutti *f.* [adhi-mutti<adhi-muc. *bsk.* adhimukti] ① 결정. 처리. 승해(勝解). ② 경향. 의향. 지향. ③ 믿음. 확신. 신해(信解). -paccupaṭṭhāna 확신에 의해 나타난.
adhimuttika *adj.* [adhimutti-ka] 확신이 있는. 의향이 있는.
adhimokkha *m.* [<adhi-muc *bsk.* adhimokṣa] ① 결정. 승해(勝解). ② 지향. 몰입. ③ 믿음. 확신. 신해(信解). -kicca 확신에 필요한 것. -bahula 확신으로 가득 찬. -lakkhaṇa 확신의 특징을 지닌. -saddhā 확신에 찬 믿음. -sampasāda 만족.
adhimoceti [<adhi-muc] 타인에게 스스로 적용하게 하다.
adhiyati [adhi-i] = adhīyati ① 배우다. ② 독송

하다. 암송하다. *abs.* adhiyitvā. adhiyāna. ad-hicca; *pp.* adhiyita.
adhiyānaṁ. adhiyituṁ → adhiyati.
adhiyitvā → adhīyati의 *abs.*
adhiyita *adj.* [adhīyati의 *pp.*] 배운. 배워 얻은.
adhirajja *m.* [adhi-rajja] 제국(帝國).
adhirāja *m.* [adhi-rājan] 황제(皇帝). -pālana. -vāda 제국주의(帝國主義). -vādin 제국주의자.
adhirājja *f.* [adhi-rājja] 제국(帝國). -āyatta 제국(帝國)의.
adhirājanī *f.* [adhi-rājanī] 왕후(王后). 여제(女帝).
adhirūḷha *adj.* [adhirohati의 *pp.*] 상승된.
adhiroha *m.* [<adhi-ruh] ① 오름. 상승. ② 승진. duradhiroha 오르기 어려운.
adhirohati [<adhi-ruh] 오르다. *pp.* adhirūḷha.
adhirohinī *f.* [<adhiroha] 사다리.
adhivacana *n.* [〃 adhi-vacana] ① 명칭. 용어. 술어. 명사. ② 유사 어원적 동의어. ③ 한정사. 은유. 은유적 표현. 증어(增語). -patha 유사어원적 해석. 명칭에 의한 해석방식. 증어도(增語道). 명목도(名目道)[어근과 관련 없는 해석방식]. -samphassajā 유사어원적으로 생겨난. 증어촉소생(增語觸所生)[어근과 관련 없는 해석으로 생겨난].
adhivacanīya *adj.* [〃 adhi-vacanīya] 동의어로 표현되어야 할.
adhivattati [adhi-vattati] ① 발생하다. ② 초래하다. 결과하다.
adhivattha. adhivuttha *adj.* [adhivasati의 *pp.*] ① 사는. 거주하는. 점거된. 점령된. ② 초대받은 초대에 동의한.
adhivara *adj.* [adhi-vara] ① 탁월한. 우수한. ② 능가하는.
adhivasati [adhi-vas] ① 살다. 거주하다. ② 점거하다. 점령하다.
adhivahana. adhivāhana *n.* [adhi-vahana<vah] ① 휴대. ② 수송.
adhivāsa *m.* [<adhi-vas] ① 인내. ② 자제(自制). ③ 찬성. 동의.
adhivāsaka. adhivāsika *adj.* [adhivāsaka] 인내하는. 참을성 있는.
adhivāsana *n.* [*cf.* adhivāseti] ① 인내. ② 관용(寬容). 포용(包容). ③ 찬성. 동의.
adhivāsanā. adhivāsanatā *f.* [<adhivāsana] ① 관용(寬容). 포용(包容). ② 인내(忍耐). ③ 찬성. 동의.
adhivāseti [adhivasati의 *caus.* *bsk.* adhivāsayati] ① 동의하다. ② 참다. 인내하다. 기다리다. *caus.* adhivāsāpeti.
adhivāha *adj.* *m.* [<adhi-vah. *cf.* adhivahati] ① 운반하는. 옮기는. ② 운반자.
adhivāhanī *f.* [<adhivāha] 운반하는 여자.
adhivinnā *f.* [<adhivāha] 본부인.
adhivimutti *adj.* [<adhivāha] 해탈과 관계된.
adhivimuttatta *n.* [= adhivimokkhatta. adhimutti] 해탈과 관계되는 것.
adhivimokkhatta *n.* [= adhimokkha] 해탈과 관계되는 것.
adhivutti *f.* [adhi-vutti<vac] ① 말 하는 것. 이론. ② 표현. 의견. -pada 유언비어. 낭설. 부어(浮語). 이론. 도그마.
adhivuttha = adhivattha.
adhivedana *n.* [〃] 열등한 아내를 취함.
adhisakkāra *m.* [adhi-sakkāra] 탁월한 명예.
adhisamuppannanāma *n.* [adhisamuppanna-nāma] ? [의미가 어원과 일치하지 않으며 반대말은 anvattanāma이다].
adhisaya *m.* [*sk.* adhi-śraya] 장소.
adhisayati → adhiseti.
adhisayana *adj.* *n.* [<adhiseti] ① 위에 누운. 거주하는. ② 누움. 와(臥).
adhisayita *n.* [adhiseti의 *pp.*] ① 위에 앉은. ② (계란 등이) 썩은.
adhisarati [*sk.* adhi-sṛ] 제압하다.
adhisallikati [*sk.* adhi-sam-likh] 긴장시키다. 중압을 가하다.
adhisīla *adj.* *n.* [adhi-sīla] ① 계행에 관한. ② 최상의 계행. -sikkhā 보다 높은 계행에 대한 배움. 증상계학(增上戒學). ③ 아디씰라[인명].
adhiseti ① [adhi-seti<sayati<śī] 위에 앉다. 눕다. ② [adhi-seti<śri] 수행(遂行)하다. 의존하다. *pp.* adhisayita.
adhissara *m.* [*sk.* adhīśvara] 최상의 지배자. 군주(君主).
adhiharati → abhiharati.
adhīta *adj.* [adhīyati의 *pp.*] 학습된.
adhīna *adj.* [〃] ① 의존하는. 의지하는. ② ~에 속하는.
adhīyati [adhi-i] → adhiyati.
adhīra *adj.* [〃] ① 두려워하는. ② 소심한.
adhīrita *adj.* [adhi-īr의 *pp.*] ① 말해진. 표현된. 언급된. ② 발음된.
adhīsa *m.* [adhi-iśa] ① 지배자. ② 군주. 영주.
adhuttī *f.* [〃] 타락하지 않음.
adhunā *ind.* [〃] ① 지금. 최근에. 바로. 방금. ② 새로. -āgata 신식의. 현대적인. 새로 온 사람. -âbhisitta 새로 또는 방금 기름 부어 신성하게 된. -upanna(adhunu°) 로 생기(生起)된. -kārita 새로 지은. -kālakata 지금 바로 죽은. -pabbajita. -samayāgata 신참수행자. 초보수행자. 행자(行者).

adhunika *adj.* [adhunā-ika] 최근의. 신식의. 현대의.

adhura *n.* [a-dhura] ① 무책임. ② 책임을 등한히 하는 것.

adhurā *f.* [a-dhura] '명예로운 자리가 아닌' 낮거나 무익한 일.

adhuva. addhuva *adj.* [a-dhuva] ① 영원하지 않는. ② 안정되지 않은.

adhūpana *adj.* [a-dhūpana] 그슬리지 않은. 훈증하지 않은.

adho. adhas *ind.* [*sk.* adhaḥ] 아래에. 밑으로. 낮게. -akkhakaṁ(adhakkh°) 쇄골(鎖骨) 밑으로. -agga(adhagga) '끝이 밑으로 향한' 윗 이빨의. -orohana(adhoor°) 아래로 내려가는. adho° -kata 낮아진. 거절된. 뒤집혀진. -karoti 밑으로 향하게 하다. -kūra 아도꾸라[스리랑카의 마을이름]. -koṭika 끝을 밑으로 향한. -khipana 경멸하는. -gaṅgam 갠지스 강을 따라 아래로. -gata 지나가 버린. -gati 하강운동. -gama 아래로 가는. -gamaniya 밑으로 이끄는. -gala 목구멍 밑에. -gāmin 아래로 가는. -jānumaṇḍala 슬개골 밑에. -jivhikā 목젖. 연구개(軟口蓋). -ṭhita 아래에 선. -disa 낮은 지역. 저지대(低地帶). -nābhi 배꼽아래. -nīharaṇa = -virecana. -patana 아래로 떨어짐. -patthara 침대용 시트. -pāta 밑으로 떨어짐. -pupphiya 아도뿝삐야[장로의 이름]. -bhāga (신체의) 아래 부분. 하반신(下半身). -bhāva 낮은 상태. 낮은 존재. -bhāvagamanīya 낮은 상태로 이끄는. 낮은 존재로 이끄는. -bhuvana 낮은 세계. -magga 항문. -mukha 아래로 향한. 고개를 숙인. 침묵하는. -vātaṁ 바람이 불어가는 쪽을 향해. -vātapassa 바람이 불어가는 쪽. -virecana 하제(下劑)의 작용. -sākhaṁ~uddhamūlaṁ 가지가 밑으로 갈라지고 뿌리째 뽑혀진 채. -sira 머리를 아래로 향한. 머리를 숙인. -siraṁ 머리를 숙이고. -sīsa 곤두박이의.

adhota *adj.* [a-dhota] 씻지 않은.

adhovima *adj.* [<a-dhovati] 물에 깨끗이 할 필요가 없는.

adhosi dhunāti의 *aor.*

an° *ind.* (a) [〃] 부정의 접두어. 모음 앞에 둔다.

ana ① *ind.* [<an] 부정의 접두어. -ppameyya 무량한. 측량할 수 없는. -matagga 무시무종의. ② 근본접미사의 일종[어근에 첨가되어 명사를 형성].

anakāma *adj.* [an-a-kāma] 원하지 않지 않는.

anakkamaṇa *adj.* [an-akkamaṇa] 밟지 않는.

anakkosa *adj.* [an-akkosa] 욕하지 않는.

anakkha *adj.* [an-akkha] ① 주사위 놀이를 하지 않는. ② 도박을 하지 않는.

anakkhāta *adj.* [an-akkhāta] 서술 되지 않은. 말할 수 없는. 형언할 수 없는.

anakkhāna *n.* [an-akkhāna] 묘사할 수 없음. 말할 수 없음. 형언할 수 없음.

anakkhika *adj.* [an-akkhika] ① 눈이 없는. ② 눈먼.

anagāra *n.* [an-agāra] = anāgāra ① 집이 없음. ② 집 없는 삶. -ûpanissaya 집 없는 삶의 필요성. 고행적 삶의 필요성.

anagārika *m.* [anagāra-ika] 집 없는 자.

anagārin *adj.* [anagāra] 집 없는.

anagāriya *n.* [anagāra] 집 없는 삶. anagāriyaṁ pabbajati 출가자가 되다. 출가하다. -upeta (°yupeta) 집 없는 삶을 택한.

anagga *adj.* [an-agga] 시작이 없는. -pāka 안악가빠까[고행자의 이름].

anaggavat *adj.* [an-agga-vat] 첫 번째 부류의 사람이 아닌.

anaggahita *adj.* [an-aggahita] (인색하게) 간직해 두지 않는.

anaggi *adj.* *m.* [an-agga] ① 불이 없는. ② 불을 사용하지 않는 자[고행자의 부류]. -pakka 불에 요리하지 않은. -pakkika 화식을 하지 않는 자. -pakkikatāpasa 화식을 하지 않는 고행자.

anaggha *adj.* [an-aggha] ① 값이 없는. ② 평가할 수 없이 귀중한. -kāraṇa 평가할 수 없이 귀중한 이유.

anagha *adj.* [an-agha] ① 죄 없는. ② 비난받을 바가 없는.

anaṅga *adj.* *m.* [an-aṅga] ① 자신의 멤버가 아닌. 나쁜 관계에 있는. ② 몸이 없는 신. 사랑의 여신.

anaṅgaṇa *adj.* [an-aṅgaṇa] ① 범죄 없는. 죄악에서 벗어난. ② 탐욕에서 벗어난.

anaṅguṭṭha *adj.* [a-naṅguṭṭha] 꼬리가 없는.

anaccantasuddhi *adj.* [an-accata-suddhi] 절대적인 청정이 아닌.

anaccuṁ naccati의 *aor.* *3pl.*

anaccha *adj.* [an-accha] 맑지 않은. 혼탁한.

anacchariya *adj.* [an-acchariya] 놀랍지 않은.

anajjatana *adj.* [an-ajjatana] 오늘을 언급하지 않는[미완료시제의 어미에 부여하는 것].

anajjava *adj.* [an-ajjava] 정직하지 않은.

anajjhagaṁ [an-adhigacchati의 *aor. 1sg.*] 얻지 못했다.

anajjhiṭṭha *adj.* [an-ajjhiṭṭha] ① 요구되지 않는. ② 초대되지 않은.

anajjhattikabhūta *adj.* [an-ajjhattika-bhūta] ① 자신에 속하지 않는. ② 낯선. 생소한.

anajjhācāra *m.* [an-ajjhācara] 어긋나지 않는. 범하지 않는.

anajjhāpatti *f.* [an-ajjhāpatti] 어긋나지 않음. 범하지 않음.

anajjhāpanna *adj.* [an-ajjhāpanna] 죄를 범하지 않은.

anajjhāyaka *adj.* [an-ajjhāyaka] ① 공부를 하지 않은. ② (베다에) 정통하지 않은.

anajjhārūḷha *adj.* [an-ajjhārūḷha] 무성해지지 않은. 보다 우위를 점하지 않은.

anajjhārūha *adj.* [an-ajjhārūha] 너무 자라지 않는. 너무 성장하지 않는.

anajjhāvuttha *adj.* [an-ajjhāvuttha] 살지 않는. 점령되지 않은.

anajjhiṭṭha. anajjhesita *adj.* [an-ajjhesati의 *pp.*] 요청되지 않은.

anajjhottharaṇa *n.* [an-ajjhottharaṇa] 압도하지 않음.

anajjhopanna *adj.* [an-ajjhopanna] 탐닉하지 않는.

anajjhosāna *n.* [an-ajjhosāna] 집착하지 않음. 무집착(無執着).

anajjhosāya *ind.* [an-ajjhosāya] 집착하지 않고. 무집착하여.

anajjhosita *adj.* [an-ajjhosita] ① 집착되지 않은. ② 탐내지지 않은.

anañjita *adj.* [an-añjita] ① (기름이) 발라지지 않은. ② 단정치 못한.

anañña *adj.* [an-añña] ① 다른 것이 아닌. ② 똑같은. 일치하는. ③ '다른 것을 지니지 않은' 타자에 헌신하는 것이 아닌. -âdhina 다른 사람에 종속되지 않는. -âpekkhatakatta 다른 것에 기대하지 않는 것. -garahin 다른 자를 비난하지 않는. -tta 동일한 것. -tha 다른 것으로 존재하지 않는. -dheyya 다른 사람에 고분고분한. -neyya 다른 사람에 의해 이끌어질 수 없는. 자주적 견해를 지닌. -pācittiya 고백참회죄(波逸提 : pācittiya : 비교적 경미한 죄로 4인 이상의 수행승에게 고백하여 참회하는 죄)에서 고백의 지정. -pubbā 처녀(處女). -posin 다른 사람에 의존하지 않는 (자)[집 없는 고행자]. -mano 마음을 다른 사람에게 두지 않는. -rūpatta 형상과 관련해서 일치함. -rogutṭhitagelañña 특발성질환(特發性疾患). -labha 다른 사람에 의해서 얻어질 수 있는 것이 아닌. -vāda 다른 사람의 교리에 집착하지 않는. -sattuka 다른 스승을 갖고 있지 않은. -saraṇa 다른 사람에 귀의하지 않는. -sādhāraṇa 다른 사람과 공통적이 아닌.

anaññathā *ind.* [an-aññathā] ① 다르지 않게. ② 진실하게. anaññatha-vādin 확신·진실을 말하는 사람. 확정론자(確定論者).

anaññāta *adj.* [an-aññāta] 알지 못한. 이해하지 못한. -ññāssāmitindriya 모르는 것을 알게 될 것이라고 믿는 감관능력. 미지당지근(味知當知根)['나는 알려지지 않은 것을 알고 싶다.'라고 실천하는 자에게 생겨나는 능력으로 흐름에 드는 길을 가는 님의 앎].

anaññāya *ind.* [an-ājānāti의 *abs.*] 알지 못하고. 이해하지 못해서.

anaṭa *adj.* [a-naṭa] 위선이 없는.

anaṭṭha *adj.* [a-naṭṭha] 잃어버리지 않은.

anaṭṭhika *adj.* [an-aṭṭhika] ① 핵심이 없는. ② 확고하지 못한. -kiriyatā 확고하게 행동하지 못하는 상태.

anaḍuha *m.* [*sk.* anaḍ-uh] 황소.

anaḍḍha *adj.* [an-aḍḍha] 가난한.

anaṇa *adj.* [an-aṇa] ① 빚이 없는. ② 허물없는.

anata *adj. n.* ① [a-nata] 구부러지지 않은. 경향이 없는. ② [an-ṛta] 진리가 아닌 것.

anatabhasana *adj.* [*sk.* an-ṛta-bhasana] 진리가 아닌 것을 말하는.

anatikkanta *adj.* [an-atikkanta] (시간이나 공간을) 지나치지 않은. 건너지 않은.

anatikkama *m.* [an-atikkama] 어기지 않음. 범하지 않음.

anatikkamana *n.* [an-atikkamana] ① 어기지 않음. ② 범하지 않음.

anatikkamanīya *adj.* [an-atikkamanīya] 어긋나질 수 없는.

anaticārin *adj.* [an-aticārin] ① 어기지 않는. ② 범행(犯行)을 하지 않은.

anaticāriyā *f.* [an-aticāriyā] 신뢰.

anatimāna *m.* [an-atimāna] 교만이 없음.

anatimānin *adj.* [an-atimāna-in] 교만이 없는.

anatiritta *adj.* [an-atiritta] ① 나머지가 없는. ② (먹고) 남기지 않은. -bhojana 남기지 않은 음식. 비잔식(非殘食).

anatirekatā *f.* [an-atireka-tā] 초과하지 못함.

anativattana *n.* [an-ativattana] 초월하지 않음.

anatisāra *adj.* [an-atisāra] ① 위반하지 않은. ② 잘못이 없는.

anatīta *adj.* [an-atīta] ① 넘어서지 못한. 종속

된. ② 지나가지 않은. 현존하는.

anattan *m.* [an-attan. *sk.* an-ātman] 무아(無我). 자아가 아닌 것. anatta° -âkāra 무아의 형태. 무아의 특징. -ânanattanīya 자아나 자아에 속한 것이 아닌. -ânupassanā 무아에 대한 관찰. 무아수관(無我隨觀). -ukkaṁsaka 자신을 칭찬하지 않는. 우쭐대지 않는. -ukkaṁsanā 우쭐대지 않음. -kata 자기가 스스로 만든 것이 아닌. -garahin 자신을 비난할 만한 것이 없는. -dhamma 자아가 아닌 현상. 무아법(無我法). -ntapa 자신을 괴롭히지 않는. -lakkhaṇa 무아의 특징·표지. 무아상(無我相). -mana 불만족한. 기분이 상한. -saññā 무아에 대한 지각. 무아상(無我想). -vāda 자아의 실체가 없다는 이론. 무아론(無我論). -vāda 자아의 실체가 없음을 주장하는 자. 무아론자(無我論者).

anattaniya. anattanīya *adj.* [an-attaniya] 자아에 속한 것이 아닌.

anattamana *adj.* [an-attamana] ① 마음에 들지 않는. 불만족한. ② 기분이 상한. 불쾌한.

anattamanatā *f.* [anattamana의 *abstr.*] ① 마음에 들지 맞음. ② 불쾌.

anattha *m.* [an-attha] ① 의미가 없음. ② 이익이 없음. ③ 선행이 없음. ④ 해악. 손실. -āvaha 무익으로 이끄는. -uppādana 손실을 야기하는. -kara 해악을 끼치는. -kāma 해를 끼치길 원하는. -kāraka 해를 기치는. -kāritā 해악을 끼치는 것. -kusala 좋은 일에 능숙하지 못함. -gahaṇa 나쁜 것을 전하는. -cara 선행을 하지 않는. -cariyā 잘못된 행위. -janaka. -janana 해악을 만드는. -jānanaka 불익이라는 사실을 아는. -da 불이익을 가져오는. -dassin 쓸모없는 것을 보여주는. 나쁜 충고를 하는. -nissita 쓸모없는 것에 관여하는. 헛된. -padakovida 의미와 단어에 능숙하지 못한. -padasaṁhita 의미 있는 말을 포함하지 않은. -pucchaka 유익하지 못한 것에 관해 질문하는. -yutta 무익한 것과 관련된. -vat 쓸모없는. 가치 없는. -vasa 사악한 것에 대한 지배. -vādin 이로움이 없는 말을 하는 사람. 무익어자(無益語者). -saṁhita 이익을 가져오지 않는. 무익한. -santāna 유익한 것의 지속.

anatthaṁgata *adj.* [an-atthaṁ-gata] (해가) 지지 않는.

anatthika *adj.* [an-attha-ika] 원하지 않는.

anadi *f.* [a-nadī] ① 물이 없는 하천·강. ② 강이 아닌 것.

anaddhagū *adj.* [an-addha-gū] 길 위로는 가지 않는.

anaddhaniya. anaddhanīya. *adj.* [<an-addhaniya] 지속하지 않는.

anaddhanika. anaddhaneyya *adj.* [<an-addhaniya] 지속하지 않는.

anaddhabhūta *adj.* [an-addha-bhūta] 묶이지 않은. 독립적인.

anaddhika → anāḷhiya.

anadhika *adj.* [an-adhika] ① 지나치지 않은. 더하지 않는. ② 많지 않은.

anadhikaraṇa *adj.* [an-adhikaraṇa] 소송을 좋아하지 않는.

anadhigata *adj.* [an-adhigata] ① 얻지 못하는. ② 이해하지 못하는.

anadhigama *m.* [an-adhigama] ① 얻지 못함. ② 이해하지 못함. ③ 성취하지 못함.

anadhiṭṭhāna *n.* [an-adhiṭṭhāna] 결정하지 못함. 마음을 정하지 못함.

anadhiṭṭhita *adj.* [an-adhiṭṭhita] 결정되지 않은. 마음이 정해지지 못한.

anadhibhū *m.* [an-adhibhū] ① 정복자가 아닌 자. ② 극복하지 못한 자.

anadhibhūta *adj.* [an-adhibhū] 정복되지 않은.

anadhimana *adj.* [an-adhimana] 마음이 집착되지 않은.

anadhimāna *adj.* [an-adhimāna] 자만이 없는.

anadhimucchita *adj.* [an-adhimucchita] ① 집착되지 않은. ② 욕망에 오염되지 않은.

anadhivara *adj. m.* [an-adhivara] ① 더 이상 탁월한 자가 없는. ② 세존(世尊).

anadhivāsaka anadhivāsika *adj.* [an-adhivāsa-ka] ① 참지 못하는. ② 성급한.

anadhivāsanatā. anadhivāsanā *f.* [an-adhivāsa-ka] ① 참지 못함. ② 성급함.

ananukūla *adj.* [an-anukūla] ① 적당하지 않은. ② 어울리지 않는. ③ 불친절한.

ananukūlatā *f.* [an-anukūla의 *abstr.*] 불친절(不親切).

ananugiddha *adj.* [an-anugiddha] 탐욕스럽지 않은. 탐욕이 없는.

ananucchavika *adj.* [an-anucchavika] ① 적당하지 않은. 부적당한. ② 관계되지 않는. 상응(相應)하지 않는.

ananucchaviya *adj.* [an-anucchaviya] ① 상응하지 않은. ② 인가가 나지 않은.

ananuññā *f.* [an-anuññā] ① 허락되지 않음. ② 비인가.

ananuññāta *adj.* [an-anuññāta] ① 허락되지 않은. ② 인가가 나지 않은.

ananubodha *m.* [an-anubodha] ① 확실히 깨

닫지 못하는 것. 불수각(不隨覺). ② 확실히 알지 못하는 것. 불영해(不領解). 무지(無知).
ananubhūta *adj.* [an-anubhūta] ① 성취하지 못한. 실현되지 못한. ② 즐기지 못한.
ananumata *adj.* [an-anumata] 허락되지 않은.
anamodaka *m.* [an-anumodaka] 감사를 표시하지 않는.
ananuyāyin → anānuyāyin.
ananuyuñjana *n.* [an-anuyuñjana] 자신을 적용시키지 않는 것. 불근행(不勤行).
ananuyutta *adj.* [an-anuyutta] 의도하지 않은.
ananuyoga *m.* [an-anuyoga] 자신을 적용시키지 않는 것. 불근행(不勤行). -kkhama 이의(異議)의 제기에 대하여 참을 수 없는.
ananuruddha → anānuruddha.
ananurūpa *adj.* [an-anurūpa] ① 어울리지 않는. ② 적당하지 않은. ③ 가치가 없는.
ananurodha *m.* [an-anurodha] 응낙하지 않음.
ananuroma → anānuroma.
ananuromika. ananuromiya *adj.* [<an-anuroma] 부적당한.
ananuvajja *adj.* [an-anuvajja] 비난되어져서는 안 될.
ananuvattana *n.* [an-anuvattana] 불일치.
ananuvāda *adj.* [an-anuvāda] 불일치하는.
ananuvicca *ind.* [an-anuvicca<vid의 *abs.*] 충분히 알지 못하고.
ananuvejja *adj.* [an-anuvajja] 추적할 수 없는. 찾아낼 수 없는.
ananusandhika *adj.* [an-anusandhika] 연관이 없는.
ananusandhikathā *f.* [an-anusandhi-kathā] 연관이 없는 대화.
ananusaya *m.* [<an-anuseti] 잠재적인 경향이 없음.
ananusociya *adj.* [an-anusociya] 비탄해 할 수 없는.
ananussati *f.* [an-anussati] 기억의 쇠퇴.
ananussuta *adj.* [an-anussuta] ① 전통이 없는. ② 들어보지 못한. 전대미문(前代未聞)의.
ananta *adj.* [an-anta] ① 끝이 없는. 한량없는. 헤아릴 수 없는. ② 한계가 없는. 무한한. 무제한적인. -ākāsa 무한공간(無限空間). 무변허공(無邊虛空). -ākāsāyatana 무한공간의 세계. 무한공간의 경지. 공무변처(空無邊處). -âdinava 많은 재난이 있는. 많은 위험이 있는. -kāya 안안따까야[밀린다 왕의 신하의 이름]. -guṇa 무한한 덕행을 지닌. -gocara 인식영역이 한계가 없는. -(g)gāhaka 극단적인 입장에 집착하지 않는. -janasaṁsa(d) 무한한 사람의 집합. -jāli 안안따잘리[전륜왕의 이름]. -jina 무한[열반]의 정복자. -ñāṇa 한량없는 앎. 무변지(無邊智). -taja(s) 무한한 빛. -dassin 무한한 봄[지혜]을 지닌. -dosupaddava 한량없는 손해와 해악. -dhiti 확고함에 한계가 없는. -naya 무한한 방법을 지닌. -pañña 무한한 지혜를 지닌. -paṭibhānavat 무한한 재치가 있는. -parimāṇa 무한한 양의. -parivāra 무한한 수행원을 지닌. -ppabhā 무한한 광명. -bala 무한한 힘. -balaporisa 무한한 군대를 지닌. -bhogatā 무한한 수행원이 주어진. 무한한 번영을 부여받음. -mānasa 무한으로 느껴진 정신. -yasa 무한한 명예. -vaṇṇa 끝없는 영광을 지닌. -viññāṇāyatana 무한의식의 세계. 식무변처(識無邊處). -saññin 무한에 대한 지각.
anantaka *adj.* [an-anta-ka] ① 끝이 없는. ② 한계가 없는.
anantatā *f.* [an-anta-tā] 무한성. 무한한 사실.
anantara *adj.* [an-antara] ① 틈새가 없는. 지체없는. 무간(無間)의. 인접한. 다음의. ② 직접적으로 영향을 받는. 근접(近接)의. 직접적인. *acc.* anantaraṁ *adv.* 직접적으로. 곧바로. 틈새없이. 이어서. 직후에. -âtitattabhāva 바로 앞서 간 존재. -ûpanissaya 무간친의(無間親依)[전심(前心)이 후심(後心)에 대하여 강력한 원인인 것]. -niruddha 곧바로 중단된. -gabbha 인접한 방. -catukka 다음의 넷. -ṭṭhapanā 잇단 순서의 배열. -paccaya 공간근접조건. 무간연(無間緣)[세무간(世無間 : addhānantara)에 의해서 무간연(無間緣 : anantarapaccaya)이 있음]. -paṭivissakaghara 바로 이웃한 집. -vatthu 다음 이야기. -viriya 무한한 정진을 하는. -vimokkha 직접적인 해탈. -vutta 바로 이전에 말해진. -sāmanta 가장 가까운 이웃 왕. -sutta 바로 앞의 경전.
anantaraka *adj.* [<anantara] = ānantarika
anantaradhāna *n.* [an-antara-dhāna] 사라지지 않음.
anantarahita *adj.* [an-antara-hita] ① 감추어지지 않은. 사라지지 않은. ② 열린. 공개된.
anantarā *ind.* [an-antarā] 바로 후에. 다음에.
anantarāpayutta *adj.* *m.* [an-antarā-payutta] 중요한 죄악에 대하여 (책임질 것을) 교사하는 (사람).
anantarāya. anantarāyika *adj.* [an-antarāyika] 장애가 없는. 위험에 종속되지 않은.
anantarāvimokkha *adj.* [an-antarā-vimokkha] 직접적으로 해탈된.
anantarika → ānantarika.

anantavat *adj.* [an-antavat] ① 끝이 없는. ② 무한한.
anantevāsika *adj.* [an-antevāsika] ① 시종이 없는. ② 제자가 없는.
anantogadha *adj.* [an-antogadha] 포함되지 않은. 내포되지 않은.
anandin *adj.* [a-nandin] 즐겁지 않은.
anandha *adj.* [an-andha] 눈멀지 않은.
ananvaya *adj.* [an-anvaya] 효과 없는.
ananvāhata *adj.* [an-anu-ā-hata] ① 혼란되지 않은. ② 얻어맞지 않은. -cetasa 마음이 혼란되지 않은 (자).
anapagata *adj.* [an-apagata] ~과 어긋나지 않는. (사이가) 벌어지지 않은.
anapacca *adj.* [an-apacca] ① 후손이 없는. ② 아이가 없는.
anapadāna *adj.* [an-apadāna] 훈계·충고를 받아들이지 않는.
anapadesa *adj.* [an-apadesa] ① 논의가 없는. ② 불합리한. 부조리한.
anapanata *adj.* [an-apanata] 옆으로 굽어지지 않은.
anapanīta *adj.* [an-apanīta] 부적당하지 않은 것이 아닌.
anapamata *adj.* [an-avamata] 무시당하지 않은.
anaparādha *adj.* [an-aparādha] 순진한. 순수(純粹)한.
anapaviddha *adj.* [an-apaviddha] 버려지지 않은. 무시하지 않은.
anapāya *adj.* [an-apāya] 반감이 없는. 혐오가 없는. 싫어하지 않는.
anapāyin *adj.* [an-apāyin] ① 가지 않는. 떠나지 않은. ② 잃어버리지 않은. 손실하지 않는. *f.* anapāyinī
anapuṁsaka *adj.* [a-napuṁsaka] 중성이 아닌 [문법].
anapekkha. anapekkhavat. anape(k)khin *adj.* [<an-apekkha] ① 기대하지 않는. 바라지 않는. ② 무관심한. 상관없는. anapekkha-cittatā 바램 없는 마음의 상태.
anapekkhana *adj.* [<an-apekkha-na] 기대하지 않음. -sīla 욕망이 없음.
anapeta *adj.* [an-apeta] ~에서 어긋나지 않은.
anappa *adj.* [an-appa] 적지 않은. 많은.
anappaka *adj.* [an-appa-ka] 적지 않은. 오히려 많은. -tara 더욱 많은. -parivāra 많은 추종자를 거느린.
anappameyya *adj.* [an-a-pameyya] = appameyya 측량할 수 없는.
anapparūpa *adj.* [an-appa-rūpa] 작지 않은. 탁월한.
anappasokâtura *adj.* [an-appa-sokâtura] 지나친 고통에 괴로워하는.
anappiya *adj.* [an-appiya] 불친절하지 않은. 온순한.
anabbhakkhātukāma *adj. m.* [*sk.* an-abbhakkhātu-kāma] 잘못된 비난을 초래하길 원하지 않는.
anabbhāhata *adj.* [an-abbhāhata] (병으로) 괴롭힘을 당하지 않는. -tta 괴롭힘을 당하지 않음.
anabbhita *adj.* [an-abbhita] 불러지지 않은. 소환되지 않은. 다시 허락되지 않은.
anabbhaka *adj. m.* [*sk.* an-abhra-ka] ① 번뇌의 구름이 없는. ② 무운천(無雲天). anabbhakā devā 번뇌의 구름이 없는 신들의 하느님 세계. 번뇌의 구름이 없는 하느님 세계의 신들. 무운천(無雲天)[대승불교에서 神·神界의 이름. 色界四禪의 하느님 세계].
anabbhita *adj.* [an-abbhita] 회복되지 않는. 회복될 수 없는.
anabbhuṇṇatatā *f.* [an-abbhuṇṇata의 *abstr.*] ① 솟아 있지 않은 상태. ② 내리 걸려있는 상태.
anabhāva *m.* [ana-bhāva] ① 없음. 허무. 비유(非有). 공(空). ② 번뇌의 파괴. anabhāvaṁ gata 허무로 돌아갔다.
anabhijjhā *f.* [an-abhijjhā] 탐욕이 없음. 탐욕에서 벗어남. 무탐(無貪). -dhammapada 탐착의 여읨이라는 가르침의 분야. -sahagata 탐욕스럽지 않은.
anabhijjhālu *adj. m.* [an-abhijjhālu] ① 탐욕이 없는. ② 무탐자(無貪者).
anabhijjhita *adj.* [an-abhijjhita] 탐욕스럽게 원하지 않는.
anabhijjhitar *m.* [an-abhijjhati의 *ag.*] 탐욕스럽게 원하지 않는 사람.
anabhiññata *adj.* [an-abhijānāti의 *pp.*] 알려지지 않은.
anabhiññaya *ind.* [an-abhijānāti의 *abs.*] 알려지지 않고.
anabhinata *adj.* [an-abhiññata] 구부러지지 않은. 굽혀지지 않은.
anabhinandati [an-abhinandati] 즐거워하지 않다. *cf.* abhinandati. *aor.* ababhinandi.
anabhinandana *n.* [an-abhinandana] ① 기쁘지 않음. 즐거움 없음. ② 무애락(無愛樂).
anabhinandita *adj.* [an-abhinandati의 *pp.*] 환영받지 못한. 바람직하지 않은. *cf.* abhinandati.

anabhinippatta → anabhinibbatta
anabhinibbatta *adj. m.* [an-abhinibbatta] ① 다시 태어나지 않는. ② 불전생(不轉生).
anabhinibbatti *f.* [an-abhinibbatti] ① 다시 태어나지 않음. ② 불생(不生). 불전생(不轉生). -sāmaggī 다시 태어나지 않음에 의한 화합. 불생화합(不生和合).
anabhineyya *adj.* [an-abhineti의 *grd.*] 이끌어지지 않는. 인도되지 않는.
anabhipatthita *adj.* [an-abhipatthita] 몹시 탐내지지 않은.
anabhippeta *adj.* [an-abhippeta] 목표로 하지 않은. 의도되지 않은.
anabhibhavanīya *adj.* [an-abhibhavanīya] 정복될 수 없는. 극복될 수 없는. 무적(無敵)의.
anabhibhūta *adj. m.* [an-abhibhūta] ① 정복되지 않은. 패배하지 않는. ② 이길 수 없는 사람. 정복될 수 없는 사람.
anabhimata *adj.* [an-abhimata] ① 있을 것 같지 않은. ② 받아들일 수 없는.
anabhirata *adj.* [an-abhirata] ① 즐거워하지 않는. 환희하지 않는. ② 자극에 유혹되지 않는.
anabhirati *f.* [an-abhirati] ① 불만족. 불쾌. ② 자극에 유혹되지 않음. -saññā 불만족에 대한 지각. 유혹되지 않음에 대한 지각.
anabhiraddha *adj.* [an-abhiraddha] ① 불만족한. ② 분노한.
anabhiraddhi *f.* [an-abhiraddhi] ① 불만족. 분노. ② 화냄.
anabhiramanā *f.* [an-abhiramanā] ① 불만족. 분노. ② 화냄.
anabhirādhana *n.* [an-abhiraddhana] ① 불만족. 분노. ② 화냄.
anabhirādhaniyabhāva *n.* [an-abhirādhaniya-bhāva] ① 불만족. 분노. ② 화냄.
anabhisaṅkhacca *m.* [an-abhisaṅkhacca] 경향을 세우지 않는.
anabhisaṅkhata *adj.* [an-abhisaṅkhata] ① 만들어지지 않은. ② 신조어의 반대어로 일상용어로 사용되는.
anabhisaṅkharaṇīya *adj.* [an-saṅkharaṇīya] ① 만들어 질 수 없는. ② 시설될 수 없는.
anabhisaṅkhāra *adj.* [an-abhisaṅkhāra] ① 만들어지지 않음. ② 시설되지 않음.
anabhisamaya *m.* [an-abhisamaya] ① 꿰뚫어 알지 못함. 바르게 이해하지 못함. ② 불충분한 이해. 불현관(不現觀).
anabhisamecca *ind.* [an-abhisameti의 *abs.*] 꿰뚫어 알지 못하고.
anabhisameta *adj.* [an-abhisameta] 꿰뚫어 알지 못한.
anabhisametāvin *adj. m.* [an-abhisametāvin] ① 꿰뚫어 알지 못하는. 올바르게 이해하지 못하는. ② 불충분한 이해를 갖고 있는 자. 미현관자(未現觀者).
anabhisambhuddha *adj.* [an-abhisambhud-dha] ① 아직 완전히 이해하지 못한. ② 아직 바르고 원만한 깨달음을 성취하지 못한.
anabhisambhavanīya *adj.* [an-abhisambha-vati의 *grd.*] ① 도달될 수 없는. ② 이해될 수 없는.
anabhisambhuṇana *n.* [anabhisambhuṇāti의 *ppr.*] ① 얻지 못함. ② 이해할 수 없음.
anabhisara *adj.* [an-abhisara] 동료가 없는.
anabhisitta *adj.* [an-abhisitta] 관정을 받지 못한. 머리에 기름이 부어지지 않은.
anabhissara *m.* [an-abhissara] 주인이 없음.
anabhuṇṇatatā *f.* [an-abbhuṇṇata-tā] 매달린 상태. 드리워진 상태.
anamatagga *adj.* [ana-mata-agga. *sk.* ana-pavarga. *bsk.* anavarāgra<(*amg.*) aṇavaya-gga. aṇavadagga] ① 그 시작을 헤아릴 수 없는. 무시(無始)의. 시작이 없는. ② 무궁(無窮)한. 끝이 없는. -pariyāya 시작 없이 윤회한다는 가르침. 무시유전(無始流轉)의 교(敎).
anamataggiya *n.* [anamataggaiya] ① 끝없는 윤회(輪廻). ② 시작 없음에 관한 논쟁.
anamassanabhāva *n.* [anamassanabhāva] 존경을 표하지 않음.
anambila *adj.* [an-ambila] ① 산(酸)이 없는. ② 시큼하지 않은.
anamha *adj.* [ana-mha<smi] ① 놀라는. ② 슬퍼하는.
anaya *m.* ① [a-naya] 잘못된 길. 잘못된 방법. 잘못된 행위. ② [an-aya] 불행. 불운. 상실. 손실. 화(禍). 재난. ③ 불운을 초래하는 사람. -ûparama 불운의 중지. -byasana. -vyasana 불행과 상실. 불행과 재난.
anaraha *adj.* [an-arahat] 가치 없는.
anarahat *m.* [an-arahat] 성자가 아닌 자. 아라한이 아닌 자.
anariya *adj.* [an-ariya] ① 고귀하지 않은. ② 천한. 비천한. -pariyesanā 고귀하지 못한 탐구. -vohāra 고귀하지 않은 용어·말. 비속어(卑俗語).
anala *adj.* [an-ala] ① 충분하지 않은. 불가능한. ② 불만족스러운. 불평하는.
analaṅkata *adj.* [an-alaṁ-kata] ① 불평하는.

만족하지 못한. ② 장식하지 않은.
analaṅkaraṇa *n* [an-alaṁ-karaṇa] 만족을 찾지 못함.
analasa *adj.* [an-alasa] ① 게으르지 않은. ② 활동적인. 정력적인.
analla *adj.* [an-alla] ① 젖지 않은. ② 마른. -kesa 마른 머리카락. -bhāva 젖지 않은 상태.
anallāpa → anālāpa.
anallīna *adj.* [an-allīna] ① 달라붙지 않은. ② 몰두되지 않은.
anallīyana *n.* [an-allīyana] 무집착.
anavakāra *adj.* [an-avakāra] 제거하지 않는. 배제하지 않는.
anavakāsa *adj.* [an-avakāsa] ① 장소가 아닌. ② 경우가 아닌. ③ 불가능한.
anavakūla → anāvakūla.
anavakkanta *adj.* [an-avakkanta] ① 밟아지지 않은. ② 극복되지 않은. ③ 채워지지 않은.
anavakkarīkatvā *ind.* [an-avakkarī-kata] ① 제거하지 않고.
anavakkhitta *adj.* [an-avakkhitta] ① 경시되지 않은. ② 평가절하가 되지 않은.
anavagama *m.* [an-avagama] ① 이해하지 못함. ② 알지 못하는 상태.
anavajja *adj.* [an-avajja] ① 죄 없는. ② 허물없는. *abstr.* -tā 무죄. -dhamma 허물없음. -pada 올바른 노선. 비난할 수 없는 자취. -piṇḍa 허물없는 음식. 허락된 음식. -bala 무죄의 힘. -bhogin 허락된 것만을 즐기는. -rasa 허물없음. -saṅkhāta 허물없음이라고 불리는. -saññin 허물없는 것으로 지각되는. -sukha 허물없음의 행복. 완전한 행복.
anavaññatti *f.* [an-avaññatti] ① 경멸받지 않음. ② 교만. ③ 명예(名譽). 긍지(肯志). 자부심. -kāma 경멸받지 않기를 바라는. -paṭisaṁyutta 경멸받지 않음과 관련된. -mada 경멸받지 않는 명예를 지닌. -paṭisaṁyutta 경멸받지 않음과 관련된.
anavaññapaṭilabha *m.* [an-avaññā-paṭilabha] 존경의 성취. 관심의 성취.
anavaññā → anavaññatti.
anavaññāta *adj.* [an-avaññāta] 경멸받지 않은 무시당하지 않는.
anavaṭṭhāna *n.* [an-avaṭṭhāna] ① 확립되지 못함. ② 불안정.
anavaṭṭhita. anavattha *adj.* [an-avatiṭṭhati의 *pp.*] ① 확립되지 않은. ② 불안정한. -cārikā 한 곳에 오래 머물지 못하는 것. 불안정하게 방황하는 것. -citta 불안정한 마음.
anavatthāya *ind.* [an-avatiṭṭhati의 *abs.*] 적절한 숙고가 없이.
anavatthin *adj.* [an-āvattin] ① 돌아오지 않는. ② 물러서지 않는. *cf.* anāvattin.
anavadāna *n.* [an-avadāna] 방해가 없음.
anavadhāna *n.* [an-avadhāna] 간과(看過).
anavabodha → ananubodha.
anavamata *adj.* [an-avamata] ① 경멸받지 않은. ② 평가된.
anavaya *adj.* [a-navaka. a-navaya(?)] ① 부족함이 없는. ② 경험이 많은. 세련된. ③ 완전한.
anavayava *adj.* [an-avayava] '부분이 아닌' 지시문자[문법].
anavara → anāvara.
anavarata *adj.* [an-avarata] ① 방해받지 않은. 중단되지 않는. 연속적인. ② 일정한. anavaratam *adv.* 중단 없이. 계속해서.
anavasiñcanaka *adj.* [an-avasiñcanaka] 넘쳐흐르지 않는.
anavasitta *adj.* [an-avasitta] ① 넘쳐흐르지 않은. 튕기지 않은. ② 더러워지지 않은.
anavasīdana *n.* [an-avasīdana] '가라앉지 않음' 소모되지 않음. 활력이 있음.
anavaseka *adj.* [an-avaseka] 넘쳐흐르지 않는
anavasesa *adj.* [an-avasesa] ① 남김 없는. ② 완전한. ③ 더 이상의 영향이 없는. -âdhigama 모든 것에 대한 이해. -dohin 완전히 쥐어짜는. -nirodha 완전한 소멸. -pariyādāna 모든 것의 포함. -pahāna 완전한 버림. -pharaṇa 모든 것에 침투하는. -vyāpaka 모든 것을 파악하는.
anavassava *m.* [an-avassava] 넘치지 않음. 영향이 없음. 무루(無漏).
anavassuta *adj.* [an-avassuta] ① 넘치지 않은. 새지 않는. ② 타락하지 않은. 부패하지 않은. ③ 번뇌가 없는. (번뇌의) 유출이 없는. 무루(無漏)의. -citta 마음에 번뇌를 여읜 (사람).
anavosita *adj.* [an-avosita] ① 종결되지 않은. ② 미완성의.
anavhāta *adj.* [an-avhāta] ① 불러지지 않은. ② 호출되지 않은.
anasana *n.* [an-asana] ① 식사하지 않음. 단식(斷食). ② 기아(飢餓).
anasitvāna *ind.* [an-asati의 *abs.*] ① 먹지 않고. ② 식사를 끊고.
anasuyyant *adj.* [an-asūyati의 *ppr.*] ① 불평하지 않는. 투덜거리지 않는. ② 시기하지 않는.
anasuropa *m.* [an-asuropa] ① 서두르지 않음. ② 태연자약.
anasūyaka *adj.* [an-asūyaka] ① 불평하지 않

는. 투덜거리지 않는. ② 시기하지 않는.
anassa *adj.* [an-assa] 말[馬]이 아닌.
anassaka *adj.* ① = an-assa-ka. ② = a-nas-saka.
anassana *n.* [an-assana] 불멸. 영원.
anassanadhamma *adj.* [an-assana-dhamma] 불멸의. 영원한.
anassaya *adj.* [*sk.* an-āśraya] 의지처가 없는.
anassava *adj.* [an-assava] 복종하지 않는. 순종하지 않는. -tā 불복종(不服從)
anassāma nassati의 *aor. 1pl.*
anassāvin *adj.* [an-assāvin] ① 새지 않는. ② 번뇌가 없는. ③ 애욕이 없는.
anassāsaka *adj.* [an-assāsaka] 숨을 회복하지 못한.
anassāsiṁ → anasāsiṁ.
anassāsika *adj.* [an-assāsika. *bsk.* anāśvāsi-ka] ① 편하지 않은. 불안한. ② 믿을 수 없는.
anassuṁ ① [anvassuṁ의 축약. anussuṇāti의 *aor. 1sg.*] 나는 들었다. ② [nassati의 *aor. 3rd.*] 파멸되었다.
anahāta *adj.* [*sk.* asnāta] 목욕하지 않은.
anākappasampanna *adj.* [an-ākappa-sam-panna] 단정하게 차려입지 않은.
anākara *adj.* [an-ākara] ~을 위한 용기가 아닌.
anākiṇṇa *adj.* [an-ākiṇṇa] 가득 차지 않은. 붐비지 않는.
anākula *adj.* [an-ākula] ① 사로잡히지 않은. 곤경에 빠지지 않은. ② 곤혹스럽지 않은. 혼란스럽지 않은. ③ 조용한.
anākulanīya *adj.* [an-ākulanīya] 곤란에 빠져서는 안 될.
anāgata *adj. m.* [an-āgata] ① 오지 않은. 도달하지 못한. ② 전승이 아닌. ③ 당래(當來)의. 미래의. -aṁsa 미래. 미래분(未來分). -aṁsañāṇa 미리에 대한 앎. 미래분지(未來分智). -attha 전승[āgama]을 배우지 못한. -addha 미래의 시간. 미래시(未來時). -addhakatha 미래에 기초한 진술['있을 것이다'에 기초한 진술]. -âdhivacana 미래시제[문법]. -ârammaṇa 미래를 대상으로 하는. -ñāṇa 신탁(神託). -pañha 밀린다왕문경의 다른 이름. -pucchā 미래에 대한 질문. -ppajappā 미래에 관한 갈망들. -phala 과보를 얻지 못한. -bhaya 미래에 대한 두려움. -maddhāna 미래세(未來世). -rūpa 미래시제의 형식[문법]. -vaṁsa 미래불의 역사. -vacana 미래시제[문법]. -samāgama 미래에서의 만남. -sambandha 미래와 관련된. -sukhâvaha 미래를 위한 행복을 가져오는. -kālika 미래에 속하는. -koṭṭhāsa 시간의 미래부분. -bhaya 오지 않은. 미래의 공포. 두려움. -ârammaṇa 미래의 감각대상. 미래소연(未來所緣). -bhāva 미래의 상태. 미래성(未來性).
Anāgatavaṁsa *m.* [an-āgata-vaṁsa] 미래사(未來史) [미래불에 대한 작품. Kassapa의 저술].
anāgantar *m.* [an-āgantar] 돌아오지 않는 님[不還者].
anāgama *m.* [an-āgama] 도달하지 않음. 돌아오지 않음.
anāgamana *n.* [an-āgamana] 도달하지 않음. 돌아오지 않음. -diṭṭhika 댓가로 돌아오리라고 생각하지 않는.
anāgamaniya. anāgamanīya *adj.* [an-āgacchati의 *grd.*] ① 가까이 해서는 안 될. 와서는 안 될. ② 돌아와서는 안 될.
anāgavat *adj.* [an-āgavat] = anāgu 죄 없는. 순진한.
anāgāmitā *f.* [an-āgāmi의 *abstr.*] 다시 돌아오지 않는 상태. 불환위(不還位). 불환과(不還果).
anāgāmin *adj. m.* [an-āgāmin] ① (천상계로 가는 도중 또는 천상계에 태어나 그곳에서 열반에 들어 다시) 돌아오지 않는. ② 돌아오지 않는 님. 아나함(阿那含). 불환자(不還者). anāgāmi°-phala 돌아오지 않는 경지. 불환과(不還果). 아나함과(阿那含果). -phalacitta 돌아오지 않는 경지의 마음. 불환과심(不還果心). 아나함과심(阿那含果心). -phalasacchikiriyāya paṭipanna 돌아오지 않는 경지를 실현하기 위해 길을 가는 님. -magga 돌아오지 않는 길. 불환도(不還道). 불환향(不還向). 아나함도(阿那含道). 아나함향(阿那含向). -maggacitta 돌아오지 않는 길의 마음. 불환도심(不還道心). 불환향심(不還向心). 아나함도심(阿那含道心). 아나함향심(阿那含向心). -sukha 돌아오지 않는 님의 행복.
anāgāra *m.* [an-āgāra] ① 집 없음. 집 없는 사람. 거지. ② 출가수행자.
anāgārika. anāgārin. anāgāriya *adj. m.* [<an-āgāra] ① 집이 없는. ② 출가수행자.
anāgu *adj.* [*sk.* an-āgas] ① 죄 없는. ② 비난할 수 없는.
anāghāta *adj.* [an-āghāta] ① 악의가 없는. ② 분노가 없는.
anācariyaka *adj.* [an-ācariyaka] ① 스승이 없는. ② 악한 영향이 없는.
anācariyakula *adj.* [an-ācariya-kula] 스승의 집이 아닌.
anācariyupajjhāya *adj.* [an-ācariya-upajjhā-

ya] 스승과 친교사가 없는.
anācāra *adj. m* [an-ācāra] ① 비행(非行)의. 부도덕한 행위. ② 부정행(不淨行)의. 음행. 간통. -kiriyā = anācāra.
anācāraka *adj.* = anācāra.
anācārin *adj. m* [anācāra-in] ① 비행(非行)의. ② 부도덕한 행위의.
anācikkhita *adj.* [an-ācikkhita] ① 언급되지 않은. ② 눈에 띠지 않는.
anāciṇṇa *adj.* [an-āciṇṇa] ① 실행되지 않은. ② 습관이 되지 않은.
anājāniya. anājānīya *adj.* [an-ājāniya] ① 좋은 혈통이 아닌. ② 비천한. 열등한.
anājīvabhūta *adj.* [an-ājīva-bhūta] 살기에 적합하지 않은.
anāṇatta *adj.* [an-āṇatta] = anāṇāpita 요청되지 않은.
anāṇāpita *adj.* [an-āṇāpita] 요청되지 않은.
anātāpa *m* [an-ātāpa] ① 그늘. 응달. ② 청량(淸凉).
anātāpin *adj.* [an-ātāpa-in. *bsk.* 〃] 열심히 하지 않는. 노력하지 않는.
anātura *adj.* [an-ātura] ① 병들지 않은. ② 비참하지 않은.
anātha *adj.* [a-nātha] ① 의지할 데 없는. ② 가난한. 빈곤한. 궁핍한. -âgamana 비참한 존재로 도달한. -ālaya 빈민구호소. -kālakiriyā 의지할 데 없는 죽음. -gamana 비참한 존재로 도달한. -nātha 의지할 데 없는 자를 돕는 님[부처님]. -bhāva 의지할 곳이 없음. 가난. 빈곤(貧困). -manussa 가난한 사람. 빈자(貧者). -maraṇa 비참한 죽음. -vāsa 집없는 삶. -sarīra 매장이 없이 남겨진 시체. -sālā 숙박시설.
Anāthapiṇḍin. Anāthapiṇḍika *m* [*bsk.* Anātha-piṇḍada] 아나따삔디까. 급고독장자(給孤獨長者) = Sudatta.
anāthamāna *adj.* [a-nātha의 *denom. ppr.*] 의지할 데 없는.
anādara *adj.* [an-ādara] ① 무시하는. 경시하는. ② 무례한. 존경하는 마음 없는. *abstr.* -tā. 무시. 경시(輕視).
anādariya *n.* [an-ādariya] ① 무시. 경시. 경멸. ③ 무례(無禮).
anādariyaka *adj.* [an-ādariya-ka] ① 무시하는. 경시하는. ② 무례한. 존경하는 마음 없는.
anādā. anādāya [an-ādāya<ādiyati의 *abs.*] 취하지 않고. 집착하지 않고.
anādāna *adj. n.* [an-ādāna] ① 집착이 없는 욕망이 없는. ② 무착(無着). 무욕(無欲).
anādi *adj.* [an-ādi] 시작이 없는. -kāla 시작 없는 시간. -mat 시작이 없는.
anādiṇṇa *adj.* [an-ādiṇṇa] 터지지 않은. 갈라지지 않은.
anāditvā. anādiyitvā [anādāya. -ādiyitvā<ādiyati의 *abs.*] = anādā ① 취(取)하지 않고. 집착하지 않고. ② 주의하지 않고.
anādinna *adj.* [an-ādinna] 취(取)하지 않은. 잡지 않은.
anādiyana *n.* [an-ādiyana] 취(取)하지 않음. 빼앗지 않음.
anādiyanā *f.* [<anādiyana] 취(取)하지 않음. 빼앗지 않음.
anādiyāna *adj.* [an-ādiyāna<ādiyati의 *ppr.*] 취(取)하지 않는. 빼앗지 않는.
anādīnava *m* [an-ādīnava] ① 불이익이 없음. ② 재난이 없음. 재앙이 없음. -dassa. -dassāvin. -dassin 불이익을 보지 않는. 재난을 보지 않는.
anādeyya *adj.* [an-ādeyya] 주목할 가치가 없는. 하찮은.
anādhānagāhin *adj.* [an-ādhānagāhin] 입장을 고집하지 않는.
anādhāra *adj.* [an-ādhāra] 지원이 없는.
anānattakathika. anānākathika *adj.* [a-nāna-tta-kathika] 산만하게 말하지 않는.
anānu° [an-anu] 시형론적으로 중간의 a가 장음이 된 것임.
anānugiddha *adj.* [an-anugiddha] 탐욕이 없는.
anānujānat *adj.* [an-anujānāti의 *ppr.*] 허가하지 않는.
anānutappaṁ *adj.* [an-anutapp-ati의 *ppr.*] 후회하지 않는. 참회하지 않는.
anānupassin *adj.* [an-anu-passin] 관찰하지 않는. 고려하지 않는.
anānupuṭṭha *adj.* [an-anupuṭṭha] 질문을 받지 않은.
anānuyāyin *adj.* [an-anu-yāyin] ① 따르지 않는. ② 악에 물들지 않는.
anānuruddha *adj.* [an-anuruddha] 어떤 것의 부분을 취하지 않는.
anānuloma *adj.* [an-anu-loma] 적당하지 않는. 맞지 않는.
anānuvajja → ananuvajja.
anāpajja *ind.* [an-āpajjati의 *abs.*] 들어가지 않고. 만나지 않고.
anāpajjana *n.* [<an-āpajjati] ① 들어가지 않음. ② 만나지 않음.
anāpatti *f.* [an-āpatti] 무죄. 무구(無垢). -ka-

radhamma 무죄를 만드는 법. 생무죄법(生無罪法).
anāpattika *adj.* [an-āpattika] 죄 없는. 죄를 저지르지 않은.
anāpanna *adj.* [an-āpanna] ① (계행을) 어기지 않은. (죄를) 범하지 않은. ② 비참하지 않는. 빠지지 않은.
anāpara *adj.* [an-apara의 운율적 장음화] 다른 넘어서는 것이 없는. 비길 데 없는.
anāparādhakammanta *adj.* [an-aparādha-kammanta] 위반 없이 행동하는.
anāpātha *adj.* [an-āpātha] 접근할 수 없는.
anāpāthagata *adj.* [an-āpātha-gata] ① (사냥꾼의) 손아귀에서 벗어난. ② 추적을 받지 않는.
anāpāda *adj.* [an-āpāda] ① 얻어가지 않은. ② (여자와) 결혼하지 않은.
anāpucchitvā. anāpucchā *ind.* [anāpucchitvā] ① 묻지 않고. ② 허락이 없이.
anābādha *adj. m.* [an-ābādha] ① 고통이 없는. 안전한. ② 고통없음. 건전함.
anābhoga *m.* [an-ābhoga] ① 주의가 없음. 성찰이 없음. ② 무사유(無思惟).
anāma *m.* [a-nāma] 대나무.
anāmaka *adj.* [a-nāma-ka] 이름 없는. 무명(無名)의.
anāmata *adj.* [*sk.* an-āmṛta] ① 죽음에 영향을 받지 않는. ② 불사(不死)의. 아무도 죽지 않는 곳의.
anāmanta *adj.* [an-āmanta] ① 묻지 않은. 물어지지 않은. ② 허락되지 않은. -kata 질문을 받지 않는. 허락되지 않는. 초대받지 않는. -cāra 권유받지 않은 행위.
anāmaya *adj.* [an-āmaya] ① 병이 없는. ② 약하지 않은. ③ 건강한.
anāmasita. anāmaṭṭha *adj.* [an-āmasita] ① 건드려지지 않은. 처녀의. ② 고려되지 않은.
anāmasitabba *adj.* [an-āmasitabba] 건드려져서는 안 될.
anāmassa. anāmāsa *adj.* [anāmassati의 *grd.*] 건드려져서는 안 될. -dukkaṭa 금지된 것을 건드리는 것에 대한 참회죄[惡作 : 단지 참회하여 해소가 되는 죄].
anāmikā *f.* [〃] 약손가락.
anāmisagaru *adj.* [an-āmisagaru] 이익을 중시하지 않는.
anāyaka *adj.* [a-nāyaka] 안내자 없이.
anāyata *adj.* [an-āyata] 짧은.
anāyatana *n.* [an-āyatana] ① 노력하지 않음. 나태. ② 감관이 아닌 것. 비처(非處).
anāyasa *adj.* [an-āyasa] ① 재산이 없는. ② 불행한.
anāyācita *adj.* [an-āyācita] 요청되어지지 않은. 부탁받지 않은.
anāyāsa *adj.* [an-āyāsa] ① 근심이 없는. ② 평온한. 평화로운. -maraṇa 안락사(安樂死).
anāyussa *adj.* [an-āyussa] 수명을 줄이는.
anāyūha *adj.* [<āyūhati] 노력하지 않는.
anāyūhana *n.* [<āyūhati] 노력하지 않음.
anārakkha *adj.* [an-ārakkha] 지키지 않는.
anārataṁ *ind.* [an-ārataṁ] 지속적으로
anāraddha *adj.* [<āyūhati] 아직 시작되지 않은. 미래의.
anārambha *m.* [an-ārambha] ① 손상이 없음. ② 혼란이 없음. 소동이 없음. ③ 무난처(無難處)[열반(涅槃)].
anārammaṇa *adj. n.* [an-ārammaṇa] ① 대상이 없는. ② 대상을 여읨. 무소연(無所緣).
anāraha → anaraha.
anārādhaka *adj.* [an-ārādhaka] ① 실패한. ② 성공적이지 못한. ③ 불만족한.
anārādhana *n.* [an-ārādhana] ① 실패. 패배. ② 불만족.
anārādhanīya *adj.* [an-ārādhanīya] ① 찬성될 수 없는. ② 승인되어서는 안 될.
anāriya *adj.* [an-ariya] = anariya. ① 고귀하지 못한. ② 천한.
anārocanā *f.* [an-ārocanā] 알리지 않음. 고시(告示)하지 않음.
anālamba *adj.* [an-ālamba] ① 지지받지 못하는. ② 의지할 바 없는.
anālaya *adj. m.* [an-ālaya] ① 집착이 없는. ② 싫어하여 떠남. 염리(厭離). ③ 무착처(無着處). 무착(無着).
anālasya anālassa *n.* [an-ālasya] ① 게으름이 없는. ② 부지런한.
anālāpa *m.* [an-ālāpa] ① 말을 걸지 않는. ② 대화가 없는.
anālindaka *adj.* [an-ālindaka] 베란다가 없는.
anāluḷita *adj.* [an-āluḷita] ① 방해받지 않는. ② 혼탁하지 않은.
anāloka *adj.* [an-āloka] ① 시야가 없는. ② 빛이 없는.
anāḷika → anāḷhika의 *misr.*
anāḷhika *adj.* [an-āḷhiya. *sk.* anāḍhya] ① 부유하지 않은. ② 가난한. 비참한.
anāḷhiya *adj.* [*sk.* an-āḍhiya] ① 부유하지 않은. ② 가난한. 비참한.
anāvakūla *adj.* [an-avakūla] 가파른 물가[水

邊]가 없는[연못에 대한 묘사].
anāvajjana *n.* [an-avajjana] ① 부주의. 방심. 방일. ② 태만.
anāvaṭa *adj.* [an-āvaṭa] 닫히지 않은. 개방된.
anāvaṭṭana. anāvaṭṭin *adj.* [<an-āvaṭṭa] ① 유혹받지 않은. ② 유인하는 것이 없는.
anāvattin *adj.* [an-āvattin] ① 돌아오지 않는. ② 물러서지 않는. 불퇴전(不退轉)의. -dhamma 되돌아오지 않는 자. 불환자(不還者).
anāvattita *adj.* [an-āvattita] 전향되지 않은.
anāvattana *adj. m.* [an-āvattana] ① 전향되지 않는. ② 비전향.
anāvatti *f.* [an-āvatti] 뒤로 틀지 않는 것. -dhamma 돌아갈 수 없는.
anāvayha *adj.* [<an-āvāha] 결혼축제의 파트너로서 허락되지 않은.
anāvara *adj.* [an-avara] ① 낮지 않은. ② 비길 데 없는.
anāvaraṇa *adj.* [an-āvaraṇa] 장애가 없는. -ñāṇa 무장애의 지혜. 무장지(無障智).
anāvaraṇīya *adj.* [an-āvaraṇa] ① 강하게 빛나질 수 없는. ② 빛을 잃게 할 수 있는.
anāvasūraṁ *ind.* [an-ava-sūra<suriya] ① 태양이 가라앉지 않는 한. ② 해가 질 때까지.
anāvaha *m.* [ana-āvaha] 수레를 끄는 수소.
anāvāsa *adj. m.* [an-āvāsa] ① 거주하지 않는. ② 사람이 거주하지 않는 곳. 무인지대.
anāvikata *adj.* [an-āvikata] 분명하지 않은. 명료하지 않은. *cf.* āvikaroti
anāvikamma *adj.* [an-āvikamma] 명료하게 나타나지 않음. 불분명.
anāviddha *adj.* [an-āvijjhati의 *pp.*] ① 휘감긴. 엉켜든. 말려든. ② 무시당하지 않은.
anāvila *adj.* [an-āvila] ① 장애가 없는. ② 물들지 않은. 청정한.
anāvuttha *adj.* [an-āvuttha] 거주하지 않는.
anāsaka ① *adj. m. f.* -ā [an-āsaka] 단식하는. 단식하는 사람. ② *adj.* [a-nāsaka] 파괴하지 않는. 소모하지 않는.
anāsakatta *n.* [an-āsaka의 *abstr.*] 단식.
anāsaṅka *adj.* [an-āsaṅka] 신뢰할 수 있는.
anāsatta *adj.* [an-āsatta] ① 집착되지 않은. ② 공격받지 않은. ③ 영향을 받지 않은. -citta 영향을 받지 않은 마음.
anāsana *n.* [an-āsana] 자리가 아닌 자리[외관상의 그럴듯한 자리].
anāsanna *adj.* [an-āsanna] 근처가 아닌. ~vara 접근하지 않는 것이 좋다.
anāsayāna *adj.* [an-āsayāna] 몹시 원하지 않는. 애타게 원하지 않는.
anāsava *adj.* [an-āsava] ① 취하게 하는 것이 없는. ② 번뇌가 없는. 무루(無漏)의. *m. pl. nom.* anāsavāse. *cf.* nirāsava.
anāsasāna *adj.* [an-āsasāna<āsāsati. āsiṁsati의 *ppr.*] 갈망이 없는. 욕구가 없는.
anāsā *f.* [an-āsā] 갈망이 없음. 바램이 없음. 무원(無願).
anāsādaniya. anāsādanīya *adj.* [an-āsādaniya] ① 접근되어서는 안 될. ② 어겨져서는 안 되는. 범해져서는 안 되는.
anāsitaka *m.* [a-nāsitaka] 쫓겨나지 않은 사람. 불빈멸인(不貧滅人).
anāsittaka *adj.* [an-āsittaka] ① 넣어질 것이 필요가 없는. ② 양념이 필요가 없는.
anāsevanā *f.* [an-āsevanā] ① 근면한 실천이 없는. ② 주도면밀한 실천이 없는.
anāsevita *adj.* [an-āsevita] 주도면밀하게 실천되지 못한.
anāhaṭa *adj.* [an-āhaṭa] ① 가까이 가져와 지지 않은. ② 운반되지 않은.
anāharanīya *adj.* [an-āharanīya] 가져가 질 수 없는. 운반될 수 없는.
anāharita *adj.* [an-āharita] 가져와지지 않은.
anāhāra *adj. m.* [an-āhāra] ① 음식이 없는. 자양을 여읜. 식인(食因)없는. 연료가 없는. ② 원인이 없는. 조건이 없는. ③ 음식 없음. 연료가 없음.
anāhuta *adj.* [an-āhuta] 불러지지 않은. 소환되지 않은.
anikaṭṭha *adj.* [an-nikaṭṭha] 가까이가 아닌. 멀리 떨어진.
Anikaratta. Anīkadatta *m.* 아니까랏따. 아니까닷따[바라나씨의 왕의 이름].
anikāmayat *adj.* [an-nikāmeti의 *ppr.*] ① 원하지 않는. ② 갈망하지 않는.
anikīḷitāvin *adj.* [an-nikīḷitāvin] '노는 것을 그만두지 못한' 감각적 쾌락을 아지 즐기지 못한.
anikubbat *adj.* [a-nikubbati의 *ppr.*] ① 속이지 않는. ② 기만하지 않는.
aniketa *adj.* [a-niketa] 집이 없는. -sārin 집이 없는 사람.
anikkaḍḍhanā *f.* [a-nikkaḍḍhanā] ① 던져버리지 않음. ② 추방하지 않음.
anikkanta → anikkhanta.
anikkasāva *adj.* [a-nis-kasāva] '오염이 없지 않은' 더러운.
anikkhanta *adj.* [a-nikkhanta] ① 나가버리지 않은. ② 떠나지 않은. -rājaka 거기서 왕이 떠

나지 않은.
anikkhamāna *adj.* [a-nikkhamāna] 나가지 않고 있는.
anikkhitta *adj.* [a-nikkhitta] 짐을 내려놓지 않은. -kasāva 번뇌를 내려놓지 못한. -chanda 근면하게 노력하는. -dhura 멍에를 내려놓지 않은. 참을성 있는. 끈기 있는.
anikkhipana *n.* [a-nikkhipana] (멍에를) 내려놓지 않음.
anikkhu *m.* [*sk.* an-ikṣu] 갈대.
anikhāta *adj.* [a-nikhāta. nikhanati의 *pp.*] ① 파여지지 않은. ② 깊지 않은.
anigama *m.* [a-nigama] 도시가 아님.
anigūḷhamanta *adj.* [a-nigūḷha-manta] 계획을 감추지 못한.
aniggataratanaka *adj.* [a-niggata-ratanaka] 왕녀들이 떠나지 않은.
aniggamana *n.* [a-niggamana] 떠나지 않음.
aniggaha *adj.* [a-niggaha] ① 지배할 수 없는. ② 방종한. 방탕한.
aniggahita *adj.* [a-niggahita] ① 저지되지 않은. ② 이의(異議)가 제기되지 않은.
anigha *adj.* [a-nigha] ① 혼란이 없는. ② 격정이 없는.
anicca *adj.* [a-nicca] 무상(無常)한. aniccā saṅkhārā 모든 현상은 무상하다. 제행무상(諸行無常). anicce dukkhasaññā 무상한 것에 대해 괴롭다는 인식. 무상 가운데 괴로움에 대한 지각. 무상고상(無常苦想). anicce niccan ti vipallāso 무상한 것에 대해 영원하다고 생각하는 전도된 견해. -ânupassanā 무상에 대한 관찰. 무상관(無常觀). 무상수관(無常隨觀). -ucchādanaparimaddanabhedanaviddhaṁsanadhamma 무상·도유(塗油)·마찰·분해·파멸에 종속된 것[인간의 몸에 대한 서술]. -kammaṭṭhānika 무상에 대하여 명상하는. -dhamma 무상한 것. 본래 무상한. 무상법(無常法). -paṭisaṁvedin 무상함을 느끼는. -lakkhaṇa 무상의 특징. -saññā 무상에 대한 지각. 무상상(無常想). -saññin 무상에 대해 지각하는. -sabhāva 무상의 성질을 지닌. 본질적으로 무상한. -sambhūta 무상한 것에서 생겨난. -sādhanatā 무상한 것을 결과로 갖는.
aniccatā *f.* [anicca의 *abstr.*] 무상(無常). 무상성(無常性). -âkāra 무상의 형태.
aniccala *adj.* [a-niccala] 확고하지 않은. -buddhi 확고한 이해가 없는.
aniccha. anicchita *adj.* [<an-icchā] 욕심이 없는. 바라지 않는.
anicchant. anichamāna *adj.* [an-icchant. an-ichamāna *ppr.*] 원하지 않는.
anicchā *f.* [an-icchā] ① 욕구가 없음. ② 욕심이 없음.
anicchita *adj.* [an-icchita] ① 욕구되지 않은. ② 불쾌한.
anijjhattibala *adj.* [a-nijjhatti-bala] 설득이 될 수 없는.
anijjhānakhama *adj.* [a-nijjhāna-khama] 세밀한 조사를 견디지 못하는.
anijjhiṭṭha → anajjhiṭṭhā.
aniñjana *n.* [an-iñjana] 부동(不動).
aniñjappatta *adj.* [an-iñja-patta] 움직일 수 없는. 요지부동의.
aniñjita *adj.* [an-iñjita] 움직여지지 않은.
aniṭṭha *adj.* [an-iṭṭha. *sk.* an-iṣṭa] ① 바람직하지 않은. 마음에 들지 않는. ② 불쾌한. -rūpa 마음에 들지 않는 형상. 불호색(不好色). -âbhimata 바람직하지 않은 것으로 여겨진. -gandha 마음에 들지 않는 냄새. -nimitta 불쾌한 전조. -phassa 불쾌한 접촉. -sammata 바람직하지 않은 것으로 생각된.
aniṭṭhaṅgata *adj.* [a-niṭṭhā ② -gata] 완전에 도달하지 못한. 아라한의 경지를 얻지 못한.
aniṭṭhita *adj.* [a-niṭṭhita. *sk.* a-niṣṭita] ① 끝나지 않은. ② 완결되지 않은.
aniṭṭhurin *adj.* [a-niṭṭhurin] ① 거칠지 않은. ② 잔인하지 않은.
aniṇa *adj.* [an-iṇa] 빚이 없는.
anittara *f.* [an-ttara] ① 무상하지 않은. ② 무가치하지 않은. 효과적인. ③ 우세한.
anittiṇa → anitthiṇṇa.
anitthi. anitthī *f.* [an-itthi] 여자답지 않은 여자. anitthi° -gandha 여자류의 오염이 없는. 안닛티간다[왕자의 이름]. -bhūta. -liṅga 여성이 아닌[문법].
anitthiṇṇa *adj.* [a-nittharati의 *pp.*] 여행자의 발길이 닿지 않는.
anidassana *n.* [a-niassana] 볼 수 없음. 무견(無見). -appaṭigha 볼 수 없고 느껴지지 않는 성질의 것. 무견무대(無見無對). -sappaṭigha 볼 수 없고 느껴지는 성질의 것. 무견유대(無見有對).
anidāna *adj. n.* [a-nidāna] ① 원인 없는. 인과적 토대가 없는. 인연이 없는. ② 무인(無因).
aniddiṭṭha *adj.* [a-niddiṭṭha] 노출되지 않은.
aniddhanta *adj.* [a-niddhanta] 청소되지 않은.
aniddha *adj.* [an-iddha] = aniddhi.
aniddhārita *adj.* [a-niddhārita] 정착되지 못한.
aniddhi. aniddhika *adj.* [an-iddhi] 가난한.

aniddhimat *adj.* [an-iddhi-mat] 가난한.
anidhāna *n.* [a-nidhāna] 보관하지 않음. -gata 보관되지 않은. 저장되지 않은. -vat 보관할 가치가 없는.
anindārosa *adj.* [a-nindā-rosa] 비난이나 분노가 없는.
anindi° [a-nindā] 잘못이 없는. -ḷocana 잘못이 없는 눈(眼).
anindita *adj.* [a-nindita] ① 비난 할 것이 없는. ② 과실이 없는.
aninditabba *adj.* [a-ninditabba] 비난을 받을 수 없는.
anindiya *adj.* [a-nindiya] 비난받아서는 안 될. 비난받을 수 없는. 흠잡을 데 없는.
anindriyabaddha *adj.* [an-indriya-baddha] ① 무생물의. 무정한. 무감각한. ② 살아있지 않은.
anindhana *adj.* [an-indhana] 연료가 떨어진.
aninnītakasāva *adj.* [a-ninnīta-kasāva] 거기에 오물이 제거되지 않은.
anippakavutti *adj.* [a-nippakka-vutti] 생활에서 지각없는. 생활에서 분별이 없는.
anipātadhamma → avinipātadhamma.
anipuṇa *adj.* [a-nipuṇa] 현명하지 못한. -gamana 걸음마.
anippatta → anibbatta.
anippatti → anipphāda.
anipphanna *adj.* [a-nipphanna] ① 성취되지 않은. 완성되지 않은. ② 추상적. -rūpa 추상적 물질[한정의 물질, 암시의 물질, 변화의 물질, 특징의 물질].
anibaddha *adj.* [a-nibaddha] ① 결정되지 않은. 고정되지 않은. 고착되지 않은. ② 영원하지 않은. 무상한. -cārikā 특정한 목적이 없는 유행. -vāsa 정규적인 주처(住處)가 없는.
anibandha → anibaddha.
anibandhanīya *adj.* [a-nibandhanīya] 고정될 수 없는. 고착될 수 없는.
anibbacanīya *adj.* [a-nibbacanīya] ① 설명될 수 없는. ② 분석될 수 없는.
anibbatta. anibbattita *adj.* [<a-nir-vṛt] ① 발생되지 않은. ② 전개되지 않은.
anibbattana *n.* anibbatti *f.* [<a-nir-vṛt] ① 생성되지 않음. 발생되지 않음. ② 전개되지 않음.
anibbānasaṁvattanika *adj.* [a-nibbāna-saṁvattanika] 열반으로 이끌지 않는.
anibbijjhiya *adj.* [a-nibbijjhati의 *grd.*] 관통할 수 없는. 꿰뚫을 수 없는.
anibbiṭṭha *adj.* [anirviṣṭa] 결혼하지 않은.
anibbiddha *f.* [a-nibbiddha] ① 꿰뚫어지지 않은. ② 열리지 않은.
anibbindiyakārin *f.* [a-nibbindiya-kārin] ① 지칠 줄 모르는. ② 피로를 모르고 활동하는.
anibbisat *adj.* [a-nibbisaṁ<nibbisati의 *ppr.*] ① 발견하지 않는. ② 얻은 것이 없는.
anibbisatā *f.* [a-nibbisa의 *abstr.*] 독물이 제거된 상태.
anibbuta *adj.* [a-nibbuta] ① 해탈되지 못한. ② 불행한.
anibbematika *adj.* [a-nibbematika] 의혹이 없는. -bhāva 의혹이 없는 상태.
animitta *adj.* [a-nimitta] ① 흔적이 없는. 징후가 없는. ② 원인이 없는. 무인상(無因相). ③ 일체의 모습을 여읜. 인상(印象)을 여읜. 무상(無相)의. ④ 헤아릴 수 없는. ⑤ 경계가 없는. 한계가 없는. -ânupassana 인상의 여읨에 대한 관찰. 무상수관(無相隨觀)-kata 결정이 이루어지지 않은. -cetovimutti 인상을 여읜 마음에 의한 해탈. 무상심해탈(無相心解脫). -phassa 인상을 여읨에 의한 접촉. 무상촉(無相觸)[지각과 느낌의 소멸(想受滅)에 든 자의 세 가지 접촉의 하나]. -phalasamāpatti 인상을 여읨의 경지에 대한 성취. -magga 인상을 여읨의 길. -rata 인상을 여읨을 즐거워함. -vimokkha 인상을 여의는 해탈. -samādhi 인상을 여읨의 삼매. 무상삼매(無相三昧). -saññā 인상을 여읨에 대한 지각. 무상상(無相想).
animittā *f.* [a-nimittā] 무상(無相). 무인상(無因相). 무상녀(無相女).
animisa *adj.* [a-nimisa] 깜박이지 않는. 윙크하지 않는. -cetiya 아니미싸쩨띠야[보리수 근처의 지명]. -netta 깜박이지 않는 눈.
animisatā *f.* [a-nimisa의 *abstr.*] 깜박이지 않음. 윙크하지 않음.
animmāta *adj.* [a-nimmāta] 만들어지도록 야기되지 않은.
animmātabba *adj.* [a-nimmātabba] 만들어지도록 야기될 수 없는.
animmita *adj.* [a-nimmita] 만들어지지 않은. -vidha = animmita.
animmitabba = animmātabba.
aniyata *adj.* [a-niyata] ① 정해지지 않은. 결정되지 않은. 고정되지 않은. ② 불확실한. -kālika 시간과 관련해서 불확실한. -gatika 가는 길이 불확실한. -citta 변덕스러운. -yevāpanaka 정해지지 않은 상호 대응하는 것들의 부류. -dhamma 정해지지 않은 법. 부정법(不定法). -liṅga 결정되지 않은 성[문법]. -vacana 부정대명사(不定代名詞)[문법]. -rāsi 확정되지 않은 무리. 부정취(不定聚). -rūpikapada 변칙(變則). -saṅkhā 부정수(不定數).

aniyama *m.* [a-niyama] ① 법칙의 결여. 결정이 없음. ② 부정(不定)[문법]. -niddesa 부정대명사. 관계대명사.

aniyamita → aniyāmita.

aniyāma = aniyama.

aniyāmita *adj.* [a-niyameti의 *pp.*] 결정되지 않은. 부정(不定)의[문법]. -âlapa 특정한 사람을 지칭하지 않는. -niddesa 부정대명사나 관계대명사. -paccatta 관계대명사의 주격. -paricch-eda 부정사·관계사에 대한 용어. -paridīpana 부정에 대한 표시. -vacana 부정사나 관계사. -saṅkhāniddesa 부정수에 대한 표현.

aniyyātita-attabhāva *adj.* [a-niyyātita-atta-bhāva] 자신을 신뢰하지 않는.

aniyyānika *adj.* [a-niyyānika] ① (윤회에서) 벗어나지 않는. 불출리(不出離)의. ② 유익하지 않은. -kāraṇa 결정적이지 못한 논증.

anirassada *adj.* [a-nirāssada] 불만족한.

anirākata *adj.* [a-nirākata] ① 거부되지 않은. ② 무시당하지 않는. -jjhāna 선정에서 방해받지 않은.

aniruddha *adj.* [a-niruddha] ① 방해받지 않은. ② 제지되지 않은. 중지되지 않은.

anirodha *adj.* [a-nirodha] 파괴할 수 없는.

anila *m.* [<an] 바람. 공기. 대기(大氣). -añjasa '바람의 길' 공기. 공간. -âmaya 위장의 팽창. -âyana = -añjasa. -âsayana 하늘. -ûpamasa-muppāta 바람처럼 신속한. -irita(erita) 바람에 의해서 움직인. -jalavegasañchādita 대기중의 습기의 방출로 뒤덮여진. -añjasâsaṅkhubba 공간으로서 동요하지 않는. -patha '바람의 길' 공기. 공간. -pariyāya 눈꺼풀이 부푸는 것. -bala 바람의 힘. -sakha '바람의 친구' 불.

anilīnamanasa *adj.* [a-nilīna-manasa] 인색하지 않은.

anivattaṁ *ind.* [a-nivatta] 끊임없이.

anivattaka → anivattika

anivattana *n.* [a-nivattana] 돌아 서지 않음. 도망가지 않음. 불퇴전(不退轉). -dhamma 믿을만한. 퇴전이 없는.

anivattanīyagamana *n.* [a-nivattanīya-ga-mana] 영원히 사라지는.

anivatti. anivattika. anivattin *adj.* [<a-ni-vṛt] 물러서지 않는.

anivattitaggahaṇa *adj.* [a-nivattita-gahaṇa] 확고하게 붙잡은.

anivattidhamma → anivattanadhamma.

anivattiya *adj.* [a-nivatteti의 *grd.*] 되돌아 올 수 없는. -yodha 되돌아오지 않는 군인.

anivattimānasa *adj.* [a-nivatti-mānasa] 굳게 결심한.

Anivalakki *m.* [a-nivalakki] 아니발락끼[남인도의 지명].

Anivalakkoṭṭa *m.* [a-nivalakkoṭṭa] 아니발락꽃따[남인도의 지명].

anivātavutti *adj.* [a-nivalakki] 자만하는. 우쭐대는.

anivāritta *adj.* [a-nivāritta] 금지되지 않은.

aniviṭṭha *adj.* [a-niviṭṭha] '자리를 잡지 못한' *f.* aniviṭṭhā 결혼하지 않은 여자.

anivuṭṭha *adj.* [a-nivuṭṭha] 거주하지 않는.

anivesana *adj.* [a-nivesana] ① 집이 없는. ② 집착에서 자유로운. 욕망이 접근하기 어려운.

anisamma *adj.* [a-nisamma<ni-śam] ① 듣지 않는. ② 숙고하지 않는. -kārin 신중하게 생각하지 않는. 서두르는.

anisāmaya = anisāmetva.

anisita → anissita.

anisedhanatā *adj.* [a-nidedhana-tā] ① 가르치기 쉽지 않은. ② 유순하지 않은.

anissaggiya *adj.* [a-nissaggiya] 포기될 수 없는. 포기되어서는 안 되는.

anissaṭa *adj.* [a-nissaṭa] 가버린.

anissaṭṭha *adj.* [a-nissaṭṭha] 포기한. 넘겨준.

anissaya *adj.* [a-nissaya] ① 비축물자가 없는. ② 주거가 없는. ③ 불모의. 황폐한.

anissara *adj.* [an-issara] ① 주인이 없는. 왕이 없는. ② 주권이 없는. 힘이 없는. -vāda 무신론(無神論). -vādin 무신론자(無神論者).

anissaraṇa *n.* [an-issaraṇa] 탈출이 없는. -da-ssāvin. -dassin 탈출을 보지 못하는. -pañña 어떻게 탈출할지를 모르는.

anissaratā *adj.* [an-issaratā] 자신의 주인이 아닌 사실.

anissaravikkapin *adj.* [an-issara-vikkhapin] 자신이 주인이 아닌 것을 통해서 조정하는.

anissariya *adj.* [an-issariya] 제어되지 않은.

anissā *f.* [an-issā] ① 질투·시기가 없음. ② 화를 안냄.

anissāyana *n.* [an-issāyana] 시기가 없음. 질투 없음.

anissita *adj.* [a-nissita] 의존하지 않는. 의착하지 않는.

anissuka → anussuka.

anissukin *adj.* [an-issukin] ① 엄격하지 않은. ② 관대한. ③ 탐욕스럽지 않은.

anihita *adj.* [a-nihita] '놓아지지 않은' 청소되지 않은(?). 몰아대지 않는(?).
anigha. anīgha *adj.* [an-īgha *cf.* igha. nigha] ① 동요가 없는. 괴로움이 없는. 근심이 없는. ② 안정된.
anīka *n.* [〃] ① 군대. ② 정렬. -agga 위풍당당한 군대. -ṭṭha 파수꾼. 근위병. -dassana 열병(閱兵).
anīgha → nigha *cf.* īgha.
anīcavutti *adj.* [a-nīca-vutti]① 조심성이 없는. ② 상스러운. 버릇없는. ③ 건방진.
anīti *f.* [an-īti] ① 안전. 견고. ② 건강. 무병(無病) -sampāda (계절에) 전염병이 없음을 갖춘.
anītika *adj.* [anīti-ka] ① 건강한. 안전한. ② 무병(無病)의. -gāmin 무병으로 이끄는.
anītiha *adj.* [an-itiha] ① 소문에 근거하지 않은. 전통을 통해 받지 못한. ② 짐작에 근거한. 스스로 고안해낸.
anībhaṭa *adj.* [a-nir-bhṛ의 *pp.*] ① 실행하지 않은. ② 실어내지 않은.
anīyānika *adj.* [a-nīyānika] ① (윤회에서) 벗어나지 못한. ② 구원에 이르지 못함.
anīlaka *adj.* [a-nīḷaka] → aneḷaka
anīvaraṇa *adj.* [a-nīvaraṇa] 장애가 없는. 방해받지 않는.
anīvaraṇiya *adj.* [a-nīvaraṇīya] ① 장애에 속하지 않는. ② 방해될 수 없는.
anīhata *adj.* [a-nīhata] ① 던져버리지 않은. ② 제거되지 않은.
anīhamāna *adj.* [an-īhamāna] 노력하지 않는.
anu *pref. prep.* [〃] ① ~에 따라서. 목표를 향해서. anu-anu 점점 더. anuanugijjhati 점점 더 탐내다. ② 다음에. 다시. 나중에. ③ 순종하여. 함께. ④ 하나하나. 각각. ⑤ 유사성이나 일치의 표현. ⑥ 사소함이나 열등함의 표현 ⑦ 관계나 개입의 표현. ⑧ 반복의 표현 ⑨ 긴장의 표현 ⑨ 때로는 *sk.* apa. ava. abhi가 *pāli* anu 로 바뀐다. ⑩= [aṇu] 원자.
anuacchariya *m.* [anu-acchariya] anacchariya에 대한 설명.
anuanuāharati [anu-anu-āharati] 철저하게 반성하다.
anuanugijjhati [anu-anu-gijjhati] 아주 몹시 탐내다.
anuanunayana *n.* [anu-anu-nayana] 반복적인 아첨.
anuanupassana *n.* [anu-anu-passana] 반복적인 관찰.
anuanubhāveti [anu-anu-bhavati] 더욱더 발전하다.
anuanuseti [anu-anu-seti] 가깝게 달라붙다.
anuabhāva *m.* [anu-abhāva] '비존재(abhāva)'에 대한 설명.
anuamatagga *m.* [anu-amat-agga] '시작을 알 수 없는 것(anamatagga)'에 대한 설명.
anuavaya *m.* [anu-avaya] 'avaya'에 대한 설명.
anuavassa *adj.* [anu-a-vassa] 비를 피하는.
anuānayati → anvānayati.
anuāviṭṭha → anvāviṭṭha.
anueti → anveti.
anuesin *adj.* [anu-esin] 찾는.
anuotthaṭa *adj.* [anu-otthaṭa] 모두 덮여진.
anuka *adj.* [anu-ka] 탐욕스러운.
anukaṅkhin *adj.* [anu-kaṅkha-in] ① 노력하는. ② 열망하는.
anukaḍḍhati *adj.* [anu-kaḍḍhati] ① 따라 끌다. 견인하다. ② 주목을 끌다.
anukaḍḍhana *n.* [<anukaḍḍhati] ① 견인. ② 주목을 끔.
anukaḍḍhita *n.* [anukaḍḍhati의 *pp.*] ① 견인된. ② 흔적을 남긴.
anukathā *f.* [anu-kathā] ① 마음에 드는 말. ② 응낙하는 말.
anukathayati [anu-kathā의 *denom.*] ① 읽히다. ② 읽다. 독송하다. 따라 읽다.
anukantati [anu-kantati ②] ① 베다. 자르다. ② 부수다.
anukappa *m.* [*sk.* anu-kalpa] 대체.
anukampaka. anukampika *adj.* [<anukampati] 연민이 많은. 동정심이 있는. 비심(悲心)이 있는. 자비로운.
anukampati [〃 anu-kampati] 연민하다. 동정하다. 가엽게 여기다. *imp.* anukampa. anukampassu; *pp.* anukampita.
anukampana *n.* [<anukampati] 동정. 연민. 비심(悲心).
anukampā *f.* [〃] 연민. 동정. 비심(悲心). *dat.* anukampāya. anukampa° -citta 비심(悲心).
anukampin *adj.* [anukampa-in] 연민이 많은. 동정하는. 자비로운.
anukara *adj.* [〃] 모방하는.
anukaraṇa *n.* [<anu-karoti] 모방.
anukaroti [anu-karoti] = anukubbati. ① 나중에 또는 보답으로 하다. ② 모방하다. ③ 어떤 동작을 반복하다. ④ 겨루다. 필적하다. *ppr. m. sg. nom.* anukubbaṁ.
anukasati. anukassati ① [*sk.* anu-karṣati< kṛṣ] 견인하다. 반복하다. 암송하다. 인용하다.

② [*sk.* avakarṣati] 꺼내다. 제거하다. 버리다. *aor.* anuakāsi.
anukassaṇa *n.* [*sk.* anukarṣaṇa] 설득(?).
anukāma *adj.* [anu-kāma] ① 사랑에 반응하는. ② 보답으로 사랑하는.
anukāmaṁ *ind.* [anu-kāma] 뜻대로. 원하는 바대로.
anukāra *m.* [<anukaroti] 모방.
anukāraṇa *m.* [anu-kāraṇa] 이차적인 교의.
anukārin *adj.* [anukāra-in] 모방하는. 모방자.
anukiṭa *adj.* [anukirati의 *pp.*] ① 뿌려진. ② 점점이 박힌.
anukiṇṇa *adj.* [anukirati의 *pp.*] 뿌려진.
anukirati *adj.* [anu-kṝ] ① ~을 따라 뿌리다. 흩뿌리다. ② 뒤덮다.
anukiriyā *f.* [*sk.* anukriyā] ① 모방. ② 흉내.
anukīḷita *adj.* [anu-kīḷita<krīḍ] ① 따라서 장난친. ② 즐긴.
anukubba *adj.* [anukaroti. anukubbati의 *ppr.*] ① 돌려주는. ② 보복하는.
anukubbati = anukaroti.
anukulaṁ *ind.* [anukulaṁ] ① 각 가정에서. ② 가문의 습관에 따라.
anukulayañña *n.* [anukula-yañña] 가문의 습관에 따라 헌공된 제사.
anukūla *adj.* [anu-kūla] ① 물가의 언덕을 따르는. ② 기꺼이 하는. 고분고분한. 우호적인. 형편이 좋은. 친절한. 유쾌한. 적절한. -tā 대칭(對稱). -bhava 친절. 상냥함. -mitta 마음에 맞는 친구. 믿음이 있는 친구. -vattin 고분고분한. 유순한. -yañña 상서로운·순조로운 제사. -vāta 유쾌한 바람. ③ = anukula[혼동].
anukūlaṁ. anukūle *adj.* [<anu-kūla] 물가의 둑을 따라서.
anukulayañña → anukūlayaññaṁ
Anukevaṭṭa *n.* 아누께밧타[바라문의 이름].
anukkaṭṭhacīvara *n.* [an-ukkaṭṭha-cīvara] 승려의 의복이 아닌.
anukka(ṭ)ṭhita *f.* [an-ut-kvath의 *pp.*] 끓여지지 않은.
anukkaṇṭhati [an-ukkaṇṭhati] ① 슬프지 않다. ② 부족하지 않다. *ppr.* anukkaṇṭanta; *pp.* anukkaṇṭhantita.
anukkaṇṭhana *n.* anukkaṇṭhanā *f.* [<anukkaṇṭhati] ① 부족한 것이 없음. ② 만족. 행복. ③ 인내.
anukkama *m.* [*cf.* anukkamati. *sk.* anukrama] ① 순서. 연속. 차제(次第). *ins.* anukkamena. 점차로. 제때에. ② 말굴레. 고삐. 멀지 않아.
anukkamati [anu-kram] ① 나아가다. ② 따라가다. 추종하다.
anukkhipati [anu-khipati<kṣip] 내 던지다. 버리다. *pp.* anukkhitta
anukkhepa *m.* [<anukkhipati] ① 보상. ② 상쇄.
anukhaṇati [anu-khaṇati<khan] 따라 파다. 더 파다. 굴착하다.
anukhuddaka *adj.* [anu-khuddaka] ① 사소한. 수소(隨小)의. ② 덜 중요한.
anukhepana → āyukhepana.
anuga *adj.* [<anu-gam] ① 따라가는. ② 수반(隨伴)하는.
anugacchati [anu-gacchati] ① 따라가다. 수행(隨行)하다. ② 추적하다. *aor. sg.* anugamāsi. anvagā. *3pl.* anvagū; *caus.* anugammati; *pp.* anugata; *inf.* anuganturn.
anugacchanā *f.* [<anugacchati] ① 따라감. 수행(隨行). ② 추적.
anugajjati [anu-gar] 다시 소리치다. 강조하여 반복하다.
anugata *adj.* [anugacchati의 *pp.*] ① 따라간. 동반된. 수반된. ② 추적된.
anugama *m.* anugamana *n.* [<anugacchati] ① 따라감. 수행(隨行). ② 추적.
anugati *f.* [<anugacchati] ① 따라감. ② 다음의 것. 이하(以下).
anugama *m.* [<anugacchati] 따라감. 수행(隨行). durgama 따르기 힘든.
anugāmin *adj. m.* [<anugacchati] ① 따라가는. 수반하는. ② 수행원(隨行員).
anugammati [=anu-gacchati의 *pass.*] ① 따라가지다. ② 수행(隨行)되다.
anugayhati [anugaṇhāti의 *caus.*] ① 도움을 받다. ② 가피를 입다. *ppr.* anugayhamāna.
anugayhamāna *adj.* [anuggaṇhati의 *pass. ppr.*] 동정하는. 측은히 여기는.
anugava *adj.* [anu-gava] 황소만큼 큰.
anugāmin *adj.* [〃] ① 따르는. 수반하는. ② (방향이나 대상을) 따라가는.
anugāmika *adj.* [〃] ① 따르는. 수반하는. ② 일치하는. -dhana 사라지지 않는 재보. 소모되지 않는 재물.
anugāmikata = anugāmin.
anugāmiya = anugāmika.
anugāyati [anu-gai] ① 따라서 노래하다. 수창(隨唱)하다. ② 축하하다. *fut. 1sg.* anugāyissaṁ.
anugāyana [<anugāyati] ① 따라서 노래함. 수창(隨唱). ② 축하.

anugāhati [anu-gāhati] ① 뛰어들다. ② 들어가다. *aor.* anugāhi.
anugijjhati [anu-gijjhati] ① 몹시 탐내다. 열망하다. ② 수탐(隨貪)하다. 탐구(貪求)하다. *pp.* anugiddha.
anugiddha [anu-gijjhati의 *pp.*] 몹시 탐내는. 열망하는.
anugīta *adj.* [anu-gāyati의 *pp.*] ① 낭송된. ② 찬양된.
anugīti *f.* [<anu-gāyati] 요약. 개괄.
anugīyati [anu-gāyati의 *pass.*] 낭송되다.
anugu *ind.* [〃] 암소 뒤에.
anuguṇa *adj.* [anu-guṇa] 유사한 질(質)의. 질적으로 일치된.
anugutta *adj.* [anu-gup의 *pp.*] 보호된. 수호된.
anugaṇhāti. anuggaṇhāti [anu-gaṇhāti < grah] ① 동정하다. 측은히 여기다. ② 돕다. 섭수(攝受)하다. 섭익(攝益)하다. 교호(敎護)하다. *aor.* anugghahi; *imp.* anuggaṇha; *pp.* anuggahīta; *caus.* anugayhati.
anuggaṇha *adj.* [<anuggaṇhati] ① 동정적인. 측은히 여기는. ② 섭수(攝受)하는.
anuggaṇhana *n.* [<anuggaṇhati] ① 동정. 측은히 여김. ② 섭수(攝受).
anuggaṇhataka *adj.* [=anuggaṇha] ① 동정적인. 돕는. 친절한. ② 섭수(攝受)하는.
anuggaṇhana *n.* [<anuggaṇhāti] ① 호의. 도움. 친절. ② 섭수(攝受).
anuggata *adj.* [an-uggacchati의 *pp.*] 높이 일어지 않은. 높지 않은.
anuggamana *n.* [<anuggacchati] 높지 않음.
anuggaha ① *m.* [<anuggaṇhāti] 동정. 친절. 도움. 보호(保護). 섭수(攝受). 섭익(攝益). ② *adj.* [anuggaha] 취하지 않는. -sīla 도움을 주는. 동정적인. 자비로운.
anuggahaka → anuggāhaka.
anuggahaṇa *n.* [<anuggaṇhāti] ① 동정. 친절. ② 도움. 섭수(攝受).
anuggahāya *n.* [<anuggaṇhāti의 *abs.*] ① 동정하고. ② 도움을 주고. 섭수(攝受)하고.
anuggahi anugaṇhāti의 *aor.*
anuggahita. anuggahīta *adj.* [anugaṇhāti의 *pp.*] ① 호의를 받은. 만족한. ② 도움을 받은. 도움을 받은. 섭수(攝受)된.
anuggāhaka *adj.* [anuggaha-ka] 돕는. 거드는.
anuggirat *adj.* [an-ud-gir의 *ppr.*] 말하지 않는. 토하지 않는.
anugghāṭeti [an-ugghāṭeti] 열지 않다. 풀지 않다. *abs.* anugghāṭetvā.
anugghāta. anugghātin *adj.* [an-ugghāta] ① 동요하지 않는. 부동(不動)의. ② 안정된.
anughaṭeti [anu-ghaṭ] 묶다. 연결하다.
anugharaṁ. anugharakaṁ *ind.* [anu-ghara] 각각의 집에서. 집들을 따라서. 집집마다.
anughāyati [anu-ghāyati] ① 냄새를 맡다. ② 코를 킁킁거리다.
anucaṅkamati [anu-caṅkamati] ~의 뒤를 따라가다. 쫓아다니다. *aor. 1sg.* anucaṅkamisaṁ; *caus.* anucaṅkamāpeti.
anucaṅkamana *n.* [<anucaṅkamati] ① 보도. 인도. ② 산책. 유보(遊步).
anucara *m.* [anu-cara] ① 동료. ② 추종자. 수행원(隨行員). ③ 위성(衛星).
anucaraṇa *n.* [<anucarati] 수행(隨行). 실천.
anucarati [anu-carati] ① 따라가다. 실천하다. ② 수행(隨行)하다. *pp.* anuciṇṇa. anucarita. *caus.* anucarāpeti; *pass.* anucariyati.
anucarita. anuciṇṇa *adj.* [anucarati의 *pp.*] ① 연결된. 수반된. 장식된. ② 침투된. 실천된. 추구하는. 실천하는.
anucariyā *f.* [<anucarati] 시중. 수행(隨行).
anucārin *adj.* [an-cārin] 따라서 걷는. 시중드는.
anucārikā *f.* [an-cārika] 시중드는 여자.
anuciṇṇa *adj.* [anucarati의 *pp.*] ① 수반된. 실천된. 가득 찬. ② 붐비는.
anucita *adj.* [an-ucita<uc] 적당하지 않은. 맞지 않는. -saddappayoga 말[言語]의 오용.
anucintana *n.* [<anucinteti] ① 사고. 사색. 숙고. ② 의도.
anucinteti [anu-cinteti] ① 숙고하다. 사색하다. ② 고려하다. 사려하다.
anuccaṅgin → anujjaṅgin.
anuccāraṇa *adj.* [〃] ① 발음되지 않는. ② 암송되지 않는.
anuccārita *adj.* [an-ud-cārita<car] ① 발언되지 않은. 말해지지 않은. ② 일으켜 세워지지 않은. ③ 배변을 보지 않은.
anuccāvaca *adj.* [an-uccāvaca] ① 다양하지 않은. ② 같은. 동일한. -sīla 동일한 도덕적 성품을 지닌.
anucciṭṭha *adj.* [an-ucciṭṭha<śiṣ] (음식이) 남은. 손을 대지 않은.
anucchava. anucchavi. anucchavika. anucchaviya *adj.* [<anu-chavi] ① 피부에 맞는. ② 어울리는. 알맞은. 적당한. anucchavikaṁ karoti 자격을 부여하다.
anucchiṭṭha *adj.* [an-ucchiṭṭha] ① 던져지거나

남겨지지 않은. ② 손대지 않아 깨끗한.
anuccheda *m.* [an-uccheda] ① 단멸되지 않음. 중지되지 않음. ② 지속.
anuchamāsaṁ *ind.* [anu-cha-māsa] 육개월(六個月) 마다.
anuja *m.* [anu-ja] 동생.
anujagghati [anu-jagghati] 비웃다. 조소하다.
anujaññā anujānāti의 *opt. 3sg.*
anujavati [anu-javati] ① 치닫다. 서두르다. ② 달리다.
anujāta *adj.* [anu-jāta] ① ~의 모습을 본 뜬. 닮은. ② 수행(隨行)한.
anujānana *n.* [<anujānāti] 허가. 허락.
anujānāti [anu-jānāti] ① 허가하다. 주다. 청허(聽許)하다. ② 충고하다. 규정하다. *opt. sg.* anujaññā; *abs.* anuññeyya; *pp.* anuññāta; *caus.* anujānāpeti. anujāneti.
anujiṇṇa *adj.* [*sk.* anu-jīrṇa<jṝ] 늙어 버린.
anujīvati [anu-jīvati] ① ~을 따라서 살다. ② 생존하다. 생활하다.
anujīvin *adj.* [*cf.* anujīvati] ① ~에 따라 사는. 의존하는. ② 수행원.
anujīvita *n.* [anujīvati의 *pp.*] ① 생활. 생계. ② 생존.
anuju *adj.* [<an-ujju] ① 똑바르지 않은. ② 곡선의. anujju° -aṅgin(anujjaṅgin) 곡선의 몸을 가진. -gāmin 구부러져 가는 것. 뱀. -bhūta 바르지 못한. 구부러진. ③ *m.* 뱀.
anujuka. anujju. anujjuka *adj.* [<an-ujju] ① 똑바르지 않은. ② 구부러진.
anujutā *f.* [an-ujju의 *abstr.*] 똑바르지 않음.
anujubhāva *m.* [an-ujju-bhāva] 똑바르지 않은 상태.
anujeṭṭhaṁ *ind.* [anu-jeṭṭha] 연장자에 따라.
anujjaleti [anu-jval] 차례로 불을 붙이다.
anujjavati = anu-javati.
Anujjā *f.* 아눗자[여자의 이름].
anujjhāna ① *n.* [anu-jhāna] 명상. 사유. 선정(禪定). 정려(靜慮). ② *adj.* [an-ujjhāna] 위반이 없는. 질책이 없는. -bahula 결코 쉽게 위반하지 못하는.
anuññā *f.* [<anujānāti] 허가. 인가
anuññāta *adj.* [anujānāti의 *pp.*] 허가된. 인가된. 규정된. *abstr.* -tta 허가 받음.
anuññeyya *adj.* [anujānāti의 *grd.*] 인가될 수 있는. 평가될 수 있는.
anuṭīkā *f.* [anu-ṭīkā] 복주에 대한 주석. 복복주(復復註).
anuṭṭhaka *adj.* [<an-uṭṭhahati] ① 일어나지 않는. 비활동적인. ② 게으른.
anuṭṭhahati [anu-ṭhahati] ① 수행하다. 실행하다. ② 보살피다. *pp.* anuṭṭhita. *ppr.* anuṭṭhahant.
anuṭṭhahāna *adj.* [an-uṭṭhahati의 *ppr.*] ① 기상하지 않는. ② 비활동적인. 게으른.
anuṭṭhātar *m.* [an-uṭṭhāthati의 *ag.*] ① 열의가 없는 사람. ② 무기력한 사람.
anuṭṭhāna *n.* [an-uṭṭhāna] ① 열의 없음. ② 기력이 없음. 활력의 결핍. 게으름. 무기력.
anuṭṭhita *adj.* [anuṭṭhahati의 *pp.*] ① 실행된. 이루어진. ② 경험된.
anuṭṭhubhā [*sk.* anuṣṭubh] 운율의 이름.
anuṭṭhubhati [a-nuṭṭhubhati. *sk.* anuṣṭobhati] 자신의 침으로 핥다.
anuṭṭhurin → niṭṭhurin.
anuḍasati [anu-ḍasati] 물어뜯다.
anuḍahati. anudahati [anuḍahati] ① 태워버리다. 소진하다. ② 파괴하다. *caus.* anuḍayhati.
anuḍahana *n.* [<anuḍahati] ① 불타오름. ② 화재(火災).
anuṇṇata *adj.* [an-uṇṇata] ① 높여지지 않은. ② 의기양양하지 않은. 거만하지 않은.
anutappati [anu-tappati. *sk.* an-utapyate] ① 괴로워하다. ② 후회하다. 애석하게 여기다. *grd.* anutappa. anutāpiya.
anutappana *n.* [<anutappati] ① 후회. ② 참회.
anutara *n.* [〃] ① 화물. ② 화물운송.
anutarati *n.* [anu-tṛ] 나아가다. *pp.* anutiṇṇa
anutāpa *m.* [<anutappati] ① 후회. 유감(遺憾). ② 참회. -kāra 후회를 야기하는.
anutāpin *adj.* [<anutāpa] ① 후회하는. 뉘우치는. ② 참회하는.
anutāḷeti [anu-tāḷeti] ① 때리다. 구타하다. ② 두드리다.
anutiṭṭhati [anu-tiṭṭhati] ① 보살피다. 조정하다. ③ 실천하다.
anutīracārin *adj.* [anutīra-cārin] 강둑을 따라 거니는.
anutīre *ind.* [anu-tīra의 *loc.*] ① 강둑을 따라. 강변을 따라. ② 강둑 가까이에.
anutuja *adj.* [an-utu-ja] 자연의 창조적 힘에 의해 생산되지 않은.
anutunī *f.* [an-utunī] 월경이 없는 여인.
anutta *adj.* [an-utta] 언급되지 않은.
anuttaṇḍula *adj.* [an-uttaṇḍula] '알곡이 없는' 끓인.
anuttara *adj. m.* [an-uttara] ① 위없는. 아무것에도 뒤지지 않는. 최고의. 최상의. 아뇩다라(阿

耨多羅). ② 탁월한. 현저한. ③ 최상의 스승. 무상사(無上師). 무상사(無上士). -dhammarāja 최상의 법왕(法王). -bhāva 최상의 상태. -sammāsambodhi 위없이 올바른 깨달음. 무상정등정각(無上正等正覺). 아뇩다라삼먁삼보리(阿耨多羅三藐三菩提).

anuttariya *n.* [anuttara-iya] ① 현저. 탁월. 우수. ② 최상. 무상(無上). *cf.* ānuttariya

anuttāna *adj.* [an-uttāna] ① 노출되지 않은. ② 설명되지 않은. 불명료한. -padattha 불명료한 단어의 의미. -dīpanā. -vaṇṇanā 불명료한 단어에 대한 설명. -sabhāva 불확실한 성질을 지닌.

anuttānikamma *n.* [<anutthunāti] ① 분명하지 않음. ② 설명의 생략.

anuttānikata. anuttānīkata *adj.* [anutthānikata] 분명하게 되지 않은.

anuttāsin → an-utrāsin.

anuttiṇṇa *adj.* [an-uttarati의 *pp.*] ① 건너지 못한. ② 상류로 이끌지 못하는.

anutthuna *n.* [<anutthunāti] ① 신음. 중얼거림. ② 울부짖음. 통곡.

anutthunā *f.* [<anuthunāti] 울부짖음. 비탄. 통곡. 비읍(悲泣).

anutthavati → anuthuṇātī ②.

anutthuṇāti. anutthunāti ① [anu-thunāti<stan] 울부짖다. 슬퍼하다. 애도하다. *aor.* anutthunimsu. ② [anu-thuṇāti<stu] = anutthavati 칭찬하다.

anutthunā *f.* [<anuthunāti] ① 울부짖음. 애도. ② 칭찬.

anutrasta *adj.* [*sk.* an-uttrasta] ① 놀라지 않은. ② 무섭지 않은.

anutrāsa. anutrāsin *adj.* [<*sk.* an-utrāsa] ① 두려움이 없는. ② 편안한.

anuthera *m. adj.* [anu-thera] ① 다음의 장로(長老). 부장로(副長老). ② 장로를 따르는. *acc.* anutheraṁ *adv.* 장로를 따라서.

anudaka. anūdaka. anodaka *adj.* [an-udaka] ① 물이 없는. ② 말라버린.

anudadāti [anu-dadāti] ① 허락하다. 허용하다. ② 양보하다. ③ 주다. *fut.* anudassati.

anudayatā → anuddayatā

anudayati [<anu-dā] = anuddayati ① 동정하다. ② 자비를 베풀다.

anudayā. anuddayā *f.* [anu-da-yā] ① 연민. 동정. ② 자비.

anudayhati. anuḍayhati [<anudahati의 *pass.*] ① 불타지다. ② 고통을 받다.

anudasâhaṁ *ind.* [anu-dasa-aha] 열흘 마다.

anudassati *adj.* [anu-dā의 *fur.*] ① 산출하다. ~으로 만들다. ② 제공하다. 할당하다. ③ 선물하다.

anudassana *n.* [*sk.* anudarśana] ① 관점을 지키기. ② 고려.

anudassita *adj.* [anudasseti의 *pp.*] 나타난. 출현된.

anudasseti [anu-dṛś] 가르치다.

anudahati [=anuḍahati] ① 태우다. ② 소비하다. 소모하다. ③ 파괴하다.

anudahana *n.* [<anudahati] ① 태움. ② 소비. 소모. ③ 파괴.

anudā → anuddā.

anudāyanā → anuddāyanā.

anudāyitatta → anuddāyitatta.

anudiṭṭha. anuddiṭṭha *adj.* [anu-diṭṭha *pp.*<disati] ① 보인. ② 지시된.

anudiṭṭhi *f.* [anu-ditthi] ① 회의적 견해. ② 사변(思辨). 이단(異端). ③ 부차적 견해. 수견(隨見).

anudinaṁ *ind.* [anu-dina] 매일.

anudisaṁ *ind.* [anu-disa] 모든 방향을 따라.

anudisati [anu-disati] ① 지적하다. 가리키다. 명령하다. ② 교설하다.

anudisā ① *ind.* [anu-disa의 *abl.*] 모든 방향에서부터. -pekkhana 모든 방향에서 살피는. ② *f.* [anu-disā] 사방의 중간. 사유(四維).

anudīpayati. anudīpeti [anu-dīp의 *caus.*] ① 차례로 알게 하다. ② 차근차근 설명하다.

anudūta *m.* [anu-dūta] ① 동료 심부름꾼. 여행의 동료. 동반자. ② 수행자(修行者). messenger

anudeva → anvadeva.

anudesi → anunesi의 *misr.*

anuddayatā. anuddayā *f.* [anuddayā의 *abstr.*] = anudayā. 동정. 호의. 친절.

anuddayati [anuddayati] 자비롭다.

anuddayanā *f.* [<anuddayati] 자비의 실천.

anuddayā *f.* [<anuddayati] ① 자비. ② 연민. 인정. -âkāra 자비의 형태.

anuddā = anudayā. anuddayā.

anuddāyita *adj.* [anuddayā의 *denom. pp.*] ① 자비로운. ② 인정 많은.

anuddiṭṭha *adj.* ① [an-uddiṭṭha] 지명되지 않은. ② [anu-uddiṭṭha] 지적된.

anuddisati [anu-uddisati] 지적하다.

anuddesa *m.* [an-uddesa] 낭독하지 않음.

anuddesika *adj.* [an-uddesika] 특정한 목적을 갖지 않은.

anuddhaṁsa → anuddhasta

anuddhaṁsana *n.* [<anudhaṁseti] 부과.

anuddhaṁseti [anu-dhaṁseti < dhvaṁs의 caus.] ① 타락시키다. 악화시키다. ② 비난하다. 꾸짖다. ③ 부담시키다. 부과하다. pp. anuddhasta.
anuddhaṭa adj. [an-sk. uddhṛta] ① 뽑아지지 않은. ② 모여지지 않은. -kaṭṭha 장작이 모여지지 않은.
anuddhata adj. [an-uddhata] ① 들뜨지 않은. 거만하지 않은. 고요한. 차분한. ② 무도거(無掉擧)의. -indriya 감관이 고요한.
anuddharaṇīya adj. [an-uddharati의 grd.] ① 일어날 수 없는. ② 세속에서 구원될 수 없는.
anuddharin adj. [an-uddharin] ① 들뜨지 않은. ② 거만하지 않은.
anuddhasta adj. [anuddhaṁseti의 pp.] 타락된. 악화된.
anudhamma n. [anu-dhamma] 가르침과의 일치. 가르침을 따름. 수법(隨法). 여법(如法). -cakkapavattaka 여법하게 수레를 굴리는. -caraṇasīla. -cārin 가르침에 따라 사는 사람. 수법행자(隨法行者). -tā. -bhūta 가르침과 일하는 상태. -paṭipatti 가르침에 일치하는 실천. 수법행(隨法行).
anudhammaṁ ind. [anu-dhamma] 가르침과의 일치하게. 여법(如法)하게.
anudhammatā f. [anudhamma의 abstr.] 가르침을 따름. 수법행(隨法行).
anudhāreti [anu-dhāreti] 지탱하다. 유지하다.
anudhāvati [anu-dhāvati<dhāv] ① ~을 쫓다. 추적하다. 추구하다. 수축(隨逐)하다. ② 흐르다.
anudhāvin n. [<anudhāvati] 추적하는 사람.
anunadī ind. [anu-nādi] anu(prep.) nadītire의 misr. -tīre 강의 둑을 따라.
anunamati [anu-namati] 귀의하다. 예배하다.
anunaya m. [<anuneti] ① 친밀. ② 호의. 조화. -âbhāva 애정의 결여. -paṭigha 친밀과 혐오. -saṁyojana 친밀함에서 오는 속박. 애결(愛結).
anunayana n. [<anuneti] ① 친밀. 호의. ② 아양. 아첨.
anunāda m. [anu-nāda] 메아리.
anunāyaka adj. [anu-nāyaka] 부지휘관. 부왕(副王).
anunāsika adj. [anu-nāsā-ika] 비음(鼻音)[문법에서 특히 아누쓰와라(ṁ)를 지칭함].
anunīta adj. [anuneti의 pp.] ① 인도된. 유인된. ② 권유받은.
anunīyati adj. [anuneti의 pass.] ① 인도되다. 유인되다. ② 권유받다. 설득되다.
anunetar m. [anuneti의 ag.] ① 화해시키는 사람. ② 진정시키는 사람.
anuneti [anu-neti] ① 이끌다. 가르치다. ② 화해시키다. ③ 달래다. 진정시키다. ppr. anunayamāna; pp. anunīta.
anunnata. anuṇṇata adj. [an-unnata] '상승되지 않는' 교만하지 않은.
anunnaḷa [an-unnaḷa] ① 날뛰지 않는. 오만하지 않는. 거들먹거리지 않는. ② 음탕하지 않은.
anunnāmininnāmin adj. [an-unnāmi-ninnāmi] 오르거나 가라앉지 않는.
anupa m. [=anūpa] ① 늪. 소택지. ② 습지대.
anupakappana n. [an-upakappana] ① 들어맞지 않음. ② 소용없음.
anupakampati [anu-pakampati] ① 흔들리다. ② 동요하다. 불안정하다.
anupakāra adj. [an-upakāra] 도움이 되지 않는.
anupakkanta m. [an-upakkanta] ① 공격받지 않은. ② (질병에) 걸리지 않은. -dehavat 질병에 걸리지 않는 몸을 지닌.
anupakkama m. [an-upakkama] 공격하지 않음. ins. anupakkamena 공격에 의하지 않고.
anupakkuṭṭha adj. [an-upakkuṭṭha] ① 비난받지 않는. 질책(叱責)없는. ② 비난할 수 없는.
anupakkhandati [anu-pa-khan-dati] ① 밀고 나아가다. ② 침략하다. 침입하다. abs. anupakhajja.
anupakkhipati [sk. anu-pra-kṣip] 아래에 두다. 밑에 놓다.
anupakhajja ind. [anupakkhandati의 abs.] 침략하고. 침입하고.
anupakhajjati [anupakhajja의 denom.] 침략하다. 침입하다. ppr. anupakhajjant.
anupagacchati adj. ① [anu-pa-gacchati] 행하다. ~에 돌아가다. 복귀하다. ② [anu-upagacchati] 수행하다. 가까이 가다.
anupagamma ind. [an-upa-gacchati의 abs.] 가까이 가지 않고.
anupaghāta m. anupaghātana n. [an-upaghāta] ① 불상해(不傷害). ② 비폭력.
anupaghātika adj. [an-upaghāta-ika] = anūpaghātika.① 해치지 않는. 불상해(不傷害)의. ② 비폭력의.
anupacāra m. [an-upacāra] 근접하지 않음.
anupacita adj. [anu-pacita. pp.<anupacināti] 쌓아진. 집적된. 적취(積聚)된. ② [an-upacita. pp.<upacināta] 집적되지 않은. 모아지지 않은.
anupacinanta → anapavīṇanta.
anupacināti [an-upacināti] ① 관찰 하지 못하

다. ② 주의를 기울이지 못하다.
anupacchinna *adj.* [an-upacchinna] ① 중단되지 않은. ② 지속적인. 계속적인.
anupajagghati [anu-pa-jagghati] 비웃다. 조롱하다.
anupajjati [anu-pad] ① 따르다. 동반하다. ② 도착하다. 획득하다. *pp.* anupanna.
anupajjhāyaka *adj.* [an-upajjhāya-ka] 친교사가 없는.
anupañcāhaṁ *ind.* [anu-pañcā-ahaṁ] 닷새마다. 오일마다.
anupaññatta → anuppaññatta
anupaññatti *f.* [anu-paññatti] → anuppaññatti
anupaṭipāti *f.* [anu-paṭipāti] 연속. 계승.
anupaṭṭhapetvā *ind.* [an-ûpaṭṭhāpeti의 *abs.*] ① 현존하게 만들지 않고. ② 세우지 않고.
anupaṭṭhāna *n.* [anupaṭṭhāpeti] ① 현존하지 않음. ② 발생되지 않음. -kusala 현존하지 않는 것에 숙달된.
anupaṭṭhita *adj.* [an-ûpaṭṭhāpeti의 *pp.*] ① 현존하지 않는. ② 확립되지 않은. 세워지지 않은. -kāyasati 몸에 대한 새김이 흐트러진. -sati 새김이 현존하지 않는.
anupatati [anu-patati] ① 따르다. 추종하다. ② 덮치다. 공격하다. *pp.* anupatita.
anupatana *n.* [<anupatati] ① 따르는. 추종하는. ② 덮치는. 공격하는. *pp.* anupatita.
anupatiṭṭha → anupaviṭṭha의 *misr.*
anupatita *adj.* [anupatati의 *pp.*] ① 영향을 받은. ② 제압된. 공격받은.
anupatitatta *n.* [anupatita의 *abstr.*] ① 영향을 받은 사실. ② 제압된·공격받은 상태.
anupatta. anuppatta *adj.* [anupāpuṇāti의 *pp.*] 도달된. 얻은.
anupatti *f.* [anu-patti] ① 도달. 성취. ② 소망. ③ 이상(理想).
anupathe = anumagge.
anupada *n.* [anu-pada] ① 다음 구절. 시의 다음 시행. 수구(隨句). 수어(隨語). ② 구절을 따르는 것. 단어에 따르는 것. 발걸음을 따르는 것. ③ 개별적인 것. -dhammavipassanā 개인적인 상태에 대한 통찰. -vaṇṇanā 각 단어마다의 설명. -vavatthita 개별적으로 세워진.
anupadaṁ *ind.* [anu-pada의 *acc.*] ① 바로 뒤에. 즉석에. 허겁지겁. ② 각 단어마다. 각 구절마다. 반복해서. ③ 한 걸음을 따라. -ânupadaṁ 한 걸음씩. 바로 뒤에.
anupadajjeyya anuppadeti의 *3rd. pot.*
anupadati [anu-pad] ① 발걸음으로 따르다. ② 단어와 단어를 따르다. ③ 반복하다.
anupadato *ind.* [=anupadaṁ] 각 단어마다.
anupadāna *n.* [anu-pa-dāna] 베풂. 시여(施興). 증여.
anupadātar *m.* [anupadeti의 *ag.*] 주는 사람. 수시자(隨施者).
anupadeti [anu-pa-dadāti<dā] = anuppadeti ① 나누어주다. 시여(施興)하다. 증여하다. ② 넘겨주다. *opt.* anupadajjuṁ. anupadajjeyya; *fut.* anupadassati; *abs.* anupadatvā; *inf.* anupadātuṁ; *pp.* anupadinna.
anupaddava *adj.* [an-upaddava] ① 위험이 없는. ② 안전한.
anupadduta *adj.* [an-upadduta] ① 괴로워하지 않은. ② 억눌리지 않은.
anupadhāreti [an-upa-dhar] ① 무시하다. ② 주의하지 않다. 간과하다. *abs.* anupadhāretvā 무시하고. 고려하지 않고.
anupadhika *adj.* [an-upadhi-ka] 집착이 없는.
anupanāmita *adj.* [an-upanāmita] ① 인도되지 않은. ② 배달되지 않은.
anupanāha *adj.* [an-upanāha] 원한이 없는. 원한을 여읜. 무한(無恨)의.
anupanisa *adj.* [an-upanisa] 원한이 없는. 원한을 여읜.
anupanissaya *adj.* [an-upanissaya] 원한이 없는. 원한을 여읜. -sampanna 원한이 없음을 갖춘. 원한의 여읨을 갖춘.
anupaneyya. anūpaneyya *adj.* ① [an-upa-nī의 *3rd. opt.*] 제공하고 싶다. 선물하고 싶다. ② [an-upa-nī의 *abs.*] 제공하고. 선물하고.
anupanna *adj.* [anu-pajjati의 *pp.*] ① 도달된. ② 얻은. 획득된.
anupapatti *f.* [an-upapatti] ① 발생하지 않음. ② 다시 태어나지 않음.
anupapada *m.* [an-upapada] 복합어의 앞부분 [문법].
anupapanna *adj.* [an-upapanna] ① 들어가지 않은. ② 성취되지 않은. ③ 다시 태어나지 않은. ④ 주어진 법칙에 따라 형성되지 않은[문법].
anupapīḷa → anuppīḷa.
anupabandha *m.* [<anupabandhati] ① 계속. ② 연속.
anupabandhati [anu-pa-bandh] ① 뒤따르다. ② 계속하다. 계속 유지하다.
anupabandhanā *f.* [<anupabandha] ① 계속. ② 연속.
anupabandhanatā *f.* [<anupabandhati] ① 계속. ② 연속.

anupabbaj(j)ati [anu-pabbajjati] 따라서 출가하다. *aor.* anupabbajiṁsu. *pp.* anupabbajita.
anupabbajjā *f.* [anu-pabbajjā] 따라서 출가함. 수출가(隨出家).
anupabhūmi → anūpabhūmi.
anupama *adj.* [an-upama] ① 비교할 수 없는. ② 탁월한. 최상의.
anupamodati *adj.* [anu-pamodati] 함께 기뻐하다. 수희(隨喜)하다.
anupaya *adj.* [an-upaya] 집착이 없는.
anuparama *adj.* [an-uparama] 멈추지 않는. 중지가 없는.
anuparigacchati [anu-pari-gacchati] 널리 돌아다니다. 편력하다. *abs.* anuparigamma; *aor. 3sg.* anupariyagā.
anuparidhāvati [anu-pari-dhāvati] ① 여기 저기 달리다. 치닫다. ② 일주하여 달리다. ③ 따라 흐르다. 수류(隨流)하다.
anuparidhāvana *n.* [<anuparidhāvati] ① 여기 저기 치달음. ② 일주. ③ 따라 흐름.
anuparipphuṭa *adj.* [an-upari-*sk.* sphuṭa<sphar의 *pp.*] 온통 퍼져나간.
anupariyagā anuparigacchati의 *aor.*
anupariyante *ind.* [anu-pariyanta의 *loc.*] 모든 경계의 둘레에.
anupariyāti. anupariyeti [anupariyāti] ① 사방을 걸어 다니다. ② 편력하다. 주잡(周匝)하다. *abs.* anupariyāyitvā. amupariyāya.
anupariyāya *ind.* [anupariyāti의 *abs.*] ① 사방을 걸어 다니고. ② 일주하고. -patha 도시로 가는 길. 도시를 도는 길.
anupariyāyati = anupariyāti
anupariyeti = anupariyāti
anuparivatta *m.* [<anuparivattati] ① 회전. ② 전개. 발전.
anuparivattati [anu-pari-vattati] ① 다루다. 종사하다. ② 수행(隨行)하다. 전개하다. 수전(隨轉)하다. ③ 만나다. 관계하다. *pass.* anuparivattiyati.
anuparivattana *n.* [<anuparivattati] ① 회전. ② 전개. 발전.
anuparivatti *f.* [<anuparivattati] ① 처리. 종사. 업무. ② 관계.
anuparivattin *adj.* [anuparivatta-in] ① 처리하는. 종사하는. ② 순응하는.
anuparivattiyati [anuparivattati의 *pass.*] ① 처리되다. ② 수행되다. ③ 관계되다.
anuparivatteti [anu-parivatteti] (경전을) 자꾸 반복하다.
anuparivāreti [anu-pari-vāreti] ① 둘러싸다. ② 돕다. ③ 시중들다.
anupariveṇaṁ. anupariveṇiyaṁ *ind.* [<anu-pariveṇa] 승방마다. 작은 방마다.
anuparisakkati [anu-pari-sakkati] ① 둥글게 움직이다. ② 종사하다. ③ 흥미를 느끼다.
anuparisakkana *n.* [<anuparisakkati] ① 취급. 흥미. ② 관여. 종사.
anupariharati [anu-pari-harati] ① 둘러싸다. 싸다. ② 껴안다.
anuparodha *m.* [an-uparodha] '파괴가 없는' ① 일치. ② 조화.
anupariyagā anuparigacchati의 *aor.*
anupalakkhaṇa *n.* [an-upalakkhaṇa] 가까이 관찰하지 않음. 불수관(不隨觀).
anupaladdhi *f.* [an-upaladdhi] 발생되지 않음. 비득(非得).
anupalabbhana *n.* [an-upalabbhati] 비존재(非存在).
anupalabbhamāna *adj.* [an-upalabbhamāna] 존재하지 않는. 발견되지 않는.
anupalitta *adj.* [an-upalitta] ① 물들지 않은. 발라지지 않은. 오점이 없는. ② 더럽지 않은. 더럽혀지지 않은.
anupalepa *adj.* [an-upalepa] 접촉이 없는.
anupavajja *adj.* [an-upavadati의 *grd.*] ① 비난될 수 없는. ② 나쁜 결과로 이끌어질 수 없는.
anupavattaka. anuppavattaka *adj.* [<anupavatteti] ① (타인을 따라) 계속 굴리는. ② (전륜성왕을) 계승하는.
anupavattati [anu-pa-vṛt] ① ~을 따라 움직이다. 계속 구르다. ② 계승하다.
anupavattana *n.* [<anupavattati] ① ~을 따라 굴림. ② 계승.
anupavatti *f.* [<anupavattati] ① 지속적인 처리. ② 비판(?).
anupavattika → appavattika.
anupavattita *adj.* [anupavatteti의 *pp.*] ① ~을 따라 굴려진. ② 계승되는.
anupavatteti [anu-pavattati의 *caus.*] ① ~을 따라 움직이게 하다. ② 계속 굴리다. 수전(隨轉)하다. dhammācakkaṁ anupavatteti. 법륜을 굴리다. 최상의 권력을 계승하다. *pp.* anupavattita.
anupavadana *n.* [an-upavādana] ① 비난하지 않음. ② 욕설을 자제함.
anupavāda anūpavāda *m.* [an-upavāda] ① 비난 하지 않음. ② 욕설을 자제함.
anupavādaka *adj.* [anupavāda-ka] ① 비난하

지 않는. ② 욕설하지 않는.

anupavādāpana *adj.* [<anupavādapana] 남으로 하여금 욕설하도록 자극하지 않는.

anupavādin *adj.* [anupavāda-in] ① 비난하지 않는. ② 욕설하지 않는.

anupaviṭṭha anupavisati의 *pp.*

anupaviṭṭhatā *f.* [anupaviṭṭha의 *abstr.*] 진입했다는 사실.

anupavisati [anu-pa-visati<vis] 들어가다. 진입하다. 수입(隨入)하다. *pp.* anupaviṭṭha; *caus.* anupaveseti.

anupavisana *n.* [<anupavisati] 들어감. 침투.

anupavecchati [anu-pavecchati] ① 주다. 넘겨주다. ② 공급하다. 인도하다.

anupavesa *m.* [anupavisati의 *caus.*] 들어감.

anupaveseti [anupavisati의 *caus.*] ① 들어가게 하다. 양도하다. ② 공급하다.

anupasagga *adj.* [*sk.* an-upasarga] ① 불운을 야기하지 않는. ② 걱정이 없는.

anupasaṭṭha. anupassaṭṭha *adj.* [*sk.* an-upa-sṛṣṭa] ① 고통을 받지 않는. ② 걱정이 없는.

anupasaṅkhamati ① [anu-pasaṅkhamati] 따라가다. 쫓아가다. ② [an-upa-saṅkhamati] 접근하지 않다. 가지 않다.

anupasaṇṭhapanā *f.* [an-upasaṇṭhapanā] ① 멈추어지도록 하지 않음. ② 계속. 연속.

anupasama *m.* [an-upasama] 고요하지 않음. 적정(寂靜)하지 않음. -ârāma. -rata. -sammudita 고요함을 기뻐하지 않는. -saṁvattanika 고요함으로 이끌지 않는.

anupasampanna *adj. m.* [an-upasampanna] ① 충분히 갖추고 있지 못한. ② 구족계(具足戒)를 받지 않은. ③ 구족계를 받지 못한 자. -dūsaka 아직 구족계를 받지 않은 여자를 겁탈한 자. -saññin 구족계를 받지 않은 것으로 추정하는. -sīla 구족계를 받지 않은 자를 위한 계행.

anupassaka *adj.* [*cf.* anupassati] ① 관찰하는. 관(觀)하는. ② 응시하는. 수관(隨觀)하는.

anupassaṭṭha *adj.* [an-upassaṭṭha] ① 박해받지 않는. ② 괴로워하지 않는.

anupassati [anu-passati] ① 보다. ② 응시하다. 관찰하다.

anupassanā *f.* [<anupassati] ① 관찰. ② 응시. 수관(隨觀).

anupassin *adj.* [*cf.* anpassati] ① 관찰하는. ② 응시하는. 수관(隨觀)의.

anupahacca *ind.* [an-upahanati의 *abs.*] ① 때리지 않고. 상처를 주지 않고. ② 망치지 않고. ③ 죽이지 않고. ④ 파괴하지 않고.

anupahata *adj.* ① [anu-pahata] 던져진. 버려진. 파괴된. ② [an-upahata] 파괴되지 않은. 불괴(不壞)의. -indriya 분별력이 있는. 감수성이 있는.

anupahāra *m.* [<anu-paharati] '운반되지 않음' 공급이 안 됨.

anupākāre *ind.* [anu-pākāra의 *loc.*] ① 담을 따라. ② 성벽을 따라.

anupāgata *adj.* [anu-upāgata] ① 가까이 오지 않은. ② 들어오지 않은.

anupāta *m.* [*cf.* anupatati] 논쟁. 비난.

anupātin *adj.* [anupāta-in] ① 공격하는. 비난하는. ② 따르는. 추궁하는.

anupādaṁ *ind.* [anu-pāda의 *acc.*] 발을 따라. 한 걸음씩.

anupādā. anupādāya *ind.* [an-upādiyati의 *abs.*] 집착이 없이. 무의(無依)로. anupādāparinibbāna 집착이 없는 완전한 열반. 무의반열반(無依般涅槃).

anupādāna *adj. n.* [an-upādāna] ① 집착 없는. ② 취착(取著)이 없음. 무착(無着).

anupādāniya *adj.* [an-upādāniya] 집착의 대상에 호감을 갖지 않는.

anupādāya = anupādā.

anupādiṇṇa. anupādinna *adj.* [an-upādiṇṇa] ① 취착에 의존하지 않는. 집착 없는. 불이취(不已取). ② 의식(意識)과 관계가 없는. -ânupādāniya 의식적이 아니고 의식적 존재의 발생에도 호감이 없는. -ûpādāniya 의식적이 아니지만 의식적 존재의 발생에 호감이 있는.

anupādiṇṇaka *adj.* [an-upādiṇṇa-ka] ① 취착에 의존하지 않는. ② 의식(意識)과 관계가 없는 [초목에 관한 것].

anupādiyaṁ anupādiyamāna anupādiyāna *adj.* [an-upādiyati의 *ppr.*] 취착하지 않는. 집착하지 않는.

anupādiyitvā *ind.* [anupādiyati의 *abs.*] 집착 없이. 무의(無依)로.

anupādisesa *adj.* [an-upādisesa] ① 집착의 잔여가 없는. 완전히 집착에서 벗어난. 무여(無餘依)의. ② 전염되기 위한 어떠한 씨앗도 없는. -nibbāna 잔여 없는 열반. 무여의열반(無餘依涅槃)[=khandhanibbāna].

anupādeti *adj.* [anu-upādeti(?)] 집착되다(?).

anupāpuṇāti [anu-pāpuṇāti] ① 도달하다. 얻다. ② 발견하다. *abs.* anuppatvāna; *pp.* anupatta; *caus.* anupāpeti.

anupāpeti [anupāpuṇāti의 *caus.*] ① 도달하게

하다. 얻게 하다. ② 발견하게 하다. *aor.* anupāpayi; *pp.* anupāpita.
anupāya *m.* [an-upāya] 나쁜 수단. 잘못된 방편(方便). -kusala 나쁜 수단에 정통한.
anupāyāsa *adj. m.* [an-upāyāsa] ① 근심 없는. 고뇌가 없는. 평화로운. ② 고뇌 없음.
anupārambha *adj.* [an-upārambha] 적대감이 없음[논쟁에서 기질].
anupālaka *adj.* [anu-pālaka] 보호하는. 수호하는. 보존하는.
anupālana *n.* anupālanā *f.* [<anupāleti] 보호하는 것. 보존하는 것.
anupāleti [anu-pāleti] ① 보호하다. ② 시인하다. 인정하다. *pp.* anupālita.
anupāsikā *f.* [an-upāsikā] 청신녀[여자 재가신자]가 아닌.
anupāhana *adj.* [an-upāhana] 신발이 없는. 샌들이 없는.
anupāhāra → anupahāra.
anupithīyati [anu-api-dhā] 닫히다.
anupiya. anuppiya *adj. n.* [anu-piya] ① 아첨하는. ② 감언(甘言). 가애(加愛). -bhāṇin. -bhāṇitar 달콤하게 말하는 사람. 아첨 하는 사람. ③ 아누삐야[도시·마을의 이름].
anupīḷaṁ → anuppīḷaṁ의 *misr.*
anupīḷita *adj.* [an-pīḍ의 *pp.*] 강하게 억눌린.
anupucchati [anu-pucchati] 묻다. 질문하다. *pp.* anupuṭṭha.
anupuṭṭha *adj.* [anupucchati의 *pp.*] 질문받은.
anupubba *adj.* [anu-pubba] 연속적인. 점차적인. 순차적인. 차제(次第)의. *acc.* anupubbaṁ 순차적으로. 차례차례. *ins.* anupubbena 멀지 않아. 곧. 후에. 차례로. 점차. anupubbaso 순서대로. 차례로. -âdhigata 순차적으로 성취된. -âbhisaññānirodha 점차적인 의식적 관념의 소멸. -âbhisamaya 점차적인 분명한 이해. 점현관(漸現觀). -ûpasanta 점차적인 지멸(止滅). 점차적인 죽음. -kathā 차제설법(次第說法). -kāraṇa -kiriyā 점진적인 실천. -cārin 차례로 거니는. -tanuka 점차로 좁아지는[위로]. -ninna 점차적으로 깊어지는. -nirodha 점차적인 소멸. 단계적 소멸. 차제멸(次第滅) -paṭipadā 점차적인 진보. -padavaṇṇanā 단어에 대한 단계적 설명. -pabbhāra 경사면에 이어지는 경사면. -passadhi 점차적인 균형. 점차적인 휴식. -poṇa 비탈에 이은 비탈. -muñcana 점차적인 해탈. 단계적인 해탈. -vaṇṇanā 단어마다의 주석. -vavatthāna 순차적인 분석. -vipassanā 순차적인 통찰. -vihāra 점차적인 고양 단계의 상태. -sikkhā 순서대로 공부하는 것. 점학(漸學). -seṭṭhiputta 아누뿝바셋티뿟따[인명].
anupubbaka *adj.* = anupubba.
anupubbatā *f.* [<anupubba] ① 순서. 차제(次第). ② 점차적 수행.
anupubbaso *ind.* [<anupubba] ① 단계적으로. ② 순서대로.
anupubbī *f.* [*sk.* anupūrvī] ① 올바른 순서. ② 차제(次第). 점(漸). anupubbi° -kathā = anupubbakathā = ānupubbikathā 등급이 있는 설법. 점설(漸說). 차제설법(次第說法).
anupurohita *m.* [anu-purohita] 부사제(副司祭).
anupekkhaṇā. anupekkhaṇatā *f.* [<anupekkhati] ① 주의 깊은 관찰. 심찰. 성찰. 개별관찰. ② 사고의 집중. 숙고. 고려.
anupekkhati [anu-pekkhati] ① 주의 깊게 관찰하다. 성찰하다. 심찰(審察)하다. ② 집중하다. ③ 고려하다. 사려하다. *caus.* anupekkheti.
anupekkhā *f.* [<anupekkhati] ① 주의 깊은 관찰. 심찰. 성찰. 개별관찰(個別觀察). ② 사고의 집중. 숙고. 고려.
anupekkhita *adj.* [anupekkhati의 *pp.*] ① 주의 깊게 관찰된. 심찰된. ② 고려된.
anupekkhitar *m.* [anupekkhati의 *ag.*] ① 주의 깊게 관찰하는 자. 심찰하는 자. ② 고려하는 자.
anupekkhin *adj.* [<anupekkhati] ① 주의 깊게 관찰하는. 심찰하는. ② 고려하는.
anupekkheti [anupekkhati의 *caus.*] ① 주의 깊게 관찰하게 하다. ② 성찰하게 하다. 숙고하게 하다.
anupeti [anu-pa-i] ① 들어가다. ② 녹아들다.
anupeseti [anu-pa-iṣ] 뒤따라 파견하다.
anuposatha *m.* [an-uposatha] 포살일이 아닌.
anuposathikaṁ *ind.* [an-uposatha-ika의 *acc.*] 포살일 마다. = anvaḍḍhamāsaṁ.
anuposiya *adj.* [anu-puṣ의 *grd.*] ① 육성되어야 할. ② 영양분이 주어져야 되는.
anuppa° = anupa°.
anuppagge *ind.* [atippageva] 아침에.
anuppajjana *n.* = anuppāda
anuppaññatta *adj.* [anu-paññatta] ① 보충적으로 시설된. 부가규정의. ② 추가적으로 명령된.
anuppaññatti *f.* [anu-paññatti] ① 보충적인 규정. 부가규정. ② 이차적인 계율. 부가적인 규정. 수제계(隨制戒).
anuppatta *adj.* [<anupāpuṇāti의 *pp.*] 도달된. 획득된.
anuppatti *f.* ① [<anupāpuṇāti] 도달. 획득. ② [an-uppatti] 다시 태어남의 종식.

anuppadajjuṁ anupadeti의 *opt.*

anuppadātar *m.* [anuppādeti의 *ag.*] ① 보시자. 주는 자. ② 기증하는 자.

anuppadāna *n.* [<anuppādeti] ① 보시. ② 증여. -rata 주는데 기쁨을 느끼는.

anuppadinna *adj.* [anuppādeti의 *pp.*] ① 보시된. ② 증여된.

anuppadeti. anuppādeti [anu-ud-pad의 *caus.*] ① ~에 따라 생기게 하다. ② 주다. 상을 주다. 보시하다. *imp.* anuppādetu. *pp.* anuppadinna.

anuppanna *adj.* [an-uppanna] ① 태어나지 않은. ② 발생하지 않는. 미생(未生)의.

anuppabandha *m.* [anu-upa-bandha] ① 계속. ② 연속.

anuppabandhati *m.* [anu-upa-bandhati] 계속적으로 따르다. 지속하다.

anuppabandhana *n.* anuppabandhanā *f.* [<anu-upa-bandha] ① 계속. ② 연속.

anuppabandhāpeti *m.* [anu-upabandhati의 *caus.*] ① 계속적으로 따르게 하다. ② 지속하게 하다. 유지시키다.

anuppayogga *m.* [*sk.* anuprayoga] 동일한 의미에서의 다른 단어의 추가적 사용. -vacana 동의어(同義語).

anuppaviṭṭha *adj.* [anuppaviṭṭha *pp.*<pavisati] ① ~에 들어간. ② 수순(隨順)된.

anuppavacchati = anupavacchati.

anuppavattaka = anupavattaka.

anuppavatteti = anupavatteti.

anuppavisati = anupavisati.

anuppavecchati = anupavecchati.

anuppaveseti = anupaveseti.

anuppāda *m.* [an-uppāda] 태어나지 않음. 생의 여읨. 무생(無生). -ñāṇa 태어남을 여읜 지혜. 무생지(無生智).

anuppādana *n.* [an-uppādana] 태어나지 않음. 생을 여읨. 무생(無生).

anuppādaniya *adj.* [an-uppādana] 생산될 수 없는. 태어날 수 없는.

anuppādita *adj.* [an-uppādita] 생산되지 않은. 태어나지 않은.

anuppādeti → anuppadeti.

anuppiya *adj.* [*sk.* anu-piya] ① 호감이 가는. ② 즐거운. 사랑스러운.

anuppilavana *adj.* [*sk.* an-utplavana] 뛰어오르지 않는.

anuppīḷa *adj.* [an-uppīḷa] 압박받지 않는. 해가 없는.

anupharaṇa *n.* [anu-pharaṇa] 섬광처럼 투과하는 것. 편재(遍在).

anupharati [anu-pharaṇati<sphar] 섬광처럼 투과하다. 편재(遍在)하다.

anuphusīyati [anu-phusīyati<pruṣ의 *caus.*] 뿌리다. 적시다.

anubajjhati → anubandhati의 *misr.*

anubaddha *adj.* [anubandhati의 *pp.*] 따라오는. 뒤에 서 있는.

anubandha *m.* [anu-bandh] ① 속박. ② 연속. 수박(隨縛).

anubandhati [anu-bandhati] ① 뒤를 따라가다. 뒤쫓다. 추적하다. ② 연결하여 정리하다. ③ 계박(繫縛)하다. *aor.* anubandhi. anubandhissaṁ. anubandhisuṁ; *abs.* anubandhitvā; *grd.* anubandhitabba; *pp.* anubaddha.

anubandhana *n.* anubandhanā *f.* [<anubandhati] ① 수반. ② 추적. ③ 연결하여 정리함. ④ 속박. 계박.

anubala *n.* [anu-bala] ① 후속부대. 예비군. 소집부대. ② 수행원. ③ 자신의 힘에 따르는 것. *acc.* anubalaṁ 자신의 힘에 따라. anubalaṁ bhavati 누군가를 추종하다. -ppadāna (도덕적인) 도움. -ppadāyaka 힘을 주는데 기여하는.

anubujjhati [anu-budh] ① 기억하다. 회상하다. ② 이해하다. ③ 깨닫다. *pp.* anubuddha.

anubujjhana *n.* [<anubujjhati] ① 이해. 인식. ② 깨침. 각지(覺知).

anubuddha *adj.* [anu-bujjhati<budh의 *pp.*] ① 자각된. 인식된. ② 추론된. 생각된. 알려진. ③ [anu-buddha] '부처님 보다 못한' 학인. 제자. 불자(佛子).

anubuddhi *adj.* [<anubujjhati] ① 추론. 추리. ② 결론.

anubodha *m.* [<anubodhati] ① 자각. 지각. 인식. ② 이해. 깨달음. 수각(隨覺).

anubodhati [<anu-budh] ① 자각하다. 지각하다. 인식하다. ② 이해하다. 깨닫다. 수각(隨覺)하다. *aor.* anubodhiṁ; *ppr.* anubodhaṁ.

anubodhana *n.* [<anubodhati] ① 이해. 인식. ② 각성. 수각(隨覺).

anubodhi *f.* [<anubodhati] ① 자각. 지각. 인식. ② 이해. 깨달음. 수각(隨覺).

anubodheti [<anubujjhati의 *caus.*] ① 계몽하다. 자각하게 하다. ② 가르치다. 이해하게 하다. 깨닫게 하다.

anubbajati [anu-vraj] ① 따라가다. 길을 밟다. ② 방랑하다.

anubbata *adj.* [anu-vata] ① 복종하는. ② 믿음

이 있는. ③ 헌신하는.
anubbigga *adj.* [*sk.* an-udvigna] 분노가 없는.
anubbillāvitatta *adj.* [*sk.* an-ubbillāvitatta] ① 의기양양하지 않은. ② 명랑하지 않은.
anubyañjana = anuvyañjana
anubrūhana *n.* [<anubrūheti] ① 증대. ② 강화. ③ 개선. ④ 단언.
anubrūheti [anu-brūheti] ① 증대하다. 강화하다. ② 개선하다. ③ 헌신하다. 실천하다. *opt.* anubrūhaye; *imp.* anubrūhehi; *aor.* anubrūhayiṁ; *inf.* anubrūhetuṁ; *pp.* anubrūhita.
anubhaṇanā *f.* [anu-bhaṇanā] ① 말을 걸기. ② 훈계. 비난.
anubhavati. anubhoti [anu-bhavati] ① 경험하다. ② 참여하다. ③ 맛보다. 즐기다. 향수(享受)하다. anubhomi. anubhoma. anubhoti. anubhonti; *pass.* anubhavīyate. anubhūyate. *fut.* anubhavissati; *ppr.* anubhavanta. anubhavamāna; *aor.* anubhavi. anubhosi; *abs.* anubhavitvā. anubhaviyāna; *pp.* anubhūta; *caus.* anubhūyati.
anubhava *m.* anubhavana *n.* [<anubhavati] ① 경험. 참여. ② 맛보기. 향수(享受). -mūlaka 실용적인. -mūlakavāda 실용주의(實用主義).
anubhāga *m.* [anu-bhāga] ① 열등한 부분. ② 여분. 나머지.
anubhāyati [anu-bhāyati] ~을 두려워하다.
anubhāva. ānubhāva *m.* [anubhāva] ① 위력. 세력. ② 초월적인 힘. 위신력(威信力). 신통력(神通力).
anubhāvatā *f.* [anubhāva의 *abstr.*] 위력. 세력.
anubhāsati [anu-bhāsati] ① 따라서 말하다. ② 반복하다.
anubhīrati [anu-bhṛ의 *caus.*] 운반되다. *ppr.* anubhīramāna. *cf.* anuhīrati.
anubhutta. anubhūta *adj.* *n.* [anubhavati의 *pp.*] ① 경험된. 즐긴. 맛본. ③ 고통. ④ 경험.
anubhūyate [anubhavati의 *pass.*] ① 느껴지다. ② 경험되다. 체험하다. *ppr.* anubhūyamāna.
anubhūyamānatta *n.* [anubhūyati의 *ppr.* *abstr.*] 경험되고 있는 사실.
anubhojana *n.* [anu-bhojana] 남은 음식.
anubhoti = anubhavati.
anumaggaṁ. anumagge *ind.* [anu-magge <magga] 길을 따라서. 수순(隨順)해서.
anumajjati [anu-majjati] ① 쓰다듬다. 만지다. 건드리다. ② 때리다. ③ 찧다. 빻다. ④ 타작하다. *caus.* anumajjīyati.
anumajjana *m.* [<anumajjati] ① 찧기. 빻기. ② 타작.
anumajjha *adj.* [anu-majjha] ① 중도를 따르는. ② 극단에 치우치지 않는.
anumaññati [anu-maññati<man] ① 뜻을 따르다. 동의하다. ② 인가하다. 허가하다. ③ 주장하다. *imp.* anumañña.
anumata *adj.* [anumaññati의 *pp.*] ① 허가된. ② 동의된.
anumati *f.* [*cf.* anumaññati] ① 동의. 허가. 허락. ② 일치. ③ 투표. ~ṁ pakāseti 투표하다. -dāyin 투표자.
anumatta → aṇumatta.
anumadassika → anomadassika의 *misr.*
anumarati [anu-marati] 따라서 죽다.
anumasati [anu-masati] 접촉하다. *abs.* anumassa.
anumāna *m.* [<anu-man] 추론. 비량(比量).
anumāneti *m.* [<anumaññati의 *caus.*] 허락하게 하다. 허락을 얻다.
anumāsaṁ *ind.* [anu-māsa] 달마다. 매월.
anumitta *m.* [anu-mitta] ① 이차적인 친구. 동반하는 친구. ② 추종자.
anumināti [anu-mināti. *sk.* anumāti<mā] ① 측량하다. 추론하다. ② 관찰하다.
anumīyati [anu-mā의 *pass.*] ① 측량하다. 추론하다. ② 관찰하다.
anumetabba → anuminitabba.
anumodaka *adj.* [<anumodati] ① 만족하는. 기뻐하는. 수희(隨喜)하는. ② 감사하는 (사람).
anumodati [anu-modati] ① 만족하다. 기뻐하다. 함께 기뻐하다. 수희(隨喜)하다. ② 감사하다. ③ 찬성하다. *grd.* anumodaniya. anumodanīya; *ppr.* anumodamāna; *pres. 3pl.* anumodare; *imp.* anumodahi; *pp.* anumodita; *caus.* anumodeti; *cf.* anumodana. anumodanā.
anumodana *n.* anumodanā *f.* [<anumodati] ① 만족. 함께 기뻐함. 수희(隨喜). ② 감사. ③ 동의. 찬성.
anumodeti [anumodati의 *caus.*] 기쁘게 하다. 감사하다. *pp.* anumodita
anummata *adj.* [an-ummata] ① 제정신이 아닌. ② 미친.
anuyatta → anuyutta.
anuyanta *adj.* [?<anu-yā. anu-yam] ① 열등한. ② 종속되는. ③ 시봉하는.
anuyāgin *adj.* [anu-yāga<yaj-in] ① (다른 모범에) 따라 바치는. ② (다른 사람을) 좇아 헌공(獻供)하는.
anuyāta *adj.* [anuyāti의 *pp.*] ① 따라간. 추구된.

② 수행(隨行)된.
anuyāti. anuyāyati [anu-yā] ① 따라가다. 수행하다. ② 방문하다. *pp.* anuyāta.
anuyāyin *adj. m.* [<anuyāti] ① 따라가는. 종속하는. ② 위성(衛星).
anuyuñjati [anu-yuñjati<yuj] ① 실천하다. 종사하다. ② 전념하다. 몰두하다. 헌신하다. 열중하다. ③ 질문하다. ④ 고용하다. *popt.* anuyuñjetha; *aor.* anuyuñjiha. anuyuñjisaṁ; *pp.* anuyutta; *pass.* anuyuñjiyati. anuyuñjīyati. anuyujjati; *caus.* anuyojeti.
anuyuñjana *n.* anuyuñjanā *f.* [<anuyuñjati] ① 전념. 몰두. ② 헌신. ③ 고용(雇用).
anuyutta *adj.* [anuyuñjati의 *pp.*] ① 실천된. 실행된. 종사한. ② 열중한.
anuyoga *m.* [〃] ① 실천. 종사. ② 탐구. 추구. 전념. ③ 헌신. ④ 사명. ⑤ 명령. ⑥ 시험.
anuyogavant *adj.* [anuyoga-vant] ① 전념하는. 몰두하는. ② 헌신적인.
anuyogin *adj.* [<anuyoga] ① 전념하는. 몰두하는. 열중하는. ② 헌신하는.
anuyojana *n.* [<anu-yojana] 결합.
anuyyāta *adj.* [an-udyāta] 의심스러운.
anuyyāna *n.* [anu-uyyāna] 작은 정원.
anuyyuta *adj.* [an-ud-yuta] ① 헛되지 않은. ② 목적인 없지 않은.
anurakkhaka *adj.* [<anurakkhati] ① 감시하는. ② 보호하는. 경호하는. 수호하는.
anurakkhaṇa *n.* anurakkhaṇā *f.* [*cf.* anurakkhati] = anurakkhana *n.* anurakkhanā *f.* ① 감시. ② 보호. 경호. 수호. -padhāna 수호를 위한 노력.
anurakkhati [anu-rakkhati] ① 감시하다. ② 지키다. 경호하다. 수호하다. *aor.* anurakkhi. *grd.* anurakkhiya. *pp.* anurakkhita.
anurakkhana *n.* anurakkhanā *f.* [*cf.* anurakkhati] = anurakkhaṇa *n.* anurakkhaṇā *f.*
anurakkhamānaka *adj.* [anurakkhati의 *ppr.* -ka] 감시하는. 보호하는.
anurakhā *f.* [<anurakhati] ① 감시. ② 보호. 경호. 수호.
anurakkhin, anurakkhiya *adj.* [anu-rakkha-in] ① 지키는. 감시하는. ② 보호하는. 경호하는. 수호하는.
anurañjati [anu-rañj] ① 집착하다. ② 좋아하다. 기뻐하다.
anurañjita *adj.* [anu-rañjeti의 *pp.*] ① 조명된. 밝은. ② 아름다운.
anurañjeti [anurañjati의 *caus.*] ① 밝게 하다. 조명하다. ② 아름답게 하다. *pp.* anurañjita.
anuratta *adj.* [anurañjati의 *pp.*] ① 집착된. ② 헌신적인. 믿음이 있는. ③ 좋아하는.
anurathaṁ *adv.* [anu-ratha의 *acc.*] 마차를 따라서.
anurava *m.* [<anuravati] 울림. 메아리.
anuravati [anu-ravati] 울리다. 소리가 울다.
anuravanā *f.* [anuravati의 *abstr.*] 소리의 울림.
anuraho *ind.* [anu-raho] 비밀히. 비공개로.
anurāga *m.* [anu-rāga] 관심(關心).
Anurādhapura *n.* [anu-rādhapura] 아누라다뿌라[스리랑카의 도시].
anurujjhati [*sk.* anurudhyate] ① 시키는 대로 따르다. 시인하다. ② 기뻐하다. 만족하다. *pp.* anuruddha.
anuruddha *adj.* [anurujjhati의 *pp.*] ① 시키는 대로 따르는. 충성스러운. ② 만족한.
Anuruddha *m.* 아누룻다. 아나율(阿那律). 무멸(無滅)[비구이름 : 天眼第一의 제자. 또는 붓다고싸 이후의 論師].
anurūpa *adj.* [anu-rūpa] ① 적당한. ② 상응하는. 순종하는.
anurūpatta *n.* [anurūpa의 *abstr.*] 적성(適性).
anurodati [anu-rodati] ① 울부짖다. ② 외치다.
anurodha *m.* [<anu-rudh] ① 응낙. 순종. 충성. ② 숙고. 고려. ③ 만족. 매혹. -virodha 만족과 혐오.
anurodhin *adj.* [<anu-rudh] ① 시키는 대로 따르는. ② 충성스러운. anurodhi-janapūrita 충성스러운 사람으로 가득한.
Anula *m.* 아눌라[장로의 이름].
anulagga *adj.* [*sk.* anu-lagna] ① 집착된. ② 추종된.
Anulatissapabbata *m.* 아눌라띳싸빱바따[스리랑카의 사원과 산의 이름].
anuladdha *adj.* [anu-labdha] (뒤에서) 붙잡힌.
anulapanā *f.* [anu-lapanā<lap] 비난. 질책.
Anulā *f.* 아눌라[청신녀의 이름. 왕비의 이름].
anulāpa *adj.* [〃] ① 반복. ② 동어반복.
anulitta *adj.* [anulimpati의 *pp.*] 기름을 바른.
anulimpati [anu-limpati] ① 기름을 바르다. (온통) 처바르다. ② 더럽히다. *pp.* anulitta; *caus.* anulimpeti. anulepeti. *grd.* anulepanīya.
anulimpana *n.* [<anulimpati] 기름을 바름.
anulipi *f.* [anu-lipi] 사본(寫本). 복사본(複寫本).
anulepa *m.* [*cf.* anulimpati] 기름을 바름.
anulokin *adj.* [<anu-loketi] ① 관찰하는. ② 보는. 바라보는.
anuloma *adj.* [anu-loma] ① 순서에 맞는. ②

적당한. ③ 적응하는. (질서에) 순응하는. 수순(隨順)하는. 순모(順毛)의. 순관(順觀)의[十二緣起의 발생을 順次的으로 관찰하는 것]. -khanti 적응할 수 있는 인내. -ñāṇa 적응의 지혜. 수순지(隨順智). -dhamma 적절한 관례. -paccanīya 순서에 맞고 만지 않는. 순역(順逆). -paṭipadā 적절한 실천. -paṭiloma 순서에 맞게 또 역순으로. 순역(順逆). 순관(順觀)과 역관(逆觀).

anulomana *n.* [<anuloma] 순서에 따름.

anulomika. anulomiya *adj.* [<anuloma] ① 순서에 따르는. ② 순응하는. 적응하는. ③ 적당한.

anulometi [anuloma의 *denom.*] 순응하다. 적응하다.

anullapanatā *f.* [an-ullapana-tā] 부과하는데 실패함.

anullapanā → anulapanā

anuḷāra *adj.* [*sk.* an-udāra] ① 크지 않은. 작은. 적은. ② 사소한.

anuḷāratta *n.* [an-uḷāra의 *abstr.*] ① 작음. 적음. ② 사소함.

anuvaṁsa *m.* [anu-vaṁsa] ① 자손. ② 후예.

anuvajja *adj.* [anuvadati의 *grd.*] 비난받아야 할. 비난받을 만한.

anuvajjati → ① anubbajati. ② anuvijjhati의 *misr.*

anuvaḍḍhi *f.* [anu-vaḍḍhi] ① 나중의 성숙. ② 나중의 번영.

anuvattaka *adj.* [<anuvattati] ① 따르는. 모방하는. ② 흉내를 내는.

anuvattati [anu-vattati. *sk.* anuvartati] ① 따르다. 수순(隨順)하다. 복종하다. ② 모방하다. ③ 실행하다. *grd.* anuvattitabba; *caus.* anuvatteti.

anuvattana *n.* [<anuvattati] ① 순응. 복종. ② 일치. 모방. ③ 실천.

anuvattāpaka *adj.* [<anuvattāpeti] 문법적 일치를 요구하는[문법].

anuvatti *f.* [*sk.* anuvṛtti] 순응. 일치.

anuvattika. anuvattin *adj.* [*cf.* anuvattati] ① 따르는. 복종하는. 수순(隨順)하는. ② 모방하는.

anuvatteti [anuvattati의 *caus.*] ① 지속적으로 가게 하다. 행동을 유지하다. ② 따르다. 순응하다. ③ 일치하다. 모방하다.

anuvadati [anu-vadati] 비난하다. 질책하다. *grd.* anuvajja. *pp.* anuvadita

anuvadanā *f.* [<anuvadati] 비난. 질책.

anuvasati [anu-vasati] 함께 살다. 머물다. *caus.* anuvāseti 시간을 보내다. *pp.* anuvuttha.

anuvassa *adj. n.* [anu-vassa 의 *acc.*] ① 우안거를 따르는. ② 우안거의 준수.

anuvassaṁ *ind.* [anu-vassa 의 *acc.*] '우기마다' 해마다. 매년.

anuvassaka *adj.* [anuvassa-ka] 매년의.

anuvassika *adj.* [anuvassa-ika] ① 한 우기(雨期)를 지낸. ② 일 년이 된.

anuvāceti [anu-vac의 *caus.*] ① 따라서 말하다. ② 반복하다. ③ 암송하다. 구술하다.

anuvācana *n.* [<anuvāceti] 구술. 암송.

anuvāta *m.* [<anu-vā] ① 단. 솔기. 매듭. ② 뒤에서 불어오는 바람. 바람과 함께 하는 것. 순풍(順風). -magga 바람이 부는 길.

anuvātaṁ *ind.* [anuvāta ②의 *acc.*] ① 바람방향으로. 바람을 따라. ② 바람과 함께. *opp.* paṭivātaṁ. anuvāte. *loc.* 바람과 함께. 바람 앞에서. 바람을 마주하고.

anuvāda *m.* [anu-vāda] ① 비난. 훈계. ② 번역.

anuvādeti [anu-vad] ① 비난하다. 훈계하다. ② 번역하다.

anuvāsati [anu-v-ās] ① 뒤에 앉다. ② 시중들다.

anuvāsana *n.* [<anuvāseti] ① 기름에 의한 관장(灌腸). ② 주입.

anuvāseti [anu-vāseti<vāsa의 *denom.*] ① 향기로 가득 채우다. 냄새를 풍기다. ② 훈습(薰習)시키다. ③ 향을 사르다. *grd.* anuvāsanīya; *pp.* anuvāsita.

anuvikkhitta *adj.* [anu-vi-khitta] ① 흩뿌려진. 살포된. ② 분산된.

anuvigaṇeti [anu-vi-gaṇeti] ① 돌보다. 배려하다. 주의하다. ② 숙고하다. 고려하다.

anuvicāra *m.* [*cf.* anuvicāreti] ① 반복적인 숙고. 자세한 조사. ② 반성. 성찰.

anuvicarati [anu-vi-carati] ① 배회하다. 한가로이 거닐다. ② 탐구하다. *caus.* anuvicāreti anuvicarāpeti; *pp.* anuvicarita

anuvicarita *adj.* [anuvicāreti의 *pp.*] 반성된. 숙고된. 성찰된.

anuvicaraṇa *n.* [<anuvicarati] ① 한가로이 거님. ② 배회. 산책.

anuvicarāpeti. anuvicārāpeti [anuvicarati의 *caus.*] ① 돌아보도록 안내하다. 모두 보여주다. 자세히 조사하다. ② 반성하다. 성찰하다.

anuvicāreti [anuvicarati의 *caus.*] ① 자세한 조사하다. 반복적으로 숙고하다. ② 반성하다. 성찰하다.

anuvicinaka *adj. m.* [<anuvicināti] ① 검사하는. ② 검사관. 시험관.

anuvicināti [anu-vi-cinati<ci] ① 숙고하다. ② 검사하다. 조사하다. *aor.* anuvicini.

anuvicintayati anuvicinteti [anu-vi-cinteti] 회상하다. 명상하다. *pp.* anuvicintita.
anuvicca. anuvijja *ind.* [anuvijjati의 *abs.*] ① 숙고하고 나서. 조사하고 나서. ② 알고 나서. 발견하고 나서. ③ 따라서. -kāra 조사. 숙고.
anuvijānāti [anu-vi-jñā] 철저하게 알다.
anuvijjaka. anuvijjhaka *m.* [*cf.* anuvijjati] ① 시험관. 심사관. 검사관. ② 행정장관.
anuvijjati [anu-vid] '때로는 anuvijjhati[anu-vyadh]'로 읽는다. ① 발견하다. ② 시험하다. 조사하다. 심리(審理)하다. ③ 철저하게 알다. 요해(了解)하다. *aor.* anuvijji. *inf.* anuvijjituṁ; *abs.* anuviditvā. anuvicca. anuvijja. anuvejja; *pp.* anuvidita; *caus.* anuvijjāpeti.
anuvijjana *n.* [<anuvijjati] 시험. 조사. 심리(審理).
anuvijjhaka → anuvijjaka.
anuvijjhati [anu-vyadh] ① 관통하다. ② 다치다. 얻어맞다. 상처를 입다. *aor.* anuvijjhi; *pp.* anuviddha. *caus.* anuvijjhāpeti.
anuvitakketi [anu-vi-takketi] ① 생각하다. ② 반성하다. 숙고하다. *aor.* anuvitakkesi.
anuvidita *adj.* [anuvijjati의 *pp.*] ① 발견된. ② 인식된. 요해(了解)된.
anuviddha *adj.* [anuvijjhati의 *pp.*] ① 관통된. 감겨버린. ② 사이에 낀.
anuvidhāna *adj.* [anu-vidhāna] 질서에 맞게 행동하는.
anuvidhāya *adj.* [anu-vi-dhā의 *abs.*] ① 질서에 맞게. ② 적합하게. 일치하게.
anuvidhīyati [anu-vidahati<dhā의 *caus.*] ① 따라서 행동하다. ② (지시를) 따르다. 준수하다. 순종하다.
anuvidhīyanā *f.* [<anuvidhīyati] 준수. 순종.
anuvilitta *adj.* [anu-vi-lip의 *pp.*] 기름을 바른.
anuvilokana *n.* [<anuviloketi] 둘러봄. 개관(概觀).
anuviloketi [anu-vi-loketi. *bsk.* anuvilokayati] ① 둘러보다. 개관하다. ② 조사하다. 탐사하다. ③ 지배하다.
anuvivaṭṭa *adj.* [anu-vivaṭṭa] ① 퇴화. ② 비구의 옷의 한 부분.
anuvisaṭa *adj.* [anu-vi-sṛ의 *pp.*] ① 뿌려진. 살포된. ② 혼란된.
anuvuttha [anuvasati의 *pp.*] 함께 주거하는. 동거하는.
anuvusi anuvasati의 *aor.*
anuvusita [anuvasati의 *pp.*] = anuvuttha.
anuvejja *adj.* [anuvijjati의 *grd.*] ① 알려져야만 하는. 헤아릴 수 있는. ② 할 수 있는.
anuvedha *m.* [<anu-vyadh] 두 번째 찌르기.
anuvyañjana. anubyañjana *n.* [anu-vyañjana] ① 부수적인 속성. 별상(別相). 수상(隨相). 상세한 특징. 세상(細相). ② 중요하지 않은 특징. -assādagadhita 상세한 특징에 대한 만족에 묶인. -gāhin 상세한 특징을 다루는. 부수적인 속성을 띈. -so 상세한 특징에 관하여.
anusaṁyāyati. anusaññāyati [anu-saṁ-yā] ① 가로지르다. ② 올라가다. ③ 에워싸다. ④ 방문하다.
anusaṁvaccharaṁ *ind.* [anu-saṁ-vacchara의 *acc.*] 해마다. 매년.
anusaṁsandanā *ind.* [<anu-saṁ-syand] 따라가게 둠. 동일한 강의 바닥으로 이끌음.
anusaṁsāveti [anu-saṁ-śru] ① 정중하게 대화하다. ② 약간의 거리를 두고 배웅하다.
anusaṅgika *adj.* [anu-saṅga-ika] 부수적(附隨的)인.
anusaṅgīta *adj.* [anu-sam-gīta] 다시 들려진.
anusakkati [anu-sakkati<ṣaṣk] ① 뒤로 움직이다. ② 비키다. *aor.* anusakki.
anusajjhāyati [anu-sajjhāyati] ① 암송하다. 반복하다. ② 기억하다.
anusañcaraṇa *n.* [<anusañcarati] ① 추종. 따름. ② 잼. 무게를 담. ③ 숙고.
anusañcarati [anu-saṁ-carati] ① 따라 걷다. (길을) 따르다. 가로지르다. ② (생각을) 따르다. 숙고하다. *pp.* anusañcarita.
anusañceteti [anu-saṁ-ceteti] ① 집중하다. ② 숙고하다. 사념(思念)하다.
anusaññāti [anu-saṁ-yā] ① 가다. 방문하다. ② 조사하다. ③ 관리하다. *inf.* anusaññātuṁ.
anusaṭa *adj.* [*sk.* anusṛta] 뿌려진. 흩어진.
anusaṭṭhi. *f.* [=anu-satthi] 훈계. 지도.
anusatthar *m.* [anu-śās의 *ag.*] ① 스승. ② 훈계자. 조언자.
anusatthi *f.* [*sk.* anuśāsti] 훈계. 지도.
anusaddāyati [anu-sadda의 *denom.*] 다시 울리다. 메아리치다. 반향하다.
anusaddāyanā *f.* [anusaddāyati] 다시 울림. 메아리. 반향.
anusandati [anu-syad] ① 따라 흐르다. ② 연결되다. *aor.* anusandi.
anusandahati [anu-saṁ-dhā] ① 향하다. ② 적응하다. ~에 응하다. ③ 연결하다. 수결(隨結)하다. *pass.* anusandhīyati; *caus.* anusandheti. *pp.* anusandhita.
anusandhanatā *f.* [<anusandahati] 적응. 응용.

수결(隨結).
anusandhi *f.* [*cf.* anu-saṁ-dhā] ① 연결. 연계. 연관. ② 결혼. ③ 적용. 수결(隨結). -kusala 연결에 능숙한. -naya 적용의 예. 연결의 예. -pubbâpara 앞서고 뒤서는 것. -yojanā 연결에 대한 진술. -vacana 적용의 말.
anusandhīyati [anusandahati의 *pass.*] 연결되다. 일치되다.
anusandheti [anusandahati의 *caus.*] 연결하다. 언급하다.
anusampavaṅkatā *f.* [anu-saṁ-pavaṅkatā] ① 논쟁. ② 싸움.
anusaya *m.* [*sk.* anuśaya<anuseti] ① 경향. 성향. 잠재적 경향. 잠재적 성향. 잠재적 선입견. 수면(隨眠). ② 참회(懺悔). -ânukkamasahita 잠재적 경향에 의해 수반되는. -kilesa 경향의 오염. 수면번뇌(睡眠煩惱). -kilesabhūmi 경향의 오염 단계. 수면번뇌지(睡眠煩惱地). -jāla-m-otthata 잠재적인 선입견에 사로잡힌. -paṭipakkha 잠재적 선입견의 반대. -pahajana. -pahāna 잠재적 선입견을 버리는. -samugghāṭana. samugghāta 잠재적 성향의 근절.
anusayati [anu-sayati] = anuseti 잠복해 있다. 잠재하다. 수면(隨眠)하다. 수증(隨增)하다.
anusayika *adj.* [anusaya-ika] 남아 있는. 잠복하고 있는[질병에 관한 것].
anusayita *adj.* [anuseti의 *pp.*] 잠자는. 잠재하는. 휴면중인.
anusayin *adj.* [<anusaya] 잠재된. 잠자는.
anusaraṇa *n.* [<anussaraṇa] 기억. 추억. 회상.
anusarati [anu-sarati] ① 따르다. 추구하다. 종사하다. ② 사냥하다. ③ 기억하다. *caus.* anusāreti.
anusavati ① = anusayati. ② [anu-su] ① 흐르다. ② 스며나오다. 새어나오다.
anusahagata *adj.* [=aṇusahagata] 극미(極微)를 수반하는.
anusāyika *adj.* [<anusaya] ① 잠자는. 잠재된. ② 만성적인.
anusāveti [anu-su] ① 공표하다. ② 선언하다. *aor.* anusāvesi. *pp.* anusāvita.
anusāra *m.* ① [<anu-sṛ] 추종. 종사. *ins.* anusārena *adv.* ~의 결과로서. ~에 의하면. 따라서. ② [anu-ssāra<svāra] 비음화모음. 억제음[ṁ].
anusārika. anusāriya *n.* [*sk.* anusāryaka] 향기로운 것.
anusārin *adj.* [*cf.* anusarati] ① 따르는. 쫓는. ② 노력하는. dhammânusārin 법에 따르는 것. 수법(隨法). saddhânusārin 믿음에 따르는 것. 수신(隨信).
anusāreti [anusarati의 *caus.*] ① 따라가게 하다. ② 호위하다.
anusāvana → anussāvana.
anusāviyati → anussāviyati.
anusāveti → anussāveti.
anusāsaka *m.* [<anusāsati] ① 훈계 하는 사람. ② 교사. ③ 조언자.
anusāsati [anu-sāsati. *sk.* anuśāsati] ① 가르치다. 설명하다. ② 충고하다. 질책하다. 훈계하다. ③ 안내하다. ④ 용기를 불어넣다. 맡기다. ⑤ 다스리다. 통치하다. *aor.* anusāsi; *grd.* anusāsiya. anusāsitabba; *pp.* anusāsita. anusiṭṭha; *caus.* anusāsiyati.
anusāsana *n.* anusāsanā *f.* anusāsanī *f.* [*cf.* anusāsati. *sk.* anuśāsana] ① 충고. 훈계. ② 교정(矯正). ③ 가르침. 지시. anusāsana° -kara 교훈적인.
anusāsanīpāṭihāriya *m.* [anusāsanī-pāṭihāriya] 부처님의 가르침에 의한 기적. 불가사의한 교설. 교계의 기적. 교계신변(敎誡神變).
Anusāsikā *f.* 아누싸씨까[새의 이름]
anusāsita = anusiṭṭha.
anusikkhati [*sk.* anuśikṣati] ① 따라서 배우다. 모방하다. ② 학습하다. 수학(隨學)하다. *caus.* anusikkhāpeti.
anusikkhana *n.* [<anusikkhati] 학습. 실천.
anusikkhin *adj.* [*cf.* anusikkhati] 공부하는. 배우는. 훈련받는.
anusiṭṭha *adj.* [anusāsati의 *pp.* *sk.* anuśiṣṭa] ① 교육을 받은. 충고를 받은. ② 명령을 받은.
anusiṭṭhi *f.* [sk. anuśiṣṭi] ① 가르침. ② 충고.
anusibbati [anu-siv] ① 짜 넣다. ② 서로 꼬이게 하다.
anusibbati [anu-siv] 서로 둥글게 감다.
anusissa *m.* [*sk.* anu-śiṣya] 학생의 학생.
Anusissa *m.* 아누씻싸[고행자의 이름].
anusissati *m.* [anusāsati의 *pass.*] 다스려지다.
anusīsaṁ *ind.* [anu-sīsaṁ] 머리 위에.
anusuṇāti [anu-suṇāti] 듣다. *aor.* anassuṁ[*sk.* anvaśruvaṁ].
anusumbhati [anu-śubh] ① 장식하다. ② 준비하다.
anusuyyaṁ [*cf.* *sk.* anasūyaṁ] → anasuyyaṁ.
anusuyyaka [an-usuyyaka] 질투하지 않는. 샘내지 않는.
anusuyyati [anu-sūyati<śru의 *pass.*] ① 들려지다. ② 보고되다.

anuseṭṭhi(n) *m.* [anu-seṭṭhi] ① 부회장. 부조합장. ② 부장자(副長者).

anuseti [anu-seti. *sk.* anuśayate] = anusayati ① (생각 따위가) 잠복해 있다. (생각을) 되풀이하다. ③ (망상 따위가) 붙다. 잠재하다. 수면(隨眠)하다. 수증(隨增)하다. *pp.* anusayita.

anusevati [anu-sevati] 실천하다.

anusocati [anu-socati] 슬퍼하다. 애도하다. *aor.* anusoci.

anusocana *n.* anusocanā *f.* [<anusocati] ① 슬픔. 애도. ② 유감(遺憾).

anusotaṁ *ind.* [anusota의 *acc.*] 흐름에 따라. 하류로. anusota° -gāmin 흐름에 따라가는 사람. 순류행자(順流行者). -paṭisotaṁ 흐름을 따르거나 흐름을 거슬러서.

anusvāra *m.* [〃] = anussāra 비음화모음. 억제음[ṁ].

anussaṅkin *adj.* [an-ut-śaṅk] 걱정하지 않는. 두려워하지 않는.

anussaṅkita *adj* [anut-śaṅk의 *pp.*] 걱정되지 않은. 두려움이 없는.

anussata → anussada.

anussati *f.* [anu-sati] ① 상기. 기억. 억념(憶念). ② 새김. 주의 깊음. -ânuttariya 최상의 억념. 새기는 것 가운데 최상[삼보의 공덕을 새기는 것]. 억념무상(憶念無上). -kammaṭṭhāna 기억·새김의 명상주제. -ṭṭhāna 기억·새김의 토대. -pubbakaṁ 추억에 잠겨. -visesa 특별한 새김[견고한 새김이나 철저한 새김].

anussada *adj.* [an-ussada] 거만함이 없는.

anussadakajāta *adj.* [an-ussadaka-jāta] 거품이 일지 않는.

anussaya *adj.* [an-ussaya] 풍요가 없는. 방편이 없는.

anussaraṇa *n.* [<anussarati] ① 기억. 추억. 회상. 상기. ② 새김. ③ 알아차림.

anussarati [anu-sarati. *sk.* anusmarati] ① 기억하다. 상기하다. 명심하다. ③ 새기다. 알아채다. 수념(隨念)하다. *imp.* anussara; *grd.* anussaritabba; *ppr.* anussaraṁ. anussaranta; *pp.* anussarita; *caus.* anussarāpeti.

anussarāpeti [anussarati의 *caus.*] 회상하게 하다. 생각나게 하다.

anussarita *adj.* [anussarati의 *pp.*] 생각난. 기억된. 회상된.

anussaritar *m.* [anussarati의 *ag.*] ① 기억하는 사람. ② 새기는 사람.

anussava *m.* [anu-sava. *sk.* anuśrava] ① 소문. 수문(隨聞). 풍설(風說). ② 보고. 전통. 전설. -upalabbhamattena(anussavupa°) 소문에 의해서만. -ppasanna 풍문조차도 믿는. -sacca 진리에 대한 전통에 의존하는. -suta 풍문에 들은.

anussavati [anu-sru] ① 흘러들다. ② 지배하다(=anvāsavati).

anussavana *n.* [anu-sava. *sk.* anuśrava] ① 소문. 수문(隨聞). 풍설(風說). ② 보고. 전통. 전설.

anussavika *adj.* [anussava-ika] ① 풍문에서 배운. ② 전통을 따르는. -pasāda 풍문에서의 믿음.

anussaviya = anussavika.

anussāvaka *m.* [<anussāveti] ① 선언자(宣言者). ② 연설자(演說者).

anussāvana *n.* [<anussāveti] ① 선언. 표명. ② 포고. 선전. -vipanna 선언 없이. -sampadā 선전의 성취. -sampanna 적당한 선언을 갖춘.

anussāvanā *f.* [<anussāveti] ① 선언. 표명. ② 포고. 선전.

anussāveti [anu-sāveti. *bsk.* anuśrāvayati] ① 들을 수 있게 하다. ② 선언하다. 표명하다. ③ 선전하다. *pp.* anussāvita; *pass.* anussāviyati. *ppr.* anussāviyamāna.

anussāha *m.* [an-ussāha] 인내가 없음. 노력이 없음. -saṁhananatā 노력부족으로 인한 위축.

anussāhita *adj.* [an-ussāhita] 노력이 없는. 부주의한.

anussita *adj.* [an-ut-śri의 *pp.*] 고양되지 않은.

anussuka. anussukita *adj.* [<an-ussuka] 탐욕이 없는.

anussukin *adj.* [<an-ussuka] 탐욕이 없는.

anussukka. anussuyyaka *adj.* [<an-ussukka] 노력이 없는. 열심히 않는.

anussuta ① *adj.* [an-ussuta] 탐욕이 없는. ② *adj.* [anu-suta] 들은. 들어서 알고 있는. *cf.* ananussuta 들은 일이 없는.

anussutika *adj. m.* [anu-sutika<śru] ① 전승에 따르는. ② 소문을 듣고 배우는 사람.

anussuyyaka → anusuyyaka.

anuhasati [anu-hasati] ① 웃다. ② 비웃다. 조소하다.

anuhāyanaṁ *ind.* [an-hāyana] 매년.

anuhīrati [anu-hṛ의 *pass.*] ① 연기(延期)되다. ② 필요이상으로 지속되다. *ppr.* anuhīramāna.

anūdaka → anūdaka.

anūna *adj.* [an-ūna] ① 부족하지 않은. 결함이 없는. ② 완전한. -aṅga 신체적인 결함이 없는. -âdhika 적지도 많지도 않은. -nāma 뿐나까(Puṇṇaka)를 놀리는 별칭. -bhoga 완전한 즐거움을 가진. -manasaṅkappa 마음의 소망이 채워진. -sata 완전한 백(百).

anūnaka *adj.* [an-ūna-ka] ① 부족하지 않은. 결함이 없는. ② 완전한.

anūnatā *f.* [an-ūna의 *abstr.*] ① 불감(不減). ② 완전한 상태.

anūpa *adj.* [*sk.* anūpa] ① 습한. ② 저지대의. 습지의. -khetta 물이 있는 밭. 논. -ja 푸른 생강. -tittha 강의 물 있는 기슭. -desa 습지가 있는 지방. -bhūmi 물기 있는 땅.

anūpakhajja = anupakhajja.

anūpaghāta = anupaghāta.

anūpaghātika = anupaghātika.

anūpadhika = anupadhika.

anūpanāhin *adj.* [an-upanāhin] ① 나쁜 뜻이 없는. ② 화내지 않는.

anūpanīta = anupanīta.

anūpama = anupama.

anūpaya = anupaya *m.* [an-upaya] 집착이 없음(無執着).

anūpaya *adj.* [an-ūpaya] ① 접근하지 않는. ② 집착 없는. 의존하지 않는.

anūpalitta = anupalitta.

anūpavāda = anupavāda.

anūhata *adj.* [an-ūhaññati의 *pp.*] ① 근절되지 않은. 제거되지 않은. ② 파괴되지 않은.

anūhasati [an-ūhasati] 조소하다. 냉소하다.

aneka *adj.* [an-eka] ① 하나가 아닌. 많은. 다수의. ② 여러 가지의. 다양한. -atthakasamāna-sadda 동음이의어(同音異議語)의. -atthanāma 동음이의어(同音異議語). -atthapadanissita 다양한 유익한 것에 기초하는. -âkāra 다양한 형태의. -âdīnava 재난으로 가득 찬. -âdhivacana 복수(*pl.*)의 지칭[문법]. -ânatthânubandha 다양한 불이익과 장애. -ânisaṁsa 많은 공덕을 지닌. -ânusandhika 하나의 주제보다 많은. -iddhi-viddha 다양한 불가사의한 힘. 다양한 신통력. -dhā 다양하게. 여러 가지로. -dhātupaṭivedha 다양한 세계·요소에 대한 꿰뚫음. -dhātu-paṭisambhidā 다양한 세계·요소에 대한 분석적인 앎. -nāma 다양한 이름을 가진. -pa 코끼리. -pariyāya 여러 가지 방법으로. -punaruttaka 동어반복의. -bhāga 다양한. 여러 가지의. -bhāgaso 다양한 방법으로. -ppakāra 여러 종류의. -bhāraparimāṇa 많은 수레분량의 화물을 지닌. -bhāva 여러 가지의. 다양한. -bhūmika 여러 층의. -māya 다양한 환상·속임수를 지닌. -mukha 다양한 얼굴을 지닌. -yojanantarika 많은 요자나의 거리에 있는. -ratana 많은 보석을 지닌. -(rasa)vyañjana 다양한 조미료를 친. -rūpa 다양한 형상·형태를 지닌. -liṅga 다양한 특징을 지닌. -vacana 복수(*pl.*)[문법]. -vaṇṇa 다양한 색깔을 한. 다색(多色)의. -vassagaṇa 여러 해에 걸친. -vāraṁ 여러 번. -vidha 다양한. 여러 가지의. -vihita 여러 가지의. 다종다양한. -sata 수백년의. -sapha 갈라진 발굽모양을 한. -sabhāva 본질적으로 다양한. 다양한 성질을 지닌. -sam-bhāra 다양한 재료로 이루어진. -sarasatā 다양한 효과가 있는 것. -sahassa 수천년의. -sākha 많은 늑골을 지닌. -sārīrika '많은 몸과 관계된' 많은 사람의 이익과 관계된. -sāhassadhana 여러 해를 통해 돈을 모은. -sūpa 다양한 소스. -ssara 복모음의.

anekaṁsā *f.* [an-eka-aṁsā] 의문(疑問). 의혹.

anekaṁsika *adj.* [an-eka-aṁsika] ① 불확실한. 의심스러운. ② 결정하지 못하는. 불결정기(不決定記).

anekaṁsikatā *f.* [anekaṁsika의 *abstr.*] ① 의심스러운 상태. ② 불결정성(不決定性).

aneja *adj.* [an-ejā] 욕망이 없는. 동탐(動貪)이 없는.

Anejaka *m.* [aneja-ka] 욕망이 없는 신계(神界). 아니수천(阿尼輸天)[신계의 이름].

anejatta *n.* [aneja의 *abstr.*] 무욕(無欲).

anedha *adj.* [an-edha] 연료가 없는. 땔감이 없는[신계의 이름].

anerita *adj.* [an-erita] ① 움직여지지 않은. ② 자극되지 않은. 흥분되지 않은.

anela anela *adj.* [*bsk.* aneḍaka. anelaka] 잘못이 없는. 청정한.

aneḷaka *adj.* [*bsk.* aneḍaka. anelaka] 맑은. 청정한. 순수한. -sappa 아넬라까쌉빠[독사의 일종].

aneḷagala. anelagala. aneḷagaḷa *adj.* [aneḷa-gala] '깨끗한 목을 지닌' ① 침을 흘리지 않는. ② 또렷한(목소리와 관련하여).

aneḷamūga *adj.* [an-eḷa-mūga] ① 귀먹지 않고 벙어리가 아닌. ② 현명하고 선량한.

anesanā *f.* [an-esanā] ① 부적당. ② 무례. 품행이 단정치 못함.

anesi. anesuṁ nayati의 *aor.*

ano° an-ava의 축약.

anoka *n.* [an-oka] 집이 없음. 집 없는 상태. -cārin. -sārin 집없는 상태에서 사는(사람). 세속적인 집착이 없는(사람). 비가행자(非家行者). 무세욕자(無世欲者).

anokāsa *adj.* [an-okāsa] 기회가 없는[시간적·공간적].

anokkanta *adj.* [an-okkanta] = anavakkanta.

① 하강하지 않은. ② 극복되지 않는. ③ 가득차지 않은.
anogāhanta *adj.* [an-ogāhati의 *ppr.*] 뛰어들지 않는. 잠입하지 않는.
anoggata *adj.* [an-oggata] (해가) 지지 않은.
anogha *m.* [an-ogha] 폭류(暴流)가 아닌 것. anoghaniya 폭류를 따르지 않음. 불순폭류(不順暴流). -tiṇṇa 폭류를 건너지 못한.
anojagghati → anujagghati.
anojavat. anojavanta *adj.* [an-ojavat] 힘없는. 힘을 주지 않는. 효과 없는.
anojā. anojakā *f.* [*sk** anujā] 붉은 꽃이 피는 관목과 그 꽃[화환으로 사용].
Anojā *m.* 아노자[공주의 이름].
anojā. anojakā *f.* [*sk** anujā] 붉은 꽃이 피는 관목과 그 꽃[화환으로 사용].
anoññāta. anonāta *adj.* [an-avaññāta] 무시당하지 않은.
anoṇata *adj.* [an-oṇata] ① 밑으로 구부러지지 않은. 직립(直立)의. ② 낮지 않은. ③ 낙담하지 않은.
anoṇamati [an-oṇamati] 구부러지지 않다. *ppr.* anoṇamanta
anoṇamana *n.* [an-oṇamana] 밑으로 구부러지지 않은.
anoṇamanta *adj.* [an-oṇamanta] ① 밑으로 구부러지지 않는. ② 낮지 않는. ③ 낙담하지 않는.
anoṇamidaṇḍa *adj.* [an-oṇami-daṇḍa] 구부러지지 않는 막대·지팡이.
Anotatta. Anotattadaha *m.* 아노땃따. 아노닷따다하. 아뇩달(阿耨達)[히말라야에 있는 호수의 이름]. -ôdaka 아노닷따 호수의 물. -piṭṭha 아노닷따의 호수의 물가.
anottappa *n.* [an-ottappa] ① 부끄러움이 없음. ② 무모함.
anottappin. anottāpin *adj.* [<anottappa] ① 부끄러움이 없는. ② 무모한. 무괴(無愧)의.
anotthata *adj.* [an-ottharati의 *pp.*] 넘쳐흐르지 않은.
anottharaṇa *n.* [an-ottharaṇa] 넘쳐흐르지 않음.
anottharaṇīya *adj.* [an-ottaraṇīya] 넘쳐흘러서는 안 될.
anodaka *adj.* [an-udaka] ① 물이 없는. 건조한. ② 고갈된.
anodarika *adj.* [an-*sk.* audarika] 폭식하지 않는. 대식(大食)하지 않는.
anodissaka *adj.* [an-odissa-ka] ① 제한되지 않는. 한량없는. ② 보편적인. ③ 예외 없는.
anodhijina *adj.* [an-odhi-jina] 한계를 극복하지 못한.
anodhiso *ind.* [an-odhi의 *abl.*] ① 제한이 없이. ② 무한(無限)하게. -pharaṇa 무한편만(無限遍滿).
anonata → anoṇata.
anonamaka → anoṇamaka.
anonamana → anoṇamana.
anonamati → anoṇamati.
anonamanta → anoṇamanta.
anopa → anūpa.
anopama *adj. n.* [an-upama] ① 비유할 수 없는. ② 아노빠마[수도의 이름].
Anopamā *f.* 아노빠마[장로니의 이름].
anobhāsanīya *adj.* [an-obhāseti의 *grd.*] 밝혀질 수 없는. 밝혀져서는 안 되는.
anobhāsita *adj.* [an-obhāseti의 *pp.*] 밝혀지지 않은.
anoma *adj.* [an-oma] ① 열등하지 않은. 탁월한. ② 완벽한. 최고의. -guṇa 최상의 성품·덕성. -dassika 최상의 아름다움을 지닌. -dassin 최상의 지혜를 지닌. 아노마닷씬[과거불의 이름]. -nāma 최상의 이름을 지닌. -nikkama 탁월한 정진의. -pañña 최고의 지혜를 가진. -buddhi 최상의 깨달음을 지닌 자[부처님]. -mānin 자신을 완벽하다고 생각하는. -vaṇṇa -vaṇṇin 탁월한 색깔을 지닌. 아름다운 미모를 지닌. 묘색자(妙色者). -viriya 최상의 정진을 하는. -satta 완전한 존재.
anomajjati [anu-ava-majjati] ① 순서대로 문지르다. ② 쓰다듬다.
anomasanta *adj.* [an-omasati의 *ppr.*] 건드리지 않는. 비난하지 않는.
Anomā *f.* 아노마[과거불(Nārada)의 모친이름. 강의 이름].
anorapāra *adj.* [an-ora-pāra] ① 차안(此岸)도 피안(彼岸)도 아닌. ② 차안이나 피안에 없는.
anoramati [an-ava-ram] 중지하지 않다. 계속하다. *abs.* anoramitvā. *ppr.* anoramanta.
anoropitadhura *adj.* [an-oropita-dhura] 멍에를 내려놓지 못한 자.
anolagga *adj.* [an-olagga] ① 달라붙지 않은. ② 주저하지 않는.
anolapanatā → an-ālapanatā
anolīna *adj.* [an-olīna] ① 움츠러들지 않은. ② 풀이 죽지 않은.
anolokenta *adj.* [an-oloketi의 *ppr.*] 바라보지 않는. 쳐다보지 않는.
anoḷārika *adj.* [an-oḷārika] ① 크지 않은. ② 미세한. 미묘한.

anovaṭa *adj.* [an-ovaṭa] 닫히지 않은.
anovaṭṭa. anovaṭṭha *adj.* [an-ovassati의 *pp.*] 비가 오지 않은.
anovaditukāma *adj.* [an-ovaditu-kāma] 충고를 주고자 원하지 않는.
anovadiyamāna *adj.* [an-ovadiyamāna] 충고를 받지 않는.
anovassa *n.* [an-ovassa. *sk.* anavavarṣana] ① 비가 오지 않음. 가뭄. ② 건조. -kata 비를 피한.
anovassaka *adj.* [anovassa-ka] ① 비를 피한. ② 건조한. ③ 고갈된.
anovassika *n.* [anovassa-ka] 비를 피한 장소.
anovādaka *adj.* [an-ovādaka] 충고가 없는. 훈계가 없는.
anovādakara *adj.* [an-ovādaka] 충고·훈계를 따라 행동하지 않는.
anovādin *adj.* [an-ovādin] 충고·훈계를 줄 필요가 없는.
anovuṭṭha → anovaṭṭha.
anosakkana *n.* anosakkanā *f.* [an-osakkana] ① 퇴전하지 않음. 불퇴전(不退轉). ② 분투. 노력. 정력적인 활동.
anosakkamāna(sa) *adj.* [an-ava-sita] ① 주저하지 않는. ② 퇴전하지 않는.
anosakkitaviriya *adj.* [an-osakkita-viriya] 불퇴전의 정진을 지닌.
anosakkiyamāna *adj.* [an-osakkati의 *pass. ppr.*] ① 사람이 살지 않는. ② 접근할 수 없는.
anosārita *adj.* [an-ava-sita] (승단에) 다시 허락되지 않은.
anosita *adj.* [an-ava-sita] ① 사람이 살고 있지 않는. ② 접근할 수 없는.
anosīdana → anavasīdana
anohitasota *adj.* [an-ohita-sota] 부주의한. 방일한. 태만한.
anta ① *m.* [〃] 끝. 궁극. 종말. 목적. 한계. 경계. 옆. 측면. ② 극단. 반대. 대조. *adv.* ante *loc.* 결국. -ânanta 유한과 무한. -ânantika 유한과 무한에 관한(이론). -kara 끝내는. 종식시키는. -kiriyā 종식. 소멸. 단멸. 파멸. -kkhara 마지막 음절[문법]. -ga. -gata 끝까지 간. 완전한. -gamaka 궁극으로 이끄는. -gamana 끝까지 가는 행위. -gāmin 궁극에 도달한. -gū 궁극에 도달한 사람. (고통을) 극복한 사람. -ggāhakadiṭṭhi. -ggāhikadiṭṭhi 극단적 입장을 취하는 견해. 변집견(邊執見). -cchinna 경계가 잘린. -(p)patta 궁극에 도달한. -bhūta 궁극의. 최종의. -m-anta 아주 먼. -m-antena 끝에서 끝으로. -ruddhi antaruci의 *misr.*? -vaṭṭi '테두리가 있는 원주' 창자. -saññin 세상의 종말에 관해 인식하는. -sara 모음어미. ② *n.* [*sk.* āntra<antra] 내부. 장. 창자. -gaṇṭhābādha. -gaṇṭhi. -gaṇṭhikā 창자의 뒤틀림. 맹장염. -guṇa 장간막. 내장. -jana 집안사람들. 가족. -paṭala 내장. 장간막. -bila 내장의 구멍·통로. -bhāga 창자의 부분. -bhoga 내장의 관의 굴곡. -mukha 항문. -roga 장질환(腸疾患). -vaṭṭi = -guṇa. -vijjā 장관학(腸管學).
antaka *m.* [〃] '끝내는 자' ① 죽음의 신. 사마(死魔). 사신(死神). ② 악마.
antati [ant] 묶다.
antato *ind.* [anta-to] 극단으로부터.
antadvaya *adj.* [anta-dvaya] 두 가지 극단. 양극단(兩極端). -ûpanissaya 양극단에의 의존. -nipatita 양극단에 떨어진. -vat 양극단을 지닌. -vajjana 양극단을 피함. -vivajjanānaya 양극단을 피하는 방법.
antamaso *ind.* [antama의 *abl.* *bsk.* antaśaḥ] ① 적어도. ② ~조차. ③ 이르기까지. 내지(乃至).
antara *adj.* *n.* *prep.* [*sk.* antar. *bsk.* antara] ① 내부의. 중간의. 내부. ② 거리. 사이. 간격. ③ 장애. ④ 기회. *abl.* antarā 사이에. 중간에. *ins.* antarena 중간에. 사이에 antarantare. antar-antarena 양쪽의 중간에. 때때로. antarantarā 때때로. 종종. antaraṁ karoti 거리를 두다. 떨어지다. 장애를 만들다. 방해하다. 제거하다. 멸망시키다. antarāgacchati 사이에 끼어들다. 방해하다. antare pakkhipana. 삽입(揷入). antare paveseti. 삽입하다. -aṁsa 양어깨 사이의 공간. 가슴. -aṅga 요점. 요체. -aṭṭālaka 중간에 놓인 작은 시계탑. -aṭṭhaka 보름의 전후로 8일 사이에. -âtīta 어느 사이에 가버린. -antarā. -ântare 사이사이. 때때로. -āpaṇa 시장. 상가거리. 중점(中店). -ubbhāra 잠정적인 권리정지. -kappa 중간 겁. 중겁(中劫). -karaṇa 큰 걸음으로 넘어서기[모욕으로 인식]. -kajjaka. -kājaka 간식[아침과 점심사이]. -kāraṇa 장애의 원인. -gavesin 남의 약점을 찾는. -gata 삽화적(揷話的)인. -gāmaṁ 마을 안으로. -ghara 집 앞의 장소. 마을의 집들 사이. -gharappavesana 집들 사이로 들어가기. -cakka 중심의 순환[점성학의 일종]. -cara 안에 들어오는 사람. 강도. 틈입자(闖入者). -dvāre 문들 사이에. -dīpa(ka) 강 사이의 섬. -dhānamanta 사라지게 하는 주문(呪文). -parikhā 중간의 도랑. -pura 왕의 궁전. -bāhira 안팎의. -bhatta 식사도중. -bhogika 영주. 호족. -muttaka 도중에 포기하는. -megiri 안따라메기리[스리랑카의 도시]. -raṭṭha 속국(屬國). 종속된 왕국. -vatthu 안마당. -vāsa 부재

기간. 중지기간. -vassa 우기(雨期). -vāra 경전의 세분. -vāsaka 승려의 내의(內衣). 안타의(安陀衣). -virahita 사이가 없는. 무간(無間)의. -vīthi 거리에서. -vīthipaṭipanna 우연히 거리에 있는. -satthi 정강이 사이. -samudda 안따라싸뭇다[지역의 이름]. -sāṭaka 내의(內衣). 하의(下衣).

antaraṁsa *m.* [*bsk.* antara-aṁsa] ① 양 어깨 사이. ② 가슴.

antaraṭṭhaka *adj.* [antara-aṭṭhaka] 보름을 전후로 8일 사이에.

antaradhāna *n.* [*cf.* antaradhāyati] ① 소실. 소멸. 은몰(隱沒). ② 임종.

antaradhāyati [antara-dhāyati<dhā] ① 안에 두다. 숨기다. 숨다. 은몰하다. ② 사라지다. 소멸하다. *ppr.* antaradhāyamāna; *aor.* antaradhāyi. antaradhāyisi. antaradhāyatha; *pp.* antarahita; *caus.* antaradhāpeti.

antaradhāyana *n.* [<antaradhāyati] 사라짐.

antarayati [antara의 *denom.*] 사이에 끼어들다. 사이로 가다. *abs.* antaritvā.

antarahita *adj.* [antaradhāyati의 *pp.*] ① 사라진. ② 소멸된. 소실된.

antarā *ind.* [antara의 *abl.*] ① 가운데. 사이에. 내부에. ② 그러고 있는 사이에. 동안에. antarā ca … antarā ca ~과 ~사이에. -amitta(antarāam°) 내부의 적. -ârāmaṁ 공원으로. 가람(伽藍)으로. -ussava 특별한 경우에 개최되는 축제. -ûpaṭṭhāna 중간의 예배·참석. -kathā 중간의 이야기. 잠시의 대화. -kamma 그 사이에 일어난 일. -kāja 짐을 나르는 막대기. 천칭봉(天秤棒). -kilesa 내적인 오염. -gacchati 사이에 끼어들다. 방해하다. -cilima 내부의 껍질. -dhāna = antaradhāna. -nahāru 몸 안의 힘줄. -paccatthika 내부의 적. -parinibbāyin 도중에 완전한 열반에 드는 님. 중반 이전에 완전한 열반에 드는 님. 중반열반자(中般涅槃者)[오종불환자(五種不還者: pañca anāgamino)에서 상세한 설명을 보라]. -bandhana 안에 있는 줄. 몸 안의 힘줄. -bhattā 식사 중에. -bhava이생에서 다음 생 사이의 존재. 중유(中有). -magge 도중에. -maraṇa 너무 이른 죽음. 요절(夭折). -mala 내부의 때. 내부의 더러움. -muttaka 도중에 포기하는. -vattitā 중재. 조정. -vattin 중재하는. 조정하는. -vādhaka 내부의 살해자. -vassaṁ 우기가 끝나기 전에. -vīthiyaṁ 길의 한 가운데로. -vosāna 도중에 포기하는. -saṁyojana 내적인 결박. -sapatta 내부의 경쟁자. -siddhi 사건(事件). -sobha 안따라쏘바[스리랑카지명].

antarāpaṇa *n.* [antara-āpaṇa] ① 교역이 행해지는 장소. 시장. ② 상가거리. 중점(中店).

antarāya ① *m.* [antara-aya] 장애. 방해. 어려움. 위험. -kara 방해자. -karaṇa 장애를 야기하는. -kāraka = -kara. -bhāva 위험한 존재. -vimocana 위험을 멀리하는 것. ② *ind.* [=antarā] 가운데에. 내부에.

antarāyika *adj.* [<antarāya] 방해가 되는. 장애의. -dhamma 장애법(障礙法). 차사(遮事). 난사(難事).

antarāyikin *adj.* [antarāyika-in] ① 방해를 만난. ② 어려움에 봉착한.

antarārati [antara의 *denom.*] ① 끼어들다. ② 방해하다.

antarāla. antarāḷa *n.* [*sk.* antarala] 사이. 내부.

antarika *adj.* [<antara] ① 중간의. ② 다음의. ③ 사이에 놓인. -anantarika 간격이 없는. 잇단.

antarikā *f.* [<antarika] ① 사이 공간. (시간·장소의) 간격. 틈. ② 내부. 부근. 범위.

antarita *adj.* [antar-i의 *pp.*] ① 사이를 둔. ② 분리된. ③ 거리를 둔.

antariya *adj.* = antarika.

antarena *ind.* [antara의 *ins.*] = antarā

antalikkha *n.* [*sk.* antarikṣa] ① 하늘. 공중. ② 대기(大氣). 기상(氣象). -ga 허공을 걷는. -cara [=antalikkhecara] 허공을 다니는. 신족비공(神足飛空). -vijjā 기상학(氣象學).

antalopa *n.* [〃] 최종적인 요소의 탈락.

antavaṭṭi *adj.* [anta-vaṭṭi] 창자.

antavat *adj.* [anta-vat] 끝이 있는. 유한한.

anti *f.* [〃] ① 누나. ② 언니.

anti *ind.* [*sk.* anti] (*adv. pref. gen. cpd.*) ① 앞에. ② 가까운 곳에. 가까이.

antika *adj. n.* [anti-ka] ① 가까운. 최후의. ② 근접. 이웃. -bhāva 근접.

antikā *f.* [〃] ① 누나. ② 언니.

antike *ind.* [antika의 *loc.*] ① 가까이에. 가까운 곳에. ② 최후에.

antima *adj.* [anta의 *superl.*] ① 최종의. 최후의. ② 임종의. ③ 내부의. 가장 깊숙한. -jāti 최후의 태어남. -âvatthā 클라이맥스. 절정(絶頂). -deha 최후의 몸. 최후신(最後身). -dehadhara 최후의 몸을 지닌 자. -dhārin = -dehadhara-bhava 최후의 몸을 지닌 존재. -purisa 종족의 마지막 사람. 사람가운데 하잘 것 없는 사람. -bhava 최후의 태어남. -maṇḍala = anto-maṇḍala. -vatthu '최후의 일' 극단적인 죄악. -sarīra 최후의 몸. -sarīradhāritā 최후의 몸을 갖고 있음. -seyyā 임종의 침대.

ante° *pref.* [*sk.* antaḥ] ① 가까운. ② 내부의.
antepura *n.* [ante-pura] 후궁(後宮). 내궁(內宮). -itthī 후궁의 궁녀.
antepurikā *f.* [ante-purikā] ① 후궁의 여인. 궁녀. ② 기생.
antevāsika. antevāsin *m* [<ante-vāsa] ① 스승 또는 주인과 함께 사는 사람. ② 제자. 학생. ③ 제자로서의 자식.
antevāsâbhiseka *m* [antevāsa-abhiseka] 학생의 관정식(灌頂式).
anto *prep.* [*sk.* antaḥ] 안. 내부의. 안으로. 안쪽에. -aggi(antoa°) 내부의 화재. -amacca(antoa°) 환관(?). 내부의 총애하는 신하. -aruṇa (antoa°) 일몰(日沒) 전의. -ārāma(antoā°) 정원의 안쪽. -āvasatha(antoā°) 처소의 안쪽. -udiṭṭhitasasana(antou°) 내부에서 일어난 숨. -udaragata (antou°) 복부 안에 있는. -olīyana(antoo°) = antosaṅkhepa '안으로 오그라듬' 활동이 없는 것. -karaṇa 입학(入學). 입학허가. 입장허가. 포괄(包括). -kasambhu 내부로 썩은. -kārika 재판위원회의 위원. -kucchi 창자. 자궁(子宮). -koṭisanthāra 황금으로 포장된 집. -koṭṭhâgārika 부를 축적하는. -khobha 발효(醱酵). -gaṇḍa 탄저병(炭疽病). -gata 안에 있는. -gadha 포함된. -gehagata 집으로 가져온. -gehappavesana 집으로 들어가는. -ghara 집의 내부. -jaṭā 안으로 묶인. 내박(內縛). -jana 집안의 사람. 가족. -jāta 집안에서 태어난 노예. -jālagata -jālīkata 그물의 안쪽에 사로잡힌. -ṭhita 내부에 있는. -tāpanakilesa 내적으로 타는 번뇌. -todaka 내적으로 쑤시는·고통스러운. -dakanāvā 잠수함. -ḍāha. -dāha 내부의 불(火). 가슴앓이. -devatā 집안의 신[장인이나 남편 등]. -dosa 내적인 부패. -nagara 성안. 시내. -nijjhāna 내적으로 고통을 감내하는. -nimugga (물속에) 완전히 잠긴. -nisīdanayogga 앉기에 적합한. -parijana 가장 내밀하게 시중드는 사람. -pariḍaha 내적인 작열. 분노. -parisoka 내적인 슬픔. -pavatta 내부에서 일어난. -paviṭṭha 안으로 들어온. -pavisanavāta 들이마신 공기. -pavesana 안으로 넣는. 안으로 이끄는. -pākāra 벽의 안쪽. -pubbalohita 내부의 고름과 피. -pura 내성(內城). 왕의 할렘. 후궁이 사는 곳. -pūti 내부적으로 부패한. -pheggu 연재(軟材)의 안쪽에 있는. 심재(心材)의 심[髓]을 지닌. -bhattika 집안에서 음식을 받는 자. -bhavika 내부에 있는. 포함된. -bhāga 내부의. -bhūmigata 땅속에 묻힌. -majjhantika 오전(午前). -maṇḍala 내부의 원. -mana(s) 사려깊은. 우울한. 내성적인. -manta 사적인 상담. -mānusaka 집안의 사람. 가족. -mukhaṁ 내적으로. -muṭṭhigata '주먹안에 있는' 꽉 붙잡은. -rukkhatā 나무사이에 있음. -litta 안으로 칠해진·발라진. -līna 본래부터 가지고 있는. 내속(內屬)의. 함축된. -lohita 안에서 피가 분출된. -vaṅka 안으로 구부러진. -vaṅkagata 낚싯바늘을 삼킨. -vaṅkapāda 안짱다리. -vaṇṭa 안으로 향해진 꽃자루를 한. -vaṇṇa '안의 색깔을 가진' 고귀한. -vana 숲속. -valañja 내부의 아파트. 실내(室內). -vaḷañjanaka(parijana) 문안의 사람. 옥내(屋內)의 사람. -vasati 거주하다. -vassa 우기(雨期). -vihāra 정사(精舍)의 내부. 절의 안쪽. -saṅkhepa '안으로 오그라듬' 활동이 없는 것. -samorodha 안에 바리케이트를 친. -salla 화살의 과녁 안에 있는. -sāṇito 커튼의 안에서부터. -sāra 본질이 안에 있는. -sīmagata 경계의 안에 있는. -suddha 내적으로 청정한. -soka 내적인 슬픔.
andu ① *f.* [*sk.* andu. andū. anduka] 손이나 발을 묶는 사슬. 족쇄. ② 안두[스리랑카의 마을 이름]. -ghara 옥사(獄舍). 감옥. -kahapaṇa 사슬에 묶인 자를 풀어주는데 필요한 돈. -bandhana 사슬로 묶음.
anduka *m* [*sk.* anduka] 손이나 발을 묶는 사슬. 족쇄.
andoli. andolikā *f.* [〃] 끈에 매달린 흔들의자.
andha ① *adj. m* [〃] 눈먼. 봉사의. 장님. 봉사. 맹목의. 어리석은. 깨닫지 못한. 무지한. 어두운. 불분명한. 보지 못하는. -andhaṁ 어스레하게. 어둑하게. -ākula 눈먼. 어리석은. -karaṇa 눈멀게 함. 혼란스럽게 하는. -kāra 어두운. 눈먼. 암흑. 눈먼 상태. -jana 어리석은 자. -janavilopaka 어리석은 자를 등쳐먹고 사는 사람. -tama 암흑(暗黑). -nakha 검은 손톱을 한. -puthujana 어리석은 일반사람. -badhira 눈멀고 귀먹은 사람. 장님과 벙어리. 맹농(盲聾). -bāla 어리석은. -bhāva 눈먼 상태. 어리석음. -bhūta 눈먼. 무지한. -mahallaka 눈멀고 늙은. -mahisa 눈먼 물소. -mūga 눈멀고 말을 못하는. 맹아(盲啞). -mūgabadhira 눈멀고 말 못하고 귀먹은. -vaṇṇa 눈먼 사람과 같은 (변장). -veṇi 봉사의 줄서기. -veṇûpama 봉사의 줄서기에 대한 비유. -vesa '봉사의 모습' 위장. 변장. 속임수. ② *n.* 안다. 안다림(安陀林). -vana 안다림(安陀林)[숲의 이름]. ③ *m* [*sk.* Andhra] 안다[나라이름. 오늘날의 Telingana에 위치]. -senāpati 안다 국의 장군[명예로운 지위의 하나].
andhaka *m* [andha-ka] 쇠파리. 등에. -masaka (가축에 모여드는) 쇠파리. 침파리.

Andhaka *m.* [andha-ka] 안다 국의. 안다 사람의. 안달라파(安達羅波)[남인도지방의 대중사파(大衆四派)의 총칭]. -aṭṭhakathā 고대 율장의 이름. -bhāsā 안다 인들의 언어. -raṭṭha 안다왕국. -rājan 안다의 왕. -vinda 안다까빈다[마가다의 마을 이름]. -veṇhu 안다까벤후[노예의 이름. 인명].

andhakāra *adj. m. n.* [andha-kāra] ① 어두운. 눈먼. ② 암흑. 눈먼 상태. -âbhinivesa 어둠에 경도된. 어둠에 탐착하는. -gabbha 어두운 방. -cakkhuka 시력을 잃어버린. -jana 어리석은 자. -tamonuda 암흑을 몰아내는. -timisa 칠흑같이 어두운. -timisā. -timissā 칠흑같이 어둠. -pareta 어둠에 의해 압도된. -pīḷita 어둠에 고통스러워하는. -samākula 혼란된. 당황하는.

andhakārin *adj.* [andhakāra-in] 눈멀게 만드는.

andhakiya *adj.* [andha-kiya] 어미 -kiya의 예로 주어진[문법].

andhikā *f.* [andha-ika] ① 밤[夜]. ② 겨자씨. ③ 여자.

andhagata → addhagata.

Andhaṭṭhakathā *f.* [andha-aṭṭhakathā] 안닷타까타[고대율장의 이름].

andhita *adj.* [andheti의 *pp.*] ① 눈먼. ② 인용문으로 주어진[문법].

andhīkata. andhīgata *adj.* [*sk.* andhīkṛta] 눈멀게 된.

andhu *m.* [〃] 우물.

andheti. andhayati [andh] ① 눈멀다. ② 인용문으로 주어지다[문법].

anna *n.* [〃] 음식. 밥. -agga 엄선된 음식. -aṭthika 음식이 필요한. -āpa 음식과 물. -kathā 음식에 대한 이야기. -kicca 식사. -koṭṭha 곡물창고. -da. -dāyaka 음식을 주는. -pāna 음식과 물. 먹을 것과 마실 것. -pāsanamaṅgala 처음 아기에게 음식을 주는 의식. -bhacca 음식의 대접. -bhāranesādā 거지와 사냥꾼. -sannidhi 음식의 저장.

annaya = anvaya.

annā *f.* [?] 어머니.

anv° = anu [모음 앞에서 u → v].

anvakāri. anvakāsi anukirati의 *aor.*

anvakkhara *adj. m.* [anu-akkhara] ① 음절에 따르는. ② 음절에 따라 독송하는 방법.

anvaga = anuga.

anvagata *adj.* [anugacchati의 *pp.*] 영향을 받은.

anvagā. anvagā. anvagū anugacchati의 *aor.*

anvacāri anucarati의 *aor.*

anvaḍḍhamāsaṁ. anvaḍḍhamāse *ind.* [anu-aḍḍha-māsa의 *acc. loc.*] 보름마다[한 달에 두 번].

anvattha *adj.* [anu-attha] 의미에 따르는. 뜻에 따르는. -nāma 명실상부한.

anvadeva *ind.* [anva-d-eva. *sk.* anvageva] 뒤에. 후에.

anvaddhakkhikena → aḍḍhakkhika

anvabhavi → addhabhavi

anvabhi → anubhavati의 *aor.*

anvaya *n.* [〃 *cf.* anveti] ① 비슷함. 일치. 부합. 긍정. ② 과정. ③ 전통. anvayeñāṇaṁ 사성제로 미혹함을 끊는 지혜. 귀납적인 지혜. 유지(類智). -âgata 상속된. -saṁsagga 논리적 귀결. -lekhā 족보(族譜).

anvayatā *f.* [anvaya의 *abstr.*] 일치. 부합.

anvavekkhana *n.* [<anu-ava-ikṣ.] 조사. 탐구.

anvahaṁ *ind.* [anu-aha의 *acc.*] 매일.

anvāgacchati [anu-ā-gacchati] ① 수행(隨行)하다. ~의 뒤를 따라가다. 추적하다. ② 다시 돌아오다. *aor.* anvāgacchi; *pp.* anvāgata. *caus.* anvāgāmeti. 돌아오게 하다. 돌아오길 바라다.

anvāgata [anvāgacchati의 *pp.*]. 도달된. 구비된.

anvāgāmeti [anvāgacchati의 *caus.*] 돌아오게 하다. 돌아오길 바라다.

anvācaya *m.* [〃] 두 번째 행위를 주된 행위와 연결하는.

anvādiṭṭha *adj.* [anvādisati의 *pp.*] 다시 언급된. 다시 확정된.

anvādisati [anu-ā-disati] ① 다시 언급하다. 다시 확정하다. ② 충고하다. ③ 봉헌하다.

anvādesa *m.* [<anuvādisati] 이미 언급된 생각에 대한 언급.

anvādhi. anvādhika *adj.* [?] 반반(半半). 반쪽.

anvānayati [anu-nī] ① 자기에게 이끌다. ② 당하다. ③ 초래하다.

anvāmaddati [anu-ā-maddati<mṛd] 짜다. 압착하다. 비틀어 짜다.

anvāya *ind.* [anveti의 *abs.*] ① 경험 하고. 겪고 나서. ② ~한 뒤에[절대사의 대체].

anvāyika *adj. m.* [anvāya-ika] ① ~의 뒤를 따라가는. ② 동료. 친구.

anvārohati [anu-ā-rohati] ① 올라가다. 다다르다. ② 방문하다.

anvāvajjanā [anu-āvajjanā] 용의주도.

anvāvaṭṭa [anvāvaṭṭati의 *pp.*] ① 따라 움직여진. ② 붐비는.

anvāvaṭṭati [anu-ā-vṛt] ① 따라 움직이다. ② 붐비다. *pp.* anvāvaṭṭa

anvāvaṭṭanā *f.* [<anvāvaṭṭati] ① 따라 움직임.

② 붊빔.
anvāvasati [anu-ā-vas] ① 자리 잡다. ② 함께 거주하다.
anvāvassa → anovassa의 *misr.*
anvāviṭṭha *adj.* [anvāvisati의 *pp.*] (악령 따위에) 사로잡힌.
anvāvisati [anu-ā-visati] ① ~에 들어가다. ② ~을 손에 넣다. ③ 방문하다. *pp.* anvāviṭṭha.
anvāsatta *adj.* [anu-ā-sañj의 *pp.*] ① 집착된. ② 일어난. *abstr.* -tā.
anvāsanna *adj.* [anu-ā-sad의 *pp.*] ① 구비된. 소유된. ② 공격을 받은.
anvāssava *m.* [<anvāssavati] ① 흘러들어감. ② 공격. ③ 지배.
anvāssavati [anu-ā-savati<sru] ① 흘러들어가다. ② 공격하다. 덮치다. ③ 지배하다.
anvāssavana *n.* [anu-ā-savati<sru] ① 흘러들어감. ② 공격. ③ 지배.
anvāhata *adj.* [anu-ā-han의 *pp.*] 얻어맞은. 혼란된.
anvāhiṇḍati [anu-ā-hiṇḍati] 방황하다.
anvicchā *f.* [anu-icchati<iṣ] 구함. 찾음.
anveti [anu-eti<i] ① 따라가다. 접근하다. ② 함께 가다. 수반하다. *pp.* anveta. *abs.* anvāya.
anvesa. anvesaka *adj.* [<anvesati] ① 찾는. 탐구하는. ② 탐구자.
anvesati [anu-esati<iṣ] ① 찾다. ② 조사하다. 탐구하다. *aor.* anvesi; *pp.* anvesita; *ppr. m.* sg. *nom.* anvesaṁ.
anvesana *n.* anvesanā *f.* [<anvesati] ① 찾음. ② 조사. 탐구.
anvesin *adj.* [anvesa-in] ① 찾는. 원하는. ② 노력하는.
anha *m.* [=aṇha. *sk.* ahan. *cf.* aha] ① 날. 하루. ② 낮. pubbanha 오전. majjhanha 낮. 낮 동안. sāyanha 오후. 저녁.
apa° ① *pref.* [〃] 떨어져서. 제거하여[*sk.* ava가 *pāli* apa로 변하는 수가 종종 있다]. ② a-pa[*sk.* pra].
apaṁsu pivati의 *aor.*
apakaṭṭha *adj.* [apakaḍḍhati의 *pp.*] ① 잡아당겨진. 늘어진. ② 제거된.
apakaḍḍhati [apa-kaḍḍhati<kṛṣ] ① 끌고 가다. 잡아당기다. ② 늘어지다. ③ 가지고 가다. 제거하다. *pp.* apakaṭṭha. *aor.* apakaḍḍhi. *caus.* apakaḍḍhāpeti.
apakaḍḍhana *n.* [<apakaḍḍhati] ① 끌고 감. 잡아당김. ② 제거. 빼앗음.
apakataññu *adj.* [a-pa-kataññu] ① 감사의 뜻을 나타내지 않는. ② 배은망덕한.
apakatibhojana *adj.* [a-pakati-bhojana] ① 비정상적인 음식. ② 비자연적 음식.
apakantati [apa-kantati] ① 절단하다. 끊다. ② 중단하다.
apakaraṇa *n.* [〃] 잘못된 실행.
apakaroti [apa-karoti] ① 물리치다. ② 던져버리다. ③ 해치다. 성나게 하다. *abs.* apakaritūna; *pp.* apakata = apagata.
apakassati. apakāsati [*sk.* apakarṣati. *cf.* apakaḍḍhati] ① 던져 버리다. ② 제거하다. *abs.* apakassa.
apakassana *f.* [<apakassati] 제거.
apakāra *n.* [apa-kāra] ① 상해. 가해. ② 악영향. ③ 비참.
apakāraka *adj.* [apakāra-ka] ① 상해하는. 가해하는. ② 악을 행하는.
apakāsati → apakassati. avapakāsati의 *misr.*
apakirati [apa-kṝ] ① 던져버리다. ② 경멸하다. 화내다.
apakiritūna *ind.* [apa-kṝ의 *abs.*(?)] ① 던져버리고. ② 경멸하여. 화내고.
apakka *idj.* [a-pakka] ① 삶아지지 않은. 익지 않은. ② 날것의.
apakkanta *adj.* [apakkammati의 *pp.*] ① 가버린. ② 떠난. 여윈.
apakkama *m.* [<apakkammati] ① 가버림. ② 떠나버림.
apakkamati [apa-kram] ① 가버리다. ② 떠나다. *aor.* *3sg.* apakkami. *abs.* apakkamitvā. apakkamma. *pp.* appakkanta.
apagacchati [apa-gam] ① 사라지다. ② 가버리다. 떠나다. *aor.* apagacchi.
apagata *adj.* [apa-gacchati의 *pp.*] ① 가버린. 지나간. ② 제거된. 죽은. 사멸한. -kāḷaka 검은 반점이 없는. 검은 곡식이 없는. 도덕적 결함이 없는. -kesa 머리카락이 없는. -kotūhalamaṅgalika 미신적인 견해나 실천이 없는. -khīla 마음의 못이 없는. 옹고집이 없는. -gabbhā 임신하지 않은. 어린아이와 함께 하지 않는. -jimha 뒤틀림이 없는. -jīvita 목숨이 없는. -tacapapaṭika 내피와 외피가 없는. -dosa 잘못이 없는. -paṭalapiḷaka 피막과 종기가 없는. -pheggukа 속껍질을 지나친. -maṁsalohita 고기와 피가 없는. -megha 구름이 없는. -raja 먼지가 없는. -lajja 수줍음이 없는. -vaṅka 갈고리가 없는. -vattha 남루한 옷을 입은. -viññāṇa 의식 없는. -sambandha 끈을 매지 않고. -sākhāpalāsa 가지나 잎이 없는. -sukkadhamma 버릇

없는. -soka 슬픔이 없는.
apagabbha *adj.* [apa-gabbha] ① 다시 태어나도록 운명이 지어지지 않은. 탁태(托胎)되지 않는. 다른 자궁에 들어가지 않는. 유산된. 낙태된. 이태자(離胎者). ② [a-pagabba] 오만하지 않은. 겸손한.
apagama *m.* apagamana *n.* [<apagacchati] ① 벗어남. 떠남. 사라짐. ② 은퇴(隱退).
apagā *f.* [*cf.* āpagā] 강.
apaguṇa → appaguṇa.
apaggharaṇaka *adj.* [a-paggharaṇaka] 앞으로 흐르지 않는.
apaghana *m.* [〃] 몸의 사지.
apaṅga [*sk.* apāṅga. *cf.* avaṅga] ① *m.* 곁눈. 곁눈질. 눈초리. ② *n.* 눈초리에 그은 선.
apaca *adj.* [a-paca] '요리하지 않는' 집을 지키지 않는 자.
apacaya *m.* [*cf.* apacināti<ci] ① 감소. 축소. 쌓이지 않음. ② (다시 태어날 가능성의) 소멸. 멸루(滅漏). -gāmin 감소해 가는. 능취분산(能趣分散).
apacāyati [apa-ci] 존경하다. 공경하다. *opt.* apace; *pp.* apacita.
apacāyana *n.* [*cf.* apacāyati] ① 존경. 숭배. ② 경의.
apacāyika. apacāyin *adj.* [*cf.* apacāyana] 존경하는. 숭배하는.
apacāra *m.* [apa-cāra] 넘어짐. 실수. 잘못.
apacita *adj.* [apacāyati의 *pp.*] 존경받는. 숭배를 받는. -âkāra 존경의 표시.
apaciti *f.* [<apa-ci] 존경. 경의.
apacinati → apavīṇati.
apacina. apacinana *n.* [<apacināti] 파괴. 제거(除去).
apacināti [apa-cināti] ① 제거하다. 없애다. 줄이다. *aor.* apaciyiṁsu. ② 존경하다. 관찰하다. 지키다. *pp.* apacita; *grd.* apacineyya. apacetabba. apaceyya.
apacca *m.* [*sk.* apatya] 자손. 후손.
apaccakkosana *n.* [a-pacca-kkosana<kruś] 보복으로 욕설하지 않는 것.
apaccakkha *adj.* [a-paccakkha. *sk.* apratyakṣa] 눈에 보이지 않는. 감관을 뛰어넘는.
apaccakkhāta *adj.* [a-paccakkhāta. *sk.* apratyākhyāta] 포기하지 않은.
apaccakkhāya *adj.* [a-paccakkhāti의 *abs.*] 포기하지 않고.
apaccattavacana *n.* [a-paccatta-vacana] 주격이 아닌 격. 사격(斜格)[문법].
apaccadā *f.* [apacca-dā] 산파(産婆).
apaccanīka *adj.* [a-paccanīka] 반대되지 않은. 적대적인. -paṭipatti 올바른 행위. -paṭipadā 행위의 올바른 실천.
apaccavekkhanā *adj.* [a-paccavekkhanā] ① 조사하지 않음. 탐구하지 않음. ② 부주의.
apaccavekkhita *adj.* [a-paccavekkhati의 *pp.*] 세밀히 조사하지 않고.
apaccavekkhitvā *adj.* [a-paccavekkhati의 *abs.*] 세밀히 조사하고.
apaccasatthu *adj.* [apacca-satthu] 바다가재. 대하(大蝦).
apaccāgamanāya *adj.* [a-paccāgamanāya] 돌아올 수 없도록.
apaccāsa *adj.* [a-paccāsa] 대신 어떠한 것도 기대하지 않는.
apaccāsiṁsana *adj.* [<a-paccāsiṁsati] 대신 어떠한 것도 기대하지 않는.
apaccatha. apacci. apaccisaṁ paccati의 *aor.*
apaccuddhaṭa *adj.* [a-paccuddhaṭa] (형식적으로) 주어지지 않은.
apaccuddhāraka *adj.* [a-prati-ut-hṛ] (형식적으로) 제공되지 않은[선물에 대한 것].
apaccupalakkhaṇā *f.* [a-paccupalakkhaṇā] ① 차별하지 않음. ② 식별하지 않음. 불근관(不近觀).
apaccupekkhaṇā *f.* [a-paccupekkhaṇā] ① 관찰하지 않음. ② 부주의. 성찰이 부족함. 불근찰(不近察).
apacculohaṇa *adj.* [a-paccu-ruh] ① 내려오지 않는. ② 느슨해 지지 않는.
apaccosakkana *adj.* [a-prati-ava-ṣvaṣk] = apacculohaṇa ① 내려가지 않는. ② 느슨해 지지 않는.
apacchā *ind.* [a-pacchā] 뒤가 아닌.
apacchâpurima *adj.* [a-paccha-apurina] ① 앞도 뒤도 아닌. ② 동시적인.
apajaha *adj.* [a-pajaha] ① 내놓지 않는. 불사(不捨)의. ② 탐욕스러운. 인색한.
apajāpatika *adj.* [a-pajāpatika] ① 결혼하지 않은. ② 아내가 없는.
apajita *adj.* *m.* [apa-ju의 *pp.*] ① 싸움에 진. 패배한. ② 패배.
apajjhāyati [apa-dhyai] ① 생각에 잠기다. ② 심사숙고하다.
apañcagava *n.* apañcagāvī *f.* [a-pañca-gava] 다섯 마리의 황소보다 적은 것.
apañcapūlī *f.* [apañca-pūlī] 다섯 다발보다 적

은. 다섯 송이보다 적은.
apañcavassa *adj.* [a-pañca-vassa] 오년이 되지 않은.
apañjasa *adj.* [*sk.* apāñjasa] 잘못된 길을 가는.
apañña. appañña. apaññaka. appaññaka *adj.* [= apañña] 지혜롭지 못한. 우둔한.
apaññatta *adj.* [a-paññatta] ① 규정되지 않은. 선언되지 않은. ② 준비되지 않은. ③ 알려지지 않은. 미시설(未施設)의.
apaññāta *adj.* [a-paññāta] ① 알려지지 않은. 유명하지 않은. ② 악평이 있는.
apaññāpana *adj.* [a-paññāpeti] 내려놓지 않은.
apaññāyana *n.* [<a-paññāyati] ① 알려지지 않은 것. ② 시설되지 않은 것
apaṭi → appaṭi.
apaṭikūla = appaṭikūla.
apaṭicchanna *adj.* [a-paṭicchanna] ① 덮이지 않은. ② 가려지지 않은.
apaṭirūpa = appaṭirūpa.
apaṭu *adj.* [a-paṭu] ① 현명하지 않은. ② 어리석은.
apaṭṭhapeti [apa-tiṭṭhati<sthā의 *caus.*] ① 치우다. ② 무시하다. 부정하다.
apaṭhavī *f.* [a-paṭhavī] 땅이 아닌 것.
apaṇata *adj.* [apa-ṇata<nam의 *pp.*] 아래로 향한. 하방으로의.
apaṇḍara *adj.* [a-*sk.* pāṇḍara] ① 희지 않은. ② 검은.
apaṇḍita *adj.* [a-paṇḍita] ① 현명하지 않은. ② 우둔한.
apaṇṇaka *adj.* [a-paṇṇa-ka] '잎사귀가 없는' ① 확실한. 진실한. ② 의심할 바가 없는. 분명한. ③ 유일한. 절대적인. ④ 보편적인. ⑤ 무희론(無戲論)의. -aṅga 유일한 요소. 보편적인 요소. -gāha 선택한. -gāhin 확실한 입장을 취한. -ṭṭhāna 확실한 입장. -paṭipadā 유일한 길. 확실한 실천.
apaṇṇakatā *f.* [apaṇṇaka의 *abstr.*] ① 확실성. 진실성. ② 무희론성(無戲論性).
Apaṇṇadīpiya *m.* 아빤나디삐야[장로의 칭호].
apatacchika → khārāpatācchika (형벌·고문의 일종).
apatana *adj.* [a-patana] ① 날 수 없는. ② 떨어지지 않는.
apatamāna *adj.* [a-patati의 *ppr.*] ① 날지 않는. ② 떨어지지 않는.
apatikā apatīkā *f.* [a-patana] 결혼하지 않은 여자. 미혼녀.
apatiṭṭhant *adj.* [a-patiṭṭhāti의 *ppr.*] 머물러 살지 않는.
apatta *adj.* ① [a-patta] 그릇(器)이 아닌. ② [a-patta<pa-āp] 아직 얻지 못한. -kkhandhatā 결함이 없음. -cīvaraka 발우와 옷이 없는.
apattika *adj.* [a-*sk.* prāpti] 다른 사람과 나눌 수 없는 (공덕).
apattiyāyitvā *adv.* [a-pattiyāyati의 *abs.*] 믿지 않고.
apattha *adj.* ① [*sk.* apāsta. apa-as ②의 *pp.*] 던져 버려진. ② pāpuṇāti의 *aor. 2pl.* ③ [apa-attha] 의미가 없는. 쓸모없는.
apatthaṭa *adj.* [apattharati의 *pp.*] = avatthaṭa 덮인. 가려진.
apatthaddha *adj.* [apa-stambh의 *pp.*] 믿는. 의존하는.
apatthita. apatthiya *adj.* [<a-pattheti] ① 요구되지 않는. ② 탐구되지 않는.
apatvā → appatvā.
apatha *n.* [a-patha] ① 길 없음. ② 잘못된 길. 비도(非道).
apada *adj. m.* [a-pada] ① 발이 없는. ② 발이 없는 존재. -tā 발이 없는 상태.
apadāna *n.* ① [〃] 자름. 절단. 수확(收穫). 착취. 결과. ② [*sk.* avadāna] 충고. 훈계. 지도. 전설. 설화. 행위. 실천. 일대기. 비유(譬喩). 아빠다나. 아바다나(阿波陀那). 영웅담(英雄譚). 비유경(譬喩經)[보살의 전생담. 쿳다까니까야(小部)의 하나]. -aṭṭhakathā 비유경에 대한 붓다고싸의 주석서. -sobhana 결과에 의해서 나타난.
apadāniya ① *adj.* [apadāna-iya] 비유경과 관계되는. ② *m.* 아빠다니야[장로의 이름].
apadāyati [apa-dā] 청정하게 하다.
apadisa *m.* [<apa-diś] ① 논증. ② 목격. ③ 인용. 참조.
apadisati [apa-disati] ① ~을 증인으로 세우다. ② 언급하다. ③ 인용하다. *pass.* apadissati
apadisana *n.* [<apadisati] ① 지적. 언급. ② 논증. ③ 인용. 참조.
apadīyati ① [apa-de. dā의 *pass.*] 보호되다. ② [<apadāna] 잘라진. 수확된.
apadevatā *f.* [〃] 악신(惡神).
apadesa *m.* apadesaka *n.* [*sk.* apadeśa] ① 지칭. 표현. ② 이유. 원인. ③ 논증. apadesarahita 논증 없이.
apadhāraṇa *n.* [<apa-dhṛ] 뚜껑. 덮개.
apadhāreti [apa-dhṛ의 *caus.*] = avadhārayati ① 지키다. 감시하다. ② 관찰하다. ③ 요구하다. 부탁하다. ④ 사유하다.
apanata *adj.* [apanamati의 *pp.*] ① 옆으로 구부

러진. ② 가버린.
apanaddha *adj.* [apa-nah의 *pp.*] 뒤로 묶인. -kalāpa (활과) 화살통으로 무장된.
apanamati [apa-nam] 구부려 버리다. 가버리다. *pp.* apanata; *caus.* apanāmeti.
apanayati = apaneti.
apanayana *n.* [<apaneti] ① 가져감. ② 제거. ③ 파괴.
apanāmana *m.* [<apanāmeti] 제거.
apanāmeti [apanamati의 *caus.*] ① 가지고 가다. ② 제거하다. ③ 구부리다. 낮추다. 누르다. ④ 귀의하다.
apanidahati. apanidheti [apa-ni-dhā] 감추다. 숨기다. 은폐하다. *caus.* apanidhāpeti 감추게 하다.
apanidhāna *n.* [<apanidheti] 감춤. 숨김.
apanihita *adj.* [apanidahati의 *pp.*] 감추어진. 은폐된.
apanīta *adj.* [apaneti의 *pp.*] ① 제거된. ② 추방된. -kasāva 오염이 없는. -kāḷaka 검은 낟알이 제거된. 검은 반점이 제거된. -pāṇi 손을 철수한. 손을 떼어놓은. -māna 자만이 없는. -hattha 손을 떼어놓은.
apanīyati [apaneti의 *caus.*] 제거되다.
apanudati. apanudeti [apa-nud] ① 제거하다. ② 배제하다. *aor.* apānudi; *abs.* apanujja.
apanudana. apanūdana *n.* [*cf.* apanudati] ① 제거. 배제. 쫓아버림. ② [a-pa-nud] 제거하지 않음. 배제 하지 않음.
apanuditar *m.* [apanudati의 *ag.*] ① 제거자. ② 추방자.
apaneti [apa-nī] ① 가지고 가다. ② 제거하다. *aor.* apānayi; *pp.* apanīta; *caus.* apanīyati.
apanthaka *m.* [a-pantha-ka] '길을 잃은 자.' 아빤타까[인명].
apanhāna *n.* [*sk.* apa-snāna] 사체에 대한 목욕.
apapañcita *adj.* [papañceti의 *pp.*] 연기(延期)되지 않은.
apapatita *adj.* [a-papatati의 *pp.*] 떨어지지 않은.
apapibati. apapivati [apa-pivati] ~으로부터 마시다.
apabodhati. appabodhati [a-pra-budh] ① 격퇴하다. ② 막아내다. 지키다.
apabbajana *n.* apabbajjā *f.* [<a-pabbajati] ① 출가하지 않는 것. ② 출가생활을 못하게 함.
apabbajita *adj.* [a-pabbajita] 출가하지 않은.
apabbūhati. apabyūhati [apa-vi-ūh] ① 밀어내다. ② 제거하다. 문질러 떼다. *caus.* apabyūhāpeti 제거 시키다. 문지르게 하다.
apabyāma → apavyāma.
apabbhāra *adj.* [a-pabbhāra] 경사(傾斜)가 없는. 기울기가 없는.
apabhaṅgu *adj.* [a-pabhaṅgu] 부서지지 않는. 파괴되지 않는.
apabhassara *adj.* [a-pabhassara] 밝지 않은.
apabhārin → apahārin.
apamāṇa → appamāṇa.
apamāra *m* [*sk.* apasmāra] 간질(癎疾). 지랄병.
apamārika. apamāriya *m.* [<apamāra] 간질병 환자.
apamuṭṭha *adj.* [a-pammusati의 *pp.*] ① 잊어버리지 않은. ② 무시당하지 않은.
apamussana *n.* [<a-pammusati] 잊어버리지 않음. 명심. -rasa 잊어버리지 않음의 기능을 지닌. -lakkhaṇa 잊어버리지 않음의 특징.
apamussanīya *adj.* [<a-pammusati의 *grd.*] 잊어버려서는 안 될.
apayāti [apa-yā] ① 가버리다. ② 퇴각하다. *caus.* apayāpeti.
apayāna *n.* [apa-yāna] ① 가버림. ② 퇴각.
apayāpeti [apayāti의 *caus.* *sk.* apayāpayati] ① 가게 하다. 떠나게 하다. ② 쫓아버리다. 퇴각시키다.
apayirupāsanā *f.* [a-*sk.* paryupāsanā] ① 시중들지 않음. ② 불경(不敬).
apara *pron. adj.* [〃] ① 다른. 남의. 타인의. ② 또 하나의. ③ 다음의. 나중의. 미래의. ④ 서쪽의. aparaṁ *adv.* 다시. 더욱이. aparena *adv.* 후에. 나중에. aparâparaṁ *adv.* 여기저기에. 자주. -akkhara 다음의 철자. -aṭṭhama 마지막 여덟 번째. -anta 먼 곳. 서쪽. 미래. -antakappika 미래론자. -âpariyavedaniyakamma. -âpariyavedanīyakamma 후대의 생에서 과보를 받는 업. 순후업(順後業). 순후수업(順後受業). 후생수업(後生受業). -ûpakkama 다른 사람에게 공격받지 않는. -ûpaghātin 다른 사람을 죽이지 않는. -kāla 나중의 시기. -godhāna. -goyāna 수메루산의 서쪽의 신화적인 대륙. 서우화주(西牛貨州). -goyānikā 수메루산의 서쪽의 신화적인 대륙의 주민. -cetanā 행위와 결합된 사유. -jju 다음날. -ntapa 다른 사람을 괴롭히는 자. -pajā 증손(曾孫). 후예. -pariyāya (생애의) 나중의 과정. 또 다른 존재. -pāda 뒷다리 -(p)paccaya 다른 사람에게 의존하지 않는 (것). -(p)pattiya 다른 사람에게 의존하지 않는. -bhāga 시간의 후분. 미래. 내세. -bhāge 나중에. 내세에. -ratta 밤의 후반부. -vatta 운율의 이름. -vasatā 자주(自主). 독립(獨立). -samudda 서해(西海). -sela 서

쪽 산. 서산(西山).
aparaṅkata. aparaṅkāra *adj.* [*sk.* a-para-kata] 타인에 의해 만들어진 것이 아닌.
aparanta *m.* [apara-anta] ① 서쪽. ② 미래. -ânudiṭṭhi 미래와 관련된 독단적인 견해(를 지닌). -kappa 미래론. -kappika 미래론자. -gamanamagga 동인도에서 서인도로 가는. -tikā 운율의 이름. -raṭṭha 미래왕국(未來王國)[미얀마]. -sahagata 미래와 결부된.
aparajju *ind.* [*sk.* aparedyus] 다음날에.
aparajjhati [*sk.* aparādhyate<apa-rādh] ① 어기다. 위반하다. ② 죄를 짓다. *pp.* aparaddha. aparādhita.
aparaṇṇa *n.* [apara-aṇṇa<anna] ① (닭에 주는) 곡물. 요리된 곡물. ② 콩류. ③ 칠채(七菜).
aparanna *n.* = aparaṇṇa
aparaddha *adj.* [aparajjhati의 *pp.*] ① 놓친. 잘못된. 실패한. ② 죄가 있는.
aparapaccaya *adj.* [a-para-paccaya] 다른 것에 의존하지 않고.
Aparaselika. Aparaseliya *m.* 아빠라쎌리까. 아빠라쎌리야. 서산부(西山部). 서산주부(西山住部)[남방 대중부(大衆部)의 일파].
aparājita *adj.* [a-parājita] 정복되지 않은.
aparādha *m.* [apa-rādha] ① 어김. 잘못. 위반. ② 죄(罪). 범죄(犯罪). -āyatta 범죄적인. 형사상의. -ânurûpaṁ 불법행위와 일치하는. -codanā 고소(告訴). 고발(告發). 기소(起訴). -dīpaka 죄를 지우는. -parikkhā 범죄학(犯罪學). 형사학(刑事學). -rahita 죄 없는.
aparādhika *adj.* [<aparādha] 죄가 있는. 죄를 저지른. 범죄의. -tā 범죄.
aparādhita *adj.* [<aparādha] 죄가 있는. 죄를 저지른. 범죄의. -kamma 범죄행위.
aparādhin *adj. m.* [apa-rādha] ① 죄를 범한. 잘못한. ② 범죄자.
aparādhī *f.* [<aparādha] 죄인. 범죄자.
aparādhīnatā *f.* [apara-adhīna-tā] 자유(自由).
aparādheti [apa-rādh] ① 잘못을 저지르다. 실패하게 하다. ② 게을리 하다. 무시하다.
aparâpara *adj.* [*sk.* apara-apara] ① 다른 또 다른. 언제나 계속되는. 잇단. 점차적인. ② 다양한. -uppattika 점차적으로 생겨나는. -uppanna 잇달아 발생한.
aparâparaṁ *ind.* [*sk.* apara-apara] ① 이리 저리. ② 좌우로.
aparâpariya *adj.* [apara-apara-iya] ① 언제나 계속되는. ② 연속적인. -vedanyakamma. -vedanīyakamma 후대의 생에서 과보를 받는 업. 순후업(順後業). 순후수업(順後受業). 후생수업(後生受業).
aparāmaṭṭha *adj.* [a-parāmaṭṭha] ① 접촉되지 않은. 영향을 받지 않은. ② 더렵혀지지 않는. 집착되지 않은.
aparāmasat *adj.* [a-parāmasat] ① 닿지 않은. 영향을 주지 않은. ② 더렵히지 않는. 집착하지 않는.
aparāyatta *adj.* [a-para-āyatta] 다른 것에 의존하지 않는.
aparāyaṇa *adj.* [a-parāyaṇa] 피난처가 없는. 의지처가 없는.
aparāyin *adj.* [a-parāyin] 지지받지 않는. 의거하는 바가 없는.
aparikathākata *adj.* [a-parikathā-kata] 말로 그 가치만큼 얻은 바가 없는.
aparikupita *adj.* [a-parikupita] ① 성가시지 않은. ② 괴롭혀지지 않은.
aparikkamana *n.* [a-pari-kram] ① 주변에 충분한 공간이 없는. ② ~에서 피난할 수단이 없는. 무행처(無行處).
aparikkhata *n.* [a-pari-khata] ① 다치지 않은. ② 해를 입지 않은.
aparikkhayadhamma *adj.* [a-parikkhayadhamma] 소모될 수 없는.
aparikkhitta *adj.* [a-parikkhitta] ① 울타리를 갖지 않은. ② 경계가 없는.
aparikkhīṇa *adj.* [a-parikkhīṇa] 소모되지 않은.
aparikkhobbha *adj.* [a-parikkhobba<kṣubh] ① 교란이 없는. ② 방해가 없는.
aparigamanatā *adj.* [a-parigamanatā] ① 이주(移住)가 없는. ② 전생(轉生)이 없는.
aparigutti *adj.* [a-parigutti] ① 보호가 없는. ② 안정성이 없는.
apariggaha *adj.* [a-pariggaha] ① 소유가 없는. ② 아내가 없는. 결혼하지 않은. ③ 미혼의. -bhāva 미혼상태.
apariggahita *adj.* [a-pariggahita] ① 결혼하지 않은. ② '내 것'이라는 생각이 없는. 종속되지 않은. 소유되지 않은.
aparighaṁsanta *adj.* [a-parighaṁsanta] 긁는 일 없는.
aparicakkhitar *m.* [a-pari-śakṣ] ① 신중하지 않은 자. ② 분별력이 없는 사람.
aparicāraka *adj.* [<a-paricarati] ① 출석하지 않는. ② 참여하지 않는.
aparicchinna *adj.* [a-paricchina] ① 한계가 없는. ② 분리되지 않은.
aparijānat *adj.* [a-parijānat] ① 완전히 알지 못

하는. ② 인식하지 못하는.
apariññāta *adj.* [a-pariññāta] 완전히 알려지지 않은.
apariññāmūlaka *adj.* [a-pariññā-mūlaka] 무지에 뿌리를 둔.
apariṇata *adj.* [a-pariṇata] ① 구부러지지 않은. 익지 않은. ② 성숙되지 않은.
apariṇītā *f.* [a-pariṇīta] ① 결혼하지 않은 여자.
aparitassant *adj.* [a-paritasati의 *ppr.*] 걱정하지 않는.
aparitassaka *adj.* [a-paritassa-ka] ① 걱정이 없는. ② 두려워하지 않는.
aparitassana *n.* aparitassanā *f.* [a-pari-tassanā] ① 근심이 없음. 걱정이 없음. ② 두려움이 없음. 불공구(不恐懼).
aparitassin *adj.* [a-paritassin] ① 걱정하지 않는. ② 떨지 않는. 전율하지 않는.
aparideva *m.* [a-parideva] 슬퍼하지 않음. 애도하지 않음.
apariniṭṭhita *adj.* [a-pariniṭṭhita] 완성되지 않은. 원만하지 않은.
parinipphanna *adj.* [a-parinipphanna] ① 원만하게 이루어지지 않은. ② 불완전한.
aparinibbuta *adj.* [a-parinibbuta] 완전히 해탈하지 못한.
aparimita *adj.* [a-parimita] 무제한적인. -pānabhojana 너무 많이 마시고 먹는.
aparipakka *adj.* [a-paripakka] ① 완전히 익지 않은. ② 미숙한. -indriya 감관이 성숙하지 않은. -kamma 성숙되지 않은 업. 미숙업(未熟業). -ñāṇa 정신적으로 성숙하지 않은. -paripucchā 질문하지 않는. -vedaniya. -vedanīya 완전한 성숙 전에 고통을 받아야하는.
aparipuṇṇa. aparipuṇṇiya *adj.* [a-paripuṇṇa] ① 가득차지 않은. 편만하지 않은. ② 풍요롭지 않은.
aparipūra *adj.* [a-paripūra] ① 완전하지 않은. 불완전한. ② 결함이 있는.
aparipūraka *adj.* [a-paripūra-ka] ① 실천하지 않는. ② 수행하지 않는.
aparipphanda *m.* [<a-paripphandati] ① 동요가 없음. ② 진동이 없음.
aparipphuṭa *adj.* [a-*sk.* parisphuṭa] 나타나지 않은. 분명하지 않은.
aparibrūhayi *adj.* [a-paribrūheti의 *aor. 3rd.*] 용기를 주었다.
aparibhāsaneyya. aparibhāsiya *adj.* [a-paribhāsati의 *grd.*] 비난받을 만한 것이 없는.
aparibhinna *adj.* [a-paribhinna] ① 해를 입지 않은. ② 사실이 아닌.
aparibhutta *adj.* [a-paribhuñjati의 *pp.*] 감각적 쾌락을 완전히 즐기지 못한.
aparibhūta *adj.* [a-paribhūta] 경멸되지 않은.
aparibhoga *adj.* [a-parbhoga] ① 사용할 수 없는. ② 쓸모가 없는.
aparimaṇḍala *adj.* [a-parimaṇḍala] 형태가 완전하지 못한.
aparimāṇa *adj.* [a-parimāṇa] ① 한없는. 무한한. 무량한. ② 거대한.
aparimutta *adj.* [a-parimutta] 해탈되지 못한.
aparimeyya *adj.* [a-parimeyya] ① 헤아릴 수 없는. ② 측정할 수 없는. 불가측(不可測)의.
apariyatta *adj.* [a-*sk.* pariyāpta] 충분하지 않은. 불충분한.
apariyattikara *adj.* [a-*sk.*pariyāpti-kara] 만족하지 않는.
apariyanta *adj.* [a-pariyanta] ① 끝이 없는. 제한이 없는. 무변(無邊)의. ② 엄청난. ③ 완전한. -âdīnava 끝없는 재난. -kata 무한한. -gocara (지각의) 영역이 무한한. -dhanadhañña 엄청난 부를 소유한. -pārisuddhi 완전한 청정. -sikhāpada 제한 없는 학계(學戒)의 의무성.
apariyādāna *adj.* [a-pariyādāna] ① 소모되지 않는. 끝나지 않는. ② 극복되지 않는.
apariyāpanna *adj.* [a-pariyāpanna] ① 얽매이지 않은. 묶이지 않은. ② 포함되지 않은. ③ 출세간(出世間)의.
apariyāpuṭa *adj.* [a-pariyāpuṭa] ① 연구되지 않은. 배워지지 않은. ② 통달되지 않은.
apariyiṭṭha. apariyesita *adj.* [<a-pariyesati] ① 추구되지 않은. ② 찾아지지 않은.
apariyogāhanā *f.* [a-pariyogahanā] ① 탐구의 부족. ② 꿰뚫음의 부족.
apariyodāta *adj.* [<a-pariyodāyati] (완전히) 청정해지 않은.
apariyonadha *adj.* [<a-pariyonandhati] ① 걸리지 않은. ② 방해되지 않은.
apariyosita *adj.* [<a-pariyosiyati] ① 끝나지 않은. ② 완성되지 않은. 채워지지 않은. -saṅkappa 의도가 채워지지 않은. -sikkha 훈련이 완성되지 않은.
aparilāha *adj.* [a-parilāha] ① 고뇌가 없는. ② 스트레스가 없는.
aparivajjana *adj.* [a-parivajjana] 피하지 않는. 거리낌이 없는.
aparivyatta *adj.* [a-parivyatta] 불분명한.
aparisaṅkita *adj.* [a-parisaṅkita] 의심받지 않은. 혐의가 없는.

aparisā *f.* [a-parisā] ① 무리와 함께 있지 않음. ② 홀로 있음. 독처(獨處).

aparisuddha *adj.* [a-parisuddha] ① 깨끗하지 않은. 청정하지 않은. ② 완전하지 않은. -kāya (mano. vacī)-kammanta. -kāya(mano. vacī) -samācāra 신체적(정신적. 언어적) 행위가 청정하지 않은. -vohāra 사회적 관습이 청정하지 않은. -sīla 계행이 청정하지 않은.

aparisesa *adj.* [a-parihāniya] 남김이 없는. 모든 것을 포함하는.

aparissavanaka *adj.* [<a-pari-sru] 넘쳐흐르지 않는.

aparissāvanaka *adj.* [<a-pari-sru의 *caus.*] 여과기가 공급되지 않은.

aparihāna *n* [a-parihāna] ① 쇠퇴하지 않음. ② 손실이 없음. ③ 불퇴전(不退轉). -dhamma 불퇴전의 원리. 불퇴법(不退法).

aparihāniya *adj.* [a-parihāniya] ① 쇠퇴하지 않는. ② 손실이 없어야 하는. ③ 퇴전(退轉)할 수 없는. -dhamma 손실이 없어야 하는 것[富의 조건 가운데 하나].

aparihīna *adj.* [a-parihīna. *pp.*<hāyati] ① ~에서 퇴보되지 않은. ② 방해받지 않는. ③ 불퇴(不退)의. -jjhāna 불퇴의 선정. 선정불퇴전(禪定不退轉).

aparopita *adj.* [apa-ropita] 소모된(?). 소비된(?). 낭비된(?).

apala *n.* [〃] ① 못. ② 바늘. ③ 쐐기. ④ 말뚝.

apalāpa *adj.* [〃] 침묵을 지킴. 비밀

apalāpin *adj.* [*sk.* apalāpin] 잘못이 없는.

apalāyin *adj.* [a-palāyin] ① 도망가지 않는. ② 확고한. 용감한. ③ 두려움 없는.

apalāḷeti [apa-lāḷeti] ① 애무하다. 귀여워하다. ② 함께 가다.

apalāsin. apaḷāsin *adj.* [a-paḷāsa-in] ① 악의가 없는. ② 순수한. 청정한. ③ 이기적이 아닌. 관대한. ④ 용감한.

apalikhati [apa-likh] ① 긁다. ② 핥아내다.

apalikhana *n.* [<apalikhati] ① 긁기. ② 핥기.

apalipapalipanna *adj.* [a-palipa-pali-panna< pad] 진창에 빠지지 않고 뒹굴지도 않은.

apalibuddha. apalibodha *adj.* [a-pali-buddha. a-pali-bodha *cf.* palibujjhati] ① 장애가 없는. 방해받지 않는. 무장애(無障碍)의. 비집수(非執受)의. ② 자유로운.

apalihati. apalekhati [apa-lih] 핥다.

apalekhana *n.* [<apa-lih. *cf. sk.* avalehana] 핥기. 핥음.

apalepa → palepa.

apalokana *n.* [*cf.* apaloketi] 허가. 허용. -kamma 갈마의 허가를 얻음. 구청갈마(求聽羯磨).

apalokati = apaloketi.

apalokita *adj. n.* [apaloketi의 *pp.*] ① 작별인사를 청한. ② 허가를 구함. 동의를 구함. ③ 관찰. 조견(照見). ④ 열반(涅槃).

apalokin *adj.* [*sk.* avalokin] ① 쳐다보는. ② 주의 깊은.

apaloketi [*bsk.* ava-lokayati] ① 앞을 보다. 주의하다. 조감하다. 보살펴주다. 조견(照見)하다. ② 존경하다. 작별인사를 청하다. ③ 허가를 구하다. *pp.* apalokita *cf.* apalokana. apalokin.

apalāsa. apaḷāsa. apaḷāsin *adj.* [a-paḷāsa] 자비로운.

apavagga [*sk.* apavarga] ① 완성. 성취. ② 해탈(解脫).

apavajjana *adj.* [*sk.* apavarjana] '포기' 선물.

apavattati [apa-vṛt] ① 방향을 바꾸다. ② 길에서 사라지다.

apavadati [apa-vad] ① 비난하다. 꾸짖다. ② 배제(排除)하다.

apavahati [apa-vahati] ① 휩쓸어가다. ② 쫓아버리다. *caus.* apavāheti 제거하다. 포기하다.

apavāda *m.* [<apavadati] ① 비난. 꾸짖음. ② 배제(排除).

apavāraṇa *n.* [apa-vāraṇa] 덮음. 덮개.

apavārita *adj.* ① [<ava-vṛ] 파열된. 균열된. ② [<a-pa-vṛ] 끝내지 않은.

apaviṭṭha → apaviddha의 *misr.*

apaviṇāti = apaciṇāti.

apaviddha *adj.* [apavijjhati의 *pp.*] ① 버려진. ② 거부된.

apaviyūhati → appabbūhati.

apaviṇati. apavīṇati. apaveṇati [apa-veṇ] ① 주의하다. ② 살피다.

apavyāma *m.* [apa-vyāma] ① 실례. 무례. ② 무시. 경멸. *abl.* apavyāmato *adv.* 무시하여. 경멸하여.

apasakka *adj.* [<apasakkati] 밖으로 나가버린.

apasakkati [apa-sakkati<ṣaṣk] ① 가버리다. ② 떠나다.

apasaggana *n.* [?] ① 멈춤. ② 주저(躊躇).

apasanna *adj.* [a-pasanna] ① 즐겁지 않은. 행복하지 않은. ② 믿음의 행복이 없는.

apasammajjati [apa-sam-mṛj] 휩쓸어버리다.

apasammajjanī *f.* [<apasammajjati] 곡식을 터는 송풍기.

apasarati [apa-sṛ] ① 배출하다. 방출하다. ② 앞으로 흐르다.

apasavya *adj.* [apa-savya] ① 오른쪽의. ② 왼쪽으로 향한. ③ 반대의. -karaṇa 누군가를 향해 왼쪽으로 향해 도는[무례]. -pakkha 왼쪽.
apasāda *m.* apasādana *n.* [<apa-sad] ① 무시. ② 헐뜯음.
apasādita *adj.* [apasādeti의 *pp.*] ① 비난받은. ② 질책을 받은.
apasādetar *adj. m.* [apasādeti의 *ag.*] ① 비난하는 사람. ② 헐뜯는 사람.
apasādeti [apa-sad의 *caus.*] ① 거부하다. 거절하다. ② 얕보다. 경멸하다. ③ 헐뜯다. 비난하다. *pp.* apasādita.
apasmāra *m.* [apa-māra] 간질(癎疾). 지랄병. -vātā 간질발작.
apassat *adj.* [apassat<passati의 *ppr.*] ① 보고 있지 않는. 눈이 먼. ② 알지 못하는.
apassaya *m.* [*sk.* apāśraya] ① 지지물. 지주(支柱). ② 긴 베개. 침대. -pīṭhaka 머리 받침대가 있는 의자.
apassayati. apasseti [*sk.* apāśrayati. *cf.* avasseti] 기대다. 의지하다. *abs.* apassāya; *pp.* apassita *cf.* avasseti.
apassayana *n.* [*cf.* apasseti] ① 자주 감. 의존. ② 근처에 삶.
apassayi. apassi passati의 *aor.*
apassayika *adj.* [<apassaya] ① 기대는. 의지하는. ② 신뢰하는.
apassita *adj.* [apasseti의 *pp.*] ① 기대어진. 의존된. ② 신뢰받은.
apassena *n.* apassenaka *m.* [<apasseti] ① 기대는 것. 신뢰할 수 있는 것. ② 의존. ③ 종족. ④ 의발(衣鉢). 사자구(四資具). -phalaka 침판(枕板). 목판(木板)[벽을 보호하기 위한 것]. -saṁvidhāna 신뢰할 수 있는 것을 올가미로 사용하는 것.
apaha *adj.* [〃] 파괴하는.
apahata *adj.* [〃] 파괴된.
apahattar. apahāraka *m.* [apaharati의 *ag.*] ① 치우는 사람. ② 제거자. 파괴자.
apahattha *n.* [apa-hattha] '한 손에서 다른 손으로 옮기는 것' 좀도둑질.
apahara *m.* apaharaṇa *n.* [<apaharati] ① 제거. ② 훔침. 강탈.
apaharati [apa-hṛ] ① 제거하다. ② 강탈하다. *aor. 1sg.* apahārayiṁ. *caus.* apahārayati.
apahasati → avahasati.
apahāraka *m.* [<apaharati] ① 제거하는 자. ② 강탈자.
apahāsa → avahāsa.
apākaṭa *adj.* [a-pākaṭa] ① 현저하지 않은. 유명하지 않은. 알려지지 않은. ② 사적인. -tta 프라이버시.
apākaṭatā *f.* [apākaṭa의 *abstr.*] ① 나타나지 않음. ② 부자연스러움. 부적당.
apākaṭika *adj.* [a-pākaṭa-ika] ① 적당 하지 않은. 자연스럽지 못한. 질서에서 벗어난. ② 방해받는.
apākasāka *adj.* [*sk.* apākaśāka] 푸른 생강.
apāṅga *m.* [〃] = apaṅga 곁눈. 곁눈질.
apācī *f.* [〃] 서쪽. 서방(西方).
apācīna *adj.* [〃] ① 서쪽의. 서방의. 서양의. ② 뒤쪽의. ③ 아래에 놓인.
apācīnatta *n.* [〃] 서구화(西歐化). ~ṁ pāpeti 서구화하다.
apāṭuka. apāṭubha *adj.* [a-pāṭuka(?)] ① 솔직하지 않은. 공개적인 아닌. ② 교양이 없는. 버릇없는.
apāṇâtipāta *m.* [a-pāṇa-atipāta] 산목숨을 죽이지 않는 것. 불살생(不殺生).
apāṇin *adj.* [a-pāṇa-in] ① 생명이 없는. ② 무생물의.
apātabba *adj.* [a-pātabba] 마실 수 없는.
apātubhāva *m* [a-pātu-bhāva] ① 볼 수 없음. ② 나타나지 않음.
apātubhūta *adj.* [a-pātubhoti의 *pp.*] 나타나지 않은.
apātubhonta *adj.* [a-pātubhoti의 *ppr.*] 나타나지 않는.
apāda(?) *m.* [<apa-ā-dā] 결혼식에서 신부를 신랑에게 인도하는 것.
apādaka *adj.* [a-pāda-ka] ① 발이 없는. ② 기는.
apādāna *n.* [apa-ā-dā-na] ① 결혼식에서 신부를 신랑에게 인도하는 것. ② 탈취. 분리. 탈격(脫格 *abl.*)[문법].
apāna *n.* [apa-ana] ① 내 쉬는 숨. 출식(出息). ② 호흡.
apānaka *adj. m.* [a-pāna-ka] ① 마실 것이 없는. 물이 없는. ② 마시지 않는 자[고행자의 한 부류].
apānakatta *n.* [a-pānaka의 *abstr.*] ① 물이 없는 상태. ② 마실 물조차 없는 삶.
apānayi apaneti의 *aor.*
apāpa *adj.* [a-pāpa] 죄 없는. 결백한. -kamma. kammin 선업(善業)을 지닌 자.
apāpaka *adj.* [a-pāpa-ka] 죄 없는. 결백한. *f.* apāpikā.
apāpata *adj.* [apa-ā-pata] 안으로 떨어진.

apāpuraṇa *n.* [*cf.* apāpurati] 열쇠. = avāpuraṇa.
apāpurati. apāpuṇati [*sk.* apāvṛṇoti. apa-ā-vṛ] ① (문을) 열다. ② 개방하다. *pp.* apāruta; *pass.* apāpurīyati. *cf.* avāpurati.
apābhata *adj.* [apa-ā-bhṛ의 *pp.*] ① 치워진. ② 도둑맞은.
apāya *m.* [〃] ① 괴로운 곳. 불행한 곳. 고계(苦界). 고처(苦處). 고취(苦趣). 무행처(無幸處). 폐허. 악처(惡處). 지옥(地獄). ② 상실. 손실. 이거(離去). 손감(損減). ③ 새는 곳. 누설되는 곳. (물이 나가는) 출구. ④ 타락. 전락. -ûpapatti 괴로운 곳에 태어남. -kusala. -kosalla 떠나감에 능숙한. 손감(損減)에 능숙한. 손감선교(損減善巧). -gata 괴로운 곳에 떨어진. -gamanīya 괴로운 곳으로 이끄는. -gāmin 전락하는. 고처(苦處)로 가는. -dukkha 괴로운 곳의 고통. -dvāra 괴로운 곳의 문. -paṭisandhi 악처에의 결생. 악처결생(惡處結生). -parāyaṇa 괴로운 곳으로 갈 운명의. -paripūraka 괴로운 곳을 채우는 사람. -parimutti 괴로운 곳에서 벗어난. -bhaya 괴로운 곳의 공포. -bhūmi 괴로운 곳의 세계[지옥·축생·아귀·수라]. -magga 괴로운 곳의 길. -mukha 괴로운 곳으로 이끄는. 손해에 당면한. -loka 괴로운 곳의 세계. -samudda 고해(苦海). -sampanna (물이 나갈) 출구를 갖춘. -sampāpaka 괴로운 곳으로 귀결되는. -sahāya 방탕한 것에 동료가 되어주는. 방탕한 친구.
apāyāmi apeti의 *imp.*
apāyi apeti의 *aor.*
apāyi. apāyimha pibati[pā]의 *aor.*
apāyika *adj.* [apāya-ika] 불행한 상태의. 고처(苦處)에 속하는.
apāyin *adj.* [apāya-in] 가버리는. 사라지는.
apāyesi [pāyeti의 *aor.* *sg.*] 마셨다.
apāra *n.* [a-pāra] ① 차안(此岸). 이 세계. ② 피안이 아닌. 궁극이 아닌. 언덕이 없는. 끝이 없는. -ṇeyya 피안으로 이끌어질 수 없는. -dassin 피안을 보지 못하는. 궁극을 보지 못하는. -pāragu 끝없는 윤회의 끝에 도달한 자.
apāruta *adj.* [*sk.* apāvṛta. apāpurati의 *pp.*] 열린. 개방된.
apālamba *m.* apālambana *n.* [apa-ā-lamb] 마차의 제동장치. 안전구(安全具).
apālayuṁ pāleti의 *aor.* *3pl.*
apāḷinaya *adj.* [a-pāḷi-naya] 경전의 기준과 일치하지 않는.
apāsāṇasakkharilla *adj.* [a-pāsāṇa-sakkhara-illa] 돌들과 자갈들이 없는.
apāsādika *adj.* [a-pāsādika] 즐겁지 않은. 사랑스럽지 않은. 편하지 않은.
apāsi pivati의 *aor.*
apāhata *adj.* [apa-ā-han의 *pp.*] ① 격퇴된. ② 논박된. ③ (논리적 이유로) 배제된. 거부된.
apāhāya *adj.* [apa-hā의 *abs.*] ① 버리고. ② 떠나고.
api (*ind.*) [〃] ① 도. 역시. 또한. 심지어. ② 그러나. ① 다른 한편. ② 비록. ③ 아마[pi. app'라고 쓰는 때도 있다]. api~api ~도 ~도. ~뿐만 아니라 ~도. api ca 더욱이 또. 그리고. 아직. api kho 그렇지만. api ca kho 더욱이. 그렇지만. 마찬가지로. api ca kho pana 그렇지만. 그래도. 그럼에도 불구하고. api nu kho 도대체 ~일까. api nūna 오히려. apissudaṁ. api ssu 그만큼. 마찬가지로. 과연. api hi 그렇지만. 불구하고. app' ekadā. app'eva 아마도[*pot.*과 함께]. 마찬가지로. app' eva nāma 아마도[*pot.*과 함께]. 확실히. app' ekacce 혹은 어떤 사람들은. app' ekadā 때때로. app'eva nāma 아마도 사실은·확실히.
apitika *adj.* [a-pitika] 아버지가 없는.
apithīyati. apidhīyati [apidahati의 *caus.*] 방해받다. 덮이다. *cf.* pithīyati.
apidahati [api-dhā] ① 위에 놓다. 가리다. ② 방해하다. *inf.* apidhetuṁ; *pp.* apihita; *caus.* apithīyati. *cf.* apidhāna.
apidhāna *n.* [〃] 덮개. 뚜껑.
apiratte *ind.* [api-ratta의 *loc.*] 아침 일찍.
apilandhana. apiḷandhana *n.* [<apiḷandhati] ① 띠. 끈. 장식물. 장식. ② [a-piḷandhana] 장식에 맞지 않는 것.
apilāpa *adj.* [<*sk.* plavate<plu] 떠있는. 부유(浮游)하는.
apilāpana *n.* ① [<apilāpeti] 열거. 반복. ② [a-pilāpana<plu] 떠있지 않은 상태. 부유(浮游)하지 않는 상태.
apilāpanatā *f.* [a-pilāpanatā<plu] ① 들뜨지 않음. 피상적이 아닌 상태. ② 천박하지 않음.
apilāpeti [api-lap의 *caus.*] ① 열거하다. 암송하다. ② 쓸데없는 말하다. 과장하다.
apiḷandhati. apiḷahati [*sk.* apinayhati] ① 매다. ② 장식하다. *pp.* apiladdha. *cf.* apiḷandhana.
apisuṇa *adj.* [*sk.* apiśuṇa] ① 이간하지 않는. 중상하지 않는. ② 신사적인. 점잖은.
apisuṇāvācā *f.* [apisuṇā-vācā] 이간하지 않는 말. 중상하지 않는 말. 불양설(不兩舌).
apiha *adj.* [a-piha] ① 열망하지 않는. ② 탐욕이 없는.

apihanasīla *adj.* [a-piha-na-sīla] 탐욕이 없는 성품을 지닌.
apihālu. apihāluka *adj.* [a-pihālu] ① 열망이 없는. ② 탐욕스럽지 않은.
apihita *adj.* ① [a-pidahati의 *pp.*] 닫히지 않은. 열린. 금지하지 않은. -dvāratā 집의 개방. ② [api-dhā] 닫힌. 덮인.
apīṭhasappin *adj.* [*sk.* pīṭha-sarpin] 불구가 되지 않은.
apīta *adj.* [pivati<pā의 *pp.*] 마시지 않은.
apīḷiyamāna *adj.* [pīḷeti의 *ppr.*] 고통에 사로잡히지 않는.
apuccaṇḍatā *f.* [a-pūti-aṇḍa-tā] ① 썩지 않은 알(卵). ② 정상상태. 건강한 출생. 건전(健全).
apuccha *adj.* [a-puccha<pucchati의 *grd.*] 질문되어질 수 없는.
apucchatha. apucchi pucchati의 *aor.*
apucchiṁ. apucchissaṁ pucchati의 *aor.*
apucchiṁsu. apucchimhā pucchati의 *aor.*
apujja *adj.* [a-pujja] ① 존경받지 못하는. ② 대접받을 가치가 없는.
apuñña *adj.* [a-puñña] 공덕이 아닌. 덕이 아닌. 비복(非福). -abhisaṅkhāra 공덕이 안 되는 업의 형성.
aputhujjanasevita *adj.* [a-puthujjana-sevita] ① 일반 사람이 향유하지 못한. ② 범부가 즐길 수 없는.
aputtaka *adj.* [a-puttaka] 자식이 없는.
apubba *adj.* [a-pubba] ① 첫 번째가 아닌. ② 선행(先行)하지 않는. apubbaṁ acarimaṁ 선행(先行)도 후행(後行)도 없이 = 동시에.
apurakkhata. apurekkhata *adj.* [a-purakkhata] '앞에 두지 않는' ① 소유하지 않는. ② 관계하지 않는. 무관심한. ② 주목받지 못하는.
apurāṇa *adj.* [〃] 늙지 않는.
apurima *adj.* [a-purima] 선행하지 않는.
apure *adj.* [a-pure] 앞에 있지 않은.
apūtika *adj.* [a-pūti-ka] ① 부패하지 않은. ② 깨끗한. 신선한. ③ 도덕적인.
apūpa *n* [〃] 과자. 케이크.
apūrāṇika *adj.* [a-pūrāṇika]
apūresi pūreti 의 *aor. sg.*
apekkha *adj.* [<apekkhā] ① 기다리는. 희망하는. ② 찾는.
apekkhaka *adj. m.* [<apekkhā] ① 앞을 내다보는. ② 응시자(應試者). 후보자.
apekkhati. apekkhate [*sk.* ava-īkṣ. avekṣate] ① 바라보다. 열망하다. 기대하다. 필요하다. ② 고려하다. *ppr.* apekkhaṁ. apekkhamāna. apekkhāna. *pp.* apekkhita.
apekkhavant *adj.* [<apekkhā] ① 기대가 큰. ② 열망하는.
apekkhā. apekhā *f.* [*sk.* apekṣā] ① 희망. 요구. 기대. ② 주의. 관심. ③ 애정. 애착.
apekkhi pekkhati의 *aor.*
apekkhita *adj.* [apekkhati ② 의 *pp.*] 보살펴진. 고려된.
apekkhin *adj.* [*sk.* apekṣin] ① 고려하는. 주시하는. ② 기대하는. 찾는.
apekhā = apekkhā.
apeta *adj.* [apeti의 *pp.*] ① 가버린. 떠난. 여윈. ② ~이 없는. -âvaraṇa 장애가 없는. -kaddama 진흙에서 떠난. 오염되지 않은. -kammâvaraṇa 업의 장애가 제거된. -citta 사랑과 애정이 없는. -jātarūparajata 금과 은을 지니지 않은 자. -daratha 고뇌에서 벗어난. -pāpaka 죄악에서 벗어난. -bhayasantāsa 위험과 공포에서 벗어난. -bherava 두려움이 없는. -mānapāpaka 정신적 결함이 없는. -vattha 옷을 벗은. -viññāṇa 이해 없는. 의식 없는. -soka 슬픔에서 벗어난.
apetatta *n.* [apeta의 *abstr.*] ~의 결여. ~이 없다는 사실.
apeti [apa-i] 가버리다. 소멸되다. *pp.* apeta.
apetteyyat ② *f.* [a-petteyya의 *abstr.*] 아버지에게 불손함.
apeyya *adj.* [a-peyya] 마실 수 없는.
apesala *n.* [a-*sk.* peśala] ① 다정하지 못한. 온유하지 못한. ② 불친절한.
apesita *n.* [a-peseti의 *pp.*] ① 서둘러지지 않은. ② 임박하지 않은.
apesiya *m.* [=āpesī] 울타리로 만들어진 문
apesiyamāna *adj.* [a-peseti의 *ppr.*] ① 봉사하고 있지 않는. ② 일하러 파견되지 않은.
apesuñña. apesuṇa *n.* [a-*sk.* paiśuna] ① 헐뜯지 않음. ② 이간질하지 않음.
aporisa *adj.* [a-*sk.* pauruṣa] 인간(의 손)이 만든 것이 아닌.
aposana *n.* [a-*sk.* poṣaṇa] 지지가 없음. 도움 없음. 후원이 없음.
apoha *m.* [<apohati] 버림. 거절.
apohati [apa-ūh] 버리다. 떠나다. 거절하다.
app' = api. app'eva. app'ekadā. app'ekacce.
appa *adj. n.* [*sk.* alpa] ① 작은. 적은. ② 거의 없는. 없는. ③ 중요하지 않은. 사소한. *pl.* appāni 사소한 일들. -akkhara 적은 수의 음절을 지닌. -aggha 값이 싼. 가치가 적은. -annapānabhojana 음식이 적은. -assāda 맛이 별로 없는. 즐거움을 적게 주는. -aṭṭha 사소한 일과 관계된. 많이

할 일이 없는. 문제가 없는. -ātaṅka 병이 적은. 병이 없는. 건강한. -ātuma 작은 자아를 지닌. -âdhikaraṇa 작은 행동반경을 지닌. -ānubhava 적은 힘을 지닌. 허약한. -ābādha 병이 없는. 건강한. -āya 수입이 적은. -āyuka 짧게 산. 단명의. -âvasesa 남은 것이 적은. -āhāra 음식이 적음·없음. 단식. -iccha(appi°) 욕심이 적은. 소욕의. 만족한. -itthika(appi°) 여자가 적은. -odaka 물이 없는. 건조한. -kaṭhala 거의 질그릇 조각이 없는 -kasirena 어려움 없이. 쉽게. -kicca 의무가 없는. 걱정 없는. 부담이 적은. -kilamatha 피로를 모르는. -kilesa 번뇌 없는. 오염이 없는. -kodha 분노없는. -gandha 향기 없는. 악취의. -thāmaka 힘이 없는. 약한. -dassa 통찰력이 없는. 지혜가 없는. -dukkha 고통이 적은. -nigghosa 소리가 적은·없는. 조용한. -nimitta 특징이 없는. 인상이 없는. -pakkha 파당이 적은. -pañña 지혜가 없는. -parikkhāra 필수품이 적은. -parivāra 수행원이 적은. -pāsāṇa 돌들이 적은. -puñña 공덕이 적은. -puññatā 공덕이 적음. 하찮은 것. -purisa 사람이 적은. -phalatā 결실이 적음. -ppabaddha 방해받지 않은. 지속적인. -bala 박약한. -buddhi 현명하지 못한. -bhakkha 먹을 것이 적은·없는. -bhāva 적음. 작음. -bhikkhuka 수행승의 숫자가 적은. -bhogin 재산이 적은. 가난한. -bhojana 음식이 적은. -maṁsa 고기[肉]가 적은. -maññati 작다고 생각하다. 과소평가하다. 깔보다. -matta. -mattaka 적은. 사소한. 중요하지 않은. -marumba 굵은 모래·자갈이 적은. -middha 느리지 않은. 부지런한. -yasa 너무 존경받지 못하는. -rajakkha 눈에 티끌이 거의 없는. -rasa 맛없는. 지혜가 없는. -lābha 적은 양을 받는. 이익이 적은. -vajja 약점이 적은. 비난받을 바가 없는. -vālika 모래가 적은. 모래가 없는. -vāhana 탈 것이 적은. -vijita 적은 영토를 가진. -vipāka 적은 과보를 지닌. -visaya 적은 대상에 적용된. -vedanīya 적게 고통받는. -sakkhara 자갈이 적은·없는. -sacca 적은 배움. 무지. -ssaka 가진 것이 적은. -sattha 친구가 적은·없는. 외로운. -sadda 소음이 없는. 조용한. -samārambha 귀찮게 굴지 않는. -sāra 적은 가치를 지닌. -sāvajja 사소한 잘못의 죄. -siddhika. -siddhiya 성공이나 복지를 가져다주지 않는. 무익한. 위험한. -sineha 적은 양의 기름을 바른. -sukhavedanā 적은 행복의 느낌. -sena 적은 군대를 가진. -ssuta 들은 바 지식이 적은. 무식한. 교육받지 못한. -harita 풀이 없는. 야채가 적은.

appaka *adj.* [appa-ka] ① 적은. 작은. ② 거의 없는. 아주 적은. ③ 사소한. *f.* appikā *ins.* appakena *adv.* 쉽게. -tara 더욱 적은. 더욱 사소한. -tta 적음. 작음.

appakampin *adj.* [a-pakampin] ① 흔들리지 않는. ② 안정된.

appakataññu. appakataññū *adj.* [a-pakataññū] ① 지정된 것을 모르는. ② 주된 것에 대한 무지가 있는.

appakāra *adj.* [a-pakāra] ① 자연스런 형태가 아닌. 왜곡된. ② 추한.

appakāsana *adj.* [a-*sk.* prakāśana] '빛나지 않는' 현현하지 않음. 출현하지 않음.

appakiṇṇa *adj.* [a-pakiṇṇa] ① 과히 붐비지 않는. 조용한. ② 과도하게 쌓이지 않은.

appagabbha *adj.* [a-pagabbha] ① 오만하지 않은. ② 얌전한. 겸손한

appaguṇa *adj.* ① [a-paguṇa] 통달되지 못한. 분명하지 않은. 겸손한. ② [appa-guṇa] 중요하지 않은. 사소한.

appacala *adj.* [a-pacala] ① 흔들리지 않는. ② 안정된.

appaccaya *m. adj.* [a-paccaya] ① 고장. 불만. 낙담. 실의. 진노(震怒). ② 지지(支持)가 없는. 원인이 없는. 무조건적인. 무연(無緣)의. -nibbāna = -parinibbāna = 무의반열반(無依般涅槃 anupādāparinibbāna). -bhāvanā 열반의 실현.

appaccavekkhaṇā *f.* [a-paccavekkhaṇā] ① 고려하지 않음. ② 성찰하지 않음.

appaññatta *adj.* [a-paññatta] ① 규정되지 않은. 지정되지 않은. ② 나타나지 않은. 알려지지 않은. 시설되지 않은.

appaññatti *f.* [a-paññatti] ① 규정되지 않음. 지정되지 않음. ② 나타나지 않음. 알려지지 않음. 시설되지 않음.

appaññattika *adj.* [a-paññatta-ika] ① 알려지지 않은. 시설되지 않은. ② (계율의 실천만이 있을 뿐) 시설된 가르침이 없는.

appaṭi° [a-paṭi°] paṭi°의 반대[더 많은 단어를 찾기 위해서는 일반적으로 paṭi° 아래서 찾아 반대로 해석할 것].

appaṭikamma *adj. n.* [a-paṭikamma] ① 치료가 없는. ② 죄값을 치루지 않음. 참회하지 않음.

appatikārika *adj.* [a-paṭikāra-ika] ① 보상하지 않는. ② 파괴적인.

appaṭikuṭṭha *adj.* [a-paṭikuṭṭha] ① 비난받지 않은. ② 검열을 받지 않는. ③ 결점이 없는.

appaṭikūla *adj.* [a-paṭikūla] ① 싫어하지 않는. ② 혐오하지 않는. -gāhitā 혐오를 참아내는. -vādin 고분고분하게 말하는. -saññin 불쾌하

게 여기지 않는.

appaṭikopeti. appaṭikkopeti [a-paṭikopeti] ① 방해하지 않다. ② 파괴하지 않다. *ppr.* appaṭikopayanta.

appaṭikosanā. appaṭikkosanā *f.* [a-paṭikosanā] 허용.

appaṭikkamanā *f.* [a-paṭikkamanā] ① 후퇴하지 않음. ② 퇴각하지 않음.

appaṭikkhippa *adj.* [a-paṭikkhippa의 *grd.*] 거절되어서는 안 될.

appaṭigandhika. appaṭigandhiya *adj.* [a-paṭigandha-ika] 좋은 냄새를 가진. 향기로운.

appaṭigha *adj.* [a-paṭigha] ① 방해하지 않는. 해치지 않는. ② 무대(無對)의. 무애(無碍)의.

appaṭicca *adj.* [a-paṭicca] 원인 없는.

appaṭicchanna *adj.* [a-paṭicchanna] ① 덮이지 않은. ② 벌거벗은. ③ 드러난. 공개적인. -kammanta 행위가 드러난. -kilomaka 드러난 늑막과 같은 피막. -parivāsa 공개적인 견습. -manta 속마음의 비밀을 지키지 않는 사람. -mānatta 공개적인 참회.

appaṭicchavi → sampatitacchavi의 *misr.*

appaṭijaggat *adj.* [a-paṭijaggat<jāgṛ] 살피지 않는.

appaṭijaggiya *adj.* [*sk.* a-jāgṛ의 *grd.*] 치료할 수 없는.

appaṭijānat *adj.* [*sk.* a-jñā의 *ppr.*] ① 단언하지 않는. ② 주장하지 않는.

appaṭiññā *f.* [*sk.* a-jñā의 *pp.*] 동의하지 않음. 허가하지 않음. 무허가. -baddha 무조건적인.

appaṭināda *m.* [*sk.* apratināda] ① 비길 데 없는 포효. ② 무적(無敵)의 함성.

appaṭinissagga *m.* [a-paṭinissagga<sṛj] ① 포기하지 않음. 철회하지 않음. ② 몰러서지 않음. 불퇴전(不退轉).

appaṭinissajja *ind.* [a-paṭinissajati의 *abs.*] ① 사과하지 않고. ② 변명하지 않고.

appaṭinissajjana *n.* [a-paṭinissajja] ① 포기하지 않음. ② 물러서지 않음. 불퇴전(不退轉).

appaṭinissajjitvā *ind.* [a-paṭinissajjati의 *abs.*] ① 포기하지 않고. ② 철회하지 않고.

appaṭinissaṭṭha *adj.* [a-paṭinissaṭṭha] ① 포기되지 않은. ② 철회되지 않은. -taṇha 갈애가 버려지지 않은 (자).

appaṭipajjant. appaṭipajjamāna *adj.* [a-paṭipajjat] ① 수행하지 않는. ② 실천하지 않는.

appaṭipannaka *adj.* [a-paṭipannaka] 고귀한 길에 들어서지 않은[참사람(四雙八輩)의 길에 들어서지 않은 자].

appaṭipuggala *adj.* [a-paṭipuggala] ① 경쟁자가 없는. 적수가 없는. ② 비길 데 없는. 비교할 수 없는.

appaṭipucchā *ind.* [a-paṭipucchati의 *abs.*] 반문(反問)하지 않고.

appaṭibaddha *adj.* [a-paṭibaddha] ① 묶이지 않은. 집착되지 않은. ② 독립된. -citta 마음이 묶이지 않은.

appaṭibala *adj.* [a-paṭibala] ① 불가능한. ② 박약한. -pañña 지혜가 박약한.

appaṭibhaya *adj.* [a-paṭi-bhaya] 두려움 없는.

appaṭibhāga *adj.* [a-paṭibhāga] 비할 바 없는. 무적(無敵)의.

appaṭibhāna *adj.* [a-paṭibhāna] ① 응답하지 못하는. ② 당황한. 자신이 없는.

appaṭima *adj.* [a-paṭima. *bsk.* apratima] ① 상대가 없는. ② 비할 바 없는.

appaṭimaṁsa *adj.* [a-*sk.* paṭi-marśa<mṛś의 *abs.*] ① 접촉되지 않은. ② (신체적 행위와 관련해서) 잘못이 없는.

appaṭirūpa *adj.* [a-paṭirūpa] 부적당한. 알맞지 않는.

appaṭiladdha *adj.* [a-paṭiladdha] 아직 획득되지 못한.

appaṭilomavattin *adj.* [a-paṭiloma-vattin] ① 반대가 아닌. ② 고분고분한.

appaṭivattiya *adj.* [a-paṭivattiya<vṛt의 *grd.*] ① 반전될 수 없는. ② 전복될 수 없는. ③ 저항할 수 없는.

appaṭivāṇa appaṭivāna *n.* [a-paṭivāṇa. *sk.* aprativāraṇa] ① 장애 없음. ② 방해 없음.

appaṭivāṇī. appaṭivāṇitā *f.* [<appativāṇa] ① 장애 없음. 제한이 없음. 불퇴전(不退轉). ② 자유로운 행위.

appaṭivāṇīya *adj.* [a-paṭi-vṛ의 *grd.*] ① 방해받을 수 없는. ② 저항 받을 수 없는.

appaṭivijānanta *adj.* [a-paṭi-vi-jñā의 *ppr.*] 민감하지 못한.

appaṭivijjhana *adj.* [<a-paṭi-vyadh] ① 관통하지 못함. ② 획득하지 못함.

appaṭividdha *adj.* [<a-paṭi-vyadh] ① 관통되지 않은. ② 다치지 않은.

appaṭivibhatta *adj.* [a-paṭi-vibhatta] (똑같이) 나누어지지 않은. -bhogin 똑같이 나누어 먹지 않는.

appaṭivirata *adj.* [a-paṭivirata] ① 삼가지 않는. ② 움츠리지 않는.

appaṭiviruddha *adj.* [a-paṭiviruddha] 호전적 성격이 없이.

appaṭivekkhitvā. appaṭivekkhiya *ind.* [a-paṭi-avekkhati의 *abs.*] ① 관찰하지 않고. 조사하지 않고. ② 눈치를 채지 못하고.

appaṭivedita *adj.* [a-paṭi-vid의 *pp.*] 알려지지 않은.

appaṭivedha *adj.* [a-paṭivedha] ① 꿰뚫어 보지 못하는. ② 이해가 없는. 불영해(不領解)의.

appaṭisaṁvidita *adj.* [a-paṭisaṁvidita] 알려지지 않은. 고지(告知)되지 않은.

appaṭisaṁvedana *adj.* [a-paṭisaṁvedana] ① 느끼지 못하는. ② 느낌이 없는.

appaṭisaṁharaṇa *adj.* [a-paṭisaṁharaṇa] ① 퇴전하지 않는. ② 포기하지 않는.

appaṭisaṅkhā ① *f.* [a-paṭisaṅkhā] 판단의 결여. 무성찰(無省察). ② *ind.* [=a-patisaṅkhāya <paṭisaṅkhāti의 *abs.*] 성찰(省察)하지 않고. 고려하지 않고.

appaṭisanthāra *m.* [a-paṭisanthāra] ① 환영하지 않음. ② 선의가 없음.

appaṭisandhi *f.* [a-paṭisandhi] 결생(結生)하지 않음. 다시 태어나지 않음. 재생하지 않음.

appaṭsandhika *adj.* [appaṭisandhi-ka] 결생(結生)하지 않는. 재생하지 않는.

appaṭisama *adj.* [a-paṭisama] ① 대등한 자가 없는. ② 비할 데 없는.

appaṭisaraṇa *adj.* [a-paṭisaraṇa] 의지처가 없는. 귀의처가 없는.

appaṭisiddha *adj.* [<a-pati-sidh] ① 금지되지 않은. ② 부정되지 않은.

appaṭiseṭṭha *adj.* [<a-pati-seṭṭha] ① 최상이 없는. ② 능가할 자가 없는.

appaṭissati *f.* [a-pati-sati] ① 기억이 없음. ② 새김이 없음.

appaṭissa. appatissa *adj.* [<a-pati-śru] ① 동의하지 않는. ② 순종하지 않는. 완고한.

appaṭissaya. appaṭissava *adj.* [a-paṭissava의 *abstr.*] ① 동의하지 않는. ② 순종하지 않는. 완고한. -vutti 동의하지 않는 행위. 완고한 행위.

appaṭissavatā *f.* [a-paṭissava의 *abstr.*] ① 동의하지 않음. 불복종. ② 순종하지 않음. 완고함.

appaṭihata *adj.* [a-paṭihata] 방해받지 않는.

appaṇā. appanā *f.* [*sk.* arpaṇa. *cf.* appeti] ① 보냄. 교부. (생각의) 전송. ③ 생각을 대상에 고정시킴. 사고. 전념(專念). 결정(決定). ③ 완전한 집중. 황홀경. 근본집중. 근본삼매(根本三昧). 본삼매(本三昧). 안지정(安止定). 근본정(根本定). -kammaṭṭhāna 황홀경으로 이끄는 명상주제. 근본집중으로 이끄는 명상수행. -koṭṭhāsa 황홀경이 적용된 영역. 근본집중이 적용된 영역. -kosalla 황홀경에 드는데 능숙한. 근본집중에 능숙한. -citta 황홀경에 든 마음. 근본집중에 든 마음. -javana 황홀경에 대한 통각. 근본집중에 대한 순간적 포착. -jhāna 황홀경의 선정. 근본선정(根本禪定). -(p)patta 황홀경에 도달한. -mana(s) 황홀경에 든 정신. -rasa 근본집중의 기능을 가진. -lakkhaṇa 근본집중의 특징을 지닌. -vata 근본집중의 실천. -vidhāna 근본집중의 실행. -vīthi 근본집중의 길. -samādhi 황홀경의 삼매. 근본삼매(根本三昧). 본삼매(本三昧). 안지정(安止定). 근본정(根本定).

appaṇidhāna *n.* [a-paṇidhāna] ① 열망이 없음. ② 원하는 바가 없음. 무원(無願). ③ 무결정(無決定).

appaṇihita *adj.* [a-paṇihita] ① 바라는 바가 없는. 무원(無願)의. ② 목적이 없는. -ânupassanā 바램의 여읨에 대한 관찰. 무원수관(無願隨觀). -samādhi 바램을 여읨의 삼매. 무원삼매(無願三昧). -phalasamapatti 바램 없는 경지의 성취. -phassa 바램을 여읨에 의한 접촉. 무원촉(無願觸)[想受滅定에 든 자의 세 가지 접촉의 하나]. -vimutta 바램을 여읜 삼매에 의해 해탈한. -vimokkha 바램을 여읜 삼매의 의한 해탈. -saññā 바램의 여읨에 대한 지각. 무원상(無願想).

appatikāraka *adj.* [a-patikāra-ka] ① 배은망덕한. ② 보람이 없는. 보답이 없는.

appatiṭṭha *adj.* [a-patiṭṭha] ① 멈춰서 있지 않는. ② 기반이 없는. 바닥없는.

appatiṭṭhant *adj.* [a-patiṭṭhāti의 *ppr.*] 멈추어 있지 않은. 서 있지 않은.

appatissa → appaṭissa.

appatīta *adj.* [a-patīta] 기쁘지 않은. 불쾌한.

appatta *adj.* [a-patta] ① 얻지 못한. ② 성취하지 못한. -mānasa 마음이 성취되지 못한.

appadaṁsasamphassa *adj.* [appa-daṁsa-sampassa] 등에·쇠파리에 많이 괴롭힘을 당하지 않는.

appadakkhiṇaggāhin *adj.* [a-padakkhiṇa-gāha-in] '왼손잡이의' ① 숙련되지 않은. ② 훈련받지 못한.

appadāna *adj.* [a-padāna] ① 주지 않는. ② 허락하지 않는.

appadālita *adj.* [a-padālita<dal] 파괴되지 않은. 파열되지 않은.

appadīpa *adj.* [a-padīpa] ① 빛이 없는. ② 등불이 없는.

appaduṭṭha *adj.* [a-padussati<duṣ의 *pp.*] ① 성미가 급하지 않은. ② 감정을 상하게 하지 않

는. ③ 타락하지 않은. 과실(過失)이 없는. 무해(無害)한.
appadussiya *adj.* [a-padussati의 *grd.*] ① 적대적이 될 수 없는. ② 해칠 수 없는.
appadhaṁsa *adj.* [*sk.* apradhvaṁsya] = appadhaṁsiya.
appadhaṁsika. appadhaṁsiya *adj.* [a-padhaṁseti의 *grd.*] ① 파괴될 수 없는. ② 정복될 수 없는. ③ 위반될 수 없는.
appadhaṁsita *adj.* [a-padhaṁseti의 *pp.*] ① 위반되지 않은. ② 다치지 않은. ③ 화나지 않은. 성나지 않은.
appanā *f.* = appaṇā
appatara *adj.* [appa의 *compar.*] 보다 적은. 보다 작은.
appatā *f.* [appa의 *abstr.*] ① 적음. 작음. ② 사소한 것.
appatikkha *adj.* [a-patikkha] ① 실례되는. 존중하지 않는. ② 경멸적인.
appatiṭṭha *adj.* [a-patiṭṭha] ① 기반이 없는. 토대가 없는. ② 난감한. 무력한.
appatiṭṭhāna *n.* [<a-patiṭṭhati] 기반이 없음. 토대가 없음.
appatiṭṭhita *adj.* [a-patiṭṭhita] ① 바로 놓이지 않은. 발판이 없는. ② 공중에 뜬. ③ 믿을 수 없는. -vacana 믿을 수 없는 말.
appatīta *adj.* [a-patīta<i의 *pp.*] ① 접근되지 않은. 처녀지의. ② 불만족한. 기쁘지 않은.
appatīti *f.* [a-patīti<i의 *pp.*] 이해되지 않음.
appatta ① *adj. m.* [a-patta] ① 도달되지 않은. 파악되지 않은. ② 도달하지 못한 자. 성취하지 못한 자. -ârahatta 아라한의 경지에 도달하지 못한. -kāla 부적절한 시간. -mānasa 소망을 채워주지 못한. 완성에 도달하지 못한 자. -viññāṇatta 의식의 상실. ② [appa의 *abstr.*] 적음. 작음. 사소함.
appattha *m.* [appa-attha] 'appa'의 의미.
appanigghosa *adj.* [appa-nigghosa] 소리가 없는. 조용한. 무음처(無音處)의.
appapañca *adj.* [a-papañca] 희론(戲論)이 없는. 망상이 없는. 무희론(無戲論)의
appabodhati [a-pabodhati] 깨닫지 못하다.
appabha *adj.* [a-pabha] ① 어두운. 모호한. ② 불분명한.
appabhavat *adj.* [a-pabhavati의 *ppr.*] 능력이 없는. 힘없는.
appabhāsa *adj.* [a-pabhavati의 *ppr.*] 빛이 없는. 광명이 없는.
appabhoti [a-pabhoti] 할 수 없다. 불가능하다.
appamajjato *adj.* [a-pamajjati의 *ppr.* sg. *dat. gen.*] 게으르지 않은 사람에게.
appamaññati [appa-maññati] ① 경시하다. ② 경멸하다.
appamaññā *f.* [a-pamaññā<pamāṇa] 무한. 무량(無量). -metta 무량한 자비.
appamatta *adj.* ① [appa-matta] 적은. 근소한. -jānana 천박한 지식. ② [a-pamatta] 게으르지 않은. 열심인.
appamāṇa *adj.* [a-pamāṇa] 무한한. 한없는. 헤아릴 수 없는. -âbha 한없는 광명을 지닌. 무한한 영광을 지닌. -ârammaṇa 한없음의 대상. 무량소연(無量所緣). -guṇa 무한한 덕성을 지닌. -gocara 무한한 활동영역을 갖는. -citta 한량없는 마음을 지닌. -dassa 한량없는 것을 보는. -pāka 무제한 요리하는. 초과분을 요리하는. -vihārin 무한의 상태에 머무는. -saññin 무한을 지각하는. -sattârammaṇa 헤아릴 수 없는 존재를 그 대상으로 하는. -samādhi 한향없음의 삼매. 무량삼매(無量三昧). -subha 무한한 아름다움을 지닌. -cetovimutti 한량없는 마음에 의한 해탈. 무량심해탈(無量心解脫)[慈·悲·喜·捨의 四無量心에 의한 解脫]
appamāṇasubha *adj. m.* [*bsk.* apramāṇaśubha] 한량없는 영광의. 한없이 청정한. 무량정천(無量淨天). appamāṇasubhā devā 한량없는 영광의 신들의 하느님 세계. 한량없는 영광의 하느님 세계의 신들. 무량정천(無量淨天)[神·神界의 이름. 色界三禪의 하느님 세계].
appamāṇâbha *adj. m.* [*bsk.* apramāṇābha] 한량없이 빛나는. 무량광천(無量光天). appamāṇābhā devā 한량없이 빛나는 신들의 하느님 세계. 한량없이 빛나는 하느님 세계의 신들. 무량광천(無量光天)[神·神界의 이름. 色界二禪의 하느님 세계].
appamāda *m.* [a-pamāda] ① 게으르지 않음. ② 주의 깊음. 새김을 갖춤. 열심. 진지함. 불방일(不放逸). -appamādena sampādetha 너희는 열심히 노력하여 완성시켜라.
appameyya *adj.* [a-pameyya. *sk.* aprameya] ① 잴 수 없는. ② 비교할 수 없는. ③ 무한한.
appamocana *adj.* [a-pamocana] 궁극적인 해탈이 없는.
apparāmaṭṭha *adj.* [a-parāmaṭṭha] ① 손상되지 않은. 타락하지 않은. ② 건드려지지 않은.
apparūḷha *adj.* [a-parūḷha] 성장하지 않은. 자라지 않은.
appavatta *m.* [a-pavatta] ① 전생(轉生)이 없는 것. ② 열반(涅槃).

appavattā. appavatti *f.* [a-pavattā] ① 정지의 상태. 비연속. ② 실존하지 않음.
appavārita *adj.* [a-pavārita] ① 바쳐지지 않은. ② 제공되지 않은.
appaviṭṭha *adj.* [a-pavisati의 *pp.*] ① 들어가지 않은. ② 자주 가지 않는. 의지하지 않는.
appasattha *adj.* ① [appa-sattha] 동료가 없는. ② [a-pasattha] 칭찬받지 못하는.
appasadda *adj. m.* [appa-sadda] ① 소리 없는. 조용한. ② 조용한 곳. 무성처(無聲處).
appasanna *adj.* [a-pasanna] 믿지 않는.
appasamārambha *adj.* [appa-samārambha] ① 노고가 없는. ② 분쟁이 없는.
appasāda *m.* [a-pasāda] ① 불쾌. 혐오. ② 불신. 무신락(無信樂).
appasiddha *adj.* [a-ppasiddha] ① 비정상적인. ② 보장되지 않은.
appassaka *adj.* [appa-saka] ① 자신의 것이 거의 없는. ② 가난한.
appassāda *adj.* [appa-assāda] ① 별로 재미없는. ② 맛이 없는.
appassuta *adj. m.* [appa-suta] ① 적은 지식을 갖고 있는. 무식한. ② 교육받지 못한 것. 배우지 못한 것. 소문(小聞). 무문(無聞).
appahīna *adj.* [a-pahīna] ① 버려지지 않은. 포기되지 않은. ② 단념되지 않은.
appahoti [a-pahoti = appabhoti] 할 수 없다. 불가능하다.
appahonaka *adj.*[<appahoti] 불가능한.
appahonta *adj.* [appahoti의 *ppr.*] 불가능한.
appāṭikulyatā. appāṭikkulyatā *f.* [a-pāṭikkulyatā] ① 싫어하지 않음. 기분 좋음. 마음에 듦. ② 유쾌함.
appāṭihāriya. appāṭihīra *adj.* [a-pāṭihāriya] ① 확신을 주지 않는. 이해할 수 없는. ② 우둔한. ③ 평범한. 시시한. -kathā 시시한 이야기.
appāṇaka *adj.* [a-pāṇa-ka] ① 숨을 멈추고 있는. -jhāna 숨을 멈춘 상태의 선(禪). 지식선(止息禪). ② 생명이 없는. 생물을 포함하고 있지 않은. -udaka 생물·벌레를 포함하지 않은 물.
appātaṅka *adj. m.* [appa-ātaṅka] ① 하찮은 번뇌를 지닌. ② 하찮은 병을 지닌. ③ 무병(無病). 건강. -tā 질병이 없는 건강한 상태.
appābādha *m.* [appa-ābādha] ① 고통 없음. ② 무병(無病). 건강.
appāyati [ā-pyai] ① 가득 채우다. ② 만족시키다.
appāyana *n.* [<appāyati] ① 가득 채움. ② 만족(滿足).
appikā appaka의 *f.*
appiccha *adj.* [appa-iccha] ① 적게 바라는. 욕심없는. 소욕(小欲)의. ② 쉽게 만족하는. -kathā 욕망의 여읨에 대한 대화. 소욕론(小欲論). -paṭipatti 욕망의 여읨의 실천. 소욕의 실천. -santuṭṭha 소욕과 만족.
appicchatā *f.* [appiccha의 *abstr.*] ① 적게 바람. 소욕(小欲). ② 만족.
appita *adj.* [appeti의 *pp.*] ① 고정된. 집중된. ② 적용된. -ppita 각각의.
appiya *adj.* [a-piya] ① 불쾌한. 즐겁지 않은. 사랑하지 않는. appiyehi sampayogo 사랑하지 않은 것·사람과의 만남. -puggala 사랑하지 않는 사람. -rūpa 마음에 들지 않는 모양. ② [*sk.* arpya] 주요한 것으로 장착된.
appiyatā *f.* appiyatta *n.* [appiya의 *abstr.*] ① 불쾌. ② 사랑스럽지 않음. ③ 억울함. 적대(敵對).
appīkriyā *f.* [<appī-kṛ] 작게 만듦.
appīti *f.* [a-piyatā] ① 불쾌. ② 적대(敵對).
appītika *adj.* [a-pītika] 기쁘지 않은.
appībhāva *m.* [<appī-kṛ] 작은 상태.
appīyati [appeti의 *pass.*] ① 맞추어지다. ② 조여지다.
appuyya appoti의 *abs.*
appekacce = api ekacce 몇몇의 사람들도.
appekadā = api ekadā 때때로. 가끔.
appeti [*sk.* arpayati<ṛ의 *caus.*] ① 전진하다. 돌진하다. ② 설치하다. 맞추다. 적용하다. ③ 삽입하다. *pp.* appita.
appeva [= api eva] 아마. 어쩌면. appeva nāma 대개. 아마. 아마 ~했더라면 좋을 텐데.
appesakkha *adj.* [*bsk.* alpeśākya] ① 영향력이 적은. ② 무력한. *cf.* mahesakkha.
appoti [<āp] = āpuṇoti ① 얻다. 도달하다. ② 이루다. 성취하다. *abs.* appuyya.
appôdaka *adj.* [appa-udaka] ① 물이 적은. 물이 없는. ② 건조한.
appôssukka *adj.* [appa-ussuka. *sk.* alpotsuka] ① 무관심한. 편안하게 사는. ② 활발치 못한.
appôssukkatā *f.* [appossukka의 *abstr.*] ① 활동하지 않음. ② 부주의. 무관심.
apphuta. apphuṭa *adj.* [a-pphuta] ① 닿지 않은. ② 퍼지지 않은. 스며들지 않은.
apphoṭā *f.* [<appoṭeti '꽃피다'] 재스민의 일종.
apphoṭeti [ā-phoṭeti<sphuṭ. *cf.* *sk.* āsphoṭayati] ① 손가락을 튕기다. ② 박수치다. *aor.* apphoṭesi. apphoṭesuṁ; *fut.* apphoṭessāmi; *pp.* apphoṭita.
aphandana *adj.* [a-phandana] ① 움직이지 않

는. ② 진동하지 않는.

aphari phala의 *aor.*

apharusa *adj.* [a-*sk.* pharuṣa] ① 거칠지 않은 ② 부드러운.

aphala *adj.* [a-phala] ① 열매가 없는. 결과가 없는. ② 헛된. 적당하지 못한.

aphassaka *adj.* [a-phassa-ka] 접촉의 기능이 없는. 접촉하지 못하는.

aphassayi phusati의 *aor.*

aphassita *adj.* [a-phassita] ① 접촉되지 않은. ② 건드리지 않은.

aphāsu *adj.* [a-phāsu] ① 쉽지 않은. 어려운. ② 불편한. ③ 병든.

aphāsuka *adj. n.* [a-phāsu-ka] = aphāsu

aphuṭṭha *adj.* [a-phuṭṭha<phusati의 *pp.*] ① 닿아 지지 않은. ② 접촉되지 않은.

aphusa *adj.* [a-phusa<phusati의 *grd.*] ① 닿을 수 없는. ② 접촉될 수 없는.

aphusiṁ. aphussayi phusati의 *aor.*

apheggu ka *adj.* [a-pheggu-ka] ① 연재(軟材)가 없는. ② 약하지 않은. 강한.

Apheggusāra m. 아펙구싸라[장로가 쓴 작품의 이름].

aphena *n.* [〃] 아편.

abajjhanta *adj.* [a-bandh의 *pass. ppr.*] ① 묶이지 않는. ② 자유로운.

abaddha *adj.* [a-baddha] ① 묶이지 않은. 얽매지 않은. ② 풀린. -tā 자유(自由). -pitta 풀린 담즙. -mālā 풀린 화환. -mukha 무례한. -sandhi 풀어진 결합. -sīma 경계가 구획되지 않은.

abandhana *adj.* [a-bandhana] 속박이 없는. 속박에서 벗어난. -ôkāsa 속박의 여지가 없는.

abandhitabba *adj.* [a-bandhitabba] 속박되어야 하는. -yuttaka (감옥에) 갇힐 만하지 않은.

abandhu *adj.* [〃] 친구가 없음. -ôkāsa 속박의 여지가 없는.

ababa ① *m.* [? *onomat.*] 아바바. 지옥의 이름[팔한지옥(八寒地獄)의 하나]. ② 높은 숫자의 이름[koṭi^n (n=11) = 10^n (n=77)].

abala *adj.* [a-bala] ① 강하지 않은. ② 허약한. 연약한. -assa 허약한 말(馬). 노마(駑馬). -bala 어리석은.

abalā *f.* [〃] 여자.

abahi *ind.* [a-bahi] ① 밖에 있지 않게. ② 안에 있게. 마음속에 있게.

abahuaggha = appaggha

abahukata *adj.* [a-bahukata] ① 많이 관계되지 않은. ② 익숙하지 않은.

abahumata *adj.* [a-bahu-mata] ① 무시된. ② 경시된.

abahulīkata *adj.* [a-bahulīkata] ① 익숙하지 않은. ② 계발되지 않은.

abādha *adj.* [〃] ① 묶이지 않은. 속박되지 않은. ② 차단되지 않은.

abādhita *adj.* [a-bādhita] ① 압박을 받지 않는. 괴롭힘을 당하지 않는. ② 절대적인.

abāla *adj.* [a-bāla] 유치하지 않은.

abāḷha *adj.* [a-bāḷha] ① 강하지 않은. 단단하지 않은. ② 부드러운.

abāhira *adj.* [a-bāhira] ① 밖에 있지 않은. ② 공개적이 아닌.

abīja *adj.* [a-bīja] ① 씨앗이 없는. ② 발아시키는 힘이 없는.

abujjhaka *adj.* [a-bujjhaka] ① 신중하지 못한. ② 분별이 없는.

abujjhana *n.* [a-bujjhana] 무지.

abujjhi. abujjhatha bujjhati의 *aor.*

abuddhavacana *adj.* [a-buddha-vacana] 부처님의 말이 아닌.

abuddhika *adj.* [a-buddhi-ka] 깨달음이 없는. 지성(知性)이 없는.

abuddhimat *adj.* [a-buddhi-mat] 현명하지 못한. 어리석은.

abodha *adj.* [〃] 무지한. 어리석은.

abbajati [ā-vraj] ~으로 가다. *opt.* abbaje.

abbaṇa *adj.* [a-vaṇa] 상처가 없는.

abbata *adj.* [a-vata. *sk.* avrata] 도덕적인 의무·맹세가 없는. 금계(禁戒)가 없는.

abbaya → avyaya.

abbahati. abbuhati [*sk.* ābṛhati] 뽑아내다. 당겨서 뽑다. *imp.* abbaha; *opt.* abbahe; *aor.* abbahi. abbahī. abbuhi; *abs.* abbuyha. avyuyha; *pp.* abbūḷha; *caus.* abbāheti; *abs.* abbāhitvā; *pp.* abbūḷhita.

abbāhana *n.* [<abbahati] 제거. 뽑는 것.

abbuda *adj.* [*sk.* arbuda] ① 종양. 종기. 낭포(囊胞). ② 생포(生胞). 압부다[阿部曇 : 임신후 2주된 또는 1달, 2달된 태아. 胎內五位(kalala. abbuda. pesi. ghana. pasākha)의 하나]. -gaṇanā 압부다(abbuda)로부터 헤아려서. ③ 더러움. 구탁(垢濁). ④ 분열의 원인. 압부다(阿浮陀)[팔한지옥(八寒地獄)의 하나]. ⑤ 해(垓)[수(數)]. ⑥ 압부다[왕자의 이름].

abbuḷhati. abbuhati = abbahati.

abbuḷhana *n.* [<abbahati] ① 뽑음. ② 제거. taṇhāsallassa abbuḷhanaṁ 애욕의 화살을 뽑음.

abbūḷha *adj.* [abbahati의 *pp.* *sk.* ābṛḍha] ① 뽑힌. 제거된. ② 파괴된. -salla (갈애의) 화살을

뽑아버린. -sokasalla 슬픔의 화살을 뽑아버린. *abstr.* -tta.

abbūḷhita. abbūhita *adj.* [abbāheti의 *pp.*] ① 뽑힌. 제거된. ② 파괴된.

abbūḷhesika *adj.* [abbūḷha-esikā] ① 뽑히기를 원하는. ② 욕망의 기둥이 뽑힌.

abbeti → appeti의 *misr.*

abbokiṇṇa. abbhokiṇṇa *adj.* [abhi-ava-kiṇṇa *cf.* abbhocchinna] ① 채워진. 중단되지 않는. ② 일정한. ③ 붐비지 않는.

abbocchinna *adj.* [a-vi-ava-chinna] 끊임없는. 간단(間斷)없는.

abbohāra. abbohārika. abbohāriya *adj.* [<avohāra<vi-ava-hāra] ① 일상적이 아닌. 특별한. ② 정상적이 아닌. 무시해도 좋은. ③ 하찮은. 효과 없는.

abbyahati. abbyahana = abbahati. abbāhana

abbha *n.* abbhā *f.* [*sk.* abhra] ① 구름. ② 하늘. -kūṭa 뭉게구름의 정점. -ghana 많은 구름. 뭉게구름. -paṭala 얇은 구름의 무리. -maṇḍapa 구름의 천막. -mālin 구름의 화환을 쓴. -mutta 구름이 없는. -valāhakā(*m. pl.*) 압바발라하까[허공에 사는 신들의 부류]. -saṁvilāpa 천둥. -sama 하늘 높이. -sampilāpa 구름이 함께 쌓인. -hatthipabbata 압바핫티빱바따[산의 이름].

abbhaka *n.* [*sk.* abhraka] 운모. 돌비늘.

abbhakkhāti [<abhi-ā-khyā] ① 비방하다. ② 중상하다.

abbhakkhāna *n.* [<abbhakkhāti] ① 비난. 비방. ② 중상.

abbhaṅga *n.* [= abbhañjana] ① 주유(注油). ② 도유(塗油).

abbhacchādita [abhi-ā-chādeti의 *pp.*] ① ~으로 덮인. ② 가려진.

abbhañjati [abhi-añjati] ① 기름을 바르다. 고약을 바르다. ② 매끄럽게 하다. *caus.* abbañjeti. abbhañjāpeti.

abbhañjana *n.* [<abbhañjati] ① 기름을 바름. ② 기름. ③ 고약(膏藥).

abbhaññāsi abhijānāti의 *aor.*

abbhatika *adj.* [ā-bhata-ika] ① 인도된. ② 얻은. 획득된.

abbhatikkanta *adj.* [abhi-ati-kram의 *pp.*] 지나가 버린.

abbhatīta *adj.* [abhi-ati-i의 *pp.*] ① 지나간. ② 죽은. ③ 한계를 넘은

abbhattha *n.* [abhi-attha ②] abbhatthaṁ gacchati 소멸되다. 사라지다.

abbhatthatā *f.* [abbhattha의 *abstr.*] ① 사라짐. ② 죽음.

abbhanujānāti [abhi-anu-jānāti] 최상으로 알아주다. 최상으로 인정하다. 최상으로 평가하다.

abbhanumodati [abhi-anu-modati] ① 크게 기뻐하다. 만족하다. ② 크게 감사하다.

abbhanumodana *n.* abbhanumodanā *f.* [<abbhamumodati] ① 만족. 기쁨. ② 감사.

abbhantara *adj. n.* [abhi-antara] = antara ① 안의. 내부의. 내부. 가운데. ② 집안의. ③ 친밀한. ④ 심장. 마음. ⑤ 사이. 간격. ⑥ 신비의 망고나무. *ins.* abbhantarena *adv.* 이럭저럭하는 사이에. ~가운데. 한편으로는 ⑦ 28 핫타(hattha)[길이의 단위]. -amba 신비의 망고나무[히말라야 산속에 있으며 신들이 지닌 나무]. -âpassaya 내부에 놓인. -gata 안으로 간. -cara 안에서 사는. -ḍāha. -dāha 내적인 작열. -dhātusaṅkopa 몸 안에서의 세계[지수화풍]의 장애. -bhūta 내부에서 일어난. -mātikā 내용의 상세한 리스트. -vāta 내부의 바람. -sīmā 내부적 경계.

abbhantarika *adj. m.* [abhi-antara-ika] ① 내적인 관계에 있는. ② 친한 친구.

abbhantarima *adj.* [abbhantara의 *superl.*] 내적인. *cf.* bāhirima.

abbhākuṭika *adj.* [a-bhākuṭi-ka] ① 눈살을 찌푸리지 않는. ② 친절한.

abbhāgata *adj. m.* [abhi-ā-gata] ① 도착한. ② 손님. 새로 온 사람.

abbhāgamana *n.* [abhi-ā-gamana] 도착. 접근.

abbhāghāta *m.* [abhi-āghāta] 도살장(屠殺場). 도축장(屠畜場).

abbhācikkhati [abbhakkhāti의 *intens.*] ① 비난하다. ② 잘못 대변하다. ③ 중상하다.

abbhācikkhana *n.* [<abbhācikkhati] ① 비난. ②잘못 대변함. ③ 중상.

abbhāna *n.* [<abbheti. *sk.* āhvāna] ① 돌아옴. ② 원상복귀. 회복.

abbhāmatta *adj.* [abbhā-matta] ① 거대한. 엄청난. ② 무시무시한.

abbhāsa *adj.* [abhi-āsa] ① 반복. 중첩. ② 반복음절[문법].

abbhāhata *adj.* [abhi-ā-hata] ① 얻어맞은. 공격받은. ② 괴로운.

abbhāhana *n.* [abbāhana 또는 āvāhana] 물을 끌어 댐. 물을 당김.

abbhita *adj.* [abbheti의 *pp.*] ① 돌아온. 원상복귀된. ② 출죄(出罪)된. 명예가 회복된.

abbhida *adj.* [a-bhid의 *pp.*] ① 균열되지 않은. ② 관통되지 않은.

abbhidā bhindati의 *aor.*
abbhu *m.* [a-bhū] ① 무익. 헛됨. ② 나태. ③ 공허. 허망(虛妄).
abbhuṁ *interj.* [*sk.* abhvaṁ] 아아! 무서워라!
abbhukkiraṇa *n.* [<abhi-ud-kṛ] ① 잡아당김. ② 끌어냄.
abbhukkirati [abhi-ud-kirati] ① 살포하다. 뿌리다. ② 헹구다. *cf.* abbhokkirati.
abbhuggacchati [abhi-ud-gacchati] ① 오르다. 떠오르다. ② 위로 가다. 퍼져나가다. ③ 나가다. *abs.* abbhuggantvā; *aor.* abbhuggañchi; *pp.* abbhuggata. *ppr.* abbhuggamāna.
abbhuggirati [abhi-ud-gir] ① 위협적으로 (칼을) 세우다. ② 휘두르다.
abbhuggiraṇa *n.* [<abbhuggirati] 휘두르기.
abbhujjalana *n.* [abhi-ud-jalana] ① 불을 내뿜는 것. ② 입으로 불을 나르는 것.
abbhuṭṭhāti [abhi-ud-sthā] ① 일어서다. ② 나아가다. 시작하다. *pp.* abbhuṭṭhita
abbhuṭṭāna *n.* [<abbhuṭṭhāti] ① 일어섬. 나아감. 시작. ② 진보.
abbhuṇṇata abbhunnamati의 *pp.*
abbhuṇha [abhi-uṇha] ① 매우 뜨거운. ② 아직 더운.
abbhuta *adj. n.* [a-bhūta. *sk.* adbhuta] ① 예전에 없었던. 미증유(未曾有)의. ② 놀랄만한. 경이로운. 희유(希有)한. ③ 경이로움. 훌륭함. ④ 내기. 도박. *acc.* abbhutaṁ *adv.* 놀랍게. 경이롭게. 희유하게. -ôruguṇâkara 놀라운 커다란 덕성의 광산. -kamma 모험(冒險). -kāmin 공상적(空想的)인. -kkama 놀라운 진보를 지닌. -cittajāta 놀라운 마음이 생겨난. -dassaneyya 훌륭하고 아름다운. -dhamma 신비스러운 현상. 경이로운 것. 미증유법(未曾有法). 희법(希法).
abbhudāharati [abhi-ud-ā-harati] ① 가져가다. 가져오다. ② (대화를) 시작하다.
abbhudīreti [abhi-ud-īreti] ① 목소리를 높이다. ② 발언하다.
abbhudeti [abhi-ud-eti] ① 넘어가다. ② 오르다. *ppr.* abbhudayaṁ.
abbhuddaya *m.* [<abbhudeti] ① 넘어감. 진보. ② 오름. 성공.
abbhuddhunāti *adj.* [abhi-ud-dhunāti] 많이 흔들다.
abbhunnati *f.* [<abhunnamati] 오만. -lakkhaṇa 오만의 특징.
abbhunnadita *adj.* [abhi-ud-nadati의 *pp.*] 울리는. 반향하는.
abbhunnamati [abhi-ud-namati] ① 뛰어 오르다. 갑자기 나타나다. ② 솟아오르다. (싹이) 돋아나다. *pp.* abbhuṇṇata. abbhunnata; *caus.* abbhunnāmeti.
abbhumme *interj.* [*onomat.*] 아아! 슬프도다!
abbhuyyāta *adj.* [abbhuyyāti의 *pp.*] ① 진행된. ② 진격된.
abbhuyyāti [abhi-ud-yāti] ① ~으로 진행하다. ② 진격하다. *aor.* abbhuyyāsi; *pp.* abhūyata.
abbhusūyaka *adj.* [abhi-usūyā-ka] ① 열심히 하는. 노력하는. ② 열정적인.
abbhussakati. abbhussakkati [abhi-ud-ṣva-ṣk] ① 넘어서 나아가다. ② 높이 오르다. *ppr.* abbhussak(k)amāna.
abbhussak(k)amāna abbhussak(k)ati의 *ppr.*
abbhussahanatā *f.* [abhi-utsahana의 *abstr.*] ① 선동. 부추김. ② 흥분.
abbus(s)ukkati = abbhussak(k)ati.
abbhusseti [abhi-ud-seti] ① 일어나다. ② 발생하다. 생겨나다.
abbheti [abhi-ā-i] ① 복권시키다. 복귀시키다. ② 면죄하다. 출죄(出罪)시키다. *ppr.* abbhenta; *grd.* abbheyya. abbhetabba; *pp.* abbhita. *cf.* abbhāna.
abbhokāsa *m.* [abhi-avakāsa. *cf.* ajjhokāsa] 한데. 옥외. 노지(露地). 노천(露天). 야천(野天).
abbhokāsika *adj. m.* [<abbhokāsa] ① 노천에서 지내는. 노천좌행자(露天坐行者). ② 무개(無蓋)의. 지붕이 없는. -aṅga 노천에서 지내는 수행. 노지주지(露地住支).
abbhokiṇṇa *adj.* [abbhokirati의 *pp.*] = abbokiṇṇa
abbhokirati [abhi-ava-kirati] ① 흩뿌리다. 살포하다. ② 덮다. 장식하다. *pp.* abbhokiṇṇa. abbokiṇṇa. *cf.* abbhukkirati. abbhokiraṇa.
abbhokuṭika = abbhākuṭika
abbhokkiraṇa *adj. n.* [<abbhokirati] ① 무희(舞姬)의 동작. ② 춤출 때의 회전.
abbhocchinna *adj.* [a-vi-ava-chinna] ① 절단되지 않은. 중단되지 않는. ② 연속된. *cf.* abbokiṇṇa
abbhohārika = abbohārika
aby° = avy°
abyatta = avyatta
abyākata = avyākata
abyāpajjha = avyāpajjha
abyāpanna = avyāpanna
abyāpāda = avyāpāda
abyābajjha = avyābajjha

abyābadha = avyābadha
abrahmacariya *n.* [a-brahmacariya] ① 거룩한 삶이 아닌 것. 비범행(非梵行). ② 청정하지 못한 행위.
abrahmacārin *adj. m.* [a-brahmacārin] 청정한 삶을 실천하지 않는 사람. 거룩한 삶을 실천하지 않는 사람. 비범행자(非梵行者).
abrahmañña *adj.* [a-brāhmaṇya] 바라문에 대한 존경이 없는.
abraviṁ. abravi. abravuṁ brūti의 *aor.*
abrāhmaṇa *m.* [a-brāhmaṇa] 바라문이 아닌 사람. 비바라문(非婆羅門).
abhakkha *adj.* [<a-bhakkh] 음식으로 금지된. -sammata 음식으로 금지된 것으로 생각되는.
abhajanā *f.* [<a-bhaj] 교제하지 않음.
abhajanta *adj.* [*sk.* a-bhajanta] 싫증나게 하는.
abhaṇḍana *adj.* [*sk.* a-bhaṇḍana] ① 싸움이 없는. ② 조화로운.
abhaddaka *adj.* [*sk.* a-bhadra] 운이 안 좋은.
abhanta *adj.* [*sk.* a-bhrānta<bhram] ① 당혹하지 않은. ② 혼란되지 않은.
abhatā *f.* [?] 노란 미로발란 나무.
abhabba *adj.* [a-bhabba] ① 불가능한. 할 수 없는. ② 무능한. -âgamana 진보가 불가능한. 도래가 불가능한. -âpattika 위법의 죄가 불가능한. -âbhāsa 분명히 작용하지 않는. 희망이 없는. -uppattika 다시 생겨날 수 없는. -ṭṭhāna 자격을 갖추지 못한 상태. 아라한의 지위에서 쉽게 발견되지 않는 것. 도덕적 불가능성. 불능처(不能處). -puggala 자격이 없는 사람.
abhabbatā *f.* [abhabba의 *abstr.*] ① 불가능. 할 수 없음. ② 무능(無能).
abhaya *adj. n.* [a-bhaya] ① 두려움 없는. 위험이 없는. ② 안전. 무외(無畏). -ûvara 해칠 수 없는. -gata 안전한 상태. -gallaka 아바야갈라까[승원의 이름]. -giri 아바야기리[승원의 이름]. -ghosana 면제의 선언. -ṅkara 안전을 일으키는. 아바양까라[코끼리의 이름]. -ttherī 아바야테리[비구니장로의 이름]. -da(da) 두려움을 없애줌. 안전을 보장함. 시무외(施無畏). -sassin 위험을 보지 못하는. -dāna 두려움을 없애주는 보시. 시무외(施無畏). -nāga 아바야나가[스리랑카의 왕 이름]. -pura 아바야뿌라[도시의 이름]. -ppatta 안전을 얻은. -ppada = -da. -bhīrutā 두려움에 대한 공포가 없음. -māta 아바마따[장로니의 이름]. -rājapariveṇa 아바야라자빠리베나[승원의 승방의 이름]. -vāpī 아바야바삐[아누루다뿌라의 저수지 이름]. -vāsa 안전하게 사는. -saññā 위험하지 않다고 생각하는.
Abhayagiri *m.* [a-bhaya-giri] 아바야기리. 무외산사(無畏山寺).
abhayā *f.* [〃] ① 아바야[노란색의 밀로발란 나무. Terminalia Chevula]. ② 아바야[장로니의 이름].
abharita *adj.* [a-bharita] 채워지지 않은.
abhava *adj. m.* [a-bhava] ① 있지 않은. 없는. ② 비유(非有). 공(空). ③ 불행. 불운. abhavaṁ gacchati 무(無)로 돌아가다.
abhavā bhavati의 *aor.*
abhavissa. abhavissaṁ. abhavissaṁsu bhavati의 *cond.*
abhassata bhassati의 *aor. sg.*
abhājanabhūta *adj.* [a-bhājana-bhūta] ① 무능한. ② 가치가 없는.
abhājita *adj.* [a-bhājeti의 *pp.*] ① 할당되지 않은. ② 분배되지 않은.
abhāṇiṁ bhaṇati의 *aor.*
abhāya *adj.* [a-bhāyati의 *grd.*] 두려워할 수 없는. 두려워하지 않는.
abhāyana *adj.* [a-bhāyana] 두려움 없음. 안전. 무외(無畏).
abhāyanaka *adj.* [a-bhāyana-ka] 두려워하지 않는.
abhāyitabba *adj.* [a-bhāyati의 *grd.*] 두려워할 수 없는.
abhārika *adj.* [a-bhārika] 짐이 지워지지 않은. 어렵지 않은.
abhāriyatā *adj.* [a-bhāriya의 *abstr.*] 짐이 지워지지 않은 상태.
abhāva *m.* [〃] ① 비존재. ② 단멸. 절멸. ③ 궁핍(窮乏). -ākāra 비존재의 상태. -in 파괴되어야하는. -dhamma 파괴되기 쉬운.
abhāvaka *adj.* [a-bhāvaka] 성적인 차별화가 없는. -gabbhaseyyaka 성이 없는 태아.
abhāvanā *f.* [a-bhāvanā] 수행이 없음. 계발이 없음. 무수행(無修行)
abhāvanīya *adj.* [a-bhāvanīya] 존경받을 수 없는. 존중받지 못하는.
abhāvita *adj.* [a-bhāvita] 계발되지 않은. 닦여지지 않은. -citta 계발되지 않은 마음. 불수습심(不修習心).
abhāveti *adj.* [a-bhāveti] 사라지게 하다.
abhāsana *adj.* [a-bhāsana] ① 말하지 않음. 발언하지 않음. ② 침묵.
abhāsaneyya *adj.* [a-bhāsati의 *grd.*] ① 말해질 수 없는. ② 침묵해야하는.
abhāsatha. abhāsittha bhāsati의 *aor.*
abhāsiṁ. abhāsissaṁ bhāsati의 *aor.*

abhāsita *adj.* [a-bhāsita] 설해지지 않은. 발언되지 않은.
abhāsiya *ind.* [a-bhāsiya<bhāsati의 *abs.*] 말하지 않고.
abhi° *prep.* [〃] ① 향해서. 대해서. ② ~을 넘어서. ~을 지배하여. ③ 매우. 두루. *sk.* adhi. anu. ati가 pāli에서는 abhi로 대체되기도 한다.
abhiāgata = abbhāgata.
abhiācikkhati = abbhācikkhati.
abhiuggacchati = abbhuggacchati.
abhiuddhunāti = abbhuddhunāti.
abhiuyyāta = abbhuyyāta.
abhiuyyāti = abbhuyyāti.
abhietabba = abbhetabba.
abhiokirati = abbhokirati.
abhikaṅkhati [*bsk.* abhikāṅkṣati] ① 바라다. 기대하다. ② 열망하다. *pp.* abhikaṅkhita.
abhikaṅkhanatā *f.* [abhi-kaṅkhana의 *abstr.*] ① 바램. 열망. ② 탐욕.
abhikaṅkhin *adj.* [abhikaṅkha-in] ① 원하는. 바라는. 기대하는. ② 앞을 내다보는.
abhikāra = adhikāra.
abhikiṇṇa *adj.* [abhikirati의 *pp.*] ① 덮여진. ② 가득 찬.
abhikitteti [<abhi-kṝt] ① 칭찬하다. 찬양하다. ② 축하하다.
abhikiraṇa *n.* [<abhikirati] 흩뿌림. 살포.
abhikirati ① [*sk.* abhikirati] 흩뿌리다. 살포하다. ② [*sk.* avakirati] 압도하다. 파괴하다. 던져버리다. *pp.* abhikiṇṇa.
abhikīḷati [abhi-kīḷati] ① 놀다. ② 게임을 하다.
abhikūjati [abhi-kuj] ① 지저귀다. ② (새가) 노래하다.
abhikūjana *n.* [<abhikūjati] ① 지저귐. ② (새들의) 노래.
abhikūjita *adj.* [abhikūjati의 *pp.*] ① 울리는. ② 울려 퍼지는.
abhikkanta *adj.* [abhikkamati의 *pp.*] ① 앞으로 나아간. 지나간. 가버린. ② 뛰어난. 훌륭한. ③ 아름다운. 즐거운. ③ [abhi-klam의 *pp.*] 시들은. 지친. 피곤한.
abhikkantatara *adj.* [abhikkanta의 *compar.*] 보다 훌륭한.
abhikkantaṁ *ind.* [abhikkanta의 *acc.*] ① 위대하다! 훌륭하다! ② 드물게. 훌륭하게.
abhikkama *m.* [*sk.* abhikrama] ① 전진. 행진. ② 접근.
abhikkamati [*sk.* abhikramati] ① 나아가다. 행진하다. 전진하다. ② 접근하다. *aor.* abhikkāmuṁ; *abs.* abhikkamma; *pp.* abhikkanta.
abhikkhaṇa *n.* ① [<abhikkhaṇati] (땅을) 파냄. 발굴. ② [*sk.* abhīkṣṇa] *acc.* abhikkhaṇaṁ = abhiṇhaṁ 언제나. 끊임없이. 반복해서. 종종. -âtaṅka 언제나 아픈.
abhikkhaṇati [abhi-khaṇati] 파다. 굴착하다. *aor.* abhikkhaṇi.
abhikkhaṇana *n.* [<abhikkhaṇati] 파냄. 굴착.
abhikkhipati [abhi-khipati] ① 버리다. 던지다. ② 비난하다. 매도하다.
abhikkhu *m.* [a-bhikkhu] 수행승이 아닌 사람.
abhikkhuka *adj.* [a-bhikkhu-ka] 거주하는 수행승이 없는
abhikhaṇati → abhikkhaṇati.
abhikhyā *f.* [〃] ① 이름. ② 빛의 광선.
abhikhyāta *f.* [〃] 유명한. 명성이 있는.
abhigacchati [abhi-gacchati] 접근하다. 다가가다. *grd.* abhigamanīya.
abhigajjati [abhi-gajjati<garj] ① 포효하다. 외치다. ② 천둥치다. ③ 지저귀다. 재잘거리다. *abs.* abhigajjiya.
abhigajjana *n.* [<abhigajjati] ① 포효. 외침. ② 천둥. ③ 지저귐.
abhigajjin *adj.* [<abhigajjati] ① 지저귀는. ② 노래하는.
abhigamanīya *adj.* [abhigaccati의 *grd.*] 접근할 수 있는.
abhigijjhati [abhi-gijjhati] ① 탐욕스럽게 원하다. 열망하다. ② 부러워하다. *pp.* abhigiddha.
abhigīta *adj.* [abhigāyati의 *pp.*] ① 노래 불러진. ② 울리는. 반향하는. ③ (새들의) 노래 소리로 가득 찬.
abhigutta *adj. m.* [*sk.* abhi-gupta] ① 보호된. ② 안내된.
abhighāta *adj. m.* [abhi-ghāta<han] ① 죽이는. 때리는. ② 충돌. 충격. 접촉. -jasadda 타격에 의해 생겨난 소리.
abhighātana *n.* [abhi-ghātana] 살해. 파괴.
abhighātin *adj.* [abhi-ghāta-in] ① 살해하는. 파괴하는. ② 적(敵).
abhighāra *m.* [〃] 정화된 버터.
abhighuṭṭha *adj.* [abhi-ghuṣ의 *pp.*] ① 선언된. ② 울려 퍼지는.
abhicara *m.* [〃] 하인.
abhicaraṇa *n.* [abhicaraṇa] 방문.
abhicāra *m.* [〃] 주술적인 영향에 의한 매혹.
abhicittauttamacittanissita *adj.* [abhi-citta-uttama-citta-nissita] 최상의 의식의 상태의 마음에서 발견된.

abhicintayati abhicinteti [abhi-cint] 명상하다. 성찰하다.
abhicetas *n.* [abhi-cetas] 보다 높은 의식. *loc.* abhcetasi 보다 높은 마음 안에.
abhicetayati. abhiceteti *adj.* [abhi-cit] ① ~할 작정이다. 고안하다. ② 명심하다. ③ 사유하다. 명상하다.
abhicetasika *adj.* [abhi-cetas-ika] = ābhicetasika 아주 맑은 정신에 의존하는. 선정에 의존하는. 증상심(增上心)의.
abhicchanna *adj.* [abhi-channa] ① 잘 덮인. ② 장식된.
abhicchā *f.* [abhi-icchā] 욕구. 열망.
abhicchita *adj.* [abhi-icchita] 욕구된. 열망된.
abhijacca *n.* [abhijāti-ya] ① 고귀한 태생. ② 귀족집안. 귀족가문. -bala 귀족가문의 힘.
abhijaññā abhijānāti의 *pot. 3rd. sg.*
abhijana *n.* [〃] ① 고향. ② 종족. 혈통.
abhijaneti → abhijāneti.
abhijappati [abhi-jappati<jalp. jap] ① 원하다. 간청하다. 기도하다. ② 노력하다. ③ 중얼거리다. 대화하다. *aor.* abhijappi; *pp.* abhijappita
abhijappana *n.* [?<abhi-jappati] ① 간청. 소망. 열망. ② 중얼거림. 대화. hattha° 시체가 손을 들거나 감싸도록 요술을 거는 것.
abhijappita *adj.* [<abhijappati] ① 원해진. 소망된. 간청된. ③ 중얼거려진.
abhijappā *f.* [<abhijappati] 간청. 소망. 열망. 욕망 abhijappa-padāraṇa 욕망의 화살.
abhijappin *adj.* [<abhijappati] 간청하는. 원하는.
abhijalati [abhi-jalati] ① 비추다. ② 빛나다.
abhijavati [abhi-javati<ju] ① 열심히 하다. ② 활동적이다.
abhijāta *adj.* [abhi-jāta] ① 좋은 가문에서 태어난. ② 귀족태생의.
abhijāti *f.* [abhi-jāti] ① 다시 태어남. ② 가계(家系). ③ 종(種). ④ 계급. *cf.* ābhijāti. abhijacca. -parisuddha 태어날 때부터 청정한.
abhijātika *adj.* [<abhijāti] ① 가문에 속하는. 계급의. ② 고귀한 계급의. -tta 고귀한 태생.
abhijātitā *f.* [abhijāti의 *abstr.*] ① 태어나는 사실. ② 가계(家系). ③ 세습(世襲).
abhijāna *n.* [*sk.* abhijñāna] ① 기억. 상기(想起). ② 인식. 증지(證知).
abhijānana *n.* [<abhijānāti] = abhijāna
abhijānāti [abhi-jānāti<jñā] ① 경험에 의해서 알다. 철저하게 알다. 잘 알다. 곧바로 알다. ② 인식하다. 각지(覺知)하다. 증지(證知)하다. 자증(自證)하다. ③ 기억하다. *opt.* abhijāneyya. abhijaññā; *aor.* abhiññāsi. abhijānissaṁ; *abs.* abhijānitvā. abhiññāya. abhiññā; *grd.* abhiññeyya; *ppr. nom. sg.* abhijānaṁ; *pp.* aphiññāta.
abhijāyati [abhi-jāyati(*pass.* 이나 *caus.*의 역할] ① 생기게 하다. 산출하다. ② 초래하다. ③ 달성하다.
abhijigiṁsati. abhijigīsati [abhijigiṁsati] ① 이기기를 원하다. ② 몹시 탐내다.
abhijighachati [abhi-jighacchati] ① 매우 배고프다. ② 굶주리다.
abhijīvati [abhi-jīv] ① 활동하다. ② 생활하다. 생계를 꾸려나가다.
abhijīvanika *adj.* [abhijīvana-ika] ① 활동하는. ② 생활하는. 생계를 꾸려나가는.
abhijīhanā *f.* [abhi-jīhanā<jeh '입을 벌리다'] ① 끈질긴 노력. ② 정진(精進). 정근(精勤).
abhijeti [abhi-jayati] ① 이기다. 정복하다. ② 획득하다.
abhijotayati. abhijoteti [abhi-joteti] ① 밝게 하다. 보이게 하다. ② 설명하다.
abhijjanaka *adj.* [a-bhijjana-ka] ① 부서질 수 없는. 변화되지 않는. ② 영향받지 않는. 불괴(不壞)의.
abhijjamāna *adj.* [a-bhijjati의 *ppr.*] ① 부서지지 않는. ② 나누어지지 않는. ③ 가라앉지 않는. udake pi abhijjamāno gacchati 물 위에서도 가라앉지 않고 간다.
abhijjalati [abhi-jval] ① 강하게 빛나다. ② 강하게 불타오르다.
abhijjhati = abhijhāyati.
abhijjhā *f.* [*cf.* abhi-jhāyati. *sk.* abhidhyāna] 탐욕. 간탐(慳貪). 탐구(貪求). 탐애(貪愛). -kāyagantha 탐욕에 의한 정신·신체적 계박. 탐신계(貪身繫). -domanassa 탐욕과 불만. -pariyuṭṭhāna 탐욕에 사로잡힌. -vinaya 탐욕의 제어. -visamalobha 탐욕의 잘못된 욕망. -vyāpāda 탐욕과 악의. 탐욕과 분노. -sahagata 탐욕스러운.
abhijjhātar = abhijjhitar.
abhijjhāyati [*sk.* abhi-dhyāyati] ① 원하다. ② 몹시 탐내다. 탐애(貪愛)하다. *abs.* abhijjhāya; *aor.* abhjjhāyiṁsu; *pp.* abhijjhita.
abhijjhālu. abhijjhālū *adj.* [*cf.* abhijjhā. *bsk.* abhidyālu] 탐욕스러운. 탐내는. 탐애(貪愛)하는.
abhijjhiṭṭa → ajjhiṭṭha.
abhijjhita *adj.* [abhijjhāti의 *pp.*] 탐욕스럽게 원해진. 탐욕의 대상이 된.
abhijjhitar *m.* [abhijjhāti의 *ag.*] 탐욕스러운 사람. 다탐자(多貪者).
abhiñña *adj.* [<abhiññā] ① 곧바로 아는. 곧바로

아는 지혜가 있는. ② 초월적 지혜가 있는. 보다 수승한 지혜(abhiññā)을 갖고 있는. ③ 초범지(超凡智)의 신통(神通)있는. -aṭṭha. -attha 곧바른 앎의 의미. 수승한 지혜의 의미. -ppatta 곧바른 앎에 도달한. 수승한 지혜에 도달한. -cakkhu 곧바른 앎의 눈. 초월적인 지혜의 눈. -tara 더욱 수승한 지혜를 지닌.

abhiññatā *f.* [abhiñña의 *abstr.*] 곧바른 앎을 갖고 있음. 수승한 지혜가 있음. 초월적인 지혜를 갖고 있음. 신통(神通)이 있음.

abhiññā ① *f.* [<abhijānāti. *sk.* abhijñā] 곧바른 앎. 곧바로 아는 지혜. 특별한 지혜. 수승한 지혜. 신통(神通). 초범지(超凡智). 승지(勝智)[→chaḷabhiññā]. ② abhiññā[abhijānāti의 *abs.*] 곧바로 알고. 경험에 의해 알고. 철저히 알고. -kathā 곧바른 앎에 관한 이야기. -kusala 곧바른 앎에 밝은 것. -cakkhu 신통의 눈. -citta 곧바른 앎의 마음. -cetanā 곧바른 앎에 의한 의도. -javana 곧바른 앎에 의한 순간적 포착. -ñāṇa 곧바른 앎의 지혜. -dvaya 두 가지 곧바른 앎. -ânisaṁsa 곧바른 앎을 보수로 받는. -ânuyoga 곧바른 앎에 대한 질문. -paññatti 곧바른 앎에 대한 시설. -paññā 곧바른 앎의 지혜. -paṭipāṭi 곧바른 앎의 순서. -padaṭṭhāna 곧바른 앎에 대한 가까운 조건. -pariññeyya 곧바른 앎에 의해 완전히 알려질 수 있는. -pādaka 곧바른 앎의 토대. -pāragū 곧바른 앎으로 궁극에 도달한 자. -pāramī. -pāripūrī 곧바른 앎의 완성. -bala 곧바른 앎의 힘. -mānasa 곧바른 앎을 지향하는. -vasibbhāvita 곧바른 앎에 대한 완전한 통달을 닦은 사람. -vosānapāramipatta 곧바른 앎을 통해 완전한 성취에 도달한 자. -vosita 곧바른 앎을 통해 완전해진 자. -sacchikaraṇīya 곧바른 앎에 의해 실현될 수 있는. -sacchikiriyā 곧바른 앎에 의한 실현. -samāpattilābhin 신통과 선정을 지닌. -hadaya 곧바른 앎을 지향하는.

abhiññāṇa [*sk.* abhijñāna] 기호. 부호. 표시.

abhiññāta *adj.* [abhijānāti의 *pp.*] ① 알려진. 인식된. ② 경험에 의해 아는. ③ 유명한.

abhiññāya *adj.* [abhijānāti의 *abs.*] ① 곧바로 알고. ② 경험하고.

abhiññeyya *adj.* [abhijānāti의 *grd.*] 잘 이해되어야 할. 증지(證知)되어야 할.

abhiṭhāna *n.* [abhi-ṭhāna] ① 큰 죄. 대죄(大罪). ② 용서할 수 없는 범죄.

abhiṇata = abhinata.

abhiṇhaṁ *ind.* [abhikkhaṇaṁ의 축약. *bsk.* abhīkṣṇaṁ] ① 되풀이하여. 자주. ② 연속해서. 계속해서. -sannipāta 자주 모임을 갖는. abhiṇha° -ātaṅka 언제나 아픈. -âpattika 항상 죄를 짓는. -ôvada 지속적인 충고. -kāraṇā 지속적인 훈련. -dassana 잦은 교제. -roga 항상 건강이 안 좋은. -saṁvasa 지속적으로 함께 사는. -saṁsagga 잦은 만남. -sannipata = abhiṇhaṁ-sannipata. -samaggavāsa 자주 함께 있는 것.

abhiṇhaso *ind.* [abhiṇha의 *abl.* *bsk.* abhīkṣṇaso] ① 항상. 언제나. ② 반복해서.

abhitakketi [abhi-takketi] ① 찾다. ② 탐구하다. 심구(深求)하다.

abhitatta *adj.* [abhi-tapati의 *pp.*] ① 불탄. 눌은. ② 건조된. 고갈된.

abhitapati [abhi-tap] ① 불타다. 작열(灼熱)하다. ② 빛나다.

abhitāpa *m.* [abhi-tāpa] 불타오르는 열. 아주 뜨거운 열.

abhitāḷita *adj.* [abhi-tāḷeti의 *pp.*] ① 분해된. ② 얻어맞은.

abhitāḷeti [abhi-taḍ] ① 때리다. ② 망치질하다. ③ (북을) 치다.

abhitiṭṭhati [abhi-tiṭṭhati] ① ~보다 낫다. 능가하다. ② 두드러지다. *abs.* abhiṭṭhāya.

abhitunna. abhituṇṇa *adj.* [*sk.* abhi-tud 또는 *sk.* abhitūrṇa] ① 제압된. 극복된. ② 패배한.

abhito *ind.* [abhi의 *abl.*] ① 둘레에. ② 양쪽에. ③ 가까이. ~sabhaṁ 무리의 앞에서.

abhitosayati. abhitoseti [abhi-toseti] ① 아주 기쁘게 하다. ② 만족시키다.

abhitthaneti [abhi-thaneti] ① 울리다. ② 천둥이 치다.

abhittharati [abhi-tarati ②] 서두르다.

abhitthava *m.* [<abhitthavati] 칭찬. 찬탄.

abhitthavati. abhitthunati [abhi-stu] ① 칭찬하다. 찬탄하다. ② 축배를 들다. *aor. sg.* abhitthavi; *pp.* abhitthuta.

abhitthavana *n.* abhitthavanā *f.* [<abhitthavati] 칭찬. 찬탄.

abhitthavīyati [abhitthavati의 *pass.*] 칭찬되어지다. 찬탄되어지다.

abhitthuta *adj.* [abhitthavati의 *pp.*] 칭찬받은. -guṇa 덕성으로 칭찬받은.

abhitthuti *f.* = abhitthava.

abhitthunāti = abhitthavati.

abhithomayati. abhithometi [abhi-*sk. denom.* stomayati] = abhitthavati.

abhida ① *adj.* 강력한. ② bhindati의 *aor. sg.*

abhidakkhiṇa *adj.* [*cf. sk.* abhi-dakṣiṇam. *ind.*] 오른 쪽으로 향한,

abhidanta *m.* [abhi-danta] 윗니.

abhidantaṁ *ind.* [*sk.* abhi-danta] 이빨을 향해서[방향].

abhidassana *n.* [abhi-dassana] ① 광경. 모습. ② 전시. 쇼.

abhidahara *adj.* [abhi-dahara] 어린. 아주 젊은. 청소년의.

abhideyya → pātheyyaṁ의 *misr.*

abhido *ind.* [=abhi. abhito] ① 가까이. ② 향해서.

abhidosa *adj.* [abhi-dosā] 지난 저녁. 지난 밤. 전야(前夜). 작만(昨晩).

abhidosika *adj.* [abhidosa-ika] 지난밤의. 전야(前夜)의. *cf.* ābhidosika.

abhiddavati [abhi-davati<dru] ① 몰려가다. 쇄도하다. ② 공격하다.

abhidhamati [abhi-dhamati] 불다.

abhidhamma *m.* [abhi-dhamma. *sk.* abhidharma] 불교 경전의 분석적인 교리. 아비담마(阿毘曇磨). 아비달마((阿毘達磨). 아비담(阿毘曇). 승법(勝法). 대법(對法). -aṭṭhakathā. Atthasālinī에 대한 주석서. -atthasālinī-atthayojanā 아비담마에 대한 논서의 이름. -atthaganṭhipada 아비담마의 난해어에 대한 Mahākassapa의 논문. -atthadīpanī 여시어경(如是語經: Itivuttaka)의 주석서. -atthavikāsinī 입아비담론(入阿毘曇論)에 대한 Sumaṅgala의 주석서. -atthavibhāvanī 섭승법의론(攝勝法義論)에 대한 Sumaṅgala의 주석서]. -atthasaṅgaha 섭승법의론(攝勝法義論)[아비담마에 대한 Anuruddha의 주석서]. -ânuṭīkā 아비담마(阿毘曇磨)에 대한 복복주. -âvatāra 입아비담론(入阿毘曇論). -kathā 대법론(對法論). -ganṭhi = -atthaganṭhipadagata 아비담마의 난해한 용어에 대한 Mahākassapa의 해설서. -gantha 아비담마 책. -gūḷhatthadīpanī 아비담마의 논서. -ṭīkā 아비담마에 대한 복주[아난다의 저술]. -tanti 아비담마의 경전적 전거. -desanā 아비담마에 대한 설법. -naya 아비담마의 논리. -niddesa 아비담마에 대한 상해(詳解). -pada 아비담마의 구절. -paṇṇarasaṭṭhāna 아비담마의 일부에 대한 Navavimallabuddhi의 작품. -paricaya 아비담마에 대한 탐구. -pāḷi 아비담마의 텍스트. -piṭaka 아비담마의 논장. 아비담마장(阿毘達磨藏). -ppakaraṇa 아비담마의 책들 가운데 하나. -bhājanīya 대법분별(對法分別)[분별론의 한 장의 이름]. -mahaṇṇavapāra 아비담마라는 대해의 저편. -mahāpura 아비담마의 대도시. -mahodadhi 아비담마의 바다. -mātikā 법집론에서 아비담마주제의 목록. -missaka 승법의 요소를 포함하는. -mūlaṭīkā 논장의 주석에 대한 아난다의 복주. -vikāsinī 입아비담론에 대한 Sumaṅgala의 주석서 -vinayogāḷha 아비담마와 비나야의 조화속으로 뛰어든. -vibhāninī 섭승법의론(攝勝法義論에 대한 Sumaṅgala의 주석서. -virodha 아비담마와 어긋나는. -saṁyutta 아비담마와 관련된. -saṅgaha 섭승법의론(攝勝法義論)[아비담마에 대한 Anuruddha의 주석서]. -siṅghāṭaka 아비담마를 교차로로 하는.

Abhidhammatthasaṁgaha *m.* [abhidhamma-attha-saṅgaha] 섭승법의론(攝勝法義論) [Anuruddha의 논장입문서].

Abhidhammamūlaṭīkā *f.* [abhidhammamūla-ṭīkā] 승법근본복주(勝法根本復註) [Ānanda가 쓴 論藏의 義疏에 대한 復註 = Mūlaṭīkā].

Abhidhammāvatāra *m.* [abhidhamma-avatāra] 입아비담론(入阿毘曇論) [Buddhadatta가 지은 불교형이상학의 입문서].

abhidhammika *adj.* [=ābhidhammika] ① 특수한 법에 속하는. ② 아비담마를 연구하는.

abhidhara *adj.* [abhi-dhara] 견고한. 대담한.

abhidhā *f.* [〃] 이름.

abhidhāna *n.* [〃] 이름. 호칭. -ṭīkā -nissaya. -ppadīpikā 명의등(名義燈)[목갈라나의 동의어에 대한 어근사전].

abhidhānaka *adj.* [abhidhāna-ka] ~라고 불리는.

abhidhāyaka *adj.* [abhidhāya<dhā-ka] = vācaka. 지시적인.

abhidhāyin *adj.* [abhi-dhāyin<dhā] ① 설치하는. 설계하는. 시설하는. ② 의미하는.

abhidhārayati. abhidhāreti [abhi-dhāreti] ① 내걸다. ② 유지하다. ③ 높이 올리다.

abhidhāvati [abhi-dhāvati] ① 달려가다. 돌진하다. ② 서두르다.

abhidhāvin *adj.* [abhi-dhāva-in] ① 달리는. ② 쇄도하는.

abhidheyya *adj. n.* [abhi-dhā의 *grd.*] ① 이름을 지닌. ② 유명(有名). 의미(意味).

abhinata *adj.* [abhi-namati의 *pp.*] 구부러진. 아래로 구부러진.

abhinadati [abhi-nadati] ① 울리다. 울려 퍼지다. ② 소음으로 가득 차다. *caus.* abhinādeti 시끄럽게 하다. *pp.* abhinădita.

abhinadita *n.* [<abhinadati의 *pp.*] 소리. 음향.

abhinandati [abhi-nandati] ① 기뻐하다. 즐거워하다. ② 환희하다. ③ 환락하다. *pres. 1pl.* abhinandāmase; *aor.* abhinandi. abhinanduṁ; *pp.* abhinandita.

abhinandana *n.* abhinandanā *f.* [<abhinandati] ① 즐거움. 기쁨. 환희. 향유. ② 환락. 애희(愛

喜).
abhinandin *adj.* abhinandinī *f.* [<abhinandati] ① 즐거워하는. 기뻐하는. ② 애락(愛樂)하는.
abhinamati [abhi-nam] ① 구부리다. ② 절하다. 인사하다. *aor.* abhinami. *pp.* abhinata.
abhinaya [abhi-naya] ① 드라마틱한 표현. 극적인 표현. ② 연극(演劇). 무언극(無言劇).
abhinayana *n.* [<abhi-nī] ① (사실을) 가져옴. ② 탐구. 조사. ③ 질문.
abhinalāṭa *n.* [abhi-nalāṭa] 아주 아름다운 이마.
abhinava *adj.* [abhi-nava] ① 아주 젊은. ② 새로운. 신선한.
abhinādita *adj.* [abhinādeti<nad의 *pp.*] ① 울리는. 울려 퍼지는. ② (새나 노래) 소리로 가득 찬.
abhinādeti [abhi-nādeti<nad] ① 울리게 하다. ② (새나 노래 또는 소음) 소리로 가득 채우다.
abhinikūjati [abhi-nikūjati] (새나 짐승의) 소리가 울리다.
abhinikūjita *adj.* [abhi-nikūjita] ① 울리는. 반향하는. ② 새[鳥]소리로 가득 찬. *cf.* abhikūjita.
abhinikkhama *m.* [<abhinikkhamati] ① 출발. 가버림. 출리(出離). ② 출가.
abhinikkhamati [abhi-nikkhamati] ① ~로부터 나가다. 나오다. ② 출가하다. *aor.* abhinikkhami. *pp.* abhinikkhanta. *abs.* abhinikkhamma.
abhinikkhamana *n.* [abhi-nikkhamana. *bsk.* abhiniṣkramaṇa] ① 출발. 가버림. 출리(出離). ② 출가.
abhinikkhipati [abhi-nikkhipati] 내려놓다. *aor.* abhinikkhipi; *pp.* ahinikkhitta.
abhinikkhipana *n.* [<abhinikkhipati] 내려놓음.
abhiniggaṇhanā *f.* [<abhiniggaṇhāti] 제지. 억제. 억지(抑止).
abhiniggaṇhāti [abhi-niggaṇhāti] 제지하다. 방지하다. 금지하다.
abhinighāta *m.* [*sk.* abhi-nighāta<han] 억압.
abhiniddisati [*sk.* abhi-nir-diś] ① 지적하다. ② 지시하다.
abhinindriya *adj.* ① [abhiññā-indriya 또는 a-bhinna-indriya] 초월적인 감관을 지닌. 완전한 감관의. ② [<ahīnindriya] 열등하지 않은. 완전한 감관을 지닌(?).
abhininnāmeti [abhi-ninnāmeti. *bsk.* abhinirṇāmayati] ~쪽으로 구부리다. 향하다.
abhinipajjati [abhi-nipajjati] 옆으로 눕다.
abhinipajjiyati [abhinipajjati의 *pass.*] 옆으로 누워지다.
abhinipatati [abhi-ni-pat] 돌진하다. *caus.* an-upāteti.
abhinipāta *m.* [<abhinipatati] 공격. 상해.
abhinipātana *n.* [<abhinipāteti] 공격. 상해.
abhinipātin *adj.* [abhi-nipātin] ① 공격하는. ② 몸에 닥치는.
abhinipāteti [abhinipatati의 *caus.*] 공격하다.
abhinipuṇa *adj.* [abhi-nipuṇa] ① 아주 철저한. ② 아주 영리한.
abhinippajjati [abhi-nippajjati] ① 산출되다. 성숙하다. 생기다. ② 얻다. 도달하다. 완성하다. *aor.* abhinippajji; *pp.* abhinippanna. abhinipphanna; *caus.* abhinipphādeti.
abhinippatati [*sk.* abhi-niṣ-pat] ① 대들다. ② 결과가 되다.
abhinippata → abhinippanna의 *misr.*
abhinippatta → abhinibbatta의 *misr.*
abhinippanna. abhinipphanna *adj.* [abhinippajjati의 *pp.*] ① 산출된. 발생된. ② 이루어진. 달성된. 완성된.
abhinippīḷanā *f.* [<abhinippīḷeti] ① 꽉 쥠. ② 압박. 압착.
abhinippīḷeti [abhi-nippīḷeti] ① 압박하다. 억제하다. 촉요(觸嬈)하다. ② 짓이기다. *cf.* abhinippīḷanā.
abhinipphajjati = abhinippajjati.
abhinipphatti *f.* [<abhinipphajjati] 산출. 달성.
abhinipphanna *adj.* [abhinipphajjati의 *pp.*] ① 생산된. ② 성취된. ③ 익은. ④ 준비된.
abhinipphādaka *adj.* [<abhinipphādeti] ① 생산하는. ② 작용하는. 영향을 주는.
abhinipphādita *adj.* [abhinipphādeti의 *pp.*] ① 생기된. 초래된. ② 작용된. 실행된.
abhinipphādeti [abhi-nipphajjati의 *caus.*] ① 생기게 하다. 초래하다. ② 작용하다. 실행하다.
abhinibbajjeti [*sk.* abhi-nir-vṛj] ① 분해시키다. 분석하다. ② 추방하다. 거절하다. *imper. 2pl.* abhinibbajjayātha, *pp.* abhinibbijja.
abhinibbatta *adj.* [abhinibbattati의 *pp.*] ① 재생된. 다시 태어난. ② 생기(生起)된.
abhinibbattati [abhi-nibbattati. *bsk.* abhi-nirvartate] ① ~이 되다. ② 일어나다. ③ 전생(轉生)하다. 재생(再生)하다.
abhinibbattana *n.* [<abhinibbattati] 재생.
abhinibbattayati → abhinibbatteti
abhinibbatti *f.* [*cf.* abhinibbattati] ① 생성. 출생. 생기(生起). ② 다시 태어남. 재생. 윤회(輪廻). -bhāva 다시 태어남. -matta 단지 다시 태어남의 사실. -vohāra 다시 태어남의 표현. -sammuti 다시 태어남의 표현
abhinibbattita *adj.* [abhinibbatteti의 *pp.*] ① 생

성된. 생기된. ② 다시 태어난.
abhinibbatteti [abhinibbattati의 *caus.* *bsk.* abhinirvartayati] ① 생기게 하다. 일으키다. ~이 되게 하다. ② 재생(再生)시키다. 전생(轉生)시키다.
abhinibbāti [*sk.* abhi-nir-vāti<vā] 완전히 식은. 완전히 꺼진. *cf.* abhinibbuta.
abhinibbija [*sk.* abhi-nir-vṛj의 *abs.*] ① 분해시키고. 분석하고 ② 추방하고. 거절하고.
abhinibbijjati [*cf.* abhi-nibbindati] ① 혐오하다. 피하다. 외면하다. 세상을 싫어하다. ② 싫어하여 떠나다. 염리(厭離)하다. *abs.* abhinibbijja.
abhinibbijjana *n.* [<abhinibbijjati] 혐오. 외면. 염리(厭離).
abhinibbijjhati [*sk.* abhi-niḥ-vid. vyadh] = abhinibbhijjati ① 돌파하다. ② (병아리가 계란껍질을) 깨고 나오다. *opt.* abhinibbijjheyyuṁ.
abhinibbijjhana *n.* [<abhinibbijjhati] 돌파. 파각(破殼)[병아리가 계란껍질을 깨고 나옴].
abhinibbidā *f.* [<abhinibbijjati] ① 혐오. 세상을 싫어함. ② 싫어하여 떠남. 염리(厭離).
abhinibbuta *adj.* [abhi-nibbuta] 완전히 지멸(止滅)된. 적멸(寂滅)된.
abhinibbhijjati [*sk.* abhi-nir-bhidyate<abhi-nir-bhid의 *pass.*] = abhinibbijjhati ① 돌파하다. ② (병아리가 계란껍질을) 깨고 나오다. *opt.* abhinibbijjheyyuṁ.
abhinibbhijjana *n.* [<abhinibbhijjati] 돌파. 파각(破殼)[병아리가 계란껍질을 깨고 나옴].
abhinibbhidā *f.* [*cf.* abhinibbijjhati. *bsk.* abhinirbheda *m.*] ① 성공적인 돌파. 관통. ② 파각(破殼)[병아리가 계란껍질을 깨고 나옴]. ③ 전생(轉生). 재생(再生).
abhinimantanatā *f.* [< abhinimanteti] ① 말을 걸기. ② 초대.
abhinimanteti [abhi-nimanteti] ① 초대하다. ② 신청하다.
abhinimmadana *n.* [abhi-nimmadana] ① 분쇄. ② 정복.
abhinimmāṇa *n.* [<abhinimmināti] (신통력에 의한) 창조.
abhinimmita *adj.* [abhinimmināti의 *pp.* *bsk.* abhinirmita] (주술·신통력에 의해) 만들어진. 화작(化作)된. -vasavattin 타자·다른 신에 의해 만들어진 존재를 지배하는. 타화자재(他化自在). -vasavattino devā 타자·다른 신에 의해 만들어진 존재를 지배하는 신들의 하늘 나라. 타화자재(他化自在天).
abhinimmina *n.* [<abhinimmināti] (신통력에 의한) 창조.
abhinimmināti [abhi-nimmināti. *bsk.* abhinirmāti] ① 창조하다. ② 생기게 하다. 만들다. *pp.* abhinimmita.
abhiniropana *n.* [<abhiniropeti] '마음에 떠오르게 하는 것.' ① 주의를 쏟음. 마음의 집중. ② 현전해(現前解).
abhiniropita *adj.* [abhiniropeti의 *pp.*] 고정된. 명심시킨.
abhiniropeti [abhi-niropeti] ① 심다. 명심시키다. ② 가르치다. 교훈을 주다. *aor.* abhiniropesi; *pp.* abhiniropita.
abhinilīyati [*sk.* abhi-nilīyate<lī] ① 숨다. ② 자신을 숨기다.
abhinivajjeti [abhi-nivajjeti] ① 피하다. 회피하다. ② 제거하다.
abhinivaṭṭeti. abhinivatteti [abhi-ni-vṛt의 caus.] ① 되돌아가다. ② 멈추다.
abhinivaddheti abhinivaṭṭeti의 *misr.*
abhinivasati [abhi-ni-vasati<vas] ① 살다. ② 거주하다.
abhinivassati [abhi-ni-vassati<vṛṣ] ① 막쏟아지다. ② 많이 생산되다.
abhiniviṭṭha *adj.* [*sk.* abhiniviṣṭa. abhinivisati의 *pp.*] ① 집착된. 포착된. ② 지향된.
abhinivisati. abhinivissati. abhinivīsati[*sk.* abhi-ni-viṣate<viṣ] ① 들어가다. 정착하다. ② 헌신하다. 천착하다. 종사하다. 경향을 갖다. ② 집착하다. 현탐(現貪)하다. *pp.* abhiniviṭṭha. *cf.* abhinivesa.
abhinivuttha *adj.* [abhinivasati의 *pp.*] 사는. 거주하는.
abhinivesa *m.* [<abhinivisati. *bsk.* abhiniveśa] ① 경향. 집착. 주착(住著). ② 현탐(現貪). 현탐욕(現貪欲).
abhiniveseti [abhinivesati의 *caus.*] ① 열망하다. ② 자신을 적용시키다. ③ 영향을 주다.
abhinisinna *adj.* [abhinisīdati의 *pp.*] 앉은
abhinisīdati [abhi-nisīdati] 가까이 앉다.
abhinisīdana *n.* [<abhinisīdati] 앉음.
abhinisīdāpeti. abhinisīdeti [abhinisīdati의 *caus.*] 앉게 하다. 강제로 앉히다.
abhinissaṭa *adj.* [abhi-nissaṭa] 도망친.
abhinihata *adj.* [abhi-nihata] ① 억눌린. 부서진. ② 살해된.
abhinihanati. abhinīhanati [abhi-nis-han] ① 쫓아버리다. 파괴하다. ② 제거하다. 살해하다. ③ 피하다. *pp.* abhinīhata.
abhinīta *adj.* [abhineti의 *pp.*] ① 인도된. 초래된.

② 강제된.
abhinīla *adj.* [abhi-nīla] 짙은 검은색의. -netta 짙은 검은색 눈을 가진.
abhinīhaṭa *adj.* [abhinīharati의 *pp.*] 준비된.
abhinīharaṇa *n.* [<abhinīharati] ① 꺼냄. 인발. 일깨움. ② 지향. ③ 준비. 적용.
abhinīharati [abhi-nīharati] ① 꺼내다. 내던지다. 인발(引發)하다. 일깨우다. ② 향하다. ③ 준비하다. 적용하다.
abhinīhāra *m.* [*cf.* abhinīharati. *bsk.* abhinirhāra] ① 꺼냄. 인발(引發). 일깨움. ② 열망. 결심. 지향(志向).
abhineti [abhi-neti<nī] 이끌다. 인도하다.
abhindi bhindati의 *aor. 3sg.*
abhinditabbaparisa *adj.* [a-bhindati의 *grd.* -parisa] (꽃들의) 무리가 나누어질 수 없는
abhinna *adj.* [a-bhindati의 *pp.*] ① 나누어지지 않은. 파괴되지 않은. 가득한. ② 분해되지 않은. ③ 혼란되지 않은. 무질서하지 않은. ④ 바뀌자국 투성이가 아닌. -kaṭṭha 쪼개진 땔감을 갖고 있지 않은. -paṭisambhida → pabhinna°. -liṅgin 다른 성을 갖지 않은. -saṇṭhāna → abhinda°. -sara 단조로운. -sarīravatthu 새로 죽은 시체에 대한 이야기.
abhinnaka *adj.* [a-bhinna-ka] ① 분리론자가 아닌. ② 정통적인.
abhipattika *adj.* [<abhipatti] ① 도달한. ② 얻은. 손에 넣은.
abhipattiyanā *f.* [*cf.* pattiyāyati] 믿음.
abhipatthanā *f.* [<abhipatthayati] ① 욕구. 바램. 희구(希求). ② 요청.
abhipatthayati. abhipattheti [abhi-pattheti] ① 희망하다. 열망하다. ② 원하다. 희구(希求)하다. *pp.* abhipatthita; *ppr. m.* sg. *nom.* abhipatthayaṁ.
abhipassati [abhi-passati] ① 유의하다. 찾다. 관견(觀見)하다. ③ 노력하다.
abhipāteti [abhi-pāteti] ① 떨어지게 하다. 날게 하다. ② 던지다. 쏘다. 발사하다.
Abhipāraka *m.* 아비빠라까[장군의 이름].
abhipāruta *adj.* [abhipārupati의 *pp.*] 옷을 입은.
abhipālayati [〃] 지키다. 수호하다. 보호하다.
abhipāleti [abhi-pāteti] 보호하다. 수호하다. *aor.* abhipālesi; *pp.* abhipālita.
abhipīḷayati [*sk.* abhipīḍayati<pīḍ] ① 억압하다. ② 괴롭히다. 고통을 주다.
abhipīḷeti [abhi-pīḷeti] ① 압박하다. ② 짜내다. ③ 괴롭히다. *aor.* abhipīḷesi; *pp.* abhipīḷita.
abhipucchati [abhi-pucchati<pṛcch] 묻다. 질문하다. 여쭈다.
abhipūjayati. abhipūjeti [*sk.* abhi-pūj] ① 존경하다. 숭배하다. ② 공양을 드리다. 헌공하다.
abhipūrati [abhi-pur] 가득 차다. *aor.* abhipūri; *pp.* abhipūrita.
abhipūreti [abhipūrati의 *caus.*] 채우다.
abhippakiṇṇa *adj.* [abhippakirati의 *pp.*] 흩뿌려진. 덮여진.
abhippakirati [abhi-pakirati] 흩뿌리다. 덮다. *pp.* abhippakiṇṇa.
abhippamoda *m.* [<abhipamodati] 환희.
abhippamodati [abhi-pamodati] ① 기뻐하다. 즐거워하다. 환희하다. ② 만족하다.
abhippamodayati [abhi-pamodati의 *caus.*] 기쁘게 하다. 만족시키다.
abhippalambati [abhi-palambati] 매달리다. 드리워지다.
abhippavaṭṭa. abhippavaṭṭha *adj.* [abhi-pavassati의 *pp.*] ① 비가 내린. ② 부어진. 쏟아진. ③ 떨어진.
abhippavassati [abhi-pa-vassati] ① 비가 내리다. ② 붓다. 쏟다. ③ 떨어지다. *pp.* abhippavaṭṭa. abhippavaṭṭha. abhippavuṭṭha.
abhippavuṭṭha *adj.* [abhippavassati의 *pp.*] ① 비가 내린. ② 부어진. 쏟아진. ③ 떨어진.
abhippasanna *adj.* [abhippasīdati의 *pp.*] ① ~에서 안온을 발견한. ② 믿는. 신뢰하는.
abhippasāda [abhi-pasāda] 믿음. 정신(淨信).
abhippasādeti [abhippasīdati의 *caus.*] ① 믿음을 일깨우다. ② 화해하다. 달래다. ③ 비위를 맞추다.
abhippasāreti [abhi-pasāreti] 뻗다. 펴다. *aor.* abhippasāresi.
abhippasīdati [abhi-pasīdati] ① 믿다. 신뢰하다. ② 확신하다. 정신(淨信)하다. *aor.* abhippasīdi. *pp.* abhippasanna; *caus.* abhippasādeti.
abhippaharaṇa *n.* [abhi-paharaṇa] 공격. 싸움.
abhippaharaṇī *f.* [<abhi-paharaṇa] 공격. 싸움.
abhippeta *adj.* [abhi-pra-i의 *pp.*] ① 목표로 삼은. ② 지향된. *cf.* adhippeta.
abhiphuṭṭha *adj.* [abhi-spṛś의 *pp.*] 빛난.
abhibyāpeti [abhi-vyāpeti] 퍼지다. 편만하다.
abhibhakkhayati [abhi-bhakkhayati] 먹다[동물의 시식].
abhibhaṭa → abhihaṭa.
Abhibhatta *n.* Abhibhū의 *abstr.*
abhibhava *m.* [<abhibhavati] ① 패배. 실패. ② 굴욕. 모욕.
abhibhavati [abhi-bhavati] ① 이기다. 정복하다. ② 극복하다. *fut.* abhihessati; *abs.* abhi-

bhuyya. abhibhavitvā. abhibhotvāna; *grd.* abhibhavanīya; *pp.* abhibhūta; *caus.* abhibhūyati. abhibhuyyati.
abhibhavana *n.* [*cf.* abhibhavati] ① 승리. 극복. ② 정복.
abhibhavanīyatā *f.* [abhibhavati의 *grd.*] 정복될 수 있는 상태. an° 정복될 수 없음.
abhibhavita = abhibhūta.
abhibhavitar *m.* [abhibhavati의 *ag.*] 극복한 자. 정복자(征服者).
abhibhāyatana *n.* [abhibhū-āyatana] ① 주인·지배자의 지위. ② 숙련의 상태. 초극의 단계. 승처(勝處)[→ aṭṭha abhibhāyatanāni].
abhibhāveti. abhibhāvāpeti [abhibhavati의 *caus.*] ① (다른 사람으로 하여금) 정복하게 하다. ② 극복하게 하다.
abhibhāsati [*sk.* abhi-bhāṣ] 말하다. 연설하다.
abhibhāsana *n.* [abhi-bhāsana<bhās] ① 주인의 지위. ② 통제의 상태.
Abhibhutta *n.* [=abhibhū] 승자천(勝者天). 아비부천(阿毘浮天).
abhibhuyya *ind.* [abhibhavati의 *abs.*] 이기고. 승리하고. -cārin 승리를 거둔.
abhibhuyyati = abhibhūyati.
abhibhū *adj. m.* [*cf.* abhibhavati] ① 극복하는. 정복하는. 이기는. 극복. 정복. 정복자. 대군주. 주인. ② 승리하는 신들의 하느님 세계. 승자천(勝者天). 아비부천(阿毘浮天). abhibhū devā 승리하는 신들의 하느님 세계. 승리하는 하느님 세계의 신들. 승자천(勝者天)[神·神界의 이름. 色界四禪의 하느님 세계] = Asaññasattā devā(無想有情天). ③ 아비부[과거불 씨킨(Sikhin)의 두 주요제자 가운데 한 사람의 이름]. ④ 아비부[열 분의 보살 가운데 한 분].
abhibhūta *adj.* [abhibhavati의 *pp.*] ① 정복된. 제압된. ② 패배한. ③ 아비부따[장로의 이름].
abhibhūti *f.* [〃] 탁월한 힘. 유리함.
abhibhūya = abhibhuyya.
abhibhūyati [abhibhavati의 *caus.*] 정복되다. *ppr.* abhibhūyamāna.
abhibhoti = abhibhavati.
abhimaṅgala *adj.* [abhi-maṅgala] 운 좋은. 길조(吉兆)의.
abhimaṇḍita *adj.* [abhi-maṇḍita] ① 장식된. 치장된. ② 미화된.
abhimata *adj.* [abhi-man의 *pp.*] ① 소망된. 의도된. ② 유쾌한. 기분 좋은. -koṭṭhāsa 양자(量子).
abhimattagilāna → adhimattagilāna.
abhimatthati. abhimantheti [abhi-math. abhi-manth] ① 쪼개다. 베다. 파괴하다. 분쇄하다. ② 마찰로 불을 일으키다.
abhimaddati [*sk.* abhimardati] ① 짓이기다. ② 빻다. 분쇄하다. ③ 격파하다.
abhimaddana *n.* [<abhimaddati] ① 짓이김. ② 분쇄. 빻기.
abhimaddita *adj.* [abhimaddati의 *pp.*] ① 짓이겨진. ② 분쇄된. 빻아진.
abhimana *adj.* [abhi-mana] ① ~의 일을 생각하는. ② 숙고하는.
abhimanāpa *adj.* [abhi-manāpa] 크게 기뻐하는. 크게 즐거워하는.
abhimanthati. abhimatthati [abhi-manth] ① 마찰하다. 갈다. ② 부수다. ③ 고통을 주다. 괴롭히다.
abhimāna *m.* [*sk. cf.* atimāna & adhimāno] ① 잘못된 개념. ② 자만. 교만.
abhimānin *adj.* [〃] ① 자만에 찬. 교만한. ② 야망이 있는.
abhimāra *m.* [*sk.* abhimara] ① 악당. ② 강도. 도적.
abhimukha *adj.* [abhi-mukha] ① 대면한. 향한. 앞에 있는. 공개된. ② 접근하는. ③ 전치사 abhi. *acc.* abhimukhaṁ. *adv.* 향해서. 대해서. -attha '앞에서'의 의미. -yuddha 공개된 싸움. -karaṇa 향해서 가져오는. 가까이 가져오는. -citta = abhimāna. -bhāga 전면(前面). -bhāva 앞에 있는 상태[전치사 abhi나 ā의 의미]. 대상과의 대면. -yuddha 공개된 싸움.
abhimukhaṁ *ind.* [〃] ① 향해서. ② 앞에서.
abhimukhī° *cpd.* [abhi-mukha] ① 대면한. 향한. 앞에 있는. ② 공개된. -karaṇa 향해서 방향을 잡은. -bhāva 앞에 있는 상태. -bhūta 현존하는.
abhimudā *f.* [abhi-mudā] 커다란 기쁨.
abhiyācati [abhi-yācati] ① 부탁하다. ② 애원하다. 탄원하다. *pp.* abhiyācita.
abhiyācana *n.* abhiyācanā *f.* [<abhiyǎcati] ① 요청. 부탁. ② 애원. 탄원.
abhiyāti [<abhi-yā] ① 반항하다. ② 공격하다. *aor.* abhiyāsi.
abhiyujjhati [abhi-yujjhati<yudh] ① 경쟁하다. ② 싸우다.
abhiyuñjaka *adj. m.* [<abhiyuñjati] 고소하는. 원고. 고소인.
abhiyuñjati [<abhi-yuj] ① 실행하다. 분담하다. 책임을 지다. 점거하다. 점령하다. ② 소송을 걸다. 고소하다. 고발하다. ③ 조회하다.
abhiyutta *adj. m.* [abhiyuñjati의 *pp. sk.* abhiyukta] ① 실행된. 책임을 진. 점거된. 점령된.

② 전문가. 숙달자. 달인(達人).
abhiyuñjana *n.* [<abhiyuñjati] ① 시도. 실천. 수행. ② 관찰.
abhiyoga *m.* [<abhi-yuj] ① 실천. 수행. ② 관찰.
abhiyogin *adj.* [abhiyoga-in] ① 전념하는. 종사하는. ② 실천된. 교묘한.
abhiyobbana *n.* [abhi-yobbana] ① 아주 젊음. ② 십대의 젊음.
abhirakkhati [abhi-rakkhati] 보호하다. 수호하다. *aor.* abhirakkhi.
abhirakkha *m.* abhirakkhā *f.* [<abhi-rakkhati] 보호. 수호.
abhirakkhana *n.* [<abhirakhati] 보호. 수호.
abhirata *adj.* [abhiramati의 *pp.*] 좋아하는.
abhiratatta *n.* [abhirata의 *abstr.*] 좋아한다는 사실. 좋아한다는 것.
abhirati *f.* [*cf.* abhiramati] 기쁨. 즐거움. 환희.
abhiratta *adj.* [abhi-ratta] ① 아주 붉은. ② 몹시 흥분한. 크게 감동한. ③ 염착(染着)된.
abhiraddha *adj.* [abhi-rādh의 *pp.*] ① 화해한. ② 만족한.
abhiraddhi *f.* [<abhi-rādh] ① 화해. ② 만족.
abhiranta = abhirata
abhirama *adj.* [*sk.* abhi-rama] ① 노는. 즐기는. ② 환락하는.
abhiramati [abhi-ram] ① 놀다. 즐기다. ② 환락하다. yathābhirantaṁ 즐거운 대로. 기쁜 대로. 뜻대로. 수의(隨意)로. *pp.* abhiranta. abhiramamāna; *pp.* abhirata; *caus.* abhiramāpeti. *cf.* abhiramana.
abhiramana *n.* abhiramanā *f.* [<abhiramati] ① (운동을) 즐김. ② 스스로 즐김.
abhiramāpana *n.* [<abhiramāpeti] ① 즐겁게 함. ② 즐기게 함.
abhiramāpeti. abhirameti [abhiramati의 *caus.*] 놀게 하다. 즐기게 하다.
adhiramma. abhirāma *adj.* [<abhi-ram] 즐거운. 향유하는.
abhiravati [abhi-ravati] 외치다.
abhirājan *m.* [*cf.* *sk.* adhirājan] 황제.
abhirādhana *n.* [<abhirādheti] ① 화해. 조정. ② 성공. 만족.
Abhirādhana *m.* 아비라다나[장로 쌈부따(Sambhūta = Sītavaniya)의 세 명의 친구 가운데 한 분의 이름]
abhirādhaniya *adj.* [abhirādheti의 *grd.*] ① 화해되어야 할. 조정되어야 하는. ② 만족하게 될.
abhiṛādhayati = abhirādheti
abhirādhita *adj.* [abhirādheti의 *pp.*] ① 성공된. ② 획득된.
abhirādhin *adj.* [<abhirādheti] ① 기뻐하는. 기쁘게 하는. ② 만족을 주는.
abhirādheti [abhi-rādheti] ① 기쁘게 하다. ② 만족시키다. *aor.* abhirādhayi; *pp.* abhirādhita.
abhirāma *adj.* [<abhiramati] ① 기쁜. ② 흡족한.
abhiruci *f.* [<abhi-ruc] ① 환희. 유쾌. ② 만족. 옵션. ③ 맛. 풍미(風味).
abhirucika *adj.* [<abhiruci] ① 환희하는. 유쾌한. ② 만족하는.
abhirucita *adj.* [abhi-ruc의 *pp.*] ① 즐거운. 유쾌한. ② 만족하는.
abhirucchi abhirūhati의 *aor.*
abhirucira *adj.* [< abhi-rucira] ① 매우 기쁜. ② 매우 아름다운.
abhiruda. abhiruta *adj.* [*sk.* abhiruta] ① (새소리가) 울리는. ② 지저귐으로 가득 찬.
abhiruyha abhirūhati의 *abs.*
abhiruyhati. abhiruhati → abhirūhati.
abhiruhanaka → abhirūhanaka
abhirūpa *adj.* [abhi-rūpa] ① 완벽한 형상을 가진. ② 잘생긴. ③ 아름다운. 색려(色麗)의. -c-chavi 눈부신 아름다움을 한.
abhirūpaka *adj.* [abhi-rūpa-ka] ① 완벽한 형상을 가진. ② 잘생긴. ③ 아름다운.
abhirūpatara *adj.* [abhirūpa의 *compar.*] 더 아름다운. 가장 아름다운. 몹시 아름다운.
abhirūpatā *f.* [abhi-rūpa의 *abstr.*] ① 완벽한 형상을 가진 것. ② 아름다움.
Abhirūpa-Nandā *f.* 아비루빠난다[케마까의 딸의 이름].
abhirūpavat *adj.* [abhi-rūpa-vat] ① 완벽한 형상을 가진. ② 잘생긴. ③ 아름다운.
abhirūḷha *adj.* [abhirūhati의 *pp.*] 오른. 올라간. 등산한.
abhirūhati [abhi-ruh] 오르다. 올라가다. *abs.* abhiruyha. abhirūhitvā; *pp.* abhirūḷha.
abhirūhana *n.* [<abhi-ruh] ① 등반. 등산. ② 올라감. 상승.
abhirūhanaka *adj.* [abhirūhana-ka] ① 등반하는. ② 올라가는.
abhirocati. abhiroceti [abhi-ruc와 *caus.*] ① 좋아하다. ② 기뻐하다. ③ 바라다. ④ 기쁘게 하다. 만족시키다. *aor.* abhirocayi.
abhiropana *n.* [<abhiropeti] ① 주의(注意). ② 집중. 몰두. 전주(專注).
abhiropita *adj.* [abhiropeti의 *pp.*] ① 주의가 기울여진. 경의가 표해진. ② 치장된.
abhiropeti [abhi-ruh의 *caus.*] ① 주의하다. 경의

를 표하다. ② 치장하다. *aor.* abhiropayi. *cf.* abhoropana 정신의 집중.
abhilakkhita *adj.* [abhilakkheti의 *pp.*] ① 고정된. ② 고안된. ③ 축복받은. 만족한. ④ 취임된
abhilakkhitatta *n.* [abhilakkhita의 *abstr.*] ① 규정됨. 표시된 상태. ② 길조의 표시를 얻음. 상서로움.
abhilakkheti [abhi-lakkheti] ① 고정하다. 표시하다. 도안하다. ② 결정하다. 취임시키다. ③ 발족시키다. *aor.* abhilakkhesi; *pp.* abhilakkhita.
abhilaṅghati [abhi-laṅgh] ① 일어나다. 오르다. 떠오르다. ② 올라가다.
abhilapīyati [abhi-lap] ① 표현되다. ② 발음되다. 발성되다.
abhilabhati [abhi-lambati] 드리워지다. 매달리다. *pp.* abhilambita.
abhilasati [abhi-laṣ] ① 욕구하다. 원하다. ② 열망하다. 애타다.
abhilāpa *m.* [<abhi-lap] ① 이야기. 말하기. 담화. ② 표현. 어법. aññamaññābhilāpa 회화(會話). -nānatta 표현의 다양성. -mattabheda 단지 표현차이.
abhilāva *m.* [〃] ① 자름. 베기. ② 수확(收穫).
abhilāsa *m.* [*sk.* abhilāṣa abhi-laṣ] ① 욕구. 원함. 옵션. ② 열망.
abhilāsin *adj.* [abhilāsa-in] 원하는. 열망하는.
abhilitta *adj.* [abhilimpati의 *pp.*] 끈끈이가 칠해진. 끈적거리는.
abhilimpati *adj.* [abhi-lip] ① (새잡이) 끈끈이로 붙잡다. ② 감탕(甘湯)을 칠하다. *pp.* abhilitta.
abhilekheti [abhi-likh의 *caus.*] ① (비석 등에) 새겨지게 하다. ② (마음에) 새기다.
abhilepana *n.* [abhi-lepana] ① 생석회. 회반죽. ② 얼룩. 오점. 오염.
abhilepeti [abhi-lepa의 *denom.*] (회반죽을) 바르다. 칠하다.
abhivagga *m.* [abhi-vagga] ① 큰 무리. ② 우세한 힘. 대세(大勢).
abhivajjita *adj.* [abhi-*sk.* varjita<vṛj] ~이 없는. 결여된.
abhivañcana *n.* [<abhi-vañc] ① 사기. 속임. ② 허위. 허구.
abhivaṭṭa. abhivaṭṭha *adj.* [abhivassati의 *pp.*] 비가 내린. = abhivuṭṭha
abhivaḍḍhaka *adj.* [<abhivaḍḍheti] 증대시키는. 성장시키는.
abhivaḍḍhati [abhi-vṛdh. *sk.* abhivardhati] 증대하다. 크게 성장하다. *pp.* abhivuḍḍha. abhivuddha.
abhivaḍḍhana *adj. n.* [<abhivaḍḍhati] ① 증가하는. 성장하는. ② 증가. 증대. 성장.
abhivaḍḍhi *f.* [*sk.* abhivṛddhi] 증가. 증대. 성장.
abhivaḍḍhita *adj.* [abhivaḍḍhati의 *pp.*] 잘 성장된. 잘 증대된.
abhivaḍḍheti [abhi-vṛdh의 *caus.*] 증대시키다. 성장시키다.
abhivaṇṇita *adj.* [abhivaṇṇeti의 *pp.*] 칭찬받은. 찬미된.
abhivaṇṇeti [abhi-vaṇṇeti] 칭찬하다. 찬미하다. *pp.* abhivaṇṇita.
abhivadati [abhi-vadati] ① 큰 소리로 말하다. 해명하다. 선언하다. ② 환영하다. 인사하다. *caus.* abhivādeti.
abhivaddhana → abhivaḍḍhana
abhivandati [abhi-vandati] ① 경의를 표하다. 인사하다. 절하다. ② 공경하다. *grd.* abhivandanīya.
abhivana *adj.* [sk. abhi-van] 열망하는.
abhivandana *n.* abhivandanā *f.* [<abhi-vand] 존경스러운 인사. 숭배.
abhivandita *adj.* [<abhi-vand] 존경스러운 인사로 맞이해진.
abhivassa *m.* [〃] 비.
abhivassaka *adj.* [<abhivassati] ① 비오는. 흘리는. 쏟아지는. ② 생산적인. 온순한.
abhivassati [abhi-vassati] ① 비오다. 비를 뿌리다. ② 붓다. 물을 대다. *ppr. sg. nom.* abhivassaṁ [ābhivassaṁ]; *pp.* abhivaṭṭa. abhivuṭṭha; *caus.* abhivassāpeti.
abhivassāpeti [abhivassati의 *caus.*] ① 비를 오게 하다. 비를 뿌리게 하다. ② 붓게 하다
abhivassin *adj.* [<abhi-vṛṣ] ① 비 내리는. ② 붓는.
abhivasseti = abhivassāpeti.
abhivākya *n.* [abhi-*sk.* vākya] 면목이 없는. 굴욕적인. 비천한 말.
abhivāda *m.* [〃] = abhivādana
abhivādaka *adj.* [abhi-*sk.* vādaka] 면목이 없는. 굴욕적인
abhivādana *n.* abhivādanā *f.* [*cf.* abhivādeti] ① 정중한 인사. 경례. ② 공경. 경설(敬說).
abhivādāpeti [abhivādeti의 *caus.*] ① 인사시키다. ② 환영하게 하다.
abhivādita *adj.* [abhivādeti의 *pp.*] 인사가 이루어진. 이야기가 걸린.
abhivādiya *abs.* [abhivādeti의 *abs.*] 존경스럽게 인사하고.
abhivādeti [abhivadati의 *caus.*] ① 인사하다. 경

례하다. 경의를 표하다. 예배하다. ② 환영하다. *aor. 1sg.* abhivādesiṁ. abhivādayiṁ; *grd.* abhivādetabba. *caus.* abhivādāpeti.
abhivāyati [abhi-vāyati] ① 흩날리다. ~에 온통 퍼지다. ② 가득 차다.
abhivāreti [abhi-vāreti. vṛ의 *caus.*] ① 억제하다. 삼가다. ② 거절하다. 부정하다.
abhivāheti [abhi-vāheti. vah의 *caus.*] 제거하다. 치우다.
abhivijayati. abhivijināti [abhi-vijayati] ① 이기다. 정복하다. ② 타파하다. 쳐부수다. saṅgāme parasenaṁ abhivijinanti 전투에서 다른 군대를 쳐부수다. *aor.* abhivijiya. abhivijinitvā.
abhivijjotate [abhi-vi-dyut] 비추다.
abhiviññāpeti [abhi-viññāpeti] 타인의 마음을 돌리다. 설득하여 ~시키다. *aor.* abhiviññāpesi.
abhivitarati [abhi-vi-tarati<tṝ] ① 그만두다. 끝나다. 건너가 버리다. ② 주의하다. 관찰하다.
abhivitaraṇa *n.* [<abhivitarati] ① 그만둠. 끝남. ② 주의. 관찰.
abhividhi *m.* [〃] 완전한 함축. 포함.
abhivinaya *m.* [abhi-vinaya] 상세한 계율. 보다 훌륭한 계율. 승율(勝律).
abhivindati [abhi-vindati] ① 발견하다. ② 얻다. *opt.* abhivinde.
abhivirājeti [abhi-vi-rañj의 *caus.*] ① 욕망을 철저하게 없애다. ② 완전히 사라지게 하다.
abhivisajjati → abhivissajjati
abhivisate [abhi-viś] 침투하다.
abhivisiṭṭha *adj.* [abhi-visiṭṭha] 탁월한. 수승한. 두드러진.
abhivis(s)aj(j)ati [abhi-vissajjati<sṛj] ① 보내다. 파견하다. ② 나누다. ③ 주다.
abhivissajjeti [abhi-vissajjati의 *caus.*] = abhivissajjati ① 보내다. 파견하다. ② 나누어주다.
abhivissattha [abhivissasati<śvas의 *pp.*] 신뢰받은. 믿음을 주는.
abhivihacca *ind.* [abhi-vihanati의 *abs.*] ① 격파하고. 제거하고. ② 쫓아내고.
abhivihata *adj.* [abhi-*sk.* vi-hata<han] ① 덮쳐진. ② 압도된.
abhivuṭṭha *adj.* [abhivassati의 *pp.*] ① 비가 내린. ② 물이 뿌려진.
abhivuḍḍha. abhivuddha *adj.* [abhivaḍḍhati의 *pp.*] ① 증가된. ② 부유하게 된.
abhivuddhi *f.* [*sk.* abhivṛddhi] ① 증가. 성장. ② 번영. 융성.
abhiveṭheti → ativeṭheti.
abhivedeti [abhi-vid의 *caus.*] ① 알리다. 전달하다. ② 알다.
abhivyañjaka *adj.* [<abhi+vi+añj] ① 드러내는. ② 전시하는.
abhivyañjeti [<abhi+vi+añj] ① 드러내다. ② 전시하다.
abhivyatta *adj.* [*sk.* abhi-vyakta, abhi-vi-añj의 *pp.*] ① 분명한. ② 드러난.
abhivyāpaka *adj.* [<abhivyāpeti] 포괄적인.
abhivyāpana *n.* [<abhivyāpeti] 널리 퍼짐. 널리 퍼져나감.
abhivyāpeti [abhi-vi-āp의 *caus.*] 널리 퍼지다. 널리 퍼져나가다. → abhibyāpeti.
abhivyāhaṭa *adj.* [*sk.* abhi-vyāhṛta, abhi-vi-ā-hṛ의 *pp.*] 말해진. 연설된.
abhivyāharīyati [abhi-vi-ā-hṛ의 *pass.*] 말해지다. 연설되다.
abhisaṁyūhati → abhisaññūhati.
abhisaṁlikhati → abhisallikhatim
abhisaṁlekhita → abhisallekhita.
abhisaṁvikkha *abs.* [*sk.* abhi-saṁ-vi-īkṣ] 알아채고.
abhisaṁvisati [*sk.* abhi-saṁ-viś] ① 함께 놓이다. ② 동거하다.
abhisaṁviseyyagatta *n.* [abhisaṁviseyya<abhi-saṁvisati-gatta] 불결한 것이 가득 찬 가죽 푸대의 신체.
abhisaṁsati [abhi-śaṁs] ① 저주하다. 매도하다. ② 욕설하다. *aor.* abhisaṁsi. abhisaṁsittha; *pp.* abhisattha.
abhisaṁsanā → abhisiṁsana.
abhisaṁharati [abhi-saṁ-hṛ] ① 가져오다. ② 제공하다. 선물하다.
Abhisaṅketa *m.* 아비쌍께따[장로의 이름].
abhisaṅkhacca abhisaṅkharoti의 *abs.*
abhisaṅkhata *adj.* [abhisaṅkharoti의 *pp.*] ① 준비된. ② 고정된. 정리된. ③ 만들어진. 위작(爲作)된.
abhisaṅkharaṇa *n.* [<abhisaṅkharoti] ① 실행. 준비. 계획. 현행(現行). ② 복원. 회복. ③ 위작(僞作).
abhisaṅkharoti [abhi-saṅkharoti] ① 준비하다. 실행하다. 일하다. 현행(現行)하다. 위작(爲作)하다. ② 복원하다. 회복시키다. *abs.* abhisaṅkharitvā; *grd.* abhisaṅkharaṇīya; *pp.* abhisaṅkhata; *caus.* abhisaṅkhāreyya.
abhisaṅkhāra *m.* [*cf.* abhisaṅkharoti] ① 실행. 준비. 계획. 비축. ② 유위적(有爲的) 조작. 현행(現行). 위작(爲作). ③ 복원. 회복. -māra 유위적 조작으로서의 악마.

abhisaṅkhārika *adj.* [<abhisaṅkhāra] ① 준비된. 계획된. 만들어진. 현행(現行)되는. ② 가치가 있는. ③ 기원(祈願)을 위한. -piṇḍapāta 기원식(祈願食).

abhisaṅkhāreti [abhi-saṅkharoti의 *caus.*] 실행하다. 실천하다.

abhisaṅkhita = abhisaṅkhata

abhisaṅkhitta *adj.* [abhisaṅkhipati의 *pp.*] ① 함께 던져진 ② 쌓인. ③ 압축된. 집중된.

abhisaṅkhipati [abhi-saṅkhipati] ① 함께 던지다. ② 쌓다. ③ 압축하다. 집중하다.

abhisaṅga *m.* [<abhi-sañj] 집착. 고착.

abhisaṅgin *adj.* [<abhisaṅga] 집착하는.

abhisaje abhisajjati의 *opt.*

abhisajjati. abhisajati [abhi-sañj] ① 기분이 나쁘다. 화내다. ② 저주하다. 집착하다. *opt.* abhisaje; *aor.* abhisajji.

abhisajjana *adj. n.* [<abhisajjati] ① 꾸짖는. 저주하는. 화내는. ② 꾸짖음. 저주. ③ 집착. 집념.

abhisajjanā, abhisajjanī *f.* [<abhisajjati] ① 성냄. ② 질책. 꾸짖음. ③ 집착. 집념.

abhisajji abhisajjati의 *aor.*

abhisañcināti. abhisañcayati [abhi-sañ-ci] ① 쌓다. 모으다. ② 축적하다.

abhisañcetayati [abhi-saṁ-cit의 *caus.*] 고안하다. 계획하다.

abhisañceteti [abhi-sañcinteti] ① 생각해 내다. ② 사유하다. *pp.* abhisañcetayita.

abhisañchanna *adj.* [abhi-saṁ-chad의 *pp.*] 온통 뒤덮인.

abhisaññā *f.* [abhi-saññā] 지각에 관한 것. 생각에 대한 것. 증상상(增上想)[여기서 abhi는 saññā를 규정하기 보다는 다른 단어와 복합어에 대하여 '~관한 것'이란 뜻이다]. -nirodhasampajānasamāpatti 지각의 소멸에 관한 자각의 성취. 증상둔세(增上遁世).

abhisaññūhati [abhi-saṁ-ni-ūhati] ① 쌓다. ② 집중하다.

abhisaṭa *adj.* [abhi-sṛ의 *pp.*] ① 유출된. ② 합류된. 함께 만난. ① 접근된. 자주 가진. 방문을 받은.

abhisatta *adj.* [abhisapati의 *pp.*] 저주받은. 욕을 얻어먹은.

abhisattika *adj.* [abhi-sañj의 *pp.*] ① ~과 친밀한. ② 집착된.

abhisattha *adj.* [abhisaṁsati<śaṁs의 *pp.*] ① 명령된. 지시된. ② 정해진.

abhisaddahati [abhi-saddahati. *sk.* abhiśraddadhāti] 믿다. 신뢰하다.

abhisaddahana *n.* [<abhisaddahati] 믿음. 신뢰. *cf.* kappa.

abhisantāpeti [abhisantapati의 *caus.*] ① 태워버리다. 그슬리다. ② 괴롭히다. 고통을 주다. ③ 파괴하다.

abhisanda *m.* [<abhisandati] ① 유출. 분출. ② 범람. ③ 발행. 생산. ④ 결과.

abhisandati [abhi-syand] ① 흐르다. 유출하다. 흘러들다. ② 흘러넘치다.

abhisandana *n.* [=abhisanda] ① 결과. 성과. ② 결론.

abhisandahati [abhi-sandahati] ① 목표로 삼다. ② 향하다. ③ 모으다. 준비하다. *abs.* abhisandhāya ~때문에.

abhisandeti [abhisandati의 *caus.*] ① 넘치게 하다. 채우다. ② 젖게 하다. ③ 퍼지게 하다.

abhisandhāna *n.* [<abhisandahati] ① 목표로 삼음. ② 모음. ③ 준비

abhisadhi *adj.* [abhi-sandhi] ① 의미. ② 의도.

abhisanna *adj.* [abhisandati의 *pp.*] ① 넘치는. 채워진. ② 가득 찬.

abhisapati [abhi-sapati<śap] ① 저주하다. ② 악담하다. *pp.* abhisatta. abhisapita.

abhisapatha *m.* abhisapana *n.* [<abhisapati] ① 저주. ② 악담.

abhisapana *n.* [<abhisapati] 저주.

abhisapita → abhisatta.

abhisapeti. abhisappeti → abhisāpeti.

abhisama = abhisamaya ①.

abhisamaya *m.* ① [<abhisameti] 손에 넣음. 실감. 꿰뚫음. 분명한 이해. 올바른 이해. 이론적 이해. 현관(現觀). 영해(領解). dhamma° 법(法)에 대한 분명한 이해. 법현관(法現觀). -aṭṭha 현관의 의미. -antarāyakara 현관을 방해하는. -ânurūpa 현관과 일치하는. -jāti 그 속에서 현관이 일어난 태어남. -sadda 현관이라는 단어. -hetu 현관의 조건. ② [<abhi-śam] 그침. 멈춤. 지멸(止滅). 지식(止息). māna° 교만의 그침. 지멸(止滅). phassa° 접촉의 그침. 지멸(止滅).

abhisamāgacchati [abhi-sam-āgacchati] ① 완전히 알다. ② 충분히 파악하다.

abhisamācāra *m.* [abhi-samācāra] ① 바르고 원만한 행위. ② 사소한 계율의 실천.

abhisamācārika *adj.* [abhi-samācārika] ① 바르고 원만한 행위의. ② 사소한 계율까지도 실천하는. 증상행(增上行)의. -sīla 바르고 원만한 행위의 계행[네 가지 올바른 언어와 세 가지 올바른 행위와 올바른 생계]. -dhammapūraṇa 증상행의 실천. -vatta 도덕적 의무.

abhisamācita *adj.* [abhi-sam-ā-ci의 *pp.*] ① 모아진. ② 쌓아진.
abhisamikkhati. abhisamekkhati [abhi-sam-īkṣ] ① 보다. 바라보다. 주의하다. ② 꿰뚫어 보다. 현관(現觀)하다. *abs.* abhisamikkha. abhisamekkha
abhisamita *adj.* [abhi-sameti ①의 *pp.*] 이해된. 파악된.
abhisamekkhati [abhi-sam-īkṣate<īkṣ] 바라보다. 숙고하다.
abhisamecca abhisameti의 *abs.*
abhisameta *adj.* [abhisameti ②의 *pp.* *bsk.* abhisamita] ① 분명히 이해된. ② 꿰뚫어진. 현관(現觀)된.
abhisametar *m.* [abhisameti의 *ag.*] ① 분명히 이해하는 자. 꿰뚫은 자. ② 현관(現觀)하는 자.
abhisametabba *adj.* [abhisameti의 *grd.*] 분명히 이해되어야 할.
abhisametāvin *adj.* [<abhisameta] ① 완벽한 통찰력을 갖고 있는. ② 분명한 이해력이 있는.
abhisameti ① [abhi-sam-i] ~을 손에 넣다. 실감하다. ② [abhi-sam-ā-i] 분명히 이해하다. 영해(領解)하다. ③ 꿰뚫다. 현관(現觀)하다. *fut.* abhisamessati; *aor.* abhisamiṁsu. abhisamesuṁ; *abs.* abhisamecca. abhisametvā; *pp.* abhisameta.
abhisampatta *adj.* [abhi-sam-patta] ① 얻은. ② 도달된. 성취된.
abhisamparāya *m.* [abhi-samparāya] ① 미래의 운명. ② 사후의 상태. ③ 다시 태어난 상태. 내생(來生). 내세(來世). *acc.* abhisamparāyaṁ *adv.* 내세에. 미래에. 사후에.
abhisambandhati [abhi-sam-bandh] 결합시키다. 연결하다.
abhisambujjhati [abhi-sambujjhati] 올바로 원만히 깨닫다. 완전히 깨닫다. 정각(正覺)하다. 현등각(現等覺)하다. *aor.* abhisambujjhi; *ppr.* abhisambudhāna; *pp.* abhisambuddha; *caus.* abhisambodheti; *pp.* abhisambodhita.
abhisambujjhana *n.* [<abhisambujjhati] = abhisambodhi 바르고 원만한 깨달음. 성도(成道). 현등각(現等覺). 성정각(成正覺).
abhisambuddha *adj.* *m.* [abhisambujjhati의 *pp.*] ① 올바로 원만히 깨달은 (님). ② 성등정각(成等正覺). 현등각자(現等覺者). 불타(佛陀). -kāla 부처님께서 올바로 원만히 깨달은 때.
abhisambuddhatta *n.* [abhisambuddha의 *abstr.*] 올바로 원만히 깨달은 상태. 완전한 깨달음. 완전지(完全智). 현등각(現等覺).
abhisambudha *adj.* *m.* [<abhisambujjhati] ① 침투하는. 꿰뚫는. ② 올바로 원만히 깨달은 (님)[=abhisambuddha].
abhisambudhāna *adj.* [<abhisambujjhati] 바르고 원만히 깨달은.
abhisambodhi *f.* [abhi-sambodhi] 바르고 원만한 깨달음. 현등각(現等覺). -samaya 바르고 원만한 깨달음의 시간.
abhisambodhita *adj.* [abhisambodheti의 *pp.*] 바르고 원만히 깨달은. 완전히 깨달은.
abhisambodheti *adj.* [abhisambodheti] 바르고 원만히 깨닫게 하다.
abhisambhava *m.* [*cf.* abhisambhavati] ① 극복. 정복. ② 도달. 성취.
abhisambhavati. abhisambhoti [abhi-saṁ-bhū] ① 할 수 있다. ② 얻다. 도달하다. ③ 지니다. 견디다. *fut.* abhisambhosaṁ; *abs.* abhisambhutvā. abhisambhavitvā; *aor.* abhisambhosi. *grd.* abhisambhavanīya.
abhisambhuṇāti [*cf.* abhisambhavati] (얻거나 성취) 할 수 있다. *ppr.* abhisambhuṇanta.
abhisambhū *adj.* [*cf.* abhisambhavati] ① 얻는. 획득하는. ② 가능한.
abhisambhūta *adj.* [abhisambhavati의 *pp.*] 획득된. 얻은.
abhisammata [abhi-sam-man의 *pp.*] ① 인정된. 공인된. ② 존경받는.
abhisammatta [abhi-sam-mad의 *pp.*] 얼빠진. 미친.
abhisammati [abhi-śam. *sk.* abhiśamyati] ① 멈추다. ② 진정시키다. 완화하다.
abhisara *m.* [<abhi-sarati<sṛ] 수행원. 시종(侍從). 하인(下人).
abhisaraṇa *n.* [<abhi-sarati<sṛ] 만나러 감.
abhisaraṇatā *f.* [abhisaraṇa의 *abstr.*] 만남.
abhisallikhati [abhi-saṁ-likhati<likh] 시련을 주다. 압박하다.
abhisallekhika *adj.* [abhi-sallekhaika] ① 엄한. 엄격한. ② 내핍의. 간소한.
abhisava *m.* abhisavana *n.* [<abhisavati] ① 짜냄. ② 흘러나옴.
abhisavati [abhi-savati<sru] ① 짜내다. ② ~로 흘러가다.
abhisasi abhisaṁsati의 *aor.*
abhisādheti [abhi-sādheti] ① 얻다. 성취하다. ② 정지하다. ③ 조정하다. 치료하다.
abhisāpa *m.* [*cf.* abhisapati] 저주.
abhisāpana *n.* [*cf.* *sk.* abhi-śāpana] (법정에서)의 맹세를 함.

abhisāpeti [abhisapati의 *caus.*] 저주하게 하다. *pp.* abhisāpita.

Abhisāma *m.* 아비싸마[전륜왕의 이름].

abhisārikā *f.* [*sk.* abhisārikā<abhi-sṛ] 연인을 만나러 가는 여인. 첩(妾). 창녀(娼女).

abhisāreti [abhi-sāreti. abhisarati의 *caus.*] ① 접근하다. ② 박해하다. 압박하다.

abhisiṁsati ① [=abhisaṁsati<abhi-śaṁs] 기원하다. 경건한 소망을 표현하다. 간절히 바라다. *cf.* abhisaṁsati. *aor.* abhisiṁsīsi. ② [abhihiṁsati<hreṣ] (말[馬]의) 울음소리로 인사하다. (말의) 울음소리로 성원하다.

abhisiṁsanā *f.* [<abhisaṁsati] (말[馬]의) 울음소리.

abhisiñcati [abhi-siñcati<sic] ① 물을 뿌리다. (취임식에서) 기름을 붓다. 신성하게 하다. 취임시키다. 관정(灌頂)하다. ② 즉위하다. 관정(灌頂)을 받다. *abs.* abhisiñcitvā; *aor.* abhisiñci; *pp.* abhisitta; *caus.* abhiseceti

abhisitta [abhisiñcati의 *pp.* *sk.* abhisikta] ① 뿌려진. 취임된. 신성하게 된. ② 즉위한. 관정(灌頂)을 받은.

abhisīsi → abhisiṁsiṁ. abhisiṁsati의 *aor.*

abhisuṇāti. abhisuṇoti [*sk.* abhi-su. śṛu] ① 압착하다. ② 듣다.

abhisuta *n.* [*sk.* abhi-ṣuta] 식초.

abhiseka *m.* [<abhi-sic. *sk.* abhiṣeka] ① 물을 뿌려 신성하게 함. ② 관정(灌頂). 즉위(卽位). 등단(登壇). -âraha 관정을 할 만한 가치가 있는. -âsa 관정에 대한 기대. -udaka 관정식에 사용하는 물. -ôpakaraṇa 왕의 관정식의 필수품. -karaṇa. -kicca 관정식(灌頂式). -gahaṇa 관정을 받음. 즉위(卽位). -geha 관정식을 하는 홀. -chaṇavatthu 즉위하는 장소. -da 관정을 거행하는. -parihāra 왕의 관정식의 필수품. -maṅgala 관정(灌頂)의 축제. 관정식. 즉위식(卽位式). -maṇḍapa 관정식을 위한 천막.

abhisekita *adj.* [<abhi-sic의 *pp.*] 관정을 받은.

abhisekiya *adj.* [abhiseka-iya] ① 관정의. ② 즉위와 관계된.

abhisecana *n.* [*cf.* abhisiñcati] ① 목욕. ② 세정(洗淨).

abhiseceti [abhisiñcati의 *caus.*] ① 뿌리다. 흩뿌리다. ② 개시하다. 시작하다.

abhiseti [*sk.* abhi-śri] 의지처로 삼다. 피난처로 삼다.

abhisevanā *f.* [abhi-sevana<sev] ① 추구. ② 탐닉(耽溺).

abhissaṅga → abhisaṅga

abhissanna *adj.* [abhi-syand의 *pp.*] = abhisanna ① 넘치는. ② 가득 채워진.

abhissara *adj.* [abhi-issara] 지배자에 대한. ① anabhissara 왕이 없는. 지배자가 없는. ② abhisara의 *misr.*

abhissaraṇa → abhisaraṇa.

abhissavana *n.* [*sk.* abhi-śravaṇa(?)] 청문(聽聞?).

abhihaṁsati [abhi-haṁsati<hṛṣ] ① 기쁘게 하다. ② 만족시키다. 즐기다.

abhihacca → abhivihacca.

abhihaṭa. abhihata *adj.* [abhiharati의 *pp.*] ① 가져온. 운반된. ② 제공된.

abhihaṭṭhuṁ [abhiharati의 *abs.*] 가지고 와서.

abhihanati. abhihanti [abhi-han] ① 치다. 때리다. 죽이다. 파괴하다. ② 쳐부수다. 이기다. *pp.* abhihata. abhihaṭa

abhiharati [abhi-harati<hṛ] ① 가져오다. 운반하다. ② 제공하다. 받치다. 선물하다. ③ 자주 가다. 참가하다. ④ 공격하다. 저주하다. 욕하다. *inf.* abhihaṭṭhuṁ; *pp.* abhihaṭa; *caus.* abhiharīyati; *caus.* abhihāreti

abhiharīyati [abhiharati의 *pass.*] ① 운반되다. 제공되다. ② 공격받다.

abhihāra *m.* [<abhiharati] ① 가져옴. 지참. ② 제공. 선물. 포상. -niddesa 선물을 지적하는.

abhihāraka *adj.* [<abhiharati] 제공된 것을 받아들이는.

abhihāreti [abhiharati의 *caus.*] ① 가져오게 하다. 획득하다. ② ~으로 가다. 방문하다. *aor.* abhihāresi. abhihārayiṁ. abhihārayi; *fut.* abhihessati.

abhihiṁsati = abhihaṁsati.

abhihiṁsanā *f.* [?] (말의) 울음.

abhihīta → abhigīta.

abhihesana = abhihiṁsanā.

abhihessati abhihāreti 또는 abhibhavati의 *fut.*

abhihīrati abhiharati의 *pass.*

abhihessati [abhi-han. dhā의 *fut.*] ① 때릴 것이다. 죽일 것이다. ② 설치할 것이다.

abhīka *m.* [*sk.* abhīka] 남편.

abhīta *adj.* [a-bhīta. bhāyati의 *pp.*] ① 두렵지 않은. 대담한. ② 참괴(慚愧)하지 않는.

abhīra *m.* [*cf.* *sk.* ābhīra] 소치기. 목우자(牧牛者).

abhīru *adj.* [〃] 두려움 없는.

abhīruka *adj.* [a-bhīru-ka] 겁내지 않은. 두려워하지 않는.

abhīsu [*sk.* abhīṣu] *m.* ① 색깔. 굴레. 고삐. 애정. ② *f.* 손가락.
abhujissabhāvakaraṇa *adj.* [abhujissa-bhāva-karaṇa] 노예상태로 전락한.
abhuñjat *adj.* [a-bhuñjati의 *ppr.*] 먹지 않는.
abhuñjitabba *adj.* [a-bhuñjati의 *grd.*] 먹어져서는 안 될.
abhutta *adj.* [a-bhuñjati의 *pp.*] 먹지 않은.
abhuttabba *adj.* [a-bhuñjati의 *grd.*] 먹어져서는 안 될.
abhuttāvin *adj.* [a-bhuñjati의 *pp. act.*] 양껏 먹지 못한.
abhutvā bhuñjati의 *neg. abs.*
abhuñjiṁsu. abhuñjisuṁ bhuñjati의 *aor. 3pl.*
abhumma *adj.* [a-bhumma] ① 근거가 없는. 실제적이 아닌. ② 비현실적인.
abhū *f. adj.* [a-bhū] 이익이 없음. 무익(無益).
abhūta *adj. n.* [a-bhūta] ① 태어나지 않은. 창조되지 않은. ② 존재가 아닌. 비실재의. ③ 진실하지 않은. 거짓의. 비유(非有)의. ② 허위(虛僞). 허언(虛言). 망언(妄言). *ins.* abhūtena 허위로. 허망하게. -âkāra 비실재. -ârocana 거짓된 진술. -vāda 거짓된 진술. 비유론(非有論). -vādin 거짓된 진술을 하는. 비유론자(非有論者). 허망론자(虛妄論者). -vipāka 허망한 결과를 초래하는.
abhūti *f.* [a-bhūti] 해악.
abhūmi *f.* [a-bhūmi] 적당한 장소가 아닌.
abhejja *adj.* [a-bhejja. *sk.* abhedya] ① 쪼개지지 않는. 나누어지지 않는. ② 소외되지 않은. 빗나가지 않은. 타락하지 않은. ③ 믿을 만한. 신뢰할 만한. -kavacajālikā 뚫을 수 없는 사슬갑옷. -citta 신뢰가 깨지지 않은. -manta 조언이 빗나가지 않은. -varasūramahāyodha 믿을 만한 용감한 전사. -rūpa 믿을 만한 성격을 지닌. -vatthu 모나드. -samādhi 침착한 집중. 동요가 없는 집중. -sahāya 타락하지 않은 친구.
abhejjanaka *adj.* [a-bhejjanaka] ① 쪼개지지 않는. ② 파괴될 수 없는. 불멸(不滅)의.
abhejjanta. abhejjamāna *adj.* [a-bhid의 *ppr.*] ① 파괴되지 않는. ② 존재하는.
abheda *m.* [a-bheda] ① 차이가 없음. ② 일치. 정체성(正體性).
abhedi bhijjati의 *aor.*
abhesajja *n.* [a-bhesajja] 약이 아닌 것.
abhoga *m.* [a-bhoga] ① 잘못된 사용. ② 잘못된 고용·채용.
abhojana *m.* [a-bhojana] 먹지 않음. 비식(非食). -sannikāsa 음식에 동의하지 않는 사람.
abhojja. abhojanīya. abhojaneyya *adj.* [<a-bhuñjati의 *grd.*] 먹기에 적당하지 못한. 먹을 수 없는.
amakkha *m.* [a-makkha] ① 꾸밈없음. ② 위선이 없음. 무복(無覆).
amakkhin *adj.* [a-makkhin] ① 꾸밈없는. ② 속이지 않는. 위선적이지 않은.
amagga *m.* [a-magga] 잘못된 길. 사도(邪道).
amaṅkubhūta *adj.* [a-maṅkubhūta] ① 얼굴을 붉히지 않는. 대담한. ② 당황하지 않는. 당당한.
amaṅgala [a-maṅgala] 불길(不吉). 흉조(凶兆)
amacca *m.* [*sk.* amātya] ① 친구. 동료. ② 왕이 총애하는 신하. 장관. 대신(大臣). -kula 관료의 가족. -gaṇa 전체의 대신들. -gaṇanā 대신들의 명부·목록. -jana 관료. -paricārikā 장관과 수행원들. -bala 관료의 힘. -ratana 대신의 보물. 훌륭한 대신. -maṇḍala 전체의 대신.
amaccharin *adj.* [a-maccharin] ① 인색하지 않은. ② 시샘하지 않는. 탐욕스럽지 않은.
amacchariya *n.* [a-macchariya] ① 인색하지 않음. ② 탐욕스럽지 않음.
amajja *m.* ① [?] 싹. 꽃봉오리. ② [a-majja] 술이 없는. 알코올이 없는. -pa 술을 마시지 않는.
amajjapāyaka *m.* [a-majja-pāyaka] 금주자(禁酒者). 금주주의자.
amaññatha. amaññittho. amaññissaṁ maññati의 *aor. 3sg. 2sg. 1sg.*)
amaṇḍanā *f.* [a-*sk.* maṇḍanā] 치장하지 않음. 장식이 없음. -sīla 장식에 신경을 쓰지 않는.
amaṇḍita *adj.* [a-maṇḍita] ① 치장하지 않은. ② 단정치 못한.
amata *adj. n.* [a-mata. *sk.* amṛta] ① 불사(不死)의. ② 신의 음료(ambrosia). 넥타. 불사주(不死酒). 감로(甘露). 감로수(甘露水). ③ 죽음이 없는 상태. 불사(不死). 열반(涅槃). ④ = amuta. 생각할 수 없는. 사유할 수 없는. 알 수 없는. -agga 시작을 알 수 없는. -âdhigata 불사를 성취한. -âdhigama 불사의 성취. -âbhiseka 감로의 관정. -âpaṇa 감로의 상점. -âsitta 감로로 뿌려진. -ârammaṇa 불사를 대상으로 하는. -uppattipaṭipadā 불사에 대한 획득의 길. -ogadha 불사를 기초로 하는. 불사에 몰입하는. -osadha 불사약(不死藥). -gata 최상의 지복에 도달한. -gāmin 열반으로 이끄는. -ghaṭika 감로병(甘露甁). -ṭṭhāna 사람이 죽지 않은 장소. -(d)dasa 불사·열반을 본 사람. -dassin 최상의 지복을 보는. -dundubhi 불사·감로의 북·소리. -dvāra 불사·열반의 문. -dhātu 불사·열반의 세계. -patta 불사·열반에 도달한. -pada 불사의 경지. -parāyaṇa 불사를 해탈로 삼는. -pari-

yosāna 불사를 궁극으로 하는. -pāna 감로수를 마심. -phala 불사·열반의 열매. -bherī 불사·감로의 북. -magga 불사의 길. 열반의 길. -mada 뱀. -madhura 감로처럼 달콤한. -mahānibbāna 죽음이 없는 위대한 열반. -raṁsa 불사의 빛을 지닌. -rasa 감로수(甘露水). -rahada 감로의 호수. -vassa. -vuṭṭhi 감로의 비. 감로우(甘露雨). -vāda 불사를 선언하는. -sadisa 감로와 같은. -sabhāva 불사의 성질을 지닌. 불멸성(不滅性).
amatabbāka *m.* [?] 검푸른 색의 보석.
amati *adj.* [a-mati] ① 지적이지 못한. ② 지혜가 없는. 어리석은.
amatta ① *adj.* [a-matta] 취하지 않은. ② *n.* [*sk.* amatra] 작은 토기. 물단지.
amattaññu *adj.* [a-matta-ññu] ① 한계를 모르는. ② 무절제한. 절도 없는.
amattaññutā *f.* [amattaññu의 *abstr.*] ① 절도 없음. ② 극단.
amatteyyatā *f.* [a-matteyya 의 *abstr.*] 어머니에 대한 불경(不敬).
amathita *adj.* [a-mathita] 우유가 응고되지 않은. 응고되지 않은 우유의.
amaddava *adj.* [a-maddava] 온화하지 않은. 부드럽지 않은.
amadhura *adj.* [a-madhura] ① 달지 않은. ② 신맛의. 쓴맛의.
amanasikāra *m.* [a-manasikāra] 주의를 기울이지 않음. 의도하지 않음. 부작의(不作意)
amanāpa. amanāpiya *adj.* [a-manāpa. °ika] 유쾌하지 않은. 즐겁지 않은.
amanuñña *adj.* [a-manuñña<*sk.* manojña] ① 맞지 않는. 호감이 가지 않는. ② 불쾌한.
amanussa *adj. m.* [a-manussa] ① 인간이 없는. 인간이 살지 않는. 인간이 아닌. -patha 인간이 살지 않는 길. -sevita 인간에 의해 건드려지지 않은. ② 인간이 아닌 (선악의) 존재. 유령. 야차. 귀신. 요정. 천신(天神). 악귀(惡鬼). 악마(惡魔). 악령(惡靈). 비인(非人)[신들, 야차, 나찰, 다나바, 건달바, 긴나라, 마호라가(deva, rakkhasa, dānava, kinnara, mahoraga) 등]. *cf.* amanussika. amānusa. -antarāya 비인의 방해. 비인으로부터의 위험. -itthī 비인의 여인. -ussadaṭṭhāna 악령들이 많은 장소. -ûppaddava 악령들에 빙의된. -kantāra 악귀가 출몰하는 황야(사막이나 정글). -jātika 비인의 부류에 속하는. -pariggaha. -pariggahita 악귀(惡鬼)가 출몰하는. -bhaya 비인에 대한 두려움. -vāca 비인의 목소리. 천신의 목소리. -viddha 악귀에게 상처받은. -sadda 비인의 소리.
amanussika *adj.* [<amanussa] ① 악귀(惡鬼)에 의해 야기되는. ② 비인(非人)에 의해 야기되는. -âbādha 악귀에 의해 야기되는 병.
amanorama *adj.* [a-manorama] 불쾌한.
amantin *adj. m.* [a-mantin] ① 나쁜 상담을 하는. ② 나쁜 상담자. 나쁜 외교관.
amanda *adj. m.* [a-manda] ① 작지 않은. 아주 광대한. ② 아만다[나무의 이름].
amama *adj.* [a-mama<aham] ① 자기중심적이 아닌. 이기적이 아닌. 아집(我執)이 없는. ② 내 것이 아닌. 비아소(非我所)의.
amara *adj. m.* [a-mara<mṛ] ① 불사(不死). 죽지 않는. ② 신(神).
amaratta *n.* [amara의 *abstr.*] 영원. 영원성. 불사(不死).
amarā *f.* [?] 뱀장어. -vikkhepa 궤변(詭辯). 궤변론(詭辯論)[뱀장어의 꼬리를 잡는 것 같은 이론]. 이문이답론(異問異答論). 회의론(懷疑論). 회의주의(懷疑主義). -vikkhepika 궤변론자(詭辯論者). 회의론자(懷疑論者). 회의주의자(懷疑主義者).
amala *adj.* [a-mala] 결점이 없는. 흠이 없는.
amassuka *adj.* [a-massu-ka] 수염이 없는.
amahaggata *adj.* [a-mahaggata] ① 크지 않은. 확장되지 않은. 협소한. ② 고귀하지 않은. 승화되지 않은.
amājāta *adj.* [amā-jāta] ① 집에서 태어난. ② 노예의.
amātāpitika *adj. m.* [a-mātā-piti-ka] ① 부모가 없는. ② 고아(孤兒). 고아의.
amātāputtaka *adj.* [a-mātā-puttaka] 어머니와 자식이 없는.
amātika *adj.* [a-mātika<mātā] 어머니가 없는.
amānusa *adj.* [a-mānusa. *sk.* amānuṣa] ① 인간이 아닌. ② 초인적인. ③ 귀신의. *f.* amānusī. *cf.* amanussa.
amāmaka *adj.* [a-mama-ka] ① 내 것이 아닌. ② 나와 관계되지 않는.
amāya *adj.* [<a-māyā] ① 속이지 않는. ② 정직한. 솔직한.
amāyāvin *adj.* [a-māyā-vin] ① 간계가 없는. ② 정직한.
amāvasī *f.* [*sk.* amā-vasī] 초하루. 신월야(新月夜).
amita *adj.* [a-mita] ① 무한한. 한량없는. ② 측량할 수 없는.
amitābha *adj.* [a-mita-ā-bhā] 무량한 빛의. 한없는 빛의.
amitta *m.* [a-mitta. *sk.* amitra] ① 친구가 아닌

사람. ② 적(敵). -gāma 적의 거처. -janana 적을 만들어내는. -ñāti 친구와 친지가 없는. -tāpana 적을 괴롭히는. -dūbhin 친구를 배반하지 않는. -majjhe 적들 가운데. -lakkhaṇa 적의 특징. -vasa 적의 힘. -saṅgha 적의 무리.
amittā *f.* [<amitta] 적(敵)인 여자.
amilāta *adj.* [a-milāyati의 *pp.*] 시들지 않은.
amilātatā *f.* [a-milāta의 *abstr.*] 시들지 않은 상태. 시들지 않는 성질.
amilāta *m.* [*sk.* a-mlāna] 천일홍(天日紅)[약용식물의 이름 : Gomphrena Globosa].
amissa. amissaka. amissita *adj.* [a-missa] ① 뒤섞이지 않은. ② 순수한.
amissīkata *adj.* [a-missa-kata] ① 섞이지 않은. ② 순수한.
amu → asu.
amuka *adj.* [amu-ka] 그것의. 그와 같은.
amukha *adj.* [a-mukha] 입이 없는.
amukhara *adj.* [a-mukhara] ① 말이 많지 않은. ② 수다스럽지 않은.
amukhya *adj.* [a-mukhya] ① 이차적. ② 부수적(附隨的).
amucchita *adj.* [a-mucchita<mūrch] ① 미혹되지 않은. ② 탐욕스럽지 않은.
amuñcitukamyatā *f.* [<a-muc] ① 벗어날 욕구가 없는. ② 놓아줄 의도가 없는.
amuṇḍa *adj.* [a-muṇḍa] ① 대머리가 아닌. ② 삭발하지 않은.
amuta *adj.* [a-mutta] ① 이해하지 못한. ② 생각하지 못한. ③ 인식하지 못한.
amutta *adj.* [a-mutta] ① 벗어나지 못한. ② ~에서 자유롭지 못한.
amutra *ind.* [amu-tra] 거기에. 그곳에.
amumhi asu = ayaṁ의 *loc.*
amūla *adj. n.* [a-mūla] ① 뿌리가 없는. 근거가 없음. ② 무보수(無報酬). 공짜
amūlaka *adj.* [amūla-ka] ① 뿌리가 없는. 근거가 없는. ② 가치가 없는. 소용없는. 무보수(無報酬)의. 공짜의. -bhūtagāma 뿌리가 없는 식물. -vallī 아물라까발리[덩굴식물의 이름].
amūlika *adj.* [amūla-ika] ① 값이 없는. 가치가 없는. ② 소용없는.
amūḷha *adj.* [a-mūḷha] 어리석지 않은. -vinaya 과거의 정신착란을 확인하여 정신착란에 대해 무죄를 선고하는 것. 착란에 의한 해결. 불치비니(不癡毘尼). 불치비나야(不痴毘奈耶).
amejjha *adj. n.* [*sk.* a-mejjha] ① 불결한. 부정한. 부패한. ② 배설물. 똥. -bharita 부정(不淨)으로 가득 찬.

ametabba *adj. n.* [a-mā의 *grd.*] 측정될 수 없는. 잴 수 없는.
ameti [amayati<am] 아프다.
amogha *adj.* [a-mogha] = amoha ① 비어있지 않은. 불공(不空)의. 허망하지 않은. ② 어리석지 않은.
amosa *adj.* [a-mosa] 허망하지 않은. 거짓이 아닌. 허위가 아닌.
amoha *adj.* [a-moha] = amogha ②. 어리석지 않음. 어리석음을 여읨. -kusalamūla 어리석음을 여읨의 착하고 건전한 뿌리. 무치선근(無癡善根).
amohayi. amohayittha moheti의 *aor. sg.*
amba *m.* [*sk.* āmra] 망고나무. 망고열매. 암라(菴羅). -aṭṭhi 망고열매의 핵(核). -aṅkura 망고의 싹. -ārāma 망고나무 정원. -kañjika 망고죽(粥). -kaṭṭha 망고나무의 조각. -khādaka 망고를 먹는. -gopaka 망고를 돌보는 사람. -pakka 익은 망고. -panta 망고나무 울타리. -pānaka 망고로 만든 음료. -piṇḍi 망고열매. -pesikā 망고껍질. -potaka 망고의 싹·묘목. -phala 망고열매. -bīja 망고씨. -rukkha 망고나무. -yūsa 망고주스. -vana 망고나무 숲. -siñcaka. -secana 망고에 물을 주는.
ambaka *m.* [amba-ka] 작은 망고나무. -maddarī 암탉.
ambakā *f.* [*sk.* ambikā *cf.* amma] 가난한 여인. 하층계급의 여인. ambaka° -pañña. -sañña 여자처럼 현명한. = 어리석은.
Ambaṭṭha *m.* [amba-aṭṭha] 암밧타. 아마주(阿魔晝)[바라문 이름].
Ambaṭṭhikā *f.* [amba-attha-ika] 암밧티까 숲. 암바설림(菴婆僻林)[지명].
Ambapālī *f.* [<amba-pāla] 암바빨리. 암바바리(菴巴波利)[여자이름].
ambara ① *n.* [*sk.* ambara] 하늘. ② *m. n.* [<rattak-ambara] 염색된 모직으로 된 옷.
ambala = ambara(?)
Ambalaṅgoda *m.* 암바랑고다[지명]
ambā *f.* [*sk.* ambā] 어머니. *cf.* ambakā.
ambāṭaka *m.* [<amba] 돼지자두[망고의 종. Spondias Mangifea].
ambila *adj.* [*sk.* amla] 신. 시큼한. -agga 신맛이 압도적인. -yāgu 시큼한 죽. -surā 토디[술에 향신료를 넣어 만든 술].
ambu *n.* [*sk.* ambu. ambhas] 물. -cārin '물속에서 사는' 물고기. -sevāla 수초(水草).
ambuja [ambu-ja] ① *m.* 물고기. ② *n.* 연꽃.
ambujinī *f.* [ambu-jinī] ① 연꽃 무리. ② 연못.

ambuda *m.* [ambu-da<dā] '물을 주는 자' 구름[雲].
ambha *n.* [*sk.* ambhas] ① 물. ② 바다.
ambhaka → ambaka.
ambho ① *interj.* 자! 이제! 이봐! 이보게! 여보게! 이놈아! ② = ambha.
amma *interj.* [ammā의 (*voc.*)] ① 엄마! 어머니! ② 아줌마! 비구니여! 니승(尼僧)이여![일반적으로 여자를 친절하게 부를 때 사용하는 말].
ammaṇa *n.* [*sk.* ambana(?) *sk.** armaṇa] 나무통. 용량의 단위[11 Doṇa. 4 Karisa에 해당].
ammā *f.* [*sk.* ambā] 엄마. 어머니. *gen.* ammāya; *voc.* amma.
amha. amhan *n.* [*sk.* aśman] 돌. -maya 돌로 만든. 단단한.
amha. amhase. amhāse. amhi → atthi.
amhā *f.* [?] 암소(?).
amhākaṁ. amhe → ahaṁ.
amho = ambho.
aya ① = ayo ② *m.* [<i] 입구. 물이 들어오는 곳. -mukha 수문(水門).
ayaṁ *pron.* [〃] 이것. 이것의. *sg. nom. m. f.* ayaṁ. *n.* idaṁ. imaṁ; *acc.* imaṁ; *gen. dat. m. n.* imassa. assa. *f.* imissā. assā; *ins. m. n.* iminā. aminā. *f.* imāya; *abl. m. n.* imasmā; asmā; *loc. m. n.* imasmiṁ. asmiṁ. *f.* imassā. imāyaṁ; *pl. nom. m.* ime. *f.* imā. *n.* imāni; *gen. m. n.* imesaṁ. esaṁ. esānaṁ. *f.* āsaṁ. imāsaṁ; *ins. m. n.* imehi. *f.* imāhi; *loc. m. n.* imesu. *f.* imāsu.
ayajī yajati의 *aor.*
ayathā [a-yathā] -bhāva 진실이 아님. 거짓. 가상(假想). 비진실. -vācāpayoga 말의 익살스런 오용. -sukkavissaṭṭhi 수음(手淫). 자위(自慰).
ayana *n.* [〃<i] ① 길. 행로. ② 목적.
ayasa *n.* [a-yasa. *sk.* ayaśaḥ] ① 악명. ② 불명예. 치욕.
ayāci. ayācisuṁ yācati의 *aor.*
ayira. ayyira *adj. m.* [=ariya. *sk.* ārya] ① 신성한. 고귀한. 귀족의. ② 귀족. 주인. ③ 아리안 족. *f.* ayirā *voc.* ayire = ayye.
ayiraka. ariyaka. ayyaka = ayira.
ayutta *adj.* [a-yutta] ① 부적당한. ② 부당한.
ayo. aya *n.* [*sk.* ayaḥ] 철. 쇠. ayo° -kanta 자석(磁石). 자철(磁鐵). -kantaguṇa 자력(磁力). -kantākaḍḍhanīya 상자성(常磁性)의. -kapāla 쇠단지. -kūṭa 쇠망치. -khīla 쇠기둥. 쇠빗장. -guḷa 쇠로 만든 공. -guḷavissajjana 연속포격. -ghana 쇠로 만든 곤봉. 쇠도끼. -ghara 쇠로 만든 집. -thāla. -paṭṭa. -phāla 철판. -patta 쇠로 만든 발우. -pākāra 쇠울타리·담. -maya 철제의. -saṅku 큰 쇠못. aya° -kapāla = ayo-kapāla. -kāra 대장장이. 철공. -kūṭa 쇠단지. -naṅgala 쇠쟁기. -paṭṭaka 철판. -paṭhavi 쇠망바닥. -saṅghāṭaka (문의) 쇠기둥. -sūla 쇠말뚝.
ayoga *m.* [a-yoga] ① 헌신의 부족. ② 명상하지 않음. 종교적인 정진의 부족. 수행의 부족.
ayoganīya *adj.* [a-yoganīya] ① 멍에를 지지 않는. ② 종교적인 정진을 하지 않는. 헌신하지 않는. 불순액(不順軛)의.
ayogga *adj.* [a-yog-ya] 적당하지 않은.
ayojjha *adj.* [a-yojjha. *sk.* ayodhya] ① 정복될 수 없는. ② 제어될 수 없는.
ayonisuddhi *f.* [a-yoni-suddhi] ① 부정(不正)한 청정(淸淨). ② 이치에 맞지 않는 청정.
ayoniso *ind.* [a-yoniso] ① 이치에 맞지 않게. 비여리(非如理)로. ② 근본적이 아니게. 철저하지 않게. -brahmacariya 이치에 맞지 않는 범행(梵行). -manasikāra 철저하지 않은 정신활동. 이치에 맞지 않는 정신활동. 비여리작의(非如理作意).
ayya *adj. m.* [*sk.* ārya] = ariya ① 고귀한. 신성한. 가문이 좋은. ② 고귀한 신분. 주인. 우두머리. *m. pl. voc.* ayya. ayyā. *f.* ayyā 귀부인. 여주인. *voc.* ayye. -putta 귀족의 아들. 단나(旦那)[처와 노예가 주인을 부를 때 사용].
ayyaka *m.* [ayya-ka] 할아버지. 조부(祖父).
ayyikā *f.* [ayyaka의 *f.*] 할머니. 조모(祖母).
ara *m.* [〃] (바퀴의) 살.
arakkhiya. arakkheyya *adj.* [arakkheyya<ra-kkhati의 *grd.*] 지켜질 필요가 없는. 주의할 필요 없는. *cf.* ārakkheyya.
araghaṭṭa *adj.* [*sk.* araghaṭṭa-ka] 우물에서 물을 푸는 도르래.
araja *adj.* [a-raja] 먼지 없는. 더럽지 않은.
arañjara *m.* [*sk.* alañjara] 항아리. 오지그릇.
arañji. arañjiṁ rajjati의 *aor.*
arañña *n.* [*sk.* araṇya<araṇa] ① 숲. 삼림. 임야(林野). 아란야(阿蘭若). ② 한림(閑林). 한정처(閑靜處). -assa 야생말. -ânisaṁsa 숲속에서 삶의 공덕. -ârāma 숲속의 삶을 좋아하는. -âyatana 숲속의 서식지·주처. -kuṭikā 숲속의 암자. -gata 숲속에 사는. -ja. -jāta 숲에서 생겨난. -ṭṭhāna 숲속의 장소. -paṇṇa 야생채소. -padesa 정글지역. -pariyāpana 숲에 속하는. -pāla 숲지기. -pīti 숲속에서 지내는 기쁨. -biḷāra 야생고양이. -bhūta 정글로 변한. -māsa 야생콩. -vāsa

숲속의 삶. -vāsin 숲에서 사는 자. -vihāra 한정처에서 지냄. 주한정처(住閑靜處). 숲속의 승원. -sāmika 숲의 주인. -sunakha 여우. -senāsana 숲에서의 숙박. -hatthin 야생코끼리.

araññaka. araññāka *adj.* *m.* [arañña-ka=āraññaka] ① 숲의. 숲에서 사는. 한림주자(閑林住者). ② 고독을 좋아 하는.

araññakatta *n.* [araññaka의 *abstr.*] 숲 속에서의 생활. 한림주(閑林住). twirl

araññānī *f.* [<arañña] 큰 숲.

araṇa ① *adj.* [〃] 혼자 사는. 멀리 떨어진. ② *n.* [a-raṇa] 고요. 평화. 무쟁(無諍). -vihārin 혼자 사는 사람. 은자. 무쟁주자(無諍住者).

araṇi. araṇī *f.* [〃] 불을 피우는 나무. 부싯목. 찬목(鑽木). araṇi°-ka 부싯목의 일부. -dhanuka 비트는 막대를 곧게 하기 위한 활. -potaka 비트는 막대[찬목의 일부]. -yugaḷa =araṇisahita. -yottaka 비트는 막대를 위한 실. -hattha 손에 부싯목을 든. -sahita 부싯목. 찬목(鑽木). araṇī°-nara 부싯목을 지닌 사람. -sahita 부싯목. 찬목(鑽木).

araṇīya *adj.* [arati<ṛ] 접근되어야 하는.

arati *f.* [a-rati] ① 싫어함. 혐오. ② 불만족.

aravi ravati의 *aor.*

aravinda *n.* [〃] 아라빈다[연꽃의 일종. Nymphaea Nelumbo].

arasa *adj.* *m.* [a-rasa] ① 맛없는. ② 무미(無味)

araha *adj.* *m.* [*sk.* arha] ① 가치가 있는. 당연히 ~을 받아야 할. ② 가치. ③ 원인.

arahataṁ arahant의 *pl.* *dat.* *gen.*

arahati [*sk.* arhati<arh. argh] ① 가치가 있다. 받을 만하다. ② 할 수 있다. *ppr.* arahanta. arahant

arahatta *n.* [arahat의 *abstr.*] 거룩한 경지. 아라한(阿羅漢)의 지위. -gahaṇa 아라한 지위의 성취. -patta 아라한 지위에 도달한 자. -phala 거룩한 경지. 아라한의 경지. 아라한과(阿羅漢果). -phalacitta 거룩한 경지의 마음. 아라한의 경지의 마음. 아라한과심(阿羅漢果心). -phalasacchikiriyāya paṭipanna 거룩한 경지를 실현하기 위해 길을 가는 님. -magga 거룩한 길. 아라한의 길. 아라한도(阿羅漢道). 아라한향(阿羅漢向). -maggacitta 거룩한 길의 마음. 아라한의 길의 마음. 아라한도심(阿羅漢道心). 아라한향심(阿羅漢向心). -vimokkha 아라한의 해탈.

arahant *m.* [*sk.* arhant. arahati의 *ppr.*] 거룩한 님. 공양 받을 만한 님. 진인(眞人). 지진(至眞). 아라한(阿羅漢). 응공(應供). arahanta° -ghāta 아라한을 살해함. -ghātaka 아라한에 대한 살해자. -magga 아라한에 이르는 길. arahad° -dhaja 아라한의 깃발. *sg.* *nom.* arahaṁ. arahā; *acc.* arahantaṁ; *dat.* *gen.* arahato; *ins.* *abl.* arahatā; *loc.* arahantamhi. arahati. *pl.* *nom.* arahanto; *gen.* arahataṁ. arahantānaṁ.

arahati. arahantī *f.* arahant의 *f.*

arā *prep.* 멀리 떠나서.

arājaka. arājika *adj.* [a-rāja-ka. -ika] 왕을 갖지 않은. 왕이 없는. -tta 무정부상태.

arāti *m.* [a-rāti] 적(敵).

ari *m.* [〃] 적(敵). -kāri 아리까리[승원의 이름]. -ndama 적들을 길들이는. -bhāsati 규탄하다. -bhū 적들을 제압하는. -bhūta 적이 된. -maddana 아리맛다나[Anuruddha 왕의 수도의 이름. -saka 적들에게 속하는. -saṅgara 적들과의 전쟁. -saṅgha 적들의 무리.

ariñcamāna *adj.* [a-riñcamāna<riñcati의 *ppr.*] ① 포기하지 않는. ② 열심히 추구하는.

ariṭṭha ① *m.* [*sk.* ariṣṭa] 알코올. 주정(酒精)을 함유하는 음료의 일종. ② *adj.* [a-riṭṭha] 상해를 받지 않는. ③ *m.* 아릿타. 아리타(阿利咤)[인명. 도시의 이름].

ariṭṭhaka *m.* [ariṭṭha-ka] 무환자(無患者). 목환자(木患者)[나무의 이름].

aritta *n.* [*sk.* aritra] 키. 방향타.

arindama [*sk.* arin-dama<dam] ① 적을 순응시키는 자. ② 정복자. 승리자.

aribhāseti [ariṁ-bhāseti] ① 규탄하다. ② 탄핵하다.

ariya *adj.* *m.* [*sk.* ārya=ayira. ayya] ① 아리안족에 속하는. 아리안 어를 말하는. ② 귀족계급의. 높은 신분의. ③ (도덕적으로나 정신적으로) 탁월한. 고귀한. 신성한. 올바른. 선한. 이상적인. ② 아리안 족. 아리안족의 언어. 귀족계급. 고귀한 님. 성자(聖者). *pl.* *nom.* ariyāse. -añjasa 직접적인 고귀한 길. ~ aṭṭhaṅgikamagga 여덟 가지 고귀한 길. 팔성도(八聖道). 팔정도(八正道). → aṭṭhaṅgikamagga. -anvayasambhūta 고귀한 왕조의 출신인. -âcarita 고귀한 님들에 의해 실천된. -âdhigata 고귀한 님에 의해 이해된. -âvakāsa 고상한 모습을 한. 아름다운 모습의. -ûpavāda 고귀한 님을 비난하는. -ûposatha 이상적인 포살(布薩). ~iddhi(ariyā iddhi) 고귀한 영성적인 힘. 고귀한 불가사의한 힘. 고귀한 신통력[싫어하는 것을 좋아하고 좋아하는 것을 싫어할 수 있어 평정할 수 있는 능력]. -kanta 고귀한 님에 의해 사랑받는. -karadhamma 고귀한 지위의 구성요소. -gaṇā 가치있는 모임. 고귀한 자손의 무리. -gabbha 고귀한 형제의 혈통. -garahin 고귀한 님을 비난하는. -citta 고귀한 마음을 지닌. -jana 고귀한 (불교)도들. -ñāṇa 고귀한 앎. -(d)dasa 고귀한 진리를 보는. 이상적인 믿음을 지닌. -dhana 고귀한·도덕적 재보. -dhamma 고귀한 님의 실천. 성스러운 가르침. 성법(聖法). -paññā 고귀한 님들의 지혜. -paṭividdha 고귀한 님에 의해 꿰뚫어진. -patha 고귀한 길. -pariyesanā 고귀한 것에 대한 추구. -puggala 거룩한 참사람. 성인(聖人). -puthujjana 고귀한 님들과 일반사람[凡夫]. -ppatta 고귀한 님의 지위를 성취한. -phala 고귀한 길에 대한 경지. -bhūmi 고귀한 님의 지위·조건. -magga 고귀한 길. 성도(聖道). -maṇḍala 고귀한 님의 모임. -manussā 고귀한 사람들. -ratana '고귀한 님'의 보물. -ruda 아리안족의 언어. -rūpa 고귀한 님의 형상·행위. -vaṁsa 고귀한 가계. 고귀한 전통. -vata 고귀한 님의 맹세. -vatti 고귀한 행위. -vatā(vattā) 고귀한 말을 하는. -vattin 거룩한 생활을 하는. -vāsa 고귀한 삶을 사는. -vinaya 고귀한 계율. -vihāra 성스러운 거처. 고귀한 삶. 성주(聖住)[경지의 성취]. -vīthi 고귀한 님의 길. -vutti 고귀한 삶을 사는. -vohāra 고귀한 언표양식. -saṅgha 고귀한 님들의 모임. 성자승가[四雙八配]. -sacca 거룩한 진리. 성제(聖諦). -sadisa 고귀한 님을 닮은. -samācāra 고귀한 행위의. -sammata 고귀한 님으로 여겨진. -sāvaka 고귀한 제자. 성성문(聖聲聞). -sīlavata 고귀한 님들의 계행을 지닌. -sīlin 아라한의 계행을 지닌. -sukha 지복(至福). -seṭṭha 고귀한 님들 가운데 최상자. -sevita 고귀한 님들에 의해 실천된.

arisa *n.* [*sk.* arṣas] 치질. -roga 치질.

arīhatatta → arīnaṁ hatattā의 *misr.*

aru *n.* aruka *m* [*sk.* aruḥ] 상처. 헌데. aru° -gatta 사지가 상처투성이인. -kāya 몸에 상처투성이인. 창신(瘡身). 예신(穢身). -bhūta 상처투성이의. -makkhaṇa 상처에 바르는 연고.

aruci *f.* [a-ruci] ① 혐오. 싫어함. ② 식욕이 없음. -roga 식욕이 없는 병. -sūcana. -sūcanattha 혐오의 감정을 지시·암시하는.

arucca *adj.* [*sk.* a-rucya] 불쾌한. 혐오스러운.

aruccana *n.* [<a-ruc] 불쾌. 혐오.

aruccanaka *adj.* [a-ruccana] ① 불쾌한. ② 어울리지 않는.

aruja *adj.* [a-ruja] 불쾌한. 혐오스러운.

aruṇa *m* [〃] ① 동이 틈. 여명. 날이 밝음. 새벽녘. 아라나천(阿羅那天). ② 태양. 명상왕(明相王). -âbha 여명의 색을 지닌. -ârāma 아루나승원[Vessabhū 부처님의 초전법륜 장소]. -uggamana. -uṭṭhāna 일출(日出). -utu 일출시(日出時). -ôdaya 여명. 일출. -ôpala 루비. 홍옥(紅玉). -kamala 홍련(紅蓮). -pāla Cakkavatti의 이름. -pura 도시의 이름. -ppabhā 여명의 빛. -locana '붉은 눈을 가진' 비둘기. -vatī 도시의 이름. -vaṇṇa 여명의 색을 지닌. 붉은. 황금색의. -sadisa 태양과 같은. -sadisavaṇṇa 색깔이 태양과 같은. -sikhā 여명의 빛.

Arubheda [*sk.* Ṛg-veda] 리그베다.

arūpa *adj.* [a-rūpa] ① 형상이 없는. 무형의. 몸이 없는. ② 비물질(非物質)의. 비물질계(非物質界)에 속하는. 무색계(無色界)의. -âvacara 형상이 없는 활동영역. 비물질계. 무색행(無色行). 무색계(無色界). -âvacarakusalakamma 빗물질계의 착하고 건전한 업. 무색계선업(無色界善業). -âvacaracitta 비물질계의 마음. 무색계심(無色界心). -ûpapatti 비물질계에 태어남. -âvacaracitta 비물질계에의 결생. 무색계결생(無色界結生). -okāsa 물질계의 장소가 아닌. -kasiṇa 비물질적인 세계의 두루채움을 위로 아래로 옆으로 유일하게 한량없이 지각하는 것. 비물질적인 세계의 두루채움이라는 명상수행의 토대. 무색편(無色遍). 무색편처(無色遍處). 무색일체처(無色一切處). -kāyika 비물질적 존재무리에 속하는. 비색신(非色身). -kkhandha 비물질적 존재다발. 비색온(非色蘊)[다섯 존재의 다발(五蘊[*cf.* khandha]) 가운데 물질의 다발(色蘊)을 제외한 것]. -kkhandhagocara 비물질적 존재다발을 명상대상으로 하는 것. 비색온행경(非色蘊行境). -jjhāna 비물질계의 선정. 무색선(無色禪). 무색계선(無色界禪). -ṭṭhāyin 비물질계에서 발견되는. -taṇhā 비물질계에 대한 갈애. 무색애(無色愛). -dhātu 비물질계. 무색계(無色界). -paccaya 비물질계를 조건으로 하는. -pariggaha 비물질계에 대한 편취(遍取). -ppaṭisaṁyutta 비물질계에 관계되는. -brahmalokā 비물질계의 네 하느님 세계. 무색범천계(無色梵天界). -bhava 비물질계의 존재. 무색유(無色有). -rāga 비물질계에 대한 탐욕. 무색탐(無色貪). -saṅkhāta 비물질계라고 불리는. -saññin 물질계에 대한 지각을 뛰어넘은. 비물질계에 대한 지각을 지닌. -santati 비물질의 상속(相續). -samāpatti 비물질계에 대한 명상의 성취. 무색등지(無色等至).

arūpin *adj.* [arūpa-in] ① 형상이 없는. 몸이 없는. 무색(無色)의. 비물질계(非物質界)에 속하는. 무색계(無色界)의. arūpibrahmāno 비물질계의 하느님들. ② 추한. 불구의[=arūpimat].

are *interj.* 되져라! 돌(咄)![불행을 바라는 저주].

aroga. arogin *adj.* [a-roga] ① 병이 없는. ② 건강한.
arocaka *adj.* [<a-ruc] 식욕이 없는.
arocayi. arocayittha roceti의 *aor.*
arodanakāraṇa *n.* [a-rodana-kāraṇa] 비탄해 하지 않는 이유.
aropita. aropima *adj.* [a-ropita] ① 심어지지 않은. ② 가꾸어지지 않은. 계발되지 않은. -jāta 야생으로 자란.
arosaneyya *adj.* [a-rosaneyya<rus의 *grd.*] 화 내지 않는. 화 잘 내지 않는.
ala ① *adj.* [<alaṁ] 충분한[부정적 의미로만 사용한다]. ② = aḷa
alaṁ *ind.* [〃] ① 적당한. 당연한. 충분한. 만족한. ② 더 이상 하지 마라. 그만 해. 멈춰라. ③ 아아! 슬프다! [*inf.* 또는 *dat.*을 취한다] alaṁ eva kātuṁ 확실히 해야 한다. alaṁ te vippaṭisārāya 너의 후회는 당연하다. alaṁ puññāni kātave 공덕을 쌓는 것은 좋다. nâlaṁ thutuṁ 칭찬하는 것은 충분하지 않다. alaṁ ettakena 이것만으로 충분하다. 이제 충분하다[더 이상 불필요함을 말함]. h'alaṁ dāni pakāsituṁ 지금 가르칠 필요가 없다. 지금 더 이상 말하지 말라. -attha(alam°) 가능한. 극히 유익한. -atthadasatara 일을 보는 눈이 탁월한. -ariyañāṇadassana 가장 고귀한 앎과 봄. -kata(alaṅ°) 장엄(莊嚴)된. 장식된. -kammaniya 목적에 알맞은. 자격을 갖춘. -karoti '너무 많이 만들다' 장엄하다. 장식하다. 치장하다. 미화하다. -kāra 장엄. 장식. 장신구. -pañña (alam°) 지각할 수 있는. -pateyya 결혼할 만큼 성숙한. -vacana(alaṁ°) 절연(絶緣). 이혼(離婚). -vacanīyā 이혼해야 할 여자['그만'이라고 말해진 여자]. -samakkhātar 유능한 스승. -samuggaha 맡을 수 있는. -sākaccha 토론에서 말하기에 적합한. -sājīva (승원에서) 도반으로 살기에 아주 적합한. -sāṭaka '외투(外衣)가 만족한 상태' 너무 많이 먹은 사람. 과식자(過食者).
alaṅkata. alaṅkaroti → alaṁ.
alaṅkaraṇa *n.* [<alaṅkaroti] 장식. 꾸미기.
alaṅkaraṇaka *adj.* [<alaṅkaraṇa] ① 장식하는. ② 수식하는.
alaṅkaroti = alaṅkaroti → alaṁ.
alaṅkāra *m.* [alaṁ-kāra] ① 장엄. ② 장신구.
alaka *m.* [〃] ① 머리의 타래. ② 곱슬머리. -deva 알라까데바[장로의 이름].
alakka *m.* [*sk.* ararka] ① 흰 종류의 제비꽃 [Calotropis Gigantea Alba] ② 미친개. 광견(狂犬).
alakkhaṇika *adj.* [a-lakkhaṇika] 문법(文法)의 규칙에서 밝혀지지 않은.
alakkhika. alakkhiya. alakkhya *adj.* [a-lakkhika. °iya] 불운한. 불행한.
alakkhī *f.* [a-lakkhī] ① 불운. 불행. ② 불행의 여신(女神).
alagadda *m.* [*sk.* alagarda] 수사(水蛇). 독사(毒蛇)[뱀의 일종]. -ûpama 뱀의 비유. -gavesin 뱀을 찾는.
alagga *adj.* [laggati의 *pp.*] ① 달라붙지 않은. ② 집착하지 않은.
alaggana *n.* [a-laggana] 아무 것에도 걸리지 않음.
alaghūpala *m.* [a-laghu-upala] ① 무거운 돌. ② 바위.
alaṅkaroti = alaṅkaroti → alaṁ.
alajjin *adj. m.* [a-lajja-in] ① 부끄러움을 모르는. ② 철면피한 사람. alajji° -ussada 철면피한 것이 압도적인. -paggaha 철면피한 사람의 섭수(攝受). -paribhoga 부끄러움을 모르는 사람과의 즐김. -puggala 철면피한 사람.
alajjitāya *adj.* [a-lijjitāya] 당연히 부끄러워 할 필요가 없는.
alañjara *m.* [〃] ① 항아리. ② 커다란 단지.
alati ① [*sk.* aḍati] 노력하다. ② [*sk.* alati] 단장하다. 치장하다.
alattaka *.m* [*sk.* alaktaka] 락(*eng.* lac). 적색의 염료.
alattha *adj.* [a-lattha] 얻지 못한. 불가능한.
alanda. alandū = alagadda.
alattha. alatthaṁ labhati의 *aor.*
alatthaṁsu. alatthamha labhati의 *aor.*
aladdhaṁsu labhati의 *aor.*
aladdhā *ind.* [a-laddhā<labhati의 *abs.*] 얻지 않고. 얻지 못하고.
alabhantiyo *f. pl. nom.* [a-labhati의 *ppr.*] 얻어지지 않는 여자들.
alabhiṁ. alabhittha labhati의 *aor.*
alabhitthaṁ labhati의 *aor.*
alabhissa. alabhissāma labhati의 cond.
alamba *adj.* [a-lamba] ① 걸려있지 않는. (유방이) 쳐지지 않은. ② 늦어지지 않은
alasa *adj.* [a-lasa] ① 게으른. 나태한. ② 늘어진. 의욕이 없는.
alasaka *m.* [alasa-ka] 소화불량. 만복(滿腹).
alasatā *f.* [alasa의 *abstr.*] 게으름. 나태.
Alasanda *m. n.* 알렉산드리아[그리이스의 도시 이름]. -kā(*m. pl.*) 알렉산드리아의 주민
alassa *n.* [alasa-ya=ālassa. ālasiya. ālasya] 게으름. 나태.

alāta *n.* [〃] 불붙이는 나무. 관솔. -aggisikha 관솔의 불꽃. -khaṇḍa 관솔의 조각.
alāpu. alābu. alābū *n. m. f.* [*sk.* alābū] 호리병박. 호박[Cucurbita Lagenaris]. = lābu.
alābha *m.* alābhaka *n.* [a-lābha] ① 이익이 없음. 손실. 불익(不益). ② 결여. 결함.
alābhin *adj.* [a-lābha-in] ① 획득하지 못한. 아무것도 얻지 못한. ② 불행한.
alāmaka *adj.* [a-lāmaka] ① 낮지 않은. ② 나쁘지 않은. 죄악이 없는.
alāra *m.* [〃] 대문. 문.
Alārakālāma *m.* 알라라깔라마. 아라라가라마(阿羅羅伽羅摩)[이교도의 이름].
alālāmukha *m.* [a-*sk.* lālā-mukha] ① 어린아이답지 않은. ② 수다스럽지 않은.
alālā *ind.* [a-lālā] ① 재잘거리지 않는. ② 왁자지껄하지 않는.
ali *m.* [〃] ① 검은 큰 벌. 봉(蜂). ② 전갈.
alika ① *n.* [〃] 이마. ② *adj. n.* [*sk.* alīka] 반대의. 허위의. 거짓말. 허위. 허언(虛言). 망언(妄言). -vādin 거짓말하는 자. 허언하는 자. 망언하는 자.
alikhitapotthaka *m.* [a-likhita-potthaka] 아무것도 써지지 않은 책. 공책.
aliṅga *adj.* [a-liṅga] 성(性)이 없는. -bheda 성의 구별이 없는.
alīna *adj.* [a-līna] ① 게으르지 않은. 방일하지 않음. ② 퇴전하지 않는. 움츠리지 않은. 소심하지 않은. 나약하지 않은. ③ 용맹스러운. 활기찬. -ajjhāsaya 활기찬 의욕을 지닌. -gattatā 자유롭게 움직이는 사지를 지닌. -citta 나약한 마음이 아닌. -mana 활기찬 정신의. -viriya 퇴전하지 않은 정진. -vutti 활기찬 행동.
alīnatā *f.* [alīna의 *abstr.*] ① 게으르지 않음. ② 불방일. 신중. 성실.
alu *f.* [〃] 작은 물단지.
aluttavibhattika *adj.* [*sk.* alupta-vibhakti-ka] 격 어미가 떨어져나가지 않는[문법].
aluttasamāsa *m.* [*sk.* alupta-samāsa] 불예복합어(不刈複合語)[복합어 자체에 격의 어미가 떨어져 나가지 않은 격한정복합어]
aluddha. alubbhanaka. alubbhita *adj.* [a-luddha] 탐욕스럽지 않은.
alubbhana *n.* alubbhanā *f.* [<a-lubbhati] 탐욕이 없음.
aluddha *adj.* [a-luddha] 탐욕스럽지 않은.
aluḷita *adj.* [a-luḷita<luḍ] ① 움직이지 않은. ② 방해받지 않은.
alūkha *adj.* [a-lūkha] 거칠지 않은. 부드러운.
aleṇa *n.* [a-leṇa] 피난처가 없음. 의지처가 없음. -dassin 아무런 피난처도 보지 못하는.
alepa *m.* [a-lepa] (회반죽을) 바르지 않는. -ôsa (회반죽을) 바르는 장소.
aloṇa. aloṇaka *adj.* [a-loṇa] 충분히 짜지 않은. 간이 맞지 않는. -dhūpana 소금이나 향신료가 없는. -paṇṇabhakkha 소금 없이 채소를 먹음.
alocayiṁ [loceti의 *aor. 1sg.*] 잡아 당겼다. 뽑았다. 뽑게 했다.
aloṇika *adj.* [a-loṇa-ika] 짜지 않은.
alopa *m.* [a-lobha] (철자 등의) 비탈락[문법].
alopanīya *m.* [a-lopanīya] 탈락될 수 없는.
alobha *adj. m.* [a-lobha] ① 공평한. 무관심한. ② 공평. 무사(無私). ③ 탐욕이 없음. 탐욕을 여읨. 무탐(無貪). -ussada 아주 공평한. -kusala-mūla 탐욕을 여읨의 착하고 건전한 뿌리. 무탐선근(無貪善根). -ja 무탐에서 생겨난. -maya 무탐으로 이루어진. -nissandatā 무탐의 결과인 것. -niddesa 무탐에 대한 해석. -pakata 무탐의 영향아래 시행된. -paccaya 무탐을 조건으로. -saṅkhāta 무탐이라 불리는. -samudaya 무탐에서 생겨난.
aloma *adj.* [a-loma] 털이나 머리카락이 없는. -haṭṭha 털이 빳빳이 일어서지 않은. 두려움이 없는.
alola *adj.* [a-lola] ① 탐욕스럽지 않은. ② 동요하지 않은. -akkhi 불안하게 둘러보지 않는. -jātika 탐욕스러운 성격이 아닌.
alolupa. aloluppa *adj.* [a-lolupa] 탐욕스럽지 않은. 게걸스럽지 않은. -cāratā 게걸스럽게 먹어치우지 않는 것.
alohita *adj.* [<a-lohita] ① 붉지 않은. ② 핏기가 없는.
alohitā *f.* [<a-lohita] 정기적인 월경(月經)이 없는 여자.
alla *adj.* [*sk.* ārdra] ① 촉촉한. 젖은. ② 신선한. 새로운. -âvalepana '물기가 칠해진' 윤기있는. 반짝이는. -kusamuṭṭhi 새로 채취한 한 줌의 풀. -kesa 머리카락이 젖은. -gatta 사지가 젖은. -gūtha 신선한 똥. -gomaya 신선한 쇠똥. -camma 젖은 피부. -cīvara 젖은 옷. -tiṇa 신선한 풀. 어린 풀. -dāru 푸른 나무. -pāṇi 젖은 손을 지닌. -pāṇihata 감사할 줄 모르는. 달갑지 않은. -piṅka 신선한 새싹. -maṁsapesivaṇṇa 신선한 고기조각의 색깔을 지닌. -maṁsasarīra 젖은 피와 고기로 이루어진 몸을 지닌. -matti-kapuñja 젖은 진흙더미. -madhu 신선한 꿀. -manussacammapariyonaddha 신선한(살아있는) 인간의 피부로 덮인. -yūsa 액체수프. -rasa

신선한 맛. -rukkha 푸른 나무. -rohitamaccha 신선한 로히따 물고기. -vattha 옷이 젖은. -vaṇa 상처가 새로 생긴. -sarīra 최근에 죽은 시체. -sasamaṁsa 신선한 토끼고기. -siṅgivera 푸른 생강. -sineha 계란의 흰자. -sira. -sīsa 머리가 젖은. -sukkhatiṇa 푸르고 마른 풀. -hattha 젖은 손.

Allakappa *m.* [alla-kappa] 알라깝빠. 암마라할바(菴摩羅割波). 차라파(遮羅頗)[지명].

allā *f.* [〃] 어머니.

allāpa *m.* [ā-lāpa] 대화. -sallāpa 회화(會話).

allāyate → addāyate.

allāvalepana → addāvalepana

alli *f.* [?] ① 알리[나무의 이름]. -patta 알리의 잎. ② 알리의 잎으로 물들인 천.

allika *n.* allikā *f.* [<allīyati] 알리의 잎으로 만든 천.

alliyati [ā-līyati. *sk.* āliyate] = allīyati ① 들러붙다. 집착하다. ② 탐내다. *pp.* allīna; *caus.* allīyāpeti 부착시키다. *abs.* allīyāpetvā; *pp.* allīpita.

alliyāpeti [allīyati의 *caus.*] = allīyāpeti 들러붙게 하다. 부착시키다.

allīna *adj.* [allīyati의 *pp.* *sk.* ālīna] ① 집착된. ② 오염된.

allīyati = alliyati.

allīyana *n.* [<allīyati] 부착. 집착.

allīyāpeti = alliyāpeti.

aḷa *m.* [*sk.* ala. aḍa] ① 게의 집게 발. ② 손톱이나 발톱.

aḷāra *adj.* [*sk.* arāla] 굽어진. 커브의. -akkhi. -pakhuma 굽어진 속눈썹. -bhamukha 굽어진 눈썹·눈꺼풀을 한.

aḷhaka → āḷhaka의 *misr.*

ava° *pref.* [〃=o°] 아래로. 밑으로. 떨어져서(apa를 대신). 때로는 *sk.* ava. apa. abhi를 대신한다. 운율상 āva가 되기도 한다.

avaṁ *ind.* [<ava] 아래에. 밑으로. -gacchati 밑으로 가다. -sarati 아래로 흐르다. -sira 머리를 아래로 한. 머리를 숙인. -sirakkhipana 공중제비. -harati 아래로 끌다.

avakaṁsa *m.* [*cf.* avakassati] 아래로 당김. 비방. 굴욕.

avakaṅkhati [ava-kaṅkhati] ① 기대하다. ② 바라다.

avakaḍḍhati [ava-kaḍḍhati] ① 아래로 당기다. 제거하다. ② 아래로 당겨지다. 가라앉다. 무거워지다. *pp.* avakaḍḍhita. *cf.* avakassati. apakassati.

avakaḍḍhana *n.* [<avakaḍḍhati] ① 아래로 당겨짐. 후퇴. 철수. ② 폐기.

avakata = apakata

avakanta. avakatta *adj.* [avakantati의 *pp.*] 절단된. 베어낸.

avakantati. ok(k)antati [<ava-kṛt] 절단하다. 베어내다. *pp.* avakanta. avakantita.

avakappana *n.* avakappanā *f.* [avakappanā] ① 준비. ② 고정. 장착(裝着)[마구(馬具)를 다는 것].

avakaroti [*sk.* apa-karoti] ① 던져버리다. 밑에 놓다. ② 멸시하다. *pp.* avakata.

avakassati. okassati [ava-kassati. *sk.* ava-karṣati<kṛṣ] ① 아래로 당기다. ② 흩어지게 하다. 흩뜨리다. ③ 제거하다. *cf.* apakassati.

avakāraka *adj.* [avakāra-ka] ① 던져버리는. ② 흩뿌리는.

avakārakaṁ *ind.* [avakāraka의 *acc.*] ① 던져버려서. ② 분산시켜.

avakārin *adj.* [avakāra-in] 경멸하는. 무시하는.

avakāsa. okāsa *m.* [*sk.* avakāśa] ① 기회. ② 우연. ③ 공간. 여지(余地).

avakirati. okirati [ava-kirati] ① 흩뿌리다. 쏟아 붓다. ② 던져버리다. *aor.* avakiri; *abs.* avakiriya. *caus.* avakiriyati. avakirīyati.

avakiriya *adj.* [avakirati의 *grd.*] ① 던져져야 할. 거부될 수 있는. ② 비천한. ③ 저주스러운.

avakujja *adj.* [ava-kujja. *bsk.* avakubja] ① 아래로 구부러진. ② 전도(顚倒)된. -pañña 전도된 지혜를 지닌.

avakkanta *adj.* [avakkamati의 *pp.*] ① 들어간. 하생(下生)된. ② 둘러싸인. ③ 압도된.

avakkanti. okkanti *f.* [*cf.* avakkamati] ① 들어감. ② 출현. 현현(顯現). ③ 내려와 태어남. 하생(下生). ④ 전개.

avakkamati = okkamati. *aor.* avakkami; *abs.* avakkamma.

avakkāra *m.* [*cf.* *sk.* avaskara] ① 버림. 거부. ② 폐물. 폐기물. -pāti, -pātī 개수통. 쓰레기통.

avakkhalita *adj.* [ava-khaleti의 *pp.*<kṣal] ① 말끔히 씻어진. ② 딴 데로 돌려진. 손을 뗀.

avakkhitta. okkhitta *adj.* ① [avakkhipati의 *pp.*] 내던져진. 투하된. 거부된. ② [*sk.* utkṣipta] 얻어진. 생긴. -seda 땀이 흘려진. 땀으로 얻은.

avakkhipati. okkhipati [avakhipati<kṣip] 던져버리다. 떨어뜨리다.

avakkhipana *n.* [<avakkhipati] 투척.

avakhaṇḍana *n.* [ava-khaṇḍana] ① 베기. ② 수확(收穫).

avagacchati [ava-gacchati] ① 오다. 가까이 가다. 방문하다. ② 밑으로 가다. 내려가다. ③ 이해하다. 요해(了解)하다. *aor.* avagacchi; *pp.* avagata. *pass.* avagamyte.

avagaṇḍa *n.* [ava-gaṇḍa] ① 부풀게 하는 것. ② 양 볼을 부풀림. 입에 가득 채움. -kāra 양 볼을 음식으로 채움.

avagata *adj.* [avagacchati의 *pp.*] 이해된. *cf.* āvikata. adhigata.

avagantar *m.* [<avagacchati] 이해하는 자.

avagama *m.* avagamana *n.* [<avagacchati] 파악. 이해.

avagāha *m.* [<avagāhati] 뛰어들기. 들어가기.

avagāhati. ogāhati [ava-gāhati] ① 들어가다. 뛰어들다. 잠입(潛入)하다. 스며들다. 침투하다. ③ 몰두하다. 열중하다. *aor.* avagāhi; *pp.* avagāḷha.

avagāhana *n.* [<avaghati] 잠입(潛入). 뛰어듦.

avaguṇṭhana *adj. n.* [<oguṇṭheti] ① 덮는. 가리는. ② 가림. 감춤.

avaggavāsa [*sk.* a-vyagra-vāsa] 불화가 없이 사는.

avaggaha [*sk.* avagraha] ① 가뭄. ② 장애. 방해. ③ 사마(邪魔).

avaṅka *adj.* [a-vaṅka] ① 굽어지지 않은. ② 곧은. 정직한.

avaṅga *m.* [*sk.* apāṅga] ① 문신(文身). ② 먹실을 넣음. 점청(點靑). *cf.* apaṅga.

avaca *adj.* [*cf.* uccâvaca] ① 낮은. ② 열등한.

avaca. avacaṁ. avacāsi vacati의 *aor.*

avacana *n.* [a-vacana] ① 잘못된 말. ② 말없음. 벙어리의. 잠자코 있는. -kara 말을 잘 듣지 않는. 고분고분하지 않은.

avacanīya *adj.* [a-vacanīya] ① 표현할 수 없는. ② 함께 이야기 할 수 없는.

avacara *adj. n.* [*bsk.* 〃 <ava-car] ① 사는. 친숙한. 활동하는. ② 활동범위. 영역. 계(界). 계지(界地). 행경(行境).

avacaraka. ocaraka *adj. m.* [avacara-ka] ① 활동적인. 감각영역의 체험에 속하는. ② 계(界)의. 스파이. 정탐꾼.

avacaraṇa *n.* [<ava-car] ① 행위. ② 친밀. 교섭. ③ 취급. ④ 직업.

avacarati. ocarati [ava-carati] ① ~의 영역에서 지내다. ② 영역에서 활동적이다.

avacāreti [avacarati의 *caus.*] ~의 영역에서 활동하게 하다.

avacuttha *ind.* [vac의 *aor.*] mā evaṁ avacuttha 이렇게 말하지 마시오.

avacchidda *adj.* [ava-chidda] 구멍이 뚫린. chiddâvacchidda 온통 구멍이 뚫린.

avacchindati. occhindati [ava-chid] ① 자르다. 잘라내다. ② 갑자기 하다.

avacchedaka *adj.* [<avachindati] 베어내는. 자르는.

avajaya *m.* [ava-jaya] 패배.

avajāta *adj.* [ava-jāta] 천한 태생의. 열생(劣生)의. 비천한 신분의.

avajānana *n.* [<avajānāti] ① 부정(否定). ② 무시. 경멸. 모욕.

avajānati. avajānāti [ava-jānāti] ① 부정(否定)하다. ② 무시하다. 경멸하다. 모욕하다. *grd.* avaññeyya. oñātabba. avaññā; *pp.* avañāta. avaññāta.

avajināti [ava-jināti] ① 패배시키다. 타파하다. ② 다시 정복하다. *aor.* avajini; *pp.* avajita.

avajīyati [ava-jīyati. *sk.* avajīryate] ① 패배하다. ② 줄어들다. 손실되다. ③ 원상태로 되다.

avajja *adj. n.* ① [*sk.* avadya] 낮은. 열등한. 비난받아야 할 죄. 과실. ② [a-vajja ①] 죄과가 없는.

avajjatā *f.* [avajja의 *abstr.*] 비난받는 것.

avajjha *adj.* [a-vadhati의 *grd. sk.* avadhya] ① 살해될 수 없는. ② 파괴될 수 없는. 침범당하지 않는. 어겨질 수 없는.

avajjhāyati *adj.* [ava-jhāyati] ① 명상하다. 묵상하다. ② 애도하다.

avañcana *adj.* [a-vañcana] ① 움직이기에 부적합한. ② 갈 수 없는.

avañjha *adj.* [a-vañjha. *sk.* abandhya] ① 헛되지 않은. 불모가 아닌. 쓸데없지 않은. ② 유용한. 생산적인.

avañña *adj.* [*cf.* avaññā] = avaññeyya. avajānitabba ① 경멸받는. ② 비하될 수 있는.

avaññā. avaññatti *f.* [<*sk.* avajñapti. ava-jñā] 모멸. 경멸.

avaññāta *adj.* [avajānāti의 *pp.*] ① 경멸받은. ② 욕지거리를 얻어먹은.

avaṭaṁsaka *m.* [= vaṭaṁsaka] ① 머리 장식물. ② 귀고리. ② 화만. 화관.

avaṭuma *adj.* [a-*sk.* vartman] 길이 없는.

avaṭṭhāti [ava-ṭṭhāti<sthā] → avatiṭṭhati

avaṭṭhāna *n.* [*sk.* avasthāna] ① 위치. 고정된 장소. ② 입장. 상황.

avaṭṭhāpana *n.* [*sk.* ava-sthāpana] ① 고정. ② 안착.

avaṭṭhita *adj.* [*sk.* avasthita] ① 확고한. 고정된. 안정된. ② 지속적인. -vāda 고정된 견해를 가

진. -sabhāva 안정된 본성을 지닌. -samādāna 지속적인 시도.
avaṭṭhiti. avaṭṭhitatā *f.* [*sk.* avasthiti] ① 확고한 입장. ② 안정. 확고부동.
avaḍḍhana *n.* [<a-vaḍḍheti] 성장하지 않음. 줄어듦. 이지러짐.
avaḍḍhanaka *adj.* [avaḍḍhana-ka] 줄어드는. 이지러지는. -pakkha 이지러지는 달의 보름.
avaḍḍhi *f.* [a-vaḍḍhi] '성장하지 않음' 쇠퇴. 쇠망. 쇠약. -kara 유해한. 치명적인. -kāma 유익한 것에 상관하지 않는.
avaḍḍhita *adj.* [a-vaḍḍhati의 *pp.*] ① 성장되지 않은. ② 계발되지 않은. -kasiṇa 두루채움의 명상수행이 계발되지 않은. -nissita 불운한. -bhūta 비열한. 경멸받는.
avaṇa *adj.* [a-vaṇa] 상처가 없는.
avaṇṭa *adj.* [a-vaṇṭa] ① 줄기가 없는. ② 종려나무. -phala 종려나무 열매.
avaṇṇa *adj. n.* [a-vaṇṇa] ① 칭찬할 가치가 없는. ② 헐뜯음. 트집. 비난. 책망. 과실. -âraha 비난받을 만한. -kāma 헐뜯고자 하는. -bhaya 비난에 대한 두려움. -bhāsaka 헐뜯는. -rahita 비난에서 벗어난. -vāda 비난. -vādin 헐뜯는 자. -saṁyutta 악평에 둘러싸인. -saṁsaggabhaya 비난에 말려든 자의 두려움. -haraṇa 악평을 퍼뜨리는. -hārikā 트집잡기.
avaṇṇanīya *adj.* [a-vaṇṇeti의 *grd.*] ① 서술할 수 없는. ② 형언할 수 없는.
avaṇṇayuṁ vaṇṇeti의 *aor. 3pl.*
avataṁsa *m.* [〃] ① 머리장식. 화관(花冠). ② 꽃으로 만든 귀장식. = uttaṁsa. vataṁsa.
avatata. otata [ava-tata. tan의 *pp.*] ① 펼쳐진. 만연된. ② 덮여진.
avataraṇa *n.* [<avatarati] ① 내려옴. 강림(降臨). 하강. 들어옴. 취입(趣入). ② 잠수. 뛰어듦. ③ 권화(權化). 현시(顯示). 왕예(往詣).
avatarati [ava-tarati] ① 내려오다. 강림하다. ② 잠수하다. 뛰어들다. ③ 화현하다. 들어오다.
avatāra *m.* [〃] ① 강림. 하강. ② 하강지점. 갈라진 틈. ③ 안내서. 지침서. 입문서. 길라잡이.
avatiṭṭhati [ava-tiṭṭhati<sthā] ① 고정하다. 확정하다. 안주(安住)하다. ② 지속하다. 정립되다. ③ 참다. 견디다. 지키다. 꾸물거리다. 조용히 서 있다. *aor.* avaṭṭhāsi; *pp.* avaṭṭhita.
avaṭṭhita *adj.* [avatiṭṭhati의 *pp.*] ① 정립된. 확고부동한. 안립(安立)된. ② 지속적인.
avatiṇṇa. otiṇṇa *adj.* [otarati의 *pp.*] ① ~에 떨어진. ② 영향을 받은.
avattana *adj.* [a-*sk.* vartana] ① 머물지 않는. ② ~안에서 움직이지 않는.
avattabbatā *f.* [a-*sk.* vaktavyatā] 표현될 수 없는 상태.
avattiṁsu vattati의 *aor. 3pl.*
avattha *adj.* ① [a-*sk.* vastra] 벌거벗은. ② [*sk.* apāsta<apa-as] 던져진. 버려진.
avatthaṭa. otthaṭa *adj.* [avattharati의 *pp.*] 덮어진. 압도된.
avatthaddha *adj.* [ava-stambh의 *pp.*] 신뢰하는. 의존하는.
avatthantarabheda *m.* [avatthā-antara-bheda] 상이한 정신상태의 분석.
avatthambha *m.* [<ava-stambh] ① 정지. ② 고장. 장애.
avattharaṇa. avatthāraṇa. *n.* [ava-ttharaṇa] = ottharaṇa. otthāraṇa. ① 덮음. 살포. 흩뿌림. ② 갑작스런 공격에 의한 제압. ③ 군대의 배치. 전투대열의 편성.
avattharati [ava-stṛ] ① 흩뿌리다. 살포하다. ② 깔다. ③ 덮다. 위로 쌓다. 위에서 덮치다. *abs.* avattharitvā; *pp.* otthaṭa.
avatthā *f.* [*sk.* avastha] ① 안정성. ② 입장. 상황. 단계. ③ (생애의) 기간.
avatthāna → avaṭṭhāna.
avatthāraka *adj.* [<ava-stṛ] ~으로 덮은.
avatthapeti. avatthāpeti [avatiṭṭhati의 *caus.*] 고정시키다. 규정하다. *pp.* avatthāpita
avatthita → avaṭṭhita.
avatthu. *n.* [a-vatthu] 근본이 없음. 토대가 없음. 무근(無根).
avatthuka *adj.* [a-vatthu-ka] 근본이 없는. 토대가 없는. 물적 토대가 없는.
avatthukata *adj.* [a-vatthu-kata] 뿌리가 잘려진. 밑둥이 잘려진.
avadaññu *adj.* [a-vadaññu의 *abstr.*] ① 관대한. ② 불친절한. ③ 인색한.
avadaññutā *f.* [a-vadaññu의 *abstr.*] ① 관대하지 않음. ② 불친절. 상냥하지 않음. ③ 인색.
avadayati [ava-*sk.* day] 동정을 느끼다. 연민하다. *aor.* avadāyissaṁ.
avadāta *adj.* [〃] ① 흰. ② 깨끗한.
avadāna = apadāna.
avadāniya *adj.* [a-vadāniya] ① 관대하지 않은. ② 불친절한. ③ 인색한.
avadāpana = vodāpana.
avadisati [ava-diś] 지적하다. 특징짓다. *pass.* avadissati
avadīyati [*sk.* avadīryati] 파열하다. 쪼개지다. 찢어지다.

avadehaka *adj.* [ava-deha-ka] (배가) 부른. udarāvadehakaṁ bhuñjati 배부르도록 먹다. 양껏 먹다.
avaddhi → avaḍḍhi.
avadhāraṇa *n.* [*bsk.* avadhāraṇa. ava-dhṛ] ① 확정. 단정. ② 강조. ③ 제한.
avadhāreti [ava-dhāreti] ① 결정하다. ② 선택하다. ③ 확정하다. *aor.* avadhāresi; *pp.* avadhārita.
avadhi ① *m.* [〃] 한계. 경계. 정량(定量). ② vadhati의 *aor. sg.*
avadhi vadhati의 *aor.*
avadhīyati [odahati의 *pass.*] 적용되다.
avanata → oṇata.
avana *adj.* [a-vana] 탐욕이 없는.
avanati *f.* [<avanamati] ① 굽힘. 절을 함. ② 수치. 굴욕.
avanamati [ava-nam] 굽히다. 구부리다. 웅크리다. *pp.* avanata
avani. avanī *f.* [〃] ① 땅. 대지(大地). ② 강바닥. 강의 수로(水路).
avanindati [ava-nind] ① 비난하다. ② 거절하다. 물리치다.
avanibhāsavaṇṇa *adj.* [ava-nind] 거의 유사한 색깔을 지닌.
avantataṇha *adj.* [a-vamati-taṇhā] 갈애를 포기하지 않은.
Avanti. Avantī *f.* 아반띠. 아반디(阿槃提)[서인도의 나라이름(수도는 Ujjenī). 십육대국(十六大國) 가운데 하나].
avandi vandati의 *aor.*
avandiya *adj.* [a-vand의 *grd.*] 칭찬되어질 수 없는. 공경받을 수 없는.
avapakāsati [ava-pa-kāsati<kassati<kṛṣ] 버리고 가다. 던져버리다. *inf.* avapakāsituṁ.
avapatta = opatta.
avapāyin *adj.* [<avapivati] (물을) 마시는. 마시러 오는.
avapivati [ava-pā] (물을) 마시다.
avapīlanaka *n.* [*sk.* ava-pīḍana] 버터를 사용하는 어떤 의약적 치료.
avabujjhati [*bsk.* avabudhyate] 이해하다.
avabodha *m.* [<avabodhati] ① 이해. 인식. ② 깨달음. 지혜.
avabodhati [ava-budh] ① 이해하다. 인식하다. ② 신뢰하다. ③ 주의를 기울이다. *cf.* avabodha.
avabodheti [avabodhati의 *caus.*] 전달하다. 서로 통하게 하다.
avabhāsa *m.* [= obhāsa] 광명. gambhīrāvabhāso 심도 있게 보이는.
avabhāsaka *adj.* [avabhāsa-ka] 빛나는. 나타나게 하는.
avabhāsati [=obhāsati] 재미있게 이야기하다.
avabhāsaka *adj.* [ava-bhāsa-ka] 빛나는. 광휘로운.
avabhāsita *adj.* [=obhāsita] 빛나는. 찬연한. 찬란한.
avabhuñjati [ava-bhuj] 먹다. 먹어치우다.
avabhūta *adj.* [ava-bhūta] ① 경멸받은. 천한. ② 무가치한.
avamaṅgala. avamaṅgalla *adj. n.* [ava-maṅgala] ① 불길한. 불운한. ② 불운. 흉조(凶兆).
avamaññati [*sk.* avamanyate] ① 무시하다. ② 경멸하다. 깔보다. *aor.* avamaññi.
avamāna. omāna *m.* [<avaman] ① 무시. 경시. ② 경멸. 무례.
avamānana *n.* [<ava-man] ① 무시. ② 경멸.
avamāneti [avamaññati의 *caus.*] ① 무시하다. ② 경멸하다. 깔보다. *aor.* avamānesi; *pp.* avamata. avamānita.
avaya *adj.* [*cf. sk.* avyaya] 부족한. 결여된.
avayava *m.* [〃] ① (사람·동물의) 신체의 일부. 사지(四肢). 기관(器官). 장기(臟器). ② 구성요소. 구성성분. 구성부분. ③ 접미사(接尾辭)[문법]. ⑤ 삼단논법의 구성요소. -âdisampanna 상이한 논리적 요소를 갖춘. -bhūta 구성부분인 것. -vinimmutta 구성부분에서 떨어진. -vibhāga 기관학(器官學). 장기학(臟器學). -visesavat 상이한 구성부분을 가진. -sambandha 구성부분들과 연결된.
avara *adj.* [=apara] ① 나중의. 뒤의. 서쪽의. ② [=ora] 낮은. 열등한. 다음의. 이 세상의. 차안(此岸)의. -ja 동생.
avaratta *n.* [ava-ratta] 밤의 후반부.
avapura *adj.* [ava-pura] 도시의 서쪽에 있는.
avarajjhati [ava-rādh] ① 놓치다. ② 생략하다. 무시하다. 퇴짜를 놓다. ③ 게을리 하다. ④ 위반하다. *fut. 1sg.* avarajjhissaṁ.
avarādha → aparādha.
avaruddha. oruddha *adj.* [<avarundhati] ① 차단된. 억제된. 구속된. ② 추방된. ③ 반항적인. 다루기 어려운.
avaruddhaka *adj.* [avaruddha-ka] ① 추방된. 제명된. ② 아바루다까[야차의 이름].
avarundhati [ava-rudh] ① 가두다. 억제하다. 구속하다. 규방에 가두다. ② 추방하다. 배제하다. 멀리하다.
avarodha *m.* [<avarundhati] ① 가두는 행위. 봉쇄. ② 방해.
avarodhaka *m.* [<avarodha] ① 가두는 자. 봉쇄자. ③ 방해자.
avarodhana *n.* [avarodha-na] ① 방해. 봉쇄. ② 장애. 억제.
avalakkhaṇa *adj.* [ava-lakkhaṇa] ① 추한. ② 불운의 징후가 있는.
avalañja *adj.* [a-valañja] ① 통과할 수 없는. ② 쓸모없는. ③ 여분의.
avalañjana *n.* [<avalañja] 쓸모없음.
avalambati [=olambati<ava-lamb] 걸리다. 늘어지다. 매달리다. *abs.* avalamba.
avalambaka *adj.* [<avalambati] 걸린. 매달린. -semha 다섯 가지 종류의 점액성 체질가운데 하나.
avalambana *n.* [<avalambati] ① 매달림. 현수(懸垂). ② 의존. 도움.
avalikhati. avalekhati [ava-likh] ① 문질러 떼다. 긁어서 벗기다. ② 깎다. 조각하다.
avalitta *adj.* [*sk.* avalipta. ava-limpati의 *pp.*] ~에 더덕더덕 칠해진. 더럽혀진.
avalimpati [ava-limpati] 바르다. 칠하다. *aor.* avalimpi.
avalīna = olīna.
avalīyati = oliyyati. oliyati. olīyati.
avalekhati [ava-likh] ① 긁어서 떼어 내다. ② 글을 쓰다. ③ 조각하다.
avalekhana *n.* ① [<avalekhati] (똥 등을) 문질러 떼어냄·벗김. 글쓰기. 서사(書寫). 조각하기. ② = apalekhana -kaṭṭha. -pidhara 똥을 긁는 주걱. 시비(屎篦). -sattha 조각칼.
avalepa *m.* [<ava-lip] ① 문지르기. 바르기. 도포(塗布). ② 철면피. 자만(自慢). 교만.
avalepana *n.* [ava-lip] 바르기. 도포(塗布).
avalehana *n.* [ava-lih] 핥기.
avalokana *n.* [〃] 보는 것. 관찰.
avaloketi [ava-lok] =apaloketi. ① 바라보다. ② 관찰하다.
avavatthāna *n.* [a-vavatthāna<sthā] ① 정착되지 않음. ② 규정되지 않음.
avavatthita. avavatthita *adj.* [a-vavatthāti<sthā] ① 정착되지 않은. ② 규정되지 않은.
avasa *adj.* [a-vasa] ① 지배하지 못하는. 자재력(自在力)이 없는. 의존하는. ② 힘이 없는. 효과 없는. ③ 의존하지 않는. 독립적인. -vattaka 자신의 의지와는 상관없는. -vattana 종속되지 않음. -vattin 자신에 대한 통제력이 없는. 최상의 권력을 행사하지 않는.
avasaṁsana *n.* [*sk.* avasraṁsana] ① 떨어짐. ② 드리워짐. 걸려있음.
avasaṭa. osaṭa *adj.* [*sk.* apasṛta] ① 물러난. 떠나버린. ② 개종한. ③ 탈당한.
avasara [<ava-sṛ] 기회. 찬스.
avasarati [ava-sṛ] ① 내려가다. ② 가버리다. ③ 도달하다. ④ 출향(出向)하다. *aor.* avasari; *pp.* avasaṭa. osaṭa.
avasavatta *adj.* [a-vasavatta] 자유롭지 못한
avasādana *n.* [<avasādeti] '가라앉게 하기' 끝장내기.
avasādeti [<avasīdati의 *caus.*] = osādeti ① (가격을) 내리다. 낮추다. 억누르다. 가라앉게 하다. ② 낙담하게 하다. 실망시키다.
avasāna *adj. n.* [〃] = osāna ① 최종적인. 마지막의. ② 정지. 중단. -gātha 마지막 시련(詩聯). -piṇḍapāta 마지막 탁발음식(의 보시).
avasāniya. avasānīya *adj.* [a-vasa-ānīya] 종속되어질 수 없는.
avasāya *m.* [*cf.* avaseti] 멈춤. 끝. 종결.
avasāyin *adj.* [ava-sā] '자신의 거처를 취하는' ① 확고한. ② 갈팡질팡하지 않는.
avasiñcanaka *adj.* [<osiñcati] ① 퍼붓는. ② 넘쳐흐르는.
avasiṭṭha *adj.* [avasissati의 *pp.* *sk.* avaśiṣṭa] ① 남겨진. 남아있는. ② 여분의.
avasiṭṭhaka *adj.* [avasiṭṭha-ka] ① 남겨진. ② 여분의.
avasita. osita *adj.* [ava-sā의 *pp.*] ① 놓여진. ② 결정된. 확정된.
avasitta *adj.* [osiñcati의 *pp.*] ① 뿌려진. 흩뿌려진. ② 신성하게 된. 관정(灌頂)된. *cf.* abhisitta.
avasin *adj.* [a-vasin] 자신에 대한 통제력이 없는. 자재력(自在力)이 없는.
avasissati [*sk.* avaśiṣyate<śis] 남다. 남겨지다. *pp.* avasiṭṭha *cf.* avasesa.
avasīdati [ava-sad] 가라앉다.
avasīna [ava-sā의 *pp.*] 정착된. 성립된.
avasīyati [ava-sā의 *pass.*] ① 입증되다. ② 확정되다.
avasi. avasī vasati의 *aor.*
avasucchati → avasussati.
avasumbhati [<ava-subh] 넘어뜨리다.
avasussati [<ava-śuṣ] 마르다. 시들다. *fut.* avasucchati.
avasussana *n.* [<avasussati] 건조. 시듦.
avasūra *m.* [ava-sūra] ① 일몰. ② 해가 지는 곳. 일몰처(日沒處).

avaseka *m.* [ava-seka] ① 범람. ② 홍수.
avasesa *m. n. adj.* [*sk.* avaśeṣa] ① 잔여. 나머지. ② 남아있는. 남겨진. 여타의.
avasesaka *adj. n.* [avasesa-ka] ① 남은. 여분의. 추가의. ② 잔여. 남겨진 것.
avaseseti [avasesa의 *denom.*] 잔여로 남다.
avassa. avassaka *adj.* [<a-vaś] ① 자신의 의도에 반하는. ② 확실한. 필연적인. 불가피한. avassa° -gāmin 필연적으로 가야하는. -karaṇīya 필연적인. 불가피한. -bhāvin 치명적인.
avassaṁ. avassakaṁ *ind.* [*bsk.* avaśyaṁ] 필연적으로. 불가피하게.
avassajati = ossajati.
avassaṭa → avasaṭa.
avassana *n.* [a-vassana<vāś] (염소. 송아지 등이) '음-메' 하고 울지 않는 것.
avassaya *m.* [<apa-āsaya *sk.* apāśraya] ① 지지. 도움. 보호. ② 피난처. -kamma 후원으로서 유용한 행위.
avassayati *m.* [ava. apa-śri] ① ~에 드러눕다. 체재하다. ② 자주 가다. 의지하다.
avassava *m.* avassavana *n.* [ava-sava<sru] ① 흘러나옴[에로틱한 영향]. 유출. 유입. ② 영향. 훈습. 번뇌. 루(漏). 유루(流漏).
avassāvana [<ava-sru의 *caus.*] 여과(濾過).
avassāma vassati의 *aor. 1pl.*
avassika *adj.* [a-vassa-ika] ① 우기에 속하지 않는. ② 새롭게 임명된. 새롭게 승단에 들어온 뒤 한해도 지나지 않은.
avassita *adj.* [*sk.* apaśrita] 의존된. 취급된.
avassuta *adj. m.* [*sk.* avasruta<sru *cf.* avassava] ① 흘러나온. 새는. 젖은[에로틱한 영향]. 누설(漏泄)의. ② 타락한. 부패한. ③ 탐욕으로 가득 찬. 번뇌의. ④ 타락. 부패. 번뇌. 탐욕. 루(漏). 유루(流漏). -citta 탐욕스러운 마음. 번뇌의 마음.
avassuti *f.* [*cf.* avasruta] 에로틱한 만남.
avasseti [ava-ā-śri *cf.* apasseti] ① 기대다. 의존하다. ② ~에서 의지처를 발견하다. *aor.* avassayiṁ; *pp.* avassita.
avahaṭa *adj.* [avaharati의 *pp.*] ① 가져가버린. ② 빼앗긴.
avaharaṇa *n.* [<avaharati] ① 제거. ② 훔침. -citta 훔치려는 마음.
avaharati. oharati [ava-hṛ] ① 훔치다. ② 빼앗다. *aor.* avahari; *pp.* avahaṭa.
avahasati [ava-has] ① 웃다. ② 조롱하다. 비웃다. *aor.* avahasi.
avahāra *m.* [<avaharati] 도둑질. 절도.
avahāsa *m.* [<avahasati] 비웃음. 조롱.
avahitasota *adj.* [ava-hita-sota] 예민한 귀를 가진. 귀가 밝은.
avahiyyati. avahīyati. ohīyati [ava-hā의 *pass.*] ① 뒤에 남겨지다. ② 뒤처지다.
avāka [a-vāka<*sk.* valka] 나무의 껍질이 없는.
avākaroti [ava-ā-kṛ] ① 취소하다. 무효로 하다. 파괴하다. ② 돌아오다. 회복하다. ③ 원상태로 하다.
avākirati = avakirati.
avāgata *adj.* [ava-ā-gata] ① 멀리 떨어진. ② 옮겨진.
avācayi vāceti의 *aor. 3sg.*
avācari avacarati의 *aor. 3sg.*
avāṭuka = apāṭubha.
avātapānaka [a-vātapāna-ka] 창문이 없는.
avātâtapahata [a-vāta-ātapa-hata] 바람과 열기에 상처를 입은.
avādita *adj.* [<a-vādeti] (북이) 쳐지지 않은.
avādesi vādeti의 *aor.*
avāpuraṇa *n.* [=apāpuraṇa] 열쇠.
avāpurati = apāpurati. *caus.* avāpurāpeti.
avāyama(t) *adj.* [<a-vy-ā-yam] 노력이 없는.
avāyima *adj.* [a-vāyima<vā] 짜지 않은.
avārita *adj.* [a-vāreti의 *pp.*] 금지되지 않은.
avāvaṭa *adj.* [a-vāvaṭa] ① 종사하지 않은. 자유로운. ② 결혼하지 않은.
avāsa *adj.* [<a-vasati] 살지 않는. 주(住)하지 않는. 무인(無人)의.
avāhana *adj.* [<a-vah] 탈 것이 없는.
avāhayi vāheti의 *aor. 3sg.*
avi *m.* [〃] 숫양(羊). *f.* avī. 암양.
avikatthin *adj.* [a-vikattha-in] ① 과장하지 않은. ② 겸손한.
avikappanā *f.* [a-vikappanā] ① 지정되지 않음. ② 할당되지 않음.
avikappita *adj.* [a-vikappita] ① 지정되지 않은. ② 할당되지 않은.
avikampana *n.* [a-vikampana] ① 주저하지 않음. 동요 없음. 대담함. ② 의심이 없는. 신뢰할 만한.
avikampamāna. avikampayat. avikampin. avikampita. *adj.* [<a-vi-kamp] ① 주저하지 않는. 동요하지 않는. ② 의심하지 않는. 신뢰할 만한.
avikala *adj.* [a-vikala] 결함이 없는.
avikāra. avikārin *adj.* [a-vikāra] ① 변화가 없는. ② 영향을 받지 않는.
avikiṇṇa *adj.* [a-vikiṇṇa] ① 흐트러지지 않은.

② 제어된.
avikopana *n.* [<a-vikopeti] ① 교란이 없음. ② 부패하지 않음.
avikopin *adj.* [a-vikopeti] ① 교란되지 않는. 흔들리지 않는. ② 부패하지 않는. 파괴되지 않는.
avikopiya *adj.* [a-vikopeti의 *grd.*] ① 교란될 수 없는. ② 부패될 수 없는. 파괴될 수 없는.
avikkhambhita *adj.* [a-vikkhambhita] ① 방해받지 않은. 저지되지 않는. ② 파괴되지 않은. 정복되지 않은. 불진복(不鎭伏)의.
avikkhambhiya *adj.* [a-vikkhambhiya] ① 방해받을 수 없는. 저지될 수 없는. ② 정복될 수 없는. 불능승(不能勝)의.
avikkhitta *adj.* [a-vikkhitta] ① 혼란되지 않은. 방해받지 않는. ② 태연한. 침착한. -sota 귀를 기울이는. -bhojin 태연하게 먹는.
avikkhepa *m.* [a-vikkhepa] ① 산란하지 않음. ② 침착. 평온. 전념(專念). -âdiṭṭhāna 평온에 대한 결정. -âbhisamaya 평온의 꿰뚫음. -esanā 평온의 추구. -khanti 평온한 가운데 인내하는 것. -cariyā 평온한 행동. -paṭilābha 평온의 획득. -paṭivedha 평온에 대한 통달. -pariyogāhana 평온에 대한 통찰. -parisuddha 평온에 의한 청정. -maṇḍa 평온의 본질. -lakkhaṇa 평온의 특징. -sīsa 평온의 요지.
avikkhepana *n.* [ava-kkhepana] 내려놓음.
avigacchamāna *adj.* [a-vi-gam의 *ppr.*] 떠나지 않는. 가버리지 않는.
avigata *adj.* [a-vi-gam의 *pp.*] ① 떠나지 않은. 가버리지 않은. ② 사라지지 않은. 그치지 않는. -paccaya 떠나지 않는 조건. 불리거연(不離去緣)['현존함을 특징으로 있음의 존재를 통해서 다른 것을 지탱함으로써 도움을 주는 현존조건(有緣 : atthipaccaya)'의 동적인 표현].
aviggaha *m.* ① [*sk.* a-vigraha '몸'] 몸이 없는 신(=anaṅga)[사랑의 여신]. ② [a-viggaha '싸움'] 싸움이 없음. 무쟁(無爭).
aviggahaka. aviggahita. aviggahīta *adj.* [*sk.* a-vigraha-ka] 싸움이 없는. 불화가 없는. 무쟁(無爭)의.
avighaṭṭita *adj.* [a-vi-ghaṭṭita] ① 얻어맞지 않은[打鐘]. ② 흔들리지 않은.
avighāta *adj.* [a-vighāta] 다치지 않은.
avighātavat avighātin *adj.* [a-vighāta] ① 방해받지 않는. ② 걱정되지 않는. ③ 다치지 않는.
avicakkhaṇa *adj.* [a-*sk.* vicakṣaṇa] 현명하지 못한. 어리석은.
avicala *adj.* [a-vicala] 움직이지 않는.
avicāra *m.* [a-vicāra] ① 조사하지 않음. ② 숙고하지 않음. 무관(無觀). 무사(無伺). -bhūmi 숙고를 뛰어넘은 경지.
avicāreti [a-vicāreti] ① 조사하지 않다. ② 숙고하지 않다.
avicāliya *adj.* [a-vicāleti의 *grd.*] 움직여질 수 없는. 동요될 수 없는.
avicikiccha *adj.* [a-vicikiccha] 의심이 없는.
avicintiya *adj.* [a-vicintiya] 사유될 수 없는.
aviccaṁ. aviviccaṁ *ind.* [a-viviccaṁ] ① 비밀이 아니게. ② 공개적으로.
avicchijja *ind.* [a-vicchindati의 *abs.*] 방해가 없이.
avicchinna *ind.* [a-vicchindati<chid의 *pp.*] 방해받지 않은.
aviccheda *m.* [<a-vicchadati] 지속. 계속.
avijahat *adj.* [a-vijahati<hā] 단절이 없는.
avijahita *adj.* [a-vijahati<hā의 *pp.*] ① 포기되지 않은. ② 단절되지 않은. ③ 의무적인. -ṭṭhānāni 버려질 수 없는 장소[→ 네 가지 버려질 수 없는 장소(cattāri avijahitaṭṭhānāni)].
avijāta *adj.* [a-vijāta] 아이를 낳지 않은.
avijātā *f.* [a-vijātā] 아이를 낳지 않은 여자. 미산녀(未産女).
avijānant *adj.* [a-jānāti의 *ppr.*] ① 알지 못하는. ② 무지한.
avijita *adj. n.* [a-vijita] ① 정복되지 않은. ② 왕의 영토 밖의 땅.
avijjamāna *adj.* [a-vijjamāna. vijjati의 *ppr.*] ① 존재하지 않는. ② 진실이 아닌. 거짓의.
avijjā *f.* [a-vijjā. *sk.* avidyā] 진리를 알지 못함. 무지(無知). 어둠. 무명(無明). avijj°-aṇḍakosa 무명의 계란껍질. -andhakara (avijja°) 칠흑 같은 어둠. -ânusaya 무지의 잠재적 성향. 무지의 경향. 무명수면(無明隨眠). -âbhibhūta 무명에 정복된. -âsava 무명에 의한 번뇌. 무명루(無明漏). -ûpakiliṭṭha 무명에 오염된. -ûpanisa 무명에 의해 조건지어진. -ûpasama 무명의 지멸(止滅). -ogha 무명의 거센 흐름. 무명류(無明流). avijjā° -koṭṭhāsa 무명의 항목. 무명의 제목. -kosa 무명의 껍질. -kkhaṇa (avijja°) 무지로 가득 찬 순간. -kkhandha 무명의 다발. -gata 무명에 존재하는. -jāla 무명의 그물. -tamas 무명의 어둠. -dhātu 무지의 세계. 무지의 요소. 무명계(無明界). -nidāna 무명을 인연으로 하는. -nĭvuta 무명에 덮인. -nirodha 무명의 소멸. -nīvaraṇa 무지의 덮개. 무명의 장애. 무명개(無明蓋). -paccayā 무명을 조건으로. -paṭaluddharin 무명의 덮개·백내장을 제거하는. -paṭicchanna 무명에 덮인. -pada 무명의 항목. -pabhava 무명

을 원인으로 하는. -pabheda 무명에 의해 파괴된. -pariyuṭṭhāna 무명의 얽매임. 무명의 편견에 사로잡힘. 무명전(無明纏). -pahāna 무명의 폐기. -pubbaṅgama 무명이 앞서가는. -bandhana 무명의 속박. -bhavataṇhāmayanābhi 윤회의 존재와 갈애로 만들어진 수레바퀴. -bhāga 윤회의 항목. -mukhena 무명의 제목 아래. -mūlaka 무명을 뿌리로 하는. -yoga 무지의 멍에. 무명의 멍에. 무명액(無明軛). -yogavisaṁyoga 무명의 멍에를 푸는. -virāga 무명의 사라짐. -visadosa 무명을 독약의 악영향으로 삼는. -visadosalitta 무명의 독(毒)에 감염된. -saṁyojana 무명의 결박. -samugghāta 무명의 제거. -samudaya 무명의 발생. -samosaraṇa 어둠속에서 만나는. -sampayutta 무명과 관련된. 무명상응(無明相應). -samphassaja 무명과의 접촉에서 생겨난. 무명촉생(無明觸生). -sambhūta 무명에서 생겨난. -sammatta 무명에 의해 혼란된. -sammūḷha 무명에 의해 얼빠진. sahagata 무명에 수반되는. -hetuka 무명을 원인으로 하는. -sīsena 무명의 제목 아래.

aviññāta *adj.* [a-viññāta] ① 알려지지 않은. ② 암시를 얻지 못한.

aviññji vijjati의 *aor.*

aviññatti *f.* [a-viññatti] ① 알려지지 않음. ② 암시를 주지 않음. ③ 잠재. 무표(無表).

aviññāṇaka *adj.* [a-viññāṇa-ka] ① 의식이 없는. 무감각한. 무정(無情)한. ② 재치가 없는.

aviññāta *adj.* [a-viññāta] ① 이해되지 않은. ② 의식되지 않은. -vādin 이해하지 못한 것처럼 말하는.

aviññātar *adj. m* [a-vijānāti의 *ag.*] 이해를 하지 못한 (사람).

aviññāpita *adj.* [a-vijānāti의 *caus. pp.*] ① 알려지지 않은. ② 선언되지 않은.

aviññū *m.* a-viññū] = aviddasu ① 총명하지 않은 자. 현명하지 않은 자. ② 학식이 없는 자.

aviññeyya *adj.* [a-viññeyya. vijānāti의 *grd.*] 알 수 없는. 이해할 수 없는.

avitakka *m.* [a-vitakka] ① 대상의 의미를 찾는 정신작용이 없는 것. ② 사유를 뛰어넘음. 무각(無覺). 무심(無尋). -âvicārasamādhi 사유도 없고 숙고도 없는 삼매. 무심무사정(無尋無伺定). -vicāramattasamādhi 사유는 없고 숙고만이 있는 삼매. 무심유사정(無尋有伺定).

avitatha *adj.* [a-vitatha] ① 허위가 아닌. 허망(虛妄)하지 않은. ② 참된. 사실적인. 여실(如實)한. -ggāhaka 여실한 이해를 가져오는. -nāma 이름의 가치가 있는. -vacana. -vādin 말이 진실한.

avitathā *ind.* [a-vitathā] ① 허위가 아니게. 허망하지 않게. ② 참되게. 여실(如實)하게.

avitathatā *f.* [avitathā의 *abstr.*] ① 허망하지 않는 상태. 불허망성(不虛妄性). ② 진실.

avitathavādin *adj.* [avitatha-vādin] 진실을 말하는.

avitiṇṇa *adj.* [a-vitiṇṇa] ① 극복하지 못한. ② 초월하지 못한. -kaṅkha 의혹을 극복하지 못한.

avitthana. avitthāyant *adj.* [<a-vitthāyati] ① 게으르지 않는. 방일하지 않는. ② 서툴지 않는. ③ 당황하지 않는.

avitthāra *m.* [<a-vitthāra] 상세하지 않음.

avidā vindati의 *aor.*

avidita *adj.* [a-vidita] 알려지지 않은. -agga -koṭi 시작이 알려지지 않은 것. -kammâpadāna 행동과 성취가 알려지지 않은 사람.

avidu *adj.* avidū *m.* [a-vidū] ① 무지한. ② 무지한 자.

avidūra *adj.* [a-vidūra] 멀지 않은. -gata 그리 멀지 않은. -gamana 너무 멀리 가지 않는.

avidūre *ind.* [avidūra의 *loc.*] ① 멀지 않은 곳에. ② 가까이.

aviddasu *adj.* [a-viddasu=aviññū] ① 지적이지 못한. ② 무지한. 어리석은.

aviddhakaṇṇa *adj.* [a-viddha-kaṇṇa] 귀를 뚫는 의식을 행하지 않은.

avidheyya *adj.* [a-vidahati의 *grd.*] ① 다스려질 수 없는. ② 지배될 수 없는. 복종하지 않는.

avidvant *adj.* [a-vidvant] 무지한.

avinaṭṭha *adj.* [a-vinaṭṭha] 잃어버리지 않은.

avinamat *adj.* [a-vi-namat<nam] 구부리지 않는. 굽히지 않는.

avinaya *m.* [a-vinaya] 계율(律)이 아닌 것. 무작법(無作法). 비율(非律). -kamma 계율이 아닌 악업에 대한 참회. 비율갈마(非律羯磨). -dhārin 율장에서 배우지 못한. -vādin 계율에 어긋나는 것을 논하는 사람. 비율론자(非律論者). -saññin 계율이 아닌 것을 지각하는.

avinābhūta *adj.* [a-vinā-bhūta] ① 분리되지 않은. ② 없는 것이 아닌.

avināsa *m.* [a-vināsa] ① 파괴되지 않음. 탕진되지 않음. ② 불멸. 불후(不朽). -dhamma 쉽게 파괴되지 않는.

avināsaka. avināsika. avināsana *adj.* [<a-vināsa] ① 파괴되지 않는. 탕진되지 않은. ② 불멸의. 불후(不朽)의. *f.* avināsikā

avināsitajhāna → anirākatajhāna

avinicchaya *adj.* [a-vinicchaya] 결정할 수 없는.

불결정(不決定)의. -ññū 어떻게 결정할지를 모르는 자.

avinicchita *adj.* [a-vinicchita] 결정되지 못한. 해결되지 못한.

avinipāta *adj.* [a-vinipāta] ① (괴로움·불행한 상태에) 떨어지지 않는. ② 악취에 떨어지지 않는. 불타악취(不墮惡趣)의. ③ 불퇴전(不退轉)의. -ka 악취에 떨어지지 않는. -dhamma 쉽게 악취에 떨어지지 않는. -sabhāva 쉽게 악취에 떨어질 수 없는.

avinibbhujat *adj.* [a-vinibbhujati의 *ppr.*] ① 나누지 못하는. ② 구별하지 못하는.

avinibbhutta *adj.* [a-vinibbhujati의 *ppr. m sg.*] ① 나누어 지지 않는. ② 구별되지 않는.

avinibbhoga *adj. m* [a-vinibbhoga] ① 구별될 수 없는. 분석할 수 없는. ② 불명료한. ③ 불가분리. 비분리. -paccupaṭṭhāna 불가불리의 현현. -rūpa 불가분리의 성질. -sadda 구별할 수 없는 대화. 분석할 수 없는 신비로운 소리.

avinivedhiya *adj.* [a-vinivijjhati의 *grd.*] 관통할 수 없는. 꿰뚫을 수 없는.

avinīta *adj.* [a-vinīta] 훈련받지 않은. 교육받지 않은. -bhāva 결례(缺禮).

avindat *adj.* [<a-vindati] 발견하지 않는.

avinditvā *ind.* [a-vindati의 *abs.*] 발견하지 못하고.

avinnimutta *adj.* [a-vi-nir-muc] ~과 분리되지 않은(*ins.*).

avipakka *adj.* [a-vipakka] 익지 않은. 성숙하지 않은. -vipāka 성숙에 도달되지 않은.

avipakkanta *adj.* [a-vipakkanta] 앞으로 나아가지 못하는.

avipatti *adj.* [a-vipatti] 잘못되지 않은.

avipariṇāma *adj.* [a-vipariṇāma] ① 변하지 않는. 변괴하지 않는. 불변역(不變易)의. ② 확고한. -dhamma 쉽게 변하지 않는.

aviparīta *adj.* [a-viparīta] ① 반대가 아닌. ② 애매하지 않은. ③ 확실한. 분명한.

avipallattha *adj.* [*sk.* aviparyāsta] 실수하지 않은. 잘못하지 않은.

avipallāsa *m.* [*sk.* aviparyāsā] 비교체(非交替) [문법].

avipassa. avipassat. avipassaka *adj.* [<a-vipassati] 통찰하지 못하는.

avipassanāpādaka *adj.* [a-vipassanā-pādaka] 통찰의 기초가 없는.

avipāka *adj.* [a-vipāka] 결과를 낳지 않는. 성과 없는. (행위의) 이숙(異熟)이 없는. -ârāha 어떠한 결과도 낳을 수 없는. -sabhāva 본성적으로 이숙이 없는.

avippakata *adj.* [a-vippakata] (행위의 과정이) 끝나지 않은. -vaca(s) 현재의 시간이 아닌 것에 대한 표현.

avippaṭisāra *m.* [a-vippaṭisāra] 후회가 없음. 뉘우침이 없음. -ānisaṁsa 후회 없음의 공덕.

avippamutta *adj.* [a-vippamutta] 해방되지 못한. 해탈되지 못한.

avippayoga *m.* [a-vippayoga] 분리되지 않음. 불가분리(不可分離).

avippavāsa *adj.* [a-vippavāsa] ① 멀리 떨어져 있지 않은. 부재(不在)가 아닌. ② 태만하지 않은. 주의 깊은. 사려 깊은. 열렬한.

avibhūta *adj.* [a-vibhūta] ① 불명료한. 희미한. 애매한. ② 발전되지 못한. -ārammaṇa 희미한 대상.

avimutta *adj.* [a-vimutta] 해탈되지 않은.

avirata *adj.* [a-virata] ① 단절되지 않은. 영속하는. ② 금지되지 않은.

avirati *f.* [a-virati] 무절제.

aviruddha *adj.* [a-viruddha] ① 반대가 아닌. ② 모순되지 않은. 상위(相違)하지 않은. ③ 방해받지 않은. 자유로운.

avirūḷha *adj.* = avirūḷhi.

avirūḷhi *adj. f.* [a-viruḷhi] ① 성장되지 않는. ② 성장의 그침. 미발육(未發育).

avirodha *m.* avirodhana *n.* [a-virodha] ① 장애가 없음. 상위(相違)가 없음. 모순이 없음. 일관성(一貫性). ② 온화.

avirodhitā *m.* [a-virodha의 *abstr.*] 비상위성(非相違性). 일관성(一貫性).

avilambitaṁ *ind.* [a-vilambitaṁ] ① 지체가 없이. ② 빨리. 즉시.

avivadamāna *adj.* [a-vivadati의 *ppr.*] ① 다투지 않는. ② 토론하지 않는.

avivara *adj.* [a-vivara] ① 틈이 없는. ② 간격이 없는.

avivecakatta *m.* [a-vivecaka-tta] 몽매주의(蒙昧主義). 반계몽주의.

avivāda *m.* [a-vivāda] ① 다툼 없음. ② 논쟁이 없음.

avivitta *adj.* [a-vivitta] ① 분리되지 않은. 멀리 떨어지지 않은. ② 고독하지 않은.

avisaṁvāda *m.* [a-visaṁvāda] ① 거짓이 아님. ② 진리.

avisaṁvādaka *adj.* [a-visaṁvādaka] 속이지 않는. 거짓말하지 않는.

avisaṁvādanatā *f.* [a-visaṁvādana의 *abstr.*] ① 속이지 않음. ② 정직. 성실.

avisaṁvādin *adj.* [a-visaṁvāda-in] ① 거짓말을 않는. ② 진실을 말하는.
avisaṁvādeti [a-vi-saṁ-vad의 *caus.*] 약속을 지키다.
avisaṁhāra *m.* [<a-vi-saṁ-hṛ] = avisāhāra = avikkhepa.
avisaggatā *f.* [*sk.* a-viyagga<vyagra-tā] ① 방해받지 않은 상태. ② 조화. 균형.
avisaṅka *adj.* [a-*sk.* viśaṅkā] ① 의심이 없는. ② 주저하지 않는.
avisaṅketa *adj.* [a-visaṅketa] 동의에 반대하지 않는.
avisajjamāna *adj.* ① [a-vi-sañj의 *ppr.*] 집착하지 않는. ② [a-vi-sṛj의 *ppr.*] 포기하지 않는. 버리지 않는.
avisaṭa *adj.* [a-vi-sṛ의 *pp.*] ① 퍼지지 않은. ② 흩어지지 않은.
avisada *adj.* [a-*sk.* viśada] 불분명한. 애매한 [여성의 신체와 운동에 관하여]. -tā 지성의 부족. -âkāravohāra 불분명한 모습의 표현.
avisaya *adj.* [a-visaya] ① 대상을 만들지 않는. 영역을 넘어서는. ② 부적당한 대상. 불가능한 대상. -bhūta 손아귀에 있지 않은. 가까이하기 어려운.
avisayha *adj.* [a-vi-sah의 *abs.*] ① 지탱할 수 없는. ② 다루기 어려운.
avisare *ind.* [<avisaya의 *loc.*] ① 잘못된 것을 향해서. ② 가치 없는 대상을 향해서. *cf.* avisare = avisaritvā atikkamitvā; adhisare.
avisahana *adj.* [a-vi-sah의 *pp.*] 지탱할 수 없음. 들 수 없음.
avisahant *adj.* [a-vi-sah의 *ppr.*] 불가능한.
avisāra *m.* [a-visāra] 흩어지지 않음.
avisārada *adj.* [a-visārada] ① 자신이 있는. 수줍어하지 않는. ② 두려워하지 않는.
avisārin *adj. m.* [a-visārin] ① 흩어지지 않는. ② 불난(不亂)[팔음(八音) 가운데 하나].
avisāhaṭa *adj.* [a-visa-āhaṭa<hṛ] ① 당황하지 않은. ② 침착한. 안정된. -citta 침착한 마음을 지닌.
avisāhāra *adj.* [a-visa-āhāra<hṛ] 균형. 평형.
avisuddha *adj.* [a-visuddha] 맑지 않은. 순수하지 않은. 부정한.
avisesa *m.* [a-*sk.* viśeṣa] 구별이 없음. 통일성.
avissaji → avassaji<avassajati.
avissaja. avissajat *adj.* [a-vi-sṛj의 *ppr.*] ① 버리지 않는. 소비하지 않는. ② 양도하지 않는.
avissajjiya *adj.* [a-vissajjiya<vi-sṛj의 *grd.*] ① 버려질 수 없는. ② 양도될 수 없는.
avissajjita *adj.* [a-vi-sṛj의 *pp.*] ① 버려지지 않은. 빼먹지 않은. ② 소비되지 않은. ③ 양도되지 않은.
avissaṭṭha *adj.* [a-vissaṭṭha<vi-sṛj의 *pp.*] ① 버려지지 않은. ② 분명하지 않은. 불분명한. -kammaṭṭhāna 명상주제를 포기하지 않은.
avissattha *adj.* [a-vissattha<vi-śvas의 *pp.*] ① 신뢰되지 않은. ② 의심을 받은.
avissāsaniya. avissāsanīya *adj.* [a-vissās-ana-iya] 믿어지지 않는. 믿을 수 없는.
aviha *adj. m.* [*bsk.* avṛha. abṛha] 성공으로 타락하지 않는. 무번천(無煩天). Avihā devā 성공으로 타락하지 않는 신들의 하느님 세계. 성공으로 타락하지 않는 하느님 세계의 신들[神·神界의 이름. 色界四禪의 하느님 세계].
avihaññamāna *adj.* [a-vi-han의 *pass. ppr.*] 괴롭혀지지 않는. 괴로워하지 않는.
avihata *adj.* [a-vi-han의 *pp.*] 괴롭혀지지 않는. 괴로워하지 않는. -yobbana 아직 신선한 젊음을 지닌.
avihiṁsā. avihesā *f.* [a-vihiṁsā] ① 잔혹하지 않음. 상해하지 않음. 폭력을 여읨. 비폭력. ② 불살생. ③ 자비. avihiṁsā° -dhātu 비폭력적 요소. 폭력을 여읜 세계. 무해계(無害界). -pariḷāha 비폭력에 대한 고뇌. -pariyesana 비폭력의 추구. -paṭisaṁyutta 비폭력에 관계되는. 무해상응(無害相應). -vitakka 상해를 여읜 사유. 폭력을 여읜 사유. 무해심(無害尋). -saṅkappa 폭력을 여읜 의도. 무해사(無害思).
avihita *adj.* [a-vihita] ① 규정되지 않은. ② 행해지지 않은.
aviheṭhaka. aviheṭhayat *adj.* [<a-vi-heṭh] 괴롭히지 않는. 해치지 않는.
aviheṭhana *n.* [a-viheṭhana] 괴롭히지 않음. 위해하지 않음.
aviheṭhayaṁ [a-viheṭheti의 *ppr. m.* sg. *nom.*] 해치지 않는. 괴롭히지 않는 사람은.
avī *f.* [〃] 암양(羊). *cf.* avi.
avī° 일반적으로 vī°를 보라.
Avīci *f.* [*bsk.* 〃] 아비찌. 아비지(阿毗至). 아비지옥(阿鼻地獄). 무간지옥(無間地獄). avīcaggi 지옥의 불. -niraya 아비지옥. -nirayasantāpa 지옥의 열기. -parāyaṇa 지옥으로 떨어져야 하는. -pariyanta 지옥을 궁극으로 하는. -mahāniraya 대아비지옥. -uppattisaṁvattanika 지옥의 재생으로 이끄는. -santāpa 지옥의 열기.
avīcika *adj.* [a-vīcika] 틈이 없는.
avīta *adj.* [a-vīta] ① 버리지 못한. ② 사라지지 않은. -gandha 향기가 사라지지 않은. -ccha-

nda 욕망을 버리지 못한. -taṇha 갈애(渴愛)를 버리지 못한. *pl. nom.* avītataṇhāse. -dosa 분노를 버리지 못한. -pariḷāha 고뇌를 버리지 못한. -pipāsa 기갈이 사라지지 않은. -rāga 탐욕을 버리지 못한.

avītikkanta *adj.* [a-*sk.* vy-ati-kranta<kram의 *pp.*] ① 넘어서지 않은. ② (규칙을) 위반하지 않은. (죄를) 짓지 않은.

avītikkama *m.* [a-*sk.* vy-ati-krama] ① (규칙을) 위반하지 않음. 위범(違犯)이 없음. ② (죄를) 짓지 않음.

avītivatta *adj.* [a-*sk.* vy-ati-vṛt의 *pp.*] ① 지나가지 않은. ② 극복하지 못한.

avīmaṁsita *adj.* [a-vīmaṁsati의 *pp.*] ① 조사되지 않은. ② 사유되지 않은.

avīmaṁssākāmin *m.* [a-vīmaṁsā-kāmin] 몽매주의자(蒙昧主義者). 반계몽주의자.

avīrapurisa *adj.* [a-vīra-purisa] ① 용감하지 못한 사람. ② 나약한 사람.

avīvadāta *adj.* [a-vy-ava-dā의 *pp.*] 청정해지지 않은.

avuṭṭhāpanīya *adj.* [a-vuṭṭhāpeti의 *grd.*] ① 추방되어질 수 없는. ② 면책되어 질 수 없는.

avuṭṭhi. avuṭṭhikā *f.* [a-vuṭṭhi] 비가 오지 않음. 가뭄.

avuṭṭhika *adj.* [avuṭṭhi-ka] 비가 없는. 가뭄이 든. -megha 비가 없는 구름.-sama 비가 없는 구름과 같은.

avuṭṭhita *adj.* [a-vuṭṭhita] 아직 비가 내리지 않은. 가물은.

avuḍḍhi → avaḍḍhi.

avutta *adj.* [a-vutta<*sk.* an-ukta] ① 말해지지 않은. ② 언급되지 않은. ③ 이름이 지어지지 않은. -naya 목적이 언급되지 않은. -pubba 예전에 언급되지 않은. -vikappana 이름이 지어지지 않은 대안. -siddha '말해지지 않은 성취' 자명한.

avuttiparibhoga *m.* [a-*sk.*vṛtti-paribhogata] 이상한 음식을 함께 즐기는 것.

avutthapubba *adj.* [a-vasati의 *pp.* -pubba] 예전에 함께 살아보지 않은.

avuddhi → avaḍḍhi.

avusita *adj.* [a-vasati의 *pp.*] (청정한 삶이) 적절하게 영위되지 않은.

avûpaccheda *m.* [a-vy-upa-ccheda] 방해가 없음.

avûpasanta *adj.* [a-vy-upa-śam의 *ppr.*] ① 고요하지 않은. ② 적멸에 들지 못한.

avûpasama *m.* [<a-vi-upa-śam] ① 고요하지 않음. ② 적멸에 들지 못함.

avekalla *adj.* [a-vekalla] 흠이 없는. 결점이 없는. 완전한. -nāma 완전성에 따라 이름이 지어진. -buddhi 완전한 지혜.

avekkhati [ava-ikkhati. *bsk.* avīkṣate] 바라보다. 고려하다. 숙고하다.

avekkhana *n.* [<avekkhati] ① 바라봄. ② 고려. 숙고.

avekkhipati [avaṁ-khipati] 점프하다. 뛰어 내리다.

avegāyitvā *ind.* [a-vega의 *denom. abs.*] 원한을 품지 않고.

avecikicchin *adj.* [<a-vicikicchati] ① 불신이 없는. ② 불확실성이 없는.

avecca *ind.* [aveti의 *abs. grd. sk.* avetya <ava-i] ① 확실히. 분명히. 완전히. 절대적으로. 불괴(不壞)의. ② 침투하여. 관철해서. -pasāda 완전히 청정한 믿음. 불괴정(不壞淨).

aveti [ava-ī] ① 아래로 가다. 밑으로 가다. ② 알다. 이해하다.

avedagū *adj.* [a-vedagū] ① 최고의 지식에 도달하지 못한. ② 지혜롭지 못한. ③ 불명료한.

avedana. avedanaka. avedayita *adj.* [<a-vedana] ① 느낌이 없는. ② 고통이 없는.

avedaniya. avedanīya *adj.* [a-vedaniya] 고통을 받을 수 없는.

avedayuṁ. avedi vedeti의 *aor.*

avedha *adj.* [a-vedha. *sk.* avedhya] ① 방해받을 수 없는. ② 흔들리지 않는. -dhamma 쉽게 흔들리지 않는 것.

avedhamāna *adj.* [a-vedhati의 *ppr.*] 흔들리지 않는.

avedhin *adj.* [a-vedha-in] 흔들리지 않는.

avebhaṅgika = avebhaṅgiya

avebhaṅgiya *adj.* [a-vibhaṅga-iya] 나누어질 수 없는.

avera *adj. n.* [a-vera] ① 원한 없는. ② 평화로운. 온화한. 친한. 무에(無恚)의. ② 우정. 우의. 무에(無恚). -citta 원한 없는 마음. 무에심(無恚心). 원한 없는 사람.

averin *adj.* [avera-in] ① 원한 없는. ② 평화로운. 온화한.

avelā *f.* [〃] ① 부적당한 시간. ② 때가 아닌 때.

avevadāta → a-vīvadāta.

avehāsakuṭi *f.* [〃] 하늘에 지어지지 않은 집.

avehāsavihāra *m.* [〃] ① 하늘에 지어지지 않은 거처. ② 땅위의 거처.

avokkamat *adj.* [a-vokkamati의 *ppr.*] ① (바른 길에서) 벗어난. 어긋난. ② 무시하는.

avokkamma *ind.* [a-vokkamati의 *abs.*] ① (바른 길에서) 벗어나서. ② 무시하고.
avokkiṇṇa → abbokiṇṇa.
avoca. avocaṁ. avocuṁ vacati[vac]의 *aor.*
avocutha. avocumha vacati[<vac]의 *aor.*
avocchinna → abbocchinna.
avodāta *adj.* [=avīvadāta] 정화되지 않은.
avosita *adj.* [*cf.* avyosita] ① 완성에 이르지 못한. ② 완전하지 못한.
avohārakusala *adj.* [a-vohāra-kusala] ① 사업에 능숙하지 못한. ② 장사에 서투른.
avyagga *adj.* [a-vyagga. *sk.* avyagra] ① 당황하지 않는. ② 혼란되지 않는. -mana 침착한.
avyañjana *adj.* [a-vyañjana] ① 음성이 불분명한. ② 발음이 불분명한.
avyatta *adj.* [a-vyatta *sk.* avyakta] ① 불명료한. 미현현(未顯現)의. ② 어리석은. ③ 능숙하지 못한. 서툰.
avyattatā *f.* [avyatta의 *abstr.*] ① 드러나지 않은 상태. 은닉. 숨겨진 상태. ② 불견(不見). 불료사(不了事).
avyatha *m.* [<a-vyath] 두려움이 없음. 혼란이 없음. 행복.
avyathi *m.* [*sk.* avyatin] 말[馬].
avyathisa *m.* [*sk.* avyatiṣa] ① 바다. ② 태양.
avyathisā *f.* [*sk.* avyatiṣa] ① 땅. ② 한밤중.
avyabhicāra. avyabhicāri. avyabhicārin *adj.* [a-vy-abhicāra] 논리적으로 어긋남이 없는. avyabhicāra°. avyabhicāri° -vohāra 적합한 표현. 논리적으로 어긋남이 없는 표현.
avyaya *adj.* [a-vyaya] ① 손실이 없는. 변화가 없는. ② 안전한. ③ 불변사(不變辭)[문법]. avyayena 어떠한 지출도 없이. -pada 불변사로 사용되는 단어. -pubbaka 불변사가 첫 번째 또는 지배적인 요소인 곳.
avyayībhāva *m.* [avyaya ③-bhāva] 불변화복합어(不變化複合語). 불변사가 포함된 복합어. 인근석(隣近釋 : avyayībhāva)
avyasanīya *adj.* [*cf.* vyasana] ① 방종하지 않은. ② 방탕하지 않는.
avyākata *m.* [a-vyākata. *sk.* avyākṛta] ① 설명되지 않은 것. 알려지지 않은 것. ② 대답되지 않은 것. ③ 시설되지 않은 것. 결정되지 않은 것. ④ 무규정. 비결정. 무기(無記)[선·악에 속하지 않는 것. 또는 10무기 혹은 14무기의 하나]. -pada '무기'라는 용어. -pucchā 무기에 대한 질문. -mūla 무기의 뿌리. 무기에 뿌리를 둔. -vipāka 결과와 관련하여 무규정적인. -vatthu 부처님에 의해서 선악으로 규정되지 않은 것. -hetu 무규정의 원인.
avyākaraṇadhamma *adj.* [a-vyākaraṇa-dhamma] 독단적 해명을 하지 않기로 원칙을 삼은.
avyākiṇṇa → abbokiṇṇa
avyākula *adj.* [a-vyākula] 혼란 없는. 분명한.
avyādiṇṇa. avyādinna *adj.* [a-vy-ā-dā의 *pass.*] 흩어지지 않음.
avyādhi *m.* [a-vyādhi] 병없음. 무병(無病).
avyādhika. avyādhita *adj.* [avyādhi-ka] 병없는. 무병(無病)의.
avyāpajjha. avyāpajja *adj. n.* [a-vyāpajjha<pad. avyābajjha<bādh] ① 해치지 않는. 무해(無害).② 상처받지 않는. ③ 비폭력적인. 평화적인. 호의가 있는. ④ 고통이 없음[열반]. 증오가 없음. 비폭력. 평화. avyāpajjha° -âdhimutta 비폭력에 대한 지향. 무해신해(無害信解). -ârāma 무해·평화를 즐기는. -citta 평화로운 마음. -parama 평화를 최상으로 하는. -rata 무해 · 평화를 즐기는. -lakkhaṇa 무해 · 평화의 특징. -sukha 무해·평화의 행복.
avyāpajjamāna. avyāpajjhamāna. *adj.* [a-vyā-pad의 ppr.] 악화시키지 않는. 악화시킬 수 없는.
avyāpanna *adj.* [a-vyāpanna] 악의 없는. 분노를 여읜. 자비심 많은.
avyāpāda *m.* [a-vyāpāda] 악의 없음. 분노를 여읨. 무에(無恚). -âdhiṭṭhāna 분노의 여읨에 대한 의지. -âdhipatatta 분노를 여읨에 의해 결정되는 것. -ekatta 분노를 여읨에 대한 집중. -esanā 분노를 여읨의 추구. -khanti 분노를 여의는 인내. -dhammapada 분노의 여읨이라는 가르침의 분야. -dhātu 분노를 여읜 세계. 무에계(無恚界). -paṭilābha 분노의 여읨의 획득. -paṭivedha 분노의 여읨에 대한 꿰뚫음. -pariggaha 분노의 여읨의 채택. -pariyogāhana 분노의 여읨에 들어가는 것. -vitakka 분노를 여읜 사유. 무에심(無恚尋). -saṅkappa 분노를 여읜 의도. 무에사(無恚思). -saññā 분노의 여읨에 대한 지각. 무에상(無恚想). -sahagata 분노의 여읨에 수반되는.
avyāpādavant *adj.* [avyāpāda-vat] ① 악의 없는. ② 분노를 여읜.
avyāpāra *m.* [a-vyāpāra] ① 일이 없음. ② 활동하지 않는. 작용하지 않는. -paccupaṭṭhāna 활동이 없이 나타난.
avyāpeta *adj.* [a-vy-apeta] 분리되지 않은. 격리되지 않은[직접적으로 연결된 운율적인 단어에 사용].
avyābajjha → avyāpajjha.

avyābādhana *adj.* [<a-vy-ā-bādh] ① 해치지 않는. ② 상해가 없는.
avyāmissa *adj.* [a-*sk.* vy-ā-miśra] ① 뒤섞이지 않은. ② 절대적인.
avyāyata *adj.* [a-vyāyata<yam] ① 불분명한. ② 분별이 없는. 부주의한. 제멋대로의.
avyāyika *adj.* [avyaya-ika] ① 변화하기 쉽지 않은. ② 불후의. 불멸의.
avyāvaṭa *adj.* [a-vyāvaṭa. *sk.* avyāpṛta] ① 종사하지 않는. 참여하지 않는. ② 부주의한. 태만한. ③ 걱정하지 않는.
avyāsitatta → avositatta.
avyāseka *adj.* [a-vy-ā-seka] ① 흘러넘치지 않는. ② 부정한 것과 섞이지 않는. 손상되지 않은.
avyāharati [*sk.* abhy-ā-hṛ] ① 가져오다. ② 획득하다. ③ 실현하다.
avyosita *adj.* [a-vyosita. *sk.* avyavasita] = avosita ① 완성에 이르지 못한. ② 불완전한.
avyohārika → abbohārika
°avha(ya) *adj. m.* [*cf.* avhayati] ① 불려진. 이름을 갖고 있는. ② 이름. 명칭.
avhayati. avhāti. avheti [ā-hū. hvā. *sk.* āhvayati] ① 부탁하다. 청하다. 호소하다. ② 부르다. 호출하다. ③ 명명하다. 칭하다. *pp.* avhāta; *ppr.* avhayanta *cf.* avhaya.
avhāna. avhāyana *n.* [<avhayati. *sk.* āhvāna. āhvayana] ① 부탁. 간청. ② 말을 거는 것. ③ 명명(命名).
avhāyika *adj. m.* [<avhaya] ① 부르는. 명명하는. ② 초대자. 명명자.
asa[1] *adj.* ① [a-sva] 주인이 없는. 아무 것도 자기 것이라고 주장하지 않는. 아무 것도 자신의 것으로 소유하지 않는. ② 불변형용사[nicca°를 의미].
asa[2]. asat *adj.* [a-sant. as의 *ppr.*] ① 존재하지 않는. ② 진실이 아닌. 참이 아닌. ③ 좋지 않은. 선(善)하지 않은. 나쁜. ④ 참사람이 아닌.
asaṁyama *m.* [a-saṁyama] ① 자제의 결여. 제어의 결여. ② 무자비(無慈悲).
asaṁyutta *adj.* [a-saṁyutta] ① 연결되지 않은. ② 맞지 않는. 양립할 수 없는.
asaṁyoga *m.* [a-saṁyoga] ① 속박이 없음. ② 수반되지 않음. -anta 자음이 수반되지 않는[문법].
asaṁlitta *adj.* [a-saṁ-lip의 *pp.*] 달라붙지 않은. 집착되지 않은.
asaṁvaṭṭana *adj.* [a-saṁvaṭṭana] ① 파괴되지 않음. ② 해체되지 않음.
asaṁvata *adj.* [a-saṁvuṇāti의 *pp.*] ① 제한되지 않은. ② 열린. 공개된.
asaṁvattanika *adj.* [a-saṁvattanika] 이끌어지지 않는.
asaṁvara *m.* [a-saṁvara] ① 닫히지 않음. ② 제어하지 않음. 통제하지 않음. -âbhirata 제어를 지향하지 않는.
asaṃvāsa. asaṃvāsika *adj.* [a-saṁvāsa] ① 함께 있지 않은. 함께 살지 않는. ② (승원에서) 추방된.
asaṃvāsiya *adj.* [a-saṁ-vas의 *grd.*] ① 함께 살 수 없는. ② 추방되어야 하는.
asaṁvindat [a-saṁvindati의 *ppr.*] ① 발견하지 못하는. ② 알지 못하는.
asaṁvibhāgin *adj.* [a-saṁvindati의 *ppr.*] ① 관대하지 않은. ② 불쌍한.
asaṁvihita *adj.* [a-saṁ-vi-dhā의 *pp.*] ① 준비되지 않은. ② 적절한 수단을 취하지 않는.
asaṁvuta *adj.* [a-saṁvuṇāti의 *pp.*] ① 닫히지 않은. 억제되지 않은. 물질적인 한계가 없는. ② 개방된. 공개된.
asaṁsagga *m.* [a-saṁsagga] ① 뒤섞이지 않는. 번잡을 여읨. 접촉이 없음. ② 거리를 둠. 관계없음. -kathā 번잡을 여읨에 대한 대화. 부잡론(不雜論).
asaṁsaṭṭha *adj.* [a-saṁsaṭṭha] ① 섞이지 않은. ② 교제하지 않는.
asaṁsappa *m.* [a-saṁsappa] 주저하지 않음.
asaṁsappana *n.* [<asaṁsappa] 주저하지 않음.
asaṁsaya *adj.* [a-saṁsaya] ① 의심이 없는. ② 분명한. 명확한.
asaṁsi saṁsati의 *aor.*
asaṁhārima. asaṁhārika *adj.* [<a-saṁ-hṛ] 움직일 수 없는. 부동(不動)의.
asaṁhāriya. asamhīra *adj.* [a-saṁ-harati<hṛ의 *grd.*] ① 움직일 수 없는. 부동(不動)의. ② 파괴될 수 없는. 분쇄 될 수 없는.
asaka *adj.* [a-saka] 자신에 속하지 않는.
asakiṁ *ind.* [a-sakiṁ] ① 한번 보다 많게. ② 두 번 이상.
asakka *adj.* [a-sakka] ① 불가능한. ② ~의 능력이 없는.
asakkacca *adj.* [a-*sk.* sat-kṛtya] ① 정중하지 않은. ② 부주의한. ③ 숙고하지 않은. -kārin 부주의하게 행동하는. -kiriyatā 부주의하게 행동하는 것. -dāna 숙고 없는 보시.
asakkata *adj.* [a-*sk.* sat-kṛta] ① 정중하지 않은. 부주의한. ② 숙고하지 않은.
asakkāra *m.* [a-sakkāra] ① 환영받지 않음. ② 불경(不敬). 무례.

asakkhissa sakkoti의 *cond.*
asakkuṇeyya *adj.* [a-sakkoti의 *grd.*] 불가능(不可能)한.
asakkonta *adj.* [a-sakkoti의 *ppr.*] 불가능한.
asakkhara *adj.* [a-sakkhara] ① 돌이 없는. 자갈이 없는. ② 거칠지 않은.
asakkhi. asakkhiṁ sakkoti의 *aor.*
asakkhika *adj.* [<a-sakkhin] ① 증거가 없는. ② 증인이 없는.
asakkhimhā sakkoti의 *aor.*
asakyadhītā *f.* [a-sakya-dhītā] 진짜 비구니(比丘尼)가 아닌 여자.
asakyaputtiya *adj.* [a-sakya-putta-iya] 불제자(佛弟子)가 아닌.
asagguṇa *adj. m.* [a-sagguṇa] ① 질이 나쁜. 악한. ② 부덕(不德). 악덕. -vibhāvin 악을 저지르는. 악덕을 행하는.
asaṅkacchika *adj.* [a-saṅkacchika] '속옷'이 없는. 허리에 천을 두르지 않은.
asaṅkamanīya *adj.* [a-saṅkămeti의 *caus.grd.*] 움직일 수 없는.
asaṅkamāna *adj.* [a-śaṅk의 *ppr.*] 두려워하지 않는.
asaṅkara *adj.* [a-saṅkara] ① 혼란이 없는. ② 가능한.
asaṅkiṇṇa *adj.* [a-saṅkiṇṇa] ① 뒤섞이지 않은. ② 혼잡하지 않은.
asaṅkita. asaṅkiya *adj.* [a-saṅkita<śaṅk] ① 주저하지 않는. 두려워하지 않는. ② 대담한.
asaṅkiliṭṭha *adj.* [a-saṅkiliṭṭha] ① 불순하지 않은. 불유잡염(不有雜染)의. ② 타락하지 않은.
asaṅkilesika *adj.* [a-saṅkilesa-ika] ① 독이 없는. ② 죄 없는. 부잡염(不雜染)의.
asaṅkucitacitta *adj.* [a-saṅkucita-citta] 마음이 움츠려들지 않는.
asaṅkuppa *adj.* [a-saṅkuppa<kup의 *grd.*] ① 동요하지 않는. ② 견고한.
asaṅkusaka *adj.* [a-saṅkusaka<*sk.* saṅkasuka] ① 완고하지 않은. ② (사체를) 파괴하지 않는. -vatti 행위가 완고하지 않은.
asaṅketena *ind.* [a-saṅkata의 *ins.*] 지적(指摘)이 없이.
asaṅkha *adj.* [a-saṅkha. *sk.* asaṅkhya=asaṅkheyya] ① 셀 수 없는. 측량할 수 없는. 헤아릴 수 없는. 무수한. ② 아승지(阿僧祇).
asaṅkheyya *adj.* [a-saṅkheyya. *sk.* asaṅkhyeya] = asaṅkha.
asaṅkhata *adj.* [a-saṅkhata. *sk.* asaṁskṛta] 조건지어지지 않은. 합성되지 않은. 절대적인. 무위(無爲)의. -ārammaṇa 실체(實體). -dhamma 조건지어지지 않은 진리. 무위법(無爲法). -dhātu 무위의 세계. 무위계(無爲界).
asaṅkhāta *adj.* [a-saṅkhāti의 *pp.*] 여겨지지 않은. 헤아려지지 않은.
asaṅkhāra *adj. m.* [a-saṅkhāra] ① 조건지어지지 않은. 형성이 없는. 업(業)의 잔여가 없는. ② 무행(無行). 무작(無作). 무행반(無行般) -parinibbāyin 노력없이 완전한 열반에 드는 님. 무행반열반자(無行般涅槃者)[오종불환자(五種不還者: pañca anāgamino)에서 상세한 설명을 보라].
asaṅkhārika. asaṅkhāriya *adj.* [asaṅkharaika. -iya] 저절로 일어는. 자극받지 않은. -citta 자극받지 않은 마음. 저절로 일어나는 마음.
asaṅkhiya *adj.* [a-*sk.* saṅkhya] 헤아릴 수 없는. 잴 수 없는.
asaṅkhubbha *adj.* [a-saṅ-kṣubh의 *grd.*] 교란될 수 없는.
asaṅkheyya *adj.* [a-*sk* .saṅkhyeya] 헤아릴 수 없는. 잴 수 없는.
asaṅkhobha → asaṅkhubbha.
asaṅkhya *adj. n.* [a-*sk.* saṅkhya] ① 헤아릴 수 없는. 잴 수 없는. ② 수의 구별이 없는. 불변사[문법].
asaṅga *adj.* [a-saṅga] 집착하지 않는. 집착 없는. -citta. 집착 없는 마음을 지닌. -mānasa 집착 없는 정신을 지닌.
asaṅgantar *m.* [a-saṅ-gam의 *ag.*] 자주 방문하지 않는 사람.
asaṅgaha *m.* [a-saṅgaha] ① 포함되지 않음. ② 섭수(攝受)되지 않음.
asaṅgahaka *adj.* [a-saṅgaha-ka] ① 동정을 얻기 어려운. ② 섭수(攝受)되기 어려운.
asaṅgahita. asaṅgahīta *adj.* [a-saṅgahita] ① 수용되지 않은. ② 요익되지 않은. 섭익(攝益)되지 않은. 섭수(攝受)되지 않은.
asaṅgāhanā *f.* [<a-saṅ-gāh] ① 들어가지 않음. ② 포함되지 않음.
asaṅgita. asaṅgin *adj.* [a-saṅgita] ① 집착되지 않은. ② 자유로운. 장애가 없이 움직이는.
asaṅghaṭṭa *adj.* [a-saṅghaṭṭa] 해치지 않는.
asacca *n. adj.* [a-sacca] ① 거짓. 허위(虛僞). 허언(虛言). 망언(妄言). ② 거짓의. 진실이 아닌.
asacchikata *adj.* [a-sacchikata] ① 실현되지 않은. ② 깨달아지지 않은.
asajjat. asajjamāna *adj.* [a-sajjamāna. sajjati의 *ppr.*] ① 집착하지 않는. ② 장애가 없는.
asajjita *adj.* [a-sajjati의 *pp.*] ① 준비되지 않은.

② 배치되지 않은.
asajjittho sajjati의 *aor. 2sg.*
asajjhāya *m.* [a-sajjhāya] 독송(讀誦)하지 않음. 공부하지 않음. -mala 독송하지 않음의 얼룩. 공부하지 않음의 얼룩.
asañcaraṇa *adj.* [<a-sañcarati] ① 접근하지 못하는. ② 실천되지 못하는.
asañcalita. asañcalima *adj.* [<a-sañcalati의 *pp.*] 흔들리지 않은. 움직일 수 없는.
asañcicca *ind.* [a-saṁ-cint의 abs.] ① 명확하지 않게. ② 무의식적으로. 의도적이 아니게.
asañcetanika *adj.* [<a-saṁ-cint] ① 명확하지 않은. ② 무의식적인. 의도적이 아닌.
asañjata *adj.* [a-saṁ-jan의 *pp.*] 아직 태어나지 않은.
asañña *adj.* [a-sañña] 지각이 없는. -deva 지각을 뛰어넘은 천상계의 존재. 무상천(無想天). -bhava 지각을 초월한 존재. 무상유(無想有).
asaññasatta *n.* [a-sañña-satta] 지각이 끊어진 존재. 지각을 뛰어넘은 중생[지각을 초월한 하느님 세계의 신들. 무상유정천(無想有情天)[神·神界의 이름. 色界四禪의 하느님 세계].
asaññata *adj.* [a-saññata<sam-yam의 *pp.*] ① 제어되지 않은. 다스려지지 않은. 훈련되지 않은. ② 무절제한. -parikkhāra 필수품에 대하여 절제되지 않은. -vacana 언어가 절제되지 않은.
asaññatti *f.* [a-saññatti] 정보가 없음. -bala 상호 정보 속에서 힘을 갖는.
asaññā *f.* [a-saññā] ① 무지각. ② 번개의 일종.
asaññin *adj.* [a-saññin] 지각이 없는. asaññī°-gabbha 지각이 없으나 재생하는 존재. 무상태(無想胎). -bhava 지각이 없는 존재. -vāda 죽은 다음에 지각이 없다는 것을 주장하는 이론. 무상론(無想論).
asaññūpaka. asaññūpika *adj.* [a-sañña-upaka. -upaga] 지각이 없는 존재로 이끄는.
asaññojaniya *adj.* [a-saññojaniya] = asañyojaniya 계박(繫縛)될 수 없는. 불순결(不順結)의.
asaṭha *adj.* [a-saṭha] ① 간계가 없는. 속이지 않는. ② 정직한.
asaṇṭhita *adj.* [a-saṇṭhita] ① 침착하지 않은. 불안정한. ② 변덕스러운.
asaṇha *adj.* [a-śrakṣaṇa] 매끄럽지 않은.
asat. asant *adj.* [a-sat<as의 *ppr.*] ① 존재하지 않는. ② 참이 아닌. 나쁜. 진짜가 아닌. 불선법(不善法). *ins. abl.* asatā; *loc.* asati; *pl. gen.* asataṁ *cf.* asaddhamma.
asatâsampajañña *n.* [a-sati-a-sampajañña] 새김이 없고 알아차림이 없는 상태.

asati ① [=asnāti. aṇhati. *sk.* aśnāti<aś] 먹다. *pres. 1sg.* asmiye; *imp.* asnātu; *fut.* asissāmi. asissaṁ; *ppr.* asamāna. aṇhamāna; *abs.* asitvā. asitvāna; *pp.* asita. ② *f.* [a-sati] 기억이 없음. 잊어버림. 새김이 없음. 주의 깊음이 없음. *ins.* asatiyā. ③ [asat의 *sg. loc.*] imasmiṁ asati idaṁ na hoti 이것이 없을 때에 저것은 없다. 이것이 없으므로 저것이 없다.
asatiyā *ind.* [a-sati의 *ins.*] 부주의하게. 새김이 없이. 무심(無心)하게.
asatī *f.* [a-sat<as] 부정한 여자.
asatta *adj.* ① [a-satta<sajjati의 *pp.*] 집착되지 않는. 물들지 않은. ② [a-satta] 일곱이 아닌.
asattha *adj.* [a-sattha] ① 칼이 없는. 무기가 없는. -âvacara 무기와 관계되지 않는. ② 이단적인. -sammata 이단적인.
asadisa *adj.* [a-sadisa] ① 비교할 수 없는. ② 같지 않은. 비슷한 것이 없는.
asadda *adj.* [a-sadda] 말없는. 소리가 없는.
asaddahana *n.* [a-saddahana] 믿지 않음. 불신(不信).
asaddha *adj. n.* [a-saddha] ① 믿지 않는. 믿음이 없는. ② = assaddha 불신.
asaddhamma *m.* [a-sat-dhamma] ① 잘못된 교리. ② 부도덕한 상태. ③ 죄악. -paṭisevana 잘못된 교리에 종사하는. -pūraṇa 잘못된 교리의 전법. -yuta 잘못된 교리와 연관된. -rata 잘못된 교리를 즐기는. -saññatti 잘못된 교리를 가르침. -santhava 잘못된 교리와 연관되는. -samannāgata 잘못된 교리에 영향을 받은.
asaddhiya *adj.* [a-saddhiya] 믿을 수 없는. 불신을 야기하는.
asaddheyya *adj.* [a-saddheyya] 믿을 가치가 없는. 믿을 수 없는.
asana ① *adj. n.* [*cf.* asati ①. *sk.* aśana] 먹는. 식사. 음식물. -esanā 음식을 구함. 탁발. ② *n.* [<assati] 발사. 미사일. 화살. ③ *m.* [〃] 아싸나[큰 나무의 이름. Terminalia Tomentosa]. 아싸나 나무의 판자. ④ *n.* [*sk.* aśan] 돌. 바위. ⑤ *n.* [<as] 충만. 편만(遍滿).
asanāti = asati. asnāti.
asani. asanī *f.* [*sk.* aśani] ① (무기로 사용되는) 날카로운 돌. ② 번갯불. 인드라(帝釋天)의 천둥 번개·벼락. asani°-aggi 번갯불. 번개로 인한 화재. -pāta 벼락. -vicakka 우뢰. 낙뢰(落雷).
asanta *adj.* ① [= asant] 존재하지 않는. 선(善)하지 않은. 진실하지 않은. 참이 아닌. 참사람이 아닌 (자)[四雙八輩에 속하지 않는 자.]. -tā 존재하지 않음. 선하지 않음. -dīpana 존재하지 않는 것을 자랑하여 말하는. -paggaha 참사람이 아닌 자에게 용기를 주는 것. -bhāva 존재하지 않음. 선하지 않음. -sannivāsa 참사람이 아닌 자와의 교류. -sampaggaha 참사람이 아닌 자에게 용기를 주는 것. -sambhāvanā 참사람이 아닌 자의 환심을 사는 것. ② [a-santa] 고요하지 않은. ③ [a-sa-anta] 한계가 없는. 한량없는.

asantatta *adj.* [a-san-tap의 *pp.*] 뜨거워 지지 않은. 열이 가해지지 않은.

asantasant *adj.* [a-san-tasati의 *ppr.*] 두려워하지 않는.

asantasana *n.* [a-santasana] ① 두려움 없음. ② 대담함. 용기.

asantasanaka *adj.* [a-santasana-ka] ① 두려움 없는. ② 대담한. 용기가 있는.

asantāsin *adj.* [a-santāsa-in] ① 두렵지 않은. ② 떨지 않는.

asantuṭṭha *adj.* [a-santuṭṭha] ① 만족하지 않는. 불만스러운. ② 탐욕스러운.

asantuṭṭhi *f.* [a-santuṭṭhi] 만족을 모름. 불만족. -bahula 불만으로 가득 찬.

asantuṭṭhitā *f.* [asantuṭṭhi의 *abstr.*] 불만족.

asanthata *adj.* [a-santhata] ① 간격이 없는. ② 거리가 없는.

asanthambhana *adj.* [<a-santhambheti] 경직시키지 않는.

asanthava *adj. m* [a-santhava] ① 친밀하지 않은. ② 불화. 절교. 격리.

asanthuta *adj.* [a-santhuta] 친밀하지 않은. 아는 사이가 아닌.

asandiṭṭhiparāmasin *adj.* [a-saṁ-diṭṭhi-parāmasin] 자신의 이론에만 집착하지 않는.

asandiḍḍha. asandiddha *adj.* [a-saṁ-diddha <dih] ① 호도하지 않는. 어물어물 넘어가지 않는. ② 명료한.

asandissamāna *adj.* [a-san-dissati *ppr.*] 보이지 않는.

asandeha *m.* [a-sandeha] ① 의심 없음. ② 분명함. *ins.* asandehena 분명히.

asandosadhamma *adj.* [a-sandosa-dhamma] 분노의 오염에 속하지 않는.

asandhāna *n.* [a-sandhāna] ① 부조화. 불화. ② 단절. 해체.

asandhitā *f.* [a-sandhi의 *abstr.*] ① 부조화의 상태. ② 연결되지 않은 상태. 해체된 상태.

asandheyya *adj.* [a-san-dhā의 *grd.*] 다시는 함께 놓일 수 없는.

asannata *adj.* [a-sannata] 구부러지지 않은.

asannidhikata *adj.* [a-sannidhi-kata] 저장하지 않은. 쌓아두지 않은.

asannidhikāraka *adj.* [a-sannidhi-kāraka] 저장하는 습관이 없는.

asannidhikāraparibhogin *adj.* [a-sannidhikāra-paribhogin] 저장양식으로 살지 않는.

asannipāta *adj.* [a-sannipāta] 만남이 없는.

asapatta *adj.* [a-sapatta. *sk.* asapatna] ① 적이 없는. 경쟁자가 없는. ② 친한.

asapattī *f.* [a-sapattī] ① 두 번째 아내가 없음. ② 다른 아내가 없음.

asappāya *adj.* [a-sappāya] ① 부적당한. 유익하지 않은. ② 불건전한. -kiriyā 부적당한 행위. 유익하지 않은 행위. 불섭생(不攝生).

asappurisa *m.* [a-sappurisa] ① 선하지 않은 사람. 악인(惡人). 악귀(惡鬼). 부선사(不善士). 비선사(非善士). ② 고귀하지 않은 사람. 참사람이 아닌 사람[四雙八輩에 들지 못한 사람]. ③ 비천한 사람. -kammanta 참사람이 아닌 자의 행동을 하는. -tara 참사람이 아닌 자보다도 더욱 참답지 못한. -dāna 참사람이 아닌 자의 보시와 같은 보시. -diṭṭhi 참사람이 아닌 자의 견해를 지닌. -dhamma 참사람이 아닌 자의 원리. -mantin 참사람이 아닌 자의 의도를 가진. -vāca 참사람이 아닌 자처럼 말하는. -saṁsagga. -saṁseva. -sambhatti 참사람이 아닌 자와 교류. 참사람이 아닌 자와 사귐.

asabala *adj.* [a-sabala] ① 얼룩이 없는. 반점이 없는. ② 섞이지 않은. ③ 깨끗한.

asabba° *adj.* [a-sabba] ① 모든 것이 아닌. 모두가 아닌. ② '언제나'가 아닌. ③ 일부의. 부분적인. -atthagāmin 언제나 적용할 수 있는 것이 아닌. -kālika 언제나 발견되는 것이 아닌. -ji 모든 것을 정복할 수 없는. -ññū 전지자(全知者)가 아닌 자. -dhātuka 모든 요소·세계(界)에 속하지 않는. -nāma 대명사가 아닌[문법]. -p-payoga 부분적으로 사용되는. -saṅgāhaka 전체를 포함하지 못하는. 한정된 목적을 지닌. -sādhāraṇa 모두에게 통용되지 않는. 특수한.

asabbha. asabbhin *adj.* [a-sabbha<*sk.* sabhya] '사회에 속하지 않는' ① 버릇없는. 무례한. 천한. 상스러운. 야만적인. ② 부적절한. asabbhi° -kāraṇa 상스러운 행위. asabbha° -jātika 천한 계급의. -rūpa 상스러운 모습의. -vācā 부적절한 표현. 저속한 말. -vācāpayoga 저속한 말의 사용.

asabbhatā *f.* [a-sabbha의 *abstr.*] 야만주의.

asabha [*sk.* ṛṣabha] → usabha

asabhāga *adj.* [a-sabhāga] ① 다른 사람과 교류하지 않는. 비사교적인. ② 예의가 없는.

-vutti 예의가 없는. -yogga 모임에 맞지 않는.
asama *adj.* [a-sama] ① 평등하지 않은. 의롭지 못한. 사악한. 불의(不義)의. ② 동등하지 않은. ③ 견줄 수 없는. 비교할 수 없는. -karuṇa 견줄 수 없는 자비. 최상의 자비. -cārin 사악하게 사는. -dhura 비할 데 없는. 무쌍(無雙)한. -pekkhana. -pekkhanā. -vekkhaṇā 평등한 고려가 없는 (것). 부등관(不等觀). -sama 비교할 수 없는 이와 같은 님. 무등등(無等等)[부처님의 이름]. ④ *n.* [*sk.* aśman. aśan] 돌. 바위. *cf.* asana. asani. ⑤ 아싸마[특정한 神의 무리의 이름. 轉輪王의 이름].
asamaggiya *n.* [a-samagga의 *abstr.*] 화해가 없음. 불화.
asamaṇa → assamaṇa의 *misr.*
asamatta ① *n.* [asama-tta] 동등한 것이 없음. ② *adj.* [a-*sk.* samāpta] 성취되지 않은. 도달되지 않은.
asamattha *adj.* [a-*sk.* samartha] ① 불가능한. ② 무능한. -pañña 무능한 지혜를 가진.
asamanupassanā *f.* [a-samanupassanā] ① 비판적인 조사가 없음. ② 탐구적인 관찰이 없음.
asamannāgata *adj.* [a-samannāgata] 구비하지 못한. 완전히 갖추지 못한.
asamannāhāra *m.* [a-samannāhāra] 집중하지 않음. 산만(散漫).
asamaya *m.* [a-samaya] ① 부적절한 때. ② 때가 아닌 때. 불시(不時). ③ 영원(永遠). -vimutta. -vimokkha 조건 없이 해탈된. 불시해탈(不時解脫). *cf.* akkhaṇa.
asamādānacāra *adj.* [a-samādāna-cāra] (세 가지 옷이) 없이 다니는.
asamādhi *m.* [a-samādhi] 삼매가 아님. 집중이 아님. 비정(非定). -saṁvattanika 집중·삼매로 이끌지 않는. -sukha 삼매에서 느끼는 행복이 아닌 행복.
asamāna *adj.* [a-samāna] ① 같지 않은. 공평하지 않은. ② 다양한. ③ 상이한. 다른. -atta 공평하지 않은. 편견이 있는. -attha 동의어(同義語)가 아닌. -anta 상이한 어미를 지닌. -âsanika 상이한 종류의 자리를 가진[의자나 침대 등]. -kattuka 행위자가 다른. -kālika 다양한 시제의. -gatika 이체동형(異體同形)의. -jātika 다른 계급에 속하는. -padajātika 언어의 상이한 부분에 속하는. -ppavattinimitta 상이한 동기를 가진[상이한 구조의 동음이어에 관한 것]. -liṅga 상이한 성을 지닌. -vacanaka 상이한 수(數)의. -vibhattika 상이한 격의 형태. -sutika 동음이어(同音異語)가 아닌.
asamānattatā *f.* asamānatta *n.* [asamāna의 *abstr.*] ① 공평하지 않은 일. ② 부동사(不同事).
asamāpanna *adj.* [a-samāpanna. *pp.* < sam-āpajjati] 삼매에 들지 않은. 비정중(非定中)의.
asamāsa *adj.* [a-samāsa] 복합어가 아닌. -visaya 복합어가 사용되는 않는 곳.
asamāhāra *adj.* [〃] 비집합의. -digu 비집합대수(非集合帶數)[문법] -dvanda 비집합병렬복합어(非集合竝列複合語). 비집합상위(非集合相違).
asamāhita *adj.* [a-samāhita] ① 집중되지 않은. 삼매에 들지 않은. ② 침착하지 않은. 확고하지 않은. -citta 부정심(不定心).
asamijjhanaka *adj.* [a-samijjhanaka] ① 성공적이 아닌. ② 충족될 수 없는. ③ 결과가 없는.
asamiddha *adj.* [a-samiddha] ① 성공하지 못한. ② 부유하지 않은.
asamiddhi *f.* [a-samiddhi] ① 성공하지 못함. ② 불행. ③ 실패.
asamugghāta *m.* [a-samugghāta] 폐지하지 않음. 폐기하지 않음.
asamugghātita *adj.* [a-samugghāta] 폐지되지 않은.
asamucchidana *n.* [a-samucchindana] 파괴하지 않음. 폐지하지 않음.
asamucchinna *adj.* [a-samucchinna] 파괴되지 않은. 폐지되지 않은.
asamudācāra *adj.* [a-samudācāra] 행동으로 옮겨지지 않는.
asamudānita *adj.* [a-sam-ud-ā-nī의 *pp.*] ① 가져오지 못한. ② 획득하지 못한.
asamuppanna *adj.* [a-samuppanna] 태어나지 않은. 불생(不生)의.
asamūhata *adj.* [a-sam-ū-han의 *pp.*] 제거되지 않은. 근절되지 않은.
asamekkhita *adj.* [a-sam-ā-īkṣ의 *pp.*] ① 고려되지 않은. ② 올바로 관찰되지 않는.
asamekkhakārin *adj.* [<a-sam-ā-īkṣ. -kārin] ① 올바로 관찰하지 않는. ② 경솔한.
asamosaraṇa *n.* [asamosaraṇa] '함께 오지 않는 것' ① 불참(不參). ② 격리(隔離).
asampakampin *adj.* [<a-sampakampeti] 동요하지 않는. 흔들리지 않는.
asampakampiya *adj.* [a-sampakampeti의 *grd.*] 동요될 수 없는. 흔들릴 수 없는.
asampajañña *n.* [a-sampajañña] ① 올바로 알지 못함. 부정지(不正知). ② 올바로 알아채지 못하는 것.
asampajāna *adj.* [a-sampajāna] ① 올바로 알

지 못하는. ② 올바로 알아채지 못하는.
asampaṭivedha .m [a-sampaṭivedha] ① 꿰뚫지 못함. ② 통찰 없음. -rasa 통찰 없음을 본질로 하는. -lakkhaṇa통찰 없음을 특징으로 하는.
asampatta adj. [a-sampatta] 도달되지 않은. 성취되지 못한.
asampadāna n. [a-sampadāna] 나누어 주지 않음. 베풀지 않음.
asampaduṭṭha adj. [a-sampaduṭṭha] ① 싸우지 않는. ② 빼앗을 수 없는.
asampadosa m. [a-sampadosa] ① 증오하지 않음. ② 평화로움. 평화.
asampavedhin adj. [a-sampavedha-in] 동요되지 않는.
asampādita adj. [a-sampādati의 pp.] ① 실천되지 않은. ② 성취되지 않은.
asampāyat adj. [a-sampāyati의 ppr.] ① 적당한 설명을 주지 않는. ② 해석이 불가능한.
asamphappalāpavādin adj. [a-samphappalāpa-vādin] ① 쓸데없는 말을 하지 않는. ② 꾸며대는 말을 하지 않는.
asamphuṭa. asamphuṭṭha adj. [a-sam-sphar 또는 spṛś의 pp.] ① 채워지지 않은. ② 접촉되지 않는. 불소촉(不所觸)의.
asambaddha. asambandha adj. [<a-sambandh] ① 함께 묶이지 않은. 연결되지 않은. ② 관련되지 않은.
asambādha adj. [a-sambādha] ① 방해받지 않는. ② 장애가 없는.
asambuddha adj. [a-sambuddha] ① 이해하지 못한. ② 올바로 깨닫지 못한.
asambudhat adj. [a-sam-budh의 ppr.] ① 이해하지 못하는. ② 올바로 깨닫지 못하는.
asambodha m. [a-sam-budh의 ppr.] ① 몰이해. ② 올바로 깨닫지 못함.
asambhavita adj. [a-sambhavita] 발생되지 않은. -sampatta 우연한.
asambhinna adj. m. [a-sambhinna] ① 섞이지 않은. ② 순수한. 명료한. ③ 연고의 일종.
asambhīta adj. [a-sambhīta] 두렵지 않은. 무외(無畏)의.
asambhuṇanta adj. [a-sambhavati의 ppr.] 불가능한.
asambhoga adj. [a-sambhoga] ① 함께 먹지 않는. ② 함께 살지 않는.
asambhodi f. [a-sambodhi] 올바른 깨달음이 아닌 것. 불각(不覺).
asammūḷha adj. [a-sammūḷha] ① 어리석지 않은. ② 어둡지 않는. ③ 당황하지 않는.
asammodiya n. [a-sammodiya] ① 불일치. ② 부조화. 불화.
asammosa adj. [a-sammosa] ① 당황하지 않은. ② 혼란스럽지 않은.
asammoha n. [a-sammoha] ① 현혹되지 않음. ② 어리석음의 여읨. -âdhimutta 여리석음의 여읨에 대한 지향. 불치신해(不痴信解).
asayaṁvasin adj. [a-sayaṁ-vasin] ① 스스로 통제할 수 없는. ② 의존적인.
asayha adj. [a-sayha. sk. asahya<sah] ① 불가능한. ② 견디기 어려운. 이겨내기 어려운.
asaraṇa n. adj. [a-saraṇa] ① 기억이 없음. ② 피난처가 없는. 의지할 데 없는. 귀의할 곳 없는.
asaraṇībhūta m. [asaraṇa-bhūta] ① 의지할 데 없는 사람. ② 피난처가 없는 사람.
asarīra adj. [a-sarīra] ① 몸이 없는. ② 육체적이 아닌.
asallakkhaṇā f. [a-sallakkhaṇā] ① 식별·분별하지 않음. ② 관찰하지 않음.
asallīna adj. [a-sallīna] ① 게으르지 않은. 움츠리지 않는. ② 물러서지 않는. 퇴전하지 않는.
asallīnatta n. [a-sallīna의 abstr.] 물러서지 않음. 불퇴전(不退轉).
asallekhatā f. [a-sallekha의 abstr.] ① 엄한 고생을 하지 않음. ② 훌륭한 삶을 살지 않음.
asassata adj. [a-sassata] ① 영원하지 않은. ② 무상(無常)한.
asahana n. [a-sahana] ① 참지 못함. 불인(不忍). ② 억울함.
asahāya adj. [a-sahāya] 친구가 없는.
asahita adj. [a-sahita] 수반되지 않는.
asā → āsa.
asākhalya n. [a-sākhalya] 우정이 없는. 우애가 없는.
asāṭheyya n. [a-sāṭheyya] ① 음모가 없음. ② 배신하지 않음.
asāta adj. [a-sāta. sk. aśāta] ① 즐겁지 않은. ② 불쾌한.
asādhāraṇa adj. [a-sādhāraṇa] ① 일반적이지 않은. ② 공통되지 않은. ③ 독특한. 전문적인.
asādhu adj. [a-sādhu] 나쁜. 사악한.
asāmanta adj. [a-sāmanta] ① 가깝지 않은. ② 인접하지 않은.
asāmapāka adj. [a-sāma-pāka] 자신을 위해 요리하지 않는(사람)[고행자의 일종].
asāmāyika adj. [a-sāmāyika] ① 제때가 아닌. ② 시기가 맞지 않는.
asāyiyanta adj. [a-sāyiyati의 ppr.] ① 쾌락을 느끼지 않는. ② 즐겁지 않은.

asāra *n. adj.* asāraka *adj.* [a-sāra. °ka] ① 부실(不實). 공허(空虛). ② 부실한. 가치가 없는. 공허한. 헛된.
asārada *adj.* [a-sārada] ① 신선하지 않은. ② 시들어 버린. ③ 해묵은.
asāraddha *adj.* [a-sāraddha] ① 격정이 없는. ② 화내지 않는.
asārambha *m.* [a-sārambha] 격분하지 않음.
asārāga *m.* [a-sārāga] ① 욕심이 없음. ② 집착이 없음.
asāsi [*sk.* asaṁśīt] saṁsati의 *aor.*
asāhasa *n.* [a-sāhasa] ① 난폭하지 않음. ② 온순함.
asi[1] [atthi as의 *pres. 2sg.*] 당신은 있다.
asi[2] *m.* [〃] 칼. 검. -ggāhaka 왕의 칼을 지닌 자. -camma 칼과 방패. -tharu 칼자루. -dhāra 칼날. -nakha 칼과 같은 손톱을 지닌. -patta 칼 같은 잎사귀가 있는. 검엽(劍葉[地獄]). -pāsa 올가미에 사용하는 칼을 지닌[신들의 부류]. -puttī 단검. 비수(匕首). -māla 칼의 화환[고문의 일종]. -lakkhaṇa 칼로 치는 점(占). -loma 삭발용 칼(을 지닌). -sūnǎ 도살장. 도축장(屠畜場). -sūla 칼날. 칼끝.
asika *adj.* [asi-ka] 칼을 찬. 칼을 지닌.
asita ① *adj. n.* [asati<aś의 *pp. sk.* aśita] 먹어진. 먹은. 배부른. 만족한. 음식. ② *adj.* [a-sita. *sk.* aśrita] 집착하지 않는. 의지하지 않는. 독립의 ③ *adj.* [〃] 검푸른. 검은. ④ *n.* [*sk.* asida] 낫.
Asita *m.* 아씨따. 아사타(阿私陀)[부처님의 탄생 직후 운명을 예언한 선인(仙人)].
asitvā. asitvāna asati의 *abs.*
asithila *adj.* [a-sithila] ① 느슨하지 않은. ② 굳은. 경직된.
asiloka *adj.* [a-siloka] 불명예의. 오명(汚名)의.
asissaṁ. asissāmi asati의 *fut.*
asīti *num.* [*sk.* aśīti] 80. -sata 180.
asīmita *adj.* [a-sīmā-ita] 한계가 없는. 무한한. 무제한적인. 절대적인.
asiyā *f.* 아시아 -desāyatta 아시아의.
asīsaka *adj.* [a-sīsa-ka] 머리가 없는.
asu *pron.* [*sk.* asau(*m.*). adas(*n.*) *cf.* amu] 그것. 그것의. *nom. m. f.* asu. *n.* aduṁ; *ins. m. n.* amunā.
asuka *adj.* [asu-ka] 이와 같은. 이런. 저런. 어떤.
asukha [a-sukha] ① 불행(不幸). ② 즐거움이 없음.
asuci [a-suci] *adj. n.* ① 더러운. 불결한. 부정(不淨)한. ② 몸의 분비물·배설물. -kapallaka 배설물 통. -karaṇa 더럽히는. 모독하는. -kalalakūpa 더러운 진흙구덩이. -kiliṭṭha 분비물에 젖은. -ṭṭhāna 시궁창. -tara 아주 더러운. -nissavana 분비물을 방사하는. -piṇḍa 배설물덩어리. -puṇṇa 배설물로 가득 찬. -bībhaccha 불결하고 혐오스러운. -bharita 배설물로 가득 찬. -bhāva 불결(不潔). -makkhita 분비물이 묻은. -sammata 불결하게 여겨지는. 배설물로 여겨지는. -sukha 불결한 것에 대한 즐거움.
asucika. asucīka *adj.* [asuci-ka] ① 불결한. ② 부정한 삶을 영위하는.
asucitā *f.* [asuci의 *abstr.*] ① 더러움. 불결. ② 부정(不淨).
asuñña *adj.* [a-suñña] ① 비어있지 않은. ② 허망하지 않은. 불공(不空)의. ③ (사람이) 사는. -kappa 부처님이 비어있지 않은 시대. 불공겁(不空劫). -gandha 향기가 부족하지 않은.
asuññatā *f.* [asuñña의 *abstr.*] ① 비어있지 않음. ② 허망하지 않음. 불공(不空).
asuddha *adj.* [a-suddha] ① 순수하지 않은. ② 청정하지 못한. 부정(不淨)한. -ppayoga 결례(缺禮).
asuddhi *f.* [a-suddhi] 청정하지 못함. 부정(不淨).
asuddhin *adj.* [a-suddhin] ① 더러운. ② 청정하지 못한. 부정(不淨)한.
asundara *adj.* [a-sundara] 추악한. 부정한.
asubha *adj.* [a-subha] ① 부정(不淨)한. 더러운. ② 추한. 혐오스러운. -âkāra 부정(不淨)의 형태. -ânupassanā 부정관(不淨觀). 부정수관(不淨隨觀). -ânupassin 부정에 관해 관찰하는. 부정관자(不淨觀者). -ârammaṇa 부정(不淨)에 관한 명상대상. -āvajjanā 부정(不淨)에 주의를 전향시킴. -âsukha 부정(不淨)에서 야기되는 불쾌. -kathā 부정(不淨)에 관한 논의. -kammaṭṭhāna 부정이라는 명상주제. 부정업처(不淨業處). 부정관법(不淨觀法). -dassana 부정(不淨)의 대상을 보는. -nimitta 효과적인 부정(不淨)에 대한 명상의 대상. 부정상(不淨相). -bhāvanā 부정(不淨)의 계발. 부정수행(不淨修行). 부정관(不淨觀). -bhāvanānuyoga 부정수행의 실천. 부정관의 실천. -saññā 부정(不淨)에 관한 지각. 부정상(不淨想). -samāpatti 부정(不淨)에 관한 선정의 성취(成就).
asura *m.* [〃] 아수라(阿修羅). 수라(修羅). 악마. 귀신[서양의 악마와는 달리 깨달음을 돕는 역할도 수행한다]. -âdhipa. -âdhipati 아수라의 제왕. -âbhibhū '아수라의 정복자' 제석천. -inda 아수라의 제왕. -kāya 아수라의 세계. -gaṇa 아수라의 무리. -gaṇappamaddana '아수라의 무리를 분쇄하는 자' 제석천. -jeṭṭhaka 아수라의 우두머리. -danta 아수라의 것과 같은 이빨을 한. -nagara. -pura 아수라의 도시. -purāvijjā 아시리아학. -parivāra 아수라의 수행원. -bhavana 아수라의 궁전. -bherī 아수라의 북. -māyā 아수라의 환술. -yoni 아수라의 세계. -yonigāmin. -yonigāmi(ni)ya 아수라의 세계로 이끄는. -rakkhasā 아수라와 나찰들. -rāja 아수라의 왕. -vata 아수라의 맹세. 아수라의 행동. -vimāna 아수라의 궁전. -sāsana '아수라를 가르치는 자' 제석천.

asurinda *m.* [asura-inda] 아수라의 제왕.

asuriyaṁpassa *adj.* [a-suriyaṁ-passa] 태양을 보지 못하고.

asuropa *m.* [?] 화냄. 증오. 인내심이 적음.

asulabha *adj.* [a-sulabha] 쉽게 얻을 수 없는.

asuvaṇṇa *adj.* [a-suvaṇṇa] 황금이 아닌.

asusānaṭṭhāna *adj.* [a-susāna-ṭṭhāna] 장지(葬地)로 적당하지 않은.

asusira *adj.* [a-susira] ① 동굴이 아닌. ② 비어있지 않은.

asussūsa(t) *adj.* [a-susūsati < śru의 *desid. ppr.*] ① 듣고 싶어 하지 않는. ② 불복종의.

asussūsā *f.* [asusūsat] ① 듣고 싶어 하지 않음. ② 불복종.

asūyaka → anasūyaka

asūyittha → suṇāti의 *pass. aor.*

asūra *adj.* [a-sūra] ① 용감하지 않은. 겁 많은. ② 우둔한.

asekha. asekkha *m.* [a-sekha] 더 이상 배울 것이 없는 사람. 배움을 뛰어넘은 사람. 무학(無學). 아라한(阿羅漢). -ñāṇa 더 이상 배울 것이 없는 앎. 무학지(無學智). -paññā 더 이상 배울 것이 없는 지혜. 무학혜(無學慧). -paṭisambhidā 아라한의 경지에 대한 분석적인 앎. -puggala 더 이상 배울 것이 없는 사람. 무학인(無學人)[아라한]. -bala 더 이상 배울 것이 없는 사람의 힘. 무학력(無學力). -bhāgiya 더 이상 배울 것이 없는 경지에 관계되는. -bhūmi 더 이상 배울 것이 없는 경지. -muni 완전한 현자. 무학의 해탈자[아라한]. -ratana '무학의 보물' 아라한. -visaya 아라한과 관계되는 영역. -sammāājīva 더 이상 배울 것이 없는 올바른 생활. 무학정명(無學正命). -sammākammanta 더 이상 배울 것이 없는 올바른 행위. 무학정행(無學正行). -sammāñāṇa 더 이상 배울 것이 없는 올바른 앎. 무학정지(無學正智). -sammādiṭṭhi 더 이상 배울 것이 없는 올바른 견해. 무학정견(無學正見). -sammāsaṅkappa 더 이상 배울 것이 없는 올바른 사유. 무학정사유(無學正思惟). -sammāvācā 더 이상 배울 것이 없는 올바른 언어. 무학정어(無學正語). -sammāvāyāma 더 이상 배울 것이 없는 올바른 정진. 무학정정진(無學正精進). -sammāvimutti 더 이상 배울 것이 없는 올바른 해탈. 무학정해탈(無學正解脫). -sammāsamādhi 더 이상 배울 것이 없는 올바른 집중. 무학정정(無學正定). -sammāsati 더 이상 배울 것이 없는 올바른 새김. 무학정념(無學正念).

asekhiya *adj.* [asekha-iya] ① 배울 필요가 없는. 무학(無學)의. ② 아라한(阿羅漢)의.

asecanaka *adj.* [a-secana-ka] ① 섞이지 않은. 혼탁하지 않은. ② 순수한.

aseṭṭhacariya *n.* [a-seṭṭha-cariya] ① 탁월한 삶이 없는 것. ② 청정행·범행(梵行)이 없음.

aseṭṭhacarin *adj.* [a-seṭṭha-cariya] ① 탁월한 삶이 없는. ② 청정행이 없는. 범행(梵行)이 없는.

asenāsanaka. asenāsanika. *adj.* [a-sena-āsana-ka] 숙소가 없는.

asevanā *f.* [a-sevanā] ① 시중들지 않음. ② 금욕. 절제.

asevitabba *adj.* [a-sevitabba] 친할 수 없는. 친근하게 될 수 없는.

asevi. asevissaṁ sevati의 *aor.*

asesa *adj.* [a-sesa] ① 나머지가 없는. ② 완전한. -virāganirodhā 남김없이 사라져 소멸하면.

asesita *adj.* [a-śiṣ의 *caus.*의 *pp.*] ① 나머지 없는. ② 전체의. ③ 완전한.

asoka *adj. m.* [*sk.* aśoka] ① 슬픔 없는. 근심 없는. 무우(無憂)의. 슬픔 없음. ② 아쇼카 나무. 무우수(無憂樹)[Saraca Indica]. ③ 아쇼카 산[산의 이름]. ④ 아쇼카. 아육왕(阿育王). 무왕(無憂王). ⑤ 아쏘까[아쇼카왕 이외의 인명]. -atraja 아쏘까의 아들. -aṅkura 아쇼카 나무의 싹. -ârāma 아쇼카 승원[아쇼카 왕이 지은 Pāṭaliputta의 승원의 이름]. -kaṇṇikā 귀장식으로서의 아쇼카 나무의 원추꽃차례. -citta 슬픔이 없는 마음. -dhamma(-rāja) 정의로운 아쇼카 왕. -pallava 아쇼카 나무의 가지. -piṇḍī 아쇼카 나무의 원추꽃차례의 다발. -puppha 아쇼카 나무의 꽃. -pūjaka 장로의 지칭. -bhāva 슬픔이 없음. -mālā 아쇼카 나무의 꽃으로 만든 화환. -vana. -vanabhūmi. -vanikā 아쇼카 나무의 숲. -savhaya 아쇼카와 이름이 같은. -sākhā 아쇼카 나무의 가지.

asokā *f.* [<asoka] 아쏘까[재가의 여신도의 이름. 비구니의 이름].

asokin *adj.* [a-soka-in] 슬픔 없는. 근심 없는.

asocat *adj.* [a-socaṁ<socati의 *ppr.*] 슬퍼하지 않는. 근심하지 않는.
asocana *adj.* [<a-socati] 슬퍼하지 않는. 근심하지 않는.
asoṇḍa *adj.* [a-soṇḍa] 술주정뱅이가 아닌. 불음주하는.
asoṇḍī *f.* [a-soṇḍa의 *f.*] 술주정뱅이가 아닌 여자. 술 안 마시는 여자.
asotatā *f.* [a-sota의 *abstr.*] 귀가 없음. 청각기관이 없음.
asotukamyatā *f.* [a-sotukamya의 *abstr.*] 들으려 하지 않음.
asoppā *f.* [a-soppā] 요정. 신령(神靈).
asobhatha sobhati의 *aor. sg.*
asobhaṇa *adj.* [a-sobhaṇa] ① 추악한. 부정한. ② 적당하지 못한.
asnāti [*sk.* aśnāti<aś *cf.* asati. asanāti] 먹다. *imp.* asnātu. *pres. med.* asmiye.
asma. asmad = amha → ahaṁ.
asma. asman. amha. amhan *m.* [*sk.* aśman] 돌. 바위. asma-gabbha 에머랄드. -puppha 안식향.
asmarī *f.* [<*sk.* aśman] 결석(結石). -bhedaka 결석용해약(結石溶解藥). 용석약(溶石藥). -chedana 쇄석(碎石). -chedanāyatta 쇄석술(碎石術)의. -chedin 쇄석술사(碎石術師). -cuṇṇīkaraṇa 쇄석술(碎石術). -sahita 결석이 있는.
asmā. asmākaṁ. asme → ahaṁ.
asma. asmā atthi의 *pres. 1pl.*
asmasati [*sk.* āśvasati] ① 믿다. ② 의존하다.
asmase ① atthi의 *pres. 1pl.* ② assasati의 *opt. 3sg.*
asmā. asmiṁ → ayaṁ.
asmākaṁ. asmābhi → ahaṁ.
asmi. atthi의 *pres. 1sg.*
asmiye asati'먹다'의 *pres. med. 1sg.*
asmimāna *m.* [asmi-māna] '나는 있다'는 생각. 아만(我慢).
assa ① *m.* [*sk.* aśva] 말[馬]. -attharaṇa 말의 안장. -ācariya 경마의 기수. 마사(馬師). -ājāniya 순혈종의 말. 좋은 말. -āroha 승마자. 기수(騎手). -kaccha 안장. -kappanā 말의 마구를 채우기. -kāya 기마부대. 마군(馬軍). -kuṇapa 죽은 말. -khaluṅka 다룰 수 없는 말. 훈련되지 않은 말. 노마(駑馬). -gutta 앗싸굿따[장로의 이름]. -gumba 기병부대. -gocara 말을 대상[희생물]으로 하는. -gopaka 말 지키는 자. 말구종. -cchakaṇa 말의 똥. -tara 노새. -damaka 조련사. -dammasārathi 말의 조련사. -dūta 기마사자(騎馬使者). -dosa (훈련되지 않은) 말의 결점. -dhenu 암말. -nāvika 말운반선. -paṇiya 팔려고 내놓은 말. -panti 말을 묶는 줄. -piṭṭha 말의 등. -piṭṭh'attharaṇa 말의 안장. -piṭṭhi 말의 등. -pota. -potaka 어린 말. 망아지. 장식용 말. -bandha 말구종. 말사육자. -bhaṇḍa 말구종. 말장수. -bhaṇḍaka 장식용 마구(馬具). 말장식. -maṇḍala 곡마장. 서커스. -maṇḍalika 경마훈련장. -meṇḍa 말구종. -medha 말의 희생제. 마사제(馬祠祭)[제사의 이름]. -mukha 말의 얼굴을 한. -yāna 탈 것으로서의 말. -yuddha 기마전. -ratana 말의 보물. 마보(馬寶)[칠보]. -ratha 마부. -rūpaka 말의 형상. 장난감 말. -lakkhaṇa 말의 특징. 말의 특징을 보고 길흉을 보는 점괘. -laṇḍa 말거름. 말똥. -vāṇija 말장수. -vāla 말의 털. -sadassa 준마. 양마(良馬). -senā 기마대. ② [<aṁsa] 어깨. assapuṭa 어깨가방. 포대. assapuṭena 양식을 가지고. ③ [<bhasma] 재(灾). assapuṭa 재가 든 주머니. ④ [<*sk.* aśra] 구석. 포인트. caturassa 사각형의. ⑤ [*sk.* asṛj] 피[血]. -visodhana 피의 정화. ⑥ [<a-ssaka] 내 것이 없는. 가난한. ⑦ [āsya] 입. ⑧ [*sk.* asya] ayaṁ. tad의 *m. n.* sg. *dat. gen.* 이것의. 그것의. 그의. 그에게. ⑨ [*sk.* syāt] atthi의 *opt. 2. 3. sg.* = siyā 있을 것이다. ⑩ [*sk.* aśman] 돌. -muṭṭhikatāpasa 돌을 주먹에 쥔 고행자.
assaṁ ① ayaṁ의 *f.* sg. *loc.* ② atthi의 *opt. 1sg.* = siyaṁ.
assaka *adj. m.* ① [a-saka] 자기 것이 없는. 무일푼의. 가난한. ② [assa-ka] 말(馬)을 지닌. ③ 앗싸까 족. 마습마가국(摩濕摩駕國). 아습바국·족(阿濕婆國·族). ④ [assa-ka] 작은 말.
assakaṇṇa *m.* ① 살나무[인도북부 원산의 쌍잎감나무과의 상록교목. Vatica Robust]. ② 앗싸깐나[산의 이름].
Assagandhā *f.* [assa-gandhā] 앗싸간다[식물의 이름. Withania somnifera].
Assaji *m.* [*sk.* Aśvajit] 앗싸지. 아습바(阿濕婆). 아설시(阿說示). 마승(馬勝)[초전법륜시의 다섯 비구 중의 하나].
assatara *m.* assatarī *f.* [*sk.* aśvatara] 노새.
assattha ① *m.* [*sk.* aśvattha] 앗싸타. 발다수(鉢多樹). 보리수(菩提樹)[무화과의 일종]. ② *adj.* [assasati의 *pp.* *bsk.* āśvasta] 격려를 받은. 위로를 받은. ③ *m.* [assa-tha] = assatthara 말의 안장(鞍裝).
assaddha *adj. n.* [a-saddha] ① 믿음이 없는. 믿지 않는. ② 불신(不信).

assaddhiya *n.* [a-saddha-iya. *sk.* āśraddhya] 불신(不信).

Assapura *m.* [assa-pura] 앗싸뿌라[Aṅga 국의 도성이름].

assama *m.* [*sk.* āśrama] ① 은자의 거처. 수도원. 승원(僧院). 절[寺]. 아슈람. 초암(草庵). 선처(仙處). ② 숲에서 수행하는 시기의 삶(林棲期 : vānaprastha)[원래는 바라문의 네 가지 수행시기(四住期)에는 1. 학생으로서 공부하는 시기(梵行期: *sk.* brahmacariya), 2. 가정에서 결혼하여 생활하는 시기(家住期 : *sk.* gārhasthya), 3. 숲에서 수행하는 시기(林棲期 : *sk.* vānaprastha), 4. 유행하며 돌아다니는 시기(遊行期 : *sk.* saṁnyāsin)가 있다].

assamaṇa *m.* [a-samaṇa] 가짜 사문. 가짜 승려. 비사문(非沙門).

assaya *m.* [ā-saya<śri] 휴식처. 피난처.

assayuja *m.* [*sk.* āśvayuja] 앗싸유자. 중추(仲秋). 시월(十月 : 양력 9월 16일 ~ 10월 15일)[남방음력 6월 16일 ~ 7월 15일].

assava *adj.* [<ā-śru] 충실한. 충성스러운.

assavati [ā-sru] 흐르다. 흘러나오다. *cf.* āsavati.

assavanatā *f.* [a-savana의 *abstr.*] 부주의. 듣지 않음.

assavanīya *adj.* [a-savanīya] 듣기에 즐겁지 않은. 들을 수 없는.

assasati [ā-śvas] ① 호흡하다. ② (숨을) 내쉬다. *pp.* assattha ② *caus.* assāseti. 위로하다.

assā ① *f.* [*sk.* aśvā] 암말. ② ayaṁ의 *sg. dat. gen.*

assājānīya *m.* [assa-ājānīya] ① 혈통이 좋은 말. ② 준마.

assāda *m.* [*cf.* ā-sādiyati<svad] ① 맛. 풍미(風味). 달콤함. ② 즐거움. 만족. ③ 유혹. 낙미(樂味). -ânupassin 유혹에 대해 관찰하는. 낙미수관(樂味隨觀者).

assādanā *f.* [<assāda] ① 달콤함. 맛. 풍미(風味). ② 즐김. ③ 유혹. 낙미(樂味).

assādeti [assāda의 *denom.*] ① 맛보다. ② 즐기다. ③ 유혹을 발견하다.

assānīka *n.* [assa-anīka] 기마부대.

assāma atthi의 *opt. 1pl.*

assāmanta *adj.* [a-sāmanta] ① 인접하지 않은. ② 이웃하지 않은.

assāmika *adj.* [a-sāmika] ① 주인 없는. ② 남편 없는.

assāraddha = asāraddha

assārūha. assāroha *m.* [assa-āroha] ① 말을 타는 사람. 승마자. ② 기수(騎手).

assāva *m.* [*sk.* āsrāva] ① 고름. 농(膿). ② 습창(濕瘡).

assāvin *adj.* [<ā-sru] ① 즐기는. ② 취(醉)하는. 빠지는. anassāvin 즐기지 않는. 취하지 않는. 빠지지 않는.

assāsa *m.* [*sk.* āśvāsa<ā-śvas] ① 호흡. 날숨. 출식(入息)[어원적으로는 들숨]. ② 위안. 위로. 안식(安息). -passāsa 들숨과 날숨(入出息). 호흡(呼吸).

assāsaka. assāsika *adj.* [assāsa-ka] ① 호흡이 있는. 숨을 쉬는. ② 위안을 주는.

assāsin *adj.* [*sk.* āśvāsin] ① 활력을 주는. 위로하는. ② 위로 받은. 소식(蘇息)의.

assāseti [*sk.* ā-śvas의 *caus.*] ① 숨을 쉬게 하다. ② 위로하다. ③ 용기를 불어넣다.

assita *adj.* [*sk.* āśrita] 의존하는. 지지받는.

assirīka *adj.* [a-sirī] 빛을 잃은. 광채가 없는. -dassana 보기에 역겨운.

assu ① *n.* [*sk.* aśru] 눈물. -kilinna 눈물에 젖은. -janana 눈물의 산출. -jala 눈물. -dhārā 눈물을 흐름. -netta 눈물 젖은 눈. -pāta 눈물을 떨어뜨림. -puṇṇa 눈물로 가득 찬. -bindughaṭā 눈물단지. -mukha 눈물에 젖은 얼굴을 한. -mocana. -vimocana 눈물을 흘림. -samudda 눈물의 바다. -sukkhana 눈물을 말리기. *sg. nom. acc.* assuṁ. ② *ind.* [*sk.* sma] 정말로. 과연. 강의용법[현재 시제의 동사에 과거적 의미를 부가한다]. ③ atthi의 *opt. 3pl.* ④ suṇāti의 *aor. sg.*

assuka *n.* [assu-ka] 눈물.

assuṁ. assuttha. assumha suṇāti의 *aor.*

assuta *adj.* [a-suta] 들은 적이 없는. -pubba 예전에 들은 적이 없는. -âlāpa 인간의 목소리를 들은 적이 없는.

assutavat. assutavin *adj.* [a-sutavat] ① 들은 바 없는. ② 배운 것이 없는. 무지한. ③ 가르침이 없는. ④ 이미 결정된.

assuti *f.* [a-suti] 반전통주의.

assuttha suṇoti의 *aor.*

assosi. assosiṁ. assosuṁ suṇāti의 *aor.*

aha *ind.* [〃] 아! 오! 슬프다![놀램·고통을 나타낸다].

aha. aho *n.* [*sk.* ahan. ahas. *cf.* anha] 날. 낮. -ratta. -ratti 낮과 밤. *acc.* -rattaṁ. -rattiṁ 주야로.

ahaṁ *pron.* [〃] 나. 우리(*pl.*). sg. *acc.* maṁ. mamaṁ; *gen.* mama. mayhaṁ. mamaṁ. me ; *ins.* mayā. me; *loc.* mayi. *pl. nom.* mayaṁ. amhe. vayaṁ; *acc.* amhe. asme. no; *gen.* am-

hākaṁ. asmākaṁ. no; *ins.* amhehi. asmābhi; *loc.* amhesu.
ahaṁkāra. ahaṅkāra *m.* [ahaṁ-kāra] ① 자의식(自意識). ② 자기본위(自己本位). 자기중심벽. ③ 과시(誇示). 허영(虛榮). ④ 아만(我慢). 자존(自尊). 아계집(阿計執). 아집(我執). 자만(自慢).
ahaṁmāna *m.* [ahaṁ-māna] = ahaṁkāra
ahaṁsu. ahāsi harati의 *aor.*
ahata *adj.* [a-hata] 새로운. 해를 입지 않은.
ahattha *adj.* [a-hattha] ① 손이 없는. ② 손이 닿지 않는. -pāsa 손이 닿지 않는 거리에 있는.
ahaddhi. ahadhi *interj.* [aha -dhi. -dhī] 오오! 제기랄!
ahanat *adj.* [a-hanati의 *ppr.*] 죽이지 않는.
ahantar *m.* [a-hanati의 *ag.*] 죽이지 않는 자.
ahaha *m.* 아하하(阿訶訶)[八寒地獄의 이름].
ahahā *interj.* [*onomat.*] 어허허! 슬프도다!
ahāpayat [a-hāpayaṁ. hāpeti<hā의 *ppr.* sg.] ① 생략하지 않는. ② 무시하지 않는.
ahāpita [a-hāpita. hāpeti<hu의 *pp.*] 헌공되지 않은. -aggi 불의 헌공을 행하지 않은.
ahāpetvā [a-hāpetvā<hāpeti의 *abs.*] ① 빠뜨리지 않고. ② 모두. 전부.
ahāyatha hāyati의 *aor. sg.*
ahāriya *adj.* [a-hāriya] 옮길 수 없는. 제거될 수 없는. -rajamattika 티끌이 제거될 수없는 곳에 있는.
ahālidda *adj.* [a-hālidda] 심황(深黃)으로 물들지 않은.
ahāsa *m.* [a-hāsa] ① 과도한 흥이 없는 것. ② 겸손. -dhamma 흥겹게 놀지 않는.
ahāsi harati의 *aor. sg.*
ahi *m n.* [〃] 뱀. -inda 뱀의 제왕. -kañcuka 뱀의 허물. -kuṇapa 뱀의 시체. 죽은 뱀. -gāha 땅꾼. -guṇṭhika. -tuṇḍika 뱀을 부리는 사람. 땅꾼. -nakula 뱀과 몽구스. -nāga 뱀모양의 용. -cchatta 뱀왕의 이름. -chattaka '뱀의 우산' 버섯. -peta 뱀 형상의 아귀. -pheṇa 아편. -bhīruka 뱀을 두려워하는. -maṁsa 뱀고기. -mekhalā '뱀띠' 뱀의 장치·형상. -rāja 뱀의 왕. -vaṇṇa 뱀의 모습. -vātaka(-roga) 병의 이름. 사풍병(蛇風病). -vijjā 뱀을 통한 점술(占術). 사명(蛇明). -sarīra 뱀의 몸. ② atthi의 *imp.*
ahiṁkāra → ahaṁkāra
ahiṁsant *adj.* [a-hiṁsati의 *ppr.*] 해치지 않는.
ahiṁsaka *adj.* [a-hiṁsaka] ① 해치지 않는. 살해하지 않는. 해롭지 않은. 불살생(不殺生)의 -kula 불살생을 가르치는 가족. -hatha 해치지 않는 손을 지닌. ② 앙굴리말라(Aṅgulimāla)의 이름.
ahiṁsana *n.* [a-hiṁsā] ① 해치지 않음. ② 살해하지 않음.
ahiṁsayat *adj.* [a-hiṁssayati의 *ppr.*] 해치게 하지 않는.
ahiṁsā *f.* [a-hiṁsā] ① 해치지 않음. 살해하지 않음. 불살생(不殺生). ② 인정. 친절. -rati 불살생에 전념하는.
ahika *adj.* [aha-ika] 날(日)의.
ahicchattaka m. [sk. ahicchattraka] -vijjā 균학(菌學). 진균학(眞菌學)
ahita *adj.* [a-hita] ① 선하지 않은. ② 친하지 않은. ③ 유익하지 않은. ④ 해로운. *dat.* ahitāya 불이익을 위해서.
ahirañña *adj.* [a-hirañña] 금이 없는.
ahiratha hīrati의 *aor. sg.*
ahirika. ahirīka *adj.* [a-hiri-ika] 부끄러운 줄 모르는. 비양심적인. 무참(無慚)의. -ânottapa 부끄러움이 없고 창피함이 없는. 무참무괴(無慚無愧)의.
ahīna *adj.* [a-hīna] ① 열등하지 않은. ② 결점이 없는. ③ 완전한. -indriya[ahīni°] 모든 감관이 온전한. -gāmin 열등한 존재로 가지 않는.
ahu. ahuṁ. ahū. ahuvā ahuvāma hoti의 *aor.*
ahuvāsiṁ. ahuvamha. ahumha. ahumhā hoti의 *aor.*
ahuvattha hoti의 *aor.*
ahuhaliya. ahuhāliya *n.* [*onomat.*] 호탕한 웃음소리.
ahe *ind.* [=aho. ah] 앗![놀람·당황의 감탄사].
aheṭhayant. aheṭhayāna *adj.* [a-heṭhayat<heṭheti의 *ppr.*] 괴롭히지 않는.
ahetu *adj. m.* [a-hetu] ① 근거가 없는. 원인이 없는. ② 원인이 없음. 무인(無因). -vāda 우연론. 무인론(無因論).
ahetuka *adj.* [a-hetu-ka] 근거가 없는. 원인이 없는. 무인(無因)의. -âpaccaya 원인이 없고 조건이 없는 것. 무인무연(無因無緣). -kiriyacitta 원인 없이 작용만 하는 마음. -kusalavipākacitta 원인 없이 선한 과보를 가져오는 순수한 마음. -citta (선악의) 원인 없이 생겨난 순수한 마음[과보를 낳지 않음]. -diṭṭhi 무인론을 주장하는 견해. -vāda 우연론. 무인론(無因論). -vādin 우연론에 속하는.
ahetuja *adj.* [a-hetu-ja] 원인 없이 생겨난.
ahetupaṭisandhi *f.* [a-hetu-paṭisandhi] 원인 없는 임신. 무인결생(無因結生). *adj* -ka 원인

없는 임신으로 생겨난.
ahevana *n.* = vanasaṇḍa.
ahesuṁ. ahesumha hoti의 *aor.*
aho ① *ind.* [〃] 아아! 과연![놀람을 나타낸다]. vata 아아. 정말로. -purisa 탁월한 사람. 고상한 사람. ② = aha.
ahoratta *n.* [aha-ratta] 밤낮. 주야(晝夜). -ânusikkhin 밤낮으로 자신을 훈련하는.
ahoratti *f.* [aha-ratti] 밤낮. 주야.
ahosi. ahosiṁ. ahosittha hoti의 *aor.*
ahosikamma *m.* [ahosi(hoti의 *aor.*)-kamma] 작용이 없는 업. 기유업(旣有業)[더 이상 잠재적 힘을 갖고 있지 않거나 더 큰 힘에 의해 방해받은 업].

Ā

ā ① 모음·문자 ā의 이름. ② *pref. prep.* [*vedic*에서는 *acc. loc. abl.*와 함께 쓰이며 *sk.*에서는 *acc. abl.*와 함께 쓰인다]. 까지. 을 향해. 로부터. 근처에. 도처에. 밖으로. 위로. 앞으로. 에. 으로. 목표나 접촉을 의미하거나 행동 주체에로 환기. 행동 객체에로의 환기. 지속적 반복적 완전성을 나타내며 때로는 anu. abhi. pa. paṭi의 다른 전치사들과 교환될 수 있다. ③ a가 형용사·추상명사 때문에 ā로 되는 일이 있다[guṇa 또는 a의 첨가. 어근 a의 장음화]. arūpa → āruppa. aroga → ārogya. alasa → ālasiya] ④ 반복삽입 모음 phalâphala 모든 종류의 과일(과일인 것과 과일이 아닌 것). kāraṇâkāraṇāni 모든 종류의 의무. gaṇḍâgaṇḍa 부스럼 덩어리. ⑤ 지말접미사의 일종[남성명사를 여성명사로 만듦].

ākaṅkhati [ā-kaṅkhati<kāṅkṣ] 희망하다. 원하다. 바라다.

ākaṅkhā *f.* [<ākaṅkhati] 의욕. 희망.

ākaṅkhin *m.* [<ākaṅkhati] 희망자(希望者). 응시자(應試者)

ākaḍḍhati [ā-kaḍḍhati] ① 끌다. 끌어넣다. 끌어내다. 당기다. 붙잡다. ② 빨다. ③ 빼내다. 제거하다. ④ (활을) 구부리다. ⑤ 논거를 대다. 고발하다. ⑥ 금을 긋다. ⑦ 넋을 빼앗다. 현혹시키다. ⑧ 넘어지게 하다. ⑧ (의미를) 유도하다. *pp.* ākaḍḍhita; *pass.* ākaḍḍhiyati; *caus.* ākaḍḍhāpeti.

ākaḍḍhaka *adj.* [<ākaḍḍhati] 끌어당기는. 경인하는. -bala 자력(磁力).

ākaḍḍhana *n.* ākaḍḍhanā *f.* [<ākaḍḍhati] ① 끌어당김. 견인(牽引). ② 현혹. -yanta 끌어당기는 기계. -parikaḍḍhana. -vikaḍḍhana 붙잡아 끌어당기는 것.

ākaḍḍhayati. ākaḍḍheti = ākaḍḍhati.

ākaḍḍhita *adj.* [ākaḍḍhati의 *pass.*] ① 당겨진. 구부러진. ② 압도된. ③ 현혹된. ④ 다친.

ākaṇṭhato *ind.* [ā-kaṇṭha-to] ① 목에 이르기까지. ② 배에 가득히. 배부르게.

ākaṇṭhappamāṇaṁ *ind.* [ā-kaṇṭha-ppamāṇaṁ] = ākaṇṭhato.

ākati *m.* [*sk.* ākṛti] 운율의 일종. -gaṇa 문법에 의한 예의 일종.

ākappa *m.* [*sk.* ākalpa] ① 행동. 처신. 태도. 품행. 위의(威儀). ② 차림새. 외관. 복장(服裝). 옷. ③ 습관. 경향. -kutta 행동이나 품행. -sampatti 품행이 단정한. -sampadā 품행이 갖추어진. -sampanna 품행이 단정한. 어울리게 입은. 옷을 잘 입은.

ākampati [ā-kamp] ① 흔들리다. ② 떨리다. 진동하다. *pp.* ākampita. *caus.* ākampayati. ākampeti.

ākampayati. ākampeti [ākampati의 *caus.*] ① 흔들리게 하다. ② 떨리게 하다. 진동시키다.

ākampita [ākampati의 *pp.*] 흔들리는. 떨리는 -hadaya 심장이 떨리는. 마음이 애통한.

ākara *m.* [〃] ① 광산. ② 산지(産地). ③ 장(葬). 굴(窟). 보고(寶庫). -aṭṭha '광산'의 의미. -uppanna 광산에서 생겨난.

ākassa *m.* [<ākassati] ① 견인. ② 자석(磁石).

ākassati [ā-kassati<kṛṣ] ① 끌다. 당기다. ② 경작하다.

ākāra[1] *m.* [ā-kāra] ā의 문자·소리·음절. -āgama ā의 문자·소리·음절의 추가. -ādesa ā의 문자·소리·음절의 대체. -lopa ā의 문자·소리·음절의 제거.

ākāra[2] *m.* [〃] '만드는 방법' ① 암시. 표시. 기호. ② 특징. 속성. ③ 조건. 동기. ④ 모습. 용모. 상태. 양태. 양식. 형태. 행상(行相). dvādasākāra 열두 갈래의 형태. 십이행상(十二行相). → tiparivaṭṭadvādasākāra. -kovida 동기를 잘 아는. -dassanaka 조건을 잘 보는. -nānatta 형태의 다양성. -pavatti 형태의 전개. -vikāra. -vikati 형태의 변환. -parivitakka 조건에 대한 연구. 주의 깊은 사려. 원인들에 대한 조사. -saṇṭhāna 특징과 모습. 양식과 형상. -samūha 형태의 다양성. -sampatti 특징적 암시의 성취.

ākāraka *n.* [ākāra-ka] ① 외견. 형태. 태도. ② 이유. 근거.

ākāravant *adj.* [ākāra-vant] ① 이유를 갖춘. 근거가 있는. ② 합리적인.

ākāsa *m.* [*sk.* ākāśa] ① 하늘. 허공. 공간(空間). ② 공중에서 장기를 하는 놀이의 이름. ③ 구인자(鉤引者). 끌어당기는 자. -aṅgaṇa 열려진 공간. 열려진 안마당. -ajjhāsaya 공간을 추구하는. -anta 허공의 끝. 허공. 공간. -âtikkama 공간을 뛰어넘는. -ânañcâyatana 무한공간의 세계. 무한공간의 경지. 공무변처(空無邊處). -âbhimukha 하늘을 향해 보는. -ârammaṇa 허공

의 대상[명상대상으로서의 허공]. -ukkhipiya '하늘로 꽃을 던진 자' 장로의 이름. -ûpanissaya 허공에의 의지. 허공의 조건. -kathā 허공에 대한 논의. -kasiṇa 허공의 두루채움을 위로 아래로 옆으로 유일하게 한량없이 지각하는 것. 허공의 두루채움이라는 명상수행의 토대. 공편(空遍). 공편처(空遍處). 공일체처(空一切處). -gaṅgā 하늘의 성스런 강. -(ṅ)gata 하늘로 간. 공간에 속하는. 공간적인. -gati 공중으로 나는 것. -gabbha 허공의 가운데. -gamana 공중으로 나는 것. -gāmin 공중으로 나는. -gāmīsaddappacāra 라디오. -gāmīsandesa 라디오방송. -cārika. -cārin 하늘을 나는. -cetiya 탑묘(塔廟)의 이름. -cchadana 허공이 지붕인. -ṭṭha 하늘에서 사는. 허공주(虛空住). -ṭṭhadevatā 하늘에서 사는 신. 천계에 속하는 신. -tala 궁전꼭대기의 테라스. 누각·빌딩의 평평한 지붕. 빌딩의 옥상. -dhātu 공간의 요소. 공간의 세계. 허공계(虛空界). 공계(空界). -dhūma 아까싸두마[꽃나무의 이름]. -nabhagata 하늘을 나는. -nimitta 공간의 표시. -nissita 공간에 의존한. -patta 연(鳶). 솔개. -paddha = -dhūma. -phuṭṭha 공간에 접촉된. -bhūta 하늘처럼 열린. -maṇḍala 공간의 둘레. -rama = -dhūma. -vallī 난초(蘭蕉). -vāsin 허공에 사는. -viññāṇa 공간에 대한 의식. -sadisa 공간과 같은[견고하고 광대한]. -sannissaya 공간을 기초로 하는. 공간을 매질로 하는. -sannissita 공간에 의존하는. -sama. -samāna 하늘과 같은. -salila 비[雨]. ④ *m.* [*sk.* ākarṣa] 탐욕. 집착(執着).

ākāsaka *adj.* [ākāsa-ka] 하늘에 속하는. 허공과 관련된. -vimāna 하늘의 궁전. 천궁(天宮).

ākāsati [ā-kāś] 빛나다.

ākāsatta *n.* [ākāsa의 *abstr.*] 허공인 사실. 허공성(虛空性). 공간성(空間性).

ākāsana *n.* [*sk.* ākarṣana] ① 끌어당김. ② 매혹.

ākāsānañcāyatana *n.* [ākāsa-anañca-ayatana] 공간이 무한한 경지·세계. 공무변처(空無邊處) ākāsānañcāyatanūpagā devā 공간이 무한한 경지에 도달한 신들의 하느님 세계. 공간이 무한한 경지에 도달한 하느님 세계의 신들. 공무변처천(空無邊處天)[神·神界의 이름. 無色界一禪의 하느님 세계]. -âdhimutta 공간이 무한한 세계를 지향하는. -ûpaga 공간이 무한한 세계와 관련된. -kammaṭṭhāna 공간이 무한한 세계의 명상주제. -kiriyacitta 공간이 무한한 세계에 의존하는 비활동적인 마음. -kusalacitta 공간이 무한한 세계에 의존하는 착하고 건전한 마음. -kusalavedanā 공간이 무한한 세계에 의존하는 착하고 건전한 느낌. -citta 공간이 무한한 세계의 마음. -jjhāna 공간이 무한한 세계의 선정. -dhātu 공간이 무한한 세계. -nissita 공간이 무한한 세계에 의존하는. -bhūmi 공간이 무한한 세계의 영역. -saññā 공간이 무한한 세계에 대한 지각. -sappāya 공간이 무한한 세계에 유익한. -samāpatti 공간이 무한한 세계의 성취. -sahagata 공간이 무한한 세계에 수반된.

ākiñcañña *n.* [a-kiñcana-ya] 아무것도 없는 상태. 무소유(無所有). -cetovimutti 아무것도 없는 경지의 마음에 의한 해탈. 무소유심해탈(無所有心解脫).

ākiñcaññāyatana *n.* [a-kiñcana-ya-āyatana] 아무 것도 없는 세계. 아무 것도 없는 경지. 무소유처(無所有處). ākiñcaññāyatanūpagā devā 아무 것도 없는 경지에 도달한 신들의 하느님 세계. 아무 것도 없는 경지에 도달한 하느님 세계의 신들. 무소유처천(無所有處天)[神·神界의 이름. 無色界三禪의 하느님 세계]. -âdhimutta 아무 것도 없는 세계를 지향하는. -ûpaga 아무 것도 없는 세계와 관련된. -kammaṭṭhāna 아무 것도 없는 세계의 명상주제. -kiriyacitta 아무 것도 없는 세계에 의존하는 비활동적인 마음. -kusalacitta 아무 것도 없는 세계에 의존하는 착하고 건전한 마음. -kusalavedanā 아무 것도 없는 세계에 의존하는 착하고 건전한 느낌. -citta 아무 것도 없는 세계의 마음. -jjhāna 아무 것도 없는 세계의 선정. -dhātu 아무 것도 없는 세계. -nissita 아무 것도 없는 세계에 의존하는. -bhūmi 아무 것도 없는 세계의 영역. -saṁyojana 아무 것도 없는 세계의 결박. -saññā 아무 것도 없는 세계에 대한 지각. -sappāya 아무 것도 없는 세계에 유익한. -sahagata 아무 것도 없는 세계에 수반되는. -samāpatti 아무 것도 없는 세계의 성취.

ākiṇṇa *adj.* [ākirati의 *pp.* *sk.* ākīrṇa] ① 뿌려진. 붐비는. ② 가득 찬. 풍부한. 부여받은. ③ 흩어진. 혼란된. ④ 버려진. 천한. 비열한. 잔혹한. -kammantā 업으로 가득 찬. -jana 사람으로 붐비는. -taṇḍula 쌀로 가득 찬. -dosa 결점·잘못으로 가득 찬. -manussa 사람으로 붐비는. -yakkha 야차들로 가득 찬. -luddha 잔인함으로 채워진. -loma 털이 빽빽한. -varalakkhaṇa 최상의 특징들을 부여받은. -vihāra 붐비는 가운데 사는.

ākirati [ā-kirati] 흩뿌리다. 살포하다. *pp.* ākiṇṇa; *imp.* ākirāhi; *aor.* ākiri; *pass.* ākiriyati.

ākiritatta *n.* [ākirita. ākirati *caus.* *pp.*의 *abstr.*] 가득 채워진 상태. 쌓여진 상태.

ākilāyati → āgilāyati.

ākucca *m.* [?] 도마뱀. 석척(蜥蜴).

ākurati [*kur=kor의 *onomat.*] 쉰 목소리를 내다. 허스키하다.
ākula *adj.* [〃] 혼란된. -ākula 완전히 혼란된. -pākula 완전히 당혹한. -bhāva 당혹한 상태. -vyākula 완전히 혼란된. 어찌할 바를 모르는. -samākula 철저하게 뒤얽힌.
ākulaka *adj.* [ākula-ka] 혼란된.
ākulatā *f.* [ākula-tā] 혼란. 무질서(無秩序).
ākulayati [ākula의 *denom.*] 혼란스럽다. *pp.* ākulita.
ākulanīya *adj.* [ā-kulāyati의 *grd.*] 당황하는. 어리둥절하게 되는.
ākulī *f.* [ākulī-puppha] 아꿀리 나무[나무의 이름]. -puppha 아꿀리 나무의 꽃.
ākulībhūta *adj.* [ākulī-bhūta] = ākula. 혼란된.
ākoṭana *adj. n.* [<ākoṭeti] ① 격려하는. 자극하는. 두드리는. ② 격려. 노크.
ākoṭanā *f.* [<ākoṭeti] 격려. 노크.
ākoṭita *adj.* [ākoṭeti의 *pp.*] ① 두드린. 노크한. ② 압축된.
ākoṭeti. ākoṭṭeti [a-koṭṭeti. *bsk.* ākoṭayati] ① 때리다. 두드리다. ② 빻다. 찧다. 타작하다. *pp.* ākoṭita; *caus.* ākoṭapeti.
ākomāraṁ *ind.* [<ā-kumāraṁ] ① 어린아이까지. ② 젊은이조차.
ākkhāta = akkhāta.
ākkhyāta = ākhyāta.
ākha *m.* [<ā-khan] 가래. 삽.
ākhanika *m.* [<ā-khan] ① 도둑. ② 쥐. ③ 돼지. ④ 가래. 삽.
ākhīṇa → ākiṇṇa. akhīṇa
ākhu *m.* [<ā-khan] 쥐. 들쥐. -ghāta 네 번째 계급. -bhuñja 고양이.
ākheṭika *m.* [〃] ① 사냥개. ② 사냥꾼.
ākhepa *m.* [ā-khepa] 역언법(逆言法). 역역설(逆力說)[화제를 일부러 간략하게 말하여, 중요한 뜻이 숨겨져 있다는 것을 암시하는 법].
ākhota *m.* [*cf.* akkhoṭa] 호두나무.
ākhyā *f.* [<ā-khyā] ① 명칭. 이름. 호칭. ② 서술. 진술.
ākhyāta *adj. n.* [〃] ① 알려진. 불려진. ② (정형)동사(動詞)[문법]. -paccaya 동사의 접미사. -pada 정형동사. 문법서의 이름. -rūpamālā 문법서의 이름. -vibhatti 동사의 어미. -sāgara 동사의 바다.
ākhyāti [ā-khyā] 서술하다. 진술하다.
ākhyātika *adj. n.* [ākhyāta-ika] ① 동사의. ② (정형)동사. -paccaya 동사의 접미사. -pada 정형동사.
ākhyāna *n.* [〃] ① 서술. 진술. ② 신화(神話). -visayaka 신화적인.
ākhyānikā *f.* [〃 ākhyānakī] 운율의 이름.
ākhyāyikā *f.* [<ā-khyā] ① 이야기. 담화. 담설(談說). ② 경론(經論).
āgacchati [ā-gacchati] ① 오다. 접근하다. 돌아오다. 도착하다. 결과하다. ② 발생하다. 일어나다. 벌어지다. ③ 상태에 떨어지다. 존재를 획득하다. ④ 기록되다. 전승되다. ⑤ 수반하다. 따르다. ⑥ 언급되다. 이해되다. 정통하다. ⑦ 가치가 있다. *abs.* āgamma. āgantvā; *grd.* āgantabba, āgamanīya; *aor.* āgacchi. āgamāsi. āgama. āgami. āgamaṁ. āgamiṁsu. āgā; *fut.* āgamissati. āgacchissati; *pp.* āgata; *caus.* āgameti.
āgata *adj.* [āgacchati의 *pp.*] ① 온. 돌아온. ② 도달한. 얻은. 성취한. ③ 유래된. 전승된. 정통한. -āgama 아함(阿含)에 정통한. 전승(傳承)에 정통한. -pubba 이전에 방문 받은. -phala 경지에 도달한. 결과를 얻은. -maggâbhimukha 온 방향으로 향한. -visa 맹독(猛毒).
āgati *f.* [ā-gati] ① 옴. 돌아옴. 귀래(歸來). ② 동기.
āgada *m.* āgadana *n.* [<ā-gad] ① 말. 대화. ② 연설.
āgantar *m.* [āgacchati의 *ag.*] ① 온 사람. ② 돌아온 사람.
āgantika *n.* [<āgacchati] 아간띠까[약초나 약이 되는 열매의 이름].
āgantu *adj. m.* [<ā-gam] = āgantuka. ① 오고 있는. 도착하는. 외래(外來)의. 우연(偶然)의. 객진(客塵)의 ② 손님. 방문자. 신참자.
āgantuṁ *ind.* [<āgacchati의 *inf.*] 도착하러.
āgantuka *adj. m.* [〃 ā-gantu-ka] ① 오고 있는. 도착하는. 외래(外來)의. 관점을 벗어난. 부수적인. 우연의. 객진(客塵)의. āgantukehi upakkilesehi 객진번뇌(客塵煩惱)에 의해서. -kathā 관점을 벗어난 이야기. ② 손님. 신참자. 방문자. 여행객. 이방인. -âgāra 객사(客舍). 여관. -daṇḍaka 여행객을 위한 지팡이. -bhatta 방문자를 위한 음식. -paṭisanthāra 방문객의 환대. -vatta 방문객(수행승)을 위한 규칙. -sālā 숙박시설(宿泊施設).
āgama *m.* [〃] ① 도착. 접근. 발생. 성취. ② 돌아감. 귀환. ③ 태어남. 발생. ④ 전승. 전래. 전통. ⑤ 규칙. 실천. 계율. ⑥ 의미. 이해. 전통적인 학습. 신성한 지식. 성스러운 가르침. 성전(聖典). 아함(阿含)[北傳의 초기경전]. ⑦ 부가. 삽입[철자나 음절의 부가 · 삽입]. *cf.* nikāya.

-piṭaka 경장(經藏). -viruddha 전승에 반하는. 종교에 적대적인.

āgamana *n.* [ā-gam-ana] ① 접근. 도착. 도달. ② 돌아감. ③ 다시 태어남. ④ (업의) 상속. ⑤ 미래. -âkāra 돌아오는 방법. -kāraṇa 오는 이유. -kāla 오는 때. -diṭṭhika 다가오는 응보를 생각하는. -divasa 오는 날. -magga 오는 길. -vipatti (저열한 세계로) 다시 태어남의 비극.

āgamanaka *adj.* [ā-gam-ana-ka] 미래의. 닥아오는.

āgamayati. āgameti [āgacchati의 *caus.*] ① 오게 하다. ② 기다리게 하다. ③ 기대하다. ④환영하다. *ppr.* āgamayamāna.

āgamika *m.* [āgama-ika] 전승을 배우는 학생.

āgamma *ind.* [āgacchati의 *abs.*] ① ~때문에. ② ~에 의해서. ③ ~으로 삼아. *cf.* paṭicca

āgamhā. āgā āgacchati의 *aor.*

āgāmitā → agāra.

āgāmiya *m.* [āgama-iya] ① 도착한 사람. ② 방문객. ③ 이방인.

āgāra. āgāraka. āgārika. āgāriya *adj.* [āgāraka. *bsk.* āgārika. agārika] ① 집의. ② 재가(在家)의 = agārika -mitta 재가신도 친구.

agāḷha *adj.* [ā-gāḷha<gāh] ① 강한. ② 과격한. 거친. ③ 견고한. *ins.* āgāḷhena. 거칠게. 난폭하게. *f. ins.* āgāḷhāya.

āgilāyati [ā-gilāyati] ① 피로하다. ② 병이 나다. 아프다.

āgilāyana [<āgilāyati] 아픔. 통증.

āgu *n.* [*sk.* āgas] ① 잘못을 행함. ② 죄악. 범죄. -cārin 죄지은 사람. 범죄자.

āgu. āguta. āgumha āgacchati의 *aor.*

āgotrabhuṁ. āgotrabhuto *ind.* [<ā-gotrabhū] (부처님의) 혈통에 든 님이 되기까지. 참사람의 반열에 든 님이 되기까지.

āghāta *m.* [〃] ① 화. 증오. 악의. 원한. 혐한(嫌恨). ② 살해. 파괴. -vatthu 화내는 일. 혐한사(嫌恨事). -paṭivinaya 악의에 대한 억제. -bandhana 원한을 품음. -vatthu (9가지의) 혐한사(嫌恨事). -vinaya 악의의 제거. -vinayapaccupaṭṭhāna 악의의 제거에 의해 나타난. -virahita 악의가 없는.

āghātana *n.* [ā-ghāta-na] ① 살육(殺戮). ② 형장(刑場). 참수대(斬首臺).

āghātita *adj.* [āghāteti의 *pp.*] ① 화에 감염된. ② 악의에 사로잡힌.

āghāteti [āghāta의 *denom.*] ① 화를 내다. ② 원한을 불러일으키다. ③ 악의를 품다. *pp.* āghātita.

ācamati [ā-cam] ① 씻다. 헹구다. ② 쏟다. ③ 양치질하다. *caus.* ācameti. acamāpeti.

ācamana *n.* [ā-camana] ① 세탁. 씻기. ② 헹구기. ③ 양치질. -ôdaka 씻을 물. -kumbhī 씻는데 사용되는 그릇. -thālaka 씻는데 사용되는 대야. -pādukā 씻는 발판. -sarāvaka 씻기 위한 대야.

ācamā *f.* [<ā-cam] ① 흡수. ② 들이마심. 흡인(吸引).

ācameti [ācamati의 *caus.*] ① 씻다. ② 헹구다. ③ 양치질하다. *abs.* ācamayitvā; *ppr.* ācamayamāna.

ācaya *m.* [ā-caya<ci] ① 축적. ② 집적. 쌓음. -gāmin 재생하기 위해 축적하는. 능취적집(能趣積集). 적집행(積集行). 유전(流轉).

ācarati [ā-carati] ① 행하다. 실천하다. ② 전념하다. ③ 통과하다. *opt.* ācare; *ppr.* sg. *nom.* ācaraṁ; *pp.* āciṇṇa.

ācaraṇa *n.* [<ācarati] ① 실천(實踐). ② 공연(公演).

ācarin *adj.* [<ā-car] ① 가르치는. ② 교사.

ācarinī *f.* [<ā-car] 여교사.

ācariya *m.* [<ā-car. *sk.* ācārya] ① 스승. 선생. 교사. 교수. 기예를 가진 스승. 직업의 스승. 아자리(阿闍梨). ② 번뇌. 현행자(現行者). -âcariya 스승의 스승. -ânusatthi 스승에 의한 가르침. -âsabha 최고의 스승. -uggaha 스승의 경전에 대한 해설. -upāsana(ācariyu°) 스승에 대한 봉사. -ûpajjhāya 스승과 친교사. -ûpaddava 스승의 고뇌. -kamma 기예. 솜씨. 장사. 직업. -kicca 스승에 대한 의무. -kula 스승의 가족. 스승의 문중. -garutta 스승의 권위. -gāthā 스승에게서 유래한 게송. 정통적인 가르침의 권위. -guṇa 스승의 덕성. -ṭṭhāna 스승의 자리. -dakkhiṇā. -dhana 스승에 대한 보수. -paramparāgata. -paramparābhata. 스승의 혈맥에 의해서 전해 내려온. -pācariya 스승과 스승의 스승. -pūjaka 스승을 공경하는. 스승의 공경과 관련된. -brāhmaṇa 바라문 스승. -bhariyā 스승의 아내. -bhāga 스승에 대한 보수. -magga 스승의 길. -mata = -matta. -mati 스승의 생각. -matta 스승 정도의. 가능한 스승. -mahāyuga 스승의 스승[어느 정도 사이를 둔]. -muṭṭhi 스승의 주먹. 사권(師拳). -lesa 스승의 제자가 되기 위한 속임수·환심. -vaṁsa 사자상승의 계보. 사전(師傳). -vaca 스승의 충고. -vatta 스승에 대한 의무. -vāda 스승의 교리. 전통적인 가르침[후에 테라바다의 전통적인 가르침이 아닌 이교적인 가르침에 대하여 쓰임]. -samaya 스승의 교리체계. -sādisa 스승

과 같은. -suddhi 스승의 승계에서의 올바름·청정함.

ācariyaka [ācariya-ka] ① *m.* 스승. ② *adj.* 스승의. ③ *n.* 배움. 기예. 솜씨. 장사. 직업.

ācariyā. *f.* [<ācariya] 여자스승. 여선생. 여교수.

ācariyānī. ācariyinī *f.* [<ācariya] 스승의 아내.

ācāma *m.* [〃] 끓고 있는 밥의 뜬 찌꺼기. 반즙(飯汁).

ācāmeti [*sk.* ācāmayatī ā-cam의 *caus.*] 기뻐하다. 감사하다.

ācāra *m.* [<ā-car] ① 행위. 행동. ② 바른 행동. 도덕적 행위. 청정한 행위. -ariya 고귀한 행위로 이끄는. 바른 행동에 의한 아리안 족이 된. -upacāraññū(ācārup°) 바른 행위와 점잖은 행동에 정통한 자. -kiriya 도덕적인 행위. -kulaputta 바른 행동을 하는 선남자(善男子). -kusala 청정한 행위에 숙달한. 정행(淨行). -guṇasampanna 바른 행위와 덕성을 갖춘. -guṇasodhana 바른 행위와 덕성의 청정으로 이끄는. -gocara 행위와 범주. 도덕과 습관. 성격과 추구. 행경(行境). -gocarasampanna 행경이 갖추어진. 행경구족(行境具足). -diṭṭhi 행위와 신념. -paññatti 바른 행위에 대한 시설. -paṭipatti 바른 행위의 성취. 훌륭한 태도. -bhaṅga 사기를 꺾음. -vatta 바른 행위에 대한 의무. -vikāra 바른 행위의 전도(顚倒). -vidhi 윤리(倫理). -vinaya 바른 행위의 계율. -vipatti 바른 행위의 상실. -vipanna 바른 행위를 상실한. -virodha 이탈(離脫). 탈선(脫線). -vihāra 가치있는 삶. -saṁyama 바른 행위에 대한 노력.

ācārin *adj. m.* [ācāra-in] ① 바르게 행동하는. ② 바른 행위를 하는 사람.

ācikkhaka *adj. m.* [ā-cikkha-ka] ① 말하는. ② 보여주는. ③ 연사.

ācikkhati [akkhāti의 *intens.*] ① 말하다. 이야기하다. ② 정보를 제공하다. ③ 지적하다. 알리다. 보여주다. 드러내다. 보고하다. 선설(宣說)하다. *imp.* ācikkha. ācikkhāhi; *opt.* ācikkheyya; *aor.* ācikkhi; *pp.* ācikkhita; *caus.* ācikkhāpeti.

ācikkhana *n.* [<ācikkhati] ① 이야기함. ② 알림. 선설(宣說).

ācikkhitar *m.* [ācikkhati의 *ag.*] = ācikkhaka ① 알려주는 사람. ② 보여주는 사람. ③ 연사. 선설자(宣說者)

āciṇa *adj.* [ācināti의 *pp.*] 축적된. 행해진.

āciṇṇa *adj. n.* [ācarati의 *pp.*] ① 실천된. 실행된. 습관적으로 종사하는. 습관적인. 상습적인. 익숙한. 버릇을 지닌. ② 인식된. 관찰된. ③ 계몽적인. ④ ~에 탐닉하는. ⑤ 습관. 버릇. 실천. 용법. 방법. -kappa 습관적인 것과 관련된 실천. 상법정(常法淨). -kamma(=bahulakamma) 반복적인 업. 다업(多業). -caṅkamana 걷는데 습관을 들인. -pariciṇṇa 항상 일정하게 실천된. -bhāva 습관적인 실천. -visaya 잘 알려진 익숙한 대상. -samāciṇṇa 널리 관습적으로 실천된.

ācināti [ā-cināti] ① 쌓다. 축적하다. ② 증가시키다. ③ 덮다. ④ 부여하다. ⑤ 결국 ~이 되다. *ppr. dat. gen.* ācinato; *pp.* ācita. āciṇa; *pass.* ācīyati. āceyyati.

āciyati. āceyyati [ācināti의 *caus.*] ① 쌓이다. 증가되다. ② 성장되다. *ppr.* āceyyamāna.

ācera = ācariya

ācela = cela

āja *n.* [<aja(?)] 버터.

ājaka *n.* [aja-ka] 염소의 무리.

ājañña = ājanīya

ājava → ācamā의 *misr.*

ājāna *adj.* [ā-jāna<jñā] 이해하는. durājāna 이해하기 어려운.

ājānana *n.* [ā-jānana] ① 배움. ② 앎. 이해. ③ 인식.

ājānāti [ā-jānāti] ① 배우다. ② 알다. 이해하다. ③ 깨닫다. 인식하다. = aññāti. *opt.* ājāneyyuṁ; *pp.* aññāta.

ājāniya. ājānīya *adj. m.* [*bsk.* ājāneya] ① (말의) 혈통이 좋은. 고귀한. 순종의. ② 준마(駿馬). -susu 어린 준마.

ājānīyatā *f.* [ājāniya의 *abstr.*] 좋은 혈통[동물].

ājāneyya *adj.* [= ājānīya] ① 혈통이 좋은. ② 순종의. -ppamāṇa 혈통이 좋은 말의 크기를 가진. -vaḷavā 순종의 암말.

ājāyati [*sk.* ājāyate] (좋은 가문에) 태어나게 되다. 훌륭한 혈통으로 태어나다.

ājira *m.* [=ajira] ① 안마당. ② 뜰. 정원[둘레가 건물이나 담으로 둘러싸인 곳].

ājīva *m.* [〃ā-jīva] ① 생활. 살림. 삶. ② 생계. 직업. -aṭṭhamakasīla 여덟 번째로 생계를 포함하는 계행. -upaya(ājīvu°) 생계를 유지하기 위한 수단. -kāraṇa 생계를 원인으로 하는. -pārisuddhi 생계의 청정. 생활의 청정. 활명편정(活命遍淨). -pārisuddhisīla 생계청정의 계행. 생활을 청정하게 하는 계행. 활명편정(活命遍淨). -pūraṇa 생계(에 대한 청정)의 완성. -bhaṇḍaka 생계에 필요한 물건 -bheda 청정한 생계의 파괴. -mukha 생존의 수단. 직업. -vāre 생계에 관련된 경우에. -vipanna 생계에서 실패한. 생활이 상실된. -vipatti 생활의 상실. 활명실괴(活命失壞). -visuddhi 생계의 청정. -vutti 직업. -saṁvara 생계의 수호. 생계의 제어. -sampadā 올바른 생계의 완성. 생활의 성취. 활명구족(活命具足). -sīlacāravipanna 청정한 생계와 올바른 계행과 도덕적 행위가 실패한. -suddhi 생계의 청정. -hetu 생계를 위한.

ājīvaka. ājīvika [ājīva-ika] ① *m* 아비지까. 사명외도(邪命外道). ② *n.* 생활. 생계. 생계를 유지하기 위한 수단. -bhaya 생계의 곤란에 대한 두려움. -sāvaka 사명외도의 신도.

ājīvati [ā-jīv] 생계를 유지하다. 생활하다.

ājīvin *adj.* [ājīva-in] 살아가는.

ājjava *n.* [uju의 *abstr.*] 곧음. 정직.

āṭa *m.* [?] 새의 일종[Turdus Ginginianus].

āṭaviya → aṭaviya.

āṭhapanā → atthapanā.

āṇañja = ānejja. āneñja 흔들리지 않는.

āṇaṇya = ānaṇya.

āṇaka *m.* [*sk.* ānaka] 케틀드럼[솥모양의 북].

āṇaṭṭhāna *adj.* [āṇā-ṭṭhāna] ① 힘의 영역. ② 지배영역.

āṇatta *adj.* [āṇāpeti의 *pp.*] ① 명령되어진. ② 칙령(勅令)의.

āṇatti *f.* [ā-ñatti<jñā] ① 명령. ② 법령. 조례. 규칙. 규율.

āṇattika *adj.* [ā-ṇatti-ka] ① 명령에 속하는. ② 법령에 속하는.

āṇā *f.* [*sk.* ājñā] ① 명령. ② 권위. 권능. ③ 위력. -âtikkama 불복종(不服從). -âraha 명령을 내릴 만한. 권위의 가치가 있는. -karaṇa 처벌의 행사. -(k)khetta. 위력이 미치는 찰토. 위력찰토(威力刹土)[三佛刹土]. -cakka (부처님의) 위력의 세계. -cakkavattin 권위있는 제왕. -desanā 위력에 대한 가르침. 위력설법(威力說法)[律藏]. -paka 명령을 부여하는 사람. -pāṭimokkha 명령적인 계율조항. -patha 명령의 방법. -pana 명령. -pavattana 명령의 집행. -pavatti 명령을 내림. -bala 권위의 힘. -bāhulla 위력의 광장함. -bheda 권위의 파괴. -vattiṭṭhāna 책임영역. 책임분야. -vītikamma 명령의 어김. -vohāra 권위와 일반적 사용. -sampanna 권위적인. 정통적인.

āṇāpaka *adj. m.* [<āṇāpeti] ① 명령을 하는. ② 지시자(指示者). 명령자(命令者).

āṇāpana *n.* [āṇāpeti의 *abstr.*] ① 명령. 지시. ② 법령(法令).

āṇāpeti [ā-ñāpeti. ājānāti의 *caus.*] ① 명령하다. 지시하다. ② 강요(强要)하다. *grd.* āṇāpiya; *pp.* āṇatta.

āṇi *f.* [〃] ① 바퀴를 바퀴대에 고정시키는 쐐기. ② 나무못. 핀. -koṭi 핀의 포인트. -gaṇṭhikāhata 핀과 매듭에 의해 볼꼴사납게 된. -coḷa 핀으로 안전하게 고정된 옷. -dvāra 작고 낮은 문. -maṁsa 땅딸막한 놈. -maṇḍavya 아니만다비야[고행자의 이름]. -rakkha 바퀴를 고정시키는 쐐기를 보호하는 자. -saṁghāta 고정 핀의 세트.

āṇya *n.* [<iṇa] 빚이 없음. 채무가 없음.

ātaṅka *m.* [〃] 병(病). 질병. -hara 치유(治癒)의. 치료법의.

ātaṅkati [ā-taṅk] 고통스럽게 살다.

ātaṅkin *adj.* [ātaṅka-in] 병든. 병이 난.

ātata *m* [ā-tan의 *pp.*] (한쪽에 가죽이 붙은) 드럼이나 북 또는 장구. -vitata 모든 면이 가죽으로 덮인 북이나 장구.

ātatta [ā-tatta. ā-tapati의 *pp.*] ① 열을 받은. 불탄. ② 마른.

ātanoti [ā-tan] ① 확장하다. ② 생산하다.

ātapa *m.* [ā-tapa] ① 햇빛. 열(熱). 작열(炸熱). ② 열성. 노력. -âbhāva 그늘. 응달. -ṭṭhāpana 햇빛을 쪼이는[고통을 야기시키기 위해]. -tāpita 햇빛에 그을린. 태양열로 괴로워하는. -vāraṇa 파라솔. 햇볕가리개. 양산. -sukkha 햇빛에 말려진.

ātapatā *f.* [ātapa의 *abstr.*] ① 작열하는 상태. 불타는 상태. ② 열.

ātapati [ā-tap] 타다. 불타다.

ātapatta *n.* [*sk.* ā-tapa-tra] ① 그늘. 응달. ② 우산.

ātappa *n.* [ātāpa-ya] ① 열심. 노력. ② 인내.

ātāpa *m.* [ā-tāpa] ① 열. 작열(炸熱). ② 열심. 노력.

ātāpana *n.* [ā-tāpana] 고행(苦行).

ātāpin *adj.* [ātāpa-in. *bsk.* 〃] ① 열렬한. 열심인. ② 노력하는.

ātāpeti [ā-tāpeti] ① 태우다. 괴롭히다. ② 고행하다.

ātitheyya *n.* [ati-theyya] ① 큰 도둑. 대도(大盜). ② [<atithi-eyya] 선물. 증물(贈物). 오락(娛樂). 여흥(餘興). 연예(演藝).

ātu *m.* [dialec.] 아버지.

ātuman *m.* [=attan. *sk.* ātman] 자신(自身). 자아 *sg. nom.* ātumo. ātumā. ātumāno; *acc.* ātumānaṁ; *loc.* ātume.

ātura *adj.* [〃] ① 아픈. 병든. ② 비참한. ③ 고통스러운. -anna 죽음의 음식. 최후의 음식. -patta 질병으로 얻은. -rūpa 몸이 아픈. -ssara 고통의 외침. -kāya 몸이 병든. -citta 마음이 병든. -tā. -tta 병든 상태. 질병.

āturīyati [ātura의 *denom.*] ① 아프게 되다. ② 감염되다. *pp.* āturita.
ātojja *n.* [ā-tud의 *grd.*] '얻어맞아야 하는 것' 아뜻자[악기의 이름].
āthabbaṇa *n.* [=athabbaṇa] ① 아타르바베다 (Atharvaveda). ② 마술. 마법. -ppayoga 아타르바베다 주문의 적용.
āthabbaṇika *m.* [āthabbaṇa-ika] 마술사(魔術師). 주술사(呪術師).
āda. ādaka *adj. m.* [<ā-dā] 받는 (사람). 수납인. 영수인. bhattādaka 음식을 취하는 사람.
ādadāti [ā-dā의 *redupl.*] ① 받다. 가지다. ② 영수하다. ③ 붙잡다. 취(取)하다.
ādadhāna *adj.* [ādadāti의 *ppr. med.*] ① 야기하는. ② 놓는. ③ 주는. 공급하는.
ādana *n.* [<ad] ① 음식이 있는 장소. ② 목초지.
ādapayati. ādapeti [ādāti의 *caus.*] ① 갖게 하다. 받게 하다. ② 일치하다. *aor.* ādapayi.
ādara *m.* [〃] ① 고려. 사려(思慮). 배려(配慮). ② 존중. 존경.
ādaratā *f.* [ādara의 *abstr.*] = ādara.
ādariya *n.* [ādara-iya] 존경을 표시함. anādariya 무시. 경멸.
ādava *adj. m.* [ā-dava] ① 흥분하는. ② 흥분.
ādahati [ā-dahati] ① [ā-dhā] 놓다. 설치하다. 고정하다. *grd.* ādhātabba. ② [ā-dah] 불붙이다. 불붙다. 불타다.
ādā [ādāti의 *abs.*] ① 가지고. 취하고. ② 자신의 것으로 하고.
ādāti. ādadāti [ā-dā] ① 취하다. 가지다. 받다. 붙잡다. ② 사용하다. 전용하다. ③ 묶다. *inf.* ādātuṁ; *pp.* ādinna *abs.* ādā. ādāya; *grd.* ādeyya. ādātabba; *caus.* ādapeti; *pass. med.* ādiyati.
ādāna *n.* [<ā-dā] ① 가짐. 붙잡음. 집착. 집취(執取). 취착(取著). ② 사용. 전용. ③ 묶음. 연결. ④ [ad-āna] 음식을 먹음. 섭취. -âdhippāya 갖고 싶은. -âbhiniviṭṭha 갖고자 의도하는. -kāla 붙잡는데 적당한 시간. -gantha 집착의 매듭. -gahana 취착과 집착. -taṇhā 붙잡고자 하는 갈애. -nikkhepa 잡는 것과 놓는 것. -paṭinissaga 집착을 놓아버림. -vaṭṭi 붕대. -saṅga 세속적인 집착의 경향. -satta 집착의 존재. -sīla 집착하는 성품을 지닌.
ādāya ① [ādāti의 *abs.*] ~을 가지고. 얻고[구격(*ins.*)을 대신한다]. ② [<ā-dā] 묶다. ③ *m* [<sampradāya] (종교적인 가르침이나 견해 등의) 차용.
ādāyin *adj. m.* [*cf.* ādāya] ① 붙잡는. 취착하는. 자기 것으로 한. ② 전용한 (사람).
ādāsa *m.* [*sk.* ādarśa] 거울. 경(鏡). -tala 거울의 표면.
ādāsaka *m.* = ādāsa 거울.
ādi *m. n.* [〃] ① 최초. 처음. ② 등등(等等). *sg. acc.* ādiṁ; *ins.* ādinā; *abl.* ādito; *loc.* ādimhi. *pl. nom.* ādayo. ādīni. ādinī. -akkhara 첫 번째의 소리. -attha '최초'의 의미. -antavantatā 시작과 끝을 지닌 것. -āgama 단어의 처음에 문자를 첨가하는 것[문법]. -ādesa 단어의 시작에서 대체하는 것[문법]. -kattar 최초에 시작한 사람. -kappika 최초의 우주기[劫]에 속하는. 원초적인. -kamma 처음의 시작. -kammika 초심자. 초학자. 초범자(初犯者). -kalyāṇa 시작부터 아름다운. 처음부터 선한. 초선(初善). -kāla 태초의. 먼 옛날의. -dassana 시작·근원을 보는. -dīgha 첫음절이 장음인[문법]. -dīpaka 최초의 해설자. -pada 복합어의 첫단어[문법]. -pariyosāna 시작과 끝. -purisa 최초의 인간. 조상. -purisāyatta 조상전래의. -pubbaṅgama 근본적인. -brahmacariyaka 도덕적 생활의 기초 원리의. 초범행(初梵行)의. -bhāva 최초의 상태. 최초의 조건. -bhikkhā 최초의 탁발보시. -bhūta 처음의 자리에 있는. 시작의. -majjhapariyosāna 처음과 중간과 끝맺음. -yāma 초저녁. 초야(初夜). -rassa 첫음절이 단음인[문법]. -rāja 초대 왕. -lopa 초두모음의 생략[문법]. -vaṇṇa 첫 번째 음절. -viparitā 단어의 초두모음의 변화. -vuḍḍhi 첫음절의 확대변화. -vyañjana 중복자음의 첫 번째 자음. -sadda '아디'라는 말. -sāra 첫음절의 모음.
ādika *adj.* [ādi-ka] 최초의. 시작의. *ins.* ādikena 처음부터. 바로. 곧. 당장. 동시에.
ādicca *m.* [*sk.* āditya] 해. 태양. -ânuparivattana 태양을 따라 도는. -âbhimukha 태양을 향한. -ûpaṭṭhānā 태양숭배. -patha 태양의 길. 하늘. -paricariyā 태양숭배. -pāka 태양에 의해 요리된. 태양에 의해 뜨거워진. -bandhu 태양의 종족. 태양족(太陽族). -raṁsi 햇빛. -vaṇṇasaṅkāsa 태양처럼 눈부신. -santāpa 태양열.
ādiṭṭha *adj.* [*sk.* ādiṣṭa] 대체된.
ādiṇṇa *adj.* [*sk.* ādīrṇa] 부서진. 파괴된.
ādiṇṇatta *n.* [ādiṇṇa의 *abstr.*] 파괴된 상태. 부서진 상태.
āditta *adj.* [ā-ditta=ādīpita. *sk.* ādīpta. ā-dīp의 *pp.*] 불붙은. 불타는. 작열하는. -âgāra 불타는 집. -geha 불타는 집. -cela 옷이 불붙은 사람. -chārika 붉고 뜨거운 재. 타다 남은 불. -paṇṇakūṭi 불타는 초암. -pariyāya 불에 관한 법문.

-bhavattaya 불타는 '존재의 세 가지.' -veḷûpama 불타는 대나무의 비유. -sīsa 머리에 불붙은 사람.

ādinna [sk. ādāti의 pp.] ① 가져진. 취해진. 집착된. ② 사용된.

ādina. ādīna adj. [<ādi] ① 최초의. 원시의. ② 근원적인. 근본적인.

ādiya ① adj. [ādiyati의 grd.] 얻어질 수 있는. 마음에 둘 수 있는. -mukha 쉽사리 믿는. ② [sk. ādya. admi<ad의 grd.] 먹을 수 있는. ② = ādika 최초의. 처음의. ādiyena 최초로. ③ ādiyati의 abs. 및 imp.

ādiyati ① [ā-diyati=ādāti. ādeti] 취(取)하다. 잡다. 얻다. 받다. 빼앗다. 수용하다. 채택하다. 사용하다. 실행하다. 마음에 새기다. 마음에 두다. 동의하다. opt. ādiye; imp. ādiya; aor. ādiyi. ādiyāsi; abs. ādiyitvā. ādīya. ādāya. ādā. āditvā; caus. ādiyāpeti; pass. ādiyyati. ② [sk. ādriyate <ā-dṛ] 돌보다. 주의하다. 숙고하다. 존경하다. 배려하다. 사려하다.

ādiyanatā f. [ādiyana-tā] ① 잡은 상태. 수용한 상태. ② 빼앗은 상태.

ādisati [ā-disati] ① 말하다. 구술하다. 알리다. 지적하다. 보여주다. 설명하다. ② 예언하다. 추측하다. 마음을 읽다. ③ 봉헌하다. 바치다. opt. ādiseyya. ādiseyyāsi. ādise; imp. ādisa. ādissa; fut. ādissati. ādisissāmi; aor. ādisi. ādisiṁsu. ādisuṁ; abs. ādissa. ādisitvāna; grd. ādissa

ādisesa m. [ādi-sesa] 처음에 남은 것. 최초의 찌꺼기. 초잔(初殘).

ādiso ind. [ādi의 abl.] ① 처음부터. ② 완전히. 철저히.

ādissa ① ādisati의 imp. abs. grd. ② = ādiya. ādiyati의 imp. ③ ~에 관하여. ādisati의 abs.

ādīna adj. n. [sk. adīna] ① 걱정 없는. 열린. 성실한. 거짓 없는. ② [=ādīnava] 고난. 재난. 위험. 불리함.

ādīnava m. n. [bsk. 〃] ① 고난. 재난. 화(禍). 과환(過患). ② 잘못. 과실. ③ 위험. 불리함. ④ 악한 결과. -ânisaṁsa 불리함과 유익함. -ânupassin. -dassāvin. 위험·재난에 대해 관찰하는. -ânupassanā 위험·재난에 대한 관찰. 환관(患觀). 과환수관(過患隨觀). -ânupassanāñāṇa 위험·재난의 관찰에 대한 앎. 과환수관(過患隨觀智). -paricchādaka 위험·재난을 숨기는. -pariyesanā 위험·재난에 대한 탐색. -vibhāvanā 불리한 것에 대한 설명. -saññā 위험·재난에 대한 지각. 고상(苦想).

ādīpana n. [<ādīpeti] 설명. 해명.

ādīpanīya adj. [ā-dīpeti의 grd.] 설명되어야 하는. 해명되어야 하는.

ādīpita adj. [ādīpeti의 pp. = āditta] ① 불 켜진. ② 빛나는. 타오르는.

ādīpeti [ā-dīp] ① 불을 켜다. ② 밝히다. pp. ādīpita

ādu ind. [= adu] ① 그러나. ② 실로. 과연. 참으로. ③ 오히려. ④ 또는[udāhu의 대신].

ādeti = ādiyati.

ādeyya adj. [ādāti의 grd.] ① 받아드릴 수 있는. ② 환영하는. ③ 만족할 만한. -vacana 환영하는 말. 환영사. 축사.

ādeva m. ādevanā f. [<ā-div] ① 한탄. 비탄. ② 애도(哀悼).

ādevati [<ā-div] ① 슬퍼하다. 한탄하다. ② 애도하다. grd. ādevaneyya. pp. ādevita.

ādesa m. [sk. ādeśa] ① 정보. ② 지적. 가리킴. ③ 대체어. 대용어(代用語)[문법]. -bhūta 대체(代替).

ādesanā f. [ā-desanā] ① 관찰(觀察). ② 예지(叡智). ③ 추측. 지적. 기심(記心). -pāṭihāriya 다른 사람의 마음을 읽는 놀라운 능력. 예지의 기적. 관찰타심신변(觀察他心神變). 관찰신변(觀察神變). -vidhā 마음을 읽는 능력의 종류. 예지(叡智)의 종류.

ādo ind. [ādi의 loc. sk. adau] 처음에. 시작에.

ādyādi m. [〃] 아디아디[갠지스강의 별칭].

ādriyati n. [ā-dṛ] ① 갈라지다. ② 찢어지다. ③ 파괴되다. pp. ādiṇṇa

ādhātabba. ādahati의 grd.

ādhātukāma adj. [ādahati의 inf.-kāma] (불을) 놓고 싶어 하는.

ādhāna n. [ā-dhāna] ① 설치. ② 그릇. ③ 저장소. ④ 울타리. 담. -gāhin 울타리를 지키는. 완고한. 고집이 센.

ādhāmita n. [ā-dhmā의 pp.] ① 팽창된. 부푼. ② 불어난.

ādhāra m. [ā-dhāra] ① 그릇. 저장소. 지지(支持). 토대. 기초. ② 원인. 토론의 주제. ③ 처격에 의해 표현되는 구문관계[문법]. -bhāva 지지하는 사실. 지지하는 조건. -bhūta 그릇이 된. 지지하는. -vibhatti 처격(處格).

ādhāraka m. n. [ādhāra-ka] ① 대(臺). ② 책상. 테이블. ③ 설교단(說敎壇). 법상(法床).

ādhāratā f. [ādhāra의 abstr.] ① 일. ② 원인. ③ 질문. 문제.

ādhāraṇa n. [ā-dhāraṇa] ① 지지(支持). 유지(維持). ② 기억. ③ 새김. ④ 집중. -tā 지지하는 사실. 집중의 상태.

ādhāreti [ā-dhṛ의 caus.] ① 지지하다. 유지하다. ② 기억하다. ③ 새기다. ④ 집중하다. pp. ādhārita.

ādhāvati [ā-dhāvati] ① 달리다. ~을 쫓다. 돌격하다. 돌진하다. ② 허겁지겁 달리다.

ādhāvana n. [<ādhāvati] ① 달리기. ② 서두름. 돌진. ③ 격렬한 움직임.

ādhipacca n. [<adhipati-ya] ① 왕권(王權). 절대권력(絶對權力). 주권(主權). 권력(權力). ② 책임영역. 책임분야. ③ 최상의 법칙.

ādhipateyya n. [<adhipati-ya] ① 왕권. 절대권력. 주권. 권력. ② 위력. ③ 영향. -ṭṭha 주된 영향. -paccaya 영향조건. 증상연(增上緣). -saṁvattanika 주권으로 이끄는.

ādhiyati [ā-dhā] ① 함께 놓아지다. ② 합성되다. 단단하게 되다. ③ 집중하다.

ādhuta adj. [ā-dhuta] 흔들리는. 움직이는.

ādhunāti [ā-dhu] ① 흔들다. ② 흔들어 떨어뜨리다. ③ 제거하다. aor. ādhuni; pp. ādhūta; ppr. ādhūyamāna.

ādhunika adj. ["] 현재의. 새로운. 근래의. 현대의. -ācariya 문인(文人). -mata 현대사상. 현대주의. 모더니즘.

ādheyya adj. [ā-dadhāti의 grd.] ① 놓여야 할. 저장되어야 할. ② 마음에 새겨져야 할. -mukha 쉽사리 믿는.

āna ① n. [<an] = āṇa 호흡. 내쉬기. 들이쉬기. ② m. [-āna] 어미의 일종[문법]. -paccaya āna-어미

ānaka m. ["] 팀파니의 일종. 아능가(阿能訶).

ānañca n. [sk. ānantya] 무한. 무변(無邊).

ānañja adj. [cf. aneja. bsk. ānijya. āniñjya. aniñjya] = āne(j)ja = āneñja. 안정된. 흔들리지 않는. 부동(不動)의. cf. āṇañja. -âbhisaṅkhāra 부동의 상태로 이끄는 정신적 요소의 실천. 부동현행(不動現行). -ûpaga 부동의 상태에 도달함. -kathā 부동에 대한 논의. -kāraṇa 부동의 실천. 움직이지 않는 계교. 죽은 척하는. -kārita 부동을 닦은. -paṭisaṁyutta 부동의 성취와 관련된. -ppatta 부동에 도달한. -vihārasamāpatti 부동의 상태의 성취. -vohāra '부동'에 대한 일반적 언어의 사용. -saṁyojana 부동에 대한 결박. 부동의 장애. -saṅkhāra 부동의 상태로 이끄는 형성. 부동행(不動行). -saññin 부동을 지각하는. -sappāya 부동에 유익한. -samādhi 부동에 대한 집중. 부동삼매(不動三昧). -samāpatti 부동경지의 성취.

ānaṇya n. [anaṇa-ya. sk. bsk. ānṛṇya] 빚이 없음. 무채(無債). cf. anaṇa.

ānata adj. [ā-nam의 pp.] ① 약간 구부린. ② 절을 한[禮拜].

ānatta n. [āna ②의 abstr.] āna라는 어미인 사실[문법].

ānadati [ā-nadati] (코끼리가) 나팔 같은 울음소리를 내다.

ānana ① adj. n. [sk. āna] 입을 지닌. 입. 얼굴. 용모. ② [-ānana] 어미의 일종[문법].

ānantarika. ānantariya adj. [anantara-ika] ① 틈이 없는. 바로 이어지는. ② 직접적인. 연속적인. -kamma 현세에서 지체 없이 과보가 따르는 행위. 무간업(無間業)[→五無間業]. -sadisa 무간업과 유사한.

ānantya n. [an-anta의 abstr.] ① 무한성. ② 영원성.

ānanda m. ["] ① 환희. 기쁨. -kara 기쁨을 야기하는. -jāta 환희를 주는. 즐거운. 기쁜. -bherī 환희의 북. -rūpa 낙천적 성격을 지닌. -somanassa 기쁨과 즐거움[정신적]. ② 아난(阿難). 경희(慶喜). 아난다[부처님 제자. 다문제일(多聞第一)]. ③ 아난다[왕의 이름. 논사의 이름. 벽지불의 이름. 신비적인 바닷물고기의 이름. 야차의 이름. 장자의 이름. 장로의 이름.] -bodhi 아난다가 심은 보리수. -māṇava 바라문 청년의 이름.

ānandati [ā-nand] 기뻐하다. grd. ānandiya.

ānandana n. [<ānandati] ① 친절한 인사. 안부인사. ② 환영(歡迎).

ānandin adj. ānandinī f. [ānanda-in] ① 기쁜. 즐겁기를 원하는. ② 축복받는. 행복한 (여인).

ānandiya adj. n. [ānandati의 grd.] ① 기뻐할 수 있는. ② 기쁨. 환희. ③ 축제. 향연.

ānandī f. [ā-nandī] ① 기쁨. 즐거움. ② 환희. 행복. 축복. ānandicitta 행복한 마음.

ānaya adj. [ā-naya] 가져올 수 있는. suvānaya 쉽게 가져올 수 있는.

ānayati = āneti.

ānayi. ānayiṁsu aneti의 aor.

ānaye āneti의 opt.

ānayāpeti āneti의 caus.

ānāpāna n. [āna-apāna] 날숨과 들숨. 출입식(出入息). 안반(安般). -kathā 호흡명상에 대한 논의. -kammaṭṭhāna 호흡의 명상주제. -bhāvanā 호흡의 계발. 호흡명상. 호흡수행. 호흡관(呼吸觀). -dīpanī 안반등소(安般燈疏)[호흡명상에 대한 논서]. -(s)sati 날숨·들숨에 대한 새김. 호흡새김. 호흡명상. 안반념(安般念). 호흡관(呼吸觀). 수식관(數息觀).

ānāpeti āneti의 caus.

ānāmeti [ā-nāmeti<nam의 *caus.*] ① 구부리게 하다. ② 복종시키다. ③ 가져오다.

ānisaṁsa *m.* [*sk.* ānṛśaṁsa. *bsk.* ǎnuśaṁsa] ①공덕(功德). 이익. 좋은 결과. ② 칭찬. 축복. -dassana 공덕을 보는. -dassāvin 공덕을 보는 자. -parivāra 공덕으로 둘러싸인. -mahantattā 공덕의 위대성. -mūlaka 공덕을 뿌리로 하는. -vibhāvana 공덕에 대한 해설.

ānisada *n.* [<ā-ni-sad] 궁둥이. 엉덩이. -aṭṭhi 꽁무니뼈·미려골(尾閭骨).

ānīta *adj.* [āneti의 *pp.*] 제출된. 가져와진.

ānīya *adj.* [āneti의 *abs.*] 가져오고.

ānīyati [āneti의 *pass.*] 가져와지다. 보내지다.

ānupuṭṭha = anupuṭṭha의 시형론적 변형.

ānuttariya *n.* [anuttara-ya] 최고. 탁월. 위없음. 무상(無上). 아뇩다라(阿耨多羅).

ānupubba *n.* [*sk.* anupūrva] ① 순서. 차제(次第). ② 규칙. 규칙성.

ānupubbatā *f.* [ānupubba의 *abstr.*] ① 순서. 차제(次第). ② 규칙성.

ānupubbikathā *f.* [= anupubbakathā] 단계적 설법. 차제설법(次第說法).

ānuppubbī *f.* [<ānupubba] ① 질서. 규칙. ② 순서. 차제(次第). ③ 계승.

ānubhāva *m.* [= anubhāva] ① 능력. 영향. ② 위대. 장엄. 영광. 권위. ③ 초자연적인 힘. 영향력. 위신력(威信力). -dhara 영광스러운. -pakāsana 위신력에 대한 해설. -paridīpaka 위신력에 대해 설명하는. -bala 위신력. -mahatta 위신력의 위대성. -vijānana 위신력에 대한 이해. -vibhāvana 위신력에 대한 설명. -sampanna 초자연적인 힘을 갖춘. 위신력을 갖춘.

ānubhāvatā *f.* [ānubhāva의 *abstr.*] ① 위대성. 영광스러움. ② 위신력이 있는 사실.

ānubhāvavat *adj.* [= anubhāva] ① 위대한. 영광스러운. ② 위신력이 있는.

āneja. ānejja. āneñja *adj.* [*cf.* aneja. *bsk.* ānijya. āniñjya. aniñjya] = ānañja.

āneñjatā *f.* [<āneñja의 *abstr.*] 확고부동.

āneti [ā-neti<nī] = ānayati ① 가져오다. 데려오다. ② 옮기다. ③ 돌려받다. ④ 손에 넣다. *opt.* ānema. ānaye; *imp.* ānetha; *fut.* ānayissati. ānessati; *inf.* ānayituṁ; *abs.* ānetvā; *aor.* ānesi. ānayi. ānayiṁsu; *pp.* ānita; *pass.* ānīyati. āniyyati; *imp.* āniyyataṁ; *caus.* ānāpeti. ānayāpeti.

āpa. āpo *n.* [*sk.* ap. āp. āpaḥ] ① 물. ② 유동성. -âbhinandin 물을 즐기는. -ussadatta(āpu°) 물이 풍부한 상태. āpo° -karaṇīya 물을 통해 만들어질 수 있는. -kasiṇa 물의 두루채움을 위로 아래로 옆으로 유일하게 한량없이 지각하는 것 물의 두루채움이라는 명상수행의 토대. 수편(水遍). 수편처(水遍處). 수일체처(水一切處). -gata 물의 성질. 물의 양태. -garahaka 물을 경멸하는 사람. -jigucchaka 물을 싫어하는 사람. -dhātu 물의 세계. 물의 요소. 수계(水界). -paggharaṇin 물을 떨어뜨리는. -pharaṇa 물의 확산. -pasaṁsaka 물을 찬양하는 사람. -maya 물로 이루어진. -mahābhūta 물의 광대한 존재. 수대(水大). -rasa 물맛. -saṁvatta 물에 의한 우주의 파멸. -saṅgahita 물에 의해 용해된. -saññin 물에 대하여 지각하는. -sannissaya. -sannissita 물과 결합된. -sabhāva 물의 상태. 물의 성질. -sama 물을 닮은. 물과 같은.

āpakā. āpagā. āpayā *f.* [āpa-ga. yā] 강. 천(川). 수류(水流).

āpajjati [ā-pad. *sk.* āpadyate] ① 오다. 도달하다. 들어가다. ② 만나다. 겪다. 저지르다. 경험하다. ③ 만들다. 전시하다. 생산하다. ④ 변화되다. 동화되다. *opt.* āpajjeyya; *aor.* āpajji. āpadi; *abs.* āpajjitvā. āpajja; *pp.* āpanna; *caus.* āpādeti. āpajjāpeti. ⑤ = āvajjati.

āpajjana *n.* [<āpajjati] ① 도래. 도달. 들어감. 만남. 경험. ③ 저지름. 범함. ④ 논리적 귀결.

āpajjitar *m.* [āpajjati의 *ag.*] ① 도달한 자. ② 들어간 자. ③ 저지른 자. 범한 자.

āpaṭisandhito *ind.* [ā-paṭisandhi-to] 결생(結生)에 이르기까지.

āpaṇa *m.* [〃] ① 가게. ② 시장. -ûgghāṭana 상점을 여는 것. -dvāra 가게의 문. -phalaka 상점의 좌판. -bahulatā 상점이 많은 것. -mukha 상점. -racaṇa 상점의 배치. -sālā 빌딩안의 상점.

āpaṇika *m.* [<āpaṇa] 상인. 장사꾼.

āpatacchika = apatacchika.

āpatati [ā-pat] ① 날아가다. ② 떨어지다. 추락하다. ③ 돌진하다. *aor.* āpati. *pp.* āpatita.

āpatana *n.* [<āpatati] ① 비행. ② 추락. ③ 돌진.

āpatti *f.* [〃<āpajjati<ā-pad] ① 계(戒)를 어김. 죄(罪). 아발디(阿鉢底). ② 도달. 들어감. ③ 저지름. 범하는 것. ④ 논리적 귀결. -aṅga 죄의 요소. -āpajjanika 죄악을 저지르는 자. -āpanna 죄를 지은 자. -âdhikaraṇa 계행을 어긴 것에 대한 논의. -ânāpatti 죄와 죄가 아닌 것. 모든 부류의 죄. -uṭṭhānakusalatā 죄를 벗어나는 방법에 관해 잘 아는. 출죄선교(出罪善巧). -kara 죄악을 만드는. -kusala 죄악을 잘 구별할 줄 아는. -kusalatā 죄과가 어느 부류에 속하는지 잘 아는. 입죄선교(入罪善巧). -koṭṭhāsa 죄악

의 한 부분. -kkhandha 죄악의 범주. 죄악의 부류. -gaṇanā 죄악의 수. -gāmin (아직 자백하지 않았지만) 유죄인. -janaka 죄악을 일으키는. -diṭṭhi 죄악을 죄악으로 여기는. -desanā 죄악의 자백. -nānatā. -nānatta 죄악의 다양성. -nikāya 죄악의 부류. -nidāna 죄악을 인연으로 하는. -nirodha 죄악의 소멸. -paṭiggaha 죄악의 고백을 받아들임. -paṭiggāhaka 죄악의 고백을 받아들이는 자. -pariccheda 죄악의 결정. -pariyanta 죄악에 의해 제한된. -parivāsa 죄악에 대한 처벌로 주어진 별주(別住). -pucchā 죄악에 대한 질문. -bahutā 죄악의 배가. -bahula 죄악이 많은. 죄악을 저지르는 습관이 있는. -bhaya 죄악으로 인한 두려움. -bhīru 죄악에 대한 두려움을 지닌. -bheda 죄악에 대한 구분. -mūla 죄악의 뿌리. -mokkha 죄악에서 벗어남. -lesa 죄악에 대한 속임수. -vassa 죄악의 비[雨]. -vinicaya 죄악의 결정 -visesa 죄악의 두드러짐. -vuṭṭhāna 죄악에서 일어섬. 죄악의 제거. -saṅgaha 죄악이라는 제목하의 분류. -saññin 죄악을 지각하는. -sandassanā 죄악을 보여주는 것. -sabhāgatā 죄악의 유사성. -samuṭṭhāna 죄악의 기원. -samudaya 죄악의 발생. -samūha 죄악의 집합. -sāmanta 죄악에 근접하는.

āpattika *adj.* [*bsk.* 〃 āpatti-ka] 죄 있는. 유죄의.

°āpatha = (micch)āpatha

āpathaka° → āpādaka

āpadā *f.* [*sk. bsk.* āpad. *cf.* āpajjati] ① 불행. ② 재난. 사고(事故). *loc.* āpade. āpadāsu. āpāsu.

āpadetar *m.* [apajjati의 *ag.*] 가해자.

āpanna *adj. n.* [āpajjati의 *pp.*] ① 도달한 . 들어간. ② 저지른. 계(戒)를 어긴. ④ 저질러진. 저질러진 것. -gabbha = āsannagabha. -puggala 죄를 저지른 사람. -sattā 임신한 여자.

āpā. āvā *f.* [=āpadā] ① 불행. ② 재난.

āpāṇa *m* [ā-pāṇa] ① 생명. ② 호흡. -koṭika 생명이 다한. 임종의. -koṭikaṁ. -koṭiyaṁ 목숨이 다할 때까지.

āpāta → āpātha.

āpātaṁ *ind.* [āpatati의 *abs.*] 날고[飛].

āpātaparipātaṁ *ind.* [āpātaṁ-paripātaṁ] 이리저리 날며[飛].

āpātha *m* [ā-pātha] ① 영역. ② 시야. -gata ~의 영역에 속하는. 나타나는. 눈에 보이는. -gatatta 출현. 외관.

āpāthaka ① *adj.* [āpātha-ka] 지각범위 안에 있는. 볼 수 있는. ② *m* 사거리. 사구도(四衢道).

āpādaka *m.* āpādikā *f.* [<ā-pad] ① 보호자. ② 후견인. ③ *f.* 양모(養母). 유모.

āpādā *f.* = āpādikā.

āpādi. āpādiṁ āpajjati의 *aor. 3sg. 1sg.*

āpādetar *m.* [āpādeti의 *ag.*] 키우는 자. 먹이는 자. 부양자. 양육자.

āpādeti [āpajjati의 *caus.*] ① 도달하게 하다. 들어가게 하다. 상태가 되게 하다. ② 키우다. 먹이다. 부양하다. 양육하다. ③ 초래하다. 산출하다. 낳다. addhānaṁ āpādeti 시간을 보내다. pāṇe saṅghātaṁ āpādenta 생명을 살육하는.

āpāna *n.* [ā-pā-ana] ① 마시는 것. 음주. ② 함께 술 마시는 곳. 술집. 선술집. -bhūta 선술집이 된. -bhūmi 선술집. 술가게. -maṇḍapa 개방된 술 마시는 홀. -maṇḍala 울타리가 쳐진 술 마시는 장소. -sālā 선술집.

āpānaka *adj.* ① [āpāna-ka] 술 마시는 습관이 있는. 음주벽이 있는. ② [a-pānaka] = apānaka 술을 마시지 않는. 술을 마시지 않음.

āpānīya *adj.* [<āpāna] 마실 수 있는. 마시기에 적당한. -kaṁsa 마시는 그릇. 술잔.

āpāpeti [ā-pa-āp의 *caus.*] ① 도달하게 하다. ② 얻게 하다.

āpāyika *adj.* [apāya-ika] 사후 고통의 상태에 있는. 악취(惡趣)에 있는. 고계(苦界)에 있는.

āpiyati ① [*cf.* appāyati<ṛ] 움직이다. 운동하다. 몸짓하다. *cf.* āpo. ② [ā-pā의 *pass.*] 마셔지다.

āpīta *adj.* [〃] 누르스름한. 황색을 띤.

āpucchati [ā-pucchati] ① 허가를 구하다. ② 묻다. ③ 찾다. *aor.* āpucchi; *abs.* āpucchitvā. apucchitūna. āpuccha. āpucchā; *grd.* āpucchitabba; *pp.* āpucchita.

āpucchaka *m* [āpuccha-ka] 질문하는 자.

āputtaputtehi *ind.* [ā-putta-puttehi] 아들들의 아들들까지. 자자손손(子子孫孫).

āpūra *n.* [<āpūrati] ① 가득 참. ② 포만. 충만.

āpūpika *adj.* [apūpa-ika] 과자·케이크를 먹는.

āpūrati [ā-pūrati] 가득 차게 되다. 증가하다.

āpūreti [āpūrati의 *caus.*] 채우다.

āpeti [appoti<āp의 *caus.*] 얻게 만들다. 도달하게 하다.

āpo → āpa

āpodhāti → āpa

āphusati [ā-phusati] 얻다. 도달하다.

ābandha *m.* [<ābandhati] ① 결박. 매듭. 묶음. ② 고삐. ③ 밧줄. 체인.

ābandhaka *adj.* [<ābhandhati]① 묶는. 연결하는. ② 고정시키는.

ābandhati [ā-bandh] ① 묶다. 매다. ② 고정시

키다. ③ 변비에 걸리게 하다. *pp.* ābaddha *abs.* ābajjha

ābandhana *n.* [<ābandhati] ① 결박. 매듭. 묶음. 연관. ② 고삐. ③ 밧줄.

ābādha *m.* [〃<ā-bādh] 병. 질병. -(p)paccayā 질병 때문에. -bhūta 질병이 있는. 질병으로 이루어진.

ābādhati [ā-bādh] 쿡쿡 쑤시다. 아프다. *pp.* ābādhita

ābādhana *n.* [ābādhati의 *caus.*] 괴로움. 고통.

ābādhika *adj. m.* [ābādha-ika] ① 병이 난. 병든. ② 환자.

ābādhikinī *f.* [ābādhika의 *f.*] 병든 여자. 여자 환자(患者).

ābādheti [ābādhati의 *caus.*] ① 괴롭히다. ② 병들게 하다. *pp.* ābādhita

ābila *adj.* [*sk.* āvila] ① 혼란된. ② 오염된.

ābha *adj.* [<ābhā] ① 눈부신. 빛나는. ② 나타나는. 유사한. -ṁkara 빛나게 만드는.

ābhaṭṭha *adj.* [ā-bhāṣ의 *pp.*] 말해진. 언급된.

ābhaṇana *n.* [ā-bhaṇ] 말하기.

ābhaṇḍana *n.* [〃] 규정지음. 정의내림.

ābhata *adj.* [ābharati의 *pp.*] ① 가져와진. 운반된. ② 나누어진. 건네진.

ābhataka *adj.* = ābhata

ābharaṇa *n.* [〃] ① 장식(裝飾). ② 장신구(裝身具). 장식물(裝飾物). -maṅgala 장신의 축제. 장신식(裝身式).

ābharati [ā-bhṛ] 나르다. 운반하다. *pp.* ābhata; *abs.* ābhatvā.

ābhassara *adj. m.* [*bsk.* Ābhāsvara] ① 빛이 흐르는. ② 광음천(光音天). 극광천(極光天). ābhassarānā devā 빛이 흐르는 신들의 하느님 세계. 빛이 흐르는 하느님 세계의 신들. 광음천(光音天). 극광천(極光天)[神·神界의 이름. 色界二禪의 하느님 세계].

ābhā *f.* [〃<ābhāti] 빛. 광명.

ābhāti [ā-bhā] 빛나다. 빛을 내뿜다. *cf.* ābheti.

ābhāveti [ā-bhāveti] ① 계몽하다. 수련시키다. ② 추구하다.

ābhāsa *m.* [〃] ① 광휘. 광채. ② 화려함. ③ 현현(顯現).

ābhāsati ① [ā-bhāṣ] 말을 걸다. 언급하다. 연설하다. 이야기하다. ② [ā-bhās] 빛나다. 나타나다. 보이다. 비추다. 조명하다.

ābhāsana [<ābhāsati] ① 말을 건넴. 인사. ② 비춤. 나타남. 현현.

ābhikkhañña *n.* [abhikkhaṇa의 *abstr.*] 행위의 지속적인 반복.

ābhicetasika *adj.* [=abhicetasika] 순수한 정신을 지닌

ābhijāti = abhijāti.

ābhidosika *adj.* [abhi-dosa-ika] 어제 밤의. 어제 저녁의. -kālakata 어제 밤에 죽은.

ābhidhammika *adj.* [abhidhamma-ika. *bsk.* ābhidharmika] 아비달마(阿毘達磨)를 연구하는. 아비달마에 정통한.

ābhindati [ā-bhid] ① 부수다. 파열시키다. ② 쪼개다. 자르다. ③ 찢다.

ābhimukhya *.n.* [<abhimukha] ① 앞쪽. ② 향한 방향.

ābhisamācārika → abhisamācārika.

ābhisallekhika → abhisallekhika.

ābhisekika *adj.* [abhiseka-ika] ① (왕을) 신성하게 하는. ② 관정(灌頂)의.

ābhujati. ābhuñjati [ā-bhuj ①] ① 구부리다. 돌아가다. 둘둘 말다. 꼬다. 묶다. ② 마음을 고정시키다. 숙고하다. 성찰하다. 보살피다. ③ 즐기다. 느끼다. 경험하다. 수용(受用)하다. pallaṅkaṁ ābhujati 결가부좌(結跏趺坐)를 하다. *pp.* ābhujita. *abs.* ābhuñjitvā.

ābhujana *n.* [<ābhujati] ① 안으로 꼬부림. ② 결가(結跏).

ābhujī *f.* [*sk.* bhūrja] 자작나무의 일종. 화(樺). 화피(樺皮)[Betula Bhojpatra].

ābhuñjati → ābhujati

ābhuñjana *n.* [<ābhuñjati] ① 체험. ② 즐김. ③ 참여.

ābheti [ābhayati] 비추다. 빛나다.

ābhoga *m.* [<ābhuñjati] '구부리기. 돌리기. 감기' ① 경향(傾向). 관심(關心). 배려(配慮). 숙고. 성찰. 관념. 사고(思考). 사려(思慮). ② 공용(功用). 수용(受用). 음식. -tā ābhoga의 *abstr.*

āma ① *ind.* [*sk. bsk.* 〃] 예. 응. 그럼. 그렇다. 옳다. 낙(諾). ② *ind.* 또는 *adj.* 집의. 집안의. -jana 가족. 한집에 사는 사람들. 친척들. -jāta 노예. -dāsī 여자노예. ③ *adj.* (도자기의) 굽지 않은. 완성되지 않은. 설익은. 날 것의. 날고기의. 가공하지 않은. -âsaya 위(胃). -gandha 날고기의 냄새. 비린내. -giddha 날고기를 탐하는. -pakkabhikkhācariya 날것과 요리한 것의 구걸을 위해 유행하는. ④ *adj.* 소화되지 않은[의학]. -âvasesa 소화되지 않고 남은 음식. -dosa 소화불량[체질의학에서]. -roga 배앓이. 소화불량. -bhedanidassana 소화불량을 치료하는.

āmaka *adj.* [= āma ③] 날 것의. 요리되지 않은. -cchinna 아직 신선할 때에 자른. -takka 신선한 버터밀크. -dhañña 날곡식. -pūtika 아직 익

지 않았는데 썩어버린. -phala 익지 않은 열매. -bhājana 덜 구워진 도기. -maṁsa 날고기. -macchabhojin 날 생선을 먹는. -matta 아직 날 것인. 날 것일지라도. 아직 구어지지 않은. -lohita 신선한 피. 생피. -sāka 생야채. -susāna 새로 조성한 무덤.

āmaṭṭha *adj.* [*sk.* āmṛṣṭa. āmasati의 *pp.*] ① 접촉된. ② 조작된.

āmaṇḍa *m.* [=āmalaka] 아말라까. 여감자(餘甘子). 산사(山査). [나무이름. *eng.* emblic myrobalan. Phyllanthus Emblic]. -sāraka 아말라까 호리병박으로 만든 그릇.

āmaṇḍaliya *adj.* [ā-maṇḍala-iya] 원(圓) 모양을 한. ~ṁ karoti (사람들이) 원 모양을 만들다. 가까이 모여 앉다.

āmata → amata 의 시형론적 변형.

āmattikā *f.* [ā-mattikā] 도기(陶器). 토기(土器).

āmaddana *n.* [<ā-mṛd] ① 눌러 부수기. ② 압착. ③ 파괴.

āmanta *adj. ind.* [āmanteti의 *ppr.* 또는 *abs.* <ā-mant] ① 부탁하는. 부탁받은. ② 초대하고. 부탁하고. -ka 초대자.

āmantā *f.* [<āmanteti] 교리문답에서 긍정을 나타내는 말의 표현.

āmantaṇa. āmantana *n.* [<āmanteti] ① (소리를 질러) 부름. ② 상담. ③ 초대. ④ *n.* 호격[문법]. -pada 호격인 단어. -vacana 호격의 기능.

āmantaṇā. āmantanā *f.* [<āmanteti] ① (소리를 질러) 부름. ② 요청. ③ 초대.

āmantaṇika. āmantanika *adj. m.* [āmantaṇa-ika] ① 부르는. 상담하는. 말을 걸려고 접근하는. ④ 초대자. 상담자.

āmantāpeti [āmanteti의 *caus.*] ① 초대하다. ② 맞이하러 보내다.

āmanteti [ā-manta의 *denom.*] ① 부르다. 말을 걸다. ② 초대하다. 상담하다. *aor.* āmantesi. āmantayi; *abs.* āmanta = āmantayitvā; āmantita; *grd.* āmantaṇīya; *caus.* āmantāpeti

āmaya *m.* [*sk.* āmaya] ① 고통. ② 질병. ③ 비참(悲慘).

āmarisa *m.* [*sk.* āmarṣa] ① 화냄. 분노. ② 불인(不忍).

āmalaka *m.* [〃] 아말라까. 여감자(餘甘子). 산사(山査)[나무이름. *eng.* emblic myrobalan. Phyllanthus Emblic]. -ghaṭa 아말라까로 만들어진 물단지. -tumba 아말라까로 만들어진 그릇. -paṭṭa 아말라까 양식의 덮개. -patta 아말라까의 잎. -palibodha 아말라까 샴푸의 사용으로 생긴 장애. -piṇḍa 샴푸로 사용되는 아말라까 반죽의 덩어리. -phala 아말라까 나무의 열매. -phāṇita 아말라까와 당밀. -mutta 아말라까 진주 [진주의 일종]. -rukkha 아말라까 나무. -vaṭṭa 아말라까 나무처럼 둥근. -vaṭṭaka 아말라까로 만든 회전의자.

āmalakī *f.* = āmalaka.

āmasati [ā-masati<mṛś] ① 닿다. 쓰다듬다. 가볍게 두드리다. 문지르다. 착마(捉摩)하다. ② 접촉하다. 유지하다. ③ 언급하다. 사유하다. 숙고하다. *aor.* āmasi; *abs.* āmasitvā; *grd.* āmassa. āmasitabba; *pp.* amaṭṭha. āmasita.

āmasana *n.* āmasanā *f.* [<āmasati] ① 접촉. ② 마찰. ③ 두드림.

āmā *f.* [?] 여자노예. 하녀. 여종.

āmāya *adj.* [*cf.* amājātā] ① 집에서 태어난. ② 태생의. ③ 태어나면서부터의. -dāsa 노예로 태어난. -dāsī 여자노예로 태어난.

āmāvasī *f.* [*sk.* amāvasī] 신월(新月)의 날.

āmāvasesa *m.* [āma-avasesa] 소화되지 않고 남은 음식.

āmāsaya *m.* [āma-āsaya] 위(胃).

āmilāka *n.* [?] 꽃무늬가 새겨진 양모커버.

āmisa *n.* [<āma. *sk.* āmiṣa] ① 음식. 살코기. 먹이. ② 미끼. 유혹물. 보수. ③ 물질. 물질적인 것. 세속적인 소유. 이익. 탐욕. 돈. -atthaṁ 이익을 위하여. -atthin 물질적인 것을 열망하는. -antara 물질적인 것이 동기가 되는. -âtittheyya 물질적인 선물로 손님을 환영하는. -ânukampā 세속적인 일에 자비로운·친절한. -ânuggaha 세속적인 일에 도움을 주는. ânuppadāna 물질적으로 필요한 것을 공급하는. -apekkhin 미끼를 바라는. -iddhi 물질적 성취. 물질의 풍요. -esanā 물질의 추구. -kathā 음식에 대한 이야기. -kiñcikkhanimittaṁ. -kiñci(kkha)hetu 적은 물질적 이익을 위하여. -koṭṭhāsa 물질적인 것을 자신의 몫으로 하는. -khāra 변비를 치료로 허용된 음료. 회즙(灰汁). -gata 미끼를 끼운 (낚싯바늘). -garu. -garuka 물질적인 것을 중요시하는. -giddha 먹이에 탐욕적인. -cakkhu(ka) 먹이에 대해 탐욕적인 눈을 지닌. -cakkhutā 이익에 탐욕적인 눈을 가진 것. -cāga 물질적인 것의 베풂. -taṇhā 물질에 대한 갈애. -dāna 물질적인 것으로 하는 보시. 재시(財施). -dāyāda 재시의 상속자. -paṭiggaha 물질적인 것의 수용. -paṭisanthāra 물질적인 필요에 따른 친절. 물질적인 선물에 친절하게 환영하는 것. -paṇṇākāra 물질적인 선물. -pariggaha = -paṭiggaha. -pariccāga 물질적인 것의 기증. -paribhoga 물질적인 것을 즐김. -pariyeṭṭhi. -pariyesanā 물질의 추구. -piṇḍa 탁발음식 덩어리. -pūjā 물질적인 것의 헌공. -bhesajja 음식과 약. -bhoga 물질의 향유. -makkhita 미끼를 바른. -yāga 물질적인 것의 기부. -ratana 물질적인 보물. -lābha 탁발음식의 얻음. -lola 쾌락에 탐욕스러운. -vuḍḍhi 물질적인 번영. -vepulla 물질적인 풍요. -saṁvibhāga 물질적인 것을 나누어줌. -saṁsaṭṭha 음식과 뒤섞인. -saṅgaha(na) 세속적인 것들의 수집. -santhāra 세속적인 필요에 따른 호의. -sannicaya 물질의 축척. -sannidhi 양념가게. -sambhoga 신체적 필요에 대한 만족. -hetu 이익을 위한. -hetuka 물질적인 것을 동기로 한.

āmuñcati [ā-muc] ① 입다. ② 조이다. ③ 장착하다. 무장하다. ④ 장식하다. ⑤ 집착하다.

āmutta *adj.* [*sk. bsk.* āmukta] ① 옷을 입은. ② 장착된. 무장된. ③ 장식된.

āmeṇḍita. āmeḍita [*sk.* āmreḍita] 동정.

āmo = āma ①

āmoda *m.* [<āmodati] ① 기쁨. ② 향기. 향료.

āmodati [ā-mud] 기쁘다. 즐겁다.

āmodanā *f.* [<āmodeti] ① 즐김. ② 만족. 기쁨.

āmodamāna *adj.* [ā-modeti의 *ppr.*] 즐거워하는. 기뻐하고 있는.

āmodeti [āmodati의 *caus.*] 기쁘게 하다. 만족시키다. *pp.* āmodita. *f.* āmodanā.

āya *m.* [〃<ā-i] ① 입장(入場). 입구(入口). 들어감. ② 수입. 소득. 세금. 이익. -kammika 회계사. -kusala. -kosalla 이익에 능숙함. 증익선교(增益善巧). -paricāga 수입의 소모. -pāpuṇana 소득의 획득. -potthaka 영수증철. -bhūta 발생한 장소에 있는. -mukha 입구(入口). -sampatti 소득의 성취. -sampanna (밭에 물대는) 입구를 시설한. -sādhaka 세금징수원.

āyata *adj.* [〃 āyamati<yam의 *pp.*] 확대된. 긴. 장황한. -aṁsa 긴 측면을 지닌. -agga 길게 지속하는. 멀리 미치는. 미래(未來). -cakkhunetta 긴 눈을 지닌. -cchadā '넓은 잎을 지닌' 바나나 나무의 일종[Musa Paradisiaca]. -nettacakkhu 긴 눈을 지닌. -puthulalalāṭasobhatā 길고 넓은 아름다운 이마를 지닌 특징. -bhamukatā 긴 눈썹을 지닌 특징. -rucirakaṇṇatā 길고 아름다운 귀를 지닌 특징. -(pāṇi)lekhatā 긴 팔 길이를 지닌 특징. -pādapaṇhin 발뒤꿈치가 넓고 원만한 특징. 족근광장상(足跟廣長相). -pamha 긴 속눈썹. -vadanatā 얼굴이 긴 특징. -visālanettatā 눈이 길고 큰 특징. -ssara 길게 끄는 소리.

āyataka *adj.* [=āyata] ① 긴. ② 길게 늘어진. 연장된. ③ 지속하는. 지속적인. *ins.* na āyatakena 갑자기. 급히.

āyatati [ā-yat] 노력하다. 애쓰다.

āyatana *n.* [〃] ① 사는 곳. 휴식처. 만나는 장소. 지점. 주처(住處). 지역. ② 노력. 실천. 실행. ③ 입장. 표준. 지위. 재산. 정도. 부류. 기초. 원천. 조건. 경우. ④ 경지. 초월적 경지. 세계. 정신적 세계. ⑤ 감각의 장(場). 감각대상. 감각영역. 감각기관. 인지영역. 감역(感域). ⑥ 영역. 장(場). 처(處). 입(入). 입처(入處). 아야타나(阿耶他那). -uppāda 감각의 영역·장의 생성. -kusala 감각의 영역에 밝은. -kusalatā 감각의 영역·장에 밝은 것. 처선교(處善巧)[열두 가지 감역(十二處; dvādasāyatanā) – 시각의 감역, 형상의 감역, 청각의 감역, 소리의 감역, 후각의 감역, 냄새의 감역, 미각의 감역, 맛의 감역, 촉각의 감역, 감촉의 감역, 정신의 감역, 사실의 감역 – 에 대해서 밝은 것, 분명히 아는 것, 알아차리는 것 또는 그것들의 습득(uggaha)·정신활동의 기울임(manasikāra)·알아차림(pajānana)에 대한 지혜]. -cariyā (여섯 가지 내적인) 감역을 수호하는 삶의 실천. 처행(處行). -ghaṭṭana 감각의 영역·장에서 일어나는 마찰. -ṭṭha 감각의 장에서 발견되는. -dvāra 감각의 문. 감관. -dhātuniddesa 영역(場)과 세계(界)에 대한 해설. -dhīra 감각의 영역·장에 밝은. -paññatti 감각의 영역·장에 대한 시설. -padesa 감역의 장. -pariyanta 감각의 영역·장의 한계. -macchariya 감각의 영역·장의 이기적 성격. -lakkhaṇa 감각의 영역·장의 특징. -loka 감각의 영역·장의 세계. -vavatthāna 감각의 영역·장에 대한 분석. -vibhaṅga 감각의 영역·장에 대한 분류. -saṅgaha 감각의 영역·장의 분류. -sabba 감각의 영역·장의 전체. -sahagata 감각의 영역·장에 수반된. -sevin 가치 있는 대상을 섬기는.

āyatanika *adj.* [āyatana-ika] ① 영역·장에 속하는. ② 경지에 속하는. ③ 세계에 속하는.

āyati *f.* [〃] ① 연장(延長). ② 길이. ③ 미래. *acc.* āyatiṁ *adv.* 미래에.

āyatika *adj.* [āyati-ka] 미래의.

āyatikā *f.* [<āyataka] 관(管). 수관(水管).

āyatta *adj.* ① [ā-yas의 *pp.*] 노력하는. 활동적인. 근면한. ② [ā-yat의 *pp.*] 의존하는. 관계되는. 속하는.

āyana *n.* [ā-i-ana] ① 도달하게 하는 길. 실천. ② 도착.

āyanā *f.* [?] → āyāna

āyamati [ā-yam] ① 연장하다. 늘리다. ② 쉬다.

āyasa *adj.* [〃<ayas. ayo] 쇠로 만들어진. 금속제(金屬製)의.

āyasakka. āyasakya *n.* [ayasa의 *abstr.*] 불명예. 악명. 악평.

āyasmant *adj. m.* [*sk.* āyuṣmant. āyuṣ-mant] 존경할 만한. 존귀한. 장로(障老). 존자(尊者). 구수(具壽). *nom.* āyasmā. *cf.* āvuso.

āyāga *m.* [ā-yāga<yaj] 공물(供物). 공물이나 선물을 받는 사람.

āyācaka *adj. m.* [<āyācati] 구걸하는. 구걸자. 청원자. 응시자. 기원자(祈願者).

āyācati [ā-yāc. *bsk.* āyācate] ① 부탁하다. 애원하다. 간원(懇願)하다. ② 맹세하다. 약속하다. *pp.* āyācita.

āyācana *n.* āyācanā *f.* [<āyācati] ① 부탁. 애원. 청원. 응시(應試). ② 기원. āyācana-paṇṇa 청원서.

āyācikā *f.* [<āyācaka] ① 구걸하는 여인. ② 청원하는 여인.

āyāti[ā-yāti<yā] 오다. 접근하다. *pres. 1pl.* āyāma = ehi yāma. gacchāma 자 가자. *pp.* āyāta.

āyāna *n.* [<ā-yā] 도착. 옴(來).

āyāma ① *m.* [<āyamati] 넓이. 길이. 직수(直竪). *abl.* āyāmato; *ins.* āyāmena 길이로. ② āyāti의 *pres. 1pl.*

āyāsa [*sk.* āyasa] ① 번뇌. ② 곤경. 낙담. 실망. 비탄. ③ 노동(勞動).

āyu *n.* [*sk.* āyus] ① 수명. 목숨. ② 생애. 생명의 지속. ③ 장수. ④ 나이. *sg. ins.* āyunā; *gen.* āyuno; *pl. gen.* āyusaṁ. -ūhā 생애. -kappa 생애. 수명의 기간. 수겁(壽劫). -kamma 수명과 업. -kāma 오래 살기를 바라는. -kāla 생애. -koṭṭhāsa 생애의 일부분. -kkhaya 수명의 파괴. 명탁(命濁). -kkhayantika 수명의 파괴에 가까운. 임종의. -kkhayamaraṇa 수명의 파괴에 의한 죽음. -dāna 목숨의 보시. -dāyin 목숨을 보시하는 자. -dubbala 생명이 허약한. -paññasamāhita 장수와 지혜를 갖춘. -paṭilābhin 장수를 얻은. -parimāṇa 생애의 한계. -ppamāṇa 생애의 기간. -pamāṇa 수명. 수량(數量). -pariyanta. -pariyosāna 종명(終命). -bbeda 아유르베다[의학서적. 인도의학]. -vaḍḍhaka 목숨을 연장하는. -vaṇṇasukhabalavaḍḍhana 장수와 아름다움과 행복과 건강을 증진하는. -vemajjha 생애의 중간. -vemattatā 구분된 생애의 서로 다른 사 실. -saṅkhaya 수명의 파괴. 종명(終命). -saṅkhāra 목숨의 형성. 장수의 조건. 생명의 조건. 생명의 원리. 수행(壽行). -saṅkhārakhepana 생명의 조건의 소멸. -saṅkhāraparittatā 단명하게 된 사실. -saṅkhāra(v)ossajjana 생명의 조건을 버림. -saṅgatakilesa 생애에 집적된 번뇌·오염. -santānakapaccayasampatti 목숨의 지속을 위한 효과적인 조건의 성취.

āyuka. āyukin *adj.* [āyu-ka] 수명의. 나이의.

āyujjhati [ā-yudh] ① 싸우다. ② 공격하다.

āyuñjana *adj.* [ā-yuj의 *pp.*] 적응. 헌신. 실천.

āyuta *adj.* [〃 ā-yu의 *pp.*] ① 관계된. ② 갖추어진. 부여된. ③ 결합된.

āyutta *adj.* [*sk.* āyukta. ā-yuj의 *pp.*] ① 매인. 결합된. ② 열심인. 열중한.

āyuttaka *adj. m.* [āyutta-ka] ① 감독의. 위임된. 대리의. 적임의. ② 감독. 대리.

āyudha *n.* [〃] = āvudha. 무기. 병기. -jīvin 무기로 사는. 군인. 전사(戰士). -vassa 무기의 비[雨]. -sampahāra 무기싸움.

āyudhīya *adj. m.* [āyudha-ika] ① 무기를 소지한. 무기로 사는. ② 군인. 전사(戰士).

āyuvant *adj.* [āyu-vant] ① 장수하는. ② 늙은.

āyusmant *adj. m.* [*sk.* āyuṣmant] ① 목숨을 지닌. 장수의. ② 원로. 구수(具壽). 장로(長老). 대덕(大德).

āyussa *adj.* [āyus-ya] ① 수명의. ② 장수하는.

āyūhaka *adj.* [<āyūhati] ① 강열한. ② 열심인. 활동적인.

āyūhati [ā-y-ūhati<vah] ① 노력하다. 수고하다. 애쓰다. 계발하다. 추구하다. ② 축적하다. 저축하다. *caus.* āyuhāpeti. *pp.* āyūhita. *cf.* āyūhaka.

āyūhana *n.* [<āyūhati] ① 노력. 계발(啓發). 추구. -atthavasa 노력의 특수한 동기. -kāla 노력하는 시간. -paccayā 노력 때문에. -rasa 노력을 본질로 하는. -saṅkhāra 노력의 형성. -samaṅgitā 노력을 갖춘 사실. ② (업의) 발생. 산출. 축적.

āyūhanā. āyūhanī *f.* = āyūhana

āyūhā *f.* [āyu-ūhā] ① 생명. 목숨. ② 수명.

āyūhāpeti [āyāhati의 *caus.*] ① 노력하게 만들다. ② 계발하다. ③ 수고하다. 애쓰다.

āyūhita *adj.* [āyūhati의 *pp.*] ① 바쁜. ② 열심인. 활동적인.

āyoga *m.* [〃 *cf.* āyutta] ① 묶음. 연결. ② 노력. 정진. 헌신. ③ 붕대. 끈. ④ 차용. -paṭṭa 붕대.

āra *m.* [〃] ① 침. 바늘. 송곳. ② 놋쇠. 황동. 광석(鑛石). ③ = ara ④ = ora ⑤ = āraka. -agga 침의 끝. 송곳의 끝. -kaṇṭaka 패엽을 뚫는 날카로운 송곳. -kūṭa 황동의 일종. -danta 황동으로 만든 이빨. -patha '바늘의 길' 바늘땀. 한 코. -ppayoga '멀리 떨어진 것의 의미에서' 탈격의 사용[문법].

āraka *adj.* [〃] 먼. 멀리 떨어진. 여읜. -kilesa

번뇌를 여읜. 오염이 없는. -bhāva 멀리 떨어진 상태. 여읜 상태.

ārakatā *f.* ārakatta *n.* [*sk.* ārakā의 *abstr.*] 멀리 떨어져 있음. 여읨.

ārakā *ind.* [*sk.* ārāt. ārakāt. *cf.* ārā] 멀리 떨어져.

ārakūṭa *m.* [〃] 놋쇠. 황동. 청동. 진유(眞鍮).

ārakkha *m.* [ā-rakkha. *sk.* ārakṣa] ① 보호. 수호. ② 경계. 경호. -âdhikaraṇaṁ 수호의 결과로. 수호 때문에. -kāraṇa 경호업무. -kicca 경호의무. -gahaṇa 보살핌. 경호. -gocara 경호의 범주. -ṭṭhāna 경호되어야하는 장소. -dukkha 수호가 필요한 질병. -devatā 수호신. -dhātu 수호의 요소. -nimitta 보관의 특징. -nirodha 경호의 중지. -paccupaṭṭhāna 수호로 나타난. -paññatti 경호의 표시. -parivāra 보디가드. 경호원. -purisa 경호원. -mūlaka 보호를 뿌리로 하는. -yaṭṭhi 자기방어를 위한 동아리. -sati 수호에 대한 새김. -sampadā 수호의 성취. -sampanna 경호자가 있는. -sārathi 조심스럽게 전차를 모는 전사.

ārakkhaka. ārakkhika *m.* [arakkha-ika] ① 보호자. ② 경호원. ③ 감시인.

ārakkhati [ā-rakṣ] ① 보호하다. 수호하다. ② 경호하다. ③ 감시하다. 경계하다.

ārakkhā *f.* [<ā-rakkhati] ① 보호. 경호. ② 감시. 경계.

āragga *n.* [āra-agga] 송곳의 끝.

āracaya *m.* [*sk.* ā-rac '건축하다'] ① 찢음. ② 절단. ③ 내리침. 망치질. -āracayā *abl.* 찢고 또 찢고(?). 반복적으로 잡아당기고(?). *cf.* ārañjita

ārañjhati [ā-rādh] 성취하다. 얻다.

ārañjati [ā-rañj] 꿰찌르다. 난도질하다.

ārañjana *n.* [ā-rañj] 꿰찌름. 난도질.

ārañjita *adj.* [ā-rañjati의 *pp.*] 꿰찔려진. 난도질 당한.

ārañña *adj. m.* [*sk.* āraṇya] ① 숲속에 있는. ② 숲. 한림처(閑林處). 숲속 한정처(閑靜處). -deva 숲의 신. -vana 야생의 숲.

āraññaka *adj.* [arañña-ka] = āraññika. araññaka ① 숲에서 사는. 한림처(閑林處)에서 사는. 숲속 한정처(閑靜處)에서 지내는. 아란야(阿蘭若)에서 사는. ② 은퇴한. 은둔한. -aṅga. -dhutaṅga 숲속 한정처에서의 지내는 수행. 아련야주지(阿練若住支)[두타행]. -miga 숲속의 사슴. 야록(野鹿). -vatta 숲속의 은둔을 위한 준수사항. -vihāra 숲속의 은둔처. -sikhāpada 숲속의 은둔을 위해 배워야할 규칙. -sīla 야성(野性). -sīsa 숲속의 은둔자를 필두로 하는.

āraññakatta *n.* [āraññaka의 *abstr.*] ① 숲속에서 사는 것. 임주(林住). 임서(林棲). ② 고독하게 사는 것.

āraññika = āraññaka

ārata *adj.* [ā-ram의 *pp.*] 삼가는. 멀리 하는.

ārati *f.* [〃<ā-ram] 절제. 멀리함.

āratta *n.* ① [*sk.* ā-rakta<raj] '물든' 시대. 시기. 시간. vassāratta 우기(雨期). ② 접미사 -āra의 *abstr.*

āraddha *adj.* ① [<ā-rabh의 *pp.*] 시작된. 착수된. 준비된. 열중한. 확고한. 자극된. 선동된. 흥분된. 발근(發根)의. ② [<ā-rādh의 *pp.*] 영향을 받은. 성취된. 효과적인. 얻은. 이긴. 만족한. 기쁜. -kammaṭṭhāna 명상수행을 시작한. -kammanta 착수된 일. -kāla 시작된 시점. 기점. -citta 만족한 마음을 지닌. 마음이 준비된. -ñja 시작된 올바른 길. -balaviriya (믿음 등의) 힘과 (네 가지 노력의) 정진을 갖춘. -bhāva 시작된 사실. -bhāvana 수행이 시작된. -vipassaka. -vipassana 통찰을 얻기 시작한. -vipassanā 효과적인 통찰. -viriya 효과적인 정진. 새로운 힘을 얻은. 정진(精進)을 시작한. 열심히 노력하는. 노력정진(努力精進). 발근정신(發勤精神). -saddhā 확고한 믿음.

āraddhā *ind.* ① [<ā-rabh의 *abs.*] 시작하고. 착수하고.

āraddhukāma *adj.* [<āraddhu-kāma] 시작하고자 하는. 착수를 원하는.

āranāḷa *n* [〃] 산죽(酸粥).

ārabbha *ind.* [ārabhati의 *abs.* *bsk.* ārabhya] '시작하고' ① ~에 대하여. ~에 관하여. ② ~부터 시작해서. ~이래. ③ ~ 때문에. -vatthu 관심사. 의무. ④ = ārambha.

ārabbhati = arabhati ①의 *pass.*

ārabhati ① [〃 ā-rabh. rambh] 시작하다. 출발하다. 시도하다. *aor.* ārabhi. ārabbhi; *abs.* ārabbha; *pp.* āraddha; *pass.* ārabbhati. *caus.* ārabhāpeti. ② [*sk.* ālabhate<labh] 죽이다. 파괴하다. *pass.* ārabhiyati. *cf.* nirārambha

ārabhana *n.* [<ārabhati] 시작. 출발.

āramaṇa *n.* [〃] 즐김. 기뻐함.

āramaṇīya *adj.* [〃] 즐길 만한. 즐거워야 될.

āramati [ā-ram] 즐기다. 기뻐하다.

ārambha *m.* [<ārabhati] ① 시작. 발단. 시도. 준비. 착수. 일. ② 처음의 노력. 일의 주도. 주도권. 발근(發勤). 용맹정진(勇猛精進). 정진. 근면. 노력. 노고(勞苦). ③ 지지. 근거. 대상. ④ 악한 행위. 위반. 범죄. 상해. 위해. -aṭṭha '시작'의 의미. -gahaṇa '착수'라는 용어의 사용. -daḷhatā 시작의 확실함. -dhātu 발근정진의 세계. -lakkhaṇa 주도의 특징을 지닌. -vatthu 근면의 토대. 정진사(精進事).

ārambhati = ārabhati.

ārammaṇa *n.* [*sk.* ālambana] = ālambaṇa ① 원인. 조건. 기초. 기반. 이유. ② 감각의 대상[六境]. 인식의 대상. 명상주제. 명상의 대상. ③ 사물. ④ 소연(所緣). -aṭṭha 대상의 의미. -antara 대상의 내부. -âkāra 대상의 양식·형태. -âtikkama 대상의 초월. -âdhigahita 파악된 대상. -âdhipati 대상에 대한 지배적인 영향. 대상영향. 소연증상(所緣增上)[외부적 대상과 내부적 감관에 의해 마음에 생성되는 인상에 적용되는 영향]. -ânanatara 대상과 인접성. -ânubhavana 대상의 향유. -ânvaya 대상으로부터의 추론. -âbhimukha 대상과 마주한. -ûpanijjhāna 대상에 대한 성찰. 대상에 대한 명상. -ûpanissaya 대상친의. 소연친의(所緣親依)[명상 중에 어떤 대상을 특히 중요시했을 때 그것이 강력한 원인으로 작용하는 것]. -ôkkantika 대상을 대충 훑어보는. -karaṇa 대상으로 만들기. -kicca 어떤 것을 대상으로 갖는 기능. -kiṇana 대상의 구입. -kusala 명상의 대상에 밝은. -gocara 대상의 범주. -(g)gahaṇa 대상의 파악. -(g)gahaṇakkhama 대상의 파악에 알맞은. -(g)gahaṇalakkhaṇa 대상의 파악하는 특징을 지닌. -citta 대상의 그림. 그려진 대상. 대상과 관련된 마음. -ṭṭhiti 대상의 안정성. 대상의 지속성. -ttika 대상의 세 가지. -dāyaka 어떤 것을 대상으로 주는. -dubbalatā 대상의 허약성. -dhamma 대상이 되는 사물. 대상의 상태. -nānatta 대상의 다양성. -paccaya 대상조건. 인식대상으로서 조건. 소연연(所緣緣). -paṭipadā 대상과 전개. -paṭipādaka 대상의 제어자. -paṭivijānana 대상을 인식하는. -paṭisaṅkhā 대상에 대한 성찰. -paṭhavī 땅을 대상으로 하는. -paṇītatā 명상에서 대상의 섬세함. -pariggaha 대상의 파악. -pariggāhaka 대상을 파악하는 자. -purejāta 대상의 선행성. -ppabheda 대상의 분류. -bhāva 대상의 존재. -bheda 대상의 분류. -mariyādā 대상의 경계. -mālin 명상대상의 화환으로 치장한. -rasa 대상의 맛. 대상의 기능. -rasânubhavana 대상의 맛을 즐기는. 대상의 기능을 체험하는. -vana 대상의 숲. -vavatthāna 대상의 규정. -vāra 대상의 차례. -vijānana 대상을 인식하는. -vibhatti 명상을 위한 대상의 구별. -vibhāga 대상의 분류. -vimutti 대상으로부터 벗어남. -viyoga 대상에서의 분리. -visabhāgatā 대상의 차이점. -vīthi 대상의 인식과정. -saṅkanti 대상의 빗나감. 대상의 어긋남. -saṅkhata 소위 '대상'이라는. -sañjānana 대상을 인식하는. -santatā 대상의 고요함. 대상의 지멸(止滅). -sabhāgatā 대상의 유사성. -sabhāva 대상의 본성. 본질적인 대상. -samatikkama(na) 대상을 뛰어넘음. 대상의 초월. -sampaṭicchana 대상에 대한 수용. -sāraggāha 대상의 본질에 대한 파악.

ārammaṇika *adj.* [ārammaṇa-ika] 대상에 속하는. 대상의.

ārava *m.* [〃] 울부짖음. 포효.

ārahat *adj. n.* [<arh] = arahat 가치 있는. 적당한. *cf.* araha.

ārā *f.* ① [〃] 송곳. *cf.* āragga. ② *ind.* [āra의 *abl.*] 멀리. 멀리 떨어져. -cāra 악을 멀리한 삶. -cārin 악으로부터 멀리 떨어져 사는. 덕 있는 삶을 사는. 정행자(淨行者). *cf.* ārakā. ārakatta.

ārādhaka *adj.* [ā-rādh-ka] ① 성공적인. ② 열심인. ③ 마음에 맞는. 기쁜. *f.* ārādhikā

ārādhana *n.* ārādhanā *f.* [*cf.* ārādhaka] 만족. 성취. 성공.

ārādhanīya *adj.* [ārādeti의 *grd.*] ① 획득되어져야 하는. ② 이길 수 있는. 성공적인.

ārādhayati. ārādheti [ā-rādh의 *caus.*] ① 기쁘게 하다. 마음에 들게 하다. ② 달래다. 화해시키다. ③ 만나다. 도달하다. 획득하다. 성취하다. 성공하다. *aor.* ārādhayi; *pp.* ārādhita. *grd.* ārādhanīya *cf.* ārādhaka.

ārāma *m.* [〃] ① 기쁨. 즐거움. ② 즐거운 곳. ③ 유원. 공원. 정원. 농장. 승원(僧園). 절[寺]. -âbhimukha 공원을 향한. -uyyāna 공원과 정원. -ûpacāra 승원의 경내. 승원의 관할구역. -ûpavana 공원들과 숲들. -kara 즐거움을 위해 봉사하는. -kuṭi 농가(農家). -koṭṭhaka 승원의 입구. -gata 승원에 간. 승원에 있는. -gonisādikā 정원의 외양간. -gopaka 공원지기. -cetiya. -cetya 승원·공원의 탑묘(塔廟). -ṭṭha(ka) 공원에 있는. -dāna 공원·승원의 기증. -dāyaka 공원·승원의 기증자. -devatā 공원의 신. -dvāra 승원의 바깥문. -nisādin 공원 근처에 사는. -pāla 공원지기. 정원사. -ppavesana 승원·공원의 입장(入場). -mariyādaka 승원·공원의 경계에 속하는. -rakkhaka 승원·정원의 수호자. -rakkhaṇakā 정원의 수호. -ramma 승원의 즐거운 주거. -rāmaṇeyyaka 공원의 즐거움. -rukkha 공원의 나무. -ropa. -ropana 정원의 조성. 정원을 조성하는 사람. -vatthu 승원·정원의 부지. -sampanna 정원을 갖춘. -sāmika 정원의 주인. -sīla 승원·공원을 찾는 습관을 지닌.

ārāmakiṇī *f.* [ārāmika의 *f.*] 승원의 하녀. 승원의 여자 방문객.

ārāmātā *f.* [ārāma의 *abstr.*] 즐거움. 만족.
ārāmika *adj. m.* [ārāma-ika] ① 즐거운. ② 정원지기. 정원사. 승원의 하인. 승원지기.
ārāva [*sk.* ārāva] ① 외침. ② 소리. 소음.
āriya = ariya의 시형론적 변형. anāriya = anariya.
ārissa *n.* [*sk.* ṛsi의 *abstr.*] 선인(仙人)의 상태. 선인의 조건.
ārukkhi āruhati의 *aor. 3sg.*
āruṇṇa *adj. n.* [ā-rud의 *pp.*] ① 슬피 우는. ② 비탄(悲嘆).
āruppa *adj. n.* [arūpa-ya] ① 비물질계와 관계되는. 형상이 없는 세계와 관계되는. ② 무색계(無色界)의. -ârammaṇa 비물질계를 명상대상으로 하는. -âsañña 비물질계에 대한 지각이 없는. -kiriyā 비물질계에서의 활동. -cuti 비물질계에서 사라짐. -kusala 비물질계에 밝은. -gamana 비물질계로 가는 -ṭṭhāyin 비물질계에 사는. 무색계(無色界)에 머무는. -desanā 비물질계에 대한 가르침. -paṭisandhi 비물질계에 다시 태어남. -bodhana 비물질적 상태에 대해 아는. -bhava 비물질적 존재. -mānasa 비물질계에서의 정신. -samādhi 비물질계의 삼매. -samāpatti 비물질계에서의 성취. -sambhava 비물질계에 태어남.
āruyha āruhati. ārūhati의 *abs.*
āruhati. ārūhati. ārohati [ā-ruh] 오르다. 올라가다. *aor.* āruhaṁ; *abs.* āruhitvā. āruyha; *grd.* ārohaṇīya; *pp.* ārūḷha; *aor.* ārukkhi; *caus.* āropeti.
āruhana. ārūhana *n.* [<ārūḷhati] 상승. 올라감.
ārūgya = ārogya
ārūḷha *adj.* [āruhati의 *pp.*] ① 오른. 올라간. ② ③ 놓인. 위치한. 상정된. 구체화된. 옮아 간. ④ 입혀진.
ārūha → āroha
āroga. ārogatā = ārogya
ārogāpeti [āroga의 *denom.*] 병에 걸리지 않게 하다. 건강하게 하다.
ārogiya. ārogga. ārogya *n.* [aroga-ya] 건강. 병에 걸리지 않음. 무병(無病). -mada 병에 걸리지 않는다는 교만. 건강에 의한 도취. 건강에 의한 교만. 무병교(無病憍). -vijjā 위생(衛生). -vijjāyatta 위생적인. -sattha 위생학(衛生學). -sālā 병원.
ārogya *adj.* [aroga-ya] 건강한. 병들지 않은.
ārogyatā *f.* [arogya의 *abstr.*] 건강. 무병.
ārocana *n.* [<āroceti] ① 알림. 포고. ② 선언. ③ 통지. -attha '알림'의 의미. -kicca 알림의 의무. -lekhakâmacca 법령포고를 맡은 비서와 장관.
ārocanā *f.* [<āroceti] ① 알림. 포고. ② 선언. ③ 통지.
ārocayati. āroceti [ā-roceti<ruc의 *caus. bsk.* ārocayati] ① 알리다. 말하다. 전하다. 말을 걸다. ② 정보를 교환하다. 대화하다. *aor.* ārocayi. ārocesuṁ; *pp.* ārocita. *caus.* ārocāpeti. ārocāpayati.
ārocāpana *n.* [<ārocāpeti] 널리 알림. 포고.
ārocāpeti [āroceti의 *caus.*] 알리게 하다. 알게 하다. 포고하다.
ārodana *n* ārodanā *f.* [<ā-rud] ① 울음. ② 울부짖음. 통곡. *cf.* āruṇṇa -âkāra 울음의 형태. -paridevana 울음과 비탄. -sadda 울음소리.
āropana *n.* āropanā *f.* [<āropeti] ① 일으켜 세움. 설치. 올려놓음. 상정. ② 승차. ③ 조율. ④ 비난. -âraha 비난의 가치가 있는. -kāla 승차시간. -samattha (현을) 조율하기에 적당한.
āropayati = āropeti.
āropita *adj.* [āropeti의 *pp.*] ① 올려진. ② 입혀진. ③ 만들어진. ④ 논파된.
āropeti [āruhati의 *caus.*] ① 올라가게 하다. ② 입다. ③ 싣다. 적재하다. 맡기다. 위탁하다. 상정시키다. ④ 만들다. 생산하다. ⑤ 전시하다. 보게 하다. ⑥ 준비하다. ⑦ 비난하다. vādaṁ āropeti 논파하다. *pp.* āropita.
āroha *m.* [<ā-ruh] ① 올라감. ② 등반. ③ 승차. ④ 길이. ⑤ 올라가는 사람. 타는 사람. -kambu 나선형의 높은 목을 한. -pariṇāha 길이와 원주. -pariṇāhin 길이와 원주가 맞는. 좋은 조각을 지닌. -mada 길고 높은 것에 의한 도취·교만. 장고교(長高憍). -sampatti 길고 높은 것의 성취. -sampanna 대단히 큰. 굉장한.
ārohaka *m.* [āroha-ka] 올라가는 사람. (수레 등에) 타는 사람.
ārohaṇa *n.* [<ā-ruh] ① 일어남. 올라감. ② 등반. -kaṇḍa 위로 나는 활. -kicca 올라갈 필요. -nisseṇi 올라가는 사다리. -sajja 올라갈 준비가 된.
ārohaṇīya āruhati. ārūhati의 *grd.*
ārohati = āruhati. ārūhati.
ālakamanda. āḷakamanda *m.* [ālaya-manda(?)] ① 인산인해(?). ② 사람이 많은 (곳). ③ 꾸베라(Kuvera)의 도시.
ālaggeti [ā-lag의 *caus.*] 매달다. 묶다.
ālapati [ā-lapati] 말하다. 말을 걸다. *aor.* ālapi.
ālapana *n.* ālapanā *f.* [<ālapati] ① 말을 검. ② 대화. ③ *f.* 호격(呼格 *voc.*)[문법].
ālapanatā *f.* [ālapana-tā] ① 말을 검. ② 대화.

ālamba *m* [〃<ā-lamb] ① 매달려는 있는 것. ② 지지. 도움. ③ 감각의 대상. 명상주제. -daṇḍa 걷는데 사용하는 지팡이. -atthikatā 감각대상에의 의존. 감각대상이 필요한 사실. -gijjhanarasa 감각대상에 탐닉하는 본질을 지닌. -āhanana 감각대상에 충돌을 본질로 하는. ④ [<ālambara] 큰 북소리.

ālambaṇa = ārammaṇa

ālambati [〃<ā-lamb] ① 걸다. 매달리다. ② 쥐다. *caus.* ālambeti.

ālambana *adj. n.* [<alambati] ① 매달린. 늘어뜨린. 걸린. ② 의존. 지지. ③ 난간.

ālambara. āḷambara *n.* [*sk.* āḍambara] 북. 큰 북. -megha 큰 북소리 같은 천둥을 만드는 구름.

Ālambāna. Ālambāyana *n.* [*sk.* āḍambara] 아람바나[뱀 부리는 바라문의 이름]. -vijjā 뱀 부리는 지식.

ālaya *m n.* [〃<ā-li] ① 거처. 집. 건축양식. 사원. 처소. 보금자리. 횃대. 짐승의 굴. 안식처. ② 영역. 행동의 장. ③ 선호. 경향. 집착. 애착. 욕망. 감각적인 것에 대한 집착. ④ 결정에 대한 예비적 사고. 결정. ⑤ 가장(假裝). 분장. 책략. 가현(假現). devālaya 비슈누(Viṣṇu)사원. jinā laya 불교사원. 아뢰야(阿賴耶). -âbhinivesa 감각적인 것에 대한 집착의 경향. -esin 집을 찾는. -rata. -rāma 감각적인 것에 대한 집착을 즐기는. -paṭipakkha 감각적인 것에 대한 집착과 반대가 되는. -vissajjana 애착을 버린[부모와 자식 등에 대한 애착을 버린]. -samug ghāta 감각적인 것에 대한 집착을 완전히 제거한. -sammudita = -rāma. -sārin 자신의 영역 안에서 움직이는.

ālayati = allīyati.

ālasiya. ālasya. ālassa *n.* [alasa-ya] ① 게으름. 나태. ② 방일(放逸). -âbhibhūta 게으름에 정복된. -ânuyoga 게으름의 실천. 활동이 없음. -jāta 게으름이 생겨난. 나태한. -jātika 본래 게으른. -mahagghasa 게으르고 많이 먹는. -yuttatā 게으른 자라는 사실. -virahita 게으름이 없는. -byasana. -vyasana 방일과 관련된 상실.

ālasyāyati. ālassāyati [alassā의 *denom.*] ① 게으르다. 나태하다. ② 방일하다.

ālassāyanā. ālasāyanā. ālasyāyanā *n.* [<ālassāyati] ① 게으름. 나태. ② 방일.

ālāna. āḷāna *n.* [〃] ① 막대기. ② 말뚝.

ālāpa *m* [<ā-lap] ① 이야기. 대화. ② 단어. 말.

ālāpin *adj. m.* [ālapa-in] ① 이야기하는. ② 대화하는 사람.

āli. āḷi ① *f.* [*sk.* āli] 제방. 둑. ② *m.* 물고기의 종류. -pabheda 제방·뚝의 파괴.

ālika *m.* [*sk.* alīka] = alika 거짓. 허위. 허언(虛言).

ālikhati [ā-likhati] ① 윤곽을 그리다. 스케치하다. ② 묘사하다. 설계하다.

āliṅga *m.* [〃] 조그만 북.

āliṅgati [ā-liṅg] ① 포옹하다. ② 감싸다.

āliṅgana *n.* [<āliṅgati] 포옹.

ālitta *adj.* [*sk.* ālipta. ā-limpati의 *pp.*] 처바른. 얼룩진.

ālinda. āḷinda. ālindaka *m.* [*sk.* alinda] ① 현관. ② 베란다. 테라스. ③ 광장(廣場).

ālippati ālimpeti의 *caus.*

ālimpana *n.* [<ālimpeti] ① 바름. 칠. ② 점화. 불꽃. 화염. 대화재.

ālimpati [ā-lip] 바르다. 칠하다. *pp.* ālitta.

ālimpeti ① [*sk.* ālimpayati] 바르다. 칠하다. 오염시키다. *pp.* ālitta; *caus.* ālimpāpeti; *caus.* ālimpīyati. ālippati. ② [*sk.* ādīpayati] 불을 붙이다. 점화하다. *pp.* ālimpita *cf.* ālimpana *n.* 점화. 화염.

ālu *n.* [〃] ① 알루[둥근뿌리(球根) 식물의 일종]. ② *cpd.* 성질이나 경향을 나타냄.

āluka [ālu-ka] ① *n.* = ālu. ② *adj.* 본성의. 성질의. ~의 여지가 있는. 영향을 받는. 갈구하는.

ālumpakāra *m.* [?<ālumpati 또는 ālopa] ① 파괴. ② 산산 조각냄.

ālumpati [ā-lup. lump] ① 뽑다. ② 끊다. ③ 파괴하다.

ālupa *n.* [ālupa<āluva<ālu-a] 먹을 수 있는 구근(球根). = ālu.

āluḷa *adj.* [<ā-luḷati] ① 움직이는. 흔들리는. ② 혼란된.

āluḷati [ā-lul] ① 이리저리 움직이다. ② 혼란시키다. *ppr.* āloḷamāna; *caus.* āloḷeti; *pp.* āluḷita.

ālekha *m.* [〃<ā-likh] 디자인. 설계(設計).

ālepa *m.* [〃<ā-lip] 연고. 고약.

ālepana *n.* [<ālimpeti] ① 연고. ② 고약을 바르는 것.

āloka *m.* [〃] ① 빛. 밝음. 광명. ② 외견(外見). ③ 내적인 빛. 관찰. 통찰. 지혜. 예지. 깨달음. -kara 빛을 내는. 빛을 내는 자. 방광자(放光者). -karaṇa 빛을 만드는. 빛나는. -kasiṇa 빛의 두루채움을 위로 아래로 옆으로 유일하게 한량없이 지각하는 것. 빛의 두루채움이라는 명상수행의 토대. 광편(光遍). 광편처(光遍處). 광일체처(光一切處). -kicca 빛의 기능. -jāta 빛이 생겨난. -ṭṭhāna 빛이 있는 곳. -da 빛을 방사하는.

-dassana 빛을 보는. 인식하는. -dhātu 빛의 요소. 빛의 세계. -nimitta 빛의 상(相). -nissaya 빛에 대한 의존. -puñja 빛의 덩어리. -pharaṇa 빛·지혜의 퍼져나감. 빛의 편만(遍滿). -bahula 예지가 풍부한. -bhūta 빛의 존재. 빛. -saññā → ālokasaññā. -saññin 빛을 지각하는. -sandhi 빛이 들어오는 틈새.

ālokana *n.* [<āloka] ① 바라봄. 조망. ② 창문. -vilokana 바라봄과 성찰. -samattha 볼 수 있는.

ālokanā *f.* [<āloka] 조사.

ālokasaññā *f.* [āloka-saññā] 빛에 대한 지각. 광명상(光明想). -attha 빛에 대한 지각의 의미. -âdhiṭṭhāna 빛에 대한 지각의 결정. -âdhipatatta 빛에 대한 지각의 통달. -âdhimutta 빛에 대한 지각을 지향하는. -khanti 빛에 대한 지각의 경향. -garuka 빛에 대한 지각을 중요시하는. -paṭilābha 빛에 대한 지각의 획득. -paṭivedha 빛에 대한 지각의 이해. -pariggaha 빛에 대한 지각의 파악. -pariyogāhana 빛에 대한 지각에 침투. -manasikāra 빛에 대한 지각에 정신활동을 기울임.

ālokasaññin *adj.* [āloka-saññā-in] 빛에 대하여 지각하는.

ālokasandhi *m.* [〃 āloka-sandhi] '빛을 연결하는 것' ① 창문. ② 덧문. -kaṇṇabhāgha 방의 덧문과 코너. -parikamma 창문의 틀장식.

ālokita *n.* [āloketi의 *pp.*] ① 바라봄. 앞을 바라봄. ② 사유(思惟). 제사(諦思) -vilokita 앞을 바라봄과 뒤를 바라봄. 전시후시(前視後視).

āloketar *m.* [āloketi의 *ag.*] 보는 자. 관찰자.

āloketi [*sk.* ālokayati<ā-lok] ① 보다. 조망하다. ② 사유하다. 제사(諦思)하다. *aor.* ālokesi.

ālocana *m.* ālocanā *f.* [āloceti<ā-loc] ① 주시(注視). 지각. ② 배려(配慮). 숙고. 사려(思慮). 논의(論議).

āloceti [*sk.* ālocayati<ā-loc] ① 주시하다. 지각하다. ② 배려하다. 숙고하다. 사려(思慮)하다. 논의하다.

ālopa *m.* ① [*bsk.* 〃 <ā-lup] 한 조각. 일편(一片). 한 모금. 한주먹. 소량. 소량의 음식. -dāna 소량 음식의 선물. -piṇḍa. -bhatta 한 주먹의 탁발식. -bhattaṭhitikā 한 주먹의 탁발식에 대한 선주문. -saṅkhepa 한꺼번에 시행하는 음식의 배분. ② [<ālopati] 탈취. 약탈.

ālopati [alumpati의 *caus.*] ① 침입하다. ② 약탈하다.

ālopika *adj.* [ālopa-ika] 한조각의. 소량의.

ālobha *m.* [ā-lobha] 탐욕이 없음. 무탐(無貪).

āloḷa *m.* [<āloḷeti] ① 혼란. 뒤섞임. ② 소동.

āloḷī *f.* [<ā-luḷ] 진흙.

āloḷeti [āluḷati의 *caus.*] ① 혼란시키다. 뒤범벅으로 만들다. ② 뒤섞다.

āḷaka *m.* āḷakā *f.* [aḷa 또는 ārā의 *dimin.*] ① 가시. ② 화살. ③ 못. ④ 말뚝. ⑤ 기둥.

āḷamba = āḷambara → ālambara.

āḷavaka. āḷavika *adj.* ① [=āṭavika. aṭavika] 숲에서 사는. 임주(林住)의. 광야에 사는. 광야의. 숲속의 거주자. 임주비구(林住比丘). 아라바가(阿羅婆迦). ② 알라비(Āḷavī) 국의 (사람). ③ 알라바까[인명, 야차의 이름]. -yakkha 야차 알라바까. -yuddha 알라바까와의 싸움.

Āḷavī *f.* 알라비. 아라비(阿羅毘)[왕국과 그 수도의 이름].

Āḷavikā *m.* 알라비까[인명]

āḷādvāraka *a.* = advāraka 문 없는.

āḷāra *adj.* [*sk.* arālā?] ① 두꺼운. 진한. 고밀도의. ② 굽은. 아치형의.

āḷārika. āḷāriya *adj. m.* [*sk.* ārālika] 요리사.

āḷāhana *n.* [<ā-ḍah] ① 화장터. ② 묘지. -kicca 장의(葬儀). -ṭṭhāna 묘지터(墓場).

āḷika → āḷhika = aḷhaka의 *misr.*

āḷha *n.* = āḷhaka

āḷhaka *m. n.* [*sk.* āḍhaka] ① 동물을 묶은 기둥. ② 승(升). 알하까[곡식을 재는 용량의 단위 : 1 āḷhaka = 1/4 doṇa = 1/16 mānikā = 1/64 khāri. 20 khāri= 1 vāha. 16 pasata = 4 pattha = 1 āḷhaka]. -thālikā 한 알하까 들이의 그릇. 일승병(一升瓶).

āḷharūḷhaka *n.* [*sk.* āṭarūṣaka] 알하룰라까[약용관목. Adhatoda Vasika].

āḷhā *f.* [?] ① 밧줄. 로프. ② 노끈.

āḷhiya. āḷhika *adj.* [*sk.* āḍhya] ① 곡식이 많은. ② 부유한.

āvajati [ā-vraj] ① 들어가다. 가다. ② 돌아오다. 되돌아오다.

āvajjati [ā-vṛj] ① 전향하다. (귀를) 기울이다. 알아채다. 주의(注意)하다. ② 생각하다. 반성하다. ③ 뒤엎다. 제거하다. 쏟다. *imp.* āvajja; *caus.* āvajjeti. ④ = āpajjati.

āvajjana *n.* [<āvajjeti. *bsk.* āvarjana] ① (대상을 향해 귀를) 기울임. (대상을 향해 마음을) 기울임. 주의를 기울임. 주의(注意). ② (대상을 향한) 전향(轉向). 경주(傾注). ③ 사유. 성찰. 숙고. 반성. -ânantara 전향의 직후에 뒤따르는. -ûpekkhā 주의기울임의 평정. -kicca 전향의 기능. -lakkhaṇa 전향의 순간. -citta 전향과정의 마음. -javana 주의(注意)과 통각(統覺). 주의기울임과 순간적 포착. 전향(轉向)과 속행(速

行). -ṭṭhāna 주의기울임의 상태. -tappara 주의기울임의 지향. -paṭibaddha 전향에 의존된. 전향에 묶인. -pamāṇa 성찰의 지속. -pariyāya 전향의 형태. 전향의 습관. -bala 전향의 힘. -manasikāra 전향에 정신활동을 기울임. -manodhātu 주의를 기울임의 정신적 요소. 전향의 정신세계. -manoviññāṇadhātu 주의를 기울이는 정신의식의 요소. 전향하는 정신의식의 세계. -manta 주문의 일종. -rasa 주의기울임을 핵심으로 하는. 전향을 본질로 하는. -vasa 주의기울임의 힘. 전향의 지배. -vasitā 전향의 자유자재. 전향자재(轉向自在). -vikalamattaka 주의기울임에서 결함이 있는. -samatthatā 주의기울임에 유능한. -samaya 전향의 시간.

āvajjanā *f.* = āvajjana. -bala 전향의 힘.

āvajjita *adj.* [āvajjeti의 *pp.*] ① 주의가 기울여진. ② 전향된. ③ 성찰된. 반성된. 숙고된. -tta 주의 기울임. 성찰. 주의. -hadaya 전향된 마음의. 성찰된 마음의.

āvajjeti [āvajjati의 *caus.*] ① 주의를 기울이다. ② 전향하다. ③ 성찰하다. 숙고하다. ④ 듣다. 귀를 기울이다. ⑤ 뒤집어 엎다. *pp.* āvajjita

āvaṭa *adj.* [*sk.* āvṛta<vṛ의 *pp.*] ① 덮인. ② 닫힌. *cf.* āvuta ②. -ṭṭhāna 음지(陰地).

āvaṭṭa *adj. m. n.* [*sk.* āvarta<vṛt의 *pp.*] ① 휘감긴. 소용돌이친. ② 유혹된. ③ 소용돌이. 선류(旋流). 회전. ④ 원둘레. 주변(周邊). ⑤ 고수머리. -parivaṭṭa 이리 저리 회전하는. -bhaya 소용돌이에 대한 두려움. -sīsa 고수머리를 한.

āvaṭṭati [= āvattati] ① 회전하다. 전향하다. ② 회향하다.

āvaṭṭana *n.* [<āvaṭṭati] ① 전향. ② 유혹. ③ 사로잡힘.

āvaṭṭanā *f.* [āvajjana] ① 마음의 전향. 주의를 기울임. ② 이해. ③ 충고.

āvaṭṭanin *adj.* [āvattana-in] ① 전향시키는. 변하는. ② 유인하는.

āvaṭṭin *adj.* [āvaṭṭa-in] ① 회전하는. ② 유인하는. 유혹하는.

āvaṭṭeti [ā-vatteti. *bsk.* āvartayati] ① 돌리다. 감다. ② 전향시키다. *aor.* āvaṭṭayissaṁ.

āvatta ① *adj.* [ā-vattati의 *pp.*] 전기(轉記)된. 전향된. 가버린. 물러간. ② *m.* [*sk.* āvarta] 굴곡. 구부러진 곳. 소용돌이. 회전.

āvattaka *adj.* [āvatta-ka] 되돌아오는. 퇴전(退轉)하는.

āvattati [ā-vattati<vṛt] ① 돌다. 방향을 바꾸다. 전향하다. ② 돌아오다. 퇴전하다. ③ 되다. *caus.* āvatteti = āvaṭṭeti; *aor.* āvatti; *pp.* āvattata. āvattita.

āvattanin *adj.* [āvattana-in] ① 전향하는. ② 퇴전(退轉)하는.

āvattin *adj.* [<āvattati] ① 방향을 바꾸는. ② 퇴전(退轉)의.

āvattiya *adj.* [āvattati의 *grd.*] ① 방향이 바뀔 수 있는. ② 퇴전될 수 있는.

āvatthika *adj.* [<ava-sthā] ① 알맞은. 경우에 맞는. 분위(分位)의. 약위(約位)의. ② 본래의.

āvapana *n.* [<āvapati<ā-vap] ① 씨뿌리기. 파종. ② 흩뿌리기. ③ 헌공. ④ 저당.

āvara *adj.* [<ā-vṛ] ① 방해하는. 차폐(遮蔽)하는. 막는. ② 멀리하는.

āvaraka *adj.* [āvara-ka] 차폐(遮蔽)하는. -cabmma 외피(外皮). 피막(皮膜).

āvaraṇa *n.* [*bsk.* 〃 <ā-varati] ① 덮개. 커버. 봉투. 스크린. 둑. 어살. 수문의 제수장치(制水裝置). ② 장애. 방해. 복장(覆障). -nīvaraṇa 장애와 방해. -virahita 장애가 없는. 덮개가 없는. ③ 억제. 제한. 금지.

āvaraṇatā *f.* [āvaraṇa의 *abstr.*] ① 방해함. ② 억제함.

āvaraṇīya *adj.* [<āvaraṇa] ① 장애를 야기하는. ② 덮개가 되는. -dhamma 장애를 야기하는 법. 장애법(障礙法).

āvarati [ā-vṛ] ① 막다. 덮다. 차폐하다. 방해하다. ② 내쫓다. *aor.* āvari. *opt.* āvaraye; *pp.* āvarita. āvaṭa. āvaṭa. āvuta; *grd.* āvaraṇīya; *abs.* āvariya.

āvali. āvalī *f.* [〃] ① 줄(線). 열(列). ② 연속. ③ 혈통.

āvasati [ā-vas] ① 살다. 거주하다. ② 휴식하다. *pp.* āvuttha.

āvasatha *n.* [〃 <āvasati] ① 거처. 집. ② 머무는 곳. 주처. ③ 휴식처. -âgāra 숙박시설. 기숙사. 하숙집. -ânisaṁsa 주처의 공덕. -cīvara 집안에서 입는 옷. -dvāra 거실문. -piṇḍa 공공휴게소의 식사. -maṅgala 주처에 대한 축복.

āvaha [<āvahati] ① 가져오는. ② 유발하는.

āvahati [ā-vah] ① 가져오다. 초래하다. 야기하다. 산출하다. ③ (아들을) 장가들게 하다. 결혼시키다. (신부를 신랑 집에 살도록) 데려오다. 시집에 데려오다. *pass.* āvuyhati.

āvahana *adj.* [<āvahati] ① 가져오는. ② 원인이 되는. 야기하는.

āvahanaka *adj. m.* [āvahana-ka] ① 가져오는. 운반하는. 야기하는. ② 운반자.

āvā *f.* [=āpā] ① 불행. ② 재난.

āvāṭa *m.* [?] ① 구덩이. ② 구멍. 갱도. ③ 우물.

-kacchapa 구멍속의 거북이. -taṭa 구멍의 측면. -tīra 구멍의 가장자리. -dhātuka 구멍과 같은. -puṇṇa 구멍이 채워진. -maṇḍūka 구멍의 개구리. -mukhavaṭṭi 구멍의 가장자리.

āvāpa *m.* [<ā-vā] ① 도기공의 화로. ② 오븐.

āvāra *adj. m.* [〃<ā-vṛ] ① 차단하는. 보호하는. 장애되는. ② 장애. 차단. 방해. 차폐(遮蔽).

āvārayati. āvāreti [*sk.* āvārayati<vṛ의 *caus.*] ① 차단하다. 보호하다. ② 제지하다. 억지(抑止)하다. *cf.* āvāra.

āvāsa *m.* [〃<āvasati] ① 삶. 주거. ② 집. 거처. 주처. ③ 구역. ④ 수행처. -ânisaṁsa 거처의 공덕. 거처의 축복. -âpalibodha 거처의 무장애. -kappa (포살일에 같은 경계내의 다른) 거처에서의 실천·수행. 주처정(住處淨). 주처인용(住處認容). -gata 거처에 있는. -jagganaka 수행처의 문지기. -darī 동굴을 거처로 하는 것. -dāna 수행처에 보시하는 것. -dānânisaṁsa 수행처를 보시하는 공덕. -paramparā 이 수행처에서 저 수행처로. 수행처의 계승. -paligedhin 거처에 대하여 탐욕이 많은. -palibodha 집을 지니는 것의 장애. -pāli 집의 선. -bhūta 거처하는. -macchariya 거처에 대한 인색. 주처간(住處慳). -lobha 거처에 탐욕적인. -saṅga 거처에 대한 집착. -sappāya 거처에 도움이 되는. -sappāyatā 주거의 적당함. -sāmika 집주인.

āvāsika *adj.* [āvāsa-ika] 거처의. 거주하는. -palibodha 집이라는 장애[출가하는 이유의 하나].

āvāha *m.* āvāhana *n.* [〃<ā-vah] ① 장가들기. 며느리를 맞이함. ② 결혼. 혼례. āvāha-vivāha 장가들고 시집감. -maṅgala 결혼의 축제. 결혼식(結婚式).

āvi *ind.* [*sk.* āviḥ] ① 분명히. 명백히. ② 눈앞에 [raho의 반대] āvi vā raho 공개적으로 또는 비밀리에. 공적으로나 사적으로 -kattar 드러내는 사람. 공개하는 사람. 고백하는 사람. -kamma 고백. 폭로. -karaṇa 설명. -karoti 분명하게 하다. 보여주다. 설명하다. 폭로하다. 고백하다. -bhavati 분명하게 되다. 설명되다. -bhāva 출현. 명시. 설명. 명료. -bhāvetukāma 명료하게 하고 싶은. -bhūta 명료해진.

āvijjhati. āviñjati. āviñchati [ā-vyadh] ① 감다. 둘러싸다. ② 가다. 접근하다. ③ 정리하다. ④ 찌르다. 관통하다. *abs.* āvijjhitvā; *aor.* aviñji; *pp.* āviddha.

āvijjhana *adj.* [<avijjhati] ① 감는. 둘러싸는. ② 둥글게 흔드는. ③ 접근하는. 만나는. ④ 당기는.

āvijjhanaka *n.* [āvijjhana-ka] ① 둥글게 감는 것. ② 세계의 축(軸).

āviñjana. āviñjanaka. āviñchanaka *adj.* [<āviñjati] ① 회전시키는. ② 느슨하게 거는. ③ 당기는데 사용하는. āviñjana° -rajju 빗장을 당기는 밧줄. 우유를 휘저을 때 사용되는 밧줄. -naṭṭhāna (밧줄을 잡아당겨) 빗장을 열 수 있는 문밖의 장소.

āviṭṭha *adj.* [āvisati] ① 접근된. 들어가진. ② (악마에) 사로잡힌.

āviddha āvijjhati의 *pp.*

āvila *adj.* [<āvilati] ① 혼탁한. 혼란된. ② 더러운. -akkha 혼탁한 눈. -citta 혼탁한 마음. -bhāva 혼탁한 상태.

āvilati [āvila의 *denom.*-lul?] ① 둥글게 돌다. ② 혼란되다. 혼탁하다.

āvilatā *f.* āvilatta *n.* [āvila의 *abstr.*] ① 혼탁. 혼란. ② 더러움.

āvisati [ā-viś] ① 접근하다. 들어가다. ② 사로잡다. *aor.* āvisi. *pp.* āviṭṭha.

āvuka *m.* [〃] 아버지.

āvuṭa *adj.* [ā-vṛ의 *pp.*] 덮인. 방해받은.

āvuṇāti [*sk.* āvṛṇoti<ā-vṛ] ① 관통하다. 꿰뚫다. ② 결부시키다. 붙이다. *pp.* āvuta; *caus.* āvuṇāpeti.

āvuta *adj.* ① [āvuṇāti의 *pp.*] 관통된. 결부된. ② [ā-vṛ의 *pp.*] 덮인. 방해받은.

āvuttha *adj.* [āvasati의 *pp.*] 살고 있는.

āvudha *n.* [*sk.* āyudha] = āyudha 무기. 흉기. -pāṇi 손에 무기를 든. -balavanta 중무장한. -bheda 무기의 종류. -lakkhaṇa 무기를 지닌 자의 운명을 나타내는 특징. -vassa 무기의 비[雨]. -vijjā 무기에 대한 길흉의 점술.

āvuyhamāna *adj.* [āvuyhati<āvahati의 *caus. ppr. med.*] ① 운반하는. ② 가져오는.

āvusavāda *m.* [avusa-vāda] → avusovāda

āvuso *ind.* [*bsk.* āvuso. āyuṣaḥ. āvusāho. āvusāvo] *sg. pl. voc.* 존자여! 존자들이여! 벗이여! 벗들이여![비구들 사이에 대화할 때 사용하는 정중한 표현 또는 동료나 아랫사람에게 사용하는 호칭]. -vāda 사람을 āvuso '벗이여!'라고 부르는 것.

āveṭhana *n.* [ā-veṭhana<veṣṭ] ① 회전. 감아올림. ② 풀음.

āveṭhita *adj.* [āveṭheti<veṣṭ의 *pp.*] ① 감겨진. ② 묶인.

āveṭheti [ā-veṣṭ] ① 꼬다. 비틀다. ② 감다. ③ 감싸다. *aor.* āveṭhesi; *pp.* āveṭhita.

āveṇi. āveṇika. āveṇiya *adj.* [*bsk.* āveṇika] ① 특별난. 독특한. 전문적인. ② 별도의. ③ 공

통되지 않은. 불공(不共)의. āveṇi° -kamma (승단과는) 별도의 수련. -gharāvāsa 별도의 집에 사는. -ṭhitikā (음식배분의 우선권의) 특별한 순서. āveṇika° -buddhadhamma 특별한 부처님의 특성. -pāṭimokkha 특별한 계율의 항목. -sabhāva 성벽(性癖).

āveṇikatta *n.* [āveṇika의 *abstr.*] ① 특수성. ② 개별성.

āvedha *m* [<ā-vyadh] ① 관통. ② 구멍. ③ 상처(傷處).

āvedhika *adj.* ① [<ā-veṣṭ?] 감는. 전향하는. ② [<ā-vyadh] 관통하는. 분별하는. 생각하는.

āvelita. āvellita *adj.* [ā-vell의 *pp.*] ① 약간 구부러진. ② 휘어진. -siṅgika 약간 구부러진 뿔을 지닌.

āveḷa *adj.* [<ā-veṣṭ] ① 회전하는. ② 빛을 뿜는.

āveḷā *f.* [<ā-veṣṭ] ① 머리에 감는 장식물·화만(華鬘). ② 왕관(王冠). -āveḷa 많은 화환으로 장식한.

āveḷin *adj. m.* [<āveḷā] ① 화환 등을 쓴 (자). (머리에) 장식한 (자). ② 몸을 치장한 (자). *f.* āveḷinī.

āvesana *n.* [<āvisati] ① 사는 곳. ② 집.

āsa ① [*sk.* āśa] 음식. ② [*sk.* āsā] 희망. 욕구.③ atthi의 *aor.*

āsaṁ ayaṁ의 *f. pl. dat. gen.*

āsaṁsa *adj. m.* [<āsaṁsati] ① 희망하는. 원하는. ② 희구(希求).

āsaṁsati [ā-śaṁs] ① 기대하다. ② 희망하다. 원하다. *cf.* āsaṁsā.

āsaṁsā *f.* [.ā-saṁsati] ① 욕구. ② 희망. 기원.

āsaṁsuka *adj.* [<āsaṁsa] ① 잔뜩 기대하는. ② 몹시 원하는.

āsaka *adj.* [āsa-ka] ① 음식을 지닌. ② 음식에 속하는.

āsakatta *n.* [āsaka의 *abstr.*] 음식이 있는 상태.

āsaṇkati [ā-śaṅk] ① 염려하다. ② 두려워하다. ③ 의심하다. *aor.* āsaṅki; *pp.* āsaṅkita.

āsaṅkā *f.* [*sk.* āśaṅkā] ① 두려움. ② 의심.

āsaṅkin *adj.* [āsaṅkā-in] ① 두려워하는. ② 걱정하는.

āsaṅga *m* [<ā-sañj] ① 집착. ② 추구. ③ 착의(着衣). 옷. 의복.

āsaṅgin *adj.* [āsaṅga-in] ① 집착하는. ② ~에 걸린.

āsajja *ind.* [āsādeti<ā-sad의 *caus. abs.*] ① 가까운 곳에. 정하여. 배치하여. 앉아서. 속하여. = āsanna ② 접근하고. 시중들고. 임의로. 기뻐하며. 힘껏. ③ 모욕하고. 비방하고. ④ 공격하고. 때리고.

āsajjana *n.* [<āsajja] ① 모욕. ② 공격. 습격. ③ 비방.

āsañcicca *n.* [a-sañcita-ya] ① 알지 못함. 무지. ② 무식(無識).

āsati [ās] 앉다. 체류하다. *2sg.* āsi; *pp.* āsīna.

āsatta *adj.* ① [ā-sañj의 *pp.*] 매달린. 집착하는. ② [ā-śap의 *pp.*] 저주받은.

āsatti *f.* [<ā-sañj] ① 집착. 의존. ② 집지(執持).

āsada *m.* [ā-sad] ① 접근. ② 교섭.

āsana *n.* [āsati] ① 방석. 깔개. 자리. 좌구(坐具). ② 돌로 된 제단. -antarikā (분쟁 후의 화해를 위해) 각 파벌의 승려가 교대로 함께 앉는 것. -âbhihara 자리를 구별하여 제공하는 것. -âraha 자리의 가치가 있는. -ûdaka. -ôdaka 자리와 물. -ûdakadāyin 자리와 물을 제공하는. -ûpagata 자리가 마련된. 자리에 앉는. -kusala 자리에 밝은. 제자리를 잡는. -ghara 돌로 된 제단이 마련된 집. -ṭṭhāna 앉는 장소. -thālī 자리와 접시. -dāna 자리의 제공. -dhovana 자리의 청소. -paññāpaka 자리를 배정하는 사람. -paññatti 자리의 배정. 자리의 지정. -paṭikkhitta 결코 앉지 않는. 자리를 거부한. -pariyanta 마지막 자리. -pariyantika 한번 식사하기 위해 앉을 뿐 일어난 뒤에는 더 이상 식사를 하지 않는. -pūja 돌로 된 제단에 꽃을 헌화하는 것. -ppamāṇa 돌로 된 제단의 크기를 가진. -sālā (식사를 하기 위한) 자리가 있는 큰 방. 대중방.

āsanaka *n.* [āsana-ka] 작은 자리. 작은 방석. 좌구(坐具).

āsanika *adj.* [āsana-ika] 자리 있는. 깔개 있는.

āsandikā *f.* [āsandi-ka] 작은 의자. 낮은 대(臺).

āsandī *f.* [<ā-sad] 아주 긴 의자. 안락의자. 갑판의자. 고상(高床). 장의(長倚).

āsanna [āsīdati의 *pp.*] ① 가까운. 근접한. ② 즈음의. ③ 즉석의. -ânantara 직접적으로 인접한. -kata 즉석에 행한. -kamma(=maraṇāsanna-kamma) 임종시의 업. 근업(近業). -kāraṇa 근접원인. -kāla 임종의 시간. -kusalārika 착하고 건전한 것에 유해한 영향이 생겨나는. -gabbha 출산에 가까운. 출산에 즈음한. -cutika 죽으려하는. 임종의. -ṭṭhāna 가까운. 근처의. -takkacāra 사유와 행위가 근접한. -dūra 가깝고 먼. -nīvaraṇappaccatthika 장애의 근접에 의해 유해한 영향을 받는. -paccakkha 근처와 눈앞의. -paccatthika 적의 앞에 있는. -paṭhamârūpacittapaccatthika 첫 번째의 비물질적인 세계에 대한 마음을 근접한 적으로 갖는. -ppadesa 근

접한 장소. -pītipaccatthika 기쁨의 근접에 의해서 위협을 받는. -bhavaṅgatta 잠재의식의 근접성. -bhūta 가까운. -maraṇa 임종의. -rūpâvacarajjhānapaccatthika 미세한 물질계의 선정을 근접한 적으로 가진. -vitakkavicārapaccatthika 사유와 숙고를 가까운 적으로 가진. -sannivesavavatthita 서로 가까이 배치된. -somanassa 정신적인 즐거움이 가까이에 있는.

āsappati [ā-sṛp] '몰래 기어가다' ① 의심하다. 불신하다. ② 회피하다. ③ 분투하다. 싸우다.

āsappanā *f.* [<āsappati] ① 의심. ② 불신. *cf.* parisappanā 회피.

āsabha *m.* [*sk.* ārṣabha<ṛṣabha=usabha] ① 수소. 황소. 모우왕(牡牛王). ② 영웅[비유적]. 위대한 사람. 지도자. -ṭṭhāna 첫 번째 위치. 최고의 위치. 지도자의 지위. 최상처(最上處).

āsabhin *adj.* [āsabha-in] ① 황소와 같은. ② 위대한.

āsamāna *adj.* [āsaṁsati의 *ppr.*] ① 원하는. 바라는. 애타는. ② 기대하는.

āsamuddaṁ *ind.* [ā-samuddaṁ<samudda] 바다에 이르기까지.

āsaya *m.* [*sk.* āśraya. *bsk.* āśaya] ① 사는 곳. ② 도피처. 의지처. ③ 경향. 의도. 희망. ④ 성격. ⑤ 분비물. *cf.* ajjhāsaya -ânusaya 의도와 잠재적 경향. -ânusayacaritâdhimutti 의도와 잠재적 경향과 행동과 결정적 확신. -ânusayañāṇa 의도와 잠재적 경향에 대한 지혜. -dosamocana 경향의 잘못에서 벗어남. -posana 경향에 대한 교육. -bheda 분비물의 종류. -vipatti 경향의 실패. 악한 성격. -sampatti 경향의 성취. 좋은 성격. -suddhi 경향의 청정. 순수한 성격. -sāmantā 처소 가까이.

āsayati [ā-sī 또는 āsā의 *denom.*] 바라다. 애타다. 몹시 원하다. *grd.* āsāyana. *cf.* āsaya ③.

āsarati [ā-sṛ] ① 달리다. ② 계속 가다. 지속하다. ③ 고집하다.

āsava *m.* ① [*sk.* āsrava. āsrāva<ā-sru] '흘러나오는 것. 새는 것. 넘치는 것' 고통. 악행. 악한 영향. 비참. 번뇌. 루(漏). 유루(流漏). -ârigaṇakkhaya 번뇌에서 만들어진 적의 무리의 파괴. -uppatti 번뇌의 발생. -kkhaya → āsavakkhaya. -khīṇa 번뇌가 부서진. -gocchaka 번뇌의 다발. -cāra 번뇌의 본성. -ṭṭhāniya. -ṭṭhānīya 번뇌를 일으키는. -niddesa 번뇌에 대한 해설. -nirodha 번뇌의 소멸. -nuda 번뇌를 제거하는. -padaṭṭhāna 번뇌에 기초한. -pariyādāna 번뇌를 끝내는. -pidhāna 번뇌의 제어. 번뇌의 멈춤. -ppahāna 번뇌의 버림. -vināsana 번뇌의 파괴. -vippayutta 번뇌가 없는. -vepulla 번뇌가 많은. -samaññā 번뇌의 개념. -saṁvara 번뇌의 제어. -samuccheda 번뇌의 근절. -samudaya 번뇌의 발생. 번뇌의 근원. -vippayutta 번뇌와 관계하지 않는. 누불상응(漏不相應). -sampayutta 번뇌와 관계하는. 누상응(漏相應). ② [〃] 영적인 술. ③ 아싸바. 이려천(伊灑天)[신·신계의 이름].

āsavakkhaya *m.* [āsava-kkhaya] 번뇌의 파괴. 번뇌의 소멸. 누진(漏盡). -jānana 번뇌의 소멸에 대한 인식. -ñāṇa 번뇌의 부숨에 대한 궁극적인 앎. 누진지(漏盡智). 누진통(漏盡通). -pariyosāna 번뇌의 소멸로 끝나는. -ppatta 번뇌의 소멸에 도달한. -lābha 번뇌의 소멸을 얻은.

āsavatā [āsava의 *abstr.*] 번뇌인 사실.

āsavati [ā-sru] ① 흐르다. ② 다가가다. ③ 나타나다.

āsavana *n.* [<āsavati] 흘러내림.

āsasāna *adj.* [āsaṁsati의 *ppr.*] 희망하는. 몹시 원하는. 애타는. āsiṁsaka. āsamāna. āsayāna.

āsā *f.* [*sk.* āśā] ① 기대. 희망. 동경. 욕망. 필요. 소원. 희구(希求). -âbhibhūta 욕망에 정복당한. -âvacchedika 기대에 대한 실망에 의존하는. -chinna 실망한. -dāsavyatā 욕망의 노예인 상태. -dukkhajanana 실망으로 인한 괴로움의 발생. -phala 소원의 열매. -phalanipphādana 소원의 성취. -bhaṅga 실망. ② 지역. 방면(方面). 방향(方向).

āsāṭikā *f.* [*marāṭhi* āsāḍi] 유충(幼蟲). 파리의 알. -sātanā 유충의 제거.

āsādana *n.* [<āsīdeti] ① 불경(不敬). ② 모욕.

āsādeti [āsīdati의 *caus.*] ① 가까이 가다. 만나다. 대다. ② 때리다. 공격하다. ③ 모욕하다. 화나게 만들다. *aor.* āsādesi. āsāda; *abs.* āsādetvā. āsādiya. āsajja; *pp.* āsādita; *inf.* āsāduṁ. āsādituṁ; *grd.* āsādanīya.

āsāḷha *m.* āsāḷhā. āsāḷhi. āsāḷhī *f.* [*sk.* āṣāḍha] 아쌀하. 아쌀히. 아사다(阿沙陀). 알사다월(頞沙茶月). 아쌀하 달의 보름달. 칠월(七月 : 양력 6월 16일 ~ 7월 15일)[남방음력 3월 16일 ~ 4월 15일]. āsāḷha° -chaṇussava 우기를 몰고 오는 아쌀하 달의 축제. -juṇhapakkha 아쌀하 달의 백분. -nakkhatta 아쌀하 성운(星雲). 한 여름의 보름밤 축제. -pavāraṇanakkhatta 우기의 시작과 끝의 축제. -puṇṇamā. -puṇṇamāsī. -puṇṇamī 아쌀하 달의 보름달. -puṇṇamadivasa 아쌀하 달의 보름날. -māsa 아쌀하 월. -sukkapakkha 아쌀하 달의 백분.

āsāra *m.* ① [〃] 폭우. ② [*sk.* āśāra] 보호처. 피

난처.
āsāvati *f.* [?] 이싸바띠[덩굴식물의 이름. 천계(天界)의 숲에서 자람]
āsāvayati [ā-śru의 *caus.*] 소리를 내다.
āsāsati [ā-śās] = āsiṁsati ① 기대하다. 바라다. ② 기도하다. *pp.* āsiṭṭha *ppr.* āsāsamāna 기대하는. 꾸물거리는. 오래 끄는.
āsi ① atthi의 *aor. 2sg. sg.* ② āsati의 *pres. 2sg.*
āsiṁ. āsiṁsu atthi의 *aor.*
āsiṁsaka [<ā-śaṁs] ① 바라는. 희망하는. 애타는. ② 기도하는.
āsiṁsati [ā-śaṁs=āsaṁsati. *sk.* āśaṁsati] 희망하다. 몹시 바라다. 애타다. *opt.* āsiṁsare; *pp.* āsiṭṭha; *ppr.* āsiṁsamāna. āsamāna; *grd.* āsiṁsaniya. *cf.* āsiṁsanaka. āsiṁsanā.
āsiṁsanaka *adj.* [<āsiṁsanā] ① 기대하는. ② 얻기를 바라는.
āsiṁsanā *f.* [āsiṁsati] ① 바램. 기대. ② 욕망.
āsikkhita *adj.* [ā-śikṣ의 *pp.*] ① 훈련된. ② 가르쳐진.
āsiñcati [ā-sic] ① 물을 뿌리다. 물을 대다. 물대다. ② 적시다. 바르다. *pp.* āsitta; *abs.* āsiñcitvā.
āsiṭṭha *adj.* [āsiṁsati. āsāsati의 *pp.*] ① 기대된. 열망을 받은. ② 축복받은.
āsita *adj.* [?] ① = asita 먹은. visam-āsita 독을 먹은. ② 행해진.
āsitta *adj.* [āsiñcati의 *pp. sk.* āsikta] ① 물이 뿌려진. ② 쏟아진. -ôdaka 물이 떨어진. -gandhatela 향기 나는 기름으로 뿌려진. -paṇḍaka 동성 연애하는 환관. -matte 뿌려지자마자. 쏟아지자마자. -visa 독물이 떨어진.
āsittaka ① *n.* [*sk.* ā-siktaka<sic] 향신료. 양념. 후추. 고추. -âdhāra. -ûpadhāna. 양념그릇. 죽그릇. -pūva 케이크의 일종. ② *adj.* [āsitta-ka] 혼합된. 불순물이 섞인.
āsin *adj.* ① [〃] (활을) 쏘는. ② [*sk.* āśin] (음식을) 먹는.
āsiliṭṭha *adj.* [ā-śliṣ의 *pp.*] 부가된. 첨부된.
āsī *f.* ① [*sk.* āśī] 뱀의 독아(毒牙). ② [*sk.* āśis] 소망. 기도. 축복. 가피. -vacana. -vāda(na) 기도. 기원(祈願).
āsītika *adj.* [asīti-ka] 80세의. 80의.
āsītika *m.* āsītikā *f.* [*bsk.* āsītakī] 아씨띠까[풀의 이름].
āsīdati [ā-sad] ① 가까이 앉다. 접근하다. ② 공격하다. 책망하다. *opt.* āside; *pp.* āsanna; *caus.* āsādeti.
āsīna *adj.* [āsati. ās의 *pp.*] 앉은. -sayana 앉거나 눕는 것.
āsīyati [ā-śyā. ā-śrā 또는 ā-śri] ① 살다. 거주하다. ② 의존하다.
āsīvisa *m.* [*bsk.* āsīviṣa] ① 뱀. ② 독사. -âlaya 뱀의 굴. -ûpama. -opama 뱀의 비유. -daṭṭha 뱀에 물린. -potaka 어린 뱀. -bharita 뱀으로 가득 찬.
āsīsanā → āsiṁsanā.
āsu ① *interj.* 빨리! 어서! -gāmin 빨리 가는. -ṁgati 빨리 감. 속행. ② atthi의 *aor. 3pl.*
āsuṁ atthi의 *aor. 3pl.*
āsuṇati [ā-śru] 듣다. 경청하다.
āsuta *adj.* [ā-su의 *pp.*] 발효되고 있는. 발효가 시작된.
āsumbhati. āsumhati [ā-śumbh] ① 떨어뜨리다. ② 던지다. *aor.* āsumhi.
āsūpika *adj.* [a-sūpika] 수프를 먹지 않는.
āseti = āsayati
āsevati [ā-sev] ① 자주가다. 실천하다. 종사하다. 추구하다. ② 빠지다. 탐닉하다. *pp.* āsevita; *grd.* āsevitabba. *caus.* āseveti
āsevana *n.* āsevanā *f.* [<āsevati] ① 실천. 종사. 추구. ② 연속. 반복. ③ 탐닉. āsevana° -paccaya 반복조건. 습행연(習行緣)[페인트를 여러 번 덧칠해서 표면이 더욱 밝아지는 것과 같은 조건]. -balavatā 실천의 힘. 실천력. -bhāvanā 실천수행. -mandatā 실천의 부족. -mahantatā 실천의 위대성.
āsevitabba *adj.* [āsevati의 *grd.*] 실천해야 할. 실천하기에 적합한.
āseveti [āsevati의 *caus.*] 실천하다. 계발하다.
āha [〃] 말하다. 말했다. *2sg. 3sg.* āha; *3pl.* āhu. āhaṁsu.
āhacca ① *ind.* [āhanati의 *abs.* āharati의 *abs.*] 두드리고. 접근하고. 접촉하고. 밀치고. 때리고. 누르고. ② *ind.* [āharati의 *abs.*] 도달하고. 획득하고. 이해하고. 숙고하고. 규정하고. 특별한 관심을 부여하고. 관계하고. ③ *adj.* [āharati의 *grd.*] 가져올 수 있는. 인용될 수 있는. 암송되어야 하는. -âkhārabheda 특수한 종류로의 구별. -nibyama 규정된 길. 특별한 길. -paccaya 특수한 원인. 두드러진 조건. -pada 명시된 말. 권위있는 진술. 부처님에게서 연원된 말. -pāṭha 경전읽기. -pāda 다리를 제거할 수 있는 침상·소파. -pādaka 다리를 제거하거나 끼워 넣을 수 있는. -pāli 경전에서의 인용. -bhāsita (부처님과 제자들에 의해서) 단정적으로 말해진. -vacana 근본적인 말. 인용할 수 있는 말. 부처님말씀.
āhañchati. āhañhati āhanati의 *fut.*

āhaññati āhanati의 *pass.*
āhañhi āhanati의 *aor.*
āhaṭa *adj.* [āharati의 *pp.*] ① 가져와진. 운반된. 보내진. ② 노획된. 받은.
āhata ① *adj.* [āhanati의 *pp.*] 얻어맞은. 공격을 당한. -citta 고통받는. 감염된. 괴로워하는. 격분한. ② = āhaṭa.
āhataka *m.* [āhata-ka] ① 노예. (낮은 계급의) 일하는 사람. ② 얻어맞는 사람.
āhatar *m.* [āhata의 *ag.*] ① 가져오는 사람. 데려오는 사람. ② 운반자.
āhanati. āhanti [ā-han] ① 때리다. 건드리다. 대다. ② (북을) 치다. 두드리다. *aor.* āhañhi; *fut.* āhañhati. āhañchati; *ppr.* āhananta; *abs.* āhacca; *pp.* āhata.
āhanana *n.* [<āhanati] ① 두드림. ② (북을) 침.
āhara *adj.* [<ā-hṛ] ① 가져오는. ② 데려오는. -hattha 손을 잡는. 악수(握手). -hatthaka '내 손을 잡아라'라고 말하는 사람.
āharaṇa *adj. m.* [<āharati] ① 가져온. 데려 온. 운반된. ② 획득물. 운반물. -ûpāya 획득의 수단. -maṅgala 신부를 신랑의 집으로 데려오는 결혼 축제.
āharaṇaka *adj.* [āharaṇa-ka] ① 가져오는. 데려오는. ② 사자(使者). 메신저. 전령.
āharati [ā-hṛ] ① 가져오다. 데려오다. 운반하다. ② 획득하다. ③ 잡다. 쥐다. ④ 꺼내다. ⑤ 암송하다. *abs.* āharitvā; *pp.* āhaṭa. āharita; *inf.* āhattuṁ; *grd.* āhariya. āharitabba. āharaṇiya. āharaṇīya. āhacca; *caus.* āhariyati; *caus.* āharāpeti. *fur.* āhissaṁ.
āharitar *m.* [āharati의 *ag.*] 먹는 사람.
āharima *adj.* [<āharati] 매혹적인. 매력적인.
āhariya *adj.* [āharati의 *grd.*] ① 가져오기로 되어 있는. ② 운반자.
āhava *m.* [〃] 전쟁. 전투.
āhavana *n.* [<ā-hu] 봉헌.
āhavanīya *adj. m.* [ā-hu의 *grd.*] ① 제물로 바치기에 적합한. ② 제물을 바치기 위해 켜진 제화(祭火).
āhāra *m.* [〃] ① 가져오는 것. 데려오는 것. ② 음식. 사료. 자양. 영양분. ③ 식사(食事). -atthika 음식을 원하는. -âsā 굶주림. -ûpaccheda 음식의 절제. -ûpajīvin 자양으로 사는. -ûpasevin 음식을 사용하는. -ûpadhi 자양에 의한 취착. -ûpasiṁsaka 음식을 찾는. 음식을 기대하는. -ûpanibaddha 자양에 묶인. -ûpahāra 음식의 소비. 식사. 먹이기. -kāla 식사시간. -kicca 식사. -gata 음식·식사에 관련된. -giddha. -giddhin. -gedhin 음식을 탐하는. -cinta 음식에 대해 걱정하는. -ja 음식으로 생겨난. -jarūpa 음식으로 생겨난 육체. -ṭṭhiti 자양의 조건. -ṭṭhitika 음식에 의존하는. 음식을 먹고 사는. -ttaya 세 가지 자양의 무리. -nettippabhava 원천적으로 자양을 지지하는 탓인. -nirodha 자양의 소멸. -paccaya 자양조건. 식연(食緣). -paṭikūlasaññā 음식의 혐오에 대한 지각. -pariggaha 음식의 섭취. -paribhoga 음식의 향유. -pariyeṭṭhi. -pariyesana 음식에 대한 추구. -parissaya 음식의 부족. 음식의 재난. 음식난(飮食難). -bhaṇḍāgāra 식료품저장실. -mandatā 기아(飢餓). -maya 음식으로 이루어진. 자양으로 이루어진. 식소성(食所成). -rasa 자양의 본질. -rūpa 자양의 물질. 식색(食色)[영양소(ojā)]. -lolatā 음식에 대한 탐욕. -velā 식사시간. -vidhāna 음식을 준비하거나 제공하는 규칙. -saṅkhaya 음식의 소비. -samuṭṭhāna 자양분에서 일어난. -samudaya 자양의 발생. 자양분의 근원. -sambhava 자양에서 생겨난. 음식에서 생겨난. 식소생(食所生). -sambhūta 자양을 통해 존재하게 된. -hetuka 자양을 원인으로 하는. 음식에 의존하는.
āhāraka *adj. m.* [<ā-hṛ] ① 가져오는 자. 데려오는 자. ② 정복자.
āhāratā *f.* āhāratta *n.* [āhāra의 *abstr.*] 음식물인 사실. 식성(食性).
āhāreti. āhārayati [āhāra의 *denom.*] ① 음식을 가져오다. ② 먹다. *ppr. sg. dat. gen.* āhārayato.
āhi atthi의 *imp. 2sg.*
āhika *adj.* [aha-ika] 날[日]의. pañcāhika 닷새마다의.
āhiṇḍati [*bsk.* āhiṇḍate] ① 배회하다. 방황하다. 유랑하다. ② 여행하다. *caus.* āhiṇḍāpeti.
āhiṇḍana *n.* [<āhiṇḍati] ① 배회. 방황. ② 여행.
āhita *adj.* [ā-dhā의 *pp.*] ① 놓여진. ② 고정된. -gabbha 임신한. -ggi 제화를 준비된. -citta 마음이 고정된. 마음이 고요한. -bala 힘있는.
āhitvā → āhatvā.
āhu āha의 *3pl. 2sg.*
āhuta *adj.* [ā-hu의 *pp.*] 봉헌된.
āhuti *f.* [〃] ① 제사. 봉헌. 봉헌식. ② 숭배. 공경. -gandha 제사의 냄새. -piṇḍa 제사에 사용되는 밥덩이. -yiṭṭhukāma 제사를 지내고 싶어하는.
āhuna. āhuṇa *n.* [<ā-hu] ① 선물. ② 헌공. 봉헌. ③ 숭배. 공경. āhunapāhuna 봉헌과 제사. -paṭiggāhaka 제사를 받는 사람. -piṇḍa 제사의

제물(*cf.* ahutipiṇḍa).

āhuneyya. āhuṇeyya *adj.* [ā-hu의 *grd.*] ① 제사의. 헌공의 가치가 있는. ② 공양을 받을 만한. ③ 존경할 만한. *cf.* ahavanīya. -aggi 헌공의 제화. 헌공화(獻供火).

āhundarika *adj.* [?<āhiṇḍati] ① 붐비는. ② 통과할 수 없는. 투과할 수 없는. ③ 불쾌한.

āhūta *adj.* [<ā-hū의 *pp.*] 불린. 이름불린.

āhūniya *adj.* [<ā-hū의 *abs.*] 헌공할 가치가 있는 것에 대한 억측.

āhūya *ind.* [<ā-hū의 *abs.*] 부르고.

I

i ① 모음·문자 i의 이름. ② 근본접미사의 일종[어근에 부가되어 명사를 형성]. ③ [〃] '가다'의 어근(語根).

ikāra *m.* [i-kāra] i의 문자·소리·음절. -āgama i의 문자·소리·음절의 추가. -ādesa i의 문자·소리·음절의 대체. -lopa i의 문자·소리·음절 제거.

ikka *m.* [*sk.* ṛkṣa] 곰.

ikkāsa *m.* [?] -kasāva 나무의 점액(?)[안료의 접착제로 사용].

ikkha *adj.* [ikkhati의 *grd.*] ① 보일 수 있는. ② 여겨질 수 있는.

ikkhaṭa *m.* [〃] 갈대의 일종.

ikkhaṇa. ikkhana *n.* [ikkhati] 봄[見]. 바라봄.

ikkhaṇika. ikkhanika *m.* [ikkhaṇa-ika] 점쟁이. -kamma 점쟁이의 직업.

ikkhaṇikā. ikkhanikā *f.* [ikkhaṇa-ika] 여자점쟁이.

ikkhati [īkṣ] 보다. 바라보다. *grd.* ikkha

ikkhu *m.* [*sk.* ikṣu] 사탕수수.

iṅga *m.* [<iṅgati] ① 동작. ② 낌새. ③ 몸짓. 자태.

iṅgaṇa *n.* [<iṅgati] 움직임.

iṅgita *n.* [iṅgati(=iñjati)의 *pp.*] ① 동작. ② 낌새. ③ 몸짓. 자태(姿態). -âkāra 몸짓. 낌새. -saññā 몸짓에 의한 감정의 표현.

iṅgirīsi *m.* [<english] 영어. 영국인.

iṅgudī *f.* [〃] 잉구디[나무의 이름. Terminalia Catappa].

iṅgha *interj.* [*sk.* aṅga] 자! 어서![권유하는 말]

iṅghāḷa = aṅgāra.

icc' = iti. iccādi= iti ādi. icceva = iti eva.

icca eti의 *abs.*

iccha. icchaka *adj.* [icchā-ka] ① 원하는. 바라는. ② 욕망이 있는.

icchatā *f.* [<icchati] ① 욕구. 의도. ② 동경. ③ 소망. ④ 욕망.

icchati ① [iṣ] 바라다. 욕구하다. 사랑하다. 의도하다. 요청하다. 기대하다. ② [ṛ] 도달하다. 얻다. *opt.* icche. iccfeyya; *ppr.* icchaṁ; *aor.* icchi. icchisaṁ. *grd.* icchitabba; *pp.* iṭṭha. icchita.

icchana *n.* [<icchati] = icchā ① 욕구. 의도. ② 동경. ③ 소망. ④ 욕망.

icchā *f.* [〃 <icchati] ① 욕구. 의도. ② 동경. ③ 소망. 옵션. ④ 욕망. -attha(icchattha) 의도를 나타내는. -ânukulaka 욕망에 따르는. -âvacara 욕망의 활동. 욕행(欲行). -âvacarapaṭisaṁharaṇalakkhaṇa 욕망의 활동을 제거하는 특징. -âvatiṇṇa 욕망에 사로잡힌. -âcara 욕망. 야망. -âhata 욕망으로 고통받는. -kara 욕망을 채우는. -karaṇa 욕망을 따르는. -gata 욕망. -dosa 욕망에 더렵혀진. -dhūmāyita 욕망의 연기에 뒤덮인. -nidāna 욕망을 인연으로 하는. -niddesa 욕망에 대한 설명. -pakata 욕망에 사로잡힌. -paccaya 욕망을 조건으로 하는. -pabhava 욕망에 의해 야기된. -priyuṭṭhāna 욕망에 사로잡힌. -baddha 욕망에 묶인. -mattopasādhiya 단지 욕망으로 얻을 수 있는. -lobha 욕구와 탐욕. -lobhasamāpanna 욕망과 탐욕에 주어지는. -lobhasamussaya 욕망과 탐욕에서 일어나는. -vighāta 욕망의 좌절. -vinaya 욕망의 제거.

Icchānaṅgala *m.* 잇차낭갈라. 이차능가라(伊車能伽羅)[마을의 이름]. -ka 잇차낭갈라 출신의. 잇차낭갈라까[인명]. -vāsin. -vāsika 잇차낭갈라에 사는.

icchāpeti [icchati의 *caus.*] ① 욕망을 불어넣다. ② 욕망을 일으키게 하다.

icchita [icchati의 *pp.*] 욕구된. 의도된. -âkāra 원해진 몸짓. -alābha 원하는 것을 얻지 못함. -icchita(°ticchita) 무엇이든지 원해진 것. -kamma 원해진 대상. -kāla 원해진 시간. -ṭṭhāna 원해진 장소. -paṭṭana 운명의 항구. -pati 사랑하는 남편. -magga 원해진 길.

icchiticchita *adj.* [<icchati] ① 무엇이든지 원해진. ② 누구든지 원해진. -kkhaṇa 무엇이든지 원해진 순간. -ṭṭhāna 어떠한 것이든지 원해진 장소. -dāyaka. -dāyin 무엇이든 원해진 것을 주는. -maṁsa 누구든지 원해진 고기. -rūpa 무엇이든지 원해진 모습. -lābhin 무엇이든지 원해진 것을 얻은.

ijjati. ijjate [yaj의 *pass.*] 제사를 얻다.

ijjana *n.* [iñjana] 동작. 몸짓.

ijjā *f.* ① [*sk.* ṛdhyate<ṛdh] 동작. 몸짓. ② [*sk.* ijyā] 제사. 헌공.

ijjhati. ijjhate [*sk.* ṛdhyate<ṛdh] ① 성공하다. ② 번영하다. *opt.* ijjhe; *pp.* iddha. ijjhita. *cf.* addha.

ijjhana *n.* [<ijjhati] ① 성공. ② 번영. -aṭṭha '성공적인 수행을' 의미하는. -âkāra 성공적인 수행의 태도. -bhāva. -sabhāva 성공적 수행의 조건.

ijjhanā *f.* [<ijjhati] ① 성공. ② 번영.

iñcāka *m.* [〃] 참새우.
iñjana *n.* iñjanā *f.* [iñjati] ① 동작. 몸짓. ② 움직임.
iñjati [*sk.* ṛñjati. iṅgati<iṅg] ① 동요하다. 움직이다. ② 혼란되다. *pp.* iñjita *caus.* iñjeti.
iñjita *adj.* *n.* [iñjati의 *pp.*] ① 움직여진. 흔들린. ② 동작. 몸짓. ③ 움직임. -aṅga 몸을 움직인 자. -paccayā 동요를 조건으로.
iñjitatta *n.* [iñjita의 *abstr.*] ① 동요. ② 움직임.
iṭṭha *adj.* *n.* [icchati의 *pp.*] ① 즐거운. 기분 좋은. 원하던. ② 마음에 드는. 바람직한. ③ 자발적인. ④ 기쁨. 행복. -aṭṭha 원하던 대상. -âniṭṭha 원하고 원하지 않는 것. 마음에 들고 마음에 들지 않는 것. -âbhimata 바람직한 것에 대하여 숙고한. -ârammaṇa 마음에 드는 대상. -gandha 즐거운 향기. -ggāha 마음에 드는 것을 취하는. -phala 원하던 결과. -rasa 마음에 드는 맛. -rūpa 마음에 드는 모습. -vatthu 마음에 드는 대상. -vipāka 원하던 성숙. 마음에 드는 결과. -viyoga 마음에 드는 것과의 헤어짐. ⑤ *adj.* [=yiṭṭha<yaj] 제물로 받쳐진.
iṭṭhaṁ *ind.* [iṭṭha의 *acc.*] 자발적으로.
iṭṭhakā. itthakā *f.* [*bsk.* iṣṭakā] (구운) 벽돌. 기와. 연와(煉瓦). cayaniṭṭhakā 벽돌. chadaniṭṭhakā 타일. iṭṭhaka° -cchadana 타일지붕을 한. -ppamāṇa 벽돌의 크기. iṭṭhakā° -ânurūpa 벽돌과 같은. -âbhimukha 벽돌로 향한. -olokana 벽돌을 바라보는. -kāñcuka 타일로 만든 지붕이기. -kamma 벽돌일. -karaṇa 벽돌 만들기. -kuḍḍa 벽돌벽. -koṭi 천만 개의 벽돌. -kaṇḍa 벽돌조각. -gūha 벽돌로 만든 동굴. -gopaka 벽돌을 지키는 사람. -caya 벽돌의 집적. -cayanasampanna 벽돌 층이 쌓여진. -cuṇṇa 벽돌가루. -cuṇṇamakkhitasīsa 벽돌가루로 뒤범벅이 된 머리. -nyāsa 벽돌의 기초를 쌓기. -paṇṇākāra 벽돌의 선물. -panti 벽돌의 줄. -pariveṇaka 벽돌 벽으로 만들어진 방. -pākāra 벽돌 벽으로 둘러싸인. -puñja 벽돌더미. -maya 벽돌로 만들어진. -mūla 벽돌로 만든 기초. -rāsi 벽돌의 쌓임. -vaḍḍhakin 벽돌을 쌓는. 벽돌공. -vatī 잇따까바띠 [마가다국의 마을 이름]. -santhāra 타일마루. -sālā 벽돌로 지어진 홀. -sopāna 벽돌계단.
iṭṭhi ① [*sk.* iṣṭi] 제사. 공희(供犧). ② [*sk.* ṛṣṭi]특수한 종류의 칼. ③ → iddha의 *misr.*
iṇa *n.* [*sk.* ṛṇa] = aṇa ① 빚. 부채. ② 채무. -âṭṭa 빚으로 괴로워하는. -âdāna 차용. -âpagama 빚이 없음. -gahaṇa 빚의 차용. -gāhaka 차용인. -ghāta 빚에 시달리는. -ṭṭha 빚이 있는. -dāna 대출. 대여. 돈놀이. -dāyaka 대출업자. -paṇṇa 지불을 약속하는 각서·어음. -paribhoga 빚의 사용. -palibhoda 채무의 장애. -pīḷita 빚으로 괴로운. -mutta 빚이 없는. -mūla 빌린 돈. -mokkha 부채의 상환. -vaḍḍhi 빚에 대한 이자. -sadisa 빚과 같은. -sādhaka 빚쟁이. 채무회수업자. -sāmika 채권자. -sodhana 부채의 상환.
iṇāyika. iṇāyaka *m.* [<iṇa] ① 채권자. ② 채무자. -pīḷā 채권자의 압력.
itara *adj.* [〃] ① 다른. 둘 가운데 다른. 다음의. ② = ittara. na itaraṁ 다름 아니라. -itara(itare°; itarī°) 피차(彼此)의. 상호(相互)의. 어떠한 것이든지의. 모든. -itaratta 상호성. -tra 어디서든지. -thā 달리. 다른 방법으로. 그렇지 않다면.
iti *ind.* [〃] = ti(생략형). ① 이와 같이. 그러므로. 그 때문에. ② 소위. 이른 바. 인용부호로 사용. ③ ~라고. ~라고 말하고. ~라고 생각하여. ~라고 듣고. ~라고 지각하고. ~라고 알고. ~라고 언급하고. ③ 다시 말해서. 즉. 곧. iti ha 참으로. 실로. -uttaka = itivuttaka. -kattabba 이와 같이 행해져야 하는. -kāra 'iti'라는 단어. -kirā '이렇게 들려진 것' 이야기. 전설. 억설. -bhava 이와 같이 태어남. -bhavābhava 이러저러한 존재로 태어남. -lopa iti의 탈락[문법]. -vattabbatā 이와 같이 말해져야 하는 것. -vutta '이와 같이 말해진 것' 사건. 일. -vāda '이와 같이 말하는' 이야기. 잡담. 험담. -saccaparāmāsa 소위 진리에 집착하는. 진리를 왜곡하는 도그마에 집착하는. -sadda iti라는 단어.
itibhavābhavakathā *f.* [iti-bhava-abhava-kathā] 여시유무론(如是有無論).
Itivuttaka *n.* [iti-vutta-ka. *bsk.* ityuktaka. iti-vṛttaka] '이렇게 들려졌다'; 이띠붓다까. 여시어경(如是語經)[小部의 經典]. 이데목다가(伊帝目多伽)[九分敎의 하나].
itihā *f.* [〃 iti-ha] '이처럼 과연' 전통적인 가르침. 구전(口傳).
itihāsa *m.* [〃 iti-ha-āsa] '이처럼 과연 그랬다' ① 전설. 구전. ② 전승. ③ 연대기(年代記). 역사. -lekhaka 연대기작가.
itihītiha *m.* [iti-ha-iti-ha] 전해들은 이야기. 고담(古談). 신화(神話).
ito *ind.* [*sk.* itaḥ] 여기서부터. 지금부터. -paṭṭhāya 지금부터. 금후(今後).
itta *n.* [i의 *abstr.*] ① i라는 문자. ② i라는 소리.
ittara *adj.* [*sk.* *bsk.* itvara] = itara ① 변할 수 있는. 불안정한. 흔들리는. 덧없는. 일시적인. 순간적인. 무상한. 잠시의. ② 사소한. 일반적인. 작은. ③ 저열한. 천한. -ânupassana 덧없는 것에 대한 관찰. -kāla 작은 시간. -jacca 천한 출생. -jīvita

단명한. -dassana 힐끗 보는 것. 별견(瞥見). -paccupaṭṭhāna 지난치는 모습의. 덧없는. 일시적인. -pañña 저열한 지혜를 지닌. -purisa 일반 사람. -pema 흔들리는 사랑. -ppasāda 흔들리는 신뢰. -bhatti 흔들리는 헌신. -bhāva 덧없음. -vāsa 일시적인 체류. -satta 저열한 존재. -saddha 흔들리는 확신. -samāpanna 최근에 얻은. -sampayutta 덧없거나 저열한 것에 의해 실행된.

ittaratā *f.* [ittara의 *abs.*] 가변성.

ittha *ind.* [*sk.* itthā] = ettha 여기에. 이 세상에. -bhāva 이러한 세상의 존재.

itthaṁ *ind.* [〃] 이와 같이. 이렇게. -gotta 이러이러한 성을 지닌. ittha° -nnāma 이와 같은 이름을 갖고 있는. 이렇게 불리는. 소위. -mbhāva. -mbhūta 이와 같은. 이와 같은 종류의.

itthatta *n.* ① [ittha의 *abstr.*] 이와 같은 상태. 현재 상태. 윤회하고 있는 상태. nâparaṁ itthattāya 아직 이와 같은 상태에 이르지 않다. ② [itthi의 *abstr.*] 여자임. 여자의 상태.

itthi. itthī *f.* [*sk.* strī] 여자. 여성. 부인. itth° -āgāra 여자의 집. 후궁(後宮). 처첩의 방. -atthika 여자를 원하는. -âkara 여자의 보고(寶庫). -âdhippāya 여자를 욕망하는. -âdhivacana 여성의 표시. -âlaṁkāra 여자의 장식물. -ubhatovyañjanaka 여성어지자지. 여성남녀추니. 여성자웅동체. itthi° -indriya 여자의 능력. 여성. 여근(女根). -indriyaniddesa 여자의 능력에 대한 분석적 설명. -kathā 여자에 관한 이야기. -kāma 여자에 대한 탐욕. 여자와 즐김. -kāraṇa 여자를 위한. -kicca 여자의 의무. 여자의 봉사. -kutta 여자의 일. 여자의 유혹적인 행동. -kumārikā 여자와 소녀. -khya 여성인 것을 알리는. -gabbha 여성태아. -gumba 여자로 붐비는. -ghātaka 여자를 죽이는 살인자. -citta 여자의 마음. -cchanda 여성의 욕구. -jana 여인들. 여성백성. -dessin 여자혐오자(女子嫌惡者). -dhana 여자의 사적 재보. 지참금. -dhutta 여자에게 빠진. 여자에게 불량한. -napuṁsakaliṅga 여성과 중성의 성[문법]. -nimitta 여자의 특징. 여자의 성기. -pariggaha 여자의 동료. 여인. -puma. 남녀(男女). -pumbhāvalakkhaṇa 여성과 남성에 의해 특징지어지는. -purisa 남녀. -purisaliṅga 남성과 여성의 성[문법]. -rūpa 여자의 아름다움. -lakkhaṇa 여성의 특성[선악과 길흉의 특징]. -liṅga 여자의 성기를 지닌. 여성. 여성명사[문법]. -phoṭṭhabba 여자의 영향 아래에 있는. -bala 여자의 힘. -bhaṇḍa 여자의 소유[장식물 등]. -bhāva 여성(女性). -bhāvadasaka 여성을 구성하는 열 가지 요소. 여십법(女十法)[색깔(色 : vaṇṇa), 냄새(香 : gandha), 맛(味 : rasa), 자양(食素 : ojā), 땅(地 : paṭhavī), 물(水 : āpo), 불(火 : tejo), 바람(風 : vāyo), 여근(女根 : itthindriya), 생명(命 : jīvita)]. -bhūta 여성으로 태어난. -maṇiratana 여자와 보석의 보물. -mati 여자의 생각. -māyā 여자의 속임수. -yutta 암소와 묶인(?). -ratana 여자의 보물. 여보(女寶). -rasa 여자의 매력. -rūpa 여자의 모습. 여자의 아름다움. 여자의 영상. -liṅga 여성. 여자의 성을 지닌. 여성의. -līḷha 여자의 품위. 여자의 매력. -luddha. -lola 여자에 탐욕적인. -vaṇṇa 여자처럼 보이는. -viggaha 여자의 몸. -vimāna 여자의 궁전. -vilāsa 여자의 품위. -vyañjana 여자의 표시. 여자의 외음부. -saṁsagga 여자와의 교제. -saññā 사람이 여자인 것에 대한 지각. -sadda '여자'라는 말·소리. 여자의 목소리. 여자의 목소리를 지닌. -sarīra 여자의 신체. -soṇḍa. -soṇḍin 여자에 빠진. 여자에 탐닉하는. -sota 여자로부터 방사되는 흐름. -(s)sara 여자의 목소리.

itthikā. itthikyā *f.* [= itthi] 여자. 계집[경멸하는 말]

itthitta *n.* [itthi의 *abstr.*] 여자인 사실. 여자의 상태. 여자인 것.

itvā eti의 *abs.*

itveva = icc'eva

ida. idaṁ *pron.* [ayaṁ의 *n.*] 이것. idaṁ° -saccâbhinivesakāyagantha 이것만이 진리라는 독단. 광신(狂信). -saccâbhinivesakāyagantha 이것만이 진리라는 독단에 의한 정신·신체적 계박. 차실집신계(此實執身繫).

idappaccayatā *f.* [ida-paccaya의 *abstr.*] 이것을 조건으로 하는 것. 인과적으로 관계있음. 연기(緣起)의 이치. 차연성(此緣性).

idāni *ind.* [*sk.* idānīm] ① 지금. ② 요즈음. ③ 최근. *cf.* dāni.

iddha [ijjhati의 *pp.*] ① *adj.* 번영하는. 풍부한. 부유한. 성공적인. ② *m.* 국가들. 도시들. ③ *adj.* [iddhe idh. indh의 *pp.*] 불타는. 밝은.

iddhi *f.* [*sk.* *bsk.* ṛddhi] ① 성취. 번영. 성공. 영광. 높은 지위. ② 초능력. 초자연력. 기적. 염력. 영성의 힘. 신통(神通). iddh° -ânubhāva 신통의 힘. -âbhisaṅkhāra 신통력의 단련. iddhi° -ādesanānusāsanī 마음읽기와 가르치기의 초자연적 능력. -karaṇa 신통력의 실천. -kāraṇa 성공의 원인. -koṭṭhasa 신통력의 종류. -kovida 신통력에 정통한. -guṇa 신통력의 질. -citta 신통력있는 마음. -dhamma 신통력의 현상. -nimmita 신통력에 의해 창조된. -paṭilābha 신통력의 회복.

-padesa 신통력의 한 부분. -para 신통력을 지향하는. -palibhoda 신통력의 장애. -pahutā 신통력의 통달. -pāṭihāriya 신통의 기적. 신통신변(神通神變). -pāda 신통의 기반. 신통의 요소. 신족(神足). 여의족(如意足). -ppatta 신통력을 얻은. -bala 신통력. -mada 신통력에 대한 자부. -mant 신통이 있는. -maya. -mayika 신통력으로 구성된. -mahatta 신통력의 위대성. -yāna 신통력의 수레. 염력승(念力乘). -yoga 신통력의 기적. -lābha 신통력의 획득. -vasībhāva 신통력의 통달. -vikubbanā 신통력의 실행. 신통력의 공연. -vidhā 신통의 종류. -vilāsa 신통력의 아름다움. 신통력의 과시. -visaya 신통의 영역. 신통력의 세계. -vesārajja 신통력에 밝은. ③ 높은 지위의 사람. 고위층[왕이나 귀족 등]. 초능력을 지닌 존재[용이나 신들].

iddhika *adj.* [iddhi-ka] ① → addhika(*cpd.*) ② 초월적인 능력을 지닌(*cpd.*).

iddhimant *adj.* [iddhi-mant] ① 성공적인. 능숙한. ② 초월적인 능력을 지닌. 신통력을 지닌. ③ 염력을 지닌.

idha. idhaṁ *ind.* [*sk.* iha] 여기에. 이 세상에.

idhuma *m.* [*sk.* idhma] 땔나무.

inda *m.* [*sk.* indra] ① 인드라신(Indra)[근원적으로 번개의 신]. 인다라(因陀羅). 제석천(帝釋天). 신들의 제왕[三十三天(忉利天)의 支配者]. ② 군주. 제왕. -aggi 인드라신의 불. 번개. -aṭṭha 제왕으로 행위하는. 주권을 행사하는. -âyudha. -âvudha 인드라신의 무기. -ûpama(indūpama) 인드라신과 같은. -ketu 인드라신의 깃발. -khīla '인드라신의 기둥'. 제주(祭柱). 문주(門柱). 경계표(境界標). -gajjita '인드라신의 함성' 천둥. -gopaka 연지벌레. 붉은 투구풍뎅이. -cāpa '인드라신의 활' 무지개. -jāla '인드라신의 그물' 요술. 속임수. -jālika 마법사. 요술쟁이. -juṭṭha 제왕에 의해 실천된. -jeṭṭhika 인드라신을 최상으로 하는. -diṭṭha 제왕에 의해 보인. -desita 제왕에 의해 설명된. -dhaja 인드라신의 깃발. -dhanu 무지개. -nagarī 인드라신의 도시. -nāma 인드라라고 불리는. -nīla 청옥(靑玉). 사파이어. -paṭimā 인드라신의 상(像). -pura 인드라신의 도시. -paṭṭha. -patta. -pattaka 잘 알려진 고대인도의 도시이름. -purohita 인드라신에 의해 선도되는. -bhavana 인드라신의 궁전. -bhūta 제왕이 된. 막강한. -maṇi 청옥. 사파이어. -yava 꾸따자(kuṭaja)나무의 씨앗. -laṭṭhi (*bsk.* indrayaṣṭi) '인드라신의 지팡이' 무지개. -liṅga 인드라신의 증거. -vaṁsa 운율의 이름. -vajira 인드라신의 천둥번개. -vajirā 운율의 이름. -vaṇṇa 인드라신의 모습. -vata 인드라신처럼 행동하는 실천[고행의 일종]. -vara 인다바라[왕의 이름]. -vala 물고기의 이름. -vallī 넝쿨식물의 일종[Cucumis Colocynthis]. -vāruṇikarukkha 인다바루니까룩카[나무의 일종]. -vāruṇī 오이. 콜로퀸티다[coloquintida; 콜로신드(colocynth)식물의 이름]. -sabha 제왕의 모임. -(s)-sama 인드라신과 같은. -samānagotta 인드라신과 같은 성을 갖는. -samānabhoga 인드라신과 동일한 부(富)를 갖는. -sahavyatā 인드라신과 동료관계. -sāra 인다싸라[사미의 이름]. -sāla 인다쌀라[나무이름. Vetaria Acuminata]. -sālaguhā 인다쌀라구하[라자가하의 동쪽산의 이름]. -siṭṭha 인드라신에 의해 만들어진. -heti 인드라신의 천둥번개.

indaka [inda의 *dimin.*] = inda.

indagū → hindagū.

indati [inda의 *denom.*] 제왕으로 다스리다.

indatta *n.* [inda의 *abstr.*] 인드라 신의 세계. 제석계(帝釋天界).

indirā *f.* [〃] 락슈미(Lakṣmī) 여신의 이름.

indīvara *n.* indīvarī *f.*[〃] 푸른 연꽃. 청수련. 연꽃. -sāma 청수련처럼 검푸른

indu ① *n.* [〃] 달. ② *m.* [hindu] 힌두. -bhāsā 힌디어.

indīya *m.* [<hindu] 인도(印度).

indriya *n.* [〃 indra-iya] ① 인드라신에 속하는. ② 지배력. 통제력. 지배원리. 작용. 기능. 능력. 활력. 정력. ③ 정신능력. 감각능력. 감각기능. 감각작용. 감관. 근(根). indriyesu guttadvarata 감각기능에 관한 감관의 보호. -aṭṭha 감각능력의 의미. -antara 감관을 제어하는 특수성. -âgocara 의식불명의. 인사불성의. -âdhiṭṭhāna 마음을 감관에 고정하는. -ânurakkhana 감관을 수호하는. -âbhisamaya 감각기능에 대한 분명히 이해. -âsaṁvara 감관에 대하여 제어하지 않는 것. -ûpasama 감각작용의 그침. -kusala 감각기능에 숙달된. -khandhā 감관의 다발. 지배원리와 감각다발. -gutta 감관을 수호하는. -gutti 감관의 수호. -gocara 분별력있는. 감수성이 있는. -ggayha 감관을 파악할 수 있는. -ṭṭhāna 감관들 가운데 한 장소. 감관. -dama 감관의 훈련. -dhīra 감각능력에 대하여 잘 아는. -niddesa 감관의 분석. -pakati 감관의 자연적 상태. -paccaya 제어조건. 근연(根緣). -paññatti 능력을 제어하는 개념. -paripāka 감관의 성숙. -paropariyañāṇa 다른 사람의 능력의 높고 낮음에 대해 아는 지혜. -pucchā 능력에 대한 질문. -baddha 감관에 묶인. -bala 능력과 힘. -bhāvanā

감관의 계발. -bhūmi 감관의 영역. -mūlaka 감관에 의해 야기된. -yoga 감관의 연결관계. -rūpa 감관의 물질. 근색(根色)[감성의 물질과 성(性)의 물질과 생명의 물질]. -loka 감관의 세계. -vavatthāna 감관의 규정. -vasa 감관의 영향. 감관의 힘. -vikāra (용모에 나타나는) 감각의 변화. -vijaya 감관의 지배. 감관에 대한 승리. -vibhaṅga 감관의 분석. -vekalya. -vekalla 감관의 결함. -vematta (사람들의) 능력의 차이. -saṁvara 감관의 제어. 감관에 대한 수호. 근율의(根律儀). -saṁvarasīla 감관에 대한 제어의 계행. 감관을 수호하는 계행. 근율의계(根律儀戒). -saṁvarapariyanta 감관에 대한 수호의 한계. 근율의주변(根律儀周邊). -samatta 능력의 균형. 감관의 조화. -samattapaṭipādanā 감관의 균형있는 조화를 가져오는. -samuṭṭhita 감관에서 발생한. -sampanna 모든 감관을 갖춘.

indhana *n.* [〃] ① 장작. 땔감. ② 연료.

ibbha *adj. m.* [*sk.* ibhya] 천한. 상민의[바라문이나 왕족 아래의]. 상민[상인 · 집주인 · 농부]. 바라문교의 하층계급[평신도 · 하인 · 천노(賤奴)]. -kula 집주인의 가족. -vāda 상놈이라는 비난.

ibha *m.* [〃] 코끼리. -pipphalī 긴 후추의 일종.

°ima *suf.* 어미의 일종[문법] *cf.* antima. uparima. pacchima. purima. majjhima.

imaṁ *pron.* ayaṁ의 *n. sg. nom.* 이것은. ② ayaṁ의 *sg. acc.* 이것(이 남자. 이 여자)을.

imamhā. imasmiṁ. imassa → ayaṁ.

imāya. imāyaṁ. imissaṁ → ayaṁ.

imissā. imissāya → ayaṁ.

imbara *m.* [?] 임바라[나무의 이름].

°iya *suffix.* 어미의 일종[문법] *cf.* kaṇiya. guṇiya.

iraṇa → iriṇa

irati → iriyati.

iriṇa. iriṇa *n.* [〃] = īriṇa. īriṇa ① 황무지. 사막. ② 큰 숲. 정글.

iritvija [*sk.* ṛtvij] 집전하는 사제.

iriya *n.* [<iriyati] 행동. 거동. 위의(威儀).

iriyati [*sk.* īrte<īr] 움직이다. 행위하다. 방랑하다. 떠돌다.

iriyanā *f.* [<iriyati] ① 행동. 처신. ② 위의(威儀).

iriyā *f.* [<iriyati] ① 행동. ② 자세. 위의(威儀).

iriyāpatha *m.* [iriyāpatha] ① 처신의 방법. 행동양식. ② 자세. 위의로(威儀路)[행주좌와(行住坐臥)]. -kappana 위의로를 만드는. -kopana 자세를 바꾸는. -cakka 위의로의 의미의 수레바퀴. -cariyā 위의로를 새기는 삶의 실천. 위의행(威儀行). -ja 위의로에서 생겨난. -niyama 위의로의 제어. -pabba 위의로의 항목. -payoga 위의로의 실천. -parivattana 위의로의 교환. -bādhana 위의로의 불편. -bhañjanaka 위의로를 파괴하는. -mada 위의로에 의한 도취·교만. -rūpa 위의로의 형태. -vācaka 위의로에 대해 말하는. -vikopana 위의로에 대한 방해. -vihāra 위의로의 삶. -saṅkhāta 위의로에 따라 이름불리는. -saṇṭhapana 위의로의 실행. -santatā 위의로의 평온. -samasīsin 위의로가 일치하는 사람[열반이 위의로의 끝과 일치하는 아라한]. -samāyoga 위의로의 통일. -sampanna 위의로가 완전한. 자세를 갖춘. -samparivattanatā 자세를 바꾸는 훈련. -sukhasevanatā 편안한 자세의 계발.

iriyāpathika *adj.* [<iriyāpatha] 위의로(威儀路 : 行住坐臥)를 닦는. -citta 위의로를 닦는 마음.

iriyāpathiya *adj.* [<iriyāpatha] ① 위의로(威儀路)에서 결과한. ② 자세와 일치하는.

Irubbeda. Iruveda *m.* [*sk.* Ṛg-veda] 리그베다. 천계서(天啓書).

illiyā *f.* [<illā] = illī.

illī *f.* [*sk.* ilībiśa] 단검. 비수(匕首)[무기의 종류].

illīyituṁ → allīyituṁ.

iva *ind.* [〃 *bsk.* viya] 같이. = viya. va

isati [*sk.* iṣyati] 가다.

Isadhara *m.* [*bsk.* iṣādhāra] 이싸다라[수메루 산을 둘러싼 7개의 산의 하나].

isaphandanā *m. pl.* [isa-phandana] 검은 사슴과 판다나 나무.

isabha *m.* [*sk.* ṛṣabha] = usabha.

isi *m.* [*sk.* ṛṣi] ① 성인. 성자. ② 신선. 선인(仙人). *sg. voc.* ise ; *pl. nom.* isayo ; *acc.* ise. isayo ; *gen.* isīnaṁ. -tta 성인의 지위. 선인의 지위. -datta. -dāsa. dāsikā. -dāsī. -dinna 이씨닷따. 이씨닷싸. 이씨다씨까. 이씨다씨. 이씨딘나[사람의 이름]. -nāma '신선'을 따라 이름 지어진. -nāmaka '선인'이라 불리는. -nisabha '선인가운데 황소' 최상의 선인[부처님]. -ndhara 사람의 이름. -pabbajjā 선인의 출가생활. -parikkhāra 선인의 비품. -palobhikā 선인을 유혹하는 여자. -pūga 선인의 무리. -ppayāta 선인들이 앞으로 나아간 장소. -ppavedita 선인에 의해 가르쳐진. -bhaṇḍa 선인의 비품. -bhatta 장로의 이름. -bhāva 선인의 상태. -bhāsita 선인[비불교의 고행자]에 의해 말해진. -bhūmaṅgaṇa 스리랑카 아누라다뿌라에 있는 마힌다 장로의 유골이 안치된 장소. -miga 사슴의 일종. -mugga '신선콩' 식물의 이름. -liṅga 신선의 표시[의복과 소지품]. -vāta 신선의 바람[신선이 지날 때 스치는 상쾌한 바람]. -vesa 신선의 옷매무새. 신선의 등장. -vyaha 신선을 따라 이름지어진. -saṅgha 신선의 공동체. -sattama 일곱 번째 성인[과거의 칠불(過去七佛 : Vippassin. Sikhin. Vessabhu. Kakusandha Koṇāgamana Kassapa Gotama) 가운데 일곱 번째 부처 즉. Gotama]. -saddūla 신선가운데 호랑이. -sāmañña 신선인 수행자. 수행승인 수행자. -siṅga 이씨씽가[고행자의 이름].

isikā. isīkā *f.* [*sk.* iṣīkā] 갈대.

isitta *n.* [isi-tta] ① 성자의 지위. ② 선인의 지위.

isinī *n.* [<isi] ① 여자 성자. ② 여자 선인.

Isipatana *n.* [isi-patana] 이씨빠따나. 선인타처(仙人墮處)[베나레스 교외].

issa *m.* [?<*sk.* ṛśya] 곰(?). 영양(羚羊?). -(m)miga 야생의 맹수의 일종. -siṅga 영양의 뿔.

issattha [<usu. *sk.* iṣu>iṣvastra] ① *m.* 궁수. ② *n.* 궁술.

issatthaka *m.* [issattha-ka] 궁수.

issati. issayati. [issā의 *denom.*] ① 질투하다. 시샘하다. 질시하다. 시기하다. ② 화내다.

issara *m.* [*sk.* īśvara] ① 최고의 신. 자재천(自在天). 절대신. 존우(尊佑). 이스와라(*sk.* īśvara). ② 군주. 통치자. 왕. 우두머리. -âdhipati 최상의 우두머리. -âparādhika 스승을 거역하는 사람. -āyatana 바쑤데바 신(Vāsudeva)의 궁전. -kata 최고의 신에 의해 창조된. -karaṇavāda 최고신의 창조론. -kāraṇavādin 절대신을 제일원인으로 하는 세계관. 절대론. 존우론(尊佑論). -kāla 부와 권력의 전성기. -kutta 창조신의 작품. -kuttika = -karaṇavāda. -jana 부유하고 권세있는 사람. -jātika 고귀한. -nimmāṇavāda 유신론(有神論). 범신론(汎神論). -nimmāṇavādin 유신론자(有神論者). 범신론자(汎神論者). -nimmāṇahetuvāda 세계가 절대신에 의해 창조되었다는 설. 자재화작인설(自在化作因說). -purisa 부유하고 권세있는 사람. -bhattigaṇa 절대신을 섬기는 무리[시바교도]. -mada 권세에 의한 도취·교만. -madasambhava 권세에 의한 도취에서 생겨난. -vatā 지배성. 자재성(自在性). -vāda 이신론(理神論). 유신론(有神論)[요가학파. 니야야학파. 바라문교학]. -vādāyatta 유신론적인. -vādin 이신론자(理神論者). 유신론자(有神論者). -bheri 왕이 명령할 때 사용하는 북. 중요한 사람을 알리는 북. -samaṇaka. -samaṇavihāra. -samaṇārāma 스리랑카에 있는 아누라다뿌라의 승원이름.

issariya *adj. n.* [issara-iya] ① 주인의 상태인. 영향력있는 지위를 지닌. 권세와 연결된 부를 지닌. 지배적인. ② 왕권(王權). 절대권력(絶對權力). 권세(權勢). 권력(權力). 주권(主權). 통치권(統治權). *f.* -tā. -âdhipacca 주권(主權). -ânuppadānasamattha 절대권력을 확보할 수 있는. -ânubhava 왕권의 위엄. -kamma 지배적인 기능. 지배적인 활동. -gahaṇa 권세를 잡음. -pariyosāna 왕권을 궁극으로 하는. -parivāra 왕가의 명성. -parihāra 최상의 지위에 속하는 장비. -bala 권력. -bhāva 거만. -mattā 권세의 크기. -mada 권세에 의한 도취·교만. -madamatta 권세에 의한 자만에 도취된. -luddha 권세를 탐내는. -vossaga 권세를 넘겨줌. -saṁvattanika 권세의 획득으로 이끄는 -sampatti 권세의 성취. 권력의 쟁취. -sukha 권력쟁취가 가져오는 행복.

issā *f.* [*sk. bsk.* īrśyā] ① 질투. 질시. 시샘. 시기(猜忌). ② 화냄. -ākāra 질투의 형태. -âcāra 질투하는 행동. -âbhibhūta 질투에 지배당한. -âvatiṇṇa 질투심이 많은. 시샘하는. -jara 질투의 열기에 감염된. -dhamma 질투의 성품. -niddesa 질투의 분석. -pakata 본래 질투심이 있는. -pariyuṭṭhāna 질투에 지배된 존재의 상태. -pariyuṭṭhita 질투에 사로잡힌. -pisāca 질투의 악귀. 질투의 화신. -pakata 질투심에 사로잡힌. -macchariya 질투와 인색. -manaka 질투하는. -mala 질투의 오점(汚點). -māna 질투와 자만. -yanā. -yitatta. -yitabhāva 질투. 질투의 사실. -luka 질투심이 많은. 시샘하는. -saṁyojana 질투의 결박.

issāmiga *m.* [*sk.* ṛśya-mṛga] 영양(羚羊)의 일종.

issāyanā *f.* issāyitatta *n.* = issā.

issāsa *m.* [*sk.* iṣvāsa] 궁술사. 활쏘는 사람. -antevāsin 궁술사의 제자. -âcariya 궁술사의 스승. -sippa 궁술사의 기술. 궁술.

issāsin *adj. m.* [issāsa-in] ① 활을 지닌. ② 궁술사. 궁수.

issita *adj.* [*sk.* īrśyita] 질투심이 많은. 시샘하는. 시기(猜忌)하는.

issukin *adj.* [*sk.* īrṣyu-ka-in] 질투하는. 시샘하는. 시기하는.

issukitā *f.* [<issukin] 질투. 시샘.

isseti = issati. issayati.

issera = issariya.

iha *ind.* [〃] = idha 여기에. 이 세상에.

ihatta *n.* [iha의 *abstr.*] 여기 있다는 사실.

ihaloka *m.* [iha-loka] 이 세상. 세속(世俗). -nihā 세속주의.

ihalokika *adj.* [iha-loka-ika] 이 세상의. 세속적(世俗的)인.

Ī

ī ① 모음·문자 ī의 이름. ② 지말접미사의 일종[남성명사에 부가되어 여성명사를 만듦].

īkāra *m.* [ī-kāra] ī의 문자·소리·음절. -āgama ī의 문자·소리·음절의 추가. -ādesa ī의 문자·소리·음절의 대체. -lopa ī의 문자·소리·음절 제거.

īgha *m.* [<ṛgh] ① 혼란. 광란. 괴로움. 근심. ② 분노. ③ 악(惡). ④ 위험.

īti. ītī *f.* [*sk.* īti] ① 병(病). 질병. 역병(疫病). ② 고뇌. anīti 건강. 안전.

ītika *adj.* [īti-ka] 병이든. 해악을 입은.

ītiha = itiha.

ītihītiha = itihītiha.

īdikkha *adj.* [*sk.* īdṛkṣa] 이와 같은.

īdisa *adj.* [*sk.* īdṛś] 이와 같은.

īdisaka *adj.* [*sk.* īdṛśaka] 이와 같은.

īdi. īdī *adj.* [*sk.* īdṛś] 이와 같은(*cpd.*).

īraṇa *m.* [〃] ① 움직임. 흔들림. 휘저음. ② 바람(samīraṇa).

īrati [īr] ① 움직이다. 흔들리다. ② 휘젓다. 혼란시키다.

īriṇa īrīṇa *n.* [〃] = iriṇa. ① 사막. 황무지. ② 염분이 있는 토지.

īreti [īrati의 *caus.*] = ereti ① 움직이게 하다. 이동시키다. ② 자극하다. ③ 보내다. ④ 혼란시키다. ⑤ 언급하다. 선언하다. *pp.* īrita.

īsa ① *m.* [*bsk.* īśa *cf. sk.* īśvara] 주인. 소유자. 통치자. *f.* īsī. ② īsaṁ의 복합어사용.

īsaṁ *ind.* [*sk.* īṣat] ① 쉽게. 노력 없이. ② 적게. 조금. 부분적으로. 어느 정도. 불완전하게. -kaḷara. -piṅgala. -pītaka 약간 노란. 부분적으로 황색의. -sakkharapāsāṇa 약간의 자갈이나 돌이 섞인.

īsaka ① *m.* [<īsā] 막대. 장대. ② īsakaṁ의 복합어 사용. -aggapavellita 끝이 약간 소용돌이친. -atthavācaka 의미를 표현하는데 불완전한. -āyatagīva 목이 약간 길어진. -puṭṭha 부분적인 접촉의.

īsakaṁ *ind.* [*sk.* īṣatka] ① 적게. 조금. ② 부분적으로. ③ 어느 정도. 불완전하게. na īsakaṁ pi 결코 ~ 아니다. -puṭṭha 부분적인 접촉으로.

īsati [*sk.* īṣṭe. īśe<īś] ① 주인이 되다. ② 소유하다. 지배하다.

īsā *f.* [*sk.* īṣā] ① 쟁기의 자루. ② 수레의 양 앞쪽에 대는 긴 채·나릇. 원간(轅杆). -âbaddha 자루에 고정된. -danta 쟁기 자루만한 길이의 이빨. -mukha 자루의 꼭대기.

Īsāna *m.* [*sk.* īśāna] 이싸나신[베다시대의 신의 이름].

īsādhara *m.* [*sk.* īśā-dhara] ① 지축산(持軸山). ② 온대지역. -pabba 온대(溫帶).

īsāka *adj.* [īsā-ka] 채·나릇이 있는 (수레)

īsikā *f.* [*sk.* iṣikā] = isikā 갈대.

īsitā *f.* [*sk.* īśitā] 수행자의 초자연적인 힘.

īsitta *n.* [*sk.* īśitā] 자연적 요소에 대한 초자연적인 통제력.

īhati [īh] ① 노력하다. 열심히 하다. ② 시도하다. *pp.* īhita. cf. īhā. īhana.

īhana *n.* [<īhati] ① 노력. 활동. 행위. ② 시도.

īhā *f.* [<īhati] ① 노력. 활동. 행위. ② 시도.

īhita *adj. n.* [<īhati] ① 행해진. 노력이 이루어진. ② 활동. ③ 삶. 생존.

U

u ① 모음·문자 u의 이름. ② 근본접미사의 일종[어근에 부가되어 명사를 형성]. ③ *prep.* = ud°.

ukāra *m.* [u-kāra] u의 문자·소리·음절. -āgama u의 문자·소리·음절의 추가. -ādesa u의 문자·소리·음절의 대체(代替). -lopa u의 문자·소리·음절의 제거.

ukka *m.* [*sk.* ulkā] 횃불. 화덕. → ukkā. ~ṁ bandhati 화덕을 만들다.

ukkaṁsa *m.* [<ukkaṁsati] ① 탁월. 우수. 장점. ② 증가. ③ 최대. ④ 칭찬. -âvakaṁsa 탁월과 열등. 장점과 결점. 증가와 감소. 최대와 최소.

ukkaṁsaka *adj.* [ukkaṁsa-ka] ① 칭찬하는. ② 찬양하는.

ukkaṁsati. ukkaṁseti [ud-kṛṣ. *bsk.* utkarṣa(ya)ti] ① 칭찬하다. ② 의기양양하게 하다. *pp.* ukkaṭṭha. *caus.* ukkaṁsāpeti.

ukkaṁsanā *f.* [<ukkaṁsati] ① 칭찬. ② 찬양.

ukkacca ukkantati의 *abs.*

ukkaṭa *adj.* [*sk.* utkaṭa] 과도한. 지나친.

ukkaṭṭha *adj. m.* [ukkaṁsati의 *pp.* *bsk.* utkṛṣṭa] ① 가장 높은. 두드러지는. ② 뛰어난. 훌륭한. 탁월한. 승화된. ③ 존경할 만한. 영광스러운. ④ 광범위한. 커다란. 최대한의. 포괄적인. ⑤ 상세한. ⑥ 특수한. ⑦ 오만한. 거만한. 허영에 가득 찬. ⑧ 싸움. 전투. atiukkaṭṭhadesanā 극히 상세히 가르침. ukkaṭṭh'ukkaṭṭha 가장 두드러진. 가장 커다란. -âraññaka 훌륭하게 숲속에서 사는 자. -koṭi '훌륭한 정점' 긍정적인 선택. -gahaṇa 단어 ukkaṭṭha의 사용[문법]. -desanā 최대한의 정의에 의한 가르침. 상세한 가르침. -niddesa 최대한의 정의에 의한 설명. 상세한 설명. -nesajjika 탁월하게 항상 앉아있는 자. 탁월한 장좌불와를 실천하는 자. -pamāṇa 귀감(龜鑑). -pariccheda 최대한의 탁월한 정의(定義).

Ukkaṭṭha *m.* 욱깟타. 욱가라(郁伽羅)[Kosala국의 도시이름].

ukkaṭṭhatā *f.* [ukkaṭṭha의 *abstr.*] 우수. 탁월.

ukkaṭṭhita *adj.* [=ukkaṭhita<ud-kvath의 *pp.*] 끓어오르는. 비등(沸騰)하는.

ukkaḍḍhati [*sk.* udkarṣati] (우기의 시작을 공적으로) 연기하다[孟夏의 반복으로 우기의 시작이 늦어지기 때문에]. *pp.* ukkaḍḍhita; *pass.* ukkaḍḍhiyyati. ukkaḍḍhīyati.

ukkaḍḍhana *n.* [<ukkaḍḍhati] (우기시작의 공적인) 연기(延期).

ukkanṭaka. ukkaṇṇaka. ukkaṇḍaka [*sk.* utkaṇṭaka] 옴(?)[질병의 이름. 동물의 질병].

ukkaṇṭha *adj.* [<ukkaṇṭhati] 바램. 간구. 학수고대(鶴首苦待).

ukkaṇṭhatā *f.* [<ukkaṇṭhati] (잘 되길) 바라는 것. 간구하는 것.

ukkaṇṭhati [ud-kaṇṭh] '목을 길게 하다' ① 학수고대하다. 간구하다. 동경하다. ② 피곤하다. 실망하다. 용기를 잃다. *pp.* ukkaṇṭhita.

ukkaṇṭhanā *f.* [<ukkaṇṭhati] ① 간구. 동경. ② 실망. 후회. ③ 동요.

ukkaṇṭhā *f.* [<ukkaṇṭhati] ① 학수고대. 간구. 동경(憧憬). ② 향수병. 실망. 후회. ③ 불만족. 고통. -âkulacittatā 세속에 대한 동경으로 인한 불만족. -âbhibhūta 세속에 대한 동경에 정복당한.

ukkaṇṭhi. ukkaṇṭhikā *f.* [<ukkaṇṭhati] ① 학수고대. 동경. ② 실망. ③ 불만족.

ukkaṇṭhita *adj.* [ukkaṇṭhati의 *pp.*] ① 후회하는. 낙담하는. ② 불만족스러운. -bhikkhu 불만족스런 수행승. -rūpa 불만족스런 상태의. -velā 낙담의 시간. -sañña 불만족스런 지각을 지닌. -sabhāva 만족스럽지 못한 상태. 낙담한 상태.

ukkaṇṭhitā *f.* [ukkaṇṭha의 *abstr.*] ① 간구. 동경. ② 불만족.

ukkaṇṇa *adj.* [ud-kaṇṇa] 귀를 똑바로 세운(?).

ukkaṇṇaka *m.* [ud-kaṇṇa-ka] 재칼의 털이 떨어지는 질병(疾病)[털이 온몸에 떨어져 나감].

ukkantati [ud-kantati] 자르다. 찢다. *abs.* ukkantvā. ukkacca.

ukkapiṇḍaka *m.* [ukkā-piṇḍaka] ① 해충. 해로운 짐승. ② 회충.

ukkamati [ud-kamati<kram] ① 길을 만들다. ② 헛딛다. 빗나가다. 어긋나다. ③ 어기다. 범하다. *abs.* ukkamma. okkamma; *caus.* ukkāmeti. ukkamāpeti;

ukkamana *m.* [<ukkamati] 어김.

ukkamāpeti [udkamati의 *caus.*] (길을 만들기 위해 수레를 길에서) 쫓아내다.

ukkala *m.* [*sk.* utkala] ① 운반하는 사람. ② 노예.

ukkalāpa → uklāpa.

ukkalissati [ud-kilissati] ① 악화되다. ② 무효로 하다(?).

ukkā *f.* [*sk.* ulkā] ① 횃불. 거화(炬火). 화덕. ②

불을 붙이는 나무. -ûpama. -opama 횃불의 비유. -dhāra '봉화를 든 자' 지도자. -pāta '횃불이 떨어지는 것' 유성(流星). 별똥별. 화옥(火玉). -mukha 화로의 입구. ~ṁ bandhati 화덕을 만들다. -sambhava 유성(流星)의.

ukkācanā *f.* [ud-kāc] ① 계몽. 설명. 교화. ② 허담(虛談). 호언(好言). 미사(美辭).

ukkācita *adj.* [ukkāceti의 *pp.*] ① 계몽된. 설명된. 해명된. ② 미사여구의. -vinīta 미사여구에 길들여진. -vinītā parisā 미사여구로 길들여진 대중.

ukkāceti [ud-kāceti<kāca의 *denom.*] ① 들어올리다. (물을) 끌어올리다. ② 계몽하다. ③ 해명하다. 설명하다.

Ukkācela = Ukkāvela *m.* 욱까쩰라. 욱까벨라 [도시의 이름].

ukkāmeti [ukkamati의 *caus.*] ① 비키게 하다. ② 벗어나게 하다.

ukkāra *m.* [<ud-kṛ. ukkarati '배설하다'] 대변. 똥. *cf.* uccāra.

ukkāsati [ud-kāsati] ① 기침하다. ② 헛기침하다. *aor.* ukkāsi; *pp.* ukkāsita.

ukkāsana *n.* [<ukkāsati] ① 기침. ② 헛기침.

ukkāsikā *f.* [<ud-kaṣ '문지르다'] (몸의 때를 베끼는) 헝겊조각. ② 목욕수건. 목욕타월. ③ 목욕패드.

ukkāsita *adj.* [ukkāsati의 *pp.*] 기침한. 헛기침한. -sadda 기침소리. 헛기침.

ukkiṇṇa *adj.* [ukkirati의 *pp.*] 파내진.

ukkirati [ud-kṛ] ① 파내다. 구멍을 파다. ② 조각하다. 새기다. *pp.* ukkiṇṇa

ukkiledeti [ud-klid의 *caus.*] 청소하다. 깨끗이 치우다.

ukkujja *adj.* [ud-kujja] ① 구부러진 것을 편. ② 세워진. 똑바른.

ukkujjati. ukkujjeti [ukkujja의 *denom.*] ① 구부러진 것을 펴다. ② 일으키다. 세우다. 똑바로 하다.

ukkujjana *n.* [<ukkujjati] ① 구부러진 것을 폄. ② 설치. 설립. 일으켜 세움.

ukkuṭika *adj.* *n.* [*bsk.* utkuṭuka] ① 웅크린. 쪼그리고 앉은. ② 쪼그리고 앉음. 준거(蹲踞). -padhāna 쪼그리고 앉는 정근(精勤). 준거행(蹲踞行). *f.* ukkuṭikā.

ukkuṭṭhi *f.* [<ud-kruś] ① 소리를 지름. ② 환호. 갈채.

ukkusa *m.* [*sk* utkrośa] = ukkosa ① 물수리. ② 악(鶚)[새의 이름].

ukkūla *adj.* [ud-kūla] ① 가파른. ② 높은. 험악(險惡)한.

ukkoca *m.* [*sk.* utkoca] ① 뇌물. ② 수뢰(受賂).

ukkoṭa *m.* [<ukkoṭeti] ① 이미 결정된 법적 문제에 대한 재개. ② 결정의 번복.

ukkoṭana *n.* ukkoṭanā *f.* [<ukkoṭeti] ① 부정하게 법적인 해결을 위해 뇌물을 받음. ② 결정의 번복.

ukkoṭanaka *adj.* *n.* [ukkoṭana-ka] ① 뇌물을 받은 죄에 해당하는. ② 뇌물을 받은 죄[고백참회죄(波逸提 : pācittiya)에 해당].

ukkoṭeti [*bsk.* ut-koṭayati] ① 부정하게 법적인 해결을 위해 뇌물을 받다. ② 법적인 결정을 번복하다.

ukkosa = ukkusa

ukkha *m.* [*sk.* ukṣan] 황소.

ukkhali. ukkhalī. ukkhalikā *f.* [*cf.* *sk.* ukha. ukhā] ① 요리용단지. ② 접시. 단지. ukkhali° -kapāla 단지의 안쪽. -dhovana 접시설거지. 접시를 설거지하는 물. -paripuñchana. -parimajjana 접시 닦는 천.

ukkhā *f.* [*sk.* ukhā(?)] ① 요리용 단지. ② 접시. ukkhāsataṁ dānaṁ 하루의 여러 시간에 이루어지는 보시.

ukkhita [ukṣ의 *pp.*] ① 더덕더덕 발라진. ② 흩뿌려진. 살포된.

ukkhitta *adj.* [ukkhipati의 *pp.*] ① 집어 올려진. ② 제거된. ③ 보류된. ④ 배척된. -âsika 칼을 뺀. -citta 마음이 어지러운 사람. -paligha 장애를 제거한 (자). -sira 머리를 들어올린.

ukkhittaka *adj.* [ukkhitta-ka] 자격이 정지된 비구.

ukkhipati [ud-khipati<kṣip] ① 들어 올리다. 열거하다. ② 제거하다. *pp.* ukkhitta; *pass.* ukkhipiyati; *caus.* ukkhipāpeti. ukkhepeti. *pp.* ukkhipita.

ukkhipana *n.* ukkhepanā *f.* [<ukkhepa] ① 던져 올림. ② 포기. 제거. ③ 냉소. 경멸.

ukkheṭita *adj.* [<ud-kheṭ] ① (침 등이) 뱉어진. ② 버려진.

ukkhepa *adj.* *m.* [<udkhipati] ① 던져버리는. ② 들어 올림. 제거.

ukkhepaka *adj.* [ukkhepa-ka] ① 던져 올리는. ② 버리는.

ukkhepana *n.* [<udkhipati] ① 들어 올림. ② 매달기. ③ 열거. ④ 권리의 정지.

ukkhepanā *f.* [<udkhipati] ① 들어 올림. ② 화나게 함. ③ 비웃음.

ukkhepaniya. ukkhepanīya *adj.* [ukkhipati의 *grd.*] 죄가 열거되어야 할. 죄를 고치지 않은 수행승에 대한 자격정지의. -kamma 정지의 갈마.

응제각소작(應除却所作). 거죄갈마(擧罪羯磨).
거죄갈마(擧罪羯磨)[죄를 저지르고도 고치려고
하지 않는 수행승에 대한 자격정지의 조치].

uklāpa. ukkalāpa *adj. m* [*cf. sk.* ut-kalāpa '공작
이 꼬리세운'] ① 더러운. ② 깔짚. 두엄. 찌꺼기.

ukhati *f.* [*sk.* okhati<ukh] 가다.

ukhā *f.* ["] 요리용 단지.

ugga *adj.* ① [*sk.* ugra] 강한. 위대한. 맹렬한.
-tapa 심한 고행을 닦는. -putta 권문세도의 사
람. 권귀. 대신의 아들. ② *m* [*sk.* ugra] 왕족과
노예의 혼합카스트의 구성원. ③ [<udggaccha-
ti] = uggamana 상승. ④ 욱가[사람의 이름].
-ârāma 욱가라마[승원의 이름]. -nagara 욱가나
가래[꼬살라국 도시의 이름]. -nigama 욱가니가
매[꼬살라국 마을의 이름]. -sena 욱가쎄나[사람
의 이름]. -senananda 욱가쎄나난다[왕의 이름].

uggacchati [ud-gam] ① 올라가다. 솟아나다.
② 상승하다. *aor.* uggacchiṁ; *abs.* uggañchi-
tvāna; *pp.* uggata

uggacchana *n.* [<udgacchati] ① 올라감. 솟아
남. ② 상승. -udaka 솟아나는 물.

uggajjati [ud-gajjati] 소리를 지르다. 외치다.
aor. uggajji.

uggajjana [<udgajjati] 외침.

ugganhana *n* [<uggaṇhāti] 배움. 공부.

ugganhāti [ud-grah] ① 집어 올리다. 수지(受
持)하다. ② 배우다. ③ 얻다. ④ 파지(把持)하다.
imp. uggaṇha. uggaṇhāhi; *abs.* uggayha; *caus.*
uggaheti. uggāhayati; *aor.* uggahesi; *abs.* ug-
gahetvā. uggaṇhiya. uggaṇhitvā; *inf.* uggahe-
tuṁ; *pp.* uggahita; *ppr.* uggāhamāna *caus.* ug-
gaṇhāpeti.

uggaṇhāpeti [uggaṇhāti의 *caus.*] ① 갖게 하다.
② 배우게 하다. 가르치다.

uggata ① *adj.* [uggacchati의 *pp.*] 올라간. 상승
된. 높은. 고귀한. ② 욱가때[사람의 이름]. -ug-
gata 아주 높은 신분을 지닌. -naḷa unnaḷa를 설
명하기 위해 만들어진 복합어. -phāsuka up-
phāka를 설명하기 위해 만들어진 복합어. -bhā-
va 높은 지위. 귀족신분. -mānasa 고귀한 정신
을 지닌. -vaṁsa 높은 대나무. -sarīra 욱가따싸
리라[사람의 이름].

uggatatta ① *n.* [uggata의 *abstr.*] 상승. 고귀함.
② *adj.* [uggata-atta] 고귀한. 높은 신분을 지닌.

uggatthana *n* [<ud-ghaṭṭeti] 팔찌. 발목장식
[여자를 위한 장식품의 하나].

uggama *m* [<uggacchati] ① 올라감. 일어섬. ②
상승. ③ 토출.

uggamana *n* [<uggacchati] ① 올라감. 일어섬.

② 상승. ③ 토함. 토출.

uggamma *ind.* [uggacchati의 *abs.*] 올라가고.
상승하고.

uggalati [*sk.* udgalati] 방울방울 떨어지다. (계단
등에서) 떨어지다. *pp.* uggalita; *caus.* ug-
galāpeti.

uggaha *adj. m* [<ud-grah] ① 취득한. 습득한.
배운. ② 파지(把持). 습득. 학습. 지식. -kosalla
배우는데 능숙한. -nimitta 습득인상. 취상(取
相)[집중수행의 도중에 먼저 파지되는 불안정하
고 불명확한 인상. -paripucchā 학습과 질문.

uggahana *n* [<ud-grah] ① 기억하는 것. 학습.
② 집지(執持). 수지(受持).

uggahāyati. uggaheti [<uggaṇhāti의 *poet.*] ①
들어 올리다. ② 배우다. *abs.* uggahāya.

uggahita. uggahita *adj.* [uggaṇhāti의 *pp.*] ①
들어 올려진. ② 얻어진. ③ 습득된. 학습된.

uggahetar *m* [uggaṇhāti의 *ag.*] ① 들어 올리는
사람. ② 배워 얻는 사람.

uggāyati [*sk.* udgāyati] 노래하다.

uggāra *m* [<ud-gṛ] ① 토함. 분출. 분사. ② 위장
에서 바람을 내뿜는 것.

uggāhaka *adj.* [uggāha-ka] ① 배우고자 하는
사람. ② 열심히 배우는 사람.

uggira *n.* [<uggirati] ① 들어 올림. ② 일으킴.

uggirati [*sk.* udgirati] ① 침을 뱉다. 내뿜다. 분출
하다. 토하다. 트림하다. 말하다. 발언하다. 언급
하다. *abs.* uggiritvāna. ② [ud-gur] 들어 올리다.
나르다. ③ [칼 등을] 휘두르다. *pp.* uggrita

uggirana *n* [<uggirati] ① 토함. 분출. 발언. 발
성. ② 휘두르기. ③ 몰살. 전멸.

uggilati = uggirati ①.

uggīva *n* [ud-gīva] (바구니를 걸기 위해) 목에서
어깨에 두른 끈.

ugghaṁseti [ud-ghṛṣ] ① 문지르다. ② 비비다.
pp. ugghaṭṭha.

ugghaṭita *adj.* [ud-ghaṭeti의 *pp. bsk.* ud-
ghaṭaka] ① 드러난. ② 설명이 없이 간략하게
가르쳐진. ③ 빠른. 예리한. -ññū (상세한 설명이
필요 없이) 빠르게 이해하는 자.

ugghaṭeti [ud-ghaṭeti] ① 열다. 드러내다. ② 폭
로하다. 나타내다.

ugghaṭṭa. ugghaṭṭha *adj.* [*sk.* udghṛṣṭa] ① 분
쇄된. 마멸된. ② 상처를 입은. -pāda 발이 아픈.

uggharati [ud-kṣar] ① 새다. 누설되다. ② 번지
다. 스며들다.

ugghāta *m* [<ugghāṭeti] ① 개방. ② 해체. 제거.

ugghāṭi *f.* [*cf.* ugghāṭa] 개방. 개현(開顯).

ugghāṭana *n* [<ugghāṭeti] ① 열림. 개방. 풀음.

해체. 제거. 제거될 수 있는 것. -kiṭika 열릴 수 있는 스크린이나 셔터. -dvāra 개방된 문. ② [<sk. ghaṭī] 물을 깃는 밧줄과 양동이. 물을 깃는 도르레.

ugghāṭeti. ugghaṭṭeti [ud-ghaṭṭ bsk. udghāṭayati] ① 열다. ② 해방하다. 풀다. ③ 폐지하다. 제거하다. pp. ugghāṭita. caus. ugghāṭāpeti 열리게 하다.

ugghāṭāpeti [ugghāṭeti의 caus.] 열리게 하다.

ugghāta m. adj. [ud-ghāta] ① 급격한 동요. 놀람. ② 흔들리는. 동요하는. 빠르게 움직이는.

ugghāti f. [cf. ud-ghāta, ugghāṭa] ① 동요. ② 타격. ③ 정복. 승리. ④ 개현(開顯).

ugghātita adj. [ugghāteti의 pp.] ① 얻어맞은. 구타당한. 구타로 부풀어 오른. ② 살해된.

ugghāteti [ud-ghāt] 갑작스럽게 움직이다[밀침·찌름·던짐·뒤틈].

ugghosati [sk. ud-ghoṣati<ghuṣ] 외치다. 부르짖다. 선언하다.

ugghosa. m. ugghosanā f. [<ugghoseti] ① 외침. ② 선언. 공표.

ugghosāpeti. ugghoseti [ud-ghosati의 caus.] ① 알리다. ② 공표하다. 선언하다. pp. ugghosita.

ughusita adj. [sk. udghuṣṭa] 울려 퍼지는.

ucita adj. [uc의 pp.] ① 적당한. 알맞은. ② 올바른. -tta 자격(資格). 자질(資質).

ucca adj. [sk. udya] ① 높은. ② 고귀한. 숭고한. -âvaca 높고 낮은. 여러 가지의. -âsana 높은 자리. -kamma 고귀한 일. -ṭṭhāna 높은 장소. 높은 지위. -tthambha 철탑(鐵塔). -nīca 높고 낮은. -vatthuka 높은 토대를 가진. -sadda 큰 소리를 내는. 고성(高聲). -ssara 엑센트. 억양(抑揚). -ssaralakkhaṇa 엑센트부호. 억양부호.

uccaka adj. = ucca.

uccatta n. [sk. uccatva] 높이.

uccaya m. [〃 <ud-ci] ① 쌓아 올린 것. 더미. 축적. ② 높이. 키. siluccaya 산.

uccā ind. [sk. uccā. ucca의 sg. ins.] ① 높게. 위에. ② 고귀하게. -kaṇerukā. -kāḷārikā 키 큰 암코끼리. -kula 고귀한 가문. 귀족가문에 속하는. -kuliya 고귀한 가문으로 이끄는. -kulīna 고귀한 가문에 태어난. -kulīnasaṁvattanika 고귀한 가문의 태생으로 이끄는. -ṭṭhāna 높은 장소. 높은 지위. -nīca 높고 낮은. -sadda 큰 소리를 내는. 고성(高聲). -sayana. -seyyā 높은 침대. -soṇḍā 높이 들어 올려진 코끼리 코.

uccāra m. [<ud-car] ① 배설물. 대변. 똥. ② 찌꺼기. -(karaṇa)ṭṭhāna 변소[땅을 파고 만든 것]. -passāva 대변과 소변. -palibuddha 창자를 비우기의 차단·보류. -passāva 똥과 오줌.

uccāraṇa n. [<uccāreti] ① 발음. 발성. ② 들어 올림. ③ 격언(格言). 금언(金言). -vilāsa 용어선택. -visesa 특별한 발음.

uccāraṇā f. [<uccāreti] 들어 올림.

uccāreti [ud-cāreti<car의 caus.] ① 들어 올리다. 높이 올리다. ② 발음하다. pp. uccārita.

uccāliṅga m. [uccā-liṅga] 쐐기벌레. 모충(毛蟲).

uccāvaca adj. [uccā-vaca] 높고 낮은. 다양한.

uccāsadda m. adj. [uccā-sadda] ① 높은 소리. ② 소음. ③ 소음을 일으키는.

uccāsayana n. [uccā-sayana] 높은 침대.

uccinana n. [<uccināti] 선택. 선별.

uccināti [ud-cināti<ci] 고르다. 선택하다. aor. uccini. pp. uccita. uccinita.

ucciya adj. [ucca-iya] ① 높은. 치솟은. ② 고상한. 고귀한.

ucchaṅga m. [sk. utsaṅga] ① 무릎. 허리. ② 옷의 자락. 주머니 달린 옷. -pañña 침착하지 못한 [무릎까지만 오는 지혜를 가진(?)]. -padesa 허리의 부분. 복부. -hattha 손을 주머니에 넣은.

ucchaḍḍaka adj. m. [<ucchādeti] 토한 (사람).

ucchaḍḍeti [sk. ucchardayati] ① 토하다. ② 거부하다. 포기하다.

ucchanna adj. [<avacchanna] 덮어진.

ucchāgāra n. [sk. ikṣvāgāra] 사탕수수로 만든 집[住居].

ucchādana n. [<ucchādeti] (몸에) 향료를 바름. 향수를 바름.

ucchādeti [ut-sād<sad의 caus.] (몸에) 향료를 바르다. 향수를 바르다.

ucchijjati [ucchindati의 pass.] ① 소멸하다. ② 파괴되다.

ucchiṭṭha adj. [ud-śiṣ의 pp. bsk. ucchiṣṭa] ① 남겨진. ② 버려진. 거부된. ③ 깨끗하지 않은. 오염된. -itthī 오염된 여자. -odaka 남겨진 음식과 섞인 물. -kañjika 산죽(酸粥)의 남겨진 것. -kasaṭa 남겨진 찌끼. -khādaka 남겨진 것을 먹는. -geha 다른 사람이 사용한 집. -jala 남겨진 음식과 섞인 물. -nadī 오염된 강. -patta 오염된 발우. -paṭiggahana 남겨진 음식의 수거. -pāyāsa 유미죽(乳米粥)이 남겨진 것. -piṇḍa 남겨진 것으로 구성된 탁발음식. -bhatta. -bhojana 음식의 남겨진 것. -mukha 식후에 입을 헹구지 않은 자. -hattha 식후에 손을 씻지 않은 자.

ucchiṭṭhaka = ucchiṭṭha.

ucchita adj. [sk. ucchrita] 높은. 숭고한.

ucchindati [ud-chid] 파괴하다. 전멸시키다. *fut.* ucchecchāmi; *aor.* udacchida; *abs.* ucchijja; *pp.* ucchinna; *pass.* ucchijjati.
ucchinna *adj.* [ucchindati의 *pp.*] ① 파괴된. 절단된. 떨어져나간. ② 상실한. -dāyajja 유산을 상실한 자. -pakkha 지지자가 떨어져나간. -bhavanettika 존재[輪廻]로 이끄는 것이 부서진. -mūla 뿌리가 절단된.
ucchu *m.* [*sk.* ikṣu] 사탕수수. -agga(ucch°) 사탕수수의 끝 부분. -kalāpa 수탕수수더미. -kalīra 사탕수수의 새싹. -k(h)aṇḍa 사탕수수의 잘린 조각. -khaṇḍikā 약간의 사탕수수. -khādana 사탕수수를 먹음. -khetta 사탕수수 밭. -gaṇṭhikā 사탕수수의 줄기. 사탕수수의 일종[Batatas Paniculata]. -ghaṭikā 사탕수수의 줄기. -coraka 사탕수수 도둑. -cchedana 사탕수수의 자름. -taca. -(t)taco 사탕수수껍질. -taccana 사탕수수의 자름. -tila 사탕수수와 참깨. -dakkhiṇa. -dāna 사탕수수의 보시·헌공. -niyyāsa 사탕수수로 만든 술. -paṇṇa 사탕수수 잎. -paribhoga 사탕수수의 향유·시식. -pāla 사탕수수의 지킴이. -pīḷana 사탕수수의 압착. -puṭa 사탕수수 포대. -phāṇita 사탕수수 주스. -bīja 사탕수수의 씨. -bhāra 사탕수수 짐. -yaṭṭhi 사탕수수 줄기. -yanta 사탕수수의 압착. -yantra 사탕수수용 압착기. -laṭṭhi 사탕수수 줄기. -vana 사탕수수의 숲. -rasa 사탕수수의 즙. -vāṭa 울타리가 쳐진 사탕수수밭. -vappa 사탕수수밭. -vikati. -vikāra 사탕수수의 산물. -sassa 사탕수수밭. -sālaka 사탕수수의 배분을 위한 표. -sāmika 사탕수수밭의 주인. -sālā 사탕수수의 제분소(製粉所).
ucchecchāmi. uccheijāmi → ucchindati
uccheda *m.* [<ucchindati] ① 파괴. 해체. ② 허무. 단멸(斷滅). 절멸(絶滅). ③ 허무주의[사후에는 영혼이 없다는 사상]. -gaṇhana 허무주의의 수용. 허무주의에 대한 집착. -diṭṭhi 허무주의. 단멸견(斷滅見). 단견(斷見). -vāda 허무주의. 단멸론(斷滅論). 단견론(斷滅論)[사후에는 영혼이 존재하지 않는다는 주장]. -vādin 허무주의를 지닌. -sassata 허무주의와 영원주의. 단상(斷常).
ucchedana *adj.* [<ucchhindati] ① 자르는. ② 파괴하는. 단멸(斷滅)하는.
ucchedin *adj. m.* [uccheda-in] ① 허무주의적인. ② 허무주의자. 단멸론자(斷滅論者).
ucchepaka *n.* [*cf.* ucchiṭṭhaka] 음식의 찌꺼기.
uju. ujju *adj.* [*sk.* ṛju. *cf.* ajjava] ① 똑바른. 일직선의. ② 정직한. 솔직한. ③ 공개적인. 드러내놓고 하는. ③ 율의(律儀)가 있는. uju° -aṅga. -aṅgin (ujjaṅg°) 바른 수족을 지닌. 능숙한. 날렵한. 재빠른. 손재주가 있는. -ûpapattika 올바로 다시 태어난. -karaṇa 바로 하기. -katā 정직[몸과 마음이 바른 상태]. -koṭi 바른 끝을 지닌. -gata 바른. 정직한. 똑바로 걷는. 직립의. 바른 생활을 하는. -gatabhūmi 직립의 단계. -gatika 바른 다시 태어남을 갖는. -gāmin 바로 가는. -citta 바른 마음. -cittatā 마음의 정직성. -jātika 천성이 곧바른. 본래 단순한. -ṭṭhāna 화살의 곧은 부분. -diṭṭhitā 바른 견해를 지닌 사실. -paccatthika 공개적으로 반항하는. -(p)paṭipatti 올바른 길을 취함. -(p)paṭipanna 올바른 길에 들어선. 정입(正入). -patha 바른 길. -bhāva 올바름. 정직. -bhūta 똑바른. 정직한. -magga 올바른 길. -rekhaka 피트(feet)자. -rekhā 일직선. -vaṁsa 바른 줄기를 가진. 직계(直系). 직계자손. -vāta 곧바로 부는 바람. -vipaccanīka 정반대의. -vipaccanīkavāda 정반대로 말하는. -sommaviggaha 곧고 유연한 몸을 지닌. -hadaya 정직한 마음을 지닌.
ujuṁ *ind.* [uju의 *n. acc.*] 똑바르게. 정직하게.
Ujuññā *f.* [*cf.* udaññā] 우중냐. 왜약국(倭若國) [Kosala의 지방속국과 도시의 이름].
ujuka. ujjuka *adj.* [uju-ka] 똑바른. 정직한. anujjuka 굽은. -gamana 화살이 똑바로 나감. -ṭṭhāna 화살의 곧은 부분. -bhāva 바름. 정직.
ujukatā *f.* [ujuka의 *abstr.*] 정직. 바름. 단직(端直)[몸과 마음이 바른 상태].
ujutā *f.* [uju의 *abstr.*] 정직. 바름.
ujjagghati [ud-jagghati] ① 웃다. ② 비웃다. 조소하다. 조롱하다. ③ 큰소리로 웃다.
ujjagghikā *f.* [<ujjagghati] ① 폭소. ② 조소. 조롱. ③ 고소(高笑).
ujjaṅgala *m.* [ud-jaṅgala] ① 사막. ② 불모의 땅.
Ujjaya *m.* 웃자야[사람의 이름].
ujjala *adj.* [ud-jval] ① 빛나는. 불타는. ② 찬란한. 아름다운.
ujjalana *n.* [<ujjalati] 빛남.
ujjalanaka *adj.* [ujjalana-ka] 빛나는. -vāyu 수소(水素).
ujjalati [ud-jalati<jval] 불타다. 빛나다. *pp.* ujjalita; *caus.* ujjāleti. ujjālayati. ujjālāpeti; *pass.* ujjāliyati; *aor.* ujjālayiṁ.
ujjalā *f.* [*sk.*<ujjvalā] 운율의 이름.
ujjava *adj.* [<ujjavati] ① 흐름을 거슬러 올라가는. ② 역행하는.
ujjavati [ud-javati] ① 흐름을 거슬러 올라가다. ② 역행하다.
ujjavana *n.* [<ujjavati] 흐름을 거슬러 올라감.

ujjavanika *adj.* [ujjavan-ika] 흐름을 거슬러 올라가는.

ujjavanikā *f.* [ujjavan-ika] 흐름을 거슬러 올라가는 배.

ujjavanikāya *ind.* [ud-javanaka의 *f. ins.*] 흐름을 거슬러 올라가서.

ujjahati [ud-jahati<hā] ① 포기하다. ② 치워버리다. ③ 방치하다. *imp.* ujjaha; *aor. 1sg.* ujjahaṁ.

ujjāla *n.* [<ujjāleti] 빛남.

ujjāleti. ujjālāpeti ujjalati의 *caus.*

ujju. ujjuka = uju. ujuka.

Ujjenaka. Ujjenika. *adj. m.* [<Ujjenī] ① 웃제니에 사는. ② 웃제니의 거주자.

Ujjenī *f.* [*sk.* Ujjayinī] 웃제니[아반띠국(Avantī)의 수도].

ujjota *m.* [*sk.* udyota] ① 빛. ② 광채. 광휘. -kara 광휘로운.

ujjotati [ud-jot. *sk.* uddyotate] ① 비추다. ② 빛나다. *pp.* ujjotita.

ujjotita *adj.* [ujjoteti의 *pp.*] 비추어진.

ujjoteti [ujjotati의 *caus. sk.* uddyotate] 비추다. *aor.* ujjotesi.

ujjhaggati → ujjagghati

ujjhaggikā *f.* [<ujjagghati] = ujjagghikā. 큰 웃음소리. 폭소. 고소(高笑).

ujjhaṅgala → ujjaṅgala.

ujjhati [ujjh] ① 포기하다. 버리다. ② 떠나다. *aor.* ujjhi; *pp.* ujjhita. *abs.* ujjhitvā. ujjhiya.

ujjhatti *f.* [<ud-jhāyati] ① 짜증. 화. 분개. ② 불만. ③ 혐책(嫌責). 훼자(毁訾). *cf.* ujjhāna.

ujjhāna *n.* [ud-jhāna] ① 잘못을 찾아냄. ② 불만. ③ 혐책(嫌責). 훼자(毁訾). ④ 의분(義憤). 분개(憤慨). -kamma 불만의 경건한 표현. -bahula 언제나 잘못을 찾아내는. 언제나 분개하는. -saññin. -saññika 분개를 잘 하는. -saññitā 헐뜯음. -sikkhāpada 혐책과 관련된 학습계율. -sīla 분개하는 성격을 지닌.

ujjhāpana *n.* [<ujjhāpeti] ① 고발. 탄핵. ② 중상. ③ 자극. 화나게 함.

ujjhāpanaka *adj.* [ujjhāpana-ka] ① 고발하는. ② 중상하는. ③ 남을 화나게 하는.

ujjhāpayati. ujjhāpeti [ujjhāyati의 *caus.*] ① 짜증나게 하다. ② 화나게 하다. ③ 혐한(嫌恨)하다.

ujjhāyati [ud-jhāyati] ① 짜증내다. 불평하다. ② 기혐(譏嫌)하다. 혐책(嫌責)하다. ③ 분개하다. 분노하다. 화내다. *aor.* ujjhāyi. ujjihāyittha; *inf.* ujjhātuṁ; *caus.* ujjhāpayati. ujjhāpeti.

ujjhāyana *n.* [<ujjhāyati] ① 불평. ② 분개.

ujjhita *adj.* [ujjhati의 *pp.*] ① 버려진. 버림받은. 투기(投棄)된. ② 가난한.

uñcha *m.* uñchā *f.* [*sk.* uñcha. uñchana<uñch] ① 이삭. ② 생계를 위해 모은 것. uñchā° -cariya. -cārika. 이삭을 줍는 자. -cārikatāpasa 이삭을 줍는 고행자. -cariyā 이삭을 줍는 것. -patta 이삭줍기를 위한 그릇. 찌꺼기를 모우는 발우.

uñchati [uñch] ① (보시를) 구하다. ② 이삭을 줍다. ③ 생계를 위해 모으다.

uñchana *n.* [<uñchati] ① (보시를) 구하기. ② 이삭줍기.

uññā *f.* = avaññā.

uññātabba. uṇṇātabba *adj.* [avajñā의 *grd.*] ① 경멸받을 만한. ② 비열한.

uññāsi avajānāti의 *aor. 2sg.*

uṭṭanda = uḍḍanda.

uṭṭitvā → uḍḍetvā.

uṭṭepaka *m.* [<uṭṭepeti] (까마귀를) 쫓는 사람.

uṭṭepeti [uḍḍeti ①의 *caus.*] = uḍḍepeti ① 날아오르게 하다. ② 쫓다.

uṭṭapana → voṭṭapana.

uṭṭhavacittaka → oṭṭhavacittaka.

uṭṭhahati. uṭṭhāti [ud-sthā=uttiṭṭhati. *cf.* ut-tiṭṭhahati] ① 일어나다. 기상(起床)하다. 일어서다. 분기(奮起)하다. ② 나아가다. 날아오르다. ③ 나타나다. 생겨나다. ④ 피하다. 자유롭게 되다. ⑤ 착수하다. 노력하다. 활동하다. *opt.* uṭṭhaheyya; *imp.* uṭṭhaha. uṭṭhahatha. uṭṭhehi; *aor.* uṭṭhahi; *abs.* uṭṭhahitvā. uṭṭhāya; *inf.* uṭṭhātuṁ; *ppr.* uṭṭhanhanta. uṭṭhahāna; *caus.* uṭṭhāpeti.

uṭṭhātar *m.* [uṭṭhāti의 ag.] ① 스스로 일어나는 사람. ② 활동적인 사람. anuṭṭhātar 활력이 없는 사람.

uṭṭhāna *n.* [ud-sthā-ana] ① 일어남. 생기(生起). 소생. 기원(起源). ② 일으켜 세움. 건축. ③ 노력. 근면. 활력. 분기(奮起). -âdhigata 활력을 얻은. -âdhippāya 다시 일어나고자 하는 의도. -kāla 기상시간. -dassin 활력을 보여주는. -nisajjā 일어남과 앉음. -parikamma 건축을 위한 준비. 건축의 기초적 작업. -pāricāriyā 능동적인 서비스. 능동적인 참여. -porisa 근면과 분발. -phalūjīvin 근면의 결과로 생계를 유지하는. -viriya 소생하는 힘. -viriyasampanna 소생하는 힘을 갖춘. -viriyādhigata 소생하는 힘을 얻은. -saññā 다시 일어남에 대한 지각. -sampatti. -sampadā 노력의 성취. -sampanna 활력을 갖춘. -sīla 활동적인. 근면한.

uṭṭhānaka *adj.* [uṭṭhāna-ka] ① 발생시키는. 산출하는. ② 정력적인.

uṭṭhānavant *adj.* [uṭṭhāna-vat] 노력하는. 활동적인. 분기(奮起)하는.
uṭṭhāpaka *m.* [<uṭṭhāpeti] '(죽은 자를) 일어나게 하는 자' 영혼의 마술사.
uṭṭhāpana *n.* [<uṭṭhāpeti] '(죽은 자를) 일어나게 함' -manta 죽은 자를 일으켜 세우는 주문.
uṭṭhāpeti [uṭṭhahati의 *caus.*] ① 일어나게 하다. 깨우다. ② 들다. 올리다. 던지다. 자라게 하다. 곧게 세우다. ③ (태양을) 뜨게 하다. ④ 세우다. 건축하다. ⑤ 산출하다. 생산하다. ⑥ 옮기다. 쫓아내다. ⑦ 설치하다. 설립하다. ⑧ 추켜세우다. 선동하다. 자극하다. 칭찬하다. 상찬(賞讚)하다. *pp.* uṭṭhāpita
uṭṭhāyaka. uṭṭhāyin *adj.* [<uṭṭhahati의 *grd.;* uṭṭhāya-in] ① 일어날 준비가 된. 기상하는. ② 활동적인. 근면한. *f.* uṭṭhāyikā.
uṭṭhāhaka = uṭṭhāyaka.
uṭṭhita *adj.* [uṭṭhahati의 *pp.*] ① 일어난. 발생한. ② 노력하는. *cf.* vuṭṭhita
uḍḍayhati [uḍḍahati의 *pass.*] 태워지다. 소각되다. 연소되다.
uḍḍayhana *n.* [<uḍḍayhati] ① 연소. ② 화재.
uḍḍahati [ud-ḍahati] 태우다. 연소시키다. 소각하다. *pass.* uḍḍayhati. *fut.* uḍḍayhissati; *aor.* uḍḍahi.
uḍḍāpaka *adj.* [<uḍḍepeti] ① 날게 하는. ② (새를) 위협하여 쫓아내는.
uḍḍāpeti [uḍḍeti의 *caus.*] ① 날게 하다. ② (새를) 위협하여 쫓아내다.
uḍḍita *adj.* [uḍḍeti ②의 *pp.*] 묶인. 얽매인.
uḍḍeti ① [ud-ḍeti] 날다. 날아오르다. *opt.* uḍḍayeyya; *caus.* uḍḍāpeti. uḍḍepeti. ② [ud-ḍī 또는 lī의 *caus.*] 묶다. 꿰다. 버리다. *pp.* uḍḍita
uḍḍha *num.* [<catuttha=uttha] 네 번째.
uṇṇa *n.* uṇṇā *f.* [*sk.* ūrṇa. ūrṇā] ① 잔털. ② 양털. ③ 백호(白毫)[부처님 미간에 있는 흰 곱슬털]. uṇṇa°. uṇṇā° -nābhi 거미. 지주(蜘蛛). -pāya 털로 구성된. -maya 털로 만든. -loma 미간백호(眉間白毫)[三十二相의 하나]. uṇṇa° -pāvāra(ka). -pāvāraṇa. 털외투. -bhisi 털방석. 털담요.
uṇṇata *adj.* [uṇṇamati의 *pp. sk.* unnata] = unnata ① 올려진. ② 높은. ③ 거만한.
uṇṇati *f.* [<uṇṇamati] = unnati. 오만. 거만.
uṇṇama *m.* [<uṇṇamati] 거만. 오만. 고만(高慢).
uṇṇamati. unnamati [ud-nam] ① 올라가다. 똑바로 서다. ② 자부심을 갖다. ③ 거만하다. 고만(高慢)하다. *opt.* uṇṇameyya; *caus.* uṇṇameti. unnāmeti.
uṇṇala *adj.* [uṇṇa-la] 거만한. 건방진.
Uṇṇābha *m.* 운나바[바라문의 이름].
uṇṇika *adj.* [uṇṇa-ika] 털로 만든.
uṇṇigaṇḍa *m.* [uṇṇi-gaṇḍa] 종양의 일종[출가하는데 방해가 됨].
uṇṇī *f.* [<uṇṇa] 털옷.
uṇha *adj. n.* [*sk.* uṣṇa] ① 더운. 뜨거운. ② 열기. 열(熱). 난(煖). -ākāra 열기의 출현. -âbhitatta 열기에 지친. -âbhipīḷita 열기에 괴로워하는. -utu 뜨거운 온도. -ôdaka 뜨거운 물. 열수(熱水). 뜨거운 물이 흐르는 강. -kalala 뜨거운 진흙. -kalla 달아오른 숯. 뜨거운 재. -kāla. 더운 계절. 더운 날씨. -kukkula 뜨거운 타다 남은 숯불. -kumbha 뜨거운 단지. -chārikā 뜨거운 타다 남은 숯불·재. -jāta 뜨거워진. -desa 열대구(熱帶區). -desāyatta 열대구(熱帶區)의. -nāgara 운하나가라[스리랑카의 도시이름]. -pakati 더운 체질을 지닌. 열에 민감한. -pariḷāha 높은 열. -pīḷita 더위에 괴로워하는. -bhāva 뜨거움. 더움. -bhīru 열기를 두려워하는. 열기를 참지 못하는. -bhojin 뜨거운 음식을 즐기는. -māṇa 열(熱). -māṇaka 체온계. 온도계. -raṁsi 뜨거운 빛을 지닌. 태양. -lakkhaṇa 열의 특성을 지닌. -valāhakā 더운 구름의 신들[신들의 부류의 이름]. -samaya 더운 날씨. 더운 때.
uṇhatta *n.* [uṇha의 *abstr.*] 열기. 뜨거운 상태.
uṇhāpeti [uṇhati의 *caus.*] 열을 내게 하다. 열기를 일으키다.
uṇhīsa *m.* [*sk.* uṣṇīṣa] ① 머리위의 살이 상투 모양으로 융기된 상태. 정계(頂髻). 육계(肉髻). -paṭṭa 터번. 머리싸개. -sīsa 머리 위에 정계가 있는 것. 정성육계상(頂成肉髻相)[三十二相의 하나]. ② 난간동자.
ut° *pref.* = ud°
ut(t)aṇḍa → uddaṇḍa.
utu *m. n.* [*sk.* ṛtu] ① 계절. 기온의 변화. 날씨의 변화. 올바른 때. 적절한 시간. 시절. ② 월경(月經). 월수(月水). ③ 우주적인 법칙. 물리적인 질서. ④ 신체적인 감각. 상쾌함. 기운의 회복. ⑤ 온도. 온도의 변화. 체온. 열기. 신열(身熱). 육체적인 변화. sarīraṁ (kāyaṁ. gattāni) utuṁ gaṇhāpeti 몸의 기분을 전환하다. 몸을 편하게 하다. -akkhāna (utu'kkhana) 공적으로 올바른 때라고 하는 진술. -āhāra 자연의 영양물. -ûpasevanā 적절한 때에 헌공하는. 계절의 활동. -cittāhāra 체온과 의식과 음식. -kāla (일년중의) 좋은 때. 계절적인. 월경(月經)기간. -gahaṇa 기운의 회복을 취함. 기분전환. -guṇa 기후(氣候). -guṇavijjā 기후학(氣候學). -ja 계절 또는 물리적 변화에 의해 산출된. 온도의 변화에서 생겨난. -ttayānukūla 세 계절에 적당한. -nibbatta 물리적인 원인을 통해 생성된. -niyāma 계절의 우주적 질서. -paccaya 온도의 조건. -pamāṇa 계절의 측량. 정확한 계절의 관측. -pariṇāma 계절의 변화. 사철의 순환. -parissaya 계절의 위험. -pubba 여섯 계절의 각각의 전야제. -pharaṇa 원기회복에 의한 충만. -bījaniyāmā 계절과 씨앗의 우주적 질서. -matt'akkha (슬픔의) 열기에 충혈된 눈. -maya 열기·체온에 의해 만들어진. -vaṭṭa. -vassa 일 년의 좋은 계절[비가 오지 않는 두 계절]. -vāra 계절의 순환. -vikāra 계절의 바뀜. 온도의 변화. -visabhāga 비정상적인 온도. -vedana 신열에 의한 고통을 지닌. -veramaṇī 월경기간의 절제. 월경기간이 끝난 여자. -saṁvacchara 일 년의 좋은 계절. 해(年)의 순환. 계절의 순환. -sata 백 년[백 계절] -sappāya 계절에 알맞은. 계절적으로 유익한. -samaya 월경기간. -samuṭṭhāna 계절에 의해 생겨난. 열기에 의해 생성된. -sampupphita (우기가 아닌) 좋은 계절에 피어난. -sampanna 아름다운 기후를 가진. -sinātā 월경후의 목욕. -sukha 즐거운 신체적 감각에 의해 생겨난 행복. -sukhasamphassa 감촉이 즐거운 느낌을 일으키는.

utuka *adj.* [utu-ka] ① 계절의. ② 계절에 맞는.

utunī *f.* [utu<ṛtu-nī] ① 월경 중인 여인. 경수자(經水者). ① 수태기(受胎期)의 여인.

utumatī *f.* [*sk.* ṛtumatī] 월경 중인 여인.

utta *adj. m.* [vadati의 *pp.*] = vutta. ① 말하여진. 발언된. ② 발언. 말하기. dur° 나쁘게 말하여진. -tthera 웃따테라[장로의 이름].

uttaṇḍāla. uttaṇḍula *adj.* [ut-taṇḍula] ① (쌀죽에) 쌀이 설익은. ② 너무 걸죽한.

uttatta *adj.* [ut-tap의 *pp.*] ① 열이 가해진. ② 주조된. 정련된. -kanakasannibha -kanakūpama 정련된 금과 같은. -rūpa 용해된 것(금)과 같은 색깔을 지닌. -suvaṇṇa 정련된 금.

uttanta *adj.* [*sk.* uttānta] ① 지친. ② 기절한.

uttama *adj.* [ud의 *superl.*] ① 최상의. 최고의. ② 첫 번째의. ③ 가장 중요한. 가장 훌륭한. 가장 고귀한. 가장 탁월한. 이상적인. -aṅga 신체의 가장 중요한 부분[머리·눈·성기]. -aṅgaruha 머리카락. 두발. -aṇṇa 채권자. -attha 최상의 가치. 최고의 이익[阿羅漢의 경지]. -anta 상가띠 옷(saṅghāti)의 윗끝. -âdhama 높고 낮은. 훌륭하고 저열한. -āhāra 최상의 음식. -âha 정오. -iṇa 채권자. -ekavaca 일인칭[문법]. -ûrulakkhaṇa 완전한 넓적다리에 의해 특징지어지는. -ekavaca(uttamekavaca) 일인칭·단수(*1sg.*)[문법]. -guṇā 최상의 덕. 고귀한 성품. -kicchapatta 극도의 고통으로 괴로워하는. -kulīna 가장 고귀한 가문에 속하는. -ṭṭhāna 가장 높은 지위. -damatha 최상의 훈련. -diṭṭhipatta 최상의 견해에 도달한. -devīvihāra 웃따마데비비하라[스리랑카 아누라다뿌라의 사원 이름]. -dhamma 최상의 가르침. -pañña 최상의 지혜를 지닌. -pattipatta 최상의 성취에 도달한. -puggala. 최상의 사람. -purisa. -porisa 가장 훌륭한 사람. 대인(大人). 일인칭[문법]. -ppamāṇa 크기가 제일 큰. -ppavatti 최상의 공연을 하는. -buddhi 최상의 지혜를 지닌. -bhaṇḍathena 최상의 상품을 훔치는 도둑. -bhāva 최상의 상태·지위. -bhūripañña 최상의 광대한 지혜를 지닌. -bhojana 최상의 음식. -mucchanā 최상의 선율[소리의 높고 낮음이 잘 조절된 것]. -rūpavaṇṇin 최상의 아름다움을 발산하는. -sat 최상의 존재. -sattavat 최상의 활력을 지닌. -samācāra 가장 훌륭한 행동. -seyyā 최상의 잠자는 자세.

uttamatā *f.* uttamatta *n.* [uttama의 *abstr.*] ① 최상의 상태. 최고의 분량. ② 절정. 한계.

uttara *adj. n.* [ud의 *compar.*] ① 최상의. 최고의. 고귀한. 뛰어난. ② 위쪽의. 왼쪽의. 북쪽의[인도 아리안족은 인도에 침략하여 정착할 때에 서에서 동으로 이동하였기 때문에 위쪽과 왼쪽과 북쪽은 같은 개념으로 사용]. ③ 표면의. 상의(上衣)의. 위턱의. ④ 나중의. 미래의. 수반되는. 계속되는. 수반하는. 지속의. 다음 부분의. 끝의. ⑤ 더 많이(*ifc.*). ⑥ *n.* 답변. 반박. 비난(*ifc.*) ⑦ *adj.* [ud-tara<tṛ] 초월한. 건너간. *ins.* uttarena 북쪽으로부터. 북쪽을 통해서. -aṁsa 다음 부분에 따라오는 절반의 시련(詩聯)[문학]. -attharaṇa 윗덮개[침대·의자 등의 커버]. -âgama 음절의 추가[문법]. -âdesa 단어의 끝에서 음절의 대체[문법]. -âbhimukha 북쪽을 향한. 북쪽을 마주한. -âlumpa 단지 안에서 염료가 끓어 넘치는 것을 막기 위한 고안품. -āsaṅga 웃옷. 상의(上衣). -âsāḷha 첫 번째 월숙(月宿). -itara 보다 높은. -uttara 이어지는. -ummāra 문의 상인방(上引枋). -oṭṭa 윗입술. -kañcuka 훌륭한 외투를 입은. -karaṇavācālakkhaṇa 답변할 의무가 있는 말로 특징지어지는. -kāla 나중의 시간. 미래. -kuru 웃다라꾸루. 북구로주(北拘盧州). 울단월주(鬱單越州). -gāthāpekkhapada 다음의 시련(詩聯)을 필요로 하는 시행(詩行). -gāma 웃따라가마[마을의 이름. -geha 북쪽의 집. -cakkavāḷa 철위산(鐵圍山)의 북쪽. -cūḷabhājanīya. -cūḷavāra 두 번째의 작은 분석. -cchada. -cchadana 덮개. 차양. 천막. -tra 나중에. 이어서. 아래에. -diṭṭhi 이어지는 견해. -disā 북쪽.

-desa 북쪽지방. -dvāra 북문. -dhamma 보다 높은 법. -pakaraṇa 보충적인 논문. -pāsaka 문의 윗고리. -pubba 북동쪽. -patha 북쪽나라. -pada 복합어의 뒷부분[문법]. -padagaṇṭhi 윗발판. -passa 북쪽 측면. -pāla 웃따라빨라[장로의 이름]. -pāsaka 윗고리. 윗경첩. -pubba 북동쪽. -pphaggunī. -bhaddapada 월숙(月宿)의 이름. -madhurā 웃따라마두라[도시이름]. -mātā 웃따라마따[여자의 이름]. -mānaka 물에서 나와 언덕에 도달한 자. -yavamajjhaka 웃따라야바맛자까[북인도 도시의 이름]. -rassa 단어의 끝이 단음인[문법]. -lopa 마지막 철자의 제거[문법]. -vaḍḍhamāna 웃따라밧다마나[산의 이름]. -vanārāma 웃따라바나라마[승원의 이름]. -virahita 위가 없는. 최상의. -vihāra 웃따라비하라[스리랑카 승원의 이름]. -vuddhi 단어의 끝에서의 확대변화[문법]. -saṅgha 상의(上衣). 승려의 상의. 울다라승(鬱多羅僧). -sadda 단어 'uttara'[문법]. -sara 단어의 끝의 모음[문법]. -sahāya 탁월한 친구. -sāṭaka 외투. -sīsaka 머리를 북쪽으로 한. -sīhapañjara 북쪽으로 난 발코니. -suve. -sve. -sse 내일모래. -setu 건너는 다리. -sena 웃따라쎄나[거처의 이름]. -himavanta 북쪽의 히말라야 산.

Uttara *m* [<uttara] 웃따라. 울다루(鬱多樓) [사람의 이름].

uttaraṇa *n.* [<ud-tāreti] ① 건넘. ② 구조. 구원. 구제. 극복. ③ 건너게 함. 영도(令渡). -tittha 나루터. 착륙지.

uttarati [ud-tarati] ① (물 밖으로) 나오다. 오르다. 넘치다. ② 건너다. ③ 초월하다. *aor.* udatāri; *abs.* uttarryāna; *pp.* otiṇṇa. uttiṇṇa; *caus.* uttāreti.

Uttaravinicchaya m. [uttara-vinicchaya] 상결정집(上決定集)[계율의 편람으로 Buddhadatta가 지은 작품].

Uttarapañcālaraṭṭha *m.* [uttara-pañcālaraṭtha] 웃따라빤짤라국. 북부반차라국(北部般遮羅國).

uttarā *f.* [<uttara] ① 웃따라. 선승(善勝)[여자이름]. ② 북쪽 방향. uttarā° -patha 웃따라빠타[말의 교역으로 유명한 북인도의 지명]. -mukha 북쪽으로 향한.

uttari *adj.* [*cf.* uttara] ① 보다 위에. 위에. ② 게다가. 더욱이. -karaṇīya 부가적인 의무. 더해야 할 일. -bhaṅga 조미료. 양념. 소스. 진미(珍味). 건배. 축배. -bhaṅgika 맛있는 것으로 시중드는. -manussa 보통 사람을 넘어선. 초인적인. -manussadhamma 기적(奇績). -sāṭaka 웃옷. 겉옷. 외투.

uttariṁ *ind.* [uttari의 *acc.*] 더욱이. 게다가.

uttarika *adj.* [<uttara] ① 우수한. 탁월한. ② 초월하는. ③ 초인적인.

uttaritara *adj.* [uttara의 *compar.*] 보다 나은. 보다 훌륭한.

uttariya *n.* [uttara-iya] ① = uttarika 우위. 우월 ② 대답. 답변.

uttarīya *n.* [<uttara] ① 외투. 윗옷. ② 망토.

uttarena *ind.* [uttara의 *ins.*] 북쪽으로. -âbhimukha. -mukha 북쪽을 향한.

uttasati [ud-tasati<tras] ① 두려워하다. 무서워하다. ② 전율하다. *ppr.* uttasaṁ. uttasanto; *pp.* utasta. utrasta. uttanta; *caus.* uttāseti.

uttasana *n.* [<uttasati] ① 두려운. 무서운. ② 공포. 불안. 경포(驚怖).

uttasta *adj.* [uttasati의 *pp.*] 무서워하는. 심약한.

uttāna *adj.* [<ud-tan] ① 반듯이 누운. ② 분명한. 명료한. 얕은. 현로(顯露)의. -uttāna 아주 명백한. -obhāsa 얕은 것으로 보이는. -kūla 낮은 언덕. -tala 얕은(?). -bhāva 현현(顯現). -mukha 열린 얼굴을 한. 친절한. 평이하게 말하는. 쉽게 이해되는. -vāhin 얕은 물살을 한. 얕은. -vyañjana 분명한 철자. -sambandha 연결관계가 분명한. -saya. -sayana. -seyyaka 등을 대고 재우는[유아에 대한 부모의 의무].

uttānaka = uttāna

uttānī° [=<uttāna]. -kamma. -karaṇa 선언. 해명. 표명(表明). 천명(闡明). -karoti 분명하게 하다. 선언하다.

uttāpeti [uttapati의 *caus.*] ① 뜨겁게 하다. ② 괴롭히다.

uttāra *m* [<uttarati<ud-tṛ] ① 횡단. 건넘. ② 도하(渡河). -setu (강을) 건너기 위한 다리. 도교(渡橋).

uttāraṇa *n.* [<uttāreti] ① 뽑음. 당김. ② 구조.

uttārita *adj.* [uttāreti의 *pp.*] ① 뽑힌. 구조된. ② 밖으로 옮겨진. *abstr.* -tta

uttāreti [uttarati의 *caus.*] ① 뽑다. 당기다. ② 구조하다. 구원하다. ③ 밖으로 옮기다.

uttāsa *m* [=utrāsa. *sk.* uttrāsa] 공포. 두려움. 무서움. 전율. 테러.

uttāsana *n.* [<uttāseti] ① 공포. 두려움. ② 세차게 찌름.

uttāsavant *adj.* [uttāsa-vant] 두려워하는. 공포스러운.

uttāsin *adj.* [uttāsa-in] 두려워하는. 전율하는.

uttāseti ① [ud-tras의 *caus.*] 무서워하게 하다. 놀라게 하다. ② [ud-taṁs. tars의 *caus.*] ~에게

찌르다. *pp.* uttāsita.
utti *f.* [*sk.* ukti] 말. 진술.
uttiṭṭa *adj.* [<ucchiṭṭha] 남겨진. 나머지의.
uttiṭṭhe uṭṭhahati의 *opt.*
uttiṇa *adj.* [ud-tiṇa] ① 지붕의 풀을 벗긴. ② 지붕을 없앤.
uttiṇṇa *adj.* [uttarati의 *pp.*] 건넌. 초월한.
Uttiya *m.* 웃띠야[장로의 이름. 사람의 이름].
uttejeti [ud-tij의 *caus.* *bsk.* uttejayati] 생기를 불어넣다. 자극하다.
uttejaka *adj. m.* [<uttejeti] 자극하는. 장려하는.
utrasta [uttasati의 *pp.*] = uttasta 무서운. 두려운. 전율하는. 구포(懼怖)된.
utrāsa *m.* [=uttāsa] 두려움. 공포. 구포(懼怖).
utrāsin *adj.* [utrāsa-in] ① 무서운. 두려워하는. ② 불안한. 걱정하는.
utrāseti [*sk.* utrāsayati] 무섭게 하다. 두렵게 하다. 전율하게 하다.
ud° *pref.* [〃] ① 위의. ② 앞의. ③ 밖의. ④ 떨어져. ⑤ 나쁜.
uda ① *ind.* [*sk.* uta] 또는. ~vā 혹은. 또. *cf.* udāhu. ② = udaka -kumbha 물병. 물 단지. -koṭṭha(ka) 욕실(浴室). 댐이 있는 저수조[나무에 물을 주기위한 것]. -patta 물이 가득 찬 그릇. -pāna 우물. -puñchana. -puñchanī. -puñjanī. -muñjanī 몸의 물을 닦아내기 위한 것[타월 등]. -bindu 물방울. -vattha 물외투. 목욕옷(?). -sadda 단어 'uda'[문법]. -su 분사 'uda'[문법]. -hāra. -hāraka. -hārikā 물의 운반자. -hāriya 물을 운반하는.
udaka *n.* [〃] 물. 수(水). ~m ogāheti 세례를 주다. -añjali 물이 가득한 두 손의 공간. 물이 가득한 구멍. -aṇṇava 홍수. -atthika 물이 필요한. -anta 물의 끝. 물가. -ācamana 물로 입헹구기. -ādhāna 물을 저장하기 위한 용기. -ânugata 물에 의해서 압도된. 물에 의해 꺼진. -ânupassin 물로 여기는. -âbhirata 물에 기뻐하는. -âbhisiñcana. -âbhisecana 물에서의 세정식(洗淨式). -āyatika 급수관. -āḷhaka 물의 측량단위. -āvaṭṭa 물구덩이. -āsanabhojana 물과 자리와 음식. -āsiñcana -āsecana 물뿌리기. -āharaṇa 물의 수급. -âsīvisa 독이 있는 물뱀. -ûpama 물과 같은. -ukkhepa 물 던지기[물 가운데 승단의 경계를 정하기 위한 것]. -uggamana 물의 상승. -ucchu 수생 사탕수수. -uppatti 물의 출현. -ubbāhanatulā 물을 푸기 위한 조정들보. -ummajjana 물로 닦아냄. -ummikā 물의 파도. -ummujjana 물에서 나옴. -ussiñcanavāraka 물을 푸는 단지. -ûpaccheda 물의 차단. 물공급의 중단. -ûpajīvin 물에 사는. -ûpanissaya 물로 이루어진 토대. -ûpama 물과 같은. 물에 비유되는 -ûpassaṭṭhā 신랑의 손에 선물의 물을 부은 신부. -ûmika 물의 파도. -ôgāhana 물에 잠기는. -ôgha 홍수. 폭류(暴流). -ôtaraṇa 밀물. -ôrohaṇa 목욕(沐浴). -ôrohaka 물에 잠기는. 목욕재계자(沐浴齋戒者)[고행자의 일종]. -ôrohaṇa 물에 뛰어드는. 목욕하는. -kañjika 물이 많은 산죽(酸粥). -kaṭāha 물병. -kaddama 물과 진흙. -kandara 물로 가득 찬 협곡. -kapallaka 물을 담는 작은 진흙사발. -kamma 물의 헌공(?). -kalasa 물단지. -kalaha 물에 대한 분쟁. -kāya 물더미. -kāka '물까마귀' 물새. -kicca 의무적인 세정식(洗淨式)[의식에서 몸을 씻는 일]. -kīḷā 물장난. -kīḷānaṭṭhāna 풀장. -kumbha. -kumbhī 물단지. -koṭṭha(ka) 욕실(浴室). 댐이 있는 저수조. -kkhandha 물의 더미. -kkhaya 물의 고갈. 물부족. -gaṇḍūsa 물 한 모금. -gatika 물이 되는. 물의 조건을 지닌. -gandha 물냄새. -garuka 침수된. 물이 밴. -gahaṇasāṭaka (목욕 후에) 물기있는 옷. 욕의(浴衣). -gāhin 물이 새는. -ghaṭa 물주전자. -cara 물속에서 사는. -cāṭi 큰 물단지. -cikkhalla 진흙탕. -ccheva 물방울. -ja 물에서 생겨난. 물에서 사는. -jallikā 물보라. 물안개. -jīvanapañha 물의 생존에 대한 질문. -ṭṭha 물속에 있는. -ṭṭhaka 물속에 사는. -ṭṭhāna 물이 있는 장소. 물을 놓는 받침대. -taraṇa 물을 건넘. -tala 물의 표면. -tāpana 물을 데움. -tārakā '물속의 별' 튕기는 물거품. -tittha 물에 들어가는 곳. 목욕하고 물긷는 장소. -tumba 물그릇. -temana 물에 젖은. -telaka 물과 섞어 기름으로 준비한. -(t)theva 물장울. -thalacara 물과 육지에 사는. 물과 육지에서 움직이는. -thāla. -thālī 물로 채워진 그릇. -dantapoṇa 양치질 하는데 사용하는 물. -daha 물웅덩이. 호수. -dāna 물의 보시. -dāyaka. -dāyin 물을 보시하는. -deḍḍubha(ka) 독이 없는 물뱀. -doṇī. -doṇikā 물통. -dhārā 물의 쏟아짐. 물의 흐름. 물의 분출. -nāga 물의 용. -niddhamana 수관(水管). 배수(排水). -nibbāhana 송수로. 수관(水管). -nidhāna 물의 저장용기. -nimitta 물의 인상. 물로 이루어진 경계표시. 수상(水相). -nissita 물에 사는. -nisseka 물의 뿌림. -paṭiggaha 물의 획득. -patta 물그릇. -puñchanī 수건. -pariyanta 물가. -pariyādāna 물의 고갈. -parissāvana 물의 걸러냄. -parivesana 물의 침투. -pāta 낙수(落水). -pāna 물을 마심. -picchilla 물을 바름. -piṭṭha 물의 표면. -piṭṭhika 물의 표면에 있는. -pipāsā 물에 대한 목마름. -puñchana. -puñ-

chanī. -puñjanī. -muñjanī 몸의 물을 닦아내기 위한 것[타월 등]. -puṇṇa 물로 가득 찬. -pubbuḷa. -pupphula. -pupphuḷa. -pupphuḷha 물거품. -pūjā 물의 헌공. -pūra 물로 가득 채워진. -poṭhana 물을 치기. -posita 물로 뿌려진. 물에 의해 자란. -ppadesa 물안의 장소. -ppavāha 물의 흐름. -ppasādaka 물을 정화하는. -phāsu 물 때문에 평온한. -phāsuṭṭhāna 물 때문에 평온한 장소. -phusita 물방울. -bindu 물방울. -bījaka 근원이 물인. 수생의. -bubbula 물거품. -bhaya 물에 대한 두려움. -bharita 물로 가득 찬. -bhasta 물을 담는 가죽부대. -bhājana 물그릇. -bhāra 물의 짐. -bhinna 물에 의해 파괴된. 물에 침식된. -bhīruka 물에 대한 두려움. -bhūmi 습지. -bheri 물이 담긴 솥모양의 큰북. -magga 운하. -maṇika 큰 물단지. -maṇḍūka 물개구리. -mattasitta 물에만 끓인. -matthake 물 위에. -mallaka 물컵. -mātikā 수로. 수관(水管). 운하. -māḷaka 물의 홀. -missa(ka). -missita 물과 섞인. -yanta 분수. 샘. -rakkhasa 물의 요정. -rahada 호수. 호소(湖沼). -rāsi 물더미. -rūha 수상식물 -lekhā 물에 대한 선·표시. -leṇa 물로 시원해진 동굴. -lesa 가짜물. -vaṭṭi 물의 분출. -vaḍḍhanasamaya 물의 조류(潮流). -vappa 물에 씨뿌리기. -vāta 습기가 있는 바람. 수프레이. -vāra 물의 순환의 순서. 가져온 물의 차례. -vāraka 물통. -vārakavatthavisesa 방수포(防水布). -vāllikā 물에 젖은 모래. -vāsa 물에 사는. 물 가까이 사는. -vāsacuṇṇa 향기나는 물을 만드는 분말. -vāsin 물에 사는. -vāha 물을 운반하는. 흐르는 물. -vāhaka 물의 범람. 넘쳐흐르는. 물의 흐름. 물의 경로. -vāhanarajju 물을 끌어올리는 밧줄. -vinimmutta 물기가 제거된. -vipphandita 물속에서 비틀기·잡아채기. -vuṭṭhi 억수. 소낙비. -vegābhigāta 강력한 흐름의 충격. -veḷu 수죽(水竹). -sakaṭa 물을 실은 수레. -sakuṇika 물새. -saṅkhata 'udaka'라고 불리는. -saṅgaha 물을 수집하는. -sañcārika 물속에서 움직이는. 물속에서 떠도는. -saññā 물이라는 지각(知覺). -saṇṭhānakappadesa 물이 머무는 장소. -sadda 물소리. -sappa 물뱀. -sambhāva 물에서 생겨난. -sarāvaka 물컵. -sāṭaka. sāṭikā 목욕가운. -sādhāraṇa 물과의 결합. -siñcana 물뿌리기. -sitta 물이 뿌려진. -sineha 물의 습기. -sinna 물에 삶아진. -sirā 수맥(水脈). -suddhi 물의 청정. 물에 의한 청정. -suddhika 물에 의한 청정을 지향하는. -secanaka 물을 부음. -soṇḍī. -soṇḍika 자연적인 저수지. -sota 물의 흐름. -sneha 물의 습기(= -sineha). -haraṇa 물의 수급. -hārin 물의 운반자.

udakaccha *m.* [uda-kaccha] 늪. 수렁. 소택(沼澤).

udakanti *f.* [uda-kanti] 잠수. 입수(入水).

udakī *f.* [<udaka] '깨끗이 하기 위해 물이 필요한 여자' 월경하는 여자.

udakībhūta *adj.* [udaka-bhūta] 물이 되어버린.

udakogha *m.* [udaka-ogha] ① 물의 거센 흐름. 물의 범람. ② 홍수.

udagga *adj.* [ud-agga] ① 매우 높은. ② 의기양양한. 신난. ③ 행복한. 즐거운. *cf.* odagya. -udagga 매우 즐거운. 지복(至福)의. -citta 행복한 마음을 지닌. 마음이 즐거운. -manasa 용약하는 정신을 지닌. -megha 매우 높은 구름. -hattha 매우 기쁘고 즐거운.

udaggatā *f.* [udaga의 *abstr.*] ① 환호. 기쁨. ② 용약(踊躍).

udaggihuttaṁ [ud-aggi-huttaṁ] '매우 높이 타오르는 불' 제식용의 불.

udaggudagga *adj.* [ud-agga-ud-agga] ① 아주 기쁜. 의기양양한. ② 용약(踊躍)하는.

udaṅgaṇa *n.* [ud-aṅgaṇa] ① 널찍한 공간. 넓은 정원. ② 개방된 장소.

udacchida ucchindati의 *aor. 3sg.* 단, udacchidā는 시형론적 변형임.

udañcana *n.* [<ud-añc] 물통.

udañcanī *f.* [<ud-añc] 물푸기.

udañjala *m.* [udaṁ-jala] 물장난. 수희(水戲).

udaññavant *adj.* [udaṁ-vant] ① 물이 많은. ② 관개시설이 좋은.

udaṭṭhāsi uṭṭhahati의 *aor. 3rd. sg.*

udaṇha *m.* [ud-aṇha] ① 새벽. 동틀 녘. 조조(早朝). ② 해돋이.

udatārayi. udatāri. udatāsi uttarati의 *aor.*

udatta. udattha *adj.* [*sk.* udātta] ① 높은. 고귀한. ② 미묘한. ③ 현명한.

udantapurī *f.* 오단따뿌리[지명].

udadda *m.* [*sk.* udardha] 오징어뼈.

udaddhari uddharati의 *aor. 3sg.*

udadhi *m.* [uda-dhi<dhā] 바다. 해양.

udanta *m.* [〃] ① 뉴스. 소식. 보고. ② 이야기. 역사. ② [ud-anta] 말미모음 u[문법].

udapajjatha. udapajji uppajjati의 *aor. 3sg.*

udapatta ① *adj.* [ud-patta=uppatita] 날아오르는. 나는. ② *m.* [uda-patta] 물그릇. 수발(水鉢).

udapattā. udapattāsi uppatati의 *aor. 3sg.*

udapātesi uppatati의 *caus. aor. 3sg.*

udapādi uppajjati의 *aor. 3sg.*

udapāna. udabindu → uda.

udappatta → udapatta
udabbadhi ubbadhati<vadh의 *aor. 3sg.*
udabbahi. udabbahiṁ ubbahati의 *aor.*
udabbahe = ubbaheyya ubbahati의 *opt.*
udabhāra = udahāra.
udabhāri = udahārī.
udaya *m.* [〃 ud-aya<i] ① (해가) 떠오르는 것. 일어남. 발생. 근원. ② 높이. 성장. 증가. ③ 수입. 이익. ④ 실현. 결과. ⑤ 우다야[사람의 이름]. -attha 생멸(生滅). 탄생과 죽음. 생성과 소멸. -atthagāmin 생멸(生滅)에 적용되는. -atthaṅgamana 상승과 침강. -atthika 이익·증가를 바라는. 재산에 대한 관심. -âcala = -giri 우다야기리. -âvaha 이익을 가져오는. 이익을 창출하는. -dassana 상승을 인식하는. -kkhaṇa 떠오르는 순간. -gāmin 일어남으로 이끄는. 성장시키는. -giri 우다야기리[태양이나 달이 그 뒤에서 떠오른다는 신비적인 산의 이름]. -pabbata = -giri 우다야기리. -bbaya. -vaya. -vyaya 일어남과 사라짐. 생멸(生滅). 융성과 쇠퇴. -bbayânupaññā 생명에 대한 지혜. -bbayânupassanāñāṇa 생멸의 관찰에 대한 앎. 생멸수관지(生滅隨觀智). -bhadda. -bhaddā. -bhadra 우다야밧다. 우다야바드라[사람의 이름]. -sikhari = udayagiri.
udayaṁ. udayanto udeti의 *ppr.*
udayana *n.* [ud-ayana<i] ① 일출. 생기. ② 상승.
udara *n.* [〃] ① 배[腹]. 복부. 창자. 내장. 위(胃). ② 허리. ③ 내부. 구멍. 빈 곳. -aggi 위장의 불. 소화력. -aṅga 복부의 부분. -antara 창자사이의 간격. 복부의 빈 곳. -âvadehakaṁ *adv.* 너무 배부르게. 물리게 먹고. -ūnûdara 배가 빈. 공복(空腹)의. -ūparibhāga 상복부(上腹部). -cchavi 복부의 가죽. -jivhāmaṁsa '위의 설육(舌肉)' 비장육(脾臟肉). -dūta 위장의 특사[욕망을 지칭]. -nissitajīvika 배를 만족시키기 위해서만 사는. -paṭala 위의 점액질 피막. -pariyosana 복부로 끝나는. -pāda '발이 배인 것' 뱀. -pūra 배를 채움. 만복(滿腹). -mbhari 향락주의자. -vaṭṭi 위장의 주변. 배[腹]. 부푼 배. -vāta 배의 풍병. 복통. -vātābādha 복통.
udariya *adj. n.* [udara-iya] ① 위속의 소화되지 않은 (음식). ② 위(胃).
udassaye [ud-ā-śri] ud-assayati '일으켜 세우다'의 *2sg. opt.*
udahāraka *m.* [uda-hāraka] 물을 나르는 사람.
udahāriya *adj.* [uda-hāra-iya] 물을 가져가는. 물을 나르는.
udāgacchati [ud-ā-gacchati] 완성되다. 완전해지다. 원만해지다.
udāna *n.* [*bsk.* 〃] ① 감탄사. -vākya 유레카. 감탄사(感歎詞). ② 우다나(優陀那). 자설경(自說經). 무문자설(無問自說). 감흥어(感興語)[九分敎의 하나. 小部의 經典].
udāneti [udāna의 *denom. bsk.* udānayati] ① 숨을 내쉬다. ② 발언하다. *aor. 3sg.* udānesi. *pp.* udānita.
udāpatvā → udapatta.
udāyati ① [dāyā-ti] 부수다. 자르다. 쪼다. 베다. ② [udeti] 오르다. 등장하다.
Udāyibhadda *m.* [udaya-bhadda] 우다이밧다. 우다이발다(優陀夷跋陀)[태자의 이름].
udāra *adj.* [〃] = ulāra ① 고귀한. 탁월한. 뛰어난. ② 장엄한. 위대한. ③ (목소리가) 큰.
udāratā *f.* [udāra의 *abstr.*] ① 고귀함. 탁월함. ② 장엄함. 위대함.
udāvatta *adj.* [ud-ā-vattati의 *pp.*] ① 물러선. ② 단념한.
udāsīna *adj.* [ud-āsīna] '떨어져 앉음' ① 수동적인. ② 중성의. 무관심한.
udāsīnatā *f.* [udāsīna의 *abstr.*] ① 수동성. ② 중성. ③ 무관심.
udāharaṇa *n.* [<udāharat] ① 예(例). 보기. 비유(譬喩). ② 모범. 패러다임.
udāharati [ud-ā-hṛ] ① 말하다. ② 암송하다. ③ 발언하다. 전하다. *aor.* udāhari. udāhāsi; *pp.* udāhaṭa.
udāhāra *m.* [<udāharati] 발언. 연설.
udāhāraka *m.* [<udāharati] 발언자. 연설자.
udāhu *ind.* [*sk.* uta-āho] 또는. 혹은. 그렇지 않으면. *cf.* kiṁ과 병용된다.
udi. udī *adj.* [<udeti] 올라가는. 뛰어난.
udika *adj.* [uda-ika] 물이 있는. 물기 있는.
udikkhati [ud-īkṣ] ① 보다. 관찰하다. 지각하다. ② 존경하다. 관용하다. ③ 보살피다. 기대하다. *pres. 3pl.* udiccare; *aor. 1sg.* udikkhisaṁ. *abs.* udikkhiya.
udikkhitar *m.* [udikkhati의 *ag.*] 보는 사람. 관찰하는 사람.
udicca *adj.* [*sk.* udañc] *f.* udicī ① 서북방의. 서북의. 서북방에서 기원한. ② 고귀한. -kula 서북방에서 유래한 가문. -jātippabhava 고귀한 태생인. ② udeti의 *abs. cf.* uddiya. udeti.
udiccare udikkhati의 *pres. 3pl.* med.
udita ① *adj.* [udeti의 *pp.*] 오른. 올라간. ② [vadati의 *pp.*] 말해진. 선언된.
udiyyati [*sk.* udīryate] ① 말해지다. 소리내지다. ② 공연되다.
udissa → uddissa.

udīcī. udīcya → udicca
udīyati. udīyyati = udiyyati.
udīraṇa *n.* [<udīreti] 발언. 말하기.
udīrayati. udīreti [ud-īreti] ① 행동을 취하다. ② 야기하다. 일으키다. ③ 말하다. 이야기하다. *opt.* udīraye; *imp.* udīratha; *pp.* udīrita; *pass.* udīyati. *cf.* udīraṇa
udīraye udīreti의 *opt. 3sg.*
udīrita udīreti의 *pp.*
udīreti = udīrayati.
udu *adj.* [=uju.] 똑바른. -mano 솔직한. 정직한.
udukkhala *m. n.* [*sk.* udūkhala. ulūkhala] 유발(乳鉢). 절구[쌀을 빻는 나무로 된 절구].
udukkhalikā *f.* [<udukkhala] 문지방. 문턱.
udupāna *m.* = udapāna 우물.
udumbara *m.* [〃] ① 우담바라(優曇婆羅). 우만화(優曇華). 무화과(無花果).② 우둠바라[사람의 이름. 마을의 이름] -kattha 우담바라나뭇조각. -khāṇu 우담바라나무의 그루터기. -khādikā 우담바라 열매의 시식. -giri. -pabbata 우담바라산[스리랑카 산의 이름]. -padara 우담바라 나무판. -puppha 우담바라꽃[존재하지 않음]. -phala 우담바라열매. -bodhi 우담바라 보리수. -bhaddapīṭha 우담바라나무로 만든 왕좌(王座). -maya 우담바라나무로 만든. -mūla 우담바라나무 아래의. -rukkha 우담바라나무. -sākhā 우담바라 나무의 가지.
Udumbarikā *f.* [<udeti] 우둠바리까. 우담바라(優曇婆羅)[바라문출신 여인].
udeti [ud-eti<i] ① 오르다. (해가) 뜨다. ② 생기하다. 발생하다. ③ 증가하다. 성장하다. *ppr.* udayaṁ. udayanto; *abs.* udicca; *pp.* udita
Udena *m.* [<udeti] ① 우데나. 우다연(偶陀延)[사당이름. 사람의 이름. 야차의 이름]. ② 우데나왕. 우진왕(優塡王)[Kosambī의 왕]. -cetiya 우원묘(優園廟).
udda ① *m.* [*sk.* udra] 수생동물. 수달. ② [=uda] 물. -pota 수달의 새끼. 자달(子獺).
Uddakarāmaputta *m.* 웃다까라마뿟따. 울두감불(鬱頭監弗)[이교도의 이름].
uddaṇḍa *m.* [(?)=utaṇḍa. uṭṭaṇḍa. uṭṭhaṇḍa. utthaddha] 고행처소의 일종. 집의 일종[14가지 처소의 하나이지만 불분명].
uddaya *m. adj.* [= udaya] ① 이익. ② 발생하는. 결과하는.
uddalomin *adj. m.* [udda-lomin] ① 테두리가 있고 털로 만든. ② 털로 만든 모피깔개. = uddhalomin.
uddasseti [ud-dasseti] ① 보여주다. 지시하다. 드러내다. ③ 가르치다.
uddāna *n.* [<ud-dā. dayati '묶다'] 웃다나. 섭송(攝頌). 올다남(嗢陀南).
uddāneti [uddāna의 *denom.*] 웃다나로 엮다. 섭송(攝頌)으로 엮다.
uddāpa *m.* [<ud-vapati] ① 성벽(城壁). ② 진지(陣地). -vant 성벽이 있는.
uddāma *adj. n.* [ud-dāma] ① 무절제한. 훈련되지 못한. ② 벽. 담.
uddārakā *f.* [?] 웃다라까[야생동물의 일종].
uddāla *m.* [<ud-dal] ① 웃달라[나무의 일종. Cassia Fistula]. ② 웃달라[바라문의 이름].
uddālaka *m.* [uddāla-ka] ① 웃달라 나무 또는 꽃. ② 웃달라까[고행자의 이름].
uddālana *n.* uddālanaka *m.* [<uddāleti] 찢음. 파괴.
uddālamala *adj.* [<uddālana<uddāleti] ① 파괴적인. ② 야만적인.
uddāleti [ud-dāleti<dal의 *caus.*] 찢다. 잡아 찢다. *pp.* uddālita
uddiṭṭha *adj.* [uddisati의 *pp.*] ① 지시된. ② 분배된. 할당된. ③ 약설(略說)된.
uddiya *adj.* [*sk.* udīcya] 북쪽의. 북서쪽의.
uddiyati → udrīyati.
uddisati [ud-disati] ① 펼치다. ② 지적하다. 지시하다. 제안하다. ③ 임명하다. 할당하다. 바치다. 봉헌하다. 주다. ④ 포살(布薩)시에 계행을 설하다. 계행의 공덕을 설하다. 설계(說戒)하다. 송설(誦說)하다. *fut.* uddisissati; *aor.* uddisi; *abs.* uddisa; *pp.* uddiṭṭha; *pass.* uddissati. uddissiyati. uddisīyati. uddisiyyati; *caus.* uddisāpeti.
uddisana *n.* [<uddisati] ① 가르침. 외움. ② 해설. 설계(說戒).
uddisāpeti [uddisati의 *caus.*] ① 해설을 요청하다. 설명을 부탁하다. ② 할당하게 하다. 고르다. 선택하다. ③ 보시의 공덕을 설명하게 하다.
uddissa *ind.* [uddisati의 *abs.*] ① ~에 대하여. ~에 관하여. ~때문에. ① 지시하고. 봉헌하고. 헌신하고. -kata 할당된. 한정된. 신설된. 정해진. 알맞게 시설된.
uddissaka *adj.* [uddissa-ka] ① 기념적인. ② 봉헌적인.
uddissana *n.* [uddissa-na] 봉헌. 헌납.
uddīpanā *f.* [<ud-dīpeti] ① 설명. 근거. 이유. ② 예리함. 날카로움.
uddīyati → udīyati.
uddīyana → udrīyana
uddeka *m.* [*sk.* udreka<ud-ric] ① 분출. 트림. ② 구토(嘔吐).

uddekanika *adj. m.* [uddekana-ika] ① 분출하는. 토해내는. ② 물주전자.
uddesa *m.* [<uddisati] ① 지시. 가르침. ② 제안. ③ 명령. ④ 해명. 설명. ⑤ 독송(讀誦). 암송(暗誦). -antevāsika 지침을 받은 학생. -ânukkama 지시의 순서. -gahaṇa 지시의 접수. -dāna 가르침을 주는. -niddesa 간략한 지침. -patta 특별한 승려에게 지정된 발우. -pada 간략하게 지시하는 말. -pariccheda 암송한 것(계율의 항목)의 분류. -paripucchā 가르침과 질문. -pariyāpanna 암송한 것(계율의 항목)에 포함되는. -bhatta 지정된 특별한 음식. -vāra 해명·설명하는 부분. 총설분(總說分). -vibhaṅga 간략한 해석적인 설명의 지시.
uddesaka *adj. m.* [uddesa-ka] ① 지정하는. 한정하는. 확정하는. ② 설명하는. ② 해설자. 독송자.
uddesana *n.* [uddesa-ka] 지정. 배정.
uddesika *adj.* [uddesa-ika] ① 지향하는. 향하는. ② 봉헌적인. 기념적인.
uddehaka *adj.* [<uddeheti] 거품이 이는.
uddeheti [ud-dih의 *caus.*] 퍼져나가게 하다. 일어나게 하다.
uddosita *m.* [?] 광. 헛간. 창고.
uddha. uddhaṁ *ind.* [*sk.* ūrdhva] ① 위로. 상류로. 상방으로. 위쪽으로. 높게. ② 나중에. 사후에. 미래에. ③ 이전에. 과거에. uddha° -agga 위로 향한 끝. 첨단. -kadambaga 까담바 나무 위로 가는. -kamma 위로 향한 동작. -gāmin 위로 가는. 상류로 가는. -gaṅgaṁ 갠지스강을 거슬러. -cchiddaka 위로 [창문이] 구멍을 갖고 있는. -jānu 무릎을 위로 쳐든. -jāla 상류에 친 그물. -dehika 고인과 관계되는. -patta 발우를 위로 한. -pāda 뒤꿈치를 든. -mukha 위쪽으로 향한. -lokavāsin 상층세계에 사는. -lomin 위쪽에 머리를 두는 침대나 안락의자의 일종. -vaṇṭa 위로 뾰족한 줄기를 지닌. -vamanābhāda 구토하는 질병. -sudha 회반죽을 바른. -sotaṁ 상류로. -virecana 구토를 일으키는 행위. -sudha 위가 깨끗한. uddhaṁ° -āghātanika(uddhamāghātanika) '나중의 살육자' 사후 영혼이 존재한다고 주장하는 스승. -koṭika 끝을 위로 향한. -gama. -gāmin 위로 움직이는. 상류로 가는. -pāda 뒤꿈치를 든. -vāhin (삶의 흐름에서) 상류로 가는. -virecana 구토[위로 향한 배변(排便)]. -sara 높은 소리(高聲). -saraṁ 높은 소리로. -sita (부담이) 지워진. 고발된. -sota 상류로 향해가는. 상류자(上流者). -sotâkaniṭṭhagāmin 상류의 궁극적인 미세한 물질계의 하느님 세계에 화생하여 완전한 열반에 드는 님. 상류로 향해서 색구경천까지 가는 님. 상류색구경행자(上流色究竟行者) [오종불환자(五種不還者: pañca anāgamino)에서 상세한 설명을 보라].
uddhaṁbhāgiya *adj.* [uddhaṁ-bhāgiya] ① 윗부분의. 상부의. ② 높은 단계의. ~saṁyojana 높은 단계의 결박. 상분결(上分結)[오상분결(五上分結) : ① 미세한 물질계에 대한 욕망(色貪 : rūparāga) ② 비물질계에 대한 욕망(無色貪 : arūparāga) ③ 자만(慢 : māna) ④ 자기정당화(自己正當化 : uddhacca) ⑤ 진리를 모르는 것(無明 : avijjā)].
uddhaṁsati [ud-dhaṁsati] (먼지가) 날아오르다. 흩날리다.
uddhaṁseti [ud-dhaṁs] ① 파괴하다. ② 폐허로 만들다.
uddhagga *adj.* [uddha-agga] 곤두선. 두드러진. 유익한. 최상의 가치가 있는. -loma 몸의 털이 곤두선. 신모상미상(身毛上靡相) [삼십이상(三十二相)의 하나].
uddhaggika *adj.* [<uddhagga] 정신적인 행복을 증진시키는. 최상의 가치가 있는.
uddhacca *n.* [uddhata-ya. *bsk.* auddhatya] ① 흥분. 당황. 자기정당화. ② 불안. ③ 들뜸. 산만. 도거(掉擧). -ânugata 흥분을 수반하는. -ânupatita 흥분에 떨어진. -kukkucca 흥분과 회한. 도거악작(掉擧惡作). -gahaṇa 단어 'uddhacca'의 사용. -cariyā 흥분에 의해 특징지어지는 행위. -dosa 흥분의 잘못. -niddesa 흥분에 대한 해설. -nīvaraṇa 흥분의 장애. -pakatika 불안한 본성을 지닌. -pakkhatta 흥분과 함께 하는 것. -pakkhika 흥분을 촉진하는. -paccayā 흥분을 조건으로. -pariḷha 흥분의 고뇌. -pāta 흥분에 빠짐. -bahulatā 굉장한 흥분. -bhūmi 흥분의 지평. -mānasa 흥분에 의해 특징지어지는 정신. -middha 흥분과 마비. -meghathanita 흥분이 천둥번개와 같은. -rahita 흥분이 없는. -vamana 흥분의 포기. -viggahita 흥분에 사로잡힌. -vippayutta. -virahita 흥분에서 벗어난. -saṁyojana 흥분의 결박. -sampayutta. -sahagata 흥분과 결합된. 흥분과 관련된. 도거상응(掉擧相應).
uddhaja *adj.* [uddhaṁ-ja] ① 올바른. ② 정직한.
uddhaṭa *adj. n.* [uddharati의 *pp.*] ① 뽑힌. 파내진. 구조된. ② 옮겨진. 제거된. ③ 올려진. 상승된. 교만한. ④ 선택된. 보관된. ⑤ 꺼낸. 발표한. ⑥ 낡아빠진. 닳아빠진. ⑦ 자만. 교만. -aṇḍa 거세된. 불깐. -dāṭha 독아(毒牙)가 뽑힌 뱀. -phala 거세된. -bīja 씨앗이 제거된. 불깐. 거세된. -bījusabha 거세된 황소. 불깐 황소.
uddhata *adj.* [*cf.* uddhacca] ① 흥분된. 산만한.

불안한. 들뜬. ② 교만한. ③ 낡은. 닳아빠진.

uddhana *n.* [ud-dhvan] ① 화덕. (난방용) 노(爐). ② 부뚜막. -dvāra 부뚜막의 문. 화로의 문.

uddhamma *m* [ud-dhamma] 부정한 교리. 비법(非法). 사법(邪法).

uddhara *m* [<uddharati] ① 들어 올림. ② 뽑아냄. 제거. ③ 웃다라[새의 종류].

uddharaṇa *n.* [<uddharati] ① 들어 올림. ② 뽑아냄. 제거.

uddharati [ud-dharati<dhṛ] ① 올리다. 들어 올리다. ② 뽑다. 발췌하다. ③ 빼다. 제거하다. *imp.* uddharatha; *opt.* uddhareyya; *grd.* uddhatitabba; *aor.* udaddhara; *pass.* uddharǐyati. *cond.* uddhare; *pp.* uddhaṭa. uddhita. ubbhata; *abs.* uddharivā. uddhatvā; *caus.* uddhareti. uddharāpeti. uddhasetā → uddhasta

uddhalomin *adj. m.* [uddha(?)-lomin] ① 테두리가 있고 털로 만든. ② 털로 만든 모피깔개. = uddalomin.

uddhasta *adj.* [uddhaṁsati의 *pp.*] ① 상승된. ② 위로 던져진.

uddhāra. ubbhāra *m* [<uddharati] ① 뽑음. 추출. ② 제거. ③ 개요. 대강. ④ 빚. 채무. 세금.

uddhāreti uddharati의 *caus.*

uddhālaka → uddālaka

uddhunāti [ud-dhunāti] ① 흔들다. 휘두르다. ② 위로 던지다.

uddhumāta *adj.* [uddhumāyati의 *pp.*] 부푼. 부풀은. 팽창된. -udara(uddhumātaudara) 배가 부풀어 오른.

uddhumātaka *adj. n.* [uddhumāta-ka] ① 부푼. 부풀은. ② 부풀어 오른 시체. -âsubhanimitta 부풀어 오른 시체의 부정상(不淨相). -nimitta 부풀어 오른 시체의 인상. 팽창상(膨脹相). -paṭi(k)kūla 부풀어 오른 시체에 대한 혐오. -bhāva 부풀어 오른 시체의 존재·특징. -saññā 부풀어 오른 시체에 대한 지각. 팽창상(膨脹想). -saṇṭhāna 부풀어 오른 시체의 형상. -sabhāva 부풀어 오른 시체의 특성. -sarīra 부풀어 오른 시체.

uddhumātatta *n.* [uddhumāta의 *abstr.*] 부푼 것. 부풀은 상태. 팽창한 상태.

uddhumāyati [ud-dhmā] 부풀어 오르다. 팽창하다. *aor.* uddhumāyi; *pp.* uddhumāta. uddhumāyita

uddhumāyana *n.* [<uddhumāyati] 팽창.

uddhumāyika *adj. m.* [<uddhumāyati] 부풀은. 팽창한.

uddhumāyikā *f.* [<uddhumāyati] '부풀어 오른 개구리' 개구리의 일종[손톱만한 크기의 작은 개구리].

uddhū *m* [<ud-dhū] 흔드는 사람.

uddhūyate *f.* [ud-dhū의 *pass.*] 쫓겨나다.

uddheyya *adj.* [ud-dhā의 *grd.*] ① 놓아져야 하는. ② 배당되어야 하는.

udrabhati [? udrabha = adane] ① 먹다. 집어 올리다. ② 줍다. 수집하다. *opt.* udrabheyyuṁ.

udraya. uddaya *adj.* [=udaya] ① 발생하는. ② 결과하는.

udrīyati. uddīyati [*sk.* uddīryate<ud-dṛ] 폭파하다. 조각나다. *fut.* udrīyissati.

udrīyana *n.* [<udrīyati] ① 폭발. ② 낙하.

udreka *m* [〃] = uddeka ① 구토. ② 트림.

udrekayati [udreka의 *denom.*] ① 구토하다. ② 트림하다.

undura. undūra *m* [〃] 쥐. 들쥐.

unna [ud의 *pp.*] ① 물에 젖은. 습기가 있는. ② 물이 넘치는.

unnaka *m* [*sk.* kuṭannaka] 향수·향료의 일종.

unnakā *m* [*sk.* kuṭannaka] 운나까 나무[향료나 염료로 사용하는 나무. Colosanthes Indica].

unnaṅgala *adj.* [ud-naṅgala] ① 쟁기를 놓은. ② 휴업(休業).

unnata *adj.* [=uṇṇata] ① 높은. 고양된. ② 교만한. -âvanati 고양과 침체. 조울(躁鬱).

unnati *f.* [=uṇṇati] ① 자랑. ② 교만.

unnadati [ud-nadati<nad] ① 소리치다. 찬가를 크게 부르다. ② 울리다. *aor.* unnama; *caus.* unnādeti.

unnama *m* [<unnamati] ① 상승. ② 융기된 땅. 융기된 지면.

unnamati [ud-nam] = uṇṇamati 올라가다. 오르다. *pp.* uṇṇata. unnata; *caus.* unnāmeti. uṇṇameti.

unnamana *n.* [<unnamati] 상승. 올라감.

unnala. unnaḷa *adj.* [<ud-lal] ① 오만한. 건방진. 거만한. ② 불손한.

unnahana *adj.* [<ud-nah] ① 아첨하는. ② 설득하는. ③ 구걸하는.

unnahanā *f.* [<ud-nah] ① 아첨. ② 설득. ③ 구걸. ④ 전락어(纏絡語).

unnāda *m* [<ud-nad] 외침. 큰소리.

unnādin *adj.* [unnāda-in] ① 외치는. 울리는. ② 시끄러운.

unnādeti [ud-nad의 *caus.*] 외치다. 울리게 하다.

unnāmin *adj.* [unnāma-in] 올라가는. 오르는.

unnāmeti. [unnamati<nam의 *caus.*] = uṇṇameti 올리다. 높이다. *inf.* uṇṇametave.

unnāmininnāmin *adj.* [unnāmi-ninnāmin] ①

위로 구부러지고 아래로 구부러진. ② 상승하고 침강하는. ③ 높고 낮은.
unnītaka *adj.* [*sk.* unnīta-ka] ① 위로 올려진. 추출된. 분리된. ② 실행으로 이끄는(?).
upa° *prep.* [〃] ① 가까운. ② 부차적인. 수반하는. ③ 위에. 보다 높은. ④ 아주. ⑤ 조금. ⑥ 목표·휴식·근처·강의(强意)·지소(指小)를 나타내며 전치사 ā가 이에 가깝다.
upaka *adj.* [°upa-ga] ~에 자주 가는. kulūpaka 비구. kulūpikā 비구니.
upakaccha *n.* upakacchaka *m.* [*sk.* upakakṣa-ka] ① 움푹 들어간 곳. 울타리. ② 와지(窪地). ③ 사타구니. ④ 겨드랑이 밑.
upakacchantare *ind.* [upakaccha-antare] ① 움푹 들어 간 곳에. 와지(窪地)에. ② (엉덩이나 허리나 겨드랑이의) 움푹 들어간 곳에. ③ 울타리 안에.
upakaṭṭha *adj.* [upakaḍḍhati의 *pp.*] ① 접근된. 가까운. ② 부근의. ③ 절박한. 긴급한.
upakaḍḍhaka *adj.* [<upakaḍḍhati] 끄는. 당기는.
upakaḍḍhati [upa-kaḍḍhati<kṛṣ] 끌다. 당기다. *pp.* upakaṭṭha
upakaḍḍhana *n.* [upa-kaḍḍhati] 당김. 견인(牽引).
upakaṇṭha *n.* [〃] '목 가까이' ① 근접. ② 이웃.
upakaṇṇa *m. adj.* [upa-kaṇṇa] 귀 부근(의).
upakaṇṇaka *adj.* [upa-kaṇṇa-ka] ① 속삭이는. ② 소리를 들을 수 있을 정도로 가까운. ③ 비밀의. *loc.* upakaṇṇake 비밀리에. 몰래.
upakathā *adj.* [upa-kathā] 에피소드.
upakappati [upa-kappati] ① 유용하다. 유익하다. 이익이 되다. 도움이 되다. ② 알맞다. *caus.* upakappeti.
upakappana *n.* upakappanā *f.* [<upakappati] 이익. 유용.
upakappanaka *adj.* [upakappanaka] 유익한. 유용한. 도움이 되는.
upakappeti [upa-kappati] ① 준비하다. 맞추다. ② 가져오다. 데려오다.
upakaraṇa *n.* [<upakaroti] ① 유용한 대상. 성취의 수단. 일용품. 도구. 필수품. 비품. 장비. 자구(資具). ② 생계. 생계수단. ③ 도움. 봉사. 자조(資助). ④ 치료. 의약. -bhaṇḍa 비품. -saññā 유용한 대상에 대한 지각. -vidhāna 자구와 관계된 규칙. -sampadā 필수품의 구족.
upakaroti [upa-kṛ] ① 돕다. 자조(資助)하다. ② 지지하다. ③ 봉사하다. *aor.* upakāsiṁ; *pp.* upakkhaṭa
upakāra *m.* [<upa-kṛ] ① 봉사. 협조. 도움. 자조(資助). ② 이익. ③ 의무. ④ 호의. ⑤ 조성(造成). -ânupakāra 도움이 되는 것과 도움이 되지 않는 것. -âpakāra 유익한 것과 해로운 것. -āvaha 유용한. -dhamma 자조의 가르침. -bhūta 도움이 되는. -manussa 도움이 되는 사람. -lakkhaṇa 자조의 특징을 지닌. -santosa 봉사에 만족한.
upakāraka *adj.* [upakāra-ka] ① 쓸모있는. 유용한. ② 효과적인. 도움이 되는. 자조(資助)의. ③ 조인(助因). -tta 유용성. 효용성. -dhamma 자조의 가르침. -bhāva 도움. -lakkhaṇa 자조의 특징을 지닌.
upakārakā *f.* [upakāraka의 *f.*] ① 원조자. 보시자. ② 은인.
upakārin *adj. m.* [upakāra-in] ① 봉사하는. 도움을 주는. ② 은인. ③ 보호자. ④ 원조자. 보시자.
upakāriyā → upakiriyā
Upakārī *f.* 우빠까리[도시의 이름].
Upakāla *m.* 우빠깔라[緣覺佛의 이름. 지옥에 있는 고문자의 이름].
upakāsiṁ upakaroti의 *aor. 1sg.*
upakiṇṇa *adj.* [upakirati의 *pp.*] 뿌려진. 덮어진.
upakirati [upa-kirati] 뿌리다.
upakiriyā *f.* [*sk.* upakāryā] ① 왕실용 천막. ② 궁전(宮殿).
upakiliṭṭha → upakkiliṭṭha
upakilesa → upakkilesa
upakujjati. upakūjati [upa-kūj] ① 노래하다. ② (새·벌레가) 찍찍 울다.
upakūjin. upakūjita *adj.* [upakūjati의 *pp.*] (새들의) 울음소리가 울리는.
upakūla *m.* [upa-kūla] 강뚝. 제방. 하안(河岸). 안변(岸邊).
upakūḷita. upakūsita *adj.* [?<kūd. kuth] ① 그슬린. ② 시들은. ③ 구워진.
upakka → uppakkā
upakkanta *adj.* [upa-kkamati의 *pp.*] ① 공격받은. ② 음모를 꾸미는.
upakkama *m.* [<upakkamati] ① 접근. 공격. ② 행동. 행위. ③ 노력. ④ 수단. 방법. 안출(案出). ⑤ 방편. 음모. ⑥ 치료.
upakkamati [upa-kamati<kram] ① 접근하다. ② 시작하다. ③ 행동하다. 착수하다. 노력하다. ④ 수음(手淫)하다. ⑤ 음모하다. ⑥ 공격하다.
upakkamana *n.* [<upakkamati] ① 공격. ② 접근(接近).
upakkamavat *adj.* [upakkama-vat] 활동적인.
upakkitaka *m.* [<upa-krī] = upakkītaka '구매된 사람' 노예.

upakkiliṭṭha *adj.* [upakkilissati의 *pp.*] ① 더럽혀진. 얼룩진. 오염된. ② 타락한.
upakkilissati [*sk.* upa-kliśyati<kliś] ① 더럽게 하다. 오염시키다. ② 방해하다. *caus.* upakkilesseti.
upakkilissana *n.* [upakkilissati] 오염. 불결.
upakkilesa *m.* [upa-kilesa. *bsk.* upakleśa] ① 불결. 결함. 오점. 오염. 수염(隨染). 구예(垢穢).② 장애. ③ 번뇌. 수번뇌(隨煩惱). -vatthu 번뇌의 기초. 오염의 토대.
upakkītaka = upakkitaka.
upakkuṭṭa *adj.* [upakkosati의 *pp.*] ① 꾸짖음을 받은. 비난받는. ② 결점이 있는.
upakkosa *m.* [<upakossati] 꾸짖음. 비난.
upakkosati [upa-kosati<kruś] 꾸짖다. 비난하다. *pp.* upakkuṭṭa. *cf.* upakkosa.
upakkhaṭa. upakkhata *adj.* [upakaroti의 *pp.*] ① 도움을 받은. 자조(資助)된. ② 준비된.
upakkhara *m.* [*sk.* upas-kara] ① 도구. 장비. 자구(資具). ② apakkhara의 *misr.*
upakkhalati [upa-khalati<kṣar] ① 걸려 넘어지다. ② (발이) 걸리다. *cf.* upakkhalana 전도(顚倒).
upakkhittaka *adj.* [<upa-kṣip] ① 비난받은. ② 폭로된.
upaklesa = upakkilesa.
upakhandha *m.* [upa-khandha] ① 동체의 윗부분. ② 어깨 등의 윗부분.
upaga *adj.* [<upa-gam] ① 도착한. 도달한. ② 경험한. ③ ~에 속하는.
upagacchati [upa-gacchati<gam] ① 가까이 가다. 접근하다. ② 도착하다. 방문하다. ③ 상태가 되다. 얻다. ④ 여기다. ⑤ 경험하다. ⑥ 착수하다. *abs.* upagantvā. upagamma; *aor.* upagacchi. upagacchittha. upagañchi. upagacchiṁsu. upagacchuṁ; *pp.* upagata.
upagaṇhanā *f.* [upa-grah의 *abstr.*] ① 획득. 도달. ② 득달(得達). ③ 명상.
upagaṇhāti [upa-gaṇhāti<grah] ① 붙잡다. ② 파악하다. ③ ~에 이르다. 도달하다. 득달하다.
upagata *adj.* [upagacchati의 *pp.*] ① 접근된. ② 경험된. ③ 괴롭혀진.
upagama *m.* [<upagacchati] ① 접근. ② 상태가 됨. ③ 착수. ④ 경험.
upagamana *n.* [<upagacchati] ① 접근. ② 착수. ③ 경험. ④ 집착.
upagamanaka *adj.* [upagamana-ka] ① 접근하는. ② 착수하는.
upagaḷita *adj.* [upagaḷati의 *pp.*] ① 흘러나오는. ② 뱉은.
upagaha *m.* [*sk.* upagraha] ① 위성(衛星). ② 유성(流星). 별똥별.
upagāmaṁ *ind.* [upagāma의 *acc.*] 마을 근처에.
upagāmin *adj.* [<upa-gam] ① 다가가는. ② 경험하는.
upagūhati [upa-gūhati] 포옹하다. 껴안다. *abs.* upaguyha.
upagūhana *n.* [<upagūhati] 포옹. 껴안음.
upagghāyati. upaghāyati [upa-ghrā] ① 냄새 맡다. ② 키스하다. *pp.* upaghāta.
upaghaṭṭita *adj.* [upaghaṭṭeti의 *pp.*] ① 상처를 입은. ② 손상된.
upaghara *n.* [upa-ghara] 별채. 딴채.
upaghāta *adj.* ① [<upa-han] 다치게 하는. 파괴하는. 상처를 입히는. ② [<upagghāyati] 키스를 받은.
upaghātaka. upaghātika *adj.* [upaghāta-(i)ka] ① 해치는. 파괴하는. ② 상처를 입히는. 위해(危害)의. -kamma = upacchedakakamma 파괴하는 업. 파괴업(破壞業). 파손업(破損業)[약한 업을 부수는 업의 작용].
upaghātana *n.* [upaghāta-na] ① 해침. 파괴. ② 해악을 끼침. ③ 상처를 입힘.
upaghātin *adj.* [upaghāta-in] ① 해치는. 파괴하는. ② 상처를 입히는.
upacaya *m.* upacayana *n.* [<upa-ci] ① 축적. 집적. ② 성장. 통합.
upacarati *adj.* [upa-car] ① 취급하다. 다루다. 사용하다. ② 실행하다. *pp.* upaciṇṇa. upacarita.
upacarita *adj.* [upacarati의 *pp.*] ① 다루어진. 봉사된. ② 실천된. 실행된.
upacāra *m.* [<upa-car] ① 접근. 근접. 던지면 돌이 닿는 곳. 근교. 관구(管區). 근접삼매. 근행(近行). ② 주의. 존경. 숭배. 숭배의식. 봉헌. 시중. ③ 사용. 방법. 수단. ④ 행동. 행위. -appanā-(samādhiyo) 근접삼매과 근본삼매. -appanā-bheda 근접삼매과 근본삼매로 이루어진. -appanāvaha 근접삼매과 근본삼매를 산출하는. -âtikkama 관구를 넘어가는 것. -âvaha 근접삼매를 산출하는. -okkama(na) 관구로 들어가는. -bhāvanā 근접삼매의 수행. -bhūmi 근접삼매의 경지. -vipanna 존경이 결손된. -sīmā 관구의 경계. -samādhi 근접삼매. 근행정(近行定).
upacārena *adv.*. [<upa-car] 무척.
upacāraka *adj.* *m.* [upacāra-ka] ① 시중드는. ② 시자(侍者).
Upacāla *m.* 우빠짤라[장로이름. 사람이름].
Upacālā. *f.* 우빠짤라[수행녀이름. 여자이름].

Upacālī *f.* 우빠짤라. 우빠짤리[수행녀이름. 여자 이름].
upacikā *f.* [<upa-ci] 흰개미.
upaciṇṇa *adj.* [upa-car의 *pp.*] ① 관습의. ② 이미 알려진.
upacita *adj.* [upa-cināti<ci의 *pp.*] ① 쌓아올려진. 축적된. ② 세워진. 건설된.
upacitatta *n.* [upacita의 *abstr.*] ① 축적. ② 집중. ③ 주의.
upacināti [upa-ci] ① 모으다. 축적하다. ② 집중하다. ③ 주의하다. *pp.* upacita; *pass.* upaciyyati.
upacca [uppatitvā] = uppaca 날아오르고.
upaccakā *f.* [*sk.* upatyakā] 계곡(溪谷).
upaccagaṁ. upaccagā [upātigacchati. upa-ati-gam의 *aor.*] ① 지나갔다. 갔다. ② 도망쳤다. *3pl.* upaccaguṁ.
upaccati → apaciyyati[apacināti의 *pass.*]
upacchindati [upa-chindati<chid] ① 끊다. 중단하다. ② 파괴하다. *opt.* upacchinde; *aor.* upacchijji; *pp.* upacchinna. *pass.* upacchijjati. *caus. pass.* upacchedīyati.
upacchubhati [upa-chubhati<chubh. kṣubh] 던지다. *cf.* chuddha. nicchubhati.
upaccheda *m.* upacchedana *n.* [<upa-chid] ① 단절. 중단. 단괴(斷壞). ② 파괴.
upacchedaka *adj.* [upaccheda-ka] ① 부수는. 파괴하는. ② 방해하는. -kamma(=upaghātika-kamma) 파괴하는 업. 파괴업(破壞業). 파손업(破損業)[약한 업을 부수는 업의 작용].
upajanayati [upa-jan] ① 낳다. 생산하다. 산출하다. ② 야기하다.
upajānāti [upa-jānāti] ① 배우다. 지식을 얻다. ② 알다. *fut.* upaññissati. upaññassati; *aor. 1sg.* upaññāsiṁ; *pp.* upaññāta; *caus.* upajānāpeti
upajānāpeti [upajānāti의 *caus.*] 알게 하다. 배우게 하다. 알리다.
upajāyati [upa-jan의 *pass.*] ① 생겨나다. 태어나다. ② 나타나다.
upajivhā *f.* [upa-jivhā] 후두개(後頭蓋).
upajīvati [upa-jīvati] ① 의지하다. ② 의존해서 살다. ③ 지원을 받다.
upajīvika. upajīvin *adj.* [<upajīva] ① 의지하는. ② 의존해서 살아가는. *f.* upajīvinī.
upajūta *n.* [upa-jūta] ① 도박. ② 내기.
upajotiya *m.* [*amg.* uvajoiya] 제화를 관리하는 사제(?).
upajjhā *f.* ① [upājjhāya의 *abstr.*] ① 친교사의 지위. ② *m.* [upājjhāya의 축약형.] 친교사.
upajjhāya. upajjhāyaka *m.* [*sk.* upādhyāya] ① 정신적인 지도자. 스승. ② 친교사(親教師). 화상(和尙). 오바타야(鄔波馱耶). upājjhāya° -âcariyā 친교사와 스승. -kicca 친교사에 대한 의무. -matta 친교사와 동등한. -mūlaka 친교사에 속하는. -lesa 친교사라는 속임수. -vatta 친교사에 대한 의무. -vevacana 친교사의 동의어.
upajjhāpeti [upa-jhā] ① 명령하다. ② 가르치다. 교수하다.
upajjhāyā *f.* [<upajjhāya] ① 여자 정신적인 지도자. ② 여성 친교사.
upaññassaṁ. upaññissaṁ [up-ajānāpeti의 *fut. 1sg.*] 알게 될 것이다.
upaññāta *adj.* [upajānāti의 *pp.*] ① 발견된. ② 배운. ③ 알려진.
upaññāsa *m.* [*sk.* upanyāsa] ① 서두(序頭). 머리말. ② 서론.
upaññasiṁ upajānāti의 *aor. 1sg.*
upaṭṭita *adj.* [upa-aṭṭita<ard] ① 괴로운. ② 두려운. ③ 압도당한.
upaṭṭhapeti. upaṭṭhāpeti [upaṭṭahati의 *caus.*] ① 공급하다. ② 준비하다. ③ 주다. ④ 시중들게 하다. ⑤ 고용하다. *inf.* upaṭṭhāpetuṁ; *abs.* upaṭṭhapetvā
upaṭṭhahati. upaṭṭhāti. upaṭṭheti. upatiṭṭhati [upa-sthā = upatiṭṭhati] ① 다가서다. 접근하다. ② 시중들다. 돌보다. 간호하다. ③ 예배하다. 숭배하다. 찬양하다. ④ 나타나다. 일어나다. ⑤ 여겨지다. *imp.* upaṭṭhahassu; *aor.* upaṭṭhahi. upaṭṭhāsi. upaṭṭahuṁ; *inf.* upaṭṭhātuṁ; *abs.* upaṭṭhahitvā; *grd.* upaṭṭhātabba; *pp.* upaṭṭhita; *caus.* upaṭṭheti. upaṭṭhāpeti; *pass.* upaṭṭhiyati. upaṭṭhahīyatha; *ppr.* upaṭṭhiyamāna. upaṭṭhahiyamāna
upaṭṭhahiyati. upaṭṭhahīyati [upaṭṭhahati의 *pass.*] 간호를 받다. 시중을 받다. *ppr.* upaṭṭhahiyamāna.
upaṭṭhāka *m.* [upaṭṭhā-ka. *bsk.* upasthāka] ① 하인. 부하. ② 간호원. ③ 보시자. 단월(檀越). -kula (장로 또는 비구에 봉사하는) 시봉가족. 신시가(信施家).
upaṭṭhāna *n.* [<upaṭṭhāti] ① 보살핌. 살핌. 봉사. 시중. 간호. 간병. ② 숭배. 예배. ③ 알현실. 접견실. 청취실. ④ 나타남. 현현. 현전(現前). 현기(現起). ⑤ 여겨짐. 보임. ⑥ 현재에 있음. 여기에 있음. 마음이 지금 여기에 있는 상태. -âkāra 나타난 형태. -ânussati 지금 여기에 있음에 대한 새김. -âbhisamaya 지금 여기에 있음에 대한 꿰뚫음. -karaṇa 봉사의 실천. -kāraka 봉사를 실천하는. -kāla 시중들 시간. -kicca 봉사의 실행.

-kusala 지금 여기에 있음에 능숙한. -cariyā 지금 여기에 있음의 실천. -dvāra 접견실의 문. -parivāra 지금 여기에 있음에 의해 수반되는. -phala 봉사의 열매. -maṇḍa 지금 여기에 있음에 따른 탁월한 경지. -lakkhaṇa 지금 여기에 있음의 특징을 지닌. -vimutti 지금 여기에 있음에 의한 해탈. -virāga 지금 여기에 있음에 의한 사라짐·이욕(離欲). -velā 시중들 시간. -sabhā 집회소. -samaṅgitā 현현의 구족. -samaya 예배의 올바른 시간. -sambhāra 요리의 수단. 봉사에 필요한 필수품. 식량. -sāra 봉사의 핵심. 탁월한 봉사. -sālā 예배당. 강당. 집회소. 식당. 시자실(侍者實).

upaṭṭhāpana *n.* [<upaṭṭhăpeti] 시중들게 함. 봉사하게 함.

upaṭṭhapeti. upaṭṭhāpeti [upaṭṭhahati의 *caus.*] ① 시중들게 하다. 시중들다. 봉사하다. ② 준비하다. 조달하다. 가져오다. 공급하다. ③ 현재에 있도록 하다. 시설하다. 수행하다. 계발하다.

upaṭṭhāpayaka =upaṭṭhāka.

upaṭṭhāyikā. upaṭṭhikā *f.* [<upaṭṭahati] 여성봉사자. 여자시자(侍者). 시녀(侍女).

upaṭṭhita *adj.* [upaṭṭahati의 *pp. bsk.* upasthita] ① 접근된. 바쳐진. ② 나타난. 도착된. 현재에 있는. ③ 공급된. 준비된. 즉시의. 절박한. ④ 봉사하는. 시중드는. ⑤ 봉사받는. 공급받는. ⑥ '지금 여기에 있는' 시설된. 계발된. 훈련된. *m.* (*pl.*) *nom.* upaṭṭhitāse. -sati 살피는. 새기는. 알아채는. 염현전(念現前).

upaṭṭhiyati. upaṭṭhīyati [upaṭṭhahati의 *pass.*] 시중을 받다. 간호를 받다.

upaṭṭheti = upaṭṭhahati

upaḍayhati [upa-ḍayhati] 불태워지다. 소진(消盡)되다.

upaḍḍha *n.* [upa-aḍḍha. *bsk.* upārdha] 절반. 반(半). -aṅga 몸의 절반만 움직이는 춤. -ârāma 정원의 절반. -âsana 자리의 절반. -upaḍḍha (upaḍḍhu°) 각각 절반. -uposatha(upaḍḍhu°) 포살의 절반. -ullikhita 절반만 빗은. -kappa 절반의 겁. -kahāpana 반 까하바나. -kāya 반신(半身). -kāyika 몸의 절반처럼 작은. -kāla 절반의 시간. -kkhayita 절반이 파괴된. -catuttha 3과 1/2. -cchanna 절반이 덮인. -ttherā 장로들의 절반. -divasa 반나절. -dussa 겉옷의 절반. -dhātu 절반의 유골. -nikāya 니까야의 절반. -paṭiviṁsa 절반의 몫. -patha 길의 절반. -paricchanna 절반을 두루 닫은. -pihita 절반이 닫힌. -phāsuka 늑골들의 절반. -bāhupamāṇa 절반의 팔 길이만큼. -bodhisatta 절반의 보살. -bhāga 절반의 몫. -maṁsa 절반의 고기. -rajja 왕국의 절반. -lakkhaṇa 길조의 특징의 절반. -vibhava 재산의 절반. -sarīra 몸의 절반. -suṅka 신부 값의 절반.

upatapeti. upatāpeti [upa-tap의 *caus.*] ① 열을 가하다. ② 괴롭히다. 못살게 굴다. ③ 고문하다. ④ 파괴하다. *cf.* upatāpa. upatāpana. upatāpika.

upatappati [upa-tap의 *pass.*] ① 열을 받다. ② 짜증나다. 화나다. ③ 괴롭다.

upatāpa *m.* [<upa-tap] ① 열. 괴로움. ② 짜증. 화. ③ 고뇌. 곤란.

upatāpaka *adj.* [upatāpa-ka] ① 괴로움을 일으키는. ② 후회하는. 가책을 일으키는.

upatāpana *n.* upatāpanā *f.* [upa-tāpana] ① 열을 가함. ② 화냄. ③ 괴롭힘. ④ 고문.

upatāpika *adj.* [upatāpeti] ① 열을 가하는. ② 화내는. ③ 괴롭히는. 못살게 구는.

upatāpeti = upatapeti.

upatiṭṭhati [upa-sthā] = upaṭṭhahati. ① 시중들다. 섬기다. ③ 예배드리다. ④ 존경하다. *abs.* upatiṭṭhivā; *pp.* upaṭṭhita.

Upatissa *m.* 우빠띳싸. 우바디사(優波低沙)[수행승의 이름]. -kolita. -gāmaka. -nagara 사람 또는 지명의 이름.

Upatissā *f.* 우빠띳싸[Koṇḍañña Buddha당시의 수행녀].

upatta *adj.* [upa-akta<añj의 *pp.*] ① 더러워진. ② (기름 따위가) 발라진.

upattha *m n.* [*sk.* upastha] ① 무릎. ② 성기(性器). ③ 운전석.

upatthaddha *adj.* [upa-thaddha. upatthambhati의 *pp.*] ① 도움을 받는. 지지된. 지지받는. ② 기반이 마련된. 요새화된. 굳은. 딱딱한. ③ 우쭐하는. 자만하는.

upatthambha *m.* [<upa-stambh] ① 지지. 보강. ② 도움. 강화(强化). ③ 위안. 격려.

upatthambhaka *adj. n.* [<upatthambha] ① 지지하는. 유지시키는. ② 도움을 주는. 후원하는. ③ 지지(支持). 후원(後援). -kamma 유지하는 업. 지탱하는 업. 지지업(支持業)[과보를 낳는 업이 아니라 단순히 유지시키는 업의 작용].

upatthambhana *n.* upatthambhanī *f.* upatthambhanikā *f.* upatthambhinī *f.* = upatthambha.

upatthambhayati = upatthambheti.

upatthambhita *adj.* [upattambheti의 *pp.*] ① 지지받는. ② 유지된. 지속된.

upatthambheti [upa-thambheti<stambh의 *caus.*] ① 단단하게 하다. 떠받치다. ② 지지하다. ③ 확실히 하다. *ppr.* upatthambhayamāna; *pp.*

upatthambhita
upatthara *m.* [<upa-stṛ] ① 깔개. ② 덮개.
upathambha =upattha ②.
upatheyya *m.* [=upadheyya] 방석. 부물(敷物). 좌포단(坐布團).
upadaṁsa *m.* [〃] ① 향료. 부식물(副食物). ② 성병(性病)의 일종.
upadaṁsitar *m.* [upa-daṁseti의 *ag.*] ① 보여주는 사람. ② 확신하는 사람.
upadaṁseti. upadaṁsayati [upa-dṛś의 *caus.*] = upadasseti ① 보게 하다. 보여주다. ② 전시하다. ③ 나타내다. *aor.* upadaṁsayi.
upadasseti [upa-dṛś의 *caus.*] ① 보게 하다. 보여주다. ② 분명하게 하다.
upadahati [upa-dahati<dhā] ① 놓다. (베개로) 사용하다. ② 일으키다. 야기하다. ③ 공급하다. 주다. *pp.* upadahita. *grd.* upadahātabba. *cf.* upadhi.
upadāyaka *adj.* [<upa-dā] ① 주는. ② 선물하는.
upadāha *adj.* [〃] 불타는.
upadiṭṭha *adj.* [upadisati의 *pp.*] ① 지적된. ② 특수화된.
upadisa *m.* [<upadisati] 귀신의 말. 유령의 말. -sadisa 귀신의 말과 같은.
upadisati [upa-disati] ① 지적하다. 보여주다. ② 충고하다. 분류하다. *pp.* upaṭṭha. *pass.* upadissati.
upadisana *n.* [<upadisati] ① 지적. ② 충고.
upadissati *adj.* [upa-dissati] ① 나타나다. 보이다. ② 발견되다. *pres. 3pl.* upadissare = upadissanti.
upadussati *adj.* [upa-dussati] ① 싫어하다. ② 분노하다. 분개하다. ③ 질투하다.
upadeva *m.* [upa-deva] ① 이차적인 신(神). ② 사소한 신(神).
upadesa *m.* [<upa-disati] ① 교시. 지시. ② 충고. 훈계. 교훈. -âkāra 교시의 형태. -gabbhaka 교훈적인. -pāṭha 구절(句節). 경구(警句).
upaddava *m.* [<upaddavati] ① 불행. 재난. ② 위험(危險).
upaddavati [upa-dru] ① 들이닥치다. 공격하다. ② 괴롭히다. 못살게 굴다. *caus.* upaddaveti.
upadduta *adj.* [upaddavati의 *pp.*] ① 귀찮은. 괴로운. ② 공격당한. 제압된. anupadduta 괴롭힘을 당하지 않은. 방해받지 않은. -tta 공격을 받음. 고통을 당함.
upadhaṁsitar. upadhaṁseti → upadaṁsitar. upadaṁseti.
upadhā *f.* upadha *n.* [〃] 어근의 어미에서의 두 번째의 음절[문법]. -sañña '어미에서의 두 번째 음절'을 술어로 삼는.
upadhāna *n.* [<upadahati<upa-dhā] '아래에 두는 것' ① 베개. 방석. 받침. ② 가져옴. 야기함.
upadhāneti [<upa-dhā] ① 상상하다. 생각하다. ② 반성하다. 성찰하다.
upadhāraṇa *n.* [<upadhāreti] ① 용기(容器). 그릇. ② 우유통.
upadhāraṇā *f.* [<upadhāreti] ① 숙고. 반성. ② 고려. ③ 예측.
upadhārita *adj.* [upadhāreti의 *pp.*] ① 지지(支持)된. 지지받는. 지탱된. 마음에 둔. ② 숙고된. 고려된. ③ 반성된. 성찰된.
upadhāreti. upadhārayati [upa-dhṛ의 *caus.*] ① 지지(支持)하다. 지탱하다. ② 알아채다. 관찰하다. 주의를 기울이다. ③ 마음에 두다. 이해하다. 숙고하다. 고려하다. 사려하다. 성찰하다. ④ 찾다. 추론하다. 조사하다. *pp.* upadhārita.
upadhāvati [upa-dhāvati<dhāv] ① ~을 쫓다. 공격하다. ② 습격하다. 치닫다. ③ 둘러싸다. *pp.* upadhāvita.
upadhāvana *n.* [<upadhāvati] 추적.
upadhi *m.* [upa-dhā. *bsk.* 〃] ① 근거. 기초. 층. ② 존재의 본질. 존재요소. ③ 세속적인 소유. 사회적 지위. ④ 감각적 쾌락의 대상. 몸. 감각적인 대상의 향유. 외관. ⑤ 소유물. 소유물에 대한 집착. ⑥ 다시 태어남의 객관적이고 주관적인 모든 토대가 되는 것. 집착. 집착의 대상. 의착(依着). 번뇌. 갈애. 의(依). 우바디(優波提). *pl.* upadhayo. -kkhaya 의착의 소멸. 제의멸진(諸依滅盡). -jātika 출생이 의착에서 비롯된. -nidāna 의착을 인연으로 하는. -nirodha 의착의 소멸. -paccayā 의착 때문에 -paṭinissagga 의착의 버림. -paṭipassaddhi 의착의 지멸. -paṭisaṁyutta 의착과 관련된. -pabhava 의착에서 생겨나는. -parikkhaya 의착의 완전한 파괴. -paripāka 존재의 본질적인 것의 과성숙. 나이가 늙어 감관이 부패하는 것. -bandhana 소유물에 묶인. 의착에 묶인. -vipatti 신체의 불완전. 신체적인 결함[추하거나 불구인 상태]. -vipāka 다시 태어남의 토대의 성숙. -viveka 의착에서 벗어난. -vūpasama 의착의 지멸. -vepakka 의착을 결과하는. -saṅkhaya 의착의 완전한 파괴[열반]. -saññitā 의착에 대한 지각. -samudaya 의착의 발생. 의착에서 생겨나는. -sampatti 외관의 구족. 아름다움. -sampadā 사회적 지위의 구족[가문과 아름다움의 구족]. -sampanna 외관이 갖추어진. 아름다운. -sukha 세속적인 소유의 행복.

upadhika. upadhīka *adj.* [upadhi-ka] ① 의존하는. ② 의착하는. anupadhika 의착에서 벗어난.
upadhīyati *adj.* [upa-dhā] 의존하다. 기초하다.
upadheti → upadahati.
upadheyya *n.* = upatheyya.
upanagaraṁ *ind.* [upa-nagara의 *acc.*] 도시의 근처에.
upanaccati [upa-naccati] 춤을 추다.
upanata *adj.* [upanamati의 *pp.*] ① 구부러진. ② 기우러진 경향이 있는.
upanadati [upa-nadati] ① (노래) 소리를 다시 내다. ② 다시 울리다.
upanaddha *adj.* [upanayhati의 *pp.*] ① 적의를 품는. ② 불평을 하는. ③ 원한에 찬.
Upananda *m.* 우빠난다. 우바난다(優波難陀)[수행승의 이름]. 발난다(跋難陀)[용왕의 이름].
upanandha = upanaddha
upanandhati [*cf.* upanayhati] ① 적의를 품다. ② 불평하다. *aor.* upanandhi. *pp.* upanaddha.
upanamati [upa-nam] ① 가까이 오다. ② 출석하다. ③ ~에 전념하다. ④ 노력하다. ⑤ 봉사하다. *pp.* upanata; *caus.* upanāmeti.
upanaya *m.* [<upanayati] ① 가까이 인도함. ② 응용. 적용.
upanayati [<upa-nī] ① 가까이 가져오다. 이끌다. 주다. 제공하다. ② 훈련을 받아들이다. 입문하다. ③ 비난하다. ④ 공격하다. ⑤ 짐을 지우다.
upanayana *n.* [<upanayati] ① 가까이 인도. 포섭. ② 입문. 입법식(立法式). ③ 응용. 적용.
upanayhati [upa-nayhati<nah] ① 묶다. ② 고집하다. ③ 접촉하다. ④ 적의를 품다. *pp.* upanandha. upanaddha. *cf.* upanandhati.
upanayhanā *f.* upanayhitatta *n.* [<upanayhati] = upanāha.
upanāmita *adj.* [upanāmeti의 *pp.*] ① 가져와진. 가까운 곳에 옮겨진. ② 제공된.
upanāmeti [upa-nam의 *caus.* *bsk.* upanāmayati] ① 가까이 가져오다. 접근하다. 함께 놓다. (몸을) 굽히다. ② 착용하다. ③ 주다. 제공하다. *pp.* upanāmita.
upanāyika *adj.* [<upa-nī] ① ~와 관계있는. ~에 속하는. ② 적절한. ③ 시작하는. 가까워지는.
upanāha *m.* [<upanayhati<nah. *bsk.* 〃] ① 악의. 적의(敵意). ② 분노. 원한. 한(恨). -pariyuṭṭhita 적의에 사로잡힌. -vinaya 적의의 억제. -sambhava 적의의 산물.
upanāhin *adj.* [upanāha-in] ① 악의 있는. ② 분노하는. ③ 흠 잡는. an° 분노하지 않는.
upanikkhamati [upa-ni-kram] ① 나가다. 나오다. 떠나다. ② 분출하다. *aor.* upanikkhami; *imp.* upanikkhamassu.
upanikkhitta. upanikkhittaka *adj.* [upanikkhipati의 *pp.*] ① 가까이 놓아진. ② (남모르게) 저장된. ③ 숨겨진. ④ (탐정으로) 배치된.
upanikkhipati [upa-ni-kṣip] ① 가까이 두다. 쓰지 않고 두다. 배치하다. ② 저장하다. ③ 취급하다. 착수하다. ④ 적응하다. ⑤ 관계하다. 조회하다. ⑥ 정찰하다. *pp.* upanikkhitta.
upanikkhipana *n.* [<upanikkhipati] ① 가까이 두는 것. ② 저장. ③ 덫. 올가미. 안살구(安殺具).
upanikkhepa *m.* [<upanikkhipati] ① 가까이 두는 것. ② 저장. ③ 담보. 담보물.
upanikkhepana *m.* [<upanikkhipati] (비교하기 위해) 옆에 두는 것.
upanighaṁsati [upa-ni-ghaṁs] ① 마찰하다. ② 분쇄하다. ③ 박살내다.
upanijjhāna. upanijjhāyana *n.* [<upanijjhāyati] ① 숙고. 반성. ② 사유(思惟). 사려(思慮). 명상(冥想). 정려(精慮).
upanijjhāyati [upa-nijjhāyati] ① 숙고하다. 고려하다. 반성하다. ② 명상하다. ③ (부당하게) 탐내다. 질투하다. *pp.* upanijjhāyita.
upanidahati [upa-ni-dhā] ① 가까운 곳에 두다. ② 비교하다. ③ 공탁하다. 위탁하다. ④ 대출하다. 융자하다.
upanidhā *f.* [<upa-ni-dhā] = upanidhi
upanidhāya *ind.* [upa-ni-dahati<dhā의 *abs.*] ① 가까운 곳에 두고. ② 비교하여. -paññatti 비교하고 난 뒤의 시설.
upanidhi *f.* [<upa-ni-dhā] ① 저당. 담보. 대출. 융자. ② 비교. 대응. -paññatti 비교와 함께 하는 시설.
upanipajjati [<upa-ni-pad] ① 가까이 두다. ② 아래에 두다.
upanipanna *adj.* [upanipajjati의 *pp.*] ① 가까이 둔. ② 아래에 둔.
upanipāta .*m.* [<upa-ni-pat] ① 사건. ② 돌발.
upanibajjhati [upanibandhati의 *pass.*] ① 단단히 묶여지다. ② 집착되다.
upanibandhati [upa-ni-bandh] ① 단단히 묶다. ② 집착하다. *pass.* upanibajjhati. *pp.* upanibaddha.
upanibaddha *adj.* [upanibandhati의 *pp.*] ① 결박된. ② 의존된. ③ 집착된.
upanibandha *m. adj.* [<upanibandhati] ① 결박. 연결. ② 밀접한 관계. ③ 의존. ④ ~과 관계되는. ⑤ ~에 의존하는. -gocara 관계되는 활동영역.
upanibandhaka *adj.* [upanibandha-ka] 연결을

갖는. 연결된.

upanibandhana *n.* upanibandhanā *f.* [<upa-nibandhati] ① 결박. ② 밀접한 관계. ③ 집착. ④ 밧줄. -aṭṭha 집착의 의미. -attha 밀접한 관계를 목표로 하는. -tthamba 집착의 기둥. -ānisaṁsa 밀접한 관계를 이익으로 갖는.

upanibbatta *adj.* [upa-nibbatta] ① 생산된. 출산된. ② 나타난.

upanibha *adj.* [upa-nibha] ① 동등한. 동일한. 같은. ② 유사한.

upanimantanā *f.* [*sk.* upanimantraṇa] 초대.

upaniyyati → upanīyati.

upanivattati [upa-ni-vṛt] 돌아오다.

upanisā *f.* [*sk.* upaniṣad. *bsk.* upaniśā. upaniṣā<upa-ni-sad. śri] ① 가까이 앉음. 주의를 기울임. ② 원인. 조건. 연유. 유래. 선행조건. ③ 방편. 유사. 비유. 근습(近習).

upanisīdati [upa-ni-sad] 가까이 앉다. *abs.* upanisajja. upanisīditvā; *pp.* upanisinna.

upanisevati ① [upa-ni-sev] 추구하다. 따르다. 집착하다. ② 잠그다. 닫다. 덮다. *pp.* upanisevita.

upanisevana *adj.* [<upanisevati] 따르는. 추구하는.

upanisevin *adj.* [<upanisevati] ① 가까이 사는. ② 봉사하는. ③ 유리한.

upanissajati [upa-nis-sṛj] 주다.

upanissaya *m.* [upa-nissaya] ① 기초. 의존. 지지(支持). ② 필요조건. 강력한 원인. 조건부. ③ 확실성. -ânurūpa 필요조건과 일치하는. -koṭi 강력한 의존적 원인에 대한 대체적(代替的) 관점. -gocara 지지의 범주. -paccaya 강력한 원인. 결정적인 원인. 친의조건. 친의연(親依緣). 근의연(近依緣)[강력한 원인으로서 자조(資助)하는 것으로 의존조건 가운데 특별한 것으로 도덕적·비도덕적 상태가 각각 사고와 행동에 영향을 주는 것]. -bala 조건부의 힘. -mandatā 조건부의 나태. -lesa = upanissayakoṭi. -vāra 강력한 원인의 순서. -vipanna 필요조건이 결손된. -sampatti 필요조건의 성취.

upanissayati [upa-ni-śri] ① 가깝게 지내다. ② 의존하다.

upanissāya *ind.* [upanissayati의 *abs.* *bsk.* upaniśritya] ① 의지하고. 의지해서. ② 가까이. 접근하여.

upanissita *adj.* [upanissayati의 *pp.*] ① 의존하는. ② 관계된.

upanīta *adj.* [upaneti<nī의 *pp.*] ① 초래된. 결과로 된. 주어진. 결론이 되는. ② 비난. 비방.

upanīya. upaniyya *ind.* [upaneti의 *abs.*] ① 앞으로 가져오고. ② 비난하고.

upanīyati. upaniyyati *adj.* [upaneti의 *pass.*] ① 가까이 가져오다. 제공되다. ② 언급이 되다. ~의 안에 있는 것으로 언급되다. ③ 끝나다. 지나가다.

upanīla *adj.* [upa-nīla] ① 검푸른. ② 푸른색의.

upanetar [<upa-nī] 운반자.

upaneti. upanayati [upa-nī] ① 가까이 가져오다. 이끌다. ② 주다. 제공하다. ③ 기르다. 도움이 되다. ④ 훈련을 받아들이다. 입문하다. ⑤ 비난하다. 공격하다. ⑥ 짐을 지우다. 부과하다. ⑦ 생애를 마치다. ⑧ 결론에 도달하다. ⑨ 견주다. *pp.* upanīta; *abs.* upanīya. upaniyya. *grd.* upaneyya; *pass.* upanīyati.

upaneyya *adj.* *m.* [upaneti의 *grd.* *abs.*] ① 앞으로 가져와야 할. 비난될 만한. ② 앞으로 가져오고. 이끌고. 부과하고. 비난하고.

Upanemi *m.* [upa-nemi] 우빠네미[緣覺佛의 이름].

upanta *n.* [upa-anta] 끝에서 두 번째의 음절[문법].

upanti *ind.* [upa-anti] 가까이에. 앞에.

upantika *adj.* [upa-antika] 가까운. *acc.* upantikaṁ *adv.* 가까이. *loc.* upantike 가까이. 아주 가까이.

upanyāsa *m.* [upa-nyāsa] 병렬(竝列).

upapacciyati → uppacciyati.

upapajjati [upa-pad] ① 오다. 들어가다. 도달하다. 착수하다. ② 새로운 존재로 들어가다. 다시 태어나다. 재생하다. ③ 발생하다. 출현하다. 일어나다. 생기하다. ④ 가능하다. 적당하다. *abs.* upapajja; *aor.* upapajjatha. upapajjimha; *pp.* upapanna; *caus.* upapādeti; *pp.* upapādita.

upapajja *m.* [<upapajjati] ① 출현. ② 다시 태어남. -vedaniyakamma. -vedanīyakamma 다음 생에서 받아야 하는 업. 차생수업(次生受業).

upapajjana *n.* [<upapajjati] ① 출현. ② 다시 태어남.

upapajjanaka *n.* [upapajjana-ka] 다시 나타나는. 다시 태어나는.

upapajjavedaniya. upapajjavedanīya *adj.* [upapajjavedaniya] 다음 생에 받아야 할. 순생수(順生受)의. 차생수(次生受)의. -kamma 다음 생에 받아야할 업. 순생수업(順生受業).

upapatti *f.* [<upapajjati] ① 태어남. 다시 태어남. 재생(再生) ② 기회[=uppatti]. -kkhaṇa 다시 태어남의 순간. -deva 태생의 신(神)[사천왕 이상의 하늘사람이나 하느님들]. -desa 탄생지. 출생

지. -nimitta 다시 태어남의 특징. -pariyanta 다시 태어남의 끝. -paṭilābha 다시 태어남의 획득. -bhaya 다시 태어남의 두려움. -bhava 태(胎)에 들어가 생을 받는 순간의 과정. 기유(起有). 생유(生有). -mūlaka 재생에 뿌리를 두고 있는. -hetu 다시 태어남의 원인.
upapattika *adj.* [<upapatti] 태어나는. 재생하는. 왕생하는.
upapada *n.* [〃] ① 수식어. 두 단어 복합어의 앞부분. ② 별명(別名). 이명(異名). ③ 부수(附隨). -tappurisa 부수한정복합어. 부수의주석(附隨依主釋)[복합어의 끝부분이 단독으로는 사용되지 않고 항상 복합어에 부수되는 격한정복합어]. -samāsa 부수복합어(附隨複合語)[격한정복합어 가운데 첫 번째 부분은 직접목적어이고 두 번째 부분은 동사파생어인 것].
upapanna *adj.* [upapajjati의 *pp.*] ① 갖추고 있는. 선천적인. 구족(具足)된. ② 다시 태어나는. 왕생(往生)하는. -phala 과보가 갖추어진. 경지가 구족된.
upaparikkhakā *f.* upaparikkhaṇa *n.* [<upaparikkhati] ① 조사. 검사. ② 탐구. ③ 반성.
upaparikkhati [upa-pari-īkṣ. *bsk.* upaparīkṣate] ① 조사하다. 관찰하다. 확인하다. ② 탐구하다. 근해(近解)하다. *pp.* upaparikkhita
upaparikkhā *f.* [<upaparikkhati] ① 조사. 검사. 시험. ② 탐구. ③ 반성.
upaparikkhin *adj.* [upaparikkhā-in] ① 조사하는. 검사하는. ② 탐구하는. ③ 반성하는.
upapāta = upapatti 다시 태어남.
upapātika = opapātika *adj.* [*bsk.* upapāduka] 홀연히 태어나는. 부모 없이 다시 태어나는. (모태에 머물지 않고) 순간적으로 다시 태어나는. 화생(化生)의. -âttabhāva 홀연히 태어나는 개체적인 존재. -vesa 홀연히 태어나는 자의 출현. -yoni 화생의 모태. 화생(化生).
upapādita upapādeti의 *pp.*
upapādita *adj.* [upapādeti의 *pp.*] ① 갖춘. ② 수반된. 동반된.
upapādeti [upapajjati의 *caus.*] ① 실행하다. 수행하다. ② 성취하다. *pp.* upapādita.
upapāramī *f.* [upa-pāramī] 작은 완성. 소바라밀(小波羅蜜). 근소바라밀(近小波羅蜜).
upapisana. upapiṁsana *n.* [<upa-piṣ] ① 가루. ② 분말향료(粉末香料).
upapīḷa *adj.* [<upapīḷeti] = uppīḷa ① 억압하는. 핍박하는. 박해하는. 학대하는. ② 방해하는. ③ 괴롭히는.
upapīḷaka *adj.* [upa-pīḷa-ka] = upapīḷa ① 억압하는. 핍박하는. 박해하는. 학대하는. ② 방해하는. ③ 억제하는. -kamma 억압하는 업. 방해업(妨害業). 억제업(抑制業)[업의 작용을 억제하는 업].
upapīḷana *n.* [<upapīḷeti] ① 억압. 핍박. 박해. 학대. ② 방해.
upapīḷā *f.* [<upapīḷeti] ① 억압. 핍박. 박해. 학대. ② 방해. ③ 괴롭힘.
upapīḷeti [upa-pīḷ] ① 억압하다. 핍박하다. 박해하다. 학대하다. ③ 방해하다. ④ 괴롭히다.
upapurohita *m.* [upa-purohita] 보조사제. 부사제(副司祭).
upapphusati [upa-phusati<spṛś] ① 닿다. 접촉하다. ② 만지다.
upaplavati [=uppilavati] ① 뜨다. 표류하다. ② 헤엄치다. *aor. 1sg.* upaplaviṁ. upallaviṁ.
upabbajati [upa-vraj] ① 가다. 자주 가다. ② 방문하다. *opt.* upabbaje.
upabbūḷha *adj.* [upa-vūḷha] ① 붐비는. ② 절정 상태에 있는.
upabrūhaṇa *n.* [<upa-bṛh] ① 확장. 확대. ② 증가. 증대.
upabrūhayati. upabrūheti [upa-brūh<bṛh] ① 증가시키다. ② 확대하다. *pp.* upabrūhita.
upabhuñjaka *adj. m.* [<upabhuñjati] ① 먹는. 즐기는. 경험하는. 체험하는. ② 먹는 자. 향수자.
upabhuñjati [upa-bhuj] ① 먹다. 즐기다. 향수(享受)하다. ② 사용하다. 수용(受用)하다. ③ 경험하다. 체험하다. *inf.* upabhottuṁ; *grd.* upabhogga; *pp.* upabhutta.
upabhoga *m.* [<upabhuñjati] ① 먹음. ② 즐김. 사용. 향수. 수용. ③ 경험. 체험. *adj.* = upabhogin. -yoga 사용과 향수. -sukha 향수의 즐거움. 향수의 행복.
upabhogin *adj.* [upabhoga-in] ① 먹는. 즐기는. ② 체험하는.
upabhogiya *adj.* [upa-bhuj의 *grd.*] ① 향수(享受)될 수 있는. ② 즐겨질 수 있는.
upabhojiya *adj.* [upa-bhuj의 *grd.*] 사용하기에 적당한.
upama *adj.* [<upamā] 같은. 유사한. udakaupama-puggala 물·물거품과 같은 인간.
upamaṁ *ind.* [upamā의 *acc.*] ① ~과 같이. ② 비유로서.
upamā *f.* [〃] ① 비유. 직유. 유추(類推). ② 동등(同等). -āyatta 비유적인. -vacana 비유·비교의 표현. -vasena 무척. *cf.* opamma
upamātar *f.* [<upa-mātar] 간호원.
upamāna *n.* [<upa-mā] ① 유사. 비유. 비교의

대상. ② 비교분사[문법]. -uttarapada 뒷부분이 비교의 대상인. -pubbapada 앞부분이 비교의 대상인. -ppasāda 비교대상의 청정. -bhāvadassana 비교대상의 현존에 대한 지시. -vacana 비교분사[문법]. -saṁsandana 비유의 적용.

upamānita *adj.* [upa-mā의 *caus. pp.*] ① 비교된. 평가된. ② 같은. 맞먹는.

upameti [upa-mā] 비교하다. 비유하다. *pp.* upamita; *abs.* upametivā; *grd.* upameyya upametabba.

upameyya *adj.* [upamā의 *grd.*] 비교되어야 하는. 비유될 수 있는. -ûpamānā 비유되어야하는 것과 비유하는 것. 비유의 대상과 주체.

upaya *adj. m.* [upa-i. *cf.* upāya] ① 접근하는. ~과 관련된. ② 접근. 수단. 방편. 집착. anupaya 접근하지 않는. 떨어진. -ññu 수단을 아는.

upayantī *f.* [<upayāti] 강(?).

upayācati [upa-yāc] ① 부탁하다. 애원하다. ② 구걸하다. *pp.* upayācita.

upayācitaka *n.* [upa-yācata-ka] ① 구걸. 청원. ② 기도.

upayāti [upa-yā] ① 가다. 들어가다. 접근하다. 도달하다. ② 흐르다. 흐름 속에 있다. 증가하다. *pp.* upayāta. *caus.* upayāpeti.

upayāna *n* [〃 upa-yā-ana] ① 가까이 감. ② 접근. 도착. ③ 헌상품(獻上品).

upayānaka *m.* [upayāna-ka] '옆으로 가는 것'; 게[蟹].

upayāpeti [upayāti의 *caus.*] ① 하게 하다. 착수하다. ② 흐르게 하다. 흐름 속에 있게 하다.

upayuñjati [upa-yuj] ① ~하기에 적합하다. ~과 관련하다. ② 이용하다. 적용하다. *aor.* upayuñji; *pp.* upayutta.

upayoga *m.* [<upa-yuj] ① 연결. 결합. 관계. ② 고용. ③ 적용. ④ 목적격. 대격[문법] -attha 목적관계. 대격의 의미. -niddesa 대격에 의한 지시. -ppatti 대격의 가치. -bahuvacana 대격의 복수. -laddha 대격 속에 있는. -vacana 대격.

upayogin *adj.* [upayoga-in] ① 적당한. 적합한. ② 유용한.

upayogitā *f.* [upayogin의 *abstr.*] ① 적당한 상태. 적합성. ② 유용한 상태. 유용성.

uparacita *adj.* [upa-rac의 *pp.*] 작성된.

uparajja *n.* [upa-rāja-ya] 부왕위(副王位)[왕의 아들이나 형제에게 주어지는 지위].

uparata *adj.* [uparamati<ram의 *pp.*] ① 그친. 멈춘. 단념한. ② 절제하는. ③ 숨을 멈춘. 지식(止息)에 이른.

uparati *f.* [*cf.* uparata] ① 그침. 멈춤. ② 절제. ③ 지식(止息). ④ 소멸(消滅).

uparatti *ind.* [upa-ratti] ① 밤을 향해. ② 황혼에. 석양에.

uparama *m.* [<uparamati] ① 그침. 멈춤. ② 절제. ③ 지식(止息). ④ 소멸(消滅).

uparamati [upa-ram] ① 그치다. 멈추다. 삼가다. 소멸(消滅)하다. ② 죽다. *pp.* uparata. *cf.* uparamā 지식(止息).

uparamā *f.* [<uparamati] ① 그침. 멈춤. ② 절제. ③ 지식(止息). ④ 소멸(消滅).

uparava *m.* [<upa-ru] ① 소음. ② 외침.

uparājan *m.* [uparājā] 부왕(副王)[왕의 아들이나 형제에게 주어지는 칭호]. *cf.* uparajja. uparājaṭṭhāna 부왕의 자리.

uparājinī *f.* [upa-rājinī] 부왕비(副王妃).

upari *ind. adv. prep.* [〃] ① 넘어서. 위에. 꼭대기에. 공중에. 보다 높이. ② 표면에. ③ 더 이상. ④ 나중에. 아래의[책에서]. ⑤ 대하여. 관해서. 대항해서. ⑥ 따라서. uparûparûppattika 위로 위로 넘어가는. 보다 높은 존재를 획득하는. -attha 더 이상의 의미. -ucchiṭṭhabhatta 윗부분이 더러운 음식. -ussukkanā 보다 높은 노력. -kaṭa 덮는 담요. -kapalla (싸개) 위의 해골[지옥에 있는 데바닷따의 머리]. -gaṅgaṁ 갠지스강을 따라 위로. -gopphaka 발목위에 도달하는. -cara 공중으로 나는. 공중에서 움직이는. -cchadana. -channa 닫집. 차양. -jānumaṇḍala 무릎의 슬개골 위에. -tala 위층. -danta 윗니. -devaloka 상층의 천계. -devī 대비(大妃). -paṭicchanna 꼭대기에 칸막이가 된 장소[수행녀의 화장실로 사용]. -paṇṇāsa 후분오십(後分五拾). -pāsāda 궁전의 윗층. -pāsādaṁ 궁전의 윗층으로. -piṭṭhi 플랫폼(platform). 연단. 교단. -bhaddaka 나무의 이름[*sk.* Bhadraka Pinus Deodara; *sk.* Bhadra. Nauclea Cadamba] -bhāga 위쪽. -bhāva 더 높은 상태. 최상의 상태. 상승(上乘). -bhūmi 위층. -mukha 얼굴이 위로 향한. -vasana 상의(上衣). -vāta 바람 쪽을 향한. -vātato 바람에서 떨어져. -vātapassa 바람이 부는 쪽. -vāyanavāta 격렬한 바람. 매서운 바람. -vivaṭa 지붕이 없는. 무개(無蓋)의. -visāla '위로 넓혀진' 매우 넓은. -vehāsa 공중높이에 있는. -sacca 보다 높은 진리. 최상의 진리. -saya 위에 누운. -sota 위로 흐르는.

upariṭṭha *adj.* [upari의 *superl.*] 최상의. 최고의.

upariṭṭhama *adj.* [upariṭṭha의 *superl.*] 최상의. 최고의.

upariṭṭhima = upariṭṭha

uparima *adj.* [upari의 *superl.*] 최상의. 최고의.

위에 있는. 상부의. 앞에 있는. -kāya 상반신. -koṭi 가장 높은 정도. 최상의 탁월성. -magga 높은 단계의 길[아라한의 경지를 향한 길]. -maggattaya 세 가지 보다 높은 단계의 길. -tala 상층. -dantā 윗니들. -disā 북쪽. -bhūmi 윗단계. 위층. -pariccheda 절정. 한고비. -silātala 돌들의 상층. -sutta 앞의 경전(經典).

upariya *adj.* [upari-ya] = upari.

uparucchati uparodati의 *fut. 3sg.*

uparujjhati [uparundhati의 *pass. sk.* uparudhyate] ① 그치다. 멈추다. ② 소멸하다. *pp.* uparuddha.

uparuddha *adj.* [uparujjhati의 *pp.*] ① 멈춘. 그친. ② 공격당한. 포위된. 봉쇄된. 억압된. -jīvita 목숨이 그친. -magga 길이 봉쇄된.

uparundhana *n.* [<uparujjhati] ① 공격하는. 포위하는. ② 억압하는.

uparundhati [upa-rudh] ① 공격하다. 파괴하다. ② 포위하다. 봉쇄하다. ③ 억압하다. 괴롭히다. 방해하다. 억제하다. 억지(抑止)하다. *opt.* uparundhe. uparuddhe. uparuddheyya; *imp.* uparundha; *abs.* uparundhiya; *aor.* uparundhi; *pass.* uparujjhati; *caus.* uparodheti.

uparūḷha *adj.* [<upa-ruh] ① 다시 자란. 회복된. ② 치료된.

uparocati [upa-ruc] 기뻐하다. *pp.* uparocita; *caus.* uparoceti.

uparodati [upa-rud] ① 슬퍼하다. ② 슬프게 노래하다. *fut.* uparucchati.

uparodha *m* uparodhana *n.* [<uparundhati] 파괴. 소멸.

uparodhati = uparundhati.

uparodheti [uparundhati의 *caus.*] ① 파괴시키다. 파괴하다. ② 방해하다. 박해하다. ③ 억제시키다.

uparopa. uparopaka *m* [<upa-ruh] 어린 나무. 묘목(苗木). -virūḷhanaṭṭhāna 어린 나무들이 자라는 구역.

upala *m* [〃] 돌.

upalakkhaṇa *n.* upalakkhaṇā *f.* [<upalakkheti] ① 구별. 판별. ② 식별. 근해(近解). 근찰(近察).

upalakkheti [upa-lakṣay] ① 알아채다. ② 따지다. 구별하다. ③ 인식하다. 식별하다. *pp.* upalakkhita. *grd.* upalakkhaṇīya. upalakkhetabba. *pass.* upalakkhiyati.

upaladdha upalabhati의 *pp.*

upaladdhā upalabhati의 *abs.*

upaladdhi *f.* [<upa-labh] ① 획득. 파악. ② 망상. ③ 지식.

upalabbha ① *m.* [<upalabbhati] 파악. 발견. ② *adj.* [upalabhati의 *abs.*] 얻고. 파악하고.

upalabbhana *n.* [<upalabbhati] ① 사건. ② 존재.

upalabbhati [upalabhati의 *pass.*] ① 얻어지다. 획득되다. ② 알려지다. 이해되다. ③ 발견되다. 존재하다. *grd.* upalabbhanīya.

upalabhati [upa-labh] ① 얻다. 획득하다. ② 알다. 파악하다. 이해하다. ③ 발견하다. *abs.* upaladdhā. upalabbha; *pp.* upaladdha; *pass.* upalabbhati

upalambha → upalabbha.

upalambhati → upalabbhati.

upalāpana *n.* [<upalāpeti] ① 설득. ② 유혹. 감언이설. -kāraṇa 설득의 길. 유혹의 길. -saṅgaha 설득과 섭수. 설득과 친절.

upalāpanā *f.* [<upalāpeti] ① 친절하게 말하기. 설득. ② 유혹. 담합. 매수. 협잡. ③ 외교적 영향. 외교.

upalāpeti [upa-lap의 *caus.*] ① 친절하게 말하다. 인사를 건네다. ② 설득하다. 유혹하다. 달래다. 아첨하다. ③ 담합하다. 속이다. 매수하다. 협잡하다.

upalālana *n.* upalālanā *f.* [<upalāḷeti] ① 달램. 어루만짐. ② 애무.

upalāḷeti [upa-laḷ의 *caus.*] ① 달래다. 어루만지다. ② 애무하다. 귀여워하다. ③ 과장하다. *pp.* upalāḷita. *abs.* upalāliya

upalikkhati [upa-likh] ① 할퀴다. ② 상처를 입히다.

upaliṅgeti [upa-liṅg] ~의 특징이 되다.

upalitta *adj.* [upalimpati의 *pp.*] 오염된. 더럽혀진.

upalippati [upalimpati의 *pass.*] ① 오염되다. ② 달라붙다.

upalimpati [upa-lip] 오염시키다. 더럽히다. *pp.* upalitta; *pass.* upalippati.

upalīna *adj.* [<upa-lī] ① 고착된. ② 집착된.

upalepa *m* [<upalimpati] 불결. 오염. -bhaya 도덕적인 오염에 대한 두려움.

upalepana *n.* [<upalimpati] ① 불결하게 하는 행위. ② 오염시킴.

upalohitaka *adj.* [upa-lohita-ka] 불그스름한.

upallaviṁ upaplavati의 *aor.*

upaḷāseti [upa-las의 *caus.*] 소리를 내다.

upavajja *adj.* ① [upa-vad의 *grd.*] 비난받을 만한. 무례한. ② [upa-vraj의 *grd.*] 가져야 할. ③ [upa-pad의 *grd.*] 접근되어야 할.

upavajjatā *f.* [upavajja의 *abstr.*] ① 비난받을 만

함. ② 무례함.
upavaṇṇeti [upa-vaṇṇeti] ① 잘 서술하다. ② 잘 묘사하다.
upavattati [upa-vṛt] ① 일어나다. 발생하다. ② 가까이에 존재하다.
upavatta. upavattaka. upavattana *adj.* [<upavattati] 근처에 존재하는.
upavadati [upa-vad] ① 비난하다. 꾸짖다. ② 모욕하다. ③ 비방하다. 중상하다. 모함하다. *pp.* upavadita.
upavadana *n.* [upa-vad] ① 비난. 꾸짖음. ② 모욕. ③ 비방. 중상. 모함.
upavana *n.* [upa-vana] ① 작은 숲. 정원. 가까이 있는 숲. ② 우빠바나[나무이름].
upavasati [upa-vas] ① 살다. 거주하다. ② 준수하다. ③ 포살(布薩)에 들어가다. *abs.* upavassa; *pp.* upavuttha.
upavahati [upa-vah] ① 가져오다. ② 데려오다. 모셔오다.
upavahana *n.* [upa-vah] 소형보트. 작은 배[舟].
upavāda *m.* [<upa-vad] ① 비난. 질책. 악매(惡罵). ② 욕설. -antarāyika 비난의 장애를 일으키는. -kara 비난을 야기하는. -bhaya 비난에 대한 두려움. -vinimutta 비난이 없는.
upavādaka *adj. m.* [upavāda-ka] ① 비난하는. 욕하는. 악매(惡罵)하는. ② 비난자. 욕설자.
upavādāpana *n.* [<upavadati의 *caus.*] (다른 사람으로 하여금) 비난하게 만듦.
upavādin *adj.* [upavāda-in] = upavādaka.
Upavāna *m.* [<upavana] 우빠바나. 우바마야(優波摩耶). 범마야(梵摩耶)[사람의 이름].
upavāyati [upa-vāyati] (입으로) 불다[吹].
upavāyana *n.* [<upavāyati] (입으로) 부는 것.
upavāsa *m.* [<upavasati] ① 단식. 금욕. = uposatha. ② [〃] 임차인. 소작인.
upavāsana *n.* [upa-vāsana] ① 향수를 뿌림. ② 향기가 남.
upavāsika *adj. m.* [<upavāseti의 *pp.*] ① 단식을 지키는. ② 단식자.
upavāsita *adj.* [<upavāseti의 *pp.*] ① 향수가 뿌려진. ② 향기가 나는.
upavāseti [upa-vas] 향수를 뿌리다.
upavāhana *n.* [upa-vāhana] ① 운반해 감. ② 제거. 세척.
upavicarati [upa-vi-carati] ① 정신적으로 접근하다. 뜻을 두다. ② 식별하다. 근행(近行)하다. 사념(思念)하다.
upavicāra *m.* [upa-vicāra. *bsk.* 〃] ① 정신적 접근. 뜻을 둠. 적용. ② 범위. 시야. 근행(近行). ③ 분류. 식별. 사념(思念).
upavijaññā *f.* [upa-vi-jan의 *grd.*] 해산할 때가 다가온 여자.
upaviññāṇa *n.* [upa-viññāṇa] 무의식(無意識). 잠재의식(潛在意識).
upavisati [upa-vis] ① 다가가다. 접근하다. ② 앉다. *aor.* upāvisi. upāvisuṁ; *pp.* upaviṭṭha; *caus.* upaveseti.
upavīṇa *m.* [upa-vīṇā] 현악기·현금(玄琴)의 가는 부분·목.
upavīṇāyati. upavīṇeti [*sk.* upavīṇayati] 현악기를 연주하다.
upavīta *adj.* [upavīyati의 *pp.*] ① 짜여진. 직조된. 덮여진(?). ② upanīta의 *misr.* ③ *n.* [〃] 성대(聖帶)[인도에서 상위 3계층이 상반신의 어깨에서 허리에 착용하는 성스러운 줄].
upavīyati [upa-vā ②의 *pass.*] 짜지다. 직조(織造)되다.
upavuṭṭha. upavuttha *adj.* [upavasati의 *pp.*] ① 포살(布薩)을 행한. ② (계행을) 지닌. 준수(遵守)한. ③ 가까운 곳에 머무는.
upavesana *n.* [<upa-vis] ① 접근. ② 앉는 것.
upaveseti [upa-vis의 *caus.*] ① 놓다. 넣다. ② 장착하다.
upavhayati [upa-ā-hū] ① 부르다. 호출하다. ② 방문하다.
upasaṁyāti [〃] 몸 안으로 들어오다.
upasaṁvasati [upa-saṁ-vas] ① 함께 살다. ② ~와 관계하다. 교제하다.
upasaṁvyāna *n.* [〃] 외투. 웃옷.
upasaṁharaṇa *n.* [<upasaṁharati] ① 가져옴. 모음. ② 비교.
upasaṁharati [upa-sam-hṛ] ① 가져오다. 모으다. 쌓다. ② 집중하다. 주의를 기울이다. ③ 야기하다. 산출하다. ④ 준비하다. 배치하다. ⑤ 옆에 놓다. 비교하다. ⑥ 대화하다. 중상하다. ⑦ 획득하다. 포착하다. ⑧ 빼앗다.
upasaṁhāra *m.* [<upasaṁharati] ① 가까이 가져옴. 빼앗음. ② 획득. ③ 재산. 소유.
upasaṁhita *adj.* [upa-sam-dhā의 *pp.*] ① 수반된. 갖추어진. ② 관계된.
upasagga *m.* [*sk.* upasarga] ① 위험. 불행. 화(禍). 재난. ② 접두사. 전치사[문법]. -âvayava 접두사의 첨가. -jāta 위험한. -nipāta 전치사[문법]. -pada 위험. 재난. -yoga 전치사와의 연결.
upasaṅkama *m.* [<upasaṅkamati] ① 폭력적인 접근. ② 공격.
upasaṅkamati [upa-saṅ-kram. *bsk.* upasaṅkramati] ① 가까이 가다. 방문하다. ② 돌보다.

③ 처방하다. *abs.* upasaṅkamitvā. upasaṅkamma; *inf.* upasaṅkamituṁ; *grd.* upasaṅkamitabba; *aor.* upasaṅkami.

upasaṅkamana *n.* [<upasaṅkhamati] ① 접근. ② 준비. ③ 방문.

upasaṅkamitar *m.* [<upasaṅkhamati] 방문자.

upasaṅkhātabba. upasaṅkheyya *adj.* ① [upa-saṁ-kharoti의 *grd.*] 준비되어야 하는. 생산되어야 하는. 계약되어야 하는. ② [upa-saṁ-khyā] 계산될 수 있는. 측량될 수 있는. 헤아려질 수 있는.

upasaṅkhyana *n.* [<upa-saṁ-khyā] ① 더하기. ② 나열.

upasaṅkhyāta. *adj.* [upa-saṁ-khyā의 *pp.*] ① 헤아려진. ② 계산된. 측량된.

upasaṅgaṇhati *n.* [upa-saṁ-grah] ① 붙잡다. ② 파악하다. *abs.* upasaṅgayha.

upasaṇṭhapanā *f.* [<upa-saṇṭhapeti] ① 멈춤. 중지. ② 고정.

upasanta *adj.* [upa-śam의 *pp.*] 고요한. 적정(寂靜)한. -kilesa 번뇌가 그친. -citta 고요한 마음. 적정한 마음. -pati(s)sa. -ppadissa 고요한 모습을 한. -vaṇṇa 고요한 모습. -santacitta 고요하고 평온한 마음.

upasanti *f.* [*sk.* upaśanti] ① 고요. 평온. ② 적정(寂靜). -ûpasanta 완전히 평온한.

upasappati [*sk.* upasarpati] 천천히 접근하다.

upasabhāpati *f.* [upa-*sk.* sabhāpati] 부회장.

upasama *m.* [*sk.* upaśama] ① 고요. 평온. ② 평화. ③ 완화. 진정. ④ 지식(止息). 지멸(止滅). 적정(寂靜). 적멸(寂滅). -aṭṭha 평온의 의미. -âdhiṭṭhāna 지멸의 기반. 지멸처(止滅處). 지멸주처(止滅住處)[오염의 지멸 또는 선정의 성취에 의한 오염의 진압을 비롯하여 최상의 길에 의한 오염의 지멸]. -ânussati 적멸에 대한 새김. 지식수념(止息隨念). 적지수념(寂至隨念). 적정념(寂靜念). 염휴식(念休息). -ârāma 평온을 즐기는. -ôpabrūhita 평온에 의해 증가하는. -garuka 내적인 평온을 중요시하는. -gāmin 평온으로 이끄는. -guṇa 평온의 속성. -paccupaṭṭhāna 평온으로 나타나는. -paṭipakkha 평온과 반대되는. -paribāhira 평온하지 않은. 혼란된. -rata 평온에 즐거워하는. -vimutti 평온에 의한 해탈. -virāga 평온에 의한 사라짐. 평온에 의한 이욕(離欲). -saṁvattanika 평온으로 유도하는. -saṁyama 평온과 자제. -sammudita 평온을 기뻐하는. -sukha 적정(寂靜)의 행복.

upasamati [upa-śam] ① 그치다. 가라앉다. ② 고요하게 되다. 진정되다. ③ 적정(寂靜)해지다. ④ 소멸하다. *opt.* upasame. upasameyya; *pp.* upasanta.

upasamana. upasamāna *n.* = upasama.

upasameti [upa-śam] ① 그치게 하다. ② 고요히 하다. 진정시키다. ③ 적정(寂靜)하게 하다. *pp.* upasamita; *grd.* upasametabba.

upasampajjati [upa-sam-pad] ① 도달하다. 획득하다. 취득하다. ② 충분히 갖추다. ③ 승단에 입단을 허락받다. *abs.* upasampajja.

upasampadā *f.* [<upasampajjati] ① 획득. 취득. ② 입단. 수계(受戒). ③ 구족계(具足戒). 근원계(近圓戒). -âcariya 구족계의 스승. -âpekkha 구족계를 바라는. -âraha 구족계를 받을 가치가 있는. -kamma 구족계를 주는 의식. 승단의 모임. 구족계갈마(具足戒羯磨). -mālaka 수계식을 위한 울타리. upasampada° -bhūmi 수계식 마당. -maṅgala 수계식 축제. -maṇḍala 수계식장.

upasamapanna *adj. m.* [upasampajjati의 *pp.*] ① 얻은. 획득한. 구족계를 받은. ② 입단한 자. 구족계를 받은 자. 수구자(受具者). -saññin 구족계를 받은 자를 생각하는. -samananatarā 구족계를 받자마자.

upasampādana *n.* upasampādanā *f.* [<upasampādeti] ① 입단시킴. ② 구족계를 줌.

upasampādetar [upasampādeti의 *ag.*] ① 입단시키는 자. ② 구족계를 주는 자.

upasampādeti [upa-sam-pad의 *caus.* 또는 upasampadā의 *denom.*] ① 얻다. 도달하다. ② 생산하다. ③ 임명하다. ④ 입단시키다. 구족계를 주다. *grd.* upasampādetabba.

upasamphasati. upasamphassati [upa-sam-spṛś] 껴안다. 포옹하다.

upasamphusati [upa-sam-phus] 껴안다. 포옹하다.

upasammati [upasamati<śam의 *pass.* *sk.* upaśāmyati] ① 그치다. ② 고요해지다. 진정되다. ③ 적정(寂靜)해지다.

upasaradaṁ *ind.* [upa-sarada의 *acc.*] 가을 가까이. 가을에 즈음하여.

upasavyāna *n.* [upa-saṁ-vyāna] 왼쪽 어깨에 걸친 의복.

upasādhiya *adj.* [upa-sādh의 *grd.*] 정복될 수 있는. 진압될 수 있는.

upasāmayati [upa-śam *sk.* upaśāmayati] ① 억누르다. 진정시키다. ② 그치게 하다. ③ 고요히 하다.

upasiṁsaka *adj.* [<upa-śaṁs] ① 추구하는. 갈구하는. ② 원하는.

upasiṅghaka *adj.* [<upa-siṅgh] 냄새를 맡아 찾

아가는.
upasiṅghati adj. [upa-siṅgh] ① 냄새를 맡다. ② 냄새를 느끼다. pp. upasiṅghita; caus. upasiṅghāyati. upasiṅghāpeti.
upasiṅghana n. [<upasiṅghati] 냄새 맡기.
upasiṅghāyati. upasiṅghāpeti [<upasiṅghati의 caus.] ① 가볍게 대다. ② 쓰다듬다.
upasiṅghita adj. [upasiṅghati의 pp.] ① 냄새를 풍기는. ② 냄새 맡아진.
upasitta adj. [sk. upasikta] ① 물이 뿌려진. ② 비를 맞은. 흠뻑 젖은.
upasilesa adj. [sk. upaśleṣa] ① 접근. ② 인접.
upasussati [upa-śuṣ] 말리다. 건조시키다.
upasecana n. [<upa-sic] ① 뿌리기. 살포. ② 양념을 치는 것.
Upasena m. [upa-sena] 우빠쎄나[붓다고싸 이후 論師의 이름].
upasenikā. upaseniyā f. [<upa-śī] ① 엄마와 떨어지려고 하지 않는 여아(女兒). ② 귀염둥이 꼬마여자아이.
upasevati [upa-sev] ① 방문하다. 자주가다. 실천하다. 추구하다. ② 봉사하다. 존경하다. ③사용하다. pp. upasevita.
upasevana n. upasevanā f. upasevā f. [<upasevati] ① 추구. ② 봉사. ③ 존경.
upasevita adj. [upasevati의 pp.] ① 자주 방문을 받는. 자주 가지는. ② 추구된. ③ 봉사 받는.
upasevin adj. [upaseva-in] ① 자주 가는. 봉사하는. ② 추구하는. 헌신하는. ③ 추종하는.
upasobhati [upa-śubh] ① 아름답게 보이다. ② 빛나다. caus. upasobheti.
upasobheti [upasobhati의 caus.] ① 장식하다. ② 아름답게 하다. pp. upasobhita.
upasoseti [upa-śuṣ] ① 시들게 하다. ② 건조시키다. pp. upasosita.
upassagga → upasagga.
upassaṭṭha adj. [sk. upasṛṣṭa. upa-sṛj의 pp.] ① 괴로운 일을 당하는. ② 박해받는.
upassaya m. [<upassayati] ① 사는 곳. ② 주처(住處). 주거. -âdhivattha. -âdhivuttha ~의 주거에 머무르는.
upassayati m. [<upa-śri] ① ~와 모임·사귐을 추구하다. ② 피난처를 구하다. pp. upassita
upassāsa m. [upa-assāsa] ① 호흡. ② 고함소리. 으르렁거림.
upassuti f. [<upa-śru] ① 경청. 시문(侍聞). ② 주의(注意).
upassutika adj. [upassuti-ka] ① 엿듣는. 경청하는. ② 도청하는.
upasseyyaphalaka adj. [upa-seyya-phalaka cf. phalakaseyya] 등받이 판.
upahacca ind. ① [upahanti의 abs.] 맞히고. 다치게 하고. 파괴하고. -parinibbāyin 중반 이후에 완전한 열반에 드는 님. 손반열반자(損般涅槃者: 상좌부주석)[오종불환자(五種不還者: pañca anāgamino)에서 상세한 설명을 보라]. ② [cf. upapajjati의 abs. upapajja. upapacca. bsk. upapadya에서 유래?] 태어나서? 다시 태어나서? ※ 참고 sk. upapadyaparinirvāyin 화생하여 머지않아 완전한 열반에 드는 님. 생반열반자(生般涅槃者 : 북전의 구사론)[오종불환자(五種不還者: pañca anāgamino)에서 상세한 설명을 보라].
upahaññati [upahanti의 pass.] ① 해를 입다. ② 상처받다. 피해를 입다. ③ 뇌해(惱害)를 입다.
upahata adj. [upahanti<han의 pp.] ① 다친. 손상된. 피해를 입은. ② 부패된. ③ 파괴된. ④ 뇌해(惱害)를 입은. -abbhantara 내장기관·소화기관이 손상된. -indriya 감관이 상처받은. 감각능력이 파괴된. 패근(敗根). -citta 마음이 상처입은. 홍분한. -pasāda 청정한 물질(淨色)이 파괴된[시각과 관련해서는 '눈먼']. -pubba 과거에 잘못된. -ppabhāteja 영광과 광명이 손상된. -vatthu 상처받은 것. 피해를 입은 사실.
upahati f. [upahanti<han의 pp.] ① 상처. ② 피해(被害).
upahattar m. [upa-hṛ-tar] ① 가져오는 사람. ② 장래자(將來者).
upahanti. upahanati. upahaṇati [upa-han] ① 해치다. 손상하다. ② 파괴하다. abs. upahacca; pp. upahata; pass. upahaññati.
upahanana. upahaṇana n. [upa-han] ① 상해. ② 손상. ③ 파괴.
upaharaṇa n. [<upaharati] ① 증정. ② 취득. 포착. ③ 사치품. -samatthatā 포착할 수 있는 능력.
upaharati [upa-hṛ] ① 가져오다. ② 선물하다. ③ 제공하다.
upahasana. upahasita n. [<upa-has] 너털웃음[머리와 어깨를 흔들며 웃는 것].
upahasanīya adj. [<upa-has] 재미있는.
upahāra m. [<upaharati] ① 가져옴. 접근. ② 선물. 헌공. ③ 숭배. 찬양. ④ 생산. -bali 공양미. 헌공미.
upahāsa m. [upa-hāsa] 조소(嘲笑). 냉소(冷笑). -pubbakaṁ 냉소적(冷笑的)으로.
upahiṁsati [upa-hiṁs] 해치다. 상처를 입히다. 상해하다.
upākhyāna n. [upa-ākhyāna] 에피소드.
upāgacchati [upa-ā-gam] ① 다가가다. 도착하

다. 도달하다. ② 얻다. 획득하다. *aor.* upāgami; upāgamuṁ. upāgañchi. upāgañchuṁ; *imp.* upāgaccha; *pp.* upāgata.

upāgata *adj.* [upāgacchati의 *pp.*] ① 도착된. 도달된. ② 획득된.

upāta *adj.* [*sk.* upātta<upa-ā-dā 또는 = uppāta] ① 던져 올려진. ② 높인.

upātigacchati [upa-ati-gacchati] ① 초월하다. ② 극복하다. *aor.* upaccagā. upaccaguṁ.

upātidhāvati *adj.* [upa-ati-dhāv] 달려가다. 빨리 달리다.

upātipanna *adj.* [upātipajjati의 *pp.*] ① 빠진. ② 희생물이 된.

upātivatta *adj.* [upātivattati의 *pp.*] ① 넘어가는. ② 도망친. ③ 자유로워진.

upātivattati [upa-ati-vṛt] ① 넘어가다. ② 지나쳐가다. ③ 도를 넘다. *pp.* upātivatta.

upādā *ind.* [=upādāya. upādiyati의 *abs.*] ① 가지고. 관련하여. ② 집착하여. ③ 만들어져서[복합어에서는 여성명사처럼 쓰임]. -paññattânuyoga '관련하여'라는 개념에 대한 조사. -paritassanā 집착에서 오는 두려움. -rūpa 이차적 물질. 파생물질. 유도물질. 소조색(所造色)[地水火風의 四大로부터 만들어진 물질]. -rūpapariggaha 파생물질의 획득. 유도물질의 획득. 이차적 물질의 발견. -rūpappavatti 파생물질의 전개. 유도물질의 전개. 이차적 물질의 전개. -rūpârammaṇa 파생물질의 대상. 유도물질의 대상. 이차적 물질의 대상.

upādātabba upādiyati의 *grd.*

upādātar *m.* [*sk.* upādātar] ① 잡는 자. ② 집착하는 자. 취착자(取著者). couplet

upādāna *n.* [upa-ā-dā-ana] ① 연료. 생명의 연료. 땔감. ② 쥠. 잡음. 능취(能取). 취(取). ③ 집착. 취착(取著). -âdi 집착을 비롯한. 집착 등. -ârammaṇatā 집착을 통해서 대상을 가진 상태. -ārāma 집착을 즐기는. -kilesabhūmi 집착의 오염단계. 취착번뇌지(取著煩惱地). -kkhandha 집착의 다발. 취온(取蘊)[煩惱에서 五蘊이 생겨나고 五蘊에서 煩惱가 생겨남을 이름]. -kkhaya 집착의 소멸. -kkhayâdhimutta 집착의 소멸에 대한 지향. 취진신해(取盡信解). -gata 집착에서 결과하는. -gocara 활동영역이 집착인. -gocchaka 집착의 분야. -janaka 집착을 만들어내는. -duka 집착의 두 가지. -nidāna 집착을 인연으로. -niddesa 집착에 대한 설명. -nirodha 집착의 소멸. -paccaya 집착을 조건으로 하는. 취연(取緣). -paccayavirahita 집착의 조건이 제거된. -paññatti 집착의 개념. 집착의 시설. -padaṭṭhāna 집착을 발판으로 하는. -parijegucchā 집착에 대한 혐오. -pariññā 집착에 대해 두루 앎. -paritassana 집착의 결과에 대한 두려움. -ppabhava 근원이 집착인. -ppamocana 집착에서 벗어남. -bhaya 집착에 대한 두려움. -bhūta 집착에 의해 생겨난. -mūlika 집착에 뿌리를 둔. -lakkhaṇa 집착의 특징. -vidheyya 집착에 지배되기 쉬운. -vippayutta 집착과 상응하지 않은. 취불상응(取不相應). -saṁvaḍḍhana 집착의 증가. -samudaya 집착의 발생. -saṅkhaya 연료의 소모. -sampayutta 집착과 상응하는. 취상응(取相應). -sambandha 집착에 묶인. -sambhūta 집착에서 생겨난. -sammudita 집착에 기뻐하는. -sīla 본성적으로 집착하는. -seṭṭha 집착의 최상. -sesa 집착의 잔여.

upādāniya *adj.* [upādāna-iya] ① 집착의. 집착될 수 있는. 취착의. ② 소취(所取)·순치(順取)·당취(當取)의.

upādāya *ind.* [upādiyati의 *abs.*] = upādā ① ~을 가지고. ② ~에 집착하고. ③ ~과 관계해서. ⑤ ~에 의해. -paññatti '집착하고'의 개념. -rūpa = upādārūpa.

upādi *m.* [<upa-ā-dā] = upādāna. ① 연료. 생명의 연료. ② 취착. 집착. -sesa 생명의 연료가 남은. 유여의(有餘依). -sesanibbāna 생명의 연료가 남아 있는 열반. 유여열반(有餘涅槃). 유여의열반(有餘依涅槃).

upādika[1] *adj.* [<upa-ādi-ka] 'upa'로 시작하는.

upādika[2] *m.* upādikā *f.* [<upa-ā-dā] ① 집착. ② 족쇄.

upādinna. upādiṇṇa *adj.* [upādiyati의 *pp.*] ① 잡힌. 획득된. 포착된. 이취(已取)의. ② 집착된. 취착된. ③ 업에 의해 획득된. 활동적인. -ajjhāsaya 집착된 것을 향한 경향. -âsappayâlepana 획득된 부적절한 약을 바르는. -upādāniya 집착된 것과 집착될 수 있는 것. -kkhandhapariccāga 집착다발의 버림. -ghaṭṭana 집착된 사물의 충격적인 결합. -dhātu 집착된 세계. 집착의 요소. -nāmarūpadhamma 업에 의해 획득된 정신적이고 물질적인 것. -nimitta 특징이 업에 의해 획득된 것인. -pada 'upādinna'라는 말. -pavatta 전개가 업으로 획득된 것인. -phassa 업에 의해 획득된 것의 접촉. -rūpa 업에 의해 획득된 물질. 이취색(已取色). -santāna 업에 의해 획득된 것의 지속. -sarīra 활동적인 몸.

upādinnaka. upādiṇṇaka *adj.* = upādiṇṇa.

upādiyati [upa-ā-dā] ① 잡다. 쥐다. ② 집착하다. *abs.* upādāya. upādā. upādiyitvā; *grd.* upādātabba; *ppr.* upādiyaṁ. upādiyamāna. upādi-

yāna; *pp.* upādiṇṇa. upādinna; *pass.* upādīyati.
upādisesa *adj.* [upādi-sesa] → upādi.
upādhi *m.* [<upa-ā-dhā] ① 쿠션. 방석. 좌포단(坐布團). ② 비품. 보충물. ③ 특수화(特殊化)[문법].
upādhiya *adj.* [<upādhi] 방석이 갖추어진.
upānayi upaneti의 *aor.*
upāya *n.* [<upa-i. *cf.* upaya] ① 방법. 길. 수단. 책략. 계략. ② 방편(方便). 디자인. 설계. *ins.* upāyena; *abl.* upāyaso 하여간. 여하튼. ~의 방법으로 보아. -ânupāya 좋은 방편과 나쁜 방편. -âpariccāga 바른 수단을 포기하지 않는. -kusala 방편·수단에 밝은. -kovida. -kosalla 수단에 밝은. 방편에 대한 밝음. 방편선교(方便善巧). -cintaka 안출자(案出者). -cintā 수단에 대한 생각. 방편에 대한 생각. 안출(案出). -jānanapaññā 방편의 인식을 위한 지혜. -ññu 방편을 잘 아는. -nidassana 방편을 보여주는. -paṭipatti 방편의 적용. -pariggaha 방편의 파악. -pucchana. -pucchā 방법에 대한 질문. -ppadhāna 방편에 의한 노력. -bhāva 방편의 존재. -bhūta 방편이 되는. -maggaññu 방편의 길을 아는. -manasikāra 방편에 의해 정신활동을 기우리는. -vinibandhavidhamana 방편의 결박에 대한 파괴. -samaṅgin 방편을 소유하는. -sampadā 방편의 구족. -sampādana 방편을 획득하는. -sampanna 현명한. 수단이 좋은. 방편이 풍부한.
upāyati [upa-ā-yā] ① 가까이 오다. ② 손에 넣다. 획득하다.
upāyatta *n.* [upāya의 *abstr.*] ① 수단인 것. ② 방편이라는 사실.
upāyana *n.* [<upa-i] ① 이끄는 것. 기획. ② 증정. 공물. 선물.
upāyāsa *m.* upāyāsanā *f.* [upa-āyāsa. *bsk.* 〃] ① 괴로움. ② 근심. 불안. 고난. 뇌(惱). ③ 절망.
upāyāsitatta *n.* [<upāyāsa] 절망의 상태.
upāyāsitabhāva *m.* [<upa-āyāsa] 절망의 상태.
upāramati [upa-ā-ram] ① 그만두다. 포기하다. ② 단념하다.
upāraddha *adj.* [upārambhati의 *pp.*] ① 비난 받은. ② 질책당한. ③ 징계를 받는.
upārambha *m.* upārambhanā *f.* [〃] ① 비난. 혹평. ② 견책. 질책. ③ 논힐(論詰).
upārambhati [*sk.* upālambhate. upa-ā-labh] ① 비난하다. ② 따져 묻다. 논힐(論詰)하다. *pp.* upāraddha.
upālāpeti → upalāpeti.
upāvisi. upāvisuṁ [upavisati의 *aor. 3sg. 3pl.*] 가까이 앉았다. 접근했다.

Upāli *m.* 우빨리. 우바리(優波離)[불제자로서 지계제일의 수행승. 라자가하의 청년의 이름. 장로의 이름]. -ovada 우빨리의 교훈. -gāthā 우빨리의 게송. -tthera 우빨리 장로. -pañha 우빨리의 질문. -paṇḍita 우빨리 현자. -pamukha 우빨리를 상수(上首)로 하는. -pucchābhāṇavāra 경전의 송분(誦分) '우빨리에 대한 질문'. -vaṁsa 우빨리로 시작하는 계보. -vatthu 우빨리의 에피소드. -vhaya 우빨리라고 불리는. -sattama 우빨리를 일곱 번째로 갖는. -sama 우빨리와 같은.
Upālī *f.* 우빨리[스리랑카 Vaṭṭgāmaṇī왕 당시의 수행녀의 이름].
upāsaka *m.* [*cf.* upāsati] 재가신자. 남자재가신자. 남자신도. 청신남(淸信男). 우바새(優婆塞). 오바색가(鄔波索迦). *pl. nom.* upāsakāse. -upāsikā(°ôpāsika) 재가의 남녀신도. 청신남과 청신녀. -ôpāsikajana 재가의 남녀신자의 공동체. -ratana 재가신자의 보물. -vaṇṇa 제가신자의 모습. -vāra 재가신자의 장(章). -vidhikosalla 재가신자의 규칙에 능숙한. -vevacana 재가신자의 속성. -sata 백명의 재가신자. -sīla 재가신자의 계행. -sikkhā 재가신자를 위한 수련.
upāsakatta *n.* [upāsaka의 *abstr.*] 남자 재가신자의 신분.
upāsati [upa-ās] ① 가까이 앉다. 접근하다. 시중들다. ② 존경하다. *pres. 3pl.* upāsare = upāsanti; *pp.* upāsita. upāsīna; *grd.* upāsanīya; *aor.* upāvasi. upāvisi; caus. upāseti.
upāsana *n.* [upa-ās-ana] ① 시중. 존경. ② 궁술. 활쏘기. katûpāsana 궁술에 숙련된. ③ 실천. 수행(遂行). -sālā 수행의 장소. 도량(道場).
upāsanā *f.* [<upa-ās-ana] 시중. 존경.
Upāsabha *m.* [upa-sabha] 우빠싸바[緣覺佛의 이름].
upāsikā *f.* [<upāsaka] 여자재가신자. 재가의 여자신도. 여신도. 청신녀(淸信女). 우바이(優婆夷).
upāsita *adj.* [upasati의 *pp.*] ① 존경을 받는. ② 시중을 받는.
upāsitar *m.* [upasati의 *ag.*] ① 시중드는 사람. 수행원. ② 종자. 시자(侍者).
upāsīna *adj.* [upasati의 *pp.*] 가까이 앉은. 근좌(近座)한.
upāhata *adj.* [upa-ā-hata] ① 맞은. 다친. ② 고통스러운.
upāhana *m.* upāhanā *f.* [*sk. f.* upānah. *m.* upānaha. *bsk. n.* upānaha] 신발. 가죽신. upāhan° -ûpatāpita 신발로 인해 고통을 받는. -omuñcana 신발을 벗음. upāhana° -kosaka 신발통.

-gata 신발을 신은. -temana 신발이 젖은. -thavikā 신발주머니. -dvaya 한 쌍의 신발. -pappoṭhanasadda 신발을 마주치는 소리. -puñchanacolaka 신발을 닦는 천. -saṁghāṭa 한 쌍의 신발.

upāhanika *m.* [<upānaha.] 제화공.

upiya [upeti의 *abs.*] ① 겪고. ② 경험하고.

upekkhaka *adj.* [upekkhā-ka] ① 무관심한. 금욕의. 냉철한. ② 평온한. 침착한. 평정한. 사(捨)의.

upekkhati. upekhati [upa-ikṣ] ① 구경하다. ② 무관심하다. *aor.* upekkhi.

upekkhanā *f.* [=upekkhā] 평정. -âdhippāya 평정의 추구. -kāra 평정을 만드는 사람.

upekkhavant *adj.* = upekkhaka.

upekkhā. upekhā *f.* [<upa-ikṣ. *bsk.* upekṣā] ① 무관심. 냉철. 침착. ② 평정. 사(捨). 사심(捨心). upekkhā° -ânupatita 평정에 의해 수반되는. -ânubrūhaṇā 평정 속의 발전. -ânubhāva 평정의 힘. -ânusārin 평정을 새기는. -appamāṇacitta 평정의 한량없는 마음. 사무량심(捨無量心). -ârammaṇa 대상이 평정인. 원인이 평정인. -âvajjanā 평정으로 향하는 것. -âvajjita 평정이 없는. 평정을 잃은. -indriya(upekkh'indriya) 평정을 경험하는 능력. 평정한 감각. 사근(捨根). -ûpavicāra(upekkhûpa°) 평정의 범위. -ekaggatāsampayutta(upekkh'e°) 평정과 통일에 관련된. -ekaggatāsahita 평정과 통일에 수반된. -kāla 평정의 시간. -citta 평정한 마음. -cittekaggata 평정과 통일. -cetovimutti 평정한 마음에 의한 해탈. -jjhāna 평정으로 특징지어지는 선정. -ñāṇa 평정에 대한 지혜. -(ṭ)ṭhānīya 평정에 속하는. -dhātu 평정의 요소. -nimitta 평정의 인상. 평정의 조건. 사상(捨相). -pariggahita 평정 속에 포함된. -pāramī. -pāramitā 평정의 완성. 사바라밀(捨波羅密). -pāramin 평정을 완성한. -brahmavihāra 평정의 청정한 삶[四梵住·四無量心 가운데 하나]. -bhūmi 평정의 경지. -yuttacitta 평정에 수반되는 마음. -vihāra 평정의 삶. -vedanā 평정의 느낌. -vedaniya. -vedanīya 평정의 느낌에 속하는. -saṅkhātadhurasamādhi 평정이라고 불리는 멍에와 집중. -saññā 평정에 대한 지각. -sati 평정에 대한 새김. -satiparisuddhi 평정에 의해 생겨난 새김의 청정. -sadisa 평정과 유사한. -samaṅgin 평정을 갖춘. -samādhiyutta 평정과 집중에 관련된. -sampanna 평정을 갖춘. -sampayutta 평정과 관련된. -sambojjhaṅga 평정의 깨달음 요소. 사각지(捨覺支)[七覺支]. -sambhava 평정의 발생. -sahagatacetasa 평정을 갖춘 마음. 사구행심(捨俱行心). -sukha 평정에 의한 행복. -setadantavat 평정을 (코끼리) 흰이빨로 삼는[비유].

upekkhīyati [upekkhati의 *pass.*] 무관심하게 보이다. 평정하게 보이다.

upecca. upetvā *ind.* [upeti의 *abs.*] ① 가까이 와서. 근접하여. ② 잘 이해하여.

upeta *adj.* [upeti의 *pp.*] ① 갖춰진. 구비된. 구족된. ② 처리된.

upeti [upa-i] ① 다가가다. ② 도달하다. *fut. 1sg.* upessaṁ. *2sg.* upehisi; *abs.* upecca; *pp.* upeta.

upendravajirā *f.* [*sk* upendravajrā] 운율의 이름.

upogghāta *m.* [upa-ud-ghāta] 예(例). 보기.

upocita *adj.* [upa-ava-ci의 *pp.*] ① 쌓아진. 높이 쌓은. ② 풍부한.

uposatha *m.* [*sk.* upavasatha. *bsk.* upoṣadha. poṣadha. posatha] ① 계(戒)를 설함. 계행을 설하는 날. 포살(布薩). 포살일(布薩日). 설계(說戒). 포살타(布薩陀). 제일(齊日). ② 우뽀싸타[코끼리 이름]. -aṅga 포살일에 재가신자가 지키는 계행. 여덟 가지 재계. 팔관재계(八關齋戒). 팔재계(八齊戒 = aṭṭhaṅguposatha). -antarāya 포살의 장애. -agga. -âgāra. 포살당(布薩堂). -âdi 포살을 비롯한. -âdhiṭṭhāna 포살에 마음을 고정하기. -ârocitaka 포살을 알리는. -âlaya 포살당. -karaṇa 포살의 실행. -kamma 포살의 의례. 포살갈마(布薩羯磨). 포살일에 재가신자가 받아 준수해야 할 계행. -karaṇa 포살의 수행. -kāraka 포살을 실행하는 사람. -kāla 포살의 시간. -kicca 포살의 실행. -kumāra 왕자의 이름. -kula 우뽀싸타라는 코끼리의 가족. -kiriyā 포살일에 재가신자가 받는 준수해야 할 계행. -kkhandha 포살의 장(章). -ghara 포살당(布薩堂). -ṭṭhāpana 포살의 중지. -ṭṭhāna 포살의 장소. -dina. -divasa 포살일. -nāgarāja 우뽀사타라는 코끼리 왕. -paññatti 포살의 시설. -pamukha 포살당의 앞에 있는 장소. -pavāraṇagga 포살과 자자(自恣)를 위한 집. -pucchaka. -pucchana 포살에 대한 질문. -bhatta 포살의 날에 주어지는 음식. -bhāva 포살이 있는 사실. -māghāta 포살일에 살생의 금지. -mukha 포살당의 앞에 있는 장소. -rakkhaṇa 포살의 수호. -vattha 포살일의 옷입기. -vāsa 포살일의 준수.-vipāka 포살의 결과. -vhaya 포살이라고 불리는. -sadda 'uposatha'라는 말. -samādāna 포살의 실행. -sikkhāpada 포살의 학습계율. -sīla 포살일의 인도.

uposathika. uposathin *adj.* [<uposatha] ① 포살의. 계행을 설하는. ② 단식하는. ③ 제일(齊日)

과 관련된.
uppakitaka → upakkitaka.
uppakka *adj.* [<ud-pac] 볶은. 그을린.
uppacca. uppecca *ind.* [uppatati의 *abs.*] = uppatitvā 날아올라.
uppacciyati [ud-pac의 *pass.*] ① 마르다. ② 시들다. *ppr.* uppacciyamāna. *cf.* uppakka.
uppajjati [ud-pajjati<pad] ① 일어나다. 발생하다. ② 태어나다. *pr. 3pl.* uppajjare; *ppr.* uppajjamāna; *opt.* uppajje; *fut.* uppajjissati; *abs.* uppajja. uppajjitvā; *aor.* uppajji. udapajjatha; *pp.* uppanna; *pass.* uppajjiyati; *caus.* uppādeti.
uppajjana *adj. n.* [<uppajjati] ① 일어남. 발생. ② 탄생. ③ 다시 태어남. -âraha 다시 태어남의 가치가 있는. -upāyapariyesana 가능한 한 수단을 찾는. -upekkhā 평정의 발생. -kāla 발생의 시간. -vasena 발생에 의해서. -sabhāgata 발생과의 관련. -saññā 발생에 대한 지각. -sukhadukkha 다시 태어남의 행불행(幸不幸).
uppajjanaka *adj.* [uppajjana-ka] ① 발생하는. ② 태어나는. 다시 태어나는. ③ 화생(化生)의. -adhikaraṇa 일어나는 논쟁. -anuvāda 일어나는 비난. -āpatti 발생하는 범죄. -dukkha 일어나는 고통. -bhaṇḍa 생산되는 상품. -bhaya 일어나는 공포. -bhāva 존재가 일어나는. -rūpa 발생하는 모습. -lābha 발생하는 이익. -saññā 일어나는 지각. -satta 일어나는 존재. -saddhā 일어나는 신념. -sappa 나타나는 뱀. -sukhadukkha 발생하는 행불행(幸不幸).
uppajjitabba *adj.* [uppajjati의 *grd.*] ① 태어나기에 적당한. ② 발생될 수 있는.
uppajjitar *m.* [uppajjati의 *ag.*] ① 생산하는 사람. ② 태어나는 사람.
uppajjitukāma *adj.* [uppajjitu-kāma] 태어나지길 바라는.
uppaṭipāṭi → uppaṭipāti
uppaṭipāṭiyā *ind.* [udpaṭpāṭi의 *abl.*] ① 자연적인 질서로. ② 정규적인 질서에서 벗어나. 반대적인 순서로. ③ 불가능하게. 무질서하게.
uppaṭipāti *f.* [ud-paṭipāti] ① 혼란. 무질서. ② 불규칙.
uppaṇḍana *f.* uppaṇḍanā *n.* [<uppaṇḍeti] ① 비웃음. 조소. ② 조롱.
uppaṇḍuppaṇḍukajāta *adj.* [ud-paṇḍu-ud-paṇḍu-ka-jāta] ① 노랗게 된. ② 누르스름한.
uppaṇḍeti [ud-paṇḍ] ① 비웃다. 조소하다. ② 조롱하다. *pp.* uppaṇḍita.
uppatataṁ uppatati의 *ppr. m. pl. dat. gen.*
uppatati [ut-patati<pat] ① 날아오르다. ② 뛰어오르다. *abs.* uppatitvā. uppacca; *aor. 3sg.* udapatta; *ppr.* uppatataṁ; *pp.* uppatita.
uppatana *n.* [<uppatati] ① 비행(飛行). ② 점프.
uppatita *adj.* [uppatati의 *pp.*] ① 뛰어 오른. ② 날아오른. ③ 발생한.
uppatti *f.* [*sk.* utpatti] ① 발생. 근원. ② 탄생. 출생. 재생. 다시 태어남. ③ 기회. -araha(upattiar-aha) 발생 가능한. -esiya 다시 태어남을 추구하는. -kāla 출생시간. -kkhaṇa 탄생의 순간. -janaka 다시 태어남을 일으키는. -ṭṭhāna 발생장소. -dassanamaya 발생을 설명하는 방식. -divasa 생일(生日). -deva 다시 태어남에 의한 신(神). -desa 발생장소. 고향. -dvāra 발생의 문. -dhammatā 발생의 법칙. -ninnagā 재생의 흐름. -nipphādana 출생의 실현. 재생의 실현. -nimittûpaṭṭhāna 태어남의 특징의 출현. -nivatti 태어남과 사라짐. -nivāraṇa 다시 태어남의 장애. -paṭilābhika 발생의 획득. -pākāṭatā 근원의 출현. -bhabbatā 발생의 가능성. -bhava 다시 태어남의 과정. -bhūmi 출생의 장소. -mūla 발생의 이유. -yogavacana '발생과의 결합'이라는 말. -yogga 발생에 적합한. -raha 발생할 수 있는. -vasena 출생에 의해서. -vāraṇa 발생의 장애물. -vidhāna 출생의 순서. -saṅkhāta 발생이라고 불리는. -samantaraṁ 출생부터 바로. -hetu 발생원인.
uppatha *m.* [ud-patha. *sk.* utpatha] ① 잘못된 길. 사도(邪道). ② 부적당한 길. 곁길. 방도(傍道). -gamana. -cāra 방황. 사행(邪行). -gāmin 이단적인. -paṭipanna 잘못된 길을 따르는. -bhūta 잘못된 길에 들어선. -manasikāralakkhaṇa 잘못 인도된 사유의 특징.
uppanna *adj.* [uppajjati의 *pp.*] ① 일어난. 발생된. 태어난. ② 성장된. 성취된. 이생(已生)의. *m pl. nom.* uppannāse. anuppanna 발생하지 않은. 좋은 부류가 아닌. -âbhisandhi 일어난 의도. -ârammaṇaṁ 일어난 감각대상을 지닌. -âvajjanântaraṁ 주의가 환기되는 즉시. -kāyikacetasikadukkhâbhibhūta 생겨난 몸과 마음의 고통에 정복된. -kilesa 생겨난 오염. 생겨난 번뇌. -kicca 생겨난 일. 생겨난 의무. -kopa 성냄이 생겨난. -cakkhuka 눈이 생겨난. -ḍāha. -dāha 불타는. -dīpasikhā 생겨난 등불의 불꽃. -paccekabodhiñāṇa 연각(緣覺)의 지혜가 생겨난. -pariḷāha 발생된 고뇌. -parissayavighāta 발생된 고민의 제거. -pasāda 청정한 믿음이 생겨난. -piṇḍa 생겨난 탁발음식. -pubba 예전에 생겨난. -phala 생겨난 결과. 산출물. -balavasomanssa 강열한 기쁨이 생겨난. -bhāva 생겨난 상태.

-magga 생겨난 길. -matta 생겨났을 뿐. -mada 생겨난 광기·교만. -manoviññāṇaviññeyya 정신의식이 생겨난 것으로 인식될 수 있는. -rāga 생겨난 탐욕. -latā 성장된 넝쿨. -lābha 생겨난 소유. -vāda 논쟁이 시작된. -vittakka 생겨난 사유. -saññā 생겨난 지각. -saṅkhārā 유위의 제행. -sālikkhandha 생겨난 쌀더미. -sineha 사랑이 생겨난. -soka 슬픔이 생겨난. -somanassa 기쁨이 생겨난.

uppabbajati [ud-pabbajati] ① 교단을 떠나다. ② 환속하다. *pp.* uppabbajita *caus.* uppabbājeti. uppabbajāpet.

uppabbajita *adj. m.* [ud-pabbajita] 환속한 (사람).

uppabbājeti [uppabbājeti의 *caus.*] ① 환속시키다. ② 교단에서 추방하다. *pp.* uppabbājita.

uppala *m.* [*sk.* utpala] ① 연꽃[Nymphaea; 흰색·붉은 색·청색이 있음]. 수련(水蓮). 청련(青蓮). 우발라(優鉢羅). ② 보살의 보물단지. ③ 루비[紅玉]. ④ 높은 숫자의 일종. -kaṇṇikā 연꽃의 과피. -kaserukakanda 연꽃의 구근과 관목의 줄기. -kuruvinda 루비와 사파이어. -khetta 연꽃의 습지. -gandha 연꽃향기. -gahaṇa 연꽃에 대한 파악. -jāta 연꽃종류. -daṇḍa 연꽃줄기. -dalaggasaṇṭhāna 연꽃잎의 꼭대기 모양을 한. -nāḷa 연꽃줄기. -niraya 청련지옥. -patta 연꽃잎. -padumajāti 청련과 홍련의 종류. -bhāva 연꽃향기. -makula 연꽃싹. -mālā 연꽃의 화환. -vana 연꽃숲. -vīthi 연꽃거리[연꽃을 파는 거리]. -sadisa 연꽃과 같은. -sannāha 연꽃으로 가득 찬. -savhaya 연꽃이라 불리는. -hattha 연꽃 한 줌.

uppalaka *m.* [uppala-ka] 푸른 연꽃. 청련지옥(青蓮地獄).

Uppalavaṇṇā *f.* [uppala-vaṇṇā] 웃빨라반나. 연화색(蓮花色)[比丘尼의 이름].

Uppalavāpi *f.* [uppala-vāpi] 웃빨라바삐[지명].

uppalin *adj.* [uppala-in] ① 연꽃을 지닌. ② 연꽃이 많은.

uppalinī *f.* [uppala-inī] 수련으로 가득한 연못.

uppaḷāseti. upaḷāseti [ud-pralas *caus.*] ① 소리를 내다. ② (새가) 울다. 지저귀다.

uppāṭaka *m.* [ud-paṭ] 벼룩. 이[벌레].

uppaṭana *n.* uppāṭanaka *m.* [<ut-pat] ① 잡아뽑음. ② 파괴. 근절.

uppāṭita adj. [uppāṭeti의 *pp.*] ① 쪼개진. 찢어진. ② 뿌리가 뽑힌. 제거된. ③ 파괴된. -bīja 거세된.

uppāṭeti [*sk. bsk.* utpāṭayati. ud-paṭ의 *caus.*] ① 쪼개다. 찢다. ② 뿌리를 뽑다. 제거하다. ③ 파괴하다. *caus.* uppāṭāpeti; *pp.* uppāṭita. *cf.* uppāṭana. upphāleti.

uppāta *m.* [=uppāda ①] ① (흉사의) 전조. 조짐. ② 유성(流星). 별똥별. -visayaka 유성(流星)의.

uppātika *adj.* [uppāta-ika] ① 불운을 가져오는. 재난을 초래하는. ② 불운한. 비참한.

uppāda *m. n.* ① [*sk.* utpāta<ud-pat] 날아오름. 도약. 갑작스러운 사건. (흉사의) 전조. 전조에 대한 학문. -âgamana 갑작스런 사건의 발생. -âgamana 전조의 출현. -âbhinivesa 전조에 대한 신념. ② *m.* [*sk.* utpāda<ud-pad] 발생. 생성. 생기(生起). 출현. 태어남. an-uppāda 발생하지 않은. -kkhaṇa 발생의 순간. 생성의 찰나. 생찰나(生刹那). -ṭṭhiti 지속적인 발생. 발생과 유지. -dhamma 발생되기 쉬운 -nirodha 생성과 소멸. -vaya 생성과 소멸. -vāra 생성의 시간. 생성의 경우. 쌍론(雙論)의 한 장(章).

uppādaka *adj.* [uppāda-ka] ① 창조하는. 생산하는. ② 발생하는. 생기(生起)하는. -kovida 창조·생산에 능숙한. -manasikāra 생기(生起)에 대한 정신활동.

uppādana *n.* [uppāda-na] ① 발생. 생기(生起). ② 제조. 산출. ③ 태어남.

uppādita *adj.* [uppādeti의 *pp.*] 산출된. -vatthu 산출물.

uppādin *adj.* [uppāda-in] 발생하는. 기원하는.

uppādetar *m.* [<uppādeti] ① 창조자. 조물주. ② 생산자.

uppādeti [uppajjati<pad의 *caus.*] ① 태어나게 하다. 산출하다. ② 나타내다. 얻다. *grd.* uppāsetabba; *pp.* uppādita. *cf.* uppādana. uppādin.

uppilavati [*sk.* utplavati. ut-plu] = upplavati ① 떠오르다. 뜨다. 표류하다. ② 뛰어오르다. 고양되다. 도약하다. *cf.* upaplavati. *caus.* uppilāpeti. uppilāveti.

uppilavana *n.* uppilavanā *f.* [<uppilavati] = upplavana ① 뛰어오름. ② 고양. 도약. 용약(踊躍). -pīti 용약의 기쁨.

uppilāpa. uppilāva *n.*[<uppilāpeti. uppilavati] = upplavana ① 뛰어오름. ② 고양. 도약. 용약(踊躍)[마음이 즐거운 상태].

uppilāvita *adj.* [<uppilāveti의 *pp.*] ① 고양된. 도약된. 용약의. ② 거만한. 건방진.

uppilāvin *adj.* [<uppilāpeti. uppilavati] 기뻐하는. 좋아하는. 축하하는.

uppīḷa *adj. m.* [<ud-pīḍ] ① 성가심. ② 곤혹.

uppīḷana *n.* [uppīḷeti] ① 억압. 압박. ② 곤혹.

uppīḷita *adj.* [<ud-pīḍ의 *pp.*] ① 억눌린. ② 괴로운. 곤혹스러운.

uppīḷeti [ud-pīḍ] ① 압박하다. 박해하다. ② 꽉

쥐다. ③ 숨기다. *pp.* uppiḷita. *cf.* uppiḷa.
uppoṭhana *n.* [<uppoṭheti] ① 튕기기. ② 구타. ③ 먼지뿌리기.
uppoṭheti [ud-poṭheti<sphuṭ] ① 때리다. ② 튕기다. ③ 두드리다. ④ 먼지를 뿌리다 ; *aor.* uppoṭhesi; *pp.* uppoṭhita.
upplavati → uppilavati.
upplavana → uppilavana.
upphāleti [ud-phal의 *caus.*] 잘라내다. 베다. *cf.* uppāṭeti.
upphāsulika [ud-phāsulika] ① 갈비뼈가 드러난. ② 앙상한.
uplavana *n.* [<uplavati] ① (물위·공중에) 떠있음. 표면으로 떠오름. ② 부유(浮游).
uplavati [ud-plu] ① 표면으로 떠오르다. (물위·공중에) 떠 있다. ② 부유(浮游)하다. *aor.* uplavi. *pass.* uplāviyati. *caus.* uplāpeti. uplāpayati.
uplāpeti. uplāpayati [*sk.* avaplāvayati<plu의 *caus.* = opilāpeti] ① 떠있게 하다. 부유하게 하다. ② 수영하게 하다. ③ 담그다. 빠지게 하다. *cf.* uppilavati.
ubbaṭuma *adj.* [ud-vaṭuma] ① 제 방향에서 벗어난. ② 길을 잘못 든.
ubbaṭṭana *n.* [<ubbaṭṭeti] ① (목욕 시에 자신의 몸을) 문지르는 것. ② 마사지.
ubbaṭṭhaka → ubbhaṭṭhaka의 *misr.*
ubbattati. ubbaṭṭati [ud-vṛt] ① 올라가다. 상승하다. ② 부풀다. ③ 높아지다. *aor.* ubbatti.
ubbattana *n.* [<ubbatteti] 찢어짐.
ubbatteti. ubbaṭṭeti [ud-vṛt의 *caus.*] ① 바르다. 문지르다. 도유(塗油)하다. ② 찢어지다. (길·방향을) 벗어나다. ③ 증대시키다. 부풀리다. *pass.* ubbattiyati.
ubbaddhapiṇḍika *adj.* [udbaddha-piṇḍika] 살찐 송아지를 가진[수행승이 될 수 없는 자].
ubbadhati [ud-bandh] ① 달아매다. ② 목매달아 죽이다. *inf.* ubbandhituṁ.
ubbandhana *n.* [<ubbandhati] ① 달아맴. ② 목매달기.
ubbarī *f.* [*sk.* urvarā] ① 비옥한 땅. ② 여자. 아내.
ubbaha *adj.* [ud-vṛh] ① 뽑는. 제거하는. ② 옮기는. durubbaha 뽑기 어려운. 옮기기 어려운.
ubbahati ① [ud-bṛh 또는 vṛh] 뽑다. 끌어 올리다. 제거하다. 파괴하다. *opt.* udabbahe. ubbahe; *aor.* udabbahi. ② [udvahati<vah] 데려가다. 들어 올리다. *caus.* ubbahāpeti 수확하게 하다. *cf.* ubbāhana.
ubbahana [ud-bṛh 또는 vṛh] ① 뽑음. 끌어 올림. ② 제거. ③ 파괴.
ubbādhika. ubbāyika *adj.* [<ud-vāh 또는 ud-bādh] 억누르는. 괴롭히는.
ubbāḷha *adj.* [ud-vāh 또는 ud-bādh의 *pp.*] ① 억압받는. ② 괴로운.
ubbāsita [ubbasati의 *pp.*] ① 살아지지 않은. ② 버려진. ③ 불모의. 황량한.
ubbāsīyati [ud-vas의 *caus. pass.*] ① 살아지지 않다. ② 버려지다. ③ 살지 않다. 황량하다. *pp.* ubbāsita.
ubbāhana *n.* [<ud-vah] ① 운반. ② 끌어 올림. 들어 올림.
ubbāhika *m.* ubbāhikā *f.* [<ubbāheti] 단사(斷事)[수행승의) 추방이나 제명을 결정하는 방법].
ubbāheti [ud-vāh 또는 ud-bādh] ① 억압하다. ② 괴롭히다.
ubbigga *adj.* [*sk.* udvigna. ubbijjati의 *pp.*] ① 흥분된. 당황하는. ② 걱정하는. 두려워하는.
ubbijjati [ud-vij의 *pass.*] ① 흥분되다. 당황하다. ② 걱정하다. *aor.* ubbijji; *pp.* ubbigga; *caus.* ubbejati.
ubbijjanā *f.* [ubbijjati의 *abstr.*] ① 혼란. 불안. 걱정.② 당황.
ubbinaya *m.* [ud-vinaya] 교단의 규율이 아님. 옳지 못한 규칙. 비율의(非律儀).
ubbilāpa *m.* [<ubbilāva] ① 즐거운 마음 상태. ② 의기양양함. 득의(得意).
ubbilāvita *adj.* [ubbilāpeti의 *pp.*] ① 의기양양한. ② 자신만만한. -atta. -ākāra 환희. 의기양양. 득의(得意).
ubbilla *m.* [*bsk.* usvilya. ubbilya. audvilya. *cf.* ubbilāvita] ① 의기양양함. 자신만만. ② 득의(得意).
ubbillāvitatta *n.* [ubbilāvita의 *abstr.*] ① 의기양양한 상태. ② 환희의 상태.
ubbisati [<ubbasati. ud-viś] ① 집을 떠나서 살다. 집을 떠나가다. ② 버리다. ③ 황량하게 만들다. *pp.* ubbīsita.
ubbī *f.* [*sk.* urvi] 땅. 토지(土地).
ubbuḷhava = urūḷhava.
ubbūḷhavant → urūḷhava.
ubbega *m.* [*sk.* udvega<ud-vij] ① 흥분. 용약(踊躍). ② 황홀. 열중. ③ 두려움. 걱정. 낙담. 실망. 의기소침. 염의(厭意). 뇌(惱). -jāta 흥분된. -pīti 용약의 기쁨. 용약희(踊躍喜). 법열(法悅). -ppatta 놀란. -bahula 두려움으로 가득 찬. -vat 걱정하는. 두려운.
ubbegin *adj.* [ubbega-in] ① 흥분한. ② 두려움으로 가득 찬.
ubbejanīya *adj.* [<ubbejeti] ① 흥분되는. ② 화

나게 하는.
ubbejitar. ubbejetar *m.* [<ubbejeti] 공포를 불러일으키는 사람.
ubbejeti [ud-vij의 *caus.*] ① 흥분시키다. ② 두렵게 하다. *grd.* ubbejanīya. ubbejayitabba. *pp.* ubbejita.
ubbeṭhana *m.* [<ud-veṣṭ] ① 봉입. ② 봉투. ③ 포장지.
ubbedha *m.* [<ud-vyadh] ① 높이. 키. ② 깊이. -vat 높은.
ubbehati [ud-vyath] ① 흔들리다. 동요하다. ② 진동하다.
ubbhaṁ *ind.* [*sk.* ūrdhvaṁ = uddhaṁ] ① 위에. 위쪽에. ② 위로. 높게. ubbha° -kkahakaṁ 쇄골 위로. -jānumaṇḍalaṁ 무릎 위로. -mukhaṁ 위쪽으로. 위로 향해서.
ubbha *n.* [<ubbh] 채움. 가득 채움.
ubbhajjati → ubbhujati.
ubbhajjhati → ubbhujati
ubbhaṭṭhaka *adj. m.* [ubbha-ṭṭha-ka] ① 똑바로 선. 직립한. ② 상립행자(常立行者).
ubbhaṇḍa. ubbhaṇḍika. ubbhaṇḍita *adj.* [<ubbhaṇḍeti<ud-bhaṇḍa의 *denom.*] ① 짐을 실은. ② 묶인. 쌓인.
ubbhata *adj.* [ud-bhṛ의 *pp.*] ① 운반된. ② 뽑힌. ③ 철거된. 제거된.
ubbhati [*sk.* ubhati의 *pp.*] 채우다.
ubbhanā *f.* [<ubbhati] 채움. 가득 채움.
ubbhanta *adj.* [*sk.* udbhrānta] 혼란된. -citta 혼란된. 당황한.
ubbhava *m.* [ud-bhava] ① 탄생. ② 발생. 기원. -ṭṭhāna 원천(源泉).
ubbhavati [ud-bhavati] ① 존재로 되다. ② 탄생하다. 발생하다. *caus.* ubbhaveti.
ubbhāra *m.* [ud-bhāra. *cf.* uddhāra] ① 제거. 중지. ② 정지.
ubbhāveti [ubbhavati의 *caus.*] ① 만들다. ② 하다. 행하다.
ubbhāsa *m.* [*sk.* udbhāsa] ① 광명. ② 광채.
ubbhāsita *adj.* [*sk.* udbhāsita] ① 불이 켜진. ② 광명이 비치는.
ubbhijjati [ud-bhid] ① 터져 나오다. 분출하다. ② 솟아오르다. 샘솟다. ③ 싹트다. ④ 하는 일 없이 지내다. *abs.* ubbhijja; *pp.* ubbhida
ubbhijjana *n.* [<ubbhijjati] 샘솟음. 분출. -udaka 샘물.
ubbhida ① *n.* [〃] 부엌의 소금. ② *adj.* [<ud-bhid] 솟아오르는. -odaka 샘물.
ubbhinna *adj.* [ubbhijjati의 *pp.*] ① 솟아오르는. 샘솟는. ② 용출하는.
ubbhujati [ud-bhuj] ① (옷자락을) 올리다. ② 걷어 올리다. *abs.* ubbhujitvā 강제로.
ubbhūta *adj.* [ubbhavati의 *pp.*] 발생한.
ubbheti [ubbhati의 *caus.*] 채우다.
ubha → ubho.
ubhato *abs.* [ubho의 *abl.*] ① 양쪽으로부터. 양쪽으로. ② 이중(二重)의. ③ 양자(兩者)의. ④ 상호(相好)의. -avassuta 상호의 성적 욕구. -koṭi 양끝. 양극단. 양변(兩邊). -daṇḍaka 양손으로 다루는. -dhāra 양날을 지닌. -pakkhaṁ 두 가지 방법으로. -pakkhajāta 양쪽으로 나누어진. -pakkhika 양쪽에 호의를 갖는. -paduṭṭha 양쪽에서 타락한. 양쪽에서 길을 잃은. -paribāhira 양쪽에서 배제된. -parihīna 양쪽에서 실패한. -pasanna 양쪽에서 기뻐하는. -passa. -bhāga 양면. -bhāgavimutta 두 가지 방법으로 해탈된 사람. 구분해탈자(俱分解脫者)[마음에 의한 해탈과 지혜에 의한 해탈을 모두 성취한 사람]. -byañjanaka. 어지자지. 남녀추니. 자웅동체. 양성을 지닌. -mukha 양쪽 끝에 열림이 있는. 머리나 입의 어느 쪽으로 든. 양쪽의 갈고리를 가진. 얼굴의 양쪽 위에. 양쪽으로부터(*abl.*). -vibhaṅga 양쪽의 분별. 양분별. -vyañjanaka = ubhatobyañjanaka. -saṅgha 양쪽의 교단·승가. 양중(兩衆)[比丘衆와 比丘尼衆].
ubhanā *f.* [<ubhati] 채우는 행위.
ubhaya *adj.* [ubha-ya] ① 양쪽의. 둘의. 양자(兩者)의. ② 이중(二重)의. -aṁsa 양쪽으로의. 완전한. 철저한. -akkhikāṇa 양쪽 눈이 봉사인. -attha 양자의 이익. 자타의 이익. -anta 양끝. 양극단. 양변(兩邊). -(m)antara 양쪽의 사이에. -âgatabhūmi 양쪽[태양과 달]이 지나는 길. -âvassutâbhāva 양쪽의 성적인 흥분의 결여. -âvutti 의미나 단어의 과잉을 나타내는 수사학적 표현. -gāmavāsin 양쪽 마을에 사는. -tīra 양쪽 언덕. -tthenaka 양쪽에서 은밀하게 행동하는. -pakkhika 양쪽에 모두 속하는. -pādakañja 양쪽 발을 모두 저는. -pātimokkha 두 가지 계본(戒本). 양바라제목차(兩波羅提木叉). -mutta 양쪽이 없이. -rāga 이중의 탐욕. -loka 양쪽의 세계. -vāmana 양 측면에서 난쟁이 같은. -vipanna 양쪽이 결손된. -vipāka 양쪽의 결과. -vokiṇṇa 양쪽이 모두 섞인. -vyatireka 이중대조를 나타내는 수사적 표현. -vyābhāda 양쪽에서 해로운. 양쪽에서 다친. -sampatti 양쪽의 성취. -samatta 대칭(對稱). -hita 양쪽의 이익.
ubhayattha ① *ind.* [*sk.* ubhayatra] 양쪽에. ② *m.* [*sk.* ubhaya-artha] 양쪽 모두에게 이익이 됨.

구리(俱利).
ubhayathā *ind.* [*sk.* ubhaya-thā] 두 방식으로.
ubho *adj.* [*sk.* ubhau] ① 양쪽의. 둘 다의. ② 양자(兩者)의. -kālūpakūjin 양 시간[밤낮]에 지저귀는. 밤낮으로 지저귀는. -jannukasandhi 양쪽의 무릎관절. -pāṇī 양손. -loka 양쪽의 세계. -visuddha 양면에서 청정한. -saṅga 양쪽의 속박. 양쪽의 집착[善과 惡의]. -sandhi 양쪽의 재생[神界과 人間界의].
umbhati [umbh] ① 가득 차다. ② 넘치다. *caus.* umbheti.
umbhanā *f.* [<umbhati] ① 가득 참. ② 넘침.
umbheti [umbhati의 *caus.*] ① 가득 채우다. ② 넘치게 하다.
ummagga *m.* [ud-magga] ① 지하도. 터널. 하수도. ② 옆길. 잘못된 길. 사도(邪道). 방도(傍道).
ummaṅga *adj.* [<ummagga(?)] ① 불운한. 길을 잘못 든. ② 사도(邪道)의.
ummatta. ummattaka *adj.* [ud-matta<mad] ① 정신이 나간. 미친. ② (가시가 있는) 사과(沙果). *cf.* ummāda. ummatta° -āgāra 정신병원. -ummattaka° -ālāya 정신병원. -purisa 미친 사람. -rūpa 미친. 분개한. -vesa 미친 사람의 등장. -sammuti 미친 사람을 위한 동의. -sabhāva 미친 사람의 본성을 지닌. -sunakha 미친 개. -saṁvattanika 정신병으로 이끄는.
ummattikā *f.* [ummattaka의 *f.*] 미친 여자.
ummaddāpeti. ummaddeti [ud-mṛd의 *caus.*] ① 갈다. 마쇄하다. ② 문지르다. ③ 부드럽게 만들다.
ummasati [ud-masati<mṛś] ① 접촉하다. ② 붙잡다. ③ 들어 올리다.
ummasanā *f.* [<ummasati] ① 접촉. ② 붙잡음. ③ 들어 올림.
ummā *f.* [*sk.* umā] 삼(麻). 아마(亞麻). 오막가(烏幕迦). -puppha 짙푸른 색의 아마 꽃.
ummāda *m.* [ud-māda] ① 정신이상. 광기. ② 번민. 곤혹.
ummādana *n.* ummādanā *f.* [<ummāda] = ummāda. ① 정신이상. 광기. ② 번민.
ummādayati. ummādeti [*sk.* ummādayati] ① 미치게 만들다. ② 광기를 만들다.
ummāna *n.* [un-māna] 치수. 무게.
ummāra *n.* [<udumbara(?)] ① 문지방. ② (인도의) 가장자리 돌. ③ 경계선. ④ 창틀. ⑤ 가로대. 빗장. ⑥ 움마라꽃.
ummi. ummī *f.* [= ūmi. ūmī] 파도.
ummika *adj.* [ummi-ka] 주름진.
ummisati [*sk.* ud-miṣ] ① 눈을 뜨다. ② 꽃이 피다. ③ 빛나다. ④ 나타나다.
ummisana *n.* [<ummisati] ① 눈을 뜸. ② 꽃이 핌. ③ 출현.
ummihati [ud-mih] 오줌을 누다.
ummihana *n.* [<udmmihati] 소변.
ummīlati [ud-mīl] ① 눈을 뜨다. ② 명백하게 되다. ③ 나타나다.
ummīlana *n.* [<ummīlati] ① 눈을 뜸. ② 출현.
ummīlita *adj.* [ud-mīl의 *pp.*] ① 눈이 떠진. ② 출현된. -nimīlita 눈을 뜨고 닫음. -paññācakkhuka 지혜의 눈을 뜬 자. -vilocana 크게 뜬 눈으로 보는.
ummīleti [ud-mīl의 *caus.*] ① 눈을 뜨게 하다. ② 나타나게 하다.
ummuka *n.* [*sk.* ulmuka] ① 횃불. ② 관솔.
ummukka *adj.* [*sk.* ud-mukta] 헐거워진. 풀린. 벗겨진.
ummukha *adj.* [ud-mukha] ① 얼굴을 쳐든. 뻔뻔한. 상관하지 않는. ② 부주의한. ③ 가까운. 준비된.
ummujjati [ud-majj] ① (물위로) 떠오르다. 나타나다. ② 이해하다. *ppr.* ummujjamāna. *pp.* ummukka. *caus.* umujjāpeti
ummujjana *n.* [<ummujjati] ① 나타남. 출현. 떠오름. ② 이해.
ummujjamānaka *adj.* [ummujjamāna-ka] ① 나타나는. ② 출현하는.
ummujjā *f.* [<ummujjati] ① 출현. 부양(浮揚). ② 물에 머리를 내미는 것. 물속에서 나타남. ummujja-nimujja 떠오름과 가라앉음. 부침(浮沈).
ummujjāpana *n.* [<ummujjāpeti] 출현하게 함. 나타나게 함.
umujjāpeti [umujjati의 *caus.*] 출현하게 하다.
ummūla. ummūlaka *adj.* [ud-mūla] 뿌리 뽑힌. 근절된.
ummūlana *n.* [ud-mūlana] 뿌리 뽑음. 근절.
ummūleti [ummūla의 *denom.*] 뿌리 뽑다. 근절하다. *pp.* ummūlita
umhāyati [ud-smi] 큰 소리로 웃다. *caus.* umhāpeti.
uyyata *adj.* [uyyamati의 *pp.*] ① 열렬히 원해진. ② 일으켜진. 세워진.
uyyamati [ud-yam] ① 노력하다. ② 추구하다. *pp.* uyyata.
uyyassu ① uyyāti의 *imp. 3sg.* ② dayassu '날다.'의 *misr.*
uyyāti [ud-yā] ① 나가다. ② 가버리다. *imp.* uyyāhi; *caus.* uyyāpeti.

uyyāna *n.* [*sk.* udyāna] ① 공원. 정원. ② 유원. 유원지. 왕립유원. -âbhimukha 정원을 향해 있는. -upavana 정원이 있는 작은 숲. -ovaraka 정원의 창고. -kīḷā. -kīḷikā. 공원의 놀이. -gata 공원으로 간. 공원에 관한. -gamana 공원으로 가는. -devatā 정원의 신. -nissita 정원으로 연결된. -pāla. -pālaka 정원을 관리하는. 정원사. -pokkharaṇī 왕립공원의 연못. -bhūmi 유원지. -rakkhanaka 정원을 지키는. -vanakīḷā 공원 숲 속의 놀이. -vant 유원이 있는. -seṭṭha 훌륭한 정원을 가진.

uyyāpeti [uyyāti의 *caus.*] 가게 하다. 내쫓다.

uyyāma *m* [*sk. bsk.* udyāma<ud-yam] ① 노력. 노고(勞苦). ② 정진(精進). 정근(精勤).

uyyuñjati [*sk.* ud-yunakti] ① 노력하다. ② 출발하다. 집을 떠나다.

uyyuñjana *n.* [<uyyuñjati] 활동.

uyyuta. uyyutta *adj.* [ud-yuta] ① 노력한. ② 바쁜. ③ 준비된.

uyyoga *m* [ud-yuj] ① 죽음. 떠남. -mukha 죽음의 입구. 떠남의 입구. ② 근면. 정진. 노고(勞苦).

uyyojana *n.* [<uyyojeti] ① 자극. 격려. 장려책(奬勵策). ② 선동(煽動).

uyyojanā *f.* [<uyyojeti] 간곡한 권유.

uyyojanika *adj.* [uyyojana-ika] ① 자극적인. 선동적인. ② 간곡히 권유하는.

uyyojeti [uyyuñjati의 *caus.*] ① 자극하다. 권유하다. 선동하다. ② 떠나게 하다. 쫓아버리다. ③ 배웅하다. 전송하다. 발송하다. *pp.* uyyojita.

uyyodhika *n* [ud-yudh] ① 전투계획. ② 모의전투. ③ 연습.

ura *m n* uro *n* [*sk.* uras] 가슴. *ins.* urasām urena; *loc.* urasi. urasiṁm. ure. ura° -(ṅ)ga 뱀. 흉행자(胸行者). -cakka 고문할 때 가슴에 대는 쇠바퀴. -cchada 가슴의 장식·덮개. -ttāḷi 가슴을 치는. 슬퍼하는. -tthala 가슴. urasi° -ja 가슴에서 생겨난. -loma 가슴의 털

urakkha [*sk.* uras-ka] = ura.

ura(ṅ)ga [〃] '가슴으로 가는' 뱀. 흉행자(胸行者). -ûsabha 뱀의 우두머리. -karoṭi 뱀과 금시조(金翅鳥 : supaṇṇa).

uraṇa. uraṇika urāṇa. urāṇika *m* [*cf.* urabbha] 숫양. 모양(牡羊).

uraṇī. uraṇikā. urāṇī. urāṇikā *f.* [*cf.* urabbha] 암양. 빈양(牝羊).

urabbha *m* [*sk.* urabhra] 숫양. 양. *cf.* orabhika. -ghātaka 양의 도살자. -dhana 숫양의 값어치. -bhūta 숫양으로 태어난. -sāmika 숫양의 주인.

uru *adj.* [*cf. av.* ravah] ① 넓은. 광대한. ② 훌륭한. thero'ru 명승(名僧).

urundā *f.* [ura-undā(?)] ① 자유로운 호흡. ② 안심(安心).

Uruvela *m* 우루벨라. 울비라(鬱鞞羅). 우루비라(優樓比羅)[마을의 이름]. -vāsin 우루벨라 마을에 사는.

Uruvela-Kassapa *m* 우루벨라 까싸빠. 우루빈라서섭(優樓頻螺迦葉)[三迦葉兄弟의 큰 형].

urū *f.* [<uru] 대지. 토양. 모래

urūḷhava. ubbuḷhava *adj.* [ud-ruh의 *pp.*] 커다란. 장대한. 위대한.

uro *n.* [=uru] 가슴. -gada 가슴앓이. -majjha 가슴의 한가운데. -roga 가슴앓이.

ulati [?] 가다(gacchati). 찾다(gavesati)[註釋家의 意見]. *caus.* ulayati

ulāka *m* [〃] 올빼미. -pakkha 올빼미의. -pakkhika 올빼미의 날개 또는 깃털로 만든 옷. 효시의(梟翅衣). 올빼미의 무리[바이셰시까(Vaiśeṣika)교도를 지칭함].

ulāra. uḷāra *adj.* [*sk.* udāra] ① 위대한. 뛰어난. ② 고귀한. 웅장한. ③ 영광스러운. ④ 풍부한. 부유한. *cf.* oḷārika. udāra. -desanāpaṭivedha 위대한 가르침의 꿰뚫음. -pāmujja. -pāmojja 크게 기뻐함. -purisa 부유한 사람. -pūjā 탁월한 숭배·헌공. -ppabhāva 영광스러운. -bhogakula 훌륭한 가문. 부유한 가문. -vaṁsa 고귀한 가계. -vibhava 부유한. 권세가 있는. -vega 뛰어난 속도를 지닌. 쾌속의. -sampatti 위대한 성공. -sambhāvita 뛰어난 것으로 평가된.

ulārika *adj.* [ulāra-ika] ① 위대한. 뛰어난. ② 고귀한. ③ 웅장한. ④ 영광스러운. ⑤ 풍부한. 부유한. *cf.* oḷārika.

ulu. uḷu *m* [*sk.* uḍu] 별. 성좌(星座). -rāja 달.

uluṅka. uḷuṅka *m* [?] ① 국자. 순갈. ② 한 순갈. -bhikkhā 한 순갈의 탁발음식.

ulūka. uḷūka *m* [〃] 올빼미. -pakkhika 올빼미 날개로 만든 옷을 입은.

ulūkī *f.* [<ulūka] 암올빼미.

ulūpin *m* [〃] ① 올빼미. ② 올빼미 같은 물고기.

ulūpinī *f.* [<ulūpin] 암올빼미.

ullaṅghati [ud-laṅgh] ① 뛰어오르다. 도약하다. ② 뛰어넘다. *caus.* ullaṅgheti. *pp.* ullaṅghita. *abs.* ullaṅghiya. ullaṅghetvā.

ullaṅghanā *f.* [<ullaṅghati] ① 일으켜 세움. 도약. ② 고양(高揚).

ullaṅgheti [ullaṅgheti의 *caus.*] ① 일으켜 세우다. ② 어기다. ③ 도약시키다.

ullaṅghita *adj.* [ullaṅgheti의 *pp.*] ① 들어 올려진. 높이 들어진. ② 고양된.

ullapa *m.* [ud-lap] 큰 소리로 외침.
ullapati [ud-lap] ① 큰 소리로 외치다. ② 말을 걸다. 요구하다.
ullapana *n.* ullapanā *f.* [<ullapati] ① 거짓 외침. 찬양. 찬허담(讚虛談). ② 유혹.
ullahaka *adj.* [?] ① 이빨을 가는. ② 씹는. 저작(咀嚼)하는.
ullāpa → uklāpa.
ullikhati [ud-likh] ① 빗질하다. ② 긁다. *aor.* ul-likhi; *pp.* ullikhita.
ullikhita *adj.* [ullikhati의 *pp.*] ① 머리를 빗은. ② 빗질한.
ulliṅgeti [ud-liṅga의 *denom.*] ① 나타내다. ② 특징으로 보여주다.
ullitta *adj.* [ud-lip의 *pp.*] ① 문질러 더러워진. ② 칠해 바른.
ullumpati [ud-lup. *bsk.* 〃] ① 집어 올리다. ② 돕다. ③ 구제하다.
ullumpana *n.* [<ullumpati] ① 구제. ② 구원.
ullulita *adj.* [ulloleti의 *pp.*] ① 흔들리는. ② 물결치는. 파도치는.
ulloka *m.* [〃] ① 차양. 차일(遮日). ② 천막. ③ 덮개. ④ 깔개. -âharaṇa 차일의 설치. -paduma 덮개에 연꽃무늬를 한.
ullokaka *adj.* [<ulloketi] ① 쳐다보는. ② 엿보는. 들여다보는.
ullokana *n.* [<ulloketi] ① 쳐다보기. ② 창문.
ulloketi [ud-lok] ① 쳐다보다. ② 찾다. ③ 기대하다. *pp.* ullokita. *cf.* ullokaka.
ulloca *m. n.* [〃] ① 차양. 차일(遮日). ② 천막.
ullopana *n.* = ullumpana.
ullola *m.* [<ud-lul] ① 파도. ② 동요. 불안.
ullolanā *f.* [<ulloleti] ① 동요. ② 빈들거림.
ulloleti [ullola의 *denom.*] ① 이리저리 거닐다. ② 기대하다.
uḷāra *adj.* [*sk. bsk.* udāra] ① 위대한. 뛰어난. ② 웅장한. ③ 풍부한. *cf.* oḷārika. udāra.
uḷāratā *f.* uḷāratta *n.* [uḷāra의 *abstr.*] ① 위대함. ② 웅장함. ③ 풍부(豊富).
uḷu *m.* [*sk.* uḍu] ① 별. ② 성좌. -rāja 달.
uḷuṅka *m.* [?] ① 국자. 순갈. ② 한 순갈.
uḷumpa *m.* [?] 뗏목. 부표(浮漂).
uḷūka *m.* [ulūka] 올빼미. -pakkhika 올빼미 날개로 만든 옷을 입은.
uvaṇṇa *m.* [u-vaṇṇa] u-소리[u와 ū. 문법].
uviṭṭha → upaviṭṭha
usati [*sk.* oṣati] 태우다.
usana [<usati] 태움. 소각(燒却).
uviṭṭa *adj.* [viś의 *pp.* viṭṭha에 u를 더한 것(?)] 들어간. 진입한.
usabha [*sk.* ṛṣabha. *cf.* āsabha. isabha. esabha. nisabha] ① *m.* 황소. 수소. 고귀한 사람. ② *n.* 우싸바[길이의 단위. 20 yaṭṭha로 140 腕尺]. -ûpama 황소와 같은. -kkhandha 어깨가 황소와 같은. -dāna 황소의 보시. -nayana 황소의 눈. -ppamāṇa 황소의 크기. -bala 황소의 힘. -rāja 황소의 왕. -matta 우싸바 크기의. -lakkhaṇa 황소의 길조를 나타내는 특징. -sadisa 황소와 유사한. -samānakkamatā 황소와 같은 걸음걸이.
usabhika *adj.* [usabha② -ika] 우싸바 크기의.
usā *f.* ① [=osā] 단단한 음식물. ② [usmā] 따뜻한 온기.
usīra *m. n.* [*sk.* uśīra] ① 비라나(Bīraṇa) 풀 [Andropagon Muricatus]. ② 비라나풀의 향기로운 뿌리. -ddhaja 우씨라닷재[인도의 산맥 이름].
usu *m. f.* [*sk.* iṣu] 화살. 궁전(弓箭). -kāra 화살 만드는 사람. 전공(箭工). -kāraṇika 화살로 죽이는 자. -ppahāra 화살로 맞추기. -lomapeta 화살과 같은 털을 지닌 아귀. -vaḍḍhakin 화살을 만드는 자. -vuṭṭhi 화살의 비[雨]. -sippa 궁술.
usumā *f.* [*sk.* uṣman] = usmā 열. *cf.* uṇha. -âgāra 온실(溫室). -ûppāda 열의 생성. -kam-panāyatta 열동력(熱動力)의. -gata 뜨거워진. -jāta 더운. -nikkhamana 열기에서 벗어남. -ra-kkhakabhajana 보온병(保溫甁). -vaṭṭi 더운 공기의 움직임.
usuyyaka. usūyaka *adj.* [<usuyyā] ① 불쾌해하는. ② 질투하는. ③ 시샘하는.
usuyyati. usūyati *adj.* [*sk.* asūyati] ① 불쾌해하다. ② 질투하다. ③ 시샘하다. *pr. 2sg.* usūya-si; *pp.* usuyyita. usūyita. *ppr.* usuyyaṁ.
usuyyanā *f.* usuyyitatta *n.* [<usuyyati] ① 불쾌. ② 질투. ③ 시샘.
usuyyā. usūyā *f.* [*sk.* asūyā] ① 불쾌. ② 질투. ③ 시샘. ④ 비방.
usmā *f.* [*cf. sk.* uṣman] = usumā 열. usmāgata 뜨거워진. -âbhibhūta 열에 정복된. 더운. -ud-aka 더운 물. -ûpanibaddha 열기와 밀접하게 연관된. -ṭṭhāna 더운 장소. -sahagata 열기를 동반하는.
usmāpeti *f.* [usmā의 *denom.*] 데우다. 가열하다.
usmīkata *adj.* [usmā-kata] 가열된.
ussa *adj.* [ud-sa. *cf.* ussada] ① 훌륭한. ② 보다 높은. = ossa.
ussakkati ① [ud-sṛp] 기어오르다. 올라가다. ② [=ussukkati] 노력하다. 열망하다. *caus.* ussak-kāpeti.

ussagga *m.* [*sk.* utsarga] ① 던짐. 거부. ② 거절.
ussaṅkita. ussaṅkin *adj.* [<ud-śaṅk] ① 의심하는. ② 두려워하는. 걱정하는.
ussaṅkha *adj.* [ud-saṅkha] ① 복사뼈가 가운데에 있는. ② 발등이 높은. -pāda 복사뼈가 발뒤꿈치를 넘지 않고 발의 가운데에 있는(?). 발등이 높고 원만한(?). 족부고만상(足趺高滿相)[三十二相·大人相의 하나].
ussajati. ussajjati [ud-sṛj] ① 놓아주다. 제거하다. ② 던지다. 거절하다. ③ 완전히 버리다. 사견(捨遣)하다.
ussaṭa *adj.* [ud-sarati<sṛ의 *pp.*] ① 높은. 치솟은. ② 고상한. 뛰어난.
ussada *m.* [<ud-syad] ① 돌기. 융기. 융성. 풍요. ② 증지옥(增地獄). 소지옥(小地獄). -gata 풍요로운. -cārika 소지옥계. -niyama 융기의 법칙. -niraya 돌기지옥(突起地獄). 소지옥(小地獄)[무간지옥의 일종].
ussadaka *adj.* [<ud-syad] ① 넘치는. ② 넘쳐흐르는. -jāta 거품이 이는. 넘치는.
ussanna *adj.* [ud-syad의 *pp.* *bsk.* utsanna] ① 풍부한. 많은. 널리 퍼진. ② 큰. 위대한. 높은. 강한. ③ 과도한. 가득 찬. ④ (크림 등이) 발라진. -âsīvisa 독사가 많은. -kāya 크고 강한 몸. -kilesa 많은 번뇌를 지닌. -kusala 많은 장점을 지닌. -guṇavat 많은 덕을 지닌. -dibbagandha 많은 신적인 향기를 가진. -pabhā 위대한 광명. -puñña 위대한 공덕. -bhāva 풍요. -viriya 위대한 정진. -sītadesa 높은 시원한 지역.
ussannatā *f.* [ussanna의 *abstr.*] ① 풍부. 풍만. ② 축적.
ussaya *adj.* [*sk.* uc-chraya<śri] ① 높이. 고도(高度). 고귀함. ② 풍요. 축적. ③ 몸.
ussayavādika *adj.* [*bsk.* utsava-vādika] 재판의. 소송의.
ussayāpeti → udassaye.
ussarati [ud-sṛ] 달려 나가다. 달려가다. *imp.* ussaratha; *pp.* ussaṭa; *caus.* ussāreti.
ussava *m.* [*sk.* utsava] ① 축제. 축연. 오락(娛樂). 여흥(餘興). 연예(演藝). 의식(儀式). 식(式). ② 제일(祭日). -divasa 축제날. 축일(祝日). 제일(祭日).
ussahati *n.* [ud-sah. *sk.* utsahati] ① 할 수 있다. 적합하다. ② 시도하다. 노력하다. 감히 ~하다. *caus.* ussāheti; *pp.* ussahita.
ussahana *n.* [<ussahati] ① 노력. 애씀. ② 시도.
ussāda *m.* [*sk.* utsāda] ① 파괴. ② 폐허.
ussādana *n.* [<ussādeti ②] ① 넘침. 풍부. 축적. 충일. ② 소란. 혼란. 소동.
ussādiyati [ussādeti의 *pass.*] ① 풍부하다. ② 과도하다.
ussādeti [ussada의 *denom.*] ① 올리다. 쌓다. 풍요하게 하다. ② 밀고 나가다. ③ 기리다. 칭찬하다. *pass.* ussādiyati; *pp.* ussādita. ③ [=ussāreti] 물러가게 하다. 해산시키다. 사견(捨遣)하다.
ussādetar *m.* [ussādeti의 *ag.*] 칭찬하는 사람.
ussāpana *n.* [<ussāpeti] 들어 올림. 게양.
ussāpita ussāpeti의 *pp.*
ussāpeti [usseti<ud-śri의 *caus.* *bsk.* ucchrāpayati] ① 올리다. 세우다. ② 칭찬하다. ③ 향하게 하다. *pp.* ussāpita.
ussāra → ussāda.
ussāraṇa *n.* ussāraṇā *f.* [<ussāreti] ① 진행. 전진. ② 소란. 야단법석.
ussārita ussāreti ②의 *pp.*
ussāreti ① [ussarati의 *caus.*] 퇴각시키다. 물러가게 하다. *caus.* ussārāpeti. ② [=ussāpeti] 올리게 하다. *pp.* ussārita.
ussāva *m.* [ud-sru] ① 이슬. -bindu 이슬방울. 노적(露積). ② 유출. 더러움. 부정(不淨). 루(漏). 유루(流漏).
ussāvana *n.* [=ussāpana] 선언. 공표.
ussāsa → nirussāsa.
ussāha *m.* [*sk.* utsăha<ussahati] ① 힘. 능력. ② 노력. 정진(精進). 노고(勞苦). ③ 호의. *cf.* ussoḷhi. -patta 힘을 얻은. -vaḍḍhana 힘의 증가.
ussāhanā *f.* [<ussahati] = ussāha.
ussāhita *adj.* [ussahati의 *caus.* *pp.*] ① 결정된. ② 자극된. ③ 격려를 받은.
ussāheti [ussahati의 *caus.*] ① 자극하다. ② 용기를 불어넣다. 격려하다. *aor.* ussāhesi; *abs.* ussāhetvā.
ussiñcati [ud-sic] ① (국자로) 푸다. ② 물을 긷다. 퍼내다. ③ 물을 빼다.
ussiñcana *n.* [<ussiñcati] 물 긷기. 물 퍼내기.
ussita *adj.* [*sk.* ucchrita. usseti의 *pp.*] ① 세워진. ② 높은. ③ 교만한. -ddhaja 세워진 깃발. -mantin 교만한 상담자. -ratanacetiya 보석으로 장식된 높은 탑묘(塔廟).
ussīdati [*sk.* utsīdati] ① 자리 잡다. 정착하다. ② 주저앉다.
ussīsa. *n.* ussīsaka *m.* [ud-sīsa-ka] ① 베개. ② 머리맡. 베개머리.
ussuka *adj.* [*sk.* *bsk.* utsuka] ① 열심인. 열중하는. 노력하는. ② 탐욕스러운. 열망하는. *cf.* ussukka.
ussukita *adj.* = ussukin.
ussukin *adj.* [ussuka-in] = ussuka ① 탐욕스러

운. ② 열망하는.

ussukka *n.* [ussuka-ya. *bsk.* utsukya. autsukya] ① 열심. 노력. ② 탐욕. 열망.

ussukkatā *f.* = ussukka.

ussukkati [ussukka의 *denom.*] ① 노력하다. ② 시도하다. *caus.* ussukkāpeti. *cf.* ussakkati.

ussuta *adj.* [ud-sru의 *pp.*] ① 넘쳐흐르는. ② 더럽혀진. ③ 탐욕스러운. anussuta 더러움이 없는.

ussussati [ud-śuṣ] ① 말리다. 건조하다. ② 증발시키다.

ussūyanā → usūyanā.

ussūra *adj.* [ud-sūra] ① 해가 오른 후의. ② 오후의. *loc.* ussūre 해가 오른 뒤에. 저녁에. -bhatta 오후의 식사. -seyyā 해가 오른 후의 잠. 아침잠. 조침(朝寢).

usseti [ud-śri] ① 똑바로 서다. 직립하다. 일어서다. ② 오르다. ③ 올리다. 세우다. *aor.* ussesi; *pp.* ussita; *caus.* ussāpeti.

usseneti [ussena. ussayana의 *denom.*] ① 다가가다. ② 친해지다. ③ 집착하다.

usseḷhana *n.* [<usseḷheti] 휘파람. 호각소리.

usseḷheti [ud-sviḍ] ① 휘파람을 불다. ② 호각을 불다.

ussotaṁ *ind.* [ud-sota의 *acc.*] ① 흐름을 거슬러서. ② 상류로. ussotapaṭisotamukha 흐름을 거슬러 상류로 향하는.

ussoḷhi *f.* [*cf.* ussāha] ① 노력. 정근. ② 용맹정진 근용(勤勇). -bhāvappatta 용맹정진의 조건에 도달한.

ussoḷhikāya *ind.* [ussoḷhi-kā의 *ins.*] 열심히. 열렬하게.

uhaṁ → ūhaṁ.

uhata → ūhata.

uhana → ūhana.

uhuṅkara *m.* [uhu-kara] 올빼미.

Ū

ū ① 모음·문자 ū의 이름. ② u나 upa 또는 o나 ava를 대체하기도 한다. ③ *ind.* '실례해도 되겠습니까?'와 같은 무엇인가를 표현하는 분사.

ūkā *f.* [*sk.* yūkā] 이. 벼룩. -gandha 벼룩냄새. -palibodha 벼룩들의 성가신 방해.

ūkāra *m.* [ū-kāra] ū의 문자·소리·음절. -āgama ū의 문자·소리·음절의 추가. -ādesa ū의 문자·소리·음절의 대체(代替). -lopa ū의 문자·소리·음절의 제거.

ūta *adj.* [?] ① (직물이) 짜진. ② 기워진.

ūtavat *adj.* [ūta-vat] ① 바느질하는. 깁는. ② 짜는[織造].

ūtagītaṁ → jūtagītaṁ.

ūna. ūnaka *adj.* [〃] ① 부족한. 결여된. 결핍된. 적은. ② 불완전한. 불충분한. eka-ūna(ekūna) 하나가 적은. -âdhika 너무 적거나 너무 많은. -ūna 각각 부족한. ekūnavīsati 20보다 하나가 적은(=19). dvīhi ūnaṁ purissa-sahassaṁ 두 사람만 적은 천 명(998명)의 사람. -ûdara(ūnudara. ūnūdara. ūnodara) 비어 있는 위(胃). 배가 비어 있는. -karaṇa 축소(縮小). -tara 더욱 부족한. 더욱 적은. -dhana 부족한 재보. -pūraṇa 보충. -bhāva 고갈. 결핍. -manas 결핍된 마음.

ūnaka *adj.* [ūna-ka] 부족한. 결여된. -tara 더욱 부족한. 더욱 적은.

ūnatta *n.* [ūna-tta] ① 부족. 결핍. ② 고갈.

ūpāya → upāya

ūpiya → upiya. opiya

ūmi. ūmī. ūmikā *f.* [*sk.* ūrmi] = ummi. 파도. ūmi° -antaravāsin 파도속에서 사는. -ghāta 파도가 치는 것. -jāta 파도와 함께 물결이 이는. -jāla 파도의 그물. 본류와 교차하는 물줄기. -piṭṭha 파고. -bhaya 파도에 대한 공포. -maya 파도로 이루어진. -vipphāra 파도의 확대. -vega 파도의 격류. 파도의 속도. 큰 물결의 파도.

ūraṭṭhi *n.* ūraṭṭhika *m.* [ūru-aṭṭhi] 넓적다리뼈. 대퇴골.

ūru *m.* [〃] 넓적다리. 허벅지. -antare 허벅지 사이. -kkhambha 허벅지의 마비. -ttaca 허벅지의 피부. -thanûpapanna 아름다운 허벅지와 가슴을 지닌. -pabba 무릎의 관절. 대퇴골. -baddhâsana 허벅지를 깍지 낀 앉은 자세. -balin 강한 허벅지를 가진. -lakkhaṇa 허벅지를 지닌 것의 특징.

ūsa *m.* [*sk.* ūṣa] ① 소금이 있는 땅. 염분을 함유한 것. ② 염전(鹽田).

ūsara *adj.* [*sk.* ūṣara] ① 염분이 함유된. 소금기가 있는. 염전(鹽田)의. ② 소금버캐가 낀. 소금기가 있는 땅의. 감지(鹼地)의. -tta 염도(鹽度).

ūha → vyūha. samūha.

ūhacca *ind.* ① [ūharati<ud-hṛ의 *abs.*] 들어올려서. 뽑아서. 제거해서. ② [ūhanati<ud-han의 *abs.*] 똥을 누고서.

ūhaññati [ūhanati의 *pass.*] ① 들어 올려지다. 제거되다. ② 흥분되다. 더럽혀지다. 혼란되다. (먼지나 흙으로) 뒤덮이다. *aor.* ūhaññi. ūhani.

ūhata *adj.* ① [ud-hṛ. ud-dhṛ의 *pp.*=uddhaṭa. uddhata] 올려진. 뽑아진. 파괴된. ② [ud-han의 *pp.*] 더러워진. 혼란된.

ūhati [ūh] ① 주시하다. 관찰하다. ② 고려하다. 숙고하다. ③ 추리하다. *grd.* ūhanīya.

ūhadati. ūhadayati. ūhadeti [ud-had<han(?)] ① 오물을 없애다. ② 배변하다. ③ (짐을) 내려놓다. *pp.* ūhadita. ūhanna; *abs.* ūhacca.

ūhana *n.* [<ūhati] ① 주시. ② 추론. 추리. ③ 고려. 심사(尋伺). 요해(了解).

ūhanati ① [=ud-hṛ] 들어 올리다. 뽑아내다. 때리다. 방출하다. 대변을 보다. 제거하다. 지양하다. ② [ud-han] 자극하다. 혼란시키다. 괴롭히다. 더럽히다. *abs.* ūhacca; *pp.* ūhata *pass.* ūhaññati; *aor.* ūhani.

ūhasati [ud-harati<has] 비웃다. 조롱하다.

ūhasana *n.* [<ūhasati] 비웃음. 조롱. 조소(嘲笑).

ūhā *f.* [āyūhā<āyu-ūhā] ① 생명. ② [ūhana(?)] 숙고. 고려. -nadī 우하나디[히말라야 산에 있는 강의 이름].

E

e ① 모음·문자 e의 이름. ② *ind.* eva의 대체.
eka *adj. num.* [〃] ① 하나의. 유일한. ② 같은. 동일한. 일체(一切)의. 온통의. 한 조각의. 어떤. ③ 하나(一). -tiṁsa 31. -saṭṭhi 61. -navuti 91. -sata 101. -akkhara 단음절[문법]. -akkhara-padikalipi 일자일어법(一字一語法). -akkhi 장구의 일종. -agga 일향(一向)의. 내적인 평온을 지닌. 하나로 집중된. -aggacitta 통일된 마음. 내적인 평온. 심일경(心一境). -aggatā 집중. 일경성(一境性). -aṅgaṇa 하나의 공간. -accharak-khaṇa 손가락을 튕기는 순간. -accharamatta 두 손가락으로 잡을 만큼. -âkāra 동일한 형태를 지닌. -âkhyāta 단일한 정형동사를 가진[문법]. -âgāra 동일한 집. -âgārika 도둑. 독채의 집을 터는 도둑. 한집에서만 탁발하는 자. -âcariya 유일한 스승. 동일한 스승. -âjīvika 동일한 생계 형태를 지닌. -âjjhāyana 함께 독송함으로 이루어지는. -âjjhāsaya 의도가 하나인. 동일한 의도를 가진. 유일한 의도를 가진. -âtapatta 한 (최고 권력의) 우산 아래. -âddhānamagga 동일한 큰 길. -âdika 하나로 시작하는. -âdhika 하나을 더하는. -âdhikaraṇa 동일한 논제에 대하여 언급하는. -âdhippāya 한 몫. 한 부분. 하나의 의미를 지닌. 통일된 결정을 하는. 일치하는. -âdhiva-cana 단수의 표현[문법]. -ânusandhika 하나의 주제를 지닌. -ânu(s)sāvanā 동일한 선언. -âp-atti 하나의 잘못. -âparādha 하나의 위범(違犯). -âbaddha 하나로 묶인. 함께 연결된. 지속적인. -âbhidhāna 단수의 동사적 표현[문법]. -âb-hirata 고독을 즐기는. -âbhisamaya 하나의 꿰뚫음. 일이관지(一以貫之). -âmodapamoda 유일한 향기와 향료를 지닌. -âyatta 한 사람에게만 속하는. -âyana 유일한. 고독한. 한 사람만을 위한. 한 장소로 이끄는. 하나의 목표로 향하는 길. 유일한 길. 한 사람만을 위한 길[좁고 고독한 길]. 한 장소로 이끄는 길. 일승도(一乘道). 일행도(一行道). -ârakkha 한 보호자를 지닌. -ârāmatā 고독을 즐기는 상태. -ârammaṇa 동일한 대상을 지닌. 공동의 대상을 지닌. -âlopika. 한 끼의 식사로 사는. -âvajjana 생각의 단순한 적용. -âvatta 홀로 외면하는 자. -âvalī 한 줄의 진주로 이루어진 목걸이. 먼저 언급된 것이 뒤따르는 것에 의해 규정되는 현상[수사학]. -âvasāna 하나의 사항으로 끝나는. -âsana 홀로 앉음. 홀로 삶. 하루에 한 번 식사하는 것. 일좌식(一坐食). -âsanika 홀로 사는 사람. 하루에 한 번 식사하는 사람. -âsanikaṅga 하루에 한 번 한 자리에서 식사하는 수행. 일좌식지(一坐食支)[두타행]. -âha 하루. -âhika 하루의. 하루 동안 존재하는. -issara 유일신(唯一神). -issaravāda 유일신교(唯一神教). 일신교(一神教). -issaravādin 일신교도(一神教徒). -uttara 하나가 더해지는. -uttarika. 앙굿따라니까야(Aṅguttarikanikāya)의 다른 이름. -udaka 동일한 물. -uddhāra 하나의 향상. -up-ajjhāya 동일한 친교사. -upāhana 한 쌍의 신발. -uposatha 통일된 포살에 속하는. -uppāda 동일한 발생을 지닌. 함께 일어나는. -ūna 하나가 부족한. -ûpacāra 단일한 접근의. -ûpādāna 하나의 집착. -ûsu 동일한 화살. -eka 하나씩. 각각. -ovāda 단일한 충고. -ghana 꽉 들어찬. 단단한. -kattuka 동일한 대리자를 가진. -kappa 유일한 겁. 동일한 겁. -kamma 일치된 행동. -kalala 온통 진흙더미인. -kāraṇa 유일한 이유. -kārita 유일한 사역어미를 갖는[문법]. -kāla 동일한 시간. -kālavattin 공존하는. 양립하는. 병존(竝存)하는. -kāsāvapajjota 온통 노란색 가사로 빛나는. -kicca 해야 할 유일한 것. 동일한 기능·의무. -kucchi 동일한 모태. -kuṭika 독채의 오두막에서 사는[주거의 한 방법]. -kuḍḍaka 유일한 제방을 지닌. -kuṇḍala 하나의 귀고리를 한. -ku-mbakārasālā 동일한 옹기장이의 상점. -kūṭa-yuta 하나의 뾰족탑으로 묶여진. -kūṭasaṅgahi-ta 하나의 뾰족탑으로 가늘어지는. -koṭṭhasa 하나의 입장. 전체의 일부분. -kolāhala 온통 혼란된. 온통 소동뿐인. -kkhaṇa 동일한 순간. -k-khaṇika. 동시적인. -kkhaṇe 동시적으로. -kkh-andha 하나의 유이한 근간을 지닌. -kriyā 동일한 동사(動詞). -khura 단단한 발굽을 한 말. -gaṇḍinigghosa 하나의 징이 내는 소리. -gotta 동일한 성에 속하는. -ghara 동일한 집. -cara. -cariyā. -cārin 혼자 사는. 고독한. 독행(獨行). -cakkhu 애꾸눈을 지닌. -citta 일심. 일념. 한 생각. -cittakkhaṇika 한 생각이 지속하는 동안의. -cittantara 한 생각의 사이. -cittappavattimatta 한 생각동안만 존재하는. -cintin 한 가지만 생각하는. 단순한. -cīvara 하나의 옷만 입는. -ccha-nda 통일된. 동의하는. -cchanna 온통 뒤덮인. -jāla 동일한 불꽃·섬광. -jīvika 동일한 생명.

-jeṭṭhaka 아주 최상의. -jotibhūtatta 동일한 빛이 된 상태. -tala 한 평면. 동일한 표면. -tāla 하나의 파리미라 야자수. -tthamba. -thūṇaka 하나의 기둥에 지지되는. -thūpa 한 가지 쌓기에 속하는. 뒤섞인. 함께 하는. -divasaṁ 하루 동안. -disā 한 방향. -dukkhasukha 동일한 괴로움과 즐거움을 갖는. -dussa 하나의 옷. -devatā 하나의 신. -desa 한 장소. 한 장소를 갖는. 부분적인. -doṇikā 현외부재(舷外浮材)가 달린 여물통 모양의 카누. -dvaṅgulamatta 한두 손가락 크기의. -dve 하나나 둘. 하나들과 둘들. -dhamma 하나의 사물. 하나의 법. -nimantana 한 사람을 초청하는 것. -nirodha 동일한 지멸을 가진. 함께 소멸하는. -nīdhura 한짝의 팔찌. -nīla 온통 푸른. 완전히 푸른. -nīhāra 하나의 결과. -netta 애꾸눈의. -paccaya 하나의 조건을 갖는. -paccatthika 하나의 적. -pacchābhatta 어느날 오후. -(p)pajjota 하나의 빛과 같은. 온통 빛나는. -paṭalika 신발이 하나의 신바닥이나 구두창을 지닌. -(p)paṭivedha 하나의 꿰뚫음. -paṭisaraṇa 하나의 유일한 피난처를 제공하는. -paṭṭa 한 장의 직조물. 단벌옷. -pati 동일한 남편을 지닌. -patta 하나의 발우. -patha 고독한 길. -pada 한 단어. 한 구절. 한 통로. -padamagga 한 좁은 길. -padika 한 단어를 취하는. 한 좁은 길. 한 오솔길. -padiyasaṅkama 한 좁은 다리. -padī 한 좁은 보행자의 길. -padīpa 하나의 등불처럼 존재하는. -paduma 한 떨기의 연꽃. -padesa 한 부분. -padhānabhūmi 한 노력의 경지. -panti 하나의 줄[列]. -pamadā 독신녀(獨身女). -(p)payoga 동일한 노력. 한꺼번의 노력. -parikkhitta 온통 에워싸인. -pariccheda 한 구획을 형성하는. -pariññā 한 사실에 대한 완전한 앎. -paridevasadda 하나의 비탄의 소리같은. 온통 비탄으로 가득 찬. -pariyākata 온통 상처를 입은. -pariyosāna 동일한 끝을 갖는. -parisā 하나의 대중. -pala 일 캐럿의 가치가 있는. -palāsika 하나의 신발창을 가진. -pallaṅka 변함없는 결가부좌. -passa 한쪽 측면. -passayika. 한쪽 측면의. 한쪽 옆구리의. -pahārena 모두 함께. -pāṇi 한쪽 손. -pāda 한쪽 발. -pādakhañja 한쪽 발을 저는. -pāvuraṇa 하나의 덮개를 지닌. -pāsāda 단독 궁전. -piṭaka 하나의 장경을 아는. -piṇḍapāta 한그릇의 탁발식. -pitara. -pitika 동일한 아버지를 지닌. -pituputtatā 동일한 아버지의 아들인 상태. -puggala 하나의 개인. -puṭa 한 콧구멍. -putta(ka) 외아들. -puttika 외아들을 지닌. -puppha 한 송이 꽃. -purisa 독신남. -purisika 한 남자에서 진실한. -pokkhara 하나의 가죽을 지닌. 장구의 일종. -pokkharaṇī 단독의 연못. -porisa 인간만큼 높은. -posin 하나만을 키우는. -ppakāra 하나의 형상만을 지닌. -ppamāṇa 동일한 치수를 지닌. -ppahāra 일격(一擊). -phaṇa 하나의 후드를 가진. -phalaka 동일한 석판을 지닌. -phāliphulla 꽃 한 다발. -phusita 한 방울. -baddha 함께 묶인. -bala 혼자의 힘. -bindu 한 방울. -bījin 한번은 인간으로 다시 태어나는 님. 일간(一間). 일종(一種).일종자(一種者)[豫流者]. -bhattakinī 열녀. -bhikkhu 하나의 수행승[수행승 자신]. -bbohāra. -byohāra 에까비오하라[이교도의 종파. 대중부의 후계]. -brāhamaṇa 단독의 하느님(梵天). -bhaṇḍa 한 묶음. -bhatta 하루 한끼를 먹는. 한 끼니. 일부(一夫)종사하는. -bhattakinī 일부종사하는 여자. -bhattika 하루 한 끼만을 먹는. -bhava 단독의 존재. 동일한 존재. -bhāga 한 부분. -bhājana 동일한 발우. -bhāva 홀로 있음. 유일성. 통일성. -bhikkhā 단독의 걸식. -bhikkhu 비구 그 자신. 비구혼자. -bhūmaka 한 층만을 지닌. 존재의 한 영역에 속하는. -bhesajja 약의 하나의 적용. -maṁsa 한 조각의 고기. -magga 한 사람을 위한 길. 동일한 길. -matikatā 교감(交感). -matikagaṇa 종교단체. -matta 한 운율단위를 지닌. -mātika 동일한 어머니를 지닌. 동모이부(同母異夫)의. -mānasa 하나의 정신을 지닌. 일치하는. -mālā 하나의 화환. 온통 화환으로 가득 찬. -māsa 한 입. -māsika 한 달된. -missaka 완전히 뒤섞인. -mukha 유일한 권위를 지닌. 유일한 입구를 지닌. 유일한 해결을 지닌. -muṭṭhi 한주먹. -muddikā 동일한 무드라[印]. -muhutta 한 순간. 동일한 순간. -muhuttika 한 순간만 지속하는. -mūla 하나의 뿌리. 동일한 근원을 지닌. -mūsika 한 마리의 쥐. -megha 온통 비구름뿐인. -yamakavisajjana 동일한 주제로 시작하는 한 쌍에 대한 대답. -yāna 하나의 목표로 이끄는. 하나의 수레. 동일한 수레. 일승(一乘). -yuttayāna 하나의 동물이 끄는 수레. -yoga 하나의 치유. 하나의 결합[두 개의 경전을 하나로]. 동일한 (문법적인) 관계. 동일한 경구(警句). -rajja 유일한 왕위. 통일된 지배권. 주권(主權). -rajjuka 털실로 짠 한 줄로 된 허리띠. -raṭṭha 동일한 왕국. -ratana 한 큐비트[9인치 정도로 측정단위]. -ratta 한 밤[一夜]. 하나에 집착된. 하나에 전념하는. -ratti 한 밤[一夜]. -rasa 한 맛. 동일한 본질을 가진. 유일한 (지배적인) 의미를 지닌. 동일한 의미를 지닌. 하나의 기능을 지닌. 동일한 기능을 지닌. -rāva 온통 시끄러운. -rājā 제왕. -rāsi 하나의 더미. -rukkha 한 그루의 나무. 동일한 나무. -rūpa 하나의

형상. 하나의 시각대상. -rūpā 십음절 시행의 운율이름. -lakkhaṇa 동일한 특징을 지닌. -laddhika 하나의 동일한 신념을 지닌. -lābha 동일한 몫을 지닌. -liṅga 하나의 성(性)만을 가진. -lohita 피 한 덩어리. -vacana 단수(單數)[문법]. -vajjika 홀로 가는. -vaṭṭa 한번 꼬인·주름진. -vaṇṇa 온통 한가지 색깔을 한. -vatta 하나의 의무. -vattha 한 벌 옷을 입은. -vatthuka 동일한 토대를 지닌. 공동의 토대를 가진. -vaya 동일한 나이. -varaka 하나의 유일한 남편. -valañja 하나의 길을 통해 접근되어지는. -vallabha 하나의 유일한 연인. -vavatthana 동일한 정의(定義)를 갖는. -vassa 일 년. (구족계를 받은 지) 일 년의. -vākya. -vācā 한마디 말. 하나의 명제. -vācikā 하나의 명제를 포함하는. -vāciya 한 마디 말. 반대. 거절. -vāda 하나의 이론. 한 마디 말. 전원일치. -vāraṁ. -vārena 한 번. 한 차례. -vāsa 홀로 지내는 상태. -vijjā 하나의 지혜. -vidha 한 종류의. -vipphāra 동일한 현현(顯現)을 지닌 것. -vibhattitā 동일한 격어미를 가진 것. -virava 동일한 울음소리. -vihāra 동일한 처소. 동일한 처소에 사는. 홀로 사는. 혼자 사는. -vihārikā. -vihāritā 홀로 삶. -vihārin 동료와 떨어져 홀로 사는. 혼자 사는. -vīthi 동일한 길. 의식의 동일한 인식계열. -vega 하나의 노력. 일체의 속력. -vegena 일체의 속력으로. -vedana 하나의 느낌을 야기하는. -vokāra 하나의 구성물. -vyañjana 하나의 철자. 한 음절. -vyatireka 하나의 대조를 표현하는 수사학적 표현. -saṁvacchara 단 일년. -saṁvāsa 동일한 거처에 사는. -saṁsaṭṭha 함께 결합된. -saṭaka 하나의 마차. -saṅgaha 하나의 집합. 함께 포함되는. -sacca 하나의 진리. -sañchanna 완전히 덮인. -saññagga '하나의 지각의 정점' 지각의 완전성. 지각에 대한 지각. -saṇṭhāna 동일한 형태를 지닌. -sadisa 하나와 동일한 사물을 닮은. 일치하는. 단조로운. -sadisatta 일치성. 단조로움. -sadda 하나의 소리가 있는. 온통 소리로 가 득찬. 'eka'라는 소리. -santati 동일한 (생각의) 지속. -santāna 동일한 지속. -sapha 단제(單蹄)의. -sabhāva 동일한 성질. 유일한 성질. -sama 하나이자 동일한 것. -samaṇa 독신수행자. -samuṭṭhāna 동일한 근원을 갖는. -samodhāna 독대의 만남. -samosaraṇa 하나로 합류된. 통일된. -sampahāra 일격(一擊). -sambaddha 하나로 묶인. -sambhoga 함께 음식을 즐기는. -sammati 하나로 일치함. -sayana 동일한 침대. -salākā 하나의 식표. -sāṭaka 단 하나의 의복을 지닌. 법의(法衣)만 있는. 일의외도(一衣外道). -sādhukāra 한차례의 박수갈채. -sāmanta 동일한 이웃을 지닌. -sārīrika 한 사람에게만 영향을 주는. -sālaka 하나의 집회장만을 포함하는. -sāsana 동일한 가르침. -sikkhāpada 하나의 학습계율. -sikha 하나의 벼슬[冠毛]을 지닌. -sittha 하나의 밥덩이. -sīma 동일한 경계내의. -sīsa 머리들을 한 쪽 방향으로 향한. -sutika 동일한 음을 가진. -sutidhara 들은 것을 마음에 지닌. -suttaganthika 하나의 실에 묶인. -surabhigandhādhivāsita 동일한 감미로운 향기를 풍기는. -sūra 유일한 영웅. -setacchatta 하나로 된 양산을 지닌. -senā 단독의 군대. -seyya 하나의 침대만을 가진. 홀로 누운. -sesa 홀로 남음. 유일하게 남은 사람. -ssarasadda 단음(單音). -hattha 외팔이. -hatthipiṭṭha 어떤 코기리의 등. -hita 오로지 유익한. -hetuphaladīpana 단일한 원인과 결과에 대한 설명.

ekaṁsa *m.* [eka-aṁsa] ① 한쪽 어깨. *acc.* ekaṁsaṁ. *adv.* 한쪽 어깨에. ② 한쪽. 한 방향. 일향. ③ 즉각. 확증. 절대. *ins.* ekaṁsena. *adv.* 확실히. 즉각적으로. 절대적으로. 일향으로. -byākaraṇīyapañha 즉각적으로 답변해야 할 질문. 응일향기문(應一向記問).

ekaṁsika *adj.* [ekaṁsa-ika] ① 확실한. 결정적인. 절대적인. ② 결정기(決定記).

ekaṁsikatā *f.* [ekaṁsika의 *abstr.*] ① 확실함. ② 일향성(一向性). 결정성(決定性).

ekaka *adj.* [eka-ka] 혼자의. 단일의 *f.* ekikā.

ekakkhatuṁ *adj.* [eka-kkhatuṁ] 한 번.

Ekakkharakosa *m.* 일음보고(一音寶庫)[쌋담마낏띠(Saddhamakitti)의 운율사전].

ekagga *adj.* [ek-agga. *sk.* eka-agra] 한 점의. 하나의 대상의. 하나의 점에 집중된. -citta 집중된 마음의 상태. 심일경(心一境性).

ekaggatā *f.* [ekagga의 *abstr.*] 집중된 상태. 일경성(一境性).

ekacca *adj.* [eka-tya] ① 어떤. ② 일정한. ③ 한정된. *m. pl. nom.* ekacce. 어떤 자들은. 몇몇은.

ekaccika. ekacciya *adj.* = ekacca.

ekajjhaṁ *ind.* [*bsk.* ekadhyaṁ] ① 같은 곳에. ② 함께.

ekaṭṭha *adj.* [<eka-sthā] ① 홀로 선. 고독한. ② 동일한 것이 남은. 동일한. ③ 결합된. ④ = ekattha.

ekaṭṭhāna *n.* [eka-sthā-na] ① 하나의 장소. 동일한 장소. ② 하나의 단계. ③ 하나의 경우.

ekato *ind.* [eka의 *abl.* *sk.* ekataḥ] ① 한쪽에서. 한 측면에서. 별도로. ② 하나의 유일한 관점에서. 동시에. 함께. ~kammaṁ karoti 협동하다.

협력하다. -uggataloma 한쪽에 긴 머리를 한. -karaṇa 함께 처리하는. 함께 섞는. 협동. 협력. -kāja 한쪽에만 고리가 달린 막대. -gaṇa 한 쪽의 무리에 속하는. -gamana 한 쪽으로 가는. 덜어지는. -dasa 한쪽에 술장식을 갖는. -dhāra 한 쪽 날을 갖는. -nivāsa 함께 머무는. -pakkhika 한 쪽의 무리에 속하는. -paññatti (승단만을 위한) 유일한 관점에서의 (규칙의) 제정. -papāta 한 쪽이 절벽인. -vāsa 함께 사는. -sattapada-vītihāragamana 일곱 발자국을 함께 가는. -suddhi 하나의 관점에서의 잘못의 정화.

ekatta *n.* [eka의 *abstr.*] ① 단일. 유일. 고독. 분리. 혼자 사는 것. 동일성. 일성(一性). 단일한 개념. 일반적인 용어. 단수(單數)[문법]. -âbhirati 고독을 즐기는. -gata 통일된. -ggahaṇa 통일에 대한 이해. -cariyā 홀로 사는 것의 실천. -nānattapañha 동일성과 차이성에 대한 질문. -nirata 홀로 삶을 좋아하는. -paññatti 일반적 용어의 시설. -vāda 일원론(一元論). -vāsa 통일 속에 사는. -samosaraṇa 통일의 성취. -suñña 일성공(一性空)[欲望은 異性인데 비해 出離는 一性인 것. 一切煩惱는 異性인데 비해 阿羅漢道는 一性인 것을 말한다]. ② [eka-atta] 자신의 유일한 본성을 지닌. 독특한. 개성적인. 유일한. 한결같은. 배타적인. -kāya 한결같은 몸을 지닌. -vimokkha 유일한 해탈. -saññā 한결같은 본성에 대한 지각.

ekattatā *f.* [ekatta의 *abstr.*] ① 통일성. ② 일반적인 용어의 사용.

ekattha ① *ind.* [*sk.* eka-tra] 한 장소에. *adj. m.* [eka-attha] ② 동의어인. 동어반복하는. ③ 하나의 의미. -nānatthatā 의미의 같고 다른 것[同異].

ekatthi *f.* [<eka-atthi] ① 하나의 존재. ② 통일.

ekatthībhāva *m.* [*sk.* ekārthībhāva] 하나가 의미를 갖는 사실.

ekadatthu *ind.* [eka-d-atthu] ① 분명히. ② 결정적으로. ③ 특별히.

ekadā *ind.* [eka-dā] ① 한 때. 언젠가. ② 옛날에.

ekadivasa *m.* [eka-divasa] ① 단 하루. ② 동일한 날. ③ 어느 날.

ekadesa *adj. m.* [eka-desa] ① 한 장소를 갖는. 부분적인. ② 한 장소. -pariggaha 부분적인 포함. -bhāva 부분적인 존재. -bhūta 부분적인. -visaya 부분적인 영역을 갖는.

ekadhā *ind.* [eka-dhā] ① 즉시. ② 한 방법으로.

ekanta *adj. m.* [*sk.* ekānta] ① 한쪽의. 최고의. 일향(一向)의. 별개의. 하나의 대상에 헌신하는. ② 온통의. 전적인. 궁극적인. 완전한. 확실한. 극도의. ③ 하나의 끝. 유일한 목표. 고독한 장소. 비밀한 장소. *acc.* ekantaṁ *adv.* 전적으로. 완전히. 오로지. -âkusala 전적으로 악하고 불건전한. -âjjhosāna 동일한 목표를 가진. -âniṭṭhaphala 전적으로 바람직하지 않는 결과를 갖는. -kaṇha 온통 검은. -kappiya 완전히 타당한. -karaṇiya 절대적으로 본질적인. -kalyāṇa 완전히 고귀한. -kāraṇa 완전한 이유. -kusala 완전히 착하고 건전한. -gata 궁극적으로 헌신한. -cchanda 동일한 의향. -tikhiṇa 완전히 심각한. -tippa 극도로 예리한. -dibba 전적으로 신성한. -dukkha 극도의 고통. -dhamma 배타적인 속성. 유일한 속성. -nānatā 완전한 다양성. -nikkilesa 완전히 오염이 없는. -niṭṭhuratā 완전한 야성. -nindita 절대적으로 비난받을. -paṇḍita 진정으로 현명한. -paripuṇṇa 궁극적인 완성. -parisuddha 오로지 청정함. -pāpaka 전적인 악. -puggala 고독한 인간. -phasucetanā 전적으로 거친 생각. -bahukāra 전적으로 도와주는. -bālabhāva 완전한 무지. -bhāva 확실성. -bhedana 전적으로 부서지기 쉬움. -manāpa 극도로 즐거운. -mahāsāvajjatta 전적으로 비난할 만한 상태. -mitta 확실한 친구. -mudu 극도로 섬세한. -lābhin 결정적으로 얻는. -lomī 한쪽으로 양털을 가진 덮개. -vallabha 극단적으로 호감을 가진. -vāda 극단론. -vippasanna 완전히 믿는. -vissāsa 최상의 신뢰. -vītadosa 전적으로 분노가 없는. -vītamoha 전적으로 어리석음이 없는. -vītarāga 전적으로 탐욕이 없는. -sacca 절대적 진리. -santatta 전적인 적멸의 상태. -sambandhabhāva 절대적인 관계의 상태. -savana 단지 들은. -siddhi 절대적인 성취. -sīla 동일한 계행을 지닌. -sukha 지복(至福). -sokaparāyaṇa 극도의 슬픔에 빠지는. -hāra 완전한 소모. -hita 완전히 유익한. -hetubhāva 하나의 유일한 원인을 갖는 상태.

ekantarika [<ekanta] ① 여럿 가운데 하나를 취하는. ② 선택적인.

ekamantaṁ *ind.* [eka-anta의 *acc.*] ① 고독한 곳에. 외로운 곳에 ② 한쪽에. ~ nisīdi 한쪽에 앉았다. ~ aṭṭhāsi 한쪽에 섰다. ③ 따로 떨어져서. ④ 배타적으로. 절대적으로.

ekameka *adj.* [eka-eka] 하나씩의. 각각의. *ins.* ekamekena *adv.* 각각.

ekavidha *adj.* [eka-vidha] ① 한 종류의. ② 단일한. 단순한. *abl.* ekavidhā *adv.* 혼자서. 단순히.

ekaso *ind.* [*sk.* ekaśaḥ] 혼자서. 하나하나. 각각.

ekākin *adj. m.* [<ekā] ① 외로운. 고독한. ② 외로운 사람. *f.* ekākinī.

ekākika. ekākiya *adj.* [<eka] 혼자의. 고독한. 단독의. 외로운.

ekādasa *adj.* = ekākiya

ekādhikasata *n.* [eka-adhika-sata] 101.
ekāyana *adj. m.* [eka-āyana] ① 유일한 목표로 이끄는. 하나의 목표로 이끄는. 한 장소로 이끄는. 한 사람만을 위한[좁고 외로운]. ② 하나의 목표로 향하는 길. 유일한 길. 한 사람만을 위한 길[좁고 외로운 길].한 장소로 이끄는 길. 일승도(一乘道). 일행도(一行道).
ekāra *m.* [e-kāra] e의 문자·소리·음절. -āgama e의 문자·소리·음절의 추가. -ādesa e의 문자·소리·음절의 대체. -lopa e의 문자·소리·음절의 제거.
ekārasa *num.* [*sk.* ekādaśa] 열하나. 11.
ekika *adj.* [eka-ika] 외로운.
ekikā *f.* [eka-ikā] 외로운 여인.
ekitthī *f.* [eka-itthī] 외로운 여인.
ekīkata *adj.* [ekīkaroti의 *pp.*] 하나로 취급된. 단수로 취급된[문법에서 집합명사를 의미].
ekīkaraṇa *n.* [〃] 결합. 합병. 합체.
ekībhavati [ekī-bhū] 하나가 되다. 통일되다.
ekībhāva *m.* [eka-bhāva] ① 하나가 된 상태. 통일. 정체성(正體性). ② 고독. 외로움.
ekībhūta *adj.* [ekībhavati의 *pp.*] 홀로 된. 외로운.
ekuttara *adj.* [eka-uttara] 하나 보다 많은. 하나에 의해 증가하는. 증일(增一)의. -ika(°rika) 앙굿따라니까야. -naya 항목이 숫자에 의해 하나씩 늘어나는 배열의 방식.
ekuddesa *m.* [eka-uddesa] 동일한 설계(設戒).
ekuppāda *adj.* [eka-uppāda] 동일한 발생을 지닌. 함께 발생하는.
ekuposatha *m.* [eka-eposatha] 동일한 포살(布薩).
ekūna *adj.* [eka-ūna] 하나를 빼는. 하나가 부족한. -âsīti 79. -cattāḷīsa 39. -tiṁsati 29. -tiṁsā 29. -navuti 89. -paññāsā 49. -vīsati 19. saṭṭhi 59. -sata 99. -sattati 69.
ekodi. ekodhi *adj. m.* [*bsk.* eka-ūti '망(網). 노력'(?)] ① 집중된. 고정된. 한 점의. ② 집중. 통일. 심일경(心一境). -bhavati 진정되다. 안정되다. -bhūta 집중된. -bhāva 집중. 전일성(專一性). 일취성(一趣性). 마음을 한 점에 고정시킨 모습. 심일경상(心一境相).
ekosakuṇiko *m. nom.* [eka-sakuṇika] 한 마리의 작은 새.
ejati [ej. iñj] ① 자극하다. 흔들다. 교반하다. 동요되다. 흔들리다. ② 빛나다. 빛나게 보이다.
ejā *f.* [<ejati. *cf.* ānejja] 정신적인 혼란. 갈망. 동탐(動貪). 동착(動着). aneja 움직이지 않은. 조용한. 침착한.
eṭṭha *adj.* [ā-iś의 *pp.*] 욕구된. 희망된.
eṭṭhi *f.* [<ā-iś] 바램. 욕구.
eṇa. eṇi *m.* eṇī *f.* [〃] = eṇeyya 영양(羚羊)의 일종. eṇi-jaṅgha 사슴과 같은 장딴지를 지닌. 천여녹왕상(腨如鹿王相)[三十二相의 하나].
eṇimiga. eṇīmiga. eṇimmigga. eṇeyya *m.* [<eṇi] 영양(羚羊). *cf.* eṇi.
eṇeyyaka *n.* [<eṇi] 고문의 일종. 영양형(羚羊刑)[죄인을 영양의 자세로 하고 팔꿈치와 무릎을 땅에 못으로 고정시키고 주변에 불을 놓는 형벌].
etad *pron. adj.* [〃] 이것. 그것. (*n.*) *sg. nom. acc.* etam ; *dat. gen.* etassa ; *pl. nom. acc.* etaṁ ; *loc.* etesu ; (*m.*) esa. eso ; *pl. nom.* ete ; (*f.*) *sg. nom.* esā ; *dat. gen.* etissā *pl. loc.* etāsu. etad ahosi 이것(이와 같은 생각)이 있었다. 이렇게 생각했다. *cf.* tad.
etaparamaṁ *ind.* [eta(evaṁ)-paramaṁ(*acc.*)] 이처럼 뛰어나게.
etarahi *ind.* [*sk.* etarhi. *cf.* tarahi. carahi] ① 지금. 현재. ② 오늘날.
etādi. etādī *adj.* [*sk.* etādṛś] 이와 같은. 여차(如此)의.
etādikkha *adj.* [*sk.* etādṛkṣa] 이와 같은. 이와 유사한. 여차(如此)의.
etādisa *adj.* [etad-disa. *sk.* etādṛśa] 이와 같은. 여차(如此)의.
eti [〃<i] ① 가다. 도착하다. ② 오다. 돌아오다. *ppr.* enta ; *imp. 2sg.* ehi 오라! 자! *3sg.* etu ; *2pl.* etha ; *fut.* essati. ehita. ehisi ; *pp.* ita.
etta *ind.* [*sk.* atra] ① 여기에. 이곳에서. ② 이점에 관해서.
ettaka *adj.* [etta-ka] 이 만큼의. 이 정도의. 이것만의 *pl.* 이 정도로 많은. alaṁ ettakena 이것만으로도 충분하다.
ettato *ind.* [etta의 *abl.*] ① 여기부터. ② 그러므로.
ettāvatā *ind.* [ettāvat의 *ins. abl.*] ① 이제까지. 이만큼까지. ② 이 정도로. 이러한 방식으로.
etto *ind.* [=ettato] ① 이것부터. 여기. 여기로부터. ② 그러므로.
ettha *ind.* [*sk.* atra] ① 여기에. 지금. ② 이 점에 관해서.
edanta *adj.* [e-d-anta] e로 끝나는[문법].
edi. edī *adj.* [*sk.* ādṛśa] 이와 같은.
edisa. edisaka *adj.* [*sk.* ādṛśa] 이와 같은.
edha *m.* [〃] 연료. 땔감.
edhati [ṛdh. *cf.* ijjhati] ① 번영하다. 성공하다. ② 얻다. *aor. 3sg.* edhittha.
ena *pron.* [=etad] 이것. 그것.
eraka ① *adj.* [<ereti] 모는. 달리게 하는. 움직이

는. -vattika 고문의 일종. 구행형(驅行刑)[목에 서부터 다리까지 피부를 벗겨 스스로 밟게 하여 죽이는 형벌]. ② *n.* 에라까[침대보를 만들기 위해 사용되는 풀의 일종].

eraṇḍa *m* [*dial.* (?)] 피마자. 아주까리. = elaṇḍa -tela 아주까리 기름. -daṇḍaka 아주까리 나무줄기. -madhukaṭṭhi 아주까리의 달콤한 씨앗. -rukkha 아주까리 나무. -vana 아주까리 나무숲.

eraya. eraye → ereti.

Erāvaṇa *m.* 인드라 신(帝釋天)의 코끼리. 인드라신의 용. 이라바나상(伊羅婆那象). 이라바다용(伊羅婆陀龍).

erāvata *m* [?] ① 만다린오렌지. ② 오렌지 나무.

Erāvatī *f.* [?] 에라바띠[미얀마의 강 이름].

erikkha *adj.* [*sk.* īdṛkṣa] 이러한 종류의.

erita. erayita *adj.* [ereti의 *pp.*] ① 움직여진. 흔들린. 던져진. ② 언급된. 선언된.

erisa *adj.* [*sk.* īdṛśa] 이와 같은. 유사한.

ereti. erayati [=īreti. īr의 *caus.* *sk.* īrayati] ① 움직이게 하다. 흔들다. 혼란하게 하다. ② (목소리를) 내다. 말하다. *imp.* eraya ; *opt.* eraye ; *pp.* erita. erayita

ela *n.* ① [<*sk.* enas] 잘못. 결함. -patī[원래는 vatī] 말에 결함이 있는. ② [?] 물(?). -mbiya 물에서 생겨난. ③ = era(ka). ④ = eḷaka. 양. -pāla 양치기.

elaka *m.* [=eḷaka①]. 문지방.

elaṇḍa → eraṇḍa

elambaraka *m.* [?] 기는 덩굴식물의 일종.

elambuja *m.* [ela-ambu-ja] 수련(水蓮).

elā *f.* [?] ① 침. 타액. -mukha(eḷa°) 입에서 침을 흘리는. ② 카르다몬[열대 아시아산 생강과의 식물].

elāluka. elāḷika *n.* [?] 오이의 일종.

eḷaka *m.* ① [?] 문지방. ② [*sk.* eḍaka] 양. 숫양. 야생염소. -aṭṭhi 양의 뼈. -âbhsandhi 양에 대한 (죽이려는) 의도. -gopaka 양지기. -catukkha 양과 관련된 네 가지 측면. -camma 양가죽. -jāti 양의 품종. -tthambhaka 문지방의 기둥. -pāda-(ka) 양과 같은 발을 지닌. -pāla(ka) 양치기. -bhāva 양인 상태. -maṁsa 양의 고기. -massuka 양과 같은 수염을 한. -loma 양털. -loma-bhaṇḍikā 양털의 더미. -lomasikkhāpada 양털과 관계된 학습계율. -saṁvāsa 양처럼 함께 사는. -saññā 양에 대한 지각. -sadda '양'이라는 말·소리. -samāna 양과 같은. -sarīra 양의 몸. -sunakhā 양들과 개들.

eḷakā. eḷikā. eḷikī *f.* [*sk.* eḍiki] 암산양. 암양.

eḷagala. elagaḷa. elagala *adj.* [eḷa-galā] ① 말하는데의 결함. 말하는데 결함이 있는. 벙어리의. ② 침을 흘리는. ③ 엘라갈라[식물의 이름. Cassia Alata. Cassia Tora]. -vāca 결함이 있는 말을 하는. -gumba(°āgumba) 엘라갈라의 숲.

eḷagga → lagga.

eḷamūka → eḷamūga

eḷamūga *adj.* [*sk.* ela-mūga] ① 말하는데 결함이 있는. 벙어리인. ② 어리석은. -tā 어리석은 상태. 백치(白痴).

eḷā *f.* ① =elā. ② 깨꽃. 샐비어[식물의 이름].

eḷāra *f.* 앨라라[약초의 이름. 사람의 이름].

eva *ind.* [〃] ① 실로. 참으로. ② 하지만. ③ ~야말로. ④ ~만. ~뿐. -rūpa 이와 같은[앞에 오는 자음·모음 때문에 yeva. ñeva. va가 되는 일이 있다]. -kārin 이와 같이 행하는. -dassin 이와 같이 보는.

evaṁ *ind.* [〃] 예. 이렇게. 이와 같이. ~ eva 이런 방식으로. evaṁ me sutaṁ 이와 같이 나는 들었다. 여시아문(如是我聞). tassa ~hoti(ahosi) 그에게 이렇게 있다(있었다). = 그는 이렇게 생각한다(생각했다.) evaṁ° -akkhāyin 이와 같이 관계하는. -ajjhāyasa. -adhippāya 이러한 의도를 갖는. -adhimutti 이러한 결정을 갖는. -abhisamparāya 이와 같은 미래의 존재를 낳는. -assāda 이와 같은 맛을 지닌. -ākāra 이와 같은 형태를 지닌. -ādi(ka) 이와 같은 것을 비롯한. -ādialaṅkāra 이와 같은 것을 비롯한 장식품들. -āyupariyanta 수명에 이러한 한계를 지닌. -āhāra 이러한 음식을 지닌. -iccha 이러한 욕구를 지닌. evaṁ° -rucika 이와 같은 경향의. -rūpa 이와 같은 형상을 지닌. 이와 같은 종류의. -laddhanāma 이와 같은 이름을 받은. -lāmaka-sarīra 이와 같은 불쾌한 몸을 받은. -vaṇṇa 이와 같은 용모의. -vādin 이처럼 주장하는. -viññāṇa 이와 같은 의식을 갖고 있는. -vipassain 이와 같은 통찰을 갖고 있는. -vipāka 이와 같은 결과를 갖는. -vimutta 이와 같은 해탈을 갖는. -vihārin 이와 같은 거처를 갖는. -vihitaka 이와 같은 배치를 갖는. -vidha 이와 같은 종류의. -vutta 이와 같이 말해진. -sañña 이와 같은 지각을 갖는. -sadda 이와 같은 명성을 지닌. -sambhāva 이와 같은 본성을 갖는. -samañña 이와 같은 명명을 갖는. -samācāra 이와 같은 행위를 갖는. -samādhi 이러한 삼매를 갖는. -samapattika 이와 같은 성취를 갖는. -sampada 이와 같은 완성을 갖는. -siloka 이와 같은 명성을 갖는. -sīla 이와 같은 성품을 갖는. 이와 같은 계행을 갖는. -sukhadukkhapaṭisaṁvedin 이와 같은 즐거움과 괴로움을 체험하는. -kara 이와 같이 행하는. -kāma 이와 같이 욕망을 갖는. -kārin 이와 같이 행동하는. -khanti 이와 같은 인내를 갖는. -gata 이와 같은 상태에 있는. -gatika. -gamana 이와 같이 재생의 존재를 갖는. -garuka 이와 같이 무거운. -guṇa 이와 같은 특질을 갖는. -gotta 이와 같은 성씨를 갖는. -citta 이와 같은 마음을 갖는. -citaṭṭhitika 이와 같이 장수하는. -chanda 이와 같은 욕망을 갖는. -jacca 이와 같은 탄생을 갖는. -jātika 이와 같은 종류의. -diṭṭhi(ka) 이와 같은 견해를 가진. -dibbsukhapaṭisaṁvedin 이와 같은 천상의 행복을 체험하는. -dīghâyuka 이와 같은 장수의 기간을 갖는. -dhamma 이와 같은 본성을 갖는. -nāma(ka. -ika) 이와 같은 이름을 갖는. -niṭṭha 이와 같은 끝을 갖는. -nipphattika 이와 같은 결말을 갖는. -pakāra 이와 같은 종류의. -pañña 이와 같은 지혜를 지닌. -paṭiñña 이와 같은 약속을 지닌. -pabheda. -bhāga 이러한 구분을 지닌. -bhāvin 이러한 현현을 지닌. -bhūta 이와 같이 되버린. -mahānubhāva 이와 같은 위대한 능력을 지닌. -mahiddhika 이와 같은 위대한 신통력을 갖는. -mānim 이와 같은 자랑을 갖는. -mutti 이와 같은 해탈을 갖는.

evāhaṁ =evaṁ ahaṁ.

esa ① = etad 이것. ② = esin*adj.* [<iṣ] 구하는.

esati [ā-iṣ] ① 구하다. 찾다. 노력하다. *aor.* esi ; *ppr.* esāna. esanta. esamāna. esato(*sg. dat. gen.* ② [es] 슬기롭다. 이해하다. ③ [is] 이삭을 줍다. ④ [es] 가다. ⑤ [<īsa] 정복되다.

esana[1] *adj.* [<esati] ① 탐구(探求)하는. ② 동경하는. 바라는. 소망하는.

esana[2] *n.* esanā *f.* [<esati] ① 구함. 심구(尋求). 탐구(探求). ② 동경. 바램. 소망. esanā°-pasuta (보다 높은 상태로의) 탐구에 종사하는. -bhāvana 구함의 닦음. -suñña 심구공(尋求空)[出離를 추구하면 欲望이 없어지고 光明想을 추구하면 昏眠이 없어지는 것 등을 말한다.] esana°. esanā° -hetu 추구를 원인으로 하는.

esanī *f.* [<iṣ] 탐침(探針)[외과의사가 상처를 살피는 기구].

esabha → usabha.

esa ① *pron.* →etad. ② *adj.* [<esati] 찾는. 원하는. 구걸하는.

esā ① *pron.* →etad. ② *f.* [<esati] 찾음. 추구. 욕구. 구걸.

esāna *adj.* esati의 *ppr.*

esika *n.* esikā[1] *f.* [=isīkā] 기둥. -ṭṭhāyin 기둥처럼 안정된. -tthamba 성문 앞에 육중한 기둥.

esikā[2] *f.* [esa ② -ikā] 욕구. 욕망.

esin. °esiya *adj.* [esa-in. *sk.* eṣin] 찾는. 구하는. 원하는.

essa → esa ②.

essati [eti의 *fut.*] 갈 것이다. 올 것이다.

ehi *interj.* [eti의 *imp.*] 오라. 여기로 오라. 자. -passika 와서 볼만한. '와서 보라'의. -bhadantika 초대를 받아들이는 사람. -bhikkhu 비구여, 오라. -bhikkhu-upasampadā '비구여, 오라'라는 말로 승단에 입단하는 것[구족계가 이루어짐]. -bhikkhunī 비구니여, 오라. -bhikkhupabbajjā '비구여, 오라'라는 말로 승단에 출가하는 것. -bhikkhubhāva '비구여, 오라'라는 말로 출가가 허락된 상태. -sadda '오라'라는 말. -sāgatavādin[°su-ā-gata-vādin] 언제나 '잘 오셨소.'라고 말하는 사람. 정중한 사람.

ehita. ehisi eti의 *fut.*

O

o ① 모음·문자 o의 이름. ② *pref.* [범어 ava°] = ava° 내리는. 아래의. 열등한. ③ *pref.* [범어 apa°] =apa 떨어져서. 사라져. 뒤의. ② *pref.* [범어 ud° ut°] 위로.

oka *n.* [*sk.* okas] ① 물(udaka)의 단축형 ② 집. ③ 거처. ④ 기반. ⑤ (감각적 대상에 대한) 집착. anoka 집없음. 포기. 집착없음. -cara 집에서 사는. 길든. 가축. 짐승의 수컷. 후림새(?). -cārikā 짐승의 암컷. 꼭두각시(?). -(ñ)jaha 집과 편안함을 떠나는. 출가하는. 집착을 버리는.

okaḍḍhati [ava-kṛṣ] ① 끌어내리다. ② 뽑아내다. ③ 제거하다.

okantati. okkantati. avakantati [ava-kantati<kṛt] ① 잘라내다. ② 제거하다. *abs.* okantitvā. okkacca ; *pp.* avakanta. avakantita.

okantana *n.* [<okantati] 잘라냄.

okandati. okkandati *n.* [o-krand] ① 슬퍼하다. 애통해 하다. ② 불평하다.

okappati [o-kappati<kḷp] ① 정리하다. ② 준비하다. *caus.* okappeti.

okappanā *f.* [<okappeti] ① 결정. ② 신뢰. ③ 선해(善解).

okappaniya. okappanīya *adj.* [okappeti의 *grd.*] 신뢰받을 만한. 신뢰받을 수 있는.

okappeti [o-kappeti<ava-kḷp] ① 결정하다. ② 신뢰하다. *grd.* okappetabba.

okampeti [ava-kamp의 *caus.*] 흔들다.

okassati [ava-kṛṣ=okaḍḍhati. avak°] ① 끌어내리다. ② 뽑아내다. ③ 제거하다. *abs.* okassa ; *caus.* okasseti. *pres. 1sg.* okassayāmi.

okassayati. okasseti [okassati의 *caus.*] ① 끌어내다. ② 뽑아버리다.

okāra *m.* ① [o-kāra. *bsk.* okāra. avakāra] 비천. 타락. 수치. 어리석음. 무익. ② [o-kāra] o의 문자·소리·음절. -āgama o의 문자·소리·음절의 추가. -ādesa o의 문자·소리·음절의 대체. -lopa o의 문자·소리·음절의 제거.

okāsa *m.* [<ava-kāṣ. *bsk.* avakāśa] ① 공간. 허공. ② 장소. 영역. 통로. ③ 간격. 틈새. 기회. 허락. ④ 처격(*loc.*)[문법]. -âdhigama 자유로운 통로를 얻는. 자유로운 기회를 얻은. -âbhāva 기회가 없음. 기회의 상실. -kata 허락된. -kamma 기회를 부여하는. 허락하는. -karaṇa 공간을 만드는. 기회를 만드는. 허락하는. -dāna 기회를 주는. -dāpana 기회의 제공. -dīpanī 공간에 대한 설명[우주론에 대한 책]. -parikappa 장소와 관련된 전략[훔치는데 필요한 전략]. -matta 허락. -loka 공간의 세계. 물질적인 세계. 보이는 세계. 기세간(器世間). -lokasūdanīī 물질적인 세계에 대한 안내. -vāra 장소와 관련된 장(章). -saṇṭhāna (몸의) 장소의 모양을 취하는. -sabhāva 기회가 왔음. 기회의 현존.

okāsati [ava-kāṣ] ① 보이다. ② 나타나다. *caus.* okāseti.

okāseti [okāsati의 *caus.*] ① 보이게 하다. ② 보여주다.

okiṇṇa *adj.* [kirati의 *pp.*] ① 뿌려진. ② 뒤덮인. ③ 사로잡힌. ④ 가득 찬.

okiraṇa *n.* [<okirati] ① 살포. 흩뿌림. ② 쏟아부음.

okirati [ava-kṝ] ① 흩뿌리다. ② 쏟아 붓다. ③ 덮어버리다. ④ 버리다. ⑤ 거절하다. *aor.* okiri; *pp.* okiṇṇa; *pass.* okiriyati; *caus.* okirāpeti.

okirāpeti [okirati의 *caus.*] 붓게 하다. 살포하다. 흩뿌리게 하다.

okiriṇi. okilinī *f.* [<okiraṇa<o-kṝ] '숯을 뒤집어 쓴 여자' 버려진 여자.

okīrāṇaka *adj.* [<okiraṇa] 뒤집어 쓴.

okūjati [ava-kūj] ① 단조로운 소리를 내다. ② 콧노래를 하다.

okoṭimaka *adj.* [o-koṭi-mant-ka. *bsk.* ava-koṭimaka] ① 보기흉한. 추루(醜陋)한. ② 기형의. 불구의. ③ 왜소한. ④ 등이 굽은.

okkaṁsati → ukkaṁsati.

okkaṁsanā → ukkaṁsanā.

okkacara → okacara.

okkacarikā → okacarikā.

okkacca → okantati의 *abs.* ukkantati의 *abs.*

okkaṭṭha → okkasati의 *abs.*

okkanta. avakkanta *adj.* [okkamati의 *pp.*] ① 들어간. 접근된. 건너간. ② 나타난. 전개된. 현현된. 화현된. ③ 하강한. 강림된. 입태(入胎)된. ④ 잠이든. ⑤ 사로잡힌. 공격당한. ⑥ 비껴나간. 떨어진. -kāla 하강의 때. 잠자는 때. -dīpa 하선할 수 있는 섬. -nidda 잠이 든. -niyāma 한계에 든. -bhāva 들어간 사실. -bhikkhunī 피안을 건너간 비구니. -matta 단지 들어간. -satta 생명이 없는. 죽은. -sammattaniyāmatta 규칙을 모음에 대한 제한에 들어간 사실. -sukka 좋은 속성이 없는.
okkanti *f.* [<okkamati] ① 하강. 들어감. ② 출현. 발생. 전개. 현현. 화현. ③ 입태(入胎).
okkantika *adj.* [okkamati] ① 퍼져 들어가는. 거듭 나타나는. ② 순환하는. -pīti 순환의 기쁨. 계기희(繼起喜).
okkandikā *f.* [<okkamati] 뛰어듦(?).
okkamati [o-kamati<ava-kram] = avakkamati ① 들어가다. 접근하다. ② ~이 되다. ③ 건너가다. ④ 나타나다. 전개되다. 출현하다. 현현하다. 화현하다. ⑤ 하강하다. 강림하다. 입태(入胎)되다. ⑥ 잠이 들다. ⑦ 사로잡히다. 공격당하다. ⑧ 비껴가다. 떨어지다. ⑨ [o-kamati<ut-kram] 버리다. 포기하다. 무시하다. 어기다. *aor.* okkami ; *fut.* okkamissatha ; *ppr.* okkamanta. okkamamāna. *abs.* okkamitivā. okkamma ; *pp.* okkanta ; *grd.* okkamaniya. okkamitabba ; *caus.* okkameti. okkamāpeti.
okkamayati [okkamati의 *caus.*] 잠에 들다.
okkamana *n.* [<okkamati] ① 들어감. 접근. 전개. 도달. ② 어긋남. 위범.
okkamaniya *adj.* [okkamati의 *grd.*] ① 들어가야 할. ② 하강해야 할. ③ 전개되어야 할.
okkameti. okkāmeti. okkamāpeti [okkamati의 *caus.*] ① 쫓아내다. ② 제쳐두다.
okkamma [okkamati의 *abs.*] ① 들어가서. 출현해서. ② 어긋나서. 벗어나서.
okkala ① = ukkala. ② [*sk.* utkala] 옥깔라[나라의 이름. 지금의 오릿싸].
okkassati → okassati.
okkā *f.* [*sk.* ulkā] 횃불.
Okkāka *m.* [*sk.* ikṣvāku] 옥까까 왕. 감자왕(甘蔗王). -kulaketu 옥까까 가문의 깃발. -kulasambhāva 옥까까 가문에서 태어난. -gotta 옥까까의 씨족. -paramparā 옥까까 가문의 계승. -paveṇi 옥까까 가계. -ppabhava 옥까까 가문에서 유래하는. -rājakulaketu 옥까까 왕가의 깃발. -(rāja)vaṁsa 옥까까 왕조.
Okkāmukha *m.* [*sk.* ikṣvāku] 옥까무카[옥까까 왕의 아들의 이름].
okkāmeti = okkameti.
okkhaka *n.* [*sk.* aukṣaka] 황소의 무리.
okkhatara *n.* [*sk.* ukṣatara] 젊은 황소[싸움에 동원되는 소].
okkhandati [avs-skand] ① 뛰어들다. ② 집중하다. 몰두하다.
okkhā → okhāsata.
okkhāyati ① [ava-khā] 나타나다. 분명해지다. 이해하다. ~이라고 생각하다. ② [ava-kṣi] 낮은 곳에 놓이다. 이지러지다. 웅크리다. 가라앉다. 억제되다. ③ [apa-khyā] 시야에서 벗어나다. 멀어지다. 깊어지다.
okkhāyana *n.* [<ava-khā] ① 지각. ② 통찰.
okkhāyika *adj.* [<okkhāyati ② ③] ① 이지러진. 웅크린. 낮은. ② 시야에서 벗어난. 먼. 깊은.
okkhāsata *n.* ① [*sk.* ukhā-sata] 백 개의 옹기. ② [*sk.* ulkā-sata] 백개의 횃불.
okkhita *adj.* [ava-ukkhati<ukṣ의 *pp.*] 흩뿌려진. 산포(散布)된. 도포(塗布)된.
okkhitta *adj.* [okkhipati의 *pp.*] = avakkhitta 밑으로 던져진. 떨어진. -cakkhu 눈을 내리깐. -paligha 빗장을 내린. -locana 눈을 내리깐.
okkhipati [ava-kṣip. *sk.* avakṣipati] ① 밑으로 던지다. 떨어뜨리다. ② 꾸짖다. 응징하다. 욕설을 퍼붓다. ③ 정복하다. 억제하다. *aor.* okkhipi ; *abs.* okkhipitvā ; *pp.* avakkhitta. okkhitta.
og(g)acchati [ava-gam] ① 내려가다. 가라앉다. ② (조수가) 물러가다. 퇴각하다. ③ (해·달 등이) 지다. *pp.* ogata.
ogacchana *n.* [<ogacchati] ① 물러남. 퇴각. ② 하강. -uggacchana (땅의) 하강과 상승 운동.
ogaṇa *adj.* [ava-gaṇa] ① 숫자가 모자라는. ② 무리를 떠난. 홀로 있는.
ogadha. ogādha. *adj. n.* [*sk.* ava-gāḍha<gāh] ① 잠수하는. 뛰어드는. 들어가는. ② ~에 뿌리박은. 확고한. 토대를 둔. ③ 확고한 위치. 근거. 기초.
ogadhati. ogādhati [*sk.* avagāḍha<gāh] 확고하게 서다.
ogadhita. ogādhita *adj.* [ogădhati의 *pp.*] ~에 뿌리박은. 확고한 토대를 둔.
ogamana *n.* [o-gam-ana] 들어가다. ~에 빠짐.
ogayha ogāhati의 *abs.*
ogalati. ogaḷati [ava-gal] ① 똑똑 떨어지다. ② 미끄러지다. 넘어지다.
ogaha. ogāha[1] → oguha.
ogāha[2] *m.* [o-gāh] ① 잠수. ② 뛰어들기.
ogāhati. ogahati [ava-gāh. *sk.* avagāhate] = avagāhati. ① 뛰어들다. 들어가다. 스며들다. ② 열중하다. 몰두하다. ③ 가라앉다. 침잠하다. *abs.* ogayha; *grd.* ogāhitabba; *pass.* ogāhi(y)yati; *aor.* ogāhi; *pp.* ogādha. ogāḷha = avagāḷha; *caus.* ogāheti; *abs.* ogāhetvā; *pp.* ogāhamāna.
ogāhana *n.* [=avagāhana. *sk.* avagāhana] ① 잠수. 목욕. ② 목욕장. 욕장(浴場).
ogilati [ava-gilati<gil] 삼키다.
oguṇṭhikā *f.* [<oguṇṭheti] ① 가리개. ② 베일.

oguṇṭhita *adj.* [oguṇtheti의 *pp.*] 덮여진. 사람이 가려진[不敬의 일종]. -sīsa 머리를 베일로 가린.
oguṇṭheti [ava-gunṭh] ① 덮다. 가리다. ② 숨기다. *abs.* oguṇṭgitvā ; *pp.* oguṇṭhita.
ogumpheti [o-gumpha의 *denom.*] ① 실에 꿰다. 함께 묶다. 감다. ② 화환으로 장식하다. ③ 입다. *pass.* oggumphiyati.
ogumbeti → ogumpheti.
oguha *m* [ava-guh] '감추는 것' ① 오구하[동물의 이름]. ② 거북이의 일종.
oggata *adj.* [o-gacchati의 *pp.*] 내려간. (해·달 등이) 진. oggate suriye 해가 진 때.
ogha *m* [〃] 홍수. 폭류(暴流). 거센 흐름. (윤회의) 거센 흐름[욕망의 거센 흐름(欲流 kām'ogha), 존재의 거센 흐름(有流 : bhav'ogha), 견해의 거센 흐름(見流 diṭṭh'ogha), 무지의 거센 흐름(無明流 avijj'ogha)이 있다]. -anta 거센 흐름의 끝. -andhakāra 거센 흐름의 어둠. -âtikkanta. -âtiga. 거센 흐름을 뛰어 넘은. 폭류를 벗어난. -uttarakavīrapurisa 거센 흐름을 건넌 영웅. -uttaraṇa 거센 흐름을 건넘. -tama 거센 흐름의 어둠. -tara 거센 흐름을 건넌 자[阿羅漢]. -taraṇa 거센 흐름을 건넘. -tārin 거센 흐름을 건너는 자. -tiṇṇa 거센 흐름을 건넌. -nittharaṇa 거센 흐름을 건넘. -patha 거센 흐름의 길. -pāsa 거센 흐름과 밧줄. -puṇṇa 거센 흐름으로 가득 찬. -yogagocchaka 거센 흐름들과 멍에들의 무리. -vippayutta 거센 흐름이 없는. -vephulla 거센 흐름으로 넘치는. -saṁsīdana 거센 흐름에 가라앉는. -sampayutta 거센 흐름에 휩쓸린.
oghana *n.* [*cf.* ogha] 땅 위에 노출되어 있는 뿌리. 기근(氣根).
oghaniya. oghanīya *adj.* [<ogha] 거센 흐름의. 거센 흐름에 삼켜진. 순폭류(順暴流)의.
ocara *m.* [<ocarati] ① 염탐자. ② 도둑.
ocaraka *adj. m.* [<ocarati] ① 조사하는. 염탐하는. 간색(看索)하는. ② 염탐자. ③ 도둑.
ocarati [ava-car] ① 내려오다. ② 조사하다. 염탐하다. *abs.* ocaritvā; *pp.* ociṇṇa.
ociṇṇa *adj.* [ocarati의 *pp.*] 조사된. 염탐된.
ocita *adj.* [ava-ci의 *pp.*] ① 모아진. 증가된. 쌓여진. ② 강화된. ③ 뒤덮인. -atta 자신이 강화된. 우쭐해진. -attha 의미가 강화된.
ocityahīna *n.* [*sk.* auctyahīna] 적절성의 결여[수사학적인 결함].
ocinati. ocināti [ava-ci] ① 모으다. 따다. *inf.* oceturi ; *pp.* ocita; caus. ocināpeti; *ppr.* ocinanta ② = ocināyati.
ocinana *n.* [<ocinati] 모음. 채집.
ocināyati [?] 경멸하다. 꾸짖다.
ocīraka = odīraka.
occhindati [ava-chid] 베어내다. 분리하다.
oja *m* [*sk.* ojas] = *f.* ojā. ① 음식. 자양분. ② 생명소. 영양소. 식소(食素). ③ 수액(樹液). ④ 영광. ⑤ 정력. 힘. ⑥ 고상한 문체[복합어를 많이 사용하는 수사학]. -aṭṭhamakarūpa 자양분을 여덟 번째로 하는 물질. 식소제팔색(食素第八色). -ânuppabandhana 자양분의 지속성. -âpaharaṇa (나무의) 수액을 짜내는. -ṭṭhāyin 자양분에 기초한. -dāna 음식을 보시하는. -pānajīvitadāna 음식과 음료와 생명을 주는. -sampanna 자양분으로 가득 찬. ⑦ *adj.* [〃] 기수(基數)에 속하는.
ojavat. ojavant *adj.* [oja-vant. *sk.* ojas-vant] ① 생기를 주는. ② 자양분이 풍부한.
ojavana. ojavanika. *adj.* [<ava-jū] 아래로 흘러가는.
ojavantatā *f.* [ojavant의 *abstr.*] ① 풍부한 활력. ② 생기(生氣).
ojahāti [o-jahāti<hā] ① 포기하다. 버리다. ② 떠나다. ③ 주고가다. *abs.* ohāya ; *pp.* ohīna ; *pass.* avahīyati. ohīyati. *cf.* ohanati.
ojā *f.* [*sk.* ojas] ① 음식. 자양분. ② 생명소. 영양소. 식소(食素). ③ 수액(樹液). ④ 영광. ⑤ 정력. 힘. -pharaṇa 자양분의 퍼짐. -lakkhaṇa 자양분의 특징. -haraṇasākhā 수액을 탈취당한 가지.
ojānāti *f.* [ava-jānāti<ava-jnā] ① 꾸짖다. ② 무시하다. *grd.* oñātabba; *pp.* oñ(ñ)āta.
ojitatta *adj.* [oj의 *pp.*-atta] 자아가 강화된.
ojināti [ava-ji] ① 정복하다. 이기다. ② 논파하다. ③ (번뇌를) 극복하다. *pres. 1pl.* ojināmase.
ojināyati → ocināyati.
ojo° *cpd.* [*sk.* ojas] ① 음식. 자양분. ② 수액(樹液). ③ 정력. 힘. -hara 정력·힘을 빼앗는. -haraṇasākhā 수액을 빼앗긴 나뭇가지. -hātin 정력을 빼앗는 자.
oñāta. oññāta *adj.* [ava-jnā의 *pp.*=avaññāta] ① 경멸받은. ② 무시된.
oṭṭa. oṭṭaka *m.* [*sk.* oḍḍa] 옷따[씨족의 이름].
oṭṭha *m* ① [*sk.* oṣṭha] 입술 -cchinna(ka) 입술이 잘린. -addha 언청이. -ja 입술에서 생겨난 것. 순음(脣音). -nibhoga 입술을 마는 것. -nillehaka 입술을 핥는. -paripphandana 입술을 떠는 것 [얼굴의 표정]. -pariyāhatamatta 단지 입술들이 함께 접촉하는. -pariyosāna 입술의 끝. 입술의 윤곽. -parivattanamatta 단지 입술을 돌리는 것. -pahaṭakaraṇa 입술을 접촉하는 것. -pahaṭamatta. -paharaṇamatta 입술의 단순한 접촉. -bhañjana 입술을 감는 것. -maṁsa 입술의 살.

-vaṭṭi 발우의 입가. ② [*sk.* uṣṭra] 낙타. -aṭṭhi-vaṇṇa 낙타 뼈의 색깔을 한[아이보리 색]. -gīvasaṇṭhāna 낙타 목의 형태. -gīvin 낙타의 목을 한. -mukha 낙타의 입. -yāna 낙타를 수레로 삼는. -ratha 낙타가 끄는 수레. -sakuṇa 타조.

oṭṭhaka [oṭṭha-ka] ① *adj.* 입술을 지닌. ② *n.* 낙타의 무리.

oṭṭhavacittaka [*cf.* uṭṭhava-cittaka] 새[鳥].

oṭṭhī *f.* [<oṭṭha] 암낙타.

oṭṭhubhati [*cf. sk.* avaṣṭhāvati] 침을 뱉다.

oṭṭhubhana *n.* [<oṭṭhubhati] 침을 뱉음.

oṭhati [〃] 때리다. 두드리다.

oḍḍeti. oḍḍāpeti [<uḍḍeti] ① 그물을 던지다. 덫을 놓다. ② 공연하다. 고안하다. *aor.* oḍḍesi; *aor.* oḍḍesi; *abs.* oḍḍiya; *pp.* oḍḍita.

oḍḍa. oḍḍha. oḍha *adj. n.* [ā-vah의 *pp.*] ① 가져와진. 운반된. 훔친. ② 운반된 것. 속성.

Oḍḍakā *pl.* [s k. oḍraka] 중동인도의 지방[지금의 오릿싸 지역].

oḍḍana *n.* [<uḍḍeti] 덫을 놓음.

oṇata *adj.* [ava-nam의 *pp.*] = avaṇata ① 아래로 구부러진. 기울어진. ② 낮은. 비천한.

oṇati ① *f.* [<oṇata] 아래로 구부러짐. 기울어짐. ② [<oṇeti=apanayati(?)] 제거하다.

oṇamaka *adj.* [<ava-nam] ① 아래로 구부러진. ② 기우는. ③ 절하는.

oṇamati. onamati [ava-nam] ① 아래로 구부러지다. 기울다. ② 절하다. 인사하다. *pp.* oṇamita. *caus.* oṇameti.

oṇamana *n.* [<oṇamati] ① 아래로 구부러짐. ② 절. 인사.

oṇamita *adj.* [oṇamati] 아래로 구부러진.

oṇameti [oṇamati의 *caus.*] ① 아래로 구부리다. ② 절하다. 인사하다.

oṇi *m.* oṇī *f.* [*sk.* oṇi] ① 맡겨진 물건·재산. 화물(貨物). ② 보호. 감독. ③ 위탁.

oṇirakkha *m.* [oṇi-rakkha] (맡긴 물건의) 수탁인(受託人).

oṇitta [<o-nij] 씻어진. 닦여진.

oṇīta *adj.* [oṇeti의 *pp.*] ① 치워진. ② 제거된.

oṇeti [apa-nī] 치우다. 제거하다. *pp.* oṇīta

oṇojana *n.* [<oṇojeti. *sk.* avanejana] ① 씻어냄. 세탁. ② 손을 씻음. ③ 공양. 시물(施物).

oṇojeti [ava-nejeti<nij] ① 손을 씻게 하다. 씻다. 깨끗이 하다. ② 공양하다. 바치다. *aor.* oṇojesi. *cf.* oṇojana.

otata *adj.* [o-tata<tan의 *pp.*] =avatata. ① 넓혀진. 퍼진. ② (자리를) 깐. -vitata 온통 퍼진. 온통 퍼부어진.

otanati [*sk.* avatanati] 덮다.

otapeti [otapati<ut-tap의 *caus.*] 괴롭히다.

otappati [otapati의 *pass.*] 열이 가해지다.

otamasika *adj.* [otamasa-ika] 어둠 속에 있는.

otaraṇa *n. m.* [<otarati] ① 내리막. 내려감. 하강. ② 들어감. 건너감. 길을 감. ③ 알맞은 것. 설명. 해석. 이해. ④ 애정. 심취. 사랑에 빠짐. ⑤ 얕은 곳. 나루터. -kāla 내려가는 시간. -kiṭika 눈먼 봉사의 종류. -tittha 건너기 위한 여울목. -pada 하강지점. -hāra '어울림이라고 불리는 심취'[문법].

otaraṇī *f.* [<otarati] ① 하강. ② 들어감.

otarati [o-tarati<tṝ. *sk.* avatarati] ① 내려가다. 하강하다. ② 들어가다. 퍼져들다. 건너가다. 길을 가다. 상륙하다. ③ 설명하다. 해석하다. 이해하다. ④ 파생하다. 싸우다. ~의 아래에 오다.*abs.* otaritvā ; *inf.* otaritum̐ ; *ppr.* otaranta ; *pp.* otiṇṇa ; *caus.* otāreti. otarāpeti

otallaka *adj.* [?<*sk.* ava-tṝ] ① 누더기를 입은. ② 가난한.

otāpaka *adj.* [<otāpeti] ① 열기를 가한. ② (볕에) 말린.

otāpana *n.* [<otāpeti] 데우기.

otāpayati. otāpeti [o-tāpeti<tap의 *caus.*] ① 데우다. ② (볕에) 말리다. *pp.* otāpita.

otāra *m.* [<otarati. *bsk.* acatāra] ① 내려감. 접근. 기회. ② 조사. 결점 찾기. ③ 결점. 과실. -âpekkha 결점을 찾기. 흠잡기.

otāraṇa *n.* [<otareti] ① 들어감. 하강. ② 길을 취함. ③ 알맞음.

otārayati [otārati의 *caus.*] = otāreti. ① 내려놓다. 내려가게 하다. 건너가다. 건너가게 하다. 길을 가다. ② 들어가다. 퍼져들다. ③ 놓다. 짐을 풀다. ④ 전향시키다. 이해시키다. *aor.* otāresi; *pp.* otārita. pass. otāriyati. otārīyati.

otāreti. otarāpeti [otārati의 *caus.*] ① 내려가게 하다. ② 건너가게 하다.

otiṇṇa *adj.* [otarati의 *pp.*] = avatiṇṇa ① 내려간. 하강한. 건너간. 길을 가는. ② 들어간. 퍼져든. 스며든. 사로잡힌. 숨겨진. ③ 설명된. 해석된. 이해된. 체험된. 꿰뚫어진. ④ 파생된. 균열된. -kandara 내려간 협곡. -ketupāda 내려온 장엄한 깃발. -citta 번민하는. -maggasotatta 길(道)의 흐름에 들어간 사실. -vatthu 예전에 내려온 이야기. -vādāsam̐gāma 토론의 싸움에서 체험된. -satta (물속으로) 들어간 존재.

otiṇṇaka *adj.* [otiṇṇa-ka] 내려가는. 하강하는.

ottapati. ottappati [us-tappati<trap] ① 움츠러들다. 수줍어하다. ② 송구스러워하다. 창피하다. ③ 죄의식을 느끼다. 죄를 두려워하다. *grd.* ot-

tapitabba
ottapanā *f.* [<otappati] ① 움츠려듦. 수줍음. ② 창피함. 죄의식.
ottappa *n.* [*bsk.* apatrāpya] ① 움츠려듦. 수줍음. ② 창피함을 아는 것. 송구스러움. ③ 악한 일에 대한 두려움. 후회. 괴(愧). ④ 양심. -gāravatā 양심에 대한 존중. -dhana 창피함을 아는 것의 재물. 괴재(愧財). -dhamma 악한 일에 대한 두려움의 상태. 괴법(愧法). -niddesa 창피함에 대한 해석. -bala 양심의 힘.
ottappana. ottappiya *n.* [*bsk.* apatrāpya] ① 움츠려듦. 수줍음. ② 창피함. 송구스러움. ③ 나쁜 일에 대한 두려움. 후회. 괴(愧). ④ 양심. -sīla-(°panasīla) 수줍어하는 성품.
ottappin. ottāpin *adj.* [*bsk.* avatrāpin] ① 움츠러드는. ② 송구스러워하는. 잘못을 두려워하는. 창피함을 아는. 유괴(有愧)의. ③ 양심적인. ④ 공경하는.
ottāpa *m.* [=ottappa] 창피함. -rahita 철면피한.
ottāpitā *f.* [=ottāpin의 *abstr.*] ① 움츠려듦. ② 창피함. ③ 잘못을 두려워함. ④ 양심.
otthaṭa *adj.* [ottharati<stṛ의 *pp.*] ① 흩뿌려진. 덮인. ② 가려진.
otthata = otthaṭa.
ottharaka *n.* [<ottharati] 체. 여과기.
ottharaṇa. otthāraṇa *n.* [ava-ttharaṇa] = ava-ttharaṇa. avatthāraṇa. ① 덮음. 살포. 흩뿌림. ② 갑작스런 공격에 의한 제압. ③ 군대의 배치. 전투대열의 편성.
ottharati [o-stṛ] = avattharati ① 흩뿌리게 하다. 퍼지게 하다. ② 넘치게 하다. ③ 덮다. ④ 잠수하다. *grd.* ottharaṇīya; *caus.* ottharāpeti; *pp.* otthaṭa. ottharita.
ottharika *n.* [<ottharati] =ottharaka 체. 여과기.
otthariyati. ottharīyati [ottharati의 *pass.*] ① 뒤덮이다. ② 넘치다. 쇄도하다.
odaka *adj. n.* [<udaka] ① 물에서 생겨난. 물과 관계된. ② 물[水]. -antika 물가의 장소. 성교 후에 물로 씻는 일. 말수법(末水法). -antikatā 성교 후에 물로 씻는 일. -satta 물에 사는 생물. 수생유정(水生有情).
odagya *n.* [udagga-ya] 몹시 기뻐함. 의기양양함. 환희용약(歡喜踊躍).
odana *m n* [〃] ① 밥. ② 쌀죽. -kummāsa 유미죽(乳米粥)[우유에 넣고 끓인 쌀죽이나 유미로 끓인 쌀죽].
odanika *m.* [odana-ika] ① 요리사. ② 쌀장수.
odaniya. odanīya *adj.* [odana-iya] 쌀죽의. -ghara 요리하는 주방. 주옥(廚屋).
odanta *adj.* [o-d-anta] '모음 o'로 끝나는.
odapattakinī. odapattakī. odapattikā. odapattiyā *f.* [uda-pattaka-in °patta-iya] (결혼식 후에) 물그릇에 손을 얹어 아내로서 인정된 여인. 수득부(水得婦).
odarika. odariya *adj.* [<udara] 게걸스럽게 먹는. 식욕이 왕성한.
odarikatta *n.* [udarika의 *abstr.*] ① 포식. 만복(滿腹). ② 식도락(食道樂). ③ 향락주의(享樂主義). 쾌락주의(快樂主義).
odahati [o-dahati<dhā] ① 놓다. 저장하다. ② 적용하다. 제안하다. ③ 주입하다. 공급하다. ④ 주의를 기울이다. ⑤ 숨기다. ⑥ 버리다. sotaṁ odahati 귀를 기울이다. 듣다. *aor.* odahi. odahesi ; *fut.* odahissati ; *pp.* ohita.
odahana *n.* ① [o-dah] 괴롭힘. -kāraka 고뇌를 야기하는. ② [<o-dhā] 놓음. 둠. 저장. 적용. 헌신. -attha 저장의 목적. -hetu 적용의 이유.
odāta *adj.* [*sk.* avadāta] ① 깨끗한. 순수한. 밝은. ② 흰색의. 백색(白色)의. -âlaṅkāra 백색의 장신구. -kamma 흰색의 대상에 대한 명상수행. -kasiṇa 흰색의 두루채움이라는 명상수행의 토대. 백편(白遍). -kukkuṭa 흰색의 수탉. -ghanabuddharasmi 부처님의 몸에서 발산하는 두텁고 흰 빛. -citta 순수한 마음. -jjhāna 흰색의 대상에 대한 선정. -nidassana 밝은 모습을 한. -nibhāsa 번쩍이는 모습을 한. -nimitta 백색의 인상. 백색의 대상. -parikamma 백색의 명상 대상에 대한 준비. -pāvāra 백색의 외투를 입은. -puppha 흰색의 꽃. -manasa 깨끗한 정신을 지닌. -manasaṅkappa 깨끗한 정신에서 비롯된 의도. -mūla 백색의 뿌리. -pharaṇavisadavibhūtatā 흰색이 편만함으로 인해 빛나고 변화되는 존재의 성질. -rasmi 백색의 빛. -rūpānimmāṇa 백색 형상의 창조. -lābhin 흰색의 명상대상을 지닌. -vaṇṇa 흰색. -vattha 흰옷. 흰옷을 입은. -vasana 흰옷의. 흰옷을 입는 사람. 재가자(在家者). 백의자(白衣者). -sañña 백색에 대한 지각을 지닌. -samāpattiparama 흰색의 명상대상에 대한 명상을 최상으로 하는. -siṅgha 흰 뿔이 달린.
odātaka *adj.* [odāta-ka] ① 흰. 깨끗한. ② 흰색 옷을 입은.
Odātagayha *m.* [odāta-gayha] 오다따가이하. 오바제기가천(嗚婆提奇呵天)[신의 이름].
odissa *ind. n.* [o-disati=*sk.* diśati의 *abs. grd.*] ① 관련해서. 의도하고. 규정하고. 분리하고. ② 특수화된 대상. 규정의 대상. -ânodissakânurūpa 의도적이거나 의도적이지 않거나 간에 따르는.

odissaka *adj.* [odissa-ka] ① 제한된. ② 규정된. ③ 특수한. -ânodissakadisāpharaṇa 특수하거나 일반적인 방향에 대한 두루채움[慈悲喜捨의 修行]. -mettā 제한된 자애.

odīraka [ava-cīra-ka의 *misr.*] 껍질이 벗겨진.

odudanta *m.* [o-d-u-d-anta] 마지막 위치에 오는 모음 o와 u.

odumbara *adj. m.* [udumbara] 우담바라의. 무화과(無花果)의. 우담바라수(優曇婆羅樹).

odumbaraka *adj.* [udumbara-ka] 우담바라의. 무화과의. -puppha 우담바라 꽃.

odhasta *adj.* [*sk.* avadhvasta. ava-dhvaṁs의 *pp.*] ① 쓰러진. 흩어진. ② 용기에 비스듬히 놓인. -padota 용기에 비스듬히 놓인 채찍·몰이막대를 지닌.

odhāna *m.* [<avadhāna] 포함.

odhānīya *n.* [<avadhāna] ① 저장소. ② 용기.

odhi *m.* [*sk.* avadhi<odahati] ① 경계. 한도. ② 정도. -kata 한계지어진. 규정된. -ggāha 각각의 사항에 대한 규정. -jina 한계를 극복한 자. -suṅka 신대금(身代金)의 범위. 노름밑천.

odhiso *ind.* [odhi-so] ① 제한되어. 한정되어. ② 특히. odhiso odhiso 조금씩. 산산조각으로. -anodhisopharaṇa 한량 있는 가득 채움과 한량 없는 가득 채움. 한정과 무한의 편만(限定·無限遍滿)[慈悲喜捨을 펼치는 방법].

odhika *adj.* [odhi-ka] 한계의. 제한된.

odhunāti [ava-dhū] ① 흔들어 떨어지게 하다. ② 던져버리다. 제거하다. *pp.* odhūta.

odhunana. odhūnana *n.* [<odhunāti] ① 흔들기. 선동. ② 던짐. -vattar (청중을) 선동하는 자.

odheti = odahati.

odhesi. odhesiṁ odahati의 *aor.*

ona *adj.* = ūna.

onata *adj.* [ava-nam의 *pp.*] ① 아래로 굽힌. ② 예의를 표하는. -agga 꼭대기가 구부러진. -uttarapassa 움푹한 갈빗대를 한. -unnata 아래로 구부러지고 위로 구부러진. -onata 완전히 구부러진. -duma 아래로 구부러진 나무.

onati *f.* [<onata] ① 아래로 구부러짐. 떨어짐. ② 하강. 의기소침.

onaddha. onaddhaka *adj.* [onandhati의 *pp.*] ① 묶인. 매인. 얽힌. ② 장착된. ③ 덮인. 커버가 있는. *cf.* onayhati. -mañca 커버가 있는 침대.

onandhati [ava-nandhati<nah] ① 묶다. 매다. ② 장착하다. ③ 봉(縫)하다. 덮다. *pp.* onaddha.

onamati. oṇamati [ava-nam] ① 아래로 구부러지다. 낮게 되다. ② 예의를 표하다. 절하다. *pp.* onamma. onata. *caus.* onameti.

onamana *n.* onamanā *f.* [<onamati] 몸을 굽히는 것. onamana-unnamana 몸을 굽히고 펴는 것. 굴신(屈伸).

onameti. onāmeti [onamati의 *caus.*] ① 굽히다. ② 낮추다.

onayhati [ava-nayhati] ① 묶다. 구속하다. ② 덮다. 봉합하다.

onaha *m.* [<onahati] ① 묶기. ② 덮음. 봉합. ③ 장애.

onahati [ava-nah] ① 묶다. ② 덮다. 싸서 가리다. *caus.* onahāpeti.

onahana *n.* [<ava-nah] ① 묶음. ② 덮음. 봉합. 싸서 가림.

onāmita *adj.* [onāmeti의 *pp.*] ① 굽혀진. ② 낮추어진. 낮아진. -bhājana 낮게 놓인 그릇.

onāmeti [ava-nam의 *caus.*] 굽혀지다. 낮아지다.

onāha *m.* onāhana *n.* [<onahati] ① 묶여있음. ② 장막. 덮개.

onīta *adj.* [*sk.* avanīta=apanīta] ① 치워진. ② 제거된. -pattapāṇi 발우로부터 손을 떼는 때. 식사가 끝나서.

onīyati [oneti의 *pass.*] 떼어지다. 분리되다.

oneti [apa-nī] ① 떼어놓다. 분리하다. ② 제거하다. 처치하다.

onojana *n.* [<onojeti] ① 기증. ② 공양.

onojeti = oṇojeti.

opakkamika *adj.* [upakkama-ika] ① 갑자기 공격하는. 발작적인. 급성의. ② 고문이나 형벌에 의해 야기되는. ③ 수술에 의해 야기되는. ④ 어떤 계략에 의해 야기된.

opakkilesa *adj.* [=upakkilesa] ① 오염. ② 번뇌. 수번뇌(隨煩惱).

Opagava *m.* [<upagu] 'Upagu'의 후손.

opakkhin *adj.* [upakkha-in] ① 날개를 잃은. ② 무력한. = opapakkhin.

opaguyha. opacayha → opavayha.

opacārima *adj.* [upa-cāra] 환유적(換喩的)인.

opatati [ava-pat] ① 날아 떨어지다. 넘어지다. 옆으로 쓰러지다. ② 쫓아가다. 쫓아 달려가다. *abs.* opatitvā; *pp.* opatita.

opati [op] ① 놓다. 두다. 삽입하다. ② 쏟다. 붓다. 뱉다.

opatita opatati의 *pp.*

opatta *adj.* [ava-patta] ① 잎이 떨어진. 잎이 없는. ② [ut-pattra] 연꽃잎. -kaṇṇika 작은 뾰족탑을 구성하는 연꽃잎.

opadhika *adj.* [upadhi-ka. *bsk.* aupadhika] 다시 태어날 근거를 형성하는.

opanayika *adj.* [upanaya-ika] ① ~으로 통하는. ② 가까이 가져가는. ~으로 이끄는. ③ ~에 도움이 되는.
opapakkhiṁ *ind.* [ava-pakkhiṁ] opapakkhiṁ (opakkhiṁ) karoti '날개를 빼앗다' 힘을 빼앗다. 욕설하다. 빗대어 말하다.
opapaccayika *adj.* [=opapātika] ① 부모 없이 태어난. 홀연히 생겨난. ② 화생(化生)한
opapātika *adj.* [upapātika. *bsk.* aupapāduka] 부모 없이 홀연히 태어나는 것의. 홀연히 생겨난 것의. 화생(化生)의. -nāma 자연적으로 주어진 이름. -paññatti 자연적으로 주어진. -yoni 부모 없이 태어나는 것. 화생(化生). -satta 화생하는 뭇삶. 화생유정(化生有情).
opapātin *adj.* = opapātika.
opabhogga *adj.* [upabhuñjati의 *grd.*] ① 사용되어야 하는. ② *f.* opabhoggā 하녀.
opama → upama. opamma
Opamañña *m.* [<upamañña] 오빠만냐[사람의 이름].
opamāyika *adj.* [upamā-ika] 비유·비교와 관계되는. 비량(比量)과 관계되는.
opameyya *n.* [upamā-ya. *sk.* aupamya] 비교의 주제. -ṭṭhāna 비교의 주제가 있는 장소.
opamma *n.* [upamā-ya. *sk.* aupamya] ① 유사성. ② 비유(比喩). 유추(類推). 비교. 비량(比量). -attha 비교의 의미. 비교의 목적. -kusala 비유를 통한 설명에 능숙한. -nidassana 비교를 통한 설명. -paṭisampādana. -sampaṭipādana. 비유적 표현. -yutti. -saṁsandana 비유의 적용.
opayati = opeti.
oparajja *adj. n.* [=uparajja] 부왕(副王)의. 부왕의 지위. 소왕국의 왕위.
opavayha. opavuyha *n. adj.* [=upavayha. upavahati의 *grd.*] ① 운송수단으로 적합한. ② 타기에 적합한.
opasaggika *adj. n.* [*sk.* aupasargika] ①전치사와 관련된[문법]. ② 전염성이 있는. 전염. 감염. 전염병. 유행병.
opasamika *adj.* [upasama-ika. *bsk.* aupaśamika] 고요해지는. 적정(寂靜)해지는.
Opasāda *m* 오빠싸다[바라문 마을의 이름]. -ka 오빠싸다 마을에 거주하는.
opasāyika *adj.* [upasāya-ika] ① 가까운. ② 부수되는. 종속되는.
opasilesika *adj.* [upasilesa-ika] 직접적 접촉에 의해 자격이 부여되는[문법. 처격의 일종과 관계됨].
opāṭeti [ava-paṭ의 *caus.*] ① 찢다. ② 풀다. 열다.
opāta *m* [*sk.* avapāta<pat] ① 낙하. 하락. 하강. ② 함정. -ka 함정.
opāteti [ava-pat의 *caus.*] ① 떨어지게 하다. 방해하다. 파괴하다. 부수다. ② 생략하다.
opāna *n.* [*sk.* avapāna<pā] =udapāna. ① 우물. ② 샘물. 옹달샘.
opānabhūta *adj. m.* [opana-bhūta] 솟아오르는 샘물이 된 (사람)[모든 사람의 원하는 바를 만족시키기 위한 것].
opāyika *adj.* [upāya-ika] 적당한.
opārambha *adj.* [<upārambha] 비난할 만한.
opiya [upa-ī의 *abs.*] = upiya ① ~을 받고. ② 경험하여. ③ 들어가서.
opilavati [ava-plu. *sk.* avaplavati] 잠기다. 가라앉다. *caus.* opilāpeti.
opilāpeti [opilavati의 *caus.*] ① 가라앉히다. ~을 담그다. ② 떨어뜨리다. *pp.* opilāpita.
opīḷeti [o-pīḷeti] 떨어뜨리다. bhattaṁ pacchayiṁ opīḷetvā 바구니에 음식을 떨어뜨리고.
opuñchati. opuñcheti [ava-pra-uñch] ① 닦다. 청소하다. ② 칠하다. 바르다.
opuñjati. opuñjeti [o-puñja의 *denom.*] ① 쌓다. 덮다. ② [=opuñchati] 청소하다. 칠하다. 바르다.
opuñjana *n.* [<opuñjeti] ① 쌓음. 덮음. ② 더미. 층(層).
opuñjāpeti [opuñjeti의 *caus.*] ① 위에 쌓다. ② 덧칠하다.
oputa *adj.* [o-puta<*sk.* vṛta. pṛta] ① 방해받은. ② 억제된.
opunnana *n.* [<opunāti] ① 체로 치기. ② 키질.
opunāti. opuṇāti [o-punāti<pū] ① 체로 치다. ② 키질하다. ③ 노출하다. *caus.* opunāpeti.
opuppha *m* [o-puppha] ① 싹. ② 꽃봉오리.
opeti [=osāpeti. oseti] ① 들어가게 하다. ② 놓다. 두다. 받다. *aor.* opi; *abs.* opitvā.
ophuṭa. ophuṭṭha *adj.* [ava-vuta. opāruta] 덮인. 방해받는[oputa. ovuta라고도 쓴다.]
obandhati [ava-bandh] ① 함께 묶다. 매다. ② 속박하다. *pp.* obaddha. obuddha
obhagga *adj.* [*sk.* ava-bhagna<bhañj의 *pp.*] ① 구부러진. ② 접어진. 감아진.
obhañjati [ava-bhañj] ① 접어 개다. ② 구부리다. ③ 주름을 잡다. *caus.* obhañjāpeti; *pp.* obhagga.
obhaṭa. obhata *adj.* [obharati<bhṛ의 *pp.*] ① 치워진. 제거된. ② 운반된. -cumbaṭā 머리에 물 단지나 짐의 받침을 내려놓은 여자. 환득부(鐶得婦)[예전에 무거운 짐을 운반한 직업적인 경력이 있는 여자].

obharati [ava-bhṛ] 갖고 가다. 운반하다.
obhāsa *m.* [<obhāsati. *sk.* avabhāsa] = avabhāsa ① 빛. 광채. 광휘. ② 암시. 현현. ③ 말의 남용. 외설적인 말. -kamma 암시를 주는 행위. -kara 빛나는. -kaṣinasamāpatti 빛의 두루채움에 대한 명상토대의 성취. -kicca 발광기능. -gata 비추어진. 빛나는. -gāthā 정신적인 빛이 수반된 시. -jāta 비추어진. 빛나는. -nimittakamma 암시와 신호을 만드는. -parikathānimitta 암시와 완곡과 신호.
obhāsati ① [*sk.* avabhāsa<bhās] 빛나다. 눈부시다. *caus.* obhāseti 빛나게 하다. 밝게 하다. *ppr.* obhāsayanta. obhāsenta; *abs.* obhāsetvā ; *pp.* avabhāsita ② [*sk.* apabhāṣati<bhāṣ] 욕하다. 비방하다. ~을 화나게 하다. 외설적 말을 넌지시 하다.
obhāsana *n.* obhāsanā *f.* [<obhāsa] ① 빛남. 발광(發光). ② 말의 남용. 외설적인 말.
obhāsayati [obhāsati의 *caus.*] ① 빛나게 하다. 비추다. ② 빛으로 가득 채우다.
obhāseti [=obhāsayati 또는 obhāsati ②] ① 빛나게 하다. 비추다. 빛으로 가득 채우다. ② 말을 남용하다. 외설적인 말을 넌지시 하다.
obhujati. obhuñjati → obhañjati.
obheti [*cf.* ubbheti] 채우다.
obhoga *m.* [ava-bhoga<bhuj] ① 구부러진 곳. ② 옷의 주름.
oma *adj.* [*sk.* avama. ava의 *superl.*] 비천한. 낮은. 열등한. 하등의. -tta 열등한 상태. -nāma 열등한 이름을 가진. -pañña 낮은 단계의 지혜를 지닌.
omaka *adj.* [oma-ka] ① 신분이 낮은. 열등한. ② 작은. -omaka 낮은 것보다 낮은. 작은 것보다 작은. -dassa 통찰이 부족한. -bhāva 열등한 상태. -majjhima 작은 것 가운데 중간 크기의. -satta 열등한 존재.
omaññanā *f.* omaññitatta *n.* [ava-mañña] 자기비하(自己卑下).
omaṭṭha *adj. n.* [omasati의 *pp.*] ① 부딪힌. 일격이 가해진. 접촉된. ② 일격으로 만들어진 균열·구멍.
omatta ① *adj.* [ava-matta] 결함이 있는. 부족한. 허약한. ② *n.* [oma의 *abstr.*] 열등한 상태.
omaddati [ava-mṛd] ① 껴안다. ② 주무르다. ③ 짓이기다. 짓밟다. 억누르다. ④ 말로 짓밟다. 말을 남용하다. 욕설을 퍼붓다. ⑤ 찢어발기다. ⑥ 압착해서 뽑아내다.
omaddanā *f.* [<omaddati] ① 욕설. ② 학대.
omasa *m.* [omaddati] 욕설. 모욕. -vāda 빈정댐. 비꼼. -vādin 빈정대는 자.
omasati [ava-mṛs] ① 접촉하다. 건드리다. ② 비난하다. 욕하다. 모욕하다. *pp.* omaṭṭha.
omasanā *f.* [<omasati] ① 접촉. 순마(順摩). 하촉(下觸). ② 모욕. 비난.
omasavāda *m.* [omasa-vāda] 비난하는 말. 욕. 매리어(罵詈語).
omāna *m.* [o-māna. *bsk.* avamāna] = avamāna ① 자기비하. ② 모욕. 저주. 불경(不敬). 치욕.
omissaka *adj.* [o-missa-ka] ① 혼합된. 잡다한. ② 다양한.
omukka *adj.* [<ava-muc] ① 제거된. 버려진. ② (신발을) 벗은.
omuccati [omuñcati의 *pass.*] ① 벗어지다. 풀어지다. ② 해방되다. 해탈되다.
omuñcati [ava-muc] ① 풀다. 해방하다. 놓아주다. ② 벗다[신발]. *aor.* omuñci; *pp.* omutta ; *abs.* omuñcitvā; *caus.* omuñcāpeti.
omuñcana *n.* [ava-muc] 벗음[신발].
omutteti [*sk.* avamūtrayati ; mūtra의 *denom.*] 소변을 보다. 방뇨하다. *aor.* omuttesi.
omuddhaka *adj.* [ava-muddha-ka] ① 머리를 밑으로 한. ② 거꾸로 된.
omeha *m.* [<ava-mih] 소변. 오줌.
oyācati [ava-yāc] ① 남의 불행을 바라다. ② 저주하다.
oyāyati [ut-yāti] 출발하다.
ora *adj. n.* [*sk.* avara. ava의 *compar.*] ① 낮은. 열등한. ② 다음의. ③ 이 세상. 차안(此岸). *acc.* oraṁ *adv.* 아래. 가운데 쪽. oraṁ chahi 6개월 이내에. *abl.* orato *adv.* 이쪽에. 차안에. -pāra 낮은 곳과 높은 곳. 이 언덕과 저 언덕. 하계와 상계. -pure(=avarapure) 요새 아래에. -mattaka 이 세상에만 속하는. 차안에만 속하는. 세속적인. 세간적인. 사소한. 중요하지 않은. -m-bhajanaka 이 언덕에 집착하는. -mbhāgiya 열등한 세계에 속하는. 속세에 속하는.
oraka *adj.* [ora-ka] ① 열등한. 하부의. ② 다음의. 뒤의[시간적].
orata [o-rata. ramati의 *pp.*] ① 기쁜. 만족한. ② 절제하는. 금하는.
orabbhaka *m.* [<urabbha] ① 양떼. ② 양의 무리.
orabbhika *m.* [<urabbha. *sk.* aurabhrika] 양으로 먹고 사는 사람. 양을 도살하는 사람. 도양자(屠羊者). -māgavika 양을 도살하는 자와 사슴을 도살하는 자.
oramati ① [upa. ut-ram] 멈추다. 중지하다. 단념하다. ② 즐거워하다. 만족하다. 기뻐하다. *pp.* orata. *caus.* oramāpeti

orata *m.* [oramati의 *pp.*] ① 단념한. 삼가는. ② 기쁜. 만족한.
oramana *n.* [<oramati] ① 멈춤. 중지. ② 단념.
orambhāgiya *adj.* [ora-bhāga-iya. *bsk.* avarabhāgīya] ① 낮은 단계의[욕계(欲界)에 속하는]. 하분(下分)의. ② 이 세계의. ~ saṁyojana 낮은 단계의 결박. 하분결(下分結)[오하분결(五下分結)].
orava *m.* [<oravati] 울부짖음. 울음.
oravati [ut-ru] 울부짖다. 울다.
oravitar *m.* [oravati의 *ag.*] 울부짖는 자[까마귀의 별명].
orasa *adj. m.* [*sk.* aurasa<uras] ① 자기로부터 생긴. 합법적인. 적출(嫡出)의. ② 적자(嫡子). 상속자. 사자(嗣子). -tta 합법성(合法性).
orasaka *adj.* [orasa-ka] ① 자기로부터 생긴. 합법적인. ② 적자(嫡子)·상속자의. 사자(嗣子)의.
orima *adj.* [ora의 *superl.*] ① 가장 낮은. ② 이쪽의. 차안(此岸)의. -tīra 이쪽 언덕. 윤회하는 세계. 차안의 세계.
oruddha orundhati의 *pp. aor.*
orundhati [ava-rudh] ① 가두다. 억지(抑止)하다. 감금하다. 투옥하다. ② 아내를 얻다. *abs.* orundhiya; *aor.* orunddha; *pp.* orunddha. *pass.* orundhīyati.
oruyha. orūyha oruhati의 *abs.*
oruyhati *n.* [<oruhati의 *abs.*] 내려오다. 하강(下降)하다.
oruhati. orūhati. orohati [ava-rohati<ruh] ① 내려오다. 내려가다. 하강하다. ② (신발을) 벗다. (승원을) 떠나다. *caus.* oroheti. *abs.* oruyha. *pp.* orūhitvā.
oruhana *n.* [<oruhati. orūhati] 내려감. 하강.
orūḷha *adj.* [oruhati. orūhati의 *pp.*] 내려온. 하강(下降)한.
orodha *m.* [*sk.* avarodha<orundhati] ① 방해. 제한. ② 규방. 후궁. 처첩의 방.
orodhā *f.* [<orodha] 시녀.
oropaka *adj.* [<oropeti] 내려놓는.
oropaṇa. oropana *n.* [<oropeti] ① 아래에 둠. 보관. ② 삭발(削髮).
oropayati. oropeti [orohati의 *caus. bsk.* avaropayati] ① 내려놓다. 제거하다. 치우다. ② 삭발하다. *aor.* oropesi; *ppr.* oropenta. oropayamāna ; *pp.* oropita; *abs.* oropayitvā. *cf.* oropaṇa.
orohaka *adj.* [<orohati] 하강하는.
orohaṇa. orohana *n.* [<orohati] 내려옴. 하강.
orohaṇaka. orohanaka *adj. n.* [<orohati] ① 내려오는. 하강하는. ② 내려옴. 하강.
orohati = oruhati. orūhati.
olagga *adj.* [olaggati의 *pp.*] 묶인.
olaggati [ava-lag] ① 묶이다. 고정되다. 장착되다. ② 조여지다.
olaggeti [olaggati의 *caus.*] ① 묶다. 고정시키다. 장착시키다. ② 붙이다. ③ 입다. ④ 꽉 쥐다. 억제하다. ⑤ 할당하다. 배당하다.
olaṅghati [ava-laṅgh] 뛰어 내리다.
olaṅghanā *f.* [<olaṅghati] ① 뛰어내림. 밑으로 기울어짐. 밑을 향함. ② 하경(下傾). 하향(下向).
olaṅgheti. olaṅghāpeti [olaṅghati의 *caus.*] 뛰어내리게 하다. 하강시키다.
olamba *adj.* [ava-lamb] 드리워진. -paduma 드리워진 연꽃. -puppha 드리워진 꽃. -muttājāla 드리워진 진주의 그물. -silākucchi 드리워진 바위 아래의 동굴.
olambaka *adj. m.* [<olambati] ① 드리워진. ② 지주(支柱). 지팡이. 추(錘)의 선. 까뀌.
olambati. avalambati [ava-lamb] ① 드리워지다. 매달리다. ② 기대다. 의지하다. 지지(支持)하다. *aor.* olambi; *pp.* olambita ; *ppr.* olambamāna; *abs.* avalamba. olabya. olambetvā. olambiya. olambitvā. olubbha. *caus.* olambāpeti. olambeti.
olambana *n.* [<olambati] ① 드리워짐. 매달리기. 현수(懸垂). ② 의지(依止). 지지(支持). -attha 지지의 목적. -kuṭava 걸려있는 보금자리를 지닌. -latā 걸려있는 담쟁이.
olambanaka *n.* [olambana-la] ① 난간. ② 팔걸이의자.
olāra. olārata → ulāra. uḷāra.
olāratā → ulāratā.
olikhati [ava-likh. ut-likh. *cf. sk.* apalikhati] ① 문질러 벗기다. 베어내다. 깎아내다. ② 빗다. 잣다[紡績]. *aor. 1sg.* olikhim; *1sg.* olikissaṁ. *abs.* olikkhiya. olikkhitvā.
oligalla. oḷigalla *m.* [*bsk.* oḍigalla] ① 구정물 웅덩이. ② 수류(水溜). 소택(沼澤).
oliyana. olīyana *n.* [<olīyati] ① 침체. 주춤. ② 퇴각.
oliyyati. oliyati. olīyati [o-līyati<lī] ① 물러나다. 뒤떨어지다. 퇴각하다. ② 연기되다. ③ 움츠러들다. 침체하다. 태만하다. ④ 굴복하다. 망설이다. ⑤ 주저하다. *aor.* olīyi; *ppr.* olīyamāna. *pp.* olīna. avalīna. *cf.* olīyanā.
olīna *adj.* [olīyati의 *pp.*] = avalīna. ① 침체된. ② 줄어든. 움츠러든. ④ 태만한. 느려진. ⑤ 비굴한. -vilīna 온통 떨어지는. -vutti 비굴한 삶의 방식. -vega 속도가 느려진.

olīyanā *f.* [<olĭyati] ① 게으름. 태만. ② 부주의. 방일(放逸).
olugga *adj.* [olujjati의 *pp.*] ① 파괴된. ② 붕괴된. ③ 쇠퇴한. -vilugga 붕괴된. -jarasālā 파괴된·붕괴된 헛간.
olujjati [*sk.* avarujyati. ava-ruj의 *pass.*] ① 파괴되다. 파멸하다. ② 붕괴하다. ③ 쇠퇴하다. *pp.* olugga.
olubbha *ind.* [olumbha=olambya. olambati의 *abs.*] ① 의지해서. 기대서. ② 매달려.
olubbhati [<olubbha] ① 의지하다. 기대다. ② 매달리다.
olumpika. oḷumpika *m.* [uḷumpa-ika] 뗏목으로 건넌 사람.
olumpeti [ava-lup의 *caus.*] ① 빼앗다. ② 잡다. ③ 따다.
olumbhaka [<olubbha] ① 의지하는. 기대는. ② 매달리는. -bhāva 매달리는 상태.
oloka *m.* [<ulloka] ① 차양. ② 덮개. -maya 덮개를 만든.
olokana *n.* [<oloketi] ① 봄[見]. 시각. ② 조사. 조망. 관찰. -âkāra 조사방법. -kāla 보는 시간. 조사하는 시간. -kicca 보는 기능. -cakkhu 힐끗 보는 눈. 별견(瞥見). -purisa 관찰하는 사람. -bhāva 보는 사실. -matta 단순히 보는 것. -savana 보는 것과 듣는 것. 시청각(視聽覺).
olokanaka *n.* [<oloketi] 창(窓). 창문.
olokanā *f.* [<oloketi] ① 관찰하는. ② 조사하는.
olokayati. oloketi [*bsk.* avalokayati. apaloketi<loc. lok] ① 보다. 바라보다. 조망하다. 관조하다. ② 조사하다. 관찰하다. 주시하다. ③ 여기다. 고려하다. 성찰하다. ④ 찾다. 기다리다. 기대하다. nakkhatam oloketi 별자리를 관찰하다. *abs.* olokiya. oloketvā; *ppr.* olokenta. olokayamāna; *pp.* olokita; *pass.* olokĭyati.
olokāpeti [olokayati의 *caus.*] ① 보게 하다. 주시하게 하다. ② 조사하다. 나타나게 하다. 보여주다. ③ 실현하다.
olokita *adj.* [olokayati의 *pp.*] 관찰된. 주시된.
olokiyati. olokīyati [olokayati의 *pp.*] ① 조사되다. 탐구되다. 성찰되다. ② 여겨지다.
oloṇī *f.* [*prk.* ollaṇī] 오로니[응유에서 만들어진 조미료의 종류].
olopiya *adj.* [ava-lup의 *grd.*] (뿌려지기 위해) 터져야 하는.
oḷara → uḷāra.
oḷārika *adj.* [uḷāra-ika] ① 큰. 넓은. 광대한. 포괄적인. ② 많은. ③ 중요한. ④ 두터운. 단단한. 무거운. ⑤ 높은. 고성의. ⑥ 물질적인. 신체적인. ⑦ 구체적인. 분명한. 일반적인. 단순한. ⑧ 거친. 조야한. ⑨ 부적절한. 저속한. 외설스런. -aṅga 거친 요소. -aṭṭha 거친 것에 대한 감각. -assāsapassāsanirodha 분명한 호흡의 소멸. -attapatilābha 거친 자아를 얻은. 추아득(麤我得). -āhāra 거친 음식. 거친 자양. 추식(麤食). -âcāra 가친 행위. -ârāmmaṇa 거친 대상. -oḷārika 각각 거친. -kāmarāga 거친 감각적 쾌락에 대한 탐욕. -kāya 물질적인 신체. -kilesa 거친 번뇌. 거친 오염. -ṭṭhāna 거친 행동. 범죄. -tā. -tta 거친 성질. 물질성. 저속함. 외설. 음란. -dosa 거친 잘못. -niddesa 거친 것에 대한 해설. -rūpa 거친 물질. -lakkhaṇa 물질의 특징. -viññāṇa 물질적인 것에 대한 의식. 분명한 것에 대한 의식. -saṅkhāra 물질적인 형성. 물질적인 구성물. -sadda 거친 소리. 분명한 소리. -sarīra 물질적인 몸을 지닌. -sukhaṅgappahāna 물질적인 것에서 유래하는 즐거움의 요소를 버림. -sukhuma 거칠고 미세한.
oḷumpika *adj.* [*bsk.* 〃 oḍumpika] 소형 보트의. 범선(帆船)의.
ovaja → ojava
ovajjati [ovadati의 *pass.*] 가르침을 받다. 훈계를 받다.
ovajjamāna *adj.* [ovadiyati의 *pr.*] 가르쳐지는.
ovaṭa [=ovuta. o-vaṭa<vṛ] ① 닫힌. ② 금지된. ③ 방해받는.
ovaṭṭika *n.* ovaṭṭikā. ovaṭṭiyā *f.* [<ava-vṛt] ① 주름. ② 가두리. ③ 허리띠.
ovaṭṭha [ovassati의 *pp.*] 비에 젖은. 흠뻑 젖은.
ovadati [ava-vad. *sk.* avavadati] ① 충고하다. 훈계하다. ② 가르치다. *imp.* ovadatu; *opt.* ovadeyya; *aor.* ovadi; *inf.* ovaditum; *ppr.* ovadanta. ovadamāna; *abs.* ovadita. ovadiya; *grd.* ovadanīya. ovaditabba. ovadiya; *pass.* ovadĭyati. ovajjati; *ppr.* ovadiyamāna. ovajjamāna.
ovadana *n.* [<ovadati] 충고. 훈계.
ovadanīya. ovaditabba. ovadiya *adj.* [ovadati의 *grd.*] ① 충고될 수 있는. ② 가르쳐져야 하는.
ovadiyati. ovadīyati [ovadati의 *pass.*] ① 충고를 받다. 훈계를 받다. ② 가르침을 받다.
ovadeti = ovadati.
ovaddha *adj.* [<ud-bandh] ① 단단한. 고정된. ② 빽빽한.
ovaddheyya *m.* [<upadheya] 단단히 묶는 것[카티나 옷(kaṭhina)의 뒤에 붙이는 헝겊조각을 단단히 고정시키는 것].
ovamati [ava-vam] 토하다. 뱉어내다.
ovaraka *m. n.* [*sk.* apavaraka] 작은 방. 내실(內

室).
ovaraṇa *n.* [<ovarati] ① 보호. 방어. ② 금지.
ovarati [ut-vṛ] ① 막다. 방어하다. ② 금지하다. *pp.* ovuṭa. ovuta.
ovarita *adj.* [ovarati의 *pp.*] ① 막힌. ② 금지된.
ovariyāna *adj.* [ava-vṛ의 *ppr.*] ① 금지하는. ② 방해하는.
ovassa *m.* [<ovassati] 비. 소나기.
ovassaka *adj.* [ovassa-ka] 비에 젖은.
ovassati [o-vassati<vṛs] ① 비가 내리다. ② 비에 젖다. *aor.* ovassi; *pp.* ovaṭṭha.
ovassāpeti [ovassati의 *caus.*] 비에 젖게 만들다. *aor.* ovassapesi.
ovahati [o-vah] 나르다. *pass.* ovuyhati.
ovāda [<ovadati] ① 충고. 훈계. ② 훈령. 명령. ③ 가르침. 교계(教誡). -attha 훈계의 목적. -âcāriya 훈계하는 스승. -ânisāsana. -ânisāsanī 훈계와 가르침. -ûpajīvin 가르침으로 사는. -kathā 훈계의 법문. -kara 가르침에 동의하는 사람. 충고자. 명령자. -kkhama 충고를 참아내는. 명령에 인내하는. -dāyaka 충고자. -paṭikara 명령에 대한 복종. -paṭiggahaṇa 명령의 접수. -patoda 훈계의 몰이막대. -pariyosāna 명령의 종료. -pātimokkha. -pāṭimokkha 훈계의 형태에 대한 계율의 항목. -vacana 훈계에 대한 대화. -sikkhāpada 훈계에 대한 학습계율.
ovādaka *adj. m.* [ovāda-ka] ① 충고하는. ② 충고자. 훈계하는 사람.
ovādana *n.* [ovāda-ka] 충고. 훈계.
ovādin = ovadaka.
ovāreti [ovarati의 *caus.*] ① 막다. 금지하다. ② 방해하다.
ovijjhati [ava-vyadh] ① 꿰뚫다. ② 남용하다. 비난하다. 욕하다.
ovijjhana *n.* [ovijjhati] 남용. 욕설.
ovuṭa. ovuta [ovarati의 *pp.*] 억제된. 방해된.
ovuṭṭa → ovaṭṭa
ovuyhati [ava-vah의 *pass.*] 옮겨지다. *opt.* ovuyheyya.
osakkati [o-sakkati '둘러싸다'] ① 물러나다. 후퇴하다. 퇴전하다. ② 뒤쳐지다. 늦어지다. *aor.* osakki; *pp.* osakkita; *abs.* osakkitvā; osakkiya; *ppr.* osakkamāna; *imp.* osakka; *caus.* osakkāpeti; *pass.* osakkiyati
osakkanā *f.* [<osakkati] ① 물러섬. 후퇴. 퇴전(退轉). ② 뒤처짐. 지체.
osajjati [o-sṛj] = ossajjati ① 버리다. 놓아주다. 포기하다. 방출하다. ② 해방하다. *pp.* osattha.
osaṭa *adj.* [=avasata<ava-sṛ] ① 물러난. ② 도달한. ③ 방문한.
osaṇheti [o-saṇheti<saṇha의 *denom.*] ① 매끄럽게 하다. ② 머리를 빗다.
osadha *n.* [*sk.* auṣadha] 약초(藥草). -añjana 의 약연고. -ālaya 약국(藥局). 조제실. -gahaṇa 약초의 수집. -ghaṭikā 약초의 가지. -jātaniddā 마취상태. -nighaṇḍu 약전(藥典). -paribhāvita 약초성분과 혼합된. -ppabhedavidū 약물학자(藥物學者). 약리학자(藥理學者). -bala 약초의 효능. -bhūta 약성분. -mattañāṇa 약량학(藥量學). -manta 신비의 주문. -mūla 약초의 뿌리. -rukkha 과일나무. -vaṇṇanā 약물론(藥物論). -vāṇija 약사(藥師). -vidhānavisayaka 제약(製藥)의. 약학(藥學)의. -sañchanna 약초로 덮인. -sama 약초와 같은. -sampādaka 약제사(藥劑士). 약사(藥師). -sampādana 조제학. 약제학. -sampādanavijjā 약리학(藥理學). 약물학(藥物學). 약학(藥學). -harīṭaka 미로발란 나무의 열매. 사군자나무의 열매.
osadhi → osīdi<osīdati.
osadhi. osadhī *f.* [*sk.* oṣadhi] ① 약초. ② 태백성(太白星). 명성(明星)[밝은 별의 총칭]. osadhi° -jāta 약초. -jātisambandhidabba 약초의 종류가 내포된 물질. -tārakā 태백성(太白星). 명성(明星). -tiṇavanaspati 약초나 열매 맺는 나무. 초목. -tiṇavāsin 약초와 풀로 사는. -rukkha 열매를 맺는 나무. 과실수. -hārika 약초를 운반하는. ③ [osadhī] 오싸디[Anomadassī Buddha가 12가지의 神變을 행한 문이 있는 도시의 이름].
osadhika *m.* [osadha-ika] ① 약장사. 약사. ② → opadhika.
osadhikā *f.* [osadhi-ka] ① 치료. 찜질. 습포. ② 약초(藥草).
osadhitārakā *f.* [osadhi-tārakā] 치료의 별. 태백성(太白星). 약왕성(藥王星).
osanna *adj.* [o-syad의 *pp.*] ① 축소된. 지친. ② 나약한. -viriyatā 태만.
osappati [o-sṛp] 물러나다. 철수하다.
osabbha *n.* [<usabha] 황소인 상태.
osara *m.* [*sk.* avasara] 작은 호수.
osaraka *m. adj.* [<osarati] ① 베란다. 테라스. ② 행랑방. 행랑채. ③ 피난처. ④ 의지할 수 있는.
osaraṇa *n.* [<osarati] ① 들어감. 가입. ② 모임. ③ 복귀. ④ 철수. ⑤ 이단으로 가는 것. 이교도가 되는 것.
osarati [=avasarati. ava-sṛ] ① 들어가다. 방문하다. 가버리다. 흡수되다. ② 복귀하다. 모이다. ③ 후퇴하다. 철수하다. *aor.* osari; *pp.* osaṭa.
osavana → ossavana.

osādita *adj.* [osādeti의 *pp.*] ① 빠져든. ② 낙담한.
osādeti [osīdati의 *caus.*] = avasādeti ① 가라앉게 하다. 낮추다. 인하하다. 빠져 들게 하다. 낙담시키다. ② 파괴하다.
osāna *n.* [=avasāna<osāpeti] ① 중지. ② 종말. 끝. 궁극. 한계. 멸망. ③ 결론. *adv.* osāne 결국. -vasena 결국.
osāpana *adj.* [<osāpeti] ① 끝내는. ② 중지하는.
osāpanā *f.* [<osāpeti] ① 끝냄. ② 중지.
osāpita *adj.* [osāpeti의 *pp.*] ① 끝낸. ② 중지된.
osāpeti [ava-sā의 *caus.*] ① 내리다. (어떤 것을 다른 것에) 두다. ② 끝내다. ③ 중지하다. ④ 결정하다. *pp.* osāpita; *fut.* osāpayissāmi. *cf.* osāreti.
osāraka *m.* [<osāreti] ① 피난처. ② 부속건물. ③ 옥외변소.
osāra *m.* osāraṇa *n.* [<osāreti] ① 설명. ② 회복. 복귀. 원상복귀. 복권. 해죄(解罪).
osāraṇā *f.* [<osāreti] ① 회복. ② 복귀. 원상복귀. 복권. 해죄(解罪).
osārayati. osāreti [ava-sṛ의 *caus.*] ① 흐르게 하다. 놓아주다. ② 제출하다. ③ 설명하다. ④ 복권시키다. *imp.* osārehi; *grd.* osāraṇīya. *pp.* osārita; *pass.* osāriyati. osārīyati; *caus.* osārāpeti.
osārikā *f.* [<osarati] ① 베란다. 테라스. ② 행랑방. 행랑채.
osiñcati [o-siñcati<sic] ① 붓다. 흩뿌리다. ② 퍼내다. 물을 빼다. *opt.* osiñciyā; *ppr.* osiñcaṁ; *pp.* ositta. avasitta.
osita *adj.* [ava-sā의 *pp.*] ① 거주하는. ② 접근하기 쉬운.
ositta *adj.* [osiñcati의 *pp.*] 물이 뿌려진. 관수된.
osīdati [ava-sad] ① 가라앉다. ② 침잠하다.
osīdana *n.* [<osīdati] ① 가라앉기. ② 침잠.
osīdāpana *n.* [osīdāpeti] ① 가라앉히기. ② 담금.
osīdāpeti. osīdeti [osīdati의 *caus.*] 가라앉히다. 가라앉게 하다.
oseti → opeti. ossa → ussa. ossakk° → osakk°
ossagga *m.* [<ossajati] 이완. 완화.
ossajati. ossajjati. osajati. osajjati [=avasajati. ava-sṛj] ① 놓아주다. 해방하다. 방출하다. ② 포기하다. 제거하다. *aor.* ossaji; *pp.* ossaṭṭha; *abs.* osajja. osajjitvā.
ossajana. ossajjana *n.* [<ossajati] ① 배출. 방출. 해방. ② 포기. 사견(捨遣).
ossaṭṭha *adj.* [ossajati의 *pp.*] ① 놓아진. ② 포기된. ③ 제거된.
ossanna *adj.* [osīdati의 *pp.*] ① 가라앉은. 내려앉은. ② 부족한. 모자라는.
ossāraṇā *f.* [<ut-sṛ] 몰아 냄.
ossavana. ossāvana *n.* [<ava-sru] ① 유출. ② 흐르는 물. 유수(流水).
ohana → odahana.
ohanati [ava-han] ① 제거하다. ② 변이 잘나오게 하다.
ohacca → ūhacca.
ohaññeyya → ūhaññeyya.
ohatacumbaṭā → obhatacumbaṭā.
ohadati → ūhadati
ohadeti → ūhadeti
ohana *n.* [*cf.* upadhāna] ① 베개. ② 방석. 쿠션. -iya(ohani°) 베개 또는 방석과 관련된.
ohanati [o-han] ① 때려 부수다. 던져버리다. ② 배변하다.
ohaneti [ohanati의 *caus.*] 배변하다.
oharaṇa *n.* [<oharati] ① 제거. ② 옆길. 빗나간 길. 타락.
oharati [ava-hṛ] ① 가져가다. ② 제거하다. *abs.* ohacca. ūhacca; *imp.* ohara; *pp.* avahata; *caus.* ohāreti. ohārapeti; *inf.* ohātuṁ.
ohasati [ava-has] ① 웃다. ② 비웃다.
ohaya. ohāya → ojahāti의 *abs. imp.*
ohāra *n.* [ohāreti] ① 제거. ② = avahāra. ③ = vohāra.
ohāraṇa *n.* [<ohāreti] ① 제거. ② 삭발.
ohārin *adj.* [ohāra-in<oharati] ① 끌어 내려진. ② 무거운.
ohāreti. ohārayati. ohārāpeti [oharati의 *caus.*] ① 제거시키다. 버리다. ② 머리를 자르다. *pp.* ohārita; *pass.* ohāriyati
ohita *adj.* [odahati<dhā의 *pp.* *bsk.* avahita. apahita] ① 내려놓은. 놓여진. ② 감추어진. 은폐된. ③ 적용된. -bhāra 짐을 내려놓은 사람[阿羅漢]. -sota 귀를 기울이는. 주의 깊게 듣는.
ohiyyaka. ohīyaka *adj. m.* [ohīyati. avahiyyati] 뒤에 남은 (사람).
ohīna *adj.* [ojahāti의 *pp.*] 뒤에 남겨진. aor. ohīyi; *ppr.* ohiyamāna.
ohīyati. ohiyyati [avahīyati. avahāti의 *pass.*] 뒤에 남겨지다. 남다. *abs.* ohiyitvā; *ppr.* ohīyamāna.
ohīyana *n.* [<ohīyati] 뒤에 남겨진 것.
ohīyamānaka *adj.* [ohīyati의 *ppr.* -ka] 뒤에 남겨지는.
ohīḷanā *f.* [ohīḷeti] 경멸. 모욕.
ohīḷeti [ava-hīḍ] 경멸하다. 모욕하다. *pp.* ohīḷita.

K

ka ① 자음·문자 k의 이름. ② 지말접미사의 일종[관계, 소유, 집합, 왜소, 경멸을 나타냄]. ③ *pron interj.* [*sk.* kaḥ] *m.* ko *f.* kā *n.* kiṁ 누구. 무엇.

sg	*m.*	*n.*	*f.*
nom.	ko	kiṁ	kā
acc.	kaṁ	kiṁ	kaṁ
ins.	kena.		kāya
abl.	kasmā	kamhā	kāya
dat. gen.	kassa	kissa	kassā, kāya
loc.	kasmiṁ. kamhi. kismiṁ		kassā, kassaṁ, kāyaṁ

pl.	*m.*	*n.*	*f.*
nom.acc.	ke	kāni	kā, kāyo
ins. abl.	kehi		kāhi
dat. gen.	kesaṁ, kesānaṁ		kāsaṁ, kāsānaṁ
loc.	kesu		kāsu

katama (셋 이상 가운데) 누구. 어느. 어떤. katara (둘 중에) 누구. 어느. 어떤. koci *m.* 누구든. 어떠한 사람이라도. kāci *f.* kiñci *n.* 어느 것이라도[이 변화는 ka에 준한다]. kadā 언제. kattha 어디에. kathā 어떻게. kaha 며칠. 몇 날. kahaṁ 어디로.

kaṁsa *m.* [〃] ① 청동. 구리. 금속. ② 청동징. 동라(銅鑼). 청동접시. ③ 값비싼 금속[금이나 은]. 금속 그릇. ④ 동전[4 kahāpaṇa에 해당]. ⑤ *adj.* [*sk.* kaṁsya] 금속으로 만든. 청동으로 만든. -ādhāra 청동쟁반. -upadhāraṇa 금속으로 된 우유통. -kaṇṭaka 금속침. 못. -kūṭa 구리그릇이 황금접시처럼 보이는 것. 위폐. -tāla. -tāḷa 청동징. -thalla 청동접시. -pāti. -pātī 청동발우. -pūra 청동그릇을 채우는. -bhaṇḍa 청동제품. -bhaṇḍa. -bhājana 청동그릇. -maya 청동으로 만든. -mallaka 금속제접시. -loha 청동. -vijjupabhassara 금속성의 번개처럼 빛나는. -sadda '청동'이라는 단어. ⑥ 깡싸[크리슈나 신에게 살해된 왕의 이름]. -vaṁsa 깡싸의 가계.

kaṁsati ① → kassati. ② [kas. kaṁs] 칭찬하다. 들어 올리다.

kaṁseti [kas. kaṁs] 칭찬하다.

kakaca *m.* [*sk.* krakaca] 톱[鋸] -ûpamā 톱의 비유. 거유(鋸喩). -ôkantaka 톱에 절단된. -ôkkantana 톱에 의한 절단. -ôvada 톱의 비유에 대한 교훈. -koṭi 톱의 끝. -khaṇḍa 톱의 조각. -danta 톱의 이빨. 거치(鋸齒).

kakaṇṭaka *m.* [?] 카멜레온. -nimitta 카멜레온의 특징. -rūpa 카멜레온의 색깔. -vesa 카멜레온의 변장·변신.

kakati [kak] ① 불안정하다. ② 변덕스럽다.

kakāra *m.* [ka-kāra] ① k의 문자·음소. ② ka 어미. -āgama k의 문자·음소의 추가. -ādesa k의 문자·음소의 대체. -lopa k의 문자·음소의 제거.

kaku *m.* [*sk.* kakud] ① 봉우리. 정상. ② 혹. 낙타봉. ③ 둥근 언덕.

kakuṭa *m.* [*sk.* kakuṭha(?)] 비둘기. -pāda 비둘기와 같은 발을 지닌. -pādinī 비둘기같이 아름다운 발을 지닌 여인. 구족천녀(鳩足天女).

Kakuṭṭhā. Kakutthā *f.* 까꿋타강. 각구다(脚俱多)[강의 이름].

kakutthaka → kukutthaka

Kakutthā *f.* 까꿋타강. 가굴차(迦屈差)[강이름]

Kakud(h)a-Kaccāyana [*bsk.* Kakuda-Kātyāyana] =Pakudha-Kaccayana 까꾸다 깟짜야나. 가거다가전연(迦據陀迦栴延)[六師外道 가운데 한 사람].

kakudha *m.* [*sk.* kakuda] ① 황소의 혹. ② 닭의 볏[왕의 상징]. ③ 까꾸다[나무의 이름. Terminala Arjuna]. ④ 까꾸다[새의 이름]. ④ 까꾸다[재가신자의 이름. 신의 이름]

Kakusandha *m.* 까꾸싼다. 구류손불 (拘留孫佛). 구루손불(拘樓孫佛). 갈구촌나불(羯句寸那佛)[過去七佛의 한 분].

kakka *m.* ① [*sk.* kalka. kalaṅka] 반죽. 가루분. *cf.* kakku. ② [*cf. sk.* karka] 깍까[황색의 보석].

kakkaṭa ① *m.* [*sk.* karkaṭa] = kakkaṭaka. -akkhi 게[蟹]의 눈. -yantaka 소형 닻의 일종. ② [*cf.* kakuṭā. kaṇṭakā] 큰 사슴. ③ 깍까따[사람의 이

름. 수행승의 이름].
kakkaṭaka *m.* [*cf. sk.* karkaṭa. karkara] 게[蟹]. -nala 붉은 바다갈대. 산호초(珊瑚礁). -nagga (게가 다니는) 운하의 터진 곳. -yantaka 우물에 붙이는 갈고리가 달린 사다리. -rasa 게로 만든 양념. -vijjhanasūlasadisa 게를 잡는 꼬챙이와 같은.
kakkaṭī *f.* [*sk.* karkaṭī] 뱀오이[호과(胡瓜)의 일종].
kakkana *n.* [*cf. sk.* kalkana] 목욕용 페이스트로 문지르기.
kakkandhu *n.* [*sk.* karkandhu] 대추[Zizyphus Jujube의 열매].
kakkara *m.* [*cf. sk.* kṛkavāku] ① 사냥의 미끼로 사용되는 정글의 수탉. ② 자고(鷓鴣). -patta 깍까라빳따[상가도시의 이름].
kakkaratā *f.* [*sk.* karkara의 *abstr.*] ① 거칠음. 가혹함. ② 속임수. *cf.* kakkhaḷatā
kakkariya *n.* [<*sk.* karkara] ① 거칠음. 가혹함. ② 엄함.
kakkarī = kakkaṭī
kakkaru *m.* [*sk.* karkaru] 백색화(白色花)[넝쿨식물의 일종].
kakkasa *adj.* [*sk.* karkaśa] ① 거친. ② 귀에 거슬리는. ③ 폭언하는. -âkiṇṇa 거칠고 헝클어진. -loma 거친 털.
kakkasiya. kakkassa *n.* [kakkasa-ya] ① 거칠음. 난폭함. ② 폭언. 조폭(粗暴).
kakkārī. kakkārika *m.* [<kakkāru] 오이[胡瓜].
kakkāru *m.* [*sk.* karkāru] ① 호리병박[Beninkasa Cerifera의 열매]. ② 하늘의 꽃 = dibbapubbha
kakkāruka *n* = kakkāru ①.
kakkāreti → kakkārika
kakkāreti [*sk.* khāṭ-kṛ] ① '칵'하고 소리 내다. 목이 메다. ② 토하다. 구토하다.
kakkika *adj.* [*sk.* kārkika] 백마(白馬)와 같은.
kakku *m.* [=kakka ①] 가루분. 연분(鉛粉).
kakketana *m.* [*sk.* karketaṇa] 수정(水晶). 묘청석(猫睛石).
kakkoṭaka → takkoṭaka
kakkola → takkola
kakkhaḷa *adj. m.* [kakkhaṭa *cf.* kakkariya. *cf.* karkara] ① 단단한. ② 거친. 어려운. ③ 아픈. ④ 잔혹한. 무서운. 난폭한. 투쟁적인. ⑤ 악마. 깡패. 악당. -kathā 난폭한 이야기. -kamma 조야한 행위. -gacchalaṭa 거친 관목과 덤불. -tikhiṇakhārakaṭuka 거칠고 아프고 아리고 쓰리고 매운. -dukkhuppāda 무서운 고통의 발생. -dhutta 악한. 무법자. -pharusa 거칠고 잔혹한. -bhāva 거친 성품. 잔혹한 성품. -rāja 잔혹한 왕. -lakkhaṇa 잔혹으로 특징지어지는. -visa 맹독. -sadda 거친 말. -hadaya 강심장을 지닌.
kakkhaḷatta *n.* kakkhaḷatā *f.* [kakkhaḷa의 *abstr.*] ① 단단함. ② 억지. 고집. ③ 어려움. ④ 난폭. 냉혹. 잔혹. ⑤ 추악. ⑦ 투쟁. ⑨ 악마주의(惡魔主義).
kakkhaḷatta *n.* [kakkhaḷa의 *abstr.*] = kakkhaḷatā.
kakkhaḷiya *n.* [kakkhaḷa-iya] = = kakkhaḷatā.
kaṅka *m.* [〃] 왜가리. 백로. 해오라기[白鷺과의 총칭]. -patta 백로의 깃털. 화살.
kaṅkaṇa *n.* [〃] 팔찌.
kaṅkata *m.* [kaṅ(kiṅ)-kṛta] 코끼리의 장신구
kaṅkala *m.* [*sk.* kaṅkāla] 해골(=aṭṭhikaṅkala) *cf.* saṅkhala
kaṅkuṭṭhaka *m.* [*sk.* kaṅkuṣṭha] 황금색이나 은색의 흙[醫藥의 일종].
kaṅkhacchida. kaṅkhaccheda → kāṅkā
kaṅkhati [*sk.* kāṅkṣ] ① 기다리다. 기대하다. 동경하다. kālaṁ kaṅkhati 시간을 기다리다. 죽음을 기다리다. ② 의심하다. 불확실하다. 불안하다. 두려워하다. *imp.* kaṅkha; *opt.* kaṅkheyya. kaṅkheta; *inf.* kaṅkhituṁ; *grd.* kaṅkhitabba. kaṅkhanīya; *pp.* kaṅkhita.
kaṅkhana *n.* [<kaṅkhati] ① 의심. 의혹. ② 당혹. 불안. 불확실.
kaṅkhanīya *adj.* [kaṅkhati의 *grd.*] 의심받을만한. 의심받을 수 있는.
kaṅkhamāna *adj.* [kaṅkhati의 *ppr.*] ① 의심하는. ② 주저하는. 결정하지 못하는.
kaṅkhā *f.* [*sk.* kāṅkṣā] ① 기대. 욕망. 동경. ② 의심. 의혹. 당혹. 불확실. 두려움. 의개(疑蓋). -cchida. -ccheda(na) 의심을 끊음. -ṭṭhāniya 의심스러운. 의심에 근거한. -ṭhānavidālana 의심의 요체를 제거함. -dhamma 의심의 상태. -pakatacittatā 의심의 상태에 있는 마음의 속성. -pariyāya 의심의 동의어. -pavatti 의심의 출현. -pahānatthaṁ 의심을 버리기 위해. -bahula 의심으로 가득 찬. -bhūta 의심스런 상태에 있는. -vitaraṇa 의심의 극복. 해의(解義). -vinayana 의심의 제거. -vinayapadhāna 의심을 제거하기 위한 노력. -vinodaka 의심을 제거하는. -visuddhi 의심을 제거하여 청정히 함. 의개정(疑蓋淨). -samaṅgin 의심하는. 의혹을 갖는. -sambhava 의심의 발생. -sota 의심의 흐름.
kaṅkhāyati [kaṅkhā의 *denom.*] 의심하다. 의혹을 갖다. *pp.* kaṅkhāyita
kaṅkhāyanā *f.* [<kaṅkhāyati] 의심. 의혹.

kaṅkhāyitatta *n.* [<kaṅkhāyati] 의심. 의혹.

Kaṅkhā Revata *n.* 깡카 레바따. 의자리바다(疑者離波多). 의혹리왈(疑惑離曰) [수행승의 이름].

Kaṅkhāvitaraṇī *f.* [kaṅkhā-vitaraṇi] 해의소(解疑疏)[계본(戒本 : pāṭimokkha)의 주석서].

kaṅkhin *adj.* [*sk.* kaṅkṣin. kaṅkhā-in] ① 의심하는. 결정하지 못하는. ② 기대하는. 열망하는.

kaṅkheta. kaṅkheyya kaṅkhati의 *opt. 3sg.*

kaṅgu *f.* [〃] ① 피. ② 기장[Myristica Horsfieldia]. -ambilapiṇḍa 신 기장죽으로 이루어진 탁발음식. -chaḍḍana 먼지를 제거하는 것. -taṇḍula 기장의 알곡. -piṭṭha 기장의 가루. -bhatta (끓인) 기장의 식사. 기장밥. -varakamuggādibahula 기장과 바라까 쌀과 강남콩이 가득한. -vīhi 기장과 쌀. -sittha 기장밥덩어리.

kaca *m* [*sk.* kaca. *bsk.* kaca] ① 모발 ② *bsk.* 거친 비단. 조견(粗絹).

kacavara *m.* [?] ① 먼지. 쓰레기. ② 누더기 옷. -khāṇukabhāva 쓰레기와 말뚝과 같은 존재 -aggi 쓰레기를 태우는 불. -chaḍḍana 쓰레기를 버림. -chaḍḍanapacchi 쓰레기통. -chaḍḍanaka 쓰레받기. -chaḍḍanī 쓰레받기. -chaḍḍikā 여자 청소부. 신데렐라. -niyāma 쓰레기 처분의 방도. -bhāva 쓰레기 같은 존재. -bhūta 불결한. -missaka 쓰레기와 찌꺼기 음식. -rāsi 쓰레기더미.

kacca ① = katvā ② [*sk.* kātya] 깟짜[성씨].

kaccayati [kac] 빛나다.

Kaccāyana = Kaccāna *m* [*sk.* Kātyāyana] 깟짜야나[깟짜 성씨에 속하는 자]. 가전연(迦旃延) [수행승의 이름] [*sk.* B.C. 3 세기경의 인도문법학자]. [붓다고싸 시기의 스리랑카 문법학자].

Kaccāyanagandha *m* [Kaccāyana-gandha] 가전연서(迦旃延書)[가장 오래된 빠알리 문법서. Kaccāyana의 저술].

Kaccāyanavyakaraṇa *m* = Kaccāyanagandha 가전연문법(迦旃延文法).

Kaccāyanadhātumañjūsā *f.* 가전연어근보함(迦旃延語根寶函)[씰라방싸(Sīlavaṁsa)의 문법적 저술].

kacci. kaccid *ind.* [ka-cid] ① ~일까 어떨까. 만한가[의심이나 불안을 나타내는 부정의문사]. ~ nu. ~ nu kho 아마. 어쩌면. kaccissu. kacciṁ su 과연 ~일까 어떨까? kaccâhaṁ bahuṁ puññaṁ pasavāmi 나는 과연 많은 공덕을 낳을 수 있을까? ② 바라건대. kacci te khamanīyaṁ kacci yāpanīyaṁ. 그대는 참아낼 만한가, 견디어 낼 만한가? 그대는 참아내고, 견더내기 바란다.

kaccikāra *m* [?] 깟찌까라[큰 관목의 일종. Caesalpina Digyna].

kaccha[1] ① *m n.* [*cf. sk.* kakṣa. kakṣā] 늪. 습지. 소택지. 풀밭. 목초지. 숲. 정글. 나무. ② *adj.* 습지에서 자란. 나무에서 자란. ③ 나무. 관목. 담쟁이. 갈대. 긴 풀. 긴 털. ④ *adj. n.* [katheti의 *grd.*] 대화에 적합한. 학문적인 토론. ⑤ [karoti의 *abs.*] 하고 나서. 작위하고.

kaccha[2] *m. n.* kacchā *f.* [*Amg.* 〃 *cf. sk.* kakṣa. kakṣā] ① *m n f.* 겨드랑이. 겨드랑이 아래. 겨드랑이의 털. ② *m. f.* 칸막이. 담. 벽. 방. 궁전의 내실. ③ *f.* (코끼리의) 목과 머리를 위한 장식물. ④ *m f.* 벨트. 허리싸개. 허리띠. 거들. 허리에 감는 간단한 옷. 허리. 엉덩이. kaccha° -antara 궁전의 내실. -karaka 허리띠에 찬 물병. -puṭa → kacchapuṭa.

kacchaka *m.* [kaccha-ka] 깟차까[무화과 나무의 일종. Cedrela Toona] -gaṅgā 깟차까강가[마하강가의 지류]. -tittha 깟차까강가의 나루터.

kacchati ① [katheti의 *pass.*] 이야기되다. *par.* kacchamāna ② [karoti의 *pass.*의 *fut. sk.* karṣyate] 이루어질 것이다.

kacchantara *n.* [<kacchā ②] ① 궁전의 내실. ② 허리를 가리는 옷의 안쪽.

kacchapa *m.* [〃] 거북이 -aṇḍa 거북이알. -yoni 거북이의 자궁. -rāja 거북이왕. -lakkhaṇa 거북이의 특징. 거북이점[미신]. -loma 거북이털[비존재]. *f.* kacchapinī 암거북이.

kacchapaka → hatthapaka.

kacchapuṭa *m.* [*cf. sk.* kakṣa. kakṣā] ① 갈대바구니. 멜빵이 달린 바구니. 허리옷의 주머니. ② 행상(行商). 보부상. -vāṇija 행상(行商). 보부상.

kacchamāna → katheti의 *ppr.*

kacchikāra → kaccikāra

kacchu *m* kacchū *f.* [〃 *Amg.* kacchū] ① 가려운 피부병. 가려움증. 옴. 종기. 개선. 풍선. ② 깟추[피부에 닿으면 가려움증을 일으키는 식물의 이름. Carpopogon Pruriens]. kacchu° -cuṇṇa 가려움증을 일으키는 식물의 가루열매. -gatta 사지가 가려운 피부병으로 뒤덮인. -parikiṇṇa 가려운 피부병으로 덮인. -piḷakā 가려운 피부병과 종기. -phala 깟추의 열매. -roga 피부병. -sākhā 깟추의 가지.

kacchura [*sk.* 〃] 가려움증. 피부병.

Kajaṅgala *m* 까장갈라. 가징가라(迦徵伽羅). 가단차라(迦旦遮羅)[마을의 이름]. -°lā 비구니의 이름. -vāsin 까장갈라에 사는.

kajjati [karj] ① 몰아내다. 몰아대다. ② 괴롭히다. ③ 죽이다.

kajjala *m* [〃 kad-jala] ① 검댕이. ② 검댕이로 만들어진 안약. ③ 잉크. -ādhāra 잉크스탠드.

kajjopakkamaka *m.* [?] 보석의 이름.
kañcaka *m.* [?] 깐짜까[나무의 일종].
kañcana *n.* [*sk.* kāñcana] 금. 황금. *cpd.* 황금같은. 황금빛의. -agghika. -agghiya. 황금의 가치가 있는. -âdāsa 황금거울. -âbharaṇa 황금장식. -āveḷā 금빛 화환·화관(花冠). -âsana 황금보좌. -kakkaṭaka 황금색 게. -kadalikkhaṇḍa 바나나 다발. -khacitakoseyyavatthavasana 금사(金絲)가 섞인 비단옷을 입은. -kkhanda 금덩어리. 금괴. -girimattaka 금산(金山)의 정상. -gūha 황금동굴[히말라야산 동굴의 이름]. -cittasantika 길조의 표시로 황금장식을 한. -cuṇṇa 사금(砂金). -jāla 금세공. -taṭṭaka 황금접시. -tanusannibhattaca 금박과 같은 피부를 지닌. -taca 황금색피부. -toraṇa 황금문을 한. -ttambha 황금기둥. -ttharukhagga 황금손잡이를 한 칼. -thūpa 황금탑. -thūpa 황금돔. -daṇḍadīpakā 황금빛 횃불. -nāḷī 황금으로 만든 작은 병. -nikkha 황금동전. -pañjara 황금새장. -patimā 금빛 상(像). -paṭṭa 황금터번. 황금보관(黃金寶冠). -patta 황금발우. -paduma 황금빛연꽃. -pabbata 황금산. -pallaṅka 금빛가마. -pāti 황금접시. 황금발우. -pātimakula 황금접시 위의 (싹과 같은) 돌기물. -piṇḍa 금괴. -pīṭha 황금의자. -pura 깐짜나뿌라[지명]. -baddhapīṭha 황금장식의자. -bimba 금빛 영상을 한. 금빛의 빔바(bimba) 열매. -bubbula 공모양의 금빛장식품. -bhājana 황금색 그릇. -bhitti 황금벽. -māṇimuttaka 황금과 보석과 진주로 이루어진. -maṇḍalasannikāsa 황금접시와 유사한. -maya 황금으로 만들어진. -mahānāvā 거대한 황금선(黃金船). -māṇava 깐짜나마나바[인명]. -mālā 황금화환. 제석천의 양산의 이름. -mālikasetacchatta 황금화환을 한 흰양산. -miga 황금색 사슴. -mekhalā 황금허리띠. -rajatamaṇimaya 황금과 은과 보석으로 이루어진. -rāsisassirīkasarīra 황금더미처럼 빛나는 몸을 지닌. -rūpa 황금색. -latā 황금색 담쟁이. 멋진 북을 에워싼 줄. -vaṇṇa 황금빛의. 황금색의. -vati 황금울타리. -vana 황금숲. -vicittaratha 황금으로 장식한 수레. -vitāna 황금 차양. -vedi 황금색의 베디[담쟁이의 일종]. -velli 금빛천. 허리를 두르는 천. -sannibha 금빛과 같은. -sūci 금핀. 금머리핀.
kañcanaka *adj.* [kañcana-ka] 금의. 금빛의. -daṇḍa 황금색 지팡이.
kañci. kañcinaṁ koci의 *sg. acc.*
kañcuka *m.* [〃] ① 웃옷. ② 뱀의 허물. ③ 갑옷. ④ 덮개. ⑤ 상자. -cetiya. -thūpa 유골을 봉함한 사당. 유골을 봉함한 탑. -saṇṭhāna. 갑옷 모양을 지닌. -sadisa 갑옷과 같은.
kañcukita *adj.* [〃] 갑옷으로 무장한.
kañcukin *adj. m.* [〃] ① 갑옷으로 무장한. ② 경호대신(警護大臣). 의전장관(儀典長官).
kañja *m.* [?] 절뚝발이. pādena kañjaka *m.* [?] 절뚝발이. pādena kañjo 외발의 절뚝발이.
kañjaka *m.* [?] 거인의 일종.
kañjika. kañjiya *n.* [*sk.* kāñjika] 쌀죽. *cf.* kaṇājaka.
kañña *adj.* [*sk.* kanya] 연소한. 젊은 *compar.* kaniya; *superl.* kaṇṭṭha.
kaññā *f.* [*sk.* kanyā] ① 딸. 소녀. 처녀. ② 미혼녀. -âliṅgana 소녀에 대한 포옹. -gahana 결혼을 위해 소녀를 받아들이는. -dāna 시집보내기. -bhikkhā 소녀의 모습으로 구걸하는 것. -rūpa 소녀의 모습. -sata 백 명의 소녀. -sahassa 천 명의 소녀. -sahassapamukha 천 명의 소녀의 우두머리. *cf.* kañña. kanna.
kaṭa ① *m.* [=kaṭi] 허리. -aṭṭhika 대퇴골. -sāṭaka 허리싸개. 허리옷. ② *adj.* [= kata. karoti의 *pp.*] 행해진. 원래의. 잘 이루어진. -ggaha 행운의. 승리의. 운 좋은 사람. 행운의 주사위. -bhaṇḍa 꾸러미로 만들어진. 자질구레한 장신구. -bhaṇḍaka 꾸러미. ③ *m.* [<*sk.* kṛnatti '둥글게 말다. 엮다.'] 깔개. 자리. -sara 까따싸라[갈대의 일종으로 약용식물. Saccharum Sara]. -sāra(ka) 깔개. 매트. 매트리스. ④ *m.* 여자의 성기. ⑤ *m.* 코끼리신전. ⑥ *m. n.* 승리하는 주사위.
kaṭaka *m. n.* [kaṭa②-ka] ① 반지. 팔찌. ② 바퀴. 지륜(地輪). ③ 산의 능선. ④ 까따까[도시이름].
kaṭakañcukatā → kaṭukañcukatā.
kaṭakaṭā *ind.* [*onomat.*] 서로 삐걱거리는 소리.
kaṭakaṭāyati [kaṭakaṭā의 *denom.*] 삐걱거리는 소리를 내다.
kaṭacchu *m.* [〃] ① 국자. ② 숟가락. -abhihāra 숟가락으로 (음식을) 헌공하는. -gāha 음식을 주는데 인색함. -gāhika (승려에게 음식을 줄 때) 국자로써 제공하는. -parissāvana 구멍이 뚫린 국자. -bhikkhā 승려에게 국자로써 제공한 음식. -matta 한 숟갈의 밥.
kaṭacchuka *adj.* [kaṭacchu-ka] 숟가락과 관계되는.
kaṭati *n.* [kaṭ] ① 으깨다. 분쇄하다. ② 비가 퍼붓다. ③ 보호하다. ④ 움직이다.
kaṭana *n.* [karoti의 *pp.*-na] = katana 악행. 상처를 입힘.
Kaṭamorakatissa *m.* 까따모라까띳싸. 가타무가리(迦吒無迦利)[수행승의 이름].
kaṭatta *n.* [<kaṭa의 *abstr.*] (비자발적으로) 만들

어진 사실.

kaṭattākamma *n.* [<kaṭa의 *abstr. abl.* -kamma] 지어진 업. 저장되는 업(業). 이작업(已作業)[저장되는 업으로서의 과보].

kaṭattārūpa *n.* [<kaṭa의 *abstr. abl.* -rūpa] 지어진 업에 기인하는 물질.

kaṭallaka *m.* [kaṭa-laka] 꼭두각시.

kaṭasakkharā *f.* [*sk.* kaṭaśarkarā] 섬세한 흰색 자갈의 일종.

kaṭasāraka *n.* [*sk.* kaṭasāra] 돗자리. 매트. 매트리스[네 가지 풀 즉 eragu. moragu. majjāru. jantu로 만들어짐]. -kilañja 돗자리. -khaṇḍa 돗자리의 조각. -dutiya 돗자리에 수반되는.

kaṭasi. kaṭasī *f.* [<kaṭa-sīvathikā] 묘지. 무덤. kaṭasi° -vaḍḍhana 무덤을 채우기. -saṅkhāta 묘지라고 불리는. kaṭasī° -vaḍḍhaka 묘지를 채우는.

kaṭâkaṭa [kaṭa-akaṭa] '만들어졌으나 자연적인' 콩(mugga)으로 만든 즙의 일종.

kaṭāha *m n.* [〃] ① 단지. 용기. 저장소. ② 두개(頭蓋). -mukhavaṭṭi 단지의 가장자리.

kaṭāhaka *n.* [〃] ① 단지. ② 냄비.

kaṭi *f.* [〃 *Amg.* kaḍi] ① 허리. 엉덩이. ② 대퇴부. = kaṭa. -ûpaga 허리장식. -iṭṭhi(kaṭiṭṭhi) 엉덩이뼈. -kampana 엉덩이 흔들기. -thālaka 엉덩이. -pariccheda 엉덩이 부분. -pilandhana 허리주위에 묶는 끈. -puthulaka 엉덩이. -pariyosāna 허리의 밑. 엉덩이. -ppadesa 허리. 엉덩이. -ppamāṇa 허리에 미치는. 허리 높이의. -phalaka 엉덩이. -bandhana 허리장식띠. -balava 까띠발라바[나무의 이름]. -bhāga 허리. -bhāra 허리에 매달린 짐. -matta 허리 높이. -gāma 까띠가마[마을 이름]. -vātâbādhika 허리에 류머티즘으로 고생하는. -vāmana 상반신이 허리까지 구부러지는 난쟁이. -saṇṭhāna 엉덩이 모양을 한. -sandhi 엉덩이의 이음매. -samohita 엉덩이위로 조인. -sandhi 허리의 연결. -sutta(ka) 허리띠. 허리장식띠.

kaṭika *adj.* [〃 *Amg.* kaḍiya] 허리의. 엉덩이의. -paṭa 허리를 묶는 천.

kaṭu *adj. m.* [〃] ① 매운. 신랄한. ② 쓰디쓴. 쓴. ③ 지독한. ④ 자극적인 맛. 신랄한 맛.

kaṭuka *adj. n.* [〃] ① 매운. 신랄한. 쓰디쓴. 쓴. 지독한. 고통스러운. 가혹한. 혹독한. ② 자극성. 매움. 신랄. 고통. -agga 아주 매운. -udraya 괴로운 느낌을 야기하는. -ôdaka 쓴 약물. -paribhāsanā 독설(毒舌). -ppabhedana 톡 쏘는 액체를 지닌[발정한 코끼리의 관자놀이로부터 스미어 나오는 것]. -pphala 매운 열매를 지닌. 괴로움의 과보. -bhaṇḍa 향신료. 카레의 재료. -bhāva 매움. 신랄. 가혹. -rāsa 신랄한 맛. -rohiṇī 신호련(辛胡蓮)[식물의 이름. Helleborus Niger]. -vipāka 고과(苦果). 악과(惡果). -sāsana 엄한 명령. -sannissita 매운 소스를 친. -sambādha 혹독한 고뇌. -sāsana 가혹한 명령. -ssaratā 불협화음(不協和音).

kaṭukañcukatā *f.* [kaṭuka-añcuka<añc] ① 밀폐. ② 경색(梗塞). 조임. 인색.

kaṭukatta *n.* [kaṭuka의 *abstr.*] 매움. 신랄(辛辣).

kaṭukatara *adj.* [kaṭuka의 *compar.*] 더욱 매운. 신랄한. -pañcakaṭukena 다섯 가지 매운 것보다 더 매운.

kaṭukā *f.* 까뚜까[식물의 이름. Helleborus Niger].

kaṭukīṭaka *m.* [*cf.* kakkoṭaka] 까뚜끼따까[벌레의 일종].

kaṭumika *adj.* [*sk.* kṛtrima. *bsk.* kṛttima] 인공적인. 인위적인.

kaṭumikā *f.* [<karoti] ① 인공적인 것. ② 원조. ③ 지시.

kaṭurohiṇī. → kaṭukarohiṇī.

kaṭula *adj.* [*sk.* kaṭura] 매운. 자극성의 물질이 있는.

kaṭuviya *adj. n.* [kaṭu-viya?] ① 불순한. 더럽혀진. ② 오염. 불순.

kaṭuviyakata *adj.* [kaṭuviya-kata] 불결하게 만들어진.

kaṭerukkha *m.* [*cf.* kaṭeruha] 까떼룩카[넝쿨식물의 일종].

kaṭeruha *m.* [*cf.* kaseruka] 까떼루하[꽃피는 식물의 일종].

kaṭṭha ① *n.* [*sk.* kaṣṭha] 장작. 나무토막. 나뭇조각. 봉(棒). 지팡이. 땔나무. 신목(薪木). -aggi 땔나무. -aṅga 엷은 나뭇가지를 지닌. -atthaṁ 연료를 목적으로. -atthara 가느다란 가지로 만든 매트·매트리스. -ûpādāna 땔나무에서 생겨난(불). -kaṭhala 나뭇조각과 돌. -kaliṅgara 대나무의 나뭇조각. -kamma 목수일. -kalāpa 나뭇단. -kāra 나무를 베는 사람. -khaṇḍa 나무의 부스러기. 목편. -gomayādi 나뭇조각과 쇠똥. -ja 단단한 나무에서 유래하는. -tāla 나무로 만든 열쇠. -tāḷa 나무로 된 징. -tumba 나무그릇. -pāta 나무토막 던지기. -pāsāṇādimissa 나무토막과 돌조각이 섞인. -pādukā 나무구두. -pīḷaka 바이스[기계]. -puñja 나무더미. -phālaka 나무 자르는 것·사람. -bhatin 나무 자르는 것·사람. -mañcaka 나무침대. -maya 나무로 만든. 목재의. -mukha 깟타무카[물면 몸이 나무토막처럼 변하게 만드는 독사]. -rāsi 나무토막의 더미. -rūpa

나무로 된 형상. 인형. -rūpaka 나무로 만든 상(像). -latāchedanattharn 나뭇가지와 덩굴을 자르기 위해. -vāha 나무마차. -vāhana 나무마차. 깟타바하나[왕의 이름]. -vipalāvita 떠내려가는 나무. -sakuṇa 나무새[신화적인 새]. -saññā 나무토막 같은 인상. -sata 백 개의 통나무. -sannicayasantāpa 땔나무더미에서 생겨난 열. -samakaranī 대패. -sammata 나무토막처럼 여겨지는. -hattha 나무망치. -hatthin 나무 코끼리. -hāra(ka). -hārikā. -hārin 장작을 모으는. 나뭇꾼[남·녀]. ② [kasati의 *pp.*] 경작된. *cf.* kiṭṭha. ③ *adj.* [*sk.* kaṣṭa] 나쁜. 쓸모없는. -aṅga 활기가 없는. 시든. (나무로써) 쓸모없는. ④ *adj.* [kaṁsati의 *pp.*] 고양된. 들어 올려진. 칭찬받은.

kaṭṭhaka ① *m n.* [kaṭṭha-ka] 갈대(의 일종). ② *m.* 요정(의 일종). 가사천(伽沙天).

kaṭṭhi *m.* [<kaṭṭi] 흙덩이. 공. 덩어리.

kaṭṭhika *m.* [kaṭṭha-ika] 나무장사[판매].

kaṭṭhissa *n.* [?] 금사와 보석으로 수놓은 비단이불. -vakatikā 금사와 보석으로 수놓은 비단모양의 이불.

kaṭha *m.* [<kathati] 해침. 상해. 손상. 침해.

kaṭhati ① [*sk.* kvathati. kvath] 끓이다. 그슬리다. 태우다. ② [*sk.* krathati] 해치다. *pp.* kuthita. kaṭhita. kuṭṭhita

kaṭhana *n.* [<kathati] 해침. 상해. 손상. 침해.

kaṭhala *m.* kaṭhalā *f.* [*sk.* kaṭhara] = kathala *m.* kathalā *f.* ① 돌. 자갈. ② 질그릇 깨진 조각. kaṭhala° -ṭṭhāna 돌들이 있는 장소. -pāta 돌던지기. -pāsāṇasakkhararūpa 돌들이나 바위들이나 자갈들의 모습. -vālikā 자갈과 모래. 사력(沙礫).

kaṭhalaka *m.* = kaṭhala

kaṭhita *adj.* [<kaṭhati] ① 끓는. 타는. ② 그을린. 더러운. -ûdaka 끓는 물.

kaṭhina *adj. n.* [〃] ① 거친. 단단한. 완고한. 심각한. -ātapatāpita 태양의 거친 열기에 타버린. -tā. -bhāva 단단함. 거친 상태. 완고한 상태. -bhūmi 단단한 땅. ② 까티나 옷. 까티나 옷감. 가치나의(迦絺那衣). 갈치나의(羯絺那衣). 공덕의(功德衣)[승려의 승복을 위해 보시된 무명옷감]. -atthatasīmā 까티나 의식이 행해지는 경계. -attharaṇa. -atthāra '까티나를 펼쳐 보임' (승려에게) 까티나 옷을 보시함. -atthārakusala 까티나 의식을 하기에 적당한. -ânisaṁsā 까티나 의식에 참여한 수행승의 특권. -uddhāra 까티나 의식에서 비구에게 주어진 다섯 가지 특권의 보류·정지. -ubbhāra = -uddhāra 까티나옷을 입을 특권이 정지되는 것. -ûpapada 까티나 옷에 대한 규정에 근거를 하는. -kkhandhaka 까티나품[율장 마하박가(Mahāvagga)의 제7품으로 까티나를 다루고 있음]. -cchādana 까티나 의복. -cīvara 까티나로 만든 승복. -dāna 까티나 옷의 보시. -dāyaka 까티나 옷을 보시하는. -dussa 까티나 의식을 위해 승단에 받쳐진 옷. -bheda 까티나 옷의 분석. -maṇḍapa. 가치나당(迦絺那堂)[비구들이 자신의 까티나 천으로 옷을 꿰매는 일시적인 오두막이나 집]. -rajju 까티나 옷의 틀을 잡기 위해 사용한 끈. -vatta 까티나 의식의 봉사. -vattha 까티나 의복. -sadisa 까티나와 유사한. -samuṭṭhāna. -sambhāva 까티나에 관한 규정에서 생겨난. -sāṭaka 까티나 옷. -sālā -sālā 가치나당(迦絺那堂). -sikkhāpada 까티나옷에 관한 학습계율. -sūci 까티나 옷을 꿰메는 바늘.

kaṭhinaka *adj.* [kaṭhina-ka] 까티나 옷의.

kaṭhora *adj. n.* [*cf.* kaṭhina] ① 거친. 단단한. ② 경직된. 완고한.

kaḍḍhati [*sk.* karṣati. kṛṣ] ① 끌다. 당기다. ② 빨아들이다. ③ 선을 그리다. *pp.* kaḍḍhita; *caus.* kaḍḍheti. kaḍḍhāpeti; *pass.* kaḍḍhiyati.

kaḍḍhana *n.* [<kaḍḍhati] ① 잡아당김. 끌어내기. ② 포기. 거부.

kaḍḍhanaka *adj.* [kaḍḍhati] 잡아당기는.

kaṇa *m* [〃] ① 겨. 쌀겨. 속겨. ② 피부반점. 반점(斑点). 점(点)(=kaṇikā). ③ 작은 조각. 원자. -paṇṇambilayāga 쌀겨가루와 야채가 섞인 산죽(酸粥). -taṇḍula 쌀겨가 있는 쌀. -ṁpūva 쌀겨가루. -bhakkha 쌀겨의 가루를 먹는. 어떤 고행자의 수행법. 강식행(糠食行). -homa 쌀겨가루의 봉헌. ④ kaṇ-명사어간

kaṇati [kaṇ] ① 눈을 감다. ② 소리가 나다. ③ 움직이다.

kaṇaya *m.* [*cf.* *sk.* kaṇaya] 창(槍)[짧은 창]. -agga 창끝.

kaṇavīra. kaṇavera *m* [*sk.* karavīra] 서양 유도화(油桃花)[식물의 이름]. -mālā 유도화의 화환. -puppha 유도화의 꽃. -gacchantara 유도화의 숲속. -pupphiyatthera 유도화를 뒤집어 쓴 장로.

kaṇājaka *n.* [<kaṇa] ① 쌀을 갈아 만든 죽. ② 쌀겨를 갈아 만든 산죽. 설미반(屑米飯). -bhatta 까나자까(kaṇājaka)의 식사.

Kaṇāda *m.* 까나다[勝論學派(Vaiśeṣika)의 창시자]. -kapilādi *m.* 까나다와 까삘라[數論學派(Sāṁkhya)의 창시자] 등. -vāda 까나다의 교리. -sāsana 까나다의 가르침.

kaṇikā *f.* [<kaṇa] ① 깨진 곡식알. 싸라기. kaṇikataṇḍula 깨진 모양의 쌀알. ② 주근깨. 반점. 점(点). ③ 까니까[나무의 이름. Premna Spinosa].

kaṇikāra. kaṇṇikāra. kanikāra *m n* [*sk.* karṇikāra] 까니까라. 갈니가화(羯尼迦花). 황화수(黃花樹)[Sterospermum acerifolium]. -âdirukkhaniyyāsa 황화수와 같은 나무의 분비물. -kaṭṭha 황화수의 장작. -makula 황화수의 꽃봉오리. 황화수의 싹. -rukkha 황화수. -vana 황화수의 숲.

kaṇikārin. *adj.* [kaṇikāra-in] 황화수 꽃을 지닌.

kaṇiṭṭha *adj.* [*sk.* kanīna의 *superl.*] ① 가장 어린. 가장 작은. ② 가장 열등한. -aṅguli 새끼손가락. -bhātu 남동생. -bhaginī 여동생.

kaṇiṭṭhaka *m* [kaṇiṭṭha-ka] 동생.

kaṇiṭṭhā. kaṇiṭṭhikā. kaṇiṭṭhī *f.* [<kaṇiṭṭha] 여동생. 누이동생.

kaṇiya *adj.* [*sk.* kanīna의 *compar.*] 보다 어린. 보다 작은.

kaṇeyyasa *adj. m* [<kaṇiya] ① 보다 어린. ② 남동생.

kaṇerika *n.* [kaṇeru-ika] ① 투구. ② 헬멧(?).

kaṇeru *m* kaṇerū *f.* [*sk.* kareṇu. kaṇeru] 어린 코끼리. kaṇerusaṅgha 어린 코끼리의 무리.

kaṇerukā *f.* [<kaṇeru] 어린 암코끼리.

kaṇerutā *f.* [kaṇeru의 *abstr.*] 심술궂음.

kaṇta *m* [〃] 가시.

kaṇṭaka. kaṇṭhaka *m* [*sk.* kaṇṭaka] ① 가시. 생선의 가시. 가시달린 잎. 형극(荊棘). 가시덤불. ② 날카로운 손발톱. 뼈. 물고기뼈. ③ 못. ④ 날카로운 소리. 괴롭히는 소리. ⑤ 장애물. 적(敵). 도둑. 약탈자. -ācita. 가시로 뒤덮인. -ādhāna. 가시가 가득한 장소. -âpacita 가시로 뒤덮인. -âpassaya 가시가 덮인 침대[가시나 못이 박히고 그 위가 편편한 가죽으로 된 고행자의 침대]. -âpassayika 가시가 덮인 침대에서 자는 고행자. 와형행자(臥荊行者). 와형자자(臥荊刺者). -ârikā 가시투성이의 까마종이. -kasā 가시로 된 채찍·회초리. -ācita. -gahana 가시덤불의 정글. -gumba 가시덤불. -dugga 긴 못이나 돌출된 성가퀴로 보호된 요새. -dvāra 축사의 입구[가시가 달린 가지로 장식된 문]. -dhāna 가시로 뒤덮인 장소. -nāḷa 가시투성이의 막대를 가진. -nāsanā 성가신 사람의 추방. -nicita. -nivuta. -nīvuta 가시로 뒤덮인. -ppaṭibhāga 가시와 유사한. -phalasadisa 가시투성이의 열매처럼. -bhūta 가시 같은 존재. -yutta 가시가 있는. -rāsi 물고기뼈의 더미. -rukkha 가시나무. -latā 가시덩굴식물. -lekha 혹주줄 '사의 찬미'에 사용되는 스타일로 써진. 첨필(尖筆)로 써진. -vaṭṭa 가시담장. -vati. -vatikā 가시담장. -vārija 가시투성이의 연꽃. -vuttika 가시투성이의 삶을 사는[고행]. -saṇḍa 가시투성이의 숲. -sadisa 가시와 같은. 손발톱과 같은. -samākiṇṇa 가시로 뒤덮인. -sākhā 가시투성이의 나뭇가지. -seyya 가시 위에 앉는 것. -sodhana 가시들(도둑·강도 등)을 뽑아내는.

kaṇṭha *m* [〃] ① 목구멍. ② 목. *loc.* kaṇṭhe 목에. -aggadāha 인두염(咽頭炎). -âvasatta 목까지 조여진. -ôkkanta 목구멍에서 나온. 선언된. -oṭṭhatālu 목구멍과 입술과 입천장. -kūpa 목구멍. -ja 목구멍에서 생긴. -ṭṭhāna. -nāḷa. -nāḷi 목구멍. -nāsā 목구멍과 코. -pidahana 목구멍을 닫음. -ppamāṇa 목구까지 치미는. -bandhana-pañcama 다섯 번째로서 목주위에 묶은 밧줄을 지닌. -bhūsā 목걸이. -mādhuriya 목소리의 달콤함. -mālaroga 목의 임파선이 붓는 병. 임파선염. -visodhana 목구멍에 대한 청소. -veṭhana 스카프. -veṭhanamuttāhāra 스카프와 진주목걸이. -sarabhesajja 목소리를 개선하는 약. -suttaka 목장식.

kaṇṭhaka *m* ① [kaṇṭaka] 가시. ② [kantaka] 깐타까[출가 전 고따마(Gotama)의 애마(愛馬)의 이름].

kaṇṭhakivāṭa *m* [kaṇṭhaka-vāṭa] ① 가시덤불로 된 담장·울타리. ② 선인장의 울타리.

kaṇḍa *m n* [*sk.* kāṇḍa] ① 마디[갈대. 사탕수수. 대나무 등의 마디]. 소편. 부문. 품(品). 절(節). ② 화살. 화살대. ③ 기회.*acc.* kaṇḍaṁ *adv.* 잠시. 잠깐. -uppala(kaṇḍuppala) 마디 위의 연꽃[연꽃의 일종]. -kicca 화살의 사용. -kkhipanasikhana 활쏘기의 연습. -khādanīya 마디가 있는 단단한 음식. -gamana 활의 사정거리. -gahana 화살을 가져오기. -cittaka 화살의 묘기. -ttaya 세 화살. -nāḷī 화살통. -pahāra 화살에 맞은. -ppamāṇa 화살의 길이의 정도. -pesana 활쏘기. -baddha 화살에 묶인. -matta 오로지 짚으로 구성된. -vākya 구절(句節). -vāraṇa 화살을 피한. 화살에서 자신의 보호. -sahassa 천개의 화살.

kaṇḍaka *m* ① = kaṇṭaka ② 깐다까[사람이름].

Kaṇḍakā *f* 깐다까[재가의 남자신자와 성교를 한 수행녀의 이름].

Kaṇḍanagara *m* [kaṇḍa-nagara] 깐다나가라[스리랑카의 지방의 이름].

Kaṇḍamba *m* [kaṇḍa-amba] 깐담바[드라비다족의 족장의 이름].

kaṇḍayati [kaḍ] 분리하다.

kaṇḍarā *f.* [〃] ① 힘줄. ② 근육.

Kaṇḍari *m* [〃] 깐다리[베나레스 왕의 이름].

kaṇḍikā *f.* [kaṇḍa-ikā] 사탕수수의 줄기.

kaṇḍin *adj.* [kaṇḍa-in] ① 화살대를 박은. 화살의

머리 부분의. ② 마디가 있는.
kaṇḍiyūru m. [kaṇḍin-ūru] 깐디유루[드라비다 족의 족장이름].
kaṇḍu n. kaṇḍū f. ① [cf. sk. kaṇḍū] = kaṇḍuka 가려움증. 가려운 느낌. 피부병. kaṇḍu° -kacchuādi 가려움과 간지러움 등을 지닌. -kacchuchavirogādi-ābādha 가려움과 간지러움의 피부병 등으로 고통스러운. -paṭicchādī. -paṭicchādikā 가려움증으로 고생하는 비구가 입는 옷. 복창의(覆瘡衣). -paṭipīḷita 가려움증에 감염된. -rogin 가려움증으로 고통 받는. ② 깐두[화살(kaṇḍa)의 길이]. sahassa-kaṇḍu-sata-bheṇḍu 천개의 계단과 백 개의 문[비유적 해석].
kaṇḍuka m. [kaṇḍu-ka] ① 가려움증. 가려운 느낌. ② 피부병.
kaṇḍuyati. kaṇḍūyati. [kaṇḍu의 denom. sk. kaṇḍūyati] ① 가렵다. ② 긁다. 문지르다.
kaṇḍuyana. kaṇḍūyana n. [<kaṇḍǔvati] ① 가려운 곳을 긁음. ② 통양(痛痒). -assāda 가려운 곳을 긁는 맛. 가려운 곳을 긁는 유혹. -ṭṭhāna 가려운 곳.
kaṇḍula m. [sk. kaṇḍura] ① 깐둘라[나무의 이름(Momordica Charantia)]. 깐둘라[풀의 이름]. ② 깐둘라[Duṭṭhagāmiṇī 왕의 코끼리 이름].
kaṇḍuvati. kaṇḍūvati = kaṇḍuyati.
kaṇḍuvana. kaṇḍūvana = kaṇḍuyana.
kaṇḍuveṭhi m. [kaṇḍu-veṭha-in] 깐두베띠[남인도 한 지역의 이름].
kaṇḍusa m. [〃] 가치나의(迦絺那衣 kaṭhina)임을 표시하기 위한 헝겊조각.
kaṇḍusaka. kaṇḍūsaka n. [<kaṇḍa] ① 헝겊조각으로 표시하는 것. ② 까티나 옷감에 붙이는 헝겊 조각.
kaṇḍeti f. [cf. kaṇḍayati] 분리하다.
kaṇḍolikā f. [sk. kaṇḍolaka] 버들가지로 만들어진 바구니.
kaṇṇa m. [sk. karṇa] ① 귀. 청각기관[감각능력인 sota와 구별된다]. ② 각(角). 구석. 모퉁이. 귀퉁이. 우(隅). -alaṅkāra 귀걸이. -āyata 귓불에 삽입되는 (진주). -kaṭuka 듣기에 민망한. -kita 손상된. 녹슨. 더러운. -gūthaka 귀지. -cālana 귀를 떨음. -cūḷa 귀의 뿌리. -chidda 귓구멍. -cchinna 귀가 베어진 사람. -cheda 귀를 자름. -jappana 속삭임. 귀엣말. -jalūkā 작은 지네의 종류. -tela 귀에 바르는 약. -dhāra 조종사. 항해사. -nāsa 귀와 코. -patta 귓불. 이타(耳朶). -pāli 귓불. 이타(耳朶). -piṭṭhī 귀의 윗부분. -puccha 귓바퀴. -pilandhana 귀의 장식. -pūra 귀 주변에 입힌 꽃장식. -bila 귓구멍. -mala 귀지. -mālā 귀의 꽃장식. -muṇḍa 귀가 잘린 자. -mūla 귀뿌리. -roga 귓병. -vant 귀가 있는. 영리한. -vallī 귓불. -vijjhana 귀에 구멍을 냄. -vijjhana-maṅgala (어린이의) 귀에 구멍을 내는 의식. -veṭhana 귀장식품의 일종. -vedha 귀에 구멍을 뚫는. -sakkhali(kā) 귓구멍. 외이도(外耳道). -saṅkhali 귀고리. -sandhovikā 귀를 씻기[게임의 이름]. -samīpa 귀를 닫기. -sukha 귀에 즐거운. 듣기에 좋은. -sutta 귀에서 늘어뜨린 장식용 줄. -suttaka 귀퉁이에서 귀퉁이로 이은 줄. 빨랫줄. -sūla 이통(耳痛). -sota 귓구멍. 귀.
kaṇṇaka. kaṇṇika adj. [kaṇṇa-ika] ① 귀가 있는. ② 구석의. 모퉁이의. 귀퉁이의. -miga 긴 귀가 달린 사슴.
Kaṇṇakatthakamigadāya m. 깐나깟타까미가다야. 금반녹야림(金槃鹿野林)[숲의 이름].
kaṇṇadhāra m. [kaṇṇa-dhāra] 항해사. 조종사.
kaṇṇavant adj. [kaṇṇa-vant] ① '귀가 있는' ② 현명한. ③ 예민한.
kaṇṇikā f. [sk. karṇikā] ① 귀고리. 연꽃의 과피(果皮). 과피(果皮). ② 나선(螺線). ③ 상층의 코너. 옥상. 지붕의 판. 다발. kaṇṇika° -baddha 다발로 묶은. -maṇḍala 서까래가 만나는 지붕의 꼭대기. -yogya 지붕 판을 만들기에 적당한. -rukkha 지붕에 사용되는 나무. -lakkhaṇa 지붕의 장식이나 귀장식으로 치는 점. -salla-saṇṭhāna 미늘이 있는 화살의 모양을 한.
kaṇṇikāra m. [sk. karṇikāra] ① 깐니까라. 건니가화(建尼迦花). 가니화(迦尼華)[나무의 이름. Pterospermum Acerifolium]. ② n. 깐니까라 나무의 꽃. 가니화(迦尼華).
kaṇha adj. m. n. [sk. kṛṣṇa] ① 검은. 검은 색의 흑색(黑色)의. 어두운. ② 사악한. ③ 악마. 깐하[악귀이름]. ④ Vasudeva의 별명. ⑤ 깐하[보살의 이름. 연각불의 이름]. -añjana 검은 색의 세안제. 검은 색의 광택제. -âbhijāti 최하층의 천민. 검은 생류. 흑생류(黑生類)[도살꾼, 사냥꾼, 어부, 강도, 망나니 등의 잔인한 자들]. -âbhijātika 어둠에서 생겨난. 최하층의 천민의. 흑색류(黑色類)의. -âhi 흑사(黑蛇). -uttara(kaṇhu°) 검은 얼굴을 지닌. -obhāsa(kaṇho°) 검은 모습을 한. -āgotamaka m. 깐하고따마까[용군(龍軍)의 이름]. -kamma 사악한 행위. 흑업(黑業). 악업(惡業). -kkhandhaka 검은 다발[머리카락]. -cchadana 검은 덮개[머리카락]. -jaṭi 검은 머리카락의 결발을 한. -tāpasa 깐하따빠싸[고행자의 이름]. -tuṇḍa 검은 얼굴의 원숭이. -dhamma 어둡고 사악한 상태. -dhammavokiṇṇa 어두운 사악한 상태와 뒤섞인. -dinna 깐하딘나[장로의 이름]. -pakkha 보름달 후의 보름. 신월(新月). 흑분(黑分). -paṭipadā 어둡고 사악한 행로. -pīta 어두운 갈색. -bhāvakara 천한 재생을 야기하는. -bhūmi 검은 흙[비옥한 토양]. -magga 어둡고 사악한 길. -vāca 어둡고 사악한 언어. -vattānī '검은 꼬리를 가진' 불(火). -vaddhika 검은 끈을 두른. -vipāka 검은·사악한 결과를 가져오는. 흑보(黑報). 흑과(黑果). -sappa 검은 독사. -sīsā 검은 머리를 가진. -sukka 흑백(黑白). 악(惡)과 선(善). -sena 악마의 군대.

kaṇhā *f.* [<kaṇha] ① 검은 뱀. 흑완(黑蜿). ② 깐해[다섯 명의 Pāṇḍavas와 결혼한 Draupadī의 이름: 마하바라타].

kaṇhājina *n.* [kaṇha-ajina] 영양(羚羊)의 검은 피부·가죽.

Kaṇhāyana *m.* [sk. kārṣṇāyana] 깐하에서 유래하는 씨족의 이름.

kaṇhikata *adj.* [kaṇha-kata] ① 검게 된. ② 더러워진. 오염된.

kata. kaṭa *adj.* [karoti의 *pp.*] ① 행해진. ② 만들어진. 이루어진. ③ 끝난. 완수된. *loc.* kate ~로써. ~을 위해. (*acc. gen.*을 취한다.) kata° -atta 자신을 만든. 훈련된. 수련된. 계몽된. -attha 유익함을 얻은. 욕망이 충족된. 만들어진 것의 의미. 행해진 것의 의미. -aṅgavippahīna 요소들이 없는. -aṅgika 요소들로 이루어진. -anta 임종. -annakicca 식사를 끝낸. -âkata 행한 것과 행하지 못한 것. -âgasa 잘못을 행한. -âñjali 합장(合掌). -âdhikāra (올바른 길로) 스스로 노력하는. -ânuggaha 도움을 받은. -ânuñña 허락을 받은. -âpattivāra 일을 함에 얼마나 많은 잘못을 범했는지를 취급하는 장. -âparādha 잘못을 범한. -âbhinikkhamana 잘못된 삶을 떠난. -âbhinihāra (부처님이 되기로) 결정한. -âbhimukha ~으로 향한. -âbhiyoga ~에 숙달한. -âbhisaṅkharamukha ~으로 만들어진 표정을 한. -âbhinivesa 열심히 공부하는. -âbhiseka 관정(灌頂)을 행한. -âyattajīvika 자신의 삶에 자제하는. -ârakkha 보호받은. -âvakāsa 허락을 받은. 기회를 얻은. -âvadhisaddappabandha 의미가 한정된 복합어. -âvaraṇa 장애를 받은. 저지된. -âvāsa 숙박. -indriya 감관을 훈련시킨. -uttarasaṅga 상의를 입은. -ûpakāra 도움을 받은. 도움을 받을만한. -ûpacāra 견습이 지난 뒤의 의식에서 인정받은. -upacita. -ûpacita 만들어지고 축적된. -ûpaddavanivārāṇa 불운이 지나간. -upasāna. -ûpasāna 궁술에 능한. -ûpasampada 구족계를 받은. -uyyoga (전장으로) 떠난. -ussāha 숙련된(특히 활쏘기에). -ôkāsa 허가받은. 기회가 주어진. -kaṇṇapūra 귀에 장식을 한. -kattabbakammanta 해야 할 일을 행한. -kamma 숙련된. 실천된. 현행범의. -karaṇīya 해야 할 일은 해 마친[阿羅漢]. -kalyāṇa 선행을 행한. -kāraṇā 원인에 의해 생겨났기 때문에. -kāla (죽음의) 때가 된. -kicca 해야 할 일을 성취한[阿羅漢]. -kiccatā 해야 할 일을 성취한 상태[阿羅漢果의 成就]. -kiñcikkhabhāvana 사소한 것을 위해 닦여진. -kibbisa 잘못을 행한. 죄인(罪人). -kusala 선인. 착한 사람. -khaṇa 행해진 순간. -guṇa 행해진 것의 공덕. -ghārāvāsa 집에 정착한. -cittakamma 다양하게 장식한. -cittavikkhepa 마음이 타인에 의해 혼란된. -cīvara 완성된 옷. 옷을 만들어 입은 사람. -corakamma. -corikakamma 도둑질을 행한. -jātihiṅgulika 주홍색으로 장식한. -jātiya 행위의 본질에 해당하는. -jānana 행한 행위에 대한 인식. -jīvitupaccheda 목숨을 빼앗긴. -ñāṇa 행해진 것에 대한 앎[→ tiparivaṭṭadvādasākāra]. -ṭṭhāna 행해진 장소. 현장. -thaddha 단단한 마음의. 잔혹한. 냉담한. -dukkata 잘못 만들어진. 나쁘게 만들어진. -daṇḍakamma 처벌을 받은. -daḷhikammaparibhaṇḍa 단단히 수선된. 단단히 헝겊등으로 기운. -dhuranikkhepa 멍에를 내려놓은. -nāmadheyya 이름불리어진. 명명되고 나서. -nāsaka 감사하지 않는. -nikāralopa 음소 ni가 제거된. -nikkhamana 떠난. 출리(出離)한. -nidānasodhana 근원이 정화된. -nissama 용맹정진하는. -paṁsukūla 누더기를 걸친. 분소의를 입은. -paccuggamana 마중받은. 영접받은. -pañcamahāvilokana 다섯 가지 관찰을 행한. -pañjalika 합장을 한. -paṭikamma 속죄한. -paṭikkhepa (더 많이 먹는 것을) 거절한. -paṭicchadaka 악행을 숨기는. -paṭicchadanalakkhaṇa 악행을 숨기는 것으로 특징지어지는. -paṭiñña 약속한. -paṭivedha 꿰뚫어 아는. -paṭisanthāra 친절하게 대접받는. -paṭisammodana 친절하게 환영받는. -paṇidhāna (부처님이 되기로) 서원한. -paticaya 행위의 축적. -patiṭṭha 기반을 둔. -pada 준비된 길. -parakkama 노력을 기울이는. 의욕적인. -parappavāda 다른 사람과 논쟁에 능숙한. -parikammatā (이발사가) 준비를 끝낸 것. -pariggaha ~와 결혼한. -paricaya 능숙한. 잘 아는. 친한. -paritta 호신주·수호주의 기도발이 서는. 멋지게 수호 받은. -parittāṇa 호신주·수호주에 의해 수호된. -paribhaṇḍa 수선된. 고쳐진. -paribhoga 식사를 제공한. -pariyosita 준비된. 완성된. 목적이 이루어진. -parivāra 동반된. 수반된. -parihāra 이미 이루어진

것에 대한 안전한 보살핌. -pāṭihāriya 기적을 행한. 신변(神變)을 행한. -pātarāsa. -pātarāsabhatta 아침식사를 한. -pāpa(kamma) 악을 행한. 악행. 악인. -pāpamūlaka 악행에서 기원하는. -piṭṭha 밀가루로 만든 (반죽). -puñña 공덕을 행한. 선행자. -puññatā 공덕을 행한 사실. -pubba 예전에 행한. -pubbakicca. -pubbavidhāna 준비를 끝낸. -pupphûpahāra 선물로서 제공되는 꽃을 지닌. -purebhattakicca 아침식사의 의무를 행한. -phaṇa (뱀이) 후드를 세운. -bahukāra 많은 은혜를 베푼. -bahumāna 존경스러운. -buddhakicca 부처님의 해야 할 바를 행한. -buddhi 훈련된 인식의. 현명한. -bhaṇḍaṭṭhāniya 꾸러미 지어진 것을 나타내는. -bhattakicca 식사를 끝낸. -bhattânumodana 식사에 감사하는. -bhaddaka 좋은 일이 일어난. -bhayaparittāna 두려움으로부터의 수호를 가져오는. -bhāva 행해진 사실. 발생. 이행. -bhīruttāṇa 무서운 자에게 구호를 행한. -bhūmi 처리된 마루[아마도 색칠한 것]. -bhūmikamma 땅을 신성하게 한. 토대를 완성한. -maggavihitabhāvanamagga 준비된 길로서의 수행의 길. -maṅgala 길조의. -maṅgalakicca 축복의 의식을 행한. -maṅgalasakkāra ~으로 신성하게 한. 헌공한. -manuñña 찬성한. -matte 행하자마자. -madhura 달콤해진. -maraṇa 죽은 뒤에. -mallaka 인공이빨. 의치(義齒). 인공의 등긁는 도구[악어의 이빨과 비슷한 그릇 모양]. -mallanepuñña 씨름꾼으로 훈련받은. -mallapāsāṇaparicaya 씨름꾼의 돌로 훈련을 쌓은. nepuñña 씨름꾼으로 훈련받은. -massukamma 수염을 다듬은. -mahāpaṇidhāna 최상의 서약을 행한. -mahâbhinikkhamana (세속적인 삶으로부터) 위대한 출리(出離)를 행한. -mahâbhinihāra (부처님이 되기로) 최상의 서약을 행한. -māya 큰 사슴의 일종. -māla 까따말라[나무의 이름. Cassia Fistula]. 화환을 치장한. -mittasanthava 친구로 사귀는. -mukhadovana 입을 헹군. -mukhabandha 입을 묶은. -muṭṭhihattha (두) 주먹을 꽉 쥔. -yoga 노력하는. 문법을 공부한. -yogavidhāna 명상의 방법을 따르는. -yogga 능숙한. 수련을 행한[특히 신체적인 요가]. -rajja 왕으로 통치하는. -rañjana ~으로 칠한. -rassa 짧아진. -rūpa 잘 행해진. 칭찬할 만한. 자연적으로 행한. 순간적으로 행한. -lākhā(rasa)parikamma 락 염료로 칠한. -ludda 잔혹한. -lopanikāra 음소 ni가 제거된. -vaṭṭapariyanta 윤회가 끝난. -vādaparicaya 논쟁에 능숙한. -vāḷavedhaparicaya 머리카락을 관통하는데 능숙한[유능한 궁술사]. -vijja 명석한. 지성적인. 교육을 받은. -viditamana (모든 것을) 알게된 마음을 지닌. -vinaya 행위의 규칙을 잘 아는. 능숙한. -vināsakabhāva 폐허가 된 상태. -vibhāga 분류된. -viriya. -vīriya 정진하는. 열중하는. 활동적인. -vivara 균열된. 쪼개진. -visaparibhogasadisa 독약을 먹은 자와 같은. -vissāsa 신뢰하는. -vītikkama 위반을 범한. -vuddhi 확대변화를 한[문법]. -veṇi 땋은 머리를 한. -vedin. -vedika 지난 일을 아는. 감사하는. 주의깊은. -veditā 지난 일을 아는 것. 감사.-vināsaka 파괴를 야기한. -saṁvidhāna 규정에 따라 사용할 준비가 된. -saṁsagga 만나고 있는. 오랜 사귐의. 친숙한. -sakkāra 존경받는. -saṅketa 동의한. -saṅgaha 경전의 편집에 참가한. -sañña 동의한. -saññāṇa 표시된. -saññin 행한 것에 대한 (잘못된) 지각을 지닌. -santhava (부적절한) 성교를 행한. -sannāha 갑옷을 입은. 무장한. -sannicaya 축적을 한. -sanniṭṭhāna 결정을 한. -sabbakicca 모든 의무를 다한. -sabhāva 행한 것의 핵심. 행위의 본질. -samanadhamma 수행자의 삶의 길을 실천한. -samphassa (손으로) 어루만진. -sambhāra (깨달음에 필요한 조건들을) 쌓은. -sarakkhepa 궁술에 능한. -saralopanimitta 제거된 모음에 의해 야기된[문법]. -sarīrapaṭijaggana 몸을 보살핀[목욕 등]. -sāmaṇasāmañña 수행자의 삶의 길을 실천한. -sāmibhattika 남편에게 헌신한. -sikkha 숙련된. 훈련받은. -sīsamunda 머리를 깍은. -suṅka 과세된. 세금이 부과된. -sudhāparikamma 흰색의 도료가 칠해진. -ssama 훈련된. 수고를 아끼지 않는. -hattha 숙련된. 솜씨 있는. 재주 있는. -hatthika 인공 또는 장난감 코끼리.

kataka *n.* [<kantati] 목욕타월. 목욕수건.

kataññu *adj.* [*sk.* kṛtajña] ① 은혜를 아는. ② 남의 호의에 감사하는 -jana 은혜를 아는 사람.

kataññutā *f.* [kataññu의 *abstr.*] 은혜를 아는 것. 지은(知恩).

katatta *n.* [kata의 *abstr.*] ① (~을) 함. ② 수행. ③ 소작(所作).

katana *n.* [=kaṭana] ① 악행. ② 상처를 입힘.

katama *interr. pron.* [〃 ka-tama] (다수 가운데) 어떤 것. 무엇.

katamatte *ind.* [kata-matta의 *loc.*] 하자마자. 이루어지자마자.

katara *adj.* [〃ka-tara] (둘 중의) 어느 것인가. 어느 쪽인가.

katavat *adj.* [kata-vat] (해야 할 것을) 성취한. 행한. 이룬. 증소작(曾所作)[阿羅漢의 修飾語].

katavetitā *f.* [katavedin의 *abstr.*] 은혜(恩惠)에

대한 감사.

katavedin *adj.* [kata-veda-in] ① 주의 깊은. 신경을 써주는. ② 감사하는.

katāvin *adj.* [kata-āvin] = katavat.

kati *interr. pron.* [〃] 얼마. 어느 정도(의 수). kativassaṁ vasati 얼마나 많은 우기를 지냈는가? 몇 년을 지냈는가?

katikkhatuṁ *interr. pron.* [kati-kkhatuṁ] 몇 번씩이나.

katikā *f.* [<katheti 또는 karoti ?] ① 이야기. 회의. 대화. -saṇṭhāna 회의장. ② 약속. 규약. 일치. 동의. katikaṁ karoti 동의하다.

katipaya *adj.* [〃] 약간의. 몇몇의.

katipāha *n.* katipāhaka *m.* [katipaya-ahan] 며칠. *adv.* katipāhan. katipāhakan. katipāhena. katipāhassa. 며칠 동안. 며칠. katipāhaccayena 며칠 후에.

katima *adj.* [<kati. *bsk.* katima] 몇 번째의. *f.* katimī. katimī-pakkhassa 반달의 어떤 날.

kativassa *adj.* [kati-vassa] ① 몇 년의. ② 얼마나 많은 우기의.

katividha *adj.* [kati-vidha] 몇 종류의.

katihaṁ *ind.* [kati-ahan] 얼마나 많은 날 동안.

katu *m.* [*sk.* kratu] 공희(供犧). 헌공(獻供).

kate *ind.* [kata의 *loc.*] ~을 위하여.

katta. kattaka *m.* [*cf. sk.* kartṛ] ① 치료사. ② 의사. sallakatta 외과의사.

kattaputta *m.* [katta-putta] 시종.

kattabba *adj. n.* [=kātabba<karoti의 *grd.*] ① 해야 하는. 수행되어야 하는. ② 의무. -aggiparicaraṇa 의무적으로 화제(火祭)에 시중드는 것. -antaradassanamukhena 만들어져야 할 간격을 보여줌으로서. -abhiseka 의무적인 관정(灌頂)·정화(淨化). -âkatabba 해야 할 일과 하지 않아야 할 일. -âkaraṇa 해야 할 일을 하지 않음. -âkāradassanatthaṁ 만들어져야 할 형태를 보여주기 위해. -âkāraparicchindanapaññā 만들어져야 할 형태[속성]을 결정하는 지혜. -âbhāva 의무의 결여. -upāya 의무적인 수단. -kamma. -kāra 해야 할 일. -kāla 이루어져야 할 시간. -kicca 해야 할 의무. -kiriyā 행해져야 할 행위. -khaṇa 해야 할 순간. -citra (마음에 의해) 만들어질 다양성. -ṭṭhāna 준비되어야할 장소. -ṭṭhānadosa 행해진 것과 관련된 잘못. -tta. -tā 하기에 알맞은 것. 해야 하는 것. 의무. -dhamma 수행되어야 할 기능. -paṭikamma 행해져야할 보답. -para 행동에 적합한. -parihāra 의무적인 보살핌·후원. -ppasaṅga 이루어질 결과. 미칠 영향. -bali 만들어져야 할 공물. -buddhakicca 성취되어야 할 깨달은 님의 의무. -byañjanavikati 만들어져야 할 조미료의 종류. -yuttaka 하기에 적합한. 이루어지기에 적합한. -yogavidhi 닦여져야할 수행의 종류. -vatta 지켜져야 할 의무. -veyyāvaccanimittaṁ 행해져야 할 업무를 위해. -sakkāra 베풀어져야 할 파티. -saṅghakammâbhāva 승단에 의해 취해져야 할 갈마[법적인 조치]의 결여.

kattabbaka *n.* kattabbatā *f.* [=kattabba] 해야 할 일. 과업. 의무.

kattar *m.* [*sk.* kartṛ] ① 만드는 사람. ② 행위자. 창조자. 제작자. 동작주[문법]. *sg. nom.* kattā.

kattarayati [<*sk.* karttṛ] ① 비틀거리다. 흔들리다. ② 늙다.

kattara *adj.* [*sk.* kṛtvan?] ① 만드는. 활동적인. ② 낡은. 작은(?). -daṇḍa *m.* -yaṭṭhi *f.* 지팡이. 보장(步杖). -rattha 낡은 마차(?). -suppa 키. 까불러 가리는 도구.

kattari. kattarī. kattarikā *f.* [*cf.* kantati] ① 가위. 작은 가위. ② 칼. -y-agga (작은) 가위의 날카로운 끝.

kattareti = kattarayati.

kattika *m.* kattikā *f.* [*sk.* kṛttikā. kārttikā] 깟띠까. 우기 최후의 일 개월. 가제월(迦提月). 십일월(十一月 : 양력10월 16일~11월15일)[남방음력 7월 16일 ~ 8월 15일]. kattika° -cātumāsinī 우기 4개월의 최후의 만월(滿月). 후가제월(後迦提月 : pacchimakattikā)의 만월[음력 8월 15일] -coraka 우안거의 최후의 도둑. 가제적(迦提敵)[비구에게 많이 들어온 보시물을 훔침]. -chaṇa 깟띠까제(祭). -juṇhapakkha 깟띠까 월의 밝은 보름간[白分]. -temāsipuṇṇamā 우기의 세 번째 달인 깟띠까 월의 만월. -nakkhatta 깟띠까 월숙(月宿). 깟띠까 월의 보름날 축제. -puṇṇamā 깟띠까 월의 만월. -rattivāra 깟띠까 월야(月夜)의 축제날. -māsa 깟띠까월. 가제월. -sukkapakkha 깟띠까 월의 밝은 보름간[迦提月의 白分].

kattu° [kattar의 *cpd.*] ① 행위자. 대리자. 동작주[문법]. ② = kattuṁ. -(r)attha 행위자의 의미[능동을 나타냄]. -adhippāyânurūpa 행위자의 이익과 일치하는. -anta 단어 kattar의 말미. -abhidhāyaka 동작주를 표시하는. -ādi 단어 'kattar'로 시작하는. -ûpakaraṇabhūta 행위자의 수단으로서의 상태인[구격에 대한 설명]. -kamma 동작주와 대격. 동작주로 작용하는 대격[이중대격이 이루어질 때에 사역형을 묘사하는데 사용]. -kammabhāvavihita 능동과 수동과 행위의 상태로 규정된. -karaṇa 동작주와 구격. 동작주로서의 구격. -karaṇavyāpārakattuniddesa 구격의 기능과 관련된 동작주의 분류. -karaṇâdhikaraṇa 동작주와 구격과 처격. -kāma 하기를 위하는. 만들기를 원하는. 야기하길 바라는. 실천하길 바라는. -kāmatā 하려는 욕구. -kiriyā 행위자의 행위. -kiriyābhigamma 행위자의 행위를 통해 실현된. -ggahaṇanivattanatthaṁ 단어 '행위자'의 사용을 배제하기 위하여. -ṭṭhāna 행위자의 입장. -tā 행위자인 사실. -tthābhidāyaka 행위자의 의미를 나타내는[능동태를 표시]. -dīpaka 행위자를 보여주는. -niddesa 대리자의 진술[경전에서 판에 박은 말의 강조]. -pakaraṇabhūta 대리자의 중심으로서의 상태를 지닌. -paññatti 행위자의 지정. -pada 타동사. -ûpamāna 동작주의 유사성을 보여주는[명사파생동사에 사용]. -pavattiṭṭhānabhāva 동작주의 행위의 장소인 사실. -puggala 동작주인 사람. -pucchā 동작주에 대한 질문. -pekkhatta 행위자에 의존하는 사실. -bhāva 행위자의 행위. 행위자인 상태. -bhāvakaraṇasādhana 행위자와 행위와 수단의 성취. -bhāvaparikappa 행위자의 행위의 의도. -bhāvûpacāra 행위자의 행위의 의도의 전이. -bhūtavedanā 행위자의 위치인 자의 체험. -matta 단지 행위자. -yoga 행위자와 관련된. -rahita 행위자 없는. -visaya 행위자와 대상. -visesa 특별한 행위자. -vesesana 행위자를 규정하는 형용사. -vihita 능동태로 규정된. -vohāra '행위자'란 표현. -sañña 용어 '행위자'에 의해 규정된. -santāna 행위자의 지속. -sannissita 행위자에 위치한. -smaveta 행위자와 연결된. -sambandhībhāvavibhāvana 행위자가 상관적이라는 사실의 분류. -sādhana 성취의 수단으로 행위자를 갖는[타동사를 설명]. -sāmivacana 행위자로서의 속격. -seṭṭha 최상의 대리자. 최상의 시종(侍從)

kattuṁ karoti의 *inf.*

kattūna karoti의 *abs.*

kattha *ind.* [=kuttha. *sk.* kutra] ① 어디에. ② 처격(處格)의 대체[문법]. ③ 어떻게. 왜. 어떤 바탕 위에. 무엇을 위하여. -ûpapatti 어디의 재생. -ci(d) 어디에도. -ôgadha 어디에 기초한. 무엇에 기초한. -ṭṭhita 어디에 서있는. 무엇에 기초한. 어떤 상태에. -paññattivāra 어디에 시설된 것인가에 관한 장. -pariyāpanna 무엇에 포함된. -vāsa 어떤 주거의. -vāsika. -vāsin 어디에 주거하는.

katthaci. katthacinaṁ *ind.* [kattha-ci] ① 어딘가에. ② 어떻게든.

katthati [*cf. sk.* katthate] ① 자랑하다. ② 과장하다. 허풍을 떨다. 존대하다. 교만하게 되다.

katthanā *f.* [<katthati] ① 자랑. ② 과장. 허풍

katthika *m.* [<katthati] 과장하는 자. 허풍쟁이

katthin *adj.* [<katthati] 과장하는. 허풍떠는.

katthitar *m.* [<kattati] ① 자랑을 잘 하는 사람 ② 과장하는 사람. 허풍쟁이. na ca katthitā siyā bhikkhu 비구는 교만해서는 안 된다.

katvā. katvāna karoti의 *abs.*

katthu *m.* [*sk.* kroṣṭṛ] 재칼.

katthūrikā *f.* [*sk.* kastrikā] 사향(麝香).

kathaṁ *ind.* [〃] ① 어떻게. ② 왜. ~carahi 그러면 어째서. ~nu kho 도대체 왜. ~pana 그러면 왜. ~hi nāma 도대체 어떤 이유로. ~ci 어떻게 해서든. 겨우. 간신히. -iriyanta 어떠한 방식으로 위의(威儀)를 챙기는. -kathā 의혹. 의심. 망설임. -kathāpatirūpaka 의혹으로 들어나는. -kathāpamokkha 의심에 대한 치료. -kathāpahānupāya 의혹을 버리는 수단. -kathâvibhūta 의심없이 존재하지 않는. -kathāsalla 의심의 화살. -kathin 의심하는. 불확실한. -kara. -kārin 어떠한 방식으로 행하는. -gotta 어떤 성씨에 속하는. -jīvin 어떤 방식으로 사는. -jīvi-ṁ-jīvita 어떤 방식으로 사는 자의 삶. -dassin 어떤 알아차림을 지닌. -pakāra 어떤 종류의. -paṭipanna 어떤 절차를 따르는. -pavattenta. -pālenta 어떠한 (정신적) 상태로 들어가는. -bhāga 어떤 부분을 지닌. -bhāvita 어떻게 닦는지. -bhūta 어떤 존재의. 어떠한 종류의. -yapenta. -yāpenta 어떤 (정신적) 상태로 들어가는. -rūpa 어떠한 자질을 지닌. 어떠한 종류의. -vaṇṇa 어떤 색을 지닌. 어떤 모습을 지닌. -vihāribahula 어떻게 삶에 헌신하는. -saṇṭhita 어떠한 방식으로 이루어진. -vidha 어떤 종류의. -sameta 어떻게 구성되는. -sīla 어떤 특성[行爲]의.

kathañci *ind.* [*sk.* kathaṁcit] ① 어떻게든. 우연히도. ② 간신히. 어렵게.

kathati *n.* [kath] ① 끓이다. 열을 가하다. 말하기. ② 다치게 하다. 상해를 주다.

kathana *n.* [<katheti] ① 발음. 발음하는 행위. ② 말하기. 대화. 이야기. ③ 설명. 가르침의 행위. ④ 연설. 설교. ⑤ 독심술. ⑥ 암송·독송의 행위. ⑦ 대답하는 행위. -attha 이야기의 목적. 가르침의 목적. 대답의 목적. -âkāra 대화의 방식. 대화. -âpadesa 이야기의 구실. -kathā 말하는 과정. -kāla 말하는 시간. -kicca 말하는 행위. -citta 말하기로 결심함. -ṭṭhāna 암송의 이유. 설명의 배경. -paṭikathana 말하기와 말대꾸하기. 대화. -pāṭihāriya 독심술의 기적·신변(神變). -ppayoga 대답의 행위. -bhikkhu 대답하는 수행승. -mukhena 말하기를 통해서. -samattha 이야기

할 수 있는. -samattha 얘기할 수 있는. -sīla 습관적으로 말하는. 이야기를 좋아하는. 잘 지껄이는. 잘 떠벌리는.

kathanaka *m.* [kathana-ka] 응답자.

kathanā *f.* [<kathana] 떠벌리는 행위. 자랑하는 행위. 허풍.

kathanīyabhāva *m.* [kathanīya-bhāva] 언급할 가치가 있는 사실.

kathappakāra *adj.* [kathaṁ-pakāra] 어떠한 종류의.

kathayati *n.* [kathā의 *denom.*] = katheti. ① 말하다. 이야기하다. 말을 걸다. ② 설교하다. ③ 독송하다. ④ 설명하다. ⑤ 대답하다. *grd.* kathayitabba.

kathala. kathalā → kaṭhala. kaṭhalā.

kathali. kaṭhalikā. kathalikā. kathaliyā *f.* [?] ① 발을 닦는 수세미의 일종. ② 발을 올려놓는 대. 세족대(洗足臺 = pādapīṭha). ③ 나무로 만든 대야.

kathā *f.* [<kath] ① 이야기. 대화. ② 연설. 말. ③ 충고. ④ 설명. ⑤ 토론. anupubbikathā 차제설법. -ânuppabandhavicchedanatthaṁ 대화의 지속을 중단하기 위해. -ânusandhi 진술의 논리적 귀결. -ânusārena 이야기에 따라. -âpanāmanā 대화를 전환하는 행위. 화제를 바꾸기. -âbhiññāṇa 인식의 수단으로서의 대화. -âvasāna 대화의 결론. -upacāra 대화에의 접근. -ôjja 논쟁. 싸움. -ôpakathana 교리문답. -kāraṇa 대화를 실천하는 행위. -kāla 말하는 (적절한) 시간. -kittighosa (부처님의) 말씀의 명성. -kusala 이야기에 능숙한. -chekatā 말하는 재주. -dosa 진술의 거짓. -dvayakathana 두 가지 유형의 언설[sammutikathā와 paramatthakathā]과 관련된 진술. -dhamma 화제(話題). -nigghosa 대화하는 소리. 칭찬. 아첨. -pacchindana 뒷공론을 끝내는 행위. -patiṭṭhāpanatthaṁ 대화를 성립시키기 위하여. -papañca 이야기의 확장. 토론의 전개. -pabandha 이야기 전개의 과정. -pariyanta 이야기의 끝. -pariyosāna 이야기의 결론. -palāsa 공격적인 대화. 도전적 대화. -pavattana 대화를 옮기는 행위. -pavatti 뉴스. 소식. 소문. -pasaṅgena 대화의 도중에. -pābhata 대화의 주제. -phāsuka 대화에 자유로운. 언론의 자유가 있는. -bāhulla 다변(多辯). -bhaṅgatthaṁ 대화에 끼어들기 위해. -bheda 대화의 분류. -magga 설명. 설화. 이야기. -magganissita (누군가의) 설명에 기초한. -maggabheda 설명의 분류. -maggavirodha 설명의 모순. -maggasampaṭipādanā 설명의 귀결. -maggânusārena 설명에 따라. -mūla (깨달은 자와의) 대화에 대한 지불. -rasa 이야기의 감로(甘露). 대화의 맛. 아름다운 이야기. -vatthu 이야기. 이야기의 주제. 논쟁의 요점. -vāra 이야기의 교체. -vikkhipana 화제(話題)를 바꾸기. -vicchindana 대화를 중단하기. -vitthārikā 장황한 이야기. -vibhāvana 대화를 폭로하는 행위. -virodha 한 설명과 다른 설명의 모순. -vemajjha 이야기의 중간. -vohāra 관련된 말에 대한 모종의 실천. -saṁsandanā 대화. -sadda 말소리. 명성. -santati 대화의 지속. -samāgama 언어의 소통. -samuṭṭhāna 토론의 발생. 토론의 원인. -samuṭṭhāpana 토론을 야기하는 행위. 발의(發議). -samudācāra 토론. -samudāya 토론에 그 원인이 있는. -sampayoga 대화의 소통. 언어의 소통. 말의 전달. -sallāpa 이야기. 대화. -savanaṭṭhāna 연설을 듣는 장소. -savanatthaṁ 연설을 듣기 위해. -savanaphāsuka (누군가의) 연설을 듣는 것이 편안한. -savanayuttapuggalaparidīpana (누군가의) 연설을 듣는 것에 헌신하는 사람의 표시. -sīsa 분류. 범주화. -sukhatthaṁ 이야기를 자유롭게 하기 위해서.

kathāna *n.* [?] 10,000,000의 18승(ninnahutasatasahassānaṁ sataṁ).

kathāpana *n.* [<kathāpeti] 누군가를 질문에 대답하게 하는 행위.

kathāpeti [katheti의 *caus.*] ① 말하게 하다. ② 설명하게 하다. ③ 대답하게 하다.

kathāpetukāma *adj.* [<kathāpeti] 말하게 하고 싶은. 설명하게 하고 싶은(*double acc.*).

kathāvatthu *n.* [kathā-vatthu] ① 논점. 주제. -bhāva 논점이라는 사실. ② 카타밧투. 논사(論事)[七論의 하나]. -desana 논사(論事)에 대한 강론(講論).

kathika. kathin *adj. m.* [kathā-ika. kathā-in. *sk.* kathaka] ① 이야기하는. 대화하는. 설명하는. ② 연설자. 강연자. 연사. 웅변가. -saññita 연설자라고 불리는. -saṇṭhiti 법사의 정의(定義).

kathikā *f.* [=kathika] ① 이야기. 설법. 설교. ② 약속. 규약. 일치. 동의.

kathita *adj. n.* [katheti의 *pp.*] ① 이야기 된. 진술된. 설명된. ② 대화. 이야기. 설명. -attha 의미가 분명하게 진술된. -âkāra 진술된 형태. -ânukhatana 이미 언급된 것을 반복하는 행위. -ânusārena 설명된 것에 따라서. -âmeṇḍitavacana 언명한 단어의 중복. -okāsa(kathito°) 설명된 경우. -kamma 직접목적어[문법]. -kāla 말해진 시간. 대답할 때의 시간. -gītaroditasadda 대화하고 노래하고 우는 소리. -ṭṭhāna 대화의 장소. -tā

진술된 것. -sadisaṁ (누군가가) 대답한 동일한 방식으로.

kathīyati [katheti의 *pass.*] ① 말해지다. 언급되다. ② 진술되다. ③ 불러지다. ④ 설명되다.

kathetabba *adj.* [katheti의 *grd.*] ② 말해져야 할. 언급되어야 할. ② 설명되어야 할. ③ 가르쳐져야 할. ④ 대답되어야 할. -niyāma (질문이) 대답되는 방식. -bhāva 암송되어야할 것. -yuttaka 말하기에 적당한. 설명하기에 적당한. -yuttakāla 대답하기에 적당한 시간.

kathetar *adj.* [katheti의 *ag.*] ① 화자(話者). 연설자. ② 설명자.

katheti [kathā의 *denom. sk.* kathayate] ① 말하다. 언급하다. ② 이야기하다. 대화하다. ③ 대답하다. 보고하다. ④ 설명하다. 진술하다. ⑤ 암송하다. 독송하다. *aor.* kathesi; *inf.* kathetuṁ. kathetave; *abs.* kathetvā; *grd.* kathetabba. kathanīya. kaccha; *pass.* kathīyati; *ppr.* kathīyamāna. kacchamāna; *pp.* kathita; *caus.* kathāpeti; *aor.* kathāpayi.

kathetu° kathetuṁ의 *cpd.* -kammatā. -kamyatā (질문에) 답하고자하는 의욕. 이야기하고자 하는 욕구. -kāma 말하고 싶어 하는. 칭찬하고자 하는. 암송하고자 하는.

kad *interr. pron.* [=kiṁ. kad] ① kadatthaṁ = kimatthaṁ 어떤 목적으로; 무용지물에 대한 물음. 열등·경멸·결함 등의 의미로 사용됨. *cpd.* kac° kaccin 어떤 종류의. na kaccana 조금도 ~ 아니다. -uṇha 약간 더운. ② = kā 열악·축소의 의미로 사용됨. -anna. -asana 열악한 음식. 조금의 음식. -dukkha 최악. 죽음. *cf.* kākaṇika. kāpurisa.

kadanna *n.* [kad-anna] ① 썩은 쌀. ② 나쁜 음식.

kadamba *m.* [〃] ① 까담바 나무[나무의 일종. Nauclea Cordifolia]. -puppha 까담바 나무의 꽃. -pupphavallī 넝쿨의 일종[Batatus Paniculata]. -pupphiya 까담비뿝피야[장로의 이름]. ② 까담바 강[강의 이름]. ③ 까담바 산[히말라야 근처에 있는 산의 이름].

kadambaka *m.* [kadamba-ka] ① 다수(多數). ② = kadamba ①과 ③. -pupphappamāṇa 까담바 꽃의 크기를 가진. -gona 까담바까고나[사원의 이름].

kadara *adj.* [?<kadariya] ① 불행한. ② 비참한.

kadariya *adj. n.* [*sk.* kadarya<kad-ariya] ① 비천한. ② 인색한. 이기적인. ③ 인색. kadariyā-tapana 인색한 사람들을 괴롭히는.

kadariyatā *f.* [kadariya의 *abstr.*] 인색.

kadala *n.* [〃] 바나나 나무. 파초(芭蕉)[Musa Sapientum; 연하여 부패하기 쉬운 줄기는 취약한 것. 알맹이가 없는 무본질성을 나타낸다. 그리고 열매가 열린 뒤에 곧 죽게 되는데. 그것은 악한 사람이 자신의 과보에 의해 멸망하는 것을 상징한다].

kadalī *f.* [〃] ① 바나나 나무. 파초(芭蕉). *cf.* kadala. kadal° -ûpama 파초와 같은. -era(k'akka)dussa 파초의 잎으로 만든 옷. kadali° -kanda 파초의 뿌리. -kkhandha 파초의 줄기. -gabbhasadisa 파초의 나무심과 같은 (색깔의). -taru 파초. -toraṇa 파초의 줄기와 잎으로 만든 개선 아치. -dussa 파초의 잎으로 만든 옷. -dhajapaññāṇa 신호가 파초의 깃발인. -paṇṇa 파초의 잎. -patta (접시로 일시적으로 사용하기 위한) 파초잎. -phala 파초의 열매. 바나나. kadalī° -kaṇṇī 파초 송이. 바나나. -taru 파초나무. -toraṇa 파초로 이루어진 아치길. -duma 파초나무. -patta 까달리빳따[나무의 이름]. -senagāma 까달리쎄나가마[마을의 이름]. ② 영양. 사슴의 일종. -miga 까달리 사슴[사슴의 일종]. -migacamma 까달리 사슴의 가죽. -migasevita 까달리 사슴이 자주 찾는. ③ 기. 깃발. ④ 재스민의 일종. ⑤ 구근(球根)의 일종.

Kadalīgama *m.* [kadalī-gama] 까달리가마[마을의 이름].

kadalītoraṇa *m.* [kadalī-toraṇa] 파초(芭蕉)로 이루어진 아치길.

kadalīduma *m.* [kadalī-duma] 파초(芭蕉). 바나나 나무.

kadalīpatta *m.* [kadalī-patta] 까달리빳따[마을의 이름].

Kadalīphaladāyaka *m.* [kadalī-phala-dāyaka] 까달리팔라다야까[장로의 이름].

kadā *ind.* [〃] 언제. kadāci 때때로. 어떤 때. kadāci karahaci 언젠가 어떤 때에. na kadā ci 결코 ~이 아니다.

kaddati [*sk.* kardati] 불쾌한 소리를 내다.

kaddama *adj. m.* [*sk.* kardama] ① 진흙 색깔의. ② 진흙. 진창. ③ 쓰레기. -antara. -abbhantara 진흙의 내부. -âbhava 진흙이 없음. 쓰레기가 없음. -âluḷita 진흙에 오염된. 쓰레기에 오염된. -âvilatā 진흙이나 쓰레기가 없는 사실. -ôdaka 진흙탕물. 더러운 물. -ûpari 오염에 대하여. -kalala 진흙과 진창. -kumudabīja 진흙 속의 백련(白蓮)의 씨앗(?). 까담마와 꾸무다의 씨앗(?). -gandhika 진흙냄새가 나는. 쓰레기 냄새가 나는. -gahana 진흙의 두터운 층. -daha 깟다마다하[호수의 이름]. -paṁsumissaka 진흙과 먼지로 뒤덮인. -parikhā 진창으로 가득 찬 해자(垓

字)[udaka°. sukka°. ukkinṇantara - parikhā]. -paviṭṭha 진창에 빠진. -bahula 진흙으로 가득찬. -bhūta 진흙이 묻은. 더러운. -makkhita 진흙으로 얼룩진. 오물로 얼룩진. -missa 진흙이 묻고 오염된. -limpanâkārena 진흙으로 오염되어 있기 때문에. -sevālavirahitatta 진흙과 수초[Blyxa Octandra]가 없다는 사실.

kaddamin *adj.* [*sk.* kardamin] ① 진흙투성이의. 진창의. ② 쓰레기로 가득한. 더러운. kaddamī° -kata 더러워진. 오염된. -bhūta 더러운. 오물이 묻은.

kanaka *n.* [〃] 금. 황금. -agga 황금의 볏이 있는. -âcala 황금산[수메루산의 이명]. -âgamana-kāraṇatta 황금의 도래를 야기하는 것. -âbhāsa 황금처럼 빛나는. -ûpama 황금과 같은. -ûpa-mattaca 황금과 같은 피부를 지닌. -giri 황금산(黃金山). -guhā 황금동굴. -cīraka 황금색 리본. -cetiya 황금색 탑묘(塔廟). -cchavin. -tanu-sannibha 금박(金箔). -ttaca 황금색 피부를 지닌. -thūpa 황금탑(黃金塔). -datta 까나까닷따[장로의 이름]. -pabbata 금산(金山). -pallaṅka 황금안락의자. -ppabhā 황금빛의. -phalaka 금판(金板). -maya 황금으로 만들어진. -yūpa 황금색 기둥. -rasadhārāsadisarucirakaranikara 용해된 황금의 흐름과 같은 커다란 광택을 지닌. -latā 황금덩쿨[여래의 치아사리에 사용되는 황금판]. -lambā 쓴 오이의 일종. -vimāna 황금궁전. -sadisasukhumacchavi 황금처럼 섬세한 피부. -sannibha 황금과 같은. -sikharī 황금봉(黃金峰).

kanati [kan] ① 빛나다. ② 바라다. 열망하다.

Kanapiya *m.* [kan-a-piya(?)] 까나삐야[성씨]. -tissa. -putta. -rāyara 각각 사람의 이름.

kaniṭṭha *adj.* [*sk.* kaniṣṭha<kaṇa의 *superl.* *cf.* kañña] ① 어린. 가장 어린[yuvan의 *superl.*]. ② 가장 작은. 가장 천한. 아주 하찮은[appa의 *superl.*] -aṅguliparimāṇa 아주 작은 손가락크기를 한. -tissaka 까닛타띳싸까[스리랑카 왕의 이름]. -bhātar. -bhātika 남동생.

kaniṭṭhaka *adj.* [kaniṭṭha-ka] ① 가장 어린. ② 가장 작은.

kaniṭṭhatta *n.* [kaṇṭtha의 *abstr.*] ① 가장 어린 상태. ② 가장 작은 상태.

kaniṭṭhī. kaniṭṭhikā. kaniṭṭhakā *f.* [<kaṇiṭṭha] ① 여동생. ② 막내딸.

kaniya. kanīya *adj.* [kan°의 *compar.* *sk.* kanī-yaṁs] ① 더 어린. 더 적은. ② 열등한.

kanīnikā *f.* [〃] 눈동자.

kanūyati [kanūy] 시끄럽다. 소란하다.

kanta *adj.* ① [*sk.* kānta<kāmeti의 *pp.*] 즐거운. 사랑스러운. -tara 더욱 사랑스러운. -dhamma 사랑스러운 것. 호감이 가는 것. -phala 즐거운 과보가 있는. -bhāva 매력. -rūpa 즐거운 형상. 즐거운 대상. -vacana 즐거운 말. -vaṇṇa 아름다운. -sītalakiraṇa 즐겁고 시원한 빛을 비추는. -sītalamanoharakiraṇajālasamujjala 즐겁고 시원하고 매혹적인 광선의 불꽃으로 빛나는. ② [*sk.* kṛtta<kantati의 *pp.*] 베어진. 절단된. -bhāva 즐거움의 상태. -salla (욕망의) 화살을 뽑아버린. ③ [kantati의 *pp.*] 잣은. 짜여진. 방적(紡績)된. ④ [kamati <kram의 *pp.*] 행해진. 걸어간. ⑤ *m.* [<kanta] 사랑하는 남자. 남편.

kantati ① [*sk.* kṛṇatti. kṛt ①] 잣다. 꼬다. 방적하다. 직조하다. *pp.* kantita ② [*sk.* kṛntati kṛt ②] 베다. 자르다. 베어내다. *pp.* kanta. kantita

kantana *n.* [<kantati] ① 잣기. 방적. 직조. ② 베기. 자르기. -attha 잣기의 의미. -kāraka '베는 동작'을 유발하는. -pacanâdi 잣기와 요리하기 등. -vatthu 잣기의 항목.

kantanaka *adj.* [<kantati] 베는. 자르는. -vāta '베는' 바람. 삭풍(朔風).

kantanā *f.* [<kantati] 잣기. 방적. 직조.

kantā *f.* [<kanta] ① 사랑하는 여자. ② 아내.

kantāra *adj.* *n.* [*sk.* kāntāra<kat-tarati] ① 통과하기 힘든. ② 험한 길. 험로. 난로(難路). ③ 사막. 광야. 황야. 난소(難所). -addhāna 광야의 길. 험한 길. -addhānavaṭṭaddhāna 험한 길과 윤회의 길. -âtikkama 황야를 횡단하는. -âvasesa 황야의 남은 부분. -gata 황야에 있는. -dvāra 황야의 가장자리. -nittharaṇatthika 황야를 가로지르길 원하는. -paṭipanna 황야의 길을 걷는. 삼림거주자. -pariyāpannatta 황야에 포함된 것. -bhūta 사막과 같은 존재. -magga 험로. -maggapaṭi-panna 험로를 걷는. -majjha 황야의 한 가운데. -mukha 사막의 가장자리·입구. -sadda 'kan-tāra'라는 단어.

kantāriya *adj.* *m.* [<kantāra] ① 사막에서 사는. ② 사막·황야의 안내자.

kanti *f.* [*sk.* kānti] ① 광채. 광명. ② 아름다움. -saññuttā 깐띠쌍늇따[식물의 이름. Evolvulus Alsinoides]. -sūcaka 아름다움을 지시하는. ③ [*sk.* krānti] 걷기. ④ [*sk.* kānti] 소원. 욕구. 의지(意志).

kantika[1] *adj.* [<kantati] ① ~을 짜는. 실잣는. ② [<kanta] 기분 좋은. 유쾌한.

kantika[2] *m.* [<kantati] ① 실잣는 자. 남자방직공.

kantikā *f.* [<kantati] 실잣는 여자. 여자방직공.

kantijāsaka *n.* [*sk.* kāntidāyaka] 황색의 향기가

있는 나무의 종류.
kantita *adj.* [kantati의 *pp.*] ① (실을) 짠. 직조된. ② 베어진. 절단된. -sutta 이미 잣은 실.
kantima *adj.* [<kanti ①] 광채가 나는.
kantiya *adj.* [=kantika] 기분 좋은. 유쾌한.
kanthaka = kaṇṭhaka
kanda *m.* [〃] ① 덩이. 줄기. ② 참마[구근식물]. -khādanīya 참마의 뿌리로 이루어진 먹을 수 있는 것. -galaka 깐다갈라까[새의 이름]. -jāta 참마의 뿌리의 부류에 속하는. -mūla 참마의 둥근 뿌리. -mūlatthaṁ 참마의 뿌리를 찾기 위하여. -mūlapaṇṇādiggahna 참마의 뿌리나 잎사귀 등을 수집하기. -mūlaphala 참마의 뿌리 형태의 열매. -mūlaphalabhojana 참마의 뿌리 형태의 열매를 먹기. 참마의 뿌리 형태의 열매음식.
kandati [*sk.* krandati. krand] ① 울다. ② 슬퍼하다. 통곡하다. 비탄해 하다. *aor.* kandi; *pp.* kandita; *ppr.* kandanta; *grd.* kanditabba; *caus.* kandayati. kandeti.
kandana *n.* [*sk.* krandana] ① 울음. ② 비통. 슬픔. -kāraṇa 슬픔의 이유. 비통의 원인.
kandara *m.* [〃] ① 동굴. 암굴. ② 협곡. 작은 골짜기. -guha 협곡의 동굴. -tīra 협곡의 둑. -pāda 협곡의 바닥. -masuka 깐다라마쑤까[어떤 벌거벗은 고행자의 이름]. -vana 나무가 무성하고 강이 흐르는 협곡. -vihāra 깐다라비하라[승원의 이름].
kandarī *f.* [〃] = kandara.
Kandaraka *m.* [kandara-ka] 깐다라까[수행자·고행자의 이름].
kandala *m.* kandalī *f.* [*cf. sk.* kandala '파초의 꽃'<kadala '파초'] 깐달라[흰 꽃이 피는 재스민 나무]. kandali-rukkha 깐달라 나무. kandala-makuḷa 깐달라의 구근(球根)[정력제로 쓰임]. kandalī-pupphiya 깐달리뿝피야[장로의 이름].
kandaḷa *m.* [?] 식용의 수련[대단히 큰 뿌리를 갖고 있음].
kandita *adj. n.* [kandati의 *pp.*] ① 우는. 슬퍼하는. ② 울음. 흐느낌. 비탄.
kandi kandati의 *aor.*
kanduka *m.* [〃] 나는 냄비. 크리켓. 공[게임에 사용하는 것임]. -paharaṇa 배트.
kandulamūḷāla *n.* [?] 깐둘라 풀(?)의 섬유가 많은 질긴 뿌리.
kandeti → kandati의 *caus.*
kandhāra *f.* [〃] 목[頸].
kanna *adj.* [*sk.* skanna] 똑똑 떨어지는.
kannāma = kinnāma
kapaṇa *adj.* [*sk.* kṛpaṇa] ① 가난한. 불행한. 가난한 자. 걸식하는 자. ② 경멸스러운. 비천한. 비열한. ③ 작은. 중요하지 않은. -addhikā 거지들과 유랑자들. 가난한 자들과 유행하는 수행자들. -itthī 가난한 여자. 불쌍한 여자. -jana 가난한 사람. 빈민(貧民). -jāyā 불행한 아내. -jīvikā 가난한 삶. -tā 비참한 상태. -purisa 가난한 사람. 비천한 사람. 빈자(貧者). -bhāva 비참한 상태. -manussa 가난한 사람. 거지. 빈자(貧者). -yācaka 가난한 자와 구걸하는 자. 빈자와 거지. -laddhaka 어려움에 봉착한 자. -visikhā 빈민가. -vuttin 가난한 생활을 하는. -vesa 비참한 사람의 출현.
kapaṇā. kapaṇikā. kapaṇiyā *f.* [<kapaṇa] 가난한 여자. 빈곤한 여자.
kapati [*sk.* kṛpate] 울다. 슬퍼하다.
kapatika → kapota
kapalla *n.* [*sk.* kapāla] ① 큰 가마솥. 튀김냄비. ② 항아리. ③ 사발. 발우. -kkhaṇḍa 까빨라칸다[장소의 이름]. -patta 바라문의 발우. -pāti 흙단지. 냄비. -pūva 팬케이크. 만두. -sajjana 사발을 준비하기.
kapallaka *m.* [kapalla-ka] ① 흙으로 빚은 작은 발우. 사발. ② 튀김냄비.
kapāla *n.* [〃 *cf.* kapalla] ① 두개골(頭蓋骨). ② 거북의 등가죽. ③ 알껍질. 난각(卵殼). 코코넛껍질. 게껍질. ③ 단지. 그릇. 옹기. 화로. 사발. 발우. 철과(鐵鍋)[수행승이 사용하는 발우의 일종]. 튀김냄비. -aggi 화로의 불. -ābhata 발우에 모아진. -khaṇḍa 도기의 조각. -nāga 까빨란나가[승원의 이름]. -patta 발우. -piṭṭhikapāṇa '알의 껍질 같은 등을 한 뭇삶' 곤충. -majjha 단지의 가운데. -matthaka 거북이 등의 표면. -samudāya 옹기 조각들의 집합. -lakkhaṇaññū 골상학자(骨相學者). -hattha 발우를 손에 들고 구걸하는.
kapālaka *m.* [kapāka의 *dimin.*] ① 작은 그릇. 사발. ② 발우.
kapālikā *f.* [kapāla-ikā] 질그릇의 조각.
kapāsa → kappāsa
kapi *m.* [〃] 원숭이. -gaṇa 원숭이 무리. -citta 변덕스러운. -naccanā 까삐낫짜나[장소의 이름]. -niddā 졸음. -parivāra 원숭이들에게 둘러싸인. -middha 졸음. -yoni 암원숭이의 자궁. -rāja 원숭이의 왕. -sahassa 천 마리의 원숭이.
kapinī *f.* [<kapi] 암원숭이.
kapiñjala *m.* [〃] 자고(鷓鴣)[매서운 새. Francolin Partridge].
kapiṭhana *m.* [?] 까비타나 나무[Thespesia Populneoides].
kapiṭṭha. kapittha *m.* [<kapittha] 사과나무. 능

금나무. -assama '사과나무'라고 불리는 암자. -ârama 까삣따라마[승원의 이름]. -niyyāsa 사과나무의 송진. -phala 사과. -vana 사과 나무숲. -sāḷava 사과 주스. -hāraka 사과를 따는 자.

kapiṭṭhana. kapitthana *m* [?] 까삣타나[나무의 종류: 식물학적인 정체는 불분명].

kapila *adj. m* [〃] ① 갈색의. 황갈색의. 불그tm레한. 갈색. -kesamassuka 갈색 머리카락과 수염을 한. -gāvīdāna 갈색소의 보시. -go 갈색의 소. -pharusadīghakesa 갈색의 거칠고 긴 머리카락을 지닌. ② 까삘라[성자의 이름. 수행승의 이름. 수론철학의 시조. 바라문의 이름]. -maccha 까삘라라는 수행승이 물고기로 환생한. ③ 까삘라[도시의 이름. 왕의 이름. 수행승의 이름. 보살의 이름. 대신의 이름. 의사의 이름. 선인의 이름].

Kapilavatthu *n.* [*bsk.* Kapilavastu] 까삘라. 가비라성(迦毘羅城). 가비라위(迦毘羅衛). 가비라발도(迦毘羅拔兜)[석가국의 수도로 부처님의 탄생지]. -gamana 까삘라밧투의 방문. -gāmimagga 까삘라밧투로 가는 길. -nagara. -pura 까삘라밧투 시(市). -ppavesana 까삘라밧투로 들어가기. -mahāsiri 까삘라밧투의 위대한 영광. -vāsika 까삘라밧투의 주민. -samīpa. -sāmanta 까삘라밧투의 근처·주변.

kapilā *f.* [<kapila(?)] ① 까삘라[두 종류의 식물의 이름 : Dalbergia Sissoo Roxb. Piper Auranticum Wall]. ② 까삘라[도시의 이름].

kapisīsa *m* [*sk.* kapiśīrṣa] ① 문의 가로대. 빗장. 문짝. ② 침대기둥의 머리. 탑의 상부. ③ 원숭이의 얼굴을 한. ④ 까삐씨싸[드라비다족이 장군이름. Vaṭṭhagāmaṇi왕의 대신의 이름].

kapisīsaka *m* [kapisīsa-ka] 빗장을 끼워 넣는 꺽쇠[문기둥의 가로대를 끼는 구멍].

kapītana *m* [〃] 까삐따나[나무의 이름. Thespesia Populneoides].

kapīla = kapila(?).

Kapīvanta *m* [〃] 까삐반따[야차의 이름].

kapoṭa. kapota *m* [〃] 비둘기. -ka 작은 비둘기. -kandarā 까뽀따깐다라[지명]. -pādavaṇṇa 비둘기발의 색깔을 한. -pādasamavaṇṇarattôbhāsa 비둘기 발처럼 붉은 빛을 띄는[술의 종류에 대한 묘사]. -pālikā 비둘기 둥지. -yoni 비둘기로의 재생. -vaṇṇa 비둘기의 색깔을 한. -sakuṇa 비둘기.

kapoṇi *f.* [*sk.* kaphoṇi] 팔꿈치.

kapotī. kapatikā *f.* [<kapota] 작은 암비둘기. -pāda 비둘기의 발.

kapola *m* [〃] 뺨. 볼[頰]. -antare 양 볼의 사이에. -passa 입안 쪽 양 볼의 벽.

kappa *adj. n.* [*sk.* kalpa] ① 나누어진. 잘라진. -kata 두 갈래로 나누어진. -bhāva 두 갈래로 나누어진 상태. -sīsa 두 갈래로 나뉜 머리를 지닌. ② 베다 시대의 의례. ③ 적당한. 알맞은. 실행가능한. 사용방법. 실천수행. 적당한 계율. 규칙의 실천. -karaṇa 규칙·규율의 실천. -gatika 규칙을 준수하는. -samaṇa (베다의 의례에서) 규칙을 준수하는 수행자. ④ 정신적인 창조. 사고(思考). 상상(想像). 분별(分別). 허구(虛構). 겁파(劫簸). 겁파(劫波) ⑤ 분야. 품(品). 장(章). ⑥ 장시간. 시간. 겁(劫). 겁파(劫簸). 겁파(劫波). 우주기(宇宙期). mahākappa 큰 겁(大劫). asaṅkheyyakappa 헤아릴 수 없이 긴 기간. 아승지겁(阿僧祇劫). *acc.* kappaṁ *adv.*장시간. -âtīta 시간을 초월한 자[阿羅漢]. -ânussaraṇaka 과거의 겁을 기억하는 자. -âyuka 생명이 일 겁 이상 지속하는. -âvasesaṁ 겁(劫)이 남아 있는 동안. -âvasāna 겁의 종말. -uṭṭhāna 겁의 종말이 시작되는. -kolāhala 한 겁을 알리는 소동. -kkhaya 겁의 파괴. -(ñ)jaha 시간을 버린 자[阿羅漢]. -jāla 불에 의한 겁의 소진. 한 겁의 종말. -ṭṭha. -ṭṭhāyin (천궁이나 지옥에서) 일 겁을 머무는. -ṭṭhika. -ṭṭhitika. -ṭṭhiya 일 겁 동안 지속하는. -nahuta 무수한 겁. -nibbatta 겁의 시초에서 발생된. -parivaṭṭa 겁의 전개. 세계의 끝. -pādapa. -lakkhaṇa 겁의 특징. -vināsaka 겁의 파괴 -vināsaka 일 겁이 다할 때 세상을 파괴하는 (구름. 바람. 불 등). -vuṭṭhāna 겁의 종말이 시작되면서 새로운 겁의 출현. -vemajjha 겁의 중간. -saṇṭhāna 겁의 출현. -satasahassa 이만겁. -satika 백겁을 지속하는. -sadda 겁이라는 단어. -sahassa 천겁. -halāhala 일겁의 끝 무렵의 대혼란. ⑦ 소원을 들어주는. -dussa 소원을 들어주는 나무에 의해 주어진 옷. -pādapa. -rukkha 소원을 들어주는 나무. 여의수(如意樹). -latā 욕망을 채워주는 넝쿨. ⑧ 형상을 한(*ifc.*). 유사한. ⑨ 깝빠[바라문의 이름. 장로의 이름]. ⑩ = kappabindu. -kata 승려의 옷에 작은 점을 찍은. -bindu 승려의 옷감에 찍은 작은 점[허락된 옷감임을 표시].

kappaka *m* [<kappeti] ① 이발사. 삭발사. ② 미용사. -geha 이발사의 집. -jātika 이발사 계층에 속하는. 이발사로 다시 태어난.

kappaṭa *m.* [kad-paṭa=ku-paṭa] ① 더러움. ② 누더기. ③ 낡은 승복.

kappatā *f.* [kappa의 *abstr.*] 적당. 적합.

kappati [kappeti의 *pass. sk.* kalpyate] ① 시설되다. 정리되다. 준비되다. 설치되다. ② 적당하다.

할 수 있다. ③ 허락되다. ④ 용의가 있다. *pp.* kappita.

kappana *n.* [<kappeti] ① 준비. 정비. 조치. ② 상상. ③ 연구. 고안. ④ 장비. 마구(馬具). ⑤ 절단. 제거. 톱질. -kāla 사자처럼 눕는 시간. -gahaṇa 상상적인 관념에 기초한 사유.

kappanā *f.* [<kappana] ① (마차의) 준비. ② (안장의) 설치. ③ 시스템. 체계.

kappabindu *n.* [kappa-bindu] 승려의 옷감[가치나의]에 찍는 작은 검은 점[사용할 수 있다는 표시].

kappara *m.* [*sk.* karpara. kūrpara] ① 두개골. ② 팔꿈치. -ppahāra 팔꿈치로 때림.

kappāpeti *m.* [kappeti의 *caus.*] ① 준비시키다. ② 가지런히 하다. ③ 정돈시키다. 다듬다. *grd.* kappāpetabba.

kappāsa *m.* [*sk.* karpāsa] 목화. 솜. 면화. -aṁsu 목화섬유. -aṭṭhi 목화씨. -khetta 목화밭. -gāmaka 깝빠가마까[마을의 이름]. -paṭala 솜의 얇은 피막. 면화씨의 피막. -paṭalasneha 솜의 얇은 피막에 스며든 액체. -picu 솜. -paṇḍi 솜덩이. -pothanadhanuka 솜을 두드리기 위한 '활'[인도의 면화생산의 도구]. -phalaṭṭhi 목화씨. -maya 면화로 만든. *cf.* uṇṇa. -rukkha 면화나무. -vaṭṭanakaṇaya 조면(繰綿)을 위한 통발의 한 종류. -vaṭṭi 면화뭉치. -vicinana (조면을 위해) 면화를 세척하기. -vihanadhanu = kappāsapothanadhanu. -sukhuma 섬세한 면화로 만든 옷감.

kappāsika [kappāsa-ika] ① *adj. n.* 솜·면화로 만들어진. 옥양목. 면으로 만들어진 천. 갈바사가(羯播死迦). 겁파(劫波). -dussa 면옷감. -paṇṇa 면포수(綿布樹)의 잎. -pāvāra 면외투. 면으로 만든 옷. -vanasaṇḍa 깝빠씨까바나싼다[우루벨라 근처의 총림]. -vatthu 면포의(綿布衣). 겁파의(劫波衣). -sukhuma 부드러운 면화로 만든 옷감. -sutta 면사(綿絲). ② *m.* 깝빠씨까[우루벨라 근처의 숲의 이름].

kappāsiya *adj.* [kappāsa-iya] 면화로 만들어진. 면으로 만들어진.

kappāsī *f.* [=kappāsa] 목화. 솜. -piṇḍi 면화의 다발. 솜뭉치.

kappika *adj.* [kappa-ika] ① 겁(劫)의. pubbanta-kappika 과거의 겁에 관한 설. 본겁(本劫)의. aparanta-kappika 미래의 겁에 관한 설. 말겁(末劫)의. ② 허락된.

kappita *adj.* [kappeti의 *pp.*] ① 준비된. 마련된. 정리된. 정렬된. ② 장식 옷이 입혀진[동물]. 장식된. ③ 용의가 있는. ④ 상상된. -âkāra 상상된 형태. -kiṅkiṇijāla 작은 종이 달린 그물에 알맞은. -kesamassu 머리와 수염을 정렬한[이발을 한]. -kkhaṇa (자신의 거처를) 마련하는 순간. -jīvika 생계를 마련하는. -matte (잠이) 드는 순간. -massu 수염을 다듬은. -santi 만들어진 고요. -hatthi (장식 옷이) 입혀진 코끼리.

Kappitaka *adj.* 깝삐따까[장로의 이름].

kappin *adj.* [kappa-in] ① 얻은. 획득한. ② 한 겁 동안 지속하는.

Kappina *m.* [kappa-in] 깝삐나[장로의 이름].

kappima *adj.* [kappa-ima] 허용된.

kappiya *adj.* [kappa-iya] ① 규칙에 따른. 정당한. 적당한. 허용된. 정(淨)[淨事. 淨行. 淨物. 淨食]의. 윤회에 종속된. 시간이 덧없는. kappiyâkappiya 적당하고 적당하지 않은 모든 것. 허용되고 허용되지 않은 모든 것. -ânuloma 규칙에 따름. -âmisa 허용된 음식. -âhāra (규칙에 따른) 정당한 식사. 깨끗한 음식. 청정식(淸淨食). -kāraka 승려를 위해 물품을 받는 재가신자. 시자(侍子). -kuṭī 보관이 허용된 물품을 저장하는 집. -khīra 허용된 우유. -khetta 허용된 밭. -cīvara 허용된 옷. 청정의(淸淨衣). -tantavāya 수행승에게 옷을 만들어주는 직공(織工). -tūla 허용된 면직물. -thālaka 허용된 작은 발우. -ttharaṇa 허용된 깔개. -dāraka 비구의 심부름 아이. -dvāra 허용된 것을 받는 기회. -paccatthraṇa 허용된 깔개. -paṭhavī 허용된 파내도 좋은 땅. -patta 허용된 발우. -parikkhāra 허용된 장비. -parivattana 허용된 물물교환. -pānaka 허용된 음료. -bindu = kappabindu. -bhaṇḍa 비구에게 허용된 물품. -bhūmi 정지(淨地). 결정지(決定地)[저장하고 요리하는 음식을 위한 경계구역]. -bhojana 허용된 음식. -maṁsa 허용된 고기. -mañca 허용된 침대. -mahagghapaccattharaṇa 값비싸지만 허용된 이불을 덮은. -rajana 허용된 염색. -loha 허용된 금속. -vacana 말하는데 허용된 길. -vatthu 허용된 상품. -vāri 허용된 물. -viññatti 허용된 암시·표현. -vohāra 허용된 말이나 행동. -saññin 적법한 것으로 생각하는. -sappi 허용된 버터기름. -sabhāva 성격상 규칙을 따르는 자. 승단에 받아들일 수 있는 자. -sāsana 허용된 가르침. -suttaparicchheda 허용된 실[絲]로 규정된. ② 허구적인. 상상된. 허망한. -paṭirūpa 허구적인 것으로 나타난. 허구적인. -lesa 자신의 목적을 위한 책략. 허구적인 핑계. ③ *m.* 깝삐야[Nigrodhakappa의 줄임말]

kappīyati. kappiyyati [kappeti의 *pass.*] ① 형성되다. 구성되다. 만들어지다. ② 탈 준비가 되다. ③ 마구가 장착되다. ④ 상상의 산물로 구성되다.

허구로 구성되다.
kappu *n.* kappa의 *dialect.*
Kappukagāma *m.* [?] 깝뿌까가마[지역의 이름].
kappūra *m. n.* [*sk.* karpūra] 장뇌(樟腦). 용뇌향(龍腦香).
kappetar [kappeti의 *ag.*] ~삶을 살게 하는 자.
kappeti [*bsk.* kalpayati kḷp] ① 하다. (삶을) 영위하다. ② 정리하다. 준비하다. ③ 연구하다. 고안하다. ④ 상상하다. 추측하다. *grd.* kappetabba; *caus.* kappāpeti; *pass.* kappati. kappīyati. kappiyyati; *ppr.* kappiyamāna; *abs.* kappetvā.
kappetukāma *adj.* [kapetu-kāma] (잠이) 들기 원하는[seyyam과 더불러].
kapha *m.* [〃] ① 가래. 담(痰). ② 점액. -uttara 점액질의. 끈적끈적한.
kaphoṇī *f.* [*sk.* kapoṇi] 팔꿈치.
kabara *adj.* [〃] ① 잡색의. 다채로운. 반점이 있는. 얼룩진. ② 혼합된. -akkhi 다채로운 색깔의 눈. -kabara 아주 얼룩진. -kucchi 얼룩진 배를 가진[야차]. -kuṭṭha 나병의 일종. -gāvī 얼룩소. -gorūpa 얼룩소. -cchāya 얼룩진 그림자를 던지는. -bhūta 얼룩진. -maṇi 고양이의 눈. 보석. -vaccha 얼룩송아지. -vaṇṇa 얼룩진.
kabala. kabaḷa *m. n.* [*sk.* kabala. *bsk.* kavaḍa] ① 덩어리. ② 한 입. 한 조각. 소량. -antarāya 한 입을 방해하는[먹는 것을 방해하는 것]. -ggaha 한 입에 섭취한 것[중량의 단위]. -sakabala 입에 음식을 가득 넣고. -âvacchedaka 한 입의 음식을 넣은. 한 입에 조금씩 먹는.
kabaliṅkaroti [*bsk.* kavaliṅ-kṛ] 한 입으로 만들다. *pass.* kabaliṅkarīyati.
kabaliṅkāra *adj.* [*bsk.* kavalīkāra. kavaḍiṅkāra] 한 입으로 만들기. -āhāra 물질적인 자양분. 단식(團食). 단식(段食). 췌식(揣食). 박식(博食). -bhakkha 물질적인 음식을 먹는. 단식을 먹는. -āhārapaccaya 물질적인 자양분의 조건. -āhārapariññā 물질적인 자양분에 대한 충분한 이해. -āhārabhakkhâtta 물질적인 자양분을 먹는 자아. 물질적인 자양분으로 형성된 자아. -āhārûpajīvin 물질적인 자양분으로 사는. -āhārûpanibaddha 물질적인 자양분에 의존하는.
kabaḷikā *f.* [*sk.* kabalikā] 붕대. 반창고. 압정포(壓定布).
Kabupelanda *m.* 까부뻴란다[스리랑카 마을의 이름]. -gāma 까부뻴란다 마을. -vihāra 까부뻴란다 승원.
kabba *n.* [*sk.* kāvya] 시(詩). 시작(詩作). -âkāra 시를 모방하는. 시를 구현하는. -karaṇa 시작(詩作). -kāra 시인(詩人). -citta 시심(詩心). -racanā 시적인 저작.
kabya *n.* [=kabba] 시(詩). 시작(詩作). -âlaṅkāra 아름다운 시를 지음. -kāraka 시인(詩人).
kama *m.* [*sk. bsk.* krama] 순서. 차례. 단계. 차제(次第). *abl.* kamato; *ins.* kamena 멀지 않아. 곧. 점차적으로. *acc.* yathākkamaṁ 순서대로. -gaṇanā 순서를 헤아리는 것. -ppavatta 순서대로 일어나는. -ppavatti 순서대로 일어남. -bheda 순서를 어기는.
kamaṇa *m.* [<kamati] 걸음. 걸음걸이.
kamaṇḍalu *m. n.* [?] 물단지. 수병(水甁)[이교도가 사용하는 것]. -dhara. -dhārin 물단지를 운반하는.
kamaṇḍaluka *adj.* [kamaṇḍalu-ka] 물단지를 운반하는. 수병을 운반하는.
kamaṇḍalūka *n.* [kamaṇḍalu-ka] 물단지의 물.
kamati [*sk.* kramati. kram] ① 가다. 걷다. 여행하다. ② 들어가다. 통과하다. ③ 이해하다. 파악하다. ④ 효과적이다. 영향력을 갖다.
kamatthaṁ *ind.* [kam atthaṁ] = kimatthaṁ 무엇 때문에. 무슨 목적으로.
kamana *n.* [<kamati] ① 보행. 걸음걸이. ② 진보. ③ 영향을 주는 행위. -aṭṭha 영향의 의미. -ki- riyā 보행. -satti 진보의 힘.
kamanīya *adj. n.* [kāmayati의 *grd.*] ① 마음에 드는. 매력적인. 애착할 만한. ② 마음에 드는 물건. 매력적인 것.
kamala *n.* ① 까말라 연꽃[주로 담홍색이나 장미색의 연꽃. Nelumbo Nucifera]. ② 샌들을 만드는 풀의 일종. *f.* kamalā 우아한 여자. -ânanalocana 까말라 연꽃과 같은 얼굴과 눈을 지닌. -āsanasūnu 까말라아싸나쑤누[바라문의 이름]. -uppalapuṇḍarīkapatimaṇḍita 홍련화와 청련화와 백련화로 아름다워진. -ôdarasappabha 까말라 연꽃받침과 같은. -ôbhāsa 까말라 연꽃 모습을 한. -kuvalaya 까말라 연꽃과 푸른 수련. -komalakara 까말라 연꽃처럼 부드러운 손을 가진. -dala 까말라 연꽃잎. -dalavattivaṭṭaṅguli 까말라 연꽃잎이 말아 올라간 것 같은 손을 가진. -pattakkha 까말라 연꽃잎 같은 눈을 가진. -pādukā 까말라 풀로 만든 샌들. -makulasadisa 까말라 연꽃의 새싹과 같은. -māladhārin 까말라 연꽃의 화환을 한. -vana 까말라 연꽃이 자라는 숲. -saṇḍa 까말라 연꽃이 자라는 총림.
kamalā *f.* [〃] 운율의 이름[범어문법학 참조].
kamalāsana *n.* [kamala-āsana] 연화좌(蓮華坐). *m.* 브라흐마신. 범천. 하느님. 창조주.
kamalin *adj.* [<kamala] 연꽃으로 뒤덮인.
kamalinī *f.* [<kamala] ① 연못. ② 까말라 연꽃.

-kāmuka 까말라 연꽃을 사랑하는 자.
kamallikā *f.* [<kamala] 단어를 잘못 분석해서 만들어진 유령어.
kamitar *m.* [<kāma] 음탕한 사람.
kamuka *m.* [?] 빈랑(檳榔)[아시아 열대산 야자수와 그 열매의 이름. Aeca Catechu].
kampa *m.* [<kamp] ① 떨림. 흔들림. ② 지진. -karaṇa 진동시킴. -kāraṇa 지진의 원인.
kampaka *adj.* [<kampa] 흔드는 (사람).
kampati [〃<kamp] 진동하다. 흔들리다. 동요하다. *aor.* akampi; *ppr.* kampamāna; *pp.* kampita; *grd.* kampiya; *caus.* kampeti. kampayati; *abs.* kampayitvāna.
kampana *n.* [<kampati] ① 떨림. 진동. ② 혼란. -akkhi 깜박이는 눈. -kāraṇa 진동의 이유. -kilesa 혼란을 야기하는 번뇌. -taṇhā 예감으로 떠는 것으로 자신을 드러내려는 욕망. -rasa (정신적) 동요의 성질을 지닌. -sīla 떠는 습관을 지닌.
kampanā *f.* [<kampati] ① 떠는 행위. ② 예감으로 떠는 행위.
kampāpitaṭṭhāna *adj. n.* [kampāpita-ṭṭhāna] 땅이 흔들게 된 진원지.
kampita *adj. n.* [kampati의 *pp.*] ① 흔들린. ② 흔들림. 진동. 혼란. ③ 지진. -ākāra 흔들림의 방식. 진동의 형태. -kāraṇa 지진의 원인. -ṭṭhāna 지진이 일어나 장소. -pubba 이전에 흔들린. -rahita 흔들림이 없는. -santi 흔들린 평화. 혼란된 적정(寂靜). -hadayatta 자비로움.
kampin *adj.* [<kampa] 흔들리는.
kampiya *adj. n.* [kampati의 *grd.*] ① 흔들릴 수 있는. ② 진동. 혼란. 동요.
kampilla. kampilliya *m.* [*sk.* kāmpilya. kampilla] 깜삘라. 깜삘리야[북부인도 Uttarapañcāla 국의 도시 이름]. -nagara 깜삘라 시(市). -raṭṭha 깜삘라 국.
kampilī *f.* = kampilla.
kampurī → kambu-r-iva
kambala *adj. m n.* [〃] ① 털로 만든. ② 털담요. 담요. 털옷. 모포. 모직물. 털실. 흠바라(欽婆羅). -ka 털외투. -kañcuka 사원을 뒤덮는 장식용 모포. -kūṭâgāra 모직으로 만들어진 박공이 있는 집. 모직으로 둘러싼 대나무 구조물[화장용장작으로 쓰임(?)]. -geṇḍuka 털실타래. -cora 털깔개의 도둑. -pariyoddhana 모포로 덮은. -pādukā 털로 만든 샌들. -puñja 털담요의 더미. -maddana 깔개를 염색하기. -maya 모포로 만들어진. -ratana 고급의 털옷. -vaṇṇa 모직섬유의 색깔을 지닌. 붉은. -vāṇija 담요·모포 상인. -sadda 'kambala'라는 단어. -silāsana 흰 담요로 덮은 제석천의 석좌(石座). -sukhuma 섬세한 모직물. 섬세한 털깔개. -sutta 털실. 모직섬유. ③ 깜발라[용왕(nāga)의 이름].
kambalin *adj.* [kambala-in] 털옷을 가지고 있는.
kambalika *adj.* [kambala-ika] 담요·털옷 장사. 모직물장사.
kambalīya *n.* [<kambala] 모직옷.
kambu *m.* [〃] ① 조가비. 소라껍질. 조개껍질. 나패(螺貝). ② 나패 팔찌·발찌. ③ 금. -kāyuradhara 나패의 팔찌를 한. -gīva 나선모양의 목을 갖는. -tala 나패의 광택이 나는 밑부분·나선형 부분. -pariharaka 나패로 만든 팔찌·발찌. -vimaṭṭhadhārinī 연마된 나패로 장식한.
kambussa *m.* [<kambu] 나패장신구. 금장신구.
kambojaka *adj. m.* [<kamboja] 깜보자 나라에서 생산된. 깜보자 출신의. 깜보자 국의 주민.
Kamboja [〃] ① *m.* 깜보자 국. 검보자(劍蒲闍). 검부자(劍浮闍)[부처님 당시의 十六大國의 하나]. ② 깜보자[깜보자에서 이민온 사람들의 마을의 이름. 태국의 서쪽지방의 이름]. ③ *adj.* 깜보자 출신의. 깜보자에서 오는. -kula 깜보자 출신의 가문에 속하는. -malla 깜보자 출신의 씨름꾼. -raṭṭha 깜보자 왕국.
kamboji *m.* [?] 깜보지[식물의 이름. Cassia Tora(?). Alata]. -gumba 깜보지의 총림.
kamma *n.* [*sk.* karman] ① 제작. 만들기. ② 업. 행위. 일. 노동. ③ 직업. 가업. ④ 운동. 활동. 몸짓. 싸움. ⑤ 의례. 의식(儀式). ⑥ 명상수행. ⑦ 승단의 모임. 모임의 절차. 갈마(羯磨). ⑧ 직접목적어[자동사·수동태와 관련된 문법]. *acc.* kamma. kammaṁ. kammānaṁ. -anta → kammanta. -antara → kammantara. -antika → kammantika. -assāda (적군과의) 싸움을 즐김. -âdisaṁsaggarahita 직접목적어 등의 격어미와 관계없는. -âdisaṁsaṭṭha 직접목적어 등의 격어미와 연결된. -âdhikata 업에 지배된. -âdhiggahita 업에 구속된. -âdhiṭṭhāyaka 일의 감독자. -âdhipateyya 지상권(至上權)의. -âdhippāya 법적 조치를 취하려는. -âdhimutta 업을 지향하는. -ânucchavika 업에 일치하는. -ânuāvato. -ânubhāvena 업의 힘으로. -ânurūpa 업에 일치하는. -âpattivyattibhāvatthaṁ 행위와 위범(違犯)을 구별하기 위하여. -âparādha 잘못된 행위. -âpekkha 직접목적어와 관계된. -âbhinibbatta 업에 의해 태어난. -âbhirata 일에서 기쁨을 느끼는. -âbhiraddha (누군가의) 행위에 대한 만족(한). -âbhilāsin (누군가의) 행동을 바라는. -âbhisaṅkhāra 업의 의해 이루어진 형성. -âbhisanda 업의 결과. -âyatana 직업의 분야. -âyū-

hana 업의 축적행위. -ārambha 업무의 시작. -ārambhanakāla 업무를 시작하는 시간. -ārammaṇa 업의 조건. 업에 의존하는. -âraha 참여할 권리를 부여받은. -ârohana 업의 상승. -ārāma 활동에 기뻐하는. -ārāmatā 세속적인 활동에 기뻐하는 것. -āvaraṇa 업에 의한 장애. -āvasesa 남은 업. -āvijjapaccayapariggaṇhañāṇa 업과 무지와 같은 조건을 파악하는 지혜. -âsujjhana 갈마에 의해 정화된. -āhāra 업에서 생겨난 자양분. -uttama(kammu°) 최상의 업. -uddesa 갈마와 독송. -upacchedakakamma 업을 부수는 업. -upapattibheda 업과 재생의 구별. -ussada 업의 우세. -ûpacaya 업의 축적. -ûpadhi 업으로 이루어진 존재의 토대. -ûpaga 업에 따르는. -ûpapada 직접목적어에 종속된 단어. -ôpapattibheda 업과 재생의 구별. -kara. -kāra 고용자. 노동자. 잡역부. -karī 여자 노동자. -katha 업의 해설. -karaṇa 손일을 하는 것. 활동. 직업적인 일. 명상수행. 의례를 집행하는 일. 발전을 유도하는 행위. 고문에 의한 처벌. 직접목적어로 사용되는 구격. -kāma 일을 좋아하는. 부지런한. 좋은 업을 바라는. -kāraka 고용된 노동자. 하인. 주어진 선악의 행위를 하는 자. 목적격. 대격(*acc.*). -kāraṇa. -kāraṇā 형벌. 체벌. -kārin 임무·의무를 하는 사람. -kārī 작업부(作業婦). 작부(作婦). -kiliṭṭha 나쁜 업. 악업(惡業). -kilesa 업의 오염. 업의 번뇌. 업구(業垢). -kkhaṇa 행위의 순간. -kkhama 일에 적합한. 자격을 갖춘. -kkhamacitta 일에 적합한 마음. -kkhaya 업의 소멸. 업진(業盡). -kkhaya(kara)ñāṇa 업의 소멸을 야기하는 지혜. -gati 업의 운명. 업취(業趣). -garu 업에 관해 권위가 있는. 일에 전념하는. -garuka 중요하고 자주 행한 업. -guṇa 행위의 공덕. -catukka 범죄를 저지르는 네 가지 업의 종류. -citta 업으로서의 마음. 업심(業心). -cetanā 업으로서의 의도. -cchidda 행위의 잘못. 행위의 결함. -ccheda 일의 중지. 일의 방해(妨害). -ja 업에 의해 생겨난. -jarūpa 업에 의해 생겨난 몸. -jāta 여러 가지 행위 또는 직업. -jānana 업을 아는 것. -ñatti 절차를 구성하는 발제. -ñataka 업을 친지로 삼는. -ṭṭhāna 명상수행의 토대. 업처(業處). -ṭṭhānika 명상수행을 닦는 사람. -tapana 업에 의해 고통을 받는 것. -tejodhātu 업에 의해 생겨난 열의 요소. -ttaya 세 가지 업. -dāyāda 업의 상속자. -dosa 행위의 잘못. 갈마의 불성립. -dvāra 행위의 문. 행위의 동기. -dhāraya 형용사적 복합어. 동격한정복합어. 지업석(持業釋)[문법] -dhura 업의 짐. 기초작업. -dheyya 수행되어야 할 일. 의무. -dhoreyya 업의 구속을 견딜 수 있는. 업의 짐을 운반할 수 있는. -nānatta 업의 다양성. -nānasaṁvāsaka 절차와 관련된 다양한 모임의 회원. -nikantikkhaṇa 업을 갈망하는 순간. -niketavat 자신의 행위 안에 거주하는. -niṭṭhāna 일의 결정. -niṭṭharaṇasamattha 일을 완수할 수 있는. -nidānasaṅkhaya 업연(業緣)의 파괴. -nidānasambhava 업연(業緣)의 생성. -nipphattatthaṁ (약탈하는) 일을 완성하기 위해. -nipphatti 일의 처리. -nipphādana 일의 완수. -nibandhana 업에 구속된. -niddesa 직접목적어. -nibbatta 업에 의해 태어남. 업생(業生). -nimitta 업의 특징·표지. 업상(業相). -nimittagatinimitta 업의 특징과 운명의 특징. -niyāma 업의 법칙. 운명. 숙명. -niyāmasiddha 업의 법칙에 의해 성취된. -nirapekkha 직접목적어와 관계없는. -nirodha 업의 소멸. -nirodhagāminī 업의 소멸로 이끄는. -nissanda 업의 결과. -pakativibhāgâdivisaya 업의 일차적인 구분을 주제로 삼는. -paccaya 업을 원인으로 하는. 업연(業緣). → kammapaccaya. -paccavekkhaṇā 업에 대한 성찰. -pajānana 업에 대해 분명히 아는 것. -paṭibaddha. 업에 의존하는. -paṭibāḷha 업에 속박된. 업계(業繫). -paṭibāhana 갈마의 타당성을 방해하는. -paṭisaraṇa 업을 의지처로 하는. -paṭha. -patha 행위·업의 길. 행위의 과정. → kammapatha. -patthanā 의도적인 행위로서의 서원. -parāyaṇa 업을 초월하는. -pariccheda 업을 결정하는 힘[如來十力의 하나]. -pariṇāma 업의 전환. 업의 회향. -pavatta 업의 발생. -pavattita 업에 의해 발생된. -pasuta 일에 바쁜. 업에 사로잡힌. -pahāna 업을 버림. -pākakriyābheda 업과 과보와 행동의 구별. -pādaka 갈마에 기초가 되는. -pādañatti 갈마에 기초가 되는 제안. -piloti 업의 그물. -pīḷita 업에 의해 고통받는. -puggala 업의 물질[자이나교]. -puggalantarasaṁyoga 다른 업의 물질과 연관된. -puggalajīvaviyoga 영혼을 업의 물질에서 분리하는 것. -puñña 업의 공덕. -ppaccaya 업을 조건으로 하는. -ppaṭipassaddhi 갈마에 의해서 죄의 제거. -ppatta 갈마에 참여한. -ppabandha 업과의 방해없는 연결. -ppamukhaṁ 업을 일차적인 것으로 삼아. -ppavacanīya 능동을 표시하는[문법]. -ppavattana 명상수행. -phala 업보(業報). → kammaphala. -phassa 업의 접촉. -bandha 업과 연결된. 공모관계[범죄]. -bandhu 업을 친척으로 삼는. -bala 업력(業力). -bahula 행위가 많은. -bhava (선악의) 업이 되는 과정. → kammabhava. -bhāva 업의 존재. 업유(業有). -bhūmi 작업장. 행위의 원인. 가치 있는 행위의 영역. -bhedavibhāvana 업의 분류에 대한 설명. -maggagatika 업의 과정을 따르는. -matta 단지 업뿐임. -mano 업을 구성하는 정신. -maya 업으로 이루어진. -mālaka 갈마를 위해 정화된 마당. -mutta 일에서 해방된. -mūla (오랜 삶의) 대가로서의 업. 취급의 대가. -mūlaka 업이 대가로서 발생한. 갈마에 기초한. -modana 행위에 기뻐하는. -yanta 업의 기계. 업의 틀. -yutta 갈마에 적당한. -yogga 사용하기에 적당한. -yoni 업을 다시 태어남의 원인으로 하는. -rata 일을 즐기는[신체적인 일]. -rāsi 업(業)의 더미. -lakkhaṇa 업을 특징으로 하는. -vacana 업격(業格 *acc.*). 대격. 목적격[문법]. -vaṭṭa (선악의) 업에 의한 윤회. → kammavaṭṭa. -vatthu 갈마의 대상·항목. 갈마사(羯磨事). -vavatthāna 업의 지속. -vasânuga 업의 힘 안에 있는. -vasitâsambhava 업에 숙달하는 것의 불가능성. -vasipatta 업의 제어에 도달한. -vācakakiriyāniddesa 수동을 나타내는 동사의 진술. -vācā 계율에 관한 모임에서의 의결. 갈마의규(羯磨儀規). → kammavācā. -vāda 업에 대한 이론. 업론(業論). -vādin 업에 대해 논의하는 사람. 업을 믿는 사람. 업론자(業論者). -vāyu 업의 바람. 업풍(業風). -vāyusamerita 업의 바람이 몰아친. -vikkhepa 일의 혼란. -viññāṇa 업에 의해 만들어진 의식. 업식(業識). -vinicchaya 갈마에 대한 묘사. -vipatti 갈마의 실패. -vipāka 업의 성숙. 업의 결과. 업보. 업이숙(業異熟). → kammavipāka. -vibhaṅga. -vibhajana. -vibhatti. -vibhāga 업에 대한 분석. -vimukha 업의 이론과 상반되는. -vimokkha 업으로부터의 해탈. -vivaṭṭa 업의 반전(反轉). -visaya 업의 경계. 업경계(業境界). -visuddhi 업에 의한 청정. -visesa 특정한 업. 업의 다양성. -vihāyin 업을 버리는. -vega 업의 동력. 업의 여세. -vegakkhitta. -vegukkhitta 업의 힘에 의해 던져진. -vedanā 업과 함께 일어나는 느낌. -vossagga 업의 배분. 업의 차이. -vohara '업'이라는 단어의 사용. -vyāpārâbhāva 업에 대한 공연의 존재하지 않음. -saṁyoga 목적격·대격(*acc.*)의 구성[문법]. -saṁsaṭṭha 업과 관련된. -saṅkara 갈마의 혼란. -saṅkhāta 업이라고 불린. -saṅkhāra 업의 형성. -saṅkhāranativisayâdihetu 형성과 경향과 대상이라는 업을 구성하는 원인. -sacca 업을 오로지 실재로 삼는. -sajja 행동을 위해 준비된. 싸움을 위해 준비된. -sañcodita 업에 의해 흔들리는. -sañjanita 업에서 생겨난. -saṅgahâbhāva 갈마의규에 포함되지 않은 상태. -sata 백가지 일. 백가지 행위. 많은 업. -sadisa 업과 유사한. -sadda 'kamma'라는 단어. -santati 업의 상속. -sanniccaya 업의 축적. -sanniṭṭhāna 갈마에서의 결의. -sannissita 업에 기초한. -sabhāga (자신의) 업과 유사한 (재생). -sabhāva 업을 본질로 하는. -samaṅgin 업을 소유하는. -samaññatā 업이라는 명칭을 갖는 것. -samaya 업이 만들어질 때. 조업시(造業時). -samādāna 업의 획득. -samārambha 업의 공연[인간의 세계를 말함]. -samuṭṭhāna 업에서 기원하는. 업등기(業等起). -samuṭṭhānarūpa 업에서 기원하는 물질. 업등기색(業等起色). -samuṭṭhāpita. -samuṭṭhita 업에 의해 생겨난. -samudaya 업의 생성. -samudāya 업의 덩어리. -sampatti 갈마의 성취. 성공적인 갈마. -sampadā 행위의 구족. -sampayutta 업과 관련된. -sambandha 업과의 관련. -sambhava 업의 발생. 업에 의해 발생된. 갈마의 실현. -sambhāra 업의 요소. -sambhūta 업에 의해 생겨난. -sambhūtapada 업에 의해 생겨난 것을 표현하는 단어. -sambheda 업에 관한 혼란. -sarikkhaka 업의 원인과 결과가 유사한. -sarikkhakā. -sarikkhakatta. -sarikkhakatā 행위와 결과 사이에 유사함. -sahajāta 업과 함께 생겨난. -sahāya 행위의 동반자. 사고. 생각. -sādutā 일이 마음에 듦. 일이 적합함. -sādhana 직접목적어를 구현의 수단으로 삼는[문법. 자동사와 수동태]. -sādhutā 행위가 훌륭한 것. -sāmin 사업의 소유주. 고용주. -sālā 작업소. -siddha 업의 도움으로 구현된. -siddhi 업의 구현. 일의 성취. -siddha 업의 공덕에 의해 성취된. -siddhi 업의 성취. 갈마의규의 정당성. -sippin 공예가. -sīla 습관적으로 일하는. 활동적인. 끈기있는. -sūrābhāvânurūpa 행위와 용기가 일치하는. -sūlâvuta 업의 꼬챙이에 찔린. -seṭṭha 탁월한 일. -sesa 남은 업. -socana (사악한) 행위를 한탄하는. -ssaka 업을 자신의 소유로 하는. → kammassaka. -hīna 일이 없는. 활동하지 않는. -hetu 업을 원인으로 하는.

kammaka *adj.* [<kamma] ① 업에 관련된. ②직접목적어를 지닌. 타동사의[문법].

kammakaraṇa *n.* [kamma-karaṇa] ① 업의 활동. -velā 업을 쌓는 시간. ② 손일을 하는 것. 작업. 작업의 수행. 일. 직업적인 일. -âtthāya 일을 수행하기 위해. -kicca 작업의 수행의무. -ṭṭhāna 작업장. -viriyâbhāva 일을 하는데 힘이 부족한 것. -sālā 작업실. -sīla 일의 수행. ③ 명상수행. ④ 의례를 집행하는 일. 법적인 일의 집행. -âdhippāya 법적인 일을 집행하려는 의도를 가진. -ôkāsa 의례가 집행되는 장소. ⑤ 발전을 유도하는 행위. ⑥ 고문. 체벌. 형벌. -âtthāya 고문하기 위해. -ânubhavaṭṭhāna 고문을 겪는 장소. 형집행장. -bheda 고문의 종류. -paccayā 고문을 원인으로. -saṁvidhāna 형벌을 처방하는 조항. ⑦ 직접목적어로 사용되는 구격. -nimittattha 직접목적어로 사용되는 구격의 특징적 의미.

kammakāraka *adj. m.* [kamma-kāraka] ① 고용된 노동자. 하인. -kicca 하인의 의무. ② 주어진 선악의 행위를 하는 자. -citta 선악의 행위를 하는 마음. -viññāṇa 선악의 행위를 하는 의식. ③ 목적격. 대격(*acc.*)[문법].

kammakāraṇa *n.* kammakāraṇā *f.* [kamma-kāraṇa. kāraṇā] ① 고문(拷問). ② 형벌. 체벌. -âkaraṇa 고문을 당하게 하지 않는 행위. -nānatta 형벌의 다양성. -pakkha 형벌의 제목. -ppatta 고문의 수행.

kammakāraṇika *m.* [kamma-kāraṇa] ① 고문자. ② 형집행자.

kammaja *adj.* [kamma-ja] 업에 의해 생겨난. 활동에 의해 생겨난. -âhāra 업에 의해 생겨난 자양분. -usman(kammaj°) 활동에 의해 생겨난 열. -tika 업에 의해 생겨난 세 가지. -tihetukapaṭisandhipaññā 업에 의해 생겨난 세 가지 원인을 가진 결생(結生)에 대한 지혜. -teja 활동에 의해 생겨난 열[소화에 의한 몸의 열. 생명력(jīvitendriya)이 의존하는 것]. -tta 업에 의해 생겨난 것. -nevakammajanâkammajabheda 업에 의해 생겨난 것과 업에 의해 생겨나지 않은 것도 아니고 업에 의해 생겨난 것도 아닌 것의 구별. -pavatta 업에 의해 생성된 것에서 전개된. -paveṇī 업에 의해 생겨난 지속. -pasāda 업에 의해 생겨난 감각성. -mahābhūtasambhava 근원적으로 업에 의해 생겨난 네 가지 광대한 세계(四大 : 地水火風). -rūpa 업에 의해 생겨난 물질. -roga 업에서 생겨난 질병. -santāna 업에서 생겨난 생명의 지속. -vāta 업풍(業風). 업에서 생겨난 진통. (산모의) 진통. 산통(産痛). -santāna 업에 의해 생겨난 삶의 지속. -jaha 업에서 자신을 분리하는. -jāta 행위.

kammañña *adj.* [*bsk.* karmaṇya. karmaṇīya] ① 일에 적합한. 일을 감당할 수 있는. ② 유연한. 적합한. 적응하는. -âkāra 적응할 수 있는 양상. -attha '적합한'의 의미. -kāya 일에 적합한 신체. -tara 더욱 적응할 수 있는. -bhāva 적응성. -bhāvakaraṇa 적응성을 일으키기. -rūpapadaṭṭhāna 적응성을 근접원인으로 지닌.

kammaññatā *f.* [kammañña의 *abstr.*] ① 일에 적합함. 일을 감당할 수 있음. ② 유연성. 적응성(適應性).

kammaññatta *n.* [kammañña의 *abstr.*] = kammaññatā.

kammaṭṭhāna *f.* [kamma-ṭṭhāna] ① 명상주제. 명상토대. 명상수행. 업처(業處). 행처(行處). -appanā 명상주제에 대해 집중하기. -ācariya 명상주제에 대한 스승. -ânuyogin 명상주제에 대해 수행하는 사람. -âbhinivesa 명상주제에 대한 집착. -âbhimukha 명상주제와 대면하는. -ârambha 명상수행의 시작. -âvijahana 명상주제를 놓지 않기. -âsevanā 명상주제의 실천. -uggahaparipuccha 명상주제에 대한 학습과 질문. -ûpakāra 명상주제에 대한 도움. -ûpaṭṭhāna 명상주제에 참여하는. -ûpacāra 명상주제에 대한 접근. -ôgāhaka 명상주제에 침잠하기. -kathana 명상주제에 대한 설명. -kammika 명상주제에 전념하는. -kāraka 명상주제에 대한 수행을 실천하는. -gatacitta 명상주제에 몰입된 마음. -gocara 명상주제로 구성된 대상. -ggahaṇa 명상주제를 받는 행위. -ṭṭhāna 명상주제를 구성하는 주제. -tanti 명상주제를 구성하는 경전구절. -dāyaka 명상주제를 주는 사람. -dīpanī 싸리뿟따의 별명. -paṭipatti 명상주제에 대한 수행. -parāyaṇa 명상주제에 목표를 정한. -parigaha 명상주제의 수용. -pariccāga 명상주제의 버림. -paripālaka. -pariharaṇa 명상주제에 대한 수호. -pāḷi 명상주제를 구성하는 경전구절. -ppavedha 명상주제의 다양성. -bhāvanā 명상주제의 수행. -bhāvanāyogyatā 명상주제의 수행을 위해 적합한 것. -bhāvanāvidhāna 명상주제의 수행에 대한 지침. -manasikāra 명상주제에 대한 정신활동. -mala 명상주제의 오점. -yutta 명상주제에 집중된. -yoga 명상주제에 대한 집중. -vikkhepa 명상수행의 방해. -vidhāna. -vidhi 명상주제에 대한 지침. -vinicchaya 명상주제의 결정. -vinimutta 명상주제와 연결되지 않는. -vippayutta 명상주제와 상응하지 않는. -vimutti 명상수행을 통한 해탈. -viyoga 명상주제와의 분리. -viruddha 명상주제와 반대가 되는. -visodhana 명상주제를 정화. -vīthi 명상주제로 구성된 길. -saṅgahavibhāga 명상주제의 분류에 대한 분석. -sappāya 명상주제에 적합한. -sabhāva 명상수행의 본질. -sampattijānana 명상주제의 성취에 대한 지식. -sallakkhaṇavasappavatta 명상주제의 구현에서 결과하는. -sahāya 명상주제를 친구로 삼는. -sīsa 중요한 요점으로서의 명상주제. -suta 명상주제에 대한 지식. -suddhika 명상주제를 정화한. -sodhanattham 명상주제를 정화하기 위하여. ② 직업의 분야.

kammaṭṭhānika *m.* [kammaṭṭhāna-ika] 명상수행에 몰두하는 사람.

kammaniya. kammanīya *adj.* [*bsk.* karmaṇiya. karmaṇīya] 일을 감당할 수 있는. 적응할 수 있는. -citta 적응할 수 있는 마음. -tara 더욱 적응할 수 있는. -tā 적응성. -bhāva 적응할 수 있는 존재. -lakkhaṇa 적응성에 의해 특징지어지는.

kammaniyeṭhita. kammanīyeṭhita *adj.* [*bsk.* karmaṇiye-ṭhita] 항상 일을 감당할 수 있는. 준비된 상태에 있는.

kammanta *m.* [kamma-anta. *sk.* karmānta] ① 일. 업무. 작업. ② 직업. 산업. ③ 작용. ④ (윤리적인 의미의) 행위. ⑤ 과정의 끝. ⑥ 단어 'kamma'의 말미음. -ājīva 도덕적인 행위와 생계. 행위와 살림. -âdhiṭṭhāna 일을 감독하는 행위. -âdhiṭṭhāyika 일의 지휘자. 일의 감독자. -ânu- ṭṭhāna 일에 태만한 행위. -âpekkhatā (일반적 용어의) 작용에 의존하는 사실. -âbhinivesa 자신의 일에 헌신하는. 작업을 완성하려고 하는. -âyūhanarasa 행위의 축적을 그 기능으로 삼는. -karaṇatthāya 일을 하기 위해. -kiccakara 일에서 의무를 행하는. -gāma 의무적인 일이 행해지는 마을. -ṭṭhāna 밭갈이의 축제가 열리는 곳. -tā. -tta kammanta의 *abstr.* -dāsa 노예노동자. -nāyaka 십장. 공장장. 감독. -bheri 일의 시작을 알리는 북. -pekkhaka 일을 구하는 사람. -ppa- yojana 일의 목표. -ppahāṇapaccupaṭṭhāna 행위의 거절로서 나타나는. -bhūmi 작업장. -bherī 북치는 일. -vipatti 행위의 상실. 업결손(業缺損)[살생 등의 악업]. -vyāvaṭa 일에 종사한. -saṁvidhāna 일의 준비. -samīpe 작업장 근처에. 밭 근처에. -samucchedika 행위를 근절하는. -sampadā 행위의 성취. 업구족(業具足)[선업을 이름]. -sālā 공장(工場). 사무소(事務所). 작업소(作業所).

kammantara *m* [*sk.* karmāntara] 특정한 업. 특수한 업(kammavisesa). -uppatti 특정한 업의 발생. -caraṇa 다른 업과 더불어 업이 발생하는 것. -cārin 다른 업과 더불어 발생한. -māna 특정한 업에 기인한 마음. -rūpalakkhaṇatā 상이한 업의 본성에 의해서 특징지어지는 것. -vipāk'antara 특정한 업에 특정한 결과.

kammantika *adj.* *m.* [<kammanta] ① 일하는. ② 노동자. 기능공. ③ 사업가. -manussa 노동자.

kammapaccaya *adj.* *m.* [kamma-paccaya] ① 업을 조건으로 하는. ② 행위조건. 업연(業緣). -ākāra 업연의 형태. -āhārasamuṭṭhāna 업을 조건으로 하는 자양에 의해서 생겨난. -utusamuṭṭhāna 업을 조건으로 하는 기온에 의해서 생겨난. -kamma 업연과 관련된 업. -cittasamuṭṭhāna 업을 조건으로 하는 마음에 의해서 생겨난. -bhāva 업연인 사실.

kammapatha *m. n.* [kamma-patha] ① 행위의 길. 행위과정. ② 업의 과정. 업도(業道). -ânantariyakamma 업도를 구성하며 사후의 즉각적인 결과를 가져오는 업. -koṭṭhāsa 업도의 분류. -cetanā 업도로서의 의도. -janana 업도를 산출하는. -ṭṭhāniya 업도를 대표하는. -ttika 세 가지 업도. -desanā. -dhamma 업도에 대한 가르침. -pariyāpanna 업도에 포함된. -ppatta 업도에 있는. -ppavatti 업도를 따라 전개된. -bhāva 업도인 사실. -bhidana 업도를 부수기. -bheda 업도에 대한 구분. -micchatā 업도를 구성하는 잘못된 것들. -mukhena 업도를 통해서. -rāsi 업도의 그룹. -vāra 업도에 대한 장(章). -vicāra 업도에 대한 숙고. -visesakara 업도에 대한 구분. -saṁsadana 업도의 통일. -saṁsandanavirodha 업도의 통일에 모순되는 것. -saṅkhāta '업도'이라 명명된. -sampatta 업도인 것. -sambandhavibhāvana 업도에 연관된 것에 대한 확정. -sammādiṭṭhi 업도에 대한 올바른 견해.

kammapada *n.* [kamma-pada] 수동태의 동사[문법].

kammaphala *n.* [kamma-phala] ① 업의 열매. 업보(業報). ② 행위의 결과. -ûpaga 업의 영향에 종속된. -ûpajīvin 업보로 살아가는. 일의 열매로 사는[농장]. -kittanamukhena 업의 영향을 찬탄하여. -dassanā 업보에 대한 관찰. -diṭṭhi 업보에 대한 견해. -paccakkha 업보에 대한 이해. -paṭikkhepa 업보의 존재에 대한 부정. -pavatti 업보의 진행. -laddhânugata 업보에 대한 가르침에 따른. -vavatthita 업보에 의해 규정된. -vādin 업보의 존재를 알리는. -visaya 업보를 대상으로 하는. -saññita 업보를 나타내는. -saddahanā. -saddhā 업보의 존재에 대한 믿음. -sambandha 업과 그 과보의 연결.

kammabhava *m.* [kamma-bhava] (선악의) 업이 되는 과정. -uppattibhava 업이 되는 과정과 재생의 과정. -paccaya 업이 되는 과정에 의해 야기된. -vibhāga 업이 되는 과정의 분류. -hetuka 업이 되는 과정을 원인으로 하는.

kammabhāva *m.* [kamma-bhava] ① 업의 존재. 업유(業有). ② 직접목적어[문법].

kammavaṭṭa *m. n.* [kamma-vaṭṭa] ① (선악의) 업에 의한 윤회. ② 행위에 의한 윤회. -kkhaya 업의 윤회를 부숨. -nibbatta 업의 윤회에 의해 야기된. -pakkhika 업의 윤회와 관련된. -padhāna 업의 윤회를 주요한 것으로 하는. -vi-

pākavaṭṭakilesavaṭṭa 업의 윤회와 업보의 윤회와 번뇌의 윤회. -saṅgahita 업의 윤회에 포함된.
kammavat *adj.* [kamma-vat] 업을 지닌.
kammavatthu *n.* [kamma-vatthu] 갈마의 대상. 갈마사(羯磨事).
kammavācā *f.* [kamma-vācā] 계율에 관한 모임에서의 의결. 갈마의규(羯磨儀規). -âcariya 갈마의규를 외우는 스승. -ôpasampada 갈마의규에 의한 승단의 입문. 갈마의규에 의해 구족계를 받음. -ñatti 갈마의규에 대한 동의. -dosa 갈마의규의 결점. -dvayâbhāva 갈마의규에서 이율배반의 부존재. -nānatta 갈마의규의 다양성. -niṭṭhāpana 갈마의규에 의한 결정. -pariyosāna 갈마의규의 완성. -pāḷi 갈마의규에 대한 경전구절. -lakkhaṇa 갈마의규에 의해 특징지어진. -sampatti 성공적인 갈마의규.
kammavāda *adj. m.* [kamma-vāda] ① 업에 대하여 가르치는. ② 업에 관한 이론. ③ 행위론.
kammavādin *adj. m.* [kamma-vāda-in] ① 업에 대해 논의하는. 업을 믿는. kammavādikiriyavādin 업의 이론과 행위의 이론을 가르치는. ② 업론자(業論者).
kammavipāka *adj. m.* [kamma-vipāka] ① 업의 성숙. 업의 결과. ② 행위의 성숙. 행위의 결과. 업이숙(業異熟). 업보(業報). -antara 업의 특정한 결과. -ânubandha 행위자와 업의 결과의 일치. -ânubhavana 업의 성숙에 대한 체험. -kusala 업의 결과에 정통한. -kovida 업의 결과를 잘 아는. -ja 업의 성숙에서 유래하는. -jānana 업의 결과를 알리는 행위. -j'iddhi 업의 성숙에서 유래하는 신통력. -tta 업의 성숙의 사실. -ñāṇa 업의 성숙에 대한 앎. 업이숙지(業異熟智). -niccayanaya 업보의 결정에 대한 안내. -paṭisaṁvedana 업보의 경험. -paṇḍita 업보에 대한 현자. -paricchedakañāṇa 어떻게 업의 결과가 결정되는가에 대한 지혜. -phala 업의 성숙의 결과. -bhāva 업보인 것. -vipallāsiya 업의 결과에 대한 잘못된 견해. -vibhāgajānanañāṇa 업의 결과의 다양성을 아는 앎. -visesa 특정한 업의 결과. -sabhāvadassana 업보의 본질을 보여주는 것. -sambhava 업의 성숙에서 생겨나는.
kammassaka *adj.* [kamma-saka] 업을 자신으로 삼는. 업을 자신의 소유로 삼는. -ñāṇa 업을 업을 자신의 소유로 삼는 지혜.
kammassakatā *f.* [kammassaka의 *abstr.*] 업을 자신으로 삼는 것. 업자성(業自性). kammassakata° -âvabodhana 업을 자신의 소유라고 완전히 아는 것. -ñāṇa 업을 자신의 소유로 삼는 앎. 업자성지(業自性智). -ñāṇadassana 업을 자신의 소유로 삼는 앎에 대한 통찰. -ñāṇappavatti 업을 자신의 소유로 삼는 앎의 구현. -ñāṇasati 업을 자신의 소유로 삼는 앎에 대한 새김. kammassakatā° -citta 업을 자신의 소유로 삼는 마음. -jānanañāṇa 업을 자신의 소유로 아는 지혜. -dassana 업을 자신의 소유로 아는 관찰. -diṭṭhi 업을 자신의 소유로 삼는 견해. -dīpaka. -dīpana 업을 자신의 소유로 설명하는 (것). -lakkhaṇa 업을 자신의 소유로 삼는 것에 의해 특징지어지는. -paccavekkhaṇa. -paccavekkhaṇā 업이 자신의 소유로 삼는 것에 대한 성찰. -paññā 업을 자신의 소유로 삼는 지혜. -sammadiṭṭhi 업을 자신의 소유로 삼는 올바른 견해.
kammāra *m* [*sk.* karmāra] ① 대장장이. ② 금속세공사. 금은의 세공사. -uddhana 대장장이의 화덕·용광로. -kamma 대장장이의 직업. -kula 대장장이 가문. 대장간. -kula 대장장이 가문. -kūṭa 대장장이의 망치. -gaggarī 풀무. -gata 대장장이의 용광로 안에 있는. -gāma 대장장이의 마을. -jeṭṭhaka 대장장이의 십장. -dhītar 대장장이의 딸. -putta 출신성분과 직업이 대장장이인 사람. -bhaṇḍa 대장장이의 연장. -bhaṇḍu 대장장이처럼 대머리로 깍은. -bhastā 대장장이의 풀무. -muṭṭhika 대장장이의 쇠메[대형의 망치]. -vaṇṇa 대장장이의 모습. -saṇḍāsa 대장장이의 부젓가락. -sahassa 천 명의 대장장이. -sālā 대장간.
kammāsa *adj. n.* [*sk.* kalmāṣa] ① 잡색의. 얼룩덜룩한. ② 조화가 안 되는. ③ 불연속적인. 끊기는[시간적으로]. -kārin 조화롭지 못하게 행동하는. 불연속적으로 행동하는. -pāda 반점 있는 발을 지닌 (자)[나찰의 이름]. -vaṇṇa 얼룩이 진.
Kammāssadhamma *m.* 깜맛싸담마. 검마슬담(劍磨瑟曇)[도시의 이름]. -nigama 깜맛싸담마 시(市).
kammika *adj. m.* [kamma-ika] ① 주어진 일을 행하는. ② 노동자. 월급쟁이. ③ 기능인. 수공업자. ④ 정부관리. 공무원. ⑤ 관리자. ⑥ 상인. 장사꾼. ⑦ 갈마를 행하는 수행승.
kammiya *adj.* [kamma-iya] 주어진 일을 행하는.
kammin *adj.* [kamma-in] ① 행위하는. 실천하는. ② 업을 지닌.
kammoja → kamboja.
kamya *adj.* (-°) [<kām] 원하는. 열망하는.
kamyā *ind.* [=kamyāya] 원해서. 바래서.
kamyatā. kammatā *f.* [*sk.* kāmyatā] 바램. 기원. 열망. 간구(懇求). 기구(祈求). -lakkhaṇa 바램에 의해 특징지어지는.
kaya *m.* [*sk.* kraya<krī] 구입. 구매. -(a)kkaya

매매. 무역. -jana 바이어. 상인. -vikkaya 사고 팜. 교역. 매매. → kayavikkaya. -vikkayika 중개인. 무역인. 상인.
kayaka. kayika. kayin *adj. m.* [<kayati] ① 사는. 구매하는. ② 상인. 바이어.
kayati [krī] 사다. *inf.* ketuṁ; *grd.* keya. *pp.* kayita.
kayavikkhaya *m.* [kaya-vikkhaya] ① 사고 팜. 매매. 상거래. ② 교역. 교환. -âpajjana 거래의 개시. -âpatti 상거래의 질서를 어김. -kāla 교역의 시간. -ṭṭhāna 교역장. 교환시장. -vatthu 거래의 규칙. 상거래법. -saṅgaha 거래에 포함되는. -samāpajjana. -samāpatti 거래의 성립. -sikkhapāda 상거래의 규칙.
kayita *adj. n.* [kayati의 *pp.*] ① 구매한. ② 구매. 교환. 매매.
kayira. kayya *adj.* [karoti의 *grd.*] 행해져야 하는. 이루어져야 할.
kayirati. kayyate [*sk.* karyate<karoti의 *pp.*] ① 행해지다. ② 만들어지다. ③ 건설되다. ④ 야기되다. *ppr.* karīyamāna. kayiramāna. *fut.* karissati.
kayirā. kayirātha karoti의 *opt.*
kayirāmi. kayirāsi karoti의 *opt.*
kayirā. kayirātha karoti의 *opt.*
kayiruṁ karoti의 *opt.*
kayya karoti의 *grd.*
kayyate → kayirati
kara [〃<kṛ] *adj. m.* ① 하는. 행하는. 만드는. atikaraṁ *adv.* 너무 많이 하여. 너무 멀어져. dukkara 하기 어려운. sukara 하기 쉬운. -kaṭaka 핸들바퀴. 도르래. 활차. ② *m.* 손[手]. -tala 손바닥. → karatala. -pāla 카라빨라[칼의 일종]. -pattadhanaggahaṇa 손에 들어온 가치 있는 것을 붙잡는. -ppasāraṇa 손들을 펴는 것. -puṭa 결함한 손. -mara (적의) 손에 죽어야 할 자. 노예. -marānitā 포로로 잡혀와 아내가 된 여자. -mita 손에 의해 측정될 수 있는. -mitatanumajjhimā. -mitamajjhā 손에 의해 측정될 수 있는 가는 허리를 가진 여인. -caraṇamudutā 손과 발의 부드러움. -sākhā 손가락. -seṭṭha 최상의 손. ③ 공물. 조세. 세금. -ggāhālaya 세관(稅關). ④ 햇빛. 광선. -mālā 해무리[태양의 후광]. ⑤ 더미. 쌓임. ⑥ 코끼리코. -agga 코끼리코끝. ⑦ 씨뿌리기. 씨앗. 정자(精子). -ja 씨앗·정자에 의해 태어난[자궁에 정자를 뿌림]. -jakāya 씨앗·정자에서 생겨난 몸. 육체적인 몸. → karajakāya. -jarūpa 씨앗·정자에서 생겨난 물질. 신체적인 물질. → karajarūpa.
karaṁ karoti의 *ppr. m. sg. nom.*
karaka *m.* [〃] ① *n.* 물병. 물항아리. 수병(水甁). ② 싸락눈. 우박. -upalasamānavaṇṇa 싸락눈과 같은 색깔을 한. -vassa 우박. -saññita '싸락눈'으로 불린. ③ 석류나무. -pakka 잘 익은 석류.
karakarā *ind.* [<kaṭakaṭā. *onomat.*] 뿌드득뿌드득[이를 갈음으로써].
karakā *f.* [〃] 싸락눈. 우박. -vassa 우박의 폭우.
karajakāya *m.* [kara-ja-kāya] 신체적인 몸. 업생신(業生身). -gatigamana 신체적인 몸의 형태로 가는. -gelañña 신체적인 질병. -paṭibandhavuttitā 신체적인 몸에 한정된 사건의 발생이라는 사실. -pariyāya '육체적인 몸'의 동의어. -visaya 신체적인 몸을 대상으로 하는. -sannissita 신체적인 몸에 근거한.
kayajarūpa *n.* [kayajarūpa] 신체적인 물질. 업생색(業生色). -paṭibhāga 신체적인 물질의 영상. -samaṅgikāla 육체적인 물질과 접촉하는 시간. -samatikamanakāla 신체적인 물질을 초월하는 시간.
karañja *m.* [〃] 까란자[약용나무의 일종. Pongamiya Glabra]. -kakhudhâyuta 까란자와 까쿠다 나무에 둘러싸인. -bīja 깐란자의 씨앗. -puppha 까란자의 꽃. -bhūmi 깐란자 나무의 장소. -rukkha 까란자 나무.
karañjiyā *f.* [karañja-ikā] = karañja.
karaṭa *adj.* = aḍḍhasāra.
karaṇa *adj. n.* [〃] ① 하는 (것). 만드는 (것). 생산. 제작. 소작(所作). 건축. ② 실천. 취급. ③ 행동. 행위. ④ 준비. ⑤ 상태. ⑥ 조건. 원인. 이유. ⑦ 조음(調音). ⑧ 몸. 감관. ⑨ 조음기관. -atthāya 만들기 위해서. -uttara(karaṇuttara) 능가하는 행위. 탁월한 행위. -âkaraṇa 행하고 행하지 않는 것. -âkaraṇadassana 행하고 행하지 않는 것에 대하여 설명하는. -âraha 행해질 수 있는. -icchā(karaṇi°) 만들고자 하는 욕구. -uttara. -uttarikā. -uttariya (karaṇu°) 우월한 행위. -ôkāsa 실천을 위한 공간. -kamma 행해진 행위. -kārāpana 행위의 야기. 하는 행동. -kārāpanapaccayā 행동의 야기 때문에. -kārāpanapayoga 하는 행동에 영향을 주는. -kāla 하는 시간. 제작시간. 건축시간. -kiriyā 제작행위. -kiriyâpekkha 제작행위에 의존하는. -kosalla 제작에 유능한. -kkhaṇa 행동의 순간. -kkhetta 제작을 위한 밭. -cittatā 행위의 다양성. -cīvara 만들고 있는 옷. -ṭṭhāna 행하는 장소. 만드는 원인. 실천의 원인. -divasa 실천하는 날. -dukaṭaka 행위로 인해 잘못을 한 (자). -dukkha 제작의 고통. -niyāma 행동양식. -nivāsanakkhetta 제작

과 설치의 장소. -nissanda 제작의 결과. -paccayā 제작 때문에. -patha 행동양식. -pariyesana 건축에 종사하는. -pariyosāna 제작의 완성. -paḷibodhana 제작의 방해. -ppasaṅga 실천의 결과. -bhāva 행위. 제작. 건축. -bhāvanā-kosalla 만들고 발전시키는데 능숙한. -bhūta 원인인 것. -matta 단지 행위일 뿐. -mukhena 행동을 통해서. -yogga 행동에 적합한. -rasa 원인을 본질로 하는. -vatta 봉사하기로 맹세하는 것. -vatthu 제작에 대한 사례. -vācaka 조음과정을 표현하는. -vikati 설계의 상이한 종류. -vicittatā 원인의 다양성. -vijjā 영향을 주기 위한 주문. -vidhi. -vidhāna 행동지침. -vipatti 실천의 실패[갈마의규의 실천]. -vipanna 제작에 결함이 있는. -visesa 특수한 이유. 특수한 기관. 특별한 감관. -velā 제작시간. -santosa 행동에 대한 만족. -sannidhi 제작을 위해 저장하는 것. -samattha 제작가능한. -samaya 제작의 경우. -sampatti 제작의 성공. 성공적인 제작. -sampanna 제작에 성공한. 조음기관 관련해서 완성된. -hetu 실천을 원인으로 하는. ※ karaṇa°. kāraṇa° -uttara 우월한 행위. ⑩ = kammakaraṇa. ⑪ 하루에 대한 구분[점성술]. ⑫ 구격(具格 *ins.*)[문법]. -attha 구격의 의미. -antara 다른 구격. -karaṇa 작위자로서의 구격. -kāraka 구격. -kiriyakattukammavisesappakāsana 구격과 행위와 행위자와 직접목적어의 특성을 설명하는. -niddesa 구격의 술어. -pakkha 단어가 구격에 있다는 대체적 가정. -pariniṭṭhita 구격을 사용해서 끝난. -puthuvacana 복수구격(*pl. ins.*). -bhāva. -bhūta 구격인 상태. -bhāvasadhāna 구격을 이해하는 구문론적 수단. -bhāvaniddesa 구격인 사실에 대한 진술. -vacana 구격(具格). -vacanattha 구격의 의미. -sañña '구격'을 나타내는.

karaṇī *f.* [<karaṇa] ① 흙손. ② 모종삽.

karaṇīya *adj. n.* [karoti의 *grd.*] ① 행해져야 될. ② 의무. 책임. 소작(所作). ③ 해야 할 일이 남아있는 [아라한과에 도달하지 못한 자]. kataṁ karaṇīyaṁ 해야 할 것을 행한. 소작이작(所作已作)[아라한의 특징]. -ākaraṇīya 여러 가지 의무. 해야 할 일과 하지 말아야 할 일. -dvayasamaya 두 가지 당연히 해야 할 일[고귀한 침묵과 가르침에 대한 이야기]. -nissaya 안내를 찾아야 하는.

karaṇīyatā *f.* [karaṇīya의 *abstr.*] ① 마땅히 해야 하는 것. ② 의무.

karaṇḍa *m n.* [〃] ① 뱀의 껍질. 뱀의 허물.② 바구니. 고리버들 세공의 바구니. -tala 바구니의 바닥. -puṭa 바구니의 뚜껑. -mukha 바구니의 입구.

karaṇḍaka *m.* [karaṇḍa-ka] 바구니. 상자. -âkā- rena 고리버들세공 상자와 같이. -paṭala 바구니의 덮개. -samīpa 상자의 근처.

karaṇḍika *m.* = karaṇḍaka.

karaṇḍā *f.* [〃] 뱀의 허물. 뱀의 껍질.

Karaṇḍu *f.* [*cf.* karakaṇḍa] 까란두[Okkāka의 아들들의 이름. Dantapura 성의 왕 이름].

karatala *n.* [kara-tala] 손바닥. -âmalaka 손바닥에 놓인 노란 미로발란 열매. -gata 손바닥에 있는. -yugala 한 쌍의 손바닥.

karati ① [*cf. sk.* kṛntati<kṛt] 베다. 자르다. 해치다. *ppr. dat.* karato ② *f.* 까라띠[콩의 일종].

karatiya *m.* [<karati] ① 까라띠야[콩의 일종]. ② 까라띠야[야차의 이름].

karabha *m.* [〃] ① 코끼리의 코. -ūru(kar-abhoru) 아름다운 허벅지를 가진 여인. ② 낙타. ③ 손가락의 뼈.

karamadda *m.* 까라맛다 [관목의 이름 : Carissa Carandas]. -vana 까라맛다 숲.

karamanda. karamandaka *m.* = karamadda.

karamara *m.* [kara-mara] '적의 손에 잡혀 죽어야 할 자' ① 포로. 볼모. 인질. ② 노예. -ggahaṇa. -ggāha. 포로로 삼는. -ānīta(ka) 포로로 데려온.

karamita *adj.* [kara-mita] 손에 의해 측정될 수 있는. -majjhā 손으로 측정될 수 있는 가는 허리를 가진 여인.

karamba *m n.* [?] 까람바[식물의 이름].

karambaka *m n.* [*cf. sk.* karambha] 여러 가지 음식의 혼합물.

Karambiya *m.* 까람비야[나형외도의 이름]. -paṭṭana 까라미야빳따나[항구의 이름].

Karambhā *f.* [?] 까람바[여신의 이름].

karaḷa *m.* [?] 까랄라[약 두 말(36리터)의 건초]. -sata 백 까랄라의 건초. 많은 건초.

karavāla *m.* [〃] 검(劍)[칼의 일종]. -giri 칼산 [스리랑카의 지명].

karavī *f.* karavīka *m.* [*bsk.* karaviṅka. kala-viṅka] ① 까라비까. 인도뻐꾸기. 가릉빈가(迦陵頻伽). 곽공(郭公). 미성조(美聲鳥). karavīka° -bhāṇin 뻐꾸기처럼 말하는. 목소리가 아름다운. -madhuraṅgira 뻐꾸기처럼 달콤한 목소리를 지닌. -madhuranigghosa 뻐꾸기처럼 달콤한 목소리. -ruta 뻐꾸기처럼 우는. -rutamañjussāra 뻐꾸기의 울음소리처럼 사랑스러운 소리를 내는. -sakuṇa 뻐꾸기 새. -samassara 뻐꾸기처럼 소리 내는. -sussara 뻐꾸기처럼 아름답게 소리 내는. ② 까라비까[산의 이름].

karavīya *m* = karavīka.

karavīra *m* [〃] = kanavīra. kaṇavīra 유도화. 협죽도(夾竹桃) [Nerium Odorum]. -patta 협죽도엽전(夾竹桃葉箭)[화살의 일종].

karasākhā *m* [kara-sākhā] 손가락.

karahi [*sk.* karhi] 언제. 언젠가.

karahaci *ind.* [karahi-ci. *sk.* karhi cid] ① 언젠가. 언제인가. ② 얼마 동안.

karahāṭaka *m.* [<*sk.* karahāṭa] 구근(球根).

karāna *adj.* [=karamāna] karoti의 *ppr.*

kari. kariṁ. kariṁsu karoti의 *aor.*

karin *m n.* [<kara] '손을 가진 자' 코끼리. karī° -gajjita 코끼리의 울음. -vara 우수한 코끼리.

Karindaka *m n.* [kara-inda] 까린다까[산이름].

kariparibandha *adj.* [karīsa-paribandha] ① 오물로 가득 찬. ② 구역질나는.

kariyyati. karīyati [karoti의 *pass.*] *ppr.* karīyamāna; *fut.* kariyissati.

karissati. karoti의 *fut.*

karissat. karissanta karoti의 *ppr.*

karissare karoti의 *fut. 3pl.*

karīra *m* [〃] 종려나무순(筍).

karīsa ① *n.* [*sk.* karīṣa] 똥. 배설물. -avacchadanasukha(karīs'ava°) 배변의 즐거움. -ussaga (karīsu°) 배설. -chaḍḍanaṭṭhāna 변소. -paribandha 똥으로 가득 찬. 구역질나는. -puṇṇa 똥으로 가득 찬. -bhāga 똥인 부분. -bhāva 똥인 상태. -magga 항문. -vāca 똥구덩이. -vāṭa 똥울타리. -vāyin 구린내 나는. ② 까리싸[면적의 단위]. -mattabhūmipatthaṭa 일 까리싸에 해당하는 면적에 펴져있는.

karuṇā *f.* [〃] 동정. 연민. 비심(悲心). 자비(慈悲). 비(悲). *acc.* karuṇaṁ *adv.* 동정하여. 자비롭게. -âjjhāsaya 연민의 경향을 지닌. -âdhiṭṭhāna 연민이라는 기반. -âdhippāya 연민으로 향한 의도. -âdhimutta 연민에 대한 지향. 비승해(悲勝解). -ânukūla 자비를 따르는. -ânugatâsaya 연민에 따르는 성격을 지닌. -ânuvattin 자비를 추구하는. -appamāṇacitta 연민의 한량없는 마음. 비무량심(悲無量心). -âlaya 자비의 집. -âsaya 자비를 지향하는. -ûpayakosalla 자비의 방편에 유능한. -ôkāsatā 자비심을 발휘할 기회. -ôkammana 연민에 들어가기. -kathā 자비에 대한 담론. -kammaṭṭhānika 연민의 명상주제에 헌신하는. -kara 자비로운. -kicca 연민의 의무. -khetta 연민의 밭. -guṇaja 연민의 성품에서 생겨나는. -citta 연민의 마음. 비심(悲心). -cetovimutti 연민의 마음에 의한 해탈. -jala 자비수(慈悲水). 비심의 비[雨]. -jhāna 연민에 대한 명상. 비선(悲禪). -ñāṇasāgara 자비와 지혜의 바다. -ṭṭhāniya 연민을 일으킬만한. -niketa 연민을 특징으로 하는. -nidāna 연민에 기초한. -niddhasan- tāna 성격적으로 연민을 지니고 있어 온화한[niddha <*sk.* snigdha]. -paṭipakkha 자비와 반대가 되는. -paṭirūpaka 연민과 일치하는. -paṭirūpamukha 연민과 일치하는 얼굴. -padhāna 자비에 집중하는. -pabhāvita 연민에서 발전한. -para 연민이 최상의 단계에 있는. 자비로운. -pariggahita 자비에 섭수된. -puṇṇahadaya 연민으로 가득 찬 마음. -pubbaṅgama 연민이 선행하는. -pubbabhāga 앞서가는 연민의 부분. -purassara 연민에 의해 앞서가는. -bala 연민의 힘. -bhāva 연민의 상태. -bhāvanā 연민에 대한 수행. -matisāraga 연민심의 바다. -mattaka 작은 연민. -mukha 자비와 일치하는 측면. 자비로서 시작하는. -muditā 연민과 기쁨. -yutta 자비로운. -rasa 연민의 감정. 파토스. -vikāra 연민의 상태에 있는. -viddhaṁsanarasa 성격적으로 자비를 파괴하는. -vipphāra 자비의 전파. -virahita 무자비한. -visaya 자비의 영역에 속하는. -vihāra 자비의 주처. -vihārin 자비에 머무는. -vega 연민을 동기로 하는. -vegasamussāhitamānasa 연민을 동기로 마음이 움직이는. -sagata 연민을 갖춘. -saññā 연민에 대한 지각. -samaṅgin 자비와 연결된. -samappitahadaya 마음이 연민에 몰두하는. -samāvajjitahadaya 마음이 연민으로 향한. -sampatti 자비의 성취. 연민의 축복. -sāgara 연민의 바다. -sahagata 연민에 수반된. -sītala 연민심에 의해 청량한. -sevanā 연민의 계발. -sneha 연민에 의한 애정. 비친(悲親).

karuṇāyati [karuṇā의 *denom. bsk.* 〃] 동정심을 갖다. 연민을 느끼다. 비심(悲心)을 느끼다.

karuṇāyanaka *adj.* [<karuṇāyati] 동정심을 갖는. 연민을 보여주는.

karuṇāyanā *f.* [<karuṇāyati] 연민. 동정. 비심(悲心). karuṇāyana-sabhāva 연민의 본성. karuṇāyanā-paṭirūpa 자비와 일치하는.

karuṇāyitatta *f.* [karuṇāyati의 *pp. abstr.*] 연민의 상태. 비성(悲性). 현전비성(現前悲性).

karumbhaka *m.* [?] 까룸바까[불그스름한 색을 띄는 벼의 일종].

Karumhā *f.* 까룸하. 가라마천(伽羅摩天)[여신의 이름].

kare karoti의 *opt.*

kareṇu *m.* [〃] 코끼리. -lolita 코끼리의 소동.

kareṇukā *f.* [<kareṇu] 암코끼리. 빈상(牝象).

kareyya. kareyyaṁ. kareyyāsi karoti의 *opt.*

kareyyātha. kareyyuṁ karoti의 *opt.*
kareri *f.* [?] 사향장미나무[Capparis Trifoliata].
karoṭika *m n.* [karoṭi-ka] 그릇. 사발.
karoṭi [*cf. bsk.* karoṭa] ① *f.* 그릇. 대야. 사발. 헬멧. 해골바가지. ② *m.* 반신(半神)의 일종. =supaṇṇa 금시조.
karoṭiya *adj.* [karoṭi-ya] 헬멧을 착용한.
karoti [〃 kṛ] ① 하다. 행하다. 만들다. 생산하다. 실천하다. ② 세우다. 짓다. ③ 쓰다. 작성하다. ④ 다듬다. ⑤ (옷을) 입다. ⑥ (처벌을) 부과하다. 집행하다. ⑦ ~으로 사용하다. ⑧ 놓다. 배치하다. 정하다. ⑨ 준비하다. ⑩ 마음에 새기다. ⑪ 발음하다. agghaṁ ~ 값을 정하다. antarāyaṁ ~ 방해하다. alaṁ ~ 장식하다. issariyaṁ ~. rajjaṁ ~ 통치하다. upacāraṁ ~ 숭배하다. 관례를 거치다. upamaṁ ~ 예를 들다. okāsaṁ ~ 기회를 주다. kāmaṁ ~ (누군가의) 소원에 응하다. kālaṁ ~ 임종하다. khaṇḍe ~. bhāge ~ 나누다. gīvaṁ ~ 손해를 보상하다. gehe ~ 아내를 맞이하다. 장가들다. ciraṁ ~ 오래 걸리다. jiyaṁ ~ (활을) 조율하다. jīvikaṁ ~ 생활하다. tapo ~. tapaṁ ~고행하다. dūrato ~ 멀리하다. namo ~ 숭배하다. 인사하다. nāmaṁ ~ 이름을 대다. nimittaṁ ~ 암시하다. mānasaṁ ~ 마음먹다. massuṁ ~ 털을 다듬다. mahaṁ ~ 축제를 열다. vacanaṁ ~. vaco~ (말에) 복종하다. vataṁ ~ 관례를 준수하다. visuṁ ~ 분리하다. vase ~ 지배아래 두다. sandhiṁ ~ 동의하다. 결합시키다. hatthe ~ 손아귀에 두다. 지배아래 두다. [kara-. karo-] *opt.* kare. kareyya. kareyyāsi. kareyyātha. kayirā. kayirātha. kuriyā; *grd.* karaṇīya. kattabba. kayya; *ppr.* karaṁ. karāna. karonta. karonti; *aor. 1sg.* akaṁ. akariṁ; *1pl.* akaramhase. akarāma. akattha; *3pl.* akariṁsu. *imp.* karohi. karitha. karotu. karontu; *fut.* karissāmi. kassāmi. kāsaṁ. kāhāmi. kāhasi. kāhāma; *inf.* kātuṁ. kātave. kātuye; *abs.* katvā. katvāna. karitvā; *pp.* kata [kubba-. kuru-] *pres.* kubbe. kubbetha. kubbaye; *ppr.* kurumāna. kubbaṁ. kubbanta. kubbamāna; *imp. 2sg.* kuru. kurussu; *3sg.* kurutu. kurutaṁ; *2pl.* kuruvho; *3pl.* kubbantaṁ; *pass.* [kayira-. kariya-] *pres.* kayirati; kīrati; *ppr.* kayiramāna. kayiramāna; *fut.* kariyissati; *caus.* [kāre-] *pres.* kāreti. kārayati; *imp.* kārehi *fut.* kārayissāmi. kāressaṁ; *aor.* akārayi; *inf.* kāretuṁ; *abs.* kāretvā; *caus.* [kārāpe-] *pres.* kārāpeti; *fut.* kārāpessāmi; *abs.* kārāpetva; *grd.* kārāpetabba
karotu. karontu karohi의 *imp.*
karonta karoti의 *ppr.*
kala *m* [〃] 작은 달콤한 소리. 불명확한 소리.
kalaka → kālaka.
kalakala *m* [〃] 잡음. 소음 -bahala 소음이 가득찬. -mukhara (바다가) 요란하게 소리를 내는.
kalaṅka *m* [〃] ① 점. 마크. 흑점(黑點). ② 오점. 잘못 -âpagatâlaya 오점이 없는 의지처.
Kalaṇḍuka *m* [*sk.* kalaṇḍa(?)] 깔란두까[하인의 이름].
kalati [kal] 계산하다. 세다.
kalatta *m* [kala-tra] 아내. 마누라.
kalanda *m* [*sk.* kalaṇḍa(?)] ① 더미. 나뭇더미. ② 깔란다[승원의 이름]. ③ = kalandaka. -kāḷaka 다람쥐. -vha 깔란다우하[승원의 이름]. -seṭṭhi 깔란다쎗티[상인의 이름].
kalandaka *m* [kalanda-ka] ① 다람쥐. -gāma 깔라다까 마을. -danta 다람쥐 이빨. -putta 깔란다까뿟따[사람의 이름]. -yoni 다람쥐의 자궁. -rūpa 다람쥐의 모양. -vaṇṇa 다람쥐의 색깔. -vesa 다람쥐의 형상. ② (장식용의) 깔개. 매트. 매트리스.
Kalandakanivāpa *m* [Kalandaka-nivāpa] 깔란다까니바빠. 가란다가원(迦蘭陀迦園). 율서사양처(栗鼠飼養處)[王舍城 近處의 竹林精舍 안의 公園].
kalabha *m* [〃] 코끼리의 새끼. 젊은 코끼리.
kalama *m* [?] ① 깔라마[쌀의 한 종류].
kalamba *n.* [〃] ① 깔람바[코끼리의 이름]. ② 깔람바[=kadamba. 나무의 일종. Nauclea Cordifolia] ③ 무. -rukkha 깔람바 나무.
kalambaka *n.* kalamba의 *dimin.* -vihāra 깔람바까비하라[승원의 이름].
Kalambu *m* [<kalamba] 깔람부[스리랑카의 연못이름]. -tittha 깔람부띳타[콜롬보 항구이름].
kalambuka *m* kalambukā *f.* [=kalambaka] 넝쿨풀. 만초(蔓草)[Convolvulus Repens].
kalala *m n.* [〃] ① 진흙. 반죽(*ifc.*). 쓰레기. 늪지. 소택지. -addagata 늪지로 변한. -kaddama 진흙과 진창. 진흙. -kaddamarajojalla 진흙과 쓰레기. -kata 진흙투성이의. 엉망진창의. -gata 진흙에 빠진. -gahaṇa 진흙구덩이. -piṭṭha 진흙의 표면. -puṇṇa. -pūra 진흙으로 가득 찬. -bhūta 진흙투성이의. -makkhita 진흙으로 더러워진. -matta 진흙투성이. -missaka 진흙으로 오염된. -lepa 진흙 반죽. 진흙 바르기. -vappa 진흙에 씨뿌리기. -vassa 진흙샤워. -hallika 깔랄라할리까[지역이나 마을의 이름]. ② 깔랄라. 갈라람(羯羅藍). 난황(卵黃). 노른자. 응활(凝滑)[수태 직후의 7일간의 배아상태. 胎內五位(kalala. abbuda.

pesī. ghana. pasākha)의 하나]. -âdibhāva 깔랄라 등인 상태. -kāla 태내에서 깔랄라의 기간. -bhāva 깔랄라인 상태. -matta 임신직후의 깔랄라일 뿐인 상태. -rūpa 임신 직후의 깔랄라의 형태. 배아(胚芽).

kalalīkata *adj.* [<kalala] 진흙으로 변한.

kalalībhūta *adj.* [<kalala] 진흙투성이의.

kalaviṅka *n.* [*sk.* karaviṅka] 참새.

kalasa *n.* [*sk.* kalaśa] ① 단지. 물항아리. ② 유방(乳房). -pura 깔라싸뿌라[도시의 이름]. -puravāsin 깔라싸뿌라의 주민. -âkārasutthanī 항아리 모양의 귀여운 동물들과 함께 있는.

Kalasi *m.* 깔라씨[밀린다왕이 태어난 마을 이름]. -gāma 깔라씨의 마을.

kalaha *m.* [〃] ① 다툼. 불화. 싸움. ② 논쟁. 분쟁[언어적이거나 신체적인 다툼]. akalaha 조화. 일치. 화합. -âdibhaya 싸움 등을 두려워하는. -âbhirata 싸움을 좋아하는. -ôpacchedana'ttharn 싸움을 중지시키기 위해. -ṅkara 싸움을 다시 시작하는. -kāraka 싸우기 좋아하는. -kāraṇa 싸움의 원인. -kārika 싸우기 좋아하는 사람. -jāta 싸움을 일으키는. 싸우고 있는. -ṭṭhāna 싸우는 장소. -nagara 깔라하 시. -pavaḍḍhanī 싸움의 가열. -ppasuta 싸움에 탐닉하는. -bhaṇḍana 싸움과 논쟁. -vaḍḍhana 싸움에 대한 자극. -vatthu 싸움의 장(章). -viggahajāta 싸움과 비난이 생겨난. -vivāda 싸움과 논쟁. -vūpasamanattharn 싸움을 달래기 위해. -sadda 싸움의 소음. 논쟁의 소음. -sīla 성격적으로 싸움을 좋아하는.

kalā *f.* [〃] ① (전체의) 작은 부분. 부분. 달(月) 등의 1/16[이것은 원래 베다시대의 祭司長을 포함한 16祭官과 관계된 말이다. 한 제관만 빠져도 제사를 지낼 수 없었다. 그 하나의 祭官과 關係가 있다. 그러나 後代에 와서 '조금'이라는 뜻으로 쓰이게 되었다] kalarn nâgghati 조금의 가치도 없다. 아주 열등하다. kalībhavati 나누어지다. 부서지다. ② 고안(考案). 술책(術策). 기술(技術). 예술(藝術). -ânukūla 예술적인. -âbhirata 기술을 애호하는.

kalāpa *m.* [〃] ① 다발. 뭉치. 단. 묶음. 깔라빠[최소단위]. ② 무리. 그룹. 다수. 집단. ③ 땋은 머리. ④ (등에 지는) 화살통. ⑤ 공작새의 꼬리. -agga 묶음 가운데 가장 좋은 것[보시로 기부된 첫 수확물]. 공작새 꼬리의 끝. -antaragata 다른 깔라빠가 된. -antarabhinna 다른 깔라빠와 분리된. -antarabhūta 다른 깔라빠가 된. -antararūpa 다른 깔라빠의 물질적 형태. -antaravutti 여러 깔라빠와 공존하는. -ânupalaka 깔라빠를 보존하는. -ânubandhanarasa 깔라빠를 연결하는 기능을 가진. -ka 띠. 다발. 뭉치. -kathā 깔라빠에 대한 이야기. -kalāpa 한 묶음 한 묶음. -baddha 다발로 묶인. -bhāva 깔라빠인 상태. -yama 한 쌍의 깔라빠. -rāsirūpa 깔라빠의 집합과 관련된 신체적 물질. -vipassanā 깔라빠에 대한 통찰. -saṅgaha 깔라빠의 분류. -sañchanna 꼬리에 의해 덮여진[공작새의 춤]. -santānamūla 깔라빠의 지속조건. -sammasana 집단적인 (특징의) 파악. -sannaddha 화살통으로 무장된. -sahassa 천(千)의 깔라빠.

kalāpaka *m.* kalāpī *f.* [kalāpa-ka, -in] ① 띠. 끈. ② 다발. 묶음. 뭉치.

kalāpin *adj, m.* [〃] ① 화살과 화살통으로 무장한. ② 공작새.

kalāpinī *f.* [kalāpa-in] 다발. 묶음. 뭉치.

kalāpiyasata *n.* [<kalapa-iya-sata] 백 개의 무리. 백 개의 뭉치.

Kalābu *n.* [*sk.* kalabha] 깔라부[베나레스 왕의 이름으로 Devadatta의 화신].

kalābuka *n.* [*sk.* kalāpaka] 섬유로 꼰 띠·끈.

kalāya. kaḷāya *m.* [〃] 콩의 일종. 이집트콩. 완두콩[Phaseolus Trilobus] -matta 완두콩 정도의 크기를 가진. -mattakāla 완두콩 정도 크기에 도달하는 시간. -muṭṭhi 한 줌의 완두콩. -yūsa 콩 수프.

kalāyati [<kalā] ① 측정하다. ② 능가하다. ③ 속이다.

kali *m.* [〃] ① 잘못 던진 주사위. 나쁜 해자. ② 파괴. ③ 죄악. ④ 쓰레기. 오물. ⑤ 타액. 침. ⑥ 말세. ⑦ 깔리여신[시간의 여신]. -kāla 말세[kaliyuga]. 깔리깔라[드라비다 족장의 이름]. -(g)gaha 흉악한 해자는 내는 것. 도박에서의 패배. -citta 오염된 마음. -devatā. -devī 깔리여신. -(p)piya 투기꾼. 도박사. -phalapūrita 부정한 과일로 가득 찬. -yuga 죄악의 시대. 말세. 극악시(極惡時). -sāsana 흠잡기. -sāsanarn āropeti 다른 사람의 흠을 잡다. -sāsanāropana 다른 사람의 잘못을 들춰내는데 가담한.

kalikā *f.* [〃] ① 싹. 새싹. ② 봉오리. -âkārasuttanī 봉오리처럼 아름다운 유방 가진 여인.

Kaliṅga *m.* 까링가. 가릉아(迦陵誐)[인도의 동부지방 또는 국명]. -raṭṭha 까링가 왕국.

kaliṅgara *m. n.* [*sk.* kaḍaṅkara. kaṣaṅgara] ① 나뭇조각. 통나무. 환목(丸木). ② 판자. -ûpadhāna 나무베개. 나무토막을 베개로 사용하는. -kaṇḍa 나무 화살. -khaṇḍa 나무 조각.

kaliṅgu *m.* [*sk.* kaliṅha & kaliṅgaka] 월계수[Laurus Camphora].

kalita *adj.* [kaleti의 *pp.*] 강요된.
kalindati [kalid] ① 흐느끼다. ② 슬퍼하다.
kalila *n.* [〃] ① 덤불. 수풀. ② = kalala.
kalībhavati. [kalā-bhū] 파괴하다. 부수다.
kalīra *n.* [*sk.* karīra] = kaḷīra ① 대나무순(筍)[대나무]. 죽순(竹筍). 종려나무순. ② 깔리라[식물의 이름. Capparis Aphylla]. -agga 윗부분의 순. -cchejja 순처럼 자르기. -panasâdi 대나무순과 빵나무의 열매 등. -puppha 깔리라의 꽃. -sūpa (ka) 죽순 수프.
kalusa *adj. n.* [〃] ① 진흙투성이의. ② 더러운. 불순한. ③ 타락. 퇴폐. 오염.
kalusin *adj.* [kalusa-in] ① 진흙투성이의. ② 더러운. 불순한. kalusī-karaṇa 타락. 퇴폐. 오염.
kaleti [*sk.* kalayati] 몰아대다. 재촉하다.
kalevara = keḷebara
kalya *adj.* [= kalla] -rūpa 기쁜. 즐거운.
kalyatā *f.* [kalya의 *abstr.*] ① 건전함. ② 즐거움. 만족스러움. ③ 감임성(堪任性).
kalyāṇa. kallāṇa [*sk.* kalyāṇa] ① *adj.* 착한. 좋은. 선량한. 친절한. 유쾌한. 훌륭한. 매력적인. 아름다운. ② *n.* 선(善). 아름다움. 도덕. 복지. 공덕. ③ *m.* 깔리야나[왕의 이름]. -aṭṭha 선의 의미. -aṅgatā 아름다운 사지를 지닌[미인]. -antara 선업의 다른 종류. -ajjhāsaya 선한 열망을 지닌. -âcāragocara 훌륭한 행동과 인간관계를 지닌. -âdhippāya 좋은 의도를 지닌. -âdhimuttaka 선을 자신에게 적용하는. 선을 지향하는. -ânusaya 착한 잠재적 성향을 지닌. -âbhijātika 선한 존재의 부류에 속하는. -âsaya 선한 성격을 지닌. -iriyapatha 훌륭한 처신을 하는. -kamma 선행. 선업(善業). -kāma 유쾌함을 원하는. -kārin 선행을 하는. -kittisadda 좋은 명성. -kusala-vimutta 선하고 건전한 것에서 멀어진. -guṇa 훌륭한 덕성을 지닌. -guṇabhūsita 훌륭한 덕성으로 장식한. -guṇayoga 훌륭한 덕성과 관계된. -guṇasamannāgata 훌륭한 덕성을 갖춘. -carita 선행. 훌륭한 행동. -citta 친절한 마음을 지닌. -cchanda 좋은 의도를 지닌. -jana 좋은 사람. -javanikkama 좋은 속도로 머리를 들고 걷는 것. -jātika 선한 성품을 타고난. 기분이 좋은. -tara 더욱 좋은. 더욱 훌륭한. -tittha 아름다운 도장(渡場). -dassana 아름다운. 잘 생긴. -diṭṭha-dhammupakkama 현세에서 선(善)을 실천하는. -diṭṭhi 훌륭한 견해. 올바른 견해. -dhamma 선한 성품을 지닌. -dhammuppādika 선한 성품을 산출하는. -dhammasamāgama. -dhammasamāyoga 선한 성품을 지닌 자와 사귀는. -dhammatā 선한 성품을 지닌 상태. 선법성(善法性). -nissita 선에 의지하는. -pakatika 좋은 본성을 가진. -pañña 훌륭한 지혜가 있는. 완전한 지혜. -paṭipatti 훌륭한 실천. -paṭipadā 선행의 길. -patibhāṇa 잘 대답한. 훌륭한 언변. 좋은 해답. -pasaṁsa 선에 대한 찬양. -pāpaka 선악의. -pāpâsaya 선 혹은 악의 경향을 지닌. -pīti 완전한 기쁨. 선행의 기쁨. -puggala 선한 개인. -puthujana 선한 일반사람. -bhattika 좋은 음식을 제공한. 최후의 음식을 제공한. -mitta 좋은 친구. 정신적인 안내자. 선지식(善知識). 선우(善友). → kalyāṇamitta. -mittatā 착하고 건전한 친구와의 우정·교제. -rūpa 아름다운. 멋진. -vatta 훌륭한 실천. -vākkaraṇa 친절하게 말하는. -vāca 유쾌한 목소리를 지닌. -saṁsagga 훌륭한 사람과 사귀는. -saṅkappa 선한 의도. 올바른 결정. -saṅgatika 유쾌한 것과 접촉한. -saññita '선'으로 묘사된. -sadda 훌륭한 명성. '선'이라고 하는 단어. -sampavaṅka 착한 동반자를 지닌. -sahāya 착한 동료를 지닌. -sīla 훌륭한 계행이 있는. 좋은 성품의. -sukhabahula 선과 행복이 가득한.
kalyāṇaka *adj.* [kalyāṇa-ka] 좋은. 훌륭한. 선(善)한. 덕이 있는.
kalyāṇatā *f.* [kalyāṇa의 *abstr.*] ① 아름다움. ② 완전함. ③ 선(善). -kusala 선에 관해 잘 아는. -lakkhaṇa 선에 의해 특징지어지는.
kalyāṇamitta *adj. m.* [kalyāṇa-mitta] ① 좋은 친구를 지닌. ② 좋은 친구. 훌륭한 친구. 선우(善友). 선지식(善知識). -ânubhāva 훌륭한 친구의 권위. -ûpanissaya 훌륭한 친구에 의해 이루지는 도움. -ûpasevana 훌륭한 친구와 사귀는. -guṇa 훌륭한 친구의 덕성. -tappaccaya 훌륭한 친구를 가짐의 조건. -tā 훌륭한 친구를 갖는 것. -nissaya 훌륭한 친구에 의존하는 것. -pada '선우'라는 단어. -payirupāsana 훌륭한 친구에 대한 시중. -bahulatā 훌륭한 친구가 많은 것. -bhūta 훌륭한 친구인. -mūlaka 훌륭한 친구를 뿌리로 삼는. -rahita 훌륭한 친구가 없는. -lakkhaṇa 훌륭한 친구의 특징. -vantatā 훌륭한 친구를 가진 것. -vidhi 훌륭한 친구와 관계된 가르침. -saṁsagga 훌륭한 친구와의 사귐. -sannissaya 훌륭한 친구에 대한 의존. -sannissita 훌륭한 친구에 의존하는. -sampatti. -sampadā 훌륭한 친구의 획득. -sampanna 훌륭한 친구를 얻은. -sevana. -sevin 훌륭한 친구와 사귀는.
kalyāṇin *adj.* [kalyāṇa-in] ① 아름다운. ② 훌륭한. ③ 운 좋은. ④ 착한.
kalyāṇī *f.* [kalyāṇa의 *f.*] ① 아름다운 여자. 미인. 아름다움. ② 깔리야니[스리랑카의 강의 이름과 그 하구지역의 이름]. kalyāṇi° -desa 깔리야니 지방. -rāja 깔리야니 지방의 왕. -visaya 깔리야니 지방. -vihāra 사원의 이름. -sammukha 깔리야니 지방에서 바다로 들어가는. kalyāṇī° -āgamana 깔리야니의 방문. -cetiya 깔리야니의 탑묘(塔廟). -nadīmukhadvāra 깔리야니 강의 입구. -vihāra 깔리야니승원. -sīmā 깔리야니 강이라는 경계.

kalla. kalya ① *adj.* [*sk.* kalya] 착한. 건전한. 현명한. 바른. 적당한. 아름다운. 기쁜. 솜씨있는. 능숙한. ② *n.* 건강. kallaṁ nu kho 적당한 것인가 아닌가. ③ *m n.* = kalala. -aṭṭhika 건강을 추구하는. 웰빙을 추구하는. -âpādana 몸을 건강하게 하는 것. -kāya 건강한. 상쾌한. -kusala 기교 있는. 교묘한. -citta 적응하는 마음. 건강한 마음. -cittatā (진리를 받아들일) 준비가 되어 있는 마음의 상태. -bhāva 건강한 상태. -rūpa 외모가 아름다운. 훌륭하게 준비된. -vacana 'kalla'라는 단어. -vant 유쾌한. -viggaha 건강한 몸을 가진. 아름다운 몸을 가진. -sadda 'kalla'라는 단어. -samaya 적당한 시간. -sarīra 건강한.

kallaka *adj.* [<kalla] 건강한. ~할 마음이 있는. -mahāvihāra 깔라까마하비하라[승원의 이름].

Kallakāleṇa *n.* 깔라까레나[스리랑카 승원이름].

Kallagāma *n.* 깔라가마[스리랑카 마을의 이름].

kallatā *f.* [*sk.* kalyatā] ① 건강. ② 적응. -âpādana 몸을 건강하게 돌봄. -kusala 적응에 능숙한. -paricita 적응할 수 있도록 습관을 드린.

kallati [kall] ① 소리를 내다. ② 시끄럽다.

Kallara *m.* [<kallati] 깔라라[남인도 부족이름].

Kallavālagāma. Kallavāḷagāmaka *m.* 깔라발라가마. 깔라발라가마까[마가다국의 마을 이름].

kallahāra. kalhāra *m.* [*sk.* kahlāra] 식용의 백수련(白睡蓮).

kallāṇa *adj.* = kalyāṇa.

kallāna *n.* = kalyāṇa.

kallita ① *adj.* [kallate의 *pp.*] 유쾌한. 쾌활한. ② *n.* [kalla의 *abstr.*] 적합성. 선성(善性). -kusala. -kosalla 적응에 능숙한. 건강한. 밝은. -citta 잘 적응하는 마음을 지닌. 건강한. -bhāva 적응의 상태.

kallola *m.* [〃] 큰 물결. 큰 파도. 노도(怒濤). -mālā. -māli 밀려와서 화환처럼 부서지는 파도. 연안쇄파(沿岸碎波).

kalhāra = kallahāra

kaḷāya = kalāla

kaḷāra *adj.* [*sk.* karāla] 튀어나온 이빨을 지닌[괴상하고 사나운 형상의 야차]. -akkhikaḷāradanta 튀어나온 눈과 튀어나온 이빨을 한. -khattiya 까랄라캇띠야[수행승의 이름]. -tā 불규칙성. -danta 튀어나온 이빨을 한. -piṅgala 튀어나온 이빨과 노란 눈.

kaḷārika *adj.* [kaḷāra-ika] 튀어나온 이빨을 한.

kaḷārikā *f.* [kaḷārika의 *f.*] 큰 암코끼리.

kaḷiṅgara = kaliṅgara.

kaḷimb(h)aka [*cf.* kaḍamba. kalamba] 까티나옷을 짤 때 실 사이의 틈새를 유지시키는 표시.

kaḷīra *m.* [*sk.* karīra] = kalīra 죽순(竹筍). 대나무순. 종려나무순. -(c)chejja '새싹을 잘라내는 것'; 고문의 일종.

kaḷebara. kalevara *m n.* [*bsk.* kaḍebara] ① 시체. 사체. ② 몸. -nikkhepa 몸을 눕히기. ③ 계단.

kaḷopikā *f.* kaḷopika *n.* = kaḷopī.

kaḷopī *f.* [=khalopi] ① 그릇. 대야. 단지. 항아리. ② 바구니. -mukha 냄비의 가장자리. -hattha 그릇 또는 바구니를 손에 들고.

kavaca *n.* [〃] 갑옷. 갑주. 쇠사슬 갑옷. -âvudha 갑옷과 무기. -jālikā 갑옷. -tomara 갑옷과 창. -paṭimuñcanâdi 갑옷을 장착하기 등. -vammi-kajālikāsīsakaṇerikasadisa 갑옷과 쇠미늘 갑옷과 쇠사슬 갑옷과 헬멧 등.

kavacika *adj.* [kavaca-ika] 갑옷을 입은.

kavati [kav] 소리가 나다.

kavandha *m n.* [〃] ① 머리 없는 몸. ② 머리가 몸통에 들어간 동체. -rūpa 머리 없는 몸의 모습.

kavāṭa *m.* [*sk.* kapāṭa. kavāṭa] ① 문. 문짝. ② 창짝. 창문. -aggaḷacittata 문짝과 빗장으로 화려한. -antarikā 문짝들 사이의 공간. -koṇa 문 뒤의 코너. -cchida 문짝의 구멍. -piṭṭha 문설주. -ppaṇāmaṇa 문의 개방. -ppamāṇa 문의 넓이. -phalaka 문짝. -baddha 문에 의해 닫힌 것. 문이 닫힌. 안전한. -vātapāna 틀이 있는 창문. -vi-ṭṭhārappamāna 문짝의 넓이.

kavāṭaka *n.* [kavāṭa-ka] = kavāṭa

kavi *m.* [〃] 시인. -kata 시인이 지은. -bhāsita 시인에 의해 말해진. -varasabha 시인들 가운데 최상의 황소[우두머리]. -samaya 시적인 용법. -seṭṭha 시인들 가운데 최상자.

kaviṭṭha [= kapiṭṭha]. 능금나무. 사과나무.

kavita *adj.* [*bsk.* 〃] 공상적(空想的)인. 상상력이 풍부한. 몽상적(夢想的)인.

kavitā *f.* [kavi의 *abstr.*] = kavitta.

kavitta *m.* [kavi의 *abstr.*] 시인의 신분. 시인의 재능.

kavya *m.* [〃] ① 시. 운문. ② 발라드. -kāra 시인. -citta 시심(詩心)을 지닌. -pathânupanna 시의 길을 따르는.

kasaṁ kasati의 ① *aor. 1sg.* ② *ppr. m. sg. nom.*

kasaka = kassaka

kasaṭa *adj. m* [sakaṭa의 *metath.*] ① 악한. 불결한. 박명한. ② 고통스러운. 매운. ③ 결점. 폐물. 찌꺼기. ④ 사악. aho kasaṭaṁ 아. 고통스럽구나. -ôdaka 맛없는 물.

kasati [kṛṣ. karṣ] 밭을 갈다. 경작하다. *pres. med.* kassate; *aor.* kassi; *pp.* kaṭṭha. kasita; *ppr.* kasanta. kasamāna; *abs.* kasitvā. *caus.* kasāpeti.

kasana *n.* [<kasati] 경작.

kasambu *adj. m* [*sk.* kaśāmbu] ① 더러운. 쓰레기의. 가치가 없는. ② 쓰레기. 오물. -ka = kasambujāta. -jāta 본성이 부정한. 부정한 가문의.

kasā *f.* [*sk.* kaṣā] 채찍. -niviṭṭha. 채찍질당한. 채찍으로 맞은. -pahāra 채찍질. -hata 채찍질당한. 채찍으로 맞은.

kasāpeti [kasati의 *caus.*] 밭을 갈게 하다.

kasāya. kasāva *m* [*sk. bsk.* kaṣāya] ① (벽을 칠할 때 사용하는) 풀의 일종[달여서 끓인 것]. 수렴제(收斂劑)[의약]. ② 오렌지색. 삽색(澁色). ③ 정신적인 탁예(濁穢). 정신적인 오탁[貪·瞋·痴] ④ 결점. kasāya° -yoga 수렴성의 적용. 수렴성(收斂性)의 약제. -rasa 주황색 염료. kasāva° -ôdaka (달여 추출한) 떫은 액체. -gandha 독한 수렴제의 냄새가 나는. -rasa 떫은 맛이 나는. -vaṇṇa 주황색의. -vasanā 황의(黃衣).

kasāyatta *n.* [kasāya의 *abstr.*] 수렴성(收斂性) [의학용어].

kasi. kasī *f.* [<kasati] ① 경작. 재배. ② 농경. 농업. kasi° -kamma. -karaṇa 농업. 경작. -khetta 경작지(耕作地). -gorakkha 농업과 목축. -bhaṇḍa 쟁기. 농경의 도구.

kasiṇa *adj. n.* [*sk. bsk.* kṛtsna] ① 편만한. 전체의. 완전한. 편(遍). ② 두루채움을 위로 아래로 옆으로 유일하게 한량없이 지각하는 것. 두루채움이라는 명상수행의 토대. 삼계가 관찰의 대상의 하나로 가득 차 있다고 명상하는 수행에서의 그 대상. 선관(禪觀)의 토대. 편처(遍處)[十遍處; dasa kasiṇā maṇḍala; paṭhavi°. āpo°. rejo°. vāyo°. nīla°. pīta°. lohita°. odāt°. ākāsa°. viññāṇa - kasiṇa]. -āyatana 두루채움이라는 명상수행의 토대(= -ārammaṇa). 편처(遍處). -ārammaṇa 두루채움이라는 명상수행의 대상. 편처(遍處). -kamma 두루채움이라는 명상수행. -jhāna 두루채움이라는 명상수행의 선정. -parikamma 두루채움이라는 명상수행의 준비. -maṇḍala 두루채움이라는 명상수행에 사용되는 석판. -samāpatti 두루채움이라는 명상수행의 성취.

kasita kasati의 *pp.*

kasitaṭṭhāna *n.* [kasita-ṭṭhāna] 경작지.

kasima *adj.* [kisama. *sk.* kṛśama] 아주 여윈. *cf.* kisa

kasira *adj. n.* [=kiccha. *sk.* kṛcchra] ① 비참한. ② 어려운. 곤란한. 곤란(困難). 곤경(困境). *abl.* kasirā. *ins.* kasirena 간신히. 가까스로. -ābhara 어려움으로 뒤얽힌. -vuttika 생활하기가 어렵다는 것을 아는.

kaseruka *m* [*sk.* kaseru(?)] 식물. 관목.

kasmā *interr. pron.* [ka의 *sg. abl.*] ① 왜. 어째서. ② 무엇 때문에. 누구 때문에.

Kasmīra *m* [sk. Kaśmīra] 까쉬미르[북인도 주의 이름].

kassa *interr. pron.* [ka의 *sg. dat. gen.*] ① 왜. ② 무엇의. 누구의.

kassaka *m* [<kasati] ① 경작자. ② 농부. -vaṇṇa 겉모습이 농부인. 농부의 모습.

kassati = kasati

kassaṁ karoti의 *fut.*

Kassapa *m* [*sk.* Kāśyapa] 깟싸빠. 가섭(迦葉). 음광(飮光)[과거불의 이름. 수행승의 이름. 붓다고싸 이후의 논사]

Kassapika. Kassapiya *m* [*bsk.* Kāśyapīya] 깟싸삐까. 깟싸삐야. 가섭유부(迦葉維部). 음광부(飮光部)[部派의 하나].

kassā ka의 *f. sg. dat. gen.*

kassāma karoti의 *fut.*

kassāmi karoti의 *fut.*

kahāpaṇa *m* [*sk.* kārṣāpaṇa. *bsk.* kahāpaṇa] ① 돈. 화폐. ② 금화. 은화. 동화. ③ 화폐의 단위[4 pāda. 20 māsaka]. -gabbha 금고. -vassa 돈·화폐의 소나기[雨].

kahāpaṇaka *n.* [kahāpaṇa의 *dimim.*] 전형(錢刑)[몸을 동전처럼 작은 조각으로 베어내면서 죽이는 고문·형벌]. *cf.* jotimālika. rāhumukha.

kā ① [ka의 *f.*] 누구. 어느 여자. ② *ind.* [*onomat.*] 까마귀 울음소리. ③ *cpd.* = kad 나쁜. 왜소한. *cf.* kāpuppha. kāpurisa

kāka *m* [〃] 까마귀. 오(烏). 아(鴉). *f.* kāti. -amasaka '까마귀만큼 만지는' 식사를 즐기지 못하는 자. -uṭṭepaka 까마귀를 놀라게 하는[15 미만의 어린아이]. -opamā 까마귀의 비유. -orava '까마귀처럼 까악까악하는' 화나서 어쩔 줄 모르는. -ôlūka 까마귀와 올빼미. -guyha 까마귀를 숨기는데 알맞은. -tāliya 우연한. 뜻밖의 재난. -nīḷa 까마귀의 둥지. -pañña 어리석은. -paṭṭa- naka 황폐한 마을. -pāda 까마귀의 발. 십자표시. 발자국. -peyya 까마귀가 마실 수 있

을 (정도로 물이 테두리까지 찬). -bhatta 까마귀밥. -vaṇṇa 까마귀의 피부를 하고 있는. 검은. 실론의 왕의 이름. -vata 까마귀처럼 행동하는. -vassa 까마귀의 울음소리. -sīsa 까마귀의 머리. -sūra 부끄러운 줄 모르는 비양심적인 사람. 철면피(鐵面皮). -ssaraka 까마귀처럼 우는.

kākacchati [kaṣ의 *intens.*] 코를 골다.

kākaṇa *m.* [*sk.* kākaṇi] 적은 가치의 화폐.

kākaṇikā *f.* [kākana-ikā] 가치가 적은 화폐. 1/8 kahāpaṇa. -agghamaka 한 푼의 값어치도 없는.

kākalī *f.* [〃] 저조(低調)의 악기[사람이 잠을 자는 가 아닌가를 시험하기 위한 악기].

kākola. kākoḷa *m.* [*sk.* kākola] 갈까마귀. 큰 까마귀. -gaṇā (*pl.*) 갈까마귀의 떼.

kāgajapaṇṇa *n.* [kāgaja-paṇṇa] 종이.

kāca *m.* ① [〃] 유리. 수정. 파리(玻璃). 유석(鍮石)[규석진흙으로 만든 유리 비슷한 것으로 투명하지는 않았음]. akāca 유리가 아닌 순수한 보석. -ambha 붉은 수정. -tumba 유리병. -bhaṇḍa 유리제품. -maṇi 크리스탈. 수정. -maya 수정으로 만든. ② = kāja [*sk.* kāca. kāja] 짐을 나를 때 어깨에 메는 막대기. 지게. 멜대. 천평봉(天秤棒).

kācanā *f.* [<kāca ②] ① 저울대의 눈금. 형량(衡量). ② 심사숙고. 숙고.

kācin *adj.* [<kāca] ① 수정[불투명한 수정]이 있는. ② 투명하지 않음. 불완전한. 흠이 있는.

kāja *m.* ① [〃] = kāca ② 짐 옮기는 막대. 목두(木頭). 지게. 멜대. 천평봉. -hāraka 지게·멜대로 나르는 자.

kāṭa *m.* [〃] ① 깊은 곳. ② 남자 성기. 수컷의 기관.

kāṭakoṭacikā *f.* [kāṭa-koṭacikā] (남녀의 성기에 대한) 천박한 욕.

kāṇa *adj.* [〃] 애꾸의. 눈먼. 묘목(眇目)의. -kacchapa 눈먼 거북.

kātabba *adj. n.* [karoti의 *grd.* = kattabba. karaṇīya] ① 마땅히 해야 할. 행해져야 할. 할 수 있는. ② 의무.

kātara *adj.* [〃] ① 천박한. 가난한. 비참한. ② 비겁한. 소심한. ③ 당혹한.

kātave. kātuye karoti의 *inf.*

kātuṁ. kātu karoti의 *inf.*

kātukāma *m.* [kātu-kāma] 하기를 원하는.

kātukāmatā. kātukamyatā *f.* [kātukāma의 *abstr.*] ① 하고 싶은 욕망. ② 의욕.

kātuye karoti의 *vedic inf.*

kādamba *m.* [〃] 기러기[雁].

kādambaka *adj.* [kadamba-ka] 까담바나무로 만든.

kānana *n.* [〃] 숲. 작은 숲.

kānāmā *f.* [kā-nāma] '이름은 무엇인가?' ~라는 이름의 여자. *cf.* konāmā.

kāpilanī *f.* ① 까삘라의 여성 후원자. ② 까빌라족의 여성.

kāpilavatthava *adj.* [<kapilavatthu] 까삘라밧투 시(市)의.

kāpurisa *m.* [kad-purisa] ① 나쁜 사람. 비열한 사람. 겁쟁이. ② 천한 사람.

kāpotakā *adj.* [kapota-ka] ① 비둘기색의. 회색의. ② 백골의.

kāpotikā *f.* [kapota-ikā] 술·알콜의 일종[붉은 색을 띤다].

kāphībīja *m.* [신조어] 커피.

kāma *m n.* [〃] ① 욕구. 욕망. 갈망. 감각적 쾌락에 대한 욕망. ② 애욕. 사랑. 즐거운 대상. ③ 충동적인 욕구. 쾌락. 성적인 쾌락. ④ (선의의) 욕구. ⑤ (모든 것에 대한) 탐욕. ⑥ (자아의) 경향. 성향. kāmesu micchācārā vermamaṇi 사랑을 나눔에 잘못을 범하는 것을 삼감. 불사음(不邪淫). *acc.* kāmaṁ *adv.* 차라리. 오히려. 멋대로. -agga 최상의 감각적 쾌락. 강열한 즐거움. -aggi 감각적 욕망의 불. -ajjhosāna 감각적 욕망에 대한 집착. 욕착(欲着). -ânusārin 감각적 쾌락의 욕망을 추구하는. -andha 감각적 쾌락의 욕망에 눈먼. -âbhibhū 감각적 쾌락에 대한 욕망을 정복한 자[부처님]. -âbhimukha 방탕한. -âvacara 감각적 쾌락의 욕망계. 욕계(欲界). -âvacarakusalakamma 감각적 쾌락의 욕망계의 착하고 건전한 업. 욕계선업(欲界善業). -âvacaracitta 감각적 쾌락의 욕망계의 마음. 욕계(欲界心). -âvacaraka 감각적인 욕망의 영역에 속하는. -assāda 감각적 쾌락의 욕망에 대한 유혹. -ātura 감각적 욕망에 사로잡힌. 상사병(相思病)의. -ārāma 감각적 쾌락의 욕망을 즐기는. -ālaya 감각적 욕망에 대한 집착. -āvaṭṭa 감각적 욕망의 소용돌이. -āsava 감각적 쾌락의 욕망에 의한 번뇌. 욕루(欲漏). -itthi 쾌락을 추구하는 여자·첩. -uddīpaka 최음제. -ûpabhoga 감각적 쾌락의 즐거움. -ûpādāna 감각적 쾌락의 욕망에 대한 집착. 욕취(欲取). -ûpapatti 감각적 쾌락의 욕망계에 탄생하는 것. 욕생(欲生). -ûpasaṁhita 감각적 쾌락의 욕망을 갖춘. 열망하는. 즐거운. 쾌락적인. -esanā 감각적 쾌락의 욕망의 추구. 욕구(欲求). -ogha 감각적인 욕망의 거센 흐름. 욕류(欲流). kāma° -kaṇṭṭaka 욕망의 가시. -kara 욕망을 충족시키는. -kalala 욕망의 진흙탕. -kāra 욕망의 충족. -kārin 성향에 따라서 행동하는. -koṭṭhāsa 감각적 욕망의 요인. -kopa

욕망과 분노. -gavesin 감각적 쾌락을 구하는 것. -gijjha. -giddha. -giddhimā. -giddin 감각적 쾌락을 열망하는. -giddha. 감각적 욕망에 대한 탐욕. -guṇā 감각적 쾌락에 대한 욕망의 종류. -guṇika 감각적 쾌락에 대한 욕망의 종류로 이루어진.-gedha 감각적 욕망에의 탐착. -cāgin 감각적 욕망을 버린. -cchanda 감각적 쾌락의 욕망. 애탐(愛貪). -jāla 욕망의 그물. -taṇhā 감각적 쾌락에 대한 갈애. 욕애(欲愛). -da. -dada 원하는 것을 주는. -dukkha 감각적 욕망의 괴로움. -duha 욕망을 주는. -dhātu 감각적 쾌락에 대한 욕망의 세계. 감각적 쾌락의 욕망에 매인 세계. 욕계(欲界)[三界의 하나]. -nandi 감각적인 즐거움. 욕희(欲喜). -nidānaṁ 감각적 욕망을 원인으로. -nissaraṇa 감각적 욕망에서 떠남. -nissita 감각적 욕망에 의존하는. -nīta 욕망에 이끌린. -paṅka 욕망의 늪. 감각적 쾌락의 진흙 구덩이. -paṭsandhisukhin 감각적 쾌락과의 교섭에서 즐거움을 찾는. -patisaṁyutta 감각적 쾌락의 욕망과 관련된. -pariḷāha 욕망의 고뇌. 욕망의 열뇌. -pāla 은인. 후원자. -pipāsā 감각적 쾌락의 갈망. -bandha. -bandhana 욕망의 속박. -bhava 감각적인 욕망에 의해 지배받는 존재. 욕유(欲有). -bhoga 감각적 쾌락을 즐김. -bhogin 감각적인 쾌락을 즐기는 자. 배금주의(拜金主義者). -bhojin = -bhogin. -magga 욕망의 길. -matta 욕망에 사로잡힌. -micchācāra 행음(行淫). 사음(邪淫), 간통(姦通). -micchācārin 간부(姦夫). 간통자(姦通者). -mucchā 감각적 쾌락에 의한 혼미. 욕미(欲迷). -yoga 감각적 욕망에의 멍에. 욕액(欲軛). -raja 감각적 쾌락의 욕망의 티끌. 욕진(欲塵). -rata 감각적 욕망의 기쁨. -rati 감각적 쾌락의 욕망을 즐김. 욕락(欲樂). -rasa 사랑의 맛. 감각적 쾌락의 욕망의 맛. -rāga 감각적 쾌락에 대한 탐욕. 욕탐(欲貪). -rūpa 마음대로 변화하는 형상. 천상의 즐거움을 누리는 형상. -lāpin 좋아하는대로 말하는. -lābha 감각적 욕망의 탐착. -loka 감각적 쾌락에 대한 욕망의 세계. 욕계(欲界) -vaṇṇin (어떠한 형태로든) 의도대로 변화하는. 변화무쌍한. -vitakka 감각적 쾌락의 욕망에 매인 사유. 욕각(欲覺). 욕심(欲尋). -vega 감각적 쾌락에 대한 충동. -sagga 감각적 쾌락의 욕망계의 하늘나라. 욕천(欲天). -saṅkappa 감각적 쾌락의 욕망에 매인 의도. 욕사(欲思). 욕사유(欲思惟). -saṅga 감각적 쾌락에의 집착. -saññā 감각적 쾌락의 욕망에 매인 지각. 욕상(欲想) -saññojana. -saṁyojana 감각적 쾌락의 욕망의 결박. 욕박(欲縛). -sineha 감각적 쾌락의 욕망에 의한 사랑. -sukha 감각적 쾌락의 행복. -sukhallika 감각적인 쾌락에서 발생하는 즐거움. 욕락(欲樂). 애락(愛樂). -sugatibhūmi 감각적 쾌락의 욕망계의 좋은 곳의 세상. 욕계선처(欲界善處)[인간·사대왕천·삼십삼천·야마천·도솔천·화락천·타화자재천]. -sugatipaṭisandhi 욕계선처에의 결생. 욕계선처결생(欲界善處結生). -seṭṭhā 신계(神界)의 이름. -sevanā 감각적 쾌락에 대한 종사. -sevin 감각적 쾌락에 종사하는. -hetu 감각적 욕망을 원인으로 하는. -hetuka 감각적 쾌락의 욕망에 의해 야기된.

kāmaṁ ① *ind.* [kāma의 *acc.*] 확실히. 차라리. 오히려. 멋대로. yathākamaṁ 바라는 대로. ② [kāmeti의 *ppr. m. sg. nom.*] 원하고 있는 (자는).

kāmaka *adj.* [<kāma] 열망하는. 원하는.

kāmaṇḍaluka *adj.* [kamaṇḍlu-ka] 물단지를 가질 수 있는.

kāmatā *f.* [kāma의 *abstr.*] 욕망. 갈망.

kāmin *adj.* [kāma-in] 욕구가 있는. 애욕이 있는. 감각적 쾌락을 원하는.

kāminī *f.* kāmin의 *f.*

kāmuka *adj. m.* [<kāma] ① 사랑하는. 즐기는. ② 애인.

kāmeti [kāma의 *denom.*] ① 바라다. 욕구하다. ② 사랑하다. ③ 여인을 원하다. *pp.* kāmita; *grd.* kāmitabba. kāmetabba. kāmanīya; *ppr.* kāmaṁ. kāmayamāna.

kāya *m.* [〃] ① 몸. 신체. 촉각. ② 모임. 집합. 더미. -aṅga 몸의 지체. -ânupassanā 몸에 대한 관찰. 신수관(身隨觀). -āyatana 몸. 촉각의 기반. 신처(身處). -indriya 촉각능력. 촉각기능. 촉각작용. 신근(身根). -ujjukatā 몸의 직립성. -upaga (새로운) 몸으로 가는. -kamma 신체의 활동. 신체적 행위. 신업(身業). -kammapatha 신체의 신체적 행위의 길. 신업도(身業道). -kammaññatā 몸의 적응성[輕安과 관계있음]. -kali 불쌍한 몸. 불운한 몸. -kasāva 몸의 불결·타락. -gata 몸에 관한. -gatāsati 몸에 대한 새김. 신체에 대한 새김. 신지념(身至念). 신념(身念). -gantha 몸의 속박. -gutta 자신의 몸의 감관이 수호된. -gutti 몸의 보호. -citta 몸과 마음. -daṇḍa 신체적 폭력. 신벌(身罰). 신장(身丈). -daratha 몸의 고통. -daḷha 몸의 견고성. 몸의 활력. -dasaka 촉각을 구성하는 열 가지 요소. 신십법(身十法)[색깔(色 : vaṇṇa), 냄새(香 : gandha), 맛(味 : rasa), 자양(食素 : ojā), 땅(地 : paṭhavī), 물(水 : āpo), 불(火 : tejo), 바람(風 : vāyo), 촉각성(身淨 : kāyappasāda), 생명(命 : jīvita)]. -duccarita 신체적 악행. 신악행(身惡行). -duṭṭhulla 정숙·순결하지 못함. 신추중(身麤重). -dosa

몸의 티끌. 신하(身瑕). -dvāra 촉각기관. 촉각문. 신문(身門). -dvāravīthi 촉각문의 인식과정. 신문로(身門路). -dhātu 촉각요소. 촉각세계. 신계(身界). 사리(舍利)의 다른 이름. -pakopa 비난받을 행위. 사행(邪行). -pacālaka 몸을 흔드는 것. -paṭibaddha 몸과 연결된. -payoga 몸의 도구성. -pariyanta 몸의 끝·한계. parihārika 몸에 도움이 되는. -ppasāda 촉각감성. 촉각성(觸覺性). 신정(身淨). -passaddhi 몸의 평온. 감관의 평온. 신경안(身輕安). -pāgabbhiya 신체적으로 품위없음·방자함. -pāguññatā 몸의 유연성. 신연성(身軟性). -ppakopa 나쁜 행실. 부정행위. -ppacālaka 몸의 요동. -phandita 몸의 활동. -baddha 몸에 조이는 (옷). -bandhana 허리끈. 거들. 혁대. -bala 체력. -bhāvanā 신체의 수습. 신수(身修)[다섯 가지 감관으로 이루어진 몸에 대한 수행]. -macchera 몸을 지나치게 소중히 하는. -mudutā 몸·감관의 유연성. -muni 행위·신체의 관점에서의 성자. -moneyya 신체적 번뇌에서 해탈한 상태. 신체적 성스러운 삶. 신체적 고요한 삶. 신적묵(身寂默). -lahutā 신체의 경쾌. 신경성(身輕性). -vaṅka 행동의 왜곡. -vatthu 촉각의 물질적 토대. 촉각토대. ikāra 신체의 동작. 제스처. -viññatti 신체적 암시·표현. 신표(身表). -viññāṇa 촉각의식. 신식(身識). -viññāṇadhātu 촉각의식의 세계. 신식계(身識界). -viññāṇāpagama 괴사(壞死). -viññāṇadvāravīthi 촉각의식의 인식과정. 신식로(身識路). -viveka. -vūpakāsa 몸의 분리. 몸의 격리. -veyyāvacca. -veyyāvaṭika 천한 일. -saṁvara 신체의 수호. 신율의(身律儀). -saṁsagga 신체적으로 탐욕이 생기게 하는 교제. 육체의 교합. 신교(身交). -sakkhin (정신의) 몸으로 깨우친 님. 신증자(身證者)[어떤 사람이 고요하고 형상을 뛰어넘고 물질을 뛰어넘는 해탈을 자신의 몸으로 체험하고 지혜로써 보아 번뇌의 일부를 부수면, 몸으로 깨우친 님]. -saṅkhāra 신체적 형성. 신행(身行). -saṅgaha 신체의 제어. -sañcetanā 신체적 의도. 신사(身思). -sattha 신체의 칼. 신도(身刀)[신악행(身惡行)을 이름]. -samācāra 신체적 바른 행위. 신정행(身正行). -sampīḷana 신체적 압박. -samphassa 신체의 접촉. 촉각접촉. 신촉(身觸). -samphassaja 촉각접촉에 의해 생겨난. 신촉소생(身觸所生). -samphassajavedanā 촉각접촉에 의해 생겨난 느낌. 신촉소생수(身觸所生受). -sucarita 신체적 선행. 신묘행(身妙行). -suci 신체적 청정. 행위의 순수함. -soceyya 신체적 청정. 신청정(身淸淨).

kāyika *adj.* [kāya-ika] 몸의. 신체적인. -bala 체력(體力).

kāyura. kāyūra *n.* [=keyūra. *sk.* keyūra] 팔찌. 영락.

kāyujjukatā *f.* [kāya-ujjuka의 *abstr.*] 몸이 쭉 빠진 것. 몸의 세련됨.

kāyūpaga *adj.* [kāya-upaga] ① 몸에 집착된. ② 다시 태어나는.

kāyūrin *adj.* [<kāyūra] 팔찌를 낀.

kāra *adj. m.* [<kṛ] ① 이루어진. 소성의. ② 행위. 소행. 글자. 문자. 행위자. ③ 세금. sakkāraka 의무를 다한 사람. -kāraka 납세자. *cf.* andha-kāra. aya-kāra. garu-kāra.

kāraka *adj. m.* [<kāra] 행위하는 (자). 행위. 소작(所作). *f.* kārikā.

Kārakapupphamañjarī *f.* 조화경(造花莖)[앗따라가마 반다라 라자구루(Attaragama Baṇḍāra Rājaguru)의 수사학서적].

kāraṇa ① *n.* [〃] 행위. 실천. 임무. 과업. 의무. *pl.* kāraṇâkaraṇā 크고 작은 임무. ② 원인. 근거. 필요. *abl.* kiṁkāraṇā 어떠한 원인으로. *ins.* kāraṇena 필요에 의해서. ③ 처벌. 징벌. 형벌. -pāla 교도소장.

kāraṇā *f.* [〃] ① 왕겨. 겉겨. ② 집오리. 흑압(黑鴨). ③ 처벌. 징벌. 체벌. 형벌.

kāraṇika *m.* [kāraṇa-ika] 가해자. 징벌자. 형벌을 가하는 자.

kārayanta *adj.* = kārenta. kāreti의 *ppr.*

kāravella *m.* [?] 쓴 호리병박. 쓴 호로(葫蘆).

kārā *f.* [〃] 감옥. 옥사(獄舍). -bhedaka 탈옥수(脫獄囚). -pāla 간수(看守). 교도관(矯導官). -pālana 행형(行刑). 교정(矯正). -pālanakovida 형벌학자(刑罰學者). 행형학자(行刑學者). -pālanañāṇa 행형학(行刑學) 교정학(矯正學). -baddha 죄수(罪囚).

kārāpaka *m.* [<kārāpeti] ① 계획자. ② 음모자. ③ 시키는 사람. 명령자.

kārāpaṇa. kārāpana *n.* [kārāpeti] ① 건설. ② 구성. ③ 시킴. 명령.

kārapikā *f.* [kārapaka] ① 여성의 계획자. ② 여성의 음모자. ③ 여성의 명령자.

kārāpeti [karoti의 *caus.*] 시키다. 하게 만들다. *aor.* kārāpesi; *pp.* kārāpita 시켜진.

kārikā *f.* [kāra-ika] ① 행위자. 소작(所作). ② 경구(警句). 격언(格言). 금언(金言).

kāritā → kāraka. 행위자.

kārin *adj. m.* [kāra-in] ① 하는. 행하는. ② 행위자. 작자(作者).

kārya *adj.* [karoti의 *grd.*] 행해져야 될.

kāruñña *n.* kāruññatā *f.* [<karuṇa-ya] 연민어

린 마음. 동정.

kāruṇika *adj.* [karuṇa-ika] 연민어린. 동정심이 많은. 비심(悲心)이 많은. 자비로운. 인도적(人道的)인.

kāretar *m.* [kāreti의 *ag.*] (~하도록) 시키는 자.

kāreti [karoti의 *caus.*] ① (~하도록) 시키다. ② 건설하다. 구성하다. *ppr.* kārenta; *aor.* akārayi. kāresi. kāresiṁ. kāresuṁ; *pp.* kārita; *abs.* kāretvā.

kāla ① *adj. m.* =kāla [*sk.* kāla] 어두운. 검은 [밤. 새벽. 아침. 죽음. 귀신을 상징]. 흑분(黑分). 흑월(黑月). 신월(新月). -añjana 검은 안약. -ânusāri 흑단향. -āyasa 검은 철. -kañjaka. -kaṇṇika. -kaṇṇin '검은 귀(耳)의'; 불길한. 불운한. 광목천희(廣目天姬)[아수라의 일종]. -kabara 얼룩(斑點)이 있는. -kipillikā 검은 개미. -kūṭa 깔라꾸따[히말라야에 있는 산 이름]. -kesa 흑발의. 윤이 나는 머리털을 가진. -kokila 검은 (갈색의) 뻐꾸기. -jallika (=kāḷi°) 검은 반점이 있는. -ññu 시간을 아는. -ññū 시간을 아는 자. 시지자(時知者). -tipu 검은 납[광물]. -daṇḍa 검은 막대기·지팡이. -meyya 새의 일종. -pakkha 한 달 중의 달이 없는 보름. 흑분(黑分). -phālaka 칠판. -loṇa 검은 소금. -loha 검은 금속. 철광석. -valli 넝쿨식물의 일종. 흑갈(黑葛). -vāta 검은 바람. 흑풍(黑風). 태풍(颱風). -sāra 흑단(黑檀). -sīha 사자의 일종. -sutta 흑승(黑繩)[목수가 측정하기 위해 긋는 검은 줄]. 흑승지옥(黑繩地獄). -haṁsa 검은 거위. -hatthin '검은 코끼리' 고문의 도구.

kāla ② *m.* [〃] 때. 정시. 적당한 시간. 응시(應時). *gen.* kālassa 적당한 때에. 이른 아침에. *ins.* kālena 적당한 때에. 올바른 시간에. 적시에. *loc.* kāle 항상. 때때로. 반복해서. kālena kālaṁ 때때로. kālaṁ karoti 죽다. kālaṁ kaṅkhati 죽을 때를 기다리다. kālaṁ maññati 시간을 생각하다. 적당한 때를 알다. kālass'eva 기회를 보아서. -antara 사이[시간]. 기간. -âtīta 구식(舊式)의. -ânugata 연대순(年代順)의. -ânanurūpa 시대착오적인. -ânurūpa 시기적절한. -ôcitavutti 기회주의(機會主義). -kata 죽은. -kiriyā 죽음. 죽음의 시각. -gata 죽은. -ññutā 적당한 시간·시기를 아는 것. -ññū 적당한 때를 아는 자. -niṇṇayakārin 연대학자(年代學者). -nicchayavijjā 연대학(年代學). -(p)pavedana (죽음의) 때를 알리는 것. -bhojana 적당한 시간에 먹음. -māṇa 시간측정학. -māṇāyatta 크로노미터의. -māṇakayanta 크로노미터. -yutta 일정한 기간. -vādin 적당한 때에 말하는. 시어자(時語者). 시설자(時說者). -vipatti 절망의 시기. 불황(不況). -vipassin 바른 때를 보는. 기회를 얻은. -virodha 시대착오적인 생각. -sataṁ 백번. -sampatti 번영의 시기. 호황(好況).

kālaka *adj. m.* [kāla-ka] ① 검은. 어두운. ② 깔라까[지명].

kālakā *f.* [<kālaka] 제비[새].

kālānusārita *m n.* [*sk.* kālānusārya] 침향(沈香). 흑견실향(黑堅實香).

kālika *adj.* [kāla-ka] 제 때의. 일시적인. -mucchā 거리낌. 꺼림칙함. -vāsa 체류(滯留). -saṅgaha 주기적인. 저널(journal).

kāliṅga *m* [〃] 까링가국의[동인도의 지방이름]. -datta 깔링가닷따[인명].

Kālidāsa *m* [〃] 깔라다싸[AD. 5세기 인도의 저명한 시인의 이름].

kāliya *m* [〃] ① 방향이 있는 검은 목재. ② 전단(栴檀). 노회(蘆薈).

kālusiya. kālussiya *n.* [*sk.* kālusya] 더러움. 어두움. 명료하지 않음.

kāḷa = kāla ①

kāḷaka *adj. n.* [kāḷa-ka] ① 검은. ② 검은 점. 오점. 흑점(黑點). ③ 쌀의 검은 낱알.

kāḷarika = kaḷarika

kāḷavaka *m* [?] 깔라바까[코끼리의 일종].

kāḷāyasa *n.* [kāḷa-ayas] 검은 쇠. 철.

kāveyya *n.* [kavi-ya=kabba. kabya. kavya. *sk.* kāvya] 시. 시가(詩歌). 시작(詩作). -matta 시에 심취한. -sippa 작시법(作詩法).

kāsa ① *m* [*sk.* kāśa] 갈대. ② *m* [*sk.* kāsa] 기침. 천식(喘息).

kāsaṁ = karissaṁ karoti의 *fut. 1sg.*

kāsati [kās] ① 기침하다. ② 헛기침하다. *aor.* kāsi; *pp.* kāsita.

kāsāya. kāsāva *adj.* [<kasāya. kasāva. *bsk.* kāṣāya] ① 적갈색의. 황색의. ② 스님의 옷. 가사(袈裟). 황색옷. -vattha 가사의. 황의를 입은.

kāsāvaka *n.* [<kāsāva] 황색 옷. 가사(袈裟).

kāsāviya *m* [<kāsāva] 황색 옷을 입은 사람. 사형집행인.

Kāsi *f.* [*sk.* Kāśi] 까씨 국. 가시(迦尸)[十六大國 가운데 하나. 首都는 Bārāṇasī].

kāsika. kāsiya *adj.* [Kāsi-ka. -ya] 까씨 국[베나레스]의. 까씨 국에서 생산된 (비단. 베. 향).

kāsu ① *f.* [*sk.* karṣū] 구덩이. 구멍. aṅgārakāsu 탄화갱(炭火坑). ② [ka의 *f. pl. loc.*] 그 여자들 가운데에서.

kāhala *f.* [〃] ① 태고(太鼓). ② 호각(號角). -nāda 호각소리.

kāhasi. kāhāma. kāhāmi karoti의 *fut.*
kiṁ *nterr. pron.* [ka의 *n.*] ① 무엇. 어떻게. 어떠한. ② *ifc.* 의심스러운. 불확실한. *acc.* kiṁ; *ins.* kena 왜. 어째서. *loc.* kismiṁ. kimhi. ~nu. ~nu kho 도대체. 왜. ~pana. ~aṅga pana. kin ti 어찌된 일인가? ~aṅga 하물며 어떻게? kiṁ me gharavāsena 왜 내가 집에 있을 필요가 있는가. kiṁāgat'attha 너희들은 어떻게 왔느냐. kiñca. kiñcāpi 비록 ~라 하더라도. -akkhāyin 어떤 견해를 가진. 무엇을 설법하는. -atthaṁ 무엇을 위해. 무슨 목적을 위하여. -atthiya 어떤 목적으로. 무엇을 목적으로 하는. -abhiñña 어떤 이름을 갖는. -kara 하인. -karaṇīya 일. 사업. -kāraṇā 무슨 이유로. 왜. -kusalagavesin 선행을 하려고 애쓰는. -jacca 어떤 계급의. -nāma 어떤 이름의. -pakka 망고 모양의 독 있는 과일. -rukkha 어떤 종류의 나무. -samācāra 어떠한 행위의. -sīla 어떤 특성의.
kiṁdisa = kīdisa.
kiṁvadantī *f.* [kiṁ-vad] 소식. 뉴스.
kiṁsuka *m.* [kiṁ-su-ka] 낑쑤까. 긴숙가(緊叔迦). 육색화(六色花)[Butea Frondosa]. -puppha 낑쑤까나무의 꽃. -vaṇṇa 낑쑤까 꽃의 색깔.
kikita *adj.* [?] 밀집한(?)
kikin *m.* [*sk.* kṛka-vāku] ① 어치. 언치새. 견조(樫鳥). 청견조(青樫鳥). *f.* 암탉. 암컷의 푸른 어치. ② 끼낀. 급비(汲毘)[왕의 이름].
kiṅkaṇika. kiṅkiṇka *m. n.* [*sk.* kiṅkinī] = kiṅkiṇī.
kiṅkiṇikajāla *n.* [kiṅkiṇikajāla] 작은 종이 달려 있는 그물.
kiṅkiṇī *f.* [*sk.* kiṅkiṇī] ① 방울. ② 작은 종.
kicca *adj.* [karoti의 *grd. sk.* kṛtya] ① 행해져야 할. 실행되어야 할. ② 소작(所作). 작용. 의무. 책임. 역할(役割). 일. -âkicca 모든 종류의 의무. 다양한 의무. -âdhikaraṇa 의제의 해결. 결정. -kata 해야 할 일을 행한 분[阿羅漢]. -kara. -karin 의무를 하는 (사람). -karaṇīya 실행되어야 할 의무. -kusala 실용적인. -kārin = kiccakara. -ñāṇa 해야 할 것에 대한 앎[→ tiparivaṭṭadvādasākāra].
kiccayatā *f.* [kicca-ya의 *abstr.*] ① 의무. ② 해야 할 일. 소작(所作).
kiccha *adj. n.* [=kasira. *sk.* kṛcchra] ① 어려운. 곤란한. 불행한. 골치 아픈. ② 곤란(困難). 곤경(困境). *ins.* kicchena. *abl.* kicchā 힘들게. 어렵게. -patta 불행에 빠진. -vuttin 불행하게 사는.
kicchati [kiccha의 *denom.*] ① 일에 열중하다. 곤란하다. ② 괴로워하다. 피곤하다.
kiñca *ind.* [kiṁ-ca] ① 오히려. ② ~이 아닐까?
kiñcana *adj. n.* [kiṁ-cana=kiñci] ① 무엇인가의. ② 사소한 것. ③ 세상에 대한 집착. 무엇인가 있는 것. 장애. ④ 아무 것도[부정사와 함께 사용]. ā-kiñcañña-āyatana 아무 것도 없는 경지. 아무것도 없는 세계. 무소유처(無所有處). sakiñcana 세속적인 집착으로 가득 찬.
kiñcāpi *ind.* [= kiñci api] 설사 ~이라도. kiñcâpi hi … pana 가령 ~하더라도. 그럼에도 불구하고.
kiñci *pron.* [kiṁ-cid] 무언가. 무엇이[그 변화는 kiṁ에 준하다] -mattavidū 사이비학자(似而非學者).
kiñcikkha *n.* [kiñcid-ka] ① 사소한 일. ② 보잘 것 없는 일. -kamayatā 사소한 것을 원하는.
kiñjakkha *m. n.* [*sk.* kiñjalka] ① (연꽃의) 수술의 화사(花絲). ② 꽃가루.
Kiṭāgiri *m.* [kiṭā-girk] 끼따산. 계타산(鷄陀山). 지타산(枳陀山)[마을의 이름].
kiṭika *n.* [?] ① 베란다. ② 휘장. 장막. 커튼.
kiṭṭha[1] *m.* [*cf. sk.* kṛṣṭa<kṛṣ] ① 자라고 있는 곡물. ② 밭곡식. -āda 곡식. 곡물. -ārakkha 밭곡식을 지킴. -sambādha 곡식의 여물음. -sambādhasamaya 추수시기.
kiṭṭha[2] *m.* [*cf. sk.* kṛṣṭa] 예수. -uppatti 예수의 탄생일. 서력기원(西曆紀元). 서기(西紀). 기원(紀元). -devaputta 예수. -dhammapotthaka 성경(聖經). -jamma 크리스마스. 예수탄생일. -bhatti 기독교. -bhattika 기독교인. 기독교도. -bhattikadesa 기독교국가. -samaya 기독교. -samayaviruddha 반기독교의.
kiṇakiṇāyati. kiṅkiṇāyati [kiṅkiṇī의 *denom.*] (방울이) 딸랑딸랑 울리다. 짤랑짤랑 울리다.
kiṇāti [=kayati *sk.* kriṇāti. krā] 사다. 구입하다. *opt.* kiṇe; *aor.* kiṇiṁsu; *ppr.* kiṇanta; *abs.* kiṇitvā; *inf.* kiṇituṁ. ketuṁ.
kiṇi *ind.* [*sk.* kiṅkiṇī] ① 작은 조각. ② 작은 종의 벨소리.
kiṇṇa ① *adj. m.* [*sk.* kiṇva] 효소. 효모(菌). ② kirati의 *pp.*
kiṇha *adj.* [=kaṇha *sk.* kṛṣṇa] ① 검은. ② 사악한.
kita *adj.* [kṛ의 *pp.*] ① 만들어진. 준비된. 장식된. ② 더러워진. -paccaya 근본접미사(根本接尾辭)[문법].
kitava *m.* kitavā *f.* [=kaṭavā *cf.* kaṭa ②] ① 사기꾼. ② 도박꾼.
kittaka *adj.* [kitta-ka *bsk.* kettaka] ① 얼마나 많은. ② 어느 정도의. kittakaṁ addhānaṁ *adv.* 잠깐 동안. 잠시.
kittana *n.* [*sk.* kīrtana] 칭찬.
kittāvatā *ind.* [kittā-vat의 *ins. abl.*] ① 어느 정도.

② 얼마나 멀리. ③ 어떤 점에서. ~nu kho paññavā ti vuccati 도대체 어떤 점에서 그가 지혜 있는 사람이라고 일컬어지는가?
kitti. kittī *f.* [*sk.* kīrti] ① 칭찬. 찬미. ② 명성. kitti° -ghosa 명성. -mantu 유명한. -vaṇṇa 칭찬. -sadda 명성. 칭찬의 말.
kittika *adj.* [kitti-ka] 유명한.
kittita kitteti의 *pp.*
kittima *adj.* [*sk.* kṛtima] ① 인공의. ② 영리한. ③ 능숙한.
kitteti [kitti의 *denom.*] ① 칭찬하다. 찬양하다. ② 선언하다. 발표하다. ③ 설명하다. *aor.* kittesi. akittayi; *fut.* kittayssati; *ppr.* kittenta; *grd.* kittanīya; *pp.* kittita.
kinnara *m.* kinnarī *f.* [kiṁ-nara] 낀나라. 긴나라(緊那羅). 긴나라녀(緊那羅女)[人非人의 사람의 얼굴을 가진 작은 새].
kinnāma *adj.* [kiṁ-nāma] 어떠한 이름의.
kipillaka *n.* kipillakā *f.* [=pipīlikā *sk.* pipīlikā] 개미 *cf.* pipīlikā.
kibbisa *n.* [*sk.* kilbiṣa] ① 못된 짓. ② 죄과. 범죄. 죄구(罪垢). ③ 결점. -kāraka 범죄자. 위법자(違法者). -karin 나쁜 짓을 하는 (사람).
kibbisaka = kibbisa.
kimaṅga *ind.* [kim-aṅga] 하물며 ~ 무엇하겠는가? 어떻게 그럴 수가? ~pana 그런데 왜?
kimi *m.* [*sk.* kṛmi] ① 벌레. ② 해충(害蟲). ③ 구더기. 연충(蠕蟲) -kula 벌레의 득실거리는 무리. 벌레들의 종류. -janaka 해충을 낳는. -puṇṇatta. 연동운동(蠕動運動). -bhakkha 해충을 먹는. -sadisa 구불구불한. -saṅkiṇṇa 벌레 먹은 무늬의. -saṇṭhāna 연충(蠕蟲)모양의.
Kimikala *m.* 끼미깔라강. 금비하(金鞞河).
kimina *adj.* [<kimi] 벌레로 뒤덮인.
kimpurisa *m.* [kim-purisa] = kinnara. '이상한 사람' 긴나라(緊那羅). 긴나라녀(緊那羅女)[人非人의 사람의 얼굴을 가진 작은 새].
kira. kila *ind.* [*sk.* kila] ① 전하는 말로는. ~라는 이야기이다. ② 사실은. 참으로. 확실히. ③ 지금. 정작. 주지하는 바와 같이.
kiraṇa ① *n.* [<kṛ] 직업. 작업장. ② [kir<kṝ] 먼지. 광선. 광휘. 광채.
kirati [kir<kṝ] ① 흩뿌리다. ② 분산하다. *pp.* kiṇṇa.
kirāta. kirāṭa *m.* [〃] ① 정글에 사는 키 작은 사람. 야만인. ② 속임수. 사기를 치는 상인.
kirāsa *adj.* [<kirāṭa] 그릇된. 사기의.
kiriya. kiriyā. kriyā *n. f.* [*sk.* kriyā] ① 행위. 행동. ② 수행. 실행. 완성. ③ 작용. ④ = karaṇamatta 유작(唯作). ⑤ 동사(動詞)[문법]. kālakiriya 시간의 완성 = 죽음. sacchikiriyā 깨달음. 실현. kiriya° -citta(=kriyācitta) 작용만 하는 마음. -pada 동사(動詞). -manodhātu 행위의 결과를 일으키는 의식의 세계. 유작의계(有作意界). -vāda 선악의 행위의 결과를 믿는 (자). 작업론(作業論). 작용론자(作用論者). -hetu 구별의 원인.
kiriyatā *f.* [<kiriya] ① 실행. ② 행위. ③ 상태.
kiriyati. kirati karoti의 *pass.*
kirīṭa *n.* [〃] ① 왕관. ② 보관.
kirīṭin *adj.* [kirāṭa-in] ① 왕관을 쓴. ② 상투를 튼. 정발(頂髮)의. 수엄(首嚴)의.
kila = kili.
kilañjā *f.* [〃] ① 깔개. 받침. ② 골풀. 등심초(燈心草).
kilanta *adj.* [kilamati의 *pp.*] 지친. 피곤한.
kilama. klama *m.* [<klam] 피로. 피곤.
kilamati [*sk.* klamati. klam] ① 부족하다. ② 피로하다. ③ 비참하다. = klamati. *ppr.* kilanta
kilamatha *m.* [*bsk.* kilamatha kilamata] 피로.
kilameti [kilama의 *denom. sk.* kilāmyati] 피로하다. 피곤하다. *ppr.* kilamanta. kilamenta; *pp.* kilamita; *abs.* kilametvā; *pass.* kilamīyati.
kilāsa *m.* [〃] ① 피부병. ② 나병. ③ 천연두. 포창(疱瘡).
kilāsika. kilāsiya *adj.* [kilāsa-ika. -iya] 피부병의. 피부병이 있는.
kilāsu *adj.* [<klam] ① 지친. ② 싫증난.
kili *n. f.* [*onomat.*] ① 찰깍. ② 딸랑딸랑. ③ 똑딱.
kilikilāyati [kili의 *denom.*] 딸랑딸랑·짤랑짤랑 울리다.
kilijjati [<klid] ① 뜨거워지다. 염증이 생기다. ② 곪다. *pp.* kilinna.
kiliṭṭha *adj.* [kilissati의 *pp.*] 오염된. 불순한. 더러운.
kilinna *adj.* kilissati의 *pp.*] ① (땀과 오줌으로) 젖은. ② 쑤시는.
kilissati [*sk. bsk.* kiliśyati. kilś] ① 젖다. ② 더러워지다. *opt.* kilisseyya; *pp.* kiliṭṭha.
kilissana *n.* [<kilissati] ① 오염. 타락. 부패. ② 더러워짐.
kilesa. klesa *m.* [<kilissati] ① 오염. 죄구(罪垢). 예(穢). ② 죄 많은 욕망. ③ 번뇌(煩惱)[초기의 경전보다 후기에 성립된 경전에 많이 나오는 단어]. kilesa° - āvaraṇa 번뇌의 장애. 번뇌장(煩惱障) -kāma 오염된 것으로서의 감각적 쾌락에 대한 욕망. 번뇌로서의 욕망. 주관적인 욕망. 욕애(欲愛). -kkhaya 번뇌의 파괴·소멸. 오염의 부숨·소멸. -jāta 번뇌의 다양성. 번뇌종(煩惱種).

-duka 번뇌의 두 가지. 오염의 두 가지. 염이법(染二法). -niggaha 번뇌의 극복. 오염의 극복. -nibbāna 번뇌의 소멸에 의한 열반. 오염의 소멸에 의한 열반[=saupādhisesanibbāna]. -paripantha 번뇌의 위험. 오염의 위험. -parinibbāna 번뇌의 완전한 소멸. 오염의 완전한 소멸. -pahāna 번뇌를 버림. 오염의 극복. -puñja 번뇌의 덩어리. 오염의 덩어리. -bhūmi 번뇌의 토대. 오염의 토대. 번뇌지[四煩惱地]. -māra 번뇌로서의 악마. 오염으로서의 악마. -vaṭṭa 번뇌에 의한 유전. 오염에 의한 유전. 번뇌윤전(煩惱輪轉). -vatthūni 번뇌의 토대. 오염의 토대. 번뇌사(煩惱事)[十煩惱事]. -viddhaṁsana 번뇌의 파괴. 오염의 파괴. -vinaya 번뇌의 제어. 오염의 제어. -vippayutta 번뇌와 상응하지 않는. 오염과 무관한. 염불상응(染不相應). -vippayuttasaṅkilesika 번뇌와 무관한 오염. 염불상응잡염(染不相應雜染). -sampayutta 번뇌와 관계된. 오염에 관계된. 염상응(染相應).

kileseti [kilesa의 *denom.*] ① 물들이다. ② 더럽히다. 오염시키다.

kiloma. kilomaka *m.* [*sk.* kloman] 늑막(肋膜). 흉막(胸膜).

kisa *adj.* [*sk.* kṛṣa] ① 여윈. 마른. ② 쇠약한. -deha 해골.

kisaka *adj.* [kisa-ka] ① 여윈. 마른. ② 쇠약한.

kisikā *f.* [<kisa-ika] 여윈 여자. 쇠약한 여자.

kisora *m.* [*sk.* kiśora] 망아지.

kissa *interr. pron.* [kiṁ의 *sg. gen.*] ① 무엇의. 무엇으로. ② 왜?

kissati [kisa의 *denom.*] ① 여위다. 마르다. ② 피로하게 되다. *aor.* kisittha

kissava → kittima(?). kiñcana(?).

kīṭa *n.* [*sk.* kīṭa] ① 벌레. 곤충(昆蟲). ② 해충(害蟲). -nāsakosadha 살충제(殺蟲劑). -kiṇṇa 해충으로 뒤덮인.

kīṭaka *n.* [*sk.* kīṭa] 곤충. 벌레. -vijjā 곤충학(昆蟲學).

kīta *adj.* [kiṇati의 *pp.*] 구입된.

kīkisa. kīrisa *adj.* [*sk.* kīdṛś=kimsṛśa] 어떠한.

kīra *m.* [〃] 앵무새.

kīrisa = kīdisa

kīrati = karīyati [karoti의 *pass.*] 이루어지다.

kīla *m.* [〃] ① 핀. ② 기둥. ③ 막대기.

kīḷa *m.* [*sk.* kīṭa] 전갈.

kīḷaka *m.* [<kīḷā] 놀이꾼. 유희자.

kīḷati *adj.* [*sk.* krīḍati. krīḍ] ① 놀다. 장난치다. ② 즐기다. *pp.* kīḷita; *caus.* kīḷāpeti 놀게 하다. (뱀을) 훈련시키다.

kīḷanā *f.* [<krīḍ] ① 놀이. 게임. 오락. 유희. ② 스포츠.

kīḷā *f.* [<krīḍ] ① 놀이. 게임. 오락. 유희. ② 스포츠. kīḷā° -goḷa 놀이공. -goḷaka 놀이공. -nāvā 요트. -pasuta 노는 데 열중한. -bhaṇḍaka 장난감. -maṇḍala 놀이터. 운동장. -sālā 놀이집.

kīḷāpanaka *n. m.* [kīḷāpeti] ① 장난감. 완구. ② 놀이를 유도하는 사람.

kīḷikā *f.* [<kīḷā] ① 놀이. 유희. 오락. ② 축제.

kīḷita *adj. n.* [kīḷati의 *pp.*] ① 노는. 즐기는. ② 유희. 오락. ③ 축제.

kīvat. kīva *ind.* [*sk.* kiyant. kīvant] ① 어느 정도. ② 얼마만큼. ~ciraṁ 어느 정도 오래. ~dīghaṁ 어느 정도 길게.

kīvataka. kīvatika *adj.* [kīvatika] ① 어느 정도의. ② 얼마만큼의. kīvatika bhikkhū 얼마나 많은 비구스님이?

ku *ind.* ① [=ka. kā] 나쁜. 사악한. 악한. 작은. kukkucca 나쁜 짓함. 악작. kudāra 악처(惡妻). kudiṭṭhi. kumati 잘못된 견해. 악견. 사견. kunadī. kunnadī 작은 강. 개울. kipatha. kummagga 잘못된 길. 사로. 사도. ② [=kuha] 어디에. kuva. kutha. kuhiṁ 어디로. kudā = kadā 언제.

Kukuṭṭhā *f.* 꾸꿋타강. 가굴차하(迦屈嗟河)[강의 이름].

kukutthaka *m.* [*sk.* kukuṭaka] 꾸꿋타까[야생 꿩의 일종. Phadianus Gallus]

kukku *m.* [*sk.* kiṣku?] 완척(腕尺)[길이의 단위 =hattha=ratana] -kata 잠시의. 임시의.

kukkuka *adj.* [<kukku] 짧은. 완척(腕尺) 길이의. akukkuka 굉장히 큰. temporary

kukkucca *n.* [kukata-ya. *bsk.* kaukṛtya] ① 회한. 후회. ② 악행. 비행. 주저(躊躇). 악작(惡作). -nīvaraṇa 악행의 장애. 악작개(惡作蓋).

kukkuccaka *adj.* [kukkucca-ka] 후회하는.

kukkuccāyati [kukkucca의 *denom.*] ① 후회하다. 걱정하다. ② 의심하다. *cf.* kukkuccāyana. kukkuccāyitatta

kukkucciya = kukkucca

kukkuṭa *m.*[*sk.* kurkuṭa. kukkuṭa] 수탉. *f.* kukkuṭī 암탉. kukkuṭa° -aṇḍa 계란. -chāpaka 병아리. -patta 수탉의 날개. -potaka 병아리. -yuddha 닭싸움. 투계. -lakkhaṇa 닭으로 치는 점(占). -sampātika 많은 뜨거운 재가 퍼붓는 것[불의 상징으로 닭을 사용]. -sūkarā 닭과 돼지.

Kukkutārāma *m.* [kukkuta-ārāma] 꿋꾸따라마. 계림원(鷄林園).

kukkura *m.* [*sk.* kukkura] ① 개. ② 사냥개. 사나운 개. -vata. -sīla 개의 짓을 흉내 내는 것. 구계

(狗戒)[개가 하늘나라에 태어났다는 설화를 본받음]. -vatika 개의 짓을 흉내 내는 자. 구행자(狗行者). -saṅgha 사냥개의 무리.
kukkurinī *f.* [<kukkura] 암캐.
kukkuḷa *m* [*sk.* kukūla. kukkula] ① 뜨거운 재. 열회(熱灰). ② 뜨거운 유골. -vassa 많은 뜨거운 재의 지옥. 타다 남은 불의 지옥. 열회지옥(熱灰地獄). 활화지옥(活火地獄).
kukkusa *m adj.* [?] ① 겉겨의 붉은 가루. 겨. ② 잡색의. 얼룩진.
kukkuha *m* [〃] 물수리. 어응(魚鷹)[새의 이름].
kuṅkuma *n.* [〃] 사프란. 울금향(鬱金香).
kuṅkumin *adj.* [?] 안달하는. 안절부절 하는.
kuṅkumiya *n.* [?] 소동. 소란.
kucchi *f.* [*sk.* kukṣiḥ] ① 배[腹]. 복부. ② 빈 곳. ③ 자궁. 태(胎). -ṭṭha 자궁에 놓인. 태안에 있는. -ḍāha. -dāha 장의 염증. -parihārika 신체를 보양하는 것. -roga 복통. -vikāra 장의 이상. -vitthambhana 장의 운동을 지속시킴.
kucchita *adj.* [*sk.* kutsayita] ① 경멸받은. ② 무시당한.
kucchimant *adj.* [kucchi-mant] 임신한.
kuja *m* [〃] ① 대지의 아들. 화성(火星). -vāra 화요일(火曜日). ② 꾸자[나무이름].
kujati [<kujjati(?)] 구부러지다.(?)
kujana *adj.* [<kujati] 굽은.
kujja *adj. n.* [*sk.* kubja] ① 구부러진. 휘어진. ② 사곡(邪曲). 구부러진 것.
kujjhati [*sk.* krudhyate krudh] 화내다. 성내다. mā kujjhittha kujjhataṁ 화내고 있는 사람들을 화나게 하지 마라. *imp.* kujjha; *aor.* kujjhi. kujjhittha; *opt.* kujjhitabba; *abs.* kujjhatvā; *grd.* kujjhitabba; *ppr.* kujjhataṁ(*pl. gen.*); *pp.* kujjhita; *caus.* kujjheti. kujjhāpeti
kujjhana *adj.* [<kujjhati] 화난.
kujjhanā *f.* [<kujjhati] ① 화. 화냄. ② 화나게 함.
kujjhāpeti kujjheti. [kujjhati의 *caus.*] 화나게 하다. 분노하게 하다.
kuñca *m* [<kruñc] ① 닭의 울음소리. ② 코끼리의 울음소리. -kāra 암탉의 꼬꼬댁 우는 소리. -nāda 코끼리의 울음소리.
kuñcikā *f.* [〃] 열쇠.
kuñcita *adj.* [kuñc. kruñc의 *pp.*] ① 구부러진. ② 뒤틀린.
kuñja. kuñjara *m* [〃] 코끼리. -vara 위풍당당한 코끼리. -sālā 코끼리의 외양간.
kuṭa *m* [<kuṭ] 물주전자.
kuṭaka *m* [<kuṭ] ① 속임수. ② 사기.
kuṭaja *m* [〃] 꾸따자[나무의 이름. Wrightia Antidysenterica]. 뿌리의 일종.
kuṭati → kuṭikuṭati.
kuṭava *m* [<kuṭ] 둥우리.
kuṭi. kuṭī *f.* [〃] ① 방이 하나뿐인 거처. ② 오두막. 초가집. 모사(茅舍). kuṭi°-kāra 오두막을 지음. -dūsaka 오두막을 파괴하는. -puri 오두막. 초가집. 모옥(茅屋). -purisa 농부.
kuṭikā *f.* [*bsk.* 〃] 오두막. 소옥(小屋).
kuṭimbika *m* [<kuṭumba-ika] = kuṭumbika ① 지주. 재산가. ② 거사.
kuṭila *adj. n.* [〃] ① 구부러진. ② 굴곡. 왜곡. 사기. 파렴치. -bhāva 특성의 왜곡.
kuṭilatā *f.* [kuṭila] ① 구부러짐. ② 허위. 사기.
kuṭuñcaka = kaṭukañcuka
kuṭumba *n.* [〃] ① 재산. 부동산. ② 토지. ③ 가정(家庭). 패밀리.
kuṭumbika. kuṭumbiya *m* [<kuṭumba] = kuṭimbika ① 지주. ② 재산가. 거사.
kuṭṭa ① *m* [〃] 가루. 분말. ② *n.* =kuḍḍa
kuṭṭha [*sk.* kuṣṭhā *f.*] ① *n.* 나병. ② *m* 향료식물 [Costus Speciosus]의 일종.
kuṭṭhika. kuṭṭhin *adj. m* [<kuṭṭha] ① 나병을 지닌. ② 문둥병자. 나병환자.
kuṭṭhita *adj.* [kvath의 *pp.*] ① 뜨거운. ② 땀투성이가 된. ③ 녹은.
kuṭṭhilakā *f.* [?] 씨·열매의 외피.
kuṭhāri *f.* [*sk.* kuṭhāra] 도끼. 손도끼.
kuḍumalaka *m* [*sk.* kudmalka] ① 피고 있는 봉우리. ② 새로 나는 싹.
kuḍḍa. kuṭṭa ① *n.* [*sk.* kuḍya] 벽. 담장. 성벽. -nagaraka 도성의. -mūla 성벽. 장벽. ② *adj.* = kūṭa 간사한.
kuḍḍaka *adj.* [<kuḍḍa] 벽이 있는.
kuḍḍarājan. kuṭṭarājan *m* [kuṭṭa-rājan] 작은 왕. 소왕(小王).
kuṇa *adj.* [*sk.* kuṇi] 구부러진. 왜곡된.
kuṇapa *m* [〃] 시체. (짐승의) 사체.
kuṇalin *adj.* [*sk.* kuṇḍlin] 수축된. 비틀린.
kuṇāla *m* [〃] ① 인도산 뻐꾸기. 구나라(鳩那羅). 곽공(郭公). ② 히말라야 산에 있는 7개의 유명한 호수 가운데 하나. ③ 꾸날라[아쇼카 왕의 한 아들의 이름].
kuṇālaka *m* [<kuṇāka] 뻐꾸기. 구나라(鳩那羅). 곽공(郭公).
kuṇi *adj.* [〃] ① (팔이) 불구인. ② (팔이) 마비된. -hatthaka 손이 불구인 사람.
kuṇita. kuṇika = kuṇa
kuṇṭha *adj. m* [kuṇṭheti] ① 구부러진. (칼이) 무딘. ② 불구의. 절름발이의 -buddhika 의식불명

의. 인사불성의.
kuṇṭhita ① kuṇṭheti의 *pp.* ② -guṇṭhita ~으로 덮인.
kuṇṭheti [kuṇṭh] ① 구부리다. ② 불구로 만들다. *aor.* kuṇṭhesi; *pp.* kuṇṭhita.
kuṇḍa *adj. m.* [<kuḍ] ① 구부러진. ② 꿈치.
kuṇḍaka *n.* [〃] ① 겉겨의 붉은 가루. 인강(籾糠). ② 쌀가루. 미설(米屑). = kukkusa. -aṅgārapūva 쌀가루로 된 팬케이크. -khādaka 쌀가루를 먹는. -dhūma 붉은 겉겨 가루의 연기. -pūva 겉겨의 가루로 만든 케이크. -muṭṭhi 한 줌의 쌀가루. -yāgu 겉 겨의 가루로 된 죽.
Kuṇḍadhāna *m.* 꾼다다나. 군다다나(君多陀那)[사람의 이름].
kuṇḍala *n.* [*bsk.* 〃] 귀고리. -āvatta 나선(螺旋). 머리카락이 귀고리처럼 오른 쪽으로 도는 것. 모발우선상(毛髮右旋相)[三十二相·大人相].
kuṇḍalin *adj.* [kuṇḍala-in] 귀고리를 달은.
kuṇḍi. kuṇḍikā *f.* [<kuḍ] 용기. 단지. 물단지.
kuṇḍika *adj. m.* [<kuḍ] 구부리는. ahikuṇḍika 뱀을 부리는 사람.
kuṇḍitthānavana *n.* [kuṇḍitthāna-vana] 꾼딧타나 숲. 군지처림(軍持處林).
kutuka *adj.* [〃] 열망하는.
kutumbaka *m.* [?] 꾸뚬바까[꽃의 일종].
kutūhala *m. n.* [〃] ① 소동. ② 흥분. ③ 환희. -maṅgala 축제. 의식(儀式). -sālā 놀이방. 휴게실. 유예장(遊藝場). 논의당(論議堂).
kuto *ind.* [ku의 *abl.*] ① 어디로부터. ② 왜. 어떻게 해서. kutoci 어디로부터도. 결코.
kutta *n. adj.* [<kattā. *sk.* kṛttra] ① 행위. 아양. 교태. ② 정리된. 영위된.
kuttaka ① *n.* [?] 12명의 여자가 올라가 춤출 수 있을 정도로 큰 양탄자. ② *adj.* [*sk.* kṛtaka] ~인 체하는.
kuttama → uttama.
kutti *f.* [kutta] ① 정리. ② 조정. ③ 정비.
kuttha. kutra *ind.* [kattha. *sk.* kutra] 어디에.
kutthaka → koṭṭhuka.
kuthati [*sk.* kvathati kvath] ① 요리하다. ② 끓이다. 삶다. *ppr.* kuthanta; *pp.* kuthita.
kuthana *n.* [<kvath=kuth] ① 소화. ② 이해.
kuthārī *f.* [=kuṭhārī] 도끼. 큰 도끼.
kuthita *adj.* [kuthati의 *pp.*] ① 익은. 요리된. ② 소화된. ③ 괴로운. 번민하는.
kudaṇḍaka *m. adj.* [ku-daṇḍaka] ① 대중. 군중. ② 나쁜 몽둥이를 가진.
kudassu *interj.* [kud-assu] ① 확실히. 필시(必是). ② 아마도.
kudā *ind.* [=kadā] 언제. kudācanaṁ 언제라도. (부정과 함께) 결코.
kudāra *m.* [ku-dāra] 악처(惡妻).
kudiṭṭhi *f.* [ku-diṭṭhi] ① 그릇된 믿음. 잘못된 신념. ② 사견(邪見).
kuddāla *m.* [〃] ① 가래. 삽. ② 괭이. ③ 호미. -piṭaka 호미와 바구니.
kuddālaka = kuddāla.
Kuddālapaṇḍita *m.* [kuddāla-paṇḍita] 꿋달라빤디따. 조현인(助賢人)[사람의 이름].
kuddha *adj.* [kujjhati의 *pp.*] 화난. 성난. *nom. pl.* kuddhāse.
kudrūsa. kudrūsaka *m.* [?] 꾸두루싸[곡식의 일종. Paspalum Scrobiculatum].
kunta *m.* [*sk.* kunta 창?] 꾼따[새의 일종].
kuntanī *f.* [<kunta?] 마도요. 곡녹조(瞉祿鳥)[새의 이름].
kuntala *m.* [〃] 머리털.
kuntha *m.* [*sk.* kunta] 개미. -kipillikā 개미의 일종.
kunda *n.* [〃] 재스민. 군나화(軍那花). 소형(素馨)[식물의 이름. Jasminum Multiflorium].
kunnadī *f.* [kuṁ-nadī] ① 작은 강. ② 개울. 여울.
kupatha *m.* [ku-patha] 나쁜 길.
kupita *adj. n.* [kuppati의 *pp.*] ① 동요된. 혼란된. ② 화가 난. 격분한. ③ 동요. 혼란. ④ 격분.
kupurisa *m.* [ku-purisa] 악인. 나쁜 놈.
kuppa *adj. n.* [kuppati의 *grd.*] ① 흔들리는. 불안한. 동요되기 쉬운. ② 화냄. 성냄. 분노. -dhamma 동요되기 쉬운. 불안정한. -vimokkha 불안정한 해탈. 동해탈(動解脫).
kuppati [*sk.* kupyati. kup] ① 흔들리다. 방해받다. ② 화가 나다. *aor.* kuppi; *grd.* kuppa; *pp.* kupita; *caus.* kopeti.
kuppana *n.* [<kuppati] ① 동요. 방해. ② 화냄.
kuppila *m.* [〃] 꿉삘라[꽃의 일종].
Kubera. Kuvera *m.* [*sk. bsk.* Kuvera] =Vessavaṇa 꾸베라. 부(富)의 신. 북쪽을 지배하는 신. 야차의 왕. 구베라(俱吠羅) = 다문천(多聞天). 비사문천(毘沙門天)[신의 이름].
kubbati [=karoti] 하다. 행하다. *ppr.* kubbanta. kubbamāna.
kubbataṁ karoti의 *imp.*
kubbanaka *m.* [ku-vana-ka] 덤불[작고 비생산적인 숲].
kubbara *m.* [*sk.* kūbara] (수레의) 채. 나룻.
kubbaye. kubbe karoti의 *opt.*
kubbetha. kubbeyya karoti의 *opt.*
kubbāna karoti의 *ppr.*

kumāra *m* [〃] ① 소년. 동자. 청년. ② 아들. *f.* kumārī 소녀. -kīḷā 소년의 유희. -pañhā 소년에게 맞는 질문. -lakkhaṇa 동자가 치는 점괘.
Kumāra-Kassapa *m* [kumāra-kassapa] 꾸마라깟싸빠. 구마라가섭(鳩摩羅迦葉) [수행승의 이름].
kumāraka *m* [kumāra-ka] ① 소년. ② 청년. 젊은이. -vāda 소년과 같은 말.
kumārikā. kumāriyā. kumārī *f.* [<kumāra] ① 소녀. 동녀. ② 처녀. -pañha 영적인 소녀로부터 신의 말을 얻음.
kumina *n.* [?] 물고기그물. 어망(漁網).
kumuda *n* [〃] ① 흰 연꽃. 백련화. 홍련화. 구물두화(鳩勿頭華). ② 꾸무다지옥. 홍련지옥. ③ 큰 수(數). -naḷa 연꽃줄기. -patta 흰 연꽃잎. -bhaṇḍikā 꾸무다반디까[곡식의 일종]. -vaṇṇa 흰 연꽃색의. -vana 많은 백련화의 무리.
kumbha *m* [〃] ① 병. 단지. 물단지. 옹기. 도기. 들통. ② 코끼리의 얼굴 앞의 공[장식물]. -ûpama 옹기의 비유[우리 자신의 신체를 옹기에 비유하는 것]. -kāra 도공. 옹기장이. -kārasālā 도기제조소. -kārikā 큰 토기. -ṭṭhānakathā 우물에서의 잡담. -thūṇa 북·장구의 일종. -tthenaka 단지를 이용하는 도둑[단지 밑에 촛불을 감추고 물건을 훔침(?)]. -dāsī 물긷는 여자노예. 물긷는 하녀. -dūhana 들통 안에 젖을 짜는. 한 들통의 우유를 주는. -bhāramatta 단지를 유지할 수 있을 만한. -matta 단지 크기의.
kumbhaka *n.* [〃] (배의) 돛대. 석주.
kumbhaṇḍa *m* [kumbha-aṇḍa] ① 꿈반다. 구반다(鳩槃茶). 옹형야차(甕形夜叉)[항아리 같은 고환을 가진 야차]. ② *n.* 박의 일종. 동과(冬瓜). *f.* kumbhaṇḍī.
kumbhī *f.* [<kumbha] ① 가마솥. ② 크고 둥근 단지. -aggadāna 요리단계의 첫 번째 것의 보시. -mukha 단지의 테두리.
kumbhīla = kumbhīra *m* [〃] 악어. 교룡(蛟龍). 대신어(大身漁). 궁비라(宮毘羅). 구비라(拘毘羅)[선박마저 삼켜버리는 탐욕적이고 악마적인 거대한 신화적 물고기]. -bhaya 교룡에 대한 공포. -rājā 교룡의 왕.
kuṁbhīlaka *m* [<kumbhīla] 악어새[새의 일종].
kumma *m* [*sk.* kūrma] 거북이.
kummagga. kumagga *m* [kumagga] ① 부정한 길. ② 사도(邪道).
kummāsa *m* [*sk.* kulmāṣa] 응유(凝乳)의 일종 [odana와 함께 사용].
kummiga *m* [?] 꿈미가[꽃의 일종].
kura *n.* [*sk.* kūra] = kūra 밥.
kuraṇḍaka *m.* [*sk.* kuraṇṭaka] 황색의 계두(鷄頭). 홍색화(紅色花). 구란다(俱蘭陀). 구란다(俱蘭茶)[식물의 이름. 관목과 그 꽃].
kurara *m.* [〃] 물수리[새의 이름] = ukkusa.
kuravaka *m* [〃] = bimbijāla 심홍현(深紅莧). 구라바겁화(具羅波劫花)[나무의 일종].
Kuru *m* [〃] 꾸루. 구로(俱盧)[十六大國의 하나. 수미산의 북방주]
kuru. kurutu. kurutaṁ karoti의 *imp.*
kuruṅga *m* [*sk.* kuluṅga. kulaṅga] 영양(羚羊)의 일종. -miga 사슴의 일종.
kuruṭṭharū *m* [*cf. sk.* kurūru] 심하게 곪은 상처.
Kurundī *f.* [?] 꾸룬디의소[율장에 관한 주석서로 현존하지는 않음].
kurumāna karoti의 *ppr.*
kururaṭṭha *n.* [kuru-raṭṭha] 꾸루 족의 왕국.
kuruvindaka *m* [〃] ① 주색안료. 주사(朱砂). ② 주색안료로 만든 가루비누. -suttī 주색안료가 도포된 한 줄로 꿰어진 구슬.
kuruse. kurute. kurumhe karoti의 *pres. med.*
kurūra *adj.* [*sk.* krūra] ① 잔혹한. 사나운. ② 지독한 냄새가 나는. -kamma 흉악. 잔인. -kammanta 잔혹한 직업에 종사하는.
kurūrin = kurūra.
kula *n* [〃] ① 가족. 가정. 가문. ② 계급. -aṅgāra 가정을 파탄시키는 자. -itthī 훌륭한 가문의 여인. -ûpaka. -ûpika. 보시를 행하는 시주. 단월(檀越). -ûpaga 속인의 가정을 자주 방문하는 자. -gandhana 가정을 파탄시키는. -geha 아버지의 집. -gharaṇī 가정의 부인. 아녀자. -tanti 가문의 전통. 가계(家系). -dattika. dattiya 가문이 물려준. -dāsī 훌륭한 가정의 여자노예. -dūsaka 집안을 불명예스럽게 만드는 자. -dvāra 가정의 문. 가문(家門). -dhitā 훌륭한 가문의 딸. 선여인(善女人). -padesa 가문의 계급·입지. -paveṇī 혈통. 가계(家系). -pasāda 가문이 물려준 은혜. -putta 자손(子孫). 훌륭한 가문의 아들. 선남자(善男子). -macchariya 가문에 대한 인색. 가간(家慳)[가문에 대한 인색을 가진 수행승은 자신에게 봉사하는 가문에 다른 수행승이 그 가문에 들어가는 것을 꺼림. 보시하지 못하게 하는 다섯 가지 인색의 하나]. -vant 훌륭한 가문의. 좋은 가문의. 귀족. -vaṁsa 가계(家系). 자손. -visesa 부족(部族). 씨족(氏族). -santaka 가문에 속하는. 가문의 재산.
kulaṅkapādaka *n.* [kulaṅka-pādaka] ① 나무 받침대. ② 버팀벽.
kulattha *m* [〃] ① 살갈퀴. 살갈퀴 속의 각종 초본[가축사료용]. ② 완두(豌豆). 대두(大豆)[Do-

lichos Uniflorus].
kulala *m* [*cf.* *sk.* kurara] ① 독수리. ② 매[鷹]. 솔개. 연(鳶).
kulāla *m* [〃] 도공. 옹기장이. -cakka 도공의 바퀴. 녹로. -bhājana 도공의 그릇.
kulāvaka *n.* [*sk.* kulāya] 둥우리. 새집.
kulika *adj.* [kula] 가정(가문)에 속하는. agga° 훌륭한 가문의.
kuliṅka. kuliṅga *m* [〃] 백로조(伯勞鳥)[참새(雀)의 일종].
kulin. kulīna *adj.* [<kula] 가문있는. 출신계급의. kulīna°-jana 귀족(貴族). -mandira 귀족의 저택.
kulisa *n* [*sk.* kuliśa] ① 전광. 번개. ② 철퇴. 금강저(金剛杵).
kulīra. kulīraka. kuḷīra *m* [*sk.* kulīra] 게[蟹].
kuluṅka *m* [<kuliṅka] 꾸룽까[작은 새의 일종]. *cf.* kuliṅka.
kulla ① *m* [*sk.* kulya] 뗏목. -ūpamā 뗏목의 비유. ② *adj.* [*sk.* kaula<kula-ya] 가문의. 가족의.
kullaka *m* [kulla-ka] ① 바구니. 광주리. ② 바구니세공. ③ 뗏목의 일종. -vihāra 뗏목을 찾은 사람과 같은 상태. 좋은 가문의. 예의바른. -saṇṭhāna 뗏목처럼 식물의 줄기를 엮어서 만들어진.
kuḷīra *m* [=kulīra] 게[蟹].
kuvaṁ *ind.* [ku-vaṁ] 어디에.
kuvalaya *m* [〃] 수련(睡蓮).
kuvilāra = koviḷāra.
Kuvera. Kuvela. Kuver *m* [〃] 부의 신. 북쪽을 지배하는 신. 야차의 왕.
kuvejja *m* [ku-vejja] 가짜 의사. -kamma 경험주의. 실증주의.
kusa *m* [*sk.* kuśa] ① 꾸싸풀. 구사(拘舍). 길상초(吉祥草). -agga. -kaṇṭhaka 풀잎의 날끝. -cīra 풀로 만든 옷. 초의(草衣). -pāta 길흉을 점치기 위해 풀로 만든 제비를 던지는 것. -muṭṭhi 한 줌의 풀. ② 꾸싸. 고시(姑尸)[왕의 이름].
kusaka = kusa.
kusala *adj.* *n.* [*sk.* kuśala] ① 영리한. 능숙한. 숙련된. 유능한. ② 착한. 좋은. 유익한. 훌륭한. 승묘한. 착하고 건전한. ③ 선(善). 착하고 건전한 행위. -âkusala 선과 불선. 선불선(善不善). -ânvesin 착하고 건전한 것을 구하는. -âbhisanda 착하고 건전한 것의 넘침. -kamma 착하고 건전한 행위. 선업(善業). -kammapatha 착하고 건전한 행위를 지향하는 길. 선업도(善業道). -cittā (*pl.*) 착한 마음. 선심(善心). -cetanā 착한 의도. 선사(善思). -ttika 세 가지 착하고 건전한 것. 삼선(三善). -dhammā(*pl.*) 착하고 건전한 것들. 선법(善法). -pakkha 장점을 지닌 것. 착한 성품을 지닌 것. -pakkhika 착한 성품을 지닌. 선우(善友). -bhāgiya 선법의 부분. -macchariya → kulamacchariya. -mūla 선의 뿌리·기초. 선근(善根). -rāsi 선의 축적·더미. 선중(善衆). 선취(善聚). -vitakka 선한 사유. 선심사(善尋思). -vipāka 선한 결과를 가져오는. 선이숙(善異熟). -vipākacitta 선한 결과를 가져오는 마음. -vedanā 좋은 느낌. -sīla 착하고 건전한 성품을 지닌 훌륭한 생활태도.
kusalatā *f.* [kusala의 *abstr.*] ① 영리함. ② 재주. 솜씨 있음. 선교(善巧).
kusalī *f.* [kusala의 *f.*] 착하고 유능한 여자. 선교녀(善巧女).
kusā *f.* [<kusa] 밧줄.
Kusāvati *f.* 꾸싸바띠. 구사바데(拘舍婆提)[도시의 이름].
Kusinārā *f.* Kusinagara *n.* [*bsk.* Kuṣinagara] 꾸씨나라. 구시나갈라(拘尸那竭羅)[Mallā 족의 都市로 釋迦牟尼가 入滅한 곳].
kusi *n.* [?] 승복의 가로로 꿰맨 (네 개의) 솔기·봉합선. 대단(大壇).
kusīta *adj.* [*sk.* kusīda] ① 게으른. ② 활발하지 못한. *cf.* kosajja-vatthu 나태의 토대. 해태사(懈怠事).
kusītatā *f.* [kusīta의 *abstr.*] 게으름. 나태. 해태(懈怠).
kusuma *n.* [〃] 꽃. vimutti° 해탈의 꽃. -tthabaka 꽃다발.
kusumita *adj.* [<kusuma] 꽃이 만발한.
kusumbha. kosumbha *n.* [*sk.* kusumbha] 홍람(紅藍). 적화(赤花). 잇꽃[식물의 이름].
kusūla *m* [〃] 곡물창고.
kussubbha. kussobbha *n.* [kusobbha. *sk.* kuśvabhra] 작은 연못. 작은 웅덩이. 소지(小池).
kuha *adj.* [〃] 거짓의. 사기의. 궤변의. akuha 정직한.
kuhaka *adj.* [kuha-ka] 사기의. 속이는. 궤변의.
kuhanā *f.* [<kuha] ① 사기. 위선. 궤변. ② 협박. -vatthūni(*pl.*) 사기의 종류. 기만의 토대.
kuhara *n.* [<kuha] 구멍.
kuhiṁ *ind.* [<ku] 어디로. kuhiñcanaṁ 어디로라도. 어디에라도. na kuhiñci 어디에도 ~없다.
kuhilikā (*pl.*) [*sk.* kuhali] 꾸힐리까. 구장(蒟醬)[꽃의 일종].
kuhīyati. kuhūyati [?] 기뻐하다. pahaṁsīyati. kuhīyati 환희하고 기뻐하다.
kuheti [kuha의 *denom.*] 속이다. *abs.* kuhitvā.
kūjati [kuj. guj] (새가) 노래하다. 짹짹 울다. *pp.* kūjita. *ppr.* kūjanta

kūjana *n.* [<kūjati] 새가 짹짹 울기.

kūṭa [〃<kuṭ] ① *adj.* 속이는. 사기의. 거짓된. 간사한. -aṭṭa 그릇된 청원. -ôpāya 잔꾀. 간계(奸計). -kaṇṇa 꾸따깐나[인명]. -jaṭila 삿된 고행자. -māna 그릇된 측정. -vāṇija 가짜상인. 속이는 상인. -vinicchayikatā 거짓말. -vedin 비방자. ② *m n.* [〃] 정상. 뾰족탑. 지붕. 첨정(尖頂). 용마루. 루(樓). 산정(山頂). -aṅga 어깨. -âgāra 뾰족탑이 있는 건물. 궁전. 중각(重閣). -(ṅ)gama 지붕(정상)을 향하는. -ṭṭha 똑바로 서있는. 움직일 수 없는. -poṇa → goṇa ③ *adj.* [〃<kuṭ] 뿔이 잘린 해롭지 않은. -goṇa 뿔이 잘린 소. ④ *n.* [<kuṭ *cf. sk.* khaḍga] 망치. 철추(鐵鎚).

kūṭadanta *adj. m* [kūṭa-danta] ① 뻐드렁니를 지닌. 날카로운 이발을 지닌. ② 꾸따단따. 구라단두(究羅壇頭)[婆羅門의 이름].

kūṭeyya *n.* [kūṭa ① -ya] 사기. 기만.

kūpa *m* [〃] ① 구덩이. 구멍. ② 우물. -khaṇa 구덩이를 파는 자. -tala 구덩이의 밑 부분.

kūpaka ① = kūpa ② 돛대.

kūra *n.* [〃] 밥. 반(飯).

kūla *n.* [〃] ① 경사면. 비탈. ② 둑. 제방. 언덕. enīkūlasmiṁ 애니 강의 언덕에서.

kekā *m* [?] ① 께까[나무의 일종]. ② 두견화(杜鵑花)[koka를 잘못 읽었을 경우].

kekara *m* [〃] 사팔뜨기.

kekā *f.* [〃] 공작새의 울음소리.

keṭubha. keṭubha *m* [*sk. bsk.* kaiṭabha. kaiṭabha. kauṭubha] 바라문의 의궤(儀軌). 의궤론(儀軌論). 의식서(儀式書).

keṭubhin *adj. m* [?] ① 거짓의. ② 사기꾼. 혹세자. 위선자.

keṇipāta *m* [*sk.* kenipāta] (배의) 키. 방향타.

ketaka *m* ketakī *f.* [〃] 판다너스[열대식물·꽃의 이름. Pandanus Odoratissismu].

ketana → saṅketana

ketava *n.* [?] 악당근성(惡黨根性).

ketu *m* [〃] ① 광선. ② 기(旗). 깃발. -kamyatā 과시욕. -mālā 광명의 화관.

ketuṁ kayati의 *inf.*

ketubha = keṭubha

ketumant. ketuvant *adj.* [<ketu] 깃발이 있는. 깃발로 장식한.

kedāra *m n.* [〃kedāra<kṣvid(?)] 경작지. 밭. 논[畓]. 논밭. 전답(田畓). -koṭi 밭의 끝·모퉁이. -pāḷi 밭둑. 밭두둑. 논둑. 논두둑.

kena *pron.* [ka의 *abstr.*] ① 누구에 의해. ② 무엇에 의해. 무엇 때문에. 왜. kenaci 누구든지에 의해. 무엇이든지 의해.

kenipāta = keṇipata

kebuka *m* [kedvudka<*sk.* kṣvid-udaka] ① 물. ② 강. 하천.

keyūra *n.* [=kāyūra] 팔찌.

keyūrin *adj.* [keyūra-in] 팔찌를 찬.

keyya *adj. m* [kayati의 *grd.*] ① 팔려고 내놓은. ② 매물(賣物).

kerāṭika. kerāṭiya *adj.* [<kirāṭa] ① 사기의. 거짓의. ② 위선적인.

kelisā *f.* [keḷi의 *pl.*의 *misr.*] 장애들. 욕망들.

keḷanā *f.* [?<kilissati<kheḷana] 탐욕. 이기심.

keḷayati = keḷāyati.

Keḷāsa *m* [*sk.* Kailāsa] 껠라싸[설산의 한 산이름].

keḷāyati [kīḷā의 *denom.*] = keḷayati. ① 꾸미다. ② 귀여워하다. 애무하다. ③ 소중히 하다. ④ 자랑하다. *pp.* keḷāyita

keḷāyana *n.* [<keḷāyati] ① 장난끼 있음. ② 불안정(不安定).

keḷi *f.* [<krīḍ] ① 놀이. 게임. 오락. 도박. ② 욕망. 집착. 사기. 동요. cittakeḷiyo 마음의 장애들. -maṇḍala 놀이판. 서양장기. -sīla(ka) 신뢰할 수 없는. 거짓의.

keḷinaṇḍala *m* [keḷi-maṇḍala] 주사위 놀이판(?).

kevaṭṭa *m* [*sk.* kevarta. kaivarta] 어부(漁夫). -dvāra 께밧따[베나레스(Bmares)에 있는 문의 이름. 베나레스 부근의 마을이름].

Kevaddha *m* 께받다. 견고(堅固)[거사의 이름].

kevala *adj.* [〃] ① 혼자의. 독존(獨存)의. 절대적인. ② 전체의. 완전한. *acc.* kevalaṁ *adv.* 단지. 다만. 순전히. 오직. -kappa 겁. 전체. 전체의 겁. -kappaṁ 전면적으로. -paripuṇṇa 완전성이 성취된.

kevalin *adj.* [kevala-in] ① 혼자 있는. 독존하는. 완전한. ② 아라한(阿羅漢).

kesa *m* [*sk.* keśa] 머리카락. 두발. 털. 모발(毛髮). kesoropaṇasatthaka 머리카락·털을 자르는 칼. 면도칼. kesohāraka 이발사. -kambala 머리카락으로 만든 담요. 모포(毛布). -kambalin 머리카락으로 만든 담요를 두르는. 털옷을 입은 사람. 께싸깜바린[六師外道 가운데 한 사람]. *cf.* Ajita-Kesakambalin. -kalāpā(*pl.*) 아름답게 땋은 머리. -kalyāṇa 머리의 아름다움. -dhātu (부처님의) 머리카락 유물. 발사리(髮舍利). -nivāsin (아귀의) 머리카락으로 덮인. -massulocaka 털과 수염을 뽑은 수행자. 발빈발행자(拔鬢髮行者). -sobha 머릿결의 아름다움. -hattha 머리카락의 타래.

kesayati [kisa의 *denom.*] 여위게 하다.

kesara *n.* [〃] ① (동물) 갈기. ② 수술. 화사(花絲). -bhāra 부채의 일종. -sīha 갈기가 있는 사자(獅子).

kesarin *adj. m.* [kesara-in] ① 갈기가 있는. ② 사자(獅子). 사자군진(獅子軍陣)[軍陣의 이름].

kesava *adj. m.* [<kesalin] ① 많은 (아름다운) 머리카락을 지닌. ② 비슈누신.

kesika *adj.* [<kesa] 머리카락·털이 많은.

kesin *adj.* [kesa-in] 머리카락이 있는. 모발이 있는. *f.* kesinī. kesī.

ko *pron.* [ka의 *m*] 누가. koci 누구든지가.

koka *m* [*sk.* koka '두견새'] ① 늑대. 이리. ② 나무의 이름[Phoenix Sylvestris]. ③ 두견새.

kokanada. kokanuda *n.* [〃] 홍련. 홍련화.

kokāsaka. kokāsika *m* [<koka] 홍련. 홍련화.

Kokālika *m* 고깔리까. 구가리가(拘迦利迦) [사람의 이름].

kokila *m* [〃] 인도 뻐꾸기. 구지라(瞿枳羅). 황조(黃鳥). 호성조(好聲鳥).

koca [<kuc] → saṅkoca.

koci *pron.* [ko-ci] 어떤 누구든지.

koccha *n.* [〃] ① 등나무 의자. 풀방석. 좌욕(坐褥). ② 빗. 즐(櫛).

koja *n.* [= kavaca] 갑옷. 쇠사슬 갑옷.

kojava. kojavaka *m* [?] 양털로 만든 장식용 침대의 덮개.

koñca *m* [*sk.* krauñca] 왜가리. 백로(白鷺). -nāda. -rāva 코끼리의 울부짖음[왜가리의 울부짖음과 유사]. -vādikā 새의 일종.

koṭa *m* [<kūṭa] 꼭대기. 정상. 포인트. -pabbata 정상의 산.

koṭacikā *f.* [<kāṭa] 여성의 성기. 암컷의 기관.

koṭi *f.* [〃] ① 꼭대기. 포인트. 정상. 클라이맥스. 점. 끝. 궁극. 가시. -gata. -ppatta '끝까지 간' 완전. 열반. ② 일천만. 억(億). 구지(俱胝). -ppakoṭi 억조(億兆). -lakkha 십억. 조.

koṭika *adj.* [koṭi-ka] ① 포인트를 지닌[이빨과 관련하여]. ② 끝을 지닌. 클라이맥스의. āpāna-koṭika 삶의 끝까지 지속하는. ③ (양) 극단에 대한. unhatokoṭikapañhā 양변(兩邊 : 과거와 매래)에 대한 질문.

koṭin *adj.* [<koṭi] 끝을 목표로 한. 목표를 위한.

koṭilla *n.* [<kuṭila] ① 굽어 있음. 굴곡. ② 왜곡. 사기. 파렴치.

koṭisimbalin. kūṭasimbalin *m* [koṭi-simbalin] 꼬띠심발리[阿鼻地獄의 가시 있는 붉은 솜나무].

koṭumbara *n.* [*bsk.* kauṭumba] 꼬뚬바라[꼬뚬바 왕국에서 생산되는 천의 일종].

koṭṭa *adj.* [?] 파괴하는. *cf.* koṭṭha.

koṭṭana *adj.* [<koṭṭeti] ① 분쇄. 빻기. ② (맷돌에) 갈기.

koṭṭima *m* [?] 분쇄된 돌의 바닥 또는 옷의 종류(?).

koṭṭeti [<kuṭ] ① 때리다. 부수다. 분쇄하다. 빻다 ② 갈다. ③ 자르다. *pp.* koṭṭita; *caus.* koṭṭāpeti

koṭṭha *m n.* [*sk.* koṣṭha] ① 위(胃). 배[腹]. ② 승려의 방. 혈장(穴藏). ③ 창고. 헛간. ④ 벽을 둘러싸인 장소. ⑤ 칼집(asikoṭṭha). -aggadāna 보관단계의 첫 번째 것의 보시. -aṭṭhi 복부의 뼈 -abbhantara 내장(內臟). -âgāra 창고. 보고. 곡창. 저장실. -âgārika 창고지기. 창고관리자. 재산의 축적자. -āsa 몫. 부분. 분할(分割). ⑥ [*sk.* kuṭṭha] *m* 꼿타[새의 이름. 딱따구리(?). ⑦ 꼿타[나무의 이름. Costus Speciosus(?)]

koṭṭhaka ① *n.* [=koṭṭha] 작은 창고. 대문. 작은 집. 낭하(廊下). ② *m* 참새[새의 이름].

koṭṭhalī → kotthalī.

koṭṭhu. koṭṭhuka *m* [*cf. sk.* kroṣṭu] = kotthu. 승냥이. 재칼. 야호(夜狐). 야간(野干). 호랑(狐狼).

koṭṭheti → koṭṭeti.

koṇa *m* [〃] ① 구석. 끝. -gatarekhā 대각선(對角線). -racchā 교차로(交叉路). ② 활. 악기의 채.

Koṇāgamana *m* 꼬나가마나. 구나함불(拘那含佛)[過去佛의 이름].

koṇṭa. koṇḍa *m* [?] 악습을 가지고 있는 사람.

koṇṭha *m* [?] 신체·정신의 장애자.

Koṇḍañña *m* [*bsk.* Kauṇḍinya] 꼰당냐. 교진여(憍陳如)[최초의 五比丘 가운데 한분]. = Añña-Koṇḍañña.

Kotigāma *m* 꼬띠가마. 구리촌(拘利村).

Kotūhaka *m* 꼬뚜하까[미음장자(美音長者)의 전신(前身)]. *cf.* Ghosiṭa.

kotūhala *n.* [*cf. sk.* kautūhala] ① 축제의 홍분. ② 야단법석. 축제. -maṅgala 축제. -maṅgalika 축제기분의. 미신적인. -sadda 축제소동에서의 외침.

kotthalī. koṭṭhalī *f.* [?] 자루.

kotthu *m* [*cf. sk.* kroṣṭu] = koṭṭhuka.

kodaṇḍa *n.* [〃] 석궁(石弓)

kodumbara = koṭumbara

kodha [*sk.* krodha<krudh] 화. 성냄. 분노. 진에(瞋恚). -âtimāna 분노와 자만. -upāyāsa 분노에 사로잡힌 상태. 분노의 고뇌. 분뇌(忿惱). 분에상(忿恚相). -upāyāsin 분노에 사로잡힌 사람. -garu 화를 좇는. -paññāṇa 분노의 본질을 아는. -bhakkha 분노를 음식으로 하는 자[야차]. -vi-

naya 분노의 제어.
kodhana *adj.* [<kodha] ① 화가 난. 분노에 찬. ② 쉽게 화를 내는.
Konāgamaṅa = Koṇāgamana
konta *m.* [*cf.* kunta] 깃발. 기(旗).
kontāmant *adj. m* [?] = cammakāra ① 가죽무기를 만드는. ② 피혁공(?).
kopa *m.* [<kup] 심술. 분노. 원한. 진에(瞋恚). -antara 품성이 나쁜 자.
kopaneyya *adj.* [<kup] 화를 잘 내는.
kopāviṭṭha *adj.* [kopa-āviṭṭha] 화를 낸. 분노한.
kopin *adj.* [<kopa-in] 심술궂은. 성품이 나쁜.
kopīna *n.* [*cf. sk.* kaupīna] 허리에 걸치는 간단한 옷·천. -niddaṁsanin. -niddaṁsin 성기를 가리는 옷을 제거한. 부끄러운 줄 모르는. 부정한. 뻔뻔스러운.
kopeti [kuppati. kup의 *caus.*] ① 동요시키다. 흔들다. ② 방해하다.
komala *adj.* [=kamala] 부드러운. 매력적인.
komāra *adj.* [<kumāra] ① 소년의. ② 소녀의. ③ 아동의. 청소년의. -pati 소녀의 남편. -brahmacariyā 순결서약의 실천. 불음(不淫). -bhacca 소아과의. 꼬마라밧차[왕자에 의해 부양된 : 名醫 지바까(Jīvaka)를 이름].
komāraka *adj.* [komāra-ka] 어린. 소년의.
Komārabhacca *m.* [komāra-bhacca] 의사 지바까(Jīvaka)를 별칭.
komārikā. komārī *f.* [komāra(ka)의 *f.*] 소녀. 처녀(處女).
komudī *f.* [<kumuda. *sk.* kaumudī] 달빛.
koraka *m n.* ① [〃] 싹. 눈. 봉오리. ② 칼집. 덮개.
korakita *adj.* [<karaka] 싹으로 가득 찬.
korajika. korañjika *adj.* [ku-raj-ika] ① 영향을 받은. ② 홍분을 잘 하는. ③ 얼빠진.
koraṇḍaka *m.* [=kuraṇḍaka] 꼬란다까[관목의 일종과 그 꽃].
Korabya *m.* [*sk.* Kauravya] 꾸루(Kuru) 족의 자손(子孫).
koriyā *f.* [?] 암탉.
kola *m n.* [〃] 대추. -aṭṭhi 대추씨. -mattiyo(*pl.*) 대추열매 크기의 것들. -rukkha 대추나무. -sampāka 대추 즙으로 만든.
kolaka *n.* [<kola] 후추[향신료의 일종].
kolaṁkola. kolaṅkola [kulaṁ-kula] 고귀한 가문에서 고귀한 가문으로 태어나는 님. 가가자(家家者)[두 번이나 세 번 훌륭한 가문에 유전윤회하고 나서 괴로움의 소멸을 이루는 님으로 豫流者].
kolañña *adj.* [<kula] (좋은) 가문에서 태어난.

kolaputti = kulaputta
kolaputtika *adj.* [kulaputta-ika] 선남자(善男子)에 속하는.
kolamba. koḷamba *m* [?] ① 단지. 항아리. ② 그릇.
kolāhala *n.* [〃] ① 외침. 선언. ② 소란. 소동. 조짐. ③ 흥분.
kolika = koḷikā
Kolita *m.* 꼴리따. 구리다(拘利多. 拘離多)[수행승의 이름].
koliya ① *adj.* [kola-iya] 대추의. ② *m* [*sk.* kaulya] 꼴리야. 구리족(拘利族)[종족의 이름].
kolīniya *adj.* [<kula] 가문이 좋은. *f.* kolīniyā 훌륭한 가문의 (여인).
koleyya. koleyyaka *adj.* [*sk.* kauleya] ① 고귀한. 훌륭한 가문의. ② 좋은 품종의.
koḷāpa. kolāpa *adj.* [<*sk.* koṭara] ① 생기가 없는. 마른. 수액(樹液)이 없는. ② 속이 빈 (나무). *cf.* koṭara.
koḷikā. kolikā *f.* [kola-ika] (대추모양의) 종기.
kovida *adj.* [<ku-vid] ① 영리한. ② 정통한. ③ 현명한. akovida 무지한.
koviḷāra *m* [*sk.* kovidāra] 꼬빌라라. 흑단(黑檀). 구비다라수(俱毘陀羅樹)[신의 세계에 있는 나무이름. Bauhinia Variegara]. -puppha 꼬빌라라의 꽃.
kosa ① *m* [*sk.* kośa. koṣa] 창고. 보고. 덮개. 봉투. 그릇. 고치. 누에고치. -ārakkha 보물창고의 파수병. -ohita 덮개로 덮인. -kāraka 누에고치를 만드는 자. 누에. -koṭṭhāgāra 보고(寶庫)와 곡창. -maccha 갑각류물고기. ② *m* [*sk.* krośa] 꼬싸. 구로사(俱盧舍)[1/4 由旬].
kosaka *m n.* [<kosa] ① 발우. ② 작은 상자.
kosajja *n.* [kusīta-ya. *sk. bsk.* kauśīdya] 게으름. 나태.
kosaphala *n.* [kosa-phala] 육두구(肉荳蔲)[둥글고 작고 향기가 좋은 인도산 상록수의 씨].
kosamattha *adj.* [ka-samattha] ① 누가 ~할 수 있는. ② 누가 ~적당한.
Kosambaka. Kosambika. Kosambiya *adj.* [<kosambī] 꼬쌈비의.
Kosambī *f.* [*sk.* Kauśāmbī] 꼬쌈비. 교상미(憍賞彌)[방싸(Vaṁsa) 국의 수도].
Kosala *m* [*sk.* Kauśala] 꼬쌀라. 구살라(拘薩羅). 교살라(憍薩羅)[중앙인도의 서북지역 국가. 十六大國의 하나. 수도는 Sāvatthi].
kosalla *n.* [kusala-ya. *sk.* kauśalya] 능숙. 숙련. 선교(善巧). 예술(藝術). -dīpaka 예술적인.
kosātakī *f.* [*sk.* kośītakī] 꼬싸따끼[열매를 먹을

수 있는 덩굴식물 일종. Luffa Acutangula]. 만초(蔓草). 호로(葫蘆)[덩굴식물의 일종]. -bīja 꼬싸따끼의 씨.
kosika. kosiya ① *m.* [*sk.* kauśika] 올빼미. ② = koseyya.
Kosika. Kosiya *m.* [*sk.* Kauśika] 꼬씨까. 꼬씨야. 구익(拘翼)[제석천의 별칭]
kosināraka *adj.* [kusinara-ka] 꾸씨나라의.
kosī *f.* [kosa] ① 칼집. ② 덮개.
kosumbha → kusumbha.
koseyya *adj. n.* [<kosa. *sk.* kauśeya] = kosiya ① 비단으로 만든. ② 명주. 비단. -pāvāra. -vattha 비단옷. -missaka 비단실을 혼합한.
kosohitavatthaguyha *n.* [kosohita-vattha-guyha] 음부가 말처럼 감추어진 것. 마음장상(馬陰藏相)[三十二相의 하나].
kohañña *n.* [kuhanā-ya] ① 거짓. 사기. ② 위선.
kriyā = kiriyā.
klama = kilama.
klesa = kilesa.
kva. kvaṁ = kuva. kuvaṁ *adv.* 어디에.
kvaci = kuvaci *adv.* 어딘가에. 어디에서라도.
kvaṇ *ind.* [*onomat.*] 소리의 일종.

Kh

kha ① 자음·문자 kh의 이름. ② *n.* [〃] 공간. 하늘. -ga 새. ③ *adj.* 빈. 텅 빈.

khakāra *m.* [kha-kāra] ① kh의 문자·음소. ② kha 어미. -āgama kh의 문자·음소의 추가. -ādesa kh의 문자·음소의 대체. -lopa kh의 문자·음소의 제거.

khagga *m.* [*sk.* khaḍga] ① 칼. -gāha 칼을 잡은 자. -dhara 칼을 지닌 자. ② 무소. 코뿔소. -visāṇa 무소뿔. 코뿔소의 외뿔. -visāṇakappa 코뿔소의 외뿔. 무소뿔의 비유. 무소뿔과 같은. 서각유(犀角喩).

khacati [khac] ① 상감세공(象嵌細工)으로 장식하다. ② 박아서 아로새겨 넣다. *aor.* khaci; *pp.* khacita.

khacana *n.* [<khacati] 상감(象嵌).

khacita *adj.* [khacati의 *pp.*] 상감세공을 한. 상감으로 장식된.

khajja. khajjaka *adj. n.* [khajjati의 *grd.*] ① 씹어먹어야 할. ② 단단한 음식. 경식(硬食).

khajjati [khādati<khād의 *pass.* =khādiyati] ① 먹게 되다. 다 먹게 되다. 삼켜지다. ② 소모되다. *ppr.* khajjamāna.

khajjara *m.* [?] 쐐기벌레. 모충(毛蟲).

khajju *f.* [kharju] 가려움. 가려움증.

khajjūrī *f.* [kharjurī] 대추야자.

khajjopanaka. khajjūpanaka *m.* [<*sk.* kha-dyota] '공간을 비추는 것' 개똥벌레.

khañja *adj. m.* [〃] ① 절름발이의. ② 절름발이. 파자(跛者).

khañjati [khañja의 *denom.*] 다리를 절다.

khañjana ① *n.* [<khañjati] 발을 절기. 파행(跛行). ② *m.* 할미새.

khaṭakhaṭa *m.* [<*sk.* khaṭa(?)] ① 헛기침소리. ② 나막신소리.

khaṭopikā *f.* [<*sk.* khaṭvā] 침대.

khaṇa *m.* [*sk.* kṣaṇa] ① 찰나(刹那). 순간. taṁ khaṇaṁ yeva 바로 그때에. 동시에. khaṇe khaṇe 찰나마다. -âtīta 기회를 놓친. -ññū 기회를 포착한 자. 기회를 아는 자. -paccupana 순간적으로 발생한. -paritta 순간처럼 작은. ② 불시에. *cf.* akkhaṇa. *acc.* khaṇaṁ *adv.* 순간에. ③ [<khan] 파기. 굴착(掘鑿).

khaṇati ① [*sk.* khanati khan] 파다. 파내다. *pp.* khata. khāta. ② [*sk.* kṣaṇoti kṣan. kṣaṇ] 파괴하다. 해치다. *pp.* khata.

khaṇana *n.* [<khaṇati] 굴착. 파냄.

khaṇika *adj.* [khaṇa-ika] ① 찰나적인. 순간적인. ② 무상한. ③ 갑작스런. -pīti 찰나의 기쁨. 찰나희(刹那喜). -citta 순간적인 생각. -maraṇa 갑작스런 죽음. 찰나적 죽음. 찰나사(刹那死). -vassa 갑작스런 비. 소나기. -samādhi 찰나적인 삼매. 찰나삼매[刹那三昧].

khaṇikatta *n.* [khaṇika의 *abstr.*] ① 찰나성. ② 무상성.

khaṇi *f.* [*sk.* khani] 광산(鑛山).

khaṇija *n.* [<khaṇa③-ja] 광물(鑛物). -dhātu 광물(鑛物). 무기물(無機物). -tattaññū 광물학자(鑛物學者). -tela 석유(石油). -vijjā 광물학(鑛物學).

khaṇittī *n.* [<khaṇa③] 쇠지레[기계].

khaṇḍa ① *m. n.* [〃] 파편. 조각. 단편. 파괴. -âkhaṇḍaṁ 한 조각씩. 조금씩. -âkhaṇḍikajāta 조각난. 조각으로 부서진. -cakka 단편장(斷片章). -danta 이빨이 부서진. -phulla 부서진 부분. ② *m.* 칸다. 건다(騫荼)[사람의 이름] -deviyāputta 건다데비야뿟따. 건다비나자(騫陀毘那子) [사람의 이름].

khaṇḍati [khaḍ] ① 부수다. 파괴하다. ② 산산조각내다. *pp.* khaṇḍita.

khaṇḍana *n.* [<khaṇḍa] ① 파편. 단편. ② 파손.

khaṇḍikā *f.* [<khaṇḍa] ① 파편. 단편. ② 막대기. 지팡이.

khaṇḍeti [khaṇḍa의 *denom.*] ① 산산조각 내다. ② 포기하다. 방기(放棄)하다. ③ 면제하다.

khaṇḍicca *n.* [khaṇḍita-ya] (이빨이) 깨진 상태. 떨어져 나간 상태. khaṇḍicca pālicca 이빨이 빠지고 머리가 백발이 된 것.

khata *adj.* ① [khaṇati khan의 *pp.*] 파내진. 근절된. ② [khaṇati kṣan의 *pp.*] 상처를 입은. -sarīra 부상당한.

khataka *m.* [khata-ka] ① 상처. ② 손해.

khatta *n.* [*sk.* kṣatra] ① 정치. 통치. 권력. ② 소유. ③ 수호. -dhamma 정치론. -vijjā 정치학. 권모술수. 찰제리명(刹帝利明). -vijjavādin 정치학·권모술수를 가르치는 사람. -vijjācariya 정치·권모술수에 대한 지식을 실천하는 사람. 찰제리명(刹帝利明)의 실천자.

khattar *m.* [*sk.* kṣattṛ] ① 수행원. ② 마부. ③ 장

관. 대신. *sg. acc.* khattaṁ. khattuṁ. khattaraṁ.
khattiya *m.* [*sk.* kṣatriya] ① 끄샤뜨리아. 귀족. 왕족. ② 전사(戰士). 전사계급. 찰제리족(刹帝利族). khattiyo seṭṭho jane tasmin 사람들 가운데 찰제리족이 최상이다. -âbhiseka 관정식(灌頂式). -kaññā 귀족의 처녀. -kula 귀족의 가문. 왕족의 가문. -parisā 귀족의 무리. 왕족들의 무리. 찰제리중(刹提利衆). -mahāsāla 부유한 귀족. -māyā 귀족의 환력(幻力). -vaṁsa 귀족의 가계. -sukhumāla 젊은 왕자[싯다르타 태자].
khattiyā. khattī. khattiyi khattiya의 *f.*
khattuṁ [*sk.* -kṛtvaḥ. *bsk.* -kuttaṁ. -kṛtvo. kṛtyo. -khutto. -khuttaṁ. -kṛtvaṁ. -kṣutto] 횟수. 번. dvikkhattuṁ 두 번. tikkhattuṁ 세 번.
khadira *m.* [〃] 아카시아 나무. 히말라야 삼목. 겁제라수(法提羅樹)[Acacia Catechi]. -aṅgara 아카시아 나무의 숯불. -ghaṭika 아카시아 나무의 조각. -patta 아카시아 나무로 만든 발우. -vana 아카시아 나무숲. -sāra 아선약(阿仙藥)[설사를 멎게 하는 약]. -sūla 아카시아 나무로 만든 꼬챙이.
khadda *adj. n.* [khajjati의 *grd.*] = khādaniya. khajja ① 씹어 먹어야 할. ② 단단한 음식.
khanati [= khaṇati ①] 파내다.
khanitī *f.* [*cf. sk.* khanitra] ① 쇠 지렛대. ② 삽. 가래. 괭이.
khantar *adj. m.* [khanti의 *ag.*] ① (코끼리가) 유순한. 다루기 쉬운. ② 인내하는 사람.
khanti. khantī *f.* [*sk.* kṣānti] ① 인내. 인욕. 자제. ② 관용(寬容). 포용(包容). 용서(容恕). 묵인(默認). ③ 이해. khanti° -pāramī. -pāramitā 인내의 완성. 인바라밀(忍波羅密). -bala 자제력. 인내력. 참을성 있는 자. -mettā 절제된 사랑. -vāda. -vādin 인욕을 설함. 인욕을 설하는 종파. 감인종(堪忍宗). -suñña 인공(忍空)[出離의 忍辱에는 欲望이 空하고, 無瞋의 忍辱에는 瞋이 공하는 등 阿羅漢道의 忍辱에는 一切煩惱가 空한 것]. -soracca 관용과 인내.
khantika *adj.* [khanti-ka] ① 인내하는. ② 용서하는. 묵인하는.
khandati [skand] 뛰어오르다. 점프하다.
khandha *m.* [*sk.* skandha] ① 다발. 덩어리. ② 모임. ③ 어깨. ④ 등. ⑤ 줄기. ⑦ 구성요소. 음(陰). 온(蘊). 존재의 다발[다섯 가지 존재의 다발(五蘊 : pañcakkhandha)은 다음과 같다 : 1. 물질의 다발(色蘊 : rūpakkhandha)은 물질의 불가분리의 집합을 말하는데 전통적으로 네 가지 위대한 요소, 곧 땅, 물, 불, 바람과 그 파생물질을 말한다. 파생물질이라는 말에는 시각, 청각, 후각, 미각, 촉각의 물질적 감각능력과 거기에 대응하는 외부적 대상인 형상, 소리, 냄새, 맛, 감촉이 포함되어 있다. 이 파생물질에는 내적 외적인 모든 물질의 영역이 포함된다. 2. 감수의 다발(受蘊 : vedanakkhandha)은 느낌의 집합으로 물질적 정신적인 감각기관이 외부의 세계와의 접촉을 통해서 경험되는 즐겁거나 괴로운 느낌과 즐겁지도 괴롭지도 않은 느낌을 포함한다. 이 감수에는 그것이 받아들여지는 기관에 따라 여섯 가지 종류가 있다. 시각접촉에 의한 감수, 청각접촉에 의한 감수, 후각접촉에 의한 감수, 미각접촉에 의한 감수, 촉각접촉에 의한 감수, 정신접촉에 의한 감수의 여섯 가지가 있다. 우리의 모든 정신적 물질적인 느낌은 모두 이 범주에 속한다. 3. 지각의 다발(想蘊 : saññakkhandha)은 지각의 집합을 뜻하며 지각은 개념적인 파악을 의미한다. 예를 들어 여기에 책상이 있다면 그것을 책상이라고 인식하는 것이다. 이 지각에는 외적인 대상의 지향에 따라 명칭 지어진 형상에 대한 지각, 소리에 대한 지각, 냄새에 대한 지각, 맛에 대한 지각, 감촉에 대한 지각, 사실에 대한 지각의 여섯 가지가 있다. 감수와 마찬가지로 지각도 외부세계와 여섯 감관의 접촉을 통해서 일어난다. 4. 형성의 다발(行蘊 : saṅkhārakkhandha)은 육체적 언어적 정신적 형성의 집합을 뜻한다. 여기에는 선악과 같은 의도적 행위가 개입한다. 일반적으로 업이라고 하는 것은 여기서 생겨난다. 업에 관해서 붓다는 이렇게 말했다. 형성에는 외적인 대상의 지향에 따라 명칭 지어진 형상에 대한 의도, 소리에 대한 의도, 냄새에 대한 의도, 맛에 대한 의도, 감촉에 대한 의도, 사실에 대한 의도의 여섯 가지가 있다. 감수와 지각은 의도적 형성이 아니다. 그것들은 업보를 낳지 않는다. 믿음, 숙고, 의욕, 해석, 집중, 지혜, 정진, 탐욕, 성냄, 무명, 교만, 실체에 집착하는 견해 등은 업보를 낳는 의도적인 형성들이다. 이렇게 형성의 다발을 구성하는 52가지의 의도적 형성들이 있다. 5. 의식의 다발(識蘊 : viññāṇakkhandha)은 의식의 집합을 뜻하는데 여섯 가지 감각기관과 이에 대응하는 외부의 대상이나 현상의 반응이다. 예를 들어 시각의식(眼識)은 시각을 근거로 하고 형태를 대상으로 하여 보는 작용이다. 정신의식(意識)은 정신을 근거로 하여 관념이나 생각을 포함하는 사물을 대상으로 하여 인식하는 작용이다. 그래서 이 정신의식은 다른 감관과 연결되어 있다. 감수, 지각, 형성과 같이 의식에도 시각접촉에 의한 의식, 청각접촉에 의한 의식, 후각접촉에 의한 의식, 미각접촉에 의한 의식, 촉각접촉에 의한 의식, 정신접촉에 의한 의식의 여섯 가지가 있다.

의식은 대상을 인식하는 것이 아니라는 것을 명백히 이해해야한다. 그것은 일종의 알아차림이다. 대상의 존재를 단지 알아채는 것이다. 예를 들어 눈이 파란 색의 물체를 보았을 때에, 시각의 식은 빛깔의 존재를 알아챌 뿐이고, 그것이 파란 색이라는 것을 깨닫지 못한다. 이 단계에서는 아무런 인식이 없다. 그것이 파란 색이라는 것을 아는 단계는, 지각(想)의 단계이다. 시각의식이라는 말은 곧 '본다'와 같은 뜻을 지닌 것이다]. -âdhivacana 다발의 속성이 있는. -āvāra 야영지. 진지(陣地). -ja 나무줄기로부터 생겨난. 기생식물. -nibbāna 존재의 다발의 소멸에 의한 열반[=anupādisesanibbāna]. -niddesa 존재의 다발에 관한 해석. -paṭipāṭi 존재의 다발의 지속. -paritta 존재의 다발과 관련된 수호주문. 온호주(蘊護呪). -parinibbāna 존재의 다발의 완전한 소멸. -bīja 줄기에 종자가 있는. 줄기로 번식하는 종자. -bhāra 어깨·등의 짐. -māra 존재의 다발로서의 악마. -rasa 줄기의 맛. 간미(幹味). -loka 존재의 다발의 세계. -vibhaṅga 존재의 다발에 관한 분류. -santāna 존재의 다발의 상속.

khandhaka *m.* [khandha-ka] 부분. 품. 칸다까. 건다가(騫陀迦). 건도부(犍度部)[律藏의 大品과 小品이 포함됨].

khandhāvāra *m.* [khandha-āvara] ① 캠프. ② 야영지.

khandhiman *adj.* [khandha-mat] ① 줄기가 있는. ② 수목(樹木).

khama ① *adj. m.* [<kṣam] 참는. 견디는. 참마(懺摩). 참회(懺悔). ② [khamati의 *imp. 2sg.*] 참아라. 용서해라.

khamataṁ khamati의 *imp. 3sg.*

khamati [*sk.* kṣamate. kṣam] ① 참다. 견디다. ② 관용을 베풀다. 용서하다(*acc. gen.*). ③ 좋아 보이다. 적합하다. ④ 아만(我慢)을 일으키다. sabbaṁ me khamati 나는 모든 것을 용인한다. *grd.* khamanīya; *caus.* khamāpeti

khamana *n.* [<khamati] 인내. 관용. 포용.

khamantā *f.* [<khamati] 인내. 자제. 관용.

khamā *f.* [<khamati] ① 참을성. 인내. 관용. 인욕(忍辱). 용서(容恕). ② 아만(我慢). ② 대지(大地) = chamā

khamāpanā *f.* [<khamāpeti] 용서(容恕)를 구함. 사죄(謝罪).

khamāpeti [khamati의 *caus.*] 용서를 구하다. 사죄(謝罪)하다.

khambha *m.* [*sk.* khambha. sthambha] ① 차요(扠腰)[손을 허리에 대서 팔꿈치를 폄]. ② 마비. 경직. 놀람. *cf.* chambhita. chambheti.

khambheti. khambhayati [skambh] ① 지지하다. 후원하다. ② 막다. 방해하다.

khaya *m.* [*sk.* kṣaya] ① 파괴. ② 그침. 소모(消耗). 쇠퇴(衰退). 소멸(消滅). 지멸(止滅). -âtīta 달이 다시 차는. -ânupassanā 지멸에 대한 관찰. 지멸수관(止滅隨觀). -ñāṇa 지멸에 관한 지혜. 진지(盡智). -dhamma 지멸에 관한 가르침. 지멸법(止滅法). -roga 소모성질환(消耗性疾患).

khara ① *adj.* [〃] = kharaka 거친. 견고한. 떫은 맛의. 날카로운. 찌르는. 아픈. ② *m.* [〃] 당나귀. 노새. ③ 톱[鋸]. ④ *m.* [*sk.* kṣara] 물[水]. -khalīna 재갈. -âjina 고행자의 거친 가죽옷. -gata 견고한 구성의. -putta 거친 아들[말(馬)의 별칭]. -bhāva 거칠음. 조성(粗性). 소음(騷音). -mukha 소라. 권패(捲貝). -ssara 거친 소리가 나는.

kharatta *n.* [khara의 *abstr.*] ① 거친 상태. ② 견고한 상태.

kharassara *m.* [khara-ssara] 소음. 거친 소리.

kharigata *adj. m.* [khara-gata] ① 견고하게 된. ② 고체. = kharatta.

khala *m.* [〃] ① 탈곡할 준비가 된 곡물. 탈곡마당. 탈곡. ② 짓이긴 것[페이스트]. 육취(肉聚). -agga 탈곡을 위한 제일 좋은 곡식. -kāla 탈곡할 시간. -bhaṇḍ'agga 탈곡에 가장 좋은 농기구. -bhaṇḍakāla 탈곡기를 쓸 시기. -maṇḍala 탈곡할 마당. -ūsikā 들쥐.

khalaṅka → kalaṅka의 *misr.*

khalati [*sk.* skhalati. skhal] ① 걸려 넘어지다. ② 동요하다. ③ 실패하다. *abs.* khalitvā; *pp.* khalita; *caus.* khaleti.

khali *f.* [<khala] 짓이긴 것[페이스트]. 풀[糊].

khalika *m.* khalikā *f.* [*cf.* kali] 도박판.

khalita *adj. n.* [*cf. sk.* khalati] ① 대머리의. 독두(禿頭)의. ② [khalati의 *pp.*] 방해받은. 나쁘게 대우를 받은. 간과된. 실패의. ③ 실패. 간과.

khalu *ind.* [=kho] 정말로. 참으로. -pacchābhattika *adj.* 제 시간이 지난 후 식사하지 않는. khalupacchābhattikaṅga 제 시간이 지난 후 식사하지 않는 수행. 시후불식지(時後不食支)[두타행].

khaluṅka. khaḷuṅka *adj. m.* [<khaleti] ① 흔들게 하는. 걸려 넘어지게 하는. ② 다루기 힘든 열등한 말. 미조마(未調馬).

khaluṅkatā *f.* [khaluṅka의 *abstr.*] ① 흔듦. ② 불안(不安).

khaleti ① [*sk.* kṣālayati. kṣal] '씻다' 나쁘게 대하다. 닦다. 매질하다. ② [*sk.* skhalati skhal의 *caus.*] 넘어지게 하다. 동요하게 하다.

khallaka *m.* [?] 천이나 재료의 일종[신발에 관련된 것].
khallāta. khallāṭa *adj.* [*sk.* khalvāta] 머리털이 없는. -sīsa 대머리.
khallika → kāmasukha-allika의 *misr.*
khaḷa *adj.* *m* [*sk.* khala] = khala 거친. 무자비한. ② 악한. ③ 무자비(無慈悲). 악(惡). 악당(惡黨).
khaḷopī. kalopī *f.* [<karoṭi] ① 항아리. 단지. ② 병(甁).
khasā *f.* [*sk.* khasa] 종기. 부스럼.
khāṇu. khāṇuka *m* [*sk.* sthāṇu] ① 그루터기. ② 말뚝.
khāda *n.* [<khād] ① 씹기. ② 먹기.
khādaka *adj.* *n.* [<khāda] ① 씹는. 먹는. ② 씹기. 먹기.
khādati [〃 khād] ① 씹다. 먹다. 삼키다. 단단한 것을 먹다. ② 부수다. *opt.* khādeyya; *imp.* khāda; *aor.* khādiṁsu. *inf.* khādituṁ. khāditāye; *abs.* khāditvā. khādiya. *grd.* khāditabba. khādaniya; *pp.* khādita; *pass.* *ppr.* khādiyamāna. khajjamāna. *caus.* khādāpeti.
khādana *n.* [<khād] 먹는 행위. 식사.
khādaniya *adj.* *n.* [khādati의 *grd.*] = khajja ① 씹어 먹기에 적합한. ② 단단한 음식. 작식(嚼食). 경식(硬食). 담식(噉食). 가단니(珂旦尼).
khādā *f.* [<khād] 음식(飮食). rāja-khādā 최고의 영양식.
khādāpana *n.* [<khādāpeti] ① 먹게 만듦. ② 부양(扶養).
khādāpana *m.* 강제로 먹게 하는 것[처벌의 일종].
khādāpeti [khādati의 *caus.*] 먹게 하다.
khādika = khādaka
khāyati [*sk.* khyāyate. khyā] ~인 듯하다. …처럼 보인다. *aor.* khāyoṁsu; *ppr.* khāyamāna
khāyita = khādita
khāra *m* [*sk.* kṣāra] ① '맵고 씁쓸한 것' 알카리. 알카리성 물질. 잿물. 회즙(灰汁). 탄산칼륨. ② 소금. 염분(鹽分). -âpatacchika 회즙형(灰汁刑)[신체 각 부분에 상처와 구멍을 뚫어 알칼리성의 잿물을 부어 가죽과 살과 근육이 유출되어 뼈만 남겨 죽이는 고문·형벌]. -ūdaka. -ôdaka 알칼리성 물·용액. 잿물. 소금물. 염수(鹽水). -ôdakubbhida 염분(鹽分). -tta 염도(鹽度). -bahula 염분이 많은. 소금이 나는. -māṇakayanta 검염계(檢鹽計). -yutta 씁쓸한.
khāraka *adj.* [<khāra] 맵고 씁쓸한[紅蓮樹(pāricchattaka)의 싹에 대한 묘사].
khāri. khārī *f.* [〃] 카리. 일석(一石)[升目의 단위; 곡물 등의 용량의 단위]. -bhaṇḍa. -bhāra 일석의 하물(荷物). -kāja. -vidha. -vivadha 일석의 하물을 단 천평칭.
khārika *adj.* [<khāra. khāri. khārī] ① 알칼리성의. ② 염분이 함유된. ③ 일석(一石 : khārī)의.
khāleti khakati의 *caus.*
khāḷeti [kṣal] 씻다. 닦다. *pp.* khāḷeti *aor.* khāḷesi.
khāhinti → kāhinti의 *misr.*
khiḍḍā *f.* [*sk.* krīḍā] 놀이. 오락. -dasaka 유희의 십년생애. 희십년(戱十年). -bhūmi 유희의 단계. -rati 유희와 오락.
Khiḍḍāpadosika *m.* [khiḍḍā-padosika] 킷다빠도씨카: 놀이에 의해 퇴락한 신들의 세계. 희망천(戱忘天). 희탐천(戱耽天)[신계의 이름]. = khiḍḍāpadūsika 킷다빠두씨까. 걸다바두려천(乞陀婆頭麗天).
khitta *adj.* [khipati kṣip의 *pp.*] ① 던져진. 버려진. ② 전복된. -citta 전도된 마음을 지닌. 속이 뒤집힌. 실망한.
khipa *n.* [<kṣip] ① 던짐. 투척. ② 어떤 것이든 던지는 것.
khipati [*sk.* kṣipati. kṣip] ① 던지다. 버리다. 뒤엎다. 쏘다. ② (시간 등이) 지나가다. ③ 토하다. ④ 재채기하다. *aor.* khipi; *abs.* khipitvā; *pp.* khitta. khipita; *caus.* khepeti. khipāpeti.
khipana *n.* khipanā *f.* [<khipati] ① 투척. ② 자극. ③ 비웃음. ④ 비방.
khipāpeti [khipati의 *caus.*] 던지게 하다.
khipita *adj.* [khipati의 *pp.*] ① 토해진. ② 재채기하는. -sadda 토하는 소리.
khippa *adj.* *n.* [*sk.* kṣipra<kṣip] ① 빠른. 급속한. ② 물고기그물. ③ 뱀장어통. *acc.* khippaṁ *adv.* 빠르게 급속히. -âbhiñña 예민한. 민감한. -âbhiññā 빠른 곧바른 앎을 지닌. 속통달(速通達).
khippatara *adj.* [khippa의 *compar.*] 더 빠른.
khippati *adj.* [kṣip] 잘못 취급하다. *ppr.* kippamāna
khila *m* *n.* [*cf.* *sk.* khila] ① 황무지. 휴한지. ② 마음의 황폐함. 완고함. 정신적 장애. -jāta 황무지에서 생겨난. ceto-khila 마음의 황무지. 심재(心栽)
khiḷa *m* [*sk.* khiṇa] ① 단단한 피부. ② 무감각.
khīṇa *adj.* [khiyati의 *pp.*] ① 부서진. 파괴된. ② 소멸된. 제거된. ③ 날카로운. -āsava 번뇌가 소멸된 사람. 누진자(漏盡者)[阿羅漢]. -punabbhava 다시 태어남이 소멸된 자. -bīja 업의 종자가 부서진 자. -maccha 물고기 없는 호수. -vyappatha 언로(言路)가 끊어진. -sota 흐름이 끊어진.
khīṇatta *n.* khīṇatā *f.* [khina의 *abstr.*] ① 파괴된

상태. ② 폐허.

khīya *m.* [<khīyati ②<kṣā] 싫어하고 화냄. 짜증. 불만. -dhamma 억압된 마음의 상태. 불만의 상태.

khīyati ① [khayati의 *pass. sk.* kṣīyate<kṣī] 고갈되다. 소모되다. 떨어져나가다. 실망하다. *aor.* khīyi; *ppr.* khīyamāna; *grd.* khīyitabba. ② [*sk.* kṣāyati kṣā] 화내다. 성내다. 분노하다. 짜증내다.

khīyana *n.* [<khīyati] ① 소모. 고갈. 떨어져나감. ② 꾸짖음. ③ 화냄. 짜증.

khīyanaka *adj.* [khīyana-ka] 떨어져나간. 어긋난. -pācittiya (주어진 허용에서) 벗어난 죄에 대한 고백참회죄(波逸提 : pācittiya : 비교적 경미한 죄로 4인 이상의 수행승에게 고백하여 참회하는 죄)].

khīra *n.* [*sk.* kṣīra] 우유. 유(乳). -ôdaka 우유와 물처럼 된. 화합된. -odana 유미(乳米). -gandha 우유냄새. -ghaṭa 우유병. -paka. -pāna 우유를 마시는. -paṇṇin 우유와 같은 즙을 내는 나무. 유엽수(乳葉樹)[Calotropis Gigantea]. -matta 실컷 젖을 빨은[만족한 아이]. -mūla 우유의 가격. -rukkha 고무나무. 유수(乳樹). -sāmin 우유의 주인.

khīrakā *f.* [*sk.* kṣīrikā] 키라까. 대추야자의 일종. 조종려(棗棕櫚)의 일종[Buchanania Latifolia].

khīranikā *f.* [<khira] 우유를 주는 소.

khīla *m.* [*sk.* kīla. khīla] ① 말뚝. 기둥. 빗장. 가로대. ② 가시. 못. -ṭṭhāyi. -ṭhita 기둥처럼 서있는.

khīlaka *adj.* [khīla-ka] ① 가시를 지닌. 못을 지닌. ② 장애를 지닌.

khīḷana *n.* [<khīḷeti] 비웃음. 조소(嘲笑).

khīḷeti [kīḷ] 비웃다. 조소하다. *pp.* khīḷita.

khuṁseti [*sk.* kruś] ① 비난하다. ② 저주하다. ③ 화내다. *pp.* khuṁsita.

khujja *adj.* [=kujja. *sk.* kubja] ① 곱사등의. ② 작은. 열등한. -rājan 소왕(小王). 영주.

Khujjasobhita *m.* [*sk.* kubjasobhita] 쿳자쏘비따. 굴자수비타(屈闍須毘陀)[사람의 이름]

khuṇḍalī → ukkaṇṭhi의 *misr.*

khudā *f.* [<sk. kṣud] ① 굶주림. ② 기아.

khudda *adj.* [*sk.* kṣudra. *cf.* cūḷa. culla] ① 작은. 사소한. ② 열등한. -ânukhuddaka 소소한. 미세한. 세수세(細隨細)의. -âvakāsa 열등하게 비치는. -jantu 미생물(微生物).

khuddaka *adj.* [=khudda. *bsk.* kṣudraka] ① 작은. ② 사소한. ③ 잡다한. -nadī = kunnādī 작은 강. -pīti 작은 기쁨. 소희(小喜). -mañcaka 작은 낮은 침대. -rājan 소왕. -vaggulī 작은 노래하는 새. -vatthuka 작은 부분에 속하는.

Khuddakanikāya *m.* [khuddaka-nikāya] 쿳다까니까야. 소부(小部)[다섯 니까야의 하나. 법구경과 숫타니파타 등이 여기에 속함].

Khuddakapāṭha *m.* [khuddaka-pāṭha] 소송경(小誦經)[쿳다까니까야에 속하는 경].

khuddakabhāṇaka *n.* [khuddaka-bhanaka] 쿳다까를 독송하는 자. 소부송자(小部誦者).

khuddakavatthu *n.* [*bsk.* kṣudravastu] 잡일. 소사(小事). 잡사(雜事).

Khuddasikkhā *f.* [khudda-sikkhā] 소학(小學)[戒律에 대한 입문서. Dhammasiri의 저술]

khuddā *f.* [<khudda] 쿳다[작은 벌의 일종]

khuppipāsā *f.* [kṣud-pipāsā] 굶주림과 목마름. 기갈(飢渴).

khubhati [kṣubh] 동요하다. 혼란되다. a or. khubhi; *pp.* khubhita.

khura ① *m.* [〃] (동물의) 발굽. -āvaraṇa 말발굽. -kāya. (발굽으로) 조용히 소리 없이 달리는 것 -kāsa (발굽으로) 따그닥 따그닥 거리며 달리는 것. ② *n.* [*sk.* ksura] 면도칼. 면도칼자루. -agga 삭발하는 방. 삭발하는 순간. -appa 뾰족한 화살. -kosa 면도날집. -cakka 면도칼처럼 날카로운 수레바퀴. -dhāra 면도칼의 날·자루. 검파해(劍波海)[지옥의 일종]. -nāsa 면도날 소리를 내는. -pariyanta 면도날 같은 원판[정육점에서 사용]. -bhaṇḍa 이발사의 장비. -māla 바다의 이름. -muṇḍa 삭발한. -silā 숫돌. -sipāṭika 면도칼의 녹 방지용 가루분.

kheṭa. kheṭaka *n.* [〃] 방패(防牌).

khetta *n.* [*sk.* kṣetra] ① 들. 들판. 밭. 경작에 알맞은 땅. 토지. ② 찰토(刹土). 국토. ③ 공덕의 밭. 공덕의 몸. 복전(福田) -aggadāna 수확단계의 첫 번째 것의 보시. -ûpama 공덕의 밭과 같은 (자)[阿羅漢]. -kammanta 밭일. -gata 공덕의 밭으로 바뀐. -gopaka. -pāla 밭지기. -ja '밭에서 생겨난' 버려진 아이. 주어온 자식. -jina 공덕의 밭의 승리자. -mahantatā 공덕의 밭의 위대성. -rakkhaka 밭의 수호자·관리자. 밭지기. -vatthu 밭의 재산의 소유. -vijjā. -sippa. 전답에 관한 학문. sampatti 복전의 성공적 성취. -sāmika 들의 주인. -sodhana 밭을 갈기 전에 깨끗이 치우는 것.

kheda *adj.* [〃<khedati] ① 피곤한. 지친. ② 낙담(落膽). 실망. 의기소침(意氣銷沈).

khepa *m.* [khipati] ① 투척. 던짐. 버림. ② 산란.

khepana *n.* [<khepeti] ① 낭비. 허비. ② 전멸. ③ 무효화.

khepita *adj.* [khepeti의 *pp.*] ① 파괴된. 소멸된.

② 전멸된.

khepitatta *n.* [khepita의 *abstr.*] 파괴된 사실. 전멸된 사실.

khepeti [khepati의 *caus.* 또는 *sk.* kṣapayati] ① 낭비하다. 허비하다. ② 소비하다. ③ (시간을) 보내다. *abs.* khepayitvāna. khepetvā.

khema *adj. n.* [*sk.* kṣema] ① 안전한. 편안한. 평온. ② 안온(安穩)[열반]. -atta 스스로 안온에 도달한 사람. -antabhūmi 낙원. 안온지(安穩地). -ṭṭhāna 피난처. 안온처(安穩處). -ṭṭhita 평화로운. 고요한. -dassin 안온을 보는. -ppatta 안온에 도달한. -vati 안온한. 평온한.

Khema *m.* [<khema] 케마. 안화(安和)[왕의 이름]. 차마(差摩)[수행승의 이름]. 케마[붓다고싸 이후의 論師의 이름].

Khemaṅkara *m.* [khemaṁ-kara] 케망까라. 인행(忍行)[사람의 이름].

Khemappakaraṇa *m.* [khema-pakaraṇa] 안온론(安穩論)[케마 論師의 저술].

Khemamigadāya *m.* [khema-miga-dāya] 안온한 사슴 동산. 안락녹야원[安樂鹿野園]

Khemā *f.* [<khema] 케마. 참마(讖摩)[수행녀의 이름].

khemin *adj. m.* [khema-in] ① 안온한. 평화로운. ② 안온한 사람.

kheḷa *m.* [*sk.* kheṭa] ① 침. 타액. ② 분비물. ③ 가래[痰]. -kilinna 분비물로 젖은. -piṇḍa 침 덩어리. -mallaka 침을 뱉는 그릇. 타호(唾壺). -siṅghānikā 가래와 콧물.

kheḷāpaka. kheḷāsika *m.* [kheḷa-āp-aka. kheḷa-aś-ika] 침을 먹는 사람(?). 거품을 내뿜는 사람(?). 수다장이(?).

kho *ind.* [*sk.* khalu] ① 참으로. 확실히. ② 정말로. ※ 모음 앞에서 khu로 변한다. = khu. atha kho 때때로. kho pana 그러나. 그러니까. api ca kho 그렇지만. 그러나. tatra kho 그래서. 그런데.

khobbha *m.* [<ksubh] ① 동요. 격동. ② 동란(動亂).

khoma *n.* [*sk.* ksauma] 아마. 아마로 만든 옷. -pilotikā 아마포(亞麻布).

khva° [=kho a°] khvâhaṁ = kho ahaṁ 나는 정말로.

G

ga ① 자음・문자 g의 이름.② [<gam] 어미에 붙어 '감'의 의미를 지닌다. ati-ga. anu-ga. ura-ga. dug-ga 등

gakāra *m.* [ga-kāra] ① g의 문자·음소. ② ga 어미. -āgama g의 문자·음소의 추가. -ādesa g의 문자·음소의 대체. -lopa g의 문자·음소의 제거.

gagana *n.* [〃] ① 하늘. ② 공중. -otaraṇachatta(gagano°) 낙하산(落下傘). -talamagga (달이 지나가는) 하늘의 길. 천도(天道).

gaggara *adj. n.* [*sk.* gargara] ① 각가라[강물의 흐름이나 집오리의 울음소리나 풀무 소리 등을 나타내는 의성어] 소리를 내는. ② 소용돌이.

Gaggara *m.* Gaggarā *f.* [<gaggara] 각가라. 가가지(伽伽池)[지역이나 호수의 이름].

gaggaraka. gaggalaka *m.* [gag-gara-ka] ① 소용돌이. ② 물이 골골 소리 내는 것. ③ 각가라 깨[물고기의 종류. Pimelodus Gagora].

gaggarāyati [gaggara의 *denom.*] ① 빙빙 돌다. 물이 골골 소리를 내다. ② 울리다. 고함치다.

gaggarī *f.* [<gaggara] 풀무.

Gaṅgā *f.* [〃<gam의 *intens.*] 갠지즈 강. 항하(恒河). 천당래(天堂來). 강가하(强伽河). 긍가하(恆伽河). 긍가하(殑伽河).

Gaṅgeyya *adj.* [〃<gaṅgā] 갠지즈 강의.

gaccha ① *m.* [*sk.* kaccha] 관목. 덤불. ② gacchati의 *imper.*

gacchaṁ gacchati의 *fut. 1sg.; ppr. sg. nom.*

gacchataṁ gacchati의 *ppr. pl. gen.*

gacchati [〃<gam] ① 가다. 걷다. ② 움직이다. 나가다. 접근하다. ③ 도착하다. ④ '존재하다'는 의미에서의 가다. atthaṁ gacchati 사라지다. 돌아가다. 죽다. 사멸(死滅)하다. antarā gacchati 방해하다. saraṇaṁ gacchāmi 나는 귀의합니다. nirayaṁ gamissati 그는 지옥에 떨어질 것이다. saggaṁ lokaṁ gamissati 그는 천계에 태어날 것이다. sugatiṁ gacchati 좋은 존재[善趣]로 가다. nagaraṁ pattharitvā gaccheyya 마을로 퍼져 가리라. pariṇāmaṁ gaccheyya 소화될 것이다. [gaccha°] *pres.* gaccati. gacchāmi; *imp.* gaccha. gacchāhi. gacchassu; *opt.* gacche. gaccheyya; *fut.* gacchaṁ. gacchissaṁ(*1sg.*) gacchissati. gacchisi; *aor.* gacchi. agacchi. gacchaṁ. agañchi. gañchisi; *ppr.* gacchanta. gacchamāna. gacchataṁ(*pl. dat. gen.*); [gama°] *fut.* gamissati. gamissaṁ. gamissase; *aor.* gami. agamā. agamāsi. agamaṁsu. agamiṁsu. agamuṁ; *abs.* gamya. gamma. gantvā. gamitvā; *grd.* gamanīya. gantabba; *inf.* gantuṁ. gantave; [ga°] *aor.* agā. agū; *pp.* gata

gacchaṁ. gacchanta → gacchati.

gacchamā. gacchāmi → gacchati.

gacchāhi. gacchi. gacche → gacchati.

gaja *m.* [〃] 코끼리.

gajaka = gaja

gajjati [*sk.* garjati garj] ① 으르렁거리다. 포효하다. ② 천둥치다[일반적으로 구름과 관련하여]. *aor.* gajja; *pp.* gajjita; *caus.* gajjayati 천둥치게 하다. *abs.* gajjayitvā.

gajjanā *f.* [<gajjati] ① 으르렁거림. 포효(咆哮). ② 천둥.

gajjitar *m* [<gajjati] 천둥을 치는 자.

gañchi. gañchisi gacchati의 *aor.*

gaṇa *m.* [〃] ① 무리. 모임. 군중. 회중(會衆). 별중(別衆). 분파(分派). 대중(大衆). ② 조합. -âcariya 무리의 스승. -ārāma. -ārāmata 군중에 의해 사랑받는. -uttama 위없는 모임. 최상의 모임[세간승가(世間僧家)와 성자승가(四雙八輩)의 모임]. -gaṇin 무리의 우두머리. -(ṁ)gaṇupāhanā(*pl.*) 줄무늬가 많은 구두. -pūraka 정족수를 채운 자. -bhojana 공동의 식사로 준비된 음식. 별중식(別衆食). -maggena 일괄로. -vassika 수년간의. -saṅganika 서로 접촉하는. -sāmaggī 대중에 관한 화합. 중화합(衆和合).

gaṇaka *m.* [<gaṇa] ① 회계원. 계산하는 사람. ② 산술에 능한 사람. ③ 수학자. 사력관(司曆官). 주재관(主財官).

gaṇakī *f.* [=gaṇikā ②] 촌주부(村主婦).

gaṇanā. gaṇikā ① *f.* [<gaṇa] 계산. 암산. 산술. 회계. -patha 산술의 도(道). -pathātita 계산할 수 없는. -sippa 계산술.

gaṇikā ② gaṇaki *f* [<gaṇa] ① 매춘부. 첩(妾). 유녀(遊女). 창녀(娼女). ② 촌주부(村主婦). gaṇikā-vutti 축첩(蓄妾).

gaṇita *adj. n.* [gaṇeti의 *pp.*] ① 세어진. 헤아려진. ② 산술. 수학.

gaṇin *adj. m.* [gaṇa-in] ① 수행원이 있는. 다수의 무리를 이끄는. 다수의 제자를 지닌. ② 큰 사슴. ③ 지도자. 중주(衆主).

gaṇeti [gaṇa의 *denom*] ① 세다. 계산하다. 합계를 내다. ② 주의하다. ③ 고려하다. *inf.* gaṇetuye; *pp.* gaṇita; *pass.* gaṇīyati; *caus.* gaṇāpeti.
gaṇṭhi *m.* [<*sk.* granth] ① 묶음. 매듭. 마디. ② 곤란. ③ 블록. 구획. ④ 교수대. -ṭṭhāna 실행하기에 곤란한 장소. 블록이 있는 장소. 처형장. -padavivaraka 주석가(註釋家). 주해자(註解者). -bhedaka 블록을 부수는 (도둑).
gaṇṭhika *m.* [gaṇṭhi-ka] 목의 장식. 경식(頸飾). -phalaka 묶는 것이 있는 판. 뉴판(紐板)
gaṇṭhikā *f.* [<*sk.* granth] ① = gaṇṭhi 매듭. 블록. 교수대. -kāsāva 매듭이 있는 가사. 블록이 있는 가사. ② 간티까[식물의 이름]
gaṇḍa *m.* [〃] ① 부스럼. 혹. 종기. 종양. ② 유방(乳房). -uppāda. -uppādaka 혹과 같은 것을 일으키는 자. 지렁이. -pāṇa. 지렁이. -phālana 종양절개술. -mattikā 지렁이의 분토(糞土). -mūla 종기의 뿌리. 괴로움의 뿌리. ③ 자루. 막대기. = gaṇḍikā ①.
gaṇḍaka *adj.* [gaṇḍ-ika] 종기가 있는.
Gaṇḍamba *adj.* [gaṇḍa-amba] 간담바[부처님께서 그 밑에서 두 번의 신통력를 보여준 나무의 이름].
gaṇḍika *adj. m.* [gaṇḍa-ika] ① 부스럼이 있는. 종기가 있는. 마디가 있는. ② 피부병 환자.
gaṇḍikā *f.* [<gaṇṭhi] ① 자루. 막대기. 샤프트. -âdhāna 빗장이나 볼트로서 막대기를 설치하는 것. ② 청동으로 만든 악기. ③ 교수대. 나무블록. ④ 간디까[나무의 이름].
gaṇḍin *adj.* [gaṇḍa-in] ① 종기가 난. 부스럼이 있는. ② 유방이 있는 (가슴).
gaṇḍi *f.* [=gaṇḍikā] ① 동라(銅鑼)[징의 일종]. ② 건추(楗椎). ③ 단두대.
gaṇḍusa *adj.* [*sk.* gaṇḍūṣa] ① 한 입의. ② 소량의.
gaṇhati. gaṇhāti [*sk.* gṛhṇāti. grah] ① 붙잡다. 취(取)하다. ② 잡다. 쥐다. ③ 떠맡다. ④ 사용하다. ⑤ 파악하다. *opt.* gaṇheyya; *imp.* gaṇha. gaṇhāhi; *fut.* gaṇhissati. gahessati ; *aor.* gaṇhi. aggahesi; *inf.* gaṇhituṁ. gahetuṁ; *abs.* gaṇhitvā. gayha. gahāya; *pp.* gahita; *caus.* gaṇhāpeti; *pass.* gayhati.
gaṇhāpeti [gaṇhati의 *caus.*] ① 잡히게 만들다. ② 획득하다. ③ 조달하다.
gata *adj.* [gacchati. gam의 *pp.*] ① 간. 도달한. 어떤 상태에 이른. ② 지나간. ③ ~에 관한. *m. pl. nom.* gatāse. kappakassa gatena vissakammena 이발사의 모습을 한 비싸깜마(毘首羯磨 : 工藝天)에 의해. -atta 자아가 완성된. 완전한. -addhin 여행을 끝낸. -gatakāle 가는 곳 마다. -divase 어제. -dūramāṇaka 택시미터. -ṭṭhāna 가는 곳. 존재의 처소. 취처(趣處). -paccāgata 가고 옴. 왕복(往復). -matte 가자마자. -yobbana 청년기를 지난. 노년(老年)의. -rattiyaṁ 어제 밤에.
gataka *m.* [gata-ka] 심부름꾼. 사자(使者).
gatatta ① *n.* [gata의 *abstr.*] 간 사실. 간 상태.② [gata-atta] 자아가 완성된. 완전한.
gati *f.* [〃] ① 가기. 진행. 방도. ② 다른 존재로 나아감. ③ 운명. 행위. 윤회. 취(趣). sugati 좋은 운명. 선취(善趣). duggati 나쁜 운명. 악취(惡趣). -gata 지나가버린. 존재로 나아간.
°gatika.°gatin *adj.* [<gati] ① 가는. 통하는. ② 다른 존재로 가는. 운명의.
gatimant *adj.* [gati-mant] ① 올바르게 가는. 행동거지가 완벽한. ② 현명한.
gatta *n.* [*sk.* gātra] ① 사지(四肢). ② 몸. -kālavaṇṇatā 멜라닌색소.
gathita *adj.* [ganthati의 *pp. sk.* grathita] ① 묶인. 매인. ② 집착이 있는.
gada *m.* [<gadati] ① 말. ② 문장.
gadati [gad] ① 말하다. ② 암송하다. ③ 발성하다. ④ 설명하다. *aor.* gadi; *pp.* gadita.
gadā *f.* [〃] ① 곤봉. ② 쇠막대기.
gaddula. gaddūla *m.* [?] ① 혁대. ② 가죽끈.
gaddūhana *n.* [*sk.* dadrūghna(?)] (시간 · 공간의) 작은 양.
gaddha *m.* [=gijjha. *sk.* gṛdhra] 콘도르. 독수리. -bādhin 독수리 조련사. 응사(鷹師). -bādhi 독수리 사료. 응사(鷹飼).
gadrabha *m.* [*sk.* gardabha] 당나귀. 노새. *f.* gadrabhī 암당나귀. -bhāraka 당나귀 짐. -bhāva 당나귀라는 사실. -rāva 당나귀 울음소리.
gadhita = gathita
gantar *m.* [gam의 *ag.*] ① 가는 사람. ② 행인.
gantabba. gantave → gacchati.
gantuṁ. gantavā → gacchati.
gantukāma *adj.* [<gantum-kama] ① 가고자 하는. ② 가고 싶은.
gantha *m.* [<ganthati] ① 묶음. 속박. 굴레. 계박(繫縛). -gantha 정신·신체적 계박[四身結]. -duka 한 쌍의 속박. 계이법(繫二法). -pamocana 육신의 속박에서 벗어난 상태[涅槃과 관련해서만 쓰임]. ② 책(冊). 문헌. 작문. -karaṇa 편집(編輯). 편찬(編纂). -kāra 저자(著者). 문학자(文學者). -dhura 책의 짐을 지닌[니까야를 이해하는 자]. -pahīna 책에 남겨진. 책과 관련이 있는. -pūjā 서적숭배. -ppiya 애서가(愛書家). -va-

ṁsa. -sūci 문헌학(文獻學). 서지학(書誌學). -sodhaka 편집자. 편찬자. -sambandha 문학적인. -samūha 문학(文學). 문헌(文獻).

ganthana *n*[<ganthati] ① 묶음. 꼬기. 직조(織造). 실잣기. ② 엮음.

ganthati. gantheti [*sk.* grathnāti. gath. ganth] ① 묶다. 매다. ② 결합하다. ③ 엮다. 편집하다. 편찬하다. *grd.* ganthaniya. *pp.* ganthita

ganthika *adj. m* [<ganthati] ① 근면한. ② 즉흥시인(卽興詩人).

gandha ① *m* [〃] 냄새. 향기. 방향. 향료. 향수. -āpaṇa 향수가게. -āyatana 냄새의 감역. 향처(香處). -ārammaṇa 냄새와 관련이 있는. 감각대상으로서 냄새. -ālepa 방향연고 -āsā 후각에 얽매인. -odaka 향수. -karaṇḍa 방향상자. 화장용박스. -kuṭi 오두막. 향실(香室)[부처님이 사용하는 방]. -gandha 향마다. -cuṇṇa 방향가루. -jāta 향기·향료의 종류[māla°. sāra°. puppha°]. -taṇhā 냄새에 대한 갈애. -tela 방향기름. -tthena 향기의 도둑. -dhātu 냄새세계. 냄세요소. 향계(香界). -pañcaṅgulika 오지향인(五指香印). -bhoga 향기를 즐김. 향락(香樂). -visaya 냄새의 경계. 향경(香境). -sañcetanā 냄새에 대한 의도. 향사(香思). 향의사(香意思). -saññā 냄새에 대한 지각. 향상(香想). -sannidhi 방향연고의 저장. -sāra 향기. 백단수(白檀樹). ② [=gantha] 책. 서적. 성전(聖典). -dhura 성전의 연구. -vaṁsa 서사(書史). -sāra 경전강요(經典綱要).

gandhaka *adj. m* [gandha-ka] ① 향내가 나는. 냄새가 짙은. ② 유황(硫黃).

gandhana → gandhina

Gandhaṭṭhi *m.* 서골(書骨)[망갈라(Maṅgala)의 수사학에 대한 서적].

gandhabba *m* [*sk.* gandharva] ① 간답바. 건달바(乾達婆). 음악의 신. ② 음악가. ③ 잉태될 준비가 되어 있는 존재[초기불교]. -kāyika 건달바의 무리에 속하는 -nagara 신기루. -mānusā(*pl.*) 건달바와 인간. -hatthaka 새 발톱 모양의 나무도구.

gandhabbā *f.* [<gandhabba] ① 음악. ② 노래.

Gandhamādana *m* [gandha-mādana] 간다마다나산. 향취산(香聚山)[산의 이름].

Gandhavaṁsa *m* [gandha-vaṁsa] 간다방싸. 서사(書史).

Gandhasāra *m* [gandha-sarā] 경전강요(經典綱要) [경전 모음집으로 Saddhammajotipāla의 저술].

Gandhābharaṇa *m* [gandha-ābharaṇa] 서영락(書瓔珞)[아리야방싸(Ariyavaṁsa)의 수사학에 관한 서적]

Gandhāra *adj. m* [〃] ① 간다라 지방에 속하는. ② 간다라. 건다라(健陀羅)[十六大國의 하나].

gandhārī *f.* [?] 간다라 지방의 주문[신비적 주문].

gandhika *adj.* gandhin *adj. m* [<gandha] ① 향기가 있는. ② 향료 장수. 향상(香商).

gandhina → kulagandhana

gabbita *adj.* [*sk.* garvita<garv의 *pp.*] ① 자랑하는. 거만한. ② 존대(尊大)의.

gabbha *m* [*sk.* garbha] ① 자궁. 태(胎). 모태. ② 내부. 강(腔). 내실. 침실. ③ 자궁의 부푼 상태[임신]. ④ 태아. 자궁의 내용물. -âvakkanti 임신. 탁태(托胎). -āsaya 자궁·태의 의지처. 난소(卵巢). -karaṇa 임신시키는 것. 회임술(懷妊術). -gata 임신한. 배아(胚芽). -dvāra 침실의 문. -pariharaṇa. -parihāra 태아의 수호. 임신했을 때의 수호의식. -pātana 유산. 낙태. 타태(墮胎). -mala 분만의 부정(不淨). -vuṭṭhāna 출산. -seyyaka 태아(胎兒). -seyyakavijjā 발생학(發生學). 태생학(胎生學). -seyyā 모태(母胎).

gabbhara *n.* [*cf. sk.* gahvara] 동굴. 대동혈(大洞穴).

gabbhinī *f.* [gabbha-in] 임신부(姙娠婦).

°gama *adj.* [<gam] 가는. *cf.* vigaṅgama. vehāsaṅgama. dūraṅgama. atthaṅgama

gamana *n.* [gam-ana] ① 감. 행(行). 보행. ② 여행. ③ 추구. -antarāya 출발의 장애. -âgamana 가고 옴. 왕래. 출몰. -kamma 가버림. -kāraṇa 가는 이유·수단. -bhāva 가버린 상태. -magga 길. -vaṇṇa 과정·여행에 대한 찬양.

gamanin *adj.* [gamana-in] 거리의. gamanī narī 거리의 여자. 십녀(辻女).

gamanīya *adj.* ṁ [gacchati의 *grd.*] ① 가야할. 가야만 하는. ② 정부(情夫). 밀부(密夫).

gami. gamiṁsu.gamissaṁ → gacchati.

gamissati. gamissase → gacchati.

gamika *adj.* [gam-ika] 가는. 편력하는. 여행을 떠나는. -bhatta 떠나는 수행승을 위한 음식. -bhikkhu 여행을 떠나는 비구. 원행비구(遠行比丘).

gamitvā [=gantvā] gacchati의 *abs.*

gamina *adj.* [<gam] 운명(趣 : gati)에 처한.

gamiya *m* [=gamanīya] 정부(情夫). 밀부(密夫).

gameti gacchati의 *caus.*

gambhīra *adj.* ṁ [〃] ① 깊은. 심오한. *abl.* gambhirato 깊은 곳으로부터. ② 잘 안치된. 잘 설치된. ③ 헤아릴 수 없는. 인식하기 어려운. ④ 심오함. 깊은 바닥. 안전한 기초. -avabhāsa 심오한 모습을 하고 있는. -dhamma 심오한 원리. 심심법(深甚法)[十二緣起를 말하는데. 여기에 대해 四諦法은 最勝法임]. -pañña 지혜가 깊은 자. -sita 깊이 안치된. 잘 설치된. 기초가 단단한.
gambhīratā *f.* [gambhīra의 *abstr.*] 깊이가 있음. 심오함.
gamma ① *adj.* [gāma-ya. *sk.* grāmaya] 마을의. 시정의. 천한. 천박한. 저속한. 신앙이 없는. *cf.* jamma ② gacchati의 *abs.*
gammatā *f.* [gamma의 *abstr.*] 천박. 음란.
gamya gacchati의 *abs.*
Gayā *f.* [〃] 가야의 시가지. 가야[마을의 이름].
Gayā-Kassapa *m.* [Gayā-kaśya-pa] 가야 깟싸빠. 가야가섭(伽倻迦葉)[三迦葉의 한분]
Gayāsīsa *m.* [*bsk.* Gayāśirṣa] 가야씨싸. 상두산(象頭山)[지명].
gayha *adj. n.* [<gayhati의 *grd.*] ① 붙잡혀야 하는. 소유되어야 하는. ② 소유한・입수한 것. 동산(動産).
gayhaka *adj. m.* [gayha-ka] ① 붙잡혀야 하는. ② 죄수.
gayhati [ganhāti의 *pass.*] ① 붙잡히다. ② 취해지다. *grd.* gayha.
gayhūpaga *adj.* [gayha-upaga] ① 소유되기 위한. ② 공동의 사용을 위한.
garahaka *adj.* [<garahati] ① 불평하는. 잔소리하는. ② 비난하는.
garahaṇa *n.* [<garahati] ① 비난. 비방. ② 불평. 잔소리.
garahati [*sk.* garhati. garh] ① 비난하다. ② 불평하다. ③ 나무라다. 책망하다. 꾸짖다. *aor.* garahi; *grd.* garahitabba. garahiya; *pp.* garahita.
garahā *f.* [<garahati] ① 비난. 비판. ② 책망. 질책(叱責).
garahin *adj.* [garaha-in] ① 비난하는. ② 불평하는. ③ 책망하는. 꾸짖는.
garu *adj. m.* [*sk.* guru] ① 무거운. ② 중요한. 중대한. ③ 가치 있는. 존중해야 할. 명예로운. 존경할 가치가 있는. 중요시하는. ④ 선생. 스승. ⑤ 불편한. ⑥ 장음절(長音節)의[시형론]. -upanissita 가르침을 받는 -karoti 존경하다. 존중하다. -kāra 존경. 존중. -gabbhā 임신한 여자. -ṭṭhāniya 스승의 지위에 있는 사람. -dāra 스승의 아내. -dhamma 지켜져야 할 규칙. 중법(重法). 경중법(敬重法). -nissaya 스승에 대한 의존. -bhaṇḍa 중요한 물건. -bhāra 무거운 짐. 무거운 부담. -vacana 경어(敬語). -saṁvasa 스승과의 교류(交流).
garuka *adj.* [garu-ka] ① 무거운. ② 중요한. 중대한 ③ 가치 있는. 존중해야 할. 명예로운. 존경할 가치가 있는. ④ 무게를 두어 애착함. ⑤ 임신한. ⑥ 장음(長音)의. -āpatti 무거운 죄. 중죄(重罪). -kamma 중요한 업. 중업(重業)[중요한 업은 그렇지 않은 것보다 일찍 과보가 나타남].
garukaroti [garu-karoti] ① 중요시하다. ② 존경하다. 존중하다. *aor.* garukari; *pp.* garukata; *ppr.* garukaronta.
garutā *f.* [garu의 *abstr.*] = garutta.
garutta *n.* [garu의 *abstr.*] ① 존경할 만한 사실. ② 가치있는 것으로 생각되는 것. ③ 엄숙성.
garuḷa *m.* [=garuḍ. *sk.* garuḍa] 가룰라. 가루라(迦樓羅). 금시조(金翅鳥)[=supaṇṇa; 용을 잡아먹는다는 전설적인 새].
gala *m.* [<gilati. *sk.* gṝ] ① 목구멍. 목. 인후(咽喉). 후두(喉頭). ② 후두음(喉頭音). -agga 목청. -ajjhoharaniya 삼킬 수 있는. -gaṇḍa. -gaṇṭhi 편도선. -ggaha 목을 잡은. 목을 조르는. -nāḷi 목구멍. 후두(喉頭). -ppamāṇa 목에까지 이르는. -pariyosāna 목구멍의 끝을 구성하는. -ppavedhaka 목구멍의 아픔. -mūla 목의 하부. -vāṭaka 목구멍의 하부[食道(oesophagus)(?)].
galaka *n.* [<gala] 목구멍. 후두(喉頭).
gaḷa *m.* [<gala] ① 액체의 방울. ② 종기. 부스럼. ③ 갈고리. 낚싯바늘.
gaḷagaḷāyati [=gaggarāyati] ① 갈라갈라하는 소리를 내며 비가 심하게 내리다. ② 으르렁거리다. 천둥이 치다.
gaḷati. galati [*sk.* galati] ① 흐르다. 똑똑 떨어지다. 똑똑 떨어지게 하다. 비가 오다. ② 사라지다. 소멸하다.
gaḷayati [gala의 *denom.*] ① 떨어뜨리다. ② (눈물을) 흘리다.
gaḷita *adj.* [*sk.* gaḍita. galita] 거친.
gaḷoci *f.* [*sk.* gaḍūcī] 갈로찌[의학용 덩굴식물 : Tinospora Cordifolia].
gaḷha *adj.* [*sk.* gāḍha] = gāḷha. ① 강한. ② 두꺼운. 빽빽한. ③ 깊은.
gava° [=go] 소. gavakkha 창문의 일종. -āghātana 소의 도살. -âssa 소와 말. -caṇḍa 소에 대해 난폭한. -pāna 쌀죽. 유미죽(乳米粥)[우유에 넣고 끓인 쌀죽이나 유미로 끓인 쌀죽]. -(ṁ)pati 소의 우두머리. 황소.
gavacchita *adj.* [?] 그물을 장치한.
gavaja. gavaya *m.* [<gava] ① 소의 일종. ② 야우(野牛). 목우(牧牛).
gavi *m.* [?] 가비[나무처럼 생긴 넝쿨]. -pphala 넝쿨의 열매.
gavesaka *adj.* [<gavesati] 찾는. 추구하는.
gavesati [gava-esati. *sk.* gaveṣate] ① 구하다.

찾다. 바라다. ② 노력하다. *aor.* gavesi; *fut. 2pl.* gavessatha.
gavesana *m* [<gavesati] ① 추구. 조사. ② 탐색(探索).
gavesin *adj.* [gavesa-in] ① 구하는. 찾는. ② 바라는. ③ 추구하는. 노력하는.
gassetuṁ → dassetuṁ의 *misr.*
gaha ① *n.* [*sk.* gṛha] *cf.* geha 집. -kāra. -kāraka 집짓는 사람. 갈애로 신체라는 집을 짓는 것. -kūṭa 집의 용마루. 대들보. -ṭṭha 호주. 세대주. 재가자(在家者). -patānī 가장의 부인. 안주인. -pati 가장. 집주인. 거사(居士). ② *m* [*sk.* graha< gaṇhāti] 잡는 사람. 포획자. 야차(夜叉). 악어(鰐魚).
gahaṇa *n.* [*sk.* grahaṇa] ① 잡음. 집지(執持).② 얻음. 획득. 노획. 포획.
gahaṇika *m* [<gaha] 혈통.
gahaṇī *f.* [<gahaṇa] ① 소화기관. ② 소화력.
gahatārā *f.* [*sk.* graha-tārā] 행성. -patha 궤도(軌道).
gahana *n. adj.* [*sk.* gahana. ghana] ① 정글. 밀림. 숲. ② 무성한. 불투명한.
gahapati *m* [*sk.* gṛhapati] ① 집주인. 가장. 재산가. ② 장자(長者). 거사(居士). -aggi 가장의 제화 가주화(家主火). -cīvara 속복(俗服). -necayika 재산가. -paṇḍita 학식있는 가장. -parisā 장자들의 모임. 장자중(長者衆). -putta 장자가문의 일원. -mahāsāla 대부호인 장자. -ratana 가장보(家長寶). 거사보(居士寶)[七寶의 하나].
gahapatānī *f.* [<gahapati] 가장의 아내. 장자의 아내. 거사부(居士婦).
gahapatika *adj.* [gahapati-ka] ① 집주인의. 가장의. ② 재산가의. 장자의.
gahita. gahīta *adj. n.* [gaṇhāti의 *pp. sk.* gṛhita] ① 잡힌. 붙잡힌. 포획된. ② 기억된. ③ 이해된. 파악된. 파지(把持)된. ④ 포획. ⑤ 이해. 파악. gahito gahito 자꾸만 기억나서.
gāthaka = gāthā.
gāthā *f.* [〃] 시(詩) 게송(偈頌). 가타(伽陀). 게경(偈經). -abhigīta 게송을 노래해서 얻어진 (음식) -âvasāne 세송이 끝난 후. -jānanaka 게송을 아는 자. -dvaya 한 쌍의 시행. -pada 시행. -sukhattaṁ 운율을 맞추기 위해.
gādha ① *adj. m* [=gāḷha. *sk.* gāḍha<gāh] 깊은. 심연. 동굴. ② *n.* [*sk.* gādha<gādh] 발판. 기반. 견고. 견고한 곳. 안전한 곳. gādhamesati 안전한 곳을 구하다.
gādhati [gādh] ① 굳건히 서다. 기반을 갖다. ② 발판을 마련하다. *aor.* gādhi.
gāma *m.* [*sk.* grāma] 마을. 촌락. -anta 마을의 경계선. -antara 마을 가운데. -kathā 마을의 화제. 이야기꺼리. -kamma 마을에서 해야만 하는. -kūṭa 마을의 사기꾼·아첨꾼. -goṇā (*pl.*) 마을의 소. -ghāta. -ghātaka 마을의 약탈자. -jana 마을 사람. -jeṭṭha 촌장. -ṭṭhāna 폐허가 된 마을. 마을의 터. -dārakā(*pl.*) 마을의 젊은이들. -dārikā 마을의 여자들. -dvaya 두 마을에 사는. -dvāra 마을의 입구. -dhamma 시정(市井)의 법. 천한 행위. -poddava(?) 머리감기. 샴푸[洗髮液]. -bhoja(na)ka 마을의 우두머리. 촌장(村長). -majjhe 마을의 중간에서. -vara 우수한. 탁월한. -vāsin 마을의 거주자. -saññā 마을에 대한 지각. -samīpe 마을 가까이. -sahassa 천개의 (행정)구역. -sāmanta 마을 부근. 마을에서 가까운. -sīmā 구역의 경계. -sūkara 마을의 돼지.
gāmaka *m* [gāma-ka] ① 마을. 작은 마을. ② 마을사람.
gāmaṇika. gāmaṇi *m* [<gāma] ① 촌장. ② 마을의 우두머리.
gāmaṇḍala *m* [=gomaṇḍala] '소의 둘레' ① 소키우는 사람. ② 목동(牧童).
gāmantarakappa *m* [gāma-antara-kappa] 근취락정(近聚落淨). 취락간정(聚落間淨)[十事非法의 하나. 한 마을에서 한번 탁발하여 식사하고 다른 마을에 다시 들어가면 다시 한번 식사를 할 수 있다는 것].
gāmika ① *m* [*sk.* grāmika] 마을의 장관. 교구의 감독. ② *adj.* [<gam] 가는. 여행하는 (사람).
°gāmin *adj. m* °gāminī *f.* [<gam] ① 가는. 가게 하는. 통하는. 이르는. ② 이끄는. 인도하는 (자).
gāmeyya *adj.* [<gāma] 마을에 속하는. sagāmeyya 같은 마을의. 같은 씨족의 사람.
gāyaka *m* [<gāyati] 가수(歌手).
gāyati [*sk.* gāyate. gai] 노래하다. *aor.* gāyi; *imp.* gāhi; *fut.* gāyissai; *abs.* gāyitva; *ppr.* gāyanta. gāyamāna. giyamāna; *grd.* gāyitabba. geyya; *pp.* gita.
gāyana *n.* [<gāyati] 노래. 가창.
gāyikā *f.* [<gāyaka] 여성가수.
gārayha *adj.* [garahati의 *grd.*] 비난받아야 할. 꾸짖음을 들어야 할. -ṭhāna 비난받아야 할 처지. 난힐처(難詰處).
gārava *m n.* [<garu. *sk.* gaurava] ① 존중. 존경. 공경. ② 공경의 대상[여섯 가지 공경의 대상]. -âdhivacana 존경의 칭호. 존경의 말.
gāravatā *f.* [gārava의 *abstr.*] 존중. 존경.
gāḷha *adj.* [*sk.* gāḍha] 강한. 두꺼운. 빽빽한. 깊은. *acc.* gāḷhaṁ *adv.* 빽빽하게. *cf.* gādha

gāvi *f.* [*cf.* go] 암소. 빈우(牝牛). *sg. gen.* gāviyā; *pl. nom.* gāviyo; *gen.* gāvinaṁ
gāvuta *n.* [*sk.* gavyūti] 가부따[거리(3~4 km)의 단위. 1/4 yojana 由旬].
gāvutika *adj.* [gāvuta-ika] 가부따(gāvuta)의.
gāvo → go.
gāha *m.* [*sk.* grāha] ① 잡음. 사로잡음. ② 파악. 이해. ③ 집착. 집착된 견해. 집(執). 집견(執見). ④ 물귀신. 수귀(水鬼). āvaṭṭa° 소용돌이에 사로잡힌. 유혹에 사로잡힌. manussa° 인간에 사로잡힘. 인집(人執). amanussa° 인간이 아닌 것에 사로잡힘. 비인집(非人執).
gāhaka *adj.* [gāha-ka] ① 포획하는. 사로잡는. ② 파악하는. *f.* gāhikā.
gāhati [gāh] ① 담그다. ② 침투하다. ③ 뛰어들다. 잠수하다.
gāhana *n.* [<gāhati] ① 침투. ② 잠수.
gāhavant *adj.* [<gāha-vant] ① 결정적인. ② 전념하는.
gāhāpaka *m.* [<gāhāpeti] 잡도록 시키는 사람. 갖도록 하는 사람. 분배인.
gāhāpeti [gaṇhāti의 *caus.* = ganhāpeti. gāheti] 잡게 하다. *aor.* gāhāpesi. gāhāpayi; *abs.* gāhāpetvā
gāhi gāyati의 *imp.*
gāhika = gahin
gāhin *adj.* [gāha-in] ① 붙잡는. 소지하는. ② 집착하는.
gāheti [<gāha] ① 파악하다. 이해하다. ② 설명하다. 해명하다.
giṅgamaka *m.* [=kiṅgamaka] 장식물의 일종
gijjha *m. adj.* [=giddha. *sk.* gṛdha] ① 독수리. ② 탐욕스러운. 원하는. -pabbata 독수리산. 기자굴산(耆闍崛山). -potaka 독수리새끼.
Gijjhakūṭa [*bsk.* Gṛddha-kūṭa. Gṛdhra-kūṭa] 깃자꾸따. 기자굴산(耆闍崛山). 영취산(靈鷲山). 취봉(鷲峰).
gijjhati [*sk.* gṛdhyati gṛdh] ① 원하다. 열망하다. ② 탐욕을 부리다. 탐구(貪求)하다. *pp.* gaddha. giddha; *pass.* gijjhiyati; *pp.* gijjhita
giñjakā *f.* [?] 기와. 연와(煉瓦) -āvasatha 벽돌집. 연와당(煉瓦堂).
Giñjakāvasatha *m.* [Giñjakā-āvasatha] 긴자까바싸타. 기와집. 연와당(煉瓦堂). 번기가정사(繁耆迦精舍).
giddha *adj.* [gijjhati의 *pp.*] ① 갈망하는. ② 탐욕스러운.
giddhi *f.* [<giddha] 탐욕. 탐구(貪求). -māna 탐욕과 교만. -lobha 탐욕과 탐착. 탐욕.
giddhin *adj.* [giddha-in] ① 갈망하는. ② 탐욕스러운. *f.* giddhinī.
giddhimā *adj.* [giddhi-mant] 탐욕스런.
gini *m.* [*sk.* agni] 불. mahā-gini 큰 불.
gimha. gimhāna *m.* [*sk.* grīṣma] ① 열. ② 더운 계절. 여름. -(ṁ)māse 여름의 달에.
gimhika *adj.* [gimha-ika] ① 무더운. ② 여름의. 여름과 관련된.
girā *f.* [*sk.* gir<gṝ] 말. 발언.
giri *m.* [〃] 산. 산악(山岳). -agga(giragg°) 산꼭대기. -aggasamajja 산꼭대기의 회합[라자가하성의 제사모임]. -kaṇṇī. -kannikā 기리깐니까[식물의 이름. Clitoria Ternatea]. -gabbhara 산의 동굴. -guhā 산의 동굴. -pabhedañāṇa 산악학(山岳學). -bbaja 산의 동굴. 산골짜기. 산의 피난처. -rājā 산의 왕. 산왕(山王). -sikhara 산의 정상.
Giribbaja *n.* [giri-vaja] 기립바자. 산위성(山圍城). 산곡성(山谷城)[라자가하 성의 이름].
gilati [*sk.* girati. gilati gir<gṝ] 삼키다. 게걸스레 먹다. *pp.* gilita *aor.* gili; *caus.* gilāpeti.
gilana *n.* [<gilati] 삼킴. 연하(嚥下).
gilāna *adj. m.* [*sk.* glāna] ① 병든. ② 병자. 환자. -ālaya 아픈체하기. 병실. 병원. -upaṭṭhāka *m.* -upaṭṭhākī *f.* 간병인. 간호사. -upaṭṭhāna 환자를 돌봄. 간병(看病). -paccaya 환자의 간호. -paccaya-bhesajja-parikkāra 환자를 위한 약. 의약자구(醫藥資具). -pucchaka 환자의 안부를 묻는 자. -bhatta 환자의 음식 -bhesajja 약. 약품. -sālā 병원. 병실.
gilānaka *adj.* = gilāna
gilāyati → āgilāyati.
gili gilati의 *aor.*
gihi° = gihī° [<gihin] -gatā 시집간 여자. -liṅga 재가자의 특징.
gihin. *adj. m.* [gaha-in. *sk.* gṛhin] ① 집이 있는. 재가의. ② 재가자. 가장. *sg. gen.* gihissa. gihino; *pl. nom.* gihī. gihī.° 일반적으로 gihi° -kicca 재가자(가장)의 의무. -dhamma 재가자의 의무. -parisā 재가자의 무리. -bandhanāni 재가자의 속박들. -bhūta 재가자. -bhoga 재가자의 재산. -byañjanāni(*pl.*) 재가자의 특성. -liṅga 재가자의 특징. -saṁyojana 재가의 속박. -saṁsagga 재가자들과의 교제. -sukha 재가자의 행복.
gihinī *f.* [<gihin] 재가의 여자. 재가녀(在家女). 거사부(居士婦).
gīta *adj. n.* [〃 <gāyati의 *pp.*] 노래. 가요. 찬가. -rava 노래 소리. -vādita 노래와 음악. -ssara 노래 소리. -sadda 노래 소리.

gītaka *n.* gītikā *f.* [<gīta] 작은 노래.
gīvaṭṭhi [gīvā-aṭṭhi] 목뼈. 경골(頸骨).
gīvā *f.* [*sk.* grivā] 목.
gīvūpaga *m.* gīveyyaka *n.* [<givā] ① 목장식. ② 목걸이.
guggula *n.* [?] 향료・향수의 일종.
guñjā [*cf.* jiñjuka] 군자[식물의 이름. Abrus Precatorius].
guṇa *m.* [〃] ① 성질. 성품. 양질. 덕. 질(質). 자격(資格). 자질. 공덕. -aggatā 최상·우월의 상태. -aḍḍha 덕이 풍부한. -ôpeta 자격을 갖춘. 자질을 갖춘. -kathā 칭찬. 찬미. -kittana 칭찬하는. -teja 덕의 위력. -dosanirūpaka 비평가(批評家). -dosanirūpana 비평(批評). -dhamma 윤리(倫理). 사기(士氣). -dhammavasena 윤리적으로. -visesa 자격증(資格證). -hāni 사기를 꺾음. -hīna 덕이 없는. 덕을 잃은 ② 실[絲]. 현(絃). ③ 겹. 종류. diguṇa 이중(二重). catuguṇa 사중(四重). pañca kāmaguṇa 다섯 가지 감각적 욕망. 오종욕(五種欲). 오묘욕(五妙欲). ④ 나무의 심을 갉아먹는 벌레. -pāṇaka 나무벌레.
guṇaka *adj.* [guṇa-ka] ① 끝에 매듭이 있는. ② 꼭대기가 굵은.
guṇavant *adj.* [guṇa-vant] 덕이 있는. 좋은 성품을 지닌.
guṇi. guṇī *f.* [<guṇa①. ②-in] 갑옷의 일종.
guṇin *adj.* [guṇa①-in] 덕성을 지닌.
guṇṭhika *m.* [<guṇṭheti] ① 덮인 자. ② 감긴 자. ahi° 뱀을 다루는 사람.
guṇṭhikā *f.* [=ganṭhikā] 실타래. 실이 뭉친 것.
guṇṭhima *f.* [<guṇṭheti] ① 덮인. ② 가려진.
guṇṭheti [*cf.* *sk.* gunṭhayati] ① 덮다. ② 가리다. *pp.* gunṭhita
guṇḍika →gunṭhika
gutta *adj.* [*sk.*gupta<gup의 *pp.*] ① 지켜진. 보호된. 수호된. ② 제어된. -indriya 감각능력을 수호하는. -osadha 엉터리약. -dvāra 감각능력의 문을 지키는. 감관을 수호하는 자. -dvāratā 감관의 수호. 수문(守門). 호문(護門). -pharusavacana 완곡어구(婉曲語句).
gutti *f.* [*sk.* grupti<gup] 보호. 수호.
guttika *m.* [<gutti] ① 보호자. ② 관리인.
guda *m.* *n.* [〃] 항문(肛門).
gundā *f.* [*sk.* gundrā] 구근(球根)모양의 풀. 목초 [Cyperus Pertenius].
gunnaṁ → go.
gumpha → ogumpheti.
gumba *m.* [*sk.* gulma] ① 무리. 집단. 군단. ② 정글. 수풀. 관목(灌木). 총림(叢林). -jati 황야(荒野). -cchannabhūmi 황야(荒野).
gumbiya *adj.* [<gumba] 군대의 일종.
guyha *adj.* *n.* [gūhati. guh의 *grd.* *sk.* guhya] ① 감추어져야 할. 숨겨진. ② 비밀의. 비밀. -attha 숨겨진 의미. 밀의(密義). 비의(秘義). -tantavidū 신비주의자(神秘主義者). -manta 비밀스러운 일. 밀사(密事).
guyhaka *m.* [guhya-ka] 밀적역사(密迹力士). 밀적천(密跡天)[半神半人의 羅刹]
guru *adj.* *m.* [〃] ① 존경할 만한. ② 스승.
guruvāra *m.* [〃] 목요일(木曜日).
Gulissāni *m.* 굴리싸니. 구니사(瞿尼師)[수행승의 이름].
guḷa *m.* [*sk.* guda] ① 공. 구(球). ② 설탕. 당밀. ③ 다발. 더미. 연쇄. mālāguḷa 꽃다발. 화환. 화관. pupphaguḷa 꽃다발. maniguḷa 보석의 방(?). 보석더미. 보주. -kīḷā 공놀이. -parimaṇḍala 공의 둘레.
guḷā *f.* [<guḷa] ① 뾰루지. 여드름. ② 종기. ③ 농포(膿疱).
guḷika *adj.* *n.* [<guḷa] ① 사슬이 있는. 연속하는. ② 집단. ③ 사슬.
guḷikā *f.* [<guḷa] ① 작은 공. 소구(小球). ② 흙덩이. 단토(團土).
guhanā. gūhanā *f.* [<gūhati] ① 감춤. ② 비밀을 지킴.
guhā *f.* [〃<guh] ① 굴. 동굴. ② 감추는 곳 -āsaya 마음에 숨는. 마음의 피난처.
°gū [=°ga<gam] ① 간. 도달한. ② 정통한. addha-gū. anta-gū. pāra-gū. veda-gū.
gūtha *m.* [〃] ① 배설물. 대변. 똥. ② 똥[아귀의 음식으로 자주 언급]. ③ 똥[오줌과 함께 약용으로 씀]. -kaṭāha 배변통. -kalala 똥과 진창. -kīḷana 배설물로 장난하기. -kūpa 옥외 변소. 똥구덩이. 분갱(糞坑) -khādaka 배설물로 살아가는. -gata 배설물로 바뀌는. -gandhin 배설물의 냄새가 나는. -ṭṭhāna 배설의 장소. 변소. -naraka. -niraya 분뇨지옥(糞尿地獄). -pāṇa 배설물 위에 살아가는 곤충. -bhakka 똥을 먹고 사는 (것). 분식(糞食). -bhāṇin 상스러운 말을 하는 (자). 분어자(糞語者). 예어자(穢語者) -hārika 똥을 나르는 (자). 담분자(擔糞者).
gūthaka *m.* [gūtha-ka] (눈・귀・코・항문 등의) 배설물·분비물. *cf.* bhenḍuka. kenḍuka
gūḷha. gūḷhaka *adj.* [gūhati guh의 *pp.* *sk.* gūḍhaka] ① 감추어진. 은폐된. ② 기이한. 신비로운. 은밀한. 비밀의. gūḷha° -dhamma 신비주의(神秘主義). -pañha 퍼즐. 난제. 수수께끼. -vijjā 신비학(神秘學). 신비요법 療法). -vijjā-

vidū 비술사(秘術師). 주술사(呪術師).
gūhati [〃 <guh] 감추다. 숨기다. 은폐하다. *grd.* guyha; *pp.* gūḷha; *caus.* gūhayati; *ppr. m.* sg. *nom.* gūhayaṁ.
gūhana *n.* = gūhanā
gūhanā *f.* = gihanâ
geṇḍuka *m.* [<giḍ] 놀이공. *cf.* bhenduka. keṇ-ḍuka.
gedha *m.* ① [<gijjhati. *sk.* gṛdhyā] 탐욕. ② = geha(?). 정글.
gedhi *f.* [*sk.* gṛdhi<gedha] ① 탐욕. 갈망. ② 질투.
gedhita *adj.* [gijjhati의 *pp.*] 탐욕스러운.
geyya *n.* [gāyati. gai의 *grd.* *sk.* geya] 게이야. 시(詩). 응송(應頌). 지야(祇夜)[九分敎의 하나]
geruka *n.* gerukā *f.* [*sk.* gariuka] ① 붉은 흙. 황토. ② 황토색. -cuṇṇa 붉은 흙의 가루.
gelañña *f.* [gijjhati의 *pp.*] 병상(病床). -vihāra 환자의 정사. 간병원(看病院).
geha *n.* [=geha. *sk.* gṛha] ① 집. 거처. ② 가족. 재가(在家). -āsattatā 가정생활(家庭生活). -a-ṅgaṇa 집 앞의 공터. 집뜰. -jana 식구·하인. -jhāpana 방화. 선동. -ṭṭhāna 집. -dāsī 하녀. -dvāra 집의 문. -nissita = gehasita. -patana 집의 붕괴. -pavesanamaṅgala 집에 들어가는 의식. -poṭṭhi 집의 뒤쪽. -rakkhika 집에 머무는. -vigata 집의 재산. 세속적인 부. -sita 집과 관련된. 가정적(家庭的)인. 세속적인 삶의. 세간에 집착하는. -sevaka 하인.
go *m. f.* [〃] 소[암소나 수소의 통칭] (*sg.*) *nom.* go; *gen.* gavassa; *ins.* gavena. gāvena; *acc.* gavaṁ. gāvaṁ; *abl.* gavamhā. gavā; *loc.* ga-vamhi. gāvamhi. gave; (*pl.*) *nom.* gāvo; *gen.* gonaṁ. govaṁ. gunnaṁ. *ins.* gohi; *acc.* gāvo; *abl.* gohi; *loc.* gosu. gavesu. gāvesu. -kaṇṭaka 수소의 발굽. -kaṇṇa 큰사슴. 우이록(牛耳鹿). -kāṇā = -kaṇṇa. -kula 소외양간. -gaṇa 소의 무리. -ghaṁsikā 소가죽. -ghātaka 소잡는 사람. 도살업자. 도우자(屠牛者). -ghātakasūnā 소 잡는 곳. 도살장. 도축장. -caraṇa 소가 풀을 먹는 -ṭṭha 소외양간. -damaka 소 길들이는 사람. 조우자(調牛者). -pariṇāyaka 소의 우두머리. -pā-la. -pālaka. -pitā 목우자. 목자(牧者). -bali-vaddanayena '검은 가축 황소라는 표현으로' 단어의 중첩에 의해서[수사학]. -bhatta 소의 먹이. -maṁsa 쇠고기. -maṇḍala 소의 행동경로. -maya 쇠똥. -māyu 재칼. 승냥이. -mutta 소의 오줌. -mutta(ka). -medaka 연붉은색의 보석. -medha 소의 제물. 소의 희생제. 우사제(牛祠祭). -pūra 성문(城門). 망루(望樓). -yūtha 소떼. -rakkhā 목우자. -ravaka 소의 울부짖는 소리. -rasa 소의 산출물[五種味]. -rūpa (집합적) 소. 가축. -lakkhaṇa 소로 점치는 운수. -vattika 소처럼 행동하는 자. 우행자(牛行者). -vikattana. -vikantana 소도살업자의 칼. -vittaka 재산으로 소를 갖고 있는 자. -sappi 소의 유락(乳酪). 우락(牛酪). 버터. -sālā 우사(牛舍). -siṅga 쇠뿔. -sīla 소의 행동을 흉내 내면서 사는 사람. 우계(牛戒). -hanuka 소의 턱뼈.
gocara *m.* [go-cara] ① 목장. ② 사료. 음식. ③ 감각대상. 적당한 장소. ④ 활동영역. 행경(行境). -rūpa 대상의 물질. 경색(境色)[色·聲·香·味·觸의 구성성분].
gocariya *adj.* [go-cariya] 갈색의.
gocchaka *m.* [*sk.* gutsaka] ① 다발. ② 무리.
goṭaviya. goṭavisa *m.* [?] ① 배의 키. 배의 방향타. ② 선미(船尾).
goṭṭha *n.* [*sk.* goṣṭha] 외양간.
goṭhaphala *m.* [<*sk.* gotra-vṛkṣa] 약용 씨앗.
goṇa *m.* [〃] ① 소. 수소. 웅우(雄牛). ② 목우(牧牛). -sira 야생소. 들소.
goṇaka. gonaka *m.* ① [*sk.* *bsk.* goṇika] 긴 양털로 만들어진 담요·양탄자. ② [goṇa-ka] 들소.
goṇasa. gonasa *m.* [〃] ① 살모사. ② 독사.
goṇisādika [goṇa-sādika] 수소의 외양간.
Gotama *m.* [*sk.* *bsk.* Gautama] 고따마. 구담(瞿曇). 교답마(憍答摩)[釋迦族의 姓. 釋尊을 가르키는 일이 많다].
Gotamaka *m.* [gotama-ka] 고따마까. 구담(瞿曇)[祠堂의 이름]
Gotamī *f.* [<gotama] '고따마 성(姓)의 여자' 고따미. 구담미(瞿曇彌)[부처님의 姨母이자 繼母인 Mahāpajāpati을 가르키는 일이 많다].
gotta *n.* [*sk.* *bsk.* gotra] ① 가문. ② 혈통. 가계(家系). 부족(部族). 씨족(氏族). ③ 성씨[개인적 이름이나 고향·직업에서 유래한 이름과는 다르고 대개 부계의 성씨를 말함]. -āyatta 부족적인. -āyattapālanavidhi 부족주의(部族主義). -tha-ddha 가문·혈통을 자랑하는 -pañha 가문에 대한 물음. -paṭisārin 가문에 의존하는. 가문을 신뢰하는. -paramparā 부족(部族). -bandhava 혈연의. -rakkhita 가문에 의해 보호받는. -vāda 가계에 대한 이야기(家系論). 혈통에 대한 자랑.
gottar *m.* gottī *f.* [*sk.* goptṛ<gup] 수호자.
gotrabhū *adj. m.* [gotra-bhū] ① 가계에 속하게 된. 종성(種姓)을 지닌. ② (부처님의) 혈통에 든 님. 참사람의 반열에 든 님. 성인의 반열에 든 님. 종성자(種姓者)[감각적 쾌락의 욕망계에서 미세한 물질계에 들면서 고귀한 마음의 혈통에 든 자이거나, 범부의 혈통에서 성인의 혈통으로 바뀐 자로, 사쌍팔배가 되기 직전의 지위]. -citta 혈통에 든 님의 마음. 참사람의 반열에 든 님의 마음. -ñāṇa 혈통에 든 님의 지혜. 참사람의 반열에 든 님의 지혜.

godhaka *m* [?] 고다까[새의 일종].

godharaṇī *f.* [go-dharaṇa의 *f.*] (새끼를) 밸 수 있는 소.

godhā *f.* ① [〃] 이구아나. 큰 도마뱀. *cf.* golikā. ② 거문고의 현(絃).

godhūma *m* [〃] 밀.

gonaṁ → go.

gonaka = goṇaka

gonaṅgula *m* [?] 얼굴색이 검은 원숭이. 흑면원(黑面猿).

gonasira *m* [goṇa-sira] 야생 소. 들소. 야우(野牛).

gopa *m* [〃] 소 키우는 사람.

gopi *f.* [<gopa] 소치는 여인.

gopaka *m* [gopa-ka] ① 보호자. 관리인.

gopanā *f.* [*sk.* gopana *n.*<gopeti] ① 보호. 수호. ② 보살핌.

gopānasī *f.* [〃] ∧형의 서까래. 승연량(承椽梁). -gaṇā (*pl.*) 서까래. -bhogga(-sama). -vaṅka 서까래 같이 구부러진[늙은이의 비유].

gopāla. gopālaka *m* [〃] 소 키우는 사람. 목자. *f.* gopālikā.

Gopikā *f.* [gopa-ikā] 고삐까. 구비녀(瞿毘女). 구아비(瞿夷妃)[사람의 이름].

gopita *adj.* [gopeti의 *pp.*] 지켜진. 보호된. *cf.* gutta

gopura *m* [〃] ① 성문(城門). 게이트타워. 문탑(門塔). ② 첨탑.

gopetar *m* [*sk.* gopetṛ] ① 보호자. ② 목자.

gopeti [*sk.* gopayati. gup의 *caus.*] ① 지키다. 보호하다. 수호하다. ② 감시하다.*opt.* gopetha; *pp.* gopita

gopphaka *m* [*cf. sk.* gulpha] 복사뼈. 발목.

gomaya *m n.* [go-maya] 쇠똥. -aggi 쇠똥으로 피운 불. -pāṇaka 쇠똥을 먹는 벌레. -bhakka 쇠똥을 먹고 사는. -hārikā 쇠똥을 나르는 여자.

gomika *m* [*sk.* gomin] 소의 주인.

gorakkhā *f.* [go-rakkhā] 목축. 소 키우기.

golikā *f.* [godhā-ika] 도마뱀.

golomika *adj.* ① [*sk.* gulma = gumba-ika] 덤불과 같은. ② [go-loma-ika] 소의 털과 같은.

golomī *f.* [?] 흰 붓꽃의 뿌리.

goḷa *m* [*sk.* gola] 공. 구(球). -addha 반구(半球). -āluva 감자.

goḷaka *m* [*sk.* golaka] 공. 구(球).

goḷapatta *n.* [goḷa-patta] 양배추.

goḷākāra *adj.* [*sk.* golākāra] 공 모양의.

Govinda *m* [go-inda] 고빈다. 전존대신(典尊大神)[바라문의 이름].

Gosiṅgasālavana *m* [go-siṅga-sāla-vana] 고씽가쌀라숲. 우각사라림(牛覺沙羅林)[공원의 이름].

gososacandana *n.* [*sk.* go-śirṣa-candana] 향목(香木). 우두전단(牛頭栴檀).

gohi → go.

Gh

gha ① 자음·문자 gh의 이름. ② [ghan의 *a. suffix.*] 죽이는. 파괴하는. *cf.* hanati.
ghaṁsati ① [*sk.* gharṣati ghṛṣ] 문지르다. 닦다. 마찰하다. 분쇄하다. 갈다. *caus.* ghaṁseti. ghaṁsāpeti; *aor.* ghaṁseti. ghaṁsāpeti; *aor.* ghaṁsesi ; *pp.* ghaṁsita ; *pass.* ghaṁsīyati. ② [=haṁsati. hṛṣ] 기뻐하다.
ghaṁsana *n.* [<ghaṁsati ①] 문지름. 마찰.
ghaṁsanī *f.* [<ghaṁsati] 걸레. pādaghaṁsanī 발을 닦는 걸레.
ghakāra *m.* [gha-kāra] ① gh의 문자·음소. ② gha 어미. -āgama gh의 문자·음소에 대한 추가. -ādesa gh의 문자·음소의 대체. -lopa gh의 문자·음소의 제거.
ghacca *adj.* [*sk.* ghātya] 죽어야 하는. 파괴되어야 할.
ghaccā *f.* [ghat-yā<han. ghan] 파괴.
ghañña *adj. n.* [ghāta-ya] ① 죽이는. 파괴하는. ② 살해. 파괴.
ghaṭa ① *m.* [〃] 큰 단지. 항아리. 병. -pamāṇa 단지 크기의. ② *m. f.* -ā 다수. 무리. 더미. 군중.
ghaṭaka [<ghaṭa ①] ① 작은 단지. ② (건물의) 기둥머리.
ghaṭati [ghaṭ] ① 전념하다. ② 노력하다. *fut. 1sg.* ghaṭissaṁ.
ghaṭana → ghaṭṭana.
ghaṭikā *f.* [<ghaṭa] ① 작은 발우·향로 ② 지팡이. 잔가지. 작은 봉으로 때리기. 빗장. ③ 시간 -thambha 시계탑. -maṇḍala 다이얼. -yanta 시계(時計).
ghaṭita [ghaṭeti의 *pp.*] 연결된. 결합된.
ghaṭī *f.* [<ghaṭa] ① 항아리. ② 단지. -ôdana 단지로 지은 밥. -kaṭāha 물단지. 발우. -kāra 도공(陶工). 옹기장이.
ghaṭīyati [ghaṭeti 또는 ghaṭṭeti의 *pass.*] ① 묶이다. 이어지다. ② 방해받다.
ghaṭīyanta *adj.* [<ghaṭīyati] 이어지는. -mukha 다이얼.
ghaṭeti [ghaṭa의 *denom.*] ① 묶다. 결합하다. 연결하다. ② 시도하다. *pp.* ghaṭita; *pass.* ghaṭīyati. *ppr.* ghaṭenta
ghaṭṭa → araghaṭṭa.
ghaṭṭana *n.* [*sk.* ghaṭana] ① 결합. ② 타격.
ghaṭṭeti. ghaṭṭayati [*sk.* ghaṭṭayati. ghaṭṭ] ① 때리다. ② 접촉하다. 충돌하다. 부딪히다. ③ 화내다. ④ 반대하다. *pp.* ghaṭṭita; *pass.* ghaṭīyati.
ghaṇṭā. ghaṇṭī *f.* [〃] 종. 벨. -thambha 종각. 종루. -rava 종소리.
ghata *n.* [*sk.* ghṛta] 버터. 버터기름.
ghatāsana *n.* [ghata-asana] '버터기름을 먹는 것' 불[火].
ghana ① *adj. m.* [〃] 단단한. 견고한. 일관된. 빽빽한. 음울한. 구름낀. 구름. 가나. 건남(犍南)[胎內五位(kalala. abbuda. pesī. ghana. pasākha)의 네 번째]. -saññā 빽빽한 것에 대한 지각. 견고성에 대한 지각. 후상(厚想). ② *m.* [〃 <han] 곤봉. 막대기. 망치. ③ *n.* 심벌즈.
ghanatā *f. m.* [ghana의 *abstr.*] 견고성. 일관성(一貫性).
ghanasāra *adj.* [〃] ① 강심제. 피부자극제. ② 장뇌(樟腦).
Ghanika *m.* [ghana-ika] 가니까. 공거천(空居天). 운천(雲天)[신·신계의 이름].
ghanopala *n.* [ghana-opala] 우박.
ghamma *m.* [*sk.* gharma] ① 열(熱). 열기. ② 여름(夏)[더운 계절]. -āyatta 열기의. -māṇa 열(熱). -māṇāyatta 열(熱)과 관계된.
ghara ① *n.* [*cf.* gaha. geha] 집. 속가(俗家). -ājira 집안의 뜰. -āvāsa 가정(家庭). 가정생활. 집에서의 삶. -āvāsāyatta 가정적인. -āvāsattha 집의 일. 가업(家業). -kapoṭa 집 비둘기. -golikā 집 도마뱀. -jhāpana 방화(放火). -dāsi 여자하인. -dvāra 집의 문. -bandhana 결혼의 시작. 결혼. -mukha 집의 입구. 집의 앞쪽. -mesin 집을 구하는 자. 집주인. 가장. -vatthu 집터. -virahapīḷā 향수(鄕愁). -sandhi 집의 갈라진 틈. -sāminī 가정주부. -suṅkadāna 임차(賃借). 차용(借用). -suṇhā 시집. -sūkara 집돼지. ② *m.* [*cf. sk.* gala. garala] 마약. 독약. -dinnakābādha 독을 마신 결과 생겨난 병. -visa 독극물. -sappa 독사뱀.
gharaṇī *f.* [<ghara] ① 주부. ② 여주인.
ghasa *adj. m.* [<ghasati] ① 먹는. ② 먹는 사람. ③ 음식. mahagghasa 대식가.
ghasati [*sk.* grasati. gras] ① 먹다. ② 삼키다. *ppr.* ghasamāna; *pp.* ghasta. *cf.* ghasa. ghāsa. jighacchati.
ghasta *adj.* [ghasati의 *pp.*] ① 먹은. ② 삼킨.

-vaṅka 낚싯바늘을 삼킨.
ghāṭa → saṁghāṭa.
ghāṭana → ghaṭati.
ghāta *m* [〃 <han] ① 살해. 학살. ② 강탈. 약탈.
ghātaka *adj. m* [ghāta-ka] ① 살해하는. 파괴하는. ② 강탈. 약탈. 살해.
ghātāpeti [ghāteti의 *caus.*] 죽이게 하다. 학살하게 하다.
ghātikā *f.* [ghāta-ika] ① 살인자. 살해자. ② 강탈자. 약탈자.
ghātita *adj.* [ghāteti의 *pp.*] 살해된. 파괴된.
ghātin *adj. m* [ghāta-in] ① 살해하는. 파괴하는. ② 살인자. 살해자. 강탈자. 약탈자.
ghātimant *adj.* [<ghāteti] ① 때릴 수 있는. ② 통과할 수 있는. 찌를 수 있는. ghana° 단단하거나 빽빽한 것을 쉽게 통과하는.
ghāteti [ghāta의 *denom. sk.* ghātayati] ① 죽이다. 살해하다. 학살하다. ② 약탈하다. ③ 처형하다. 집행하다. na haneyya na ghātaye 죽여도 안되고 죽이라고 시켜도 안 된다. *aor.* aghātayi; *opt.* ghātaye; *abs.* ghātetvā; *pp.* ghātita; *caus.* ghātāpeti. *cf.* ghacca. āghāteti.
ghāna. ghāṇa *n.* [*sk.* ghrāṇa] ① 코. 비(鼻). ② 후각(嗅覺). 후각기관. -āyatana 후각영역. 후각의 기반. 비처(鼻處). -indriya 후각능력. 후각기능. 후각작용. 비근(鼻根). -dhātu 후각세계. 후각요소. 비계(鼻界). -dasaka 후각을 구성하는 열 가지 요소. 비십법(鼻十法)[색깔(色 : vaṇṇa), 냄새(香 : gandha), 맛(味 : rasa), 자양(食素 : ojā), 땅(地 : paṭhavī), 물(水 : āpo), 불(火 : tejo), 바람(風 : vāyo), 후각성(鼻淨 : ghānappasāda), 생명(命 : jīvita)]. -dvāra 후각기관. 후각문. 비문(鼻門). -dvāravīthi 후각문의 인식과정. 비문로(鼻門路). -ppasāda 후각감성. 후각성(嗅覺性). 비정(鼻淨). -bila 콧구멍. -vatthu 후각의 물질적 토대. 후각토대. -viññāṇa 후각의식. 비식(鼻識). -viññāṇadhātu 후각의식의 세계. 후각의식의 요소. 비식계(鼻識界). -viññāṇavīthi 후각의식의 인식과정. 비식로(鼻識路). -samphassa 후각접촉. 비촉(鼻觸). -samphassaja 후각접촉에 의해 생겨난. 비촉소생(鼻觸所生). -samphassajavedanā 후각접촉에 의해 생겨난 느낌. 비촉소생수(鼻觸所生受).
ghāyati ① [*sk.* ghrāti. jighrati. ghrā] 냄새를 맡다. *abs.* ghātvā. ② [=jhāyati] 불타다. 태워지다. 괴로워하다. *pres. 3pl.* ghāyire = jhāyanti.
ghāyana *n.* [<ghāyati] 냄새를 맡는 것.
ghāsa *m* [<ghasati] ① 꼴. 목초(牧草). 사료. ② 음식. -esanā 음식을 구함. 탁발. -cchada. -cchāda. -cchādana '음식과 옷을 지닌' 돌봄. 보살핌. 양육. -hāraka 사료·음식을 가져오는 사람. 송식자(送食者).
ghāsana *n.* [<ghāsa] 꼴. 목초(牧草). -ṭṭhāna 목초지. 목장. = gocara.
ghuṭṭha *adj.* [=ghosita. *sk.* *ghuṣṭha.* ghoseti의 *pp.*] ① 선언된. 공표된. ② 유명한.
ghurughuru *m* [*onomat.*<*sk.* gr̥-gr̥.] 구루구루[숨을 거칠게 쉬는 소리. 코를 고는 소리].
ghurughurāyati [ghuru-ghuru의 *denom.*] 코를 골다. 거칠게 숨 쉬다.
ghoṭaka *m* [〃] (나쁜) 말[馬].
ghota → ghaṭṭa의 *misr.*
ghora *adj.* [〃] 무서운. 두려운. -rūpa 괴상한. -visa 무서운 독. 맹독(猛毒). -sara (당나귀의) 무서운 비명.
ghosa *m* [*sk.* ghoṣa] ① 음성. 소리. ② 발언. ③ 평판. ④ 비명. 울부짖음. -pamāṇanika 음성에 의해 평가하는 것. 음성의 표준.
ghosaka *adj. m* [ghosa-ka] ① 발음하는. 선언하는. ② 외치는. ③ 고싸까[신의 이름].
ghosavant *adj.* [ghosa-vant] ① 소리로 가득 찬. ② 외치는. 부르짖는.
ghosanā *f.* [<ghosa] ① 명성. ② 칭찬.
ghosāpeti [ghoseti의 *caus.*] 알리게 하다. 선언하게 하다.
ghositar *m* [ghosi-tr̥] ① 선언자(宣言者). ② 공표자(公表者).
Ghositārāma *m* [ghosita-ārā-ma] 고씨따라마. 구사라원(瞿師羅園). 구사라원(瞿沙羅園). 미음정사(美音精舍)[승원].
ghoseti [ghosa의 *denom. sk. ghoṣayati* ghus] ① 선언하다. 알리다. ② 외치다. 울부짖다. *pp.* ghosita. ghuṭṭha; *caus.* ghosāpeti.

C

ca ① 자음·문자 c의 이름. ② *conj.* 와. 과. 그리고. 자. 그러니까. 또한. 그러나[부정 뒤에서]. …ca … ca ~도 ~도.

cakāra *m.* [ca-kāra] ① c의 문자·음소. ② ca 어미. -āgama c의 문자·음소의 추가. -ādesa c의 문자·음소의 대체. -lopa c의 문자·음소의 제거.

cakita *adj.* [〃 <cak] 혼란된. 두려운. 소심한.

cakora *m.* [〃] = caṅkora 자고(鷓鴣)[Perdix Rufa].

cakka *n.* [*sk.* cakra] ① 바퀴. 도르래. 수레바퀴. ② 원반[무기나 고문의 도구]. ③ 군대의 정렬. ④ 모음. 분야. 영역. 수단. 속성. 방법. 조건. ⑤ 조화. 좋은 조건. dhammacakka 법의 수레바퀴. 가르침의 수레바퀴. -āvudha 윤반(輪盤)[무기의 일종]. -ākāra 둥근. 순환의. 원환. 순환. -chinna 바퀴가 부러진. 도르래가 부러진. -pāṇi 손에 수레바퀴를 든 자. 비슈누(Viṣṇu)신. -pāda 수레. 마차. -bhañjanin 부(富) 또는 선(善)의 상태를 파괴하는. -bheda 평화나 조화를 파괴하는. -majjharekhā 지름. 직경(直徑). -yuga 한 쌍의 수레바퀴. -ratana 수레바퀴의 보물. 보륜(寶輪). 륜보(輪寶)[칠보]. -vaṭṭaka 물을 긷는 바퀴. -vattin 수레를 돌리는 정의로운 왕. 전륜왕(轉輪王). -viddha 차륜을 뚫는. 활쏘는 기술의 일종. -vyūha 전차부대. -samārūḷha 수레에 오른 [출현할 때].

cakkalaka [<cakka] ① 얇고 둥근 것. 작은 원반. ② 디스크.

cakkali *f.* [?<cakka] ① 술. 타래. ② 뭉치. 다발.

cakkali. cakkalikā *f.* [?<cakka] ① 차양. ② 커튼.

cakkavattin *m.* [*sk.* cakravartin] 전륜왕(轉輪王). -satta 전륜유정(轉輪有情).

cakkavāka *m.* [*sk.* cakravāka] 붉은 거위. *f.* cakkavākī.

cakkavāḷa *m. n.* [*sk.* cakravāla. *bsk.* cakravāḍa] 철위산(鐵圍山). 윤위산(輪圍山)[세계의 주변에 있어 세계를 둘러싸고 있는 산].

cakkhu *n.* [*sk.* cakṣu] ① 눈. 시각. 시각기관. ② 인식. 직관. 통찰. 지혜의 능력. *nom. acc.* cakkhuṁ. -āyatana (cakkhāyatana) 시각감역. 안처(眼處). -indriya (cakkhu'ndriya) 시각능력. 시각기능. 시각작용. 안근(眼根). -karaṇa (올바른) 지식의 통찰을 생기게 하는. -dada(지혜의) 눈을 주는 사람. -dasaka 시각을 구성하는 열 가지 요소. 안십법(眼十法)[색깔(色 : vaṇṇa), 냄새(香 : gandha), 맛(味 : rasa), 자양(食素 : ojā), 땅(地 : paṭhavī), 물(水 : āpo), 불(火 : tejo), 바람(風 : vāyo), 시각성(眼淨 : cakkhupasāda), 생명(命 : jīvita)]. -dvāra 시각기관. 시각문. 안문(眼門). -dvāravīthi 시각문의 인식과정. 안문로(眼門路). -dhātu 시각요소. 시각세계. 안계(眼界). -patha 시각의 범위. 시야(視野). -ppasāda 시각감성. 시각성(視覺性). 안정(眼淨). -bhūta 올바른 지혜의 눈을 획득한 사람. 구안자(俱眼者). -mant 눈이 있는 지혜로운 사람. 구안자(俱眼者). -lola 시각적 탐욕을 지닌. -vatthu 시각의 물질적 토대. 시각토대. -viññāṇa 시각의식. 안식(眼識). -viññāṇadhātu 시각의식의 세계. 시각의식의 요소. 안식계(眼識界). -viññāṇavīthi 시각의식의 인식과정. 안문로(眼識路). -viññeyya 시각에 의해 의식될 수 있는. -samphassa 시각접촉. 안촉(眼觸). -samphassaja 시각접촉에 의해 생겨난. 안촉소생(眼觸所生). -samphassajavedanā 시각접촉에 의해 생겨난 느낌. 안촉소생수(眼觸所生受).

cakkhuka *adj.* [cakkhu-ka] ① 눈이 있는. 보는. ② 눈밝은. 통찰력이 있는.

cakkhumant *adj.* [cakkhu-mant] ① 눈을 지닌. ② 눈밝은. 통찰력이 있는. 지혜로운.

cakkhula *adj.* [=cakkhuka] 눈이 있는. 보는. visama-cakkhula 사팔눈을 한.

cakkhussa *adj.* [*sk.* cakṣuṣya] 눈에 즐거운. 눈에 좋은.

caṅkama *m.* [*sk.* caṅkrama] ① 산책(散策). 소요(逍遙). 경행(經行). ② 경행장소. 사원경내. 경행당(經行堂).

caṅkamati *n.* [kamati. kram의 *intens.*] 거닐다. 산책하다. 소요하다. 경행하다. *aor.* caṅkamiṁ; *caus.* caṅkamāpeti.

caṅkamana *n.* [<caṅkamati] 거닐음. 경행(經行). 소요(逍遙). 산책(散策). -sālā 거니는 집. 경행당(經行堂).

caṅkamika *adj.* [caṅkama-ika] 산책하는 습관이 있는. 경행하는 습관이 있는.

Caṅki *m.* 짱기. 상가(商伽)[바라문의 이름].

caṅkora *m.* [*cf.* cakora] ① 자고(鷓鴣)[꿩과에 속하는 새]. ② 자고새의 고기음식.

caṅgavāra. caṅgavāraka *m.* [*tamil.* caṅgu-

vaḍa] ① 빈 그릇. 발우. 상자. ② 물 거르는 천. 녹수낭(漉水囊).
caṅgoṭaka *m.* [?] 보석함. 상자.
cacāvaṁ cāveti의 *aor. 1sg.*
caccara *n.* [*sk.* catvara] 사거리. 광장.
caja *adj.* [<cajati] 포기된. 방기된. duc° 포기하기 어려운.
cajati [*sk.* tyajate tyaj] ① 놓아주다. 방출하다. ② 버리다. 포기하다. *pp.* catta; *grd.* caja[*sk.* tyajya].
cajana *n.* [cajati] 제쳐두기. 포기.
cañcala *adj.* [<cal의 *intens.*] 흔들거리는. 흔들리는. 불안정한.
caṭaka *m.* [〃] 참새.
caṭula *adj.* [*sk.* catura] 영리한. 능숙한.
caṇaka *m.* [〃] 이집트콩.
caṇḍa *adj.* [〃] ① 사나운. 포악한. 흉악한. ② 격정적인. 성급한. *f.* caṇḍī.
caṇḍaka. caṇḍika. caṇḍiya = caṇḍa
Caṇḍapajjota *m.* [caṇḍa-pajjota] 짠다빳조따. 전다발수다왕(栴陀鉢殊多王)[왕의 이름].
caṇḍāla [〃] ① 짠달라. 전다라(栴陀羅). 천민. ② 철환희(鐵丸戲)[놀이의 일종].
caṇḍālī *f.* [caṇḍāla의 *f.*] 여자 천민.
caṇḍikata. caṇḍin *adj.* [<caṇḍa] 성난. 포악한.
caṇḍikka *n.* [caṇḍa의 *abstr.*] ① 격분. 화냄. ② 흉악. 잔인.
catasso → catu.
catu = catur. *num.* 4. 넷. 사(四).

num	*m.*	*n.*	*f.*
nom. acc.	cattāro caturo	cattāri	catasso
ins. abl.	catūhi, catūbhi		
dat. gen.	catunnaṁ		catassa(nna)ṁ
loc.	catūsu		

catur° -aṁsa 네 모퉁이를 가진. -aṅga 네 가지. 사지(四肢). -aṅgika. -aṅgin 네 부문으로 구성된. -aṅginī senā 네 가지 군대. 사군(四軍)[코끼리부대(象軍 : hatthikāya), 기마부대(馬軍 : assakāya), 전차부대(車軍 : rathakāya), 보병부대(步軍 : pattikāya)]. -aṅgula 사 인치에 해당하는. -assa 사각형의. -assaka 사각형. -ussada 네 가지 번영[인구·곡식·삼림·물].
catu° -koṇa 사각형의. 십자의. -koṇaka 사각형. -kkaṇṇa 모퉁이가 넷인. 사각의. 사각형의. -gguṇa 네 겹의. 사중(四重)의 -cakka 바퀴가 넷인. -jātigandha 네 가지 꽃의 향기[샤프론·재스민 등]. -(d)disā 사방의. -doṇika 네 통의. -dvāra 문이 넷인. -dhā 네 종류의. -dhātuvavatthāna 네 종류의 요소들의 분석. -navuti 94. -paṇṇasa 54. -(p)pada 네발이 있는. 네발짐승. *pl. gen.* catuppadaṁ = catuppadānaṁ. -pādaka 사구게(四句偈). 시(詩). 게송(偈頌). -(b)bipallāsa 네 가지 전도(顚倒). -bbhāga 네 번째 부분. 4분의 1. -byūha 사열(四列)로 정돈한. -bhūmika 네 가지 단계를 지닌. -madhura 네 가지 달콤한 것[버터·꿀·설탕·참기름]. -mahāpatha 네거리. 큰 길의 교차로. -mahābhūtika 사대(四大 : 地·水·火·風)로 이루어진. -māsa 네 달. 한 계절. -bbidha. -yoga → cattāro yogā. -vidha 네 종류의. -vagga 네 무리의. -vassikakīḷāyatta 올림픽의. -vīsati 24. -saṭṭhi 64. -sacca → cattāri saccāni. -(s)sālā 네 집으로 구성된. 네모진 공터. -ha 4일.
catu°
-paccaya : 네 가지 필수품. 네 가지 생필품. 사의(四依). 사자구(四資具)[의복(cīvara), 발우(鉢盂 : piṇḍapatta), 깔개 또는 처소(臥坐具 : senāsana), 의약자구(醫藥資具 : gilānapaccayabhesajjaparikkāra)].
-pārisuddhisīla 네 가지 청정한 계행. 사정계(四淨戒)[의무계율을 수호하는 계행(別解脫律儀戒 : pāṭimokkhasaṁvarasīla), 감관을 수호하는 계행(根律儀戒 : indriyasaṁvarasīla), 생활을 청정하게 하는 계행(活命遍淨戒 : ājīvaparisuddhisīla), 규정된 생필품만 사용하는 계행(資具依止戒 : paccayasannissitasīla)].
-maggañāṇa 네 가지 길에 대한 앎. 사도지(四道智)[흐름에 드는 길에 대한 앎(預流道智 : sotāpattimaggañāṇa), 한 번 돌아오는 길에 대한 앎(sakadāgāmimaggañāṇa : 一來道智), 돌아오지 않는 길(anāgāmimaggañāṇa : 不還道智), 거룩한 길(arahattamaggañāṇa : 阿羅漢道智)
-yāmasaṁvara 네 가지 금계에 의한 제어. 사종금계율의(四種禁戒律儀)[자이나 고행자들이 주장한 것으로 1. 모든 물을 사용하지 않고, 2. 모든 악을 떠나는 것에 따르고, 3. 모든 악을 떠나는 것을 책임으로 하고, 4. 모든 악을 떠나는 것에 도달한다. 이 네 가지 금계 가운데 첫 번째 '모든 물을 사용하지 않고(sabbavārivārito)'라는 것은 붓다고싸에 의하면, 이 말은 생명이 있을지 모르는 차가운 물에 대한 금욕을 뜻한다].
-vokarābhava 네 다발(四蘊)을 갖춘 자. 사온유(四蘊有)[여러가지 戒·定·慧·解脫을 갖춘 자].

cattāro *num m*

~ aggappasādā 네 가지 최상의 믿음[부처님에 대한 믿음(buddhe pasannā), 길에 대한 믿음(magge pasannā). 가르침에 대한 믿음(dhamme pasannā). 참모임에 대한 믿음(saṅghe pasannā)].

~ attabhāvapaṭilābhā (신들의) 네 가지 자기존재의 획득. 사자체득(四自體得)[자신의 의도에서 유래하고 타인의 의도에서 유래하지 않는 자기존재의 획득, 타인의 의도에서 유래하고 자신의 의도에서 유래하지 않는 자기존재의 획득, 자신의 의도에서도 유래하고 타인의 의도에서도 유래하는 자기존재의 획득, 자신의 의도에서도 유래하지 않고 타인의 의도에서도 유래하지 않는 자기존재의 획득].

~ adhipatī 네 가지 영향. 사증상(四增上)[욕망의 영향(欲增上 : chandâdhipati, 정진의 영향(精進增上 : viriyâdhipati), 마음의 영향(心增上 : cittâdhipati), 탐구의 영향(觀增上 : vīmaṁsâdhipati)].

~ anariyavohārā 네 가지 고귀하지 못한 말. 사비성언(四非聖言)[거짓말을 하는 것(妄語 : musāvāda). 이간질을 하는 것(兩口 : pisuṇā vācā). 욕설을 하는 것(惡口 : pharusā vācā). 꾸며대는 말을 하는 것(綺語 : samphappalāpa)]. [보지 않은 것을 보았다고 말하는 것(adiṭṭhe diṭṭhavāditā), 듣지 않은 것을 들었다고 말하는 것(assute sutavāditā), 인지하지 않은 것을 인지했다고 말하는 것(amute mutavāditā), 의식하지 못한 것을 의식했다고 말하는 것(aviññāte viññātavāditā)]. [본 것을 보지 못했다고 말하는 것, 들은 것을 듣지 못했다고 말하는 것, 인지한 것을 인지하지 못했다고 말하는 것, 의식한 것을 의식하지 못했다고 말하는 것]. [본 것을 보았다고 말하는 것, 들은 것을 들었다고 말하는 것, 인지한 것을 인지했다고 말하는 것, 의식한 것을 의식했다고 말하는 것].

~ apāyā 네 가지 나쁜 운명. 사고처(四苦處), 사악취(四惡趣)[지옥(地獄 : niraya), 축생(畜生 : tiracchāna), 아귀(餓鬼 : peta), 수라(修羅 : asura)].

~ ariyavaṁsā 네 가지 고귀한 님의 혈맥. 사성종(四聖種)[의복에 대한 만족(cīvarasantosa)이라는 성자들의 혈맥, 탁발식에 대한 만족(piṇḍapātasantosa)라는 성자들의 혈맥, 처소에 대한 만족(senāsanasantosa)이라는 성자들의 혈맥, 수행락에 대한 만족(bhāvanārāmasantosa)이라는 성자들의 혈맥. 이상으로 의·식·주에 대한 만족에 의해서 전체의 율장(律藏)이 설해진 것이고, 수행에 대한 만족에 의해서 경장(經藏)과 논장(論藏)이 설해진 것임].

~ ariyavohārā 네 가지 고귀한 말. 사성언(四聖言)[거짓말을 삼가는 것(不妄語). 이간질을 삼가는 것(不兩口). 욕설을 삼가는 것(不惡口). 꾸며대는 말을 삼가는 것(不綺語)]. [보지 않은 것을 보지 않았다고 말하는 것, 듣지 않은 것을 듣지 않았다고 말하는 것, 인지하지 않은 것을 인지하지 않았다고 말하는 것, 의식하지 않은 것을 의식하지 않았다고 말하는 것].

~ arūpā 네 가지 물질적 속박을 넘어선 선정의 경지. 네 가지 비물질적 세계. 사무색(四無色)[무한공간의 세계(空無邊處 : ākāsānañcāyatana), 무한의식의 세계(識無邊處 : viññāṇañcāyatana), 아무 것도 없는 세계(無所有處 : ākiñcaññāyatana), 지각하는 것도 아니고 지각하지 않는 것도 아닌 세계(非想非非想處 : nevasaññānāsaññāyatana)].

~ arūpajjhānā 네 가지 비물질계의 선정. 사무색선(四無色禪)[= cattāro arūpā]

~ ānisaṁsā 네 가지 공덕. 사공덕(四功德)[=cattāri phalāni]

~ assāsā 네 가지 안식. 사안식(四安息)[다른 세상이 있고 선행과 악행의 과보가 있다면, '나는 몸이 파괴되어 죽은 뒤에 좋은 곳, 하늘나라에 태어날 것이다.'라는 안식, 다른 세상이 없고 선행과 악행의 과보가 없다면, '나는 세상에 현세에 원한을 여의고 폭력을 여의고 고뇌 없이 행복하게 자신을 수호한다.'는 안식. 악한 자가 악을 행하더라도 '내가 누구에게도 악을 행하지 않는다면, 어떻게 악을 행하지 않는 나에게 고통이 닥치겠는가?'라는 안식. 악한 자가 악을 행하지 않는다면, '나는 양자가 잘못이 없다는 것을 안다.'는 안식].

~ āsavā 네 가지 번뇌. 사루(四漏)[감각적 쾌락의 욕망에 의한 번뇌(欲漏 : kāmāsava), 존재에 의한 번뇌(有漏 : bhavāsava), 견해에 의한 번뇌(見漏 : diṭṭhāsava), 무명에 의한 번뇌(無明漏 : avijjāsava)].

~ āhārā 네 가지 자양. 사식(四食)[거칠거나 미세한 먹을 수 있는 자양(麤細食 : kabalīkāro āhāro oḷāriko vā sukhumo vā), 접촉의 자양(觸食 : phassāhāra), 정신적 의도의 자양(意思食 : manosañcetanāhāra), 의식의 자양(識食 : viññāṇāhāra)]

~ iddhipādā 초월적 능력의 기초. 사신족(四神足)[의욕에서 비롯한 집중과 노력으로 형성되는 신통의 기초(欲三摩地勤行成就神足 : chandasamādhipadhānasaṅkhārasamannāgatiddhipāda), 정진에서 비롯한 집중과 노력으로 형성되는 신통의 기초(勤三摩地勤行成就神足 : viriyasamādhipadhānasaṅkhārasamannāgatiddhipāda), 마음에서 비롯한 집중과 노력으로 형성되는 신통의 기초(心三摩地勤行成就神足 : cittasamādhipadhānasaṅkhārasamannāgatiddhipāda), 탐구에서 비롯한 집중과 노력으로 형성되는 신통의 기초(觀三摩地勤行成就神足 : vīmaṁsasamādhipadhānasaṅkhārasamannāgatiddhipāda)].

~ iriyāpathā 네 가지 행동양식. 사위의로(四威儀路)[감(行 : gamana), 섬(住 : ṭhāna), 앉음(坐 : nisajjā)·누움(臥 : nipajjā)].

~ oghā 네 가지 거센 흐름. 사폭류(四暴流)[감각적 쾌락의 욕망의 거센 흐름(欲流 : kāmogho), 존재의 거센 흐름(有流 : bhavogho), 견해의 거센 흐름(見流 : diṭṭhogho), 무명의 거센 흐름(無明流 : avijjogho)].

~ kāyaganthā 네 가지 정신·신체적 계박. 사신결(四身結) = cattāro ganthā

~ ganthā 네 가지 계박. 사계(四繫), 사신결(四身結)[탐욕에 의한 정신·신체적 계박(貪身繫 : abhijjhākāyagantha), 분노에 의한 정신·신체적 계박(瞋身繫 : byāpādakāyagantha), 규범과 금계의 집착에 의한 정신·신체적 계박(戒禁取身繫 : sīlabbataparāmāsakāyagantha), 이것만이 진리라는 독단에 의한 정신·신체적 계박(此實執身繫 : idaṁsaccâbhinivesakāyagantha)].

~ cittavipallāsā 네 가지 마음의 전도. 사심전도(四心顚倒)[무상에 대하여 항상하다고 여기는 마음의 전도(anicce niccanti cittavipallāsa), 괴로움에 대하여 즐겁다고 여기는 마음의 전도(dukkhe sukhanti cittavipallāsa), 실체 없음에 대하여 실체가 있다고 여기는 마음의 전도(anattani attāti cittavipallāsa), 더러운 것에 대하여 청정하다고 여기는 마음의 전도(asubhe subhanti cittavipallāsa)].

~ taṇhuppāda 갈애를 생겨나게 하는 네 가지. 네 가지 갈애의 발생. 사애생(四愛生)[의복으로 인한 갈애의 발생(衣服愛). 음식으로 인한 갈애의 발생(飮食愛), 처소로 인한 갈애의 발생(寢具愛), 이러저러한 원인에 의한 갈애의 발생(有無有愛)].

~ diṭṭhivipallāsā 네 가지 견해의 전도. 사견전도(四見顚倒)[무상에 대하여 항상하다고 여기는 지각의 전도(anicce niccanti diṭṭhivipallāsa), 괴로움에 대하여 즐겁다고 여기는 지각의 전도(dukkhe sukhanti diṭṭhivipallāsa), 실체 없음에 대하여 실체가 있다고 여기는 지각의 전도(anattani attāti diṭṭhivipallāsa), 더러운 것에 대하여 청정하다고 여기는 지각의 전도(asubhe subhanti diṭṭhivipallāsa)].

~ dhammakkhandhā 네 가지 주요한 가르침의 다발. 사법온(四法蘊)[계행의 다발(戒蘊 : sīlakkhandha), 삼매의 다발(定蘊 : samādhikkhandha), 지혜의 다발(慧蘊 : paññakkhandha), 해탈의 다발(解脫蘊 : vimuttikkhandha)].

~ dhammasamādānā 네 가지 삶의 방식. 사법수(四法受)[현재에도 괴롭고 미래에도 괴로운 결과를 초래하는 삶의 수용(現在樂過去苦), 현재에는 괴롭지만 미래에는 즐거운 결과를 초래하는 삶의 수용(現在苦過去樂), 현재에는 즐겁지만 미래에는 괴로운 결과를 초래하는 삶의 수용(現在苦過去苦), 현재에도 즐겁고 미래에도 즐거운 결과를 초래하는 삶의 수용(現在樂過去樂)].

~ na cittavipallāsā 네 가지 마음의 부전도. 사심부전도(四心不顚倒)[무상에 대하여 무상하다고 여기는 마음의 부전도(anicce aniccanti na cittavipallāsa), 괴로움에 대하여 괴롭다고 여기는 마음의 부전도(dukkhe dukkhanti na cittavipallāsa), 실체 없음에 대하여 실체가 없다고 여기는 마음의 부전도(anattani anattāti na cittavipallāsa), 더러운 것에 대하여 청정하다고 여기는 마음의 부전도(asubhe asubhanti na cittavipallāsa)].

~ na diṭṭhivipallāsā 네 가지 견해의 부전도. 사견부전도(四見不顚倒)[무상에 대하여 무상하다고 여기는 지각의 부전도(anicce aniccanti na diṭṭhivipallāsa), 괴로움에 대하여 괴롭다고 여기는 지각의 부전도(dukkhe dukkhanti na diṭṭhivipallāsa), 실체 없음에 대하여 실체가 없다고 여기는 지각의 부전도(anattani anattāti na diṭṭhivipallāsa), 더러운 것에 대하여 더럽다고 여기는 지각의 부전도(asubhe asubhanti na diṭṭhivipallāsa)].

~ na saññāvipallāsā 네 가지 지각의 부전도. 사상부전도(四想不顚倒)[무상에 대하여 무상하다고 여기는 지각의 부전도(anicce aniccanti na saññāvipallāsa), 괴로움에 대하여 괴롭다고 여기는 지각의 부전도(dukkhe dukkhanti na saññāvipallāsa), 실체 없음에 대하여 실체가 있다고 여기는 지각의 부전도(anattani anattāti na saññāvipallāsa), 더러운 것에 대하여 더럽다고 여기는 지각의 부전도(asubhe asubhanti saññāvipallāsa)].

~ pañhavyākaraṇā 네 가지 질문을 다루는 방식. 사기문(四記問)[즉각적으로 답변해야 할 질문(應一向記問 : ekaṁsabyākaraṇīyapañha), 질문

의 화살을 되돌려야 할 질문(應反詰記問 : paṭipucchābyākaraṇīyapañha), 분석적으로 답변해야 할 질문(應分別記問 : vibhajjabyākaraṇīyapañha), 질문을 제쳐두어야 하는 질문(應捨置記問 : ṭhapaṇīyapañha)].

~ paridevadhammā 네 가지 비탄의 현상[나는 무엇을 먹을까?(kiṁ su asissāmi), 나는 어디서 먹을까?(kuvaṁ vā asissaṁ), 나는 참으로 잠을 못 잤다(dukkhaṁ vata settha), 오늘 나는 어디서 잘 것인가?(kuv'ajja sessaṁ)]

~ pariyantā 네 가지 한계. 사주변(四周邊)[계행에 대한 수호의 한계(戒律儀周邊 : sīlasaṁvarapariyanta), 감관에 대한 수호의 한계(根律儀周邊 : indriyasaṁvarapariyanta), 식사에 알맞은 분량의 한계(食知量周邊 : bhojane mattaññutāpariyanta), 깨어있는 실천의 한계(警悟策勵周邊 : jāgariyānuyogapariyanta)].

~ puggalā 네 종류의 사람. 사보특가라(四補特伽羅)[자신을 괴롭히고 자신을 괴롭히는 일에 몰두하는 자, 타인을 괴롭히고 타인을 괴롭히는 일에 몰두하는 자, 자신을 괴롭히고 자신을 괴롭히는 일에 몰두할 뿐만 아니라 타인을 괴롭히고 타인을 괴롭히는 일에 몰두하는 자, 자신을 괴롭히지 않고 자신을 괴롭히는 일에 몰두하지 않을 뿐만 아니라 타인을 괴롭히지 않고 타인을 괴롭히는 일에 몰두하지 않는 자]. [자신의 이익을 위하여 길을 가고 타인의 이익을 위해서는 길을 가지 않는 자, 타인의 이익을 위하여 길을 가고 자신의 이익을 위해서는 길을 가지 않는 자, 자신의 이익을 위해서도 길을 가지 않고 타인의 이익을 위해서도 길을 가지 않는 자, 자신의 이익을 위해서도 길을 가고 타인의 이익을 위해서도 길을 가는 자]. [어둠에서 어둠으로 가는 사람(闇向闇者 : tamotamaparāyaṇa), 어둠에서 밝음으로 가는 사람(光向闇者 : tamojotiparāyaṇa), 밝음에서 어둠으로 가는 사람(闇向光者 : jotitamaparāyaṇa), 밝음에서 밝음으로 가는 사람(光向光者 : jotijotiparāyaṇa)]. [동요를 여읜 수행자(不動沙門 : samaṇamacala : 믿음을 갖추었기 때문에 동요하지 않는 흐름에 든 님), 홍련과 같은 수행자(紅蓮沙門 : samaṇapaduma : 탐욕과 성냄 등이 엷어진 한번 돌아오는 님), 백련과 같은 수행자(白蓮沙門 : samaṇapuṇḍarika : 탐욕과 성냄을 여의었기 때문에 즉시 꽃이 필 것이라고 해서 돌아오지 않는 님, 수행자 가운데 승묘한 수행자(勝妙沙門 : samaṇasukhumāla : 거룩한 님)]. [흐름을 따라 내려가는 사람(anusotagāmī puggalo), 흐름을 거슬러 올라가는 사람(paṭisotagāmī puggalo, 확립되어 서 있는 사람(ṭhitatto puggalo : 돌아오지 않는 님), 건너 피안에 도착하여 땅 위에 있는 거룩한 님(tiṇṇo pāragato thale tiṭṭhati brāhmaṇo : 아라한)]. 조금 배웠기 때문에 실천하지 못하는 사람(appassuto sutena anupapanno). 조금 배웠지만 실천하는 사람(appassuto sutena upapanno). 많이 배웠지만 실천하지 못하는 사람(bahussuto sutena anupapanno). 많이 배웠을 뿐만 아니라 실천하는 사람(bahussuto sutena upapanno)].

~ puttā 네 종류의 자식[자기의 자식(attaja), 주어온 자식(khettaja), 양자(養子: dinnakaja), 제자로서의 자식(antevāsika)].

~ brahmavihārā 네 가지 청정한 삶. 네 가지 하느님과 함께 하는 삶. 사범주(四梵住)[자애(mettā : 慈) ② 연민(karuṇā : 悲) ③ 기쁨(muditā : 喜) ④ 평정(upekkhā : 捨), [*cf.* = catasso appamaññāyo = cattāri appamāṇacittāni].

~ mahārājā 네 방향의 대왕. 사천왕. 사대천왕(四大天王)[천상의 음악가들인 건달바(Gandhabba)들을 다스리는 동방의 다따랏타(Dhataraṭṭha : 持國天王), 산이나 들의 숨겨진 보물을 관리하는 꿈반다(Kumbhaṇḍa)들을 다스리는 남방의 비룰라까(Virūḷhaka : 增長天王), 용(Nāga)들을 다스리는 서방의 비루빡카(Virūpakkha : 廣目天王). 야차(Yakkha)들을 다스리는 북방의 벳싸바나(Vessavaṇa : 多聞天王)].

~ mārā네 가지 악마. 사마(四魔)[존재의 다발로서의 악마(khandhamāra), 오염·번뇌로서의 악마(kilesamāra). 유위적 조작으로서의 악마(abhisaṅkhāramāra), 하늘아들로서의 악마(devaputtamāra)]

~ yogā 네 가지 멍에. 사액(四軛)[감각적 쾌락의 욕망의 멍에(欲軛 : kāmayoga), 존재의 멍에(有軛 : bhavayoga), 견해의 멍에(見軛 : diṭṭhiyoga), 무명의 멍에(無明軛 : avijjāyoga)].

~ vaṇṇā 네 가지 계급. 사종성(四種姓)[왕족(王族 : khattiya), 바라문(婆羅門 : brāhmaṇa), 평민(平民 : vessa), 노예(奴隷 : sudda)].

~ valāhakūpamā puggalā 네 가지 비구름과 같은 사람[천둥만 치고 비는 내리지 않는 사람(gajjitā no vassitā), 비는 내리지만 천둥은 치지 않는 사람(vassitā no gajjitā), 천둥도 치지 않을 뿐만 아니라 비도 내리지 않는 사람(neva gajjitā no vassitā), 천둥도 칠 뿐만 아니라 비도 내리는 사람(gajjitā ca vassitā ca)]

~ visaṁyogā. ~ visaññogā 네 가지 멍에로부터 벗어남. 사이액(四離軛)[감각적 쾌락의 욕망의 멍에로부터 벗어남, 존재의 멍에로부터 벗어남, 견해의 멍에로부터 벗어남, 무명의 멍에로부터

벗어남].
~ saṁvāsā 네 가지 동거. 사주(四住)[저열한 남자와 저열한 여자의 동거(chavo chavāya saddhiṁ saṁvasati), 저열한 남자와 고귀한 여자의 동거(chavo deviyā saddhaṁ saṁvasati), 고귀한 남자와 저열한 여자의 동거(devo chavāya saddhiṁ saṁvasati), 고귀한 남자와 고귀한 여자의 동거(devo deviyā saddhiṁ saṁvasati)].
~ sacchikaraṇīyā dhammā 네 가지 깨달아져야 할 원리. 사응증법(四應證法)[전생의 삶이라는 새김을 통해서 깨달아져야 할 원리(pubbenivāso satiyā sacchikaraṇīyo), 뭇삶의 생사라는 눈으로 깨달아져야 할 원리(sattānaṁ cutūpapāto cakkhunā sacchikaraṇīyo), 여덟 가지 해탈이라는 정신의 몸으로 깨달아져야 할 원리(aṭṭha vimokkhā kāyena sacchikaraṇīyā), 번뇌의 부숨은 지혜로 깨달아져야 할 원리(āsavānaṁ khayo paññāya sacchikaraṇīyo)].
~ saññāvipallāsā 네 가지 지각의 전도. 사상전도(四想顚倒)[무상에 대하여 항상하다고 여기는 지각의 전도(anicce niccanti saññāvipallāsa), 괴로움에 대하여 즐겁다고 여기는 지각의 전도(dukkhe sukhanti saññāvipallāsa), 실체 없음에 대하여 실체가 있다고 여기는 지각의 전도(anattani attāti saññāvipallāsa), 더러운 것에 대하여 청정하다고 여기는 지각의 전도(asubhe subhanti saññāvipallāsa)].
~ satipaṭṭhānā 네 가지 새김의 토대. 네 가지 새김의 확립. 사념처(四念處)[몸에 대한 관찰(kāyānupassanā : 身隨觀), 느낌에 대한 관찰(vedanānupassanā : 受隨觀), 마음에 대한 관찰(cittānupassanā : 心隨觀), 사실에 대한 관찰(dhammānupassanā : 法隨觀)].
~ samādhiyo 네 가지 집중. 네 가지 삼매. 사정(四定)[퇴락을 수반하는 집중(감각적 쾌락의 욕망을 수반하는 지각과 정신활동의 일어남), 정체를 수반하는 집중(감각적 쾌락의 욕망을 수반하는 새김의 확립), 탁월을 수반하는 집중(사유의 여읨을 수반하는 지각과 정신활동이 일어남), 꿰뚫음을 수반하는 집중(감각적 쾌락의 욕망의 여읨을 수반하는 지각과 정신활동이 일어남)].
~ sammappadhānā 네 가지 올바른 정근. 사정근(四精勤)[제어의 노력(律儀勤 : saṁvarappadhāna), 버림의 노력(斷勤 : pahānappadhāna), 수행의 노력(修勤 : bhāvanāppadhāna), 수호의 노력(守護勤 : anurakkhaṇappadhāna)]
~ sukhallikânuyogā 네 가지 즐거움의 추구. 사안락행(四安樂行)[어리석은 자의 네 가지 즐거움의 추구 : 살아있는 생명을 죽이면서 자신을 즐겁게 하고 기쁘게 하는 것, 주지 않는 것을 빼앗으면서 자신을 즐겁게 하고 기쁘게 하는 것, 거짓말을 하면서 자신을 즐겁게 하고 기쁘게 하는 것, 다섯 가지 감각적 쾌락의 대상에 빠져 탐닉하면서 자신을 즐겁게 하고 기쁘게 하는 것]. [수행승의 네 가지 즐거움의 추구 : 사선정(四禪定)의 추구]
catasso *num. f.*
~ anusāsanavidhā. 네 종류의 교계[1. 타인에 대하여 이치에 맞는 정신활동을 통해 '이 사람은 가르침을 따라 그대로 실천하여, 세 가지 결박을 부수고 더 이상 타락하지 않고 삶이 정초되어 올바른 깨달음을 궁극으로 하는 흐름에 든 님이 될 것이다.'라고 아는 것, 2. 타인에 대해 이치에 맞는 정신활동을 통해 '이 사람은 가르침을 따라 그대로 실천하여, 세 가지 결박을 끊고 탐욕과 성냄과 어리석음을 감소시켜, 한 번 돌아오는 님이 되어 한 번 더 세상에 태어나 괴로움의 종식을 이룰 것이다.'라고 아는 것, 3. 타인에 대해 이치에 맞는 정신활동을 통해 '이 사람은 가르침을 따라 그대로 실천하여, 다섯 가지 낮은 경지의 결박을 끊고 홀연히 태어나 그 곳에서 완전한 열반에 들어 다시는 이 세상에 태어나지 않고 저 세상에서 돌아오지 않는 님이 되기를 바란다.'라고 아는 것, 4. 타인에 대해 각자에 대하여 이치에 맞는 정신활동을 통해 '이 사람은 가르침을 따라 그대로 실천하여, 번뇌를 부수어 번뇌 없이 마음에 의한 해탈과 지혜에 의한 해탈을 지금 여기에서 스스로 증득하고 깨달아 성취할 것이다.'라고 아는 것].
~ appamaññāyo 네 가지 한량없음. 사무량(四無量)[자애(mettā : 慈) ② 연민(karuṇā : 悲) ③ 기쁨(muditā : 喜) ④ 평정(upekkhā : 捨), *cf.* = cattāro brahmavihārā = cattāri appamanacittāni]
~ ādesanavidhā 네 가지 예지의 종류. 사기심(四記心)[인상을 통한(nimittena) 예지, 인간들이나 비인간들이나 신들의 소리를 통한(manussānaṁ vā amanussānaṁ vā devatānaṁ vā saddaṁ sutvā) 예지. 사유를 통해서 숙고를 통해서 사유의 현현에 의한 소리를 통한(vitakkayato vicārayato vitakkavipphārasaddaṁ sutvā) 예지. 사유를 여의고 숙고를 여읜 삼매를 갖춘 자신의 마음으로 타인의 마음을 읽고 분명히 아는(vitakkavicārasamādhisamāpannassa cetasā ceto paricca pajānāti) 예지]
~ iddhiyo 네 가지 번영. 사여의덕(四如意德)[부자의 경우 : 아름다운 정원·부드럽고 상쾌한 옷·계절에 따른 저택·훌륭한 음식].
~ kilesabhūmiyo 네 가지 오염단계. 사번뇌지(四

煩惱地)[경향의 오염단계(睡眠煩惱地 : anusayakilesabhūmi). 편견의 오염단계(纏縛煩惱地 : pariyuṭṭhānakilesabhūmi). 결박의 오염단계(結縛煩惱地 : saṁyojanakilesabhūmi). 집착의 오염단계(取著煩惱地 : upādānakilesabhūmi)].

~ gabbhâvakkantiyo 네 가지 입태. 사입태(四入胎)[1. 올바른 알아차림을 갖추지 못하며 모태에 들고 올바른 알아차림을 갖추지 못하며 모태에서 지내고 올바른 알아차림을 갖추지 못하며 모태에서 나오는 것, 2. 올바른 알아차림을 갖추며 모태에 들지만 올바른 알아차림을 갖추지 못하며 모태에서 지내고 올바른 알아차림을 갖추지 못하며 모태에서 나오는 것, 3. 올바른 알아차림을 갖추며 모태에 들고 올바른 알아차림을 갖추며 모태에서 지내지만 올바른 알아차림을 갖추지 못하면서 모태에서 나오는 것, 4. 올바른 알아차림을 갖추며 모태에 들고 올바른 알아차림을 갖추며 모태에서 지내고 올바른 알아차림을 갖추며 모태에서 나오는 것].

~ dakkhināvisuddhiyo 네 가지 보시의 정화. 사시정(四施淨)[받는 자(비지계자)로부터가 아니고 주는 자(지계자)로부터 정화되는 보시, 주는 자(비지계자)로부터가 아니고 받는 자(지계자)로부터 정화되는 보시, 주는 자(비지계자)로부터 뿐만 아니라 받는 자(비지계자)로부터도 정화되지 않는 보시, 주는 자(지계자)로부터 뿐만 아니라 받는 자(지계자)로부터도 정화되는 보시].

~ tassanā 네 가지 동요. 사요(四搖)[공포에 의한 동요(tāsatassanā), 갈애에 의한 동요(taṇhātassanā), 견해에 의한 동요(diṭṭhitassanā), 앎에 의한 동요(ñāṇatassanā : 여래가 설한 연기법 등에 감동을 받아 동요하는 것)].

~ dassanasamāpattiyo 네 가지 관찰의 성취. 사견정(四見定)[발가락 위에서부터 머리카락 아래에 이르고 피부의 끝에 이르기까지 여러 가지의 오물로 가득한 것의 관찰, 피부와 살과 피를 뛰어넘어 해골의 관찰, 이 세상에서 확립되고 저 세상에서도 확립되는 의식의 흐름을 분명히 아는 것, 이 세상에서도 확립되지 않고 저 세상에서 확립되지 않는 의식의 흐름을 분명히 아는 것].

~ dhātuyo 네 가지 세계. 사계(四界)[땅의 세계(地界 : paṭhavīdhātu), 물의 세계(水界 : āpodhātu), 불의 세계(火界 : tejodhātu), 바람의 세계(風界 : vāyodhātu)].

~ paṭipadā 네 가지 실천의 길. 사행(四行)[느린 이해를 수반하는 어려운 실천의 길(dukkhā paṭipadā dandhābhiññā), 빠른 이해를 수반하는 어려운 실천의 길(dukkhā paṭipadā khippābhiññā), 느린 이해를 수반하는 쉬운 실천의 길(sukhā paṭipadā dandhābhiññā), 빠른 이해를 수반하는 쉬운 실천(sukhā paṭipadā khippābhiññā)], [인내가 없는 실천의 길(akkhamā paṭipadā), 인내가 있는 실천의 길(khamā paṭipadā), 제어가 있는 실천의 길(damā paṭipadā), 적정(寂靜)이 있는 실천의 길(samā paṭipadā)].

~ paṭisambhidā 네 가지 분석적인 앎. 사무애해(四無碍解)[의미·대상에 대한 분석적 앎(義無碍解 : atthapaṭisambhidā), 조건에 대한 분석적 앎(法無碍解 : dhammapaṭisambhidā), 언어에 대한 분석적인 앎(詞無碍解 : niruttipaṭisambhidā), 맥락에 대한 분석적인 앎(辨無碍解 : paṭibhānapaṭisambhidā)].

~ parapuggalavimuttiñāṇa 네 가지 타인의 해탈에 대한 앎[1. 타인에 대하여 이치에 맞는 정신활동을 통해 '이 사람은 세 가지 결박을 부수고 더 이상 타락하지 않고 삶이 정초되어 올바른 깨달음을 궁극으로 하는 흐름에 든 님이 될 것이다.'라고 아는 것, 2. 타인에 대해 이치에 맞는 정신활동을 통해 '이 사람은 세 가지 결박을 끊고 탐욕과 성냄과 어리석음을 감소시켜, 한 번 돌아오는 님이 되어 한 번 더 세상에 태어나 괴로움의 종식을 이룰 것이다.'라고 아는 것, 3. 타인에 대해 이치에 맞는 정신활동을 통해 '이 사람은 다섯 가지 낮은 경지의 결박을 끊고 홀연히 태어나 그 곳에서 완전한 열반에 들어 다시는 이 세상에 태어나지 않고 저 세상에서 돌아오지 않는 님이 되기를 바란다.'라고 아는 것, 4. 타인에 대해 이치에 맞는 정신활동을 통해 '이 사람은 번뇌를 부수어 번뇌 없이 마음에 의한 해탈과 지혜에 의한 해탈을 지금 여기에서 스스로 증득하고 깨달아 성취할 것이다.'라고 아는 것].

~ parisā 교단을 구성하는 네 가지 무리. 사부대중(四部大衆). 사중(四衆)[수행승(比丘 : bhikkhu), 수행녀(比丘尼 : bhikkhunī), 남자신도(優婆塞=淸信男 : upāsaka), 여자신도(優婆夷=淸信女 : upāsikā)].

~ yoniyo 생물이 태어나는 네 가지 형태. 네 가지 모태. 사생(四生)[난생의 모태(卵生 : aṇḍajayoni), 태생의 모태(胎生 : jalābujayoni), 습생의 모태(濕生 : saṁsedajayoni), 화생의 모태(化生 : opapātikayoni)].

~viññāṇaṭṭhitiyo 네 가지 의식이 머무는 기반. 네 가지 의식의 주처. 사식주(四識住)[물질을 수단으로 확보된 의식의 주처(色識住), 느낌을 수단으로 확보된 의식의 주처(受識住), 지각을 수단으로 확보된 의식의 주처(想識住), 형성물질을 수단으로 확보된 의식의 주처(行識住)].

~ saññā, 네 가지 지각. 사상(四想)[감각적 쾌락

의 욕망에 매인 지각(欲想 : kāmasaññā), 분노에 매인 지각(恚想 : vyāpādasaññā), 폭력에 매인 지각(害想 : vihiṁsāsaññā), 견해에 매인 지각(見想 : diṭṭhisaññā)]. [한계지어진 지각(parittasaññā : 감각적 쾌락의 욕망계의 지각), 확장된 지각(mahaggatasaññā : 미세한 물질계에 대한 지각), 한계를 여읜 지각(appamāṇasaññā : 출세간적인 사쌍팔배의 경지에 대한 지각), 아무것도 없는 것에 대한 지각(ākiñcaññāyatanasaññā : 비물질계에 대한 지각)].

~ samādhibhāvanā 네 가지 삼매의 수행. 사정수(四定修)[현세에서의 행복한 삶으로 이끄는 삼매의 수행(diṭṭhadhammasukhavihārāya samādhibhāvanā : 四禪定에 듦), 앎과 봄의 성취로 이끄는 삼매의 수행(ñāṇadassanapaṭilābhāya samādhibhāvanā : 光明想의 확립), 새김의 확립과 올바른 알아차림으로 이끄는 삼매의 수행(satisampajaññāya samādhibhāvanā : 受想行의 자각적 생멸의 인식), 번뇌의 부숨으로 이끄는 삼매의 수행(āsavānakkhayāya samādhibhāvanā : 五取蘊의 생멸의 관찰)].

~ sīmāyo 네 가지 경계. 사결계(四結界)[첫 번째 경계(一境界 paṭhamā sīmā : sakkāyadiṭṭhi, vicikicchā, sīlabbataparāmāsa, diṭṭhānusaya, vicikicchānusaya), 두 번째 경계(二境界 dutiyā sīmā : oḷārika° - kāmarāgasaññojana, paṭighasaññojana, kāmarāgānusaya, paṭighānusaya), 세 번째 경계(三境界 tatiyā sīmā : anusahagata° - kāmarāgasaññojana, paṭighasaññojana, kāmarāgānusaya, paṭighānusaya), 네 번째 경계(四境界 catutthā sīmā : rūparāga, arūparāga, māno, uddhacca, avijjā, mānānusaya, bhavarāgānusaya)].

cattāri *num. n.*

~ agatigamanāni 네 가지 행해서는 안 되는 것에 대한 실천. 사불행처행(四不行處行)[욕망(欲)에 의해 비도를 행하는 것, 분노(瞋)에 의해 비도를 행하는 것, 어리석음(痴)에 의해 비도를 행하는 것, 두려움(畏)에 의해 비도를 행하는 것].

~ acinteyyāni 네 가지 불가사의. 사불가사의(四不可思議)[부처님의 경계(佛境界 : buddhavisaya), 선정의 경계(禪境界 : jhānavisaya), 업의 경계(業境界 : kammavisaya), 세계에 대한 사유(世間思惟 : lokacintā)].

~ adhikaraṇāni 네 가지 쟁사. 사쟁사(四諍事)[논쟁으로 인한 쟁사(論爭事 : vivādâdhikaraṇa), 고발로 인한 쟁사(非難事 : anuvādâdhikaraṇa), 범죄로 인한 쟁사(罪諍事 : āpattâdhikaraṇa), 절차로 인한 쟁사(行諍事 : kiccâdhikaraṇa)].

~ adhiṭṭhānāni 네 가지 기반. 사처(四處)[지혜의 기반(慧處 : paññādhiṭṭhāna : 최상의 경지에 의한 지혜 또는 업자성의 지혜나 통찰의 지혜), 진실의 기반(諦處 : saccādhiṭṭhāna : 언어적 진리를 비롯하여 승의제인 열반), 포기의 기반(捨處 : cāgādhiṭṭhāna : 자양의 포기를 비롯하여 최상의 길에 의한 오염의 포기), 지멸의 기반(止息 : upasamādhiṭṭhāna : 오염의 지멸(kilesavūpasama), 또는 선정의 성취에 의한 오염의 진압을 비롯하여 최상의 길에 의한 오염의 지멸)].

~ apassenāni 네 가지 의지. 사의(四依)[성찰한 뒤의 수용(의복, 음식, 처소, 의약품), 성찰한 뒤의 인내(고통이나 핍박), 성찰한 뒤의 회피(정신적·신체적인 위험). 성찰한 뒤의 제거(망상이나 번뇌)].

~ appamāṇacittāni = 네 가지 무량한 마음. 네 가지 한량없는 마음. 사무량심(四無量心)[한량없는 자애의 마음(慈無量心 : mettāppamāṇacitta : 어머니가 외동아들을 사랑하는 것처럼 어떤 차별도 없이 중생을 사랑하는 보편적이며 무한한 사랑의 실천). 한량없는 연민의 마음 : 悲無量心 : karuṇāppamāṇacitta : 근심과 번뇌로 괴로워하는 모든 중생에 대한 연민의 태도). 한량없는 기쁨의 마음(喜無量心 : muditāppamāṇacitta : 다른 사람의 성공·복지·행복의 축하). 한량없는 평정의 마음(捨無量心 : upekkhāppamāṇacitta : 인생의 모든 파란과 곡절에서 침착과 평정의 유지), *cf.* = cattāro brahmavihārā= catasso appamaññāyo].

~avijahitaṭṭhānāni 네 가지 버려질 수 없는 장소[일체 부처님의 보리좌(菩提座) 즉, 성도시에 앉은 장소(bodhipallaṅka), 초전법륜의 장소(初傳法輪地 : dhammacakkappavattana)인 이씨빠따나의 미가다야, 신들의 강림시(devorohanakāla)에 쌍깟싸(Saṅkassa) 시의 문 앞에 있는 제일보의 결처(paṭhamapāpagaṇṭhi). 제따숲의 향실의 네 개의 침대각장소(寢臺脚場所 : catumañcapādaṭṭhāna)].

~ ariyasaccāni 네 가지 거룩한 진리. 사성제(四聖諦)[괴로움의 거룩한 진리(苦聖諦 : dukkhâriyasacca), 괴로움의 발생의 거룩한 진리(集聖諦 : dukkhasamudayâriyasacca), 괴로움의 소멸의 거룩한 진리(滅聖諦 : dukkhanirodhâriyasacca), 괴로움의 소멸에 이르는 길의 거룩한 진리(道聖諦 : dukkhanirodhagāminīpaṭipadâriyasacca)].

~ asaṅkheyyakappāni 네 가지 헤아릴 수 없는 우주기. 사아승지겁(四阿僧祇劫)[① 우주소멸기(壞劫 : saṁvaṭṭakappa) ② 우주혼돈기(空劫 :

saṁvaṭṭaṭṭhāyikappa) ③ 우주생성기(成劫 : vivaṭṭakappa) ④ 우주유지기(住劫 : vivaṭṭaṭṭhāyikappa)].

~ upādānāni 네 가지 집착. 사취(四取)[감각적 쾌락의 욕망에 대한 집착(欲取 : kāmûpādāna), 견해에 대한 집착(見取 : diṭṭhûpādāna), 규범과 금계에 대한 집착(戒禁取 : sīlabbatûpādāna), 자아이론에 대한 집착(我語取 : attavādûpādāna)].

~kammāni 네 종류의 선(白)과 악(黑)에 따른 업. 네 가지 행위. 사업(四業)[검은 결과를 가져오는 검은 행위(黑黑異熟業), 밝은 결과를 가져오는 밝은 행위(白白異熟業), 검고 밝은 결과를 가져오는 검고 밝은 행위(黑白黑白異熟業), 검지도 밝지도 않은 결과를 가져오는 검지도 밝지도 않은, 행위의 소멸로 이끄는 행위(非黑非白無異熟業能盡諸業)].

~ cakkāni (轉輪王의) 네 가지 보륜. 사륜(四輪)[전륜왕의 성취륜의 의미로 사용된 네 가지 : 알맞은 곳에 사는 것(patirūpadesavāsa), 참사람과 사귀는 것(sappurisupassaya), 자신의 바른 서원(attasammāpaṇidhi), 예전에 지은 공덕(pubbe ca katapuññatā),].

~ jhānāni 미세한 물질계[色界]의 네 가지 선정. 사정려(四精慮) = 사선(四禪)[첫 번째 선정(初禪 : paṭhamajjhāna), 두 번째 선정(二禪 : dutiyajjhāna), 세 번째 선정(三禪 : tatiyajjhāna), 네 번째 선정(四禪 : catutthajjhāna)].

~ ñāṇāni 네 가지 앎. 사지(四智)[사실에 의한 앎(法智 : dhammañāṇa), 추론에 의한 앎(類智 : anvayañāṇa), 타심에 의한 앎(他心智 : pariccañāṇa), 인습에 의한 앎(世俗智 : sammutiñāṇa)], [괴로움에 대한 앎(苦智 : dukkhañāṇa), 괴로움의 발생에 대한 앎(苦集智 : dukkhasamudayañāṇa), 괴로움의 소멸에 대한 앎(苦滅智 : dukkhanirodhañāṇa), 괴로움의 소멸에 이르는 길에 대한 앎(苦滅道智 : dukkhanirodhagāminīpaṭipadāñāṇa)].

~ dhammapadāni 네 가지 가르침의 분야. 사법족(四法足). 사법구(四法句) = 사법적(四法迹)[곧, 탐착의 여읨이라는 가르침의 분야(anabhijjhādhammapada), 분노의 여읨이라는 가르침의 분야(abyāpādadhammapada), 올바른 새김이라는 가르침의 분야(sammāsatidhammapada), 올바른 집중이라는 가르침의 분야(sammāsamādhidhammapada)]

~ dhammasamādānāni 네 가지 삶의 방식. 사법수(四法受)[현재에도 괴롭고 미래에도 괴로운 결과를 초래하는 삶의 수용(現在樂過去苦), 현재에는 괴롭지만 미래에는 즐거운 결과를 초래하는 삶의 수용(現在苦過去樂), 현재에는 즐겁지만 미래에는 괴로운 결과를 초래하는 삶의 수용(現在苦過去苦), 현재에도 즐겁고 미래에도 즐거운 결과를 초래하는 삶의 수용(現在樂過去樂)].

~ pañhabyākaraṇāni = cattāro pañhavyākaraṇā.

~ padhānāni 네 가지 정진. 사근(四謹). 사정근(四精勤)[제어의 노력(律儀勤 : saṁvarappadhāna), 버림의 노력(斷勤 : pahānappadhāna), 수행의 노력(修勤 : bhāvanāppadhāna), 수호의 노력(守護勤 : anurakkhaṇāppadhāna)].

~ pārisuddhipadhāniyaṅgāni 네 가지 청정을 위한 노력의 고리. 사편정근지(四遍淨勤支). 사청정근지(四淸淨勤支)[1. 계행의 청정(sīlavisuddhi)을 위한 노력의 고리 : 청정에 도달할 수 있는 네 가지 청정계(四淸淨戒 : catupārisuddhisīla), 2. 마음의 청정(cittavisuddhi)을 위한 노력의 고리 : 통찰(vipassanā)의 바탕이 되는 숙련된 팔성취(八等至 : aṭṭhasamāpatti), 3. 견해의 청정(diṭṭhivisuddhi)을 위한 노력의 고리 : 물질·정신에 대한 연기적 관점(sapaccayanāmarūpadassana), 4. 해탈의 청정(vimuttivisuddhi)을 위한 노력의 고리 : 거룩한 경지에 의한 해탈].

~ (purisa)yugāni 네 쌍의 참사람. 사쌍(四雙). 사쌍자(四雙者)[= ~purisayugāni aṭṭhapurisapuggalā].

~ purisayugāni aṭṭhapurisapuggalā 네 쌍으로 여덟이 되는 참사람. 사쌍팔배(四雙八輩)[흐름에 드는 길을 가는 님(預流向 : sotāpattimagga), 흐름에 든 경지에 도달한 님(預流果 : sotāpattiphala) = 흐름에 든 님(預流者 : sotāpattipanna), 한 번 돌아오는 길을 가는 님(一來向 : sakadāgāmimagga), 한 번 돌아오는 경지에 도달한 님(一來果 : sakadāgāmiphala) = 한 번 돌아오는 님(一來者 : sakadāgāmin), 돌아오지 않는 길을 가는 님(不還向 : anāgamī magga), 돌아오지 않는 경지에 도달한 님(不還果 : anāgamīphala) = 돌아오지 않는 님(不還者 : anāgamin), 거룩한 길을 가는 님(阿羅漢向 : arahattamagga), 거룩한 경지에 도달한 님(阿羅漢果 : arahattaphala) = 거룩한 님(阿羅漢 : arahant)].

~ phalāni 네 가지 과보. 네 가지 경지. 사과(四果)[[1. 흐름에 든 경지(預流果 : sotāpattiphala), 2. 한번 돌아오는 경지(一來果 : sakadāgāmīphala), 3. 돌아오지 않는 경지(不還果 : anāgāmiphala) 4. 거룩한 경지(阿羅果 : arahattaphala)]

~ balāni 네 가지 번뇌를 끊는 정신적 활동. 사력(四力)[정진의 힘(精進力 : viriyabala), 새김의 힘(念力 : satibala), 집중의 힘(定力 : samādhi-

bala), 지혜의 힘(慧力 : paññābala)].
~ bhayāni 네 가지 두려움. 사포외(四怖畏)[태어남에 대한 두려움(jātibhaya), 늙음에 대한 두려움(jarābhaya), 질병에 대한 두려움(vyādhibhaya), 죽음에 대한 두려움(maraṇabhaya)].
~ mahābhūtāni 네 가지 광대한 존재. 사대(四大)[땅의 광대한 존재(地大 : paṭhavīmahābhūta), 물의 광대한 존재(水大 : āpomahābhūta), 불의 광대한 존재(火大 : tejomahābhūta), 바람의 광대한 존재(風大 : vāyomahābhūta)].
~ mahāsaṁvejanīyaṭṭhānāni 사대성지(四大聖地)[부처님께서 탄생하고 깨달음을 이루고 초전설법을 하고 열반에 든 곳: Lumbini. Uruvelā. Isipatana. Kusinārā].
~ vesārajjāni 네 가지 두려움 없음. 사무소외(四無所畏)[① 정등각무외(正等覺無畏) : '그대는 스스로 올바로 원만히 깨달은 자라고 일컫는데, 이러한 사실들을 그대는 올바로 깨닫지 못했다.'라고 나에 대하여 사문이나 바라문, 신, 악마, 하느님이나 이 세상의 어떤 자라도 이유를 들어 비난하려 해도, 수행승들이여, 나는 그것을 근거로 간주하지 않는다. 수행승들이여, 그것을 근거로 간주하지 않음으로서 안온에 도달하고 공포 없음을 얻고 두려움 없음을 성취한다. ② 누영진무외(漏永盡無畏) : '그대는 스스로 번뇌들을 부순 자라고 일컫는데, 그 번뇌들을 그대는 부수지 못했다.'라고 나에 대하여 사문이나 바라문, 신, 악마, 하느님이나 이 세상의 어떤 자라도 이유를 들어 비난하려 해도, 수행승들이여, 나는 그것을 근거로 간주하지 않는다. 수행승들이여, 그것을 근거로 간주하지 않음으로서 안온에 도달하고 공포 없음을 얻고 두려움 없음을 성취한다. ③ 설법짱무외(說障法無畏) : '그대가 장애의 원리들이라고 하는 것들이 있는데, 그것들을 탐닉하더라도 전혀 장애가 될 수 없다.'라고 나에 대하여 사문이나 바라문, 신, 악마, 하느님이나 이 세상의 어떤 자라도 이유를 들어 비난하려 해도, 수행승들이여, 나는 그것을 근거로 간주하지 않는다. 수행승들이여, 그것을 근거로 간주하지 않음으로서 안온에 도달하고 공포 없음을 얻고 두려움 없음을 성취한다. ④ 설출도무외(說出道無畏) : '그대가 목적을 가지고 설한 가르침이 있는데, 그것을 그대로 실천하더라도 올바른 괴로움의 소멸로 이끌어지지 않는다.'라고 나에 대하여 사문이나 바라문, 신, 악마, 하느님이나 이 세상의 어떤 자라도 이유를 들어 비난하려 해도, 수행승들이여, 나는 그것을 근거로 간주하지 않는다. 수행승들이여, 그것을 근거로 간주하지 않음으로서 안온에 도달하고 공포 없음을 얻고 두려움 없음을 성취한다].
~ saṅgahavatthūni 네 가지 섭수의 토대. 사섭사(四攝事)[보시하는 것(布施 : dāna), 사랑스러운 말을 하는 것(愛語 : peyyavajja), 유익한 행위를 하는 것(利行 : atthacariya), 협동하여 행하는 것(同事 : samānattatā)].
~ saccāni 네 가지 진리. 사제(四諦)[고제(苦諦 : dukkhasacca). 집제(集諦 : samudayasacca). 멸제(滅諦 : nirodhasacca). 도제(道諦 : maggasacca)][= cattāri ariyasaccāni].
~ sāmaññaphalāni 수행자가 수행을 통해 달성한 네 가지 경지. 네 가지 수행자의 경지. 사사문과(四沙門果)[흐름에 든 경지(預流果 : sotāpattiphala), 한번 돌아오는 경지(一來果 : sakadāgāmiphala), 돌아오지 않는 경지(不還果 : anāgāmiphala), 거룩한 경지(阿羅漢果 : arahattaphala)].
~ sotapattiyaṅgāni. 네 가지 흐름에 드는 길의 고리. 사예류도지(四預流道支). 사예류향지(四預流向支)[참사람과 사귐(sappurisasaṁsevo), 올바른 가르침의 경청(saddhammasavaṇaṁ), 이치에 맞는 정신활동(yonisomanasikāra), 원리에 따른 여법한 실천(dhammānudhammappaṭipatti)].
~ sokhummāni 네 가지 미세한 통찰. 사미세지(四微細智)[물질에 대한 미세한 통찰(色微細智 : rūpasokhumma), 느낌에 대한 미세한 통찰(受微細智 : vedanāsokhumma), 지각에 대한 미세한 통찰(想微細智 : saññāsokhumma), 형성에 대한 미세한 통찰(行微細智 : saṅkhārasokhumma)].
~ sotâpannassa aṅgāni 네 가지 흐름에 든 님의 고리[부처님·가르침·참모임에 대한 청정한 믿음과 계행의 성취].
catukka ① *n.* [<catukya] 네 개 한 벌. 네 사람. 네 부분으로 구성된 것. 사거리. 광장. 사법(四法). -bhatta 네 분을 위한 식사. -magga 사거리의 길. -yañña 네 부분으로 이루어진 제사. 사거리에서의 제사. ② *adj.* [<catukya] '한 구석의. 한 모퉁이의' 텅 빈. 낮은. 적은.
catukkhatuṁ *ind.* [catu-kkhatuṁ] 네 번.
catuttha *adj.* [*sk.* caturtha] 네 번째의. 제사(第四)의. -jjhāna 네 번째 선정 사선. 사선(四禪). -bhatta 사일마다 먹는 음식. -magga 아라한에 이르는 네 번째 길. -mana 혀[눈·귀 · 코 다음의 네 번째].
catutthī *f.* [*sk.* caturthi] 보름기간의 네 번째 날. 여격(與格 *dat.*)[문법]. -tappurisa 여격한정복합어[문법].

catuddisāsaṅgha *m* [catu-(d)disā-saṅgha] 보편적인 승단. 사방승가(四方僧伽). 초제승(招提僧)[五衆(비구·비구니·사미·사미니·식차마나)으로 구성].
catubbidha *adj.* [sk. catur-vidha] 네 종류의. -kamma 네 종류의 업. 사종업(四種業) [성숙시간(pākakāla)에 따라: 현세에서 받는 업(現法受業 : diṭṭhadhammavedanīyakamma). 다음 생에서 받는 업(次生受業 : upapajjavedanīyakamma). 후대의 생에서 받는 업(後生受業 : aparāpariyavedanīyakamma). 효력이 없는 업(既有業 : ahosikamma)]. [기능(kicca)에 따라: 태어나게 하는 업(令生業 : janakakamma). 지탱하는 업(支持業 : upatthambhakakamma). 억압하는 업(妨害業 : upapīḷakakamma). 파괴하는 업(破損業 : upaghātaka(=upacchedaka)kamma)]. [성숙정도(pākadāna)에 따라: 중요한 업(重業 : garukakamma). 반복적인 업(多業 : āciṇṇa(= bahula)kamma). 임종시의 업(近業 : āsannamma). 축적되는 업(已作業 : kaṭattākamma)]. [성숙장소(pākaṭhāna)에 따라: 악하고 불건전한 업(不善業 : akusalakamma), 감각적 쾌락의 욕망계의 착하고 건전한 업(欲界善業 : kāmâvacarakusalakamma), 미세한 물질계의 착하고 건전한 업(色界善業 : rūpâvacarakusalakamma), 비물질계의 착하고 건전한 업(無色界善業 : arūpacarakusalakamma)].
-vacīduccarita 네 가지 언어적 악행. 사종어악행(四種語惡行)[십불선업도(十不善業道) 가운데, 거짓말을 하는 것(妄語 : musāvāda), 이간질하는 것(兩舌 : pisuṇā vācā), 욕지거리하는 것(惡口 : pharusā vācā), 꾸며대는 말을 하는 것(綺語 : samphappalāpa)].
- citta 네 종류의 마음. 사종심(四種心)[감각적 쾌락의 욕망계의 마음(欲界心 : kāmâvacaracitta), 미세한 물질계의 마음(色界心 : rūpâvacaracitta), 비물질계의 마음(無色界心 : arūpâvacaracitta), 출세간의 마음(出世間心 : lokuttaracitta)].
-paṭisandhi 네 가지 결생. 사종결생(四種結生)[악처에의 결생(apāyapaṭisandhi), 욕계선처에의 결생(kāmasugatipaṭisandhi), 미세한 물질계에의 결생(rūpâvacarapaṭisandhi), 비물질계에의 결생(arūpâvacarapaṭisandhi)].
catur = catu. -aṅga *m* 네 부분(으로 이루어진). 사지(四肢)의. -aṅgika. -aṅgina -aṅginī *f.* 네 부분(으로 이루어진). -aṅgula 네 손가락 길이의. 사지량(四指量). -anta = cāturanta 사변(四邊). -assa 사각(四角)의.

caturiya → caturiya의 *misr.*
catuvīsati *num* [catu-vīsati] 스물넷. 24. -paccayā 스물네 가지 조건. 이십사연(二十四緣)[1. 근본조건(因緣 : hetupaccaya) 2. 대상조건(所緣緣 : ārammaṇapaccaya) 3. 영향조건(增上緣 : adhipatipaccaya) 4. 공간근접조건(無間緣 : anantarapaccaya) 5. 시간근접조건(等無間緣 : samanantarapaccaya) 6. 병발조건(俱生緣 : sahajātapaccaya) 7. 상호조건(相互緣 : aññamaññapaccaya) 8. 의존조건(依緣 : nissayapaccaya) 9. 친의조건(親依緣 : upanissayapaccaya) 10. 선행조건(前生緣 : purejātapaccaya) 11. 후행조건(後生緣 : pacchājātapaccaya) 12. 반복조건(習行緣 : āsevanapaccaya) 13. 행위조건(業緣 : kammapaccaya) 14. 이숙조건(異熟緣 : vipākapaccaya) 15. 자양조건(食緣 : āhārapaccaya) 16. 제어조건(根緣 : indriyapaccaya) 17. 명상조건(禪緣 : jhānapaccaya) 18. 수행조건(道緣 : maggapaccaya) 19. 연합조건(相應緣 : sampayuttapaccaya) 20. 비연합조건(不相應緣 : vippayuttapaccaya) 21. 현존조건(有緣 : atthipaccaya) 22. 부존조건(不存條件 : natthipaccaya) 23. 이거조건(離去緣 : viyogapaccaya) 24. 불리거조건(不離去緣 : avigatapaccaya)].
catta *adj.* [cajati의 *pp.*] 버려진. (제물로) 바쳐진.
cattatta *n.* [catta의 *abstr.*] 포기. 사임.
cattārisa. cattālīsa. cattāḷīsa *num.* [*sk.* catvāriṁśati] 40. 마흔. -danta 40개의 치아를 지닌. 구사십치상(俱四十齒相)[三十二相・大人相의 하나]. -vassika 마흔 살의. 사십 세의
cattārisaka *adj.* [cattārisa-ka] 40의. 마흔의.
cattāri *n* [*sk.* catvāri]. cattāro *m* [*sk.* catvārah] → catu.
cana(-°) [〃] ~처럼. ~같은[관계사나 의문사에 첨가된다]. kiñcana 무엇이든지. kudācana 언제든지.
canaka *m* [?] 이집트콩.
canaṁ = cana 그밖에. 만약에(ca nam?)
canda *m* [*sk.* candra] 달. -āyatta. -yutta 달의. -kanta 보석. -(g)gāha 월식(月蝕). -maṇḍala 달의 원륜. 월륜(月輪). 달. -māsa 음력월. -vaṁsa 월족(月族). -suriyā 해와 달.
candaka = canda
candatta *n.* [canda의 *abstr.*] 달[月]의 상태. paripuṇṇacandatta 보름달의 상태.
candana *m n.* [〃] 전단(栴檀). 백단(白檀). 전단향(栴檀香). -ussada 전단향으로 뒤덮인. -gaṇṭhi 전단재(栴檀材). -gandhin 전단향을 지닌. -ghaṭikā 전단수지(栴檀樹枝). -cuṇṇa 전단분말

(栴檀粉末). 전단말(栴檀末). -sāra 전단향(栴檀香). 전단수(栴檀髓).
Candana m. 짠다나. 전다나천(栴陀那天)[천신의 이름].
candanikā f. [cf. sk. candana-paṅka] 마을의 구정물이 있는 웅덩이. 소택지(沼澤地). 니소(泥沼).
candavāra m. [〃] 월요일.
Candā f. [<canda] 짠다[왕비의 이름].
candikā f. [caṇḍa] 달빛.
candima m. candimā f. [sk. candramas m. can-drimā f.] 달. -pabhā 달빛.
candodaya m. [canda-udaya] 달이 뜨는 것.
capala adj. [〃] 동요하는. 흔들리는. 불안정한.
capalatā f. [capala의 abstr.] 동요하기 쉬운 성질.
capu. capucapu ind. [onomat.] 짭짭[먹고 마실 때 나는 소리].
cappeti [sk. cavayati] 씹어 먹다. 씹다.
camati. cameti [cam] (입을) 헹구다. 홀짝홀짝 마시다.
camara m. camarī f. [〃] ① 야크. 이우(犛牛). ② 짜마리[사슴의 일종]. camara° -vījanī 야크꼬리털로 만든 총채[파리몰이에 사용]. 야크꼬리털로 만든 불자(拂子)[왕권의 표지. 왕국의 문장(紋章)].
camasa m. [〃] 숟가락. 국자[신성한 불에 제물을 바칠 때 사용하는 것].
camu. camū f. [sk. camū(?) '쏘마(soma)액을 담는 그릇'] 군대[729마리의 코끼리. 729대의 전차. 2,178인의 기병. 3,650명의 보병으로 편성됨]. camūpati 장군.
campa. campaka m. [〃] 짬빠나무. 짬빠까나무. 금색화(金色花). 첨파가수(瞻婆伽樹)[황색의 방향(芳香)있는 꽃을 피우는 나무. Michelia Champaka].
Campā f. [〃] 짬빠. 첨파(瞻婆·瞻波)[十六大國 가운데 하나인 앙가(Aṅga)의 수도].
Campeyya m. 짬뻬이야[용왕(Nāgarāja)의 이름]. -kkhandhaka 첨파건도(瞻波犍度)[冊編의 이름]
camma n. [sk. carman] 가죽. 피혁. 피부. -aṇḍa 물주머니 -kāra 피혁공(皮革工). 마구(馬具)를 만드는 사람. -khaṇḍa 짐승의 가죽. -ghaṭaka 물을 나르는 가죽포대. -naddha 드럼. -paṭṭa 가죽천. -pasibbaka 가죽포대. -bandha 가죽 끈. -bhastā 가죽포대. -māluka 가죽가방. -yodhin 흉갑(胸甲)을 입은 (군인). -varatta 가죽끈. -vāsin 가죽옷을 입은. -sāṭaka 가죽옷을 걸친 고행자.
cammaka m. [camma-ka] 피부.
caya. cayana. n. [<cināti. ci] 쌓기. 집적. 층.
cayanālepa m. [cayana-ālepa] 회반죽.
cayaniṭṭhakā f. [caya-niṭṭha-kā] 벽돌.
cara ① adj. m. [<carati. car] 걷는. 보행의. 밀정(密偵). 밀사(密使). 간첩. ② carati의 imp.
caraṁ [carati의 ppr. m. sg. nom.] 가고 있는.
caraka m. [=cara] ① 밀정(密偵). 밀사(密使). 간첩. ② 보행자.
caraṇa n. [〃car-ana] 산책. 발. 행위. 행동. 덕행(德行). -vant 덕행이 있는. -sampanna 행위가 갖추어진. 행구족(行具足).
carati [〃 car] 가다. 걷다. 행하다. imp. cara. carassu. (1pl.) carāmase; ppr. caranto. caraṁ. caramāna; opt. careyya. care; fut. carissati; aor. (1sg). acariṁ. acārisuṁ. (1pl.) carimha. (3sg.) acari. acāri. cari. (3pl.) acariṁsu. acārisuṁ. cariṁsu. abs. caritvā. caritvāna; pp. carita. ciṇṇa; caus. cāreti. carāpeti. cf. cara. caraṇa. cariya. cāraka. cārika. cārin.
carāpeti. cārāpeti [carati의 caus.] 가게 하다.
carassu carati의 imp. 2sg.
carahi ind. [sk. tarhi] 그런데. 그러므로. 그렇다면. 이제.
carāmase carati의 imp. 1pl.
cari carati의 aor. 3sg.
carita adj. n. m. [〃 carati의 pp.] ① 가는. 움직이는. 행위하는. ② 행동. 행위. 삶. 생애. -dūsana 사기를 꺾음. -lekhaka 전기작가(傳記作家).
caritaka n. [carita-ka] 행위. 행동. 삶.
caritar adj. m. [sk. caritṛ] ① 걷고 있는. 실행하는. ② 행위자. 감시자. 관찰자.
carima adj. [sk. carama] 최후의. 마지막의. -bhava 마지막 태어남. 최후유(最後有).
carimaka = carima.
cariya n. cariyā f. [sk. cārya] 행위. 행동. 실천. 삶의 실천. 행(行). cariya° -manussa 간첩. 밀정. 탐정. -visesavijjā 인성학(人性學).
Cariyāpiṭaka m. [cariyā-piṭaka] 소행장(小行藏)[쿳다까니가야(小部)의 하나].
cara. careyya carati의 opt. 3sg.
cala adj. [<calati] ① 움직이는. ② 진동하는. ③ 불안정한.
calaka ① m. [?] 원수(元帥). 사령관. 참모(參謀). ② n. [sk. carvaiṇa<carv] 씹고 난 후 뱉어버린 고깃덩어리.
calati [cal] ① 움직이다. 흔들리다. 동요하다. ② 진동하다. aor. cali. caliṁsu; pp. calita; ppr. cal-amāna; caus. cāleti.

calana *adj.* *n.* [<calati] ① 흔들리는. 진동하는. 동요하는. ② 진동. 동요.
calanī *f.* [<calato] 짤라니[사슴의 일종].
calita *adj.* [calati의 *pp.*] 흔들리는. 불안정한.
caleti [calati의 *caus.*] = cāleti. 흔들다. 흔들리게 하다. 동요시키다.
cavati [*sk.* cyavate. cyu] ① 동요하다. 변천하다. ② 옮기다. 한 존재 상태에서 다른 존재 상태로 나아가다. 금생에서 타생으로 가다. ③ 쇠퇴하다. 죽다. 소실하다. *pp.* cuta; caus. cāveti; *inf.* cāvetuṁ; *cf.* cavana. cuti.
cavana *n.* cavanatā *f.* [<cavati] ① 이동. ② 소멸. ③ 죽음.
casaka *m.* [*sk.* caṣaka] 컵.
cassu = ca assu [atthi as의 *opt. 3pl.*]
cahā *f.* [외래어] = cāhā. 차(茶).
cāga *n.* [*sk.* tyāga<tyaj] ① 단념. 포기. 버림. ② 베풂. 시여. 관대. 기부. 보시. 은혜. ③ 희생. 헌신. -âdhiṭṭhāna 버림의 결정. 사처(捨處). 사주처(捨住處).[자양의 버림를 비롯하여 최상의 길에 의한 오염의 버림]. -ânussati 보시에 대한 새김. 사수념(捨隨念). -dhana 베풂의 재물. 시재(施財). -paribhāvitacitta 버림으로 향한 마음. 베풂으로 가득 찬 마음. -sampadā 베풂을 갖춤. 사구족(捨具足).
cāgavant *adj.* [cāga-vant] ① 버리는. 관대한. 베푸는. ② 희생하는. ③ 사양하는.
cāgin *adj.* *m.* [cāga-in] ① 버리는. 베푸는. 관대한. 보시자. 제공자(提供者). 기부자. ② 희생하는. ③ 사양하는.
cāṭi *f.* [*cf.* *hindi* *cāṭā*] ① 단지. 그릇. 항아리. ② 무게의 단위. ③ 그 속에서 살기 위해 사용되는 탱크 모양의 큰 단지. -pañjara 사람이 매복할 수 있는 흙으로 만든 항아리 모양의 함. ④ -pāla 흙으로 만든 방패(?).
cāṭukammatā. cāṭukamyatā *f.* [<*sk.* cāṭu-kṛ] 아부. 아첨. 사대주의(事大主義).
cātaka *m.* [〃] 코뿔새. 곽공조(郭公鳥). 사연(沙燕)[빗방울로만 먹고 산다는 새].
cātu. cātur = catu. catur. cātuddasī *f.* 14일. cātuddisa 사방(四方)의. 네 지역으로 이루어진. cātu(d)dīpa. cātu(d)dīpaka 네 개의 대륙의. 사대륙의. cātumāsin. cātumāsinī *f.* 사 개월의. cātummahāpatha 네거리. 사거리. 교차도로. cātummahābhūtika 네 개의 큰 요소로 이루어진. cātuyāma 네 가지 금계. 사금계(四禁戒). cāturanta 사변(四邊)의. cātuvaṇṇisuddhi 네 계급의 청정함. 평등함. 사성청정(四姓清淨).
Cātummahārājika. *adj.* *m.* [cātur-mahārājika] ① 네 위대한 왕들의 하늘나라의. -parisā 네 위대한 왕들의 하늘나라의 신들의 모임. 사대천왕중(四大王天衆). ② 사대천왕(四大天王). cātummahārājikā devā 네 위대한 왕들의 하늘나라 네 위대한 왕들의 하늘나라 신들. 사대왕천(四大王天). 사천왕천(四天王天) [神·神界의 이름. 欲界六天의 하나].
cāturiya *n.* [catura-iya] 솜씨 있음. 능숙. 숙련. 선교(善巧). 현명함.
cāpa *m.* *n.* [〃] 활. -lasuṇa 마늘의 일종.
cāpalla. cāpalya *n.* [capala-ya. *sk.* cāpalya] 변덕. 부박(浮薄).
Cāpāla *m.* [<cāpa] 취궁(取弓). 짜빨라. 차파라(遮波羅·遮頻羅)[사당(祠堂)의 이름].
cāpika *adj.* [cāpa-ika] 활잡이. 궁수.
cāmara *n.* [<camara] 야크의 꼬리로 만든 불자(拂子)[왕권의 표지].
cāmikara *n.* [*sk.* cāmīkara] 황금.
cāyati [ci] 존경하다.
cāra *adj.* [<carati] 행하는. 행위. piṇḍa° 보시를 구하러 다님. 걸행(乞行). sabbaratti° 밤새 돌아다님. 종야행(終野行). -vihāra 거님과 머묾. 행주(行住)[올바른 행위].
cāraka. cārika. cāraṇa *adj.* *m.* *n.* [cāra-ka] ① 유행하는. 배회하는. ② 여행. 배회. 유행(遊行). *f.* cārikā 유행
cāraṇika *m.* [=vāraṇika] 작은 놀이. 가면극. 펜토마임. 무언극(無言劇). -nacca 가면극. 펜토마임. 무언극(無言劇).
cāritta *n.* [cāra의 *abstr.*] 실천. 행동. cārittaṁ āpajjati 교제하다. 방문하다. -ânugamana 실용주의(實用主義). -āyatta 의례적인. -niyama 의례(儀禮). 의식(意識). -vāritta 준수와 금지. 작지(作持)와 지지(止持). -vidhi 엄숙(嚴肅). -vidhipubbaka 엄숙한. -sīla 덕행에 적극적인. 작지계(作持戒).
°cārin *adj.* *m.* [cāra-in] ① 행하는 (자). 실천하는 (자). ② 사는 (자). *pl.* *nom.* cārino. cārayo. *cf.* asaṅga°. ambu°. brahma°.
cāru *adj.* [*sk.* cāru. cāyu] ① 바람직한. ② 아름다운. -dassana 보기에 아름다운.
cāreti [carati의 *caus.*] ① 행하게 하다. ② 육성하다. *pp.* cārita; *pass.* cāriyati.
cāla m. [<calati] 진동. 동요.
cālanī *f.* [〃] ① 절굿공이. ② 체. 여과기.
cāleti [calati의 *caus.*] 움직이게 하다. 흔들다. *aor.* acālayi.
cāvanā *f.* [<cāveti] ① 움직임. 이동. ② 소멸. 사몰(死沒).

cāveti [cavati의 *caus.*] ① 죽게 하다. 사몰시키다. ② 쫓아버리다. ③ 방해하다. 혼란시키다. *aor.* acāvayi; *inf.* cāvetuṁ.
cāhā *f.* [=cahā] 차(茶).
ci. cid *ind.* [*sk.* cid] 어떤. ~이라도. koci 누구든지. kiñci 무엇이든지. kadāci 언제든지. kuhiñci 어디든지. *cf.* ca. cana. ce.
cikicchati [*sk.* cik-itasati. cit의 *desid.*] = tikicchati ① 반성하다. 숙고하다. 사념하다. 의도하다. ② 목표하다. ③ 치료하다.
cikhati [khyā] 말하다. 선언하다.
cikkhalla *n.* [*sk.* cikkaṇa. cilla-la] ① 진흙. 진창. ② 늪. 니지(泥池).
cikkhallavant *adj.* [cikkhalla-vant] 진흙의. 진흙투성이의.
cikkhassati [*sk.* cikṣariṣati kṣar의 *desid.*] ① 떨어뜨리기를 원하다. ② 흘러나오다.
ciṅgulaka *m. n.* [ciṅgula-ika] ① (종려나무 잎으로 만든) 장난감 풍차. 바람개비. ② 찡굴라까[식물의 이름].
ciṅgulāyati [ciṅgula의 *denom.*] 빙빙 돌다. 풍차처럼 돌다. 선회하다.
cicciṭāyati. ciṭiciṭāyati [<ciṭiciṭi의 *denom.*] 쉿하고 말하다. 슈욱하는 소리를 내다. 지글지글 소리를 내다. 비등하며 소리가 나다.
cicciṭāyana *n.* [<cicciṭāyati] 지글지글거림.
ciñcā *f.* [*sk.* ciñcā & tintiḍikā] 타마린드 나무·열매[열대산 콩과의 상록수].
Ciñcāmāṇavikā *f.* [ciñcā-māṇav-ika]찐짜마나비까. 전자마나기(栴闍摩那祇)[여자의 이름].
ciṭiciṭi [*onomat.*] 쉿. 지글지글.
ciṭiciṭāyati = cicciṭāyati.
ciṇṇa [carati. car의 *pp.*] ① 자주 가는. ② 실천된. ③ 습관이 된. 달성된. -ṭṭhāna 자주 가는 장소. -mānatta 마나타(摩那埵 : 속죄의식)를 행하는 자. -vasin 달인의 경지에 도달한 (자).
ciṇṇatta *n.* [ciṇṇa의 *abstr.*] 관습. 습관.
ciṇha [*sk.* cihna] 부호. 특징. 증표(證票). 상징(象徵). -āyatta 상징적인.
cita [cināti ci의 *pp.*] ① 쌓인. ② 정렬된. ③ 마주선. -antaraṁsa 어깨 사이에 근육이 원만하여 요철이 없는. 사이에 패인 곳이 없는 어깨를 지닌. 양액만상(兩腋滿相)[三十二相 가운데 하나].
citaka. citakā ① *m. f.* [<cināti] 장작. 화장용장작더미. 화장퇴(火葬堆). ② *adj.* [<cināti] 아로새겨진.
citi *f.* [<ci의 *pp.*] ① 쌓아올린 것. ② 더미. ③ 도정표(道程表).
citta ① *adj. n.* [*sk.* citra<ci] 여러 가지의. 잡색의. 아름다운. 회화. 그림. -akkhara 아름다운 모음들을 가진. -âgāra 그림이 비치된 집. -upāhana 화려한 색상의 신발. -kata 장식된. 잘 차려 입은. -katha. -kathin. -kathika 재기에 넘친 연설자. 교설자(巧說者). 묘설자(妙說者). -kamma 장식. 회화. 예술. 미술. -kāra. -kāraka 화가. 장식가. -patta 얼룩날개를 지닌. -pāṭali 식물의 이름. -pekhuma 천연석 날개를 지닌. -bimba 화장한 이미지의. -miga 점박이 사슴. -rūpa 경이(驚異). 훌륭한 것. -rūpakkhara 표의문자(表意文字). -latā 찟딸라따[식물의 이름, Rubia Munjista]. -vitāna 아름다운 천개(天蓋). -vyañjana 아름다운 자수가 있는. -sālā 색칠한 방. 화랑. 갤러리. ② *n.* [〃<cinteti cit] 마음. 생각. 심(心)[테라바다적인 전통에서는 '마음(心 : citta)과 정신(意 : mano)과 의식(識 : viññāṇa)은 초기불교의 주석적 전통이나 아비달마 불교에서는 같은 것으로 본다. 그러나 '마음'은 심리적인 측면에서의 마음을 뜻하고는 것으로 우리의 정서적 측면뿐만 아니라 사유 속에 내포되어있는 인지적인 측면의 중심을 의미한다. 그래서 마음은 인도철학에서 사유의 중심이기도 하지만, 일반적으로는 의도·충동·기분·성격·마음의 상태·인상에 대한 반응을 대변한다. 그리고 마음은 '심장'으로 구체화된 요소적인 특성을 갖고 있다. 그에 비해서 '정신'은 우리의 이지적이고 추론적이고 합리적인 측면의 중심을 말하며, 우리의 의식의 지적·사유적 기능을 대변한다. 그 정신은 마음에 비해 보다 미세한 요소적 특성 즉, 보다 미세한 느낌이나 사유를 대변한다. 그리고 '의식'은 감각과 감각적 반응인 지각의 중심으로 순수한 알아차림을 대변하다]. -âdhipati 마음의 영향·지배. 심증상(心增上). -ânuparivattin 생각에 이어지는. 심수전(心隨轉). -ânupassanā 마음에 대한 관찰. 심수관(心隨觀). -āvila 마음의 혼탁. -iddhipāda 마음의 신통한 능력. 마음에 의한 신통의 기초. 심여의족(心如意足). 심신족(心神足). -iddhipādasampayutta 마음의 신묘함에 상응하는. -ujjukatā 마음의 곧음. 심직성(心直性). -uttrāsa 테러. 공포. -uppāda 생각을 일으킴. 의도(意圖). 심기(心起). 발심(發心). -ekaggatā 마음의 집중. 심일경성(心一境性). -osīdana 거리낌. 꺼림칙함. -kammaññatā 마음의 적응 능력. -kallatā 마음의 준비. -kilesa 마음의 오염. 심구(心垢). -kkhepa 마음의 혼란·발광. 심란(心亂). -kkhaṇa 마음의 순간[의식의 순간]. -cetasika 마음과 마음의 작용. 심심소(心心所). -ja 마음에서부터 생긴. -jarūpa 마음에서부터 생겨난 물질·형상·육체. 심생색(心生色). -dubbhaka 마음

의 악함. 무뢰한 마음. -pakati 감정(感情). 정서. 기분(氣分). -pakopana 마음을 흔드는. -paṭibaddha 마음에 계박을 지닌. -pamaddin 마음을 부수는. -pariyāya 마음의 행위. 심방편(心方便). -passaddhi 마음의 안정. 심경안(心輕安). -pāguññatā 훈련된 마음의 숙달성. 심연달성(心練達性). -bhāva 마음의 상태. 감정(感情). -bhāvanā 마음의 수습. 심수(心修)[여덟 가지 성취를 통한 수행]. -bhāvapākaṭīkaraṇa 질병징후학(疾病徵候學). 진단학(診斷學). -mala 마음의 때. 심구(心垢). -mudutā 마음의 유연성. -rūpaṁ 마음대로. -lahutā 마음의 경쾌. -vikkhepa 마음의 혼란・광분. 심란(心亂). -vipatti 마음의 상실. 마음의 결손. 심실괴(心失壞). -vipallāsa 마음의 왜곡. 마음의 전도. 심전도(心顚倒). -vippayutta 마음과 관계없는. 심불상응(心不相應). -vibbhama 소외(疏外). 정신병(精神病). 정신병자. -vivaṭṭa 마음의 퇴전. 심퇴전(心退轉). -visaṁsaṭṭha 사념에서 벗어난. -visuddhi 마음의 청정. 심청정(心淸淨). -vūpasama 마음의 고요. 심적정(心寂靜). -vega 마음의 충동. 감정(感情). -saṁsaṭṭhasamuṭṭhāna 마음과 함께하여 발생하는. 심구주등기(心俱住等起). -saṅkilesa 마음이 오염된. -saṅkhāra 마음의 의도. 정신적 형성. 심행(心行). -saññatti 확신(確信). 신념(信念). -santati. -santāna 마음의 상속. 심상속(心相續). -santāpa '마음이 불타는 것' 슬픔. 애통. -samādhi 마음에 의한 집중. 심삼매(心三昧). -samādhipadhānasaṅkhārasamannāgatamiddhipāda 마음에서 비롯한 집중과 노력으로 형성되는 신통의 기초. 심삼마지근행성취신족(心三摩地勤行成就神足). -samuṭṭhānarūpa 마음에서 발생하는 물질. 심등기색(心等起色). -samhāna 마음의 적응. -sampadā 마음의 성취. 심구족(心具足). -sampayutta 마음에 관계되는. 심상응(心相應). -sampīḷana 마음의 고뇌. -saha- bhū 생각과 함께 발생하는. 심구유(心具有). -hetuka 마음에서 야기된. ③ [*cf. sk.* caitra] 중춘(仲春). 제달라월(制怛羅月). 사월(四月 : 양력 3월 16일 ~ 4월 15일)[남방음력 12월 16일 ~ 1월 15일: 정월(正月)].

cittaka[1] *adj.* [citta-ka] 마음의. 주의 깊은

cittaka[2]. citraka *adj. m. n.* [citta-ka] ① 채색의. ② *m.* 반점이 있는 영양(羚羊). ③ *n.* 채색 -dharakumma 육지 거북의 일종.

cittakā *f.* [citta-kā] 여러 가지 색깔로 장식된 침대의 홑이불.

Cittakūta *m.* [citta-kūta] 찌따꾸따. 심봉(心峰)[산의 이름].

cittatara *adj.* [citta의 *compar.*] 더욱 다양한 색깔을 지닌.

cittatā *f.* cittatta *n.* [citta의 *abstr.*] ① 다양성. ② 심성(心性).

Cittalatā *f.* [citta-latā] 찌따라따. 심라원(心羅園)[정원의 이름].

Cittasena *m.* [citta-sena] 찌따쎄나. 지다라사나천(支多羅斯那天)[천신의 이름).

Cittahatthasāriputta *m.* [citta-hattha-sāri putta] 찌따핫타싸리뿟따. 질다사리불(質多私利弗). 질다라상자(質多羅象子)[수행승의 이름].

citti *f.* [cit] '마음을 주는' 존경.

cittika [citta ①-ika] ① 채색된. ② 아름다운.

cittikaroti [citti-kṛ] ① 존경하다. 존중하다. ② 명심하다.

cittakata *adj.* [cittikaroti의 *pp.*] ① 성실한. ② 존경을 받는. -dāna 성실한 보시. 지극한 마음의 보시. 지심시(至心施).

cittikāra *m.* [citti-karoti] 존경. 고려.

cittita *adj.* [citteti의 *pp.*] ① 색칠해진. 채색된. ② 잡색의. 반점이 있는.

citteti [citta의 *denom.*] ① 색칠하다. ② 잡색으로 칠하다. ③ 빛내다.

citra = citta ① ③.

cināti [*sk.* cinoti. cayati ci] 쌓다. 모우다. 축적하다. *inf.* ciniturn; *pp.*cita; *pass.* cīyati; *caus.* cināpeti.

cināpeti [cināpeti의 *.caus.*] 건설하다. 세우다.

cintaka *adj.* [*cf.* cintin] 생각하는. 고안하는. akkharacintaka 문법가. niticintaka 입법가.

cintana *n.* [<cintā] 생각. 사고.

cintanaka *adj.* [cintana-ka] 생각이 깊은. 이해심이 많은 배려하는.

cintā *f.* [<cit] 사고. 사유. 생각. 사념. lokacintā 철학 -kavi 스스로 사유하여 시를 짓는 시인. 창작시인. 사시인(思詩人). -maṇi 여의보(如意寶)[생각한 대로 이루어지게 하는 보석]. -maya 사유로 이루어진. 공상적인. 상상적인. 형이상학의. 사소성(思所成). -mayapaññā 사유로 이루어진 지혜. 형이상학적인 지혜. 사소성혜(思所成慧).

cintita *adj. n.* [cinteti의 *pp.*] ① 생각해 낸. 고안된. ② 생각. 의도.

cintin *adj.* [cinta-in] 생각하는. 사고하는.

cintaya cinteti의 *abs.*

cinetaya cinteti의 *abs.*

cintesi. cintesuṁ cinteti의 *aor.*

cetayati. ceteti [*sk.* cetat. cit. cint] ① 생각하다. 사념하다. 사려하다. 고려하다. ② 성찰하다. 반성하다. *opt.* cinteyya. cetaye; *ppr.* cintenta.

cinteyanta, cintayamāna; *aor.* cintesi. cintiya. cecca. cicca; *ppr.* cetayāna; *grd.* cinteyya. cintetabba. cetabba; *pp.* cintita. cetayita.
cipiṭa *adj.* [cip의 *pp.*] 눌려서 납작해진.
cippiyamāna *adj.* [cip의 *pass. ppr.*] 부수어져 편편해지는. 눌려 납작해지는.
cimilikā *f.* [*cf.* cilimika<cira] 찌밀리까[베나 종려나무 잎이나 껍질로 만든 옷이나 카펫의 종류].
cira *adj.* [〃] 오래된. 오랜. ciraṁ. cirena. cirāya. cirassa. cirassaṁ *adv.* 오랫동안. 오래도록. 오랜 뒤에. -appavāsin. -appavuttha 오랫동안 없었던. 오랫동안 부재의 -kālaṁ 오랫동안. 오랜 시간. -ṭṭhitika 영원한. 오래 지속하는. -dikkhita 시작한지 오래된. 출가한지 오래된. -nivāsin 오랫동안 거주하는. -paṭika ~이후 오래된. -pabbajita 출가한지 오래된. -ppavatta 만성적인. -rattam 오랜 시간. 오랜 날들 동안.
ciraṁpavattāpana *n* [ciraṁ-pavattāpana] 보수(保守). 수구(守舊).
cirataraṁ *adv.* [cira-tara의 *acc.*] 더 오래.
cirappavattaka *adj* [cira-pavattaka] 보수적(保守的). 수구적(守舊的).
cirassa. cirassaṁ *ind.* [cira의 *gen.*] ① 오래되어. ② 결국. 마침내. na cirass'eva 오래지 않아.
cirāyati [*sk.* cira의 *denom.*] 길어지다. 연기되다. 늦어지다. *abs.* cirāyitvā 연기되고.
ciriṭa *m.* [*sk.* ciri] 앵무새.
cilimikā *f.* [<cira] 종려나무 잎이나 껍질로 만든 깔개・요.
cillaka *m.* [kilaka. khilaka] ① 걸이. ② 기둥. 봉(捧). ③ 괴뢰. 꼭두각시인형.
cīna *m. n.* [<*sk.* cīna] 중국(中國). -bhāsā 중국어. -desīya 중국의. -jātika 중국인. -raṭṭha 중국.
cīnaka *m. n.* [<*sk.* cīna] 콩의 일종. 지나두(支那豆).
cīnapiṭṭha *n.* [*sk.* cīna-piṣṭa] 붉은 납. 적연(赤鉛).
cīyati. cīyate [cināti ci의 *pass.*] 모여지다. 쌓여지다. 축적되다.
cīra *n.* [〃] ① 가죽. 피의(皮衣). ② 나무껍질. 나무껍질로 만든 옷. 수피(樹皮). ③ 가늘고 긴 조각. 세편(細片).
cīraka *m.* [<cira] ① 가죽. 피의(皮衣). ② 나무껍질. 나무껍질로 만든 옷. 수피(樹皮). ③ 가늘고 긴 조각. 세편(細片). -vāsika 피의형(皮衣刑)[피부를 허리까지 벗기고 다음에 발꿈치까지 벗겨 상방의 가죽을 하방의 몸에 붙여 죽이는 고문·형벌].
cīriya *adj.* [<cira] 나무껍질의. 나무껍질과 같은.
cīrilkā *f.* [*sk.* ciri & jhillikā] 귀뚜라미. 실솔(蟋蟀).
cīrī *f.* [〃] 귀뚜라미.
cīvara *n.* [*sk.** 〃] 옷. 승복. 법의(法衣). -kaṇṇa 승복의 자락. -kamma 옷을 만드는 일. 작의(作衣). -kārasamaya. -kāla 옷 만들기 적합한 때. 의시(衣時). -dāna 의복의 보시. -paṭiggāhaka 옷을 받는 사람. -paṭivisa 옷의 한 부분. -palibodha 옷의 장애. 의장애(衣障碍)[출가 생활에서 특정한 사람에게서 유래하는 옷을 받는 것이 장애되는 것]. -paviveka 옷의 격리[비불교도에게 해당]. -bhaṅga 옷을 분배하는. -bhatta 의복과 식사. -bhājaka 옷을 거래하는 사람. -bhisī 베개처럼 마는 옷. -rajju 옷을 거는 줄 -lūkha 천하게 옷을 입은. 남루한. -vaṁsa 옷을 거는 대나무 못. -vaḍḍhaka 재봉사. -saṅkamanīya 양도되어야 할 옷. -santosa 의복에 대한 만족.
cujjati = codiyati [codeti의 *pass.*] 비난받다. *ppr.* cujjamāna.
cuṇṇa *adj. n.* [*sk.* cūrṇa. carvati. carv의 *pp.*] ① 가루가 된. ② 분말. 가루. 분(粉). -cālāni 세분을 만들기 위한 모르타르. -piṇḍa 분말로 만든 덩어리. 알약. 단자(團子). -bhesajja 가루약. 세분(細粉). 도분(塗粉).
cuṇṇaka *adj. n.* [cuṇṇa-ka] 가루의. 가루. 분말.
cuṇṇeti [cuṇṇa의 *denom.*] 가루로 만들다. 분쇄하다. *ppr. pass.* cuṇṇiyamāna 분쇄되고 있는.
cuta *adj.* [*sk.* cyuta. cavati의 *pp.*] ① 죽은. ② 사라진. ③ 한 존재 상태에서 다른 존재 상태로 이전된. *m. pl. nom.* cutāse. -ûpapātā[-ûppāta는 *misr.*] 죽음과 다시 태어남. 생사윤회. 소멸(消滅)과 생기(生起). -ûpapātañāṇa 사라짐과 다시 일어남에 대한 지혜. 생사윤회에 관한 지혜.
cuti *f.* [*sk.* cyuti] ① 죽음. 사몰(死沒). ② 사라짐. -citta 죽음의 마음. 죽음의식.
cudita *adj.* [codati의 *pp.*] ① 질책 당한. 비난 받은. ② 고발당한.
cuditaka *adj. m.* [cudita-ka] ① 질책 당한. 비난 받은. ② 피고(被告).
cuddasa *num.* [=catuddasa] 14. 열넷.
Cunda *m.* 쭌다. 순다(純陀). 주나(周那)[사리불(舍利佛)의 동생. 석존에게 최후의 공양(栴檀樹耳)을 제공한 대장장이].
cunda *m.* [?] 상아세공사. 상아사(象牙師).
cundakāra *m.* [cunda-kāra?] 선반공. 녹로공(轆轤工).
cubuka *n.* [〃] 턱.
cumbaṭa. cumbaṭaka *n.* [*prk.* cumbhala] ① 받침. ② 베개. ③ 화환.
cumbati [〃<cumb] 입맞춤하다. 키스하다. 접

문(接吻)하다.

cumbana *n.* [<cumbati] 입맞춤. 키스. 접문(接吻).

culla. cūḷa *adj.* [*sk.* ksulla = kṣudra] 작은. 작은 크기의. -aṅguī 작은 손가락. -ûpaṭṭāka 장로의 시자. -thaṇḍila 작은 노지(露地). -pitar 작은 아버지. 삼촌. 숙부[부계 삼촌]. -pituputta 숙부의 아들. -mātā 숙모. 아줌마[부계 삼촌의 아내]. -mātulaputto 숙모의 아들. -sīla 작은 크기의 계행.

Cullaniddesa = Cūḷaniddesa *m.* [culla-niddesa] 소의석(小義釋)[大義釋과 함께 小部의 하나].

Culladhammapāla *m.* [culla-dhamma-pala] = Cūḷadhammapāla 쭐라담마빨라. 소호법왕자(小護法王者)[論師 아난다의 제자].

Cullaniruttigandha *m.* [culla-nirutti-gandha] 소사서(小詞書)[文法書로 Kaccāyana의 저술].

Cullapanthaka *m.* [culla-pantha-ka] = Cūḷapanthaka 쭐라빤타카. 주리반특(朱利槃特. 周利槃特)[수행승의 이름].

Cullavaṁsa *m.* [culla-vaṁsa] = Cūḷavaṁsa 소사. 소왕통사(小王統史)[大史와 함께 스리랑카의 歷史書].

Cullavagga *m.* [culla-vagga] = Cūḷavagga 소품(小品)[大品과 함께 律藏의 犍度部를 이룬다].

cullāsiti = caturâsiti 84.

cūcuka *n.* [〃] 젖꼭지. 고무젖꼭지.

cūlikā *f.* [〃] 귓불.

cūḷa ① *adj.* [=culla] 작은 -vaṁsa = cullavaṁsa. ② *m.* [*sk.* cūḍa] 상투. 땋은 머리. 정발(頂髮). 새의 벼슬. 귓불.

cūḷaka *adj.* [<cūḷā] 상투를 튼.

cūḷanika *a.* = cūḷa

cūḷā *f.* [*sk.* cūḍa] ① 상투. 땋은 머리. 정발(頂髮). ② 새의 벼슬. ③ 귓불. -maṇi 정발보관(頂髮寶冠). 계보주(髻寶珠).

cūḷāsīti = cullāsīti 84

cūḷikā *f.* [cūḷa-ika] 상투. 땋은 머리. 정발(頂髮).

ce *conj.* [*sk.* ced. ce] 만약. 만일. 혹시. ce va kho pana 그런데 지금 만약. api ce 설령~라도. *cf.* sace. noce. yañce.

cecca *adv.* [= cicca =sañcicca. cineteti의 *abs.*] 알면서. 일부러. 고의로.

ceṭa. ceṭaka *m.* [〃] 노예. 어린 하인.

ceṭikā. ceṭi *f.* [〃] 노예소녀. 어린 하녀.

cetaka *m.* ① [?] 미끼짐승. ② [=ceṭaka] 어린하인. 복동(僕童). 중요하지 않은 사람. ③ 제다가인(制多迦人)[사람의 이름].

cetakedu *m.* [?] 새의 일종.

cetanaka *adj.* [cetanā-ka] 생각과 관련된. 의도와 관련된. 사념이 있는.

cetanā *f.* [〃<cit] 의도. 생각. -kamma 생각으로 짓는 업. 사업(思業).

cetabba. cetayati. cetaye → cinteti.

cetayita *adj.* [ceteti의 *pp.*] 의도된. -kamma 이미 의도된 것이 행동과 언어로 나타난 업. 사이업(思已業).

cetasa ① *adj.* [<ceto] sucetasa 선한 마음의. pāpa° 악한 마음의. ② *m.* [?] 쩨따싸[나무의 이름. 노란 미로발란(myrobalan)(?)].

cetasā *ind.* [ceto의 *ins.* = cittena] 마음에 의해서.

cetasika *adj. m.* [*sk.* caitasika. caitta] ① 마음에 속하는. 마음에 부수되는. 마음에 수반되는. 마음의 작용과 관계되는. 정신적인. ② 마음의 작용. 심소(心所). -kathā 마음의 작용에 관한 이론. 심소론(心所論). -dukkha 마음의 고통. -vinibandha 정신적인 속박. -saṅgahanaya 마음의 작용의 분류방식. -sampayoganaya 마음의 작용의 결합방식.

cetaso *ind.* [ceto의 *dat. gen.* = cittassa] 마음의. ~upakkilesa 마음의 번뇌. 심수번뇌(心隨煩惱). ~ekodibhāva 일심(一心). 한마음의 상태. 심일경상(心一境相).

cetāpana *n.* [<cetāpeti] 물물교환. 교역.

cetāpeti [<ci] 물물 교환하다. 사다. 매매하다.

Ceti. Cetiya. Ceta *m.* 쩨띠. 지제(支提). 제다(制多)[十六大國의 하나].

cetiya ① *n.* [*sk.* caitya<ci] 사당. 묘당. 무덤. 유골탑. 탑묘(塔廟). -aṅgaṇa 탑묘(塔廟)의 주위에 있는 단(壇). -cārika 사당의 순례자. -pabbata 쩨띠야빱바따[스리랑카의 산이름]. -pūjā 사당공양. 지제공양(支提供養). -vandana 사당예배. 지제예배(支提禮拜). ② *m.* 쩨띠야. 지제수(支提樹)[나무의 이름].

ceteti. ceteyya. cetesi → ciniteti.

ceto *n.* [*sk.* cetas= citta] 마음. 정신[복합어에서 취하는 형태로 신체적이나 언어적인 것과 함께 세 가지 분류를 대변한다]. sg. *dat. gen.* cetaso; *ins. abl.* cetasā. -khila 마음의 황무지. 정신의 완고함. -paṇidhi 마음의 서원. 결심. 의도. 포부. -padosa 마음의 타락. 정신적인 사악함. -pariccañāṇa. -pariyañāṇa 타인의 마음을 읽는 지혜. 타심지(他心智). 타심통(他心通). -pariyāya 마음의 방편. 마음의 길. -pharaṇatā 마음의 퍼져나감. 심편만(心遍滿). -vasippatta 마음의 통제. 심자재자(心自在者). -vimutti 마음에 의한 해탈. 심해탈(心解脫). -vivaṭṭa 생각의 퇴전. 심퇴전(心退轉). -vivaraṇa 마음을 해방시킴. -sama-

tha 마음의 적정. 심적지(心寂止). -samādhi 마음의 집중. 심삼매(心三昧). -samphassa 마음의 접촉. 심촉(心觸).
cela *n.* [*cf. sk.* cela] 천. 옷. -aṇḍaka 허리에 걸치는 간단한 옷. -paṭṭikā 붕대. -vitāna 차양. 천막.
celaka *m.* [cela-ka] 옷을 걸친 사람. 재봉사. 기수(旗手).
celakedu = cetakedu.
celāpaka. celāvaka *m.* [*sk.* chilla(?)] 쩰라빠까 [새의 일종].
cokkha *adj. n.* [*sk.* cokṣa. caṅkṣa] ① 깨끗한. 맑은. ② 청결. 깨끗함.
coca *n.* [〃] 야자열매. 바나나. 코코아너트. 육계(肉桂). 유종초(有種蕉). -pāna 바나나로 만든 달콤한 음료. 초즙(蕉汁). 구라과장(俱羅果漿).
codaka *m.* [〃<codeti] 비난하는 사람. 가책자(呵責者). 난힐자(難詰者).
codanā *f.* [〃<codeti] ① 비난. ② 훈계. 권고. ③ 질책. 거죄(擧罪).
codita *adj.* [codeti의 *pp.*] ① 내몰린. ② 비난받은. 훈계를 받은. ③ 질문을 받은.
codetar *m.* [codayati의 *ag.*] 비난하는 사람. 난힐자(難詰者).
codeti [*sk.* codayati<cud의 *caus.*] ① 자극하다. 독촉하다. ② 비난하다. 힐문하다. ③ 질책하다. 나무라다. *aor.* acodayi; *inf.* codetuṁ; *grd.* codetabba; *pass.* cujjati. codiyati. *caus.* codāpeti.
copana *n.* [<cup] 움직이는. 흔들리는.
copeti *n.* [cup의 *caus.*] 움직이게 하다. 활동시키다. 자극하다.
cora *m.* [*sk.* cora. caura<cur] 도둑. 도적. -antarāya 도둑의 장애. -āṭavi 도둑들의 숲. -upaddava 도둑들로부터의 공격. -kathā 도둑들에 관한 이야기 -kantāra 적이 출몰하는 험난한 장소. 적난소(敵難所). -ghāta. -ghātaka 사형집행인. 형리(刑吏). -paccatthika (이익에 반하는) 적(敵)의. 원적(怨敵). -bhaya 도둑에 대한 공포.
coraka *m.* [〃] 쪼라까[향료를 추출하는 데 사용하는 식물의 이름].
corikā *f.* [<cora] ① 훔침. 절도. ② 여자도둑.
coriya *n.* [<cora] 도둑질. 절도
corī *f.* [cora의 *f.*] 여자도둑. -bhariyā 도둑인 아내.
corovassikaṁ → terovassikaṁ의 *misr.*
cola. coḷa *m.* [*sk.* cola. coḍa] 천조각. 천 -paṭṭa 붉은 비단 천. 주라포(朱羅布). -bhisi 깔개. 요.
colaka. coḷaka *m.* [= cola] 천조각.
Coḷa = Coḍa *m.* 쫄라[南印度 타밀족의 나라].
coḷiya *adj.* [coḷa-iya] 쫄라 국의.

Ch

cha 자음・ 문자 ch의 이름
cha. chaḷ *num.* [*sk.* ṣaṣ. ṣaṭ] 6. 육(六). 여섯. soḷasa = sorasa 16. chabbīsati 26. -ttiṁsa(ti) 36. - âsīti 86 chaḷ° -aṁsa 육각형의. -aṁsika 육각형(六角形). -aṅga 여섯 가지 학문[Vedāṅgas : kappa : 의궤학(儀軌學), vyākaraṇa : 문법학(文法學), nirutti : 어원학(語源學), sikkhā : 음성학(音聲學), chando : 운율학(韻律學), jotisattha : 점성학(占星學)]. -aṅgula 여섯 손가락 크기의. châhaṁ 육일 동안. cha° -(d)danta 여섯 개의 어금니가 있는. 호수이름. 코끼리의 종족이름. -kaṇṇa 여섯 개의 귀로 듣는. 공공의. -cīvara 여섯 가지 의복. 육종의(六種衣)[아마옷·면옷·비단옷·모직옷·삼베옷·모시옷]. -ddisa 여섯 방향의. -dvārika 여섯 감관(眼·耳·鼻·舌·身·意)과 관계되는. -pañca 6이나 5. -baṇṇa 여섯 색상을 지닌. -(b)baggiya(=-vaggiya) → chabbaggiya. -bassāni. -vassāni 육년 동안. -(b)bidha. (=-vidha) 여섯 겹의. 여섯 종류의. -(b)bīsati 26. 스물여섯. -(b)bassika 육년에 걸치는.
cha
~ agāravā 여섯 가지 불경. 육불경(六不敬)[스승에 대한 불존중, 가르침에 대한 불존중, 참모임에 대한 불존중, 배움에 대한 불존중, 방일을 여읨에 대한 불존중, 친절에 대한 불존중].
~ ajjhattikāni āyatanāni 여섯 가지 내적 감역. 육내처(六內處). 육내입처(六內入處)[시각감역(眼處 : cakkhāyatana), 청각감역(耳處 : sotāyatana), 후각감역(鼻處 : ghānāyatana).미각감역(舌處 : jivhāyatana), 촉각감역(身處 : kāyātana), 정신감역(意處 : manāyatana)].
~ ajjhattikabāhirāni āyatanāni 여섯 가지 내적 외적 감각 영역. 육내외처(六內外處)[→ cha ajjhattikāni āyatanāni와 bāhirāni āyatanāni].
~ anuttariyāni 여섯 가지 최상. 여섯 가지 위없음. 육무상(六無上)[보는 것 가운데 최상(見無上 : dassanānuttariya : 부처님을 보는 것), 듣는 것 가운데 최상(聞無上 : savanânuttariya : 가르침을 듣는 것), 얻는 것 가운데 최상(得無上 : lābhânuttariya : 믿음 등을 얻는 것), 배우는 것 가운데 최상(學無上 : sikkhânuttariya : 계·정·혜의 삼학을 배우는 것), 섬기는 것 가운데 최상(行無上 : pāricariyânuttariya : 삼보를 섬기는 것), 새기는 것 가운데 최상(憶念無上 : anussatânuttariya : 삼보의 공덕을 새기는 것)].
~ anussatiṭṭhānāni: 여섯 가지 새김의 토대. 육수념처(六隨念處)[부처님에 대한 새김(佛隨念 : buddhânussati), 가르침에 대한 새김(法隨念 : dhammânussati), 참모임에 대한 새김(僧隨念 : saṅghânussati), 계행에 대한 새김(戒隨念 : sīlânussati), 보시에 대한 새김(捨隨念 : cāgânussati), 신들에 대한 새김(天隨念 : devatānussati].
~ aparihāniyā dhammā 여섯 가지 불퇴전의 원리. 육불퇴법(六不退法)[세속적인 일을 즐기지 않는 것(na kammārāmatā), 잡담을 즐기지 않는 것(na bhassārāmatā), 잠을 즐기지 않는 것(na niddārāmatā), 교제를 즐기지 않는 것(na saṅgaṇikārāmatā), 온화한 말을 하고(sovacassatā), 선한 벗과 사귀는 것(kalyāṇamittatā)].
-(ḷ)abhijātiyo 여섯 종류의 생류. 여섯 종류의 계층. 육생류(六生類)[흑색류이면서 흑색의 사실을 낳는 사람(kaṇhābhijātiyo samāno kaṇhaṁ dhammaṁ abhijāyati : 불행한 운명을 타고났고 악행을 일삼아 지옥에 태어나는 자), 흑색류이면서 백색의 사실을 낳는 사람(kaṇhābhijātiyo samāno sukkaṁ dhammaṁ abhijāyati : 불행한 운명을 타고났고 선행을 행해서 천상계에 태어나는 자), 흑색류이면서 흑색도 아니고 백색도 아닌 열반을 낳는 사람(kaṇhābhijātiyo samāno akaṇhaṁ asukkaṁ nibbānaṁ abhijāyati : 불행한 운명을 타고났으나 출가하여 열반을 이루는 자), 백색류이면서 흑색의 사실을 낳는 사람(sukkābhijātiyo samāno kaṇhaṁ dhammaṁ abhijāyati : 행복한 운명을 타고났으나 악행을 일삼아 지옥에 태어나는 자), 백색류이면서 백색의 사실을 낳는 사람(sukkābhijātiyo samāno sukkaṁ dhammaṁ abhijāyati : 행복한 운명을 타고났고 선행을 행해서 천상계에 태어나는 자), 백색류이면서 흑색도 아니고 백색도 아닌 열반을 낳는 사람(sukkābhijātiyo samāno akaṇhaṁ asukkaṁ nibbānaṁ abhijāyati : 행복한 운명을 타고났으나 출가하여 열반을 이루는 자)]. [흑생류(黑生類 : kaṇhâbhijāti : 도살꾼, 사냥꾼, 어부, 강도, 망나니 등의 잔인한 자들), 청생류(青生類 : nīlâbhijāti : 고행을 일삼는 수행자와 도덕적 책임의 교리를 받아들이는 자들), 적생류(赤生類 : lohitâbhijāti : 단 한벌의 옷을 입는 자이

나교도들), 황생류(黃生類 : haliddâbhijāti : 흰 옷을 입는 평신도와 나형고행자의 제자들, 백생류(白生類 : sukkâbhijāti : 사명외도들), 극백생류(極白生類 : paramasukkâbhijāti : 난다(Nanda)와 밧차(Vaccha), 끼싸(Kisa), 쌍낏차(Saṅkicca) 및 막칼리 고쌀라(Makkhali Gosala)].

-(ḷ)abhiññā 여섯 가지 초월적인 지혜. 여섯 가지 곧바른 앎. 육신통(六神通)[1. 세간적 곧바른 앎(lokiyā abhiññā) : 여덟 가지 종류의 초월적 능력(神足通 : iddhi), 멀고 가까운 소리를 들을 수 있는 하늘귀(天耳通 : dibbasota), 타인의 마음을 읽는 앎(他心通 : parassa cetopariyañāṇa), 자신의 전생에 대한 새김(宿命通 : pubbenivasānussati), 타인의 업과 과보를 아는 하늘눈(天眼通 : dibbacakkhu). 2. 출세간적 곧바른 앎(lokuttarā abhiññā) : 번뇌 부숨에 대한 궁극적인 앎(漏盡通 : āsavakkhayañāṇa)].

-(ḷ)abhiṭhāna 여섯 가지 대죄. 육역죄(六逆罪)[→ cha abhiṭhānāni]

~ abhiṭhānāni 여섯 가지 대죄. 육역죄(六逆罪)[오무간업(五無間業 : pañca ānantariyakammāni)을 짓는 것과 이교의 교리를 추종하는 것(aññasatthāra'uddesa)].

-(ḷ)āyatana 여섯 가지 감역. 육입(六入). 육처(六處)[시각감역(眼處 : cakkhāyatana), 청각감역(耳處 : sotāyatana), 후각감역(鼻處 : ghānāyatana). 미각감역(舌處 : jivhāyatana), 촉각감역(身處 : kāyātana), 정신감역(意處 : manāyatana) : 육처(六處)의 여섯 가지는 거기에 상응하는 육외처(六外處)를 포함한다].

-(ḷ)indriya 여섯 가지 감각능력. 육근(六根)[시각능력(眼根 : cakkhundriya), 청각능력(耳根 : sotindriya), 후각능력(鼻根 : ghānindriya). 미각능력(舌根 : jivhindriya), 촉각능력(身根 : kāyindriya), 정신능력(意根 : manindrya)]. [시각기능(眼根 : cakkhundriya), 청각기능(耳根 : sotindriya), 후각기능(鼻根 : ghānindriya). 미각기능(舌根 : jivhindriya), 촉각기능(身根 : kāyindriya), 정신기능(意根 : manindrya)].

~ ākārā 여섯 가지 방식[곧바로 아는 것(abhiññā), 완전히 아는 것(pariññā), 끊어버리는 것(pahāna), 닦는 것(bhāvanā), 깨닫는 것(sacchikiriyā), 성취하는 것(samāpatti)].

~ (ḷ)ābādhā 여섯 가지 고통. 육통(六痛)[추위(sīta), 더위(uṇha), 배고픔(jigacchā), 목마름(pipāsā), 대변(uccāra), 소변(passāva)].

~ upekkhūpavicārā 여섯 가지 평정에 대한 고찰. 육사근사(六捨近伺)[시각으로 형상을 보고 평정의 기초가 되는 형상을 고찰하는 것, 청각으로 소리를 듣고 평정의 기초가 되는 소리를 고찰하는 것, 후각으로 냄새를 맡고 평정의 기초가 되는 냄새를 고찰하는 것, 미각으로 맛을 맛보고 평정의 기초가 되는 맛을 고찰하는 것, 촉각으로 감촉을 보고 평정의 기초가 되는 감촉을 고찰하는 것, 정신으로 사실을 인식하고 평정의 기초가 되는 사실을 고찰하는 것].

~ kāmasaggā 여섯 가지 감각적 쾌락의 욕망계의 하늘나라. 육욕천(六欲天)[부록참조].

~ gāravā 여섯 가지 공경의 대상. 육경(六敬)[부처님(buddha). 가르침(dhamma). 참모임(saṅgha). 배움(sikkhā). 방일의 여읨(appamāda). 친절(paṭisanthāra)].

~ taṇhākāyā 여섯 가지 갈애의 무리. 육애신(六愛身)[형상에 대한 갈애(色愛 : rūpataṇhā), 소리에 대한 갈애(聲愛 : saddatanhā), 냄새에 대한 갈애(香愛 : gandhataṇhā), 맛에 대한 갈애(味愛 : rasataṇhā), 감촉에 대한 갈애(觸愛 : phoṭṭhabbataṇhā), 사실에 대한 갈애(法愛 : dhammataṇhā)].

~ tathāgatabalāni 여섯 가지 여래의 능력. 여섯 가지 여래의 힘. 여래십력(如來六力)[1. 경우와 경우 아닌 것을 여실히 아는 힘, 즉 경우를 경우로, 경우가 아닌 것을 경우가 아닌 것으로 아는 힘(處非處智力 : ṭhānāṭṭhānādīnaṁ yathābhūtaṁ jānanaṁ, seyyathīdaṁ ṭhānañ ca ṭhānato aṭṭhānañ ca aṭṭhānato jānanaṁ ekaṁ), 2. 과거·미래·현재의 업의 수용에 관해 필연적으로 조건적으로 여실히 그 과보를 아는 힘(業異熟智力 : atītānāgatapaccuppannānaṁ kammasamādānānaṁ ṭhānaso hetuso yathābhūtaṁ vipākajānanaṁ ekaṁ), 3. 선정·해탈·삼매·성취에서 오염과 청정의 발생을 아는 힘(靜慮解脫等持等至智力 : jhānavimokkhasamādhisamāpattīnaṁ saṅkilesavodānavuṭṭhānajānanaṁ ekaṁ), 4. 전생에 살던 곳에 대한 기억을 아는 힘(宿住隨念智力 : pubbenivāsānusattijānanaṁ ekaṁ) 5. 뭇삶의 죽음과 삶에 관해 아는 힘(死生智力 : sattānaṁ cut'ūpapātajānanaṁ ekaṁ) 6. 번뇌의 소멸에 관해 아는 힘(漏盡智力 : āsavakkhayajānanaṁ ekaṁ)].

-diṭṭhi 여섯 가지 견해. 육견(六見)[1. '나의 자아는 있다.'라는 견해. 2. '나의 자아는 없다.'라는 견해. 3. '자아에 의해서 자아를 지각한다.'라는 견해. 4. '자아에 의해서 무아를 지각한다.'라는 견해. 5. '무아에 의해서 자아를 지각한다.'라는 견해. 6. '나의 이 자아는 말하고 느끼고 여기저기서 선악의 행위에 대한 과보를 체험하는데, 그

나의 자아는 항상하고 항주하고 항존하는 것으로 변화하지 않고 영원히 존재할 것이다라는 견해].

-diṭṭhiṭṭhāna 여섯 가지 견해를 일으키는 소의처. 육견처(六見處).

-devaloka 여섯 가지 감각적 쾌락의 욕망계의 하늘나라. 육천계(六天界). 육욕천(六欲天)[부록참조].

-domanassûpavicārā 여섯 가지 불쾌에 대한 고찰. 육우근사(六優近伺)[시각으로 형상을 보고 불쾌의 기초가 되는 형상을 고찰하는 것, 청각으로 소리를 듣고 불쾌의 기초가 되는 소리를 고찰하는 것, 후각으로 냄새를 맡고 불쾌의 기초가 되는 냄새를 고찰하는 것, 미각으로 맛을 맛보고 불쾌의 기초가 되는 맛을 고찰하는 것, 촉각으로 감촉을 보고 불쾌의 기초가 되는 감촉을 고찰하는 것, 정신으로 사실을 인식하고 불쾌의 기초가 되는 사실을 고찰하는 것].

-dhātu, -dhātura. ~ dhātuyo (생명체가 의존하는) 여섯 가지 요소·세계. 육계(六界)[땅의 세계(地界 : paṭhavīdhātu : 확립), 물의 세계(水界 : āpodhātu : 결합), 불의 세계(火界 : tejo- dhāt u : 성숙), 바람의 세계(風界 : vāyodhātu : 지탱), 허공의 세계(空界 : ākāsadhātu : 비접촉), 의식의 세계(識界 : viññāṇadhātu : 인식)].

~ dvārā 여섯 감각문. 여섯 감각문(感覺門). 육문(六門)[= cha ajjhattikāni āyatanāni]

~ nissāraṇiyā dhātuyo 여섯 가지 여읨의 세계. 육출리계(六出離界)[1. 자애의 마음에 의한 해탈로서 분노의 여읨(vyāpādassa nissaraṇa), 2. 연민의 마음에 의한 해탈로서 폭력의 여읨(vihesā nissaraṇa), 3. 기쁨의 마음에 의한 해탈로서 불쾌의 여읨(aratiyā nissaraṇa), 4. 평정의 마음에 의한 해탈로서 탐욕의 여읨(rāgassa nissaraṇa), 5. 인상을 여읜 마음의 해탈로서 일체의 인상의 여읨(sabbanimittānaṁ nissaraṇa), 5. '나는 있다'라는 자만의 제거로서 의혹과 불확실성의 가시의 여읨(vicikicchākathaṁkathāsallassa nissaraṇa)].

~ phassāyatanā 여섯 접촉의 영역. 육촉처(六觸處). 육촉입처(六觸入處)[시각접촉(眼觸 : cakkhusamphassa), 청각접촉(耳觸 : sotasamphassa), 후각접촉(鼻觸 : ghānasamphassa), 미각접촉(舌觸 : jivhāsamphassa), 촉각접촉(身觸 : kāyasamphassa), 정신접촉(意觸 : manosamphassa)].

~ nibbedhabhāgiyā saññā 여섯 가지 꿰뚫음으로 이끄는 지각. 육결택분상(六決擇分想)[무상에 대한 지각(無常想 : aniccasaññā), 무상 가운데 괴로움에 대한 지각(無常苦想 : anicce dukkhasaññā), 괴로움 가운데 실체 없음에 대한 지각(苦非我想 : dukkhe anattasaññā), 버림에 대한 지각(斷想 : pahānasaññā), 사라짐에 대한 지각(離貪想 : virāgasaññā), 소멸에 대한 지각(滅想 : nirodhasaññā)].

~ phassakāyā 여섯 접촉의 무리. 육촉신(六觸身)[= phassāyatanā].

~ bāhirāni āyatanāni: 여섯 가지 외적 감역. 육외처(六外處). 육외입처(六外入處)[형상의 감역(色處 : rūpāyatana), 소리의 감역(聲處 : saddāyatana), 냄새의 감역(香處 : gandhāyatana), 맛의 감역(味處 : rasāyatana), 감촉의 감역(觸處 : phoṭṭhabbāyatana), 사실의 감역(法處 : dhammāyatana)].

- rattaṁ civarena vippavāsitabba 육일동안 옷을 없애버려야 하는 것. 육야이의(六野離衣).

~ vatthūni 여섯 가지 토대. 육사(六事 : 시각의 토대(cakkhuvatthu), 청각의 토대(sotavatthu), 후각의 토대(ghānavatthu), 미각의 토대(jivhāvatthu), 촉각의 토대(kāyavatthu), 정신의 토대(manovatthu)].

~ viññaṇakāyā 여섯 가지 의식의 무리. 육식신(六識身)[시각의식(眼識 : cakkhuviññaṇa), 청각의식(耳識 : sotaviññāṇa), 후각의식(鼻識 : ghānaviññāṇa), 미각의식(舌識 : jivhāviññāṇa), 촉각의식(身識 : kāyaviññāṇa), 정신의식(意識 : manoviññāṇa)].

~ vivādamūlāni 여섯 가지 분쟁의 뿌리. 여섯 가지 쟁론의 뿌리. 육쟁근(六諍根)[분노와 원한을 지닌 것(忿恨 : kodhano hoti upanāhī), 위선과 잔인을 지닌 것(覆惱 : makkhī hoti palāsī), 질투와 인색을 지닌 것(嫉吝 : issukī hoti maccharī), 기만과 간교를 지닌 것(諂狂 : saṭho hoti māyāvī), 악욕과 사견을 지닌 것(邪見倒見 : pāpiccho hoti micchādiṭṭhī), 자신의 견해에 집착하고 고집이 세고 포기하기 어려운 것(自見執 : sandiṭṭhīparāmāsī hoti ādhānagāhī duppaṭinissaggī.)].

~ visayā 여섯 가지 경계. 육경(六境)[형상의 경계(色境 : rūpavisaya), 소리의 경계(聲境 : saddavisaya), 냄새의 경계(香境 : gandhavisaya), 맛의 경계(味境 : rasavisaya), 감촉의 경계(觸境 : phoṭṭhabbavisaya), 사실의 경계(法境 : dhammavisaya)].

~ vīthiyo 여섯 가지 인식과정. 육로(六路)[시각문의 인식과정(眼門路 : cakkhudvāravīthi), 청각문의 인식과정(耳門路 : sotadvāravīthi), 후각문의 인식과정(鼻門路 : ghānadvāravīthi), 미각

문의 인식과정(舌門路 : jivhādvāravīthi), 촉각문의 인식과정(身門路 : kāyadvāravīthi), 정신문의 인식과정(意門路 : manodvāravīthi)]. [시각의식의 인식과정(眼識路 : cakkhudvāravīthi), 청각의식의 인식과정(耳識路 : sotadvāravīthi), 후각의식의 인식과정(鼻識路 : ghānadvāravīthi), 미각의식의 인식과정(舌識路 : jivhādvāravīthi), 촉각의식의 인식과정(身識路 : kāyadvāravīthi), 정신의식의 인식과정(意識路 : manodvāravīthi)].

~ vedanākāyā 여섯 가지 느낌의 종류. 육수신(六受身)[시각접촉에서 생겨난 느낌(眼觸所生受 : cakkhusamphassajavedanā), 청각접촉에 의해 생겨난 느낌(耳觸所生受 : sotasamphassajavedanā), 후각접촉에 의해 생겨난 느낌(鼻觸所生受 : ghānasamphassajā vedanā), 미각접촉에 의해 생겨난 느낌(舌觸所生受 : jivhāsamphassajavedanā), 촉각접촉에 의해 생겨난 느낌(身觸所生受 : kāyasamphassajavedanā), 정신접촉에 의해 생겨난 느낌(意觸所生受 : manosamphassajavedanā)].

~ sañcetanākāyā 여섯 가지 의도의 무리. 육의사신(六意思身). 육사신(六思身)[형상에 대한 의도(色意思 : rūpasañcetanā), 소리에 대한 의도(聲意思 : saddasañcetanā), 냄새에 대한 의도(香意思 : gandhasañcetanā), 맛에 대한 의도(味意思 : rasasañcetanā), 감촉에 대한 의도(觸意思 : phoṭṭhabbasañcetanā), 사실에 대한 의도(法意思 : dhammasañcetanā)].

~ saññākāyā 여섯 가지 지각의 무리. 육상신(六想身)[형상에 대한 지각(色想 : rūpasaññā), 소리에 대한 지각(聲想 : saddasaññā), 냄새에 대한 지각(香想 : gandhasaññā), 맛에 대한 지각(味想 : rasasaññā), 감촉에 대한 지각(觸想 : phoṭṭhabbasaññā), 사실에 대한 지각(法想 : dhammasaññā)].

~ satatavihārā. santatavihārā 여섯 가지 안정적 삶. 여섯 가지 일관된 삶. 육항주(六恒住)[시각으로 형상을 보고 즐거워하지도 않고 괴로워하지도 않고 평정하게 새김을 확립하고 올바른 알아차림을 갖춤. 청각으로 소리를 듣고 즐거워하지도 않고 괴로워하지도 않고 평정하게 새김을 확립하고 올바른 알아차림을 갖춤. 후각으로 냄새를 맡고 즐거워하지도 않고 괴로워하지도 않고 평정하게 새김을 확립하고 올바른 알아차림을 갖춤, 미각으로 맛을 맛보고 즐거워하지도 않고 괴로워하지도 않고 평정하게 새김을 확립하고 올바른 알아차림을 갖춤, 촉각으로 감촉을 느끼고 즐거워하지도 않고 괴로워하지도 않고 평정하게 새김을 확립하고 올바른 알아차림을 갖춤, 정신으로 사실을 인식하고 즐거워하지도 않고 괴로워하지도 않고 평정하게 새김을 확립하고 올바른 알아차림을 갖춤].

~ satthāro titthakarā 여섯 외도의 스승. 육사(六師外道)[뿌라나 깟싸빠(Pūraṇa-Kassapa). 빠꾸다 깟짜야나(Pakudha-Kaccāyana). 아지따 께싸깜발린(Ajita-Kesakambalin). 막칼리 고쌀라(Makkhali-Gosāla). 니간타 나타뿟따(Nigaṇṭha-Nāṭhaputta). 싼자야 벨랏티뿟따(Sañjaya-Belaṭṭhiputta)].

~ samāsā 육합석(六合釋)[복합어의 구성방식. 사전부록의 문법참조].

~ sārāṇīyā dhammā 여섯 가지 기억해야 할 원리. 여섯 가지 섬기는 원리. 육화경법(六和敬法)[자애로운 신체적 행위, 자애로운 언어적 행위, 자애로운 정신적 행위, 계행을 잘 지키는 동료수행자들과 함께 나눔, 집착을 여의고 삼매로 이끄는 계행을 갖춤, 올바른 괴로움의 종식으로 이끄는 견해를 갖춤].

~ somanassūpavicārā 여섯 가지 희열에 대한 고찰. 육희근사(六喜近伺)[시각으로 형상을 보고 희열의 기초가 되는 형상을 고찰하는 것, 청각으로 소리를 듣고 희열의 기초가 되는 소리를 고찰하는 것, 후각으로 냄새를 맡고 희열의 기초가 되는 냄새를 고찰하는 것, 미각으로 맛을 맛보고 희열의 기초가 되는 맛을 고찰하는 것, 촉각으로 감촉을 보고 희열의 기초가 되는 감촉을 고찰하는 것, 정신으로 사실을 인식하고 희열의 기초가 되는 사실을 고찰하는 것].

chakaṇa. chakana *n.* [*sk.* chagana] 소의 똥. 우분(牛糞).

chakaṇati *f.* = chakana

chakala *m.* [*sk.* chagala] 숫염소.

chakāra *m.* [cha-kāra] ① ch의 문자·음소. ② cha 어미. -āgama ch의 문자·음소의 추가. -ādesa ch의 문자·음소의 대체. -lopa ch의 문자·음소에 대한 제거.

Chakesadhātuvaṁsa *m.* [cha-kesa-dhātu-vaṁsa] 육발사리사(六髮舍利史)[미얀마의 근대적 작품이다. 부처님의 여섯 머리카락 사리에 관한 이야기].

chakka *adj. n.* [<cha] ① 여섯 개의. 여섯 개 한 벌의. ② 육법(六法).

chakkhattuṁ *ind.* [*sk.* ṣaṭkṛtvas] 여섯 번. 육회.

chaṭṭa. chaṭṭama *adj.* [*sk.* ṣaṣṭha] 여섯 번째의.

chaṭṭhī *f.* [*sk.* ṣaṣṭhi] 속격(屬格. *gen.*). -tappurisa 속격한정복합어[문법].

chaḍḍaka *adj.* [<chaḍḍeti] ① 던지는. ② 제거하

는. ③ 없애버리는.

chaḍḍana *n.* [<chaḍḍeti] ① 버림. ② 제거.

chaḍḍanī *f.* [<chaḍḍana] 삽.

chaḍḍita *adj.* [chaḍḍeti의 *pp.*] ① 버려진. ② 제거된. ③ 거부된.

chaḍḍeti [*sk.* chardayati. chṛṇatti chṛd] ① 던지다. 버리다. 내뱉다. 포기하다. ② 남겨두다. *imp.* chaḍḍehi; *abs.* chaḍḍūna. chaḍḍetvā; *grd.* chaḍḍetabba. chaḍḍanīya. chaḍḍiya; *pp.* chaḍḍita; *pass.* chaḍḍīyati; *caus.* chaḍḍāpeti.

chaṇa *m.* [*sk.* kṣaṇa] ① 제사의례. 의식(儀式). ② 축제. ③ 향연. ④ 휴일. -kīḷā 축제의 놀이.

chaṇaka *m.* [*cf. sk.* ākkhaṇa] 차나까[식물이름].

chatta ① *n.* [*sk.* chattra] 우산. 양산. 차양. 산개(傘蓋). 일산(日傘). -gāha -gāhaka (왕의) 양산을 받치고 있는 사람. -daṇḍa 우산대. 차양의 핸들. -nāḷi 일산을 만들기 위한 샤프트[대나무나 갈대]. -maṅgala 대관식 축제 ② *m.* [*cf. sk.* chātra] 학생.

chattaka *m. n.* [=chatta] 양산

chattiṁsa *num.* 36. 서른여섯. -kkhattuṁ 36회. ~ taṇhāvicaritāni 서른여섯 가지의 갈애의 행로. 삼십육애행(三十六愛行)[→ aṭṭhārasa taṇhāvicaritāni 내외의 두 가지 종류의 십팔애행(十八愛行)을 합한 것]

chattin *adj. m.* [chatta-in] 양산을 지닌 사람. 우산을 지닌 사람.

chada *m.* chadana *n.* chadda *n.* [<chad] ① 덮개. 가리개. ② 지붕. 옥개(屋蓋). 복장(覆藏). chadana-rahita 지붕이 없는. 무개(無蓋)의.

chadaniṭṭhakā *f.* [chadana-iṭṭhakā] 기와.

chaddikā *f.* [?] 구토.

chaddhā. chadhā *ind.* [cha-dhā] 여섯 가지로. 여섯 가지 방법으로.

chanda *m.* [〃] ① 욕망. 소망. 의향. ② 의지. 의욕. 열의. ③ 충동. ④ 투표. ~ṁ deti 투표하다. -aṁsa 여섯 모퉁이를 지닌. -âdhipati 욕망의 영향·지배. 욕증상(欲增上). -âgatigamana 욕망에 이끌린 잘못된 행위의 실천. 욕불행처(欲不行處行). -âdhipateyya 욕망의 지배적인 영향아래 있는. -ânunīta 욕망에 이끌리는. -āraha 동의하기에 적합한. -iddhipāda (탁월한 선정을 얻으려는) 의욕에 의한 신통의 기초. 욕신족(欲神足). 욕여의족(欲如意足). -jadukkha 욕망에 의해 생겨난 괴로움 -nānatta 욕망·충동의 다양성. -pahāna 욕망을 버림. 욕망의 극복. -mūlaka 욕망에 근거하는. -rāga 자극적인 욕망. 욕망과 탐욕. 욕탐(欲貪). -vāsinī 욕락으로 사는 여인. 낙주부(樂住婦). -samādhi (탁월한 선정을 얻으려는) 의욕에서 비롯한 집중. 욕삼마지(欲三摩地). 욕정(欲定). -samādhipadhānasaṅkhārasamannāgatiddhipāda 의욕에서 비롯한 집중과 노력으로 형성되는 신통의 기초. 욕삼마지근행성취신족(欲三摩地勤行成就神足). -sampadā 욕망의 충족. 욕구족(欲俱足).

chandaka *m.* [chanda-ka] ① 뜻하는 바의 공양. ~ṁ saṁharati 뜻하는 바의 공양을 모우다. ② 투표(投票).

chandatā. chandavantatā *f.* [chanda의 *abstr.*] ① 욕망. 충동. ② 의지.

chandasā *adj.* [*sk.* chandas] 시형. 시형론.

chandika *adj.* [chanda-ika] ① 올바로 노력하는. ② 열정적인.

chandikata *adj.* chandikatā *f.* [chanda-kata] ① 뜻있는. 열심인. ② 올바른 노력·열정.

chando *n.* [*sk.* chandas] ① 운율. 운율법. ② 작시법. *dat. gen.* chandaso; *ins. abl. chandasā.* -viciti 운율학(韻律學). 작시법(作詩法).

Channa *m.* 찬나. 차닉(車匿). 천노(闡怒)[사람의 이름]. 천타(闡陀)[修行僧의 이름].

channa *adj.* [chādeti의 *pp.*] ① 덮여진. 숨겨진. 가려진. 비밀의 ② 적당한.

chapaka *m.* [?] 천민. = caṇḍāla 전다라(栴陀羅).

Chapada *m.* [cha-pada] = saddhammajottipāla 차빠다[12세기 후반 버어마출신 스리랑카 논사].

chappañca *m.* [cha-pañca] 여섯이나 다섯.

chappada *m.* [cha-pada] 벌.

cha(b)bidha *adj.* [cha-vidha] 여섯 종류의. 여섯 겹의.

cha(b)baggiya *adj.* [cha-vaggiya] 여섯 무리에 속하는. chabbaggiyā bhikkhū 여섯 무리의 악행비구. 육군비구(六群比丘 : Assaji·Punabbasu·Paṇḍuka·Lohitaka·Mettiya·Bhummaja).

cha(b)bīsati *num.* 26. 스물여섯.

chamā *f.* [*sk.* kṣamā] 토지. 대지. chamā; *ins. loc.* chamāyaṁ. chamāya

chambhita *adj.* [chambheti의 *pp.*] ① 놀란. 경악한. 대경실색한. ② 전율한. ③ 경직된. -tta 놀람. 경악. 전율. 경직.

chambhin *adj.* [<chambheti] ① 놀라는. 두려워하는. ② 떨리는. 전율하는. ③ 경직된.

chambheti [*sk.* stabheāti. sjabhnāti< stambh. skambh] ① 놀라다. 두려워하다. ② 전율하다. ③ 경직되다.

challi *f.* [〃] 껍질. 인피(靭皮). 수피(樹皮).

chava *adj. m.* [*sk.* śava] ① 천한. 상스러운. 비참한. ② 시체. 사체. chavasisassa patta 해골바가지. -aṭṭhika 해골. -ālāta 화장터의 횃불. 분시화

조(焚尸火槽). -kuṭikā 시체안치소. 납골당(納骨堂). -ḍāhaka 시체를 태우는 사람. -dussa 시체의 옷. -sarīra 시체. 사체. -sitta 물병. 물바가지.
chavaka *adj. m.* [=chava] ① 비참한. ② 시체.
chavi *f.* [〃] 피부. 외피. -kalyāṇa 용모의 아름다움. -dos'ābhādha 피부병. 피부염증. -roga 피부병. -vaṇṇa 피부색. 용모. 아름다운. 용모.
chāta *adj.* [*sk.* psāta] 배고픈. -ajhatta (내장이) 배고픈. -kāla 배고픈 때.
chātaka *adj. n.* [chāta-ka] ① 배고픈. 배고픔. ② 기아. 기근. -bhaya 굶주림에 대한 공포.
chātatā *f.* [chāta의 *abstr.*] 기아. 기근.
chādi *f.* [chādiya] 그림자.
chādiya *n.* [chādiya] ① 지붕. ② 지붕을 이는 재료 [짚이나 종려나무 잎]. 건초[먹이].
chādeti ① [*sk.* chādayati<chad의 *caus.*] 덮다. 감추다. 은폐하다. *ppr.* chādent;*pp.* channa ① *pass.* chādiyati. ② [=chandeti. *sk.* chandati. chadayati chad. chand] 기뻐하다. 기쁨을 주다. 즐기다. *ppr.* chādayamāna. chādamāna; *pp.* channa ②.
chāpa. chāpaka *m.* [*sk.* śava] ① 동물의 새끼. ② 어린 짐승. *f.* chāpī
chāyā *f.* [〃] 그늘. 응달. 그림자. 음영(陰影). -māṇakatthambha 시계바늘. 그노몬. -rūpa 사진(寫眞). -rūpasippa 사진술(寫眞術). 촬영술(撮影術). -rūpasippin 사진작가. -rūpāyatta 사진(寫眞)의.
chārikā *f.* [*sk.* kṣāra?] 재.
chiggaḷa *m.* [*cf.* chidda] 구멍.
chijja chijjati의 *abs.*
chijjati [*sk.* chidyate. chindati의 *pass.*] 잘라지다. *aor.* chijji; *fut.* chijjissati; *abs.* chijjitvā. chijja; *pp.* chijjita.
chijji. chijjitvā. chijjissati → chijjati.
chida *adj.* [<chid] ① 베는. 부수는. 깨뜨리는. ② 파괴하는.
chidda *adj. n.* [*sk.* chidra] ① 틈이 있는. 구멍이 뚫린. 결점이 있는. ② 구멍. 갈라진 틈. 결점. 공극. 결함. -âvacchidda. -vicchidda 틈과 구멍의. -kārin 양립하지 않는. 모순된.
chiddaka. chiddavant *adj.* [<chid-da] ① 구멍이 있는. ② 결점이 있는.
chiddatā *f.* [chidda의 *abstr.*] ① 천공(穿孔). 관통. ② 구멍이 난 상태.
chiddita *adj.* [<chidda] 구멍이 뚫린.
chindati [chid. chind. ched] ① 베다. 절단하다. ② 파괴하다. *aor.* *acchidā*. acchidaṁ. acchidda. acchindi. chindi. acchecchi. acchejji; *imp.* chinda. chindatha; *ppr.* chindamāna; *inf.* chindituṁ. chetuṁ. chettuṁ. *opt.* chinde; *abs.* chinditvā. chetvā; *grd.* chindiya; *pass.* chijjati; *caus.* chindāpeti.
chindana. chindanaka *adj.* [<chindati] ① 절단하는. ② 파괴하는.
chindāpeti [chindati의 *caus.*] 절단시키다.
chinna *adj.* [chindati의 *pp.*] 베어진. 절단된. -āsa 희망이 끊긴. 절망의. -iriyāpatha 걸을 수 없는. 위의로(威儀路)가 끊어진. 절름발이. -kaṇṇa 귀없는. -katha 벙어리. -pathañca 장애를 끊은. -pilotika 찢어진 넝마 조각을 지닌. 넝마 조각이 끊긴. -bhatta 음식이 끊긴. 굶주린. -vaṭuma 길이 끊어진. -saṁsaya 의심을 끊어버린. -sāṭaka 찢어진 옷. -babbharasassara 바라바라·싸라싸라라는 소리가 끊어진.
chinnaka *adj.* [chinna-ka] ① 잘려진. ② 절단된.
chinnikā dhuttā *f.* 간교한 사기꾼.
chuddha *adj.* [*sk.* kṣubdha] ① 버려진. 제거된. ② 배척된. ③ 경멸할 만한.
chupana *n* [<chubh<kṣubh] ① 접촉. ② 마찰.
chubhati [chubh<kṣubh] = nicchubhati *cf.* khobha.
churikā *f.* [*sk.* kṣurikā. *cf.* khura] 단검(短劍). 비수(匕首).
churita → vicchurita.
cheka *adj.* [〃] ① 영리한. 숙련된. ② 교묘한.
checchati [*sk.* chetsyati. chindati의 *fut.*] 끊다 ['끊을 것이다'라는 뜻이나 현재로써 사용함]. *aor.* acchecchi. acchejji.
chejja *adj.* [chindati의 *grd.*] ① 베어야 할. ② 칠음계의 하나. ③ 손발을 자르는 형벌·고문. -âlatti 수행승의 자격을 상실하는 중죄. 단두죄(斷頭罪). -vatthu 단두죄에 해당하는 것. 단두사(斷頭事).
chetabba. chetvā → chindati.
chetvāna. chetuṁ. chettuṁ → chindati.
cheta *m.* [?] 바위산에 사는 동물. 표범의 일종.
chettar *adj.* [*sk.* chettṛ] ① 자르는 사람. ② 파괴하는 사람.
cheda *m.* [*cf.* chindati] ① 끊음. 절단. ② 파괴. 손실. -gāmin 파괴되기 쉬운. 부서지기 쉬운.
chedaka *adj.* [cheda-ka] ① 끊는. 절단하는. ② 파괴. aṇḍa° 거세된 (사람).
chedana *n.* [*cf.* chindati] ① 끊음. 절단. ② 분리. 파괴. 할재(割裁). nakha-cchedana 손톱·발톱 깎기.
chedanaka *adj. n.* [chedana-ka] ① 끊는. 자르는. 절단하는. ② 끊음의 조치[懺悔의 하나].

chedāpana *n.* [<chedāpeti] 절단시킴. 파괴시킴.
chedeti. chedāpeti [cindati의 *caus.*] 끊다. 절단시키다. 배제하다. *ppr.* chedāpayant.
cheppā *f.* [*cf. sk.* śepa. śepyā] 꼬리. 수육(垂肉).

J

ja ① 자음·문자 j의 이름. ② *adj. suffix.* [<jan. *cf.* janati] 태어남. 산출된. 발생한. eka-ja 일생의. puttu-ja 따로따로 생긴. yoni-ja 태에서 생긴. 태생의. ~등과 같은. = -ga ~과 같은 용례.

jakāra *m* [ja-kāra] ① j의 문자·음소. ② ja 어미. -āgama j의 문자·음소의 추가. -ādesa j의 문자·음소의 대체. -lopa j의 문자·음소에 대한 제거.

jagat *n.* [〃 <gam의 *intens.*] ① 세계. ② 대지. *dat. gen.* jagato. -ogadha 세계에 몰입하는. 세계에 확고한 토대를 둔.

jagati. jagatī *f.* [=jagat] ① 세계. ② 대지. jagati° -pāla 대지의 수호자. 왕 -ppadesa 세계의 한 지방. -ruha 대지에서 자라는 나무.

jagga [<jaggati] ① 깨어있음. 주의. 경계. ② 돌보기. 부양. 양육.

jaggati [=jāgarati] ① 눈뜨고 있다. 깨어있다. ② 지키다. 살피다. 경계하다. ③ 돌보다. 부양하다. 기르다. 양육하다.

jaggana *n* [<jaggati] ① 깨어있음. 경계. 주의. ② 보살핌. 부양.

jagganatā *f.* [jaggana의 *abstr.*] 경계. 주의.

jagghati [ghar의 *intens.*] ① 웃다. ② 비웃다. *pp.* jagghita

jagghana *n.* [<jagghati] ① 웃음. ② 비웃음.

jagghitā *f.* [<jagghati] ① 웃음. ② 비웃음.

jaghana *n.* [〃] ① 허리. 엉덩이. ② 음부.

jaṅgama *adj.* [gam의 *intens.*] ① 움직거리는. ② 움직일 수 있는.

jaṅgala *n.* [〃] ① 황무지. ② 사막. ③ 정글. *cf.* ujjaṅgala

jaṅghā *f.* [〃] 장딴지. 정강이 -aṭṭhi 정강이 뼈. 경골(脛骨). -ummagga 걷기에 알맞은 터널. -pesanika 걸어서 심부름 가는. -balaṁ 장딴지 힘으로 -magga 오솔길. -vihāra 걸어가고 있는 상태. 산책. 유행(遊行). -veṭhana 각반(脚絆).

jaṅgheyyaka *n.* [<jaṅghā] '무릎에 속한 것' ① (옷의) 무릎 부분. ② 각첩(脚帖).

jacca *adj.* [*sk.* jātya] 출생의. 타고난. 천부적인. -andha 태어날 때부터 눈이 먼. 생맹(生盲). -badhira 태어날 때부터 귀가 먼. 생농(生聾).

jaccā jāti의 *ins. abl.*

jajjara *adj.* [jarati의 *intens.*] 늙은. 노쇠한.

jajjarati [jarati의 *intens.*] 많이 늙다. 노쇠해지다. *pp.* jajjarita 노쇠한.

jañña *adj.* [janya] ① 잘 태어난. ② 뛰어난. 고귀한. ③ 아름다운 *cf.* ājañña

jaṭa *m* [?] 자루. 손잡이.

jaṭā *f.* [*bsk.* jaṭā] ① (고행자의) 얽어맨 머리. 땋은 머리. 변발(辮髮). 결발(結髮). ② (나무의) 엉킨 가지들. ③ 탐욕의 얽힘. -aṇḍuva 땋아 늘인 머리의 사슬. 전발(纏髮). -âjina 땋아 늘인 머리와 사슴가죽[고행자의 모습]. -dharaṇa 결발을 한. -missa 소라 고동 모양의 상투. 나계(螺髻).

jaṭita *adj.* [jaṭ의 *pp.*] ① 얽어맨. ② 얽힌. 뒤엉킨.

jaṭin *adj. m* [jaṭā-in] ① 얽어맨 머리를 한. 땋은 머리를 한. 결발을 한. ② 결발행자(結髮行者).

jaṭinī *f.* [<jaṭin] 얽어맨 머리를 한 여자. 땋은 머리를 한 여자. 여자 결발행자.

jaṭiya. jaṭila. jaṭilaka *m* [*bsk.* jaṭila] 땋은 머리를 한 사람. 얽어맨 머리를 한 사람. 결발행자(結髮行者).

jaṭuka. jaṭūka. jatuka. jatūka *m* [*sk.* jatuka. jatūka] 박쥐.

jaṭukā. jatukā. *f.* [<jaṭuka] 암놈박쥐.

jaṭhara *m n.* [?] 배[腹]. 복부 -aggi 소화(消化). 배고픔.

jaṇṇu. jaṇṇuka *m.* = jāṇu. jānu. jānuka. jannu. 무릎. -aṭṭhi 무릎뼈.

jatu *m.* [〃] 락(*end.* lac). 왁스. 봉랍(蜂蠟). 수지(樹脂). -maṭṭaka 인공의 남자성기[避妊用].

jattu *n.* [*sk.* jatru] ① 쇄골. ② 어깨.

jaddhu *ind.* [<jakṣ의 *inf.*] 음식을 먹는 것. ajaddhu 음식을 먹지 않음. ajaddhuka 단식하는 사람. 굶주리는 사람. ajaddhumara 굶어 죽음.

jana *m* [<janati] ① 백성. 인민(人民). ② 인간. 사람들. -âdhipa. -inda 사람들의 왕. 사람들의 우두머리. -esabha 사람들의 지도자. 인우왕(人牛王) -kâya 사람들의 무리. -pada 지방. 영토. -majjhe 모든 사람들 앞에서. -vāda 사람들의 이야기. 잡담. 소식. 뉴스. -sammatapālana 만인평등사회. -sammatarajja 다두정치(多頭政治). -sammutivāda 공동체주의. -hitakāmitā 인도주의(人道主義). 홍익인간(弘益人間). -hitakāmin 인도주의자(人道主義者).

janaka *adj.* [*cf.* janati] ① 생산하는. 출산하는. 발생시키는. ② 태어나게 하는. -paccaya 태어나게 되는 원인. 생연(生緣). -kamma 태어나게 하는 업. 재생업(再生業). 영생업(令生業).

janatā *f.* [<janati] ① 사람들. ② 군중.
janati [jan] 낳다. 생산하다. *caus.* janeti[*sk.* janayati]; *pass.* jāyati. *cf.* jantu. jāta. jāti.
janana *adj.* [<janati] 낳는. 산출하는.
jananī *f.* [<janana] 어머니.
janapada *m* [″] ① 나라. 국가. ② 지방. ③ 영토. -kathā 지방·나라에 대한 이야기[28종의 무익한 이야기(畜生論 tiracchānakathā) 가운데 하나]. -kalyāṇi 나라에서 가장 아름다운 소녀. 경국지색(傾國之色). -cārika 나라·지방을 유행하는. -nirutti 지방의 언어. -vitakka 지방에 대한 생각. -tthāvariya 나라의 안정. -padesa 지방의 지역. -bhojaka 주지사. -vāsin 국민. 백성. 주민. 지역민.
Janavasabha *m* ① 자나바싸바. 자니사(闍尼沙)[야차이름]. ② → Janesabha
janikā *f.* [<janati] 어머니. 생모(生母).
janitta *n.* [jan-tra] 고향. 태어난 곳.
janeti. janayati [janati jan의 *caus.*] ① 발생시키다. ② 생산하다. 낳다. *aor.* janayi; *opt.* janayetha; *pp.* janita.
janettī *f.* [*sk.* janitri] 어머니.
Janesabha *m* 자네싸바. 자니사천(闍尼沙天) [신·신계의 이름].
jantāghara *m* [<jhānti<jhā-āgāra] '불이 있는 방' ① 더운 방. 증기 목욕탕. 한증막. ② 거실.
janti *m* [=hāni] ① 버림. 포기. ② 지불. ③ 벌금.
jantu *m* [<janati] ① 사람. ② 존재. 유정. ③ 풀.
jannu *n.* = jaṇṇu(ka). jāṇu. jānu. jānuka. 무릎.
japa. jappa *m* [*cf.* japati] ① 중얼거리는. 씨부렁거리는. 지껄이는. 허튼소리하는. 속삭이는. 우물대는. ② 암송하는 japa-mālā 염주(念珠).
japati [″<jap] ① 중얼거리다. 씨부렁거리다. 지껄이다. 허튼소리하다. 삭이다. ② 말하다. 암송하다. 독송하다. *ppr.* jappaṁ. *cf.* japa. japana.
japana *n.* [<japati] 중얼거림. 지껄임. 씨부렁거림. 속삭임. 허튼소리.
japā *f.* [″] 중국장미[Hibiscus Rosa Sinensis].
jappati [<jap] ① 중얼거리다. 씨부렁거리다. 지껄이다. 허튼소리하다. 삭이다. 말하다. 암송하다. 독송하다. *ppr.* jappaṁ. ② [*sk.* jālpati jalp] 갈망하다. 열망하다. 탐내다. *pp.* jappita. *cf.* jappā. jappanā.
jappanā *f.* ① [<jap] 중얼거림. 지껄임. 씨부렁거림. 속삭임. 허튼소리. ② [<jalp] 갈망. 열망. 소망. 탐욕.
jappā *f.* [*cf.* jappato] 갈망. 열망. 소망. 탐욕.
jambali. jambāli *f.* [<jambāla] ① 진구렁. ② 수렁.
jambāla *m* [″] 진흙.
jambālin *m.* [jambāla-in] 진흙의.
jambīra [″] ① *m.* 오렌지나무. 레몬나무. ② *n.* 오렌지. 레몬. -pāna 레몬음료.
jambu *f.* [″] 잠부. 염부(閻浮). 염부수(閻浮樹). 찔레나무. 장미사과나무[Eugenia Jambolana]. -cchāyā 염부수의 그늘. -dīpa 염부수나라. 인도. 잠부디빠. 남섬부주(南贍部洲). 염부제(閻浮提). -dīpaka 인도인. 염부제인(閻浮提人). -nada = jambonada. -pakka 염부수의 열매. -pāna 염부수의 즙. -phala 장미사과. -pesi 염부수 열매 껍질. -rukka 염부수. -saṇḍa 염부수의 숲이 있는. 인도(印度).
jambuka *m* [″] 재칼. 승냥이[인도 · 북아프리카의 야생개].
jambonada *m* [*sk.* jāmbūnada. *bsk.* jambūnada] 염부하(閻浮河)의 금. 염부단금(閻浮鍛金) [특수한 종류의 금]. -nekkha 염부단금의 화폐. 연부단금의 장식품.
jambhati [*sk.* jṛmbhate. jṛmbh] ① 하품을 하다. 기지개를 켜다. ② 일어나다. 활동하다.
jambhatā *f.* [<jambhati] ① 기지개를 켬. ② 일어남. 활동. 깨어있음.
jamma *adj.* [*sk.* jālma] ① 비참한. ② 비열한.
jammī *f.* [<jamma] 비참한 자. 비참한 여인.
jamma *m* [*cf.* janati] ① 출생. 혈통. ② 계급. -patta 탄생(誕生).
jammana *n.* [*cf.* janati] ① 출생. 혈통. ② 계급.
jaya *m* [″<jayati] ① 정복. ② 승리. -kunta 홀 [왕권의 상징]. -ggaha 행운의 주사위. -parājaya 승패. -pāna 승리의 축배. 야단법석의 술잔치. -sumana. -sumanā '승리의 기쁨.' 자야쑤마나[식물의 이름].
jayaṁ [jayati 의 *ppr. m* sg. *nom.*] 승리자는. ~ veraṁ pasavati 승리자는 (패배자의) 원한을 낳는다.
jayati. jeti. jināti [ji] ① 이기다. 승리하다. 정복하다. 패배시키다. ② ~보다 낫다. 우월하다. *opt.* jeyya. jine. jineyyuṁ; *ppr.* jayaṁ; *fut.* jessati. jayissati. jinissati; *aor.* jini. ajini. jiniṁsu. ajesi. jīyi; *abs.* jetvā. jetabba. jinitabba; *pp.* jina. jita; *pass.* jīyati; *caus.* jayāpeti. jāpayati; *desid.* jigiṁsati.
jayampatikā. jāyampatikā *pl.* [jayā-pati-ka] 여인과 그녀의 남편[모계적인 표현]. 부부(夫婦).
jayā *f.* [*sk.* jāyā] = jāyā 아내. 마누라.
jayāpeti [jayati의 *caus.*] 만세를 부르다. 승리를 바라다. 축하하다.
jara ① *adj.* [*cf.* jarā] 늙은. 쇠퇴한. ② *m* [*sk.* jvara] 학질. 말라리아성 열병. -uppādaka 발열

(發熱)의. -roga 열병(熱病). 발열(發熱).
jaratā *f.* [〃] 노년.
jarati [jṛ] 늙다. 쇠퇴하다. *caus.* jarayati. *cf.* jīyati. jīrati. jīrayati. jiṇṇa. jara. jarā. jajjara. jīraṇatā.
jarayati [jarati의 *caus.*] 늙게 만들다.
jarā *f.* jaras *n.* [〃<jṛ] ① 노쇠. 쇠퇴(衰退). ② 노년. ③ 오래된 것. jarā° -ghara 낡은 집. -ja. -jjara 노쇠한. -dhamma 늙을 수밖에 없는. 노법(老法). -bhaya 노쇠에 대한 공포. 노쇠포(老衰怖). -sutta 오래된 경. 고경(古經)[Suttanipāta의 이름].
jala *n* [〃<gala] 물. jale osīdāpeti 세례를 주다. -āsayamāṇavijjā 수로학(水路學). -āsayamāṇavidū 수로학자(水路學者). -ogamana 썰물. -karavāyu 수소(水素). -garuttamāṇaka 비중계(比重計). -gocara 수생의. 물에 사는. -cara 수생동물. 어류(魚類). -caravijjā 어류학(魚類學). -ja 물에서 생겨난. 수생의. -tikicchā 수치료법(水治療法). -da '물을 주는' 구름. -devatā 수신(水神). -dhara 바다. -dhārā 급류. -niggama 협곡(峽谷). -nidhi 바다. -dhi 바다. -balasampādita 수압(水壓)의. -bhītikaroga 공수병(恐水病). -missitamadhu 꿀물. -vahanāyatta 수압(水壓)의. -vāḷa 히드라. -vijjā 수문학(水門學). -vijjāvidū 수문학자(水門學者). -sāṭikā 목욕옷. 목욕가운. -sekasuddhi 세례식(洗禮式).
jalati [*sk.* jvalati. jval] 빛나다. 불타다. *pp.* jalita; *caus.* jaleti. jāleti. *intens.* daddaḷhati.
jalana *adj. n.* [*sk.* jvalana] ① 불타는. ② 연소.
jalābu *m* [*sk.* jarāyu] ① 자궁. 모태(母胎). ② 배[腹]. 복부. -ja 자궁에서 태어난. 태생(胎生). -ja-yoni 태생의 모태. 태생(胎生).
jalita *adj.* [jalati의 *pp.*] ① 불붙은. 불타는. 작열하는. ② 빛나는.
jalūkā. jalūpikā *f.* [*amg.* jalūgā] 거머리.
jalogi *m* [?] 잘로기. 자루가주(闍樓伽酒). 야자주스[야자즙을 미발효시킨 술・주스].
jalla ① *n.* [<gal] 땀. 습기에 젖은 더러운 먼지. 도진(塗塵). ② *m* [jhalla] 곡예사.
jallikā *f.* [<jalla] ① 땀방울. ② 습기에 젖은 더러운 것.
jaḷa *adj.* [*sk.* jaḍa] ① 둔한. 느린. ② 어리석은.
jaḷatā *f.* [jaḷa의 *abstr.*] 백치(白痴).
java *n. adj.* [〃 *cf.* javati] ① 속도. ② 빠른. -âdhikassa 경주마(競走馬). -cchinna 느린. 굼뜬. 어리석은. -sampanna 날쌘. 빠른. 속력(速力)을 갖춘.
javati [*sk.* javate ju] 달리다. 서두르다.
javana *n.* [〃] ① 빠름. 신속. 민활. ② 자극. 충격. ③ 순간적인 계기. 순간적 포착. 통각(統覺)의 계기. 속행(速行). -cetanā 순간적 포착의 의도. 통각에 의한 사유. 속행사(速行思). -pañña 순간적 포착의 지혜를 지닌. 속혜(速慧)의. -vāra 기회를 순간적으로 포착하는. 속행시분(速行時分). -vīthi 순간적 포착의 인식과정. 속행로(速行路).
javanaka = java.
javanikā *f.* [<javana] 스크린. 커튼
jaha ① *adj.* [*cf.* jahati] 뒤에 남기는. 포기하는. ② jahati의 *imp. 2sg.*
jahati. jahāti [〃<hā] ① 버리다. 포기하다. ② 남기다. *aor.* jahi; *imp.* jaha. jahassu; *opt.* jahe jaheyya; *fut.* jahissāmi. hassāmi. hāhasi; *abs.* hitvā. hitvāna. jahitvā. jahetvā; *inf.* jahituṁ; *pp.* hīna. jahita; *pass.* hāyati. hāyate. hīyati; *ppr.* hīyamāna; *caus.* hāpeti. *cf.* hāni. hāyin. jaha.
jahitikā *f.* [<jahati] 농락당하고 버려진 여자.
jāgara *adj.* [〃<jāgarati] ① 자지 않는. ② 경계하는. 깨어있는. -bahu 널리 경계하는. 아주 깨어있는.
jāgaraṇa *n.* [<jāgarati] ① 깨어 있음. ② 깨우는 수단. 깨우는 방법.
jāgaratā *f.* [jāgara의 *abstr.*] ① 자지 않음. ② 깨어 있음. 경계(警戒).
jāgarati [*sk.* jāgarti jāgṛ] ① 자지 않다. ② 깨어 있다. 경계하다. *imp.* jāgarassu; *ppr.* jāgarat. jāgarato(*dat. gen*); *pp.* jāgarita.
jāgariyā *f.* [*bsk.* jāgarikā] ① 자지 않음. ② 깨어 있음. 경계. -ânuyoga 자지 않고 정진함. 경오책려(警寤策勵). 철야정진(徹夜精進). -ânuyoga-pariyanta 깨어있는 실천의 한계. 경오책려주변(警悟策勵周邊).
jāṇu *m* [〃] = jānu. jānuka. jannu. jaṇṇu. jaṇṇuka 무릎. -maṇḍala 무릎의 둥근 부분. -matta 무릎 깊이의.
jāta *adj. n.* [〃janati의 *pp.*] ① 태어난. 발생된. 생겨난. ② 순수한. 좋은. 건강한. ③ 특징. aṅgajāta 성기. -ovaraka 출생실. -kamma 출생식. -divasa 생일(生日). 탄생일(誕生日). -bhūmi 고향(故鄕). 출생지. 탄생지. 자국(自國). 조국(祖國). -maṅgala 생일파티. -rūpa 순수한 금속. 금. 황금. 벌거벗은 모양의. -veda 불. -ssara 자연의 연못. 자연호수.
jātatta *n.* [jāta의 *abstr.*] ① 태어나거나 성장한 사실. ② 태어남을 구성하는 것.
Jātaka *n.* [〃] 본생경(本生經). 본생담(本生譚). 자다가(闍多迦)[부처님의 전생의 설화를 기록한 것으로 九分敎의 하나. 쿳다까니까야(小部)의 하나]. -atthavaṇṇanā 본생경찬석(本生經讚釋).

-bhāṇāka 자따까를 암송하는 사람. 본생송자(本生誦者).

Jātaka-Aṭṭhakathā *f.* [jātaka-aṭṭha-kathā]본생경주석(本生經註釋).

jāti *f.* [〃<janati] ① 태어남. 다시 태어남. 생(生). 탄생(誕生). ② 출생. 혈통. 신분. ③ 종류. *ins. abl. loc.* jātiya. jaccā; *abl.* jatito; *loc.* jātiyaṁ. -kulaputta 훌륭한 가문의 아들. -kkhaya 태어날 기회의 부숨. 태어남의 소멸. -(k)khetta 탄생에 의해 진동하는 찰토. 생탄찰토(生誕刹土)[三佛刹土]. -thaddha 출생의 대한 자부심이 강한. -thera 출생에 의한 장로. 출생장로(出生長老). -nirodha 다시 태어남의 소멸. -paññā 선천적 지혜. 태어나면서 얻은 지혜. 생득혜(生得慧). -patta 점성술(占星術). -pabhava 생(生)의 기원. 생(生)의 근원. -puppha 육두구(肉荳蔻). -bhaya 태어남에 대한 두려움. -bhūmi 자연의 토지. -maṇi 천연의 진짜 보석. -mada 출생에 의한 도취·교만. -maya 출생으로 이루어진. -lesa 출생을 속이는. 종사(種似). -vāda 혈통에 대한 이론. -vibhaṅga 출생의 특징. 혈통의 분류. -viṇā 일급의 현악기. -visesa 국적(國籍). -sampanna 상류출신의. 족류원만(族類圓滿). -sambhava 생(生)의 기원. 생(生)의 근원. -sambheda 출생의 차이. 신분의 차이. -saṁsāra 다시 태어남의 윤회. 생사윤회(生死輪廻). -sumanā 재스민. -ssara 전생을 기억하는 -ssaraṇāṇa 전생을 기억하는 앎. 숙명지(宿命智). -hiṅgulaka 천연적인 주색 안료.

jātika. °jātiya *adj.* [jāti] ① ~처럼 존재하는. ② 태어난. ③ 지닌. ④ 전해진. ⑤ 계급에 속하는. 씨족에 속하는. 민족적인. -ācāra 민족의 관습.

jātikosa *m* [*sk.* jātīkośa] 육두구(肉荳蔻). 왕(香王)[식물의 이름].

jātiphala *n.* [*sk.* jātīkośa] = jātikosa.

jātimant *adj.* [jāti-mant] ① 잘 태어난. 순수한 상류계급의. ② 고귀한. ③ 뛰어난.

jātiyaṁ jāti의 *loc.*

jātiyā jāti의 *ins. abl. loc.*

jātu *interj.* [〃] ① 확실히. ② 분명히.

jāna *adj.* [*cf.* jānāti] ① 지식이 있는. 이해가 있는. ② 알 수 있는.

jānana *n.* [<jānāti] ① 지식. 지혜. 인식. 지성. ② 학습. ③ 기술. -satti 분별력(分別力). 감수성(感受性).

jānanaka *adj.* [jānana-ka] ① 아는. ② 전문적인.

jānanatā *f.* [jānana의 *abstr.*] ① 안다는 사실. ② 지식. 지성.

jānat *adj.* [jānāti의 *ppr.*] 아는. 이해하는.

jānapada. jānapadika *adj. m.* [<janapada] ① 나라의. 지방의. ② (*pl.*) 백성. 국민. 주민. 지역민.

jānāti [〃<jñā] ① 알다. 요지(了知)하다. ② 인지하다. 알아채다. ③ 발견하다. ④ 체험하다. ⑤ 여기다. *pres. 1pl.* jānāmase; *opt.* jāneyya. jaññā. jāneyyāsi. jāniyāma. jānemu; *imp.* jānāhi. jānātu; *ppr.* jānanto. jānaṁ. jānamāna; *fut.* jānissati; *aor.* ajāni. jāni. jāniṁsu. aṇṇāsi. ñāsi. aññaṁsu; *abs.* jānitvā. ñātvā. jānitaye; *caus.* jānāpeti; *inf.* jānituṁ. ñatuṁ; *grd.* ñeyya. ñātabba; *pp.* ñāta; *pass.* ñāyati.

jāni ① *f.* [*cf.* jahati] =hāni 손실. 손해. 약탈. 몰수. ② *f.* [*cf.* jāvā] 아내. 마누라. -patayo 아내와 남편. 부부. *cf.* jayampatikā.

jānitabba *adj.* [<jānāti의 *grd.*] 알려져야 하는. 알 수 있는.

jānitaye jānāti의 *inf.*

jānu. jānuka *n.* [〃] = jāṇu. jannu. jaṇṇu. jaṇṇuka 무릎. jānumaṇḍala 슬개골(膝蓋骨). 슬륜(膝輪). 무릎.

jānettī *f.* [*sk.* janayitri] 낳아 준 어머니. 생모.

jānemu jānāti의 *opt.*

jāpayati. jāpeti [jayati. jahāti의 *caus.*] ① 승리하게 하다. 승리하다. ~부터(*acc.*) ~을(*acc.*) 승리하여 얻게 하다. ② 약탈하다. 재산을 몰수 하여 추방하다.

jāmātar *m.* [〃] 사위.

jāyati. jāyate [〃<janati의 *pass.*] 태어나다. 다시 태어나다. *pres. 3pl.* jāyare; *ppr.* jāyanto; *aor.* jāyi; *inf.* jātuṁ.

jāyatta. jāyattana. jāyatva *n.* [*cf.* jayā] 부부의 상태.

jāyana *n.* [<jāyati] 태어남. 생성. 생기(生起).

jāyampatikā = jayampatikā.

jāyā. jāyikā *f.* [〃] = jayā 아내. 마누라. 처.

jāyi jāyati의 *aor.*

jāra *m.* [〃] 애인. 연인. 정부(情夫). 간부(姦夫).

jārattana [*cf.* jāratta=jāra-tva] 정부(情夫)인 사실. 간통(姦通).

jārī *f.* [<jāra] 애인. 연인. 정부(情婦).

jāla ① *n.* [〃] 그물. 망. ② *m.* [*sk.* jvāla] 빛. 섬광. -akkhi 그물코. 그물망. -taṇhā 욕망의 그물. -pūpa 그물무늬의 과자(?). -roruva 규환지옥(叫喚地獄) 가운데 하나. -sikhā 불꽃. -hatthapāda 손발이 그물과 같은. 수족지만망상(手足指縵網相)[三十二相의 하나].

jālaka *n.* [jāla①-ka] ① 그물. ② 싹. 봉오리. -jāta 싹이 튼. 봉오리 진. 움튼.

jālā *f.* [<jālaka] 불꽃. 화염.

jālikā *f.* [jālaka] 사슬로 만든 갑옷.
jālin *adj. m.* [jāla-in] ① 그물이 있는. 유혹하는. ② 어부.
jālinī *f.* [<jālin] ① 욕망. 탐욕. ② 갈망.
jāleti [jalati의 *caus.*] ① 불타게 하다. ② 불붙이다. 점화하다.
°ji *suf.* [jayato] 이기는. 승리하는. saṅgāmi-ji 싸움에 이긴 자 · 전승자(戰勝者). sabba-ji 모든 것을 이긴 자. 일체승자(一切勝者). Assa-ji 앗싸지. 마승(馬勝). 아설시(阿說示)[수행승의 이름].
jigacchā *f.* =jighaccha
jigiṁsaka *adj.* [<jigiṁsati] 탐욕스럽게 원하는. 탐구(貪求)하는.
jigiṁsati. jigisati ① [jayati의 *desid.*] 원하다. 몹시 탐내다. 탐구(貪求)하다. *ppr.* sg. *nom.* jigisaṁ. ② [harati의 *desid.*] 얻기를 바라다.
jigiṁsanā. jigiṁsanatā *f.* [<jigiṁsati] 욕구. 탐욕. 탐구(貪求).
jigucchaka *adj.* [<jigucchati] ① 싫어하는. 혐오하는. ② 기피하는
jigucchati [gup의 *desid. sk.* jugupsate] ① 싫어하다. 혐오하다. ② 기피하다. *ppr.* jigucchamāna; *grd.* jigucchitabba; *pp.* jigucchita. *cf.* jeguccha. jegucchin.
jigucchana *n.* [<jigucchati] ① 싫어함. 경멸. 혐오. ② 기피.
jigucchā *f.* [jigucchati] ① 혐오. 경멸. ② 기피.
jighacchati [*sk.* jighatsati. ghasati ghas 의 *desid.*] ① 먹고 싶어 하다. ② (음식을 구하며) 굶주리다. *pp.* jighacchita
jighacchā *f.* [*sk.* jighatsā] ① 식욕. 배고픔. ② 기아.
jighacchita *adj. m.* [jighacchati의 *pp.*] ① 굶주린. ② 굶주린 자. 기아자(飢餓者).
jiñjuka *m.* [*sk.* guñja] 감초(甘草)[작은 관목의 일종. Abrus Precatorius].
jiṇṇa *adj.* [jarati의 *pp.*] ① 늙은. 노쇠한. ② 허망한. 파괴된. ③ 허약한. 썩은. 고후(枯朽)의.
jiṇṇaka *adj. m.* [jiṇṇa-ka] ① 늙은. ② 노인.
jiṇṇatā *f.* [jiṇṇ-tā] 노쇠. 노망. 황폐.
jita *adj. n.* [〃 jayati의 *pp.*] ① 정복된. ② 승리.
jina *adj. m.* [〃 jayati의 *med. pp.*] ① 이긴. 승리한. ② 승리자. 정복자. 최승자(最勝者). 승자(勝者)[부처님의 별칭]. -cakka 승리자의 수레바퀴. 부처님의 권위. -putta 승리자의 아들. 부처님의 제자. -bimba 불상(佛像). -sāsana 승리자 · 부처님의 가르침. -bhūmi 정복자의 기반. 승리자의 단계.
Jinacarita *m.* [jina-carita] 승자행찬(勝者行讚) [Medhaṁkara가 13세기에 저술함].
jināti [= jayati] ① 이기다. ② 정복하다. *aor.* jini. ajini. jiniṁsu; *inf.* jinituṁ; *grd.* jinitabba; *caus.* jināpeti; *fut.* jinissati.
Jinâlaṁkāra *m.* [Jina-alaṁkāra] 승자장엄(勝者莊嚴)[부처님의 생애를 그 대각(大覺)까지 쓴 시. Buddharakkhita의 저술].
jimha *adj.* [*sk.* jihma] ① 구부러진. ② 비스듬한. ③ 왜곡된.
jimhatā *f.* jimheyya *n.* [<jimha] ① 구부러짐. ② 왜곡. ③ 사기.
jiyā *f.* [*sk.* jyā] 활시위. 현(絃).
jiyyati. jīyati [*sk.* jyāti. jiryate ji의 *pass.*] ① 감소되다. 빼앗기다. ② 잃다. ③ 패배하다. ④ 쇠퇴하다. 늙다. *pres.* jiyyāma. jīyanti; *aor.* jīvi. jīyittha; *grd.* jeyya; *pp.* jīna
jivhā *f.* [*sk.* jihvā] ① 혀[舌]. ② 미각. -agga 혀끝. 설단. -āyatana 미각영역. 설처(舌處). -indriya (jivhindriya) 미각능력. 미각기능. 미각작용. 설근(舌根). -dasaka 미각을 구성하는 열 가지 요소. 설십법(舌十法)[색깔(色 : vaṇṇa), 냄새(香: gandha), 맛(味: rasa), 자양(食素: ojā), 땅(地: paṭhavī), 물(水: āpo), 불(火: tejo), 바람(風: vāyo), 미각성(舌淨: jivhappasāda), 생명(命: jīvita)]. -dvāra 미각기관. 미각문(味覺門). 설문(舌門). -dvāravīthi 미각문의 인식과정. 설문로(舌門路). -dhātu 미각세계. 미각요소. 설계(舌界). -nittaddana 주술로 혀를 묶는. -nicchāraka 혀를 내미는. -ppasāda 미각감성. 미각성(味覺性). 설정(舌淨). -vatthu 미각의 물질적 토대. 미각토대. -viññeyya 미각의식에 속하는. 설소식(舌所識)의. -viññāṇa 미각의식. 설식(舌識). -viññāṇadhātu 미각의식의 세계. 설식계(舌識界). -viññāṇavīthi 미각의식의 인식과정. 설식로(舌識路). -samphassa 미각접촉. 설촉(舌觸). -samphassaja 미각접촉에서 생겨난. 설촉소생(舌觸所生). -samphassajavedanā 미각접촉에 의해 생겨난 느낌. 설촉소생수(舌觸所生受).
jīna *adj.* [jīyati의 *pp.*] ① 손실된. ② 소모된. ③ 빼앗긴.
jīmūta *m.* [〃] 비구름. 뇌운(雷雲).
jīra *n.* [〃] 커민의 씨[미나리과의 식물].
jīraka *m.* [〃] ① 소화(消化). ② 갈루자(葛樓子). 커민[미나리과의 식물].
jīraṇa *n.* [<jiraṇa] ① 늙음. 노쇠. 쇠퇴(衰退). ② 소화.
jīrati. jīrayati [jarati의 *pass.*] ① 늙다. 노쇠하다. ② 파괴되다. 소화되다. *aor.* jīri. [jīyati와 혼동되는 일이 있다].

jīreti. jīrāpeti [jīra의 *denom.*] ① 부수다. 파괴하다. ② 소화하다. ③ 갚다. iṇaṁ jīrāpeti 채무를 갚다.

jīva *adj. n.* [〃] ① 살아있는. 생명이 있는. 영혼의. ② 생명. 목숨. ③ 공명조(共鳴鳥)의 울음소리. -attabhāva 소우주(小宇宙). -gāha 생포된. -paṭijīvaṁ 오래 사시길! 장수하시길![장수를 축원하는 인사]. -mūlapakati 원형질(原形質). -loka 동물왕국. -vijjā 생물학(生物學). 생리학(生理學). -vijjāyatta 생물학적인. -vijjāvidū 생물학자. -vijjāvedin 생리학자. -sūla '생명의 말뚝' 처형대. -sokin 슬픈 생명으로 이끄는.

jīvaka *adj. m.* [jīva-ka] = jīva. ① 살아있는 ② 살아있는 사람. ③ 지바까[사람의 이름, 새의 이름 등].

jīvaṁjīvaka. jīvajīvaka *m.* [*sk.* jīvajīvaka. *bsk.* jīvakajīvaka] ① 공명조(共鳴鳥)['지바지바'라고 우는 꿩과의 새의 일종]. ② 지방지바까[식물의 일종].

jīvati [〃 jīv] 살다. 생존하다. *imp.* jīva. jīvāhi. jīvantu; *pres. 3pl.* jīvare; *opt.* jīve; *ppr.* jīvaṁ. jīvamāna; *inf.* jīvituṁ; *pp.* jīvita.

jīvana *n.* [<jīvati] ① 삶. ② 생계수단. -ôpāya 직업. -carita 전기(傳記).

jīvamānaka *adj.* [jīvati의 *ppr. med.* -ka] 살아있는. 사는.

jīvikā *f.* [<jīvati] ① 생활. ② 생계.

jīvita *n.* [〃 jīvati의 *pp.*] ① 생명. 수명. 목숨. ② 생활. 생계. -antarāya 생명의 장애. 명난(命亂). -āsā 생명에 대한 욕구. -indriya 생명의 능력. 생명력. 명근(命根). -kkhaya 죽음. 생명의 파괴. -dasaka 목숨을 구성하는 열 가지 요소. 명십법(命十法)[색깔(色 : vaṇṇa), 냄새(香 : gandha), 맛(味 : rasa), 자양(食素 : ojā), 땅(地 : paṭhavī), 물(水 : āpo), 불(火 : tejo), 바람(風 : vāyo), 미각성(舌淨 : jivhappasāda), 생명(命 : jīvita)]. -dāna 목숨을 살려줌. 구명(求命). -navakakalāpa 아홉 가지 생명의 그룹. -nāsaka 치명적인. -nikanti 삶에 대한 욕구. 생명에 대한 욕구. -parikkhārā(*pl.*) 생계에 도움이 되는 수단. -pariyantika 목숨에 제한하도록 하는. -pariyādāna 생명의 소진. -pariyosāna 죽음. 종명(終命). -mada 생명에 의한 도취. 생명에 의한 교만. 생명교(生命憍). -rūpa 생명의 물질. 명색(命色) [jīvitindriya의 구성요소]. -saṅkhaya 죽음. 종명(終命). -saṅkhāramadhitiṭṭhati 장수를 누리다. -hetu (*adv.*) 생명에 근거해서. 생명을 위해.

jīvin *adj.* [〃] 생명이 있는. 생존하는. 생물. 동물.

juṇhā *f.* [*sk.* jyotsnā. *cf.* dosinā] ① 달빛. 달밤. 명월(明月). ② 백월(白月). 백분(白分). -pakkha (한 달 중) 달이 밝은 보름. 백분(白分).

juti *f.* [*sk.* jyuto. dyuti. *cf.* jotati] 빛. 광휘. -dhara 빛나는. 찬란한.

jutika. jutimant *adj.* [<juti] 빛나는. 찬란한.

jutimatā. jutimantatā *f.* [jutimant의 *abstr.*] ① 광휘. 빛. ② 탁월함.

juhati. juhoti [*sk.* juhoti hu] ① (제물을) 바치다. 헌공하다. ② 공양하다. *ppr. dat. gen.* juhato. jūhato; *fut.* juhissati; *aor.* juhiṁ; *pp.* huta. *cf.* hava. havi. homa. juhana.

juhana *n.* [*cf.* juhati] ① 공물(供物). 제물. ② 공양(供養).

jūta *n.* [*sk.* dyūta] ① 도박(賭博). ② 주사위 놀이. -kāra 노름꾼. 도박꾼. -gīta 주사위 놀이에서 행운을 비는 노래. -maṇḍala 주사위 놀이판. -sālā 노름집. 도박장(賭博場).

je *interj.* 야! 이봐라![여자노예나 낮은 계급의 여자를 부를 때 쓰는 말].

jeguccha. jegucchiya *adj.* [*cf.* jiguccha] 혐오할 만한. 싫어할 만한.

jegucchin *adj.* [jeguccha-in] ① 혐오하는. ② 기피하는.

jeṭṭha [*sk.* jyeṣṭha] ① *adj.* 가장 나이 많은. 가장 훌륭한. 장로의. 최승의. -apacāyin 장로들에게 공경을 표시하는. -apacāyitar 장로들을 공경하는 사람. ② *f.* 젯타월. 서슬탁월(逝瑟砒月). 유월(六月 : 양력 5월 16일 ~ 6월 15일)[남방음력 2월 16일 ~ 3월 15일]. -māsa 맹하(孟夏). 젯타월. 유월.

jeṭṭhaka *adj.* = jeṭṭha ①.

jeṭṭhatara *adj.* [jeṭṭha의 *compar.*] 더 훌륭한. 더 나이 많은.

Jetavana *n.* [Jeta-vana] 제타 태자의 숲. 기타림(祇陀林). 기원(祇園).

jeti = jayati 이기다. 승리하다. *opt.* jeyya; *abs.* jetvā. jetvāna; *grd.* geyya. jetabba; *aor.* ajesi; *fut.* jessati

jetar *m.* [<jayati] 이기는 자. 승자. 승리자.

jetvā jeti. jayati의 *abs.*

jeyya jayati의 *opt.* 및 *grd.*

jevanīya *n.* [?] ① 척기(擲器). 투석기(投石器). ② 미사일[무기의 일종].

jotaka *adj.* [jatati] ① 빛나는. 광휘로운. ② 설명하는. 해설하는.

jotati [*sk.* dyotate dyut] ① 빛나다. 광채가 나다. ② 눈부시다. *caus.* joteti.

jotana *n.* jotanā *f.* [*sk.* dyotana] ① 조명. ② 설명. ② 광조(光照).

joti *m n.* [*sk.* jyotis. *cf.* jotati] ① 빛. 광채. 별. 불 ② 조띠. 수제(樹提)[신의 이름]. -ṭṭhāna 제사의 불꽃을 두는 장소. -tamaparāyaṇa 밝음에서 어둠으로 가는 사람. 암향광자(闇向光者). -parāyaṇa 광명에 도달한. -pāvaka 휘황찬란한 불. -pāsāṇa 크리스탈로 된 불에 달구는 그릇. -mālikā 몸을 불 위에 올려놓는 벌. 화만형(火鬘刑)[몸을 기름에 적셔 불 위에 태워 죽이는 고문·형벌]. -rasa 여의보(如意寶)[보석의 일종]. -sattha 천문학(天文學). 점성술(占星術). 점성학(占星學). -satthaññū 천문학자. 점성술사. 점성가. -satthānusārena 천문학적으로. 점성학상으로. -satthāyatta 천문학적인. 점성학적인. -satthavidū 천문학자. 점성학자.

jotikā *f.* [jotati] ① 설명. 해명. ② 주석(註釋). 명(明釋).

Jotipāla *m* [joti-pāla] 조띠빨라. 호명동자(護明童子). 화호(火護)[사람의 이름]

jotimant *adj.* [joti-mant] ① 빛나는. 밝은. ② 뛰어난. 탁월한.

jotisā *f.* [*sk.* jyotiṣa] 천문학.

joteti [jotati의 *caus.*] ① 빛나게 하다. 밝게 하다. ② 설명하다. *pp.* jotita

Jh

jha 자음·문자 jh의 이름.
jhakāra *m.* [ja-kāra] ① jh의 문자·음소. ② jha 어미. -āgama jh의 문자·음소의 추가. -ādesa jh의 문자·음소의 대체. -lopa jh의 문자·음소의 제거.
jhatta jhāpeti의 *pp.*
jhatvā jhāpeti의 *abs.*
jhasa *m.* [?] ① 자싸[물고기의 종류]. ② 창문. ③ 열린 구멍.
jhāna ① *n.* [*sk.* dhyāna. *cf.* jhāyati ①] 선(禪). 선나(禪那). 명상(冥想). 사유수(思惟修). 정려(靜慮). 선정(禪定)[선정들 가운데 중요한 네 가지 선정(四禪)의 과정이 있다. 1. 첫 번째 선정에서는 대상 지향적인 감각적 욕망을 떠나고 초선에 도달한 자에게는 지칭적 언어표현의 소멸하고 개념화된 언어로 대상을 이해하는 사유나 숙고가 나타나고, 2. 두 번째 선정의 과정에서는 사유와 숙고가 다른 요소보다 다듬어지지 않은 존재로서 제거된다. 더욱 깊은 심일경성(心一境性)을 속성으로 하는 삼매에서 생겨나는 더욱 커다란 희열과 행복이 생겨난다. 3. 세 번째 선정의 과정에서 희열은 거친 것으로 제거되고 더욱 심화된 행복과 심일경성만이 남는다. 이때에 평정이 나타나고 알아차림과 새김의 활동이 두드러지게 나타난다. 4. 네 번째 선정에서 거칠게 지각되는 육체적인 행복이 제거되고 평정하고 새김이 있고 청정한 상태에 도달한다. 이때에 호흡이 소멸하게 된다]. -aṅga 선정의 구성요소. 선지(禪支)[다섯 가지 장애(五障)이 제거되고 나타나는 다섯 가지 선정(五禪支)]. -âgāra 명상의 집. 선당(禪堂). -ânuyutta 선정에 전념하는 -ābhiññā 선정에 의한 초월적 지혜·신통(神通). -upekkha 선정의 평온. 선사(禪捨). -kīḷā 선정을 즐김. -paccaya 명상조건. 선연(禪緣)[마음의 집중을 유지하게 하는 조건]. -pasuta 선정에 열심인. -rata 선정을 좋아하는. -rati 선정의 즐거움. -vimmokkha 선정을 통한 해탈. 정려해탈(靜慮解脫). -visaya 선정의 대상. 선정의 경계. 선경계(禪境界). -sampayutta 선정과 관계된. 선상응(禪相應). -sahagata 선정에 수반하는. -sīlin 선(禪)을 습관으로 하는. ② *n.* [*cf.* jhāyati ②] 큰 화재(火災). 화사(火事).
jhānika *adj.* [jhāna-ika] 선정(禪定)의. 선정에 속하는. 선정을 닦는.
jhāpaka *a. m.* [<jhāpeti] ① 불을 지피는 (사람). ② 방화범.
jhāpana *n.* [<jhāoeti] ① 점화. 방화. ② 소실.
jhāpita *adj.* [jhāpeti 의 *pp.*] ① 불붙은. 점화된. ② 화장된.
jhāpeti [jhāyati ②의 *caus.*] ① 불붙이다. ② 화장(火葬)하다. 다비(茶毘)하다. ③ 파괴하다. ④ 죽이다. *inf.* jhāpetuṁ; *abs.* jhatvā. jhatvāna; *pp.* jhatta. jhāpita.
jhāma *adj. n.* [*cf.* jhāyati ②] ① 불붙는. 연소하는. ② 연소. 큰 불.
jhāmaka *m.* [jhāma-ka] 자마까[식물의 이름(?)].
jhāyaka *adj.* [<jhāyati] 불을 피우는. 불붙이는. 점화하는.
jhāyati ① [*sk.* dhyāyati dhyai] 명상하다. 사유하다. 탐구하다. 선(禪)을 수행하다. *pres.* jhiyāyeyya; *imp.* jhāyāhi; *abs.* jhiyāya; *pp.* jhāyita; *ppr. sg. nom.* jhāyaṁ ② [*sk.* kṣāyati kṣai] 태우다. 점화하다. 화장하다. 소모하다. *pres. 3pl.* jhayare; *aor.* jhāyi; *caus.* jhāpeti.
jhāyana ① *n.* [<jhāyati ①] 사유. 숙려(熟慮). 선정. ② *n.* [<jhāyati ②] 점화. 화장.
jhāyin *adj. m.* [<jhāyati ①] 명상하는 사람. 선수행자(禪修行者).
jhāvuka *n.* [?] 능수버들.
jhiyāya [jhāyati ①의 *abs.*] ① 선(禪)을 닦고. ② 선사(禪思)하고.
jhiyāyati [=jhāyati ①] 선(禪)을 닦다. ② 선사(禪思)하다.

Ñ

ña 자음·문자 ñ의 이름.
ñakāra *m.* [ña-kāra] ① ñ의 문자·음소. ② ña 어미. -āgama ñ의 문자·음소의 추가. -ādesa ñ의 문자·음소의 대체. -lopa ñ의 문자·음소의 제거.
ñatta *n.* [*sk.* jñatva 또는 jñapta] 지적인 능력. 지능. -ajjhāpanna 유명하게 된. 지식을 얻은.
ñatti *f.* [*sk.* jñapti. *cf.* jñāpayati] ① 알림. 발표. 선언. ② 제안. ③ 고백. -kamma 승단에서 안건을 놓고 토의하는 것. 백갈마(白羯磨). -catuttha 발제와 세 번에 걸친 토의. 백사(白四). -dutiya 발제와 한 번의 토의. 백이(白二).
ñatvā jānāi의 *abs.*
ñāṇa *n.* [*sk.* jñāna. jñā-ana] ① 앎. 지혜. 슬기. 올바른 지식. ② 이해. 통찰. -âsi 지혜·앎의 칼. 지검(智劍). -indriya 지혜·앎의 능력. 지혜·앎의 작용. 지근(智根). -ûpapanna 지혜·앎이 부여된. -karaṇa 지혜·앎을 주는. -kkhagga 지혜·앎의 칼. 지검(智劍). -cakkhu 지혜·앎의 눈. 지안(智眼). -carita 지혜·앎을 실천하는 (사람). 지행자(智行者). -cariyā (네 가지) 거룩한 진리에 대한 앎을 닦는 삶의 실천. 지행(智行). -jāla 지혜·앎의 그물. 지성의 범주. -tassanā 앎에 의한 동요. -dassana 앎과 봄. 완벽한 지식. 지견(智見). 철학(哲學). -dassanavisuddhi 앎과 봄의 청정. 지견청정(智見淸淨). -dassanânurūpena 앎과 봄을 통해서. 철학적으로. -dassin 앎과 봄을 지닌. 완전한 지혜·앎을 지닌. 지견자(智見者). -patha 지혜·앎의 길. 지로(智路). -phusanā 지혜·앎의 체험. 지혜·앎의 획득. -bandhu 지혜로운 벗. 슬기로운 동료. -bhūta 지혜·앎이 있는. -yogavādin 신지론자(神智論者). -vatthu 올바른 지혜·앎의 항목·대상. 지소의(智所依)[緣起法을 말함]. -vāda 지혜·앎에 대한 이야기. 지론(智論). -vippayutta 지혜·앎과 무관한. 지불상응(智不相應). -vipphārā-iddhi 침투하는 지혜·앎의 신비한 힘. 지혜·앎의 퍼져나가는 불가사의한 힘. 지편만신변(智遍滿神變). -vimokkha 지혜·앎에 의한 해탈. 혜해탈(慧解脫). -visesa 분별지(分別智). -vivaṭṭa 지혜·앎이 퇴전한. 지퇴전(智退轉). -sampayutta 지혜·앎과 관련된. 지상응(智相應).
ñāṇika *adj.* [ñāṇa-ika] ① 지혜로운. 슬기로운. ② 통찰력 있는.
ñāṇin *adj. m.* [ñāṇa-in] ① 지혜로운. 슬기로운. ② 통찰력이 있는. ③ 현자.
Ñāṇodaya *m.* [ñāṇa-udaya] 지혜생주(智慧生註)[法集論 주석서의 설계도라고 할 수 있는 붓다고싸의 저술].
ñāta *adj.* [*sk.* jñāta. jānāti의 *pp.*] ① 알려진. ② 유명한. ③ 구현된. 실현된. aññāta 알려지지 않은. -pariññā 알려진 것에 대한 완전한 앎. 지편지(知遍知)[이것이 물질이고 이것이 느낌이고 等이라고 알려진 것의 구별에 대한 완전한 앎]. -vibhūta 알려진 것의 소멸. 지무유(知無有).
ñātaka *adj. m.* [ñāta-ka] ① 친척의. 친지의. ② 친지. 친척.
ñātabba. ñātayya. ñāteyya jānāti의 *grd.*
ñātar *m.* [*sk. bsk.* jñātṛ] ① 아는 자. 식자(識者). ② 현자.
ñāti *m.* [*sk.* jñati] 친척. 친족. *pl. nom. acc.* ñātayo. ñāti. -kathā 친척에 대한 이야기. 친족론(親族論). -kula 친척의 가문. -gata 친척관계가 맺어진. -ghara 부계(父系)의 집. -dhamma 친척으로서의 의무. -pakkhapātitā 족벌주의(族閥主義). -pakkhapātin 족벌주의자. -parivatta 친족의 모임. -parihāni 친척의 쇠퇴. -pārijuñña 친척의 쇠퇴. -peta 사망한 친척. -majjhagata 친척들 가운데 있는. -mittā 친족과 친구. 친지(親知). -methuna 근친상간(近親相姦). -byasana. -vyasana 친족과 관련된 상실[五厄難]. -rakkhitā 친척에 의해 보호받는 여자. -vitakka 친척들에 대한 생각. -saṅgha 친척의 모임. -sampadā 친족을 갖춤. -sālohita 혈통에 의한 친척. 혈연(血緣). -sineha 친척관계의 사랑. -hetusampatti 친척을 통해서 받는 축복.
ñātuṁ jānāti의 *inf.*
ñāpana *n.* [<ñāpeti] ① 알림. 공고. ② 정보.
ñāpeti [jānāti의 *caus.*] ① 알게 하다. 알리다. ② 설명하다. *cf.* jānāpeti. ñatti.
ñāya *m.* [*sk.* nyāya] ① 바른 길. 올바른 태도. ② 진리. ③ 방법. ④ 체계. 논리. 정리(正理). 이취(理趣). -aññū 도덕가. 논리가. -ânuga 합리적인. -ânugata 도덕적인. 합법적인. -ânugatatta 합법성(合法性). -ânusārena 합리적으로. 철학적으로. -paṭipanna 바른 길로 나가는. -sattha 철학(哲學).
ñāyati [*sk.* jñāyate. jānāti의 *pass.*] 알게 되다.
°ñū. °ññū *m. cpd.* [*sk.* -jña<jñā] 아는 사람. 식

자(識者). 지자(知者). kataññū. mattaññu. rattaññū. vedaññū. sabbaññū.

ñeyya [*sk.* jñeya. jānāti의 *grd.*] 아는 것. 알아야 할 것. 소지(所知). *cf.* ñātabba.

Ṭ

ṭa 자음·문자 ṭ의 이름.
ṭakāra *m* [ṭa-kāra] ① ṭ의 문자·음소 ② ṭa 어미. -āgama ṭ의 문자·음소의 추가. -ādesa ṭ의 문자·음소의 대체. -lopa ṭ의 문자·음소의 제거.
ṭan *ind.* [? *onomat.*] 땐[소리의 한 부분].
ṭaṅka *m* [〃] 돌을 자르는 기구. 끌. 착(鑿).
ṭīkā *f.* [〃] 주석에 대한 주석. 복주(復註). -karaṇa 용어해설. -kāra 주석가(註釋家). 주해자(註解者).

Ṭh

ṭha 자음·문자 ṭh의 이름.

°ṭha. °ṭṭha *adj. suffix* [<tiṭṭhati. sthā] ① 서 있는. ② 존재하는. ③ 지속하는. kappaṭṭha. kuṭaṭṭha. gahaṭṭha. dhammaṭṭha.

ṭhakāra *m* [ṭha-kāra] ① ṭh의 문자·음소. ② ṭha 어미. -āgama ṭh의 문자·음소의 추가. -ādesa ṭh의 문자·음소의 대체. -lopa ṭh의 문자·음소에 대한 제거.

ṭhati = tiṭṭhati.

ṭhatvā *ind.* [tiṭṭhai의 *abs.*] ① 서서. ② 있고.

ṭhapana *n* [<ṭhapeti] ① 설립. 확립. 정립. ② 위치. ③ 보류. ④ 생략. ⑤ 금지. ⑥ 차치(且置).

ṭhapanā *f.* [<ṭhapeti] ① 마음을 기울임. 주의. 차치(且置). 정리. 정치(定置). ② 분노(忿怒).

ṭhapanīyapañha *m.* [ṭhapanīyapañha] 대답을 보류해야 할 질문. 응사기문(應捨棄問).

ṭhapāpeti [ṭhapeti의 *caus.*] ① 세우게 하다. 정하게 하다. ② 버리게 하다.

ṭhapeti. ṭhapayati [tiṭṭhai의 *caus.*] ① 놓다. 싣다. 적재하다. 세우다. 설치하다. ② 정하다. ③ 보류하다. ④ 버리다. 차치(且置)하다. *aor.* aṭṭhapesi; *inf.* ṭhapetuṁ; *grd.* ṭhapetabba. ṭhapita; *caus.* ṭhapāpeti.

ṭhapetvā *ind.* [ṭhapeti의 *abs.*] ① 놓아두고. ② 제쳐두고. 제외하고. 이외에.

ṭhassati tiṭṭhati의 *fut.*

ṭhātuṁ tiṭṭhati의 *inf.*

ṭhāna *n.* [*sk.* sthāna<sthā] ① 장소. 위치. 주처(住處). 처(處). 지점. 섬[서다]. 주(住). ② 도리. 문제. 요점. 사항. ③ 상태. 이유. 원인. 근거. ④ 관점. 입장. 토대. 경우. 필요. ⑤ 속성. 질. 양. 정도. *abl.* → ṭhānaso. *loc.* ṭhāne 경우에. 대신(에). 필요할 때에. surāmerayamajjapamādaṭṭhāna 방일의 원인인 곡주·과실주 등의 술. -âṭhāna 좋은 장소와 나쁜 장소. 경우와 경우가 아님. 처비처(處非處). -âraha 이치에 합당한. 응리(應理). -upatti 즉시 발생하는. -upattika 즉시의. 순간적인. -ocitapañña 순간적으로 결정하는 지혜를 지닌. -kusala 옳은 근거에 밝은. -kusalatā 옳은 근거에 밝은 것. 처선교(處善巧)[각각의 사실들이 각각의 사실들의 생기를 위한 원인과 조건인 경우, 각각의 근거인데, 그것에 대해서 분명히 알고 올바른 알아차림을 갖추는 것으로, 시각을 토대로 형상을 대상으로 생겨나는 시각의식에서 시각과 형상은 근거이며 또한 원인인데, 이처럼 근거를 확정할 수 있는 지혜가 있는 것].

ṭhānaso *ind.* [ṭhāna의 *abl.*] ① 주요 원인으로. 필연적으로. 불가피하게. 반드시. ② 그 자리에서. 즉석. 즉석에. 즉시. 즉시에. 순간적으로.

ṭhāniya [tiṭṭati의 *grd.*] ① 머물게 되어야 할. ② 지위의. ③ ~에 기초한. ~에 의해 야기된.

ṭhānocitapañña *adj.* [ṭhāna-ucita-pañña] 빠른 판단력을 지닌. 재치가 있는.

ṭhāpaka *adj.* [<ṭhapeti] ① 놓는. ② 지키는.

ṭhāyaka *adj.* [<ṭhāya-ika] ① 생계를 얻은. ② 살아남은.

ṭhāyin *adj.* [ṭhāya-in. *cf.* tiṭṭhati] ① 서 있는. 머무는. 상태에 있는. ② 의존하는. ③ 생각하는. ~의 관념을 갖고 있는.

ṭhita *adj.* [tiṭṭhati의 *pp.*] ① 서 있는. 움직일 수 없는. 견고한. 확립된. ② 영원한. 상주(常住)의. -atta 자제된. 평온한. 자기가 확립된. -kappin 한 겁(劫) 동안 서 있는. 한 겁을 기다리는. -citta 마음이 제어된. 마음이 확립된. -dhamma 영원한. 지속적인. 상법(常法). 정법(定法).

ṭhiti *f.* [*sk.* sthiti. *cf.* tiṭṭhati] ① 머무름. 안정. ② 지속. 존속. 견주(堅住). ③ 관습. 관례. -kusala 안정에 밝은. 지주선교(止住善巧). -kkhaṇa 유지의 찰나. 주찰나(住刹那). -ñāṇa 상태에 관한 지혜. -dhātu 사물의 고유한 본질. 지계(持界). -bhāgiya (새김에서 오는) 안정과 관계있는. 지분(止分). -bhāgiyapaññā 안정과 관련된 지혜. 지분(止分慧). -bhāgiyasamādhi 안정과 관련된 삼매. 지분(止分三昧). -bhāgiyasīla 안정과 관계있는 계행. 지분(止分戒).

ṭhitika *adj.* [ṭhita-ika] ① 서 있는. 지속하는. ② 의존하는.

ṭhitikā *f.* [ṭhita-ikā] (추첨의 명단에서 호명이) 중지된 지점.

ṭhitatta *n.* [ṭhita의 *abstr.*] ① 기립. 안립(安立). ② 배치. 배정.

ṭhiyati → patiṭṭhīyati.

Ḍ

ḍa 자음·문자 ḍ의 이름.
ḍaṁsa *n.* [*cf.* ḍasati] 등에[곤충].
ḍakāra *m.* [ḍa-kāra] ① ḍ의 문자·음소. ② ḍa 어미. -āgama ḍ의 문자·음소의 추가. -ādesa ḍ의 문자·음소의 대체. -lopa ḍ의 문자·음소의 제거.
ḍayhati [ḍahati의 *pass.*] ① 태워지다. ② 불타버리다. *imp.* ḍayhatu. agginā pimā ḍayhatu 불에도 타지 않아야 하네. *ppr.* ḍayhamāna.
ḍasati. ḍaṁsati [*cf. sk.* daṣati. daṁṣati daṁṣ] ① 물다. 깨물다. ② 씹다. *opt.* ḍaṁseyya. ḍaseyya; *ppr.* ḍasamāna; *aor.* aḍaṁsi. ḍaṁsi. ḍasi; *inf.* ḍasituṁ; *abs.* ḍasitvā; *fut.* ḍaṁsayissāmi; *pp.* daṭṭha. ḍasita. *cf.* ḍaṁsa. dātha.
ḍasana *n.* [<ḍasati] ① 물기. 깨물기. ② 씹기.
ḍaha *n.* [<dah] 번뇌. 열뇌.
ḍahati. dahati [*sk.* dahati dah] ① 태우다. ② 괴롭히다. *aor.* adaḍḍha; *pass.* ḍayhati 태워지다. *aor. 2sg.* ḍayhittho.
ḍāka *m. n.* [*sk.* sāka] 야채. -rasa 야채즙.
ḍāha *n.* [<dah] ① 불타오름. ② 열. 병열(病熱). ③ 발화(發火).
ḍiyana *n.* [<ḍeti] ① 날기. ② 비행.
ḍeti [*sk.* ḍayate. ḍiyati ḍi] ① 날다. ② 비행하다. *cf.* dayati. uḍḍeti.

Ḍh

ḍha 자음·문자 ḍh의 이름.

ḍhakāra *m* [ḍha-kāra] ① ḍh의 문자·음소. ② ḍha 어미. -āgama ḍh의 문자·음소의 추가. -ādesa ḍh의 문자·음소의 대체. -lopa ḍh의 문자·음소의 제거.

Ṇa

ṇa 자음·문자 ṇ의 이름.
ṇakāra *m.* [ṇa-kāra] ṇ의 문자·음소. ṇa 어미. -āgama ṇ의 문자·음소의 추가. -ādesa ṇ의 문자·음소의 대체. -lopa ṇ의 문자·음소의 제거.

T

-t- 모음 연속을 피하기 위한 음편자음. 특히 agge와 함께 사용. ajja-t-agge. tama-t-agge. dahara-t-agge.

ta ① 자음·문자 t의 이름. ② *pron.* [*sk.* tad] 그. 그것. taṁ. tassa. tena. tasmā. tamhā. tato. tasmiṁ. tamhi. tā. tāya. tāyaṁ. te. tesaṁ. tesānaṁ. tehi. tesu. tāhi. tāsu. *cf.* tattha. tahā. tada. tādi

taṁ ① [ta의 *n. sg. nom.*] 그것은. taṁ jīvaṁ taṁ sarīraṁ 영혼과 몸은 동일하다. 명즉신(命卽身). taṁ yathā 즉. 이른바. ② [ta (so *m.* tad *n.* sā *f.*)의 *sg. acc.*] 그를. 그것을. 그녀를 ③ [tvaṁ의 단축형]. 너는. 너를.

taka *m.* [?] 나무의 진. 수지(樹脂).

takāra *m* [ta-kāra] ① t의 문자·음소. ② ta 어미. -āgama t의 문자·음소의 추가. -ādesa t의 문자·음소의 대체. -lopa t의 문자·음소에 대한 제거.

takka *m* [*sk.* tarka] ① 사고. 사유. 사색. 사택(思擇). 각관(覺觀). 심사(尋思). ② 추론. 추리. 논리. ③ 조사. ④ 의심. ⑤ 철학적 체계. *cf.* vitakka -āgama 사유의 길. 올바른 사고의 방법. 올바른 추론의 원칙. -âvacara 추론할 수 있는. 추론 범위 안에 있는. -āsaya 의심과 의향. 사택(思擇)과 의락(意樂). -gahaṇa 사유의 덤불. 궤변(詭辯). -vaḍḍhana 의심의 증가. 틀린 생각의 조장. -hetu 의심의 근거. 추론의 근거. 추론에 따라서. ⑥ *n.* [*sk.* tarka] 버터우유. 타락. 낙(酪). 낙장(酪漿). -vaṇṇa 버터우유의 색깔. 낙색(酪色). ⑦ *m* [?] 대추야자.

takkaṇa *n* [<takka] ① 사고. 사유. 생각. ② 추론. 추리. 논리. ③ 표상.

takkara ① *m.* [tat-kara] 그것을 한 사람. ② *m* [*cf. sk.* taskara] 도둑.

takkaḷa *n* [?] 월하향(月下香)[구근 식물].

Takkasilā *f.* [*sk.* Takṣaśilā] 딱까실라. 덕가시라(德迦尸羅)[서부인도의 도시].

takkālaṁ *ind.* [tad-kālaṁ] 그 당시에. 그 때에.

takkārī *f.* [*sk.* tarkārī] 만수(蔓樹)[아카시아의 일종. Sesbania Aegyptiaca].

takkālīphala *m.* [takkālī-phala] 토마토.

takkika *adj. m.* [*cf.* takka ①] ① 의심하는. 틀린 견해를 가진. 어리석은. ② 궤변론자.

takketi [takka의 *denom.*] ① 생각하다. 사유하다. 추론하다. ② 주장하다. 믿다. attānaṁ ~스스로를 믿다. 자신을 갖다.

takkoṭaka *m.* [?=kakkoṭaka] 구더기. 저충(蛆蟲).

takkola *m.* [*sk.* kakkola. takkola] 델륨(*eng.* Bdellium)[감람(橄欖)과의 식물에서 채취하는 방향수지(芳香樹脂) 또는 그 나무].

tagara *n.* [〃] ① 따가라 향. 격향(格香). 냉능향(冷凌香). 감송(甘松). ② 목향수(木香樹).다가라수(多伽羅樹)[냄새가 좋은 관목. Tabernoemontana Coronaroa].

taggaruka = tad-gaṛuka

taggha *interj.* [tad-gha] 확실한. =ekaṁsena

taṅkhaññа. taṅkhaṇika *adj.* [taṁ-khaṇya(-ika)] ① 그 찰나의. 그 순간의. ② 임시의.

taca. taco *n.* [*sk.* tvac *f.*] ① 피부. ② 껍질. 나무 겉껍질. ③ 짐승의 가죽. -gandha 나무 겉껍질의 향기. -pañcaka (삼십이신분[dvattiṁsākāra] 가운데) 피부까지의 다섯 종류[서른두 가지 몸의 구성요소(dvattiṁsākāra) 가운데 1. 머리카락 kesā 2. 몸털 lomā 3. 손발톱 nakhā 4. 이빨 dantā 5. 피부 taca]. -pariyonaddha 주름진 피부를 지닌. -rasa 나무껍질의 맛 -sāra 가장 좋은 나무. 강한 섬유. 대나무.

taccarita *adj.* [tad-carita] ① 그쪽으로 집중한. ② 그것(목표)을 향해 노력하는.

taccha ① *m* [*sk.* takṣan. *cf.* taccheti] 목수. 목공. 대공(大工). 목장(木匠). 동량(棟梁). ② *adj. n. m* [tathāya=tathya. *sk.* tathya] 사실적인. 진리. 여실(如實). 여진(如眞). -tta 사실성(事實性).

tacchaka. tacchakāra *m* [<=taccha ①] ① 목수. 목공. ② 대공(大工). 목장(木匠).

tacchati. taccheti [taccha ①의 *denom.*] ① 깎아내다. 자르다. ② 대패질하다. ③ 세우다. 건설하다. ④ 조립하다.

tacchana *n.* [<tacceti] ① 깎아냄. ② 대패질.

tacchanī *f.* [<taccha] ① 대패. ② 도끼.

tajja *adj.* [tad-ya *cf. sk.* tadīya] ① 이것으로부터 발생하는. 이것에 근거하는. ② 적당한. 일치하는.

tajjanā *f.* [<tajjeti] ① 위협. ② 협박.

tajjaniya *adj.* [tajjeti의 *grd.*] ① 비난받아야 할. ② 비난. ③ 경멸. ④ 가책. -kamma 가책의 갈마. 고절갈마(苦切羯磨)[죄를 지은 수행승이 승단의 모임에서 비난받도록 하는 승가의 조치]

tajjanī *f.* [<tajjeti] 집게손가락[위협을 하는데 사용하는 무드라].

tajjita *adj.* [<tajjeti의 *pp.*] ① 위협을 받는. ② 무서워하는.

tajjeti [*sk.* tarjayati<tarjati tarj의 *caus.*] ① 위협하다. ② 욕하다. ③ 비웃다. *aor.* atajjesi; *grd.* tajjaniya; *pp.* tajjita; *caus.* tajjāpeti.

taṭa *m.* [*ide.* tḷ. *cf.* tala. tālu] ① 강변. 강둑. ② 절벽. 벼랑.

taṭataṭāyati [*onomat.*] ① 덜커덕 덜커덕 울리다. ② 이를 갈다.

taṭṭaka *m.* [?] ① 쟁반. ② 죽사발. 대접.

taṭṭikā *f.* [*cf.* kaṭaka] ① 깔개. ② 돗자리.

taṭṭikā *f.* [taḍḍati = *sk.* tāyate의 *ppr.*] 맞고 있는.

taṇḍula *m.* [〃] ① 쌀. 벼. ② 미곡(米穀). 백미(白米). 미립(米粒). -ammaṇa 쌀 한 줌(?). -doṇa 쌀 사발. -nāḷi 벼의 줄기. 도간(稻竿). -pāladvāra 쌀 보관하는 집 -muṭṭhi 한줌의 쌀. -homa 쌀의 헌공.

taṇḍulika *m.* [taṇḍula-ika] 쌀장수. 미곡판매상(米穀販賣商).

taṇḍuleyyaka [*sk.* taṇḍuliya] 딴둘레이야까[식물의 이름. Amaranthus Polygoniudes].

taṇhā *f.* [*sk.* tṛṣṇā. *cf.* tasiṇā] ① 갈애(渴愛). 갈망. ② 욕망. ③ 집착. 애착. -ādāsa 욕망의 거울. 갈애의 거울. -âdhipateyya 갈애의 영향. 갈애의 지배. 애증상(愛增上) -âbhinivesa 욕망으로 가득한. 갈애에 대한 집착. -âdhipanna 갈애에 사로잡힌. -ânusaya 갈애의 잠재적 경향. 갈애의 경향. 애수면(愛隨眠). -āluka 갈애의 영향을 받는. 탐욕스러운. -uppāda 갈애의 발생. -kappa 갈애에 입각한 허구. -kāya 갈애의 무리. 애신(愛身). -kkhaya 갈애의 파괴. 애진(愛盡). -kkhayâdhimutta 갈애의 부숨에 대한 지향. 애진신해(愛盡信解). -gata 갈애에 빠진. -gaddula 욕망의 밧줄. 갈애의 밧줄. -cchida 갈애의 끊음. -jāla 갈애의 그물. 애망(愛網). -tassanā 갈애에 의한 동요. -dutiya 갈애를 벗으로 하는. 갈애를 수반하는. -nadi 욕망의 강. 갈애의 강. -nighātana 갈애의 파괴. -nivesanā 갈애의 집착. 애집(愛執). -nissitasīla 갈애에 기초하는 계행. -pakkha 갈애의 무리. 갈애에 속하는 모든 것. -paccaya 갈애를 조건으로 하는. -papañca 갈애에 의한 희론. 애장애(愛障碍). -pariggaha 욕망에 사로잡힌. 애편취(愛遍取). -purekkhāra 욕망을 중시함. 애중시(愛重視). -bhava 갈애의 존재. 애유(愛有). -mamatta 갈애에 의한 아집. -mūlaka 갈애를 근본으로 하는 -lepa 갈애에 집착하는 -vasika 갈애의 지배하에 있는 -vicarita 갈애의 사념. -saṁyojana 갈애의 결박. 애결(愛結). -saṅkilesana 갈애에 오염된. 애잡염(愛雜染)의. -saṅkhaya 갈애의 파괴. -samudda 갈애의 바다. -sambhūta 갈애에 의해 생긴 -salla 갈애의 화살. -sota 갈애의 흐름. 애류(愛流). 갈애의 귀(耳).

taṇhiyati [=taṇhāyati. taṇhā의 *denom.*] 갈망하다. 열망하다.

tata *adj.* [tanoti의 *pp.*] ① 퍼진. ② 확장된.

Tatar *m.* 타타르(Tatar). 달단국(韃靼國)[中國北方의 遊牧民의 나라이름].

tatiya *num. ord.* [*sk.* tṛtīya] 세 번째. 셋의. tatiyaṁ *adv.* 세 번째로. -jjhāna 세 번째 선정. 이선(三禪). -bhāga 삼분의 일.

tatiyā *f.* [<tatiya] 구격(具格 *ins.*)[문법]. -tappurisa 구격한정복합어[문법].

tato [ta의 *abl.*] ① 그것으로부터. ② 그러므로. ③ 그 후에. -nidānaṁ 그 때문에. 그 인연으로. -paṭṭhāya 그때부터. 그것을 시작으로.

tatta ① *adj.* [*sk.* tapta tapati의 *pp.*] 열나는. 뜨거운. 작열하는. -kapāla 후라이팬. -parikkhā 시련(試鍊). 고난(苦難). 수난(受難). ② *n.* [*sk.* tattva]. 진실(眞實). 실재(實在). -ñāṇa 철학(哲學). -ñāṇāyatta 철학적인.

tattaka *adj.* [=tāvataka] 그 만큼의. 그러한 크기의. *cf.* yattaka. ettaka.

tattanirūpakalipi *f.* [tatta-nirūpaka-lipi] 평론(評論).

tattha. tatra *ind.* [*sk.* tatra] ① 거기에. 그 장소에. ② 그 때에. 바로. tatra tatra 여기저기에. 여러 곳에. *cf.* ettha.

tatraṭṭhaka *adj.* [tatra-ṭha-ka] 그대로 있는.

tatramajjhattatā *f.* [tatra-majjhatta의 *abstr.*] 완전한 중립성. 중립. 중사성(中捨性). 처중성(處中性)[즐겁지도 괴롭지도 않은 것]. = upekkhā 평정(平靜).

tatha *adj. n.* [<tathā] ① 그대로의. 참다운. 진실한. ② 진리. 진여(眞如). -parakkama 진실을 향한 노력. -vacana 진실을 말함.

tathato *adv.* [tatha-to] 사실적으로. 실질적으로 -vijjamāna 실질적인. 실속있는.

tathatā *f.* tathatta *n.* [tathā의 *abstr.*] ① 그와 같은 상태. 그러함. ② 진여(眞如). 여성(如性). 열반의 상태. *dat.* tathattāya; *abl.* tathattā 실제로. 정말로.

tathā *ind.* [〃] ① 그와 같이. 이렇게. 그렇게. 그런 방법으로. ② 마찬가지로. thatā pi 그럼에도 불구하고. 아직. -ûpama 그와 같은. -kārin 그렇게 행동하는 (자). -rūpa 그러한. 그와 같은. -vādin 그렇게 말하는 (자). -vidha 그런 종류의.

tathāgata *m.* [〃<tathā-āgata.-gata] ① 이렇게

오신 님. 여래(如來). ② 이렇게 가신 님. 여거(如去). ③ 참사람. 진인(眞人). -nisevita 여래의 행적. -bala 여래의 힘. 여래력(如來力). -sāvaka 여래의 제자. 성문(聲聞). -seyyā 여래의 잠자리·와법(臥法).

tathiya *adj. n.* [=taccha. *sk.* tathya] ① 참된. 진실한. ② 진실. 여실(如實).

tad = ta *pron.* 그것. -agge 지금부터. 향후에는. -aṅga 확실한. 사실상의. 단정적인. 그 부분. 그 반대의. 피분(彼分 *cf.* tadaṅga). -atthaṁ 그 목적으로. -adhimuttatā 그것에 전념하는·적응하는. 피승해(彼勝解). -anuvattika 그것과 일치하는. -anvaya 동일한 종류. 동류(同類). -aha. -ahu 어떤 날. -ahuposatha 그날의 포살에서의. -ārammaṇa 그것을 인식의 대상으로 하는. 그것을 반연(攀緣)하는. 등록(登錄). -ārammaṇacitta 그것을 인식의 대상으로 하는 마음. 피소연심(彼所緣心)[잠재의식으로 침잠하기 전의 의식과정의 단계]. -atthaṁ 그 목적으로.

tadaṅga [tad-aṅga] ① *adv. cpd.* 확실히. 오로지. -nibbāna 오로지 열반으로 향해 나아가는 것. -nibbuta 확실히 적멸에든. ② *adj. n.* 그 부분의. 그 부분에 반대(反對)되는 것의. 피분(彼分). *ins.* tadaṅgena 그러므로. -pahāna 그 반대에 의한 극복·지양(止揚). 피분사(彼分斷). -vimutti 통찰에 의한 특수한 관점을 통한 해탈. 피분해탈(彼分解脫). -viveka 통찰에 의한 특수한 관점을 통한 멀리 여읨. 피분원리(彼分遠離). -suñña 그 반대에 의한 공(空)의 구현. 정공(定空). 피분공(彼分空)[出離에의해 欲望이 사라지고, 光明想에 의해 昏眠이 사라지는 등의 바로 그 직접적인 空].

tadanurūpa *adj.* [tad-anu-rūpa] ① 적당한. 알맞은. ② 일치하는.

tadā *ind.* [〃] 그 때에.

tadūpika. tadūpiya *adj.* [tad-upa-ika. -iya] ① 그것에 일치하는. ② 알맞은.

taddhita *n.* [〃 tad-hita] 접미음(接尾音). -paccaya 지말접미사(支末接尾辭)[문법].

tanaya. tanuya[1] *m* [*sk.* tanaya. *bsk.* tanuja] ① 자식. 아들. ② 자손.

tanu *adj. f.* [〃 <tanoti] ① 가는. 얇은. 호리호리한. ② 몸. -karaṇa 가늘게 하는. 감소시키는. -karoti 감소시키다. 축소하다. -bhāva 감소. 허약. 수척함. -bhūta 감소된. 줄어든. 병약한.

tanuka. tanuya[2] *adj.* [=tanu] ① 가는. 얇은. ② 작은.

tanutara *adj. m* [tanu의 *compar.*] ① '몸에서 보다 가는 부분의' ② 허리.

tanutta *n.* [tanu의 *abstr.*] ① 감소. 축소. ② 소멸. 점진적인 소멸.

tanoti [tan] 늘리다. 확대하다. *pp.* tata

tanta *n.* [*sk.* tantra<tan] ① 실. 끈. (거미의) 실 ② 베틀. 직조기. -ākula 얽힌 실. -āvuta 직물 -bhaṇḍa 직조기. 직조장치. -rajjuka '끈과 밧줄 매달기. 교수형[처형방법]. -vāya 짜는 사람. 직공. 직조실(織造室).

tantaka *n.* [tanta-ka] ① 베틀. 직조기. ② 베틀을 짜는 방.

tanti *f.* [*sk.* tantri] ① 줄. 현(絃). 선(線). ② 전통경전. 성전(聖典). -dhara 전통보존자. 성전의 계승자. -baddha 집사(執事). -ssara 현악(絃樂).

tantu *m* [〃 *cf.* tanta] 줄. 현(絃). 선(線). -veṭhana 실패. 얼레.

tandita *adj.* [tandeti의 *pp.*] 싫증난. 게으른.

tandī *f.* [*sk.* tandri] 권태. 나태.

tapa *m* [=tapo] ① 열(熱). ② 고행. ③ 헌신. 참회. 자제. → tapo. -caraṇa 고행주의(苦行主義). -cariyā 수도원생활.

tapati [tap] ① 빛나다. 밝다. ② 열나다. 뜨겁다. 덥다. ③ 고행하다. *ppr.* tapanta. *ppr. pl. gen.* tapataṁ; *grd.* tapanīya; *pp.* tatta

tapana *adj. n.* [<tapati] ① 불타는. 뜨거운. ② 고통. 고문. 고행. *f.* tapanī 불에 관한 비유적인 말놀이.

tapanīya *adj. n.* [tapati의 *grd.*] ① 불타는. 고행의. ② 빛나는. ③ 빛나는 금속. 황금.

tapassin *adj. m* [*sk.* tapasvin] = tāpasa ① 고행하는. ② 고행자. *gen.* tapassino.

tapo *m* [*sk.* tapas] ① 열(熱). ② 고행. -kamma 고행의 실천. -uda(tapoda) 온천(溫泉). -jigucchā 고행주의에 대한 혐오. -dhana 고행의 재보를 지닌 자. 고행자. -vana 고행림(苦行林). -ssita 고행에 의존하는. 고행. ③ 헌신. 참회. 자제(自制).

tappaṇa *n.* [*sk.* tarpaṇa] ① 만족시킴. 상쾌하게 함. ② 회복시킴.

tappati ① [*sk.* tapyate. tapati. tap의 *pass.*] 열나다. 불타다. 괴롭다. 고행하다. ② [*sk.* tṛpyate tṛp] 만족하다. 기쁘다. *pres. 1pl.* tappāmase. *grd.* tappiya tappaya; *pp.* titta; *caus.* tappeti; *pp.* tappita.

tappara *adj.* [*sk.* tatpara] ① 아주 좋아하는. ② 의도하는. ③ 부지런한. ④ 헌신하는.

tappurisa *m* [sk. tatpuruṣa] 격한정복합어. 의주석(依主釋)[문법].

tappetar *m* [tappetu의 *ag.*] ① 만족시키는 사람. ② 향응을 제공하는 사람.

tappeti [tappeti의 *caus.*] ① 만족시키다. ② 대접

하다.

tabb° = taṁ° cf. tabbisaya. tabbahula

tabbipakkha adj. [tad-vipakkha] ① 그것에 반대하는. ② 그것에 대립하는.

tabbiparīta adj. [tad-viparitā] 그것과는 다른.

tabbisaya. tabbahula = taṁ-vi-saya. taṁ-bahula

tabbhāgiya adj. [tad-bhāgiya] ① 같은 부분의. 같은 일의. ② 동분의.

tabbhāva adj. [tad-bhāva] ① 그 상태. ② 그 실재의 본성.

tama. tamo n. [sk. tamas] ① 어둠. ② 무지. 무명. -andhakāra(tama°) (밤의) 칠흙 같은 어둠. 무지의 어둠. -jotiparāyaṇa(tamo°) 어둠에서 밝음으로 가는 사람. 광향암자(光向闇者). -tamaparāyana(tamo°) 어둠에서 어둠으로 가는 사람 암향암자(闇向闇者). -nivuta. -nīvuta(tama°) 어둠에 싸인. -nuda(tama°. tamo°) 어둠을 도달한. 악취(惡趣)에 떨어진. 운명의 종말에 처한. ③ °tama (cpd.) [sk. tama] 최상의. 가장~.

tamākhu n. [tamākhu] 담배[식물]. -paṇṇa 담배. -vāṇija 담배가게주인.

tamāla [〃] 따말라[나무의 이름 : Xanthochymus Pictorius].

tam enaṁ adv. [=tāvad eva] 곧바로.

tamba adj. m. n. [sk. tāmra] ① 구리 빛의. 갈색의. ② 구리. 적동(赤銅). -ûpādāna 구리 빛의 베개. 단침(丹枕). -kippilikā 불개미. -kesa 금발. -cūḷa 수탉. -nakha 적동색의 손톱을 지닌. -netta 갈색의 눈동자를 지닌. -bhājana 구리그릇. -puppha 구리빛·적동색(赤銅色)의 꽃.

Tambapaṇṇi m. [tamba-paṇṇi] 땀바빤니. 동엽(銅葉). 적동엽(赤銅葉). 동장(銅掌). 석란도(錫蘭島)[스리랑카의 이름 : Laṅkā. Sīhaḷa].

tambūla n. [〃] 인도 후추나무. 인도 후추나무의 잎. 구장(蒟醬). 빈랑수(檳榔樹). -peḷā 구장(蒟醬)을 담는 바구니.

tammaya adj. [taṁ-aya] ① 그것에 이르는. 그것과 관계하는. ② 그것과 동일한. ③ 그것을 충족시키는.

tammayatā f. [tammaya의 abstr.] ① 그것으로부터 이루어진. 피작성(被作性). ② 그것 또는 그나 그녀와 동일한 것. 갈애(渴愛).

tamhā ind. [=tasmā] ① 그것으로부터. ② 그러므로. 그 때문에. ③ 그 후에.

taya = tayo = ti [sk. traya] 3. 셋. 삼.

tayā. tayi → tvaṁ.

tayo ti의 m. nom. acc.

~ akusalavitakkā 세 가지 악하고 불건전한 사유. 삼불선심(三不善尋)[감각적 쾌락의 욕망에 매인 사유(欲尋 : kāmavitakka), 분노에 매인 사유(瞋恚尋 : byāpādavitakka), 폭력에 매인 사유(害尋 : vihiṁsāvitakka)]

~ akusalasaṅkappā 세 가지 악하고 불건전한 의도. 삼불선사(三不善思)[감각적 쾌락의 욕망에 매인 의도(欲思 : kāmasaṅkappa), 분노에 매인 의도(瞋恚思 : byāpādasaṅkappa), 폭력에 매인 의도(害思 : vihiṁsāsaṅkappa)]

~ aggī 세 가지 불. 삼화(三火)[탐욕의 불(貪火 : rāgaggi), 성냄의 불(瞋火 : dosaggi), 어리석음의 불(痴火 : mohaggi)]. 세 가지의 제화(祭火)[헌공의 제화(獻供火 : āhuneyyaggi), 가주의 제화(家主火 : gahapataggi), 보시의 제화(惠施火 : dakkhiṇeyyaggi)]

~ attapaṭilābhā 세 가지 자아의 획득. 삼종아득(三種我得)[거친 자아의 획득(oḷāriko attapaṭilābho : 감각적 쾌락의 욕망계의 존재), 정신으로 이루어진 자아의 획득(manomayo attapaṭilābho : 미세한 물질계의 존재), 물질을 여읜 자아의 획득(arūpo attapaṭilābho : 비물질계의 존재)].

~ atthā 세 가지 이익. 삼익(三益)[자신의 이익(attattha), 타인의 이익(parattha), 자타의 이익(ubhayattha)].

~ addhā 세 가지 시간. 삼시(三時)[과거의 시간(過去時 : atītaddha : 경에 의하면 결생의 이전이고 논에 의하면 삼찰나 -생(生)·주(住)·멸(滅) - 가운데 멸 이후), 미래의 시간(未來時 : anāgataddha : 경에 의하면 사몰 이후이고 논에 의하면 삼찰나 가운데 생 이후), 현재의 시간(現在時 : paccuppannaddha : 경에 의하면, 결생과 사몰 사이이고, 논에 의하면, 삼찰나 가운데 주)].

~ antā 삼변(三邊)[개체의 상태(有身邊 : sakkāyanta : 다섯 가지 존재의 집착다발의 상태), 개체의 발생의 상태(有身集邊 : sakkāyasamudayanta : 다섯 가지 존재의 집착다발을 생겨나게 하는, 이전의 갈애의 상태), 개체의 소멸의 상태(有身滅邊 : sakkāyanirodhanta : 열반)].

~ anusayā 세 가지 경향. 삼수면(三隨眠)[탐욕의 경향(貪隨眠 : rāgânusaya), 분노의 경향(瞋恚隨眠 : paṭighânusaya), 무명의 경향(無明隨眠 : avijjânusaya)].

~ āsavā 세 가지 번뇌. 삼루(三漏)[감각적 쾌락의 욕망에 의한 번뇌(欲漏 : kāmāsava 다섯 가지 감각적 쾌락의 욕망의 대상에 대한 탐욕), 존재에 의한 번뇌(有漏 : bhavāsava : 영원주의를 수반하는 존재에 대한 탐욕), 무명에 의한 번뇌(無明漏 : avijjāsava : 괴로움 등을 모르는 무명)].

~ kammapathā 세 가지 행위의 길. 삼업도(三業道)[신체적 행위의 길(身業道 : kāyakamma-pathā), 언어적 행위의 길(口業道 : vacīkamma-pathā), 정신적 행위의 길(意業道 : manokam-mapathā)].

~ kiñcanā 세 가지 무엇인가 있는 것. 세 가지 장애. 삼장(三障)[탐욕의 장애(欲障 : rāgakiñ-cana), 성냄의 장애(恚障 : dosakiñcana), 어리석음의 장애(癡障 : mohakiñcana)].

~ kilesā 세 가지 오염. 삼염(三染). 세 가지 번뇌. 삼번뇌(三煩惱)[경향의 오염(睡眠煩惱 : anu-sayakilesa : 번뇌의 활동이 잠재적인 것), 편견의 오염(纏縛煩惱 : pariyuṭṭhānakilesa : 번뇌의 활동이 현재적인 것), 위범의 오염(違犯煩惱 : vītikkamakilesa : 번뇌의 활동이 살생·투도 등의 죄를 짓기에 이른 것)].

~ kusalavitakkā 세 가지 착하고 건전한 사유. 삼선심(三善尋)[감각적 쾌락의 욕망을 여읜 사유(出離尋 : nekkhammavitakka), 분노를 여읜 상유(無恚尋 : abyāpādavitakka), 폭력을 여읜 사유(無害尋 : avihiṁsāvitakka)].

~ kusalasaṅkappā 세 가지 착하고 건전한 의도. 삼선사(三善思)[감각적 쾌락의 욕망을 여읜 의도(出離思 : nekkhammasaṅkappa), 분노를 여읜 의도(無恚思 : abyāpādasaṅkappa), 폭력을 여읜 의도(無害思 : avihiṁsāsaṅkappa)].

~ kkhaṇā 세 가지 찰나. 삼찰나(三刹那)[생성의 찰나(生刹那 : uppādakkhaṇa), 유지의 찰나(住刹那 : ṭhitikkhaṇa), 괴멸의 찰나(滅刹那 : bha-ṅgakkhaṇa)].

~ khandhā 세 가지 다발. 삼취(三聚). 삼온(三蘊)[계행의 다발(戒蘊 : sīlakkhandha), 삼매의 다발(定蘊 : samādhikkhandha), 지혜의 다발(慧蘊 : paññākkhandha)].

~ khilā 세 가지 황무지. 삼재(三栽)[탐욕의 황무지(貪栽 : rāgakhila), 성냄의 황무지(瞋栽 : do-sakhila), 어리석음의 황무지(痴栽 : mohakhi-la)].

~ gilānā 세 종류의 환자. 삼종환자(三種患者)[자양분이나 의약품이나 간병인과 관계없이 치유되지 않는 질병을 지닌 환자. 자양분이나 의약품이나 간병인과 관계없이 치유되는 질병. 자양분이나 의약품이나 간병인과 관계없이 치유되는 질병을 가진 환자. 자양분이나 의약품이나 간병인을 조건으로 치유되는 질병을 가진 환자].

~ therā 세 종류의 장로. 삼종장로(三種長老)[태생에 의한 장로(出生長老 : jātithera : 나이만 먹은 장로). 원리에 의한 장로(法長老 : dhamma-thera : 덕성을 갖춘 장로). 인정에 의한 장로(認定長老 : sammutithera : 나이들어 출가해서 장로라고 불리는 사미)].

~ daṇḍā 세 가지 폭력. 삼벌(三罰) 삼장(三丈)[신체적 폭력(身罰, 身丈 : kāyadaṇḍa), 언어적 폭력(口罰, 語丈 : vacīdaṇḍa), 정신적 폭력(意罰 意丈 : manodaṇḍa) : 폭력은 악행(惡行 : duc-carita)을 말함].

~ devā 세 가지 신(神). 삼종신(三種神)[세속의 신(sammutideva : 왕, 왕비, 왕자), 태생의 신(upapattideva : 사천왕 이상의 하늘사람이나 하느님들), 청정의 신(visuddhideva : 거룩한 님 즉, 아라한)].

~ nighā 세 가지 동요. 삼요(三搖)[탐욕의 동요(貪搖 : raganigha), 성냄의 동요(瞋搖 : dosa-nigha), 어리석음의 동요(痴搖 : mohanigha)].

~ puggalā 세 종류의 사람. 삼인(三人)[聲聞·緣覺·菩薩]. [아직 배울 것이 있는 사람(有學人 : sekkhapuggala : 학인), 더 이상 배울 것이 없는 사람(無學人 : asekkhapuggala : 아라한), 배울 것이 있지도 배울 것이 없지도 않은 사람(非有學非無學人 : nevasekkhanāsekkhapuggala : 범부)]. [몸으로 깨우친 님(身證者 : kāyasakkhin), 견해를 성취한 님(見到者 : diṭṭhappatta), 믿음으로 해탈한 님信解者 : saddhāvimutta)].

~ papañcā 세 가지 희론. 삼희론(三戲論)[갈애에 의한 희론(愛障碍 : taṅhāpapañca), 자만에 의한 희론(慢障碍 : mānapapañca), 견해에 의한 희론(見障碍 : diṭṭhipapañca) : 각각 '이것은 나의 것이다(etaṁ mama), 내가 이것이다(eso'ham as-mi), 이것이 나의 자아이다(eso me attā)'에 수반되는 것임].

~ phassā 세 가지 접촉. 삼촉(三觸)[順樂受觸·順苦受觸·順不苦不樂受觸].

~ bhavā 세 가지 존재. 삼유(三有)[감각적 쾌락의 욕망계의 존재(欲有 : kāmabhava), 미세한 물질계의 존재(色有 : rūpabhava), 비물질계의 존재(無色有 : arūpabhava)].

~ madā 세 가지 도취 · 교만. 삼교(三憍)[건강에 의한 도취 · 교만(無病憍 : ārogyamada), 젊음에 의한 도취 · 교만(靑壯憍 : yobbanamada), 생명에 의한 도취 · 교만(生命憍 : jīvitamada)].

~ maṅgalā 세 가지 축제. 삼길사(三吉事)[장신(莊身)의 축제(裝身式 : ābharaṇamaṅgala), 관정(灌頂)의 축제(卽位式 : abhisekamaṅgala), 결혼(結婚)의 축제(結婚式 : āvāhamaṅgala)].

~ rāsī 세 가지 더미. 삼취(三聚)[그릇됨에 의해 확정된 무리(邪性決定聚 : micchattaniyatarāsi : 그릇된 자성에 의해서 결정된 것으로, 결정된 사견을 수반하는 무간업), 올바름에 의해 확정된

무리(正性決定聚 : sammattaniyatarāsi : 네 가지 고귀한 길), 확정되지 않은 무리(不定聚 : aniyatarāsi : 결정되지 않은 나머지의 모든 것들)].

~ vādapathā 세 가지 언어의 해석방식. 삼어로(三語路)[명칭에 의한 해석방식(名目道 : adhivacanapatha), 어원에 의한 해석방식(言語道 : niruttipatha), 개념에 의한 해석방식(施設道 : paññattipatha)].

~ vimokkhā 세 가지 해탈. 삼해탈(三解脫)[있음을 여읜 해탈(空解脫 : suññatavimokkha). 인상을 여읜 해탈(無相解脫 : animittavimokkha). 바램을 여읜 해탈(無願解脫 : appaṇihitavimokkha)].

~ vihārā 세 가지 삶. 삼주(三住)[신성한 삶(天住 : dibbavihāra : 여덟 가지 성취), 거룩한 삶(梵住 : brahmavihāra : 네 가지 한량없는 마음), 고귀한 삶(聖住 : ariyavihāra : 경지의 성취)].

~ vedā 세 가지 베다. 삼베다(三吠陀)[리그베다(Ṛgveda), 사마베다(Sāmaveda), 야주르베다(Yajurveda)].

~ saṁyojanā 세 가지 결박. 삼결(三結)[흐름에 든 님(sotāpattipanna : 預流者)이 되기 위해 제거해야 하는 결박 : 개체가 있다는 견해(有身見 : sakkāyadiṭṭhi), 의심(疑 : vicikicchā), 규범과 금계에 대한 집착(戒禁取 : sīlabhataparāmāsa)].

~ satthāro 세 종류의 스승. 삼종사(三種師)[일시적으로 감각적 쾌락에 대한 욕망의 세계를 떠나서 미세한 물질계로 들어가는 것을 가르치는 스승, 일시적으로 미세한 물질계에서 떠나 비물질계로 들어가는 것을 가르치는 스승, 모든 존재의 남김없는 소멸인 열반을 가르치는 스승]

~ saṅkhārā 세 가지 형성. 삼행(三行)[신체적 형성(身行 : kāyasaṅkhāra), 언어적 형성(口行 : vacīsaṅkhāra)·意(manosaṅkhāra)].

~ samādhi 세 가지 삼매. 삼정(三定). 삼삼매(三三昧)[사유가 있고 숙고가 있는 삼매(有尋有伺定 : savitakkasavicārasamādhi : 사선정을 다섯으로 분류했을 때, 첫 번째 선정의 삼매), 사유는 없고 숙고만 있는 삼매(無尋有伺定 : avitakkavicāramattasamādhi : 사선정을 다섯으로 분류했을 때, 두 번째 선정의 삼매), 사유도 없고 숙고도 없는 삼매(無尋無伺定 : avitakkâvicārasamādhi : 사선정을 다섯으로 분류했을 때, 나머지 선정)], [있음을 여읜 삼매(空三昧 : suññatasamādhi), 인상을 여읜 삼매(無相三昧 : animittasamādhi), 바램을 여읜 삼매(無願三昧 : appaṇihitasamādhi)]. [준비삼매(遍作定 : parikammasamādhi), 근접삼매(近行定 : upacārasamādhi), 근본삼매(安止定 : appanāsamādhi)]

~ sassatavādā 세 가지 영원주의. 삼상주론(三常住論)[1. 한 번에서 십만 번 다시 태어나면서 세상은 파괴되기도 하고 전개되기도 하지만 자아와 세계는 영원한 것이라고 파악하는 주의. 2. 한 개에서 열 개의 세계의 파괴와 생성을 겪으면서 세상은 파괴되기도 하고 전개되기도 하지만 자아와 세계는 영원한 것이라고 파악하는 주의. 3. 열 개에서 마흔 개의 세계의 파괴와 생성을 겪으면서 세상은 파괴되기도 하고 전개되기도 하지만 자아와 세계는 영원한 것이라고 파악하는 주의].

tara *adj. n.* [*cf.* tarati] ① 건널 수 있는. 통과할 수 있는. ③ 건넘. 통과. 도탈(度脫). suduttara 아주 건너기 어려운. -esin 건너기 원하는. 도탈(度脫)하기 원하는.

taraṅga *m.* [tara-ga] 파도(波濤).

taraccha *m.* [*sk.* tarakṣu] ① 하이에나(*eng.* hyena). ② 승냥이. ③ 곰[熊; 漢譯].

taraṇa *n* [〃 *cf.* tarati] ① 건넘. 지나감. 통과. ② 도탈(度脫).

taraṇī *f.* [<taraṇa] 배[舟]. 보트.

tarati ① [〃 <tṛ] 건너다. 지나가다. 횡단하다. 도탈(度脫)하다. 극복하다. *ppr.* taranto; *grd.* taritabba; *aor.* atari. atāri. atāruṁ; *pp.* tāṇā. tiro. tiriyaṁ. tīra. ② [*sk.* tvarate tvar *cf.* tutati. turayati] 서두르다. *ppr.* taramāna; *grd.* taraṇiya *cf.* tura. turita. turiya.

tarahi *ind.* [*sk.* tarhi. *cf.* carahi. etarahi] ① 그런데. ② 그 때에.

tari *f.* [<tarati] 보트. 배[舟].

taritar *m.* [tarati의 ag.] 건너는 자.

taritatta *n.* [tarita의 *abstr.*] ① 건넌 상태. 통과한 사실. ② 도탈(度脫).

taru *m.* [dāru의 방언.] 나무.

taruṇa *adj. m n.* [〃] ① 어린. 젊은. ② 어린아이. 젊은이. ③ 새싹. 어린 나무. -ûpamā 어린이의 비유.

taruṇī *f.* [<taruṇa] 계집아이. 여자아이.

tala *n.* [〃] ① 평지. 육지. ② 평면. 표면. ③ 기초 바닥. ④ 손바닥 -ghātaka 손바닥으로 찰싹 때리기. -sattika 손에 칼을 든. -ṁ uggirati 바닥을 들어 올리다.

talaka *adj.* [tala-ka] 평평한. 평탄한.

talika *adj.* [tala-ika] 구두창을 지닌. -upāhanā 구두창이 있는 신발.

taḷāka *n.* [*sk.* taḍāka] 못. 연못. 저수지.

tavaṁ *pron.* [<tvaṁ] 너를. 너의.

tasa *adj.* [*sk.* trasa. *cf.* tasati ②] ① 흔들리는. 두려워하는. 동요하는. ② 움직이는. -thāvarā *m. pl.* 움직일 수 있는 것과 움직일 수 없는 것. [동물과 식물(?). 범부와 아라한(?)].

tasati ① [*sk.* tṛṣyati. tṛṣ *cf.* taṇhīyati] 갈망하다. 몹시 원하다. *pp.* tasita. tiṭṭha ② [*sk.* trasati. tras] 동요하다. 두려워하다. ~daṇḍassa 곤장 맞을 것을 두려워하다. *pp.* tasita *cf.* tasa. uttasati 두려워하다.

tasara. tasala *n.* [*sk.* tasara] 베틀의 북. 셔틀(*eng.* shuttle).

tasiṇā *f.* [=taṇhā] ① 목마름. ② 갈망. 갈애.

tasmā [ta의 *abl.*] ① 그로부터. ② 그러므로. 그 때문에. ③ 그 후에.

tasmiṁ [ta의 *loc.*] 그 (그것)에.

tassa ta(so. tad.)의 *dat. gen.*

tassaṁ sā *f.*의 *loc.*

tassapāpiyyasikā *f.* [tassa-pāpiyyasaika] 상대의 죄악에 대하여 밝혀진 것 이외에 더 추궁하여 자인하게 함으로써 쟁사를 그치게 하는 것. 죄악의 추궁. 멱죄상(覓罪相). 구피죄(求彼罪)[七滅諍(adhikaraṇasamathā)의 원인이 되는. 네 가지 쟁사의 하나로. 비구가 범한 죄를 밝혀내기 위해 생기는 쟁사를 말한다].

tassā. tassāya sā *f.*의 *dat. gen.*

tahaṁ. tahiṁ *adv.* 거기에. 거기로.

tā. tāyo [ta의 *f. pl. nom. acc.*] ① 그 여자들은. ② 그 여자들을.

tāṇa *n.* [*sk.* trāṇa] ① 피난처. 도피처. ② 은밀한 장소. -gāmimagga 피난처에 이르는 길.

tāṇatā *f.* [tāṇa의 *abstr.*] ① 피난. ② 보호. 구호. 비호.

tāta *m.* [〃] 아버지. *voc.* 아빠![일반적으로 남자에 대한 애칭]. *pl.* tātā.

tātar *m.* [trā의 *ag.*] ① 보호자. 구원자. ② 도움을 주는 자.

tātariya *m.* [〃] 타타르(Tatar) 족에 속하는.

tādin *adj.* [*sk.* tādṛś. *bsk.* tāyin] 이와 같은. 이러한. (sg.) *m. nom.* tadi; *gen.* tādino; *ins.* tādinā; *acc.* tādiṁ; (*pl*). *nom. acc.* tādino; *loc.* tādisu. *cf.* tādisa.

tādina *adj.* [tādin의 확대형] = tādin. *loc.* tādine.

tādisa ① *adj.* [*sk.* tādṛśa] 그와 같은. 여차(如此). 수기상(隨其相). *f.* tādisī [*sk.* tādṛṣī] ② [tvaṁ-disa] 너와 같이.

tādisaka *adj.* = tādisa.

tāpana *n.* [<tāpeti] ① 태움. 그슬림. 훈제. ② 고문. 신음. 자학(自虐). 고행(苦行).

tāpasa *m.* [〃<tapas] 고행자. -pabbajja 고행자가 됨. 고행자의 출가. *f.* tāpasī.

tāpeti [*sk.* tāpayati. tapati의 *caus.*] ① 태우다. ② 괴롭히다. ③ 뿌리를 뽑다. 소진시키다.

tāma *m.* [〃] 욕망. 탐욕.

tāmatamada *m.* [tāmatama-ada] 가장 탐욕스럽게 먹는 뱀.

tāya sā *f.* 의 *sg. ins. dat. abl. gen.*

tāyaṁ sā. *f.* 의 *sg. loc.*

tāyati [*sk.* trāyate. trāti trai] ① 보호하다. 보존하다. ② 육성하다.

tāyana *n.* [<tāyati] ① 보호. ② 안내.

tāyitar *n.* [<tāyati의 *ag.*] ① 보호자. ② 안내자.

tārakā *f.* [〃] ① 별. ② 행성. ③ 빛나는 것. ④ 반짝임. akkhitāraka 눈동자. udakatāraka 물방울의 반짝임. -kāra 소행성(小行星). -rūpa 별빛.

tārā *f.* [〃] ① 별. ② 행성. -âsabha 별·행성들의 우두머리. 성우왕(星牛王). -pati 달[月]. -lañchana 별표. -samūha 성좌(星座). 성군(星群).

tāreti [tarati의 *caus.*] ① 건너게 하다. 탈출시키다. ② 서두르게 하다. *aor.* atārayi. tāresi.

tāretar *m.* [tāreti의 *ag.*] 건너게 도와주는 사람. 구원자.

tāla *m.* [〃] ① 팔미라(palmyra). 야자수. 다라수(多羅樹). 종려(棕櫚). ② 높이의 척도. ③ = tāḷa 종. 벨. 심벌즈. ④ 줄. 줄무늬. kaṁsatāla 징의 일종. -aṭṭhika 종려열매의 핵. -kanda 딸라깐다[구근식물의 이름]. -kkhandha 종려나무의 몸통. -taruṇa 종려나무의 어린 새싹. -cchādi. -cchāyā 종려나무의 그늘. -pakka 종려열매. -paṇṇa. -patta 종려 잎. 다라엽(多羅葉). -panti 종려의 열(列)·병목(幷木). -miñja 종려나무의 나무심. -vaṇṭa (종려나무 잎으로 만든) 부채. 다라경(多羅莖). 다라선(多羅扇). -vaṇṭaka 종려 잎으로 만든 옷. 다라엽의(多羅葉衣). -vatthu 종려나무의 그루터기. -vāra = 종려나무의 시간(?). 종치는 시간(=tāḷavāra).

tālâvatthukata *adj.* [tāla-avatthu-kata] 종려나무의 그루터기가 잘려진.

tālissa. tālisa. tālisaka *n.* [*sk.* tāli. tāliṣa] ① 달자향(達子香)[관목의 이름. Flacourtia Cataphracta]. ② 달자향 연고·분말.

tālī *f.* [〃] 탈리폿야자[남인도의 야자수].

tālu *m.* [〃*cf.* tala] 입천장. 구개(口蓋).

tāḷa ① *m.* [=tāla③. *sk.* tāla] 두드림. 때림. 타악기. 징. 벨. 심벌즈. -āvacara 음악. 음악가. -sadda 타악기 소리 ② *n.* [*sk.* tālaka. tāḍa] 열쇠. -cchiggaḷa. -cchidda 열쇠구멍.

tāḷana *n.* [<tāḷa] ① 때림. ② 구타.

tāḷeti [*sk.* tāḍayati taḍ] ① 때리다. 두드리다. ②

구타하다. *fut.* tāḷessaṁ; *pp.* tāḷita.

tāva *ind.* [*sk.* tāvat] ① 그 만큼. 그 정도. ② 곧바로. 곧. ③ 먼저. 우선. etetāvad aguṇā hontu 우선은 그들이 덕이 없다 하자. yāva ~ tāva ~하는 한, 그 만큼. tāvadeva 곧. 바로. 항상. tāvade (=tāvadeva) 그때. 항상. 곧. tāvatā 그만큼. 그 때문에. 그러므로. -kālika 잠깐 동안. 일시적인.

tāvata *n.* [tāva의 *abstr.*] ① 그러함의 성질. ② 상대적인 공간.

tāvataka *n.* [*cf.* tāva] ① 그 만큼의. ② 잠시의. *cf.* tattaka.

tāvatā *ind.* [<tāva] ① 그러한 만큼. ② 그 때문에. 그러므로.

tāvatiṁsa *num. adj. m.* [*sk.* trāyastriṁṣat] = tettiṁsa 33. 서른셋. 삼십삼천(三十三天)(의). tāvatiṁsā devā 서른셋 하늘나라의 신들. 서른셋 신들의 하늘나라. 삼십삼천(三十三天)[神·神界의 이름. 欲界六天의 하나]. -devaloka 서른셋 신들의 하늘나라. 삼십삼천계(三十三千界). -bhavana 서른셋 하늘 나라의 신들의 궁전. 삼삼십삼천중(三十三天衆) -parisā

tāsa *m.* [*sk.* trāsa. *cf.* tasati ②] ① 공포. 전율. ② 불안. 걱정. ③ 테러. -tassanā 공포에 의한 동요.

tāsaṇa *n.* [<tāseti] ① 공포. 전율. ② 불안. 걱정.

tāsaniya *adj.* [tassati의 *grd.*] ① 두려워해야 할. ② 당연히 두려운.

tāseti [tasati의 *caus.*] ① 놀라게 하다. ② 위협하다. ③ 찌르다. *aor.* tāseti; *pp.* tāsita; *ppr.* tāsenta. tāsayamāna; *abs.* tāsetvā; *grd.* tāsaniya.

tāsaṁ. tāsānaṁ sā *f.* 의 *pl. dat. gen.*

tāsāhaṁ = tāsaṁ ahaṁ.

tāsu sā *f.* 의 *pl. loc.*

tāhaṁ ① = taṁ ahaṁ. ② = te ahaṁ.

tāhi sā *f.* 의 *pl. ins. abl.*

ti *ind. ind.* [iti의 축약] ~라고. 이렇게.

ti [*sk.* tri] 3. 셋. 삼. 세 가지. *nom. acc. m.* tayo. *f.* tisso. *n.* tīṇi; *ins. abl.* tīhi. tībhi ; *dat. gen. m. n.* tiṇṇaṁ. tiṇṇannaṁ *f.* tissaṁ. tissannaṁ ; *loc.* tīsu; 13. terasa. tedasa. telasa; 23 tevīsati ; 30 tiṁsati. tiṁsa. tisa; 300 tisata; 3000 tisahassa. -kaṭuka 세 가지 종류의 향료·양념. -koṭiparisuddhi 삼점청정(三點淸淨). -koṇaka 삼각형(三角形). -gāvuta 2마일 정도의 거리[yojana와 usabba 사이] -catu 서넛. -cīvara (비구의) 3벌의 옷. 삼의. -tālamattaṁ 세 개의 종려나무 높이의. -daṇḍa (물단지를 올려놓은) 삼발이. 전차의 부품. -diva 삼천(三天) = 삼십삼천(三十三天). -pada 삼행시(三行詩). -(p)pala 세 가지의. 세 겹의. -parivaṭṭadvādasākāra 세 번 굴린 열두 갈래의 행상. 삼전십이행상(三轉十二行相)[四聖諦에 대한 인식형태로 1. 시전(示轉) : '이것은 괴로움이다, 이것은 괴로움의 발생이다, 이것은 괴로움의 소멸이다. 이것은 괴로움의 소멸에 이르는 길이다'라는 진리에 대한 앎(saccañāṇa)이라고 한다. 2 권전(勸轉) : '괴로움은 알려져야 한다, 괴로움의 발생은 제거되야 한다, 괴로움의 소멸은 깨달아져야 한다, 괴로움의 소멸에 이르는 길은 닦여져야 한다'라는 진리에 대한 수행을 권하는 것으로 해야 할 일에 대한 앎(kiccañāṇa)이라고 한다. 3. 증전(證轉) : '괴로움은 알려졌다, 괴로움의 발생은 제거되었다, 괴로움의 소멸은 깨달아졌다, 괴로움의 소멸에 이르는 길은 닦여졌다'라는 진리에 대하여 증거하는 것으로 행해진 일에 대한 앎(katañāṇa)이라고 한다]. -pallattha '세 가지 방법으로 도는'; 모든 일에 유능한. -piṭaka 삼장(三藏)[經藏·律藏·論藏]. 불경(佛經). 불교경전. -peṭakin 삼장법사(三藏法師). -bodhi 세 가지 깨달음. 삼보리(三菩提 : 성문과 연각과 부처님의 깨달음). -bhava 세 가지 존재. 삼유(三有 : 欲有·色有·無色有]. -bhūmaka 삼층(三層)의. -maṇḍala 세 가지 둥근 곳[배꼽과 두 무릎]. -yojana 32km의 거리. -ratana 세 가지 보물. 삼보(三寶)[부처님(佛 : buddha)·가르침(法 : dhamma)·참모임(僧 : saṅgha)의 세 가지 보물]. -rattaṁ 사흘 동안. -loka 세 종류의 세계. 삼계(三界)[감각적 쾌락의 욕망계(欲界 : kāmaloka), 미세한 물질계(色界 : rūpaloka), 비물질계(無色界 : arūpaloka)]. -vagga 삼품(三品)으로 이루어진. -(v)aṅgika 세 가지 선지(禪支)로 이루어진. -vidha 세 종류의. -visākha 이마 위 세 가닥의 선[힌두교에서 세 가지 구나(guṇa)를 상징함] -sandhi 세 구분으로 이루어진. 세 간격으로 이루어진. -saraṇa 세 종류의 안식처. 세 가지 피난처. 삼귀의(三歸依)[부처님(佛 : buddha)·가르침(法 : dhamma)·참모임(僧 : saṅgha)에 대한 귀의].

tiṁsa *num.* [*sk.* triṁśat] 30. 서른. 삼십. tiṁsaṁ. tiṁsā. tiṁsati; *dat. ins.* tiṁsāya. -nipāta 30개의 절(節)·장(章). -matta 서른 정도. 약 30의. -vassasahassa 3만년. -sahassa 3만.

tika *adj.* [ti-ka. *sk.* trika] ① 세 개로 구성된. ② 세끼의. 세 개 한 벌의. -pāta 세 가지 모음. 삼집(三集). -paṭṭhāna 세 가지 방법. 삼법발취(三法發趣). -bhojana 세 사람이 함께 하는 식사. 세끼 식사. 삼식(三食).

tikicchaka *m.* [*sk.* cikitsaka. *cf.* tikicchati] 의사

(醫師).

tikicchati [= cikicchati. *sk.* cikitsati. cit의 *desid.*] 치료하다. *ppr.* tikicchant; *caus.* tikicchāpeti.

tikicchā *f.* [*sk.* cikitsā. *cf.* tikicchati] ① 치료. 치료술. ② 의술(醫術). 의학(醫學). -kamma 의술. *cf.* tekiccha.

tikkaṁ atikkamma의 *misr.*

tikkha *adj.* [=tikkhina. tiṇka] ① 날카로운. 영리한. ② 빠른. -indriya 예민한 감각기관. 이근(利根). -paññā 날카로운 지혜. 이혜(利慧). 예지(銳智).

tikkhattuṁ *ind.* [*sk.* trikṛtvaḥ] 세 번. 3회.

tikhiṇa *adj.* [*sk* tīkṣṇa] = tikkha. tiṇha. ① 날카로운. 자극적인. ② 가혹한. 강한. -indriya 예민한. 민감한. -indriyatā 분별력(分別力). 감수성(感受性). 예민성(銳敏性). 민감성(敏感性).

tiṭṭha *adj.* [tasati ①의 *pp.*] ① 건조한. 단단한. ② 거친.

tiṭṭhati [*sk.* tiṣṭhati. sthā] ① 서다. ② 머물다. 살다. 행동하다. ③ 존재하다. 지속하다. ④ 남다. *pres.* ṭhati; *imp.* tiṭṭha. tiṭṭhāhi. tiṭṭhatu; *ppr.* tiṭṭhamāna; *opt.* tiṭṭhe. tiṭṭheyya; *fut.* ṭhassati; *aor.* aṭṭhāsi. aṭṭhaṁsu. aṭṭhā; *inf.* ṭhātuṁ; *abs.* ṭhatvā; *grd.* ṭhāniya; *pp.* ṭhita; *pass.* ṭhatvā; *grd.* ṭhānīya; *pp.* ṭhita; *pass.* ṭhīyati; *caus.* ṭhapeti. *cf.* ṭhā. ṭhāna. ṭhiti.

tiṭṭhana *n.* [<tiṭṭhati] 유지(維持).

tiṇa *n.* [*sk.* tṛṇa] 풀. 잔디. 건초. tiṇāya maññati 가볍게 생각하다. -aggi 섶불. 초화(草火). -aṇḍupaka 풀 한 통·타래. 초륜(草輪). -âgāra 초가집. 초옥(草屋). -ukkā 건초로 만든 횃불. 초거(草炬). -kaṭṭha 풀과 장작. 초신(草薪). -karala 건초 한단. 건초 한 웅큼. -kalāpa 건초다발. 초속(草束). -kājaka 풀 한 짐·차. -kuṭikā 초가집. 초방(草房). 초사(草舍). -gahana 풀의 덤불. -gumba 건초더미. -cuṇṇa 건초를 분쇄한. -cchadana. -cchādana 초가집. 초가지붕. -jāti 풀넝쿨. -dāya 초원. -dosa 잡초에 의해 황폐해진. -puñja 풀의 더미. -pupphaka 초화병(草花病)[눈이 풀색으로 되는 병]. -purisaka 허수아비. -bhakka 초식(草食). -bhisi 풀로 만든 요·방석. 초욕(草褥). -bhusa 건초. 여물. -bhūmi 잔디밭. 초원. -maṇi 귀감람석(貴橄欖石). -rukkha 관목. -vatthāraka 대표의 참회. 여초복지(如草覆地). 초복지비니(草覆地毘尼) [칠멸쟁(七滅諍 : adhikaraṇasamathā)의 하나로, 어떤 편의 잘못을 한 사람이 대표해서 인정하고 고백함으로써 잘못을 풀로 덮어두는 방식으로 쟁사를 그치게 하는 것. 법약은 풀과 같고 쟁론은 진흙과 같아 법약으로 쟁론을 그치게 함이 풀로 흙을 덮는 것과 같다는 뜻]. -santhāra. santhāraka 풀로 만든 깔개. 초좌(草座). -hāraka 풀을 모으는 사람. 풀베는 사람. 풀을 파는 상인.

tiṇava *m.* [?] 관고(鑵鼓)[북의 일종]. = deṇḍima.

tiṇḍuka = tinduka.

tiṇṇa *adj.* [*sk.* tirṇa. tarati의 *pp.*] ① 건너간. 통과한. 초월한. ② 극복한. -kathaṅkatha. -vicikiccha 의심을 극복한. 의심이 없는. 염복유예(厭伏猶豫).

tiṇṇaṁ *ind.* [ti의 *dat. gen.*] ~ratanānaṁ guno. 삼보(三寶; 佛·法·僧)의 공덕. ~saṅgati 세 가지 화합. 삼사(三事)의 화합.

tiṇha *adj.* [=tikkha. tikhiṇa] 날카로운. 예리한. 자극적인. 가혹한.

titikkhati [*sk.* titikṣate. tij의 *desid. cf.* tikhiṇa] 참다. 인내하다. *fut. 1sg.* titikkhissaṁ.

titikkhā *f.* [<titikkhati] ① 인내. ② 용서. ③ 오랜 고통.

titta *adj.* ① [*sk.* tikta<tij] 자극적인. (맛이) 쓴. ② [*sk.* tṛpta. tappati ②의 *pp.*] 만족한. 기쁜. -rasa 쓴맛의. 쓴.

tittaka. tittika *adj.* [*sk.* tiktaka<tij] 자극적인. (맛이) 쓴. -âlâbu 쓴 호리병박. 고과(苦瓜).

tittakatta *n.* [tittaka의 *abstr.*] ① (맛이) 자극적인 상태. (맛이) 씀.

titti *f.* [*sk.* tṛpti. *cf.* tappati ②] 만족. -mant 만족한. 흡족한.

tittika *adj.* [?] = samatittika ① 가장자리까지 가득한. ② 넘칠 듯한.

tittira *m.* [〃] 자고(鷓鴣)[새의 이름]. -pattikā 장화[목이 긴 구두]의 일종.

tittiriya *adj.* [tittira-iya] ① 자고새와 같은. ② 자고새에 속하는.

tittha *n.* [*sk.* tītha *cf.* tarati] ① 물 건너는 곳. 나루. 항구. 목욕하는 곳. 도장(渡場). 목욕장. 욕장(浴場). 진안(津岸). ② 종파. ③ 이교. 이단(異端). 이교도. -âyatana 종파의 활동범위. 이단적인 가르침의 항목들. 외도의 소의처(所依處). -kara 종파의 설립자. 파조(派祖). 외도사(外導師). 교조(敎祖). -coḷa 목욕수건. 목욕타월. 목욕가운. -nāvika 사공. 도수(渡手). -ññutā 도장(渡場)에 관한 지식.

titthita → tittika의 *misr.*

titthiya *m.* [*sk.* tīrthya *cf.* tittha ②] ① 이교. 외도(外道). 이학(異學). ② 이교도. -pakkantaka 외도에게로 달려간 자. -vatta 외도의 행사. -vihāra 외도의 사원. -sāvaka 외도의 추종자·제자. 이교도.

tithi *f.* [〃] 음력일.
tidaṇḍa *n.* [ti-daṇḍa] 삼각가(三脚架). 세 발 달린 의자. 세 발 달린 솥.
tidasa *num* [*sk.* tridaśa] = tāvatiṁsa 30. 33신. 삼십삼천(三十三天). -âdhipati 삼십삼천의 우두머리. 제석천(帝釋天). -gaṇa 삼십삼천의 무리. 삼십삼천중(三十三天衆). -deva 삼십삼천의 천신. -pura 삼십삼천의 도시. -bhavana 삼십삼천의 궁전.
tidiva = tāvatiṁsa 33신. 삼십삼천.
tidhā *ind.* [*sk.* tridhā] 세 가지 방법으로. -bhūtatakka 삼단논법(三段論法).
tinta *adj.* [=timita. *cf.* temeti] 젖은. 축축한.
tintaja → tittaka의 *misr.*
tintiṇa *n. adj.* [?] ① 탐욕. 욕구. ② 탐욕스러운.
tintiṇāti. tintiṇāyati [*sk.* timirayati] ① 기절하다. 졸도하다. ② 신음하다. 병들다.
tintinī *f.* [*sk.* tintiḍi] 타마린드[콩과의 열대산 식물].
tindima *n.* [=dindima] 작은 북. 소고(小鼓).
tindu. tinduka *m.* [〃] 띤두까나무. 시수(柹樹). 진두가수(鎭頭街樹)[Diospyros Embropteris]. *cf.* timbaru. rimbarūsaka
tipu *m.* [*cf. sk.* trapu] 납. 주석(朱錫). -maya 납·주석으로 만들어진.
tipusa *n.* [trapusa] 오이. 호과(胡瓜).
tippa *adj.* [=tibba. *sk.* tīvra] 날카로운. 꿰뚫는. 격렬한. 뾰족한. -upakkama. -padhāna 격렬한 정진. 용맹정진(勇猛精進).
tibba. *adj.* [<tij & tim] =tippa 날카로운. 밀집한. -gārava 아주 열심인. -rāga 강한 욕망. -sārāga 아주 강한 탐욕.
tibbata *m.* [tibbata] 티베트. -desa 티베트. -samaya 라마교.
tibbatīya *adj.* [tibbata] 티베트의. -ārāma 라마교 사원. -yati 라마승.
timi. timiṅgala *m.* [*sk.* timiṁ-gila] 거대한 바다고기. 대신어(大身魚)[선박마저 삼켜버리는 탐욕적이고 악마적인 거대한 신화적 물고기]].
timira *adj. n.* [〃 *cf.* tama] ① 어두운. ② 암흑. -tamba. 띠미라땀바[꽃이름]. -rukkha 띠미라룩카[꽃나무의 이름].
timirapiṅga. timiramiṅgala *m.* [*cf.* timiṅgala] = timi. 거대한 바다고기. 대신어(大身魚). → timi.
timbaru. *m.* ① 띰바루나무. = tinduka. timbarukkha. -tthani. -tthānī *f.* 띰바루 열매와 같은 유방을 지닌 여인. ② 띰바루신. 탐부루천(耽浮樓天). 진부루천(珍浮樓天). 띰바루. 탐부루(耽浮樓)[乾達婆의 왕].
timbarū. timbarūsaka *m.* = timbaru.
tiraccha *ind.* [*sk.* tiryañc] ① 가로질러. 횡으로. ② 경사(傾斜)로. 비스듬히. -bhūta 벗어나는. 어긋나는. 잘못 가는.
tiracchāna *m.* [*cf.* tiraścīnā. *cf.* tiriyaṁ. tiro] 짐승. 축생(畜生). -kathā 짐승이야기. 축생론. -gata 짐승. 축생. -gatika 야수성의. -yoni 짐승의 자궁. 짐승의 모태에 든. -yonika. -yoniya 짐승의 영역에 속하는. -vijjā 천한 기술·학문. 축생명(畜生明).
tiriyaṁ *ind.* [*sk.* tiryañc. tiryak] ① 가로질러. 횡으로. 횡단하여. ② 사방으로. -taraṇa 횡단하여 건너가는.
tiriya *f.* [?] 띠리야[넝쿨 식물의 일종].
tirivaccha *m.* [?] 띠리바차[나무의 이름].
tiriṭa. tirīta *n.* [〃] 띠리따[나무의 이름. Symplocos Racemosa].
tirīṭaka *m.* [tiriṭa-ka] 띠리따 나무의 껍질로 만든 옷.
tiro *prep. ind.* [*sk.* tiraḥ] ① 가로질러. ② ~을 넘어서. ③ 밖으로. -karaṇi 커튼. 블라인드. -kucchigata 자궁·태를 떠난. 태어난. 태중(胎中)의. -kuḍḍa 담의 밖에. 담을 넘어. -kuḍḍasutta 호외경(戶外經). -gāma 먼 마을. -chada '베일의 밖에' 잘 보이는. 눈에 띠는. -janapada 먼 나라. 외국. -dhāna 스크린. 꺼풀. -pākāraṁ 담을 넘어. -bhāva 은닉. 잠복. 사라짐. -raṭṭa 외국(外國).
tirokkāra *m.* [*sk.* tiraskāra] ① 질책. ② 모욕(侮辱). 경멸.
tirokkha *adj. m.* [*sk.* tiras-akṣa] ① 밖에 있는. ② 없는[사람]. ③ 부재자(不在者).
tila *m n* [〃] 깨. 참깨. 호마(胡麻). -odana 참깨 섞인 밥. -kakka 참깨반죽. -tela 참기름. -daṇḍaka 참깨줄기. -piññāka 참깨과자. -piṭṭha 참깨가루. -phala 참깨. -muṭṭhi 한 줌의 깨. -vāha 참깨화물. -rāsi 참깨더미. -saṅgulikā 참깨과자.
tilaka *m.* [tila-ka] ① 반점. 얼룩. ② 사마귀. ③ 주근깨. ④ 참깨. 호마수(胡麻樹).
tilakkhaṇa *m.* [ti-lakkhhaṇa] 존재의 세 가지 특징. 세 가지 특징. 삼상(三相)). 삼법인(三法印)[모든 조건지어진 것들은 무상하다(諸行無常 : sabbe saṅkhārā aniccā). 모든 조건지어진 것들은 괴롭다.(諸行皆苦 : sabbe saṅkhārā dukkhā). 모든 법들에는 자아가 없다(諸法無我 : sabbe dhammā anattā)].
tilañchaka → nilañchaka의 *misr.*
tividha *adj.* [ti-vidha] 세 가지 종류의.
-kāyaduccarita 세 가지 신체적 악행. 삼종신악행

(三種身惡行)[십불선업도(十不善業道) 가운데, 살아있는 생명을 죽이는 것(殺生 : pāṇātipāta), 주지 않는 것을 빼앗는 것(偸盜 : adinnādāna), 사랑을 나눔에 잘못을 행하는 것(邪淫 : kāmesu micchācāra)].

-kuhanavatthu 세 종류의 기만. 삼종기만(三種欺瞞)[수다에 의한 기만(lapanakuhana), 점술에 의한 기만(nemittakuhana), 술수에 의한 기만(nippesakuhana)].

-manoduccarita 세 가지 정신적 악행. 삼종의악행(三種意惡行)[십불선업도(十不善業道) 가운데, 탐욕스러운 것(貪欲 : abhijjhā), 분노하는 것(瞋恚 : byāpāda), 잘못된 견해(邪見 : micchādiṭṭhi)].

-maraṇa 세 종류의 죽음. 삼종사(三種死)[일상적 죽음(世俗死 : sammutimaraṇa), 찰나적 죽음(刹那死 : khaṇikamaraṇa), 윤회의 끊음에 의한 죽음(正斷死 : samucchedamaraṇa)].

tisata *num.* [ti-sata] 300. 삼백.

tisatta *num.* [ti-satta. 3x7] 21. 스물하나.

Tissa *m.* 띳싸[인명]. -bhūti 띳싸부띠[인명].

tissaṁ ta의 *f. sg. loc.*

tissannaṁ ti의 *f. dat. gen.*

tissā. tissāya ta의 *f. sg. dat. gen.*

tisso [*sk.* tisro] ti의 *f. nom. acc.*

~ akusaladhātuyo 세 가지 악하고 불건전한 세계. 삼불선계(三不善界)[감각적 쾌락의 욕망에 매인 세계(欲界 : kāmadhātu), 분노에 매인 세계(瞋恚界 : byāpādadhātu), 폭력에 매인 세계(害界 : vihiṁsādhātu)].

~ akusalasaññā 세 가지 악하고 불건전한 지각. 삼불선상(三不善想)[감각적 쾌락의 욕망에 매인 지각(欲想 : kāmasaññā), 분노에 매인 지각(瞋恚想 : byāpādasaññā), 폭력에 매인 지각(害想 : vihiṁsāsaññā)].

~ itthiyo 세 가지 여인. 삼종녀(三種女).

~ esanā 세 가지 추구. 삼구(三求). 삼심멱(三尋覓)[감각적 쾌락의 욕망의 추구(欲求 : kāmesanā), 존재의 추구(有求 : bhavesanā), 청정한 삶의 추구(梵行求 : brahmacariyesanā : 사견을 지닌 자가 숭배하는 청정한 삶의 추구)].

~ kaṅkhā 세 가지 의혹. 삼의(三疑)[疑自·疑師·疑法]. [과거에 대한 의혹, 미래에 대한 의혹, 현재에 대한 의혹].

~ kāmûppattiyo 세 가지 감각적 쾌락의 욕망에 매인 태어남. 삼욕생(三欲生)[인간들과 일부의 신들과 일부의 악처에 떨어진 자들처럼, 현전하는 감각적 쾌락의 욕망에 매여 태어남. 창조하고 기뻐하는 하늘나라의 신들처럼, 창조된 감각적 쾌락의 욕망에 매어 태어남, 다른 신들이 창조한 것을 누리는 하늘나라의 신들처럼, 다른 신들이 창조한 감각적 쾌락의 욕망에 매여 태어남].

~ kusaladhātuyo 세 가지 착하고 건전한 세계. 삼선계(三善界)[감각적 쾌락의 욕망을 여읜 세계(出離界 : nekkhammadhātu), 분노를 여읜 세계(無恚界 : abyāpādadhātu), 폭력을 여읜 세계(無害界 : avihiṁsādhātu)].

~ kusalasaññā 세 가지 착하고 건전한 지각. 삼선상(三善想)[감각적 쾌락의 욕망을 여읜 지각(出離想 : nekkhammasaññā), 분노를 여읜 지각(無恚想 : abyāpādasaññā), 폭력을 여읜 지각(無害想 : avihiṁsāsaññā)].

~ taṇhā 세 가지 갈애. 삼애(三愛)[감각적 쾌락에 대한 갈애(欲愛 : kāmataṇhā : 다섯 가지 감각적 쾌락의 욕망의 대상에 대한 욕망), 존재에 대한 갈애(有愛 : bhavataṇhā : 영원주의에 입각한 존재에의 욕망), 비존재에 대한 갈애(無有愛 : vibhavataṇhā : 허무주의에 입각한 소멸에의 욕망]. [감각적 쾌락의 욕망에 대한 갈애(欲愛 : kāmataṇhā), 미세한 물질계에 대한 갈애(色愛 : rūpataṇhā), 비물질계에 대한 갈애(無色愛 : arūpataṇhā)], [미세한 물질계에 대한 갈애(色愛 : rūpataṇhā), 비물질계에 대한 갈애(無色愛 : arūpataṇhā), 소멸에 대한 갈애(滅盡愛 : nirodhataṇhā : 비존재에 대한 갈애)].

~ dukkhatā 세 가지 괴로움. 삼고(三苦)[고통의 괴로움(苦苦 : dukkhadukkhatā), 변화의 괴로움(壞苦 : vipariṇāmadukkhātā), 형성의 괴로움(行苦 : saṅkhāradukkhatā)].

~ dhātuyo 세 가지 세계. 삼계(三界)[감각적 쾌락의 욕망계(欲界 : kāmadhātu), 미세한 물질계(色界 : rūpadhātu), 비물질계(無色界 : arūpadhātu)], [감각적 쾌락의 욕망계(欲界 : kāmadhātu), 미세한 물질계(色界 : rūpadhātu), 소멸의 세계(滅界 : nirodhadhātu)]. [저열한 세계(劣界 : hīnadhātu: 악하고 불건전한 마음의 세계), 중간의 세계(中界 : majjhimadhātu : 삼계의 현상들의 세계), 탁월한 세계(妙界 : paṇītadhātu : 四向四果와 涅槃의 세계)].

~ nissaraṇiyā dhātuyo 세 가지 여읨의 세계. 삼출리계(三出離界)[감각적 쾌락의 욕망의 벗어남으로서의 여읨(돌아오지 않는 길에 도달하여 일체의 감각적 쾌락의 욕망에서 벗어난 것), 미세한 물질계를 벗어남으로서의 비물질계의 여읨(거룩한 길에 도달한 것), 어떠한 존재이든 형성되고 조건지어진 것에서 벗어남으로서의 소멸로서의 여읨(거룩한 경지에 도달한 것)].

~ paññā 세 가지 지혜. 삼혜(三慧)[아직 배울 것

이 있는 지혜(有學慧 : sekkhapaññā : 흐름에 드는 길을 가는 님(預流向)에서부터 거룩한 길을 가는 님(阿羅漢向)에 이르기까지의 일곱 성자의 지혜), 더 이상 배울 것이 없는 지혜(無學慧 : asekkhapaññā : 거룩한 님(阿羅漢)의 지혜, 배울 것이 있지도 배울 것이 없지도 않은 지혜(非有學非無學慧 : nevasekkhanāsekkhapaññā : 나머지 범부(凡夫)의 지혜)]. [사유로 이루어진 지혜(思所成慧 : cintāmayapaññā), 배움으로 이루어진 지혜(聞所成慧 : sutamayapaññā), 수행으로 이루어진 지혜(修所成慧 : bhāvanāmaya-paññā)].

~ pariññā 세 가지 완전한 앎. 삼편지(三遍知)[알려진 것에 대한 완전한 앎(知遍知 : ñātapariññā), 건너 벗어남에 대한 완전한 앎(度遍知 : tīraṇapariññā), 끊어 버림에 대한 완전한 앎(斷遍知 : pahānapariññā)].

~ parisā 세 가지 대중. 삼중(三衆)[훌륭한 말에만 길들여진 대중(ukkācitavinītā parisā), 반대 질문으로 길들여진 대중(paṭipucchāvinītā parisā), 목적에 따라 길들여진 대중(yāvatāvavinītā parisā)]. [최상의 대중(aggavatī parisā), 불화합의 대중(vaggā parisā), 화합의 대중(samaggā parisā)].

~ bhāvanā 세 가지 수행. 삼수(三修)[신체에 의한 수행(身修 : kāyabhāvanā : 다섯 가지 감관으로 이루어진 몸에 의한 수행), 마음에 의한 수행(心修 : cittabhāvanā : 여덟 가지 성취에 의한 수행), 지혜에 의한 수행(慧修 : paññābhāvanā : 거룩한 경지에 응하는 지혜에 의한 수행)].

~ vijjā 세 가지 명지. 삼명(三明)[전생의 삶을 기억에 대한 앎의 명지(宿命通 : pubbenivāsānussatiñāṇavijjā), 뭇삶의 생사에 대한 앎의 명지(天眼通 : dibbacakkhu : sattānaṁ cutūpapātañāṇavijjā), 번뇌를 부숨에 대한 앎의 명지(漏盡通 : āsavakhayañāṇavijjā)].

~ vidhā 세 가지 교만. 삼만(三慢)[내가 우월하다는 교만(我勝慢 : seyyo'hamasmī'ti vidhā), 내가 동등하다는교만(我等慢 : sadiso'hamasmī'ti vidhā), 내가 열등하다는 교만(我劣慢 : hīno'-hamasmī'ti vīdhā)].

~ vipattiyo 세 가지 상실. 삼실괴(三失壞)[계행의 상실(戒失壞 : sīlavipatti : 살아있는 생명을 죽이고, 주지 않는 것을 빼앗고, 사랑을 나눔에 잘못을 범하고, 거짓말을 하고, 이간질을 하고, 욕지거리를 하고, 쓸데없는 말을 하는 것), 마음의 상실(心失壞 : cittavipatti : 탐욕스럽거나 악의를 품는 것), 견해의 상실(見失壞 : diṭṭhivipatti : '보시도 없고, 제사도 없고, 헌공도 없고, 선악의 행위에 대한 과보도 없고, 이 세상도 없고, 저 세상도 없고, 어머니도 없고, 아버지도 없고, 홀연히 생겨나는 화생의 뭇삶도 없다. 이 세상과 저 세상을 스스로 곧바로 알고 깨달아서, 그것을 다른 사람들에게 알려주는, 세상에서 올바로 살고 올바로 실천하는 수행자들이나 성직자들도 없다.'라고 하는 것은 올바른 견해의 상실)]. [행위의 상실(業缺損 : kammantavipatti : 앞의 계행의 상실과 동일), 생활의 상실(活命缺損 : ājīvavipatti : 삿된 생활을 영위하는 것), 견해의 상실(見失壞 : diṭṭhivipatti : 앞의 견해의 상실과 동일)].

~ viratiyo 세 가지 삼감. 삼리(三離)[획득에 의한 삼감(sampattavirati : 획득된 지위나 나이, 교육정도에 의한 삼감). 수계에 의한 삼감(samādānavirati : 계행을 통한 삼감). 근절을 통한 삼감(samucchedavirati = setughātavirati : 출세간도에 의한 근절을 통한 삼감)].

~ vedanā 세 가지 느낌. 삼수(三受)[즐거운 느낌(樂受 : sukhā vedanā), 괴로운 느낌(苦受 : dukkhā vedanā), 괴롭지도 즐겁지도 않은 느낌(不苦不樂受 : adukkhamasukhā vedanā)].

~ samaṇasaññā 세 가지 수행자의 지각. 삼사문상(三沙門想)[나는 계급이 없는 상태가 되었고(vevaṇṇīyamhi ajjhupagato), 나의 생계는 타인에 달려있고(parapaṭibaddhā me jīvikā). 나의 품행을 달리 해야겠다(añño me ākappo karaṇīyoti)].

~ sampadā 세 가지 성취. 삼구족(三具足)[계행의 성취(戒具足 : sīlasampadā : 살아있는 생명을 죽이는 것을 삼가고, 주지 않는 것을 빼앗는 것을 삼가고, 사랑을 나눔에 잘못을 범하는 것을 삼가고, 거짓말을 하는 것을 삼가고, 이간질을 하는 것을 삼가고, 욕지거리를 하는 것을 삼가고, 쓸데없는 말을 하는 것을 삼가는 것), 마음의 성취(心具足 : cittasampadā : 탐욕스럽지 않고 악의를 품지 않는 것), 견해의 성취(見具足 : diṭṭhisampadā : '보시도 있고, 제사도 있고, 헌공도 있고, 선악의 행위에 대한 과보도 있고, 이 세상도 있고, 저 세상도 있고, 어머니도 있고, 아버지도 있고, 화생하는 뭇삶도 있다. 이 세상과 저 세상을 스스로 곧바로 알고 깨달아서, 그것을 다른 사람들에게 알려주는, 세상에서 올바로 살고 올바로 실천하는 수행자들이나 성직자들도 있다.'라는 올바른 견해의 성취)]. [행위의 성취(業具足 : kammantasampadā : 앞의 계행의 성취와 동일), 생활의 성취(活命具足 : ājīvasampadā : 삿된 생활을 영위하는 것), 견해의 성취(見具足 : diṭṭhisampadā : 앞의 견해의 성취와 동일)].

~ sikkhā 세 가지 배움. 삼학(三學)[보다 높은 계행에 대한 배움(增上戒學 : adhisīlasikkhā), 보다 높은 마음에 대한 배움(增上心學 : adhicitta-sikkhā), 보다 높은 지혜에 대한 배움(增上慧學 : adhipaññāsikkhā)].
~ sukhûpapattiyo 세 가지 행복을 수반하는 태어남. 삼락생(三樂生)[하느님의 권속인 하느님의 세계의 신들처럼 지속적으로 행복을 창출하면서 행복하게 지내는 행복을 수반하는 태어남(第一樂生), 빛이 흐르는 하느님 세계의 신들처럼 행복이 차고 넘치고 가득하고 충만하게 흐르기 때문에, 언제 어디서든 '아! 행복하다. 아! 행복하다.'라고 감흥어린 감탄사를 읊는 행복을 수반하는 태어남(第二樂生), 영광으로 충만한 하느님 세계의 신들처럼 행복이 차고 넘치고 가득하고 충만하게 흐르는 평온하고도 만족스러운 행복을 수반하는 태어남(第三樂生)].
tihetuka *adj.* [ti-hetu-ka] 세 가지 원인을 지닌. -paṭisandhika (貪·瞋·痴의) 세 가지 원인으로 다시 태어나는.
tīṇi [*sk.* trīṇi] ti의 *n. nom. acc.*
~ akusalamūlāni 세 가지 악하고 불건전한 뿌리. 삼불선근(三不善根)[탐욕의 악하고 불건전한 뿌리(貪不善根 : lobhâkusalamūla), 성냄의 악하고 불건전한 뿌리(瞋不善根 : dosâkusalamūla), 어리석음의 악하고 불건전한 뿌리(癡不善根 : mohâkusalamūla)].
~ anuttariyāni 세 가지 위없음. 삼무상(三無上)[관찰의 위없음(見無上 : dassanānuttariya : 통찰을 뜻함), 실천의 위없음(行道無上 : paṭipadānuttariya : 길을 뜻함), 해탈의 위없음(解脫無上 : vimuttānuttariya : 경지를 뜻함)].
~ adhipatteyyāni 세 가지 동기 = 세 가지 지배적인 영향. 삼증상(三增上)[개인의 동기 = 자아의 지배적인 영향(我增上 : attâdhipateyya : 자신의 의지를 동기로 삼아 수행하는 것), 세상의 동기 = 세상의 지배적인 영향(世增上 : lokâdhipateyya : 세상의 많은 수행자를 동기로 삼아 수행하는 것), 가르침의 동기 = 가르침의 지배적인 영향(法增上 : dhammâdhipateyya : 부처님의 가르침을 동기로 삼아 수행하는 것)].
~ āvudhāni 세 가지 무기. 삼장(三仗)[배움의 무기(聞杖 : sutāvudha), 여읨의 무기(離杖 : pavivekāvudha), 지혜의 무기(慧杖 : paññāvudha)].
~ indriyāni 세 가지 능력. 삼근(三根)[알려지지 않은 것을 알게 되는 능력(未知當知根 : anaññātaññassāmītindriya : '나는 알려지지 않은 것을 알고 싶다.'라고 실천하는 자에게 생겨나는 능력으로 흐름에 드는 길을 가는 님의 앎), 궁극적 앎을 향한 능력(已知根 : aññindriya : 궁극적인 앎을 향한 이해의 능력으로 흐름에 든 님 이상의 여섯 단계의 앎, 궁극적 앎을 갖춘 능력(具知根 : aññātāvindriya : 궁극적인 앎을 갖춘 자들의 앎의 작용이 완료된 상태의 능력으로 거룩한 님의 능력)].
~ kathāvatthūni 세 가지 진술의 토대. 삼논사(三論事)[과거에 대한 진술(atītaddhakatha : '있었다'에 기초한 진술). 미래에 대한 진술(anāgataddhakatha : '있을 것이다'에 기초한 진술). 현재에 대한 진술(paccuppannaddhakatha : '있다'에 기초한 진술)].
~ kusalamūlāni 세 가지 착하고 건전한 것의 뿌리. 삼선근(三善根)[탐욕을 여읨의 착하고 건전한 뿌리(無貪善根 : alobhakusalamūla), 성냄을 여읨의 착하고 건전한 뿌리(無瞋善根 : adosakusalamūla), 어리석음을 여읨의 착하고 건전한 뿌리(無癡善根 : amohakusalamūla)].
~ kosallāni 삼선교(三善巧)[향상에 대한 밝음(增益善巧 : āyakosalla), 퇴락에 대한 밝음(損減善巧 : apāyakosalla), 방편에 대한 밝음(方便善巧 : upāyakosalla)]
~ cakkhūni 세 가지 종류의 눈. 삼안(三眼)[육신의 눈(肉眼 : maṁsacakkhu), 하늘의 눈(天眼 : dibbacakkhu), 지혜의 눈(慧眼 : paññācakkhu)].
~ codanavatthūni 세 가지 거죄의 기초. 삼거죄사(三擧罪事)[죄를 인정하지 않음, 참회하지 않음, 음욕이 도에 방해되지 않는다고 주장함].
~ñāṇāni 세 가지 앎. 삼지(三智)[일반적 괴로움에 대한 앎(苦苦智 : dukkhadukkhañāṇa), 변화의 괴로움에 대한 앎(壞苦智 : vipariṇāmadukkhañāṇa), 모든 조건지어진 것의 괴로움에 대한 앎(行苦智 : saṅkhāradukkhañāṇa)]. [과거에 대한 앎(atītaṁsañāna : 과거의 부분을 소연(所緣)으로 하는 앎), 미래에 대한 앎(anāgataṁsañāṇa : 미래의 부분을 소연으로 하는 앎). 현재에 대한 앎(paccuppannaṁsañāṇa : 현재의 부분을 소연으로 하는 앎)].
~ tathāgatassa arakkheyyāni 세 가지 여래의 감춤의 여읨. 여래삼불호(如來三不護)[여래는 신체적 행위가 청정함으로 '남이 이러한 것을 알아서는 안 된다.'라고 여래가 감추어야만 하는 여래의 신체적 악행이 없고, 여래는 언어적 행위가 청정함으로 '남이 이러한 것을 알아서는 안 된다.'라고 여래가 감추어야만 하는 여래의 언어적 악행이 없고, 여래는 정신적 행위가 청정함으로 '남이 이러한 것을 알아서는 안 된다.'라고 여래가 감추어야만 하는 여래의 정신적 악행이 없음].
~ duccaritāni 삼악행(三惡行)[신체적 악행(身惡

行 : kāyaduccarita → tividhakāyaduccarita), 언어적 악행(語惡行 : vacīduccarita→ catubbidhakāyaduccarita), 정신적 악행(意惡行 : manoduccarita→ tividhamanoduccarita)].

~ nidānāni kammānaṁ samudayāya 세 가지 업을 발생시키는 조건. 삼업집연(三業集緣)[탐욕(貪 : lobha), 성냄(瞋 : dosa), 어리석음(痴 : moha)]. [탐욕의 여읨(無貪 : alobha), 성냄의 여읨(無瞋 : adosa), 어리석음의 여읨(無痴 : amoha)].

~ nimittāni 세 가지 인상. 삼상(三相)[삼매의 인상(定相 : samādhinimitta) 정근의 인상(精勤相 : paggahanimitta) 평정의 인상(捨相 : upekkhānimitta)]. [준비인상(遍作相 : parikammanimitta), 습득인상(取相 : uggahanimitta). 대응인상(似相 : paṭibhāganimitta)]

~ pāṭihāriyāni 세 가지 기적. 삼신변(三神變)[신통의 기적(神通神變 : iddhipāṭihāriya), 예지의 기적(觀察他心神變 : ādesanāpāṭihāriya), 교계의 기적(教誡神變 : anusāsanīpāṭihāriya)].

~ puññakiriyavatthūni 세 가지 공덕을 만드는 일. 삼복업사(三福業事)[보시로 이루어지는 공덕행의 토대(施福業事 : dānamayapuññakiriyavatthu), 계행으로 이루어지는 공덕행의 토대(戒福業事 : sīlamayapuññakiriyavatthu), 수행으로 이루어지는 공덕행의 토대(修福業事 : bhāvanāmayaṁ puññakiriyavatthu)].

~ buddha(k)khettāni 세 가지 부처님의 현존을 위한 세계. 삼불찰토(三佛刹土)[탄생에 의해 진동하는 찰토(生誕刹土: jāti(k)khetta : 여래가 입태할 때와 출태할 때와 성도할 때와 전법륜할 때와 수명을 놓아버릴 때와 입멸할 때에 진동하는 일만세계), 위력이 미치는 찰토(威力刹土: āṇā(k)khetta : Āṭānāṭiyasutta, Moraparittasutta, Dhajaggaparittasutta, Ratanaparittasutta 등의 경전의 위력이 작용하는 세계), 대상이 아닌 것이 없는 찰토(對象刹土: visaya(k)khetta : 모든 부처님에게는 '앎이 있는 한 알려지는 것이 있고, 알려지는 것이 있는 한 앎이 있다. 앎을 구경으로 하는 알려지는 것이 있고, 알려지는 것을 구경으로 하는 앎이 있다.'라고 말해지기 때문에 대상이 되지 않는 것은 없는 세계)]

~ moneyyāni 세 가지 성스러운 삶. 세 가지 고요한 삶. 삼적묵(三寂默)[신체적 성스러운 · 고요한 삶(身寂默 : kāyamoneyya : 살아있는 생명을 죽이지 않고, 주지 않는 것을 빼앗지 않고, 사랑을 나눔에 잘못을 범하지 않는 것), 언어적 성스러운 · 고요한 삶(vacīmoneyya : 語寂默 : 거짓말을 하지 않고, 이간질을 하지 않고, 욕지거리를 하지 않고, 쓸데없는 말을 하지 않는 것), 정신적 성스러운·고요한 삶(意寂默 : manomoneyya : 번뇌가 부서져 번뇌 없이 마음에 의한 해탈, 지혜에 의한 해탈을 지금 여기에서 스스로 곧바른 앎으로 깨달아 성취하는 것)].

~ ratanāni 세 가지 보물. 삼보(三寶)[부처님(佛 : buddha), 가르침(法 : dhamma), 참모임(僧 : saṅgha)].

~ lakkhaṇāni 세 가지 특징. 삼상(三相). 삼법인(三法印)[모든 조건지어진 것들은 무상하다(諸行無常 : sabbe saṅkhārā aniccā). 모든 조건지어진 것들은 괴롭다.(諸行皆苦 : sabbe saṅkhārā dukkhā). 모든 법들에는 자아가 없다(諸法無我 : sabbe dhammā anattā)]

~ saṁyojanāni 세 가지 결박. 삼결(三結)[개체가 있다는 견해(有身見 : sakkāyadiṭṭhi), 의심(疑 : vicikicchā), 규범과 금계에 대한 집착(戒禁取 : sīlabbataparāmāsa)].

~ satthāni 세 가지 칼. 삼도(三刀)[신체의 칼(身刀 : kāyasattha : 세 가지 신체적 악행), 언어의 칼(口刀 : vacīsattha : 네 가지 언어적 악행), 정신의 칼(意刀 : manosattha : 세 가지 정신적 악행)].

~ sāmaggiyo 세 가지 화합. 삼화합(三和合)[무리에 관한 화합(衆和合 : gaṇasāmaggī), 가르침에 관한 화합(法和合 : dhammasāmaggī), 다시 태어나지 않음에 관한 화합(不生和合 : anabhinibbattasāmaggī)].

~ sucaritāni 세 가지 선행. 삼선행(三善行), 삼묘행(三妙行)[신체적 선행(身妙行 : kāyasucarita), 언어적 선행(語妙行 : vacīsucarita), 정신적 선행(意妙行 : manosucarita)].

~ soceyyāni 세 가지 청정. 삼청정(三清淨)[신체적 청정(身清淨 : kāyasoceyya), 언어적 청정(語清淨 : vacīsoceyya), 정신적 청정(意清淨 : manosoceyya)].

tīra *n.* [〃 *cf.* tarati] ① 언덕. 둑. ② 기슭. ③ 해안. -dassin 언덕 · 해안을 바라보는 육지를 찾는.

tīraṇa *n.* [〃 *cf.* tīreti] ① 건넘. 건너벗어남. 도탈(度脫). ② 측정. 탐구. 판단. 인식. -pariññā 건너벗어남에 대한 완전한 앎. 도편지(度遍知)[이것은 무상하고 괴롭고 실체가 없다라고 삼법인의 인식에 의한 도탈을 통한 완전한 앎].

tīriya *adj.* [<tīra] 언덕·기슭·해안에 사는.

tīreti [tarati의 *caus.*] ① 건너다. 완성하다. 도달하다. ② 측정하다. 판단하다. *pp.* tīrita

tīvarā *pl.* [*cf. sk.* tivara '사냥꾼. 엽사'.] 과거불인 까꾸싼다[Buddha Kakusandha] 당시의 종족의 이름.

tīsa = tiṁsa *num.* [*sk.* triṁśat] 30. 서른.
tīsu ti의 *loc.*
tīhaṁ *ind.* [tri-aha의 *acc.*] 3일간.
tīhi ti의 *ins. abl.*
tu *conj.* [〃] ① 그러나. 그런데. 그렇지만. ② 과연. ③ 아직. ④ 이제. tu eva 그렇지만. 그러나. 그런데. 이제.
tuṅga *adj.* [〃 <tum] 높은. 긴. -nāsika 긴 코를 갖고 있는 사람.
tuccha *adj.* [〃] ① 빈. 공허한. ② 버려진. 가차없이 버려진. -ākāsa 빈 하늘. 공허공(空虛空). -âbhimāna 허영(虛榮). -kumbhi 빈 항아리. 공호(空壺). -tta 허영(虛榮). 공(空). 공성(空性). -hattha 빈손의.
tucchaka = tuccha.
tujjati [tudati의 *pass.*] ① 관통되다. ② 얻어맞다.
tuṭṭha *adj.* [= tusita. *sk.* tuṣṭa. tussati의 *pp.*] 만족한. 기쁜. -haṭṭha 만족하여 기뻐하는.
tuṭṭhi *f.* [*cf.* tuṭṭha] 즐거움. 기쁨. 만족(滿足). 흡족(洽足). -janaka 재미있는.
tuṇḍa. tuṇḍaka *m* [〃] 새의 부리. 주둥이.
tuṇḍi *m* [〃] 새의 부리. 주둥이. -kīra 요리용 단지. 뜨거운 돌솥.
tuṇḍika → ahituṇḍika.
tuṇḍiya *adj. m* [<tuṇḍi] ① 부리로 쪼는. ② 딱따구리. 쪼는 자. ③ 세리. 세무원(稅務員).
tuṇhī *ind.* [*sk.* tūṣṇīṁ] 말없이. 조용히. tuṇhī ahosi 침묵했다. -bhāva 침묵. 동의하는 태도. -bhūta 침묵하는. 조용한. 고요한.
tuṇhīyati → taṇhāyati의 *misr.*
tuṇhīra *m* [=tūṇīra] 화살통.
tutta *n.* [*sk.* tottra. *cf.* tudati] 코끼리나 소를 모는 막대. 쇠막대. 쇠창.
tudati [〃 <tud] ① 때리다. 찌르다. ② 자극하다. *pp.* tunna; *pass.* tujjati. *cf.* tutta. tomara.
tudana *n.* [<tudati] ① 때리기. 구타. 찌르기. ② 자극하기.
tudampati *pl.* [*sk.* du(dve)-daṁ-pati] ① 부부. ② 남편과 아내.
tunna *adj. m* [tudati의 *pp.*] ① 얻어맞은. 찔린. ② 몰이막대. 침(針). 바늘. -kamma 바느질. 수선. -kāra. -vāya 재봉사. 양복장이.
tuma *m* [*cf.* ātuma. *sk.* ātman] ① 자신(自身). 자기. ② 자아(自我). 아(我). *nom.* tumo; *dat. gen.* tumassa.
tumula *m* [*sk.* tumala] ① 야단법석. ② 동요. 흥분. 소란.
tumba *m. n.* [*sk.* tumra] ① (구리나 나무나 열매로 만든) 항아리. 물단지. 수병(水甁). -kaṭāha 호리병. ② 뚬바[=4날리(nāḷi). 곡식량을 재는 승목(升目)의 단위].
tumbī *f.* [<tumba] 긴 호리병박.
tumhaṁ tvaṁ의 sg. *pl. dat. gen.*
tumhākaṁ tvaṁ의 *pl. acc. gen.*
tumhe tvaṁ의 *pl. nom. acc.*
tura *adj.* [〃] 빠른. 민첩한.
turati [=tarati ②. *sk.* tvarate tvar] 서두르다. *pp.* turita.
turaga. turaṅga. turaṅgа *m* [<tura] 말[馬].
turita *adj.* [*sk.* tvarita. turati의 *pp.*] 서두르는. 빠른. 급한. -kāraṇa 서두르는 일. 속행사(速行事). -turita 아주 급한. -turitaṁ 급히. *cf.* tuvaṭaṁ.
turiya. tūriya *n.* [*sk.* tūrya] 악기(樂器). -sadda 악기의 소리. 음악. -visesa 피아노. -visesa-vādaka 피아니스트.
turī *f.* [〃] ① 암탉. ② 암사슴. ③ 암사슴. 빈록(牝鹿).
turukkha [*sk.* turuṣka] ① *adj. m* 터어키에 속하는. 터어키의. 터어키[나라의 이름]. ② *m* 유향(乳香). 소합향(蘇合香)[樹脂로 만든 향료의 일종].
tula *adj.* [*cf.* tuleti] ① 같은. 동등한. ② 잴 수 있는. -âtula 동등하고 동등하지 않은.
tulanā *f.* [*cf.* tuleti] ① 계량. 견적. ② 고려. 심사숙고. ③ 비교.
tulasi. tulasī. tuḷasi. tuḷasī *f.* [?] 나륵풀[향신료용].
tulā *f.* [〃 *cf.* tuleti] ① 서까래. ② 밸런스. 저울. ③ 저울눈금. 무게. 중량. -kūṭa 틀리게 무게를 잼. -dhāra 상인.
tulikā *f.* [tulā-ika] 작은 막대.
tulita *adj.* [tuleti의 *pp.*] ① 재어진. 계량된. 평가된. ② 비교된.
tuliya [*sk.* ?] 나르는 여우.
tuleti [*sk.* tulayati tul] ① 무게를 달다. 재다. ② 검사하다. 비교하다. *abs.* tulayitvā; *grd.* tuliya. tulya. tulla; *pp.* tulita.
tulya. tuliya. tulla *adj.* [tuleti의 *grd.*] ① 무게를 달아야 할. 비교할 수 있는. ② 동류의. 비견되는. *cf.* tulā. tulya° -tta. -tā 수준(水準). 동등(同等). 평등(平等). 유추(類推). 비유(比喩).
tuḷasi. tuḷasī → tulasi. tulasī.
tuvaṁ = tvaṁ 너. 자네.
tuvaṭaṁ *ind.* [*sk.* tvaritaṁ] 빠르게.
tuvaṭaka *adj.* [<tuvaṭa] 신속한.
tuvaṭṭeti [*sk.** dvandvayati] ① 나누다. 가르다. 분배하다. ② 싸우다.
tuvantuva *n.* [*sk.* dvandva] ① 싸움. 말다툼. 투

쟁. ② 상위(相違).

tusāra *m.* [*sk.* tuṣāra] ① 한기(寒氣). 추위. ② 서리. 얼음.

tusita *adj. m.* [tussati의 *pp. sk.* tuṣita] ① 만족한. = santusita. ② 만족을 아는 하늘나라의 신들. 지족천(知足天). 구희천(具喜天). 묘족천(妙足天). 희족천(喜足天). 도솔천(兜率天). tusitā devā 만족을 아는 신들의 하늘 나라. 만족을 나는 하늘나라의 신들. 도솔천[神·神界의 이름. 欲界六天의 하나]. -kāya 도솔천. -bhavana 도솔천궁(兜率天宮).

tussati [*sk.* tuṣyati tuṣ] ① 만족하다. ② 기뻐하다. *pp.* tuṭṭha. tusita; *grd.* tuṭṭhabba ; *caus.* toseti. toṣapeti. *cf.* tuṭṭhi. tussana. tosa. tosana.

tussana *n.* tussanā *f.* [<tissati] ① 만족(滿足). ② 기쁨.

tuhina *n.* [〃] ① 이슬. ② 서리. ③ 눈[雪].

tūṇira *m.* tūṇī *f.* [〃] = tuṇhīra 화살통.

tūriya = tūriya

tūla *n.* [〃] 목화. 솜. 면화. -picu 면화. 원면.

tūlikā *f.* [*cf.* tūla] 털요. 짚요. 매트. 매트리스.

tūlini *f.* [〃] 견면수(絹棉樹).

te ① so '그'의 *pl. nom. acc.* ② tvaṁ '너' *sg.*의 *dat. gen. ins. abl.*

te° = ti° [*sk.* trai-] 3. 셋. -asīti 여든셋(83). -kaṭulayāgu 세 가지 향료(tila·taṇḍula·mugga)를 포함한 죽. 삼신죽(三辛粥). -cattāḷīsa 마흔셋(43). -cīvara 세 가지 옷. 삼의(三衣)[승려의 옷 가운데 외투(僧伽梨= 重衣 : saṅghāṭī), 상의(鬱多羅僧=上衣 : uttarasaṅgha), 내의(安陀衣=內衣 : antaravāsaka)]. -cīvarika 세 가지 옷만을 지니는 자. 단삼의자(但三衣者). -cīvarikaṅga 세 가지 옷만을 지니는 수행. 단삼의지(但三衣支)[두타행]. -dasa 열셋(13). -daṇḍika 삼각(三脚) 지팡이를 지닌 자. 집삼장자(執三杖者). -dhātuka 세 가지 요소의. 삼계(三界)의. -navuti 아흔셋(93). -paññasati 쉰셋(53). -piṭaka = tipeṭakin. tipiṭakadhara 삼장에 정통한. 삼장법사(三藏法師). -bhātika 삼형제를 지닌. -bhūmaka 삼계(三界 : 欲界·色界·無色界)의 존재에 속하는. -māsaṁ 삼개월 간. -rasa. -ḷasa 열셋(13). -vācika 삼귀의(三歸依)를 외우는. -vijja 세 가지 베다에 정통한. 삼베다학자(三吠陀學者). 세 가지 초월적 지혜가 있는. 삼명(三明 : 宿命通·天眼通·漏盡通)을 구족한. -vijjā 세 가지 베다. 삼명(三明 : 宿命通·天眼通·漏盡通). -saṭṭhi 예순셋(63). -sattati 일흔셋(73).

teja = tejo.

tejate [tij] ① 날카롭다. 날카롭게 만들다. ② 찌르다. 자극하다. *cf.* tikkha. tikhina. tiṇha. teha

tejana *n.* [*cf.* tejate] ① 화살. ② 화살촉.

tejavant *adj.* [tejas-vant] ① 빛나는. 불타는. ② 힘이 있는. 권위가 있는.

tejiccha *adj.* [<tikiccha] ① 치료되는. 고칠 수 있는. ② 용서받을 수 있는. ③ 도움 받을 수 있는.

tejin *adj.* [teja-in] ① 빛나는. 불타는. ② 위력적인. 영광스러운.

tejeti [tejate의 *caus.*] ① 열을 가하다. ② 날카롭게 하다. *aor.* tejesi; *pp.* tejita; *ppr.* tejenta; *abs.* tejeta.

tejo *n.* [*sk.* tejas<tij] ① 불. 불꽃. 빛. 광채. ② 위력. 힘. *ins.* tejasā. tejena -kasiṇa 불의 두루채움에 대한 위로 아래로 옆으로 유일하게 한량없이 지각하는 것. 불의 두루채움이라는 명상수행의 토대. 화편(火遍). 화편처(火遍處). 화일체처(火一切處). -kāya 불의 더미. 화신(火身). 화계(火界). -gata 불의 성질. -jhāna 불에 관한 명상. 화정(火定). -tattavidū 취관분석학자(吹管分析學者). -dhātu 불의 세계. 불의 요소. 화계(火界). -pamāṇa 기온(氣溫). 온도(溫度). -mahābhūta 불의 광대한 존재. 화대(火大). -viññāṇa 취관분석학(吹管分析學). -saṁvaṭṭa 불의 해체·파괴. -saññin 불을 지각하는. -sama 불과 같은.

tettiṁsa *num.* [tayo-tiṁsa=tāvatiṁsa] 서른셋. 33.

tena *pron.* [ta의 *m. n. sg. ins.*] ① 그에 의해. 그것에 의해. 그를 통해. 그것을 통해. ② 그 때문에. 그것 때문에. 그러므로. tena hi 그러면. 그렇다면.

tebhi = tehi. ta의 *m. n. pl. ins. abl.*

temana *n.* [<temeti] ① 젖음. 습윤(濕潤). ② 가습(加濕).

temeti [tim>timeti의 *caus.*] 젖게 하다. 적시다. *pass.* temiyati. *abs.* temetvā; *grd.* temetabba; *ppr.* tementa.

terasa. *num.* [*sk.* trayodaśa] = telasa. tedasa. teḷasa. 13. 열셋. ~dhutaṅgāni열세 가지 두타행의 요소. 십삼두타지(十三頭陀支 : terasa dhutaṅgāni)[1. 누더기옷만을 입는 수행(糞掃衣支 : paṁsukūlikaṅga) 2. 세 가지 옷만을 지니는 수행(但三衣支 : tecīvarikaṅga). 3. 발우에 받은 음식만을 먹는 수행(常乞食支 : piṇḍapātikaṅga) 4. 차례대로 구별없이 걸식하는 수행(次第乞食支 : sapadānacarikaṅga). 5. 하루 한번 한 자리에서 식사하는 수행(一座食支 : ekāsanikaṅga). 6. 하나의 발우만으로 식사하는 수행(一鉢食支 : pattapiṇḍikaṅga) 7. 제 시간이 지난 후에 식사하지 않는 수행(時後不食支 : khalupacchābhattikaṅga) 8. 숲속 한가한 곳에서 지내는 수행(阿蘭若住支 : āraññikaṅga) 9. 나무 아래에서 지내는 수행(樹下住支 : rukkhamūlikaṅga) 10. 노지에서 지내는 수행(露地住支 : abbhokāsikaṅga) 11. 묘지에서 지내는 수행(塚間住支 : sosānikaṅga). 12. 주어진 처소 그대로 수용하는 수행(隨處住支 : yathāsanthatikaṅga). 13. 항상 앉아서 지내는 수행(常座不臥支 : nesajjikaṅga)]

terovassika *adj.* [tiro-vassa-ika] ① 일년 이상을 지속하는. ② 한 살 먹은. ③ [ti-caturo-vassa-ika] 삼년(三年) 또는 사년(四年)을 넘는. ④ 말라버린. 썩은.

tela *n.* [*sk.* taila<tila] 기름. 참기름. 호마유(胡麻油). -kumbha 기름 항아리. -koṭṭhāgāra 기름 저장소. -ghaṭa 기름단지. 유호(油壺). -cāti 기름탱크. -doṇi 기름통. -dhārā 기름의 흐름. 유하(油河). -dhūpita 기름을 친. -nāḷi 기름이 지나는 관. -pajjota 기름등. 기름램프. -patta 기름그릇. 유발(油鉢). -padīpa 기름등. 유등(油燈). -pāka 술과 섞인 기름을 몸에 바르기. -miñjaka 오일-케이크. -yanta 기름을 만드는 기계. 제유기(製油機). -vaṇijjā. -vāṇijjā. 기름장사. 기름무역. -vaṇṇa 기름의 색깔. -homa 기름공양. 유호마(油護摩).

telaka[1] *n.* [tela의 *dimin.*] = tela 소량의 기름.

telaka[2]. telika *m.* [tela-ika] 기름상인. 기름장수.

telasa. teḷasa. *num.* [*sk.* trayodaśa] = terasa. tedasa. 13. 열셋.

teliya *adj.* [tela-iya] 기름이 묻은. 기름진.

tevijja *adj. m.* [te-vijja] ① 세 가지 베다에 정통한. 삼베다학자(三吠多學者). ② 세 가지 곧바른 지혜가 있는. 삼명(三明)[宿命通·天眼通·漏盡通]을 갖춘.

tevijjā *f.* [te-vijja] ① 세 가지 베다. ② 세 가지 곧바른 지혜. 삼명(三明)[宿命通·天眼通·漏盡通].

tevīsati *num.* [ti-vīsati] 23. 스물셋.

tesaṁ. tesānaṁ ta (그것. 그)의 *m. n. pl. dat. gen.*

tesu ta(그것. 그)의 *m. n. pl. loc.*

tehi ta(그것. 그)의 *m. n. pl. ins.*

tomara *m. n.* [〃 *cf.* tudati] ① 창(槍). 투창. ② 코끼리 몰이 창. 코끼리 몰이막대[코끼리 발을 찌르는 도구].

toya *n.* [〃] 물.

toraṇa *n.* [〃] ① 아치형의 문. ② 성문. 첨탑.

tosa *m.* [<tuṣ] 만족. 기쁨.

tosana *adj. n.* [<toseti] ① 만족스러운. 기쁜. ② 만족. 기쁨.

tosāpana *adj. n.* [<tosāpeti] ① 기쁘게 하는. 만족을 주는. ② 만족·기쁨을 주는 행위.

toseti [tussati의 *caus.*] ① 만족시키다. ② 기쁘게 하다. *pp.* tosita; *caus.* tosāpeti.

tya [*sk.* tya° *n.* tyad] 지시대명사 = ta. *loc.* sg. tyamhi *f. loc. pl.* tyāsu(=tāsu).

tyajja = te ajja 그들은 오늘.

tyassu = te assu 참으로 그들은.

tyāhaṁ = te ahaṁ. 나는 그들에게. 그대에게 나는. 그대를 위하여 나는.

tv eva ① = tu eva 그렇지만. ② = iti eva 야말로.

tvaṁ [〃] 너. 그대. 자네. *sg.* (*nom. acc.*) tvaṁ. tuvaṁ. taṁ; (*dat. gen.*) tuyhaṁ. tava. te; (*ins. abl.*) tvayā. tayā. te; (*loc.*) tvayi. tayi; *pl.* (*nom. acc.*) tumhe; (*acc. gen. dat.*) tumhākaṁ. vo; (*ins.*) tumhehi. vo; (*loc.*) tumhesu.

Th

tha 자음·문자 th의 이름
thakana *n.* [<thaketi] ① 닫음. 감음. ② (눈)꺼풀.
thakāra *m.* [tha-kāra] ① th의 문자·음소. ② tha 어미. -āgama th의 문자·음소의 추가. -ādesa th의 문자·음소의 대체. -lopa th의 문자·음소에 대한 제거.
thaketi [*sk.* sthagayati] ① 덮다. ② 닫다. *pp.* thakita; *pass.* thankīyati.
thañña *n.* [*sk.* stanya. *cf.* thana] 모유(母乳).
thaṇḍila *n.* [*sk.* sthaṇḍila '제사를 지내려고 높인 땅의 일부'] ① 맨땅. 노지(露地). 나지(裸地). ② 단단한 땅. -sāyika. -seyyaka 맨 땅에 눕는 자·행동[고행의 일종]. -seyyā 맨땅위의 침대.
thaddha *adj.* [*sk.* stabdha thambeti의 *pp.*] ① 단단한. 견고한. 굳은. ② 냉담한. 완고한. ③ 이기적인. 느린. -bhāva 단단함. 견성(堅性). -maccharin 완고한. 고집 센. 이기적인. -lakkhaṇa 견고한 특징. 견상(堅相). -hadaya 강심장을 지닌.
thana *m.* [*sk.* stana] ① 부인의 가슴. 유방(乳房). ② (암소의) 젖통. -agga 젖꼭지. -pa 젖먹이. -mukha 젖꼭지. -sitadāraka 젖먹이. 유아.
thanaka *m.* [thana의 *dimin.*] ① 작은 유방. ② 소녀의 유방.
thanayati. thaneti [*sk.* stanayati. stanati stan의 *caus.*] ① 고함치다. 포효하다. ② 천둥치다. *aor.* thanayi; *ppr.* thanayanta; *pp.* thanita; *abs.* thanayitvā; *ppr. nom.* thanayaṁ.
thanita *adj. n.* [thanayati의 *pp.*] ① 고함치는. 천둥치는. ② 천둥.
thapati [*sk.* sthapati = sthā-pati] ① 건축가. 목수의 우두머리. ② 관리. 감독. 대공(大工). 공장(工匠).
thabaka *m.* [*sk.* stabaka] ① 송이. ② 다발.
thabbha → thambha의 *misr.*
thambha *m.* [stamba]. thambha *m.* [stambha] ① 기둥. ② 완고. 고집. 엄격. ③ 풀. 덤불. -sīsa 기둥머리. 주두(柱頭).
thambhaka *m.* = thambha ③.
thambhati. thambheti upa° pati°만 존재.
thambhanā *f.* [<thambha] ① 단단함. 견고. ② 부동(不動).
thambhitatta *n.* [thambha의 *abstr.* *cf.* chambhitatta] ① 완고. 고집. ② 경직.
thambhin *adj.* [thambha-in] 고집 센. 완고한.
tharati [*sk.* stṛṇoti] ā°. ava°의 경우만 존재.
tharu *m.* [*sk.* tsaru] ① 무기·칼의 자루. ② 칼. -ggaha 칼을 지닌 (사람). -sippā 검술을 익힘. 검술.
thala *n.* [*sk.* sthala] ① 육지. 마른 땅. ② 칼자루. 칼집. -gocara 육지에서 사는 -ja 육지에서 생겨난. -jalagocara 양서류의. 수륙양용의. -jalacārin 양서류(兩棲類). -ṭṭha 굳은 땅 위에 서 있는. -niyāmaka 육지의 안내자. -patha 육로.
thava *m.* [<thavati] ① 칭찬. ② 찬양.
thavati [*sk.* stauti. stavate stu] ① 칭찬하다. ② 찬양하다. *inf.* *thutuṁ;* *pp.* thuta. thavita; *caus.* thaveti. *cf.* thuti. thoma. thometi.
thavikā *f.* [*cf.* *amg.* thaiyā] ① 배낭. ② 가방. ③ 지갑.
thāma *n.* [*sk.* sthāman. sthāmas] ① 확고함. 견고함. 강함. ② 힘. 정력. 세력. 저항력. *ins.* thāmena. thāmasā. thāmunā. 강하게. 확고하게. -gatadiṭṭhika 이견이 확고해진. 이단적 견해를 고집하는 자. -sampanna 힘이 있는.
thāmaka *adj.* [thāma-ka] 힘 있는.
thāmavant *adj.* [thāma-vant] ① 강한. 확고한. ② 견디는.
thāra vi°. san°의 경우를 보라.
thāla *n.* [<thala] ① 쟁반. 접시. ② 그릇.
thālaka *n.* thālikā *f.* [thāla의 *dimin.*] 작은 그릇. 잔(盞).
thāli. thālī *f.* [*sk.* sthāli<thāla] ① 토기. 솥. 그릇. ② 쟁반. 큰 접시. thāli° -dhovana 설거지. -pāka 유죽(乳粥). 제사음식. 쟁반요리.
thāvara ① *adj. m.* [*sk.* stāvara<sthā] 움직이지 않는. 확고한. 강한. 식물(植物?). 아라한(阿羅漢?). ② [thavira = therā] 장로. 연로(年老).
thāvariya *n.* [thāvara①-iya] ① 안정. 확립. 정립. ② 부동(不動).
thāvareyya *n.* [<thāvara ②] 장로의 지위. 상좌위(上座位)[실제로 장로가 아니지만 도반들이 장로로 부르는 것].
thāsotu°→ ṭhānaso의 *misr.*
thika *adj.* [*cf.* *sk.* styāyate] ① 방울져 떨어지는. ② 방울을 형성하는.
thiṇṇa tharati의 *pp.*
thira *adj.* [*sk.* sthira] ① 단단한. 확고한. 일관된. ② 정력적인. ③ 강력한. -nivāsaṭṭhāna 영주처

(永住處).
thiratā *f.* [thira의 *abstr.*] ① 견고성. ② 일관성(一貫性). 안정성.
thī *f.* [*sk.* strī = itthī] 여자. 부인.
thīna *n.* [*sk.* styāna] ① 마비. 경직. ② 완고. ③ 둔감. 혼침(昏沈). -middha 둔감과 마비. 나태와 졸음. 해태와 혼침. 혼면(昏眠). 혼침수면(昏沈睡眠).
thīyati → patiṭṭhīyati.
thīyanā *f.* thiyitatta *n.* [<thīna] ① 경직·완고의 상태. ② 둔감의 상태. 혼침의 상태.
thuta *adj.* [thavati의 *pp.*] 칭찬받은.
thuti *f.* [*sk.* sthuti. *cf.* thavati] 칭찬. 상찬(賞讚). -cuṇṇikā 축배. 건배. -pābhata 공물(貢物).
thutuṁ thavati의 *inf.*
thunati [*cf.* thaneti] ① 신음하다. 외치다. ② 선언하다. 칭찬하다. *ppr.* thunaṁ.
thulla = thūla
thullaccaya *m.* [thulla-accaya] 거친 죄. 조죄(粗罪). 미수죄(未遂罪). 투란차(偸蘭遮)[Pārājika와 Saṅghādisesā와 같은 重罪를 저지르려다 미수로 끝난 죄].
thusa *m.* [*cf. sk.* tuṣa] ① 곡식의 껍질. ② 왕겨. -aggi 곡식껍질에 붙인 불. 왕겨불. -odaka 묽은 죽. 발효된 차. -pacchi 왕겨를 채워 넣어 만든 새. 밀짚새. -piṇḍa 한 덩어리의 곡식 껍질. 부단(稃團). -homa 곡식껍질의 공양물. 부호마(稃護摩).
thūṇa *m.* thūṇā *f.* [*sk.* sthūṇā *f.*] ① 기둥. 지주(支柱).② 지지. 지원(支援). -kumbhathūṇā 북·장구의 일종. ekathūṇāka 단 하나의 지원을 받는.
thūṇira *m.* [<thūṇā] 박풍(牔風). 박공벽(牔栱壁). 박공(牔栱)[지붕에 대는 八모양의 널빤지].
thūpa *m.* [*sk.* stūpa] ① 탑. 사리탑. 탑묘(塔廟). 탑파(塔婆). ② 돔. 반원형지붕. -ârahant 탑묘의 값어치를 하는 사람[Tathāgata. Tathāgatasāvaka. Paccekabuddha. Cakkavattin]. -pūjā 탑공양.
Thūpavaṁsa *m.* [thūpa-vaṁsa] 사리탑사 (舍利塔史)[Vācīssara가 13세기 전반에 쓴 저술].
thūpika *adj.* [<thūpa] 탑 모양의. 반원형지붕을 지닌.
thūpikā *f.* [<thūpa] ① 뾰족탑. 첨탑. ② 꼭대기. 정점.
thūpīkata *adj.* [thūpa-in-kata] 탑 모양이 생길 때까지 쌓은.
thūla. thulla *adj.* [*sk.* sthūla] ① 거친. 조악한. ② 비대한. ③ 크고 무거운. -aṅga 무거운 지체를 진. -accaya 무거운 범죄. -kacchā 두터운 비듬을 지닌 것. 개선(疥癬). 대개병(大疥病). -kumāri. -kumārikā 건장하고 뚱뚱한 소녀. 연장동녀(年長童女). -phusitaka 굉장한 비구름. 비의 신. 우신(雨神). -vajja 무거운 죄. 중죄(重罪). -sarīra 살찐. 비만한. -sārīra 살찐. 비만한. -sāṭaka 거친 옷.
thūlatā *f.* [thūla의 *abstr.*] ① 거칠음. 조악함. ② 비만(肥滿).
theta *adj.* [*cf.* tiṭṭhita. *sk.* sthātṛ] ① 확고한. ② 신뢰할 만한. 믿을 만한. ③ 참된. *abl.* thetato 실제로.
thena. thenaka *m. n.* [*sk.* stena] ① 도둑질. ② 도둑. 도적.
theneti [thena의 *denom.*] 훔치다. 숨기다. *aor.* thenesi; *pp.* thenita. *ppr.* theneta; *abs.* thenetvā.
thenana *n.* [<thena] 도둑질.
theyya *n.* [*sk.* steya] ① 도둑질. 절도. ② 훔친 물건. 장물. *abl.* theyyā. -citta 훔치는 마음이 있는. 도심(盜心). -paribhoga 훔친 물건의 수용. 도취수용(盜取受用). -saṁvāsaka 수행승들과 남몰래 함께 사는. -saṅkhāta '도둑질'라고 하는 것. -saṅkhātaṁ 남몰래. -sattha 도둑의 떼거리. 도적대(盜賊隊).
thera *m.* [*sk.* sthavira] 장로(長老). 상좌(上座). 연장자. -tara 더 연장자인. 더 장로인.
theraka *adj.* [thera-ka] 강한(?). 옷들의.
Theragāthā *f.* [thera-gāthā] 테라가타. 장로게(長老偈)[小部의 하나].
theravāda *m.* [thera-vāda] 테라바다. 상좌부(上座部).
theravādin *m.* [thera-vāda-in] 상좌사(上座師).
therī *f.* [<thera] 장로니(長老尼).
Therīgāthā *f.* [theri-gāthā] 테리가타. 장로니게(長老尼偈)[小部의 하나].
theriya *adj.* [thera-iya] 장로(長老)의.
theva *m.* [thevati] 물방울. 정체된 물. 썩은 물.
thevati [stip] 물방울처럼 빛나다. 반짝거리다. 아롱거리다.
thoka *adj. n.* [*sk.* stoka] ① 적은. 작은. ② 사소한 것. *acc.* thokaṁ *adv.* 다소. 조금. thokaṁ thokaṁ 조금씩. 점차적으로.
thokaka *adj.* [thoka-ka] ① 적은. 작은. ② 사소한 *f.* thokikā.
thoma *m.* [*sk.* stoma] 칭찬. 찬양.
thomana *n.* thomanā *f.* [<thavati] 칭찬. 찬양. 찬사.
thometi [thoma의 *denom. cf.* thavati] 칭찬하다. 찬양하다. *pp.* thomita.

D

-d- 모음연속을 피하기 위한 음편의 구성자음. puna-d-eva (<punar eva). dvipa-d-uttama. koci-d-eva. tāva-d-eva. samma-d-eva. bahu-d-eva

da ① 자음·문자 d의 이름. ② *adj.* [dā를 표현하는 *suf.* *cf.* dadāti] abhayaṁ-da. vara-da ~주는. ~부여하는. *cf.* ambu-da '물을 주는' 구름.

daṁsa = daṁsa 등에.

daṁsaka → vidaṁsaka

daṁseti → upa°. pavi° vi°의 경우를 보라.

daka *n.* [=udaka. *cf.* odaka] 물. -āsaya 물에 사는. -ja 물에서 생겨난. 수생(水生)의. -rakkhasa 물귀신. 수마(水魔). 수나찰(水那察). -vaṇṇa 물의 색깔.

dakāra *m.* [da-kāra] ① d의 문자·음소. ② da 어미. -āgama d의 문자·음소의 추가. -ādesa d의 문자·음소의 대체. -lopa d의 문자·음소의 제거.

dakkha *adj. n.* [*sk.* dakṣa] ① 솜씨 있는. 유능한. ② 솜씨. 유능. 숙련. ③ dakkhati의 *imp.*

dakkhaṁ dassati의 *ppr. sg. nom.*

dakkhaka *adj.* [<dakkha] 보는. 관찰하는.

dakkhati [= dassati] ① 보다. 관찰하다. ② 인식하다. *pres.* dakkhāmi; *fut.* dakkhissati; *inf.* dakkhituṁ. dakkhitāte; *abs.* dakkhiya; *pp.* dakkhita; *ppr.* dakkhaṁ; *caus. pp.* dakkhāpita

dakkhiṇa *adj.* [*sk.* dakṣiṇa] ① 오른쪽의. ② 남쪽의. ③ 솜씨 좋은. 능숙한. 숙련된. -āvattaka 오른쪽으로 도는. 모상향우선상(毛上向右旋相)[三十二相의 특색으로 身毛가 오른쪽으로 도는]. -janapada 남쪽지방. 남방국가. -passa 오른쪽 옆구리. -sara 남쪽 호수. 남쪽바다. -samudda 남쪽바다.

dakkhiṇā *f.* [*sk.* dakṣiṇā] ① 보시. 헌공. 선물. 시물. 기증. ② 공양. 공양물. -âraha 공양을 받을 만한 가치가 있는. -ôdaka 청정수. 성수(聖水). -visuddhi 보시의 청정. 시청정(施淸淨).

Dakkhiṇāgiri *m.* [dakkhiṇa-giri] 남산(南山)[지명]

dakkhiṇeyya *adj.* [*sk.* dakṣiṇiya] 헌공의 가치가 있는. 보시를 받을 가치가 있는. 공양받을 만한. -aggi 보시의 제화. 응시화(應施火). 혜시화(惠施火). -khetta 공양받을 만한 밭. 복전(福田). -puggala 공양을 받을 만한 사람. 응공인(應供人). -sampatti 공양받을 만한 대상을 발견한 성취감·축복(祝福). 헌신의 성취.

dakkhiṇeyyatā *f.* [dakkhineyya의 *abstr.*] 공양받을 가치가 있다는 사실.

dakkhita [*sk.* dīkṣta<dīkṣ] ① 헌공된. 바쳐진. ② 기증된.

dakkhitāye. dakkhituṁ dakkhati(보다)의 *inf.*

dakkhiti [=dassati. dakkhati] ① 보다. 관찰하다. ② 지각하다. *pl. 3pl.* dakkhinti; *ppr. sg. nom.* dakkhiṁ.

dakkhin *adj.* [dakkha-in<dassati] ① 보는. 관찰하는. ② 지각하는. dakkhinī *f.*

dakkheyya *n.* [<dakkha] ① 현명함. ② 솜씨. 기예. 기술.

dajjaṁ. dajjā dadāti의 *opt.*

daṭṭha *adj.* [ḍasati의 *pp.*] = ḍasita 물린.

daṭṭhabba *adj.* [dassati의 *grd.*] ① 보여야 할. ② 볼 수 있는.

daṭṭhar *m.* [*sk.* draṣṭṛ] 보는 사람.

daṭṭhā *f.* [*sk.* daṁṣṭrā. *cf.* dāṭhā] ① 상아. ② 견치(堅齒).

daṭṭhu dassati의 *abs. inf.*

daṭṭhuṁ dassati의 *inf.*

daḍḍha *adj.* [dagdha<dah] ① 불탄. ② 연소된. -ṭṭhāna 불탄 장소. 화장터.

daḍḍhi° *cpd.* [*sk.* dṛḍhi] ① 단련. ② 단단하게 함. 강화. kāyadaḍḍhibahula 체조로 단련된. 운동선수(運動選手).

daṇḍa *m.* [〃] ① 막대기. 지팡이. 줄기. 목재. ② 처벌. 벌금. -antara 막대의 사이. 장간(杖間). -ādāna 지팡이(武器)를 집어 듦. 집장(執杖). -âbhighāta 곤봉으로 살해된. -âraha 처벌을 받을 만한. -kaṭhina 측정하기 위에 막대 위에 펼쳐진 까티나 천・옷. -kathālikā 손잡이 달린 솥·주전자. -kamadhu 가지위에 매단 벌통. -kamma 처벌. 보상. 벌업(罰業). 수형(受刑). -koṭi 자지의 꼭대기. 막대기의 끝. -dīpika 봉화 -ppatta 처벌받기 쉬운. -paduma 단다빠두마[식물의 이름(*sk.*daṇḍotphala=sahadevā)]. -parāyaṇa 지팡이에 의지한. -parissāvana 손잡이가 달린 여과기. -pahāra 막대로 때림. 장격(杖擊). -pāṇin 지팡이를 휴대하는. -bhaya 처벌에 대한 두려움. -(m)antara 지팡이들 가운데. -yuddha 몽둥이 싸움. 봉투(棒鬪). 장투(杖鬪). -rājin 떼. 뗏목. -lakkhaṇa 막대점[막대로 하는 占術의 일종으로

도로무익한 畜生明(tiracchanavijjā)으로 알려져 있다]. -vākarā 막대 위의 그물·덫. -vikkā 지팡이에 매달은 끈. -veḷupesikā 대나무 지팡이. 대나무 막대기. -sattha 몽둥이와 칼. 도장(刀杖). -sikkā 지팡이 둘레의 끈. -hattha 손에 지팡이를 든.

daṇḍaka *m.* [daṇḍa-ka] ① 작은 지팡이. ② 잔나뭇가지.

daṇḍana *n.* [<daṇḍa] ① 처벌. ② 박해. 학대. -âraha 범죄적인. 형사상의.

daṇḍaniya *adj.* [<daṇḍa] 처벌받기 쉬운.

datta *adj.* ① [〃 dadāti의 *pp.* =dinna] 주어진. 받은. ② *adj. m.* [= dattu] 어리석은. 어리석은 동료.

datti *f.* [*cf.* datta] 기증. 제공. 증여. 시여.

dattika *adj. n.* [<datta] ① 주어진. 증여된. ② 기증품. 소시(所施).

dattiya *adj.* [<data] = dattika.

dattu *adj.* [=datta ② *cf.* thaddha] 우둔한. 어리석은. -paññatta 어리석은 자들의 교리·학설.

datvā dadāti의 *abs.*

°dada [*sk.* dad또는 dada] ① 주는. 바치는. ② 헌납하는. ③ 주어진. duddada 주기 어려운.

dadaṁ dadāti의 *ppr. nom.*

dadato dadāti의 *ppr. dat. gen.*

dadanto. dadamāno dadāti *ppr.*

dadāti [〃 <dā] ① 주다. 제공하다. ② 허용하다. ③ 넘겨주다. *pres.* deti. demi. dadāmi. dadamhase. dadāmase; *ppr.* dadamāna; *fut.* dassati. dassaṁ. dassāmi. dammi; *imp.* dehi. detha. detu. dadāhi; *aor.* adā. adamha. adattha. dattha. adāsi. adaṁsu. adadaṁ. dadiṭṭha; *opt.* dade. dadeyya. dadeyyaṁ. dadeyyāsi. dajjā. dajjaṁ. dajjeyya. dajjuṁ; *abs.* datvā. datvāna. daditvā. dadiya. dajjā; *inf.* dātuṁ. dātave; *grd.* dātabba. deyya; *ppr.* dento. dadanto. dadato. dadamāno. dadaṁ. dadato. dadamāna; *pp.* datta. dinna; *caus.* dāpeti; *pass.* dīyati. diyyati. *cf.* dāna. dāya

dade. dadeyya dadāti의 *opt.*

dadeyyaṁ. dadeyyāsi dadāti의 *opt.*

daddadha *m.* [*onomat.*] ① 콰다당[무겁고 불분명한 소리]. ② 쿵하는 소리.

daddahāyati [daddabha의 *denom.*] ① 무거운 소리를 내다. ② 쿵하는 소리를 내다.

daddara *m* [*sk.* dardara] ① 소음. 시끄러운 소리. ② 자고(鷓鴣). 꿩. 메추라기.

daddaḷhati [*sk.* jājvalyati. jval의 *intens.*] ① 활활 타오르다. ② 번쩍이다. 광채가 나다. 빛나다. *ppr.* daddaḷhamāna. daddallamāna

daddu *n.* [*sk.* dadru. dardru] 습진(濕疹). 결절창(結節瘡)[피부의 발진의 일종].

daddula *n.* ① [*sk.* dārdura(?)] 살코기(?). 근육(?).② [?] 쌀의 일종.

dadhi *n.* [〃] 요구르트. 낙(酪). 타락(駝酪). 응유(凝乳)[다섯 가지 유제품(khīra. dadhi. takka. navanīta. sappi)의 일종]. *nom. acc.* dadhiṁ. -ghaṭa 응유사발. 응유단지. -thālaka 응유그릇. 낙기(酪器). -maṇḍaka 유장(乳漿). 생버터. 생수(生酥). -māla 우유의 바다[바다의 이름]. -vaṇṇa 응유의 빛깔. 낙색(酪色). -vāraka 응유병. 응유단지.

danta ① *m.* [〃] 이빨. 어금니. 송곳니. 견치(堅齒). 상아. -ajina 상아. -aṭṭhi 이빨. 뼈. 치골. -āvaraṇa 입술[이빨의 덮개]. -ullahakaṁ 이빨을 갈고 나서[마찰을 한 뒤에]. -kaṭṭha 이쑤시개. -kāra 상아세공사. -kāravīthi 상아세공사의 거리. -kuṭa. -kuta 불깐 황소의 이빨(?). 뻐드렁니(=kuṭadanta). -pāli 치열(齒列). -pūyasavana 치조농루(齒槽膿漏). -poṇa 이쑤시개. -maṁsa 잇몸. -maya 상아로 만든. -mūla 이빨의 뿌리. 잇몸. -rujā 치통(齒痛). -roga 이빨의 병. 치통(齒痛). 치병(齒病). -luyyaka 이빨로 물어뜯는 -luyyakatāpasa 이빨로 물어뜯는 고행자. -vakkalika 이빨로 나무껍질을 벗기는 자(?). -vaṇṇa 아이보리 색의. -valaya 상아팔찌. 상아로 된 발목장식. -vikati 상아그릇. -vikhādana 이빨로 씹는. -vijjā 치과학(齒科學). -vidaṁsaka 이빨을 보여주는. 재잘거리는. -sampatti 이빨의 광채. ② [*sk.* dānta] 상아(아이보리)로 만들어진. 아이보리 색깔의. -kāsava 아이보리 흰색. 아이보리 색. 노란색. ③ [*sk.* dānta. dammati의 *pp.*] 길들여진. 억제된. -bhūmi 안전한 장소. 길들은 사람의 상태. 안전지(安全地). 조어지(調御地). 열반(涅槃). -maraṇa '조어(調御)의 죽음' 훈련이 필요 없는 사람.

dantaka *m.* [danta-ka] ① 이빨로 만든 핀. ② 상아 브로치.

Dantapura *m.* [danta-pura] 단따뿌라. 날다포라(捺多布羅)[마을의 이름].

dantasaṭha [*sk.* danta-śaṭha] ① *m.* 라임나무. 광귤의 일종. ② *n.* 라임나무의 과일.

dantin *adj. m.* [danta-in] ① 송곳니를 지닌. 상아를 지닌. ② 멧돼지. 코끼리.

dandha *adj.* [*cf.* thaddha] ① 느린. 게으른. ② 어리석은. 우둔한. -âbhiññā 활발치 못한 직관. 지통달(遲通達). -diṭṭhi 어리석은 견해를 지닌. 견치(見痴).

dandhatta *n.* [dandha의 *abstr.*] ① 느림. 게으름. ② 우둔. 어리석음.

dandhāyati. dandheti [dandha의 *denom.*] 늦다. 늦어지다. *opt. dandhaye; pp.* dandhāyita.
dapeti [dā의 *caus.*] ① 정돈하다. ② 깨끗이 하다.
dappa *m.* [*sk.* darpa. *cf.* dṛpayati<dṛp] ① 거만. 오만. ② 과시(誇示). 건방짐.
dappaṇa *n.* [*sk.* darpaṇa] 거울[鏡].
dappita *adj.* [*sk.* dṛpayati] ① 거만한. 오만한. ③ 무모한.
dabba *adj. n.* [*sk.* dravya<dru] ① 적합한. 유능한. 선(善)한. 실질적인. 실속있는. 가치있는. ② 소재(素材). 재료(材料). 물체(物體). 실질적인 것. 가치 있는 것. 본체(本體). 실체(實體). 재산(財産). -jātika = dabba. -maya 실질적인. 실속있는. -saṁhara 가치있는 것을 수집하는. 실질적인 것을 수집하는. -sambhāra 가치 있는 것의 수집. 실질적인 것의 수집. 줄 가치가 있는 선물. ③ [<sk. dru] 나무로 이루어진. 나무와 같은. 관목의 일종. *cf.* dāru.
Dabbamallaputta *m.* 답바말라뿟따. 다표마라자(陀驃摩羅子)[사람의 이름. 수행승의 이름]. 답바마라자(沓婆摩羅子)[수행승의 이름].
dabbī *f.* [*sk.* darvi] ① 숟가락. 국자. ② 뱀의 후드[비유]. -kaṇṇa 숟가락의 선단. -gāha 숟가락·국자를 들고 있는. -mukha 닷비무카[새의 이름. Turdus Ginginianus]. -homa 국자를 사용하여 제사지내는 헌공.
dabbha *m.* [*sk.* darbha] ① 길상초. 꾸싸풀[kusa. Poa Cynosuroides]. ② 길상초의 다발. -puppha 꾸싸풀의 꽃.
dabbhakkaṁ *ind.* = daddabhaṁ 쿵하도록 [과일이 떨어지는 소리].
dama *n.* [〃<dam] ① 길들임. 복종시킴. ② 수련. 단련. 훈련. ③ 자제. 제어. 조어(調御). *ins.* damasā. damena -upasama 제어에 의한 고요. 조어적지(調御寂止).
damatha *m.* [〃] ① 길들임. 복종시킴. ② 지배. 제어. 통제. ③ 자제. 조어(調御).
damana *adj. n.* [<dameti] ① 길들이는. 제어하는. 자제하는. ② 길들임. 복종시킴. 제어. 자제. 조어(調御).
damaya *adj.* [=damma] 길들어져야 할. duddamaya 길들이기 힘든.
damita *adj.* [dameti의 *pp.*] ① 길들여진. ② 극복된. ③ 정복된.
Damiḷa *m.* [*sk.* draviḍa] 타밀 족. 드라비다 족. -āyatta 타밀의. -jātika 타밀인. -bhāsā 타밀어.
dameti. damayati [*sk.* damayati. dammati의 *caus.*] ① 길들이다. 훈련하다. 수련하다. 조어(調御)하다. ② 처벌하다. 정복하다. ③ 바꾸다. *fut.* *damessāmi.* damayissaṁ; *ppr. pl. gen.* damayataṁ; *pp.* damita.
dametar *m.* [*sk.* damayitṛ<dameti] ① 길들이는 사람. ② 훈련자. 조어자(調御者).
dampati [*sk.* dampati] 집주인. 가장(家長). *cf.* gahapati.
damma *adj.* [*sk.* damya. dammati의 *grd.*] 길들여져야 할. -sārathi 길들이는 사람. 조어자(調御者).
dammati [*sk.* dāmyati dam] ① 길들여지다. ② 온순해지다. *pp.* danta; *grd.* damma; *caus.* dameti. damayati.
dammi dadāti의 *fut.*
dayati [*sk.* dayate] ① 불쌍히 여기다. 동정하다. *pp.* dayita ② 날다.
dayā *f.* [〃 *cf.* dayati] ① 동정. 연민. ② 친절. 자비. -ālu 자비로운. -āpanna 자비에 도달한. 연민을 보이는. 친절함을 보이는.
dara *m.* [〃] ① 걱정. 근심. 두려움. ② 슬픔. ③ 고통. *cf.* daratha. ādara.
daratha *m.* [<dara] ① 걱정. 근심. ② 고뇌. 환뇌(患惱).
darī *f.* [〃] ① 쪼개진 틈. 구멍. ② 동굴. -cara 동굴에 사는 자. 혈거인(穴居人). -mukha 동굴 입구. -saya 동굴의 잠자리.
dala *n.* [〃] ① 잎사귀. 잎. ② 꽃잎. 화판(花瓣). akkhidala 눈꺼풀.
dalati [〃<dal] ① 터지다. ② 쪼개지다. 깨지다. *caus.* dāleti; *pass.* dīyati. *cf.* uddiyati.
dalidda. daḷidda *adj. m.* [*sk.* daridra] ① 방랑하는. 유랑하는. ② 가난한. 비참한. ③ 걸식.
daḷiddatā *f.* [*sk.* daridratā] 가난. 빈곤.
daḷiddiya → dāliddiya.
daḷha *adj.* [*sk.* dṛḍha] 굳센. 단단한. 확고한. *acc.* daḷhaṁ *adv.* 확고하게. 굳세게. 강력하게. -diṭṭhika 독단적인. -dhamma 어떤 일에 능한. 숙련된. -nikkama. -parakkama 열심히 노력하는. -pahāra 강하게 때림. 강타. -pākāra 강력하게 방비된. -bhattin 확고하게 헌신한.
daḷhī *f.* [=daḷha] ① 단단함. 견고. ② 확고함. -bhūta 견고하게 된. -kamma 강화(强化). 강법(强法).
dava *m.* ① [*sk.* drava] 놀이. 유희. 희소(嬉笑). *abl.* davā; *dat.* davāya -atthāya 농담으로. 장난으로. -kamyatā 농담을 좋아함. ② [*sk.* dava] 불. 열. -ḍāha. -dāha [*sk.* davāgni] 숲의 대화재.
davaḍāha *m.* [dava ② -dāva. *cf. sk.* davāgni] ① 산불. ② 숲의 대화재.
davaḍāhaka *m.* [dava-ḍaha-ka] ① 숯을 굽는

일. ② 숯불에 구운 요리.

dasa[1] *adj.* [*sk.* dṛśa] 보는. 보이는. 이해된. dud-dasa 보기 어려운. 이해되기 어려운.

dasa[2] *num.* [*sk.* daśa] ① 10. 열. ② 많은. *gen.* dasannaṁ; *ins.* dasahi. dasabhi. *cpd.* ḷasa rasa -aṅga 열 개의 요소. 십지(十支). -uttarasata 110. 백십. -koṭi 억(億). -kkhattuṁ 열 번. 십회(十回). -dha 열 가지. 십종(十種)의. 십중(十重)의. -pada 십목기(十目碁)[불교이전의 주사위 놀이판]. -yojanika 십 요자나 떨어진 거리의. -lakkha 백만(百萬). -vidha 열 겹의. 열 가지의. -sata 열의 백배. 천(千). -sahassa 십의 천배. 만(萬). -sahassīlokadhātu 일만의 세계.

~ akusalakammapathā 열 가지 착하지 못한 행위의 길. 십불선업도(十不善業道)[1. 살아있는 생명을 죽이는 것(殺生 : pāṇātipāta), 2. 주지 않는 것을 빼앗는 것(偸盜 : adinnādāna), 3. 사랑을 나눔에 잘못을 행하는 것(邪淫 : kāmesu micchācāra), 4. 거짓말을 하는 것(妄語 : musā-vāda), 5. 이간질하는 것(兩舌 : pisuṇā vācā), 6. 욕지거리하는 것(惡口 : pharusā vācā), 7. 꾸며대는 말을 하는 것(綺語 : samphappalāpa), 8. 탐욕스러운 것(貪欲 : abhijjhā), 9. 분노하는 것(瞋恚 : byāpāda), 10. 잘못된 견해(邪見 : micchā-diṭṭhi)].

~ anussatiyo 열 가지 새김. 십수념(十隨念)[부처님에 대한 새김(佛隨念 : buddhānussati), 가르침에 대한 새김(法隨念 dhammānussati), 참모임에 대한 새김(僧隨念 : saṅghānussati), 계행에 대한 새김(戒隨念 sīlānussati), 보시에 대한 새김(捨隨念 : cāgānussati), 신들에 대한 새김(天隨念 : devatānussati), 죽음에 대한 새김(死隨念 : maraṇānussati), 신체에 대한 새김(身至念 : kāyagatāsati), 호흡에 대한 새김(按般念 : ānāpānasati), 적멸에 대한 새김(寂至隨念 : up-asamānussati)].

~ ariyavāsā 열 가지 고귀한 삶의 방식. 십성거(十聖居)[1. 감각적 쾌락의 욕망을 끊고, 분노를 끊고, 해태와 혼침을 끊고, 흥분과 회한을 끊고, 회의적 의심의 다섯 가지 고리를 끊는 것. 2. 시각으로 형상을 보되 쾌·불쾌에 빠지지 않고 평정하여 새김을 확립하고 올바른 알아차림을 갖추고, 청각으로 소리를 듣되 쾌·불쾌에 빠지지 않고 평정하여 새김을 확립하고 올바른 알아차림을 갖추고, 후각으로 냄새를 맡되 쾌·불쾌에 빠지지 않고 평정하여 새김을 확립하고 올바른 알아차림을 갖추고, 미각으로 맛을 맛보되 쾌·불쾌에 빠지지 않고 평정하여 새김을 확립하고 올바른 알아차림을 갖추고, 촉각으로 감촉을 촉지하되 쾌·불쾌에 빠지지 않고 평정하여 새김을 확립하고 올바른 알아차림을 갖추고, 정신으로 사실을 인식하되 쾌·불쾌에 빠지지 않고 평정하여 새김을 확립하고 올바른 알아차림을 갖추는 것의 여섯 가지 고리를 갖추는 것, 3. 새김을 수호하는 마음의 한 가지를 수호하는 것, 4. 신중하게 어떤 것을 수용하고, 신중하게 어떤 것을 참아내고, 신중하게 어떤 것을 피하고, 신중하게 어떤 것을 제거하는 네 가지에 의지하는 것, 5. 여러 수행자들이나 성직자들의 모든 독단, 예를 들어 '세상은 영원하다.'라든가 '세상은 영원하지 않다.'라든가 '세상은 유한하다.'라든가 '세상은 무한하다.'라든가 '영혼과 육체는 같다.'라든가 '영혼과 육체는 다르다.'라든가 '여래는 사후에 존재한다.'라든가 '여래는 사후에 존재하지 않는다.'라든가 '여래는 사후에 존재하기도 하고 존재하지 않기도 하다.'라든가 '여래는 사후에 존재하는 것도 아니고 존재하지 않는 것도 아니다.'라든가 하는 모든 독단을 제거하는 것, 6. 감각적 쾌락의 욕망의 추구를 버리고, 존재의 추구를 버리고, 거룩한 삶의 추구를 그쳐서 갈망의 추구를 종식하는 것, 7. 감각적 쾌락의 욕망에 매인 사유를 버리고, 분노에 매인 사유를 버리고, 폭력에 매인 사유를 버려서 사유의 오염을 없애는 것, 8. 행복과 고통이 버려지고 만족과 불만도 사라진 뒤, 괴로움도 없고 즐거움도 없는, 평정하고 새김이 있고 청정한 네 번째 선정에 들어 신체적 형성을 고요히 하는 것, 9. 탐욕으로부터 마음을 해탈시키고, 성냄으로부터 마음을 해탈시키고, 어리석음으로부터 마음을 해탈시켜서 마음에 의한 해탈을 성취하는 것, 10. '나에게 탐욕이 끊어지고, 뿌리째 뽑히고, 종려나무 그루터기처럼 되고, 존재하지 않게 되어, 미래에 다시 생겨나지 않는다.'라고 분명히 알고, '나에게 성냄이 끊어지고, 뿌리째 뽑히고, 종려나무 그루터기처럼 되고, 존재하지 않게 되어, 미래에 다시 생겨나지 않는다.'라고 분명히 알고, '나에게 어리석음이 끊어지고, 뿌리째 뽑히고, 종려나무 그루터기처럼 되고, 존재하지 않게 되어, 미래에 다시 생겨나지 않는다.'라고 분명히 알아서, 지혜에 의한 해탈을 성취하는 것].

~ asubhasaññā 열 가지 부정에 대한 지각. 십부정상(十不淨想)[1. 부풀어 오른 시체에 대한 지각(膨脹想 : uddhumātakasaññā), 2. 푸르게 멍든 어혈을 지닌 시체에 대한 지각(靑瘀想 : vinīlakasaññā), 3. 곪아 터진 시체에 대한 지각(膿爛想 : vipubbakasaññā), 4. 부패해서 갈라진 시체에 대한 지각(斷壞想 : vicchiddakasaññā), 5. 동물이 먹고 남긴 시체에 대한 지각(食殘想

vikkhāyitakasaññā), 6. 흩어진 시체에 대한 지각(散亂想 : vikkhittakasaññā), 7. 살해되어 사지가 흩어진 시체에 대한 지각(斬斫離散想 : hata-vikkhittakasaññā), 8. 피로 물든 시체에 대한 지각(血塗想 : lohitakasaññā), 9. 벌레들이 모여 있는 시체에 대한 지각(蟲聚想 : puḷuvakasaññā), 10. 해골만 남은 시체에 대한 지각(骸骨想 : aṭ-ṭhikasaññā)].

~ asekkhā dhammā : 열 가지 더 이상 배울 것이 없는 원리. 십무학법(十無學法)[더 이상 배울 것이 없는 올바른 견해(無學正見 : asekkhasam-mādiṭṭhi), 더 이상 배울 것이 없는 올바른 사유(無學正思惟 : asekkhasammāsaṅkappa), 더 이상 배울 것이 없는 올바른 언어(無學正語 : asekkhasammāvācā), 더 이상 배울 것이 없는 올바른 행위(無學正行 : asekkhasammākamm-anta), 더 이상 배울 것이 없는 올바른 생활(無學正命 : asekkhasammāājīva), 더 이상 배울 것이 없는 올바른 정진(無學正精進 : asekkhasam-māvāyāma), 더 이상 배울 것이 없는 올바른 새김(無學正念 : asekkhasammāsati), 더 이상 배울 것이 없는 올바른 집중(無學正定 : asekkha-sammāsamādhi), 더 이상 배울 것이 없는 올바른 앎(無學正智 : asekkhasammāñāṇa), ⑩ 더 이상 배울 것이 없는 올바른 해탈(無學正解脫 : asekkhasammāvimutti)].

~āghātavatthūni 열 가지 회한·증오의 대상. 십혐한사(十嫌恨事)[1. 그는 나에게 불익을 주었다. 2. 그는 나에게 불익을 준다. 3. 그는 나에게 불익을 줄 것이다. 4. 그는 나의 사랑하는 자에게 불익을 주었다. 5. 그는 나의 사랑하는 자에게 불익을 준다. 6. 그는 나의 사랑하는 자에게 불익을 줄 것이다. 7. 그는 나의 미워하는 자에게 이익을 주었다. 8. 그는 나의 미워하는 자에게 이익을 준다. 9. 그는 나의 미워하는 자에게 이익을 줄 것이다. 10. 이유가 없는 것이 아니라고 분노하는 것].

~ āyatanāni 열 가지 감역. 십처(十處)[시각의 감역(眼處 : cakkhāyatana), 형상의 감역(色處 : rūpāyatana), 청각의 감역(耳處 : sotāyatana), 소리의 감역(聲處 : saddāyatana), 후각의 감역(鼻處 : ghānāyatana), 냄새의 감역(香處 : ga-ndhāyatana), 미각의 감역(舌處 : jivhāyatana), 맛의 감역(味處 : rasāyatana), 촉각의 감역(身處 : kāyāyatana), 감촉의 감역(觸處 : phoṭṭh-abbāyatana)].

~ kaṇṭakā 열 가지 가시. 십자(十刺)[멀리 여읨을 즐기는 자에게 모임의 즐거움은 가시이다(pavi-vekārāmassa saṅghanikārāmatā kaṇṭako). 부정(不淨)의 인상을 닦는 자에게 아름다움의 인상은 가시이다(asubhanimittānuyogamanuyu-ttassa subhanimittānuyogo kaṇṭako). 감관을 수호하는 자에게 연극의 관람은 가시이다(indri-yesu guttadvārassa visūkadassanaṁ kaṇṭako). 청정한 삶을 사는 자에게 여인과의 사귐은 가시이다(brahmacārissa mātugāmopavicāro kaṇṭa-ko). 첫 번째 선정에는 소리가 가시이다(paṭha-massa jhānassa saddo kaṇṭako). 두 번째 선정에는 사유와 숙고가 가시이다(dutiyassa jhānassa vitakkavicārā kaṇṭako). 세 번째 선정에는 희열이 가시이다(tatiyassa jhānassa pīti kaṇṭako). 네 번째 선정에는 호흡이 가시이다(catutthassa jhānassa assāsapassāsā kaṇṭako). 지각과 느낌의 소멸의 성취에서는 지각과 느낌이 가시이다(saññāvedayitanirodhasamāpattiyā saññā ca vedanā ca kaṇṭako). 탐욕은 가시이다(rāgo ka-ṇṭako). 성냄은 가시이다(deso kaṇṭako). 어리석음은 가시이다(moho kaṇṭako)].

~ kasiṇāyatanāni 열 가지 두루채움의 세계. 십편처(十遍處)[1. 땅의 두루채움에 대한 위로 아래로 옆으로 유일하게 한량없이 지각하는 것(地遍處 : paṭhavīkasiṇa) 2. 물의 두루채움을 위로 아래로 옆으로 유일하게 한량없이 지각하는 것(水遍處 : āpokasina) 3. 불의 두루채움을 위로 아래로 옆으로 유일하게 한량없이 지각하는 것(火遍處 : tejokasiṇa) 4. 바람의 두루채움을 위로 아래로 옆으로 유일하게 한량없이 지각하는 것(風遍處 : vāyokasiṇa) 5. 푸름의 두루채움을 위로 아래로 옆으로 유일하게 한량없이 지각하는 것(靑遍處 : nīlakasiṇa) 6. 노랑의 두루채움을 위로 아래로 옆으로 유일하게 한량없이 지각하는 것(黃遍處 : pītakasiṇa) 7. 붉음의 두루채움을 위로 아래로 옆으로 유일하게 한량없이 지각하는 것(赤遍處 : lohitakasiṇa) 8. 흼의 두루채움을 위로 아래로 옆으로 유일하게 한량없이 지각하는 것(白遍處 : odātakasiṇa) 9. 허공의 두루채움을 위로 아래로 옆으로 유일하게 한량없이 지각하는 것(空遍處 : ākāsakasiṇa) 10. 의식의 두루채움을 위로 아래로 옆으로 유일하게 한량없이 지각하는 것(識遍處 : viññāṇakasiṇa)].

~ kathāvatthūni. -kathāvatthu 열 가지 대화의 토대. 열 가지 담론의 토대. 십논사(十論事)[욕망의 여읨에 대한 대화(小欲論 : appicchakathā), 만족에 대한 대화(知足論 : santuṭṭhikathā), 멀리 여읨에 대한 대화(遠離論 : pavivekakathā), 번잡의 여읨에 대한 대화(不雜論 : asaṁsagga-kathā), 용맹정진에 대한 대화(發勤論 : vir-iyārambhakathā), 계행에 대한 대화(戒論 : sīlakathā), 삼매에 대한 대화(定論 : samādhikathā), 지혜에 대한 대화(慧論 : paññākathā), 해탈에 대한 대화(解脫論 : vimuttikathā), 해탈에 대한 앎과 봄의 대화(解脫知見論 : vimutti-ñāṇadassanakathā)].

~ kilesavatthūni 열 가지 오염의 토대. 십번뇌사(十煩惱事) [탐욕(貪 : lobha). 성냄(瞋 : dosa). 어리석음(痴 : moha). 자만(慢 : māna). 견해(見 : diṭṭhi). 의심(疑 : vicikiccha). 해태(惛沈 : thīna). 흥분(悼擧 : uddhacca). 부끄러움을 모르는 것(無慙 : ahirika). 창피함을 모르는 것(無愧 : anottappa)].

~ kusalakammapathā 열 가지 착한 행위의 길. 십선업도(十善業道)[1. 살아있는 생명을 해치는 것을 삼가는 것(不殺生 : pāṇātipātā veramaṇī), 2. 주지 않은 것을 빼앗는 것을 삼가는 것(不偸盜 : adinnādānā veramaṇī), 3. 사랑을 나눔에 잘못을 범하는 것을 삼가는 것(不邪淫 : kāmesu micchācārā veramaṇī), 4. 거짓을 말하는 것을 삼가는 것(不妄語 : musāvādā veramaṇī), 5. 이간질하는 것을 삼가는 것(不兩舌 : pisuṇā vācā veramaṇī), 6. 욕지거리하는 것을 삼가는 것(不惡口 : pharusā vācā veramaṇī), 7. 꾸며대는 말을 하는 것을 삼가는 것(不綺語 : samphappalāpa veramaṇī), 8. 탐욕의 여읨(不貪欲 : anabhijjhā), 9. 분노의 여읨(不瞋恚 : abyāpāda), 10. 올바른 견해(正見 : sammādiṭṭhi)].

~ tathāgatabalāni 열 가지 여래의 능력. 열 가지 여래의 힘. 여래십력(如來十力) = 십력(十力)[1. 경우와 경우 아닌 것을 여실히 아는 힘, 즉 경우를 경우로, 경우가 아닌 것을 경우가 아닌 것으로 아는 힘(處非處智力 : ṭhānāṭṭhānādīnaṁ yathābhūtaṁ jānanaṁ, seyyathīdaṁ ṭhānañ ca ṭhānato aṭṭhānañ ca aṭṭhānato jānanaṁ ekaṁ), 2. 과거·미래·현재의 업의 수용에 관해 필연적으로 조건적으로 여실히 그 과보를 아는 힘(業異熟智力 : atītānāgatapaccuppannānaṁ kammasamādānānaṁ ṭhānaso hetuso yathābhūtaṁ vipākajānanaṁ ekaṁ), 3. 모든 곳으로 인도하는 길에 관해 아는 힘(遍趣行智力 : sabbatthagāminīpaṭipadājānanaṁ ekaṁ), 4. 많은 요소로 구성된 다양한 요소의 세계에 관해 아는 힘(種種界智力 : anekādhātunānādhātulokajānanaṁ ekaṁ), 5. 다른 뭇삶들이 여러 가지 결정에 관해 아는 힘(種種勝解智力 : parasattānaṁ nānādhimuttikatājānanaṁ ekaṁ), 6. 그들의 능력의 높고 낮음에 관해 아는 힘(根上下智力 : tesaṁ yeva indriyaparopariyattijānanaṁ eva), 7. 선정·해탈·삼매·성취에서 오염과 청정의 발생을 아는 힘(靜慮解脫等持等至智力 : jhānavimokkhasamādhisamāpattīnaṁ saṅkilesavodānavuṭṭhānajānanaṁ ekaṁ), 8. 전생에 살던 곳에 대한 기억을 아는 힘(宿住隨念智力 : pubbenivāsānusattijānanaṁ ekaṁ), 9. 뭇삶의 죽음과 삶에 관해 아는 힘(死生智力 : sattānaṁ cut'ūpapātajānanaṁ ekaṁ), 10. 번뇌의 소멸에 관해 아는 힘(漏盡智力 : āsavakkhayajānanaṁ ekaṁ)].

~ dhammā āhārā 열 가지 원리의 자양. 십법식(十法食)[게으르지 않고 활동하는 것은 재산의 자양이다(anālassaṁ uṭṭhānaṁ bhogānaṁ āhāro). 화장하고 치장하는 것은 미모의 자양이다(maṇḍanāvibhūsanā vaṇṇassa āhāro). 섭생을 잘 하는 것은 건강의 자양이다(sappāyakiriyā ārogyassa āhāro). 선한 친구를 사귀는 것은 계행의 자양이다(kalyāṇamittatā sīlānaṁ āhāro). 감관을 수호하는 것은 청정한 삶의 자양이다(indriyasaṁvaro brahmacariyassa āhāro). 속이지 않는 것은 우정의 자양이다(avisaṁvādanā mittānaṁ āhāro). 배우는 것은 박학의 자양이다(sajjhāyakiriyā bāhusaccassa āhāro). 공경하여 듣고 질문하는 것은 지혜의 자양이다(sussusā paripucchā paññāya āhāro). 명상하며 관찰하는 것은 진실의 자양이다(anuyogo paccavekkhanā dhammānaṁ āhāro). 바른 실천은 천상의 자양이다(sammāpaṭipatti saggānaṁ āhāro)].

~nāthakaraṇā dhammā 열 가지 수호를 만드는 원리. 십의인법(十依因法)[1. 계행을 지키고, 의무계율을 수호하고, 올바른 행위의 경계를 갖추고, 사소한 잘못에서도 두려움을 보고, 지켜야 할 학습계율을 수용하여 배우는 것, 2. 많이 배우고 배운 것을 기억하고 배운 것을 모으고, 처음도 훌륭하고 중간도 훌륭하고 마지막도 훌륭한, 내용을 갖추고 형식이 완성되고, 지극히 원만하고 오로지 청정한 거룩한 삶을 선언하는, 그와 같은 가르침을 자주 배우고 기억해서 언어로 숙달하고 정신으로 관찰하고 견해로 꿰뚫는 것, 3. 선한 벗이 되고, 선한 친구가 되고, 선한 동료가 되는 것, 4. 훈계하기 쉽고, 훈계하기 쉽게 만드는 성품을 갖고 있고, 인내를 지니고, 가르침을 공경하여 받드는 것, 5. 동료 수행자들의 크고 작은 해야 할 일이 있을 때마다 그것에 정통하여 올바른 수단을 강구하여 행하고 처리할 수 있도록 전념하는 것, 6. 가르침을 좋아하고 대화에서 친절하고 보다 높은 가르침과 보다 높은 계율에 크게 기뻐하는 것, 7. 이러저러한 옷이나 탁발식이나 처소나 필수약품에 만족하는 것, 8. 악하고 불건전한 것들을 끊어 버리고 착하고 건전한 것들을 성취하기 위해 착하고 건전한 것들에 견고하고 확고하게 노력하여 착하고 건전한 것들에 멍에를 지

는 것을 마다하지 않고 열심히 정진하는 것, 9. 최상의 기억과 분별을 갖추어 오래 전에 행한 일이나 오래 전에 행한 말도 기억하고 상기하며 새김을 확립하는 것, 10. 현명하여 발생과 소멸에 대하여 분명히 아는 고귀한 꿰뚫음으로 완전한 괴로움의 소멸로 이끄는 지혜를 갖추는 것].

~ nijjaravatthūni : 열 가지 멸진의 토대. 십진사(十盡事)[1. 올바른 견해에 의해서 잘못된 견해가 멸진한다(sammādiṭṭhikassa micchādiṭṭhi nijjiṇṇā hoti). 2. 올바른 사유에 의해서 잘못된 사유는 멸진한다(sammāsaṅkappassa micchāsaṅkappo nijjiṇṇo hoti). 3. 올바른 언어에 의해서 잘못된 언어는 멸진한다(sammāvācassa micchāvācā nijjiṇṇo hoti). 4. 올바른 행위에 의해서 잘못된 행위는 멸진한다(sammākammantassa micchākammanto nijjiṇṇo hoti). 5. 올바른 생활에 의해서 잘못된 생활은 멸진한다(sammāājīvassa micchāājīvo nijjiṇṇo hoti). 6. 올바른 정진에 의해서 잘못된 정진은 멸진한다(sammāvāyāmassa micchāvāyāmo nijjiṇṇo hoti). 7. 올바른 새김에 의해서 잘못된 새김은 멸진한다(sammāsatissa micchā sati nijjiṇṇā hoti). 8. 올바른 집중에 의해서 잘못된 집중은 멸진한다(sammāsamādhissa micchā samādhi nijjiṇṇo hoti). 9. 올바른 앎에 의해서 잘못된 앎은 멸진한다(sammāñāṇassa micchā ñāṇaṁ nijjiṇṇaṁ hoti). 10. 올바른 해탈에 의해서 잘못된 해탈은 멸진한다(sammāvimuttissa micchāvimutti nijjiṇṇā hoti)].

~ pāramiyo 열 가지 완성. 십바라밀(十波羅密)[보시의 완성(施波羅密 : dānapāramī), 계행의 완성(戒波羅密 : sīlapāramī), 여읨의 완성(出離波羅密 : nekkhammapāramī), 지혜의 완성(慧波羅密 : paññāpāramī), 정진의 완성(精進波羅密: viriyapāramī), 인내의 완성(忍波羅密 : khantipāramī), 결정의 완성(決定波羅密 : adhiṭṭhānapāramī), 자애의 완성(慈波羅密 : mettapāramī), 평정의 완성(捨波羅密 : upekkhāpāramī)].

~ puggalā 열 종류의 참사람. 십인(十人). 십보특가라(十補特伽羅)[1. 여래(如來 : tathāgata)·거룩한 님(阿羅漢 : arahant)·올바로 원만히 깨달은 님(正等覺者 : sammāsambuddha), 2. 연기법을 깨달은 님(緣覺佛 : paccekabuddha), 3. 양면으로 해탈한 님(俱分解脫者 : ubhatobhāgavimutta), 4. 지혜에 의해 해탈한 님(慧解脫者 : paññāvimutta), 5. 몸으로 깨우친 님(身證者 : kāyasakkhin), 6. 견해로 성취한 님(見到者 : diṭṭhippatta), 7. 믿음으로 해탈한 님(信解者 : saddhāvimutta), 8. 진리의 행자(隨法行者 : dhammānusārin), 9. 믿음의 행자(隨信行者 : saddhānusārin), 10. 혈통에 든 님(種姓者 : gotrabhū)]

– bala 열 가지 (부처님의 특유한) 능력. 십력(十力) → ~ tathāgatabalāni.

~ micchattā 열 가지 잘못. 십사(十邪)[1. 잘못된 견해(邪見 : micchādiṭṭhi), 2. 잘못된 사유(邪思惟 : micchāsaṅkappa), 3. 잘못된 언어(邪語 : miccāvācā), 4. 잘못된 행위(邪行 :, micchākammanta), 5. 잘못된 생활(邪命 : micchāājīva), 6. 잘못된 정진(邪精進 : micchāvāyāma), 7. 잘못된 새김(邪念 : micchāsati), 8. 잘못된 집중(邪定 : micchāsamādhi), 9. 잘못된 궁극적 앎(邪智 : micchāñāṇa), 10. 잘못된 해탈((邪解脫 : micchāvimutti)].

~ vipassanûpakkilesā 열 가지 통찰에 수반되는 오염. 십관수염(十觀隨染)[1. 광명(光明 : obhāsa : 통찰에 의한 광명), 2. 앎(智 : ñāṇa : 예리하고 맑은 앎), 3. 희열(喜 : pīti : 전신에 충만한 기쁨), 4. 경안(輕安 : passadhi : 몸과 마음의 경쾌), 5. 즐거움(樂 : sukha : 전신을 감싸는 행복), 6. 확신(勝解 : adhimokkha : 마음과 마음의 작용을 뛰어넘는 믿음), 7. 책려(策勵 : paggaha : 너무 이완되거나 너무 긴장되지 않은 정진), 8. 확립(現起 : upaṭṭhāna : 새김의 확립), 9. 평온(捨 : upekkhā : 주의전향의 평온), 10. 욕구(欲求 : nikanti : 통찰의 욕구)]

~ vivādamūlāni. 열 가지 분쟁의 뿌리. 열 가지 쟁론의 뿌리. 십쟁근(十諍根)[가르침이 아닌 것을 가르침이라고(adhammaṁ dhammoti), 가르침을 가르침이 아닌 것이라고(dhammaṁ adhammoti), 계율이 아닌 것을 계율이라고(avinayaṁ vinayoti), 계율을 계율이 아닌 것이라고(vinayaṁ avinayoti), 여래가 말하지 않고 설하지 않은 것을 여래가 말하고 설한 것이라고(abhāsitaṁ alapitaṁ tathāgatena bhāsitaṁ lapitaṁ tathāgatenāti), 여래가 말하고 설한 것을 여래가 말하지 않고 설하지 않은 것이라고(bhāsitaṁ lapitaṁ tathāgatena abhāsitaṁ alapitaṁ tathāgatenāti), 여래가 행하지 않은 것을 여래가 행한 것이라고anāciṇṇaṁ tathāgatena āciṇṇaṁ tathāgatenāti), 여래가 행한 것을 여래가 행하지 않은 것이라고(āciṇṇaṁ tathāgatena anāciṇṇaṁ tathāgatenāti), 여래가 규정하지 않은 것을 여래가 규정한 것이라고(apaññattaṁ tathāgatena paññattaṁ tathāgatenāti), 여래가 규정한 것을 여래가 규정하지 않은 것이라고(paññattaṁ tathāgatena apaññattaṁ thatāgatenāti) 설하는 것]. [잘못이 아닌 것을 잘못이

라고(anāpattiṁ āpattīti), 잘못을 잘못이 아니라고(āpattiṁ anāpattīti dīpenti.), 가벼운 잘못을 무거운 잘못이라고(lahukaṁ āpattiṁ garukaṁ āpattīti), 무거운 잘못을 가벼운 잘못이라고(garukaṁ āpattiṁ lahukaṁ āpattīti), 추악한 잘못을 추악하지 않은 잘못이라고(duṭṭhullaṁ apattiṁ aduṭṭhullā appattīti), 추악하지 않은 잘못을 추악한 잘못이라고(aduṭṭhullaṁ āpattiṁ duṭṭhullāpattīti), 불완전한 잘못을 완전한 잘못이라고(sāvasesaṁ āpattiṁ anavasesā āpattīti), 완전한 잘못을 불완전한 잘못이라고(anavasesaṁ āpattiṁ sāvasesāpattīti), 용서할 수 없는 잘못을 용서할 수 있는 잘못이라고(sappaṭikammaṁ āpattiṁ appaṭikammā āpattīti), 용서할 수 있는 잘못을 용서할 수 없는 잘못이라고(appaṭikammaṁ āpattiṁ sappaṭikammā āpattīti) 설하는 것].

~ saññā 열 가지 지각. 십상(十想)[부정(不淨)에 대한 지각(不淨想 : asubhasaññā), 죽음에 대한 지각(死想 : maraṇasaññā), 음식의 혐오에 대한 지각(食厭想 : āhāre paṭikkūlasaññā), 일체의 세계에 즐거움이 없음에 대한 지각(一切世界不樂想 : sabbaloke anabhiratasaññā), 무상에 대한 지각(無常想 : aniccasaññā), 무상 가운데 괴로움에 대한 지각(無常苦想 : anicce dukkhasaññā), 괴로움 가운데 실체 없음에 대한 지각(苦非我想 : dukkhe anattasaññā), 버림에 대한 지각(斷想 : pahānasaññā), 사라짐에 대한 지각(離貪想 : virāgasaññā), 소멸에 대한 지각(滅想 : nirodhasaññā)].

~ sammattā 열 가지 바름. 십정(十正)[1. 올바른 견해(正見 : sammādiṭṭhi), 2. 올바른 사유(正思惟 : sammāsaṅkappa), 3. 올바른 언어(邪語 : sammāvācā), 4. 올바른 행위(邪行 : sammākammanta), 5. 올바른 생활(邪命 : sammāājīva), 6. 올바른 정진(邪精進 : sammāvāyāma), 7. 올바른 새김(邪念 : sammāsati), 8. 올바른 집중(邪定 : sammāsamādhi), 9. 올바른 궁극적 앎(邪智 : sammāñāṇa), 10. 올바른 해탈((邪解脫 : sammāvimutti)].

~ sarīraṭṭhā dhammā 열 가지 신체안의 원리. 십신주법(十身住法)[추위(sīta), 더위(uṇha), 기아(jighacchā), 기갈(pipāsā), 대변(uccāra), 소변(passāva), 신체의 제어(kāyasaṁvara), 언어의 제어(vacīsaṁvara), 목숨의 제어(ājīvasaṁvara), 다시 태어나게 하는 존재의 존재형성(ponobhavikabhavasaṅkhāra)].

-sikkhāpada → dasa sikkhāpadāni

~sikkhāpadāni 열 가지 학습계율. 십학처(十學處)[1. 살아있는 생명을 해치는 것을 삼가는 것(不殺生 : pāṇātipātā veramaṇī), 2. 주지 않은 것을 빼앗는 것을 삼가는 것(不偸盜 : adinnādānā veramaṇī), 3. 사랑을 나눔에 잘못을 범하는 것을 삼가는 것(不邪淫 : kāmesu micchācārā veramaṇī), 4. 거짓을 말하는 것을 삼가는 것(不妄語 : musāvādā veramaṇī), 5. 곡주나 과일주 등의 취기있는 것에 취하는 것을 삼가는 것(不飮酒 : surāmerayamajjapamādaṭṭhānā veramaṇī), 6. 때아닌 때에 먹는 것을 삼가는 것(不非時食戒 : vikālabhojanā veramaṇī), 7. 노래·춤·음악·연극 등을 보는 것을 삼가는 것(不得歌舞娼技及觀聽 : naccagītavāditavisūkadasanā veramaṇī), 8. 꽃다발·향료·크림을 가지고 화장하고 장식하는 것을 삼가는 것(不得脂粉塗身 : mālāgandhavilepanadhāraṇamaṇḍanavibhūsanaṭṭhānā veramaṇī), 9. 높은 침대나 큰 침대에서 자는 것을 삼가는 것(不得上高廣大床 : uccāsayanamahāsayanā veramaṇī), 10. 금은을 받는 것을 삼가는 것(不蓄金銀寶戒 : jātarūparajatapaṭiggahaṇā veramaṇī). 이 가운데 1~8까지 재가신자에게 권장되는 것임]

-sīla 열 가지 계행. 십계(十戒)[=dasa kusalakammapathā, 간혹 dasa sikkhāpadāni와 혼동됨].

dasa *n.* dasā *f.* [*sk.* daśa] ① (옷의) 가장자리. 테두리. ② 소매. dasa° -sadasa 돗자리[깔개의 일종]. -anta 술 장식. 술의 끝.

dasaka *adj. n.* [dasa-ka] ① 십(의). 10개(의). ② 10개 한 벌(의). 열 가지 구성요소. ③ 십년. 십년제(十年制). 십년 마다의. ④ 십법(十法). 십취(十聚). -kalāpa 열 가지 신체적 통일성을 갖는 요소들의 집합.

dasika ① [*sk.* daśika] 보이는. 보는. ② [<dasā] 술 장식의. -sutta 짜지 않는 실. 풀린 실.

dassa *cpd.* [*sk.* darśa] ① 보는. 보이는. ② 인식하는. 인식되는.

dassati [*sk.* dṛś. darś. draṣ. drakṣ] ① 보다. ② 알아차리다. 각성하다. ③ 인식하다. ④ 이해하다. *pres.* dakkhati. dakkhiti; *aor.* addakkhi. addakkhiṁ. addasuṁ. addāsi. addasāma. addasāsuṁ. adda. addā; *abs.* daṭṭhuṁ. daṭṭhu; *grd.* daṭṭabba. dassanīya; *ppr. m.* sg. *nom.* dakkhiṁ; *pp.* dassanīya; *ppr. m.* sg. *nom.* dakkhiṁ; *pp.* diṭṭhiṁ; *pp.* diṭṭha; *caus.* dasseti; *pass.* dassati ⑤ [dadāti의 *fut. sk.* dāsyati] *1sg.* dassāmi

dassaka *adj.* [<dasseti] 보여주는. 전시하는.

dassana *n.* [*sk.* dārśana] ① 봄[見]. 전망. 현상(現象). 광경(光景). ② 지각. 통찰(通察). ③ 견해. ④ 지적. 암시. ⑤ 정의. 언명. *dat.* dassanāya 보

기위해. 보려고. *ins.* dassanena 봄・지각에 의해. -âdhippeyya 통찰에 능숙한. 견증상(見增上). -ânuttariya 최상의 봄. 보는 것 가운데 최상[부처님을 보는 것]. 관찰의 위없음. 견무상(見無上)[통찰을 뜻함]. -kāma 보기를 원하는. -ttika 세 가지 통찰의 법. 견삼법(見三法). -duka 한 쌍의 통찰. 견이법(見二法). -bhūmi 올바른 통찰의 경지. 견지(見地)[四聖諦에 대한 것]. -visuddhi 통찰의 청정. 견청정(見淸淨). -saṃsagga 시각적으로 탐욕이 생기게 하는 교제. 견교(見交). -samāpatti 통찰과 명상. 관찰과 등지(等至). 견정(見定). -sampanna 올바른 통찰력이 있는. 견구족(見具足).

dassanīya *adj.* [*sk.* darśaniya dṛś의 *grd.*] ① 볼만한. ② 보기에 좋은. 아름다운. -tara 더욱 아름다운.

dassaneyya *adj.* = dassanīya.

dassayaṁ. dassayi → dasseti.

dassahaṁ [=dassessaṁ] dassati(passati) 의 *fut. 1sg.*

dassāvitā *f.* [dassāvin의 *abstr.*] ① 봄[見]. 관찰. ② 통찰.

dassāmi dadāti의 *fut. 1sg.*

dassāvin *adj.* [*bsk.* darśavin] ① 보는. 통찰력 있는. ② 지각하는. 주목하는. *pl. acc.* dassāvine

dassika *adj.* = dasika ①

dassita *adj.* ① [dasseti의 *pp.*] 보인. 전시된. 행해진. ② [*sk.* daṁsita] 무장된. 갑옷을 입은.

dassin *adj.* [*sk.* darśin] ① 보는. 발견하는. ② 지각하는. *cf.* dassāvin. dassivan.

dassivan. dasiman = dassāvin.

dassu *m* [*sk.* dasyu *cf.* dāsa] ① 적(敵). ② 강도. -khīla 적에 의한 재난. 강도에 의한 재난. 적난(賊難). 적재(賊災).

dassetar *m* [*sk.* darśayitṛ] ① 보여주는 사람. 지시자. ② 안내자. 교사.

dasseti [dassati. dṛś의 *caus.*] 보게 하다. 보여주다. *fut.* dassahaṁ; *aor.* dassayi. dassesuṁ; *abs.* dassetvā; *inf.* dassetuṁ; *ppr.* sg. *nom.* dassayaṁ. *cf.* dassati.

dasso dāsi의 *nom. pl.*

daha *m* [*sk.* draha] ① 호수. 호소(湖沼). ② 연못. *cf.* rahada.

dahati ① [*sk.* dadhāti. dhā] 놓다. 정하다. 정리하다. 가정하다. 고려하다. *abs.* daheyya; *pass.* dhīyati; *grd.* dheyya. ② [〃] = ḍahati 태우다. 화장하다. *fut.* dahissaṁ. dahissasi; *aor.* adaḍḍha.

dahana *n.* [〃] ① 불태움. ② 불.

dahara. daharaka *adj. m.* [〃] ① 어린. 젊은. ② 소년.

daharā. daharī *f.* [dahara의 *f.*] ① 소녀. ② 젊은 여자.

daharikā *f.* [<daharaka] 소녀.

dāṭhā *f.* [*sk.* daṁṣṭrā = daṭṭhā. *cf.* ḍasati] ① 이빨. ② 엄니. 견치. 송곳니. 상아. -âvudha 엄니를 무기로 하는. -danta 송곳니. -dhātu 치아사리. 치사리(齒舍利). -balin 이빨에 힘이 있는 자. 사자(獅子).

Dāṭhāvaṁsa *m.* [dāṭhā-vaṁsa] 불아사(佛牙史) [Dhammakitti의 부처님의 齒舍利에 대한 저술].

dāṭhikā *f.* [*sk.* dāḍhikā] 턱수염. 구레나룻.

dāṭhin *adj.* [daṭṭhā-in] ① 이빨을 지닌. ② 엄니를 지닌. 상아를 지닌.

dātabba *adj.* [dadāti의 *grd.*] 주어져 야 할.

dātar *m* [*sk.* dātṛ] ① 주는 사람. 베푸는 자. 보시자(布施者). 제공자(提供者). 기부자. ② 인심 좋은 사람.

dātave. dātuṁ dadāti의 *inf.*

dātta *n.* [*sk.* dātra<dā] ① 큰 낫. ② 작은 낫. *cf.* dāpeti.

dāna *n.* [〃<dā] ① 보시. 자선. 증여. 시여. ② 선물(膳物). 시물(施物). 보시물(布施物). ③ 관대함. -agga 보시가 베풀어지는 집. -âdhikāra 보시물의 감독. -ānisaṁsa 보시에 대한 찬양. -āsā 재물로 하는 보시. 재시(財施). -uppatti 보시자. 시주(施主). -kathā 보시에 관한 이야기. 시론(施論). -dhamma 보시의 의무. -pati 보시의 주인. 시주. 관대한 기증자. 단월(檀越). -pāramī. -pāramitā 보시의 완성. 시바라밀(施波羅密). -puñña 보시의 공덕. -puññakiriyavatthu 보시에 의한 공덕행의 토대. 시복업사(施福業事). 시성복업사(施成福業事). -phala 보시의 과보. -maya 보시로 이루어진. 시소성(施所成). -rata 관대한. 보시를 즐기는. -vaṭṭa 보시물. 공양물. -vatthu 보시하는 일. 보시. 자선. -veyyāvaṭika 보시물의 분배. -saṁvibhāga 보시물을 나누어 줌. -sālā 보시물을 나누어 주기 위해 지은 건물. 복지원(福祉院). 보시당(布施堂). -sālādhikārin 취사인(炊事人). -sīla 보시의 계행을 지닌. 관대한 성격을 지닌.

Dānava *m.* [〃] 다나바[아수라의 이름. 다누(Danu)의 자손].

dāni *ind.* [= idāni] 지금.

dāpana *n.* [<dāpeti] ① 보시의 권장. ② → vodāpana.

dāpetar *m.* [<dāpeti의 *ag.*] 보시하도록 권장하

는 사람.
dāma *n.* [*sk.* dāman]① 밧줄. 띠. ② 사슬. ③ 화환.
dāmarika *m.* [?] 반역자. 모반자. -pālana 중우정치(衆愚政治). 폭민정치(暴民政治).
dāya ① *n.* [*sk.* dāva] 숲. 동산. *cf.* migadāya -pāla 산림지기. 정원사. ② *m.* [〃] 증여. 몫. 보수(報酬).
dāyaka *m.* [〃] ① 보시자(布施者). 제공자(提供者). ② 기증자. 기부자. *cf.* dāyikā *f.*
dāyajja *n.* [*sk.* dāyādya dāyāda의 *abstr.*] ① 유산. ② 상속에 의해 구족계를 받음[Sumana와 Sopāka는 7살로 특별한 具足戒를 받았음]. -paribhoga 유산의 수용. 사수수용(嗣受受用).
dāyati [*sk.* dāti. dyati] ① 자르다. 베다. ② 수확하다. *aor.* dāyi. *pp.* dāyita
dāyāda. dāyādaka *m.* [〃<dāya②-ā-da] 상속자. 후계자. 사속자(嗣續者).
dāyāna *n.* [〃<dāyati] ① 베기. ② 수확.
dāyikā *f.* [dāya-ikā] ① 여성의 기증자. ② 여성 보시자.
dāyin *adj.* [*sk.* dāyin] ① 주는. 베푸는. 바치는. ② 허락하는.
dāra *m.* dārā *f.* [〃] ① 아내. 마누라. ② 젊은 여자. 아가씨.
dāraka *m.* [〃] ① 소년. ② 아이. -tikicchā 어린 아이를 치료하는 기술.
dārikā *f.* [dāraka의 *f.*] ① 소녀. ② 딸.
dāru *n.* [〃] ① 나무. 목재. ② 장작. 땔나무. *pl.* 목재일. 목재들. -kamma 목재업. -kammika 목재상. -kuṭikā 오두막. 통나무집. -kuḍḍa 나무담장. 목장(木墻). -kkiraṇasippa 목판술(木板術). -kkhandha 나무등걸. 통나무. -khādaka 나무를 먹는. -gaha 목재소. -ghaṭha 나무 주전자. -caya 나무더미. -cīriya 나무껍질을 옷을 입은. -ja 나무로 만들어진. -ḍāha. -dāha 나무를 불태움. -dhītalikā 목녀상(木女像). -patta 나무 발우. -pattika 나무발우를 사용하는 사람. -pākāra 나무담장. -pādukā 나무 신발. 나막신. -bhaṇḍa 가구. 목제품. -bhaṇḍika 가구상. 목제품 장수. -bhājana 통(桶). -maṇḍalika 나무 원판. -maya 나무로 이루어진. māsaka 나무 화폐. -yanta 나무기구. -vāraka 나무단지. 목병(木甁). -saṅghāta '나무로 된 탈 것' 보트. 요트. 작은 배[舟]. -santhāra 나무마루. 목상(木床). -samādahāna 나무 조각들을 함께 두는 것. -sopāna 나무계단.
dāruka *m. adj.* [dāru-ka] ① 통나무. ② 나무로 만든. 목제의.
dāruṇa *adj.* [〃 *cf.* dāru] ① 강한. 단단한. ② 격렬한. 거친. 잔인한. -kamma 잔인한 일.
dāreti [dṛ의 *caus.*] ① 파열시키다. ② 분쇄하다 *aor.* dāresi. *pp.* dārita *ppr.* dārenta *abs.* dāretvā.
dālana → vidālana
dālikā *f.* dālima *m.* [*sk.* dālima] 참외의 일종. 석류나무. 석류수(石榴樹).
dāliddiya. dāḷiddiya *n.* [dalidda-ya] 가난. 궁핍.
dāleti → dāreti *aor.* dālesi. *pp.* dālita. *ppr.* dālenta dālaymāna *abs.* dāletvā.
dāva *m.* [〃] = dāya 숲. -aggi 산불. 숲에 난 불.
dāvika *adj.* [dāva-ika?] piṇḍadāvika 군대에서의 어떤 지위.
dāsa *m.* [〃] ① 노예. ② 하인. 노복(奴僕). -kammakara. -purisa. -porisa 노예. 하인. 보수없는 일꾼. 노복. -lakkhaṇa 하인들의 상태로 보아 행운을 점치는 것.
dāsaka *m.* [<dāsa] ① 노예. ② 하인. 노복(奴僕). -patta 노예병사.
dāsabya. dāsavya. dāsitta *n.* [<dāsa] ① 노예상태. ② 노예의 신분.
dāsabyatā *f.* = dāsabya
dāsikā. dāsiyā *f.* [<dāsa] 여자노예. 하녀.
dāsitta *n.* [dāsī의 *abstr.*] ① 여자노예의 상태. ② 여자노예의 신분.
dāsima *m.* [?] 다씨마[나무의 종류].
dāsī *f.* [<dāsa. *nom. pl.* 은 dāsiyo 대신 dasso.] 여자노예. 하녀. -dāsā 여자노예와 남자노예. -putta 노예의 아들. -bhoga 노예의 재산.
dāha *m.* [=ḍāha] ① 불타오름. ② 열. 병열(病熱). ③ 발화(發火).
di° *num.* [*sk.* dvi-] 2. 둘. *cf.* dvi. -y-aḍḍha 하나반(1½).
dikkhita *adj.* [dikkhati의 *pp.*] ① 헌신하는. ② 가입한. 입문한. 전수받은.
dikkhati ① [dis<dṛś] ① 보다. ② [dīkṣ] 가입하다. 입문하다. 전수를 받다. 신성하게 하다. 세례를 받다. 제식을 준비하다. *pp.* dikkhita
dikkhā *f.* [dīkṣ] 가입. 입문. 전수. 세례.
digambara *m.* [dig-ambara] '하늘 옷을 걸친 자' ① 고행주의자. ② 나체수행자[자이나교의 한 파의 수행자].
digu *f.* [*sk.* dvigu] 수사한정복합어(數詞限定複合語). 대수석(帶數釋)[문법].
digucchā *f.* [*sk.* jugupsa] 싫어함. 혐오.
diguṇa *adj.* [di-guṇa] ① 두 겹. 두 배. ② 두 가지.
digghikā *f.* [*sk.* dīrghikā] ① 수로. 도랑. 배수구. ② 장방형의 호수. ③ 해자(垓字).
dighacchā *f.* [= jighacchā] ① 배고픔. 굶주림.

기아. ② 식욕.

dighañña *adj.* [=jighañña] ① 열등한. ② 최후의. 마지막의. ③ 맨 서쪽의.

dicchati [*sk.* ditsati. dadāti의 *desid.*] 주기를 원하다. *pres. 3pl.* dicchare.

dija *adj. m.* [dvi-ja] ① 재생의. 재생(再生). ② 바라문. 바라문교의 상위 계급. 재생족(再生族) [사제. 왕족. 평민]. ③ 새[鳥]. 이빨 -gaṇa 바라문들이나 새의 무리.

dijivha *m.* [di-jivhā] '두개의 혀를 지닌 것' 뱀.

diṭṭha *adj. n.* [*sk.* dṛṣṭa. dassati의 *pp.*] ① 보인. 보이는. 소견(所見). ② 보인 것. 보이는 것. ③ 봄[觀]. 시력. 시각(視覺). diṭṭhe dhamme. diṭṭhe'va dhamme 이 세상에. 현세에. 지금 여기에. -ânugati 관찰한 것의 모방. -āvikamma 분명하게 함. 공개적 진술·고백. -ummāda(diṭṭhu°) 광신(狂信). -kāla 보는 시간. 기회. -ppatta 이 세상에서 열반을 얻은. -padā 볼 수 있는 특징. -maṅgalika 보이는 것을 통해 행운을 믿는 자. -saṁsandana 보이거나 알려진 것에 대한 자신 견해의 비교. 관찰에 대한 참조. ④ *adj. n.* [*sk.* dviṣṭa. dessati의 *pp.*] 독을 넣은. 적(敵).

diṭṭhaka *adj.* [diṭṭha-ka] ① 보이는. 볼 수 있는. ② 분명한.

diṭṭhadhamma *m.* [*sk.* dṛṣṭadharma] ① 현재. 현세. 현재의 존재. ② 지금 여기. -ika 이 세계의. 현세의. 지금 여기의. -upakkama 현재의 행동. 우연적인 일. -nibbāna 현세에서의 열반. 현법열반(現法涅槃). -sukhavihāra 현세에서의 적멸의 즐거움에 머무는 것. 현법락주(現法樂住). -vedanīya 현세의 과보를 현세에 받아야하는. -vedanīyakamma 현세에서 받는 업. 현법소수업(現法所受業). 현법수업(現法受業). 순현수업(順現受業).

diṭṭhā ① *interj.* [*sk.* dṛṣṭyā] 만세소리. 만세! ② [*sk.* dṛṣṭvā] dassati의 *abs.*

diṭṭhi *f.* [*sk.* dṛṣṭi. *cf.* diṭṭha. dassana] ① 견해. 교리. 이론. 학설(學說). 사견(邪見). ② 사변(思辨). 사색. 사변적 교리. 근거 없는 이론. 잘못된 이론. 도그마. 독단(獨斷). diṭṭh° -ajjhosana 견해에 대한 집착. 견착(見著). -ânugati 사색의 징후. 견취(見趣). 견성(見成). -ânusaya 견해의 잠재적 경향. 견해의 경향. 견수면(見睡眠). -âsava 견해에 의한 번뇌. 견루(見漏). -ûpādāna 견해에 대한 집착. 견취(見取). -ogha 견해의 거센 흐름. 견류(見流). 견폭류(見暴流). diṭṭhi° -kantāra 견해의 황야. 도그마의 모순성. 견난로(見難路). -kappa 견해에 의한 분별. 견분별(見分別). -gaṇṭhi 사변의 얽힘. -gata 견해에 빠진. 사견. 근거 없는 의견. 악견(惡見). -gatasampayutta 사견과 결합된. 악견과 결합된. -gatika 견해에 빠진 자. 틀린 견해를 갖고 있는 사람. 악견자(惡見者). -gahana 사변의 덤불. -gāha 견해에 대한 집착. 견집(見執). -carita 도리를 보고 실천하는. 견행(見行). -jāla 견해·궤변의 그물. 견망(見網). -ṭṭhāna 사변적인 철학의 신조. 견해의 근거. 견처(見處). -taṇhā 견해에 대한 갈애. 견애(見愛). -tassanā 견해에 의한 동요. -nijjhānakhanti 사변적인 교리에 대한 이해. 견심제인(見審諦忍). -nipāta 견해에 대한 집착. 견집자(見執者). -nissaya. -nissita 견해에 의존하는. 사변에 기반을 둔. 견의(見依). -nissitasīla 잘못된 견해를 토대로 하는 계행. -pakkha 사변론자의 무리·편. -paṭilābha 스스로 진리를 보는 이치를 획득한 자. 견득(見得). -paṭivedha 견해의 통찰. 견결택(見決擇). -papañca 견해에 의한 망상. 견해의 희론. 견장애(見障碍). -parāmāsa 거짓된 견해에 의한 곡해. 견취착(見取著). -pariggaha 견해에 두루 집착하는 것. 견편취(見遍取). -pariyuṭṭha 견해에 의한 얽힘. 견전(見纏). -pariḷāha 견해의 미혹. 견혹(見惑). -paḷāsa 완고한 견해. -pipāsa 견해의 갈증. 견갈(見渴). -purekkhāra 견해에 대한 중시. -ppatta 견해를 성취한. 견도자(見到者). 득견자(得見者). -byasanadukkha 견해가 무너지는 고통. 견리고(見離苦). -maṇḍala 사변적 교리의 동아리. -mamatta 자아에 집착하는 견해. 견아집(見我執). -mucchā 견해에 의한 혼미. -yoga 견해의 멍에. 견액(見軛). -rāga 견해에 대한 탐욕. 견탐(見貪). -lepa 견해에 대한 집착. 견착(見著). -vinicchaya 견해에 대한 결정. -vipatti 견해의 상실. 견해의 결손. 견실괴(見失壞). -vipanna 견해가 결손된. 견괴(見壞). 괴견(壞見). -vipariyesa. -vipallāsa 견해의 왜곡. 견해의 전도. 견전도(見顚倒). -vipphandita 견해의 분쟁. -visaya 현상(現象). 독단(獨斷). -visayaka 독단적인. -visaṁyoga 틀린 견해와 무관함. -visuddhi 바른 견해의 청정함. 견청정(見淸淨)[청정을 얻게 하는 것으로 여기에는 a. 업의 자성의 대한 앎(業自性智 : kammassakatañāṇa), b. 진리에 수순하는 앎(諦隨順智 : saccânulomañāṇa), c. 길의 성취에 대한 앎(道具足智 : maggasamaṅgīñāṇa), d. 경지의 성취에 대한 앎(果具足智 : phalasamaṅgīñāṇa)이 있다. 또는 앎(ñāṇa)과 봄(dassana) 또는 네 가지 길에 대한 앎(四道智 : catumaggañāṇa) 또는 분명히 아는 것, 올바른 알아차림을 갖추는 것, 어리석지 않은 것, 진리에 대해 탐구하는 것, 올바른 견해를 말함]. -visūka 이론의 불일치. -vyasana (=-byasana) 이론의 실패. 견해와 관련된 상실. 견손실(見損失)[五厄難]. -saṁyojana 공허한 사변의 속박. 견결(見結). -saṅkilesa 견해에 물듦. 견잡염(見雜染). -saṅghāta 틀린 견해의 얽힘. -saññā 견해에 대한 지각. 견상(見想). -samudaya 견해의 발생. 견집(見集). -sampadā 견해의 성취. 견구족(見具足). -sampanna 견해를 성취한. 구견자(具見者). -saṅga 견해에 의한 염착. 견착(見著). -salla 견해의 화살. 견전(見箭). -sāmañña 견해와 관계있음. 견상응(見相應). -sārin 견해를 따르는. 견수자(見隨者). -sneha 견해에 의한 애정. 견친(見親).

diṭṭhika. diṭṭhin *adj.* [*cf.* diṭṭhi] ① 이론 · 견해를 가진. ② 사변적인.

diṭṭhitā *f.* [diṭṭhi의 *abstr.*] 견해를 지닌 상태.

diṇṇa [*sk.* dīrṇa<dṛ] 부서진. 망가진.

ditta *adj.* ① [*sk.* dṛpta] 오만한. ② [*sk.* dīpta] 빛나는. 번쩍이는.

ditti *f.* [*sk.* dīpti] 빛. 광명.

diddha *adj.* [*sk.* digdha] ① 문질러 바른. ② 독을 바른. *cf.* diṭṭha

dina *n* [〃] ① 날. 일(日). ② 낮. *cf.* diva. divasa. -kara 태양(太陽) -potthaka 일기(日記). 일기장(日記帳). -potthakāyatta 일기체의. -potthakasāmī 일기작가. -potthake āropeti 일기에 쓰다.

dindibha [*sk.* ṭiṭṭibha] 댕기물새[새의 일종].

dindima *n.* [*sk.* ḍiṇḍima] 작은 북. *cf.* deṇḍma. tindima. dundubhi

dinna *adj. m.* [〃dadāti. dā의 *pp.*] ① 주어진. ② 소여(所與). 소시(所施). -ādāyin 주어진 것을 취하는. -dāna 보시하는. -dāyin 보시하는. 아낌없이 주는. -saññāya 가르쳐준 대로

dinnaka *m.* [dinna-ka] 양자(養子)[네 종류의 자식(attaja. khettaja. dinnaka. antevāsika) 가운데 하나].

dipada. dipāda *m* [*sk.* dvi-pada] ① 두 발. ② 두발을 가진 자. 양족자(兩足者). 인간(人間).

dippati [*sk.* dīpyate. dīp *cf.* deva] 빛나다. 반짝이다. 발광(發光)하다.

dippana *n.* [<dippati] ① 빛남. ② 비추는 것. 조명(照明).

dibba *adj.* [*sk.* divya = diviya *cf.* deva] ① 신(神·天)의. 신성한. 하늘의. ② 내세의. -āyu 신의 나이 · 수명. 천수(天壽). -ojā 신의 음식. 천식(天食). -osadha 신비한 약. 천약(天藥). -kāmā (*pl.*) 천상의 즐거움. -gandha 신의 향기. 천향(天香). -cakkhu 타인의 업과 과보를 아는 하늘눈. 하늘의 눈. 천안(天眼). 천안통(天眼通). 텔레비전. -nayana 신의 눈. 하늘눈. 천안(天眼). -cakkhuka 하늘눈을 갖춘. 천안을 갖춘. -paññākārā (열 가지의) 하늘의 선물. -patha 신의 길. 천로(天路). -pāna 신의 술. 천주(天酒). -bhavana 신의 거처. 천궁(天宮). -bhāva 신성(神性). -manta 신의 주문. 신비한 것. -māyā 신의 환술. -yāna 신의 탈것. 천승(天乘). -yoga 신들의 세계의 멍에. 천액(天軛). -loka 신들의 세계. 천계(天界). -vattha 신의 옷. 천의(天衣). -vihāra 최상의 정신적 상태. 천상의 삶. 신성한 삶. 천주(天住)[여덟 가지 성취]. -sampatti 신의 축복. 천성취(天成就). -sota 멀고 가까운 소리를 들을 수 있는 하늘귀. 하늘귀. 천이(天耳). 천이통(天耳通).

dibbati [*sk.* divyati. *cf.* jūta] ① 놀다. ② 즐기다.

diyaḍḍha *m.* [dutiya-aḍḍha] 두 번째는 절반. 하나 반(1½). -sata 150. -sikkhāpadasata 150 가지 학습계율. 백오십학처(百五十學處).

diyyati. diyyamāna dadāti의 *pass*

dirasaññu *adj.* [*sk.* dara-saṁjña ?] 상식이 없는.

diva *m* [〃] ① 날[日]. ② 낮. ③ 하늘. *abl.* divā. *cf.* divasa -kara 태양. -bhāga 낮.

divasa *m.* [〃] ① 날[日]. ② 낮. *acc.* divasaṁ; *gen.* divasassa; *ins.* divasena; *loc.* divase. -kara '대낮을 만드는 자' 태양. -bhāga 주간. 낮. -santatta 종일 가열된. 덥혀진.

divā *ind.* [diva의 *abl.*] ① 날[日]에. ② 낮에. -kara 태양. -thāna 낮 시간을 보내는 장소. -taraṁ 날이 저물어. -divassa 아침 일찍. -bhojana 점심(點心). -vihāra 낮에 취하는 휴식. 식후의 휴식. -saññā 낮의 지각. 일상적인 지각. 일상(日想). -seyyā 낮의 휴식. 오수(午睡).

diviya *adj. n. m.* [<divya] = dibba = divya ① 하늘의. 신성한. ② 신성(神性). ③ 신(神). -magga 하늘의 길. 천도. -sukha 신의 행복. 천락.

divya *adj. n. m.* [〃] = dibba = diviya ① 신성한. 신성. ② 신성(神性). ③ 신(神).

divi° = divya 의 축약.

divilla *m.* [?] 악기.

disa *m.* [*sk.* dviṣa. dviṣant] 적(敵).

disatā *f.* ① [*sk.* diśatā. *cf.* disā] 방향. 지역. 지방. ② [disa의 *abstr.*] 적인 상태. 적군.

disati [*sk.* diśati diś] 나타내다. 지시하다. 가리키다. 보여주다. *ppr.* disaṁ; *caus.* deseti.

disā *f.* [*sk.* diś. diśa] ① 방향. 방위. ② 지방. ③ 외국. ④ 사방. 세계. diso disaṁ 모든 방향으로 -âdhikaraṇa 지방법원. -kāka 안내하는 까마귀. 안내아(案內鴉). -kusala 방향을 잘 아는. -cakkhuka 모든 방향을 보는. 현명한. -ḍāha. -dāha (일출 · 일몰시의) 붉은 노을. 극광. 황도광(黃道光). 천화(天火). -pati 지방의 왕. 토호. -pāmokha 세계적으로 유명한. -pharaṇa 사방에 가득 차 있음. 시방편만(十方遍滿). -bhāga 방향. 방면. -mukha 사방으로 얼굴을 향한. -mūḷha 방향감각을 잃은. -vata 금계로 사방을 수호하는 의무. -vāsika. -vāsin 외국에 사는.

disvā. disvāna dassati의 *abs.*

dissati [*sk.* dṛśyate. dassati의 *pass.*] ① 보이다. 발견되다. ② 나타나다. *pres. 3pl.* dissare; *aor.* dissiṁsu; *ppr.* dissamāna. dissanta. (*f.*) dissanti; *pp.* diṭṭha.

dīgha *adj. m.* [*sk.* dīrgha] ① 긴. 긴 것. ② 뱀. *abl.* dīghato. -aṅgulin 손가락이 긴. 수지섬장상(手指纖長相)[三十二相의 하나]. -antara 복도. -āyu. -āyuka 오래 사는. 장수의. -āvu = dighāyu. -kañcuka 외투. -jāti. -jātika 뱀. -jīvita 장수(長壽). -jīvin 장수자(長壽者). -tulyaṁsaka 프리즘. 분광기(分光器). -dasa 긴 소매. -dassin 멀리 보는. 모든 것을 보는. -nāsika 긴 코를 지닌. -bhāṇaka 디가니까야의 송출자·해설자. -rattaṁ 오랜 날을. 오랫동안. -loma. -lomika 머리카락이 긴. -sotthiya 오랜 번영. -ssaralakkhaṇa 장음부호(長音符號).

Dīghanikāya *m.* [dīgha-nikāya] 디가니까야. 장부(長部).

Dīghabhāṇaka *m.* [dīgha-bhāṇaka] 디가니까야의 암송자.

dīghatā *f.* [dīgha의 *abstr.*] 길이. 긴 상태.

dīghatta *n.* [digha의 *abstr.*] 길이. 긴 상태.

dīna *adj.* [〃] ① 가난한. ② 비천한. 비참한. -māna 실망한.

dīnatta *n.* [dīna의 *abstr.*] ① 가난함. ② 비참함.

dīpa ① *m.* [〃] 등(燈). 등불. -acci 등불의 불꽃. -āloka 등불의 빛. -(ṁ)kara 등불을 비추는. 연등불(燃燈佛). -gāmi 등불에 도달한. -tittira = dīpaka° -pūjā 등불 공양. 등공양(燈供養). -rukkha '등불 나무' 촛대. 램프 스탠드. -vaṭṭi 등불의 심지. -vāsin 섬주민. -sikhā 등불의 불꽃. 등염(燈焰). ② *m. n.* [*sk.* dvipa] 섬. 대륙. 보호처. 의지처. 피난처. 수호처. -ālaya 휴식처(休息處). -gabbhaka 휴식처. ③ [*sk.* dvīpa] 표범가죽으로 덮은 수레.

dīpaka *n. adj.* [dīpa-ka] ① = dīpa 등불 *f.* dīpikā ② 보여주는. 설명하는. 이미지를 지닌. 모습의. 가짜의 -kakkara 유인용의 꿩 -tittira 유인용의 꿩. 메추라기. -pakkhin 유인용의 새. -miga 유인용의 사슴 ③ = dīpa 섬.

Dīpaṁkara *m.* [〃] 디빵까라. 연등불(燃燈佛). 정광불(錠光佛).

dīpanā *f.* [<dīpeti] ① 설명. ② 해석.

dīpanī *f.* [<dīpanā] ① 해설서. 주석서. 등소(燈疏). ② [<dīpin] 암표범.

Dīpavaṁsa *m* [dīpa-vaṁsa] 디빠방싸. 도사(島史). 도왕통사(島王統史).

dīpika = dīpin.

dīpita *adj.* [dīpeti의 *pp.*] 설명된.

dīpitar *m* [dīpeti의 ag.] ① 빛나는 자. 밝게 하는 자. ② 설명자.

dīpin *m.* [*sk.* dvīpin] 표범. *pl. nom.* dīpi. dīpiyo dīpinī *f.* 암표범. dīpi-camma 표범가죽.

dīpeti [*sk.* dīyate. dadāti의 *caus. cf.* dippati] ① 빛나게 하다. 밝게 하다. ② 설명하다. *pp.* dīpita *cf.* dīpitar.

dīyati ① [*sk.* dīyate. dadāti의 *pass.*] =diyyati 주어지다. *aor.* dīyittha; *ppr.* dīyamāna ② [*sk.* dīryate. dalati의 *pass.*] 찢어지다.

du° ① = dur° *pref.* [*sk.* duḥ. duṣ] 나쁜. 힘든. ② *cf.* dvi 2. 둘의. ③ *adj.* [*sk.* druha<druh] 다치게 하는. 상해하는. 배반하는.

du(v)addhato *ind.* [du-addhato] 양면에서.

du(v)aṅgika *adj.* [du-aṅgi-ka] 두개의 부분으로 구성된.

du(v)aṅgula. dvaṅgula [du-aṅgula] 두 손가락 마디의 크기[2인치].

duka *adj.* [dvi-ka] 둘의. 두개 한 벌의. 이원적인.

dukanipāta *m* [duka-nipāta] 이집(二集).

dukapaṭṭhāna *n.* [duka-paṭṭhāna] 이법발취(二法發趣).

dukūla *n. m. n.* [〃] ① 두꿀라. 황마(黃麻)[식물의 이름]. ② 매우 섬세한 천의 일종. 황마포(黃麻布).

dukkaṭa. dukkata *n.* [*sk.* duṣkṛta] ① 경미한 죄. ② 참회죄(懺悔罪). 악작(惡作). 돌길라(突吉羅)[단지 참회하여 해소가 되는 죄]. -ajjhāpanna경미한 죄로 혼자 참회해야 하는 자. 돌길라범계자(突吉羅犯戒者). -kamma 경미한 범죄. 악행(惡行).

dukkathā *f.* [*sk.* duṣ-kathā] 잘못된 말. 전도된 이야기.

dukkara *adj.* [dukara. *sk.* duṣkara] 하기 어려운. -kāraka 고행자. -kārikā 고행. 힘든 수행. 난행(亂行).

dukkha *adj. n.* [*sk.* duḥkha] ① 괴로움. 고통. 고(苦)[四聖諦(苦·集·滅·道)와 三法印(無常·苦·無我)의 한 요소]. ② 아픔. ③ 고뇌. 불안. 불만. ④ 불편. 불행. *ins.* dukkhena 곤란하여. 겨우. *abl.* dukkhato 고통으로부터. ekantadukkha 아주 고통스러운. -antagū 괴로움에 극복한 자. -ākāra 고통의 형태. 고상(苦相). -âdhivāha 고통을 초

래하는. -ânupassanā 괴로움에 대한 관찰. 고수관(苦隨觀). -ânubhikiṇṇa 괴로움에 사로잡힌. -âriyasacca 괴로움의 거룩한 진리. 고성제(苦聖諦). -âsahananatā 고통을 참지 못함. -āhāra 괴로움의 감수. 고도입(苦導入). -indriya 괴로움을 경험하는 능력. 고통스러운 감각. 고근(苦根). -udraya. -ûpadhāna 괴로움을 야기하는. -ûpasama 괴로움의 완화·적멸. -(m)esin 괴로움을 바라는. 사악한. -otiṇṇa 불행에 빠진. -kāraṇa 처벌로서 받는 일. -kkhandha 괴로움의 더미. 고온(苦蘊). -kkhaya 괴로움의 소멸. 고통의 파괴. 고진(苦盡). -dukkhatā 심신의 괴로움. 고통의 괴로움. 일반적 괴로움. 고고(苦苦). 고고성(苦苦性). -dukkhañāṇa 일반적 괴로움에 대한 앎. 고고지(苦苦智). -dhamma 괴로움의 원리. 고통스러운 대상. 고법(苦法). -dhātu 괴로움의 요소. 괴로움의 세계. 고계(苦界). -nidāna 괴로움의 원인. -nirodha 괴로움의 소멸. 고멸(苦滅). -nirodhâriyasacca 괴로움의 소멸의 거룩한 진리. 멸성제(滅聖諦). 고멸성제(苦滅聖諦). -nirodhagāminīpaṭipadâriyasacca 괴로움의 소멸에 이르는 길의 거룩한 진리. 도성제(道聖諦). 고멸도성제(苦滅道聖諦). -paṭikkūla 불쾌한 것을 피하는 -paṭipadā 괴로움의 길. 괴로움의 진행. -patta 괴로운 상태에 있는. -pareta 고통에 시달린. -vāca 상처를 입히는 말. 해로운 말. -vipāka 괴로움을 낳는 고통스러운 과보. 고보(苦報). -vedanā 괴로움의 느낌. 고수(苦受). -vedanīya 괴로움을 받아야 할. -vepakka = vipāka. -sacca 괴로움에 관한 진리. 고제(苦諦). -saññа 괴로움에 대한 지각을 갖는. -samudaya 괴로움의 원인. 괴로움의 발생. 고집(苦集). -samudayâriyasacca 괴로움의 발생의 거룩한 진리. 집성제(集聖諦). 고집성제(苦集聖諦). -samphassa 괴로움에의 감촉. -sahagata 괴로움이 수반하는. -sīla 비관적인. 고계(苦戒). -seyya 불편한 안락의자.

dukkhatā *f.* dukkhatta *n.* [dukkha의 *abstr.*] ① 고통스러운 상태. ② 불편. 고통.

dukkhati [<dukkha] 고통스럽다. *pp.* dukkhita; *caus.* dukkhāpeti; *pp.* dukkhāpita; *pass.* dukkhīyati.

dukkhāpana *n.* [dukkhapeti의 *abstr.*] ① 고통의 초래. ② 고통의 야기.

dukkhāpeti [dukkhāpeti의 *caus.*] 고통스럽게 하다. 괴롭히다.

dukkhin. dukkhita *adj. m* [<dukkha] ① 괴로운. 비참한. 슬픈. ② 게임의 패배자.

dukkhīyati [dukkha의 *denom.*] ① 고통을 느끼다. ② 스트레스를 받다. *aor.* dukkhiyi. *pp.* dukkhita.

dukkhetta *n* [du-khetta] 거친 밭. 악전(惡田).

dugga *adj. m. n.* [du-ga] ① 험한 길의. ② 험한 길. 험로.

duggata *adj.* [du-gata] 가난한. 불운한.

duggati *f.* [*sk.* durgati] 나쁜 곳. 비참한 곳. 악처(惡處). 비참한 존재의 세계. 존재의 비참한 운명. 악취(惡趣). *ins. abl. gen.* duggaccā. -paṭisandhi 나쁜 곳에 태어남. 악취결생(惡趣結生). -bhaya 나쁜 곳에 대한 공포. -bhūmi 나쁜 곳의 세상. 악취의 상태. 악취지(惡趣地).

duggandha *m.* [du-gandha] 나쁜 냄새. 악취(惡臭).

duggama *adj.* [du-game] 가기 어려운.

duggahita *adj.* [du-gatīta] ① 틀린 견해를 가진. ② 오해의.

dugguṇa *m.* [du-guṇa] 저질(低質).

duccaja *adj.* [du-caja] ① 버리기 어려운. ② 포기하기 어려운.

duccarita *adj.* [du-carita] 나쁜 행위. 악행. -saṅkilesa 악행에 오염된. 악행에 물든. 악행잡염(惡行雜染).

duccintita *adj.* [du-cintita] 나쁜 생각이 일어난.

duccola *m* [du-cola] 해진 옷. 악의(惡衣). 폐의(敝衣).

ducchanna *adj.* [du-channa] ① 잘못 덮여진. ② 잘못 기워진.

dujivha *m.* [dvi-jivhā] ① 혀가 두 개인 자. 이설자(二舌者). ② 뱀.

dujjaha *adj.* [du-jaha] ① 버리기 어려운. ② 포기하기 어려운.

dujjāna *adj.* [du-jana] 알기 어려운. 난해한.

dujjīvita *n.* [du-jivita] ① 잘못된 생계. ② 잘못된 삶의 영위.

dujjīva *adj.* [du-jiva] 생활하기 어려운.

duṭṭha *adj.* [*sk.* duṣtha. dussati의 *pp.*] ① 타락한. 썩은. 부패한. ② 화를 내는. 사악한. 잔인한. *m pl. nom.* duṭṭhāse. -âruka 악성의 상처. 종기. 악루창(惡漏瘡). -gahaṇika 소화불량으로 괴로워하는. -citta 사악한 마음. 악심(惡心). 사심(邪心). -dosa 사악한 분노. 악진(惡瞋). -pakatika 깡패. 악당.

duṭṭhu *ind.* [*sk.* duṣṭhu] ① 나쁘게. ② 틀리게.

duṭṭhulla *adj.* [*sk.* duṣṭhula. dauṣṭhulya] ① 사악한. 추악한. ② 음탕한. -âduṭṭhulla 사악하고 사악하지 않은 죄. 추죄(麤罪)와 비추죄(非麤罪). -āpatti 교단의 규칙의 중대한 위반. 추죄(麤罪). -bhāṇin 사악한 말을 하는. 추어자(麤語者). -vācā 추악한 말. 추어(麤語).

dutappaya *adj.* [du-tappaya] 만족하기 어려운.
dutiya *num. ord. m.* [*sk.* dvitīya] ① 두 번째의. 다음. -jjhāna 두 번째 선정. 이선(二禪). ② 동료. 동반자(同伴者).
dutiyaka *m.* [dutiya의 *dimin.*] ① 동료. 친구관계. ② 도움.
dutiyā *f.* [*sk.* dvitīyā] ① 제이격(第二格). 대격(對格 *acc.*)[문법]. -tappurisa 대격한정복합어[문법]. ② 아내. 마누라. 여자친구.
dutiyikā *f.* [dutiya-ikā] ① 아내. 마누라. ② 여자친구. purāṇa-dutiyikā 전처. 원래의 아내.
dutiyyatā *f.* [dutiya의 *abstr.*] ① 우정. 친구관계. ② 도움.
duttara *adj.* [du-tara] 건너기 힘든. suduttara 아주 건너기 힘든.
duddada *adj.* [du-dada] 주기 힘든.
duddabha → daddabha
duddama. duddamaya *adj.* [du-dama] 다루기 어려운. 길들이기 어려운. 제어하기 어려운.
duddasā *f.* [du-dasā] ① 불행. 곤경(困境). ② 불행한 시기. -panna 불행에 빠진.
duddasika *adj.* [du-dasa-ika] 추악한.
duddiṭṭha *adj.* [du-diṭṭha] ① 악하게 보이는. ② 악견(惡見)을 지닌.
duddina *n.* [du-dina] ① 구름 낀 날. 흐린 날. ② 불행한 날.
duddha *adj. n.* [*sk.* dugdha. dohati<duh의 *pp.*] ① (젖이) 짜내진. ② 우유. 젖.
dudrabhi *m. f.* = dundubhi.
dunikkhita *adj.* [du-nikkhita] 거꾸로 된. 전도(顚倒)된.
dunimitta *n.* [du-nimitta] ① 나쁜 인상. ② 나쁜 징조. 불길한 예감.
dunnīta *adj.* [du-nīta] ① 오해된. ② 잘못 적용된. 잘못 이끌어진.
dunoti [du] ① 불태우다. 괴롭히다. ② 비애로 수척해지다.
dundubhi *m. f.* [〃 *onomat.*] ① 북. 관고(鑵鼓). 대고(大鼓). ② 북소리. 쿵하는 소리. amatadundubhi 불사(不死)의 북·소리. 감로(甘露)의 북·소리.
dunnaya *m.* [du-naya] ① 나쁜 방법. 바르지 않은 도리. 부정한 이취(理趣). ② 난해.
dunnikkhaya *adj.* [du-nis-khaya] 파멸되기 어려운. 파괴되기 어려운.
dunniggaha *adj.* [du-niggaha] 억제되기 어려운. 통제하기 어려운.
dunnivāraya *adj.* [du-nivāraya] 제어하기 어려운. 자제하기 어려운.
dupaṭṭa *m.* [du-paṭṭa] 겹옷. 이중 옷.
dupasu *m.* [du-pasu] 나쁜 짐승. 악수(惡獸).
duppañña *adj. m.* [du-paññā] ① 어리석은. ② 바보. 악혜자(惡慧者).
duppaññatā *f.* [duppañña의 *abstr.*] 어리석음. 악혜(惡慧).
duppaññā *f.* [*sk.* duṣprajñā] 어리석음. 우둔. 악혜(惡慧).
duppaṭinissaggin. duppaṭinissagiya *adj.* [<dupaṭinissagga] ① 포기하기 어려운. ② 삼가기 어려운. 금하기 힘든.
duppaṭipadā *f.* [du-paṭipadā] ① 나쁜 실천방도. ② 악행도(惡行道).
duppaṭivijjha *adj.* [du-paṭivijjha<vyadh의 *grd.*] ① 꿰뚫기 어려운. 통찰하기 어려운. ② 이해하기 어려운.
duppaṭivinodaya *adj.* [du-paṭivinodaya] ① 배제하기 어려운.
duppaṭivedha *adj.* [du-paṭivedha] ① 꿰뚫기 어려운. ② 통찰하기 어려운.
duppabbajja *adj.* [du-pabbajja] 출가하기 힘든.
duppamuñca *adj.* [du-pamuñca] ① 해방되기 어려운. ② 해탈되기 어려운.
duppameyya *adj.* [du-pameyya] 양을 재기 어려운. 계량하기 힘든.
dupparāmaṭṭha *adj.* [du=parāmaṭṭha] ① 나쁘게 집취(執取)된. ② 잘못 사용된.
duppariyogāha *adj.* [du-parihāri-ya] ① 사용하기 어려운. ② 다루기 어려운.
duppāruta *adj.* [du-pāruta] ① 옷을 부적당하게 입은. ② 어울리지 않게 입은.
dupposatā *f.* [du-posa의 *abstr.*] 양육하기 어려움. 난양(難養).
dupphassa *m.* [du-phassa] ① 쏘는 식물. 쐐기풀. ② 불쾌한 감촉.
dubbaca *n.* [du-vaca] 욕. 욕설. 비난. 악구(惡口). 악어(惡語). 난설(難說). -jātika 욕설에 속하는. 욕지거리의. 악구성(惡口性)의.
dubbacatā *f.* [du-vaca의 *abstr.*] 험한 말을 하는 것. 불복종(不服從).
dubbacana *n.* [du-vacana] 욕. 비난. 악구(惡口). 악어(惡語). 난설(難說).
dubbaṇṇa *adj.* [du-vaṇṇa] 보기 흉한. 추악한. 괴색(壞色)의. -karaṇa 보기 흉하게 만드는. 괴색(壞色)으로 만드는.
dubbala *adj.* [du-bala] 약한. 연약한. 힘없는.
dubbalī° *adj.* [=dubbala] 약한. 연약한. 힘없는. -karaṇa. -karaṇin 약하게 하는 (것).
dubbalya. dubballa *n.* [du-bala-ya] ① 연약. 힘

없음. 박약(薄弱). ② 무력(無力). 마비(痲痺). *abl.* dubbalyā *adv.* 힘이 없기 때문에. 이유가 박약하기 때문에.

dubbā *f.* [*sk.* dūrvā] 둡바[祭祀에 사용 되는 수수 속의 穀草; Panicum Dactylon].

dubbijāna *adj.* [du-vijāna] 이해하기 어려운. 요지(了知)하기 힘든.

dubbinīta *adj.* [du-vinīta] ① 고집불통의. ② 잘못 훈련된.

dubbisodha *adj.* [du-visodha] 맑게 하기 어려운. 청정하게 하기 어려운.

dubbuṭṭhika *adj.* [du-vuṭṭhi-ka] 비가 안 오는. 난우(難雨)의.

dubbodha *adj.* [du-bodha] 기이한. 신비로운.

dubbha. dūbha *adj.* [*sk.* dambha. *cf.* dubbhati] ① 속이는. ② 해치는. 상해하는. ③ 반역하는.

dubbhaka *adj.* [*sk.* dambhaka] = dubbha

dubbhaga *adj.* [du-bhaga] ① 운이 없는. ② 불행한. -karaṇa 불행하게 하는 것.

dubbhati. dūbhati [*sk.* dabhnoti dabh. dubh. dubbhati druh *cf.* dubbha. dūbha] ① 해치다. ② 속이다. 음모를 꾸미다. ③ 적대하다. *opt.* dubbhe; *abs.* dubbhivā; *ppr.* dubbhanto. dūbhato(*sg. dat. gen.*); *grd.* dubbheyya

dubbhana *n.* [dubbha] ① 해침. 상해. ② 배신. 기만(欺瞞).

dubbhaya. dubbhika *adj.* = dubbhaka

dubbhara *adj.* [du-bhara] 키우기 어려운. 양육하기 어려운. 난양(難養)의.

dubbharatā *f.* [dubbhara의 *abstr.*] 키우기 어려움. 난양(難養).

dubbhāsita *n.* [du-bhāsita] 나쁜 말을 함. 악설죄(惡說罪). 악설(惡說)[輕罪]. -ajjhāpana 나쁜 말을 하는 것을 금하는 것을 어긴 사람. 악설범계자(惡說犯戒者). -bhāsin 나쁜 말하는 사람.

dubbhikkha *adj. n.* [du-bhikkhā] ① 기근이 든. ② 기근. 흉년. -kantāra 기근이 든 지방. 기근난소(饑饉難所). -bhaya 기근에 대한 공포.

dubbhin *adj.* [dubbha-in] ① 해치는. 속이는. ② 기만(欺瞞)하는 자. 배신자.

dubha *num. adj.* [=dubhaya] ① 양자(兩者)의. 둘의. ② 양자. 양쪽.

dubhato *ind.* [dubha의 *abl. cf.* dubhaya] 양쪽으로부터. 양자(兩者)의. -vuṭṭhānavivaṭṭana 양쪽으로부터의 출리와 퇴전. 구출리퇴전(俱出離退轉). -suñña 구공(俱空)[內的 感官과 外的 對象의 我·我所 및 영원하고 견고한 것이 空한 것].

dubhaya *num. adj.* [du-ubhaya=ubhaya *cf.* dvi] ① 양자(兩者). 양쪽. ② 양자의.

duma *m.* [*sk.* druma *cf.* dāru] 나무 -agga 나무의 꼭대기. 웅장한 나무. 최상수(最上樹). 이쑤시개 양지(楊枝). -antara 나무들의 사이. 나무들의 다양성. -inda '나무의 왕' 보리수. -uttama 최상의 나무. 보리수. -phala 나무열매.

dumatta *adj.* [*sk.* dvi-matra] 치수가 2 정도인

dumuppala *m.* [duma-uppala] 두뭇빨라[노란 꽃을 피우는 나무. *cf.* kaṇikāra]

dummaṅku *adj.* [du-maṅku] ① 당황한. ② 부도덕한. 얼굴이 붉어진.

dummati *n. adj.* [du-mati] ① 어리석음. 운둔함 ② 어리석은. 악혜(惡慧)를 지닌. *pl. nom.* dummatino. dummatayo.

dummana *adj.* [du-mana] ① 불행한. ② 슬픈

dummantita *adj.* [du-mantita] 나쁜 생각하는. 악사량(惡思量)의.

dummāsika *adj.* [du-māsa-ika] ① 2개월의. ② (머리카락이) 두 달 동안 자란.

dummukha *adj.* [du-mukha] 슬픈 얼굴을 한.

dummejjha *n.* [du-medha-ya] 어리석음. 우둔. 열혜(熱慧).

duyhati [dohati의 *pass.*] (젖이) 짜지다. 착유(搾乳)되다. *ppr.* duyhamāna

durakkha *adj.* [dur-rakkha] 보호하기 힘든.

duraccaya. duratikkama *adj.* [dur-accaya. dur-atikamma] 지나기 어려운. 초월하기 힘든.

duranubhoda *adj.* [dur-anubodha] 깨닫기 어려운. 이해하기 어려운.

durabhirama *adj.* [du-abhirama] 즐기기 힘든.

duravabodha *adj.* [dur-avabodha] 관통할 수 없는. 꿰뚫을 수 없는.

durāgata *adj.* [dur-āgata] 비방을 받은.

durācāra *adj. m.* [dur-ācāra] 행실이 바르지 못한. 난봉꾼. 탕아(蕩兒).

durājāna *adj.* [dur-ājāna] 깨닫기 어려운. 이해하기 어려운.

durāvāsa *adj.* [du-āvāsa] 살기 어려운.

durāsada *adj.* [dur-āsada] 접근하기 어려운.

durita *n.* [〃] 죄악. 나쁜 행위.

durutta *adj.* [dur-utta] 욕을 먹은. 비난을 받은. 매도된.

dulladdha *adj.* [du-laddha] 얻기 어려운. 불리한.

dulladdhi *f.* [du-laddhi] 잘못된 견해. 사견.

dullabha *adj.* [du-labha] 얻기 어려운.

dullikhita *m.* [du-likhita] ① 악필(惡筆). ② 오자(誤字). 오기(誤記).

duvagga *adj.* [du-vagga] 두 품(品)으로 이루어진. 두 편(編)으로 이루어진.

duvaṅgika *m.* [du-aṅgika] 두 요소로 이루어진.

duvija *m.* [dvi-ja] 다시 자라는 치아.
duvijātā *f.* [dvi-vijātā] 두 번 출산한 여자.
duve *num.* [dvi] ① 2. 두 사람. ② 두 개.
duviññāpaya *adj.* [du-viññāpaya] 가르치기 어려운.
duvidha *adj.* [du-vidha = dvidha] 두 종류의. 이중의. 이원적인. -kappa 두 종류의 허구. 이종분별(二種分別)[갈애에 입각한 허구(愛分別 : taṇhākappa)와 견해에 입각한 허구(見分別 : diṭṭhikappa)]. -dhammacakka 두 가지 가르침의 수레바퀴. 이종법륜(二種法輪)[지혜에 의해 증진된 자신의 고귀한 경지를 초래하는 통달의 지혜(貫智 : paññāpabhāvitaṁ attano ariyaphalāvahaṁ paṭivedhañāṇaṁ), 자비에 의해 증진된 제자들의 고귀한 경지를 초래하는 교계의 지혜(教智 : karuṇāpabhāvitaṁ sāvakānaṁ ariyaphalāvahaṁ desanāñāṇaṁ)].
dussa *n.* [*sk.* durśa. dūṣya] ① 천. 옷. 의복. -karaṇḍaka 옷상자. 의상(衣箱). -koṭṭhāgāra 옷 창고. -gahaṇa 옷을 입은. -cālanī 망사옷. -paṭṭa 흰천. 백포. -phala 열매로 옷을 가지는[如意樹]. -maya 옷으로 이루어진. -yuga 한 벌의 옷. -ratana '옷의 보물' 훌륭한 옷 -vaṭṭi 주름이 있는 흰 천. -vaṇijjā. -vāṇijjā 옷장사. -veṇi 엮은·짠 무명옷. ② *adj.* [?] 가까운. ③ *adj.* [*sk.* dūṣya] 쉽게 상하는.
dussaka = dūsaka
dussaṅgaha *adj.* [du-saṅgaha] ① 돕기 어려운. ② 섭수(攝受)하기 어려운.
dussati [*sk.* duṣyati duṣ] ① 감정을 상하게 하다. 화내다. ② 타락하다. *grd.* dosaneyya; *pp.* duṭṭha; *caus.* dūseti. dusseti *cf.* dosa. dussana ③ [<dṛś] 보이다.
dussana *n.* dussanā *f.* [*sk.* dūṣana] ① 감정을 상하게 함. 화. ② 타락. 예오(穢汚).
dussaniya *adj.* [*cf. sk.* dveṣaniya] ① 화낼 만한. ② 분노해야 하는.
dussassa *adj.* [du-sassa] ① 곡식을 얻기 어려운. 난곡(難穀)의. ② 기근(饑饉)의.
dussika *m.* [dussa-ika] 옷 장사.
dussitatta *n.* [dussita의 *abstr.*] = dussana.
dussīla *adj. n.* [du-sīla] ① 사악한. 나쁜 성품을 지닌. ② 계행을 어김. 파계.
duha *adj.* [<dohati] ① 젖을 짜는. 생산하는. ② 선물하는. 보시하는. kāmaduha 즐거움을 주는.
duhati [=dohati] 젖을 짜다. 착유(搾乳)하다.
duhada *adj.* [*sk.* durhṛd] '나쁜 마음의' ① 불친절한. ② 사악한.
duhana *n.* [*sk.* druhana<druh] 약탈 *cf.* dūhana.
dūbhana
duhitika. dūhitika *adj.* [<druh] ① 위험에 처한. ② 강도가 횡행하는.
duhitar *m.* [*sk.* duhtṛ] 딸.
duhetuka *adj.* [dvi-hetuka] 두개의 원인의.
dūta ① *m.* [〃<dūra] 사자(使者). 특사(特使). 공사(公使). 대사(大使). -gamana 사절(使節). -parampara 전달하는 사절. -samūha 사절단. ② *n.* [*sk.* dyūta *cf.* jūta] 도박. 놀이. 유희.
dūteyya *n.* [dūta-ya] ① 사절(使節). 사자(死者)의 파견. 심부름. ② 사명. 전갈. -aṅga 사자의 속성. 사자분(使者分). -kamma 사자의 의무를 행하는. -pahiṇa 전갈하러 보냄. 견사(遣使).
dūbha. dūbhin = dubbha. dubbhin.
dūbhaka ① *adj.* [*sk.* dambhaka] = dubbhaka ② *m.* [*sk.* dambha] 금강석. 보석.
dūbhana *n.* = dubbhana.
dūbhin *adj.* = dubbhin.
dūbhī *f.* [*sk.* dambha] ① 사기. ② 배신.
dūra *adj. n.* [〃] ① 먼. 멀리 떨어진. ② 거리. 간격. *acc.* dūraṁ 멀리. *ins.* dūrena 멀게. *abl.* dūrato 멀리부터. *loc.* dūre 멀리. -gata 멀리 가 버린. -(ṁ)gama 멀리 가는. 여기저기 가는. -ghuṭṭa 아주 유명한. 널리 인구에 회자되는. -tara 더 먼. 보다 먼. -dassaka 망원경(望遠鏡). -bhāsana 전화(電話). -bhāsanayanta 전화기(電話機). -vihāra 멀리 떨어져서 사는. -saṅkhara 시끄러움을 멀리한. 고요한. 적정한.
dūrakkha *adj.* [du-rakkha] 보호하기 어려운.
dūratta *adj.* [du-ratta] 불그스름한. 적색의.
dūrama *adj.* [du-rama] 즐기기 어려운.
dūrenidāna *n.* [dūre-nidāna] 먼 인연 이야기 [Jātaka의 서론].
dūsaka *adj. m. n.* [*sk.* dūṣaka] ① 더럽히는. 훼손하는. ② 약탈자. ③ 타락. 퇴폐. 부패. 오염. *f.* dūsikā. dūsiyā.
dūsana *n.* [*sk.* dūṣaṇa] ① 타락. 퇴폐. 부패. 오염. ② 모독(冒瀆).
dūsikā. dūsiyā dūsaka의 *f.*
dūsita *adj.* [dūseti의 *pp.*] ① 타락된. 오염된. 죄많은. ② 악한.
dūsin *adj. m.* [dūsa-in] 더럽히는 자. 약탈자. 촉요자(觸嬈者)[惡魔].
dūseti. dusseti [*sk.* dūṣayati. dussati의 *caus.*] ① 망치다. 훼손하다. 황폐하게 하다. (해충 등이) 들끓게 하다. ② 오염시키다. ③ 학대하다. *inf.* dūsetuṁ; *aor.* dūsayi; *pp.* dūsita *cf.* dūsaka. dūsin.
dūhana *n.* ① [*sk.* dohana *cf.* dohati] 젖을 짬. ②

[=duhana] 오염. (해충 등이) 들끓는 것. 약탈. 명예훼손.

dūhitika → duhitika.

dejjha *adj.* [=dvejjha] 나누어진. adejjha 나누어지지 않은 상태.

deḍḍubha. deḍḍubhaka[1] *m.* [*sk.* duṇḍubha] ① 물뱀. ② 물도마뱀.

deḍḍubhaka[2] *m.* [deḍḍubha-ka] 물뱀머리모양의 허리띠.

deṇḍuma *m n.* [*sk.* diṇḍima. *cf.* dindima] 북. 관고(鑵鼓). 대고(大鼓).

deti. detu. denti. dento. detha. → dadāti.

dema. demi → dadāti.

deyya *adj. n.* [dadāti의 *grd.*] ① 보시를 받을 만한. ② 공양물. -dhamma 보시물. 선물.

deva *m* [〃] ① 신(神). 천신(天神). 하늘사람[신들의 이름과 그들의 세계에 관해서는 이 책의 부록 불교의 세계관을 보라]. ② 천(天). 비구름. 흐린 하늘. ③ 왕. 천황. 폐하. *f.* devī. -accharā 천상의 요정. -aññatara 신의 수행원. 저차원의 신. 열등한 신. 신의 이름. -âtideva 신중의 신. 최고의 신. 천중천(天中天)[모든 신들을 초월한 신으로 부처님을 이름]. -attabhāva 성스러운 상태. 신의 상태. -ânubhāva 신의 위엄・힘. -ālaya 신의 거처. 신전(神殿). 천신당(天神堂). -āyacana 신을 향한 기도. -āyatana 신전(神殿). 사원. 교회. -āyatanavijjā 교회학(教會學). -āsurasaṅgāma 신과 아수라의 싸움. -iddhi 신령스러운 힘. -isi 거룩한 성인. 신과 신선. 천선(天仙). -ûpapatti 천상에의 재생. -orohaṇa 신들의 자손. -kaññā 천상의 소녀. 천녀(天女). 님프. -kathā 신화(神話). -kathāyatta 신화적인. -kāya 특별한 신들의 집합. 천신(天神). 천족(天族). -kuñjara '신들의 코끼리'; 인드라신. 제석천(帝釋天). -kumāra 신의 아들. -kula 신전. 사원. 교회. 천사(天祠). -kusuma 정향목(丁香木)[열대성 상록교목]. -gaṇa 신들의 무리. -gaha 신전. 사원. 교회. 천사(天祠). -cāricca 천상으로의 여행. -cchara 님프. 요정. -ñāṇa 신지학(神智學). -ñāṇāyatta 신지학적인. -ṭṭhāna '천상의 처소' 신전(神殿). 사원. 성소(聖所). -tthutigīta 찬가(讚歌). -dattika 신이 주는. 천수(天授)의. -dassana 신의 출현. -dāru(ka) 히말라야의 삼목[소나무의 일종]. -dundubhi 신의 북. 천둥. 천고(天鼓). -dūta 신의 사자. 천사. -deva 신중의 신. 최고의 신. 천중천(天中天). -dhamma 신성한 법. 신의 덕성. 천법(天法). 신학(神學). -dhammavidū 신학자(神學者). -dhammānusārena 신학적으로. -dhammāyatta 신학적인. -dhītā 천녀(天女). 여신. -nagara 신들의 도시. 신시(神市). -nāsana 신을 죽임. -nikāya 신들의 무리. 천신의 공동체. -nimmāṇavāda 유일신교(唯一神教). 일신교(一神教). -nimmāṇavādin 일신교도(一神教徒). -pañha 신에게 하는 질문. 신탁을 통해 신에게 질문함. -paṭimā 우상(偶像). -pada 신의 세계로 통하는 길. 천도(天道). -parivāra 신의 수행원・권속(眷屬). -parisā 신의 무리. 천중(天衆). -pātubhāva 신의 출현. -putta 신의 아들. 하늘아들. 천자(天子). -puttamāra 하늘아들로서의 악마. -pura 신들의 도시. -bhatti 이신론(理神論). 유신론(有神論). -bhoga 신들의 부(富). -manussā 신들과 인간들. -yāna 신들의 왕. 천왕(天王). -yudha 신들의 전쟁. -rūpa 신의 모습. 신령스러운 모습. -loka 신들의 세계. 천계(天界). -vākya 신탁(神託). -vata 신에 대한 맹세. 천무(天務). -vimāna 신들의 궁전. 신궁(神宮). -saṅkhalikā 신의 족쇄・사슬. -sadisa 신과 같은. -sadda 천상의 소리. 천성(天聲).

devaka *adj.* [deva-ka] ① 신(神)의. 신에 속하는. ② 하늘의.

devata *adj.* [deva-ta] (개인의 신으로) 숭배하는. pati-devatā 남편을 신으로 섬기는 여인.

devatā *f.* [deva의 *abstr.*] ① 신(神). 천인(天人). 천신(天神). 하늘사람. ② 신성(神性). 신의 존재. ③ 요정. -ânubhāva 신령한 권능. -ânussati 신들에 대한 새김. 천수념(天隨念). 염천(念天). -ûposatha 신들에게 헌신하는 날. 천포살(天布薩). -paribhoga 신들이 즐기기에 알 맞는. -bali 신들에게 받치는 제물. -bhāsita 신들에 의해 설해진. 천인소설(天人所說).

devati [div] 슬퍼하다.

devatta. devattana *n.* [deva의 *abstr.*] 신성(神性). 신의 상태. 신인 사실. devattam papoti. 신격화하다. devattam āropeti. 신격화하다. devatta° -āropaṇa 신격화. -vijjā 성령론(聖靈論). 영물학(靈物學).

Devadatta *m* [deva-datta] 데바닷따. 제바달다(提婆達多)[수행승의 이름으로 부처님의 사촌동생].

Devadaha *m* [deva-daha] 데바다하. 천비성(天臂城)[Koḷi 국의 도시].

devadāru *m* [deva-dāru] 데바다루[소나무의 일종. Uvaria Longifolia].

devara [*sk.* devṛ] ① 남편의 형제. ② 의붓형제.

devasika [devasa-ika] 매일 매일의 *acc.* devasikaṁ *adv.* 매일. -potthaka 일기(日記). 일기장(日記帳).

devī *f.* [<deva] 여신. 여왕. 황후.

desa *m* [*sk.* deśa *cf.* disā] ① 점. 부분. ② 지역. 지방. desaṁ karoti 외국으로 가다. desaṁ pucchati 작은 논점을 묻다. -ācāra 민족의 관습. -âṭana. -ânugaṁ karoti 국유화(國有化)하다. -ânurāga 민족주의(民族主義). -āyattaṁ karoti 국유화(國有化)하다. -ubbhūta 원주민. 토박이. -guṇa 기후(氣候). -guṇāyatta 기후적인. -guṇavasena 기후적으로. -cārikā 여행(旅行). -bhatti 민족주의(民族主義). -pālana 정부(政府). -bhattika 애국적인. -bhāsā 자국어(自國語). -bhāsāpayoga 자국어의 사용. -vāsin 원주민. 토박이.

desaka *adj. n. m.* [*sk.* deśaka] ① 지시하는. 가르치는. ② 지시. 가르침. 충고. ③ 설교자(說敎者). 설법사(說法師).

desanā *f.* [*sk.* deśanā] ① 강연. 설법. 설교. ② 가르침. 훈계. 교계(敎誡). ③ 전달(傳達). -avasāne. -pariyosāne 설법의 끝에. -kusala 설법에 능숙함. 기심선교(記心善巧). -kkama 설법·설교의 순서. -gambhīratā 설법의 심오함. 설시심심(說示甚深). -gāminī-āpatti 훈계 받아야만 하는 죄. 교계죄(敎誡罪). 응회죄(應悔罪). -ñāṇa 설법의 지혜. 교지(敎智). -maṇḍa 제호같이 탁월한 설법. 선설제호(善說醍醐). -vilāsa 설법의 아름다움·장관. -suddhi 설교의 청정. 설시정(說示淨).

desāpeti [deseti 의 *caus.*] 죄를 뉘우치게 하다. 참회를 시키다.

desika ① *m.* [*sk.* deśika] = desaka. sudesika 잘 가르키는 자. 스승. ② *adj.* [desa-ika] 지역·나라에 속하는.

desita *adj.* [deseti의 *pp.*] ① 가르쳐진. ② 설명된.

desīya *adj.* [desa-iya] 지방(地方)의. ~ṁ karoti 귀화시키다. -tā 국적(國籍).

desetar *m.* [<deseti의 *ag.*] ① 가르치는 사람. ② 설법하는 사람.

deseti [*sk.* deśayati. disati diś의 *caus.*] ① 지적하다. 나타내다. 보여주다. 전하다. 전달하다. ② 가르치다. 설법하다. ③ 털어놓다. 고백하다. 참회하다. *imp.* desetu; *aor.* adesesi. desesi; *ppr. f. pl. gen.* desayantinaṁ; *pp.* desita; *caus.* desāpeti.

dessa. dessiya *adj.* [*sk.* dveṣya *cf.* dessati. disa] ① 불쾌한. ② 싫어할 만한.

dessatā *f.* [dessa의 *abstr.*] ① 불쾌. ② 혐오.

dessati [*sk.* dveṣati. dveṣṭi. dviṣ. *cf.* disa] 싫어하다. 혐오하다. *grd.* dessa. dessiya.

dessin *adj.* [*sk.* dveṣin] 싫어하는. 혐오하는.

dehi → dadāti.

deha *m.* [〃] 몸. 신체(身體). -dhārin 몸을 갖고 있는 (자) -nikkhepana 몸을 내던짐. -balena 신체적으로. -lakkhaṇa 체격(體格). -vicchedaka 해부학자(解剖學者).

dehaka *n.* [deha-ka] = deha 몸. *pl.* 사지(四肢).

dehi dadāti의 *imp.*

dehin *adj. m.* [deha-in] ① 몸을 지닌. ② 생물. 동물. 유정(有情). 중생(衆生).

doṇa *m.* [*sk.* droṇa *n.*] ① 도나[용량의 단위]. ② 나무통. -pāka 한 도나 양의 음식. -māpaka 도나의 수입을 감독하는 사람. -mita 한 도나 양.

doṇika *adj.* [doṇa-ika] 도나[용량]를 재는.

doṇikā *f. adj.* [doṇa-ikā] 나무통. (양조용) 큰 통. 악기의 통.

doṇī *f.* [*sk.* droṇī] ① 나무통. 튜브. 땀구멍. 구멍. 현금의 몸통. 소리를 내는 판(?) ② 카누. 배[船]. 보트. ③ (기름을 짤 수 있는) 식물(?). 튜브 속에 만들어진 케이크(?). -nimminñjana 기름과자.

dobbhagga *n.* [<dub-bhāga] ① 불행. ② 불운.

dobbha. dobha *m.* [= dubbha] ① 사기. 속임수. ② 반역.

domanassa *n.* [*sk.* daurmanasya. dumanasya] ① 근심. 우울. 슬픔. ② 정신적인 스트레스. 정신적 불만. 정신적으로 괴로운 느낌. -indriya 불쾌를 경험하는 능력. 불쾌한 감각. 우근(憂根). -ûpavicāra 근심에 대한 고찰. 우근사(優近伺). -ṭṭhāniya 근심을 느끼는 곳. 순우처(順優處). -dhātu 근심의 요소. -patta 실망한. -sahagata 근심과 함께 하는. 근심이 있는.

dolā *f.* [〃] ① 동요. 흔들림. ② 가마.

dolāyati [dolā의 *denom.*] ① 동요하다. 흔들리다. ② 움직이다.

dolāyana *n.* [<dolāyati] 동요.

doḷasa *adj.* = dvādasa 12.

dovacassa *n.* [duvacas-ya] ① 욕을 잘함. 성을 잘 냄. ② 타이르기 어려움. 불복종. -karaṇa 말로 타이르기 어려움.

dovacassatā *f.* [dovacassa의 *abstr.*] ① 타이르기 어려움. 불복종. ② 완고. 고집.

dovārika *m.* [dvāra-ika] ① 문지기. 수위. ② 무축관(巫祝官).

dovila *adj.* [?] ① 결실상태에 있는. ② 싹이 트는.

dosa ① *m.* [*sk.* doṣa] 타락. 부패. 결점. 잘못. 병소. ② *m.* [*sk.* dveṣa] 화. 성냄. 분노. 미움. 진에(瞋恚). -aggi 성냄의 불. 진화(瞋火). -antara 분노를 품고 있는. 진심(瞋心)의. -âkusalamūla 성냄의 악하고 불건전한 뿌리. 진불선근(瞋不善根). -âgati 분노를 따르지 않는. -āropaṇa 고소(告訴). 고발(告發). 기소(起訴). -kiñcana 성냄

의 장애. 에장(恚障) -kkhaya 성냄의 부숨. 분노의 소멸. -khila 성냄의 황무지. 진재(瞋栽). -gata = -garu 분노로 가득 찬. -gavesin 비판적인. -carita 성내는 자. -cariyā 성냄의 행위. -citta 성내는 마음. 진심(瞋心). -nigha 성냄의 동요. 진요(瞋搖). -nirākaraṇa 사죄(赦罪). -mūla 성냄에 뿌리박은. 성냄의 뿌리. 진근(瞋根). -mūlacitta 성냄에 뿌리박은 마음. -vinaya 성냄의 제거. 진에조복(瞋恚調伏). -saññita 악의와 연결된 -sama 미움에 해당하는. -saṅga 성냄에 의한 염착. 진착(瞋着). -salla 성냄의 화살. 진전(瞋箭). -sahagata 성냄을 지니고 있는. 분노를 수반하는. -hāpaka 속죄의. -hetu 성냄의 원인. 진인(瞋因). -hetuka 분노에 의해 야기된.

dosaniya. dosanīya. dosaneyya *adj.* [dussati의 *grd.*] 성낼 만한. 화를 낼만한. -dhamma 화를 낼 만한 일. 소진법(消盡法).

dosā *f.* [*sk.* doṣa. doṣas] ① 저녁. ② 황혼. *acc.* dosaṁ 밤에.

dosārita *adj.* [du-osārita] ① 나쁘게 복권된. ② 힘들게 해죄(解罪)된.

dosin *adj.* [dosa ②-in] 화난. 성난.

dosinā *f.* [*sk.* jyotanā = juṇhā] ① 밝은 밤. ② 달빛. ramaṇyā vata bho dosinā ratti 달빛 비추는 밤은 정말 사랑스럽다. -puṇṇamāsi 밝은 보름달이 뜬 밤. -mukha 밝은 밤의 얼굴[비유].

doha ① *m* [*sk.* doha. dogha] 젖을 짬. 젖. 우유. ② *adj.* [*sk.*droha] 해치는.

dohaka *m.* [doha-ka] 우유통.

dohati [*sk.* dogdhi duh] 젖을 짜다. *pres. 1pl.* dohāma. duhāma. duhāmase; *opt.* duhe; *abs.* duhitvā; *pp.* duddha; *pass.* duyhati; *ppr.* duyhamāna *cf.* dūhana. doha. dohin. dhītar.

dohaḷa *m* [*sk.* dohala. dauhṛda] (여자가 임신했을 때) 갈망하다.

dohaḷinī *f.* [dohaḷa-in의 *f.*] 갈망하는 임산부.

dohin *adj. m* [doha-in] ① 우유를 짜는. ② 착유(搾乳)하는 자.

dravabhāva *m.* [drava-bhāva] 유동성.

drūbha dubbha의 *misr.*

dva° = dvā → dvi.

dvaṅgula *n. adj.* [dvi-aṅgula] ① 손가락 두 마디 만큼의 양[2 인치 크기]. ② 손가락 두 마디의. -kappa 점심식사 후에 해의 그늘이 손가락 두 마디의 길이가 될 때 까지는 먹어도 된다는 것. 이지정(二指淨). -paññā 손가락 두 마디만큼의 지혜. 열등한 지혜.

dvaṭṭhi = dvāsaṭṭhi 62.

dvattiṁsa *num.* [dvi-tiṁsa] 32. 서른둘. -ākāra 서른두 가지의 몸의 구성요소. 삼십이신분(三十二身分)[피부까지의 다섯 종류(tacapañcaka : 1. 머리카락 kesā 2. 몸털 lomā 3. 손발톱 nakhā 4. 이빨 dantā 5. 피부 taca), 신장까지의 다섯 종류(vakkapañcaka : 6. 살 maṁsa 7. 근육 nahāru 8. 뼈 aṭṭhī 9. 골수 aṭṭhimiñjā 10. 신장 vakka), 폐까지의 다섯 종류(papphāsapañcaka : 11. 심장 hadaya 12. 간장 yakana 13. 늑막 kilomaka 14. 비장 pihaka 15. 폐 papphāsa), 뇌수까지의 다섯 종류(matthaluṅgapañcaka : 16. 창자 anta 17. 장간막 antaguṇa 18. 위장 udariya 19. 배설물 karīsa 20. 뇌수 matthaluṅga), 지방까지의 여섯 종류(medachakka : 21. 담즙 pitta 22. 가래 semha 23. 고름 pubba 24. 피 lohita 25. 땀 seda 26. 지방 meda), 오줌까지의 여섯 종류(muttachakka : 27. 눈물 assu 28. 임파액 vasā 29. 침 khela 30. 점액 siṅghānikā 31. 관절액 lasikā 32. 오줌 mutta)]. -lakkhaṇa. -mahāpurisalakkhaṇa 삼십이상(三十二相). 삼십이대인상(三十二大人相)[1. 땅에 적응해서 안착되는 발(suppatiṭṭhitapāda) 2. 천 개의 바퀴살과 테와 축이 달린 모든 형태가 완벽한 수레바퀴를 지닌 발바닥(heṭṭhāpādatalesu cakkāni jātāni sahassārāni sanemikāni sanābhikāni sabbākāraparipūrāṇi) 3. 넓고 원만한 발뒤꿈치(āyatapaṇhi) 4. 긴 손발가락(dīghaṅguli) 5. 부드럽고 유연한 손발(mudutaḷuṇahatthapāda) 6. 손발가락 사이에 물갈퀴가 있는 손발을(jālahatthapāda) 7. 복사뼈가 돌출된 발(ussaṅkhapāda) 8. 사슴과 같은 장딴지(eṇijaṅgha) 9. 똑바로 서서 구부리지 않아도 무릎에 와 닿는 두 손(ṭhitako'va anonamanto ubhohi pāṇitalehi channukāni parimasati1 parimajjati) 10. 몸속에 감추어진 성기(kosohitavatthaguyha) 11. 황금빛을 띤 황금과 같은 피부(suvaṇṇavaṇṇo kañcanasannibhattaca) 12. 섬세한 피부(sukhumacchavī) 13. 털구멍에 하나씩 제각기 자라는 털(ekekalomo ekekāni lomāni loma kūpesu jātāni) 14. 끝이 위로 향하는 몸의 털(uddhaggaloma) 15. 하느님처럼 단정한 몸매(brahmujjugatta) 16. 일곱 군데가 융기된 몸(satt'ussada) 17. 사자와 같은 윗몸(sīhapubbaddhakāya) 18. 양 어깨 사이에 패인 곳이 없는 어깨(cit'antaraṁsa) 19. 니그로다 나무와 같은 균형잡힌 몸(nigrodhaparimaṇḍala) 20. 골고루 원만한 상반신(samavattakkhandha) 21. 최상의 탁월한 맛을 느끼는 미각(rasaggasaggī) 22. 사자와 같은 턱(sīhahanu) 23. 마흔 개의 치아(cattāḷisadanta) 24. 평평하고 가지런한 치아

(samadanta) 25. 간격 없이 고른 치아(avivara-danta) 26. 희고 빛나는 치아(susukkadāṭha) 27. 넓고 긴 혀(pahūtajivha) 28. 까라비까 새의 소리처럼 청정한 음성(brahmassaro karavīkabhāṇī) 29. 깊고 푸른 눈(abhinīlanetta) 30. 황소의 것과 같은 속눈썹(gopakhuma) 31. 미간에 희고 부드러운 솜과 같이 생긴 털(uṇṇā bhamukantare jātā odātā mudutūlasannihā) 32. 머리 위의 육계(uṇhīsasīsa)],

dvattikkhattuṁ *ind.* [dva-ti-kkhattuṁ] 두세 번. 이삼회(二三回).

dvanda *m.* [*sk.* dvandva] ① 한 쌍. 이원성. ② 병렬복합어. 상위석(相違釋).

dvaya *adj. n.* [〃] ① 이중의. 두 배의. ② 가짜의. 속이는. ③ 한 쌍. 이원성. -kārin 선한 행위와 악한 행위 모두 하는. 이중인격의.

dvayatā *f.* [dvaya의 *abstr.*] ① 이중. 두 배. 두 종류. ② 한 쌍. 이원성. -ânupassanā 두 가지 종류의 관찰. 이종수관(二種隨觀).

dvā = dva → dvi

dvākāra *m* [du-ākāra] 악행의 모습. 악행상(惡行相).

dvācattāḷīsa *num.* [dvi-cattāḷi-sa] 42. 마흔둘.

dvādasa *num.* [*sk.* dvādaśa] 12. 열둘. -aṅga 열두 부분. 열두 마디. -ma 열두 번째의.

-āyatana. ~āyatanāni 열두 가지 감역. 열두 가지 인식의 근거. 십이처(十二處)[시각감역(眼處 : cakkhāyatana), 형상의 감역(色處 : rūpāyatana), 청각감역(耳處 : sotāyatana), 소리의 감역(聲處 : saddāyatana), 후각감역(鼻處 : ghānāyatana). 냄새의 감역(香處 : gandhāyatana), 미각감역(舌處 : jivhāyatana), 맛의 감역(味處 : rasāyatana), 촉각감역(身處 : kāyātana), 감촉의 감역(觸處 : phoṭṭhabbāyatana), 정신감역(意處 : manāyatana), 사실의 감역(法處 : dhammāyatanaṁ)].

~ paṭiccasamuppādā 열두 가지 조건적 발생. 십이연기(十二緣起)[1. 무명(無明 : avijjā), 2. 형성(行 : saṅkhārā), 3. 의식(識 : viññāṇa), 4. 명색(名色 : nāmarūpa), 5. 여섯 감역(六入 : saḷāyatana), 6. 접촉(觸 : phassa), 7. 느낌(受 : vedanā) 8. 갈애(愛 : taṇhā), 9. 집착(取 : upādāna), 10. 존재(有 : bhava), 11. 태어남(生 : jāti), 12. 늙음과 죽음(老死 : jarāmaraṇa)].

dvānavuti *num.* [dvi-navuti] 92. 아흔둘.

dvāra *n.* [〃] ① 문. ② 입구. ③ 감각문(感覺門). 감관의 문[cha dvārā = cha ajjhattikāni āyatanāni]. -āvaṭṭaka. 돌쩌귀. 경첩. -kavāṭa 문기둥. -koṭṭhaka 대문. 출입구. 수위실(守衛室). -kosa 창틀. 호창소(戶窓所). -gāma 성문 밖의 마을. 교외. -toraṇa 문의 통로. -pāla 문지기. 수위(守衛). -pidahana 문을 닫는. -pānara 문의 창문 안쪽에[dvāravātapānantara의 *misr.*]. -bāhā 문기둥. -bhatta 문 앞에 뿌려진 음식. -rūpa 감각문의 물질. 문색(門色)[감성의 물질(인식의 문)과 암시의 물질(행위의 문)]. -vātapāna 문의 창문. -vimutta 감관을 벗어난. 이문(離門). -sālā 문들이 있는 방. 문방(門房).

dvārika *adj. m.* [dvāra-ika] ① 창문에 관련된. 문(門)에 관련된. ② 문지기.

dvāvīsati *num.* [dvi-vīsati] 22. 스물둘.

dvāsaṭṭhi *num.* [dvi-saṭṭhi] 62. 예순둘.

dvāsattati *num.* [dvi-sattati] 72. 일흔둘.

dvāhaṁ *ind.* [dvi-aha의 *acc.*] 이틀간.

dvi *num.* [*sk.* dvi. dva. *cf.* di. du. duva. duvi. dve] 2. 둘. 이(二). *nom. acc.* dve. duve; *dat. gen.* dvinnaṁ; *ins.* dvīhi. dīhi; *loc.* dvīsu. duvesu.

dvianuka *adj.* [dvi-aṇu-ka] 이원자(二原字)의.

dvika *adj.* [dvi-ka] 이원적인. -yutta 이원적인.

dvikammavācā *f.* [dvi-kammavācā] 두 가지 갈마 의례에 사용되는 말. 이종갈마어(二種羯磨語].

dvigocchaka *adj.* [dvi-goccha-ka] 두 무리의.

dvija. dvijāti. dvijātin *adj. m.* [*cf.* duvija. dija] ① 재생의. 재생(再生). ② 바라문. 바라문교의 상위 계급. 재생족(再生族)[사제. 왕족. 평민]. ③ 새[鳥]. 이빨. -gaṇa 바라문들이나 새의 무리.

dvikkhattuṁ *ind.* [dvi-khattuṁ] 두 번. 이회(二回).

dvitalayutta *m.* [dvi-tala-yutta] 이염기성(二鹽基性)의.

dvitālamatta *m.* [dvi-tāla-amtta] 두 뼘의 칫수.

dvittā *num.* [*sk.* dvirtā] 2 또는 3. 두 셋.

dvitta *f.* [dvi-tta] 이원성. -vāda 이원론(二元論). 이원주의(二元主義).

dvittatā *f.* [dvi-tta-tā] 이원성.

dvidhā *num. ind.* [〃 *cf.* dvedhā] 두 가지 방법으로. -gata 조각난. -patha 갈림길. 기로(岐路). *cf.* dvedhāpatha. -pālitarajja 양두정치(兩頭政治). -vibhajana 이분법(二分法).

dvipa *m* [dvi-pa] '코와 입으로 두 번에 마시는 자' 코끼리.

dvipatikā *f.* [dvi-pati-kā] 여자중혼자(男子重婚者). -tā 중혼(重婚)[여자의].

dvipad *m.* [dvi-pad] ① 두 발 짐승. ② 인간

dvipada *m.* [dvi-pada= dipada] ① 두발을 지닌 존재. 양족(兩足). ② 인간. 사람. *pl. gen.* dvipadaṁ = dvipadānaṁ -seṭṭha 최상의 인간. 양족존

(兩足尊)[부처님].
dvipala *adj.* [dvi-pala] 두 배의. 이중(二重)의.
dvipassika *adj.* [dvi-passika] 상호적인. 쌍방의. 쌍무적인.
dvipādaka = dvipad.
dvipiṭaka *m* [dvi-piṭaka] ① 이장(二藏)[經·律]의 스승. ② 이장지자(二藏持者)[경장과 율장에 대해 잘 아는 자].
dvibandhu *adj.* [dvi-bandhu] 친구가 둘이 있는.
dvibhariya *m* [dvi-bhariya] 남자중혼자(男子重婚者). -tā 중혼(重婚)[남자의].
dvirattatiratta *n.* [dvi-ratta-ti-ratta] 이틀 혹은 삼일 밤.
dvivaṇṇadassaka *adj.* [dvi-vaṇṇa-dassaka] 이색성(二色性)의.
dvivassika *adj.* [dvi-vassika] 격년(隔年)의.
dvisahassa *num.* [dvi-sahassa] 이천(二千).
dvisīsaka *adj.* [dvi-sīsa-ka] 쌍두(雙頭)의.
dvihetuka *adj.* [dvi-hetuka] 두 가지 원인의 -paṭisandhi 두 가지 원인에 의해 다시 태어나는 자[無貪과 無瞋의 두 원인에 의해 다시 태어나는 자].
dvīha *n.* [*sk.* dvis-ahnaḥ] 이틀. *ins.* dvīhena 이틀 뒤에. -tīhaṁ 이틀 또는 삼일 동안. -mata 이틀 전에 죽은.
dvīhika *adj.* [dvīha-ika] 이틀마다의.
dvīhitika *adj.* [dv-īhita-ika] ① 얻기 곤란한. ② 조달하기 힘든.
dve *num.* [dvi의 *nom. acc.*] ~ nibbānadhātuyo 두 가지 열반의 세계. 이열반계(二涅槃界)[잔여 있는 열반의 세계(有餘涅槃界 : saupādisesanibbānadhātu=kilesanibbāna), 잔여 없는 열반의 세계(無餘涅槃界 : anupādisesanibbānadhātu=khandhanibbāna)].
dveasīti *num.* [dvi-asīti] 82. 여든둘.
dvecakkhu *adj.* [dvi-cakkhu] ① 두 눈이 있는. ② 눈이 둘 있는.
dvecaturaṅga *adj.* [dvi-catur-aṅga] ① 여덟 가지의. ② 여덟 겹의.
dvejjha *adj. n.* [*sk.* dvaidhya] ① 나누어진. 두 가지의. 의심스런. 모순의. ② 의심. 모순.
dvejjhatā *f.* [dvejjha의 *abstr.*] ① 분열. ② 모순.
dvedhammika *adj.* [dve-dhamma-ika] 두 가지 법을 지닌.
dvedhā *ind.* [=dvidhā] 두 가지로. 두 가지 방법으로. -patha 갈림길. 의심.
dvepatha *m.* [dvi-patha] (두 마을)의 경계선.
dvepiccha. dvepicchika *adj.* [dvi-piccha] (공작새의) 두 개의 꼬리 깃털이 있는.
dvebhāva *adj.* [dvi-bhāva] ① 두 배로 증가한 상태. 배증(倍增). ② 이중으로 하기.
dvemāsa *m.* [dvi-māsa] 이개월(二個月).
dveḷhaka *n* [*sk.* dvaidhaka] 의심. 의혹. -jāta 의심스러운. -vācā 글귀의 모호함.
dvevācika *adj.* [dvi-vāca-ika] 두 단어[부처님과 부처님의 가르침]만을 말하는.
dvesattaratta *m* [dvi-satta-ratta] 한 달의 14일. 이 주간. 보름.

Dh

dha 자음·문자 dh의 이름.

dhaṁsati [sk. dhvaṁsati dhvaṁs] 떨어지다. 멀어지다. 이탈하다. 빼앗기다. caus. dhaṁseti.

dhaṁsana adj. [sk. dharṣana] ① 파괴하는. ② 폐허로 만드는.

dhaṁseti [dhaṁsati의 caus. sk. dhvaṁsayati. dharṣayati] ① 약탈하다. 파괴하다. 공격하다. ② 끈질기게 괴롭히다.

dhaṁsin adj. [sk. dharṣin. cf. dhaṁeti] ① 강요하는. ② 대담한. 무례한.

dhakāra m. [dha-kāra] ① dh의 문자·음소. ② dha 어미. -āgama dh의 문자·음소의 추가. -ādesa dh의 문자·음소의 대체. -lopa dh의 문자·음소의 제거.

dhaṅka m. [sk. dhvāṅkṣa] 까마귀.

dhaja m. [sk. dhvaja] ① 깃발. 기. 당번(幢幡). ② 상징. -agga 깃발의 꼭대기. 끝. -ālu 깃발로 장식된. -āhaṭa. -baddha 노획된 깃발. 점령기(占領旗).

dhajinī f. [sk. dhvajini. dhaja-in의 f.] 군대.

dhañña n. adj. [=dhaniya. sk. dhanya<dhana] ① 곡물. 곡식. ② 풍부한. 부유한. 행운의. 행복한. -âdhivasa 행복한 거처. -āgāra 곡식창고. -karaṇa 탈곡장. -piṭaka 곡식으로 가득 찬 바구니. -māsa 1/7 인치(3.6cm). -rāsi 곡식더미. -vāṇija 곡물상. -samavāpaka 곡식의 파종을 막기 위한 저장.

dhata adj. [sk. dhṛta dharati의 pp.] ① 확고한. 준비된. 결정된. ② 마음에 새겨진. 이해된. -raṭṭha 지국천(持國天)[四天王의 하나].

dhana n. [〃] ① 재산. 재물. 돈. 부(富). ② 보물. -agga 최고의 보물. 상재(上財). -atthika 재물을 바라는. -āgāra 은행. -āsā 부(富)에 대한 열망. -esa(°esa) 부(富)의 신. -kkīta 돈으로 구입한. -jāni 재산의 손실. -thaddha 재산을 자랑하는. 속물적인. -dhañña 돈과 돈의 가치. 재물이 많은. 돈과 곡식. 재곡(財穀). -parājaya (도박에서) 돈을 잃음. -parāyaṇatā 배금주의(拜金主義). -pālanāyatta 경제적인. -pālanavijjā 경제학(經濟學). -bala 자본주의(資本主義). -balāyatta 자본주의적인. -lābha 재산의 획득. -lobha. -lola 재보에 대한 탐욕. -viriya 재산과 권력. 부와 힘. -sampatti 부(富)의 신. -hetu 재산 때문에.

dhanatta n. [dhana의 abstr.] 부를 모은 상태.

dhanavant adj. [dhana-vant] ① 돈이 많은. 재물이 많은. ② 부유한. ③ 실질적인. 실속있는.

dhanāgāra m. [dhana-āgāra] 은행(銀行).

dhanāyati [dhana의 denom.] ① 바라다. ② 노력하다. cf. vanāyati의 misr.

dhanika. dhaniya m. [〃] 채권자.

dhanita adj. [dhvan의 pp.] ① 소리가 나는. ② 소리가 울리는.

dhanin adj. m. [dhana-in] ① 부유한. ② 부자.

dhanu n. [〃] ① 활. ② 궁(弓)[길이의 단위 일궁(一弓 : dhanu)=일심(一尋 : vyāma)=사주(四肘 : hattha; ratana) = 약 1.8 m; 2,000 dhanu = 1kosa = 1/4 유순(由旬 : yojana: 14km)]. -kalāpa 활과 화살통. -kāra 활을 만드는 사람. -kārika. -kārin 다누까리까[나무의 이름]. -ggaha(pl. nom. -ggahāse) 활잡이. 궁술사. -takkāri 다누딱까리[식물의 이름]. -ddhara 활잡이. 궁술사. -pākāra 활의 방어물. -pāṭali 다누빠딸리[나무의 이름]. -lakkhaṇa 활위의 표시에 의해 치는 점. -sippa 활쏘는 기술. 궁술.

dhanuka n. [sk. dhanuṣka] 작은 활. 소궁(小弓).

dhanta adj. [sk. dhvanta cf. dhamita] ① 불어진[吹]. ② 소리가 나는.

dhama. dhamaka adj. m. [〃 cf. dhamati] 부는. 부는 사람. 취주자(吹奏者).

dhamakaraka m. = dhamma-ka-raka.

dhamati [〃 dham] ① 불다. 소리를 내다. ② (불어서) 불을 지피다. ppr. dhamamāna; pp. dhamita; caus. dhameti. dhamāpeti ppr. dhamenta

dhamadhamāyati [dhamati의 intens.] ① 계속 불다. 쉬지 않고 불다. ② 세게 불다. 쏴쏴-소리내다.

dhamana n. [<dhamati] 불기[吹].

dhamanī f. [〃] 혈관. 정맥. -jāla 정맥. 혈액의 그물망. -ḍāha. -dāha 정맥염(靜脈炎). -santhatagatta 여위어 몸이 홀쭉해진.

dhamma m. n. [sk. dharma<dhṛ] ① 법(法). 진리. 이론. 원리. 이치. 도(道). 가르침. 교훈. 조직적인 가르침. ② 상태. 성질. ③ 사물. 사실. 것. 현상. 현상세계. 정신의 대상. ④ 원인. 조건. ⑤ 관념. 개념. 생각. ⑥ 분석적인 지식. 철학. ⑦ 정신적 태도. 마음가짐. ⑧ 자연. 우주적 질서. ⑨ 도덕. 당위(當爲). 정의(正義). 해야 하는 것. 선한 행위. -akkhāna 진리에 대한 토론. 설법(說法).

법화(法話). -atthadesanā 가르침의 의미에 대한 해석. 법의석(法義釋). -adhamma 진리와 비진리. 가르침과 가르침이 아닌 것. 법비법(法非法). -anuvattin 가르침에 따라 행동하는. -antevāsika 가르침에 따라 사는. -anvaya 가르침의 일반적 결론. 법의 총상(總相). -âgada 진리·가르침의 약. 법약(法藥). -âtitheyya 가르침의 대도(大盜)[좋은 의미]. -ādāsa 진리·가르침의 거울. 법경(法鏡). -âdhikaraṇa 가르침의 요체. 쟁점이 되는 법. -âdhipateyya 진리·가르침의 지배적인 영향. 법증상(法增上). -ânâdariya 가르침에 대한 경멸. 법경모(法輕侮). -ânukampā 가르침에 대한 동정. 법애민(法哀愍). -ânuggaha 가르침의 이익. 법섭수(法攝受). 법섭익(法攝益). -ânudhamma 가르침을 여법하게 따름. 법수법(法隨法). -ânudhammappaṭipatti 원리에 따른 여법한 실천. -ânupassanā 사실에 대한 관찰. 법수관(法隨觀). -ânuloma 원리를 순관(順觀)하는. -ânusārin 진리·가르침의 행자. 수법행자(隨法行者). -ânussāsaka 진리의 교사. -ânussati 가르침에 대한 새김. 법수념(法隨念). -âpanika 가르침을 파는 자. 법상인(法商人). -âbhisamaya 진리·가르침의 이해. 법현관(法現觀). -âmata 진리·가르침의 감로수(甘露水). -âyatana 정신대상의 영역. 사실의 영역. 법처(法處). -ârammaṇa 정신적인 대상. 법소연(法所緣). -ārāma 법을 즐기는 (사람). -âlapana 올바른 습관을 따르도록 하는 연설. -āsana 설교단. 법좌(法座). -iddhi 진리·가르침의 불가사의한 교육적 효과. 법성만(法盛滿). -ûkkā 진리·가르침의 횃불. 법거(法炬). -upadesa(dhammo°) 도덕(道德). 사기(士氣). -uposatha 가르침에 의해 규정된. 금식의 날. 법포살(法布薩). -ûpahara 가르침에 대한 베풂. 법의 출현. 법지현(法持現). -ummāda(dhammu°) 종교광(宗教狂). -okkā 진리·가르침의 횃불. -ojā 진리·가르침의 정수. 법자양(法滋養). -osadha 가르침의 약. 법약(法藥). -kathā 가르침에 대한 이야기. 법설(法說). -kathika 가르침을 설하는 자. 법사(法師). -kamma 승단의 계율에 맞는 행위. -karaka 물단지. 여과기. 수병(水甁). -kāma 가르침에 대한 애착. 법욕(法欲). -kāya 진리의 몸. 법신(法身). -ketu 진리·가르침의 깃발. 법치(法幟). -kkhandha 가르침의 다발. 가르침의 중요 항목. 법온(法蘊). -khīra 우유와 같은 가르침. 법유(法乳). -gaṇa 진리·가르침을 따르는 무리. -gaṇṭhikā. -gaṇḍikā 단두대. 형장(刑場). -gañjā 다르마간자 [나란다대학명]. -gambhīratā 진리·가르침의 심오함. 법심심(法甚深). -gariya 곡예사의 한 종류 [탁월한 곡예사]. -garu 법을 존중하는. -gāravatā 법을 존중함. -gū 진리·가르침을 아는 사람. 지법자(知法者). -ggutta 진리·가르침을 수호하는. 진리·가르침에 의해 수호를 받는. -ghosaka 가르침을 칭찬하는 것. -cakka 진리·가르침의 수레바퀴. 법륜(法輪). -cakkapavattana 진리·가르침의 수레바퀴를 굴림. 전법륜(轉法輪). -cakkhu (無上·苦·無我를 아는) 진리의 눈. 법안(法眼). -cariyā 정당하게 사는. 가르침의 준수. 법행(法行). -cārin 정당하게 사는. 덕있는. 법행자(法行者). -cuditaka 진리·가르침에 따라 비난 받는 사람. 여법피가책인(如法被呵責人). -chanda 법욕(法欲). -ja 진리·가르침에서 생긴. 법생(法生). -jāla 법의 그물. 법망(法網). -jīvin 법에 따라 올바로 사는. -ññu 진리·가르침을 아는. -ññū 가르침을 아는 자. 지법자(知法者). -ṭṭha 진리·가르침에 입각한. 정당한. 재판관(裁判官). -ṭṭhitatā 진리·가르침의 영속성. 법주성(法住性). -ṭṭhitiñāna 진리·가르침의 영속에 대한 지혜. 법주지(法住智). -takka 사실에 대한 추론·추리. 법사택(法思擇). -taṇhā 정신대상에 대한 갈애. 사실에 대한 갈애. 법애(法愛). -tanu 진리·가르침의 몸. 법신(法身). -tejo 진리·가르침의 위력·힘. 법위력(法威力). -tthenaka 진리·가르침의 도둑. -thera 원리에 의한 장로. 법장로(法長老)[덕성을 갖춘 장로]. -(d)dasa 진리를 본. 법견자(法見者). -dassana 진리·가르침의 통찰. 법견(法見). -dāna 가르침의 보시. 법시(法施). -dāyāda 진리·가르침의 상속자. -dūta 전법사. 전도사. -dūteyya 전법. 전도. -desanā 진리·가르침의 설시(說示). 설법(說法). -dessin 법을 싫어하는. -dhaja 진리·가르침의 깃발. 법당(法幢). -dhana 진리·가르침의 재물. 법재(法財). -dhara 가르침을 지닌. 지법자(持法者). -dhātu 환원할 수 없는 것으로 간주되는 정신적인 대상의 요소. 사실의 세계. 사실의 요소. 법계(法界). -dhāraṇa 진리·가르침에 대한 지식. 법수지(法受持). -nāṭaka 의무를 지닌 무용수들의 무리. -nagara 진리의 성곽. 법성(法城). -nandi 진리·가르침의 기쁨. 법희(法喜). -nānatta 진리·가르침의 다양성. -niyāma 법의 인과적 질서에 속하는. 법질서(法秩序). -niyāmatā 법(원인과 결과)의 확실성. -netti 규범의. 순서의. -pajjota 진리·가르침의 등불. 법등명(法燈明). -paññatti 진리·가르침의 전개. 법시설(法施設). -paṭibhāna 법에 대한 반복적인 해명. 법변(法辨). -paṭirūpaka 진리·가르침을 모르면서 안다고 사칭하는 것. 사법(似法). -paṭisaṁvedin 법을 이해하는 자. -patisambhidā 조건에 대한 분석적 앎. 법무애해(法無碍

解). -paṭisaraṇa 가르침에 대한 귀의. -paṇ-ṇākāra 가르침에 대한 선물[종이에 싼 선물]. -pada 진리·가르침을 담은 구절·연시(聯詩). 법구(法句). -(p)pamāṇa 가르침으로 헤아리는. -pariyatti 진리·가르침에 도달함. 법통달(法通達). -pariyāya 가르침에 대한 설법. 법문(法門). -pariyesanā 진리·가르침을 두루 추구함. 법편구(法遍求). -pāla 진리·가르침의 보호자. -pā-sāda 진리·가르침의 궁전. 법고당(法高堂). -pīti 진리·가르침의 기쁨. 법희(法喜). -pūja 가르침의 공양. 법공양(法供養). -potthaka 가르침에 대한 서적. 종교서적. -ppacāraṇa 선전(宣傳). -pp-ati 가르침의 주인. 법주(法主). -ppatti 진리·가르침에 관한 유익한 선물. 진리·가르침의 획득. 법전(法典). -ppamāṇika 성품에 의해 평가되는 것. 심성의 표준. -bhaṇḍāgārika 가르침의 창고. 진리·가르침의 보고[아난다의 별칭]. -bhā-ṇaka 가르침을 암송하는 사람. 송법사(誦法師). -bhūta 진리의 본질. 법체(法體). -bheri 진리·가르침의 북. 법고(法鼓). -bhoga 진리·가르침을 즐기는. 법수용(法受用). -macchariya 가르침에 인색함. 법간(法慳). -magga 진리·가르침에의 길. -maya 가르침으로 이루어진. 법소성(法所成). -megha 진리·가르침의 비구름. 법운(法雲). -yāga 법공양 . 법시(法施). -yāna 진리·가르침의 수레. 법승(法乘)[八正道]. -yuddha 진리·가르침의 싸움. -yoga 진리·가르침과 상응하는. 법상응(法相應). -rakkha 가르침의 수호자. 법수호자(法守護者). -rakkhitā 법에 의해 보호받는 여자. -rata 가르침을 즐기는. -ratana 가르침의 보물. 법보(法寶). -rati 가르침의 즐거움. 법락(法樂). -rasa 정신대상의 유혹. 사실의 유혹. 법미(法味). -rāga 정신대상에 대한 탐착. 사실에 대한 탐착. 법애(法愛). -rājan 가르침의 왕. 법왕(法王)[부처님]. -laddha 진리·가르침에 의해 획득된. 신성한. 경건한. -lābha 가르침에 의한 이익. 법리(法利). -vara 가장 뛰어난 진리·가르침. -varatthāna 진리·가르침의 확립 • 분별. 법결정(法決定). -vādin 진리·가르침을 설하는. 설법자. -vicaya 진리·가르침의 탐구. 택법(擇法). -vi-cayasambojjhaṅga 탐구의 깨달음 고리. 택법각지(擇法覺支). -vicara 진리·가르침에 대한 숙고. 올바른 숙고. 법사(法伺). -vidū 진리·가르침을 아는 자. -vitakka 진리·가르침에 대한 사유. 올바른 사유. 법심(法尋). -vinaya 가르침과 계율. 법률(法律). -vinicchaya 올바른 결정. 진리·가르침의 분별. 법결정(法決定). -visaya 사실의 경계. 법경(法境). -visesa 가르침의 구별. 법차별(法差別). -vihārin 가르침에 따라 사는. -vuḍḍhi = (vaḍḍhi) 가르침의 증대. 법증장(法增長). -veda 가르침에 대한 종교적인 감동. 법수(法受). 법신수(法信受). -vepulla 진리·가르침의 풍부함. 법광대(法廣大). -saṁvibhāga 진리·가르침의 전파. 법균포(法均布). -saṅgāhaka 성스러운 경전의 편찬자. 법결집자(法結集者). -saṅkha 진리·가르침의 소라고동. 법라(法螺). -sañce-tanā 정신대상에 대한 의도. 사실에 대한 의도. 법사(法思). 법의사(法意思). -saññā 정신대상에 대한 지각. 사실에 대한 지각. 법상(法想). -santati 정신대상의 지속. 정신현상의 지속. 법상속(法相續). -sannicaya 정신대상의 축적. 법적집(法積集). -sabhā 가르침에 대해 토론하는 회당. 법좌(法座). 법당(法堂). -samannesanā 진리·가르침의 음미. -samaya 가르침에 대한 모임. 법회(法會). -samādāna 진리·가르침의 수용. 법득(法得). -samādhi 가르침에 의한 집중. 법삼매(法三昧)[samatha와 유사]. -sambhoga 진리·가르침의 수용. 법등수용(法等受用). -sam-mukhatā 진리·가르침의 대면. 법현전(法現前). -saraṇa 가르침에 대한 귀의. 진리를 의지처로 하는 것. -savana 진리·가르침을 설하는 것을 들음. 청법(聽法). -sākaccha 가르침에 관한 대화. 법담(法談). -sāmaggī 가르침에 관한 화합. 법화합(法和合). -(s)sāmin 가르침의 주인. 법주(法主)[부처님]. -sāra 진리·가르침의 핵심. -sārathi 진리·가르침의 조어자. -sārin 진리·가르침을 따르는. -sālā 설법당(說法堂). 법당(法堂). 교당(敎堂). -sudhammatā 진리·가르침의 뛰어남. 법선법성(法善法性). -senāpati 가르침의 장군. 법장(法將)[싸리뿟다의 별명]. -soṇḍatā 정의에 목마른. 가르침에 목마른. -sota 진리·가르침의 귀. 법이(法耳). -ssāmin 진리·가르침의 주인. 법주(法主)[부처님].

Dhammakitti *m.* [dhamma-kitti] 담마낏띠. 법칭(法稱)[佛牙史의 저자. 13세기의 승려].

dhammatā *f.* [*sk.* dharmatā] ① 가르침과 일치성. 진리와의 일치성. ② 일반적인 법칙. 우주의 법칙. 일반적인 실천. 일반적 현상. 일반적 습관. ③ 법성(法性). -dhammapariyāya 일반적인 법칙에 관한 법문. 법성법문(法性法門). -rūpa 일반적인 법칙의 형태. 법성색(法性色). -sīla 현상적인 윤리. 일반적인 법칙의 윤리. 법성계(法性戒).

dhammatta *n.* [dhamma의 *abstr.*]. 심판받기에 용이함[율장].

dhammani *loc.* [?] 건조지대의 숲속에서(araññe thale).

Dhammapada *n.* [dhamma-pada] 담마빠다. 법

구경[쿳다까니까야(小部)의 하나].

Dhammapadaṭṭhakathā *f.* [Dhamma-pada-aṭṭha-kathā] 법구의석(法句義釋)[법구경의 주석서].

Dhammapāla *m.* [dhamma-pāla] 담마빨라. 법호(法護)[學僧으로 Paramatthadīpani의 저자].

dhammabhaṇḍāgārika *m.* [dhamma-bhaṇḍāgā-rika] 가르침의 보고(寶庫)[아난다의 별칭]

Dhammasaṅgaṇi *f.* [dhamma-saṅgaṇi] 담마쌍가니. 법집론(法集論)[七論의 하나].

Dhammasiri *m.* [dhamma-siri] 담마씨리[붓다고싸 이후의 논사].

dhammasenāpati *m.* [dhammasena-pati] 가르침의 장군. 법장(法將)[싸리뿟따의 별칭].

dhammāse dhamma의 *pl. nom. acc.*

Dhammâsoka [Dhamma-Asoka] *m.* 아쇼카 왕. 아육왕(阿育王). 정법아육(正法阿育).

dhammika *adj. m.* [*cf.* dhammiya. *sk.* dharmiya] ① 가르침과 같은. 여법한. 적당한. 알맞은. 올바른. 도덕적인. ② 법사(法師). 지법자(持法者). -kamma ~에 합당한 승가의 모임. 여법갈마(如法羯磨). -pāṭimokkhaṭhapana 가르침에 합당하게 계율을 적용하는 것을 유보하는 것. 여법차설계(如法遮說戒). -vāda 진리에 맞는 이야기. 여법설(如法說). -samaṇa 가르침에 따르는 사문. 지법사문(持法沙門). -sāmaggī 진리에 따르는 화합. 여법화합(如法和合).

dhammikathā. dhammīkathā *f.* [dhamma-kathā] ① 설법(說法). ② 종교적인 이야기.

dhammin *adj.* ① [dhamma-in] 속성을 지닌. ~하기 쉬운. ~으로 이루어진. ~처럼 작용하는. ② [<damma-in] daḷha° 강한 활을 지닌. 강한 성품의. 훌륭한 훈련을 쌓은.

dhammiya *adj.* [*sk.* dharmiya] 법에 따르는.

dhammilla *m.* [〃] 땋은 머리. 결발(結髮).

Dhammuttarika. Dhammuttariya *m.* [dhamma-uttarika] 법상부(法上部).

dhayati [dhe] ① 빨다. 흡입하다. ② 핥다. *caus.* dhāpayati .*pp.* dhāta

dhara. dharaṇa *adj.* [〃] ① 갖고 있는. ② 마음에 새기는. dhamma°. vinaya°. mātikā° -dhara. *cf.* dhāra.

dharaṇa *n.* [〃] 다라나[약 2/5 온스. 12. 4g의 무게].

dharaṇī *f.* [<dharati] ① 지니고 있는 자. ② 대지. 땅. ③ 임신부(姙娠婦). -ruha 다라니루하[나무의 이름].

dharati [dhṛ] ① 유지하다. 지지하다. 들어 올리다. ② 보존하다. 운반하다. ③ 착용하다. ④ 기억하다. 새기다. ⑤ 참다. 지속하다. 계속하다. ⑥ 살다. *ppr* dharamāna; *grd.* dhareyya; *pp.* dhata; *caus.* dhāreti.

dharamānaka *adj.* [dharati의 *ppr.* -ka] 살고 있는. 생존하고 있는.

dharā *f.* [〃] ① 땅. 대지. ② 자궁.

dhava *m.* [〃] ① 아카시아[관목의 이름: Grislea Tomentosa]. ② 남편[*cf.* vidhava].

dhavala *adj.* [〃] ① 흰. ② 눈부신 흰색을 한. *abstr.* -tā *f.* 흰색인 것.

dhāta *adj.* [*sk.* dhāyita<dhe] ① 만족한. ② 잔뜩 먹은. 물린.

dhātatā *f.* [dhāta의 *abstr.*] ① 만족. ② 포만.

dhātī *f.* [*sk.* dhātri<dhe] ① 유모. ② 간호원. -cela 강보(襁褓). 기저귀.

dhātu *f.* [〃] ① 요소. 구성성분. 요소의 세계. 자연적 조건. 세계. 경험세계. 계(界)[五界. 六界. 十八界. 三界. 涅槃界. 世界]. ② 속성. 원리. 형태. 상태. 항목. ③ 어근(語根)[문법]. ④ 감관(感官). ⑤ 사리(舍利). 유골(遺骨). ṭhitā va sā dhātu 그 요소는 지속적이다. 그 원리는 정해졌다. -kammaṭṭhāna 요소·세계에 대한 명상수행의 토대. 계업처(界業處). -kucchi 자궁(子宮). -kusala 요소·세계에 숙련된. -kusalatā 요소·세계에 밝은 것. 계선교(界善巧)[열여덟 가지 인식의 세계(十八界 : aṭṭhārasa dhātuyo)에 대해서 밝은 것, 분명히 아는 것, 알아차리는 것 또는 그것들의 자성을 구분하는 청문(savana)·기억(dhāraṇa)·파악(sammassana)·꿰뚫음(paṭivedha)에 대한 지혜] -kkhobha 요소·세계의 동요. 사대부조(四大不調). -gabbha 사리보관소. 사리실. 납골당. -ghara 사리실. -cetiya 사리의 탑묘. 사리탑. -thūpa 사리탑. -nānatta 요소·세계의 다양성. 경험계의 다양성. -pakopa 요소·세계의 동요. -paññatti 요소·세계의 시설. -pūjā 사리공양. -manasikāra 요소·세계에 대하여 정신활동을 기울임. 계작의(界作意). -ratana 사리의 보물. 사리보(舍利寶). -vasena 물리적으로. -vinibhoga 요소·세계의 간별. -vibhaṅga 요소·세계에 대한 분별. -vibhāga 사리의 분배. -vavatthāna 요소·세계에 대한 확정. 세계에 대한 분석[四大와 관련]. -saṅkopa 요소·세계의 동요. -samugga 사리함(舍利函). -sarīra 부처님의 사리. 불사리(佛舍利).

dhātuka *adj.* [dhātu-ka] ① 본성을 지닌. ② 본질적인. ~와 같은. kiliṭṭha° 비참한. badhira° 본래적으로 귀먹은.

Dhātukathā *f.* [dhātu-kathā] 계론(界論)[칠론(七論)의 하나].

Dhātupāṭha *m.* 어근구의(語根句義)[목갈라나 학파의 어근사전].

Dhātumañjūsā *f.* 어근보함(語根寶函)[깟짜야나 학파의 어근사전].

dhātura. dhātuya *adj.* [<dhātu] 요소로 이루어진. 세계로 이루어진. cha° 여섯 가지 요소·세계로 이루어진.

Dhātvatthadīpanī *f.* 어근의등소(語根義燈疏) [어근사전].

dhāna *adj. n.* [〃] ① 수용하는. 함유하는. ② 용기(容器).

dhāniya *adj. n.* [*sk.* dhānya] ① 부유한. 풍부한. ② 곡물 = dhañña ③ 고수풀[열매는 양념이나 소화제로 쓰이는 미나리과 식물].

dhānī *f.* [dhāna의 *f.*] 자리(=ṭhāna). rāja° 왕좌. 왕의 표시.

dhāra *adj. n.* [*sk.* dhara] 보유하는. 갖는. 알고 있는. 기억하고 있는. *cf.* dhārin.

dhāraka *adj. m.* [dhāra-ka] ① 갖고 있는. 알고 있는. 기억하고 있는. ② 보유자. 기억하는 자. -jātika 보유하고 있는 성질.

dhāraṇa *n.* [〃] ① 착용. 보유. 소지. ② 기억.

dhāraṇaka *m.* [dhāraṇa-ka] ① 채무자. ② 기억을 돕는 사람.

dhāraṇatā *f.* [dhāraṇa의 *abstr.*] ① (옷을) 입고 있는 상태. ② 기억의 상태. 새김의 상태.

dhāraṇā *f.* [<dhāraṇa] ① 기억. ② 대지.

dhārā *f.* [〃] ① 급류. 흐름. 소나기. -samphassa 급류와의 접촉·만남 ② 무기의 날. 칼날.

dhārin *adj. m.* [〃] ① 지니고 있는. 착용한. ② 보유자. 착용자.

dhārinī *f.* [dhārin의 *f.*] 지니고 있는 여인.

dhāretar *m.* [dhāreti의 *ag.*] ① 지니는 자. ② 보관자. 착용자.

dhāreti [dharati의 *caus.*] ① 지니다. 가져가다. 옮기다. ② 착용하다. 입다. 두다. ③ 제어하다. ④ 새기다. 명심하다. 기억하다. ⑤ 허락하다. 주다. 지원하다. ⑥ 인정하다. *aor.* adhārayiṁ; *grd.* dhāreyya. *pp.* dhārita.

dhāreyya *n.* [dhāreti의 *grd.*] '옮겨가는 축제' 혼례. 결혼식.

dhāva *m.* [<dhāvati] ① 달리기. ② 경주.

dhāvati [dhāv] ① 달리다. 흐르다. *aor.* dhāvi ② (물이 흘러) 맑아지다. 맑게 하다. *cf.* dhovati.

dhāvana *n.* [<dhāvati] ① 달리기. ② 경주.

dhāvin *adj. m.* [<dhāva-in] ① 달리는. ② 달리는 자. 경주자.

dhi *f.* [*sk.* dhīḥ] 지혜. 슬기.

dhi. dhī *interj. ind.* [*sk.* dhik] 싫다! 불쾌하다! 부끄럽다! 제기랄![*acc. gen.*와 함께].

dhikkata *adj.* [dhi-kata] ① 멸시당한. 경멸받은. ② 욕먹은. ③ 저주받은.

dhiti *f.* [*sk.* dhṛti *cf.* dharati] ① 확고함. 결심. ② 정력. 용기.

dhitimant *adj.* [dhiti-mant] ① 확고한. 단호한. ② 용기 있는.

dhītar. dhītā *f.* [*sk.* dhītā. *cf.* duhitṛ] 딸. dhītā°-likā 인형(人形). *sg. gen.* dhitu; *pl. nom. acc.* dhitaro.

dhītu° [dhītar의 *gen.*] -kkama 딸을 원하는. -citta 딸의 생각. 딸이라고 하는 생각. -dhītā 증손녀. -matti 딸 정도의 (나이든) 여자.

dhīna → adhīna

dhīyati [dhā의 *pass.*] ① 포함되다. ② 받쳐지다. ③ 제공되다. ④ 견디다. *aor.* dhiyi. *ppr.* dhiyamāna.

dhīra *adj. m.* [〃] ① 확고한. 견고한. ② 신념이 있는. ③ 현명한. ④ 현자.

dhīratthu *interj.* [dhi-atthu] 제기랄! = dhī.

dhīvara *m.* [〃] 어부.

dhuta. dhūta *adj. m.* [dhunāti의 *pp.*] ① 떨쳐버려진. 쫓겨난. 파괴된. 제거된. ② 두타(頭陀). 두타행(頭陀行)[衣食住에 대한 貪着을 떨쳐버리고 수행하는 것]. -aṅga 두타행의 항목. 두타지(頭陀支)[→ terasa dhutaṅgāni]. -guṇa 두타행의 덕. -dhamma 두타의 가르침. 두타법(頭陀法). -dhara 두타를 행하는 자. 지두타자(持頭陀者). -vata 두타행을 수행하기 위한 맹세. -vāda 두타를 설함. 두타설(頭陀說). -vādin 두타를 설하는 자. 두타설자(頭陀說者).

dhutatta *n.* [*sk.* dhūtatvaṁ] ① 세심하게 주의하는 상태. ② 고행하는 것.

dhutta *m.* [*sk.* dhūrta] ① 타락한 사람. 건달. ② 사기꾼. ③ 노름꾼. 도박꾼. -paccatthika 포악한 적. 원수(怨讐).

dhuttaka = dhutta. dhuttikā *f.*

dhunana *n.* [*sk.* dhūnana] ① 흔들어 버림. ② 제거(除去).

dhunanaka *adj.* [dhunana-ka] ① 흔들어 버리는. ② 제거하는.

dhunāti [*sk.* dhunoti. dhunāti. dhū] ① 흔들다. 떨쳐버리다. (먼지를) 털어버리다. ② 던지다. ③ 파괴하다. 제거하다. *aor.* adhosi; *pp.* dhuta. dhūta.

dhuma = dhūma

dhura *m. n.* [*sk.* dhur *f.* dhura *m.*] ① 멍에. 굴대. 짐. ② 책임. 임무. 업무. ③ 선두. 정상. 시작. 선도자. 두부(頭部). 앞 부문. ④ 먼 끝. 말단. -gāma

'맨 먼저 만나는 마을' 인근 마을 -ggāla 선도자. 책임자. -dhorayha 멍에에 묶인 황소. 하태우(荷馱牛). -nikkhepa 멍에를 내려놓음. 임무를 포기함. -bhatta 정식으로 주어진 음식. -yotta (소에) 멍에를 조이는 끈. -vahana 짐을 옮김. -vihāra 인근의 사원. -sampaggāha 짐을 꽉 잡음. -ssaha 멍에를 지는. 책임을 감당하고 있는.

dhuratā *f.* [dhura의 *abstr.*] ① 멍에를 진 상태. ② 인내. 책임성.

dhuravant *f.* [dhura-vant] ① 멍에를 진. ② 인내하는. ③ 책임성이 있는.

dhuva *adj. m. f. n.* [dhruva] ① 안정된. 견고한. 견고. ② 영원한. 절대적인. 영원. ③ 규칙적인. 일정한. *acc.* dhuvaṁ 항상. 일정하게. 언제나. 분명히. -gāmin 영원[涅槃]으로 통하는. -colā 항상 일정하게 옷을 입는 여자. 항포녀(恒布女). -ṭṭhāniya 계속하는. 지속하는. -dhamma 견고한 상태에 도달한 자. -paññatta 일정하게 시설된. 영원히 규정된. -bhatta 음식의 일정한 공급. 상항식(常恒食). -bhattika 식사를 일정하게 공급하는. 정규적인 하인. -yāgu 일정하게 배분되는 쌀죽. 상죽(常粥). -lohitā 생리[月經]가 규칙적인 여자. 상월수녀(常月水女). -saññā 견고성에 대한 지각. 견고상(堅固想). -sāra 언제나 견실한. 항견실(恒堅實). -ssava 항상 일정하게 흐르는.

dhūta. dhūtaṅga → dhuta

dhūtatta *n.* dhutatā *f.* [dhuta. dhūta의 *abstr.*] 악을 제거하는 것.

dhūpa *m.* [〃] 향(香). 방향(芳香).

dhūpana *m.* [〃] ① 향을 피움. ② 향수. 향료. 방향(芳香).

dhūpayati. dhūpāyati. dhūpeti [*sk.* dhūpayati<dhū] ① 향을 피우다. ② 향수를 뿌리다. ③ 크림을 몸에 바르다. *aor.* dhūpāyi; *ppr.* dhūpayamāna; *pp.* dhūpita. dhūpāyita

dhūpita dhūpayati의 *pp.*

dhūma *m.* [〃] 연기(煙氣). -andha 연기로 시야를 가린. 연기. -kālika 화장할 때까지 지속하는. -ketu 불. -jāla 연기의 무리. 그물. -netta 연기의 출구. 연통. 담뱃대. -pāna 담배. 연초. -raja 연기와 먼지. -ratha 기차. -ratanivattana 기차역. -sikhā 불. 화신(火神).

dhūmayati. dhūmāyati [dhūma의 *denom.*] ① 연기를 내다. 그을리다. 흐리게 하다. 훈제하다. ② 흐려지다. 구름이 끼다. *pp.* dhūmāyita

dhūmāyanā *f.* [<dhūmayati] ① 연기가 남. 연기를 내뿜음. 훈제. ② 구름이 낌.

dhūmāyitatta *n.* [dhūmayita의 *abstr.*] ① 연기처럼 됨. ② 구름이 잔뜩 낌. ③ 애매(曖昧).

dhūli *f.* [〃] ① 먼지. ② 꽃가루.

dhūsara *adj.* [〃] ① 회색의. ② 먼지의.

dhenu *f.* [〃] ① 암소. ② (동물의) 암컷. -pa *m.* 우유를 빠는. 송아지. -pā *f.* 우유를 빨게 하는 어미소. 젖소. -vatthu 암소이야기.

dheyya *adj. m.* [*sk.* dheya dhā의 *grd.*] ① ~의 영역 안의. ② ~의 영향력하의.

dhota *adj.* [*sk.* dhauta *cf.* dhovati] ① 씻겨진. ② 깨끗한. -pādaka 발을 닦는 수건. 세족포(洗足布).

dhona *adj. m.* [=dhota. dhovati의 *pp.* *cf.* dhuta. dhunana] ① 정화된. ② (*pl.*) 수행승의 네 가지 필수품.

dhopati [=dhovati] ① 씻다. ② 깨끗하게 하다. *imp.* dhopetha; *opt.* dhopeyya. dhoveyya

dhopana *n.* [=dhovana] ① 깨끗이 씻음. 세정(洗淨). ② 곡예사의 묘기.

dhorayha *adj. m.* [*cf.* dhura-vaha] ① 짐을 나를 수 있는. ② 짐을 나르는 짐승. -vata 짐 나르는 수행. 단조롭고 힘든 일. -sīla. -sīlin 멍에에 익숙한. 참을성이 있는. 인내심이 강한.

dhoreyya [*sk.* dhaureya<dhura] ① 멍에 지워져야 할. ② 짐을 지는.

dhova *adj.* [<dhovati] ① 씻는. ② 깨끗이 하는

dhovati [=dhopati. *sk.* dhāvati. dhāv] ① 씻다. ② 깨끗하게 하다. *aor.* dhovi; *abs.* dhovitvā; *inf.* dhovituṁ; *pp.* dhota. dhovita

dhovana *n.* [dhopana. *sk.* dhāvana] 깨끗이 씻음. 세정(洗淨).

N

na ① 자음·문자 n의 이름. ② *ind.* [〃] 없다. 아니다. 무(無). 불(不). na kiñci na 모두. (이중 부정에서) na ~na. na ~nāpi n'eva na. n'eva~na pana ~도 아니고 ~도 아니다. na kho. na tāva 참으로 아니다. na nu 아닐까? na no. na hi. na hi jātu 분명히 아니다. (na는 다음과 같은 형태도 나온다). n'atthi. n'etaṁ. n'eva. na'haṁ. nâpi. nayidaṁ. nayimaṁ ③ *adv.* nu의 대신에 사용. ~인지 어떤지. ④ *pron.* ta의 대신에 사용. *cf.* naṁ. ne. nesaṁ ⑤ mā '~하지 말라'와 동의어로 사용[mā는 물론 금지어이지만 때로는 na의 의미도 갖는다. *cf.* mā asakkhimhā 우리들은 할 수 없었다].

naṁ ① ta '그것'의 *n.* sg. *nom.* acc; *m.* sg. acc ② *adv.* nu의 대신사용. kathaṁ naṁ = kathaṁ nu.

nakāra *m.* [na-kāra] ① n의 문자·음소. ② na 어미. -āgama n의 문자·음소의 추가. -ādesa n의 문자·음소의 대체. -lopa n의 문자·음소의 제거.

nakula *m.* [〃] ① (동물) 몽구스. 묘유(猫鼬)[족제비와 흡사하며 뱀을 잡아먹는다. 大黃鼠라고도 불린다]. ② 나꿀라[악기의 일종]. ③ 나꿀라 [Mahābhārata에 전해지는 Pāṇḍu와 두 번째 부인 Mādri사이에서 난 왕자의 이름].

nakka *m.* [?] 거북이.

nakkhatta *n.* [*sk.* nakṣatra] ① 밤하늘. 별자리. 별. 밤하늘. 성좌(星座). 성군(星群). 성숙(星宿). (27개의) 월숙(月宿)[assayuja. bharaṇi. kattikā. rohiṇi. magasiraṁ. addā. punabbasu. phussa. asilesā. maghā. pubbaphaggunī. uttaraphaggunī. hattha. cittā. sāti. visākhā. anurādhā. jeṭṭhā. mūlaṁ. pubbāsāḷha. uttarāsāḷha. savaṇa. dhaniṭṭhā. satabhisaja. pubbabhaddapadā. uttarabhaddapadā. revatī]. ② 식전(式典). 축제. 휴일. -kiḷanā. kīḷa 별축제. 성제(星祭). -ggāha 별의 사라짐. -tārakā 별자리. 성숙(星宿). -patha 밤의 하늘. -pada 성좌(星座). -pāṭhaka 점성가. -pīḷana 별의 사라짐. -maha 별축제. 성제(星祭). -mālā 별들의 호환 -yoga 별의 운행. 점성술(占星術). -rājan 성숙의 왕 = 달. -vijjā 천문학(天文學). 점성학(占星學). 점성술(占星術). 성고명(星古明).

nakha *m.* [〃] ① 손톱. ② 발톱. -cchedana 손톱·발톱 깎기. -pañjara 굽어진 손톱. 게의 집게발. 갈고리발톱. -sā 손톱으로 할퀸 상처. -sikhā 손톱 끝.

nakhaka. nakhin *adj.* [nakha-ka] ① 손톱·발톱을 지닌. ② 손톱·발톱과 흡사한.

naga *m.* [〃] ① 산 ② 나가수(樹)[나무이름].

nagara *n.* [〃] ① 성. 시(市). 도시 ② 요새. 성벽 -ûpakārikā 단단한 벽으로 둘러싸인 도시 · 성·요새 -ûpama 성곽과 같은[마음에 대한 비유]. -kathā 도시에 대한 이야기[쓸데없는 이야기(畜生論 : tiracchānakathā)라고 불리우는 28종의 이야기 가운데 하나]. -guttika 경찰청장. 시장(市長). -bandhana 도시와 연결된. -vaḍḍhaki 축성자. -sāmin 성주. -vara 성스러운 도시. -vithi 도시의 거리. -sabhika 시의원. -sabhā 시당국. 시의회. -sodhaka 거리청소부. -sobhinī 도시의 미인. 매춘부.

nagaraka *n.* [nagara의 *dimin.*] 작은 도시.

nagarī *f.* [<nagara] 성(城). 시(市). 도시.

nagga *adj.* [*sk.* nagna] 벌거벗은. -cariyā 벌거벗은 채 수행함. 나행(裸行). -bhogga 벌거벗은 수행자. 나행자(裸行者). 고행자(苦行者).

naggatta *n.* [nagga의 *abstr.*] ① 벗은 상태. ② 나체.

naggiya[1]. naggeyya *n.* [naggaya] ① 벗은 상태. ② 나체.

naggiya[2] *adj.* naggiyā *f.* [<nagga] ① 벗은. ② 나부(裸婦).

naṅgala *n.* [*sk.* lāṅgala] 쟁기. -āvattanin 쟁기를 끌고 다니는 (소). -isā 쟁기 자루. -kaṭṭhakaraṇa 쟁기질. 경작 -phāla 쟁기날. -mukha 수도의 입구. 수문(水門).

naṅgalin *adj. m.* [naṅgala-in] ① 쟁기를 사용하는. ② 농부.

naṅguṭṭha *n.* [=naṅgula] 꼬리.

naṅgula *n.* [*sk.* lāṅgūla] 꼬리. gonaṅgula 소의 꼬리를 갖는. 흑면(黑面)의 원숭이.

naṅguliki *f.* [?] 낭굴리끼[꽃의 일종].

nacira *adj.* [na-cira] ① 오래 지속하지 않은. ② 짧은. *gen.* naciss' eva 잠시 후에. 머지않아.

nacca *n.* [*sk.* nṛtya] ① 춤. 무도(舞蹈). ② 놀이. 유희. *cf.* naṭa. -āyatta 무도(舞蹈)의. -sālā 극장(劇場). 공연장.

naccaka *m.* [nacca-ka] = naṭaka. nāṭaka ① 춤꾼. 무용수. ② 배우.

naccakī *f.* [naṭaka의 *f.*] 여자 무용수.
naccati [*sk.* nṛtyati nṛt. *cf.* nacca naṭati] 춤추다. *ppr.* naccanta; *fut.* naccissati; *aor.* nacci. anaccuṁ; *inf.* naccituṁ; *caus.* naccāpeti.
naccana *n.* [nacca-na] ① 춤. 무도(舞蹈). ② 공연(公演).
naccāpeti [naccati의 *caus.*] 춤추게 하다.
najjaṁ. najjā. najjo nadī의 격변화형.
najjuha *m.* [*sk.* dātyūta] 낫주하[수탉이나 암탉의 일종].
naṭa *m.* [<naṭati] ① 춤꾼. 어릿광대. 코미디언. 개그맨. 무용수. ② 배우. 공연자. -kīḷa 어릿광대 놀이 -gāmaṇi 무용수마을의 촌장. *cf.* naṭaka. nāṭaka
naṭaka = naccaka. naṭa *m.* naṭikā *f.*
naṭati [nṛt] 춤추다. = naccati.
naṭṭa. naṭta. naṭtana *n* [<naṭati] ① 춤. ② 놀이. 유희.
naṭṭaka. naṭtaka. *m* [<naṭati] 춤꾼. 무용수.
naṭṭakī *f.* = naccakī. *cf.* nāṭakā.
naṭṭha *adj.* [*sk.* naṣṭha. nassati의 *pp.*] ① 잃은. 망실한. ② 사라진. ③ 파멸된. -cīvara 옷을 잃은 사람. 실의자(失依者). -patta 발우를 잃은 사람. 실발자(失鉢者). -pasāda 무정한. 무감각한.
naṭṭhana *n.* [naṭṭa-na] ① 없어짐. 망실. ② 파멸.
naṭṭhāyika *m.* [<naṭṭha] 파산자.
nata *adj.* [namati의 *pp.*] 기울어진. ~으로 향한.
nati *f.* [〃 *cf.* nata] ① 경사(傾斜). ② 경향. 의향.
natta *n.* [*sk.* nakta. *cf.* nakkhatta] 밤. *acc.* nattaṁ 밤에 nattam-ahaṁ 주야로. ② [<natati] 춤.
nattana *n.* [<naṭati] ① 춤. ② 놀이. 유희.
nattamāla *m* [*sk.* naktamāla] 낫따말라[떫은 맛의 식물. Pongamia Glabra].
nattar *m* [*sk.* naptṛ] 손자. nattu-dhītā 손자의 딸.
natthaṭṭha *m.* [natthi-aṭṭha] 비존재. 무(無).
natthi = n'atthi [na-atthi] ① 없음. 무(無). 비존재. 비유(非有). ② 부재(不在). 부존(不存). -paccaya 부재(不在)의 조건. 부존조건(不存條件). 비유연(非有緣)[씨앗이 사라져 부재(不在)함으로써 싹이 트는 결과를 마련해 주는 조건]. -bhava 실제로 있지 않음. 비실유(非實有). 비유(非有). -vāda = natthīkavāda
natthika *adj.* *m.* [*sk.* nâstika] ① 존재하지 않는. 무(無)의. ② 허무론자. 무론자(無論者). -diṭṭhi 허무주의. 허무주의적인 견해. 비유견(非有見). -vāda 허무주의. 허무주의적인 이론. 무론(無論). -vādin 허무주의적인 이론을 말하는. 무론자(無論者).
natthitā *f.* [*sk.* nāstitā] 비유(非有). 허무(虛無). 비실유(非實有). 무(無).
natthibhāva *m.* [natthi-bhāva] 비존재. 무(無).
natthu [*sk.* nasta] ① *m.* 코. 코의 치료. 관비(灌鼻). -kamma 코의 치료. 관비(灌鼻). -karaṇi 손수건. 관비통(灌鼻筒). ② *n.* 재채기 나게 하는 약.
nadati [〃nad] ① 외치다. 소리치다. ② 울다. *aor.* nadi. anādisuṁ; *pp.* nadita; *caus.* nadāpeti. *cf.* nadi. nāda
nadana *n.* [*cf.* nadati] 외침. 부르짖음.
nadikā *f.* [nadī의 *dimin.*] 작은 강.
nadita *adj.* *n.* [nadati의 *pp.*] ① 외쳐진. ② 외침. ③ 소음.
nadī *f.* [〃] 강. 하천. (*sg.*) *ins. abl. dat. gen. loc.* *nadiyā.* najjā; *loc.* nadiyaṁ. najjaṁ; (*pl.*) *nom.* nadiyo. najjāyo. -kuñja 강의 협곡. -kūla. -tīra 강둑. -dugga. -vidugga 강의 건너기 어려운 여울. -paṭibaddha 하천과 관계된. -pabhava 강의 상류. -mukha 강의 하구. -bhedaviññāṇa 하천학(河川學). -saṅgama 강의 합류. -sota 강의 흐름.
Nadīkassapa *m.* 나디깟싸빠. 나제가섭(那提迦葉)[세 명의 가섭 형제 가운데 한 사람].
naddha *adj.* [〃 nayhati nah의 *pp.*] 묶인. 결박된. *cf.* onaddha. vinaddha. sannaddha.
nanandar *f.* [*sk.* nanādṛ] 시누이.
nanikāma *adj.* [na-nikāma= anikāma] 불쾌한. 기쁘지 않은.
nanu *ind.* [〃] ① 정말로 ② 확실히. 분명히. ③ 그렇지 않은가?
nantaka *m.* [?] 넝마. 누더기.
nanda *m.* ① 난다. 난다(難陀)[부처님의 이복동생]. ② = nanu. handa. *voc.* ~여!
nandaka *adj.* [<nandati] 환희(歡喜)하는. *f.* nandikā.
nandati [〃nand. nad] ① 환희하다. 환락하다. ② 자랑하다(*ins*). *aor.* nandissaṁ; *caus.* nandeti. *ppr.* nandayanta *cf.* ānandati.
nandana *n.* [<nandati] 환희원(歡喜園)[三十三天의 遊園] -vana 낙원(樂園).
nandanā *f.* [<nandati] 환희. 환락.
nandi = nandhi = naddhi
nandikā *f.* [<nandaka] 환희. 환락.
nandi. nandī *f.* [*sk.* nandi. *bsk.* nandī] ① 기쁨. 즐거움. 열희(悅喜). 환희(歡喜). 환락(歡樂)[긍정적 기쁨을 의미하는 것이 아니라 탐욕이나 갈애 등과 마찬가지로 부정적인 심리상태]. ② 환희의 북[악기(樂器)의 일종]. nandi°-āvatta(nadyº) 행운의 방향으로 도는. 오른쪽으로 도는. -ûpasecana 환희를 나누는. 환희를 원천으로 하는 -kkhaya 환락의 소멸. -(ṁ)jaha 환락의 포기. -bhavaparikkhīṇa 환락이 소멸된 사람[阿羅漢]. -mukhin 즐거운 얼굴을 한. -rāga 환락과 탐착. -saṁyojana 환락의 속박. 희결(喜結). -samudaya 환락의 발생. 환락의 기원.
nandin *adj.* [nanda-in] ① 즐거워하는. 환락하는. ② 환희에 찬.
nandiya *m.* [<nandi] ① 난디야. 난제(難提)[사슴의 이름]. ② 난제(難提)[경의 이름]. ③ 난디야 [Sāvatthi에 사는 출가자의 이름].
nandīmukha *m.* [nandī-mukha] 물새.
nandeti [nandati의 *caus.*] ① 즐겁게 하다. ② 환희하게 하다.
nandha → yuganandha.
nandhati [nadh] ① 싸다. ② 휘감다. 비틀다. ③ 묶다. *aor.* nandhi; *abs.* nandhitvā.
nandhi *f.* [*sk.* naddhri. *cf.* naddha] ① 끈. 가죽끈. 로프. ② 밧줄[불교에서 환희(nandi)의 束縛을 이름].
napuṁsaka *adj.* [〃 na-puṁsa-ka] 중성의. 남성도 여성도 아닌. -liṅga 중성[문법].
nabha. nabho *n.* [*sk.* nabha *m.* nabhas *n.*] ① 안개. 증기. 구름. ② 하늘. ③ 배꼽(nābhi. nābhī). *nom. abl.* nabhā; *ins.* nabhasā; *loc.* nabhasi. nabhā ca pathavī ca 하늘과 땅. *cf.* abbha. nabho° -gāmīvatthu 운석체(隕石體). 유성체(流星體).
nabhyo. nabbho = nābhiyo. nābhi의 *pl. nom. acc.*
namakkāra *m.* [namas-kāra] ① 인사. 안녕! ② 합장. 존경.
namakkārī *f.* [<namas-kāra] 함수초(含羞草)[식물].
namataka *n.* [*cf.* nantaka] ① 천조각. ② 전포(氈布).
namati [nam] ① 구부리다. 굽히다. ② 돌리다. 향하게 하다. 적용하다. *aor.* nami; *pp.* nata; *caus.* nameti. namayati. nāmeti; *pp.* namita.
namana *n.* [<nāma] 명명(命名).
namanā *f.* [<namati] ① 구부림. ② 적용.
namassati [*sk.* namasyati. namo의 *denom.*] ① 존경하다. ② 경의를 표하다. ③ 귀의(歸依)하다. 귀명(歸命)하다. 합장하다. *opt.* namasseya; *ppr.* namassaṁ. namassanto. namassamāna; *aor.* namassiṁsu; *abs.* namassitvā; *grd.* namassaniya.
namassana *n.* namassanā *f.* [<namassati] 숭배. 존경.
namassiyā. namassā *f.* [*sk.* namasyā] 경의를 표함. 숭배. 존경.
namita *adj.* [nameti의 *pp.*] ① 기울어진. ② 할 수 있는. 가능한.
Namuci *m.* [〃] 나무찌[악마의 이름]. -bala 나무찌의 군대[악마의 군대. 마군(魔軍)].
namo. nama *n.* [*sk.* narmaṣ] ① 존경. ② 귀의(歸依). 귀명(歸命). 나무(南無).
nammadā *n.* [*sk.* narmadā] 남마다[인도의 강 이름. Nerbudda].
nammālāpa *m.* [*sk.* narman-ālāpa] 농담. 익살. -kathana 재담(才談).
nammālāpin *m.* [nammālāpa-in] 재치있는. 위트가 있는.
namhi = tamhi. ta의 *m. n.* sg. *loc.*
naya *n.* [〃 *cf.* nayati] ① 방법. ② 계획. ③ 추론. 바른 결론. ④ 행동. 행위. ⑤ 의미[文法]. *ins.* nayena ~에 관해서. -mātikā 추론에 대한 논장의 철학적 부분. 정식논모(定式論母). -vipassanā 방법에 관한 통찰. 방법관(方法觀). ⑥ neti의 *imp. 2sg.*
nayati = neti.
nayana *n.* [〃 *cf.* nayati] ① 눈[眼]. *cf.* netta. -abbhantaranidassaka 검안경(檢眼鏡). -gocara 시야를 지닌. 볼 수 있는. -vijjā 안과학(眼科學). -sallakamma 안구절개(眼球切開). ② 운반. 전달.
Nayalakkhaṇavibhāvanī *f.* 해이취상(解理趣相)[비찟따짜라(Vicittācāra)의 수사학서적]
nayāhi. nayi. nayitvā. naye → neti.
nayhati [*sk.* nahyati. nah] ① 묶다. 매다. ② 속박하다. *pp.* naddha *cf.* nayhana. upanayhati. nandhi. nāha. unnahanā.
nayhana *n.* [*sk.* nahana<nah] ① 묶음. ② 속박.
nara *m.* [〃] 사람. 인간. -âdhama 가장 천한 사람. 악당. -âsabha 사람들의 우두머리. -inda 왕. 임금. -uttama 가장 훌륭한 사람. -deva 사람의 신. 왕. -nārī 남녀[야차의 비복에 적용됨]. -vīra 승리한 사람. -sārathi 사람의 마부. *cf.* nārī. -sīha 명사(名士). 용맹한 사람.
naraka *m.* [〃] ① 지옥. 구덩이. 나락가(奈落迦). ② 나라까[크리슈나 신에 의해 살해된 악마의 이름]. -aṅgāra 지옥의 불. -ppapāta 지옥의 절벽. -satta 지옥의 중생. 지옥유정(地獄有情). *cf.* niraya.
narada *n.* [*sk.* nalada] 감송(甘松)[향유의 일종].
nariyo = nāriyo. nārī의 *pl. nom. acc.*
nala. naḷa *m.* [*sk.* naḍa. naḷa] 갈대. 갈대의 일종. -aggi 갈대의 불. -âgāra 갈대로 만든 집. -kalāpī 갈대다발. 갈대묶음. 노속(蘆束). -kāra 갈대 세

공인. 바구니 제조자. 위사(葦師). -daṇḍaka 갈대의 화살·창. -maya 갈대로 이루어진. -mālā 갈대다발. -mīṇa 작은 새우. -vana 갈대 숲. -sannibha 갈대와 같은. -setu 갈대로 만든 다리.

Nala *m.* 날라. 나라천(那羅天)[Mahābhārata에서의 Nalopākhyāna의 주인공].

nalāṭa *n.* [*sk.* lalāṭa. rarāṭa] 이마. -aṭṭhi 이마뼈. -anta 이마의 측면. -maṇḍala 이마의 전면. 액륜(額輪).

Nalāṭadhātuvaṁsa *m.* [nalāṭa-dhātu-vaṁsa] 액사리사(額舍利史)[부처님의 액골사리(額骨舍利)의 역사].

nalāṭkā *f.* [*sk.* lalāṭikā] ① 눈 찌푸리기. ② 찡그린 얼굴.

nalinī *f.* [〃] 연못.

Naḷakapāna *m.* [naḷa-kapāna] 날라까빠나. 나라가바녕(那羅伽波寧)[마을의 이름].

naḷapin *m.* [?] 날라삔[수중동물의 일종].

nava ① *adj.* [*ved.* 〃 navya] 새로운. 깨끗한. 최근에 얻은. 젊은. 신참의. -āvuta 새로 바느질한. -kamma 새로지음. 수리. 영사(營事). -kammika 수리의 전문가. 십장. 영사감독(營事監督). -ghara 신선한 액체의 버터. -cīvara. -dussa. -dussayuga 새옷. -purāṇa 신고(新古)의. -ratta 새로 물들인. -vedanā 새로운 고통. *pl.* navā bhikkū 새내기 수행승들. 신참수행승[장로수행승(therā bhikkhū)에 대한 반대어].

nava ② *adj. num.* [*sk.* navan] 9. 아홉. 구(九). -aṅga 아홉 부류의. 아홉 가지 고리의. -aṅgika = nava aṅgabuddhasāsana. -nānattā → nava nānattā. -patta 아홉 개의 잎사귀를 지닌. 구엽수(九葉樹). -bhūmaka 구층(九層)의. -vidha 아홉 종류의.

nava

-aṅgabuddhasāsana 아홉 가지 부류의 불타의 가르침. 구분교(九分敎)[경(經 : sutta), 응송(應頌 : geyya), 수기(授記 : veyyākaraṇa), 게송(偈頌 : gāthā), 감흥어(感興語 : udāna), 여시어(如是語 : itivuttaka), 전생담(前生談 : jātaka), 미증유법(未曾有法 : abbhutadhamma), 교리문답(敎理問答 : vedalla)].

~ akkhaṇā asamayā brahmacariyavāsāya 아홉 가지 청정한 삶을 실천하기에 좋지 않은 때. 범행주(梵行住)의 구부시부절(九不時不節)[1. 부처님께서 세상에 출현하셨고 가르침이 교시되었으나 지옥에 태어났을 때, 2. 부처님께서 세상에 출현하셨고 가르침이 교시되었으나 축생에 태어났을 때, 3. 부처님께서 세상에 출현하셨고 가르침이 교시되었으나 아귀의 영역에 태어났을 때, 4. 부처님께서 세상에 출현하셨고 가르침이 교시되었으나 아수라의 무리에 태어났을 때, 5. 부처님께서 세상에 출현하셨고 가르침이 교시되었으나 긴 수명을 지닌 신들의 무리에 태어났을 때, 6. 부처님께서 세상에 출현하셨고 가르침이 교시되었으나 수행승과 수행녀와 재가의 남녀신도가 가지 않는 변방의 무지한 이방인들 가운데 태어났을 때, 7. 부처님께서 세상에 출현하셨고 가르침이 교시되었고 중앙지역에 태어났지만, 이와 같이 '보시도 없고, 제사도 없고, 헌공도 없고, 선악의 행위에 대한 과보도 없고, 이 세상도 없고, 저 세상도 없고, 어머니도 없고, 아버지도 없고, 홀연히 생겨나는 화생의 뭇삶도 없다. 이 세상과 저 세상을 스스로 곧바로 알고 깨달아서, 그것을 다른 사람들에게 알려주는, 세상에서 올바로 살고 올바로 실천하는 수행자들이나 성직자들도 없다.'라고 잘못된 견해, 전도된 전망을 갖고 있을 때, 8. 부처님께서 세상에 출현하셨고 가르침이 교시되었고 중앙지역에 태어났지만, 지혜가 없고, 둔하고, 귀머거리이고, 벙어리고, 잘 설해진 것인지 잘못 설해진 것인지 그 의미를 잘 알지 못할 때, 9. 부처님께서 세상에 출현하셨고 가르침이 교시되지 않았는데 중앙지역에 태어났고, 지혜가 있고, 둔하지 않고, 귀머거리나 벙어리가 아니고, 잘 설해진 것인지 잘못 설해진 것인지 그 의미를 잘 알 때].

~ anupubbanirodhā 아홉 가지 단계의 소멸. 구차제멸(九次第滅)[1. 첫 번째 선정을 성취할 때에 감각적 쾌락의 욕망에 대한 지각의 소멸, 2. 두 번째 선정을 성취할 때에 사유와 숙고의 소멸, 3. 세 번째 선정을 성취할 때에 희열의 소멸, 4. 네 번째 선정을 성취할 때에 들이쉬고 내쉬는 것의 소멸, 5. 무한공간의 세계를 성취할 때에 물질에 대한 지각의 소멸, 6. 무한의식의 세계를 성취할 때에 무한공간의 세계에 대한 지각의 소멸, 7. 아무것도 없는 세계를 성취할 때에 무한의식의 세계에 대한 지각의 소멸, 8. 지각하는 것도 아니고 지각하지 않는 것도 아닌 세계를 성취할 때에 아무것도 없는 세계에 대한 지각의 소멸, 9. 지각과 느낌의 소멸을 성취할 때에 지각과 느낌의 소멸].

~ anupubbavihārā 아홉 가지 단계의 명상의 경지. 구차제주(九次第住)[1. 감각적 쾌락의 욕망을 여의고 악하고 불건전한 상태를 떠난 뒤, 사유와 숙고를 갖추고 멀리 여읨에서 생겨나는 희열과 행복을 갖춘 첫 번째 선정. 2. 사유와 숙고가 멈추어진 뒤, 내적인 평온과 마음의 통일을 이루고, 사유와 숙고를 여의어, 삼매에서 생겨나는 희열과 행복을 갖춘 두 번째 선정. 3. 희열이 사라진

뒤, 평정하고 새김이 있고 올바른 알아차림을 갖추며 신체적으로 행복을 느끼며 고귀한 님들이 평정하고 새김이 있고 행복하다고 표현하는 세 번째 선정. 4. 행복과 고통이 버려지고 만족과 불만도 사라진 뒤, 괴로움도 없고 즐거움도 없는, 평정하고 새김이 있고 청정한 네 번째 선정. 5. 미세한 물질계에 대한 지각을 완전히 뛰어넘어 감각적 저촉에 대한 지각이 사라진 뒤에 다양성에 대한 지각에 정신활동을 여읨으로써 '공간이 무한하다.'라는 무한공간의 세계. 6. 무한공간의 세계를 완전히 뛰어넘어 '의식이 무한하다.'라는 무한의식의 세계. 7. 무한의식의 세계를 완전히 뛰어넘어 '아무 것도 없다.'고 알아채며 아무 것도 없는 세계. 8. 아무 것도 없는 세계를 완전히 뛰어넘어 지각하는 것도 아니고 지각하지 않는 것도 아닌 세계. 9. 지각하는 것도 아니고 지각하지 않는 것도 아닌 세계를 완전히 뛰어넘어 지각과 느낌의 소멸].

-anupubbavihārasamāpatti 아홉 가지 차제적 명상. 아홉 단계의 선정의 성취. 구차제정(九次第定)[=九次第住].

~ abhabbaṭṭhānāni 아홉 가지 불가능한 경우. 구불능사(九不能事)[번뇌를 부순 수행승이라면 1. 고의로 살아있는 생명을 죽이는 것, 2. 주지 않는 것을 훔칠 생각으로 빼앗는 것, 3. 성적 교섭을 하는 것, 4. 올바른 알아차림을 갖추며 거짓말하는 것, 5. 이전에 재가자였을 때처럼 재물을 쌓아두고 감각적인 쾌락의 욕망을 즐기는 것, 6. 욕망에 끌려 행동하는 것, 7. 분노에 끌려 행동하는 것, 8. 어리석음에 끌려 행동하는 것, 9. 두려움에 끌려 행동하는 것은 불가능하다.]

~ āghātapaṭivinayā 아홉 가지 남을 해치고자 하는 마음의 극복. 아홉 가지 원한의 토대의 극복. 구해심조복(九害心調伏)[1. '그가 나에게 해악을 끼쳤다.'라는 생각에 대하여 '그것이 무슨 이득이 되는가?'라고 생각하여 원한을 제어하는 것, 2. '그가 나에게 해악을 끼친다.'라는 생각에 대하여 '그것이 무슨 이득이 되는가?'라고 생각하여 원한을 제어하는 것, 3. '그가 나에게 해악을 끼칠 것이다.'라는 생각에 대하여 '그것이 무슨 이득이 되는가?'라고 생각하여 원한을 제어하는 것, 4. '그가 내가 사랑하고 마음에 들어 하는 사람에게 해악을 끼쳤다.'라는 생각에 대하여 '그것이 무슨 이득이 되는가?'라고 생각하여 원한을 제어하는 것, 5. '그가 내가 사랑하고 마음에 들어 하는 사람에게 해악을 끼친다.'라는 생각에 대하여 '그것이 무슨 이득이 되는가?'라고 생각하여 원한을 제어하는 것, 6. '그가 내가 사랑하고 마음에 들어 하는 사람에게 해악을 끼칠 것이다.'라는 생각에 대하여 '그것이 무슨 이득이 되는가?'라고 생각하여 원한을 제어하는 것, 7. '그가 내가 사랑하지 않고 마음에 들어 하지 않는 사람에게 이익을 주었다.'라는 생각에 대하여 '그것이 무슨 이득이 되는가?'라고 생각하여 원한을 제어하는 것, 8. '그가 내가 사랑하지 않고 마음에 들어 하지 않는 사람에게 이익을 준다.'라는 생각에 대하여 '그것이 무슨 이득이 되는가?'라고 생각하여 원한을 제어하는 것, 9. '그가 내가 사랑하지 않고 마음에 들어 하지 않는 사람에게 이익을 줄 것이다.'라는 생각에 대하여 '그것이 무슨 이득이 되는가?'라고 생각하여 원한을 제어하는 것].

~ āghātavatthūni 아홉 가지 남을 해치고자 하는 마음. 아홉 가지 원한의 토대. 구해심사(九害心事)[1. '그가 나에게 해악을 끼쳤다.'라고 원한을 품는 것, 2. '그가 나에게 해악을 끼친다.'라고 원한을 품는 것, 3. '그가 나에게 해악을 끼칠 것이다.'라고 원한을 품는 것, 4. '그가 내가 사랑하고 마음에 들어 하는 사람에게 해악을 끼쳤다.'라고 원한을 품는 것, 5. '그가 내가 사랑하고 마음에 들어 하는 사람에게 해악을 끼친다.'라고 원한을 품는 것, 6. '그가 내가 사랑하고 마음에 들어 하는 사람에게 해악을 끼칠 것이다.'라고 원한을 품는 것, 7. '그가 내가 사랑하지 않고 마음에 들어 하지 않는 사람에게 이익을 주었다.'라고 원한을 품는 것, 8. '그가 내가 사랑하지 않고 마음에 들어 하지 않는 사람에게 이익을 준다.'라고 원한을 품는 것, 9. '그가 내가 사랑하지 않고 마음에 들어 하지 않는 사람에게 이익을 줄 것이다.'라고 원한을 품는 것].

~ kammasamuṭṭhānakalāpā 아홉 가지 업에서 생긴 깔라빠. 구업소생취(九業所生聚)[1. 시각을 구성하는 열 가지 요소(眼十法 : cakkhudasaka), 2. 청각을 구성하는 열 가지 요소(耳十法 : sotadasaka), 3. 후각을 구성하는 열 가지 요소(鼻十法 : ghānadasaka), 3. 미각을 구성하는 열 가지 요소(舌十法 : jivhādasaka), 4. 촉각을 구성하는 열 가지 요소(身十法 : kāyadasaka), 5. 여성을 구성하는 열 가지 요소(女十法 : itthibhāvadasaka), 6. 남성을 구성하는 열 가지 요소(男十法 : pumbhāvadasaka), 7. 심토대를 구성하는 열 가지 요소(基十法 : vatthudasaka), 8. 목숨을 구성하는 열 가지 요소(命十法 : jīvitadasaka)].

~ taṇhāmūlakādhammā 아홉 가지 갈애가 뿌리가 되는 법. 구애근법(九愛根法)[1. 갈애를 조건으로 추구(遍求)가 생겨나고(taṇhaṁ paṭicca pariyesanā), 2. 추구를 조건으로 획득(獲得)이 생겨나고(pariyesanaṁ paṭicca lābho), 3. 획득을 조건으로 결정(分別)이 생겨나고(lābhaṁ paṭicca vinicchayo), 4. 결정을 조건으로 욕망과 탐욕(貪欲)이 생겨나고(vinicchayaṁ paṭicca chandarāgo), 5. 욕망과 탐욕을 조건으로 탐착(取著)이 생겨나고(chandarāgaṁ paṭicca ajjhosānaṁ), 6. 탐착을 조건으로 소유(把持)가 생겨나고(ajjhosānaṁ paṭicca pariggaho), 7. 소유를 조건으로 인색(慳吝)이 생겨나고(pariggahaṁ paṭicca macchariyaṁ), 8. 인색을 조건으로 지킴(守護)이 생겨나고(macchariyaṁ paṭicca ārakkho), 9. 지킴을 조건으로 몽둥이와 칼을 들고 싸움, 다툼, 언쟁, 불화, 이간질, 거짓말, 수많은 악하고 불건전한 상태(惡不善法)가 생겨난다(ārakkhā- dhikaraṇaṁ paṭicca daṇḍādānasatthādānakalahaviggahavivādatuvaṁtuvaṁpesuññamusāvādā, aneke pāpakā akusalā dhammā saṁvattanti).

~ ñāṇāni 아홉 가지 앎. 구지(九智)[여덟 가지 앎(aṭṭha ñāṇāni)에 진리의 차제에 대한 앎(諦隨順智 : saccânulomikañāṇa)이 추가된 것].

~ nānāttā : 아홉 가지 다양성. 구종성(九種性)[1. 세계의 다양성(dhātunānatta : 시각 등의 세계의 다양성), 2. 접촉의 다양성(phassanānatta) 시각접촉 등의 다양성), 3. 느낌의 다양성(vedanānānatta : 시각접촉에 의해 생겨나는 등의 느낌의 다양성), 4. 지각의 다양성(saññānānatta : 감각적 쾌락의 욕망에 대한 지각 등의 다양성), 5. 사유의 다양성(saṅkappanānatta : 감각적 쾌락의 욕망에 대한 사유 등의 다양성), 6. 욕구의 다양성(chandanānatta : 사유의 다양성에 의한 형상등과 같은 욕구의 다양성), 7. 열정의 다양성(pariḷāhanānatta : 사유의 다양성에 의한 형상에 대한 열정 등과 같은 열정의 다양성), 8. 추구의 다양성(pariyesanānānatta : 열정의 다양성에 의한 형상에 대한 추구 등과 같은 추구의 다양성), 9. 획득의 다양성(lābhanānatta : 추구의 다양성에 의한 형상에 대한 획득 등과 같은 획득의 다양성)].

~ pārisuddhipadhāniyaṅgāni 아홉 가지 청정을 위한 노력의 고리. 구편정근지(九遍淨勤支). 구청정근지(九淸淨勤支)[1. 계행의 청정(戒淸淨 : sīlavisuddhi)을 위한 노력의 고리 : 청정에 도달할 수 있는 네 가지 청정계(四淸淨戒 : catupārisuddhisīla), 2. 마음의 청정(心淸淨 : cittavisuddhi)을 위한 노력의 고리 : 통찰(vipassanā)의 바탕이 되는 숙련된 팔성취(八等至 : aṭṭhasamāpatti), 3. 견해의 청정(見淸淨 : diṭṭhivisuddhi)을 위한 노력의 고리 : 물질 · 정신에 대한 연기적 관점(sapaccayanāmarūpadassana), 4. 의심을 여읜 청정(度疑淸淨 : kaṅkāvitaraṇavisuddhi)을 위한 노력의 고리 : 연기적 조건에 대한 앎(paccayākārañāṇa)으로 삼시(三時)의 조건을 통해서 사실이 생겨난다는 것을 보는 것, 5. 바른 길과 그른 길에 대한 앎과 봄의 청정(道非道知見淸淨 : maggāmaggañāṇadassanavisuddhi)을 위한 노력의 고리 : '빛(obhāsa) 등은 길이 아니고, 인식의 과정에서의 생성과 소멸에 대한 앎(生滅智 : udayabbayañāṇa)은 길이다.'라고 하는 것과 같은 길과 길이 아닌 것에 대한 앎과 봄, 6. 길의 실천에 대한 앎과 봄의 청정(行道知見淸淨 : paṭipadāñāṇadassanavisuddhi)을 위한 노력의 고리 : 약한 통찰(taruṇavipassanā), 7. 앎과 봄의 청정(知見淸淨 : ñāṇadassanavisuddhi)을 위한 노력의 고리 : 통찰(vipassanā), 8. 지혜의 청정(慧淸淨 : paññāvisuddhi)을 위한 노력의 고리 : 계행의 청정 등의 전제조건을 완성한 거룩한 님의 지혜, 9. 해탈의 청정(解脫淸淨 : vimuttivisuddhi)을 위한 노력의 고리 : 거룩한 경지에 의한 해탈].

~ yonisomanasikāramūlakā dhammā 아홉 가지 이치에 맞는 정신활동의 근본이 되는 원리. 구정사유근법(九正思惟根法)[1. 이치에 맞게 정신활동을 기울이면, 희열이 생겨나는 것, 2. 희열이 생겨나면, 기쁨이 생겨나는 것. 3. 기쁨이 생겨나면, 몸이 경안해지는 것, 4 몸이 경안해지면, 행복을 느끼는 것, 5. 행복을 느끼면, 마음이 집중되는 것, 6. 마음이 집중되면, 있는 그대로 알고 또한 보는 것, 7. 있는 그대로 알고 또한 보면, 싫어하여 떠나는 것. 8. 싫어하여 떠나면, 사라지는 것, 9. 사라지면, 해탈하는 것].

~ saññā 아홉 가지 지각. 구상(九想)[부정(不淨)에 대한 지각(不淨想), 죽음에 대한 지각(死想), 음식의 혐오에 대한 지각(食厭想), 일체의 세계에 즐거움이 없음에 대한 지각(一切世界不樂想) 무상에 대한 지각(無常想 : aniccasaññā), 무상가운데 괴로움에 대한 지각(無常苦想 : anicce dukkhasaññā), 괴로움 가운데 실체 없음에 대한 지각(苦非我想 : dukkhe anattasaññā), 버림에 대한 지각(斷想 : pahānasaññā), 사라짐에 대한 지각(離貪想 : virāgasaññā)].

~ sattāvāsā 아홉 가지 뭇삶의 주처. 구중생거(九衆生居). 구유정거(九有情居)[신체의 다양성을 지니고 지각의 다양성을 지닌 뭇삶들(인간과 어떤 신들과 어떤 비참한 곳의 존재들), 신체의 다양성을 지니고 지각의 통일성을 지닌 뭇삶들(첫 번째 선정으로 하느님의 세계에 태어난 신들), 신체의 통일성을 지니고 지각의 다양성을 지닌 뭇삶들(빛이 흐르는 하느님 세계의 신들), 신체의 통일성을 지니고 지각의 통일성을 지닌 뭇삶

들(영광으로 충만한 하느님 세계의 신들), 지각도 없고 감수도 없는 뭇삶들(지각을 여윈 신들), 미세한 물질계에 대한 지각을 완전히 뛰어넘어 감각적 저촉의 지각이 사라진 뒤에 다양성의 지각에 대한 정신활동을 여윔으로써 '공간이 무한하다.'라는 무한공간의 세계에 도달한 뭇삶들, 무한공간의 세계를 완전히 뛰어넘어, '의식이 무한하다.'라는 무한의식의 세계에 도달한 뭇삶들, 무한의식의 세계를 완전히 뛰어넘어, '아무것도 없다.'라는 아무것도 없는 세계에 도달한 뭇삶들, 아무것도 없는 세계를 완전히 뛰어넘어, '지각하는 것도 아니고 지각하지 않는 것도 아닌 세계'에 도달한 뭇삶들].

navaka *adj.* [〃] ① 젊은. ② 젊은이. ③ 새내기. 신참자.

navanīta *n.* [〃] = nonīta 생버터. 신선한 버터. 신선한 연유. 생수(生酥).

navama *num. ord.* [〃] 아홉 번째.

navamī navama 의 *f.*

naviya *adj.* [*sk.* navya] 칭찬할 만한. 찬미할 가치가 있는.

navuti *num.* [*sk.* navati] 90. 아흔. eka° 91 dvā° 92 aṭṭhā° 98.

navutiya *adj.* [<navuti] 90에 해당하는. 90의.

nasya *n.* [*sk.* nās-ya] 재채기 나게 하는 약.

nassaṁ. nassi. nassiṁsu nassati의 *aor.*

nassati [*sk.* naśyati. naśati naś] ① 사라지다. 소실하다. ② 파멸하다. 멸망하다. ③ 끝나다. *aor.* nassaṁ. anassāma. nassi. nassiṁsu; *fut.* nassissati; *cond.* nassissa; *caus.* nāseti.

nassana *n.* [<nassati] ① 사라짐. 소실. ② 손실. ③ 파멸. 멸망.

nahāta *adj.* [*sk.* snāta nahāyati의 *pp.*] 목욕한.

nahātaka *m.* [*sk.* snātaka] = nhātaka ① 목욕재계자(沐浴齋戒者). 세욕자(洗浴者). 정신자(淨身者). ② 공부를 끝낸 바라문. ③ 네 가지 거룩한 진리[四聖諦]의 가르침을 배운 사람.

nahāna *n.* [*sk.* snāna] = nhāna. sināna 목욕(沐浴). 조욕(燥浴). -kāla 목욕하기로 정해진 시간. -koṭṭhaka 목욕실. -garuka 목욕을 좋아하는. -ghara 욕실. -caṇṇa 목욕용 분말. 세분(洗粉). -coḷa 목욕용 천. 목욕수건. -tittha 목욕하는 물가의 장소. 도장(渡場).

nahānīya *adj. n.* [<nahāyati] 목욕용의. 비누. -cuṇṇa 목욕용 분말. 세분(洗粉).

nahāpaka *m.* [*sk.* snāpaka. *cf.* nahāpeti. nahāpita] ① 목욕을 돕는 사람. 시욕자(施浴者). 조욕자(助浴者). ② 이발사.

nahāpana *n.* [<nahāpeti] 목욕. 세탁.

nahāpita *m.* [<nahāpeti] ① 조욕자(助浴者). ② 이발사. 미용사. 체두사(剃頭師). -sippa 이발기술. -sālā 이발소. 미용실.

nahāmin *adj. m.* [<nahāpin?] ① 목욕을 돕는. ② 이발하는. ③ 이발사(理髮師)[천민]

nahāyati. nhāyati [=sināti. *sk.* snāti. snāyati. snā] 목욕하다. 씻다. *ppr.* nahāyamāna; *inf.* nahāyituṁ; *abs.* nahāyitcā. nahātvā; *grd.* nahāyitabba; *pp.* nahâta; *caus.* nahâpeti.

nahāru. nhāru *m.* [*sk.* snāyu] 힘줄. 근육[고기와 뼈 사이에 있는 근육]. -daddula 건편(腱片).

nahuta *n.* [*sk.* niyuta. *bsk.* nayuta] ① 막대한 수. ② 일만. 천만. 천억. 무수(無數). 나유타(那由陀). 나수다(那庾多).

nā. nāyo. nāhi na[=ta 그것]의 격변화형.

nāka *m.* [〃] 하늘.

nāga *m.* [〃] ① 뱀. 용[거대한 뱀으로 長壽의 힘이 있다]. ② 코끼리. 용상(龍象). ③ 나가 나무. 쇠나무. 용수(龍樹) [Nāgakesara : Mesua Roxburghii 단단한 경질재(硬質材)의 나무로 많은 붉은 꽃을 핀다]. ④ 나가[용이나 코끼리로 번역할 수 있으며 초월적인 사람으로 부처님이나 아라한을 지칭한다]. -âdhipativimāna 용궁(龍宮). -âpalokita 코끼리가 바라보는 것처럼 조망하는[부처님을 표현할 때 사용]. -danta 상아(象牙). -dantaka 못. -nāṭaka 무용수로서의 뱀. -nāsūru 코끼리 몸통과 같은 다리를 지닌 여자. -puppha 용수(龍樹)의 꽃. -purī 나가들의 도시. -bala 코끼리의 힘. -bhavana 용궁. -bhoga 코끼리의 코. -māṇavaka 작은 용. -māṇavikā 어린 암컷 뱀. 용녀(龍女). -rājan 용왕(龍王). -rukkha 경질의 나무. 용수(龍樹). -latā 빈랑수(檳榔樹). -vattika 용의 습성. -vana 코끼리 숲. -vanika 코끼리 사냥꾼. 포상사(捕象師). -vīthi 코끼리가 다니는 길. -hata 코끼리를 격퇴하는 자.

Nāgajjuna *m.* [sk. nāgarjuna] 나가르쥬나[대승불교의 논사].

Nāgadatta *m.* [nāga-datta] 나가닷따. 나가달다(那伽達多)[수행승의 이름].

Nāgadīpa *m.* [nāga-dīpa] 나가디빠. 용도(龍島)[지역의 이름].

Nāgasamāla *m.* [nāga-samāla] 나가싸말라. 나가사마라(那伽沙摩羅)[수행승의 이름].

nāgara *m.* [〃 *cf.* nagara] 시민.

nāgarika *adj. m.* [nāgara-ika] ① 시민의. 예의바른. 우아한. ② 시민.

Nāgasena *m.* [nāga-sena] 나가쎄나. 나선(那先). 용군(龍軍)[수행승의 이름].

Nāgita *m.* 나기따. 나기다(那耆多)[사람의 이름].

nāgī *f.* [<nāga] 암용. 빈용(牝龍).
nāṭaka *m.* [〃 *cf.* naccati] ① 무용수. ② 연극.
nāṭakā *f.* [nāṭaka의 *f.*] 무희. 여자 무용수.
nāṭakitthi *f.* [nāṭaka-itthi] 무희. 춤추는 여인.
nāṭyarasika *m.* [*sk.* nṛtya-rasika] 감상주의자(感傷主義者).
Nātaputta *m.* [*sk. bsk.* Jñātaputra] = Nigaṇṭha Nātaputta 자이나교의 교조.
nātidūraṭṭhāna *n.* [na-atidūra-ṭṭhāna] 그리 멀지 않은 곳.
nātipakka *adj.* [na-ati-pakka] 너무 익지 않은.
nātha *m.* [〃] ① 보호. 도움. ② 보호자. ③ 피난처. -karaṇa 보호하는 일. 피난의 원인. 의인(依因).
nāda *m.* nādī *f.* [<nadati] 큰 소리. 포효.
nādhati [*sk.* nādhate] ① 필요하다. ② 부족하다.
nānatā *f.* [nāna의 *abstr.*] 다양성. 복수성(複數性).
nānatta [nāna의 *abstr. sk.* nānatva] ① 다양성. 여러 성질. ② 잡다(雜多). 이성(異性). -ekatta 다양성과 단일성. -kathā 산만한 이야기. 잡담. -kāya 다양한 몸을 갖고 있는. -naya 다양한 추론. -saññin 다양한 지각을 지닌. -suñña 이성공(異性空)[異性인 欲望. 瞋恚. 내지 煩惱 등이 각각 一性인 出離·無瞋·阿羅漢道 등에 의해 空이 되는 것].
nānattatā *f.* [nānā의 *abstr.*] = nānatta
nānā *ind.* [〃] ① 다양하게. 여러 가지로. 종종(種種). ② 각각. 차별적으로. 다르게. -agga(-rasa) 가장 맛있는 것. -âdhimutti. -âdhimuttikatā 다양한 의향. 종종의락(種種意樂). -âvajjana 다양한 것에 주의를 기울임. 다전향(多轉向). -āvudhā(*pl.*) 다양한 무기. -karaṇa 차이. 다양성. -kkhaṇika 비동시적인. 다찰나(多刹那). -gotta 다양한 혈통·계통. -citta 여러 가지 마음. -jana 다양한 사람·종족. -titthiya 다양한 종파의. -dhamma 여러 가지 법. 종종법(種種法). -dhātu 여러 가지 요소. 다양한 세계. -nāma 여러 가지 이름. -ppakkāra 다양한. 여러 종류의. -bhāva 살아서 헤어지기 마련인 것. -bhāsika 다언어사용자. -matasaṅgaha 심포지엄. 학술토론회. -ratta 여러 가지 색깔을 한. -rasā(*pl.*) 다양한 맛. -rūpika 이형(異形)의. -vaṇṇamuddita 다색도(多色圖). -vatthu 여러 가지 일. 별이사(別異事). -vāda 다양한 이론. 이설(異說). -vidha 여러 종류의. -vihita-iddhividhā 여러 가지 신통. 다단신변(多端神變). -saṁvāsaka 다른 지방에서 사는 사람. 이주자(異住者). -saṇṭhāna 다형태의. -satthavidū 박식가(博識家). -simā 다양한 경계. 이경계(異境界).
nābhi. nābhī *f.* [〃] ① 배꼽. ② (차의) 바퀴통. *pl. nom.* nabhyo nabbho. nābhiyo.
nābhika *m.* [nābhi-ka] ① 배꼽. ② 바퀴통.
nāma *n.* [*sk.* nāman] ① 이름. 명칭. ② (느낌·지각·사유·숙고·의식 등) 비물질적인 요소들. 내적요소. 정신적 요소[오온(五蘊) 가운데 느낌(受 : vedanā), 지각(想 : saññā), 형성(行 : saṅkhāra), 의식(識 : viññāṇa)]. ③ ~라고 불리는. *ins.* namena nāmena Ānando 이름은 아난다. ④ 강조를 나타내는 분사로서 사용. *acc.* nāma *adv.* 참으로 실로. api nāma. app' eva nāma. eva nāma. nāma. app' eva nāma. eva nāma. nāma tāva 분명히. 참으로. seyyathāpi nāma 마치 ~과 같이. -āvalī 명단. 명부. -okāsa 이름만이 허락된 존재. 명용유(名容有)[*exam.* 토끼뿔]. -kamma 이름의 부여. 명명(命名). -karaṇa 이름을 부여하는. -kāya 정신적인 요소의 모임. 정신과 신체. 명신(名身). -rūpa 정신과 물질. 명신(名色). -gahaṇa 이름을 받는. -gahikā 이름에 대한 파악. -gotta 가문. 혈통. -dhamma 정신적 요소. 명법(明法). -dheyya 이름의 부여. 명명(命名). 호칭(呼稱). -matta. -mattaka 이름뿐인. 명목상의. -mattena 명목상으로. -mūla 정신의 능력. 명근(名根). -rūpa 정신과 물질. 명색(名色). -lesa 명사(名似). -vavatthāpana 정신의 확립·분석. 명차별(名差別). -visayaka. -sadisa 이름뿐인. 명목상의. -samuṭṭāna 정신의 발생. 명등기(名等起). -sallakkhaṇa 이름에 대한 식별.
nāmaka *adj.* [nāma-ka] ① ~라고 불리는. 명명된. ② 이름뿐인. 무의미한. ③ 우스운.
Nāmarūpapariccheda *m.* [nāma-rūpapariccheda] 나마루빠빠리체다. 명색식별론(名色識別論)[Anuruddha가 지은 논서].
Nāmarūpasamāsa *m.* [nāma-rūpa-samāsa] 명색합론(名色合論)[Khemapakaraṇa(케마론) 이라고도 한다].
nāmika *adj. m.* [nāma-ika] ① 명사적인. ② 명사[문법]. -vibhatti 명사어미(名詞語尾).
nāmeti ① [namati의 *caus.*] = nameti. nâpenti의 *misr.*
nāyaka *m.* [*bsk.* nayaka] ① 지도자. 도사. 안내자. 우두머리 ② 대장. 장수.
nāyeti neti 의 *caus.*
nāyo na[= ta]의 *f. pl. nom. acc.*
nāraṅga *m.* [〃] ① 오렌지. ② 오렌지 나무.
Nārada *m.* 나라다. 나라다(那羅陀)[비구이름].
nārāca *m.* [〃] ① 철제무기. ② 화살. 창(槍). -valaya 철제반지[팔찌].

nārī *f.* [〃 *cf.* nara] 여자. 아내. 부인. 마누라. *pl. nom.* nāriyo. nāriyo.

nāla. nāḷa *m.* [*sk.* nāla] ① (수련 등의) 속이 빈 줄기. 튜브. 화경(花莖). ② 날라. 나라(那羅) [마을의 이름 : 싸리뿟따가 疾病으로 涅槃한 곳] *cf.* nāli. nālī. nālikā.

nālaṁ *ind.* [na alaṁ] 불충분하게. 부족하게.

Nālanda *m.* Nālandā *f.* 날란다. 나란다(那爛陀)[도시의 이름 : Kosala 국에 부처님이 계시던 곳이며 후에 불교대학의 중심지가 된 승원].

nāḷi. nāḷī *f.* [*sk.* nāḍi] ① 줄기. 관. 튜브. ② 날리 [작은 양. 升目의 단위]. nāḷi° -paṭṭa 모자. -matta 일 날리 정도. nāḷī°-yanta 대포. 기관포. -yantaguḷikā 대포알. -yantapālaka 포병. -yantasenā 포병대.

nāḷikā *f.* [*sk.* nāḍika. nālika] ① 줄기. 관(管). 튜브. ② 날리[작은 양·升目의 단위] = nāḷi -odana 한 날리의 쌀밥. -gabbha (줄기모양의) 긴 방.

nāḷikera *m.* [*sk.* nārikela. nārikera. nālikela] 코코야자수. 코코넛. 야자수. 나라계라(那羅稽羅) [야자수의 이름]. -tela 야자유(椰子油).

nāḷikerika *adj.* [nāḷikera-ika] 야자수에 속하는.

nāvā *f.* [*sk.* nau. nāvā] 배[舟]. nāvāya pacchābhāga 고물[선미]. -âṅkusa 닻. -âbhirūhana 배에 탐. 승선. -tiṭṭha 나루터. 선착장. -lakanaka 배의 닻. -phala 파파야[나무이름]. -bandha 배의 닻. -bandhana 정박지. -bhaṅga 난파(難破). -yantika 선박기술자. -sañcaraṇa 선착장. 항구. -santāraṇi 배로 건너감. -suṅka 정박지.

nāvāyika *m.* [*cf. sk.* nāvāja] ① 승선(乘船). ② 선원. 뱃사람.

nāvika *m.* [〃] ① 선원. ② 뱃사공. -dīpāgāra 등대(燈臺). -senā 해군.

nāvutika *adj.* [<nāvuti] 90살.

nāsa *m.* [*sk.* nāśa. *cf.* nassati] ① 파괴. 파멸. ② 죽음. *cf.* vināsa

nāsana *n.* [*sk.* nasana] ① 파괴. ② 포기. ③ 추방. 배제. 빈멸(擯滅). -antika 교단에서 추방된 비구.

nāsā *f.* [〃] 코[생리학상의 코. 여섯 감관의 하나인 코나 후각은 ghāna]. nāsa°-kūpa 코안. 비강(鼻腔). -cchidda 콧구멍. 비공(鼻空). -cchinna 코가 베어진 자. nāsǎ°-puṭa (코의 바깥쪽) 콧구멍. -vāta 바람. 코에서 나오는 숨.

nāsika *adj.* ① [nāsā-ika] 코의. -aṭṭhi 콧뼈. -sota 콧구멍. 코. ② [nāsa-ika] 파괴(破壞)하는. 죽이는.

nāsita *adj.* [nāseti의 *pp.*] 추방된. 빈멸(擯滅)된. -pumbhāva 거세된. 불깐.

nāsitaka *m.* [nāsita-ka] 추방된 자. 빈멸자(擯滅者).

nāseti [*sk.* nāśayati. nassati의 *caus.*] ① 파괴하다. 파멸시키다. 죽이다. ② (과실을) 배상하다. ③ 쫓아내다. 추방하다. 구축(驅逐)하다. 빈멸(擯滅)하다.

nāha *n.* [*cf.* nayhati. naddha<nah] ① 갑옷. ② 무구(武具).

nāhaṁ = na ahaṁ.

nāhi[ta 그것] na의 *f. pl. ins.*

ni° *pref.* ① [*sk.* ni-] 아래로. ② 밖으로[*sk.* niḥ-] ③ =nir-[*sk.* niḥ-] 아님. 없음. ④ 강의 용법의 전철로 쓰인다. *cf.* nijjarati 병들다. 오해하다.[결합법칙에 따라 음운변화가 일어나면. ni-. nik-. nig-. nic-. nij-. nit-. nid-. nip-. nib-. nim-. niy-. nir-. nil-. nis-로 변화된다].

nikacca nikati의 *ins.*

nikaṭṭha *adj.* [ni-kasati의 *pp. cf. sk.* nikṛṣṭa] ① 내려진. 낮아진. ② 가까운. ③ 천한. *loc.* nikaṭṭhe 가까이.

nikaṇṇika *adj.* [ni-kaṇṇa-ika] ① 귀 아래의. ② 비밀의. *acc.* nikaṇṇikaṁ *adv.*몰래.

Nikata *m.* 니까따. 니가타(尼迦吒)[사람의 이름].

nikata *adj.* [*sk.* nikṛta]. ① 속은. ② 속아 빼앗긴.

nikati *f.* [*sk.* nikṛti. *cf.* nikata] ① 사기. 속임수. ② 잔꾀. 간계(奸計). *ins.* nikatiyā. nikatyā. nikaccā. *cf.* nekatika. -paññā 간사한 지혜. 간지(奸智).

nikanta *adj.* [nijabtati의 *pp. sk.* nikṛtta. nikṛntita] 베어진.

nikantati [*sk.* ni-kṛṇati] ① 자르다. 베다. ② 삭제하다.

nikanti *f.* [*sk.* nikanti. *cf.* nikāma] ① 바램. 소망. ② 갈망.

nikara *m.* [*sk.* nikara<ni-karoti] 다수. 대량.

nikaraṇā *f.* = nikati.

nikaroti [*sk.* nikaroti. ni-karoti] ① (짐을) 내리다. ② 창피를 주다. ③ 속이다. *opt.* nikubbetha; *pp.* nikata

nikasa *m.* [*sk.* nikasa. ni-kasati] 숫돌.

nikasāva *adj.* [nis-kasāva. *sk.* niṣkaṣāya] 깨끗한. 때가 없는. 무구(無垢)의.

nikāma *m.* [〃 *cf.* nikanti] ① 욕망. 갈망. ② 쾌락. 만족. 즐거움. -lābhin 즐거움·쾌락을 얻은.

nikāmanā *f.* =nikanti.

nikāmayati. nikāmeti [*sk.* nikāmayati. *cf.* nikāma. nikanti] ① 원하다. 희구하다. 몹시 바라다. ② 갈망하다. *ppr.* nikāmayaṁ. nikāmayamāna.

nikāya *m.* [〃] ① 수집. 집합. 그룹. 공동체. 분파. ② 모음집. 부집. 니까야. 니가야(尼柯耶)[북전의 아함경에 해당]. -āyatta 분파적인. 분파주의자.
nikāra m. [sk. 〃] ① 봉사. ② 겸양.
nikāsa m. adj. [ni-kaś] ① 나타남. 출현. 현현. ② ~과 같은. ~으로 보이는.
nikāsin adj. [nikasa-in] ① ~과 닮은. ~과 같은. ② ~으로 보이는.
nikiṭṭha adj. [ni-kiṭṭha] ① 저속한. 천박한. ② 속물적인.
nikiṇṇa adj. [sk. nikīrṇa. ni-kirati의 pp. cf. kiraṇa] ① 감추어진. 은폐된. ② 보호된.
nikīḷati [ni-kīḷati] 놀이하다. 유희하다.
nīkīḷita. nikīḷitavin adj. [<ni-kriḍ] 놀이에 몰두한. 유희에 전념한.
nikujja = nikkujja.
nikujjati = nikkujjati.
nikuñja [sk. nikuñja. niṣkuñja] ① 움푹 꺼진 곳. ② 골짜기. ③ 덤불.
nikubbetha nikaroti의 opt.
nikūjati [〃ni-kuj] ① 지저귀다. 짹짹 울다. ② 현을 튕겨 울리다. ③ (요령의) 소리가 나다. aor. nikūji; pp. nikūjita; ppr. sg. nom. nikūjaṁ.
nikūjita nikūjati 의 pp.
nikūṭa m. [ni-kūṭa] ① 모퉁이. 맨 끝. ② 절정.
niketa m. [〃] ① 집. 거처. 주처. ② 특징. 기호. 마크. ③ 표방. -vāsin 집에 거주하는. 재가자. = -sayana 재가자. 집에서 사는 사람. -sārin 함께 사는. 집에서 사는.
niketavant adj. [<niketa] 교제를 끊는.
niketinī f. [niketin의 f.] 재가의 여인.
nikkaṅkha adj. [sk. niḥśaṅkā. niṣ-kāṅkha의 형용사] ① 두려움이 없는. 자신이 있는. ② 의혹이 없는. 확실한.
nikkaṅkhā f. [sk. niḥśaṅkā. niṣkāṅkṣā. niskaṅkhā] ① 두렵지 않음. 자신(自信). 신뢰. ② 의혹이 없음. 자명(自明).
nikkaṭṭha adj. [sk. niskṛṣṭa] 밖으로 빼져나온.
nikkaḍḍhati [sk. niṣkarṣati] ① 내던지다. ② 쫓아내다. pp. nikkaḍḍhita; caus. nikkaḍḍhāpeti.
nikkaḍḍhana n. [nikkaḍḍhati] ① 내던짐. ② 쫓아냄.
nikkaḍḍhita adj. [nikkaḍḍhati의 pp.] ① 내던져진. ② 쫓겨난. 구축(驅逐)된.
nikkaṇṭaka adj. [sk. niṣkantaka. nis-kantaka] ① 가시가 없는. ② 적이 없는.
nikkaddama adj. [nis-kaddama] ① 오점이 없는. ② 깨끗한. 청정한.
nikkama m. [sk. niṣkrama. cf. nikāma. nikkhama] ① 노력. 정진. 힘. ② 인내. -dhātu 정진의 요소. 정근계(精勤界). cf. parakkama.

nikkamati [cf. nikkama. nikkhamati] ① 나서다. (욕구를 제거하고) 나가다. 출리(出離)하다. ② 노력하다. 정진하다.
nikkaya m. [nis-kaya. cf. nikkiṇāti] ① 되찾음. ② 벌충. ③ 보상. 변상(辨償).
nikkaruṇa adj. [nis-karuṇa] ① 연민심이 없는. ② 무정한.
nikkaruṇatā f. [nikkaruṇa의 abstr.] = nikkaruṇā
nikkaruṇā f. [sk. niṣkaruṇatā. nis+karuṇā] ① 무정함. ② 무자비. 잔혹.
nikkasāva adj. = nikasāva.
nikkāma adj. [nis-kāma] 감각적 쾌락의 욕망을 떠난. 이욕(離欲)의.
nikkāmin adj. m. [nikkāma-in] ① 감각적 쾌락의 욕망을 떠난. ② 이욕자(離欲者).
nikkāraṇa m. [nis-kāraṇa] ① 이유 없음. 원인 없음. ② 목적 없음. ③ 무인(無因). 무소득(無所得). abl. nikkāraṇā 이유 없이. 목적 없이.
nikkāsa → ikkāsa의 misr.
nikkiṇāti [sk. niṣkriṇāti] ① 도로 사다. ② 도로 찾다. ③ 변상하다. cf. nikkaya.
nikkiṇṇa adj. [sk. niṣkirṇa. nis-kiṇṇa] ① 펼쳐진. 확장된. ② (음식이) 준비된.
nikkilesa m. [nis-kilesa] 번뇌 없음.
nikkujja adj. [ni-kubja. nikujja] ① 뒤엎어진. 전도된. ② 구부러진.
nikkujjati [ni-kujjati] ① 뒤엎다. ② 구부리다. ③ 쓰러지다. 무너지다. 넘어지다. 전도되다. ④ ~에 중요한 것을 두다. ⑤ 존중하다.
nikkujjita adj. [nikkujjati의 pp.] ① 뒤엎어진. ② 전도된.
nikkujjeti [ni-kujjati의 caus.] 덮어씌우다.
nikkuha adj. [ni-kuha] ① 속이지 않는. ② 거짓되지 않은.
nikkuha adj. [nis-kodha] ① 화내지 않는. ② 분노에서 벗어난.
nikkha m. n. [sk. niṣka = nekkha] ① 금으로 만든 장식물. ② 금화. ③ 금의 무게(의 단위) → jambonadassa nikkho 잠부강에서 채취된 금으로 만든 화폐. 염부단금(閻浮鍛金).
nikkhanta adj. [nikkhamati의 pp.] ① (집을) 떠난. ② 출가한.
nikkhama adj. [<nikkhamati] ~에서 나가는.
nikkhamati [sk. niṣkramati<kram] ① 나가다. 나오다. 나서다. ② 출리(出離)하다. 여의다. ③ 출가하다. imp. nikkhama; ppr. nikkhamanta. nikkhamant; aor. nikkhami; fut. nikkhamissati; abs. nikkhamma. nikkhamitabba; pp. nikkhamma. grd. nikkhamitabba; pp. nikkhanta; caus.

nikkhameti. *cf.* nikkamati.
nikkhamana *m* [*sk.* niṣkramana] ① 떠남. ② 여읨. 출리(出離).
nikkhamanīya *m* [<nikkhamati의 *grd.*] 닉카마니야[달의 이름: 7~8월]
nikkhameti. nikkhāmeti [nikkhamati의 *caus.*] ① 나가게 하다. ② 욕심을 버리게 하다. ③ 여의게 하다. 출리(出離)하게 하다. *pp.* nikkhāmita.
nikkhaya *adj.* [*sk.* niḥkṣaya. niskhaya] ① 파괴되기 쉬운. ② 파괴될 수 있는.
nikkhitta *adj.* [*sk.* nikṣipta. nikkhipati의 *pp.*] ① 놓여진. 맡겨진. ② 정리된. ③ 방치된. ④ 버린. 제거된. *cf.* nikkhittadaṇḍa 몽둥이가 버려진 = 폭력이 사용되지 않는. nikkhittadhura 속박되지 않는.
nikkhittaka *adj. m.* [<nikkhitta] ① 책임 하에 무엇인가를 맡은. ② 수탁자.
nikkhipati [*sk.* nikṣipati. nik-khipati] ① 놓다. 내려놓다. 맡기다. ② (알을) 낳다. ③ 포기하다. 방치하다. 제거하다. *aor.* nikkhipi; *fut.* nikkhipissati; *abs.* nikkhipitvā; *pp.* nikkhitta; *caus.* nikkhipāpeti.
nikkhepa *m.* [*sk.* nikṣepa. *cf.* nikkhipati] ① 놓음. 둠. ② 제거. 포기. ③ (신체를) 매장하는 것. 죽음. ④ 맡김. 공탁.
nikkhepana *n.* = nikkhepa.
nikhanati. nikhaṇati [*sk.* nikhanati<khan] ① 파고 들어가다. 굴착하다. ② 매장하다. ③ 세우다. ⑤ 덮다. *pp.* nikhāta.
nikhāta *adj.* [nikhanati의 *pp.*] ① 파내진. 굴착된. ② 매장된. ③ 세워진.
nikhādana *n.* [〃<khad] ① 끌. ② 정.
nikhila *adj.* [〃] 모든. 전체의. -kosa 유의어사전(類義語事典)
nikhilavijjālaya *adj.* [nikhila-vijjā-ālaya] ① 대학. ② 대학교.
nikhilasatthālaya *adj.* [nikhila-sattha-ālaya] ① 대학. ② 대학교.
nikhiṇa *adj.* [nis-khīṇa] 잃어버린. 상실된.
niga → miga의 *misr.*
nigacchati [〃] ① 내려가다. 들어가다. ② 경험하다. ③ 소비하다. ④ 도달하다.
Nigaṇṭha [*bsk.* nirgrantha] 니간타. 니건타(尼乾陀). 자이나교도. -ûposatha 자이나교의 포살. 니건포살(尼乾布薩). -parisā 자이나교의 무리. *f.* Nigaṇṭhī. *cf.* ~Nātaputta 자이나교의 우두머리. 니간타 나따뿟따. 니건타약제자(尼乾陀若提者)[자이나 교도의 개조로 六師外道의 한 사람].
nigati *f.* [ni-gati] ① 운명. ② 상황. ③ 행위.
nigama *m.* [〃] ① 작은 마을. ② 시장마을. -kathā 작은 마을 이야기. 정론(町論). -bandhana 작은 마을의 경계에 묶임. 정박(町縛).
nigamana *n.* [〃ni-gamana] ① 해설 인용. 설명. 예증. ② 결론.
nigaḷa *m.* [*sk.* nigaḍa] 족쇄.
nigāḷhika. nigāḷhita *adj.* [*sk.* nigāḍhita] ① 가라앉은. ② 잠긴.
nigūḷha *adj.* [*sk.* nigūḍha. *bsk.* nirgūḍha nigūhati의 *pp.*] 숨겨진.
nigūhati [〃ni-guh] ① 덮다. ② 감추다. 은폐하다. *pp.* nigūḷha.
nigūhana *n.* [<nigūhati] ① 덮음. ② 숨김.
niggacchati [*sk.* nirgacchati nir-gam] ① 나가다. 분출하다. ② 가버리다. 사라지다. ③ 발전하다. *pp.* niggata.
nigganṭhi *adj.* [*sk.* nirgranthi. nis-gaṇṭhi] 장식 매듭이 없는[칼의 경우].
niggaṇhāti [*sk.* nigṛhṇāti. ni-grah] ① 억제하다. 억지하다. 절복하다. ② 질책하다. 비난하다. *abs.* niggayha; *pp.* niggahīta; *pass.* niggayhati. *cf.* niggaha.
niggatika [*sk.* nirgatika. nisgatika] ① 불행한. ② 나쁜. ③ 비참한.
niggandha *adj.* [nir-gandha] ① 냄새가 없는. 나쁜 냄새가 없는. ② 향기가 없는.
niggama(na) *n.* [<niggacchati] ① 밖으로 나감. 분출. ② (논리의) 연역. 결론. *cf.* nigamana.
niggayha. *ind.* [niggaṇhāti의 *abs.*] 비난하고. -vādin 비난하는. 꾸짖는 (사람).
niggayhati [*sk.* nigṛhyate. nigaṇhāti의 *pass.*] ① 붙잡히다. ② 비난받다.
niggaha *m.* [*sk.* nigraha. *cf.* nigaṇhāti] ① 금지. 억제. 절복(折伏). 타부(墮負). ② 비난. 비판. 논박. ② 교육. -sūcaka 냉소적(冷笑的)인.
niggahaṇa *adj.* [*sk.* nirgahaṇa = nis-gahaṇa<gṛh] ① 소유물이 없는. ② 가난한. 빈곤한. ③ 약탈.
niggahaṇatā [<*sk.* ni-gṛh] ① 억제. 제한. 억압.
niggahīta *adj.* [*sk.* nigṛhīta. nigahita] ① 억압된. ② 비난받는.
niggahessati niggaṇhāti 의 *fut.*
niggāhaka *adj. m.* [<niggaṇhāti] ① 억압하는. 비난하는. ② 억압자. 압제자.
niggilati [*sk.* nigilati<ni-gil] (목구멍으로) 삼키다. 연하(嚥下)하다.
nigguṇa *adj.* [*sk.* nirguṇa] ① 덕이 없는. 성품이 나쁜. ② 성격이 없는.
nigguṇṭhi. nigguṇḍi *f.* [*sk.* nirguṇḍi] 니군디[관

목의 일종. Vitex Negundo].
niggumba *adj.* [*sk.* niḥ-gulma] ① 숲이 없는. ② 번뇌가 없는.
nigghātana *n.* [*sk.* nirghātana] ① 파괴. 살해. ② 근절.
nigghosa ① *m.* [*sk.* nirghoṣa] 평판. 명성. 소리. 비난. 욕. ② *adj.* [ni-ghosa] 소리가 없는. 조용한.
nigrodha *m.* [*sk.* nyagrodha] ① 벵골보리수[인도의 무화과나무]. 니구율(尼拘律). 용수(龍樹). ② 니그로다. 니구율(尼拘律)[정원의 이름]. ③ 니그로다. 니구다(尼俱陀). 니구류(尼俱留)[수행승의 이름]. -pakka 벵골보리수의 열매. 니구율과(尼拘律果). -parimaṇḍala 벵골보리수의 주위. 니그로다 나무와 같은 균형잡힌 몸을 지닌. 신분원만상(身分圓滿相)[三十二相의 하나]. -parimaṇḍalatā 대칭(對稱).
Nigrodhakappa *m.* [nigrodha-kappa] 니그로다 깟빠. 니구다겁파(尼瞿陀劫波). 니구다겁빈(尼瞿陀劫賓)[수행승의 이름].
nigha ① *adj.* [an-īgha<ṛgh의 nigha] 격분. 동요. 혼란. ② *n.* [ni-gha<han] 살해. 파괴.
nighaṁsa *m.* [<nighaṁsati] 마찰. 문지름.
nighaṁsati [*sk.* nigharṣati] ① 문지르다. 비비다. 갈다. 마찰하다. ② 스치다. *cf.* nighaṁsa. nighaṁsana
nighaṁsana *n.* [<nighaṁsati] 마찰. 문지름.
nighaṇḍu [*sk.* nighaṇṭu. *bsk.* nighaṇṭa. nirghaṇṭha] ① 어휘. 용어. ② 어휘론. 단어설명. 명의집(名義集).
Nighaṇḍu m [?] 니간두. 니연두천(尼延頭天) [신의 이름].
nighāta *m.* [〃] ① 억압. 살해. 파괴. ② 진압.
nighāti *f.* [<nighāta] ① 패배. ② 손해.
nicaya *m* [〃] ① 축적. 집적. 비축물. ② 부(富). -ṭṭhāna 저장소.
nicita *adj.* [〃nicināti의 *pp.*] ① 축적된. ② 빽빽한. 밀집된.
nicula *m.* [*sk.* nicula] 니쭐라[식물의 이름. Barringtonia Acutangula]
nicca *adj.* [*sk.* nitya] ① 항상하는. 지속적인. 계속적인. ② 불변의. 영원한. 절대적인. 상주(常住)하는. *acc.* niccaṁ *adv.* 언제나. -aggi 영원한 불. -kālaṁ 끊임없이. -dāna 계속적인 보시. 상시(常施). -pavāraṇa 계속적인 초대. 상청(常請). -bhatta (비구에 대한) 계속적인 음식공급. 상식(常食). 상시식(常施食). -bhattaka. -bhattika 계속적인 보시물. 상시물(常施物). -saññā(-saññin) 영원에 대한 지각(이 있는). -sāra 항상 견실한. 상견실(常堅實). -sīla 항상 계행을 준수하는.

niccatā *f.* niccatta *n.* [nicca의 *abstr.*] ① 지속. 계속. ② 영원(永遠). 영원성. 불변. 상주(常住). 항상(恒常).
niccamma *adj.* [ni-camma] ① 피부가 없는. ② 가죽이 벗겨진. -gāvi 가죽이 벗겨진 암소.
niccala *adj.* [nis-cala] ① 움직이지 않는. ② 부동(不動)의.
niccittaka *adj.* [nis-citta-ka] ① 마음이 없는. ② 생각이 없는.
niccola *adj.* [<nis-cola] 벌거벗은.
nicchanda *adj.* [nis-chanda] ① 의욕이 없는. ② 욕심이 없는.
nicchaya *m.* [*sk.* niścaya] ① 구별. 분별. 판단. ② 확신. 결정. -lakkhaṇa 판단기준.
niccharaṇa *n.* [<niccharati] ① 유출. 발산. ② 출현. ③ 팽창.
niccharati [*sk.* niścarati. niś-car] ① 유출하다. ② 발산하다. (소리가) 나다. ③ 출현하다. 생겨나다. *caus.* nicchāreti.
nicchavi *adj.* [nis-chavi] 피부가 없는.
nicchāta *adj.* [nis-chāta. *sk.*<niḥpsāta] ① 굶주림이 없는. ② 갈증이 없는. ③ 욕심이 없는. ④ 만족한.
nicchādeti. nicchāreti. nicchedeti = nicchodeti.
nicchāreti [niccharati의 *caus.*] ① 보내다. 방사하다. ② 소리를 내다. 말하다.
nicchita *adj.* [nicchināti의 *pp.*] ① 결심이 된. 결단된. ② 확신된.
nicchināti [*sk.* niścinoti. niś-ci] ① 구별하다. 분별하다. ② 고려하다. ③ 확인하다. ④ 결단하다. 결심하다. *opt.* niccheyya; *abs.* nicchinitvā; *pp.* nicchita
nicchuddha *adj.* [*sk.* niḥkṣubdha. nis-chuddha] ① 내던져진. 버려진. ② 추방된.
nicchubhana *n.* [<nicchubhati] ① 내던짐. 버림. ② 추방.
niccheti → nicchināti
nicchodeti. nicchoreti [*prk.* nischaḍḍ. choṭ] ① 흔들다. 던져 흩뿌리다. ② 떨쳐버리다.
nija *adj.* [*sk.* nija] ① 자기 자신의. 그 자체의. ② 타고난. 천부적인. 생득(生得)의. -desika 토착(土着)의. 자국(自國)의. -bhāsā 토착어(土着語). 방언(方言).
nijana *n* [<nij] ① 세탁. ② 정화(淨化).
nijigiṁsati [*sk.* nijigīṣsti. ni-jigiṁsati] ① 열망하다. ② 탐내다.
nijigiṁsanatā *f.* [nijigiṁsati의 *abstr.*] ① 탐욕. 탐구(貪求). ② 열망.

nijigiṁsitar *m.* [<nijigiṁsati의 *ag.*] 탐욕스러운 사람. 탐구자(貪求者).
nijjaṭa *adj.* [nir-jaṭa] 묶이지 않은. 무박(無縛)의.
nijjana *m.* [nir-jana] 철거(撤去). ~ṁ karoti 철거하다. nijjanī-kata 철거된.
nijjara *adj.* [*sk.* nirjara] ① 소멸시키는. ② 파괴하는. 박멸하는.
nijjarā *f.* [<nijjareti] ① 소멸. ② 파괴. 죽음. -vatthu 소멸의 토대. 멸사(滅事). -visuddhi 소멸의 청정. 멸진청정(滅盡淸淨).
nijjareti [*sk.* nirjārayati<nir-jṝ의 *caus.*] ① 소멸시키다. ② 파괴하다. *grd.* nijjaretabba.
nijjāleti [nir-jāleti] (불을) 끄다.
nijjiṇṇa *adj.* [*sk.* nirjīrṇa. *cf.* nijjarā] ① 파괴된. ② 고갈된. 쇠퇴한. ③ 끝난. 멸진(滅盡)된.
nijjita *adj.* [*sk.* nirjita. nis-jita] 정복된. 극복된.
nijjivha *adj. m.* [*sk.* nirjivha] ① 혀가 없는. ② 정글의 수탉.
nijjīva. nijjīvata *adj.* [*sk.* nirjīvita] ① 생명이 없는. 무정(無情)한. ② 영혼이 없는.
nijjhatta *adj.* [*bsk.* nidhyapta. nijjhāpeti의 *pp.*] ① 만족한. 진정된. 가라앉은. ② 이해심이 있는.
nijjhatti *f.* [*bsk.* nidhyapti. *cf.* nijjhatta] ① 확신. 이해. 심제(審諦). ② 기호(嗜好). 만족. -bala 확신의 힘. 심려력(審慮力).
nijjhara *m.* [*sk.* nirjhara] 폭포(瀑布).
nijjhāna *n.* ① [*bsk.* nidhyāna. *cf.* nijjhāpeti] 이해. 숙고. 통찰. 정려(靜慮). 정관(靜觀). 몰두. 탐닉. 즐거움. -khanti 통찰과 이해. 환수인용(歡受認容). 견심제인(見審諦認). ② [nis-jhāna] 큰 화재(火災).
nijjhāpana *n.* [*sk.* nidhyāpana. ni+jhapana] ① 호의. 친절. ② 관용.
nijjhāpaya *adj.* [nijjhāpeti의 *grd.*] ① 분별될 수 있는. ② 이해될 수 있는.
nijjhāpeti [*sk.* nidhyāpayati. nijjhāyati의 *caus.*] ① 심사숙고하다. ② 동의하다. 환수(歡受)하다. *pp.* nijjhāpita.
nijjhāma *adj. n.* [*sk.* niḥkṣāma] ① 불타버린. ② 소비된. 소모된. ③ 소진(消盡). -taṇhā. -taṇhika 타는 듯한 갈증의. 몹시 목마름. 소갈(燒渴). -paṭipadā 극열한 괴로움의 길. 극고도(極苦道).
nijjhāyati ① [*sk.* nidhyāyati<dhyai] 명상하다. 반성하다. 생각하다. 정려(靜慮)하다. 정관(靜觀)하다. 심려(審慮)하다. *caus.* nijjhāpeti. *cf.* nijjhāna nijjhatti. ② [*sk.* nikṣāyati<kṣai] 소모되다. 소진되다. *cf.* nikkhāma.
nijjhāyana *n.* ① [<*sk.* nidhyāyati] 명상. 반성. 생각. 정려(靜慮). 정관(靜觀). 심려(審慮). ② [*sk.* niḥkṣāyana. nis-jhāyana] 소실. 소진. 소모.
niṭṭha *adj.* [*sk.* niṣṭha *cf.* tiṭṭhā ①] ① 의지(依止)하는. 안주하는. ② 열심인. ③ 구경으로 하는.
niṭṭhā *f.* [*sk.* niṣṭhā. ni-ṭhā] ① 기초. 토대. 의지(依止). 친숙. ② [*sk.* niṣṭhā. nis-ṭhā] 끝. 완성. 목적. 구경. niṭṭhaṁ gacchati 끝에 이르다. 완성에 도달하다.
niṭṭhāti [*sk.* niṣṭiṣṭhāti<nis-sthā] ① 완성되다. 끝나다. 종결되다. ② 구경에 도달하다.
niṭṭhāna [<niṭṭhāti] ① 완성. 종결. 최종. ② 실행. ③ 구경. 궁극. 구진(究盡). niṭṭhānopaparikkhā 최종시험(最終試驗).
niṭṭāpeti [niṭṭhāi의 *caus.*] ① 완성시키다. ② 종결시키다. *pp.* niṭṭhāpita.
niṭṭhita *adj.* [*sk.* niṣṭhita. niṭṭhāti의 *pp.*] ① 완성된. 종결된. 준비된. ② 의존된. ~에 존재하는.
niṭṭhubhati. nuṭṭubhati [*sk.* niṣṭhīvati<ni-ṣṭhīv] ① 침을 뱉다. ② 토하다. *abs.* niṭṭhuhitvā; *aor.* niṭṭhubhi; *pp.* niṭṭhubhita.
niṭṭhubhana [<niṭṭhubhati] ① 침. 타액. ② 침을 뱉음.
niṭṭhura *adj. m.* [*sk.* niṣṭhura. niṣṭhūra<ni-thūra = thūla] ① 거친. ② 어려운. ③ 잔인한. 야만적인. ④ 악마. -tta 만행(蠻行).
niṭṭhuriya *n.* [<niṭṭhura] ① 거칠음. ② 냉혹. 잔인. ③ 질시. 위선.
niḍḍa *n.* [=niḍḍha] ① 보금자리. ② 휴식처.
niḍḍāyati. niḍḍeti [*sk.* nirdāti] ① (잡초를) 뽑다. 베다. ② 제거하다. *caus.* niḍḍāpeti. *cf.* niddāna
niḍḍāpeti [niḍḍāyati의 *aus.*] ① 뽑게 하다. ② 제거시키다.
niḍḍha *n.* [*sk.* nīḍa<ni-sad] ① 둥지. 자리. 안식처. ② 소굴.
niṇṇaya *m.* [nir-naya] ① 결정. 판단. ② 진단.
niṇṇeti *m.* [nir-nayati] ① 결정하다. 판단하다. ② 진단하다.
niṇhāta. ninhāta *adj.* [*sk.* niḥsnāta. nisnahāta] 정화된. 깨끗한.
nitamba *m.* [*sk.* nitamba] ① 산등성이. ② 골짜기. 계곡.
nitammati [*sk.* nitāmyati<ni-tam] ① 어둡게 되다. ② 지치다. ③ 기절하다.
nitāḷeti [*sk.* nitāḍayati] ① 때리다. 구타하다. ② 타도하다.
nittaṇha *adj.* [*sk.* niṣṭṛṇa] 갈애를 여읜.
nittaṇhā *f.* [nittaṇha의 *f.*] 갈애를 여읨. 무갈애(無渴愛).
nittaddana → nitthaddhana.
nittiṇa *adj.* [nis-tiṇa] 풀[草]이 없는.

nittiṇṇa *adj.* [*sk.* nistīṛṇa. nittharati의 *pp.*] ① 건너간. ② 초월된. 극복된.
nittudana *n.* [nis-tudana] ① 찌르기. ② 관통.
nitteja *adj.* [nis-teja] ① 힘없는. ② (얼굴을) 붉히는. 무안(無顔)한. nittejaṁ karoti 무안하게 만들다.
nitthaddhana *n.* [*sk.* niṣṭambhana. nithaddhana] ① 마비. 경직. ② 무력(無力).
nitthanati. nitthunati [*sk.* nis-stan] 신음하다. *cf.* nitthuna. nitthanana.
nitthana(na) *n.* [<nitthanati] 신음.
nittharaṇa ① [nis-taraṇa. *cf.* nittharati] 건넘. 횡단. 극복. 도탈(度脫)[거센 흐름(暴流)를 건너는 것]. ② [ni-tharaṇa] 운반. 억압. 누름. 살포.
nittharati [*sk.* nistarati<tṝ] ① 건너다. 초월하다. ② 극복하다. 승리하다. *pp.* nittiṇṇa; *caus.* nitthāreti. nittāreti.
nitthāra *m.* [*sk.* nistāra . *cf.* nitthāreti] ① 건넘. 구원. 제도. ② 속죄. 멸죄. 방면. *cf.* netthāra.
nitthunati = nitthanati.
nidassana *n* [*sk.* nidarśana] ① 보기. 모범. 규범(規範). 패러다임. 외관. 특징. 현현. 개시(開示). ② 증거. 증명. ③ 비유. 비교. -bhūta 비유적인. 모범적인.
nidassati = nirassati.
nidasseti [*sk.* nidarśayati] ① 보여주다. 보게 하다. 지시하다. ② 설명하다. *pp.* nidassita.
nidahati [*sk.* nidadhāti<dhā] = nidheti. ① 내려놓다. 안치하다. ② 저장하다. 축적하다. 저축하다. *abs.* nidahitvā. nidhāya. *inf.* nidahituṁ. nidhetuṁ. nidhetave; *fut.* nidhessati; *pp.* nihita; *pass.* nidhīyati; *caus.* nidhāpeti.
nidāgha *m.* [〃] ① 열(熱). 여름의 더위. 여름. ② 가뭄.
nidāna *n* [〃] ① 기초. 토대. ② 근원. 원인. 기원. 인연. 원천. 니다나(尼陀那). *acc.* nidānaṁ *adv.* ~에서 의해. ~때문에. ~을 수단으로. ~의 결과로. -saṅgaha 인연의 복합성. 인연취(因緣聚). -sambhava 인연에 의한 발생. 연기(緣起).
Nidānakathā *f.* [nidāna-kathā] 니다나까타. 인연이야기. 인연담(因緣譚)[本生經 이야기의 序論. 부처님의 傳記].
nidānavagga *m* [nidāna-vagga] 나다나박가. 인연품(因緣品). 인연편(因緣篇).
nidāsamatika *adj. m* [ni-dāsa-matika] 고삐풀린(?). 난봉꾼. 탕아(蕩兒).
nidāhaka *adj. m* [*cf.* nidahati] ① 거두어 간직하는. ② 수장인(收藏人). 소장자.
nidda *n* [nis-dara] 동굴.
niddanta = niddā.
niddaya *adj.* [*sk.* nirdaya. nisdayā] ① 무정한. 인사불성의. ② 잔인한. 무자비한.
niddasa *m.* [*sk.* nirdeśa]① → niddesa. ② [?] 번뇌를 부순 자. 누진자(漏盡者).
niddā *f.* [*sk.* nidrā] 잠. 수면. niddāya āhiṇḍati 몽유(夢遊)하다. niddāya jappana 잠꼬대. -ārāma 잠자기 좋아하는. 게으른. -ārāmatā 게으름. 나태. -janaka 마취시키는. 최면을 거는 듯한. 최면의. -janakosadha 진정제. 마취제. -yāhiṇḍaka 몽유병자(夢遊病者). -yāhiṇḍana 몽유병(夢遊病). -sīlin 조는 습관이 있는. 게으른.
niddāna *n.* [nir-dāna] ① (풀을) 베어냄. ② 절단. 파괴 *cf.* niḍḍāyati.
niddāyati [niddā의 *denom.*] 잠들다.
niddāyitar *m.* [niddāyati의 *abstr.*] ① 잠자는 사람. ② 수면에 탐착하는 사람.
niddiṭṭha *adj.* [niddisati의 *pp.*] ① 표현된. 설명된. ② 지정된. 명령된.
niddisati. niddissati [*sk.* nir-diśati] ① 구별하다. 설명하다. 표현하다. 보여주다. ② 지시하다. *abs.* niddisitvā; *aor.* niddisi; *grd.* niddisitabba; *pp.* niddiṭṭha; *pass.* niddissīyati 설명되다.
niddukkha *adj.* [nis-dukkha] ① 고통이 없는. 불행하지 않는. ② 결점이 없는. 악한 것이 없는.
niddesa *m.* [*sk.* nirdeśa. *cf.* niddisati] ① 서술. 구별. ② 분석적인 설명. 질의응답을 통한 설명. ③ 주석(註釋). ※ niddasa로 읽기도 한다. -vatthu[niddasavatthu] 탁월한 대상. 칭찬의 대상. 수묘사(殊妙事)[七殊妙事]. -vāra 자세히 설명할 부분. 광설분(廣說分).
Niddesa *m.* [<niddesa] 의석(義釋)[小部의 하나].
niddosa *adj.* ① [*sk.* nirdośa] 잘못이 없는 . 죄없는. 순수한. 흠잡을 데 없는. ② [*sk.* nirdveṣa] 분노가 없는. 진에(瞋恚)가 없는.
niddosin *adj.* ① [niddosa-in] 잘못이 없는. -karaṇa(niddosīkaraṇa) 교정(矯正).
niddhana *adj.* [nir-dhana] ① 재산이 없는. ② 가난한. 빈곤한.
niddhanta *adj.* [nirdhanati의 *pp.*] ① 불어 꺼진. 제거된. ② 정화된. 청정한.
niddhamati [nir-dhamati] ① 꺼버리다. 제거하다. 버리다. ② 청정하게 하다. *pp.* niddhanta.
niddhamana *n.* [< niddhamati] ① 배수. 하수. 배수로. ② 운하.
niddhamanā *f.* [<niddhamati 또는 niddhāpeti] ① 추방. 제명. ② 방출.
niddharaṇa *n.* [*sk.* nirdhāraṇa] 운반.

niddhāpita niddhāpeti의 *pp.*
niddhāpeti [*sk.* nirdhāvayati] ① 내쫓다. ② 추방하다. *pp.* niddhāpita
niddhāmase → niddhāpaye의 *misr.*
niddhunana *n.* [<niddhunāti] ① 털어냄. ② 쫓아버림.
niddhunāti [*sk.* nirdhunoti] ① (먼지를) 털다. ② 흔들다. 쫓아버리다. = odhunāti.
niddhuniya *n.* = niṭṭhuriya
niddhūpana *adj.* [nir-dhūpana] 향기나지 않는
niddhovati [*sk.* nirdhāvati] ① 씻어내다. 깨끗이 하다. ② 정화하다. *pp.* niddhota *cf.* niddhamati.
nidhāna *n.* [〃] ① 안치. 저장. 축적. ② 저장용기. 숨겨진 보물. -gata 만성적인. -vant 저장용기가 있는. 저장할 가치가 있는.
nidhāpeti. nidhāya. nidhīyati → nidahati.
nidhi *f.* [〃] ① 숨겨진 보물. ② 재화. -kumbhi 보물단지. 단지에 숨겨진 보물. -kumbhī 함수초(含羞草). -nidhāna 보물의 저장. 보물의 매장. -pālakabhūta 땅속 요정. -mukha 뛰어난 보물. 묘보(妙寶). 보장(寶藏).
nidhura → nidhura.
nidheti = nidahati. *inf.* nidhetave = nidatituṁ.
nindati [〃nid] ① 꾸짖다. 비난하다. ② 경멸하다. *inf.* ninditum; *grd.* ninidiya. nindanīya; *pp.* nindita
nindana *n.* [<nindati] ① 비난. 질책. ② 경멸.
nindā *f.* [<nindati] ① 비난. 질책. ② 경멸. ③ 과실. 창피함. -pasaṁsā 비난과 칭찬. 훼예(毁譽). -rosa 비난과 성냄. 훼에(毁恚). -rosin 비난하고 화내는 자. 훼에자(毁恚者).
nindita *adj.* [nindati의 *pp.*] ① 비난을 받은. 질책을 당한. ② 경멸받은.
nindiya *adj.* [nindya nindati의 *grd.*] ① 비난받을 만한. ② 비난받아야 하는.
ninna *adj.* *n.* [*sk.* nimna ninnata<ni-nam의 축약형?] ① 낮게 깔리는. 낮은. ② 심오한. ③ 구부러진. ~기울어진. ④ 하방(下方). 강하(降下). 저지대. 와지(窪地). *acc.* ninnaṁ *adv.* 아래로. -unnata 낮고 높은.
ninnata *adj.* [ni-nata] ① 낮게 드리워진. ② 구부러진. ③ ~로 향한.
ninnatā *f.* [*sk.* nināda] = nināda 가락. 곡조(曲調). 음향(音響).
ninnagā *f.* [*sk.* nir-nagā] 강(江).
ninnādin *adj.* [ninnāda-in] ① (크게) 울리는. 시끄러운. ② 훤조(喧噪)한.
ninnāmin *adj.* [ninnāma-in] ① 아래로 향한. ② 내려가는.
ninnāmeti [ni-namati의 *caus.*] ① 구부리다. ② (혀를) 내밀다.
ninnimitta *n.* [nir-nimitta] 우연성(偶然性).
ninnīta *adj.* [ninneti의 *pp.*] ① 인도된. 도출된. ② 정화된.
ninnetar *m.* [ninneti의 *ag.*] ① 결정하는 사람. 가져오는 사람. 주는 사람. ② 인도하는 사람. 안내자. 장래자(將來者). 장도자(將導者). 도사(導師)[부처님].
ninneti [*sk.* ninayati. ni-nayati<ni] ① 안내하다. 이끌어내다. ② 정제하다. ③ 배수하다. 물을 빼다. ④ 건조시키다. *pp.* ninnīta
ninhāta = niṇhāta
ninhāti [hi-nahati<snā] ① 씻다. 맑게 하다. ② 목욕하다. *abs.* ninhāya; *pp.* ninhāta. niṇhāta
nipa → nīpa.
nipaka *adj.* *m.* [*cf.* *bsk.* nipaka] ① 총명한. 사려가 깊은. 현명한. ② 현자. *cf.* nepakka
nipakka → nippakka
nipacca *ind.* [nipatati의 *abs.*] ① 떨어지고 나서. ② 절하고 나서.
nipaccākāra *m.* [nipacca-ākāra] ① 복종. 겸손. 겸양. ② 봉사. ③ 오체투지(五體投地). 접족례(接足禮).
nipaccavādin *adj.* [nipacca-vādin] 감정을 상하게 말하는.
nipajjati [*sk.* nipadyate<ni-pad] ① (잠자기 위해) 눕다. ② 옆으로 눕다. *pres.* *1sg.* nipajjaṁ [=nipajjāmi]; *aor.* nipajji; *abs.* nipajja; *pp.* nipanna; *caus.* nipajjāpeti.
nipajjā *f.* [<ni-pad] 누움. 와(臥).
nipajjitar *m.* [nipajjati의 *ag.*] ① 휴식하는 사람. ② 누운 자. 횡와자(橫臥者).
nipatati [〃ni-pat] ① 떨어지다. 내려가다. 나가다. ② 집합하다. 모이다. ③ 오체투지하다. *abs.* nipacca; *pres.* *1sg.* nipatāmase; *opt.* nipate; *aor.* nipati; *ppr.* *pl.* *gen.* nipatataṁ; *caus.* nipāteti.
nipadāmase → nipatāmase의 *misr.*
nipanna. nipannaka *adj.* [nipajjati의 *pp.*; -ka] ① 누운. ② 횡와(橫臥)의.
nipalāvita *adj.* [*sk.* viplāvita. palavati의 *pp.*] ① (물에) 잠긴. ② (물에) 빠진.
nipāka *adj.* [*sk.* nipāka. ni-pāka(pacati)] 완전히 자란. 완전히 성장한.
nipāta *m.* [〃 *cf.* nipatati] ① 낙하. 하강. ② 불변사(不變辭)[문법]. ③ 절(節)·장(章)·편(編)[책].
nipātaka *adj.* [<nipāta] 절(節)·장(章)·편(編)으로 분할된.
nipātana *n.* [<nipāteti] ① (~위에) 떨어짐 ② 취

침(就寢).

nipātin *adj.* [nipāta-in] ① 낙하하는. ② 자러가는. 취침하는.

nipātita *adj.* [nipāteti의 *pp.*] ① 타락한. ② 사악(邪惡)한.

nipāteti [nipatati의 *caus.*] ① 쓰러뜨리다. 던지다. ② 해치다. passaṁ ~옆으로 몸을 던지다. 겨드랑이를 대고 눕다. *fut.* nipātessaṁ; *pp.* nipātita.

nipāna *n.* [ni-pāna] ① (가축을 위한) 샘물. ② 물통.

nipuñchati [ni-puñchati] ① 가루로 만들다. 찧다. 빻다. ② 없애버리다. *cf.* nippeseti.

nipuṇa *adj.* [〃] ① 영리한. ② 교묘한. 미묘한. -attha 미묘한 뜻. 의미. -gāmomagga 미묘함으로 이끄는 길. *cf.* nepuñña.

nippakāra *adj.* [nis-pakāra] ① 맛없는. 무의미한. ② 쓸모없는.

nippakka *adj.* [ni-pac의 *pp.*] ① 삶아진. 끓인. ② 달여진.

nippacati [ni-pac] ① 잘 삶다. 끓이다. ② 달이다. *aor.* nippace; *opt.* nippaceyyaṁ; *pp.* nippakka.

nippajjati. nipphajjati [*sk.* niṣpadyate] ① 완성되다. 익다. 결과하다. 성취하다. ② 발생하다. 일어나다. *pp.* nipphanna *cf.* nipphatti.

nippañña *adj.* [nis-pañña] ① 지혜가 없는. ② 무혜(無慧)의.

nippatati. nipphatati [nis-patati] ① 나오다. 밀려나오다. ② 이탈하다. *abs.* nippacca.

nippatta *adj.* [nis-patta] ① 날개가 없는. 날개가 뽑힌 (새). ② 잎사귀가 없는.

nippatti → nipphatti.

nippadā → nipphādā의 *misr.*

nippadesa *adj.* [nis-padesa] ① 한부분도 빼지 않는. ② 전체를 포괄하는

nippanna → nipanna. nipphanna.

nippapañca *adj.* [nis-papañca] ① 번뇌가 없는. 망상이 없는. 희론(戱論)이 없는. ② 산만하지 않은. -ārāma 희론을 좋아하지 않는. 지연(遲延)을 좋아하지 않는

nippabha *adj.* [nis-pabha] ① 광명이 없는. ② 광채를 잃은.

nippariyāya *m.* [nis-pariyāya] ① 바꿀 수 없는 것. ② 다른 교설이 아닌 것. 절대적 관점. 절대문(絶對門). 비이문(非異門). 아비달마설(阿毘達磨說). 순리론(純理論). -desanā 절대적 관점의 가르침. 비이문(非異門)의 가르침. -desita 절대적 관점으로 가르쳐진.

nippalāpa *adj.* [nis-palāpa] ① 항변이 없는. 공론이 없는. ② 무쟁론(無爭論)의.

nippalibodha *adj.* [nis-palibhoda] 장애가 없는.

nippādeti → nipphādeti.

nippāpa *adj.* [nis-pāpa] 죄 없는.

nippiṁsati [*sk.* niṣpinaṣti<nis-piṣ] ① 찧다. 빻다. ② 갈다. *caus.* nippeseti.

nippitika *adj. m.* [ni-pitarika] ① 아버지가 없는. ② 사생아. 서자(庶子). 양자(養子).

nippipāsa *adj.* [nis-pipāsa] ① 갈증이 없는. ② 갈구가 없는. 갈망이 없는.

nippītika *adj.* ① [nis-pīti-ka] 즐거움이 없는. 즐거움을 떠난. 이희(離喜)의[第四禪의 특색의 하나]. ② 사생아. 서자(庶子). = nippitika.

nippīḷana *n.* [<nis-pīḷana] ① 압착. 억압. ② 타격(打擊).

nippurisa *adj.* [nis-purisa] ① 남자가 없는. ② 여자뿐인. 여자가 행하는. -turiya 여자만의 오케스트라·음악.

nippesa *m.* [*bsk.* niṣpeṣa] ① 요술. 책략. 술수, ② 사기. 편작(騙作).

nippesika *m.* [*bsk.* niṣpeṣika] ① 요술쟁이. ② 사기꾼. ③ 점쟁이. ④ 방편연구자.

nippesikatā *f.* [nippesika의 *abstr.*] ① 요술. 책략. ② 사기. ③ 점술. 편작(騙作).

nippeseti [nippiṁsati의 *caus.*] ① 가루로 만들다. ② 찧다. ③ 빻다.

nippothana *n.* [nis-pothana] ① 분쇄. ② 파괴

nipphajjati = nippajjati.

nipphajjana *n.* [<nipp(h)ajjati] ① 결과. 성취. ② 진행.

nipphatti *f.* [*cf.* *sk.* niṣpatti. *bsk.* niṣpad] ① 완성. 성공. ② 업적. 결과.

nipphattika *adj.* [nipphatti-ka] 결과가 있는.

nipphanna *adj.* [*sk.* niṣpanna. nippajjati의 *pp.*] ① 생산된. ② 완성된. 달성된. 성공한. -rūpa 구체적 물질[자연의 물질, 감성의 물질, 대상의 물질, 성(性)의 물질, 마음의 물질, 생명의 물질, 자양의 물질]. *cf.* adhinipphanna. parinipphanna.

nipphala *adj.* [nis-phala] ① 열매가 없는. ② 효과 없는.

nipphalita *adj.* [*sk.* niṣphārita<nis-phaleti] ① 찢겨진. ② 파괴된.

nipphāṇitatta *n.* [nis-phāṇita의 *abstr.*] ① 당분(糖分)이 없음. ② 설탕이 없음.

nipphādaka *adj. m.* [<nipphādeti] ① 생산하는. 성취하는. ② 생산자.

nipphādana *n* [*sk.* niṣpādana] ① 완수. 완성. ② 달성. *cf.* nipphādeti

nipphādar *m.* [*sk.* niṣpādayitṛ] ① 완성자. ② 달

성한 사람
nipphādita *adj.* [nipphādeti의 *pp.*] ① 완성된. ② 달성된.
nipphādeti [nippajjati의 *caus.*] ① 낳다. 산출하다. ② 완성하다. ③ 실행하다. 집행하다. *pp.* nipphādita.
nipphoṭana *n.* [nis-pothana] ① 치기. 매질. ② 타파. 분쇄.
nipphoṭeti [nis-potheti<puth의 *caus.*] ① 때리다. 타척하다. 타파하다. 분쇄하다. ② 패배시키다. 좌절시키다. ③ 끄다.
nibaddha *adj.* [ni-baddha. nibandhati의 *pp.*] ① 묶인. 고정된. 안정된. ② 압박을 받는. *acc.* nibaddhaṁ. *adv.* 항상. 계속해서.
nibandha *m.* [<nibandhati] ① 묶는 것. 얽매임. ② 속박. 집착. ③ 연속.
nibandhati [ni-bandh] ① 묶다. 얽매다. ② 적용하다. 준비하다. ③ 섞다. ④ 몰아대다. ⑤ 조르다. *fut.* nibandhissaṁ.
nibandhana *n.* [<nibandhati] ① 묶음. 결박. 속박. ② 연결. 준비. 적용.
nibodhati [ni-bodhati<budh] ① 배우다. 듣다. 시중들다. ② 기대하다. 여기다. 인지하다. *caus.* nibodheti 깨우다. 일어나게 하다.
nibbaṅka *adj.* [nis-vaṅka] ① 굽어지지 않는. ② 곧바른.
nibbacana *n.* [*sk.* nirvacana] ① 해설. ② 어원.
nibbakketi [nir-vajjeti] ① 피하다. ② 버리다. *ppr.* sg. *nom.* nibbajjayaṁ.
nibbaṭṭa *adj.* [<nibbaṭṭeti] ① ~에서 벗어난 . ② 제거된. ③ 없는.
nibbaṭṭeti [nir-vṛt] 제거하다. *aor.* nibbaṭṭesti. *pp.* nibbaṭṭita *abs.* nibbaṭṭetvā
nibbatta *adj.* [*sk.* nirvṛtta. nibbattati의 *pp.*] ① 다시 태어나는. ② 발생하는. 생성하는. ③ 소생하는.
nibbattaka. nibbattanaka *adj. m.* [nibbattaka] ① 다시 태어나는. ② 낳는. 생성하는. ③ 다시 태어나는 사람. 윤회하는 사람.
nibbattati [*sk.* nirvartate<nir-vṛt] ① 태어나다. 다시 태어나다. ② 발생하다. 생기(生起)하다. *aor.* nibbatti; *pp.* nibbatta; *caus.* nibbatteti.
nibbattana *n.* [<nibbattana] ① 발생. 성장 ② 재생자(再生者).
nibbattapana *n.* [<nibbattāpeti] ① 다시 태어나게 함. ② 발생시킴. 생산.
nibbattāpeti [nibbatteti의 *caus.*] ① 다시 태어나게 하다. ② 발생시키다.
nibbatti *f.* [*sk.* nirvṛtti] ① 다시 태어남. 재생. ② 산출. 발생.
nibbattita *adj.* [nibbatteti의 *pp.*] ① 재생된. ② 이루어진. 생산된.
nibbattin *adj.* [<nibbatti] ① 다시 태어나는. 재생하는. ② 발생하는.
nibbatteti [nibbattati의 *caus.*] ① 다시 태어나게 하다. ② 발생시키다. *pp.* nibbattita; *caus.* nibbattāpeti.
nibbana *adj.* [nir-vana] ① 숲이 없는. ② 욕망이 없는[nibbāna에 대한 통속적인 해석].
nibbanatha *m.* [nir-vanatha] ① 숲이 없음. 무조림(無稠林). ② 욕망이 없음. 무욕(無欲).
nibbasana *adj. m.* [nir-vasana] ① 입을 수 없는. ② 버려진 옷.
nibbahati [nir-bahati] ① 펼치다. ② 뽑다. *caus.* nibbāheti.
nibbāti [*cf. sk.* nirvāti] ① '시원하게 하다. (불을) 불어서 끄다.' ② 불이 꺼지다. 차분해지다. ③ (번뇌가) 소멸되다. *caus.* nibbāpeti; *pass.* nibbāyati.
nibbāna *n.* [*sk.* nirvāṇa] ① (불이) 꺼짐. ② 열반. ③ 해탈. ④ 소멸. 지멸(止滅). 적멸(寂滅). 적정(寂靜). ⑤ 평화. 지복. ⑥ 신체적인 행복. 건강[세 가지 불꽃(rāga·dosa·moha의 aggi)이 소진된 상태]. -ânupassanā 열반에 대한 관찰. 열반관(涅槃觀). -âbhirata 열반을 즐기는 -ogadha 열반을 기초로 하는. 열반에 몰입하는. -gammna. -gāmin 열반에 이르는. -dhātu 열반의 세계. 열반계(涅槃界). -nagara 열반의 도시. -ninna 열반에 임하는. -paṭisaññuta 열반에 관한. -patta 열반에 도달한. -patti 열반에 도달함. -pada 열반의 상태. 열반(涅槃). 열반구(涅槃句). -pariyosāna 열반을 궁극으로 하는. -pura 열반의 도시. -bhāva 열반의 상태. 열반성(涅槃性). -saṁvattanika 열반에 도움이 되는 -sacchikiriyā 열반을 깨닫는 것. 작증열반(作證涅槃)[특히 二種涅槃 즉 有餘依涅槃과 無餘依涅槃의 구별에 관해서]. -saññā 열반에 대한 지각. -sampatti 열반의 성취. -sampadā 열반의 구족(具足). 열반의 지복(至福).
nibbāpaka *adj.* [< nibbapeti] ① 꺼지게 하는. ② 소멸시키는. 지멸(止滅)하는.
nibbāpana *n.* [*cf.* nibbāpeti] ① 꺼지게 함. ② (번뇌를) 소멸시키는 것. 열반에 이르게 함.
nibbāpita nibbāpeti 의 *pp.*
nibbāpeti [nibbāti의 *caus.*] ① 끄다. ② 소멸시키다. 열반에 도달하게 하다. ③ 정화하다. *pp.* nibbāpita. *cf.* nibbāpana.
nibbāyati [nibbāti의 *pass.*] ① 꺼지다. 차갑게 되

다. ② 가라앉다. 고요하게 되다. ③ 소멸되다. 적멸하다. *aor.* nibbāyi; *fut.* nibbāyissaṁ. *cf.* parinibbāyati. nibbāpetu. nibbuta

nibbāyin → parinibbāyin.

nibbāhana *adj. n.* [nibbāheti] ① 제거하는. 제외하는. 구조하는. ② 제거. 제외. 도피.

nibbāhati [nis-vahati] ① 실행하다. ② 구조하다. ③ 제외하다.

nibbāhāpeti [nibbāhāpeti의 *caus.*] 밖에 내놓게 하다. 제외시키다.

nibbāheti [nibbahati의 *caus*] ① 밖에 내놓다. ② 배제하다. 제외하다. *caus.* nibbāhāpeti *cf.* nibbāhana.

nibbikappa *adj.* [nir-vikappa] ① 분별하는. 구별하는. ② 망분별(妄分別)이 없는.

nibbikāra *adj.* [nir-vikāra] ① 변하지 않는. 부동의. ② 확고한.

nibbicikicchā *f.* [nir-vicikicchā] = nibbecikicchā ① 의심할 수 없음. 확실성. ② 보증. 신뢰.

nibbijja nibbijjati의 *abs.*

nibbijjati [= nibbindati] ① 실망하다. ② 혐오하다. ③ 싫어하여 떠나다. 염리(厭離)하다. *abs.* nibbijjitvā. nibbijja; *grd.* nibbejaniya.

nibbijjhati [*sk.* nividhyate<ni-vyadh] ① 꿰뚫다. 꿰찌르다. 관통하다. 상처를 입히다. ② 통찰하다. 알다. = paṭivijjhati. *abs.* ninnijjha; *pp.* nibbiddha.

nibbiṭṭha *adj.* [nibbisati의 *pp.*] 얻어진. 획득된.

nibbiṇṇa *adj.* [*sk.* nirviṇṇa. nibbindati의 *pp.*] ① 싫증난. 넌더리 난. ② 싫어하여 떠난. 염리(厭離)의. *cf.* nibbidā

nibbidā *f.* [*sk.* nirvid. nirveda. *cf.* nibbindati] ① 싫증. 혐오. 싫어하여 떠남. 염리(厭離). ② 각성(覺醒). -ânupassanā 싫어하여 떠남에 대한 관찰. 염리에 대한 관찰. 염리수관(厭離隨觀). -ânupassanāñāṇa 염리의 관찰에 대한 앎. 염리수관지(厭離隨觀智).

nibbiddha *adj.* [nibbijjhati의 *pp.*] ① 혐오스러운 (색깔). ② 혼잡한. 자주 다니는 (길)[nibbijjati의 *pp.*로 혼동].

nibbindati [*sk.* nirvindata<nis-vid] ① 충분하다. 만족하다. ② 물리다. 싫증나다. 혐오하다. 염리(厭離)하다. *ppr. m.* sg. *nom.* nibbindaṁ; *opt.* nibbide. nibbije. *abs.* nibbijitvā. nibbijja. nibbindiya. *pp.* nibiṇṇa; *grd.* nibbejaniya. *cf.* nibbidā.

nibbiriya *adj.* [nis-viriya] ① 힘이 없는. 무력한. ② 게으른. 나약한.

nibbivara *adj.* [nis-vivara] ① 틈이 없는. ② 생략이 없는

nibbisa *m.* [*cf.* nibbisati] ① 소득. ② 보수.

nibbisaṅja *adj.* [nis-visaṅka. *sk.* viśaṅkā] ① 두려움이 없는. ② 주저하지 않는.

nibbisati [*sk.* niviśate] ① ~에 들다. 찾다. 발견하다. ② 얻다. 벌다. ③ 기뻐하다. *ppr.* nibbisaṁ; *pp.* nibbiṭṭha.

nibbisaya *adj.* [nis-visayā] 추방된.

nibbisevana *adj.* [vir-visevana] ① 방종하지 않는. 금욕적인. ② 온순한. 순종하는

nibbisesa *adj. m.* [nis-visesa] ① 동일한. ② 비슷한. 유사한. 단조로운. ③ 정체성(正體性). -tāya 단조롭게.

nibbujjhati [ni-yujjhati<yudh] 씨름하다. *pp.* nibbuddha.

nibbuta *adj.* [*sk.* nirvṛta 실은 nibbāta<nibbāti] ① 불이 꺼진. ② 번뇌가 소멸된. 열반에 도달한. *cf.* abhinibbuta. parinibbuta.

nibbuti *f.* [nibbuta] ① 불이 꺼짐. ② (번뇌의) 소멸. 적멸. 적정.

nibbuddha *m.* [nibbujjhati의 *pp.*] 씨름

nibbuyhati [*sk.* niruhyate. nir-vah의 *pass.*] ① 끌어내어지다. 구출되다. ② 시작하다. 운반하다.

nibbusitatta *adj.* [*sk.* nirvasitātman. nirvasitatvaṁ] ① 자신에 머물지 않는. ② 혼란된. 불안한. 걱정하는.

nibbusittattā *f.* [<nibbusitatta] ① 불안. ② 걱정. 근심.

nibbecikicchā *f.* [=nibbicikicchā] ① 의심할 수 없음. 확실성.

nibbejaniya *adj.* [nibbijati의 grd] ① 싫어할 만한. ② nibbeṭhaniya의 *misr.*

nibbeṭhana *n.* [*sk.* nirveṣṭana. nis-veṭhana] ① 풀림. 이완. ② 설명.

nibbeṭhita nibbeṭheti의 *pp.*

nibbeṭheti [*sk.* nirveṣṭayati. nir-veṣṭ의 *caus.*] ① 풀다. 해명하다. 설명하다. ② 부정하다. 거부하다. 배제하다. *grd.* nibbeṭhaniya; *pp.* nibbeṭhita; *pass.* nibbeṭhiyati *cf.* nibbeṭhana.

nibbedha *adj. m.* [*sk.* nirvedha<nir-vyadh] ① 예리한. 꿰뚫는. 결택력(決擇力)이 있는. ② 간파. 통찰. 분별. 결택(決擇). 꿰뚫음[禪定에서 지각의 승화와 관련된 존재의 전환에 대한 꿰뚫음]. -bhāgiya 꿰뚫음과 연관된. 결택분(決擇分). -bhāgiyapaññā 꿰뚫음과 연관된 지혜. 결택분혜(決擇分慧). -bhāgiyasamādhi 꿰뚫음과 연관된 삼매. 결택분정(決擇分定). -bhāgiyasīla 꿰뚫음과 연관된 계행. 결택분계(決擇分戒).

nibbedhaka *adj.* [nibbedha-ka] ① 꿰뚫는. 날카

로운. ② 분별하는. 결택(決擇)의. -pañña 꿰뚫음의 지혜. 분별력있는 지혜. 결택혜(決擇慧). 택혜(擇慧). 명달혜(明達慧). -pariyāya 꿰뚫음의 법문. 분별력있는 법문. 결택법문(決擇法門). *f.* nibbedhikā

nibbematika *adj.* [nir-vimati-ka] ① 불일치하지 않는. 일치하는. ② 합의하는.

nibbhacceti [*sk.* nirbhartsayati<bharts] ① 위협하다. ② 욕하다. ③ 경멸하다.

nibbhaya *adj.* [nir-bhaya] ① 두려움이 없는. 무서워하지 않는. ② 용감한.

nibbhujati [nir-bhujati] ① 구부리다. ② 감다. ③ 줄이다.

nibyaggha→ niyaggha.

nibha *adj.* [〃<ni-bhā] ① 빛나는. ② ~과 같은. 유사한.

nibhatā *f.* [nibha의 *abstr.*] 외관.

nibhā *f.* [<nibha] 빛남. 광채.

nibhāsin *adj.* [nibhā-in] 빛나는. 광채가 나는.

nimajjhima *adj.* [ni-majjhima] 중간의.

nimantaka *adj. m.* [<nimantti] 초대한 (사람).

nimantana *n.* [<nimanteti] ① 초대. 초청. ② 간청. -bhatta 초대의 식사. 청식(請食).

nimantanika *adj. n.* [nimantana-ika] ① 초대하는. ② 경전의 이름.

nimantita *adj.* [nimanteti의 *pp.*] 초대받은. *cf.* nimantaka 초대한 사람.

nimanteti. nimantayati [*sk.* nimantrayati] ① 부르다. 초대하다. ② 전갈을 보내다. *aor.* nimantayi. nimantayiṁsu; *pp.* nimantita. *cf.* nimantana. nimantaka.

nimantāpeti [nimanteti의 *caus.*] ① 초대하러 보내다. ② 전갈을 보내다. *abs.* nimantāpetvā

nimitta *n.* [〃<mā] ① 부호. 기호. 표시(表示). 표지(標識). ② 특징. 겉모습. 징상. 상(相). 인상(印象). 현상(現相). ③ 전조(前兆). 점상(占相). ④ 음상(婬相). ④ 근거. 이유. 원인. ⑤ 목적. *acc.* nimittaṁ; *ins.* nimittena ~한 이유로. ~때문에. -ānusārin 외적인 모습에 따르는. -kamma (전조에 의한) 예지. 예언. 시상업(示相業). -karaṇa 외모에 매혹된. 감각적으로 이끌린. -kosalla 외모에 숙달된. 상선교(相善巧). -gāhin 외모를 취하는. 외모에 매혹된. -mattā 외모뿐인 여자. 소상녀(少相女).

niminati [*bsk.* niminati. niminātī<mā. mi] 바꾸다. 교환하다. *imp.* niminā; *pres. 1pl.* nimimhase; *opt.* nimineyya; *fut.* nimissati. nimmissaṁ(nimissaṁ); *aor.* nimmini; *abs.* niminitvā. *cf.* nimmināti.

nimisa *n.* [*sk.* nimiṣa] = nimesa. ① 눈을 깜박거림. 눈짓. ② 윙크.

nimisatā *f.* [nimisati의 *abstr.*] ① (눈을) 깜박거리기. 눈짓. ② 윙크.

nimisati [*sk.* nimiṣati<miṣ] 눈을 깜박거리다. 눈짓하다.

nimilati. nimmilati [ni-milati<mil] 눈을 감다. *caus.* nimmīleti 눈을 감게 하다.

nimugga *adj.* [nimujjati의 *pp.*] ① 가라앉은. ② 빠진. ③ 침수된.

nimujjati [*sk.* nimajjati<majj] ① 가라앉다. ② 빠지다. ③ 잠수하다. *aor.* nimujji; *pp.* nimugga; *caus.* nimujjeti. numujjāpeti.

nimujjā. nimmujjā *f.* [<nimujjatu] 잠수. 침수.

nimujjana *n.* [*sk.* nimajjana] ① 잠수. ② 수영.

nimesa *m.* = nimisa.

nimokkha *m.* = vimokkha 해탈.

nimba *m.* [〃] 님바나무. 임바수(荏婆樹)[쓴맛이 있는 단단한 나무. Azadirachta Indica].

nimmaṁsa *adj.* [nir-maṁsa] 고기가 없는. -bhojitā 채식주의. -bhojin 채식주의자.

nimmakkha *adj.* [nir-makkha] ① 이기적이지 않은. 거짓되지 않은. ② 남을 비난하지 않는.

nimmakkhika *adj.* [*sk.* nirmakṣika] 파리가 없는.

nimmajjana *m.* [mṛd-yana? 또는 non-aryan] (기름) 케이크의 일종.

nimmathati. nimmanthati [nir-math] ① 억누르다. 압착하다. ③ 분쇄하다. *aor.* nimmathi; *pp.* nimmathita; *abs.* nimmathitvā.

nimmathana *n.* [<nir-mathana] ① 접촉. ② 억누름. 압착. ③ 분쇄. 파괴.

nimmatheti [nimmathati의 *caus.*] ① 접촉하다. ② 부수다. 분쇄하다. 파괴하다. ③ 압착하다.

nimmadana *n.* [<nimmādeti] ① 접촉. ② 분쇄. 파괴. ③ 정복. mada° 도취하거나 교만한 마음의 파괴. 무교심(無憍心).

nimmadaya *adj.* [nimmādeti의 *grd.*] ① 부서져야 할. 파괴되어야 하는. ② 압착되어야 할.

nimmaddana *n.* [nis-mṛd] ① 접촉. 마촉(磨觸). ② 분쇄. 마멸.

nimmanussa *n.* [nir-manussa-ya] 사람들이 없음. 무인(無人).

nimmala *adj.* [nir-mala] 깨끗한. 순수한. 무구(無垢)한.

nimmātapitika *adj. m.* [nis-māta-pitika] ① 부모를 여읜. ② 고아(孤兒). 고아의.

nimmātika *adj.* [nir-mātika] 어머니를 여읜.

nimmātar *m.* [*sk.* nirmāka *cf.* nimmināti] '만드는 자' 창조자. 창조주. 화생주(化生主).

nimmādeti [*cf. sk.* nimṛdāti<mṛd] ① 부수다. 정복하다. 침해하다. ② 창피를 주다. 모멸하다. *grd.* nimmadaya.

nimmāṇa ① *n.* [*sk.* nirmāṇa *cf.* nimmināti] 산출. 창조. 변화. 화작(化作). 발기(勃起). 설치(設置). -rati 산출・창조의 기쁨. -sippa 건축학. 건축술. -sippin 건축가. 설계자(設計者). ② *adj.* [nirmāna] 건방지지 않은. 교만하지 않은. 겸손한.

nimmāṇarati *adj. m.* [*sk.* nir-māna-rati] 창조한 것에 기뻐하는 (신들의 하늘나라). 화락천(化樂天). nimmāṇaratī devā 창조하고 기뻐하는 하늘나라의 신들. 화락천(化樂天). 낙변화천(樂變化天). 불교락천(不憍樂天). 니마라천(尼摩羅天) [神·神界의 이름. 欲界六天의 하나].

nimmāniyati [<nir-māna] ① 교만함이 없어지다. ② 겸손하다.

nimmiñjana *m.* = nimmajjana.

nimmita *adj.* [*sk.* nirmita. nimmināti의 *pp.*] 계획된. 창조된. 화작(化作)된. -rūpa 창조된 물질. 화작색(化作色).

nimmināti [*bsk.* nirmiṇoti. nir-minoti] ① 만들다. 창조하다. 화작(化作)하다. ② 측량하다. *aor.* nimmini; *abs.* nimminitvā. nimmāya; *pp.* nimmita *cf.* nimmāṇa. nimmātar. nimināti.

nimmissaṁ = nimissaṁ nimināti의 *fut. 1sg.*

nimmīleti [nimīlati의 *caus.*] 눈을 감게 하다.

nimmujjā = nimujjā.

nimmūla *adj. n.* [nis-mūla] ① 뿌리 없는. 근거가 없는. ② 공짜. 무료. *ins.* nimmūlena *adv.*공짜로. 무료로.

nimmoka *m.* [*sk.* nirmoka<nis-moceti] ① 뱀의 벗은 허물. ② 허물벗기.

niya *adj.* [*sk.* nija] ① 자신의. 고유의. ② 천부적인. 타고난. 자생의.

niyata *adj.* [ni-yam의 *pp.*] ① 확정된. 결정된. 일정한. 고정된. 확실한. ③ 고정된 법칙을 지닌. 정해진 운명을 지닌. -duka 한 쌍의 확정된 법. 결정이법(決定二法). -micchādiṭṭi 정해진 운명으로 이끄는 삿된 견해. 결정사견(決定邪見) [ahetuka°, akiriya°, natthika - diṭṭhi]. -puggala 정해진 운명을 지닌 사람. 운명이 결정된 사람. -vidhiviruddha 변칙적인.

niyati *f.* [*cf.* niyata] ① 결정 ② 운명. 숙명. -vāda 결정론(決定論). 숙명론(宿命論). -vādin 결정론자. 숙명론자.

niyama *m.* [<ni-yam] = niyāma ① 고정된 법칙성. 결정. 규정. *ins.* niyamena; *abl.* niyamato 필연적으로. 반드시. ② 억제. 제어. 자제. -āvali 일정(日程). 스케줄. -viruddha 괴상한. 상도를 벗어난.

niyamana *n.* [<niyameti] ① 고정. 결정. ② 정의. ③ 자세한 설명. 상설(詳說).

niyamita [<niyameti] ① 묶여진. 고정된. ② 처방된. ③ 자세히 설명된. -āhārakoṭṭhāsa 배급량(配給量).

niyameti [*sk.* niyamayati. ni-yam] ① 묶어 두다. 고정하다. 체계화하다. ② 제어하다. 처방하다. ③ 자세히 설명하다. 예증하다.

niyāteti → niyyādeti.

niyāma *m.* [*bsk.* niyāma. nyāma] ① 길. 목적에 이르는 길. 해탈의 길. 정도(正道). 규범(規範). 방법. 실천. ② 고정된 법칙성. 확실성. 결정. *ins.* niyāmena *adv.* ~을 따라서. ~을 통해서. 경유해서. *ins.* aniyāmena *adv.* 질서 없이. 목적 없이. 임의로. -kathā 결정론. -gamanāya ñāṇaṁ 결정에 도달하는 지혜.

niyāmaka ① *adj.* [niyāma-ka] 결정된. 이끄는. ~에 기초한. 완성된. ② *m.* [=niyyāmaka] 선장(船長).

niyāmatā *f.* [niyāma의 *abstr.*] ① 확실성. ② 고정된 방법. 규칙적인 순서[緣起法을 설명할 때 사용].

niyāmeti [niyǎma의 *denom.*] ① 억제하다. 조정하다. ② 안내하다. 인도하다.

niyujjati [niyuñjati의 *pass.*] ① 적당하다. 적용되다. ② 결과하다.

niyuñjati [ni-yuj] 권하다. 설득하다. *caus.* niyojeti; *pass.* niyujjati.

niyutta. niyuttaka *adj.* [niyuñjati의 *pp.*] ① 묶인. 정해진. ② 종사하는. 임명받은.

niyojana *n.* [<niyojeti] ① 몰아댐. 강제. ② 지시. 명령. ③ 위탁.

niyoga *m.* [ni-yoga] ① 명령. 지정. ② 필요.

niyojeti [niyuñjati의 *caus.*] ① 설득시키다. 몰아대다. ② 자극하다. 격려하다. 선동하다(*loc.*). ③ 권한을 부여하다. 고용하다. *aor.* niyojesi; *ppr.* niyojenta; *abs.* niyojetvā; *fut.* niyojessaṁ; *aor.* niyojayi.

niyojita *adj. m.* [niyojeti의 *pp.*] ① 격려를 받은. 선동된. ② 대표자. 사절. -sabhā 사절단. 대표단.

niyyati = niyati [nayati의 *pass.*] 이끌리다. 인도되다. *opt. 3sg.* niyyetha.

niyyatta *n.* [niyyāti의 *abstr.*] ① 도망. ② 탈출.

niyyāta *adj.* [=niyyādita] ① 주어진. ② 증여된.

niyyātana *n.* [*cf.* niyyāta] ① 떠맡김. ② 헌정. ③ 되돌려 줌.

niyyātar *m.* [niyyāti의 *ag.*] ① 안내자. 인도자. ② 지도자. ③ (윤회를) 벗어나는 자. (욕망을) 여의

는 자. 출리자(出離者).
niyyāti [sk. niryāti] ① (~에서) 나가다. ② (윤회에서) 벗어나다. (욕망을) 여의다. 출리(出離)하다. aor. niyyāsi niyyiṁsu; fut. niyyassati. cf. nittātana. niyyāna. niyyānika.
niyyādita. niyyātita adj. [niyyādeti의 pp.] ① 주어진. ② 증여된.
niyyādeti. niyyāteti. niyādeti [bsk. niryātayati. niryādayati] ① 지시하다. ② 표현하다. ③ 전하다. 제출하다. ④ 주다. 증여하다. 받게 하다. ⑤ 부과하다. ⑥ 인도하다. ⑦ 돌려보내다. pp. niyyādita. niyyātita.
niyyāna n [cf. niyyāti] ① 나감. 떠남. 진격. ② 구원. 해탈(解脫). 출리(出離).
niyyānika. nīyānika adj. [cf. niyyāna] ① 해탈로 통하는. 욕망에서 벗어나는. 여의는. 출리(出離)의. ② 유리한. -duka 여읨의 두 가지. 출리이법(出離二法). -dhamma 해방. 해탈로 통하는 법. -sāsana 출리의 가르침. 여읨의 가르침.
niyyāma. niyyāmaka m [=niyāmaka ②] ① 선두(先頭). 선장(船長). 조종사. 조타수. ② 지도자. 안내자. 도사(導師). -sutta 지도자의 경전. 선장의 경전.
niyyāsa m [cf. sk. niryāsa] ① 고무나무의 분비물. ② 고무. cf. nivāyāsa.
niyyūha m [sk. niryūha] ① 뾰족탑. 작은 탑. 소탑(小塔). ② 첨탑. 고루(高樓).
niraṅkaroti. nirākaroti [sk. nirākaroti<nir-ā-kṛ] ① 무시하다. 경멸하다. ② 거부하다. 논박하다. 논파하다. ③ 버리다. 파괴하다. pres. 3pl. nirākata.
niraggala. niraggaḷa adj. m [nis-aggala] '빗장을 뽑은' ① 방해받지 않는. 장애 없는. ② 자유로운. ③ 니라갈라공희(供犧)[祭式의 이름]
niraggika adj. [nis-aggi-ka] 불이 없는.
nirajjati [nirajati의 pass. nis-ajati] ① 내던져지다. ② 추방되다. ③ ~을 잃다.
nirata adj. [niramati의 pp.] ① 좋아하는. 애착하는. ② 집착하는.
niratta adj. ① [nis-attan] 영혼이 없는. 비실체성. ② [sk. nirasta<nis-as의 pp.] 버려진. 방기된. 거부된. 포기된.
nirattha adj. [nis-attha] 쓸모없는. 무익한.
niratthaka adj. niratthikā f. = nirattha.
nirantara adj. [nis-antara] ① 틈이 없는. 무간(無間)의. ② 연속하는. 중단되지 않는.
niraparādha [nis-aparādha] 죄 없는. 무죄의.
nirapekkha adj. [nis-apekkha] ① 주의하지 않는. 무시하는. 무관심한. ② 구하는 바가 없는.
nirabbuda m. n. [bsk. nirarbuda] ① 니랍부다. 니라부다(尼羅浮陀)[0이 36개인 수. 큰 수의 이름. 지옥의 이름] ② adj. [nis-abbuda] 헌데가 없는. 상처가 없는. 건강한. 구탁(垢濁)없는.
niraya m [bsk. niraya] 지옥(地獄). = naraka 나락(奈落). 니리(尼梨). -kathā 지옥이야기. 지옥론(地獄論). -gāmin 지옥으로 통하는. -dukkha 지옥의 고통. -pāla 지옥의 보호자. 악마. -bandhana 지옥의 속박. 지옥박(地獄縛). -bhaya 지옥의 두려움. -magga 지옥으로 통하는 길. -loka 지옥에 사는. 지옥의 세계. -saṁvattanika 지옥으로 이끄는 cf. nerayika.
niravasesa adj. [nis-avasesa] ① 나머지가 없는. 무여의(無餘依). 포괄적인. ② 완성된.
nirasana adj. [nis-asana] ① 먹을 것이 없는. ② 가난한.
nirassati [nis-assati<as] = nidassati. ① 던져버리다. ② 무시하다. pp. niratta ②.
nirassāda adj. [nir-assāda] ① 맛없는. 흐릿한. ② 흥미가 없는. cf. nirāsāda.
nirākaroti = niraṅkaroti.
nirākaraṇa n. [<nirākaroti] ① 무시. 경멸. ② 논파(論破). 논박(論駁).
nirākula adj. [nis-ākula] ① 혼란되지 않은. ② 평온한. 안온한.
nirātaṅka adj. [nis-ātaṅka] ① 병이 없는. 뇌병(惱病)이 없는. ② 건강한.
nirādinava adj. [nis-ādinava] ① 위험에 처하지 않는. ② 과환(過患)이 없는.
nirāma adj. [nis-āma] ① 건강한. 악화되지 않은. ② 죄없는. ③ 유덕한.
nirāmagandha adj. [nis-āma-gandha] ① 비린내가 나지 않는. ② 악취가 없는.
nirāmaya adj. [nis-āmaya] ① 건강한. ② 좋은. 결함이 없는.
nirāmisa adj. [nis-āmisa] ① 자양을 여읜. 감각적 쾌락의 욕구가 없는. ② 무염오의. 무관심한. ③ 정신적인. 출세간적인.
nirārambha adj. [nis-ārambha] ① 제물에 쓸 대상이 없는. ② 제물에 쓸 동물을 죽이지 않는. ③ 노고가 없는.
nirālamba adj. [nis-ālamba] ① 지지를 받지 못하는. ② 도움을 받지 못하는.
nirālaya adj. [nis-ālaya] ① 집이 없는. ② 집착이 없는.
nirāsa adj. [nis-āsā] ① 배고프지 않는. ② 욕심이 없는.
nirāsaṁsa adj. [nis-āsaṁsa<śaṁs] ① 욕망이 없는. ② 기대가 없는.

nirāsaṅka *adj.* [nis-āsaṅkā] ① 걱정이 없는. ② 의심하지 않는.
nirāsattin *adj.* [nis-āsatta-in] ① 집착하지 않는. ② 박착(縛着)이 없는.
nirāsaya *adj.* [nis-āsaya] ① 의지하지 않는. ② 애착하지 않는. ③ 기대가 없는.
nirāsava *adj.* [nis-āsava] 번뇌 없는. 무루(無漏)에 속하는.
nirāsāda *adj.* [nis-assāda] 맛이 없는. *cf.* nir-assāda.
nirāhāra *adj.* [nis-āhāra] ① 음식이 없는. ② 단식하는.
niriñjana *adj.* [nis-iñjanā] ① 동요하지 않는. ② 안정된.
nirindhana *adj.* [nis-indhana] 연료가 없는.
niriha. nirihaka *adj.* [nis-iha-ka] ① 움직이지 않는. ② 비활동적인.
nirujjhati [ni-rudh의 *pass.*] ① 멈추다. ② 파괴되다. 분해되다. ③ 죽다. *ppr.* nirujjhamāna; *pp.* niruddha *cf.* nirodha.
nirujjhana *n.* [<nirujjhati] ① 멈춤. ② 소멸.
niruttara *adj.* [nis-attara] ① 그 이상이 없는. 위 없는. ② 최상의. 지상(至上)의.
nirutti *f.* [*sk.* niruki] ① 말. 언어. 언변(言辯). 사(詞). 사사(辭詞). ② 언어학. 어원학. 어의석(語義釋)[고대 인도에서 여섯 가지 학문(chaḷaṅga : kappa. vyākaraṇa. nirutti. sikkhā. chando. jotisattha)의 하나]. -dhamma 말의 법칙. 사법(詞法). -paṭibhāna 말재주. 사변(詞弁). -paṭisambhidā 언어에 대한 분석적 앎. 사무애해(詞無碍解). -patha 어원에 의한 해석방식. 언어도(言語道). -pada 사구(詞口). -sattha 어휘론(語彙論). 언어학(言語學).
nirudaka *adj.* [nis-udaka] 물이 없는. nirudakaṁ karoti 건조시키다. -kantāra 물이 없는 황량한 곳. 사막. 무수난처(無水難處).
niruddha *adj.* [nirujjhati의 *pp*] ① 소멸된. 제거된. ② 이멸(已滅)된.
nirundhati → nirujjhati.
nirupakāra *adj.* [nis-upakāra] ① 쓸모없는. ② 무익한.
nirupaghāta *adj.* [nis-upaghāta] ① 다치지 않은. ② 상처입지 않은.
nirupatāpa *adj.* [nis-upatāpa] ① 괴롭지 않은. 고뇌가 없는. ② 열고(熱苦)가 없는.
nirupaddava *adj.* [nis-upaddava] ① 해롭지 않은. 안전한. ② 재난이 없는. 행복한.
nirupadhi. nirūpadhi *adj.* [nis-upadhi] ① 갈망이 없는. 욕망이 없는. ② 집착의 대상이 없는. 의착(依着)이 없는. -sukha 욕망 · 집착이 없는 즐거움. 무의락(無依樂).
nirupadhika *adj.* [nis-upadhi-ka] ① 집착의 대상이 없는. 의착하지 않는. ② 무의(無依)의.
nirupama *adj.* [nis-upama] 비교할 수 없는.
nirumbhati [(?)ni-rudh] ① 멈추다. 억누르다. ② 침묵하다.
niruḷha *adj.* [*sk.* nirūḍha. niruhati의 *pp.*] ① 자란. 성장한. ② 올라온. ③ 일상적인. 전통적인.
nirussāsa *adj.* [nis-ussāsa] ① 호흡이 없는. 숨이 없는. ② 숨을 거둔. 소식(蘇息)이 없는
nirussukka *adj.* [nis-ussukka] ① 무관심한. ② 부주의한.
nirūpadhi = nirupadhi.
nirokāsa *adj.* [nis-okāsa] ① 기회가 없는. ② 불가능한.
niroga *adj.* [nis-roga] = nīroga ① 질병이 없는. ② 건강한.
niroja *adj.* [nis-oja] ① 맛 없는. ② 자양을 여읜.
nirodha *m.* [*bsk.* nirodha. *cf.* nirujjhati] ① 억제. 제어. ② 파괴. ③ 소멸. 지멸(止滅). -ânupassanā 소멸에 관한 관찰. 멸수관(滅隨觀). -gāminī-paṭipadā 소멸에 이르는 길. -taṇhā 소멸에 대한 갈애. 멸애(滅愛). 멸진애(滅盡愛)[비존재에 대한 갈애]. -dhamma 소멸해야하는 것. 소멸될 수 있는 것. 멸법(滅法). -dhammatā 소멸해야하는 것의 상태. -dhātu 소멸의 조건. 소멸의 세계. 멸계(滅界)[삼계(三界 : 色界·無色界·滅界)]. -sacca 소멸에 관한 진리. 멸제(滅諦). -saññā 소멸에 대한 지각. 멸상(滅想). -samāpatti 소멸의 성취. 소멸에 관한 명상. 멸정(滅定). 멸진정(滅盡定). -samāpanna 소멸의 경지에 들어간.
nirodhika *adj.* [nirodha-ika] ① 소멸의. 지멸(止滅)의. ② 파괴하는.
nirodheti [nirodha의 *denom.*] ① 억압하다. 제어하다. ② 파괴하다. 박멸하다. ③ 소멸시키다. 전멸시키다. *aor.* nirodhesi; *pp.* nirodhita; *abs.* nir-odhetvā
nilaya *m.* [<ni-lī] ① 거처. 둥지. ② 집. ③ 들짐승의 굴.
nilicchita → nillacchita.
nilīna *adj.* [nilīyati의 *pp.*] ① 앉은. 웅크린. ② 숨은. 숨어서 기다리는.
nilīyati [ni-līyati<lī] ① 앉다. 내려앉다. ② 숨다. 잠복하다. ③ 은거하다. *aor.* nilīyi; *pp.* nilīna; *caus.* nilīyāpeti.
nilīyana *n.* [<nilīyati] 은둔. 은거. 서지(棲止). 은서(隱棲).
nilenaka. nillenaka [<ni-lī] ① 숨는 곳. 도피처.

② 은둔처. 서식처.

nillaccheti [nir-laccheti<lañch. *cf.* lakkhaṇa] ① 남성다운 면을 없애다. ② 불까다. 거세하다. *pp.* nillacchita. *cf.* nillañchaka.

nillajja *adj.* [nis-lajjā] ① 부끄러움을 모르는. ② 뻔뻔스러운.

nilañchaka. nillañchaka *adj. m.* [<nillaccheti] ① 거세하는. ② (가축을) 거세하는 자.

nillapa *adj.* [nis-lappa] ① 속임수가 없는. ② 중상하지 않는.

nillāḷeti. nilloḷeti [nis-lul] (혀를) 위아래로 움직이다. 날름거리다. *pp.* nillāḷita.

nillekha *adj.* [nis-lekha] ① 긁힌 자국・생채기 없는. ② 날이 없는(?).

nillehaka *adj.* [nis-lehaka] ① 빠는. 흡입하는. ② 빨아 마시는.

nillokana *n.* [<nilloketi] ① 주의. ② 관찰.

nilloketi [nis-loketi] ① 주의하다. 경계하다. ② 관찰하다.

nillopa *m.* [nis-lopa<lup] ① 약탈. ② 약탈물.

nillobha *m.* [nis-lobha] 탐욕스럽지 않은. 무탐(無貪)의.

nillolupa. nilloluppa *adj.* [nis-loluppa] ① 탐욕이 없는. ② 동탐(動貪)이 없는.

nilloleti *adj.* [<nis-lola] (혀를) 날름거리다. 쭈뼛거리다.

nivatta *adj.* [nivattati의 *pp*] ① 되돌아온. ② 박탈당한. 잃어버린. ③ 없는. -bīja 종자를 잃어버린. 종자가 없는.

nivattati [nivartati<vṛt] ① 돌아오다. ② 피하다. 도망가다. 사라지다. ③ 머물다. 체류하다. 멈추다. *imp.* nivattatu; *inf.* nivattituṁ; *opt.* nivatteyyaṁ; *aor.* nivatti; *pp.* nivatteti.

nivattāpeti [nivattati의 *caus.*] ① 돌려보내다. 되돌리다. ② 억류시키다. 멈추게 하다. *pp.* nivattāpita 억류된.

nivattana *n.* [<nivattati] ① 돌아옴. 퇴전(退轉). 전향(轉向). ② 체류. 머뭄. ③ 회피. 포기. ④ 물굽이. (하천의) 굽은 곳. 커브. 구석진 곳.

nivattanīya *adj.* [nivattati의 *grd.*] 돌아올 수 있는. 돌아와야 할.

nivatti *f.* [ni-vṛt] ① 되돌리기. ② 복귀. ③ 보답.

nivattha *adj.* [ni-vasati ①의 *pp.*] ① (옷을) 입은. ② 둘러싼. 감은.

nivapati [ni-vapati<vap] ① 씨를 뿌리다. ②(음식을) 던지다. ③ 던져서 쌓다. *pp.* nivutta. *cf.* invāpa. nevāpa.

nivaraṇa → vivaraṇa.

nivarati [ni-varati<vṛ] ① 둘러싸다. ② 방해하다. *caus.* nivāreti *pp.* nǐvuta.

nivasati [ni-vas ②] ① 살다. 거주하다. ② 머물다. *pp.* nivuttha. *acf.* nivāsa.

nivaha *m.* [ni-vah] ① 다수. 다량. ② 분량. ③ 더미.

nivāta *adj.* [ni-vāta] ① 바람이 없는. 무풍(無風)의. ② 얌전한. 고요한. 조심스러운. ② 순종하는. 겸손한. -vutti 얌전한 생활. 조심스러운 생활.

nivātaka *m.* [nivāta-ka] ① 피난처. ② 기회.

nivāpa *m.* [<nivapati] ① 던져진 음식. 살이(撒餌). 먹이. 사료. ② 양식(糧食). (음식의) 몫. -tiṇa 먹을 풀. 이초(餌草). -puṭṭha 사료를 먹고 자란. -bhojana 소나 짐승의 먹이. 사료(飼料). 이식(餌食).

nivāyāsa *m.* [?] 나무의 삼출물. *cf.* niyyāsa.

nivāraṇa *n.* [<nivāreti] ① 보호. 방호(防護). 방지. 방어. ② 막음. 거절. 차지(遮止). 장애(障碍).

nivārita nivāreti의 *pp.*

nivāretar *m.* [nivāreti의 *ag.*] 제지하는 사람. (들어가는 것을) 막는 사람.

nivāreti [nivarati의 *caus.*] ① 보호하다. 방어하다. 방호(防護)하다. ② 막다. 금지하다. 차지(遮止)하다. *opt.* nivāreyya. nivāraye; *grd.* nivāraya; *pp.* nivārita.

nivāsa *m.* [<ni-vasati ②] ① 거처. 자리. 휴식처. 기숙사. 하숙집. ② 생존. ③ 보호. -ṭṭāna 머무는 곳. 사는 곳. 주처(住處). *cf.* nevāsika.

nivāsana *n.* ① [<nivāseti] 옷을 입음. 옷. ② [<nivasati ②] 거처. 사는 곳.

nivāsika *adj.* [nivāsa-ika] ① 사는. 거주하는. ② 머무는.

nivāsin *adj. m.* [<nivasati] ① 거주하는. 머무르는. ② 거주자(居住者).

nivāseti [nivasati ①의 *caus.*] 옷을 입다. 옷을 입히다. 착의(着衣)하다. *abs.* nivāsetvā; *caus.* nivāsāpeti.

nivāsāpeti [nivāseti의 *caus.*] 옷을 입히다.

nivicikicchā → nibbicikicchā.

nivijjha → vivijjha.

niviṭṭha *adj.* [nivisati의 *pp.*] ① 정착된. 확립된. ② 헌신하는. ③ 주착(住著)된. *m. pl. nom.* niviṭṭhāse.

nivisati [ni-visati<viṣ] ① 들어가다. 안주하다. 의지하다. ② 독단하다. ③ 정지하다. *abs.* mivissa; *pp.* niviṭṭha; *caus.* nivesti.

nivissavādin *m.* [nivissa(nivisati의 *abs.*)-vādin] ① 독단론자. ② 집착론자.

nivuta. nīvuta *adj.* [ni-varati. vṛ의 *pp.*] ① 덮인. 둘러싸인. ② 방해받는.

nivutta *adj.* ① [nivapati ①의 *pp.*] (음식이) 던져진. 파종된. 씨 뿌려진. ② [nivapati ②의 *pp.*] 베어진. 깎여진. 말쑥하게 된. ③ [<ni-vac의 *pp.*] 불리어진. 명명된. 지명된.
nivuttha nivasati의 *pp.*
niveṭha → nibbedha의 *misr.*
niveṭhana → viveṭhana.
niveṭheti = nibbeṭheti.
nivedaka *adj. m.* [<nivedeti] ① 이야기하는. 권고하는. 주의시키는. 훈계하는. ② 훈계자. 고지자(告知者).
nivedana *n.* [<ni-vedeti] ① 알림. 보고. 전달. ② 정보.
nivedeti [ni-vedeti. ni-vid의 *caus.*] 알리다. 보고하다. 전달하다.
nivesa *m.* [*sk.* niveṣa<viṣ] ① 정착. ② 거처. 집. ③ 집착.
nivesana *n. m.* [*sk.* niveṣana<niveseti] ① 정착. ② 거처. 집. ③ 집착.
nivesanā *f.* [<nivesana] ① 집착. ② 주착(住著).
nivesāpana *n.* [<niveseti] 길들임.
niveseta niveseti의 *pp.*
niveseti [nivisati의 *caus.*] ① 들어가게 하다. 길들이다. ② 정착하다. 세우다. 확립하다. ③ 탄원하다. 충고하다. 간청하다. *opt.* niveseyya. nivesaye; *aor.* nivesayi; *pp.* nivesita.
nivyaggha *adj.* [nir-vyaggha] 호랑이가 없는.
nisagga. nissagga *adj. m.* [<ni-sṛj] ① 주어진. 자연의. 자연 상태. 자연. 소여(所與). ② 버림. 사견(捨遣). 배설(排泄). 방기(放棄).
nisaṅkhiti *f.* [*sk.* nisaṁkṛti<ni-saṁ-kṛ] ① 축적. 집적(集積). ② 결과[業報]. ③ 작위(作爲).
nisajja *ind.* [ni-sīdati의 *abs.*] 앉고 나서.
nisajjā *f.* [<nisīdati] ① 앉음. 좌(坐). ② 자리. ③ 의자. ④ 좌선(坐禪).
nisajjitar *m.* [ni-sad의 *ag.*] ① 좌선하는 사람. ② 앉아있는 사람.
nisajjeti [ni-sṛj의 *caus.*] ① 배설하다. ② 버리다. 포기하다. 방기(放棄)하다. ③ 소모하다. ④ 증여하다. 주다.
nisaṭṭha. nissaṭṭha *adj.* [nissajjati의 *pp.*] ① 포기된. 버려진. ② 황폐화된.
nisada *m.* nisadā *f.* [*sk.* dṛsad] ① 숫돌. 지석(砥石). ② 맷돌. -pota 작은 숫돌.
nisanti *f.* [<ni-śam] ① 주의(注意). 관심. ② 세심한 관찰. 탐구. *cf.* nisamma. nisāmeti.
nisabha *m.* [*sk.* nṛ-ṛṣabha *cf.* usabha] ① 목우(牧牛). 인우왕(人牛王). ② 왕자. 지도자. 가장 훌륭한 사람[부처님].
nisamma *ind.* [nisāmeti의 *abs. sk.* nisāmya] ① 주의 깊게. ② 신중히. 신중히 듣고. -kārin 신중하게 하는.
nisā *f.* [*sk.* niś. niśā] 밤[夜]. *loc.* nise. nisi. nisati. nisāya. nisāyaṁ. -vānara 여우원숭이.
nisākara *m.* [nisā-kara] 밤[夜]을 만드는 자. 달[月].
nisātaka [<*sk.* nīśātayati '때리다. 넘어뜨리다'] kokanisātaka 맹수의 일종.
nisāda *m.* [*sk.* niṣada] ① 강도. ② 사냥꾼[비아리안 족에 속하는 카스트]. *cf.* nesāda.
nisādika *adj.* [*sk.* niṣādin. ni-sad] ① 눕기에 적당한. ② 휴식하기에 좋은.
nisādin *adj.* [*cf.* nisīdati. ni-sad] 앉아있는.
nisāna *m.* [<nisita. ni-śā] 숫돌.
nisāmaka *adj.* [<nisāmeti] ① 주의하는. ② 보살피는. ③ 경청하는.
nisāmeti [*sk.* niśamayati<ni-śam] ① 주의하다. ② 듣다. 경청하다. ③ 관찰하다. *imp.* nisāmayatha. *cf.* nisanti. nisamma.
nisāra *adj.* [ni-sāra] ① 활기가 있는. ② 우수한. ③ 강한. 강력한.
nisiñcati [ni-siñcati] ① 흩뿌리다. 살포하다. ② 쏟아 붓다.
nisita *adj.* [*sk.* niśitha. ni-śās] 예리한. 날카로운.
nisinna *adj.* [nisīdatidml *pp.*] 앉은.
nisinnaka → nisinna.
nisive = nisīthe 밤마다.
nisītha *n.* [*sk.* niśitha. *cf.* nisā] ① 한 밤중. ② 밤[夜]. *loc.* nisīthe.
nisīdati [*sk.* niṣīdati *cf.* ni-sad] ① 앉다. 착석하다. ② 살다. 거주하다. *aor.* nisīdi. nisīdiṁsu. nisīdisuṁ; *abs.* nisīditvā. nisajja. nisīditvāna; *grd.* nisīditabba. *pp.* nisinna; *caus.* nisīdāpeti.
nisīdāpeti [nisīdāpeti의 *caus.*] ① 앉히다. 자리를 내어주다. ② 정착시키다.
nisīdana *n.* [*sk.* niṣadana<nisīdati] ① 앉음. 앉을 기회. ② 방석. 깔개. 좌구(坐具). 착석(着席). -phalaka 벤치.
nisumbhati [ni-sumbh] ① 때려눕히다. ② 굴복시키다. *opt . 1sg.* nisumbheyyaṁ.
nisūdana *n.* [<ni-sūd] ① 파괴. ② 살육.
nisedha ① *adj. m.* [<nisedheti. *sk.* niṣedha] 억제하는. 금지하는. ② 방지. 억제. 금지. 형벌. ③ [nisedheti의 *imp. 2sg.*] 금지하라.
nisedhaka *adj. m.* [nisedha-ka] ① 금하는. 억제하는. ② 금지시키는 사람.
nisedhanatā *f.* [< nisedheti] ① 거절. ② 금지.
nisedheti [*sk.* niṣedhayati. ni-sidh의 *caus.*] ①

막다. 금지하다. ② 억제하다. 부정(否定)하다. *imp.* nisedha *cf.* nisedha. nisedhaka.

nisevana *n.* nisevanā *f.* [*sk.* niṣevana] ① 실행. 즐김. ② 추구. 노력. ③ 봉사.

nisevita *adj.* [nisevati의 *pp.*] ① 실행된. 실천된. ② 봉사된. 추구된. ③ 열중한.

nissaṁsaya *adj.* [nis-saṁsaya] 의심이 없는. 확고한. *acc.* nissaṁsayaṁ *adv.* 의심이 없이.

nissakka *m.* [<nis-sakkati<sakk] 탈격(*abl.*)[문법].

nissakkana *n.* [nissakka-na] ① 기어나감. 밖으로 나감. ② 출입.

nissagga. nisagga *m.* [<nissajjati] ① 버림. 사견(捨遣). ② 자연상태. 소여(所與).

nissaggiya *adj. m.* [*bsk.* niḥsargika. naiḥsargika] ① 거부되어야 할. 버려져야 할. ② 사물(捨物). 니살기(尼薩耆). -cīvara 거부되어야 할 사타의(捨墮衣). -pācittiya 사타(捨墮)[금지된 소유를 내놓아 탐심을 버리며 지옥에 떨어지는 것을 참회하는 죄]. 니살기바일제·니살기파일제(尼薩耆波逸提).

nissaṅka *adj.* [nis-saṅka] ① 의심이 없는. ② 걱정이 없는. ③ 안전한. *f.* nissaṅkā.

nissaṅga *adj.* [nis-saṅga] ① 집착하지 않는. ② 무관심한.

nissajjati [nis-sajjati<sṛj] ① 놓아주다. 포기하다. ② 보내버리다. 넘겨주다. *abs.* nissajja [*sk.* niḥsṛjya]; *grd.* nissaggiya; *pp.* nissaṭṭha. nisaṭṭha.

nissaṭa *adj.* [nissarati의 *pp.*] ① 벗어난. 자유로운. ② 나타난.

nissaṭṭha *adj.* [nissajjati의 *pp.*] ① 포기된. 방사(放捨)된. ② 소모된. 잃어버린. ③ 넘겨진. -cīvara 사의(捨衣). -patta 사발(捨鉢).

nissatta *adj.* [nis-satta *sk.* niḥsattva] ① 영혼이 없는. ② 존재가 없는. 실체가 없는. *f.* -tā. *abstr.*

nissadda *adj.* [nis-sadda] 소리가 없는. 고요한. 조용한.

nissantāpa *adj.* [nis-santāpa] ① 슬픔이 없는. ② 스스로 괴롭히지 않는. 고행하지 않는.

nissanda *m.* [*sk.* nisyanda. niṣyanda] ① 흘러내림. 방울방울 떨어짐. 방출. 등류(等流). ② 발포. 발행. ③ 결과. -phala 등류과(等流果)[원인이 선하면 결과도 선하고 원인이 악하면 결과도 악한 관계].

nissama *m.* [ni-sama<śram] 노력.

nissaya *m.* [*sk.* niśraya] ① 의지(依止). 보호. ② 지지. 도움. ③ 부여. 공급. ④ 기초. 기반. 토대. 수단. ⑤ 필수조건. 필수품. -ācariya 신참 수행승이 가까이 모시고 그 감독을 받는 수행승. 의지아자리(依止阿闍梨). -kamma 의지의 갈마. 의지갈마(依止羯磨)[계율을 범한 어리석은 수행승을 일정기간 다른 수행승의 감독을 받게 하는 승가의 조치]. -paccaya 의지의 조건. 의존조건. 의연(依緣). -paṭipassaddhi 의지의 소멸. -parivāra 의지하는 권속. 의지권속(依止眷屬). -sampanna ~에서 힘을 발견하는. 소의구족(所依具足). -sāmaṇera 의지하는 사미. 의지사미(依止沙彌).

nissayatā *f.* [nissaya의 *abstr.*] ① 의지(依止). 의존. ② 요구.

nissayati [*sk.* niśrayati<śri] ① 기대다. 의지하다. 의존하다. 토대를 마련하다. ② 신뢰하다. ③ 추구하다. *opt.* nissayeyya; *abs.* nissāya; *pp.* nissita; *pass.* nissīyati.

nissaraṇa *n.* [<nissarati *sk.* niḥsaraṇa] ① 벗어남. 여윔. 떠남. 탈출. 출리(出離)[감각적 쾌락의 욕망에서 벗어남]. ② 버림. 포기. 해탈. ③ 뒤에 남김. 결과. -ajjhāsaya 생사를 벗어나려는 의도. 출리의락(出離意樂). -dassin 선견지명이 있는. 해탈로 통하는 길을 아는. -pañña 열반으로 회향하는 여윔의 지혜. 출리혜(出離慧). -ppahāna 출리에 의한 버림. 출리에 의한 극복. 출리단(出離斷). -vumutti 열반으로 회향하는 여윔을 통한 해탈. 출리해탈(出離解脫). -viveka 열반으로 회향하는 여윔을 통한 멀리 여윔. 출리원리(出離遠離). -suñña 출리공(出離空)[出離에 의해 瞋이 出離하는 등. 阿羅漢道에 의해 一體煩惱가 出離하여 없어지는 空을 말한다].

nissaraṇīya *adj.* [nissarati의 *grd.*] 해탈로 통하는. 여읠 수 있는. 출리(出離)될 수 있는.

nissarati [*sk.* niḥsarati<sṛ] ① 떠나다. 탈출하다. ② 해방되다. 여의다. 출리(出離)하다. *grd.* nissaraṇiya; *pp.* nissaṭa; *caus.* nissāreti.

nissāya *prep.* [*bsk.* niśritya. nissayati의 *abs.*] ① 가까이에. 의지해서. ② ~통해서. ~때문에. *cf.* nissaya. nissita.

nissāra *n* [nis-sāra] ① 활기가 없는. 가치가 없는. ② 무견실(無堅實)한. 비실체적인.

nissārajja *adj. n.* [*sk.* niḥ-śāradaya] ① 자신이 있는. ② 무외(無畏). 자신(自信).

nissāraṇa *n.* [*cf.* nissāreti] ① 쫓아냄. ② 추방.

nissāreti *adj.* [nissarati의 *caus.*] ① 쫓아내다. ② 추방하다. *grd.* nissāraṇiya.

nissita *adj.* [*sk.* niśrita. nissayati<śri의 *pp.*] ① 의존하는. ② 기초로 하는. ③ 집착하는.

nissitaka *m.* [nissita-ka] ① 추종자. 신봉자. 의지자(依止者). ② 제자(弟子).

nissitatta *m.* [nissita의 *abstr.*] ① 의존. 접근.② 방해. 지장(支障).
nissirīka *adj.* [nis-sirī-ka] ① 권세를 잃어버린. ② 불운한.
nissīma *adj.* [<nis-sīma] ① 경계 밖의. ② 비경구(非境區)의.
nissuta *adj.* [<nis-savati. sru의 *pp*] ① 유실된. ② 사라진.
nisseṇī *f.* [<nis-śri] ① 사다리. 계제(階梯). ② 연속된 계단.
nissesa *adj.* [nis-sesa] ① 남김이 없는. ② 완전한. *acc.* nissesaṁ. *adv.* 남김없이. 완전하게.
nissoka *adj.* [nis-soka] ① 고통에서 벗어나. ② 슬픔이 없는.
nihacca nihanti 또는 nīharati의 *abs.*
nihata *adj.* [nihanti의 *pp.*] ① 살해된. 파괴된. ② 거부된. -māna 모욕을 당한. 겸손한. 아만(我慢)이 부서진.
nihanti [ni-han] ① 때리다. 구타하다. ② 살해하다. ③ 공격하다. ④ 접촉하다. *abs.* nihacca; *pp.* nihata.
niharati = nīharati.
nihita *adj.* [〃 nidahati의 *pp.*] ① 놓은. 내려놓은. ② 버린. 내버려둔. ③ 저장된. -tthāna 저장소. -daṇḍa 지팡이를 버린. 몽둥이를 내려놓은. -sattha 칼을 버린. 칼을 내려놓은.
nihīna *adj.* [〃 nihīya<hā의 *pp.*] ① 버려진. 버림받은. ② 타락한. 비천한. 천한. ③ 못난. 열등한. -attha 재산이 버려진. 가난한. -kamma 비천한 행위. 악업자(惡業者). -citta 비천한 마음을 지닌. -jātika 태어날 때부터 천한. -kamma 천한 행동. 비열엽(非劣葉). -kula 비천한 가문・씨족. 비천족(卑賤族). -pañña 열등한 지혜를 가진. -sevin 천한 일을 하는.
nihīnatā *f.* [nihīna의 *abstr*] ① 비천. ② 열등.
nihīyati [ni-hā의 *pass.*] ① 버려지다. ② 멸망하다. *pp.* nihīna.
nihuhuṅka *adj.* [ni-huhuṅka] ① '훙훙'이라고 하지 않는. 경멸하지 않는. ② 겸손한.
nīka *m.* [*sk.* nyaṅku?] 니까[사슴이나 돼지의 일종].
nīgha *m.* [=nigha] ① 비참. ② 혼란.
nīca *adj.* [〃] ① 낮은. 열등한. ② 천한. 비천한. -āsana 낮은 자리. -kula 비천한 가문·종족. 비천족(卑賤族). -kulin 비천한 종족에 속하는. -citta (tā) 겸손한 마음. 하심(下心). -pīṭhaka 낮은 의자. -mano 겸손한 -seyyā 낮은 침대.
nīcatā *f.* [nīca의 *abstr.*] 천박. 음란.
nīceyya *adj.* [nīca의 *compar.*] ① 더욱 천한. ② 보다 열등한.
nīta *adj.* [neti의 *pp.*] ① 인도된. ② 확인된. 분명한. ③ 추론된. -attha 분명한 의미. 요의(了義). -attha 분명한 의미를 지닌 가르침. 요의법(了義法).
nīti *f.* [〃 *cf.* nīta] ① 법. 법률(法律). nītiṁ paññāpeti 법률을 제정하다. ② 안내. 생활의 지혜. ③ 행정. 정치. ④ 논리. 규정(規定). 정리(正理). -anukūla(nīty°) 합법적인. -kusala 생활의 지혜에 정통한. -kovida 법률에 정통한. -cintaka 입법자(立法者). 국회의원. -dāyin 입법자(立法者). 국회의원. naya 정치와 법. -maṅgala 상식(常識). -visayaka 윤리적인. -vedin 법률가. 변호사. -sattha 행정학. 올바른 행위에 대한 학문. 윤리. 도덕. 윤리학 -sampādana 법률의 제정.
nīdha = nu idha.
nīdhura(?)[*sk. cf.* keyura.] 팔찌.
nīpa ① *adj.* [ni-āpa] 밑에 있는. 깊은. ② *m* [〃] 니빠[무우수(無優樹)의 일종임. Nauclea Cadamba].
nībhata *adj.* [nir-bhṛ의 *pp.*] 밖으로 옮겨진.
nīyati. niyyati [〃 neti의 *pass.*] ① 인도되다. ② 안내를 받다. *imp.* niyāmase; *ppr.* nīyamāna.
nīyāti = niyyāti.
nīyādita. nīyādeti = niyyādita. niyyādeti.
nīyānika = niyyānika
nīra *n.* [〃] 물.
nīraja *adj.* [〃 <nis-raja] 탐욕에서 벗어난.
nīrava *adj.* [〃 <nis-rava] 조용한. 소리없는.
nīrasa *adj.* [〃 <nis-rasa] ① 시든. 맛이 없는. 말라빠진.
nīruja *adj.* [〃 <nis-rujā] = nīroga.
nīroga *adj.* [〃 <nis-roga] 병이 없는. 건강한.
nīla *adj.* [〃] ① 푸른. 청색의. 인디고 색의. ② 어두운. 검은. -abbha 검은 구름. -abbhavaṇṇa 푸른 구름색의. -âbhijāti 푸른 생류. 청생류(靑生類)[고행을 일삼는 수행자와 도덕적 책임의 교리를 받아들이는 자들]. -uppala 청련화(靑蓮花). -kamma 청색의 대상에 대한 명상수행. -kasiṇa 푸름의 두루채움에 대한 위로 아래로 옆으로 유일하게 한량없이 지각하는 것. 푸름의 두루채움이라는 명상수행의 토대. 청편(靑遍). 청편처(靑遍處). 청일체처(靑一切處). -gīva 공작새. 푸른 목을 지닌 (자). 청경(靑頸). -jjhāna 청색의 대상에 대한 선정. -pupphi 닐라뿝피[식물의 이름]. -pharaṇavisadavibhūtatā 청색이 편만함으로 인해 빛나고 변화되는 존재의 성질. -bījaka 푸른 종자를 지닌 것[水草의 일종]. -makkhika 푸른 파리. 청승(靑蠅). -maṇi 사파이어. 녹주옥(綠珠

玉). -maṇḍūka 청개구리. -lābhin 청색의 명상 대상을 지닌. -vaṇṇa 청색. -vattha 청색 옷. 청색 옷을 입은. -samāpattiparama 청색의 명상대상에 대한 명상을 최상으로 하는.
nīlaka. nīlika *adj.* = nīla.
nīliya *m.* [<nīli] 인디고 색의 머리털염색.
nīlī *f.* [〃] 인디고. 양람(洋藍). 남색(藍色). 쪽빛. 인도 쪽[植物 또는 色彩의 이름].
nīḷa *m.* [*sk.* niḍa] ① 보금자리. ② 새집. 둥지. = niḍḍha.
nīvaraṇa *n. m.* [*bsk.* nīvaraṇa] ① (정신적인) 장애. ② 번뇌. ③ 덮개[蓋]. -vippayutta 장애와 상응하지 않는. 장애와 관계하지 않는. 개불상응(蓋不相應). -sampayutta 장애와 관계하는. 개상응(蓋相應).
nīvaraṇiya. nīvaraṇīya *adj.* [nīvaraṇa-iya] ① 장애・번뇌를 발생시키는. ② 덮개를 발생시키는. 순개(順蓋)의. -duka 한 쌍의 장애를 발생시키는 것. 순개이법(順蓋二法). -dhamma 장애를 발생시키는 원리. 순개법(順蓋法).
nīvāra *m.* [〃] ① 생쌀. 현미. ② 야생의 벼.
nīvāla *m.* [?] 니발라[식물의 이름].
nīvuta → nivuta.
nīhaṭa *adj.* [nīharati의 *pp.*] ① 뽑힌. ② 제거된.
nīhaṭatā *f.* [nīhaṭa의 *abstr.*] ① 제거. ② 추방.
nīharaṇa *n.* [<nīharati] ① 꺼냄. 뽑음. ② 제거.
nīharati [*sk.* nirharati. nis-hṛ] ① 뽑다. 꺼내다. 내몰다. ② 구축(驅逐)하다. ③ 제거하다. *aor.* nīhari; *abs.* nīhacca; *grd.* nīharitabba; *pp.* nīhaṭa; *caus.* nīharāpeti. *cf.* nīharaṇa.
nīhāra *m.* [*sk.* nirhāra] ① 방법. 수단. ② 운반. -bhatta 운반되어온 음식을 먹는.
nihāraka *adj.* [<nīharato] ① 운반하는. ② 운반된. 가져온.
nu *ind.* [〃] ① 참으로. ② 대개. ③ 아마. ④ ~인지 아닌지. api nu. nu idha. nuv-idha nu의 강조용법. nanu ~은 아닐까. 그럴 것이다. *cf.* na ②. no.
nuṭṭhubhati → niṭṭhubhati.
nuṭṭhubhi [niṭṭhubhati의 *aor.*] 침을 뱉었다.
°nuda *adj.* [*sk.* °nud. °nuda<nudati] 내쫓는. tamonuda 어둠을 쫓는.
°nudaka °nūdaka *adj.* = °nuda
nudati [〃 nud] ① 제거하다. ② 몰아내다. 배제하다. *aor.* nudi; *pp.* nunna. nuṇṇa.
nunna. nuṇṇa *adj.* [nudati의 *pp.*] ① 제거된. ② 배척된.
nūtana *adj.* [*sk.* nūtana] ① 최근의. 현대의. ② 새로운. -tta 현대성(現代性).
nūna. nūnaṁ *ind.* [*sk.* nūnaṁ] ① 확실히. ② 아마도. yaṁ nūna ~한다면 어떨까? yaṁ nūnâhaṁ puccheyyaṁ 내가 질문하면 어떨까?
nūpura *m.* [〃 <*non-Aryan*] 발목 장식.
ne [=te. ta의 *m. pl. nom. acc*] 그들은. 그들을. *cf.* na.
neka *adj.* [*sk.* naika. na-eka. *cf.* aneka] ① 하나가 아닌. ② 여럿의. 많은.
nekatika *adj.* [nikati-ka] ① 사기의. 부정한. ② 허망한.
nekākāra *adj.* [neka-ākārā] ① 다양한 형태의. ② 차별적인.
nekāyika *adj. m.* [nikāya-ika] ① 니까야(Nikāya)에 정통한[북전에 비유하자면 아함부경전에 정통한]. ② 분파적인. 분파주의자. -tta 분파주의.
nekkha *m.* [=nikkha. *sk.* niṣka] ① 금화. ② 금장식(金粧飾).
nekkhamma *n.* [nikkhamati의 *abs.* 본래는 nikāmaya] ① 출가. 세속적인 욕망에서 벗어남. ② 헌신. 평온. 신성한 삶. ③ 여읨. 욕망의 여읨. 출리(出離). 출욕(出欲). 출세간(出世間). -ajjhāsaya 출가하고자 하는 의도. 출가의락(出家意樂). -âdhimutta 욕망을 여읨에 대한 지향. 출리신해(出離信解). -âbhirata 세속적인 것에서 벗어나는 것을 좋아하는. 욕망을 여읨을 즐기는. -ānisaṁsa 욕망을 여읨의 공덕. -dhātu 욕망을 여읨의 요소. 출리의 세계. 출리계(出離界). -ninna 신성한 삶에 몰입하는. 욕망을 여의는 삶에 전념하는. -nissita 평온에 의존하는. -paṭipadā 세속적인 것으로부터 벗어나는 길. 출리도(出離道). -pāramī. -pāramitā (감각적 쾌락의 욕망의) 여읨의 완성. 출리바라밀(出離波羅密). -rati 감각적 쾌락의 욕망을 여읜 즐거움. -vitakka 감각적 쾌락의 욕망을 여읜 사유. 출리심(出離尋). -saṅkappa 욕망을 여읨에 대한 의도. 출리사(出離思). -saññā 욕망을 여읨에 대한 지각. 출리상(出離想). -sita 신성한 삶에 의존하는. 욕망을 여의는 삶에 전념하는. -sukha 욕망을 여읨의 행복.
negama *adj. m.* [<nigama] ① 마을 사람. ② 소도시의 주민. 시민.
necayika *adj.* [nicaya-ika] ① 많이 모은. 풍부한. ② 인색한. ③ 부유한.
netar *m.* [*sk.* netṛ<neti] ① 이끄는 자. 지도자. 인도자. ② 안내자. 선구자.
netara = na itara 다른 자는 그렇지 않다.
netave. netuṁ neti의 *inf.*
neti. nayati [*sk.* nayati. ni] ① 인도하다. 안내하

다. 전달하다. ② 지도하다. ③ 결론에 도달하다. *imp.* naya. nehi. nayāhi; *opt.* naye; *fut.* nessāmi; *aor.* nayi; *abs.* netvā; *inf.* netuṁ. netave; *grd.* neyya; *ppr.* nenta; *pp.* nīta; *pass.* niyyati. *cf.* nīti. naya.

neto *ind.* [= na ito] 그러므로 ~아니다.

netta *n.* [*sk.* netra] ① 지도. 안내. 인도. ② 안내하는 것. = 눈[眼]. -âbhisanda 눈병. 안염(眼炎).

netti *f.* [*sk.*netrī. netṛ의 *f.*] ① 안내. 후원. ② 안내하는 여자.

nettiṁsa *m.* [*cf.* *sk.* nistriṁśa(?)] 칼.

nettika *adj. m.* [netta-ika] ① 눈으로 삼는. ② 이끄는 것. ③ 치수자(治水者). ④ 다리를 놓는 사람. 거공(渠工). bhavanettika 존재의 뿌리. 존재에 집착하는. sanettika 존재에 집착하는. 나쁜 사람.

Nettipakaraṇa *n.* [netti-pakaraṇa] 도론(導論). Nettikaraṇassa Atthasaṁvaṇṇanā 도론의찬(導論義讚)[도론의 주석서로 Dhammapāla의 저술].

netthāra. nitthāra *m.* [*sk.* nistāra . *cf.* nitthāreti] ① 건넘. 구원. 제도. ② 속죄. 멸죄. 방면(放免). netthāraṁ vattati 속죄하는 방식으로 행동하다.

nepakka *n.* [nipaka-ya] ① 사려. 분별. 신중. ② 총혜(聰慧).

nepuñña *n.* [nipuṇa-ya] ① 경험. ② 기교. 예술(藝術). ③ 영리. 슬기. 총민(聰敏).

nema *m.* [<namati] ① 바퀴의 원주. ② 끝. 모서리. ③ 뿌리. *cf.* nemi.

nemantaṇka *adj.* [nimantana-ika] 식사의 초대를 받은. -bhikkhu 식사의 초대를 받은 비구.

nemi *f.* [〃<nam] ① 바퀴의 원주(圓周). ② 바퀴테. jaramaraṇa-nemi 생사의 수레바퀴. -ndhara 남반구의 온대지대. -maṇḍala 바퀴의 원. 바퀴테. 망원(輞圓).

nemika = nemi.

nemitta *m.* [*sk.* naimitta<nimitta] ① 점쟁이. ② 점성가. ③ 현상자(現相者). -kuhana 점술에 의한 기만.

nemittaka. nemittika = nemitta

nemittikatā *f.* [nemittika의 *abstr.*] ① 예언. 점. ② 시상(示相). 현상(現相).

Nemindhara *m.* [*sk.* 〃 또는 nimindhara] 네민다라. 지변(持邊). 지지산(地持山). 니민달(尼民達). 니민다라(尼民陀羅)[산의 이름].

nemiya *adj.* [nemi-ya] 원주(圓周)가 있는. 테두리가 있는.

neyya *adj.* [*sk.* neya. neti의 *grd.*] ① 인도될 수 있는. ② 가르쳐질 수 있는. 추론될 수 있는. ③ 함축적인. -attha 추론될 수 있는 의미. 함축적인 의미. 미요의(未了義). -atthadhamma 추론될 수 있는 의미의 가르침. 함축적인 의미의 가르침. 미요의법(未了義法).

Nerañjarā *f.* 네란자라. 니련선하(尼連禪河)[강의 이름].

nerayika *adj.* [*bsk.* nairayika<niraya] ① 지옥의. 지옥에 속한. ② 지옥에 떨어진. -aggi 지옥의 불. 지옥화(地獄火). -satta 지옥에 떨어진 존재. 지옥유정(地獄有情).

Neru *m.* [=Meru. Sumeru. Sineru 수미산(須彌山)[世界의 中央에 있다고 강조되는 神話的인 山].

nerutta *adj. m.* [<nirutta] ① 어원학에 근거하는. ② 어원학자. 언어학자.

neruttika *adj.* [<nirutta] 언어학적인.

neresi = na īresi. na eresi 그는 움직이지 않았다.

nela. neḷa ① *adj.* [na-eḷa. *sk.* anenas] 결함이 없는. 고장이 없는. 잘못이 없는. 죄악이 없는. 인간적인. 자비로운. 온화한. 부드러운. -aṅga 각 부분이 완전한. -pati *f.* (=-vati<-vācā) 인간적인. 부드러운. 유화한. ② *m.* 넬라[꽃의 일종].

Neḷeru *m.* 넬렐루. 나린라(那隣羅)[야차의 이름].

neva *ind.* [na-eva] 참으로 ~아니다. neva … na ~도 아니고 ~도 아니다. nevasaññânâsaññā 지각하는 것도 아니고 지각하지 않는 것도 아닌 것. neva antavā nānantavā attā 자아는 유한하지도 않고 무한하지도 않다. neva hoti na na hoti 있는 것도 아니고 없는 것도 아니다. -kusala-nākusala 선도 아니고 악도 아닌 것. 비선비불선(非善非不善). -dassanena-na-bhāvanāya-pahātabba 관찰에 의해서도 수행에 의해서도 버릴 수 없는 것. 비견비수소단(非見非修所斷). -vipāka-na-avipāka-dhamma 이숙도도 비이숙도 아닌 법. 비이숙비비이숙법(非異熟非非異熟法).

nevasaññānāsaññāyatana *n.* [neva-saññā-na-asaññā-āyatana] 지각하는 것도 아니고 지각하지 않는 것도 아닌 경지·세계. 비상비비상처(非想非非想處). nevasaññānāsaññāyatanūpagā devā 지각하는 것도 아니고 지각하지 않는 것도 아닌 경지에 도달한 신들의 하느님 세계. 지각하는 것도 아니고 지각하지 않는 것도 아닌 경지에 도달한 하느님 세계의 신들. 비상비비상처천(非想非非想處天)[神·神界의 이름. 無色界四禪의 하느님 세계]. -âdhimutta 지각하는 것도 아니고 지각하지 않는 것도 아닌 세계를 지향하는. -ûpaga 지각하는 것도 아니고 지각하지 않는 것도 아닌 세계와 관련된. -kammaṭṭhāna 지각하는 것도 아니고 지각하지 않는 것도 아닌 세계의 명상주제. -kiriyacitta 지각하는 것도 아니고 지각하지 않는 것도 아닌 세계에 의존하는 비활동적인 마음. -kusalacitta 지각하는 것도 아니고 지각하지 않는 것도 아닌 세계에 의존하는 착하고 건전한 마음. -kusalavedanā 지각하는 것도 아니고 지각하지 않는 것도 아닌 세계에 의존하는 착하고 건전한 느낌. -citta 지각하는 것도 아니고 지각하지 않는 것도 아닌 세계의 마음. -jjhāna 지각하는 것도 아니고 지각하지 않는 것도 아닌 세계의 선정. -dhātu 지각하는 것도 아니고 지각하지 않는 것도 아닌 세계. -nissita 지각하는 것도 아니고 지각하지 않는 것도 아닌 세계에 의존하는. -bhūmi 지각하는 것도 아니고 지각하지 않는 것도 아닌 세계의 영역. -saññā 지각하는 것도 아니고 지각하지 않는 것도 아닌 세계에 대한 지각. -sappāya 지각하는 것도 아니고 지각하지 않는 것도 아닌 세계에 유익한. -samāpatti 지각하는 것도 아니고 지각하지 않는 것도 아닌 세계의 성취. -sahagata 지각하는 것도 아니고 지각하지 않는 것도 아닌 세계에 수반된.

nevasekhanāsekha *adj.* [neva-sekha-na-a-sekha] 배울 것이 있지도 배울 것이 없지도 않은. 비유학비무학(非有學非無學)의[범부의]. -pañña 배울 것이 있지도 배울 것이 없지도 않은 지혜[범부의 지혜]. -puggala 배울 것이 있지도 배울 것이 없지도 않은 사람. 비유학비무학인(非有學非無學人)[범부].

nevāpika *adj.* [nivāpa-ika] ① 사슴사육자. ② 사냥꾼. 엽사(獵師).

nevāsika *adj.* [nivāsa-ika] 거주자. 주민.

nesaggika *adj.* [nisagga-ika] 자연적인. -tta 자연스러움.

nesajjaniya *adj.* = nesajjika.

nesajjika *adj. m.* [nisajjā-ika] ① 항상 앉아 있는. ② 장좌불와(長坐不臥)의 수행자. -aṅga 항상 앉고 눕지 않는 수행. 상좌불와지(常坐不臥支)[두타행].

nesaṁ. nesu ta(그것)의 격변화.

nesāda *m.* [<nisāda] 사냥꾼. 엽사(獵師)[천민계급]. *f.* nesādi. -jāti 사냥꾼의 가문·혈통. 엽사종(獵師種).

nehi ① ta(그것)의 *m. pl. ins.* ② neti.

no ① *ind.* = nu. api no = api nu 아마도 ~인지 아닌지. ② *adv.* 확실히[강조의 말]. na no samaṁ 확실히 같지 않다. ③ *ind.* = na. no ce taṁ 이것이 아니다. no ce tena = no ci etena 만약 이것이 아니라면. ④ *pron.* [*sk.* naḥ] ahaṁ의 *pl. acc. gen. dat.*

nodeti [nud]→ vinodeti.

nonīta *n.* [=navanīta] 신선한 버터. 생수(生酥). 유수(乳酥).

nyāsa *m.* [*sk.* ny-āsa] ① 저당 잡기. 담보로 하기. 대출. 융자. ② 저당물. 담보 ③ 위탁. 적용. ④ 기초공사. ⑤ 기재(記載). 문헌. 기명(記名). -kāra 주석학자(註釋學者). -gāhin 저당권자(抵當權者). -dāyin 저당권설정자(抵當權設定者).

Nyāsa *m.* [nyāsa] 기명소(記名疏)[Vimalabuddhi가 저술한 것으로 迦旃延文法의 주석서].

Nyāsapradīpa *m.* [nyāsa-pradīpa] 기명등소[Chapa의 저술로 記名疏에 대한 復註].

nhātaka *m* [=nahātaka] ① 목욕하는 사람. ② 청정하게 수행하는 사람.

nhāna *n.* [=nahāna] 목욕. 세욕(洗浴).

nhāyati [=nahāyati] 목욕하다. 세욕(洗浴)하다.

nhāru *m.* [=nahāru] 힘줄.

P

pa ① 소리·문자 p의 이름. ② *ind.* pa° [*sk.* pra°] 이전에. 앞으로. 앞에. (시간적으로) 뒤에. 완전히. 크게. 강조용법이나 반성적 의미로도 쓰이며 전치사 ā와 pari와 가장 가깝다. ③ 생략을 나타내는 음절. 때때로 pe 대신에 사용.

°pa *adj.* [〃<pa] 마시는. dhenupa 송아지. pādapa '발로 마시는 것.' 나무. majjapa 음주자(飮酒者).

paṁsu *m.* [*sk.* pāṁśu. pāṁsu] ① 먼지. 티끌. 진흙. 흙. 진구(塵垢). ② 오물. 쓰레기. paṁsvāgāraka 진흙 집의. 진토(塵土)의 사택(舍宅). -kundita. -kunthina 먼지로 덮인. 도진(塗塵). -kūla (쓰레기 더미로부터 나온) 넝마로 만든 누더기 옷. 분소의(糞掃衣). 폐의(幣衣). 진퇴의(塵堆衣). -kūlika 누더기옷만을 입은. 분소의자(糞掃衣者). -kūlikaṅga 누더기옷만을 입는 수행. 분소의지(糞掃衣支)[두타행]. -gunthita 먼지로 덮인. 도진(塗塵)의. -dhovaka 먼지와 때를 씻는 사람. 진구세척자(塵垢洗滌者). -pisācaka 진흙 귀신. 니귀(泥鬼). -muṭṭhi 한 줌의 흙. -vappa 흙먼지에 씨뿌리기.

paṁsuka *adj. m.* [paṁsu-ka] ① 먼지가 묻은. 더러운. ② 먼지 묻은 옷. 진퇴의(塵堆衣).

pakaṭa = pakata

pakaṭṭha [*sk.* prakarṣa<kṛṣ] ① 탁월한. 우세한. ② 강열한.

pakaṭṭhaka *adj. m.* [pa-kaṭṭha-ka<kṛṣ. *sk.* prakarṣaka] ① 골치 아픈. 귀찮은. 괴롭히는. ② 걱정시키는 사람. 골치 아픈 사람. 뇌란자(惱亂者). ③ 번민(煩悶).

pakaṭṭhita =pakkaṭṭhita.

pakata *adj.* [*sk.* prakṛta. pakaroti<pa-kṛ의 *pp.*] ① 이루어진. 만들어진. ② 자연적으로 이루어진. 자연의. ③ *cpd.* ~의 성질이 있는. 본성을 지닌. icchāpakata 본래 탐욕적인. -jarā 늙음의 성질이 있는. -ññutā 습숙(習熟).

pakatatta *adj.* [pakata-attan] ① 본래적인 자아를 가진. 훌륭한 행동을 하는. ② 건전한 상태의.

pakati *f.* [*sk.* prakṛti] ① 원래적인 형태. 자연적인 조건. 근본. 질(質). 본질. 성격. 자연. 자연조건. 자연적인 상태. 본성. ② 보통의 상태. 일상적인 상태. 정상적인 상태. *ins.* pakatiyā 자연적으로. 일반적으로. 본래적으로. 통상적으로. pakati° 자연적인. 일상적인. 실제적인. 정상적인. 이전의. -aggi 자연의 불. 자연화(自然火). -uyyānapālaka 예전의 정원사. -ûpanissaya(-paccaya) 본래적 조건. 자연친의(自然親依)[자연적으로 자신의 상속 중에 완성되는 것, 또는 믿음, 계율 등을 닦는 것, 계절, 음식물 등의의 강력한 원인]. -cakkhu 자연의 눈. 성안(性眼). -citta 보통의 마음. 정상적인 의식. 자연심(自然心). -parisuddha 본성의 청정. 본성청정(本性淸淨). -yānaka 보통의 수레. -vādin 자성론자(自性論者)[수론파를 지칭]. -sīla 본래적인 덕성. 적당한 계행. 자연계(自然戒). -samudda 자연의 바다.

pakatika *adj.* [pakati-ka] ① 자연적. ② 본래의.

pakattheti [pa-kattheti] ① 비난하다. 비방하다. ② 고발하다.

pakappanā *f.* [<pakappeti] ① 추론. ② 계획. ③ 정리.

pakappita *adj.* [pakappeti의 *pp.*] ① 정돈된. 계획된. 분별된. ② 설계된. 만들어진. 변계(遍計)된. -diṭṭhi 분별된 견해.

pakappeti [pakappati<kḷp의 *caus.*] ① 계획하다. ② 정리하다. ③ 분별하다. 변계(遍計)하다. *pp.* pakappita 계획된. 분별된.

pakampati [pa-kampati<kamp] ① 흔들리다. 동요하다. ② 진동하다. *aor.* pakampi; *caus.* pakampeti.

pakampita *adj.* [pakampeti의 *pp.*] 흔들린. 동요하는.

pakampeti [pakampati의 *caus.*] 동요하게 하다. 진동시키다. *pp.* pakampita

pakaraṇa *n.* [*sk.* prakaraṇa] ① 수행. ② 기회. ③ 해명. ④ 문학작품. 책(冊). 품류(品類). ⑤ 논문. 논서. 저서.

pakaroti [pa-kṛ] ① 행하다. 만들다. ② 준비하다. 완성하다. = pakubbati. pakurute. *pp.* pakata.

pakāra *m.* ① [*sk.* prakāra] 방법. 준비. 종류. ② [pa-kāra] p의 문자·음소. pa 어미. -āgama p의 문자·음소의 추가. -ādesa p의 문자·음소의 대체. -lopa p의 문자·음소의 제거.

pakāraka *adj.* [pakāra-ka] ① 종류의. ② 방법의.

pakāreti [pakāra의 *denom.*] 마음을 향하게 하다. 방법을 보이다(*dat.*).

pakāsa *adj. m.* [<pakāsati] ① 밝음. 광명. ② 설명. ③ 널리 알림. 공표. -darasāyana 인(燐).

pakāsaka *m.* [<pakāsati] ① 밝게 하는. 빛나는. 설명하는. 공표하는. ② 공표자. 아나운서. 발행자. 출판업자.
pakāsati [pa-kāś] ① 빛나다. ② 보이다. 현현(顯現)하다. ③ 알려지다. *caus.* pakāseti.
pakāsana *n.* [<pakāsati] ① 설명. 정보. 널리 알림. ② 공표. 설시(說示). 현시(顯示).
pakāsaniya *adj.* [pakāseti의 *grd.*] 알려져야 할. -kamma 통지하는 승단모임. 현시갈마(顯示羯磨).
pakāsikā pakāsaka의 *f.*
pakāsita pakāseti의 *grd.*
pakāsinī *f.* [<pakāsati] 해설서. 해명서. 해소(解疏).
pakāseti [pakāsati의 *caus.*] ① 밝게 하다. 나타내다. 드러내다. 공표하다. 출판하다. ② 설명하다. 알게 하다. *aor.* pakāsayi; *grd.* pakāsaniya; *pp.* pakāsita.
pakiṇāti [pa-kiṇāti<krī '사다'] ① 거래하다. ② 장사하다. *grd.* pakiṇitabba.
pakiṇṇaka *adj. m.* [*sk.* prakīṇaka] ① 흩어진. ② 여러 종류의. 잡다한. 혼합물(混合物). ③ 특별한. 개개의. 특수한. -kathā 잡다한 이야기. 잡론(雜論). -cetasika 잡다한 마음의 특성. 잡심소(雜心所). -mātikā 특수한 논의의 내용. 특수논모(特殊論母). -vinicchaya 잡다한 결정. 잡결정(雜決定).
pakitteti [pa-kitteti] ① 선언하다. ② 공표하다.
pakirati [pa-kirati<kṝ] ① 떨어뜨리다. 흩뿌리다. ② (머리카락을) 흩뜨려 내리다. *abs.* pakira. pakiriya; *aor.* pakiriṁsu; *caus.* pakireti.
pakireti [pakirati의 *caus.*] ① 뒤엎다. ② 흩뿌리다. *pp.* pakiṇṇa. *cf.* pakiṇṇaka.
pakiledeti [pa-klid의 *caus.*] ① 축축하게 하다. ② 적시다.
pakujjhati [pa-kujjhati<krudh] 화내다. 분노하다. *opt.* pakujjheyyaṁ
pakuṭa *m.* [*cf.* pakuṭṭha<*sk.* prakoṣṭha] ① 안쪽 베란다. ② 내연(內椽).
Pakudha Kaccāyana *m.* [*bsk.* Kakuda-Kātyāyana] 빠꾸다 까짜야나. 바구다가전연(波拘陀迦旃延). 가구다가전연(伽拘陀迦旃延) [六師外道의 한 사람으로 四大와 苦·樂·命의 칠요소설을 주장했다].
pakuppati [pa-kup] 화내다.
pakubbati = pakaroti. *ppr.* pakubbamāna.
pakūjin *adj.* [pakūja-in<kūj] (서로) 고함치는.
pakoṭi *m.* [pa-koṭi] 천억(千億). 백조(百兆).
pakopa *m.* [pa-kopa] ① 동요. 흥분. ② 화. 격노. 진노(震怒).
pakopana *adj.* [pa-kopana<kup] ① 진동시키는. ② 거칠게 만드는. ③ 뇌란시키는. 전도시키는.
pakka *adj.* [*sk.* pakva. pacati<pac의 *pp.*] ① 익은. 요리된. ② *n.* 익은 과일. ③ *m.* 요리사. -āsaya 소화된 음식을 위한 용기. 복부. 숙장(熟藏)[S狀結腸과 直腸]. -odana 밥을 요리한. -gatta 썩어가는 몸을 갖고 있는. 사지가 썩어가는. -jjhāna 목숨을 점치는. -pakka 익은 열매. -pūva 구워진 케이크. -phala 익은 과일. -vaṇṇin 익은 모습을 한. -sadisa 익은 것 같은.
pakkaṭhati [pa-kaṭhati<kvath] ① 요리하다. ② 끓이다.
pakkaṭṭhāpeti [pa-kaṭhati<kvath의 *caus.*] 끓어오르게 하다.
pakkaṭhita. pakkuṭṭhita *adj.* [pa-kaṭhati<kvath의 *pp.*] 끓는. 뜨거운.
pakkuthita. pakkutthita *adj.* [pa-kaṭ-hati<kvath의 *pp.*] 끓는. 뜨거운.
pakkaṭṭhī *f.* [<pa-kvath] 끓는 혼합물.
pakkanta [pakkamati의 *pp.*] ① 간. 가버린. ② 출발해버린. 떠난.
pakkandati [pa-krand] ① 아우성치다. 큰소리로 부르다. ② 울부짖다. *aor.* *3pl.* pakkanduṁ.
pakkama *m.* [<pa-kram] 착수. 시작. 차제(次第).
pakkamati [*sk.* prakramati<kram] ① 나아가다. 출발하다. ③ 떠나다. 가버리다. *aor.* pakkāmi (pakkami의 대신). pakkamuṁ. pakkamiṁsu; *opt.* pakkame; *pp.* pakkanta.
pakkava. paggaca *m.* [?] 약초의 일종.
pakkula → pākula.
pakkosati [pa-kosati<kruś] 부르다. 소환하다. *caus.* pakkosāpeti.
pakkosana *n.* [<pakkosati] 소환. 부름.
pakkosanā *f.* [<pakkosati] 소환. 부름.
pakkosāpeti [pakkosati의 *caus.*] ① 부르게 하다. 부르러 보내다. ② 맞이하러 가다.
pakkosāpitar *m.* [pakkosāpeti의 *ag.*] ① 손님을 초빙하는 사신. ② 영빈자(迎賓者).
pakkha ① *m.* [*sk.* pakṣa] ① 날개. ② 몸의 측면. 옆구리. 신체의 반쪽. ③ 당(黨). 당파. 분파. 종도(宗徒). ④ 품(品). 보름(半月)[14 일간]. -âpagamana 탈당. 탈퇴(脫退). -gata 분파적인. 분파주의자. -gāha 분파주의. -gāhīdesaka 분파주의자. 선동가(煽動家). -parivāra 육주야의 별주. 반월별주(半月別住). -pātitā 편향(偏向). 편향성(偏向性). -pāsa 빌딩의 옥상. -bala 날개의 힘.

-biḷāla 날개가 달린 여우. -mānatta 반월열의(半月熱意). 반월마나타(半月摩那陲)[반월별주를 통한 참회에 의해 대중을 기쁘게 하는 것]. -vijahana 탈당. 탈퇴(脫退). -saṅkanta 외도로 옮긴. ② *m.* = pakkhahata 불구(不具). -ghāta. -hata 마비(痲痺). 불구(不具). 반신불수(半身不隨). ③ *adj.* [<pa-khyā] 보이는. 유사한. 명백한. *cpd.* ~과 같은. ~동일한. ④ [<*sk.* prakhayāyate] 축제(祝祭)['칭찬받다·축하받다'라는 의미에서 온 축제란 뜻이 있음]. pakkhadivasa 축제일(祝祭日).

pakkhaka. pakkhita *adj. m.* [<pakkha ①] ① 날개의. ② 깃털로 만든 옷의. 익의(翼衣).

pakkhatta *n.* [pakkha의 *abstr.*] ① 동반자인 상태. ② 함께 하는 상태.

pakkhanta → pakkanta의 *misr.*

pakkanti = pakkhāyanti *pres. 3pl.*

pakkhandaka *adj.* [<pakkhandati] = pakkhandin ① 대담한. ② 허풍선이의. ② 돌입하는.

pakkhandati [pa-khandati<skand] ① 도약하다. 약진하다. 뛰어들다. ② 만족하다. *grd.* pakkhandiyāna. pakkhandiya; *ppr.* pakkhandanta; *pp.* pakkhanna.

pakkhandana *n.* [<pakkhandati] ① 도약. 약진. 뛰어듦. 도입(跳入). ② 공격. -paṭinissagga 뛰어듦을 통한 버림. 기꺼이 버림. 도입사견(跳入捨遣). -vossagga 뛰어듦을 통한 버림. 기꺼이 버림. 약진최사(躍進最捨).

pakkhandikā *f.* [<pakkhandati] ① 이질. 설사. ② 적리(赤痢).

pakkhandin *adj. m.* [pakkhanda-in] ① 대담한. 허풍선이의. 돌입하는. ② 돌격대. 정찰대.

pakkhanna. pakkhanta *adj.* [pakkhandati의 *pp.*] ① 뛰어든. ② 빠진.

pakkhanilāla *m.* [?] 날개달린 여우.

pakkhara *m.* [*cf. sk.* prakṣara] ① 테두리를 두르기. ② 손질. ③ 장식. 장식품.

pakkhalati ① [pa-kṣal] 씻다. 정화하다. *abs.* pakkhalya; *caus.* pakkhāleti 깨끗하게 하다. ② [pa-skhal] 비틀거리다. 실족하다. 넘어지다. *abs.* pakkhalitvā; *aor.* pakkhali; *pp.* pakkhalita.

pakkhalana *n.* [<pakkhalati] 비틀거림.

pakkhalitavāca *m.* [<pakkhalati] 말더듬.

pakkhāyati [pa-khyā. *sk.* prakhyāyate] ① 나타나다. ② 분명하게 되다. *pres. 3pl.* pakkhāyanti.

pakkhāleti [pa-kṣal의 *caus.*] ① 씻다. ② 깨끗이 하다. *abs.* pakkhālayitvāna.

pakkhika ① *adj.* [=pakkhiya. *sk.* pakṣya] 반월의. 보름의. 보름동안. ② *n.* [-bhatta] 달의 제8일에 행하는 공양. 반월공식(半月供食).

pakkhitta *adj.* [*sk.* prakṣipta. pakkhipati의 *pp.*] ① 던져 버려진. ② 밖으로 던져진.

pakkhin *adj. m.* [pakkha-in] ① 날개 있는. 날개가 있는 것. 새. 조(鳥). ② 부분을 갖는. 당파가 있는. pakkhi° -patha 새의 길. 조로(鳥路). 조도(鳥道). -pañjara 새장. -vijjā 조류학(鳥類學). -vijjāvidū 조류학자.

pakkhipati [pa-kṣip] ① 던져 넣다. ② 배치하다. 끼워 넣다. 조립하다. 포함시키다. *pp.* pakkhitta; *caus.* pakkhipāpeti.

pakkhima *m.* [=pakkhin] 새[鳥].

pakkhiya *adj.* [pakkha-iya] = pakkhika ① 편드는. ② 찬성하는. ③ 교제하는.

pakkhepa *m.* pakkhepana *n.* [<pa-kṣip] ① 던지기. 방기(放棄). ② 투입. 던져 넣기.

pakhuma *m.* [=pamha. *sk.* pakṣman] 눈썹. 속눈썹. 미모(眉毛). 첩모(睫毛). -antarikāyaṁ 미간(眉間).

pagaṇḍaka → pakaṭṭhaka.

pagabbha *adj.* [*cf. sk.* pragalha] ① 대담한. 단호한. ② 무모한.

pagabbhatā *f.* [pagabbha의 *abstr.*] ① 단호함. 대담함. ② 결단.

pagabbhin *adj.* [pagabbha-in] ① 단호한. 대담한. ② 결단력 있는.

pagama [pra-gam] ~에서 돌출한. ~나온.

pagāḷha *adj.* [pagāhati의 *pp.*] ① 잠기는. 침잠한. ② 스며드는.

pagāhati [pa-gāhati<gāh] ① 가라앉다. 잠수하다. ② 침잠하다. *pp.* pagāḷha

pagiddha *adj.* [pa-giddha] ① 탐욕스러운. 집착하는. ② 즐거움을 추구하는(*loc.*).

paguṇa *adj.* [*cf. sk.* praguṇa] ① 학식이 있는. ② 영리한. 현명한. ③ 친숙한. -bhāva 친숙함. 친밀함. 연달성(練達性). *cf. abstr.* pāhauññatā. paguṇatā. paguṇatta.

pagumba *m.* [pa-gumba] ① 덤불. ② 잡목 숲. 총림(叢林).

pageva *adv.* [*bsk.* prāgeva] ① 너무 일찍. 이미. ② 하물며. ③ 말할 필요도 없이. pagevataraṁ 더 일찍이.

paggaṇhāti [pa-gaṇhāti<grah] ① 펴다. 뻗다. 내밀다. 뻗어서 잡다. 집어 올리다. ② 지지하다. 돕다. 섭수(攝受)하다. ③ 노력하다. 책려(策勵)하다. *abs.* paggayha; *pp.* paggahita; *caus.* paggaheti. paggaṇhāpeti.

paggalita *adj.* [pa-gal의 *pp.*] (액체가) 똑똑 떨어지는. 방울져 떨어지는.

paggava *m.* [=pakkava] 빡가바[쓴 열매를 가진 약용식물].

paggaha *m.* [<paggaṇhāti] ① 노력. 힘. ② 호의. 친절. -nimitta 정근의 인상. 책려상(策勵相). 정근상(精勤相)[정근이라는 그 양상을 포착하면 거듭 일어나게 되는 정근의 인상].

paggahaṇa *n.* [<paggaṇhāti] ① 파악. 파지(把持). ② (존경스러운 환대의 표시로) 두 손을 들어 펼쳐 모이는 것.

paggahita *adj.* [paggaṇhāti의 *pp.* *bsk.* pragṛhīta] ① 뻗어진. ② 들어 올려진. 받치는. 지지하는. -citta 노력하는 마음. 책려심(策勵心).

paggaheti [paggaṇhāti의 *caus.*] ① 쭉 내밀게 하다. 집어 올리다. ② 게양하다.

paggahetvā → paggaṇhāti의 *caus.* *abs.*

paggāha = paggaha.

paggāhika *adj.* [paggāha-ika] ① ~에 속하는. ② 받는. -sālā 가게. 상점.

paggharaṇa[1] *n.* paggharaṇī *f.* [<paggharati] 새어나옴. 흘러나옴.

paggharaṇa[2]. paggharaṇaka *adj.* [<pagghar-ati] 새어나오는. 흘러나오는.

paggharati [pa-gharati<ghṛ *bsk.* pragharati] 흘러나오다. 유출되다. 누출하다. *aor.* pagghari. paggharimsu; *ppr.* *f.* paggharantī. *pp.* pagghar-ita

paggharantī *f.* [paggharati의 *ppr.* *f.*] 월경하는 여자. 누월수녀(漏月水女).

paghaṇa *n.* [*cf.* *sk.* praghaṇa] ① 집 앞의 지붕이 있는 테라스. ② 방벽(防壁).

paṅka *m.* [〃] ① 진흙. 니토(泥土). 니지(泥地). 오니(汚泥). ② 더러움. 불결. -dharī 더러운 여자. 불결한 여자.

paṅkaja. paṅkeruha *n.* [paṅka-ja. paṅke-ruha] '진흙에서 생겨나는 것' 연꽃.

paṅkacira *n.* [*cf.* *marathi* puṅgīcira] 풀피리. 엽적(葉笛). *cf.* paṅgacīra.

paṅgacīra *n.* [=paṅkacira] '잎 새로 만든 장난감 파이프를 통해서 부는 것' 풀피리. 엽적(葉笛).

paṅgu. paṅgula. paṅguḷa *adj.* [*cf.* *sk.* paṅgu] ① 절름발이의. ② 장애자의.

pacati [〃pac] ① 요리하다. ② 끓이다. ③ 굽다. *pres.* pacanto. (*gen.*) pacato; *pp.* pakka; *caus* pacāpeti. pāceti; *pass.* paccati.

pacana *n.* [〃<pacati] ① 요리. ② 취사(炊事). -thālikā 취사그릇.

pacarati [pa-carati<car] ① 쫓아다니다. ② 걷다. ③ 실행하다. ④ 지키다.

pacala *m.* [<pacalati] ① 흔들림. 동요. ② 진동.

pacalati [pa-cal] ① 흔들흔들하다. ② 매달리다. 아래로 드리워지다.

pacalāyati [pacalati<cal의 *caus.* =pacāleti] ① 눈썹을 움직이다. 윙크하다. ② 졸다. *inf.* pa-calāyituṁ; *ppr.* pacalāyamāna.

pacalāyikā *f.* [pacalāyati의 *abstr.*] 졸음. 선잠.

pacalita *adj.* [pacalati<cal의 *pp.*] 흔들리는. 동요하는. 불안정한.

pacāpeti [pacati의 *caus.*] 요리하도록 시키다.

pacāra *m.* [<pacāreti] 하인.

pacāraka *adj.* [<pacāreti] 살포하는. -vidhāna 선전(宣傳).

pacāraṇa *n.* [<pacāreti] 살포(撒布). -vidhi 선전(宣傳).

pacāreti [pa-car의 *caus.*] ① 자주가다. 봉사하다. 시중들다. ② 방문하다. 착수하다. ③ 살포하다. 출판하다. *pres.* *1sg.* pacārayāmi.

pacālaka *adj.* [*cf.* pacāleti] 흔들리는. 동요하는.

pacāleti [=pacālayati. pacalati의 *caus.*] ① 흔들다. 흔들리게 하다. ② 매달다. ③ 잠들게 하다. ④ 돌아다니다. *aor.* pacālesi.

pacināti [pa-cināti<ci] ① (꽃·과일을) 따다. 꺾다. ② 모으다. 축적하다. *ppr.* (*1sg.* *nom.*) paci-naṁ; *fut.* pacessati; *pass.* pacīyati

pacīyati [pacināti의 *pass.*] ① 축적되다. 모이다. ② 증대되다.

pacuṭa [= pavuṭa] =gaṇṭhika ① 덩어리. 블록. ② 매듭.

pacura *adj.* [*cf.* *sk.* pracura] ① 일반적인. ② 풍부한. 여러 가지의. 많은. -atthatā 다양한 유익성. -jana 많은 사람. 일반사람.

pacessati pacinati의 *fut.*

pacca° pati+a°의 축약형.

paccakampitta paṭikampati (흔들리다)의 *aor.* *3sg.*

paccakkosati [pati-ā-kruś] 저주를 돌려주다.

paccakkosana *n.* [<paccakkosati] 저주를 갚음.

paccakkha *adj.* [pati-akkha. *sk.* *bsk.* pratyakṣa] ① 명백한. 확실한. 눈앞에 있는. ② 감각기관에 지각되는. 현량(現量)의. *ins.* paccakkhena 개인적으로. *abl.* paccakkhato 개인적인 경험으로부터. 현저하게. 명백하게. -kamma 분명히 함. 논증. 실증. 실현.

paccakkhant *adj.* [paccakkhāti의 *ppr.*] ① 거부하는. 부인하는. ② 포기하는.

paccakkhāta a [paccakkhāti의 *pp.*] ① 거부된. 부인된. ② 포기된.

paccakkhāti [paṭi-akkhāti<ā-khyā] ① 거부하다. 거절하다. 부인하다. ② 포기하다. ③ 인연을

끓다. 의절하다. *abs.* paccakkhāya; *aor.* paccakkhāsi; *ppr.* paccakkhaṁ; *pp.* paccakkhāta.

paccakkhāna *n.* [pati-ā-khyāna] ① 거절(拒絶). 거부(拒否). 부정(否定). ② 논파(論破). 논박(論駁).

paccagami paṭigacchati(버리다. 가다)의 *aor.*

paccagū *adj.* [<praṭi-gacchati] 향해서 가는.

paccaggaḷa *adj.* [pratyak-gaḷa] 목에 달라붙은.

paccaggha *adj.* [paṭi-aggha] ① 새로운. 최근의. ② 아름다운. ③ 꽤 비싼.

paccaṅga *n.* [paṭi-aṅga] ① 작은 손발. ② 작은 사지. 소지절(小支節).

paccañjana *n.* [paṭi-añjana] 기름을 바름. 도유(塗油).

paccaññāsi. paccaññāsiṁ paṭijānāti의 *aor.*

paccati [pacati의 *pass.*] ① 요리되다. 익다. 발효되다. ② 괴로워하다. *pres. 3pl.* paccare; *aor. 3sg.* apaccatha. paccittha. *1sg.* apaccisaṁ.

paccatta *adj.* [paṭi-attan. *sk.* praty-ātman] 각자의. 각각의. *acc.* paccattaṁ 각자. 홀로. 스스로. -vacana 분리된 관계의 표현. 관련의(직접적인 대상의. 반사적인) 경우. 목적격 -vedanīya 각각에게 알려져야 하는 것. 제인자각(諸人自覺). 각별수고(各別受苦)[地獄].

paccatthata *adj.* [paṭi-ā-stṛ의 *pp.*] 흩뿌려진. 살포된. 퍼진.

paccattharaṇa *n.* [*bsk.* pratyāstaraṇa] ① 깔개. ② 덮개. 모포.

paccatthika *m.* [paṭi-attha-ika] '이익에 반하는 자' 적(敵). 원수. *cf.* paccāmitta.

paccadissatha paṭidissati의 *aor.*

paccana *n.* [<paccati] ① 끓음. 발효(醱酵). ② 경험. ③ 고통.

paccanīka. paccanīya *adj. m.* [*cf. sk.* pratyanīka] ① 반대의. 적대의. 역(逆)의. 부정(否定)의. ② 적대. 역논(逆論). 장애(障碍). 위의(違義). -gāthā 응답·응수하는 게송. 답게(答偈). -dhamma 장애의 법. 장애법(障碍法).

paccanubhāsati [paṭi-anubhāsati] ① 말하다. 언급하다. ② 열거하다.

paccanubhoti [paṭi-anu-bhū. *bsk.* pratyanubhavati] ① 경험하다. 겪다. 실감하다. ② 이해하다. 양해하다. *fut.* paccanubhossati; *pp.* paccanubhūta; *pass.* paccanubhavīyati.

paccanusiṭṭha *adj.* [paṭi-anusiṭṭha] ① 충고를 받은. 훈계를 받은. ② 권고를 받은.

paccanta *adj. n.* [paṭi-anta. *sk.* pratyanta] ① 인접하는. 이웃의. 다음의. 경계에 접한. ② 변경(邊境). 국경.

paccantima *adj.* [paccanta의 *superl.*] ① 인접하는. ② 경계에 접한.

paccapādi paṭipajjati의 *aor.*

paccabyādhiṁsu paṭivijjhati의 *aor.*

paccabhāsi paṭibhāsati의 *aor.*

paccabhiññāṇa *n.* [paṭi-abhi-ñāṇa] ① 인지(認知). 인식(認識). ② 증인.

paccaya *m.* [<paṭi-i. *sk.* pratya-ya] ① 원인. 조건. 동기. 연(緣). -ākāra 조건의 형태. 연상(緣相). 연행상(緣行相). -upannadhamma 조건지어진 것. 연생법(緣生法). -pariggaha 조건의 섭수. 연섭수(緣攝受). -pavatta 조건의 생기. 연소전(緣所轉). -dhamma 조건짓는 것. 연법(緣法). -vāra 조건의 장·순번. 연의분(緣依分). -satti 조건짓는 힘. 연력(緣力). -samuppanna 조건지어진 것. 조건에 의해 발생된 것. 연소생(緣所生). 연생(緣生). 연이생(緣已生). ② 수단. 지지. 필요한 것. 승려의 필수품. 자구(資具)[四資具]. *abl.* paccayā 원인으로부터. ~의해서. *pl. nom.* paccayāse. -paṭisevana 필수품의 사용. -sannissita 필수품과 연관된. 자구의지(資具依止). -sannissitasīla 규정된 생필품만 사용하는 계행. 자구의지계(資具依止戒). ③ 접미사(*suf.*)[문법].

paccayatā *f.* [paccaya의 *abstr.*] ① 원인이 있음. ② 인과관계. 조건관계. idappaccayatā 확인된 조건성. 구체적인 조건. 차연성(此緣性). 연기(緣起).

paccayika. paccāyika *adj.* [<paccaya] 신뢰할 수 있는. 믿을 만한.

paccaladdhaṁsu paṭilabhati의 *aor.*

paccavaṭṭhāti [paṭi-avaṭṭhāti] 저항하다.

paccavidhuṁ. paccavyādhiṁ paṭivijjhati의 *aor.*

paccavekkhati [paṭi-avekkhati] ① 개별적으로 관찰하다. 성찰하다. ② 정관(靜觀)하다. *aor.* paccavekkhiṁ. paccavekkhisaṁ.

paccavekkhana *n.* paccavekkhanā *f.* [paṭi-avekkhana *cf. sk.* pratyavekṣaṇa] ① 관찰. 성찰. 고찰. 고려. 사려(思慮). 주시(注視). 개별관찰(個別觀察). 내심관찰(內審觀察). 묘관찰(妙觀察). -citta 성찰하는 마음. 성찰심(省察心). -cetanā 성찰의 의도. 성찰사(省察思). -ñāṇa 성찰의 지혜. 관찰의 지혜. 관찰지(觀察智). -nimitta 성찰의 특징. 관찰상(觀察相). -vasin 성찰에 자재한 자. 관찰자재(觀察自在). -suddhi 성찰에 의한 청정. 관찰정(觀察淨)[네 가지 필수품에 대한 바른 사용의 청정].

paccavekkhā *f.* [*sk.* pratyavekṣā] ① 관찰. 성찰. 고찰. 묘관찰(妙觀察). ② 상상(想像).

paccavyādhiṁ paṭivijjhati의 *aor.*
paccavyāhāsi paṭivyāharati의 *aor.*
paccasāri paṭisarati의 *aor.*
paccassosi. paccassosuṁ paṭissuṇāti의 *aor.*
paccākata *adj.* [paṭi-ā-kṛ의 *pp.*] ① 거부된. ② 실망한.
paccākoṭita *adj.* [paṭi-ākoṭeti의 *pp.*] ① 평평하게 된. 매끈하게 된. ② 압축된.
paccāgacchati [paṭi-ā-gam] ① 돌아오다. 돌아가다. ② 물러나다. *pp.* paccāgata *cf.* pacceti.
paccāgamana *n.* [<paṭi-ā-gamana] ① 귀환. ② 물러남. 철수.
paccācamati [paṭi-ā-camati] ① 삼키다. ② 다시 빨아들이다. 흡수하다. *caus.* paccācameti. paccācamāpeti.
paccācameti. paccācamāpeti [paccācamati의 *caus.*] ① 삼키게 하다. ② 빨아내다.
paccācikkhati [paccakkhāti의 강조] ① 거절하다. 거부하다. ② 불허하다.
paccājāta *adj.* [paccājāyati의 *pp.*] 다시 태어난. 새로운 존재를 얻은. 재생한.
paccājāyati [paṭi-ā-jāyati<jan] ① 새로운 존재로 다시 태어나다. 재생하다. ② 회생(回生)하다. *pp.* paccājāta.
paccāneti [paṭi-ā-neti] ① 뒤로 이끌다. ② 퇴전시키다.
paccāpādi paṭipajjati의 *aor.*
paccābhaṭṭha *adj.* [paccābhāsati의 *pp.*] ① 암송된. ② 설명된.
paccābhāsati [paṭi-ā-bhāsati<bhāṣ] ① 말대꾸하다. ② 암송하다. ③ 설명하다. 말하다. *pp.* paccābhaṭṭha
paccāmitta *m* [paccā-mitta. *sk.* pratymitra] ① 적(敵). ② 상대(相對).
paccāropeti [paṭi-āropeti] ① 답례로 보여주다. ② 말대꾸하다. ③ 설명하다.
paccāsati [<paṭi-āsā 또는 paṭi-saṁs-ati] ① 구하다. ② 청원하다. 간청하다.
paccāsanne *ind.* [paṭi-āsanne] 근처에.
paccāsā *f.* [paṭi-āsā. *cf.* *sk.* prat-yāśā] ① 예상. 기대. 바램. ② 청원. 간청. 기구(冀求).
paccāsāreti [paṭi-ā-sāreti<sṛ의 *caus.*] 돌아오게 하다.
paccāsiṁsati [paṭi-āsiṁsati] ① 기대하다. ② 바라다. 원하다. *cf.* paccāsā.
paccāharati [paṭi-āharati] ① 되돌리다. 후퇴하다. ② 회수하다. ③ 억제하다. *aor.* paccāhari; *pp.* paccāhaṭa; *abs.* paccaharitvā.
paccāhāra *m* [<paccāharati] ① 사과. ② 사죄.
pacchittha ① [paccati의 *aor. 3sg.*] 요리되었다. 괴로웠다. ② [pacceti의 *aor. 2pl.*] 돌아왔다.
paccukkaḍḍhati [paṭi-ukkaḍḍhati] ① 다시 끌어내다. ② 다시 뽑다.
paccukkaḍḍhana *n.* [<paccukkaḍḍhati] ① 다시 끌어냄. ② 다시 뽑음.
paccuggacchati [paṭi-ud-gam] ① 나가다. 착수하다. ② 만나러 나가다. 마중하다. 영접하다. *pp.* paccuggata.
paccuggata *adj.* [paccuggacchati의 *pp.*] ① 걸출한. 뛰어난. ② 저명한.
paccuggamana *n.* [<paccuggacchati] ① 외출. ② 마중. ③ 만남.
paccuṭṭhapanā *f.* [paṭi-ud-ṭhapanā] ① 반항. 저항. ② 반대.
paccuṭṭhāti [paṭi-ud-sthā] ① 일어나다. ② 일어나 맞이하다. *opt.* paccuṭṭheyya; *fut.* paccuṭṭhassati.
paccuṭṭhāna *n.* [paṭi-ud-ṭhāna] ① 일어남. 기립. ② 일어나 맞이함. 기영(起迎).
paccuttara *n.* [<paṭi-ukta-ra] 응답(應答). 반응(反應).
paccuttarati [paṭi-uttarati] ① 다시 나가다. ② 물러나다.
paccudāvattati [paṭi-ud-ā-vattati<vṛt] ① 다시 돌아가다. 복귀하다. 회복하다. ② 퇴거(退去)하다.
paccudāvattana *n.* [<paccudāvattati] ① 복귀. 회복(回復). ② 퇴거(退去).
paccudāharati [paṭi-ud-ā-hṛ] ① 대답하다. ② 암송하다.
paccudeti [peṭi-ud-i] 향해서 가다.
paccuddharati [paṭi-uddharati] ① 닦다. ② 닦아 없애다. *cf.* uddharati.
paccuddhāra *m* [paṭi-uddhāra] (옛 옷을) 버리고 가사(袈裟·迦絺那衣)를 받는 것.
paccupakāra *m* [paṭi-upakāra] ① 보답. ② 섭수. 섭익(攝益).
paccupaṭṭhahati [paṭi-upa-sthā] 나타나다. 일어나다. 출현하다. 현기(現起)하다. *pp.* paccupaṭṭhita; *caus.* paccupaṭṭhāpeti.
paccupaṭṭhāna *n.* [<paṭi-upa-sthā] ① 나타남. 출현. 현상. 현기(現起). ② = paccuṭṭhāna 간병.
paccupaṭṭhāpeti [paccupaṭṭhahati의 *caus.*] ① 나타나게 하다. 현전시키다. ② 정리하다. 준비하다. 설치하다.
paccupaṭṭhita *adj.* [paccupaṭṭhahati의 *pp.*] ① 나타난. 현전하는. ② 준비된. *cf.* upaṭṭhita.
paccupadissati [paṭi-upa-diś] ① 받다. ② 보

여주다. 지적하다.
paccupalakkhaṇā *f.* [paṭi-upa-akkhaṇā] 구별. 차별. 차이.
paccupādi [=paccuppādi. paṭi-uppajjati의 *aor.*] 나타났다.
paccupekkhaṇā *f.* [paṭi-upekkhaṇā] ① 관찰. ② 성찰. = paccavekkhaṇā.
paccupeti [paṭi-upeti] ① 가까이 가다. ② 시중들다. *fut.* paccupessati.
paccuppanna *m.* [paṭi-uppajjati의 *pp. sk.* pratyutpanna] '방금 발생한 것' 현재. 현재시(現在時). -aṁsa 현재. 현재분(現在分). -aṁsañāṇa 현재에 대한 앎. 현재분지(現在分智). -addha 현재의 시간. 현재시(現在時). -addhakatha 현재에 기초한 진술['있다'에 기초한 진술]. -ârammana 현재의 대상. 현재소연(現在所緣). -bhāva 현재성. -vatthūni 현재사(現在事)[과거의 업에 얽힌 현재의 인연에 대한 이야기]
paccuyyāti [paṭi-ud-yā] ① ~쪽으로 나아가다. ② 향해서 가다. *aor.* paccuyyāsi.
paccūsa *m.* [*sk.* pratyūṣa *n.*] 새벽. 이른 아침. -kāle. -velāyaṁ. -samaye 이른 아침에. 아침 시간에.
paccūha *m.* [*cf. sk.* pratyūha<vah] ① 장애. 방해. ② 장애물. 방해물.
pacceka *adj.* ① [paṭi-eka. *bsk.* pratyeka] 따로따로의. 각각의. 여러 가지의. 홀로의 ② [*sk.* pratyaya] 조건. 연기. 연(緣). -ṭhāna 외딴 곳. 홀로 있는 곳. 별처(別處). -buddha 연기법에 따라 깨달은 사람. 홀로 깨달은 사람. 벽지불(辟支佛). 독각(獨覺). 연각(緣覺). -bodhi 홀로 깨달음. 벽지보리(辟支菩提). -brahman 홀로 신성한 자. 벽지범천. -muni 홀로 해탈한 자. 벽지모니(辟支牟尼). -sacca 각각의 진리. 독단적 진리. -sambuddha 홀로 올바로 깨달은 이. 독등각자(獨等覺者).
pacceti[paṭi-eti<paṭi-i] ① 다가오다. 돌아오다. ② 실현하다. 의지하다. ③ 바라다. 원하다. ④ 이해하다. 가정하다. *aor. 2pl.* paccittha. *1sg.* paccessaṁ (paccesaṁ); *abs.* paṭicca. *pp.* paṭīta. patīta.
paccoḍḍita *adj.* [paṭi-oḍḍita] 대신 (덫이나 올가미에) 걸려든.
paccora *adj. n.* [paṭi-avara] ① 더 낮은. ② 더 아래 부분. ③ 밑바닥.
paccorohaṇī *f.* [*cf. sk.* pratyavarohaṇa *n.*] (좌석 등에서 성스러운 불) 아래로 내려오는 것. 사법(捨法)[마르가시르사(*sk.* mārgaśīrṣa) 달에 집행되는 바라문의 家庭祭].
paccorohati [paṭi-orohati<ruh] ① 다시 내려가다. ② 내려가다. 하강하다.
paccosakkati [paṭi-osakkati] ① 철수하다. 물러나다. ② 귀환하다. ③ 수축하다.
paccosakkhanā *f.* [paccosakkati의 *abstr.*] ① 철수. ② 귀환. ③ 수축.
pacchaḍḍana *n.* [pa-chaḍḍana] ① 구토. ② 분출.
pacchato *ind.* [paccha의 *abl.*] 뒤로부터. 뒤에. *cf.* pacchā.
pacchada *m.* [*cf.* pa-chad. *sk.* pracchada] ① 덮개. 싸개. ② 띠. 대(帶). = pacchāda.
pacchanna *adj.* [pa-chad의 *pp.*] ① 덮인. 싸인. ② 감춰진.
pacchā *ind.* [*sk.* paścā. paścāt] ① 뒤에. 배후에. ② 서쪽에. -ânutappati 후회하다. 뉘우치다. -ânutāpa 후회. 회한. -āsa '나중에 먹는 것' 여파. 결과. -gataka 뒤로 가는. 뒤로 오는. -jāta 나중에 생기는. -jātapaccaya 후행조건. 후생연(後生緣)[이미 일어난 선행조건을 돕는 조건. 즉 비는 이미 땅에서 성장한 식물의 성장을 돕는다]. -nipātin 다른 사람보다 늦게 취침하는 사람. -bāhaṁ 팔이 등 뒤로 묶인 채. -bhatta 식사 후의. 오후의. -bhattaṁ 식사 후에. 오후에. -bhattika 오후에 먹는 (사람). -bhāga 뒷부분. 후분(後分). 음지(陰地). -bhāsati → paccā°. -bhūma. -bhūmaka 서쪽 지방 나라의. -mukha 서쪽을 바라보는(西面). -vāmanaka 뒷부분이 난쟁이인. -samaṇa 뒤따르는 사문. 수종사문(隨從沙門).
pacchāda *m.* [pa-chāda] ① 그늘진 장소. 음지(陰地). ② 그늘진 부분. 숨겨진 곳. 은처(隱處) = pacchada.
pacchānutappati [pacchā-anu-tap] ① 후회하다. ② 참회하다. *aor.* pacchānutappi.
pacchāyā *f.* [pa-chāyā] ① 그늘진 곳. 응달. ② 녹음(綠陰).
pacchāḷiyaṁ *ind.* [?] = pacchiyaṁ. pacchi의 *loc.*
pacchāsa *m.* [<pacchā-aś] '나중에 먹는 것' 영향. 여파. 후유증.
pacchi *f.* [?] 바구니. 광주리.
pacchijjati [pacchindati<chid의 *pass.*] ① 절단되다. ② 중단되다. *cf.* pacchijjana.
pacchita *adj.* [*sk.* pracchita. pa-chā의 *pp.*] ① 베어낸. ② 벗겨진.
pacchindati [pa-chid] ① 중단하다. 절단하다. ② 토하다. 내뱉다. *aor.* pacchindi; *abs.* pacchinditvā; *inf.* pacchindituṁ.
pacchima *adj.* [*sk.* paścima. *cf.* pacchā] ① 최후의. ② 뒤의. ③ 최근의 ④ 서쪽의. ⑤ 가장 낮은.

가장 천한. -citta 최후의 마음. 최후심(最後心). -desa 서양(西洋). -desīya 서양의. -pāda 뒷발. 후족(後足). -bhava (생사윤회에서) 마지막 태어남. 최후유(最後有). -bhavika. -bhavin 마지막으로 태어난 (자). 최후유자(最後有者). -yāma 한밤중에서 새벽녘까지. 후야분(後夜分).

pacchimaka *adj.* [pacchima-ka] ① 최후의. ② 최근의. ③ 가장 낮은. 가장 비열한.

pacchedana *n.* [<pachindati] ① 중단. ② 절단.

pajagghati [pa-jagghati] 큰 소리로 웃다.

pajappati [pa-jappati<jalp] 갈망하다. 탐욕스럽게 원하다. *pp.* pajappita.

pajappā *f.* [<pajappati] ① 소망. ② 갈망. 탐욕.

pajaha *adj.* [pa-jaha] ① 버리는. ② 포기하는.

pajahati. pajahāti [pa-jahati<hā] ① 버리다. ② 단념하다. 포기하다. *ppr. sg. nom.* pajahaṁ; *fut.* pahāssaṁ. pahissati. pajahissati; *aor.* pajahi. pahāsi. pahāsiṁ; *abs.* pahāya. pahatvāna. pajahitvā; *grd.* pahātabba. pajahitabba; *pp.* pahīna; *pass.* pahīyati.

pajā *f.* [*sk.* prajā . pra-jan] ① 자손. 세대. 후예. ② 인류. 사람들. -pīḷana 박해. 학대. 전제주의(專制主義).

pajānana *n.* pajānanā *f.* [<pajānāti] ① 이해. 구별. ② 분명히 앎. 요해. 요지(了知).

pajānāti [pa-jānāti<jñā] ① 알다. 분명히 알다. ② 이해하다. ③ 구별하다. *ppr.* pajānaṁ. pajānanto; *abs.* paññāya; *pp.* paññāta; *caus.* paññāpeti; *pass.* paññāyati.

pajāpatatta *n.* [pajāpati의 *abstr.*] 모든 창조물의 주인인 것. 생주성(生主性)

pajāpati *m.* [*sk.* prajāpati] 모든 창조된 것들의 주인. 조물주. 생주(生主).

pajāpatī *f.* [<pajāpati] ① 아내. 마누라. 부인. ② 궁녀.

Pajāpatī *f.* =Mahāpajāpatī Gotamī 마하빠자빠띠 고따미. 바자바리(波闍波提)[부처의 이모·계모. 최초의 비구니승단을 만듦].

pajāyati [pa-jāyati<jan] 태어나다. 출생하다.

pajāyana *n.* [<pajāyati] 태어남. 출생.

pajja ① *m.* [*cf. sk.* padya] 길. ② *adj. n.* [*cf. sk.* pādya] 발의. 발에 바르는 연고·진통제. ③ *n.* 시(詩). -udaka 발을 씻는 물. -bandha 운율적인 작시(作詩).

pajjati [*sk.* padyate<pad] ① 가다. ② 걷다. 걸어가다. *pp.* panna.

Pajjamadhu *m.* [pajja-madhu] 행로유밀(行路有蜜)[부처님을 찬양한 시로 Buddhappiya의 저술].

pajjaraka *m.* [*sk.* prajvāra] ① 열병. ② 전염병. 역병(疫病).

pajjalati [pa-jalati<jval] ① 불타다. 빛나다. ② 작열하다. *pp.* pajjalita.

pajjalana *n.* [<pajjalati] ① 불타오름. ② 작열.

pajjalita *adj.* [pajjalati의 *pp.*] ① 불타오르는. ② 작열하는.

pajjunna *m.* [*sk.* parjanya] ① 비구름. ② 비의 신. 우신(雨神). 파순제(波純提).

pajjota *m.* [*cf. sk.* pradyota] ① 빛. 광채. 광명. ② 등불. -kara 빛을 만드는 자.

pajjotaka *adj.* [pajjota-ka] ① 빛나는. ② 광휘로운.

pajjotati [pra-dyut] 밝게 빛나다.

pajjhāti = pajjhāyati의 축약형.

pajjhāyati [pa-jhāyati] ① 불타다. 연소하다. 소진하다. 소모되다. 쇠퇴하다. 마르다. ② 생각에 잠기다. 사념하다 [간단히 pajjhāti라고도 쓴다]. *ppr.* pajjhāyanta.

pañca *num. adj.* [〃] 5. 다섯. -aṅga 다섯 가지 구성요소. 다섯 부분. -aṅgika 다섯 부분으로 이루어진. -aṅgikajhāna 다섯 가지로 구성된 선정. -aṅgikamagga 다섯 가지로 구성된 길. -aṅgikasammāsamādhi 다섯 가지로 구성된 올바른 집중. 오정정지(五正定支). -aṅguli (향기로운 액체에 손을 담근 후에 만들어진) 다섯 손가락의 마크. 오지인(五指印). -âsīti 팔십오(85). -âha 오일(五日). -koṇaka 오각형(五角形). -kkhattuṁ 5회. -cattāḷisa 사십오. -cūḷa 다섯 개의 상투. 오계(五髻). -tapa 다섯 가지 고행. 오열고행(五熱苦行). -dasa 15. -dasī 15일. -dhā 다섯 종류로. -nakha 다섯 개의 발톱을 지닌. -nipāta 다섯 가지 모음. 오집(五集). -vagga. -vaggika. -vaggiya 다섯 무리. 오군(五群). -paññāsa 55. -paṭṭhika 다섯 개의 목책. 다섯 가지 찬장(?). -patikā 다섯 남편을 둔 여인. -patiṭṭhita 다섯 가지 정립된 것[이마·허리·팔꿈치·무릎·발]. 다섯 가지 존경스러운 형태. -vidha 다섯 종류의. -vīsati 이십오(25). ~ bhesajjāni 다섯 가지 약물. -sata 오백(500). -satika 오백(500)의. -sattati 칠십오(75). -sādhāraṇabhāva 다섯 가지 공통성. -seṭṭha 다섯 가지 가운데 최상의. -hattha 다섯 손을 지니고 있는.

pañca

~ adhimuttā adhimuttā (아라한의) 다섯 가지 지향. 오신해(五信解)[욕망의 여읨에 대한 지향(出離信解 : nekkhamâdhimutta). 멀리 여읨에 대한 지향(遠離信解 : pavivekâdhimutta). 비폭력에 대한 지향(無害信解 : avyāpajjhâdhimutta). 집

착의 소멸에 대한 지향(取盡信解 : upādānakkhayâdhimutta). 갈애의 부숨에 대한 지향(愛盡信解 : taṇhakkhayâdhimutta). 어리석음의 여읨에 대한 지향(不痴信解 : asammohâdhimutta).

~ anāgamino 다섯 종류의 (다시는 감각적 쾌락의 욕망계로) 돌아오지 않는 님. 오종불환자(五종不還者)[상좌부 주석에 의한 해석: ① 중반 이전에 완전한 열반에 드는 님(中般涅槃者 : antarāparinibbāyin : 낮은 단계의 다섯 가지 결박을 끊고 정거천의 어느 한 곳에 화생하여 생애의 절반을 넘지 않고 오염의 완전한 소멸[kilesaparinibbāna]을 이루는 자: 여기에는 세 가지 종류가 있다. a. 100겁 안에 완전한 소멸을 이루는 자 b. 200겁과 500겁 사이에 완전한 소멸을 이루는 자 c. 500겁이 돼서야 완전한 소멸을 이루는 자 ② 중반 이후에 완전한 열반에 드는 님(損般涅槃者 : upahaccaparinibbāyin : 낮은 단계의 다섯 가지 결박을 끊고 정거천의 어느 한 곳에 화생하여 생애의 절반을 넘어 500겁 이후 완전한 소멸을 이루는 자) ③ 노력없이 완전한 열반에 드는 님(無行般涅槃者 : asaṅkhāraparinibbāyin : 낮은 단계의 다섯 가지 결박을 끊고 정거천의 어느 한 곳에 화생하여 노력 없이 커다란 각고의 노력 없이 괴로움 없이 완전한 소멸을 이루는 자) ④ 노력하여 완전한 열반에 드는 님(有行般涅槃者 : sasaṅkhāraparinibbāyin : 낮은 단계의 다섯 가지 결박을 끊고 정거천의 어느 한 곳에 화생하여 노력하여 커다란 각고의 노력을 기울여 고통스럽게 어렵게 괴로움을 견디며 완전한 소멸을 이루는 자), ⑤ 상류의 궁극적인 미세한 물질계의 하느님 세계에 화생하여 완전한 열반에 드는 님(上流色究竟行者 : uddhaṁsotâkaniṭṭhagāmin : 낮은 단계의 다섯 가지 장애를 극복하여 상류의 궁극적인 미세한 물질계의 하느님 세계에 화생하여 완전한 열반에 드는 님). 여기서 상류는 위로 흐르는 것을 의미하고, 이 때 흐름에는 윤회를 의미하는 갈애의 흐름과 길을 의미하는 흐름이 있는데, 상류는 길을 의미하는 흐름을 말한다. 그런데 이 색구경행자와 상류자(上流者 : uddhaṁsota)와 관련해서 다시 네 종류의 분류법이 있다. a. 상류자(上流者 : uddhaṁsota)이자 색구경행자(akaniṭṭhagāmin) : 무번천을 시작해서 네 천계를 정화하고 색구경천으로 가서 열반에 드는 자. b. 상류자이지만 색구경행자가 아닌 자: 낮은 단계의 세 천계를 정화하고 선견천에서 열반에 드는 자 c. 상류자가 아니지만 색구경행자인 자: 이 세상에서 바로 색구경천에 태어나 열반에 드는 자 d. 상류자도 아니고 색구경행자도 아닌 자: 아직 이 세상에 있거나 낮은 단계의 네 천계에서 열반에 드는 자가 있다.] [구사론(俱舍論)의 해석: 도중에 열반에 드는 님(中般涅槃者 : *sk.* antarāparinirvāyin), 다시 태어나 머지않아 완전한 열반에 드는 님(生般涅槃者 : *sk.* upapadyaparinirvāyin), 노력없이 완전한 열반에 드는 님(無行般涅槃者 : *sk.* anabhisaṅkhāraparinirvāyin), 노력하여 완전한 열반에 드는 님(有行般涅槃者 : sasaṅkhāraparinibbāyin), 궁극적인 미세한 물질로 이루어진 신들의 하느님의 세계로 가는 님(色究竟行者 : akaniṭṭhagāmin)].

~ abhabbaṭṭhānāni 다섯 가지 불가능한 경우. 오불능처(五不能處)[번뇌를 부순 수행승이 의도적으로 살아있는 생명을 죽이는 것의 불가능, 번뇌를 부순 수행승이 주지 않는 빼앗는 것의 불가능. 번뇌를 부순 수행승이 성교를 하는 것의 불가능. 번뇌를 부순 수행승이 고의적으로 거짓말을 하는 것의 불가능. 번뇌를 부순 수행승이 예전에 재가자였을 때처럼 재물을 축적해두고 감각적 쾌락의 욕망을 즐기는 것의 불가능].

~ abhiññā 다섯 가지 곧바른 앎 오신통(五神通 : 神足通·天眼通·天耳通·他心通·宿命通).

~ ānantariyakammāni 다섯 가지 현세에서 지체없이 과보가 따르는 행위. 오무간업(五無間業) [어머니의 살해(mātughāta), 아버지의 살해(pitughāta), 거룩한 님의 살해(arahataghāta), 부처님의 몸에 피를 내는 것(lohituppāda), 승단의 화합을 깨뜨리는 것(saṁghabheda)으로 무간지옥에 태어나는 업].

~ ādīnāvā dussīlassa sīlavipattiyā : 계행을 지키지 않는 자의 다섯 가지 재난. 악계자(惡戒者五危難)[방일로 인한 큰 재물의 상실, 악한 명성의 회자, 모임에서 두려워하고 수치스러워함. 몽매한 채로 죽음을 맞이함, 몸이 파괴되고 죽은 뒤에 괴로운 곳·나쁜 곳·비참한 곳·지옥에 태어남].

~ ānisaṁsā sīlavato sīlasampadāya : 계행을 지키는 자의 다섯 가지 공덕. 지계자오공덕(持戒者五功德)[방일하지 않음으로 인한 큰 재물의 획득, 선한 명성의 회자, 모임에서 두려움 없이 떳떳함. 몽매함 없이 죽음을 맞이함, 몸이 파괴되고 죽은 뒤에 좋은 곳·천상 세계에 태어남].

-āvudha 다섯 가지 무기 한 벌. 오종무기[칼·방패·도끼·곤봉·활].

~ indriyāni 다섯 가지 능력. 다섯 가지 기능. 오근(五根)[시각능력(眼根 : cakkhundriya), 청각능력(耳根 : sotindriya) ③ 후각능력(鼻根 : ghānindriya) ④ 미각능력(舌根 : jivhindriya) ⑤ 촉각능력(身根 : kāyindriya)]. [안락을 경험하는 능력(樂根 : sukhindriya), 고통을 경험하는 능

력(苦根 : dukkhindriya), 불쾌를 경험하는 능력(憂根 : domanassindriya), 희열을 경험하는 능력(喜根 : somanassindriya), 평정을 경험하는 능력(捨根 : upekkhindriya)]. [믿음의 능력(信根 : saddhindriya), 정진의 능력(精進根 : viriyindriya), 새김의 능력(念根 : satindriya), 집중의 능력(定根 : samādhindriya), 지혜의 능력(慧根 : paññindriya)]

~ uddhambhāgiyāni saṁyojanāni 높은 단계의 세계인 미세한 물질계와 비물질계(色界·無色界)의 뭇삶을 결박하는 다섯 가지 번뇌. 다섯 가지 높은 단계의 결박. 오상분결(五上分結)[미세한 물질계에 대한 탐욕(rūparāga : 色貪), 비물질계에 대한 탐욕(arūparāga : 無色貪), 자만(māna : 慢), 자기정당화(uddhacca : 掉擧), 무명(avijjā : 無明)].

~ upādānakkhandhā 다섯 가지 존재의 집착다발. 오취온(五取蘊)[물질의 집착다발(色取蘊 : rūpûpādānakkhandha), 느낌의 집착다발(受取蘊 : vedanûpādānakkhandha), 지각의 집착다발(想取蘊 : saññûpādānakkhandha) , 형성의 집착다발(行取蘊 : saṅkhārûpādānakkhandha), 의식의 집착다발(識取蘊 : viññāṇûpādānakkhandha)].

~ orambhāgiyāni saṁyojanāni 낮은 단계의 세계인 감각적 쾌락의 욕망계(欲界)의 뭇삶을 결박하는 다섯 가지 번뇌. 다섯 가지 낮은 단계의 결박. 오하분결(五下分結)[개체가 있다는 견해(有身見 : sakkāyadiṭṭhi), 의심(vicikicchā : 疑), 규범과 금계에 대한 집착(sīlabbataparāmāsa : 戒禁取見), 감각적 쾌락의 욕망(欲貪 : kāmacchanda), 분노(瞋恚 : byāpāda)].

~ kammāni 다섯 가지 업. 오업(五業).

~ kalyāṇāni 다섯 가지 아름다움. 오미덕(五美)[모발의 미(kesakalyāṇa). 육체의 미(maṁsakalyāṇa). 골상의 미(aṭṭhikalyāṇa). 피부의 미(chavikalyāṇa). 젊음의 미(vayakalyāṇa)].

~ kāmaguṇā 다섯 가지 감각적 쾌락의 욕망의 종류·대상. 다섯 가지 감각적 욕망의 종류·대상. 오욕락(五欲樂). 오욕(五欲). 오묘욕(五妙欲). 오종욕락(五種欲樂)[시각에 의해서 인식되는, 원하는 것이고 사랑스럽고 마음에 들고 아름답고 감각적 쾌락을 유발하고 탐욕을 야기하는 형상(色 : rūpa), 청각에 의해서 인식되는, 원하는 것이고 사랑스럽고 마음에 들고 아름답고 감각적 쾌락을 유발하고 탐욕을 야기하는 소리(聲 : sadda), 후각에 의해서 인식되는, 원하는 것이고 사랑스럽고 마음에 들고 아름답고 감각적 쾌락을 유발하고 탐욕을 야기하는 냄새(香 : gandha), 미각에 의해서 인식되는, 원하는 것이고 사랑스럽고 마음에 들고 아름답고 감각적 쾌락을 유발하고 탐욕을 야기하는 맛(味 : rasa), 촉각에 의해서 인식되는, 원하는 것이고 사랑스럽고 마음에 들고 아름답고 감각적 쾌락을 유발하고 탐욕을 야기하는 감촉(觸 : phoṭṭhabba)].

-kkhandha 다섯 가지 존재의 다발. 오온(五蘊)[물질의 다발(色蘊 : rūpakkhandha), 느낌의 다발(受蘊 : vedanākkhandha), 지각의 다발(想蘊 : saññākkhandha), 형성의 다발(行蘊 : saṁkhārakkhandha), 의식의 다발(識蘊 : viññāṇakkhandha)].

-gati. ~ gatiyo 다섯 가지 운명. 오취(五趣)[지옥(地獄 : niraya), 축생(畜生 : tiracchānayoni), 아귀(餓鬼 : pettivisaya), 인간(人間 : manussā), 천신(天神 : devā)].

-gorasa 다섯 가지 유제품. 오종미(五種味)[우유(乳 : khīra), 요구르트(酪 : dadhi), 생버터(生酥 : navanīta), 버터(熟酥 : sappi), 버터크림(醍醐 sappimaṇḍa)].

~ cakkhūni 다섯 종류의 눈. 오안(五眼)[부처의 눈(佛眼 : buddhacakkhu). 보편의 눈(普眼 : samantacakkhu). 진리의 눈(法眼 : dhammacakkhu). 하늘의 눈(天眼 : dibbacakkhu). 육신의 눈(肉眼 : maṁsacakkhu)].[자연의 눈(性眼 : pakaticakkhu), 하늘의 눈(天眼 : dibbacakkhu), ③ 지혜의 눈(慧眼 : paññācakkhu), 보편의 눈(普眼 : samantacakkhu), 부처의 눈(佛眼 : buddhacakkhu)].

~ cetaso vinibandhā 다섯 가지 마음의 속박. 오심박(五心縛)[감각적 쾌락에 대한 탐욕((kāme avītarāgo), 몸에 대한 탐욕(kāye avītarāgo), 물질에 대한 탐욕(rūpe avītarāgo), 배불리 먹은 후에 편히 드러눕기(udarāvadehakaṁ bhuñjitvā seyyasukhaṁ), 신의 부류가 되기 위한 청정한 삶(devanikāyaṁ paṇidhāya brahmacariyam)].

~ cetokhilā : 다섯 가지 마음의 황무지. 오심무(五心蕪)[스승(satthar)에 대한 의심, 가르침(dhamma)에 대한 의심, 참모임(saṅgha)에 대한 의심, 학습계율(sikkhā)에 대한 의심, 동료수행자(sabrahmacārin)에 대한 적대(敵對)].

-jhānaṅga 다섯 가지 선정의 고리. 오선지(五禪支)[사유(尋 : vitakka). 숙고(伺 : vicāra). 희열(喜 : pīti). 행복(樂 : sukha). 심일경성(心一境性 : ekaggata)].

~ dānāni 다섯 가지 보시. 오시(五施)[1. 살아있는 생명을 죽이는 것을 떠나면 한량없는 뭇삶들에게 공포의 여읨을 보시하고, 원한의 여읨을 보시하고, 폭력의 여읨을 보시하는 것이다. 2. 주지

않는 것을 빼앗는 것을 떠나면 한량없는 뭇삶들에게 공포의 여읨을 보시하고, 원한의 여읨을 보시하고, 폭력의 여읨을 보시하는 것이다. 3. 사랑을 나눔에 잘못을 범하는 것을 떠나면 한량없는 뭇삶들에게 공포의 여읨을 보시하고, 원한의 여읨을 보시하고, 폭력의 여읨을 보시하는 것이다. 4. 거짓말을 하는 것을 떠나면 한량없는 뭇삶들에게 공포의 여읨을 보시하고, 원한의 여읨을 보시하고, 폭력의 여읨을 보시하는 것이다].

-dvāra 다섯 가지 감관문. 오문(五門)[시각(眼 : cakkhu), 청각(耳 : sota), 후각(鼻 : ghāna), 미각(舌 : jivhā), 촉각(身 : kāya)].

-dvārāvajjana 다섯 가지 감각문의 전향. 오문전향(五門轉向)[시각(眼 : cakkhu)·청각(耳 : sota)·후각(鼻 : ghāna)·미각(舌 : jivhā)·촉각(身 : kāya)의 감각적 의식과정(viññāṇakicca)의 단계)].

-dvāravīthi 다섯 가지 감각문의 인식과정. 오문로(五門路)[시각문의 인식과정(眼門路 : cakkhudvāravīthi), 청각문의 인식과정(耳門路 : sotadvāravīthi), 후각문의 인식과정(鼻門路 : ghānadvāravīthi), 미각문의 인식과정(舌門路 : jivhādvāravīthi), 촉각문의 인식과정(身門路 : kāyadvāravīthi)].

~ dhamme ajjhattaṁ upaṭṭhepetvā paro codetabbo 다섯 가지 안으로 준비하여 책망하는 원리[적당한 시간에 말하고 적당하지 않을 때는 말하지 않음, 사실대로 말하고 사실이 아닌 것은 말하지 않음, 온화하게 말하고 거칠게는 말하지 않음, 유익하게 말하고 무익하게는 말하지 않음, 자애의 마음으로 말하고 성낸 마음으로 말하지 않음]

-nikāya 다섯 가지 니까야. 오부니까야. 오부[五部 : 디가니까야(長部 : Dīghanikāya). 맛지마니까야(中部 : Majjhimanikāya). 쌍윳따니까야(相應部 : Saṁyuttanikāya). 앙굿따라니까야(增一部 : Aṅguttaranikāya). 쿳다까니까야(小部 : Khuddakanikāya)].

-nikāyaika 다섯 가지 니까야에 정통한 사람. 오부사(五部師).

~ nimittāni 다섯 가지 인상. 다섯 가지 특징. 오상(五相).

~ nissāraṇīyā dhātuyo 다섯 가지 욕망을 벗어나게 하는 요소. 다섯 가지 여읨의 세계. 오출리계(五出離界)[감각적 쾌락의 욕망의 여읨(kāmānaṁ nissaraṇa), 분노의 여읨(byāpādassa nissaraṇa), 폭력의 여읨(vihesāya nissaraṇa), 물질의 여읨(rūpānaṁ nissaraṇa : 비물질계로의 초월), 개체의 여읨(sakkāyassa nissaraṇa)].

~ nīvaraṇāni 다섯 가지 장애. 오장(五障). 오개(五蓋)[감각적 쾌락의 욕망(愛貪 : kāmacchanda), 분노(惡意 : byāpāda), 해태와 혼침(昏沈睡眠 : thīnamiddha), 흥분과 회한(悼擧惡作 : uddhaccakukkucca), 의심(疑 : vicikicchā)].

~ padhānaṅgāni 다섯 가지 정근의 요소. 오근지(五勤支)[여래의 깨달음에 대한 믿음(信), 음식을 잘 소화하고 흡수하는 건강(無病), 사특하지 않고 속임이 없는 태도(不奸), 착하고 건전한 것에 대한 멍에를 져버리지 않고 열심히 정진(發勤精進), 생성과 소멸에 대한 지혜를 뿐만 아니라 올바른 괴로움의 소멸로 이끄는 지혜(智慧)].

-bandhana 승려가 가지고 있는 발우. 오철(五綴)[못이나 철사 등으로 끼워 만든 발우]. 오박(五縛)[煩惱가 心心所法 내지 所緣을 결박하는 다섯 가지 方式].

~ balāni 다섯 가지 힘. 오력(五力)[믿음의 힘(saddhābala : 信力), 정진의 힘(viriyabala : 精進力), 새김의 힘(satibala : 念力), 집중의 힘(samādhibala : 定力), 지혜의 힘(paññābala : 慧力)].

~ bījajātāni 다섯 가지 종자. 오종종자(五種種子)[뿌리에서 번식하는 종자(mūlabīja). 줄기에서 번식하는 종자(khandhabīja). 열매에서 번식하는 종자(phalabīja). 가지에서 번식하는 종자(aggabīja). 씨앗에서 번식하는 종자(bījabīja)].

-bali 다섯 가지 헌공. 오헌공(五獻供).

~ byasanāni 다섯 가지 손실. 오손실(五損失). 오액난(五厄難)[→ pañca vyasanāni]

~ bhayā 다섯 가지 위험한 것[등에(ḍaṁsa). 나방(adhipāta), 뱀(siriṁsapa), 낯선 사람(manussaphassa), 야생동물(catuppadāna)].

~ bhayāni verāni 다섯 가지 두려운 원한. 오외죄(五畏罪)[다섯 가지 계행(五戒 : pañcasīla)를 어기는 것에서 오는 두려운 원한)].

~ bhojānāni 다섯 가지 음식물. 오종식(五種食)[밥 odāna, 죽 kummasā, 맥분 sattu, 생선 maccha, 고기 maṁsa].

~ macchariyāni 다섯 가지 인색. 오간(五慳)[거처에 대한 인색(住處慳 : āvāsamacchariya : 손님이 오더라도 '여기에 탑묘나 승단의 자구가 있다.'고 하여 승단의 주거가 있어도 거기에 머무는 것을 꺼리는 것), 가문에 대한 인색(家慳 : kulamacchariya : 자신에게 봉사하는 가문에 다른 수행승이 그 가문에 들어가는 것을 꺼리는 것), 이득에 대한 인색(利得慳 : lābhamacchariya : 이득이 있더라도 물건을 아껴서 베풀지 않는 것), 칭찬에 대한 인색(稱讚慳 : vaṇṇamacchariya : 몸과 덕성에 대한 칭찬에 인색), 가르침에 대한 인색(法慳 : dhammamacchariya : 성전의 가르침에 대하여 '이 자는 가르침을 배워 나를 정복할

것이다.'라고 생각하여 타인에게 베풀지 않는 것)].

-mahāpariccāga 다섯 가지 위대한 포기[아내 · 자식 · 왕국 · 목숨 · 신체의 포기].

-mahāvilokana 다섯 가지 관찰[시간(kalā) · 대륙(dīpa) · 지방(desa) · 혈연(kula) · 어머니(mātā)에 대한 관찰].

~ rajāni 다섯 가지 먼지. 오구(五垢)[= pañca kāmaguṇā].

-lolatā 다섯 가지 탐욕. 오동탐(五動貪)[음식에 대한 탐욕(āhāralolatā), 치장에 대한 탐욕(alaṁkāralolatā), 타인에 대한 탐욕(parapurisalolatā), 재물에 대한 탐욕(dhanalolatā), 유람에 대한 탐욕(pādalolatā)]

~ vaṇṇā 다섯 가지 색·종류. 오종(五種). 오색(五色)[청(青 : nīla), 황(黃 : pīta), 적(赤 : lohita), 흑(黑 : kaṇha), 백(白 : seta)].

~ vatthūni 다섯 가지 토대. 오사(五事 : 시각의 토대(cakkhuvatthu), 청각의 토대(sotavatthu), 후각의 토대(ghānavatthu), 미각의 토대(jivhāvatthu), 촉각의 토대(kāyavatthu)].

~ vasitā 다섯 가지 자유자재. 오자재(五自在)[전향의 자유자재(轉向自在 : āvajjanavasitā), 입정의 자유자재(入定自在 : samāpajjanavasitā), 재정의 자유자재(在定自在, 攝持自在 : adhiṭṭhānavasitā), 출정의 자유자재(出定自在 : vuṭṭhānavasitā), 성찰의 자유자재(paccavekkhaṇāvasitā)].

~ viññāṇā 다섯 가지 의식. 오식(五識)[(시각의식(眼識 : cakkhuviññāṇa), 청각의식(耳識 : sotaviññāṇa), 후각의식(鼻識 : ghānaviññāṇa), 미각의식(舌識 : jivhāviññāṇa), 촉각의식(身識 : āyaviññāṇa)].

~ vimuttāyatanāni 다섯 가지 해탈의 세계. 오해탈처(五解脫處)[스승이나 동료수행자가 가르침을 설할 때 그 의취를 체득하여 희열과 행복을 느끼며 삼매에 드는 것, 스승이나 동료수행자가 가르침을 설하지 않을 때 스스로 공부한 바의 가르침을 설하면서 희열과 행복을 느끼며 삼매에 드는 것, 스승이나 동료수행자가 가르침을 설하지 않고 스스로 공부한 바의 가르침을 설하지 않지만 공부한 바를 외우면서 희열과 행복을 느끼며 삼매에 드는 것, 스승이나 동료수행자가 가르침을 설하지 않고 스스로 공부한 바의 가르침을 설하지 않고 공부한 바를 외우지 않지만 스스로 공부한 대로 가르침을 성찰하여 희열과 행복을 느끼며 삼매에 드는 것, 스승이나 동료수행자가 가르침을 설하지 않고 스스로 공부한 바의 가르침을 설하지 않고 공부한 바를 외우지 않고 스스로 공부한 대로 가르침을 성찰하지도 않지만 삼매의 인상을 잘 파악하여 희열과 행복을 느끼며 삼매에 드는 것]

~ vimuttiparipācaniyā saññā 다섯 가지 해탈의 성숙을 위한 지각. 오해탈성숙상(五解脫成熟想)[무상에 대한 지각(無常想 : aniccasaññā), 무상 가운데 괴로움에 대한 지각(無常苦想 : anicce dukkhasaññā), 괴로움 가운데 실체 없음에 대한 지각(苦非我想 : dukkhe anattasaññā), 버림에 대한 지각(斷想 : pahānasaññā), 사라짐에 대한 지각(離貪想 : virāgasaññā)].

-verabhayā → pañca bhayāni verāni

~ sallāni 다섯 가지 화살. 오전(五箭)[탐욕의 화살(貪箭 : rāgasalla), 성냄의 화살(瞋箭 : dosasalla), 어리석음의 화살(癡箭 : mohasalla), 교만의 화살(慢箭 : mānasalla), 견해의 화살(見箭 : diṭṭhisalla)].

-vokārabhava 다섯 가지 존재의 다발을 지닌 존재. 오온유(五蘊有)[欲界와 色界의 五蘊을 모두 지닌 存在].

~ vyasanāni 다섯 가지 손실. 오손실(五損失). 오액난(五厄難)[= pañca byasanāni: 친족과 관련된 상실(ñātivyasana), 재물과 관련된 상실(bhogavyasana), 질병과 관련된 상실(rogavyasana), 계행과 관련된 상실(sīlavyasana), 견해와 관련된 상실(diṭṭhivyasana)].

~ saṃsagga 다섯 가지 교제[① 시각적으로 탐욕이 생기게 하는 교제(見交: dassanasaṃsagga), ② 청각적으로 탐욕이 생기게 하는 교제(聞交: savanasaṃsagga), ③ 신체적으로 탐욕이 생기게 하는 교제(身交: kāyasaṃsagga), ④ 대화를 통해 탐욕이 생기게 하는 교제(samullāpanasaṃsagga), ⑤ 함께 살아서 탐욕이 생기게 하는 교제(sambhogasaṃsagga)]

~ saṅgā 다섯 가지 염착(染着). 오착(五着)[탐욕에 의한 염착(貪着 : rāgasaṅga), 성냄에 의한 염착(瞋着 : dosasaṅga), 어리석음에 의한 염착(癡着 : mohasaṅga), 교만에 의한 염착(慢着 : mānasaṅga), 견해에 의한 염착(見著 : diṭṭhisaṅga)].

~ saṅghakammā 다섯 가지 승가의 조치. 오승가갈마(五僧伽羯磨)[1. 가책의 갈마. 고절갈마(苦切羯磨 : tajjaniyakamma : 죄를 지은 수행승이 승단의 모임에서 비난받도록 하는 승가의 조치), 2. 의지의 갈마. 의지갈마(依止羯磨 : nissayakamma : 계율을 범한 어리석은 수행승을 일정 기간 다른 수행승의 감독을 받게 하는 승가의 조치), 3. 구축의 갈마. 구출갈마(驅出羯磨 : pabbājaniyakamma : 승가에서 타락한 생활 때문

에 나쁜 소문이 나서 승원을 떠나게 해서 다른 장소에 살게 하는 승가의 조치), 4. 사죄의 갈마. 하의갈마(下意羯磨). 영사죄갈마(令謝罪羯磨 : paṭisāraṇiyakamma : 수행승이 재가자를 괴롭힌 것에 대하여 사죄를 구하도록 그 수행승에게 강제하는 승가의 조치), 5. 정지의 갈마. 거죄갈마(擧罪羯磨 : ukkhepaniyakamma : 죄를 저지르고도 고치려고 하지 않는 수행승에 대한 자격정지의 조치)].

~ sampadā 다섯 가지 구족. 오성취(五成就). 오구족(五具足)[친족의 구족(ñātisampadā), 재물의 구족(bhogasampadā), 건강의 구족(ārogyasampadā), 계행의 구족(sīlasampadā), 정견의 구족(diṭṭhisampadā)].

~ sikkhāpadāni 다섯 가지 학습계율. 오계(五戒). 오학처(五學處)[살아있는 생명을 해치는 것을 삼가는 것(不殺生 : pāṇātipātā veramaṇī), 주지 않은 것을 빼앗는 것을 삼가는 것(不偸盜 : adinnādānā veramaṇī), 사랑을 나눔에 잘못을 범하는 것을 삼가는 것(不邪淫 : kāmesu micchācārā veramaṇī), 거짓을 말하는 것을 삼가는 것(不妄語 : musāvādā veramaṇī), 곡주나 과일주 등의 취기있는 것에 취하는 것을 삼가는 것(不飮酒 : surāmerayamajjapamādaṭṭhānā veramaṇī)].

~ sikkhādubbalyāni 다섯 가지 학습계율의 마비. 다섯 가지 배움의 마비. 오학약처(五學弱處)[1. 살아있는 생명을 죽이는 것(殺生 : pāṇātipāta), 2. 주지 않는 것을 빼앗는 것(偸盜 : adinnādāna), 3. 사랑을 나눔에 잘못을 행하는 것(邪淫 : kāmesu micchācāra), 4. 거짓말을 하는 것(妄語 : musāvāda), 5. 곡주나 과일주 등의 취기있는 것에 취하는 것(飮酒 : surāmerayamajjapamāda)]

-sīla 다섯 가지 계행. 오계(五戒)[= pañca sikkhāpadāni].

~ suddhāvasā 미세한 물질계(色界)의 네 번째 선정(第四禪)에 속하는 신들의 하느님 세계 가운데 돌아오지 않는 경지(不還果)를 얻은 성자가 태어나는 하느님 세계. 다섯 가지 청정한 하느님 세계. 오정거(五淨居). 오정거천(五淨居天)[성공으로 타락하지 않는 신들의 하느님 세계(Avihā devā : 無煩天), 타는 듯한 고뇌를 여읜 신들의 하느님 세계(Atappā devā : 無熱天), 선정이 잘 이루어지는 신들의 하느님 세계(Sudassā devā : 善現天), 관찰이 잘 이루어지는 신들의 하느님 세계(Sudassī devā : 善見天), 궁극적인 미세한 물질로 이루어진 신들의 하느님 세계(Akaniṭṭhā devā : 色究竟天=有頂天)].

pañcaka *adj.* [pañca-ka] 5의. 다섯으로 구성되는. -jjhāna 다섯 종류의 명상. 오종선(五種禪 Vibh.267의 분류방식). -naya 다섯 가지 길. 다섯 가지 방법.

pañcatha *num. ord.* [=pañcama] 다섯 번째.

Pañcappakaraṇaṭṭhakathā *f.* [Pañca-pakaraṇa-aṭṭha-kathā] 오론의소(五論義疏)[오론(五論 : 界論, 人施設論, 論事, 雙論, 發趣論)에 대한 주석서].

pañcama *num. ord.* [pañcama] 다섯 번째.

pañcamaka *adj.* [pañcama] 다섯 번째의.

pañcamī *f.* [<pañcama] 제오격(第五格). 탈격(奪格 *abl.*) -tappurisa 탈격한정복합어[문법].

pañcavidha *adj.* [pañca-vidha] 다섯 종류의. pañcavidhā pīti 다섯 종류의 기쁨. 오종희(五種喜)[통찰과 함께 일어나는 것으로, 작은 기쁨(小喜 : khuddakapīti), 찰나의 기쁨(刹那喜 : khaṇikapīti), 순환의 기쁨(繼起喜 : okkantikapīti), 용약의 기쁨(踊躍喜 : ubbegapīti), 편만의 기쁨(遍滿喜 : pharaṇapīti)].

Pañcasikha *m.* [*sk.* Pañcaśikha] 반짜씨카. 반차익(般遮翼). 오계(五戒). 오정(五頂)[음악신. Gandhabba의 아들].

pañcaso *ind.* [pañca-so] ① 다섯으로. ② 다섯 가지 방법으로.

pañcāla *m.* [〃] 빤짤라. 반차라(般遮羅)[十六大國의 하나].

pañja *m.* [*cf.* puñja] ① 더미. 쌓아 올린 것. ② 집적.

pañjara *m. n.* [*sk.* pañjara] ① 새장. ② 함(函). 상자. 바구니. ③ 울타리. 골격.

pañjali *adj.* [pa-añjali. *cf. sk. bsk.* prāñjali] 합장하는. 손을 내미는. pañjalī-kata 합장한.

pañjalika *adj.* [pañjali-ka] 합장의.

pañjasa *adj.* [pa-añjasa] ① 바른 순서의. 순정(順正)의. ② 일직선의.

pañña *adj.* [<paññā] 현명한. 지혜로운.

paññatā *f.* [paññā의 *abstr.*] 지혜가 있음. 혜성(慧性). -paññatta ②.

paññatta ① *adj.* [paññāpeti의 *pp. bsk.* prajñapta] 지적된. 알려진. 규정된. 계획된. 시설된. ② *n.* [paññā의 *abstr.*] = paññatā 지혜. 분별. 혜성(慧性).

paññatti *f.* [*bsk.* prajñapti. *cf.* paññatta ①] ① 표명. 선언. 서술. ② 처방. ③ 명칭. 이름. 개념. ⑤ 가정. 가설. 안립(安立). 규정. 시설(施設)[실재하지 않는 것의 방편적 설정]. -anuyoga 시설의 실천. -patha 개념에 의한 해석방식. 시설도(施設道). -bala 시설의 힘. 시설력(施設力). -mattavāda 유명론(唯名論). 명목론(名目論). -vāra 시

설의 기회·순서. 시설분(施設分). -sīla 처방된 계행. 시설된 계행.

Paññattivāda *m.* [Paññatti-vāda] 빤냣띠바다. 설가부(說假部)[부파의 이름].

Paṇṇattivāda = Paññattivāda

paññavatī. paññāvatī *f.* [<paññavant] 지혜로운 여인.

paññavant. paññāvant *adj.* [paññā-vant] ① 통찰력 있는. 지혜로운. 현명한. 총명한. ② *m. nom.* paññavā 지혜로운 자. 유혜자(有慧者).

paññā *f.* [*sk.* prajñā. *cf.* pajānāti] ① 통찰. 인식. ② 혜(慧). 반야(般若). 지혜(智慧)[지혜의 다발(慧蘊 : paññakkhandha)은 팔정도(八正道)와 관련하여 올바른 견해(正見 sammādiṭṭhi). 올바른 사유(正思惟 sammāsaṅkappa)을 말한다]. -âdhiṭṭhāna 지혜의 기반. 혜처(慧處). 혜주처(慧住處)[최상의 경지에 의한 지혜 또는 업자성의 지혜나 통찰의 지혜]. -âdhipateyya 지혜의 지배적인 영향. 지혜의 동기. 혜증상(慧增上). -ābhā 지혜의 빛. 혜광(慧光). -indriya 지혜·통찰의 능력. 혜근(慧根). -uttara 최고의 지혜. 최상혜(最上慧). -obhāsa 지혜의 빛남. 혜조(慧照). -kathā 지혜에 대한 대화. 혜론(慧論). -kkhandha 여러 가지 지혜. 지혜의 다발. 혜온(慧蘊). -gandha 지혜의 향기. 혜향(慧香). -cakkhu 지혜의 눈. 혜안(慧眼). -carita 지혜의 실천자. 혜행자(慧行者). -teja 지혜의 위력. 혜위력(慧威力). -dada 지혜를 주는. -dasaka 슬기로운 십년의 생애. 혜십년(慧十年). -dhana 지혜의 재물. 혜재(慧財). -nirodhika 지혜를 사라지게 하는. -paṭilābha 지혜의 획득. -parihāni 지혜의 상실. -pāramī. pāramitā 지혜의 완성. 혜바라밀(慧波羅密). -pāsāda 지혜의 요새·궁전. 혜전(慧殿). -bala 지혜의 힘. 혜력(慧力)[五力의 하나]. -bāhulla 지혜가 풍부한. -bhāvanā 지혜의 수습. 혜수(慧修). 혜수습(慧修習). -bhūmi 지혜의 근거·단계. 혜지(慧地). -ratana 지혜의 보석. 혜보(慧寶). -vimutta 지혜에 의해 해탈된. 혜해탈자(慧解脫者). -vimutti 지혜에 의한 해탈. 혜해탈(慧解脫). -visuddhi 지혜·통찰의 청정. 혜청정(慧淸淨). -vuddhi 지혜의 성숙. 혜증장(慧增長). -vepulla 지혜의 충분한 계발. 지혜의 광대함. 혜광대(慧廣大). -sattha 지혜의 칼. 혜검(慧劍). -sampatti 지혜의 성취. 혜성취(慧成就). -sampadā 지혜의 갖춤. 혜구족(慧具足). -sampanna 지혜를 갖춘. -sīla 지혜와 계행.

paññāṇa *n.* [pa-ñāṇa] ① 지혜. 지식. ② 표지(標識). 표식(標識). 분별. ③ 특색.

paññāṇavant *adj.* [paññāṇa-vant] ① 합리적인. 분별이 있는. ② 현명한.

paññāta *adj.* [pajānāti의 *pp.*] 잘 알려진. 유명한.

paññāpaka *adj. m.* [<paññāpeti] ① 충고하는. ② 정하는·할당하는 (사람). ③ 시설자(施設者).

paññāpana *n.* [<paññāpeti] ① 폭로. ② 발견. ③ 시설(施設). 시현(示顯). *abl.* paññāpanato.

paññāpetar *m.* [*cf.* paññāpeti] ① 지식을 주는 사람. 진리의 발견자. ② 선언자. 시설자(施設者). 시현자(示顯者).

paññāpeti [pajānāti 의 *caus.*] ① 알리다. 선언하다. ② 규정하다. ③ 준비하다. ④ 묘사하다. 시설(施設)하다. *aor.* paññāpayi; *pp.* paññatta; *pp.* paññāpayamāno; *caus.* paññāpāpeti.

paññāya ① [pajānāti의 *abs.*] 알고 나서. 분명히 알고 나서. 요해하고 나서. ② [paññā의 *ins. gen.*] 지혜에 의해서. 지혜의.

paññāyati [pajānāti의 *pass.*] ① 알게 되다. 알려지다. 인정되다. ② 선언되다. ③ 시설(施設)되다. 묘사되다. *aor.* paññāyi; *fut. 2pl.* paññāyissatha; *opt. 3sg.* paññāyetha; *ppr.* paññāyamāna.

paññāsa. paññāsati. paṇṇāsa *num.* [*sk.* pañcāśat] 50. 쉰. -yojanika 하루에 오십 yojana를 달리는.

pañha *m.* [*sk.* praśna] 질문. 물음. -paṭibhāna 질문에 대한 답변. -pucchā 질문. -vāra 질문 순서. 질문의 기회. -vīmaṁsaka 질문을 판단하는 사람. -vyākaraṇa 질문을 다루는 방식. 기문(記問).

paṭa *m.* [*cf. sk.* paṭa] ① 천. ② 의복. -tantukā 옷의 실처럼 생긴 벌레. -vāsinī 의복을 입은 여인. 비단옷을 걸친 여인. 의물득부(衣物得婦).

paṭaka *m.* [〃] 무명천.

paṭaggi *m.* [paṭi-aggi] 반대(反對)의 불[火].

paṭaṅga *m.* [*cf. sk.* phaḍiṅgā *sk.* pataga] 메뚜기.

paṭaccarin *adj.* [paṭa-carin] ① 가난한. ② 낡은 옷을 입은.

paṭala *n.* [*sk.* paṭala ?] ① 덮개. 피막(皮膜). ② 백내장(白內障). ③ 봉투. 안감.

paṭalika *adj.* [<paṭala] ① 덮개가 있는. 피막이 있는. ② 안감에 속하는.

paṭalikā *f.* [<paṭalika] ① 짠 천. ② 직물 덮개. 직포(織布).

paṭaha *m.* [〃] ① 팀파니. ② 관고(鑵鼓). 진태고(陳太鼓)[전쟁 때 사용하는 북].

paṭāka *n.* [〃] ① 기(旗). 깃발. ② 법당(法幢).

paṭāṇi *f.* [?] paṭāṇi dinnā hoti = mañcapidhānaṁ pādasikhāsu āṇi dinno hoti.

paṭi°. pati° *prep.* [*sk.* prati-] ① ~에 반대해서. ② ~을 향해서.

paṭiāneti [paṭi-ā-nī] 되돌려 보내다.

paṭieti = pacceti. *abs.* paṭicca.
paṭiorohati = paccorohati 내려가다.
paṭikaṅkhati [paṭi-kāṅkṣ] ① 원하다. 기대하다. ② 갈망하다.
paṭikaṅkhin *adj.* [<paṭikaṅkhati] ① 원하는. 기대하는. ② 갈망하는. = pāṭikaṅkhin.
paṭikacca *ind.* [paṭikaroti의 *abs.* paṭigacca라고도 쓴다.] ① 미리. 예전에. 사전에. ② 신중하게. 예방해서. 방지해서. 준비해서.
paṭikaḍḍhanā *f.* [paṭi-kaḍḍhanā] ① 미는 것. 밀기. ② 압박하기.
paṭikaṇṭaka *m.* [paṭi-kaṇṭaka] ① 적(敵). ② 강도. 도적.
paṭikata *adj.* [paṭikaroti의 *pp.*] ~에 대해 준비된.
paṭikatheti [paṭi-katheti] 대답하다. 응답하다.
paṭikampati [paṭi-kampati] 흔들다.
paṭikamma *n.* [*cf.* paṭikaroti] ① 개선. 대책. ② 배상. 보상. ③ 반박. ④ 속죄. 참회. -sālā 참회당(懺悔堂).
paṭikara *m.* [*cf.* paṭikaroti] ① 대책. ② 보상.
paṭikaroti [paṭi-kṛ] ① 개선하다. 대책을 세우다. 치료하다. ② 보상하다. 배상하다. ③ 속죄하다. 참회하다. ④ 준비하다. ⑤ 주의하다. *abs.* paṭikacca (paṭigacca); *pp.* paṭikata. *cf.* paṭikamma. paṭikara. paṭikāra.
paṭikassana *n.* [<paṭikassati] ① 회수. 철회. ② 제거. 거절. mūlāya paṭikassana 근원·시작으로 되돌아가는 것.
paṭikassati [paṭi-kassati<kṛṣ] ① 회수하다. 철회하다. ② 제거하다. 거절하다.
paṭikā *f.* [〃] ① 흰 양모포. ② 면포. *cf.* paṭiya.
paṭikāra *m.* [<paṭikaroti. paṭikara] ① 대책. 치료. 대치(對治). ② 보상. 수리.
paṭikārika *adj.* [paṭi-kara-ika] 대책의. 치료의. 대치(對治)의.
paṭikiṭṭha *adj.* [*cf.* pakkiliṭṭha] ① 열등한. 낮은. 천한. ② 불행한. *cf.* paṭikuṭṭha.
paṭikibbisa *n.* [paṭi-kibbisa] 앙갚음. 보복.
paṭikirati [paṭi-kirati] ~에 뿌리다.
paṭikiliṭṭha *adj.* [paṭi-kiliṭṭha] 아주 비참한.
paṭikujjati [paṭi-kubj] ① 접어서 구부리다. 가리다. 싸다. ② 덮다. 복폐(覆蔽)하다. *pp.* paṭikujjita; *caus.* paṭikujjeti.
paṭikujjana *n.* [<paṭikujjati] ① 접어서 구부림. 둘러쌈. ② 덮음. 복폐(覆蔽).
paṭikujjita *adj.* [patikujjati의 *pp.*] ① 덮인. 둘러싸인. ② 가려진.
paṭikujjhati [paṭi-krudh] ① 화·증오를 돌려주다. ② 화내다.
paṭikuṭati. paṭikuṭṭati [paṭi-kuṭ] ① 구부러지다. 줄어들다. ② 피하다. 거부하다. *pp.* paṭikuṭita; *caus.* paṭikoṭeti. paṭikoṭṭeti.
paṭikuṭṭha *adj.* [paṭi-kkosati<kruś의 *pp.*] ① 경멸받은. 비난을 받은. 명예를 훼손당한. ② 비난할 만한. *cf.* paṭikiṭṭha.
paṭikuṇika *adj.* [<paṭikuṭita] 구부러진. 굽어진.
paṭikuṇṭhita *adj.* [=pariguṇṭhita] 덮인. 싸인. 복폐(覆蔽)된.
paṭikuttaka *m.* [paṭi-kuttaka(?)] 빠띠꿋따까[새의 일종].
paṭikubbara *m.* [paṭi-kubbara] 말에서 가장 가까운 마차의 버팀목.
paṭikulyatā *f.* [paṭikūla의 *abstr.*] 싫음. 메스꺼움. 역겨움. 염역성(厭逆性). = paṭikūlatā. pāṭikulyatā
paṭikūṭa *n.* [paṭi-kūṭa] 보답으로 속이는.
paṭikūla. paṭikkūla *adj.* [paṭikūla] ① 싫은. 메스꺼운. 역겨운. 싫어하여 꺼리는. 염역(厭逆)의. ② 정반대의. 모순적인. 불일치한. paṭikūla° -gāhitā 모순·반대에 사로잡힌. -manasikāra 싫어하여 꺼림에 대해 정신활동을 기울임. 염역작의(厭逆作意). -saññā 싫어하여 꺼림에 대한 인식·지각. 염역상(厭逆想). -saññin 싫어하여 꺼림에 대한 인식·지각이 있는.
paṭikūlatā = paṭikulyatā.
paṭikeḷanā → parikeḷanā 상대적인 유희.
paṭikoṭeti. paṭikoṭṭeti [paṭikuṭati의 *caus.*] ① 비틀어 구부리다. 굴복시키다. 추타(追打)하다. ② 피하게 하다. 피하다.
paṭikopeti [paṭi-kopeti<kup의 *caus.*] ① 흔들다. ② 방해하다. 파괴하다.
paṭikkanta. paṭikkantaka *adj.* [paṭikkamati의 *pp.*] 돌아온. 물러난.
paṭikkama *m.* [<paṭikkamati] 물러섬. 퇴전(退轉).
paṭikkamati [paṭi-kram] ① 물러서다. 퇴보하다. 퇴각하다. 퇴전하다. 감퇴하다. ② 돌아오다. ③ 참회하다. *abs.* paṭikkamma; *pp.* paṭikkanta; *caus.* paṭikkamāpeti.
paṭikkamana *n.* [<paṭikkamati] ① 물러섬. 퇴보. 퇴각. 감퇴. ③ 돌아옴. 귀환. ④ 참회. ⑤ 분좌당(分座堂). -sālā 구별된 자리들이 있는 강당. 참회당(懺悔堂).
paṭikkamma paṭikkamati의 *abs.*
paṭikkamāpeti [paṭikkamāpeti의 *caus.*] ① 물러서게 하다. ② 퇴각시키다.
paṭikkūla = paṭikūla.
paṭikkosa *m.* paṭikkosana *n.* paṭikkosanā *f.*

[<paṭikkosati] ① 비난. 꾸짖음. ② 반대.

paṭikkosati [paṭi-kruś] ① 비난하다. 꾸짖다. ② 욕하다. *pp.* paṭikuṭṭha; *abs.* paṭikkositvā.

paṭikkhati [paṭi-īkṣ] ① 예상하다. ② 기대하다. *ppr. m. sg. nom.* paṭikkhaṁ.

paṭikkhitta *adj.* [paṭikkhipati의 *pp.*] ① 거절된. 거부된. ② 배척된.

paṭikkhipati [paṭi-kṣip] ① 거절하다. 거부하다. 사양하다. ② 반대하다. ③ 인연을 끊다. 의절하다. *aor.* paṭikkhipi; *grd.* paṭikkhippa. appatikkhippa; *pp.* paṭikkhitta.

paṭikkhepa *m.* [*sk.* pratikṣepa. *cf.* paṭikkhipati] ① 반대(反對). 부정(否定). ② 거절(拒絶). -alaṅkāra 역언법(逆言法), 역역설(逆力說)[화제를 일부러 간략하게 말하여, 중요한 뜻이 숨겨져 있다는 것을 암시하는 법].

paṭikhamāpita [patikhamāpeti의 *pp.*] 용서된. 용서받은.

paṭigacca *ind.* = paṭikacca

paṭigacchati [paṭi-gam] ① 포기하다. ② (뒤에) 남기다. *fut.* paṭigamissāmi.

paṭigandhiya *adj.* [paṭi-gandha-iya] 불쾌한 냄새가 나는.

paṭigāthā *f.* [paṭi-gāthā] 응답하는 게송. 답시(答詩).

paṭigādha *m.* [paṭi-gādha ②] ① 안정된 기반. 발판. ② 발이 머무는 깊이. 얕은 물가. 천빈(淺瀕).

paṭigāyati. paṭigāti [paṭi-gāyati] 노래로 답하다. *imp.* paṭigāhi.

paṭigijjha *adj. m.* [paṭi-gijjha. *cf.* giddha] ① 탐욕스러운. 대탐(大貪)의. ② 대취(大鷲)[매과의 새].

paṭigīta *n.* [paṭi-gīta] 응답하는 노래.

paṭigūhati [paṭi-guh] ① 숨기다. 감추다. 은폐하다. ② 삼가다.

paṭiggaṇhāti. paṭigaṇhāti [paṭi-grah] ① 받다. 받아들이다. ② 영수하다. 수령하다. *pp.* paṭiggahita; *caus.* paṭiggaheti.

paṭiggaṇhanaka *adj. m.* [paṭiggaṇhana-ka] ① 받는. 영수하는. ② 수취인.

paṭiggaha *m.* [*cf.* paṭiggaṇhāti] ① 받음. 영수. 수령. 수취. 환대. ② 그릇. 골무.

paṭiggahaṇa. paṭiggāhaṇa *n.* [<paṭiggaṇhāti] 받음. 받아들임. 수취. 영수. 수령. 수납.

paṭiggahita *adj.* [paṭiggaṇhāti의 *pp.*] ① 받아들인. ② 영수한. 수취한. -paribhoga 수취한 물건의 사용.

paṭiggahītar [*cf.* paṭiggaṇhāti] 수취인. 수령인. 영수인.

paṭiggahetar *m.* [paṭiggaṇhāti의 *ag.*] ① 받아들이는 사람. ② 영수인. 수취인.

paṭiggāha → patiṭṭhāha.

paṭiggāhaka *adj. m.* [<paṭiggāhati] ① 받는. 수취한. ② 수취인. 영수인.

paṭigha *m. n.* [*sk.* pratigha<ghan. han] ① 분노. 화. 반감. 증오. ② 충돌. 장애. 유대(有對). -ânusaya 분노의 잠재적 경향. 분노의 경향. 진에수면(瞋恚睡眠). -nimitta 분노의 표시. 진에상(瞋恚相). -saññā 장애에 대한 지각. 유대상(有對相). -saṁyojana 분노의 결박. 진결(瞋結). -sampayutta 분노와 관계있는. 진에상응(瞋恚相應). -samphassa 장애와의 접촉. 유대촉(有對觸).

paṭighavant *adj.* [paṭigha-vant] ① 증오심으로 가득한. 화내는. ② 장애가 있는.

paṭighāta *m.* [paṭi-ghāta] ① 방어. ② 증오. 분개. ③ 추방. ④ 충돌.

paṭighosa *m.* [paṭi-ghosa] 메아리.

paṭicamma *abs.* [<paṭi-camati<cam] 반대쪽으로 나오도록 피부를 관통해서(?).

paṭicaya. paṭiccaya *m.* [paṭi-caya] ① 증가. 증대. ② 집적.

paṭicarati [paṭi-car] ① 배회하다. ② 다루다. ③ (문제를) 피하다. 불명료하게 하다. ④ 달리 대답하다.

paṭicaleti [paṭicalati의 *caus.*] ① (주의를 끌기 위해 팔꿈치로) 툭 치다. ② 밀다. ③ 대다.

paṭicāra *m.* [<paṭi-car] ① 교제. ② 방문.

paṭicodana *n.* [<paṭicodeti] ① 비난. ② 거죄(擧罪).

paṭicodeti [paṭi-codeti] ① 비난하다. 비판하다. 질책하다. ② 거죄(擧罪)하다.

paṭicca *ind.* [pacceti의 *abs.* *cf.* *bsk.* pratītya] ① 근거해서. 때문에. ② 조건으로 해서. -vāra 상연분(相緣分)

paṭiccasamuppanna *adj. m.* [paṭicca-samuppanna] ① 조건에 의해 발생한. 연기(緣起)된. ② 연생(緣生). 연기소생(緣起所生). -dhamma 조건적으로 생성된 것. 연생법(緣生法). -viññāṇa 조건적으로 생성된 의식. 연생식(緣生識).

paṭiccasamuppāda *m.* [*bsk.* pratītya-sam-utpāda] ① 조건적으로 함께 발생하는 것. 조건적인 발생. 연기(緣起). ② 연기(緣起)의 도리. 연기의 법칙. -aṅga 연기(緣起)의 항목. 연기의 요소. 연기지(緣起支). -kusala 연기(緣起)에 밝은. -kusalatā 연기(緣起)에 밝은 것. 연기선교(緣起善巧)[무명을 조건으로 형성이 생겨나고, 형성을 조건으로 의식이 생겨나고, 의식을 조건으로 명색이 생겨나고, 명색을 조건으로 여섯 가지 감역이 생겨나고, 여섯 가지 감역을 조건으로 접촉이 생겨나고, 접촉을 조건으로 느낌이 생겨나고, 느낌을 조건으로 갈애가 생겨나고, 갈애를 조건으로 집착이 생겨나고, 집착을 조건으로 존재가 생겨나고, 존재를 조건으로 태어남이 생겨나고, 태어남을 조건으로 늙음과 죽음, 슬픔, 비탄, 고통, 근심, 절망이 생겨난다. 이 모든 괴로움의 다발들은 이와 같이 해서 생겨난다.'라는 것에 대하여 분명히 알고 올바른 알아차림을 갖추는 것]. -naya 연기의 이치. 연기법(緣起法). -niddesa 연기에 대한 해석.

paṭicchaka *adj.* [<paṭicchati] ① 받는. ② 수취하는. 영수하는.

paṭicchati [paṭi-icchati<iṣ ② *cf. bsk.* pratīccha-ti] ① 받다. ② 수취하다. 수령하다. *pp.* paṭicchi-ta; *caus.* paṭicchāpeti.

paṭicchanna *adj.* [paṭicchādeti의 *pp.*] ① 덮인. 싸인. 감춰진. 신비로운. 은밀한. 기이한. ② 죄과를 참회하지 않고 숨기는. 복장(覆藏)(= paṭicch-ādita). appaṭicchanna 숨기지 않은. 억제되지 않은. -kamma 죄를 참회하지 않고 숨기는 것에 대한 승단의 모임. 복장갈마(覆藏羯磨). 은복업(隱伏業). -kammanta 은밀하게 행동하는. -jarā 감추어진 늙음. 은폐된 늙음. -parivāsa 숨긴 죄과에 대한 참회로서의 격리생활 · 별주(別住). -pa-rissaya 은밀한 위험. -mānatta 숨긴 죄과에 대한 참회. 복장마나타(覆藏摩那陀).

paṭicchavi appaṭicchavi = sampatitacchavi의 *misr.*

paṭicchāda. paṭicchādaka *m.* [<paṭi-chāda] ① 덮개. 옷. 천. ② 속임. 사기. ③ 감춤. 복장(覆藏).

paṭicchādana *n.* [*cf.* paṭicchādeti] ① 덮음. ② 은폐. 은닉. 복장(覆藏).

paṭicchādaniya *n.* [<paṭicchādeti] ① 고기 맛. ② 묽은 고기 수프. 육즙. ③ 조미료.

paṭicchādita *adj. m.* [paṭicchādeti의 *pp.*] = paṭicchanna ① 덮인. ② 감춰진. 숨겨진. ③ 죄과를 참회하지 않고 숨기는 복장(覆藏)

paṭicchādī *f.* [<paṭicchādeti] ① 덮개. 보호. ② 치료. ③ 해독제. 치료약.

paṭicchādeti [paṭi-chādeti<chad의 *caus.*] ① 덮다. 보호하다. 옷을 입다. ② 감추다. 은폐하다. ③ 치료하다. ④ (문제를) 피하다. *pp.* paṭicch-anna. paṭicchādita.

paṭicchāpeti [paṭicchati의 *caus.*] ① 받게 하다. ② 바치다. 주다.

paṭicchita *adj.* [paṭicchati의 *pp.*] ① 받아들여진. ② 수령된. *m. pl. nom.* paṭicchitāse.

paṭijaggaka *adj. m.* [<paṭijaggati] ① 돌보는. 주의하는. 간호하는. ② 간호사. 부양자.

paṭijaggati [paṭi-jaggati. *cf. bsk.* pratijāgarti] ① 돌보다. 주의하다. 간호하다. ② 감시하다. 경호하다. 불침번을 서다. *aor.* paṭijaggiṁsu; *pp.* pa-ṭijaggita; *caus.* paṭijaggāpeti. *grd.* paṭijaggiya.

paṭijaggana *n.* [<paṭijaggati] ① 돌봄. 돌보기. 주의. ② 간호. ③ 양육. 사육.

paṭijagganaka *adj.* [paṭijagganaka] ① 돌보는. 주의하는. ② 간호하는.

paṭijaggiya *adj.* [paṭi-jaggati의 *grd.*] 간호할 수 있는. 간호하기에 적당한.

paṭijānāti [paṭi-jñā] ① 알다. 인정하다. 동의하다. ② 약속하다. 공언하다. 자칭하다. 선언하다. *pres. 3pl.* paṭijānare; *aor.* paṭijāniṁ; *opt.* paṭiñ-ñeyya; *abs.* paṭiññāya; *pp.* paṭiññāta. *caus.* pa-ṭijānāpeti.

paṭijāgareti [*bsk.* pratijāgarti]= paṭijaggati

°paṭijīvaṁ *adv.* [paṭi-jīvaṁ] jīvapaṭijīvaṁ 오래 사시길! 장수하시길!(장수를 축원하는 인사).

paṭiñña *adj.* [paṭiññā의 *adj.*] ① 믿게 만드는. ~체하는. ② 자칭하는. samaṇa° 사문인 체하는. sacca° 진실인 것처럼 하는.

paṭiññā *f.* [*sk.* pratijñā] ① 인정. 일치. 요해(了解). ② 약속(約束). 맹세. 허락. ③ 선언(宣言). 자칭(自稱). -dāna 약혼(約婚).

paṭiññāta *adj.* [paṭijānāti의 *pp.*] ① 동의를 얻은. 인정된. ② 약속된. -karaṇa (스스로) 잘못을 인정하게 하여 쟁사를 그치게 하는 것. 자신의 고백. 자인(自認). 자언치(自言治)[七滅諍의 하나].

paṭiṭṭhahati. paṭitiṭṭhati → patitiṭṭhahati. pa-tiṭṭhāti.

paṭita *adj.* [?] 만족한. 기쁜.

paṭitittha *m.* [paṭi-tittha] 반대편 둑. 반대편의 제방.

paṭitthambhati [paṭi-thambhati] ~에 대해서 확고히 서다. 확립하다.

paṭidaṇḍa *m.* [paṭi-daṇḍa] 보복. 응보. 벌(罰).

paṭidadāti [paṭi-dā] ① 돌려주다. ② 회복하다. ③ 복원하다. 변상하다. *abs.* paṭidatvā; *pass.* paṭidiyyati.

paṭidasseti [paṭi-dasseti] 재현하다.

paṭidāna *n.* [paṭi-dāna] ① 보수. ② 선물. ③ 반환. 변상.

paṭidiyyati [paṭidadādati의 *pass*] 변상되다. 보상되다. *pr. 3pl.* paṭidiyyare.

paṭidisā *f.* [paṭi-disā] 반대방향.

paṭidissati [paṭi-dissati<dṛś] = patidissati. 보

이다. 나타나다. *aor. 3sg.* paccadissatha.

paṭidukkhāpanatā *f.* [paṭi-dukkhāpeti의 *abstr.*] 괴로움으로 다시 고통을 받게 되는 사실.

paṭideseti [paṭi-dṛś의 *caus.*] 고백하다. 참회하다. *cf.* pāṭidesaniya.

paṭidhāvati [paṭi-dhāvati<dhāv] ① 반대쪽을 향해 달리다. 달려서 되돌아가다. ② 상기하다. (과거로) 돌아가다.

paṭinandati [paṭi-nand] ① 기뻐하다. ② 기쁘게 받아들이다. *pp.* paṭinandita 환영받은.

paṭinandanā *f.* [<paṭinandati] 기쁨.

paṭinayati [=paṭineti] ① 되돌리다. ② 갚다. *imp.* paṭinayāhi.

paṭināsikā *f.* [paṭi-nāsikā] 가짜 코.

paṭinijjhatta *adj.* [paṭi-nijjhatta] 다시 진정된.

paṭiniddesa *m.* [paṭi-niddesa] 주제로 돌아가기.

paṭinidhi *m.* [<paṭi-ni-dhī] ① 반성. 성찰. ② 변호인. 대리인.

paṭinivattati [paṭi-ni-vṛt] 다시 돌아오다. 다시 돌아가다. *caus.* paṭinivatteti.

paṭinivatteti [paṭinivattati의 *caus.*] 다시 돌아오게 하다.

paṭinivāsana *n.* [paṭi-nivāsana ①] ① 대신 주어진 옷. ② 부군(副裙).

paṭinissagga *m.* [*cf.* paṭinissajjati] 버려버림. 보내버림. 완전히 버림. 포기. 거부. 단념. 사견(捨遣). 사리(捨離). -ânupassanā 보내버림에 대한 관찰. 포기에 대한 관찰. 사견수관(捨遣隨觀). -ânupassin 보내버림에 대해 관찰하는. 포기에 대해 관찰하는. 정기관(定棄觀). 사견수관자(捨遣隨觀者).

paṭinissaggin *adj.* [paṭinissagga-in] ① 완전히 버려 버리는. 포기하는. ② 포기된. 사견된. duppaṭinissaggin 포기하기 어려운.

paṭinissajjati [paṭi-ni-sṛj. *cf.* *bsk.* pratinisṛjati] ① 놓아 버리다. 단념하다. ② 포기하다. 사견(捨遣)하다. *abs.* paṭinissajja; *pp.* paṭinissaṭṭha.

paṭinissaṭṭha *adj.* [paṭinissajjati의 *pp.* *cf.* *bsk.* pratiniḥsṛṣṭa] 포기된. 버려진. 단념된. 사견(捨遣)된.

paṭinissarati [paṭi-nissarati<sṛ] ① 떠나다. 출리(出離)하다. ② 탈출하다. 자유롭게 되다.

paṭineti. paṭinayati [paṭi-nī] ① 되돌리다. ② 갚다. *imp.* paṭinayāhi.

paṭipakkha *adj.* *m.* [*sk.* pratipakṣa] ① 반대의. 적대의. ② 적(敵). 상대. 적대자. -in 적대자.

paṭipakkhika *adj.* [paṭipakkhaika] ① 반대의. ② 우호적이 아닌. 적대적인.

paṭipajjati [paṭi-pad. *cf.* *bsk.* pratipadyati] ① 길에 들어서다. 과정을 시작하다. ② 나아가다. 방법을 따르다. 실천하다. ③ 얻다. 성취하다. *aor.* paccapādi. paṭipajjiṁ. paṭipajjissaṁ (paṭipajjisaṁ); *grd.* paṭipajjitabba; *pp.* paṭipanna; *caus.* paṭipādeti.

paṭipajjana *n.* [<paṭipajjati] 따라야 할 방도나 계획. -vidhi 행동방법.

paṭipaṇāmeti [paṭi-pa-nam의 *caus.*] ① 돌려보내다. 쫓아버리다. ② 막다.

paṭipaṇṇa *n.* [paṭi-paṇṇa] 답장. 답신.

paṭipatti *f.* [*cf.* paṭi-pad. *bsk.* pratipatti] ① 길. 방법. ② 실천. 행위. 행도(行道). -kkama 실천순서. -cariyā 실천. 행도. -sāsana 실천에 대한 가르침.

paṭipatha *m.* [paṭi-patha] ① 만나는 길. ② 반대의 길. paṭipathaṁ gacchati 만나는 길을 가다. 길을 향해서 가다.

paṭipadā *f.* [*cf.* paṭi-pad. *bsk.* pratipad. pratipadā] ① 길. 도(道). 수단. 방법. ② 실천. 행위. 행도(行道). 길의 실천. 도적(道跡). -ânuttariya 실천의 위없음. 도무상(道無上). 행무상(行無上). 행도무상(行道無上). -ñāṇadassanavisuddhi 길의 실천에 대한 앎과 봄의 청정. 행도지견청정(行道智見淸淨). -dosa 실천의 잘못. -visuddhi 길의 실천의 청정. 행도청정(行道淸淨).

paṭipanna *adj.* [paṭipajjati의 *pp.*] ① 따라가는. ② 나아가는. 실천하는. ③ 도달하는.

paṭipannaka *adj.* *m.* [paṭipannaka] (해탈의) 길에 들어선 사람. 향도자(向道者)[수다원향(須陀洹向) 내지 아라한향(阿羅漢向)].

paṭiparivatteti [paṭipari-vṛt의 *caus.*] 한 번 더 돌아오다.

paṭipaviṭṭha *adj.* [paṭi-pa-viṣ의 *pp.*] 다시 들어가진.

paṭipavisati [paṭi-pavisati] 다시 들어가다. *caus.* paṭipaveseti. *pp.* paṭipaviṭṭha.

paṭipasaṁsati [paṭi-pasaṁsati<śaṁs] 되돌려 칭찬하다. 보답으로 칭찬하다.

paṭipassaddhi = paṭippassaddhi.

paṭipaharati [paṭi-paharati] 보복해서 때리다. *aor.* paṭipahari. *pp.* paṭipahaṭa. *abs.* paṭipaharitvā.

paṭipahiṇāti [paṭi-pahiṇāti] 돌려보내다. *aor.* paṭipahiṇi. *pp.* paṭipahita. *abs.* paṭipahiṇitvā.

paṭipākatika *adj.* [paṭi-pākatika] ① 회복된. 건강한. ② 다시 바르게 된.

paṭipāṭi *f.* [paṭi-pāṭi] ① 순서. 질서. 차제. 시스템. 체계. ② 연속. *abl.* paṭipāṭiyā *loc.* paṭipāṭiyaṁ *adv.* 연속해서. 순서대로.

paṭipāṭika *adj.* [paṭi-pāṭi-ka] 질서에 순응하는.

paṭipādaka *m.* [<paṭi-pad] ① 받침대. ② 지지물(支持物).

paṭipādeti ① [paṭi-pad의 *caus.*] 지지하다. 실천하도록 하다. ② [paṭipa-ā-dā의 *caus.*] 주다. 제공하다. *aor.* paṭipādesiṁ. paṭipādesi. paṭipādesuṁ; *fut.* paṭipādessati; *pp.* paṭipādita.

paṭipiṁsati [paṭi-piṣ] 때리고 두드리다. ure paṭipiṁsati 가슴을 치다.

paṭipiṇḍa *m.* [paṭi-piṇḍa] ① 보답으로 주는 보시. ② 답례의 시식(施食).

paṭipīḷana *n.* [*cf.* paṭipīḷeti] ① 압박. ② 압제.

paṭipīḷita *adj.* [paṭipīḷeti<pīḍ의 *pp.*] ① 억압된. 압박을 받은. ② 괴롭힘을 당한.

paṭipīḷeti [paṭipīḷeti] ① 억압하다. ② 괴롭히다. *aor.* paṭipīḷesi; *pp.* paṭipīḷita; *abs.* paṭipīḷetvā.

paṭipuggala *m.* [paṭi-puggala] ① 동등한 사람. ② 호적수(好敵手). 적수(敵手). 경쟁자. 비견자(比肩者). appaṭipuggala 적수(敵手)가 없는. 비교할 수 없는. *cf.* pāṭipuggalika.

paṭipuggalika *adj.* [<paṭipuggala] ① 동배(同輩)의. ② 개인에 속하는.

paṭipucchati [paṭi-pṛcch] 반대질문하다. 반문(反問)하다.

paṭipucchā *f.* [paṭi-pucchā] ① 반대질문. 반문. ② 힐문(詰問). *neg. abl.* appaṭipucchā 반대질문이 없이. -karaṇīya 질문의 화살을 되돌려주어야 할. 반문되어야 할. -vinīta 반대질문으로 길들여진. -vinītaparisā 반대질문으로 길들여진 대중. -vyākaraṇīyapañha 질문의 화살을 되돌려야 할 질문. 응반힐기문(應反詰記問).

paṭipurisa *m.* [paṭi-purisa] ① 경쟁자. ② 적.

paṭipūjana *n.* paṭipūjanā *f.* [<paṭi-pūj] ① 숭배. 존경. ② 명예.

paṭipūjeti [paṭi-pūj] ① 존경하다. 숭배하다. ② 경의를 표하다. *cf.* paṭipūjanā̆.

paṭipeseti [paṭi-peseti] ① ~에게 보내다. ② 파견하다.

paṭippaṇāmeti [paṭi-paṇāmeti] ① 구부리다. ② 늘리다.

paṭippassaddha *adj.* [paṭippasambhati의 *pp.* *bsk.* pratipraśrabdha] ① 가라앉은. 진정된. ② 평온한. 안식을 얻은. 지멸(止滅)된.

paṭippassaddhi. paṭipassaddhi *f.* [*cf.* paṭippassaddha] ① 진정. 평온. ② 휴지(休止). 안식(安息). 지식(止息). 지멸(止滅). paṭippassaddhi° -pahāna 안식에 의한 버림. 안식에 의한 극복. -pārisuddhisīla 안식에 의한 청정을 가져오는 계율. 안식편정계(安息遍淨戒). -vimutti 성스러운 경지에 의한 안식을 통한 해탈. 안식해탈(安息解脫). -viveka (성스러운 경지에 의한) 안식을 통한 멀리 여읨. 안식원리 (安息遠離). -suñña 지멸공(止滅空)[出離에 의해 欲望이 止滅하여 空하고, 無瞋에 의해 瞋이 止滅하여 空하는 등. 阿羅漢道에 의해 一切煩惱가 止滅하여 空한 것을 말한다.]

paṭippassambhati [paṭi-pa-sambhati< śram-bh] ① 가라앉다. 평온해지다. ② 소멸되다. 지식(止息)하다. 지멸(止滅)하다. *pp.* paṭippassaddha; *caus.* paṭippasambheti. *pp.* paṭippassambhita.

paṭippassambhanā *f.* [<paṭippasambhati] ① 진정. 평온. 안식. ② 지식(止息). 지멸(止滅).

paṭippassambhitatta *n.* [paṭippassambhita의 *abstr.*] ① 진정. 평온. 안식. ② 지식(止息). 지멸(止滅) = paṭippassaddhi.

paṭippasambheti [paṭippasambhati의 *caus.*] 가라앉히다. 소멸시키다.

paṭippharati [paṭi-sphur] ① 빛나다. 흘러나오다. 방출하다. 방사하다. ② 반대하다. 적대하다.

paṭibaddha *adj.* [paṭibandhati의 *pp.*] ① 묶인. 매인. ② 집착된. -citta 묶인. 집착된 마음. 염심(染心). 집심(執心).

paṭibandha *adj.* [paṭi-bandha] ① 묶인. 연결된. ② 관련된.

paṭibandhati *adj.* [paṭi-bandh] ① 묶다. 연결하다. ② 억제하다. 거부하다. 억지하다.

paṭibandhu *m.* [paṭi-bandhu] ① 관계. 관련. ② 친척. ③ 유사한 종류.

paṭibala *adj.* [paṭi-bala] ① 유능한. 가능한. ② 자격이 있는.

paṭibāḷha *adj.* [paṭi-bāhati의 *pp.*] ① 억압받는. ② 강제된.

paṭibāhaka *m. adj.* [<paṭi-bādh] ① 해독제. ② 반박하는. 방해하는.

paṭibāhati [paṭi-bāh] ① 막다. 배제하다. ② 거절하다. 물리치다. 배척하다. *grd.* paṭibāhiya; *pp.* paṭibāḷha; *caus.* paṭibāheti.

paṭibāhana *n.* [<paṭibāhati] ① 배제. 방지. ② 거절. 배척.

paṭibāhira *adj.* [paṭi-bāhira] ① 외부의. ② 거절된. 배제된.

paṭibāheti [paṭibāhati의 *caus.*] 배제시키다.

paṭibimba *n.* [paṭi-bimba] ① 대응물. ② 그림자. 영상. 반영. ③ 도상(圖像). 성상(聖像). -vijjā 도상학(圖像學). 성상연구(聖像硏究).

paṭibujjhati [paṭi-bujjhati<budh] ① 각성하다. 자각하다. ② 이해하다. 알다. *pp.* paṭibuddha.

paṭibodha *m.* [<paṭi-budh] 자각. 각성.
paṭibbatā *f.* [<paṭi-vata] 정숙한 아내.
paṭibhajati [paṭi-bhaj] 나누다. 나누어주다.
paṭibhaṇḍa *m.* [paṭi-bhaṇḍa] ① 교역 상품. ② 교역품.
paṭibhaṇḍati [paṭi-bhaṇḍ] 욕으로 갚다.
paṭibhaya *m.* [paṭi-bhaya] 두려움. 공포. *cf.* appaṭibhaya. sappaṭibhaya.
paṭibhāga *m.* [paṭi-bhāga] ① 대응물. ② 유사(類似). 닮음. ③ 반대. -nimitta 대응인상. 사상(似相)[집중수행의 도중에 나중에 파지되는 분명한 흔들림 없는 인상].
paṭibhāti [paṭi-bhā] ① 나타나다. 분명하게 되다. 보이다. ② 생각나다. *imp.* paṭibhātu 분명하게 해라. *fut.* paṭibhāyissati.
paṭibhāna *n.* [*cf.* paṭi-bhaṇ. *bsk.* pratibhāna] ① 총명. 이해. 기지(機智). ② 말재주. 재치. appaṭibhāna 당황하는. 자신 없는. -citta 재치 있는 그림. 희화(戲畵). -nānatta 여러 가지 말재주. 변종종(辯種種). -paṭisambhidā 말재주의 분석적인 통찰. 맥락에 대한 분석적인 앎. 변무애해(辯無碍解). -mada 말재주에 의한 도취·교만. 변재교(辯才憍).
paṭibhānavant *adj.* [paṭibhānavant] ① 말재주가 있는. 재치가 있는. ② 기지(機智)가 있는.
paṭibhāneyyaka *adj.* [paṭibhanati의 *grd.* -ka] ① 말재주 있는. ② 응변(應辨)할 수 있는.
paṭibhāsati [paṭi-bhās ①] 대답하다. 응답하다. *aor.* paccabhāsi.
paṭimaṁsa *adj.* [prati-mṛś의 *abs.*] ① 만져지지 않은. 건드리지 않은. ② 잘못이 없는.
paṭimagga *m.* [paṭi-magga] 만나는 길. *cf.* paṭipatha.
paṭimaṇḍita *adj.* [paṭi-maṇḍ의 *pp.*] 장식된.
paṭimantaka *m.* [*cf.* paṭi-mantṛ] ① 대화자. ② 친한 사람.
paṭimanteti. patimanteti [paṭimanteti] ① 토론하다. ② 대답하다. ③ 논박하다.
paṭimalla *adj. m.* [paṭi-malla] ① 상대와 씨름하는. 상박(相搏)하는. ② 상대의 씨름선수. 경쟁자.
paṭimasati [paṭi-mṛś] ① 만나다. 접촉하다. ② 마찰하다. 역마(逆摩)하다. *aor.* paṭimasi; *caus.* paṭimāseti.
paṭimā *f.* [〃] ① 상징. ② 이미지. 영상. 초상. ③ 우상(偶像). appaṭima *cf.* bimba. 상대가 없는. 비교 할 수 없는. -ādilipi 제명(題銘). -karaṇa 도상(圖像). 도해(圖解). -ghara 불전(佛殿). -bhindaka 우상파괴자(偶像破壞者). -bhindana 우상파괴(偶像破壞). -vandanā 우상숭배(偶像崇拜).
paṭimānana *n.* [*cf.* paṭimāneti] 기대. 예상.
paṭimānita *adj.* [paṭimāneti의 *pp.*] 존경받는.
paṭimāneti [paṭi-man의 *caus.*] ① 기다리다. ② 시중들다. ③ 존경하다. ④ 초빙하다. *pp.* paṭimānita.
paṭimāreti [paṭi-mṛ의 *caus.*] 복수로 죽이다.
paṭimāseti [paṭimasati의 *caus.*] ① 유지하다. ② 억제하다. 통제하다. ③ 조사하다. 숙려(熟慮)하다. *opt.* paṭimāse(*imp.*의 의미)
paṭimukka *adj.* [paṭimuñcati의 *pp. cf.* paṭimutta] ① 매인. 묶인. ② 감긴.
paṭimukha *adj.* [paṭi-mukha] 대면하는. 직면한. 반대의. *acc.* paṭimukhaṁ *adv.* 직면하여. 반대로.
paṭimuccati [paṭimuñcati의 *pass.*] 매이다. 묶이다. 속박되다.
paṭimuñcati [paṭi-muc] ① 묶다. 속박하다. ② 놓아주다. 해탈되다. ③ 얻다. 도달하다. *abs.* paṭimucca; *pass.* paṭimuccati; *aor.* paṭimucci. *pp.* paṭimukka. paṭimutta.
paṭimutta. paṭimuttaka *adj.* [paṭimuñcati의 *pp.*] suppaṭimutta. 정화된. 순수해진.
paṭimokkha *m. adj.* [paṭi-muc의 *grd.*] ① 설사약. ② 제거. 정화(淨化). ③ 묶는. 의무적인.
paṭiya *n.* [=paṭikā] 흰 털로 만들어진 장식용 침대덮개.
paṭiyatta *adj.* [paṭi-yat의 *pp.*] ① 준비된. ② 만들어진. ③ 입은. 착용한.
paṭiyāti [paṭi-yā. *cf.* pacceti] ① 돌아가다. ② 도달하다.
paṭiyādeti [paṭi-yat의 *caus. sk.* pratiyātayati] ① 준비하다. 정리하다. ② 주다. *pp.* paṭiyādita; *caus.* paṭiyādāpeti.
paṭiyādāpeti [paṭiyādeti의 *caus.*] 준비시키다. 정리시키다.
paṭiyāloka *adj.* [paṭi-y-āloka] ① 빛을 향해. ② 남쪽의. ~ṁ gacchati 남쪽으로 가다.
paṭiyodha *m.* [paṭi-yodha] 응전(應戰).
paṭiyoloketi [paṭi-oloketi] ① 보다. 주시하다. ② 관찰하다.
paṭirava *m.* [paṭi-rava] ① 외침. 포효. ③ 메아리.
paṭiravati [paṭi-ravati<ru의 *caus.*] ① 외치다. 포효하다. ② 메아리치다.
paṭirājan *m.* [paṭi-rājan] ① 적의 왕. ② 왕의 적.
paṭirāveti [paṭi-ravati<ru의 *caus.*] 메아리치게 하다.
paṭiruddha *adj.* [paṭi-rudh의 *pp.*] 방해받은. 제지된.
paṭirūpa. *adj. n.* [paṭirūpa] = patirūpa. ① 적당한. 적합한. ② 외관상의. 모델. 허위적 조작. -desa-

vāsa 적당한 지방에 사는.
paṭirūpaka *adj. n.* [paṭirūpa-ka] ① 유사한. 닮은. 한 모습을 한. ② 환각. 환영. 허위적 조작.
paṭirūpatā *f.* [paṭirūpa의 *abstr.*] ① 유사성. ② 환상. 환영. 허위적 조작.
paṭirodati [paṭi-rud] ① 울면서 답하다. ② 대답 대신 울다. *pp.* paṭirodita = paṭirodana
paṭirodana *n.* [paṭi-rodana] 울음이 섞인 대답.
paṭirodeti [paṭi-rud의 *caus.*] 꾸짖어 갚다.
paṭirosati [paṭi-rosati] 보복으로 괴롭히다.
paṭiroseti [paṭirosati<ruṣ의 *caus.*] ① 보복으로 괴롭히다. ② 비방하여 갚다.
paṭilacchiṁ paṭilabhati의 *aor. 1sg.*
paṭilabhati [paṭi-labh] ① 얻다. 받다. ② 획득하다. 확보하다. *abs.* paṭilabhituṁ *aor.* paccaladhaṁsu. paṭilacchiṁ; *pp.* paṭiladdha; *caus.* paṭilābheti. paṭilābhayati.
paṭilābha *m.* [<paṭi-labh] ① 취득. 수령. ② 획득. 득달(得達). 성취(成就). -chanda 획득의 욕구. 획득욕(獲得欲). -paññatti 획득의 시설. 획득시설(獲得施設). -bhūmi 획득의 경지. 획득지(獲得地). -samannāgata 획득의 구족. 획득구족(獲得具足). -suñña 획득공(獲得空)[出離의 獲得에 의해 欲望이 없어지는 등. 阿羅漢果의 獲得에 의해 一切煩惱가 없어지는 것을 말한다.]
paṭilika → *cf.* paṭalika. talika.
paṭilīna *adj.* [paṭilīyati의 *pp.*] ① 물러난. 멀리하는. ② 독처(獨處)의 -cara 멀리하는 행위. 무체착행(無滯着行).
paṭilīyati [paṭi-lī] ① 물러나다. 멀리하다. 홀로 있게 되다. ② 집착하지 않다. 애착하지 않다. 체착(滯着)하지 않다. *pp.* paṭilīna; *caus.* paṭileṇeti.
paṭilīyana *n.* [<paṭilīyati] 물러남. 멀리함.
paṭileṇeti [paṭilīyati의 *caus.*] ① 물러나게 하다. 독처(獨處)하게 하다. 멀리하게 하다. ② 접촉하지 않게 하다.
paṭilekhā *f.* [paṭi-lekhā] 사본(寫本). 복사본(複寫本).
paṭilobheti [paṭi-lubh의 *caus.*] ① 갈망하다. ② 유혹하다.
paṭiloma *adj.* [paṭi-loma] 반대의. 역(逆)의. 역모(逆毛)의. -paṭiccasamuppāda 역관(逆觀)에 의한 연기. 역연기(逆緣起).
paṭivacana *n.* [paṭi-vacana] 대답. 응답(應答). 반응(反應).
paṭivaṭṭati. paṭivattati [paṭi-vṛt] ① 뒤로 움직이다. 반전하다. 역전하다. 뒤로 돌다. 후퇴하다. 멀리하다. ② 던지다. 때리다. *pp.* paṭivatta; *grd.* paṭivattiya; *caus.* paṭivatteti.
paṭivatta *adj. n.* [paṭivaṭṭati의 *pp.*] ① 후퇴하는. ② 뒤로 움직임. 반전. 역전.
paṭivattar *m.* [*cf.* paṭi-vac] ① 부정하는 사람. 반박하는 사람. ② 반대론자.
paṭivatteti [paṭivatteti의 *caus.*] ① 반전시키다. ② 되돌리다.
paṭivadati [paṭi-vad] 대답하다. 응답하다.
paṭivasati [paṭi-vas] ① 살다. 거주하다. ② 머물다. 지주(止住)하다.
paṭivāṇa. paṭivāṇitā. paṭivāṇī → app°의 형태로 부정형태만이 존재.
paṭivātaṁ *ind.* [paṭi-vāta의 *acc.*] 바람을 거슬러. 역풍(逆風)으로.
paṭivāda *m.* [paṭi-vāda] ① 대답. ② 상호비난. 반박(反駁).
paṭivāpeti [paṭi-vap의 *caus.*] ① 멀리하다. 벗어나다. ② 깨끗이 하다.
paṭivāmeti [paṭi-vam] ① 다시 던져 버리다. ② 다시 토하다.
paṭiviṁsa *m.* [paṭi-aṁsa] = paṭivisa. paṭivīsa. ① 부분. 몫. ② 세분(細分). ③ 대조. ④ 견별(堅別)[명확히 구분함].
paṭiviṁsaka *m.* [paṭi-aṁsa-ka] 부분. 몫.
paṭivigacchati [paṭi-vi-gam] 다시 가다. 다시 가버리다.
paṭivijānāti [paṭi-vi-jñā] 인식하다. 인지하다. *aor.* paṭivijāni.
paṭivijjha ① paṭivijjhati의 *grd.* ② paṭivijjhati의 *aor. 3sg.*
paṭivijjhati [paṭi-vyadh] ① 관통하다. 꿰뚫다. 통달하다. ② 직관하다. 통찰하다. 이해하다. *aor.* paṭivijjha. paccavyādhi. paccavidhuṁ; *grd.* paṭivijjha; *pp.* paṭividdha.
paṭivijjhanaka *adj.* [paṭi-vijjhana<vyadh-ka] ① 통과할 수 있는. ② 관통하는.
paṭividita *adj.* [paṭi-vid의 *pp.*] 알려진. 확인된.
paṭividdha *adj.* [paṭivijjahti의 *pp.*] ① 관통된. 통찰된. 통달한. ② 아는.
paṭivinaya *m.* [paṭi-vinaya] ① 억압. ② 압제. ③ 정복.
paṭivinicchinati [paṭi-vi-ni-ci] ① 다시 재판하다. 다시 심리하다. ② 다시 고려하다.
paṭivinīta *adj.* [paṭivineti의 *pp.*] ① 추방된. 제거된. ② 정복된.
paṭivineti [paṭi-vi-nī *cf. bsk.* prativineti] ① 내몰다. 멀리하다. 추방하다. ② 억압하다. ③ 정복하다. *pp.* paṭivinīta.
paṭivinodana *n.* [<paṭivinodeti] ① 제거. 배제. ② 추방.

paṭivinodaya *adj.* [<paṭivinodeti] ① 제거. ② 정복. ③ 추방.
paṭivinodeti [paṭivi-nud의 *caus.* *cf.* *bsk.* prativinudati] ① 제거하다. ② 내쫓다. 추방하다.
paṭivibhajati [paṭi-vi-bhaj] ① 나누다. 균등히 분할하다. ② 한계를 정하다. *pp.* paṭivibhatta
paṭivirata *adj.* [paṭiviramati의 *pp.*] ① 삼가는. 절제하는. ② 움츠리는. appaṭivirata 절제하지 않는.
paṭivirati *f.* [<paṭivirata] ① 삼감. 절제. ② 금지.
paṭiviramati [paṭi-vi-ram] 삼가다. 절제하다. *pp.* paṭivirata.
paṭivirujjhati [paṭi-vi-rudh] 적대적으로 행동하다. 방해하다. 저항하다. 싸우다. *pp.* paṭiviruddha.
paṭiviruddha *adj.* *m.* [paṭivirujjhati의 *pp.*] ① 방해가 되는. ② 정반대의. ③ 적대자(敵對者). 대항자. 반대자.
paṭivirūhati [paṭi-vi-ruh] 다시 성장하다.
paṭivirodha *m.* [<paṭivirujjhati] ① 적대. 적의(敵意). ② 반대. 상위(相違).
paṭivisa. paṭivīsa *m.* = paṭivimsa
paṭivisiṭṭha *adj.* [paṭi-vi-śis의 *pp.*] 특별한.
paṭivisesa *m.* [paṭi-visesa] ① 세분. ② 차별.
paṭivissaka *adj.* [paṭi-vissaka] 근처의. 가까이에 사는.
paṭivutta [paṭi-vac의 *pp.*] 대답한. 응답한.
paṭivekkhiya [paṭi-avekkhati의 *abs.*] 주의하고. 주목하고. 알아채고.
paṭivedeti [paṭi-vid의 *caus.*] ① 알려지게 하다. 알리다. 고하다. ② 선언하다. *aor.* paṭivedayi.
paṭivedha *m.* [*cf.* paṭivijjhati<vyadh. *bsk.* prativedha] ① 꿰뚫음. 관통. ② 통달. 통찰. 이해. ③ 획득. 실현. 증명(証明). 증(証). -aṭṭha 통찰하는 의미·대상. -gambhīratā 통찰의 심오함. 통달심심(通達甚深). -ñāṇa 통달의 지혜. 통달지(通達智). 꿰뚫음의 지혜. 관지(貫智). -maggaphala 도과(道果)에 대한 통찰. -suñña 통달공(通達空)[出離의 通達에 의해 欲望이 空하고. 無瞋의 通達에 의해 瞋이 空하는 등. 阿羅漢道의 通達에 의해 一切煩惱가 空한 것을 말한다.]
paṭivera *m.* [paṭi-vera] 보복. 복수.
paṭivellati [paṭi-vellati] ① 감다. 휘감다. 껴안다. ② 집착하다.
paṭivyāharati [paṭi-vyāharati] 단념하다. 그만두다. *aor.* paccavyāhāsi.
paṭivyūhati [paṭi-vyūhati] = pativyūhati. ① 쌓아 올리다. ② 축적하다.
paṭisaṁyamati [paṭi-saṁ-yam] ① 억제하다. ② 자제하다.
paṭisaṁyujati [paṭi-saṁ-yuj] ① 연결시키다. 관계하다. ② 시작하다. *opt.* paṭisaṁyuje; *pp.* paṭisaṁyutta.
paṭisaṁyutta [paṭisaṁyujati의 *pp.*] ① 관계된. 연결된. ② ~에 속하는.
paṭisaṁvidita [paṭi-saṁ-vid의 *pp.*] ① 알려진. ② 예고된.
paṭisaṁvedin *adj.* [*cf.* paṭisaṁvedeti. *bsk.* pratisaṁvedin] ① 느끼는. 감수(感受)하는. 분별력있는. 감수성이 있는. ② 경험하는.
paṭisaṁvediyati. paṭisaṁvedeti [paṭi-saṁ-vid의 *caus.*] ① 느끼다. ② 경험하다. 겪다. ③ 지각하다. 증지(證知)하다.
paṭisaṁharaṇa *n.*<paṭisaṁharati] 제거. 철거.
paṭisaṁharati [paṭi-saṁ-hṛ] ① 물러나다. ② 제거하다. 가져가다. ③ 포기하다.
paṭisakkati [paṭi-sakkati<ṣvaṣk] ① 되돌아오다. 되돌아가다. ② 달려서 돌아오다.
paṭisaṅkhayati [paṭi-saṁ-kṣi] 평온하게 회복하다. *ppr.* paṭisaṅkhayanta.
paṭisaṅkharoti [paṭi-saṁ-kṛ] ① 고치다. 수리하다. ② 회복시키다. *caus.* paṭisaṅkhārāpeti; *pp.* paṭisaṅkhata.
paṭisaṅkhā ① *f.* [*cf.* paṭisaṅkhāti] 반성. 성찰. 판단. 고려. 사려. 사택(思擇). 간택(簡擇). -ânupassanā 성찰에 대한 관찰. 성찰수관(省察隨觀). 간택수관(簡擇隨觀). -ânupassanāñāṇa 성찰의 관찰에 대한 앎. 성찰수관지(省察隨觀智). -ñāṇa 판단·성찰의 지혜. 성찰지(省察智). -nirodha 판단·성찰에 의한 소멸. 택멸(擇滅). ② [=paṭisaṅkhāya. paṭisaṅkhāti의 *abs.*] 관찰하여. yonisopaṭisaṅkhā 근본적으로 관찰하여. 이치에 맞게 성찰하여. appaṭisaṅkhā 판단의 결여. 무성찰(無省察).
paṭisaṅkhāti [paṭi-saṁ-khyā] ① 주의하다. 숙고하다. 고려하다. 사려하다. 성찰하다. ② 분별하다. 간택하다. 판단하다. 사택(思擇)하다. *abs.* paṭisaṅkhā(ya). *cf.* paṭisañcikkhati.
paṭisaṅkhāna *n.* [<paṭisaṅkhāti] ① 주의. 사려. 고려. 성찰. ② 분별. 간택. 판단. 사택(思擇). -paññā 판단의 지혜. 성찰의 지혜. 사택지(思擇智). -bala 판단의 힘. 성찰의 힘. 사택력(思擇力)[분명히 알고 올바른 알아차림을 갖추는 것].
paṭisaṅkhārāpeti [paṭisaṅkharati의 *caus.*] 수리시키다. 재건시키다.
paṭisaṅkhārika *adj.* [<paṭisaṅkharoti] = paṭisaṅkhāriya.
paṭisaṅkhāriya *adj.* [<paṭisaṅkharoti] 수리하는

데 유용한.

paṭisañcikkhati [paṭi-saṁ-cikkhati<khyā. *cf.* *bsk.* pratisañcikṣati. pratisaṁśikṣati] ① 숙고하다. 분별하다. 고려하다. ② 성찰하다. 반성하다. 정찰(精察)하다.

paṭisañjīvita *adj.* [paṭi-saṁ-jīv의 *pp.*] 부활된. 소생한.

paṭisatena *ind.* [paṭi-sata의 *ins.*] ① 수백에 의해서. ② 수백 명 앞에서.

paṭisattu *m.* [paṭi-sattu] 적(敵).

paṭisantharati [paṭi-saṁ-stṛ] ① 친절하게 맞이하다. 환영하다. 영접하다. ② 예배하다. *abs.* paṭisanthāya; *pp.* paṭisanthata.

paṭisanthāra *m.* [*cf.* paṭisantharati] ① 환영. 영접. 승영(承迎). 친절. 우호적인 조치. ② 예배. ③ 존경. 선의(善意). 우정(友情). -gāravatā 친절을 공경의 대상으로 하는 것. -ka 영접하는 자. 승영자(承迎者).

paṭisandahati [paṭi-saṁ-dhā] ① 재결합을 이루다. ② 재생하다. 결생(結生)하다. *aor.* paṭisandahi. *pp.* paṭisandhita. paṭisandahita.

paṭisandhātar *m.* [paṭisandahati의 *ag.*] ① 재결합시키는 사람. ② 화목하게 하는 사람.

paṭisandhāna *n.* [<paṭisandahati] ① 재결합. ② 재생. 결생(結生).

paṭisandhi *m.* [*cf.* paṭi-saṁ-dhā] ① 다시 육신을 얻음. 수태(受胎). 결생(結生). ② 재생(再生). 윤회. ③ 개시(開始). 착수(着手). -kamma 다시 육신을 얻는 업. 결생업(結生業). -kkhaṇa 다시 육신을 얻는 순간. 결생찰나(結生刹那). -gaha 다시 육신을 얻음. -citta 다시 태어날 마음. 결생심(結生心). -viññāṇa 다시 태어날 때의 의식. 결생식(結生識).

paṭisama *adj.* [paṭi-sama] ① 대등한. ② 동등한. appaṭisama 동등한 것이 없는. 비길 데 없는.

paṭisambhidā *f.* [<paṭi-saṁ-bhid *cf.* *bsk.* pratisaṁvid<vid] ① 분석. ② 분석적인 앎. 분석적인 통찰. 분석적인 지식. 무애해(無碍解). -ratana 분석적인 앎의 보물. 무애해보(無碍解寶).

Paṭisambhidāmagga *m.* [paṭisambhidā-magga] 바띠쌈비다막가. 무애해도(無碍解道) [쿳다까니까야(小部)의 하나].

paṭisammajjati [paṭi-sam-mṛj] 다시 청소하다. *aor.* paṭisammajji.

paṭisammodeti [paṭi-sam mud의 *caus.*] 답례로 친절하게 인사하다.

paṭisaraṇa *n.* [paṭi-saraṇa ①] 피난처. 도피처. 도움. 보호. *cf.* paṭisāraṇiya.

paṭisarati ① [paṭi-sṛ] 달려서 되돌아오다. 뒤쳐지다. *aor.* paccasāri; *caus.* paṭisāreti. ③ [paṭi-smṛ] 회고하다. 언급하다.

paṭisallāna. paṭisallāṇa *n.* [*cf.* paṭisaṁ-lī. *bsk.* pratisaṁlayana] ① 명상을 위한 은둔. 고독한 은둔. 독좌(獨坐). 연좌(宴坐). ② 홀로 명상함. 연묵(宴默). 선사(禪思). 독좌정관(獨坐靜觀). -ārāma. -rata 홀로 명상함을 좋아하는. -sāruppa 홀로 명상하기에 적합한.

paṭisalliyati [paṭi-saṁ-lī] ① (명상하기 위해) 은둔하다. ② 홀로 명상하다. *inf.* paṭisalliyituṁ; *pp.* paṭisallīna.

paṭisallīna *adj.* [paṭisallīyati의 *pp.* *bsk.* pratisaṁlīna] ① 격리된. 은둔한. 홀로 사는. ② 명상에 몰입한. *cf.* paṭisallāna.

paṭisallīyana *adj.* [<paṭisallīyati] 은퇴(隱退).

paṭisallekhita *adj.* [paṭi-saṁ-likh의 *pp.*] 절약해 줄인. 근검절약하는.

paṭisāṭheyya *n.* [paṭi-saṭha-ya] 보복으로 사기를 치는 것. 보복의 속임수.

paṭisāmeti [paṭi-śam의 *caus.*] ① 가지런히 하다. 정리하다. 정비하다. ② 준비하다. *pp.* paṭisāmita.

paṭisāyati [paṭi-svad] ① 먹다. ② 맛보다.

paṭisāra [paṭi-smṛ] → vipaṭisāra.

paṭisāraṇiya. paṭisāraṇa *adj.* *n.* [paṭisāreti의 *grd.*] ① 허락을 구해야 할. ② 참회(懺悔). 하의(下意). -kamma 타인에게 용서를 구하게 하는 처벌. 타인에게 속죄하게 하는 승가의 조치. 사죄의 갈마. 하의갈마(下意羯磨). 영사죄갈마(令謝罪羯磨)[수행승이 재가자를 괴롭힌 것에 대하여 사죄를 구하도록 그 수행승에게 강제하는 승가의 조치].

paṭisārana *n.* [<paṭi-sāreti] ① 보호행위. ② 보상. ③ 참회.

paṭisārin *adj.* [paṭi-sṛ] ① 돌아가는. ② 의지하는. 믿는. 기대는.

paṭisāsana *n.* [paṭi-sāsana] ① 응답(應答). ② 답장. 회신.

paṭisibbita [paṭi-sibbati의 *pp.*] ① 꿰매어진. ② ~에 수놓아진.

paṭisīsaka *m.* [paṭi-sīsaka] ① 가짜 상투. 인공의 둥글게 틀어 올린 머리. ② 여자 뒷머리에 땋아 붙인 쪽.

paṭisutta *adj.* [paṭi-svap의 *pp.*] 잠든.

paṭisumbhita *adj.* [paṭi-śumbh의 *pp.*] 밑으로 떨어진.

paṭisūra *m.* [paṭi-sūra] ① 적의 용사. ② 적.

paṭisedha *m.* [<paṭisedhati] ① 피신. 방어. 보호. ② 금지. 차지(遮止).

paṭiseṭṭha *adj.* [paṭi-seṭṭha] ① 최상의. ② 우수한. appaṭiseṭṭha 견줄 수 없는. 탁월한.
paṭisedhaka *adj.* [paṭisedha-ka] ① 막는. 보호하는. ② 금지하는. 거절하는.
paṭisedhati [paṭi-sidh] ① 피하다. 막다. 보호하다. ② 금지하다. 거절하다. 차지(遮止)하다. *caus.* paṭisdedheti.
paṭisedhana *n.* [paṭisedha-na] ① 금지. 보호. ② 거절. 차지(遮止).
paṭisedhitar *m.* [paṭisedhati의 *ag.*] ① 금지하는 사람. ② 거절하는 사람.
paṭisedheti [paṭisedati의 *caus.*] 사양하다. 거절하다.
paṭisena *m.* [paṭi-sena] ① 반감. 반대. 적대. ② 보복. ③ 적군. paṭiseni-karoti 적대하다. 보복하다. 반대하다.
paṭiseneti [paṭisena의 *denom.*] ① 격퇴하다. ② 적대하다. ③ 보복하다. *pass.* paṭiseniyati
paṭisevati [paṭi-sev] = patisevati. ① 따라가다. ② 수용하다. 다루다. ③ 추구하다. 몰입하다. 실천하다.
paṭisevana *n.* [paṭi-sev-ana] ① 수용. 다룸. ② 추구. 몰입. ③ 실천.
paṭisevitar *m.* [paṭisevati의 *ag.*] ① 실천자. 다루는 자. ② 추구하는 자. 탐닉하는 자
paṭisota *adj.* [paṭi-sota] 거슬러 올라가는. 역류(逆流)의. *acc.* paṭisotaṁ *adv.* 역류하여. 흐름을 거슬러. -gāmin 흐름에 거슬러 올라가는. 애쓰는. 역류행자(逆流行者).
paṭissata. *adj.* [paṭi-smṛ의 *pp.*] = patissata. ① 주의 깊은. 주의하는. 새김이 있는. ② 상기하는.
paṭissati *f.* [*cf.* paṭissata] ① 주의 깊음. 새김. ② 기억. 억념(憶念).
paṭissatika *adj.* [<paṭissati] 주의 깊은. 사려 깊은. 새김이 있는.
paṭissaya. paṭissava *m.* [<paṭi-śru] ① 동의. 약속. ② 복종. 순종.
paṭissavatā *f.* [paṭissava의 *abstr.*] ① 동의. 약속. ② 복종. 순종.
paṭissā *f.* [<paṭi-śru *cf.* *bsk.* pratīśā] = patissā. ① 동의. 약속. ② 복종. 순종. *cf.* appaṭissa.
paṭissāvin *adj.* [<paṭissā] ① 동의하는. 준비된. ② 복종하는.
paṭissuṇāti [paṭi-śru] ① 동의하다. 약속하다. 승낙하다. ③ 일치하다. *aor.* paccassosi. paccassosuṁ. paṭisuṇi; *abs.* paṭissuṇitvā. paṭissutvā.
paṭisseneti = paṭiseneti.
paṭihaṁsati [paṭi-ghaṁsati?] 치다. 두드리다.
paṭihaṅkhati = paṭihanissati [paṭihanti<han의 *fut.*] *1sg.* paṭihaṅkāmi.
paṭihacca paṭihanti의 *abs.*
paṭihaññati [paṭihanati의 *pass.*] ① 격파되다. 파괴되다. ② 격퇴되다.
paṭihanati [paṭi-han] ① 격파하다. 파괴하다. ② 막다. 격퇴하다. *abs.* paṭihacca; *fut.* paṭihaṅkhati; *ppr.* paṭihanamāna; *pp.* paṭihata; *pass.* paṭihaññati.
paṭihanana *n.* [<paṭihanati] 격퇴. 반격.
paṭihananaka *adj.* *m.* [<paṭi-han] ① 격퇴하는. 저항하는. ② 저항자.
paṭiharati [paṭi-hṛ] ① 반격하다. ② 되받다. 회수하다. *caus.* paṭihāreti. *cf.* pāṭihāriya.
paṭihāreti [paṭiharati의 *caus.*] ① 격퇴하다. ② 피하다.
paṭīta = patīta.
paṭu *adj.* [〃] ① 예리한. ② 현명한. *cf.* pāṭava.
paṭuppādana *n.* [paṭa-uppādana] 빼기. 공제.
paṭuva → pacuṭa.
paṭola *m.* [*dial.*(?)] 오이의 일종[Trichosanthes Dioca].
paṭṭa *m.* [〃] ① 석판. 판자. 평판(平板). ② 얇은 천. 붕대. 비단천. 무명천. ③ 터번. 띠. 포대(布帶).
paṭṭaka *n.* paṭṭikā *f.* [<paṭṭa] ① 가느다란 천. 띠. ② 붕대. 권포(捲布).
paṭṭana. paṭṭanaka *n.* [*sk.* paṭṭana] ① 항구(港口). ② 항구도시.
paṭṭikā → paṭṭaka.
paṭṭoli *m.* [?<putoḷi<mutoḷi] (사륜마차의) 식량주머니.
paṭṭha *adj.* [<paṭṭhahati] ① 시작한. 착수한. ② 가능한. ③ 가까이에 있는. 시중드는. *cf.* paṭṭhahati.
paṭṭhapita *adj.* [paṭṭhapeti의 *pp.*] ① 공급된. 주어진. ② 설립된. 비치된.
paṭṭhapeti [paṭṭhahati의 *caus.*] ① 내어주다. 공급하다. ② 확립하다. 비치하다. 설립하다.
paṭṭhahati [pa-sthā] ① 아래에 두다. 내려놓다. ② 정하다. 준비하다. ③ 발족(發足)하다. 발취(發趣)하다. *aor.* paṭṭhayi; *abs.* paṭṭhāya; *ppr.* paṭṭhayamāna; *fut.* paṭṭhayissati; *caus.* paṭṭhapeti; *pp.* paṭṭhapita.
paṭṭhāna *n.* [*sk.* prasthāna] ① 출발. 출발점. 토대. ② 촉진. 발취(發趣). ③ 빳타나. 발취론(發趣論)[七論의 하나].
paṭṭhāpaka *adj.* [<paṭṭhāna] 시초(始初)의.
paṭṭhāya *ind.* [paṭṭhahati의 *abs.*] ① 처음으로. 비로소. ② 그 뒤로. 이후. ito paṭṭhāya 여기로부

터. 금후. 이후. ajjato paṭṭhāya 오늘부터.

paṭṭhika → pañcapaṭṭhika.

paṭhati [paṭh] ① 읽다. ② 암송하다. 독송하다. 송출(誦出)하다. *ppr.* paṭhanta; *pp.* paṭhita.

paṭhana *n.* [<paṭhati] ① 독송. ② 암송. 송출(誦出). *cf.* pāṭha. -vasena 구전적(口傳的)으로.

paṭhama *adj.* [*sk.* prathama] ① 첫 번째의. 최초의. 처음의. ② ~직후의. *acc.* paṭhamaṁ *adv.* 첫 번째로. -ārambha 개시(開始). 착수(着手). 초기 단계. -ārambhaka 시초(始初)의. -taraṁ 더 먼저. 맨 먼저. -jjhāna 첫 번째 명상의 단계. 첫 번째 선정. 초선(初禪). -bhāṇavāra 첫 번째 송출의 품. 초송품(初誦品). -magga 첫 번째의 길. 초도(初道). 수다원도(須陀洹道). -yāma 밤의 첫 번째 3분의 1부분. 초야(初夜). -vagga (책의) 첫 번째 장. 초품(初品). -satavassa 일세기(一世紀). -saṅgīti 첫 번째 결집. 제일결집(第一結集).

paṭhamā *f.* [*sk.* prathamā] 주격(主格 *nom.*)[문법].

paṭhavatta *n.* [paṭhavī의 *abstr.*] ① 흙의 성질. ② 지성(地性).

paṭhavant. pathavant *adj. m.* [*cf.* paṭhavī] ① 도보 여행의. ② 여행자. *dat. gen.* paṭhavato.

paṭhavī *f.* [*sk.* pṛthivī] = pathavī. puṭhavī. puthavī. ① 땅. 흙. 토양. ② 토지. 대지. -ojā (paṭhavojā) 땅의 자양분. 본질. paṭhavī° -kampa. -kampana 지진(地震). -kasiṇa 땅의 두루채움에 대한 위로 아래로 옆으로 유일하게 한량없이 지각하는 것. 땅의 두루채움이라는 명상수행의 토대. 지편(地遍). 지편처(地遍處). 지일체처(地一切處). -kāya 흙의 부류. 지신(地身). -jayamanta 세계를 항복시키는 주문. 세계항복신주(世界降伏神呪). -dhātu 흙의 요소. 땅의 세계. 지계(地界). -maṇḍala 땅의 원륜. 지만다라(地曼茶羅). -mahābhūta 땅의 광대한 존재. 지대(地大). -rasa 땅의 맛. 지미(地味). -lekhūpamā 땅 위에 (글을) 새기는 것의 비유. 지각유(地刻喩). -saññā 땅에 대한 지각. 지상(地想). -saññin 땅에 대해 지각하는 사람. 지상자(地想者). -sama 땅과 같은. -samabhāvanā 땅과 동일시하는 명상수행.

paḍayhati → pariḍayhati.

paṇa *m.* [?<paṇati] 가게. 상점.

paṇaka → paṇṇaka. phaṇaka.

paṇati [paṇ] ① 팔다. 교역하다. ② (내기에) 걸다. *grd.* paṇiya; *pp.* paṇita. *cf.* āpaṇa.

paṇamati [pa-nam] ① 구부러지다. 기울다. ② 장식하다. ③ 숭배하다. *pp.* paṇata; *caus.* paṇāmeti.

paṇaya *m.* [<pa-nī] 애정.

paṇava *m.* [〃<*sk.* praṇava] 작은 북. -sadda 작은 북소리.

paṇāma *n.* [<paṇamati] 인사. 경례. 절. 예배.

paṇāmita *adj.* [paṇāmeti의 *pp.*] ① 향해진. 뻗은. ② 닫힌. 내쫓긴.

paṇāmeti [paṇamati<nam의 *caus.*] ① 향하다. 뻗다. 내밀다. 닫다. ② 내쫓아버리다. 꾸짖다. 내어놓다. 빈출(擯出)하다. *pp.* paṇāmita; *pass.* paṇāmīyati.

paṇitaka *adj. n.* [<paṇati의 *pp.*] ① 내기에 걸린. ② 내기. 놀음.

paṇidahati [pa-ni-dhā] ① 내밀다. 향하다. ② 원하다. 갈망하다. 지향하다. ③ 서원하다. *aor.* paṇidahiṁ; *abs.* paṇidhāya; *pp.* paṇihita.

paṇidhāna *n.* [*bsk.* praṇidhāna] ① 열망. 갈망. 갈구. ② 기원. 서원.

paṇidhi *f.* [*cf.* paṇidahati. *bsk.* praṇidhi] ① 열망. 소원. ② 서원. 결심. -kamma 서원의 보답·보상. 서원업(誓願業).

paṇipatati [pa-ni-pat] 앞에 엎드리다. *aor. 1sg.* paṇipatiṁ.

paṇipāta *m.* [pa-ṇi-pāta] ① 엎드리기. ② 존경. 예배. ③ 굴종.

paṇipātika *adj.* [<paṇipāta] ① 겸손한. ② 예의바른. 경건한.

paṇiya. paṇīya *adj. n.* [paṇati의 *grd. cf. bsk.* paṇya] ① 팔 수 있는. 팔려고 내놓은. ② 상품.

paṇihita *adj.* [paṇidahati의 *pp.*] ① 향해진. 열중한. 골몰한. ② 서원된. 갈구된. samā paṇihitaṁ citaṁ 올바로 향해진 마음.

paṇīta *adj.* [paṇeti의 *pp. bsk.* praṇīta] ① 적용된. 실행된. ② 뛰어난. 훌륭한. 극묘(極妙)의. 승묘(勝妙)의. -âdhimutta 훌륭한 것에 뜻을 둔. 묘승해(勝妙解). -gāmimagga 훌륭히 나아가는 길. -tara 더 훌륭한. 뛰어난. -daṇḍa 처벌을 받은. -dhamma 훌륭한. 뛰어난 가르침. 묘법(妙法). 승법(勝法). -bhojana 훌륭한 음식. -bhojin 식도락가. 미식가(美食家). -dhātu 훌륭한 세계. 묘계(妙界)[四向四果와 涅槃의 세계].

paṇītaka *m.* [*sk.* paṇita(?)] 도박꾼의 내기.

paṇudati = panudati.

paṇunna = panunna.

paṇeti [pa-nī] ① 적용하다. ② 판결하다. *pp.* paṇīta. daṇḍaṁ 벌을 주다. 처벌하다.

paṇḍa → bhaṇḍati.

paṇḍaka *m.* [*sk.* paṇḍa. paṇḍaka] ① 거세된 남자. 환관. 내시(內侍). 반택가(半擇迦). ② 약골. -gocara 반택가에 친근한.

paṇḍara *adj.* [*sk.* pāṇḍara] ① 흰. 창백한. 잿빛의. ② 누르스름한. -aṅga 잿빛부분. 참회의 표시로 재를 몸에 바르는 외도. 도회외도(塗灰外道). -ketu 흰 깃발. 백기(白期). -chatta 흰 우산. 백산(白傘).

paṇḍicca *n.* [paṇḍita-ya] ① 박학. ② 지혜로움. 현명함. 영리함.

paṇḍita *adj. m.* [〃] ① 현명한. 영리한. 박학한. 숙련된. 조심성이 있는. ② 현자. 지자. *m. pl. nom.* paṇḍitāse. -ācariya 교수. -codaka 지혜로운 사람을 비난하는 사람. -thera 지혜로운 장로. 지자상좌(智者上座). -puggala 지혜로운 사람. 유지인(有智人). -bhūmi 현자의 경지. 현자지(賢者地). -lakkhaṇa 현자의 특징. 현상(賢相). -vāda 현자의 이론.

paṇḍitaka *m.* [paṇḍita-ka] ① 사이비 현자. ② 학자인 체하는 사람.

paṇḍu *adj.* [*sk.* pāṇḍu] ① 노란색의. 옅은 노란색의. 누르스름한. ② 노란색이 깃든 청색의. -kambala 오렌지색 천. 황모포(黃毛布). -kambala-silā 누런색의 장식용 돌. 붉은 대리석. 황모석(黃毛石). -kambalasilâsana 황색의 장식용 돌 좌석. -palāsa 시든 잎사귀. 고엽(枯葉). -mattikā 황토. -roga 황달. -rogin 황달에 걸린 사람. -vīṇā 황색의 현금(絃琴). *cf.* beluva. -sīha 황색의 사자. -sutta 오렌지색의 실.

paṇḍuka(-roga) → bandhukå의 *misr.*

paṇṇa *n.* [*sk.* parṇa] ① 잎. 잎사귀. 글을 쓰기 위한 나뭇잎. 수엽(樹葉). 패엽(貝葉). ② 편지. -ākāra 편지와 함께 보내진 것. 선물. -kuṭī 잎사귀로 만든 오두막. 암자. -khādaka 채식(菜食)의. -chatta 잎사귀로 만든 우산. 엽산(葉傘). -chadana 잎사귀로 덮은 지붕. -dhara 잎으로 만든 담는 그릇. -pacchi 잎으로 만든 바구니. -puṭa 야자잎의 바구니. -bhisi 잎사귀로 만든 잠자리. 수엽와욕(樹葉臥褥). -bhesajja 약초로 만든 약. 초약(草藥). -lekhanī 문체. -saññā [경계선을 표시하기 위해] 나뭇잎(을 묶은) 표시. -santhāra 잎사귀가 펼쳐진. 잎사귀 덮개. 엽좌(葉座). -sālā 잎사귀로 만든 오두막. 은자의 거처. 엽암(葉庵). -susa. -sosa 잎사귀를 말리는.

paṇṇaka. paṇaka *m.* [paṇṇa-ka] ① 푸른 잎. ② 수초의 일종. sevālapaṇaka[Blyxa Octandra].

paṇṇatti *f.* [= paññatti] ① 표명. 서술. 가설. 시설(施設). ② 처방. ③ 명칭. 이름. ④ 개념. ⑤가정. -sīla 처방된 계행. 시설된 계행.

paṇṇattika *adj.* [paṇṇatti-ka] ① 명시된. 명백한. ② 이름이 있는.

paṇṇarasa *num.* [=pañcadasa] 15. 열다섯.

paṇṇavīsati *num.* [= pañcavīsati] 25. 스물다섯. *cf.* paṇṇuvīsaṁ.

paṇṇāsa *num.* = paññāsa 50. 쉰.

paṇṇāsaka *adj.* [paṇṇāsa-ka] 50의. 오십의.

paṇṇi *f.* [=paṇṇa] 잎. 잎사귀.

paṇṇika *m.* [paṇṇa-ika] ① 화초 재배자. ② 채소장사. 야채장사.

paṇṇikā *f.* [*cf. sk.* parṇikā] ① 푸른 잎들. ② 야채(野菜).

paṇhi *m.* [*sk.* pārṣṇi] 뒤꿈치.

paṇhikā *f.* = paṇhi. -aṭṭhi 뒤꿈치(의 뼈).

paṇhin *adj.* [<paṇhi] 뒤꿈치가 있는.

pataṅga *m.* [*sk.* pataṅga] 귀뚜라미.

patati [〃 pat] ① 떨어지다. 낙하하다. ② 뛰어내리다. 내려앉다. *aor.* pati; *fut.* patissati; *abs.* patitvā; *ppr.* patanta; *pp.* patita; *caus.* pāteti; *pass.* patīyati.

patatthi → pathaddhi의 *misr.*

patana *adj. n.* [<patati] ① 떨어지는. ② 몰락.

patanaka *adj.* [patana-ka] ① 떨어지는 순간의. ② 떨어지는. 낙하하는.

patanu *adj.* [pa-tanu] 매우 얇은.

patara *m.* [*sk.* pradara] ① 갈라진 곳. ② 터진 곳. *cf.* padara.

patarati [pa-tarati<tṛ] ① 통과하다. ② 건너다. *aor.* patari; *caus.* patāreti.

patākā *f.* [*bsk.* 〃] 기(旗). 깃발.

patāpa *m.* [pa-tāpa] ① 장엄. 광채. ② 위엄.

patāpana *n.* [<patāpeti] 빠따빠나. 대초열(大焦熱). 극열(極熱)[지옥].

patāpavant *adj.* [patāpa-vant] ① 위엄이 있는. 당당한. ② 훌륭한.

patāpeti [pa-tap의 *caus.*] ① 그슬리다. ② 맹렬하게 태우다.

patāyati [pa-tāyati] ① 넓히다. 펼치다. ② 내놓다. (팔기위해) 진열하다.

patāreti [patarati<tṛ의 *caus.*] ① 건너다. ② 사기치다. ③ 노력하다. *aor.* patārayi.

pati ① *m.* [〃] 주인. 지도자. 남편. -devatā 남편을 신으로 섬기는 여인. ② *prep.* [*sk.* prati] = paṭi 대하여. 반대로. 향해서. ③ patati의 *aor. 3sg.*

patika ① *adj.* [pati-ka] 남편이 있는. matapatika '남편이 죽은' 과부(*f.*). pavutthapatika 남편이 멀리 떠나 있는. ② = pātika.

patikā *f.* [pati-kā] 주인이 되는 부인. 여주인.

patikriyā *f.* [pati-kriyā] 반작용(反作用).

patiṭṭhahati. patiṭṭhāti [paṭi-sthā] ① 확립되다. 굳건히 서다. ② 지지를 받다. 지주(止住)하다. *aor.* patiṭṭhahi. patiṭṭhāsi; *fut.* patiṭṭhahissati.

patiṭṭhahessati; *abs.* patiṭṭhāya; *pp.* patiṭṭhita; *caus.* patiṭṭhāpeti.

patiṭṭhā *f.* [<paṭi-sthā. *sk.* pratiṣṭhā] ① 확립. 도움. 지지. ② 휴게소. 의소(依所).

patiṭṭhāna *n.* [<patiṭṭhāti] ① 설치. 확립. ② 도움. 지지.

patiṭṭhāpana *n* [<patiṭṭhāpeti] ① 설치. 설립. 수립. 확립. 시설. ② 발기(勃起).

patiṭṭhāpitar *adj.* [patiṭṭhāpeti의 *ag.*] 설립자. 확립자. 시설자.

patiṭṭhāpeti [patiṭṭhahati의 *caus.* *cf.* *bsk.* pratiṣṭhāpayati] ① 확립시키다. 정립시키다. 세우다. 설립하다. ② 지지하다. *aor.* patiṭṭhāpesi; *pp.* patiṭṭhāpita.

patiṭṭhāya patiṭṭhahati의 *abs.*

patiṭṭhāha *m* [<paṭi-sthā] ① 확립. 안정. ② 완고. 불굴.

patiṭṭhita *adj. n.* [patiṭṭhahati의 *pp.*] ① 확립된. 안정된. 지지받는. 지지된. ② 정립. 확립. 지주(止住).

patiṭṭhīyati [형식적으로 patiṭṭhati의 *pass.* 그러나 실제로는 *sk.* pratisthyāyate<sthyā] 완고하다. 저항하다. *aor.* patiṭṭhiya.

patita *adj.* [patati<pat의 *pp.*] ① 떨어진. 낙하한. ② 넘어진. -ukkā(patitau°) 운석(隕石).

patitaka *adj.* = patita.

patitiṭṭhati [paṭi-tiṭṭhati] 다시 일어서다.

patittha *m* [pa-tittha] ① 강둑. 호수의 둑. ② 나루터. 도장(渡場).

patidissati = paṭidissati.

patidinalekhana *m.* [pati-dina-lekhana] 일기(日記). 일기장(日記帳).

patipākatika *m* [pati-pākati-ka] 복원(復元). patipākatikaṁ karoti 복원하다.

patibbatā *f.* [pati-vatā] ① 헌신적인 아내. ② 정숙한 아내.

patimanteti = paṭimanteti.

patirūpa = paṭirūpa.

patilīna = paṭilīna.

patissa. paṭissa *adj.* paṭissā의 형용사.

patissata = paṭissata.

patīta *adj.* [pacceti의 *pp.*] 기쁜. 만족한.

patīci *f.* [*sk.* pratīcī; pratyañc의 *f.*] 서쪽. 서방(西方).

patīyati [patati의 *pass.*] 떨어지게 하다.

pateyyā *f.* [<pati-eyya] 남편을 얻을 수 있는 여자. 결혼 적령기의 여자.

patoda *m.* [<pa-tud] ① 몰이막대. ② 회초리. -laṭṭhi 몰이막대.

patodaka *adj.* [<pa-tud] ① (손가락으로) 톡 치는. ② 간지럽게 하는. ③ 밀치는. 자극하는.

patta ① *n* [*sk.* patra] (새의) 날개. 깃털. 잎. 나뭇잎. 잎사귀. -āḷhaka 야자 잎으로 만든 장난감 됫박. -âvasara 시기적절한. -kkhandha 나무 잎사귀처럼 어깨를 떨군(?). 실망한. 낙담한. -gandha 잎의 향기. -phala 잎사귀와 열매. 채식. -yāna 날개를 수레로 하는. 새. -rasa 잎사귀의 맛. 녹즙. -salākā 나뭇잎으로 된 표. ② *m n.* [*sk.* pātra] 발우. 그릇. -ādharaka 발우받침. 발대(鉢臺). -kaṇḍolikā 고리버들 세공의 발우 받침대. 발농(鉢籠). -gata 발우에 들어간. 탁발로 얻은. -gāhāpaka 발우를 분배하는 사람. 분발인(分鉢人). -cīvara 발우와 의복. 의발(衣鉢). -tthavikā 발우를 담는 자루. 발대(鉢袋). -dhovana 발우의 세척. -nillehaka 발우를 핥는 자. -piṇḍika. -piṇḍin 하나의 발우만으로 식사하는. 발식자(鉢食者). -piṇḍikaṅga 하나의 발우만으로 식사하는 수행. 일발식지(一鉢食支)[두타행]. -maṇḍala 발우 바닥의 원. -mūla 발우 바닥. -lesa 발우와 유사한. -yogin 탁발의 요가수행자. 발유가자(鉢瑜伽者). -vaṭṭi 발우·잎의 가장자리. -vāṇijjā 그릇장사. 발상(鉢商). -saññin 자신의 발우를 지각하는. ③ *adj.* [pāpuṇāti의 *pp.* *sk.* prāpta] 얻어진. 획득된. 도달한. -kāla 기회(機會). -parihāni 이미 입은 손실. 이득퇴(已得退). -yogakkhema 멍에로부터 해탈에 도달한. 액안온(軛安穩)에 도달한. ④ *m* [=patti. pattika] 보병. -ânīka 보병부대(步兵部隊).

pattaka *n.* [patta ②의 *dimin.*] 작은 발우.

pattatta *n.* [patta ③의 *abstr.*] 얻어가지고 있는 상태. 득성(得性).

pattabba *adj.* [pāpuṇāti의 *grd.*] 얻어져야 할. 도달되어야 할. = pattiya ②.

pattali *f.* [*cf.* sattali. sattalā] = kadali 파초(芭蕉).

pattānumodanā *f.* [patta-anumodanā] ① 공덕의 전이. 공덕의 회향. ② 공덕의 수희(隨喜).

patti ① *m* [〃<*sk.* pad-ti] 보병. 도보. 보행자. [=patta ④. pattika ①]. -kāya 보병부대. 보병(步兵). 보군(步軍). -sadda 걷는 소리. 보성(步聲). -senā 보병부대. 보군(步軍). ② *f.* [*sk.* prāpti] 도달. 얻음. 성취. 획득. 공덕. 이익. dat. pattiyā 얻기 위해. -cariyā (네 가지) 수행자의 경지(四果)를 닦는 삶의 실천. 성취행(成就行). -dāna 공덕의 회향. -dhamma 공덕의 실천. -patta 최상의 공덕(涅槃)을 획득한 (사람). ③ *f.* [=patta ①] 잎사귀. 잎.

pattika ① *m* [=patta ④. patti ①] 보행자. 보병. ② *adj.* [patti ②-ka] 이익이 있는. 공덕이 있는.

③ *adj.* [patta ②-ika] 발우가 있는.
pattikā *f.* [<patta ①] ① 잎. ② 전단. 전단지. 리플릿. -sampādaka 저널리스트. -sampādana 저널리즘.
pattin *adj.* [patta ③-in] ① 도달한. 성취한. 이익이 있는. ② 도달자. 득달자(得達者).
pattiya ① *adj. m.* [=paccaya] 믿는. 신뢰하는. 의지하는. 믿음. 신뢰. ② *adj.* [=pattabba. pāpuṇāti의 *grd.*] 얻어져야 할. 나누어져야 할.
pattiyāyati [pattiya ①의 *denom.*] ① 믿다. 신뢰하다. ② 의지하다.
pattiyāyana *n.* [<pattiyāyati] 신뢰.
pattīyati [patti ②의 *denom.*] ① 얻다. 획득하다. ② 이익을 얻다.
pattuṁ. patteyya pāpuṇāti의 *inf. grd.*
pattuṇṇa *n.* [patti-ūrṇa] 모피(?). 의복의 종류.
pattha *m.* ① [pa-sthā] 쓸쓸한 곳. 황량한 곳. ② [*sk.* prastha] 빳타[용량의 단위. 1 쁘라쓰타(prastha) = 1/4 āḷhaka]. 1 빳타 들이 요리도구.
patthaṭa *adj.* [pattharati의 *pp.*] ① 넓혀진. 널리 퍼진. ② 널리 알려진.
patthaṇḍila *m.* [pa-thaṇḍila] 은자의 거처. 선거(仙居).
patthaddha *adj.* [pa-thaddha] 경직된. 딱딱한.
patthanā *f.* [<pa-arth. *sk.* prārthanā] ① 목표. ② 바램. 소망. 열망. 희망.
patthayati → pattheti.
patthayaṁ. patthayāna → pattheti.
patthara *m.* [<*sk.* prastara] ① 돌. 바위. ② 사기그릇. 석기.
pattharati [pa-stṛ] 퍼지다. 확대되다. *pp.* patthaṭa; *caus.* patthāreti. *pp.* patthārita.
patthāreti [pattharati의 *caus.*] 퍼지게 하다. 확대시키다.
pattharika *m.* [patthara-ika] ① (상품을) 퍼뜨리는 사람. ② 상인.
patthita *adj.* [pattheti의 *pp.*] ① 원해진. 요청된. ② 추구된.
patthīna. patthinna *adj.* [pathīna] 완고한. 경직(硬直)된.
patthīva *m.* [?<paṭhavī] 왕.
pattheti. patthayati [pa-arth *cf. sk.* prārthayati] ① 원하다. 희망하다. 간청하다. ② 갈망하다. *opt.* patthayase; *ppr.* patthenta. pattayanta. patthayamāna. patthayāna. patthayaṁ(*sg. nom.*); *grd.* patthetabba. patthayitabba. patthiya; *pp.* patthita.
patvā pāpuṇāti의 *abs.*
patha *m.* [〃<path] ① 길. 경로. ② 종종 추상명사 (*abstr.* -tā. -tta)를 나타내는 의미로 사용된다[*cf.* anilapatha. ādiccapatha. ummaggapatha. gaṇanapatha. cakkhupatha. yaññapatha. yoggapatha. rajāpatha. rāgapatha]. catummahāpatha 십자로. 사구도(四衢道). -addhan 길의 진로. 여정. -gamana 길을 감. 도행(道行). -dūsaka 도로상에서 훔치는 자. 노상강도.
pathabya *m.* [<paṭhavī] ① 지주(地主). ② 국왕.
pathavī = paṭhavī.
pathāvin *m.* [<patha] ① 여행자. 보행자. ② 편지나 물건을 전하는 사람.
pathika *m.* [<patha] 여행자. 보행자. 나그네. -nivāsa 여관(旅館).
pada *n.* [*sk.* pad] ① 발. 족적. 발걸음. ② 경지. ③ 위치. 장소. ④ 이유. ⑤ 단어. 어구. 시구. 시의 한행. apada 발 없는(māra. *cf.* apara) 자취 없는. 흔적 없는. 탐욕 없는. *ins.* padā. padasā; *abl.* padaso. amataṁ padaṁ desenti 불사의 경지를 가르치다. sambuddho dvipadaṁ seṭṭho. ājānīyo catuppadaṁ 바른 깨달음을 얻은 자는 발이 둘인 자들 (사람들) 가운데 가장 훌륭하고, 좋은 말은 발이 넷인 것들 (짐승들) 가운데서 가장 훌륭하다. -attha 단어의 의미. 구의(句義). 물질(物質). -atthasattha 물리학(物理學). -atthasatthaññū 물리학자(物理學者). -ânupadaṁ 발자취를 따라서. 한 걸음 한 걸음 추적하여. -ânupadika 발자취를 따르는. -ânupubbatā 단어들의 연속. 구차제(句次第). -ânusārena 어구(語句)에 따라서. -uddhāra 시의 줄거리. -kusala 추적하는데 영리한. -gamana 도보주의(徒步主義). -cārikā (발을 돌보는) 여자 하인. -cetiya (거룩한 님이 남긴) 발자취탑묘. 족적탑묘(足跡塔廟). -ccheda 단어의 분리. -jāta 발의 특징. -ṭṭhāna 가까운 원인. 근접조건. 족처(足處). -dvaya 구절의 두 부분. -nikkhepaparama 자신의 최상의 달성이 (경전의 의미가 아니고) 언어인 사람. 문구위최자(文句爲最者). -pātamāṇakayanta 보수기(步數機). 계보기(計步機). -pāripūrī 허사(虛辭). 구원만(句圓滿). -pūraṇa 시구를 채우는 것. 허사나 감탄사[a. kho. kho pana. tato. pi. su. ha. hi. taṁ. su. maya]. -bhājana 구의 각 단어를 분리하는 것. -bhājaniya 구의 분리. -bhāṇa 성스러운 구절을 설하는·독송하는. -vaṇṇanā 단시(短詩) 또는 한 구절의 시. -valañja 족적(足跡). 트랙. 행로. 여정. -viggaha 복합어의 분리. 단어의 분석. -vibhatti 말의 분별. 어분별(語分別). -vibhāga 단어의 분석. -vyañjana 문구(文句). -saṁsagga 단어들의 접속. -sadda 발자국소리. -sandhi (발음의 편의를 위한) 단어들의 연성법

칙. -silā 밟기 위한 돌. 판석(板石). 포석(鋪石).
padaka *adj. m n.* [pada-ka] ① 구절의. ② 베다의 성스러운 구절에 정통한 자. 성구의 통효자(通曉者). ③ (시의) 절(節). 연(聯). ④ 기초. 원리.
padakkhiṇa *adj.* [*bsk.* pradakṣiṇa] ① 오른쪽으로 도는[오른쪽 어깨를 비우고 세 번 오른쪽으로 오는 것(偏袒右肩右遶三匝)은 오른쪽 팔에 무기를 감추고 있지 않다는 것으로 상대방을 안심시키는 고대 전사의 예법에서 나왔다]. ~ṁ karoti 오른쪽으로 돌다. 우요(右繞)하다. ② 숙련된. 영리한. 빨리 배우는. ③ 공손한. 호의적인. -ggāhin 오른손잡이의. 잘 이해하는. (배운 바를) 잘 받아들이는. -ggāhitā 숙련. 영리함.
padatta *n.* [pada의 *abstr.*] ① 요소. ② 부분.
padatvā. padadāti → padāti.
padara *n.* [pa-dara<dṛ] ① 쪼개진 틈. 갈라진 틈. 협곡. ② 널빤지. -sañcita 갈라진 틈으로 가득 찬. -samācāra '협곡의 정행자(正行者)' 다루기 힘든 것(?). 불복종(?). -sākhā 계곡. 곡천(谷川).
Padasādhana *m.* 어법성취(語法成就) [삐야닷씬(Piyadassin)의 문법서]. -ṭikā 어법성취주(語法成就註)[쓰리 라훌라(Sri Rahula)가 쓴 문법서의 주석].
padassana *n.* [pa-dassana] 제시. 발표. 프리젠테이션. -āyābhimata 과시적(誇示的)인. 허식적(虛飾的)인.
padahati [pa-dhā] ① 노력하다. 정진하다. 힘쓰다. ② 직면하다. 맞서다. *pp.* pahita. *cf.* padhāna.
padahana *n.* = padhāna.
padā pada의 *sg. ins. pl. nom.*
padātar *m.* [padāti의 *ag.*] 수여자. 분배자.
padāti. padadāti [pa-dā] ① 주다. 기증하다. 보시하다. ② 얻다. 획득하다. *fut.* padassati. padāhisi; *inf.* padātave; *abs.* padatvā; *pass.* padīyati.
padāna *n.* [pa-dā-ana] ① 보시. 기부. 수여. ② 획득. ③ 특징. 속성.
padāraṇa *n.* [<pa-dṛ] 찢어짐. 파열.
padālana *n.* [<padāleti] ① 쪼개짐. 부서짐. 깨짐. ② 조각. 파편.
padālita *adj.* [padāleti의 *pp.*] ① 쪼개짐. 깨어진. 파괴된. ② 관통된. *abstr.* padālana.
padālitatta [padālita의 *abstr.*] ① 깨어진 상태. 파괴된 상태. ② 관통된 상태.
padāletar. padāḷetar *m.* [padāleti의 *ag.*] 파괴자. 분쇄자.
padāleti [pa-dal의 *caus.*] ① 쪼개다. 찢어발기다. ③ 파괴하다. 분쇄하다. *aor.* padālayuṁ; *abs.* padāliya. padāletvā; *pp.* padālita.
padāhisi padāti의 *fut. 2sg.*
padika *adj.* [pada-ika] ① 부분[足]들로 이루어진. ② (몇) 종류의.
paditta *adj.* [padippati<dīp의 *pp. cf. sk.* pradīpta] ① 불이 켜진. 빛나는. ② 불타고 있는.
padippati [pa-dīp] 불타오르다. 불타다. *pp.* paditta; *caus.* padīpeti.
padissa *adj.* [padissati의 *grd.*] ① 보여야 할. ② 나타나야 할.
padissati [pa-dṛś의 *pass.*] ① 보이다. ② 나타나다. *grd.* padissa; *caus.* padeseti.
padīpa *m.* [*sk.* pradīpa] ① 빛. ② 등불. 등(燈). -āgāra 등대(燈臺). -kāla 불을 켜는 사람. 등화시(燈火時). -ttambha 램프기둥. 등대(燈臺).
padīpita *adj.* [padīpeti의 *pp.*] 불이 켜진. 빛나는.
padīpiya. padīpeyya *n.* [padīpaiya 또는 padīpeti의 *grd.*] 등구(燈具)[불을 켜는데 필요한 도구].
padīpeti [padippati<dīp의 *caus.*] 불을 켜다. 등불을 켜다. *grd.* padīpeyya. padīpetabba; *pp.* padīpita.
padīyati [pa-dā의 *pass.*] 주어지다. 증여되다.
paduṭṭha *adj.* [padussati의 *pp.*] 사악한. 타락한. 오염된. 더러워진. appaduṭṭha 좋은. 착한. 깨끗한. -manasaṅkappa 악의의 의도. 증오하는 생각. -lakkhaṇā 타락할 상이 있는 여자.
padubbhati [pa-dabh] ① 악을 행하다. ② 음모를 꾸미다. *abs.* padubbhitvā.
paduma *n.* [*bsk.* padma. paduma] ① 연꽃. 붉은 연꽃. 홍부용(紅芙蓉). 발담마(鉢曇摩). 파두마(波頭摩). ② 홍련지옥(紅蓮地獄)[지옥의 이름]. -acchara (천상의) 연꽃처녀. 연꽃요정. -kaṇṇikā 연꽃모양의 정점. -kalāpa 연꽃다발. 연꽃송이. -gabbha 연꽃의 꽃받침. -cchatta 연꽃 우산. -niraya 홍련지옥(紅蓮地獄). -patta 연잎. 연엽(蓮葉). -puñja 연꽃송이. -puppha 연꽃. -rāga 연꽃빛깔을 지닌 것. 홍옥(紅玉). 루비. -byūha. -vyūha 연화진형(蓮花陣形). 연화군(蓮花軍). -sara 연못. 연지(蓮池).
padumaka *m.* [<paduma] ① 연꽃. ② 홍련지옥(紅蓮地獄).
padumin *adj. m.* [*sk.* padmin] ① 연꽃이 많은. ② 연꽃과 같은 반점이 있는 코끼리의 통칭.
paduminī. padumī *f.* [<paduma-in] ① 연꽃. ② 연꽃이 있는 연못. 홍련지(紅蓮池).
padullagāhin *adj.* [padulla(?)-gāhin] ① 지푸라기를 잡는. ② 헛된 견해를 갖는. *cf.* duṭṭhullagāhin.
padussati [pa-dussati] ① 나쁜 짓을 하다. 해치다. ② 어기다. 위반하다. ③ 타락하다. *aor.* pa-

dussi; *pp.* paduṭṭha; *caus.* padūseti. *cf.* padosa.
padussana *n.* [<padussati] ① 해침. ② 위반. ③ 음모. 모반.
padūseti. padoseti. padusseti [padussati의 *caus.* 또는 padosa의 *denom. cf. bsk.* pradūṣyati] ① 더럽히다. 오염시키다. ② 망치다. 타락시키다. *opt.* padosaye. padoseyya; *pp.* padūsita. = paduṭṭha.
padeti = padīti.
padesa ① *m.* [*sk.* pradeśa] 지역. 장소. 지방. 위치. 범위. 범주. 한정. 지점. -ânurāga 지방주의. 향토편애. -kārin 일정정도 실천하는 사람. 일분행자(一分行者). -ñāṇa 제한된 지혜. 한정지(限定智). -paññatti 한정된 시설. 한정제(限定制). -bodhisatta 한정된 보살. 한정보살(限定菩薩). -bhāsā 방언(方言). -bhāsāyatta방언과 관계된. -rajja 지방에 대한 지배권력. 지방정부. 공국(公國). -rājā 지방·지역의 왕. 지방왕(地方王). -lakkhaṇa 한정된 특징. 지역적 특징. -vattin 지역에서 활약하는. 영역에서 활성적인. -vassin 지역적 강우가 있는. -visayaka 공동의. -vihāra 지역에 거주함. 분주(分住). -vohāra 지역주의. 향토편애. ② padeseti의 *imp.*
padesika *adj.* [padesa-ika] ① 부분의. ② 지방의.
padeseti [padissati의 *caus.*] ① 보여주다. ② 설명해 보이다. 가르쳐 주다. *imp.* padesa.
padosa ① [*sk.* pradoṣa<duṣ] 결함. 흠. 결점. 과실. ② [*sk.* pradveṣa<dviṣ] 화. 분노. 성냄. 원한.
padosika *adj.* [padosa ①-ika] ① 결함이 있는. 죄가 있는. 과실이 있는. ② 부패한. 방탕한. 타락한. 퇴락한. khiḍḍāpadosika 놀이로 퇴락한. manopadosika 정신적으로 타락한.
padosin *adj.* [padosa-in] ① 남용하는. 학대하는. ② 손상시키는. 해치는.
padoseti = padūseti.
paddha *adj.* ① [*cf. sk.* prādhva(?)] 능숙한. ~을 받기 쉬운. 봉사하는. ② [*sk.* prārdha] 2분의 1. 1/2.
paddhagu *adj. m.* [paddha-gu. *sk.* prādhvaga] ① 가는. 걸어가는. 천한. ② 하인. 노예. *cf.* paddhacara.
paddhacara *adj. m.* [pa-addha-cara] ① 섬기는. 봉사하는. ② 하인. 노예. *cf.* paddhagu.
paddhati *f.* [?] 시스템. 체계(體系).
padma = paduma.
padmaka *m. n.* [〃] 빠드마까[나무의 이름; Costus Speciosus. Arabicus].
padvāra *n.* [pa-dvāra] 집·문 앞의 장소.
padhaṁsa *m.* padhaṁsana *n.* [<padhaṁsa] ① 파괴. ② 위반. ③ 침해. 약탈.
padhaṁsati [pa-dhaṁsati<dhvaṁs] ① 떨어지다. ② 빼앗기다. *caus.* padhaṁseti; *grd.* padhaṁsiya; *pp.* padhaṁsita.
padhaṁseti [padhaṁsati의 *caus.*] ① 파괴하다. ② 공격하다. ③ 감정을 상하게 하다. *pp.* padhaṁsita.
padhāna *n.* [padhā-ana. *cf.* padahati] = padahana. ① 노력. 정근(精勤). -aṅga 노력의 요소. 정근지(精勤支). 근행지(勤行支). -ghara 정진의 집. 근행당(勤行堂). -nītivedin 법무장관. -saṅkhāra 정진. 승행(勝行). ② *n. adj.* [*sk.* pradhāna] 최초의 원인. 초인(初因). 자성(自性). 원초적(原初的)인.
padhānavant *adj.* [padhāna-vant] ① 노력하는. 정근하는. ② 바르게 집중된. ③ 힘이 있는.
padhānika *adj.* [padhāna-ika] 노력하는. 근면한. 정근하는.
padhāniya *adj.* [padhāna-iya] 노력과 관련된. 정진할 가치가 있는. -aṅga 노력의 요소. 정진지(精進支).
padhārita → patthārita.
padhāreti [pa-dhṛ의 *caus.*] ① 마음에 품다. 새기다. ② 고려하다. 이해하다. *imp.* padhārehi; *pp.* padhārita.
padhāvati [pa-dhāvati] ① 달려 나가다. 달리다. ② 돌진하다.
padhāvana *n.* [<padhāvati] ① 달리기. ② 돌진.
padhāvin *adj.* [<padhāvati] ① 달려 나가는. ② 돌진하는.
padhūpāti. padhūpāyati. padhūmāti [padhūpāyati. pa-dhūmāyati] ① 연기를 내뿜다. 불꽃을 내뿜다. ② 향을 피우다. *aor.* padhūpāsi. padhūmāsi. padhūpāyi. padhūmāyi; *pp.* padhūpita.
padhūpita *adj.* [padhūpāti의 *pp.*] ① 연기를 내뿜은. 연기가 나는. ② 향을 피운.
padhūpeti [pa-dhu의 *caus.*] ① ~을 연기로 그을리다. 연기를 내다. ② 향을 피우다. *pp.* padhūpita.
padhota *adj.* [pa-dhota] 깨끗해진.
pana *ind. conj.* [*cf. sk.* puna] ① 그러나. 그런데. ② 이제. ③ 그리고. 게다가. 더구나. *cf.* puna.
panaccati [pa-naccati] (앞으로) 춤추다.
panaccita *adj.* [panaccati의 *pp.*] 춤을 춘.
panattar *m.* [pa-nattar] 증손(曾孫).
panasa *m.* [〃] 빵나무. 면과수(麵果樹)[Artocarpus Integrifolia]. -phala 빵나무의 열매. -taca 빵나무의 껍질.

panassati [pa-naś] ① 분실되다. 없어지다. ② 사라지다. 소실되다. 망실되다.
panāsa m. [<pa-naś] ① 잃어버림. 없어짐. ② 소실. 망실.
panāda m. [pa-nāda] ① 부르짖는 소리. ② 즐거운 비명.
panādeti [panadati<nad의 caus.] 외치다. 소리를 내다.
panāmeti [sk. pra-nam의 caus.] 해고시키다.
panāḷī. panāḷikā f. [pa-nāḷi] 관(管). 파이프.
panigghosa → appanigghosa<appa-nigghosa.
panujja panudati의 abs.
panujjati [panudati의 pass.] ① 제거되다. ② 배제되다. 배척되다. ppr. panujjamāna.
panuda panudati의 imp.
panudati [pa-nud] ① 제거하다. ② 쫓아버리다. 내몰다. opt. panudeyya; imp. panuda. panudehi; fut. panudahissati; abs. panujja. panuditvā; pp. panunna. panudita; pass. panujjati.
panudita adj. [panudati의 pp.] ① 제거된. ② 쫓겨난. 내몰린. 배제된. = panunna.
panunna. paṇunna. panuṇṇa adj. [panudati의 pp.] ① 제거된. ② 쫓겨난. 배제된. 내몰린. ③ 거부된. -kodha 화·분노를 없앤. -paccekasacca 각각의 (네 가지 삿된 진리[邪諦]를) 거부한 (사람).
panūdana n. [pa-nud-ana] ① 제거. ② 축출. ③ 거절. 거부.
paneti = paṇeti.
panta adj. m. [pa-anta. cf. sk. prānta] ① 먼. 외딴. ② 인적 없는. -senāsana 외딴 거처. 외딴 와좌소(臥座所).
panti f. [sk. paṅkti] ① 열(列). 계열. 부류. ② 줄. 선(線).
pantha m. [〃] 길. 도로. -gū 여행자. -ghāta 도로의 강도. 대도(大道)의 적(敵). 겁적(劫敵). -dūhana. -dūbhin. -dūsaka 강도. 노상강도(路上强盜). -devatā 길의 신·정령. -makkaṭaka 거미. -sakuṇa 길새[길을 관장하는 여신에게 바쳐지는 제물로서의 새(鳥)].
panthika m. [pantha-ika] 여행자. cf. addhika.
panna adj. [pajjati<pat의 pp.] ① 떨어진. 내려놓은. 쓰러진. ② 기어가는. -ga 기어가는 자. 뱀. -gandha 악취가 나는. 향기가 사라진. -ddhaja 깃발을 거둔. 싸움이 끝난. -bhāra 짐을 내려놓은. 구제된. 해탈된. -bhūmi 성취자의 단계(?). 영락한 자의 단계(?). -loma 몸의 털이 내려앉은. 안심한.
pannaka adj. [<panna] 조용한(?).
pannarasa. paṇṇarasa. pañcadasa num. [sk. pañcadaśa] 15. 열다섯. 보름. sg. loc. pannarase. pannarasāya 십오일에. 보름날에. -uposatha 십오일 밤·보름에 행하는 포살(布薩).
pannarasama num. ord. [<pannarasa] 15번째. 열다섯 번째.
pannarasika adj. [<pannarasa] 15일의. 십오일의. 보름의.
papa n. [cf. pā. pānīya] 물. cf. papā.
papañca m. [sk. prapañca] ① 억측. 망상. 희론(戱論). ② 장애. 지체. -ārāma. -ratin 망상·희론을 즐기는 사람. -saṅkhā 망상·희론에 의한 판단. -saññāsaṅkhā 희론에 의한 개념적 판단. 망상에 의한 지각적 판단. -sata 백가지의 희론. 백희론(百戱論).
papañcati. papañceti [papañca의 denom.] 망상하다. 희론(戱論)을 하다. pp. papañcita.
Papañcasūdanī f. [papañca-sū-danī] 빠빤짜쑤다니. 멸희론소(滅戱論疏)[맛지마니까야 주석].
papañcita adj. n. [papañceti의 pp.] ① 장애가 있는. 사로잡힌. 착각된. 망상하는. ② 망상. 희론(戱論).
papañceti [papañca의 denom.] ① 상상하다. 억측하다. 망상하다. 희론(戱論)하다. ② 말을 많이 하다.
papaṭā. papatā f. [cf. papāta] ① 단편. 파편. ② 절벽. 현애(懸崖).
papaṭikā f. [cf. sk. prapāṭikā] ① 쪼갠 조각. 파편. ② 나무토막. 나무껍질. ③ 새싹.
papata m. [cf. papatati] ① 타락한 곳. ② 타처(墮處). 지옥(地獄).
papatati [pa-pat] ① 쓰러지다. 넘어지다. ② 떨어지다. ③ 빠지다. aor. papatā. papatiṁ. cf. patati.
papatana n. [pa-pat-ana] ① 떨어짐. ② 넘어짐.
papada m. padadā f. ① [<papada] 발의 끝. 발가락. ② [<papaṭā. papāta] 낙하. 가파른 바위. 심연(深淵). 절벽(絶壁). 구덩이.
papā f. [sk. prapā] ① 우물. ② 샘. ③ 저수조.
papāta m. [sk. prapāta<pat] ① 절벽. 가파른 바위. 단애(斷崖). 심험(深嶮). ② 심연. 구덩이. ③ 낙하. -taṭa 바위로 된 가파른 내리막.
papātin adj. [<papatati] ① 뛰어드는. ② 날아오르는. 비상(飛翔)하는.
papitāmaha m. [pa-pitāmaha] 아버지 쪽의 증조부. 친증조부.
papīyana n. [pa-pīya-ana] 마실 수 있는·마셔야 할 것. 소음(所飮).
papīḷita adj. [pa-pīḍ의 pp.] ① 닳아 끊어진. ②

닳아 떨어진.
paputta *m.* [*cf. sk.* praputra] 손자.
papupphaka *adj.* [pa-puppha-ka] ① 앞에 꽃을 단. ② 끝에 꽃을 단.
pappaṭaka *m.* [*bsk.* parpaṭaka. *amg.* pappaḍa] ① 부서진 조각. 파편. ② 수초(水草). ③ 우유와 쌀을 혼합해서 끓인 것. 떡. 전병(煎餠). bhūmi-pappaṭaka 땅 조각. 지병(地餠). -ojā 삶은 떡의 맛. 자양소.
pappuyya pappoti. pāpuṇāti의 *abs.*
pappoṭheti. papphoṭeti [pa-poṭheti < puth. sphuṭh] 치다. 때리다.
pappoti [= pāpuṇāti] ① 얻다. 획득하다. 받다. ② 도달하다. *opt.* pappomu; *abs.* pappuyya.
papphāsa *n.* [*cf. sk.* pupphusa] 폐(肺). 폐장(肺臟). -pañcaka 폐까지의 다섯 종류[서른두 가지 몸의 구성요소(dvattiṁsākāra) 가운데 1. 심장 hadaya 2. 간장 yakana 3. 늑막 kilomaka 4. 비장 pihaka 5. 폐 papphāsa]. -ḍāha. -dāha 폐렴(肺炎).
pabandha *adj.* [pa-bandha] 계속적인. 연이은.
pabala *adj.* [*sk.* pra-bala] ① 강력한. 힘이 있는. ② 권위가 있는.
pabāḷha *adj.* ① [pabāhati의 *pp.*] = pavāḷha 뽑힌. ② [pa-bāḷha] 강한. 혹독한. 격심한.
pabāhati. pavāhati [pa-bṛh] ① 뽑다. ② 빼다. *pp.* pabāḷha ①.
pabujjhati [pa-budh] ① 깨다. ② 자각하다. 각성하다. *pp.* pabuddha.
pabuddha *adj.* [pabujjhati의 *pp.*] 자각한. 각성한. 깨어난.
pabodhati [pa-budh] ① 깨다. 자각하다. 깨닫다. ② 눈뜨게 하다. 자각시키다. 각성시키다. *caus.* pabodheti.
pabodhana [<pabodhati] ① 깨어남. 깨달음. ② 각성. 자각.
pabodheti [pabodhati의 *caus.*] ① 깨우다. 깨닫게 하다. ② 가르치다. ③ 두드러지게 하다.
pabba *n.* [*sk.* parvan] ① 마디. 매듭. 이은 곳. ② 관절. 팔꿈치부분. ③ 지대(地帶). -ganṭhi 매듭. 마디. 결절(結節). -valli 둡바(dubbā)[곡초(穀草)]의 일종. -vāta. -vātābādha 간헐적인 오한. 학질(瘧疾). 열병. 절통(節痛). 류머티즘.
pabbaja ① *m.* [*sk.* balbaja] 갈대의 일종. 등심초(燈心草). 노초(蘆草). 위초(葦草). ② pabbajati의 *imp.*
pabbajati [pa-vraj *cf. sk.* pravrajati] = pavajati ① 나가다. 집을 떠나다. ② 출가하다. 세상을 버리다. 둔세(遁世)하다. ③ 고행자가 되다. *imp.* pabbaja ; *opt.* pabbajeyya; *fut.* pabbajissati; *aor.* pabbaji. pabbajiṁ; *abs.* pabbajitvā. pabbajitvāna; *pp.* pabbajita; *caus.* pabbājeti. *cf.* pabbajjā.
pabbajana *n.* [<pabbajati] ① 집을 떠나 수행생활에 드는 것. ② 출가(出家).
pabbajita *adj. m.* [pabbajati의 *pp. bsk.* pravrājita] ① 집을 떠난. 출가한. ② 출가자. 수행자. -liṅga 출가자의 특징.
pabbajjā *f.* [*cf.* pabbajati. *bsk.* pravrajyā] ① 출가. ② 출가상태. 출가자의 신분. 출가생활. ③ 수도원생활. -ācariya 출가신분의 스승. -sukha 출가의 기쁨.
pabbata *m* [*sk.* parvata] ① 산. 산맥. 언덕. 바위. ② 산이 많은 지방의 사람. -utu 산의 시간 [점성술에서]. -kaccha 산의 목초지. -kandara 산의 동굴. 산혈(山穴). -kūṭa 산꼭대기. 산의 정상. -gahaṇa 잡목 숲. 정글. -ṭṭha 산 위에 선. -nimitta 산의 인상·특징. -pāda 산 기슭. -muddhā 산꼭대기. -raṭṭha 산의 왕국. -rājan 산의 왕. 산왕(山王). 히말라야. -vijjā 산악학(山岳學). -vivara 산의 동굴·틈. -visama 산의 낭떠러지·벼랑. -saṅkhepa 산의 정상. 산꼭대기. -sānu 산골짜기. 협곡. -sikhara 산꼭대기. 산마루.
pabbataka *m.* [pabbata-ka] 산.
pabbatāyati *m.* [pabbata의 *denom.*] 산과 같다.
pabbateyya *adj.* [<pabbata] ① 산의. ② 산에서 기원하는.
pabbaniya *adj.* [<pabba] ① 구역을 형성하는. ② 구성하는. ③ 속하는.
pabbājana *n.* [<pabbājeti] ① 제거. ② 추방. 빈출(擯出).
pabbājaniya *adj.* [pabbājana-iya] 추방의. 추방을 당할 만한. -kamma 구축의 갈마. 빈멸갈마(擯滅羯磨). 구출갈마(驅出羯磨)[승가에서 타락한 생활 때문에 나쁜 소문이 나서 승원을 떠나게 해서 다른 장소에 살게 하는 승가의 조치]
pabbājayat *adj.* [pabbājeti의 *ppr.*] 추방하는.
pabbājita *adj.* [pabbājeti의 *pp.*] ① 추방된. 빈출(擯出)된. ② 승려가 된. 교단에 들어오는 것이 허가된.
pabbājeti [pabbajati<vraj의 *caus. bsk.* pravrājayati] ① 내쫓다. 추방하다. 빈출(擯出)하다. ② 출가시키다. *aor.* pabbājayī; *ppr. m. sg. nom.* pabbājayaṁ; *pp.* pabbājita.
pabbedha *m.* [pa-vedha<vyadh. *cf. bsk.* pravedha] (화살의) 사정거리. 사정(射程).
pabbhamati [pa-bhram] 배회하다. 방황하다.
pabbhāra [*cf. bsk.* prāg-bhāra] ① *adj. m.* (늙음

으로) 기우는. 들어가는. 기울기. 경사. 경사면. 비탈. -ṭṭhāna 경사면. 비탈. -dasaka (인생에서) 쇠퇴하는 10년. [생애에서의 7번째의 10년 단위]. ② *m. n.* 산에 있는 동굴.

pabrūti [=brūti] 설하다. *pres. 3pl.* pabruvanti.

pabha *adj.* [<pabhā] 빛나는. 광명을 비추는. 광조(光照)하는.

pabhaṁsana *n.* [<pa-bhraṁś] ① 떨어지게 함. 사라지게 함. ② 탈취. 절도.

pabhagga *adj.* [pabhañjati<bhañj의 *pp. cf. sk.* prabhagna] ① 파괴된. ② 패배한. *cf.* pabbaṅga.

pabhaṅkara *m.* [pabhā-kara] ① 불을 밝히는 자. ② 광명을 가져오는 님[부처님의 다른 이름].

pabhaṅga *m.* [<pabhañjati] 분쇄. 파괴. *cf.* pabhaṅgu. pabhagga.

pabhaṅgu. pabhaṅguṇa. pabbaṅgura *adj. m.* [<pa-bhañj] 쉽게 파괴되는. 잘 부서지는. *cf.* pabhaṅga.

pabhañjati [pa-bhañj] 분쇄하다. 격파하다. 부수다. 파괴하다. *pp.* pabhagga.

pabhava *m. n.* [<pa-bhū *sk.* prabhava] ① 산출. 발생. ② 기원. 근원. 원천. 원인.

pabhavati [pa-bhū] = pahoti. pabhoti. ① 발생하다. ② 시작하다. ③ 충분하다. ④ 가능하다. *aor.* pahottha. pahosi; *fut.* pahossati; *ppr. sg. nom.* pabhavaṁ. pabhonto; *pp.* pahūta. *cf.* pabhoti.

pabhassati [pa-bhraṁś] ① 떨어지다. ② 사라지다. *aor.* pabhassittha. *cf.* pabhaṁsana.

pabhassara *adj.* [<pa-bhās] ① 빛나는. 매우 밝은. ② 찬란한.

Pabhassara *m.* [<pabhassara] 빠바싸라. 광음천(光陰天). 극광정천(極光淨天)[신계의 이름].

pabhā *f.* [<pa-bhā *sk.* prabhā] ① 빛. 광명. ② 빛남. -dhika 더욱 밝은.

pabhāṇin → 말하는. manāpa-bhāṇin의 *misr.*

pabhāta *adj. n.* [pabhāti의 *pp.*] ① 빛나는. 동이 트는. ② 새벽. 아침. 효천(曉天).

pabhāti [pa-bhā] ① 빛나다. 밝게 되다. ② 번쩍이다. *pp.* pabhāta.

pabhāva *m.* [<pa-bhū] ① 힘. 세력. ② 위엄. 권세(權勢).

pabhāveti [pa-bhū의 *caus.*] 증가시키다. 증대시키다. *pp.* pabhāvita 증가. 증대된. 증진된.

pabhāsa *m.* [<pa-bhās] ① 빛남. ② 화려함. 아름다움.

pabhāsati ① [pa-bhāṣ] 알리다. 말하다. 이야기하다. ② [pa-bhās] 빛나다. 비추다. *opt.* pabhāseyya.

pabhāseti [pa-bhās의 *caus.*] ① 비추다. 밝게 하다. ② 빛나게 하다. = obhāseti.

pabhijja pabhindati의 *abs.*

pabhijjati [pabhindati의 *pass.*] ① 쪼개지다. 파괴되다. 조각나다. ② 열리다. 개화하다. *aor.* pabhijjiṁsu.

pabhijjana *n.* [<pabhijjati] 분리. 분열.

pabhindati [pa-bhid] ① 쪼개다. 깨다. 파괴하다. ② 크게 열다. 전개하다. 발전하다. 성장하다. *abs.* pabhijja; *pass.* pabhijjati; *pp.* pabhinna.

pabhinna *adj.* [pabhindati의 *pp.*] ① 찢어진. 깨어진. ② 전개된. 확대된. 발전된. 성장한.

pabhu *adj.* pabhū *m.* [pa-bhū] ① ~에(*gen.*) 자재(自在)를 얻은. 지배하는. ② 군주. 통치자. 지배자. 제왕(帝王). -tta 왕권(王權). 권력(權力). 절대권력.

pabhuti. pabhutika *adj.* [*sk.* prabhṛti] ① 시작하는. ② ~이래. ③ ~후에. 이후. 그 후. tato pabhuti 그때 이후로. 그 후.

pabheda *m.* [<pa-bhid] ① 파괴. 분쇄. ② 분석.

pabhedana *n.* [<pabhindati] 분쇄. 파괴.

pabhoti = pahoti.

pamajjati ① [pa-mad] 취(醉)하다. 부주의하다. 게으르다. 태만하다. 방일(放逸)하다. *aor. 2pl.* pamādattha. *2sg.* pamādo. *1sg.* pamādassaṁ; *ppr.* pamajjanta; *pp.* pamatta. ② [pa-mṛj] 닦아 없애다. 털다. 닦다.

pamajjanā *f.* pamajjitatta *n.* [<pa-mad] 태만. 부주의. 방일(放逸).

pamaññā *f.* [pamāṇa의 *abstr.*] 측량할 수 있는 것. 한량이 있는 것. appamaññā 무량한 것. 무량심(無量心)[慈·悲·喜·捨].

pamaṭṭa → pakkhika의 *misr.*?

pamatta *adj.* [pamajjati<mad의 *pp.*] ① 게으른. 태만한. ② 부주의한. 새김이 없는. 방일(放逸)한. -cārin 부주의하게 행동하는 자. 방일행자(放逸行者). -bandhu 방일한 친지. 악마.

pamattaka *adj.* = pamatta.

pamathati [pa-mathati] ① 눌러 부수다. 압착하다. ② 정복하다. 복종시키다. *aor.* pamathi. *pp.* pamathita. *abs.* pamathitvā.

pamathita *adj.* [pa-mathati의 *pp.*] 박살난. 산산조각 난. 으깨어진. 가루가 된.

pamadā *f.* [*sk.* pramadā<pa-mad] ① 젊은 음탕한 여자. ② 여자. 후궁(後宮).

pamadāvana *n.* [pamadā-vana] 궁전의 유원. 후궁의 유원.

pamaddati [pa-mṛd] ① 분쇄하다. ② 이기다. 정복하다. *pp.* pamaddita.

pamaddana *n.* [*cf.* pamaddati<mṛd] ① 분쇄. ② 패배시킴. 정복.
pamaddin *adj.* [<pa-mṛd] ① 분쇄하는. 정복하는. ② 강력한.
pamāṇa *n.* [pa-mā-ana. *sk.* pramāṇa] ① 측정. 표준. ② 크기. 치수. 양. 총액. ③ 한계. 한정. ④ 인식의 기준이 되는 척도. ~ṁ nirūpeti 수량화하다. -kata 표준으로 간주된. 표준이 되는. -karaṇa 측정의 원인. 양인(量因). -dīpaka 판단기준.
pamāṇavant *adj.* [pamāṇa-vant] ① 측정할 수 있는. 한정적인. ② 묘사할 수 있는.
pamāṇika *adj. m.* [pamāṇa-ika] ① 측량하는. 측량에 의한. ② 측량하는 사람.
pamāda *m.* [<pa-mad *sk.* pramāda] ① 태만. 게으름. ② 부주의(不注意). 새김이 없음. 방일(放逸). -ṭṭhāna 방일의 원인. 방일처(放逸處). -dosa 간과(看過). -pāṭha 부주의한 독서. -vihāra 방일한 삶. 방일주(放逸住). -vihārin 방일하게 사는 사람. 방일주자(放逸住者).
pamādattha pamajjati의 *aor.*
pamādassaṁ. pamādo pamajjati의 *aor.*
pamādavatā *f.* [pamādavant의 *abstr.*] ① 게으름. 태만. ② 부주의. 방일(放逸).
pamādin *adj.* [<pa-mad] ① 열중하는. ② 흥분하는. ③ 홀린. 얼빠진. 미친.
pamāya ① [paminātī<mā의 *abs.*] 계량하고 나서. ② [pa-mṛ의 *abs.*] 분쇄하고 나서. 파괴하고 나서.
pamāyin *adj.* [*cf.* pa-mā] ① 측량하는. 평가하는. ② 한계를 정하는.
pamāreti [pa-māreti] ① 혹사시키다. 학대하다. ② 때려죽이다. 참살하다. 학살하다.
paminātī [pa-mā] ① 측정하다. 평가하다. ② 한계를 정하다. *inf.* paminituṁ; *abs.* paminitvā. pamāya; *aor.* pāmesi. pămiṁsu; *grd.* pameyya. paminitabba; *ppr.* paminanta.
pamilāta *adj.* [pa-mlā의 *pp.*] ① 시든. 시들은. ② 쇠약해진.
pamukha *adj. m.* [*cf. sk.* pramukha] ① 맨 앞의. 주요한. 현저한. ② 전면(前面). 눈썹. *loc.* pamukhe 앞에. 선두에. *cf.* pāmokkha.
pamuccati [pamuñcati의 *pass.*] 해탈되다. 자유롭게 되다.
pamucchati [pa-mucchati] ① 기절하다. ② 혼미해지다. 현기증이 나다.
pamucchita *adj.* [pamucchati<murch의 *pp. cf. bsk.* pramūrchita] ① 기절한. ② 현기증이 나는. ③ 혼미(昏迷)해진.
pamuñca *adj.* [pamuñcati<muc의 *grd.* = pamuñciya] 해탈시키는. 해방하는. -kara 구원자. 해방자. 영탈자(令脫者).
pamuñcati [pa-muc] ① 놓아주다. 방사(放射)하다. 해방하다. ② 해탈시키다. 구원하다. 면제하다. 털어버리다. 버리다. saddhaṁ pamuñcati (잘못된) 믿음을 버리다. *imp.* pamuñcassu; *grd.* pamuñca. pamokkha; *fut.* pamokkhati; *inf.* pamuttave; *pp.* pamutta; *pass.* pamuccati; *caus.* pamuñcāpeti
pamuñcāpeti [pamuñcati의 *caus.*] ① 벗어나게 하다. 해방하다. ② 해탈시키다. ③ 구원하다.
pamuṭṭha *adj.* [pamussati<mṛṣ의 *pp.*] 잊혀진. 망각한.
pamutta *adj.* [pamuñcati의 *pp.*] ① 놓아준. 던져진. ② 구원된. 해방된.
pamuttava pamuñcati의 *inf.*
pamutti *f.* [*cf.* pamutta] ① 해탈. ② 자유.
pamudita. pamodita *adj.* [pamodati<mud의 *pp.*] 매우 기쁜. 아주 즐거운.
pamuyhati [pa-muh] 당황하다. 얼빠지다. *pp.* pamūḷha.
pamussati [pa-mṛs] 잊어버리다. 망각하다. 실념(失念)하다. *pp.* pamuṭṭha.
pamūḷha *adj.* [pamuyhati<muh의 *pp.*] 당황한. 얼빠진.
pameyya *adj. m.* [paminātī의 *grd.*] ① 측정할 수 있는. 잴 수 있는. ② 정리(定理)
pamokkha *adj.* [pamuñcati 의 *grd. cf.* pamuñca] ① 벗어나게 해야 할. 자유롭게 하는. ② 해방하는. 해탈시키는.
pamokkhati pamuñcati의 *fut.*
pamocana *n.* [<pamoceti] ① 놓아줌. ② 해탈. 해방. ③ 구원.
pamoceti pamuñcati의 *caus.*
pamoda *m.* [<pa-mud] ① 기쁨. 환희. 법열. ② 만족.
pamodati [pa-mud] ① 기뻐하다. 환희하다. ② 만족하다. *pp.* pamudita; *caus.* pamodeti; *pp.* pamodita.
pamodanā *f.* [<pamodati] ① 기쁨. 희열. ② 만족(滿足).
pamoha *m.* [<pa-muh *sk.* pramoha] ① 당황. 당혹. ② 현혹. 반함. ③ 어리석음. 치몽(痴夢).
pamohana *n.* [pa-muh-ana] ① 속임. 기만. 현혹. ② 망상. 미망(迷妄).
pampaka *m.* [?<*sk.* pampā] 원숭이의 일종(?). 새의 일종(?).
pamha *n.* [=pakhuma. *sk.* pakṣman] 속눈썹.

aḷāra° 짙은 속눈썹이 있는.
pamhayati [pa-smi *sk.* prasmayate] 웃다. *caus.* pamhāpeti.
pamhāpeti [pamhāpeti의 *caus.*] 웃게 하다.
paya *n.* [*sk.* payas<pī] ① 우유. ② 주스.
payacchati [pa-yam] 제공하다. 선물하다. 헌공(獻供)하다.
payata *adj.* [payacchati<yam의 *pp.*] ① 억제된. 훈련된. 태연한. ② 정화된. 순수한. -atta 스스로 억제된. -pāṇin 정화된 손을 가진 자. 정수자(淨手者).
payatana *n.* [*sk.* prayatna] 정진. 노력. 추구.
payatta *adj.* [pa-yat의 *pp.*] ① 노력하는. ② 주의 깊은. 조심성 있는.
payāta *adj.* [payāti<yā의 *pp.*] ① 출발된. 시작된. 착수된. ② 진행된. 지난. 지나간.
payāti [pa-yā] ① 출발하다. ② 나아가다. 진보하다. *aor.* pāyāsi. pāyiṁsu. pāyesuṁ; *pp.* payāta. *cf.* pāyāti.
payirudāharati [pari-ud-ā-hṛ] ① 큰 소리로 말하다. ② 선언하다. *aor.* payirudāhāsi.
payirupāsati [pari-upa-ās] ① 시중들다. ② 존경하다. 숭배하다. ③ 방문하다. *imp.* payirupāsaya; *aor.* payirupāsiṁ; *abs.* payirupāsiya. payirupāsitvā; *ppr.* payirupāsanta. payirupāsamāna; *pp.* payirupāsita.
payirupāsana *n.* payirupāsanā *f.* [<payirupāsati] 존경. 공경.
payirupāsika *m.* [<payirupāsati] 숭배자.
payuñjati [pa-yuj] ① 멍에에 묶다. ② 고용하다. ③ 골몰하다. 적용하다. *pp.* payutta. *pass.* payujjati. *caus.* payojeti.
payuta *adj.* [pa-yu의 *pp.* *cf.* *sk.* prayuta] ① (나쁘게) 적용된. 마구잡이의. ② 부주의한. 잘못 겨냥된. *cf.* payutta.
payutta *adj.* [payuñjati의 *pp.*] ① 멍에에 묶인. 열심인. 다망한. 골몰한. ② 적용된. 계획된. *cf.* payuta.
payuttaka *adj.* [payutta-ka] ① (나쁜) 임무를 부여받은 자. 매수된 자. ② 스파이.
payoga *m.* [*sk.* prayoga] ① 수단. 도구. 준비. 방편. ② 착수. 실천. 사용. 적용. 연습. 가행(加行). 안출(案出). ③ 일. 직업. -karaṇa 노력. 추구. 종사. -paṭipassaddhipaññā. 실천에 의한 안식의 지혜. 가행지멸의 지혜. -vipatti 잘못된 적용. 수단의 실패. -sampatti 수단의 성공. -suddhi 수단의 탁월함. 적용에서의 청정함. 가행청정(加行淸淨). -hīna 노력의 부족.
payogatā [payoga의 *abstr.*] 적용하는 사실. 가행(加行)의 사실.
Payogasiddhi *f.* 가행성취(加行成就) [메당까라(Medhaṅkara)의 문법서].
payojaka. payojetu *m.* [<payojeti] ① 사용자. ② 감독. 감독자. ③ 경영자.
payojana *n.* [<pa-yuj] ① 일. 약속. ② 명령. ③ 목적. ④ 사용. 소용. 유용. 가행(加行). ⑤ 결과. -āvaha 유용한. 쓸모 있는.
payojeti [payuñjati의 *caus.*] ① 착수하다. 준비하다. 도전하다. 종사하다. ② 쓰다. 사용하다. 적용하다. 연습하다. 가행(加行)하다. 안출(案出)하다. ③ 고용하다. *pp.* payojita.
payodhara *m.* [〃] '물을 운반하는 것' ① 비구름. ② 유방(乳房).
payyaka *m.* [pa-ayyaka] 증조부. 친증조부[부계].
payyikā *f.* [<pa-ayyaka] 증조모. 친증조모[부계].
para [〃] ① *adv.* *prep.* 저쪽으로. 넘어서. 나중에. ② *adj.* 넘어선. 지고(至高)의. 미래의. 다른. 낯선. 외부의. 외부사람의. paro … paro 전자는 ~ 후자는. *ins.* parena 나중에. 후에. *abl.* parato 다른 것으로서. 타자의 입장에서. 다른 측면에서. 저쪽에. 더욱더. 뒤에. paratoghosa 타자로부터의 소리. 타성(他聲). *gen.* parassa 타인의. parassa cetopariyañāṇa 타인의 마음을 읽는 지혜. 타인의 마음을 읽는 앎. 타심통(他心通). 타심지(他心智). -ajjhāsaya 타자를 원하는. 다른 것을 의도하는. -attha 타인의 이익. 복지. 이타(利他). 타리(他利). -atthakārin 이타주의자(利他主義者). -âdhīna 타자에 의존하는. -ânukampin 이타적(利他的)인. 박애적(博愛的)인. 박애주의자. 이타주의자. -ânuddayā 다른 사람에 대한 연민·동정. -ânuvāda 다른 사람들의 비난. 타책(他責). -ânuvādabhaya 다른 사람들의 비난을 두려워함. 타책외(他責畏). -ûpakkama 타자의 접근적인 공격. -ûpaghāta. -ûpaghātin 타인을 살상하는. -ûpavada 다른 사람의 비난. -ûpahāra 존경의 표시로 다른 사람에게 주어진 것. 타소여(他所與). -kata → paraṅkata. -kamma 다른 사람의 봉사. -kāra → paraṅkāra. -kārin 다른 사람을 시봉하는. -kiccasādhaka 변호인. 대리인. -kiccapavesa 간섭(干涉). -kula 다른 씨족. 낯선 씨족. -kkanta 다른 사람에 의해 걸어간(?). 걸어가 버린(?). -kkama 노력. 정진. -kkamati 전진하다. 노력하다. 용기를 내다. -kkaroti 저쪽에 두다. 옮기다. 제거하다. -gatta 낯선 몸. 당신의 것이 아닌 사지. -gavacaṇḍa 다른 사람의 소들에 대해 난폭함. -(ṅ)kata 타자에 의해 만들어진. 소외된. -(ṅ)kāra 소외. 타인들. 타성(他性). 타자인 상태. -citta 타인의 마음. 타심(他心). -cittajānana 독심술(讀心術). 텔레파시. 타심지(他心知). -cittakusala 타인의 마음에 밝은. 타심선교(他心善巧). -cittavidū 타인의 마음을 아는 자. 타심지자(他心知者). -jana 낯선 사람. 적. 악마. -tantarajja 타율(他律). -tapa 남을 괴롭히는. 적을 괴롭히는 (자). -titthiya 외도(外道). -tthaddha 지탱되는. 기초하는. 의지하는. -dattûpajīvin 다른 사람의 보시에 의존해 살아가는 (사람). -dāra 남의 아내. -dārika 남의 아내와 통하는 자. 간부(姦夫). -dhammika 다른 가르침을 따르는 사람. 타법자(他法者). -niṭṭhita 다른 삶에 의해 준비된. -nimmita → paranimmita. -neyya 다른 사람에 의해 이끌려짐. -niratatā 인도주의(人道主義). 홍익인간(弘益人間). -(n)tapa 다른 사람을 괴롭히는. -paccaya 타자에 의존하는. 타연(他緣). -pariggahita 다른 사람에 의해 소유된. -pāṇa 다른 생명체. -puggala 다른 사람들. -putta 다른 사람의 아들. -pessa 다른 사람에게 봉사하는. 하인(下人). -pessiyā 하녀(下女). -ppavāda 타자와의 논쟁. 학설에서의 반대·도전. 이론(異論). 이단사설(異端邪說)[비불교 학파에 적용된다]. -bhāga 바깥 부분. 신성한 경내를 벗어난 곳. -bhāsāyatta 이국적인. -bhuta 인도 빼꾸기. -bhojana 다른 사람이 제공한 음식. -loka 다른 세계. 내세(來世). -vambhitā 다른 사람의 저주. -vambhin 다른 사람들을 경멸하는. 훼타자(毁他者). -vasatta 다른 사람에 대한 지배력. -vākyathenana 표절(剽竊). -vāda 다른 사람들의 이야기. 소문. 반대. 이교(異敎). -vādin 반대자. -vitāraṇa 다른 자가 들어가게 하는. -visaya 다른 세계. 죽은 자들의 영역. 타경계(他境界) -vediya 다른 사람에 의해 알려져야 될. 이단설.(異端說) -sañcetanā 다른 인식·의도. 타사(他思). -sattā 다른 존재자들. 타유정(他有情). -santakabhūmivāsin 세입자. 임차인(賃借人). -samaya 다른 종교. 타종(他宗). 타종의(他宗義). -suve 모레 [내일의 다음날]. -senā 적대적인 군대. 적군. -hattha 적의 손. -hiṁsā 적을 해침. -hita 다른 사람들의 행복. 이타(利他). -hitakara 이타적인. 박애적인. -hitakārin. -hitakāmin 박애주의자. 이타주의자. -hitakāmitā 이타주의(利他主義). 박애주의(博愛主義). 인도주의(人道主義). 홍익인간(弘益人間). -heṭhanā 타인을 해치는. -hetu 타자를 원인으로.

paraṁ *ind.* [para의 *n. acc.*] 후에. 넘어서. 더욱이. ito paraṁ 지금부터 후에. -parā 연속. 계열. 혈통. 상속(相續). -parāgata 조상대대로의. -parabhojana 연속적인 급식. 전전식(轉傳食). -maraṇā *abl. adv.* 사후에. -mukhā *abl. adv.* 외면한 채로. 부재중에. 배후에서.

parakkama *m.* [*sk.* parākrama] ① 노력. 정진. ② 용맹(勇猛).

parakkamati [para-kram] ① 노력하다. ② 용기를 보이다. *imp.* parakkăma; *abs.* parakkamma.

parakkamma parakkamati의 *abs.*

parakkaroti [parā-kṛ] 없애다. 제거하다. 배제하다. *aor.* parākari.

parajjhati [parājeti의 *pass.*] = parājiyati 패배하다. *pres. 1pl.* parajjhāma.

parattha ① *ind.* [*sk.* paratra] 다른 곳에. 금후. ② *m.* [para-attha] 다른 사람의 행복. 이타(利他). -cariyā 자기희생(自己犧牲). 헌신.

paradavutta *adj.* [uparada(?) = uparata-yutta] ① 즐거움을 발견하는. ② 적응된. 적합한. 활동적인. ③ 빈틈없는. -samācāra 활동적 삶을 사는.

paradāra *m.* [para-dāra] 남의 부인. -kamma 간통(姦通). 행음(行淫). 사음(邪淫).

paradārika *m.* [<paradāra] 간통자.

paranimmita *adj.* [para-nimmita] 타자에 의해 만들어진. 다른 신들에 의해 만들어진.

parapurisa *m.* [para-purisa] 다른 남자. -sevanā 다른 남자와의 교제. 행음(行淫). 사음(邪淫).

paranimmitavasavattin *adj. m.* [para-nimmita-vasa-vattin] 타자·다른 신들에 의해 만들어진 존재를 지배하는. 타화자재(他化自在). paranimmitavasavattino devā 타자·다른 신들에 의해 만들어진 존재를 지배하는 하늘나라의 신들. 타자·다른 신들에 의해 만들어진 존재를 지배하는 신들의 하늘나라. 타화자재천(他化自在天) [神·神界의 이름. 欲界六天의 하나].

parama *adj.* [〃para의 *superl.*] ① 최고의. 최상의. ② 가장. 극(極)의. ③ 제일(第一)의. 최승(最勝)의. -âṇu 가장 작은 입자. 원자(原子). 극미(極微). -âṇubhāvaṁ pāpeti 원자화하다. -âṇuvāda 원자론(原子論). -aṭṭha. -attha 최상의 의미. 최상의(最上義). 승의(勝義). -atthadesanā 최상의 의미교설. 제일의설시(第一義說示). -atthapāramī 진제(眞諦)의 완성. -atthasacca 최상의 진리. 진제(眞諦). 제일의제(第一義諦). -âbhisambodhi 최상의 완전한 깨달음. 최상등정각(最上等正覺). -âroga 최상의 건강. 최상의 무병(無病). -assāsa 최상의 안식. -kusala 최고선. 최승선(最勝禪). -koti 절정. 한고비. -gati 최상의 귀추. 열반. -cakkhu 최상의 눈. 제일안(第一眼). -tapa 최상의 고행. -diṭṭhadhammanibbāna 최상의 지금·여기[現世]에서의 열반. 최상현법열

반(最上現法涅槃). -nipaccākāra 최상의 경례. 최승경례(最勝敬禮). 최승도지(最勝倒地). -nīyāmatā 최상의 결정성(決定性). -visuddha 최상의 청정. 제일청정(第一淸淨). -sacca 최상의 진리. 최승제(最勝諦). -sukkābhijāti 지극히 밝은 생류. 극백생류(極白生類)[난다(Nanda)와 밧차(Vaccha), 끼싸(Kisa), 쌍낏차(Saṅkicca) 및 막칼리 고쌀라(Makkhali Gosala)].

paramaṭṭha. paramattha *m.* [parama-aṭṭha] 최상의 의미. 궁극적 의미. 이상(理想). 궁극(窮極). 절대(絶對). 최승의(最勝義). 승의(勝義). 제일의(第一義). -ñāṇa 영지주의(靈知主義). -vacana 최상의 의미의 표현. 궁극적 표현. -vāda 목적론(目的論). -vijjā 영지(靈知). -vidū 영지주의자. -sacca 최상의 의미의 진리. 궁극적 의미의 진리. 궁극적 진리. 제일의제(第一義諦). 승의제(勝義諦) [*cf.* vohārasacca]. -suñña 승의공(勝義空)[出離에 의해서 欲望의 流轉을 永盡하는 空. 無瞋에 의해 瞋의 流轉을 永盡하는 空 등. 阿羅漢道에 의해서 一切煩惱의 流轉을 永盡하는 空을 말한다].

paramatā *f.* [parama의 *abstr.*] 가장 뛰어남. 최승성(最勝性).

paramattha *m.* = paramaṭṭha.

Paramatthakathā *f.* [parama-attha-kathā] 승의론(勝義論)[논장에 대한 주석서를 통칭한 이름].

Paramatthajotikā *f.* [parama-attha-jotikā] 빠라맛타조띠까. 승의광명소(勝義光明疏)[쿳다까니까야(小部)의 小誦經 및 經集의 주석서].

Paramatthadīpanī *f.* [parama-attha-dīpanī] 승의석(勝義釋)[쿳다가니까야(小部)의 如是語經. 天宮事. 餓鬼事. 長老偈. 長老尼偈. 所行藏의 주석서로 Dhammapāla의 저술].

Paramatthamañjūsā *f.* [parama-attha-mañjūsā] 승의보함(勝義寶函)[淸淨道論의 주석서로 Dhammapāla의 저술].

Paramatthavinicchaya *m.* [parama-atthavinicchaya] 승의결정론(勝義決定論)[Anuruddha의 저술].

paramparā *f.* [paraṁ-para] ① 혈통. 가계. ② 연속. 연쇄. -gata 조상대대로의.

parammukhā *ind.* [paraṁ-mukha의 *abl.*] ① ~의 부재(不在)로. ② ~의 결여로. ③ 무시하고.

parasamudda *m.* [para-samudda] 해외(海外).

parasu → pharasu의 *misr.*

parasuve *ind.* [para-suve] 내일모래에.

parahīyo *ind.* [para-hīyo] 엊그제에.

parā° *prep.* [para-ā] ① 저쪽으로. ② 넘어서. ③ 완전히. ④ 관통해서.

parākaroti → parakkaroti.

parāga *m.* [〃] 꽃가루. 화분(花粉).

parājaya *m.* [<parā-ji] ① 패배. ② 상실.

parājita *adj.* [parājeti의 *pp.*] ① 진. 패배한. ② 상실한.

parājiyati [parājeti의 *pass.*] ① 지다. 패배하다. ② 상실하다. *aor.* parājiyi.

parājeti [parā-ji] ① 패배시키다. 정복하다. 격파하다. ② (놀이에서) 이기다. *aor.* parāji. parājiṁsu. parājiniṁsu. parājiyiṁsu; *pp.* parājita; *pass.* parājiyati. parajjhati (*1pl.* parajjhāma).

parābhava *m.* [<parābhavati] ① 패배. 파멸. ② 치욕. 경멸.

parābhavati [parā-bhū] ① 패배하다. 멸망하다. ② 성취하다. 초월하다. *ppr.* parābhavanta. (*sg. gen.*) parābhavato; *pp.* parābhūta.

parābhūta *adj.* [parābhavati] ① 패배한. 멸망된. ② 성취된. 초월된.

parābhetvā → *cf.* parāgeṇḍuka 또는 parādhetvā '달래며. 위로하며'

parāmaṭṭha *adj.* [parāmasati의 *pp.*] 접촉된. 집착된. [번뇌에] 취착된.

parāmasa *m.* [<parā-mṛś] ① 접촉. 마찰. 마촉(磨觸). ② 쥠. 잡음. 집착. 취착(取著).

parāmasati [parā-mṛś] ① 접촉하다. 마찰하다. ② 매달리다. 집착하다. ③ 포옹하다. *abs.* parāmassa; *grd.* parāmasitabba. *pp.* parāmaṭṭha.

parāmasana *n.* [<parāmasati] ① 접촉. 마촉(磨觸). ② 잡음. 집어 올림. 취착(取著).

parāmasa. parāmāsa *m.* [<parā-mṛś *bsk.* parāmarśa] 접촉. 집착. 이취(異取). 취착(取著). -duka 한 쌍의 취착. 집이법(執二法). -vippayutta 집착에 상응하지 않는. 집착과 관계되지 않는. 집불상응(執不相應). -sampayutta 집착과 상응하는. 집착과 관련된. 집상응(執相應).

parāmāsin *adj.* [parāmāsa-in] ① 잡는. 취착하는. 쥐는. 집취(執取)하는. ② 곡해(曲解)하는.

parāyatta *adj.* [para-āyatta] 타자에 속하는. -vuttin 아첨꾼.

parāyana. parāyaṇa *n.* [parā-i-ana. *bsk.* parāyaṇa] ① 지지. 휴식. 이완. ② 최종. 구경. 목표. 피안(彼岸). 소취처(所趣處). 의호(依護). 의호(依怙). -gāmimagga 최종 목표인 피안으로 이끄는.

parāyaka → samparāyika.

parāyin *adj.* [<parāyaṇa] ① 지지받는. 도움을 받는. ② 피난처를 가진. 귀의처를 가진.

pari° *prep.* [〃] ① 두루. 널리. 보편적으로. ②

완전히. ③ 본래는 전치사로서 ~에 대하여(*acc.*) ~로부터 (*abl.*) ~에로(*acc.*)의 뜻이 있는데 접두어로서는 위의 뜻을 가진다[모음 앞에서는 pariy°로 되며. ud나 upa와 합할 때에는 pariy°가 payir°로 변한다(*cf.* payirupāsati). 그리고 pali는 pari의 방언적 변화이다].
parikaḍḍhati [pari-kṛṣ *bsk.* 〃] ① 끌어당기다. ② 유혹하다. *cf.* parikassati.
parikaḍḍhana *n.* [<parikaḍḍhati] ① 끌어당김. ② 유혹.
parikati *f.* [parikṛti<kṛ?] ① 정리. ② 준비.
parikatta *adj.* [parikantati ①의 *pp.*] 절개된. 절단된. 베어진.
parikathā *f.* [*bsk.* 〃] ① 해명. ② 소개. ③ 암시. 언급. ④ 담론(談論). 완곡한 이야기. 지속적인 대화. 과잉적인 대화.
parikanta *adj.* ① = parikatta 절개된. 베어진. ② pārikata [parikaroti의 *pp.*]의 *misr.* bhāsitaparikanta '언행이 일치하는'.
parikantati [*cf. sk.* parikṛntati<kṛt] ① 절개하다. 절단하다. ② 관통하다. ③ 감다. *aor.* parikanti; *pp.* parikatta. *cf.* parikanta.
parikappa *m.* [<parikappeti] ① 준비. ② 수단. 의도. 전략. ③ 가정. 추측. ④ 분별.
parikappanā *m.* [<parikappeti] ① 디자인. 설계. ② 수단. 의도. 이론. 전략. ③ 가정. 추측. -āyatta 이론적인.
parikappita[parikappeti의 *pp.*] ① 고안된. 의도된. ② 결정된. 고정된.
parikappeti[pari-kḷp] ① 설계하다. ② 고안하다. 안출(案出)하다. 상상하다. 관념화하다. 이론을 제시하다.
parikilissana *n.* [<parikilissati] ① 불순. 오염. ② 부도덕.
parikamma *n.* [*bsk.* parikarma] ① 준비. 정리. 가정. ② 예비행위. 준비단계. 예수(豫修). 편작(遍作). ~ṁ karoti 준비하다. -kata 준비된. -kāraka 시중드는 사람. 준비하는 사람. 시자(侍者). -nimitta 준비인상. 편작상(遍作相)[집중수행의 준비단계에서 파지되는 인상]. -bhāvanā 준비단계의 수행. -manasikāra 준비단계에서의 정신활동을 기울임. 준비작의(準備作意). -samādhi 준비단계의 집중. 예비삼매. 편작정(遍作定).
parikara *m.* [<pari-kṛ] ① 띠. ② 허리에 걸치는 간단한 옷.
parikaroti [pari-kṛ] ① 시중들다. ② 봉사하다.
parikassati [pari-kṛṣ *cf. bsk.* parikarṣayati] ① 이리저리 끌다. ② 운반해가다. *pass.* parikissati.
cf. parikaḍḍhati.
parikiṇṇa *adj.* [parikirati의 *pp.*] ① 흩뿌려진. ② 둘러 싸여진.
parikitteti [pari-kīrt] ① 선언하다. 알리다. 설명하다. ② 칭찬하다. *pp.* parikittita.
parikiraṇa *n.* [*cf.* parikirati] ① 흩뿌림. ② 신성하게 된 곳. 신성한 곳.
parikirati [pari-kir] ① 흩뿌리다. ② 둘러싸다. *aor.* parikiri; *opt.* parikireyyuṁ; *pp.* parikiṇṇa.
parikilamati [pari-klam] ① 기진맥진하게 되다. ② 지치다. 피로해지다. *pp.* parikilanta.
parikiliṭṭha *adj.* [parikilissati<kliś의 *pp.*] 오염된. 더러워진.
parikilissati [pari-kilissati<kliś] ① 물들다. 오염되다. ② 번뇌로 물들다. *aor.* parikilissi. *pp.* parikiliṭṭha.
parikilissana *n.* [<parikilissati] ① 불순. 오염. ② 부도덕.
parikilesa → pariklesa.
parikissati [parikassati<kṛṣ의 *pass.*] ① 이리저리 끌려 다니다. 피곤하다. ② 괴로운 일을 당하다. 괴로워하다. 번민하다.
parikujati → *cf.* palikujjati.
parikupita *adj.* [parikuppati의 *pp.*] 크게 화가 난. 격노한. 진노한.
parikuppa *adj.* [<parikuppati] ① 격노한. 진노한. ② 퇴락한. 타락한.
parikuppati [pari-kup] ① 화내다. 흥분하다. 격노하다. 진노하다. ② 자극받다. 동요하다. *aor.* parikuppi; *pp.* parikopita; *abs.* parikopetvā.
parikopeti [pari-kup의 *caus.*] ① 화나게 하다. ② 자극하다. 동요시키다.
parikeḷanā *f.* [pari-keḷanā] ① 장식. ② 장식물을 좋아함.
parikkamana *n.* [<pari-kram] ① 거니는 것. 산책. ② 회피하는 것. 여읨. 출리(出離).
parikkita → parikkhita [pari-ukṣ] = okkhita의 *misr.*? parikiṇṇa의 *misr.*?
parikkha = parikkhā.
parikkhaka *adj. m.* [<parikkhati] ① 조사하는. 실험하는. 경험된. 빈틈없는. 분별력이 있는. ② 조사자. 검사자.
parikkhaṇa *n.* [<parikkhati] ① 조사. 검사. ② 실험.
parikkhata *adj.* ① [*cf. sk.* pariṣkṛta<kṛ] 준비된. 갖추어진. 장식된. 화장한. *cf.* parikkhāra ② [pani-kṣan의 *pp.*] 상처입은. 다친.
parikkhatatā *f.* [parikkhata ①의 *abstr.*] ① 허위. 가장(假裝). 속임수. ② 가면. 의태(擬態).

parikkhati [pari-īkṣ] ① 둘러보다. ② 조사하다. 검사하다. *pres. 3pl.* parikkhare. *cf.* parikkhaka. parikkhā.
parikkhattiya → pārikkhattiya = parikkhatatā.
parikkharoti [pariṣ-kṛ] 장식하다.
parikkhaya *m.* [<pari-kṣi *cf. sk.* parikṣaya] ① 소모. 고갈. ② 감소. 쇠퇴(衰退). ③ 상실. 종말. 편진(遍盡).
parikkhavant *adj.* [parikkhā-vant] ① 신중한. 용의주도한. ② 현명한.
parikkhā *f.* [<pari-ikṣ. *bsk.* prīkṣā] ① 조사. 검사. ② 조심. 신중. *cf.* parikkhavant.
parikkhāra *m.* [*bsk.* pariṣkāra] ① 필수조건. 필수품. ② 부속품. 장비. 장식. 설비. 도구. 자구(資具). ③ 제법(祭法). ③ 권속(眷屬).
parikkhāraṇa *n.* [parikkhāra-ṇa] ① 필수품. ② 장비. 설비. 용품. 도구. 자구(資具).
parikkhārika *adj.* [parikkhāra-ika] (의약품과 같은) 자구(資具)를 지닌 (사람).
parikkhiṇṇa → parikiṇṇa의 *misr.*
parikkhitta *adj.* [parikkhipati의 *pp.*] 둘러싸인. 에워싸인.
parikkhipati [pari-kṣip] ① 둘러싸다. 에워싸다. 위요(圍繞)하다. 취권(取卷)하다. ② 다투다. 싸우다. *pp.* parikkhitta; *caus.* parikkhipāpeti.
parikkhipāpeti [parikkhipati의 *caus.*] 둘러싸게 하다. 에워싸게 하다.
parikkhiṇa *adj.* [parikkhīyati의 *pp.*] ① 소모된. 고갈된. ② 멸망한. 멸진된.
parikkhīṇatta *n.* [parikhīṇa의 *abstr.*] ① 소모. 고갈. ② 멸망.
parikkhīyati [pari-kṣi] ① 소모되다. 고갈되다. ② 멸망하다. 멸진(滅盡)되다. *pp.* parikkhīṇa. *cf.* parikkhaya.
parikkhepa *m.* [<pari-kṣip] ① 에워쌈. 인근. 주위. 주변. 환경(環境). ② 능멸(凌蔑). 다툼. 싸움.
pariklesa. parikilesa *m.* [pariklesa] ① 고난. 화(禍). 불행. 비참. ② 불결. 번뇌. 혹뇌(惑惱). ③ 처벌.
parikhā *f.* [〃 *cf.* pari-khan] (성 둘레의) 도랑. 수로. 해자(垓字). -kūpa 도랑과 구덩이. 구갱(溝坑).
pariganhana *n.* [<pariganhāti] ① 파악. 이해. 조사. ② 포함. -paññā 파악의 지혜. 포함혜(包含慧).
pariganhāti. pariggaṇhāti [pari-grah] ① 껴안다. 쥐다. 붙잡다. 잡다. 점거하다. 점령하다. ③ 파악하다. *pp.* pariggahita; *caus.* pariggaheti. pariganhāpeti.
parigalati [pari-galati] ① 가라앉다. ② 아래로 미끄러지다.
parigilati [pari-gṛ] ① 삼키다. ② 빨아들이다.
parigūhati [pari-guh] 숨기다. 감추다. 은폐(隱蔽)하다.
parigūhanā *f.* [<parigūhati] ① 숨김. 은폐. 은닉. ② 사기.
pariggaha *m.* [<pari-grah] ① 취득. 획득. 편취(遍取). ② 집착. 집지(執持). 갈애. ③ 소유물. 재산. 아내[妻]. ④ 호의. 은혜. 섭수(攝受). -suñña 섭수공(攝手空)[出離를 攝受함으로써 欲望이 없어지고, 無瞋을 攝受함으로써 瞋이 없어지는 등 阿羅漢道를 攝受함으로서 一切煩惱가 없어지는 空을 말한다].
pariggahita *adj.* [pariganhāti의 *pp.*] ① 잡힌. 붙잡힌. ② 소유된.
pariggaheti [pariganhāti의 *caus.*] ① 껴안다. ② 이해하다. ③ 배우다. ④ 찾다. *aor.* pariggahesi; *abs.* pariggahetvā; *inf.* pariggahetuṁ; *caus.* pariganhāpeti.
pariggāhaka *adj.* [pariggāha-ka] ① 포함하는. ② 종사하는.
parigha *adj.* [〃] ① 가로대. ② 횡목.
parighaṁsati [pari-ghaṁsati] ① 비비다. 문지르다. ② 긁다. 할퀴다. ③ 닦다.
paricakkhitar *m.* [pari-cakṣ의 *ag.*] ① 두루 살피는 자. ② 조사하는 자. 심문하는 자.
paricaya *adj. m.* [<pari-ci] ① 잘 아는. 정통한. ② 친밀. 면식. 경험. -āyatta 경험적인.
paricayati [pari-ci] ① 익히다. 단련하다. ② 친밀하게 하다. ③ 귀화시키다.
paricaraṇa *n.* [<pari-car] ① 유행. 방랑. ② 즐김. 즐거움. ③ 주의.
paricaraṇaka *m.* [paricaraṇaka] 하인. 시자.
paricarati [pari-car] ① 돌아다니다. 방랑하다. ② 시중들다. 봉사하다. 돌보다. ③ 존경하다. ④ 즐기다. ⑤ 준수하다. 실천하다. *aor.* paricariṁ; *pp.* pariciṇṇa; *caus.* paricāreti.
paricariyā *f.* [*cf.* paricarati] ① 유행. 방랑. ② 봉사. 시중. -ânuttariya 최상의 섬김. 섬기는 것 가운데 최상[삼보를 섬기는 것]. 사무상(仕無上). ③ 존경. *cf.* pāricariyā. paricārika.
paricāra *adj. m.* [<paricāreti] ① 봉사하는. 돕는. ② 하인. 수행원. 봉사자.
paricāraka. paricārika *adj. m.* [<paricāreti] ① 봉사하는. 시중드는. ② 하인. 수행원.
paricārikā. *f.* [<paricārika] ① 여자하인. ② 여자수행원. 시녀.
paricāraṇā *f.* [pari-cāraṇā] ① 조심. 유의(有意).

② 즐거움. 만족. ③ 축연(祝宴).

paricārin *adj.* *m.* [paricāra-in] ① 시중드는. ② 남자하인.

paricārinī *f.* [paricāra-in] ① 여자하인. ② 여자수행원. 시녀.

paricārita *adj.* [paricāreti의 *pp.*] 즐거운. 기쁜.

paricāriyati [paricāreti의 *pass.*] 즐거워지다. 기뻐지다.

paricāreti [paricarati의 *caus.* *cf.* *bsk.* paricārayati] ① 봉사하다. 시중들다. 존경하다. ② 즐기다. 놀다. ③ (감각적으로) 탐닉하다. *pp.* paricārita. *pass.* paricāriyati.

paricinna *adj.* [paricarati<car의 *pp.*] ① 시중을 받는. 존경을 받는. ② 실천된. 수행된.

paricita *adj.* ① [*sk.* paricinoti<ci의 *pp.*] 모여진. 축적된. 증가된. ② [*sk.* pariciketi<ci의 *pp.*] 알려진. 습관이 된. 친숙한. 체화한. ③ = parijita.

paricumbati [pari-cumb] 입을 맞추다. 입을 대다. 접문(接吻)하다.

paricca *ind.* [pari-i의 *abs.* *cf.* *sk.* parītya] 잘 알고. 이해하여서. cetasā ceto paricca (자신의) 마음을 가지고 (타인의) 마음을 잘 알고 나서. pariccañāṇa 타인의 마음을 아는 지혜. 숙지지(宿知智). 타심지(他心智). 타심통(他心通).

pariccajati [pari-tyaj] ① 포기하다. 버리다. 영사(永捨)하다. 기부하다. 편사(遍捨)하다. ② (뒤에) 남기다. ③ 거부하다. *pp.* pariccatta.

pariccajana *n.* pariccajanā *f.* [<pariccajati] ① 포기. 거부. 영사(永捨). 편사(遍捨). ② 기증. 기부. ③ 의절(義絶). 절교(絶交). 단절(斷絶).

pariccajanaka *m.* [pariccajanaka] ① 포기자. ② 보시자. 기부자. 증여자.

pariccatta *adj.* [pariccajati의 *pp.* *cf.* *bsk.* parityakta] ① 포기된. 버려진. 영사(永捨)된. 편사(遍捨)된. ② 남겨진.

pariccāga *m.* [*cf.* pariccajati<tyaj] ① 버림. 포기. 단념. 영사(永捨). 편사(遍捨). ② 지출. 소비. ③ 기부. 관대. 시혜(施惠). ③ 제시. 발표. 프리젠테이션. -aṭṭheñāṇaṁ 버림의 대상에 관한 지혜. -paṭinissagga 포기에 의한 보내버림. 사견(捨遣). -vossagga 영사(永捨)에 의한 최상의 버림. 영사최사(永捨最捨).

paricchada *m.* [<pari-chad] 덮개. 씌우개.

paricchanna *adj.* [pari-chad의 *pp.*] ① 덮인. ② 둘러싸인.

paricchāta *adj.* [pari-chāta] ① 그을린. 표면을 태운. ② 말라붙은.

paricchādanā *f.* [pari-chad] ① 뒤덮음. 편복(遍覆). ② 은닉. 감춤.

paricchindati [pari-chid] ① 결정하다. 확정하다. ② 제한하다. 한정하다. ③ 분석하다. ④ 표시하다. 자격을 부여하다. *pp.* paricchinna.

paricchindana *n.* [<paricchindati] ① 결정. ② 분석. ③ 표시.

paricchindanaka *adj.* [paricchindana-ka] ① 결정하는. ② 분석하는. ③ 표시하는.

paricchinna *adj.* [paricchindati의 *pp.*] ① 제한된. 한정된. ② 나누어진. 구분된. -ākāsakasiṇa 한정된 허공의 두루채움이라는 명상수행의 토대. 한정허공편처(限定虛空遍處).

pariccheda *m.* [<pari-chid] ① 정의. 확정. ② 한계. 경계. 제한. ③ 구획. (도시)계획. -ākāsa 한정된 허공. 한정허공(限定虛空). -ñāṇa 타심지(他心智). 타심통(他心通). -rūpa 한정의 물질. 한정색(限定色)[ākāsadhātu의 구성요소].

paricchedaka *adj.* [pariccheda-ika] ① 정의하는. ② 제한하는. ③ 결정하는. 확정하는.

parijana *m.* [pari-jana] ① 수행원. ② 하인.

parijanā *f.* [<parijana] ① 여자 수행원. ② 하녀. 시중드는 여자. 시녀.

parijapati [pari-jap *cf.* *bsk.* parijapta] ① 주문을 외우다. ② 예언하다.

parijapana *n.* [<parijapati] 주문을 외움.

parijānanā *f.* [pari-jñā-ana] ① 충분히 앎. 두루 앎. 완전한 앎. 편지(遍知). ② 이해. 인식.

parijānāti [pari-jñā] ① 완전히 알다. 충분히 알다. 두루 알다. 정확히 알다. 편지(遍知)하다.③ 이해하다. 인식하다. *abs.* parijānitvā. pariññāya. pariññā; *ppr.* *m.* *sg.* *nom.* parijānaṁ; *pp.* pariññāta. *cf.* pariññā.

parijiṇṇa *adj.* [pari-jar. ji의 *pp.*] ① 낡은. ② 노쇠한. ③ 쇠퇴한.

parijita *adj.* [pari-ji의 *pp.*] ① 제압된. 압도당한. ② 다친. ③ 손해를 입은.

parijīyati. parijiyyati [pari-ji] ① 낡다. ② 쇠퇴하다. ③ 시들다. *pp.* parijiṇṇa. parijīna.

parijegucchā *f.* [pari-jegucchā] 혐오. 메스꺼움. 싫어하여 꺼림. 염기(厭忌).

pariñña *adj.* [<pariññā] ① 두루 아는. 충분히 아는. ② 이해하는. 인식하는.

pariññā ① *f.* [<pari-jñā. *bsk.* parijñā] 충분한 지식. 정확한 앎. 완전한 앎. 완전한 이해. 편지(遍知). 찰지(察知). 회득지(會得知). -âbhisamaya 정확한 지식에 대한 분명한 이해. 편지현관(遍知現觀). -paṭivedha 정확한 지식에 대한 꿰뚫음. 편지통달(遍知通達). -vāra 정확한 지식의 선택. 편지분(遍知分). ② *ind.* [parijānāti의 *abs.* pariññāya의 간략한 형태] 충분히 알고. 완전히 이

해하고.
pariññāta *adj.* [parijānāti의 *pp.*] 완전히 이해된. 충분히 알려진. 편지(遍知)된. 찰지(察知)된. 회득(會得)된.
pariññātatta *n.* [pariññāta의 *abstr.*] 충분한 지식을 가지고 있음. 정확한 지식을 가지고 있음. 편지(遍知). 찰지(察知). 회득지(會得知).
pariññātāvin *adj.* [pariññāta-āvin] 충분한 지식을 가지고 있는.
pariññeyya *adj.* [parijānāti의 *grd.*] ① 알 수 있는. 지각할 수 있는. ② 충분히 알려져야 하는.
pariḍayhati [pari-dahati의 *pass.*] ① 타다. 태워지다. ② 그슬리다. 훈제하다. *aor.* pariḍayhi; *abs.* pariḍayhitvā; *pp.* paridaḍḍha.
pariḍayhana *n.* [<pariḍayhati] 연소.
pariḍahati [pari-dah] 태우다. *pp.* pariḷāha; *pass.* pariḍayhati.
pariṇata *adj.* [pariṇamati의 *pp.*] ① 구부러진. 뒤틀린. ② 변화된. 변이된. ③ 익은. 성숙한. ④ 소화된. -bhojin 음식을 소화시키는 (자).
pariṇamati [pari-nam] ① 구부리다. ② 변화되다. ③ 익다. 성숙하다. ④ 소화되다. ⑤ 회향하다. *pp.* pariṇata; *caus.* pariṇāmeti.
pariṇaya *m.* [<pari-nī] 결혼.
pariṇāma *m.* [<pari-nam] ① 변화. 성숙. 전개. ② 운명. ③ (음식물의) 소화. ④ 결과. 회향.
pariṇāmana *n.* [<par-nam] 유용. 전용(轉用).
pariṇāmita *adj.* [pariṇāmeti의 *pp.*] ① 구부러진. ② 배급된. 할당된. ③ 운명 지어진.
pariṇāmitar *m.* [<pariṇāmeti] 운명의 지배자.
pariṇāmin *adj.* [pariṇāma-in] ① ~으로 끝나는. 귀결되는. ③ 회향하는.
pariṇāmeti [pariṇamati의 *caus.*] ① 변화시키다. 변이시키다. ② 구부리다. 회향시키다. ③ 유용하다. 전용(轉用)하다. ④ 충당하다. 얻다. *ppr.* pariṇāmayamāna; *pp.* pariṇāmita.
pariṇāyaka *m.* [<pari-nī] ① 지도자. 안내자. ② 충고자. 고문(顧問). ③ 장군. -ratana 지도자·위대한 왕의 보물. 주병신보(主兵臣寶). 장군보(將軍寶)[轉輪聖王의 七寶의 하나].
pariṇāyikā *f.* [pariṇāyaka의 *f.* = paññā] ① 여성지도자. ② 지혜. 통찰. 영리.
pariṇāha *m.* [<pari-nah] ① 주위. 주변. 둘레. ② 폭. 정도. 관광(寬廣). -mada 주변에 의한 도취·교만. 관광교(寬廣憍).
pariṇeti [pari-nī] ① 데리고 다니다. 끌고 다니다. ② 지도하다.
paritajjita *adj.* [pari-tajjita] ① 매우 놀란. ② 매우 두려워 한.
paritatta *adj.* [pari-tappati의 *pp.*] ① 괴롭힘에 시달리는. ② 걱정하는. 고민하는.
paritappati [pari-tap의 *pass.*] ① 괴로워하다. ② 걱정하다. 슬퍼하다. *pp.* paritatta.
paritasita *adj.* [paritassati의 *pp.*] ① 두려워하는. 전율하는. ② 괴로워하는. 걱정하는. 번민하는.
paritassati. paritasati [pari-tras] ① 두려워하다. 전율하다. ② 괴로워하다. 걱정하다. 번민하다. ③ 흥분하다. *opt.* parittase; *ppr. sg. nom.* paritassaṁ; *pp.* paritasita.
paritassanā *f.* [*cf.* paritassati] ① 두려움. 전율. ② 걱정. 번민. ③ 흥분. 갈망.
paritassin *adj.* [pari-tassati의 *pp.*] ① 떠는. 전율하는. ② 흥분하는. ③ 걱정하는. 번민하는.
paritāpana *n.* [*cf.* paritāpeti] ① 괴롭힘. 고문. ② 고뇌. ③ 고난. 고행. *cf.* ātāpana.
paritāpeti [pari-tap의 *caus.*] ① 태우다. 그슬리다. ② 괴롭히다. *aor.* paritāpi.
parititta *adj.* ① [*sk.* pari-tikta<tij] 아주 자극적인. (맛이) 아주 쓴. ② [*sk.* pari-tṛp의 *pp.*] 아주 만족한. 만족하여 물린. 포식하여 물린.
parituleti [pari-tul] ① 숙고하다. 생각하다. ② 평가하다.
parito *ind.* [pari의 *abl.*] ① 둘레에. 모든 방향에. 사방에. ② 완전히.
paritoseti [pari-tuṣ의 *caus.*] ① 기쁘게 하다. ② 만족시키다.
paritta[1] *adj.* [*bsk.* parītta] 작은. 적은. 하찮은. -ārammaṇa 작은 감각 대상. 소소연(小所緣). -ttika 작은 세 가지 법. 소삼법(小三法). -duka 한 쌍의 작은 것. 소이법(小二法). -saññin 작은 인식을 지닌. -samādhi 작은 삼매. 소정(小定).
paritta[2] *n.* parittā *f.* [*cf. sk.* paritrāṇa] ① 보호. 수호. ② 주문. 부적. ③ 호주(護呪). 수호주(守護呪). 호신주(護身呪). 호경(護經). -vālikā 부적으로 머리위에 지닌 모래. -suttaka 멋있게 보이기 위해 머리에 감는 실.
parittaka *adj.* [paritta ①의 *dimin.*] 적은. 작은. 하찮은. *f.* parittikā.
parittasubha *adj. m.* [*bsk.* Parīttaśubha. Parittasubha] 작은 영광의. 작은 청정의. 소정천(小淨天). Parittasubhā devā 작은 영광의 신들의 하느님 세계. 작은 영광의 하느님 세계의 신들. 소정천(小淨天)[神·神界의 이름. 色界三禪의 하느님 세계].
parittase paritassati의 *opt.*
parittā = paritta ②.
parittāṇa *n.* [*cf. sk.* paritrāṇa] ① 보호. 피난. 안전. ② 피난처. -kiṭikā 비를 막는 베란다.

parittābha *adj. m.* [*bsk.* Parīttābha. paritta-ābha] ① 작게 빛나는. 반짝이는. ② 소광천(小光天). Parittābhā devā 작게 빛나는 신들의 하느님 세계. 작게 빛나는 하느님 세계의 신들. 소광천(小光天)[神·神界의 이름. 色界二禪의 하느님 세계].

parittāyaka *adj.* [<pari-tāyati] 방호하는. 수호하는. 보호하는.

parittāsin *adj.* [pari-tāsin] 두려워하는.

parittikā → parittaka.

paridaṇḍa *adj.* [pari-daṇḍa] '몽둥이에 둘러싸인' 폭력에 노출된. saparidaṇḍā itthi 폭력에 노출된 여인. 처벌받기 쉬운 여인.

paridamana *n.* [<paridameti] ① 통제. 제어. ② 훈련. 길들임.

paridameti [pari-dam의 *caus.*] ① 통제하다. 제어하다. ② 길들이다. ③ 억누르다. *cf.* paridamana.

paridahati [pari-dhā] ① 주위에 놓다. ② 입다. 걸치다. *fut.* paridahessati. paridahissati; *abs.* paridahitvā. paridayha; *pp.* paridahita; *caus.* paridahāpeti.

paridahana *n.* [<paridahati] 옷 입기. 착용.

paridahāpeti [paridahāpeti의 *caus.*] 입게 하다.

paridīpaka *adj.* [<paridīpeti] 해명하는. 설명하는. 설명적인.

paridīpana *n.* paridīpanā *f.* [*cf.* paridīpeti] 설명. 해명.

paridīpita *adj.* [paridīpeti의 *pp.*] ① 불붙은. 점화된. ② 명료하게 된. 설명된. 분명해진.

paridīpeti [pari-dīp의 *caus.*] ① 밝게 하다. 분명하게 하다. ② 설명하다. 해석하다. *pp.* paridīpita.

paridūseti [pari-dūseti] ① 상하게 하다. 부패시키다. ② 황폐시키다. 파멸시키다.

parideva *m.* [〃 *cf.* paridevati] ① 비탄. 통곡. ② 애도. 슬픔[soka(愁). parideva(悲). dukkha(苦). domanassa(憂). upāyāsa(惱)]. -dhamma 비탄의 상태. *cf.* cattāro paridevadhammā.

paridevati. paridevayati [pari-div] ① 애도하다. 비탄해하다. 통곡하다. ② 슬퍼하다. 비읍(悲泣)하다. *grd.* paridevaniya. parideveneyya; *ppr.* paridevamāna. paridevayamāna; *pp.* paridevita.

paridevanā *f.* = parideva.

paridevita *adj.* [paridevati의 *pp.*] ① 애도된. 비탄해하게 된. 통곡된. ② 슬퍼하게 된.

paridevitatta *n.* [paridevita의 *abstr.*] ① 비탄. 애도. 통곡. ② 슬픔. 비읍(悲泣).

pariddava *m.* = parideva.

paridhaṁsaka *adj.* [<paridhaṁsati] ① 파괴적인. ② 황량한.

paridhaṁsati [pari-dhvaṁs] ① 빼앗기다. 잃어버리다. ② 몰락하다. *caus.* paridhaṁseti. *cf.* paridhaṁsaka.

paridhāvati [pari-dhāv ①] ① 뛰어다니다. 달려가다. ② 도망하다.

paridhota *adj.* [paridhovati의 *pp.*] ① 씻어진. ② 깨끗해진.

paridhovati [pari-dhovati<dhāv ②] ① 씻다. ② 깨끗이 하다. *pp.* paridhota.

pariniṭṭhāna *n.* [pari-niṭṭhāna] ① 끝. 종결. ② 완성. 성취.

pariniṭṭhāpeti *adj.* [pari-niṭṭhāpeti] 달성하다. 얻다. 성취하다.

pariniṭṭhita [pari-ni-sthā의 *pp.*] 완성된. 달성된. 성취된.

parininna *adj.* [pari-ninna] ① 깊이 움푹 파인. ② 깊이 가라앉은.

parinipphanna *adj.* [pari-nipphanna] ① 완전한. ② 원성(圓成)된.

parinibbāti [*bsk.* parinirvāti. parinirvāyati] = parinibbāyati 완전히 열반에 들다. 원적(圓寂)하다. 입멸(入滅)하다. 반열반(般涅槃)하다. *pp.* parinibbuta; *caus.* parinibbāpeti.

parinibbāna *n.* [pari-nibbāna] 완전한 열반. 원적(圓寂). 입멸(入滅). 반열반(般涅槃). -ñāṇa 완전한 열반에 대한 앎. -divāsa 완전히 열반에 든 날. 열반일(涅槃日). -pariyāya 완전한 열반에 대한 법문.

parinibbānika *adj.* [parinibbāna-ika] 완전한 열반에 든. 반열반(般涅槃)으로 이끄는.

parinibbāpana *n.* [<parinibhāpeti] ① 상쾌함. 시원함. 불을 끄는 것. 적정하게 하는 것. ② 조련(調練).

parinibbāpetar *m.* [parinibbāpeti의 *ag.*] 완전한 열반에 들게 하는 자. 영적자(令寂者).

parinibbāpeti [parinibbāti의 *caus.*] ① 완성시키다. ② 완전한 열반에 들게 하다. *pp.* parinibbapita.

parinibbāyati [*cf. bsk.* parinirvāti] = parinibbāti ① 완성하다. ② 다시 태어나지 않고 죽음에 들다. 모든 욕망에서 해탈되다. 입멸(入滅)하다. 원적(圓寂)하다. 반열반(般涅槃)에 들다. *fut.* parinibbāyissāmi. parinibbissati. parinibbissaṁ. parinibbāhisi; *aor.* parinibbāyi. parinibbiṁsu; *opt.* parinibbāyeyyaṁ; *pp.* parinibbuta; *caus.* parinibbāpeti.

parinibbāyana *n.* [parinibbāyin의 *abstr.*] ① 다시 태어나지 않고 죽음에 듦. ② 완전한 열반. 반

열반(般涅槃).
parinibbāyin *adj. m.* [*bsk.* parinirvāyin] ① 완전한 열반에 든. 반열반(般涅槃)에 든. ② 완전히 열반에 든 님. 반열반자(般涅槃者)[*cf.* antarā°. upahacca° asaṅkhāra° sasaṅkhāra - parinibbāyin. uddhaṁsotâkaniṭṭhagāmin].
parinibbuta *adj.* [*bsk.* parinirvṛta. parinibbāti의 *pp.*] ① 원적(圓寂)에 든. 반열반(般涅槃)에 든. 입멸(入滅)한. 적정하게 된. ② 잘 조련된.
parinimmita → paranimmita의 *misr.*
paripakka *adj.* [*bsk.* paripakva] ① 완전히 익은. 성숙된. 편숙(遍熟)된. ② 너무 익은. 썩은. -vedanīya 성숙된 결과에 대한 경험. 이숙수(已熟受). -vedanīyakamma 성숙된 결과 경험된 업. 이숙수업(已熟受業).
paripakkata *adj.* [pari-pakkirati의 *pp.*] 널리 흩어진. 널리 퍼져나간.
paripaccati [pari-pac의 *pass.*] ① 익다. ② (상처가) 아물다.
paripaccana *n.* [<paripaccati] ① 성숙. ② 치유.
paripañhati [paripañha의 *denom.*] ① 묻다. 질문하다. ② 재차 묻다. ③ 고려하다. 숙고하다.
paripaṭati. paripatati [paripat] ① 떨어지다. ② 몰락하다. *caus.* paripāteti.
paripantha *m.* [*bsk.* 〃] ① 가장자리. 언저리. ② 위험. 장애. ③ 강도질. paripanthañāṇa 장애에 관한 앎. paripanthe tiṭṭhati 길을 막다. 매복하여 약탈하다.
paripanthika *adj.* [<paripantha] ① 길을 막는. 장애를 만드는. ② 위험을 만드는.
paripanna = palipanna.
paripāka *m.* [<pari-pac] ① 성숙. 발전. 완성. ② 쇠퇴(衰退). 붕괴. 부패.
paripācana *n.* [pari-pac-ana] ① 성숙. 원숙. 편숙(遍熟). ② 소화. 구워 삶는 것. -bhāva 성숙성. -lakkhaṇa 성숙의 특징. 편숙상(遍熟相). 화계(火界).
paripācaniya *adj.* [paripācana-iya] ① 성숙된. 원숙한. ② 완성으로 이끄는.
paripācita *adj.* [paripāceti의 *pp.*] ① 성숙된. 발전된. ② 준비된. 알선(斡旋)된.
paripāceti [pari-pac의 *caus.*] ① 성숙시키다. 편숙(遍熟)시키다. 발전시키다. ② 준비하다. 알선(斡旋)하다. *abs.* paripācayitvā; *pp.* paripācita.
paripāṭeti. paripāteti [pari-pat의 *caus. cf. bsk.* paripāṭayati] ① 떨어지게 하다. 몰락시키다. ② 공격하다. 함락시키다. ③ 추적하다. *pp.* paripātita
paripāliyamāna *adj.* [paripāliyamāna의 *pass. ppr.*] 운영되고 있는.
paripāleti [pari-pāl] ① 지키다. 감시하다. 수호하다. ② 운영하다. *pp.* paripālita; *pass.* paripāliyati. *ppr.* paripāliyamāna.
paripīta *adj.* [pari-pīta] ① 아주 사랑스러운. ② 높은 값어치의.
paripīḷita *adj.* [pari-pīḍ의 *pp.*] ① 괴로운. 다친. ② 감정이 상한. 뇌해(惱害)를 입은.
paripucchati [pari-prach] ① 묻다. 질문하다. ② 심문(尋問)하다. 편문(遍問)하다. *ppr.* paripucchamāna. paripucchiyāna.
paripucchaka *adj.* [pari-pṛch] 질문하는. 의문을 제기하는.
paripucchā *f.* [*bsk.* paripṛcchā] ① 질문. ② 심문(尋問). 편문(遍問). paripucchāsu paṭibhānavā 질문의 답변에 유능한 자.
paripuñchati [pari-puñchati] ① 닦다. (걸레로) 훔치다. ② 청소하다. 소제하다.
paripuṇṇa *adj.* [paripūrati<pṝ] ① 충만한. ② 완전한. 완성된. 절대적인. -pārisuddhisīla 완성된 청정의 계행. 원만편정계(圓滿遍淨戒).
paripuṇṇatā *f.* [paripuṇṇa의 *abstr.*] ① 충만. ② 완전. 완성. -kārita 완성. -kārin 완성하는 자. 수행하는 자. 전분행자(全分行者).
paripūraka *adj.* [pari-pṝ-ana] ① 충만. ② 달성. 완성. *cf.* pāripūraṇa.
paripūrati [pari-pṝ] ① 채워지다. ② 달성되다. 완성되다. *fut.* paripūrissati; *pp.* paripuñña; *pass.* paripūriyati; *caus.* paripūreti.
paripūratta *n.* [paripūra의 *abstr.*] ① 충만. ② 완전. 완성. 원만. 완전성.
paripūraṇa *n.* [<paripūreti] ① 충만. ② 완전. 원만. 완성.
paripūrī *f.* [<paripūra] ① 충만. ② 완전. 완성.
paripūreti [paripūrati의 *caus.*] ① 채우다. ② 수행하다. ③ 달성하다. 완성하다. *ppr.* paripūrayanta. paripūramāna; *grd.* paripūretabba; *pp.* paripūrita.
paripothita *adj.* [pari-puth의 *pp.*] ① 얻어맞은. ② 채찍질당한.
parippharati [pari-sphur] ① 널리 퍼지다. ② 침투하다. ③ 편만(遍滿)하다. *pp.* paripphuta. paripphuṭṭha.
paripphuṭṭha. paripphuta *adj.* [parippharati의 *pp.*] ① 가득 찬. ② 널리 퍼진. 편만(遍滿)된.
paripphosakaṁ *ind.* [paripphosaka의 *acc.*] 사방에 뿌려져.
paripphosita *adj.* [paripphoseti의 *pp.*] 사방에 뿌려진. 사방에 살포된.

paripphoseti [pari-pruṣ의 *caus.*] ① 두루 뿌리다. 사방에 뿌리다. ② (물을) 붓다. *pp.* paripphosita.
pariplava *adj.* [<pari-plu] ① 불안정한. 동요하는. ② 표류하는.
pariplavati [pari-plu] ① 떨다. 동요하다. ② 표류하다. ③ 갑자기 방향을 바꾸다. *pp.* paripluta.
pariphuta *adj.* [pariplavati의 *pp.*] ① 흠뻑 적셔진. ② (물에) 잠긴.
pariphandati [pari-spand] ① 떨다. 진동하다. ② 두근거리다. *pp.* pariphandita.
paribandha → paripantha 의 *misr.*
paribādheti [pari-bādh] ① 억압하다. ② 공격하다. 공략하다.
paribāhati [pari-bāhati] ① 배척하다. 멀리하다. ② 방해하다. *abs.* paribāhiya.
paribāhira *adj. m.* [pari-bāhira] ① 외부의. 낯선. ② 외도(外道). 국외자(局外者).
paribbajati [pari-vraj] 유행(遊行)하다. 편력(遍歷)하다. *opt.* paribbaje.
paribbaya *m.* [pari-vaya] ① 수입. 입금. ② 비용. 지출. 지불. ③ 투자. paribbayaṁ karoti 투자하다. -dāna 지출. 지불.
paribbasāna *adj.* [parivasati<vas ②의 *ppr.*] ① 살고 있는. 머무르고 있는. 별주(別住)하는. ② 운명의. 결과의.
paribbāja = paribbājaka.
paribbājaka *m.* [*sk.* parivrājaka] 떠도는 수행자. 유행자(遊行者). 편력자(遍歷者). -ārāma 유행자의 정원·공원. 보행자원(普行者園).
paribbājana *n.* [<paribbajati] 유행(遊行). 편력(遍歷).
paribbājikā *f.* [<paribbājaka] 유행녀(遊行女). 편력녀(遍歷女).
paribbājayitar *m.* [paribbajati의 *ag.*] 유행자(遊行者). 편력자(遍歷者).
paribbūḷha *adj.* [paribrūhati<bṛh ②의 *pp.*] ① 둘러싸인. ② 두루 퍼진.
paribbhamati [pati-bhram] ① 배회하다. 방황하다. 회전하다. ② 비틀거리다. *caus.* paribbhameti.
paribbhamana *n.* [<paribbhamati] ① 배회. 방황. 회전. ② 비틀거림.
paribyattatā *f.* [pari-vyatta의 *abstr.*] ① 탁월. 총명. ② 풍부한 경험. 박식.
paribrahaṇa *n.* [<pari-bṛh] 성장. 증가. 발전.
paribrūhati [pari-bṛh] ① 성장시키다. 늘리다. 증가시키다. 발전시키다. ② 열심히 하다. *pp.* paribrūḷha; *caus.* paribrūheti; *aor.* aparibrūhayi; *pp.* paribrūhita. *cf.* paribrahaṇa. paribrūhana.
paribrūhana *n.* [<paribrūhati] ① 증대. 증진. ② 성장. 융성.
paribrūheti [paribrūheti의 *caus.*] 증대시키다. 증가시키다.
paribhaṭati [pari-bhṛ] = dhāreti ① 기르다. 육성하다. ② 들어서 나르다. *pp.* paribhata. *cf.* pāribhaṭyatā. pāribhaṭṭatā.
paribhaṭṭha ① [paribhassati<bhraś의 *pp.*] 떨어진. 낙하한. ② [paribhāsati<bhāṣ의 *pp.*] 비난을 받은. 욕먹은.
paribhaṇḍa *adj. m.* [paribandha의 대신] ① 둘러싸는. 두루 묶는. 포괄적인. ② 묶는 끈·띠. 회반죽의 평상. 뱀의 벗은 허물. -ñāṇa 포괄적인 지혜. 관련지(關聯智).
paribhata [paribhaṭati의 *pp.*] 육성된. 양육된. *cf.* pāribhaṭyatā. pāribhaṭṭatā.
paribhava *m.* [*cf.* paribhavati] 경멸. 모욕.
paribhavati. paribhoti [paribhū] ① 주변에 있다. ② 포함하다. 탁월하다. 정복하다. ③ 경멸하다. 모욕하다. 무시하다. *grd.* paribhotabba. paribhavitabba; *pp.* paribhūta; *caus.* paribhāveti.
paribhavana *n.* = paribhava.
paribhāvanā *f.* [<paribhāveti] ① 침투. 퍼짐. 편만(遍滿). ② 보급.
paribhāvita *adj.* [paribhāveti의 *pp.*] ① 가득 찬. 널리 퍼진. 편만된. ② 편수(遍修)된. 육성된. 처리된. 실천된. ③ 합성된. 섞인. ④ (알이) 부화된.
paribhāveti [paribhavati의 *caus.*] ① 널리 퍼지게 하다. 편만(遍滿)시키다. ② 처리하다. 공급하다. *pp.* paribhāvita.
paribhāsa *m.* [<pari-bhāṣ] ① 비난. 비방. 견책. ② 매도. 협박. ③ 욕. 매욕(罵辱). ④ 언어(言語). 금언(金言).
paribhāsaka *adj.* [paribhāsa-ka. *cf. bsk.* paribhāṣaka] ① 욕하는. 악구(惡口)의. ② 매도하는.
paribhāsati [pari-bhāṣ *cf. bsk.* paribhāṣate] ① 비방하다. 비난하다. ② 매도하다. 협박하다. ③ 욕하다. 매욕(罵辱)하다. ④ 일러주다. 타이르다. 설명하다. *aor.* paribhāsiṁsu. paribhāsissaṁ. paribhāsimhase; *grd.* paribhāsaniya; *pp.* paribhaṭṭha ② *caus.* paribhāsāpeti.
paribhāsana *m.* [<paribhāsati] ① 비난. 매도. ② 협박.
paribhāsā *f.* [<pari-bhāṣ] 명명법(命名法).
paribhindati [pari-bhid] ① 부수다. 파괴하다. ② 말다툼을 하다. 불화를 일으키다. *pp.* paribhinna.
paribhuñjati ① [pari-bhuj ①] 먹다. 사용하다.

향수하다. *pres. 3pl.* paribhuñjare; *aor.* paribhuñjisaṁ; *grd.* paribhuñjiya. paribhuñjitabba; *pass.* paribhuñjiyati; *ppr.* paribhuñjiyamāna; *pp.* paribhutta ② [pari-bhuj ②] 깨끗이 하다. 정화하다.

paribhuñjana *n.* [<paribhuñjati] 먹기. 식사.

paribhutta *adj.* [paribhuñjati의 *pp. cf. bsk.* paribhukta] 사용된. 이용된. 수용된.

paribhūta *adj.* [paribhavati의 *pp.*] 무시당한. 경멸받은.

paribheda *m.* [<pari-bhid] 파괴. 박살. 폭발.

paribhedaka *adj. m.* [<pari-bhid] ① 파괴하는. ② 평화의 파괴자.

paribhoga *m.* [<pari-bhuj] ① 즐김. 사용. 향수. 수용. *cf.* [네 가지 수용(四受用)이 있음 : theyya°. iṇa°. dāyajja°. sāmi - paribhogal. ② 즐기거나 사용하기 위한 물건. 부(富). 재물. 음식물. -cetiya 부처님이 사용한 나무·탑묘 등의 유물. 신성한 유물. -chanda 즐기려는 욕구. 수용욕(受用欲). -dhātu 성인이 사용한 것들로 이루어진 유품. 수용물의 사리(舍利).

paribhojaniya *n.* [paribhuñjati의 *grd.*] ① 정화하기 위해 사용되는 것. ② 용수(用水). 세정수. -ghaṭa 세정수를 담는 물 단지.

paribhoti = paribhavati.

parima = parama.

parimajjaka *adj. m.* [<pari-mṛj] ① 만지는. 도달하는. ② 맛사지하는 사람. 쓰다듬는 사람.

parimajjati [pari-mṛj] ① 쓸다. 닦아내다. ② 닿다. 쓰다듬다. 어루만지다. 문지르다. 마찰하다. 갈다. ③ (말의) 손질을 하다. *pp.* parimaṭṭha.

parimajjana *n.* [<pari-mṛj] ① 청소. ② 마찰. ③ (말의) 손질.

parimaṭṭha *adj.* [parimajjati. parimadati의 *pp.*] = palimaṭṭha ① 문지른. 닦은. ② 어루만진. 세련(洗錬)된.

parimaṇḍala *adj.* [pari-maṇḍala] ① 둥근. 구상(球狀)의. 원형(圓形)의. ② 완성된. 완전한. *acc.* parimaṇḍalaṁ *adv.* 완전히. 전신에. 원활히.

parimaddati [pari-mṛd] ① 문지르다. ② 갈다. 짓이기다. ③ 마찰하다. 안마하다. *pp.* parimaddita. *caus.* parimaddāpeti 마찰시키다.

parimaddana *n.* [*cf.* parimaddati] ① 마찰. 분쇄. ② 안마.

parimaddāpeti [parimaddati의 *caus.*] ① 마찰시키다. ② 분쇄시키다.

parimaddita *adj.* [parimaddati의 *pp.*] ① 마찰된. 분쇄된. ② 처리된.

parimaddhita *adj.* [pari-mṛdh의 *pp.*] ① 파괴된.

② 끝장난.

parimasati [pari-mṛś] ① 접촉하다. ② 어루만지다. ③ 쥐다. *pp.* parimaṭṭha.

parimāṇa *n.* [<pari-mā] ① 양. 정도. ② 한계. ③ 양자(量子).

parimārita *adj.* [pari-mṛ의 *pp.*] ① 완전히 죽은. ② (고통·욕정이) 극복된. -indriya 감관이 완전히 죽은.

parimita *adj.* [parimināti의 *pp.*] ① 측량된. ② 한정된. 제한된.

parimitatta *n.* [parimita의 *abstr.*] ① 측량된 상태. ② 한정된 사실.

parimināti [pari-mā] ① 재다. 계량하다. 제한하다. ② 평가하다. *inf.* parimetuṁ. pariminituṁ; *grd.* parimeyya *pp.* parimita.

parimeyya *adj.* [parimināti의 *grd.*] 계량될 수 있는. *cf.* aparimeyya 측량할 수 없는.

parimukha *adj.* [pari-mukha] ① 직면한. ② 면전의. *acc.* parimukhaṁ *adv.* 면전에. 앞에.

parimuccati [pari-muc의 *pass.*] ① 해방되다. 해탈되다. ② 자유롭게 되다. ③ 탈출하다. *aor.* parimucci; *pp.* parimutta; *caus.* parimoceti.

parimuccana *n.* [<parimuccati] ① 해방. 해탈. ② 탈출.

parimuṭṭha *adj.* [parimussati의 *pp.*] ① 잘 잊어 먹는. ② 당황한. 혹란(惑亂)된.

parimutta *adj.* [parimuccati의 *pp.*] ① 해방된. 해탈된. ② 자유로워진.

parimutti *f.* [<vimutta] 해방. 해탈.

parimussati [pari-mṛś] ① 당황하다. 불안해지다. ② 혹란(惑亂)되다. 실념(失念)하다. *pp.* parimuttha.

parimoceti [parimuccati의 *caus.*] ① 벗어나게 하다. 해방하다. ② 자유롭게 하다.

parimohita *adj. n.* [pari-muh의 *caus.*] ① 아주 혼란된. 당황한. 미혹된. ② 혼란. 미혹.

pariya *adj. n.* [pari-i의 *abs.* 또는 paricca(parītya) 또는 pariyāya의 생략] ① 둘러싸는. 깊이를 재는. 알고 이해하는. ② 침투. 이해. cetopariyañāṇa 마음을 아는 지혜. 타심지(他心智). 심차별지(心差別智). *cf.* paricca. pariyāya.

pariyaṭati [pari-aṭati] ① 유랑(流浪)하다. ② 여행(旅行)하다.

pariyañña *m.* [pari-yañña] ① 최상의 제물. 특별한 제물. ② 최상의 제사. 특별한 제사.

pariyatta ① *n.* [pariya의 *abstr.*] 이해. 학문. ② *adj.* [pariyāpuṇāti<āp의 *pp. cf. sk.* paryāpta] 능력이 있는. 숙달된. 암기된. 역량이 있는.

pariyatti *f.* [<pari-āp. *sk.* paryāpti] ① 적응. 성

취. 능력. 역량. ② 기억. 통달. 경전의 연구. 경전의 학습. 득달(得達). 학득(學得). ③ 교법. 성전. -dhamma 경전의 내용. 교법. -dhara 경전을 외우고 있는. 성전송지자(聖典誦持者). -dhura (= ganthadhura) → vāsadhura. -paṭibhānavant 경전의 공부에 지성이 풍부한. -parimāṇa 공부의 정도. -pariharaṇa 경전의 보존. -bahula 교법에 밝은. 경전 연구에 뛰어난. -bahussuta 경전에 능통한. -sāsana 경전의 가르침.

pariyanta *m. adj.* [pari-anta. *cf. sk.* paryanta] ① 끝. 가장자리. 한계. 극한. 궁극. 클라이맥스. 절정. ② 경계. 제한. 한정. 자제(自制). ③ 경계 지어진. 한계 지어진. 끝나는. -kata 제한된. 한정된. -cārin 자신의 경계 속에서 사는. 주변행(周邊行). -dassāvin 한계를 보는. -parisuddhisīla 한정된 목표를 지닌 청정한 계행. 제한편정계(制限遍淨戒). -rahita 한계가 없는. -sīla 한정된 목표로 이끄는 계행. 유변계(有邊戒).

pariyantavant *adj.* [pariyantavant] ① 제한이 있는. 유한한. ② 분명한 목적이 있는. 신중한. *f.* pariyantavatī

pariyantika *adj.* [pariyanta-ika] ① ~으로 끝난. 한정된. 제한된. ② 구경의. 분재(分齋)의.

pariyaya *m.* [<pari-i] ① 회전. 주기(週期). ② 기간. *cf.* pariyāyabhatta. pariyāyabhattika.

pariyā *f.* [<pari-yā] ① 한 바퀴 도는 일. ② 나ant 가지.

pariyāgata [pari-ā-gata] ① 도달한. 도착한. ② 얻은. 획득한.

pariyāgāra *adj.* [pari-āgāra] 집으로 둘러싸인.

pariyāti [pari-yā] ① 돌다. 주행(周行)하다. ② 가까이 가다.

pariyāgata *adj.* [pari-ā-gata] 도달된.

pariyādāti [pari-ā-dāti] ① 지나칠 정도로 받다. ② 소모하다.

pariyādāna *n.* [pari-ā-dāna] ① 소모. 완성. 끝. 소멸. 진멸(盡滅). ② 편취(遍取). ③ 료오(了悟).

pariyādāya *ind.* [pariyādāti의 *abs.*] ① 두루 취하고. 합치고. 총괄해서. ② ~을 소모하고. ③ 이기고. 유혹하고. ~을 붙잡고.

pariyādinna. pariyādiṇṇa [pariyādiyati의 *pp.*] ① 소모된. 끝난. ② 완성된. 성취된. ③ 편취(遍取)된. 종식된. 점거된.

pariyādinnatta *n.* [pariyādinna의 *abstr.*] ① 소모. 고갈. ② 완성. 성취.

pariyādiyati. pariyādiyyati [pari-ā-dā] ① 끝내다. 파괴하다. 소모하다. 고갈시키다. 종식시키다. ② 이기다. 압도하다. 정복하다. 사로잡다. 통제하다. 점령하다. 편취(遍取)하다. *opt.* pariyādiyeyyaṁ; *abs.* pariyādāya. pariyādiyitvā; *pp.* pariyādinna.

pariyāpajjati [pari-ā-pad의 *pass.*] ① 끝나다. 종료되다. ② 완성되다. 완결되다. *pp.* pariyāpanna; *caus.* pariyāpādeti.

pariyāpadāna *n.* [pari-apadāna] ① 좋은 충고. 적용. ② 계략. 솜씨. 기술.

pariyāpanna *adj.* [pariyāpajjati의 *pp.*] ① 포함된. 소속된. 소섭(所攝)의. 소계(所繫)의. ② 완성된. 완전한. 구경의. -duka 한 쌍의 포함된 것. 소계이법(所繫二法). -dhamma 삼계에 속하는 모든 것. 소계법(所繫法). 세간법(世間法). *cf.* apariyāpannadhamma 비소섭법(非所攝法) = 비세간법(非世間法).

pariyāpannatta *n.* [pariyāpanna의 *abstr.*] 소속성. 내포성(內包性).

pariyāpādeti [pariyāpajjati의 *caus.*] ① 종식시키다. ② 사형에 처하다.

pariyāpuṇāti [pari-āp *cf. bsk.* paryāpnoti. paryavāpnoti] ① 철저히 배우다. 학습하다. ② 숙달하다. 성취하다. ③ 터득하다. 암기하다. *fut.* pariyāpuṇissati; *abs.* pariyāpuṇitvā; *aor.* pariyāpuṇiṁsu; *pp.* pariyāputa. pariyatta. *cf.* pariyatti.

pariyāpuṇana *n.* [pariyāpuṇāti의 *abstr.*] ① 학습. 공부. ② 성취. ③ 극복. 터득.

pariyāputa *adj.* [pariyāpuṇāti의 *pp.*] ① 배운. ② 성취한. ③ 터득한. 암기한.

pariyāya *m.* [<pari-i. *bsk.* paryāya] ① 순서. 진행. ② 입장. 방법. 상징. 방편. ③ 주간. 기간. ④ 비유적인 어법. 경설(經說). 상대적 관점. 이문(異門). 설법. 법문. ⑤ 이유. 원인. pariyāyena punarutti 동어반복(同語反覆). -kathā 넌지시 하는 이야기. 경설(經說). -desita 타종·타파의 교설. 이문설(異門說). -bhatta 정기적 식사. 정기식(定期食). -bhattika 정기적인 식사를 하는 자. 정기식자(定期食者). -vāra 방편장(方便章).

pariyāhanita *abj.* [pariyāhanati의 *pp.*] ① 구타당한. 맞아 넘어진. 타도(打倒)된. ② 영향을 받은. 감염된.

pariyāhanati [pari-ā-han] ① 치다. 때리다. ② 두드리다. *aor.* pariyāhani. *abs.* pariyāhana.

pariyāhanana *n.* [<pariyāhanati] 구타. 때림.

pariyiṭṭha *adj.* [pariyesati<iṣ의 *pp.*] 탐구(貪求)된. 욕구된. = pariyesita.

pariyiṭṭhi = pariyeṭṭhi.

pariyukkhaṇṭhati [<pari-ukkaṇṭhati] ① 큰 기대를 갖다. ② 실망하다.

pariyuṭṭhati [pari-uṭṭhāti] ① 일어나다. ② 고루 미치다. 만연되다. 퍼지다. *pp.* pariyuṭṭhita.

pariyuṭṭhāna *n.* [pari-uṭṭhāna. *cf.* *bsk.* paryavasthāna] ① 번뇌. 선입관. 편견. ② 전박(纏縛). 계박(繫縛). ③ 만연. 폭발. -kilesa 편견의 오염. 전박번뇌(纏縛煩惱). -kilesabhūmi 편견의 오염단계. 전박번뇌지(纏縛煩惱地). -paṭipakkha 편견에 대한 대치(對治).

pariyuṭṭhita *adj.* [pari-uṭṭhita. *cf.* *bsk.* paryavasthita] ① 사로잡힌. 편견을 가진. ② 전박(纏縛)된. -citta 사로잡힌 마음. 편견을 가진 마음. 전심(纏心). -ṭṭhāyin 선입관에 뿌리박고 있는. 편견에 영향을 받는. 전박(纏縛)된.

pariyudāharati [pari-udāharati] ① 경건하게 말하다. ② 엄숙하게 선언하다.

pariyeṭṭhi *f.* [*cf.* pariyesati<iṣ] 탐구. 수색. 심구(尋求). 편구(遍求). -suddhi 탐구에 의한 청정. 편구정(遍求淨).

pariyeti [pari-i] ① 일주하다. ② 둘러싸다. *abs.* paricca; *pp.* pareta.

pariyena *n.* pariyenā *f.* [<pari-i] ① 일주(一週). 회항(回航). ② 여행. ③ 항해.

pariyesaka *m.* [<pariyesati] 탐색자. 탐구자.

pariyesati [pari-iṣ. *bsk.* paryeṣate] ① 찾다. 수색하다. 탐구하다. 심구(尋求)하다. 편구(遍求)하다. ② 원하다. 소망하다. *inf.* pariyesituṁ. pariyeṭṭhuṁ. pariyiṭṭhuṁ; *abs.* pariyesitvā; *ppr.* pariyesamāna.˚esanta; *grd.* pariyesitabba; *pp.* pariyesita. pariyiṭṭha. *cf.* pariyeṭṭhi.

pariyesana *n.* pariyesanā *f.* [<pariyesati] ① 수색. 탐색. ② 탐구. 심구(尋求). 편구(遍求). ③ 소망. -chanda 탐구하고자 하는 욕구·의지. 편구욕(遍求欲). -nānatta 탐구의 다양성. 구종종(求種種).

pariyesita *adj.* [pariyesati의 *pp.*] ① 수색된. 탐색된. ② 추구된. 탐구된. 심구(尋求)된. 편구(遍求)된. ③ 소망된.

pariyoga *m.* [pari-yoga] 솥단지. (카레 가루를 담는) 큰 그릇.

pariyogāya *ind.* [pariyogāhati의 *abs.* = pariyogāhitvā] ① 깊이 들어가서. 몰입해서. ② 세밀히 조사하고 나서.

pariyogāḷha *adj.* [pariyogāhati의 *pp.*] ① 깊이 들어간. ② 깊이 이해된. -dhamma 가르침을 깊이 이해한 (사람). 가르침에 깊이 들어간.

pariyogāha [<pariyogāhati] ① 깊이 뛰어듦. 침투. 심입(深入). ② 통찰. 심해(深解).

pariyogāhati. pariyogāheti [pari-o-gāhati < gāh] ① 깊이 들어가다. ② 세밀히 조사하다. 통찰하다. 몰입(沒入)하다. 회득(會得)하다. *pp.* pariyogāḷha.

pariyogāhana *n.* pariyogāhanā *f.* [<pariyogāhati] ① 깊이 들어감. 심입(深入). ② 통찰. 심해(深解). pariyogāhana-suñña 심해공(深解空)[出離의 深解에 의해서 欲望이 空하며. 無瞋의 深解에 의해 瞋이 空하는 등. 阿羅漢道의 深解에 의해 一切煩惱가 空하게 되는 것].

pariyottharati [pari-ava-stṛ] ① 흩뿌리다. 살포하다. ② 두루 뿌리다. 편포(遍布)하다.

pariyodapana *n.* pariyodapanā *f.* [<pariyodapeti. *bsk.* paryādapana] 깨끗이 함. 정화(淨化). sacittapariyodapana 자신의 마음을 깨끗이 함. 자정기의(自淨其意).

pariyodapeti [pari-odapeti<dā ④] 깨끗이 하다. 정화하다. *pp.* pariyodāta. pariyodapita.

pariyodāta *adj.* [pariyodapeti의 *pp.* *cf.* *bsk.* paryavadāta] 아주 깨끗한. 순수한. 정화된. 청정한.

pariyodāpaka *adj.* [<pariyodapeti] 깨끗이 하는. 청정하게 하는.

pariyodha *m.* [pari-yodha] 방어. 방위(防衛).

pariyonaddha *adj.* [pariyonandhati의 *pp.*] ① 뒤덮인. 덮인. 싸인. ② 구속된.

pariyonandhati [pari-o-nah] ① 뒤덮다. 싸다. ② 구속하다. *pp.* pariyonaddha.

pariyonahana. pariyonandhana *n.* [<pariyonandhati] 덮개.

pariyonāha *m.* *n.* [<pari-o-nah] ① 싸개. 덮개. ② 장애. 장개(障蓋).

pariyosāna *n.* [pari-osāna. *cf.* *sk.* paryavasāna] ① 끝. 궁극. 종결. ② 완성. 완결. -kalyāṇa 끝이 좋은 것. 후선(後善). 종선(終善).

pariyosāpeti [pari-o-sā의 *caus.*] ① 완성하게 하다. ② 끝내다. 마무리하다.

pariyosita ① *adj.* [pari-o-sā의 *pp.*] 끝난. 완결된. ② *adj.* [pari-o-śri의 *pp.*] 고정된. 기울어진.

parirakkhaṇa. parirakkhana *n.* [<pari-rakṣ] ① 수호. 보호. ② 보존.

parirakkhati [pari-rakṣ] ① 수호하다. 보호하다. ② 지키다. 보존하다. *opt.* parirakkhe.

pariranñjita *adj.* [pari-rañj의 *pp.*] ① 염색된. ② 두드러진. 구별되는.

pariḷāha *m.* [<pari-ḍah] ① 열(熱). 작열. ② 고뇌. 고통. 번뇌의 열. 열뇌(熱惱). -nānatta 열의 다양(성). -samaya 열이 나는 때.

parillaka [*sk.* parilī. parillī] 빠릴라까[새의 이름].

parivaccha *n.* [pari-vṛt의 *grd.*] ① 활동. 준비. ② 필요한 물품.

parivajjana *n.* [<pari-vṛj] ① 회피. ② 도피.

parivajjayitar *m.* [pari-vṛj의 *ag.*] ① 회피하는 사람. ② 도피자.

parivajjeti [pari-vṛj의 caus.] ① 꺼리다. 회피하다. ② 피하다. 멀리하다. fut. parivajjessati; imp. parivajjayassu; grd. parivajjayitabba.
parivaṭuma adj. [? cf. sk. paryanta. parivart-man] 원(圓)을 이루는. 원형의.
parivaṭṭa m [<pari-vṛt] ① 원(圓). 원륜. ② 집단. ③ 연속. 차제(次第). ④ 굴림. 전(轉).
parivaḍḍhati [pari-vṛdh] ① 증가하다. ② 번영하다. 융성하다.
parivaṇṇeti [pari-vaṇṇeti] ① 묘사하다. ② 찬미하다. ③ 칭찬하다. ④ 찬양하다. ppr. parivaṇṇayanta; pp. parivaṇṇita.
parivatta adj. m. [<pari-vṛt] ① 비틀리는. 회전하는. 전변(轉變)하는. f. pl. parivattāyo ② = parivaṭṭa 원(圓).
parivattakka m. [<parivatta] 원(圓). = parivattika.
parivattati [pari-vṛt] ① 회전하다. 일주하다. ② 변화하다. ~으로 되다. 전변하다. aor. 1sg. parivattisaṁ; caus. parivatteti.
parivattana n. [<parivattati] ① 장치. 지탱. ② 회전. 전변(轉變). ③ 운전. ④ 번역. ⑤ 제출.
parivattita adj. [parivatteti의 pp.] ① 회전된. 변화된. 전변된. ② 운전된. 처리된. ③ 교환된. ④ 암송된. ⑤ 번역된.
parivatteti [parivattati의 caus.] ① 회전시키다. 변화시키다. 전변시키다. ③ 운전하다. 처리하다. ③ 교환하다. ④ 암송하다. ⑤ 번역하다. pp. parivattita.
parivadenikā f. [pari-vadento<vad-ikā] 울리게 하는. 울리는. godhāparivadenikā 현악기(絃樂器)의 일종.
parivasati [pari-vas ②] ① 머물다. 살다. ② 견습기간을 지내다. 별주(別住)하다. grd. parivatthabba; ppr. paribbasāna; pp. parivuṭṭha. parivuttha.
parivahati [pari-vah] 나르다. 운반하다.
parivāta adj. [pari-vā의 pp.] ① 두루 불어 닥치는. ② 채워진. 뒤섞인.
parivādinī f. [<pari-vad] 일곱 줄의 현악기.
parivāra m. [cf. parivāreti] ① 수행원. 일행. 종자. 권속. -mada 많은 수행원을 거느린 것에 대한 도취·교만. 권속교(眷屬憍). ② 필수품. ③ 허세. ④ 부수(府隨). 빠리바라[律藏의 제3부. 부록].
parivāraka adj. [parivāra-ka] ① 수행(隨行)하는. ② 종속된. cf. parivāra. paricāraka.
parivāraṇa adj. n. [<pari-vṛ] ① 둘러싸인. ② 덮개. 장막.
parivārita adj. [parivāreti의 pp.] ① 둘러싸인. ② 존경을 받는.
parivāriyati [parivāreti의 pass.] ① 둘러싸이다. 거느리다. ② 존경을 받다. ppr. parivāriyamāna.
parivāreti [pari-vṛ의 caus.] ① 덮다. 둘러싸다. ② 위요(圍繞)하다. aor. parivārayiṁsu; fut. parivāressati; abs. parivāretvā; pp. parivārita; pass. parivāriyati.
parivāsa m. [<pari-vas ②] ① 머무름. 체재. ② 견습기간. 별주(別住). -dāna 견습의 허용. 별주(別住)의 허용.
parivāsika adj. m. [parivāsa-ika] ① 머무르는. 견습하는. ② 견습중인 자.
parivāsita adj. [parivāseti의 pp.] ① 향기가 있는. 방향(芳香)이 있는. ② 향수가 뿌려진.
parivitakka m. [bsk. parivitarka] ① 심사숙고. 고려. 편심(遍審). ② 성찰. 반성.
parivitakkita adj. n. [parivitakketi의 pp.] ① 고려된. 숙고된. ② 심사숙고. 편심(遍審).
parivitakketi [pari-vi-tark] ① 고려하다. 심사숙고하다. 편심(遍審)하다. ② 성찰하다. pp. parivitakkita.
parivitthiṇṇa adj. [pari-vi-stṛ의 pp.] ① 널리 퍼진. ② 편재(遍在)하는.
parivisaka adj. [cf. parivisati] ① 시중드는. ② (음식을) 제공하는. 급식하는.
parivisati [pari-viṣ] ① 시중들다. ② 급식하다. (음식을) 제공하다. opt. parivise.
parivīmaṁsati [pari-vīmaṁsati] ① 숙고하다. 성찰하다. 철저히 생각하다. ② 조사하다. 검사하다. 탐구하다. 심찰(審察)하다.
parivīmaṁsā f. [bsk. parimīmāṁsā] 완전한 조사. 철저한 검사. 심찰(審察).
parivuṭṭha. parivuttha adj. [parivasati의 pp. cf. bsk. paryuṣita] ① 머무는. ② 별주(別住)하는.
parivuta adj. [pari-vṛ의 pp.] 둘러싸인. = parivārita.
pariveṭhita adj. [pari-veṣṭ의 pp.] 싸인. 덮인.
pariveṇa n. [bsk. 〃] ① 대저택에 속한 모든 것. ② '승려거처의 바깥 베란다' 승방. 강원(講院). -âdhipati 강원의 관주.
pariveṇi f. = pariveṇa.
parivesaka adj. m. [cf. parivisati] ① 시중드는. ② 음식을 제공하는. 급식자. f. parivesikā.
parivesanā f. [cf. parivisati] 음식의 배분. 급식.
parivyatta adj. [pari-vyatta] ① 아주 현저한. 명료한. ② 영리한. 명민(明敏)한.
parisa° → parisā.
parisaṁvuta [pari-saṁ-vṛ의 pp.] ① 덮여진. 보호된. 수호된. ② 제어된.

parisaṁsibbita *adj.* [pari-saṁsibbati의 *pp.*] ① 함께 꿰맨. ② 꼬인. 얽힌.

parisaṅgāhāpeti [pari-saṅgaṇhāti의 *caus.*] ① 말하도록 이끌다. ② 진술하게 하다.

parisakkati [pari-ṣvaṣk] ① 걸어 돌아다니다. ② 노력하다. ③ 시도하다.

parisaṅkati [pari-śaṅk] ① 의심하다. ② 두려워하다. 걱정하다. *pp.* parisaṅkita.

parisaṅkā *f.* [<pari-śaṅk] ① 의심. 의혹. 의구. ② 두려움. 걱정. 불안.

parisaṅkita *adj.* [parisaṅkati의 *pp.*] ① 의심하는. ② 걱정하는. 두려워하는. 의구심을 갖는.

Parisaṅkupatha *m.* [parisaṅkupatha] 영취산(靈鷲山 : Gijjhakūṭa)으로 가는 길의 이름.

parisaṅgāhāpeti [pari-saṅgaṇhāti의 *caus.*] ① 말하도록 시키다. ② 이야기하도록 유도하다.

parisaṭha *adj.* [pari-saṭha] ① 사기를 치는. 협잡하는. ② 간사한.

parisaṇṭhāti [pari-sam-sthā] 이전의 상태로 돌아가다. 회복되다. *aor.* parisaṇṭhāsi.

parisaṇha *adj.* [pari-saṇha] 매우 부드러운.

parisandeti [pari-syand의 *caus.*] ① 회류시키다. 넘치게 하다. ② 물로 채우다.

parisanna *adj.* [parisandeti의 *pp.*] ① 물에 싸인. 물로 채워진. ② 물에 적셔진.

parisappati [pari-sṛp] ① 이리저리 달리다. 기어 다니다. ② 주저하다. 두려워지다.

parisappanā *f.* [<parisappati] ① 흔들림. 두려움. ② 주저(躊躇). 의심. 의혹.

parisamantato *ind.* [pari-samantato] 모든 측면으로부터.

parisambāhati [pari-sam-bāh] ① 어루만지다. ② 문지르다. 마찰하다.

parisara *m.* [pari-sṛ] 주변. 환경(環境).

parisarati ① [pari-sṛ] 달려 돌아다니다. ② [pari-smṛ] 회상하다. 새기다. 기억하다.

parisahati [pari-sah] ① 이기다. 정복하다. 극복하다. ② 지배하다. ③ 숙달하다.

parisahana *n.* [<parisahati] ① 정복. 극복. ② 지배. ③ 숙달.

parisā *f.* [*sk.* pariṣad] ① 무리. 집합. 다수. ② 대중. 회중(會衆). ③ 집회. 사회(社會). 집회처(集會處). *sg. loc.* parisati. parisatiṁ. parisāyaṁ. parisa° -antare 대중 가운데. -âvacara 대중 가운데서 활동하는. -ggata 집회에 가입한. -ññu 대중을 아는. -ññū 대중을 아는 자. 지중자(知衆者). -dussanā 무리의 더러움. 부정(不淨)한 대중. -dūsaka 양떼 가운데 검은 양. -pariyanta 집회의 외곽서클. -bheda 분열(分裂). -majjhe 대중 가운데. -sārajja 회중을 두려워하는. -sārajjabhaya 대중에 대한 공포. 겁중포(怯衆怖). -sobhaṇa 대중에 의한 장엄. 중장엄(衆莊嚴).

parisiñcati [pari-sic] ① (물을) 뿌리다. ② 목욕하다. 세욕(洗浴)하다.

parisiṭṭha *adj. n.* [pari-sāsati의 *pp. sk.* pari-śiṣṭa] ① 남겨 둔. ② 부록(符錄). 추가(追加). -saṅgaha 스케줄. 일정(日程).

parisibbita *adj.* [pari-sibbati의 *pp.*] ① 두 귀를 꿰맨. ② 둘레를 기운.

parisukkha. parisukkhita *adj.* [<pari-śuṣ] ① 바싹 마른. ② 건조한.

parisujjhati [pari-śudh의 *pass.*] ① 깨끗하게 되다. ② 정화되다. *pp.* parisuddha.

parisuddha *adj.* [parisujjhati의 *pp.*] ① 깨끗한. 맑은. 순수한. 청정한. 편정(遍淨). ② 결점이 없는. -ājīva 청정한 생활. 청정한 생계. 활명청정(活命淸淨). -ābhā 청정한 빛·편정광(遍淨光). -uppāda 청정한 발생. 편정기(遍淨起). -kāya-kammantatā 신체적인 업(業)의 청정. -kāya-samācāra 신체적 행위가 청정한. 신행청정(身行淸淨). -ñāṇadassana 앎과 봄의 청정. 지견청정(智見淸淨). -dhammadesanā 설법이 청정한. 설법청정(說法淸淨). -manoviññāṇa 정신의식이 청정한. -vacīsamācāra 언행이 청정한. 어행청정(語行淸淨). -veyyākaraṇa 설명이 분명한. 기설청정(記說淸淨). -vohāra 청정한 언설. 청정언설(淸淨言說). -sīla 계율이 청정한. 계청정(戒淸淨).

Parisuddhābha *m.* [parisuddhaābhā] 빠리쑷다바. 편정광천(遍淨光天)[神·神界의 이름].

parisuddhatta *n.* [parisuddha의 *abstr.*] ① 청정함. 깨끗함. ② 완전성(完全性). 편정성(遍淨性).

parisuddhi *f.* [<parisuddha] ① 청정. 편정(遍淨). ② 정화. *cf.* pārisuddhi.

parisumbhati [pari-śubh] ① 치다. 때리다. ② 내던지다.

parisumbhana *n.* [<parisumbhati] ① 투척. 때림. ② 내던짐.

parisussati [pari-śuṣ] ① 바싹 말리다. 소진(消盡)시키다. ② 황폐하게 하다. *caus.* parisoseti.

parisussana *n.* [<parisussati] ① 완전히 말림. ② 시들어 빠짐.

parisedita *adj.* [parisedeti의 *pp.*] ① 가열된. ② 부화된. ③ 발아된. ④ 익은.

parisedeti [pari-svid] ① 증기로 가열하다. ② 부화하다. ③ 발아시키다. ④ 익히다.

parisesa *m.* [pari-sesa] 나머지. 잔여.

parisoka *m.* [pari-soka] ① 큰 슬픔. 비탄. ② 우

수. 비애.

parisodhana *n.* [<parisodheti] ① 깨끗이 함. 정화. 편정(遍淨). ② 편찬(編纂). 편집(編輯).

parisodhita *adj.* [parisodheti의 *pp.*] ① 정화된. 깨끗한. ② 편찬된. 편집된.

parisodheti [pari-śudh의 *caus.*] ① 깨끗이 하다. 정화하다. ② 편찬하다. 편집하다. *aor.* parisodhesi. parisodhayi; *pp.* parisodhita.

parisosa *m.* [<parisoseti] ① 건조. 바싹 마름. ② 시듦. 고갈(枯渴).

parisosita *adj.* [parisoseti의 *pp.*] ① 건조된. 고갈된. ② 시든.

parisoseti [parisussati의 *caus.*] ① 건조시키다. ② 고갈시키다. 증발시키다. *pp.* parisosita.

parissañjati. parissajati [pari-svaj] ① 껴안다. 포옹하다. ② 둘러싸다.

parissajana *n.* [<parissajati] 포옹. 수용.

parissana *adj.* [*sk.* pari-syad] 가득 흐르는. 가득 채워진.

parissanta *adj.* [pari-śram의 *pp.*] 피곤한. 지친.

parissama *m.* [<pari-śram] ① 피로. 피곤. 지침. ② 애씀. 노동. 노력.

parissaya *m. n.* [*bsk.* pariśraya. parisrava <pari-śri] ① 위험. 위난(危難). ② 모험(冒險). ③ 근심. -vinaya 위험의 제거. 위난의 조복(調伏).

parissāvana *n.* [<pari-sru의 *caus. bsk.* parisrāvaṇa] 여과기. 정수기. 녹수낭(漉水囊). 발리살라벌나(鉢里薩羅伐拏)[比丘의 여섯 가지 必需品 가운데 하나].

parissāvanaka *adj.* [parissavānaka] 녹수낭(漉水囊)을 지닌.

parissāveti [pari-sru의 *caus.*] 거르다. 여과하다. 녹수(漉水)하다. *pp.* parissāvita.

parissuta *adj.* [pari-sru의 *pp.*] 범람한. 넘쳐흐르는.

parihaṭa. parihata *adj.* [pariharati의 *pp.*] 둘러싸인. 위요(圍繞)된.

parihaṭṭha *adj.* [pari-hṛṣ의 *pp.*] 매우 기쁜. 즐거운. 유쾌한.

pariharaka *adj. m.* [<pariharati] ① 둘러싸는. 손에 장식한. ② 팔찌. 완환(腕環). *cf.* parihāraka.

pariharaṇa *n.* pariharaṇā *f.* [pari-hṛ] ① 주의. 보호. 돌봄. 돌보기. ② 보존. 비밀로 함. 숨김. ③ 은닉. 사기. 기만.

pariharati [pari-hṛ. *bsk.* 〃] ① 주의하다. 보호하다. 돌보다. ② 거느리다. 나르다. 돌아다니다. ③ 감추다. 은폐하다. 비밀로 하다. *pp.* parihaṭa; *pass.* parihīrati. *cf.* pariharaṇa.

pariharitabbatta *n.* [pariharati의 *grd. abstr.*] 보호할 필요성.

parihasati [pari-has] ① 웃다. ② 비웃다. *caus.* parihāseti.

parihāna *n.* [pari-hā-ana] ① 손실. ② 축소. 감소. ③ 소모. 쇠퇴(衰退). -dhamma 쇠퇴하는 법. 퇴법(退法).

parihāni *f.* [<parihāna] ① 손실. 궁핍(窮乏). ② 축소. 감소. ③ 소모. 쇠퇴(衰退). -kathā 쇠퇴하는 것에 대한 이야기. 퇴론(退論). -dhamma 쇠퇴하는 법. 퇴법(退法).

parihāniya *adj.* [parihāna-iya] ① 손실을 야기하는. ② 쇠퇴를 야기하는. parihāniyā dhammā 쇠퇴를 야기하는 법. 퇴실법(退失法). aparihāniyā dhammā 쇠퇴를 야기하지 않는 법. 불퇴법(不退法).

parihāpeti [parihāyati의 *caus.*] ① 쇠퇴하게 하다. 실패하게 하다. ② 무시하다. 버리다. 게을리 하다.

parihāyati [pari-hā] ① 쇠퇴하다. 쇠약해지다. ② 악화되다. 타락하다. ③ 줄어들다. *pp.* parihīna; *pass.* parihiyyati; *caus.* parihāpeti.

parihāra *m.* [<pariharati] ① 주의. 보살핌. ② 존경. 위엄. ③ 포위공격. ④ 회피(回避). -patha 멀리 도는 에움길.

parihāraka *adj. m.* [parihāra-ka] ① 둘러싸는. ② 수호. 안내자.

parihārika. parihārin *adj.* [parihāra-ika. -in] ① 지키는. ② 주의하는. ③ 수호하는. 보호하는.

parihāsa *m.* [<parihasati] ① 웃음. ② 비웃음. 조롱(嘲弄). -kusala 위트가 있는. 재치있는. -cāturiyena 재치있게.

parihāsaka *adj. m.* [parihāsa-ka] ① 우스꽝스러운. 이상야릇한. ② 우스꽝스러움. 이상야릇함.

parihāsiṁsu = paribhāsiṁsu.

parihiyyati [parihāyati의 *pass.*] ① 남겨지다. ② 버려지다. 망하다.

parihīna *adj.* [parihāyati의 *pp.*] ① 쇠퇴한. 퇴전(退轉)한. 퇴타(退墮)된. ② 결여된. ③ 낙심한. ④ 빈곤한. -pañña 천박한 지혜를 지닌 자. 천열혜자(賤劣慧者).

parihīnaka *adj.* [parihīna-ka] ① 퇴전한. ② 결여된. 잃어버린.

parihīrati [pariharati<hṛ의 *pass.*] ① 보살핌을 받다. ② 애호를 받다.

parūpa° = para-upa. parūpaghātin. parūpavāda. parūpahāra 등.

parūpakkama *m.* [para-upakkama] 적의 침략. 적의 공격.

parūpaghāta *m.* [par-upaghāta] 남을 해침.
parūḷha *adj.* [pa-ruh의 *pp. cf. bsk.* prarūḍha] ① 길게 자란. ② 성장한.
pare para의 *sg. loc.*; *m. pl. acc.*
pareta *adj.* [pareti. parā-i의 *pp.*] 패배한.
pareti ① = pariyeti [pari-i] 출발하다. 도달하다. ② [parā-i] 이기다. 승리하다. *pp.* pareta.
paro *ind.* [*sk.* paras] 넘어서. 초월해서. 이상. -paññāsa 50 이상. -sataṁ 100 이상. -sahassaṁ 1000 이상.
parokkha *adj.* [paro-akkha. *sk.* parokṣa] ① 보이지 않는. ② 볼 수 없는. *abl.* parokkhā *adv.* 볼 수 없는 곳에. 배후에.
parokkhā *f.* [*sk.* parokṣā] 완료형[화자가 알지 못하는 불확실한 과거를 나타냄. 문법].
parodati [pa-rud] 아우성치다. 울부짖다.
paropakāra *m.* [para-upakāra] 타인을 돕는 자.
paropariya. parovara *adj.* [para-avara] ① 높고 낮은. ② 멀고 가까운.
pala *adj.* [〃] 빨라[무게의 단위. =phala].
palaka *m.* [*cf. sk.* pala '고기(肉)'] 빨라까[식물의 일종].
palagaṇḍa *m.* [*bsk.* 〃] ① 석공. ② 벽돌 쌓는 직공. ③ 미장이.
palaṇḍu. palaṇḍuka *m.* [*cf. sk.* palāṇḍu] 양파.
paladdha *adj.* [pa-labh의 *pp.*] ① 얻어진. 맡겨진. ② 정복된. 제압된. ③ 속은.
palapati [pa-lap] ① 허튼소리를 하다. 씨부렁거리다. ② 잡담하다. *cf.* palāpa ②.
palapana. palapita *n.* [<palapati] ① 허튼소리. 씨부렁거림. ② 무익한 이야기. 잡담.
palambati [palambati<lamb] ① 드리우다. 걸다. ② 매달리다.
palambita *adj.* [palambati의 *pp.*] 걸린. 드리워진. 매달린.
palambheti [pa-labh의 *caus.*] ① 속이다. 골탕먹이다. ② 거짓말하다. *cf.* paladdha.
palaḷita. palāḷita *adj.* [pa-laḷ의 *pp.*] ① 오도(誤導)된. ② 헤매는. 방황하는. *cf.* palolita.
palavati [=pilavati. *sk.* plavati<plu] ① 뜨다. 표류하다. ② 헤엄치다.
palavana *n.* [<plavati] = pilavana.
palasata *m.* [<*sk.* parasvant] 무소. 코뿔소. *cf.* palāsata.
palahati [pa-lahati] ① 빨다. ② 핥다.
palāta *adj.* [=palāyita. palāy의 *pp.*] 달아난. 도망간. 도주한.
palātatta *n.* [palāta의 *abstr.*] 도망. 도주.
palāpa ① *m.* [*sk.* palāva] 겉겨. 왕겨. ② *m.* [*sk.* pralāpa<pa-lap] 쓸데없는 수다. 헛소리. 공허한. 빈. *f.* tucchapalāpa 공허한. 무의미한.
palāpina ① [palāpa-in] 잡담하는 (사람). ② → palāsin의 *misr*(?) apalāpin '무시할 수 없는'.
palāpeti ① [palāyati의 *caus.*] 놓아주다. 추방하다. ② [palapati의 *caus.* 또는 palāpa의 *denom.*] 수다를 떨다. 이야기하다.
palāyati. paleti [〃 palāy] 도망치다. 달아나다. *fut.* palehiti; *imp.* palehi; *aor.* palāyi. palittha; *abs.* palāyitvā; *inf.* palāyituṁ; *pp.* palāta. palāyita; *caus.* palāpeti.
palāyana *n.* [<palāyati] 도주.
palāyanaka *adj.* [<palāy] 도주하는.
palāyin *adj.* [palāya-in] 도망가는.
palāla *m. n.* [〃] 짚. 지푸라기. 도간(稻竿). 고(藁). -channaka 초가지붕. -piṇḍa 지푸라기의 다발. -pīṭha 짚으로 만든 의자. -pīṭhaka. -piṭṭhikāraṇa 대(臺) 위에서 짚을 밟는 것. 고답대형(藁踏臺刑)[외피를 자르고 뼈를 절구에 갈아 모발에 싸서 짚으로 둥글게 한 발판처럼 하여 죽이는 고문·형벌]. -puñja 짚 더미. 고적(藁積). -puñjaka 짚 더미. 고적(藁積). 도간적(稻竿積).
palāḷita = palaḷita.
palāsa ① *m. n.* [*sk.* palāśa] 빨라싸. 나무이름 [Butea Frondosa]. 소방수(蘇芳樹). 잎사귀. 군엽(群葉). pupphapalāsa 꽃과 잎사귀. bahalapalāsa 잎사귀가 무성한. sākhāpalasa 가지와 잎사귀. -patta 빨라싸 나무의 잎사귀. ② = paḷāsa *m.* [*cf. bsk.* pradāśa] 무자비. 악의. 원한. 뇌해(惱害).
palāsata *m.* [palasata. palasada의 대신] 무소.
palāsika *adj.* [palāsa-ika] 잎사귀를 먹고 사는. paṇḍupalāsika 시든 잎사귀를 먹고 사는 자.
palāsin. paḷāsin *adj. m.* [palāsain] ① 악의 있는. 무자비한. ② 무자비한 자. 뇌해자(惱害者).
pali° = pari°.
palikujjati [pali-kubj] 구부리다. (허리를) 구부리고 가다.
palikuṇṭhita = paliguṇṭhita.
palikha = paligha.
palikhaṇati [pali-khaṇ. *cf.* parikhā] ① 파내다. ② 뿌리를 뽑다. 근절하다. *abs.* palikhañña. palikhāya. parikhaṇitvā; *pp.* palikhata.
palikhata *adj.* [palikhaṇati의 *pp.*] ① 파내어진. ② 뿌리가 뽑힌.
palikhati [pa-likh] ① 할퀴다. ② (입술을) 물다.
palikhādati [pali-khād] ① 깨물다. ② 쪼다.
paligijjhati [pali-gijjhati] 탐욕스럽다.
paliguṇṭhita. palikuṇṭhita *adj.* [paliguṇṭhita] ① 얽힌. ② 덮인. 싸인.

paligundhita = paliguṇṭhita.
paligedha m [pali-gedha 또는 -gṛddha. cf. bsk. paligodha. parigṛddha] ① 탐욕. 이기심. 탐욕(貪欲). 대탐(大貪). ② 허위.
paligedhin adj. [paligedha-in] ① 탐욕스러운. 이기적인. 탐람(貪婪)한. ② 속이는. 허위의.
paligha [cf. pari-ghan] ① 빗장. ② 장애. -parivattika 산전형(閂轉刑)[양쪽 귓구멍을 철봉으로 뚫고 그것을 회전시켜 죽이는 고문·형벌]
palikha = parigha
palita = phalita adj. [〃] 흰 머리털의. 회색의 -kesa 흰 머리털. 백발. cf. pālicca.
palitta adj. [palippati의 pp.] ① 도색(塗色)된. 칠해진. ② 물들은. 더러워진. cf. maṁsasoṇitapalitta 고기와 피로 더러워진.
palittha palāyati의 aor. 3sg.
palipa m palipā f. [<pa-lip] ① 더러움. ② 진흙탕. 진창. 늪. 니소(泥沼). -palipanna 진흙탕에 떨어져 버린.
palipatha m [=paripatha. paripantha. bsk. paripantha<pa-lip-pantha] 위험. 장애. 험로(險路) [특히 수행하는데 장애가 되는 탐욕(rāga)을 말한다]. cf. palipa.
palipadaka = pālipadaka.
palipanna adj. [=paripanna. pari-pad의 pp.] ① 떨어진. ② 가라앉은.
palippati [=palimpati<lip 또는 pass.] ① 발라지다. ② 오염되다. ③ 염착(染着)되다. 달라붙다. pp. palitta.
palibujjhati [palibuddhati의 pass.] ① 방해받다. 억제되다. ② 늦추어지다. ③ [=paribuddhati] 방해하다. 집착하다.
palibujjhana n. [<palibujjhati] ① 방해. ② 장애.
palibuddha adj. [palibujjhati의 pp.] ① 방해받는. ② 차단당한. ③ 늦어지는.
palibuddhati [pari-rudh 또는 pali-bādh의 pass.] ① 방해하다. ② 억제하다. ③ 늦추다. aor. paribuddhi; pass. palibujjhati; pp. palibuddha.
palibodha. paḷibodha m [cf. palibuddhati] ① 장애. 방해. ② 집지(執持). dat. paribodhāya 장애 때문에.
palibhañjana n. [pari-bhañjana] ① 박살. ② 파괴. cf. phalimaṭṭha.
palimaṭṭha adj. [pari-mṛj의 pp.] ① 닦여진. 편마(遍磨)된. ② 광택이 있는. cf. parimaṭṭha.
paliveṭhana n. [<paliveṭheti] ① 포위. 에워쌈. 포전(包纏). ② 훼방. 방해.
paliveṭhita adj. [paleveṭheti의 pp.] ① 에워싸인. 둘러싸인. 포위된. ② 속박된.
paliveṭheti [pari-veṣṭ] ① 싸다. 덮다. ② 에워싸다. 포전(包纏)하다. pp. paliveṭhita; pass. paliveṭhīyati.
palisajjati [pari-sṛj] ① 풀어놓다. 놓아주다. ② 해방하다.
palissajati [pari-svaj] ① 껴안다. ② 포옹하다. aor. palissaji.
palissuta = parissuta.
palugga adj. [palujjati의 pp. cf. bsk. pralugna] ① 파괴된. 박살된. 부서진. ② 사멸한.
palujjati [palujati<pa-luj. ruj의 pass. cf. bsk. pralujyati. pralujjati] ① 파괴되다. 부서지다. 박살나다. ② 분해되다. 사멸하다. pp. palugga.
palujjana n. [<palujjati] ① 파괴. 박살. 박멸. 파멸.③ 사멸.
paluddha adj. [pa-lubh의 pp.] ① 유혹을 받은. 유인된. ② 설득당한. cf. palobheti. palobhita.
palumpati [pa-lup] ① 강탈하다. ② 약탈하다.
paleti. palehi. palehiti → palāyati.
palepa m palepana n. [<pa-lip] ① 문질러 바름. 도포(塗布). ② 회반죽. 도료.
paloka m [cf. pa-luj. ruj cf. bsk. pralopa] ① 둘로 깨짐. 분해. ② 쇠퇴(衰退). 파멸. 괴패(壞敗). 괴멸(壞滅). -dhamma 괴멸의 법.
palokin adj. [paloka-in] ① 파괴될 수밖에 없는. ② 파괴되는. sg. acc. palokinaṁ; m pl. acc. palokine.
palobha m palobhana n. [cf. palobheti] ① 소망. 탐욕. 탐구(貪求). ② 유혹.
palobhaka adj. [cf. palobheti] 장려(奬勵)하는.
palobhana n. [cf. palobheti] ① 소망. 탐욕. 탐구(貪求). ② 유혹. ③ 장려책(奬勵策).
palobheti [pa-lubh의 caus.] ① 바라다. 열망하다. ② 유혹하다. aor. palobhayuṁ; pp. palobhita.
pallaṅka m [pari-aṅka. cf. bsk. paryaṅka] ① 가부좌(跏趺坐). ② 긴의자. 안락의자. 침대. pallaṅkaṁ ābhujati. pallaṅkena nisīdati 가부좌(跏趺坐)하고 앉다.
pallati. pallate [<pālayate. pāleti] ① 지켜지다. ② 수호되다. 보호되다.
pallattha m pallatthikā f. [<pari-as의 pp.] ① 웅크리고 앉은 자세. ② 축 늘어져 기댄 자세.
pallatthita f. [? cf. paliyattha] ① 심술궂은. 사악한. ② 모순된.
pallala n. [cf. sk. palvala] ① 늪지대. 소택(沼澤). 니소(泥沼). ② 작은 못. 작은 호수.
pallava n. [cf. sk. pallaka] ① 싹. ② 새싹. cf. phallava.
pallavita adj. [pallava-ita] ① 싹이 달린. 싹이 있

는. ② 싹튼.
palloma *adj. n.* [pannaloma의 생략형] ① 몸의 털이 쓰러져 있는. 안심한. ② 안심. 자신이 있음.
pavakkhati [pa-vac의 *fut.*] 발표 할 것이다. 설명할 것이다. *1sg.* pavakkhāmi.
pavacchati → pavecchati.
pavajati [pa-vraj] ① 돌아다니다. ② 순회하다. *ppr.* pavajamāna. *cf.* pabbajati.
pavajjati [pa-vad의 *pass.*] 소리가 나다. 연주되다. *aor.* pavajjayiṁsu.
pavajjana *n.* [<pavajjati] 소리내기. 연주.
pavaṭṭika *m.* [pa-vaṭṭa-ika] 팔찌.
pavaḍḍha *adj.* [pavaḍḍhati의 *pp.*] = pavuddha. ① 성장된. ② 증대된. 강한.
pavaḍḍhati [pa-vṛdh] ① 성장하다. ② 증대하다. 증가하다. *aor.* *3sg.* pavaḍḍhatha; *pp.* pavaḍḍha. pavuddha.
pavaḍḍhana *n.* [<pavaḍḍhati] ① 성장. ② 증가.
pavati ① [pa-vā] 불다. 냄새를 풍기다. *cf.* pavāti. pavāyati ② [plu *cf.* *sk.* plavate. pravate] 서두르다. 급히 가다. 돌진하다.
pavatta *adj. n.* [pavattati의 *pp.*] ① 발생된. 생기된. 계속하는. 전개된. 진행중인. 야생의. 떨어진. 사건. 존재의 순환. ② 전생(轉生). 유전(流轉). -pariyādāne paññā 윤회의 소멸·유전영진(流轉永盡)에 관한 지혜. -phalabhojana 야생열매를 음식으로 하는. 떨어진 열매를 음식으로 하는.
pavattati [pa-vṛt] ① 생기하다. 전기(轉起)하다. ② 나아가다. 진행하다. 전승되다. 전개되다. 결과하다. ③ 존재하다. *pp.* pavatta; *caus.* pavatteti.
pavattana *adj. n.* pavattanī *f.* [pa-vṛt-ana] ① 생기하는. 전기(轉起)하는. 앞으로 나아가는. 생기(生起). 전기(轉起). ② 유용한. 유익한. 유용. ③ 실행. 수행(遂行). 실수(實修).
pavattayitar *m.* [pavatteti의 *ag.*] 자세를 취한 사람. 진행하는 사람.
pavattar *m.* [pa-vac-tṛ] ① 설명하는 사람. ② 스승. 선설자(宣說者).
pavattāpanatta *n.* [pavatteti의 *caus.* *abstr.*] ① 계속. 지속. ② 유지. 보존.
pavattāpana *n.* [<pavatteti] ① 계속. 지속. ② 유지. 보존.
pavatti *f.* [*cf.* pavatta] ① 진행. 전개. 전기(轉起). ② 표명. 실행. ③ 사건. 전말. 소식. 뉴스. -patta 신문(新聞). -pattavikketu 기자(記者). -vāra 전기(轉起)의 기회. 장(章). 전분(轉分). -hārin 소문을 퍼뜨리는 자.
pavattita *adj.* [pavatteti의 *pp.*] ① 가게 하는. 보낸. ② 진행된. 굴려진. 시작된. 확립된. 전기(轉起)된. dhammacakkpavattana 전법륜(轉法輪).
pavattin *adj.* *m.* [pavatta-in] ① 호전된. 나아가는. 유용한. ② 추진하는 스승. 사(師).
pavattinī *f.* [pavatta-in] ① 진행. ② 절차.
pavatteti [pavattati의 *caus.*] ① 가게 하다. 보내다. 개최하다. 공연하다. ② 전기(轉起)시키다. 진행시키다. 계속하다. ③ 다루다. 행사하다. 행동하다. *pp.* pavattita.
pavattetar *m.* [pavatteti의 *ag.*] ① 가게 하는 자. 지속하게 하는 자. ② 진행자.
pavadati [pa-vad] ① 말을 걸다. 큰 소리로 말하다. ② 논설하다. 토론하다. *aor.* pāvādi; *ppr.* pavadanta. pavadataṁ(*pl.* *gen.*) *cf.* pāvadati.
pavana ① *n.* [*bsk.* 〃 *cf.* *sk.* pravaṇa] 산기슭. 내리받이. 산비탈. 총림. ② *n.* [<pū *sk.* pǎvana] 키질. ③ [pavan-anta] 허리띠의 끝매듭.
pavapati [pa-vap] 씨뿌리다. 파종하다. *ppr.* *sg.* *nom.* pavapaṁ.
pavayha *ind.* [pavahati의 *abs.*] ① 나르고 나서. ② 긴급하게. 끊임없이.
pavara *adj.* [pa-vara. *sk.* pravara] ① 가장 뛰어난. 고귀한. ② 저명한. ③ 엄숙한. munipavara 엄숙한 성자. pavaradhammacakka 최상의 법륜(法輪).
pavasati [pa-vas] ① 가정을 버리다. 집을 떠나서 살다. ② 외국에서 살다. *pp.* pavuttha.
pavasana [<pavasati] ① 여행을 떠남. ② 사망.
pavassa pavassati의 *imp.*
pavassati [pa-vṛṣ] 비가 내리다. *imp.* pavassa; *aor.* pāvassi; *pp.* pavaṭṭha. pavuṭṭha.
pavassana *n.* [<pa-vṛṣ] 비가 내림. 강우.
pavāta *n.* [*cf.* *sk.* pravāta] ① 통풍. ② 미풍.
pavāti [pa-vā] 향기를 퍼뜨리다. *cf.* pavāyati.
pavāda *m.* [<pa-vad *sk.* pravāda] 의논. 토론. 논쟁. *cf.* pavadati. pāvadali.
pavādaka. pavādiya *adj.* [pavādaka. -iya] ① 토론의. ② 토론을 좋아하는. *m.* *pl.* *nom.* pavādiyāse.
pavāyati [pa-vā] 불다. 향기를 퍼뜨리다. *cf.* pavāti. pavati.
pavāraṇā *f.* [*bsk.* pravāraṇǎ *n.* *f.*] 안거(安居)의 마지막 날에 그동안 지은 죄를 고백하고 참회하는 행사. 자자(自恣). 만족(滿足). 수의(隨意). 발랄바랄나(鉢剌婆剌拏). -ṭhapana 자자의 중지. -kamma 자자를 위한 승단의 행사. 자자갈마(自恣羯磨).
pavārita *adj.* [pavāreti의 *pp.*] ① 만족한. ② 우기의 끝에 도달한. ③ 자자(自恣)를 행한.

pavāreti [pa-vṛ의 *caus.* *cf.* *bsk.* pravārayati] ① 초대하다. ② 만족시키다. ③ 자자(自恣)를 행하다. ④ 우기의 끝에 도달하다. *pp.* pavārita.

pavāla. pavāḷa *m. n.* [*cf.* *sk.* prabāla. pravāḍa. pravāla] 산호(珊瑚). -maya 산호로 만든.

pavāḷaka = pavāḷa.

pavāḷha *adj.* [형태는 pa-bṛh ①의 *pp.* 이지만 의미는 pavahati<vah의 *pp.*로 한다] ① 넋을 잃은. 산만한. ② 뽑힌. 제거된. 꺼낸. = uddharati. ubbahati의 *pp.*

pavāsa *m.* [*cf.* pavasati] ① 집을 떠나 있음. ② 외거주(外居住). -ukkaṇṭhā(pavāsu°) 향수(鄕愁).

pavāsita ① [pavārita의 *misr.*] 선물로 주어진. 영광스러운. ② [pavūsita의 *misr.*] 냄새가 나는. 향수를 뿌린.

pavāsana *adj.* [<pavasati의 *caus.*] ① 추방. ② 살해.

pavāsin *adj.* [pavāsa-in] ① 집을 떠나서 사는. ② 외국에 사는.

pavāhaka *adj.* [<pa-vah] ① 가져가는. ② 제거하는. 배제하는.

pavāhana *n.* [<pa-vah] ① 운반. ② 배제. ③ 제거(提擧). 소탕(掃蕩).

pavāhitatta *n.* [pa-vāheti의 *pp.* *abstr.*] ① 제거된 상태. ② 청소된 상태.

pavāheti [pa-vah의 *caus.*] ① 옮겨가다. 가져가다. ② 제거하다. 청소하다. 뽑아버리다. *aor.* pavāhayiṁ; *pp.* pavāhita.

pavikatthita *adj.* [pa-vi-katthati의 *pp.*] 과장된.

pavicaya *m.* [pa-vicaya] ① 조사. ② 연구.

pavicarati [pa-vicarati<car] ① 조사하다. 사찰(伺察)하다. ② 고찰하다. 상세히 연구하다.

pavicinati [pa-vi-ci] ① 조사하다. 검사하다. ② 고찰하다. 탐구하다. 간택(簡擇)하다. *grd.* paviceyya. pavicetabba.

pavijjhati [pa-vyadh] ① 던지다. 투척하다. ② 투하하다. *pp.* paviddha.

pavijjhana *n.* [<pavijjhati] ① 던짐. 투척. ② 투하(投下).

paviṭṭha *adj.* [pavisati의 *pp.*] ① 들어간. 도달된. ② 방문을 받은.

pavitakka *m.* [pa-vitakka] ① 사변(思辨). ② 논쟁. ③ 회의(懷疑). ③ 탐구. 심구(尋求). 사택(思擇).

pavidaṁseti [pa-vi-dṛś]의 *caus.*] 분명하게 하다. 밝히다. *aor.* pavidaṁsayi.

paviddha *adj.* [pavijjhati의 *pp.*] ① 던져진. ② 포기된. 방기(放棄)된.

pavineti [pa-vi-nī] ① 쫓아내다. ② 추방하다. *abs.* pavineyya.

pavibhajati [pa-vi-bhaj] 나누다. 분배하다. *abs.* pavibhajja; *ppr.* *sg.* *nom.* pavibhajjaṁ.

pavilīyati [pa-vi-lī] ① 분해되다. ② 녹아 없어지다. ③ 사라지다.

paviloketi [pa-viloketi] 앞을 바라보다.

pavivitta *adj.* [pa-vi-vic의 *pp.*] ① 멀리 떨어진. ② 홀로 있는. 독거하는. 한거(閑居)하는. ③ 한적한. 고독한.

paviveka *m.* [<pa-vi-vic] ① 세속에서 떠남. 멀리 떠남. 멀리 여읨. 격리. 탈속(脫俗). 원리(遠離). ② 은둔. 고독. 독거(獨居). 한거(閑居). -ajjhāsaya 멀리 떠나고자 하는 의도. 멀리 여읨의 의도. 원리의락(遠離意樂). -âdhimutta 멀리 여읨에 대한 지향. 원리신해(遠離信解). -ārāma 멀리 여읨을 즐거워하는 사람. -āvudha 멀리 여읨의 무기. 이장(離仗). -kathā 멀리 여읨에 대한 대화. 원리론(遠離論). -pīti 멀리 여읨의 즐거움. 탈속의 즐거움. -rati 멀리 여읨을 좋아함.

pavivekatā *f.* [paviveka의 *abstr.*] 멀리 여읨. 멀리 떠남. 격리. 원리(遠離). 탈속(脫俗). 은둔. 독거(獨居).

pavivekiya *adj.* [paviveka-iya] 멀리 떨어진. 홀로 있는. 한거(閑居)하는.

pavisa pavisati의 *imp.*

pavisati [pa-viś] 들어가다. 진입하다. *opt.* pavisa; *imp.* pavisa; *fut.* pavissati. pavisissati. pavekkhati; *aor.* păvisi. pāvisuṁ; pavisiṁsu; *abs.* pavisitvā. pavissa; *ppr.* pavisant. *pp.* paviṭṭha; *caus.* paveseti.

pavisi. pavise. pavissa → pavisati.

pavisana *n.* [<pa-viś] ① 들어감. ② 입구.

pavīṇa *adj.* [*sk.* pravīṇa] ① 현명한. ② 솜씨 있는. 능숙한.

pavīnati [pa-vī] ① 쳐다보다. ② 존경하다. 우러러보다.

pavīhi *m.* [pa-vīhi] ① 벼[稻]. ② 여러 종류의 쌀들(*pl.*) *cf.* vīhi.

pavuccati. pavuccate [pa-vac의 *pass.*] ① 설해지다. 말해지다. ② 가영(歌詠)되다. *pp.* pavutta.

pavuṭā → paṭuvā(?).

pavuṭṭha *adj.* [pavassati의 *pp.*] 비가 내린. *cf.* abhipavuṭṭha.

pavutta *adj.* ① [pavuccati의 *pp.*] 말해진. 선언된. 노래 불려진. 가영(歌詠)의. ② [pa-vap의 *pp.*] 파종된. 흩뿌려진.

pavutti [<pa-vṛt] ① 사건. ② 운명. ③ 과정.

pavuttha *adj.* [pavasati의 *pp.*] ① 외국에서 사는. ② 집을 떠나 사는.
pavuddha *adj.* [pavaḍḍhati의 *pp.*] ① 성장된. 증대된. ② 강한.
pavūsita *adj.* [pavāsita 또는 padhūpita의 *misr.*] ① 냄새나는. 향수를 뿌린. ② 향기가 가득 찬.
pavekkhati pavisati의 *fut.*
pavecchati [payacchati<yam의 변형] 주다. 수여하다. *opt.* pavecche.
paveṇi *f.* [*sk.* praveṇi] ① 딴머리. 편발(編髮 : 특히 과부의 머리). ② 양털모포. 깔개. 덮개. ③ 관습. 습관. 전승. 전통. 계통. 연쇄. 계보. -pālaka 전통의 수호자. 관습의 보호자.
paveṇī *f.* [?<paveṇi] 처녀우(處女牛).
pavedana *n.* [*cf.* pavedeti] ① 알림. 통지. 보고. ③ 선언.
pavedita *adj.* [pavedeti의 *pp.*] ① 알려진. 보고된. 통지된. ② 선언된. 발표된. ③ 가르쳐진.
pavediyamāna *adj.* [pavedeti의 *pass. ppr*] ① 알려지고 있는. ② 선언되고 있는.
pavedeti [pa-vid의 *caus.*] ① 알리다. 보고하다. ② 선언하다. ③ 설명하다. 가르치다. *pp.* pavedita. *cf.* pavedana.
pavedhati [pa-vyath] ① 두려워하다. ② 떨다. 전율하다. *ppr.* pavedhanta. pavedhamāna; *pp.* pavedhita. pavyadhita; *caus.* pavyatheti.
pavellati [pa-vell] ① 동요시키다. ② 흔들다. *pp.* pavellita.
pavellita *adj.* [pavellati의 *pp.*] ① 동요된. ② 떠는. 흔들린.
pavesa [<pa-viś] ① 들어감. ② 입장(入場). 입주(入住).
pavesaka *adj.* [<paveseti] 초청자.
pasaṅga *m.* [<pa-sañj] ① 경향. 집착. ② 경우. ③ 사건.
pavesana *n.* [*cf.* paveseti] ① 들어감. 입장(入場). 입주(入住). 입구. 시작. 개원. ② 들어가는 수단. ③ 적용. 응용. -mahussava 성대한 개원식
pavesāpeti paveseti의 *caus.*] ① 들여보내게 하다. ② 적용시키다.
pavesetar *m.* [*cf.* paveseti] ① 들여보내는 사람. ② 안내원.
paveseti [pavisati<viś의 *caus.*] ① 넣다. 들여보내다. 안내하다. ② 적용하다. *caus.* pavesāpeti 안내시키다.
pavyatheti [pa-vyath의 *caus.*] ① 진동시키다. ② 흔들다. *pp.* pavyadhita. *cf.* pavedhati.
pavyadhita [pavyatheti의 *pp.*] ① 괴로운. 두려운. ② 무서운.

pasaṁsa *adj. m.* [=pasaṁsā] ① 칭찬의. 칭찬받을 만한. ② 칭찬. 박수갈채. 칭예(稱譽). -āvahana 갈채를 불러일으키는. -kāma 칭찬을 원하는. -lābha 칭찬의 획득.
pasaṁsaka *m.* [*cf.* pasaṁsati] ① 칭찬하는 자. ② 아첨꾼. 알랑거리는 자.
pasaṁsati [pa-śaṁs] ① 찬동하다. 동의하다. ② 칭찬하다. ③ 갈채를 보내다. *pres. 3pl.* pasaṁsare; *grd.* pasaṁsiya; *pp.* pasattha. pasaṁsita.
pasaṁsana *n.* [<pasaṁsati] ① 칭찬. 상찬(賞讚). ② 박수갈채.
pasaṁsā *f.* [pa-śaṁs *sk.* praśaṁsā] ① 칭찬. 칭예(稱譽). ② 박수갈채. *cf.* pāsaṁsa.
pasaṁsita *adj.* [pasaṁsati의 *pp.*] 칭찬받은.
pasaṁsiya *adj.* [pasaṁsati의 *grd.*] 칭찬할 만한. = pāsaṁsa.
pasakkati [pa-ṣvaṣk] ① 나가다. 가다. ② 도달하다. *abs.* pasakkiya 도달하고. *pp.* pasakkita.
pasakkhita [?] → pasakkita(pasakkati의 *pp.*) 바닥에 누운(?).
pasaṅkanta *adj.* [pa-saṅkamati의 *pp.*] 나아간. 앞으로 간.
pasaṅkamati [pa-saṁ-kram] ① 나아가다. ② 전진하다.
pasajati [pa-sṛj] ① 놓아주다. ② 생산하다. 산출하다. *pp.* pasaṭa. ③ [pa-sañj] 집착하다. 들러붙다.
pasaṭa *adj.* [pa-sṛj의 *pp.*] ① 풀려난. 방출된. ② 생산된. 산출된.
pasaṭṭha. pasattha *adj.* [pasaṁsasti의 *pp.*] ① 칭찬받은. ② 탁월한.
pasata ① *adj.* [*sk.* pṛṣant] 반점이 있는. = pasada -miga 반점이 있는 사슴. ② *n.* 한 홉. 한 웅큼 [작은 양의 단위. 승목(升目)의 량]. -mattaṁ 한 웅큼 만큼의. pasataṁ pasataṁ 한 웅큼씩. 조금씩.
pasada = pasata ①.
pasanna ① *adj.* [pasīdati<sad의 *pp.*] 맑은. 밝은. 청정한. 즐거운. 기쁜. 신앙심 있는. 정신(淨信)하는. 신락(信樂)하는. 명정(明淨)한. -citta 맑은 마음. 청정한 마음. 정심(淨心). 명정심(明淨心). -mukhavaṇṇa 밝고 맑은 얼굴색. 안색광택(顔色光澤). ② [pa-syad의 *pp.*] 흘러나오는.
pasannā *f.* [<pasanna] 청주(淸酒)[쌀로 만든 술의 일종].
pasammati [pa-śram] ① 가라앉다. 그치다. ② 고요해지다. ③ 사라지다.
pasayha pasahati의 *abs.*

pasaraṇa *n.* [<pa-sṛ] ① 펼침. ② 전개.
pasava *m.* [<pa-su] ① 산출. ② 자손.
pasavati [pa-su] 산출하다. 낳다. *aor.* pasavi; *pp.* pasūta; *caus.* pasaveti *cf.* pasūti.
pasavana *n.* [<pa-su] ① 출산. 생산. ② 효과.
pasaveti [pasavati의 *caus.*] 낳게 하다.
pasaha *m.* [<pa-sah] 극복. 통달. duppasaha 극복하기 어려운.
pasahati [pa-sah] ① 무력을 사용하다. ② 진압하다. 정복하다. 억압하다. 극복하다. *abs.* pasayha 강제로. 억지로. pasayhakārin 무력을 사용하는 (사람). *ppr. sg. nom.* pasahaṁ.
pasahana *n.* [<pasahati] ① 무력의 사용. ② 극복. 정복. 지배. ③ 숙달. 통달.
pasākha *m. n.* pasākhā *f.* [*cf. sk.* praśākhā] ① 작은 가지. 분지(分支). 지절(肢節). ② 빼싸카. 발라사겁(鉢羅奢佉)[胎内五位의 하나].
pasāda *m.* [<ap-sad *sk.* prasāda] ① 감성(感性). 감각성(感覺性). 청정한 물질. ② 청정. 정명(淨明). 행복한 믿음의 상태. 경건. 화해. 희열. 만족. 믿음. 신락(信樂). ③ 선호적 경향. -rūpa 감성의 물질. 정색(淨色)[眼·耳·鼻·舌·身의 구성성분]. -vatthu 청정한 물질의 기반. 감성의 토대. 정기(淨基). -hīna 둔감한. 몰이해하는.
pasādaka *adj.* [pasāda-ka] ① 맑게 하는. ② 가치가 있는. 선한. 경건한. 신락(信樂)하는. *cf.* pāsādika.
pasādana *n.* [<pa-sad] ① 청정. 고요. 정명(淨明). ② 행복. 희열. 만족. ③ 헌신. 믿음. 신락(信樂).
pasādanī *f.* [<pa-sad] ① 청정. 고요. 정명(淨明). ② 행복. 희열. 만족. ③ 헌신. 믿음. 신락(信樂).
pasādaniya *adj.* [pasādana-iya] ① 자신감을 불어넣는. ② 믿음을 주는. -dhamma 믿음을 주는 법. 가희법(可喜法). -nimitta 믿음의 특징. 정상(淨相).
pasādetar *m.* [<pasādeti] ① 기쁘게 하는 사람. 영희자(令喜者). ② 믿음을 주는 사람. 믿게 하는 자. 영신자(令信者).
pasādiyā *f.* [? *cf. sk.* prasātikā] 벼의 일종(?).
pasādeti [pasīdati<sad의 *caus.*] ① 기쁘게 하다. 정화시키다. ② 믿게 하다. 개종시키다.
pasādhana *n.* [<pa-sādh] ① 장식. 장신구. ② 장식물. ③ 화장실. -kappaka 장신구 제조자.
pasādhita *adj.* [pasādheti의 *pp.*] ① 장식된. ② 장신구로 치장한. 분장한.
pasādheti [pa-sādh의 *caus.*] ① 장식하다. 분장하다. ② 아름답게 하다. *pp.* pasādhita. *cf.* pasādhana.
pasāraṇa *n.* [<pa-sṛ] ① 펼침. ② 전개.
pasārita *adj.* [pasāreti의 *pp.*] ① 잡아 늘여진. 펼쳐진. ② 팔려고 내놓은.
pasāreti [pasarati<sṛ의 *caus.*] ① 나가게 하다. 앞으로 나아가게 하다. *imp.* pasāraya; *pass.* pasāriyati ② 늘이다. 제출하다. 팔려고 내놓다. *pp.* pasārita. *cf.* pasāraṇa 신장(伸張).
pasāsati [pa-śās] ① 가르치다. ② 지배하다.
pasāsana *n.* [<pa-śās] ① 가르침. ② 지시(指示). 교시(敎示).
pasibbaka. pasippaka *m. n.* [<pa-siv] ① 배낭. 포대. ② 가방. ③ 지갑.
pasibbita *adj.* [pa-siv의 *pp.*] ① 꿰매어진. ② 봉해진. 싸여진.
pasīdati [pa-sad] ① 밝게 되다. 즐거워하다. 정화되다. ② 믿게 되다. 신락(信樂)하다. 정신(淨信)하다. *aor.* pasīdi; *pp.* pasanna; *caus.* pasādeti *cf.* vippasīdati.
pasīdana *n.* pasīdanā *f.* [<pasīdati] ① 청정. 고요. 명정(明淨). ② 행복. 만족. ③ 헌신. 믿음. 신락(信樂).
pasu *m.* [*sk.* paśu] 가축. 짐승. 동물. -kayaviccheda 동물해부학. -ghātaka 도살꾼. -namassanā 동물숭배. -pakativijjā 동물학. -yyāna 동물원. -vaṇṇanā 동물지학. -vijjā 동물학. -vijjāyatta 동물에 관한. 동물학의. -vijjāvidū 동물학자. *pl. nom.* pasavo; *pl. gen.* pasūnaṁ.
pasuka *m.* [=pasu] 가축. 짐승.
pasuta *adj.* [pa-sā의 *pp. cf. sk.* prasita] ① 열심인. 열중한. ② 추구하는.
pasura *adj.* [*cf.* pacura의 *misr.*] ① 많은. ② 풍부한. 풍요로운.
pasūta *adj.* [pasavati의 *pp.*] ① 생산된. 태어난. ② 분만된.
pasūti *f.* [<pa-su] ① 출산. ② 출생.
paseṭṭha → pasaṭṭha의 *misr.*
Pasenadi *m.* 빠쎄나디 왕. 바사닉왕(波斯匿王)[꼬쌀라국왕의 이름].
pasodheti [pa-śudh의 *caus.*] 깨끗이 하다. 정화(淨化)하다.
passa ① *adj.* [passati의 *ppr. sk.* paśya] 보는. 보는 사람. ② *m. n.* [*sk.* pārśva] 측면. 옆구리. 산중턱. 개[모서리]. 모서리. -sukha 누워있는 즐거움. 횡와(橫臥)의 즐거움. ③ [passati의 *imp.*] 보라!
passati [paś *sk.* paśyati] ① 보다. 발견하다. ② 알다. 이해하다. *imp.* passa. passatha. passavho; *fut.* passissati; *aor.* passi. passiṁsu. apassayī;

abs. passiya; *ppr. sg. nom.* passaṁ. passanto passantī(*f.*); *grd.* passitabba; *inf.* passituṁ.
passaddha *adj.* [passambhati의 *pp. bsk.* praśrabdha. prasrabdha] ① 가라앉은. 조용해진. 고요한. 진정된. ② 마음편한. 안온한. 경안(輕安)한. -kāya 몸이 진정된. 몸이 안온한. 신경안(身輕安). 경안신(輕安身). -citta 마음이 진정된. 마음이 편한. 경안심(輕安心).
passaddhatā *f.* [passaddha의 *abstr.*] ① 고요. 안정. ② 안온. 경안(輕安)
passaddhi *f.* [*cf.* passaddha. *bsk.* praśrabdhi. prasrabdhi] ① 휴식. 안정. 안식. ② 평온. 안온. 경안. -sambojjhaṅga 안온의 깨달음 고리. 경안각지(輕安覺支)[七覺支].
passaṁ. passanto. passantī passati의 *ppr.*
passanā → anupassanā. vipassanā.
passambhati [pa-śrambh] ① 가라앉다. 조용해지다. ② 안정되다. *fut.* passambhissati; *pp.* passaddha; *caus.* passambheti.
passambhanā *f.* [passambhati] ① 고요. ② (고통의) 완화. ③ 안정. 평정.
passambheti [passambhati의 *caus.*] ① 가라앉히다. 고요하게 하다. ② 완화시키다. ③ 안정시키다. *ppr. sg. nom.* passambhayaṁ.
passaya *m.* [<pa-śri *sk.* parśraya] 의지(依止). 피난처(避難處). *cf.* apassaya.
passavati [pa-sru] ① 흘러나오다. ② 방출하다.
passasati [pa-śvas] 숨을 들이쉬다. 입식(入息)하다[어원적으로는 '숨을 내쉬다']. *cf.* assasati.
passāva *m.* [*cf.* passavati<sru] 소변. 오줌. -karaṇāsā 배뇨(排尿). -kumbhī 소변 담는 단지. 요강. -ṭṭhāna 소변 누는 곳. 소변소. -doṇikā 소변을 담는 나무통. -pāduka 소변보는 의자. 안각처(安脚處). -magga 요도(尿道).
passāsa *m.* [<pa-śvas] 들숨. 입식(入息)[어원적으로는 날숨[出息]]. *cf.* assāsa.
passāsin *adj.* [*pass.*āsa-in] 숨쉬는. 코를 고는.
passi. passiṁsu passati의 *aor.*
°passika *adj.* [passa<passati.-ka] 보라고 하는. ehipassika 와서 보라고 하는.
passiya passati의 *abs.*
passupati [pa-svap] ① 자다. 잠자다. ② 쉬다. *aor.* passupi; *fut.* passupissati.
paha ① *n.* [?] 목욕 나루터의 계단. ② *adj.* [pa-hā?] 완전히 적멸한(?). 완전히 포기한(?). ② *adj.* [=pahu] 가능한. -eḷikā 퍼즐. 난제. 수수께끼.
pahaṁ = pajahaṁ. pajahati의 *ppr. sg. nom.*
pahaṁsati ① [pa-haṁsati<han] 때리다. 문지르다. 예리하게 하다. *pp.* pahaṭṭha. pahaṁsita. ② [pa-haṁsati<hṛṣ] 웃다. 즐거워하다. 기뻐하다. *pp.* pahaṭṭha. pahaṁsita; *pass.* pahaṁsīyati.
pahaṭa *adj.* [paharati<hṛ의 *pp.*] 공격을 받은. 얻어맞은.
pahata *adj.* [pa-han의 *pp.*] ① 살해된 ② 정복된.
pahatvāna pajahāti의 *abs.*
paharaṇa *n.* [<paharati] ① 때림. 구타. ② 무기.
paharaṇaka *adj.* [paharaṇa-ka] 때리는. 치는. 구타하는.
paharati [pa-hṛ] 때리다. 구타하다. 치다. *opt.* pahareyya; *aor.* pahāsi. pahari; *pp.* pahaṭa; *caus.* paharāpeti. pahārāpeti.
pahasita *adj.* [pahasati<has의 *pp.*] ① 웃는. ② 즐거운. 유쾌한.
pahassati. pahasati [pa-has 또는 pa-hṛṣ] 웃다. 기뻐하다. *pp.* pahasita; *caus.* pahāseti.
pahātave. pahātuṁ pajahāti의 *inf.*
pahāna *n.* [*cf.* pajahati<hā] ① 제거. 포기. 끊음. 버림. 사리(捨離). 사단(捨斷). ② 거부. 회피. ③ 극복. -aṅga 끊어버림의 항목. 사단지(捨斷支). -aṭṭhe paññā 끊어버림의 의미에 대한 지혜. -âbhisamaya 끊어버림에 대한 분명한 이해. 사단현관(捨斷現觀). -kkama 끊어버림의 단계. 사단차제(捨斷次第). -paññā 끊어버림의 지혜. 단지(斷智). -paṭivedha 끊어버림에 대한 통찰. 단통달(斷通察). -ppadhāna 끊어버림의 노력. 단근(斷勤). -pariññā 끊어버림에 대한 완전한 앎. 단편지(斷遍知)[사물들에 대한 욕망과 탐욕을 끊음에 대한 완전한 앎]. -vibhūta 끊어버림에 의해서 존재하지 않음. 사단무유(捨斷無有). -vinaya 끊어버림에 의한 제어. 사단비니(捨斷毘尼)[다섯 가지(tadaṅga°. vikkhambhana°. samucchеda°. paṭippassaddhi°. nissarayavinaya)가 있음]. -saññā (번뇌를) 끊어버림에 대한 지각. 단상(斷想). -saññin (번뇌의) 끊어버림을 인식하는. 단상자(斷想者).
pahāya [pajahati의 *abs.*] ① 버리고. 끊어버리고. ② 극복(克服)하고.
pahāyin *adj.* [<pajahati] ① 버리는. 포기하는. ② 극복하는.
pahāra *m.* [*cf.* paharati. *sk.* prahāra] ① 타격. 치기. ② 상처. ekappahārena 일격에. 갑자기. pahāraṁ deti 일격을 가하다.
pahāraṇa → abhipahāraṇa.
pahārāpeti [paharati의 *caus.*] ① 공격하게 하다. 때리게 하다. ② 결합시키다. *aor.* pahārāpesi.
pahārin *adj.* [pahāra-in] ① 때리는. 구타하는. ② 공격하는.

pahāsa *m.* [<pa-has *sk.* prahāsa] ① 웃음. ② 유쾌함. 명랑. 법열(法悅).
pahāsi ① [paharati의 *aor.*] 때렸다. ② [pajahati의 *aor.*] 버렸다.
pahāsiṁ pajahati의 *aor. 1sg.*
pahāseti [pahasati의 *caus.*] ① 웃게 하다. ② 즐겁게 하다.
pahiṇa *adj. m.* [*cf.* pahiṇati] ① 보내는. 파견하는. ② 사신. 사절. 심부름꾼. -gamana 사신으로 가는. 심부름 하는 사절(使節). 견사(遣使).
pahiṇaka *n.* [?<pahiṇati. *sk.* prahelaka] 맛이 좋은 고기. *cf.* paheṇaka.
pahiṇati. pahiṇāti [pa-hi *cf. sk.* prahiṇoti] 보내다. 파견하다. *aor.* pahiṇi. pāhesi; *abs.* pahiṇitvā; *pp.* pahita ② 보내버리다. *cf.* pāheti.
pahiṇana *n.* [<pahiṇati] 보냄. 파견.
pahita ① *adj.* [padahati<dhā의 *pp. cf. sk.* prahita] 단호한. 열심인. 노력하는. 정진하는. -atta 스스로 노력하는. 전념. 정진. ② *adj.* [pahiṇati<hi의 *pp.*] 보내진. 파견된.
pahiyyati = pahīyati.
pahissati pajahati의 *fut.*
pahīna *adj.* [pajahati<hā의 *pp.*] ① 버려진. 포기된. 제거된. 사단(捨斷)된. ② 극복된. -kilesa 이미 제거된 번뇌. 이단번뇌(已斷煩惱). -jātimaraṇa 생사를 단절한.
pahīyati. pahiyyati ① [pajahati<hā의 *pass.*] 포기되다. 소멸되다. 사단(捨斷)되다. *fut.* pahissati ② = pajahissati [pajahati의 *fut.*]
pahu *adj.* [*cf. sk.* prabhū] 가능한. 할 수 있는.
pahūta *adj.* [pa-bhū의 *pp. cf. sk.* prabhūta] ① 크고 넓은. 많은. 광대한. ② 충분한. 상당한. -jivha 길고 넓은 혀를 가진. 광장설(廣長舌). -jivhatā 길고 넓은 혀의 특징. 광장설상(廣長舌相). -dhañña. 부유한. -dhana 돈이 많은. 재물이 많은. -pañña 지혜가 많은 (사람). 광혜자(廣慧者). -bhakkha 많이 먹는 자[불(火)]. 화신(火神). -vitta. 재산이 많은.
pahūtika *adj.* = pahuta.
paheṇaka *n.* [*cf. bsk.* praheṇaka] ① 선물. ② 예물. *cf.* pahiṇaka.
pahena *n.* [*cf.* pahiṇati] 사절. 사신. 견사(遣使).
pahoti [pa-bhū *sk.* prabhavati] = pabhavati. pabhoti. ① 발생하다. ② 시작하다. ③ 충분하다. ④ 가능하다. *aor.* pahottha. pahosi; *fut.* pahossati; *ppr. sg. nom.* pabhavaṁ. pabhonto; *pp.* pahūta. *cf.* pabhoti.
pahonaka *adj.* [*cf.* pahoti] ① 충분한. ② 가능한.
pahosi pahoti의 *aor. 3sg.*

pāka *m.* [*cf.* pacati] ① 성숙. 숙성. ② 요리. 조제. ③ 반식(飯食). 조리된 음식. 익힌 음식. telapāka 기름에 요리하는 것. doṇapāka 도나[尺度]에 해당하는 반식(飯食). -kāla 성숙의 시간. -ṭhāna 성숙의 장소. -dāna 성숙의 정도. -tela 몸에 바르는 조제된 기름. -vaṭṭa 생존. 생계. -haṁsa 빠까항싸[물새의 일종]. 거위. 아조(鵝鳥).
pākaṭīkaroti [pākaṭa-ī-karoti] ① 고백하다. ② 들어내다. ③ 출판하다.
pākata. pākaṭa *adj.* [*cf.* pakata] ① 보통의. ② 제어되지 않은. 본능적인. 자연적인. ③ 자유로운. ④ 현현(顯現)된. 공개된. 명백한. 널리 알려진. 친숙한. 유명한. -indriya 마음이 제어되지 않는. -tama 가장 유명한. -parissaya 널리 알려진 위험. -bhāva 알려짐. 명현성(明顯性). ~ṁ karoti 명백하게 하다.
pākatika *adj.* [pākata-ika. *bsk.* prākṛtaka] ① 자연적인. ② 본래의. 자연 상태의. ~ṁ karoti 회복·수리하다.
pākāra *m.* [*cf. sk.* prākāra] ① 담. 담장. 벽. ② 성벽. -iṭṭhakā 성벽의 벽돌. -toraṇa 성루(城樓). -parikkhitta 성벽으로 둘러싸인. -parikkhepa 울타리.
pākāsiya *adj.* [pa-ā-kāś *cf. sk.* prākāśya] ① 명백한. 명료한. ② 드러내놓은.
pākula *adj.* [pa-ākula] akkulapakkula = ākulapākula 대단히 혼란스러운.
pāgabbhiya *n.* [pagabbha-ya] ① 대담함. 뻔뻔스러움. ② 주제넘음. ③ 오만.
pāguññatā *f.* [paguṇa의 *abstr.*] ① 친숙. 숙련. 숙달. 능숙. ② 경험.
pāgusa *m.* [*cf. sk.* vāgusa] 대어(大魚)[물고기의 한 종류].
pācaka *m.* pācikā *f.* [<pac] 요리사. 조리사. pācaka-aggidīpaka 소화력이 있는.
pācana ① *n.* [<pac] 요리. 취반. ② *n.* [=pājana] 가축몰이 막대. 가축용 채찍. 자봉(刺棒). -yaṭṭhi 가축몰이 막대.
pācayat *adj.* [pāceti ①의 *ppr.*] ① 꾸짖는. ② 괴롭히는.
pācariya *m.* [pa-ācariya] ① 스승의 스승. ② 뛰어난 스승. 대아자리(大阿闍離).
pācāpeti. pācāpayati [<pac-āpeti] 요리시키다. *aor.* pācāpesi. *pp.* pācāpita. *abs.* pācāpetvā.
pācikā *f.* [<pācaka] 여자 요리사.
pācittiya *adj. n.* [*bsk.* pātayantika. prāyaścittika] ① 참회할 필요가 있는. 참회하는. ② 중참죄(重懺罪). 바일제·파일제(波逸提). 단타(單墮)[비교적 가벼운 계율을 범한 자로서 4인 이상의 승려

앞에서 참회해야 하는 죄]. -ajjhāpanna 참회해야 하는 죄를 지은 자. 바일제범계자·파일제범계자(波逸提犯戒者). -vagga 중참죄(重懺罪)의 품. 바일제품·파일제품(波逸提品).

pācīna *adj.* [*sk.* prācīna] ① 동쪽의. 동양의. 동방의. -desa 오리엔트. 동양(東洋). -bhāsaññū 동양학자. -mukkaṁ 동쪽을 향해서. -lokadhātu 동방세계. -vāsin 동양인(東洋人).

Pācīnavaṁsa *m.* [pācīna-vaṁsa] 빠지나방싸산. 동죽산(東竹山)[산 이름].

pāceti ① [pacati<pac의 *caus.*] 끓게 하다. 꾸짖다. 괴롭히다. *ppr.* pācenta. pāceyanta. pācayato(*sg. gen.*) ② [=pājeti] 몰아대다. 재촉하다. 자극하다.

pājaka *n.* [<pa-aj] ① 몰이꾼. ② 운전자.

pājana *n.* [<pa-aj] ① 몰이. ② (가축몰이) 막대기. 몽둥이.

pājāpeti [pājeti의 *caus.*] ① 몰다. 가게 하다. ② 운전하다.

pājeti [pa-aj의 *caus.*] ① 몰아대다. 자극하다. ② (주사위를) 던지다. *caus.* pājāpeti.

pāṭaṅkī. pātaṅkī *f.* [*cf.* pallaṅka] 가마.

pāṭala *adj.* [〃] ① 분홍빛의. 불그스름한. 핑크색의. 분홍색의. ② 도색(桃色)을 한.

Pāṭaligāma *m.* [pāṭali-gāma] 빠딸리가마 마을. 파탁리촌(巴砙釐村). 바탁리촌(波砙離村)[마을 이름].

Pāṭaliputta *m.* = Pāṭaligāma 빠딸리뿟따. 파련불(巴連佛). 파라리불(巴羅利佛). 화자성(華子城)[마가다국의 수도. 오늘날의 빠뜨나].

pāṭalī *f.* [〃] ① 빠딸리[트럼펫 꽃나무의 꽃의 이름. ② 빠딸리수. 바탁리수(波砙離樹)[트럼펫 꽃나무. Bignonia Suaveolens] -rukkha 빠딸리수[보리수의 일종].

pāṭava *n.* [〃] 솜씨. 기술.

pāṭikaṅkha *adj.* [paṭikaṅkhati의 *grd.*] ① 기대되어야 할. 대망의. ② 당연한. 자명한.

pāṭikhaṅkhin *adj.* [pāṭikaṅkha-in] 기대를 갖는.

pāṭikā *f.* [*sk.* pāṣya?] ① 월장석(月長石). 문스톤. ② 계단아래 있는 반원형석판.

pāṭikulyā *f.* pāṭikūlya *n.* = pāṭikkulyatā.

pāṭikkulyatā *f.* [paṭikkūla의 *abstr.*] 메스꺼움. 싫음. 염역성(厭逆性). *cf.* paṭikulyatā. paṭikūlatā.

pāṭidesanīya. pāṭidesanīya *adj. n.* [paṭideseti의 *grd. cf. bsk.* pratideśanīya] ① 고백해야 할. 참회해야 할. ② 참회해야 할 죄. 회과(悔過). 바라데제사니(波羅提提舍尼). 제사니(提舍尼)[한 사람에게 고백하는 것으로 죄가 참회되는 경미한 죄].

pāṭipada ① *adj.* [<paṭipadā] (바른) 길을 따라가는. ② *m.* [<paṭi-pad] 음력 초하루. 월단(月但). 초일(初日).

pāṭipadaka. pāṭipadika *adj.* [pāṭipada ② -ika] 음력 초하루의(음식). 초일식(初日食). 월단식(月但食).

pāṭipuggalika *adj.* [paṭipuggalaika] ① 맞먹는 사람의. ② 대등한. ~ṁ karoti 개성(個性)을 부여하다. -dakkhiṇā. 대인시(對人施).

pāṭibhoga *m.* [paṭibhoga 또는 paṭibhogya] ① 보증인. ② 후원자. ③ 성취자(成就者)[不還果를 얻은 자].

pāṭimokkha. pātimokkha *n.* [*cf.* paṭimokkha. *bsk.* prātimokṣa] 빠띠목카. 바라제목차(波羅提木叉). 계율의 조문. 계율의 항목. 계본(戒本). 의무계율. 별해탈(別解脫)[율장(Vinaya)에 포함된 계율들의 집합]. -uddesa 계본의 독송. 설계(說戒). -uddesaka 계본을 독송하는 사람. 설계자(說戒者). -ṭhapana 설계의 중지. 차설계(遮說戒). -saṁvara 계본에 의한 제어. 의무계율의 수호. 별해탈율의(別解脫律儀). -saṁvarasīla 계본에 의한 제어의 계행. 의무계율을 수호하는 계행. 별해탈율의계(別解脫律儀戒).

pāṭiyekka = pāṭekka.

pāṭirūpika *adj.* [paṭirūpa-ika] ① 닮은. ② 거짓의. 가짜의. *cf.* paṭirūpaka.

pāṭihāra *m.* [<paṭiharati] ① 치는 것. 타점(打點). ② 시보(時報)를 치는 것.

pāṭihārika = pāṭihāriya.

pāṭihāriya *adj. n.* [paṭi-hṛ의 *grd. bsk.* prātihārya] ① 놀랄만한. 불가사의한. 기적의. ② 경이. 기적. 신변(神變). 신통(神通). -pakkha 제계(齊戒)를 지키면 신변(神變)을 얻는다는 특별한 축제일. 신변월(神變月)[고대의 祝祭日로 매달 제8일 전후. 14일의 전날. 安居 後의 自恣日 등에 행함].

pāṭihīra. pāṭihera = pāṭihāriya.

pāṭī *f.* [?] ① 반(半=pakkha). ② 부분. paṭipātiyā. paṭipāṭiyaṁ *adv.* 연속적으로.

pāṭuka. pāṭubha → 오직 부정형태만 존재함 : apāṭuka. apāṭubha.

pāṭukamyatā = pātukamyatā.

pāṭekka. pāṭiyekka *adj.* [paṭieka] ① 각각의. 별개의. ② 혼자의. *acc.* pāṭekkaṁ *adv.* 혼자서. 독자적으로. 홀로.

pāṭekkatā *f.* [paṭekka의 *abstr.*] 개성(個性).

pāṭeti [paṭ의 *caus.*] 제거하다. *pass.* pāṭiyati.

pāṭha *m.* [<paṭh] ① 경전읽기. 독송. 송출(誦出). ② 경전의 구절. ③ 경전. 성전. -antara 교재(敎

材). -sālā 학교(學校). -sālācariya 학교선생(學校先生). -sālīyasissa 학생(學生).
pāṭhaka *m.* [pāṭha-ka] ① 독송하는 사람. 송출자(誦出者). ② 아는 사람. 전문가.
pāṭhīna *m.* [〃] 청어(鯖魚)[물고기의 일종. Silurus Boalis].
pāṇa *adj.* [<pa-an *sk.* prāṇa] ① 생명. 목숨. ② 생물. 생류(生類). 유정(有情). *pl.* pāṇāni(*n.*). -âtipāta 생명의 파괴. 살생. -âtipātā veramiṇī 살생을 삼감. 살생의 금지. 불살생(不殺生). 이살생(離殺生). -âtipātin 생명을 파괴하는 (사람). 살생하는 사람. -bhū 생물. 유정(有情). -upeta 생명을 받은. 생명이 있는. 살아있는. -ghāta 살생하는 사람. -bhūta 생물. 유정(有情). 살아있는 존재자. -vadha = -âtipāta. -sama 목숨처럼 귀중한. -hara 생명을 빼앗는. 파괴적인. 치명적인.
pāṇaka *m.* [pāṇa-ka] 벌레. 곤충.
pāṇana *n.* [pa-an-ana] 호흡.
pāṇayo pāṇin의 *pl. nom.*
pāṇi *m.* [〃] ① 손. ② 손바닥. *ins. abl.* pāṇinā. -ggaha 결혼(結婚). -tala 손바닥. 수장(手掌). -bhāga 손에 의한 구분·몫. -matta 손 크기의. 주먹만큼의. -ssara 수령(手鈴). 수령악(手鈴樂).
pāṇikā *f.* [<pāṇi] 흙손. 순갈의 일종.
pāṇin *adj.* [pāṇa-in] 생명있는. 생물. 동물. *pl. nom.* pāṇī. pāṇino. pāṇayo; *acc.* pāṇine.
pāṇī *m.* [<pāṇa] 생물.
pāṇupetaṁ *ind.* [pāṇa-upeta의 *acc.*] 목숨이 붙어있는 한. 살아있는 한.
pāta *m.* [<pat] ① 떨어짐. ② 던짐. 투척.
pātaṅkī = pāṭaṅkī.
pātaṁ *ind.* [pātar의 *acc.*] 이른 아침에.
pātana *n.* [<pāteti] ① 파괴. 탈락시킴. ② 죽임. gabbhapātana 낙태(落胎).
pātabba *adj.* [pivati pā의 *grd.*] 마실만한. 마실 수 있는.
pātayiṁsu pāteti의 *aor.*
pātar *adv.* [*sk.* prātar] 아침 일찍. *abl.* pāto. *acc.* pātaṁ 아침 일찍. -āsa 아침식사.
pātala *m.* [=pātāla] ① 절벽. ② 타처(墮處). 지옥. ③ 심연. -raja 지옥의 티끌.
pātavyatā *f.* [pātavya<pāteti의 *grd. abstr.*] ① 낙하. ② 떨어져야 할 것. ③ 넘어져야 하는 사실.
pātāpeti [pāteti의 *caus.*] ① 탈락시키다. ② 죽게 하다. ② 유산시키다.
pātāla *m.* [〃] ① 경향. ② 절벽. 심연. 험애(險隘). 지저(地底).
pāti[1] [pā] ① 감시하다. ② 망보다. 지키다.
pāti[2] *f.* [*cf. sk.* pātrī] = pātī.
pātana *n.* [<pāteti] ① 파괴. ② 탈락시킴. ③ 죽임. gabbhapātana 낙태.
pātika *n.* [pāti-ka] 조그만 그릇.
pātita *adj.* [pāteti의 *pp.*] ① 떨어진. ② 넘어진. ③ 파괴된.
pātidesaniya = pāṭidesaniya.
pātin *adj.* [pāta-in] 던지는. 쏘는.
pātimokkha = pāṭimokkha.
pātimokkhavisodanī *f.* [pātimokkha-visodanī] 계본정명론(戒本淨明論)[Saddhammajotipāla 저술].
pātī *f.* [*cf. sk.* pātrī] = pāti. ① 발우. 그릇. 접시. ② 잔(盞). ③ 다완(茶碗).
pātuṁ pivati의 *inf.*
pātukamyatā *f.* [?] = pāṭukamyatā 아첨. 아부. *cf.* cāṭukamyatā. cāṭukammatā.
pātur. pātu° *ind.* [*cf. sk.* prādur] ① 볼 수 있도록. 공개적으로. ② 분명하게. 명백하게. 명료하게. pātu° -karaṇa 명백하게 만듦. 표명. 천명(闡明). -bhāva. 현현(顯現). pātu-kṛ *pres.* pātukaroti 명백하게 하다. 설명하다. 알리다. *aor.* pātvākāsi; *pp.* pātukata. pātu-bhū *pres.* pātubhavati 나타나다. 명백하게 되다. *aor.* pāturahosi. pāturahū. pāturahaṁsu. pāturahiṁsu; *pp.* pātubhūta.
pātukāma *adj.* [pātu-kāma] 마시고 싶어 하는.
pāteti [patati pat의 *caus.*] ① 떨어뜨리다. 쓰러뜨리다. ② 던지다. ③ 죽이다. *aor.* pātayiṁsu; *pp.* pātita; *caus.* pātāpeti.
pāto *adv.* [pātar의 *abl.*] 아침에. 아침 일찍.
pātheyya. pātheyyaka *n.* [<patha] ① 여행에 필요한 것. ② 노자. 여비. ③ 양식(糧食).
pāda *m.* [〃] ① 발[足]. 다리[脚]. ② 산기슭. ③ 시의 한행(1/4). ④ 소은화(小銀貨)[화폐의 단위 (1/2 kahā paṇa)]. -aṅguṭṭha(ka). -aṅguli 발가락. -aṭṭhika 발의 뼈. -âpacca '범천의 발' 자손. -abbhañjana 발에 바르는 기름. -ûdara 배를 발로 사용하는 (것). 뱀. -ûpaga 발단장. 족식(足飾). -odaka 발을 씻는 물. -kukkucca 발로 짓는 나쁜 행위. -kathalika 발을 올려놓는 대. 세족판(洗足板). 발걸레. -kudārikā 발을 도끼처럼 사용하는(?). 또는 pādakuṭhārika의 *misr.* -khīla 발(가락)의 티눈. -ghaṁsaniya 발닦기. -ghaṁsanī 발닦는 수건. -cāra 발로 움직이는. -cetiya 성스러운 발자취. 족적탑(足跡塔). -cchinna 발을 베어낸. -tala 발바닥. -tikicchā 발관리치료. -dhovana 발씻기. -pa 발로 마시는 것. 나무. -paricārikā 시자. 시복(侍僕). -pīṭha 발을 올려놓는 대. 세족대(洗足臺). -puñchana(ka) 수건으로 발을 닦는. -puñchinī 발걸레. 발수건. -bbh-

añjana 발에 바르는 연고. -maṇḍapa 성스러운 발자국이 있는 집. 족적당(足跡堂). -mūla 발바닥. -mūlika '자신의 발에 앉는 자' 발 씻는 하인·종. -visāṇa '발위의 뿔' 불가능. -lola 어떤 일에 대해 우물쭈물 하는 (사람). 헤매며 돌아다니는 (사람). -sadda 발소리. -sambāhana 발안마. 발주무르기. 발맛사지.

pādaka *adj. n.* [pāda-ka] ① 기초가 있는. 근본적인. ② 기초. 토대. -jjhāna 기초로 사용되는 선정. 기초선(基礎禪). -yoga 기초로 사용되는 수행. 기초유가(基礎瑜伽).

pādāsi padāti의 *aor.*

pāduka *m.* [=pādaka] 작은 발.

pādukā *f.* [*cf. sk.* pādukā] ① 신발. 덧신. 슬리퍼. ② 깔개. 의자.

pādūdara *m.* [pādu-udara] 뱀.

pādesika *adj. m.* [<padesa] ① 지방의. ② 지방의 장관.

pāna *m.* [〃 pā-ana] 마실 것. 음료. -âgāra. -âgārika 선술집. -kathā 음료에 대한 이야기. -bhojana 마실 것과 먹을 것. 음식. -mandira 선술집. -sakhi (술) 마시는 친구. -soṇḍa 술 마시는 버릇이 있는.

pānaka *n.* [<pāna] 음료.

pānadhi *f.* [?] ① 짚신. ② 신. 신발.

pāniya. pānīya *adj. n.* [〃 pā의 *grd.*] 마실 수 있는. 음료. 물. 음용수. -ghata 물 단지. 수옹(水甕). -cāṭika 음료수 그릇. -ṭhālika. -bhājana 마시는 컵. -maṇḍapa 물저장소. 저수지. -sālā 마실물이 제공되는 방. 수옥(水屋).

pānudi panudati의 *aor.*

pāpa *adj. n.* [〃] ① 악한. 사악한. 죄많은. *compar. superl.* pāpiṭṭha. pāpiṭṭhatara. ② 비옥하지 못한. ③ 죄(罪). 악(惡). 악행(惡行). -ācāra 악한 행위. 악행. -iccha 나쁜 욕심·의도를 가진. -icchatā. -icchā 악한 의도. 악욕(惡欲). -kamma 악한 행위. 사악. 죄. 악업(惡業). -kammanta. -kammin 악한. 악인. -kara. -karin 악한. 악인. 죄인. -tara 더 악한. 극악한. -tama 가장 악한. 극악한. -dassana 악한 견해. -diṭṭhi 악한. 사악한 견해. 악견(惡見). -dhamma 사악함. 나쁜 습관. -dhammin 사악한 성격의 사람. -parikkhaya 악업의 파괴. -bhīruka 잘못이 없는. 죄가 없는. 흠잡을 데 없는. -makkhin 위선스러운 악인. -mitta 나쁜 친구. 악우(惡友). -mittatā 나쁜 우정. -mocana 사죄(赦罪). -rogin 나쁜 병에 걸린 자. -sakhi 나쁜 친구. -saṅkappa 악한 생각. -sadda 나쁜 소리. -samācāra 악행자. -siloka 나쁜 명성. 악명(惡名). -sīla 악한 성품을 지닌. 악계(惡戒)의. -supina 악몽(惡夢).

pāpaka *adj.* [pāpa-ka] ① 악한. 사악한. ② 비열한. *f.* pāpikā.

pāpana *n.* [<pāpeti] ① 도달하게 함. 전달. ② 성취시킴.

pāpaṇika *adj. m.* [pa-āpaṇa-ika] ① 가게에 속하는. 가게에 진열된. ② 가게주인.

pāpaya. pāpayassu pāpeti ②의 *imp.*

pāpayissati pāpeti ②의 *fut.*

pāpika = pāpaka.

pāpita *adj.* [pāpeti ①의 *pp.* = pāpika] ① 악한. 죄많은. ② 악인.

pāpiṭṭha *adj.* [pāpa의 *superl.*] ① 가장 악독한. ② 가장 죄질이 나쁜.

pāpimant *adj. m.* [<pāpa. *sk.* pāpman] ① 죄많은. 악한. 죄인. 악마(惡魔). ② 빠삐만[마라(māra)의 별명].

pāpiya = pāpika.

pāpiyo. pāpiyyo *adj.* [pāpa의 *compar. cf. sk.* pāpīyas] 더 나쁜. 더 사악한.

pāpuṇana *n.* [<pāpuṇāti] ① 획득. ② 득달. 성취.

pāpuṇāti [pa-āp *cf. sk.* prāpnoti] ① 얻다. 획득하다. ② 도달하다. 득달(得達)하다. 성취하다. ③ 파악하다. 알게 되다. = pappoti. *opt.* pāpuṇe; *aor.* apāpuṇi. pāpuṇi. apattha; *fut.* pāpuṇissati; *abs.* pāpuṇitvā. patvā. pappuyya; *inf.* pappotuṁ. pāpuṇituṁ; *grd.* pattabba; *pp.* patta; *caus.* pāpeti ②.

pāpurana *n.* [*cf.* pāpurati<vṛ *sk.* prāvaraṇa] = pārupana ① 덮개. ② 옷. 외투.

pāpurati [pa-ā-vṛ=pārupati] ① 덮다. 싸다. ② 숨기다. ③ 닫다. *cf.* apāpurati 열다.

pāpeti ① [pāpa의 *denom.*] 악을 행하다. *pp.* pāpita. ② [pāpuṇāti의 *caus.*] 얻게 하다. 도달하게 하다. 전달하다. 성취시키다. *imp.* pāpaya. pāpayassu; *fut.* papessati. pāpayissati.

pābhati *n.* [<pa-ā-bhṛ] '여기에 가져온 것' ① 선물. 뇌물. ② 돈. 값어치. -kathā 뉴스. 소식.

pābhata *adj. n.* [pa-a-bhṛ의 *pp.*] ① 가져온. ② 선물. 예물. ③ 자재(資財). 금전.

pāmaṅga *n.* [?] ① 귀고리. 이당(珥璫). ② 허리띠. 사슬.

pāmado. pamajjati의 *aor. 2sg.*

pāmujja *n.* [pa-mud의 *grd.*] = pāmojja ① 기쁨. 즐거움. 희락(喜樂). ② 행복. 열락(悅樂).

pāmiṁsu. pāmesi paminātі의 *aor.*

pāmokkha *adj. m.* [<pamukha] ① 최고의. 첫번째의. 뛰어난. ② 동쪽을 향한. ③ 지도자.

pāmojja *n.* [*cf. bsk.* prāmodya] = pāmujja.

pāya *m.* [<pa-ā-yā] ① 출발. ② 시작. *ins.* pāyena *adv.* 대부분. 일반적으로. 보통으로.

°pāyaka [<pā] 마시는.

Pāyāga *m.* 빠야가. 바야가(波耶伽)[지명].

pāyantī. pāyamānā *f.* [pāyeti의 *ppr. f.*] 아기가 있는 부인. 아기에게 젖을 먹이는 여자.

pāyaye pāyeti의 *opt.*

pāyāta *adj.* [pāyāti의 *pp.*] 출발된. 시작된.

pāyāti [pa-ā-yā] ① 출발하다. 시작하다. ② 나아가다. *aor.* pāyāsi. pāsesuṁ. pāyiṁsu; *pp.* pāyāta.

pāyāsa *m.* [〃] ① 유미죽(乳米粥)[우유에 넣고 끓인 쌀죽이나 유미로 끓인 쌀죽]. ② 쌀죽.

Pāyāsi *m.* 빠야씨. 폐숙왕(弊宿王)[사람의 이름].

pāyāsi payāti 또는 pāyāti의 *aor.*

pāyiṁsu. pāyesuṁ pāyāti의 *aor.*

pāyin *adj.* [pāya-in] 마시는.

pāyeti [pibati pā의 *caus.*] ① 마시게 하다. ② 물을 대다. *opt.* pāyaye; *aor.* apāyesi; *abs.* pāyetvā; *ppr. f.* pāyantī. pāyamānā; *caus.* pāyāpeti.

pāra *n. adj.* [〃<para] ① 피안. 대안(對岸). ② 다른. 다른 쪽. *abl.* pārato 저쪽으로. 피안으로. 초월해서. -atthika 피안에 도달하기를 원하는. -ga 피안으로 가는. -gata. -gāmin. -gū 피안에 도달한 자. 달인(達人). 전문가. -gavesin 피안을 찾는. 구하는. -dārika = paradārika 남의 처와 관계하는 자. 간부(姦夫).

pāraṁ *adv. prep.* [pāra의 *acc.*] ① 건너서. 초월해서. ② 향해서. ③ 피안에. 저쪽에. -gata 피안에 도달한. -gamana 피안에 도달함.

pārada *m.* [〃] 수은(水銀).

pāramitā *f.* [pāramī-tā] = pāramī.

pāramī *f.* [<parama] *pl.* pāramiyo ① (수행의) 완성. 완전함. ② 도피안(度彼岸). 바라밀(波羅密)[十波羅密(dasa pāramiyo: dāna°. sīla°. nekkhamma°. paññā°. viriya°. khanti°. sacca°. adhiṭṭhāna°. mettā°. upekkhā - pāramī)이 있음] -patta 완성에 도달한. -saṅgha 도피안의 승가. 바라밀승가(波羅密僧伽).

pāramparia *m.* [*sk.* pāramparya] ① 전통. 관습. ② 전설.

pārājika *m.* [*bsk.* pārājika. pārājayika] 단두죄(斷頭罪). 바라이(波羅夷). 구빈죄(驅賓罪)[僧團에서 追放되는 무거운 罪로, 성적 교섭, 훔침, 살인, 과위(果位)를 얻었다고 거짓말 하는 것].

pārāpata = pārāvata.

pārāyana *n.* [*bsk.* pārāyaṇa] ① 최후의 목적. 주목적. 이상(理想). ② 성스러운 구절의 집성. 성전의 독송. 빠라야나. 바라연(波羅延). 피안가는 길[彼岸道] [숫타니파타(經集)의 제 오품].

pārāvata *m.* [*cf. sk.* pārāvata] = pārāpata. 비둘기. *cf.* pārevata.

pārikkhattiya = parikkhattatā.

pāricariyā *f.* [=paricariyā] ① 봉사. 시중. ② 존경. 시녀. -ânuttariya. 섬기는 것 가운데 최상. 행무상(行無上)[三寶].

pāricchatta. pāricchattaka *m.* [*cf. sk.* pārijāta] 빠릿찻따수. 주도수(晝度樹). 산호수(珊瑚樹). 원생수(圓生樹)[Eryhimia Indica].

pārijāta = pāricchattaka.

pārijuñña *n.* [parijuṇṇa-ya] ① 쇠퇴(衰退). 재산의 상실. ② 가난. 궁핍(窮乏).

pāripanthika *m. adj.* [paripanthaika] ① 강도. 노상강도. 겁적(劫敵). ② 위협하는. 위험한.

pāripūrī *f.* [<pari-pūr *bsk.* pāripūri] ① 실행. 완성. ② 성취. 원만. -mada 완성에 취함·교만. 원만교(圓滿憍).

pāribhaṭya *n.* [<pari-bhṛ] ① (어린 아이에 대한) 애무. ② 귀여움 받는 것을 좋아함.

pāribhaṭyatā. pāribhaṭṭatā *f.* [pāribhaṭya의 *abstr.*] ① 귀여워함. 귀여움 받는 것을 좋아함. ② 교육. 양육.

pāribhaṭṭakatā *f.* [<pari-bhṛ] ① 귀여워하는 것. 귀염 받는 것을 좋아함. ② 교육. 양육.

pāribhogika *adj.* [<paribhoga] ① 사용하기에 적합한. ② 사용되고 있는. 수용된.

pārima *adj.* [pāra의 최상급] ① 저쪽의. ② 더욱 먼. -tīra 피안(彼岸).

Pārileyyaka *m.* 빠릴레이야까 숲. 바타림(波陀林)[숲의 이름].

pārivattaka *adj.* [pari-vattaka<vṛt] = parivattaka ① 순환하는. 둥글게 도는. ② 교환과 관계되는. 교역과 관계되는.

pārivāsika *adj.* [=parivāsika] ① 홀로 떨어져 살아야 하는. ② 별주(別住)하는. -bhikkhu 홀로 떨어져 살아야 하는 수행승. 별주비구(別住比丘). -vatta 홀로 떨어져 살아야 할 의무. 별주행법(別住行法).

pārisajja *m.* [parisā-ya. *cf. sk.* pāriṣadya. pārṣadya] ① 무리. 모임의 구성원. 회원(會員). 단원(團圓). 회중(會衆). ② 시신(侍臣).

pārisuddhi *f.* [*cf.* parisuddhi] 청정. 순수. 편정(遍淨). 청정(淸淨). -padhāniyaṅga 청정을 향한 노력의 고리. 편정근지(遍淨勤支). 청정근지(淸淨勤支)[→ cattāri pārisuddhipadhāniyaṅgāni, nava pārisuddhipadhāniyaṅgāni]. -sīla 삶의 청정을 가져오는 계행[→ catupārisuddhisīla].

pārihāriya *adj.* [parihāra-iya] ① 보존에 관한.

기르는. 양육하는. 보살피는. ② 응용(應用)하는. ③ 후천적인. 장래(將來)의. -kammaṭṭhāna 응용을 위한 명상수행의 대상. 응용업처(應用業處). -paññā 보살피는 지혜. 후천적인 지혜. 장래혜(將來慧).

pāruta *adj.* [pārupati의 *pp.*] ① 덮인. ② 입은. 착용한.

pārupati [pāpurati = *sk.* prāvṛṇoti의 *metath.*] ① 덮다. 감싸다. ② (옷을) 입다. ③ 가리다.

pārupana *n.* [<pārupati] ① 덮개. ② 옷. 드레스.

pāruhati [pa-a-ruh] 오르다. 올라가다. *abs.* pāruyha.

pāreti [pāra의 *denom.*] ① 통과하게 하다. ② 뚫다. 관통하다.

pārepata. pārevata *m.* [*sk.* pārāpata] ① 비둘기. ② 빠레빠따[나무의 일종: Diospyros Embryopteris]. *cf.* *bsk.* pālevata.

pāroha *m.* [<pa-ruh] ① 작은 (곁)가지. 새로 난 잔가지. ② 새싹.

pāla. pālaka *m.* [*cf.* pāleti<pā] ① 파수꾼. ② 보호자. 수호자. ③ 경비(警備). pāla-devatā 수호신(守護神).

pālana *n.* pālanā *f.* [<pāleti] ① 보호. 수호. ② 보존. 지배.

pāli. pāḷi *f.* [*cf.* *sk.* pāli] ① 선(線). 줄. 열(列). ② 둑. ③ 빠알리성전(pāli)[빠알리성전이란 말은 남방의 삼장성전으로 주석서인 Aṭṭhakathā에 대하여 구분하여 사용되는 말]. ④ 빠알리어. -dhamma 빠알리정법. -potthakasamiti 빠알리성전협회. -bandha. -baddha 선·줄로 묶인. -bhāsa 빠알리어(pāli). -vaṇṇanā 경전에 대한 (주로 단어의 의미에 관한) 설명.

pāliguṇṭhima *adj.* [<pali-guṇṭh] ① 둘러싼. ② 둘레를 장식한 (장화).

pālicca *n.* [palita-ya] ① 머리의 희어지는 것. ② 백발(白髮).

pālita *adj.* [pāleti의 *pp.*] 보호된. 수호된.

pālibhaddaka *m.* [pari-bhadda] = phālibhaddaka. 빨리받다까. 팔리받다까[Butea Frondosa. 吉兆의 나무].

pāletar *m.* [pāleti의 *pp.*] 보호자. 수호자.

pāleti [pā의 *caus.* *cf.* *sk.* pālayati] ① 보호하다. 안내하다. 지키다. 다스리다. *aor.* apālayuṁ; *pp.* pālita. ② [palāyati. paleti의 대신] 가다. 움직이다.

pāvaka *adj.* *m.* [*sk.* 〃 <pu] ① 순수한. 맑은. 빛나는. ② 불[火].

pāvacana *n.* [pa-vacana. *bsk.* pravacana] ① 말씀. 경전. ② 부처님의 말씀.

pāvadati = pavadati 이야기하다. 보여주다.

pāvaḷā *f.* [?] 사타구니. 엉덩이.

pāvassi pavassati의 *aor.*

pāvādi pavadati의 *aor.*

pāvāra *m.* [<pa-vṛ] ① 외투. 양탄자. 카펫. ② 망고나무. = pāvāraka.

pāvārika *m.* [pāvāra-ika] ① 외투장수. 옷장수. ② 카펫장수.

pāvāḷa *m.* [= pavāḷa] 머리털. -nipphoṭana 머리털을 뽑음.

pāvisi pavisati의 *aor.*

pāvuraṇa *n.* [<pa-ā-vṛ=pāpuraṇa. pārupana] 겉옷. 외투.

pāvusa *m.* [<pāvusa-ka] ① 비[雨]. 우기. ② 빠부싸[물고기의 일종].

pāvussaka *adj.* *m.* [<pāvus] ① 비[雨]의. 비가 내리는. ② 흘리는. 떨어뜨리는. ③ 강우(降雨).

pāsa ① *m.* [*sk.* pāśa] 덫. 갈고리. 족쇄. -rāsi (짐승을 잡는) 그물. -ghaṭikā 마법의 주사위. ② *m.* [<pa-as *sk.* prāsa] 투석기. 창(槍). 던짐.

pāsaṁsa *adj.* [pasaṁsati의 *grd.*] 칭찬받을 만한. 칭찬할 만한. -ṭhāna 칭찬받을 만한 이유. 응칭찬처(應稱讚處).

pāsaka ① *m.* [<pāsa ①. *bsk.* 〃] 갈고리. -phalaka 갈고리판. 족쇄판. 구판(鉤板). ② *m.* [<pāsa ②] 주사위. 던지기. ③ *m.* 가로대. 횡목(橫木).

pāsaṅgika *adj.* [pasaṅga-ika] 삽화적(挿話的).

pāsaṇḍa *m.* [*sk.* pāṣaṇḍa] ① 이교. 이단. 외도(外道). 이학(異學). ② 종파.

pāsaṇḍika *adj.* [pāsaṇḍa-ika] ① 이단의. 외도의. ② 종파의.

pāsanika *m.* [*cf.* pāsa ①. pāsaka ①] 시험을 위한 질문을 하는 사람.

pāsāṇa *m.* [*sk.* pāṣāṇa] 돌. 바위. 암석(巖石). -āyatta 돌과 관련된. 결석(結石)의 -guḷa (세척용) (부드러운) 돌로 만든 공. 석구(石球). -cittakamma 암면조각(巖面彫刻). -cetiya 석조탑. -tela 자연적인 고원. 대지(臺地). -nimitta 돌의 특징. 석상(石相). -pokkharaṇī 자연적인 저수지. 수조(水槽). -phalaka 석판(石板). -macchaka 석어(石魚). -lekha 돌에 새기는 것. -lekhūpamā 돌에 새기는 것에 대한 비유. -vassa 돌의 비[石雨]. 돌들이 쏟아짐. -vijjā 암석학(巖石學). -sakkharā 돌과 자갈. 작은 돌. 바위 부스러기. -sambhavavijjā 암석분류학(巖石分類學). -sambhavavidū 암석분류학자. -sevāla 돌(*eng.* Vallisneria).

pāsāṇaka *m.* = pāsāṇa.

pāsāda *m.* [pa-ā-sad *cf.* *sk.* prāsāda] ① 저택. 화려한 저택. 궁전. 성(城). 전당(殿堂). ② 누각.

중각(重閣). 고루(高樓). -tala 상층(上層). -maṅgala 누대(樓臺). -vara 훌륭한 저택. 전당(殿堂).

pāsādika *adj.* [pasāda-ika] ① 유쾌한. 사랑스러운. 화려한. ② 편안한. *cf.* samantapāsādika 일체선견(一切善見). 선견율비바사(善見律毘婆沙).

pāsāvin *adj.* [<pasavati] 산출하는. 낳는.

pāsuka *m.* [*cf. sk.* pārśva *bsk.* pārśvakā. pārśukā] 갈빗대. 늑골(肋骨).

pāsupāla *m.* [pasu-pāla] 가축 기르는 사람. 목축업자.

pāsuḷa *m.* [=pāsuka] 갈빗대. 늑골(肋骨).

pāssati → pibati의 *fut.*

pāhuna. pāhunaka [<pa-ā-hu] ① *m.* 손님. ② *n.* 손님을 위한 식사.

pāhuneyya(ka). pāhuṇeyya(ka). pāhavanīya *adj.* [<pāhunna] ① 환대를 받을 만한. ② 손님의 자격이 있는.

pāheti [=pahiṇati. pahiṇāti] 보내버리다. 파견하다.

pāhesi pahiṇati의 *aor.*

pi *ind. conj.* [=api] ① 도. 역시. 또한. 심지어. ② 그러나. ① 다른 한편. ② 비록. ③ 아마.

piṁsa [piṁsati의 *pp.*] 부서진. 갈아진.

piṁsati [piś. piṁś] ① 장식하다. ② 가루로 빻다. 짓이기다. *pres. 3pl.* piṁsare; *pp.* piṁsa. piṭṭha ①.

pika *m.* [〃] 뻐꾸기.

piṅka. piṅga *adj. m.* [*sk.* piṅga(?)] ① 갈색의. 황색의. ② 새싹. 싹.

piṅgala *adj.* [〃] ① 적갈색의. ② 갈색의. 황색의. ③ 붉은 눈의. ② 추한.

piṅgiya *adj.* [*sk.* piṅga] ① 적갈색의. ② 갈색의. ③ 황색의.

piṅgulā *f.* [*sk.* piṅgalā '올빼미의 일종'] 삥굴라 [올빼미와 유사한 새의 일종].

picu ① *m.* [〃] 목화. 면화. 면(綿). -paṭala 목면의 껍질. -manda 님나무[멀구슬나무과에 속함. Azadizachta Indica] ② [*non-Aryan*] 야수(野獸). 원숭이의 일종.

picula *m.* [〃] 능수버들.

piccha. piñcha *n.* [*cf. sk.* piccha. puccha] (공작의) 꼬리깃털.

picchita *adj.* [?] ① 기쁜. ② 아름다운. ③ 탐나는.

picchila *adj.* [〃] 미끄러운.

piñja *n.* = piccha. piñcha 꼬리 깃털.

piñjara *adj.* [〃] ① 붉은 색의. ② 황갈색의. -odaka 수생식물(Trapa Bispinosa)의 과일.

piñjita *adj.* [piñjati의 *pp.*] ① 물들은. ② 염색된.

piñjati *adj.* [piñj] 물들다. 염색되다. *pp.* piñjita. *caus.* piñjeti

piñjeti *adj.* [piñj의 *caus.*] ① 물들이다. 염색하다. ② 채찍질하다.

piññāka *n.* [*sk.* piṇyāka] ① 참깨가루. ② 호마분(胡麻粉). -bhakkha 참깨가루를 음식으로 하는.

piṭaka *n.* [〃] ① 바구니. 용기(容器). ② 대장경. -ttaya 삼장(三藏). -ññū 삼장에 통달한 자. 통삼장자(通三藏者). -dhara 삼장을 암송하는 사람. 지장자(持藏者). -sampadāya 삼장의 전승·전통에 따라. 삼장의 권위에 근거해서.

piṭṭha ① *n.* [piṁsati의 *pp. cf. sk.* piṣṭa] 가루. 분말. 밀가루. -añjana 분말로 된 바르는 약. 세말도약(細抹塗藥). -khādaniya 밀가루 음식. 반죽하여 만든 식품. -dhītalikā 밀가루 반죽으로 만든 인형. -piṇḍi 밀가루 덩어리. -madda 밀가루로 만든 풀. 분호(粉糊). -maya 가루·분말로 만든. -surā 밀가루로 만든 술. (취하게 하는) 밀가루의 추출물. ② *n.* [*cf. sk.* pṛṣṭha] 가로대. 빗장. -saṅghāta 문 위에 가로댄 상인방. 문미(門楣). ③ *n.* [*sk.* pṛṣṭha] 뒤. 후부(後部). 등. 표면[손바닥의 반대로서]. 정상. 마루. 융기선(隆起線). 책의 페이지. 책의 쪽. -cālikā 체(*eng.* sieve). 조리.

piṭṭhi. piṭṭhī *f.* [*bsk.* pṛṣṭhi] ① 뒤. 후부. 등[가슴이나 손바닥 발바닥의 반대]. ② 정상. 꼭대기. 상부. *abl.* piṭṭhito 뒤로 부터. ~의 배후에서. *loc.* piṭṭhiyaṁ 꼭대기에. 정상에. 등 쪽에. piṭṭhi° -ācariya 가정교사. -kaṇṭaka 등뼈. 척추. -kaṇṭaṭṭhi 척추뼈. -kaṇṭakadāha 척수염(脊髓炎). 골수염(骨髓炎). -kaṇṭakarahita 무척추동물(無脊椎動物). -koṭṭhaka 상층의 방[목욕실?]. -gata 뒤를 따르는. -duka 남은 두 가지. 잔여이법(殘餘二法). -paṇṇasālā 뒤쪽의 초암(草庵). -parikamma 등의 맛사지. -passe 뒤에. -pāda 뒤꿈치. -pāsāṇa 납작한 바위. 고원. 산등성이. 산마루. -bāha 팔꿈치. -maṁsa 등의 살. -bhavaṅga 상부의 잠재의식. 유분정(有分頂). -maṁsika. -maṁsiya 등 뒤에서 험담을 하는 (사람). -maṁsikatā 험담. -roga 등이 아픈 것. -vaṁsa 등뼈. 횡목(橫木).

piṭṭhika *adj.* [piṭṭhi-ka] ① 등이 있는. ② 배후의.

piṭṭhikā *f.* = piṭṭhi.

piṭṭhimant *adj.* [piṭṭhi-mant] ① 등이 있는. ② 배후의.

paṭhara *m.* [〃] ① 큰 단지. ② 병(甁).

piṇḍa *m.* [〃] ① 덩어리. 축적물 더미. ② 공[球]. 환(丸). ③ 음식 덩어리(보시). 탁발음식. *dat.* piṇḍāya 음식을 구하기 위해. 탁발하러. -attha 요약. 개요. -ukkhepaka 음식을 [입으로] 투입하는 것. -gaṇanā 덩어리로 헤아리기. 요약. 개요.

-cāra 탁발. 보시를 구하러 다님. -cārika 보시를 구하러 가는 사람. 구걸하는. -dāyika. -dāvika (전장에서 병사들에게) 음식을 나누어 주는 전사. 둥글게 토괴처럼 구르며 달리는 전사. -dhītalikā 가루 반죽으로 만든 인형. -paṭipiṇḍa(kamma) 교환적인 탁발. -patta 발우(鉢盂). -pāta 발우에 받은 음식. 발식(鉢食). 단식(団食). 걸식(乞食). 탁발식(托鉢食). -pātanīhāraka 탁발식을 운반하는. 송식자(送食者). -pātapaviveka 과도한 탁발을 멀리함. -pātasantosa 탁발식에 대한 만족. -pātika 발우에 받은 음식만을 먹는. 상걸식자(常乞食者). -pātikaṅga 발우에 받은 음식만을 먹는 수행. 상걸식지(常乞食支)[두타행]. -pātikamada 걸식에 의한 도취·교만. 걸식교(乞食憍). -pātikatta 탁발한 보시 음식을 먹는 것[불교 승려의 특징].

piṇḍaka *m.* [piṇḍa-ka] ① 음식덩어리. 단식(団食). 보시 음식. 탁발음식. ② 집단.

piṇḍāya piṇḍa의 *dat. sg.*

piṇḍi *f.* [*cf.* piṇḍa. *sk.* piṇḍī] ① 덩어리. 축적물 더미. ② 공[球]. 환(丸). ③ 집단. 떼거리.

piṇḍika *m.* [?] chatta-piṇḍikavivara '차양의 뒤에 나있는 구멍' piṭṭhika의 *misr.*?

piṇḍikamaṁsa *n.* [piṇḍika-maṁsa] 궁둥이. 엉덩이. 둔부(臀部).

piṇḍita *adj.* [piṇḍeti의 *pp.*] ① 빽빽한. 공[球]과 같은. ② 집단의.

piṇḍiyālopa *m.* [piṇḍi-ālopa] ① 소량의 음식. ② 단식(団食). -bhojana 소량의 음식.

paṇḍeti [piṇḍa의 *denom.*] ① 둥글게 말다. 둥글게 모우다. ② 섞다. *pp.* piṇḍita.

piṇḍola *m.* [?] 보시를 구하는 사람.

Piṇḍolabhāradvaja *m.* [piṇḍolabhāradvaja] 삔돌라 바라드와자. 빈두노바라타서(賓頭盧頗羅墮誓) [비구이름].

piṇḍolya *n.* [piṇḍola-ya] ① 탁발. ② 걸식.

pitar *m.* [*sk.* pitṛ] 아버지. 아빠. 부(父). (*sg.*) *nom.* pitā; *acc.* pitaraṁ; *ins.* pitarā. pitunā. petyā; *dat. gen.* pitu. pituno; *abl.* pitarā. pitito; *loc.* pitari; (*pl.*) *nom.* pitaro; *acc.* pitaro. pitare. pitū; *ins.* pitarehi. pitūhi; *dat. gen.* pitunnaṁ. pitūnaṁ; *loc.* pitusu; *loc.* pitusu. pitaraṁ jīvitā voropeti 아버지를 생명으로부터 빼앗다. 아버지를 살해하다. pitā jīvitā voropito hoti 아버지는 살해되었다. pitā bhūtabhavyānaṁ 과거와 미래의 아버지. cullapitar 작은 아버지. mahāpitar 할아버지.

pitara *m.* [<pitar] 조상신.

pitā [=pitar] -putta 아버지와 아들. -mahā 할아버지. -mahāyuga 할아버지들의 시대. 조상들의 세대.

°pitika [<pitār] 아버지가 있는 (사람). mata° 아버지가 죽은 사람.

pitu [=pitar] -ghāta 살부(殺父). -ghātaka 존속살해의. 아버지를 죽인 자. -ja 아버지로부터 생긴. -dāyajja 유산(遺産). -pakkha 아버지의 쪽. -pitar 아버지의 아버지. -pitāmahā 아버지와 할아버지. 조상. -rakkhitā 아버지에 의해 보호받는 여자. -sadisa 아버지와 같은 사람. -santaka 아버지의 소유.

pitucchā *f.* [pitu-svasā. *cf. sk.* pitṛṣvasṛ] 아버지의 자매. 고모(姑母). 백모(伯母). -dhītar 고모의 딸. 종자매. 사촌자매. -putta 고모의 아들. 종형제. 사촌형제.

pitumāharāja *m.* [pitu-māha-rāja] = Vāṭṭagāmāṇi = Vāṭṭagambā 밧따가마니[최초로 빠알리 대장경을 기록할 당시 스리랑카에서 치세하던 왕의 이름].

pitta *n.* [〃] 담(膽). 담즙(膽汁). -ābādha 담즙병(膽汁病). -ūpasamaka 담즙병예방의. -kosaka 담낭(膽囊). -bbhama 담즙질(膽汁質). -samuṭṭhāna ābādha 담즙등기병(膽汁等起病).

pittika *adj.* [pitta-ika] ① 담즙질의. ② 성미가 까다로운.

pittivisaya *m.* [=petti-visaya. peta(-°)] 아귀의 영역. 아귀도(餓鬼道). 아귀경(餓鬼境). 아귀계(餓鬼界). 아귀(餓鬼). -loka 아귀의 세계. 아귀세간(餓鬼世間).

pittivisayika *adj.* [<pittivisaya] 아귀세계의.

pithīyati. pithiyyati. pidhīyati [pidahati의 *pass.*] 덮이다. 닫히다.

pīyūsa *m n.* [*sk.* pīyūṣa] 초유(初乳). 액즙. 넥타. 감로(甘露).

padalaka *m.* [?<*sk.* bidala "갈라진 대나무"] 작은 지팡이. 꼬챙이.

pidahati [api-dhā=apidahati. *cf. bsk.* pidhăyati. pidheti] ① 덮다. ② 감추다. 은폐하다. ③ 닫다. ④ 막다. *aor.* pidahi; *abs.* pidahitvā. pidhatvā. pidhāya; *pp.* pihita; *pass.* pithīyati.

pidahana *n.* [<pidahati] ① 덮음. 닫음. ② 폐쇄.

pidhara *m.* [<api-dhṛ] ① 똥막대. 시비(屎篦). ② 닦는 천.

padhāna *n.* [=pidahana] ① 뚜껑. 덮개. ② 덮어버림. 복폐(覆蔽). ③ 기초.

pināsa *m.* [*sk.* pīnasa]① 카타르. 코감기. ② 감기.

pipa pipati의 *imp.*

pipaṁ. pipataṁ pipati의 *ppr.*

pipati [=pibati. pivati pā] 마시다. *imp.* pipa; *ppr.*

pipaṁ(*sg. nom.*). pipataṁ(*pl. dat. gen.*).
pipāsā *f.* [*cf.* pipāsati] ① 갈증. 목마름. ② 갈망.
pipāsita *adj.* [pipāsati<pā의 *desid.*의 *pp.*] ① 목마른. ② 갈증이 나는.
pipāsin *adj.* [pipāsa-in] 목마른.
pipi *adj.* [<pā] 마시는.
pipillika *m.* pipīlikā *f.* [*cf. sk.* pipīlikā. *bsk.* pipīaka] = kipillikā 개미.
pippala. pipphala[1] *m.* pipphalī *f.* [*sk.* pippala] 긴 후추. 필발라(畢鉢羅)[무화과식물. 후추나무].
pipphala[2]. pipphalaka *n.* [?] 가위.
pibati = pivati. pipati.
piya ① *adj.* [*sk.* priya] 귀여운. 사랑스러운. 즐거운. devatānaṁ piyo 신들에게 사랑받는 (사람). -âpāya 사랑하는 사람과의 이별. -âppiya 사랑스럽거나 사랑스럽지 않은. -kamya 친절한·사랑스러운 성격. -ggāhin 즐거움을 탐하는. -cakkhu 사랑스러운 눈. 애정이 깊은 눈. -dassana 보기에 사랑스러운. 얼굴이 예쁜. 희견(喜見). -nimitta 사랑의 특징. 애상(愛相). -bhāṇin 즐겁게 말하는. 아부하는. 애어자(愛語者). -manāpata 사랑스러움. 가애가의(可愛可意). -mitta 친애하는 친구. -rūpa 즐거운 형상. 유혹적인 시각의 대상. -vacana. -vācā. -vāda 즐거운 말. 애어(愛語) -vādin 즐겁게 말하는. 상냥한. -vippayoga 사랑하는 대상과의 이별. piyehi vippayogo dukkho 사랑하는 사람들과의 이별은 고통이다. 애별리고(愛別離苦). ② *m.* [=phiya] (배의) 노. -âritta 노와 키.
piyaṁ piyāyati의 *ppr. m. sg. nom.*
piyaka *m.* [*sk.* priyaka] 삐야까[식물의 이름].
piyaṅgu *f.* piyaṅguka *m.* [*cf. sk.* priyaṅgu] ① 치자나무[약초].
piyatā *f.* piyatta *n.* [piya의 *abstr.*] ① 사랑스러움. 귀여움. ② 유쾌함.
Piyananda *m.* [piya-nanda] 삐야난다[인명].
piyā *f.* [<piya] ① 사랑하는 여인. ② 아내. 마누라. 부인.
piyāyati [piya ①의 *denom.*] ① 사랑하다. ② 귀여워하다. 좋아하다. *ppr.* piyaṁ. piyamāna; *pp.* piyāyita 사랑받는.
piyāyanā *f.* [<piyāyati] ① 사랑. ② 좋아함.
piyāyita *adj.* [piyāyati의 *pp.*] ① 사랑받는. ② 귀여움을 받는. 총애 받는.
piyāla *m.* [*cf. sk.* priyāla] 삐얄라[나무의 이름과 그 과일 이름. Buchanania Latifolia]
piyyare pivati의 *pres. 3pl.*
pire [pi-re] ① pi와 re는 모두 감탄사. ② para의 *voc.* 란 해석은 인위적임.
pilaka *m.* piḷakā *f.* [*cf. sk.* piḍakā] = pīḷakā. ① 헌데. 부스럼. ② 종기. 뾰루지. ③ 취출물(吹出物).
pilakkha. pilakkhu *m.* [*cf. sk.* plakṣa] 삘락카. 필락차(畢洛叉)[무화과나무의 일종. Ficus Infectoria].
pilandha *adj.* [<pilandhati] ① 장식(裝飾)된. ② 장식하는.
pilandhati. piḷandhati [api-nah] ① 장식하다. ② 입다. *caus.* pilandhāpeti; *pass.* piḷayhati.
pilandhana. piḷandhana *n.* [=apilandhana] ① 장식. ② 장신구. -vikati 장식물. 장신구.
pilava. plava *m.* [<plu *sk.* plava] ① 부유. 헤엄침. ② 흘러감. ③ 오리의 일종. 수조(水鳥).
pilavati. plavati [plu *cf. sk.* plavati] = palavati. ① 부유하다. ② 빠르게 움직이다. ③ 헤엄치다.
pilavana *n.* [<plavati] = palavana. ① 헤엄침. ② 표류. 물에 빠짐.
pilāpanatā *f.* [<plu] ① 피상적인 것. ② 천박성.
pilāla → palala 밀짚.
Pilindavaccha *m.* 삘린다밧차. 필린다바차(畢隣陀婆蹉). 필릉가바차(畢陵迦婆蹉)[수행승의 이름].
pilotikā *f.* [*cf. bsk.* plotikā] ① 천조각. 넝마. ② 붕대. -khaṇḍa 천조각. 넝마조각.
pillaka. pillika *m.* [*sk.* pillaka] ① 동물의 새끼. ② 아이.
piḷakā *f.* [*sk.* piḍakā] = pilaka ① 작은 부스럼. 여드름. 뾰루지. 농포(膿疱). ② 종기. ③ 취출물(吹出物). ④ 손잡이. (칼)자루.
piḷandhati = pilandhati.
piḷandhana = pilandhana.
piḷayhati [api-nayhati<nah. pilandhati의 *pass.*] ① 장식하다. ② 고정하다. ② 입다. ③ 덮다.
piḷhaka *m.* [?] *cf.* miḷhaka '오물 구덩이' 풍뎅이.
piva. pivaṁ pivati의 *imp. ppr.*
pivati. pibati [*sk.* pāti. pibati pā] 마시다. 들이키다. *pres. 1pl.* pivāma. *2pl.* pivătha. *3pl.* piyyare; *imp.* piva. pivatu. pipa; *fut.* pivissati. pissāmi. pāssati; *aor.* pivi. apivi. apaṁsu. pāvisiṁ. apāyiṁha; *abs.* pivitvā. pitvā; *grd.* pātabba. pānīya. peyya; *inf.* pātuṁ; *ppr.* pivaṁ. pipaṁ. pivanto; *pp.* pivita. pīta; *caus.* pāyeti. pāyāpeti.
pivana *n.* [<pivati] 마심. 들이킴.
pivaraka → piṭharaka.
pivi. pivitvā pivati의 *aor. abs.*
pivita. pīta pivati의 *pp.*
pisati [=piṁsati] ① 갈다. 빻다. ② 부수다. 파괴하다. *pass.* pisīyati. *pp.* pisita.

pisana [<pisati]. piṁsana [<piṁsati] *n.* ① 제분. ② 분쇄. ③ 연마.

pisāca *m* [*sk.* piśāca] ① 악마. 악귀. 마귀. 유령. 흡혈귀. 비사자(毘舍闍). 필사차(畢舍遮). ② 일종의 곡예사. *f.* pisācī. pisācinī. -nagara 악귀의 도시. -bakkula 악귀와 요마. 악귀요마(惡鬼妖魔). -yonī 악마·귀신의 태·자궁. 귀태(鬼胎). -loha (마하바라타에서 paiśāca족과 연관된) 구리의 일종.

pisācaka = pisāca paṁsupisācaka 진흙의 요정.

pisācin *adj.* [<pisāca] 악귀를 지닌. *f.* pisācinī 마녀(魔女).

pisācillikā *f.* [<pisāca] 삐싸찔리까. 필사차종도(畢舍遮宗徒)[나무의 악귀].

pista ① *adj.* [pisati '찧다. 빻다'의 *pp.* = piṭṭha] 분쇄된. 가루로 빻은. ② *n.* [*sk.* piśita] 살. 고기. 신육(身肉).

pisīyati pisati의 *pass.*

pisīla *n.* [*sk.* piśāla] ① 물그릇. 대야. ② 발우.

pisuṇa *adj.* [*sk.* piśuṇa] ① 험담하는. 중상하는. 이간(離間)하는. 사이를 갈라놓는. ② 악의가 있는. pisuṇa°. pisuṇā° -vācā 험담. 중상하는 말. 이간어(離間語). 양설(兩舌). -vācā paṭivirato 중상하는 말을 삼가는 사람. -vācāya veramaṇī 중상하는 말을 삼감. 불양설(不兩舌).

pisodara *adj.* [*sk.* pṛṣa-udara] 더러운 배·창자를 지닌.

pissāmi pivati의 *fut. 1sg.*

pihaka *n.* [*cf. sk.* plihaṇaka. plīhan] 비장(脾臟).

pihana *n.* pihanā *f.* [<piheti] ① 선망. 부러워함. ② 질투.

pihayati. piheti [*sk.* spṛhayati<spṛh] ① 갈망하다. 부러워하다. ② 몹시 탐내다. *aor.* pihayi. pihāyittha; *ppr.* pihayaṁ; *pp.* pihayita.

pihā *f.* [*cf. sk.* spṛhā] ① 부러움. 선망. 소망. ② 질투.

pihāyanā *f.* = pihanā.

pihālu *adj.* [*sk.* spṛhālu] 탐욕스러운.

pihita *adj.* [pidahati의 *pp.*] ① 덮인. 닫힌. ② 방해받은.

pīṭha *n.* [〃] ① 자리. ② 의자. 걸상. -sappin 불구자. 절름발이. 앉은뱅이.

pīṭhaka *m* pīṭhikā *f.* [<pīṭha] 의자. 걸상. -jātaka 좌석본생담(座席本生譚).

pīṇa *adj.* [*sk.* pīna] = pīna.

pīṇana *n.* [<prī] ① 기쁨. 반가움. ② 만족. ③ 장식. 치장.

pīṇeti [*cf.* piya. *sk.* pṛṇeti] ① 기쁘게 하다. ② 만족시키다. *pp.* pīṇita. *cf.* pīṇana 기쁨. 만족. 장식.

pīta ① *adj. n.* [pivati의 *pp.*] 마신. 적셔진. 스며든. 음료. 마실 것. ② *adj.* [〃] 노란. 오렌지색의. 황색의. -antara 황색옷. 황색외투. -aruṇa 누르스름한 붉은 색의. 황적(黃赤). -âvaḷepana 황색으로 바른. -kamma 황색의 대상에 대한 명상수행. -kasiṇa 노랑의 두루채움을 위로 아래로 옆으로 유일하게 한량없이 지각하는 것. 노랑의 두루채움이라는 명상수행의 토대. 황편(黃遍). 황편처(黃遍處). 황일체처(黃一切處). -kumbhanda 노란 호박. -jara 성홍열(猩紅熱). -jjhāna 황색의 대상에 대한 선정. -pharaṇavisadavibhūtatā 황색의 가득 참으로 인해 빛나고 변화되는 존재의 성질. -lābhin 황색의 명상대상을 지닌. -ratta 오렌지색으로 물든. -vaṇṇa 노란색. 황색. -vattha 노란색 옷·천. 황의(黃衣)를 입은. -samāpatti-parama 황색의 명상대상에 대한 명상을 최상으로 하는.

pītaka *adj.* [pīta-ka] = pīta ②.

pītakā *f.* [*cf.* pītaka] (식물) 샤프란. (인도산) 심황(深黃).

pītana *n.* [<pīta] 노란 그림물감(도료).

pīti *f.* [*sk.* prīti] ① 기쁨. 희열. ② 함께 기뻐함. 수희(隨喜). -gamanīya 걷기에 즐거운. -tika 세가지 기쁨의 법. 희삼법(喜三法). -pāmojja 기쁨. 희열. -pharaṇatā 기쁨이 넘치는 상태. 광희(狂喜). -bhakkha 기쁨을 음식으로 하는. -mana 기쁜 마음(의). -sambojjhaṅga 기쁨의 깨달음 고리. 희각지(喜覺支). 희등각지(喜等覺支). -sahagata 기쁨이 수반되는. 기쁨을 가져오는. -sukha 기쁨과 행복. 희락(喜樂). -somanassa 기쁨과 만족.

pītika *adj.* ① = pīta 황색의. ② [pīti-ka] 기쁜.

pītin *adj.* [pīta ①-in] 마시는.

pītvā. pītvāna pivati의 *abs.*

pīna *adj.* [〃<pī] ① 뚱뚱한. ② 부푼. 부풀은. 부풀어 오른. -indriya 감관들이 비대해진. 제근비대(諸根肥大).

pīvaratā *f.* [pī-vara-tā] 비만(肥滿).

piḷakā *f.* [=piḷakā] ① 부스럼. 헌데. ② 뾰루지. 종기. ③ 취출물(吹出物).

pīḷana *n.* pīḷā *f.* [*cf.* pīḷeti<pīḍ] ① 억압. 상해. ② 괴로움. 고통. 곤경(困境).

pīḷayati = pīḷeti.

pīḷikoḷikā *f.* = akkhigūthaka 눈곱.

pīḷita *adj.* [pīḷeti의 *pp.*] ① 분쇄된. ② 억압을 받는. ③ 괴로운.

pīḷiyati [pīḷe의 *pass.*] ① 억압받다. 해를 입다. ② 괴로워하다. *ppr.* pīḷiyamāna.

pīḷeti. pīḷayati [*cf. sk.* pīdayati pīḍ] ① 억압하다.

억누르다. ② 정복하다. 분쇄하다. ③ 괴롭히다. *ppr.* piḷanta; *pp.* piḷita; *pass.* piḷiyati.
puṁs. puṁ *m* [〃] ① 남자. 남성. 사내. ② 수컷. *cf.* puman.
puṅkha [〃] 화살의 깃털을 단 부분.
pukkusa *m* [*cf. sk.* pukkuśa. pukkaśa] ① 천민. 낮은 계급의 사람. ② 쓰레기 치우는 사람. 똥치기. 제분자(除糞者). 불구사(弗拘沙). ② 도살자(屠殺者). -kula 천한 씨족. 천민의 가족. *f.* pukkusī.
puggala *m* [*sk.* pudgala] ① 개인. 사람. 영혼. 보특가라(補特伽羅). ② 인(人). 사(士). 참사람[四雙八輩]. -ânādariya 사람을 경멸함. -ññu 사람을 아는. -ññū 사람을 아는 자. 지인자(知人者). -paññatti 사람에 대한 서술. 개인에 대한 시설. 인시설(人施設). -paroparaññū 사람의 우열을 아는 자. -bhāva 개성(個性). -bheda 개인에 대한 구별. -vādin 개인론자[오온을 통해 윤회하는 개인존재라는 윤회의 주체를 인정하는 자]. 보특가라론자(補特伽羅論者). -vemattata 개인간의 차이. -saṅgaha 사람의 무리. 인취(人聚). -sammukhatā 사람을 대면하고 있는 상태. 사람의 현전(現前).
Puggalapaññatti *f.* [puggala-paññatti] 뿍갈라빤냣띠. 인시설론(人施設論)[七論의 하나].
puggalika *adj.* [puggala-ika] ① 사람의. 개인의. ② 각자의. 사적인. -vasena 사적으로.
puggalikatā *f.* [puggalika의 *abstr.*] 개성(個性).
puṅkha *m* [〃] 화살의 깃 있는 부분.
puṅgava *m* [puṁ-gava] ① 황소. 목우(牧牛). 우왕(牛王). ② 고귀한 사람. 최상자(最上者).
pucimanda *m* [<picumanda] 님바나무[Azadirachta Indica].
puccaṇḍa *n.* [*sk.* pūti-aṇḍa] 썩은 계란.
puccaṇḍatā *f.* [pūti-aṇḍa의 *abstr.*] 썩은 계란의 상태. 부란성(腐卵性).
puccha pucchati의 *imp.*
pucchaṁ pucchati의 *ppr. m sg. nom.*
pucchaka *adj. m* [<pucchati] ① 묻는. 질문하는. ② 질문자.
pucchati [*sk.* pṛcchati prach] ① 묻다. 질문하다. ② 청하다. 요청하다. ③ 제공하다. 주다. *imp.* puccha. pucchatha. pucchassu. pucchavho; *opt.* puccheyyāmi; puccheyyaṁ. puccheyya; *aor.* pucchisaṁ. apucchiṁ. apucchatha. pucchiṁsu. pucchisuṁ; *inf.* pucchituṁ. putthuṁ. pucchitāye; *abs.* pucchitvā. pucchitūna; *pp.* puṭṭha. pucchita; *pass.* pucchiyati; *caus.* pucchāpeti; *ppr.* pucchanta. pucchaṁ.
pucchana *n.* [*cf.* pucchati] 질문. 물음.
pucchā *f.* [*cf.* pucchati] 질문. 물음. -vissajjanā 문답. 교리문답.
pucchavho. pucchassu pucchati의 *imp. 2pl. 2sg.*
pucchita *adj.* [pucchati의 *pp.*] 질문을 받은. = puṭṭha.
pucchitar *m* [pucchati의 *ag.*] 질문자.
pucchiṁsu. pucchitāye → pucchati.
pucchituṁ. pucchitūna → pucchati.
pucchitvā. pucchisaṁ → pucchati.
pucchisuṁ. puccheyya → pucchati.
pujja *adj.* [=pūjanīya. pūjati의 *grd. cf. sk.* pūjya] ① 공양받을 만한. 존경받아야 할. ② 신성한. -ṭṭhāna 신성한 장소. -ṭṭhānadūsana 신성모독. -tara 더 공양받을 만한. 더 존경받아야 할. -paṭimā 우상(偶像).
puñcikatā *f.* [mucchañcikatā의 *misr.*(?) pucchañjikatā의 *misr.*(?)] ① 혼란. 소동. ② 당황. 낭패.
puñchati [*cf. bsk.* puñchate. poñchate proñch] 닦다. (걸레로) 훔치다. 청소하다. = puñjati. *caus.* puñchāpeti.
puñchana *n.* [<proñch] 닦음. 청소. -colaka 걸레. 닦는 천.
puñchanī *f.* [<puñchati] ① 걸레. ② 수건.
puñja *m* [〃] ① 더미. 덩어리. 양(量). ② 집단. 집적. 다수(多數). 취(聚). 단(團). -kata. -kita. puñji-kata 산더미처럼 쌓인. 집적된
puñjaka = puñja. -jāta 집적된.
puñjati = puñchati.
puñña *n.* [*sk.* puṇya] ① 복. 공덕. ② 공적. ③ 선행(善行). -atthika 복·공덕을 바라는. 구하는. -ânubhāva 공덕의 위력. -āpekkha 복·공덕을 바라는. -âbhisaṅkhāra 공덕이 되는 업의 형성. -âbhisanda 공덕의 결과. 복등류(福等流). 복덕윤택(福德潤澤). -assaya 공덕의 자리. -iddhi 공덕의 초월적인 힘. -ûpacaya 공덕의 쌓임. 축적. -kata 공덕을 행하는 (사람). -kamma. -kiriya 훌륭한 일. 공덕의 행위. -kiriyavatthu 공덕이 있는 행위의 기본. -kkhandha 공덕의 다발. 공덕취(功德聚). -kkhayamaraṇa 공덕이 다해서 사망하는 것. 복진사(福盡死). -kkhetta 복밭. 공덕의 밭. 복전(福田). -titthagamaka 순례자. -teja 복·공덕의 힘. 공덕의 위력. 복위력(福威力). -dhārā 공덕의 흐름. -nivāsa 무료기숙사. 무료숙박소. -paṭipadā 공덕의 결과. 복과(福果). -ppasavana 공덕의 산출. -pekkha 공덕을 구하는. 보답을 바라는. -phala 선행의 결과. -bala 공덕의

힘. -bhāgiya 공덕을 함께 하는. -mahatta 공덕·복의 위대성. -mahi 공덕의 땅. 심지(心地). -maya = puñña. -vatthu 공덕의 항목. 복사[福事]. -vepulla 공덕의 풍부·광대. -saṅkhāra 공덕짓는 행위·동기. 복행(福行).

puññappasava *adj.* [puñña-prasava] 공덕·복이 생겨나는. 복생천(福生天). Puññappasavā devā 공덕이 생겨나는 하느님 세계의 신들. 복생천(福生天)[대승불교의 神·神界의 이름. 色界四禪의 하느님 세계].

puññavant *adj.* [puñña-vant] ① 공덕 있는. 덕 있는. 복 있는. ② 운 좋은. *sg. dat. gen.* puññavato.

puṭa *m.* [*cf.* 〃] ① (잎사귀로 만든) 용기. 자루. ② 바구니. ③ 구멍. -aṁsa 여행에서 음식을 나르는 자루. 식료대(食料袋). -pāka 자루 속에서 요리된 것[푸딩과 같은 것]. -bhatta 자루음식. 여행용 음식. -bandha-upāhanā 짚신. 대화(袋靴). -bheda '자루를 부수는' [Sirīsa 나무의 상자를 부수는 : Pāṭaliputta (=Pāṭaliputa)라는 부유한 城을 Sirīsa 나무가 상징한다]. -bhedana 재화가 모이는. 백천(百川)이 흘러드는.

puṭaka *n.* [=puṭa] 자루. 용기.

puṭṭha *adj.* ① [poseti puṣ의 *pp. cf. sk.* puṣṭa] 길러진. 양육된. ② [pucchati의 *pp. cf. sk.* pṛṣṭa] 물어진. 질문을 받은. ③ = phuṭṭha 접촉된.

puṭṭhatta *n.* [puṭṭhu의 *abstr.*] ① 길러진 상태. ② 양육된 상태.

puṭṭhavant *adj.* [puṭṭha-vant] 접촉한.

puṭṭhuṁ pucchati의 *inf.*

puṇḍarīka *n.* [〃] 흰 연꽃. 연꽃. 백련(白蓮). 분다리가(分陀利迦). -niraya 흰 연꽃 지옥. 백련지옥(白蓮地獄).

puṇḍarīkinī *f.* [puṇḍarīka-in의 *f.*] 흰 연꽃의 연못·웅덩이.

puṇṇa *adj.* [pṝ의 *pp. sk.* pūrṇa] 가득 찬. 충만한. -ghaṭa 가득 찬 항아리. -canda 보름달. -patta 가득 찬 발우. 만발(滿鉢). -baddha = -bhadda의 *misr.* -bala = puññabala의 *misr.* -bhadda Puṇṇabhadda(야차 Harikesa의 아버지)의 숭배자. 야차. -mā *f.* -māsa *m.* -māsī *f.* 보름달. 만월(滿月).

Puṇṇa *m.* [*bsk.* Pūrṇa] ① 뿐나. 부루나 [Aparanta를 교화한 비구]. ② = Puṇṇa-Mantāniputta [*bsk.* Pūrṇa Maitrāyanīputra] 뿐나만따니뿟다. 부루나미다라니자(富樓那彌多羅尼子). 만자자(滿慈子). 만원자(滿願者)[설법제일의 수행승].

puṇṇatā *f.* puṇṇatta *n.* [puṇṇa의 *abstr.*] ① 충만(充滿). ② 원만(圓滿).

putolī → muṭolī의 *misr.*

putta *m.* [*sk.* putra] ① 아이. 자손. ② 아들. 남아(男兒). *pl. acc.* puttāni = putte. -kata 아이를 만드는 여자. 엄마. -jīva 나무이름 [Putranjiva Roxburghii] -dāra 아이와 아내. 처자. -phala 아들을 (열매로) 잉태한. -maṁsa 아이의 고기. 아육(兒肉) -maṁsūpamā 아이의 고기에 대한 비유. -matā 아들이 죽은 여인. -likā 인형(人形).

puttaka *m.* [putta-ka] ① 작은 아들. ② 작은 아이. ③ 작은 새. = potaka

puttatta *n.* [putta의 *abstr.*] 아들이라는 것. 아들의 지위.

puttavant. puttimant *adj.* [puttavant.˚mant] 아들이 있는.

puttikā *f.* [<praty-ika(?)] 사본(寫本). 복사본(複寫本). -karaṇa 복사(複寫).

puttiya(°) [putta-iya] 아들에 속하는.

puttin *adj.* [putta-in] 자식이 있는. putti°-kata 입양(入養)된. -karaṇa 입양. -karoti 입양하다.

puttīyati [putta의 *denom.*] 입양하다.

puthavī. puthuvī *f.* [=paṭhavī] 땅. 대지. -maṇḍala 대지의 원륜. 지륜(地輪).

puthakkaraṇa *n.* [<puthakkaroti] ① 분리. 소외. ② 분해(分解).

puthakkaroti [*sk.* pṛthak-karoti] ① 분리하다. 소외시키다. ② 분해하다. *pp.* puthakkata.

puthakkata *adj.* [puthak-kata] ① 분리된. 소외된. ② 분해된. -aṅga 분해된. 분리된.

puthu *adj.* [*sk.* pṛthak. pṛthu] ① 각각의. 개별적인. ② 넓은. 광대한. ③ 여러 종류의. 많은. *abl.* puthuso *adv.* 널리. 여러 종류로. *acc.* puthu. puthuṁ *adv.* 크게. 많이. 다양하게. -gumba 많은 기예를 체험한. -jja 보통의. 흔한. 범속한. -jjana 범부(凡夫). -titthakara 이교의 스승. 이종사(異宗師). -ddisā 여러 지방. 여러 방향. 제방(諸方). -pañña 넓은 지혜를 지닌 (사람). 광혜자(廣慧者). 박혜자(博慧者). -paññatā. paññatta 넓은 지혜. 광혜(廣慧). 박혜(博慧). -pāṇiya (일반적으로) 손으로 머리감기. -bhūta 널리 퍼진. -mati 폭넓은 이해력을 지닌. -laddhika 이단자. -loma 코밑수염이 달린 물고기 이름. 다자어(多髭魚). -vacana 여러 종류로 말하는. -satta 보통사람. 범부. 민중. 인민. -silā 큰 돌.

puthuka [*sk.* pṛthuka] ① *n.* 반숙이 되어 거칠게 빻아진 쌀. 납작해 진 곡물. ② *m.* 동물의 새끼.

puthujjana *m.* [*bsk.* pṛthag-jana] 보통사람. 일반사람. 평균적인 사람. 이생(異生). 범부(凡夫). -kalyāṇaka 정신적인 선을 추구하는 보통 사람.

선범부(善凡夫). -bhikkhu 평범한 수행승. 범승(凡僧). -bhūmi 범부의 경지. 범부지(凡夫地). -sukha 보통의 행복. 범부들의 즐거움.

puthujjanatā *f.* [puthujjana의 *abstr.*] 평범한 인격. 평범한 인물. 범부인 것.

puthujjanika *adj.* [puthujjana-ika] 평범한. 보통의. 범부의.

puthutta *n.* [puthu의 *abstr.*] ① 다름. ② 다양성.

puthula *adj.* [puthu-la] ① 넓은. 광대한. ② 평평한. *abl.* puthuso 넓이는. -sīsa 평평한 머리.

puthuvī *f.* [*sk.* pṛthivī] 땅. 흙.

puthuso *ind.* [puthu의 *abl.*] 넓게. 다양하게.

pudava [poddava ?] → gāmapudava.

puna *ind. conj.* [*sk.* punar. punaḥ] ① 다시. 거듭. 또. ② 다음에. punad eva. punar eva 그 위에. 더욱 더. puna c'aparaṁ 그 위에 또한. -âbhinivatti 다시 태어남. 재생. -āgamana 다시 옴. 돌아옴. -ādāti. -ārabhati 회복하다. -āvāsa 다시 태어남. 재생. -divasa 다음날. 익일(翌日). -nivatti 다시 돌아옴. 재귀(再歸). -pavāraṇā 다시 청함. 중청(重淸). -pāka 다시 끓임. -ppunaṁ 재삼재사. 점점. 거듭거듭. 거듭해서. -bbhava 새로운 생성. 새로운 탄생. 재생. 재유(再有) -r-ujjīveti 소생시키다. 회생시키다. -r-āvibhavati 재현하다. -vacana 반복해서 말함. -vāre 다른 때에.

punāti [*sk.* pavate. punāti pū] ① 깨끗이 하다. 청소하다. ② 체로 치다.

puneti [puna의 *denom*] 되풀이해서 경험하다.

punnāga *m* [*dial.*?] 뿐나가. 용화수(龍華樹). 분나가(芬那伽)[나무의 일종].

puppha *n.* [*sk.* puṣpa] ① 꽃. ② 피. *cf.* 월경(月經) = 월화(月華) = pupphaka. -âbhikiṇṇa 꽃으로 뒤덮인. -ādhāna 꽃을 바치는 대·선반. -āpaṇa 꽃가게. -āpaṇika 꽃장수. -ārāma 꽃의 정원. 화원(花園). -āveḷā 화환. -āsava 꽃으로 빚은 술. 화주(花酒). -gandha 꽃향기. -gocchaka 꽃다발. -cumbaṭaka 꽃방석. -cchatta 꽃파라솔. -chaḍḍaka (죽은) 꽃을 제거하는 사람. 부정한 것을 청소하는 사람. -dāna 헌화(獻花). -dāma 화환. 꽃송이. -pañjara 꽃장식함(函). -paṭa 꽃무늬옷. -palāsa 꽃더미. -bhāṇin 꽃을 말하는[=진실을 말하는]. -mālā 화환. -mutthi 한 줌의 꽃. -rasa 꽃으로 만든 즙. -rāsi 꽃더미.

pupphaka *n.* [<puppha] '월경(月經)=월화(月華)' 피[血].

pupphati [puṣp] 꽃이 피다. *pp.* pupphita.

pupphavatī *f.* [puppha-vatī] 월경하는 여자.

pupphita *adj.* [pupphati의 *pp.*] 꽃핀.

pupphin *adj.* [<puppha] 꽃을 지닌. 꽃을 피는. nīlapupphī *f.* 푸른 꽃을 피는 식물의 이름.

pubba ① *m* [*cf.* *sk.* pūya] 고름. 화농. 부패. -gata 고름이 괸. -lohita 고름과 피. ② *adj.* [*sk.* pūrva] 이전에. 동쪽의. 앞에. 옛날의. -aṅgin sabbaṅgin의 *misr.* -aṇṇa 첫 번째 곡식. 전식(前食)[일곱 가지 곡식 가운데]. -aṇha. -anha 오전. -anta 동쪽. 과거 (시간의 구별). 전제(前際). -antânudiṭṭhi 사물·과거의 시작에 관한 견해. 전제수견(前際隨見). -aḷhaka (āḷhaka) 엷은 막의 거품. -ācariya 옛날의 스승. 선사(先士). -āciṇṇavasena 전생의 수행을 통해서. -âpara 앞과 뒤의. 과거와 미래의. -āpatti 전생의 죄. 전죄(前罪). -ābhoga 예전의 관념·사유(思惟). -ārāma 동쪽 정원. -āsava 예전의 번뇌. 과거의 오염. -uṭṭhāyin 이전에 일어난. -uttara 북동쪽의. 앞과 뒤의. -upāya(pubbo°) 예방. -kata 전생에 지은. 숙작(宿作). -kamma 전생의 업. -karaṇa 전생의 행위. 전행(前行). -karin 미리 행하는. 친절한. -kicca 예비적인 기능. -koṭi 과거(시간의 구별). 전제(前際). -koṭṭhaka 동쪽의 곳간. -(ṅ)gama 앞서가는. 나아가는. 선행(先行). 선구(先驅). -carita 전생의 삶. -ja 앞서 태어난. 나이가 보다 많은. -ñāti 전에 알던 사람. -disā 동양(東洋). -deva 예전의 신. 옛날의 신 [asura 등]. -devatā 옛날의 신. -desīya 동양의. -nimitta 전조(前兆). 예보(豫報). -pada 문장의 앞부분. -parikamma 예전의 행위. -purisa 조상. -peta 죽은 사람. 귀신. 망령. 선조. 선망(先亡). -petakathā 죽은 사람에 관한 이야기. 선망론(先亡論). -petabali 사자숭배(死者崇拜). -buddha 과거의 부처. 과거불(過去佛). -bhāsin 미리 말하는. 친절하게 말하는. -yoga 전생과의 관련·결합. 숙연(宿緣). -rattâparattaṁ 과거와 미래에. 언제나. -vāsana 이전의 행위로부터 마음에 새겨진 인상. 선훈습(先薰習). -videha 동쪽 비데하 지방. -sadisa 옛 친구. -samudāciṇṇakilesa 예전에 지은 번뇌·오염. 전소행번뇌(前所行煩惱). -hetukasīla 과거세에 지은 업인에 대한 계율.

pubbaka *adj.* [=pubba ②] ① 이전의. ② 옛날의. -isi 옛날의 성인.

Pubbavideha *m* [*bsk.* Pūrvavideha] 뿝바비데하. 불바비데하(佛波毘提訶). 동승신주(東勝身洲)[須彌山의 동쪽에 있는 인간세계. 四大洲의 하나].

Pubbaseliya *m.* [*bsk.* Pūrvaśaila] 동산부(東山部). 동산주부(東山部洲)[안드라 지방에 있었던 大衆部의 한 파].

pubbā *f.* [<pubba] 동쪽.

pubbāpeti. pubbāpayati [pubba ②의 *denom.*] 건조시키다. 말리다. *ppr.* pubbāpayamāna.
Pubbārāma *m.* [*bsk.* Pūrvārāma] 뿝바라마. 동원(東園)[싸밧티(舍衛城)의 동쪽에 있는 鹿子母講堂].
pubbe *ind.* [pubba ②의 *loc.*] ① 이전에. ② 전생에. -ananussuta 이전에 들은 적이 없는. 전대미문의. -kata 전생에 지은. -katavāda 숙명론(宿命論). -katavādin 숙명론자. -katahetu 과거세에 지은 업인. 숙작인(宿作因). -ñāṇa 과거·전생에 관한 지식. 숙지(宿智). -nivânussati 자신의 전생에 대한 새김. 숙명통(宿命通). 숙주수념(宿住隨念). -nivāsañāṇa 전생에 대한 지식. 숙주지(宿住智).
puma *m.* [*sk.* pumāṁs] ① 남자. 남성. ② 수컷.
pumati [*onomat. ide.* pu] 불다[吹]. *aor.* pumi; *abs.* pumitvā.
puman *m.* [*cf.* puṁs] ① 남자. ② 수컷. *sg. nom.* pumo; *acc.* pumaṁ; *ins.* pumunā; *pl. nom.* pumā.
pumi. pumitvā → pumati.
pumbhāva *m.* [puṁs-bhāva] ① 남성. ② 수컷의 성(性).
pura ① *n.* [*sk.* pur. pura] 성. 도시. 요새. ② *adj.* [〃] 이전의. 예전의. 앞의. 전방의. 동쪽. *abl.* purato. purā; *loc.* pure.
purakkharoti [*cf. sk.* puras-karoti] ① 앞에 놓다. ② 존경하다. ③ 따르다. *aor.* purakkaruṁ; *abs.* purakkhatvā; *ppr.* purakkharāna; *pp.* purakkhata 존경받는. *cf.* purekkhāra.
purato *adv. prep.* [pura ②의 *abl.*] ① 이전부터. 예전부터. 앞에. 앞에서부터. ② 동쪽에서.
purattha *adv.* [*cf. bsk.* purasta] ① 앞에. ② 동쪽에. *acc.* puratthaṁ 앞으로. 동쪽으로. *abl.* puratthā. puratthato 앞에서. 동쪽에서. -âbhimukha 동쪽을 향하는.
puratthima [purattha의 *superl.*] ① 앞의. ② 동쪽의. -janapada 동쪽 지방.
puratthaṁ *ind.* [*sk.* purastāt] ① 앞으로. ② 동쪽을 향해.
purā *adv. prep.* [〃] ① 앞에. ② 이전에. 옛날에. -âruṇā 동트기 전에. -tattaññū 골동품전문가. -tattavedin 고고학자(考古學者). -jīvīvijjā 고생물학(古生物學). -vuttakathā 신화(神話). 고담(古談). 연대기(年代記). -vuttavijjā 신화학(神話學). -vuttavidū 신화학자. -bhedā 몸이 해체되기 전에. 죽기 전에. -lipi 고문서(古文書). -lipivijjā 금석학(金石學). 고문서학(古文書學). -lipividū 금석학자. 고문서학자. -vatthu 고문서(古文書). -vatthuvijjā 고문서학(古文書學). 고고학(考古學).
purāṇa *adj. n.* [〃] ① 옛날의. 과거의. 낡은. ② 사용된. 이전의. *cf.* porāṇa. -añjasa 옛날의 지름길. 고경(古徑). -kamma 이전의 업. 전생의 업. 선업(先業). -cīvara 낡은 옷. 고의(古衣). -dutiyikā 전의 아내. 옛 아내. -nagara 오래된 성. 고성(古城). -magga 오래된·옛날의 길. 고도(古道). -vatthu 골동품. -vatthuvisayaka 골동품을 수집하는. -vedanā 과거의 고통.
Purāṇa *m.* 뿌라나. 부란나(富蘭那). 부루나(富樓那)[비구이름].
purāṇakassapa = pūraṇakassapa.
purātana *adj.* [<purā] 옛날의. 고대의. 이전의. 원초적인.
purindada *m.* [*cf. sk.* puraṁdara<dṛ] 도성의 파괴자. 부란다라(富蘭陀羅)[帝釋天의 다른 이름].
purima *adj.* [〃 pura ②의 *superl.*] ① 선행하는. 이전의. ② 앞의. ③ 동쪽의. -attabhāva 전생. -koṭi 과거. 전제. -jāti 전생(前生). -tarāni 옛날 옛적에. -pāda 앞다리. 전족. -bhava 전생(前生). -yāma 초야(初夜).
purimaka *adj.* purimikā *f.* [purima-ka] ① 이전의. 처음의. ② 이전. 처음. purimakavassāvāsa 전우안거(前雨安居).
purisa *m.* [*sk.* puruṣa] ① 사람. 남자. ② 수행원. 하인. *cf.* posa. -atthika 사람(下人)을 구하는 (자). -anta = purisādhama. -antaragatā 남자에 의해 건드려진 (여인). 남자와 성교를 한 여인. -allu 황야에 사는 괴물의 이름. -ādhama 사악한 인간. -ājañña. -ājānīya 교양있는 사람. 비범한 사람. 인양마(人良馬). -āda 나쁜 사람. 거친 사람. 식인귀(食人鬼). -âsabha 목우와 같은 사람. 부처님. 인목우(人牧牛). -indriya(purisindriya) 남성의 능력. 남성. 남근(男根). -uttama(purisuttama) 뛰어난 사람. 최승인(最勝人). -usabha (purisusabha) 아주 강한 사람. 인목우. -kathā 남자에 대한 이야기. -kāra 남자다움. 용맹(勇猛). -khaluṅka 조련되지 않은 말과 같은 사람. 인미조마(人未調馬). -gutti 감시인. -thāma 인간의 힘. -dammasārathi 사람을 훈련시키는 장부. 조어장부(調御丈夫). -dosa 사람의 잘못. -dhorayha 인간의 인내. -parakkama 사람의 활기. 원기. -puggala 사람. 남자. -ppamāṇa 사람의 키. -bhāva 남성(男性). -bhāvadasaka 남성을 구성하는 열 가지 요소. 남십법(男十法)[색깔(色 : vaṇṇa), 냄새(香 : gandha), 맛(味 : rasa), 자양(食素 : ojā), 땅(地 : paṭhavī), 물(水 : āpo), 불(火 : tejo), 바람(風 : vāyo), 남근(男根 : purisindriya), 생명(命 : jīvita)]. -bhūmi 인간의 지

위. -medha 인간을 바치는 제사. 인사(人祀). 헌인제(獻人祭). -rūpa 남자의 자태. -liṅga 남자의 특징. -viriya 남자다운 노력·정진(精進). -visesa 사람의 차이. 사람의 특징. -vyañjana 남자의 생식기. 남근(男根). -sadassa 양마와 같은 사람. 인양마(人良馬). -sīlasamācāra 사람의 계율에 대한 올바른 실천. -sīha 사자와 같은 사람. 인사자(人獅子).

purisaka *adj. m.* [purisa-ka] ① 사람이 있는. 남자를 지닌. ② 작은 사람. 인형. 허수아비. -tiṇa 풀로 만든 인형. 허수아비. *f.* purisikā 한 남자와만 성교하는 여자.

purisatta. purisattana *n.* [purisa의 *abstr.*] 남자다움. 사내다움.

pure *adv. prep.* [pura ②의 *loc.* 또는 *mg. nom.* 형] 앞에. 과거에. -cārika 앞에 가는. 안내하는. 선행하는. -java 앞서 가는 (사람). 선행자(先行者). -jāta 이전에 발생한. -jātapaccaya 선행조건. 전생연(前生緣)[다른 현상의 생성을 위해 선존재를 인정하는 조건]. -dvāra 앞문. -bhatta 이른 식사. 아침. -bhava 앞에 있는. 보다 월등한. -samaṇa 앞서가는 사문. 선행사문(先行沙門).

purekkhata *adj.* [purekkharoti의 *pp.*] = purakkhata.

purekkharoti [=purakkharoti] 존경하다. *ppr.* purekkharāna; *pp.* purekkhata = purakkhata.

purekkhāra *m.* [=purakkhāra] ① 경의. 헌신. ② 존경. -mada 존경에 의한 도취. 존경에 의한 교만. 존경교(尊敬憍).

purekkhāratā *f.* [purekkhāra의 *abstr.*] 경의를 표하는 것.

purohita *m.* [〃 puras ② -hita<dhā의 *pp.*] ① 왕의 종교 고문. 왕사(王師). ② 사제. 제사(祭師).

pulaka *m.* [*cf. sk.* pulāka] 시든 곡식. 시든 곡물.

pulasa = pulaka.

pulina. puḷina *n.* [*cf. sk.* pulina] ① 강 가운데 있는 모래둑. 모래제방. ② 모래. 모래알갱이.

pulliṅga *n.* [puṁs-liṅga] ① 남성의 생식기. ② 남성(男性)[문법].

puḷava *m.* [*cf. bsk.* puluva] ① 벌레. ② 구더기.

puḷavaka. puḷuvaka *adj.* [*cf. bsk.* puluva-ka] 벌레들이 모여 있는. -saññā 벌레들이 모여 있는 시체에 대한 지각. 충담상(蟲噉想). 충취상(蟲聚想).

pussa° → phussa°의 *misr.* '자연의. 날것의'(?). *cf.* pussatila. pussatela.

pussaka *m.* [=phussaka] 뻐꾸기.

pussaratha → phussaratha의 *misr.*

pūga [〃] ① *adj. n.* 많은. 더미. 다량. 다수. ② *m.* 단체. 조합. -āyatana 조합의 재산. -gāmaṇika 조합장. -majjhagata 조합에 들어온. 조합에 가입된. ③ *m.* 인도후추. 빈탕나무.

pūja *adj.* [=pujja. *sk.* pūjya] ① 공양받아야 할. ② 존경할 만한. *cf.* pūjanīya. pūjiya.

pūjanā *f.* [<pūjeti] ① 존경. ② 공양. 숭배.

pūjaneyya. pūjanīya *adj.* [pūjeti의 *grd.*] ① 존경받아야 할. ② 공양받을 만한.

pūjā *f.* [*cf.* pūjeti<pūj] ① 공양. ② 존경. -ânugata 의례적(儀禮的)인. -ânugamin 의례주의자(儀禮主義者). -ânugamana 의례주의(儀禮主義). -âraha 존경·공양할 만한 가치가 있는. -karaṇa. -kāra 봉사하는. 공양을 드리는. -āsana 제단(祭壇). -niyama. -vidhi 축제. 의식(儀式). 의례(儀禮).

pūjita *adj.* [pūjeti의 *pp.*] ① 공양을 받은. ② 존경을 받은.

pūjiya = pūja. pujja [*sk.* pūjya] ① 공양받을 만한. ② 존경할 만한. *cf.* pūjanīya.

pūjetar *m.* [<pūjeti] ① 공양하는 사람. ② 존경하는 사람.

pūjeti [〃 pūj] ① 공양하다. 바치다. ② 존경하다. 숭배하다. *opt.* pūjayeyya. pūjaye; *imp.* pūjetha; *aor.* pūjesi. pūjesuṁ. pūjayi; *grd.* pūja. pujja. pūjiya. pūjaneyya. pūjanīya; *pp.* pūjita.

pūti *adj.* [〃] ① 부패한. 썩은. ② 악취가 나는. -kāya. -deha 악취가 나는 몸. 부신(腐身). -kummāsa 부패한 응유식품 -gandha 악취. -dadhi 부패한 요구르트(치즈의 원료). -bhāva 퇴폐(頹廢). 부패(腐敗). -bīja 썩은 종자. 후종(朽種). -maccha 악취 나는 생선. -mukha 입에서 악취가 나는. -mutta 지독한 냄새나는. 썩은 오줌. 부뇨수(腐尿水). 진기약(陳棄藥)[比丘가 持參하고 있는 藥]. -mūla 악취를 내는 뿌리를 지닌. -latā 악취 나는 담쟁이. 취만(臭蔓). -lohitaka 썩은 피를 지닌. -sandeha = -kāya.

pūtika *adj.* = pūti.

pūpa *m.* [〃] = pūva ① 과자. ② 빵. 떡 -ka. -kāra 제빵사. 제과업자.

pūpiya *m.* [<pūpa] 제빵사. 빵장수.

pūya *m.* [〃] 고름.

pūra *adj.* [〃 *cf.* pūreti] 가득 찬. 충만한. -rahada 물이 가득 찬 호수.

pūraka *adj.* [<pūrati] 가득 찬. 충만한.

pūraṇa *adj. n.* [〃 *cf.* pūreti] ① 채우는. ② 허사(虛辭)[문법 : kho. pana 등].

Pūraṇakassapa = purāṇakassapa *m.* [*bsk.* Pūraṇa-Kāśyapa] 뿌라나 깟싸빠. 부란가섭(富蘭迦葉). 부란나가섭(富蘭那迦葉)[六師外道 가운

데 道德否定論者임].
pūrati [*cf.* *sk.* pṛṇāti pṝ] ① 차다. ② 충만하다. ~puññassa 공덕으로 가득 차다. *pp.* puṇṇa.
pūratta *n.* [pūra의 *abstr.*] 충만.
pūraḷāsa *m.* [*cf.* *sk.* puroḍāśa] 공양물인 과자. 헌과(獻果).
pūreti [pūrati pṝ의 *caus.*] ① 채우다. ② 채우게 하다. ③ 충만하게 하다. 원만하게 하다. 수행하다. *aor.* pūrayittha. pūrayiṁsu. apūresi. pūresuṁ; *ppr.* pūrayanta *pp.* pūrita; *caus.* pūrāpeti.
pūla *m.* [〃] 묶음. 다발. 송이. = pūl° -ika. -ikā.
pūva *m.* [*cf.* *sk.* pūpa] ① 과자. ② 빵. 떡. -ghara 떡집. 빵집. 빵가게. 제과점. -sālā 빵가게. 제과점. -surā 떡·빵·과자와 술. 병주(餠酒).
pūvika *m.* [<pūva] 제빵사. 빵장수.
pe [= peyyāla *m.*] 생략. *cf.* la.
pekkha *adj.* ① [*cf.* *sk.* prekṣā] 기대하는. 열중한. 바라는. ② [pekkhati의 *grd.*] 기대해도 좋을만한. 바람직한.
pekkhaka. *adj.* pekkhikā *f.* [pekkha-ka] ① 보는. 보기를 원하는. ② 봄[見]. 관찰.
pekkhaṇa *n.* [<pekhati] ① 관찰. 봄[見]. ② 관조.
pekkhati [pa-ikṣ. *sk.* prekṣate] ① 보다. 관찰하다. ② 원하다. 기대하다. 관대(觀待)하다. *aor.* apekkhi; *ppr.* pekkhanta. pekkhamāna. *pl.* *gen.* pekkhataṁ; *grd.* pekkha; *caus.* pekkheti.
pekkhavant *adj.* [pekkha-vant] ① 보는. 관찰하는. ② 바라는. 기대하는. 관대(觀待)하는.
pekkhā. pekhā *f.* [*cf.* *sk.* prekṣā] ① 봄[見]. 관찰. ② 고려. ③ 바램. 관대(觀待).
pekkhin *adj.* [pekkha-in] ① 보는. 관찰하는. ② 기대하는. 관대(觀待)하는.
pekkheti [pekkheti의 *caus.*] 관찰하게 하다.
pekhuṇa *n.* [<*sk.* preṅkhaṇa<pra-īṅkh] 날개. (공작의) 꼬리 깃털.
pecca. peccā *ind.* [pa-i의 *abs.* *cf.* *bsk.* pretya] ① 지나간 후에. ② 사후에. 내세에. ~ na socati 내세를 걱정하지 않는다.
peṭaka *adj.* [<piṭaka] 대장경에 속하는.
Peṭakopadesa *m.* [piṭaka-upadesa] 뻬따꼬빠데싸. 장훈(藏訓)[부처님의 가르침에 대한 입문서].
peṇāhi. peṇāhikā *f.* [?] 두루미(?).
peṇṇakata → paṇṇakata의 *misr.*
peta *adj.* *m.* [pa-i의 *pp.* *bsk.* preta] ① 죽은. 죽은 자의 영혼. 망자(亡者). ② 아귀(餓鬼) *f.* petī. 아귀녀(餓鬼女). -upapattika 아귀로 태어난. -kathā 아귀·망자에 대한 이야기. -kicca 망자에 대한 의무. 장례. -pariggaha 망자의 소유물. 아귀의 소유물. -pūjā 사자숭배(死者崇拜). -bhavana. -loka 망자의 세상. 아귀의 세상. -yoni 아귀왕국. -rājan 아귀의 왕. 아귀왕(餓鬼王). -vatthu 아귀에 대한 이야기. -visaya 아귀의 세계. 아귀계(餓鬼界). -seyyā 아귀·망자의 잠자리.
petatta. petattana *n.* [petatta. -na] ① 아귀의 상태. ② 아귀의 조건.
Petavatthu *n.* [peta-vatthu] 뻬따밧투. 아귀사(餓鬼事)[쿳다까니까야(小部) 7].
pettanika *m.* [<pitar] 아버지로부터 물려받은 재산과 권력에 의지해 사는 사람.
pettāpiya *m.* [*sk.* pitṛvya] 아버지의 형제.
petti° [=pitar 또는 peta] ① 아버지. 조상의 영혼. ② 죽은 자의 영혼. ③ 아귀(餓鬼). -ghātin 아버지를 죽인 (자). 살부자(殺父者). -rājan 아귀의 왕. -visaya = pitti-visaya = peta-visaya 아귀의 영역. 아귀경(餓鬼境). 아귀계(餓鬼界).
pettika *adj.* [pitar-ika] ① 아버지의. ② 조상의. -gocara 아버지의 영역. 고향. -dhana 유산(遺産). -visaya 아버지의 영역. 고향.
petteyya *adj.* [<pitar. *sk.* pitrya] 아버지를 사랑하는. 효도하는.
petteyyatā *f.* [petteyya의 *abstr.*] ① 아버지에 대한 존경. ② 효도.
petyā *ind.* [=pitito] 아버지 쪽으로부터.
pema *n.* [*bsk.* prema] ① 사랑. ② 애정.
pemaka *m.* *n.* = pema.
pemaniya. pemanīya *adj.* [*bsk.* premanīya] ① 애정이 있는. 친절한. ② 사랑스러운. 유쾌한. -vāda 사랑스러운 말. 애어(愛語). -ssara 사랑스러운 음성.
peyya ① *adj.* [pivati pā의 *grd.*] 마실만한. 마실 수 있는. 마셔야 하는. ② *adj.* [piya] 사랑스러운. 사랑할 만한. -vajja. -vācā 사랑스러운 말. 애어(愛語).
peyyāla *n.* [*bsk.* piyāla. peyālaṁ] 내지(乃至). 생략. 중략의 표시[경전 가운데 명백한 반복을 생략할 때 사용. 줄여서 pe 또는 la라고 쓴다].
perita → (m)erita의 *misr.*(?) 또는 *sk.* prerita(?).
pelaka *m.* [?] 토끼.
peḷa *m.* [=piṇḍa] 덩어리.
peḷā *f.* [*cf.* *bsk.* peṭa. peṭā. peṭī. peḍā] ① 큰 바구니. ② 큰 상자. *cf.* piṭaka.
peḷikā *f.* [peḷā] 바스켓. 바구니.
pesa → pessa의 *misr.*
pesaka *m.* [<pa-iṣ] ① 고용주. ② 관리인.
pesakāra *m.* [pesa<piś-kāra] 짜는 사람. 직공(織工). 직사(織師). -dhītar 직공의 딸. -vīthi 지조공의 거리. -sippa 짜는 기술. 직기(織技).

-sālā 직조실(織造室).
pesana *n.* [*cf.* peseti<iṣ] ① 파견. ② 봉사. ③ 전갈. 전언. 메시지. -kāraka 하인. -kārikā 여자하인. 여자노예.
pesanaka *adj.* [pesana-ka] ① 전갈·메시지를 전하는. ② 봉사를 위해 고용하는. -cora (타인들을) 하인으로 만드는 도적.
pesanika. pesaniya *adj. m* [pesana-ika. -iya] ① 먼 곳에 편지나 물건을 전하는. ② 사절(使節).
pesayi peseti의 *aor.*
pesala *adj.* [*cf.* piya-sīla. *sk.* peśala] ① 사랑스러운. 즐거운. ② 상냥한. 품행이 단정한.
pesāca = pisāca.
pesi. pesī *f.* [*cf. sk.* peśi] ① 고깃덩이. 근육. pesi-vijja 근육학(筋肉學). ② 뼤씨. 폐시(閉尸)[胎內五位(kalala. abbuda. pesi. ghana. pasākhā)의 하나]. ③ 단편. 조각.
pesikā *f.* [*sk.* peśikā] ① (과실) 껍질. ② 나무껍질. 수피(樹皮).
pesita *adj.* [peseti<iṣ의 *pp.*] ① 파견된. 명령을 받은. ② 명령. -âpesita 명령과 금지.
pesiya = pessika.
pesīyati [peseti의 *pp.*] 보내지다. *pres.* p. pesiyamāna.
pesuñña *n.* [pisuṇa-ya] = pesuṇa. pesuṇiya. pesuṇeyya ① 헐뜯음. 험담. 중상. 이간. ② 명예훼손. -kāraka 중상하는 자. 험담하는 사람. 양설자(兩舌者). 참언자(讒言者).
pesuṇa. pesuṇiya. pesuṇeyya *n.* [=pesuñña. *cf. sk.* paiśuna] 이간하는 말. 중상. 이간어(離間語).
pesuṇika *m* [<pesuṇa] 중상하는 사람. 이간질하는 사람.
peseti [pa-iṣ] ① 보내다. 파견하다. ② 명령하다. *aor.* pesayi; *grd.* pessa; *pp.* pesita; *pass.* pesiyati. *cf.* pesana.
pessa *m* [peseti의 *grd. cf. sk.* preṣya] ① 사신. 사절. ② 하인. -kamma 봉사. -kāra 하인.
pessika. pessiya. pesiya *m* [pessa-ika] ① 하인. ② 노예.
pessiyā. pessikā *f.* [<pessa] 하녀. 여자노예.
pessitā *f.* [pessa의 *abstr.*] ① 하인이 되는 것. ② 봉사하는 일.
pehi [pa-i의 *imp.*] 가라!
pokkhara *n.* [*cf. sk.* puṣkara] ① 연꽃. ② 연꽃의 잎. ③ 북의 가죽. ④ 물새의 일종. -ṭṭha 물에 서 있는. -patta 연잎. 연엽(蓮葉). -madhu 연꽃줄기의 달콤한 즙. -vassa 연우(蓮雨). [어떤 대상이 젖는가 하는 것을 테스트하는 불길한 소낙비. 연꽃잎은 비에도 젖지 않는다]. -sataka. -sātaka 두루미·학(鶴)의 일종.
pokkharaṇī *f.* [*sk.* puṣkariṇī. *bsk.* puṣkaraṇī. puṣkiriṇī] ① 연꽃 있는 연못. ② 연못.
pokkharatā *f.* [pokkhara의 *abstr.*] ① 연꽃과 같음. ② 화려함. 아름다움. 미(美).
poṅkha *m* [<puṅkha] 화살. -ânupoṅkhaṁ 화살을 재빠르게 연달아 갈아 메우면서. 화살이 당겨도 끊어지지 않게. 화살이 잇닿도록.
poṭa *m* [<sphuṭ] ① 거품. ② 포말. ③ 종양(腫瘍). *cf.* sphoṭa -vijjā 종양학(腫瘍學).
poṭaki *m* poṭakī *f.* [? Non-Aryan] 풀의 일종. -tūla 면화의 종류.
poṭakila. poṭaggala *m* [*cf.* poṭaki *sk.* poṭagala] 풀 또는 갈대의 일종.
poṭha *m* [<poṭheti] ① 때림. 타척(打擲). ② 튕김. 탄지(彈指).
poṭṭhapāda *m* [*sk.* bhādrapadaḥ] 뽓타빠다. 구월(九月 : 음력 8월 16일 ~ 9월 15일)[남방음력 5월 16일 ~ 6월 15일].
poṭṭhabba → phoṭṭhabba.
poṭhana. pothana *n.* [<poṭheti] ① 때림. 타척(打擲). ② 튕김. 탄지(彈指). *cf.* nippothana.
poṭheti. potheti [puth. spuṭh] ① 때리다. 치다. ② 손가락을 튕기다. *aor.* poṭhesi; *pp.* poṭhita; *abs.* poṭhetvā; *caus.* poṭhāpeti. *cf.* pappoṭheti. *pass.* poṭhiyati.
poṇa *adj.* [*cf.* pa-ava-nam] ① 쑤시개. danta-poṇa 이쑤시개. ② 컵(?) ③ 기우는. 경사진. 내리막의. ~을 향해 가는. nibbānapoṇa 열반으로 향해 가는.
poṇika *adj.* [<poṇa] 경사진. 내리막의. 기울어진. ~을 향해 가는.
pota *m* ① [〃<putta] 어린 짐승. ② [〃<plota] 배[舟]. 선박. ③ [?] 맷돌. 숫돌.
potaka *m* potakī *f.* [<pota] ① 어린 짐승. ② 작은 가지. 곁가지.
pottha ① *adj.* [?] 가난한. 불쌍한. *cf.* ponti. ② *m* [*cf. sk. bsk.* pusta] 모형. 제작. 조소(彫塑). 조각(彫刻).
potthaka ① *m* [*cf. sk.* pustaka] 책. (진흙이나 나무로 만든) 조소(彫塑)·조각상(彫刻像). -ākara. -ālaya 도서관(圖書館). -pasibbaka 책가방. -sibbaka 책을 엮거나 수리하는 사람. 제본사. ② *n.* [?] 나무껍질로 만든 옷. 마까찌(makaci) 섬유로 만든 천.
potthanikā. potthanī *f.* [<puth?] ① 단검(短劍). 비수(匕首). 날카로운 칼. ② 이검(利劍). 도살업자의 칼.

pothana. potheti = poṭhana. poṭheti.
pothalikā f. [?] ① 본뜬 형상. ② 화포에 그린 인형(人形).
pothiyamāna adj. [poṭheti의 pass. ppr.] 타격받는. 구타당하는.
potheti [=poṭheti] ① 때리다. 치다. ② 손가락을 튕기다. aor. pothesi; pp. pothita; abs. pothetvā; caus. pothāpeti. cf. pappotheti. pass. pothiyati.
pothetvā → yodhetvā 또는. sodhetvā의 misr.
pothujjanika adj. [puthujjana-ika] 보통사람의. 일반사람의. 범부의. 평범한. = puthujjanika.
poddava → gāmapoddava.
ponobhavika adj. [punabbhavaika] 재생으로 통하는. 재생하는.
ponti m. [?] 누더기 옷. 폐의(敝衣).
porāṇa adj. m. [=purāṇa. sk. paurāṇa] ① 옛날의. 오래된. 이전의. ② 옛날사람. 고인(古人). 고성(古聖). -iṇamūla 이전에 빌린 돈·재산. 구차재(舊借財). -isi 옛날의 성인. 고선(古仙).
porāṇaka. porāṇika adj. m. [porāṇa-ika] ① 옛날의. 이전의. 오래된. 신화적인. ② 낡은. 많이 사용된. ③ 옛 사람. 고인(古人). -mahāhatthivisesa 맘모스.
porin adj. [cf. pora. sk. paura<pura] ① 도시사람과 같은. ② 세련된. 예의바른. porī vācā 예의바른 말.
porisa [<purisa] ① adj. m. 인간의. 인간에게 적합한. 고용인. 하인. -āda 사람을 먹는 귀신. 식인귀(食人鬼). -ādaka 인육을 먹는 사람. ② n. 일. 업무. 봉사. 사람의 키. cf. porisiya. poroseyya.
porisatā f. [porisa의 abstr.] 인간의 상태.
porisāda. porisādaka m. [<purisa-ad] ① 식인종(食人種). ② 식인귀(食人鬼).
porisiya adj. [<purisa] ① 인간의. 인간다운. ② 사람의 키에 해당하는.
poroseyya adj. [=porisiya] ① 인간에게 적합한. ② 인간의. 인간다운.
porohacca. porohicca n. [purohita-ya] ① 가족 사제의 직책. 사제의 직무. ② 사제직.
porohita = purohita.
posa ① m. [=purisa] 사람. 남자. ② adj. [poseti<puṣ의 grd.] 양육된. 길러진.
posaka adj. m. posikā f. [cf. poseti] ① 양육하는. 기르는. ② 부양자. 양육자. ③ 유모. ④ 간호원.
posatā f. [posa의 abstr.] 키우는 것. 양육하는 것. suposatā 양육하기 쉬운 것. -dupposatā 양육하기 어려운 것.
posatha m. [bsk. poṣadha] = uposatha. 참회의 식. 포살(布薩)[戒를 설하는 것. 혹은 그날. 齋日; 불경에 나타난 고대인도의 역법에 따르면. 인도의 일년은 삼계절 - 겨울. 여름. 우기 - 로 나뉘며. 각 계절은 4개월씩 계속된다. 4개월은 8개의 보름기간(pakkha)으로 나뉘고. 세 번째와 일곱 번째는 14일로 구성되고 나머지는 15일로 구성된다. 보름달이거나 신월이거나 반달의 날이 특별히 길조인 것으로 여겨진다. 불교에서는 이런 날에 포살(懺悔儀式)을 행한다. 보름날과 신월에는 수행승들이 계본(戒本)을 외우고 일반신도들은 설법을 듣거나 수행을 하기 위해 승원을 방문한다].
posathika = uposathika.
posana. posaṇa n. [<puṣ] ① 양육. 육성(育成). ② 후원.
posāpeti. posāveti [poseti의 caus.] 키우다. 양육시키다. pp. posāpita. posāvita.
posāvanika. posāvaniya adj. n. [<posāvana<posāpeti] ① 양육되어야 할. ② 양육에 필요한 것. 양육비. 식비.
posika. posikā → posaka.
posita adj. [poseti의 pp.] 양육된.
positum → phusitṁ.
posin adj. [posa-in. cf. poseti] 양육하는. 키우는. 돌보는.
poseti [puṣ] ① 양육하다. 키우다. ② 돌보다. pp. posita; caus. posāpeti. posāveti. cf. posa. posana. posaṇa.
plava. plavati = pilava. pilavati.
plavaṅgama m. [sk. plavaṅ-gama] 원숭이.

Ph

pha *ind.* 자음. 문자 ph의 이름.

phakāra *m.* [pha-kāra] ① ph의 문자·음소. ② pha 어미. -āgama ph의 문자·음소의 추가. -ādesa ph의 문자·음소의 대체. -lopa ph의 문자·음소의 제거.

phaggu *m.* [?<*sk.* phalgu] (특별한) 단식기간. *cf.* phaggunạ. pheggu.

phagguṇa *m.* phagguṇī *f.* [*cf. sk.* phālguna. phālgunī] 팍구나. 맹춘(孟春). 파륵구나월(頗勒窶那月). 삼월(三月: 양력 2월 16일 ~ 3월 15일) [남방음력 11월 16일 ~ 12월 15일].

phaṇa *m.* [〃] 뱀의 후드[낫 모양의 코브라 머리]. -hatthaka 뱀의 머리와 같은 손이 있는 자.

phaṇaka *m.* [phaṇa-ka] ① 낫 모양의 빗. ② 빗. 목즐(木櫛).

phaṇijjaka *m.* [?] ① 파닛자까[가지에서 번식하는 식물의 일종]. ② 싸미라나(Samīraṇa)[식물의 일종].

phaṇin *adj. m.* [〃] ① 후드가 있는. ② 코브라.

phandati [spand] ① 진동하다. 요동하다. 전율하다. ② 맥박이 뛰다. *ppr.* phandant; *pp.* phandita; *caus.* phandāpeti; *ppr.* phandāpayant.

phandana ① *adj.* [<phandati] 동요하는. 전율하는. 흔들리는. ② *m.* 판다나[식물의 일종. Dalbergia].

phandanā *f.* phanditatta *n.* [<phandati] ① 요동. 고동. ② 전율. 운동. ③ 움직임. 진동.

phandāpeti [phandati의 *caus.*] ① 동요시키다. ② 진동시키다.

phandita *adj. n.* [phandati의 *pp.*] ① 고동치는. 고동. 맥박이 뜀. ② 진동하는. 진동.

pharaṇa *n.* [*cf.* pharati] ① 두루채움. 퍼져나감. ② 편만(遍滿). -pīti 편만의 기쁨. 편만희(遍滿喜).

pharaṇaka *adj.* [pharaṇa-ka] ① 진동하는. 퍼져나가는. ② 편만한.

pharaṇatā *f.* [pharaṇa의 *abstr.*] ① 퍼져나감. ② 편만(遍滿). 침투(浸透).

pharati [sphur. sphar] ① 퍼지다. 침투하다. ② 가득 차다. ③ [phal. sphaṭ] 사용되다. 이용되다. *abs.* pharitvā; *pp.* pharita. phurita. phuṭa.

pharasu. parasu *m.* [*sk.* paraśu] 손도끼. 도끼.

pharita *adj.* [pharati의 *pp.*] ① 두루 퍼진. 편만(遍滿)된. ② 침투된.

pharusa *adj.* [*sk.* paruṣa] ① 거친. ② 귀에 거슬리는. ③ 난폭한. -vācā 거친 말. 욕(辱). 악어(惡語). 추악어(醜惡語). -vācā paṭivirata 거친 말. 욕을 삼가는 (사람). 이추악어자(離醜惡語者). -vācāyo veramaṇī 거친 말·욕을 삼가는 것. 불악구(不惡口).

phala *n.* [〃] ① 과일. 열매. ② 결과. ③ 과위(果位). 경지. 정신적인 성취. 종교적인 경지. 성자의 지위. 참사람의 경지. ④ *m.* 창끝. 칼끝. ⑤ *n.* 고환(睾丸). ⑥ *m.* [=pala] 무게의 양(量). -atthika 열매를 원하는 사람. -āpaṇa 과일가게. -āpaṇika 과일장사. -âphala 모든 종류의 과일. -ārāma 과수원(果樹園). -āsava 과일의 추출물. 과일에서 짜낸 즙. 과즙(果汁) -uppatti 과일의 무르익음. -esin 과일을 구하는. -khādaniya 단단한 열매의 음식. 과작식(果作食). -gandha 과일의 향기. 과향(果香). -citta 참사람 경지의 마음. 과심(果心). -ñāṇa 참사람 경지의 앎. 과지(果智). -ṭṭha 참사람의 경지를 즐기는. 과주자(果住者). -tumba 과일 항아리. -dāna 과일의 선물. -dāyin 과일을 선물하는 자. -paccavekkhaṇa 결과에 대한 성찰. -pacchi 과일 바구니. -pañcaka 다섯 종류의 과일. -puṭa 과일 주머니. -bīja 열매에 종자가 있는. 열매로 번식하는 종자. -bhājaka. bhājana 과일을 나누어 주는 사람. -bhesajja 과일로 만든 약. 과약(果藥). -maya 과일로 만든. -rasa 과일즙. 과즙(果汁). -ropaṇavijjā 과실재배법. -vipāka 결과가 달리 성숙함. 과이숙(果異熟). -visuddhi 경지의 청정. 과청정(果淸淨). -saṅgha 참사람의 경지의 승가. 과승가(果僧伽). -sacchikiriyā 참사람의 경지에 대한 깨달음·체험. 증과(證果). -samaṅgin 참사람의 경지를 갖춘. -samaṅgīñāṇa 참사람의 경지의 성취에 대한 앎. 과구족지(果具足智). -samāpatti 참사람의 경지의 성취. -sīla 참사람의 경지의 계행. 과계(果戒). -sukha 참사람의 경지의 즐거움. -hārika 과일가게.

phalaka *m.* [<phala<sphal] ① 나뭇조각. 널빤지. 벽. ② 방패. 기둥. -cīra 나뭇조각으로 만든 옷. 목편의(木片衣). -pīṭha 널빤지 의자. 판좌(板座). -seyya 널빤지가 깔린·덮인 침대. 판와상(板臥床).

phalagaṇḍa → palagaṇḍa 의 *misr.*

phalatā *f.* [phala의 *abstr.*] ① 열매를 맺은 사실.

② 정신적 성취를 얻은 상태.
phalati [phal] ① 쪼개지다. 갈라지다. ② 익다. 열매를 맺다. = phallati. *pp.* phalita. phulla; *caus.* phāleti.
phalamaya → phalikamaya의 *misr.*
phalavant *adj.* [phala-vant] ① 열매를 잘 맺은. ② 열매가 풍부한.
phalasata → palasata.
phalika ① *m.* [phala-ika] 과일을 파는 장수·행상. ② *m.* [=phaḷika. *sk.* sphaṭika] 수정(水晶). 석영. 파리(玻璃). -guhā 수정굴. -pāsāda 수정궁. -maya 수정으로 만든. -vaṇṇa 수정의 색깔. -vimāna 수정궁전.
phalikā *f.* [=phalika] 수정. 석영. 파리(玻璃).
phalita *adj.* ① [정확하게는 palita] 백발의. ② [phalati 의 *pp.*] 깨진. 열매를 맺는. 열매가 달린.
phalin. phalima *adj.* [phala-in. -mat] 열매를 지닌. 열매를 맺는.
phalina *adj.* [<phalin ?] 열매를 입에 문(?). *cf.* phalīna. palīna로도 쓰인다.
phalu *m.* [*sk.* paru] '갈대의 마디' 마디.
phalubīja *n.* [phalu-bīja] 마디에서 번식된. 마디로 번식하는 식물. 절종(節種).
phale *ind.* [phala의 *loc.*] -ñāṇa 경지에 대한 앎. 과지(果智). -ṭhita 경지를 즐기는 (자). 과위(果位)를 확립한 자.
phaleti → paleti의 *misr.* '달리다'
phallati [=phalati] 열매 맺다.
phallava *n.* [=pallava] 새싹.
phaḷika *m.* [=phalika ②] 수정(水晶). 석영. 파리(玻璃).
phassa ① *m.* [*cf.* phusati. *sk.* sparśa] 접촉. 촉(觸). 경험. 화합[根·境·識 셋의 和合] [想受滅定에 이른 자의 三觸; suññata° animitta° appaṇihita - phassa]. -âbhisamaya 접촉에 대한 뚫음. 현관. -āyatana 접촉의 영역. 촉처(觸處). -āhāra 접촉의 자양분. 촉식(觸食). -kāya 접촉의 무리. 촉신(觸身). -nānatta 접촉의 다양성. -samudaya 접촉에서 생겨난 것. -sampayutta 접촉과 관계된. -sukha 접촉의 즐거움. ② *adj.* [phusati의 *grd.* *cf.* *sk.* spṛśya] 느껴지는. 즐거운. 아름다운.
phassati [=phusati] ① 접촉하다. ② 경험하다.
phassanā *f.* [phassa의 *abstr.*] ① 접촉. ② 경험.
phassita *adj.* [phasseti의 *pp.*] ① 접촉된. ② 경험된. ③ 도달된.
phasseti [phusati ①의 *caus.*] ① 접촉하다. ② 경험하다. ③ 도달하다. *opt.* phassayeyya; *ppr.* phassayaṁ; *pp.* phassita. phussita; *pass.* phassīyati.
phāṭeti → pāteti. *cf.* phalati.
phāṇita *m.* [〃] ① 사탕수수 즙. 생설탕. 당밀. -odaka 설탕물. -puṭa 설탕포대. ② 소금.
phāti *f.* [*cf.* *sk.* sphāti<sphāy] ① 팽창. ② 증대. 증가. -kamma 증가. 이익. 유리(有利). -karoti (*inf.* -kattuṁ) 증가·증대시키다. 뚱뚱하게 만들다. 유리하게 이용하다.
phāruka *adj.* [*cf.* phārusaka] 쓴. 쓴맛의(?).
phāruliya *n.* [= phārusiya의 *misr.*] ① 거칠음. ② 불친절.
phārusa. phārusaka *m.* [=pharusa(ka)] 파루싸. 파류사(頗留沙). 삼색화(三色花)[꽃의 일종. 쓴 열매].
phārusiya *n.* [= pharusa-iya] ① 거칠음. ② 불친절(不親切).
phāla *m. n.* [〃] ① 쟁깃날. 철판. ② 널빤지. ③ 창(槍). 막대. 꼬챙이.
phālaka *adj.* [<phāleti] ① 분할하는. ② 분열하는. 열개(裂開)하는.
phālana *n.* [<phāleti] ① 분열. 열개(裂開). ② 개화(開花)
phālāpeti [phāleti의 *caus.*] 찢게 하다. 분열하게 하다. 파열시키다.
phālita *adj.* ① [*sk.* sphārita<sphar] 열려진. 확장된. 퍼진. ② [phāleti의 *pp.*] 쪼개진. 파열된.
phāliphulla *adj.* [phulla의 *interj.ns.ns.* 또는 *cf.* pariphulla] 활짝 핀. 만개(滿開)한.
phālibhaddaka *a.* = pālibhaddaka.
phālima *adj.* [<phal 또는 sphar. sphāy의 *caus.*] ① 확장하는. ② 여는. 꽃피는.
phāleti [phalati의 *caus.*] ① 쪼개다. 찢다. ② 부수다. 자르다. *pp.* phālita. *caus.* phālāpeti.
phāsu ① *adj.* [*cf.* *sk.* prāśu *bsk.* phāsu. phāsa. phāṣa. sparśa] 즐거운. 편안한. 건강한. -kāma 편안하기를 원하는. -vihāra 평온. 평안. 안주. -vihārika 편안하게 머무는. 편안한 거주처. 안락주처(安樂住處). ② pāsa의 *misr.*
phāsuka *adj.* [phāsu-ka] *cf.* *bsk.* phāṣaka = phāsu.
phāsukā *f.* [*cf.* *sk.* pārśva *bsk.* pārśvakā. pārśukā] ① 갈빗대. 늑골(肋骨). -aṭṭhi 갈비뼈. -dvaya 한 쌍의 갈비뼈. ② 서까래.
phāsuḷā. phāsuḷī. phāsulikā *f.* = phāsukā 갈빗대. 늑골.
phiya *m.* [?] 노. 도(棹). -âritta 노와 키.
phīta *adj.* [*cf.* *sk.* sphīta<sphāy의 *pp.*] 부유한. 풍부한. 번영하는.
phuṭa *adj.* ① [pharati sphar. sphur의 *pp.*] 널리

퍼진. 편만한. 침투한. 사무치는. 확장된. ② [sphuṭ의 pp.] 꽃피는. 만개(滿開)한.

phuṭika. phuṭita adj. [=phoṭita] 흔들린. 파열된. 조각난.

phuṭṭha adj. [phusati의 pp.] 접촉된. 영향(影響)을 받은.

phuṭṭhatta n. [phuṭṭha의 abstr.] 접촉된 사실. 촉성(觸性).

phunati [dhunati의 misr. ?] ① 흔들다. ② (물을) 뿌리다.

phulaka = pulaka 보석의 일종.

phulla adj. [phalati의 pp.] ① 꽃핀. ② 파열된. cf. phalita ②.

phullita adj. [phullati<phulla의 denom. pp.] 꽃피는. 개화(開花)된.

phusati [spṛś cf. phassati] ① 대다. 스치다. 접촉하다. ② 달성하다. 도달하다. aor. phusi. aphusiṁ. aphussayi. aphassayi; fut. phusissaṁ; grd. phoṭṭhabba; pp. phuṭṭha. phusita. phassita. phussita.

phusana n. phusanā f. [<phusati] ① 접촉. ② 도달. 달성.

phusāyati ① [pruṣ의 caus.] 뿌리다. 부드럽게 비를 내리다. cf. phoseti. ② [phusati의 denom.] 만지다. 접촉하다.

phusita ① n. [cf. phusāyati. = pkt. phusiya] 빗방울. ② adj. [cf. sk. pruṣita] 반점이 있는. 채색한. 잡색의. ③ adj. [=phassita. phussita] 접촉된. 조여진. -aggaḷa 빗장을 잠근.

phusitaka adj. [phusita ① -ka] 빗방울이 있는.

phussa ① m. [cf. sk. puṣya] 풋싸. 불사(弗沙). 일월(一月 : 양력 12월 16일 ~ 1월 15일)[남방음력 9월 16일 ~ 10월 15일]. 귀숙(鬼宿)[별의 이름]. nakkhatta 귀숙(鬼宿). ② adj. [phusati의 grd.] 소촉(所觸)의. 접촉되어야 할. ③ adj. [cf. sk. puṣpā] 지극히 아름다운. 우아한. -ratha 꽃수레. 화차(花車). -rāga 황옥(黃玉). 적호박(赤琥珀).

pheggu m. [cf. sk. phalgu] 나무속껍질. 수피(樹皮)[sāra의 반대]. 백목질. 연재(軟材). -gandha 나무속껍질의 향기. 수부향(樹膚香).

phegguka adj. [pheggu-ka] ① 가치 없는 나무뿐인. 껍질뿐인. ② 약한. 열등한.

pheggutā f. [<pheggu의 abstr.] 말라빠진 나무의 상태. 쓸데없는 것.

pheṇa m. [cf. sk. phena] ① 뜬 찌꺼기. ② 포말(泡沫). 거품. pheṇam uppādeti 발효하다. -uddehaka 비등(沸騰)하는. -uddehana 비등(沸騰). -uddehakaṁ adv. 표면에 찌꺼기가 뜬 채로. -paṭala 거품의 막. -piṇḍa 거품 덩어리·더미. 포단(泡團). -mālā 거품의 화환·소용돌이. -mālin 거품의 소용돌이가 있는. 포환(泡環). -missa 거품으로 뒤섞인. -vaṇṇa 거품의 색깔.

pheṇaka = pheṇa.

pheṇila m. [sk. phenila] 페닐라[무환자(無患子) 나무속의 나무].

phoṭa. phoṭaka m. [cf. sk. sphoṭa] 부스럼. 물집.

phoṭana adj. [<phoṭeti] 박수갈채. cf. apphoṭana <ā-phoṭeti.

phoṭeti [sphuṭ의 caus.] ① 흔들다. 진동시키다. ② 박수치다. aor. apphoṭesi; pp. phoṭita = phuṭita.

phoṭṭhabba adj. n. [phusati의 grd. bsk. spraṣṭavya. praṣṭavya] ① 접촉해야 할. 접촉되어져야 하는 것. ② 감촉(感觸). 소촉(所觸). -āyatana 감촉의 영역. 촉처(觸處). -ûpahāra 감촉을 통해 제공된 것. 촉지현(觸持現). -dhātu 감촉의 세계. 감촉의 요소. 촉계(觸界). -taṇhā 감촉에 대한 갈애. 촉애(觸愛). -bhoga 감촉을 즐김. 촉락(觸樂). -rasa 감촉의 맛. 촉미(觸味). -vicāra 감촉에 대한 조사. 촉사(觸伺). -vitakka 감촉에 대한 숙고. 촉심(觸尋). -visaya 감촉의 경계. 촉경(觸境). -sañcetanā 감촉에 대한 의도. 촉사(觸思). 촉의사(觸意思). -saññā 감촉에 대한 인식. 촉상(觸想).

phosita adj. [phoseti의 pp.] 뿌려진. 살포된.

phoseti [pruṣ의 caus.] 뿌리다. 붓다. 살포하다. inf. phositum; pp. phosita. cf. phusāyati. phusita.

B

ba *ind.* ① 자음·문자 b의 이름. ② 문자 p의 대신에 쓰인다. *cf.* pahuta = bahuta. bakkula. badara. badālatā. baddhacara. bandhuka. bala. balīyati. bahuka. bahūta. billa. bella. paribandha = paripantha. ③ 문자 v 대신에 쓰인다. bajjayitvā = vajjetvā.

baka *m* [〃] ① 두루미. 왜가리. ② 빠까. 바가(婆伽)[하느님(梵天)의 이름].

Bakabrahman *m* [baka-brahmā] 빠까브라흐마. 바가범(婆伽梵)[하느님(梵天)의 이름].

bakāra *m* [ba-kāra] ① b의 문자·음소. ② ba 어미. -āgama b의 문자·음소의 추가. -ādesa b의 문자·음소의 대체. -lopa b의 문자·음소의 제거.

bakula [〃] 나무의 이름.

bakkula *m* [<vyākula? *cf.* pākula] 무서운 소리를 내는 악마.

bajjha bajjhati의 *abs.*

bajjhati [bandhati의 *pass.*] ① 묶이다. 붙잡히다. ② 넋을 잃다. *pres. 3pl.* bajjhare; *aor.* bajjhi. abajjhare; *imp.* bajjhantu; *opt.* bajjheyya; *abs.* bajjhitvā. bajjha.

bajjhare. bajjhi → bajjhati.

bata = vata.

battiṁsa. battiṁsati *num.* 32. 서른둘.

badara *m n.* [〃] 대추. -aṭṭhi 대추의 핵. -paṇḍu 연노랑색의 대추. -missa 대추 열매의 즙을 혼합한 (것). -yūsa 대추열매의 즙.

badarī *f.* [<badara] 대추나무.

badālatā *f.* [padālatā<pa-dal] 넝쿨식물.

baddha ① *adj.* [bandhati의 *pp.*] 묶인. 매인. 포획된. 포착된. 잡힌. 결합된. 정착된. 계약된. 획득된. 조합된. 장치된. -añjalika 합장하는. -pitta 담즙이 정체된. 담즙질의. -rāva 고통의 울부짖음. -vera 적대적인. 유감이 있는. ② *n.* [<bandhati] 가죽끈.

baddhacara → paddhacara.

badhira *adj.* [〃] 귀먹은. 귀머거리의. -dhātuka 타고날 때부터 귀먹은.

bandha *m* [〃] ① 결합. 속박. ② 족쇄. 고삐. ③ 붕대. ④ 묶은 사람. -mokkha 속박에서 벗어남. 해박(解縛).

bhandhakī *f.* [<bandhaka] 정숙치 못한 여자. 폐악녀(幣惡女). *pl.* bandhakiniyo.

bandhati [〃 bandh] ① 묶다. 매다. 포획하다. 포착하다. ② 장착하다. 조합하다. 구성하다. ③ 준비하다. ④ 계약하다. ⑤ 획득하다. *imp.* bandha. bandhantu; *opt.* bandheyya; *fut.* bandhayissati; *aor.* abandhi. bandhi; *abs.* bandhitvā. bandhiya; *pp.* bandha; *grd.* bandhanīya; *caus.* bandhāpeti; *pass.* bajjhati.

bandhana *n.* [〃] ① 묶음. 감김. ② 포박. 노획. 포획. 결박. 구속. 속박. ③ 질곡. 족쇄. ④ 구성. 작문. 구문[문법]. ⑤ 연합. 조합. ⑥ 함께 뚫음. -âgāra 감옥. -âgārika 옥졸(獄卒). 옥리(獄吏). -gata 죄수(罪囚). -ṭṭhāna 정박지. -palibodha 결박의 장애. -suttaka 감긴 실.

bandhanīya *adj.* [bandhati의 *grd.*] 묶여야 할. 묶일 수 있는.

bandhava *m* [*cf. sk.* bāndhava] ① 친척. 친족. ② 관계된 사람. 관계자.

bandhāpeti [bandhati의 *caus.*] (선박을) 건조(建造)하다.

bandhu *m* [〃 *cf.* bandhava] ① 친척. 친족. *pl.* bandhū. bandhavo. ② 브라흐만. 범천. 하느님. -pāda 브라흐만의 발.

bandhunī bandhu의 *f.*

bandhuka *m* [<bandhu] = bandhujīva(ka).

bandhujīva. bandhujīvaka *m* [<bandhu-jiva] 반두지바까. 하이비스커스(Hibiskus). 반두시바가(般豆時婆迦)[식물의 일종: Pentapetes Phoenicea].

bandhupāda *m* [<bambha-pāda<brahmapāda] '하느님의 발' ① 수드라. 노예. ② 비천한 사람.

bandhukaroga → paṇḍuroga.

bandhuvant. bandhumant *adj.* [bandhu-vat] 친척이 있는. 친척이 많은.

babbaja *m* [*cf. sk.* balbaja] = pabbaja 등심초(燈心草). 바바초(婆婆草)[갈대종류의 거친 풀의 일종]. -pādukā 등심초로 만든 슬리퍼. -lāyaka 등심초를 베는 사람.

babbu. babbuka *m* [*cf. sk.* babhruka] 고양이. = biḷāra.

babbhara *m* [*onomat.*] '밥바라 바라바라'하는 소리. *cf.* bharabhara.

barāsa *num.* [<dvādasa] 열둘(12).

barihin *m* [*cf. sk.* barhin] 공작새.

barihisa *n.* [*sk.* barhis] 제사용 풀. 희생제의 초좌

(草座).

bala *adj.* *n.* [〃] ① 강력한. 힘센. ② 힘. 위력. 세력. 무력. 군대. *ins.* balasā. balena 힘에 의해. 강하게. -agga 군대의 선두. 정렬된 군대. -ânīka 강력한 군대가 있는. -kāya 군대. -koṭṭhaka 요새. 야영지. -(k)kāra 힘의 사용. 무력. 난폭. 강제. 강요. 폭행. -(k)kārena 강제로. 무력으로. 난폭하게. -gumba 밀집한 무리. -cakka 힘(통치권)의 바퀴. -ṭṭha. -ttha 군인. 군의 관리. 왕실 호위병. 왕의 사자. -da. -dāyin 힘을 주는. -dasaka 장년기의 십년. 역십년(力十年). -(p)patta 강력한. -pitiya 발라삐띠야[지명]. -rūpa 힘의 발휘. 힘의 형태. -vāhana 군대. -vīra 힘있는 영웅. -sata = palāsata. ② *m* [〃] 까마귀의 일종.

balaka *adj.* [=bala ①] 힘센. 강력한.

balatā *f.* [bala의 *abstr.*] ① 힘. ② 세력. 위력.

balati [bal] 살다.

balatta [<bala] ① 힘. ② 세력. 위력.

balavatā *f.* [balavat의 *abstr.*] ① 힘. ② 세력. 위력. ③ 군세(軍勢).

balavant *adj.* *m* [bala-vant] 강한. 힘센. 건장한. 강자(强者) *acc.* balavaṁ *adv.* 강하게. 훌륭하게. balavâbalavaṁ 아주 강하게. balava° -kopa 진노(震怒). 격노(激怒). -gavā 힘센 황소. -paccūse. -paccūsasamaye 아주 이른 아침에. -phandana 고난(苦難). 시련(試鍊). -vivāda 아수라장(阿修羅場).

balavatara *adj.* [balavant의 *compar.*] 더욱 강한. 아주 강한.

balavatarī balavatara의 *f.*

balasata → palasata.

balākā *f.* [〃] 두루미.

bali *m* [〃] ① 봉납(물). 공양(물). -kamma (신등에게) 음식을 바침. 희생제. -karaṇa 공양물의 보시. -kāraka 보시를 제공(하는). -ṅkatar 공양물을 바치는 사람. 공제자(供祭者). -paṭiggāhikā 공양을 받는. 공양 받을 만한 여신. -paṭiggāhaka 보시를 받는. 보시를 받을 만한. -patiggāhikā 보시를 받는 여자·여신. -puṭṭha 까마귀. -vadda 황소. 수소. -haraṇa 공양물의 운반. ② 세금. 세입. 수입. -kāra 납세(納稅). -piḷita 세금으로 짓눌린. -sādhaka 세금징수원. ③ 발리[아수라(阿修羅) 의 이름].

balika *adj.* [<bala] 힘센. 강력한.

balin *adj.* *m* [<bala] ① 힘센. 강력한. ② 역사(力士). 용사(勇士).

balivadda. balibadda *m* [*cf.* *sk.* balivarda] ① 황소. 수소. ② 밭가는 소. -ûpama 황소와 같은. 황소의 비유. -ûpamapuggala 황소와 같은 사람.

balisa. baḷisa *m* *n.* [*cf.* *sk.* baḍiśa] 낚싯바늘. -maṁsikā 살점을 낚는 고문의 일종. 구육형(鉤肉刑)[양쪽의 갈고리를 잡아당겨 피부와 살과 근육을 찢어 죽이는 고문·형벌]. -yaṭṭhi 낚싯대.

balī° [= bala°] bhū나 kṛ와 결합할 경우에 사용.

balīyati [bala의 *denom* *bsk.*] ① 강하게 되다. ② 정복하다.

balya. balla *n.* [=bālya. bāla-ya] ① 어리석음. 우둔. ② *n.* [<bala-ya] 힘을 지님. 강력함. ③ *m* 힘이 강한 자. *cf.* dubballa 나약한 자. *abl.* dubbalyā *adv.* 근거가 박약하게.

baḷavā *f.* [*sk.* vaḍavā] 암말.

baḷavāmukha *n.* [baḷavā-mukha] ① 암말의 입. ② 지옥의 입구.

baḷisa = balisa.

baḷīyakkha *m* [?] 새의 일종.

bavhābādha *adj.* [bahu-ābādha] ① 병이 많은. ② 통증이 심한.

bahati ① [bṛh] 잡아당기다. ② [baṁh<bṛh] 강하게 하다. 증가하다. ③ [<bahi] 밖에 두다. 밖에 머물게 하다.

bahala *adj.* [〃 <bahula] ① 밀집한. ② 빽빽한.

bahalatta *n.* [bahala의 *abstr.*] ① 밀집된 상태. 빽빽한 상태. 짙음. ② 조밀한 상태.

bahavo → bahu.

bahi *ind.* [*sk.* bahis. bahir] ① 밖에. 외부에. ② 옥외에. -gata 바깥으로 가버린. -ttaca 표피(表皮). -ttacāyatta 표피적인. 표피세포의. -dvāra 바깥문. -dvārakoṭṭhake 문밖에. -nagare 도시·성 밖에. -nikkhamana 밖으로 나감·떠남. -niggata 돌출한. -vati 바깥울타리. -sīmā 경계·한계의 밖. 계외(界外). *cf.* bāhira.

bahiddhā *ind.* *prep.* [*sk.* bahirdhā] 밖에. 외부에. -âbhinivesā paññā 외부세계의 집착으로 이끄는 지혜. 외주혜(外住慧). -ārammaṇa 외부의 감각 대상. 외소연(外所緣). -vavatthāna 외부의 결정. -vuṭṭhāna 외부로의 출리(出離). -suñña 외공(外空)[感官의 對象인 六境에 나(我)나 나의 것(我所)이나 영원하고 견고한 것이 없는 것을 말한다].

bahu *adj.* [〃] ① 많은. ② 큰. ③ 풍부한 (*sg.*) *nom.* bahu. bahuṁ. bahud; *ins.* bahunā; *abl.* bahumhā; (*pl.*) *nom.* bahavo. bahū. bahūni; *dat.* *gen.* bahunnaṁ. bahūnaṁ; *ins.* bahūhi; *loc.* bahūsu. -ābādha(bavh°) 큰 고통·병. 병이 많은. 많이 앓는. -āyāsa 대단한 곤란. -(i)tthika 여자가 많은. -ûdaka. -odaka(bahv°) 물이 풍부한. -ûpakāra 아주 유익한. 이익이 많은. -kata 봉사하는. 친절한. 자비심 많은. ~에 의해서 많이 자

극받은. 주의를 기울이는. -karaṇīya 다망한. 일·의무가 많은. 바쁜. -kāra 원조. 많은 이익. 도움. -kāratta 유익함. 봉사. -kicca 할 일이 많은. 바쁜. -koṇaka 다각형(多角形). -khāra 알카리의 종류[채소 재의 산물]. -jana. -jañña 군중. 대중. 많은 사람. -jāgara 아주 깨어있는. -jāta 많이 자란. 풍부한. -ṭhāna 많은 주제를 포괄하는. 광범위한. -tara[compar.] 더 많은. -dalaka 다판(多瓣)의. -dīpakapadesa 폴리네시아. -devadiṭṭhika 다신론자(多神論者). 다신교도(多神教徒). -devavāda 다신교(多神教). -dhana 재물이 많은. 돈이 많은. -nettaphala 파인애플. -patikatta 일처다부(一妻多夫). -patta 많이 얻은. 선물로 가득 채운. -(p)pada 다리가 많은. 다지(多枝)의. 다족류(多足類). -(p)phala 열매가 풍부한. -phalada 비옥한. 다결실(多結實)의. -(b)bīhi 소유복합어(所有複合語). 유재석(有財釋). -bhaṇḍa 상품. 재산이 풍부한. -bhariyatā 일부다처(一夫多妻). -bhāṇika. -bhāṇin 잘 지껄이는. 수다스러운. -bhāṇitā 수다스러움. 수다. -bhāva 장대함. 부유(富裕). 풍부. -bherava 아주 무서운. -maccha 물고기가 풍부한. -mata 많이 존경받는. 아주 존경스러운. -manta 매우 교활한. -māna 많은 존경. 호의. 존중. -māya 아주 기만적인. 아주 교활한. -mūlakagaṇḍa 용종(茸腫). 폴립. -mūlakuppatti 다원발생(多元發生). -rūpaka 다형태의. -vacana 복수[문법]. -vāraka 바후바라까수[나무의 이름. Cordia Myxa]. -vighāta 큰 고통으로 가득 찬. -vidha 여러 종류의. -sarayutta 다음절(多音節)의. -sacca = bāhusacca. -sīsaka 머리가 많은. -(s)suta. 많이 배운 자. 지식인(知識人). -(s)sutaka 지식이 많은. 박식한. -sippaka 폴리테크닉의.

bahuka = hahu. *compar.* bahukatara.

bahukkhattuṁ *ind.* [bahukhattuṁ] 여러 번. 자주.

bahutta *n.* [bahu의 *abstr.*] 다양성.

bahudhā *ind.* [bahu-dhā] 여러 방법으로. 여러 형식으로.

Bahuputta *m.* [bahu-putta] 바후뿟따. 다자(多子)[사당의 이름].

Bahuputtacetiya *m.* [bahu-putta-cetiya] 다자묘(多子廟). 다자탑(多子塔).

bahula *adj.* [bahu-la] ① 많은. 풍부한. 풍요로운. ② 열심인. 열중하는. 헌신적인. -ājīva 풍요로운 생활. -kamma(=āciṇṇakamma) 반복적인 업. 다업(多業).

bahulī° [<bahula] -karoti ① 진지하게 행하다. 자주 행하다. 실천하다. 익히다. ② 헌신하다. ③ 증가시키다. -kata 자주 실행된. -katatta 실행. 실천. -kamma. 습관적인 행위·업. -kāra 지속적인 실천. 자주 되풀이 되는 행위. *aor.* bahulīkari; *pp.* balulīkata.

bahuso *ind.* [<bahu] 대개는. 자주. 반복해서. 일반적으로.

Bahussutaka. Bahulika *m.* [*bsk.* Bahuśruta. Bāhuṣrutīya] 바훗쑤따까. 다문부(多聞部)[부파의 이름].

bahū. bahūnaṁ → bahu.

bahūni. bahūsu. bahūhi → bahu.

bahūta *adj.* [=pahūta] ① 많은. ② 풍부한. *abl.* bahūtaso = pahūtaso 풍부하게.

bākucī *f.* [〃] 바꾸찌[식물의 이름. Vernonia Anthelminthica].

bāṇa *m.* [〃] 화살. -dhi 화살통.

bādha *m.* [<bādh] ① 압박. 괴롭힘. 뇌해(惱害). ② 장애.

bādhaka *adj.* [bādha-ka] 압박하는. 괴롭히는.

bādhakatta *n.* [bādhaka의 *abstr.*] 압박하는 상태. 괴롭히는 것.

bādhati [bādh] ① 억압하다. 박해하다. 괴롭히다. 방해하다. 해치다. ② 포박하다. *grd.* bādhitabba; *pp.* bādhita; *pass.* bādhiyati *ppr.* bādhiyamāna; *caus.* bādheti.

bādhana *n.* [<bādh] ① 억압. 고난. 상해. 박해. ② 장애. ③ 포획. 포박.

bādhita *adj.* [bādhati의 *pp.*] ① 압박을 받은. 괴롭힘을 당하는. ② 포박된.

bādhā *f.* [<bādh] ① 압박. 고뇌. ② 장애. ③ 예방.

bādhin *adj. m.* [bādh] ① 억압하는. 포획하는. ② 훈련시키는 자.

bādhiyati [bādhati의 *pass.*] 괴로워하다.

bādhiyamāna → bādhati.

bādheti [bādhati의 *caus.*] ① 괴롭히다. 해치다. ② 묶다. 포박하다. 포획하다. *opt.* bādhaye; *grd.* bādhanīya. bādhetabba.

bārasa *num.* [bā=dvā-dasa] = dvādasa. dvārasa. 12. 열둘.

Bārāṇasī *f.* [〃] 베나레스. 바라나시[까씨(kāsi)국의 수도].

bārāṇaseyyaka *adj.* [*cf. bsk.* Vārāṇaseya˚yaka] 베나레스 산의 (천. 옷).

bāla[〃] ① *adj.* 무지한. 어리석은. ② 어린. 새로운. ③ *m.* 아이(16세 이하). ④ 어리석은 자. 바보. bālena paṇḍita 바보와 현자. *voc.* bāle 어리석은 자여! -ātāpa 아침해. -codaka 무지한 비난자. 무지한 가책자(呵責者). -nakkhatta 바보들의 축제[카니발의 이름]. -puthujjana 어리석은 범부.

어리석은 일반사람. -bhūmi 어리석은 자의 경지. 우자지(愚者地). -lakkhaṇa 어리석음의 특징. 우상(愚相). -lapanā 허튼소리. 씨부렁거림. 지껄임. -vasanta 이른 봄. -saṅgatacārin 바보와 사귀는 친구. -suriya 새로 솟아오르는 태양. ② *m* = vāla 머리털.

bālaka *m.* [bāla-ka] ① 소년. 청년. ② 바보.

bālikā *f.* [bāla-ikā] 소녀.

bālakin *adj.* [<bālaka] 바보들이 있는.

bālakinī *f.* [bālaka-in] 어리석은 여자.

bālatā *f.* [<bāla] 어리석음.

bālā bāla의 *f.*

Bālāvatāra *m.* [Bāla-avatāra] 아동입문(兒童入門)[스리랑카나 태국이나 미얀마에서 가장 인기가 있는 Dhammakitti의 빠알리어 입문서].

bālisaka. bālisika. bāḷisika *m.* [balisa-ka] 어부. 조사(釣師)[낚시로 생계를 유지하는 자].

bāle [bālā의 *voc.*] → bāla.

bālya *n.* [bāla-ya = balya] ① 어린 시절. 청춘기. ② 무지. 어리석음. ③ 약함. *compar.* bālyatara = bālatara.

bāḷha *adj.* [*cf. sk.* bāḍha] ① 강한. ② 격한. 심한. *acc.* bāḷhaṁ *adv.* 강하게. 지나치게. -gilāna 매우 아픈. 심하게 아픈 사람. 중환자.

bāḷhika *adj.* [<bāḷha] 강력한. su° 번영하고 있는. 좋은 것이 넘치는.

bāvīsati *num.* [bā-vīsati = dvā-vīsati] 22. 스물둘. -indriya 22 감각능력. 이십이근(二十二根).

bāhaṭṭhi *f.* [bāhā-aṭṭhi] 팔뼈. 완골(腕骨).

bāhanta *m.* [bāhā-anta] 비첩(臂帖).

bāhati → bāheti.

bāhā *f.* [=bāhu] ① 팔. ② (문의) 기둥. -aṭṭhi 팔뼈. -paramparāya 팔과 팔로 서로. 상속(相續)으로. -bala 팔의 힘.

bāhika. bāhiya *adj.* [<bahi] ① 외국의. ② 외래의. -raṭṭhavāsin 외국에 거주하는 (사람).

bāhitatta *n.* [bāhita의 *abstr.*] ① 배제. ② 거부.

bāhita *adj.* [bāheti의 *pp.*] ① 밖에 둔. 거리를 둔. ② 배제된.

bāhitikā *f.* [<bāhita] '추위나 바람을 배제하는 것' ① 외투. ② 싸개.

bāhiya *adj.* [<bahi] 외국의.

bāhira *adj.* [<bahi] ① 밖의. 외부의. ② 객관적인. ③ 이교적인. 이단적인. -aṅga 밖의 요소. 외부인(外部因). -âlaṅkara 과시(誇示). -assāda 외적인 사물에서 기쁨을 찾는. -āsa 외적인 것을 바라는. -ôdara 상복부(上腹部). -kathā 비종교적인 설법. 세속적 이야기. -tittha 이단설(異端說). 비전문가의 교설. -dāna 재물의 보시. -pabbajjā 사원 밖의 금욕적인 생활. 바라문의 성스러운 생활. -bhaṇḍa 재산. 재물. 대상. -manta 외도의 제사절차에 관한 경전. 외도의 주문. -mātikā 상관이 없는 논쟁점. 외적인 논모(論母). -rakkhā 외적인 재산의 보호. -rūpa 외적인 물질. 외색(外色)[감성의 물질 이외의 물질]. -lepa 겉에 바르는 약. -loma (융단의) 외부에 털이 있는. -samaya 이교의 교설.

bāhiraka *adj.* [=bāhira] ① 밖의. 외부의. ② 이교의. 이단적인. 불경(不敬)한. -kathā 비종교적인 담화. 세속적 이야기. -diṭṭhigata 외도·이교의 사악한 견해. -tapa. 외도의 고행. -pabbajjā 이교의 출가생활.

bāhiratta *n.* [bāhira의 *abstr.*] ① 외부에 있음. ② 외형(外形).

bāhirima *adj.* [bāhira의 *superl.*] 외부의. 바깥의.

bāhu *m.* [〃=bāha] 팔. 완(腕). 비(臂). -(p)pacālaka 팔을 떠는. 팔을 흔드는.

bāhujañña *adj.* [bahu-jana-ya] 많은 사람들의. 대중적인.

bāhulya. bāhulla *n.* [bahula-ya] ① 풍부. ② 여분. ③ 사치. ④ 들뜬·부푼 마음. āvatto bāhullāya 사치에 빠진.

bāhulika. bāhullika *adj.* [bahulaika] ① 사치스러운. ② 돈을 헤프게 쓰는. ③ 뽐내는. ④ 풍부한.

bāhusacca ① *n.* [bahu-suta-ya. *cf. bsk.* bǎhuśrutya] 박학. 심오한 지식. ② *adj.*[*sk.* bahuśacī-ya] 많은 노력을 기울이는.

bāheti ① [bahi의 *denom.*] 멀리하다. 거부하다. 막다. *abs.* bāhetvā; *pp.* bāhita. ② [=vāheti<vahati의 *caus.*] 나르다.

bidala *n.* [<vi-dal] ① 비달라[콩의 일종]. ② 쪼개진 콩. ③ 갈라진 대나무 줄기. -sūpa 강남콩수프. -mañcaka 대나무로 만든 침대.

bindu *m.* [〃] ① 물방울. 수적(水滴). ② 점적(點滴). 점. 빈두[완벽한 소리의 여덟 성질 가운데 하나]. -tthanī 둥근 가슴의. -binduṁ 한 방울씩. 조금씩. -matī 빈두마띠[아쇼카 왕 때에 빠딸리뿟따(Pāṭaliputta)에 산 기녀의 이름]. -matta 방울(물방울)을 측정하는. -sāra 인도 왕의 이름[아쇼카 왕의 아버지]. -ssara 낭낭한 목소리. 간결음(簡潔音).

Bindusāra *m.* [bindu-sāra] 빈두싸라. 빈두사라(頻頭沙羅)[아쇼카 왕의 아버지의 이름].

bimba *n.* [〃] ① 모양. 형상. 그림자. 영상. ② 신체. ③ 빔바나무의 열매. 과류(瓜類). -oṭṭhi 빔바나무의 열매. -ohana 베개. -jāla 빔바나무[Momordica Monadelpha].

bimbaka *n.* [bimba-ka] 빔바의 열매.

Bimbā *f.* [<bimba] 빔바[고따마 씻닷타(Gotama Siddhattha)의 부인 이름=Yasodharā].

bimbi. bimbī *f.* [〃] 황금. 금색. bimbi-jāla 빔비잘라[나무의 이름. 과거불인 Dhammadassin의 보리수].

Bimbisāra *m.* [bsk 〃] 빔비싸라. 빈비사라(頻毘沙羅). 영승(影勝)[마가다 국의 왕].

bimbohana *n.* [bimba-ohana. *cf. bsk.* bimbopadhāna. bimbopana] 베개.

bila *n.* [〃] ① 구멍. 동굴. 굴. -āsaya 동굴에 사는. 혈거동물. ② 부분. 육편(肉片). 조각. -kata 조각난. 분쇄된. ③ *m.* [*cf. sk.* viḍa] 소금의 일종.

bilaṅga *m.* [*cf. sk.* viḍaṅga. vilaṅga] 신·묵은 죽. 산죽(酸粥). -thālika '죽 단지.' 산죽과형(酸粥鍋刑)[두개골을 자르고 뜨거운 쇳덩이를 넣어 죽이고 고문·형벌]

Bilaṅgika *m.* [bilaṅga-ika] '산죽을 먹고 사는 자' 빌랑기까[라자가하에 살던 바라문의 이름].

bilaso *ind.* [<bila] ① 부분적으로. ② 더미로. 뭉치로. 다발로.

billa *m.* [=bella. beluva. *cf. sk.* bilva] 모과(木瓜). 모과수[Bilva : Aegla Marmelos]의 열매.

biḷāra. biḷāla[1] *m.* [*cf. sk.* biḍāla] 고양이. -nissakkana(-matta) 고양이가 살금살금 움직이는. -potaka 고양이새끼. -bhastā 고양이 가죽으로 만든 자루. -loṇa 붕사(硼砂).

biḷārikā *f.* [<biḷāra] 암고양이.

biḷāla[2] *m.* [<bila] 빌랄라[일종의 소금].

biḷāli *m.* [=biḷāla] 둥근 뿌리의 식물. 괴경식물(塊莖食物).

biḷibiḷikā *f.* [*onomat.*] ① 객소리. ② 잡담.

bīja *n.* [〃] ① 씨. 씨앗. 종자. 싹. ② 정액(淨液). 정자(精子). ③ 알. ④ 요소. -uddharaṇa 거세(去勢). -ûpamā 종자의 비유. -kosa 과피(果皮). -gāma 식물[五種種子]. -jāta 종자의 종류[五種種子]. -bīja 씨앗에 종자가 있는. 씨앗에서 번식하는 종자. -sakaṭa 짐마차 한 대의 씨. 많은 씨.

bījaka *m.* [bīja-ka] ① 어린 가지. ② 속종(續種). ③ 자손. 후사(後嗣). -matar 성교 가능한 어머니. 속종모(續種母). -patar 성교 가능한 아버지. 속종부(續種父).

bījati. bījanī → vījati. vījanī

bījin *adj.* [bīja-in] 종자가 있는. ekabījin 한번은 인간으로 다시 태어나는 님. 일간(一間). 일종(一種). 일종자(一種者)[豫流者].

bībhaccha *adj.* [*cf. sk.* bībhatsa] ① 역겨운. ② 무서운. 무시무시한. -dassana 아주 싫은 견해. 보기에 무서운.

bīraṇa *m.* [*cf. sk.* vīraṇa] 비라나(毘羅那)[향기 있는 풀의 이름. Andropogon Muricatum]. = usīra. -tthambhaka 비라나 숲.

bujjhaka *adj.* [<bujjhati] 현명한. 분별이 있는.

bujjhati [budh *cf. sk.* budhyate] ① 알아차리다. 깨닫다. ② 지각하다. ③ 알다. 이해하다. *pres. 3pl.* bujjhare; *imp.* bujjhassu; *fut.* bujjhissati; *opt.* bujjheyya; *aor.* abujjhi. bujjhi. abujjhatha; *inf.* bodhuṁ. boddhuṁ; *ppr.* bujjhamāna; *pp.* buddha; *caus.* bodheti. bujjhapeti. bujjhāpeti 깨닫게 하다. 자각시키다.

bujjhana *n.* [<budh] ① 각성. 성각(成覺). ② 깨달음. ③ 인식.

bujjhanaka *adj.* [bujjhana-ka] ① 지혜로운. ② 깨달은.

bujjhare. bujjhi -> bujjhati.

bujjhapeti. bujjhāpeti [bujjhati의 *caus.*] ① 깨닫게 하다. ② 자각시키다.

bujjhitar *m.* [bujjhati의 *ag.*] ① 깨닫는 사람. ② 인식하는 사람. 성각자(成覺者).

buḍḍha *adj.* [=vuḍḍha] ① 늙은. ② 낡은.

buddha *adj. m.* [bujjhati의 *pp.*] ① 깨달은. 이해된. 현명한. ② 부처님. 붓다. 깨달은 님. 각자(覺者). 불(佛). 불타(佛陀). -aṅkura (불타가 되기로 운명이 지어진) 초기의 부처님. 아불(芽佛=菩薩). -antara 한 부처님의 출현에서 다음 불타의 출현까지의 기간. -ânubuddha 부처님을 따라서 깨달은. -ânubhāva 부처님의 위신력. -ânussati 부처님에 대한 새김. 불수념(佛隨念)[六隨念 또는 十隨念 가운데 하나]. -âpadāniya 불타에 대한 전생담. -ārammaṇa 부처님을 대상으로 하는. 부처님에 대한 명상에서 기원하는. 불소연(佛所緣). -āsana 부처님의 자리. 불좌(佛座). -ûpaṭṭhāna 부처님에 대한 섬김. -uppāda 부처님의 출현 -kara. -kāraka 부처님의 지위를 만들어내는. -kāla 부처님의 시대. -kula 부처님의 가문. -kolāhala 부처님의 선언. -(k)khetta 불찰토(佛刹土)[三佛刹土]. -gata 부처님에 관한. -guṇa 부처님의 덕성. -cakkhu 깨달은 님의 눈. 부처의 눈. 불안(佛眼). -ñāṇa 부처님의 지혜. 불지(佛智). -thūpa 불탑(佛塔). -divāsa 부처님오신날. 불탄일(佛誕日)[테라바다불교에서는 탄신일·성도일·열반일이 같음]. -dhamma 불법(佛法). 불성(佛性). -paṭimā. -bimba 불상. -pañha (사리불의) 부처님에 대한 질문. -pasanna 부처님에게서 신락(神樂)을 얻음. -putta 불자[比丘·阿羅漢들]. -pūjā 부처님에 대한 공양. -bala 부처님의 위력. 불력(佛力). -bhatti 불교(佛敎). -bhattika 불교도(佛敎徒). -bījaṅkura 미래불(未來佛). -bhāva 부처님의 조건 = 깨달음. -bhāsita

부처님의 설하신 바. 불소설(佛所說). -bhūmi 부처님의 경지·근거. 불지(佛地). -manta 부처님의 진언. 불전(佛典). -mātar 부처님의 어머니. 불모(佛母). -māmaka 부처님에게 헌신적으로 신봉하는. -rakkhita 부처님의 가피를 입은. -ratana 불보(佛寶). -rasmi 부처님의 인격에서 방사되는 빛[六色光明]. -rūpa 부처님의 형상. -līḷha. līḷhā 부처님의 편안한 자태·세련미. -vaṁsa 부처님의 계보. -vacana 부처님의 말. 불어(佛語). -visaya 부처님의 경계. 불경계(佛境界). -vīthi 부처님께서 다니던 거리. -veneyya 부처님의 가르침에 접근할 수 있는. -saññā 부처님에 대한 지각. 불상(佛想). -samaya 불교(佛敎). -sāvaka 부처님의 제자. 불교승려. 불교도(佛敎徒). 불자(佛子). -sāsana 부처님의 가르침. 불교(佛敎). -sukhumāla 부처님처럼 미묘한·우미(優美)한

Buddhaghosa *m* [buddha-ghosa] 붓다고싸. 불음(佛音). 각음(覺音)[테라바다 불교에서의 三藏의 대주석가].

buddhatā *f.* buddhatta *n.* [buddha의 *abstr.*] 깨달음. 지혜. 불성. 깨달음의 상태.

buddhati → palibuddhati 방해하다. 억제하다.

Buddhadatta *m* [buddha-datta] 붓다닷따. 불수(佛授)[테라바다 불교에서의 5세기의 學者·論師].

Buddhappiya *m* [buddha-ppiya] 붓답삐야 [13세기의 승려. Ānanda의 제자].

Buddharakkhita *m* [buddharakkhita] 붓다락키타 [12세기의 勝者莊嚴의 저자].

Buddhavaṁsa *m* [buddha-vaṁsa] 붓다방싸. 불종성경(佛種姓經)[小部의 하나. 쿳다까니까야 14].

buddhi *f.* ① [〃 <buddha] 지혜. 깨달음. 이해. 각(覺). -carita 행동·인격이 지혜로운 사람. 각행자(覺行者). -cariyā 지혜의 실천. 깨달음의 실천. -sampanna 지혜로운. -hīna 바보. 멍청이. ② = vuḍḍhi. vuddhi 나이가 든.

Buddhippasādanī *f.* 각정명론(覺淨明論)[쓰리라훌라(Sri Rahula)가 쓴 어법성취주(語法成就註)의 다른 이름].

buddhika *a.* (-)[<buddhi] ① 지적인. 통찰력이 있는. ② 현명한.

buddhimant *adj.* [buddhi-mant] ① 현명한. 통찰력이 있는. ② 바른 지혜를 지닌.

budha *m* [〃] 수성(水星). -vāra 수요일.

bunda *m* [*sk.* budhna] 나무의 뿌리.

bundikābaddha *adj. m* [bundika-ābaddha] 문제각(文蹄脚)[판석을 함께 묶거나 고정시킨 일종의 상(床)]. -pīṭha 문제소상(文蹄小床)[판석을 함께 묶거나 고정시킨 일종의 의자]. -mañca 문제상(文蹄床)[판석을 함께 묶거나 고정시킨 일종의 침대].

bubbuḷa. bubbula. bubbuḷaka *m* [*cf. sk.* budbuda] ① 거품. ② 수포(水泡). -ûpamā 거품의 비유. 수포유.

bubhukkhita *adj.* [bubhukkhati(bhuñjati의 *desid.*)의 *pp.*] ① 먹기를 원하는. ② 배고픈.

būḷha. būha *m* [=vūḷha=vyūha] ① 군대의 전열(戰列). ② 군대.

beluva. beḷuva *m* [<billa] 모과(木瓜). 모과수(木瓜樹)[Aegle Marmelos]. 모과수 숲. -pakka 모과수의 익은 열매. -paṇḍu(-vīṇā) 모과수로 만든 노란 피리. -laṭṭhi 모과수새싹. -salāṭuka 모과수의 설익은 열매.

bella *m n.* [<beluva] 모과수열매.

bojjha *n.* [bujjhati. bodheti의 *grd.*] ① 이해되거나 알려져야 할 일. ② 지식·이해의 문제.

bojjhaṅga *m* [bodhi-aṅga. *bsk.* bodhyaṅga] 깨달음 고리. 각지(覺支)[=sambojjhaṅga → 일곱가지 깨달음의 고리(七覺支)]. -kosalla 지혜·깨달음의 구성요소에 숙달됨. 각선지교(覺支善巧).

bodha *m* ① [=bodhi] 지식. 지혜. 이해. 깨달음. 각(覺). 보리(菩提). 부처의 경지. *dat.* bodhāya. ② → palibodha 방해.

bodhana *n. adj.* [<bodheti] ① 이해. 깨달아 앎. ② 깨닫는. 가르치는.

bodhanīya. bodhaneyya *adj.* [bodheti의 *grd.*] ① 깨달아질 수 있는. 깨닫게 해야 할. ② 가르쳐질만한 가치가 있는.

bodhayi bodheti의 *aor.*

bodhi [<budh] ① *f.* 최고의 지식. 깨달음. 보리(菩提). 각(覺). 도(道). ② *m* 보리수(菩提樹). -aṅgaṇa (bodhiy°) 보리수의 정원. -ghara 깨달음의 집. -ja 깨달음에서 생겨난. 보리생(菩提生). -jañāṇa 깨달음에서 생겨난 지혜. 보리생지(菩提生智). -ñāṇa 깨달음에 대한 지혜. 보리지(菩提智). -ṭṭhāna 깨달음의 상태. -tala 보리수가 있는 지역. -pakka 보리수의 열매. -pakkhika. -pakkhiya 깨달음에 관계하는 것. 보리분(菩提分). -pakkhiyadhamma 깨달음에 관계하는 법. 보리분법(菩提分法). -pācana 깨달음에 이르는. -paripāka 깨달음의 완성. 깨달음의 성숙. -pādapa 보리수(菩提樹). -pūjā 보리수에 공양하는 축제. 보리수제(菩提樹祭). -maṇḍa 보리수 밑의 마당. 보리도량(菩提道場). -maha 보리수를 기리는 축제. -mūla 보리수의 뿌리. 보리수 아래. -rukkha 보리수. -satta 깨달음을 향한 존재. 깨닫기로 정해진 존재. 보살(菩薩). -sattamātar 보

살의 어머니. -sambhāra 깨달음을 얻기 위한 필수조건들. 보리자량(菩提資糧).

Bodhivaṁsa *m.* [bodhi-vaṁsa] = Mahabodhi-vaṁsa 보리사(菩提史)[Upatissa가 저술한 菩提樹의 역사].

bodhuṁ. boddhuṁ bujjhati의 *inf.*

bodhetar *m.* [bodheti의 *ag.*] 깨닫게 하는 사람.

bodheti [bujjhati의 *caus.*] ① 깨닫게 하다. ② 진리를 인식하게 하다. *aor.* bodhesi. abodhayi; *inf.* bodhetuṁ; *grd.* bodhabba. bodhanīya. bodhaneyya.

bondi *m.* [?<band=bundh] ① 몸. 신체. ② 몸통.

bya° = vya°

byagā vigacchati의 *aor.*

byaggha = vyaggha.

byañjana = vyañjana.

byatta. byattatā = vyatta. vyattatā.

byanti° = vyanti°

byapagata = vyapagata.

byapaharati = vyapaharati 빼앗다.

byappatha *m.* [*sk.* vy-ā-pṛta 또는 vy-ā-patha] ① 말하는 방법. 발언. 언로. ② 의무. 일. ③ 활동.

byamha = vyamha.

byasana = vyasana.

byā [=viyā=iva=eva] (강조의 불변화사) 바로. 참으로. 확실히. evaṁ byā kho 정말로. 이와 같이.

byākata = vyākata.

byādhi = vyādhi.

byādhita = vyādhita.

byādhayissasi vyādheti의 *fut. 2sg.*

byādheti = vyādheti.

byādhiyati = vyādhiyati.

byāpajjha = vyāpajjha.

byāpajjha = vyāpanna.

byāpāda [<vy-ā-pad] ① 분노. 진에(瞋恚). ② 악의(惡意). -kāyagantha 분노에 의한 정신·신체적 계박. 진신계(瞋身繫). -dhātu 분노에 매인 세계. 진에계(瞋恚界). -vitakka 분노에 매인 사유. 진에심(瞋恚尋). -saññā 분노에 매인 지각. 에상(恚想).

byābādha = vyābādha.

byābādheti = vyābādheti.

byābhaṅgī = vyābhaṅgī.

byāma = vyāma.

byāruddha = vyāruddha.

byāvaṭa = vyāvaṭa.

byāsatta *adj.* [vi-ā-sañj의 *pp.*] 집착된. 집착하는. -mānasa 집착에 사로잡혀 있는.

byāhare vyāharati의 *opt.*

byūha = vyūha.

byūhati = vyūhati.

°byohāra = vohāra.

bravi. bravittha brūti의 *aor.*

brahant *adj.* [<bṛh] ① 거대한. 광대한. ② 높은. *sg. nom.* brahā; (*f.*) brahatī; *acc.* brahantaṁ; *pl. nom.* brahantā.

brahā° *cpd.* [<brahant] 거대한. 광대한. -âraññа 거대한 숲. -vana 광대한 숲. -vaḷamiga 육식을 하는 거대한 동물. -sukha 법열(法悅).

brahman *m.* [brahman<bṛh 중성(*n.*)으로 베다에서는 신비적인 기도나 주문, 우파니샤드에서는 최고의 원리를 나타냄]. ① brahmā (brahman의 *nom.*) 브라흐마. 범(梵). 범천(梵天). 우주의 창조자. 하느님. ② 바라문. 사제. 거룩한 사람. ③ brahma° *adj.* 최상의. 가장 뛰어난. 신성한. 거룩한. 숭고한. 경건한. (*sg.*) *nom.* brahmā. brahmaṁ; *voc.* brahme; *acc.* brahmānaṁ. brahmunā; *dat. gen.* brahmuno; (*pl.*) *nom.* brahmā. brahmāse. brahmāno; *gen.* brahmānaṁ. brahma° -attabhāva 하느님(梵天)으로서의 존재. -ādhipateyya 하느님(梵天)의 주권·권세. 범왕권(梵王勸). -āyācana 하느님(梵天)의 요청. -ujjugatta 가장 신성하게 똑바른 사지를 가진. 대직신상(大直身相)[三十二相의 하나]. -uttama 숭고한. 고상한. -uposatha 가장 성스러운 참회의례. 범포살(梵布薩). -uppatti 하느님(梵天)의 세계에 태어남. -kappa 범천과 같은. -kāya 신성한 몸. 범신(梵身). -kāyika 범천의 무리에 속하는. -kāyikadevā 하느님의 무리인 신들의 하느님 세계. 범신천(梵身天)[부록참조]. -kutta 하느님(梵天)에 의해 만들어진 것. 범천소조(梵天所造). -giriya(*pl.*) 브라흐마기리야[브라흐마기리에 주거하는 어떤 존재들의 이름]. -ghaṭa 하느님(梵天)들의 모임. -cakka 뛰어난 수레바퀴. 부처님의 교리. 범륜(梵輪). -caṅkama 하느님(梵天)의 산책. 범천의 경행. -cariya → brahmacariya. -cārin 신성한 삶을 사는. 하느님의 삶을 사는. 청정한 삶을 영위하는. 범행자(梵行者). 청정행자(淸淨行者). -cintita 성스러운 영감을 받은. -ja 하느님(梵天)에게서 태어난. -jacca 바라문의 가문에 속하는. -jāla 하느님의 그물. 범천의 그물. 범망(梵網). -daṇḍa 극단의 처벌. 중벌(重罰). 범벌(梵罰). 범단벌(梵担罰)[즉시 사형에 처함]. -dāyāda 하느님(梵天)의 상속자·후계자. -devatā 하느님 세계(梵天界)의 신(神). -deyya 가장 훌륭한 선물·보시물. -nimantanita 하느님(梵天)에게 초대받은. -nimmita 하느님(梵天)에 의해 창조된. -patta 최상의 상태에 도달한.

-patti 최상선의 획득. -patha 하느님(梵天)의 세계로 이르는 길. -parāyaṇa 브라흐마에 귀의한. -parisā 하느님들의 모임. 범천중(梵天衆). -pārisajja 하느님의 권속인 하느님 세계의 신들. 범중천(梵衆天). -puñña 하느님(梵天)의 공덕. -p-phoṭana 하느님(梵天)의 칭찬. 성스러운 박수갈채. -bandhu 하느님(梵天)의 친척. 혈통에 의한 바라문[실제로는 가치없는 바라문]. -bhakkha 신성한 음식. 범식(梵食). -bhatta 하느님(梵天)의 신봉자. -bhavana 하느님(梵天)의 세계. 범천계(梵天界). -bhūta 신성한 존재. 가장 뛰어난 존재. 부처님. 아라한(阿羅漢). -manta 신성한 주문. 범주(梵呪). -yasa 하느님의 명성. 범천의 명성. -yāna 가장 선한 길. 선의 길. 최상의 탈것. 범승(梵乘). -yāniya 범천에 이르는. -loka 하느님(梵天)의 세계. 범천계(梵天界). -vaccasin 가장 뛰어난 위엄이 있는. 범위자(梵威者). -vaṇṇin 가장 뛰어난 외모를 지닌. 범색자(梵色者). -vata 범천에 대한 맹세·의무. 범천무(梵天務). -vāda 가장 탁월한 연설. -vādin 이신론자(理神論者). 유신론자(有神論者). -vimāna 하느님의 궁전. 범천의 궁전. 범궁(梵宮). -vihāra 하느님(梵天)의 삶. 거룩한 삶. 청정한 삶. 범주(梵住). 범당(梵堂). -veṭhana 바라문 계급의 두건. -sama 하느님(梵天)과 같은. -sahavyatā 하느님(梵天)과 함께 하는 삶. -sukha 하느님(梵天) 세계의 행복. 신성한 지복. 범락(梵樂). -ssara 천상의 소리. 신성한 목소리. 범음(梵音).

brahmaka *adj.* [brahmaka] *cpd.* sabrahmaka 하느님과 함께 하는. 범천과 함께 하는.

brahmakāyika *adj. m.* [〃] 범천의 무리에 속하는. 하느님의 무리에 속하는 신들. 범신천(梵身天). brahmakāyikā devā 하느님의 권속인 신들의 하나님 나라. 하느님의 권속인 하나님 나라의 신들. 범신천(梵身天)[神·神界의 이름. 色界一禪의 하느님 세계].

brahmacariya *n.* [brahma-cariya] ① 도덕적인 삶. ② 신성한 삶. 청정한 삶. 종교적인 삶. 하느님의 삶. 범행(梵行). ③ 불도수행(佛道修行). 학생으로서 공부하는 시기의 삶[*cf.* assama]. -antarāya 청정한 삶에 대한 장애. 범행(梵行)의 장애. -addhaniya 청정한 삶의 영원한 지속. -ânuggaha 청정한 삶의 도움. -ûpaddava 청정한 삶으로부터의 전락(轉落). -esanā 청정한 삶을 동경함. 범행구(梵行求)[사견을 지닌 자가 숭배하는 청정한 삶의 추구]. -pariyosāna 청정한 삶의 완성. -maṇḍa 제호와 같은 최상의 청정행. 범행제호(梵行醍醐). -vant 청정한 삶을 사는. 범행을 하는. -vāsa 순결의 상태. 거룩하고 순수한 삶. 범행주(梵行住).

brahmacariyaka *adj.* [brahmacariya-ka] ① 신성한 삶을 사는. ② 청정한 삶을 사는. 하느님의 삶을 사는. 범행(梵行)하는.

brahmacariyavant [brahmacariya-vant] = brahmacariyaka.

brahmañña. brāhmañña *adj. m.* [brāhmaṇa-ya] ① 사제의. 바라문의 지위에 있는. 성직자의 지위에 있는. ② 바라문의 상태·지위. -attha 바라문이란 의미. 바라문이 되는 양식. -phala 바라문의 삶의 결실. 바라문과(婆羅門果).

brahmaññā. brāhmaññā *f.* [brāhmañña의 *abstr.*] 사제의 지위. 바라문의 지위.

brahmaññatā. brāhmaññatā *f.* [brāhmañña의 *abstr.*] ① 사제의 지위. 바라문의 지위. 바라문의 상태에 있다는 사실. ② 성직을 공경하는 것.

brahmatta *n.* [brahma의 *abstr.*] ① 하느님인 상태. 범천인 상태. ② 하느님 세계의 삶. 범천계(梵天界)에서의 삶.

Brahmapārisajja *m.* [*bsk.* Brahmapārisadya] 하느님을 섬기는 무리에 속하는. 범천을 따르는 무리의 신. 범중천(梵衆天).

Brahmapurohita *adj. m.* [brahmapurohita] 하느님을 보좌하는 (범천의 장관 또는 사제). 범보천(梵輔天). Brahmapurohitā devā 하느님을 보좌하는 신들의 하나님 나라. 하느님을 보좌하는 하나님 나라의 신들. 범보천(梵輔天)[神·神界의 이름. 色界一禪의 하느님 세계].

brahmavant *adj.* [brahmavant] 하느님이 있는. 범천이 있는. 범천으로 가득 찬.

Brahmā Sahampati *m.* 범천 싸함빠띠. 사바주범천(娑婆主梵天)[사바세계의 하느님].

brāhmañña = brahmañña.

brāhmaññaññatā brahmaññatā.

brāhmaṇa *m.* [〃] ① 바라문 계급. 브라만. 성직자. 사제. 바라문(婆羅門). ② (불교용어로) 청정한 삶을 사는 사람. 범행자(犯行者). *m. pl. nom.* brāhmaṇāse. ③ *n.* [=brahmañña] 바라문의 상태·지위. -ibbhā 바라문과 바이샤[平民]. -karaṇadhamma 바라문이 되는 법. -kumārikā 바라문 소녀. -kula 바라문의 가문·씨족. 바라문가(婆羅門家). -gahapatikā 성직자와 장자·거사. -gāma 바라문의 마을. -jāti. -jātika 바라문 태생. 바라문 계급. -dhamma 바라문의 의무. 바라문법(婆羅門法). -parisā 바라문들의 무리. 바라문중(婆羅門衆). -putta 바라문의 아들. -bhojana 바라문에게 음식의 제공. -māṇava 젊은 성직자. -rūpa 바라문의 모습을 한. -vaḍḍhakin 바라문 계급의 목수. -vaḍḍin 성직자의 모습을 한.

-vācanaka 바라문의 논쟁[雄辯大會의 一種]. -vāṭaka 바라문의 모임. -vāṇija 바라문 계급의 상인. -sacca 바라문의 진리. 성스러운 진리. 바라문진제(婆羅門眞諦).

brāhmaṇāse brāhmaṇa의 *pl. nom.*

brāhmaṇī *f.* [<brāhmaṇa] ① 바라문 계급의 여자. ② 바라문의 아내.

brūti [brū *cf. sk.* bravīti. brūte] ① 말하다. 부르다. ② 보여주다. 설명하다. *imp.* brūhi; aor; abravi. abraviṁ. bravi. bravittha.

brūmeti [<brūti] 말하다. *imp.* brūmetu.

brūhana *n.* [<brūheti] ① 확장. 증가. ② 보급 교화. 발전.

brūhaya brūheti의 *imp. 2sg.*

brūhi brūti의 *imp. 2sg.*

brūhetar *m.* [brūheti의 *ag.*] 증가시키는 사람. 증익자(增益者).

brūheti [bṛh ② *cf. sk.* bṛṁhayati] ① 자라게 하다. 기르다. 육성하다. ② 증가시키다. 증익하다. ③ 촉진하다 ④ 실천하다. 헌신하다. ⑤ 보살피다. *imp.* brūhaya. *cf.* brūhana.

Bh

bha *ind.* ① 소리·문자 bh의 이름. ② ba 대신 쓰임. bhisa = *sk.* bisa. bhusa = *sk.* buśa. ③ bhya 대신 쓰임. ibbha = *sk.* ibhya

bhakāra *m.* [bha-kāra] ① bh의 문자·음소. ② bha 어미. -āgama bh의 문자·음소의 추가. -ādesa bh의 문자·음소의 대체. -lopa bh의 문자·음소의 제거.

bhakuṭi *f.* [*sk.* bhrakuṭi. bhrukuṭi. bhṛkuti] ① 거만. 오만. ② 찡그린 얼굴. *cf.* bhākuṭika. bhūkuṭi.

bhakkha *adj. m.* [<bhakkhati bhakṣ] ① 먹는. ② 먹을 수 있는 음식물.

bhakkhati [bhakṣ *cf. sk.* bhakṣti] 먹다. *caus.* bhakkheti 먹다. *aor.* bhakkhesiṁ. bhakkhesuṁ.

bhakkhana *n.* [<bhakkhati] ① 먹음. ② 식사.

bhaga *m.* [〃] ① 운. 행운. ② 운명. dubbhaga 불행한. 불쾌한. 불편한.

bhagandala *m.* bhagandalā *f.* [*cf. sk.* bhagandara] ① 궤양(潰瘍). ② 치질. -ābādha 치질(痔疾).

bhagavant *adj. m.* [〃 bhaga-vant] ① 운 좋은. 행복한. 뛰어난. 탁월한. 숭고한. ② 세상에 존귀한 님. 바가범(薄伽梵). 세존(世尊). (*sg.*) *nom.* bhagavā; *voc.* bhagava; *acc.* bhagavantaṁ. bhagavaṁ; *ins. abl.* bhagavatā; *dat. gen.* bhagavato; *loc.* bhagavati; (*pl.*) *gen.* bhagavataṁ. bhagavan° -nettika 세존을 스승으로 하는. -paṭisaraṇa 세존을 의지처로 하는. -mūlaka 세존을 근본으로 하는.

bhaginī *f.* [〃] 자매. jeṭṭhabaginī 누이. kaṇiṭṭhabhaginī 여동생. -citta 자매라고 하는 생각. -bhariyā 누이와 같은 아내. -mattī 누이 정도의(연령의) 여자. -māla 바기니말라[나무이름]. -rakkhitā 자매에 의해 보호받는 여자.

bhagga ① *adj.* [bhañj의 *pp. cf. sk.* bhagna] 파괴된. -rāga 탐욕을 파괴한. ② *n.* [bhaga-ya. *cf.* bhāgya] 행운. 행복. ③ *m.* 박가. 발지(跋祇). 바지(婆祇)[종족의 이름. 나라의 이름].

bhaggava [*sk.* bhārgava] 도공. 옹기장이. *f.* bhaggavī. 여자 옹기장이.

bhaggavant *adj.* [bhagga-vant] ① 좋은 행운을 지닌. ② 행복한.

bhaṅga ① *n.* [〃] 삼. 모시옷. 대마(大麻). 저의(紵衣). ② *n.* [*cf.* bhañj] 파괴. 분해. 괴멸(壞滅). -ânupassana 괴멸에 대한 관찰. 괴수관(壞隨觀). -ânupassanañāṇa 괴멸의 관찰에 대한 앎. 괴수관지(壞隨觀智). -ôdaka 탕약. -kkhaṇa 괴멸의 찰나. 멸찰나(滅刹那). -ñāṇa 괴멸에 관한 지혜. 괴지(壞智).

bhaṅgara. bhaṅgaloka → gaṅgaṇa. gaṅgaloka의 *misr.*

bhacca *adj. m.* [bhṛ의 *grd. cf. sk.* bhṛtya] ① 운반·지지되어야 할. 유지·의존되어야 할. ② 하인. 노복(奴僕).

bhajati [bhaj] ① 나누어주다. ② 교제하다. 의지하다. 친근하다. 좋아하다. ③ 봉사하다. *opt.* bhaje. bhajetha; *imp.* bhajehi. bhajassu; *ppr. sg. gen.* bhajato; *grd.* bhajitabba; *pp.* bhatta.

bhajanā *f.* [<bhajati] 의존. 친숙.

bhajjati [bhṛjj] ① 굽다. 볶다. ② 그슬리다. *caus.* bhajjāpeti 굽게 하다.

bhajjana *n.* [bhṛjj] 볶음.

bhañjaka *adj.* [<bhañjati] ① 부수는. 파괴하는. ② 손상하는.

bhañjati [〃 bhañj] ① 부수다. 파괴하다. ② 못쓰게 하다. 망치다. ③ (입술을) 접다. 감아올리다. *aor.* bhañji; *opt.* bhañjeyya; *fut.* bhañjissaṁ; *grd.* bhañjitabba; *pp.* bhagga ①.

bhañjana *n.* ① [<bhañjati] 파괴. 부숨. 손상. ② [=byañjana] 기름을 바름. 연고를 바름.

bhañjanaka *adj.* [bhañjana-ka] 망치는. 못쓰게 만드는.

bhañjanin *adj.* [bhañjana-in] ① 부수는. 파괴하는. ② 손상하는.

bhaññati [bhaṇati의 *pass.*] 설해지다. *ppr.* bhaññamāna. imasmiṁ veyyākaraṇasmiṁ bhaññamāne 이 해설(설법)이 설해지고 있는 때에(*abs. loc.*).

bhaṭa *m.* [〃<bhaṭ. bhṛ] ① 하인. ② 고용인. ③ 군인. -dala 패거리. -patha 봉사. 고용. 봉급.

bhaṭaka. bhaṭika *m.* [=bhaṭa. bhataka] 고용인. 하인. 시종(侍從).

bhaṭṭha ① *adj.* [bhassati의 *pp.*] 부서진. 떨어진. ② *adj.* [bhaṇati의 *pp.*] 말해진. 설해진. ③ *m.* [*cf.* bhatta] 임금. 봉급.

bhaṇati [〃 bhaṇ] ① 말하다. 설하다. ② 이야기하다. ③ 연설하다. ④ 선언하다. *opt.* bhaṇe. bhaṇeyya. bhaṇāmase; *aor.* bhaṇi; *ppr.* bhaṇaṁ(*sg. nom.*). bhaṇataṁ (*pl. dat. gen.*); *pp.*

bhaṭṭha ②. bhaṇita; *pass.* bhaññati.

bhaṇana *n.* [<bhaṇati] 연설. 이야기.

bhaṇita *adj. m* [bhaṇati의 *pp.*] ① 설해진. ② 말. 연설.

bhaṇe *adv.* [bhaṇati의 *pres. 1sg.*] (강조) 내가 말하는데. 확실히. 분명히 atthi bhaṇe añño koci paṇḍito 분명히 다른 어떤 현자가 있다.

bhaṇḍa *n.* [*cf. sk.* bhāṇḍa] ① 상품. 물품. 물건. ② 재화. ③ 소유물. ④ 도구. -âgāra 창고. -âgārika 창고지기. 창고검사관. 재무관. -āhāraka 상품을 취급하는 (상인). -rakkha 재무관. 재관(財官).

bhaṇḍaka *adj. n.* [<bhaṇḍa] ① 상품(의). ② 재산(의). ③ 도구(의). ④ (말[馬]의) 장식.

bhaṇḍati. bhaṇḍeti [bhaṇḍ] ① 말다툼하다. ② 욕지거리하다. *pres. 3pl.* bhaṇḍare.

bhaṇḍana *n.* [<bhaṇḍati. *bsk.* bhāṇḍana] ① 싸움. 말다툼. ② 소송. =kāraka. -kārika 논쟁자. 소송자.

bhaṇḍākī *f.* [<bhaṇḍa] 여인의 손가락.

bhaṇḍi. bhaṇḍika *m* [?] 반디[나무·꽃의 일종].

bhaṇḍikā *f.* [<bhaṇḍaka] ① 상품의 더미. ② 꾸러미. ③ 다발.

bhaṇḍu *adj.* [? *cf.* paṇḍu] ① 대머리의. 독두(禿頭)의. ② 삭발한. -kamma 삭발. 면도.

bhata *adj.* [bharati bhṛ의 *pp.*] ① 지지받는. 지지된. 유지된. ② 양육된. 부양된. *cf.* bharita. -kāra 군인. -kāravīthi 군인의 거리.

bhataka *m* [=bhaṭaka. *cf. sk.* bhṛtaka] ① 고용인. 노동자. ② 하인.

bhati. bhatikā *f.* [*cf. sk.* bhṛti] 임금. 급료.

bhatika *m* = bhataka. bhaṭaka.

bhatta *n. adj.* [bhajati의 *pp. cf. sk.* bhakta] ① 끓인 쌀. 밥. ② 급식. 음식. 식사. ③ 존경 받는. 친근한. 봉사 받는. -agga 식당. -antarāya 식사의 장애. -ammaṇa 음식통. -âbhihāra 음식의 선물. 공양. 식공양(食供養). -uddesaka 음식의 분배자. 음식의 감독. 배식자(配食者). -kāraka 요리사. -kāla 식사시간. -kicca 식사. -kilamatha 식후의 피곤. -gāma 공물을 대거나 급식을 주는 마을. -geha 주방. 부엌. -dāna 식사의 제공. -puṭa 음식포대. -puṭaka 음식포대. -bhoga 음식의 향수. 식사. -randhaka 요리사. -vissagga 급식. 배식. -vetana 임금으로서의 음식·급료. 음식을 위한 용역. -velā 식사시간. -sammada 식사 후의 나른함. 포식. -sālā 식당.

bhattar *m* [*sk.* bhartṛ] ① 남편. ② 부양자. 양육자. 후원자. *nom.* bhattā; *gen.* bhattu; *acc.* bhattāraṁ.

bhattavant *adj.* [bhatta-vant] ① 존경을 받는 ② 존경할 만한.

bhatti *f.* [<bhajati. *sk.* bhakti] ① 헌신. 귀의(歸依). 귀명(歸命). 신앙. ② 접착(接着). -ummatta (bhatty°) 광신도(狂信徒). -ummāda(bhatty°) 광신(狂信). -kata 귀의한. 헌신한.

°bhattika *adj.* [bhatta-ika] dhuvabhattika 식사를 일정하게 공급하는. 정규적인 하인.

bhattimant *adj.* [bhatti-mant] ① 헌신적인. 귀의한. ② 신앙이 있는.

bhadanta. bhaddanta *adj. m* [*cf.* bhadda] '환호하여 맞이하는.' ① 존경할 만한. ② 존귀한. ③ 대덕(大德). 존사(尊師). *sg. voc.* bhadanta *pl. voc.* bhadantā.(경칭으로) 대덕이시여. 존사여.

bhadantika *adj. m* [bhadanta-ika] ① 초대받은 ② 초대받은 (사람).

bhadara = badara.

bhadda. bhadra *adj. n. m* [*sk.* bhadra] ① 길조의. 운 좋은. 존엄한. 훌륭한. ② 길상(吉祥). 현선(賢善). ③ 화살의 일종. ④ 당나귀(?). 황소. bhaddaṁ te 너에게 행복이 있기를. *f. voc.* bhadde = ayye 훌륭한 자매여! -ekaratta 길조의 하룻밤. 행복한 하루. 현선일야(賢善一夜). 행복하게 하나에 전념하는(?). -kappa 현명한 시대. 현겁(賢劫)[現世의 一大劫으로 賢人들이 나타나 衆生을 救濟하는 時代]. -pīṭha 안락의자. 등의자. -mukha 얼굴이 행복을 가져오는. -mutta 소자수(蘇子樹). 밧다뭇따[나무의 일종]. -yuga 행복한 한 쌍. -vaggiya 현자의 동료. 현부(賢部). -vāhana 즐거운 수레. 행복한 수레.

bhaddaka. bhadraka *adj. m* [bhadda-ka] ① 선한. 명성 있는. ② 좋은 물건. 귀중품. -samādhinimitta 훌륭한 삼매의 특징. -sīla 사람을 선하게 만드는 도덕. 선계(善戒).

Bhaddayānika. Bhadrayānika *m* [*bsk.* Bhadrayānika] 현승부(賢勝部). 현위부(賢胃部)[부파불교의 한 분파].

Bhaddasāla *m* [bhadda-sāla] 밧다쌀라. 발다사라(跋陀沙羅). 발다살라(跋陀薩羅). 현사라수(賢沙羅樹)[나무의 이름].

bhaddā *f.* [<bhadda] ① 예의바른 여인. ② 밧다. 발다(跋陀)[음악의 여신].

Bhaddāli *f.* [<bhadda] 밧달리. 발다리(跋陀利)[비구이름].

bhaddikā *f.* [bhadda-ikā] 예의바른 여인.

bhaddula *m* [= gaddula] 혁대. 가죽끈.

Bhaddiya *m* [<bhadda] 밧디야. ① 발제(跋提)[도시의 이름]. ② 발제리가(跋提梨伽)[수행승의 이름].

Bhaddha *m.* 밧다. 바두루(婆頭樓)[인명].

bhanta *adj.* [bhamati의 *pp.*] ① 빗나가는. 벗어나는. ② 돌아다니는. ③ 동요하는. 비틀거리는. -ratha 동요하는 수레.

bhantatta *n.* [bhanta의 *abstr.*] ① 소동. ② 혼란.

bhante [bhanta<bhavant 의 *voc. mg.*] ① 존경하는 스승이여! 세존이여! ② 존자여! [āvuso는 동년배나 아랫사람에 대해 쓰는데 비해 bhante나 āyasmā는 존경하는 윗사람에게 쓴다].

bhabba *adj.* [bhū의 *grd. sk.* bhavya] ① 가능한. ② 유능한. ③ 적합한. -âbhabba 적합하고 부적합한. -āgamana 능히 행할 수 있는 자. 능행자(能行者). -āpattika 범죄가 가능한 자. 적능죄인(適能罪人).

bhabbatā *f.* [bhabba의 *abstr.*] 가능성.

bhama *m.* [<bhamati] 녹로(轆轤). -kāra 녹로공(轆轤工).

bhamati [bhram] ① 돌다. 회전하다. ② 돌아다니다. *imp.* bhamassu; *pp.* bhanta; *caus.* bhameti

bhamara *m.* [*sk.* bhramara<bhram] 벌. 말벌.

bhamarikā *f.* [bhamara] (윙윙 소리 내는) 팽이.

bhameti [bhameti의 *caus.*] 회전시키다.

bhamu *f.* [*cf.* bhamuka] 눈썹.

bhamukā. bhamukhā *f.* [*cf. sk.* bhrū. *bsk.* bhrūmukha] 눈썹. -loma 두 눈썹 사이에 흰 털이 있는 것. 미간백호상(眉間白毫相)[三十二相 가운데 하나].

bhaya *n. m.* [〃<bhī] 두려움. 공포. 포외(怖畏). 테러. *cf.* 네 가지 두려움. 사포외(四怖畏)[jātibhaya, jarābhaya, vyādhibhaya, maraṇabhaya]. -âgati 두려운 사도(邪道). 포외취(怖畏趣). -ûparata 두려움을 억제하는 (자). -kathā 두려움·공포에 대한 이야기. 포외론(怖畏論). -ñāṇa 공포에 대한 앎. 포외지(怖畏智). -t-upaṭṭhāna 공포의 현기. 포외현기(怖畏現起). -t-upaṭṭhāna-ñāṇa 공포의 현기에 대한 앎. 포외현기지(怖畏現起智). -dassāvin. -dassin 공포의 대상·위험을 보는. 공포를 실감하는. -bhīta 공포로 두려워진. -bherava 두려움과 당황. -saññā 두려움·공포의 지각. 포외상(怖畏想).

bhayānaka *adj.* [〃<bhaya] 무서운. 두려운.

bhara *adj.* [<bhṛ] ① 지탱하는. 유지하는. ② 부양하는.

bharaṇa *n.* [〃<bhṛ] ① 지탱. 유지. ② 부양.

bharatā *f.* [bhara의 *abstr.*] ① 지탱하는 것. 유지하는 사실. ② 부양하는 사실. dubbharatā 지탱하기 어려운 사실.

bharati [〃bhṛ] ① 견디다. 유지하다. ② 먹이다. 부양하다. *grd.* bhariya; *pp.* bhata. bharita.

bharabhara *m.* [*onomat.*] 바라바라[혼란된 소리를 모방하는 말]. *cf.* babbhara.

bharita *adj.* [<bharati] ① 먹여진. ② 가득 찬.

bhariyā *f.* [<bharati의 *grd. cf. sk.* bhāryā] 아내. 마누라. 부인. 처(妻). 궁녀(宮女).

Bharu [*dial.*] 바루[도시와 왕국의 이름].

Bhallaka [Bhalla-ka] (발라 족의) 구리의 종류(?).

bhallāṭaka *m.* [〃] 호두.

bhava *m.* [〃<bhū] ① 존재. 유(有). 존재의 상태. ② 생성. 윤회. 다시 태어남. bhav°-agga 최상의 존재. 유정(有頂). -aṅga 존재의 기능. 잠재의식. 유분(有分). -ajjhosana 존재에 대한 탐착. 유착(有着). -antaga 과거생의. -antara 한생과 다음 생 사이의 존재. 중유(中有). -âbhava 존재의 종류. 존재와 비존재. -āsava 존재에 의한 번뇌. 유루(有漏). -uppatti 새로운 존재로 태어남. -esanā 존재의 추구. 유구(有求). -ogha 존재의 거센 흐름. 유류(有流). bhava°-kanatāra 존재의 사막. -cakka 윤회(輪廻)의 수레바퀴. 존재의 수레바퀴. 유륜(有輪). -carimakā 마지막 태어남. -taṇhā (영원한) 존재에 대한 갈애. 유애(有愛). -diṭṭhi (실체적) 존재가 있다고 생각하는 견해. 유견(有見). -nandī (미혹한 세계의) 존재의 즐거움. 유희(有喜). -nirodha 존재의 소멸. -netti 존재로 인도하는 것. -pariḷāha 존재의 고뇌. 유뇌(有惱). -pāra 존재의 피안. -pipāsa 존재의 기갈. -bandhana 존재의 결박·속박. -māna 교만한 자. 큰 소리 치는 자. 유만자(有慢者). -yoga 존재의 멍에. 유액(有軛). -mucchā 존재에 의한 혼미. 유민(有悶). -rāga 존재에 대한 탐욕. 유탐(有貪). -saṁyojana 존재의 결박. 유결(有結). -saṅkhāra 존재의 형성. 유행(有行). -sampatti 존재의 성취. -salla 존재의 화살. 유전(有箭). -sāta (미혹한 세계의) 존재의 쾌락. 유락(有樂). -sota 존재의 흐름. 유류(有流). -sneha 존재에 의한 애정. 유친(有親). -ssita → ghaṭassita의 *misr.*

bhavaṁ *m. sg. nom.* [*cf.* bhavant. bhavati의 *ppr.*] ① 존자는. 존사께서는. ② 당신은. *cf.* bho.

bhavaṅga *n.* [bhava-aṅga] ① 생성의 요소. 존재조건의 형성. 존재의 기능. 존재조건의 고리. 유지(有支)[十二緣起의 요소]. ② 존재조건의 흐름. 잠재의식. 잠재의식의 흐름. 유분(有分). -cala 존재조건을 형성하는 동요. 잠재의식의 동요. -citta 잠재의식의 마음. 존재의 조건을 형성하는 마음. 유분심(有分心). -jjhāna 잠재의식에 대한 사유. 유분선(有分禪). -mana 존재조건을 형성하는 정신. 잠재의식의 정신. 유분(有分意). -viññāṇa 존재조건을 형성하는 의식. 잠재의식.

유분식(有分識). -vīthi 존재조건이 형성되는 통로. 잠재의식의 통로. 유분로(有分路). -santati 잠재의식의 상속. 유분상속(有分相續). -sota 존재조건을 형성하는 흐름. 잠재의식의 흐름. 유분유(有分流).

bhavataṁ *pron. m.* [bhavant의 *pl. gen.*] ① 존자들의. ② 당신들의.

bhavati[1] [〃 bhū] ① ~이 되다. 이다. 있다. 존재하다. ② 행동하다. *pres.* bhavāmi. homi. bhavasi. hosi. bhavati. hoti. homa. bhavāmase. hotha. bhavanti. honti; *imp.* bhava. bhavāhi. hohi. hotu. bhavatha. bhavātha. hotha. bhavantu. hontu; *opt.* bhaveyyaṁ. bhaveyyāsi. bhave. bhaveyya. hupeyya. huveyya. bhaveyyāma. bhavetha. bhaveyyuṁ; *fut.* bhavissāmi. hessāmi. hessaṁ. bhavissasi. hohisi. bhavissati. hessati. hessate. hehitī. hossati. bhavissāma. hessatha. bhavissanti. bhavissare; *cond.* abhavissaṁ. abhavissa. abhavissaṁsu; *aor.* ahuvā. ahuvāsiṁ. ahuvāma. ahuvamha. ahuvattha. ahu. ahuṁ. ahū. ahumha. ahumhā. ahosiṁ. ahosi. ahesumha. ahesuṁ. bhaviṁsu. ahuvattha; *inf.* bhavituṁ. hetuye; *abs.* bhavitvā. hutvā. hutvāna; *ppr.* bhavaṁ. bhavanto. hontī; *grd.* bhavitabba. hotabba. bhabba. bhuyya; *pp.* bhūta; *caus.* bhāveti.

bhavati[2]. bhavanti *f.* [bhavant의 *f.*] ① 훌륭한 비구니. 존니(尊尼). ② 훌륭한 자매. 존매(尊妹).

bhavatta *n.* [bhava의 *abstr.*] ① 있다는 사실. ② 상태. ③ 조건.

bhavana *n.* [<bhavati] ① 사는 곳. ② 계(界). 영역. 세계. ③ 궁전(宮殿).

bhavant *pron.* [〃 bhavati의 *ppr.*] ① 존귀한 주인. 스승. ② 존자. ③ 당신[이인칭 대명사의 경어로써 사용된다]. (*sg.*) *nom.* bhavaṁ; *acc.* bhavantaṁ; *ins.* bhotā; *gen.* bhoto; *voc.* bhavaṁ. bho; (*pl.*) *nom. voc.* bhavanto. bhonto; *acc.* bhavante; *ins.* bhavantehi; *gen.* bhavataṁ; (*f. sg.*) *nom.* bhavatī. bhavantī. bhotī; *acc.* bhotiṁ; *voc.* bhoti; *loc.* bhotiyā; *pl.* bhotiyo.

bhavāmase. bhavāhi → bhavati.

bhavitabba. bhavitvā → bhavati.

bhavituṁ → bhavati.

bhavissati [bhavati의 *fut.*] ① ~일 것이다. ② 있을 것이다.

bhave. bhavetha bhavati의 *opt.*

bhaveyyaṁ. bhaveyyuṁ bhavati의 *opt.*

bhaveyya ① bhavati의 *opt.* ② [*sk.* bhavya] 바베이야[나무의 일종: Averrhoa Carambola].

bhasati [<bhaṣ=bhusati] ① (개가) 짖다. ② 으르렁거리다. *aor.* bhasi; *pp.* bhasita.

bhasita ① *adj. n.* [bhaṣ의 *pp.*] 짖은. 으르렁 거린. 개 짖는 소리. ② *adj.* [bhas의 *pp.*] 재[灰]가 된. 잿더미가 된.

bhasata *m.* [*cf. sk.* basta] 숫염소. 목산양(牧山羊).

bhasta *n.* bhastā *f.* [*cf. sk.* bhastrā] ① 풀무. ② 큰 포대. 큰 자루.

bhasma. bhasman *n.* [〃] 재[灰]. bhasma° -antāhuti 재로 끝나는 제사. -âcchanna 재로 덮인. -puṭa 재를 담는 자루. -bhāva 재가 되어버린 상태.

bhassa *n.* [*cf. sk.* bhāṣya<bhāṣ] ① 말하기. 담화. 언설. ② 대화. 논쟁. ③ 쓸데없는 이야기. -ārāmatā 담론을 즐기는 것. -kāraka. -kārika 이야기하는 사람. 토론자. -ppavādika. -ppavādin 토론·논쟁을 좋아하는. 토론을 제안하는. -ppavedin 논쟁에 경험이 있는. -samācāra 바른 말하는 것. 토론에 뛰어남. -samussaya 호언장담하는 (자).

bhassati [*cf. sk.* bhraśyate<bhraṁś] ① 떨어지다. ② 수그러지다. ③ 늘어지다. *aor.* abhassatha. bhassittha. abhassittha; *ppr.* bhassamāna; *pp.* bhaṭṭha ①.

bhassara *adj. m.* [<bhās] ① 빛나는. 찬란한. ② 밧싸라[새의 이름].

bhā *f.* [〃] ① 빛. 광채. ② 바[보석의 이름].

bhākuṭika *adj.* [<bhakuṭi] 눈살을 찌푸리는. 불쾌한 표정을 짓는.

bhākuṭikā *f.* bhākuṭiya *n.* [<bhakuṭi] ① 눈살을 찌푸리기. ② 불쾌한 표정. 거만.

bhāga *m.* [〃<bhaj] ① 부분. 몫. 보수. ② 영역. 지방. ③ 시간의 구분. *acc.* pacchābhāgam 그 후에. 배후에. *loc.* pubbabhāge 과거에. 이미 지나간 때에. *loc.* aparabhāge. 그 후에. 미래에. 나중 부분에. *abl.* bhāgaso 부분적으로. 등분하여.

bhāgadheya bhāgadheyya *n.* [bhāga-dheya] 운명(運命).

bhāgavant. bhāgimant *adj.* [bhāga-vant. -mant] 분담하는. 참여하는. *nom.* bhāgavā.

bhāgin *adj.* [bhāga-in] 분담하는. 참여하는. = bhāgavant. *pl. nom.* bhāgino.

bhāgineyya *m.* bhāgineyyā *f.* [bhaginī-ya. *cf. sk.* bhāgineya] ① 자매(姉妹)의 아들. 조카. 남조카. ② 자매의 딸. 여조카.

bhāgiya *adj.* [bhāga-iya. *cf. bsk.* bhāgiya] ① 관계가 있는. ~에 도움이 되는. ② 획득한.

Bhāgirathī *f.* [〃] 바기라티[갠지스강의 별칭].

bhāgya *n.* [〃 <bhaga=bhagga ②] ① 분배된 것. ② 운(運). 행운(幸運). 운명(運命).
bhāgyavant *adj.* [=bhaggavant] ① 길조의. ② 행운의. *f.* bhāgyavatā.
bhājaka *adj. m.* [<bhājeti] ① 분배하는. 배급하는. ② 분배자. cīvara° 의복의 분배. phala° 열매의 분배.
bhājana *n.* [〃 <bhaj] ① 나누는 것. 분배하는 것. 분할. 구분. ② 그릇. 함지. 사발. 용기. 도기. -vikati 특별한 그릇.
bhājita *adj.* [bhājeti의 *pp.*] 나누어 진. 배분된. -âbhājita 나누어지고 나누어지지 않은.
bhājiyati [bhājati의 *pass.*] 나누어지다. 분배되다. 배분되다.
bhājeti [bhajati의 bhaj의 *caus.*] 나누다. 분배하다. *fut.* bhājessati; *grd.* bhājetabba; *pp.* bhājita; *pass.* bhājiyati; *ppr.* bhājiyamāna.
bhāṇa *m.* [<bhaṇati] ① 암송. 송출(誦出). ② 설법. -vāra (암송을 위한) 경전의 절(節). 송분(誦分).
bhāṇaka ① *m.* [bhāṇa-ka] 경전의 암송자. 설법자. 송출자(誦出者). ② *m.* [bhāṇḍaka] 단지. 항아리.
bhāṇin *adj.* [bhāṇa-in] 이야기하는. 암송하는. 송출(誦出)하는.
bhāṇeti [bhaṇati의 *caus.*] ① 말하게 하다. 암송하게 하다. ② 설명하다. *aor.* bhāṇi; *opt.* bhāṇaye.
bhātar *m.* [*sk.* bhrātṛ] 형제. kaniṭṭhabhātar 동생. jeṭṭhabhātar 형. bhātuputta 남조카. bhātudhītā 형제의 여조카. (*sg.*) *nom.* bhātā; *acc.* bhātaraṁ; *ins.* bhātarā; *gen.* bhātuno. bhātussa; *loc.* bhātari; (*pl.*) *nom.* bhātaro. bhātuno; *acc.* bhāte.
bhāti [bhā] ① 빛나다. ② 나타나다. *pp.* bhāta.
bhātika. bhātiya. bhātuka *adj. m.* [<bhātar] ① 형제의. ② 형제.
bhāturakkhitā *f.* [bhātar-rakkhita] 형제에 의해 보호받는 여자.
bhātuno. bhātussa. bhāte → bhātar.
bhānu *adj. m.* [〃] ① 빛나는. 밝은. ② 밝은 붉은 색의 빛. ③ 태양.
bhānumant *adj. m.* [bhānu-mant] ① 빛나는. 밝은. ② 태양. 해. *nom.* bhānumā; *acc.* bhānumaṁ.
bhāyati [*cf. sk.* bhayate bhī] 무서워하다. 두려워하다. ~ maccuno 죽음을 두려워하다. *pres.* bhāyāmi. bhāyasi. bhāyāma. bhāyanti. bhāyatha; *opt.* bhāye. bhāyeyya. bhāyeyyuṁ; *aor.* bhāyiṁ. bhāyi; *grd.* bhāyitabba; *pp.* bhīya; *caus.* bhāyayate. bhāyāpeti
bhāyayate. bhāyāpeti [bhāyati의 *caus.*] 무서워하게 하다. 두려움을 느끼게 하다. 공포에 떨게 하다.
bhāyāpana *n.* [<bhāyāpeti] 테러.
bhāyitabbaka *adj.* [bhāyati의 *grd.* -ka] ① 두려워해야 할. ② 두려운. 무서운.
bhāra *m.* [〃 <bhṛ] ① 짐. 하물(荷物). 어려운 일. 부담. 중담(重擔)[오취온(五取蘊 : pañcupādānakkhandhā)을 말한다]. -ādāna 짐을 지는 것. 책임을 떠맡음. 취담(取擔)[세 가지 갈애. kāma°. bhava°. vibhava - taṇhā]. -(m)opotana 짐을 내려놓음. -ṭṭha 짐 속에 포함 된. 짐으로 옮겨진. -nikkhepana 짐을 내려놓음. 짐을 버림. -mocana (임신한 여자의) 출산. -vāhin. -hāra 짐을 나르는 사람. 책임을 지고 있는 사람. ② [양의 단위] 짐수레 한 대분의 양. 일하(一荷).
bhāraka *m.* [<bhāra] ① 짐. 하물(荷物). 중담(重擔). ② 운반자. 짐꾼.
bhārataka *m.* [<bhāra] ① 'Bhārata의 열등한 자손' ② 운반자. 짐꾼.
Bhārata *m.* [〃] 인도(印度).
Bhāratiya *adj.* [Bhārata-iya] 인도(印度)의. 인도인(印度人).
Bhāradvāja *m.* 바라드와자. 바라타화자(婆羅墮和闍). 바라타(婆羅墮)[바라문의 이름].
bhārika *adj.* [bhāra-ika] ① 짐을 실은. 무거운. ② 엄숙한. 중요한. ③ 가혹한. 슬픈. *cf.* bhāriya.
bhārin *adj.* [bhāra-in] ① 운반하는. ② 입고 있는. *f.* bhārī. bhārinī.
bhāriya *adj. n.* [*sk.* bhārya] ① 나르는. 가져오는. ② 무거운. 중대한. 엄숙한. ③ 가혹한. ④ 임신한. -bhārika.
Bhārukaccha. Bharukacca *m.* 바루깟차. 바류가차(婆留迦車). 바려가차(婆慮迦車)[나라·항구 이름].
bhāva *m.* [〃 <bhū] ① 존재. 생성. ② 조건. 상태. ③ 본성. ④ 성(性). ⑤ (안정된) 정신적인 상태. atthikabhāva 필요로 하는 상태. ekibhāva 고독. 외로움. sithilibhāva 이완상태. uparibhāva 최상의 상태. purisabhāva 남성(男性). itthibhāva 여성(女性). -dasaka 성을 구성하는 열 가지 요소. 성십법(性十法)[색깔(色 : vaṇṇa),냄새(香 : gandha), 맛(味 : rasa), 자양(食素 : ojā), 땅(地 : paṭhavī), 물(水 : āpo), 불(火 : tejo), 바람(風 : vāyo), 남근 혹은 여근(男根 : purisindriya, 女根 : itthindriya), 생명(命 : jīvita)]. -rūpa 성(性)의 물질. 성색(性色)[남성과 여성의 구성요소].
bhāvanā *f.* [〃 <bhāveti] ① 수행. 수습. ② 명상. 마음의 계발. ③ 문화. *cf.* 세 가지 수습[kāya° cit-

ta° paññā - bhāvanā]. *ins. gen.* bhāvanāya. -ânuyoga 수행에의 적용. -âbhisamaya 수행에 대한 이론적 이해. 수습현관(修習現觀). -ārāma 수행의 즐거움. -duka 한 쌍의 수행법. -paññā 수습의 지혜. -paṭivedha 수행에 의한 통달. -padhāna 수행에 의한 정진. -bala 수행의 힘. 명상의 효과를 증가시키는 힘. 수습력(修習力) [수행하는 자에게 생겨나는 힘으로, 정진의 깨달음 고리를 위주로 하는 일곱 가지 깨달음 고리(satta sambojjhaṅgā : 七覺支) 또는 착하고 건전한 것들을 섬기고, 닦고, 복습하는 것을 수행의 힘]. -bhūmi 수행의 경지. 수습지(修習地). -maya 수행으로 이루어진. 수소성(修所成). -mayapaññā 수행으로 이루어진 지혜. 수소성혜(修所成慧). -mayapuññakiriyavatthu 수행으로 이루어지는 공덕행의 토대. 수복업사(修福業事). 수성복업사(修成福業事)[四無量心을 말함]. -vidhāna 수행의 조절. -rāmasantosa 수행의 즐거움에 대한 만족. -sacchikiriyā 수행의 실현·체험. 수작증(修作證).

bhāvanīya *adj.* [bhāveti의 *grd.*] = sambhāvanīya ① 존경을 받아야 할. 가숭경(可崇敬). ② 수행되어야 할.

bhāvayaṁ. bhāvayanto bhāveti의 *ppr. sg. nom.*

bhāvita *adj.* [bhāveti의 *pp.*] ① 수행된. 닦여진. 소수습(所修習). ② 산출된. ③ 조절된. -atta 자신을 닦은. 침착한. -citta 마음을 닦은.

bhāvitatta ① *adj.* [bhāvita-attan] 자신이 잘 닦여진. 가라앉은. 침착한. ② *n.* [bhāvita의 *abstr.*] 수행된 것. 수습성(修習性).

bhāvin *adj.* [bhāva-in] 존재하는.

bhāveti [bhavati bhū의 *caus.*] ① 낳다. 산출하다. ② 수행하다. 수습하다. *imp.* bhāvehi; *ppr.* bhāvayaṁ. bhāvayanto. bhāvento; *grd.* bhāvetabba; *pp.* bhāvita; *pass.* bhāviyati. *ppr.* bhāviyamāna.

bhāsa *m.* [〃] ① 빛. 광명. ② 바싸[맹수의 일종]. -sakuṇa 육식의 새. 독수리.

bhāsa [bhāsati ①의 *imp.*] 말하라!

bhāsaka *adj.* [bhāsa-ka] 말하는. 연설하는. 이야기하는.

bhāsati ① [*sk.* bhāṣate bhāṣ] 말하다. 이야기하다. 부르다. *pres.* bhāsate. bhāsase. bhāsare; *opt.* bhāseyya. bhāse. bhāsaye; *imp.* bhāsa. bhāsassu; *aor.* abhāsi. abhāsiṁ. abhāsissaṁ. abhāsatha. abhāsittha; *abs.* bhāsiya; *ppr.* bhāsamāna. bhāsanta; *grd.* bhāsitabba; *pp.* bhāsita. ② [*sk.* bhāsate bhās] 빛나다. 찬란하다. *fut.* bhāsihi.

bhāsana *n.* [<bhasati] ① 연설. ② 이야기.

bhāsā *f.* [*sk.* bhāṣa] ① 말. 언어. 일상어. ② 방언. -tattaññū 언어학자(言語學者). -parivattaka 해설자. -magga 어법론(語法論). -rīti 구절(句節). 관용구(慣用句). 숙어(熟語). -rītyanugata 관용구(慣用句)가 들어간. 숙어(熟語)가 들어간.

bhāsita *adj. n.* [bhāsati ①의 *pp.*] ① 말해진. 이야기된. 설해진. ② 언어. 말. *cf.* dubbhāsita 잘못 설해진. 악설(惡說). subhāsita 잘 설해진. 선설(善說).

bhāsitar *m.* [<bhāsati ①] 말하는 사람. 화자(話者). = bhāsin.

bhāsin *adj.* [bhāsā-in] 이야기하는. 말하는.

bhāsihi bhāsati ②의 *fut.* ③ *sg.* =bhāsissati.

bhāsura *adj.* [〃 <bhas] ① 밝은. 빛나는. ② 휘황찬란한.

bhāse. bhāseyya bhāsati ①의 *opt.*

bhiṁsa. bhiṁsana *adj.* [*sk.* bhiṣma] 무서운. -rūpa 무서운 모습.

bhiṁsanaka *adj.* [<bhiṁsa] ① 무서운. ② 두려움을 품게 하는. -vanasaṇḍa 두려움을 품게 하는 숲. 포외림(怖畏林).

bhiṁsā *f.* [*cf. sk.* bhīṣā] 공포. 두려움.

bhiṁsāpeti [bhiṁsā의 *denom.*] ① 두렵게 하다. ② 위협하다.

bhiṁsikā *f.* [bhiṁsa-ikā] ① 두려운 것. ② 테러. 공포. 저주.

bhikkhaka *adj. m.* [bhikkha-ka] ① 거지. ② 탁발수행자.

bhikkhati [bhaj의 *desid. sk.* bhikṣate] ① 보시를 구하다. 구걸하다. 탁발하다. ② 부탁하다. *ppr.* bhikkhamāna.

bhikkhana *n.* [<bhikkhati] ① 구걸. ② 부탁.

bhikkha *f.* bhikkhā *n.* [*sk.* bhikṣa] ① 구걸한 음식. 보시물. 음식. ② 보시를 구함. 탁발(托鉢). *dat.* bhikkhāya 보시를 얻기 위해. 음식을 위해. bhikkha° -āhāra 탁발한 음식. -cariyā 보시를 얻기 위해 돌아다님. 행걸(行乞). -dāyika 음식·보시를 주는 사람. 시식자(施食者). -paññatti 음식이 승단에 보시되었다는 선언.

bhikkhu *m.* [*sk.* bhikṣu<bhikkhati] ① 보시를 구하는 사람. 걸식 수행자. ② 불교승려. 수행승. 비구(比丘). 스님. (*sg.*) *nom. voc.* bhikkhu; *acc.* bhikkhuṁ. bhikkhunaṁ; *dat. gen.* bhikkhuno. bhikkhussa; *ins.* bhikkhunā; (*pl.*) *nom.* bhikkhū. bhikkhavo; *voc.* bhikkhave. bhikkhavo; *dat. gen.* bhikkhūnaṁ; *ins.* bhikkhūhi; *loc.* bhikkhūsu. -agga(bhikkhug°) 수행승에 대한 균등

한 배분. -gatika 수행승과 교제하는 사람. -bhāva 수행승인 상태. 수행승의 지위. 비구성(比丘性). -bhūmi 수행승의 경지. 비구지(比丘地). -saṅgha 수행승들의 공동체. 교단. 비구승가(比丘僧伽). -sīla 수행승이 지켜야 하는 규칙. 비구계(比丘戒).

bhikkhuka *adj.* [<bhikkhu] 승려의. 수행승의. 비구의. abhikkhuka 승려가 없는. sabhikkhuka 승려와 함께 하는.

bhikkhunī *f.* [*bsk.* bhikṣuni] 불교의 여자승려. 여승. 수행녀. 스님[女]. 비구니. -upassaya 수행녀의 거처. -ovadant. -ovadaka 수행녀에 대한 훈계하는 (자). -ovāda 수행녀에 대한 훈계·충고. -gocara 수행녀에게 친근한. -dūsaka 수행녀를 타락시키는 자. -saṅgha 수행녀들의 공동체. 비구니승가(比丘尼僧伽). -sīla 수행녀의 규칙. 비구니계(比丘尼戒).

Bhikkhunīvibhaṅga *m.* [bhikkhunī-vibiṅga] 비구니비방가. 비구니계의 해설. 비구니분별[比丘尼分別 : 律藏 經分別의 하나].

bhiṅka *m.* [*cf. sk.* bhṛṅga] ① 어린 짐승. ② 어린 코끼리. 유상(幼象).

bhiṅkāra. bhiṅgāra ① *m.* [*cf. sk.* bhṛṅgāra] 물단지. 금병(金甁). ② *m.* [*cf. sk.* bhṛga. bhṛgaka] 새의 일종 [Lanius Caerulescens]. ③ *m.* [?] 환호. 갈채.

bhijjati [bhindati bhid의 *pass. sk.* bhidyate] 부서지다. 파괴되다. *imp.* bhijjatu; *fut.* bhijjissati; *aor.* abhedi. bhijjittha; *grd.* bhejja; *ppr.* bhijjamāna. bhijjanta.

bhijjana *n.* [<bhijjati] ① 파괴. 쪼갬. ② 파멸.

bhitti *f.* [<bhid] ① 벽. ② 담. -khīla 벽에 대는 기둥. 벽재(壁材). 갱(坑). -pāda 벽의 밑 부분의 지지대.

bhittika *adj.* [bitti-ka] 벽을 지닌. 담을 가진.

bhidura *adj.* [<bhid] ① 부서지기 쉬운. ② 파멸하기 쉬운. 덧없는.

bhindati [*sk.* bhinatti bhid] ① 쪼개지다. 파열되다. ② 쪼개다. 깨다. 부수다. 베다. 파괴하다. *fut.* bhindissati. bhecchati; *aor.* abhida. abbhidā. bhindi. abhindi; *opt.* bhinde; *abs.* bhetvā. bhinditvā; *grd.* bhejja; *ppr.* bhindanta; *pp.* bhinna; *pass.* bhijjati; *caus.* bhedeti. bhindāpeti. bhedāpeti.

bhindana *n. adj.* [<bhindati] ① 분쇄. 파괴. ② 분쇄하는. 잘 부서지는. 실패시키는.

bhindāpeti [bhindati의 *caus.*] 파괴시키다.

bhindi. binde bhindati의 *aor. opt.*

bhindivāla *m.* [*cf. sk.* bhindipāla. *prk.* bhiṇḍilāla. °vāla] 창(槍)의 일종.

bhinna *adj.* [bhindati의 *pp.*] ① 부서진. 쪼개진. 깨어진. ② 의견 차이가 있는. -ājiva 생계가 부서진. -jātika 이종(異種)의. 혼성적인. -jātikatta 이종(異種). 혼성(混成). -tthūpa 파괴된 탑. -nāva 배가 난파된. 난파된 배에 탄. -paṭa 옷이 찢어진. 찢어진 옷. 폐의(弊衣). -patta 발우가 못 쓰게 된. 괴발자(壞鉢者). -plava 난파(難破)된. -manta 훈계·충고를 무시하는. 불복종(不服從)하는. -vāda 분파. -sira 머리가 부서진. -sīmā 결계(結界)를 파괴한 (자). -sīla 계행이 파괴된. -hirottappa 부끄러움과 창피함을 모르는. 파렴치한.

bhinnatta *n.* [bhinna의 *abstr.*] 부서진 상태. 파괴된 사실.

bhiyyo *adj. adv.* [=bhīyo. bhīyyo. *cf. sk.* bhūyas. bhū(bahū)의 *superl.*] ① 더 많은. 더욱 반복해서. ② 보다 높은 정도로. -kamyatā 더 많은 것을 원하는 것. 탐욕. -bhāva 증대. 증가. 증식.

bhiyyoso *ind.* [bhiyyo의 *abl.*] ① 더욱 더. 더군다나. ② 하물며. -mattāya [*cf. bsk.* bhūyasyā mātrāya] 굉장히. 풍부하게.

bhisa *n.* [*cf. sk.* bisa] ① 연뿌리. ② 연꽃의 싹. ③ 연꽃식물. -puppha 연꽃. -muḷāla 연꽃의 줄기. -mūla 연뿌리.

bhisakka *m.* [*cf. sk.* bhiṣaj. *bsk.* bhiṣaṅka. bhiṣaṭka] 의사. 내과의(內科醫). -sallakatta 전의(箭醫). 외과의(外科醫).

bhisi ① *f.* [*sk.* bṛṣī. bṛsī] 긴 덧베개. 방석. 깔개. -cchavi 베개의 껍데기. 요의 껍데기. -bimbohana 덧베개와 베개. ② *m.* 뗏목.

bhisikā *f.* [bhisi-ka] 작은 덧베개. vātapāna° 창대(窓袋)[창문의 바람을 조절하는 기구].

bhismā *f.* [=bhiṁsā] 공포. 두려움.

bhīta *adj.* [bhāyati의 *pp.*] 두려운. 무서운. 섬뜩한.

bhīti *f.* [<bhāyati] ① 두려움. 공포. ② 테러.

bhībhaccha = bībhaccha.

bhīma *adj.* [〃<bhī] ① 무서운. ② 잔인한. -kāya 무서운 몸을 지닌. 무서운. -deha 괴물. -rūpa 무시무시한 모습을 한. -sena 무서운 군대를 지닌.

bhīmala *adj.* [<bhīma] ① 무서운. 무시무시한. ② 놀라게 하는.

bhīrati [bharati의 *pass.*] *cpd.* anubhīramāna 위로 떠다니면서.

bhīyo. bhīyyo = bhiyyo. 더욱.

bhīru *adj. m.* [〃<bhī] ① 두려워하는. 겁 많은. 무서운. 무시무시한. 전율하는. 떠는. ② 두려움. 겁(怯). -ttāṇa 두려운 사람들을 보호하는. 두려

움에 대한 구호(救護).

bhīruka *adj.* [bhīru-ka] 두려워하는. 겁 많은. 전율하는. 떠는.

bhīsana = bhiṁsana.

bhukka *adj. n.* [<bhukk] ① 짖는. ② 개.

bhukkaraṇa. bhuṅkaraṇa *adj. n.* [bhukk-kṛ-ana] (개가) bhukk 멍멍 짖는 (소리).

bhukkāra *m.* = bhukkaraṇa.

bhuṅkaroti [bhuṁ-karoti] ① (개 따위가) 멍멍 짖다. ② 소리치다. *aor.* bhuṅkari. *pp.* bhuṅkata. *ppr.* bhuṅkaronta. *abs.* bhuṅkatvā. buṅkaritvā.

bhucca *adj.* [bhū의 *abs.*] 오직. *cpd.* yathābhuccaṁ (*n. acc. adv.*) = yathābhūtaṁ 여실히. 있는 그대로.

bhuja ① *adj. m n.* [〃<bhuj ①] 구부러진. 휘어진. 팔. 손. -ga. -ṅgama 구부리고 가는. 뱀. 곡행자(曲行者). ② [<bhuñjati ②] 깨끗한. 순수한. 밝은. 아름다운.

bhujaka *m.* [<bhuj] 향기로운 나무[天界의 Gandhamādana 숲에만 있음]

bhujissa *m.* bhujissā *f.* [*cf. bsk.* bhujiṣya< bhuj ②] ① 해방된 노예. ② 자유민. bhujissaṁ karoti 노예에게 자유를 주다.

bhuñjaka *adj.* [<bhuñjati] ① 먹는. ② 즐기는. 향유하는.

bhuñjati ① [〃<bhuj ①] ① 먹다. 즐기다. 향유하다. ② 이용하다. 사용하다. ③ 향수하다. 수용하다. *opt.* bhuñjeyya. bhuñjetha; *imp.* bhuñjissa. bhuñjassu. bhuñjatu; *fut.* bhokkhaṁ; *aor.* bhuñjiṁ. bhuñji. abhuñjiṁsu. abhuñjisuṁ; *abs.* bhutvā. bhutvāna; *inf.* bhottuṁ; *grd.* bhuñjitabba; *ppr.* bhuñjanta. bhuñjamāna; *pass. pres.* bhuñjīyati. *pp.* bhutta; *caus.* bhojeti. ② [bhuj ②] 깨끗이 하다. 정화하다. *cf.* bhujissa.

bhuñjana *n.* [<bhuñjati ①] ① 식사. ② 향유. -kāla 식사시간.

bhuñjitar *m.* [buñjati] ① 먹는 사람. ② 향유하는 사람.

bhutta *adj.* [bhuñjati ①의 *pp.*] ① 먹은. ② 향유된. ③ 수용된. yathābhuttaṁ bhuñjatha 먹는 대로 먹어라. 먹을 수 있을 만큼 적당히 먹어라. -âvasesa 음식·식사의 나머지. 잔식(殘食).

bhuttar *adj. m.* [bhutta의 *ag.*] ① 먹는. ② 먹는 사람. 향유자.

bhuttavant. bhuttāvin *adj. m.* [<bhutta] ① 먹는. ② 먹는 사람.

bhutvā. bhutvāna [bhuñjati ①의 *abs.*] 먹고 나서. 향유하고 나서.

bhumma *adj. n.* [*sk.* bhūmya<bhūmi] ① 땅의. 지상(地上)의. 세속의. 지상에 사는. ② 흙. 땅. 바닥. 대지(大地). *pl.* bhummā 지상의 것들. 지상의 신들. 특히 수신(樹神)이나 야차(夜叉)들. yāva bhummā 대지에 이르기까지. -attharaṇa 땅 덮개. 매트. 매트리스. 카펫. 부물(敷物). 지부(地敷). -antara 지상계(地上界). 지구(地球). -antaraparicchedа 우주창조론. -antalikkha 지상과 천상의. -jāla 지상의 그물[숨겨진 보물을 찾기 위해 땅위에 펼쳐놓은 통찰의 그물]. -ṭṭha 지상에 세워진. 지상에 있는. 지상에 의존하는. -deva. -devatā 지상에 사는 신. 땅의 요정. 지거신(地居神). 지신(地神).

bhummi ① *f.* [<bhumma] 땅의. 속하는 것. 영역. 단계. 경지. ② [bhumma의 옛 *voc.*] '나의 사랑하는 이여!'[친애의 표시의 호격].

bhuyya [*sk.* bhūyas] → bhiya.

bhuvi [*sk.* bhū의 *loc.*] 지상에.

bhuvana *n.* [<*sk.* bhū] 존재. 세계.

bhusa ① *m.* [*cf. sk.* busa. buśa] 겨. 왕겨. 짚. 강곡(糠穀). 인곡(糿穀). -āgāra 초가집. 초암(草庵). 탈곡장. 인곡당(糿穀堂). ② *adj.* [*cf. sk.* bhṛśa] 강한. 힘센. 위대한. *acc.* bhusaṁ *adv.* 많이. 크게. 강하게. 굉장히.

bhusati [=bhasati] ① 짖다. ② 으르렁거리다. *aor.* bhusi; *pp.* bhusita.

bhusikā *f.* [<bhusa ①] 겨. 왕겨. 강곡(糠穀).

bhusita *adj.* [bhusati의 *pp.*] ① 짖는. ② 으르렁거리는. *cf.* bhasita.

bhuseti [bhusa ②의 *denom.*] ① 강하게 하다. ② 자라게 하다.

bhussati [bhus-ya-ti] = bhusati ① (개 따위가) 짖다. ② 소리치다. *aor.* bhussi; *ppr.* bhusanta. bhusamāna; *abs.* bhusitvā.

bhū [<bhū] ① *n.* 생물. 생류(生類). -nāsikā 산적꼬챙이. -hata 살생하는 사람. -hana 생물을 살해하는. ② *f.* [= bhūmi] 토지. 대지. *loc.* bhuvi. -pati 군주(君主). -bhāga 지점(地點). -vaṇṇanā 지형학(地形學). 지문학(地文學).

bhūkuṭi *f.* [=bhākuṭi] ① 불쾌한 표정. 화냄. ② 거만.

bhūja *m.* [*cf. sk.* bhūrja] 자작나무[樺]. 부휴자(浮休闍)[Betula Bhojpatra : 樺皮로 貝葉을 만듦].

bhūta *adj. n.* [bhavati의 *pp.*] ① 생겨난. 생성된. 태어난. 산출된. 있었던. ② 진실. 진리. 사실. 실재. ③ 생물. 유정(有情). 동물. 생명현상. ④ 만물. 요소. 자연. 세계. 존재. 물질적 존재. 사대(四大 : mahābhūtāni). ⑤ 악령. 유령. 마귀. 악마. 요정. 귀신. 야차. 비인(非人 : amnussā). ⑥ 이생자(已生者). 누진자(漏盡者). bhūtam idanti passasi? 그대는 이것이 생겨난 것이라고 보는가? -âpasāraṇa 굿. 푸닥거리. 악령쫓기. -āviṭṭha 유령에 사로잡힌. 유령 같은. 마귀 들린. -āviṭṭhapuggala 마귀 들린 사람. -kāya 진리의 몸. 실재의 몸. -gāma 식물. 채소. 초목[五種種子가 있음]. -gāmavijjā 생리학(生理學). -gāha 악령에 사로잡힌. -ṭṭhāna 유령이 출몰하는 곳. -tta 생성의 사실. -devatā 요정. -pati 존재자들의 주인. 귀신들의 주인. -pubba 옛날에 있었던. 석시(昔時)의. -pubbaṁ 옛날에. 이전에. -pūja 귀신숭배. 악마주의. 마술. 마법. -ppasāda 사대요소의 청정. 종정(種淨). -bhatti 귀신숭배. 악마주의. 마술(魔術). 마법(魔法). -bhavya 과거와 미래. -bhāva 진실한 성품. -rūpa 자연의 물질. 종색(種色)[地·水·火·風]. -vacana 진실에 대한 진술. -vādin 정직한. 진실을 말하는. -vikāra 자연적 결점. 자연적 불구. -vijjā 귀신에 대한 지식. 귀신을 쫓아내기. 주술. 마법. 귀신학(鬼神學). 귀신명(鬼神明). 심령론(心靈論). 강신론(降神論). -vejja 귀신을 쫓는 사람. 마법사. 주술사. 무당(巫堂). 무속인. 퇴마사. 심령론자(心靈論者).

bhūtatta *n.* [bhūta의 *abstr.*] ① 생성된 사실. 태어난 사실. ② 생물인 것. 존재라는 사실.

bhūtanaka *m.* [*sk.* bhūtṛṇa] 부따나까[향기나는 풀의 일종. 방초(芳草)의 종류. Andropogon Schoenanthus].

°bhūtika *adj.* [bhūta-ika] cātummahā° 존재(四大)로 구성된.

bhūnaha *m.* [<bhūta-ha<han] ① 존재를 파괴하는 자. ② 살생하는 사람. *voc.* bhūnahu.

bhūnahacca *adj.* [<bhūta-hacca<han] ① 생물을 죽이는. ② 태아를 죽이는.

bhūma *m.* [=bhūmi] ① 토지. 지방. ② 근거. 이유. ③ 단계. 경지.

bhūmaka. bhūmika *adj.* [<bhūma] ① (건물의) 층이 있는. ② 지방의. 지역의. 어떤 상태에 있는.

bhūmi *f.* [″] ① 땅. 대지. 토지. 지방. 지역. ② 근거. 이유. ③ 수준. 경지. 단계. 의식의 상태. *loc.* bhūmiyā; *pl. nom.* bhūmiyo -kampa 땅의 흔들림. 지진. -kkama 땅의 순서. 경지의 순서. -gata '땅으로 간' 숨은. 챙겨 넣어진. -ghana 두꺼운 흙. -cāla 지진(地震). -cālavibhāga 지진학(地震學). -cālasūcakayanta 지진계(地震計). -citta 지도(地圖). -jatela 석유(石油). -tala 지표면. -devatā 땅의 신. 지신(地神). -nānatta 땅의 다양성. -(p)padesa 지역. 지상의 장소. 광장(廣場). -pappaṭaka 땅에서 자라는 것. 지병(地餠). -pala 땅의 수호자. 국왕(國王). -pothana 땅을 치는. -bhāga 지방. 지역. -māṇaka 측량사. -laddha 존재의 어떤 단계에서 얻은. -saya 땅위에 누운. 땅위에서 자는.

bhūmikā *f.* [<bhūmi] ① 지면. ② 토대. 바닥. ③ 단계. 경지.

bhūri ① *f.* [*cf. sk.* bhūr] 땅. 대지. -kamma 땅위에서 주문을 외우는 것. -vijjā 땅에 관한 길흉을 판단하는 지식. 지명(地明). ② *adj.* [*cf. sk.* bhūri] 넓은 광대한. 풍부한. -pañña. -paññāṇa 광대한 지혜가 있는. 매우 현명한. -paññā. -paññatā 광대한 지혜. 광혜(廣慧). -medhasa 매우 총명한. 광혜자(廣慧者).

bhūrī *f.* [*cf. bsk.* bhūri] ① 지식. 이해. ② 지혜. 영지(英智).

bhūsana *n.* bhūsā *f.* [<bhūṣ] ① 장식(裝飾). ② 장식품.

bhūsāpeti [bhūṣ의 *double caus.*] = bhūseti. *aor.* bhūsāpesi; *pp.* bhūsāpita; *abs.* bhūsetvā.

bhūseti [bhūṣ의 *caus.*] ① 장식하다. 장엄하다. ② 아름답게 하다. 미화하다. *aor.* bhūsesi; *ppr.* bhūsenta; *pp.* bhūsita; *abs.* bhūsetvā.

bheka *m.* [″ *onomat.*] 개구리.

bhecchati [*cf. sk.* bhetsyati] bhindati의 *fut.*

bhejja *adj.* [bhijjati. bhindati의 *grd.*] ① 쪼개질 수 있는. ② 부서질 수 있는.

bhejjanaka *adj.* [<bejja] ① 깨질 수 있는. 깨지기 쉬운. ② 파괴될 수 있는.

bheṇḍi *m.* [*cf.* bheṇḍu] ① 투창. ② 화살. -vāla (돌·창 등의) 날아가는 무기.

bheṇḍu *m.* [*cf.* kaṇḍu ②. geṇḍuka] ① 공. ② 구슬. ③ 공모양의 장식물. 망루. 둥근 지붕(의 탑).

bheṇḍuka *m.* [bheṇḍu-ka] ② 놀이 공. 둥근 것. ② 구형포탑(球形砲塔).

bhettar *m.* [bhid의 *ag.*] ① 파괴자. ② 이간시키는 사람.

bhetvā *ind.* [bhindati의 *abs.*] 부수고. 파괴하고.

bheda *m.* [″<bhid] ① 파괴. ② 불화. 분열. 의견차이. ③ 종류. -kara 파괴하는. 분열시키는.

bhedaka *adj.* [<bheda] ① 파괴하는. 분할하는. ② 불화를 야기하는. ③ 이간시키는.

bhedana *n.* [<bhedeti] ① 파괴. 깨뜨리기. 분할. ② 분열. 불화. -dhamma 파괴될 수밖에 없는. 깨지기 쉬운. -saṁvattanika 분열로 이끄는. 불화로 이끄는.

bhedāpeti [bhindati의 *caus.*] = bhedeti.

bhedeti [bhindati의 *caus.*] 파괴시키다. 부수게 하다. *aor.* bhedesi; *pp.* bhedita; *abs.* bhedetvā.

bheraṇḍa. bheraṇḍaka *m.* [*sk.* bheruṇḍa] 승냥이. 재칼. 산견(山犬).

bherava *adj. n.* [*cf.* bhīru. *sk.* bhairava] ① 무서

운. 두려워하는. ② 공포. -rāva 공포의 울부짖음.

bheri *f.* [*sk.* bherī] 북. 큰 북. 드럼. 태고(太鼓). -caraṇa 북을 치며 도는 것. -tala 북의 표면. -daṇḍa 북치는 막대. -paṇava 큰 북과 작은 북. -vāda 북소리[큰소리의 상징]. -vādaka 북치는 사람. -saññā 북의 신호. -sadda 북소리.

bhesajja *n.* [*sk.* bhaiṣajya] ① 약(藥). 의약(醫藥). ② 의술(醫術). 치료(治療). bhesajjaṁ yena vijāyati 임신약(姙娠藥). -kapālaka 약사발. -t-thavika 약주머니. 약배낭. -sannidhikāra 약의 저장. -sālā 약국(藥局). 조제실. -sikkhāpada 약에 대한 학습계율.

bhesiya *m.* [*cf. bsk.* bhaiṣaja] 의사.

bhesma *adj.* [=bhiṁsa. *sk.* bhīṣma] 무서운.

bho *interj.* [bhavant의 *sg. voc.*] ① 존자여! 그대여! ② 벗이여! 친애하는 자여![바라문이 서로 사용하는 동료 또는 아랫사람에 대한 호칭. 윗사람에 대해서는 bhante를 쓴다]. bho purisa 나의 친애하는 자여! -vādika. -vādin '존자여!'라고 말하는 자. 바라문. ③ [*pl.*] 존자들이여! 그대들이여![드물게]. bho brahmaṇā 오 그대들 바라문들이여!

bhokkhaṁ [*sk.* bhokṣyāmi] bhuñjati의 *fut. 1sg.*

bhokkhin *adj.* [?<*sk.* bhoktrī. bhuj의 *desid.* bhukṣ = bhokkh] 먹기를 원하는.

bhoga ① *m.* [<bhuñjati] ① 즐김. 향유. 향수. 수용(受用). ② 보시물. ③ 소유물. 재산. -āsatta 향락주의자. -kkhandha 많은 재산. 재취(財聚). -gāma 공물을 바치는 마을. -cāgin 재산을 주는. 관대한. -parihāni. -pārijuñña 재산의 손실. -bala 재력. -byasana. -vyasana 재산과 관련된 상실. 재손실(財損壞)[五厄難]. -mada 재산에 대한 도취·교만. -vāsinī (부인이라는) 부를 누리며 사는. 고주부(雇主婦)[十婦人의 하나]. -vuddhi 재산의 증가. -sampatti. -sampadā 재산의 성취·획득. -sukha 수용의 즐거움. 수용락(收用樂). ② [*cf.* bhuja ①] 뱀의 똬리. 뱀이 몸을 서린 모양. 권국(蜷局).

bhogatā *f.* [bhoga의 *abstr.*] ① 번영의 상태. ② 재산이 많음.

bhogavant *adj. m.* [bhoga-vant] ① 재산이 있는. 부유한. ② 부자.

bhogika *adj.* [bhoga-ika] ① 즐기는. 향수하는. ② 부유한.

bhogin *adj. m.* [bhoga-in] ① 즐기는. 풍부한. 참여하는. 부유한. ② 똬리를 튼. 뱀의. 뱀.

bhogiya *m.* [bhoga-iya] 부유한 자. 호족(豪族).

bhogga *adj.* ① [bhuñj ①의 *grd. sk.* bhogya] 수용되어야 할. 소유되어야 할. 왕에게 속하는. 왕립의. ② [*cf. sk.* bhugna<bhuj ①] 구부러진. 휘어진.

bhoja *m.* [*cf.* bhujissa] ① 훈련받는 사람. 종속된 사람. 의존하는 사람. ② 가족. ③ 해방된 노예. ④ 마을 사람. -isiya 의존하는 사람에 대한 극복. 독립. -putta 어떤 마을 사람의 아들. -rājan 마을의 우두머리. 속국의 왕. 소왕(小王). -ājānīya 잘 훈련된 말. 준마. *cf.* bhojjha.

bhojaṁ bhojeti의 *ppr. sg. nom.*

bhojaka *m.* [<bhojeti] ① 급식하는 사람. ② 소유자. 주인.

bhojana *n.* [<bhuñj] ① 음식. 음식물. ② 식사. bhojane mattaññutā 식사에서 알맞은 분량을 아는 것. 식지량(食知量). bhojane mattaññutā-riyanta 식사에 알맞은 분량의 한계. 식지량주변(食知量周邊). -aggadāna 시식단계의 첫 번째 음식의 보시. -âgāra 호텔. -atthika 음식이 필요한. 배고픈. -pariyantika 급식을 제한하는 (사람). -phalaka 식탁. 테이블. -vikati bhājanavi-kati의 *misr.* -sālā 식당.

bhojanaka *m.* = bhojaka.

bhojaniya. bhojanīya. bhojaneyya *adj. n.* [bhojeti의 *grd.* khādaniya의 반대] ① 먹을 수 있는. ② 먹기에 적당한 음식. 부드러운 음식.

bhojāpeti [bhuñjati의 *caus.*] ① 먹을 것을 주게 하다. ② 식사에 시중들다. *aor.* bhojāpesi; *pp.* bhojāpita; *abs.* bhojāpetvā.

bhojin *adj. m.* [<bhuj] ① 먹는. ② 즐기는. 향수(享受)하는.

bhojisiya *n.* [=bhujissa. *bsk.* bhujiṣya] ① 독립. 자유. ② 노예상태를 벗어남.

bhojeti [bhuñjati의 *caus.*] 먹게 하다. 대접하다. *ppr.* bhojaṁ = bhojayaṁ.

bhojja *adj. n.* [bhuñjati의 *grd.* khajja의 반대] = 먹을 수 있는. -yāgu 부드러운 죽. 연죽(煙竹).

bhojjha *m.* [?] 좋은 말. 준마.

bhoti. bhotiṁ. bhotiyā → bhavant.

bhotiyo. bhoto. bhonto → bhavant.

bhottabba bhuñjati의 *grd.*

bhottuṁ bhuñjati의 *inf.*

bhottar *m.* [bhuñjati의 *ag.*] ① 먹는 자. ② 향수자(享受者).

bhonta [bhavant의 *sg. voc.*] 존자여! 주인이여! = bhante. bho.

bhobhukka *m.* [bhukk (멍멍)의 중복]. 개[犬].

bhovādin *m.* [bho-vāda-in] 바라문 계급. 성직자. 바라문.

M

-m- 음편자음. 모음연속을 피하기 위한 것임. agga-m-agga 모든 것 가운데 가장 최상의 것. aṅga-m-aṅgāni 사지 하나하나씩. *cf.* yena-m-idh'-ekacco. aññatra-m-ariyehi.

ma 자음·문자 m의 이름.

maṁ *pron.* [ahaṁ의 *acc.*] 나를.

maṁsa *n.* [*sk.* māṁsa] ① 고기. 살. 근육. ② 육체. 신체. -ûpasecana 고기양념. -kalyāṇa 육체미(肉體美)[少女의 다섯 가지 美의 하나]. -kāya 고기 더미. -khādaka 육식의. -ganṭhi 육종(肉腫). -cakkhu 육신의 눈. 보통의 눈. 육안(肉眼). -dhovanī odaka 고기를 씻은 물. -piṇḍa 고기 덩어리. 육단(肉團). -puñja 고기더미. 육괴(肉塊). -pesi 고기조각. 육편(肉片). -pesivijjā 조직학(組織學). -pesūpamā 고기조각의 비유. -bhojana 육식(肉食). -vijjā 근육학(筋肉學). -sūla 산적꼬챙이. -sota 신체의 귀. 보통의 귀. 육이(肉耳). -lohita 살과 피.

maṁsi *f.* [*sk.* māṁsī] 망씨[나무의 일종. Nardos- tychus Jatamansi].

maṁsika *adj. n. m* [maṁsa-ika] ① 고기와 관계된. ② 고깃간. ③ 고기장사.

makaci *m* [?] ① 마까찌[천의 일종]. ② 옷감. 섬유. -pilotikā 꽉 조이기 위한 거친 천. -vāka 나무껍질. 수피(樹皮).

makara *m* [*sk.* makara 또는 maṅkara] 마까라. 마갈라(摩竭羅). 마갈어(摩竭魚). 해수(海獸)[신화 속의 바다괴물]. -dantaka 해수(海獸)의 뿔.

makaranda *m* [〃] 꽃으로 빚은 술. 화주(花酒).

makarinī makara의 *f.*

makāra *m* [ma-kāra] ① m의 문자·음소. ② ma 어미. -āgama m의 문자·음소의 추가. -ādesa m의 문자·음소의 대체. -lopa m의 문자·음소에 대한 제거.

makasa *m* [*sk.* maśaka] 모기. -āvaraṇa. -kuṭikā 모기장. -vījanī 모기 쫓는 부채.

makuṭa *f.* [*bsk.* makuṭa] ① 새의 도가머리. 닭의 볏. ② 관(冠). -bandhana 천관(天冠).

makula *m* [〃] ① 싹. ② 마디혹. 절류(節瘤).

makkaṭa *m* [*sk.* markaṭa] ① 원숭이. ② 거미. -camma 원숭이 가죽. -cchāpaka 원숭이 새끼. -maṁsa 원숭이 고기. -jāla. -sutta 거미줄.

makkaṭaka *m* [=makkaṭa ②] 거미. 지주(蜘蛛). -sutta 거미줄.

makkaṭiya *n.* [makkaṭa-ya] 찌푸린 원숭이 얼굴.

makkaṭī *f.* [makkaṭa의 *f.*] 암원숭이. 자원(雌猿). 빈원(牝猿).

makkha *m* [*bsk.* mrakṣa<mṛkṣ] ① 위선. 복장(覆藏). ② 화냄. 격분. 악의(惡意). *pl. nom.* makkhāse. -vinaya 위선을 그만두는. 복장의 조복(調服).

Makkhali-Gosāla *m.* [*cf. bsk.* Maskarin Gośalīputra] 막칼리 고쌀라. 말가리구사라(末迦利瞿舍羅)[六師外道의 하나].

makkhaṇa *n.* [*sk.** mrakṣaṇa<mṛkṣ] 바르는 기름. 크림.

makkhāyanā *f.* makkhāyitatta *n.* [<makkha] 숨김. 위선. 복장(覆藏).

makkhikā *f.* [*cf. sk.* makṣikǎ] 파리. -ālocana 홑눈. -madhu 꿀벌. 봉밀(蜂密).

makkhita *adj.* [makkheti의 *pp.*] 더럽혀진. 도포(塗布)된.

makkhin *adj.* [makkha-in] ① 감추는. 위선적인. 유복(有覆)의. ② 거친. 무자비한.

makkhivāla *m* [*cf.* makacipilotikā] 꽉 죄기 위한 두건.

makkheti [mṛkṣ의 *caus.*] ① (기름 따위를) 바르다. 풀로 붙이다. 도포(塗布)하다. ② 더럽히다. *pp.* makkhita; *pass.* makkhīyati; *caus.* makkhāpeti.

maga *m* [=miga. *sk.* mṛga] ① 사냥감. 사슴. 영양(羚羊). 야록(野鹿). ② 어리석은 사람. 수인(獸人).

Magadha *m* [〃] 마가다. 마갈다(摩揭陀)[十六大國 중의 하나. 首都는 Rājagaha]. -bhāsā 마가다어. Magadhāna nirutti 마가다 사람의 어법.

magasira = maggasira.

magga *m* [*sk.* mārge] ① 길. 도로. ② 올바른 길. 성스러운 길. 고귀한 길. 도(道)[도는 네 가지 측면에서 조명된다. 1. 네 가지 진리(四諦 : cattāri saccāni)와 관련해서 : 고제(苦諦 : dukkhasacca). 집제(集諦 : samudayasacca). 멸제(滅諦 : nirodhasacca). 도제(道諦 : maggasacca). 2. 네 가지 지혜(四智 : cattāri ñāṇāni)와 관련해서 : 고지(苦智 : dukkhañāṇa). 집지(集智 : samudayañāṇa). 멸지(滅智 : nirodhañāṇa). 도지(道智 : maggañāṇa). 3. 네 가지 길과 네 가지 경지(四向四果, 四道四果 : cattāro paṭipannā cattāro phalā)와 관련해서 : 흐름에 드는 길(須陀洹道. 預流道 : sotāpattimagga). 한번 돌아오는 길(斯陀含道. 一來道 : sakadāgāmīmagga). 돌아오지 않는 길(不還道 : anāgāmīmagga). 거룩한 길(阿羅漢道 : arahattamagga). 4. 여덟 가지 고귀한 길(八聖道. 八正道 : ariya aṭṭhaṅgikamagga)과 관련하여: 올바른 견해(正見 : sammādiṭṭhi). 올바른 사유(正思惟 : sammāsaṅkappa). 올바른 언어(正語 : sammāvācā). 올바른 행위(正業 : sammākammanta), 올바른 생활(正命 : ammāājīva). 올바른 정진(正精進 : sammāyāma). 올바른 새김(正念 : sammāsati). 올바른 집중(正定 sammāsamādhi)]. -akkhāyin 올바른 길을 가르치는. -aṅga 올바른 길의 항목. 도지(道支). -âdhipati 올바른 길을 지배하는. 도증상(道增上). -âmagga 여러 가지 길. 바른 길과 그른 길. 도비도(道非道). -âmaggañāṇadassana 바른 길과 그른 길에 대한 앎과 봄. 도비도지견(道非道知見). -âmaggañāṇadassanavisuddhi 바른 길과 그른 길에 대한 앎과 봄의 청정(淸淨). 도비도지견청정(道非道知見淸淨). -ārammaṇa 바른 길의 대상. 도소연(道所緣). -āvaraṇa 바른 길의 장애. 도장(道障). -udaka 길 위의 물. -kilanta 노정에 피곤한. -kusala 길에 능숙한. -kovida 길을 잘 아는 사람[부처님]. -kkhaṇa (참사람의 길에 들어서는) 올바른 때·시간. 도찰나(道刹那). -cariyā (네 가지) 고귀한 길(四向)을 닦는 삶의 실천. 도행(道行). -citta 진리를 닦는 마음. 도심(道心)[괴로움을 완전히 알고(pariññā), 그 원인인 갈애를 끊고(pahāna), 그 소멸인 열반을 실현하고(sacchikiriyā), 그 소멸의 길인 팔정도를 수행하는 것(bhāvanā)]. -jina 바른 길에 의한 승리자. -jīvin 바른 길을 따라 사는. -jjhāyin 바른 길에 대해 명상하는 사람. -ñāṇa 길(四向)에 대한 지식. 도지(道智). -ññū 바른 길을 아는 자. -ṭṭhāna 바른 길에 머무는. -ttaya 세 가지 길. -dūsin 길을 더럽히는 자. 노상강도. -desaka. -desin 길을 가리키는 사람. 안내자. -dhamma 올바른 삶. 도법(道法) -dhīra 도에 관해 현명한. -nimitta 바른 길의 특징. 도상(道相). -paccaya 길을 조건으로 하는. 도연(道緣)[각 단계의 토대를 닦아서 다음 단계의 성취에 도움을 주는 조건]. -paccavekkhaṇa 바른 길에 대한 성찰. 도성찰(道省察). -paṭipanna 도를 실천한. 바른 길을 밟은. -pariyāpanna 바른 길에 소속되는. 도계속(道繫屬). -parissaya 도의 위험. -phala 참사람의 길과 경지. 도과(道果)[四向四果]. -brahmacariya 올바른 길에 의한 청정행. 도범행(道梵行). -bhāvanā 올바른 길을 닦음. 수도(修道). -mūḷha 길을 잃어버린. -vaṇṇa 도에 대한 찬양. -vidū 바른 길을 아는 자[부처님]. -vippayutta 올바름과 상응하지 않는. 도불상응(道不相應). -visuddhi 바른 길의 의한 청정. 도청정(道淸淨). -vīthi 길의 경로. -sacca 바른 길에 관한 진리. 도제(道諦). -samaṅgin 바른 길을 갖춘 자. 도구족자(道具足者). -samaṅgīñāṇa 길의 성취에 대한 앎. 도구족지(道具足智). -samādhi 올바른 길에 의한 명상·삼매. -sira 달의 이름. -sīla 올바른 길을 위한 계율. 도계(道戒). -hetuka 바른 길을 원인으로 하는.

maggaṭṭha *adj. m.* [*sk.* marga-sthā] 바른 길 위에 사는 (님)[참사람(四雙八配)을 의미함].

maggati. maggeti [magga의 *denom.*] ① 추적하다. ② 탐구하다. 추구하다. ③ 따라가다. *ppr.* maggayamāna; *caus.* maggāpeti; *pass.* maggīyati.

maggana *n.* magganā *f.* [<maggati] ① 추적. 구멱(求覓).② 탐욕. 탐구(貪求).

maggasira *m.* [*cf. sk.* mārgaśīrṣa] 막가씨라. 말가시라(末伽尸羅). 달의 이름[11月~12月]

maggika *m.* [<magga] 도보 여행자.

magghati maggati의 *misr.*

maghava *m.* [?] 마가바[꽃의 일종].

Maghavant *m.* [〃] 마가반뜨. 마가바(摩伽婆 = Indra)[帝釋天의 다른 이름].

maghā *f.* [*sk.** 〃] nakkhatta의 이름. makkā 또는 makha라고 쓰이기도 한다.

maṅkati [maṅk] 장식하다. *aor.* maki.

maṅkato *ind.* [*sk.* mat-kṛte] ① 나 때문에. ② 나로서는.

maṅkara = makara.

maṅku *adj.* [〃] ① 수치스러워하는. ② 불만족한. ③ 동요하는. 혼란된. 어지러운. -bhāva 불만족. 도덕적 나약함. -bhūta 수치스러운. 불만을 품은. 당혹한. 혼란된.

maṅkuna. maṅkuṇa *m.* [*cf. sk.* matkuṇa] ① 곤충 벌레. ② 빈대. 벼룩.

maṅgala *adj. n.* [〃] ① 길조의. 행운의. 축제의. 축복의. 길상(吉祥)의. ② 왕(王·國家)의. ③ 좋은 징조. 행운. 길조. 길상. ④ 축제. -assa 왕마(王馬). -uttama 최상의 행운. -usabha 길상의 황소. 행운의 황소. -kicca 축연. 축제행사. -kirīya 축연. 결혼식의 축연. -kolāhala 길상의 조짐. 행운의 조짐. -gīta 행운의 노래. 길상가(吉祥歌). -cchaṇa 길상의 제사·제례. -divasa 길일(吉日). -pañha 행운에 관한 질문. -vappa 밭갈이 축제. 파종축제(播種祝祭). -sindhava 행운의 말[馬].

-silāpaṭṭa 행운의 석판(石板). -supina 행운의 꿈. -hatthin 행운의 코끼리. 길상상(吉祥象). 왕상(王象).

Maṅgalasutta *n.* =Mahāmaṅgala-sutta 행복의 경. 길상경(吉祥經).

maṅgalika *adj.* [maṅgala-ika] ① 길조의. 좋아하는. ② 미신적인. 길조를 기대하는.

maṅgalya *n.* [<maṅgala] ① 길조. ② 행운.

maṅgura *adj.* [? *cf.* maṅgula] 금빛의. -cchavī *f.* 피부가 금색인 여자.

maṅgula *adj.* [*cf.* maṅgura] ① 누르스름한. ② 혈색이 나쁜.

maṅgulī *f.* [maṅgula의 *f.*] 안색이 나쁜 여자. 혈색이 안 좋은 여자.

macca *adj. m* [marati의 *grd. cf. sk.* martya] ① 죽어야 할. ② 인간. 사람. *cf.* mātiya.

maccu *m* [*sk.* mṛtyu] ① 죽음. ② 죽음의 신. 야마(Yama). ③ 마라(魔羅 : māra). 악마. 사마(死魔). *gen.* maccuno; *ins.* maccunā. -jāla 마라(Māra)의 그물. 죽음의 신의 그물. -tara 죽음을 건넌. 죽음을 극복한. -dheyya 죽음의 왕국. 악마의 영토. 사신계(死神界). -pada 죽음의 길. -parāyaṇa 죽음을 극복하는. 죽음을 끝으로 하는. -pareta 죽음을 이기는. -pāsa 죽음의 신의 덫. 악마의 올가미. -bhatta 물고기의 밥. -bhaya 죽음에 대한 공포. -maraṇa 죽음. -mukha 죽음의 입구. 죽음에 직면한. -yuddha 죽음과의 투쟁. 마지막 죽음의 싸움. -rājan 죽음의 왕. -vasa 악마의 지배. -vasaṅga 죽음의 신의 통치. -senā 죽음의 군대. 악마의 군대. -hāyin 죽음을 뒤에 남겨둔. 죽음을 이긴.

maccha *m* [*sk.* matsya] 물고기. -kinnarī 돌고래. -gumba 고기떼. -ghātaka 어부. -bandha 어부. 고기잡이를 위해 그물을 치는 사람. -bhakkhana 어류상식(魚類常食). -bhatta 물고기 밥. -maṁsa 물고기와 육류. 어육(魚肉). -vālaka 특별한 유행에 따라 만든 비구에게 금지된 가사. -sakalika '물고기의 파편' 물고기 뼈[손톱의 묘사에도 사용].

Maccha *m* [*sk.* Matsya] 맛차. 바차(婆磋)[十六大國의 하나].

macchaka *m* [maccha-ka] 작은 물고기.

macchara *adj. n* [*cf. sk.* matsara] ① 인색한. 샘내는. 이기적인. ② 인색. 간탐(慳貪). -bhāva 인색(吝嗇). 인성(吝性).

maccharāyati [macchara의 *denom*] ① 이기적이다. 탐욕스럽다. ② 질투하다.

maccharāyanā *f.* maccharāyitatta *n.* [<macchara] ① 이기주의. 인색. ② 간탐(慳貪).

maccharin *adj.* [macchara-in. *bsk.* matsarin] ① 이기적인. 샘내는. 탐욕스러운. ② 인색한.

macchariya. macchera *n.* [macchara-ya. *sk.* mātsarya] ① 탐욕. 이기심. ② 간린(慳吝). 인색(吝嗇)[다섯 가지 인색. 오간(五慳)]. ③ 질투. -saññojana 인색함의 속박.

macchika *m.* [maccha-ika] ① 물고기 행상. ② 어부(漁夫).

macchī *f.* [<maccha] 물고기의 암컷.

macchera *n.* [=macchariya] ① 인색. ② 이기심. 탐욕. ③ 질투. -lala 인색의 더러움. 인색의 허물. 간구(慳咎).

majja *n.* [*sk.* madya<mad] ① 취하게 마시는 것. 술. 와인. 알코올음료. ② 술집. -nisedhanāyatta 술을 입에 대지도 않는. -pa 독한 음료를 마시는 사람. 음주자. -paṭisedhana 절대금주주의. -paṭisedhin 절대금주주의자. -pāna 취하게 하는 음료를 마심. 음주(飮酒). -pāyaka 음주자. -pāyin 음주하는. -vikkaya 술의 판매. -vikkayin 술장사. -virati 금주(禁酒). -sāra 알코올. -sārabahula 알코올을 다량으로 함유한.

majjati ① [*sk.* mādyati<mad] 취하다. 몹시 기뻐하다. 열중하다. *opt.* majje. majjeyya; *aor.* majji; *pp.* matta. ② [mṛj] 닦다. 갈다. 청소하다. *pp.* majjita. maṭṭha. ③ [majj] 잠수하다. 빠지다.

majjanā *f.* [<majjati] ① 닦기. 윤내기. ② 씻기.

majjāra *m* [*sk.* mārjāra] 고양이. *f.* majjārī. -camma 고양이 가죽. -potaka 고양이새끼.

majjika *m* [majja-ika] 술장수.

majjha *adj. m* [*sk.* madhya] ① 중간의. 중간 높이의. 중년의. ② 중정(中正). 중국(中國). *loc.* majjhe 중간에. 사이에. majjhe vattati 중재하다. 조정하다. -aṇha 정오. -vattin 중재하는.

majjhaka *adj.* [majjha-ka] 가운데 놓인.

majjhaṇha *m* [madjjha-aṇha] 정오.

majjhatta *adj. n* [<majjha-ṭṭha] ① 중립의. 공평한. ② 무관심한. 무관심. 평온. -upekkhā 평정. 평온. 중사(中捨).

majjhattatā *f.* [majjhatta의 *abstr.*] ① 중립. 공평. ② 무관심. 평정. 평온.

Majjhanta. Majjhantika *m* [*bsk.* Madhyantika] 마잔따. 마잔띠까. 말전지(末田地). 말전디가(末田底迦)[아쇼카 왕 시대에 西北印度의 카슈미르, 간다라 지방에 佛敎를 전한 比丘].

majjhantika *adj. m* [majjha-anta-ika] ① 한낮의. 정오의. ② 한낮. 정오. *cf.* majjhantikasuriyo viya 정오의 태양처럼. -kāla. -samaya 정오.

majjhāru *m* [?. *sk.* mārjāra] 맛자루[식물의 일종. Plumbago Rosea?].

majjhima *adj.* [*sk.* madhyama] ① 중간의. 중앙의. 중년의. ② 보통의. 온건한. -itthī 중년의 여인. -indriya 보통의 감관능력을 지닌. -kālina 중세(中世)의. -janapada 중부국. 중국(中國). -desa 중부지방. -dhātu 중간의 세계[삼계의 현상들의 세계]. -patta 보통의 발우. 중발(中鉢). -porisa 중성(中性)[문법]. -ppamāṇa 평균(平均). -ppamāṇika 평균적인. -bhikkhu 중랍(中臘)의 수행승. -yāma 한밤중. 중야(中夜). -sīla 중간 크기의 계행. 중계(中戒). -paṭipadā 중간의 온건한 길. 중도(中道).

majjhimā *f.* [<majjhima] 가운데 있는 손가락. 중지(中指).

Majjhimaṭṭhakathā *f.* [majjhima-aṭṭhakathā] 중부의소(中部義疏) = Papañcasūdanī[滅戲論疏 MA]. 맛지마니까야의 주석.

Majjhimanikāya *m.* [majjhimanikāya] 맛지마니까야. 중부(中部)[五部의 하나].

majjhimabhāṇaka *m.* [majjhima-bhāṇaka] 중부 경전을 암송하는 사람. 중부송자(中部誦者). 중부사(中部師).

mañca *m.* [〃] ① 침대. ② 등의자. 긴 의자. -atimañca 축제에서 연단으로 사용하는 쌓은 침대. -paṭipādakā 침대의 다리. -parāyaṇa 침대에서 끝나는. -pīṭha 침대와 의자. 상좌. -vāna 등의자의 속을 채우기.

mañcaka *m.* [mañca-ka] ① 침대. ② (잠자는) 긴 의자.

mañjarī. mañjarikā *f.* [*sk.* mañjarī] ① 갈라진 꽃줄기. ② 송이. 새싹.

mañjarita *adj.* [<mañjarī] ① 싹튼. ② 개화된. -patta 만개(滿開)된.

mañjīra *m.* [〃] ① 발목장식. ② 발찌.

mañju *adj.* [〃] ① 매혹적인. 매력적인. ② 듣기 좋은. 감미로운. ③ 아름다운. -bhāṇaka. -bhāṇin 목소리가 감미로운. 감미롭게 말하는 (사람). 묘설자(妙說者). -ssara 감미로운 소리. 묘음(妙音). 묘음자(妙音者).

mañjuka *adj.* [mañju-ka] ① 매력적인 목소리의. ② 감미로운 목소리의. ③ 아름다운 목소리의.

mañjūsaka. mañjussaka *m.* [<mañjūsā] 만주싸까 꽃[향기로 유명한 천상의 꽃].

mañjūsā *f.* [*cf. sk.* mañjūṣā] ① 보석함. ② 서류상자. 상자.

mañjeṭṭha. mañjeṭṭhaka. mañjiṭṭha. *adj.* [<*sk.* mañjiṣṭhā] 밝은 붉은 색의. 진홍색의.

mañjeṭṭhikā *f.* [<mañjeṭṭha] 붉은 곰팡이[감자의 병균].

maññati [*sk.* manyate man=munāti] ① 생각하다. 상상하다. 사량(思量)하다. ② 여기다. 믿다. ③ 감각하다. 지각하다. 인식하다. *pres.* maññate. maññe. maññare; *opt.* maññeyya. maññe; *aor.* amaññatha. maññi. maññisaṁ. amaññittho; *ppr.* maññamāna; *pp.* maññita. mata. muta.

maññanā *f.* [<man] 생각. 사유. 사량(思量).

maññita *adj. n.* [maññati의 *pp.*] ① 생각된. 여겨진. ② 망상. 환상. 상상.

maññitatta *n.* [maññita의 *abstr.*] 망상의 상태. 자만. 교만.

maññussava *m.* [mañña-ussava] ① 기쁜 마음. ② 열의(悅意). 상환희(想歡喜).

maññe ① *adv.* [maññati의 *pres. 1sg.*] '나는 생각한다' 생각건대. 확실히. ② [maññati의 *opt.*] 생각할 수 있다.

maṭaja *n.* [?] 무기의 일종. 살인무기(?).

maṭāhaka *adj.* [?] 짧은(?)

maṭṭa. maṭṭha *adj. m.* [majjati ② mṛj의 *pp.*] ① 닦아낸. 광택이 나는. ② 깨끗한. -sāṭaka 섬세한 천으로 만든 상의(上衣).

maṇi *m.* [〃] ① 마니(摩尼). 보석. 보물. ② 수정(水晶)[태양열 집광렌즈로 사용]. -kāra 보석상. -kuṭṭima. -kuṇḍala 보석을 박은 귀고리. -k-khandha 어마어마한 보석. -guhā 보석의 동굴. -canda (빛나는) 달과 같은 도가머리를 지닌. -cchāyā 보석의 반사. -jotirasa 여의보(如意寶)[소원을 들어주는 보석]. 성숙보(星宿寶). -thūṇa 보석을 박은 기둥. -pabbatā 보물산(寶物山). -pallaṅka 보석이 박힌 평상. 보석이 박힌 침대. -bandha 보석을 박은 팔찌를 찬 손목. -bhadda 곡예사. -maya 보석으로 만든. -ratana 마니보주의 보물. 마니보(摩尼寶). -rūpaka 보석모양의. 보석을 아로새긴 듯한. -lakkhaṇa 보석으로 치는 점. -vaṇṇa 수정의 색깔. 수정처럼 맑은. -vimāna 보궁(寶宮). -veḷuriya 유리보주(琉璃寶珠). -sappa 꽃뱀. 마니쌉빠[독사의 일종]. -sāra 마니보(摩尼寶). -suvaṇṇa 황금보석. 마니황금(摩尼黃金).

maṇika *m.* maṇikā *f.* [〃] ① 물단지. ② 마니(摩尼)에 의한 주술.

maṇila *m.* [*cf. sk.* maṇila] 마닐라[나무의 일종].

maṇḍa *m.* [〃] ① 우유나 버터의 가장 윗부분·가장 좋은 부분. 버터크림. 제호(醍醐). -kappa 가장 좋은 우주기. 정호겁(精好劫). -khetta 가장 좋은 흙. 기름진 땅. -peyya 제호처럼 맛있는. 버터크림처럼 마실 수 있는. 질(質)이 가장 좋은. ② [<maṇḍala] 도량(道場).

maṇḍaka *m.* ① = maṇḍa ② 수면에 뜨는 것. 수초(水草).

maṇḍana *n.* [〃] ① 장식. 단장. ② 분장. 장엄(莊嚴). ③ 화장. 화장실. -ânuyoga 장식의 실천·적용. 장식을 좋아함. -jātika 장식을 좋아하는. -palibodha 장엄에서의 장애. -ppiya 멋쟁이. -vibhūsana 분장. 단장 -sīla 종교적인 장엄. 장엄계(莊嚴戒)[治裝을 禁止하는 戒律].
maṇḍapa *m.* [〃] ① 천막. 가건물. 만다파당(曼陀婆堂). ② 차양.
maṇḍala *m.* [〃] ① 원. 원반. 만다라(曼荼羅). 만다라(漫茶羅). 일륜(日輪). 월륜(月輪). ② 원형곡마장. 서커스링. 경기장. ③ 둥근 단(壇). 도량(道場). ④ 경계지어진 지방. 지대(地帶). ⑤ 종합론(綜合論). 총론(總論). -agga 기병도(騎兵刀). 둥근칼. -ādāsa 둥근 거울. 원경(圓鏡). -ārāma 만달라라마[사원의 이름]. -issara 영주. 지방의 총독. -māla. māḷa 뾰족한 지붕을 가진 원형건물. 원옥(圓屋). 주원당(周圓堂). 정옥(亭屋).
maṇḍalika *m.* [maṇḍala-ika] ① 지방의 관리. ② 왕의 사절.
maṇḍalikā *f.* [maṇḍala-ikā] 원형곡마장.
maṇḍalin *adj.* [maṇḍala-in] ① 원형의. ② 원반이 있는.
maṇḍita *adj.* [maṇḍeti의 *pp.*] ① 장식된. ② 차려입은. 성장(盛裝)한
maṇḍūka. maṇḍūkiya *m.* [〃] 개구리. -chāpī *f.* 어린 암 개구리. -bhakkha 개구리를 잡아먹는 것. 뱀.
maṇḍeti [maṇḍ] 장식하다. 미화하다. 꾸미다. *pp.* maṇḍita.
mata ① *adj. n.* [=muta. maññati의 *pp.*] 생각된. 이해된. 고려된. 소사(所思)의. 의견(意見). 주의(主義). 이론(理論). 학설(學說). -bheda 관점(觀點). -virodha 분열(分裂). -visesa 독단(獨斷). ② *adj. m.* [marita mṛ의 *pp.*] 죽은. 사자(死者). matam uṭṭhāpeti 소생시키다. 회생시키다. -kicca 죽은 자에 대한 의무. 장례(葬禮). -kuṇapa 시체. 사체(死體). -nāmalekhaka 사망기사담당자. -patikā 과부. -pāya 거의 죽은. -saṅkhyālekhana 사망자명부(死亡者冥府). -sarīra 죽은 몸. 시체. 사체.
mataka *adj. m.* [mata ② -ka] ① 죽은. ② 죽은 사람. -ākāra 죽은 사람의 상태. -bhatta 죽은 자를 위한 음식.
matatta *n.* [mata의 *abstr.*] 죽은 사실.
mati *f.* [*cf.* mata ①<man] ① 생각. 사유. 의견(意見). ② 관념. 사념. 각(覺). ③ 지혜. 혜(慧). sumati 현명한. dumati 어리석은. -kamma 사유행위. 심념법(心念法).
matikata *adj.* [*sk.* matīkṛta] ① (써레로) 평평하게 한. ② 고르게 된.
matimant *adj.* [mati-mant] ① 분별 있는. ② 영리한. 현명한. *nom.* matimā.
matta ① *adj.* [=mattā. *sk.* mātrā] ~의 양을 가진. ~만큼. 소량의. 오로지. 단지. ② *adv.* [斜格에서] 하자마자. 때문에. jātamattaṁ 태어나자마자. anumodanamattena 기뻐하고 있기 때문에. *m. pl. nom.* mattāse. -atthiya. -atthika 소량을 원하는. -ññutā 분수를 아는 것. 중용(中庸). 지량(知量). -ññu 분수를 아는. -ññū 분수를 아는 자. 지량자(知量者). 절제자(節制者). ③ *adj.* [madati mad의 *pp.*] 취한. 미친. 매우 기쁜. 자부심이 강한. -kuñjara. -gaja. -hatthin 미친 코끼리. 취한 코끼리. 광상(狂象). 취상(醉象).
mattaka *adj.* [matta ① -ka] ~의 양을 지닌. ~의 크기의. ~만큼의.
mattatta *n.* [matta의 *abstr.*] ~만으로 이루어진 사실.
mattā *f.* [*sk.* mātrā<mā] 양(量). 적당한 양. 적량(適量). 적절(適切). *abl.* mattaso 적량(適量)으로. -sukha 작은 행복. 알맞은 행복.
matti *f.* [=mātu<mātar] 어머니. -gha 어머니를 죽인 사람. -sambhava 어머니로부터 생겨난. 모계의.
mattika *adj.* [<mattikā] 점토로 만든. 흙의. -kuṇḍala 점토 귀고리. -bhājana 토기. -vāka 진흙 속의 섬유·수피(樹皮).
mattikā *f.* [*sk.* mṛttikā] 점토. 흙. 진흙. -kuṇḍala 점토 귀고리. -thala 점토 사발. -doṇika 점토로 만든 통. -patta 점토로 만든 발우·그릇. 니발(泥鉢). -piṇḍa 점토 덩어리. 니단(泥團). -puñja 점토의 더미. 토퇴(土堆). -bhaṇḍa. -bhājana 토기. -maya 점토로 만든.
matteyya. metteyya *adj.* [<mātar] ① 어머니를 공경하는. ② 어머니를 사랑하는.
matteyyatā. metteyyatā *f.* [matteyya의 *abstr.*] 어머니에 대한 효도·공경.
mattha ① *m.* [*cf. sk.* masta] 머리. 두뇌. -luṅga 두뇌. 뇌수. -luṅga-pañcaka 뇌수까지의 다섯 종류[서른두 가지 몸의 구성요소(dvattiṁsākāra) 가운데 1. 창자 anta 2. 장간막 antaguṇa 3. 위장 udariya 4. 배설물 karīsa 5. 뇌수 matthaluṅga]. -luṅgasopha 뇌수종(腦水腫). ② *m.* [*cf.* mantha] 교반봉(攪拌棒). 유정(乳精). 쌀 케익의 일종.
matthaka *m.* [mattha ①-ka] ① 머리. ② 꼭대기. 정상. 선단. *loc.* matthake. -āsin (산의) 정상에 앉은. -tela 머리에 바르는 기름. -muṇḍana 삭발(削髮).

matthu *n.* [<mathati] 응유(凝乳)에서 분리된 물.

mathati [math. manth] ① 휘젓다. 교반하다. 흔들다. ② 방해하다. 뒤엎다. *pp.* mathita. *caus.* matheti. mathayati. *opt.* mathaye; *grd.* mathayitabba.

mathana *adj. n.* [<mathati] ① 휘저음. 교반. ② 혼란. 교란. ③ 방해. 뒤엎음.

mathayati. matheti. [mathati의 *caus.*] ① 휘젓다. 뒤흔들다. ② 교란하다.

mathita *adj.* [mathati의 *pp.*] ① 휘저어진. 교란된. 혼란된. ② 불안정한.

mada *m.* [〃<mad] ① 취하기. 중독. 현혹. 열중. 심취. ② 교만. 자만. -nimmadana 교만으로부터 벗어남. -ppamāda 교만에 의한 방일(放逸). -matta 교만에 취한. 술에 취한. -mattatā 명정(酩酊). 혼수상태. -hatthin 취한 코끼리. 미친 코끼리. 취상. 광상(狂象).

madana *m.* [<mada] ① 사랑의 신. ② *n.* 취하기. 도취. -yuta 취한. 마다나유따[야차의 이름].

madanīya *adj.* [madati의 *grd.*] ① 취하게 하는. 도취시키는. ② 교취(憍醉)의. -dhamma 취하게 하는 법. 교취법(憍醉法).

madirā *f.* [*cf. sk.* madira] ① 취하게 하는 것. ② 술. 주류(酒類). -bīja 효소(酵素).

mado majjati의 *aor. 2sg.*

madda *adj. m.* [<mṛd] ① 분쇄하는. 반죽. ② 맛다. 마달(摩達)[종족·국가의 이름].

Maddakucchi *m.* 맛다꿋치. 만직림(曼直林)[숲의 이름]. -migadāya 만직녹원(曼直鹿苑).

maddati [mṛd] ① 분쇄하다. ② 짓밟다. (충고를) 무시하다. ③ 혼합하다. ④ 타작하다. ⑤ (그물을) 함께 당기다. 정복하다. *aor.* maddi; *abs.* madditvā; *ppr.* maddamāna; *caus.* maddeti.

maddana *n.* [<maddati] ① 분쇄. ② 짓밟기. ③ 타작. 탈곡.

maddarī *f.* [?] 새의 일종. *cf.* ambakamaddarī.

maddava *adj. n.* [<mudu. *sk.* mārdava<mṛdu] ① 부드러운. 온화한. ② 시든. ② 부드러움. 온화. 유화(柔和) 유연(柔軟). ③ *m.* [<madda] 맛다바[맛다 국 수도의 이름. 싸갈라(Sāgala)를 지배하던 왕의 이름].

maddavatā *f.* [maddava의 *abstr.*] ① 부드러움. 유화(柔和). ② 정중함.

maddavāna. maddaviṇa *n.* [?] 귀고리.

maddālaka *m.* [?] 새의 일종.

maddita *adj.* [maddeti의 *pp.*] ① 반죽된. 섞인. ② 분쇄된. 패배한.

maddin *adj.* [<mṛd] 분쇄하는. 파괴하는.

maddeti [maddati의 *caus.*] 분쇄하다. 짓밟다. *aor.* maddayi; *pp.* maddita; *caus.* maddāpeti.

maddāpeti [maddeti의 *caus.*] 분쇄시키다.

maddhita *adj.* [mṛdh의 *pp.*] → parimaddhita

madhu *m.* [〃] ① 꿀. 봉밀(蜂蜜). ② 술. -atthika (°tthika) 꿀을 바라는. 꿀을 찾는. -āpaṇa 꿀을 파는 상점. -āsava (madhvā°) 증류된 술. 밀주(蜜酒) [Bassia Latifolia의 꽃에서 추출한 술]. -kara 꿀을 만드는 것. 벌. -gaṇḍa 벌집. -gandhika 꿀과 향기를 지닌. 술의 향기를 지닌. -goḷaka 꿀의 덩어리. -tthika 꿀이 떨어지는. 꿀로 가득 찬. -da 꿀을 주는. 아낌없는. 후한. -pa 벌. 밀당(蜜糖). -paṭala 벌집. -pāka 감미로운 음식. 꿀과자. -pāna 술. 주류(酒類). -pānīya 감로수(甘露水). -pāyāsa 유미죽(乳米粥)[우유에 넣고 끓인 쌀죽이나 유미로 끓인 쌀죽]. 밀죽(蜜粥). -piṇḍika 밀당 덩어리. 한 줌의 밀당(蜜糖). -pīta 꿀을 마신. 술을 마신. -phāṇita 꿀로 된 설탕. 밀당(蜜糖). -(b)bata 꿀을 유혹하는. 벌. -bindu 한 방울의 꿀. 밀적(蜜滴). -bhāṇin 달콤한 말을 하는. 밀어자(蜜語者). -makkhitā 꿀로 칠해진. 꿀이 묻은. -madhuka 꿀로 가득 찬. 꿀이 떨어지는. -meha 당뇨. 당뇨병. -mehāyatta. -mehika 당뇨병의. -rasā 포도. -laṭṭhikā 수도(水稻). -lāja 달콤한 옥수수. -līha 벌. -vāṇija 꿀장사. -ssava 꿀이 흐르는. -sittha(ka) 밀랍(蜜蠟).

madhuka ① *adj.* [madhu-ka] 꿀의. ② *n.* 꿀나무. 감초(甘草). 밀과수(蜜果樹)[Bassia Latifolia]. 그 열매. -aṭṭhika 꿀나무 열매의 핵. -timbaru 망고스틴[말레이원산의 果樹]. -tela 꿀나무 기름. -pupha 꿀나무 꽃.

madhukā *f.* [madhu-kā] ① 꿀음료. ② 술.

madhura *adj. n.* [<madhu] ① 달콤한. 맛이 좋은. ② 달콤한 음료. ③ 꿀. 술. ④ 아첨. 칭찬. -rasa 달콤한 주스. -ssara 달콤한 멜로디의.

madhuratā *f.* madhuratta *n.* [<madhura] 달콤함. 맛이 좋은 상태.

madhuraka *adj.* [madhura-ka] ① 꿀로 가득한. ② 달콤한 음료나 술로 가득한.

Madhuratthavilāsiṇī *f.* [madhurattha-vilāsiṇī] 여밀의찬(如蜜義讚) [佛種性經의 주석서로 Buddhadatta의 작품] = 如蜜義解疏(Madhuratthappakāsinī)].

Madhuratthappakāsinī *f.* [madhurattha-pakāsinī] 여밀의해소(如蜜義解疏) [=Madhuratthavilāsiṇī]

madhuvat *adj.* [madhu-vat] 꿀과 같은.

manaṁ ① *adv.* [*cf. sk.* manāk] 적게. 다소간. 거의 ~에 가깝다. manaṁ vata bho anassāma 그대여, 우리는 참으로 거의 파멸하고 말 것이다.

man'amhi 나는 거의 그랬다. ② mano의 *acc.*

manaṅgaṇa *n.* [mano-aṅgaṇa] ① 정신의 영역. ② 정신의 뜰.

manatā *f.* [<mano] ① 정신능력. ② 정신상태.

manana *n.* [<mano] 정신. 생각. 사고.

manasa *adj.* [mano의 한 형태. *cf.* mānasa] 정신적인. -cakkhu 정신적인 눈. 의안(意眼).

manasā *adv.* [mano의 *ins.*] 정신으로. ~asoceyya 정신의 부정행(不淨行). ~soceyya 정신의 정행(淨行).

manasâkāti. manasâkattha manasikaroti의 *aor.*

manasikaroti [manasi-kṛ. *bsk.* manasi-karoti] ① 주의를 기울이다. 숙고하다. ② 주의하다. 억념(憶念)하다. ③ 정신을 쓰다. 작의(作意)하다. *imp.* manasikarohi. manasikarotha; *opt.* manasikareyyātha; *abs.* manasikatvā; *aor.* manasikāsi. manasikattha; *grd.* manasikātabba; *ppr.* manasikaronta. (*ins.* manasikarotā = manasikarontena; *gen.* manasikaroto).

manasikāra *m.* [manasi<mano의 *loc.* -kāra *bsk.* manaskāra. manasikāra] ① 주의(注意). 작의(作意). 정신활동. 억념(憶念). ② 숙고. 사려(思慮). ③ 고정된 생각. -kusalatā 정신활동에 대해 밝은 것. 작의선교(作意善巧)[열여덟 가지 인식의 세계(十八界 : aṭṭhārasa dhātuyo)에 대한 정신활동에 대해서 밝은 것, 분명히 아는 것, 알아차리는 것 또는 그러한 요소세계에 대한 파악·꿰뚫음·성찰의 지혜] -sambhava 정신활동에 의해 발생하는.

manāti [mṛ] 부수다. 파괴하다.

manāpa *adj.* [*bsk.* 〃] ① 즐거운. 유쾌한. ② 매력적인. -âmanāpa 즐겁고 즐겁지 못한. -kāyikadeva 매력적인 몸을 지닌 신. 가의중천(可意衆天). -rūpa 즐거운. 매력적인 모습. 가의상(可意相).

manāpika = manāpa.

manâyatana *n.* [mana-āyatana] 정신의 장(場). 정신의 영역. 의처(意處).

manuja *m.* [manu-ja] 인간. 사람. -âdhipati 사람들의 주인. 국왕. -inda 사람들의 왕. 위대한 왕. 대왕. -gatiṁ nāseti 인간성을 말살하다.

manuñña *adj.* [*cf. sk.* manojña] ① 즐거운. 재미있는. ② 유쾌한. 아름다운. -bhojana 즐거운 식사. 미식(美食).

manute [maññati의 *med.*] 생각하다. 이해하다.

manussa *m.* [*sk.* manusya] 인간. 사람. -attabhāva 인간의 존재. -antarāya 인간의 장애·위험. -ākāra 사람의 모양을 한. -āyu 사람의 수명. -itthi 여인. -inda 사람들의 주인. -khādaka 식인종(食人種). -khipa 인간의 그물. -ghāta 인간학살. -tiracchāna 인간의 모습을 한 짐승. 야후(yahoo). -deva 인간의 신. 왕. 인간들과 신들. -dhamma 인간의 조건. 인간의 상태. -nāga 용과 같은 사람. 인용(人龍). -purisa 남자. -peta 아귀와 같은 사람. 인간아귀(人間餓鬼). -bhūta 인간의 모습을 한. -maṁsa 인육(人肉). -maṁsakhādin 인육을 먹는 사람. -yakkha 야차와 같은 인간. 인간야차(人間夜叉). -loka 인간세계. 인간계(人間界). -viggaha 인신(人身). 인체(人體). -saññā 인간에 대한 지각. 인간의 지각. -santati 인류(人類).

manussatta *n.* [manussa의 *abstr.*] 인간 존재. 인간의 상태.

manesikā *f.* [mano-esikā] 타인의 생각을 추측함. 독심술(讀心術)[비구에게 금지된 수행].

mano. manas *n.* [*sk.* manaḥ] ① 정신. 의식. 의(意)[불교철학에서 정신(意 : mano)은 다른 감각기관을 제어하며 사실(法 : dhamma)을 자신의 대상으로 한다. 마음(心 : citta)과 정신(意 : mano)과 의식(識 : viññāṇa)은 초기불교의 주석적 전통이나 아비달마 불교에서는 같은 것으로 본다. 그러나 '마음'은 심리적인 측면에서의 마음을 뜻하고는 것으로 우리의 정서적 측면뿐만 아니라 사유 속에 내포되어있는 인지적인 측면의 중심을 의미한다. 그래서 마음은 인도철학에서 사유의 중심이기도 하지만, 일반적으로는 의도·충동·기분·성격·마음의 상태·인상에 대한 반응을 대변한다. 그리고 마음은 '심장'으로 구체화된 요소적인 특성을 갖고 있다. 그에 비해서 '정신'은 우리의 이지적이고 추론적이고 합리적인 측면의 중심을 말하며, 우리의 의식의 지적·사유적 기능을 대변한다. 그 정신은 마음에 비해 보다 미세한 요소적 특성 즉, 보다 미세한 느낌이나 사유를 대변한다. 그리고 '의식'은 감각과 감각적 반응인 지각의 중심으로 순수한 알아차림을 대변하다]. ② 생각. 관념. 사유. *nom. acc.* mano. manaṁ; *dat. gen.* manaso; *ins.* manasā. manena; *abl.* manato; *loc.* manasmiṁ. manamhi. mane. manasi. man° -aṅgaṇa 정신의 영역. -âvajjana. -indriya 정신능력. 정신기능. 의근(意根). mano° -kamma 정신의 작용. 정신적 행위. 의업(意業). -kammapatha 정신적인 행위의 길. 의업도(意業道). -kasāva 정신의 오염. 의탁(意濁). -kappita 이상적(理想的)인. 관념적인. 몽상적(夢想的)인. -kappitabimba 몽상(夢想). -kappin 관념론자(觀念論者). -java 생각·정신처럼 빠른. -daṇḍa 정신적인 폭력. 의벌(意罰).

-duccarita 정신적 악행. 의악행(意惡行). -dosa 정신적인 허물·결점. -dvāra 정신기관. 정신문. 의문(意門). -dvārâvajjana 정신문의 전향. 의문전향(意門轉向). -dvāravīthi 정신문의 인식과정. 의문로(意門路). -dhātu 정신세계. 정신요소. 의계(意界). -padūsika. -padosika 정신이 타락한. 의란(意亂). -padosa 정신적인 분노·악의. -padosikadeva 마노빠도씨까[정신적인 분노에 의해 타락한 천상의 신]. -pavīcara (manupa°) 정신적 탐닉. 정신적 탐구. -pasāda 정신의 평온. 헌신적인 믿음. -pubbaṅgama 정신에 의해 선행되는. 생각에 지배되는. -bhū 사랑의 신. -bhāva 감정(感情). 정서(情緖). 기분(氣分). -bhāvavasena 정서적으로. -bhāvayuttatā 감상주의(感傷主義). -bhāvanā 정신의 수행. 의수습(意修習). -bhāvanīya 올바른 정신을 계발한. 자세를 흩뜨리지 않는. 존경스러운. -mattaka 정신 뿐의. 유심(唯心)의. -maya 정신으로 이루어진. 의소성(意所成). -mayakāya 정신으로 이루어진 무리. 의소생신(意所生身). -mayā iddhi 정신의 불가사의한 산출의 힘. 의소성신변(意所成神變)[이 몸에서 다른 정신적인 산출을 생겨나게 하는 신비한 힘]. -mānasa 의도. -moneyya 정신적 번뇌에서 해탈한 상태. 정신적 성스러운 삶. 정신적 고요한 삶. 의적묵(意寂默). -ratha 소망의 대상. 소망. 의욕. -rama 마음에 맞는. 사랑스러운. 즐거운. -viññāṇa 정신의식(精神意識). 의식(意識). -viññāṇadhātu 정신의식의 세계. 의식계(意識界). -viññāṇavīthi 정신의식의 인식과정. 의식로(意識路). -viññeyya 정신에 의해 의식되어야 할. 의소식(意所識). -vitakka 정신의 사려. -saṅkhāra 정신적 형성. 의행(意行). -sañcetanâhāra 정신적 의도의 자양. 의사식(意思食). -satta 정신에 의해 집착된. -sattha 정신의 칼. 의도(意刀)[의악행(意惡行)을 이름]. -samācāra 정신의 바른 실천. -samphassa 정신접촉. 의촉(意觸). -samphassaja 정신접촉에 의해 생겨나는. 의촉소생(意觸所生). -samphassajavedanā 정신접촉에 의해 생겨난 느낌. 의촉소생수(意觸所生受). -silā. -silikā 비석(砒石). 적비석(赤砒石). 웅황(雄黃)[鑛物. As_2O_3]. -sucarita 정신적 선행. 의묘행(意妙行). -soceyya 정신적 청정. 의청정(意淸淨). -hara 매력적인. 아름다운. 재미있는. 보주(寶珠). 보석(寶石).

Manorathapūraṇī *f.* [manoratha-pūraṇī] 마노라타뿌라니. 여의성취소(如意成就疏) [앙굿따라니까야(增支部)의 주석].

manorogatikicchaka *m.* [Mano-roga-tikicchaka] 정신과의(精神科醫)[의사].

manta *m.* [*sk.* mantra] ① 성스러운 말. ② 주문. 부적(符籍). 경전. 경구(警句). 성전(veda). 진언(眞言). -ajjhāyaka 성전의 암송자. 송주자(誦呪者). -ajjhena 성전의 학습. -odaka 성수(聖水). 주수(呪水). -dhara 진언을 암송하는. 지주자(持呪者). -pada 주문. 부적. 성전. 성구(聖句). -pāraga. -pāragū 성전에 능통한. 지혜에 능통한. -bhandhava 진언에 정통한 사람. -bhāṇin 진언의 암송자. 송주자(誦呪者). -bhāsā 성전의 언어. 성전어(聖典語). -mala 성전의 구예(垢穢). -yuddha 초자연적인 싸움. 마술적인 전투.

mantanaka *adj.* [<mantanā] 음모를 꾸미는.

mantana. mantaṇa *n.* mantanā. mantaṇā *f.* [<mant] ① 의논. 상담. 상의. 충고. 명령. 심사숙고. ② 주술.

mantar *adj.* [<mant] 성인. 현자. 현명한 사람. *nom.* mantā. manta. mantābhāsā 슬기로운 말. 총혜어(聰慧語).

mantā ① *ind.* [manteti의 *abs.*] = mantāya 고려하고. ② *ind.* [mantar의 *sg. nom.*] 성인은. 현자는. ③ *f.* [<manta] 지혜. 총혜(聰慧).

mantita *adj.* [manteti의 *pp.*] ① 고려된. ② 충고를 받은.

mantin *adj. m.* [manta-in] ① 조언을 하는. 충고하는. ② 상담자. 고문(顧問). 대신(大臣). 장관(長官). manti° -kathikāsana 호민관(護民官). -sabhā 의회. 회의실. 회관. 의원(議院).

manteti [mant *cf. sk.* mantrayati] ① 상담하다. 의논하다. 논의하다. ② 고려하다. 숙고하다. ③ 자문하다. 조언하다. 충고하다. *imp.* mantayatha. mantavho. mantayavho; *aor.* mantayiṁsu; *abs.* mantāya. mantā. mantayitvā; *inf.* mantayituṁ; *grd.* mantayitabba; *pp.* mantita.

mantra = manta.

mantha *m.* [<math] ① (우유를) 휘젓는 막대기. 교반봉(攪拌棒). ② 쌀 과자의 일종.

manthara *m.* [〃] 거북이.

manda *adj.* [〃] ① 느린. 게으른. ② 둔한. 어린. 어리석은. ③ 무익한. ④ 부드러운. 사랑스러운. pucimanda 님브(Nimb) 나무. mandībhūta 허약해지는. 느려지는. 감소하는. -cārikā 소요(逍遙). 산책(散策). -dasaka 유년의 십년생애. 둔십년(鈍十年). -pañña 어리석은. -pītamaṇi 금록석(金綠石)[보석]. -bhūmi 유아의 단계. -mandaṁ 한가하게. -valāhaka 지운신(遲雲神)[半神半人의 神]. -hāsa 미소(微笑).

mandaka *m.* [? mandra-ka] 만다까[북의 일종. 장구의 일종].

mandatā *f.* = mandatta.

mandatta *n.* [manda의 *abstr.*] 어리석음. 둔한. 지둔(遲鈍).
mandamukhi *f.* [(?)manda-mukhī] 화로(火爐).
Mandākinī *f.* 만다끼니. 만다길니(曼陀吉尼)[雪山의 七大湖水 중 하나].
mandāmukhi *f.* [(?)manda-mukhī] 화로(火爐).
mandāra *m.* [〃] ① 만다라수(曼陀羅樹). 산호나무[Erythrina Indica. 인드라신의 천계에 있는 다섯 가지 나무의 일종]. ② 만다라산(曼陀羅山).
mandārava *m.* [*cf. sk.* mandāra] 만다라바. 만다라수(曼陀羅樹). 산호나무. 천묘화(天妙華)[콩과의 식물로 Pāricchattaka와 같은 종류. Erythrina Fulgens].
mandālaka *m.* [?] ① 수초(水草). ② 만달라까[연꽃의 일종].
mandiya *n.* [manda-ya. *cf. sk.* māndya] ① 게으름. 나태. ② 둔함. 어리석음.
mandira *n.* [〃] ① 집. 건물. ② 저택. 궁전.
mandi° → manda.
mama *pron.* [ahaṁ의 *dat. gen.*] 나의. 나의 것. -yidaṁ 이것은 나의 것. 아집(我執).
mamaṅkāra *m.* [mama-kāra. *cf.* ahaṁkāra] ① 이기적인 집착. 사리(私利). ② 아집(我執). 아소견(我所見). 아소집(我所執).
mamaṅkāraṇa *n.* [<mamaṁ-kṛ] ① 도와줌. 염려해 주는 것. ② 친절. 호의.
mamatta *n.* [mama의 *abstr.*] ① 이기심. 자기중심벽. ② 교만. 자만. 아만(我慢).
mamāyati. mamāyate [mama의 *denom.*] ① 사랑하다. 애착하다. 경도되다. ② 소중히 하다. 보살피다. *opt.* mamāyetha; *pp.* mamāyita.
mamāyanā *f.* = mamatta.
mamāyita *adj. m.* [mamāyati의 *pp.*] ① 귀여움받는. 사랑받는. ② 집착. 좋아함. 교만. 아소집(我所執). -tta 자기중심벽.
mamiṅkaroti [mamaṁ-kṛ] ① 좋아하다. ② 소중히 하다. 보살피다.
mamiṅkāra = mamaṅkāra.
mamma *n.* [*sk.* marman] ① 몸의 치명적인 곳. 약한 곳. 급소. 사절(死節). 기영(氣癭). 요처(要處). 말마(末摩). ② 관절. 갈빗대. 늑골(肋骨). -ghaṭṭana (말의) 급소를 때리는. -chedaka 관절·갈빗대를 부러뜨리는. 난폭한.
mammana *adj.* [*onomat.*] 말을 더듬는.
°maya *adj.* [〃] 만들어진. 구성된. 이루어진. *cf.* ayomaya. dānamaya. dārumaya. sīlamaya.
mayaṁ ahaṁ의 *pl. nom.* = vayaṁ.
mayā. mayi. mayhaṁ → ahaṁ.
mayūkha [〃] 빛의 광선.
mayūra *m.* [〃] = mora. 공작새. -nacca 공작새의 춤.
mara *adj.* [<mṛ] 죽는. *cf.* amara 죽지 않는. 불사(不死)의.
marakata *m.* [〃] 에메랄드.
maraṇa *m.* [〃 <marati mṛ] 죽음. 사몰(死沒). -anta 죽음을 끝으로 하는. -âdhippāya 살의(殺意). -ânussati 죽음에 대한 새김. 사수념(死隨念). -âsannakamma 임종시의 업[임종시의 기억에 나타나는 선악의 업]. -cetanā 죽음에 대한 의도. -dhamma 죽을 수밖에 없는. -pariyosana 죽음으로 끝나는. -pāra 죽음의 건너편. -bhaya 죽음에 대한 두려움. -bhojana 죽기 직전에 주어진 음식. -mañca 죽음의 자리. -mukha 죽음의 입. -sati 죽음에 대한 새김. 사념(死念). -samaya 죽음의 때. 사시(死時).
marati [mṛ *cf. sk.* mriyate. marate] 죽다. 사몰(死沒)하다. *pres.* miyyati. mīyati; *opt.* mareyyaṁ. mareyyāsi; *aor.* amarā. amari. māri; *fut.* marissati. marissaṁ; *inf.* mariturṁ. marituye; *ppr.* maramāna; *pp.* mata; *caus.* māreti, mārāpeti; *pass.* māriyati.
marica *n.* [〃] 후추. 호초(胡椒). -gaccha 후추가 모여 자라는 곳. -cuṇṇa 후추 가루.
mariturṁ. marituye marati의 *inf.*
mariyādā *f. adj.* [*sk.* maryādā] ① 한계. 경계. ② 물가. 둑. 제방. ③ 한정된 관계. 규칙. ④ 규칙을 준수하는. -baddha 경계에 묶인.
marīci. marīcikā *f.* [〃] ① 아지랑이. ② 신기루(蜃氣樓). ③ 광선. ④ 환영. 망상(妄想). marīci° -ûpama 아지랑이 같은. 예문 : '물질(色)은 포말과 같고 느낌(受)은 수포와 같고 지각(想)은 아지랑이와 같고 형성(行)은 파초와 같고 의식(識)은 환영과 같다(pheṇapiṇḍūpamam rūpaṁ vedanā bubbuḷupamā marīcikūpamā saññā saṅkhārā kadalūpamā māyūpamañca viññāṇaṁ)' -kammaṭṭhāna 신기루라는 명상주제. -dhamma 신기루와 같은 것[비실체적인 것].
maru ① *m.* [〃] 사막. -kantāra 사막의 험로. ② *m.* [*sk.* marut. *pl.* marutaḥ] 바람의 신. 풍신(風神). *pl.* marū. *cf.* māruta. māluta.
marumba *m.* [?] ① 흙 또는 모래의 일종. ② 자갈. 사락(沙礫).
maruvā *f.* [*sk.* mūrvā] 마[麻]의 일종.
mareyyaṁ. mareyyāsi marati의 *opt.*
mala *n.* [〃] ① 더러운 것. ② 얼룩. 때. ③ 먼지. 니구(泥垢). -âbhibhū 더러움을 정복하는. -tthambha. -bandha 변비(便秘). -macchera 인색함의 때. 간구(慳垢). -majjana 때를 제거하는 사

람. 이발사.
malina. malinaka *adj.* [<mala] ① 더러운. 때가 묻은. ② 칙칙한.
malya *n.* [māla-ya] = mālya 화환. 화만(華鬘).
malla *m* [〃] 씨름꾼. 레슬링 선수. 장사(壯士). 역사(力士). -gaṇa 씨름꾼의 무리. -muṭṭhika. -yuddhika 권투선수. 씨름선수. -yuddha 씨름. 레슬링. 각희(角戲). 각투(角鬪). -yuddhaka 직업적인 씨름꾼. 직업적인 역사(力士). -yoddha 권투선수. 씨름선수.
Malla *m* [〃] 말라. 말라(末羅)[부처님 당시 十六大國 가운데 하나].
mallaka *m* [〃] ① 발우. 그릇. 용기. ② 컵. 타구(唾具). ③ 손자의 손. ④ 등 긁는 도구.
mallikā *f.* = mālikā. [〃] 말리까[아라비아 재스민. 향기로운 나무]
maḷorikā *f.* [*cf.* mallaka] ① (그릇·발우) 걸이. ② 그릇받침.
masa → camasa.
masati [mṛś] ① 만지다. ② 마찰하다.
masatī *f.* [<masāraka] (침대머리의) 깃 덧베개.
masāṇa *n.* [?] ① 마와 다른 옷감을 섞어 짜 만든 거친 옷. 마의(麻衣). ② 추포(麤布).
masāraka *m.* [?<masāra '에머랄드'] 마싸라까[침대의 일종]. 긴 의자. -pīṭha 마싸라까 의자. -mañca 마싸라까 침대.
masāragalla *m n.* [*bsk.* musāragalva<masāra '에머랄드' -galva '수정'] 고양이의 눈과 같은 보석. 묘목석(猫目石)[보석의 일종].
masi *m.* [*sk.* maṣi. masi] ① 잿가루. 검댕이. ② 매연(煤煙).
masūraka [<masāraka] (침대머리의) 긴 덧베개. 장침(長枕). *cf.* masāraka.
masūrikā *f.* [〃] ① 천연두(天然痘). ② 발진(發疹)[콩 모양과 비교됨].
massu *m n.* [*sk.* śmaśru] (턱) 수염. -kamma 수염다듬기. -kutti 수염 고르기.
massuka *adj.* [massu-ka] 수염이 있는.
mah° [<mahant] ① 큰. 커다란. ② 위대한. -aggikkhandha 큰 불더미. 대화취(大火聚). -aggaṇāḷī 대포. -aggidāha 큰 화재. -aggha 아주 값있는. 귀중한. -aṇṇava 대양. -attha 큰 이익. -atthiya 중요한. 중대한. -andhakāra 깊은 더움. -assāsin 완전히 상쾌해진. 아주 편안한.
maha *m n* [*sk.* mahas *n*] ① 가치. 존귀. ② 종교적인 축제. 제례(祭禮). mahā° 큰 축제. bodhi° 보리수축제. vihāra°사원의 축제. hatthi°코끼리 축제.
mahaggata *adj.* [mahā-gata] ① 커다란. 광대한. ② 고귀한. 보다 높은 상층의 두 세계와 관계된[色界와 無色界]. -ârammaṇa 커다란 감각적 대상. 대소연(大所緣). -citta 광대한 마음. 고귀한 마음. 승화된 마음. 대심(大心). 상이계심(上二界心)[上層의 色界·無色界의 마음]. -cetovimutti 광대한 마음에 의한 해탈. 고귀한 마음에 의한 해탈. 승화된 마음에 의한 해탈. 대심해탈(大心解脫). -duka 한 쌍의 큰 것. -dhamma 대법(大法). -vipāka 커다란 과보. -samādhi 큰 삼매. 대정(大定)[상층의 두 세계. 色界와 無色界의 禪定].
mahaggha *adj.* [mahā-aggha] 아주 비싼. 고가(高價)의.
mahagghatā *adj.* [mahā-aggha-tā] 아주 비쌈. 고가(高價).
mahagghasa *adj.* [mahā-ghasa] ① 많이 먹는. ② 게걸스럽게 먹는.
mahaṇṇava *m.* [mahā-aṇṇava] 큰 바다. 대양.
mahati [mah] ① 존경하다. 받들어 모시다. ② 제사지내다. *opt.* mahemase. mahāmase; *pp.* mahita; *caus.* mahāyati; *abs.* mahāyitvāna; *pass.* mahīyati.
mahatta *n.* [mahā의 *abstr.*] 위대(偉大).
mahaddhana *adj.* [mahat-dhana] 재산이 많은. 돈이 많은. 재물이 많은. 부유(富裕)한.
mahaddhanin *adj. m.* [mahat-dhana] 재산이 많은. 돈이 많은. 재물이 많은. 부유(富裕)한. 자본주의자(資本主義者).
mahanīya *adj.* [mahati의 *grd.*] ① 존경할 만한. ② 훌륭한.
mahant *adj.* [〃] ① 큰. 넓은. 광대한. ② 존귀한. 고귀한. ③ 위대한. 훌륭한. 탁월한. ④ 심오한. *cpd.* mah°. mahâ°. mahā°. mahe°. maho° (*m*) *sg. nom* maha. mahā; *acc.* mahantaṁ; *ins.* mahatā. mahaccā; *loc.* mahati; *pl. nom.* mahantā; (*f.*) *sg. nom.* mahī. mahatī; *pl. ins.* mahatīhi.
mahanta *adj.* = mahant 커다란. *acc.* mahantaṁ *adv.* 크게. -patta 큰 발우.
mahantatā *f.* mahantatta *n.* [mahanta의 *abstr.*] ① 커다란 것. ② 위대함.
mahantatara *adj.* [mahanta의 *compar.*] ① 더욱 큰. ② 보다 위대한.
mahapphala *adj.* [mahat-phala] 큰 열매가 있는. 큰 과보가 있는.
mahabbala *adj.* [mahat-bala] 큰 힘을 지닌.
mahabbhaya *adj.* [mahat-bhaya] 큰 공포의.
Mahammada *m* 마호메트. -devāyatana 모스크. -dhamma 마호메트교. 이슬람교. -dhammācariya 이슬람교교사. 이슬람교학자. 이슬람교율법학자.

Mahammadīya *m.* 마호메트교의. 이슬람교의. -dhammagantha 코란. -tāpasa 데르비시[극도의 금욕 생활을 서약하는 이슬람교 집단의 일원. 예배 때 빠른 춤을 춤].

mahallaka *adj.* *m.* [mahā-ariyaka] ① 늙은. 나이 많은. 노대(老大)한. ② 큰. 커다란. ③ 노인.

mahallakatara *adj.* [mahallaka의 *compar.*] 더욱 늙은. 더욱 연로한.

mahallikā *f.* [mahallaka의 *f.*] ① 늙은 여자. ② 노파(老婆).

mahassāsin *adj.* [mahā-assāsa-in] 크게 안심한. 한 숨을 놓은.

mahâ [<mahant] ① 큰. 커다란. ② 위대한. -âdhiṭṭhānapañcaka 오대결의(五大決意). -ânattha 큰 불익. -ânasa 주방. 부엌. -ânila 강풍. -ānisaṁsa 큰 칭찬을 받을 만한. 대공덕(大功德). -ânubhāra 위엄. 장엄. 놀라운. 훌륭한. 대위력(大威力). -ânubhavatā 장엄. 대위엄(大威嚴). 대위력(大威力). -âpadesa 위대한 가르침. 대법교(大法敎). -âparādhika 중죄를 진. -âbhiññatā 위대한 초월지. 대통지(大通智). -âbhinikkhamaṇa 위대한 출가. -âbhisakka 매우 강력한. 대단히 유능한. -âmacca 대신. -âraññа 큰 숲. -âraha 귀중한. 값있는.

mahā° [<mahant] ① 큰. 커다란. ② 위대한. -alasa(mahāa°) 큰 게으름. 나태. -âvīci(mahāa°) 대아비지옥(大阿鼻地獄). -udakarahada mahāu°) 큰 연못. 대지(大池). -upaṭṭhāna(mahāu°) 왕립집회소. -upāsikā(mahāu°) 위대한 청신녀. -uraga = mahoraga 큰 뱀. 대복행(大腹行). -kapi 큰 원숭이. -kappa 대겁. -karuṇā 큰 자비. 대비. -karuṇāsamāpatti 위대한 자비의 삼매. 대비정(大悲定). -kāruṇika 큰 자비가 있는 자[부처님]. -kāruṇikatā 큰 자비가 있는 것. 대비성(大悲性). -kāla 마하깔라[새의 일종]. -kāya 거대한. -kīḷāsamaya 올림피아드. 올림픽대회. -kulāgata 자손(子孫). -gaṇḍa 큰 종양. -gedha 큰 탐욕. -ghara 큰 집. -cāga 위대한 포기. 대자유(大自由). -cora 큰 도적. 대적(大敵). -churikā 대검. 총검. -jana 대중. 인민. 민중. -janikamantisabhā 하원(下院). -janāyattaṁ karoti 공유화하다. -jhāyin 위대한 명상가. 대선정가(大禪定家). -taṇha 몹시도 갈구하는. -tala 궁전의 넓은 지붕. -taḷāka 큰 호수. 대지(大池). -turiya 오르간. -thera 대장로. -dāna 재가신도가 부처님과 스님들께 바치는 보시. 대보시(大布施). -dīpa 대륙. -danī 큰 강. 대하(大河). -deha 괴물. -dhātunidhāna 대사리장(大舍利藏). 불사리장(佛舍利藏). -naraka 대지옥. -nāga 큰 코끼리. 큰 용. 대상(大象). 대룡(大龍). 용자(勇者). 영웅(英雄). -nāma 마하나마[인명. 나무이름]. -niddā 깊은 잠. -nibbāna 대열반. -niraya 큰 지옥. 대지옥(大地獄). -nīla 사파이어. 대청(大靑). -nekkhamma 탈속(脫俗). 대출리(大出離). -paññа 큰 지혜가 있는. 대혜(大慧)가 있는. 대학자. -paññatā. -paññā 큰 지혜. 대혜(大慧). -patha 큰 길. 편한 길. 대도(大道). -pathavī 큰 땅. 대지. -paduma 큰 연꽃. 큰 숫자. 지옥의 이름. -parinibbāna 대반열반(大般涅槃). -pitā 할아버지. -purisa 위대한 사람. 영웅. 대인(大人). -purisalakkhaṇa 위대한 사람의 특징. 대인상(大人相). -purisavitakka 위대한 사람의 사유. 대인주(大人思). -purisavihāra 위대한 사람의 삶. 대인주(大人住). -bodhi 큰 보리수. 대보리수. -bodhipūjā 대보리수에 공양함. -bodhimaṇḍa 대보리좌(大菩提座). -bodhisatta 큰 보살. 대보살(大菩薩). -brahmāno 위대한 하느님들. 대범천(大梵天)들[미세한 물질계(色界)의 존재]. -bhāgadheyya 아주 운 좋은. -bhūta 광대한 존재. 사대(四大). 대종(大種)[地・水・火・風]. -bhūtarūpa 광대한 존재의 물질. 대종색(大種色). -bhūtavaṇṇanā 지형학(地形學). 지문학(地文學). -bhūmicāla 큰 지진. 대지진(大地震). -bhoga 큰 재산이 있는. 부유한. -bhogakula 큰 재산이 있는 가문. -maccha 큰 물고기. -mati 아주 현명한. -matta 왕의 중요한 신하. 총리대신. 수상(首相). -mattakathā 대신에 대한 이야기. 대신론(大臣論). -mukha 큰 북의 일종. 대고(大鼓). -muni 위대한 성인. 대모니(大牟尼). -megha 큰 구름. 큰 비. -yakkha 큰 야차. 대야차. -yañña 큰 희생제의. 대공희(大供犧). -yasa 위대한 명성. -yāna 대상(隊商). 카라반. 대승(大乘). -raṅgaratta 홍람색(紅藍色). -ratha 버스. -rājan 대왕(大王). -rājabhavana 대왕의 궁전(宮殿). 대왕계(大王界). -rājamāsamugga 대왕두(大王豆). -rājavatika 대왕의 의무를 이행하는. -rukkha 큰 나무. -lātā(-pasādhana) '큰 넝쿨' 여성의 장신구. -lekhaka 정무비서(政務秘書). -lekhakāgāra 정무비서실. -varāha 큰 돼지. -vātapāna 큰 창문. 주요창문. -vānara 유인원(類人猿). -vānaravisesa 우랑우탄. -vikaṭa 크게 부패된 것. 오물(汚物). -vikaṭabhojana 크게 부정한 식사. 대부정식(大不淨食). -vipatti 고난(苦難). 시련(試鍊). -vipassanā 커다란 통찰. 대관(大觀)[十八大觀]. -vihāra 대사원. 대찰(大刹). -vīṇā 큰 비파. -vīra 위대한 영웅. 대웅(大雄)[부처님]. -veyyākaraṇa 위대한 문법가. -sakkāra 큰 대접. 환

대(歡待). -saṅgīti 대결집. -satta '위대한 존재' 마하살(摩訶薩). 대사(大士). 대살타(大薩埵). -sadattha 큰 재산. -sadda 큰 소리. -samaya 대중이 모일 때. -samaṇa 위대한 수행자. 대사문(大沙門)[부처님]. -samudda 큰 바다. 대양. 대해(大海). -samuddasāgara 큰 대양. 대해양(大海洋). -sammilana 대집회. -saya 신사(紳士). -sayana 큰 침대. 대상(大床). -sara 큰 호수. cf. sattamahāsarā 히말라야의 칠대호수. -sāra '많은 수액을 지닌' 아주 부유한. -sāla 큰 방을 가진. 큰 부호의. -sālarukkha 큰 사라나무. 대사라수(大沙羅樹). -sālā 큰 강당. 대강당. -sāvaka 위대한 제자. 위대한 성문(聲聞). -silā 큰 돌. -sīla 큰 크기의 계행. 대계(大戒). -seda 크게 땀 흘리는 법. 대발한법(大發汗法). -senagutta. -senāpati 대장군. -selapabbata 큰 바위산. -soṇa 마하쏘나[나무의 이름. 새의 이름]. -sobbha 큰 물웅덩이. -hatthirājan 큰 코끼리 왕.

Mahā-Aṭṭhakathā f. [mahā-aṭṭha-kathā] 마하앗타까타. 대의소(大義疏)[싱할리어로 기술된 三藏의 註釋書. 현존하지 않음].

Mahākappina m [bsk. Mahākalpina] 마하깝삐나. 마하겁빈나(摩訶劫賓那)[부처님의 제자 가운데 教誡第一의 比丘].

Mahākaccāna. Mahākaccāyana m [bsk. Mahā-kātyāyana] 마하깟짜나. 마하깟짜야나. 대가전연(大迦旃延). 마하가전연(摩訶迦旃延)[부처님의 제자 가운데 논의제일의 비구].

Mahākassapa m [bsk. Mahākāśyapa] 마하깟싸빠. 대가섭(大迦葉). 마하가섭(摩訶迦葉)[부처님의 제자 가운데 頭陀第一의 比丘] [12세기에 붓다고싸의 註釋書에 대한 復註를 쓴 장로].

Mahākoṭṭhita. Mahākoṭṭhika m [bsk. Mahā-kauṣṭhila] 마하꼿티따. 대구치라(大俱絺羅). 마하구치라(摩訶俱絺羅)[부처님의 제자 가운데 無碍解第一의 수행승].

Mahāgovinda m [mahā-govinda] 마하고빈다. 대전존(大典尊)[Kṛṣṇa신의 이름. Viṣṇu신의 이름].

Mahācunda m [mahā-cunda] 마하쭌다. 대순다(大淳陀). 대주나(大周那). 마하주나(摩訶周那) [Sāriputta의 제자. 수행승].

Mahāṭīkā f. [mahā-ṭīkā] 대복주(大復註) = paramatthamañjūsā.

Mahātittha m [mahā-tittha] 마하띳타[인명].

Mahānāma m [mahā-nāma] 마하나마 [Buddhaghosa 이후의 歷史家·論師의 이름].

Mahāniruttigandha m [mahā-nirutti-gandha] 대사서(大詞書)[문법서로 Kaccāyana의 저술]

Mahāneru m [mahā-neru] 마하네루산. 묘고산(妙高山). 대수미산(大須彌山).

Mahāpajāpati Gotamī f. [mahā-pajāpati gotamī] 마하빠자빠띠 고따미. 마하바자바제구담미(摩訶波闍波提瞿曇彌). 대애도(大愛道)[부처님의 이모이자 양모로써 최초의 비구니].

Mahāpaṭṭhānappakaraṇa-Aṭṭhakathā f. 대발취론(大發趣論)의 주석서.

Mahāpatāpa m [mahā-patāpa] 마하빠따빠. 대광휘(大光輝). 대조요왕(大照曜王)[왕의 이름]

Mahāpanāda m [mahā-panāda] 마하빠나다. 대바나왕(大波那王)[王의 이름]

Mahāpanthaka m [〃] 마하빤타까. 대로(大路). 마하반지(摩訶槃持)[부처님의 제자 중 慧解第一의 比丘].

Mahāpāraga m [mahā-pāra-ga] 마하빠라가. 마하바라천(摩訶波羅天)[神·神界의 이름].

Mahābrahma adj. m [mahā-brahmant] 위대한 하느님의. 대범천(大梵天). Mahābrahmā devā 위대한 하느님 세계의 신들. 위대한 신들의 하느님 세계. 대범천(大梵天)[神·神界의 이름. 色界一禪의 하느님 세계].

Mahāmāyā f. [〃] 마하마야. 마하마야(摩訶摩耶). 마야부인(摩耶夫人). 대청정묘(大淸淨妙) [부처님의 生母].

mahāyāna m [〃] 대승(大乘). -ika 대승교도의. 대승(大乘)의.

Mahāmoggallāna m [bsk. Mahāmaudgalyāna] 마하목갈라나. 대목건련(大目犍蓮). 마하목건련(摩訶目犍蓮)[부처님의 弟子 가운데 神通第一의 比丘].

Mahāroruva m [bsk. Mahāraurava] 마하로루바. 대규환(大叫喚)[八大地獄의 하나].

Mahāli m [<mahā] 마할리. 마하리(摩訶梨)[인명].

Mahāvaṁsa m [mahā-vaṁsa] 마하방싸. 대사(大史). 대왕통사(大王統史)[스리랑카 역사서].

Mahāvagga m [mahā-vagga] 마하박가. 대품(大品). 율장건도부(律藏犍度部).

Mahāvana adj. m [mahā-vana] 마하바나. 대림원(大林園)[숲의 이름].

mahāvijjāyatana m [mahā-vijjāyatana] 대학(大學). 대학교(大學校).

Mahāvibhaṅga m [mahā-vibhaṅga] 마하비방가. 대분별(大分別)[律藏의 經分別의 하나. 比丘戒의 解說].

Mahāvihāra m [mahā-vihāra] 마하비하라. 대사(大寺). 대정사(大精舍)[실론의 아누라다뿌라에 있는 僧院]. -vāsin 대사(大寺)·대정사에 거주

하는 자.

Mahāvici [mahā-avīci] = Avīci. 마하비찌. 대아비(大阿鼻). 대무간(大無間)[八大地獄의 하나].

Mahāsaṅghika m. [mahā-saṅghika] 마하쌍기까. 대중부(大衆部)[部派의 이름].

Mahāsammata m. [〃] 마하쌈마따. 마하삼마다(摩訶三摩多)[인류최초의 왕].

Mahāsamāna m. [mahā-samāna] 마하싸마나. 마하사마(摩訶睬摩)[神의 이름].

Mahāsona m. [mahā-sona] 마하쏘나[인명].

Mahiṁsasaka m. [bsk. Mahīśāsaka] 마힝싸싸까. 화지부(化地部). 미사색부(彌沙色部)[부파].

Mahi° [<mahā] ① 큰. 커다란. ② 위대한. mah° -iccha 욕심으로 가득 찬. 탐욕스러운. -icchatā 거만. 허세. 대욕(大欲). -itthī 노파. 늙은 여인. -iddhi 큰 힘. 대신력(大神力). -iddhika 큰 신통의 힘이 있는. 대신변(大神變). -iddhikatā 큰 신통. 대신변(大神變). -inda 위대한 인드라의 포효. 대인다라(大因陀羅). 비의 신이 내리는 뇌전(雷電). -issara 대자재천(大自在天). -issāsa 위대한 궁술사. 대궁술사(大弓術士).

mahikā. mahiyā f. [bsk. bahikā. Amg. mahiyā] 안개. 서리. 추위.

mahita adj. [mahati의 pp.] 존경을 받는.

Mahinda m. [=Mahā-Mahinda] 마힌다. 마신타(摩哂陀)[아쇼카 왕의 아들. 출가하여 스리랑카에 佛教를 전했다].

mahilā f. [〃] ① 여자. 부인. ② 여성.

mahisa. mahiṁsa m. [sk. mahiṣa] = māhisa. 물소. 들소. -yuddha 물소의 싸움.

mahissara m. [maha-issara] ① 위대한 주재자. 자재천(自在天). ② 위대한 왕.

mahī f. [〃] ① 땅. 대지. ② 마헤(摩醯) 마기(摩企)[五河의 이름]. loc. mahiyā. mahiyaṁ. -tala 지면. 땅. -dhara 산. -pa. -pati. pāla 국왕. -ruha 나무.

mahīyati [mahati의 pass.] ① 존경받다. ② 받들어 모셔지다.

mahe° cpd. [mahā-ī°] ① 큰. 커다란. ② 위대한. mah°-esakkha [mahā-īsakhyaṁ] 큰 힘. 권위를 갖고 있는. 대위력의. -esi[mahā-isi] 위대한 성인. 대선. -esī 왕후. 왕비. 제일부인. -esitta 왕비의 지위.

maho° cpd. [mahā-u. mahā-o] ① 큰. 커다란. ② 위대한. mah°-ogha 커다란 홍수. 대폭류(大暴流). -odadhi 대양. 큰 바다. 대해. -odara 큰 배[舟]. 큰 용. 대복룡(大腹龍). -odika 물이 가득찬. 깊은. -oraga 큰 뱀. 대사(大蛇). 대복행(大腹行).

Mahomada m. 마호메트[이슬람교의 창시자].

mā ind. [〃] 하지마라[금지. 강한결의. 부정적 원망. 미래에 대한 두려움. 의무. 부정 등을 나타낸다. 동사는. aor. imp. opt.을 취하고. 때로는 pres.을 취하는 일도 있다]. mā saddaṁ akāsi 소리를 내지 마라. agginămā ḍayhatu 불을 피우지 마라. māpamādaṁ anuyuñjetha 방일을 따라서는 안된다. mā paṭilabhati 얻지 마라.

°mā ① cpd. [māsa의 생략] puṇṇa-mā 보름달. ② [mant의 nom.] cakkhumā 눈이 있는 사람은. āyasmā 존자는. satimā. 새김이 있는 자는. 유념자(有念者)는.

māgadha m. [<Magadha] ① 향수장수. 향상(香商). ② [<Magadha] 마가다(摩迦陀)[도시이름]의 마갈다왕(摩揭陀王). -nirutti 마가다 어.

māgadhaka n. [māgadha-ka] 마늘.

Māgadhikā. Māgadhī f. [<Magadha] 마가다어.

Māgandiya m. 마간디야. 마건제(摩建提)[사람이름].

māgavika m. [cf. sk. mārgavika<maga. miga] ① 사냥꾼. 도살꾼. ② 사슴을 잡는 사람. 포록자(捕鹿者).

māgasira m. [sk. mārgaśiras] 맹동(孟冬). 말가시라월(末伽始羅月). 십이월(十二月 : 양력 11월 16일 ~ 12월 15일)[남방음력 8월 16일 ~ 9월 15일].

māgha m. [〃] 계동(季冬). 마가월(磨伽月). 이월(二月 : 양력 1월 16일 ~ 2월 15일)[남방음력 10월 16일 ~ 11월 15일].

māghāta n. [mā-ghāta '죽이지 마라'] 불살생의 명령. -bheri 불살생의 명령을 알리는 북.

māṅgalya adj. [<māṅgala] ① 행운의. 길조의. 길상의. ② 욕구를 충족시켜주는.

māṇa n. [〃<mā] 측정. 측량. -dassaka 다이얼.

māṇakayanta m. [māṇaka-yanta] 계량기(計量器).

māṇava. m. [〃] ① 인간의 자손. ② 바라문 청년.젊은이. 학생. pl. māṇavā 인류. 사람들. māṇava° -jātivijjā 민족학. -jātivisayaka 민족적인. -vijjā 민족학. 인류학. -vijjāvidū 민족학자. 인류학자. -vijjāyatta 민족학적인. 인류학적인. -sadisa 유인원(類人猿).

māṇavaka m. [〃] 바라문청년. 젊은이. 학생.

māṇavikā f. [<māṇavaka] ① 바라문녀학인. ② 젊은 부인. 젊은 아내. 정행녀(淨行女).

mātaṅga m. [〃] ① 코끼리. -âraññа 숲속의 코끼리. ② 하층민. ③ 마땅가. 마등가(摩藤伽·摩登伽)[인명]. ④ 마땅가[식물의 이름].

mātar *f.* [〃] 어머니. 모(母). *cpd.* mātā. māti. matu. matti. *nom.* mātā; *gen. dat.* mātu. mātuyā. mātāya; *acc.* mātaraṁ; *ins.* mātarā; *loc.* mātari; *abl.* mātito. mātaraṁ jivitā voropeti 생명으로부터 어머니를 빼앗다. 어머니를 살해하다. mātā jivitā voropitāhoti. 어머니는 생명으로부터 빼앗기게 되다. 어머니는 살해되다.

mātali *m.* [〃] 마딸리[인드라(Indra) 신의 마부(馬夫)의 이름].

mātā° *cpd.* [<mātar] 어머니. -pitaro 어머니와 아버지. 부모(父母). -pitika 부모가 있는. -piturakkhitā 부모를 보호하는 여인. -pitunnaṁ upaṭṭhānaṁ 부모에게 효도함. -pettika 부모가 있는. -pettikasambhava 부모소생의. -pettibhāra 부모를 부양하는.

māti° *cpd.* [<mātar] 어머니. -devatā 어머니의 보호자. -pakkha 어머니 쪽(의). 모계(의). -posaka 어머니를 공양하는.

mātika *adj.* [*cf. sk.* mātṛka] 어머니의.

mātikā *f.* [*bsk.* mātṛkā] ① [십이부경에서의] 논의의 제목. 헤드라인. 명제(命題). 논모(論母). 율모(律母). 지모(智母). 본모(本母). 행모(行母). 마이(摩夷). 마달리가(麻怛履迦). -dhara 논모를 지지하는 것. 지모자(持母者). -nikkhepa 논모의 개요. -nikkhepavāra 논모의 개설부분. -pada 논모의 구절(論母句). -pāṭha 부명제(副命題). ② 물길. 수로. 운하.

mātiya *adj. n.* [*sk.* martya] 죽어야 할. *cf.* macca.

mātu° *cpd.* [<mātar] 어머니의. -ûpaṭṭhāna 어머니에 대한 존경·사모. -kucchi 어머니의 자궁. 모태. -gāma 부인. 여인. -gāmapotthakarūpaka 부인의 소상(塑像). -gāmopavicāra 여자와 교제하는. -ghāta 모친 살해. -ghātaka 모친 살해자. -ghātikamma 어머니에 대한 살해. -citta 어머니라고 하는 생각. -thañña 모유. -bhūta 어머니가 생존한. -mattī 어머니 정도의 (연령의) 여자. -samā 어머니와 같은 여인. -hadaya 어머니 가슴. 어머니의 품.

mātuka *m.* [<mātar] 모체. 기원. 원인.

mātucchā *f.* [*sk.* mātṛ-ṣvasā] 이모(姨母). -putta 외사촌[남자].

mātula *m.* [〃] 외삼촌[모계]. -dhītā 외사촌[여자].

mātulaka = mātula

mātulānī *f.* [<mātula] 외숙모(外叔母).

mātuluṅga *n.* [〃] 마뚜룽가. 마독용가(磨獨龍伽). 구연(枸櫞)[나무열매].

mādisa *adj.* [*sk.* mādṛś. mādṛśa<maṁ-dṛś] 나와 같은. 나와 동등한.

māna ① *m.* [〃<man] 교만. 거만. 아만(我慢). 오만. 자부심. -ânusaya 자만의 잠재적 경향. 자만의 경향. 만수면(慢睡眠). -âbhisamaya 교만에 대한 꿰뚫음·충분한 이해. 만현관(慢現觀). -gāha 교만에 집착하는. -jātika 본성적으로 교만한. -tthaddha 자부심이 강한. 완고한. -papañca 교만에 의한 장애. 만장애(慢障碍). -mada 교만에 취함. -vāda 교만에 대한 논의. -saṁyojana. saññojana 교만의 속박. 만결(慢結). -satta 교만에 집착하는. -sambhūto 교만에 의해 생긴. -saṅga 교만에 의한 염착. 만착(慢着). -salla 교만의 화살. 만전(慢箭). ② *n.* [〃<mā] = mānikā 양. 무게. 단위. -kūṭa 양을 속이는. 거짓된 단위. ③ *m n.* [*cf.* māneti] 존경. -da 존경을 불러일으키는.

mānatta *n.* [*bsk.* mānatva. mānāpya] 마나따. 마나타(摩那埵). 참회의 벌. -âraha 참회의 벌을 받아야 하는. -dāna 참회의 벌을 주는 것. 여마나타(與摩那埵).

mānatthe → mānatthe의 *misr.*

mānana *n.* mānanā *f.* [<māneti] ① 존경을 표함. ② 존경.

mānayati = māneti.

mānava = māṇava.

mānavant *adj.* [māna-vant] ① 자부심이 강한. ② 교만스러운.

mānasa *n.* [=manas] ① 의도. 목적. ② 생각. 정신. ③ 정신적인 활동. 심의(心意). 의(意).

mānasika *adj.* [manas-ika] 의도적인. 정신적인. -vijjā 이념(理念). 이데올로기.

mānasāna *adj.* [<mānasa] 의도가 있는.

mānassin *adj.* [*cf.* mānin] 교만한. 자만한.

mānikata *adj.* [mānikaroti의 *pp.*] 존경을 받는. 숭배되는.

mānīkā *f.* [māna-ikā] 마니까[4 도나(doṇa)와 일치하는 무게의 단위].

mānita *adj.* [māneti의 *pp.*] 존경을 받는.

mānin *adj.* [māna-in] ① 자랑하는. ② 교만한. *f.* māninī.

mānusa *adj. n.* [*sk.* mānuṣa] ① 사람의. ② 인간. 사람. *pl.* mānusā 사람들. ③ 마누싸. 마누사천(麼毿沙天)[神·神界의 이름]. -ācārasikkhaka 인본주의자(人本主義者). -gatiyā 인간적(人間的)으로. -yoga 인간의 속박. 인간의 멍에.

mānusaka. mānusika *adj.* [=māusa] 인간의. 사람의. 인간적인. *f.* mānusikā. *n. pl.* mānusikāni. mānusika-bala 체력(體力).

mānusī *f.* [mānusa] 여자.

Mānusuttama *m.* [mānusa-uttama] 마누쑤따

마. 마누소다마(麽義疏多摩)[神·神界의 이름].

māneti [man의 caus.=mānayati] 존경하다. aor. mānesuṁ; pp. mānita.

māpaka adj. m. [<māpeti] ① 무게나 양을 재는. ② 창조자. 건설자. doṇa-māpaka 쌀의 양이나 세입을 재는 대신.

māpeti [mināti<mā의 caus.] ① 세우다. 건설하다. 만들다. ② 측정하다. ③ 초자연적인 힘으로 나타나게 하다. pp. māpita.

māmaka adj. [<mama] ① 자신의 것으로 만드는. ② 신봉하는. f. māmikā.

māya adj. m. [<māyā] ① 허상의. 마술적인. ② 환술사(幻術師).

māyā f. [〃] ① 허깨비. 속임수. 간계(奸計). ② 환술. 마술. 신비한 주문. 광혹(誑惑). -ûpama 환술·속임수와 같은. -kāra 마술사. 마법사. 요술쟁이. 환술사(幻術師). 수품사(手品師).

Māyā f. ① [〃] = Mahāmāyā 마야부인(摩耶夫人)[부처님의 生母]. ② 마야천(摩耶天).

māyāvin [〃 māyā-vin] ① 거짓의. 위선적인. ② 간계가 있는. 환술을 하는.

māyu m. [sk. 〃] 담즙. 쓸개즙.

māra m. [〃 cf. māreti] ① 죽음. 악마. 유혹자. ② 사신(死神). 마라(魔羅). -âbhibhū 죽음·악마·마라의 정복. -āmisa 악마의 음식. 악마의 자양. 마식(魔食). 마재(魔財). -kāyika 악마의 무리에 속하는. -cakkhu 악마의 눈. 마안(魔眼). -dhamma 악마의 가르침. 마법(魔法). -dhītar 악마의 딸. 마녀(魔女). -dheyya 악마의 지배에 있는. 악마의 영역. 마계(魔界). -pakkha 악마의 지분. 마분(魔分). -paññatti 마라에 대한 시설. 악마란 개념. -parisā 악마들의 무리. 마중(魔衆). -pāpimant 악마 빠삐만. 악마 파순(波旬). -pāsa 악마의 덫. -bandhana 악마의 속박. 마박(魔縛). -vasa 악마의 힘. 권위. -visaya 악마의 경계. 마경(魔境). -saṁyoga 악마의 속박. 마결(魔結). -senā 악마의 군대. 마군(魔軍).

māraka ① adj. [māra-ka] 악마의. ② m. [<māreti] 살해자. 파괴자. -roga. -vyādhi 역병(疫病). 악성전염병(惡性傳染病).

māraṇa n. [<māreti] ① 죽임. 살육. ② 죽음.

māratta n. [māra의 abstr.] 악마의 상태. 악마로서의 존재.

mārāpana n. [<mārāpeti] 살해.

mārāpeti [māreti의 caus.] ① 죽이게 하다. ② 죽게 하다. 살해하다. pp. mārāpita.

mārāpitatta n. [mārāpita의 abstr.] 죽이도록 선동을 받음.

māri marati의 aor.

mārita adj. [māreti의 pp.] 살해된.

mārisa adj. [=mādisa] 친애하는 벗이여! 존자(尊者)여. 스승이여! [voc.만 사용. 친애와 존경의 호칭] sg. mārisa. pl. mārisā.

māruta m. [=māluta] 바람.

māriyati [mārati의 pass.] 살해되다.

māretar m. [māreti의 ag.] ① 살해자. 살인자. ② 파괴자.

māreti [marati<mṛ의 caus.] 죽이다. 살해하다. pp. mārita; caus. mārāpeti; pass. māriyati.

māla m. ① [tamil. māḍam] = māḷa. 천막. 둥근 지붕의 집. 공회당. ② [?<mala. mālā] 진흙. 거품. 더러운 표면. 화환(花環).

mālaka. māḷaka m. [<māla] 원형울타리. 원. (안) 뜰.

mālatī f. [<mālā] 큰 꽃의 재스민.

mālā f. [〃] ① 화환(花環). 화관. ② 꽃다발. 화만(華鬘). -kathā 화만에 대한 이야기. 화만론(華鬘論). -kamma 꽃장식. 화환. 꽃장식일. 꽃꽂이. -kāra 꽃장식을 하는 자. -kita 화만으로 장식된. -gandha-vilepana-dhāraṇamaṇḍana-vibhūsana-ṭṭhāna 장엄의 수단인 화만·방향·도유·장신구·의장 등. -guṇa 꽃다발. 화환. 화만. -guṇaparikkhittā 화만류를 몸에 감아 장식한 여인. -guḷa 꽃다발. -cumbaṭaka 꽃방석. 화관. -dāma 꽃다발. -dhara. -dhārin 화환을 쓴. 화환을 걸친. -palibodha 화만에서 오는 장애(障碍). -puṭa 꽃바구니. -bhārī. bhārinī 화만을 부착한 여인. -vaccha 소화수(小華樹)[작은 꽃이 피는 장식용 식물].

mālārāma m. [mālā-ārāma] 말라라마[사원의 이름].

mālika ① m. [<mālā] 정원사. 꽃장수. 화만사(華鬘師). ② n. [?<mālā. mala] 주사위의 일종.

mālikā f. [<mālā] 겹꽃의 재스민.

mālin ① adj. m. [mālā-in] 화환을 지닌 (자). f. mālinī 화환을 두른 여인. ② [<mala-in] 더러운 진흙의.

māluka m. f. [?] 그릇이나 용기. cammamāluka 가죽가방(?).

māluta m. [=māruta. sk. marut. māruta] 바람. -īrita [māluterita] 바람에 의해 움직여진.

māluvā f. [cf. bsk. mālu] 넝쿨 식물. -bīja 넝쿨식물의 종자·씨앗.

mālūra [〃] 말루라 나무[Aegle Marmelos].

mālya n. [<mālā] 화환. 화관.

māḷaka m. [Non-aryan mal] 받침대.

māḷa m. [tamil māḍam] = māla. 큰 천막. 강당. 공회당.

māsa ① *m.* [〃] 달. 월(月)[인도에서는 일년은 Citta(3~4월)부터 시작된다 : Citta. Vesākha. Jeṭṭha. Āsāḷha. Sāvaṇa. Poṭṭhapāda. Assayuja. Kattika. Māgasira. Phussa. Māgha. Phagguṇa의 12개월]. ekena māsena 일 개월에. 일 개월에 걸쳐서. temāsaṁ 삼 개월간. -puṇṇatā 달을 채움. -mattaṁ 한 달 동안. ② *m.* [*sk.* māṣa = māsaka ①] 콩. 완두콩. -odaka 콩물. -khetta 콩밭. -bīja 콩. 콩종자. -vana 콩농장. -sūpa 콩비지. 두유. 콩즙. ③ *m.* [=māsaka ②] 작은 화폐.

māsaka ① *m.* [=māsa ②] 작은 콩. ② *m.* = [māsa ③] 가치가 적은. 작은 화폐. pāda. 1/20 kahāpaṇa.

māsati ① [<mṛṣ] 건드리다. ② [m(*euphonic*) - ās = as] 먹다.

māsana ① [<mṛṣ] 건드림. ② [m(*euphonic*) - ās = as] 먹음.

māsin ① [<mṛṣ] 건드리는. ② [m(*euphonic*) - ās = as] 먹는. tiṇa-māsin 풀을 먹는.

māsalu *m.* [?] 다섯 달보다 짧은 기간.

māsācita *adj.* [māsa-ācita] 한 달이 찬[어머니의 배가 1/5이 찬 (잉태)].

māsika *adj.* [māsa ① -ika] ① 달(月)의. ② 달들로 이루어진.

māsita *adj.* [=masita. masati mṛṣ의 *pp.*] ① 접촉된. ② 만나진.

māsiya *adj.* [=māsika] ① 달(月)의. ② 달들로 이루어진.

māhisa *adj. m.* [<mahisa] ① 물소의. ② 물소. -khīra 물소의 젖. -sappi 물소의 버터·수(酥)·숙수(熟酥)

Māhissati *m.* 마힛싸띠. 마흘사마(摩醯沙摩)[도시이름].

miga *m.* [*sk.* mṛga=maga] ① 야수. 짐승. ② 사슴. -âraññā 사슴의 숲. 녹림(鹿林). -inda 짐승의 왕. -cakka 짐승의 영역. 짐승소리를 들을 수 있는 영역. 수륜(獸輪). -chāpaka 어린 사슴. -jāta 사슴의 종. 사슴의 무리. -dāya 사슴동산. 사슴공원. 녹야원(鹿野園). -dhenu 암사슴. -potaka 사슴의 새끼. 유록(幼鹿). 자록(仔鹿.) -bandhaka 사냥꾼. 엽사. -bhūta 야생동물과 같은. -bhūta-ceto 사슴의 마음. 녹심(鹿心). -maṁsa 사슴고기. -mandalocana 사슴의 부드러운 눈. -mātukā 암사슴. 빈록(牝鹿). -māyā 사슴의 환술. -rājan 동물의 왕. 사자(獅子). -luddaka 사슴 사냥꾼. -vadha 사슴을 살해하는. -vittaka 사냥의 애호가. -visāṇa 사슴의 뿔. -vīthi 동물이 다니는 거리. 사슴이 다니는 거리.

migava *m.* migavā *f.* [*sk.* mṛgayā] ① 사냥. 수렵. ② 사냥꾼. 엽사(獵師).

Migāramātupāsāda *m.* [*bsk.* Mṛgāramātṛpra-sāda] 미가라마뚜빠싸다. 녹자모강당 (鹿子母講堂)[싸밧티 시의 동쪽 교외의 동쪽 동산에 있음].

miginda *m.* [miga-inda] ① 동물의 왕. ② 사자.

migī *f.* [miga의 *f.*] 암사슴. 빈록(牝鹿).

micchatā. *f.* micchatta *n.* [micchā의 *abstr.*] ① 악함. 사악. 사성(邪性). ② 허위. 잘못. 그릇됨. -ttika 세 가지 사악한 법. 사성삼법(邪性三法). -niyata. -niyāma 그릇됨에 의한 결정. 사성결정(邪性決定). -niyatarāsi 그릇됨에 의해 확정된 무리. 사성결정취(邪性決定聚).

micchā *adv.* [*sk.* mithyā] ① 나쁘게. 악하게. 사악하게. ② 그릇되게. 잘못된 방법으로. -ājīva 사악한 생활. 사명(邪命). -âbhimānin 공상적(空想的)인. -kammanta 사악한 행위. 사업. -gahaṇa 잘못된 생각. 실수. -cāra 부정한 행위. 사행(邪行). -cārin 부정한 행위를 저지르는. 사행자(邪行者). 간통자(姦通者). -cārinī 화냥년. 간통녀(姦通女). 간부(奸婦). -ñāṇa 잘못된 앎. 사악한 지식. 사지(邪智). -ñāṇin 사악한 지식을 갖고 있는. 사지자(邪智者). -dassana 부정한 관점. 사견(邪見). -diṭṭhi 잘못된 견해. 사견(邪見). -diṭṭhika 잘못된 견해를 갖고 있는. 사견자(邪見者). -dhamma 잘못된 가르침. 사법(邪法) -paṭipatti 사악한 행동·실천. -paṭipadā 사악한 길. 사도(邪道). -paṭipanna 사악한 행동을 하는 자. -paṇi-hita 그릇되게 향해진. -patha 부정한 길. -magga. 그릇된 길. 사도(邪道). -māna 사악한 교만. 사만(邪慢). -vācā 잘못된 언어. 사어(邪語). -vāda 부정한 말·견해. 사설(邪說). 사견(邪見). -vāyāma 잘못된 정진. 사정진(邪精進). -vimutti 잘못된·거짓 해탈. 사해탈(邪解脫). -saṅkappa 잘못된 의도. 사사유(邪思惟). -sati 잘못된 새김. 사념(邪念). -samādhi 잘못된 집중. 사정(邪定).

miñja *n.* miñjā *f.* [*sk.* majjan] ① 골수. 골절. ② 정수. 핵심. -rāsi(= matthaluṅga?) 골절의 더미. 수취(髓聚).

miñjaka = miñja.

miḍha. miḍhaka *m.* [*cf.* medhā] 판의자(板倚子). 판침대(板寢臺).

miḍhi *f.* [<miḍha] 서까래받침. 연대(椽坮)

miṇāti = mināti.

mita [〃 mināti mā의 *pp.*] 측량된. 제한된. 온건한. -āhāra 제한된 식사. 절양식(節量食). -bbaya 절약. -bbayāyatta 경제학(經濟學). -bbayin 경제학자(經濟學者). -bhāṇin 온건하게 말하는. 절양설자(節量說者).

mitta *m n.* [*sk.* mitra] 친구. 벗. 붕우(朋友). -âbhirādhin 친구를 만족하게 하는. -âmacca 친구. -âmitta 친구와 적. 붕우(朋友)와 원적(怨敵). -ddu. -ddubbha. -ddūbha. -ddūbhin [*cf. sk.* mitradruha. -drohin] 친구를 해치는 자. 친구를 배반하는 자. 배반자. -bandhava 친구로서 친척인. -bheda 친구관계를 파괴하는. 적대의. -paṭirūpaka. -rūpa. -vaṇṇa 우정을 가장하는. 가짜 우정.

mittatā *f.* [mitta의 *abstr.*] 우정. 친구관계.

mitti *f.* [=metti] 우정.

mithu *ind.* [*cf. sk.* mithū] ① 잘못하여. ② 반대쪽에. ~에 반하여. 적대해서. ③ 서로. 상호(相互).

mithubheda *m.* [mithu-bheda=mitta-bheda] '반대를 야기하기 위하여 부숨' 친구관계를 깸. 위화(違和). 적대(敵對).

mithuna *n.* [〃] ① 남성과 여성. 암수. 대우(對偶). ② 성교.

middha *n.* [*bsk.* 〃] ① 굼뜸. 게으름. ② 잠. ③ 어리석음. ④ 잠재적 경향. 수면(睡眠). -ārāmatā 수면의 즐거움. 면애락(眠愛樂). -rūpa 수면의 형태. 면색(眠色). -sukha 수면의 행복. 면락(眠樂). *cf.* thīna.

middhin *adj.* [middha-in] ① 둔한. 게으른. ② 졸리는. ③ 잠재적 경향을 지닌. 수면(睡眠)하는.

midha *m.* [?<mināti<mī] 상해. 다치게 함.

minana *n.* [<mi] 재는. 조사하는.

mināti ① [mā. mi] 측정하다. 계량하다. *opt.* mine; *fut.* minissati; *abs.* minitvā; *grd.* minitabba; *pp.* mita; *pass.* mīyati; *caus.* māpeti. ② [mī. midh <mīyati] 줄이다. 감소시키다. 손상하다. 상해하다.

miyyati. mīyati [*cf. sk.* mriyate<mṛ] 죽다. 사멸하다. *pres. 3pl.* miyyare; *opt.* miyye. mīyetha; *fut.* miyyissati; *ppr.* miyyamāna. mīyamāna; *pp.* mata.

milakkha *m* [*sk.* mleccha] ① 야만인. 미개인. ② 외국인. ③ 집 없는 사람.

milakkhu. milakkhuka. milāca *m* [=milakkha] ① 비아리안 족. ② 변지인(邊地人). 만민(蠻人).

milāca *m* [=milakkha>millaccha>mlacca> milāca] ① 야만인. 미개인. ② 외국인. ③ 집 없는 사람.

milāta *adj.* [milāyati의 *pp.*] ① 시들은. ② 바랜. 말라버린.

milātatā *f.* [milāta의 *abstr.*] 시들어버린 상태.

milāpeti [milāyati의 *caus. sk.* mlāpayati] ① 고갈시키다. ② 시들게 하다.

milāyati [mlā] ① 쇠약해지다. 시들다. ② (색이) 바래다. *pp.* milāta; *caus.* milāpeti.

milikā → cimilikā.

Milindapañhā *m. pl.* [milindapañhā] 밀린다빵하. 미란왕문경(彌蘭王問經)[漢譯 那先比丘經].

miḷhakā = mīḷhakā.

misati [<miṣ] ① (눈을) 깜박이다. ② 윙크하다.

misara *adj.* [?] 이집트. -desīyathūpa 피라미드. -purāvuttagatamahāpakkhin 불사조(不死鳥).

missa *adj. n.* [*sk.* miśra] ① 섞인. 뒤엉킨. ② 다양한. 수반된. 수행원이 있는. *f.* missā *voc.* misse. -kesa 엉킨 머리의 외도. -kesī 혼발(混髮)의 선녀(Apsaras).

missaka *adj. m.* [missa-ka] ① 섞인. 결합된. 잡다한. ② 수행원. 종자. 잡종(雜種). -uppāda 길흉이 뒤섞인 점괘. -cakka 복합장(複合章). -dvāravīthi 잡다한 감각문의 인식과정. 잡문로(雜門路)[= 五門路]. -vāra 섞인 부분. 잡분(雜分). -samāsa 합성복합어(合成複合語)[문법].

Missaka *m.* [*bsk.* Miśraka] 미싸까. 미사(眉寺). 미사가(眉沙迦)[서른셋 하늘나라(三十三天)의 정원. 스리랑카에 있는 산].

missakatta *n.* [missaka의 *abstr.*] ① 혼합. 혼융. 혼성. ② 결합.

missana *n.* [<missati] ① 혼합. 뒤섞임. 혼성. ② 결합. missanena sañjaneti 잡종(雜種)이 되다. missanena uppādana 하이브리드화.

missita *adj.* [misseti의 *pp.*] ① 섞인. 혼합된. ② 결합된.

missī° [=missa] ① 혼합의. ② 결합의. -bhāva 짝짓기. 성교. 결합. 혼합물. -bhūta 혼합된. 결합된. 짝짓기가 이루어진

misseti [miś의 *caus. sk.* miśrayati] ① 혼합하다. ② 결합시키다. ③ 짝짓다. *pp.* missita.

mihati *m.* [<mih<smi] ① 미소. ② = secana.

mihita. mhita *adj. m.* [smi의 *pp.*] ① 미소짓는. ② 미소. *cf.* vimhita. vimhaya. vimhāpaka.

mīna *m.* [〃] 물고기.

mīyati = miyyati.

mīlati [mīl] 윙크하다.

mīḷha *m.* [mih의 *pp.*] ① 배설물. ② 똥. -kūpa 똥구덩이. 부정한 장소. -sukha 더러운 것에 대한 즐거움. 부정락(不淨樂). 예락(穢樂).

mīḷhakā *f.* [<mīḷha] ① 구정물 웅덩이. 더러운 곳. ② 똥구덩이. 분갱(糞坑). ③ 똥벌레. 분충(糞蟲).

mukula *m.* [〃] ① 싹. 새싹. ② 봉오리.

mukka *adj.* [muc의 *pp.*] → ummukka. paṭimukka.

mukkhaka = mokkhaka.

mukha *n.* [〃] ① 입. 얼굴. 입구. ② 원인. 이유.

③ 수단. 방법. ④ 앞부분. 꼭대기. ④ 중요한 것. 주요한 것. -ādhāna 말굴레. 재갈. 마함(馬銜). -ālepana 얼굴에 바르는 것. 향유(香油). -āḷambara 북소리처럼 입으로 내는 소리·음악. -âvaraṇa 면사포. -āsiya 입으로 먹은. -ullokaka. -ullokika 아부하는. 추종하는. -odaka 입을 씻기 위한 물. -cuṇṇaka 안료(顔料). 얼굴에 바르는 분. -ja 입에서 태어난. 이빨. -chana 타월. 수건. -tuṇḍa(ka) 주둥이. 부리. -daddarika. -deṇḍimaka 입이나 턱을 부딪쳐서 내는 음악. 구음악(口音樂). -dugga 입을 함부로 놀리는. -dūsi 얼굴의 결점·손상. 얼굴의 발진. 곰보. -dvāra 구강(口腔). -dhovanaṭṭhāna 세면소. -nimitta 얼굴의 인상. 면상(面相). -pāṭhābhata 구전(口傳)의. -puñcanacolaka 입·얼굴을 닦는 천. 식면표(拭面布). -pūra 한 입 가득한. -phulla 보주(寶珠)의 일종. -bandha 서론(序論). 서두(序頭). -bheriya 구태고(口太鼓)[악기의 일종]. -bheruḷaka 북소리처럼 입에서 내는 소리·음악. -makkaṭika 얼굴의 찡그린 상. 우거지상. -roga 구강병(口腔病). -vaṭṭi '열려있는 원주' (컵 등의) 언저리. 가장자리. -vaṇṇa 용모. -valimaka '오므린 입을 한' 휘파람. 구음악(口音樂). -satti 칼과 같은 입. 설봉(舌鋒). -vikāra 얼굴의 경련. -vikūṇa 우거지상. -saṅkocana 얼굴의 찌푸림[불만의 표시]. -saññata 입을 조심하는. -homa 구호마(口護摩).

Mukhamattadīpanī *f.* = Nyāsa.

mukhara *adj.* [〃<mukha] ① 잘 지껄이는. 수다스러운. ② 시끄러운. 상소리를 하는.

mukharatā *f.* [mukhara의 *abstr.*] ① 수다스러움. ② 시끄러움.

mukhya *adj.* [<mukha] ① 첫 번째의. ② 최고의. ③ 가장 중요한.

mugga *m* [*sk.* mudga] 콩. 청완두. 그린피스[강낭콩의 일종. Phaseolus Mungo]. -yūsa 콩즙. 콩비지. 콩수프. -sūpa 콩비지. 콩수프. -sūpyatā. -suppatā '콩이 반쯤 익은 수프처럼 반쯤의 진실만이 섞여 있는' 함부로 지껄이는 말. 콩수프.

muggatiya *n.* [<mugga ?] 막가띠야[식물의 일종].

muggara *m* [*cf. sk.* mudgara] ① 곤봉. 몽둥이. ② 나무망치. -pahāra 곤봉의 일격.

muṅgusa *m* [?] 몽구스[사향고양이과에 속하며 뱀의 天敵].

mucala. mucela *m* [<nicula] 무짤라[나무의 이름. 용왕의 이름].

mucalinda *m* [mucala-inda] ① 무짤린다[나무 이름. Barringtonia acutangula]. ② 무짤라나무들의 왕. ③ 나가(뱀 : nāga)들의 왕 이름.

muccitu. muccituṁ *ind.* [muccati '해탈되다'의 *inf.*] muccitu-kamyatā-ñāṇa 해탈의 욕구에 대한 앎. 탈욕지(脫欲智).

muccati [muñcati의 *pass. sk.* mucyate] ① 해탈되다. 자유롭게 되다. ② 해방되다. 구원되다. *imp.* muccassu. muccatha; *fut.* muccissati. mokkhasi. mokkhanti; *aor.* mucci. mucciṁsu; *ppr.* muccanta; *inf.* muccituṁ; *caus.* mucceti (muccheti) 소리를 내다. 방출하다.

mucchañcikatā [<mucchā-aṅga-kṛ?] ① 혼란. ② 동요. 소동. *cf.* puñcikatā. pucchañjikatā의 *corr.*

mucchati [murch] ① 굳어지다. 기절하다. 의식을 상실하다. ② 얼빠지다. 열중하다. *pp.* mucchita; *caus.* muccheti. *cf.* mucc(h)eti.

mucchana. mucchanā. mucchā *n. f.* [<mucchati] ① 기절. 의식의 상실. ② 열중. ③ 선율[소리의 높고 낮음이 잘 조절된 것].

mucchā *f.* [<mūrch] ① 기절. 혼미(昏迷). 무의식의 상태. 인사불성(人事不省). 의식불명(意識不明). 무감각(無感覺). 불감(不感). ② 홀림. 얼빠짐. 몰두됨.

mucchita *adj.* [mucchati의 *pp.*] ① 기절한. 혼미해진. ② 얼빠진. 몰두된.

mucc(h)eti [muccati 또는 mucchati의 *caus.*] ① 소리를 내다. 방출하다. ② 기절하게 하다. 얼빠지게 하다.

mujjati [majj] ① 가라앉다. 잠수하다. ② 뛰어들다. 다이빙하다.

muñcaka *adj.* [<muñcati] ① 해방하는. 해탈하는. ② 양도하는. ③ 발사하는 (사람).

muñcati [<muc] ① 놓아 주다. 풀어놓다. 발사하다. ② 해탈하다. 벗어나다. ③ 구원하다. 해방하다. 자유롭게 하다. ⑤ (소리를) 내다. ⑥ 포기하다. *opt.* muñcetha. muñceyya; *imp.* muñca; *aor.* muñci. muñciṁsu; *abs.* muñciya. muñcitvā. mutvā; *inf.* muñcituṁ; *ppr.* muñcanta; *pp.* mutta; *pass.* muccati; *fut.* muccissati. mokkhasi. mokkhanti; *caus.* moceti. mocāpeti 벗어나게 하다. *cf.* mokkha. mutti.

muñcana. muccana *n.* [<muc] ① 해탈. ② 자유. ③ 해방.

muñcanaka *adj.* [<muñcana] ① 풀어놓는. ② 발사하는.

muñcitukamyatā *f.* [muñcitukamyatā] 해탈·자유를 원함.

muñciya *ind.* [muñcati의 *abs.*] 제외하고. 밖에.

muñja *m.* [〃] ① 풀·갈대의 일종. 문사초(文邪

草). ② 물고기의 일종.
muṭa. muṭolī.→ moṭa. *cf.* muṭolī. mutoḷī.
muṭolī → mutoḷī.
muṭṭha *adj.* [mussati mṛṣ의 *pp. sk.* mṛṣṭa] 잊혀진. 망각된. -sacca[muṭṭha-sati-ya] 망각. 실념(失念). -ssati 잘 잊는. 부주의한. 당황한.
mutthi *f.* [*sk.* muṣṭi] 주먹. 한 줌. muṭṭhīhi yujjhati 권투하다. -yuddha 권투.
muṭṭhika *m.* ① 권투선수. 씨름꾼. ② 망치.
muḍiṅga = mutiṅga.
muṇḍa *adj.* [*bsk.* 〃] ① 대머리의. 민둥의. ② 삭발한. 독두(禿頭)의. -cchada 테라스가 있는 집[집의 일종]. -gahapatika 대머리의 가장. 독두거사(禿頭居士). -pabbataka 민둥산. -vaṭṭin 왕의 짐꾼. -sāvaka 삭발한 제자. -sira 삭발한 머리.
muṇḍaka *adj.* [=muṇḍa] ① 대머리의. ② 삭발한. -paṭisīsaka 삭발한 사람의 뒷머리에 땋아 붙인 쪽. -samaṇaka 삭발한 사이비사문. 가짜 승려.
muṇḍatta *n.* [muṇḍa *abstr.*] 삭발한 상태.
muṇḍana *n.* [muṇḍa-na] 삭발.
muṇḍika *adj.* [muṇḍa-ika] 삭발한.
muṇḍiya. muṇḍeyya *n.* [muṇḍaya] ① 대머리. 삭발한 상태. ② 독두(禿頭).
muṇḍita muṇḍeti의 *pp.*
muṇḍeti [muṇḍa의 *denom. caus.*] 삭발하다(=muṇḍati). *aor.* muṇḍesi. *pp.* muṇḍita. *abs.* muṇḍetvā.
muta *adj.* [=mata. maññati의 *pp.*] ① 인식된. (냄새·맛·감촉에 의해) 감각된. ② 소각(所覺)의. -maṅgalika 인식된 것을 통해 행운을 믿는 자. -visuddhika. -suddhi 감각에 관하여 청정한.
muti *f.* [=mati] ① 감각. 지각. ② 경험. 이해. 각(覺). 혜(慧).
mutiṅga *m.* [*sk.* mṛdaṅga] 작은 북. 장고(杖鼓). -sadda 북소리. *cf.* muḍiṅga. mudiṅga.
mutimant *adj.* [=matimant] ① 분별력있는. 영리한. 감수성이 있는. ② 현명한. *nom.* mutimā 각혜자(覺慧者)
mutoḷī *f.* [<puṭosā(?)] 식량주머니·꾸러미(?).
mutta ① *adj.* [muñcati muc의 *pp. sk.* mukta] 벗어난. 해탈된. 방출된. -ācāra 배변(排便). 탈분행(脫糞行). 불작법(不作法). -cāga 놓아 버리는 자. 방사자(放捨者). -paṭibhāna 유창한 말솜씨. 자재변(自在辨). -saddha 믿음을 놓은 자. 신해자(信解者). -sirā (*pl.*) 혼란된 머리를 지닌. ② *n.* [*sk.* mūtra] 소변. 오줌. -karaṇa 소변도(小便道). 소변소(小便所). -karīsa 대소변. 배설물. -kicchā 결석(結石). -gata 소변. -chakka 오줌까지의 여섯 종류[서른두 가지 몸의 구성요소(dvattiṁsākāra) 가운데 1. 눈물 assu 2. 임파액 vasā 3. 침 khela 4. 점액 siṅghānikā 5. 관절액 lasikā 6. 오줌 mutta]. -vatthi 방광(膀胱).
muttakā *f.* -muttā.
muttatā *f.* [mutta의 *abstr.*] ① 해탈됨. 해방됨. ② 자유.
muttakā *f.* muttā.
muttā *f.* [*sk.* muktā] 진주. -āhāra 진주 목걸이. -jāla 진주그물. -dāma 진주화만. -vali 진주 목걸이. -sikkā 진주 목걸이.
mutti. *f.* [*sk.* mukti<muc] ① 해탈. 해방. ② 자유. -gāmin 해탈에 이르는. 해방으로 이끄는.
muttika *m.* [<muttā] 진주 행상. 진주 상인.
muty° [=mutti] mutyapekha 해탈을 기대하는.
mutvā muñcati의 *abs.*
mudati ① = modati ② = muti.
mudayantī *f.* [*sk.* modayantī] 무다얀띠[식물의 이름. Ptychotis Ajowan(?)].
mudā *f.* [<modati mud] 기쁨. 즐거움. *cf.* pamudā.
mudiṅga = mutiṅga.
mudita *adj.* [modati의 *pp.*] 기쁜. 즐거운. 만족한.
muditā *f.* [*bsk.* 〃 <mudita] ① 인정이 많음. 유순(柔順). 친절. 동정. ② 기쁨. 희열. 만족. 희(喜). 희심(喜心)[이타적인 기쁨. 남의 기쁨을 기뻐함]. -appamāṇacitta 기쁨의 한량없는 마음. 희무량심(喜無量心). -cetovimutti 기쁜 마음에 의한 해탈. 희심해탈(喜心解脫). -bhāvanā 희열의 수습. -saññā 기쁨에 대한 지각. -sahagata 기쁨을 갖춘. 희열을 수반하는.
mudindriya *n.* [mudu-indriya] ① 약한. ② 느린. ③ 둔한.
mudu *adj.* [*sk.* mṛdu] ① 부드러운. 유연한. ② 약한. -aṭṭhi 부드러운 뼈. 연골. -indriya 약한 마음을 지닌. 둔한 감각을 지닌. -citta 유연한 마음. 유연심(柔軟心). -tara 더 부드러운. -piṭṭhika 유연한 등을 갖고 있는. -bhūta 유연한. -maddava 부드럽고 연한. -hadaya 부드러운 마음의.
muduka *adj.* = mudu.
mudutā *f.* [mudu의 *abstr.*] ① 부드러움. 탄성. ② 융통성. 유연성. 연성(軟性).
muddaṅkana *n.* [<muddā] ① 프린트. ② 인쇄. -ālaya 인쇄일. 인쇄소.
muddā *f.* [*sk.* mudrā] ① 도장. 날인. ② 인쇄. ③ 계산법. 지산(指算). ④ 우표. ⑤ 부호. ⑥ 무드라. 수인(手印). -akkhara 활자. -paka 인쇄공. -pana 인쇄. -yanta 인쇄기. -saṁhāraka 우표수집가. -sippa 인계(印契)의 기술.
muddāpeti [muddā의 *denom.*] ① 인쇄하다. ②

출판하다. *aor.* muddāpesi. *pp.* muddāpita. *abs.* muddāpetvā.
muddika *m.* [mudda-ika] ① 인계자(印契者). 설인자(說印者). 반지 제조자. ② 지산자(指算者) [손가락의 계산으로 생계를 삼는 자].
muddikā *f.* ① [muddā-ikā] 날인된 반지. 명령. 지령. ② [<mudu] 포도. 포도송이. 포도주. -āsava 포도주. 와인. -pāna 포도즙 음료.
muddha ① *adj.* [muh의 *pp.* =mūḷha. *sk.* mugdha] 열중한. 당황한. 어리석은. -dhātuka 본성적으로 어리석은. 어리석은. ② *m.* [*sk.* mūrdhan] 머리. 정상. 꼭대기. *sg. nom.* muddhā. muddhaṁ; *acc.* muddhaṁ. muddhānaṁ; *ins.* muddhanā; *loc.* muddhani. -aṭṭhi 머리뼈. -âdhipāta 머리를 쪼갬. 머리를 내리침. -âdhipātin 머리를 내리치는. 머리를 쪼개는. -âbhisitta 관정(灌頂)된. -âra 머리 바퀴살. -âvasittarājan 관정왕(灌頂王). -pāta = muddhâdhipāta.
muddhaja *m.* [muddha ②-ja] 머리털. 두발.
muddhatā *f.* [muddha ①의 *abstr.*] 어리석음. 우둔(愚鈍).
muddhā *f.* muddha ②
mudhā *ind.* [〃] ① 무료로. 공짜로. ② 헛되이.
munāti [maññati<man] ① 생각하다. 여기다. ② 알아내다. 알다.
munana *n.* [<munāti] ① 통찰. 인식. ② 알아냄.
muni *m.* [〃] 모니(牟尼)[침묵을 맹세하고 영감에 의해 움직이는 자]. 덕이 높은 사람. 성인. 현자. -dassana 성인의 견해. -muni 성자 중의 성자. 부처님. -sattama 일곱 번째 성인·모니[釋迦牟尼].
mubbā *f.* [*sk.* mūrvā] 대마(大麻)[Sanseviera Roxburghiana].
mummura [*sk.* murmura] ① 탁탁 터지는 소리를 내는 불꽃. ② 뜨거운 숯. 소탄(燒炭).
muyhati [*sk.* muhyati muh] ① 당황하다. 멍해지다. 마비되다. 어리석어지다. ② 열중하다. 심취하다. *pp.* mūḷha. muddha. *cf.* moha. muyhana.
muyhana *n.* [<muyhati] ① 당황. 마비. ② 심취. 열중. 몰두.
muraja *m.* [〃] ① 작은 북. ② 띠[帶]의 일종.
murumurā *ind.* [*onomat.*] ① 으드득으드득 (갉아 먹다). ② 탁탁 (불꽃이 튀기다).
murumurāpeti. murumurrāyati [murmurā의 *denom.*] ① 으드득으드득 소리를 내다. ② 탁탁 불꽃 튀는 소리를 내다.
muḷāla *n.* muḷālikā. muḷālī *f.* [*sk.* mulālin] ① 연뿌리. ② 연꽃의 줄기. °li-puppha 연꽃.
musati [mṛṣ] ① 속이다. ② 배반하다. 배신하다. ③ 당황하게 하다.
musala *m. n.* [〃] ① 절굿공이. 곤봉. ② 쇠지레.
musalaka *n.* [musala의 *dimin.*] 작은 절구공이 [어린 계집아이의 장난감].
musalika *m.* [musala-ika] dantamusalika 이빨을 절구공이로 사용하는 고행자.
musā *ind.* [*sk.* mṛṣā] ① 틀리게. 거짓으로. ② 허망하게. -vāda 거짓말. 망어(妄語). -vādā paṭivirato. -vādā veramaṇī 거짓말을 삼가는 것. 이망어(離妄語). 불망어(不妄語) -vādin 거짓말하는 사람. 거짓말쟁이. 망어자(妄語者).
musāracanā *f.* [<musā] 겉치레. 가면. 허식.
mussati [=musati. *sk.* mṛṣyati mṛṣ] ① 잊어버리다. 망각하다. ② 당황하게 되다. 부주의하게 되다. *pp.* muṭṭha.
muhutta *m. n.* [*sk.* muhūrta] ① 순간. 찰나. 잠시. ② 길조의 시간. ③ 48분[일일의 1/30의 시간]. *ins.* muhuttena *adv.* 잠깐 사이에. *acc.* muhuttaṁ *adv.* 잠깐 동안. 잠시.
muhuttika *m.* [muhutta-ika] 점성가. 점성술사 [길조의 시간을 잘 아는 자].
muhuttikā *f.* [muhutta-ikā] 잠시의 아내.
mū [?] 'bandhana'의 어근으로 주어진 것[문법].
mūga *adj. m.* [*sk.* mūka] 벙어리의. 벙어리. -badhira 벙어리와 귀머거리의. -bbata 벙어리 맹세. 묵언(默言). 아계(啞戒).
mūla *n.* [〃] ① 뿌리. ② 밑동. 바닥. ③ 근거. 근본. 기원. ③ 돈. 자본. *dat.* mūlāya 근본적으로. 원래. mūlāya paṭikassati 근원으로 되돌리다. -atthānusārena 문자그대로. 그야말로. -ādāyakabhikkhu 근본을 취한 비구·지도적인 승려. 조사비구(造事比丘). -kanda 먹을 수 있는 덩이줄기. -kammaṭṭhāna 근본적인 명상주제. 근본업처(根本業處). -gandha 뿌리의 향기. -ghacca 근절된. -cīvara 본의(本衣)[중요한 옷. 上衣]. -ṭṭha 근본이 되는. 근본주의자. 선동자(煽動者). -dassāvin 원인·이유를 아는. -dhana 자본(資本). -theravādin 근본상좌부(根本上座部)의. -purisa 부모(父母). -pphala 뿌리열매. -bandhana 근본적 속박. 근본박(根本縛). -bīja 뿌리에 종자가 있는. 뿌리로 번식하는 종자. -bhavaṅga 근본적인 잠재의식. 근본유분(根本有分). -bhāsā 근본어(根本語)[빠알리어]. -bhesajja 뿌리약. 근약(根藥). -mātikā 근본이 되는 논의의 항목. 근본논모(根本論母). -muddaṅkanāyatta 고전학(古錢學)의. -asa 뿌리의 맛. 근미(根味). -samādhi 근본삼매(根本三昧)[修惑을 끊어버린 뒤에 얻는 禪定]. 본삼매(本三昧). 근본정(根本定). -hetuvijjā 목적론(目的論).

mūlaka *adj. n.* [mūla-ka] ① 조건지어진. 기원하는. ② 가치가 있는. 값을 지닌. ③ 뿌리. 근거. ④ 무[식물]. -kanda 무의 뿌리.

Mūlasikkhā *f.* [mūla-sikkhā] 근본학(根本學)[律藏의 入門書 : Mahāsāmin의 著述].

Mūlaṭīkā *f.* [mūla-ṭīkā] 근본복주(根本復註 : Mūlaṭīkā)[Ānanda가 저술한 論藏의 義疏에 대한 가장 오래된 復註 = Abhidhammamūlaṭīkā].

mūlika *adj. m.* [mūla-ika] ① 발에 속하는. 아래에 사는. rukkhamālika 나무 아래에 사는. ② 뿌리를 취급하는 행상(行商). ③ 하인. 마부.

mūlya *n.* [<mūla] 지불. 임금.

mūḷha *adj.* [=muddha ①. muyhati muh의 *pp.* *sk.* mūḍha] ① 길을 잃은. 눈먼. 혼미한. ② 틀린. ③ 어리석은. *m. pl. nom.* mūḷhāse. -gabbha 난산의. 분만하기 어려운 (여자). -citta 어리석은 마음. -rūpa 어리석은 (모습의).

mūsā *f.* [?] 도가니. 쇳물이 괴는 곳.

mūsika *m.* mūsikā *f.* [*sk.* mūṣikā] 쥐. -ûpama-puggala 쥐와 같은 사람. -cchinna 쥐가 갉아 먹은 옷의 모양으로 치는 점. -vijjā 쥐에 의한 길흉판단의 지식.

mūsī *f.* -mūsikā.

me ahaṁ의 *acc. ins. dat. gen.*

mekhalā. mekhalikā *f.* [〃] ① 여성의 허리띠. ② 여성의 띠[帶].

megha *m.* [〃] ① 구름. 천둥구름. ② 폭풍우. -nātha 구름을 보호자로 삼는 (초식동물). -maṇḍala 구름의 영역·왕국. -vaṇṇa 구름색의. -vaṇṇapāsāṇa 구름색의 건축용 석재. -vijjā 운류학(雲類學). -sadda 천둥. -samaya 몬순. 우기(雨期).

mecaka *adj.* [〃] 검은. 검푸른.

mejjati [*sk.* midyati<mid] ① 기름지다. ② 사랑하다. 사랑을 느끼다.

mejjha ① *adj.* [medh-ya] 희생에 적합한. 청정한. 정결한. amejjha 불결한. 부정한. ② *adj.* [<medha] 현명한. dummejjha 어리석음.

meṇḍa *m.* [*bsk.* 〃] ① 수양. -pāla 양치기. -potaka 양새끼. -yuddha 수양의 싸움. ② *ifc.* 마부. 코끼리 몰이꾼(hatthi°)

meṇḍaka *adj.* [meṇḍa-ka] ① 수양의 뿔로 만든. ② 수양의. -pañha 어려운 질문. 난문(難問). visāṇa 수양의 뿔.

metu *m.* [*eng.* meter] 미터.

metta *adj. n.* [=mettā<mitta] ① 친한. 친절한. ② 자애로운. ③ 우정. 사랑. 자애. -kāyakamma 자비로운 몸으로 하는 행위. 자신업(慈身業). -citta 자비로운 마음. 자심(慈心).

mettatā *f.* [mettā의 *abstr.*] 자애. 사랑.

mettā *f.* [*sk.* maitrī. *bsk.* maitrā. maitryā] 자애. 자비. 사랑. 자(慈). -aṁsa 자애로운. 사랑을 표시하는. -appamāṇacitta 한없는 자애의 마음. 자무량심(慈無量心). -ānisaṁsa 자애의 공덕. -ânubhāva 자애의 위력. -kammaṭṭhāna 자애의 명상주제. -cariyā 자애로운 행위. 자애의 실천. -cetovimutti 자애에 의한 마음의 해탈. 자심해탈(慈心解脫). -pāramī. -pāramitā 자애의 완성. 자바라밀(慈波羅密). -brahmavihāra 자애의 청정한 삶. 자범행(慈梵行). -bhāvanā 자애의 계발. 자애수행. 자애명상. 자애관(慈愛觀). -mano-kamma 자애로운 정신적 행위. 자의업(慈意業). -vacīkamma 자애로운 언어적 행위. 자어업(慈語業). -vihāra 자애로운 삶. -vihārin 자애로운 삶을 사는 자. -saññā 자애에 대한 지각. 자애명상. 자애관(慈愛觀). -sahagata 자애를 갖춘.

mettāyati [mettā의 *denom.*] ① 자애롭다. 친밀감을 느끼다. 친절하다. ② 사랑을 보여주다.

mettāyanā *f.* mettāyitatta *n.* [<mettāyati] ① 자애. 친밀. ② 친밀한 감정.

Metteyya *m.* [*bsk.* Maitreya] 미륵(彌勒)[未來佛].

metteyya. metteyyatā → matteyya. matteyyatā.

methuna *adj. n.* [*sk.* maithuna<mithu] ① 성교의. 성(性)의. 음욕의. ② 성(性). 성교. 음욕. 음행. -dhamma 성교. 성관계. 음법(淫法). 부정법(不淨法). -saṁsagga 남녀의 교합. -sambhūta 성관계로부터 생긴. 음욕소생(淫欲所生).

methunaka [methuna-ka] ① *m.* (불법적인) 성관계를 갖는 사람. 불륜을 저지르는 동료. ② *n.* 성교. 음법(淫法).

meda *m.* [*sk.* medas *n.*] 기름. 비계. 지방(脂肪). -kathālika 기름으로 튀기는 솥. -gaṇṭhi 종양. 농양. -chakka 지방까지의 여섯 종류[서른두 가지 몸의 구성요소(dvattiṁsākāra) 가운데 1. 담즙 pitta 2. 가래 semha 3. 고름 pubba 4. 피 lohita 5. 땀 seda 6. 지방 meda]. -vaṇṇa 기름색의.

medaka *m.* [meda-ka] = meda. 기름. 비계. 지방(脂肪). gomedaka 약간 붉은 색의 보석. -thālika 기름단지. 고병(膏甁).

medinī *f.* [meda-in의 *f.*] 땅. 대지.

medeti [meda의 *denom.*] 살찌다. 뚱뚱해지다.

medha *m.* [〃] ① 종교적인 제사. ② 희생제.

medhaga. medhaka *m.* [*cf. sk.* methana] ① 다툼. 싸움. ② 이집(異執). 확집(確執). ③ 쟁론(爭論).

medhasa *adj.* [<medhā] 현명한. 지혜로운.

medhā *f.* [*sk.* medhā. medhas] ① 지혜. 현명. ② 총명함. 영리함. *cf.* dummedha. sumedha.
medhāvitā *f.* [medhāvin의 *abstr.*] ① 현명함. 지혜로움. 지성(知性).
medhāvin. medhin *adj. m.* [medhā-(v)in] ① 총명한. 현명한. ② 총명한 자. *f.* medhāvinī 총명한 여인.
medhi *f.* [*sk.* methī] ① (가축을 묶는) 기둥. 석주(石柱). ② 탑의 일부.
meraya *n.* [*sk.* maireya] 메라야[과주(果酒)·화주(花酒) 등의 발효술]. 과일주.
merita → bhayamerita [bhaya-merita].
meru *m.* [〃] 메루. 수메루[세계에서 제일 높은 상징적인 산의 이름].
melana *n.* [〃] 모임. 집회.
mella *m.* [=mātaluṅga] 호깨나무. 구연(枸櫞).
mesa *m.* [*sk.* meṣa] (거세되지 않은) 수양.
meha *m.* [〃] ① 오줌. ② 오줌 마려움. ③ 방광염
mehana *n.* [〃] 남성 또는 여성의 성기.
mokkha ① *m.* [*sk.* mokṣa<muc] 해탈. 해방. 구원. 벗어남. 발사. 발언(發言). ② *adj.* [<mukha] 맨 앞의. 최초의. 최승(最勝)의. *cf.* pāmokkha
mokkhaka = mokkha ②.
mokkhacika *m.* mokkhacikā *f.* [muc-cik=cak] ① 재주넘기. ② 공중곡예. 곡예.
mokkhati [*sk.* mokṣyati] muñcati의 *fut.*
Moggaliputta Tissa *m.* 목갈리뿟따 띠싸. 목건련자제수(目犍蓮子帝須)[아쇼카 왕 시대의 王師大·長老].
Moggallāna *m.* [=Mahāmoggallāna. *bsk.* Maudgalyāyana] ① 목갈라나. 목건련(目犍蓮). 목련(目蓮). [부처님의 十大弟子 가운데 神通第一]. ② 목갈라나[12세기의 목련문법학파의 시조].
Moggallāyanapañcikā *m.* 목련상해(目蓮詳解). -padīpa 목련상해등소(目蓮詳解燈疏)[쓰리 라훌라(Sri Rahula)의 목련상해에 대한 주석서].
Moggallāyanavyākaraṇa *m.* 목련문법(目蓮文法) [목갈라야나의 저술. 성상론(聲相論 : Saddalakkhaṇa)이라고 불림].
mogha *adj.* [〃] ① 쓸모없는. 공허한. ② 어리석은. 우치(愚癡)의. *acc.* moghaṁ 헛되게. 공허하게. -takkin 궤변론자. -jiṇṇa 헛되게 늙은. -dhamma 우치법(愚癡法). -purisa 어리석은 친구·사람. -vāra 헛된 시간·기회. -suttaka 쓸모없는 실.
moca *m.* ① [〃] 바나나 나무. 무종초(無種草). -pāna 바나나로 만든 음료. 파초장(芭蕉漿). ② [<muc] 구원. 석방.
mocana *n.* [<moceti] ① 자유롭게 놓아줌. 석방. ② 해탈시킴. assumocana 눈물을 흘림.
mocaya *adj.* [moceti의 *grd.*] ① 자유로워질 수 있는. ② 달아날 수 있는.
mocāpana *n.* [<mocāpeti] ① 자유를 줌. 석방. ② 구제. 구원.
mocāpeti [moceti의 *caus.*] ① 해방시키다. ② 자유롭게 하다.
mocetar *m.* [moceti의 *ag.*] ① 해방시키는 사람. 해탈시키는 자. ② 구원자.
moceti [muñcati<muc의 *caus.*] ① 자유롭게 하다. 놓아주다. ② 해탈시키다. *imp.* mocehi; *aor.* mocesi; *abs.* mocetvā; *grd.* mocaya; *caus.* mocāpeti. *cf.* mocana. mocetar.
moṭa *m.* [*bsk.* 〃] 꾸러미. *cf.* muṭolī.
motabba *adj. m.* [<munāti man] ① 생각되어야 할. ② 인식되어야 할. *f.* sotar. sotabba.
motar *m.* [munāti의 *ag.*] ① 생각하는 자. ② 인식하는 자. 각자(覺者).
modaka *m.* [〃] ① 엿. 사탕. 과자. 환희환(歡喜丸). ② 봉투.
modati [*sk.* modate mud] ① 기뻐하다. ② 즐기다. *pp.* mudita; *caus.* modeti.
modana *n.* [<modati] 만족. 기쁨.
modanā *f.* [<modati] 혼합. 융합(?).
modara medura '가득 찬'의 *misr.*
mona *n.* [<muni] ① 지혜. ② 침착. 차분함. 침묵. ③ 훌륭한 인격(人格). 모나(牟那). 모니(牟尼). 적묵(寂默). -patha 지혜의 길. 모니도(牟尼道). 지혜도(智慧道).
monissaṁ [monati. monayati = jānāti의 *fut. 1sg.*] 나는 알 것이다.
moneyya *n.* [〃<muni-ya] ① 성자의 삶. ② 성인의 경지. 훌륭한 인격. 도덕적 완성. -kolāhala 위없는 지혜의 예언. -dhamma 성자의 삶을 사는 법.
momūha *adj.* [moha의 *intens.*] ① 둔한. 어리석은. 몽매한. ② 홀린. 당황한. -citta 어리석은 마음. -dasaka 몽매한 십년생애. 몽십년(夢十年). -dhamma 몽매한 법. 우미법(愚迷法).
momūhatta *n.* [momūha의 *abstr.*] 어리석은. 혼미. 몽매. *cf.* mandatta.
mora *m.* [*sk.* mayūra] 공작새. -piccha. -piñcha 공작새의 깃털. -hattha 공작새 깃털의 깃. -hatthacāmara 공작새의 깃털의 깃으로 만든 총채.
moragu *m.* [*sk.* mayūraka] 모라구[부드러운 풀의 이름. Achyranthes Aspera].
morinī *f.* [<mora] 공작의 암컷.
moli. moḷi *m. f.* [*cf. sk.* mauli] ① 뒷머리에 땋아 붙인 쪽. ② 볏. 도가머니. 관모(冠毛). 계발(髻

髮). ③ 터번. -galla(?) 살찐. 비만한. -baddhā paribbājikā 머리를 땋아 묶은 편력자들.

mosa *adj.* [<musā] ① 거짓의. 허위의. ② 허망한. -dhamma 거짓된 것. 허망한 것. 허망법[虛妄法). -vajja[<musa-vāda-ya] 거짓말. 허위. 망어(妄語). 망언(妄言).

mosalla *adj.* [<musala] ① (곤봉으로 맞아 죽는) 형벌에 해당하는. ② 처벌해야 할.

moha *m.* [*sk.* moha. mogha] ① 어리석음. 둔함. 우치. ② 망상. ③ 얼빠짐. 현혹. -aggi 어리석음의 불. 치화(痴火). -antara. 어리석음의 속성. -âgati 어리석음의 원인. -âkusalamūla 어리석음의 악하고 불건전한 뿌리. 치불선근(癡不善根). -ussada 어리석음의 치성. -kiñcana 어리석음의 장애. 치장(癡障). -kkhaya 우치의 파괴. -khila 어리석음의 황무지. 치재(痴栽). -carita 현혹된 사람. 어리석은 사람. -cariyā 어리석은 행동. -tama 어리석음의 어둠. 치암(痴闇). -dhamma 어리석은 것. 치법(痴法). -nigha 어리석음의 동요. 치요(痴搖). -pāruta 어리석음에 뒤덮인. -magga 어리석음의 길 위에 있는. -mūla 어리석음에 뿌리박은. 어리석음의 뿌리. 치근(痴根). -mūlacitta 어리석음에 뿌리박은 마음. -vinaya 어리석음의 제거. -saṅga 어리석음에 의한 염착. 치착(癡着). -salla 어리석음의 화살. 치전(痴箭). -sahagata 어리석음을 갖추고 있는. 치구행(痴俱行). -hetu 어리석음의 원인. 치인(痴因).

mohatta *n.* [moha의 *abstr.*] ① 얼빠짐. 현혹. 당황. ② 우치(愚癡).

mohana *n.* [<moheti] ① 어리석게 만듦. ② 현혹. 유혹. -niddā 최면(催眠). -vijjā 최면술(催眠術).

mohanaka *adj.* [mohana-ka] ① 어리석음으로 이끄는. 잘못하게 하는. ② 유혹하는.

mohaneyya. mohanīya *adj.* [moheti의 *grd.*] ① 혼미하게 하는. ② 얼빠지게 하는.

Mohavicchedanī *f.* [moha-vicchedanī] = Vimaticchedanī 단치론(斷痴論)[Kassapa의 저술].

moheti [muyhati muh의 *caus.*] ① 속이다. 현혹하다. ② 혼란스럽게 하다. 어리석게 만들다. *aor.* amohayi. amohayittha; *grd.* mohaneyya. mohanīya.

mhita = mihita [*sk.* smita].

Y

-y- 모음연속을 피하기 위한 음편 자음. *cf.* pari-y-āpanna [*sk.* pary-āpanna] pari-y-osāna [*sk.* pary-osāna]. ta-y-idaṁ. tava-y-idaṁ.

ya ① 자음·문자 y의 이름. ② 지말접미사의 일종 [명사나 형용사에 첨가하여 형용사를 만듦. ③ *pron. rel.* [*sk.* yāh] 어느 것. 무엇이라도. *m.* yo. *f.* yā. *n.* yaṁ. yad.

sg	*m.*	*n.*	*f.*
nom.	yo	yaṁ, yad	yā
acc.	yaṁ	yaṁ, yad	yaṁ
ins.	yena.		yāya
abl.	yasmā yamhā		yāya
dat. gen.	yassa		yassā yāya
loc.	yasmiṁ. yamhi.		yassaṁ yāya yāyaṁ

pl.	*m.*	*n.*	*f.*
nom. acc.	ye	yani	yā
ins. abl.	yehi		yāhi
dat. gen.	yesaṁ, yesānaṁ		yāsaṁ yāsānaṁ
loc.	yesu		yāsu

yaṁ nūn'āhaṁ 내가 ~하면 어떨까. yañce 만약 ~이라면. ~라 하더라도. yad-agge. yad-aggena=yato paṭṭhaya 그때 이후로. yad-icchakaṁ = yathā-icchakaṁ 원하는 대로. 내키는 대로. yañ hi 왜냐하면. yaṁ iccheyya taṁ vadeyya 그는 원하는 것을 말할지도 모른다.

yakana *n.* [*cf. sk.* yakṛt. yakan] 간(肝). 간장(肝臟). -piṇḍa 간(肝). 간장(肝臟).

yakapeḷa *m.* [=yakana-piṇḍa] 간(肝). 간장(肝臟).

yakāra *m.* [ya-kāra] ① y의 문자·음소. ② ya 어미. -āgama y의 문자·음소의 추가. -ādesa y의 문자·음소의 대체. -lopa y의 문자·음소의 제거.

yakkha *m.* [*sk.* yakṣa] ① 악귀. 악마. 귀신. ② 야차(夜叉). 약차(藥叉)[인간의 정신적 발전에 관심을 갖고 있으며 서양적 악마와는 다르다]. -ânubhāva 야차의 능력. -iddhi 야차의 신통력. -gaṇa 야차의 무리. -gaha 야차를 따르는. -gāha 야차에 붙잡힌. -ṭṭhāna 야차의 처소. -dāsa 주술사(呪術師). -dāsī 사원의 여자노예. 야차에 사로잡힌 여자노예. -dhūpa 수지(樹脂). -nagara 야차의 도시. 야차성(夜叉城). -pura 야차의 성. -pūja 야차숭배. -bhavana 야차의 영역·거처. 야차계(夜叉界). -bhūta 야차의 존재. 유령. -mahiddhi 야차의 대신통력. -yoni 야차의 세계·영역. 야차태(夜叉胎). -vata 야차와 같은 행세. 야차무(夜叉務). -samāgama 야차의 모임. -sūkara 돼지모양의 야차. -senā 야차의 군대. -senāpati 야차군의 대장.

yakkhatta *n.* [yakkha의 *abstr.*] 야차인 상태.

yakkhinī. yakkhī *f.* [yakkha의 *f.*] 야차녀(夜叉女).

yagghe *adv. interj.* [<yad-gha. *cf.* taggha. iṅgha] ※ 니까야에만 발견되는 마가다어적인 고층의 표현. ① 부디 ~해야 합니다. 제발 ~해 주십시오. ② 아무쪼록 ~하고 싶습니다[윗사람에게 말하는 정중한 표현]. yagghe gahapati jāneyyāsi 부디, 장자여. 당신은 아셔야합니다.

yajataṁ ① yajati의 *ppr. pl. dat. gen.* = yajantānaṁ. ② yajati의 *imp. 3sg.*

yajati [〃 yaj] ① 제물을 바치다. 공양하다. 공희를 올리다. ② 보시하다. 선물을 주다. *imp.* yajatu. yajataṁ. yajāhi. yajassu; *opt.* yajeyyaṁ. yajeyyuṁ. yajetha; *fut.* yajissati. yajissāmi. yajissanti. yajissāma; *aor.* yajiṁ. ayajī. yaji; *inf.* yajituṁ. yaṭṭhuṁ. yiṭṭhuṁ; *abs.* yajitvā. yajitvāna; *grd.* yajitabba; *ppr.* yajanta. yajamāna. yajataṁ; *pp.* yajita. yiṭṭha; *caus.*; yājeti. yajāpeti.

yajana *n.* [<yajati] ① 제물을 바침. 공희(供犧). ② 보시.

yajanaka *adj.* [yajanaka] ① 제물을 바치는. ② 공희를 올리는.

yajāpeti [yajati의 *caus.*] 제물을 받치게 하다. 희생제가 열리게 하다. 공양하게 하다.

yaji. yajiṁ → yajati의 *aor.*

yajituṁ. yajitvā. yajitvāna → yajati.

Yajubbeda. Yajuveda *m.* [*sk.* Yajurveda] 야쥬르 베다.

yajjevaṁ = yadi evaṁ.

yañña *m.* [*sk.* yajña<yaj] ① 제사. 제의. 희생제.

헌공. ② 자선. 희사. 보시. ③ 제단. -âgāra 제당. 공희당(供犧當). -āvāṭa 제물을 바치는 구덩이. -upanīta 제사에 가져와진. -opavita = -suttaka. -kāla 제물을 바치기에 적당한 시간. 헌공시(獻供時). -patha 제물. 공희. -vaṇṇa 공희에 대한 찬사. -vidhāna 제사의 준비 또는 축하. -sampadā 제사의 완성. -sāmin 제주. -suttaka 성대(聖帶)[힌두교에서 上層의 세 階級이 聖典을 공부하는 入門式에서 왼쪽 어깨에서 오른쪽 허리로 늘어뜨리는 것으로 이로써 그들은 靈的으로 再生한 階級이 됨].

yaññatā *f.* [yañña의 *abstr.*] 제사지냄. 제사의 축제(祝祭).

yaṭṭhi *f.* [*sk.* yaṣṭi] ① 막대기. 지팡이. ② 줄기. ③ 얏티[길이의 단위, 약 3*m* : 7주(肘 : ratana=腕尺= 46-56cm)]. *cf.* laṭṭhi. -koṭi 막대기의 끝. -madhuka 감초(甘草). 감초뿌리. -luddaka 올가미를 사용하는 사냥꾼.

yaṭṭhuṁ yajati의 *inf.*

yata *adj.* [yamati yam의 *pp.*] 제지된. 억제된. 통제된. -atta [yataattan] 자제된. -cārin 자제하며 사는. 주의 깊게 사는. 행동하는.

yatati ① [yat] 노력하다. 힘쓰다. 주의하다. *ppr. sg. nom.* yataṁ; *pp.* yatta. ② [?<*sk.* yati] 이끌다. 인도하다.

yatana *n.* [<yat] 노력.

yati *m.* [〃] '지도자. 안내자' ① 불교의 승려. ② 행자(行者). -nivāsa 승원(僧院).

yato *adv.* [ya의 *abl.*] 어디로부터. 언제부터. 때문에. yatvādhikaraṇaṁ [yato-adhikaraṇam *acc.*]. yato-nidānaṁ *acc. adv.* 그러므로. 때문에. 한 이유로.

yatta *adj.* [yatati<yat의 *pp.*] ① 노력하는. 정력적인. ② 주의 깊은.

yattaka *adj.* [yāvant-ka] ① 그 만큼의. 아무리 많아도. ② 어떠한 ~이라도. 동수(同數)의. yattakena 때문에. yattaka … tattaka ~하는 경우의 ~ 그 만큼의. ~하는 한은 ~그러한 한. ~이라면 ~그 경우에는.

yattha *adv.* [ya-ttha = yatra = *sk.*] ~인 한 곳에. ~인 한 때에. yattha yattha 어느 곳에서라도. yattha kāmaṁ. yatth'icchakaṁ 원하는 곳으로.

yatra *adv.* [〃 yatra = yattha] ~ 인 곳에. ~인 곳으로. yatra hi nāma 사실은 ~이기 때문에.

yathatta *n.* [yathā의 *abstr.*] 진실인 것. 여실(如實)한 것.

yathariva *adv.* [yathā-iva] ~한 그대로.

yathā *adv.* [〃 ya-thā] ① ~와 같이. ~처럼. ② ~에 관하여. ③ ~한 방식을 따라. yathā pi… evaṁ. yathā … tathā ~와 같이 ~ 바로 그와 같이. -ânudhammaṁ (깨달음으로 통하는) 가르침에 따라. 원리에 따라. -ânurūpa 적당한. -ânurūpaṁ 체계적으로. -ânulomasāsana 상응하는 가르침. -ânusiṭṭhaṁ 가르침을 받은 대로. -âparādhasāsana 죄과에 따르는 가르침. -âbhirantaṁ 만족할 만큼. 좋아하는 만큼. -āraddha(=ālabdha) 얻은 만큼의. 충분한. -âlaṅkata 치장한 만큼. 완전히 치장한. -âraharṁ 적당하게. -âvajjaṁ 비난받아야 하듯이. 불구자인 체. -âvasara 한가한. -âvasaraṁ 한가하게. -icchitaṁ 바라는 대로. -odhi 한계까지의. 극도의. -odhika 충분한 정도로의. -kammaṁ 행위·업에 따라서. -kammupaga 업력에 따라서 나타나는. -kammupagañāṇa 업력에 따라서 나타나는 것에 대한 지혜. -kāmaṁ 원하는 대로. 멋대로. -kāmācāra 아집. 고집. -kāmacārin 멋대로 행하는. -kāmapālaka 전제군주. 폭군(暴君). -kārin 행하는 대로의. -kālaṁ. -kāle 때맞게. 적당한 때에. 시기적절하게. -kkamaṁ 순서대로. 차제로. 체계적으로. -cārin (yatacārin?) 덕있는. 절제하는. -ñāyaṁ 합법적으로. -ṭhita 있는 그대로의. 여여(如如)한. -taccha 진실한. 여실한. -tatha 여실한. 사실적인. 합법적인. -tathaṁ. -tathā 진리에 따라. 여실히. 합법적으로. -dhammaṁ 여법하게. 이치에 맞게. -dhota 씻은 것과 같은. 깨끗한. -pasādhanaṁ 맑은 마음 상태에 따라. 신락(信樂)에 따라. -puggalaṁ 개인에 따라. 개체적으로. -pūrita 될 수 있는 대로 가득한. -phāsuka 편안한. -balaṁ 힘닿는 대로. -buḍḍhaṁ = yathāvuḍḍhaṁ. -bhataṁ 옮겨진 대로. -bhuttaṁ 먹는 대로. 먹고 싶은 만큼. -bhuccaṁ. -bhūtaṁ 실제로. 참으로. 여실히. -bhūtañāṇadassana 있는 그대로 앎과 봄. 여실지견(如實知見). -mano 마음에 따라서. 마음대로. -ruciṁ 좋아하는 대로. -vato 진정한 본질에 따라. -vādin 말하는 대로. -vidhiṁ 적당히. 알맞게. -vihita 규정된 대로. -sakaṁ 각자에 따라. -vuḍḍhaṁ 연장자·선임자인 것에 따라. -vutta 전술한. 이러한 종류의. -vutta(ṁ) 언급됐듯이. -sata 숭고한(?). 주의깊은. -sattiṁ 능력에 따라. -satthaṁ 계율(법)에 따라서. -saddhaṁ 믿음에 따라. 믿는대로. -santhatika 주어진 처소가 그대로 수용하는. -santhatikaṅga 주어진 처소 그대도 수용하는 수행. 수처주지(隨處住支)[두타행]. -samayaṁ 때맞게. 적당한 때에. 시기적절하게. -sukhaṁ 마음편하게.

yathātaṁ *adv.* [<yathā-taṁ] 있는 그대로. ~인 그 대로. 마치 ~인 듯이.

yathābhūta *adj.* [yathā-bhūta] 실제로의. 여실한. 확실한. 합법적인. *adv.* yathābhūtaṁ 있는 그대로. 실제로. 여실히. -ñāṇa 있는 그대로 앎. 실증주의(實證主義). -ñāṇadassana 있는 그대로 앎과 봄. 여실지견(如實知見). -nirūpana 사실주의(寫實主義). -vāda 실증주의(實證主義).

yathāva. yathāvaka *adj.* [*cf.* yathāvant] ① 사실과 일치하는. ② 참된. 진실의. *abl.* yathāvato 알맞게. 진실하게, 충분하게.

yad-agge *adv.* [→ ya] ~이후로.

yad-icchakaṁ *adv.* [→ ya] ~원하는 대로

yad-icchāsiddhi *f.* [→ ya] 우연성(偶然性).

yadā *adv.* [〃 ya-dā] ~하는 때에. yadā… tadā ~하는 때. 바로 그때에.

yadi *conj.* [〃] 만약. yadi… atha. yadi… evaṁ 만약 ~이라면 ~ 그렇다면. yadi evaṁ 만약에 그렇다면 그렇게 하자. 오케이. yadi vā 만약 또. 또는.

yanta *n.* [*sk.* yantra] ① 기계. 장치. 기관. ② 도구. -ākaḍḍhana 기계를 끄는. -cakkhayaṭṭhi 기계의 바퀴 축. -nāḷi 인공줄기. 기계적인 튜브. -pāsāṇa 석질운석(石質隕石). -phalakāni 기계의 판(板)들. -yutta 기계의 줄. -racanā 기계론(機械論). -sippin 기술자(技術者). 기계론자. -sutta 기계의 줄. -hatthi 기계적인 코끼리[인공코끼리].

yantaka *n.* [<yanta] 빗장.

yanti [=yāti yā의 *pres. 3pl.*] 그들은 간다. visamāyanti 불평등하게 되다. sambhādhāyanti 억압되다. 묶이다. 속박되다.

yantika *adj. m.* [<yanta] ① 기계의 ② 정비사. 정비공. 기술자. -visayaka 기계적인. -sippa 기계학. -sippānugata 기계적인. -sippānusārena 기계적으로. -sippin 정비사. 정비공. 기계공.

yantita *adj.* [yanteti의 *pp.*] ① 가게 된. ② 강제된. 재촉을 받은.

yanteti [yanta의 *denom*] ① 움직이게 하다. 운전하다. ② 재촉하다. 강제하다. ③ 던지다. *pp.* yantita.

yan nūna → ya.

yapana = yāpana.

yapeti = yāpeti.

yabhati [yabh] 동거하다.

Yama *m.* [〃] 사왕(死王). 야마(夜摩). 염마(閻摩)[죽은 자들의 세계의 왕]. -dūta. -purisa 야마의 사자(使者). -purisā(*pl.*) 아귀들(petā). -loka. -visaya. -sādana 죽은 자들의 세계. 염마계(閻摩界). 염마경(閻摩境). *cf.* Yāma.

yamaka *adj. m.* [yama-ka] ① 이중의 쌍으로 된. ② 쌍둥이. 쌍(雙). 짝. -paññatti 쌍을 이루는 시설(施設). 언어의 이원적 사용. 쌍제(雙制). -pāṭihāriya 한 쌍으로 이루어진 신통. 쌍신변(雙神變). -vikubbana 쌍으로 이루어진 기적. 쌍변화(雙變化). -sālā 한 쌍으로 이루어진 사라나무. 사라쌍수(沙羅雙樹).

Yamaka *m.* [<yamaka] 야마까. 쌍론(雙論)[빠알리 七論의 하나].

yamataṁ = yaṁ mataṁ.

yamati [〃 yam] ① 억제하다. 자제하다. ② 고요하게 되다. *imp.* yamāmase; *opt.* yameyyātha.

yamala *m.* [<yama] 한 쌍. -yamalī 옷의 한 종류.

Yamunā *f.* [〃] 야무나. 야모나(耶牟那)[갠지즈강의 지류. 五河의 하나].

yava *m.* [〃] ① 곡물. ② 보리. -karaṇa 곡식·곡물의 준비. -kalāpin 보릿단. -kāraṇḍava 곡식·보리의 왕겨. -khāra 탄산칼륨. -khāramūladhātu 칼륨. -khetta 보리밭. -dūsin 곡식을 못쓰게 만드는. -pālaka 곡식·보리를 지키는 사람. -bhatta 보리밥. -sūka 보리의 까라기.

yavaka *n.* [yava-ka] 곡물. 잡곡. sāliyavaka 쌀과 잡곡.

Yavana → Yona.

yavasa *n.* [〃] 풀. 건초. 사료.

yasa. yaso *n.* [*sk.* yaśaḥ] ① 명예. 명성. ② 성공. ④ 높은 지위. -agga 최상의 명예. -dāyika 명예를 부여하는. -parihāni 명예를 잃음. -mada 명예에 의한 도취·교만. -mahatta 명성의 위대함. -lābha 명성·명예의 이득. 명리(名利). -vuddhi 명성의 증가.

yasassin *adj.* [*sk.* yaśavin. yasa-in] ① 유명한. 명성이 있는. ② 명예로운. 영광스러운. *f.* yasassinī.

yasassimant *adj.* [yasas-vin-mant] ① 영광스러운. ② 빛나는. 찬란한.

yasavant *adj.* [yasa-vant. *sk.* yaśavant] ① 유명한. 명성이 있는. ② 명예로운. 영광스러운.

yaso = yasa.

Yasodharā *f.* [*bsk.* Yaśodharā] = Rāhulamātar. 야쇼다라. 야수다라(耶輸陀羅)[부처님의 出家前의 아내. 나중에 出家하여 比丘尼가 됨].

yasmā. yasmiṁ. yassā → ya.

yassaṁ yā(ya의 *f.*)의 *sg. loc.*

yahaṁ. yahiṁ *adv.* [<ya] 어디에. 어디든지.

yā ya의 *f. sg. pl. nom.*

yāga *m.* [<yaj] ① 제물. 희생. 공양. ② 자선. 보시. -piṇḍa 공양음식. 공양식(供養食).

yāgin *adj.* [yāga-in] ① 제물을 바치는. ② 제물을 주는.

yāgu *f.* [*cf. sk.* yavāgū. *bsk.* yāgu. yavāgu] ①

쌀죽. 죽(粥). ② 유죽(乳粥). 유미죽(乳米粥)[우유에 넣고 끓인 쌀죽이나 유미로 끓인 쌀죽]. -pāna 쌀죽으로 만든 음료. -piṇḍa = yāgapiṇḍa. -bhājaka 쌀죽의 분배자.

yāca n. [<yācati] '요청된 것' ① 공양. 자선. 보시. ② 탁발. 구걸. -yoga = yājayoga 구걸에 응하는. 공양에 응하는.

yācaka adj. m. [yāca-ka] ① 요청하는. 부탁하는. 간청하는. 청원하는. ② 청원자. 탄원자. ③ 거지. 구걸자.

yācati [〃 yāc] ① 요청하다. 요구하다. 간청하다. 부탁하다. 청원하다. ② 구걸하다. ③ 탄원하다. *aor.* yāciṁsu. ayāci. ayācisuṁ; *inf.* yācituṁ; *abs.* yāciya. yācitvā. yācitvāna; *pp.* yācita; *caus.* yāceti.

yācana n. yācanā f. [<yācati] ① 부탁. 간청. ② 구걸.

yācanaka m. [=yācaka] ① 거지. ② 부탁하는 사람. 청원자.

yācita adj. [yācati의 *pp.*] ① 구걸된. 부탁 받은. ② 빌린.

yācitaka adj. n. [yācita-ka] ① 구걸된. 부탁받은. ② 빌린. -ûpamā 빌린 물건의 비유. -bhoga 빌린 재물.

yācitvā. yāciya yācati의 *abs.*

yāja m. yājana n. [<yuj] ① 희생. 헌공. 공희. ② 자선. 보시. -yoga = yācayoga.

yājaka adj. m. [<yāja] ① 제물을 바치는 사람. ② 사제.

yājin adj. [yāja-in] 제물을 바치는.

yājetar adj. [yājeti의 *ag.*] ① 제사를 주관하는 사람. ② 사제(司祭).

yājeti [yajati yaj의 *caus.*] ① 제물을 바치게 하다. 제사를 주관하다. ② 희생시키다. *opt.* yājeyya. yājeyyuṁ. yājayeyyuṁ; *abs.* yājetvā; *ppr.* yājenta.

yāta adj. m. [yāti의 *pp.*] ① 가는. 간. 나아간. ② 습관. 관습. -ânuyāyin 낡은 습관을 따르는. 풍습을 따르는.

yātave yāti의 *inf.*

yāti [〃 yā *cf.* yāyati] ① 가다. 계속 ~하다. ② 나아가다. 가버리다. *pres.* yāmi. yāsi. yāti. yāma. yanti; *imp.* yāhi. yātu. yātha; *inf.* yātave; *ppr.* yanta; *pp.* yāta; *caus.* yapeti. yāpeti.

yātrā f. [〃] ① 여행. 좋은 습관. ② 생계(生計).

yāthāva adj. [<yathāva] ① 충분한. ② 확실한. 정확한. ③ 논리적인. 충분히 근거가 있는. -nāma 정확한 이름을 지닌. -māna 충분한 긍지를 지닌. -lakkhaṇa 논리적 특징을 지닌. -vacana 논리적인 언어. 정확한 언어. -sarasa 논리적이고 본질적인.

yādicchakaṁ → yadicchakaṁ의 *misr.*

yādisa. yādisi adj. [*sk.* yādṛś. yādṛśa<yad-dṛśa] ① 어떤. ② 아무리 사소한 것이라도.

yādisaka adj. [=yādisa] ~ tādisaka 어떠한 것이라도 ~ 그것일지라도.

yāna n. [〃<yā] ① 감. 나아감. 운반. ② 탈것. 수레. 차(車). -ugghata 수레의 삐걱거림. -kathā 수레에 대한 이야기. 차승론(車乘論). -kāra 수레 만드는 사람. 조차사(造車師). -gata 수레에 오름. -ṭṭha 수레에 있는. -puṭosa 수레의 식량비축 주머니. -bhūmi 수레가 다니는 땅. -sannidhi 수레의 보관. -sukha 승차 또는 승마의 즐거움.

yānaka n. [<yāna] ① 마차. 수레. 차(車). ② 탈것. -yānakaṁ pājeti 차를 몰다. -ûpatthambha(na) 마차의 받침대.

yāni ya의 *n. pl. nom. acc.*

yānika. yāniya adj. [<yāna] ① ~으로 통하는. ~에 도움이 되는. ② 습관이 된.

yānikata adj. [yāna-kata] ① 수레로 만드는. ② 습관이 된. ③ 정통한. 통효(通曉)된.

yānin adj. [<yāna-in] ① 수레가 있는. ② 수레를 모는.

yapana. yāpana n. [<yāpeti] ① 지속. 버팀. 부양. ② 생계. 생존. *cf.* yātra.

yāpanīya adj. [yāpeti의 *grd.*] ① 견디어 낼만한. ② 생존될 수 있는. 활력이 있는. ③ 부양할 만한.

yapeti. yāpeti [yāti의 *caus.*] ① 가게 하다. 이끌다. ② 부양하다. 생존시키다. *grd.* yāpanīya. yāpya.

yāma m. [<yam] ① 억제. 제한. 금계. ② 경(更) [밤을 셋 또는 넷으로 나눈 한 구분]. -kālika 제한된 시간의. 짧은 시간동안. 시분약(時分藥). -gaṇḍikaṁ koṭṭeti 한계의 블록을 부수다. 자신을 훈련시키다(?). -saṁvara 금계에 의한 수호. 금계율의(禁戒律儀).

Yāma adj. m. [〃] ① = Suyāma. 축복받는. 야마천(夜摩天). 야마천(耶摩天)[神·神界의 이름. 欲界六天의 하나]. yāmā devā 축복 받는 신들의 하늘나라. 축복받는 하늘나라의 신들. yāmato yāva akaniṭṭhaṁ 야마천에서 최상의 하늘나라까지. ② 죽은 자들의 세계(yamaloka)의 주민.

yāya. yāyaṁ. yāyo → ya.

yāyati [=yāti] 가다. 나아가다. *opt.* yāyeyya. *abs.* yāyitvā; *ppr. sg. gen.* yāyato.

yāyin adj. yāyinī f. [yāya-in] 가는.

yāva adv. prep. [*sk.* yāvat; ya-vat. *cf.* tāva] ① ~ 까지. ~ 하는 한. ~ 하는 사이에. ② 얼마나.

어느 정도. yāva tatiyakaṁ 세 번까지. 세 번인 한[세 번째의 마지막 경고를 받은 한]. yāva jīvaṁ 수명이 다할 때까지. 일생동안. yāva… tāva. yāva… atha. yāvakīvaṁ… tāva 하는 한 ~그러한 한. 하는 사이에 ~ 그 사이에. yāva-d-atthaṁ 원하는 데까지. 원하는 한. -kālika 때때로의. 일시적인. 시약(時藥). -āyuka. -jīvika 일생동안의. 목숨이 다할 때까지의. 진형수약(盡形壽藥). -tajjanī 위협이 있는 한. -tatiyaka 세 번까지의. 세 번인 한의. -tāvavinīta 목적에 맞게 길들여진. -tāvavinītā parisā 목적에 맞게 길들여진 대중.

yāvaka *m.* [yavaka] ① 보리를 담는 접시. ② 보리밥. 맥반(麥飯).

yāvataka *adj.* [yāvatika] ~만큼의. ~까지. ~하는 한[tāvataka과 관련]. *f.* yāvatikā. yāvatikā yānassa bhūmi 수레가 갈 땅이 있는 한.

yāvatā *adv.* [yāvant의 *abl.*] ① ~하는 만큼. ~인 한. ② ~과 비교하여. ③ ~때문에. yāvatā kho ~하는 만큼. ~하더라도. yāvatā bahu bhāsati 많은 것을 말하는 만큼. yāvatā ariyaṁ āyatanaṁ 고귀한 영역이 있는 한.

yāvant *pron. rel.* [〃] ① ~인 만큼. ② 정도로 많이. [*cf.* yāva. *adv.*] *sg. ins. abl.* yāvata; *pl. nom.* yāvanto; *n.* yāvat. yāvañca 그 정도 많이.

yāvetadohi [?] yāv(a) etad ahosī(pi). 정말 그러했느냐? yāva-d-ev'-ahosi 정말 그런 생각을 했느냐? yāv'-etado hi pi 왜 그렇게 서두르는가?

yāsaṁ. yāsānaṁ. yāsu. yāhi → ya.

yiṭṭha *adj. n.* [*sk.* iṣṭa. yajati yaj의 *pp.*] ① 제물로 바쳐진. 희생된. ② 희생.

yaṭṭhu. yiṭṭhuṁ yajati의 *inf.*

yidha → mā yidha<mā-y-idha[y는 음편자음].

yuga *n.* [〃<yuj] ① 멍에. 제어. 액(軛). 유가(yuga). ② 쌍(雙). 짝. 대우(對偶). ③ 세대. 시대. 우주의 년기(年紀). 유가(yuga)[힌두교에서는 우주의 생성과 괴멸을 네 시대(*sk.* kṛta°, tretā°, dvāpara°, kali°)로 구분한다]. ③ 장(張). 심(尋)[깊이나 길이의 단위]. -anta 시대의 종말. -ādhāna 고삐. -ggāha 통제. 제어. 지배. 경쟁. 취액(取軛). -ggāhin 경쟁자. -cchida 멍에의 구멍. -naṅgala 멍에와 쟁기. -nandha(= -naddha) 함께 멍에를 진. 조화로운 공존. 쌍련(雙連)[멈춤(止)와 통찰(觀)을 말하기도 한다]. -mattaṁ 멍에만큼. 일 유가 정도. -sata 백심(百尋). 백장(百張). -sāṭaka 한 쌍의 의복.

yugandhara *m.* [〃] ① 유간다라. 유건타라(由犍陀羅). 지쌍산(持雙山)[須彌山의 주위의 산. 九山의 하나]. ② 열대(熱帶). -pabba 열대지역.

yugala. yugaḷa. yugalaka *n. adj.* [*sk.* yugala] 짝. 쌍(雙). 이원성.

yuja *adj.* [<yuj] ① 묶인. 연결된. ② 적용할 수 있는. 연구된.

yujjha yujjhati의 *grd.*

yujjhati [*sk.* yudhyate yudh] 싸우다. 전쟁을 시작하다. *fut.* yujjhissāma; *aor.* ayujjhi. yujjhi; *ppr.* yujjhanta. yujjhamāna; *grd.* yujjha; *pp.* yuddha; *caus.* yujjhāpeti. yodheti.

yujjhana *n.* [<yujjhati] 싸움. 전쟁.

yujjhāpana *n.* [<yujjhati의 *caus.*] 싸움을 야기시키는 것. 전쟁에 나가도록 선동하는 것.

yuñjati [*sk.* yunakti. yuñjati yuj] ① 멍에를 걸다. 연계하다. ② 결합하다. 종사하다. 연대하다. ③ 노력하다. *imp.* yuñja. yuñjassu; *ppr.* yuñjanta. yuñjaṁ; *pp.* yutta; *pass.* yujjati; *caus.* yojeti. yojāpeti.

yuñjana *n.* [yuñjati] ① 연대. 연결. 결합. ② 종사.

yuta *adj.* [yu의 *pp.*] ① 잠겨진. 묶인. ② 유혹된. ③ 열중하는.

yutta *adj. n.* [yuñjati의 *pp. sk.* yukta] ① 멍에에 묶인. 연결된. 갖추어 진. ② 적당한. 정당한. ③ 열중하는. ④ 결합(結合). -kāra 적절히 행동하는. -kārin 올바로 행위하는 자. -paṭibhāna 말솜씨를 갖춘. 상응변(相應辯). -payutta 의도하는. -rūpa 적당한. -vāha 정당화 된.

yuttaka *adj. n.* [yutta-ka] ① 적당한. ② 적당한 것. 적절. 적당.

yuttatā *f.* [yutta의 *abstr.*] 적합성(適合性). 일관성(一貫性).

yutti *f.* [*sk.* yukti] ① 응용. 사용. 적절. 상응(相應). ② 이치에 맞음. 여리(如理). 정의(正義). ③ 책략. 묘기. 기술. ④ 실천. 공부. -pubbakaṁ합리적으로. -yutta 합리적인.

yuddha *n.* [〃 yujjhati yudh의 *pp.*] ① 전쟁. 전투. 싸움. ② 병학(兵學). -upakaraṇa(opa°) 탄약. 무기. -kathā 전쟁에 대한 이야기. 전쟁론(戰爭論). -kāmin 공격적인. 군국주의자. -kāmitā 공격성. 호전성. -kāla 전시(戰時). -kiccālaya 전시의 사령실. -ghosa 전투시의 함성. -ṭṭha 교전중인. -nāvā 군함(軍艦). 전함(戰艦). -nīti 군국주의(軍國主義). -paṭipakkha 평화주의자. -paricaya 퍼레이드. 열병식(閱兵式). -bhaṭa 군인(軍人). -bhūmi 전장(戰場). -bheri 전장의 북. -maṇḍala 투기장. 전장(戰場). -ratha 전차(戰車). -virodha 평화주의(平和主義). -sikkhaka 군국주의자. -sippa 군사학(軍事學). -senā 군대(軍隊).

yuddhaka *m.* [yuddha-ka] 싸우는 사람. 전사(戰

士).
yudhikā *f.* = yūthikā. yothikā 재스민의 일종.
yuropā *f.* 유럽. -asiyādesāyatta 유라시안. -desāyatta 유럽의.
yuvatī *f.* [<yuvan] 젊은 여자. 아가씨.
yuvan *m* [〃] 젊은이. 청년. *nom. sg.* yuvā. *cf.* yobbana.
yuvarāja *m.* [〃] 왕세자. 황태자.
yuvin *adj.* [=yuvan] 젊은.
yūtha *adj.* [〃] ① 떼. 떼거리. 무리. ② 가축. 수군(獸群). -pa. -pati 떼·무리의 지도자. 가축의 주인(主人).
yūthikā *f.* [〃] 재스민의 일종. 유저가(瑜底迦). 소형(素馨)[yodhikā. yudhikā라고도 쓴다].
yūpa *m* [〃] ① 제물로 바칠 짐승을 묶는 기둥. ② 궁전(宮殿). -ussāpana 성스러운 기둥을 세움.
yūsa *m.* [*sk.* yūṣan. yūṣa] 즙. 수프.
ye [ya의 *m. pl. nom. acc.*] 그들은. 그들을.
yena [ya의 *ins.*] ① 그것을 가지고. 그것으로부터. ② ~인 곳으로. ~인 곳에. ~ kāmaṁ 어디로 든지 원하는 곳으로. ~ kāmaṁ gama 좋아하는 곳으로 가라. ~kāsi 까씨(베나라스)가 있는 곳으로. 까씨로 향해서. yena kena ci 어디로든지. yena … tena ~이 있는 곳으로. yena … tad ~이 있는 곳에. yena yen'eva pakkamati 어떤 곳이든지 나돌아 다니더라도. -icchakaṁ 좋아하는 곳으로.
yebhuyya *adj.* [*mg.* yad bhūya<yad bhiyya] ① 많은. ② 대부분의. ③ 풍부한. *ins.* yebhuyyena 대부분의. 거의. 보통으로.
yebhuyyesikā *f.* [yebhuyyasa-ikā] ① 다수결. 다멱비니(多覓毘尼). ② 많은 사람의 말.
yeva *ind.* = eva.
yevāpanaka *adj.* [ye vā pana-ka] ① 대응하는. ② 상호간의. ③ 각각의.
yesaṁ. yesānaṁ → ya.
yesu. yehi. yo → ya.
yoga *m* [〃<yuj] ① 멍에. ② 속박. 번뇌. 집착. ③ 결합. 관계. ④ 노력. 집중. ⑤ 수행(修行). 치료(治療). 치유(治癒). 유가(瑜伽). 관행(觀行). 명상(冥想). ⑥ 경구(經句). *cf.* 네 가지 멍에[四軛; cattāro yogā; kāma° bhava° diṭṭhi°. avijjāyoga]가 있다. -âtiga. -âtigāmin 멍에·속박을 초월한. -ācāra 요가의 수행. 유가행(瑜伽行). -ācariya. -âvacara 요가수행자. 유가행자(瑜伽行者). -kkhema 속박으로부터의 평온. 멍에로부터의 휴식. 유가안온(瑜伽安穩). 액안온(軛安穩). -kkhamin 속박으로부터 평온을 얻은 자. -gocchaka 멍에의 다발. 액군(軛群). -duka 한 쌍의 멍에. 액이법(軛二法). -dhamma 멍에의 원리. 액법(軛法). -bahula 열심히 노력하는. 다수습의. -yutta 멍에에 묶인. 액박(軛縛). -vijjā 신지학(神智學). -vippayutta 멍에와 상응하지 않는. 멍에와 관계없는. 액불상응(軛不相應). -vibhāga 결합의 분리[문법]. -sampayutta 멍에와 관련된. 액상응(軛相應).
yoganīya *adj.* [yuj의 *grd.*] 속박되어야 할. 순액(順軛)의.
yogin *adj. m.* [yoga-in] ① 전념하는. 명상하는. ② 요가수행을 하는. ③ 요가수행자. 신비주의자(神秘主義者).
yogga *adj. m. n.* [*sk.* yogya] ① 적당한. ② 마차. 탈것. ③ 멍에에 묶인 황소. ⑤ 수행. 훈련. -ācariya 마부. 훈련자. 조련사. kata-yogga 잘 훈련. 조련된.
yoggatta *n.* [yogga의 *abstr.*] 자격. 자질. ~ṁ pāpeti 자격을 부여하다.
yojana *n.* [〃] 유순(由旬). 길이의 단위[14km 정도]. -sata 100 유순[1400km 정도].
yojanā *f.* [*sk.* 〃] ① (문법적인) 구성. ② 해석. 의미.
yojanika. yojaniya *adj.* [<yojana] 요자나(yojana) 거리의. 유순(由旬)[14km] 길이의.
yojāpeti [yojeti의 *caus.*] ① 멍에로 이어지게 하다. ② 결합시키다.
yojita *adj.* [yojeti의 *pp.*] ① 멍에에 묶인. ② 묶여진. 매인. ③ 준비된. 적용된. -kkama 시스템. 체계(體系).
yojiyati [yojeti의 *pass.*] ① 멍에로 이어지다. ② 묶이다. ③ 준비되다. 적용되다.
yojeti [yuñjati의 *caus.*] ① 멍에로 있다. 묶다. 결합시키다. 연결하다. ② 준비하다. 적용하다. ③ 몰아대다. *ppr.* yojayaṁ; *pp.* yojita; *pass.* yojiyati; *caus.* yojāpeti.
yojjha = yujjha.
yotta. yottaka *n.* [*sk.* yoktra] ① (쟁기·마차를 묶는) 멍에의 끈. ② 벼리. ③ 대(帶). 강(綱).
yothikā = yūthikā.
yodha *m* [〃<yudh] ① 전사(戰士). 무사(武士). ② 군인. -ājiva 전사. 무사. 군인. -ājivagāmaṇi 전사 마을의 우두머리. -nivāsa 막사. 병영. -hatthin 전투용 코끼리.
yodhi. yodhikā *f.* [=yūthikā] 요디. 요디까[재스민의 일종].
yodhin *adj. m.* [=yodha] ① 싸우는. ② 전사(戰士).
yodheti [yujjhati의 *caus.*] ① ~과 싸우다. ② 공

격하다. *opt.* yodhetha.

Yona *m.* [*sk.* Yavana] 그리스·희랍. 그리스 령(領). 요나. 여니(余尼). 유나(臾那)[이오니아. 고대인도 서북부 이서지방]. -desīya 그리스의. -sabbhatā 헬레니즘.

Yonaka *adj. m.* [Yona-ka] ① 그리스의. ② 그리스 사람. 인도 서북부 이서의 외국인. -loka 유나세계(庾那世界). 그리스. 그리스 식민지.

yoni *f.* [〃] ① 자궁. 여성의 생식기. 산도(産道). ② 출생지. 근원. 기반. ③ 본성. 기원. ④ 철저함. 지혜. 통찰. 현명함. -ja 자궁으로부터 태어난. 태생(胎生). -pamukha 최상의 태어남. -mukha 산도(産道). 생문(生門).

yoniya *adj.* [yoni-ya] 자궁의. 태(胎)의.

yoniso *ind.* [yoni의 *abl.*] ① 근원으로부터. 근본적으로. ② 철저하게. 현명하게. ③ 적절하게. 순서에 맞게. 차례차례. -brahmacariya 올바른 청정행·범행(梵行). -paṭisaṅkhā 근본적으로 관찰하여. 이치에 맞게 성찰하여. -manasikāra 이치에 맞는 정신활동. 여리작의(如理作意).

yobbana *n.* [*sk.* yauvana<yuvan] 젊음. 청춘. 사춘기. -ppatti 사춘기. -mada 젊음에 의한 도취. 젊음에 의한 교만. 청장교(靑壯憍).

R

-r- 모음연속을 피하기 위한 음편자음. *cf.* puna-r-eva. vutti-r-esā. ati-r-iva. sarada-r-iva. su-r-abhigandha.

ra ① 자음·문자 r의 이름. ② 근본접미사의 일종 [어근에 첨가되어 자음을 박탈하고 명사를 형성.]

raṁsi. rasmi *m.* [*sk.* raśmi] ① 고삐. ② 광선. -jāla 불꽃. 광선.

raṁsika *adj.* [raṁsi-ka] 광선을 지닌. 광휘로운. -sahassaraṁsika 1000개의 빛살을 지닌.

raṁsimant *adj. m.* [raṁsi-mant] ① 광선을 지닌. 빛을 내는. ② 태양. *nom.* raṁsimā.

rakāra *m.* [ra-kāra] ① r의 문자·음소. ② ra 어미. -āgama r의 문자·음소의 추가. -ādesa r의 문자·음소의 대체. -lopa r의 문자·음소에 대한 제거.

rakkha ① *adj.* [*cf. sk.* rakṣya] 지키는. 수호하는. ② rakkhati의 *imp. cf.* rakkhā. ③ *n.* [=rukkha] 나무. ④ *m.* = rakkhaka

rakkhaka *adj. m.* [rakkha-ka] ① 지키는. 보호하는. 감시하는. 준수하는. ② 수호자. 보초. 파수꾼.

rakkhikā *f.* [rakkhaka의 *f.*] 여자노예.

rakkhati [*sk.* rakṣati rakṣ] ① 보호하다. 지키다. 준수하다. 보존하다. ② 비밀로 하다. *imp.* rakkha. rakkhatha; *opt.* rakkheyya; *aor.* rakkhi; *grd.* rakkhiya. rakkheyya; *ppr.* rakkhaṁ(*sg. nom.*); *pp.* rakkhita; *pass.* rakkhiyati. *ppr.* rakkhiyamāna.

rakkhana *n.* [*sk.* rakṣaṇa] ① 보호. 수호. ② 준수.

rakkhanaka *adj.* [rakkhana-ka] ① 수호하는. ② 준수하는. 지키는.

rakkhasa *m.* [*sk.* rākṣasa] ① 악마. 귀신. 괴물. ② 나찰.

rakkhasī *f.* [*bsk.* rākṣasī] 나찰녀(羅刹女).

rakkhā *f.* [<rakkhati] ① 보호. 수호. 돌봄. 돌보기. 은신(隱身). ② 감시. -āvaraṇa 은신과 방어. 차폐(遮蔽).

rakkhita *adj.* [rakkhati의 *pp.*] ① 수호된. 보호를 받은. ② 구제된. -atta 자신을 수호하는 자. -indriya 자신의 감각능력을 수호하는 자. 수호근자(守護根者). -mānasāna 자신의 마음을 수호하는 자.

rakhasā *f.* [*cf. sk.* rakasā] ① 할퀸 상처. ② 나병(癩病)의 일종.

ragā *f.* [<raj] ① 탐욕. 오염. ② 라가[魔女이름].

raṅga *m.* ① [*cf.* rajati] 색(色). 도료. -kāra 염색공. 염색업자. -jāta 색깔. 색채. -palibodha 염색의 장애. -ratta 물들은 진홍색. ② [*cf. sk.* irajyati '똑바로 펴다. 정리하다'] 무대. 극장. 춤추는 곳. -āyatta 연극조의. -kāra 공연자. -majjhe. 무대위에. -maṇḍala 무대. 극장(劇場). 공연장. -maṇḍalocita 연극조의.

racati [rac] ① 만들다. 정리하다. 준비하다. 정돈하다. ② 엮다. 구성하다. 제본하다. *pp.* racita; *abs.* racitvā.

racayati [rac] ① 만들다. 정리하다. 준비하다. 정돈하다. ② 엮다. 구성하다. 제본하다. *aor.* racayi.

racanā *f.* [<racati] ① 제본. ② 정돈. ③ 논문(論文). ③ 유기체(有機體). -vidhi 구절(句節). 어법(語法). -vilāsa 관용구(慣用句). 숙어(熟語). -visaya 논문(論文). 논지(論旨).

racita *adj.* [racati의 *pp.*] 정리된. 실로 묶인.

racchā *f.* [=rathiyā. *sk.* rathyā<ratha] 찻길. 차도(車道).

raja *m. n.* [*sk.* rajas] ① 먼지. 티끌. 더러움. ② 오염. -kkhandha 먼지구름.

rajaka *m.* [<rajati] ① 염색공. ② 표백업자. 세탁인. 세탁업자. 완의자(浣衣者).

rajakkha *adj.* [rajas-ka] ① 더러운. 때 묻은. ② 진구(塵垢)가 있는.

rajakkhatā *f.* ① [rajakkha의 *abstr.*] 더러운 상태. 진구(塵垢)의 상태. ② rājakhāda의 *misr.*

rajata *n.* [〃] 은(銀). -vimāna 은의 궁전(宮殿).

rajati [raj. rañj] ① 비치다. 물들다. 염색되다. ② 매혹되다. 집착하다. *aor.* rajayi; *abs.* rajitvā; *inf.* rajituṁ; *grd.* rajitabba. rajanīya; *pass.* rajjati; *caus.* rajeti. rañjeti rajāpeti.

rajana *n.* [raj-ana] ① 염색. 오염. 탐염(貪染). ② 착색. ③ 염료. -kamma 염색업. -kumbhī. -bhājana 염색그릇. 염료단지. -nipakka 염료. -pacana 염료를 끓임. -sālā 염색 작업장.

rajanī *f.* [<raj] 밤.

rajanīya *adj.* [rajati의 *grd.*] ① 유혹적인. 음탕한. ② 쉽게 흥분을 야기하는. -dhammā 흥분을 야기하는 것들. 소염법(所染法). *cf.* vimocaniyā dhammā.

raja. rajas. rajo *n.* [*sk.* rajaḥ] 먼지. 티끌. 때. 불결(不潔). 진구(塵垢)[三塵垢 : rāga. dosa. moha]. raja° -upavāhana 먼지의 제거. 티끌의 제거. 진구(塵垢)의 제거. -vaḍḍhana 불결의 증가. 진구(塵垢)의 증가. rajas° -sira 먼지투성이의 머리를 한. rajā° -patha 먼지가 많은 장소. 먼지투성이. 먼지구멍. 진도(塵道). rajo° -jalla 먼지와 진흙. 진구(塵垢). 진니(塵泥). -jalladhara 먼지와 진흙을 덮어쓰는 자. 착진구자(着塵垢者)[고행자]. -jallika 먼지와 진흙을 덮어쓰고 사는. -vajalla = rajojalla. -hara(ṇa) 먼지·티끌의 제거. 불결의 제거. 진구(塵垢)의 제거.

rajāpeti [rajati의 *caus.*] ① 염색하게 하다. ② 표백하다.

rajeti [rajati의 *caus.*] ① 염색하다. ② 묘사하다. *inf.* rajetave.

rajja *n.* [*sk.* rājya. rāja-ya] ① 왕위. 왕권. 왕궁. 왕국. ② 통치. 주권. rajjaṁ kāreti 통치하다. 지배하다. -ânusāsana 정부. -âbhiseka 대관식. 즉위식. 관정식. -kāla 정부. -siri 왕권. -siridāyikā 왕국에 행운·번영을 주는 (여신) -sīmā 제국·왕국의 국경. -sukha 왕위·통치의 즐거움.

rajjati [rajati의 *pass. cf.* rāga] ① 물들다. 염색되다. ② 집착하다. 탐착하다. ③ 흥분하다. 즐기다. *aor.* arañji. arañjiṁ; *opt.* rajjeyya; *fut.* rajjissati; *grd.* rajjitabba; *ppr.* rajjamāna; *pp.* ratta.

rajjana *n.* [<rajjati] 오염. 탐염(貪染).

rajju *f.* [〃] 밧줄. 줄. -kāra 밧줄을 만드는 사람. -gāhaka 포승자(捕繩者). (왕의) 토지관리인. -bandhana 밧줄에 의한 속박. -bheda '줄자덜기' 줄자속이기[장소나 부지 등을 잴 때의 도량형속이기].

rajjuka *m* [rajju-ka] ① 밧줄. 줄. ② 포승자(捕繩者). 왕의 국토측량기사.

rañjaka *m.* [<rañjati] 염색공.

rañjati [= rajati. rajjati<rañj. raj] ① = rajati 물들다. 염색하다. ② [=rajjati] 기뻐하다. 집착하다. *pp.* rañjita; *caus.* rañjeti.

rañjana *n.* [<rañja] ① 기쁨. 즐거움. ② 흥분.

rañjāpeti [rañjeti의 *caus.*] 염색시키다.

rañjita [rañjita의 *pp.*] 물들은. 염색된.

rañjeti [rañjati의 *caus.*] ① 기쁘게 하다. ② 염색하다. *pp.* rañjita. *caus.* rañjāpeti.

raññaṁ. raññassa. raññā → rājan.

raññāhi. raññi. raññe. rañño → rājan.

raṭati [raṭ] ① 외치다. ② 꾸짖다. 욕을 퍼붓다.

raṭṭha *n.* [*sk.* rāṣṭra] ① 통치. 공무(公務). ② 왕국. 국가. 영토(領土). -pāla 국가의 수호자. 국왕. -piṇḍa 국가의 보시물. -vaḍḍhana 국가의 번영. -vāsin 영토 안에 거주하는 사람. 국민. 신민(臣民).

raṭṭhaka *adj.* [*sk.* rāṣṭraka] ① 왕국에 속하는. 국왕의. ② 주권이 있는.

raṭṭhavant *adj.* [raṭṭha-vant] ① 왕국을 지닌. ② 왕권의. 왕의 지위의.

raṭṭhika *m.* [raṭṭha-ika] ① 왕국의 백성. 왕국의 거주자. ② 왕국의 관리.

raṇa *m.* [〃] ① 싸움. 전투. ② 죄. 과실. -jaha (raṇañjaha) 욕망이나 죄악을 버린(?). 전투에서 승리한(=raṇañjaya).

rata *adj.* [ramati ram의 *pp.*] ① 즐거워하는. ② 집착하는. 탐닉하는. ③ 열중하는.

ratana ① *n.* [*sk.* ratna] 보석. 보물. 삼보(三寶)[bhuddha°. dhamma°. saṁgha°] -ākara 보석광산. 귀금속광산. -āpaṇa 보석상. -odadhi 보석의 바다. 보해(寶海). -kūṭa 보석을 아로새긴 누각. -gaṇa 보석·보물의 더미. -gaha 보석의 힘. -ttaya 세 가지 보물. 삼보. -datta 라따나닷따[인명]. -narī 보물로서의 여인. -paliveṭhana 보석을 파는 포장지. -vara 가장 훌륭한 보석·보물. -vimāna 보석궁전. -sutta 보경(寶經)[Suttanipāta의 경]. ② *m.* [*sk.* aratni] 라따나. 주(肘). 완척(腕尺)[길이의 단위. 팔꿈치에서 가운데 손가락 끝까지. 약 18~21인치= 46-56cm] = hattha.

ratanaka *adj.* [ratana-ka] (왕의) 보물의 특징을 지닌. 보석의 특징을 지닌.

ratani *m.* = ratana ②.

ratanika *adj.* [ratani-ka] 완척(腕尺)의.

rati *f.* [〃<ram] ① 좋아함. 사랑. ② 탐닉. 애착.

ratin *adj.* [rata-in] ① 좋아하는. ② 애착하는. ③ 헌신하는. 돌보는.

ratinī *f.* [<ratin] 좋아하는 여인.

ratta *adj. n.* [rañjati의 *pp. sk.* rakta] ① 염색된. 물들은. 붉은. 흥분된. 탐닉된. 집착된. ② 피[血]. -âtisāra 피가 흥건한. -candana 붉은 전단나무. 적전단(赤栴檀). -citta 집착된 마음. 염심(染心). -cittavipariṇata 정욕에 의한 변심. -pā 거머리. -vāta 절통(節痛). 류머티즘. -vātāyatta. -vātika 류머티즘의. -sāli 붉은 벼. 적도(赤稻). ③ *n.* [*sk.* rātra] = ratti. 밤. 야(夜). (sg). *acc.* rattaṁ; *ins.* rattena; *loc.* ratte. ratto. rattāyaṁ; (*pl.*) *acc.* rattāni. -andhakāra 밤의 어두움. -âtikkanta 밤을 경과한. -ûparata 밤에 음식을 삼가는. -ñña 오래 인식된. -ññu 밤을 아는. 경험이 있는. 기숙(耆宿). -ññumada 경험에 대한 도취·교만. 경험교(經驗憍). -ññutā 인식·경험이 풍부한 것.

rattā *f.* [*sk.* rātra] = ratta. ratti. 밤. 야(夜).

ratti *f.* [*sk.* rātri] 밤. 야(夜). (sg). *acc.* rattiṁ 밤에. *abl. gen. loc.* ratyā. rattiyā; (*pl.*) *nom.* ratyo; *loc.*

rattīsu. rattin-divaṁ. rattiñ ca divañ ca. rattiyā ca divassassa ca 밤낮으로. -khaya 밤이 지나감. 밤의 쇠퇴. -cāra 밤새 돌아다님. -ccheda 견습기간의 중단. 야단. -divā. -ndivā 주야. 밤낮. -dhūmāyanā 밤에 연기를 피우는 것. -pariyanta 견습기간의 제한·한도. -bhāga 밤시간. 밤중. -bhojana 밤에 먹음. 야식(夜食). -vasana 잠옷. -samaya 밤시간. 밤중.

ratto *ind.* [ratta 또는 ratti의 *loc.*] 밤에. divā ca ratto ca 밤낮으로. 주야로.

ratyā. ratyo ratti의 *gen. loc. pl. nom.*

ratha *m.* ① [〃] 수레. 마차. 전차. -atthara 전차의 덮개. -ânīka 전차부대. -ārūha 마차를 탄 사람. 승마자(乘馬者). -īsā (수레·인력거 등의) 끌채. 차원(車轅)[수레의 앞쪽으로 길게 나와 마소를 매는 곳]. -ûpatthara 마차의 덮개. -esabha 수레주인. 마차주인. 마부들의 왕. -kāya 전차부대. 차군(車軍). -kāra 마차제작자. 차장(車匠). -kārakula. -kārajāti 마차를 만드는 가문[천민에 속함]. -kāri 마차를 만드는 여자. 차장녀(車匠女). -cakka 마차바퀴. 마차. -pañjara 차체(車體). -yuga 마차의 멍에. -rasmi 마차의 고삐. -reṇu '수레의 먼지' 소량. -vinīta 마차를 몰고 감. 마차경주. 전차(傳車). -sadda 마차소리. -sālā 차고(車庫). -sippa 마차를 모는 기술. -senā 전차부대. 차군(車軍). ② [〃<ram] 즐거움. 기쁨. 환희.

rathaka *adj. n.* [ratha-ka] ① 마차가 있는. ② 작은 마차. 장난감 마차.

rathika *m.* [ratha] ① 전차를 타고 싸우는 사람. ② 전차의 마부. 차병(車兵).

rathikā. rathiyā *f.* [=racchā. *sk.* rathyā̆] ① 수레길. 마차가 다니는 길. ② 차도(車道).

rathesabha *m.* [ratha-usabha] ① 수레의 주인. 마차의 주인. ② 조어자(調御者)의 주인.

rathopamā *f.* [ratha-upamā] 수레의 비유. 마차의 비유.

rada *adj.* [?] 쪼개는. 파열하는(?).

radati [rad] 할퀴다. 긁다.

randha ① *m.* [*sk.* randhra. *cf.* randhati ①] 결점. 흠. 갈라진 틈. ② *adj.* [randhati ②의 *pp.*] 요리된.

randhaka *adj. m.* [randha-ka] ① 요리를 하는. ② 요리사.

randhati [radh. randh] ① 종속되다. 지배되다. ② 괴롭히다. 억압하다. 곤란하게 하다. *caus.* randheti. *imp.* randhehi; *aor.* randhayi. randhayuṁ. ③ 요리하다. *caus.* randheti 요리하다. 끓이다. *opt.* randheyya; *pp.* randha ②.

randheti [randhati의 *caus.*] 괴롭게 하다. 계략에 걸리게 하다.

randhana *n.* [<randhati] ① 요리. 삶음. ② 끓임.

rapati [rap] 재잘거리다. 지저귀다. 속삭이다.

rabhasa *adj.* [<rabh=labh] ① 거친. 무서운. (말따위가) 난폭한. ② 요설(饒舌)을 하는.

rama ① *adj.* [<ram] 기뻐하는. 즐거운. ② ramati의 *imp.*

ramaṇa. ramaṇaka *adj.* [<ram] ① 유쾌한. 매우 즐거운. ② 매력적인.

ramanī *f.* [<ramati] 여자.

ramaṇīya. ramaṇeyya *adj.* [ramati의 *grd.*] ① 즐거운. 기쁜. 유쾌한. ② 아름다운.

ramati [〃 ram] ① 기뻐하다. 즐기다. ② 놀다. *pres.* ramāmase. rame; *opt.* rame; *imp.* rama; *fut.* ramissati; *abs.* ramma; *grd.* ramma. ramaṇīya. ramaṇeyya; *pp.* rata; *caus.* remeti.

ramana *n.* [<ramati] 즐김. 향수.

ramita *adj.* [rameti의 *pp.*] 즐긴. 즐기는. 기쁜.

rame ① ramati의 *opt.* ② ramati의 *pres. 1sg.*

rameti [ramati의 *caus.*] 즐겁게 하다. 기쁘게 하다. *pp.* ramita; *caus.* ramāpeti.

ramāpana *n.* [<ramāpeti] 오락(娛樂). 여흥(餘興). 연예(演藝).

ramāpeti [ramati의 *caus.*] 스스로 즐겁게 하다.

rambati [=lambhati] ① 걸리다. 매달리다. ② 현수되다.

rambhā *f.* [〃] ① 람바[식물의 이름]. ② 바나나나무[열대 파초속에 속함 : Musa Sapientum].

ramma ① *adj.* [ramati의 *grd.*] 즐거운. 재미있는. 매력적인. 아름다운. ② *ind.* [ramati의 *abs.*] 즐기고 나서.

rammaka *n.* [*sk.* ramyaka] = citta. 사월(四月 : 양력 3월 16일 ~ 4월 15일)[남방음력 12월 16일 ~ 1월 15일: 정월(正月)]

raya *m.* [<riṇāti ri] 감[行]. 흐름. 속도. 스피드.

rava ① *m.* [=raya] 속도. 아주 빠름. 질구(疾驅). -attha 빨리 감의 의미. ② *m.* [〃<ru] 큰소리. 소란. 외침. 포효. 으르렁거림. -aññū 다양한 소리를 구별할 수 있는 자. *cf.* rāva. ruta.

ravaka = rava ②.

ravaṇa *adj. n.* [<ravati] ① 으르렁거림. 포효. ② 울부짖음.

ravati [〃 ru] 외치다. 소리치다. 고함치다. 큰소리로 떠들다. *aor.* ravi. arāvi; *pp.* ravita. ruta.

ravi ① *m.* [〃] 태양. 해. -inda '태양의 왕' 연꽃의 이름. -vaṁsa 태양족. -haṁsa 백조의 일종. 일아(日鵝). ② ravati의 *aor.*

ravita *adj.* [ravati의 *pp.*] 외친. 고성(高聲)의.

ravivāra *m.* [〃] 일요일.

rasa *m.* [〃] ① 맛. 미(味). 미각의 대상. ② 즙(汁). 액(液). ③ 작용(作用). 역할(役割). ④ 실질(實質). 원형질. 본질. ⑤ 수은(水銀). *ins.* rasasā -agga 최상의 맛·미각. -añjana 세안제. 연고의 일종. -âda 미각의 대상을 즐기는·먹는. -āyatana 맛의 감각영역. -ārammaṇa 맛의 대상. -āsā 맛에 대한 욕구. -ûpahāra 맛의 제공·출현. 미지현(味持現). -odaka 맛있는 물. 야자수의 즙. -gandha 즙의 향기. -garuka 향락에 빠진. -ññutā 감상주의(感傷主義). -taṇhā 맛에 대한 갈애. 미애(味愛). -dhātu 맛의 세계. 맛의 요소. 미계(味界). -paṭhavī. -pathavī 땅의 맛. 땅의 본질적인 속성. 지미(地味). -bahula 감상적(感傷的)인. -bhoga 맛의 즐거움. -vatī 주방(廚房). 부엌. -visaya 맛의 경계. 미경(味境). -sañcetanā 맛에 대한 의도. 미사(味思). 미의사(味意思). -saññā 맛에 대한 지각. 미상(味想). -sodhaka 붕사(硼砂). -haraṇī 미각신경.

°rasa *cpd.* [<dasa] 10의 방언적 표현. *cf.* terasa 13 paṇṇarasa 15 sattarasa 17. aṭṭhārasa 18.

rasaka *m.* [<rasa] 요리사.

rasati [ras] 외치다. 울부짖다.

rasatta *n* [rasa의 *abstr.*] ① 맛. ② 달콤함. 감미(甘味).

rasanā *f.* [?] 여성용 거들. 코르셋. → mekhalā.

rasavatī *f.* [rasa-vant] ① 맛이 있는 것. 맛있는 물건이 있는 곳. ② 부엌.

Rasavahinī *f.* [rasa-vahinī] 유미거(有味車) [Vedehathera가 윤문한 작품. 교훈적 이야기책].

rasāyana *n.* [rasa-āyana] 화학적 합성물. -vidhi 불노장생약.

rasāyanika *adj. m* [rasa-āyana-ika] ① 화학(化學)의. ② 화학자(化學者). -vijjubala 직류전기(直流電氣).

rasāvin *adj.* [<rasa] 맛을 지닌. 맛이 나는.

rasīyati [rasa의 *denom.*] ① 맛보다. ② 만족하다. ③ 기뻐하다.

rasmi = raṁsi.

rassa *adj.* [*sk.* hrasva] 짧은.

rassatta *n.* [rassa의 *abstr.*] 짧음. 단축.

rahati [rah] ① 떠나다. ② 버리다.

rahada *m.* [*sk.* hrada] 연못. 호수. 호소(湖沼)

rahas. raho *n.* [*sk.* rahas<rah] ① 고요한 곳. ② 홀로인 것. 고독. ③ 비밀. 정처(靜處). 적요(寂寥). 유소(幽所). 비요(秘要). *cpd.* rahā. raho. *acc.* raho *adv.* 홀로. rahā-bhāva 비밀(秘密). raho° -gata 비공개인. 홀로 있는. 독좌(獨坐). 정적처(寂靜處). -vāda 비밀이야기. 음구(淫口).

rahassa *adj. n.* [*sk.* rahasya] ① 기이한. 신비로운. 은밀한. 사적인. 비밀. 은밀(隱密). ② 미스터리. 프라이버시. 사적인 비밀. *ins.* rahassena; *acc.* rahassaṁ *adv.* 비밀리에. 은밀하게. -kathā 비밀이야기. 속삭이는 말.

rahassaka *adj.* [rahassa-ka] 은밀한. 비밀의.

rahāyati [rahas의 *denom.*] ① 홀로 있다. ② 홀로 있기를 원하다.

rahita *adj.* [rah의 *pp.*] ① 외로운. 버림받은. ② 없는. 빼앗긴.

rāga *m.* [〃 *cf.* rajati] ① 빛깔. 색채. 염색. ② 탐욕. 집착. -aggi 탐욕의 불. 탐화(貪火). -ânusaya 탐욕의 잠재적 경향. 탐욕의 경향. 탐수면(貪睡眠). -ussada 탐욕의 치성. -kiñcana 탐욕의 장애. 욕장(欲障). -kkhaya 탐욕의 소멸. -khila 탐욕의 황무지. 탐재(貪栽). -carita 탐욕스러운 삶을 사는. -cariyā 탐욕스러운 삶. -ṭṭhānīya 탐욕에 근거한. -dhamma 탐욕의 법. -nigha 탐욕의 동요. 탐요(貪搖). -patha 탐욕의 길. 열정(熱情). -rati 탐욕에 대한 환희. -ratta 탐욕에 물들은. -vinaya 탐욕의 제거. -virāga 탐욕을 버림. 염욕사리(染欲捨離). -saṅga 탐욕에 의한 염착. 탐착(貪着). -salla 탐욕의 화살. 탐전(貪箭). -sahagata 탐욕을 수반하는.

rāgin *adj.* [rāga-in] 탐착에 물들은. 탐욕스러운.

rāja° [=rājan. rājā] 왕. 임금. -âgha 왕의 고통. -âdhikaraṇa 밀실회의. -aṅga 왕의 표시·특징. 왕의 재산. -aṅgaṇa 왕립법정. -antarāya 왕의 장애. -antepura 왕의 후궁. -āṇatti. -āṇā 왕의 명령. 왕의 처벌. 칙령(勅令) -ânubhāva 왕의 권위. -ânuyutta 영사(領事). 총독. -ânuvattana 정통(正統主義). -âbhinīta 왕에 의해서 가져와진. -âbhirājan 왕들 가운데 왕. 황제. -âmacca 대신. -āyatana 왕처수(王處樹)[나무 이름 : Buchanania latifolia]. -iddhi 왕의 권능. -isi 왕위를 버리고 고행자가 된 왕. 왕선(王仙). -ûpaṭṭhāna 왕의 시종(侍從). -ûpabhoga 왕이 사용하기 적합한. -uyyāna 왕의 정원. 왕립공원. -orodhā 궁녀. -kakudhabhaṇḍa 왕권의 상징물·표시[다섯 가지 王權의 象徵物 : khagga. chatta. uṇhīsa. pādukā. vālavijani]. -kathā 왕에 관한 이야기. -kammika 왕의 신하. -kīyavejja 시의(侍醫). -kuṭumba 왕의 재산(財産). -kuṇḍa 왕의 지팡이. -kumāra 왕자. -kumbhakāra 왕에게 조달하는 도기공. -kula 왕가. 왕실(王室). -kosa 왕의 창고. 왕고(王庫). -khādāya 왕의 음식. 수라. -guṇa 왕의 덕. 왕덕(王德). -ṭṭhāna 왕권. 왕위. -daṇḍa 왕에 의해 주어진 처벌. -dāya 왕의 선물 또는 봉토. -dūta 왕의 사자. 왕사(王使). -dhamma 왕의 통치. 통치법. 왕도(王道)[열 가지 王

道 : dāna. sīla. pariccāga. ajjava. maddava. tapo. akkodha. avihiṁsā. khanti. avirodhana]. -dhanāgāra 왕의 보물. -dhānī 왕의 도시. 수도. 왕도(王都). -dhītar 왕의 딸. 공주. 왕녀(王女). -nivesana 왕의 처소. -pakkhikatā 왕정주의(王政主義). -paccatthika 왕의 적. 왕원가(王怨家). -pada 왕관(王冠). -parisā 왕의 무리. 왕중(王衆). -putta 왕자. -purisa. -porisa 왕의 신하·공무원[軍人·警護員·警察 등]. -bhaṭa 왕의 고용인·용병. -bali 세금(稅金). -bhaṭa 치안관. 경찰. -bhaṭāgāra 파출소. 경찰서. -bhatti 왕정주의(王政主義). -bhavana 왕궁. -bhaya 왕의 처벌을 두려워 함. 왕포외(王怖畏). -bhāga 왕의 몫. -bhogga 왕의 영지(領地). 왕의 군대. 왕의 준마. 대신. -mandira 왕궁. 궁전. -mahāmatta 왕의 재상. -mālakāra 왕립정원의 관리인. -muddā 옥쇄. 왕인(王印). -muddikā = rājamuddā. -yaṭṭhi 홀[왕권의 상징]. -ratha 왕의 마차. 왕립마차. -rukkha 왕수(王樹)[Cathartocarpus Fistula]. -vaṁsa 왕통(王統). -vatthu 왕의 땅. -vara 최상의 왕. -vallabha 왕의 총애자. 왕립감독관. -vasati 왕궁에서 삶. 왕궁주(王宮住). -vāda 왕에 대한 이야기. 왕자론(王子論). -vibhūti 왕의 영광. 왕의 권위. -virahita 무정부상태의. -virodhitā 무정부주의(無政府主義). -vīthi 왕이 행차하는 거리. -haṁsa 플라밍고. 왕아(王鵝). -macca 왕의 대신.

rājaka *adj.* [rāja-ka] 왕의. *f.* rājikā.

rājañña. rājaniya *m* [*cf. sk.* rājanya] ① 전사계급의 사람. ② 왕족. ③ 고관(高官).

Rājagaha *m* [*bsk.* Rajagṛha] 라자가하. 왕사성(王舍城). 라열지(羅閱祇)[마다가 국의 首都].

Rājagirika. Rājagiriya *m* 라자기리까. 라자기리야. 왕산부(王山部)[南方大衆部案達派의 하나].

rājatā *f.* [=rañña] ① 왕위. ② 왕권.

rājati [rāj] 비추다. 빛나다. *pp.* rājita.

rājatta *n.* [rāja의 *abstr.*] ① 왕위. ② 왕권.

rājan. rājā *m* [〃] 왕. 임금. 국왕. 군주(君主). (*sg.*) *nom.* rājā; *voc.* rāja; *acc.* rājānaṁ; *ins.* rañña. rājinā; *dat. gen.* rañño. rājino. raññassa; *loc.* raññe. raññi; (*pl.*) *nom.* rājāno; *dat. gen.* raññaṁ. rājūnaṁ; *ins.* raññāhi. rājūhi. rājūbhi.

rājānaṁ. rājāno → rājan.

rāji *m* ① [〃] 줄. 열(列). 선(線). ② [<rāga ?] 싸움. 말다툼. 분쟁.

rājita → virājita.

rājikā *f.* [〃] 무게의 단위.

rājita → virājita.

rājin *adj.* [<rāji] 줄이 있는. 선이 있는. -uddhaggarājin 두드러진 줄무늬를 지닌 (사자).

rājinā. rājino. rajūnaṁ → rājan.

rājūhi. rājūbhi → rājan.

rājinī *f.* [<rājan] 여왕.

rājimant *adj.* [<rāj] ① 줄이 있는. 선이 있는. ② 빛나는. 빛을 내는. *f.* rājimatī.

rājisi *m* [rāja-isi] ① 왕위를 버리고 고행자가 된 왕. ② 왕선(王仙).

rājula *m* [*sk.* rājila] 라줄라[파충류의 한 종류].

rājorodhā *f.* [rāja-orodhā] 궁녀.

rāti [*sk.* rā] ① 받다. ② 영수하다.

rādheti ① [rādh의 *caus.*] 만족시키다. 마음에 들게 하다. ② [rādh?] 다치게 하다.

rāma *m* [<ram] 기쁨. 희열. -kara 즐겁게 하는. 노는. 연애하는.

rāmaṇeyyaka *adj. n.* [<ramaṇīya] ① 유쾌한. 즐길 만한. ② 아름다운.

Rāmāgama *m* [rāma-gama] 라마가마. 라마촌(羅摩村).

rāva *m* [<rava ravati] 외침. 울부짖음. 소음.

rāsi *m* [*sk.* rāśi] ① 더미. 집적. 취(聚). 양(量). 다량(多量). ② 부(富). 재산. -aggadāna(rāsagg°) 탈곡단계의 첫 번째 것의 보시. -cakka 황도대(黃道帶). 수대(獸帶). -vaddhaka 재산을 증식하는. 재산을 증식한 사람.

rāsika *n.* [rāsi-ka] ① 세입. 국고(國庫). ② 재정.

rāhaseyyaka *adj.* [rahas-seyyaka] 홀로 사는. 고요한. 격리된.

rāhu *m* [〃] 라후. 라후(羅睺)[아수라(Asura)의 이름]. -asurinda 아수라의 왕인 라후. -bhaddha *m.* 라후밧다. 라야발도루(羅耶跋兜樓)[아수라의 이름]. -mukha 라후구형(羅睺口刑)[막대기로 입을 벌리게 하고 귀를 뚫어 죽이는 고문·형벌].

Rāhula *m* 라훌라. 라후라(羅睺羅)[석가모니 부처님의 出家하기 이전의 아들이자 出家弟子로서 比丘의 이름] -mātā 라훌라의 어머니.

riṇāti [ri] ① 가다. ② 흐르다.

riñcati [*sk.* riṇakti ric] ① 비우다. 포기하다. 버리다. ② 무시하다. *fut.* riñcissati; *abs.* riñcitvā; *ppr.* riñcamāna; *pp.* ritta; *pass.* riccati 버려지다.

riñcana *n.* [<riñcati] 포기. 버림.

ritta [riñcati의 *pp.*] ① 없는. 공허한. ② 제거된. ritte saddhammena (*abs. loc.*) 바른 가르침이 없는 때에. -assāda 공허한 대상에서 맛을 찾는. 맛을 잃은. -āsana 빈자리. -udakamaṇikā 빈 물병. -tta 공(空). 공성(空性). -patta 빈 발우. 공발(空鉢). -pesuṇa 중상하지 않는. -muṭṭhi 빈주먹. -hattha 빈손의.

rittaka *adj.* [ritta-ka] ① 텅 빈. 공허한. ② 본체가 없는.
risati [*sk.* riṣyati riṣ] 해를 입다. 다치다.
rīti *f.* [〃] ① 흐름. 열(列). 진로. 문체(文體). ② 놋쇠. ③ 시스템. 체계(體系).
rukkha *m.* [*sk.* rukṣa *cf.* vaccha. *sk.* vṛkṣa] 나무. 수목(樹木). *pl. nom* rukkhāse. -antara 나무의 내부. -ûpamā 나무의 비유. -koṭṭaka. -koṭṭa-sakuṇa 딱따구리. 탁목조(琢木鳥). -gahana 나무 덤불. 총림(叢林). -chāyā 나무 그늘. 수음(樹陰). -tūla 목면. -devatā 나무의 신. 수신(樹神). -nimitta 나무의 특징. 수상(樹相). -niyyāsa 라텍스. -paveṇi 나무의 계통·족보. -pāṇikā 나무로 된 숟갈. -phala 나무의 열매. -mūla 나무 아래. 나무의 뿌리. -mūlika 나무아래에서 지내는 사람. -mūlikaṅga 나무아래에서 지내는 수행. 수하주지(樹下住支)[두타행]. -mūlikatta 나무 아래서 지내는 수행. -vijjā 임학(林學). 수목학(樹木學). -viṭabhī 나뭇가지. -saṇṭhāna 수목상(樹木上)의. -sunakha '나무 개'[어떤 동물의 이름?]. -susira 속이 빈 나무.
rukkhika *adj.* [rukkha-ika] 나무의.
ruca *m.* rucā *f.* [<ruc] 루짜[나무의 이름].
rucaka *n.* [<ruc] (금색의) 모래.
ruci *f.* [*bsk.* 〃 <ruc] ① 광채. 빛. 밝음. ② 경향. 좋아함. 기호. 즐거움. attano ruciyā 자기의 기호에 따라·맞게. yathārucim̐ 좋아하는 대로. añña-tara ruciyā 다른 사람의 영향아래.
rucika *adj.* [ruci-ka] ① 경향을 가지고 있는. ② 기호의.
rucita *adj.* [ruccati의 *pp.*] ① 좋아하게 된. ② 기쁜.
rucira *adj.* [〃 <ruc] ① 빛나는. 찬란한. 아름다운. ② 즐거운. 유쾌한.
ruccati [*bsk.* rucyati ruc *cf.* rocati] ① 기뻐하다. 좋아하다. ② 선호하다. *pres. 1pl.* ruccādimhase (rucim̐ uppādema); *aor.* rucci. ruccittha; *abs.* ruccitvā; *pp.* rucita.
ruccana *n.* ruccanā *f.* [<ruccati] ① 즐거움. 기쁨. ② 선호(選好).
ruccanaka *adj. n.* [<ruccati] ① 유쾌한. ② 만족한. 만족.
rucci. ruccittha. ruccitvā → ruccati.
ruccha *m.* [<*sk.* rukṣa] = rukkha 나무.
rucchati. rucchiti rudati의 *fut.*
rujaka *m.* [<ruj?] = vīṇāvādaka 피리부는 사람.
rujati [ruj] ① 파괴하다. 분쇄하다. ② 괴롭히다. 해치다. ③ 괴로워하다. 상처를 입다. *fut.* rucchiti; *pp.* lugga. *cf.* lujjati.
rujana *n.* [<ruj] ① 파괴. ② 해침. 괴롭힘. ③ 괴로워함.
rujanaka *adj.* [rujana-ka] ① 고통을 느끼는. ② 상처를 입은.
rujā *f.* [〃 *cf.* rujati] 병(病). 고통.
rujjhati [rundhati rudh의 *pass.*] 분쇄되다. 파괴되다. *cf.* rūhati ②.
ruṭṭha *adj.* [rus의 *pp.* rusita. *sk.* ruṣṭa] 화난. 격분한. 분노한.
ruṭhati → luṭhati *cf.* rudda.
ruṇ *ind.* [*onomat.*] 쿵[무겁게 떨어지는 소리].
ruṇṇa. roṇṇa *adj. n.* [rudati의 *pp. bsk.* ruṇḍa. ruṇṇa] ① 우는. ② 울음. 애도. -mukha 우는 얼굴을 한.
ruta *n.* [ravati ru의 *pp.*] ① 소음. 잡음. ② 울음. 노래소리. ③ 언어. *cf.* rava ②.
ruda = ruta.
rudati. rodati [*sk.* rodati rud] ① 울다. 울부짖다. ② 비탄해 하다. *opt.* rode; *fut.* rucchati. rucchiti. rodissati; *aor.* rodi; *abs.* ruditvāna. roditvā; *inf.* roditum̐; *ppr.* rudatna. rudamāna. rudam̐. rod-anta. rodantī(*f.*). rodamāna. rudato(*gen.*); *pp.* ruṇṇa. rudita. rodita; *caus.* rodāpeti.
rudammukha *adj.* [rudam̐-mukkha] 우는 얼굴을 한.
rudda *adj.* [=ludda. *cf. sk.* rudra. raudra] ① 사나운. ② 무서운. 잔인한.
rudhira *n.* [〃] 피. 혈액. *cf.* ruhira. lohita. -rundhana 색전증(塞栓症) -sāvaṇa 정맥절개술(靜脈切開術).
rundhati [rudh. rundh=rumbhati. rūhati ②] ① 방해하다. 제지하다. ② 감추다. 은폐하다. ③ 감금하다. 에워싸다. 포위하다. *aor.* rundhi. run-dhim̐su; *abs.* rundhitvā; *pp.* ruddha. rūḷha; *pass.* rujjhati.
rundhana *n.* [<rundhati] ① 방해. 감금. ② 투옥.
ruppa *adj.* [*sk.* rūpya] 형태를 지닌. 실재적인.
ruppati [rup=lup] ① 화가 나다. 압박을 받다. ② 괴롭다. 변화되다. *ppr.* ruppato. ruppatam̐. *cf.* lumpati.
ruppana *n.* [<rup] ① 방해. 골칫거리. ② 고민거리. 뇌괴(惱壞).
rumbhati. rumhati [=rundhati] 방해하다. 둘러싸다. 포위하다. *pp.* rūḷha.
rumma *adj.* [<ruj?] 비참한. 더러운. 초라한. 오구(汚咎)의. -rūpin 비참한 모습의. -vāsin 초라하게 차려입은.
rummin *adj.* [<rumma] 더러운. 오구(汚咎)의.
rumhaniya *adj.* [? rup. ruh의 *grd.*] ① 성장하는.

행운을 가져오는. ② 계속적으로 발전하는.
ruyhati = rūhati.
ruru *m* [〃] 루루[사슴의 일종]. -miga 루루 사슴[鹿].
rusita *adj.* [ruṣ의 *pp.* = ruṭṭha] ① 괴로운. 짜증난. ② 성난.
russati → dussati의 *misr.*
ruha ① *adj.* [<ruh] 오르는. 성장하는. 자라는 (나무). ② *n.* [=ruhira] 피. 혈액.
ruhaṅghasa *m* [ruha-ghasa=ruhirabhakkha] ① 피를 먹는 자. 식혈자(食血者). ② 표범.
ruhira *n.* [=rudhira] 피. 혈액. -kkhaya 빈혈. -uppādakamma 부처님의 몸에 피를 낸 죄업. 출불신혈업(出佛身血業). -uppādaka 부처님의 몸에 피를 낸 자.
rūta = ruta.
rūpa *n.* [〃] ① 색(色). 형상. 모습. 이미지. 아름다움. 시각의 대상. 상(象). 상(像). 상(相). 화(畵). ② 물질. 미세한 물질. 물질적인 성분. *cf.* khandha. ③ 몸. 육체. 인형(人形). -āyatana 물질의 영역. 색처(色處)[열두 가지 감역(十二處)의 하나]. -ārammaṇa 물질적 대상. 형상적 대상. 눈에 보이는 대상. 색소연(色所緣). -âvacara 미세한 물질계. 색계(色界)[初禪에서 四禪에 속하는 열일곱 갈래의 禪界로서 欲界보다 微細한 物質로 이루어진 上位의 世界]. -âvacarakusalakamma 미세한 물질계의 착하고 건전한 업. 색계선업(色界善業). -âvacaracitta 미세한 물질계의 마음. 색계심(色界心). -âvacarapaṭisandhi 미세한 물질계에의 결생. 색계결생(色界結生). -ûpagasatta 형태를 지니고 사는 존재. -ûpajīvinī 자신의 아름다움으로 사는 여인. 갈보. 매춘부(賣春婦). -ûpahāra 물질의 출현. 색지현(色持現). -ûpādāna 물질의 공급. 물질에 대한 집착. 색취(色取). -ûpādānakkhandha 물질의 집착다발. 색취온(色取蘊)[五取蘊의 하나]. -ûpapātti 미세한 물질의 세계에 태어난. 색계생(色界生). -okāsa 물질이 차지하는 장소·공간. 물질현상. 색용유(色容有). -kammaṭṭhāna 물질이라는 명상주제. 색업처(色業處). -kalāpa 육체를 구성하는 무리·다발. 색취(色聚)[paṭhavī. āpo. tejo. vāyo. vaṇṇa. gandha. rasa. ojā와 itthindriya 등]. -kāya 물질의 무리. 물질적인 몸. 색신(色身). -kkhandha 물질의 다발. 색온(色蘊 *cf.* khandha). -janakasatti 신진대사(新陳代謝). -jīvitindriya 육체적인 생명지속의 힘. 색명근(色命根). -jhāna 미세한 물질계의 선정. 색선정(色禪定). -ññū 물질에 대해 아는 자. 지색자(持色者). -taṇhā 미세한 물질계에 대한 갈애. 색애(色愛). -dakkha 형상에 밝은 법관. 예술가. 회계사(?). 명인(名人). 색견자(色見者). -dassana 형상에 대한 관찰. -dhamma 물질의 존재. 색법(色法). -dhammavidū 물리학자(物理學者). -dhātu 미세한 물질의 세계. 물질계(物質界). 형상요소. 형상세계. 색계(色界). -dhātuvijjā 물리학(物理學). -nandi 물질에 대한 환희. 색희(色喜). -nimitta 물질의 특징. 색상(色相). -patta 아름다운. -pamāṇika 외관으로 평가하는 것. 색신의 표준[세상이 如來를 評價하는 네 가지 방법(rūpa°. ghosa°. lūkha°. dhamma - pamāṇika) 가운데 하나]. -pātubhava 형태의 현현. -puñja 물질의 덩어리. 색취(色聚). -bhava 미세한 물질계의 존재. 색유(色有). -bhoga 물질의 향수. 색락(色樂). -maya 물리적인. -rasa 물질의 맛. 색미(色味). -rāga 미세한 물질계에 대한 탐욕. 색탐(色貪). -rūpa = nipphanarūpa 본래의 신체. 물질에서 만들어진 신체. 색색(色色)[一次的인 物質에서 만들어진 본래의 육체(rūparūpa)]. -vavatthāpanapaññā 물질의 차별에 관한 지혜. 색차별혜(色差別慧). -visaya 형상의 경계. 색경(色境). -saṅgaha 물질의 조합. 물질의 분류. 색취(色聚). -sañcetanā 형상에 대한 의도. 색사(色思). 색의사(色意思). -saññā 형상에 대한 지각. 색상(色想). -saññin 몰질·형상을 지각하는. -santati 물질적인 형상의 지속. -samāpatti 아름다움의 획득. 미세한 물질계에서의 선정의 성취. 색계정(色界定). -samussaya 형태의 합성. 복합적 형태. -sampatti 아름다움. 미(美). -sahagata 미모(美貌)를 갖춘. -siri 아름다움. 미(美). -sokhumma 물질에 대한 미세한 통찰. 색미세지(色微細智). -sobhā 아름다움. 미(美).
°rūpa *adj.* [〃] ① ~과 같은 모습의. ② ~과 같은. *cf.* adissamānarūpa 보이지 않는 모습의.
rūpaka *n.* [rūpa-ka] ① 형상. 모습. 이미지. ② 표상. assa° 장난감 말. maṇi° 보석(寶石)을 장식한 모습.
rūpatā *f.* rūpatta *n.* [rūpa의 *abstr.*] ① 물질의 성질. ② 변하고 파괴되는 성질. 변괴성(變壞性).
rūpavant *adj.* [rūpa-vant] ① 육체가 있는. ~의 모습을 한. ② 아름다운.
rūpavatī *f.* [rūpavant의 *f.*] 미녀(美女).
Rūpārūpavibhāga *m* [rūpa-arūpa-vibhaṅga] 색비색분별론(色非色分別論)[Buddhadatta가 지은 논서·철학서].
Rūpasiddhi *f.* [rūpa-siddhi] 색성취(色成就)[붓답삐야(Buddhappiya)의 문법서].
rūpika *adj.* [rūpa-ika] 형상을 지닌.
rūpin *adj.* [rūpa-in] ① 물질적인 성질을 가진. 형

상이 있는. ② 몸이 있는. ③ 미세한 물질의 영역(色界)에 속하는. rūpī° -duka 한 쌍의 물질의 성질을 가진 것. 유색이법(有色二法). -dhamma 물질의 다발에 속한 것. 유색법(有色法)[五根과 五境과 無表色을 말한다].

rūpinī *f.* [<rūpa] 아름다운 여자.

rūpiya ① *n.* [*sk.* rūpya '광채가 나는 것'] 은(銀). 은전(銀錢). 금은(金銀). 금전(金錢). 루삐[화폐의 단위]. -āyatta 화폐(貨幣)의. -cuṇṇa 은가루. 은분. -chaḍḍakabhikkhu 금은을 버리는 수행승. -pāti 은발우(銀鉢盂). -maya 은으로 만든. -vijjā 화폐학(貨幣學). -saṁvohāra 금은의 매매.

rūpiya ② → ruppa.

rūpupapatti. rūpupādāna → rūpa.

rūpūpahāra. rūpokāsa → rūpa.

rūpeti [rūpa의 *denom.*] ① 나타나게 하다. 나타나다. ② 알게 되다.

rūḷa *adj.* [=rudda] ① 무서운. 두려운. ② = rūḷha(?).

rūḷha ① [rohati<ruh의 *pp.*] 자라난. 치료된. ② *adj.* [=ruddha] 방해받는. 어려운. 장애가 있는. 곤란한.

rūḷhi *f.* [<rūḷha<ruh. *cf.* *sk.* rūḍhi] ① 전통. 관례. ② 성장. *loc.* rūḷhiyaṁ; *abl.* rūḷhito. rūḷhiyā. rūḷhivasena. rūḷhisaddena *adv.* 보통 말로해서. 흔하게 말해서. 보통.

rūhati ① [ruh=rohat. ruyhati] 성장하다. 퍼지다. 치료하다. 효과를 미치다. *aor.* rūhiṁsu; *ppr.* ruyhamāna; *pp.* rūḷha; *caus.* rūheti. roheti; *pp.* rūhita. ② [rundh=rumbhati. rumhati. rundhati. *cf.* rujjhati] 파괴되다. 중지되다. *pp.* rūḷha.

rūhana *n.* rūhanā *f.* [*sk.* rohaṇa] ① 성장. ② 치료(治療).

rūhita *adj.* *n.* [<rūhati ①] ① 헌데. 부스럼. 창(瘡). ② 병적인 성장.

re *ind.* *interj.* [are의 생략] 이봐! 이보게! 이놈아! 야![輕蔑의 뜻을 나타낸다].

rekhā *f.* [<rikh] 줄. 선(線).

recana *n.* [ric] ① 비움. 방출. ② 배설. 토함.

reṇu *m.* [〃] ① 먼지. 진개(塵芥). ② 꽃가루. 화분(花粉).

reruka *m.* [?] 상아.

roga *m.* [〃] 병. 질병. -ātaṅka 병에 의한 고통. -niḍḍha. -nīḷa 질병의 둥지·자리. 병소(病巢). -nicchayakara 진단메세지. -nidāna 발병(發病). -nidānavijjā 질병분류학. -ninnatā 질병의 소질(素質). -nirūpana 진단(診斷). -nivāraka 치유(治癒)의. 치료법의. -pattharaṇākāra 발병(發病). -phassa 질병에의 접촉. -byasana. -vyasana 질병과 관련된 상실[五厄難]. -bhaya 질병의 공포. -mūla 질병의 뿌리·원인. -rūpa 병색(病色). -lakkhaṇa 진단메세지. -kkhaṇaññū 병리학자. -lakkhaṇavijjā 병리학(病理學). -viññāṇa 진단(診斷).

rogin *adj.* *m.* [roga-in] ① 병이 있는. ② 환자.

rocati. rocate [*sk.* rocate ruc] 기뻐하다. 좋아하다. *caus.* roceti. *cf.* ruccati.

rocana *n.* [<rocati] ① 좋아함. ② 선택. 선호. ③ 빛남. 광명.

roceti [rocati의 *caus.*] ① 기쁨을 찾다. 기뻐하다. ② 동의하다. ③ 선택하다. *pres.* rocayāma. recemi; *abs.* rocetvā; *opt.* rocaye. roceyyātha; *aor.* arocayi.

Roja *m.* 로자. 려야천(攞耶天)[神·神界의 이름].

roṇṇa = ruṇṇa.

rodati = rudati 울다. 통곡하다.

rodana *n.* [<rodati] 울음. 통곡.

rodanto. rodi. roditum → rudati.

roditvā. rodissati. rode → rudati.

rodha [<rudh] ① *m.* 장애. 방해. 제지. parapāṇarodha 타인의 생명을 끊음. 살인. 살해. ② *n.* 둑. 제방. 댐.

rodhana *n.* [<rudh] ① 방해. 장애. ② 노획. 포획(捕獲). 포착(捕捉).

rodheti [rudh] ① 방해하다. ② 노획하다. 포획하다. 포착하다.

ropa [<rop=ruh의 *caus.*] ① 농장. 농원. ② 조림지(造林地).

ropa. ropaka *m.* [ropa-ka] 어린 나무. 묘목(苗木).

ropana *n.* ropanā *f.* [<ropeti] ① 식목. ② 치료. ③ 생육. 촉진. ④ 비난(*f.*).

ropaya *adj.* [<ropeti] 치료될 수 있는.

ropāpeti [ropeti ①의 *caus.*] (나무를) 심도록 시키다. 성장시키다.

ropita *adj.* [ropeti의 *pp.*] ① 심어진. 자라난. ② 비난을 받는. 책임 추궁을 당하는.

ropima *n.* [<ropeti] ① 심어진 것. 화살의 일종. ② 개량노(改良蘆).

ropeti ① [rūhati ① ruh의 *caus.*] 나무를 심다. 씨뿌리다. 조장하다. 증가시키다. 성장시키다. *opt.* ropayeyya; *pp.* ropita; *caus.* ropāpeti. ② [rūhati ② rundh. rudh의 *caus.*] 파괴시키다. 고백하게 하다. 비난하다. *pp.* ropita.

roma *n.* [〃 = loma] ① 몸의 털. 체모.

romaka *adj.* [roma-ka] ① 깃이 있는. 익모자(翼毛者). ② 로마로부터 수입된(?). -loṇa 로마까염(鹽)[로마로부터 수입된 소금(?)].

romanthaka *adj.* [<romanthati] 반추(反芻)하는.

romanthati. romantheti [*lat.* rumen] 반추하다.

romanthana *n.* [<romanthati] 반추.

Roruka *m* [?] 로루까. 로로가(勞嚕迦)[小都市의 이름].

roruva *m* [<ru] 사슴의 일종.

Roruva *m* [*bsk.* Raurava] 로루바. 규환지옥(叫喚地獄)[地獄의 이름].

rosa *m* [<ruṣ *cf.* *sk.* roṣa] ① 화. 성냄. 다툼. ② 진에(瞋恚). 진노(震怒). ③ 쟁론(爭論).

rosaka *adj.* [*cf.* *bsk.* roṣaka] ① 화난. 진노한. 격노한. ② 진에(瞋恚)의.

rosanā *f.* [<rosa] ① 화냄. 진에(瞋恚). ② 격노. 진노(震怒).

rosaneyya *adj.* [rosa의 *grd.*유형] 화내기 쉬운. 화나기 쉬운.

rosita *adj.* [rus의 *pp.* *sk.* rūṣita] 바른. 문지른. 기름을 바른.

roseti [rosati ruṣ의 *caus.*] ① 화나게 하다. 짜증나게 하다. ② 괴롭히다. *cf.* rusita. ruṭṭha.

rohañña *adj.* [<roha=rohita] 붉은.

rohati [=rūhati<rundh] 파괴하다.

rohicca *m* [<rohita] 로힛짜[사슴의 일종].

rohiṇī *f.* [〃] 붉은 황소. 적우(赤牛)[별자리 이름].

rohita *adj.* *m* [〃] 붉은. 로히따[고기의 일종. 사슴의 일종].

L

la ① *m.* 자음·문자 l의 이름. ② *ind.* 생략기호. peyyāla'중략'의 생략. *cf.* pe.

lakaṭṭhika *m.* [labuja-ka-aṭṭhika] 빵나무의 견과(堅果).

lakanaka *n.* [*sk.* lagnaka] 닻.

lakāra *m.* ① [alaṅkāra 의 생략] 돛. -nāvā 돛단배. *cf.* laṅkāra. ② [la-kāra] l의 문자·음소. la 어미. -āgama l의 문자·음소의 추가. -ādesa l의 문자·음소의 대체. -lopa l의 문자·음소의 제거.

lakuṭa *m.* [*sk.* laguḍa] 곤봉. *cf.* laguḷa.

lakuṇṭaka *m.* [*dial.*] 난쟁이. 주유(侏儒). -bhaddi 라꾼따까밧디. 주유발제(侏儒拔提)[比丘의 이름]. -bhaddiya 라꾼따까밧디야. 라바나발제(羅婆那拔提)[比丘의 이름].

lakuṇṭakatta *n.* [<lakuṇṭaka] 왜소.

laketi [=laggeti] ① 꽉 쥐다. 집착하게 하다. ② 고집하다.

lakkha *n.* [<lakṣ] ① 표시. 표적. ② 내기. 돈. ③ 십만(十萬). 100 koṭi에 해당하는 시간.

lakkhañña *adj.* [*cf. bsk.* lakṣaṇya] 상서로운. 길조(吉兆)의.

lakkhaṇa *n.* [*sk.* lakṣaṇa] ① 표지(標識). 표식(標識). 흔적. 특징(特徵). ② 미래를 알게 해주는 표지. 관상(觀相). 상호(相好). 삼십이상의 특징. 대인상의 특징. 길흉상(吉凶相). 두드러진 특징. 상(相). *cpds.* 상이 있는. ~ 의 특징이 있는. -āyuttikathā 특징을 지적하는 이야기. 상문설(相問說). -āhata 낙인찍힌. 낙인형자(烙印刑者). -kusala (신체의) 특징으로 점치는데 능한. -kusalatā 점치는 데에 능숙함. -paṭiggāhaka 예언가. 점쟁이. 현명한 사람. -pāṭhaka 점쟁이. -paddhati 상징주의(象徵主義). -manta (신체의) 특징에 관한 비밀학문. 상호주(相好呪). -mātikā 특징에 대한 논쟁점. 상논모(相論母). -rūpa 특징의 형상. 상색(相色)[생성(upacaya), 상속(santati), 쇠퇴(jaratā), 무상(aniccatā)]. -sampatti (상서로운) 특징이 성취. -sampanna (상서로운) 특징들을 갖추고 있는. -suñña 상공(相空)[相對的인 空으로 生相에는 滅相이나 住離相이 空한 것과 같은 空].

Lakkhaṇa *m.* [<lakkhaṇa] 락카나. 륵겁누(勒怯㝹). 륵차나(勒叉那)[比丘의 이름].

lakkhika. lakkhiya *adj.* [<lakkhī] 행운이 있는. 길조의.

lakkhita [lakkheti의 *pp.*] → abhilakkhita

lakkhī *f.* [*sk.* lakṣmī] ① 운. 행운. 화려. 번영. 행복. ② 길상천(吉祥天)[女神의 이름].

lakkheti [lakkha의 *denom.*] ① 특징짓다. ~에서 구별하다. ② 지적하다. ③ 효험을 부여하다. *pp.* lakkhita.

lagati. laggati [*sk.* lagati lag] ① 달라붙다. 걸려있다. ② 집착하다. *aor.* laggi; *abs.* laggitvā; *pp.* lagga. laggita; *caus.* laggeti.

lagana. laggana *n.* [<lag] ① 부착. ② 집착. 계착(繫着).

laguḷa *m.* [*sk.* laguḍa] ① 곤봉. ② 나무 방망이.

lagga. laggita *adj.* [laggati의 *pp.*] ① 달라붙은. ② 방해받는. 장애가 있는.

laggana *n.* [<laggeti] ① 부착. 집착. ② 의존. 걸려있는 상태. 매달림.

laggāpana *n.* [<laggāpeti] ① 부착시킴. ② 장애를 일으킴.

laggeti [laggati의 *caus.*] ① 걸다. 걸치다. 내걸다. 부착시키다. ② 단단히 고정시키다. 매다. *abs.* laggetvā; *caus.* laggāpeti.

laghima. laṅghima [?] 'aṇimalaghim'ādikaṁ' 이란 구절은 의미와 철자가 모두 의심스러움.

laṅkāra = lakāra

Laṅkā *f.* [〃] 스리랑카. 랑까. 능가(楞伽) [=Sīhaḷa. Tambapaṇṇi].

laṅkāra = lakāra.

laṅgī *f.* [<lag] ① 빗장. ② 울타리. ③ 장애. 무지(=avijjā).

laṅgula *n.* [=naṅgula] 짐승의 꼬리.

laṅghaka *m.* [<laṅgh] ① 뛰어 오르는 사람. ② 곡예사.

laṅghika *m.* laṅghikā *f.* [=laṅghaka] 곡예사[남녀].

laṅghamayā (*pl.*)[? laṅghi-mayā] 사슴(?). 여러 보석으로 이루어진 것들(?).

laṅghati [laṅgh] ① 뛰어오르다. 가볍게 뛰다. 도약하다. ② 뛰어넘다. 무시하다. 경시하다. *caus.* laṅgheti; *abs.* laṅghayitvā. °tvāna

laṅghana *n.* [<laṅgh] 도약. 뛰어오름. -naṭaka 곡예사(曲藝師).

laṅghāpana *n.* [<laṅghāpeti] ① 뛰게 함. ② 들어 올림.

laṅghi. laṅghī *f.* [<laṅgh '뛰거나 나는 것'] 사슴

의 일종. laṅghī° -pitāmahā '그의 할아버지가 사슴인 자' 학(鶴).
laṅgheti [laṅgheti의 *caus.*] 뛰어넘다.
laccham. lacchati. lacchatha → labhati.
lacchanti. lacchasi → labhati.
lacchāma. lacchāmi → labhati.
Lacchī *f.* [=Lakkhī. *sk.* Lakṣmī] 길상천(吉祥天) [女神의 이름]
lajjati [lajj] ① 부끄러워하다. 수줍어하다. ② 참괴(慚愧)하다. *pres. 3pl.* lajjare; *fut.* lajjissati; *abs.* lajjitvā; *inf.* lajjituṁ; *grd.* lajjitabba. lajjitāya; *pp.* lajjita; *caus.* lajjāpeti.
lajjana *n.* [<lajjati] 부끄러움. 참괴(慚愧).
lajjanaka *adj.* [lajjana-ka] ① 망신시키는. 창피를 주는. ② 부끄러운.
lajjava *n.* [<lajjati] ① 수줍음. 적면(赤面). 염치(廉恥). ② 유화(柔和). 얌전[=maddava].
lajjā *f.* [<lajjati] ① 부끄러워함. ② 수줍음. 얌전함. ③ 참괴(慚愧). *ins.* lajjāya 부끄러워하여. -bahula 예민한. 민감한.
lajjāpana *n.* lajjāpanikā *f.* [<lajjāpeti] ① 치욕을 줌. 부끄럽게 만듦. ② 불명예.
lajjitabbaka *n.* [lajjati의 *grd.* -ka] ① 부끄러워해야 할 것. 부끄러움의 원인. ② 불명예. 치욕(恥辱).
lajjin *adj.* [lajjā-in] ① 부끄러움을 느끼는. ② 얌전한. 수줍어하는. lajji° -dhamma 수줍음. 부끄러움을 느낌. 유치법(有恥法). -puggala 부끄러움을 아는 사람. 유치인(有恥人).
lacchati labhati의 *fut.*
lañca *m.* [〃] 선물. 뇌물. -khādaka 뇌물로 생활하는 사람. -ggāha 뇌물을 받음. -daṇḍaka 선물로 주어진 지팡이(?). -dāna 뇌물주기. -vittaka 뇌물로써 부자가 된 자.
lañcaka *adj.* [?<*sk.* lañj] ① 알려진. ② 가장 탁월한. 탁월한 선물(?).
lañcana → lañchana. lañchaka 의 *misr.*(?) ti-lañcana = pupphādhānāni tīṇi '꽃을 바치는 세 개의 돌 테라스'.
lañcha *m.* [<lañch] ① 날인. ② 흔적.
lañchaka *m.* [lañcha-ka] 도장을 찍는 사람.
lañchati [lañch *cf. sk.* lakṣate. lakṣayati] 도장을 찍다. 날인하다. *caus.* lañcheti. lañchāpeti.
lañchana *n.* [<lañch] ① 도장. 날인. ② 흔적.
lañchāpeti [lañchati의 *caus*] ① 날인시키다. ② 봉인시키다.
lañchita *adj.* [lañchati의 *pp.*] 날인된.
lañcheti [lañchati의 *caus.*] ① 날인하다. 표시하다. ② 봉인(封印)하다. ③ 문지르다. *abs.* lañjetvā; *caus* lañchāpeti.
lañjaka *m.* [=lañcaka] dīpalañjaka = dīpavaṁsa '섬의 이야기'. '스리랑카 섬'.
laṁjeti → laṁchati. laṁcheti. valaṁjeti.
laṭukikā *f.* [*cf.* laṭvāka] 인도 메추라기. 순조(鶉鳥).
laṭṭhaka *adj.* [*cf. sk.* laṭaha] ① 아름다운. ② 사랑스러운. ③ 길조의.
laṭṭhi *f.* [=yaṭṭhi. *sk.* yaṣṭi] ① 지팡이. ② 어린 나무. ③ 싹. -madhu. -madhuka 감초(甘草). -hattha 손에 지팡이를 갖고 있는 (사람).
laṭṭhikā *f.* = laṭṭhi.
laṇḍa *n.* [〃] ① 배설물. ② 짐승의 똥.
laṇḍikā [<laṇḍa] 짐승의 똥. ajalaṇḍika 염소똥.
latā *f.* [〃] 넝쿨. 넝쿨식물. 넝쿨풀. -kamma 넝쿨엮기. 넝쿨을 엮은 작품. -tūla 칡의 타래. 갈면(葛麵).
laddha *adj.* [labhati labh의 *pp.*] ① 받은. 얻어진. 획득된. ② 성취된. -adhippāya 소원을 성취한 자. -assāsa 호흡이 되살아난 자. -upasampada 구족계를 받은 자. 수계자. -jaya 승리한. -jīvika 회복된. 소생된. 회상된. -nāma 소위. 이른바.
laddhabba. laddhā. laddhāna → labhati
laddhi *f.* [<laddha] ① 종교적인 믿음. 견해. 이론. ② 이단적인 견해.
laddhika *adj.* [laddhi-ka] (잘못된) 견해를 가진. 이단적인.
landhati → nandhati. pilandhana.
laddhuṁ. laddheyya → labhati
lapa *adj. m n.* [<lap] ① 수다스러운. 잡담하는. ② 수다쟁이. 요설쟁이. ③ 수다. 잡담. 요설.
lapaka *m.* [lapa-ka] ① 중얼거리는 사람. ② 수다스런 사람. 허담자(虛談者).
lapati [〃lap] ① 이야기하다. 수다를 떨다. 중얼거리다. ② 소란피우다. ③ 울다. *pp.* lapita; *caus.* lapeti. lāpeti.
lapana *n.* lapanā *f.* [<lapati] ① 수다. ② 혀가 짧은 소리. ③ 은어(隱語). ④ 요설(饒舌). lapana-kuhana 수다에 의한 기만.
lapāpana *n.* [<lapāpeti] 이야기. 중얼거림.
lapāpeti [lāpeti의 *caus.*] 말을 걸게 하다.
lapita *adj.* [lapati의 *pp.*] ① 이야기하는. 중얼거리는. ② 소란한.
lapila → lampila.
lapeti. lāpeti [lapati의 *caus.*] ① 말을 걸다. 부탁하다. ② 구걸하다. *inf.* lapetave; *caus.* lapāpeti.
labuja *m.* [〃] 빵나무. 나부자(羅浮闍)[Artocarpus Lacucha].
labbhati [labhati의 *pass.*] ① 얻어지다. ② 할 수

있다. 가능하다. *opt.* labbhā. labbhetha
labbhamanatta *n.* [labhati의 *ppr. med. abstr.*] 받는 사실.
labbhā [labhati의 *opt. 3sg.*] ① 할 수 있다. 가능하다. ② 얻을 수 있다. *cf.* sakkā.
labbheti [labhati의 *caus.*] 얻게 하다. *aor.* alabbhesi.
labha ① *adj.* [labh의 어간] 받는. 얻는. *cf.* dullabha 얻기 어려운. sulabha 얻기 쉬운. ② labhati의 *imp.*
labhataṁ labhati의 ① *imp. 3sg.* ② *ppr. pl. dat. gen.*
labhati [〃 labh] ① 얻다. 획득하다. ② 도달하다. *pres.* labhati. labhate. labhe. labhare; *fut.* lacchati. lacchasi. lacchāmi. lacchāma. lacchāmase. labhissati; *opt.* labhe. labhetha. labheyya. labhetho; *imp.* labha. labhatu. labhassu. labhataṁ. labhāmase. labhāmhase; *aor.* alattha. alatthaṁ. alatthamha. alatthaṁsu. alatthuṁ. labhi. labhiṁ. alabhiṁ. alabhitthaṁ. alabhittha. labhimhā; *cond.* alabhissāma. alabhissatha; *abs.* laddhā. laddhāna. labhitvā; *inf.* laddhuṁ; *grd.* labbhiya. labbhaneyya. labbhanīya. laddhabba. laddheyya; *pp.* laddha; *caus.* labbheti; *pass.* labbhati.
labhi. labhiṁ. labhimhā labhati의 *aor.*
labhe. labhetha labhati의 *opt.*
labhetho. labheyya labhati의 *opt.*
labhana *n.* [<labh] 취득. 획득.
lamba *adj.* [<lamb] 늘어진. 매달린.
lambati [〃 lamb] ① 매달리다. ② 늘어지다. 현수되다. *aor.* lambiṁsu; *fut.* lambahīti. lambissati; *pp.* lambita; *caus.* lambeti. lambāpeti.
lambin *adj.* [lamba-in] ① 늘어진. 드리울 수 있는. ② 매달릴 수 있는.
lambila *adj.* [*cf.* ambila] ① (맛이) 신. ② 쓴. ③ 격심한. *cf.* lapila. lampila로 읽는 수도 있다.
lambheti [<labh의 *sk. caus.*] → palambheti.
laya *m.* [〃] ① 짧은 측정의 시간. 경각. 소시(小時). ② 리듬. 멜로디. 조화. 동일한 시간. -ânuga 조화로운. 리듬있는. 멜로디가 있는.
lalanā *f.* [<laḷati] ① 여자. ② 음탕한 여인. 유녀(遊女).
laḷati. lalati [lal] ① 놀다. 장난치다. 유희하다. ② 노래하다. *ppr.* laḷamāna; *caus.* laḷeti. lāḷeti. *ppr.* lāḷenta; *pp.* laḷita.
lalāṭa → nalāṭa [*cf.* laṅgula] 이마. 전면(前面).
laḷeti. lāḷeti [laḷati의 *caus.*] 놀게 하다.
lalita *n.* [<laḷati] ① 장엄. 아름다움. ② 품위. ③ 유희(遊戱).
lavaṅga *m.* [〃] 정향목(丁香木).
lava *m.* [<lū] ① 소량. 미량. ② 한 방울.
lavaka *m.* [<lū] ① 베는 사람. ② 수확자.
lavaṇa *n.* [=loṇa] ① 소금. 식용소금. ② 로션(*eng.* lotion).
lavana *n.* [<lunāti] ① 풀을 벰. ② 곡식을 벰.
lavāpeti lunāti의 *caus.*
lasagata → lepa-gata 점착성이 있는.
lasati [las. laṣ] ① 바라다. 춤추다. ② 놀다. 빛나다. *caus.* lāseti 놀다. 즐기다.
lasikā *f.* [〃] 관절을 부드럽게 하는 액체. 관절액(關節液). 관절활액(關節滑液).
lasī *f.* [?] 두뇌.
lasuṇa. lasuna *n.* [*sk.* laśuna] 마늘. 달래. 산(蒜).
lahati [<lih] → ullahaka. palahati. lehati. lihati ① 핥다. 닦다. ~을 핥다. ② 휩쓸다. 때리다.
lahu *adj.* [*sk.* laghu. raghu] ① 가벼운. 빠른. ② 단음절(單音節)의[시형론]. *abl.* lahuso. *acc.* lahuṁ *adv.* 빠르게. -āpatti 가벼운 죄. -citta 경솔한. 가벼운 마음. 경심(輕心). -ṭṭhāna 경쾌. 기거경리(起居輕利). -paññā 가벼운 지혜. 경혜(輕慧). -parikkhāra 가벼운 도구. -parivatta 빠르게. 쉽게 변하는. -pāvuraṇa 가벼운 옷. -bhojanâgāra 음식점. 대중음식점. -vuttin 간편하게 사는 (사람). -saññā 가벼움에 대한 지각. 가벼운 기분. -setaloha 알루미늄.
lahuka *adj.* [lahu-ka] ① 가벼운. ② 쾌활한. ③ 음절의 약세. 단음(短音)의.
lahutā *f.* [lahu의 *abstr.*] ① 가벼움. ② 민첩함. ③ 경쾌함. 경성(輕性).
lahusa *adj.* [<lahu] 쉽게 화내는. 성급한.
lahuso *ind.* [lahu의 *abl.*] 빠르게.
lākhā *f.* [*sk.* lākṣā] ① 락(lac; 천연수지). 락염료. ② 연지(臙脂). 옻칠. -ācariya 락염색의 전문가. -guḷaka. -goḷaka 락의 덩어리. -tamba 락으로 채색된 구리. -rasa 락추출물. 락염료.
lāja *m.* lājā *f.* [*cf. sk.* lāja] 볶은 곡식.
lājeti [<lāja] 기름에 튀기다.
lāpa *m.* [<lap] 메추라기의 일종. 순조(鶉鳥).
lāpana *n.* [=lapanā<lap] ① 말을 걸기. ② 중얼거림. ③ 발언.
lāpin *adj.* [lapa-in] ① 어리석게 말하는. 허언하는 자. 망언하는 자. ② 요설자(饒舌者).
lāpu. lābu *f.* lābuka *m.* [=alābu] 긴 조롱박. 호리병박[과류(瓜類)]. -kaṭāha 표단(瓢簞). 호리병. -latā 조롱박의 넝쿨. 과만(瓜蔓).
lāpeti → lapeti.

lābha *m.* [〃<labh] ① 수령. 획득. 취득. 이득. 이익. ② 소유. 재산. ③ 이양(利養). ④ *interj.* 만세! *dat.* lābbhā [lābhāya의 대신] 이익을 위하여. lābhena lābhaṁ nijigiṁsita 이익으로 이익을 구하는 자. -agga 최상의 이익. 최상의 소득. -ânuttariya 최상의 이득. 얻는 것 가운데 최상[믿음 등을 얻는 것]. 득무상(得無上). -āsā 이득을 바람. -kamyā (*abl.*) 이득을 원하기 때문에. -taṇhā 소유욕. -nānatta 이득의 다양성. 여러 종류의 이득. 득종종(得種種). -macchariya 이득에 대한 인색. 이득간(利得慳). -mada 이득에 의한 도취·교만. 이양교(利養憍). -sakkāra 이득과 명예. 이득공경(利得恭敬). -sakkārasiloka 이득과 명예와 칭송. 이양공경명칭(利養恭敬名稱).

lābhaka *adj. m. n.* [<lābha] ① 수령하는. ② 영수자. ③ 받기. 획득.

lābhā *f.* = lābha.

lābhin *adj.* [lābha-in] ① 받는. 얻는. ② 많이 받는 (사람). 소득이 있는 (사람).

lāmaka *adj.* [*cf.* omaka?] ① 하찮은. 진부한. 범속한. 형편없는. 열등한. 나쁜. ② 죄많은. 열악한. 사악한. *f.* lāmikā.

lāmajjaka. lāmañjaka *n.* [*sk.* lāmajjaka] 식물 (Andropogon Muricatus)의 뿌리.

lāyaka *m.* [<lāyati] 베는 사람.

lāyati [=lunāti. lāvati lū] 자르다. 베다. *abs.* lāyitvā = lāvitvā; *pp.* lāyita.

lāyana *n.* [<lāyati] 벰. 자름. 절단.

lāyita *adj.* [lāyati의 *pp.*] 베어진. 잘라진.

lāla *adj.* [<lal] ① 무의미한 말을 하는. 공허한 말을 하는. ② 어리석은.

lālaka *m.* [lāla-ka] ① 익살꾼. ② 어리석은 자. 바보.

lālapati. lālappati [lapati의 *intens.*] ① 많이 말하다. 어리석게 말하다. ② 슬퍼하다. 애도하다. 체읍하다. *ppr. pl. gen.* lālapataṁ; *pp.* lālappita.

lālappa *m.* lālappana *n.* lālappanā *f.* [<lālappati] ① 말을 많이 함. 공허한 말. 용어(冗語). ③ 비탄. 애도. 읍언(泣言).

lālappita *adj. n.* [lālappati의 *pp.*] ① 많이 말하는. ② 말이 많은 것. 흥분된 이야기.

lālā *f.* [*cf.* laḷati] 침. 타액.

lāḷana. lālana *n.* [<lal] 동요. 빈들거림. 희롱.

lāḷeti. lāleti = laḷeti → laḷati.

lāvaka *m.* [=lāyaka] 베는 사람. 자르는 사람.

lāvati [=lāyati. lunāti lū] 베다. 자르다. *abs.* lāvitvā; *caus.* lāvayati. lavāpeti.

lāvayati. lāveti [lāvati. lunāti lū의 *caus.*] 베게 하다. 자르게 하다.

lāsa *m.* [<las] ① 운동. 놀이. ② 춤.

lāsika *f.* [<las] 춤추는 사람. 무희.

lāseti [lasati의 *caus.*] 놀다. 즐기다.

likuca *m.* [〃] 빵나무[Artocarpus Lacucha].

likkhā *f.* [*sk.* likṣā] ① 도량형의 단위[36 rattareṇus = ① likkhā. 7 likkhā = ① ūkā]. ② 이의 알. 벼룩알.

likhati [〃 likh] ① 긁다. 자르다. 베다. ② 쓰다. 새기다. *pp.* likhita; *caus.* lekheti. likhāpeti 쓰게 하다. 새겨지게 하다.

likhana *n.* [<likh] ① 긁음. 베기. ② 글쓰기. 서사(書寫).

likhā → lekhā의 *misr.*

likhita *adj.* [likhati의 *pp.*] ① 긁어진. 새겨진. 써진. ② 베어진. -cora 범법자(犯法者).

likhitaka *adj. m.* [likhita-ka] ① 법률상의 보호를 박탈당한. ② 추방자. 도적(盜賊).

liṅga *n.* [〃<liṅg] ① 특징. 표식(標識). 표지(標識). 속성. ② 남성의 생식기. 남근(男根). (문법적인) 성(性). -antaradhāna 부처님에게서 남근의 은몰. 외상은몰(外相隱沒). -vipallāsa 성의 교체. 성전환(性轉換). -visabhāga 이성(異性).

liṅgāla *m.* [*sk.* liṅgālikā '쥐의 일종'] 영양(?).

liṅgika *adj.* [<liṅga] ① 특징이 있는. ② 성(性)에 관계되는.

liṅgeti [liṅga의 *denom.*] ① 껴안다. ② 특징을 부여하다. *abs.* liṅgiya. *cf.* āliṅgeti.

Licchavi *m.* 릿차비. 이차족(離車族) [밧지(Vajji) 국의 種族名. 首都는 Vesali임].

litta *adj.* [limpati 또는 lippati의 *pp.*] ① 발라진. 더러워진. ② ~의 투성이가 된.

lipi *f.* [〃<lip] ① 문자. 문서. 서류. 알파벳. ② 글쓰기. 서사(書寫). -bhaṇḍika 문방구상. 서적상(書籍商).

lippati [limpati의 *pass.*] 발라지다. 더러워지다. *pp.* litta.

limpati [lip] 바르다. 더럽히다. *pass.* lippati; *pp.* litta. limpita; *caus.* lepeti. limpeti. limpāpeti 바르게 하다.

limpana *n.* [<lip] ① 바름. 칠. ② 얼룩. 오점. ③ 손상.

lisati [*sk.* liśate<liś] ① 부러지다. 찢어지다. ② 떼어내다. 잡아당기다.

lihati. lehati [*sk.* lihati lih] 핥다. *aor.* lehayiṁsu; *abs.* lehitvā; *grd.* leyya; *pp.* līḷha.

līna *adj.* [līyati의 *pp.*] ① 느린. 게으른. 둔한. ② 수줍어하는. 위축된. 내성적인. ③ 감추어진. 은폐된. 은몰(隱沒)된. ③ 집착하는. -attha 감추어진 의미. 현의(玄義). -citta 느린. 둔한. 수줍어하

는 마음. 퇴축심(退縮心). 하열심(下劣心).
līnatta *n.* līnatā *f.* [<līna] ① 활발치 못함. 수줍어함. ② 은몰(隱沒).
Līnatthapakāsanā *f.* [līna-atthapakāsanā] 현의명소(玄義明疏) [Sāriputta의 滅戱論疏에 대한 復註].
Līnatthapakāsinī *f.* [līna-atthapakāsinī] 현의해소(玄義解疏) [Dhammapāla의 네 니까야의 義疏에 대한 復註].
Līnatthavaṇṇanā *f.* [līna-atthavaṇṇanā] 현의찬(玄義讚)[Dhammapāla의 자신의 作品에 대한 註釋].
līyati [〃<lī] ① 수축하다. 줄어들다. ② 시들다. ③ 집착하다. ④ 녹다. 미끄러지다. *pp.* līna.
līyana *n.* [<līyati] ① 수축. 줄어듦. ② 시듦. ③ 집착. 고착. 정지.
līyanā *f.* [<līyana] ① 집착. 고착. 둔함. ② 위축.
līyitatta *n.* [līyati의 *pp. abstr.*] = līyanā.
līlā. līḷā *f.* [*sk.* līlā] 놀이. 희롱.
līḷhā *f.* [*sk.* līḍha<lih의 *pp.*] ① 우아함. 매력. 능숙함. ② 안정.
lugga *adj.* [rujati 또는 lujjati의 *pp. cf. sk.* rugna] ① 부서진. 단괴(斷塊)된. ② (길이) 울퉁불퉁한.
lujjati [rujati ruj의 *pass. sk.* rujyate] 부서지다. 파괴되다. 단괴(斷塊)되다. *pp.* lugga.
lujjana *n.* [<lujjati] ① 파괴. 해체. 분해. ② 세편. 잘게 부서진 것.
luñcati [〃 luc. luñc] ① 잡아당기다. 뽑다. (새의 털을) 뜯다. ② 찢다. 껍질을 벗기다. *aor.* aluñci; *abs.* luñcitvā; *pp.* luñcita; *caus.* luñ- cāpeti. loceti.
luṭati = luḷati.
luṭhati [*sk.* luṭhati<luṭh] ① 훔치다. ② 약탈하다. *aor.* lumpi; *pp.* lumpita; *abs.* lumpitvā.
luta. lutta *adj.* [=lūna. lunāti의 *pp.*] 베어진. 절단된. 잘라진.
ludda *adj. m* [=rudda. *sk.* raudra] ① 사나운. 무서운. 잔인한. ② 사냥꾼. 수렵가. 엽사(獵師) [=luddaka]. -kamma 흉폭한 행위.
luddaka *m* [=ludda] 사냥꾼. 엽사(獵師).
luddha *adj.* [lubbhati의 *pp.*] ① 비참한. ② 탐욕스러운. 탐내는. -citta 탐욕스러운 마음을 지닌.
lunana *n.* [lūna-na *cf.* lavana] ① 절단. ② 엄함. 가혹함.
lunāti [〃 lū=lāyati. lāvati] 베다. 베어내다. 절단하다. 자르다. *opt.* luve. luye; *pp.* lūna. luta; *caus.* lāvayati. lavāpeti; *pass.* lūyati. *cf.* lava. lavaka. lavana.
lubbhati [lubh] 몹시 탐내다. 열망하다. *grd.* lobhaneyya. lobhanīya; *pp.* luddha.
lubbhana *n.* [<lubh] 탐욕. 갈망.
Lumbinī *f.* [〃] 룸비니. 람비니(藍毘尼)[부처님이 태어난 동산].
lumpati [<lup] ① 파괴하다. 해치다. ② 공격하다. 약탈하다.
lumpana *n.* [<lumpati] 약탈. 먹어치움.
luyyaka *adj.* [<lunāti] 잘라내는.
luḷati [luḍ. lul] = luṭati. ① 세게 흔들다. ② 동요시키다. *pp.* luḷita; *caus.* loleti.
luḷita [luḷati의 *pp.*] 동요된. 혼란된.
luve. luye lunāti의 *opt.*
lūka *m* [=ulūka] 올빼미. 효(梟).
lūkha *adj.* [*sk.* rūkṣa. *bsk.* lūkha. lūha] ① 거친. 불쾌감을 주는. 조악한. 고행적인. ② 가난한. 비참한. 천한[일반적으로 옷이나 음식에 적용]. -ājiva 거친 고행적인 삶을 사는. 비참한 생활을 영위하는. -cīvara 거친 옷을 입은. -ppamāṇika 거친 고행적인 삶으로 평가하는 것. 겸허의 표준. -ppasanna 거친 고행적인 삶을 신앙하는. -pāpuraṇa 조악한 옷을 두른.
lūkhatā *f.* [<lūkha] ① 불행. 비참. ② 고행.
lūkhasa *adj.* [<lūkha] ① 거친. ② 비참한. ③ 고행하는.
lūtā *f.* [*sk.*<lūtā] 거미.
lūna *adj.* [lunāti의 *pp.*] 베어진. 잘라진.
lūyati [lunāti의 *pass.*] 베어지다. 잘라지다. *imp.* lūyantu; *aor.* lūyiṁsu.
lekha *m* [〃<likh *cf.* lekhā] ① 글쓰기. 서사(書寫). 비명(碑銘). 편지. ② 얇은 조각. 세편(細片). -patta 편지.
lekhaka *m* [lekha-ka] ① 서예를 아는 자. ② 서기. 비서. 사무원.
lekhaṇī *f.* [〃] 필기구. 연필.
lekhana *m* [lekha-na] ① 점원. 회계. ② 문자. ③ 명문(銘文). 편지. 서류. -gata 기록된. -gatakaraṇa 등록. 등기. -phalaka 책상.
lekhā *f.* [〃<likh *cf.* lekha] ① 줄. 선. ② 글쓰기. 서사(書寫). 문자. 쓰는 기술. 조각(彫刻). 서술. 명문. -ācariya 글쓰기를 가르치는 선생. 서사사(書寫師). -citta 도표(圖表). 도해(圖解). -sippa 쓰는 기술. 서술(書術).
lekhanī *f.* [〃<likh] 펜. -mukha 펜촉.
lekheti [likhati의 *caus.*] ① 새기게 하다. 새기다. ② 자르게 하다. 자르다. ③ 긁게 하다. 긁다. *pp.* lekhita.
leḍḍu *m* [*sk.* leṣṭu] 흙덩이. 토괴(土塊). -daṇḍādi 흙덩이와 지팡이 등. -pāta (너무 멀지 않은) 어느 정도의 거리. 척석소급소(擲石所及所)[던

져진 흙덩이가 도달할 수 있는 거리].
leḍḍuka *m* = leḍḍu.
leṇa. lena *n* [*bsk.* 〃] ① 동굴. 바위굴. 산굴(山窟). 주방(住房). ② 피난처. 도피처. -gavesin 피난처를 찾는. -gāmin 동굴에 도달한. -guhā 산굴. 동굴. -dvāra 피난처·동굴의 문. -pabbhāra 동굴.
lepa *m* [〃 <lip] ① 칠하기. 바르기. 도포(塗布). 접착제. 점착(粘着). ② 애정. 집착. -citta 소상(塑像).
lepana *n.* [<lip] 바르기. 칠하기.
lepeti → limpati.
leyya *adj. n.* [lihati lih의 *grd.*] ① 핥아져야 할. 빨아져야 할 (음식). ② 음료.
lesa *m* [*cf. sk.* leśa] ① 가짜. 속임수. 유사(類似). ② 흔적. ③ 책략. 구실. ④ 환심(歡心). -kappā. 유사(類似)한. -mattā 그림자. 음영(陰影).
lehati = lihati 핥다.
loka *m* [〃] ① 세계. 현상세계. 유정세간. 세간. 세속. 사회. ② 세속적인 것. 세계의 구분. 물질적 요소. 세속적인 카테고리. 영역. ③ 인간. 인류. 중생. 뭇삶. -akkhāyikā 세계기원론. 세속철학. 순세철학(順世哲學). -âsubhadiṭṭhi 악세설(惡世說). -yikakathā 세계(의 기원)에 관한 이야기·사변. 세계론. 세계기원론. -agga 세상의 우두머리. 부처님의 총명. -attha 세계·세간의 이익. -atthacariyā (모든) 뭇삶을 유익하게 하는 삶의 실천. 박애주의(博愛主義). 이세간행(利世間行). -atthacārin 박애주의자(博愛主義者). -anta 세상의 끝. -antagū 세상의 끝에 도달한 자[阿羅漢의 별칭]. -antara 유일한 세계들 사이의 공간. -antarika 세계의 중앙에 있는 (지옥들). -âdhipa 세계의 지배자. -âdhipacca 세계의 지배. -âdhipati 세계의 주인. -âdhipateyya 세상의 지배적인 영향. 세상의 동기. 세증상(世增上). -âbhivuddhisādhakamata 사회개량론(社會改良論). -ācārapaṭipakkha 괴상한. 상도를 벗어난. -ānukampā 인간 세상에 대한 연민. 박애주의(博愛主義). -ānukampin 박애적인. 박애주의자(博愛主義者). -issara 세계의 주인. -āmisa 세속적인 이득. 세속적인 재물. 세속적인 자양. -āyata 대중적인 철학. 순세론(順世論). -āyatasippa 처세술. 순세술(順世術). -āyatika 세속철학을 주장하는 자. 순세파(順世派). -uttara 출세간(出世間). -citta 세속적인 마음. 세간심(世間心). -cintā 세계에 대한 철학. 세계에 대한 사유. 세간사유(世間思惟). -jeṭṭha 세상의 주인[세존(世尊)]. -dhamma (파괴되어야 하는) 세간의 법. 세간법(世間法). -dhātu 세계(世界). 우주(宇宙). 대우주(大宇宙). -nātha 세계의 구원자. -nāyaka 세계의 안내자·도사(導師). -nimmāṇa 자연(自然). -nirutti 세속적인 언어. -nirodha (파괴되어야 할) 세상·세계의 소멸. -pajjota 세계의 빛. 세계광(世界光). -paññatti 세상에 대한 시설. 세간시설(世間施設). -pariyāpanna 세상에 소속된 것. 세간소섭(世間所攝). -pāladevatā 세계의 수호신. -ppadīpa 세계의 등불. -ppasāda 세계의 청정. 세간청정(世間淸淨). -byūha '세계의 장엄'[神界·天界의 이름]. -mariyādā 세계의 범위·한계. -mānin 세상에 대해 생각하는. -vajja 평범한 죄. 세간죄(世間罪). -vaṭṭa 세상의 윤회. -vāda 세상에 대한 이야기. 세론(世論). -vidū 세계를 아는 자. 세간해(世間解)[부처님]. -vivaraṇa 세계의 모습을 드러냄. 세계개현(世界開顯). -vohāra 일반적인 구별. 보통의 말하는 법. 세간의 언설. -saṅketa 세간의 지정된 장소. 세간세속(世間世俗). -saññin 세상에 대해 인식하는. -sannivāsa 세상과 함께 사는 것. 세간주(世間住). -samaññā 세간(世間)의 명칭. -sivaṅkara 구세주(救世主).
lokāyata *m* [〃] 로까야따. 세속철학. 세간적인 철학[세계에 대한 일반적이고 대중적인 견해. 논리적으로 증명할 수 있는 자연에 설명으로서의 유물론. 나중에는 궤변론으로 이해됨]. 순세외도(順世外道). 세간론(世間論). -vāda 물질주의. 세속주의. -sippa 처세술. 순세술(順世術).
lokāyatika *adj. m* [lokāyata-ika] ① 세간적인 철학을 지닌. 세속철학을 주장하는 자. ② 세속주의자. 물질주의자. 순세파(順世派).
lokika *adj.* [*sk.* laukika] 세계의. 세간의. 세속적인. -tta 세속화. 비속(卑俗).
lokiya *adj.* [*sk.* laukika] 세계의. 세간의. 세속적인. lokiyā abhiññā 세간적 곧바른 앎[여덟 가지 종류의 초월적 능력(神足通 : iddhi), 멀고 가까운 소리를 들을 수 있는 하늘귀(天耳通 : dibbasota), 타인의 마음을 읽는 앎(他心通 : parassa cetopariyañāṇa), 자신의 전생에 대한 새김(宿命通 : pubbenivasānussati), 타인의 업과 과보를 아는 하늘눈(天眼通 : dibbacakkhu)]. lokiya° -duka 한 쌍의 세간법(世間法). -bhāvanā 세속적인 수행. 세간수습(世間修習). -magga 세속의 길. 세간도(世間道). -vasena 세속적(世俗的)으로. -vipassanā 세간의 관찰법. -sacchikiriyā 세간·세속에 대한 체험. 세간작증(世間作證).
lokuttara *adj.* [loka-uttara. *bsk.* lokottara] ① 초세속적인. 탈속한. 초월적인. ② 출세간의. 성스러운. lokuttarā abhiññā 출세간적 곧바른 앎[=번뇌 부숨에 대한 궁극적인 앎(漏盡通 : āsava-

kkhayañāṇa)]. -kusala 출세간적인 선. 출세간선(出世間善). -cariyā 출세간의 행위. 출세간행(出世間行). -citta 출세간의 마음. 출세간심(出世間心). -cittasaṅgahanaya 출세간의 마음의 조합 방식. -ñāṇa 출세간적인 앎. 출세간지(出世間智). -bhāvanā 출세간의 수행. 출세간수습(出世間修習). -magga 출세간의 길. 출세간도(出世間道). -vipassanā 출세간적인 통찰. -vipāka 출세간적인 결과[異熟]. -sacchikiriyā 출세간의 체험. 출세간작증(出世間作證). -samādhi 출세간의 삼매. 출세간정(出世間定).

lokesa *m.* [loka-īsa] ① 브라흐마. 하느님. ② 창조주. 범천(梵天)

locaka *adj.* [*sk.* luñcaka<luñc] 잡아 뽑는. 잡아 뽑는 사람.

locana ① *adj. m.* [<loc. lok] 눈이 있는. 눈[眼]. ② *n.* [<luñc] 당김. 뽑음. 찢음.

loceti [luñcati의 *caus.* = luñcāpeti] 잡아당기다. 뽑다. 뽑게 하다. *aor.* alocayiṁ.

loṭana *n.* [*sk.* lolana<luṭ] ① 흔들기. 동요. ② 전복(顚覆).

loṇa *n.* [*sk.* lavaṇa] ① 소금. 소금기. ② 알카리. -ambila 소금과 신죽. -odaka 소금물. -kāra. -kāraka 소금 만드는 사람. 제염업자(製鹽業者). -ghaṭa 소금이 들어있는 병. 그릇. -dhūpana 소금을 곁들인. -phala 소금의 결정. -maccha 소금에 절인 물고기. 염지어(鹽漬魚). -rasa 소금의 맛. 함미(鹹味). -sakkhara. -sakkharikā 소금의 결정. -sovīraka 소금 친 신죽. 염죽(鹽粥).

loṇika. loṇiya *adj.* [<loṇa] ① 짠. 소금기가 있는. 염분이 함유된. ② 알카리성의. -teliya 소금과 기름이 준비된.

loṇī *f.* [<loṇa] ① 개펄. ② 소금기가 있는 웅덩이.

lodda *m.* [*sk.* rodhra] 롯다[나무의 일종].

lopa *m.* [<lup] 베어냄. 제거.

lobha *m.* [〃] 탐욕. 욕심. -akusalamūla 탐욕의 악하고 불건전한 뿌리. 탐불선근(貪不善根). -carita 탐욕스럽게 삶을 사는 자. -dhamma 탐욕스런 성격의. 탐법(貪法). -mūla 탐욕의 뿌리. 탐욕에 뿌리를 둔. 탐근(貪根). -mūlacitta 탐욕에 뿌리를 둔 마음. -sahagata 탐욕이 있는. -hetu 탐욕의 원인. 탐인(貪因).

lobhana *n.* [<lobha] 탐욕스러움.

lobhaniya. lobhaneyya. lobhiya *adj.* [<lobha] ① 탐욕의. 탐욕스러운. ② 바람직한.

loma *n.* [*sk.* roman] 몸의 털. 체모. -kūpa 털구멍. -padmaka 로마빠두마까[식물의 일종]. -sundarī (몸의) 털의 아름다움. -haṁsa. -haṁsana. -haṭṭha[*sk.* -hṛṣṭa] -jāta 몸의 털이 곤두섬. 경이. 공포. 전율. 신모수립(身毛竪立)[큰 환희나 큰 공포를 나타냄].

lomaka *adj.* [<loma] 털이 있는.

lomasa *adj.* [<loma. *cf. sk.* romaśa] ① 털의. ② 털이 많은. 털로 덮인.

lomin *adj.* [<loma] 털이 있는.

lola. loḷa *adj.* [*sk.* lola] ① 동요하는. 불안정한. 열망하는. ② 탐욕. -bhava 탐욕.

lolatā *f.* [lola의 *abstr.*] ① 열망. 탐욕. ② 동탐(動貪).

lolita *adj.* [loleti의 *pp.*] 동요된. 흔들리는.

lolupa *adj.* [<lup] ① 탐욕스러운. ② 방종한.

lolupā *f.* [?<lolupa] 식물의 이름.

luluppa *n.* [lolupa-ya] ① 탐욕스러움. ② 방종. 열망. 동탐(動貪).

loluppāyamā *f.* loluppāyitatta *n.* [<loluppa] ① 탐욕스러움. ② 동탐성(動貪性).

loleti [luḷati의 *caus.*] 동요시키다. 불안정하게 하다. *pp.* lolita.

loḷi → āloḷi.

loha *n.* [〃] ① 금속. ② 구리. 놋쇠. 황동. 청동. 구리합금. -aḍḍhamāsa 작은 동전의 반액. 반전(半錢). 반푼. -kaṭāha 구리용기. 동병(銅甁). -kāra 금속세공사. 구리세공인. 대장장이. -kumbhī 구리솥. 쇠솥. -khādaka 서류철. 파일. -guḷa 쇠공. 동환(銅丸). 철환(鐵丸). -cumbaka 자석(磁石). 자철(磁鐵). -jāla 구리망. 철망(鐵網). -tāḷa 동으로 된 열쇠. 동손잡이. 동건(銅鍵). -tumba 구리 항아리. 동호(銅壺). -thālaka 구리 그릇. -thāli 청동단지(솥). -patta 구리 발우. 동발(銅鉢). -pāsāda 구리궁전. 동전(銅殿). -piṇḍa 쇠공. -piṭṭha 왜가리. -bhaṇḍa 구리 제품. 동기(銅器). -bhāṇaka 구리단지. 동호(銅壺). -maya 구리로 만든. 동제(銅製). -māsa 구리 빛의 콩. -māsaka 작은 동전. 동전(銅錢). -rūpa 청동상. -vāraka 구리단지. 동호(銅壺). -vijjā 금속학. -visesaññū 금속세공사. -sadisa 준금속(準金屬). -salākā 구리로 된 산(算)가지. 동주(銅籌). -sodhana 금속공학(金屬工學). 야금학(冶金學).

lohatā *f.* [loha의 *abstr.*] 금속성(金屬性).

lohita *adj. n.* [〃 *cf.* rohita. rudhira. ruhira] ① 피[血]. 붉은 피. 혈액. ② 붉은 색. 적색(赤色). -akkha 붉은 눈을 가진. -âbhijāti 붉은 생류. 적생류(赤生類)[단 한 벌의 옷을 입는 니간타(자이나교도)들]. -uppāda (여래·아라한의) 피를 흘리게 하는 (죄). -uppādaka (여래·아라한의) 피를 흘리게 한 (자). -kamma 붉은 색의 대상에 대한 명상수행. -kasiṇa 붉음의 두루채움을 위로 아래로 옆으로 유일하게 한량없이 지각하는 것. 붉음의 두루채움이라는 명상수행의 토대. 적편(赤遍). 적편처(赤遍處). 적일체처(赤一切處). -kumbhī 피를 담는 단지 · 그릇[子宮과 관련하여]. -gata 피로 물든. -candana 붉은 전단나무. 적전단(赤栴檀). -jjhāna 붉은 색의 대상에 대한 선정. -tuṇḍa 붉은 부리의 새. 적취조(赤嘴鳥). -doṇi 혈관. -pakkhandikā 이질(痢疾). 적리(赤痢)[병명]. -pitta 혈담병(血痰病). 황달병. 황달. -pharaṇavisadavibhūtatā 붉은 색이 편만함으로 인해 빛나고 변화되는 존재의 성질. -mala 혈암(血暗). 혈구(血垢). -lābhin 붉은 색의 명상대상을 지닌. -vaṇṇa 붉은 색. 적색. -vattha 붉은 천·옷. 적의(赤衣). -samāpattiparama 붉은 색의 명상대상에 대한 명상을 최상으로 하는. -homa 피의 헌공·제물.

lohitaka. lohitika *adj.* [lohita-ka] ① 붉은. ② 피로 물든. -ûpadhāna 붉은 베개. -vaṇṇa 붉은 색. -saññā 피로 물든 시체에 대한 지각. 혈도상(血塗想). -sāli 붉은 쌀.

lohitika *adj.* [lohita-ika] ① 붉은. ② 피로 물든.

lohitaṅka *m.* [lohita-aṅka. *cf. bsk.* lohitakā. lohitikā. lohitamuktā] 루비. 홍옥(紅玉).

Ḷ

ḷa 자음·문자 ḷ의 이름.
ḷakāra *m.* [ḷa-kāra] ① ḷ의 문자·음소. ② ḷa 어미. -āgama ḷ의 문자·음소의 추가. -ādesa ḷ의 문자·음소의 대체. -lopa ḷ의 문자·음소의 제거.
ḷīyati [ḍī] = detī 날다[飛].

V

-v- 모음연속을 피하기 위한 음편자음. su-v-ānaya 가져오기 쉬운. ti-v-aṅgika 3배의. 3중의. anu-v-icca 알고 나서.

va ① *m.* 자음·문자 v의 이름. ② *ind.* [iva의 생략] chāyā va anapāyinī 그림자가 (본체를) 떠나지 않는 것과 같이. abbhā mutto va candimā 검은 구름을 벗어난 달과 같이. ③ *ind.* [eva의 생략.] so pi suvaṇṇavaṇṇo va ahosi 그도 또 황금색이 되었다. attano va avekkheyya katāni akatāni ca 자신이 진실로 행한 것과 행하지 않은 것을 잘 살펴야 한다. ④ *ind.* [vā의 대신] buddhe yadi va sāvake 모든 부처님들뿐만 아니라 모든 제자들을.

vaṁsa *m.* [*sk.* vaṁśa] ① 대나무. 대나무 피리. 대나무 놀이. 죽봉희(竹棒戱). ② 혈통. 성(姓). 가문. 역사. 전통. 관습. 왕도. 종족. 민족. -āgata 유전적인. -ânupālaka 전통을 보호하는. -ânurakkhaka 가문을 보존하는. 전통을 유지하는. -āvali 족보(族譜). -kaḷīra 대나무 순. -coraka 갈대의 일종. -ja 종족·민족에 속하는. -ñña (=ājañña) 좋은 가문에 태어난. -dhara(ṇa) 전통을 지지하는 (사람). nalaka 대나무의 리드. -nāḷa 대나무 줄기. 죽위(竹葦). 죽간(竹竿). -rāga 대나무의 색. -vaṇṇa 하늘빛. 하늘색. 청금석(青金石)[寶石·顔料用].

Vaṁsa *m.* [*bsk.* Vatsa] 방싸. 발차(跋蹉)[十六大國의 하나. 首都는 kosambī].

vaṁsika *adj.* [vaṁsa-ika] ① 전해진. ② 혈통의. 가문의. 혈맥의.

vaka *m.* [*sk.* vṛka] 늑대.

vakāra *m.* [va-kāra] v의 문자·음소. va 어미. -āgama v의 문자·음소의 추가. -ādesa v의 문자·음소의 대체. -lopa v의 문자·음소의 제거.

vakula *m.* [*cf. sk.* vakula] 바꿀라[나무의 일종: Mimusops Elengi].

vakka ① *adj.* [=vaṅka. *sk.* vakra] 구부러진. ② *n.* [*sk.* vṛkka] 신장. 콩팥. -pañcaka 신장까지의 다섯 종류[서른두 가지 몸의 구성요소(dvattiṁsākāra) 가운데 1. 살 maṁsa 2. 근육 nahāru 3. 뼈 aṭṭhī 4. 골수 aṭṭhimiñjā 5. 신장 vakka]. -roga 신장병(腎臟病). ③ *n.* [= vākya] 말하기. 언어. 문장.

vakkaṅga *m.* [vakkaṁ-ga] 새.

vakkala *m.* [*bsk.* valkala. *cf.* vāka] ① 나무껍질. ② 나무껍질 옷. 수피의(樹皮衣). *cf.* vakkali.

vakkalika *a.* (˚)[vakkala-ika] danta° 이빨로써 나무껍질을 벗기는 자[苦行者의 한 部類].

vakkalin *adj. m.* [<vakkala] 나무껍질의 옷을 입은 자[苦行者의 한 部類]

vakkhati [vac의 *fut. sk.* vakṣyati. vakṣyate] 말할 것이다. 설할 것이다. *sg.* vakkhāmi. *pl.* vakkhāma. vakkhanti; *fut.* vakkhamāna.

vagga ① *m.* [*sk.* varga] 무리. 부류. (경전의) 장(章). 절(節). 품(品). -uposatha 집단적인 포살(布薩). 갖추어지지 않은 모임. -gata (종파적인) 무리를 따르는. -bahena 집단별로. -bandhana 함께 결합된. 집단을 이루는. -vagga 무리 속에 있는. 혼란된. 쌓여진. -sārin (이단적인) 무리를 따르는. ② *adj. n.* [vi-agga. *sk.* vyagra] 분리된. 의견을 달리하는. -ārāma. -rata 무리를 떠나 홀로 있음을 좋아하는. -kamma 화합되지 못한 승단의 회의. 별중갈마(別衆羯磨). -parisā 의견을 달리하는 무리. 불화합승(不和合僧). -vādaka 화합되지 못한 승단에 편드는.

vaggati [<valg] ① 뛰다. 뛰어오르다. ② 도약하다. 비약하다.

vaggatta *n.* [vagga ②의 *abstr.*] ① 의견차이. 불화. ② 분리.

vaggana → vaggati.

vaggiya *adj.* [vagga ①-iya] 무리의. 무리에 속하는. pañcavaggiya 다섯 무리의. chabbaggiya 여섯 무리의. sattarasavaggiya 열일곱 무리의.

vaggu *adj.* [*sk.* valgu] ① 사랑스러운. ② 즐거운. ③ 아름다운. -vada 사랑스러운 말을 하는. 묘어자(妙語者).

vagguli *m.* vaggulī *f.* [*sk.* valgulī] 박쥐. 암놈박쥐. vagguli° -rukkha 박쥐가 사는 나무. -vata 박쥐행자[苦行者의 한 部類].

vaṅka *adj. m.* [〃] ① 구부러진. 휘어진. ② 부정직한. 거짓의. ③ 굽음. 갈고리. 낚싯바늘. -aṅgula 휘어진 손가락. -âtivaṅkin 나선형(螺旋形)의. (사슴 따위의) 휘어진 가지를 친 뿔이 있는. -gata 굽은. 구부러져 흐르는. -gala (강이) 구부러져 흐르는. 구부러진. -ghasta 낚싯바늘을 삼킨. -chidda 구부러진 구멍. -daṇḍa 휘어진 지팡이. -dasaka (허리가) 굽은 십년의 생애[나이든 十年]. -dātha 구부러진 송곳니를 가진 (돼지). -magga 구불구불한 길. -vatthu 구불구불한 것.

vaṅkaka *n.* [<vaṅka] 장난감 쟁기.

vaṅkatā *f.* vaṅkatta *n.* [<vaṇka] ① 구부러짐. 왜곡. ② 부정직(不正直).

vaṅkeyya *adj. n.* [vaṅka-ya] ① 구부러진 것 같은. 구부러짐. ② 왜곡. 부정직(不正直).

vaṅga *m.* ① [?<vaṅka] 잘못. 결점. 흠. ② 벵갈[나라이름].

vaṅgati [*sk.** 〃] ① 가다. 걷다. ② 흔들리다.

Vaṅgisa *n.* [〃] 방기싸. 붕기사(鵬耆舍)[釋迦牟尼 부처님의 弟子 가운데 한사람].

vaca *n.* [?] ① 향료식물의 뿌리의 일종. ② = vaco

vacatā *f.* [vac의 *abstr.*] 말하는 것.

vacati [<vac] → vatti.

vacattha *n.* [<*sk.* vacā] 백창포(白菖蒲)[향료식물]. 백창포의 뿌리.

vacana *n.* [〃<vac] ① 발언. 말. 명령. ② 용어. 표현. -attha 말의 의미. 어의(語義). -kara 복종하는. 하인. -kkhama 말을 친절하게 하는. 어유연(語柔軟). -paṭivacana 연설과 반론. 대화(對話). -patha 어법. 어로(語路). -bheda 다양한 말·말투. -vipallāsa 철자순서를 바꾼 말. -vyattaya 표현의 차이. 명확한 표현. -sampatiggaha 요약. 개요. -sesa 말의 안정. -sodhana 말의 음미.

Vacanatthajotikā *f.* [Vacana-attha-jotikā] 어의등(語義燈)[쌍가락키따의 Vuttodaya의 복주].

vacanīya *adj.* [vac의 *grd.*] 말해져야 할. 대답되어야할.

vacasa *adj.* [=vacas. vaco] 말하는.

vacasa vaco의 *sg. ins. abl.*

vacā *f.* [〃] 창포[많이 사용되는 향료 식물].

vacī° [vaco의 *cpd.*] 말. 말하기. -kamma 언어적 행위. 어업(語業). 구업(口業). -kammapatha 언어적 행위의 길. 구업도(口業道). -kasāva 말의 불순. 언어의 오염. -gutta 말을 삼가는. -daṇḍa 언어적 폭력. 구벌(口罰). 어장(語丈). -duccarita 언어적 악행. 어악행(語惡行). -dosa 말의 과실. -paṭisanthāra 인사(人事). -para(ma) 말에 뛰어난 사람. -pārisuddhi 말의 청정. 어편정(語遍淨). -bheda 말의 종류. 이야기. 언어. -moneyya 거룩한 침묵. 언어적 번뇌에서 해탈한 상태. 언어적 성스러운 삶. 언어적 고요한 삶. 어모니(語牟尼). 어적묵(語寂默). -vaṅka 말의 왜곡. 어곡(語曲). -viññatti 언어적 암시·표현. 어표(語表). -viññattidasaka 열 가지 어표법(語表法). -viññattisāvajja 비난 받을 만한 표현. 유죄어표(有罪語表). -vipphāra 대화를 부연하는. 대화를 넓히는. -saṁvara 언어의 제어. 언어의 수호. 어율의(語律儀). -saṅkhāra 언어적 형성. 구행(口行). -sañcetanā 언어적 의도. 어사(語思). -sattha 언어의 칼. 구도(口刀)[어악행(語惡行)을 이름]. -samācāra 언어의 바른 행위. 어정행(語正行). -sucarita 언어적 선행. 어묘행(語妙行). -soceyya 언어적 청정. 어청정(語淸淨).

vaco. vaca *n.* [*sk.* vacas] 말. 말하기 *nom. acc.* vaco; *ins.* vacasā. vacanā.

vacca *n.* [*sk.* varcas] ① 광채. 아름다움. 원기. 정력. ② 배설물. 대변. 똥. -kuṭi. -kutī 변소. 화장실. -kuṭivatta 화장실에서의 규칙·의법(儀法). -kūpa 똥구덩이. -ghaṭa. -doṇikā 배설물 단지. -ṭṭhāna 변소. -magga 항문(肛門). 대변도(大便道). -sodhaka 변소청소부. 분뇨수거인.

Vaccavācaka *m.* 유미사(唯美辭) [담마닷씬(Dhammadassin)이 지은 수사학서적].

vaccasa *n.* [*cf. sk.* varcasa] 광채. 광휘.

vaccasin *adj.* [*cf. sk.* varcasvin. varcin] ① 정력적인. ② 당당한.

vaccita *adj.* [vacceti의 *pp.*] 대변이 마려운.

vacceti [vacca의 *denom.*] 대변이 마렵다.

vaccha ① *m.* [*sk.* vatsa] 송아지. 독우(犢牛). 동물의 새끼. -giddhini 송아지를 갈망하는. -gopālaka 소치는 사람. -taruṇûpamā 송아지의 비유. 독자유(犢子喩). -danta 송아지 이빨. 독치(犢齒)[활·창의 일종]. -pālaka 소치기. 목우자(牧牛者). ② *m.* [=rukkha. *sk.* vṛkṣa] 나무.

vacchaṁ. vacchāmi [vasati ②의 *fut. 1sg.*] 머물 것이다.

vacchaka *m.* [=vaccha ①] 송아지. 독우(犢牛). -pālaka 소치기. 목우자(牧牛者). -sālā 외양간.

Vacchagotta *m.* [vaccha-gotta] 밧차곳따. 바차구다(婆蹉衢多)[사람이름].

vacchatara *m.* vacchatarī *f.* [*cf. sk.* vatsatara. <vaccha ①] ① 젖 떨어진 송아지. 독우(犢牛). ② 불깐 소. 거세된 소.

vacchati [*sk.* vatsyati] vasati ② 의 *fut.*

vacchara *m.* [*sk.* vatsara] 해. 년(年).

vacchala *adj.* [*sk.* vatsala] ① 송아지에 애착하는. ② 애정이 있는. 자애로운.

vaja *m.* [*sk.* vraja] 외양간. 우사(牛舍).

vajati [*sk.* vrajati vraj] ① 가다. 나아가다. ② 도달하다.

vajalla → rajo-vajalla.

vajira *m n.* [*sk.* vajra] ① 번개. 벼락. 다이아몬드. 금강(金剛). 금강저(金剛杵). 금강석(金剛石). -ûpamacitta 금강에 비유되는 마음. 금강유심(金剛喩心). -pāṇi 손에 금강저(金剛杵)를 갖고 있는. 금강수(金剛手). 제석천(帝釋天). ② *m.* [<vajira] 바지라[都市이름].

Vajirabuddhi *m.* [vajira-buddhi] ① 바지라붓디

[붓다고싸 이후의 論師 이름]. ② 금강지혜주(金剛智慧註)[善見律毘婆沙疏의 復註 : Vajirabuddhi의 著述].
Vajirā *f.* [<vajira] 바지라. 바이라(婆夷羅). 바기라(婆耆羅)[比丘尼의 이름].
vajuḷa *m.* [*cf. sk.* vañjula] 바줄라[나무의 일종].
vajja ① *n.* [vajjiti의 *grd. cf. sk.* varjya] 피해져야 할 것. 죄. 잘못. -âvajja 여러 종류의 죄·잘못. 크고 작은 죄. -dassaka 죄를 지우는. -dassin 잘못을 찾아내는. -paṭicchādika 죄를 숨기는. -bahula 죄 많은. ② *adj. n.* [vadati 또는 vajjati ②의 *grd. cf. sk.* vādya] 말해져야 할. 말하기. 연주되어야 할. 악기. ③ vadati의 *opt.*
vajja. vajjaṁ vadati(vādiyati)의 *opt.*
vajjati ① [vṛj. *sk.* varjati. vṛṇakti] 피하다. *caus.* vajjeti 피하게 하다. 삼가다. ② [vādeti의 *pass. sk.* vādiyati] 연주되다. *aor.* vajjiṁsu ; *ppr.* vajjamāna ; *pp.* udita ; *caus.* vajjeti.
vajjana *n.* [<vajjati ①] 도피. 회피.
vajjanīya *adj.* [vajjati ①의 *grd.*] 피해져야 할. 부적당한.
vajjavant *adj.* [vajja ①-vant] 잘못을 수반하는. 죄가 있는. 죄 많은.
vajjā. vajjāsi. vajjuṁ vadati (vādiyati)의 *opt.*
Vajji *n.* 발자(跋闍). 발지(跋祇). 밧지 족. 밧지 국. -putta 밧지뿟따[사람의 이름].
vajjin *adj.* [vajji-in] 밧지 족의.
vajjeti ① [vṛj의 *caus.*] 피하게 하다. 삼가다. ② =vādiyati [vajjati ②의 *caus.*] 연주하도록 하다. 연주시키다.
vajjesi [=vadeyyāsi] vadati의 *opt. 2sg.*
vajjha *adj.* [*sk.* vadhya. vadhati vadh의 *grd.*] ① 살해되어야 할. 처형되어야 할. ② [<vañjha]불임(不姙)의. -gahāta. -gahātaka 사형집행인. -paṭahabheri 사형집행용 북. -bhāvapatta 사형선고를 받은. -sūkariyo(*pl.*) 불임의 암퇘지(암컷)들.
vajjhaka *adj.* = vajjha
vajjhā *f.* [<vajjha] ① 처형. 사형집행. ② 사죄(死罪). -ppatta 저주받은. 사형선고를 받은. 처형되려 하는.
vajjheti [vajjha의 *denom.*] 죽이다. 살해하다. *ppr.* vajjhayitvāna. *cf.* vaddhetti
vañcaka *m.* [<vañceti] 사기꾼.
vañcati [〃vañc] 거닐다. 산책하다. *caus.* vañceti 속이다. 현혹하다. 피하다.
vañcana *n.* vañcanā *f.* [〃<vañc] ① 속임수. 사기. 기만. 허위. 잔꾀. 간계(奸計). ② 현혹.
vañcanika. vañcaniya *adj. m.* [<vañcana] ① 속이는. 현혹하는. ② 사기꾼.
vañcita *adj.* [vañceti의 *pp.*] ① 속은. 사기당한. ② 현혹된. *m. pl. nom.* vañcitāse. vañcitammi[vañcito'mhi] 나는 속았다.
vañceti [vañcati의 *caus.*] 속이다. 골탕먹이다. 사기치다. 기만하다. 현혹하다. *aor.* avañci. avañcayi. vañcesi; *inf.* vañcetu; *pp.* vañcita
vañjula → vajuḷa
vañjha *adj.* [*sk.* bandhya] ① 메마른. 불모의. ② 아이를 못 낳는.
vañjhā *f.* [vañjha의 *f.*] 아이를 못 낳는 여자. 석녀. vañjha-itthi 아이를 못 낳는 여자. 석녀(石女).
vaṭa *m.* [〃] (인도산의) 벵골보리수. -rukkha 보리수(菩提樹)[무과화].
vaṭaṁsa. vaṭaṁsaka *m.* [avataṁsa의 생략] 머리장식을 위한 화환. 귀고리.
vaṭaka *m.* [*sk.** 〃] 연뿌리. 구근(球根)
vaṭākara *m.* [*cf. sk.* vaṭārakā] 밧줄. 새끼.
vaṭuma *n.* [*cf. sk.* vartman] 길. 도로. 보도. *cf.* ubbaṭuma. parivaṭuma.
vaṭṭa *adj. n.* [*sk.* vṛtta<vṛt의 *pp.*] ① 순환하는. 일주의. 둥근. 원(圓). 전개. 소용돌이. 와권(渦捲). 회선(回旋). 윤회(輪廻). ② 전통. 상속법(相續法). ③ 메추라기. ④ 소비. ⑤ 보시물. [=vaṭṭakā]. -aṅguli(ka) 둥근 손가락. 둥근 손가락을 가진. -ânugata 윤회에 얽힌. -ûpaccheda 윤회의 단절. -kathā 윤회에 관한 이야기. -kāra 놋쇠의 세공사(細工師). -dukkha 윤회의 고통. -paṭighātaka 윤회를 부수는. 윤회에서 벗어남. -bhaya 윤회에 대한 두려움. -mūla 윤회의 근원. -vivaṭṭa 전개하며 퇴전하는. 되풀이해서 도는. 전개와 퇴전. -loha 둥근 금속(?).
vaṭṭa → abhivaṭṭa. vaṭṭha(vuṭṭha).
vaṭṭaka *n.* [<vṛt] ① 마차. ② 짐수레.
vaṭṭakā *f.* (vaṭṭakå)[=vaṭṭa. *cf. sk.* vartakā] 메추라기. vaṭṭakayuddha 메추라기 싸움. 순투(鶉鬪).
vaṭṭati [vṛt. *sk.* vartate] ① 돌다. 구르다. 회전하다. ② 체재하다. 생존하다. 존재하다. ③ 종사하다. 전념하다. 행동하다. 작용하다. 조건으로 하다. 발생하다. ④ 정당하다. 적당하다. 알맞다. ~함이 마땅하다. sīlācārasampannena bhavituṁ vaṭṭati 은혜를 아는 자로 되는 것이 마땅하다. *cf.* vattati. *caus.* vaṭṭeti. vaṭṭāpeti.
vaṭṭana *n.* [<vṛt] ① 회전. ② 돌아감.
vaṭṭanāvalā *f.* [vaṭṭanā-valā] 방추(紡錘)의 체인. 방추의 쇠사슬.
vaṭṭani *f.* [<vaṭṭati] ① 공[球]. ② 링. 바퀴. ③ 글러브.

vaṭṭi *f.* [*sk.* vari. vṛtti] ① (양초·남포 따위의) 심지. ② 주위. 가장자리. ③ 덩어리. 분출.

vaṭṭikā *f.* [vaṭṭi-kā] ① 심지. ② 가장자리. ③ (콩 등의) 깍지.

°vaṭṭin *adj. m.* [<vaṭṭi] muṇḍavaṭṭin 문지기(?). 운반하는 (사람)(?).

vaṭṭula *adj.* [<vṛt] 둥근. 일주하는. 순환하는.

vaṭṭha *adj.* [vassati 의 *pp.*] 비가 내리는. nava° 새로이 비가 내리는.

vaṭhara *adj.* [*bsk.* 〃 vaṭh] ① 거대한. 엄청난. ② 살찐. 비만한.

vaḍḍha *n.* [<vṛdh] ① 증대. ② 재산. 부.

vaḍḍhaka *adj. m.* [<vaḍḍheti] ① 증가시키는. ② 관리자. 재산관리인. 제조자. 재봉사.

vaḍḍhaki. vaḍḍhakī *m.* [*cf. sk.* vardhaki. °in] 목수. 건축가. 석공. 대공(大工). -gāma 목수의 마을.

vaḍḍhati [*sk.* vardhati vṛdh] ① 자라다. 커지다. ② 번영하다. *ppr.* vaḍḍhamāna; *caus.* vaḍḍheti; *pp.* vaḍḍhita; *caus.* vaḍḍhāpeti.

vaḍḍhana *adj. n.* [<vaḍḍheti. *cf.* vaddhana] ① 증가. 성장. 연장. 증가시키는. 확대(하는. ② 몰두. 집착. ③ 고르기. 배치. 정돈. ④ 봉사하는. 실천하는. 돕는. ⑤ 질그릇 깨진 조각. ⑥ 외투의 일종.

vaḍḍhanaka *adj.* [<vaḍḍhana] ① 봉사하는. ② (음식을) 제공하는.

vaḍḍhanikā *f.* [vaḍḍhana-ika] ① (음식의) 제공. ② 요리.

vaḍḍhamāna *n.* [<vaḍḍheti의 *ppr.*] ① 만자(卍字). ② 값비싼 옷.

vaḍḍamānaka *adj.* [vaḍḍheti의 *ppr.* -ka] 자라는. 성장하는. 증가하는.

vaḍḍhāpeti [vaḍḍheti의 *caus.*] ① 확대시키다. 양육시키다. ② 시중들게 하다. ③ 준비시키다.

vaḍḍhi *f.* [=vaddhi. vuddhi. *sk.* vṛddhi] ① 증가. 성장. ② 행복. 행운. ③ 이익. ④ 금융.

vaḍḍhika *adj.* [<vaḍḍhi] 증가하는. 번영하는.

vaḍḍhita *adj.* [vaḍḍheti의 *pp.*] ① 증가된. 확대된. 큰. ③ 성장한. ④ 양육된.

vaḍḍheti [vaḍḍhati의 *caus.*] ① 증가시키다. ② 양육하다. 경작하다. ③ 준비시키다.

vaṇa *n. m.* [*cf. sk.* vraṇa] 상처. 헌데. -ālepana 상처에 연고를 바르는. -coḷaka 상처를 치료하기 위한 붕대. -paṭikamma 상처의 치료. -paṭicchādaka 붕대. -paṭicchādana 상처의 치료. -paṭṭa. -bandhana. -bandhanacola 붕대. -mukha 상처의 구멍. 창구(瘡口).

vaṇi *f.* [<van] 바램. 요구.

vaṇijjā *f.* [*sk.* vaṇiyā<vāṇija] = vāṇijjā. ① 장사. 판매. ② 거래. 무역. -sattha 대상(隊商). 카라반.

vaṇita *adj.* [<vaṇa] 부상당한. 상처를 입은.

vaṇippattha *m.* [vaṇik-patha] 장사. 거래. 무역.

vaṇin *m.* [*cf. sk.* vaṇik] 상인.

vaṇibbaka *m.* [*cf. bsk.* vaṇīpaka. vaṇīyaka] ① (도보) 여행자. ② 거지. ③ 극빈자.

vaṇibbin *adj. m.* [<vaṇibba-ka] ① 구걸하는. ② 걸식자. 탁발수행자.

vaṇīyati → vanīyati.

vaṇeti [van의 *caus. cf.* vanāyati] = vanayati ① 원하다. 부탁하다. ② 구걸하다. *pres.* vaṇimhase[*sk.* vṛṇīmahe 우리들은 원한다].

vaṇṭa *n.* [*sk.* vṛnta] 줄기. 화경(花莖). -muttaka 줄기에서 떨어진 것으로 사는. -muttakatāpasa 줄기에서 떨어진 것으로 사는 고행자.

vaṇṭaka. vaṇṭika *adj.* [vaṇṭa-(i)ka] 줄기가 있는. 줄기의.

vaṇṭati [*sk.*<vaṇṭ] 분배하다. 분할하다.

vaṇṇa *m.* [*sk.* varṇa] ① 색깔. 용모. 외관. 양상. 피부색. ② 종류. 계급. 문자. 유형. 질. ③ 장점. 찬탄. 찬양. 찬미. ④ 음색. 음향. 음질. kena vaṇṇena 어떤 이유로. -andhatā 색맹(色盲). -âraha 칭찬의 가치가 있는. -āroha 아름다움의 정도. -kasiṇa 색깔의 두루채움이라는 명상. -kāra 색상을 만드는. -kāraka (보기흉한 무엇인가를) 아름답게 만드는 사람. -da. -dada 색깔을 부여하는. 아름다움을 부여하는. -dasaka 미모의 십년간. 색십년(色十年). -dāsī 아름다운 여자노예·매춘부·유녀(遊女). -dhātu 물질적 외관의 구성. 물질적 양상. -nibhārūpa 자연적인 색깔. 안색(顔色). 현색(顯色). -patha → vaṇṇupatha. -pokkharatā 용모의 아름다움. 아름다움. 미(美). -bindhu 흘눈. -bhū(mi) 찬탄의 장소. -bhūta 자연의 종(種)의 존재. -macchariya 용모에 대한 인색. 용색간(容色慳). 칭찬에 대한 인색. 칭찬간(稱讚慳). -mada 용모에 의한 도취·교만. 용색교(容色憍) -lepaka 화가. 칠장이. -yojaka 식자공(植字工)[인쇄]. -vādin 칭찬의 말을 하는. -sampatti 용모의 성취. 색상의 성취. 색성취(色成就). -sampanna 아름다움을 갖추고 있는. 유색(有色)의. 색구족(色具足). -sallakkhaṇa 색깔에 대한 식별. -sodhaka 교정자. 교정쇄[인쇄용어].

vaṇṇaka *n.* [<vaṇṇa] ① 화장품. ② 루즈.

vaṇṇatā *f.* [vaṇṇad의 *abstr.*] ① 아름다움. 미려(美麗). ② 안색(顔色). 외관(外觀).

vaṇṇanā *f.* [<vaṇṇeti] 설명. 주석(註釋). 해명. 칭찬. = atthavaṇṇanā.

vaṇṇanīya *adj.* [vaṇṇeti의 *grd.*] 서술되어야 하는. 기술될 수 있는.
vaṇṇavant *adj.* [vaṇṇa-vant] 아름다운.
vaṇṇita *adj.* [vaṇṇeti의 *pp.*] ① 설명된. ② 주석된. ③ 칭찬받은.
vaṇṇin *adj.* [vaṇṇa-in] ① 유색(有色)의 계급에 속하는. ② 아름다운. ~외모를 가진.
vaṇṇiya *n.* [vaṇṇa-ya] ① 착색. 채색. ② 용모.
vaṇṇu *f.* [*sk.* varṇu '강유역의 이름'] 모래
vaṇṇupatha *m.* [vaṇṇu-patha] ① 사막. ② 유사(流砂). 수렁.
vaṇṇeti [vaṇṇa의 *denom.*] ① 설명하다. ② 주석을 달다. ③ 칭찬하다. 상찬하다. 찬양하다. *pp.* vaṇṇita; *aor.* avaṇṇayuṁ
vata ① *ind.* [*sk.* bata. vata] 정말로. 참으로. ② *m. n.* [=bata. *cf. sk.* vrata] 종교적인 의무. 계. 규율. 금계. 서계(誓戒)[vatta와 혼용]. 예식. 덕행. 선행. 미신적 행위[수행으로 어떤 동물처럼 행동하는 방식]. -pada 훌륭한 실천의 항목. 덕. 금계. 족서계(足誓戒). -samādāna 좋은 수행을 따름. 서원의 실천.
vatavant *adj.* [vata-vant] ① 종교적 의무를 따르는. 금계를 지키는. ② 독실한. 헌신적인.
vati. vatikā *f.* [*cf. sk.* vṛti] 울타리. 담.
vatika *adj.* [vata ②-ika] ① ~의 습관이 있는. ~처럼 행동하는. ② 계행을 지키는. 금계의.
vatta ① *n.* [vattati의 *pp.*] 의무. 봉사. 관습. 서약. 덕행[vata ②와 혼동] 규율. 계행. -paṭipatti 의무·관습의 실천. -paṭivatta 모든 실천과 의무. -bbata 보통의 관습. -sampanna 의식을 잘 지키는 자. ② *adj.* [=vyatta. *sk.* vyātta< vi-ā-dā] 열린. 명료한. 넓은. ③ *n.* [*cf. sk.* vaktra. pāli vattar] 입. ④ → vaṇṭha
vattaka *adj.* [<vatta] ① 실행하는. 실천하는. ② 영향을 미치는.
vattati [*sk.* vartati. vṛt] ① 돌리다. 향하게 하다. 전개하다. ② 존재하다. ③ 발생하다. 일어나다. 전기(轉起)하다. ④ 가다. *aor.* avattiṁsu; *grd.* vattabba; *ppr.* vattamāna; *pp.* vatta; *caus.* vatteti. *cf.* vaṭṭati.
vattana *n.* [<vattati] ① 향하게 함. 전개. 지속. 계속. 유지. 공연(公演). ② 발생. 전기(轉起). ③ 존재.
vattanī *f.* [*cf. sk.* vartanī] 통로. 길.
vattabba *adj.* ① [vattati vṛt의 *grd.*] 나아가야 할. 존재해야 될. ② [*sk.* vaktavya. vac의 *grd.*] 설해져야 할. 말해져야 할. *sg. nom.* vattabbe [*mg.* 형]
vattamāna *adj. n.* [vattati의 *ppr.*] ① 존재하는. 지속하는. ② 전개. 진행. 존재. 전기(轉起). 현재(現在). *loc.* vattamāne. ~하는 동안. -uppanna 현재 발생하는. 현행생기(現行生起). -vacana 현재시제[文法]. -sabhāva 평균(平均).
vattamānaka *adj.* [<vattamāna] ① 향하는. 진행하는. ② 존재하는. 현존하는.
vattamānika *adj.* [<vattamāna] 현대(現代)의. 현대적인.
vattayaṁ vatteti의 *ppr. sg. nom.*
vattar *m.* [*sk.* vaktṛ<vac] 말하는 자. 연사. *nom.* vattā.
vattave *ind.* [vac의 *inf.*] = vattuṁ
vatti [*sk.* vakti<vac] ① 말하다. 설하다. ② 부르다. *pres.* (없다); *fut.* vakkhāmi. vakkhati. vakkhāma. vakkhanti; *ppr.* vakkhamāna; *aor.* avacaṁ. avocaṁ. avaca. avoca. avacāsi. avacumha. avocumha. avacuttha. avocuttha. avacuṁ. avocuṁ; *inf.* vattuṁ. vattave; *abs.* vatvā; vatvāna; *grd.* vattabba; *pass.* vuccati; *caus.* vāceti; *desid.* vavakkhati.
vattika =vatika.
vattita *n.* [<vatteti] 순환. 회귀.
vattin *adj.* [<vṛt] ① 지배하는. 영향을 미치는. 관계하는. ② 만드는. 하는.
vattikā *f.* [*sk.* vartikā] ① 가죽 끈. ② 심지.
vattum vacati의 *inf.*
vattita *adj.* [*sk.* varttati] ① 유지하는. 지속하는. ② 실천하는.
vatteti [vattati의 *caus.*] ① 발생하게 하다. ② 유지하다. 지속하게 하다. *ppr.* vattayaṁ; *grd.* vattitabba; *pp.* vattita.
vattha *n.* [*sk.* vastra<vas] ① 옷. 의복. 의상. -kathā 옷에 대한 이야기. 의복론(衣服論). -guyha 의복 속에 감추어진 것. 남근이 말 모양으로 감추어진 상태. 음마장(陰馬藏)[三十二相의 하나]. -dāyaka 옷을 주는 사람. 시의자(施衣者). -paṭicchādī 피복의류. -yuga 한 벌의 의복. -lakkhaṇa 의복을 통해 아는 점괘. -sutta 의복의 비유에 관한 경전. -sannidhi 옷의 보관. ② vasati ①의 *pp.*
vatthabba *adj.* [vasati ② (살다)의 *grd.*] 살아야 할. 살 수 있는.
vatthi *m. f.* [*sk.* vasti] ① 방광. 고무풍선. (여성의) 외음부(外陰部). -kamma 관장(灌腸). -kosa 남성의 성기를 싸고 있는 얇은 막. 음장막(陰藏膜). ② 주사기.
vatthika *m.* [vattha-ika] 옷 장사.
vatthu ① *n.* [*sk.* vastu<vas] 대상. 사물. 기체(基體)[=감관]. 항목. 이유. 근거. 바탕. 기초. ② *m.*

[*sk.* vāstu<vas] 마당. 부지. 토지. 택지. 소의(所依). 바탕. 기초. -ārammaṇa 기체(基體)의 소연(所緣). 감관의 대상. -kathā 도입부의 이야기. 서설(序說). -kamma 택지를 만드는 의식(儀式). 건물의 기초공사. -kata 기초를 만든. 철저히 실천한. -kāma 물질적인 욕망. 객관적 욕망. 재물욕(財物欲). -gahikā 사물에 대한 파악. -gāthā 도입하는 게송. 서게(序偈). -ṭṭha 부지 위에 선(것). 건물. -tālâvatthukata (=tāla-avatthu-kata) → *cf.* tālāvatthu. -dasaka 심토대를 구성하는 열 가지 요소. 기십법(基十法)[색깔(色 : vaṇṇa), 냄새(香 : gandha), 맛(味 : rasa), 자양(食素 : ojā), 땅(地 : paṭhavī), 물(水 : āpo), 불(火 : tejo), 바람(風 : vāyo), 심토대(心基 : hadaya-vatthu), 생명(命 : jīvita)]. -devatā 땅을 보호하는 신. -nānatta 여러 종류의 사항. 사종종(事種種). -parikiraṇa 택지 위에 뿌리는 헌공. 택지 위의 산포의식(散布儀式). -purejāta 바탕이 되는 전생. 소의전생(所依前生). -bhūta 지배를 받기. ~을 받기 쉬운. -rūpa 바탕의 물질. 소의색(所依色). 기색(基色)[감성의 물질과 마음의 물질]. -vijjā 적당한 택지의 길흉에 대한 학문. 택지학(宅地學). 택지명(宅地明). -vijjācariya 택지학(宅地學)의 스승. -vibhāvana 바탕에 대한 해명. 소의관상(所依觀相). -visadakiriyā 바탕의 깨끗함. 요소의 청정. -sallakkhaṇa 사물에 대한 식별. -sāyika 마당에서 거주하는.

vatthuṁ. vatthu [vasati<vas] ②(살다)의 *inf.*

vatthuka *adj.* [vatthu ①②-ka] ~에 근거한. 택지에 관한. 기초한.

vatra *m* [=asura] 아수라. -bhū 아수라의 정복자[帝釋天].

vatvā. vatvāna [vac의 *abs.*] 말하고 (나서). 설하고(나서).

vada *adj.* [<vad] 말하는. 이야기하는.

vadaññu *adj.* [=vadāniya. *cf. sk.* vadāniya] ① 마음이 후한. 너그러운. 관대한. ② 친절한.

vadaññutā *f.* [vadaññu의 *abstr.*] ① 후함. 너그러움. 관대. ② 친절.

vadati [〃<vad] ① 말하다. ② 이야기하다. ③ 알리다. *pres.* vadati = vadeti; *opt.* vade. vadeyya. vademase. vajjā. vajjāsi. vajjesi. vajjuṁ; *fut.* vadessati; *aor.* vadiṁsu. vadesi; *ppr.* vadāna. vadamāna; *caus.* vādeti. vādāpeti. *pass.* vādiyati.

vadana *n.* [<vad] ① 말. 말씨. 발언. ② 명령. ③ 얼굴. -piḷakā 여드름.

vadāna = vadamāna. vadati의 *ppr.*

vadāniya = vadaññu의 다른 형태.

vadāpana *n.* [<vādāpeti. vadati의 *caus.*] ① 누군가 이야기하도록 만듦. ② 무엇인가 소리가 나도록 하는 것.

vade. vademase. vadeyya vadati의 *opt.*

vadeti [=vadati] 말하다. 설하다. *imp.* vadehi vademase (*1pl.*); *fut.* vadessati; *aor.* vadesi

vaddalikā *f.* [*cf. bsk.* vardalikā] ① 비오는 날씨 ② 우기(雨期).

vaddha ① *adj. n.* [=vaḍḍha. vuḍḍha. vuḍḍhati의 *pp.*] 성장한. 늙은. 존경할 만한. 기쁜. 즐거운. 장로. -apacāyin 윗사람을 존경하는. ② *m. n.* [*cf. sk.* vardhra] 가죽끈. [=baddha ②] -maya 가죽으로 된. 가죽으로 만들어진.

vaddhaka [=vaddha ②] 가죽끈.

vaddhana *n. m* [=vaḍḍhana<vṛdh] ① 증가. 조장. 촉진. 번영. ② 증양자(增養者)[국왕].

vaddhava *n.* [<vaddha ①] 기쁨. 즐거움.

vaddhavya *n.* [<vaddha ①. =vuddhabhāva] 노년. 기숙(耆宿).

vaddhi → vaṭṭi.

vaddheti = vajjheti [<vardh '베다'] 베어내다. 절단하다. *ppr.* vaddhayitvāna.

vadha *m* [<vadh] ① 죽임. 살육. 살해. ② 사형. -bandhana (투옥하기 위해) 채찍질하고 묶는 것. -chedabandhana 죽여서 절단하여 묶는 것.

vadhaka *m* [vadha-ka] ① 살인자. ② 사형집행인. 박해자(迫害者). 처벌하는 사람. ③ 죽이는 것. *f.* vadhakā. vadhikā. -citta 살의. -bhariyā 악처(惡妻).

vadhati [〃vadh] ① 때리다. 벌하다. ② 죽이다. 살해하다. *imp.* vadhetha; *fut.* vadhissati; *aor.* vadhi; *cond.* (*1sg.*) vadhissaṁ; *abs.* vadhitvā; *grd.* vajjha; *caus.* vadheti = vadhati; *pp.* vadhita.

vadhaniyamana *n.* [vadhaniya-mana] 박해(迫害).

vadhita *adj.* [vadhati의 *pp.*] ① 살해된. ② 구타당한. 얻어맞은.

vadhukā. vadhū *f.* [*sk.* vadhū] ① 며느리. 주부. ② 젊은 아내. 젊은 부인. ③ 양녀.

vadheti [vadhati의 *caus.*] 죽이다. [=vadhati]. 집행하다. 처형하다.

vadhetha vadhati의 *opt.*

vana *n.* [〃] ① 숲. 삼림. ② 욕림(欲林). 욕망[比喩]. -anta 숲의 가장 자리. -kammika 숲에서 일하는 사람. -kukkuṭa 꿩. -gahana 숲의 무성한 곳. -gumba 삼림지대. -caraka 산림관. 사냥꾼. -cāraṇa 숲을 걷는 자. 임행자(林行者). -cetya 숲에 있는 탑묘. -timira 바나띠미라. 임암초(林

闇草)[꽃의 이름]. -dahaka. -dahana 숲을 태우는. -devatā 숲의 신. -nimitta 숲의 특징. -ppagumba 숲. -pattha 산림. 삼림. -pantha 숲의 길. 임도(林道). -ppati 숲의 주인. 큰 나무. 삼림수(森林樹). 교목(喬木). -bhaṅga 야생 꽃과 과일의 선물. 화과(花果). -mūla 야생 초목의 뿌리. -vaṇṇanā 정글·숲에 대한 찬미. -vāsin 삼림 거주자. -saṇḍa 밀림(密林). 우거진 숲. 총림(叢林). -spati = vanappati. -haṁsa 청둥오리.

vanaka. vanika *adj. m.* [vana-ka] ① 숲의. ② 사냥꾼.

vanati. vanute. vanoti [van *sk.* vanoti. vanute] ① 열망하다. 원하다. ② 요청하다. 사랑하다. *caus.* vanayati.

vanatha *m.* [vana-tha. *bsk.* 〃] ① 잔 나무. 덤불. 잡목 숲. ② 총림. 욕정. 욕념(欲念). 욕림(欲林).

vanayati. vanāyati. vaneti [vanati의 *caus.*] 원하다. 몹시 탐내다. 갈망하다. *cf.* vanīyati.

vanika = vanaka. nāga° 코끼리 사냥꾼.

vanitā *m.* [<vaneti의 *pp.*] 아내. 부인. -virodha 여자혐오증(女子嫌惡症).

vanin. vanibbaka *adj. m.* [=vaṇibbin. vaṇibbaka<van] ① 가난한. 구걸하는. ② 거지. 부랑자. 탁발수행자.

vanīyati [van의 *pass.*] 바라다. 욕구하다. *cf.* vanāyati

vaneja *adj.* [vane-ja] 숲에서 태어난.

vanta *adj.* [vamati의 *pp.*] ① 토한. 게운. 포기된. -âda 까마귀. -āsa 모든 바라는 것을 포기한 사람. 아라한(阿羅漢). -âsika 토한 것을 먹는 (아귀). 식토물아귀(食吐物餓鬼). -kasāva 모든 잘못을 버린 사람. 오탁(汚濁)을 토해낸 자. -gamana → v'antagamana. c'antagamana. -mala 흠없는. 티끌 없는. 토구자(吐垢者). -lokāmisa 세속적인 이익을 포기한.

vanda vandati의 *imp.*

vandaka *adj. m.* [vanda-ka] ① 절하는. ② 존경하는. *f.* vandikā

vandati [〃 vand] ① 절하다. 예배하다. ② 존경하다. *imp.* vanda. vandantu; *aor.* vandi. vandissaṁ; *grd.* vandiya; *ppr.* vadamāna; *pp.* vandita; *caus.* vandāpeti.

vandanā *f.* [〃 <vand] ① 인사. 절. 예배. ② 존경. ③ 찬탄.

vandana. vandāpana *n.* [<vandāpeti] 예배. 예불(禮佛).

vandākā *f.* [*sk.* vandana] 기생식물.

vandāpeti [vandati의 *caus.*] 절하게 하다. 예배하게 하다.

vandi vandati의 *aor.*

vandita *adj. n.* [vandati의 *pp.*] ① 절을 받은. 존경을 받는. ② 존경.

vanditar *adj. m.* [vandati의 *ag.*] ① 절하는 사람. ② 예배자. 숭배자.

vandiya *adj.* [vandati의 *grd.*] ① 존경받을 만한. ② 예배를 받을 만한.

vandissaṁ vandati의 *fut. 1sg.*

vapakassati [vi-apa-kṛṣ] → vavakassati.

vapati [*sk.* vapate vap] ① 씨뿌리다. 파종하다. *pass.* vappate. vuppati; *pp.* vutta; *caus.* vāpita ② 베다. 깎다. *caus. pp.* vāpita.

vapana *n.* [<vap] 파종.

vapayāti [vi-apa-yā] 떠나다. 사라지다.

vapu *n.* [*sk.* vapus] ① 외모. ② 몸. 육체.

vappa ① *m n* [vapati의 *grd. cf. sk.* vāpya] 씨뿌려야 할. 파종의. -kamma 씨뿌리는 일. -kāla 씨뿌리는 때. -maṅgala 파종을 위한 제사. 종시제(種蒔祭). ② *m.* [*cf. sk.* bāṣpa] 눈물.

vappate [=vuppati. vapati의 *pass.*] 씨가 뿌려지다. 파종되다. *pp.* vutta.

vabbhacitaṁ → vambhayitaṁ

vamati [〃 vam] ① 토하다. 토사(吐瀉)하다. ② 분출하다. 방출하다. *fut.* vamissati; *grd.* vamanīya; *pp.* vanta; *caus.* vameti.

vamathu *m.* [<vamati] 토함. 토해진 음식. 구토물(嘔吐物).

vamana *n.* [vam-ana] 구토제. 토사제(吐瀉劑). -yogga 구토제. 토사제

vamanīya *adj. m.* [vamati의 *grd.*] ① 토해야 할. ② 구토제를 복용해야 할 사람.

vameti [vamati의 *caus.*] 토하게 하다.

vambha *m.* [=vamha] ① 경멸. 모욕. ② 경시.

vambhanā. vamhanā *f.* [<vambheti] ① 경멸. 모욕. ② 경시.

vanbhanīya *adj.* [vambheti의 *grd.*] ① 경멸당해야 하는. ② 비참한. 불행한.

vambhayita *adj.* [vambheti의 *pp.*] ① 모욕을 받은. ② 욕을 먹은.

vambhin *adj.* [vambha-in] ① 경멸하는. 모욕하는. ② 얕보는. 무시하는.

vambheti. vamheti [vambha의 *denom.*] ① 경멸하다. 모욕하다. ② 무시하다. 얕보다. ③ 욕하다. *grd.* vambhanīya; *pp.* vambhayita

vamma *n.* [*sk.* varman<vṛ] 갑옷.

vammika ① *adj.* [vamma-ika] 갑옷을 입은. 무장한. ② = vammīka.

vammita *adj.* [vammeti의 *pp. cf. sk.* varmita] 갑옷을 입은. 무장한.

vammīka *m n.* [*sk.* valmīka] 개미구릉. 개미둑. 흰개미탑. -nimitta 개미구릉의 특징. 의질상(蟻垤相).
vammin *adj.* [vamma-in] = vammika ①.
vammeti [vamma의 *denom*] ① 무장하다. ② 갑옷을 입다. *pp.* vammita.
vamha *m.* [=vambha] ① 경멸. 모욕. ② 경시.
vamhanā. vamheti = vambhanā. vambheti
vaya ① *n.* [vayo. *sk.* vayas] 나이. 젊은 나이. 청춘. 연대. *sg. acc.* vayo. vayaṁ. -anuppatta. -ppatta 나이가 든. 성년이 된. 늙은. -ppatti 사춘기. -kalyāṇa 젊음의 매력. -guṇa 청춘. -vuddha 늙은. 연로한. vayohara 청춘을 빼앗아가는 것. ② *m* [*sk.* vyaya] 손실. 소모. 부족. 쇠퇴(衰退). 소멸. 쇠멸. 패퇴(敗頹). -ânupassanā 사라짐에 대한 관찰. 쇠퇴에 대한 관찰. 쇠멸수관(衰滅隨觀). -karaṇa 비용. 지출. 소비. -kkhaṇa 쇠멸의 찰나. 멸찰나(滅刹那). -dhamma 쇠멸의 법. -dhammatā 멸법성(滅法性). -lakkhaṇa 쇠퇴의 특징. 쇠멸상(衰滅相). -lakkhaṇavipassanā 쇠멸상에 대한 관찰. 괴상정관(壞相正觀). -parimiti 경제(經濟).
vayana *n.* [<veti] 직조(織造). 실잣기.
vayaṁ ① *prom* [=mayaṁ] 우리들은. → ahaṁ. ② vaya의 *sg. acc.*
vayassa *m.* [*sk.* vayasya] 친구. 벗.
vayo [=vaya ①] -vuddha 노년에 이른. 늙은. -ôhāra 청춘을 빼앗음. 생명의 탈취.
vayha *n.* vayhā *f.* [*sk.* vahya. vahati<vah의 *grd.*] ① 탈것. 차량. ② 들것.
vara *adj. m n.* [〃] ① 뛰어난. 훌륭한. 고귀한. 최상의. ② 소망. 희망. 은혜. ③ 배우자. ④ 복리(福利). varaṁ dadāti 희망을 주다. varaṁ gaṇhāti. varaṁ vuṇāti 희망이나 맹세를 세우다. -aṅganā 귀부인. 아름다운 부인. -āhāyin 최상의 것을 얻은. -ārohā 큰 코끼리. 왕상(王象). 귀부인. -pañña 뛰어난 지혜가 있는. 최상혜자(最上慧者). -bhatta 훌륭한 음식·식사. -haya 뛰어난 말. 준마(駿馬).
varaka ① *adj.* [vara-ka] 원하는. 부탁하는. ② *m* [〃] 바라까 쌀[Phaseolus Trilobus].
varaṇa *m* [〃] 타피오카 나무[나무의 일종: Crataeva Roxburghii].
varati [<vṛ] → vuṇāti.
varatta. varattā *n. f.* [*sk.* varatrā] 혁대. 가죽끈. -khaṇḍa. -bandha 가죽끈.
varāka *adj.* [〃] 불쌍한. 비참한.
varāha *m* [〃] ① 멧돼지. 야저(野猪). ② 수퇘지.
varuṇa m. [〃] 수신(水神).
varūtha *m.* [?] 수레의 바퀴덮개. 자동차의 범퍼.
valañja *m* [*cf.* valañjeti] ① 통로. 자국. 흔적. 족적. 선(線). ② 대변. 똥. ③ 설계. 사용. 효용.
valañjana *n.* [<valañjeti] ① 자주 다님. 행동. ② 배변. 통변.
valañjanaka *adj.* [<valañjeti] ① 추적을 받은. ② ~ 에 속하는. 행동하는. 범위의.
valañjeti [ava-lañj] ① 추적하다. 나아가다. ② 실천하다. 성취하다. 자주 가다. ③ 사용하다. 소비하다. 호소하다. *pp.* valañjita.
valaya *m n.* [〃=valiya] ① 팔찌. ② 지대(地帶).
valāhaka *m* [*sk.* valāhaka] ① 구름. ② 검은 구름. 비구름. 뇌운(雷雲). -ûpamā 구름의 비유. -kāyikā (devā). -kāyika deva 구름신들의 무리. 운중천(雲衆天). -gabbha 구름의 태. 운태(雲胎). 총운(叢雲).
valāhassa *m* [valāha-assa] 하늘을 나는 말. 운마(雲馬).
vali. vaḷi. valī. vaḷī *f.* [*sk.* vali] ① 열(列). 줄. 선(線). ② 주름. *cf.* āvali.
valika *adj.* [<vali=valin] ① 층이 있는. ② 주름이 있는.
valita *adj.* [valeti의 *pp.*] ① 비틀린. ② 주름진. 주름살이 있는.
valittaca. valitattaca [valitataca] 주름진.
valittacatā *f.* [valittaca의 *abstr.*] 주름진 피부를 지닌 것.
valin *adj.* [vali-in] 주름이 있는. 주름진.
valiya = valaya.
valira *adj.* [?] 사팔뜨기의.
valīka *adj.* [*sk.* vyalīkaṁ] 잘못된. 나쁜. *cf.* valika 의 *misr.*
valīmant *adj.* [vali-mant] 주름진. 주름이 있는.
valīmukha *adj. m* [vali-mukha] ① 주름진 얼굴을 한. ② 원숭이.
valeti [*sk.* vāleti. val의 *caus.*] ① 비틀다. ② 돌리다. 감다. ③ (옷을) 입다. *inf.* valetuṁ; *pp.* valita.
vallakī *f.* [*bsk.* vallikī] 인도의 현악기. 류트.
vallabha *adj.* [〃] 마음에 드는. 좋아하는.
vallabhā *f.* [<vallabha] 사랑스러운 여인.
vallabhatta *n.* [vallabha의 *abstr.*] 마음에 들음. 애호(愛好).
vallarī *f.* [*sk.* vallarī] ① 갈라진 꽃자루. 갈라진 잎자루. 송이. 다발. ② 발라리[악기의 이름].
vallikāra. vallibha *m* [*cf. sk.* vallibha] 호박[넝쿨식물의 일종].
vallikā *f.* [<valli] ① 귀장신구. ② 덩굴식물. ③ 정글의 밧줄.
vallī *f.* [〃] ① 덩굴식물. ② 담쟁이. -koṭi 덩굴식

물의 끝. -pakka. -phala 덩굴식물의 열매. -bha 워터멜론. -santāna 덩굴식물의 발아. -hāraka 덩굴식물(의 화환)을 두른.
vallūra *n.* [〃] 말린 고기. 건육.
vaḷa → vāḷa
vaḷabhāmukha *n.* [*sk.* vaḍabāmukha] 목마의 입구[남극에 있는 지옥의 입구. 해저의 불. 고난의 장소].
vaḷabhī *f.* [*cf. sk.* vaḍabhī] 지붕 -ratha 덮개가 있는 큰 마차. 포장마차.
vaḷavā *f.* [*sk.* vaḍabā] 암말. 말. -ratha 암말이 끄는 마차.
vaḷīna → valinaṁ(?).
vavakaṭṭha [vavakassati의 *pp.*] ① 끌어내어진. 갈라 놓여진. ② 소외된.
vavakassati [vi-ava-kṛṣ. *cf. sk.* vyavakṛṣyate] ① 끌어내어지다. 갈라 놓여 지다. ② 소외되다. *pp.* vavakaṭṭha; *caus.* vūpakāseti 떼어놓다. 갈라놓다. *cf.* vapakassati.
vavakkhati [vac의 *desid.*] 부르기를 원하다.
vavatthapeti. vavaṭṭhāpeti [vi-ava-sthā의 *caus.*] ① 결정하다. 한계를 정하다. 체계화하다. 차별하다. ② 해결하다. ③ 가리키다. *pp.* vavatthāpita.
vavatthāna *n.* [*sk.* vyavasthāna] ① 결정. 해결. 정리. 고정. ② 분리. 차별.
vavatthāpana *n.* [<vavatthāpeti] 체계화(體系化). 계통화(系統化). 조직화(組織化).
vavatthāpita [vavatthāpeti의 *pp.*] 정리된. 해결된. 확정된.
vavattita *adj.* [vi-ava-sthā의 *pp.*] ① 고정된. 결정된. 해결된. ② 분리된. 차별된
vavattheti [<vi-ava-sthā] ① 결정되다. ② 차별되다. 분리되다. *pp.* vavatthita.
vavassagga *m.* [<vi-ava-sṛj. *sk.* vyavasarga] ① 놓아주기. 사리(捨離). ② 시작. 노력. 발근(發勤). -ārammaṇa 노력의 대상. 발근소연(發勤所緣).
vasa *m. n.* [*sk.* vaśa] ① 힘. 권위. 수단. ② 통제. ③ 영향. *ins.* vasena *adv.* ~에 의해서. ~의 힘으로. ~에 관하여. ~을 통해서. -ânuga. -ânuvattin. -ânuvattinī(*f.*) 종속된. 의론적인. -uttama 최상의 권위. 최고의 이상. -gata 누군가에 지배되는. -vattaka 영향력. 지배력. -vattana 영향력이 있는. 권위(가 있는). -vattin 최고의 힘이 있는. 지배력이 있는. 전능한 자. 자재천(自在天)의 이름. -vattikathā. -vattivāda 자재천에 관한 이야기. 자재천론(自在天論).
vasaṅgata *adj.* [vasa-gata] ① 지배된. 정복된. ② 종속된. 항복한.
vasaṅgamana *n.* [vasa-gamana] 항복(降伏).
vasati ① [vas ①] (옷을)입다. *pp.* vutta *caus.* vāseti 입히다. ② [vas ②] 살다. 거주하다. 머물다. *fut.* vacchati. vacchāmi. vacchaṁ. vasissare; *opt.* vaseyya. vase; *aor.* vasi. vasi; *inf.* vasituṁ. vatthuṁ; *abs.* vasitvā; *ppr.* vasanta. vasamāna; *grd.* vasitabba. vatthabba; *pp.* vasita. vusita. vuttha; *pass.* vussati 머물게 되다. *caus.* vāseti. vāsāpeti 살게 하다. *pp.* vāsita ③ *f.* [vas ②의 *ppr. f. cf. sk.* 〃] 거처. 주거.
vasana *n.* [<vasati ①] ① 옷. 의복. ② 거처. 주거. -gāma 거주하는 마을. -ṭṭhāna 거처. 거주지.
vasanaka *adj.* [<vasana ②] (~에) 사는.
vasanta *m.* [〃=vassa-anta] 봄[春]. -kālika 봄[春]의.
vasabha *m.* [=usabha. nisabha. *sk. bsk.* vṛṣabha] 수소. 황소. 목우.
vasala. vasalaka *m.* [*sk.* vṛṣala] 천민. 하층민. vasala° -âdhama 비천한. -dhamma 천한 행위. 악예법(惡穢法). -vāda 상스러운 이야기. 예어(穢語). -sutta 천민에 관한 경전.
vasalī *f.* [<vasala] 비참한 여자. 매녀(賣女).
vasā ① *f.* [*sk.* vaśā] 암소. ② *f.* [*sk.* vasā] 지방. 비계. 림프액. 임파액. 수액(髓液). 수지(樹脂). -tela 동물의 기름. 수유(獸油). -bhesajja 기름약. 지약(脂藥).
vasi° [=vasa] ① 지배. 정복. 자재(自在). ② 숙달. -ppatta 힘을 얻은 (사람). 통제·억제하는. -ppatti 지배. 통제. 숙달. 득자재(得自在).
vasi. vasī vasati ②의 *aor.*
vasika *adj.* [<vasa] ① 영향을 받는. 지배받는. ~의 세력 아래에 있는. ② 사로잡힌. kodha° 분노에 사로잡힘. mātugāma° 여자에 사로잡힌. 여자를 아주 좋아하는.
vasita *adj.* [vasati ②의 *pp.* =vusita. vuttha] (삶을) 산. 거주한. 보낸. vasitā no gādhaṁ khattā. 혈(穴)을 파지 못하고 사는 사람들.
vasitar *adj.* [<vas ②] ① 거주자. 사는 사람. ② 습관이 있는 사람.
vasitā *f.* [vasa-itā] 지배. 정복. 자재(自在). 자유자재(自由自在).
vasin. vasima *adj.* [vasa-in. -mat] ① 지배하는. 힘 있는. ② 자재력이 있는.
vasissati. vasissare vasati ②의 *fut. 3sg. 3pl.*
vasī° [=vasa] -kata 의론하게 된. 종속된. -katvā 극복하고 나서. 종속시키고 나서. -karaṇa. -karaṇavijjā 최면(催眠). -karaṇosadha 미약(媚藥). -karoti 최면(催眠)을 걸다. -bhāva 힘·통제력을

갖고 있는 상태. -bhūta 통제하게 된. 지배하는.
vasu *n.* [〃] 재산. 재물. 부(富). -dhā. -dharā. -ndharā *f.* 부(富)·재산의 담지자. 땅. 대지(大地).
vasumant *adj.* [vasu-mant] ① 재산이 있는. ② 부유한.
vase. vasseyya vasati의 *opt.*
vassa *m n.* [*sk.* varṣa *n.*] ① 비. 우기. 우안거(雨安居). ② 년(年). 해[歲]. ③ 정력. 정액(精液). vassaṁ vasati 안거하다. vassaṁ upagacchati (또는 upeti) 우안거에 들어가다. antovassaṁ 안거중에. -agga 비 피하는 건물. -anta[=vasanta] 우기의 끝. 봄[春]. -āratta 우기. 우시(雨時). -āvāsa 우안거. -āvāsika 우안거에 필요한 음식. -upagamana 우안거에 들어간. -upanāyikā 우기의 다가옴. 우안거의 시작. -odaka 빗물. -kamma 남자의 정력을 얻게 하는 것. 원기왕성하게 하는 것. -kāla 비오는 시간·시기. -dasa(ka) 10년. -devatā 비의 신. -pūgāni 무수한 해[年]. -vara 거세된 남자. 환관(宦官). -valāhaka 비구름. -vassana 비가 떨어짐. 비오는. -vâsa 우안거. -vuṭṭhi 강우. -sata 백년. -satahuta 백년의 제사. -satika 100년의. ③ vassati의 *imp.*
vassati ① [*sk.* varṣati. vṛṣate vṛṣ] 비가 내리다. 흩뿌리다. 흘러나오다. *imp.* vassa. vassatu; *aor.* vassi; *ppr.* vassanta. vassato (*gen. sg.*); *pp.* vaṭṭha. vuṭṭha. vassita; *caus.* vassāpeti. ② [*sk.* vāśyate vāś] (동물이) 울다. 부르짖다. *pp.* vassita. *cf.* vāsati
vassato [vassati의 *ppr. sg. dat. gen.*] devassa vassato 비구름이 비를 내리고 있는데도. 비오는 때에.
vassana *n.* [<vassati] ① 강우. 쏟아지는 물. ② (양·염소·송아지 따위의) 울음.
vassanta *adj.* [vassati의 *ppr.*] 비가 내리는. deve vassante 비구름이 비를 내리고 있을 때에. 비가 내릴 때에.
vassāna *adj. n.* [<vassati] 우기(雨期). -māsa 우기의 달. 우안거월(雨安居月). -kāla 몬순. 우기.
vassāpanaka *adj.* [<vassāpeti.] 쏟아지는. 흘러내리는.
vassāpeti [vassati의 *caus.*] ① 비를 오게 하다. ② 쏟아지다. 흘러내리다.
vassi [vassati의 *aor.*] vahāmegho vassi 큰 비구름이 비를 내렸다.
vassika[1] *adj.* [vassa-ika] ① 비[雨]의. ② 우기의. ③ 해[年]의. -pāsāda 우기의 궁전. -sāṭikā 비옷.
vassika[2] *n.* vassikā *f.* vassikī *f.* [*bsk.* varṣika] ① (큰 꽃이 피는) 재스민. 하생화(夏生花). ② 재스민. 소형(素馨). -mālā 재스민의 꽃장식. 하생화만(夏生花曼).
vassita ① *adj.* [<vassati ①] 뿌려진. 젖은. 가득 찬. ② *adj. n.* [<vassati②] 울부짖는. 울음.
vassitar *adj.* [vassi-tar] 비 내리게 하는 자.
vassin *adj.* [vassa-in] 비 내리는.
vassupanāyika → vassa
vaha ① *m.* [<vahati] 운반하는 것. 운반하는 짐승. 흐르는 물. ② vahati의 *imp.*
vahati [vah] ① 나르다. 운반하다. ② 실행하다. ③ 흐르다. *imp.* vaha; *inf.* vahituṁ; *grd.* vahitabba; *ppr. sg. gen.* vahato; *pp.* vahita; *pass.* vuyhati [*sk.* uhyate]. vahīyati; *caus.* vāheti.
vahana *n.* [<vahati] ① 나르기. 운반. ② 흐름.
vahanaka *adj.* [vahana-ka] 나르는. 운반하는.
vahitar *m.* [vahati의 *ag.*] 나르는 자. 담지자(擔持者).
vahīyati [vahati의 *pass.*] 날라지다. 운반되다. *ppr.* vahīyamāna
vā *ind. conj.* [〃] 또는. 혹은. vā…vā ~ 이거나 ~ 이거나 atha vā. uda vā. yadi vā 혹은. 또는.
vāk *f.* [*sk.* vāc] ① 말. ② 음성. ③ 이야기. -karaṇa 이야기. 담화. 대화. -karaṇatā 어법.
vāka *n.* [*sk.* valka] 나무껍질. 수피(樹皮). -cīra (고행자가 입는) 나무껍질 옷. -bhisi 나무껍질 깔개요. -maya 나무껍질로 만드는.
vākara. vākura *m.* vākarā. vākurā *f.* [=vāgurā] ① 그물. 덫. ② 거미집.
vākya *n.* [〃<vac] ① 말하기. 언어. ② 문장. -khaṇḍa. -cheda 단락(段落). -racanā 작문(作文). 어법(語法). -racanācoriya 표절(剽竊). -racanāthenaka 표절자.
vāgamā → (tadah'ev) āgamā '바로 그날 왔다.'
vāgurā *f.* [〃=vākarā. vākurā] ① 그물. ② 거미집. 거미줄.
vāgurika *m.* [vāgara-ika] 그물을 쳐서 동물을 잡는 사람.
vācaka *adj.* [<vācā] ① 암송하는. ② 이야기하는. ③ 표현하는. 지시적인. sotthivācaka 축복의 전달자. 축복의 보도자.
vācanaka *n.* [<vāceti] ① 이야기. 암송. 독송. 논쟁. ② 암송의식. 암송의 장소. 송찬회(誦纂會).
vācanā *f.* [<vāceti] 암송. 낭독. 독송. -magga 독송의 방도. 송도(誦道).
vācapeyya ① *n.* =piyavacana [vācā-peyya <piya] 상냥한 말. ② *m.* [=vājapeyya] 쏘마제[祭儀의 一種].
vācasika *adj.* [<vāca] 이야기의. 말의. -ânācāra 말의 부도덕한 행위. 어부정행(語不正行). -pāgabbhiya 주제 넘는 말. 어오만(語傲慢). -viñ-

ñatti 말의 암시. 어표(語表).
vācā *f.* [*sk.* vāk (vāc). vākya] ① 말. 언어. 말하기. ② 표현. 어법(語法). -ânurakkhin 말을 조심하는. 말을 삼가는. -âbhilāpa 요설(饒舌). -uggata(vācuggata) 잘 영창된 말로 하는. 잘 외운. 영창(詠唱). -nissita 말소리의. -yata 말을 삼가는. -vatthuka 말에 근거한. -vikkhepa 말의 혼란. 언어의 궤변. 애매한 말. -vilāsa 용어선택. -sannitodaka 말의 가시.
vācāla *adj.* [<vācā] ① 수다스러운. 말이 많은. ② 이야기를 좋아하는.
vācika *adj.* [vāca-ika] 이야기의. 말 잘하는. vācik'upasampadā 입담이 좋은 것. 창설수구(唱說受具).
vācikā *f.* [vāca-ikā] 연설. 이야기.
Vācissara *m.* [vāca-sara] 바찟싸라 [舍利塔史의 著者. 13世紀의 僧侶].
vācetar *m.* [<vāceti] 가르치는 사람.
vāceti [vac의 *caus.*] ① 말하게 하다. 암송하게 하다. ② 가르치다. *pp.* vāsita
vāja *m.* [〃] ① 힘. ② 힘을 주는 음료. 쏘마주. ③ 화살의 깃털.
vājapeyya *m.* [*sk.* vājapeya] 바자빼이야제[祭儀의 일종. Soma祭]. 쏘마공희(供犧). -mahāyañña 쏘마대제[Soma 大祭].
vājita *adj.* [vājeti<vāja의 *pp.*] 화살에 깃털을 단.
vājin *adj. m.* [<vāja] ① 힘이 있는. 민첩한. ② 말[馬]. 수말. 종마(種馬).
vāṭa *m.* [〃] 울타리. 둘러싸인 장소.
vāṭaka *m.* [<vāṭa] ① 둘레. 원. 울타리. ② 집단. 모임. 중회(衆會). gala° 목구멍의 밑 부분. caṇḍāla° 천민의 집단. brāhmaṇa° 바라문의 모임·집단.
vāṇija *m.* [〃] 상인. -nāvā 상선(商船).
vāṇijaka *m.* [〃] 상인.
vāṇijjā *f.* [vāṇija-ya] = vaṇijjā ① 장사. 판매. ② 거래. 무역.
vāṇī *f.* [〃] 말. 이야기.
vāta *m.* [〃 <vā] ① 바람. 몸 안의 바람. 풍(風). ② 분위기. 공기. -aṇḍa 음낭의 상피병(象皮病). -ābādha 통증. 내적인 고통. 풍병(風病). -âbhihaṭa 바람에 흔들린. -āyana 바람구멍. 창문. -āhaṭa 바람에 얻어맞은. -erita (나무의) 바람에 의해 흔들린. -kkhandha 바람이 몰아치는 지역. -kumbha 파파야. -kopa 광풍. -ghāta(ka) 방풍림. -java 바람의 빠름. -dhuta 바람에 의해 흔들린. -passa 바람의 방향. -pāna 창. -pānakavāṭaka 창틀. -pānacakkalika (위아래로) 여닫이 창문. 창복(窓覆). -pānbhisikā 창문의 바람조절 기구. 창대(窓袋). -bhakkha 공기로써 살아가는. -maṇḍala. -maṇḍalikā 회오리바람. -miga 산양의 일종. 영양(羚羊). -yoga 바람의 방향. -ratta 류머티즘. -roga 복통(腹痛). 산통(産痛). -valāhakadeva 바람과 구름의 신. -vassā (*pl.*). -vuṭṭhi 바람과 비. -vuṭṭhisamaya 비바람이 몰아칠 때. -vega 바람의 힘. -sakuṇa 새의 일종. 풍조(風鳥). -samuṭṭhāna 바람의 발생.
vātaka *adj.* [<vāta] (몸의) 바람과 관련이 있는.
vāti [=vāyati ②] ① 불다. 숨을 내쉬다. ② 향기가 나다. ③ 냄새 맡다. *pres. 2sg.* vāsi.
vātika *adj. m.* [vāta-ika] ① 바람의. ② 풍질(風疾)이 있는 사람.
vātiṅgaṇa *m.* [*sk.*＊〃] 가지[식물의 이름. Solanum Melongena].
vāda *m.* [〃 <vad] ① 말하기. 이야기. ② 토론. 논쟁. ③ 이론. 교리. 학설(學說). 주의(主義). -ânuvāda 모든 종류의 종파적인 교리를. 설수설(說隨說). -kāma 토론을 원하는. -khitta 논박된. -patha 언어의 해석방식. 어로(語路). 항변(抗辯). -sattha 참다운 교설. 논쟁학(論爭學). -sīla 논쟁하는 습관이 있는.
vādaka *adj. m.* [<vāda] ① 교리의. 종파적인. 이단의. 이교(異教)의. ② 음악가. -samūha 관현악단(管絃樂團). 오케스트라. -sammuti 종파적인 교리. 이교의 교리.
vādana *n.* [<vādeti] 악기의 연주.
vādāpeti [vādeti의 *caus.*] 연주하게 하다.
vādi vadati의 *aor.*
vādika *adj.* [<vāda] 이야기하는. 대화하는. *m.* [?] 새의 일종.
vādita *n.* [vādeti의 *pp.*] 음악. gita-vādita 노래와 음악. 성악과 기악. -maṇḍapa 관현악단(管絃樂團). 오케스트라.
vāditar *m.* [<vadati] ① 말하는 사람. ② 교리를 설하는 사람.
vādin *adj. m.* [vāda-in] ① 이야기하는. 말하는. ② 토론자. 설법자. ③ 논사. agga° 최상의 스승. attha° 선(善)을 이야기하는. kāla° 시간을 이야기하는. caṇḍāla° 짠달라고 말하는. tathā° 이와 같이 말하는. 참된 화자. dhamma° 참된 교섭을 주장하는. bhūta° 진실을 이야기하는. vaṇṇa° 찬미하는. 칭찬하는.
vādiyati [vādeti의 *pass.* 그러나 vadati로서 사용한다] 말하다. 설명하다. *opt.* vajjaṁ. vajjā. vajjāsi. vajjuṁ. vajjesi
vādeti [vadati의 *caus.*] 취주하다. 연주하다. *opt.* vādeyyāma; *aor.* vādesuṁ; *pp.* vādita; *pass.* vajjati [*sk.* vādiyati]; *caus.* vādāpeti.

vādāpeti [vādeti의 *caus.*] 연주시키다.
vāna *n.* ① [<vā] 바느질. 채워 넣음. ② [<vana] 욕망. 탐욕.
vānaya [v-ānaya] → ānaya
vānara *m.* [<vana] 원숭이. -inda 원숭이 왕.
vāpi *f.* [*sk.* vāpī] 연못. 지(池).
vāpita *adj.* [vāpeti의 *pp.*] ① 파종된. 씨뿌려진. ② 베어진.
vāpeti [vap의 *caus.*] ① 씨뿌리게 하다. 파종하다. ② (풀을) 베다. *pp.* vāpita; *caus.* vapāpeti.
vābhi [<vā (실·천)을 짜다?] → *cf.* nābhi.
vāma *adj.* [*sk.* vāma] ① 왼쪽의. *ins.* vāmena. *abl.* vāmato 좌측에서. 불손하게. ② 아름다운. -ūru(vāmuru) 아름다운 다리를 지닌. 각선미(脚線美)가 있는.
vāmana *adj. m* [<vāma ① '왼쪽=거친'] ① 키가 작은. 왜소한. ② 난쟁이.
vāmanaka *adj.* [vāmana-ka] ① 왜소한. 난쟁이 같은. ② 불구의.
Vāmanikā *f.* 바마니까[어떤 코끼리의 이름].
vāmura → vāma ②.
vāya ① *m.* [<vā] (실·천)을 짜는 것. 엮음. ② *m. n.* [*sk.* vāyu] 바람. 공기.
vāyati ① [*sk.* vayati. vā ① =vināti] 짜다. 뜨다[織造]. *pp.* vāyita; *pass.* viyyati. vīyati 짜아 지다. *caus.* vāyeti. vāyāpeti=vināpeti 짜게 하다. ② [*sk.* vāti. vāyati. vā ② =vāti] 불다. 숨을 내쉬다. 향기가 나다. 냄새 맡다. *pres.* vāyati. vāti. vāsi; *aor.* vāyi; *pp.* vāta.
vāyana *n.* [<vāyati ②] ① 숨을 내쉼. ② 바람이 불음. 바람에 흩날림. ③ 향기가 퍼짐.
vāyamati [vi-ā-yam] ① 노력하다. 힘쓰다. ② 정진하다. ③ 고투하다. *cf.* vāyāma.
vāyasa *m.* [〃] 까마귀. -vijjā 까마귀의 울음소리로 운명을 판단하는 방법. 아명(鴉明).
vāyasāri *m.* [〃] 올빼미. 효(梟)
vāyāpita *adj. m.* [vāyāpeti의 *pp.*] 짜도록 시켜진. 직물(織物).
vāyāpeti [vāyati의 *caus.* =vināpeti] 짜게 하다. *pp.* vāyāpita
vāyāma *m.* [*sk.* vyāyāma<vāyamati] 노력. 정진(精進). 노고(勞苦).
vāyi vāyati ② (불다)의 *aor.*
vāyita *adj.* [vāyati ①의 *pp.*] 짠. 뜬. 직물(織物).
vāyin *adj.* [<vāyati] 바람이 부는. 숨을 내쉬는. 냄새나는.
vāyima *adj.* [<vāyati] (실이나 천을) 짜는. 짜여진.
vāyu *m.* [*sk.*<vāya. vāyati] 바람. 공기(空氣). -puṇṇa 공기로 가득한. -balena 공기의 힘으로. 기학(氣學)상의. -maya 공기로 이루어진. -vijjā 기학(氣學). 기력학(氣力學).
vāyo *m.* [=vāyu] 바람. 풍(風). -kasiṇa 바람의 두루채움을 위로 아래로 옆으로 유일하게 한량없이 지각하는 것. 바람의 두루채움이라는 명상수행의 토대. 풍편(風遍). 풍편처(風遍處). 풍일체처(風一切處). -kāya 바람의 요소. 풍신(風身). -gata 바람이 부는. 풍태(風態). -dhātu 바람의 요소. 바람의 세계. 풍계(風界). -mahābhūta 바람의 광대한 존재. 풍대(風大). -saṁvaṭṭa 바람의 해체·파괴. 풍괴(風壞). -saññin 바람에 대해 지각하는. 풍상(風想). -samabhāvanā 바람과 같은 수행.
vāra *m.* [<vṛ] ① 차례. 순번. ② 때. 경우. 기회. ③ 분(分). 장(章).
vāraka ① *m.* [*sk.* vāra. vāraka] 단지. 항아리. 병(甁). 호(壺). ② *adj.* [vāra-ka] 특별한 시간의. 시분(時分)의. -bhatta (일 년에 한번이나 한 달에 한번) 특별한 때에 베푸는 음식. 시분식(時分食).
vāraṇa ① *n.* [<vāreti] 보호. 감독. 반항. ② *m* [〃(강한)] 코끼리. 독수리의 일종. ③ *m.* 술. *cf.* vāruṇī.
vāraṇika → cāraṇika의 *misr.*
vārattika *adj.* [<varatta] 가죽의. 가죽끈의.
vārāpeti [vāreti ②의 *caus.*] 아내를 고르게 하다.
vāri *n.* [〃] 물. -kiñjakha 물의 백합. 수백합(水百合). -gocara 물 속에서 사는. 물속에서의 삶. -ja 물에서 태어난. 연꽃. 물고기. -da 물주는 자. 구름. -bindu 물방울. -vāha 물을 운반하는 것. 구름. -vārita. -yuta. -dhuta. -phuṭa 물로 (악의 제거를) 체험하는 [물로서 惡을 沮止·制御·除去하는 자이나교의 修行]. -yutta 함수(含水)의.
vārita *adj.* [vāreti ①의 *pp.*] ① 방해받은. 저지된. ② 방지된. -vata 금제(禁制).
vāritta *n.* [*bsk.* vāritra] 금지. 회피. -sīla 금계(禁戒).
Vāruṇa *adj. m.* [<Varuṇa] 바루나(Varuṇa) 신(神)의. 수천족(水天族).
vāruṇī *f.* [〃] ① 술. ② 취한 여자. -vāṇija 술집.
vārāpeti [vāreti의 *caus.*] 구혼하게 하다. 아내를 고르게 하다.
vāriyati [vāreti의 *pass.*] 골라지다.
vāreti ① [vṛ ① (닫다. 덮다)의 *caus.*] 막다. 방해하다. *pp.* vārita. ② [vṛ ② (고르다)의 *caus.*] 구혼하다. *grd.* vāreyya; *caus.* vārāpeti. *pass.* vāriyati. *ppr.* vāriyamāna.
vāreyya *n.* [vāreti ②의 *grd.*] 결혼. 혼인.
vāla ① *m.* [〃] 꼬리털. 머리털. 말의 털. 꼬리.

털. 털로 된 총채. -agga 털끝. -aṇḍuka 털로 만든 총채. 터번. -aṇḍupaka 솔. -kambala 꼬리털로 된 담요. 말털로 만든 옷. 모흠바라의(毛欽婆羅衣). 마미흠바라의(馬尾欽婆羅依). -koṭi 털끝. -rajju 털로 만든 노끈. -vījanī 야크의 꼬리털. 야크 꼬리털로 만든 총채. -vedhā 머리털을 맞추는. -vedhin 머리털을 맞추는 사수. -vedhirūpa 털끝으로 찌르는 것 같은. 날카로운. ② *adj. m.* [*sk.* vyāla] 악의 있는. 사나운. 맹수. ② *n.* [=vāri] 물[水]. -ja 물고기. *cf.* vārija.

vālatta *n.* [vāla ②-tta] ① 근심거리. ② 사나운 일. 어려운 일.

vāladhi *m.* [〃] 꼬리.

vālikā. vālukā *f.* [*sk.* vālukā] 모래. -puñja 모래더미. -pulina 모래언덕. -vassa 모래비.

vālin *adj.* [<vāla] 털 달린 꼬리를 지닌.

vālukantāra =vāluka-kantāra 모래사막.

vālukā *f.* [*cf. sk.* vālukā] 모래.

vāḷa *m.* [*sk.* vyāḍa] ① 뱀. 맹수. -āvasatha 맹수가 사는 곳. -kantāra 맹수가 다니는 험로. -miga 맹수. 육식동물. -suṇaka 맹견(猛犬). ② [vāda(?)] 음악(?).

vāvatteti [vi-ā-vṛt의 *caus.*] ① 돌리다. 방향을 바꾸다. ② 제거하다. *aor.* vāvattayi.

vāsa ① *m. adj.* [<vas ①] 의류. 착용한. ② *m.* [<vas ②] 삶. 생존. 체재. 집. 주거. 상태. 조건. -attha 집·가정의 성공·번영. -âgāra. -ghara 침실. 거실. -ûpagata (우기동안) 거처에 들어가는. 잠자리에 드는. -dhura 삶의 멍에·의무·책임. ③ *m.* [〃] 향기. 향료. -cuṇṇa 화장용 분(粉).

vāsaka. vāsika *adj. m.* [<vas ②] 사는. 머무는. 거주하는.

vāsati [vāś] (짐승·새가) 울다. *cf.* vassati ②.

vāsana *adj.* [=vasana] ① (옷을) 입은. 걸친. ② 사는. 거주하는. ③ *n.* [<vāsa] 향기. 향료.

vāsanā *f.* [*bsk.* 〃 <vas ②] ① 마음에 남아 있는 것. 과거의 경향. 인상. 훈습(薰習). 습기(習氣). ② 손이나 몸에 바르는 향내 나는 분말. -pali-bodha 몸에 바르는 분말향의 장애. 도향장애(塗香障碍).

vāsara *m.* [〃] ① 낮. ② 하루.

Vāsava *m.* 바싸바. 바사바천(婆沙婆天). 천제(天帝)[帝釋天의 다른 이름]. 바삼바(婆三婆)[阿修羅의 이름].

Vāsavanesi *m.* 바싸바네씨. 비사문이려천(毘沙門伊麗天)[神·神界의 이름].

vāsāpeti ① [vāseti ①의 *caus.*] 냄새나게 하다. ② [vāseti ②의 *caus.*] 살게 하다.

vāsi vāti (향기가 나다)의 *pres. 2sg.*

vāsī *f.* [*sk.* vāśī] ① 날카로운 칼. ② 도끼. 손도끼. -jata 손도끼의 자루. -daṇḍa 칼자루. -phara-suka 손도끼. -phala 칼날.

vāsika *m.* [vāsa-ika] 사는. 거주하는.

vāsita *adj.* ① [vāseti ①의 *pp.*] 향기가 난. 훈습된. 향료. ② [vāseti ②의 *pp.*] 머물게 된. 확립된.

vāsitaka *adj. m.* [vāsita ②-ika] ① 향기가 있는. ② 향료.

vāsitikā *f.* [vāsitaka의 *f.*] 향기가 있는 진흙. 향니(香泥).

vāsin *adj.* ① [vāsa ①-in] 옷을 입은. ② [vāsa ②-in] 사는. 거주하는.

Vāsudeva *m.* [〃] 바쑤데바. 세천(世天)[神의 이름]. -vata 바쑤데바에 대한 맹세. 바쑤데바에 대한 의무. 세천무(世天務).

Vāseṭṭha *m.* 바쎗타. 파실타(婆悉吒)[말라 족 賢人의 이름].

vāseti ① [vāsa ③ 의 *denom.*] 향기가 있다. 소독하다. *pp.* vāsita ① *caus.* vāsāpeti 향기가 나게 하다. ② [vasati ②의 *caus.*] 살게 하다. *pp.* vāsita ② *caus.* vāsāpeti.

vāha *adj. m.* [〃 <vahati] ① 나르는. ② 차(車). 수레. 승물(乘物). ③ 화물(貨物).

vāhaka *m.* [<vah] ① 나르는 것. ② 흐름. 급류. udakavāhaka 홍수. 급류. -pasu 짐을 실은 가축.

vāhana *adj. n.* [<vah] ① 나르는. 당기는. ② 운반수단. 수레. 운반자. ③ 짐을 나르는 짐승. ④ 군세(軍勢).

vāhanaka =vāha.

vāhasā *ind.* [vāha의 *ins.*] ① ~때문에. ② ~의 영향으로. ③ ~에 의하여.

vāhin *adj.* [vāha-in] 나르는.

vāhini *f.* [vāhin의 *f.*] 군대.

vāheti [vahati의 *caus.*] 운반하게 하다. 나르다. *pp.* vāhita; *pass. ppr.* vāhiyamāna.

vi° *prep.* [〃 모음 앞에서 vy] ① 분리. 구별. 다름. ② 반대. ③ 변화. ④ 강조. ⑤ 관통. ⑥ 확장. 편만.

vikaca *adj.* [〃] ① 꽃이 피는. ② 부푼.

vikaṭa. vikata *adj. n.* [vi-kaṭa kṛ의 *pp.*] ① 변화된. 바뀐. 변모된. 이상한. 더러운. ② 오물. 쓰레기. vikaṭa° -ākāra 괴상한. -bhojana 더러워진 음식. *cf.* vekaṭika.

vikaṇṇa *adj.* [vi-kaṇṇa] ① 단이 비뚤어진. 단이 바르지 못한. ② 닳아 떨어진. 닳아 헤어진.

vikaṇṇaka *m.* [<vikaṇṇa] 화살의 일종.

vikata *adj.* [vi-kṛ의 *pp.*] = vikaṭa..

vikati *f.* [<vi-kṛ] ① 종류. 제품. 분류. ② 형상. 모습. -phala 과일의 종류. 제품.

vikatikā *f.* [<vikati] (사자·호랑이 등을 수놓은)

모직 침대보.
vikatta. vikanta *adj.* [vikantati의 *pp.*] 절개된.
vikattana *n.* [<vi-kantati] ① 절단기. ② 식칼. 소도(小刀).
vikatthaka *m.* [<vikatthati] 자랑하는 사람.
vikatthati [vi-katth] 자랑하다. 과시하다. *pp.* vikatthita.
vikatthana. vikatthita *n.* [<vikatthati] 자랑.
vikatthin *adj.* [vikattha-in] 자랑하는. avikatthin 겸손한.
vikanta = vikatta.
vikantati [vi-kantati ②] 절개하다. 베다. 자르다. *pp.* vikatta. vikanta.
vikantana *n.* [<vikantati] 식칼. 소도(小刀). *cf.* vikattana.
vikappa *m* [<vikappati] ① 생각. 고려. 고찰. 사고. ② 해설. ③ 우유부단(優柔不斷). 미결정(未決定).
vikappanā *m* [<vikappati] ① 생각. 고려. 고찰. 사고. 사려(思慮). ② 몽상(夢想).
vikappati [vi-kappati] ① 생각하다. 사려하다. 고려하다. 고찰하다. 사고하다. ② 몽상하다.
vikappita *adj.* [vikappeti의 *pp.*] ① 준비된. 정돈된. ② 분별된. 사려된. ③ 설정된.
vikappin *adj.* [vikappa-in] ① 계획하는. ② 의향이 있는. 의도하는. 생각하는.
vikappiya *adj.* [vikappeti의 *grd.*] ① 계획된. ② 의도된.
vikappeti [vi-kappeti] ① 계획하다. 의도하다. ② 배당하다. 정돈하다. ③ 바꾸다. *pp.* vikappita. *grd.* vikappiya.
vikampati [vi-kamp] ① 동요하다. 확정되지 않다. ② 의심하다. *pp.* vikampita.
vikampana *n.* [<vikampati] 흔들림. 동요.
vikampin *adj.* [<vikampati] 동요하는. avikampin 확고한. 흔들리지 않는.
vikaroti [vi-kṛ=vikubbati] ① 바꾸다. ② 고치다. ③ 어지럽히다. *aor.* vyakāsi; *pp.* vikaṭa. vikata; *pass.* vikiriyati 변화되다.
vikala. vikalaka *adj.* [〃] ① 결여된. 없는. ② 박탈된. *cf.* vekalla.
vikasati ① [vi-kas] 열리다. 꽃피다. *pp.* vikasita; *caus.* vikāseti. ② [vi-kāś] 빛나다. 비치다. *caus.* vikāseti.
vikasita *adj.* [vi-kas의 *pp.*] ① 열려진. 꽃핀. ② 확장된.
vikāra *m* [<vikaroti] ① 변화. 변경. 변이. ② 역전. 혼란. ③ 결합. 특질. -rūpa 변화의 물질. 변화색(變化色)[물질의 경성(輕性 : lahutā), 물질의 연성(軟性 : mudutā), 물질의 적응성(適應性 : kammaññatā)].
vikāla *m.* [vi-kāla] ① 부적당한 시간. ② 오후. ③ 밤. -cariya 부적당한 시간에 실천하는. 비시행(非時行). -bhojana 부정당한 시간에 하는 식사. 비시식(非時食).
vikāsa *m.* [<vi-kas] 열림. 확장.
vikāsika *m.* [<vi-kṛṣ] 아마포.
vikāsitar *m.* [<vi-kṛṣ] ① 당기는 사람. ② 활의 사수. 궁술사.
vikāsin *adj.* [<vi-kāś] 빛나는. 즐거운.
vikāseti [vi-kas의 *caus.*] ① 열리게 하다. 열다. ② 열어 보이다. 개현하다.
vikiṇṇa *adj.* [vikirati의 *pp.*] ① 흩어진. 뿌려진. ② 산만한. 헝클어진. 단정치 못한. -kesa 머리가 헝클어진. -vāca 쓸데없는 말을 하는. 잡어자(雜語者). -vāca 쓸데없는 말. 산란어(散亂語).
vikitteti [vi-kitteti] ① 중상하다. ② 명예를 훼손하다.
vikiraṇa *n. adj.* [<vikirati] ① 흩뿌림. 분산. 살포. ② 흩뿌리는. ③ 낭비하는.
vikiraṇī vikiraṇa의 *f.*
vikirati [vi-kirati<kṝ] ① 흩뿌리다. 뿌리다. ② 유포하다. *aor.* vikiri; *opt.* vikireyya; *pp.* vikiṇṇa; *pass.* vikiriyyati. vikirīyati; *imp.* vikiriyyatu.
vikiri [vikirati의 *aor.* 사실은 vikiriyati의 *aor.*?] ① 뿌려졌다. ② 부서졌다. 잘라졌다.
vikiriyati vikaroti의 *pass.*
vikīlanika *adj. n.* [<vi-kīḷana] 즐거움이 없는. 낙(樂)이 없는. ~ṁ karoti 즐거움이 없게 하다. 방기(放棄)하다.
vikujjhita *adj.* [vi-kujjhetti의 *pp.*] ① 성난. 화나게 된. ② 괴로운. 짜증난.
vikuṇita *adj.* [vi-kuṇita] ① 찌그러진. 왜곡된. ② 불구(不具)의.
vikuddha *adj.* [vi-kuddha] 화내지 않는.
vikubbati [vi-kubbati=vikaroti] ① 변화하다. 변형하다. ③ 기적을 행하다. *ppr.* vikubbantī(*f.*). vikubbamānā(*f.*)
vikubbana *n.* vikubbanā *f.* [<vikubbati] ① 기적. ② 신비적인 변화. 신변(神變). vikubbanā -iddhi 변화의 불가사의한 힘. 다양한 변화의 힘. 변화신변(變化神變)[다른 모습으로 변화하는 신비한 능력].
vikulāva. vikulāvaka *adj.* [vi-kulāva] 둥우리가 없는. 둥지가 없는.
vikūjati [vi-kūjati<kūj] (새가) 울다. 지저귀다. *ppr.* vikūjamāna.
vikūjana *n.* [<vikūjati] (새의) 지저귐.

vikūṇa *m.* [*cp.* vikuṇita 또는 vikāra] ① 찡그린 상. ② 왜곡. 찌그러짐.
vikūla *adj.* [vi-kūla] ① 완만하게 경사진. ② 저지대의 *cf.* ukkūla
vikūlaka *adj.* [<vikūla] ① 심술궂은. ② 역겨운. 혐오스런.
vikesikā *a. f.* [vi-kesa-ika] 머리가 헝클어진. 머리가 산발한.
vikoṭṭita [vi-koṭṭita] ① 맞은. ② 잘리어진. ③ 죽은. 살해된.
vikopana *n.* [<vi-kup] 해침. 가해.
vikopin *adj.* [<vi-kup] 흔들리는. 동요하는.
vikopeti [vi-kopeti<kup] ① 흔들다. 동요시키다. ② 해치다. 망치다. ③ 파괴하다. *cf.* vikopana.
vikkanta *adj.* [vikkamati의 *pp.*] ① 영웅적인. ② 용맹한. -cārin 용맹한 행동을 하는 것. 사자(獅子).
vikkandati [vi-kand] ① 매우 슬퍼하다. ② 통곡하다. 비탄해하다.
vikkama *m.* [<vikkamati] ① 산책. 거닐음. ② 힘. 용맹. -malaka 회랑(回廊). -porisa 용맹한 사람.
vikkamati [vi-kram] ① 앞으로 나아가다. ② 노력하다. 용맹정진하다. *pp.* vikkanta.
vikkamana *n.* [<vikkamati] ① 노력. ② 진보.
vikkaya *m.* [<vikiṇāti] 판매. 매각. -bhaṇḍa 상품(商品).
vikkayika. vikkāyika *adj. m.* [<vikiṇāti] ① 팔려고 내놓은. ② 판매원. 행상(行商). -bhaṇḍa 상품(商品).
vikkiṇāti [vi-kiṇāti<krī] 팔다. *aor.* vikkiṇi; *abs.* vikkiṇitvā; *pp.* vikkīta; *inf.* vikketuṁ; *grd.* vikkiṇiya.
vikkīḷita *n.* [vi-kīḷita] ① 놀이. 스포츠. ② 오락.
vikkuthita *adj.* [vi-kuthita] 끓인. -duddha 끓인 우유.
vikkhaṇḍati [vi-khaṇḍati] 부수다. 파괴하다. 망치다. *pp.* vikkhaṇḍhita.
vikkhaṇḍita [vikkhaṇḍati의 *pp.*] 부서진. 파괴된. 망가진.
vikkhambha *m.* [vi-khambha] 지름. 직경(直徑). -āyatta 정반대의.
vikkhambhati [vi-khambha ②] ① (무서워서) 굳다. 경직되다. ② 놀라다.
vikkhambhana *n.* [<vikkhambheti] ① 중지. 저지. 포기. 소제(消除). ② 파괴. 제거. 반대의 제거. ③ 억제. 진정. 일시적인 선정에 의한 억제. 진복(鎭伏). -pahāna 반대의 제거에 의한 극복. 진복사단(鎭伏捨斷). -vimutti 반대의 제거를 통한 해탈. 진복해탈(鎭伏解脫) -viveka 일시적인 선정에 의한 억제를 통한 멀리 여읨. 진복원리(鎭伏遠離) -suñña 반대의 제거를 통한 공. 진복공(鎭伏空). 소제공(消除空)[出離에 의해 欲望이 除去·消除되거나. 無瞋에 의해 瞋이 消除되는 등 阿羅漢道에 의해 一切煩惱가 消除되어 없어지는 空].
vikkhambhanatā *f.* [vikkhambhana의 *abstr.*] ① 중지된 상태. ② 파괴된 상태.
vikkhambhika *adj.* [<vikkhambheti] ① 중지하도록 이끄는. ② 포기하게 만드는.
vikkhambhita *adj.* [vikkhambheti의 *pp.*] ① 중지된. 그친. ② 파괴된. -kilesa 이미 번뇌가 파괴된 자. 이복번뇌자(已伏煩惱者).
vikkhambiya *adj.* [vikkhambheti의 *grd.*] ① 방해될 수 있는. ② 제압되어질 수 있는.
vikkhambheti [vi-khambhati의 *caus.*] ① 마비시키다. 중지시키다. 파괴하다. 근절하다. ② 포기하다. 버리다. ③ 불안하게 하다. 동요시키다. *pp.* vikkhambhita.
vikkhalita *n.* [vi-khalita ②] ① 실수. 잘못. 과오. ② 무례.
vikkhāyita *adj.* [vi-khādita] 먹고 남긴.
vikkhāyitaka *adj.* [=vikkhāyita] 먹힌 것과 관련되는. -saññā 동물이 먹고 남긴 시체에 대한 지각. 식잔상(食殘想). 식감상(食瞰想).
vikkhāleti [vikhāleti] 씻어내다. 세수하다. *pp.* vikkhālita 씻어낸. 깨끗해진.
vikkhitta *adj.* [*sk.* vikṣipta. vi-kṣip의 *pp.*] 혼란된. 산란한. -citta 산란한 마음. 산란심(散亂心). -saññā 흩어진 시체에 대한 지각. 산란상(散亂想).
vikkhittaka *adj.* [vi-khitta-ka] ① 흩뿌려진. ② 산란한. hata° 살해되고 잘린. citta° 산만한 마음의. -saññā 흩어진 시체에 대한 지각. 산란상(散亂想).
vikkhipana *n.* [*bsk.* vikṣepa] 거절. 부정.
vikkhipati [vi-kṣip] ① 뒤집다. 뒤엎다. ② 방해하다. ③ 흩어지게 하다. 흩뜨리다. ④ 혼란시키다. *pp.* vikkhitta.
vikkhīṇa [vi-khīṇa] 완전히 파괴된. ② 끝장난.
vikkhīyati [vi-khīyati<kṣi] 멸망하다. 소멸하다. 소진하다. *pp.* vikkhīṇa 소멸된. 소진된.
vikkhepa *m.* [*sk.* vikṣepa<kṣip] ① 혼란. 산란. ② 당황. -paṭibāhana 혼란·산란의 제거.
vikkhepaka *adj.* [<vikkhepa-ka] 혼란스러운. 혼란을 야기하는.
vikkhepika *adj.* ① [<vikkhepa] 혼란을 야기하는. ② [vi-khipa-ika] '뱀장어통(khipa)을 뒤집듯 혼란된' 혼란스러운.

vikkheḷikā *f.* [vi-kheḷa-ikā] 침을 흘리면서 자고 있는 여자.
vikkhobhana *n.* [<vikkhobheti] 심한 혼란. 커다란 동요.
vikkhobhita *adj.* [vikkhobheti의 *pp.*] 심하게 동요된. 혼란된.
vikkhobheti [vi-khubh<kṣubh] 심하게 동요하다. 완전히 혼란시키다.
vikhādana *n.* [vi-khādana] 물기. 씹기. 저작(咀嚼).
vigacchati [vi-gacchati<gam] ① 떠나다. ② 소멸되다. 사라지다. ③ 줄다. 감소하다. *fut.* vigacchissati; *aor.* byagā; *pp.* vigata.
vigata *adj.* [vigacchati의 *pp.*] ① 가버린. 떠난. ② 소멸된. 그친. ③ 없는. 여윈. -āsa 희망을 여읜 자. -icchā 욕구가 소멸된. 이욕(離欲). -ûpakkilesa 번뇌를 따르지 않는. 무구(無垢). -khila 완고·완미함을 떠난. 이완미(離頑迷). -cāpalla 경박·부박함을 떠난. 이부박(離浮薄). -thīnamiddha 혼침과 수면을 떠난. 이혼침수면(離昏沈睡眠). -paccaya 이거조건(離去조건(條件). 이거연(離去緣)[사라짐이 새로운 존재를 야기시키는 조건으로 동태적인 부존조건(natthipaccaya)임]. -bhaya 두려움 없음. 무외(無畏). -raja 먼지가 없는. 이진(離塵). -lomahaṁsatā 몸의 털이 솟구침이 없는 상태. 이신모수립(離毛身竪立).
°vigama *adj. m* [vi-gam] ① 사라진. 떠난. ② 떠남. 사라짐.
vigamana *n.* [<vigacchati] ① 출발. ② 떠남. ③ 사라짐.
vigayha vigāthti의 *abs.*
vigarahati [vi-garahati<garh] ① 심하게 꾸짖다. 나무라다. 질책하다. ② 욕하다.
vigalati. vigaḷati [vi-gaḷati<gal] 떨어지다. 방울져 떨어지다. *pp.* vigaḷita.
vigaḷita *adj.* [vigaḷati의 *pp.*] (물방울이) 방울져 떨어지는.
vigāhati [vi-gāhati<gāh] 뛰어들다. 들어가다. *aor.* virgāhisuṁ; *abs.* vigāhiya. vigayha. vigāhetvā.
vigāhana *n.* [<vigāhati] 뛰어듦. 다이빙.
viggaṇhati [vi-gaṇhati<grah] ① 붙잡다. ② 잡아 늘이다. ③ 말다툼하다. *abs.* viggayha; *pp.* viggahita.
viggaha *m.* [<viggaṇhati] ① 논쟁. 다툼. 이집(異執). ② '형상을 취함' 몸. 신체. ③ 분석. 단어를 요소로 분해함[문법].
viggahita *adj.* [viggaṇhati의 *pp.*] ① 사로잡힌. 편견을 가진. 이집(異執)된. ② 유혹을 받은.
viggāhika *adj.* [<viggaha] 논쟁의. 다툼의. -kathā 논쟁.
vighaṭṭita [vi-ghaṭṭia] 맞은. 얻어맞는.
vighaṭṭana *n.* [vighaṭṭana] ① 두드림. ② 노크.
vighāṭana *adj.* [<vighāteti] ① (속박을) 푸는. ② 파괴하는. ③ 폐지하는.
vighāṭita [vighāṭeti의 *pp.*] ① 파괴된. ② 정복된. ③ 전복된.
vighāṭeti [vi-han] 죽이다. 파괴하다. *aor.* vighāṭesi; *pp.* vighāṭita; *abs.* vighāṭetvā.
vighāta *m.* [vi-ghāta] ① 파괴. 살육. ② 고뇌. 고민거리. 곤혹(困惑). 뇌해(惱害). ③ 반대. 반론. -pakkhika 고뇌와 한편이 된. -bhūmi 곤혹스러운 의식상태. 뇌해파괴지(惱害破壞地).
vighātavant *adj.* [vighāta-vant] ① 고뇌에 찬. 고민스러운. 곤혹스러운. ② 성가신.
vighāsa *m.* [<vi-ghasati] 남은 음식. 음식찌꺼기. -âda 음식 찌꺼기를 먹는 사람. 잔식생활자(殘食生活者).
vicakka *adj.* [vi-cakka] 바퀴가 없는.
vicakkhaṇa *adj.* [vi-cakkhaṇa] ① 교묘한. 현명한. ② 주의 깊은. 분별력있는. 감수성이 있는.
vicakkhu *adj.* [vi-cakkhu] 눈이 없는. 눈먼. 맹목의. 시각장애의 -kamma 눈멀게 함. 당황하게 함. 무안맹매(無眼盲昧)의 상태로 만듦.
vicakkhuka *adj.* [vi-cakkhu-ka] ① 보지 못하는. ② 봉사의. 눈먼. 반쯤 눈먼.
vicaya *m.* [<vicinati<ci] ① 조사. 검사. ② 연찬(硏鑽). 토구(討究). 간택(揀擇).
vicaraṇa *adj. n.* [<vicarati] ① 걸어 돌아다님. 배회. 방랑. ② 여행.
vicarati [vi-carati<car] ① 걸어 돌아다니다. 배회하다. ② 조사하다. 사찰하다. ③ 거닐다. 여행하다. *fut.* vicarissaṁ; *aor.* vicari; *pp.* vicarita. viciṇṇa; *caus.* vicāreti.
vicarita *adj.* [vicarati의 *pp.*] ① 종사하는. ② 자주 모이는.
vicāra *m.* [〃] ① 조사. 검사. ② 고려. 숙고. 사(伺). 사찰(伺察). -satti 합리성(合理性).
vicāraka *adj. m.* [<vicāreti] ① 조사하는. 검사하는. 감시하는. 숙고하는. ② 심판관. 법관.
vicāraṇā *f.* vicāraṇa *n.* [vicarati] ① 조사. 탐구. ② 숙고. 고려. 논의. ③ 정돈. 계획. 관리. vicāraṇayutta 비판적(批判的)인.
vicārita *adj.* [vicāreti의 *pp.*] ① 고안된. ② 고려된. 숙고된.
vicāreti [vicarati의 *caus.*] ① 조사하다. 사찰하다. 감독하다. ② 숙고하다. ③ 관리하다. 계획하다. *pp.* vicārita. viciṇṇa.

vicāliya *adj.* [vi-cāleti의 *grd.*] 흔들리는. 요동하는. 파도치는.
vicikicchati [vi-cikicchati<cit의 *desid.*] ① 의심하다. ② 주저하다. *pp.* vicikicchita
vicikicchā *f.* [*sk.* vicikitsā] ① 의심. 불확실성. ② 주저(躊躇). 의혹. 의구(疑懼). -ânusaya 의심의 잠재적 경향. 의심의 경향. 의수면(疑睡眠). -ṭṭhāniya 의혹처(疑惑處). -pariyuṭṭhāna 의심의 얽맴. 의심의 번뇌. 의전(疑纏). -saṁyojana 의심의 결박. 의결(疑結). -sampayutta 의심과 결합된. -sahagata 의심이 있는. 의심스런.
vicikicchita *n.* [vicikicchati의 *pp.*] 의심.
vicikicchin → vecikicchin.
viciṇṇa *adj.* [vicāreti의 *pp.*] 숙고된.
vicita *adj.* [vicināti의 *pp.*] 선별된. °kāḷaka bhatta. = -bhatta 검은 곡식알이 선별된 밥.
vicitta. vicitra *adj.* [vi-citta ①. *sk.* vicitra] ① 여러 가지의. 잡다한. ② 채색한. 장식된. vicitta° -kathika. -kathin 말을 잘하는. 웅변의. 능변자(能辯者). 교설자(巧說者). -dukūla 기저귀. 냅킨.
vicinaṁ vicinati의 *ppr. sg. nom.*
vicināti [vi-cināti<ci] ① 조사하다. 찾다. 구별하다. 선별하다. ② 고려하다. ③ 우물쭈물하다. *opt.* vicine; *aor.* vicini; *abs.* viceyya; *ppr.* vicinaṁ(*sg.* nom); *grd.* vicetabba; *pp.* vicita.
vicinana *n.* [<vicinati] 구별. 식별.
vicinteti [vi-cinteti<cint] 생각하다. 사려하다. 고려하다. *abs.* vicintiya.
vicuṇṇa *adj.* [vi-cuṇṇeti의 *pp.*] 분쇄된.
vicuṇṇita [vi-cuṇṇeti의 *pp.*] 분쇄된. cuṇṇavicuṇṇa 산산 조각난.
viceta *adj.* [vi-cetas] 마음이 어지러운. 광란의.
vicetabba vicinati의 *grd.*
viceyya [vicinati의 *abs.*] 고려하고. 떠보고 은밀하게. -dāna 충분히 고려된 보시. 적절한 보시. 심찰시(審察施).
viccuta *adj.* [vi-cuta] ① 쓰러진. 떨어진. ② 퇴물이 된. 퇴타(退墮)된.
vicchaḍḍeti [vi-chaḍḍeti] 던지다. 토하다.
vicchandanika *adj.* [vi-chanda-naika] 욕심이 없어 무관심한.
vicchādanā *f.* [<vi-chād] 감춤. 숨김. 은폐. 은닉(隱匿).
vicchika *m.* [*sk.* vṛścika] 전갈. -vijjā 전갈로 길흉을 치는 점술.
vicchita → icchita
vicchidda *adj.* [vi-chidda] chidda° 조그만 구멍이 많은. 구멍투성이의.
vicchiddaka *adj.* [vi-chidda-ka] 구멍투성이의. 온통 구멍이 뚫린. -saññā 부패해서 갈라진 시체에 대한 지각. 단괴상(斷壞想).
vicchinda *m.* [<vi-chid] 부러짐. 절단.
vicchindati [vi-chid] ① 절단하다. 소외시키다. ② 방해하다. 중단하다. *pp.* vicchinna.
vicchinna *adj.* [vicchindati의 *pp.*] ① 절단된. ② 파괴된. -aṅga 분해된.
vicchurita [vi-churita] 흩뿌려진. 살포된.
viccheda *m.* [vi-cheda] 절단. 파괴.
vijaññaṁ. vijaññā vijānāti의 *opt.*
vijaṭana *n.* [<vijaṭeti] ① 얽힌 것이 풀림. ② 머리가 풀어헤쳐진 상태. 해발(解髮). -palibodha 묶은 머리가 풀어헤쳐진 것의 장애. 해발장애(解髮障碍).
vijaṭita *adj.* [vijaṭeti의 *pp.*] ① 결박을 푼. ② 설명된. 해결된.
vijaṭeti [vi-jaṭ의 *caus.*] ① 얽힌 것을 풀다. (묶은 머리를) 풀어헤치다. ② 가려내다. ③ 설명하다. 해결하다. *pp.* vijaṭita.
vijana *adj.* [vi-jana] ① 사람이 없는. ② 적적한. -vāta 인적이 없는. 사람의 그림자조차 없는.
vijambhati [vi-jambhati<jṛmbh] ① 일어나다. 하품하다. ② 입을 벌리다. *pp.* vijambhita 하품하며 일어난.
vijambhanā *f.* [<vijambhati] 기지개. 하품하며 일어남.
vijambhikā *f.* [*sk.* vijṛmbhikā] 하품. 졸림.
vijaya *m.* [<vijayati] 승리. 정복. 지배. -uttara 승상(勝上)[소라고동(螺貝)의 一種].
vijayati. vijeti. vijinati [vi-ji] ① 정복하다. 이기다. ② 지배하다. *aor.* vijesi; *fut.* vijessati; *abs.* vijeyya. vijetvā; *pp.* vijita.
vijahati [vi-jahati<hā] ① 버리다. 포기하다. ② 떠나다. *pres.* vihāmi; *fut.* vijahissati; *opt.* vijaheyya; *abs.* vihāya. vijahitvā; *grd.* vihātabba; *pp.* vijahita. vihīna; *pass.* vihāyati. vihīyati. viheti; *caus.* vihāpeti.
vijahana *n.* [<vijahati] 포기. 방기(放棄).
vijahita *adj.* [vijahati의 *pp.*] 버려진. 포기된.
vijāta *adj.* [vijāyati의 *pp.*] ① 출산한. ② 태어난. -divāsa. -maṅgala 부처님오신날. 불탄일(佛誕日)[테라바다불교에서는 탄신일·성도일·열반일이 같음].
vijātā *f.* [vijāta의 *f.*] 출산한 여자. 산모(産母) -kāla 출산의 시간. 출산시(出産時). 출생시간(出生時間). -ghara 산실(産室).
vijātiloha *n.* [vijāti-loha] 구리의 일종.
vijātika *adj. m.* [vijāti-ka] ① 다른 나라의. 외국의. ② 외국인.

vijāna *adj. n.* [<vijānāti] 인식. 이해. dubbijāna 이해하기 어려운.

vijāna vijānāti 의 *imp.*

vijānaṁ. vijānataṁ. vijānatā vijānāti의 *ppr. sg. nom. pl. gen. sg. ins.*

vijānana *n.* [vi-jāna-na] ① 인식. 이해. 의식. 납득. ② 식별. 분별.

vijānāti [〃vi-jñā] ① 알다. 이해하다. ② 의식하다. 인식하다. 식별하다. *imp.* vijāna. vijānāhi; *opt.* vijaññaṁ. vijāniyaṁ. vijaññā; *fut.* viññissati; *aor.* vijāniṁsu; *abs.* vijāniya. viññāya; *inf.* viññātuṁ; *grd.* viññātabba. viññeyya; *ppr.* vijānanta. vijānaṁ. vijānatā. vijānataṁ; *pp.* viññāta; *pass.* viññāyati; *caus.* viññāpeti.

vijāyana *n.* [<vijāyati] 산출. 출산.

vijāyati [*sk.* vijāyate<jan] 낳다. 출산하다. *aor.* vijayi; *abs.* vijāyitvā. vijāyitvāna; *pp.* vijāta; *caus.* vijāyāpeti 낳게 하다.

vijāyantī. vijāyamānā *f.* [<vijāyati] 출산하는 여자. 산모(産母).

vijāyin *adj.* [vijāya-in] *f.* vijāyinī ① 아이를 낳을 수 있는 여자[vañjhā의 반대]. ② 유아녀(幼兒女).

vijigiṁsati [vi-jigiṁsati<ji] 경쟁하다.

vijigiṁsā *f.* [<vijigiṁsati] 경쟁(競爭).

vijigucchati [vi-jigucchati] 몹시 싫어하다. 아주 혐오하다.

vijita *adj. n.* [〃vijayati의 *pp.*] ① 정복된. 승리의. ② 영토. 왕국. -indriya 감관들을 정복한 사람. -saṅgāma 승리한. 싸움에서 이긴.

vijitāvin *adj. m.* [vijita-āvin] ① 이긴. 승리한. ② 승리자. 정복자.

vijina *m.* [?] 고통(?).

vijinati =vijayati.

vijiyati =vījiyati [vījati의 *pass.*]

vijeti. vijesi. vijetvā → vijayati.

vijeyya. vijessati → vijayati.

vijja ① *adj.* [<vijjā] 지혜로운. ② *f.* [=vijjā의 *comp.*] -ânurūpaṁ 현학적(衒學的)으로. -āyatanāyatta 현학적인. -ṭṭhāna 학문의 분야. 학술. 명처(明處). -visayaka 현학적인.

vijjaṭipatti *f.* [?] 간통(姦通).

vijjati [vindati의 *pass. sk.* vidyate] ① 발견되다. 알려지다. ② 있다. *pres.* (*3pl.*) vijjare; *aor.* vijjittha. vijjiṁsu; *ppr.* vijjamāna. *cf.* vindati.

vijjantarikā *f.* ① [vijju-antarikā] 번갯불의 간격. 번개 치는 사이. ② [vīthi-antarikā] 두 도로의 사이. 중도(中道).

vijjamāna *adj.* [vijjati의 *ppr.*] 존재하고 있는. 현존의. 현재의. -tta 사실성(事實性).

vijjare vijjati의 *pres. 3pl.*

vijjā *f.* [*sk.* vidyā<vid] ① 밝은 지혜. 보다 정도 높은 지혜. 명지(明智). ② 실용적인 지식. 신비적인 지식. 학문(學問). 비법(秘法). -atthin 학생(學生). -atthīsālā 극장. 공연장. -ânukūlamāṇavapabhedadīpana 민족지학(民族誌學). -ânugata 학문적(學問的)인. -āyatana 학교(學校). -ālaya 대학(大學). 대학교. -kalāviddhaṁsin 공공기물을 파손하는 자. -gata 지혜에 도달한. -caraṇa 지혜와 실천. -caraṇasampanna 지혜와 실천을 갖춘. 명행족(明行足). 명행구족자(明行具足者). -ṭṭhāna 학문의 분야. 학술. 명처(明處). -dhara 주문을 아는 사람. 마법사(魔法師). -piya 학문을 좋아하는 자. -bhāgin. -bhāgiya 지혜에 도움이 되는. -maṇḍapa 학술원. -maya 지식·기술에 의해 달성된. 명소성(明所成). -vimutti 해탈로서의 명지. 명지과 해탈. -visārada 학자(學者). -visesa 탁월한 성스런 주문. -sampanna 명지를 갖춘. 명구족(明具足).

vijjālaya *m.* [vijjā-ālaya] 대학(大學). 대학교.

vijjiṁsu. vijjittha vijjati의 *aor. 3pl. 3sg.*

vijju *f.* [*sk.* vidyut] 번갯불. 전광(電光). -aṇu 전자(電子). -uppāda 번갯불의 출현. 전광(電光). -uppādakayanta 마그네토. 발전기(發電機). -ûpamacitta 전광과 같은 마음. 전광유심(電光喩心). -bala 전기(電氣). 전력(電力). -maya 전기적인. -māli 번개의 꽃장식. 전광(電光). -yoga 전화(電化). -yogena māraṇa 감전사(感電死). -vijjā 전기학(電氣學). -sandesa 전보(電報). -sandesapesakayanta 전신(電信). 텔레그래프. -sāsana 전신(電信). -sāsanapesaka 전신기사(電信技士). -sāsanavijjā 전신술(電信術).

vijjutā *f.* [vijju의 *abstr.*] 전력(電力).

vijjullatā *f.* [vijju-latā] 번갯불. 갈라진 번갯불. -obhāsa 번갯불의 번쩍임.

vijjotati. vijjotalati [vi-jotati<dyut] 빛나다. 반짝이다. 번쩍이다.

vijjotita *adj.* [vijjotati의 *pp.*] 빛나는. 찬란한.

vijjhati [*sk.* vidhyati. vidhyate vyadh] ① 꿰뚫다. 관통하다. 쏘다. 발사하다. ② 치다. 찌르다. 자극하다. 때리다. 쪼개다. *fut.* vijjhissati; *abs.* vijjhitvā. viddhā; *inf.* vijjhituṁ; *pp.* viddha; *ppr.* vijjhamāna; *grd.* viddheyya; *caus.* vijjheti. vedheti; *pp.* vedhita.

vijjhana *n.* [<vijjhati] 관통. 꿰뚫음. (활을) 쏨.

vijjhāpeti [vi-jhāpeti] 불을 끄다.

vijjhāyati [vi-jhāyati ②] ① 꺼지다. ② 사라지다. *imp.* vijjhāyatu; *fut.* vijjhāyissati; *caus.*

vijjhāpeti.
vijjhissati. vijjhituṁ → vijjhati.
vijjhitvā → vijjhati.
vijjheti [vijhati의 *caus.* =vedheti] 관통시키다. *pp.* vedhita.
viññatta =viññāpita 가르쳐진. 공표된.
viññatti *f.* [*sk.* vijñapti<viññāpeti] ① 암시. 표시. ② 정보. -rūpa 암시의 물질. 표색(表色)[신체적 암시(kāyaviññatti)와 언어적 암시(vacīviññatti)]. -mattavāda 관념론(觀念論).
viññāṇa *n.* [vi-jñā-ana. *sk.* vijñāna] ① 알음알이. 식별. 인식. 의식. 식(識). [마음(心 : citta)과 정신(意 : mano)과 의식(識 : viññāṇa)은 초기 불교의 주석적 전통이나 아비달마 불교에서는 같은 것으로 본다. 그러나 '마음'은 심리적인 측면에서의 마음을 뜻하고는 것으로 우리의 정서적 측면뿐만 아니라 사유 속에 내포되어있는 인지적인 측면의 중심을 의미한다. 그래서 마음은 인도철학에서 사유의 중심이기도 하지만, 일반적으로는 의도·충동·기분·성격·마음의 상태·인상에 대한 반응을 대변한다. 그리고 마음은 '심장'으로 구체화된 요소적인 특성을 갖고 있다. 그에 비해서 '정신'은 우리의 이지적이고 추론적이고 합리적인 측면의 중심을 말하며, 우리의 의식의 지적·사유적 기능을 대변한다. 그 정신은 마음에 비해 보다 미세한 요소적 특성 즉, 보다 미세한 느낌이나 사유를 대변한다. 그리고 '의식'은 감각과 감각적 반응인 지각의 중심으로 순수한 알아차림을 대변하다.] ② 생기(生氣). 원기(元氣). *pl. nom.* viññāṇā = viññāṇāni -ânañcāyatana. -ñcāyatana 무한의식의 세계. 식무변처(識無邊處). -āhāra 의식의 자양. 식식(識食). -kasiṇa 의식의 두루채움을 위로 아래로 옆으로 유일하게 한량없이 지각하는 것. 의식의 두루채움이라는 명상수행의 토대. 식편(識遍). 식편처(識遍處). 식일체처(識一切處). -ûpādānakkhandha 의식의 집착다발. 식취온(識取蘊). -kāya 의식의 무리. 식신(識身). -kicca 의식의 기능. -kkhandha 의식의 다발. 식온(識蘊)[*cf.* khandha]. -gata 의식에 속하는. -cariyā 의식에 의한 행위. 식행(識行). -ṭṭhiti 의식이 머무는 곳. 식주(識住). -dhātu 의식의 요소. 의식의 세계. 식계(識界). -vāda 관념론(觀念論). -vādin 관념론자(觀念論者). -vīthi 의식의 인식과정. -samudaya 의식의 발생. 식집(識集). -sota 의식의 흐름.
viññāṇaka *adj.* [viññāṇa-ka] 생기가 있는. 의식이 있는.
viññāṇatta *n.* [viññāṇa의 *abstr.*] 의식성. 식성(識性).
viññāṇânañcāyatana. viññāṇañcāyatana *n.* [*bsk.* vijñānānantyāyatana] 의식이 무한한 경지·세계. 무한의식의 경지·세계. 식무변처(識無邊處). viññāṇañcāyatanūpagā devā 의식이 무한한 경지에 도달한 신들의 하느님 세계. 의식이 무한한 경지에 도달한 하느님 세계의 신들. 식무변처천(識無邊處天)[神·神界의 이름. 無色界二禪의 하느님 세계]. -âdhimutta 의식이 무한한 세계를 지향하는. -ûpaga 의식이 무한한 세계와 관련된. -kammaṭṭhāna 의식이 무한한 세계의 명상주제. -kiriyacitta 의식이 무한한 세계에 의존하는 비활동적인 마음. -kusalacitta 의식이 무한한 세계에 의존하는 착하고 건전한 마음. -kusalavedanā 의식이 무한한 세계에 의존하는 착하고 건전한 느낌. -citta 의식이 무한한 세계의 마음. -jjhāna 의식이 무한한 세계의 선정. -dhātu 의식이 무한한 세계. -nissita 의식이 무한한 세계에 의존하는. -bhūmi 의식이 무한한 세계의 영역. -saññā 의식이 무한한 세계에 대한 지각. -sappāya 의식이 무한한 세계에 유익한. -samāpatti 의식이 무한한 세계의 성취. -sahagata 의식이 무한한 세계에 수반된.
viññāta *adj.* [vijānāti의 *pp.*] ① 의식된. 인식된. 이해된. 숙고된. ② 배운. -sattha 학문적인.
viññātabba. viññātuṁ → vijānāti.
viññātar *m.* [vijānāti의 *ag.*] ① 아는 자. 이해하는 자. 식별자(識別者). 요지자(了知者). ② 배우는 사람.
viññāpaka *adj.* [<viññāpeti] ① 잘 가르치는. ② 가르칠 수 있는.
viññāpana *adj. n.* [<viññāpeti] ① 가르치는. 교수하는. 가르침. ② 알려주는. 전달. *f.* viññāpanī.
viññāpaya *adj.* [viññāpeti의 *grd.*] 가르쳐야 할. 교화할 수 있는. *cf.* duviññāpaya 가르치기 어려운. 교화하기 어려운. suviññāpaya 가르치기 쉬운. 교화하기 쉬운.
viññāpita *adj.* [viññāpeti의 *pp.*] ① 알려진. 지시된. ② 교육받은. suviññāpita 잘 교육된.
viññāpetar *m.* [viññāpeti] 교사. 선생. 교수.
viññāpeti [vijānāti의 *caus. sk.* vijñāpayati] ① 알리다. 전달하다. ② 가르치다. ③ 지시하다. *grd.* viññāpaya; *pp.* viññāpita.
viññāya viññāyati. viññissati → vijānāti.
viññūtā *f.* [viññū의 *abstr.*] ① 사려(思慮). 분별(分別). ② 사려분별의 시기. ③ 사춘기(思春期). 결혼적령기(結婚適齡期).
viññūpasaṭṭha. °saṭṭha *adj.* ① [viññū-pasaṭṭha] 현명한 사람들에 의해 칭찬을 받은. 현명한 사람들이 격찬하는. ② [vi-ni-upasaṭṭha] 공격

받지 않는. 방해받지 않는.
viññū *adj.* *m* [*sk.* vijña. *bsk.* vijñu] ① 영리한. 학식이 있는. 현명한. ② 현명한 사람. 현자. 식자(識者). 지자(智者).
viññeyya *adj.* [vijānāti의 *grd.*] ① 인식되어야 할. 이해되어져야 할. 소지(所知)의. ② 명료한.
viṭaṅka *m* *n.* [〃] ① 비둘기장. ② 빔(*eng.* beam)의 선단.
viṭapa *m* [〃] 나뭇가지. 잔가지.
viṭapin *m* [viṭapa-in] 가지가 있는. 나무.
viṭabhī *f.* [*cf.* *sk.* viṭapin] 나뭇가지.
Viḍūḍabha *m* 비두다바. 비유리(毘琉璃). 유리왕(琉璃王). [꼬쌀라 국왕 빠쎄나디의 아들].
vitakka *m* [*sk.* vitarka] 사유. 반성. 숙고. 생각. 사고. 심(尋). 각(覺). 심구(尋究). -carita 사유. 반성. -cariyā 사유. 반성. -ttika 세 가지 사유의 길. -patha 사유의 길. -vicāra 사유와 숙고. 심사(尋思). 각관(覺觀)[마음의 인식 작용이 거칠게 작용하는 것이 사유(尋)이며 세밀하게 작용하는 것이 숙고(伺)이다]. -vipphāra 사유·숙고의 편만. 심사편만(尋思遍滿). -vūpasama 사유의 적정. 심적정(心寂靜). -saṅkhāra 사유의 형성. 고상행(考想行). -sahagata 사유를 갖춘. 심구행(尋俱行).
vitakkana *n.* = vitakka.
vitakkita *adj.* [vitakketi의 *pp.*] ① 사유된. 고려된. ② 반성된. ③ 논의된.
vitakketi [vitakka의 *denom.*] ① 사유하다. 고려하다. ② 반성하다. ③ 논의하다. *pp.* vitakkita.
vitacchikā *f.* [<vitaccheti. *sk.* vicarcikā] 옴. 개선(疥癬). 헤르페스. 포진(疱疹).
vitacchita *adj.* [vitaccheti의 *pp.*] 평탄해진. 매끈해진.
vitaccheti [vi-taccheti] ① 찢다. 잡아 뽑다. ② 평평하게 하다. 펴다. *pp.* vitacchita.
vitaṇḍa *adj.* [<vitaṇḍā] 궤변론자. -vāda 궤변. 궤변론. -vādin 궤변론자.
vitaṇḍā *f.* [〃] 궤변.
vitata *adj.* [vitanoti의 *pp.*] ① 펼쳐진. 확대된. ② 발산된.
vitatha *adj.* [〃 vi-tatha] 가짜의. 허망한.
vitanoti [vi-tanoti<tan] 늘리다. 확대하다. *pp.* vitata; *pass.* vitaniyati. *cf.* vitāna.
vitaraṇa *n.* [<vitarati] ① 분배. 제시. 발표. 프리젠테이션. ② 극복. 완수. ③ 초월. 도탈(度脫).
vitarati [〃 vi-tarati<tṛ] ① (끝까지) 해내다. 완수하다. 극복하다. ③ 건너다. 도탈(度脫)하다. *opt.* vitareyya; *aor.* vitarāsi; *abs.* vitarivā. vitareyya; *pp.* vitiṇṇa.
vitāna *m* *n.* [<vi-tan] 차양. 덮개. 천막. 천개(天蓋).
vitiṇṇa *adj.* [vitarati의 *pp.*] ① 극복한. 완수된. 정복된. 도탈(度脫)한. ② 포기된. 거부된. -kaṅkha 의심을 극복·초월한. -paraloka 다른 세계를 포기한. 내세를 포기한.
vitudati [〃 vi-tudati<tud] ① (팔꿈치로) 툭 치다. 때리다. 밀치다. ② 찌르다. *pp.* vitunna; *pass.* vitujjati.
vitunna *adj.* [vitudati의 *pp.*] ① 얻어맞은. 밀쳐진. ② 찔린.
vitureyyati ① [vi-tuleti] 숙고하다. 조사하다. ② [vi-tūryati] 극복하다.
vitta ① *m* *adj.* [<vindati] 재산. 부. 소유물. 기쁜. 행복한. -upakaraṇa 상품. ② [vic의 *pp.*] 체로 친. *cf.* vivitta.
vittaka *adj.* [vitta-ka] 재산이 있는. 부유한.
vittakatā *f.* [vittaka의 *abstr.*] 부유해진 상태. sutavittakatā 배움으로 풍부한 상태.
vitti *f.* [<vitta] ① 번영. 성공. ② 행복. 기쁨.
vittha. vitthaka *n.* [<vi-sthā?] 사발. 그릇.
vitthata ① *adj.* [vittharati<stṛ의 *pp.*] 확장한. 퍼짐. 넓은. -uposatha 크게 계행을 설함. 광포살(廣布薩). -cīvara 널따란 옷. 큰 옷. ② *adj.* [vitthāyati의 *pp.*] 혼란된. 당황한. 주저하는. 곤혹스런. 두려워하는. 외포(畏怖)된.
vitthambhana *n.* [<vitthambheti] ① 지지. ② 강화. -bhāva 지지성(支持性).
vitthambheti [vi-thambheti] ① 지지하다. ② 단단하게 하다. 강화하다.
vitthāyati [vi-tras 또는 그것의 *caus.*] ① 혼란스러워 하다. 당황하다. 당혹해 하다. ② 두려워하다. 곤혹스러워하다. 주저하다. *aor.* vitthāsi; *pp.* vitthāyita. vitthata ②.
vitthāyitatta *n.* [vitthāyita의 *abstr.*] ① 당황. 곤혹. ② 주저(躊躇). 망설임.
vitthāra *m* [<vitthāreti] ① 설명. 상세. 자세한 설명. ② 광설(廣說). 광박(廣博). *ins.* vitthārena. *abl.* vitthārato 자세히. 상세히. 자세히 설명하면. 상세하게는. -gaṇanā 상세히 계산하면.
vitthāratā *f.* [vitthāra의 *abstr.*] ① 상세함. ② 명쾌함. 분명함.
vitthārika *adj.* [vitthāra-ika] ① 널리 퍼진. ② 널리 알려진. 유명한.
vitthārita *adj.* [vitthāreti의 *pp.*] 상술(詳述)된.
vitthāriyati [vitthāra의 *denom.*] ① 확대되다. ② 상세하게 되다.
vitthāreti [vittharati<stṛ의 *caus.*] ① 퍼지게 하다. 광대하게 하다. 확대하다. ② 자세히 말하다.

pp. vitthārita; *grd.* vitthāretabba.
vitthiṇṇa *adj.* [*sk.* vistīrṇa. vittharati<stṛ의 *pp.*] 넓혀진. 넓은. 광대한.
vidaṁsaka *adj.* [<vidaṁseti] 치아를 보여주는 웃는 모습.
vidaṁseti [vi-daṁseti=dasseti] 나타나게 하다. 보여주다.
vidaḍḍha [vi-daḍḍha] daḍḍha-vidaḍḍha-gatta 화장하기 위해 불 위에 모든 사지를 올려놓은.
vidati → vindati.
vidatthi *f.* [*sk.* vitasti] ① 한 뼘. [12指節. 1/2肘]. ② 지름. 직경.
vidahati [vi-dhā] ① 정리하다. 관리하다. ② 만들다. 창조하다. ③ 명령하다. *pres.* vidadhāti. vidheti; *opt.* vidahe; *aor.* vidahi. vidadhu; *inf.* vidhātuṁ; *abs.* vidhāya; *grd.* vidheyya; *pp.* vihita.
vidāraṇa *n.* [vidāreti] 파열. 찢음.
vidārita *adj.* [vidāreti의 *pp.*] 쪼개진. 찢어진.
vidāreti [vi-dṝ의 *caus.*] 찢다. 쪼개다. *pp.* vidālita.
vidālana *n.* [<vidāleti] 파괴. 파열.
vidālita *adj.* [vidāleti의 *pp.*] 파괴된. 파열된.
vidāleti [vi-dāleti<dal의 *caus.*] 파괴하다. 부수다. *pp.* vidālita.
vidita *adj.* [vindati의 *pp.*] 알려진. 발견된.
viditatta *n.* [vidita의 *abstr.*] 알려진 것. 경험.
viditvā [vindati의 *abs.*] 알고 나서.
vidisā *f.* [vi-disā] 사방의 중간. 사유(四維). -mukha 사방의 중간 방향. 유구(維口). 유향(維向).
vidugga *adj. m* [vi-du-ga<gam] ① 걷기 힘든. 곤란한. 어려운. ② 험한 통로. 곤란. 고통. 험로. 난로(難路).
viduṁ. vidū vindati의 *perf. 3pl.*
vidura *adj.* [〃<vid] 현명한. 영리한.
vidū *adj. m* [*sk.* vidu] ① 아는. 현명한. 솜씨 있는. 지혜로운. 아는 자. 현명한 자. vidūnaggaṁ = vidūnaṁ aggaṁ 모든 지혜로운 자들 가운데 가장 뛰어난 자를. dubbidū 알기 어려운. ② vindati의 *perf. 3sg.*
vidūpita → vidhūpita.
vidūra *adj.* [vi-dūra] 먼. 멀리 떨어진.
vidūsita *adj.* [vidūseti의 *pp.*] 부패된. 악화된.
videsa *m.* [vi-desa] 외국. 이역(異域). 이국(異國). -ābhata 이국적인. -gāmin 이민자. 이주자. 망명자.
vidomanassā *f.* [vi-domanassa] ① 근심이 없음. ② 우울하지 않음.
viddasu *adj. m* [=vidvā] 현명한. 지자(智者). 현자(賢者). *sg. gen.* viddasuno; *pl. nom.* viddasū. viddasuno.
viddesa *m.* viddesanā *f.* [<vi-disa] 증오. 원한. 적의(敵意)
viddesin *adj. m* [viddesa-in] ① 증오하는. ② 적(敵).
viddessati [vi-dessati<dviṣ] 증오하다. 미워하다. *grd.* viddesanīya.
viddha ① *adj.* [vijjhati의 *pp.*] 관통된. 뚫린. ② *adj.* [*sk.* vīdhra] 맑은. 청명한.
viddhaṁsa *m.* [<viddhaṁsati] ① 분쇄. 해체. ② 파괴. 파멸.
viddhaṁsati [<vi-dhaṁsati<dhvaṁs] ① 분쇄되다. 해체되다. 부서지다. ② 파괴되다. 멸망하다. *pp.* viddhasta; *caus.* viddhaṁseti; *pass.* viddhaṁsīyati.
viddhaṁsaka *adj.* [<viddhaṁsati] ① 분쇄하는. 해체시키는. ② 파괴하는.
viddhaṁsana *n.* [*bsk.* vidhvaṁsana] ① 분쇄. 해체. ② 파괴. 약탈.
viddhaṁsanatā *f.* [viddhaṁsana의 *abstr.*] 파괴성. 파괴의 능력.
viddaṁsita *adj.* [viddhaṁseti의 *pp.*] 분쇄된. 해체된. 파괴된.
viddhaṁseti [viddhaṁsati의 *caus.*] ① 파괴하다. 멸망시키다. 약탈하다. ② 분산시키다. 해체시키다. 최파(摧破)하다. *pp.* viddhaṁsita. viddhasta.
viddhasta *adj.* [viddhaṁsati의 *pp. sk.* vidhvasta] ① 분쇄된. 해체된. ② 부서진. 파괴된.
viddhā [vijjhati의 *abs.*] 쏘고. 관통하고.
viddheyya *adj.* [vijjhati의 *grd.*] 관통되어야 할. 쏘아져야 할.
vidvan. vidvā *adj. m* [<vid] ① 아는. ② 아는 자. 지자(知者).
vidha *adj. m* [=vidhā] ① 종류의. ~로 구성된. *abl.* vidhā *adv.* 여러 가지로. 다양하게. ② 형식. 종류. tathā~그와 같은. ti~세 종류의. ③ 죔쇠. 버클[혁대장식]. ④ 작은 상자. ⑤ 운반용 막대.
vidhamaka *adj.* [<vidhamati] 던져 버리는. 파괴하는. 해치우는.
vidhamati. vidhameti [vi-dhmā] ① 파괴하다. 폐지하다. ② 해치우다. 흩뿌리다. *aor.* vidhami. vidhamaṁ; *fut.* vidhamissati; *pp.* vidhamita.
vidhamana *n.* [<vidhamati] ① 파괴. 폐지. ② 무너뜨림. 해치움.
vidhamita *adj.* [vidhamati의 *pp.*] ① 파괴된. ② 멸망한.
vidhavā. vidhvā *f.* [〃] 과부. 미망인. -gocara

과부에게 친근한.
vidhā *f.* [〃<vi-dhā] ① 종류. 방식. 태도. ② 자부심. 자만심. *abl.* vidhā[*cf.* vidha] *adv.* 여러 가지로. 다양하게.
vidhātar *m* [vidahati의 *ag.*] ① 공급자. 처리하는 자. ② 창조자. 명령자[Vissakamma神].
vidhātuṁ vidahati의 *grd.*
vidhāna *n.* [〃<vi-dhā] ① 분류. 할당. 배당. ② 순서. ③ 실행. ③ 의식(儀式).
vidhānavant *adj.* [vidhāna-vant] ① 배열하는. 준비하는. ② 신중한. 용의주도한.
vidhāya [vidahati의 *abs.*] 놓고 나서. 정돈하고.
vidhāyaka *adj. m* [<vi-dhā] ① 마련하는. 준비하는. ② 입법(立法)의. ③ 임원(任員). 책임자. -sabhā 입법부. 국회(國會).
vidhāvati [vi-dhāvati<dhāv] ① 뛰어다니다. ② 배회하다. 방황하다. 헤매다.
viddāvana *n.* [<vidhāvati] ① 뛰어다님. ② 배회.
vidhi *f.* [〃<vi-dhā] ① 방법. 규칙. ② 지시. ③ 운. 운명. 숙명. -rahita 불운한. 불행한.
vidhutika *m* [?] ① 화환. ② 화전(華箭).
vidhura *adj.* [〃vi-dhura] ① 없는. ② 외로운. 불쌍한. ③ 짐이 없는. 비할 데 없는. ④ = vidura 현명한.
vidhūra *adj.* [<vidura] ① 현명한. 영리한. ② 수완이 있는. 근면한. 활동적인.
vidhūnāti [vi-dhū] ① 흔들다. ② 제거하다. (피부를) 벗기다. *inf.* vidhunitu; *ppr.* vidhūnaṁ (*sg. nom.*); *pp.* vidhūta.
vidhūpana *adj. n.* [<vidhūpeti] ① 부채질하는. ② 부채.
vidhūpita *adj.* [vidhūpeti의 *pp.*] 흩어진. 파괴된.
vidhūpeti. vidhūpayati [vi-dhūp] ① 향기를 내다. 발산하다. ② 흩뿌리다. 불을 끄다. 파괴하다. *ppr.* vidhūpayaṁ (*sg. nom.*); *pp.* vidhūpita.
vidhūma *adj.* [vi-dhūma] ① 연기가 없는. 정열이 없는. ② 조용한. 해탈된.
vidheti = vidahati.
vidheyya *adj.* [vidahati의 *grd.*] 순종하는.
vidhvā = vidhavā.
vinaṭṭha *adj.* [vinassati의 *pp.*] ① 파괴된. 황폐한. ② 소실된.
vinata *adj.* [vinamati의 *pp.*] 구부러진. 굽혀진.
vinataka *m* [〃] 남극대(南極帶).
Vinatā *f.* [〃] 비나따[Kasyapa의 부인으로 Suparṇa·Garuda·Aruṇa 등의 어머니인 Dakṣa의 딸의 이름] [疫病을 가져오는 魔女 혹은 羅刹女의 이름].
vinadati [vi-nad] ① 외치다. ② 꾸짖다.
vinaddha *adj.* [vinandhati의 *pp.*] ① 묶인. 얽힌. ② 덮인.
vinandhati [vi-nah] ① 묶다. ② 싸다. 덮다. *pp.* vinaddha.
vinandhana *n.* [<vinandhati] 묶기. 결박. 계박. -rajju 묶기 위한 밧줄. 결망(結網). -sutta 묶는 실. 결사(結絲).
vinamati [vi-nam] 구부리다. 굽히다.
vinaya *m.* [〃<vi-nī] ① 억제. 제어. 조복. ② 제거. 파괴. ③ 규율. 계율(戒律). 율(律). 율장(律藏). 비니(毘尼). 비나야(毘奈耶). -aṭṭhakathā 율장의 주석. -ânuggaha 율장의 규칙을 따름. 율섭수(律攝受). -ânuloma 규칙의 준수. 수율(守律). -kathā 규율·규칙의 설명. 율론(律論). -kamma 규율의 준수에 대한 정기적인 승단의 모임. 비니갈마(毘尼羯磨). -garuka 중요한 규율. 중요한 규율. -dhara 율장을 암기한 사람. 율장의 전문가. 지율자(持律者). 율사(律師). -paññatti 규칙의 제정. -pariyatti 율장에의 통달자. 율해자(律解者). -pariyāya 계율의 교설. -pāmokkha 계율의 지도자. -piṭaka 율장(律藏). -vaṇṇanā 계율의 주석. 계율의 찬석(讚釋). -vyākaraṇa 계율의 해설. -saṅgīti 계율의 결집. 율결집(律結集). -sammukhatā 계율의 대면. 율현전(律現前).
vinaya. vinayassu vineti의 *imp.*
Vinayagaṇḍhi *f.* [vinaya-gaṇḍhi] 비나야간디 [바지라붓디(Vajirabuddhi)의 작품].
Vinayagūḷhatthadīpanī *f.* [vinaya-gūḷha-atthadīpani] 율현의등론(律玄義燈論) [Saddhammajotipāla의 著述].
vinayati. vinaya. vinayaṁ → vineti.
Vinayapiṭaka *n.* [vinaya-piṭaka] 율장(律藏)[三藏의 하나].
vinayana *n.* [<vi-nī] ① 제어. 길들임. ② 교육. 훈육.
Vinayavinicchaya *m* [Vinayavinicchaya] 율결정집(律決定集)[계율편람. Buddhadatta작품].
Vinayasamuṭṭhānadīpanī *f.* [vinaya-samuṭṭhānā-dīpanī] 입율의등론(立律儀燈論) [Saddhammajotipāla의 作品].
vinayassu. vinayitvā → vineti.
vinayetha → vineti.
vinaḷīkata *adj.* [vi-naḷa-kata] ① 쓸모없게 된. ② 파괴된.
vinassati [vi-naś] ① 소멸되다. 사라지다. ② 파괴되다. 망하다. *imp.* vinasa ; *pp.* vinaṭṭha ; *caus.* vināseti.
vinassana *adj.* [<vinassati] 소멸. 사라짐.
vinā *prep.* [〃] ~없이.

vināti [vi] = vāyati [vā] (실을) 짜다. 뜨다. *inf.* vetuṁ; *pass.* viyyati; *caus.* vināpeti = vāyāpeti.
vināma *m.* vināmana *n.* [<vināmeti] ① 구부리기. ② 비틀기.
vināpeti. vāyāpeti [vināti의 *caus.*] (실을) 짜게 하다. 뜨게 하다.
vinābhāva *m.* [vinā-bhāva] ① 분리. 이탈. ② 이별(離別).
vinābhāvana *n.* [vinā-bhāvana] 분리주의(分離主義).
vināmeti [vi-nam의 *caus.*] 구부리다. 비틀다.
vināyaka *m.* [<vi-nī] ① 지도자. 안내자. 교사. ② 재판관. 심판.
vināsa *m.* [<vi-naś] ① 사멸. 소멸. ② 파괴. 파멸. 멸망.
vināsana *adj.* [<vināsa] ① 사멸하기 쉬운. ② 부패하기 쉬운. avināsana 불멸의.
vināseti [vinassati의 *caus.*] ① 멸망시키다. 파괴하다. ② 추방하다.
vinigaḷati [vi-nigaḷati] ① 똑똑 떨어지다. ② 떨어뜨리다.
viniggata *adj.* [vi-niggata] ~에서 나온.
viniggaha *m.* [vi-niggaha] ① 억제. ② 구속.
viniggilati [vi-niggilati] ① 던지다. 내던지다. ② 발사하다.
vinighātin *adj.* [vi-nighāta-in] ① 패배를 두려워하는. ② 결과를 걱정하는. ③ 현념(現念)된.
vinicchaya *m.* [*sk.* viniścaya] ① 식별. 심리. ② 결정. 판단. 해석. ③ 재판. 재판소. 재판관. -âmacca 재판관. 사법관. -āsana 재판석(裁判席). 재판소. 법원(法院). -kathā 분석적인 토론. 주석. 해석. 결정론. -ññū 결정(판단)에 관해 현명한 자. -ṭṭhāna. 재판정(裁判廷). -dhamma 재판법. -vīthi 판단과정[논리학에서]. -sabhā 재판소. 법원(法院). -sālā 재판정. 법정.
vinicchrati [vi-nis-car] 나가다.
vinicchita *adj.* [<vinicchināti의 *pp.*] ① 구별된. 결정된. ② 상술된.
vinicchin *adj.* [vinicchа-in] ① 분별하는. 식별하는. ② 판결하는.
vinicchinana *n.* [<vinicchināti] 판결을 내림. 결정(決定).
vinicchinati. vinicchināti. vinicchati [vi-nis-ci] ① 조사하다. 심리하다. ② 판결하다. 결정하다. *fut.* vinicchissati; *aor.* vinicchini; *abs.* vinicchinitvā; *inf.* vinicchituṁ; *pp.* vinicchita.
vinicchеti [vi-nis-ci] ① 조사하다. 결정하다. ② 심판하다. 재판하다. *aor.* vinicchesi ; *pp.* vinicchita ; *abs.* vinicchinitvā
vinijjita *adj.* [vi-nijjita] 정복되지 않은. 패배시키지 못한.
viniddisati [vi-nir-diś] ① 지시하다. 지정하다. ② 분배하다. *aor.* viniddisi.
vinidhāya *ind.* [vinidahati<dhā의 *abs.*] ① 잘못 놓고. ② 그릇되게 주장하고.
vinindati [vi-nindati] 비난하다. 꾸짖다.
vinipāta *n.* [<vi-nipāteti] ① 타락한 곳. 타처(墮處). 험난처(險難處). ② 폐허. 파멸. 고통스러운 장소. 악취(惡趣). 지옥(地獄).
vinipātika *adj. m.* [vinipāta-ika] ① 타락한 곳에서 고통을 겪도록 운명이 지어진. ② 사후에 처벌을 받아야 할. 타악처자(墮惡處者). 험난처자(險難處者).
vinipāteti [vi-ni-pāteti<pat의 *caus.*] ① 파멸시키다. 파괴하다. 좌절시키다. ② (지옥에) 떨어뜨리다.
vinibaddha *adj.* [vi-ni-baddha] 묶인. 계박(繫縛)된.
vinibandha *m.* [vi-nibandha] 속박. 집착. 계박(繫縛). cetaso vinibandhā 마음의 속박(束縛).
vinibbeṭhana = viniveṭhana.
vinibbhujati. vinibhuñjati ① [vi-ni-bhuj ①] 구부리다. 뒤집다. ② [vi-ni-bhuj 또는 bhuñj ②] 분리하다. 소외시키다. 배어내다. 제거하다. 구별·식별하다. *pp.* vinibbhuta; *ppr.* vinibbhujaṁ(*sg. nom.*).
vinibbhujana *n.* [<vinibbhujati] 뒤집음. 구부림.
vinibbhutta *adj.* [vinibbhujati의 *pp.*] ① 분리된. ② 구별된.
vinibbhoga ① *adj.* [vi-nibbhoga] 부족한. 결여된. 모자란. ② *m.* [<vinibbhujati ②] 분리. 구별. 식별. 간별. -rūpa 구별하는 특징. 간별하는 형태. 간별색(看別色).
vinibhindati [vi-ni-bhid] 돌파하다.
vinibhuñjati = vinibbhujati.
vinimaya *m.* [<vi-nimināti] 교환. 교호작용.
vinimīleti [vi-nimīleti] 눈을 감다.
vinimutta. vinimmutta *adj.* [vi-ni-muc의 *pp.*] ① 해방된. 해탈된. 자유로운. ② 발사된.
vinimoceti [vi-ni-moceti<muc의 *caus.*] ① 벗어나게 하다. 해방시키다. ② 제거하다.
viniyujjati [vi-niyujjati] ① ~과 연결되다. ② 계속되다. ③ 첨가되어 생겨나다.
viniyoga [vi-niyoga] ① 배분(配分). 소유. ② 응용. 사용.
vinivaṭṭeti. vinivatteti [vi-nivatteti] ① 되풀이하다. 굴리다. ② 전향시키다. *aor.* vinivat- tayi.
vinivijjha *adj.* [vinijjhati의 *grd.*] 관통될 수 있는.

dubbinivijjha 관통하기 어려운. -dassaka 속이 비치는. 투명한.
vinivijjhati [vi-ni-vyadh] 꿰뚫다. 관통하다. *pp.* vinividdha. *grd.* vinivijjha.
vinivijjhana *n.* [<vinivijjhati] ① 관통. 침투. ② 구멍뚫기. 천공(穿孔).
viniviṭṭha *adj.* [vinivisati의 *pp.*] 깊이 집착된.
vinividdha *adj.* [vinivijjhati의 *pp.*] 관통된. 꿰뚫린. 침투된.
viniveṭhana *n.* [vi-nibbeṭhana] = vinibbeṭhana. ① 얽힌 것을 풀기. ② 설명. 해명. ③ 반론.
viniveṭheti [vi-nibbeṭheti<veṣṭ] 얽힌 것을 풀다. 자유롭게 하다.
vinivesa *m.* [vi-nivesa] ① 속박. ② 집착.
vinīta *adj.* [vineti의 *pp.*] ① 이끌린. ② 훈련된. 교육된. 길들여진. avinīta 훈련되지 않은. dub-binīta 잘못 훈련된. rathavinītha 릴레이. 경주. -assa 훈련된 말. -vatthu 교육. 교도사(敎導事). 수습사(修習事).
vinīlaka *adj.* [vi-nīlaka] ① 감청색의. 푸른. ② 변색된. ③ 푸르게 멍든. -saññā 푸르게 멍든 어혈을 지닌 사체에 대한 지각. 청어상(靑瘀想).
vinīvaraṇa *adj.* [vi-nīvaraṇa] ① 덮개가 없는. 장애가 없는. ② 편견이 없는.
vinīvaraṇatā *f.* [vinīvaraṇa의 *abstr.*] 장애가 없는 것.
vinudati → vinodeti.
vinetar *m.* [vineti의 *ag.*] ① 가르치는 사람. 선생. 교사. 교수. ② 안내자. 지도자.
vineti vinayati [vi-neti<nī. *cf.* vinaya] ① 제거하다. 포기하다. ② 안내하다. 길들이다. 가르치다. 교육하다. *imp.* vinaya. vinayasu ; *opt.* vine-yyaṁ. vinayetha ; *fut.* vinessati ; *aor.* vinesi ; *abs.* vineyya. vinetvā. vinayitvā. vinayitvāna ; *grd.* vinetabba. vineyya ; *ppr.* vinayaṁ (*sg. nom.*); *pp.* vinīta.
vineyajana *m.* [vineya-jana] (부처님에 의해) 계도·훈련될 수 있는 사람.
vineyya. vineyyaṁ vineti의 *opt.*
vinodaka *adj.* [<vinodeti] ① 추방하는. 내몰아버리는. ② 제거하는.
vinodana *n.* [<vinodeti] 추방. 제거.
vinodeti [vi-nudati<nud의 *caus.*] 쫓아버리다. 내몰다. 제거하다. *imp.* vinodehi.
vinodetar *m.* [vonodeti의 *ag.*] 추방자.
vindaka *m.* [<vindati] ① 즐기는 자. 향수자. ② 괴로워하는 자.
vindati [〃vid. vind] ① 즐기다. 향수하다. ② 경험하다. 알다. 발견하다. 얻다. *pres.* vetti. vinda-ti; *pf.* vidū. viduṁ; *aor.* vedi (veti); *inf.* vindi-tuṁ; *abs.* viditvā. vindiya; *pp.* vidita; *pass.* vij-jati [*sk.* vidyate]; *caus.* vedeti.
vindituṁ. vindiya vindati의 *inf. abs.*
vindussara → bindussara.
vidvat *adj.* [*sk.* vidvān] 현명한.
vipakka *adj.* [vi-pakka] ① 완전히 익은. ② 이숙(異熟)의. 변이(變異)의. -vipāka 완전히 성숙한. 익은 결과. 원숙이숙(圓熟異熟). *cf.* vipāka.
vipakkha *adj. m.* [vi-pakkha] ① 반대의. 적대적인. ② 적. -ka 적대자. -tā 적대감. -sevaka. -sevin 적의 편을 드는. 나쁜 친구를 사귀는. 반역자. 매국노.
vipakkhika. vipakkhin *adj.* [<vipakkha] ① 날개가 없는. ② 반대의. 적대의.
vipaccatā *f.* [*sk.* vivācyatā?] '논쟁에 도전하는 것' ① 도발. ② 도전(挑戰).
vipaccati [vi-pac의 *pass.*] ① 요리되다. ② 익다. 열매를 맺다. ③ 이숙(異熟)하다.
vipaccanaka *adj.* [<vipaccati] ① 열매를 맺은. ② 완전히 익은.
vipaccanīka *adj. m.* [vi-paccanīka] ① 적대적인. ② 적(敵).
vipaccitaññū. vipañcitaññū *m.* [*bsk.* vipañci-tajña] 자세한 설명에 의해서 아는 사람. *cf.* ug-ghaṭitaññū 간단한 설명에 의해서 아는 사람.
vipajjati [vi-pad] ① 실패하다. 불행하게 되다. ② 멸망하다. *pp.* vipanna. *cf.* sampajjati.
vipajjana *n.* [<vipajjati] 실패. 멸망.
vipañcanā [<vi-pañc] (자모의) 확장[品詞變化나 文法에 관계되는 用語].
vipañcita *adj.* [vi-pañc] ① 상세함. 명확한. ② 선입견이 없는. ③ 무희론(無戱論)의. -ññū 상세한 것을 아는 자. 선입견이 없는 자. 명증적인 자.
vipañciyati. vipañcayati [vi-pañc] ① (자모를) 확장하다. ② 확장되다.
vipaṇeti [vi-paṇati<paṇ의 *caus.*] ① 팔다. ② 거래(去來)하다.
vipatati → vipāṭeti.
vipatti *f.* [vi-patti ②] ① 나쁜 상태. 곤궁. 결핍. ② 실패. 불행. ③ 탈선. diṭṭhi° 그릇된 견해. 이단(異端). sīla° 계행의 결핍. 도덕의 결핍. payoga° 그릇된 적용. -saṅgaha 실패·불행의 분류. 실괴취(失壞聚).
vipatha *m.* [vi-patha] 잘못된 길.
vipanna *adj.* [vipajjati의 *pp.*] 잘못된. 손실을 입은. 실패한. 결여된. -diṭṭhi 잘못된 견해를 갖고 있는 (사람). 이단자(異端者).
vipannatta *n.* [vipanna의 *abstr.*] 실패. 불행.

viparakkamma *ind.* [vi-parakkamati의 *abs.*] 열심히 노력해서.

viparāmāsa. viparāmosa *m.* [vi-parāmāsa] ① 노상강도. ② 강탈.

viparāvatta *adj.* [vi-parā-vṛt의 *pp.*] ① 역전된. 반대의. ② 변화된

vipariṇata *adj.* [vi-pari-nata<nam] ① 변화된. ② 왜곡된.

vipariṇāma *m.* [vi-pariṇāma] 변화. 변천. 변괴. 변역(變易). -ânupassanā 변화에 대한 관찰. 변역수관(變易隨觀). -dukkhatā 변화에서 오는 괴로움. 변화의 괴로움. 괴고(壞苦). 괴고성(壞苦性). -dukkhañāṇa 변화의 괴로움에 대한 앎. 괴고지(壞苦智). -dhamma 변화의 법. 변역법(變易法). -lakkhaṇa 변화의 특징. 변역상(變易相). -suññā 괴공(壞空)[생겨난 色은 自性이 비어있으므로 空하며 소멸된 色은 소멸되었으므로 空한 것을 말한다].

vipariṇāmati [vipariṇāma의 *denom.*] 변화하다. 변천하다. 변괴(變壞)하다.

viparibhinna *adj.* [vi-pari-bhinna] 완전히 파괴된. 완전히 부서진.

vipariyattha → vipallattha.

vipariyaya. vipariyāya *m.* [vi-pariyaya] ① 변화. ② 전도(顚倒).

vipariyāyati [vi-pari-yāyati] 여기저기 돌아다니다.

vipariyādikata *adj.* [vipariyāyakata] ① 전도(顚倒)된. 뒤집힌. ② 파괴된. *cf.* vimariyādikata.

vipariyāsa. vipariyesa *m.* [=vipallāsa. *sk.* viparyāsa] 역전(逆轉). 전도(顚倒). -gāha 전도된 파악. -saññā 전도된 지각. 전도상(顚倒想).

viparivatta *m.* [vi-parivatta] ① 회전. 전변(轉變). ② 전도(顚倒).

viparivattati [vi-parivattati] ① 회전하다. 전변하다. ② 전도(顚倒)되다. 뒤집히다.

viparivattana *n.* [<vi-parivattana] ① 변화. 회전. 전변. ② 전도(顚倒).

viparīta *adj.* [vi-pari-i의 *pp.*] ① 역전된. 전도된. ② 잘못된. -ñāṇa 전도된 앎. 전도지(顚倒智). -dassana 전도된 견해. 전도견(顚倒見). 전도견자(顚倒見者). -saññā 전도된 지각. 전도상(顚倒想). -saññin 전도된 지각을 하는 사람. 전도상자(顚倒想者).

viparītatā *f.* [viparīta의 *abstr.*] 대조. 대비.

vipalāvita *adj.* [vi-palāvita<plu의 *caus.*의 *pp.*] ① 표류하는. ② 뜨게 된.

vipallattha *adj.* [=vipariyattha. *sk.* viparyasta] 역전된. 전도(顚倒)된. 뒤집힌. -cintā 괴팍함. 엉뚱함. -matika 공상적(空想的)인.

vipallāsa *m.* [=vipariyāsa. vipariyesa. *sk.* viparyāsa<vi-parias] ① 역전. ② 왜곡. 전도(顚倒).

vipallāsayati [vipallāsa의 *denom.*] ① ~에 속다. ② 왜곡하다. 잘못된 견해를 갖다. 잘못 인식시키다. ③ 전도(顚倒)시키다.

vipassaka *adj.* [<vipassati] 통찰하는.

vipassati [vi-passati<paś] ① 관찰하다. 직관하다. 투시하다. 분명하게 보다. ② 통찰하다. 통찰력을 얻다. 선관(禪觀)하다. *aor.* vipassi. vipassisuṁ.

vipassanā *f.* [<vipassati. *bsk.* vipaśyanā] ① 올바른 직관. 명확한 관찰. 투시(透視). 통찰(洞察). 내관(內觀). 관법(觀法). 선관(禪觀). 직관(直觀). ② 위빠싸나. 비빳싸나. 바발사나(毘鉢舍那). -aṅga 통찰의 구성요소. -ânukkama 통찰의 순서·단계. 차제관(次第觀). -ûpekkhā 통찰에 의한 평온. 관사(觀捨). -ûpakkilesa 통찰에 수반되는 오염. 관수염(觀隨染). -kammaṭṭhāna 통찰을 위한 명상수행. 관업처(觀業處). -kammika 통찰의 개발을 위해 수행하는 사람. -javana 통찰의 계기. 통찰에 의한 순간적 포착. 관속행(觀速行). -ñāṇa 통찰에 관한 지혜. 관지(觀智). -dhura 통찰의 의무·책임. -nimitta 통찰의 특징. -paññā 통찰의 지혜. 관혜(觀慧). -pubbaṅgama 통찰을 선구로 하는. -bala 통찰의 힘. 관력(觀力). -yānika 통찰을 실천하는 자. 관행자(觀行者). -vīthi 통찰의 과정. 관로(觀路).

vipassi. vipassisuṁ vipassati의 *aor.*

vipassin *adj.* [vipassa-in] ① 통찰력이 있는. ② 현명한.

Vipassin *m.* [*bsk.* Vipaśyin] 바빳씬. 비바시(毘婆尸)[過去七佛 가운데 한 분].

vipāka *m.* [<vi-pac] ① 결과. 결실. 도덕적인 행위의 결과. 과보. ② 달리 성숙함. 이숙(異熟). -âdhipati 도덕적 행위의 결과의 지배. 이숙증상(異熟增上). -āvaraṇa. -āvaraṇatā 도덕적 행위의 결과를 초래하는데 장애되는 것. 이숙장(異熟障)[三惡聚. 無想天等]. -âvyākata 선악의 업에 의해 생긴 결과는 선도 악도 아닌 것이라는 사실. 이숙무기(異熟無記). -cetanā 도덕적 행위의 성숙에 대한 의도. 이숙사(異熟思). -ja 도덕적 행위의 결과에서 생겨난. -ttika 세 가지 도덕적 행위의 결과. -dhamma 도덕적 행위의 결과에 대한 법칙. 이숙법(異熟法). -paccaya 도덕적 행위의 성숙에 대한 조건. 이숙조건. 이숙연(異熟緣). -phala 도덕적 행위가 성숙한 결과. 이숙과(異熟果). -manodhātu 도덕적 행위의 성숙을 가져오는 정신의 요소·세계. 이숙의계(異熟意界). -m-

anoviññāṇadhātu 도덕적 행위의 성숙을 가져오는 정신의식의 요소·세계. 이숙의식계(異熟意識界). -vaṭṭa 도덕적 행위의 결과의 윤회. 이숙윤전(異熟輪轉). -santati 도덕적 행위의 결과의 상속. 이숙상속(異熟相續). -hetu 도덕적 행위의 결과의 원인. 이숙인(異熟因).

vipākatta *n.* [vipāka의 *abstr.*] 결과의 상태. 이숙의 상태.

vipāceti [vi-pac의 *caus.* 사실은 vivāceti<vi-vac의 *caus. bsk.* vivācayati] ① 애타다. 화가 나다. ② 멸시하여 말하다.

vipāṭeti. vipāteti [vi-pāṭeti<paṭ의 *caus.*] ① 찢다. ② 파괴되다. 조각나다.

vipāḷiyati → vipaṭeti ②.

vipiṭṭhi *f.* [vi-piṭṭhi] 뒤쪽. 등쪽. 배후. -karoti ~에 등을 돌리다. 버리다.

vipina *n.* [〃] 숲. 작은 숲. 총림.

vipubbaka *adj.* [vi-pubba ① -ka] 고름이 가득 찬. 곪은. 곪아 터진. -saññā 곪아 터진 시체에 대한 지각. 농난상(膿爛想).

vipula *adj.* [〃] ① 큰. 광대한. ② 많은. 풍부한. -jala 풍부한 물이 있는. -paññatā. -paññā 광대한 지혜. 광대혜(廣大慧). -sukha 큰 즐거움·행복. 대락(大樂).

vippa *m.* [*sk.* vipra] 성직자. 바라문. -kula 바라문 계급.

vippakata *adj.* [vi-pakata] ① 완성되지 않은. ② 중단된. 잘못된. vippagata-medhuna = vippakata-methuna 음행·성교가 중단된.

vippakaroti [vi-pa-kṛ] 학대하다. 욕지거리하다. *pp.* vippakata.

vippakāra *m* [vi-pakāra] ① 변화. 이변. ② 변경.

vippakāraka *adj.* [vi-pakāraka] ① 변화된 모습의. ② 비정상적 모습을 지닌. ③ 추태를 보이는.

vippakiṇṇa *adj.* [vippakirati의 *pp.*] ① 흩뿌려진. ② 혼란된.

vippakiṇṇatā *f.* [vippakiṇṇa의 *abstr.*] ① 혼란된 사실. ② 부여된 사실.

vippakirati [vi-pa-kirati<kṝ] ① 흩뿌리다. ② 혼란시키다. ③ 파괴하다. *pp.* vippakiṇṇa.

vippakkamati [vi-pa-kram] ① 헤어지다. ② 가버리다.

vippagata → vippakata.

vippajahati [vi-pa-hā] 버리다. 포기하다. 단념하다. 방기(放棄)하다. *opt.* vippajahe; *abs.* vippahāya; *inf.* vippahātave; *pp.* vippahīna.

vippaṭikkūla *adj.* [vi-paṭikkūla] ① 반대의. ② 적대적인.

vippaṭipajjati [*bsk.* vipratipadyate. vi-paṭi-pad] ① 타락하다. 죄를 짓다. 행음(行淫)하다. 사음(邪淫)하다. ② 실패하다. *pp.* vippaṭipanna; *caus.* vippaṭipādeti.

vippaṭipatti *f.* [<vi-paṭi-pad] ① 사행(邪行). 잘못. ② 죄악.

vippaṭipanna *adj.* [vippaṭipajjati의 *pp.*] ① 길을 잃은. 타락한. ② 죄를 지은.

vippaṭipādana *n.* [<vippaṭipādeti] 죄를 짓게 함.

vippaṭipādeti [vi-paṭi-pad의 *caus.*] ① 죄를 짓게 하다. ② 행음(行淫)시키다. 사음하게 하다.

vippaṭisāra *m.* [vi-paṭisāra] ① 죄책감. 후회. 유감(遺憾). ② 뉘우침. 참회.

vippaṭisārin *adj. m.* [vippaṭisārain. *bsk.* vipratisārin] ① 후회하는. ② 뉘우치는. 참회하는. 추회자(追懷者).

vippaṭisāriya *adj.* [vippaṭisarati의 *grd.*] ① 후회될 수 있는. ② 참회되어야 할.

vippataccheti [vi-pa-taccheti] ① 할퀴어 찢다. ② 할퀴어 쪼개다.

vippanaṭṭha *adj.* [vi-panassati의 *pp.*] ① 길을 잃은. ② 손상된. ③ 소멸된.

vippamutta *adj.* [vi-pamutta] ① 벗어난. 자유롭게 된. 해탈된. ② 구제된.

vippamokkha *m.* [vi-pamokkha] 해탈. 해방.

vippayutta *adj.* [vi-payutta] ① 분리된. 관계되지 않는. 불상응(不相應)의. ② 분열된. -paccaya 상응하지 않는 조건. 비연합조건. 불상응연(不相應緣)[하나의 토대나 하나의 대상을 가지고 함께 생성되고 소멸되는 것이 아닌 조건. 물질적인 것들은 비물질적인 것들에 대해 또는 비물질적인 것들은 물질적인 것들에 대해 비연합조건이 되며 병발적인 것(sahajāta). 후발적인 것(pacchājāta). 선발적인 것(purejāta)이 있음].

vippayoga *m.* [vi-payoga] ① 분리. 분열. 불상응(不相應). ② 이별. 별리(別離). piyehi vippayogo dukkho 사랑하는 사람들과의 이별은 고통이다. 애별리고(愛別離苦).

vippalapati [vi-pa-lap] ① 혼란스럽게 말하다. 수다를 떨다. ② 울부짖다. ③ 비탄해하다. *ppr.* vippalapantiyo(*f. pl. nom.*)

vippalambheti [vi-palambheti] ① 속이다. 놀리다. ② 조롱하다.

vippalāpa *m.* [vi-palāpa] ① 혼란된 말. ② 울부짖음. 비탄.

vippalujjati [vi-palujjati] 파괴되다. 부서지다.

vippavadati [vi-pa-vad] ① 논쟁하다. 반박하다. ② 다투다.

vippavasati [vi-pa-vas] ① 집을 나와 살다. 부재중이다. ② 옷을 벗다. *pp.* vippavuttha.

vippavāsa *m.* [vi-pavāsa] ① 부재(不在). 이주(移住). 홀로 삶. 독주(獨住). ② 옷을 벗음. 이의(離衣). 실의(失衣).
vippaviddha *adj.* [vi-pa-vyadh의 *pp.*] 완전히 관통된.
vippavuttha *adj.* [vippavasati의 *pp.*] ① 부재중인. 집을 떠난. ② 옷을 벗은.
vippasanna *adj.* [vippasīdati의 *pp.*] 정화된. 맑은. 청정한. 순수한.
vippasādeti [vippasīdati의 *caus.*] 맑게 하다. 정화하다.
vippasīdati [vi-pa-sad] ① 맑아지다. 기뻐하다. ② 명랑해지다. *pp.* vippasanna; *caus.* vippasādeti.
vippasukkhati [vi-pa-sukkhati<śuṣ] 바싹 말리다. 건조시키다.
vippahātave vippajahati의 *inf.*
vippahāna *n.* [<vippajahati] ① 포기. 단념(斷念). ② 떠남.
vippahāya vippajahati의 *abs.*
vippahita *adj.* [vi-pahita ②] 사방으로 파견된.
vippahīna *adj.* [vippajahati의 *pp.*] 버려진. 포기된. 사단(捨斷)된.
vippita → cipiṭa.
vipphandati [*bsk.* vispandati. vi-spand] ① 경련하다. 뒤틀다. 몸부림치다. ② 괴로워하다. *pp.* vipphandta.
vipphadana *n.* [<vipphandati] 경련. 몸부림.
vipphandita *adj. n.* [vipphandati의 *pp.*] ① 뒤틀린. 경련이 일어난. ② 경련. 몸부림. ② 분쟁. 논쟁. ③ 편견. 왜곡.
vipphala = phala.
vipphalati [vi-phalati] 파열되다. 터지다.
vipphāra *m.* [<vi-pharati<sphur. sphar] ① 살포. 침투. ② 두루 참. 충만. 편만(遍滿). ③ 현현(顯現). ④ 확대. 광대(廣大).
vipphāravant *adj.* [vipphāravant] ① 진동을 지닌. ② 침투하는.
vipphārika *adj.* [vi-pharati의 *caus.*의 *pp.*] ① 확장된. ② 퍼져나간. 편만한.
vipphālita *adj.* [vi-phālita] 파열된. 열개(裂開)된. 조각난.
vipphāleti [vi-sphar] ① 확장시키다. ② 활을 구부리다. 활을 당기다.
vipphuraṇa *n.* [<vipphurati] 온통퍼짐. 편만(遍滿).
vipphurati [vi-phurati] ① 진동하다. 떨리다. ② 발산하다. 두루 퍼지다. *aor.* vipphuri; *pp.* vipphurita; *ppr.* vipphuranta.
vipphuliṅga *n.* [*sk.* vipruṣ-liṅga] 불꽃. 불똥.
vipphoṭita *adj.* [vi-phoṭita] ① (헌데·부스럼이) 터진. ② 째진.
viphala *adj.* [vi-phala] 열매 없는. 무익한.
vibandha *m.* [vi-bandha] 족쇄. 속박.
vibandhana *n.* [vi-bandhana] = vibandha.
vibādhaka *adj.* [vi-bādhaka] ① 해치는. 억압하는. ② 방어하는.
vibādhati [vi-bādh] ① 억압하다. 박해하다. ② 해치다. *pass.* vibādhiyati.
vibādhana *n.* [<vibādhati] 억압. 방해.
vibudha *adj.* [vi-budha] 아주 현명한. -ânurūpaṁ 현학적(衒學的)으로. -āyatta 현학적인.
vibbedha *m.* [<vi-vyadh] 주위. 주변.
vibbhanta *adj.* [vibbhamati의 *pp.*] 헤매는. 혼란된. -citta 혼란된·산란한 마음. 미란심(迷亂心). 산란심(散亂心). 정신이상. 정신이상자.
vibbhantaka *adj.* [vibbhanta-ka] 헤매는. 혼란된. 환속한 (사람).
vibbhama *m.* [<vibhamati] ① 헤맴. 혼란. 산란. ② 타락(墮落).
vibbhamati [vi-bhamati<bhram] 헤매다. 타락하다. 환속하다. *pp.* vibbhanta.
Vibhaṅga *m.* [vi-bhaṅga<bhaj ①] 비방가. 분별론(分別論)[빠알리대장경 七論 가운데 하나].
vibhajati [vi-bhaj ①] 분류하다. 나누다. 해석하다. *abs.* vibhajja; *pp.* vibhatta.
vibhajanā *n. f.* [<vibhajati] 구분. 분별. 분석. 해석.
vibhajja *ind.* [vibhajati의 *abs.*] 나누고. 분별하고. 분석하고. -vāda 분별론. 분석적인 교리. 분별론자(分別論者)의 교리. -vādin 분석적인 이론을 가르치는 사람. 분별론자(分別論者) [부처님의 별칭]. -vyākaraṇīyapañha 분석적으로 답변해야 할 질문. 분별기문(分別記問). 응분별기문(應分別記問).
vibhajjavādin *m.* [vibhaja-vādain] 분별론자(分別論者). 상좌부(上座部).
vibhatta *adj.* [vibhajati의 *pp.*] ① 분별된. 분류된. 구분된. ② 자세히 설명된. 해석된.
vibhattavant *adj.* [vibhatta-vant] 자세히 설명하는. 상술하는.
vibhatti *f.* [<vibhajati] ① 구분. 구별. 분류. ② 상세. 다양. ③ 격변화·활용·격 어미(語尾)[문법].
vibhattika *adj.* [<vibhatti] 상세한.
Vibhattyatthappakaraṇa *m.* [vibhatti-atthapakaraṇa] 격의론(格義論)[격변화에 대한 37개의 게송. 미얀마의 왕 짜스와(Kyacvā)의 공주의 저술].

vibhanta = vibbhanta.
vibharati [vi-bhṛ] ① 유지하다. 지탱하다. ② 견디다.
vibhava m. [vi-bhava] ① 권력. 재산. 번영. ② 흥행. ③ 비존재. 허무. 단멸(斷滅). 무유(無有). -taṇhā 삶의 종결에 대한 갈망. 비존재에 대한 갈애. 무유애(無有愛). -diṭṭhi 비존재·단멸을 주장하는 이론. 허무주의. 무유견(無有見)[斷滅論].
vibhavati. vibhoti [vi-bhū] 존재하기를 그치다. 소멸하다. 있지 않게 되다. fut. vibhavissati; pp. vibhūta.
vibhassikata n. [vi-bhassa-kata] ① 잡담. ② 수다스러움.
vibhāga m. [<vibhajati] ① 배분. 분류. 구분. ② 자세히 서술함. 상술(詳述). attha° 의미에 대한 상술.
vibhājana n. [vi-bhājana] 배분. 분류. 구분.
vibhāta adj. n. [vibhāti의 pp.] ① 빛나는. 청명한. 밝은. ② 새벽.
vibhāti. vibhāyati[1] [vi-bhā] ① 밝아지다. 먼동이 트다. ② 빛나다. fut. vibhāyissati; aor. vibhāyi. pp. vibhāta.
vibhādati → vibādhati.
vibhāyati = ① vibhāti. ② vibheti.
vibhāyana n. [<vibhāti] 빛을 비춤. 방광(放光).
vibhāvanā n. f. [<vibhāveti] ① 설명. 해명. ② 소멸. 단멸.
vibhāvaniya adj. [vibhāvana] 설명하는. 확인할 수 있는. 분명히 하는.
vibhāvita adj. [vibhāveti의 pp.] 소멸된.
vibhāvin adj. [vibhāva-in] 영리한. 현명한 [=medhāvin].
vibhāveti [vi-bhāveti] ① 분명하게 이해시키다. 설명하다. ② 소멸시키다. pp. vibhāvita.
vibhāsita adj. [vi-bhāsati의 caus. pp.] ① 조명된. 밝게 만들어진. ② 빛나는.
vibhiṁsana adj. [<vi-bhī. sk. vibhīṣaṇa] 두려운. 겁나는.
vibhinna adj. [vi-bhinna] ① 나누어진. ② 흩뿌려진. 흩어진.
vibhītaka. vibhīṭaka m. [sk. vivhīta(ka)] 비비따까. 비비득가(毘脾得迦). 천련(川楝)[약용 과일이 열리는 나무. Myrobalana Belerica].
vibhūta adj. [vibhavati의 pp.] ① 파괴된. 소멸된. 없는. 허위의. ② 분명한. 선명한. 명료한. vibhūtaṁ karoti 설명하다. -ārammaṇa. -ālambana 명료한 대상. 명료소연(明瞭所緣). -saññin 있지 않는 것을 지각하는. 무유상자(無有想者).
vibhūti f. [<vi-bhavati] ① 파괴. 파멸. ② 위엄. 장엄. 영광. 권세. ③ 장년(壯年).
vibhūsana n. vibhūsā f. [sk. vibhūṣaṇa. vibhūṣā] 장식. 장엄.
vibhūsita adj. [vibhūseti의 pp.] 장식된. 장엄된.
vibhūseti [vi-bhūseti<bhūṣ의 caus.] 장식하다. 장엄하다. pp. vibhūsita.
vibheti. vibhāyati[2] [vi-bhī] 무서워하다. 두려워하다. cf. vibhiṁsana.
vibhedaka m. [vi-bhedaka] 이간하는 사람. 사이를 틀어 놓는 자. 중상자.
vibhedika f. [<vibhedeti] 비베디까[나무의 일종: 종려(棕櫚)의 일종].
vibhedeti [vi-vhedeti. vi-bhid의 caus.] ① 분열시키다. ② 중상하다. 이간시키다.
vibhoti =vibhavati.
vimajjana n. [<vi-majjati ②] 매끄럽게 만듦. 연마(硏磨).
vimaṭṭha adj. [vi-mṛj의 pp.] ① 연마된. 갈아진. ② 부드러운.
vimata adj. [<vi-man] 혼란된. 의심하는.
vimati f. [vi-mati] ① 의심. 혼란. ② 경악.
Vimaticchedanī f. [vimati-cchedanī] = mohavicchedanī 단혹론(斷惑論)[Kassapa의 著述].
vimada adj. [vi-mada] ① 흥분되지 않은. ② 교만하지 않은.
vimaddana n. [vi-maddana] 부수는. 파괴하는.
vimana adj. [vi-mano] ① 혼란한. 산만한. 괴로운. 혹란(惑亂)의. 놀란. ② 열중한.
vimariyādikata adj. [vi-mariyādākata] ① 자유롭게 된. 해방된. ② 제한이 없는.
vimala adj. [vi-mala] ① 결백한. 깨끗한. ② 오점이 없는. 이구(離垢)의.
Vimalabuddhi adj. [vimala-buddhi] 비말라붓디 [Kaccāyana 이후의 文法家].
vimalayaka [sk. vimalaka] 비말라야까[검푸른 색의 값비싼 돌의 일종].
vimāna ① n. [bsk. 〃] 천궁. 큰 저택. ② m. [vi-māna] 무례. 경멸. 승만(勝慢).
vimānana n. [vi-māna-na] ① 무례. 경멸. ② 오만. 승만(勝慢).
Vimānavatthu n. [vimāna-vatthu] 천궁사(天宮事). 천궁사경(天宮事經)[쿳다까니까야의 하나].
vimānita adj. [vimāneti의 pp.] 경멸받은. 무시된.
vimāneti [vi-māneti] 경멸하다. 무시하다. pp. vimānita.
vimukha adj. [vi-mukha] ① (얼굴을) 돌리는. 피하는. 거스르는. ② 태만한. 부주의한. ③ 무시(無視)하는.
vimuccati [vi-muccati<muñcati muc의 pass.]

해탈되다. 해방되다. *aor.* vimuccimsu; *pp.* vimutta; *ppr.* vimuccamāna; *caus.* vimoceti.
vimuccana *n.* [<vimuccati] 해탈. 해방.
vimutta *adj. m* [vimuñcati의 *pp. sk.* vimukta] 해탈된. 자유로운. 해탈자(解脫者). -atta 자아가 해탈된. -ânuttariya 해탈의 위없음. 해탈무상(解脫無上)[경지를 뜻함].-āyatana 해탈의 영역. 해탈의 세계. -citta 해탈된 마음. 자유로운 마음. 해탈심(解脫心).
vimutti *f.* [<vimuccati. *sk.* vimukti] 해탈. 해방. 자유. -ânuttariya 해탈의 탁월함. 해탈무상(解脫無上). -āyatana 해탈처(解脫處). -kathā 해탈에 대한 대화. 해탈론(解脫論). -ñāṇadassana 해탈에 대한 앎과 봄. 해탈지견(解脫知見). -ñāṇadassanakathā 해탈에 대한 앎과 봄에 대한 대화. 해탈지견론(解脫知見論). -paripācaniyasaññā 해탈에 대한 원숙한 지각. 해탈성숙상(解脫成熟想). -rasa 해탈의 본질·정수. 해탈미(解脫味). -sampadā 해탈의 성취. -sampanna 해탈을 갖춘. 해탈구족(解脫具足). -sāra 해탈의 요체. -antika 해탈에 끝까지 가는. 해탈을 구경으로 하는. -vivaṭṭa 해탈에서 물러남.
vimokkha. vimokha. *m* [<vi-muc. *sk.* vimokṣa] 해탈. 자유. 해방. 세속에서의 벗어남.
vimocaka *m* [vimoca-ka] 해탈자(解脫者).
vimocana *n.* [vi-mocana] ① 해탈. 이완. 벗어남. ② 자유(自由).
vimocanīya *adj.* [vimoceti의 *grd.*] 해탈·해방되어져야 할.
vimoceti [vimuñcati의 *caus.*] ① 해탈되게 하다. ② 해방하다. 자유롭게 하다. *grd.* vimocanīya.
vimohita [vi-moheti의 *pp.*] 현혹된. 혼란된.
vimoheti [vi-muh] ① 속이다. 현혹시키다. ② 혼란시키다. *aor.* vimohesi; *pp.* vimohita; *abs.* vimohetvā.
vimba = bimba.
vimhaya *m* [*sk.* vismaya<vi-smi] ① 경악. 놀람. ② 실망.
vimhāpaka *adj.* [<vimhāpati] 속이는. 크게 놀라게 하는.
vimhāpana *n.* [<vimhāpeti] 속임. 놀라게 함.
vimhāpeti [vihayati<vi-smi의 *caus.*] ① 놀라게 하다. ② 속이다. *aor.* vimhāpesi; *pp.* vimhāpita; *abs.* vimhāpetvā.
vimhita *adj.* [vi-smi의 *pp.*] ① 놀란. ② 실망한. 당황한.
viya° = vya°[vi-a].
viya ① *ind.* [*bsk.* 〃 v'iva(va iva)>viya] ~과 같이. ~ 처럼[iva. va라고도 한다]. ② [의문적으로 사용] naviya maññe 나는 ~이 아니라 생각한다.
viyañjana = vyañjana.
viyatta ① *adj.* [=vyatta. byatta. *sk.* vyakta<vi-añj의 *pp.*] 학식이 있는. 유능한. 결정된. ② *adj. m.* [=vavatthita] 분열된. 이단의. 이쟁자(異諍者).
viyatti *f.* [*cf. sk.* vyakti] ① 구별. ② 명확히 함.
viyākāra *m.* [vi-ākāra] 장대. 화려.
viyākāsi =vyākāsi →vyākaroti.
viyācikkhati [=vyācikkhati. viā-cikkhati] ① 말하다. ② 알리다. ③ 설명하다.
viyāpanna *adj.* [=byāpanna. vyāpanna] ① 소멸된. 파괴된. ② 화난. 진에(瞋恚)를 품은.
viyāyata *adj.* [=vyāyata] 내밀은. 뻗은.
viyāyamāma = vyayāma = vāyāma
viyārambha *m* [=vyārambha. viārambha] ① 노력. 분투. ② 정근.
viyujjana *n.* [<vi-yuj] 분리(分離).
viyūḷha *adj.* [viyūhati<ūh의 *pp.* 다만 vi-vah의 *pp.*와 혼동=vyūha] ① 집적된. 쌓인. ② 두터운. 조밀한. ③ 정돈된. 절박한.
viyūhati [vi-ūh] ① 치우다. 가져가다. 제거하다. ② 흩어지게 하다. 흩뜨리다. *aor.* viyūhi; *pp.* viyūḷha. viyūhita; *abs.* viyūhitvā.
viyūhana *n.* [<viyūhati] ① 제거. ② 흩어지게 함. 흩뜨림.
viyoga *m.* [vi-yoga ②] 분리.
viyojeti [vi-yojeti] 분리하다. 소외시키다.
viyyati [vāyati ①. vināti의 *pass.*] (실이) 짜지다. 직조(織造)되다.
viracayati. viraceti [vi-rac] ① 만들다. 구성하다. 함께 설치하다. ② 장식하다. *aor.* viraci. viracayi.
viracita *adj.* [vi-racita] ① 모인. 구성된. 만들어진. ② 장식된.
viraja *adj.* [vi-rajo] ① 번뇌가 없는. ② 흠이 없는. 때가 없는.
virajjaka *adj.* [vi-rajja-ka] ① 왕국에서 분리된. ② 외국에 거주하는.
virajjati [vi-rajjati<raj. rañj] ① 색이 바래다. 탈색되다. ② 탐욕에서 벗어나다. 이탐(離貪)하다. *pp.* viratta; *caus.* virājeti.
virajjana *n.* [vi-rajjana] 변색. 탈색.
virajjahati [vi-rādh] ① 실패하다. ② 놓치다. *aor.* virajjhi; *pp.* viraddha; *caus.* virādheti.
viraṇa *adj. n.* [vi-raṇa] ① 싸움이 없는. 평화로운. ② 평화.
virata *adj.* [viramati의 *pp.*] 삼가는. 절제하는.
virati *f.* [vi-rati = veramaṇī] ① 삼감. 떠남. 절제.

금지. 이(離). ② 금기. -cetasika 삼감의 정신적 속성. 이심소(離心所). -sīla 금계(禁戒). 이계(離戒).

viratta *adj.* [virajjati의 *pp.*] 탐욕이 없는. 집착이 없는. -citta *pl. nom.* -cittāse 탐욕이 없는 사람들은. -rūpa 상관하지 않는.

viraddha *adj.* [virajjhati의 *pp.*] ① 실패한. ② 놓쳐버린.

viraddhi *f.* [?<virajjhati] ① 실패. ② 놓침. 잃음.

virandha *m.* [vi-randha] ① 구멍. 틈. ② 결손(缺損). 결점(缺點).

viramaṇa *n.* [<viramait] 삼감. 그만둠.

viramati [vi-ramati<ram] 그치다. 그만두다. 삼가다. *opt.* virame. virameyya; *aor.* viramāsi.

virala. viraḷa *adj.* [*cf. sk.* ṛte] 드문. 희박한.

virāva *m.* [<vi-ru] 부르짖음. 외침. 포효.

viravati [vi-ravati<ru] ① 외치다. 부르짖다. ② (동물이) 울다. *aor.* viravi. viraviṁsu; *caus.* virāveti 울게 하다.

virasa *m.* [vi-rasa] 아주 좋은 맛.

viraha *adj. m.* [vi-raho] ① 빈. 없는. ② 분리된. ③ 궁핍(窮乏).

virahita *adj.* [vi-rahita] ① 빈. 없는. ② 공허한.

virāga *m.* [vi-rāga] ① 사라짐. 색이 바램. 탈색된. ② 탐욕에서 벗어남. 이욕(離欲)[적용된 이차적 의미]. -ânupassanā 사라짐·탐욕의 여읨에 대한 관찰. 이탐수관(離貪隨觀). -gāmimagga 사라짐·탐욕의 여읨에 도달하는 길. -dhamma 사라짐·탐욕의 여읨의 원리. 이탐법(離貪法). -saññā 사라짐·탐욕의 여읨에 대한 지각. 이탐상(離貪想).

virāgatā *f.* [virāga의 *abstr.*] 사라짐. 소멸. 탐욕을 벗어남.

virāgita *adj.* [vi-rāgeti. rāga(?)의 *denom.*] → virājita. vilāka. vilaggita.

virāgin *adj.* [virāga-in] 색이 바랜. 탈색된.

virāguṇa *adj.* [?<virāgin] 사라지는. 감소되는.

virāgeti [virādheti의 대용 *cf. bsk.* virāgayati] 실패하다. 잃다. *opt.* virāge.

virājati [vi-rājati] 비추다. 빛나다.

virājita *adj.* ① [virājeti의 *pp.*] 버려진. 정화된. ② [virājati '빛나다'의 *caus.*의 *pp.*] 찬란한.

virājeti [virajjati의 *caus.*] ① 사라지게 하다. 버리다. 제거하다. ② 탐욕에서 벗어나게 하다. *pp.* virājita.

virādhanā *f.* [<virādheti] 실패.

virādhita *adj.* [virādheti의 *pp.*] 실패한. 놓친.

virādheti [virajjhati<rādh의 *caus.*] 놓치다. 실패하다. (법을) 어기다. *aor.* virādhayi; *pp.* virādhita

virāva → virava.

virāye virāgeti 또는 virādheti의 *opt.* (?).

viriccati [vi-riñcati<ric의 *pass.*] ① 공허하게 되다. 자유롭게 되다. ② 정화되다. ③ 설사(泄瀉)하다. *ppr.* viriccamāna; *pp.* viritta. *cf.* vireka.

viriya *n.* [vīra-ya. *sk.* vīrya] 활기. 원기. 노력. 힘. 정진(精進) -âdhipati 정진의 영향·지배. 정진증상(精進增上). -ārambha 용맹정진. 근정진(勤精進). 정진발근(精進發勤). -ārambhakathā 용맹정진에 대한 대화. 발근론(發勤論). -iddhipāda 정진에 의한 불가사의한 교육적 효과. 정진에 의한 신통의 기초. 정진여의족(精進如意足).정진신족(精進神足). -indriya 정진의 능력. 정진근(精進根). -pāramī. -pāramitā 정진의 완성. 정진바라밀(精進波羅密). -bala 정진의 힘. 정진력(精進力). -vāda 정진에 대해 이야기하는. 정진론자(精進論者). -saṁvara 정진에 의한 제어. 정진율의(精進律儀). -samatā 적절한 노력을 함. 정진평등(精進平等). -samādhipadhānasaṅkhārasamannāgatam iddhipādaṁ. 정진에서 비롯한 집중과 노력으로 형성되는 신통의 기초. 근삼마지근행성취신족(勤三摩地勤行成就神). -sambojjhaṅga 정진의 깨달음 고리. 정진각지(精進覺支)[七覺支].

viriyatā *f.* [viriya의 *abstr.*] ① 남자다움. ② 원기. 정력. 힘.

viriyavant *adj.* [viriya-vant] 정진력이 있는. 노력하는.

viriyupekkhā *f.* [=viriya-upekkhā] 정진에 의한 평온. 정진사(精進捨).

Virukkha *m.* = Virūpakkha.

virujaka *m.* [<rujaka] 피리를 부는 사람. *cf.* rujaka.

virujjhati [vi-rujjhati<rudh의 *pass.*] 반대하다. 방해받다.

virujjhana *n.* [<virujjhati] 방해. 장애.

viruta *n.* [vi-ruta] ① 소음. ② (동물의) 소리. ③ 비명(悲鳴).

viruddha *adj.* [vi-rudh의 *pp.*] ① 막혀진. 방해된. 저해된. ② 반대하는. 반대의. ③ 적대적인. 해의(害意)가 있는. -gabbhakaraṇa 유산시킴. 낙태. -dhamma 이단(異端). -vāta 역풍(逆風).

virundhati [vi-rundati<rudh] 방해하다. 저해하다. 막다.

virūpa *adj.* [vi-rūpa] ① 보기 흉한. 흉악한. 이상한. 못생긴. 추한. ② 다양한 색의. 변화된 모습의. -akkha 추한 눈. 못생긴 눈.

Virūpakkha *m.* [*bsk.* Virūpākṣa] 비루빡카. 비루

박차(毘樓博叉). 광목천(廣目天)[四天王의 하나].
virūḷha *adj.* [virūhati의 *pp.*] 성장한. 증가된.
Virūḷha *m.* [*bsk.* Virūḍhaka] 비룰하. 비루륵천(毘樓肋天). 증장천(增長天)[四天王의 하나]
virūḷhi *f.* [<virūḷha<ruh] 증장. 성장.
virūhati [vi-rūhati] ① 성장하다. ② 발아하다. ③ 하는 일 없이 지내다. *pp.* virūḷha. *caus.* virūhāpeti.
virūhanā *n. f.* [<virūhati] 증장. 성장.
vireka *m.* virecana *n.* [<viriccati] 설사약. 하제(下劑).
virecaniya *abj.* [vireceti의 *grd.*] ① 정화되어야 할. ② 참회해야 할.
vireceti [vi-riñcati<ric의 *caus.*] ① 비우다. 정화시키다. ② 대변을 통하게 하다. 설사시키다. *aor.* virecesi; *pp.* virecita; *abs.* viercetvā; *grd.* virecaniya.
virocati [vi-ruc] ① 빛나다. 찬란하다. ② 비추다. 광조(光照)하다. *pres. 3pl.* virocare; *caus.* viroceti.
virocana *n.* [<virocati] ① 빛남. 찬란함. ② 광조(光照).
virodha *m.* [<vi-rudh] ① 방해. ② 반대. 대조. 모순. ③ 적대관계. 적(敵). 적대감. -in 적대자.
virodhita *adj.* [virodheti의 *pp.*] 방해받는. 적대적인.
virodhana *adj. n.* [<virodheti] ① 방해되는. 적대적인. 대조적인. ② 방해. 반대. 대조.
virodheti [vi-rudh] ① 방해하다. 반대하다. ② 적의를 품게 하다. ③ 악화시키다. *aor.* virodhesi; *pp.* virodhita; *abs.* virodhetvā.
virosanā *f.* [<vi-ruṣ] 화나게 함.
vilakkhaṇa *n. adj.* [vi-lakkhaṇa] ① 잘못된 특징. 거짓 특징. ② 모순되는. 앞뒤가 맞지 않는. -rūpa 몽상(夢想).
vilagga *adj.* [vi-lagga] ① 달라붙은. ② (허리가) 가느다란. 날씬한.
vilaggita *adj.* [vi-laggita] ① 한껏 편. 뻗은. ② 늘어진. 가느다란.
vilaṅga *n.* [?] 비랑가[약용식물의 일종 : Erycibe Paniculata].
vilaṅghaka *m.* [<vilaṅgheti] 손으로 신호하는 것. 수신호(手信號).
vihaṅghati [vi-lagh] ① 뛰어 오르다. ② 점프하다. ③ 재주넘기 하다. *caus.* vilaṅgheti.
vilajjati [vi-lajjati] ① 부끄러워하다. 수줍어하다. ② 참괴(慚愧)하다.
vilapati [vi-lap] ① 더듬거리며 말하다. ② 슬퍼하다. 비탄해하다. *aor.* vilapi; *ppr.* vilapanta. vilapamāna. *abs.* vilapitvā.
vilamba *adj.* [<vilambati] 드리워진. 늘어진.
vilambati [vi-lamb] ① 빈들거리다. ② 걸리다. ② 지체하다. *aor.* vilambi; *pp.* vilambita; *abs.* vilambitvā.
vilambana *n.* [<vilambati] ① 빈들거림. ② 걸려 있음. ③ 지체(遲滯).
vilambin *adj.* [vilamba-in] 걸린. 늘어진.
vilambinī *f.* [<vilamin] 만초(蔓草)[덩쿨식물].
vilambeti [vi-lamb] ① 비웃다. ② 조소하다.
vilaya *m.* [vi-laya] ① 용해. 분해. ② 소화(消化). vilayaṁ gacchati 소화되다. 분해되다.
vilasati [vi-las] ① 놀다. ② 광채를 내다. 빛나다. *pp.* vilasita.
vilasita *adj.* [vilasati의 *pp.*] ① 놀기 좋아하는. 쾌활한. ② 요염한. 빛나는.
vilāka *adj.* [?=vilagga] '걸려있는' 가느다란.
Vilāta *m.* 빌라따. 타타르(Tatar). 달단국(韃靼國)[中國北方의 遊牧民의 나라이름].
vilāpa *m.* vilāpanatā *f.* [<vi-lap] ① 농담. 실없는 소리. ② 희론(戲論).
vilāra = viḷāra. biḷāra.
vilāsa *m.* [<vilasati] ① 매력. ② 우아. 아름다움. 요염한 아름다움.
vilāsavant *adj.* [<vilāsa] ① 아름다운. 우아한. ② 빛나는.
vilāsaka *adj.* [<vilāsa] ① 우아한. 요염한. 매력적인. ② 빛나는.
vilāsaya *m.* [vila(=bila)-āsaya] ① 뱀. ② 굴에서 옆으로 기는 것.
vilāsin *adj. m.* [<vilāsa] ① 우아한. 아름다운. 매력적인. ② 빛나는. ③ 멋쟁이.
vilāsitā *f.* [vilāsa의 *abstr.*] 멋부림.
vilāsinī *f.* [<vilāsin] ① 여인. 우아한 여자. ② 찬석(讚釋).
vilikhati [vi-likh] ① 할퀴다. 긁어내다. ② 문지르다. *pp.* vilikhita. *cf.* vilekha.
vilikhita *adj.* [vilikhati의 *pp.*] ① 긁어진. 할퀴어진.② 문질러진.
vilitta *adj.* [vilimpati의 *pp.*] 기름을 바른.
vilimpati [vi-lip] 바르다. 기름을 바르다. *pp.* vilitta; *caus.* vilimpāpeti. vilimpeti.
vilivili(kriyā) → biḷibiḷikā.
vilīna *adj.* [vilīyati의 *pp.*] ① 부착된. 익은. 용해된. ② 정제된. 정화된. -sneha 근육에 붙어있는 기름. -tela = -sneha.
vilīyati [vi-lī] ① 녹다. 용해되다. 분해되다. ② 해체되다. ③ 사라지다.
vilīyana [<vilīyati] ① 용해. 분해. ② 해체.

vilīva *adj.* *m.* [*cf.* *sk.* blima. bilva] 대나무로 만든. 대나무 조각. 갈대 조각. -kāra 대나무 가공업자. 바구니 제조자. -paṭṭa 대나무껍질로 만든 천. 죽포(竹布).

vilugga *adj.* [vi-lugga<ruj] 부서진.

vilutta *adj.* [vilumpati의 *pp.*] ① 약탈당한. 빼앗긴. ② 파멸된.

vilumpaka *adj.* *m.* [<vi-lup] ① 약탈하는. ② 해적(海賊).

vilumpati [vi-lup] ① 약탈하다. 강탈하다. 훔치다. ② 파멸시키다. *ppr.* vilumpamāna; *pp.* vilutta; *pass.* viluppati; *caus.* vilumpāpeti.

vilumpana *n.* [<vilumpati] 약탈. 가로 챔.

vilumpamāna. vilumpamānaka *adj.* [vilumpati의 *ppr.* *med.* -ka] 약탈하는. 훔치는.

vilumpāpeti [vilumpati의 *caus.*] 약탈시키다.

vilulita *adj.* [<vi-luḷita] ① 혼란된. ② 흔들린. ③ 방해받은. *cf.* viloḷeti

vilūna *adj.* [<vi-lū] ① 삭발된. ② 잘라진. ③ 절제된.

vilekha *m.* vilekhā *f.* [<vi-likh] '긁어 놓는 것' 혼란. *cf.* vikkhepa.

vilepa. vilepana *n.* [<vi-lip] ① 연고. 도향. 크림. 도유(塗油). ② 화장품. 향수. 화장실용향료.

vilepeti [vi-lip] ① 바르다. ② 도향(塗香)하다. 도유(塗油)하다. *aor.* vilepesi; *abs.* vilepetvā.

vilokana *n.* [<vi-lok] 관찰. 고찰.

vilokita *adj.* *n.* [viloketi의 *pp.*] ① 관찰된. ② 관찰. 바라봄. *cf.* ālokita.

viliketar *m.* [viloketi] 조사자. 검사자.

viloketi [vi-lok<loc. roc] ① 관찰하다. 고찰하다. ② 조사하다. *pp.* vilokita.

vilocana *n.* [vi-locana] 눈[眼]. 시각기관.

vilopa *m.* [<vilumpati lup] 약탈. 수탈. vilopaṁ khādati 약탈로써 살아가다.

vilopaka *adj.* vilopikā [<vilopa] 약탈하는. 수탈하는.

vilopiya *adj.* [<vilopa] 약탈과 관계되는.

viloma *adj.* [vi-loma] ① 반대하는. 일치하지 않는. ② 잘못된. ③ 역모(逆毛)의. *cf.* anuloma.

vilomatā *f.* [<viloma] ① 보기 흉함. 어울리지 않음. ② 싫증. 혐오.

vilomana *n.* [viloma의 *abstr.*] 모순. 불일치.

vilometi [viloma의 *denom.*] ① 논쟁하다. 다투다. ② 흠집을 내다. ③ 반대하다.

viloḷana *n.* [<viloḷeti] 휘저음. 요동시킴.

viloḷeti [vi-luḷ의 *caus.*] 휘젓다. 동요시키다.

viḷayhati [vi-ḍayhati] 태우다.

viḷāra *m.* [=vilāra. biḷāra] 고양이.

vivajjati [vivajjeti의 *pass.*] ① 피해지다. ② 포기되다. 버려지다.

vivajjaya → vivajjeti.

vivajjayi. vivajjaye → vivajjeti.

vivajjana *n.* [<vivajjeti] ① 포기. ② 삼가는 것.

vivajjita *adj.* [vivajjeti의 *pp.*] ① 포기하는. 절제하는. ② 회피된. ③ ~에서 떨어진(먼).

vivajjeti [vi-vṛj의 *caus.*] ① 피하다. ② 포기하다. 방기하다. 버리다. *imp.* vivajjaya; *opt.* vivajjaye; *aor.* vivajjayi; *pp.* vivajjita *pass.* vivajjati.

vivaṭa *adj.* [vi-vaṭa<vṛ의 *pp.*] ① 열린. ② 누설된. 감추어지지 않은. -cakkhu 편견이 없는. 시력이 좋은. 명안자(明眼者). -dvāra 열린 문(이 있는). 개방된 집. -nakkhatta (일 년에 한번 개최되는) 열린 축제[옷을 입지 않고 맨발로 강으로 가는 축제].

vivaṭaka *adj.* [vivaṭa-ka] 공개의. 공공연한. -salākagāha 공개적인 산가지 잡기. 공개 입찰. 공개적 선거. 공개행주(公開行籌).

vivaṭṭa *m.* *n.* ① [vi-vaṭṭa *bsk.* vivarta 반대말 vaṭṭa. saṁvaṭṭa] 전환. 성립. 새로운 시작. 전개. 열개(裂開)[어원적으로는 전개의 반대인 차폐(遮蔽)나 퇴전을 의미하나 우주의 전개와 차폐가 동일한 순환과정으로 여겨지면서 그 의미가 동일해지거나 혼동된 것임]. -ṭṭhāyin 성립되고 유지되는. 성주(成住)의. -ṭṭhāyikappa 우주유지기. 주겁(住劫). -kappa 우주생성기. 성겁(成劫). -cchadda 덮개의 열개자(裂開者). 망상의 추방자[부처님]. ② 퇴전(退轉). 차폐(遮蔽). ③ 괴로움에서의 전환. 윤회에서 벗어남. 윤회의 환멸(還滅)[열반]. -ânupassanā 환멸에 대한 관찰[열반에 대한 관찰]. ④ 중조(中條)[袈裟의 一種].

vivaṭṭati [vi-vṛt. *bsk.* vivartati] =vivattati. ① (세계가) 성립하다. 전개하다. 열개(裂開)되다. ② 돌아가다. ③ 다시 시작하다. ~부터 방향을 전환하다. *pp.* vivaṭṭa. *cf.* saṁvaṭṭati.

vivaṭṭana *n.* vivaṭṭanā *f.* [<vivaṭṭati] ① 성립. 전개. 열개(裂開). 전환. 회전. ② 퇴전(退轉). 차폐(遮蔽). ③ 환멸(還滅). -ânupassanā 환멸에 대한 관찰. 환멸수관(還滅隨觀).

vivaṭṭeti [vi-vṛt의 *caus.*] ① 돌리다. 방향을 바꾸다. ② 파괴하다. ③ 전환시키다. ④ (윤회를) 환멸(還滅)시키다. *aor.* vivaṭṭayi. vivattayi.

vivaṇṇa *adj.* [vi-vaṇṇa] ① 변색된. ② 창백한. 안색이 나쁜. 병약한.

vivaṇṇaka *n.* [<vivaṇṇeti] ① 비난. 비방. 중상. ② 욕. 욕지거리.

vivaṇṇeti [vi-vaṇṇeti] 비난하다. 중상하다.

vivatta = vivaṭṭa
vivattacchada *adj.* *m.* [vivatta-(vivaṭa-)chada] ① (번뇌의) 덮개를 제거한. ② 모든 망상을 없앤 사람[부처님].
vivattati =vivaṭṭati.
vivadati [vi-vad] 논쟁하다. 말다툼하다.
vivadana *n.* [<vivadati] ① 논쟁. 불일치. ② 분열(分裂).
vivadha → khāri-vidha. vividha.
vivana *n.* [vi-vana] 황야(荒野). 황무지(荒蕪地).
vivara *n.* [<vi-vṛ] ① 구멍. 틈. 간격. ② 빈틈. 간극. 결점. 결함.
vivaraṇa *n.* vivaraṇā *f.* [<vivarati] ① 공개. 누설. 폭로. ② 개현(開顯). 해명(解明).
vivarati [vi-vṛ] ① 열다. 공개하다. 폭로하다. ② 분명하게 하다. *pp.* vivaṭa.
vivasati [vi-vas ②] ① 집을 나와서 살다. 홀로 살다. ② 먼 곳에서 살다. *f.* vippavasati.
vivasana *n.* [<vi-vas(uṣ)] 새벽. 새벽녘. 효명(曉明). ratyā vivasane 밤의 효명이 비출 때. *cf.* vibhāti.
vivaseti [vi-vas(uṣ)] 새벽이 밝아오게 하다. rattiṁ vivaseti 밤을 보내다. 새벽이 밝아오게 하다.
vivāda *m.* [<vivadati] ① 논쟁. 다툼. ② 경쟁. -âdhikaraṇa 논쟁과 소송. 쟁론쟁사(爭論諍事). -kāraka 논쟁자. 구론자(口論者). -patha 논쟁의 방식. 쟁로(諍路). -mūla 논쟁의 원인. 정근(諍根).
vivādaka. vivādātar *m.* [<vivāda] 논쟁하는 자.
vivādiyati [vivāda의 *denom.*] ① 다투다. ② 논쟁하다. *opt.* vivādiyetha. vivādayetha.
vivāha. vivāhya *m.* *n.* vivāhana *n.* [<vi-vah] ① 시집감. 결혼(結婚). ② 남편을 얻음. vivāha° -āpucchā 청혼(請婚). 구혼(求婚). -paṭiññā 약혼(約婚). -virodha 결혼혐오증(結婚嫌惡症). -virodhin 결혼혐오론자(結婚嫌惡論者). *cf.* āvāha. vevāhika. āvāhana.
vivicca *ind.* [viviccati의 *abs.*] ① 떨어져서. 멀리하고. ② 분리하고
viviccati [vi-vic] ① 떨어지다. 멀리하다. ② 분리하다. *abs.* vivicca. viviccitvā; *pp.* vivitta; *caus.* viveceti.
vivicchati [vindati vid의 *desid.*] 바라다. 원하다. 동경하다.
vivicchā *f.* [<vivicchati] 탐욕. 여러 가지 욕구.
vivitta *adj.* [viviccati의 *pp.*] ① 분리된. 격리된. ② 혼자의. 사적인. -āsana 격리된·홀로 있는 자리. -ṭṭhāna 프라이버시. -senāsana 격리된 거처(居處)·숙소(宿所).
vivittaka *adj.* [vivitta-ka] 혼자의. 고독한.
vivittatā *f.* [viviccati] 분리. 이탈.
vividha ① *adj.* [vi-vidha] 가지각색의. 다양한. -vaṇṇakhacana 모자이크. -sippadāyakaṭṭhāna 폴리테크닉. ② *m.* [*sk.* vivadha<vi-vah] 멜대. 천칭봉(天秤棒).
viveka *m.* [<vi-vic] ① 분리. 고독. 격리. ② 멀리 떠남. 멀리 여읨. 원리(遠離). -kāla 여가(餘暇). -nissita 멀리 떠남에 의지하는. 멀리 여읨에 의지하는. 원리의지(遠離依止). -sukha 멀리 떠남의 즐거움. 멀리 여읨의 즐거움. 원리락(遠離樂).
vivekattā =vivittatā.
vivecaka *adj.* *m.* [<viveceti] 비판의. 비평가(批評家).
vivecana *n.* [<viveceti] ① 분리. 구별. ② 비판. 비평(批評). -virodhin 몽매주의자(蒙昧主義者). 반계몽주의자.
vivecitatta *n.* [vivecita의 *abstr.* viveceti의 *pp.*] ① 구별. 차별. ② 상기(詳記). 상술(詳述).
viveceti [viviccati의 *caus.*] ① 분리시키다. 격리시키다. ② 삼가다. ③ 비판하다. 비평하다. *aor.* vivecesi; *pp.* vivecita; *abs.* vivecetvā.
viveṭhiyati [<vi-veṣṭ] 얽히다. 뒤얽히다.
vivesa *m.* [?] ① 구별. 차별. ② 특징.
visa *n.* [*sk.* viṣa] 독(毒). 독약(毒藥). -uggāra 독을 토함. -kaṇṭaka 독있는 가시. 독침. -kumbha 독이 가득 찬 옹기. -dosa 독의 해악. 독해(毒害). -patta 독을 담는 그릇. -pānaka 독을 마시기. -pīta 독이 묻은 (화살). -pītasalla 독을 바른 화살. -muccha 독에 의해 부풀어 오른. -rukkaha 독이 있는 나무. -vaṇijjā. -vāṇijjā 독을 사고파는 것. -vātajara 말라리아. 열병(熱病). -vijjā 독에 관한 학문·지식. 독약학. 독명(毒明). -vega 독극물의 작용. 독의 힘. -vejja 독을 치유하는 의사. -salla 독화살. -haraṇa 해독제.
visaṁyutta. visaññutta *adj.* [<vi-saṁ-yuj] ① 속박에서 벗어난. 멍에를 벗은. 마구를 벗은. ② 세상에서 분리된.
visaṁyoga. visaññoga *m.* [vi-saṁyoga] ① 속박에서 벗어남. ② 분리. 이탈. 이박(離縛). 이액(離軛).
visaṁvāda *m.* [visaṁ-vāda] 속임수. 거짓말.
visaṁvādaka *adj.* visaṁvādikā *f.* [<visaṁvada] 속이는. 신뢰할 수 없는.
visaṁvādana *n.* visaṁvādanā *f.* [<visaṁvādeti] ① 속임. ② 사기. 부정. ③ 실망시킴.
visaṁvādayitar *m.* [visaṁvādeti의 *ag.*] 속이는 사람. 사기꾼.

visaṁvādeti [vi-saṁ-vādeti. *bsk.* visaṁvādayati] ① 사기를 치다. 속이다. 거짓말하다. ② 약속을 어기다. *aor.* visaṁvādesi; *pp.* visaṁvādita; *ppr.* visaṁvādenta; *abs.* visaṁvādetvā.

visaṁsaṭṭha *adj.* [vi-saṁ-sṛj의 *pp.*] 분리된. 관계없는.

visaṁhata *adj.* [vi-sam-hṛ의 *pp.*] ① 제거된. ② 부서진. 파괴된.

visakkiya *adj.* [vi-sakkiya?] 옮겨주는. 전전(轉傳)하는. -dūta 옮겨주는 사자.

visaṅka *adj.* [vi-saṅka. *sk.* vi-śaṅka] ① 두려움 없는. ② 안전한.

visaṅkita *adj.* [vi-śaṅk의 *pp.*] ① 의심스러운. ② 걱정스러운. 염려스러운.

visaṅkhāra *m.* [vi-saṅkhāra] 모든 형성에서 떠남. 이행작(離行作)[涅槃의 指稱]. -gata 모든 형성에서 벗어난[涅槃에 接近한].

visaṅkhita *adj.* [vi-saṅkhata. *sk.* visaṁskṛta] ① 파괴된. ② 지멸(止滅)된.

visajjati. visajja→ vissajati.

visajjana. visajjeti→ viss°

visañña *adj.* [vi-sañña] 지각을 상실한. 의식을 잃은. -niddā apaneti 최면에서 깨어나게 하다.

visaññā *f.* [<visañña] 지각의 상실. 인사불성(人事不省). 의식불명(意識不明). 무감각(無感覺). 불감(不感).

visaññin *adj.* [visañña-in] ① 지각을 상실한. ② 의식을 잃은 사람. visaññi° -kara 마취시키는. 최면을 거는 듯한. -karaṇa -bhesajja 마취제. -karoti 마취시키다.

visaññitā *adj.* [visaññin의 *abstr.*] 무의식(無意識)의 상태.

visaññutta. visaññoga → vi-saṁyutta. visaṁyoga.

visaṭa. visata *adj.* [vi-sṛ의 *pp.* *sk.* visṛta] ① 유포된. 퍼진. ② 넓은. ③ 비스듬한.

visaṭā. visatā *f.* [*cf.* vi-sañj. visattikā] 집착.

visaṭṭha = vissaṭṭha.

visaṭṭhi *f.* ① [=vissaṭṭhi<vi-sṛj] 놓아버림. 방사(放射). ② [visatti<sañj의 대신 *cf.* *bsk.* viṣakti] 집착. ③ [<vi-śvas] =visatthi. vissaṭṭhi. vissatthi 신뢰. 안도. 소식(蘇息).

visati [viś] 들어가다.

visatta *adj.* [visajjati의 *pp.*] ① 매달린. 집착된. ② 얽힌.

visattikā *f.* [visatta-ika] ① 집착. 애착. ② 부착. *cf.* visatā. visaṭā.

visatthi *f.* [<vi-śvas] = visaṭṭhi. vissaṭṭhi. vissatthi 신뢰. 안도. 안심. 소식(蘇息).

visada *adj.* [*sk.* viśada] 깨끗한. 순수한. 분명한. -kiriyā 정화(淨化). -bhāva 명료(明瞭). 청명(淸明).

visadatā *f.* [<visada] 순수함. 깨끗함. 청정.

visanna *adj.* [visīdati의 *pp.*] 가라앉은. 잠긴. *cf.* vyasanna.

visappana *n.* [*sk.* visarpaṇa] ① 불행으로 이끄는 행위. ② 싸움. 투쟁.

visabhāga *adj.* [vi-sabhāga] ① 다른. 유사하지 않은. 이분(異分). ② 유별난. 흔하지 않은. -ārammaṇa 남성의 성기. 남근(男根). -santati 유사하지 않은 상속. 비상사상속(非相似相續). -suñña 이분공(異分空)[內的感官(六內處)에는 外的對象(六外處)이 異分으로서 空이며. 外的對象에는 感覺意識(六識身)이 異分으로 空한 것 등을 말한다].

visama *adj.* *n.* [vi-sama] ① 불평등한. 부조화한. 평탄하지 않은. ② 역경. 부정(不正). 사악(邪惡). 이상(異狀). -cariya 사악한 행위. 불평등행(不平等行). -cārin 부정한 행위자. 비정행자(非正行者). -tikicchā 역증요법(逆症療法). -tta 이탈(離脫). -parihāra 역경에 둘러싸인. 부정한 자세. -lobha 부정한 탐욕. 비리탐(非理貪). -visamā parisā 사악한 무리. 부등중회(不等衆會).

visamāyati [visama의 *denom.*] 불평등하다. 대등(對等)하지 않다.

visaya *m.* [*sk.* viṣya<viṣ] ① 장소. 지역. 영역. 대상. 경(境)[六境]. 대경(對境). ② 감각적인 범위. 감각의 대상. ③ 대책(對策). -āsatti 향락주의(享樂主義). 쾌락주의(快樂主義). -(k)khetta 대상이 아닌 것이 없는 찰토. 대상찰토(對象刹土)[三佛刹土].

visayha *adj.* [visahati의 *abs.*] 가능한. yathā visayhaṁ 가능한 한. 할 수 있는 만큼.

visara *m.* [vi-sara] 다수. 대량.

visalla *adj.* [vi-salla] ① 화살이 없는. 번뇌의 화살이 없는. ② 슬픔이 없는. 고통이 없는.

visahati [vi-sah] ① 가능하다. ② 감행하다. *abs.* visayha.

Visākha *m.* 비싸카. 비사거(毘舍佉)[在家信者의 이름].

visākha *adj.* [<visākhā] ① 가지가 있는. ② 갈라진. ~으로 갈래가 진.

visākhā *f.* [*sk.* viśākhā] ① 나뭇가지. ② 비싸카. 비사거월(毘舍佉月)[달의 이름. 4~5月]. *cf.* vesākha.

Visākhā Migāramātar *f.* 미가라의 어머니 비싸카. 비사거녹모(毘舍佉鹿母)[布施第一의 女信徒. 鹿子母講堂을 부처님께 寄贈].

visācitaṁ *adv.* [?] ① 부정적으로 ② 비스듬히.
visāṭita *adj.* [vi-sāṭeto<śat 의 *pp.*] ① 분쇄된. ② 부서진.
visāṇa *n.* [*sk.* viṣāṇa] ① 뿔. ② 상아. -tala 뿔로 만든 열쇄. 각건(角鍵) -maya 뿔로 만든.
visāta *adj.* [<vi-śat. *cf.* visāṭita] 분쇄된. 파괴된. -gabbha 이상임신(異常姙娠).
visāda *m.* [<vi-sad] ① 의기소침(意氣銷沈). ② 낙담(落膽). 실망
visādāpanna *adj.* [<vi-sad] 실망한. 낙담한.
visāra *m.* [<vi-sṛ] ① 혼란. ② 분산. 퍼짐.
visāraka *adj.* [vi-sāraka<sṛ] ① 퍼지는. 확장하는. ② 연장하는.
visārada *adj.* [vi-sārada. *bsk.* viśārada] ① 침착한. 자신이 있는. ② 두려움 없는. 숙련된. *cf.* vesārajja.
visāla *adj.* [*sk.* viśāla] 넓은. 광대한. -akkhī *f.* 커다란 눈을 가진. 광목(廣目).
visālatā *f.* [visāla의 *abstr.*] ① 폭. 넓이. ② 폭넓은 상태. 광대함.
visāhaṭa *adj.* [visa-āhaṭa] ① 혼란된. ② 당황한.
visāhāra *m.* [visa-āhāra. visaṁ-āhāra] ① 혼란. ② 동요. 불안. ③ 당황.
visikhā *f.* [*sk.* viśikhā] 거리. 도로. -kathā 길거리에서 하는 잡담. 도방론(道傍論). 항중론(巷中論).
visiṭṭha *adj.* [visissati의 *pp.* *sk.* viśiṣṭa] ① 유명한. 현저한. 이상적인. ② 훌륭한. 승화된. ③ 전문적인. -tta 전문성(專門性).
visiṇṇa *adj.* [viseyyati의 *pp.*] 부서진. 분쇄된.
visineti → usseneti.
visibbana = visīvana.
visibbita *adj.* [<visibbeti] 해결된. 풀린.
visibbeti [vi-siv] 바느질한 것을 풀다. *aor.* visibbesi; *abs.* visibbetvā. *caus.* visibbāpeti.
visissati [vi-śiṣ의 *pass.*] ① 다르다. 눈에 띄다. 구별되다. ② 탁월하다. *pp.* visiṭṭha; *caus.* viseseti.
visīdati ①[vi-sad] 가라앉다. 낙심하다. *pp.* visanna *cf.* visāda
visīdana *n.* [<visīdati] 가라앉음. 낙심.
visīyati [vi-sīyati<śya의 *pass.*] ① 해결되다. ② 녹다. 용해되다. 풀리다. *imp.* *3pl.* visīyaruṁ.
visīvana *n.* [<visīveti] = visibbana. 따뜻하게 하는 것. 가열.
visīveti [vi-śyā의 *caus.*] 따뜻하게 하다. 가열하다. 데우다. *caus.* visīvāpeti.
visuṁ *ind.* [*cf.* *sk.* viṣu] 따로따로. 별도로. 각각. visuṁ visuṁ 하나씩. 따로따로. 각각. -karoti 분리하다. -karaṇa 분리(分離). -siddha 독립적. -siddha 독립적인.
visukkha *adj.* [vi-sukkha] 마른. 건조된.
visukkhita *adj.* [<vi-śuṣ] 건조된. 바싹 마른.
visujjhati [vi-śudh] 맑아지다. 깨끗해지다. *aor.* visujjhi; *pp.* visuddha; *caus.* visodheti *cf.* visuddhi.
visuddha *adj.* [visujjhati의 *pp.* *sk.* viśuddha] 깨끗한. 순수한. 맑은. 청정한.
Visuddhajanavilāsinī *f.* [Visuddha-janavilāsinī] 정인찬석(淨人讚釋) [비유경(譬喩經)의 주석].
visuddhatta *n.* [viśuddha의 *abstr.*] 청정. 정화.
visuddhi *f.* [<visuddha. *sk.* viśuddhi] ① 청정. 신성. ② 화려. 탁월(卓越). -kathā 청정에 대한 이야기. 청정설(淸淨說). -dakkhiṇa 청정한 보시물. 청정시물(淸淨施物). -deva 청정의 신(神) [阿羅漢].
Visuddhimagga *m.* [visyddhimagga] 비쑷디막가. 청정도론(淸淨道論)[붓다고싸의 논서].
visūka *n.* [<vi-sūc] ① 끊임없는 운동. 꿈틀거림. ② 연극(演劇). -dassana 연극관람.
visūkāyita *n.* [visūkāyeti의 *pp.*] ① 성미가 급함. ② 비틀림. 곡해(曲解).
visūcikā *f.* [〃] 콜레라.
visenikatvā *ind.* [viseni<vi-sena-kṛ의 *abs.*] 적의를 없애고.
visenibhūta *adj.* [viseni<vi-sena-bhū의 *pp.*] 적의가 없는.
viseneti [*cf.* usseneti] ① 버리다. 제거하다. ② 싫어하다.
viseyyati [vi-śṛ] ① 부서지다. ② 분쇄되다. *pp.* visiṇṇa.
visevita *n.* [vi-sevita] ① 불안. 속임수. 야단법석. ② 불일치.
visesa *m.* *adj.* [*sk.* viśeṣa<vi-śiṣ] ① 구별. 차이. ② 우수. 탁월. ③ 달성. 성취. ④ 전문적(專門的)인. -ādhigama 탁월한 성취. 승지(勝智). -âbhava 단조로움. -gāmin 탁월함에 도달한. 공덕을 얻은. -gū 높은 상태에 도달한 자. -ññū 전문가(專門家). -ñāṇa 전문분야(專門分野). 전공분야(專功分野). -paccaya 구별의 이유. -bhāgin. -bhāgiya 탁월한 경지로 이끄는. 승진분(勝進分). -bhāgiyapaññā 탁월한 경지로 이끄는 지혜. 승진분혜(勝進分慧). -bhāgiyasamādhi 탁월한 경지로 이끄는 삼매. 승진분정(勝進分定). -bhāgiyasīla 탁월한 경지로 이끄는 계행. 승진분계(勝進分戒). -rūpika 변칙적(變則的)인. -lakkhaṇa 상징(象徵). -viññāpaka 상징적인.

visesaka *m. n.* [<visesa] ① 두드러진 특징. ② 차별로 인도하는 것.
visesatā = visesa.
visesato *ind.* [visesa-to] ① 분명하게. 두드러지게. ② 모두 함께. ③ 전문적으로.
visesana *n.* [<viseseti] 구별. 특질.
visesikā *f.* [*sk.* vaiśeṣika] 바이세쉬까 철학. 승론(勝論).
visesita *adj.* [viseseti의 *pp.*] 구별된. 두드러진.
visesin *adj.* [visesa-in] ① 특질이 있는. 구별되는. ② 탁월한.
visesiya. visesitabba *adj.* [viseseti의 *grd.*] ① 구별될 수 있는. 차별될 수 있는. ② 규정되어야 하는.
viseseti [visissati의 *caus.*] ① 따지다. 구별하다. 식별하다. ② 규정하다. 한정하다. 자격을 부여하다. *pp.* visesita
visoka *adj.* [vi-soka] ① 슬픔이 없는. ② 근심 없는.
visodha *m.* [<vi-śudh] 청소. 청결.
visodhana *n.* [<visodheti] 정화.
visodheti [visujjhati<śudh의 *caus.*] 깨끗이 하다. 정화하다.
visoseti [vissussati의 *caus.*] ① 건조시키다. ② 시들게 하다. 파괴하다.
vissa ① *adj.* [*sk.*<viśva] 모든. 모두의. 전체의. -patibimba 축소판(縮小版). ② *n.* [*sk.* visra] 날고기와 같은. 부패(腐敗)한. -gandha 날고기와 같은 냄새.
vissaka *adj.* [<viś] 거주하는.
Vissakamma *m.* [*sk.* Viśvakarman 一切造者] 비싸깜마. 비사갈마(毘舍羯磨). 공예천[工巧神].
vissagga *m.* [vi-sagga]<sṛj] 기증. 기부. 분배.
vissajjaka *adj. m.* [<vissajjati] ① 나누어주는. 분배하는. ② 대답하는 사람.
vissajjati [vi-sṛj] ① 버리다. 보내다. 양도하다. ② 대답하다. *abs.* vissajja. visajja; *grd.* vissajjaniya. vissajjitabba. vissajjiya; *pp.* vissaṭṭha; *caus.* vissajjeti. vissajjāpeti.
vissajjana *n. f.* [<vissajjeti] ① 분배. 양도. ② 판결. 대답.
vissajjanaka *adj.* [<vissajjana] 나누어주는. 대답하는. *cf.* vissajjaka.
vissajjaniya [vissajjati의 *grd.*] 대답되어야 할.
vissajjāpetar *m.* [vissajjāpeti의 *ag.*] ① 답변자. ② 답변을 요청하는 자.
vissajjita *adj.* [vissajjeti의 *pp.*] ① 보내진. 넘겨진. 파견된. ② 사용한. ③ 방출된.
vissajjitabba [vissajjati의 *grd.*] 대답되어야 할.
vissajjiya [vissajjati의 *grd.*] 버려져야 할.
vissajjetar *m.* [vissajjeti의 *ag.*] 대답하는 사람.
vissajjeti [vissajjati의 *caus.*] ① 보내다. 떠나게 하다. 쏘다. 발사하다. ② 발음하다. ③ 설명하다. 대답하다.④ 사용하다. 넘겨주다. 양도하다. ⑤ 제거하다. *fut.* vissajjessati; *pp.* vissajjita; *caus.* vissajjāpeti = vissajjeti
vissaṭṭha *adj.* [vissajjati의 *pp.*] ① 풀려난. 보내진. 던져진. 분배된. ② 분명한. 잘 발음된. ③ 명료한. 영롱한.
vissaṭṭhi = visaṭṭhi. visatthi. vissatthi
vissaṭṭhiya *n.* [vissaṭṭha-ya] 제멋대로 행동함. 분방(奔放).
vissattha *adj.* [vissasati의 *pp.* *sk.* viśavasta] ① 신뢰하는. 자신이 있는. ② 친밀한. 우호적인. vissaṭṭena (vissatthena) 자신을 갖고.
vissatthi *f.* [<vissattha. visaṭṭhi 라고도 쓴다] = visaṭṭhi. visatthi. vissaṭṭhi. ① 신뢰. 자신(自信). ② 안심. 소식(蘇息).
vissanda *m.* [<vissandati] ① 흘러나옴. 유출. ② 분비.
vissandaka *adj.* [<vissandati] ① 흘러나오는. 유출하는. ② 넘치는. 범람하는.
vissandati [vi-syand] ① 흘러나오다. 분비되다. 유출하다. 흐르다. ② 넘쳐흐르다. 범람하다. *aor.* vissandi; *pp.* vissandita; *ppr.* vissandamāna; *abs.* vissanditvā.
vissandana *n.* [<vissandati] ① 흘러나옴. 유출. ② 분비.
vissamati [vi-śram] ① 쉬다. 휴식하다. ② (피로를) 회복하다. *aor.* vissami; *ppr.* vissamanta; *pp.* vissanta; *abs.* vissamitvā. *caus.* vissameti.
vissama *m.* [<vissamati] 휴식.
vissamana *n.* [<vissamati] 휴식. -samaya 여가(餘暇). -ṭṭhāna 휴게소.
vissameti [vissamati의 *caus.*] 쉬게 하다.
vissametar *m.* [vissameti의 *ag.*] 휴식을 제공하는 사람. 피로를 회복시키는 사람.
vissara *m.* [<vissarati svar] ① 울부짖음. ② 비명. 절규.
vissarati [vi-smṛ] 잊다. 망각하다. *pp.* vissarita
vissarita *adj.* [vissarati의 *pp.*] 잊혀진. 망각한.
vissavati [vi-sru] 흐르다. 줄줄 흘러나오다.
vissasati. vissāseti [vi-śvas] ① 자신있다. 신뢰하다. 친밀하다. ② 안심하다. *opt.* vissase. vissāsaye; *pp.* vissattha.
vissāma *m.* [<vissamati] 휴식(休息). 안식(安息). -vetana 연금(年金). -sālā 숙박시설.
vissāsa *m.* [vi-śāsa<śvas. *sk.* viśvāsa] 신뢰.

자신(自信). 친밀.

vissāsaka. vissāsika *adj.* [<vissāsa] 친밀한. 절친한. 믿을 만한. 신뢰할 만한.

vissāsaniya *adj.* [vissāseti의 *grd.*] 신뢰받는. 신뢰할 수 있는. 믿을 수 있는. 안심할 수 있는. 친밀한.

vissāsin *adj.* [vissāsa-in] 친밀한. 신뢰하는.

vissuta *adj.* [vi-śru의 *pp.*] 유명한. 저명한. 널리 알려진.

vissussati. visussati [vi-śuṣ] 말리다. 시들게 하다. *caus.* visoseti.

vissota *adj.* [vi-sota<sru] ① 흘러간. ② 낭비된. 소비된.

viha° [〃] ① 허공. ② 하늘. -gaṅga. -ṅgama 하늘을 나는 것. 새. -ṅgapatha 새의 길. 조로(鳥路).

vihaṅgama *adj.* [viha-gam] 하늘을 나는.

vihaṁsu viharati의 *aor.*

vihacca vihanati의 *abs.*

vihaññati [vihanati의 *pass.*] 얻어맞다. 괴롭다. 고난을 겪다. *aor. 2sg.* vihaññittho; *fut. 1sg.* vihaññissaṁ; *ppr.* vihaññamāna; *pp.* vihata.

vihata *adj.* ① [vihanati의 *pp.*] 얻어맞은. 살해된. 파괴된. 다친. ② [*cf. sk.* vihṛti] 넓은. 광대한.

vihanati [vi-han] ① 때리다. ② 죽이다. 살해하다. *opt.* vihǎne; *abs.* vihacca; *pass.* vihaññati; *pp.* vihata.

viharaṇa *n.* [<viharati] ① 삶. ② 머묾. 체류(滯留). 거주(居住).

viharati [vi-hṛ] ① 살다. ② 거주하다. 머물다. 체류하다. *aor.* vihāsi. vihiṁsu; *fut.* viharissati. vihissati. vihessati. vihāhisi. vihassaṁ(*1sg.*).

vihaviha *m.* [<vihaga] 새의 일종.

vihātabba. vihāmo. vihāya → vijahati.

vihāne[=vihane] vihanati의 *opt.* vihāmi→vijahati 의 *1sg.* 운율적 표현(=niṭṭhubhāmi).

vihāya *ind.* [vijahati의 *abs.*] ① 떠나고. ② 버리고. 포기하고.

vihāyati [=vihīyati. viheti. vijahati의 *pass.*] ① 버려지다. ② 가다. ③ 소실되다.

vihāyasa *m.* [*cf. sk.* viha. vihāyasa] ① 허공. ② 하늘. *cf.* vehāyasa. vehāsa.

vihāpeti [vijahati의 *caus.*] 추방하다.

vihāra *m.* [<viharati] ① 거처. 삶. 머무는 곳. ② 정사(精舍). 승원. 사원. 절[寺]. 승방. eka° 혼자서 사는. divā° 낮 시간을 보내는. ariya° 고귀한 삶. 최상의 상태. dibba° 천상의 삶. 최상의 상태. brahma° 청정한 삶. 거룩한 삶. phāsu° 위로. 안심. sukha° 행복한 상태. vihāra° -aṭṭha 삶의 의미. -kāra 사원의 건설. -cārika 정사의 순례. -cīvara 사원에서 입는 옷. 정사의(精舍依). -ṭṭha 사원의 소유물. 사중물(四衆物). -pāla 사원의 파수꾼·수호자. -bhatta 사원의 음식. 정사식(精舍食). -vaṁsa 사찰의 역사. 사지(寺誌). -vatthu 사원의 부지. 사지(寺地). -samāpatti 삶에서 (평안이) 성취된 상태. 주등지(住等至).

vihāraka = vihāra.

vihārika = vihārin.

vihārin *adj.* [vihāra-in] ① 사는. ② 거주하는. ③ (어떤) 상태에 있는. eka° 홀로 사는. saddhi° 함께 사는.

vihāsi viharati의 *aor.*

vihāhisi viharati의 *fut. 2sg.*

vihāhesi vijahati[hā]의 *3sg. aor. caus.*

vihiṁsati [vi-hiṁsati<hiṁs] ① 상처를 입히다. 해치다. ② 괴롭히다.

vihiṁsanā *f.* vihiṁsā의 주석적인 표현.

vihiṁsā *f.* [<vi-hiṁs=vihesā] = vihiṁsanā. ① 해(害). 해악. 해침. 폭력에 매인. ② 괴롭힘. -dhātu 해악을 초래하는 요소. 폭력에 매인 세계. 해계(害界). -vitakka 해악을 초래하는 사유. 폭력에 매인 사유. 해심(害尋). -saṅkappa 해악을 초래하는 의도. 폭력에 매인 의도. 매해사(害思). -saññā 폭력에 매인 지각. 해상(害想).

vihiṁsu viharati의 *aor. 3pl.*

vihita *adj.* [vidahati의 *pp.*] ① 정리된. 준비된. ② 설치된.

vihitaka *adj.* = vihita.

vihitatā *f.* [vihita의 *abstr.*] añña° 누군가에 의해 준비된 것.

vihissati. vihissāmi viharati의 *fut.*

vihīna *adj.* [vijahati의 *pp.*] ① 포기된. ② 방치된.

vihīyati [=vihāyati. vijahati의 *pass.*] 버려지다.

viheṭhana *n.* [<viheṭheti] ① 괴롭힘. ② 억압(抑壓). 박해(迫害). 학대(虐待).

viheṭhaka. viheṭhanaka *adj.* [<viheṭheti] ① 괴롭히는. 해치는. ② 억압하는. 박해(迫害)하는. 학대(虐待)하는.

viheṭheti [vi-hīḍ. -heḷ] ① 괴롭히다. 해치다. ② 억압하다. 박해하다. 학대하다. *pass.* viheṭhiyati.

viheti ① [=vibheti] 무서워하다. 걱정하다. ② [=vihāyati<hā의 *pass.*] 포기되다. 사라지다. 가버리다.

vihesaṁ viheseti의 ① *aor. 1sg.* ② *ppr. sg. nom.* [vihesayaṁ의 대용].

vihesaka. vihesika *adj.* [<viheseti] 괴롭히는. 가해하는. *f.* vihesikā.

vihesayi viheseti의 *aor.*

vihesā *f.* [=vihiṁsā] ① 괴롭힘. 가해. 위해. ② 해악. 걱정. -vant 해로운. -dhātu 해악을 초래하는 요소.

vihesikā *f.* ① [<vihesā] 해로움. 가해. ② [<*sk.* vibhīṣikā. bhīṣā<bhī] 공포.

viheseti [vi-hiṁs 또는 vihesā의 *denom.*] ① 괴롭히다. ② 애태우다. ③ 모욕하다. *aor.* vihesaṁ. vihesayi; *ppr. sg. nom.* vihesaṁ (vihesayaṁ).

vihessati viharati의 *fut.*

vīci *m. f.* [〃] ① 파도. ② (시간의) 간격.

vījati [vīj] 부채로 부치다. *pp.* vījita; *caus.* vījeti; *pass.* vījiyati; *ppr.* vījiyamāna.

vījana. vījanika *n.* [<vījati] ① 부채. ② 총채. 불자(拂子). ③ 부채질.

vījanī *f.* [<vījana] 부채.

vījita *adj.* [vījati의 *pp.*] (부채로) 바람이 생긴.

vīṇā *f.* [〃] 인도의 기타. 공후(箜篌). 비파(琵琶) [二十三絃琴]. -tantissara 비파란 현악기. 비파소리. -thūṇa 비파의 기둥. -daṇḍaka 비파의 목부분. -doṇi. -doṇikā 비파의 몸통. -pokkhara 비파의 몸체. -vādaka 비파의 연주자. 비파사(琵琶師).

vīta *adj.* ① [vi-ita<i의 *pp.*] ~에 구애되지 않는. ~이 없는. -accika 불꽃이 없는. 탄화된. 빛을 잃은. -iccha 욕망에서 벗어난. -gedha 탐욕이 없는. -cchanda 충동·바람이 없는. 이욕(離欲). -taṇha 갈망·갈애가 없는. 이애(離愛). -tapo 열이 없는. -dosa 분노가 없는. 이진(離瞋). -pipāsa 갈증이 없는. 이갈(離渴). -pema 애정이 없는. -macchara 이타적인. 질투하지 않는. -mada 자만하지 않는. -mala 때가 없는. 이구(離垢). -moha 어리석음을 떠난. 당황하지 않는. 이치(離痴). -raṁsi 광선이 없는(?). -rāga 격정·탐욕이 없는. 이탐(離貪). -vaṇṇa 안색이 없는[노쇠한 모습]. -lobha 탐욕이 없는. -salla 바늘로 찌르는 고통이 없는. 이자전(離刺箭). -sārada 경험이 없지 않은. 현명한. 두려움이 없는 자. 무외자(無畏者). ② *adj.* [vāyati vā ①. vināti vi의 *pp.*] 짜진. 직조된.

vītaṁsa *m.* [<vi-tan] 새덫.

vītikama. vītikkama *adj. m.* [<vītikkamati] ① 넘어가는. 위반. 죄. 위범(違犯) ② 지나가는. (시간의) 경과. -kilesa 위범에 의한 오염. 위범번뇌(違犯煩惱). -paṭipakkha 위범(違犯)에 대한 대치(對治).

vītikiṇṇa [vi-ati-kṛ의 *pp.*] ① 뿌려진. 흩어진. 얼룩진. ② 화려한.

vītikkamati [vi-ati-kram] 넘어가다. 지나가다. *aor.* vitikkami; *pp.* vīthkkanta; *ppr.* vītikkamanta; *abs.* vītikkamitvā.

vīticcha *adj.* [vīta-iccha] 욕심이 없는.

vītināmeti [vi-ati-nam의 *caus.*] ① 시간을 보내다. ② 기다리다.

vītipatati [vi-ati-pat] ① 날아서 지나가다. 날아다니다. ② 위아래로 날다.

vītimissa *adj.* [vi-ati-missa] ① 혼합된. 섞인. ② 잡다한. -dhamma 뒤섞인 상태. 잡법(雜法).

vītivatta *adj.* [vītivatteti의 *pp.*] ① 지나간. 넘어간. 벗어난. ② 관통하는. 통과된. 경과된.

vītivatteti *adj.* [vi-ati-vṛt] ① 넘어가다. 극복하다. ② (시간을) 보내다. *aor.* vitivattesi; *pp.* vītivattita; *abs.* vītivattetvā.

vītisāreti [*bsk.* vyatisārayati. vi-ati-sṛ의 *caus.*] ① 지나가게 하다. ② 주고받다. 교환하다. ③ 대화하다. ④ 인사하다. *abs.* vītisāretvā; *aor.* vitisārimha (vītisārayimha).

vītiharaṇa [<vītiharati] ① 성큼성큼 걸음. 큰 걸음걸이. ② 교환. 상호교환.

vītiharati [vi-ati-hṛ] ① 성큼 성큼 걷다. ② 서로 교환하다[음식물 등].

vītihāra [vi-ati-hṛ] ① 걸음걸이. 교환. ② 교호작용.

vīthi *f.* [〃] ① 거리. 길. 통로. ② 인식과정(=cittavīthi). -citta = cittavīthi 인식과정. 로심(路心). 심로(心路). -chakka → cha vīthiyo. -paṭipādaka 길에 다다른. 인식과정에 다다른. -pāta 인식과정에 돌입한. -mutta 인식과정을 벗어난 이로(離路). -saṅgaha 인식과정의 분류. -siṅghāṭaka (천체들의) 십자로(十字路).

vīthika *adj.* [<vīthi] ① 길이 있는. 통로의. ② 과정상의.

vīmaṁsaka *adj.* [<vīmaṁsā] ① 조사하는. 탐구하는. ② 고찰하는. 사유하는.

vīmaṁsati. vīmaṁseti [*sk.* mīmāṁsate man의 *desid.*] ① 조사하다. 검사하다. 탐구하다. ② 고찰하다. 사유하다. 성찰(省察)하다. 심찰(審察)하다. *ppr.* vīmaṁsamāna; *caus.* vīmaṁsāpeti 고찰시키다.

vīmaṁsanā *n. f.* [<vīmaṁsati] ① 실험. 조사. 관찰. 고찰. ② 사유. 성찰. 심찰.

vīmaṁsā *f.* [<vīmaṁsati. *sk.* mīmāṁsā] ① 조사. 시험. 관찰. 사찰(査察). ② 성찰(省察). 심찰(審察). 탐구(探究). 사유(思惟). ③ 관(觀). 관혜(觀慧). -âdhipati 탐구의 영향·지배. 관증상(觀增上). -iddhipāda 탐구에 의한 신통의 기초. 관신족(觀神足). 관여의족(觀如意足). -bhūmi 탐구의 단계. -virodha 몽매주의(蒙昧主義). 반계몽주의. -samādhi 사유에 의한 삼매. 관삼매(觀

三昧). 사유삼매(思惟三昧). -samādhipadhānasaṅkhārasamannāgatiddhipāda 사유에서 비롯한 집중과 노력으로 형성되는 신통의 기초. 관삼마지근행성취신족(觀三摩地勤行成就神足).

vīmaṁsāpeti [vīmaṁsati의 *caus.*] ① 조사시키다. 관찰하게 하다. ② 성찰시키다. 고찰시키다.

vīmaṁsin *adj.* [=vīmaṁsaka] ① 조사하는. ② 고찰하는. 성찰하는. 관혜(觀慧)가 있는.

vīmaṁseti = vīmaṁsati.

vīra *adj. m.* [〃] ① 용감한. 영웅적인. ② 영웅. -âṅgarūpa 영웅과 같은 모습을 한. 영웅적인. -kamma. -cariyā 모험(冒險). -vanitā 여걸(女傑).

vīyati [=viyyati. vināti vi의 *pass.*] ① 짜이다. ② 직조되다. 조직되다.

vīvadāta *adj.* [vi-avadāta=vodāta] 깨끗한. 순수한. 청정한.

vīsati. vīsaṁ *num* [*sk.* viṁśati] 20. 스물. vīsati° -vagga 스무 개의 무리. 20 품(品). -vatthuka 스무 가지 사항이 있는.

vīsuttatasata *num.* [vīsa-uttara-sata] 120. 백이십(百二十).

vīhi *m.* [*sk.* vrīhi] 쌀. 벼.

vuccati. vuccate [vac *pass. sk.* ucyate. *bsk.* uccati] 불리어지다. 말해지다. *pres. 3pl.* vuccare; *ppr.* vuccamāna; *pp.* vutta.

vuṭṭha *adj.* [vassati ① vṛṣ의 *pp.* =vaṭṭha] 비에 젖은. 비 맞은.

vuṭṭhavat =vusitavant.

vuṭṭhahati. vuṭṭhāti [ud-sthā 또는 vi-ud-sthā] ① 일어나다. 발생하다. 산출되다. 나타나다. ② 선정에서 일어나다. 출정하다. ③ 죄를 참회하고 승단에 복귀하다. 출죄(出罪)하다. *pp.* vuṭṭhita; *caus.* vuṭṭhāpeti.

vuṭṭhāna *n.* [<vuṭṭhāti] ① 발생. 기원. 출현. ② 선정에서 일어남. 출정(出定). ③ 죄악의 참회. 승단에의 복귀. 출죄(出罪)[罪를 懺悔하고 僧團에 復歸]. ③ 출세간(出世間). -kusala 출세간에 능숙한. 출기선(出起善). 죄악의 참회에 능숙한. 출죄선(出罪善). -gāminīvipassanāñāṇa 출세간의 길에 대한 통찰의 지혜. -vasin 선정에서 일어남에 자유로운. -vasitā 출정의 자유자재. 출정자재(出定自在).

vuṭṭhānatā *f.* [vuṭṭhāna의 *abstr.*] ① 승단에의 복귀. 명예회복. ② 복직. 복권. āpatti 죄의 용서.

vuṭṭhānima *m.* [?] 지옥의 벌(罰)의 일종.

vuṭṭhāpeti [vuṭṭhahati의 *caus.*] ① 일으키다. ② 임명하다. ③ 쫓아내다. 출죄(出罪)시키다. 출정(出定)시키다.

vuṭṭhi *f.* [*sk.* vṛṣṭi<vṛṣ] 비[雨]. -jāta 비와 관계된. -bahula 비가 많은. -māṇaka 우량계(雨量計). -visayaka 비와 관련된.

vuṭṭhikā *f.* =vuṭṭhi. dubbuṭṭhikā 가뭄.

vuṭṭhita *adj.* [vuṭṭhahati의 *pp.*] ① 발생한. 일어난. ② (~로부터) 돌아온.

vuṭṭhimant *adj. m.* [vuṭṭhi-mant] ① 비를 포함하는. ② 비오는 하늘.

vuḍḍha. vuddha *adj. m.* [vaḍḍhati의 *pp. sk.* vṛddha] ① 나이 많은. 존경할 만한. ② 장로(長老). 기숙(耆宿). -pabbajita 노년의 출가자. 만년승(萬年僧). -sīlin 존경할 만한 덕행을 갖춘 자. 계덕증상자(戒德增上者).

vuḍḍhaka *adj.* vuḍḍhikā *f.* [vuḍḍhaka] ① 늙은. ② 늙은 여자.

vuḍḍhi. vuddhi *f.* [=vaḍḍhi. buddhi. *sk.* vṛddhi] 증가. 성장. 번영.

vuṇāti ① 방해하다. 가리다. 숨기다. 보호하다. *pp.* vuta. vata. ② 바라다. 열망하다. *pres.* varati; *imp.* varassu; *opt.* vare; *ppr.* varamāna.

vuṇhi [<vi-uṇha. v'uṇhena] 열(熱). *ins.* vuṇhinā.

vutta *adj.* ① [vuccati의 *pp.*] 말해진. 설해진. evaṁ vutte 이와 같이 설해 졌을 때에. -anta 소식. 뉴스. -vādin 설해진 바를. (정확하게) 말하는 자. 진리를 말하는. -velāyaṁ 말했을 때. ② [vapati vap ①의 *pp.*] 씨뿌려진. 파종된. ③ [vapati vap ②의 *pp.*] 삭발된.

vuttaka *n.* [vutta-ka] 말하여진 것. 이야기.

vuttamāna → vattamāna.

vuttari → pañca-v-uttari(ṁ).

vutti *f.* [*sk.* vṛtti] ① 행위. 실천. 행동양식. ② 습관. 생활.

vuttika. vuttin *adj.* [<vutti] ① 생활하는. ② 행동하는. 행위를 하는.

vuttitā *f.* [<vutti] 조건. 상태.

Vuttodaya *m.* 언생기(言生起) [쌍가락키따(Saṅgharakkhita)의 빠알리어 시형론에 관한 저술].

vuttha *adj.* ① [vasati vas ②의 *pp.* =vasita. vusita] 살아온. 시간을 보낸. ② [vasati ①의 *pp.*] 옷을 착용한.

vuthaka *adj.* [vuttha-ka] 사는. 머무는. pubba° 전에 살던 곳에.

vuddha. vuddhi → vuḍḍha. vuḍḍhi.

vuppati [=vappate. vapati의 *pass.*] 파종되다. *pp.* vutta.

vuyhati [=vahīyati. vahati vah의 *pass.*] ① 운반되다. 옮겨지다. ② 표류하다. *imp.* vuyhatu. udakenâpi māvuyhatu 물도 옮겨서는 안 돼. *pp.*

vūḷha. ūḷha.
vuyhana *n.* [<vuyhati] 표류.
vuyhamānaka *adj. m.* [vuyhati의 *ppr.* -ka] ① 물에 빠진. ② 물에 떠내려가는 사람.
vuḷha *adj.* [vuyhati의 *pp.*] 운반된. 옮겨진. *cf.* būḷha.
vuvahyamāna → opuniyamāna(<opunāti).
vusita *adj.* [vasati vas ② (살다)의 *pp.* 그러나 본래는 vosita(<ava-sā '마치다. 끝내다'의 *pp.*) 라고 볼 수 있다] ① 수행된. 끝낸. ② 살아온. 시간을 보낸. vusitaṁ brahmacariyaṁ 청정한 삶을 이루었다.
vusitatta *n.* [vusita의 *abstr.*] 완성의 상태.
vusitavant. vusitāvin *adj.* [vusita-vant -āvin] ① 완성에 도달한. 완성된. ② 수행이 원만하게 된. 소작원만(所作圓滿). 수행성만(修行圓滿). = 아라한. *pl. gen.* vusitavantaṁ.
vusimant *adj.* [=vusitabant 또는 vasavattin (vasimant)] ① 완성에 도달한. 완성된. ② 자재(自在)하게 된.
vussati [vasati ②의 *pass.*] 살게 되다.
vūpakaṭṭha *adj.* [vūpakāseti의 *pp. cf. bsk.* vyapakṛṭa] ① 멀리하는. 물러난. ② 격리된.
vūpakāseti [vavakassati<kṛṣ의 *caus.*] ① 멀리하다. 제외하다. 떼어놓다. ② 산란하게 하다. *pp.* vūpakaṭṭha; *caus.* vūpakāsāpeti.
vūpakāsāpeti [vūpakāseti의 *caus.*] ① 멀리하게 하다. ② 떼어놓게 하다.
vūparati → vi-uparati = uparati.
vūpasanta *adj.* [vūpasammati의 *pp.*] ① 진정된. 가라앉은. ② 적정(寂靜)한. -citta 가라앉은. 적정한 마음. 적정심(寂靜心).
vūpasama *m.* [<vi-upa-śam. *bsk.* vyupaśama] ① 진정. 억제. 평온. ② 적정. 적멸.
vūpasamana *n.* = vūpasama.
vūpasammati [vi-upa-śam의 *pass.*] ① 진정되다. 가라앉다. 억제되다. 꺼지다. ② 적정하게 되다. 적지(寂止)하다. 적멸(寂滅)하다. *pp.* vūpasanta; *caus.* vūpasāmeti.
vūpasāmeti [vūpasammati의 *caus.*] 진정시키다. 가라앉히다.
vūḷha → vuḷha.
ve *ind.* [*sk.* ve. vai] ① 정말로. 참으로. ② 확실히. sa ve bālo ti vuccati 그는 사실은 어리석은 자라고 일컬어진다. *cf.* have.
vekaṭika *adj. m.* [vikaṭa-ika] ① 더러운 것을 먹고 사는. ② 쓰레기를 먹고 사는 자.
vekaṇḍa *m.* [*cf.* vikaṇṇaka] 구전(鉤箭)[화살의 일종]. *cf.* vikaṇṇaka.
vekata *adj.* [=vikata] 변환된. 교환된.
vekantaka *m.* [?] 구리의 일종.
vekalla *n.* [vikala-ya. *sk.* vaikalya] ① 결함. 결핍. ② 부전(不全).
vekallatā. vekalyatā *f.* [vekalla-tā] = vekalla
vekkhiya = avekkhiya → avekkhati.
Vekkanassa *m.* 베카낫싸. 비마니사천(毘摩尼娑天)[神·神界의 이름].
vega *m.* [<vij] ① 빠른 움직임. 충동. 힘. ② 속도
vegha *m.* ① [= vedha] 가죽끈. 혁대. -missaka 가죽끈으로 묶은. ② [<veggha<*sk.* viggha] 장애(?).
vecikicchin *adj.* [vicikicchā-in] 의심하는. 의혹의. 의혹이 있는.
vecitta *n.* [<vi-citta] 마음의 혼란. 산만.
Vejayanta *m.* [*bsk.* Vaijayanta] 베자얀따. 최승전(最勝殿). 피자연다(皮闍延多)[三十三天의 宮殿].
vejja *m.* [*bsk.* vaidya<vid. *cf.* vijjā] 의사. 치료사. -kamma 의사의 일. 치료. 의술(醫術). -paṭirūpaka 경험주의자. 실증주의자. -sattha 의학(醫學).
vejjikā *f.* [<vejjā] 약(藥?).
veṭṭhita *adj.* [= veṭhita] 둘러싸인. -sīsa 머리가 둘러싸인.
veṭha *m.* [<viṣṭ. veṣṭ] ① 싸는 것. 싸개. ② 터번. ③ 끈. 올가미. -missaka 올가미로 묶은.
veṭhaka *n.* [<veṭheti] ① 둘러싸는. 감싸는.
veṭhana *n.* [<veṭheti. *cf. sk.* veṣṭhana] ① 주위. 둘러싸기. 싸개. ② 두건. 터번. ③ 포장. 옷. 솥.
veṭhita *adj.* [veṭheti의 *pp.*] 감싸여진. 둘러싸인.
veṭheti [*sk.* veṣṭhate viṣṭ. veṣṭ] ① 감다. 두르다. ② 싸다. 뒤틀다. ② 감추다. 은폐하다. *pp.* veṭhita. veṭṭhita; *pass.* veṭhīyati.
veṇa *m.* [*sk.* vaiṇa] 죽세공[賤民]. -jāti 대나무 세공을 업으로 하는 계급. 죽세공가문[賤民階級의 一種]. *cf.* veṇī
veṇi *f.* [*cf. sk.* veṇi] ① 땋은 머리. ② 변발(編髮). -kata 머리를 땋은.
veṇika *m.* [*sk.* vinā-ika] 비파를 타는 사람.
veṇī *f.* [<veṇa] 여자 죽세공.
veṇu *m.* [=veḷu. *cf. sk.* veṇu] 대나무 -gumba 대나무의 숲. -tinduka 베누띤두까[나무이름: Diospyros]. -daṇḍaka 정글밧줄. -dhama 피리연주자. -bali 대나무 노동자가 지불하는 세금. -vana 대나무 숲.
Veṇhu. Venhu. Veṇḍu *m.* [*sk.* Viṣṇu] 비슈누신. 비뉴천(毘紐天). 비노천(毘篘天).
vetaṇḍin *adj. m.* [<vitaṇḍa] ① 궤변을 하는. 궤

변에 능한. ② 궤변론자.
vetana *n.* [〃=vettana. vedana] ① 임금. 급료. 요금. 보수. ② 사용료. ③ 덤.
vetanika *m.* [vetana-ika] ① 샐러리맨. ② 임금노동자. 노동자. -sayaṁdhāvaka 택시.
vetabba *adj.* [veti vi = vināti의 *grd.*] 짜여져야 할. 직조되어야 할.
vetaraṇī *f.* [?] 회하(灰河)[地獄에 있는 江].
vetasa *m.* [〃] 갈대의 일종.
vetāla *m.* [*cf. sk.* vaitāla] 바라. 명발(鳴鉢). 요발(鐃鉢). 동발(銅鉢).
vetālika *m.* [*sk.* vaitālika] ① 바라를 치면서 음유하는 시인. ② 궁정음악가. ③ 마법사. 주술사.
veti ① [vi-eti<i. *sk.* vyeti] 가버리다. 소멸하다. ② [=vetti. vindati] 알다. ③ [vi] 짜다. 잣다. 직조하다.
vetuṁ vināti의 *inf.*
Vetulyaka *m.* = Vetulla. Vetulla-vādin.
Vetulla *m.* [*cf. bks.* Vaitulya<Vaipulya] 베뚤라. 방등부(方等部). 방광부(方廣部). 대승불교(大乘佛教). -piṭaka 방광삼장(方廣三藏). 대승경(大乘經). -vādin 방등부(方等部). 대승설자(大乘說者).
vetta *n.* [*sk.* vetra] ① 잔가지. 지팡이. ② 등나무나 대나무나 종려나무나 사탕수수 등의 줄기. 넝쿨. vettehi tāḷeti 지팡이로 세게 때리다. -agga 대나무의 싹. 죽순(竹筍). -aṅkura 대나무의 발아. -ācāra 지팡이로 걸어 다니는. -āsana 등나무 의자. -patha 넝쿨길. 정글 속으로 난 길. -bandhana 넝쿨의 얽힘. 잔가지로 묶음. 넝쿨로 묶음. 넝쿨 끈. -laṭa 넝쿨식물[등나무 등]. -valli 넝쿨식물의 화환·화관.
vettana = vetana.
vetti [=vindati vid] 알다.
veda *m.* [<vid. ved] ① 종교적인 감정. 지혜. ② 바라문교의 경전. 베다. -antagū 지혜의 완성자. -gū 최상의 지혜를 터득한 자. -jata 기쁨으로 가득한. -pāragū 베다에 통달한 자.
vedaka *adj. m.* [veda-ka] ① 베다를 아는. 베다를 공부하는. ② 바라문.
vedagū *adj. m.* [veda-gū] ① 베다에 정통한. 최상의 지혜를 획득한 사람. =vedantagu. ② 영혼. *sg. acc.* vedagunaṁ.
vedana = vetana.
vedanaka *adj.* [<vedanā] ① 감정을 가진. ② 감각이 있는.
vedanā *f.* [*sk. bsk.* 〃] ① 느낌. 감각. 수(受). 감수(感受). ② 고통(苦痛). -aṭṭa 고통에 의해 괴로운 (사람). -ânupassanā 느낌에 대한 관찰. 수수관(受隨觀). -ûpekkhā 평정으로서의 느낌. 수사(受捨). -ûpādānakkhandha 느낌의 집착다발. 수취온(受取蘊)[五取蘊의 하나]. -kkhandha 느낌의 다발. 수온(受蘊)[*cf.* khandha]. -kāya 느낌의 무리. 수신(受身). -gata 느낌의 종류. -ttika 세 가지 느낌. 수삼법(受三法)[즐거움(樂 : sukham), 괴로움(苦 : dukkham), 즐겁지도 괴롭지도 않음(adukkhamasukham)]. -nānatta 느낌의 다양성. -samudaya 느낌의 발생·기원. -samosaraṇa 느낌에 합류하는. 느낌에 등취(等趣)하는. -sokhumma 느낌에 대한 미세한 통찰. 수미세지(受微細智).
vedaniya. vedanīya [vedeti의 *grd.*] 감수되어야 할. 느껴져야 할. 경험되어야 할. vedaniya-kamma 경험되어야 하는 업보.
vedantagū *adj.* [veda-anta-gū=vedagū] ① 베다에 대한 지식에서 뛰어난. 지혜의 궁극에 도달한. ② 성스러운 길에 도달한.
vedaya[vedeti의 *imp.*] 알게 하다.
vedayati = vedeti.
vedati vedeti의 *aor.*
vedayita *adj.* [vedeti의 *pp.* = vedita] 느껴진. 경험된. 감수된.
vedalla *n.* [? *sk.* vaiḍūrya '고양이의 눈'] 베달라. 비다라(毘陀羅). 베다라(吠陀羅). 지해(知解). 유명(有明)[教理問答. 九分教의 一種]. 교리문답(教理問答). -kathā 교리문답(教理問答)의 이야기. 지해론(知解論).
vedi vedeti(vindati)의 *aor.*
vedi. vedikā. vediyā *f.* [*cf. sk.* vedi] ① 선반. 테라스. 흉벽(胸壁). ② 난간. 난간의 손잡이.
vedita *adj.* [vedeti 의 *pp.* = vedayita] ① 느껴진. 감수된. ② 경험된.
vedin *adj. m.* [veda-in] ① 아는. ② 지자(知者).
vediya [vedeti의 *grd.* = vedaniya] 알려져야 할.
Vediyaka *m.* 베디야까. 비다산(毘陀山)[山의 이름].
vediyati [=vedeti. *sk.* vedayati] ① 느끼다. 감수하다. ② 경험하다. *ppr.* vediyamāna; *aor.* vediyiṁ; *grd.* vediya → vedeti.
vediyiṁ vediyati 및 vedeti의 *aor.*
vedisa *m.* [?<vidisā] 베디싸[나무의 일종].
vedeti [*sk.* vedayati. vid의 *caus.*] ① 느끼다. 감각하다. 감수하다. ② 경험하다. ③ 알다. *pres. 2sg.* vedayase; *imp.* vedaya; *aor.* avedi. vedi. vedayim vediyiṁ. avedayuṁl *fut.* vedissati; *grd.* vediyam. vedaniya. vedanīya. veditabba; *pp.* vedita. vedayita.
vedeha *adj.* [<vedeti] ① 배운. ② 학식이 많은.

-muni = paṇḍitamuni 학식있는 성자.
Vedeha ① *m.* [<videha] 베데하. 비제하(鞞提訶)[聖者의 이름]. ② 비데하 국에 속하는.
Vedehathera *m.* [vedeha-thera] 베데하테라 [13世紀의 僧侶로 長老 Ānanda의 弟子].
Vedehiputta *m.* [<vedehi-putta] 베데히(韋提希夫人)의 아들 = 아자세(阿闍世) 왕 [마다가 국의 王. 빔비사라 왕의 아들].
vedha ① *adj.* [<vidh. vyadh] 꿰뚫는. 찌르는. 때리는. 상처. 흠. ② *adj.* [<vyath] 동요하는. ③ *m.* [=vegha] 가죽끈.
Vedhañña *m.* 베당냐. 면지(緬祇)[都市의 이름].
vedhati [vyath] 동요하다. 진동하다. 흔들리다. *opt.* vedheyya; *pass.* vedhiyati. *cf.* vyadgati. ubbedhati. pavedhati.
vedhana *n.* [<vidh] ① 관통. ② 찌름.
vedhabba *n.* [vidhavā-ya. *sk.* vaidhavya] 과부의 신분.
vedhavera *m.* [<vidhavā *sk.* vaidhaveya] 과부의 아들.
vedhitā *f.* [vedheti의 *pp.* vijjihati의 *caus.*] ① 발사. ② 타격. ③ 충돌.
vedhin *adj.* [<vidh=vyadh] ① 관통하는. 쏘는. ② 치는. ③ 충돌하는.
vedheti [vijjhati<vidh=vyadh의 *caus.*] ① 관통시키다. ② 찌르게 하다. *pp.* vedhita; *fut.* vedhayissati.
venateyya *m.* [*sk.* vainateya] 'Vinatā의 자손' 금시조(金翅鳥). 가루라(迦樓羅)[Garuḷa의 별칭].
venayika *m.* ① [<vinaya] 규율에 정통한 사람. ② [<vi-ni] 허무론자(虛無論者).
veneyyatta *n.* [veneyya의 *abstr.*] 길들이기 쉬움. 온순. 다루기 쉬움.
Venhu → Veṇhu.
vepakka *n. adj.* [<vipāka-ya] ① 성숙. 익음. 이숙(異熟). ② 열매를 거두는. 결과로 생기는.
vepākin *adj.* vepākinī *f.* [<vipāka] 소화를 시키는. vepākinī-gahanī 소화력(消化力).
vepurisikā *f.* [vi-putisa-ika] 남자와 같은 여자.
vepulla *n.* [vipula-ya. *sk.* vaipulya] ① 완전한 발전. ② 풍부. 충만. 풍만. 방광(方廣). 성만(盛滿). *cf.* vetulla.
vepullata *n.* vepullatā *f.* [<vepulla] ① 풍부. 충만. ② 광대(廣大). 방광(方廣). 성만(盛滿).
vebhaṅga *adj.* [<vibhaṅga] ① 쓸모없음. ② 실패(sampatti의 반대).
vebhavyā *n. f.* [vibhāva(vibhāvin)-ya] ① 심사숙고. ② 비판.
vebhassi *f.* [=vibhassikatā] 잡담. 수다.
vebhūtika. vibhūtiya *adj. n.* [<vibhūti ①] ① 재난을 야기하는. ② 중상하는 말. 이간하는 말 [=pisuṇa].
vema. vemaka *n.* [<vāyati] 베틀. 베틀의 북.
vemajjha *n.* [vi-majjha-ya] 중간. 중앙. *loc.* vemajjhe 중앙에. 눈앞에 (따로) 떨어져서.
vematika *adj.* [<vimati-ka] ① 의심스러운. ② 불확실한. -sīla 의심스러운 계행. 불확실한 규칙. 의혹계(疑惑戒).
vematta *n.* [vi-matta ① -ya] 차이. 차별.
vemattatā *f.* [vematta의 *abstr.*] ① 차이. 차별. ② 모순.
vemātika *adj.* [vi-mātar-ika] 다른 어머니를 지닌. 다른 어머니가 있는.
vemānika *adj.* [vimāna-ika] ① 아름다운 궁전이 있는. ② 천궁(天宮)의.
veyy° = vy°. viy°. by°.
veyyaggha. veyyagghin *adj. m.* [<vyaggha] ① 호랑이의. ② 호랑이 가죽이 덮인 수레.
veyyañjanika *m.* [<vyañjana] 점쟁이. 예언자.
veyyatta *adj.* [=viyatta. vyatta] 성취된. 현명한.
veyyatti *f.* veyyattiya *n.* [=viyatti] ① 탁월. 총명. ② 재주.
veyyākaraṇa [=vyākaraṇa] ① *n.* 대답. 설명. 해명. 기설(記說). 기별(記別). 수기(授記)[九分敎의 一種]. ② *m.* 설명 또는 대답에 숙달한 사람. 문법가(文法家). 문전가(文典家).
veyyābādhika *adj.* [=vyābādhika<vyābādha] ① 해치는. 괴롭히는. ② 억압적인.
veyyāyika *n.* [<vyaya] ① 비용. ② 자산.
veyyāvacca *n.* [*cf.* <*sk.* vai-yāpṛtya<vi-ā-pṛ. vṛt. *bsk.* vaiyāvṛtya] ① 봉사. 시중. ② 일. 임무. 의무. -kamma 시중드는 일. 노동력. -kara 하인. 집사(執事). 수위. -karā. -kārikā 하녀. 봉사의 실천. 서비스의 실천.
veyyāvaṭika *n.* [=veyyāvacca] 봉사. 시중. 보살핌. 간호.
vera *n.* [*sk.* vaira] ① 원한. 증오. ② 복수. 적대행위. ③ 죄. -ka. -vant 원한을 품은. -bhaya 원한에 대한 공포.
verajja *n.* [<vi-rajja] ① 여러 나라. 여러 지방. ② 이역(異域).
verajjaka *adj.* [verajja-ka] ① 여러 나라의. 여러 지방의. ② 이역(異域)의.
Verañja *m.* ① 베란자. 비란야촌(毘蘭若村)[마을 이름]. ② 베란자. 비란야(毘蘭耶)[바라문이름].
veramaṇī *f.* [viramaṇa. *cf. bsk.* vīramaṇī] ① 금욕. 절제. ② 삼감. 멀리함. 금제. pāṇātipātā ~살생을 삼감. 살생하지 않음. 불살생.

veramba. verambha *adj. m.* [*cf. bsk.* vairambhaka] ① 높은 곳에서 부는 바람의. ② 계절풍. 태풍. 비람풍(毘藍風). -vāta 높은 곳에서 부는 바람. 회오리바람. 선풍(旋風). 비람풍(毘藍風).
verika. verin *adj.* [<vera] ① 원한을 품은. ② 적대적인. veribhaya 원한 있는 적에 대한 공포.
Veroca *m* [vi-ruc] 베로짜. 비로자(毘盧遮)[阿修羅의 이름].
verocana *m* [=virocana<vi-ruc] ① 태양. 해. ② 비로자나(毘盧遮那).
verocanaka *adj.* [verocana-ka] ① 빛나는. ② 널리 비추는.
velā *f.* [〃] ① 시간. 시점. tāyaṁ velāyaṁ 그때에 ② 기슭. 해안. ③ 경계. 한계. ④ 집적. 더미.
velāma *m* [〃] 벨라마[종족의 이름].
velāmikā *f.* [<velāma] 벨라마 족의 소녀.
velāyati [velā의 *denom*] ① 파괴하다. ② 쓸모없게 하다.
vellāḷin *adj.* [<veyyāyin = vyāyin(?)] (칼이) 번득이는. 번쩍이는.
velli *f.* [=vilākā?] ① (여자의) 가는 허리. 세요(細腰). ② 더미[*cf.* 황금더미 kañcanavelli]
vellita *adj.* [vellati<vell의 *pp.*] ① 구부러진. ② 고수머리의. -agga (선단이) 곱슬머리의.
veḷu *m* [=veṇu] 대나무. -agga(veḷagga) 대나무 꼭대기. -gumbha 대나무 숲. 죽림. -daṇḍa 대나무 지팡이·막대기. -dāna 대나무의 선물. -nāḷi (°nalaka. °nāḷika) 대나무의 줄기. 대나무의 창·화살. -patta 대나무 잎. 죽엽(竹葉). -pabba 대나무 줄기. 대나무 마디. 죽절(竹節). -pesikā 대나무 조각. 죽편. 죽비(竹篦). -vāṭa 대나무 울타리. 죽책(竹柵).
veḷuka *m* [veḷu-ka] 벨루까[나무의 일종 = vaṁsacoraka].
veḷuriya *n.* [*sk. bsk.* vaiḍūrya] ① 보석. 녹주석. ② 유리. ③ 청금석(靑金石). -thambha 유리기둥. -maya 유리로 만든.
veḷuva *m.* [beḷuva *cf. sk.* vainava] 벨루바[나무의 이름]. -laṭṭhikā 벨루바랏티까[나무의 일종].
Veḷuvana *n.* [veḷu-vana] 벨루바나. 죽림(竹林). 죽림원(竹林園). -kalandakanivāpa 벨루바나까란다까니바빠. 대나무 숲속 다람쥐 키우는 정원. 죽림가란다원(竹林迦蘭陀園). 죽림율서양이소(竹林栗鼠養餌所). 죽림정사(竹林精舍)[마가다국의 王舍城 밖에 있는 公園].
vevacana *n.* [<vivacana] ① 한정사. 형용구. ② 동의어. 동의이어(同義異語)[문법].
vevaṇṇa *n.* [<vivaṇṇa] ① 변색. 퇴색. ② 오염.
vevaṇṇiya. vevaṇṇiya ① *n.* [vivaṇṇa-ya. *bsk.* vaivarṇika] 아무런 계급에도 속하지 않는 신분. 불가촉천민의 삶. ② *adj.* [vivaṇṇa-iya] 색이 변하는. 색이 바래는.
vevāhika *m* [vivāha-ika] 결혼식의 손님.
vevicha *n.* [vivicchā-ya] '여러 가지를 원하는 것' 탐욕적임. 이기적임. 인색. 이기심.
vesa *m* [*sk.* veṣa<viṣ] ① 옷. 의복. ② 변장. 가장(假裝).
vesama = visama.
vesākha *m* vesākhā *f.* [<visākhā] 베싸카. 웨싹축제. 남방불교의 축제. 비사거(毘舍佉). 비사거월(毘舍佉月). 오월(五月 : 양력 4월 15일~ 5월 15일)[남방음력 1월 16일 ~ 2월 15일]. vesākha-divāsa 부처님오신날. 불탄일(佛誕日)[테라바다불교에서는 탄신일·성도일·열반일이 같음].
vesākhā *f.* =visākhā.
vesārajja *n.* [visārada-ya. *bsk.* vaiṣaradya] ① (부처. 아라한의) 완전한 자신(自信). 자신감(自信感). ② 두려움 없음. 무외(無畏). *cf.* cattāri vesārajjānī : 사무소외(四無所畏)[네 가지 설법에서의 두려움 없음].
Vesālī *f.* [*sk.* Vaiṣālī] 베쌀리. 비사리(毘舍離). 광엄성(廣嚴城)[밧지 국의 首都].
vesidvāra *n.* [vesī-dvāra] 기생집. 창녀촌. 기루(妓樓). 유리(遊里).
vesiyāna *m* = vessa
vesī. vesiyā. vesikā *f.* [<vessī] 매춘부. 창녀. 기녀(妓女). 하층계급의 여자. vesiyā-gocara 창녀의 집에서 탁발하는.
vesma *n.* [*sk.* veśman<viś] 집. *loc.* vesmani.
vessa *m* ① [*sk.* vaiṣya] 바이샤. 비사(毘舍). 평민계급(平民階級). -kula 평민가문(平民家門). *f.* vesi. vessi. *cf.* vesiyāna. vessāyana. ② *adj.* [*sk.* vaiśva] 일체의. 모두의. -n-tara 일체를 건너는. 일체를 초월한.
Vessavana *m* [*sk.* vaiśravaṇa] 비사문천(毘沙門天). 다문천(多聞天)[네 하늘나라의 대왕(四天王)의 한분].
vassāyana *m* =vessa.
vessikā *f.* [=vesikā] 바이샤 계급의 여자. 평민계급의 여자. 비사족(毘舍族).
vehapphala *adj. m* [*bsk.* Bṛhatphala. Vṛhatphala] 탁월한 과보로 얻은 세계. 광과천(廣果天). Vehapphalā devā 탁월한 과보로 얻은 신들의 하느님 세계. 탁월한 과보로 얻은 하느님 세계의 신들. 광과천(廣果天)[神·神界의 이름. 色界四禪의 하느님 세계].
vehāyasaṁ *ind.* [=vehāsaṁ(*acc.*)] 하늘로.

vehāsa *m.* [=vehāyasa] ① 하늘. ② 허공. 공중. *acc.* vehāsaṁ. *loc.* vehāse. vehāsayaṁ 하늘에. 하늘로. -kuṭī 보통 키의 사람이 머리를 지붕에 부딪치지 않고 일어설 수 있는 오두막. -gamana 하늘을 통하여 가는. -ṭṭha. -ṭṭhita 공중에 있는. 창고.

vehāsayaṁ = vehāyasaṁ의 *metath.*

vo ① *ind.* [=ve. have] 실로. 참으로. 강조분사. ② [*sk.* vaḥ] tvaṁ의 *pl. nom. acc. ins. abl. dat. gen.* → tvaṁ.

vo° [=① vi-ava-. vi-o-(가장 흔함. 예 : vonata. voloketi. vokkanti. vokiṇṇa. vosāna. vossagga 등). ② vi-ud-(*cf.* vokkamati. vocchijjati)].

vokāra *m.* [vi-okāra] ① 차이. 구별. ② 존재의 구성요소. 온(蘊). ekavokārabhava 한 가지 구성요소의 존재. 일온유(一蘊有). catuvokārabhava 네 가지 구성요소의 존재. 사온유(四蘊有). pañcavokārabhava 다섯 가지 구성요소의 존재. 오온유(五蘊有). ③ 하찮은 것. ④ 불편(不便). 불리(不利).

vokiṇṇa *adj.* [vi-okiṇṇa] ① 덮인. 적셔진. ② 섞인. 충만한.

vokiṇṇaka *adj.* [vokiṇṇa-ka] 섞인. 혼합된.

vokkanta *adj.* [vokkamati의 *pp.*] ① 빗나간. ② 이탈한. 탈선한.

vokkanti *f.* [vi-okkanti] 입태(入胎). 임신.

vokkamati [vi-ukkamati] ① 빗나가다. ② 타락하다. *abs.* vokkamma; *pp.* vokkanta.

vokkamana *n.* [<vokamati] ① 빗나감. ② 이탈. 탈선(脫線).

vokkha *adj.* [?] → vaggu.

vocarita *adj.* [vi-ocarati의 *pp.*] ① 통찰된. 간파된. ② 조사된.

vocchādanā *f.* [<vi-ava-chad] 덮기. 감추기.

vocchijjatā *f.* [vocchijjati의 *abstr.*] ① 절단. ② 분단(分斷).

vocchijjati [vi-ud-chid의 *pass.*] ① 절단되다. 베어지다. ② 분단되다.

votthapana. voṭṭhapana. votthappana. voṭṭhappana. *n.* [=vavatthapana<votthāpeti] ① 확립. ② 확정. 결정[인식대상을 오문(五門)에서 결정하는 것과 의문(意門)에서 전향(轉向)하는 마음으로 지각표상의 통일성의 순간적인 단계]. -kicca. -kiriyā 결정기능의 성취. 확정유작(確定唯作).

votthāpeti [=vavatthāpeti] ① 확립시키다. 세우다. ② 준비하다.

vodaka *adj.* [vi-udaka] ① 물이 없는. ② *m.* [<vodapeti] 정화.

vodapeti. vodāpeti [vodāyati의 *caus.*] 깨끗이 하다. 정화(淨化)하다.

vodāta *adj.* [vi-odāta] 깨끗한. 맑은.

vodāna *n.* [vi-ava-dā-ana. *bsk.* vyavadāna] ① 청정. ② 정화.

vodāniya *adj.* [vi-ava-dā의 *grd.*] 정화하기에 적합한. 정화하는.

vodāpana *n.* [<vodapeti] 청결. 정화.

vodāpanā *f.* [<vodāpana] 청결. 정화.

vodāya ① codāya[codeti의 *abs.*]의 *misr.* ② [vi-ava-dā] 절단. 삭제. (음식에 관하여) 음식을 별도로 마련함.

vodāyati [vi-ava-dā] 깨끗해지다. 정화되다. *caus.* vodapeti. vodāpeti

vodāsa *m.* ① [?] 특징. 특성. (음식에 관하여) 별미. ② = vodāya의 *misr.*

vodiṭṭha *adj.* [vi-ava-diś의 *pp.* ch. *bsk.* vyapadeśa] ① 한정된. ② 잘 이해된. 잘 인식된.

vonata *adj.* [vi-ava-nata] ① 아래로 구부러진. 아래로 경사진. ② 고개를 숙인.

vopeti → copeti.

vobhindati [vi-ava-bhid] 쪼개다. 분열시키다. *ppr.* vobhindanta; *aor.* vobhindi.

vomādapeti [=vodāpeti] 깨끗이 하다. 정화하다.

vomissa. vomissaka *adj.* [vi-o-mis-sa] 잡다한. 여러 가지의.

voyoga *m.* [<vi-uyyoga] ① 노력(?). ② 적용. ③ 전념(專念).

voropana *n.* [<voropeti] 빼앗음. 탈취. jīvita° 생명의 탈취. 살해.

voropeti [=oropeti] 빼앗다. 탈취하다. jīvitā voropeti 생명을 빼앗다. *pp.* voropita.

volambita *adj.* [=olambita] 드리워진. 매달린.

voloketi [vi-oloketi<lok=viloketi. oloketi. vyavalokayati] ① 조사하다. ② 관찰하다. ③ 자세히 바라보다.

volokana *n.* [<voloketi] 조사. 관찰.

vosāṭitaka *n.* [vi-ossaṭṭha-ika] 죽은 사람의 영혼에 공양된 음식.

vosāna *n.* [vi-osāna] 성취. 달성. 완성. vosānaṁ āpajjati 끝에 도달하다. 종결하다. antarā vosānaṁ āpajjati 중도에 그만두다.

vosāpeti [<v(i)-osāpeti] ① 끝내다. 종결하다. ② 그만두다.

vosāraṇiya *adj. n.* [<vi-osāraṇā] ① 원상복귀되어야 할. ② 복권(復權).

vosāsati [vi-ava-śās] ① 가르쳐 보이다. ② 지시하다. 지휘하다.

vosita *adj.* [vi-osita<ava-sā의 *pp.* *cf.* vusita.

vyosita] 완성된. 완결된. 성취된.

vossakamma *n.* [vossa-kamma] 무기력하게 함. 남자의 정력을 잃게 하는 것. *cf.* vassakamma [vassa는 남자의 정력. 정기. vossa는 무력. 무정(無精). 거세된 사람].

vossagga *m.* [=ossagga<ava-sṛj] ① 포기. 휴식. ② 기증. 기부. 양도. 최사(摧捨). 사견(捨遣). 기사(棄捨). sativossagga 부주의. 무관심. -pariṇāmin 완전히 버림으로서 열반으로 회향하는. -rata 기부·주는 것을 좋아하는 (사람). 마음이 열린 사람. vossagge paññā 기증하는 지혜. 최사(摧捨)의 지혜.

vossajjati [=ossajjati. ava-sṛj] ① 포기하다. 단념하다. 양도하다. ② 최사(摧捨)하다. 사견(捨遣)하다. 기사(棄捨)하다. *abs.* vossajja.

voharati [vi-oharati<hṛ] ① 말로 표현하다. ② 사용하다. ③ 결정하다. ④ 통치하다. *inf.* vohātuṁ. *pass.* vohariyati.

vohāra. vyohāra *m.* [<voharati. *sk. bsk.* vyavahāra] ① 언설. 부름. 표현. 언어의 사용. 현재 사용하는 이름·명칭. 관용어 .② 거래. 장사. 직업. 세속. ③ 재판. 법체계. 판결. 결단. ④ 마어(魔魚). vohāra°-kūṭa 사기성이 있는 변호·제소·재판의. -desanā 전통적인 해설. 유통설시(流通說示)[經藏]. -vacana 인습적 표현. -sacca 인습적 진리. 세속적 진리. 속제(俗諦). -samuccheda 세속의 단절.

vohārika *adj. m.* [vohāra-ika] ① 재판과 관계되는. ② 재판. 사법. 재판관. 판사. -mahāmatta 사법대신. 재판관.

vohariyati [voharati의 *pass.*] 불리다.

vya° [모음 바로 앞의 vi 는 vy. by. viy. veyy가 된다] = vi-. bya-. viya-. veyya-.

vyakāsi vikaroti의 *aor.*

vyakkhussaṁ vyākaroti의 *fut. 1sg.*

vyagga *adj.* [vi-agga] 혼란된. 당황한.

vyaggha *m.* [=byaggha. *sk.* vyāghra] 호랑이. -camma 호랑이 가죽. -usavha 호랑이와 황소.

vyagghinī *f.* [vyaggha의 *f.*] 암호랑이.

vyagghīnasa *m.* [?] 매[鷹]. = sena. sakuṇagghi.

vyañjana *n.* [〃=byañjana. viyañjana] ① 속성. 특징. 기호. 상. 특상. 상호. ② 자음. 문자. 자구[문법]. 진술. ③ 카레. 조미료. 첨미(添味). 부채(副菜). -paṭibhāna 문자에 능한. -paṭirūpaka 유사한 문구의.

vyañjanaka *adj.* [<vyañjana] → ubhatovyañjanaka.

vyañjayati [<vi-añjati. añjeti] ① 특성을 나타내다. 표시하다. 나타내다. ② 표현하다. *aor.* vyañjaya ; *pp.* vyañjita.

vyatireka *m.* [vi-atireka] 부가(附加). 나머지.

vyatta *adj.* [=byatta. viyatta. veyyatta. *sk.* vyakta<vi-añj의 *pp.*] ① 학식이 있는. ② 현명한. 유능한. 총명한. ③ 명백한.

vyattatā *f.* [vyatta의 *abstr.*] ① 경험. 학식. ② 총명. 총혜.

vyattaya *m.* [<vi-ati-aya] ① 반대. 역전. ② 뒤집기. purisa° 인칭(人稱)의 변화[문법]. vacana° 수(數)의 역전[단수와 복수].

vyathana *n.* [<vyathati] 흔들림. 동요.

vyathati [vyath] ① 괴롭히다. 박해하다. 애태우다. ② 고민하다. 고뇌하다. *aor.* vyathi ; *pp.* vyathita.

vyathā [<vyathati] ① 실패. 불안. ② 고통. 곤경(困境). 고민(苦悶). 고뇌(苦惱).

vyadhati [=vedhati<vyadh] ① 동요하다. 흔들리다. ② 진동하다. 두려워하다. *aor.* vyadhasi ; *caus.* vyadheti. vyādheti. byādheti.

vyanti *adj. n.* [=vyanta. byanta<vi-anta] 먼. 끝. 종결. vyantī° ① -karoti 폐지하다. 제거하다. 파괴하다. *aor.* -akāsiṁ; *opt.* -kareyya; *fut.* -kāhiti ; *pp.* -kata. ② -bhavati. -hoti 그치다. 끝나다. 파멸되다. *pp.* -bhūta. *cf.* -bhāva 그침. 파멸. 소멸.

vyapagacchati [vi-apa-gam] ① 떠나다. 출발하다. ② 쫓겨나다. *abs.* vyapagamma; *pp.* vyapagata. 출발한.

vyapanudati [vi-apa-nud] ① 쫓아내다. ② 추방하다. *abs.* vyapanujja; *aor.* vyapānudi.

vyapahaññati [vi-apa-haññati] ① 제거되다. ② 파괴되다.

vyapaharati [=byapaharati. vi-apa-hṛ] ① 빼앗다. ② 탈취하다. 빼앗아가다.

vyappatha *m* [*cf. sk.* vyāpṛta] = byappatha [vācāya patha] ① 활동. 의무. 일. ② 말하는 법. 말하기. 발언. 언로(言路). *cf.* veyyāvacca. -khiṇa 말이 끊어진. 언로가 막힌.

vyappathi *f.* [=vyappatha *cf. sk.* vyāpṛti] ① 활동. 일. 의무. ② 말. 언로(言路). *pl. nom. acc.* vyappathayo.

vyappanā *f.* [vi-appanā] ① 집중. ② 전념.

vyabhicāra *m.* [vi-abhicāra] 근친상간(近親相姦).

vyamha *n.* [=byamha] ① 궁전. 천궁. ② 왕궁.

vyamhita *adj.* [= vimhita<vi-smi의 *pp.*] ① 깜짝 놀란. ② 무서운 .공포의.

vyaya *m.* [〃 vi-aya<i=vaya②] ① 비용. 손실. ② 쇠퇴(衰退). 소멸. 쇠멸. 괴멸(壞滅). *cf.* vyāyika. veyyāyika.

vyavasāna *n.* [<vi-ava-sā] ① 결정. 결심. ② 해결.

vyavaccheda *m.* [<vi-ava-chind] 해부. -visayaka 해부학적인.

vyavayāti [vi-ava(=apa)-i] 가버리다. 사라지다. 소멸하다.

vyavasita *adj.* [vi-ava-sā 또는 śrī의 *pp.*] ① 결정된. ② 확고한.

vyasana *n.* [〃 =byasana<vi-as] ① 불행. 액운. 액난(厄難). 재액(災厄). ② 파멸. 비참. 파괴. 상실. ③ 난색(難色).

vyasanin *adj.* [vyasana-in] ① 불행한. 불운한. ② 액운을 당한.

vyasanna *adj.* [=visanna. vi-sad의 *pp.*] ① 가라앉은. ② 잠긴.

vyākata *adj.* [=byākata. vyākaroti의 *pp.*] ① 대답된. 해명된. 설명된. 명기된. ② 선언된. 예언된. 결정된. *cf.* avyākata 대답되지 않은. 해명되지 않은. 무기(無記).

vyākatatta *n.* [vyākata의 *abstr.*] ① 설명. ② 명확성. 자명성.

vyākattar *m.* [<vyākaroti의 *ag.*] ① 해설자. ② 설명하는 사람.

vyākaraṇa *n.* [〃 <vyākaroti = veyyākaraṇa] ① 대답. 설명. 해명. ② 문법. 어법. ③ 예언. -ññū 문인(文人).

vyākaroti [vi-ā-kṛ] ① 설명하다. 대답하다. ② 선언하다. 예언하다. 운명을 이야기하다. *aor.* vyākāsi. vyākari. vyākaruṁ. vyākaṁsu; *fut.* vyākarissati. vyakkhissaṁ; *opt.* vyākareyyaṁ; *grd.* vyākātabba; *pp.* vyākata.

vyākāra → viy°

vyākula *adj.* [vi-ākula] 혼란된. 당황한.

vyākulatā *f.* [vyākula의 *abstr.*] 혼란. 무질서.

vyākulayati [vi-ākulayati] 혼란스럽게 하다. *pp.* vyākulita.

vyākulīkaraṇa *n.* [<vyākulīkaroti] 해체(解體).

vyākulīkaroti [vyākula-ī-karoti] 해체하다.

vyākhyāta *adj.* [viyācikkhati의 *pp.*] ① 설해진. 설명된. ② 알려진. 열거된.

vyakhyāti [vi-ā-khyā] ① 설하다. 설명하다. ③ 공표하다. *aor.* vyākhyāsi. *pp.* vyākhyāta.

vyādinna *adj.* [vi-ādinna = vi-ādiṇṇa] ① 중단된. 단절된. ② 분열된.

vyādha *n.* [<vyadh] 사냥꾼. 엽사(獵師). -devī 사냥의 여신.

vyādhi *n.* ① [=byādhi<byādheti 또는 vi-ādhi <dhā] 병. 질병[生老病死(jāti. jarā. vyādhi. maraṇa)가운데 하나]. -pārijuñña 질병에 의한 쇠망. -bhaya 질병에 대한 두려움. ② → oṭṭhivyādhi.

vyādhita *adj. m.* [=byādhita. vyādheti의 *pp.*] ① 병든. 병에 걸린. 환자. ② 흔들린.

vyādhiyaka *n.* [<vyādheti] ① 흔들어 섞기. 흔들어 놓음. ② 동요.

vyādhiyati [vyādheti의 *pass.*] 괴로워하다.

vyādheti [vyadhati<vyath의 *caus.*] ① 동요시키다. 괴롭히다. ② [<vi-ā-dhā] 병들다. 앓다. 괴로워하다. *fut.* vyādhayissati; *pp.* vyādhita; *pass.* vyādhiyati.

vyāpaka *adj.* [<vyāpeti] ① 채우는. 완성하는.② 요약하는. ③ 결합하는.

vyāpajjati [vi-ā-pad] ① 실패하다. 괴롭다. 짜증나다. ② 해치다. 가해하다. *pp.* vyāpanna; *caus.* vyāpādeti.

vyāpajjanā *f.* [<vyāpajjati] ① 실패. ② 분노. 악의. 가해.

vyāpajjha *adj. n.* [=byāpajjha. vyāpajjati의 *grd.*] ① 괴롭히는. ② 해치는. *cf.* avyāpajjha. abyābajjha

vyāpatti *f.* [<vyāpajjati] ① 해(害). 가해(加害). ② 악의. 진해(瞋害).

vyāpanna *adj.* [byāpanna. byāpajjati의 *pp.*] ① 잘못된. ② 악의 있는. 화가 난. -citta 타락한 마음. 악의. 악의를 품은. 진에심(瞋恚心). 심진자(心瞋者).

vyāpāda *m.* [byāpāda<vyāpajjati] ① 가해(加害). 위해(危害). ② 악의(惡意). ③ 분노. 성냄. 진에(瞋恚). -kāyagantha 분노에 의한 정신·신체적 계박. 진에신계(瞋恚身繫). -dosa 분노의 허물. 진에(瞋恚). -dhātu 분노의 요소. 분노의 세계. 에계(恚界). -nandī 분노와 환락. 에희(恚喜). -nīvaraṇa 분노의 장애. 진에개(瞋恚蓋). -vitakka 분노의 사유. 위해의 사유. 진에심(瞋恚尋). -saṅkappa 분노에 매인 의도. 위해의 의도. 진사유(瞋思惟). -saññā 분노에 매인 지각. 에상(恚想).

vyāpādavant *adj.* [vyāpāda-vant] ① 성내는. 진에(瞋恚)가 있는. ② 악의가 있는.

vyāpādeti [vyāpajjati의 *caus.*] ① 상하게 하다. 손상하다. ② 괴롭히다. 가해하다.

vyāpāra *m.* [<vi-ā-pṛ] ① 일. 직업. ② 봉사. ③ 고용. *cf.* vyāvaṭa. vyappatha. veyyāvacca.

vyāpārita *adj.* [vyāpāreti의 *pp.*] ① 선동된. 부추겨진. ② 강제된.

vyāpāritar *m.* [=byāpāritar<vyāpāra의 *ag.*] ① (~에) 종사하는 사람. ② 종사자.

vyāpin *adj.* [<vi-āp] ① 퍼지는. 보급(普及)된.

② 넘치는.

vyāpeti [vi-āp의 *caus.*] ① 채우다. 충만하게 하다. 편만(遍滿)하게 하다. 편충(遍充)하다. ② 포함하다. *aor.* vyāpesi; *pp.* vyāpita; *ppr.* vyāpenta; *abs.* vyāpetvā.

vyābādha *m.* [=byābādha<vi-ābadh의 *caus.* *bsk.* vyābādhyate] ① 해치다. 가해하다. ② 방해하다. *aor.* vyābādhesi; *pp.* vyābādhita; *abs.* vyābādhetvā.

vyābādheti [=vyābādheti. vi-ā-badh의 *caus.* *bsk.* vyābādhyate] ① 해치다. 가해하다. ② 방해하다. *aor.* vyābādhesi; *pp.* vyābādhita; vyābādhetvā.

vyābāheti [vi-ā-bah의 *caus.*] ① 배제하다. ② 배척하다. *aor.* vyābāhiṁsu [=vyābādhiṁsu<vyābādheti의 *aor.*]

vyābhaṅgī *f.* [=byābhaṅgī] ① 막대기. 봉. 천칭봉(天秤棒). ② 도리깨. 맥타봉(麥打棒).

vyāma *m.* [〃=byāma] 길. 발. 일심(一尋)[길이의 단위. 약 1.8*m.* 일심(一尋)=일궁(一弓 : dhanu)=사주(四肘 또는 四腕尺 : hattha; ratana)].

vyāyata *adj.* [vi-āyata] ① 뻗어진. 펼쳐진. 늘어난. ② 멀리까지 나아간.

vyāyāma = vāyāma.

vyāyika *adj.* [<vyaya] 쇠퇴하는. 멸망하는.

vyārambha → viyārambha.

vyāruddha *adj.* [=byāruddha. vi-ā-rundh의 *pp.*] ① 반대의. 적대적인. ② 반목하는. 상위의.

vyārosa *m.* [vi-ā-rosa<ruṣ] 분노. 화.

vyālika *n.* [<vy-aḷika] 결점. 흠.

vyāvaṭa *adj.* [=vyāvaṭa. *sk.* vyāpṛta. *cf.* vyāpāra. veyyāvacca] ① 바쁜. 다망한. ② 활동적인. ③ 여념이 없는.

vyāviddha *adj.* [vi-āviddha] ① 회전하는. 돌아다니는. ② 날아다니는.

vyāsa *m.* [<vi-ās] 분리. 분할.

vyāsatta = byāsatta.

vyāsiñcati [vy-āsiñcati<sic] 더럽히다. 타락시키다. *pp.* vyāsitta.

vyāseka *adj.* [<vi-ā-sic] ① 혼탁한. 더럽혀진. ② 혼합된. 섞인.

vyāsecana *n.* [<vyāsiñcati] ① (물) 뿌리기. ② (물이) 튕김.

vyūha *m.* [=byūha<vi-vah] ① 더미. 집단. ② 정렬. 진열. ③ 전열(戰列). 군대. ④ 골목. 거리.

vyūhati → byūhati.

vyāharati [vi-āharati<hṛ] ① 말하다. ② 이야기하다. *aor.* vyāhāsi; *opt.* byāhare. *cf.* voharati

vyoma *m.* [〃] 하늘. 공계(空界). -yāna 비행기. -yānanāsaka 대공화기(對空火器). 고사포(高射砲). -yānavisesa 헬리콥터.

vyosita *adj.* [=vosita] 완성된. 숙달된. 완전한.

vhaya → avhaya.

S

-s- ① 모음연속을 피하기 위한 음편자음. *cf.* ras-agga-s-aggin. ② evaṁs-ahaṁ의 경우 s가 p의 오자가 아니라면 su°의 축약형이다.

sa ① 자음·문자 s의 이름. *cf.* sa-kāra. ② *pron.* [=so] 그는. 그것을 ③ *prep.* [=saha] 함께. 갖고 있는. 같은 sa-devaka 신들과 함께 하는. sa-antara 내부의. 내부에. sa-uttara 더 뛰어난 것이 있는. sa-jāti 같은 계급의. 동류의. sa-dhammika 같은 법에 속하는. 동법(同法)의. ④ *pron.* [*sk.* sva. *cf.* sayaṁ. saka] 자기. 자신(自身). 스스로. *acc.* saṁ; *ins.* sena; *loc.* samhi. sa-desa 자신의 지방. 자기의 나라. sa-jana 자기에게 속하는 자. 친족(親族).

sauttara *adj.* [sa-ud-tara] ① 더 나은 것이 있는. ② 열등한. -citta 최상의 믿음 보다 열등한 마음. 유상심(有上心). -cchada(na) 위에 차양을 친 양탄자. -duka (최상보다) 열등한 두 가지. 유상이법(有上二法). -dhamma (최상보다) 열등한 원리. 유상법(有上法).

saudaka *adj.* [sa-uda-ka] ① 물이 있는. ② 젖은. 습기가 있는.

saudariya *adj.* [sa-udara-iya] 같은 모태에서 태어난. 동모이부[同母異父]의 형제.

sauddesa *adj.* [sa-ud-desa] ① 설명이 붙은. ② 내력이 있는. 경우가 있는. ③ 계획적인. 제안이 있는.

saupadhika *adj.* [sa-upadha-ika] ① 의지하는 바가 있는. ② 집착 있는. 의착이 있는.

saupanisa *adj.* [sa-upa-ni-sā<śri] ① 원인을 같이 하는. ② 인과적으로 연결된. 조반(助伴)의.

saupavajja *adj.* [sa-upa-vad-ya] 조력자(助力者)가 있는.

saupādāna *adj.* [sa-upa-ā-dā-na] ① 집착을 보이는. 집착이 있는. ② 유취착(有取著).

saupādisesa *adj.* [sa-upādhi-sesa] 나머지가 있는. 유여의(有餘依). -nibbāna 잔여 있는 열반. 유여의열반(有餘依涅槃)[=kilesanibbāna]. -nibbānadhātu 잔여 있는 열반의 세계. 유여의 열반계(有餘依涅槃界).

saummi *adj.* [sa-ummi<*sk.* ūrmi] 파도치는. 소용돌이치는.

sauyyānageha *n* [sa-uyyāna-geha] 대지(臺地)와 가옥(家屋).

saussāha *adj.* [sa-ussāha] 노력하는. 애타는. *adv.* saussāhaṁ 애타게.

saṁ° *prep.* [〃] ① 하나의. 함께. 거의. 모인. 같은. ② 올바른. 완전한[연결·결합 및 완전성·동일성을 나타내며 의미상의 용도로 전치사 abhi. vi와는 상대적이며 pa와 가깝다. saṁy°는 saññ°으로 동화된다].

saṁyata *adj.* [〃=saññata. saṁyamati<yam의 *pp.*] ① 억제된. 제어된. 자제된. ② 다져진. 튼튼한. -atta 자제하는. -ūru 허벅지가 튼튼한. -cārin 자제하며 사는. -pakhuma 속눈썹을 감은.

saṁyama *m.* [=saññama<saṁ-yam] ① 억제. 자제. 제어. 금욕. 삼감. ② 절약. 인색.

saṁyamati [saṁ-yam] ① 조이다. 잠그다. ② 억제하다. 자제하다. *imp. 1pl.* saṁyamāmase;] *pp.* saṁyata. saññata; *caus.* saññāmeti.

saṁyamana *n.* [<saṁ-yam] ① 조임. 잠금. ② 억제. 제어. 자제.

saṁyamanī *f.* [<saṁ-yam] 장식품.

saṁyācikā *f.* [<saṁ-yāc] ① 구걸. ② 구걸한 것. *ins.* saṁyācikāya 함께 구걸한 것에 의해.

saṁyuga *n.* [<saṁyuñjati] 마구(馬具).

saṁyujjati [saṁyuñjati의 *pass.*] 묶여지다. 연결되다. 결합되다.

saṁyuñjati [saṁ-yuj] ① 잇다. 연결하다. ② 묶다. 결합시키다. 하나로 합치다. *pp.* saṁyutta; *pass.* saṁyujjati; *caus.* saṁyojeti.

saṁyuta *adj.* [=saññuta. saṁ-yu의 *pp.*] 연결된. 결합된.

saṁyutta *adj.* [*sk.* saṁyukta. saṁ-yuj의 *pp.*] ① 묶인. 결합된. 속박된. ② 관계된. ③ 뒤섞인.

saṁyuttaṭṭhakathā *f.* [saṁyutta-aṭṭhakathā] 쌍윳따니까야의 주석. 상응부의소(相應部義疏).

Saṁyuttanikāya *m.* [saṁyuttanikāya] 쌍윳따니까야. 상응부(相應部)[오부니까야(五尼柳耶)의 하나로 北傳의 雜阿含에 해당].

saṁyuttabhāṇaka *m.* [saṁyutta-bhāṇaka] 쌍윳따니까야를 외우고 있는 자(相應部誦者). 쌍윳따니까야의 스승[相應部師].

saṁyūḷha *adj.* [saṁyūhati의 *pp.*] ① 모인. 뭉친. ② 집단의. 결합된.

saṁyūhati [saṁvyūhati<vi-vah] ① 모이다. ② 뭉치다. 집단이 되다. *pp.* saṁyūḷha.

saṁyoga *m.* [〃=saññoga<saṁ-yuj] ① 속박. 계박. 굴레. ② 묶음. 결합. 연결. 합성(合成).

-âbhinivesa 결박의 경향. 계박에의 집착. 결박주착(結縛住著). -visaṁyoga 계박과 계박에서 벗어남. 여러 계박. 계리계(繫離繫).

saṁyojana *n.* [=saññojana<saṁyuñjati] ① 속박. 구속. 계박. ② 장애. 결박. 결(結)[1. 세 가지 결박(三結 : tīṇi saṁyojanāni)과 관련해서 : 개체가 있다는 견해(有身見 : sakkāyadiṭṭhi). 의심(疑 : vicikicchā). 규범과 금계에 대한 집착(戒禁取 : sīlabbataparāmāsa). 2. 열 가지 결박(十結 : dasa saṁyojanāni)과 관련해서 : 위의 세 가지 결박과 감각적 쾌락에 대한 욕망(欲貪 : kāmacchanda). 분노(瞋恚 : vyāpāda). 미세한 물질세계에 대한 욕망(色貪 : rūparāga). 비물질적 세계에 대한 욕망(無色貪 : arūparāga). 자만(慢 : māna). 자기정당화(掉擧 : uddhaccaṁ). 무명(無明 : avijjā)]. -kilesabhūmi 결박의 오염단계. 결박번뇌지(結縛煩惱地).

saṁyojaniya. saññojaniya *adj.* [saṁyojeti의 *grd.*] 결박될 수 있는. 결박과 관계되는. 결박되기에 적합한. -duka 한 쌍의 결박될 수 있는 것. 순결이법(順結二法). -dhamma 결박될 수 있는 원리. 순결법(順結法).

saṁyojita *adj.* [saṁyojeti의 *pp.*] ① 연결된. 결합된. ② 혼합된.

saṁyojeti [saṁyuñjati의 *caus.*] ① 결합시키다. 연결하다. ② 주다. ③ 결혼시키다. *pp.* saṁyojita

saṁrakkhati [saṁ-rakkhati] ① 보호하다. 방어하다. 지키다. ② ~을 피하다. *aor.* saṁrakkhi; *pp.* saṁrakkhita; *abs.* saṁrakkhivā.

saṁrakkhana *n.* [<saṁrakkhati] 보수(保守). 수구(守舊). -viruddha 보수적인. 수구적인.

saṁrakkhanā *f.* [<saṁrakkhati] ① 보호. 감시. ② 안내.

saṁrambha *m.* [saṁ-rambha<rabh] ① 분노. ② 격렬.

saṁrāga *m.* [saṁ-rāga] ① 열정. 격정. ② 탐염(貪染). *cf.* sārāga.

saṁrūḷha *adj.* [saṁrūhati의 *pp.*] ① 함께 자란. ② 공생된. 치료된.

saṁrūhati [saṁ-ruh] 자라다. 성장하다. *pp.* saṁrūḷha.

saṁroceti [saṁ-roceti] 기쁨을 찾다. 즐거움을 찾다.

saṁvacana *n.* [saṁ-vacana] 문장.

saṁvacchara *m. n.* [*sk.* saṁvatsara] 해[歲]. 년(年). *pl. nom.* saṁvaccharāni.

saṁvaṭṭa *m. n.* [*bsk.* saṁvarta. saṁvaṭṭa ①] ① 전개. 열개. 성립. 진화. ② 파괴. 소멸. 해체. 차폐(遮蔽)[원래는 우주의 전개나 裂開의 의미를 지니나 나중에는 遮蔽의 의미로 전환됨]. -kappa 우주소멸기. 괴겁(壞劫). -ṭṭhāyin 우주혼돈의. 괴주(壞住)의. -ṭṭhāyikappa 우주혼돈기. 공겁(空劫). -vivaṭṭa 우주의 성립과 파괴가 일어나는 기간. -vivaṭṭakappa 우주의 성립과 파괴가 일어나는 겁. 괴성겁(壞成劫).

saṁvaṭṭati [saṁ-vṛt *bsk.* saṁvartati] ① 전개되다. 성립되다. 진화하다. 실현되다. 이끌어 지다. ② 파괴되다. 끝나다. 차폐되다. 사라지다. *aor.* saṁvatti.

saṁvattana *n.* [<saṁvattati] ① 전개. 열개(裂開). 진화(進化). ② 회전. ③ 파괴. 소멸. 차폐(遮蔽). 해체(解體).

saṁvaṭṭanika *adj.* [saṁvaṭṭana-ika] ~으로 되는. 다시 태어나는.

saṁvaḍḍha *adj.* [saṁvaḍḍhati의 *pp.*] ① 성장한. ② 양육된. 육성된.

saṁvaḍḍhati *adj.* [saṁ-vṛdh] ① 성장하다. ② 증가하다. *aor.* saṁvaḍḍhi; *ppr.* saṁvaḍḍhamāna; *pp.* saṁvaḍḍha. samvaḍḍhita; *abs.* saṁvaḍḍhitvā. *caus.* saṁvaḍḍheti. *pass.* saṁvaḍḍhiyati.

saṁvaḍḍhana *adj.* [<saṁvaḍḍha] ① 증가. ② 양육(養育). 육성(育成).

saṁvaḍḍheti [saṁvaḍḍhati의 *caus.*] 기르다. 육성하다.

saṁvaḍḍhiyati [saṁvaḍḍhati의 *pass.*] 길러지다. 육성되다.

saṁvaṇṇana. saṁvaṇṇanā [<saṁvaṇṇeti] ① *n.* 칭찬. 예찬. 찬미. ② *f.* 찬석(讚釋)[주석서].

Saṁvaṇṇanānayadīpanī *f.* 상찬이취등명(償理趣燈)[잠부다자(Jambudhaja)의 수사학서적]

saṁvaṇṇita *adj.* [saṁvaṇṇeti의 *pp.*] 칭찬받은. 찬양받은.

saṁvaṇṇeti [saṁ-vaṇṇeti. *bsk.* saṁvarṇayati] ① 칭찬하다. 예찬하다. ② 찬미하다. *aor.* saṁvaṇṇayuṁ; *pp.* saṁvaṇṇita

saṁvattati [saṁ-vṛt] ① 존재하다. ~으로 이끌다. ② 작용하다. ③ 유용하다. *aor.* saṁvatti; *pp.* saṁvattita. *opt.* saṁvatteyya. *caus.* saṁvatteti.

saṁvattanika. saṁvattaniya *adj.* [<saṁvattati] ① ~에 도움이 되는. ② 포함하는.

saṁvatteti [saṁvattati의 *.caus.*] 계속하다.

saṁvadati [saṁ-vad] ① 일치하다. ② 동의하다. 찬성하다.

saṁvadana *n.* [<saṁvadati] 조화를 얻기 위해 실행된 어떤 주술적인 행위.

saṁvaddhana *n.* [<saṁ-vṛdh] ① 증대. ② 성장(成長).

saṁvara *m.* [<saṁvarati] ① 자제. 제지. 제어. 수호. 방호(防護). 섭호(攝護). 율의(律儀). ② 억제. 구속. ③ 감관을 지킴. 감관의 수호. -ppadhāna (감관에 대한) 제어의 노력. 율의근(律儀勤). -pārisuddhi. -suddhi (감관에 대한) 제어의 청정. 율의청정(律儀清淨).

saṁvaraṇa *n.* [<saṁvarati] ① 덮개. ② 장애.

saṁvarati [saṁ-vṛ] ① 제어하다. 억제하다. 자제하다. ② 수호하다. ③ 참다. *opt.* saṁvareyyāsi; *aor.* saṁvari; *abs.* saṁvaritvā; *pp.* saṁvuta.

saṁvarī *f.* [*sk.* śarvarī>sabbarī>sāvar(ī)>saṁvarī] 밤[夜]. 야간(夜間).

saṁvāsati [saṁ-vas ②] ① 교제하다. 함께 살다. ② 공생하다. *aor.* saṁvāsi; *pp.* saṁvāsita; *abs.* saṁvāsitvā. *cf.* saṁvāsa.

saṁvāti [saṁ-vāyati<vā ②] 향기가 나다.

saṁvāsa *m.* [<saṁvasati] ① 함께 삶. 동거. ② 친교. ③ 성교.

saṁvāsaka. saṁvāsiya *adj.* [<saṁvāsa] 함께 사는. 동거하는.

saṁvigga *adj.* [saṁvijjati ①의 *pp.*] ① 동요된. ② 두려워 떠는. 경외감을 야기하는. ③ 흥분된.

saṁvijita *adj.* [saṁvejeti의 *pp.*] ① (*med.*) 두려움으로 가득 찬. 공포에 떠는. ② (*pass.*) 느낀. 자각한.

saṁvijjati ① [saṁ-vij] 흥분되다. 동요하다. 감동하다. *pp.* saṁvigga; *caus.* saṁvejeti ② [saṁ-vid의 *pass.*] 발견되다. 보이다. 지각되다. 느끼다. 존재하다. *ppr.* saṁvijjamāna 현재의.

saṁvidahati [saṁ-vi-dhā] ① 정돈하다. 정하다. 규정하다. ② 안정시키다. ③ 준비하다. *aor.* saṁvidahi; *opt.* saṁvidaheyyāma; *inf.* saṁvidhātuṁ. saṁvidahituṁ; *abs.* saṁvidhāya. saṁvidahitvā; *pp.* saṁvidahita. saṁvihita; *caus.* saṁvidaheti.

saṁvidahana. saṁvidhāna *n.* [<saṁvidahati] ① 정리. 조정. 배치. 규정. ② 준비. 조치. ③ 유기체(有機體). saṁvidhānaṁ bhañjati 해체하다.

saṁvidahita *adj.* [saṁvidahati의 *pp.*] 정리된.

saṁvidita *adj.* [saṁvindati의 *pp.*] 알려진.

saṁvidhātar *m.* [<saṁvidahati] 정리하는 사람. 준비하는 사람.

saṁvidhātuṁ saṁvidahati의 *inf.*

saṁvidhāna *n.* = saṁvidahana.

saṁvidhāya saṁvidahati의 *abs.*

saṁvidhāyaka *adj.* [saṁ-vidhāyaka] 제공하는. 관리하는.

saṁvidhāvahāra *adj. m.* [saṁ-vidhā-avahāra] ① 조직적으로 행한. ② 공모해서 행한 도둑질.

saṁvindati [saṁ-vid] 발견하다. *abs.* saṁviditvā; *ppr.* saṁvindaṁ; *pp.* saṁvidita; *pass.* saṁvijjati.

saṁvibhajati [saṁ-vi-bhaj] ① 나누다. 등분하다. 분유(分有)하다. ② 함께 하다. *opt.* saṁvibhajetha; *inf.* saṁvibhajituṁ; *pp.* saṁvibhatta; *caus.* saṁvibhājeti.

saṁvibhāga *m.* [<saṁvibhajati] ① 분배. 등분. ② 배당.

saṁvibhāgin *adj.* [saṁvibhāga-in] 관대한. 인심이 좋은.

saṁvibhājeti [saṁvibhājati의 *caus.*] 나누게 하다. 분배하게 하다.

saṁvibhatta *adj.* [saṁvibhajati의 *pp.*] 나누어진. 배당된.

saṁvirūḷha *adj.* [saṁvirūhati의 *pp.*] ① 완전히 자란. ② 싹튼. 움튼.

saṁvirūhati [saṁ-vi-ruh] ① 자라다. ② 싹트다. 움트다. *pp.* saṁvirūḷha *caus.* saṁvirūheti.

saṁvirūheti [saṁvirūhati의 *caus.*] 키우다. 육성하다. 기르다.

saṁvilāpa *m.* [saṁ-vilāpa] ① 소음. ② 시끄러운 이야기.

saṁvisati [saṁ-visati] 들어가다. *caus.* saṁveseti.

saṁvissajjetar *m.* [saṁ-vissajjetar] ① 지정자. ② 임명자(任命者).

saṁvissandati [saṁ-vi-syand] 넘치다. 범람하다.

saṁvihita [saṁvidahati의 *pp.*] 정리된. 준비된.

saṁvījita [saṁ-vījita] 바람을 일으키게 된.

saṁvuta *adj.* [saṁvarati의 *pp.*] ① 닫힌. 묶인. ② 자제된. 제어된. 억제된. 통제된. ③ 감시를 받는. -atta 자제된. -indriya 감각 기관들을 통제하고 있는. -kārin 감관이 제어된 삶을 사는. 방호행자(防護行者).

saṁvūḷha → saṁyūḷha.

saṁvega *m.* [<saṁ-vij] ① 동요. 송구스러움. ② 두려움. 걱정. 전율. 절박함. ③ 종교적인 감정. 경외(敬畏). 경외감. 염리심(厭離心). -vatthu 경외의 토대[생노병사(生老病死)와 사악취(四惡趣), 윤회에 뿌리를 둔 과거생의 고통, 윤회에 뿌리를 둔 미래생의 고통, 현생에서의 생계를 위한 고통을 말함].

saṁvejana *n.* [<saṁvijjati ①] ① 동요. 감동. 경외(敬畏). ② 염리(厭離).

saṁvejanīya *adj.* [saṁvejeti의 *grd.*] 감동을 일으킬 수 있는. 경외감을 일으킬 수 있는. -ṭṭhāna

감동의 장소. 성지(聖地)[四大聖地로 부처님께서 탄생하고 깨달음을 이루고 초전설법을 하고 열반에 드신 곳: Lumbini. Uruvelā. Isipatana. Kusinārā].

saṁvejeti [saṁvijjati<vij의 *caus.*] ① 자극하다. 흥분시키다. ② 감동시키다. 종교적인 감정을 야기하다. 신앙심을 일으키다. ③ 싫어하여 떠나는 마음을 일으키다. 염리심(厭離心)을 일으키다. *imp.* saṁvejehi; *aor.* saṁvejesi; *inf.* saṁvejetuṁ; *abs.* saṁvejetvā; *pp.* saṁvejita. *grd.* saṁvejanīya.

saṁvejanīya [saṁvejeti의 *grd.*] ① 감동적이어야 하는. ② 싫어하여 떠나야 할. ③ 송구스러워해야 할.

saṁveṭheti [saṁ-veṣṭ] ① 싸다. 포장하다. ② 채우다. 쑤셔 넣다.

saṁvedhita *adj.* [saṁ-vyathita<vyath] ① 동요된. ② 혼란된.

saṁvelli *f.* [<saṁ-vell] 속치마.

saṁvelliya *n.* [<saṁ-vell] 들보. 남성의 음부를 가리는 천.

saṁvelleti [saṁ-vell] ① 다발로 묶다. ② 싸다. ③ 접다.

saṁvesanā *f.* [<saṁveseti] ① 누워있음. ② 수면(睡眠).

saṁveseti [saṁvisati<viś의 *caus.*] ① 이끌다. 지도하다. ② 침대에 눕히다. *pass.* saṁvesiyati.

saṁvesiyati [saṁveseti의 *caus.*] ① 이끌어지다. ② 침대에 눕혀지다.

saṁvossajjati → samavossajjati.

saṁvohāra *m* [saṁ-vohāra] ① 일. 업무. ② 무역. 대담. 대화.

saṁvohārati [saṁvohāra의 *denom*] 교환하다. 무역하다. *ppr.* saṁvohāramāna.

saṁsagga *m* [<saṁ-sṛj. *sk.* saṁsarga] ① 접촉. 관계. ② 교제. -jāta 접촉한. 접촉이 생겨난.

saṁsaṭṭha *adj.* [saṁ-sṛj의 *pp.*] ① 섞인. 결합된. ② 교제하는.

saṁsati [*sk.* śaṁsati śaṁs] ① 선언하다. ② 예고하다. 지적하다. ③ 기대하다. 바라다. *opt.* saṁse; *aor.* asaṁsi. asāsi ④ → saṁsad.

saṁsatta *adj.* [saṁ-sañj의 *pp.*] ① 집착하는. ② 애착하는.

saṁsattha *adj.* [saṁ-śās의 *pp.*] ① 가르침을 받은. ② 지시받은.

saṁsad *f.* [<saṁ-sad] ① 개회. 회의(會議). ② 집합. 무리. 중(衆). *loc.* saṁsati.

saṁsaddati [saṁ-śabd] ① 소리가 나다. ② 울리다.

saṁsandati [saṁ-syand *cf.* *bsk.* saṁsyandati] ① 합류하다. 교제하다. *caus.* saṁsandeti.

saṁsandeti [saṁsandati의 *caus.*] ① 결합시키다. ② 조립하다.

saṁsandanā *f.* [<saṁsandati] ① 합류. 적용. 응용. ② 결합.

saṁsanna *adj.* [saṁsīdati의 *pp.*] ① 풀이 죽은. ② 의기소침한.

saṁsappa *adj.* [<saṁsappati] 기어가는. 사행(蛇行)하는.

saṁsappati [<saṁ-sṛp] ① 기다. 기어가다. 사행(蛇行)하다. ② 느리게 움직이다. ③ 몸부림치다. *aor.* saṁsappi; *abs.* saṁsappitvā.

saṁsappana *n.* [<saṁsappati] ① (몸을) 뒤틀기. 몸부림. ② 분투.

saṁsappaniya. saṁsappin *adj.* [<saṁsappa] ① 기는. 기어가는. ② 사행(蛇行)하는.

saṁsappaniyapariyāya *m.* [saṁsappaniya-pariyāya] ① 사행(蛇行)에 대한 법문. ② 특정한 업의 결과에 대한 논의.

saṁsappin = saṁsappa.

saṁsaya *m* [*sk.* saṁśaya] ① 의심. 의혹. ② 우려. 염려. *cf.* vicikicchā.

saṁsayita *n.* [saṁsayati=saṁseti의 *pp.*] 의심.

saṁsaraṁ saṁsarati의 *ppr. sg. nom.*

saṁsarati [saṁ-sṛ] ① 계속해서 돌아다니다. 유랑(流浪)하다. ② 윤회(輪廻)하다. *ppr.* saṁsaraṁ. saṁsaranta; *abs.* saṁsaritvā; *pp.* saṁsarita. saṁsita.

saṁsaraṇa *n.* [<saṁ-sṛ] ① 순환. 유랑(流浪). ② 이동커튼. 막(幕). -kiṭika 여닫이 막(幕)[무대장치] -lohita 순환중인 혈액.

saṁsarita *adj.* [saṁsarati의 *pp.*] 윤회하는 [=saṁsita ①].

saṁsava *m.* [<saṁ-sru] 흐름. 유출.

saṁsavaka *m.* [<saṁsava] ① 쌍싸바까[지옥의 이름]. ② 고난의 장소.

saṁsāveti [saṁ-sru의 *caus.*] ① 합류시키다. ② 붓다. ③ 넣다.

saṁsādiyā *f.* [*cf.* *sk.* saṁsātikā] 품종이 안 좋은 쌀의 종류.

saṁsādeti [saṁsīdati의 *caus.*] ① 가라앉히다. ② 실패하다. 포기하다. 중지하다. ③ 피곤하다. 떨어지다. 놓다.

saṁsāmeti [saṁ-śam의 *caus.*] ① (침대를) 접다. ② 거두다.

saṁsāyati [saṁ-sāyati<saṁ-sādati svad] ① 맛보다. ② 즐기다. 향수하다. *aor.* samasāyisuṁ.

saṁsāra *m* [<saṁsarati] ① 소용돌이. 윤회(輪

迴). 유전(流轉). ② 생사(生死). cakka 윤회의 수레바퀴. -gahana 윤회의 밀림. 윤회의 황야. -dukkha 윤회의 괴로움. -bhaya 윤회의 두려움. -cakka 윤회의 수레바퀴. -patha 윤회의 길. -vatta 윤회의 전개. 윤회윤전(輪廻輪轉). -sāgara 윤회의 바다. 윤회해(輪廻海). -suddhi 윤회의 정화. -sota 윤회의 흐름.
saṁsārika *adj.* [saṁsāra-ika] 윤회하는. 세속적(世俗的)인.
saṁsijjhati [saṁ-sidh] ① 실행되다. 실현되다. ② 만족하다. 성공하다. *aor.* saṁsijjhi; *pp.* saṁsiddha.
saṁsita ① =saṁsarita ② saṁsita. ① [saṁ-śri의 *pp.*] 의존하는. ② [saṁsati의 *pp.*] 기대된. 예상된.
saṁsiddhi *n.* [saṁ-siddhi] 성취. 업적(業績).
saṁsibbita *adj.* [saṁ-sibbati<sīv의 *pp.*] ① 감겨든. ② 휘말린.
saṁsīda *m.* [<saṁsīdati] ① 가라앉음. ② 침몰.
saṁsīdati [saṁ-sad] ① 가라앉다. 낙심하다. ② 끝에 이르다. *caus.* saṁsādeti.
saṁsīdana *n.* [<saṁsīdati] ① 가라앉음. 침잠. ② 침몰.
saṁsīna *adj.* [*sk.* saṁśīrṇa<śṛ '부수다'] ① 떨어진. ② 파괴된. -patta 낙엽.
saṁsuddha *adj.* [saṁ-suddha] 청정한. -gahaṇika 청정한 혈통의.
saṁsuddhi *f.* [saṁ-suddhi] ① 청정. ② 정화.
saṁsumbhati [saṁ-sumbh] 때리다.
saṁsūcaka *adj.* [<saṁsūceti] ① 나타내는. ② 지시하는. 지적하는.
saṁsuceti [saṁ-sūcayati<sūci의 *denom.*] ① 나타내다. ② 보여주다. 지적하다.
saṁseda *m.* [saṁ-seda] ① 땀. ② 습기. 수분. -ja 습기로 부터 태어난. 습생(濕生). -ja-nāga 습생의 용. -ja-yoni 습기에서 태어난. 습생의 모태. 습생(濕生). -ja-supaṇṇa 습생의 금시조(金翅鳥).
saṁseva. saṁsevin *adj.* [<saṁsevati] 교제하는. 친근한.
saṁsevati [saṁ-sev] ① 교제하다. ② 참가하다. *aor.* saṁsevi; *pp.* saṁsevita; *ppr.* saṁsevamāna; *abs.* saṁsevitvā.
saṁsevanā. saṁsevā *f.* [<saṁsevati] ① 교제. ② 교우관계. 친근함.
saṁsevita *adj.* [saṁ-sevita] ① 빈번하게 드나드는. ② 사람이 살고 있는.
saṁsevin = saṁseva.
saṁhata *adj.* ① [saṁ-han의 *pp.*] 단단한. 빽빽한. ② [saṁ-hṛ의 *pp.*] 모여진.
saṁhanati. saṁhanti [saṁ-han] ① 결합하다. 닿다. ② 가라앉히다. 억제하다. 파괴하다. *abs.* saṁhacca ; *pp.* saṁhata
saṁhanana *n.* [<saṁhanati] ① 결합. ② 폐쇄.
saṁhara *m.* saṁharaṇa *n.* [<saṁ-hṛ] ① 모음. 수집. ② 복제.
saṁharati [saṁ-hṛ] ① 모으다. 합치다. 쌓다. ② 접다. 복제하다. ③ 제압하다. 정복하다. *pp.* saṁhata; *grd.* saṁhīra. saṁhāriya; *caus.* saṁharāpeti; *pass.* saṁhīrati.
saṁhasati [saṁ-has] ① 웃다. ② 함께 웃다.
saṁhāni *f.* [saṁ-hāni] ① 움츠림. 감소. 수축. ② 손감(損減). 쇠퇴(衰退). 멸망.
saṁhāra *m.* [<saṁ-hṛ] ① 축약. 단축. 생략. ② 엮음. 편집. 편찬(編纂).
saṁhāraka *adj. m.* [<saṁharati] ① 모으는. ② 수집가.
saṁhārima *adj.* [<saṁ-hṛ] ① 움직일 수 있는. ② 이동할 수 있는.
saṁhita *adj.* [sandahati<dhā의 *pp.*] ① 설치된. 갖추어진. ② 관계가 있는.
saṁhitā *f.* [<saṁhita] ① 합성(合成). ② 시서(詩書). 베다본집.
saṁhīyati = sandhīyati.
saṁhīra [=saṁhāriya. saṁharati의 *grd.*] ① 억제될 수 있는. ② 정복될 수 있는.
saṁhīrati [saṁharati의 *pass.*] ① 운반되다. 물러나게 되다. ② 걸리다. 얽히다. ③ 지배를 받다.
saka *adj.* [*sk.* svaka] 자신의. 자기의. -attha 자리(自利). 사리(私利). 이기심. -atthacāgin 자기부정적(自己否定的)인. -atthaparāyaṇatā 자기애(自己愛). 이기주의. -atthapariccāga 자기부정(自己否定). 자제. 극기(克己). -āyattapālana 자치(自治). 자주권(自主權). 주권(主權). -gavacaṇḍa 자신의 암소에 대해 난폭한. 자신을 괴롭히는. -gocara 자신에게 적합한 장소. 자행처(自行處). -nirutti 자신의 언어. -balayutta 자급자족할 수 있는. 자부심이 강한. -mata 독단(獨斷). -matadesaka 독단론자(獨斷論者). -vādin 자신의 논리를 말하는. 자론사(自論師)(*opp.* paravādin). -visaya 책임영역. 책임분야. -saññin 자신의 것을 인식하는. -sabhāvacintaka 자의식이 강한. -samaya 자신의 모임. 자종(自宗).
sakaṭa ① *m. n.* [*sk.* śakaṭa] 마차. 짐수레. 짐마차. -gopaka 마차의 보호자. -dhura 끌채. -bhāra 수레 한 대분의의 짐. -mukha 마차·수레의 전면. -vāha 수레한 대분의 짐. -vyuha 쐐기모양의 대형. ② = kasaṭa.

sakaṇika *adj.* [sa-kaṇa-ika] ① 검은 점이 있는. ② 사마귀가 있는.
sakaṇṭaka *adj.* [sa-kaṇṭa-ka] ① 가시가 있는. ② 위험한.
sakaṇṇajappaka *adj m.* [sa-kaṇṇajappaka] ① 귀엣말의. ② 비밀리에 투표하는 방법.
sakatā *f.* [<saka] ① 본성. 특성. ② 동일성.
sakadāgāmin *m. adj.* [sakid-āgāma-in. *bsk.* sakṛdāgāmin. sakidāgāmin] ① 싸까다가민. 한 번 돌아오는 님. 사다함(斯多含). 일래자(一來者)[四雙八輩의 聖者의 地位의 하나]. ② 한번 돌아오는. sakadāgāmi°-niyata 한번 돌아오는 님의 운명. 일래결정(一來決定). -niyāma 한번 돌아오는데 도움이 되는 실천. 예류의 실천. 일래결정(一來決定). -phala 한번 돌아오는 경지. 일래과(一來果). 사다함과(斯多含果). -phalacitta 한번 돌아오는 경지의 마음. 일래과심(一來果心). 사다함과심(斯多含果心). -phalasacchikiriyāya paṭipanna 한번 돌아오는 경지를 실현하기 위해 길을 가는 님. -magga 한번 돌아오는 길. 일래도(一來道). 일래향(一來向). 사다함도(斯多含道). 사다함향(斯多含向). -maggacitta 한번 돌아오는 길의 마음. 일래도심(一來道心). 일래향심(一來向心). 사다함도심(斯多含道心). 사다함향심(斯多含向心). -y-aṅga 한번 돌아오는 님의 조건. 일래지(一來支).
sakadāgāmitā *f.* [sakadāgāmintā] 한번 돌아오는 경지. 사다함(斯多含)의 경지. 일래자(一來者)의 경지.
sakabala *adj.* [sa-kabala] 입안에 가득 음식을 물고 있는.
sakamana [saka-mana] → attamana.
sakamma *n.* [sa(sva)-kamma] 자신의 의무.
sakaraṇīya *adj.* [sa(saha)-karaṇīya] ① 아직 해야 할 일이 있는. ② 미완성의.
sakaruṇabhāva *m.* [sa-karuṇa-bhāva] 동정심이 많음.
sakala *adj.* [〃 sa(saha)-kala] ① 모든. 전체의. ② 완전한. -devāyatana. -devagaṇa 판테온. -dehāyatta 전체에 영향을 주는.
sakalikā *f.* [*cf. sk.* śakala] ① (질그릇 깨진) 조각. 조가비. ② 파편. sakalikaṁ sakalikaṁ 산산조각으로. maccha° 물고기 조각. -aggi 나무 조각으로 피운 불. -sahita 조가비가 있는. -hīra 꼬챙이.
sakasaṭa *adj.* [sa-kasaṭa] ① 결점이 있는. ② 나쁜. 사악한.
sakāra *m.* [sa-kāra] s의 문자·음소. sa 어미. -āgama s의 문자·음소의 추가. -ādesa s의 문자·음소의 대체. -lopa s의 문자·음소의 제거.
sakāsa *m.* [sa-kāsa. *sk.* sakāśa] ① 현존. ② 면전에 있음. 눈앞에 있음. 앞에 있음. ③ 부근. *acc.* sakāsaṁ. *loc.* sakāse 눈앞에. 면전에.
saki° = sakid.
sakicca. sakiccaya *n.* [sa-kicca] ① 자신의 일. ② 의무.
sakiñcana *adj.* [sa-kiñcana] ① 무언가를 가지고 있는. ② 집착이 있는. 유소득(有所得)의.
sakid. sakiṁ *ind.* [*sk.* sakṛd] ① 한번. ② 일회. sakid eva 한번만. 곧. 즉각. sakiṁ jātā. sakiṁ vijātā *f.* 한번 출산한 여자.
sakiya *adj.* [<saka] ① 자기 자신의. ② 특유의.
sakuṇa *m.* [*sk.* śakuna] 새. 조(鳥). *f.* sakuṇī. -kulāvaka 새의 보금자리. -aṇḍavijjā 조난학(鳥卵學). -patha 새의 진로. -pāda 새의 발. -ruta 새의 울음. -vatta 새의 습성. -rutavijjā 새점[새모양이나 울음소리로 치는 점괘]. -vijjā 새점[새모양이나 울음소리로 치는 점괘]. 조류학(鳥類學). 조명(鳥明).
sakuṇaka *m.* sakuṇikā *f.* [=sakuṇa. sakuṇī] 작은 새. 귀여운 새.
sakuṇagghi *f.* [sakuṇa-ghi(=gha)] 매의 일종.
sakuṇita → saṅkucita.
sakunta. sakuntaka *m.* [*cf. sk.* śakunta] ① 새. ② 독수리의 일종.
sakubbato [sa-kubbato<karoti의 *ppr. sg. gen.*] 함께 만드는 자의.
sakumāra *m.* [sa(saha)-kumāra] ① 내 아기 같은 아동. ② 놀이 친구.
sakula *m.* [*cf. sk.* śakula] 물고기의 일종.
sakopaṁ *ind.* [sa-kopa의 *acc.*] 분노하여.
sakka *adj.* [*sk.* śakya. sakkoti의 *grd.*] 할 수 있는. 가능한.
Sakka *m.* ① [*sk.* śakra] 싹까. 인드라 신. 신들의 제왕. 제석천(帝釋天). 석천(釋天). -devarājan. devinda 천왕제석(天王帝釋). -pajāpati 제척선의 비. -pañha 제석의 질문. 제석소문(帝釋所問). ② [=Sakya. *sk.* śakya] 석가. 석가족(釋迦族). -rājan 석가족의 왕. 석가왕(釋迦王).
sakkacca. sakkaccaṁ *ind.* [sakkaroti의 *abs.*] 정중하게. 공손하게. 성실하게. 철저하게. sakkaccaṁ° -kata. -kārin 공경하는. -kiriyā 공손(恭遜). sakkacca°-dāna 공경에 의한 보시. 공경시(恭敬施).
sakkata *adj.* [sakkaroti의 *pp.*] 공경을 받은. 존경을 받은. -bhāsa 범어. 산스크리트어.
sakkati [<ṣvaṣk] 가다.
Sakkatta *n.* [Sakka의 *abstr.*] ① 제석천의 지위. ② 신들의 제왕. -rajja 제석천의 왕국. 제석국(帝

釋國).

sakkatvā. sakkari. sakkareyya sakkaroti의 *abs. aor. opt.*

sakkarīyati [sakkaroti의 *pass.*] 존경받다. 공경받다. *ppr.* sakkarīyamāna.

sakkaroti [sat-kṛ] ① 공경하다. 존경하다. ② 친절히 대하다. *aor.* sakkari; *opt.* sakkareyya; *abs.* sakkatvā. sakkacca; *ppr.* sakkaronta; *pp.* sakkata; *caus.* sakkāreti = sakkaroti; *grd.* sakkāreyya.

sakkā *ind.* [sakkoti의 *opt. sk.* śakyāt] 할 수 있다. 가능하다. khādituṁ na~먹을 수 없을 것이다. ~etaṁ mayā ñātuṁ 나는 이것을 확인할 수 있을까? ~etaṁ abhavissa kātuṁ 이것을 하는 것은 불가능할 것이다. *cf.* labbhā.

sakkāya *m.* [sat-kāya. *bsk.* sat-kāya] 존재의 무리[五蘊]. 개체. 개체성. 개성(個性). 상주신(常住身). 유신(有身). 살가야(薩迦耶). -anta 개체의 상태. 유신변(有身邊)[五取蘊]. -diṭṭhi 존재의 무리에 실체가 있다고 주장하는 견해. 개체가 있다는 견해. 유신견(有身見). 살가야견(薩迦耶見). 개체상주견(個體常住見). -nandi 존재의 무리에 대한 기쁨. 개체에 대한 환희. 유신희(有身喜). -nirodha 개체의 소멸. 개체성의 소멸. 유신멸(有身滅). -nirodhanta 개체의 소멸의 상태. 유신멸변(有身滅邊)[涅槃]. -nissaraṇa 개체의 여읨. 개체성으로부터 벗어남. -vatthuka 개체적 사항(事項)의. -samudaya 개체의 발생. 개체성의 발생. -samudaya 개체발생의 상태. 유신집변(有身集邊)[渴愛].

sakkāra *m.* [<sat-kṛ] ① 환대. 연예(演藝). ② 존경. 공경. 숭배. -mada 공경에 의한 도취·교만. 공경교(恭敬憍).

sakkāraka *m.* [<sat-kṛ] 인기인(人氣人). 연예인(演藝人).

sakkāreti = sakkaroti.

sakkuṇāti [śak] 가능하다. 할 수 있다. *aor.* sakkuṇi ; *ppr.* sakkuṇanta ; *abs.* sakkuṇitvā.

sakkuṇeyya sakkoti의 *grd. opt.*

sakkuṇeyyatta *n.* [sakkuṇeyya의 *abstr.*] 할 수 있다는 사실. 가능성.

sakkoti [*sk.* śaknoti śak] 가능하다. 할 수 있다. *aor.* sakkhi. asakkhi. asakkhimhā. sakkuṇi; *fut.* sakkhati(*sk.* śakṣyati). sakkhīti. sakkhinti. sagghasi. sakkhissati; *opt.* sakkā. sakkuṇeyya. sakkuṇemu; *grd.* sakkuṇeyya. sakkā.

Sakko devānam Indo *m. sg. nom.* [*bsk.* śakro devānām Indraḥ] 신들의 왕인 제석. 석제환인(帝釋桓因). 천제석(天帝釋).

sakkhati [*sk.* śakṣyati] sakkoti의 *fut.*

sakkharā. sakkharikā *f.* [*cf. sk.* śarkarā] ① 자갈. 모래. ② 파편. ③ 알갱이. 입자(粒子). 결정(結晶).

sakkharika. sakkharilla *adj.* [=sakkharā-ika] ① 자갈이 있는. ② 돌이 많은.

sakkhali. sakkhalikā *f.* [*cf. sk.* śaṣkulī] ① 귓구멍. ② 과자의 일종. 당과(糖菓).

sakkhi ① *m.* [sa(saha)-akkhi. *sk.* sākṣin. *cf.* sacchi] 목격자. 증인. sakkhiṁ karoti 자신의 눈으로 보다. 증인으로 청하다. -diṭṭha 마주 본. -dhamma 자신이 증거하는 원리. 자내증법(自內證法). -pañjara 증거물을 보관한 상자. -puṭṭha 증인으로서 질문을 받은. -bhabbatā 목격자가 됨. 경험의 상태. -sāvaka 동시대의 제자. 직제자. ② sakkoti의 *aor.* ③ *n.* [*cf. sk.* sākhya] 우정. 우애(友愛). ④ [sa(saha)-akkhi] 증거(證據).

sakkhī *f.* [*cf. sk.* sākhya] 우정. 우애. janena karoti sakkhiṁ 사람들과 친하게 지내다.

sakkhinti. sakkhissati. sakkhīti sakkoti의 *fut.*

Sakya *m.* [=Sakka ②. *sk.* Śakya] 싸끼야 족. 석가족(釋迦族). -dhītā 석가족의 여자. -puṅgava 석가족의 고귀한 자[釋迦牧牛=釋迦牟尼]. -putta 석가족의 아들[釋迦牟尼]. 석가족 출신의 사람. -puttiya 석가의 제자. 불제자(佛弟子). -muni 석가족의 성자. 석가모니(釋迦牟尼). -rājan 석가족의 왕.

sakhaṁ. sakhā. sakhāro → sakhi.

sakhi *m.* [〃] ① 친구. 벗. ② 동료. (*sg.*) *nom. voc.* sakhā; *acc.* sakhāraṁ. sakhaṁ; *ins.* sakhinā; *abl.* sakhārasmā; *gen.* sakhino; (*pl.*) *nom.* sakhā. sakhāro; *gen.* sakhīnaṁ. sakhānaṁ.

sakhikā *f.* [<sakhi] 여자 친구. = sakhī.

sakhitā *f.* [sakhi의 *abstr.* =sakhibhāva] 우정. 친구관계.

sakhila *adj.* [<sakhi] (말씨가) 친절한. 상냥한. -vācatā 친절한 말의 사용. *cf.* sākhalya.

sakhīnaṁ. sakhībhāva → sakhi.

sakhī *f.* [<sakhi] 여자친구. = sakhikā.

sakhībhāva *m.* [<sakhi-bhāva] ① 친구인 상태. ② 친구관계. 우정.

sakhura *adj.* [sa-khura] ① 발굽이 있는. ② 발톱을 감춘.

sakhya *n.* [=sakkhī. *sk.* sākhya] 우정. 우애.

sagandhaka *adj.* [sa-gandha-ka] 향기가 있는. 향기로운.

sagabbha *adj.* [sa-gabbha] 임신(妊娠)한.

sagabbhā *f.* [<sa-gabbha] 임신부(妊娠婦).

sagaha. sagāha *adj.* [sa-gaha ②] 악어가 많은.

sagātha. sagāthaka *adj.* [sa-gāthā-ka] 게송이 있는. 게송을 지닌.
sagāmeyya *adj. m* [sa-gāma-iya] ① 같은 마을 출신인. ② 동향인(同鄕人).
sagarava *adj.* [sa-gārava] ① 정중한. ② 존경심이 있는.
sagaravatā *adj.* [sa-gārava의 *abstr.*] 존경. 존경을 표함.
saguṇa *adj.* [sa-guṇa] 여러 겹으로 쌓인. saguṇaṁ karoti 접다. 싸다.
saguḷa *m* [sa-guḷa] 설탕이 들어간 과자.
sagocara *m* [sa-gocara] 동료. 친구.
sagotta *m* [sa-gotta] '성씨가 같은 자' 친척[남자].
sagga *m* [*sk.* svarga. svar-ga<gam] ① 하늘. 행복한 장소. 천(天). 천계(天界). 천상(天上). ② 싹가[새(鳥)의 일종]. -âpāya 천상과 지옥. 천계(天界)와 고계(苦界). -ārohaṇa(-sopāna) 천상으로 올라가는 (계단). -āvaraṇa 하늘의 장애. -kathā 하늘에 대한 이야기. -kāya 하늘·천상의 신들의 무리. 천중(天衆). -gāmin 하늘·천상에 가는 자. 생천자(生天者). -dvāra 천상의 문. -patha 하늘의 길. -pada 천상. -magga 하늘·천상의 길 -loka 하늘·천상 세계. 천계(天界). -saṁvattanika 천상에 이르는. 천상으로 이끄는.
sagguṇa *m* ① [sat-guṇa] 덕. 미덕. 장점. ② [sa-guṇa] 양질(良質).
saggh° → sakkoti.
sagghasi sakkoti의 *fut. 2sg.*
saghaccā *f.* [sa-ghaccā] ① 정당한 살해. ② 유살(有殺). 동살(同殺).
saṅkacchā *f.* saṅkacchika *n.* [<saṁ-kacchā] ① 허리띠. 혁대. ② 허리에 두르는 천.
saṅkaṭīva *n.* [? *cf.* saṅkara-ṭṭhāna] 먼지 더미. 쓰레기 더미.
saṅkaḍḍhati [saṁ-kṛṣ] ① 모으다. ② 검사하다. 세밀히 조사하다. *pass.* saṅkaḍḍhiyati.
saṅkati [*sk.* śaṅkate śaṅk] ① 의심하다. ② 확신이 없다. ③ 주저하다. *pres. 1sg.* saṅke; *opt.* saṅketha; *grd.* saṅkiya; *pass.* saṅkīyati.
saṅkathati [saṁ-kathati<kath] ① 명명하다. 지명하다. ② 설명하다. *pass.* saṅkathīyati.
saṅkanta *adj.* [saṅkamati의 *pp.*] ① 옮겨진. 이동된. ② 다시 태어난.
saṅkantati [saṁ-kṛt ②] ① 두루 잘라내다. ② 주위의 것을 베다. *opt.* saṅkanteyya; *abs.* saṅkantitvā.
saṅkanti *f.* [<saṅkamati] ① 변천. ② 통과. ③ 전파(傳播).
saṅkantika *adj. m* [<saṅkanti] ① 변천하는. ② 통과하는. ③ 전파하는. 전염성이 있는. 전염(傳染). -roga 전염병. 유행병. -rogavijjā 역학(疫學). 전염병학. ② *m* [*bsk.* Saṁkrāntika] 쌍깐띠까. 설전부(說轉部)[部派佛敎의 宗派의 一種].
saṅkappa *m* [<saṁ-kḷp] ① 사유. 의도. 사념. 관념(觀念). 감정(感情). 정서(情緖). ② 목적. 계획. -nānatta 의도의 다양성. -maya 감상적(感傷的)인. -rāga 의도의 탐욕. -vitakka 의도와 사유. *cf.* sammāsaṅkappa 올바른 의도. 올바른 사유. 정사(正思惟).
saṅkappeti [saṅkappa의 *denom.*] ① 생각하다. 의도하다. 상상하다. 공상하다. ② 결정하다. 노력하다.
saṅkappita *adj.* [saṅkappeti의 *pp.*] 상상적인. 공상적인.
saṅkamati [saṁ-kram] ① 가로지르다. 옮기다. ② 전이하다. ③ 윤회하다. *grd.* saṅkamanīya; *pp.* saṅkanta; *caus.* saṅkāmeti.
saṅkama *m* [<saṁ-kram] ① 통로. ② 다리. 교각(橋脚).
saṅkamana *n.* [<saṅkamati] ① 걸음. 행진. 통로. 길. ② 다리. 교각(橋脚).
saṅkampati [saṁ-kamp] ① 흔들리다. 동요하다. ② 진동하다. *caus.* saṅkampeti
saṅkara ① [=saṅgara] 혼합. 혼란. 싸움. -jāta 잡종견(雜種犬). -jātika 혼성적인. -jātikatta 혼성(混成). ② *adj.* [*sk.* śaṅkara] 기쁨에 넘치는. 축복하는.
saṅkalana *n.* [<saṁ-kal] ① 합계. 총합. ② 부가. 추가. ③ 요약.
saṅkalaha *m* [saṁ-kalaha] ① 자극하는 말. ② 말다툼.
saṅkaleti [saṁ-kal] ① 합계하다. 총합하다. ② 요약하다. ③ 편집하다. 편찬하다. *pp.* saṅkalita.
saṅkasāyati [<saṁ-kṛṣ] ① 틀어박히다. ② 꼼짝 않고 있다. ③ 약해지다. *cf.* saṅkāsāyati.
Saṅkassa *m* 쌍깟싸. 승가시(僧伽尸·施). 승가사(僧伽舍)[나라이름. 都市이름].
saṅkassara *adj.* [? *sk.* saṅkasuka. saṅkā-sṛ] ① 의심스러운. ② 사악한.
saṅkā *f.* [<saṅkati śaṅk] ① 의심. 불확실성. ② 두려움.
saṅkāpeti [<saṁ-kḷp] ① 준비하다. ② 착수(着手)하다.
saṅkāmeti [saṅkamati의 *caus.*] ① 가로지르게 하다. ② 가세하다. ③ 옮기다.
saṅkāyati [saṅkā의 *denom.*] ① 의심스럽다. ②

확신이 없다.
saṅkāra *m.* [<saṁ-kṛ] ① 쓰레기. ② 티끌. 먼지. 진애(塵埃). -aggi 쓰레기의 불. -kūṭa 쓰레기더미. 먼지더미. -cola. -coḷa 쓰레기더미로부터 주워 올린 넝마조각. -ṭhāna. -dhāna 먼지더미. 쓰레기장. -yakkha 쓰레기더미의 야차.
saṅkāsa *adj. m.* [saṁ-kāsa<kāś] ① 유사한. 비슷한. ② 외관. 모습.
saṅkāsāyati [saṅkāsa의 *denom.*] 비슷하게 되다. 적응하다.
saṅkāsanā *n. f.* [<saṁ-kāś] ① 설명. ② 예증.
saṅkiṇṇa *adj.* [saṅkirati<kṝ의 *pp.*] ① 섞인. ② 채운. ③ 불순한. 오염된. -uppattika 잡종견(雜種犬). -parikha 해자(垓字 : 성 둘레의 수로)를 메운 (사람)[輪廻에서 벗어난 사람].
saṅkita *adj.* [saṅkati의 *pp.*] ① 걱정되는. ② 의심스러운.
saṅkittana *n.* [saṁ-kittana] ① 알림. 선언. ② 공표(公表).
saṅkitti *f.* [saṁ-kitti] ① 널리 알려서 얻은 (음식). ② (饑饉時에) 모여진 (음식).
saṅkin *adj.* [<śaṅk] 걱정하는. 염려하는.
saṅkiya *adj.* [saṅkati의 *grd.*] 의심받기 쉬운.
saṅkiraṇa *n.* [<saṁ-kirati] 쌍끼라나[부채(負債)를 거둬들이기 위한 시간이나 행위를 나타내는 점술의 용어(?)].
saṅkirati [saṁ-kirati] 혼합하다. 섞다. *pass.* saṅkīyati; *pp.* saṅkiṇṇa.
saṅkiliṭṭha *adj.* [saṅkilissati의 *pp. bsk.* saṁkliṣṭa] ① 더러운. 오염된. 잡염(雜染)된. ② 타락한. 사악한. -ābhā 불순한 빛. -ttika 세 가지 오염의 법. 이염삼법(離染三法). -duka 한 쌍의 오염된 것. 이염이법(離染二法).
saṅkilissati [saṁ-kliś *bsk.* saṁkiliśyati] ① 더러워지다. 오염되다. 잡염(雜染)되다. ② 타락하다. *pp.* saṅkiliṭṭha; *caus.* saṅkileseti 오염시키다.
saṅkilissana *n.* [<saṅkilissati] = saṅkilesa.
saṅkilesa *m.* [<saṁ-kliś *bsk.* saṁkleśa] ① 불결. 불순. 오염. 잡염(雜染). ② 죄많음. ③ 번뇌(煩惱)[일체의 유루법의 세계].
saṅkilesika *adj.* [saṅkilesa-ika] ① 오염시키는. ② 독이 있는. 타락시키는. -duka 한 쌍의 오염되기 적당한 것. 순염이법(順染二法).
saṅkīyati ① [saṅkirati<kṝ의 *pass.*] 혼란되다. 더러워지다. 불순하게 되다. ② [saṅkirati의 *pass.*] 의심받다.
saṅkīḷati [saṁ-krīḍ] ① 놀다. ② 장난하다. 유희(遊戲)하다.
saṅku *m.* [*sk.* śaṅku] ① 막대기. 말뚝. 큰 못. ② 투창. 봉익(棒杙). -patha 큰 못으로 가득 찬 길. 가시밭길. -sata 백개의 투창. -samāhata 큰 쇠못이 박혀있는 (지옥). 익지옥(杙地獄).
saṅkuka *m.* [<saṅku] 막대기. 말뚝.
saṅkucati [saṁ-kucati] ① 줄다. ② 축소되다. 움츠리다. *pp.* saṅkucita. *caus.* saṅkoceti.
saṅkucana *n.* [<saṅkucati] ① 줄어듦. 움츠러듦. ② 축소. 수축. ③ 일그러짐. 왜곡.
saṅkucita *adj.* [saṅkucati<kuc의 *pp.*] ① 움츠러든. 수축한. ② 꽉 쥔.
saṅkuṭika. saṅkuṭita *adj.* [*cf.* saṁ-kuṭila] ① 구부러진. ② 감긴.
saṅkuṇḍita [saṁ-kuṇḍ의 *pp.*] ① 비틀린. ② 왜곡된.
saṅkuddha *adj.* [saṁ-kuddha] 화난. 성난.
saṅkupita *adj.* [saṁ-kupita] ① 동요된. ② 격노(激怒)한.
saṅkuppa *adj.* [saṁ-kuppa] 흔들리는. 움직일 수 있는.
saṅkula *adj.* [saṁ-kula] ① 혼잡한. ② 가득 찬. -yuddha 아수라장.
saṅkuli *f.* saṅkulya *n.* [*cf.* sakkhali. saṅguḷikā] 과자의 일종.
saṅkusaka *adj.* [*cf. sk.* saṅkasuka] ① 반대의. ② 상반되는.
saṅkusumita *adj.* [saṁ-kusumita] 꽃이 피어 있는. 만개(滿開)한.
saṅke saṅkati의 *pres. 1sg.*
saṅketa *m.* [*sk.* saṁketa. *cf.* ketu] ① 통고. 지시. 표시. 지정. 지시. 암시.② 동의(同意). 일치(一致). ③ 약속장소. 만남. 랑데부. -kamma 지시. 동의. 합의. 일치.
saṅketana *n.* [=saṅketa] 만남. -ṭṭhāna 만남의 장소. 회합장소.
saṅketha saṅkati의 *opt.*
saṅkelāyati [saṅkīḷati의 *caus.*] ① 즐기다. ② 놀다. 유희하다.
saṅkoca *m.* [saṁ-koca<kuñc] ① 수축. 축소. ② 찡그린 상. 왜곡. 일그러짐.
saṅkocana *n.* [<saṅkoceti] = saṅkoca.
saṅkoceti [saṁ-kuc. kuñc의 *caus.*] ① 줄이다. ② 수축시키다.
saṅkopa *m.* [?] ① 만족(蠻族). 야만인. ② 습격. ③ 방해. ④ 동요. *cf.* saṅkhepa.
saṅkha *m.* [*sk.* śaṅkha] ① 껍질. 껍데기. 조가비. 고동. 조개껍질. 소라껍질. 나패(螺貝). 법라패(法螺貝). 차거(硨磲). ② 수초의 일종. ③ 쌍카. 양가(壤伽)[왕의 이름]. -ûpama 소라껍질과 같은. 소라껍질처럼 흰. -kuṭṭhin 나병환자[몸이 진주층처럼 하얗게 변한 것]. -thāla = saṅkhapatta. -dhama. -dhamaka 나팔수. -nābhi 조개껍질의 일종. -patta. -mutta. 진주층(眞珠層). 진주모(珍珠母). 진주패(珍珠貝). -muṇḍika 패독형(貝禿刑)[살점을 떼어내고 모래로 씻어내어 소라모양으로 빛나는 해골을 만들어 죽이는 형벌]. -likhita 조개껍질을 연마한. 소라껍질처럼 빛나는. -vaṅkākāra 나선형(螺旋形)의. -vaṇṇa 진주빛. -vijjā 패류학(貝類學). -vijjādhārin 패류학자. -sadda 고동소리. -silā 귀중한 돌. = saṅkhamutta

saṅkhata *adj.* [saṅkharoti의 *pp. sk. bsk.* saṁskṛta] 조건지어진. 합성된. 준비된. 원인들의 합성에 의해 산출된. 유위(有爲). -āyatana 조건지어진 것의 영역. 유위처(有爲處). -duka 한 쌍의 조건지어진 것. 유위이법(有爲二法). -lakkhaṇa 조건지어진 것의 특성. 유위상(有爲相).

saṅkhati *f.* [*cf. sk.* saṁskṛti] ① 요리. ② 요리법.

saṅkhaya *m.* [saṁ-khaya. *sk.* saṁkṣaya] ① 파괴. ② 소멸. ③ 소모.

saṅkharaṇa *n.* [<saṅkharoti] ① 복원. ② 준비.

saṅkharoti [saṁ-kṛ] ① 복원하다. 회복하다. ② 모으다. ③ 준비하다. ④ 일하다. *abs.* saṅkharitvā; *pp.* saṅkhata; *ppr.* saṅkharonta.

saṅkhalā. saṅkhalikā *f.* [*cf. sk.* śṛṅkhalā] ① 사슬. 쇠사슬. ② 족쇄. 고랑. 차꼬. ③ 가쇄. ⑤ 속박.

saṅkhā. saṅkhyā *f.* [*sk.* saṁkhyā] ① 헤아림. 열거. 계산. ② 사량. 평가. 판단. 개념. ③ 수(數). 수량. ④ 호칭. 명명. 정의. saṅkhaṁ gacchati 일컬어지다. 불리다. 정의되다. saṅkhaṁ na upeti. saṅkhaṁ na ropeti. 이름으로 불리어질 수 없다. 계산할 수 없다. 정의될 수 없다.

saṅkhā = saṅkhāya. *cf.* paṭisaṅkhā.

saṅkhāta *adj.* [saṅkhāyati의 *pp.*] ① 정해진. 헤아려진. 간주된. 찰량(察量)된. ② 명명된. 이른바. -dhamma 가르침을 헤아린. 법의 찰오자(察悟者).

saṅkhāti = saṅkhāyati.

saṅkhādati [saṁ-khād] 씹다. 저작(咀嚼)하다. *pp.* saṅkhādita. saṅkhāyita.

saṅkhāna. saṅkhyāna *n.* [<saṁ-khyā] 계산. 셈. -sippa 계산법. 산술.

saṅkhāya *ind.* [saṅkhāyati의 *abs.*] ① 헤아려서. 고려하고. ② 신중히.

saṅkhāyaka *m.* [<saṁ-khyā] ① 계산하는 사람. ② 헤아리는 사람.

saṅkhāyati. saṅkhāti [saṁ-khyā] ① 헤아리다. 고려하다. 살피다. 찰량(察量)하다. ② 계산하다. ③ (*pass.*) 보이다. 나타나다. *inf.* saṅkhātuṁ; *abs.* saṅkhāya. saṅkhā; *pp.* saṅkhāta; *grd.* saṅkheyya.

saṅkhāyita = saṅkhādita.

saṅkhāra *m.* [*sk. bsk.* saṁskāra<saṁ-kṛ] ① 형성. 행(行). 보통 *pl.* saṅkhārā를 사용. *cf.* khandha ② 의도(意圖). ③ 현상. 조건. 조건지어진 것. -âvasesamāpatti 조건지어진 것이 남은 명상. 잔행정(殘行定). -ûpādānakkhandha 형성의 집착다발. 행취온(行取蘊). -upekkhā 형성의 평정. 행사(行捨)[不苦不樂은 느낌의 다발에 속하지만 형성의 다발에도 포함됨]. -upekkhāñāṇa 형성의 평정에 대한 앎. 행사지(行捨智) -uppatti 의도의 생성. 형성의 발생. -ûpasama 형성의 지멸(止滅). -kkhandha 형성의 다발. 행온(行蘊)[*cf.* khandha]. -gata 형성에 관계된. 형성의 종류. -dukkha 조건지어진 삶의 괴로움. -dukkhatā 모든 조건지어진 것은 괴로운 것이라는 사실. 형성의 괴로움. 행고성(行苦性). -dukkhañāṇa 모든 조건지어진 것의 괴로움에 대한 앎. 행고지(行苦智). -paccayā 형성을 조건으로. -padhāna 형성에 대한 집중의 노력. -pariccheda 조건지어진 것들의 차별성. -majjhattatā 중립적인 형성 [= -upekkhā]. -loka 형성의 세계. 현상세계. 조건지어진 세계. -samatha 형성들의 멈춤. -samudaya 형성의 원인. 조건지어진 것들의 발생. -suñña 형성에 의한 공(空). 행공(行空)[신체적·언어적·정신적인 형성이 空한 것으로서의 空]. -sokhumma 형성에 대한 미세한 통찰. 행미세지(行微細智).

saṅkhāravant *adj.* [saṅkhāravant] ① 조건지어진 것이 있는. ② 형성을 지닌. 행(行)을 갖춘.

saṅkhitta *adj.* [saṅkhipati의 *pp.*] ① 간략한. 생략된. 위축된. *ins.* saṅkhittena 요약하면. 요컨대. ② 집중된. 전념한. 주의 깊은. ③ 얇은. 가는. 가느다란. -citta 집중된 마음. 주의 깊은 마음. 집주심(集住心). 섭심(攝心). 약심(略心). -nirūpana 도식(圖式). -visaya 부명제(副命題).

saṅkhipati [saṁ-kṣip] ① 모으다. 쌓다. ② 집중하다. *pp.* saṅkhitta

saṅkhipanā *f.* [<saṁ-kṣip] 심한 비웃음.

saṅkhippa *adj.* [saṁ-khippa] 빠른. 급속한.

saṅkhiyādhamma *m.* [saṅkhiyadhamma] ① 이야기의 형식. ② 이야기의 경향.

saṅkhubhati [saṁ-kṣubh] ① 동요되다. 교란되다. 휘저어지다. ② 흥분되다. *aor.* saṅkhubhi; *abs.* saṅkhubhitvā; *pp.* saṅkhubhita; *caus.* saṅkhobheti.

saṅkhubhana *n.* [<saṅkhubbati] ① 동요. 교란. 휘저음. ③ 흥분.

saṅkhubhita *adj.* [saṅkhubhati의 *pp.*] 동요된. 교란된. 휘저어진.

saṅkhepa *m* [<saṁ-kṣip] ① 단축. 간략. 총계. 진수. ② 무리. 집단. ③ 집적. 축적.

saṅkheyya *adj.* [saṅkhāyati의 *grd.*] ① 계산할 수 있는. 헤아려야 하는. -kāra 계산된 것을 행하는. 고정된 목적을 가지고 행하는. *cf.* asaṅkheyya. ② *n.* 수행자의 집[長老 아유빨라(Āyupāla)의 處所].

saṅkhobha *m* [<saṁ-kṣubh] ① 동요. 격동. ② 전복. ③ 혼란(混亂). 무질서(無秩序).

saṅkhobhana *n.* [<saṁ-kṣubh] 해체(解體).

saṅkhobheti [saṅkhubhati의 *.caus.*] ① 동요시키다. 격동시키다. ② 해체하다. ③ 휘젓다.

saṅkhyā =saṅkhā.

saṅga *m* [<sañj] 집착. 염착(染着). -âtiga 집착을 초월한 사람[阿羅漢].

saṅgacchati [saṁ-gam] ① 모이다. ② 만나다. *aor. fut.* saṅgacchiṁ; *abs.* saṅgamma. saṅgantvā; *pp.* saṅgata.

saṅgaṇa *adj.* [sa-aṅgaṇa] 죄가 있는. 죄많은. *cf.* sāṅgaṇa. anaṅgaṇa.

saṅgaṇikā *f.* [saṁ-gaṇa-ikā. *bsk.* 〃] ① 모임. ② 교제. ③ 집회. 무리. 취회(聚會). -ārāma 모임을 즐기는. 좋아하는. -ārāmatā 모임의 즐거움. -rata 교제를 좋아하는. -vihāra 무리 가운데에서 사는. 취회주(聚會住).

saṅgaṇha *adj.* [<saṅgaṇhati] ① 친절한. ② 돕는. 섭수(攝受)하는. 포괄하는.

saṅgaṇhana *n.* [<saṅgaṇhati] ① 친절. ② 섭수(攝受). 포괄.

saṅgaṇhāti [<saṁ-grah] ① 친절하게 다루다. 돕다. ② 모으다. 수집하다. 편집하다. 편찬하다. ③ 섭취(攝取)하다. 섭익(攝益)하다. 섭수(攝受)하다. 포괄하다. *aor.* saṅgaṇhi. saṅgahesi; *fut.* saṅgahissati; *abs.* saṅgahetvā; *grd.* saṅgahetabba; *pp.* saṅgahita. saṅgahīta; *pass.* saṅgayhati; *caus.* saṅgayhati; *caus.* saṅgaṇhāpeti.

saṅgata *adj. n.* [saṅgacchati의 *pp.*] ① 모인. 만난. ② 단단히 고정된. 잘 결합된. 균형. 대칭. ③ 모임. 집회. -âvayava 대칭적인. -âvayavatā 대칭(對稱). -bhāvena 대칭적으로.

saṅgati *f.* [<saṅgacchati] ① 모임. 집회. 교제. 결합. ② 우연적인 사고. 돌발사태 -bhāva (地水火風等의) 결합의 상태.

saṅgatika *adj.* [saṅgati-ka] 결합된.

saṅgama *m* [<saṁ-gam] ① 만남. 교제. ② 성교. 교합(交合).

saṅgamma saṅgacchati의 *grd.*

saṅgayha *m* [<saṅgayhati] 집착.

saṅgara [〃 <saṁ-gṝ] ① *m* 약속. 서약. 동의. saṅgaraṁ karoti 약속을 하다. ② *m n.* 싸움.

saṅgaha *m* [*sk.* saṅgraha<saṁ-grah] ① 수집. 축적. ② 결집. 편집. 편찬. 조합. ③ 취급. 분류. 처리. ④ 친절. 동정. ③ 애호. 보호. ④ 섭수(攝受). 섭익(攝益). 요익(饒益). ⑤ 길라잡이. 지침서. 안내서. 삼장 이외의 서적. ⑥ *n.* 억제. 방해. 결박. 제지(制止). -ācariya 경전을 결집하는 스승. 결집사(結集師). -naya 조합방식. 분류방식. -bala 섭수하는 능력. 능섭력(能攝力). -vutthu 섭수의 토대. 섭사(攝事)[四攝事].

saṅgahaṇa *n.* [<saṁ-grah] 섭지(攝持). 견고(堅固).

saṅgahita. saṅgahīta *adj.* [saṅgaṇhāti의 *pp.*] ① 포함된. 수집된. ② 분류된. ③ 억제된. ④ 섭지(攝持)된. 이익되게 된. 요익된. -attabhāva 자신을 섭익(攝益)하는. 남을 요익(饒益)하게 하는 자기.

saṅgāma *m* [〃] ① 싸움. 전투. 전쟁. ② 전장(戰場). -âdhipacca 군국주의(軍國主義). -âvacara 활동영역이 전쟁터인 사람. 전쟁터에서 편안함을 느끼는 사람. -kāhalanāda 피브라크곡[군대행진곡]. -ji 전쟁에서 이긴. -bheri 전투용의 북. -yodha 전사(戰士). 무사(武士). -sīsa 전장의 선두. 본영(本營).

saṅgāmeti [saṅgāma의 *denom.*] ① 싸우다. 전쟁하다. ② 충돌하다. 부딪히다. *aor.* saṅgāmesi.

saṅgāyati [saṁ-gai] ① 합송하다. ② 결집하다. *pp.* saṅgīta

saṅgāyika *adj.* [<saṅgāyati] 결집의.

saṅgāha *m* [<saṁ-grah] ① 편집. 수집. 결집. ② 집심(集心). ③ 억제. 자제. -pada 마음을 모우는 일. 집심사(集心事).

saṅgāhaka *adj. m* [<saṅgāha] ① 수집하는 (사람). 결집하는 (사람). ② 친절히 다루는. 결합시키는. 섭익(攝益)의. 요익(饒益)의. ③ *m* 전차의 마부.

saṅgāhika *adj.* [<saṅgāha] = saṅgahaka ① 포함하는. 함께 결집하는. ② 포괄적인. 종합적인. ③ 간결한. 간명한.

saṅgīta *adj. n.* [saṅgāyati의 *pp.*] ① 불리어진. 합송된. 결집된. ② 노래. 가영(歌詠). 합창. -ppiya 음악을 애호하는.

saṅgīti *f.* [<saṅgāyati. *bsk.* 〃] ① 결집(結集). 경전결집. 합송. 합송된 경전. ② 노래. 가영(歌詠). 합창. -kāra. -kāraka 경전의 편집자. -kāla 경전결집의 시간·시기. -pariyāya 경전에 관한 설법(담화).

saṅgītisuttanta *n.* [saṅgīti-sutta-anta] 등송경(等誦經). 중집경(衆集經). = Saṅgītipariyāya 등송법문(等誦法門).

saṅguḷikā *f.* [*cf. sk.* śaṣkulikā] 과자.

saṅgopeti [<saṁ-gup] ① 지키다. ② 보호하다. 수호하다.

saṅgha *m.* [〃 <saṁ-hṛ] ① 무리. 모임. 집합. devasaṅgha 신들의 무리. ñātisaṅgha 친지들의 무리. ② 참모임. 교단. 공동체. 승단. 승(僧). 승가(僧伽)[비구승가(比丘僧伽 : bhikkhusaṅgha). 비구니승가(比丘尼僧伽 : bhikkhunīsaṅgha). 제자들의 모임인 성문승가(聲聞僧伽 : sāvakasaṅgha). 누구에게나 열려있는 보편적인 교단으로서의 사방승가(四方僧伽 : catuddisāsaṅgha). 눈앞에 상대하는 구체적인 승단의 무리로서의 현전승가(現前僧伽 : sammukhāsaṅgha)]. -ânussati 참모임에 대한 새김. 승가에 대한 새김. 승수념(僧隨念). -ārāma 승가의 구성권을 위한 거처. 승가람(僧伽藍). -upaṭṭhāka 승가의 하인. 사노(寺奴). -kamma 승단의 정규적인 모임·갈마(羯磨). -karaṇīya 승가의 행사. -gata 승가에 들어간. -gāravatā 승가의 존중. -tthera 승가의 장로. 승원장(僧院長). -paṭimānana 승가의 기대. -pariṇāyaka 승가의 지도자. -pitar 승가의 아버지. -bhatta 승가에 공양된 음식. 승가식(僧伽食). -bhinna 승가가 분열한. -bheda 승가의 분열. 파승(破僧). -bhedaka 승가의 분열을 야기한 자. 파승자(破僧者). -māmaka 승가에 귀의된. -ratana 승보(僧寶). -rājan 승가왕(僧伽王). -rāji 승가안의 분쟁. 승불화합(僧不和合). -sammukhatā 현전승가(現前僧伽). -sāmaggī 승가의 화합. 승화합(僧和合).

saṅghaṁsati [saṁ-ghṛṣ] 문지르다. 마찰하다.

saṅghaṭṭita. saṅghaṭita *adj. m.* [saṅghaṭṭeti의 *pp.*] ① 얻어맞은. 울리는. ② 조립된. ③ 골관절(骨關節).

saṅghaṭṭa *adj.* [<saṁ-ghaṭṭ] ① 두드리는. 화나게 하는. ② *m.* 팔찌. 고리장식.

saṅghaṭṭana *n.* saṅghaṭṭanā *f.* [<saṅghaṭṭeti] ① 마찰. 접촉. 충돌. ② 팔찌.

saṅghaṭṭeti [saṁ-ghaṭṭ의 *caus.*] ① 충돌하다. 부딪히다. ② 울리다. ③ 문지르다. ④ 꾸짖어 화나게 하다. *ppr.* saṅghaṭṭayanta. saṅghaṭṭamāna; *pp.* saṅghaṭ(ṭ)ita.

saṅghara *n.* [sva-ghara] = saghara 자신의 집.

saṅgharaṇa *n.* [=saṁharaṇa] 집적(集積). 축적(蓄積).

saṅgharati [=saṁharati] ① 모우다. 집적하다. 축적하다. ② 가루로 만들다. 분쇄하다.

saṅghāṭa *m.* [<saṁghaṭeti] ① 뗏목. 배[舟]. 다리[橋]. 교량. ② 결합. 연결. ③ 집합. 덩어리. ④ 기둥. 호주(戶柱). ⑤ 직물. 옷.

saṅghāṭika *adj. m.* [<saṅghāṭī] 쌍가띠옷을 입은. 착중의(着重衣).

saṅghāṭī *f.* [*bsk.* 〃] 불교 승려의 웃옷. 쌍가띠 옷. 가사. 법복(法服). 중의(重衣). 대의(大衣). 승가리(僧伽梨). -cāra 쌍가띠 옷을 입고 다니는. -vāsin 쌍가띠 옷을 입은.

saṅghāṇi *f.* [?] 허리에 걸치는 간단한 옷.

saṅghāta *m.* [saṁ-ghāta<han] ① 살육. 충돌. ② 손가락을 튕김. 탄지(彈指). ③ 집합. 집적 *cf.* saṅghāṭa.

Saṅghāta. Saṅghātaka *m.* [*bsk.* 〃] 쌍가따. 쌍가따까. 중합(重合)[八大地獄의 하나].

saṅghātanika *adj. n.* [<saṅghāta] 결합시키는.

saṅghādisesa *m.* [?<saṅgha'atisesa] (교단에서의 권리정지에 해당하며 참회해야하는) 승단에 남아있을 수 있는 죄. 승잔죄(僧殘罪).

saṅghika *adj.* [<saṅgha] 교단에 속하는.

saṅghin *adj. m.* [<saṅgha] ① 교단의. 승가의. 승가에 속하는. 승가와 관련된. (추종자들의) 무리가 있는. ② 교단의 지도자.

saṅghuṭṭha *adj.* [*sk.* saṁghuṣṭa<ghoseti의 *pp.*] 울리는. 반향이 있는. 알려진. 선언된. 포고된.

sacāca *conj.* [=sace. sace ca. sace ajja] 만약. 만일. 혹시. 정말로 ~ 하면.

sacutta ① *n.* [sva-citta] 자신의 마음. ② *adj.* [saha-citta] 같은 마음의.

sacittaka *adj.* [sa-citta-ka] 지성적인. 지적인.

sace *conj.* [*bsk.* sace. sacet. saca] 만약. 만일. 혹시. *cf.* ce.

sacetana *adj.* [sa-cetana] ① 의식이 있는. ② 합리적인. 분별력있는. 감수성이 있는. ③ 의도적인. -tta 합리성(合理性).

sacetasa *adj.* [sa-cetasa] 주의 깊은. 사려 깊은.

sacca *n.* [*sk.* satya. sat-ya] ① 진실. 진리. 제(諦)[네 가지 진리(四諦 : cattāri saccāni)와 관련해서 : 고제(苦諦 : dukkhasacca). 집제(集諦 : samudayasacca). 멸제(滅諦 : nirodhasacca). 도제(道諦 : maggasacca)]. ② 배움. 지식. *nom.* saccaṁ 진리·진실은. *acc.* saccaṁ *adv.* 참으로. 확실히. *abl.* saccato 정말로. 실제로. *pl.* saccāni. -avhaya 이름을 받을만한 가치가 있는. -âdhiṭṭhāna 진실의 기반. 제처(諦處). 제주처(諦住處)[언어적 진리를 비롯하여 승의제인 열반]. -ânupatti 진리의 획득. -ânurakkhaṇa 진리의 보호. -ânuloma 진리의 차제. 제수순(諦隨順). -ânulomikañāṇa 진리의 차제에 대한 앎. 제수순

지(諦隨順智). -âbhinivesa 진리를 독단적으로 주장하는 경향. 제주착(諦住著). -âbhisamaya 진리의 이해·꿰뚫음. 제현관(諦現觀). -âlika 진리의 왜곡. 망언(妄言). -kathā 진리에 대한 이야기. 제론(諦論). -kāra 승인. 서약. 보증. -kiriyā 진지한 선언·맹세. 서언(誓言). -gāmimagga 진리에 이르는 길. -gira 진실한 말. 제어(諦語). 진실어(眞實語). -ñāṇa 제지(諦智). 진리에 대한 앎 [→ tiparivaṭṭadvādasākāra]. -nāma 참된 이름을 갖고 있는. 이름에 맞게 실천하는. -nikkhama 진실의. 정직한. -niddesa 진리의 해석. -paññatti 진리의 시설(施設). -paṭiññā 진실의 약속. 서약(誓約). -paṭivedha 진리의 꿰뚫음. -pāramī. -pāramitā 진리의 완성. 제바라밀(諦波羅密). -bhāsita 진실의 말. 진실어(眞實語). -vaṅka 쐇짜방까[물고기의 이름]. -vacana 정직. 진지한 선언·맹세. 서언(誓言). -vajja 정직. 성실. -vācā. -vāda 진실된 말. 제어. 진실어(眞實語). -vādin 정직한. 진실을 말하는. -vāditā 정직함. 진실성. -vibhaṅga 진리의 분별. 제분별(諦分別). -vīmaṁsā 시련(試鍊). 고난(苦難). 수난(受難). -vivaṭṭa 진리의 퇴전. 제퇴전(諦退轉). -sandha 정직한. 믿을 수 있는. -sammata 자명한 이치의. -sammatā 세속적인 진리. 격언(格言).

Saccasaṅkhepa *m.* [saccasaṅkhepa] 제요약론(諦要約論)[Cūḷa-Dhammapāla의 哲學書].

saccāpeti ① → sajjāpeti [<sajjeti] ② [sacca의 *denom.*] 서약으로 묶다. 주술로 불러내다. 탄원하다. *aor.* saccāpesi. *pp.* saccāpita.

saccika *adj.* [sacca-ika] 진실한. 참다운. -aṭṭha 진리. 실제(實際). 최상의 진리. 제의(諦義). 진실의(眞實義).

sacceti [saśc의 *caus.*] ① 접촉하다. 접근하다. ② 방해하다.

sacchadana *adj.* [sa-iccha-dana] -caṅkama 쇼핑센터. -dvārakoṭṭhaka 포르티코[대형 건물 입구에 기둥을 받쳐 만든 현관지붕].

sacchanda *adj.* [sva-chanda] 고집이 센. 완고한. -āgatasenā 의용군(義勇軍). 민병대(民兵隊). -kārin 자발적인. -cāra 괴팍함. 엉뚱함.

sacchandin *adj.* [sva-chanda] 고집센. 완고한.

sacchambhin *adj.* [sa-chambhin] 떨리는. 전율하는.

sacchavīnimūlāni *n. pl.* [?] 다시 흙에 의존하는 뿌리들.

sacchākāsi sacchikaroti의 *aor.*

sacchikata *adj.* [sacchikaroti의 *pp.*] ① 자신의 눈에 보여 진. 실감된. 구현된. ② 경험된. ③ 깨달아진. 작증(作證)된.

sacchikaraṇa *n.* [sacchi-karaṇa] ① 실감. 경험. 구현(具現). ② 깨달음. 작증(作證).

sacchikaraṇīya *adj.* [sacchikaroti의 *grd.*] ① 실감되어야 하는. 구현되어야하는. ② 깨달아져야 하는. 응작증(應作證). ~dhammā 깨달아야져야 하는 것들. 응작증법(應作證法).

sacchikaroti [*sk.* sākṣātkaroti. *bsk.* sākṣīkaroti] ① 자신의 눈으로 보다. 실감하다. 구현하다. ② 경험하다. ③ 깨닫다. 작증(作證)하다. *aor.* sacchākāsi; *fut.* sacchikarissati. sacchikāhiti; *grd.* sacchikaraṇīya; *pp.* sacchikata.

sacchikātabba = sacchikaraṇīya.

sacchikāhiti sacchikaroti의 *fut.*

sacchikiriyā *f.* [<sacchikaroti *bsk.* sākṣatkriyā. sākṣīkriyā] ① 실감. 실현. 경험. 구현. ② 깨달음. 작증(作證). 현증(現證). 능증(能證). -âbhisamaya 깨달음에 대한 이론적 이해. 작증현관(作證現觀). -paṭivedha 깨달음에 의한 꿰뚫음. 현증통달(現證通達).

sacchibhabbatā *f.* [sacchi-bhabba의 *abstr.*] 직접 볼 가능성.

saja sajati ②의 *imp.*

sajati ① [sṛj] ① 놓아주다. ② 파견하다. ③ 포기하다. *imp.* sajāhi; *inf.* saṭṭhuṁ; *pp.* saṭṭha; *caus.* sajjeti. ② [svaj] 포옹하다. 안다. *imp.* saja.

sajana *m.* [sa-jana] 친족.

sajala *adj.* [sa-jala] ① 습기가 있는. 젖은. ② 물[水]의. 함수(含水)의. -da 물을 주는. 비를 가져오는. -dhara 구름.

sajāti *f.* [sa-jāti] ① 같은 계급. ② 같은 종족. ③ 같은 국가. -maṁsakhādana 카니발리즘.

sajātika *adj.* [sajāti-ka] ① 같은 계급의. ② 같은 종족의. ③ 같은 국가의.

sajāhi sajati ①의 *imp.*

sajitar → sañjitar.

sajīva ① *m.* [=*sk.* saciva?] 장관. 대신. ② *adj.* [sa-jīva] 생명이 있는. sajīvaṁ karoti 생기를 집어넣다.

sajīvāna *n.* [sa-jīvana의 운율적 표현] ① 같은 생계. ② 동일한 직업.

sajotibhūta *adj.* [*bsk.* ″ sa-jotibhūta] ① 타오르는. ② 빨갛게 빛나는.

sajja *adj.* ① [sajjeti의 *grd.*] 준비된. ② [sīdati sad의 *grd.*] 앉아야 할.

sajjaka =sajja ①.

sajjati [sañj의 *pass.*] ① 들러붙다. 집착하다. ② 주저하다. *aor.* (2sg) sajjittho. asajjittho; *pp.* satta ①.

sajjana ① *m.* [sat-jana] 착한 사람. 선인(善人).

② *n.* [<sṛj] 장식. 장치.
sajjā *f.* [<sad의 *grd.*] 자리. 좌석.
sajjita *adj. n.* [sajjeti의 *pp.*] ① 주어진. 보내진. 준비된. 설치된. ② 기증물. 행복.
sajjitar = sañjitar.
sajju *ind.* [*sk.* sadyat. sa-dyaḥ '같은 날에'] ① 즉시. ② 빠르게. 새로이. 최근에.
sajjukaṁ = sajju.
sajjulasa *m.* [*cf. sk.* sarjarasa] 수지(樹脂).
sajjeti [sajjati sṛj의 *caus.*] ① 보내다. 파견하다. ② 주다. ③ 준비하다. ④ 설치하다. 장식하다. *grd.* sajja; *pp.* sajjita; *caus.* sajjāpeti.
sajjha *n.* [*cf. sk.* sādhya] 은(銀). -kāra 은세공사. *cf.* sajjhu.
sajjhāpeti. sajjhāyāpeti [sajjhāyati의 *caus.*] ① 독송시키다. ② 학습시키다.
sajjhāya ① *m.* [*cf. sk.* svadhyāya<sva-adhyāya] 반복. 연습. 연구. 독송. 독경. sajjhāyaṁ karoti 연구하다. -kiriyā 학습. ② *ind.* [sajjhāyati의 *abs.*] 독송하고. 배우고.
sajjhāyati [sajjhāya의 *denom. cf. bsk.* svādhyāyita] ① 연습하다. 독송하다. 암송하다. ② 연구하다. 학습하다. *abs.* sajjhāya. sajjhāyitvā; *caus.* sajjhāpeti. sajjhāyāpeti.
sajjhāyanā *f.* [<sajjhāyati] ① 연습. 독송. 암송. ② 공부. 학습.
sajjhu *n.* [*cf.* sajjha] 은(銀).
sañcaya *m.* [<saṁ-ci] ① 집적. 축적. ② 양(量). 다량(多量).
sañcayati = sañcināti.
sañcara [<saṁ-car] ① 길. 통행. ② 매개. 매개물. 매개체.
sañcaraṇa *n.* [<sañcarati] ① 만남. 집회. 집회장. ② 돌아다님. 산책. 방랑. 유랑(流浪).
sañcarati [saṁ-car] ① 걷다. 걸어 돌아다니다. 산책하다. 방랑하다. 여행하다. ② 만나다. 결합하다. ③ 움직이다. 흔들다. ④ 지나가다. *caus.* sañcāreti. sañcarāpeti.
sañcarāpeti [sañcāreti의 *caus.*] ① 가게 하다. ② 방출하다. ③ 마음을 정착시키다.
sañcaritta *n.* [<saṁ-car] ① 매개. 중매. ② 교제. -samuṭṭhāna [결혼의] 중매의 성립. 매가등기(媒嫁等起).
sañcāra *m.* [<saṁ-car] ① 통행. 길. ② 이동. ③ 방황. 돌아다님.
sañcāraka *adj.* [sañcāra-ka] 돌아다니는. -rakkhin 순찰(巡察).
sañcāraṇa *n.* [<sañcāreti] ① 움직이게 함. ② 돌아다니게 함.
sañcāreti [sañcarati의 *caus.*] ① 움직이게 하다. ② 돌아다니게 하다. ③ 중매하다. 결합시키다.
sañcalati [saṁ-cal] ① 불안정하다. ② 동요하다. *pp.* sañcalita; *caus.* sañcāleti 흔들다. 진동시키다. *cf.* sañcesuṁ.
sañcalana *n.* [<sañcalati] ① 동요. 불안정. ② 혼란. 교란.
sañcalita *adj.* [sañcalati의 *pp.*] ① 동요된. 흔들린. ② 교란된.
sañcicca *ind.* [sañcinteti의 *abs. bsk.* sañcintya] ① 차별적으로. ② 의도적으로. 고의로.
sañcita *adj.* [sañcināti의 *pp.*] 축적된. 가득 찬.
sañcinana *n.* [<sañcināti] 집적. 축적.
sañcināti. sañcayati [saṁ-ci] 쌓다. 집적하다. *aor.* sañcini; *pp.* sañcita.
sañcita *adj.* [saṁ-ci의 *pp.*] 축적된. 충만된.
sañcinteti. sañceteti [saṁ-cit. cint] ① 생각하다. 간파하다. ② 계획하다. 수단을 강구하다. *aor.* sañcintesuṁ. samacetayi; *opt.* sañcintaye; *pp.* sañcetayita.
sañcuṇṇa. sañcuṇṇita *adj.* [<saṁ-cuṇṇa] 분쇄된. 부서진.
sañcuṇṇeti [sañcuṇṇa의 *denom.*] 분쇄하다. 부수다. *aor.* sañcuṇṇesi; *opt.* sañcuṇṇeyya; *abs.* sañcuṇṇetvā; *pp.* sañcuṇṇita.
sañcetanā *f.* [<sañcinteti] 생각. 사유. 인식. 지각. 의도. -kamma 고의에 의한 행위. 고사업(故思業). -kāya 의도의 무리. 사신(思身).
sañcetanika. sañcetaniya *adj.* [<sañcetanā] 의도적인. 고의의. -kamma 고의적인 행위. 고사업(故思業). -sukkavisaṭṭhi 고의적인 사정. 고출정(故出精).
sañcetayitatta *n.* [sañcetayitatta] 반성. 숙고.
sañceteti =sañcinteti.
sañcesuṁ [=sañcalesuṁ] 움직였다.
sañcodita [saṁ-codita] 자극된. 흥분된.
sañcopati [<*sk.* copati<cup] ① 움직이다. 흔들다. ② 자극하다. ③ 취급하다. 조정하다.
sañcopana *adj.* [<sañcopati] ① 움직이는. ② 자극하는. ③ 취급하는. 조정하는.
sañcopanā *f.* [<sañcopati] ① 접촉. 자극. ② 취급. 조정.
sañchanna *adj.* [saṁ-chad ①의 *pp.*] 덮인.
sañchavin *adj.* [sa-chava-in] 피부가 있는. 피부가 드러난.
sañchādita [sañchādeti의 *pp.*] ① 덮인. 복개된. ② 감추어진. 은폐된.
sañchādeti [saṁ-chad] ① 덮다. ② (지붕을) 잇다. *aor.* sañchādesi; *pp.* sañchādita; *abs.* sañ-

chādetvā.

sañchindati [saṁ-chid] ① 베다. 자르다. ② 파괴하다. *opt.* sañchindeyya; *pp.* sañchinna.

sañchinna *adj.* [sañchindati의 *pp.*] ① 베어진. ② 파괴된. ③ sañchanna와 혼동되는 수가 있다. *cf.* sañchinnapatta → sañchannapatta의 *misr.*

sañjagghati [<saṁ-ghar<gharghara '왁자지껄'] ① 농담하다. ② 놀리다.

sañjati → sajati ①.

sañjanati [saṁ-jan] 태어나다. *pp.* sañjāta; *caus.* sañjaneti; *pass.* sañjāyati.

sañjanana *adj. n.* [<sañjaneti] ① 생산하는. ② 생산. 산출.

sañjanetar. sañjānetar *m.* [<sañjaneti] 낳는 사람. 생산자(生産者).

sañjaneti [saṁ-jan] 낳다. 생산하다. 출산하다. *aor.* sañjanesi; *pp.* sañjanita; *abs.* sañjanetvā.

sañjambhari. sañjambhariya *n.* [?<*sk.* saṁjarbhṛta <bhṛ의 *intens.*] ① 못살게 굶. ② 빈정댐. 비꼼. sañjambhariṁ karoti 괴롭히다. 비꼬다. 빈정대다. 학대하다.

sañjāta ① *adj.* [sañjanati의 *pp.*] 생성된. 산출된. 발생된. -kkhandha 어깨가 (크게) 발달한. ② *adj.* [sa-jāta] 기원이 같은.

sañjāti *f.* ① [<sañjanati] 탄생. 기원. 결과. 산물. -desa 출산지. ② [sa-jāti] -saṅgaha 동일한 소생(所生)에 속하는.

sañjādiya *n.* [*cf. sk.* sañcāriya] 숲. 작은 숲.

sañjānanā *n. f.* [<sañjānāti] ① 앎. ② 지각(知覺). 인식(認識).

sañjānāti [saṁ-jñā] ① 인식하다. 지각하다. 알다. ② 생각하다. ③ 부르다. 명명하다. *aor.* sañjāni; *abs.* saññāya. saññatvā. sañjānitvā; *pp.* sañjānita. saññāta; *ppr.* sañjānanta; *caus.* saññāpeti.

sañjānitatta *n.* [<sañjānita. sañjānāti의 *pp. caus.*] ① 지각된 상태. ② 인식된 상태.

sañjānetar = sañjanetar

sañjāyati [sañjaneti의 *pass.*] 태어나다. 산출되다. *aor.* sañjāyi; *ppr.* sañjāyamāna.

sañjiṇṇa *adj.* [saṁ-jṛ의 *pp.*] ① 썩은. 부패한. ② 쇠퇴한.

sañjitar *m.* [=sajjitar<sajati ① sṛj] 창조자. 주재자. 능생자(能生者).

sañjīva *m.* [*bsk.* 〃] 싼지바. 등활(等活)[8대 지옥의 하나].

sañjīvana *adj.* [<saṁ-jiv] ① 회복시키는. 되살아나는. ② 회상하는.

sañjhā. sandhyā *f.* [*sk.* sandhyā] 저녁. -ātapa 저녁 해. -ghana 저녁의 구름. 저녁노을.

saññ° → saṁy°

saññata = saṁyata. -ūru 책상다리를 한.

saññatta ① *n.* [saññā의 *abstr.*] 지각가능성. 인식가능성. ② *adj.* [saññāpeti의 *pp.*] 권유받은. 설득된.

saññatti *f.* [<saññāpeti] ① 알려줌. ② 확신시킴. ③ 위로. 달램.

saññattuṁ saññāpeti의 *inf.*

saññatvā sañjānāti의 *abs.*

saññama = saṁyama.

saññā *f.* [<saṁ-jñā] ① 지각. 표상. 감각. 인식. 상(想). ② 기호. 이름. 표시. 몸짓. 제스처. ③ 개념. 생각. 관념. 아이디어. *pl.* saññā. saññāyo. sañña° -ūpādānakkhandha 지각의 집착다발. 상취온(想取蘊). -kkhandha 지각의 다발. 표상작용의 구성요소. 상온(想蘊)[*cf.* khandha]. saññā° -gata 인식가능한. 지각하는. 지각의 세계. 상류(想類). -nānatta 지각의 다양성. -paṭilābha 지각의 획득. 상득(想得) -bhava 지각의 존재. 상유(想有). -maya(= arūpin) 인식으로 이루어진[비물질계]. -vipariyesa. -vipallāsa 지각의 전도(顚倒). -vimokkha 지각에서 벗어남. -viratta 지각이 소멸한 자[阿羅漢]. -vivaṭṭa 지각의 퇴전(退轉). -vūpasama 지각의 그침. 상적정(想寂靜). -vedayitanirodha 지각과 느낌의 소멸. 상수멸(想受滅). -vedayitanirodhasamāpatti 지각과 느낌의 소멸을 성취. 상수멸정(想受滅定). 멸진정(滅盡定). -saṅkhā 개념적 판단. -samatikkama 지각의 초월. -samāpatti 지각에 의한 명상의 성취. 상등지(想等至). -sokhumma 지각에 대한 미세한 통찰. 상미세지(想微細智).

saññāṇa *n.* [*sk.* sañjñāna] ① 지각. 표상. ② 지식. ③ 표시. ④ 기념.

saññāta *adj.* [sañjānāti의 *pp.*] ① 지각된. 인식된.② 생각된. ③ 명명된.

saññāpana *n.* [<saññāpeti] 설득. 확신시킴. 납득시킴.

saññāpeti [sañjānāti의 *caus.*] ① 알리다. 가르치다. ② 설득하다. 충고하다. ③ 진정시키다. 달래다. 위로하다. *inf.* saññattuṁ. saññāpetuṁ; *abs.* saññāpetvā; *pp.* saññatta.

saññāmeti [saṁyamati의 *caus.*] 억제시키다. 자제시키다. *imp. 2sg.* saññāmaya.

saññāya sañjānāti의 *abs.*

saññāvant *adj.* [saññā-vant] 지각이 있는. 인식하는. = saññin.

saññita *adj.* [=saññāta] 이름불리는. 이른바.

saññin *adj.* [saññā-in] 알고 있는. 지각이 있는.

-gabbha 지각이 있는 태아의 상태.
saññivāda *m* [saññin-vāda] 사후에 자각하는 존재가 있다는 주장(의 학파). 유상론(有想論). 유상설자(有想說者).
saññuta. saññoga = saṁyuta. saṁyoga.
saññutta *adj.* [saṁyutta] 묶인, 집착된.
saññojana. saññojaniya = saṁyojana. saṁjoyaniya.
saṭa *m* [sk śada<śad. sṛta<sṛ] 떨어짐. 낙엽의 더미. paṇṇasaṭa 낙엽더미.
saṭṭha *adj.* [sajati. sṛj의 *pp. sk.* sṛṣṭa] 놓친. 그만 둔. -esana 모든 갈망·추구를 그만둔 사람.
saṭṭhi *num* [*sk.* ṣaṣṭi] 60. 육십. -nipāta 60 게송의 모음. 육십게집(六十偈集). -hāyana 60세의 코끼리.
saṭṭhī *f.* = chaṭṭhī [chaṭṭha의 *f.*] 제6일.
saṭṭhuṁ sajati ① [sṛj]의 *inf.*
saṭha *adj. m* [*sk.* śaṭha] ① 교활한. 믿을 수 없는. 사기의. 사악한. 간계가 있는. ② 불량배. 악한. *f.* saṭhī.
saṭhatā *f.* [saṭha의 *abstr.*] ① 술책. 교활. ② 사악.
saṭhila *adj.* [=siṭhila. *sk.* śṛthila] 산만한. 부주의한. 새김이 없는.
saṭhesana → saṭṭha.
saṇa *n.* [*sk.* śaṇa] 삼. 대마(大麻). -dhovika 코끼리가 물속에서 노는 놀이의 일종. *cf.* sāṇa. sāṇī.
saṇati [svan] ① 소리를 내다. ② 떠들다. *pres.* saṇate; *ppr.* saṇanta.
saṇiṁ *ind.* [*cf. sk.* śanaiḥ] ① 부드럽게. ② 천천히. 서서히. ③ 단계적으로. 차제에 따라.
saṇikaṁ *ind.* [<saṇiṁ] ① 천천히. 느리게. ② 온화하게. ③ 점진적으로.
saṇikā = saṇṇikā.
saṇṭha *m* [?] 갈대[활의 시위로 사용됨].
saṇṭhapanā *f.* [<saṇṭhāpeti] ① 조정. 화해. ② 확립. 수립. 정립.
saṇṭhāpeti [santiṭṭhati의 *caus.*] ① 정하다. 확립시키다. 정립시키다. 정지시키다. ② 맞추다. 접다. *aor.* saṇṭhapesi.
saṇṭhahati. saṇṭhāhati = santiṭṭhati.
saṇṭhahana *n.* [<santiṭṭhati] ① 기분전환. 오락. ② 휴양.
saṇṭhahanta. saṇṭhahiṁsu. saṇṭhaheyya → santiṭṭhati.
saṇṭhāti = santiṭṭhati.
saṇṭhātuṁ. saṇṭhāsi → santiṭṭhati.
saṇṭhāna *n.* [<saṁ-sthā] ① 모습. 형상. ② 위치. ③ 연료. ④ 중지(中止). 휴지(休止). ⑤ 휴게소. 집회소[=santhāna]. -mada 형상에 의한 도취·교만. 형색교(形色憍).
saṇṭhita *adj.* [santiṭṭhati의 *pp.*] ① 확립된. 수립된. ② 구성된. ③ 건설된.
saṇṭhiti *f.* [<saṇṭhita] ① 안정. 확고. ② 고정.
saṇḍa *m* [*cf. sk.* ṣaṇḍa] ① 더미. 다발. 퇴적. 다수. 떼. 떼거리. 무리. ② 작은 숲. 총림(叢林). Jambusaṇḍa 염부제(Jambudīpa)의 이름. -cārin 떼 짓는. 떼 지어 이동하는.
saṇḍāsa *m* [<saṁ-ḍasati daṁś] ① 집게. 족집게. ② 가죽끈.
saṇṇikā. saṇikā *f.* [*cf. sk.* sṛṇi] 코끼리 몰이꾼의 갈고리.
saṇha *adj.* [*cf. sk.* ślakṣṇa] 부드러운. 온화한. 우아한. -karaṇī 땅을 고르는 도구. 흙손. -bhāsita 부드러운 말. 친절한 말. 유연어(柔軟語).
saṇhaka *m* ① [=sāṇavāka] 대마로 만든 거친 직물(織物)(?). ② 흰머리가 난 머리카락(?). ③ 구장(蒟醬)의 열매(?).
saṇheti [<saṇha] = saṇheti. ① 갈다. 잘게 부수다. 부드럽게 하다. 평탄하게 하다. ② 털어내다. *aor.* saṇhesi; *pp.* saṇhita; *abs.* saṇhetvā.
sat = sant.
sata ① *num n. adj.* [*sk.* śataṁ] 100. 백. *nom sg.* sataṁ; *pl.* satā. satāni. -koṭi 십억. -pala 백 럿의 무게를 지닌. -pāka(-tela) 백 냥에 해당하는 기름 혼합물. *cf.* pākatela. -puñña 무수한 공덕. -puññalakkhaṇa 수많은 공덕의 특징. 백복상(百福相). -pupphā 시라(蒔蘿). 회향풀[미나리과 식물의 종류. Anethum Sowa]. -porisa 싸따뽀리싸[백명의 키 높이에 해당하는 지옥의 이름]. -bhāgavasena 퍼센트. -mūlī 아스파라거스[관엽식물. Asparagus Racemosus]. -raṁsi 태양. -rasabhojana 백가지 맛의 음식. -rājikā 사금의 백립. -lakkha 천만(千萬). -vaṅka 싸따방까[물고기의 일종]. -vacchara 백년. 세기(世紀). -vallikā 장신구의 줄처럼 정렬된 하의(下衣). -sahassa. -sahassima 십만(十萬). 백천(百千). -sahassīlokadhātu 십만세계(十萬世界). ② *adj.* [sarati smṛ의 *pp. sk.* smṛta] 기억하는. 주의 깊은. 새김이 있는. ③ *adj.* [=sat<as의 *ppr.*] 바른. 착한. -dhamma 올바른 법. 정법(正法).
sataka *n.* [sata-ka] 100. 100의 모음.
sataṁ [sant의 *pl. gen.*] =santānaṁ ① 착한 사람들의. ② 참사람들의.
satakkaku *m* [sata-kaku=satasikhara] 구름. 백 100개의 봉우리를 지닌 것.
satakkhattuṁ *ind.* [sata-kkhattuṁ] 백번.
sataṇha *adj.* [sa-taṇhā] 갈애가 있는.

satata *adj.* [*bsk.* 〃 sa-tata<tan] ① 일정한. 상주(常住)의. 안정적인. 일관된. ② 계속적인. 지속하는 *acc.* satataṁ *adv.* 끊임없이. 항상. 빈번히. -vihāra 안정적인 삶. 일관된 삶. 항주(恒住). *cf.* sātacca.

satadhā *ind.* [sata-dhā] 100가지 방법으로. 100개의 조각으로.

satapatta *n. m.* [sata-patta] ① *n.* 연꽃. ② *m.* 인도 두루미. 학(鶴). 딱따구리. -sakuṇa 학(鶴).

satapadī *f.* [<sata-pada] 백족(百足). 지네.

satama *f.* [<sata] 백 번째의.

satā santa (sant)의 *sg. ins.*

satādhipateyya *n.* [sati-adhipatteyya] ① 주의 깊음의 영향. 새김의 영향·지배. ② 주요한 새김. 염증상(念增上).

satāvarī *n.* [sati-varin] 아스파라거스[식물의 이름].

sati ① *f.* [*sk.* smṛti<sarati ②] 기억. 새김. 주시. 주의를 기울임. 인식. 염(念). 추억(追憶). 억념(憶念). 마음챙김(?). -asammuṭṭha(sata°) 명료한 새김. -ākāra 새김의 형태. -âdhipateyya 새김의 지배적 영향. 새김의 동기. 새김의 영향. -indriya 새김의 능력. 염근(念根). -uppāda 새김의 발생. -ullapakāyika(satu°) 싸뚤라빠 무리[신(神)들의 한 부류]. -cariyā 네 가지 새김의 토대를 닦는 삶의 실천. 염행(念行). -paṭṭhāna 새김의 토대. 염처(念處). 염주(念住). -vinaya 과거의 기억을 환기시켜 쟁사를 그치게 하는 것. 기억에 의한 해결. 억념비니(憶念毘尼). 억념비나야(憶念毘奈耶). -vepulla 새김의 광대함. 상세한 새김. 분명한 새김. -vepullappatta 분명한 새김을 얻은. -saṁvara 새김에 의한 제어. 염율의(念律儀). -sampajañña 새김과 알아차림. -sambojjhaṅga 새김의 깨달음 고리. 염각지(念覺支)[七覺支]. -sammosa. -sammoha 기억의 상실. 새김의 상실. 집중의 결여. 염망실(念亡失). 망념(忘念). ② [sant의 *sg. loc.*] 있으므로. 존재하는 때에. imasmiṁ sati idaṁ hoti 이것이 있을 때. 저것이 있다. 이것이 있다면. 저것이 있다.

satika *adj.* [sata ①-ika] 100으로 구성된. 100의.

satiṇakaṭṭhodaka *adj.* [sa-tiṇa-kaṭṭha-udaka] 풀과 장작과 물을 가지고 있는.

satitā *f.* [sati의 *abstr.*] 새김. 기억. 주의 깊음.

satima *adj.* [*sk.* śatatama. sata ①의 *superl.*] 백 번째의.

satimant *adj.* [sati-mant] 새김이 확립된. 주의 깊은. 사려 깊은. 유념자(有念者).

satī *f.* [sant<as의 *ppr.*의 *f.*] ① 존재. ② 착한 여자. 정숙한 여자.

satujjubhūta *adj.* [sati-ujju-bhuta] ① 새김이 올바로 된. ② 바른 새김이 확립된

satekiccha *adj.* [sa-tekiccha] ① 치료할 수 있는. ② 용서할 수 있는.

sateratā. sateritā. saderitā *f.* [*cf. sk.* śatahradā] 번개. 번갯불.

satta[1] *adj.* [sajjati sañj의 *pp.*] 매달린. 집착된.

satta[2] *m.* [*sk.* sattva<sat] 존재. 생물. 뭇삶. 유정(有情). 살타(薩陀). satta° -āvāsa 유정·중생의 주처. 존재의 주처. 유정거(有情居). -ussada 생명으로 충만한. 사람들로 가득 찬. -paññatti 유정에 대한 시설(施設). -purohita 사람의 스승. 인사(人師). -loka 생명의 세계. 유정세계(有情世界). -vaṇijjā. -vāṇijjā 생물의 매매. 인신매매. 노예상(奴隷商). sattā° -vādin 존재론자(存在論者). -vīmaṁsā 존재론(存在論).

satta[3] *adj.* [sapati śap의 *pp. sk.* śapta] 저주받은. 맹세한.

satta[4] *num.* [*sk.* sapta] 7. 일곱. *ins.* sattahi; *gen.* sattannaṁ; *loc.* sattasu. -aṅga 일곱 부분(네 개의 다리. 머리받이. 발받이. 손받이)으로 구성된 안락의자. 빙의(凭椅). -aṭṭha 일곱 혹은 여덟. -âgārika 일곱 집을 탁발하고 돌아온. -âha 일주일. -ālopika 일곱 조각 이상을 먹지 않는. -âhaṁ 칠일동안. 일주일간에. -âhakālika 환자를 위해 칠일 간 모우는 것이 허락된 미식. 칠일약(七日藥 : 乳脂. 油. 蜜. 石蜜). -guṇa 일곱 배의. 일곱 종류의. -koṇaka 칠각형(七角形). -jaṭa (머리털을) 일곱으로 땋은. -tanti 일곱 줄이 있는 현악기. -tantivīṇā 일곱 개의 현을 가진 비파(琵琶). -tāla 칠다라수(七多羅樹)만큼 큰. -tiṁsa 서른 일곱[→ sattatiṁsa]. -daha 일곱 개의 호수. -dina 일주일(一週日). -pakaraṇika 칠론(七論)을 이해한. -ppatiṭṭha 일곱 가지로 확립된. 칠처제정(七處齊整 : 예로 코끼리의 四脚·鼻·兩牙). -padaṁ 일곱 걸음(단계) 동안. -paṇṇa→ sattapaṇṇa. -māsaṁ 일곱 달 동안. -bhūmaka 칠층의. 일곱 단계의. -yojanika 칠 요자나의 거리. -ratta 일주일. -vassāni 칠년(七年). -vassika 일곱 살의. 칠년의. -vīsati 스물일곱(27). -satika 칠백의. -sattati 일흔일곱(77). -sarā 일곱 개의 호수.

satta

~ aggī 일곱 가지 불. 칠화(七火)[탐욕의 불(rāgaggi), 성냄의 불(dosaggi), 어리석음의 불(mohaggi), 헌공의 불(āhuṇeyyaggi), 가장의 불(gahapataggi), 보시의 불(dakkhiṇeyyaggi), 장작의 불(kaṭṭhaggi)]

~ adhikaraṇasamathā 일곱 가지 쟁사의 해결. 일곱 가지 문제의 해결방식. 칠지쟁(七止諍). 칠멸쟁(七滅諍)[1. 대면에 의한 해결(現前毘奈耶 : sammukhāvinaya : 당사자들을 서로 대면하게 하여 소송을 해결하는 방법), 2. 기억에 의한 해결(憶念毘奈耶 : sativinaya : 과거의 기억을 환기시켜 쟁사를 그치게 하는 것), 3. 착란에 의한 해결(不痴毘奈耶 : amūḷhavinaya : 과거의 착란을 확인하여 과거의 착란에 대해 무죄를 선고하는 것), 4. 자신의 고백(自認 : paṭiññātakaraṇa : 스스로 잘못을 인정하게 하여 쟁사를 그치게 하는 것), 5. 다수의 의견(多人語 : yebhuyyasikā : 대중의 의견을 따름으로써 쟁사를 그치게 하는 것). 6. 죄악의 추궁(求彼罪 : tassapāpiyyasikā : 상대의 죄악에 대하여 밝혀진 것 이외에 더 추궁하여 자인하게 함으로써 쟁사를 그치게 하는 것), 7. 대표의 참회(如草覆地 : tiṇavatthāraka : 어떤 편의 잘못을 한 사람이 대표해서 인정하고 고백함으로써 잘못을 풀로 덮어두는 방식으로 쟁사를 그치게 하는 것)].

~ anusayā 일곱 가지 경향. 칠수면(七睡眠)[1. 감각적 쾌락에 대한 탐욕의 경향(欲貪隨眠 : kāmarāgânusaya), 2. 분노의 경향(瞋恚隨眠 : paṭighânusaya), 3. 견해의 경향(見隨眠 : diṭṭhânusaya), 4. 회의적 의심의 경향(疑隨眠 : vicikicchânusaya), 5. 자만의 경향(慢隨眠 : mānânusaya), 6. 존재에 대한 탐욕의 경향(有貪隨眠 : bhavarāgânusaya), 7. 무명의 경향(無明隨眠 : avijjânusayo)].

~ apārihāniyadhammā 일곱 가지 불퇴전의 원리. 칠불퇴법(七不退法)[밧지 국의 경우 : 1. 자주 모이고 자주 만나는 것, 2. 화합하여 모이고 화합하여 일어서고 화합하여 일을 하는 것, 3. 공인되지 않은 것은 시설하지 않고, 공인된 것은 어기지 않고 예전에 공인된 법을 수용하여 따르는 것, 4. 노인들을 공경하고, 존중하고, 존경하고, 공양하고 그들에게 귀를 기울이는 것, 5. 여인들과 소녀들을 폭력으로 제압하지 않는 것, 6. 탑묘들에 대하여 공경하고, 존중하고, 존경하고, 공양하고, 그리고 여법하게 공물을 바치는 것, 7. 거룩한 님에 대하여 여법한 보호와 수호와 비호를 잘 갖추는 것]. [수행승의 경우 : 1. 자주 모이고 자주 만나는 것, 2. 화합하여 모이고 화합하여 일어서고 화합하여 참모임의 일을 하는 것, 3. 규정되지 않은 것은 시설하지 않고, 규정된 것은 어기지 않고 예전에 규정된 학습계율을 수용하여 따르는 것, 4. 세월을 알고 출가한 지 오래되고 참모임의 아버지로서 참모임을 이끌어가는 장로들을 공경하고, 존중하고, 존경하고, 공양하고 그들에게 귀를 기울이는 것, 5. 다시 태어남으로 이끄는 갈애에 사로잡히지 않는 것, 6. 한적한 숲속에서 거처하기를 바라는 것, 7. 새김을 확립하여 '아, 아직 오지 않은 훌륭한 동료 수행자들이 왔으면 좋겠다. 그리고 이미 온 훌륭한 동료 수행자들이 평온하기를 바란다.'라고 생각하는 것. 그밖에 칠상(七想)이나 칠각지(七覺支)도 여기에 해당한다.].

~ ariyadhanāni 일곱 가지 고귀한 재물. 칠성재(七聖財)[1. 믿음의 재물(信財 : saddhādhana), 2. 계행의 재물(戒財 : sīladhana), 3. 부끄러움을 아는 것의 재물(慚財 : hiridhana), 4. 창피함을 아는 것의 재물(愧財 : ottappadhana), 5. 배움의 재물(聞財 : sutadhana), 6. 베풂의 재물(施財 : cāgadhana), 7. 지혜의 재물(慧財 : paññādhana)].

~ ariyapugglā 일곱 분의 고귀한 참사람. 칠성자(七聖者)[=satta puggalā dakkhiṇeyyā].

~ asaññigabbhā 지각이 없는 존재로의 일곱 갈래 태생. 칠무상태(七無想胎).

~ asaddhammā 일곱 가지 잘못된 원리. 칠비법(七非法)[믿음이 없는 것(無信 : assaddha), 부끄러움을 모르는 것(無慚 : ahirika), 창피함을 모르는 것(愧 : anottappī), 배움이 없는 것(無聞 : appassuta), 나태한 것(怠惰 : kusīta), 새김을 상실하는 것(失念 : muṭṭhasati), 지혜가 없는 것(無慧 : duppañña)].

~ āpattiyo 일곱 가지 죄악. 칠죄(七罪)[1. 단두죄(波羅夷 : pārājika), 2. 승잔죄(僧殘 : saṅghādisesa), 3. 중참죄(單墮 : pācittiya), 4. 회과죄(悔過 : pāṭidesanīya), 5. 참회죄(惡作 : dukkaṭa), 6. 미수죄(偸蘭遮 : thullaccaya), 7. 악설죄(惡說 : dubbhāsita)].

-āpattikkhandha 일곱 가지 죄악의 다발. 칠죄온(七罪蘊)[= satta āpattiyo].

-ussada → sattussada.

-kāya 일곱 가지 무리. 칠요소(七要素)). 칠신(七身)[땅(地 : paṭhavī), 물(水 : āpo), 불(火 : tejo), 바람(風 : vāyo), 즐거움(樂 : sukha), 괴로움(苦 : dukkha), 영혼(命 : jīva) : 사명외도의 교설].

~ khīṇāsavabalāni 일곱 가지 번뇌의 부숨의 힘. 칠루진력(七漏盡力)[1. 모든 형성된 것들은 무상하다고 있는 그대로 올바른 지혜로써 바로 보는 힘, 2. 감각적 쾌락의 욕망에 대하여 숯불구덩이처럼 있는 그대로 올바른 지혜로써 바로 보는 힘, 3. 마음을 멀리 여읨으로 향하게 하고, 멀리 여읨으로 기울게 하고, 멀리 여읨으로 들어가게 하고, 멀리 여읨 속에 지내게 하며, 욕망의 여읨을 기뻐하고, 일체의 번뇌의 원인이 되는 것들을 없애버

리는 힘, 4. 네 가지 새김의 토대를 닦되 아주 잘 닦는 힘, 5. 다섯 가지 능력을 닦되 아주 잘 닦는 힘, 6. 일곱 가지 깨달음 고리를 닦되 아주 잘 닦는 힘, 7. 여덟 가지 고귀한 길을 닦되 아주 잘 닦는 힘].

-ṭṭhāna 일곱 가지 이치. 칠처(七處)[1. 고제(苦諦 : dukkhasacca). 2. 집제(集諦 : samudaya-sacca). 3. 멸제(滅諦 : nirodhasacca). 4. 도제(道諦 : maggasacca) 5. 유혹(味 : assāda), 6. 위험(患 : ādīnava), 7. 여읨(離 : nissaraṇa).

~ pugglā 일곱 분의 참사람. 칠인(七人). 칠보특가라(七補特伽羅)[= satta puggalā dakkhiṇe-yyā)].

~ puggalā dakkhineyyā 일곱 종류의 보시받을 만한 님. 칠응공인(七應供人)[1. 양면으로 해탈한 님(俱分解脫者 : ubhatobhāgavimutta), 2. 지혜에 의해 해탈한 님(慧解脫者 : paññāvimutta), 3. 몸으로 깨우친 님(身證者 : kāyasakkhin), 4. 견해로 성취한 님(見到者 : diṭṭhippatta), 5. 믿음으로 해탈한 님(信解者 : saddhāvimutta), 6. 진리의 행자(隨法行者 : dhammānusārin), 7. 믿음의 행자(隨信行者 : saddhānusārin)].

~ duccaritāni 일곱 가지 악행. 칠악행(七惡行)[1. 살아있는 생명을 죽이는 것(殺生 : pāṇātipāta), 2. 주지 않는 것을 빼앗는 것(偸盜 : adinnādāna), 3. 사랑을 나눔에 잘못을 행하는 것(邪淫 : kā-mesu micchācāra), 4. 거짓말을 하는 것(妄語 : musāvāda), 5. 곡주나 과일주 등의 취기있는 것에 취하는 것(飮酒 : surāmerayamajja- pamā-da), 6. 추악한 말을 하는 것. 추어(麤語 : duṭ-ṭhullavācā), 7. 욕지거리하는 것(惡口 : pharus-avācā)].

~ dhanāni 일곱 가지 재물. 칠재(七財)[satta ariyadhanāni].

~ niddesavatthūni, ~ niddesavatthūni 일곱 가지 번뇌를 부순 자의 토대. 칠누진자사(七漏盡者事). 일곱 가지 존귀의 토대. 칠수묘사(七殊妙事)[1. 배움의 수용에 강한 의지가 있고 미래의 배움의 수용에도 열정을 떠나지 않는 것, 2. 원리의 탐구에 강한 의지가 있고 미래의 원리의 탐구에도 열정을 떠나지 않는 것, 3. 욕망의 제거에 강한 의지가 있고 미래의 욕망의 제거에도 열정을 떠나지 않는 것, 4. 홀로의 명상에 강한 의지가 있고 미래의 홀로의 명상에도 열정을 떠나지 않는 것, 5. 정진의 환기에 강한 의지가 있고 미래의 정진의 환기에도 열정을 떠나지 않는 것, 6. 새김과 분별에 강한 의지가 있고 미래의 새김과 분별에도 열정을 떠나지 않는 것, 7. 견해의 꿰뚫음에 강한 의지가 있고 미래의 견해의 꿰뚫음에도 열정을 떠나지 않는 것].

~ pakaraṇāni 일곱 가지 논서. 칠론(七論)[1. 법집론(法集論 : Dhammasaṅgaṇi), 2. 분별론(分別論 : Vibhaṅga), 3. 계론(界論 : Dhātukathā), 4. 인시설론(人施設論 : Puggalapaññatti), 5. 논사(論事 : Kathāvatthu), 6. 쌍론(雙論 : Yama-ka), 7. 발취론(發趣論 : Paṭṭhāna)].

~ balāni 일곱 가지 힘. 칠력(七力)[믿음의 힘(信力 : saddhābala), 정진의 힘(精進力 : viriya-bala), 부끄러움을 아는 힘(慚力 : hiribala), 창피함을 아는 힘(愧力 : ottappabala), 새김의 힘(念力 : satibala), 집중의 힘(定力 : samādhibala), 지혜의 힘(慧力 : paññābalaṁ)].

~ bhariyāyo 일곱 종류의 아내. 칠처(七妻)[살인자와 같은 아내(vadhakasamā bhariyā), 도둑과 같은 아내(corisamā bhariyā), 주인과 같은 아내(ayyasamā bhariyā), 어머니와 같은 아내(mā-tusamā bhariyā), 누이와 같은 아내(bhagini-samā bhariyā), 친구와 같은 아내(sakhīsamā bhariyā), 하인과 같은 아내(dāsīsamā bhariyā)].

~ bhojhaṅgā 일곱 가지 깨달음의 고리. 칠각지(七覺支)[새김의 깨달음 고리(念覺支 : satisa-mbojjhaṅga), 탐구의 깨달음 고리(擇法覺支 : dhammavicayasambojjhaṅga), 정진의 깨달음 고리(精進覺支 : viriyasambojjhaṅga), 희열의 깨달음 고리(喜覺支 : pītisambojjhaṅga), 안온의 깨달음 고리(輕安覺支 : passaddhisamboj-jhaṅga), 집중의 깨달음 고리(定覺支 : samā-dhisambojjhaṅga), 평정의 깨달음 고리(捨覺支 : upekhāsambojjhaṅga).

~ methunasaṁyogā 일곱 가지 성적 교섭의 굴레. 칠음욕우합(七淫欲偶合)[1. 여인과 함께 서로 교합할 뿐만 아니라 여인의 맛사지, 지압, 세욕, 안마를 즐기는 것 2. 여인과 함께 농담하고, 희롱하고, 유희하는 것, 3. 여인의 눈을 자신의 눈으로 관찰하고 응시하는 것, 4. 담장 너머나 성벽 너머 들려오는, 웃거나 이야기하거나 노래하거나 우는 여인의 소리를 듣는 것, 5. 예전에 여인과 함께 웃고, 이야기하고, 유희했던 기억을 떠올리는 것, 6. 장자나 장자의 아들이 다섯 가지 감각적 쾌락의 대상을 갖추고 구비하여 즐기는 것을 보는 것, 7. 어떤 신들의 무리가 되는 것을 서원하여 '이러한 규범이나 금기나 고행이나 청정한 삶을 통해서 신이나 천상계의 한 존재가 되겠다.'라고 청정한 삶을 사는 것].

~ ratanāni 일곱 가지 보물. 칠보(七寶)[수레바퀴의 보물(輪寶 : cakkaratana), 코끼리의 보물(象寶 : hatthiratana), 말의 보물(馬寶 : assarata-na), 보석의 보물(摩尼寶 : maṇiratana), 여자의

보물(女寶 : itthiratana), 장자의 보물(居士寶 : gahapatiratana), 장군의 보물(將軍寶 : pariṇāyakaratana)]. [금, 은, 진주, 마니(摩尼), 묘목(猫目), 금강(金剛), 산호(珊瑚)]

~ viññāṇaṭṭhitiyo : 일곱 가지 의식의 주처. 칠식주(七識住)[신체의 다양성과 지각의 다양성을 지닌 뭇삶들, 신체의 다양성을 지녔지만 지각의 통일성을 지닌 뭇삶들, 신체의 통일성을 지녔지만 지각의 다양성을 지닌 뭇삶들, 신체의 통일성을 지녔을 뿐만 아니라 지각의 통일성을 지닌 뭇삶들, '공간이 무한하다.'라는 무한공간의 세계에 도달한 뭇삶들, '의식이 무한하다.'라는 무한의식의 세계에 도달한 뭇삶들, '아무것도 없다.'라는 아무것도 없는 세계에 도달한 뭇삶들].

~ saṁyojanāni: 일곱 가지 결박. 칠결(七結)[친밀의 결박(anunayasaṁyojana), 분노의 결박(paṭighasaṁyojana), 견해의 결박(diṭṭhisaṁyojana), 회의적 의심의 결박(vicikicchāsaṁyojana), 자만의 결박(mānasaṁyojana), 존재에 대한 탐욕의 결박(bhavarāgasaṁyojana), 무명의 결박(avijjāsaṁyojana)]

~ saññā 일곱 가지 지각. 칠상(七想)[부정(不淨)에 대한 지각(不淨想 : asubhasaññā), 죽음에 대한 지각(死想 : maraṇasaññā), 음식의 혐오에 대한 지각(食厭想 : āhāre paṭikkūlasaññā), 일체의 세계에 즐거움이 없음에 대한 지각(一切世界不樂想 : sabbaloke anabhiratasaññā), 무상에 대한 지각(無常想 : aniccasaññā), 무상 가운데 괴로움에 대한 지각(無常苦想 : anicce dukkhasaññā), 괴로움 가운데 실체 없음에 대한 지각(苦非我想 : dukkhe anattasaññā)].

~ saddhammā 일곱 가지 올바른 원리. 칠정법(七正法)[믿음이 있는것(信 : saddha), 부끄러움을 아는 것(慚 : hirīmā), 창피함을 아는 것(愧 : ottappī, 배움이 있는 것(有聞 : bahussuta), 열심히 정진하는 것(努力精進 : āraddhaviriya), 새김을 확립하는 것(念 : upaṭṭhitasati), 지혜를 갖추는 것(慧 : paññavā)].

~ sappurisadhammā 일곱 가지 참사람의 원리. 칠선사법(七善士法)[가르침을 아는 것(法知 : dhammaññū), 의미를 아는 것(義知 : atthaññū) 자신을 아는 것(我知 : attaññū), 분수를 아는 것(量知 : mattaññū), 시간을 아는 것(時知 : kālaññū), 대중을 아는 것(衆知 : parisaññū), 사람을 아는 것(人知 : puggalaññū)]

~ samādhiparikkhārā 일곱 가지 집중의 자량. 칠정구(七定具)[올바른 견해(正見 : sammādiṭṭhi), 올바른 사유(正思惟 : sammāsaṅkappa), 올바른 언어(正語 : sammāvācā), 올바른 행위(正業 : sammākammanta), 올바른 생활(正命 : sammāājīva), 올바른 정진(精精進 : sammāvāyāma), 올바른 새김(正念 : sammāsati)]

~ sallāni 일곱 가지 화살. 칠전(七箭 : 貪·瞋·痴·慢·見·愁·疑惑).

~ sekhā 일곱 종류의 학인. 칠유학(七有學)[사쌍팔배(四雙八輩 : cattāri purisayugāni aṭṭha purisapuggalā) 가운데 더 이상 배울 필요가 없는 무학(無學)의 거룩한 님(阿羅漢)을 제외한 일곱 학인].

sattakkhattu *adj.* [satta-khattu. *bsk.* saptakṛd. saptakṛtvo] 일곱 번. 칠회(七回). *acc.* sattakkhattuṁ *adv.* 일곱 번. -parama 최대 일곱 번 더 태어나는 님. 칠유자(七有者). 극칠편(極七遍). 극칠반생(極七反生)[預流者].

sattati *num.* [*sk.* saptati] 70. 일흔.

sattatiṁsa *num.* [satta-tiṁsa] 37. 서른일곱. ~ bodhipakkhiyadhammā. ~ bodhipakkhiyā dhammā 서른일곱 가지 깨달음에 도움이 되는 수행법. 삼십칠조도품(三十七助道品). 삼십칠보리분법(三十七菩提分法)[네 가지 새김의 토대(四念處 : catāro satipaṭṭhānā), 네 가지 올바른 노력(四正勤 : catāro sammappadhānā), 네 가지 신통의 기초(四神足 : catāro iddhipādā), 다섯 가지 능력(五根 : pañca indriyāni), 다섯 가지 힘(五力 : pañca balāni). 일곱 가지 깨달음의 고리(七覺支 : satta bojjhaṅgā). 여덟 가지 고귀한 길(八聖道 : ariya aṭṭhaṅgika magga)].

sattatta *n.* [satta ①의 *abstr.*] 존재의 상태. 존재성(存在性).

sattadhā *ind.* [satta-dhā] 일곱 가지 방법으로. 일곱 조각으로. 칠종(七種)으로. -uggaha-kosalla 일곱 가지 배움에 능숙함. 칠종파지선교(七種把持善巧).

sattapaṇṇa. sattapaṇṇi *n.* 칠엽수(七葉樹) [Alstonia Scholaris]. -guhā *f.* 칠엽굴(七葉窟) [第一結集의 場所]

sattapaṇṇirukkha *m.* [sattapaṇṇa-rukkha] 칠엽수(七葉樹)[Alstonia Scholaris]

sattama ① *adj.* [sant의 *superl.*] 최상의. 최선의. ② *num. ord.* [*sk.* saptatama] 일곱 번째. -divase 일곱 번째 날에. -bhavika 일곱 번째 존재에 도달한 사람.

sattamī *f.* [<sattama②] ① 일곱째의 날. ② 처격(處格 *loc.*)[문법]. -tappurisa 처격한정복합어[문법].

sattārasa *num.* [*sk.* saptadaśa] 17. 열일곱.

sattari =sattati.

sattali. sattaliyothikā *f.* [*cf. sk.* saptalā] 쌋딸리

[열대 파초속의 식물의 일종].
sattava = satta ②.
sattavo sattu ①의 *pl. acc.*
sattāha *n.* [satta-āha] 일주일. -vārena 일주일에 한 번.
satti ① *f.* [*sk.* śakti] 능력. 힘. 자격. yatthā satti. yathā sattiṁ. yathā sattiyā 능력에 따라서. 할 수 있는 한. ② *f.* [*sk.* śakti] 단검. 칼. 창(槍). -pañjara 창으로 만든 담. -laṅghana (투)창의 춤. -loma 창 또는 칼과 같은 털을 지닌. -sata 백 개의 창이 있는. -simbalivana (지옥의) 칼의 숲. -sūla 칼과 창. 칼과 말뚝. 검극(劍戟). -sūlūpamā 칼과 창의 비유. 칼과 말뚝의 비유.
sattika → talasattika.
sattu ① *m* [*sk.* śatru] 적(敵). 원수(怨讐). *pl. acc.* sattavo. -senā 적군. ② *m.* [=satthu. *sk.* śaktu] 보릿가루. 밀가루. -āpaṇa 빵가게. -pasibbaka. -bhasta 보릿가루포대. 맥분대(麥粉袋).
sattuka *m.* [<sattu ①] 적(敵). 원수(怨讐).
sattussada ① *adj.* [satta-ussada] 생명들로 충만한. 사람들로 가득 찬. ② *m.* [satta-ussada] 몸에 일곱 개의 융기가 있는. 칠돌기지옥(七突起地獄)[地獄의 이름]. 칠처충만상(七處充滿相). 칠처편만상(七處遍滿相)[三十二相의 하나] ③ *pl.* 일곱 가지 번뇌. 일곱 가지 융기. 칠증성(七增盛)[貪·瞋·痴 등의 煩惱를 말함].
sattha ① *n.* [*sk.* śastra<śas 베다] 칼. 검(劍). 무기(武器). -ādāna 칼을 쥠. 집도(執刀). 집검(執劍). -antarakappa 도중겁(刀中劫). 도장겁(刀杖劫). -kamma 절개. 수술. -kāraka. hāraka 암살자. 자객. -bhaya 칼에 대한 공포. -mala 칼의 녹. -vaṇijjā. -vāṇijjā 무기장사. 도검상(刀劍商). ② *n.* [*sk.* śāstra<śās 가르치다] 학문. 학술. 지식. -ālaya 대학. 대학교. -viruddha 경험적인. 실증적인. ③ *m* [*sk.* sārtha. sa-attha] 대상(隊商). 카라반. -gamanīya 대상의 길. -nāyaka 대상의 지도자. -pati 대상의 주인. -vāsa 야영(野營). -vāsika. -vāsin 대상(隊商). 카라반. -vāha 대상의 지도자. ④ *adj.* [sāsati śās의 *pp.*] 가르쳐진. ⑤ *adj.* [sasati śas의 *pp.*] 살해된. ⑥ *adj.* [satta <*sk.* śakta의 誤記] 가능한.
satthaka *n.* [<sattha ①] 칼. 가위. -daṇḍa 칼자루. -nisādana 칼처럼 날카로운. -vāta 베어지는 아픔·고통. ② *adj.* [<sattha ③] 대상(隊商)의. 카라반의.
satthar *m* [<*sk.* śāstṛ<śās] ① 스승[부처님 또는 부처님 당시의 여섯 외도의 스승(六師外道 : Pūraṇa-Kassapa. Makkhali-Gosāla. Nigaṇṭha-Nāṭhaputta. Sañjaya-Belaṭṭhiputta. Pakudha-Kaccāyana. Ajita-Kesakambalin)]. ② 교사. 선생(先生). 조언자. ③ 대사(大師). 교주(教主). 부처님. (*sg.*) *nom.* satthā; *acc.* satthāraṁ; *ins.* satthārā. satthurā; *gen.* satthu. satthuno; *loc.* satthari (*pl.*) *nom. acc.* satthāro; *gen.* satthārānaṁ.
satthā. satthāraṁ. satthārā. → satthar.
satthārānaṁ. satthāro → satthar.
satthi [*sk.* sakthi] 넓적다리. 대퇴부(大腿部).
satthika *adj.* [<sattha ③] 대상(隊商)에 속하는. 카라반의.
satthu =sattu ②.
satthu° [satthar의 *gen.*] -gāravatā 스승을 존경함. -vaṇṇa 황금. 스승의 색깔. -pakkosana 스승의 소환(召喚). -sāsana 스승의 가르침. 사교(師敎).
satthu. satthunā. satthumo → satthar.
satthuka *adj.* [satthar-ka] 스승이 있는. -atīta-satthuka 스승이 이미 돌아가신.
satthuna *m.* [?] 친구.
satthuvaṇṇa *m.* [satthar°-vaṇṇa] 금. 황금.
sathera *adj.* [saha-thera] 장로들을 포함하는.
sadattha *m.* ① [sat-attha] 최고선(最高善). 이상(理想). ② [sva-attha] 자기의 이익. 자리(自利)
sadatthuta *adj.* [sadā-thuta] 항상 칭찬받는.
sadana *n.* [〃] ① 집. 가정. ② 주소.
sadara. saddara *adj.* [sa-dara] ① 무서운. ② 불행한. 비참한.
sadasa *n.* [sa-dasa] 테두리가 있는 깔개. 테두리가 있는 좌구(坐具).
sadassa *m* [sat-assa] 좋은 품종의 말. 양마(良馬).
sadā *ind.* [〃] 언제나. -matta '언제나 야단법석인' 싸다맛따[宮殿의 이름. 神들의 부류의 이름].
sadācāra *m.* [sat-ācāra] 도덕(道德). sadācārā cāveti 사기를 꺾다.
sadāra *m.* [sa-dāra] 자신의 아내.
sadisa *adj.* [=sarisa. *sk.* sadṛś. sadṛśa] ① 같은. ② 유사한. 동등한. tumhehi sadiso 그들과 동등한 자. sadiso 'hamasmī ti māno(또는 vidhā) 내가 동등하다는 교만. 아등만(我等慢). *cf.* sādisa. sarikkha.
sadisatta *n.* [sadisa의 *abstr.*] ① 유사점. 유사성(類似性). 유추(類推). 비유(比喩). ② 평등(平等).
saderitā → sateratā.
sadutiyavihārin *adj.* [sa-dutiyavihāra-in] 수행원과 함께 사는.
sadevaka *adj.* [sa-deva-ka] 신들과 함께.

sadevika *adj.* [sa-devī-ka] 왕비와 함께 하는. 비(妃)가 있는.

sadesa *adj. m.* [sa-desa] ① 국내(國內)의. 자국(自國). 조국(祖國). 우리나라. -āyatta 국내적인. -ânurāga 애국심. -ânurāgin 애국자. -cāgin 이민자. 이주자. 망명자. -ja 토착(土着)의. 자국(自國)의. -pariccāga 망명(亡命). 이민(移民). 이주(移住). -bhāsā 토착어(土着語). 방언(方言).

sadosa *adj.* [sa-dosa] ① 잘못이 있는. 하자가 있는 ② 화내는. -vassasaṅkhyā 기시착오(記時錯誤).

sadda *m.* [*sk.* śabda] ① 소리. 목소리. 말. 음성. ② 웃음소리. saddo abbhuggato 명성. -ânugata 소리 그대로의. 문자 그대로의. 직해(直解)의. -ânugatalakkhaṇa 표음문자(表音文字). -ânugatalipi 레코드. -ânugamana 직해(直解). -ânuyāyin 직역자(直譯者). -ûpahāra 소리의 제공·헌공. 성지현(聲持現). -kovida 문법가. 음성학자. -kosa 아휘목록. 사전(辭典). -kosaracanā 사전학(辭典學). -kosasampādaka 사전편찬자(辭典編纂者). -taṇhā 소리에 대한 갈애. 성애(聲愛). -dhātu 소리세계. 소리요소. 성계(聲界). -naya 문법학. 어원학. -navaka 아홉 가지 소리 내는 법. 성구법(聲九法). -bheda 말의 분석. -bhoga 소리의 즐거움. -mattavicāraṇā 어구(語句). -mattavicāraka 어구를 잘 가려 쓰는 자. -vāhakayanta 축음기(蓄音機). -vidū 문법가(文法家). -vipphāraka 마이크. -visaya 소리의 경계. 성경(聲境). -visayaka 말소리의. 발음상의. -vedhin 소리의 깨뜨림. -sañcetanā 소리에 대한 의도. 성사(聲思). 성의사(聲意思). -saññā 소리에 대한 지각. 성상(聲想). -sattha 말에 대한 학문. 문법. 성론(聲論). -sarikkhatā 소리의 유사성. -siddhi 말의 분석. 말의 정확한 구성. 문법적인 설명.

Saddatthabhedacintā *f.* 성의분별고(聲義分別考)[쌋담마씨리(Saddhamasiri)의 문법서].

saddana *n.* [<sadda] 소리내기. 떠들기. 소음을 만들기.

Saddanīti *f.* [sadda-nīti] 성정리론(聲正理論) [악가방싸(Aggavaṁsa)의 문법서].

saddala *adj. m.* [*cf. sk.* śādvala] ① 풀의. 풀이 난. ② 약초. 초지(草地). -bhūmi 잔디밭.

Saddavutti *f.* 성관(聲慣) [쌋담마구루(Saddhammaguru)의 수사학서적].

saddahati [*sk.* śrad-dhā] 믿다. 신뢰하다. saddahati buddhasāsane 부처님의 가르침을 믿다. 불교를 믿다. *aor.* saddahesi; *opt.* saddheyya. saddahetha. saddheyyuṁ. saddahe. saddahāse; *ppr.* saddahanta. saddahāna; *grd.* saddhātabba. saddahātabba. saddahitabba. saddheyya; *abs.* saddhāya; *inf.* saddhātuṁ; *caus.* saddahāpeti.

saddahanā *f.* [<sad-dhā] 믿음. 신뢰.

saddahāna *adj.* saddahati의 *ppr.*

saddahāpeti [saddahati의 *caus.*] ① 믿게 만들다. ② 납득시키다. *opt.* saddahāpeyya; *fut.* saddahāpessati.

saddahe. saddahetha → saddahati.

saddahesi → saddahati.

saddāyati [sadda의 *denom.*] ① 소리를 내다. ② 부르다.

saddita [śabd의 *pp.*] ① 발음된. 소리가 나는. ② 들린.

saddūla *m.* [*cf. sk.* śārdūla] 표범. 호랑이.

saddha *adj. m.* [<saddhā] ① 믿는. 믿음이 있는. 신자(信者). 신뢰할 수 있는. 속기 쉬운. ② 공물(供物). 망자공양회(亡者供養會). -bhatta 망자공양회의 공양.

saddhamma *m.* [sat-dhamma. *bsk.* saddharma] ① 참된 진리. ② 최고의 종교. ③ 선한 실천. ④ 바른 가르침. 정법(正法). 묘법(妙法). -ādhāraka 바른 가르침의 지지자. -garu 참된 진리에 대한 존경. -ṭṭhiti 참된 진리의 지속. 정법구주(正法久住). -paṭirūpaka 참된 진리를 닮은·가장한. 상법(像法). -parihāna 정법의 쇠퇴. -saṅgaha 바른 가르침의 편찬. 정법결집(正法結集). -savana (savaṇa) 올바른 가르침의 경청. 정법의 청문.

Saddhammajotipāla *m.* [saddhamma-jotipāla] = Chapada 싸담마조띠빨라[미안마출신 스리랑카 僧侶·論師 12 世紀에 活動].

Saddahammapakāsinī *f.* [saddhammapakāsinī] 싸담마빠까씨니. 묘법해소(妙法解疏) [無碍解道의 註釋으로 Mahānāma의 저술].

Saddhammappajotikā *f.* [saddhamma-pajotikā] =Saddhammaṭṭhitika 싸담마빠조띠까. 묘법명석(妙法明釋)[義釋의 註釋으로 Upasena의 저술].

Saddhammasaṅgaha *m.* [saddhamma-saṅgaha] 싸담마쌍가하. 섭묘법(攝妙法)[14 世紀의 Dhammakitti가 지은 빠알리 文獻].

saddhā *f.* [<saddahati. *sk.* śraddhā] ① 믿음. 신앙. ② 헌신. ③ 전념. saddhāya pabbajita 신앙에 의해 출가한. -âdhimutta 믿음에 적응하는. 믿음에 경도된. 신승해자(信勝解者). -ânusārin 믿음을 따르는. 믿음의 행자. 수신행자(隨信行者). -indriya 믿음의 능력. 신근(信根). -carita 믿음

의 실천자. 신행자(信行者). -cariya 믿음을 행하는. 신행(信行). -tissa 쌋다띳싸[인명]. -deyya 믿음에 의해 바치는 것. 신시물(信施物). -dhana 믿음의 재물. 신재(信財). -pakata 믿음에 의해 이루어진. 신시(信施). -padāna 믿음의 특징. -bala 믿음의 힘. 신력(信力). -vimutta 믿음으로 해탈한. 신해자(信解者). -vimutti 믿음에 의한 해탈. -vepulla 믿음의 풍부·광대. 청정한 믿음을 지닌. 신광대(信廣大). -sampadā 믿음의 구족. 신구족(信具足). -sampanna 믿음을 갖춘. 신구족자(信具足者).

saddhātar *m.* [sad-dhātar] 신자(信者).

saddhāyika *adj.* [<saddhāya. saddahati의 *abs.*] ① 믿을 만한. 믿을 수 있는. ② 확실한.

saddhāyita [saddahati의 *pp.* *bsk.* śraddhayita] ① *m.* 신뢰받는 자. ② *n.* 믿음. 신뢰.

saddhiṁ. saddhi° *ind.* *prep.* [*cf.* *sk.* sadhrīṁ. sadhryak. *bsk.* sārdhaṁ] 함께. 같이. saddhiṁ° -cara 동료. 친구. 공행자(共行者). -vihārika. vihārin[*bsk.* sārdhaṁvihārika. °vihārin] 함께 사는 사람. 도반. 제자(弟子). *f.* -vihārinī 여제자(女弟子).

saddheyya saddahati의 *grd.* *opt.*

saddheyyuṁ saddahati의 *opt.* *3pl.*

sadhañña *adj.* [sa-dhañña] 곡식이 있는.

sadhana *adj.* [sa-dhana] ① 재산이 있는. ② 부유한.

sadhamma *m.* [sva-dhamma] ① 자신의 종교. ② 자신의 신앙. 자법(自法). -cāgin 개종자(改宗者). 전향자(轉向者).

sadhammika *m.* [saha-dhammika] ① 같은 종교를 믿는 사람. ② 같은 가르침을 따르는 자. 동법자(同法者).

san ① *m.* [*sk.* śvan] 개[犬]. *nom.* sā. *cf.* suvāṇa ② 지시대명사 sa의 *acc.*

sanacca *n.* [saha-nacca] 춤. 함께 하는 춤.

sanati = saṇati.

sanantana *adj.* [sanā-tana<*sk.* sanaḥ] ① 태고의. 옛날의. 예전부터 내려온. ② 영원한.

sanābhika *adj.* [sa-nābhi-ka] 바퀴통이 있는. 바퀴통을 지닌.

sanāmika *adj.* [sa-nāma-ika] ① 이름이 있는. ② 불려진.

sanikaṁ *ind.* [*sk.* śanais(?)] 천천히.

sanighaṇḍukeṭubha *adj.* [sa-nighaṇḍu-keṭubha] 어휘론(語彙論)과 의궤론(儀軌論)의.

sani *m.* [*sk.* śani] 토성(土星). -vāra 토요일(土曜日).

sanidāna *adj.* [sa-nidāna] 근거가 있는. 토대가 있는.

sanidassana *adj.* [sa-nidassana] 보이는.

sanemika *adj.* [sa-nemika] 바퀴 테를 지닌.

sant *adj.* [atthi as의 *ppr.*] 존재하는. 있는. 선한. 참된. (*sg.*) *nom.* santo. santaṁ; *acc.* santaṁ; *ins.* satā; *loc.* sati; (*pl.*) *nom.* santo. santāni; *acc.* sante; *gen.* sataṁ; *ins.* sabbhi; *loc.* santesu.

santa ① *adj.* [sammati ① śam의 *pp.* *sk.* śānta] 고요한. 평온한. 적정(寂靜)한. *sg.* *dat.* santaye = santāya. -indriya 감각능력이 고요해진 사람. 근적정자(根寂靜者). -kāya 고요한 몸(을 갖고 있는). 적정신(寂靜身). -gāmi 적정에 도달한. -dhamma. -bhāva 고요함. 평온. -pada 적정한 상태. 적정구(寂靜句). 적정경(寂靜境). -mānasa 적정한 정신을 갖춘. 의적정(意寂靜). -vāsa 적정한 삶. -vihāra 고요히 지냄. 적정한 거처. 적정주(寂靜住). -vutti 고요한 생활. ② *adj.* [sammati ② śram의 *pp.* *sk.* śrānta] 지친. 피로한. ③ *adj.* [=sant. sat as의 *ppr.*] 존재하는. 현존의. 선한. 참된. 참사람. 착한 사람. 선인(善人). -sannivāsa 참사람과 함께 사는 것.

santaka ① *adj.* [sa-anta-ka] 제한된. 유한한. ② *adj.* *n.* [santa ③-ka] 존재하고 있는. 소속된. 재산. ③ *adj.* [santa ①-ka] 적정한. 타당한.

santacā *f.* [?] ① 개 짖는 소리. ② 날카로운 외침.

santajjeti [saṁ-tarj의 *caus.*] ① 간담이 서늘하게 하다. ② 꾸짖다. ③ 협박하다.

santata *adj.* [=satataṁ<saṁ-tan] 항상하는. 안정적인. 일관된. -vihāra 안정적인 삶. 일관된 삶. 항주(恒住).

santataṁ *adv.* [=satataṁ<saṁ-tan] 항상. -kārin 일관성 있는. -vutti 일관되게 행동하는. -sīla 항상 계행을 지키는.

santatara *adj.* [santa의 *compar.*] 더 착한.

santatā *f.* [santa의 *abstr.*] ① 적정(寂靜)의 상태. ② 엄숙성(嚴肅性).

santati *f.* [<saṁ-tan] ① 계속. 지속. ② 상속. 연쇄. ③ 계통. 혈통. 가계(家繼). -paccuppanna 현재가 이어지는. 상속현재(相續現在).

santatta *adj.* ① [santappati<tap의 *pp.*] 뜨거워진. 작열하는. ② [santassati<tras의 *pp.*] 무서운. 어지러운. 경포된. ③ [santappeti<tṛp의 *pp.*] 잘 대접받은. 만족한.

santaneti [saṁ-tan의 *caus.*] 계속하다.

santappati [saṁ-tap의 *pass.*] ① 데워지다. ② 슬퍼하다. 비탄해하다. *pp.* santatta.

santappeti [saṁ-tṛp의 *caus.*] ① 대접하다. ② 만족시키다. 흡족하게 하다. *pp.* santatta.

santaye [=santāya] → santa ①.
santara *adj.* [sa-antara] 안쪽의. 내부의. -uttara 안팎의. -uttarena 안팎의 옷과 함께. -bāhira 안팎 모두의.
santarati [saṁ-tvar] 서두르다. *ppr.* santaramāna 서두르고 있는. santaramānarūpa 서두르는 모습.
santavant *adj.* [santa①-vant] 고요한. 적정한.
santasati [saṁ-tras] 무서워하다. 놀라다. *ppr.* santasaṁ. santasanta; *abs.* santasitvā; *opt.* santase; *pp.* santatta. santasita *caus.* santāseti.
santasana *n.* [<santasati] ① 무서움. 공포(恐怖). ② 테러.
santāna *n.* [<saṁ-tan] ① 상속(相續). ② 연속. 계속. ③ 사속(嗣續). 자손(子孫). ④ 싼따나[天上의 나무이름]. -vāsanā 상속되는 습기. 상속습기(相續習氣).
santānaka *m n.* [=santāna] ① 확대. 거미줄. 자손. ② 막. 엷은 막. ③ 싼다나까[천상의 나무].
santāneti = santaneti
santāpa *adj. m.* [<saṁ-tap] ① 타는. 불타는. ② 열. 화염. ③ 고뇌.
santāpeti [sam-tap의 *caus.*] ① 뜨겁게 하다. 데우다. ② 괴롭히다. *pp.* santāpita 뜨거운. 빛나는.
santāyati [saṁ-tāyati] ① 보존하다. 보호하다. ② 유지하다.
santāraṇa *n.* santāraṇī *f.* [<saṁ-tāreti ①] 피안으로 건네줌. 제도(濟度).
santāsa *m.* [<saṁ-tras] ① 전율. 공포. ② 충격.
santāsaniya *adj.* [<saṁ-tāsana<tras] 놀라게 하는. 무섭게 하는.
santāsin *adj.* [santāsa-in] 무서운.
santāseti [santasati tras의 *caus.*] 무섭게 하다. 겁주다. *aor.* santāsesi; *pp.* santāsita.
santi ① *f.* [*sk.* śānti<śam] 고요. 평화. 적정. -kamma (신들을) 달래는 행위. 화해. -kara 평화로운. -dāna 사죄(赦罪). -pada 고요의 상태. 적정의 상태[涅槃]. -vāda 정신적 고요를 말하는 자. 적론자(寂論者). ② as(있다)의 *pres. 3pl.*
santika *n.* [sa-antika. *bsk.* 〃] ① 앞. 면전. ② 부근. 근처. *acc.* santikaṁ. *loc.* santike 가까이에. 면전에. *abl.* santikā 면전으로부터 -âvacara 가까이하는. 가까이 있는 측근자.
santikā ① *f.* [?] 놀이의 일종. ② santika의 *abl.*
santikenidāna *n.* [santike-nidāna] 싼띠께니다나. 가까운 인연의 이야기[本生經 註釋의 序文의 因緣譚 가운데의 釋迦의 今生이야기].
santiṭṭhati [saṁ-sthā=saṇṭhāti. saṇṭhahati] ① 서다. 정지하다. ② 존속하다. 확립되다. 정립되다. ③ 자제하다. 기다리다. *aor.* saṇṭhāsi. samatiṭṭhatha. saṇṭhahiṁsu; *opt.* saṇṭhaheyya; *inf.* saṇṭhātuṁ; *ppr.* saṇṭhahanta; *pp.* saṇṭhita; *caus.* saṇṭhāpeti.
santī *f.* [santa (as의 *ppr.*)의 *f.*] ① 존재하는 여자. ② 참다운 여자. 착한 여자. ③ 참사람인 여자.
santīraṇa *n.* [<saṁ-tṝ] ① 조사. 고려. ② 결정. 판단. -kicca 판단기능. 판단작용. 추도작용(推度作用). -citta 판단의 마음. 추도심(推度心).
santuṭṭha *adj.* [santussati의 *pp.*] ① 즐거운. 만족한. ② 행복한.
Santuṭṭha. Santusita *m.* [*bsk.* saṁ-tuṣita] 싼뚯타. 싼뚜씨따. 산도솔(刪兜率). 선지족(善知足). 도솔천(兜率天)[감각적 쾌락의 여섯 하늘나라(六欲天) 가운데 하나].
santuṭṭhi *f.* [saṁ-tuṭṭhi] 즐거움. 만족. 지족(知足). -kathā 만족에 대한 대화. 지족론(知足論).
santuṭṭhitā *f.* [santuṭṭhi의 *abstr.*] 만족의 상태. 지족을 아는 것.
santuleyya *adj.* [saṁ-tuleti<tul의 *grd.*] 같은 양(크기. 무게)의.
santus(s)ita [santussati의 *pp.*] ① 만족한. 기쁜. ② 행복한.
santussaka *adj.* [<saṁ-tuṣ] 만족한.
santussati [saṁ-tuṣ] ① 만족하다. 기뻐하다. ② 행복하다. *ppr.* santussamāna; *pp.* santuṭṭha. santusita.
sante ① [as(있다)의 *pres. 3pl.*]. ② santa ① ② ③의 *sg. loc.* ③ santa [as의 *ppr.*]의 *m. pl. acc.*
santosa *m.* [<saṁ-tuṣ] ① 만족. 기쁨. ② 행복.
santhata *adj. n.* [santharati의 *pp.*] ① 퍼진. 유포된. 뿌려진. 덮인. ② 담요. 깔개. 부물(敷物). 와구(臥具). -sammuti 와구에 대한 인가(認可).
santhatika *adj.* [<santhata] 깔개에서 잠자는.
santhana *n.* [*sk.* sāntvana] ① 달램. 진정. 발제(拔除). 위무(慰撫). ② 만족.
santhamati → sandhamati
santhambhati [saṁ-stambh] ① 자제하다. ② 굳건히 지키다. *imp.* santhambhassu; *caus.* santhambheti.
santhambhanā *f.* santhambhitatta *n.* [santhambhati의 *abstr.*] ① 완고. 엄격. ② 경직.
santhambheti [santhambhati의 *pp.*] ① 굳어지게 하다. 경직시키다. ③ 마비시키다.
santhara *m.* [<saṁ-stṛ] ① 깔개. 부물(敷物). ② 와구(臥具). 잠자리. 매트. 매트리스.
santharaka = santhara
santharaṇaka *adj.* [<santharati] 펼치는. 뿌리는. -vāta 흩뿌리게 하는 바람.

santharati [saṁ-tharati] ① 펼치다. 깔다. ② 흩뿌리다. ③ 준비하다. *pp.* santhata; *caus.* santhāreti. santharāpeti.

santharāpeti [santharati의 *caus.*] ① 깔게 하다. 펼치게 하다. ② 흩뿌리게 하다.

santhariṁ *ind.* [<santhara] ① 펼치도록. 뿌리기 위하여. ② 준비가 되도록. sabbasanthariṁ 모든 것이 펼쳐지도록. 완벽하게 준비되도록. 온갖 정성을 기울여.

santharin *adj.* [santhara-in] ① 펼쳐진. 뿌려진. ② 준비된.

santhava *m* [*sk.* saṁstava<saṁ-stu] 면식. 친밀. -jāta 알게 된. 면식이 있는.

santhavana *n.* [<saṁthavati] ① 면식. 아는 사이. ② 교제.

santhāgāra *m* [*sk.* saṁsthāgāra] ① 공회당. ② 회의장. 회의소. 집회소.

santhāna =saṇṭhāna.

santhāra *adj.* *m.* [<saṁ-stṛ. *cf.* santhara] ① 펴지는. 덮는. 까는. ② 친절하게 환영하는. ③ 깔개. ④ 마루.

santhāraka = santhāra ①.

santhāreti [santharati의 *caus.*] ① 펼치다. ② 덮게 하다.

santhuta *adj.* [saṁ-stu의 *pp.*] 친숙한. 친밀한. *cf.* santhava.

santhutika = santhuta.

sanda *adj.* *m.* [*cf.* saṇḍa] ① 빽빽한. 밀집한. ② 울창한 숲. -cchāya 울창한 그늘을 주는. -vihāra 숲속에서의 삶. 은자로서의 삶. 은둔생활. 삼림주(森林住).

sandati [syand] 흐르다. *aor.* sanditttha; *pp.* sanna; *caus.* sandāpeti 흐르게 하다.

sandana ① *n.* [*cf.* sandāna] 장식. 말장식. ② *m* [*cf.* *sk.* syandana] 전차(戰車).

sandambhita [*sk.*<sandarbhati] → santhambhita.

sandamānikā *f.* [<syand] 전차(戰車).

sandassaka *m* [<saṁ-dṛś의 *caus.*] 교시자. 가르치는 사람.

sandassana *n.* [<sandassati] 현시. 교시.

sandassiyati [sandasseti의 *pass.*] 보여지다.

sandasseti [saṅ-dṛś의 *caus.*] ① 가르치다. ② 보여주다. *pass.* sandassiyati; *ppr.* sandassiyamāna.

sandahati [saṅ-dhā] ① 모우다. ② 연결하다. 중재하다. 조정하다. ③ 정리하다. *abs.* sandahitvā. sandhāya ~에 관하여. 대하여. *pp.* saṁhita; *pass.* sandhīyate. sandhiyyate.

sandahana *n.* [=sandhāna<saṁ-dhā] ① 모음. ② 정리. ③ 적용.

sandāna *n.* [<saṁ-dā '묶다'] ① 밧줄. 사슬. ② 족쇄. *cf.* sandhāna.

sandāpeti [sandati의 *caus.*] 흐르게 하다.

sandāleti [saṁ-dal의 *caus.*] 부수다. *abs.* sandālayitvāna.

sandiṭṭha *adj.* *m.* [saṁ-dṛś의 *pp.*] ① 서로 아는. ② 지인. 친구. yathā-sandiṭṭhaṁ *adv.* 친구가 사는 곳에. 친구를 의존해서.

sandiṭṭhi *f.* [saṁ-diṭṭhi<saṁ-dṛś 또는 sva-dṛś] ① 지금 여기 보이는 세계. 현세(現世). ② 현세의 이익. -parāmāsin 세속적인 것에 물들은. 현세를 망취(妄取)하는. 광신도(狂信徒).

sandiṭṭhika. sandiṭṭhiya *adj.* [saṁ-diṭṭha-ika. -iya] ① 지금 여기에 있는. 눈에 보이는. 현세의. 현실의. 자견(自見)의. 현증(現證)의. ② 현세에 유익한. 지금 여기에서 유익한.

sandiṭṭhin *adj.* [<sandiṭṭhi] ① 지금 여기의. 눈에 보이는. 스스로 보는. ② 현세에 유익한.

sandita *adj.* [saṁ-dā의 *pp.*] 묶인. 매인.

sandiddha *adj.* [saṁ-diddha] ① 더러워진. 오염된. ② 희미한. ③ 쉰 목소리의.

sandittha sandati의 *aor.* *3sg.*

sandiyyati. sandīyati [<saṁ-dā ② '베다'] ① 짜증나다. ② 분노하다. 분개하다.

sandissati [saṁ-dṛś의 *pass.*] ① 보이다. 나타나다. ② 일치하다. *pp.* sandiṭṭha.

sandīpeti [saṁ-dīpeti] ① 불붙이다. 불을 켜다. ② 밝게 하다. 조명하다. *aor.* sandīpesi; *pp.* sandīpita; *abs.* sandipetvā.

sandesa [*sk.* sandeśa] ① 소식. 정보. ② 알림. 방송. -hara 전령. 사자(使者). 메신저. -āgāra 우체국(郵遞局).

sandeha *m* [*sk.* saṁdeha<dih] ① 축적. 쌓임. ② 신체. ③ 의심.

sandosa *m* [saṁ-dosa<duṣ] ① 오염. 더럽힘. ② 모독.

sandhana *n.* [saṁ-dhana] 재산. 재보.

sandhanta *adj.* [sandhamati의 *pp.*] ① (바람·입김이) 불어진. ② 녹은.

sandhamati [saṁ-dham] ① (바람이) 불다. ② 부채질하다. *pp.* sandhanta.

sandhātar *m* [<saṁ-dhā] 조정자. 화해자.

sandhāna *n.* [=sandahana<saṁ-dhā] ① 조정. 화해. ② 속박. 족쇄. =sandāna. -kārin 중재자. 조정자.

sandhāpana *n.* [<sandhāpeti. sandahati의 *caus.*] ① 결합. ② 단결.

sandhāya *ind.* [sandahati<dhā의 *abs. bsk.* 〃] ~에 관해서. ~에 대해서.
sandhāraka *adj.* [<sandhāreti] 통제하는. 억제하는.
sandhāraṇa *n.* [<sandhāreti] 통제. 억제.
sandhāreti [saṁ-dhṛ의 *caus.*] ① 나르다. ② 지지하다. ③ 억제하다. 통제하다.
sandhāvati [saṁ-dhāv] ① 달려가다. 흘러가다. ② 유전하다. 윤회하다. *aor.* sandhāvissaṁ = sandhāvisaṁ.
sandhi *m f.* [<saṁ-dhā] ① 결합. 연관. 접합. 합성(合成). ② 이음매. 갈라진 틈. 간격. 간극. (요새·방어선 등의) 터진 구멍. ③ 관절. ④ 연성(連聲)[文法]. sandhiṁ chindati 이음매를 자르다. -cheda 가택 침입[집의 간극의 파괴]. 윤회의 파괴자. -chedaka 틈을 파는 사람. 은밀히 해를 끼치는 사람. -bheda(ka) 불화를 일으키는. -m-ukha 간극의 입구[敵이 破壞한 入口]. -samala-saṅkaṭīva (성벽 등의) 터진 구멍이나 시궁창이나 쓰레기통.
sandhika *adj.* [sandhi-ka] 연결되는. pañca° 다섯 개의 연결고리가 있는.
sandhīyati → sandahati.
sandhīyate. sandhiyyate [sandahati의 *pass.*] ① 연결되다. 연대되다. ② 결합되다. *aor.* sandhīyi; *opt.* sandhiyetha; *imp.* sandhiyassu.
sandhunāti [saṁ-dhū] 흔들다.
sandhūpeti. sandhūpāyati [saṁ-dhūpeti<dh-ūpa] ① 그슬리다. 훈제하다. ② 연기와 수증기를 내다. *aor.* sandhūpāyi; *abs.* sandhūpāyitvā.
sandhovati [saṁ-dhāv] 깨끗이 하다.
sandhovika *adj.* [<sandhovati] 씻는. kaṇṇa-sandhovikā khiḍḍā 귀를 씻는 놀이 또는 코끼리의 뛰놀기. *cf.* saṇadhovika. sāṇadhovana(?).
sanna ① *adj.* [sīdati sad의 *pp.*] 가라앉은. ② *adj.* [sandati syand의 *pp.*] 흘러간.
sannakaddu *m* [*sk.* sannakadru] 싼나깟두[나무의 이름. Buchanania Latifolia].
sannata *adj.* [saṁ-nam의 *pp.*] ① 구부러진. ② 낮은. ③ 준비된.
sannaddha *adj.* [sannayhati의 *pp.*] ① 묶인. ② 입은. 착용한. 차려입은. 무장한.
sannayhati [saṁ-nah] ① 묶다. 고정시키다. ② 무장하다. *aor.* sannayhi; *abs.* sannayhitvā. sannahitvā; *pp.* sannaddha.
sannāmeti [saṁ-nam의 *caus.*] ① 구부리다. ② 기울이다. *opt.* sannāmeyya.
sannāha *m.* [<sannayhati] ① 옷입기. 조이기. 고정. ② 무장. 무구(武具).

sannikaṭṭha *n.* [saṁ-nikaṭṭha] 이웃. 근처. 주변.
sannikāsa *adj.* [saṁ-nikāsa] ① 닮은. ② ~처럼 보이는.
sannikkhepana *n.* [saṁ-nikkhepana] ① 제외. ② 제거(除去).
sanniggaṇhāti [saṁ-ni-grah] 억제하다.
sannighāta *m* [saṁ-nighāta] ① 충격. 충돌. ② 서로 때림.
sannicaya *m.* [<saṁ-ni-ci] 축적. 저장.
sannicita *adj.* [saṁ-ni-ci의 *pp.*] 축적된. 저장된.
sanniṭṭhāna *n.* [saṁ-ni-ṭhāna] ① 결론. 결심. ② 완성. ③ 확인. ④ 확신.
sannitāḷeti [saṁ-ni-tāḷeti] 때리다. 치다.
sannitodaka *n.* [<saṁ-ni-tud] '찌름' ① 선동. ② 조롱.
sannidhāna *n.* [saṁ-nidhāna] 가까움. 근접.
sannidhi *m* [<san-ni-dhā] ① 저장. 축적. ② 연기(延期). -kata 저장된. 연기(延期)된. -kāra 저장. 축적. -kāraka 저장. 저장물. -kārakabhojana 저장되어있는 음식물. 잔숙식(殘宿食). -ṭṭhāna 저장실. 창고. 저장소. -chanda 저장하고자 하는 욕구.
sannipatati [saṁ-ni-pat] 모이다. 집합하다. *pp.* sannipatita; *caus.* sannipāteti.
sannipatana *n.* [<sannipatati] 모임. 집합.
sannipatita *adj.* [sannipatati의 *pp.*] 모인.
sannipāta *m.* [<sannipatati] ① 모임. 집합. ② 몸의 기질들의 결합·배열.
sannipātika *adj.* [<sannipāta] 몸의 기질들의 결합에서 기인하는. -ābādha 몸의 기질들의 결합에서 기인하는 병. 집합병(集合病).
sannipāteti [sannipatati의 *caus.*] ① 모으다. 집합시키다. 소집하다. ③ 배열하다. 결합시키다.
sannibha *adj.* [saṁ-nibha] ① 닮은. ② 유사한.
sanniyojeti [saṁ-niyojeti] ① 지명하다. ② 지정하다. ③ 명령하다.
sanniyyātana *n.* [saṁ-niyyātana] ① 인도(引導). 단념. ② 넘겨줌.
sannirata *adj.* [saṁ-ni-rata<ram] 함께 즐거운. 함께 행복한.
sannirumbhati. saṁnirundhati [saṁ-ni-ru-dh] ① 억제하다. 억지하다. ② 방해하다. *opt.* sannirundheyya; *abs.* sannirumbhitvā. sannir-umhitvā. sannirujjhitvā; *pp.* sanniruddha.
sannirumhana *n.* [<sannirumbhati] ① 억제. 통제. ② 억압. 억지(抑止).
sannivaṭṭa *m* [saṁ-nivatta] ① 돌아옴. ② 귀환.
sannivasati [saṁ-ni-vas ②] ① 함께 살다. ② 교제하다. *pp.* sannivuttha.

sannivāreti [saṁ-ni-vṛ의 *caus.*] ① 억제하다. 억지하다. ② 방해하다.
sannivāsa *m.* [<saṁ-ni-vas ②] 교제. 함께 삶. lokasannivāsa 인간의 사회. 세상.
sannivuttha *adj.* [sannivasati의 *pp.*] ① 함께 사는. ② 교제하는.
sannivesa *m.* [saṁ-nivesa] ① 준비. ② 야영. ③ 정착.
sannivesana *n.* [saṁ-nivesana] 위치. 정착.
sannisajjā *f.* [saṁ-nisajjā] 집회소. 회의장. 회당.
sannisinna *adj.* [sannisīdati의 *pp.*] ① 함께 앉아 있는. ② 정착된. 확립된. -gabbhā 임신부(妊娠婦).
sannisīdati [saṁ-ni-sad] ① 자리 잡다. 정착하다. ② 가라앉다. 안정되다. 조용해지다. *pp.* sannisinna; *caus.* sannisīdeti. sannisīdāpeti.
sannisīdeti [sannisīdati의 *caus.*] 가라앉히다.
sannisīdāpeti [sannisīdati의 *caus.*] 정지시키다.
sannissayatā *f.* [saṁ-nissayatā] ① 의존. ② 연결. 관련.
sannissita *adj.* [*bsk.* sanniśrita] ① 관련된. ② (~에) 근거한.
sannihita *adj.* [sannidahati의 *pp.*] ① 놓여진. ② 저장된. -visa 바이러스.
sannīta [sanneti의 *pp.*] ① 혼합된. ② 반죽된.
sannīra *m.* [?] 왕 코코넛[나무·과일의 일종].
sanneti [saṁ-nī] ① 섞다. ② 반죽하다. *opt.* sanneyya; *grd.* sannetabba; *pp.* sannīta.
sapajāpatika *adj.* [sa-pajāpati-ka] ① 범천·브라흐마신과 함께 하는. 생주신(生主神)과 함께 하는. ② 아내와 함께 하는. 아내를 거느린.
sapaṅka *adj.* [sa-paṅka] 진흙이 묻은. -sobbha 수렁. 진흙구덩이. 진창.
sapañña *adj.* [=sapañña. sa-paññā] 지혜로운.
sapaṇṇakapaṭipadā *f.* [sa-paṇṇaka°] 유희론도(有戱論道).
sapati [śap] ① 욕설하다. ② 저주하다. ③ 억울함을 주장하다. *pp.* satta.
sapatikā *f.* [sa-pati-kā] ① 남편이 있는 여자. ② 유부녀(有夫女).
sapatī *f.* [sa-pati] 남편을 공유하고 있는 여자. 경쟁적인 여자[아내와 첩]. *cf.* sapattī.
sapatta *m.* [*sk.* sapatna] ① 적(敵). 상적(相敵). ② 경쟁자.
sapattaka *adj.* [sapatta-ka] ① 적대적인. 원한이 있는. ② 경쟁적인. -citta 적대적인 마음. 해심(害心).
sapatthabhāra *adj.* [sa-patta-bhāra] ① 날개의 무게를 갖고 있는. ② 날개를 운반하는.
sāpattika *n.* [sapattī-ka] 남편을 공유하고 있는 아내의 상태.
sapattī *f.* [*sk.* sapatnī] 남편을 공유하는 아내. 서로 적인 여자[아내와 첩]. 적처(敵妻). *cf.* sapatī.
sapatha *m.* [*sk.* śapatha<śap] ① 맹세. 선서. 약속. ② 저주.
sapadāna *adj.* [sa-pada의 *pl. gen.*] ① 연속하는. 계속적인. ② 순서대로의. 차제(次第)의. *acc.* sapadānaṁ *adv.* 중단이 없이. 연속해서. -cārika. -cārin 차례대로 구별없이 걸식하는. 차제걸식(次第乞食)[빈부를 따지지 않고 일곱 집을 순서대로 탁발함]. -cārikaṅga 차례대로 구별없이 걸식하는 수행. 차제걸식지(次第乞食支)[두타행].
sapadi *ind.* [〃<sa-pada] 즉시. 곧.
saparikkamana *adj.* [sa-parikkamana] ① 접근할 수 있는. ② 여러 곳을 두루 돌아다니기에 적합한.
saparikkhāra *adj.* [sa-parikkhāra] ① 도움을 갖춘. ② 자조하는. 유자량(有資量)의.
sapariggaha *adj.* [sa-pariggaha] ① 재산이 있는. ② 아내가 있는. 결혼한. ③ 부유한.
saparidaṇḍā *f.* [sa-pari-daṇḍā] 장벌(杖罰)에 의해 보호받는 여자. 벌호녀(罰護女)[특별한 여자의 부류].
sapariyanta *adj.* [sa-pariyanta] ① 제한 있는. ② 한계가 있는.
sapallava *adj.* [sa-pallava] 싹이 있는.
sapāka *m.* [*cf. sk.* śvapāka] ① 개를 잡아먹는 사람. 개백정. 천민(賤民). *cf.* sopāka. ② 싸빠까[식물의 일종].
saputta *adj.* [sa-putta] 아들이 있는. -bhariya 처자가 있는. -bhariyatāpasa 처자가 있는 고행자.
sappa *m.* [*sk.* sarpa<sṛp] 뱀. -dāṭhā 뱀의 독아(毒牙). -potaka 어린 뱀. -vijjā 사류학(蛇類學). 파충류학(爬蟲類學). -sira 뱀의 머리. -sirūpamā 뱀의 머리를 비유. *f.* sappinī.
sappagabbha *adj.* [sa-pagabbha] ① 대담한. 무모한. ② 건방진. 안하무인(眼下無人)의.
sappaccaya *adj.* [sa-paccaya] ① 원인이 있는. ② 조건지어진. -duka 한 쌍의 조건지어진 것. 유연이법(有緣二法).
sappañña *adj.* [sa-paññā] = sapañña. 지혜로운. 현명한. -ākārena 현저하게. 명백하게.
sappaṭikamma *adj.* [=sa-paṭikamma] 참회에 의해 없어지는. -āpatti 참회에 의해서 없어지는 죄. 유참제죄(有懺除罪). 유회제회(有悔除罪).
sappaṭigha *adj.* [sa-paṭigha] ① 물질적인 저촉이 있는. 유대(有對)의. ② 반작용을 낳는. 반응하는. -duka 한 쌍의 반작용이 있는 것. 유대이법

(有對二法). -rūpa 대립하여 장애가 되는 물질. 유대색(有對色).

sappaṭipuggala *adj. m.* [sa-paṭi-puggala] ① 동등함을 갖고 있는. ② 경쟁자가 있는 동료·친구.

sappaṭibhaya *adj.* [sa-paṭibhaya] ① 위험한. ② 해로운.

sappaṭibhāga *adj.* [sa-paṭibhāga] ① 유사한. 닮은. ② 대우(對偶)의.

sappaṭissa(va) *adj.* [<sa-paṭissā. *bsk.* sapratīśa] ① 경건한. ② 공손한. 정중한.

sappati [*sk.* sarpati<sṛp] ① 기어가다. 느릿느릿 가다. ② 미끄러지다. 소리 없이 가다. 사행(蛇行)하다.

sappadesa *adj.* [sa-padesa] ① 모든 곳의. 사방의. ② 만국(萬國)의.

sappana *n.* [<sappati] ① 미끄러짐. ② 소리 없이 가기. 사행(蛇行).

sappabhāsa *adj.* [sa-pabhāsa] ① 빛이 있는. ② 아름다운.

sappāṭihāriya *adj.* [sa-pāṭihāriya] ① 기적이 있는. 기적을 동반하는. ② 신변(神變)의. ③ 설득력이 있는.

sappāṭihīrakata *adj.* [sa-pāṭihīrakata] ① 기적에 의해 입증된. 신변에 의해 확인된. ② 근거가 충분한. 정리(正理)에 응하는.

sappāṇaka *adj.* [sa-pāṇa-ka] 생물이 있는. -udaka 생물이 있는 물. 유충수(有蟲水).

sappāya *adj. n.* [<saṁ-pā-i. *cf. bsk.* sāmpreya <saṁ-pra-i] ① 유익한. 건전한. 적합한. ② 순응하는. -âsappāya 적절한 것과 부적절한 것. -kārin 유익·적절함을 만드는. 수응작(隨應作)의. 작익(作益)의. -kiriyā 적절한 행위. 섭생(攝生). -bhojana 유익한 음식.

sappāyatā *f.* [sappāya의 *abstr.*] ① 적합. 어울림. ② 편리.

sappi *n.* [*sk.* sarpis] 버터. 유지. 크림. 수(酥). 숙수(熟酥). -kumbha 버터 담는 옹기. -tela 버터기름. 버터와 기름. -pāyāsa 버터가 든 죽. 수죽(酥粥.) -maṇḍa 버터크림. 수정(酥精). 제호(醍醐). -homa 버터를 화로에 헌공하는 것. 수호마(酥護摩).

sappin *adj. m.* [sappa-in] ① 기는 (것). ② 뱀.

sappinī *f.* [sappin의 *f.*] 뱀의 암컷. *cf.* sappa.

sappītika *adj.* [sa-pīti-ka] ① 기쁜. ② 즐거운. -ārammaṇa 즐거운 감각적 대상. 유희소연(有喜所緣). -jhāna 희열이 있는 선정. 유희선(有喜禪). -duka 한 쌍의 희열. 유희이법(有喜二法). -samādhi 희열이 있는 삼매. 유희정(有喜定). -sukha 희열과 행복.

sappurisa *m.* [sat-purisa] ① 참사람. 정사(正士). ② 착한 사람. 훌륭한 사람. 선인(善人). 선사(善士). -ûpassaya 참사람을 가까이 하는 것. -dāna 참사람의 보시. 선사시(善士施). -bhūmi 참사람의 경지. 참사람의 지위. 선사지(善士地). -saṁseva 참사람과의 교제.

sappurisatara *adj.* [sappurisa의 *compar.*] 참사람보다 참사람의.

sapharī *f.* [*sk.* śapharī] 싸파리[물고기의 이름. 넙치종류].

saphala *adj.* [sa-phala] 열매 맺는. 보답이 있는.

saphalaka *adj.* [sa-phalaka] 방패가 있는. 방어물이 있는.

sabala *adj.* [*sk.* śabala] ① 반점이 있는. ② 다채로운. -kārin 일관성 없이 행동하는. 변덕스럽게 행동하는.

sabba *adj. n.* [sk sarva] ① 모든. 일체의. 전체의. ② 완전한. (*sg.*) *nom.* sabbaṁ; *ins.* sabbena; *abl.* sabbato. sabbaso; (*pl.*) *m. nom. acc.* sabbe; *gen.* sabbesaṁ. sabbaṁ atthi 모든 것은 존재한다. sabbaṁ ādittaṁ 모든 것은 불타고 있다. -atthaka 모든 것과 관련이 있는. 모두에게 유익한. 팔방미인(八方美人)의. -atthavijjamāna 편재(遍在)하는. -atthika 항상 유용한. -âkāra 잡다한. -âkusala 모든 불건전한 것. 일체불선(一切不善). -âkusalasādhāraṇa 모든 불건전한 것에 공통되는. -āpaṇa 모든 것을 파는 가게. 백화점. -âbhibhū 모든 것을 정복하는. -âsubhavāda 비관주의(悲觀主義). -âsubhavādin 비관주의자(悲觀主義者). -ûpadhipaṭinissagga 모든 존재에 대한 집착을 놓아버림. -ôtuka 모든 계절에 해당하는. -kaniṭṭha 모두 가운데 가장 어린. -kammikâmacca 모든 일을 하는 장관. -kāya 일체의 부류. 전신(全身). -kālaṁ 항상. -ghasa 모두 먹어버리는·삼키는. -cittasādhāraṇa 모든 마음에 공통되는. -(ñ)jaha 모든 것을 포기하는. -jigucchā 냉소주의(冷笑主義). -jegucchin 냉소가(冷笑家). -ññu 박식한. 전지(全知)한. -ññutā. 전지성(全知性). -ññutāñāṇa 전지(全知). -dassāvin. -dassin 모든 것을 보는·아는 사람. 일체견자(一切見者). -dhamma 일체의 가르침. 일체의 원리. 일체법(一切法). -paṭhama 맨 먼저의. 주요한. -paṭhamaṁ 무엇보다 먼저. 맨 먼저. -ppahāyin 모든 것을 버린. 일체단자(一切斷者). -baladhara 전능(全能)한. -byohāra 사업. 교역. -bhakkha 잡식성(雜食性)의. -bhumma 세계군주. -loka 일체세간. -loke anabhiratisaññā 일체세간 존재에 유혹되지 않는 지각. -vidū 아주 현명한. 일체지자(一切知者). -vivecaka 냉소가(冷

笑家). -vyāpitā 편재성(遍在性). -vyāpin 편재(遍在)하는. -saṁharaka 쌉바쌍하라까[香水의 일종]. -sampuṇṇa 자급자족할 수 있는. 자부심이 강한. -sata 각각 100으로 이루어진. -sādhāraṇa 보편적인. 흔한. -suñña 모든 종류의 공(空). 일체공(一切空) [suñña° saṅkhāra° vipariṇāma° agga° lakkhaṇa° vikkhambhana° tadaṅga° samuccheda° paṭippassaddhi° nissaraṇa° ajjhatta° bahiddha° dubhato° sabhāga° visabhāga° esana° pariggaha° paṭilābha° paṭivedha° ekatta° nānatta° khanti° adhiṭṭhāna° pariyogāhana - suñña]. -subhavāda 낙관주의(樂觀主義). -subhavādin 낙관주의자(樂觀主義者). -seṭṭha 무엇보다 중요한. -sovaṇṇa 완전히 금으로 만든.

sabbaji *m* [sabba-ji] 모든 것을 정복한 자. 일체승자(一切勝者).

sabbañjaha *adj. m* [sabbaṁ-jaha<hā] ① 모든 것을 단념하는. ② 일체단자(一切斷者).

sabbaññū *adj. m* [sabbaṁ-ñū] ① 모든 것을 아는. ② 전지자. 일체지자(一切知者).

sabbaññutā *f.* [sabbaññu의 *abstr.*] 전지(全知). 전지성(全知性). 일체지성(一切知性). 일체지지(一切知智). -ñāṇa 전지(全知)의 지혜.

sabbatta *n.* [sabba의 *abstr.*] ① 전체. ② 일체성.

sabbattha ① *m* [sabba-attha] 모든 유익. 일체의. 일체사(一切事). ② *ind.* [*sk.* sarvatra] 모든 곳에. 모든 경우에 -ābhivassin 모든 곳에 비가 내리는. -kammaṭṭhāna 일체 모든 것을 명상수행의 기반으로 삼는 것. 일체처업처(一切處業處). -gāminīpaṭipadā 모든 곳으로 통하는 길. 편행도(遍行道). -dosadassin 냉소가(冷笑家). -paññatti 두루 시설함. 편통제(遍統制). -mahāmatta 총리. 총리대신(總理大臣).

sabbatthaka *adj.* [sabbattha-ka] ① 모든 것과 관계되는. 모든 곳에 있는. ② 모든 것을 하는. 모두에게 유익한. -mahāmatta 총리대신.

sabbatthatā *f.* [sabbattha ②의 *abstr.*] 두루 퍼져 있음. 편재(遍在). 무소부재(無所不在). *ins.* sabbatthatāya 전체적으로.

sabbathā *ind.* [sabba-thā] 모든 방법으로. ~sabbaṁ 온갖 방법으로. 모든 것을 어떻게 해서든지. 완전히. -sama 병렬(竝列). 병렬적인.

sabbadā *ind.* [sabba-dā] 언제나.

sabbadhī *ind.* [sabba-dhi] ① 모든 곳에. ② 모든 경우에. ③ 모든 점에.

sabbaso *ind.* [sabba의 *sg. abl.*] ① 전혀. ② 모든 점에서. 모든 경우에.

sabbassa ① *n.* [*sk.* sarvasva] 전재산(全財産). -haraṇa 전재산(全財産)의 몰수. ② [sabba의 *sg. gen.*] 일체의.

sabbābhibhū *adj. m* [sabba-abhibhu] 모든 것을 정복하는. 일체승자(一切勝者).

sabbāvant *adj.* [sabba-vant. *bsk.* sarvāvant] 모든. 전체의. 일체의. *acc.* sabbāvantaṁ; *gen.* sabbāvato.

sabbe [sabba의 *m. pl. nom. acc.*] ~dhammā anattā 모든 법은 무아이다. 제법무아(諸法無我). ~saṅkhārā aniccā 모든 존재자는 무상하다. 제행무상(諸行無常). ~sattā āhāraṭṭhitikā 모든 중생은 음식·자양으로 산다.

sabbesaṁ. sabbesānaṁ sabba의 *m. n. pl. gen.*

sabbotuka *adj.* [sabba-utu-ka] ① 모든 계절의. ② 일 년 내내의.

sabbha *adj.* [sabbha<*sk.* sabhya] '사회에 속하는' ① 예의바른. ② 고귀한. -tā 문화. 문명.

sabbhi [santa의 *pl. ins.*] ① 착한 사람들과. ② 참사람들에 의해서.

sabbhin *adj.* [sabbha<*sk.* sabhya] '사회에 속하는' ① 예의바른. ② 고귀한.

sabyābajjha *adj.* [sa-byābajjha-ka] ① 성내는. ② 악의를 지닌.

sabrahmaka *adj.* [sa-brahma-ka] ① 하느님의 나라를 포함하는. ② 범천 세계를 포함하는.

sabrahmacārin *m* [sa-brahmacārin] ① 동료 수행자. 도반(道伴). ② 학생.

sabhaggata *adj. m* [sabhā-gata] ① 모임과 관계된. 집회장으로 간. ② 동료[=sabhāgata].

sabhā *f.* [〃] ① 모임. 집회. ② 집회장. ③ 재판소. -gata 집회장으로 간. 모임에 대한. 동료. -pati 회장(會長). -sīlin 모임·집회를 좋아하는. 집회에 익숙한.

sabhāga *adj.* [sa-bhāga] ① 공통된. 공동의. ② 유사한. 동류의. 동분(同分)의. -āpatti 공동의 죄. 동분죄(同分罪). -ṭṭhāna 휴게실(休憩室). 안락한 곳. -nimitta 유사한. -vuttika 유사한 생활을 하는 자. -vuttin 서로 예의를 지키는. -santati 유사한 상속. 동류의 상속. 동분상속(同分相續). -suñña 동분공(同分空)[六內處나 六外處가 共同的인 것이므로 空한 것].

sabhājana *m* [*cf.* pīti-dassanesu] ① 존경. 공경. ② 인사.

sabhāya *n.*=sabhā

sabhāva *m* [*sk.* svabhāva] ① 상태. ② 조건. ③ 성향. 성질. 질(質). 성격(性格). 본성. 본질. ④ 진리. 실재. 천연. 자성(自性). 실상(實相). *acc.* sabhāvaṁ 성실하게. 헌신적으로. -dhamma-

(tta) 고유한 원리. 제일의적(第一義的) 존재. 자성법(自性法). -nirutti 여법한 표현. 고유한 본성의 표현. 자성사(自性詞). -nirūpaṇa 자연주의(自然主義). -parisuddha 중생의 마음이 본래 청정한 것. 자성청정(自性清淨). -bhūta 참된. 사실의. -rūpa 고유한 물질. 자성색(自性色). -lakkhaṇa 고유한 특징. 자성상(自性相). -siddha 자연적인. -siddhi 발생정도(發生程度).

Sabhiya *m.* 싸비야. 살비야(薩毘耶)[바라문. 비구의 이름].

sabhoga ① *adj.* [sa-bhoga] 부유한. 재산이 있는. ② *m.* [sva-bhoga] 재산. 소유.

sabhojana *adj.* [sa-bhojana] ① 음식을 함께 하고 있는. ② 식사중인.

sama ① *m.* [<śam] 고요. 평정. ② *m.* [śram] 피로(疲勞). ③ [〃] 같은. 평등한. 공평한. 정직한. *acc.* samaṁ 공평하게. samaṁ karoti 공평하게 하다. *ins.* samena 정직하게. 정당하게. -kālavattana 양립(兩立). 병존(竝存). 공존(共存). -kalika 양립하는. 병존하는. 공존하는. -cariyā 정직한 행위. 정행(正行). 공평한 행위. 평등행(平等行). 고요한 행위. 적정행(寂靜行). -cāga 똑같이 베푸는. 등시(等施). 동사(同捨). -cārin 바르게 행동하는. 정행자(正行者). 고요하게 행동하는. 적정행자(寂靜行者). -citta 공평한 마음. 고요한 마음. 등심(等心). 적정심(寂靜心). -jana 평범한 사람. 일반사람. 범인(凡人). -jātika 같은 계급의. 동종(同種)의. 동질(同質)의. 균질(均質)의. -jātikatta. -jātikatā 동종성. 동질성. 균질성. -jīvitā 규칙적인 생활. 등명(等命). 검소하게 사는. -ṭṭhāna 수준(水準). -tala 평평한. 고른. -tiṁsa 서른 정도. 바로 삼십. -tittka 가장자리까지. -tta. 수준(水準). -danta 이빨이 고른 것. 치제상(齒齊相)[三十二相의 하나]. -dhāraṇa 동일한 후원·유지. -dhura 동일한 짐을 나르는. 동일한. -dhuravattin 병렬적인. -pañña 평등한·동일한 지혜를 지닌. 등혜자(等慧者). -bhūmi 수준(水準). -rūpena 담조롭게. -vāhita 동일하게 떠맡는. 공평하게 나르는. -vibhatta 동등한 몫의. -saddha 동일한 믿음을 지닌 자. 동신자(同信者). -sama 똑같은. 바로 같은. -sikkhātar 동일한 계율을 배운 자. 동일학계자(同一學戒者). -sīla 같은 계율을 지닌 사람. -sīsa. -sīsin 두 결과를 동시에 성취하는 님. 수등자(首等者). 제수자(齊首者)[참사람으로서 渴愛와 목숨을 同時에 소멸시키는 님]. -sūpaka 동일한 수프가 있는.

samaṁ *ind.* [sama 또는 samā의 *acc.*] 똑같이 평등하게. brahmunā samaṁ 범천과 같이. suddhaṁ asuddhena samaṁ 깨끗한 자를 더러운 자와 같이. āgamanā samaṁ 오는 것과 동시에.

samaka *adj.* [sama-ka] ① 동일한. ② 평등한. *acc.* samakaṁ *adv.* 동일하게.

samakkhāta *adj.* [saṁ-akkhāta] ① 계산된. 열거된. ② 알려진.

samagga *adj.* [saṁ-agga. *bsk.* samagra] ① 통일의. ② 조화로운. -kamma 화합된 승단의 모임·갈마. -saṅgha 화합된 승가. 화합승(和合僧). -parisā 화합된 무리. 화합중(和合衆).

samaggatta *n.* [samagga의 *abstr.*] ① 일치. 동의. ② 화합.

samaṅgitā *f.* [samaṅgin의 *abstr.*] ① 부여되어 있음. ② 관련되어 있음. 연관(聯關). 구유(俱有).

samaṅgin *adj.* [saṁ-aṅgin] ① 부여된. 가지고 있는. ② 관련된. 구비된. samaṅgī-bhūta 가지고 있는. 구족된. -karoti 공급하다.

samacariyā *f.* [sama ①. ③ -cariyā] ① 평정의 삶. 평등행(平等行). ② 고요한 삶. 작장의 삶. 적정행(寂靜行).

samacāga *adj.* [sama-cāga] ① 동일하게 관대한. ② 동일하게 베푸는.

samacārin *adj. m.* [sama-cārin] ① 평정의 삶을 사는. 적정의 삶을 영위하는. ② 적정행자(寂靜行者).

samacitta *adj. n.* [sama ①. ③ -citta] ① 평정의 마음을 지닌. ② 평정한 마음. 평정심(平靜心). 평등심(平等心).

samacetayi sañcinteti의 *aor.*

samacchati [saṁ-ās] 함께 앉다. *pres. 3pl.* samacchare.

samacchidagatta *adj.* [saṁ-ā-chid-gatta] 사지가 절단된.

samajja *n.* [*cf. sk.* samāja<saṁ-aj] ① 축제의 모임. ② 흥행. 구경거리. -âbhicaraṇa 구경거리에 몰두하는 것. -ṭṭhāna 축제의 장소. 무대. -dāna 축제를 갖는. -majjhe 무대에. 행사장에. -maṇḍala 모임의 범위·집단.

samajjhagaṁ. samajjhagā samadhigacchati의 *aor.*

samañcati [saṁ-añc] 함께 구부리다.

samañcara *m.* [sama-cara] ① 가라앉은. ② 고요한. 평정한.

samañcineteti = sañcinteti.

samañña *f.* [saṁ-aññā<jñā] ① 명칭. 이름. ② 속칭. 통칭.

samaññāta *adj.* [saṁ-aññāta] ① 명명된. 알려진. 유명한. ② 악명 높은.

samaṇa *m.* [*sk.* śramaṇa<śram] 수행자. 출가수행자. 사문(沙門). -uddesa 새내기 출가자. 사

미(沙彌). [=sāmaṇera]. -ûpāsana. -ôpāsana 가까운 사문. 친근사문(親近沙門). -karaṇa 사문이 되는 것. -kāraṇḍava 쭉정이 같은 사문. -kuttaka 사문의 옷을 입은. -dūsin 사문을 더럽히는. -dhamma 수행자의 원리. 고행주의(苦行主義). -paduma 홍련과 같은 수행자. 홍련사문(紅蓮沙門)[탐욕과 성냄 등이 엷어진 한번 돌아오는 님]. -paribbājaka 출가사문(出家沙門). -parisā 수행자들의 무리. 사문중(沙門衆). -palāpa 쭉정이 같은 사문. 사문찌꺼기. -puṇḍarīka 백련과 같은 수행자. 백련사문(白蓮沙門)[탐욕과 성냄을 여의었기 때문에 즉시 꽃이 필 것이라고 해서 돌아오지 않는 님]. -brāhmaṇa 수행자와 성직자. 사문과 바라문. -bhatta 사문의 밥. -bhadra 사문의 행운. -bhūmi 수행자의 단계. -m-acala 동요를 여읜 수행자. 부동사문(不動沙門)[믿음을 갖추었기 때문에 동요하지 않는 흐름에 든 님]. -saññā 사문에 대한 인식. -sāruppa 사문에게 적합한. -sukha 사문의 행복. -sukhumāla 수행자 가운데 승묘한 수행자. 유연사문(柔軟沙門)[阿羅漢].

samaṇaka *m.* [samaṇa-ka] ① 비열한 사문. 사이비 수행자. ② 어떤 종류의 사문.

samaṇī *f.* [samaṇa 의 *f. sk.* śramaṇī] ① 여자 수행자. ② 사문니(沙門尼).

samaṇḍīkata *adj.* [sa-maṇḍalakata] ① 옷단이 대어진. ② 에워싸인.

samaṇḍalīkata *adj.* [sa-maṇḍalakata] ① 가장자리를 꿰맨. ② 둘러싸인.

samatā *f.* [sama의 *abstr.*] ① 평등. 공평. ② 정상적인 상태.

samatikkama *adj.* [saṁ-atikkama] ① 넘어가는. 뛰어넘는. 초월하는. ② 극복하는. -vibhūta 허구가 극복된. 초월무유(超越無有).

samatikkamati [saṁ-ati-kram] ① 넘어가다. 초월하다. ② 극복하다. *abs.* samatikkama; *pp.* samatikkanta 초월된. 정복된.

samatikkamana *n.* [<samatikkamati] ① 초월. ② 극복. -pahāna 초월에 의한 극복. 초월사단(超越捨斷).

samatiggaṇhāti [saṁ-ati-grah] ① 넘어 도달하다. ② 뻗치다. 날아오르다. *abs.* samatiggayha.

samatiṭṭhatha santiṭṭhati의 *aor. 3sg.*

samatittha *adj.* [sama-tittha] 평평한 (연못의) 둑을 가진.

samatitthika. samatittika. samatittiya *adj.* [<sama-tittha-ika] ① 둑과 같은 높이의. ② 꽉 찬. 넘칠 듯한.

samatimaññati [saṁ-atimaññati] ① 경멸하다. 멸시하다. ② 얕보다. *aor.* samatimaññi.

samativattati [saṁ-ativattati] ① 초월하다. 넘어서다. ② 극복하다.

samativattati [saṁ-ati-vyadh] ① 관통하다. ② 꿰뚫다.

samatta ① *n.* [sama의 *abstr.* =samatā] 평등. 대등. ② *adj.* [*sk.* samāpta. saṁ-āp의 *pp.*] 완성된. 종결된. 완전한. *acc.* samattaṁ 완전히.

samattha *adj.* [*sk.* samartha] ① 유능한. ② 훌륭한. ③ 강한. dhāvanāya samattho; dhāvituṁ samattho 잘 달릴 수 있는 (사람).

samatthita *adj.* [saṁ-arthayati의 *pp.*] ① (실을) 푸는. ② 해명하는.

samatthiya *adj.* [<samattha] ① 유능한. ② 훌륭한. ③ 강한.

samatha *m.* [<śam *bsk.* śamatha] ① 멈춤. 그침. 평온. 지(止). 지식(止息). 적지(寂止). 사마다(奢摩多). 사마타(奢摩他). ② (교리·계율상의) 문제의 해결. 멸쟁(滅諍). 멸법(滅法). -kammaṭṭhāna 사마타 명상수행. 지업처(止業處). -kkhandha 멸쟁건도(滅諍犍度)[비구의 쟁론을 없애는 일곱 종류의 방법을 기록한 율장]. -nimitta 멈춤의 특징. 지상(止相)[멈춤의 인상 : 멈춤이라는 그 양상을 포착하면 거듭 일어나게 되는 멈춤의 인상]. -pubbaṅgama 멈춤을 선구로 하는. -bala 멈춤의 힘. 지력(止力). 적지력(寂止力). -yānika 멈춤을 수레로 삼는. 멈춤에 헌신적인. 사마타행자(奢摩他行者) [sukkhavipassaka의 반대개념]. -vipassanā 멈춤과 통찰. 평온과 직관. 지관(止觀). 싸마타와 위빠싸나. 사마타(奢摩他)와 비발사나(毘鉢舍那). -saṅgaha 멈춤에 의한 섭익(攝益). 멸법취(滅法取). -samādhi 멈춤의 삼매. 사마다정(奢摩多定).

samadhigacchati [saṁ-adhi-gam] ① 도달하다. ② 분명하게 이해하다. *aor.* samajjhagā. samajjhagaṁ (*1sg.*)

samadhigaṇhāti [saṁ-adhi-grah] ① 얻다. 도달하다. 습득하다. ② 능가하다. 정복하다. *abs.* samadhiggayha. samadhiggahetvā.

samadhosi [saṁ-dhū (휘두르다)의 *aor.* saṁ-cup(마찰하다)의 대신에 쓰인 것임] 일어났다.

samana *n.* [<śam] ① 억제. ② 제어. 제지.

samanaka *adj.* [sa-mana-ka] ① 정신이 있는. ② 의식이 있는.

samanantara *adj.* [saṁ-an-antara] 틈이 없는. 직접적인. 등무간(等無間)의. *abl.* samanantarā 틈이 없이. 직접적으로. -paccaya 인접의 관계. 시간근접조건. 등무간연(等無間緣)[시무간(時無

間 : kālāntara)에 의해 등무간연(等無間緣 : samanantarapaccaya)이 있음].
samanukkamati [saṁ-anu-kram] 함께 따라 걷다.
samanugāhati [saṁ-anu-gāh] ① 이유를 묻다. 상세히 질문하다. ② 규명하다. *opt.* samanugāheyya; *pass.* samanugāhiyati.
samanujānāti [saṁ-anu-jñā] ① 시인하다. 승낙하다. ② 가상히 여기다. *fut.* samānujānissati; *aor. 1sg.* samanuññāsiṁ; *pp.* samanuññāta.
samanuñña *adj. m.* [<samanuññā] ① 시인(是認)하는. 승낙하는. 인가하는. ② 승낙. 승인.
samanuññā *f.* [<samanujānāti] 시인. 승낙. 인가(認可).
samanupassati [saṁ-anu-paś] ① 보다. 지각하다. ② 여기다. 간주하다. *inf.* samanupassituṁ; *ppr.* samanupassamāna.
samanupassanā *f.* [<samanupassati] ① 생각. 고려. 간주. ② 비판적인 조사. ③ 관찰.
samanubandhati [saṁ-anu-bandh] ① 추구하다. ② 수행하다.
samanubhāsati [saṁ-anu-bhāṣ] ① 대화하다. 간언하다. 충고하다. ② 함께 합송(合誦)하다. ③ 함께 연구하다. *opt.* samanubhāseyya; *pass.* samanubhāsiyati.
samanubhāsanā *f.* [<samanubhāsati] ① 대화. ② 간언. 충고. ③ 합송. ④ 간고(諫告)하다. -samuṭṭhāna 대화·간언의 발생. 간고등기(諫告等起).
samanumaññati [saṁ-anu-man] ① 찬성하다. ② 시인하다. *fut.* samanumaññissati; *aor.* samanumaññiṁsu.
samanumodati [saṁ-anu-mud] ① 시인하다. ② 기뻐하다. 만족하다.
samanuyuñjati [saṁ-anu-yuj] ① 반대심문하다. ② 엄하게 추궁하다. ③ 힐난(詰難)하다. *opt.* samanuyuñjeyya; *pass.* samanuyuñjiyati.
samanusocati [saṁ-anu-śuc] ① 근심하다. ② 슬퍼하다. *aor.* samanusocesi.
samanussarati [saṁ-anu-smṛ] ① 회상하다. ② 상기하다.
samanta *adj.* [〃 saṁ-anta] ① 일체의. 모든. 전체의. ② 보편적인. *acc.* samantaṁ 완전히. *abl.* samantā. samantato; *ins.* samantena 널리. 어느 곳에도. -cakkhu 일체를 보는 눈. 보편의 눈. 보안(普眼). 보안자(普眼者). 일체안(一切眼). -nisseṇi 둥근 계단. 사다리. 사주제(四周梯). -pāsādika 단엄한. 보단엄(普端嚴). -bhaddakatta 완전한 행운. -rahita 완전히 가버린. -veda (베다에 관한) 지식이 완전한 사람.
samantapāsādikā *f.* [samanta-pāsāda-ika] 싸만따빠싸디까. 일체선견(一切善見). 선견율비바사(善見律毘婆沙)[律藏의 註釋].
samantara *adj.* [saṁ-antara] 평행의. 병렬의. -tta 유사점(類似點). 유사성(類似性). -dīghacaturassa 평행사변형(平行四邊形).
Samantakūṭavaṇṇanā *f.* [samanta-kūṭa-vaṇṇanā] 보산정찬(普山頂讚)[Vedehathera가 부처님의 生涯를 描寫한 作品].
samandhakāra *m.* [saṁ-andhakāra] 밤의 어둠.
samannāgata *adj.* [saṁ-anu-āgata] ① 수반된. 갖추어진. 구족된. 구비된. ② 부여된. ariyamaggena samannāgato 성스러운 길이 갖추어진. -paññatti 교시(敎示)가 구족된. 시설이 갖추어진. 구족시설(具足施設).
samannāneti. samanvāneti [saṁ-anu-ā-nī] ① 이끌다. 올바르게 행동하다. ② 통제하다. *ppr.* samannānayamāna.
samannāhata *adj.* [saṁ-anu-ā-han의 *pp.*] ① 함께 때려진. ② 공연된. 상연된.
samannāharati [saṁ-anu-ā-hṛ. *bsk.* samanvāharati] ① 집중하다. ② 고려하다. 사념하다. ③ 경의를 표하다. 존경하다.
samannāhāra *m.* [<samannāharati] ① 집중. ② 주의(注意).
samannesati. samanvesati [saṁ-anu-iṣ] ① 찾다. 조사하다. ② 탐구하다. *ppr. sg. nom.* samanvesaṁ; *aor.* samannesi.
samannesanā *f.* [<saṁ-anu-iṣ] ① 조사. 검사. ② 탐구. 탐색. ③ 음미.
samapekkhaṇa *n.* [<samapekkhati] ① 고려. 사려. 숙고. ② 성찰.
samapekkhati [saṁ-apekkhati] ① 고려하다. 사려하다. 숙고하다. ② 성찰하다. *aor.* samapekkhi; *abs.* samapekkhiya.
samappaṇā *f.* [<samappeti] ① 응시. 청원. ② 양도. ③ 받침. 헌신. 봉헌.
samappita *adj.* [samappeti의 *pp.*] ① 양도된. 넘겨진. ② 주어진. 구비된. 소유하고 있는.
samappeti [saṁ-appeti<ṛ의 *caus.*] ① 양도하다. 넘겨주다. 위탁하다. ② 놓다. 주다. ③ 받치다. 헌신하다. 봉헌하다. *pp.* samappita
samabhajjisaṁ sambhajjati의 *aor.* → sambhañjati.
samabbhāhata *adj.* [saṁ-abbhāhata] ① 구타당한. 공격받은. ② 부딪힌.
samabhijānāti [saṁ-abhi-jñā] ① 상기하다. 기억하다. ② 알다.

samabhisāta *adj.* [saṁ-abhisāta] 기쁜. 즐거운. 환희하는.

samabhisiñcati [saṁ-abhisiñcati] 왕위에 오르다. 등극하다.

samaya *m.* [〃<saṁ-i] ① 집합. 집회. 회의. 모임. ② 시간. 계절. 조건. 경우. ③ 종의(宗義). ekaṁ samayaṁ *adv.* 한 때. 어떤 때. *ins.* tena samayena *adv.* 그 때에. -antaragahaṇa 개종(改宗). -antaragāhin 개종자. 전향자. -ôcita 시기적절한. -ppavādaka 교의에 대한 논의소·회의소. -vasaṭha (→ samavasaṭṭha) 철저히 포기된. -vimutta (영원하지 못한) 일시적인 해탈자. 시해탈자(時解脫者). -vimutti. -vimokkha 일시적 해탈. 시해탈(時解脫)[四色界와 四無色界에 도달한 것]. *cf.* asamayavimokkha.

samara *m.* [sa-mara] 싸움. 전투

samala *adj.* [*bsk.* 〃 sa-mala] ① 불순한. ② 때가 낀. 오염된.

samalā *f.* [<samala] ① 쓰레기통. 휴지통. ② 하수관. 하수도.

samalaṅkaroti [saṁ-alaṁ-kṛ] 장식하다. 장엄하다. *aor.* samalaṅkari; *abs.* samalaṅkaritvā; *pp.* samalaṅkata.

samavaṭṭhita *adj.*[<saṁ-ava-sthā의 *pp.*] 준비(準備)된.

samavatta ① *adj.* [sama-vaṭṭa] 완전히 원만한. -kkhandhā 상반신이 똑같이 원만한. 견원만상(肩圓滿相)[三十二相의 하나]. ② *n.* [sama-vatta] 똑같은 의무. 정제(定制). -cāra 같은 의무를 지니고 유행함. 정유행(定遊行). -vāsa 같은 의무를 지니고 삶. 제한주(制限住). -saṁvāsa 똑같은 의무를 갖고 함께 사는 것. 평등하게 삶. 정제공주(定制供住).

samavattha *adj.* [<sama-ava-sthā] 안정된. 목적이 있는.

samavadhāna *n.* [<sam-ava-dhā] ① 일치. 동의. ② 공존. 협력. 협동.

samavaya *m.* [?<samaya] ① 파멸. ② 적멸(寂滅). ③ 종국(終局).

samavassarati [saṁ-ava-sṛ] ① 격려하다. 자극하다. ② 박차를 가하다. *aor.* samavassari. *cf.* samosarati.

samavāpaka *n.* [sama-vāpaka<vap] 창고. 저장실(貯藏室).

samavāya *m.* [<saṁ-ava-i] ① 조합. 결합. 승론(勝論). ② 회합. -vādin 합론자(合論者). 승론자(勝論者) (=visesika=*sk.* vaiṣeśika).

samavekkhati [saṁ-ava-īkṣ] ① 조사하다. 고찰하다. ② 관찰하다.

samavekkhitar *m.* [samavekkhati의 *ag.*] ① 조사자. ② 관찰자.

samavepākin *adj.* [<sama-vipāka] ① 소화가 잘 되게 하는. ② 등숙력(等熟力)이 있는.

samavossajjati [=samossajjati] ① 옮겨가다. ② 위탁하다. 맡기다. 양도하다.

samavhaya *m.* [saṁ-ahvaya] 이름. 명칭.

samasambhoga *m.* [sama-sambhoga] 공동체. -āyatta 공동체적인. 공산주의적인. -ika 공동체주의자. 공산사회주의자. -tta. -tā 공유(共有). 사회주의(社會主義). -vāda 공동체주의. 공산주의. 사회주의(社會主義). -vādin 공동체주의자. 공산주의자. 사회주의자.

samasīsa. *m.* [sama-sīsa] 두 결과를 동시에 얻는 님. 수등자(首等者). 제수자(齊首者)[참사람으로 渴愛와 목숨을 同時에 소멸시키는 님].

samasīsin *adj.* [sama-sīsa-in] 두 결과를 동시에 얻는. 수등(首等)의. 제수(齊首)의. = samasīsa

samasāyisuṁ saṁsāyati의 *aor. 3pl.*

samassattha *adj.* [samassasati의 *pp.*] ① 새롭게 된. ② 안심된.

samassasati [saṁ-ā-śvas] 새롭게 되다. 안심되다. *pp.* samassatha; *caus.* samassāseti.

samassāseti [samassasati의 *caus.*] 안심시키다. 새롭게 하다.

samassāsa *m.* [saṁ-assāsa] ① 원기회복. 기분의 상쾌함. ② 안심. ③ 구원.

samassita *adj.* [saṁ-ā-śri의 *pp.*] ① 기울어진. ② 기대는. 의지하는.

samā *f.* [〃] 해. 년(年). *acc.* sataṁ samaṁ *adv.* 백 년 동안.

samākaḍḍhati [saṁ-ākaḍḍhati] ① 끌다. 잡아당기다. 유인하다. ② 요약하다. 발췌하다. *aor.* samākaḍḍhi; *abs.* samākaḍḍhitvā.

samākaḍḍhana *n.* [<samākaḍḍhati] ① 잡아당김. 유인. ② 요약. 발췌.

samākiṇṇa *adj.* [saṁ-ākiṇṇa] ① 덮인. ② 채워진. 충만한.

samākula *adj.* [saṁ-ākula] ① 붐비는. 혼란된. ② 군집된. ③ 채워진.

samāgacchati [saṁ-ā-gam] ① 함께 만나다. ② 모이다. 집합하다. *aor.* samāgañchi. samāgañchiṁ. samāgamā; *abs.* smāgantvā. samāgamma; *pp.* samāgata.

samāgama *m.* [saṁ-āgama] ① 모임. 집회. ② 교제. ③ 동거. ④ 사회(社會).

samācarati [saṁ-ā-car] ① 행동하다. 행위하다. ② 실천하다.

samācāra *m.* [<samācarati] 행위. 행동.

samāja *m.* [*sk.* samāja] 클럽. 동호회. 사회(社會). -âgāra 클럽회관. 회관. -dhammavijjā 사회학(社會學). -dhammavedin 사회학자(社會學者).

samājahita *adj.* [*sk.* samāja-hita] 사회적인. -karaṇa 사회주의(社會主義). -kārin 사회주의자(社會主義者).

samātapa *m.* [saṁ-ātapa] 열심. 열중. 열정.

samādapaka *adj. m.* [<samādapeti] ① 지도하는. 자극하는. ② 조언자. 선동가. 지도자.

samādapana *n.* [<samādapeti] ① 가르침. ② 권도(勸導). 독려(督勵). ③ 선동.

samādapetar *m.* [samādapeti의 *ag.*] ① 훈계자. 조언자. ② 선동가.

samādapeti. samādāpeti [saṁ-ā-dā의 *caus.* *bsk.* samādāpayati] ① 가지게 하다. 인도하다. ② 자극하다. 격려하다. *aor.* samādapesi; *abs.* samādapetvā. samādetvā; *pass.* samādapiyati; *ppr.* samādapiyamāna.

samādahati ① [=samādheti. saṁ-ā-dhā] 모으다. 집중하다. 입정하다. *ppr.* samādahāna. samādahaṁ(*sg. nom.*); *pp.* samāhita; *pass.* samādhīyati [또는 samādhi의 *denom.*] 진정되다. ② [saṁ-ā-dah] 불붙이다. *caus.* samādahāpeti 불붙이게 하다. 태우게 하다.

samādahana =samādhāna.

samādāti [sam-ā-dā] 취하다. 받다.

samādāna *n.* [<samādāti] ① 취함. 맡음. 수락. 수지(受持). ② 준수. 수계(受戒). -virati 준수된 금지. 금계의 준수. 수리(受離). 수계에 의한 삼감[세 가지 삼감(tisso viratiyo)의 하나]. -hetu 수지·수계의 원인.

samādāya samādiyati의 *abs.*

samādinna [samādiyati의 *pp.*] 떠맡은. 책임을 지는.

samādiyati [saṁ-ā-dā] ① 떠맡다. (책임을) 지다. ② 수지(受持)하다. *aor.* amādiyi; *imp.* samādiya; *abs.* samādāya. samādiyitvā. *pp.* samādinna.

samādisati [saṁ-ā-diś] 지시하다. 명령하다.

samādetvā samādapeti의 *abs.*

samādhāna. samādahana *n.* [<saṁ-ā-dhā] ① 모음. ② 고정. 집중. ③ 정신통일. 등지(等至). 정(定).

samādhi *m.* [saṁ-ā-dhā] 집중. 정신통일. 명상. 정(定). 삼매(三昧)[1. 삼매의 다발(定蘊 samādhikkhandha)은 여덟 가지 고귀한 길(八聖道. 八正道 : ariya aṭṭhaṅgikamagga)과 관련하여 올바른 정진(正精進 sammāvāyāma)과 올바른 새김(正念 sammāsati)과 올바른 집중(正定 sammāsamādhi)을 말한다. 2. 그리고 세 가지 삼매(三三昧)에 관련하여 있음을 여읜 삼매(空三昧 suññatasamādhi). 바램을 여읜 삼매(無願三昧 appaṇihitasamādhi). 특징을 여읜 삼매(無相三昧 animittasamādhi)가 있다. 3. 삼매(三昧)는 감관에 대한 수호·새김과 알아차림·만족·다섯 가지 장애의 여읨·사선(四禪)을 포함한다.] -indriya 집중의 능력. 정근(定根). -kathā 삼매에 대한 대화. 정론(定論). -kammika 삼매를 닦는 수행자. 정수습자(定修習者). -kusala 삼매에 익숙한. 정선교(定善巧). -kkhandha 여러 가지 삼매. 삼매의 다발. 정온(定蘊). -gāravatā 명상·삼매의 존중. -cariyā (네 가지) 선정을 닦는 삶의 실천. 정행(定行). -ja 삼매에서 생겨난. -nimitta 삼매의 인상. 삼매의 조건. 정상(定相). -pamukha 삼매를 선구로 하는. -parikkāra 삼매에 도움이 되는 수단(=satipatthāna). -bala 삼매의 힘. -bhāvanā 집중의 수행. 삼매수행. -vipphāra 삼매의 편만. 정편만(定遍滿). -vipphārā-iddhi 침투하는 집중의 신비한 힘. 삼매의 퍼져나가는 불가사의한 힘. 정편만신변(定遍滿神變). -saṁvattanika 삼매에 도움이 되는. -samāpattikusalatā 집중과 성취에 능숙함. 삼매와 성취에 밝은 것. 삼매등지선교(三昧等至善巧). -sampadā 삼매의 성취. 정성취(定成就). -sampanna 삼매를 구족한. 정구족(定具足). -sambojjhaṅga 집중의 깨달음 고리. 정등각지(定等覺支)[七覺支].

samādhika *adj.* [sama-adhika] ① 너무 많은. 과도한. ② 풍부한.

samādhīyati [samādhati의 *pass.* 또는 samādhi의 *denom.*] 진정되다.

samādheti = samādahati ①.

samāna ① *adj.* [〃<sama] 같은. 유사한. 동등한. ② *adj.* [sa-māna] 교만한 마음을 지닌. ③ *adj.* [as atthi의 *ppr.*] 존재하고 있는. ④ 싸마나[천신의 일종]. -ācariyaka 같은 스승을 모시고 있는 사람. 동문(同門). -āsanika 같은 정도의 자리에 앉을 자격이 있는. -ûpajjhāya 동일한 화상을 모시고 있는 자. 상제자(相弟子). -kicca 협력. 협동. -gatika 동일한. 동등한. -tā = samānatta. -bhava 평온. 평정. -rūpa 초상. -vassika 우기를 함께 보낸 사람. 동안거자(同安居者). -vatthu 일치하는 것. -saṁvāsa 비슷한 사람들과 함께 사는. 동일주처(同一住處). -saṁvāsaka 같은 (종교) 단체에 속하는. 공주자(共住者). -sīmā 같은 경계. 같은 교구. 동일경계(同一境界). -ssa-

ratā 교향곡(交響曲). 심포니.
samānatta ① *adj.* [samāna-attan] 마음이 평온한. 침착한. 함께 사는. 자기와 같은 마음을 지닌. 동사(同事)의. ② *n.* [samāna의 *abstr.*] =samānatā 일치. 평등(平等). 유추(類推). 비유(比喩). 유사성(類似性). 일치관계. 상동관계(相同關係). ~ṁ pāpeti 상응시키다. 일치시키다.
samānattatā *f.* [samānatta의 *abstr.*] ① 평온한 상태. 공평한 상태. ② 자기와 동일하게 대하는 것. 즐거움과 괴로움을 같이 하는 것. 동사(同事).
samānayi samāneti의 *aor.*
samāniyā *ind.* [samānī(samāna의 *f.*)의 *ins.*] 한결같이. 공동으로. *cf. sk.* samānya.
samānīta *adj.* [samāneti의 *pp.*] ① 적절한 곳으로 가져온. ② 정해진. 고정된.
samāneti [saṁ-ā-ni] ① 가져오다. ② 생산하다. ③ 모으다. ④ 계산하다. *aor.* samānayi; *pp.* samānita.
samāpajjati [saṁ-ā-pad. *sk. bsk.* samāpadyate] ① 도달하다. ② 들어가다. 착수하다. ③ 종사하다. ④ ~이 되다. *aor.* samāpajji. samāpaduṁ; *opt.* samāpajjeyya; *pp.* samāpajjita. samāpanna.
samāpajjana *n.* [<samāpajjati] ① 시작. 착수. 입정(入定). ② 통과. -vasitā 입정의 자유자재. 입정자재(入定自在).
samāpajjita *adj.* [samāpajjati의 *pp.*] ① 도달된. ② 들어간. sākacchā samāpajjitapubbā 앞서 이루어진 대화.
samāpaṭipatti → sammāpaṭipatti의 *misr.*
samāpatti *f.* [*bsk.* 〃 <samāpajjati] ① 도달. 성취. 입정. 명상을 즐기는 상태. 명상의 단계. 명상의 성취. 등지(等至). 정수(正受). 입정(入定). 삼마발저(三摩跋底). -kusala 명상의 성취에 능숙한. 등지선교(等至善巧). -kusalatā 명상의 성취에 능숙한 사실. -citta 명상의 성취에 든 마음. 정심(定心). -ñāṇa 명상의 성취에서 생겨나는 지혜. 등지지(等至智). -bhāvanā 명상의 성취에 대한 수행. -nānatta 여러 종류의 명상의 성취. 정종종(定種種). -vuṭṭhānakusala 출정(出定)에 익숙한. ② 죄를 범함. 입죄(入罪). 정범(定犯).
samāpattila *m.* [<samāpatti] 성취자.
samāpattesiya *adj.* [samāpattiesiya] 성취를 열망하는.
samāpaduṁ samāpajjati의 *aor.*
samāpanna *adj.* [samāpajjati의 *pp.*] ① 도달된. 들어간. ② 입정(入定)된.
samāpannaka *adj.* [samāpannaka] ① 성취에 도달된. ② 입정에 든.
samāpeti [saṁ-āpeti] ① 완성하다. 성취하다. ② 결정하다. 결심하다. *aor.* samāpesi; *pp.* samatta. samāpita; *abs.* samāpetvā.
samāyāti [saṁ-ā-yā] 집합하다. 결합되다. *pp.* samāyāta.
samāyuta *adj.* [saṁ-āyuta] 결합된. 단결된.
samāyoga *m.* [saṁ-āyoga] ① 결합. ② 연결.
samāraka *adj.* [sa-māra-ka] ① 악마(māra)를 포함한. ② 악마와 함께 하는.
samāraddha *adj.* [samā-rabhati의 *pp.*] 시작된. 착수된.
samārambha *m.* [<samārabhati<radh] ① 착수. ② 노력. 활동. ② 귀찮게 구는 것. ③ 상해. 살해. 파괴.
samārabhati [saṁ-ā-rabh] 시작하다. 착수하다. *pp.* samāraddha.
samāruhati. samārohati [saṁ-ā-ruh] ① 올라가다. ② 들어가다. *pp.* samārūḷha; *caus.* samāropeti.
samāruhana *n.* [<samāruhati] 올라감. 상승.
samārūḷha *adj.* [samāruhati의 *pp.*] ① 올라간. ② 들어간.
samārocayi. samārocayuṁ saṁroceti의 *aor.*
samāroceti [saṁ-ā-ruc] 함께 즐기다. 크게 기뻐하다. *aor.* samārocayi. samārocayuṁ.
samāropana *n.* [<samāropeti] ① 상승시킴. 일으킴. ② 올려놓음.
samāropeti [samāruhati의 *caus.*] ① 올리다. 올려놓다. ② 맡기다. 위탁하다. *aor.* samāropesi; *pp.* samāropita; *abs.* samāropetvā.
samālapati [saṁ-ā-lap] ① 말을 걸다. 말하다. ② 언어능력을 회복하다.
samāvaya = samavāya.
samāvahati [saṁ-ā-vah] ① 생기게 하다. ② 성취하다. *aor.* samāvahi; *ppr.* samāvahanta.
samāsa *m.* [saṁ-ās] ① 결합. 단축. 생략. ② 복합어[문법].
samāsato *ind.* [samāsa의 *abl.*] 간략하게.
samāsati [saṁ-ās] ① 함께 앉다. ② 교제하다. *opt. 3sg.* samāsetha.
samāsana *n.* [<samāsati] ① 함께 앉음. ② 사귐. 교제.
samāsama *adj.* [=samasama] 똑같은.
samāsādeti [saṁ-āsādeti] 얻다. 획득하다.
samāsevita *adj.* [saṁ-ā-sevita] 몸에 잘 익은.
samāhata *adj.* [saṁ-āhata<han] ① 얻어맞은. ② 맞은.
samāhanati [sam-ā-han] ① 때리다. ② (타악기를) 연주하다.

samāhāra *m.* [〃] ① 집합. ② 요약. 축약(縮約). ③ 감관의 철수. -digu 집합대수(集合帶數)[문법]. -dvanda 집합병렬복합어(集合竝列複合語). 집합상위(集合相違) [문법].
samāhāraṇa *n.* [samāhāra-na] 편집. 편찬.
samāhita *adj. m.* [samādahati의 *pp.*] ① 가라앉은. 평온한. 침착한. ② 집중된. 입정에 든. 마음이 통일된. -citta 집중된 마음. 정심(定心). 득정심(得定心).
samiṁsu sameti의 *aor.*
samikkhaka *m.* [saṁ-ikkha-ka] 망원경.
samijjhati [saṁ-ṛdh] ① 성공하다. 성취하다. ② 번영하다. *aor.* samijjhi; *opt.* samijjheyyuṁ; *fut.* samijjhissati; *pp.* samiddha; *caus.* samijjhāpeti.
samijjhana *n.* [<samijjhati] 성취. 이행. 성공.
samijjhāpeti [samijjhati의 *caus.*] ① 주다. 부여하다. ② 수여하다. 투자하다.
samijjhiṭṭha *adj.* [saṁ-ajjhiṭṭha<iṣ] ① 명령을 받은. ② 요청된.
samiñjati [=sammiñjati. saṁ-iṅg] ① 접다. 구부리다. ② 움직이다. 동요되다. *opt.* samiñjeyya; *pp.* samiñjita. sammiñjita.
samiñjana *n.* [<samiñjati] 둘로 접음. 구부림.
samiñjita. sammiñjita *adj.* [samiñjati의 *pp.*] ① 구부러진. ② 접혀진.
samita *adj.* ① [sameti의 *pp.*] 모인. 집합된. *n. acc.* samitaṁ 계속해서. ② [samita<mā] 같은. 양이 같은. ③ [sam-mati śam의 *pp.*] 진정된. ④ [śam의 *caus.*의 *pp.*] 정리된. 정돈된.
samitatta *n.* [samita ③의 *abstr.*] 진정된 상태.
samitāvin *adj.* [samita ③-āvin *cf. bsk.* śamitāvin. samitāvin] 고요한. 적정자(寂靜者).
samiti *f.* [<saṁ-i] ① 집합. 집회. 클럽. 동호회. ② 사회(社會).
samiddha *adj.* [samijjhati의 *pp.*] ① 성공한. ② 부유한. 장엄한. *ins.* samiddhena 성공적으로. -ākāra 성공. *ins.* samiddhākārena 성공적으로.
samiddhi *f.* [<samiddha] ① 성공. 업적(業績). ② 번영(繁榮).
samiddhika *adj.* [samiddhi-ka] ① 성공적인. ② 풍부한. 풍요로운. 넉넉한.
samiddhin *adj.* [samiddha-in] 풍부하게 주어진. samiddhinī *f.*
samidhā *f.* [saṁ-idh] ① 연료. ② 장작.
samihita *adj.* [=saṁhita] 풍부하게 갖추어진.
samici = sāmīcī.
samīkaraṇa *n.* [〃] ① 비교. ② 평등하게 함. ③ 정리. 정돈.
samītar =sametar.
samīpa *adj.* [〃] 가까운. 근접한. *acc.* samīpaṁ. *loc.* samīpe 가까이. *abl.* samīpato 가까이. 가까운 곳으로부터. -ga 접근하는. -cara 근접한. -cārin 가까이 있는. 심부름꾼. 시종(侍從). 근행자(勤行者). -ṭṭha 가까이 있는. -ṭṭhāna 주변(周邊).
samīpaka *adj.* = samīpa.
samīra. samīraṇa *m.* [<saṁ-īr] 공기. 바람.
samīrati [saṁ-īr] ① 불다[吹]. ② 움직이다. 동요되다.
samīrita *adj.* [samīrati의 *pp.*] 동요된. 움직인.
samīreti [sam-īr의 *caus.*] ① 소리내다. ② 말하다. *aor.* samīresi; *pp.* samīrita; *abs.* samīretvā.
samīhati [saṁ-īh] ① 움직이다. ② 노력하다. ③ 열망하다.
samīhita *adj. n.* [samīhati의 *pp.*] ① 노력하는. ② 노력. 열망.
samukkaṁsati [saṁ-ud-kṛṣ] ① 찬양하다. 칭찬하다. ② 찬탄하다. *opt.* samukkaṁse; *pp.* mukkaṭṭha.
samukkaṁseti [sam-ud-kṛṣ] = samukkaṁsati. *aor.* samukkaṁsesi; *pp.* samukkaṁsita; *abs.* samukkaṁsetvā.
samukkaṭṭha *adj.* [samukkaṁsati의 *pp.*] 칭찬(稱讚)받은.
samukkācanā *f.* = ukkācanā.
samukkheṭita *adj.* [saṁ-ud-kheṭ] ① 경멸받은. ② 거부된.
samukkhepanā *f.* [<saṁ-ud-kṣip] 심한 비웃음. 능멸(凌蔑).
samugga *m.* [*sk.* samudga] 상자. 바구니.
samuggacchati [sam-ud-gam] ① 발생하다. ② 나타나다. 존재하게 되다. *aor.* samuggachi; *abs.* samuggantvā.
samuggacchati [saṁ-ud-grah] ① 집어 들다. 잡다. 쥐다. ② 껴안다. ③ 잘 배우다. *abs.* smug-gahāya; *pp.* samuggahīta.
samuggata a [saṁ-uggata] ① 발생된. ② 나타난. 출현한.
samuggama *m.* [saṁ-uggama] ① 발생. ② 나타남. 출현.
samuggahīta *adj.* [samugganhāti의 *pp.*] ① 붙잡힌. 집어 올린. ② 취착(取著). 집취(執取).
samuggiraṇa *n.* [<samuggirati] 발성. 발언.
samuggirati [saṁ-uggirati] ① 내뱉다. 말하다. ② 내던지다. 배척하다. *aor.* samuggiri.
samugghāta *m.* [*bsk.* samudghāṭa<saṁ-ud-han] ① 근절. 폐지. ② 제거.
samugghātaka *adj.* [<samugghāta] ① 제거하

는. ② 옮기는.
samugghātita *adj.* [samugghāteti의 *pp.*] ① 폐지된. ② 완전히 제거된.
samugghātitatta *n.* [samugghātita의 *abstr.*] ① 폐지된 상태. ② 완전히 제거된 사실.
samugghahāteti = samugghātāpeti.
samugghātāpeti [saṁ-ud-han의 *caus.*] ① 폐지하다. 근절하다. 제거하다. ② 사형에 처하다. *aor.* samugghātesi; *pp.* samugghātita; *abs.* samugghātetvā.
samugghātuṁ samūhanti의 *inf.*
samucita *adj.* [saṁ-ucita<uc의 *pp.*] ① 익숙해진. 예사로운. 습관이 된. ② 관습적인. ③ 적합한.
samuccaya *m.* [saṁ-ud-ci] 집적. 수집.
samucchaka → samuñchaka.
samucchati [saṁ-ud-śri(?) *cf. sk.* samucchrayati] ① 강화되다. 굳어지다. ② 일어나다. *cond. 3sg.* samucchissatha. *cf.* samusseti.
samucchita *adj.* [saṁ-mucchita] 몰입된. 열중하는. *cf.* pamucchita
samucchindati [saṁ-ud-chid] ① 근절하다. 폐지하다. ② 단념하다. *pp.* samucchinna.
samucchissatha samucchati의 cond.
samuccheda *m.* [<saṁ-ud-chid] ① 단절. 끊음[결박·번뇌·윤회를 끊음]. ② 폐지(廢止). ③ 포기(抛棄). -pahāna 끊어버림에 의한 극복. 단단(斷斷). 정단사단(正斷捨斷)[四正斷(斷斷. 律儀斷. 守護斷. 修斷)의 하나] -maraṇa 윤회의 끊음에 의한 죽음. 정단사(正斷死). -virati. 끊어버림에 의한 절제. 단리(斷離). -vimutti 출세간적인 제거를 통한 해탈. 정단해탈(正斷解脫) -viveka 출세간적인 제거를 통한 멀리 여읨. 정단원리(正斷遠離) -visuddhi 출세간적인 제거를 통한 청정. 정단청정(正斷清淨). -suñña 정단공(正斷空)[光明에 의해 昏沈이 끊어지고 阿羅漢道에 의해 一切煩惱가 끊어지는 것 등에 대한 것을 말함].
samujjala *adj.* [saṁ-ujjala] 찬란한. 빛나는.
samujju *adj.* [saṁ-uju] ① 올바른. ② 완전한.
samuñchaka *adj.* [saṁ-uñcha-ka] 이삭을 줍는. *acc.* samuñchakaṁ *adv.* 이삭을 주워서(사는).
samuṭṭhahati. samuṭṭhāti [saṁ-ud-sthā] ① 일어나다. ② 시작되다. 등기(等起)하다. *aor.* samuṭṭhasi; *pp.* samuṭṭhita; *caus.* samuṭṭhāpeti.
samuṭṭhāna *n.* [saṁ-uṭṭhāna] ① 출현. 시작. ② 발생. 원인. ③ 등기(等起). -rūpa 출현된 물질. 등기색(等起色). -saṅgaha 출현된 법의 취합. 등기법취(等起法聚).
samuṭṭhānika *adj.* [<samuṭṭhāna] ① 발생하는. 시작하는. ② 출현하는.
samuṭṭhāpaka *adj.* (*f.* °ikā)[<samuṭṭhāpeti] ① 발생시키는. ② 야기하는.
samuṭṭhāpeti [samuṭṭhahati의 *caus.*] ① 일어나게 하다. 발생시키다. 야기하다. ② 시작하다.
samuṭṭhita *adj.* [samuṭṭhahati의 *pp.*] ① 일어난. 발생된. ② 출현된.
samuttarati [saṁ-ud-tṛ] ① 넘어가다. 뛰어넘다. ② 초월하다.
samuttejaka *adj.* [<samuttejeti] ① 선동하는. 자극하는. ② 기쁘게 하는. 고무하는. 장려하는.
samuttejana *n.* [<samuttejeti] 장려책(奬勵策).
samuttejeti [saṁ-ud-tij의 *caus. bsk.* samuttejayati] ① 선동하다. 자극하다. ② 기쁘게 하다. 흥분시키다. 고무시키다. 장려하다.
samudaya *m.* [saṁ-ud-aya<i] ① 발생. 기원. 집기(集起). 생기(生起). 집(集). 원인(原因). ② 갑작스런 출현. ③ 빛남. ④ 산출. 세입. -atthaṅgamā 발생과 소멸. -dhamma 발생의 원리. 집법(集法). -vayadhamma 생멸의 원리. 생멸법(生滅法). -sacca 발생에 대한 진리. 원인에 대한 진리. 집제(集諦)[四諦의 하나].
samudayati. samudeti [saṁ-ud-i] 일어나다. 발생하다. 집기(集起)하다. *pp.* samudita.
samudāgacchati [saṁ-ud-ā-gam] (결과로서) 생기다. 일어나다. 얻어지다. *pp.* samudāgata 생긴. 일어난.
samudāgata *adj.* [samudāgacchati의 *pp.*] 생긴. 일어난. 발생된.
samudāgama *m* [saṁ-ud-āgama] ① 시작. 개시. ② 내생(來生).
samudācarati [saṁ-ud-ā-car] ① 통용되다. 유통되다. ② 일어나다. 닥치다. ③ 행동하다. 실천하다. 실행하다. 닦다. ④ 대화하다. 말을 걸다. 주장하다. *aor.* samudācariṁsu; *pp.* samudāciṇṇa.
samudācaritatta *n.* [samudācarita의 *abstr.*] ① 실행. 실천. ② 연습. 습숙(習熟).
samudācāra *m.* [saṁ-ud-ācāra] ① 행동. 실천. 실행. 닦음. ② 습관. ③ 친밀.
samudāciṇṇa *adj.* [samudācarati의 *pp.*] ① 실천된. ② 몰입된.
samudānaya *adj.* [samudāneti의 *grd.*] 획득되어야 할. 획득할 수 있는.
samudānīta *adj.* [samudāneti의 *pp.*] ① 모아진. 수집된. ② 획득된.
samudāneti [saṁ-ud-ā-nī] ① 모으다. ② 얻다. 획득하다. *pp.* samudānīta; *grd.* samudānaya.

samudāya *m.* [<saṁ-ud-ā-i] ① 다수. ② 분량. ③ 전체.
samudāvaṭa *adj.* [saṁ-ud-āvaṭa?] 억제된. 자제된.
samudāhaṭa *adj.* [sam-ud-ā-hṛ의 *pp.*] ① 말해진. 서술된. ② 이름 지어진.
samudāhāra *m.* [*bsk.* 〃 <saṁ-ud-ā-hṛ] ① 이야기. ② 대화. ③ 언설.
samudāharati [sam-u-ā-hṛ] ① 이야기하다. ② 서술하다. ③ 말하다. *aor.* samudāhari; *pp.* samudāharita; *abs.* samudāharitvā.
samudikkhati [saṁ-udikkhati] ① 주시하다. 지켜보다. ② 바라보다.
samudita *adj.* [<saṁ-mud] ① 발생된. ② 흥분된. ③ 결합된. 통일된.
samudīraṇa *n.* [<saṁ-ud-īr] ① 움직임. ② 발언. -bhāva 이동성(移動性). 부동성(浮動性).
samudīrita *adj.* [saṁ-udīrita] 발언된.
samudeti = samudayati.
samudda *m.* [*sk.* samudra<saṁ-udra] ① 갠지즈 강의 커다란 물. ② 바다. 대양. -akkhāyikā. -akkhāyika. -kathā 바다의 기원에 대한 이야기. 해양기원론. 해양론(海洋論). -gamana 항해. -cora 해적(海賊). -ṭṭhaka 대양에 위치한. -tīra 해안(海岸). -deva. -devatā 바다의 신. 해신(海神). -pheṇaka 바다의 포말. 해석(海石). -majjha 바다 가운데. -vaṇṇanā 해양학(海洋學). -vāṇija 바다의 상인. -vijjā 해양학(海洋學). -vīci 바다의 파도.
samuddaya. samudraya *adj.* [=samudaya] ① 발생하는. ② 결과하는.
samuddāyati *m.* [samudda의 *denom.*] 바다와 같다.
samuddhaṭa *adj.* [saṁ-uddhaṭa] ① 들어 올려진. ② 뽑혀진. 근절된.
samuddharaṇa *n.* [<samuddharati] ① 뽑음. ② 구원. 구제.
samuddharati [saṁ-ud-hṛ] ① 꺼내다. 들어 올리다. ② 구조하다. 구원하다. *aor.* samuddhari. samuddhāsi → samuṭṭhāsi; *pp.* samuddhaṭa; *abs.* samuddharitvā.
samunna *adj. m.* [saṁ-unna] ① 젖은. 축축한. 빠진. 잠긴. ② 올가미[갈애].
samunnameti [saṁ-ud-nam의 *caus.*] ① 일으키다. ② 올리다. *ppr. sg. nom.* samunnamayaṁ.
samupagacchati [saṁ-upa-gam] 가까이 가다. 접근하다. *aor.* samupagacchi; *pp.* samupagata; *abs.* samupagantvā. samupagamma.
samupagamana *n.* [<samupagacchati] 접근.
samupajaneti [saṁ-upa-janeti] ① 생산하다. ② 산출하다.
samupaṭṭhahati [saṁ-upaṭhṭahati] ① 돕다. ② 구조하다. *pres.* samupaṭṭhāti; *aor.* samupaṭṭhahi.
samupabbūḷha *adj.* [saṁ-upa-vi-vah의 *pp.*] ① 세워진. 조립된. ② 쌓여진. 군집된. ③ 한창 교전중인. ④ 붐비는.
samupasobhita [<saṁ-upa-śubh] 장식된.
samupama *m.* [saṁ-upama] ① 닮음. ② 유사.
samuparūḷha *adj.* [saṁ-uparūḷha] ① 오르게 된. ② 상승된.
samupasobhita *adj.* [saṁ-upasobhita] 장식된.
samupāgacchati [saṁ-upāgacchati] ① ~로 오다. ② 접근하다. *aor.* samupāgami. *pp.* samupāgata.
samupāgata *adj.* [saṁ-upa-āgata] ① 다다른. ② 도착한.
samupādika *adj.* [sam-upodika(?). sama-uppādika] ① 수면위에. ② 고요한.
samupeta *adj.* [saṁ-upeta] 구비된.
samupeti [sam-upa-i] ① 만나다. ② 접근하다.
samuppajjati [saṁ-up-pad] ① 일어나다. 생기(生起)하다. ② 산출되다. *pp.* samuppanna.
samuppatti *f.* [<samupajjati] ① 발생. 기원. ② 생기(生起).
samuppanna *adj.* [samupajjati의 *pp.*] ① 기원된. 발생된. ② 산출된.
samuppāda *adj.* [saṁ-uppāda] ① 발생. 생성. 생기(生起). ② 산출.
samuppilava *adj.* [saṁ-ud-pilava] ① 뛰어오르는. ② 거품이 이는. *pl. nom.* samuppilavāso = °vāse.
samupphosita *adj.* [saṁ-ud-phosita] 흩뿌려진. 산포(散布)된.
samubbahati [saṁ-ubbahati] ① 나르다. ② 지니다. 소지하다. *aor.* samubbahi; *ppr.* samubahanta; *abs.* samubahitvā.
samubbhavati [sam-ud-bhū] 일어나다. 발생되다. *aor.* samubbhavi. *pp.* samubbhūta. *abs.* samubbhavitvā.
samubbhūta *adj.* [saṁ-ud-bhūta] 발생된. 생산된. 산출된.
samuyyuta *adj.* [saṁ-uyyuta] ① 활력적인. ② 헌신적인.
samullapati [saṁ-up-lap] ① 이야기하다. ② 대화하다. *ppr.* samullapanta.
samullapana. samullāpana *n.* samullāpa *m.* [<samullapati] ① 대화. 우호적인 대화. ② 이야

기. -saṃsagga 대화를 통해 탐욕이 생기게 하는 교제.
samussaya *m.* [<saṁ-ud-śri *bsk.* samucchraya] ① 집적. 집합체. ② 몸. 신체.
samussāpita *adj.* [<samusseti] ① 들어 올려진. ② 일으켜 세워진.
samussāpeti [sam-ud-śri의 *caus.*] ① 들어 올리다. ② 일으켜 세우다. ③ 감아올리다. *aor.* samussāpesi; *pp.* samussāpita; *abs.* samussāpetvā.
samussāheti [sam-ud-sah의 *caus.*] ① 선동하다. 부추기다. ② 자극하다.
samussāhita *adj.* [saṁ-ussāhita] ① 선동된.② 자극된.
samussita *adj.* [samusseti의 *pp.*] ① 올려진. 세워진. ② 굉장한. 거만한. 건방진.
samusseti [saṁ-ud-śri] 들어 올리다. 올리다. *opt.* samusseyya; *pp.* samussita.
samūpama *adj.* [saṁ-upama] 유사한. 비슷한.
samūpasanta → su-vūpasanta(?).
samūlaka *adj.* [sa-mūla-ka] 뿌리를 포함하는.
samūha *m.* [<samūheti] ① 다수. 덩어리. ② 대중. 집합체.
samūhata *adj.* [samūhanati의 *pp.*] 제거된. 근절된. *m. pl. nom.* samūhatāse.
samūhatatta *n.* [samūhata의 *abstr.*] ① 제거. 폐지. ② 근절.
samūhanati. samūhanti [saṁ-ud-han] ① 폐지하다. ② 제거하다. 근절하다. *aor.* samūhaniṁ; *opt.* samūhaneyya; *imp.* samūhantu. samūhanatu; *abs.* samūhanitvā; *inf.* samugghātuṁ; *grd.* samūhantabba; *pp.* samūhata; *caus.* samūhanāpeti. samugghātāpeti; *pp.* samugghātita.
samūheti [saṁ-uh=vah의 *caus.*] 모으다. 수집(收集)하다.
samekkhati [saṁ-īkṣ] ① 고려하다. 고찰하다. ② 찾다. ③ 조심하다. 예방하다. *opt.* samekkhe; *ppr.* samekkhaṁ. samekkhamāna; *abs.* samekkhiya.
samekkhana *n.* [<samekkhati] ① 고찰. 찾음. 수색. ② 조심. 예방.
samekkhā *f.* [<samekkhati] ① 고찰. 찾음. 수색. ② 조심. 예방.
samecca *ind.* [sameti의 *abs.*] ① 만나고. ② 알고 나서.
sameta *adj.* [sameti의 *pp.*] ① 구비된. 갖추어진. 구성된. ② 연결된. ③ 결합된.
sameti [saṁ-i] ① 만나다. 교제하다. 집합하다. ② 일치하다. 맞다. ③ 적합하다. ④ 알다. *fut.* samessati; *aor.* samiṁsu. samesuṁ; *abs.* samecca; *pp.* samita. sameta. ⑤ = sammati의 *caus.*
sametikā → samāhitā의 *misr.*
samerita *adj.* [saṁ-īr의 *caus.*의 *pp.*] ① 움직여진. ② 침투된. ③ 충만된. 편만된.
samesuṁ sameti의 *aor.*
samessati sameti의 *fut.*
samokirati [saṁ-ava-kṝ] 흩뿌리다. 살포하다. (물을) 뿌리다. *pp.* samokiṇṇa.
samokiraṇa *n.* [<samokirati] 흩뿌림. 살포.
samocita *adj.* [<saṁ-ava-ci] ① 모인. ② 정돈된. 정리된.
samotata *adj.* [<saṁ-ava-tan] ① 살포된. 흩뿌려진. ② 퍼진.
samotarati [saṁ-otarati] 내려가다. 하강하다. *aor.* samotari. *pp.* samotiṇṇa. *abs.* samotaritvā.
samodaka *adj.* [sama-udaka] 수면과 같은 높이의. *acc.* samodakaṁ 물가에. 수면에까지.
samodahati [saṁ-ava-dhā] ① 함께 두다. 챙기다. 정돈하다. 정리하다. ② 모으다. ③ 공급하다. ④ 적용하다. *ppr. sg. nom.* samodahaṁ. *abs.* samodahitvā. samodhāya; *pp.* samohita.
samodahana *n.* [<samodahati] ① 함께 두기. 챙겨놓음. ② 정돈. 정리.
samodita *adj.* [=samudita<saṁ-mud] ① 결합된. ② 단결된.
samodhāna. samodahana *n.* [<samodahati] ① 배열. 결합. ② 적용. ③ 합일(合一). ④ 인연관계. 총섭(總攝). -parivāsa 함께 조직된 수습기간. 합일별주(合一別住). -mānatta 함께 조직된 참회의 별주. 수습기간. 합일마나타(合一摩那陀).
samodhānatā *f.* [samodhāna의 *abstr.*] ① 결합. 적용. ② 실행.
samodhāneti [samodhāna의 *denom.*] ① 결합하다. ② 모으다. ③ 연결하다.
samodhāya samodahati의 *abs.*
samorodha *m.* [saṁ-orodha] ① 방책(防柵). 장벽(障壁). ② 마비(痲痺).
samorohati [saṁ-orohari] 내려가다. 하강하다. *abs.* samoruyha.
samosaraṇa *n.* [<samosarati] ① 합류. ② 모임. 만남. ③ 결합. 등취(等聚). -ṭṭhāna 만남의 장소. 합류하는 곳.
samosarati [saṁ-ava-sṛ] ① 합류하다. 모이다. ② 집합하다. *aor.* samosari; *pp.* samosaṭa; *abs.* samosaritvā.
samoha *adj.* [sa-moha] ① 얼빠진. ② 어리석은. -citta 얼빠진 마음. 어리석은 마음. 유치심(有痴心).

samohita *adj.* [samodahati의 *pp.*] ① 모인. 결합된. ② 연결된. ③ 덮인.
sampaka *m.* [?] 쌈빠까[새(鳥)의 일종].
sampakampati [saṁ-pa-kamp] ① 흔들리다. ② 진동하다. *caus.* sampakampeti.
sampakampeti [sampakampati의 *caus.*] ① 흔들다. ② 진동시키다.
sampakopa *m.* [saṁ-pakopa<kup] 분개. 격노. 진노(震怒).
sampakkandati [saṁ-pakkhandati < skand. *bsk.* sampraskandati] ① 열망하다. 갈망하다. ② 들어가다. 뛰어들다.
sampakkhandana *n.* [saṁ-pakkhandana] ① 열망. 갈망. ② 뛰어듦. 약입(躍入).
sampaggaṇhāti [saṁ-pa-grah] ① 노력하다. 긴장시키다. ② 호의를 보이다. ~을 돕다. *pp.* sampaggahīta.
sampaggaha *m.* [saṁ-paggaha] 후원. 지원.
sampaggahīta. [sam-paggahīta] ① 들어 올려진. ② 향상된. ③ 고양된.
sampaggāha *m.* [saṁ-paggāha] ① 가정. 억측. 억설. ② 교만.
sampaghosa *m.* [saṁ-paghosa] 소리. 소음.
sampacura *adj.* [saṁ-pacura] ① 풍부한. ② 아주 많은.
sampajañña *n.* [sampajāna-ya] ① 단순한 알아차림. 주의(注意). ② 고려. 분별. 이해. 용의주도. ③ 올바로 알아차림. 정지(正知).
sampajāna *adj.* [<saṁ-pa-jñā. *bsk.* samprajāna] ① 올바로 분명히 알아채는. ② 고의(故意)의. -kārin 올바로 알아채며 행동하는. -musāvāda 고의로 하는 거짓말.
sampajānati [saṁ-pa-jñā] ① 알다. 올바로 알다. ② 올바로 분명히 알아채다. 정지(正知)하다. *cf.* sampajāna.
sampajjati [saṁ-pad] ① 성공하다. 번영하다. ② 일어나다. ~되다. *aor.* sampādi; *pp.* sampanna; *ppr.* sampajjamāna; *caus.* sampādeti.
sampajjana *n.* [<sampajjati] ① 성공. 번영. ② 발생. 생기(生起).
sampajjalita *adj.* [saṁ-pa-jval의 *pp.*] 타오르는. 화염에 휩싸인. 불꽃을 튀기는.
sampaṭike *ind.* [=sampati] = idāni 지금.
sampaṭiggaha *n.* [saṁ-paṭiggaha] ① 요약. 약술. ② 동의. 일치.
sampaṭicchati [saṁ-paṭi-iṣ] ① 받다. 수용하다. ② 동의하다. 동조하다. 인정하다. *aor.* sampaṭicchi; *pp.* sampaṭicchita; *abs.* sampaṭicchatvā. *caus.* sampaṭicchāpeti.
sampaṭicchāpeti [sampaṭicchati의 *caus.*] ① 받아들이게 하다. ② 동의하게 하다.
sampaṭicchana *n.* [<sampaṭicchati] ① 수락. 동의. ② 영수(領受). -citta 수용의 마음. 영수심(領受心)[시각의식 등이 나타나자마자 감각대상을 수용하는 마음].
sampaṭinipajjā *f.* [saṁ-paṭinipajjā] ① 웅크림. ② 눕기.
sampaṭivijjhati [saṁ-paṭivijjhati] ① 들어가다. ② 관통하다.
sampaṭivedha *m.* [saṁ-paṭivedha] 침투. 관통.
sampaṭisaṅkhā. sampaṭisaṅkhāya [sampaṭi-saṅkhāti의 *abs.*] ① 잘 고찰하고. ② 신중히. 일부러 ③ 오그라들어서.
sampatati [saṁ-pat] ① 뛰어다니다. ② 날아다니다. *imp.* sampatantu; *ppr.* sampatanta; *pp.* sampatita.
sampati *ind.* [*sk.* samprati] 지금. -jāta 지금·방금 태어난. *cf.* sampaṭike.
sampatita *adj.* [sampatati의 *pp.*] ① 뛰어다니는. ② 날아다니는.
sampatta *adj.* [sampāpuṇāti의 *pp.*] ① 도달된. 도착된. ② 현재의. -kālikatāpasa 끼니를 연명하는 고행자. -virati 금계가 획득된. 이미 획득된 성격에 의한 삼감[세 가지 삼감(tisso viratiyo)의 하나].
sampattakajāta *adj.* [sammattaka-jāta(?)의 *misr.*] ① 융합된. 통합된. ② 주어진.
sampatti *f.* [<sampatta] ① 성공. 도달. 성취. ② 행복. 행운. ③ 탁월. 장엄. ④ 존경. ⑤ 번영. 화려. 영화(榮華). -bhava 성취된 존재. 성취된 상태. 성득유(成得有).
sampatthanā *f.* [saṁ-patthanā] ① 간청. 간원. ② 탄원.
sampadā *f.* [<saṁ-pad. *bsk.* 〃] ① 성공. 달성. 성취. 구족(具足). ② 행복. 행운. ③ 실행. 수행. ④ 결과.
sampadāti [saṁ-pa-dā] 넘겨주다. *aor.* sampadāsi.
sampadāna *n.* [<sampadāti] ① 넘겨 줌. ② 여격(*dat.*)[문법].
sampadālana *n.* [<sampadāleti] ① 찢음. 파열. ② 균열.
sampadāleti [saṁ-pa-dal의 *caus.*] ① 찢다. ② 베다. 자르다.
sampadālati [saṁ-pa-dal] = phalati. ① 찢어지다. 째지다. ② 터지다.
sampaditta *adj.* [saṁ-paditta] ① 점화된. ② 격해진. 격렬해진.

sampaduṭṭha *adj.* [saṁpadussati의 *pp.*] ① 타락한. 부패한. ② 사악한.
sampadussati [saṁ-pa-duṣ] ① 타락하다. 부패하다. ② 죄짓다. *aor.* sampadussi; *abs.* sampadussitvā; *pp.* sampaduṭṭha.
sampadussana *n.* [<sampadussati] ① 타락. 부패. ② 사악.
sampadosa *m.* [<sampadussati] ① 타락. 부패. ② 사악.
sampaddavati [saṁ-pa-dra] 도망하다. *aor.* sampaddavi; *pp.* sampadduta.
sampadduta [sampaddavati의 *pp.*] 도망친.
sampadhūpeti [saṁ-pa-dhūpeti] ① (자욱한) 연기를 내뿜다. 연기로 채우다. ② 향기를 풍기다. ③ 스며들다. *cf.* sandhūpeti.
sampadhūpāyati = sampadhūpeti.
sampanna *adj.* [sampajjati의 *pp.*] ① 성공적인. 완성된. 구족된. 성취된. ② 풍부한. 번영하는. ③ 맛있는. 달콤한. 잘 요리된. -diṭṭhi 이론이 갖추어진. 견구족(見具足). -nibbāna 열반이 구족된. 열반구족(涅槃具足). -vijjācaraṇa 명지와 덕행을 겸비한. 지혜와 실천을 갖춘. 명행구족(明行具足). -sīla 계율이 갖추어진.
sampaphulla *adj.* [saṁ-pa-phulla] ① 꽃피는. ② 만개한. 활짝 핀.
sampabhāsa *m.* [saṁ-pa-bhāṣ] 시시한 이야기. 잡담(雜談).
sampabhāsati [<saṁ-pa-bhās] ① 빛나다. ② 비추다.
sampamathita *adj.* [saṁ-pamathita] ① 눌러 부서진. ② 압착된.
sampamaddati [saṁ-pamaddati] ① 눌러 부수다. 으깨다. ② 압착하다.
sampamūḷha *adj.* [saṁ-pa-muh의 *pp.*] ① 혼동된. ② 혼란된.
sampamodati [saṁ-pa-mud] ① 매우 기뻐하다. 크게 환호하다. ② 희열을 느끼다. *pp.* sampamodita.
sampayāta *adj.* [sampayāti의 *pp.*] ① 앞으로 나아간. ② 진보한. 진행한.
sampayāti [saṁ-pa-yā<i] ① 나아가다. 전진하다. ② 진보하다. 진행하다. *inf.* sampayātave; *pp.* sampayāta.
sampayutta *adj.* [saṁ-pa-yuj의 *pp.*] ① 관련된. 연결된. 상응(相應)된. ② 연합된. -paccaya 상응하는 조건. 연합조건. 상응연(相應緣)[연합은 네 가지 방식 공동의 토대를 가지고(ekāvatthuka) 공동의 대상을 가지고(ekārammaṇa) 함께 일어나고(ekuppāda) 함께 소멸하는(ekanirodha) 것으로 네 가지 비물질적 다발들은(受·想·行·識)은 서로 연합조건이 됨]. -parivāra 관련된 수행원. 일행. 상응권속(相應眷屬).
sampayoga *m.* [<saṁ-pa-yuj] ① 관련. 연관. 상응(相應). ② 결합. ③ 연합. -aṅga 관련된 항목. 상응지(相應支). -lakkhaṇa 결합의 특징. 상응상(相應相).
sampayojeti [saṁ-pa-yuj의 *caus.*] ① 관련시키다. 관계시키다. ② 다투다. 싸우다. *aor.* sampayojesi; *pp.* sampayojita; *abs.* sampayojetvā.
samparāya *m.* [<saṁ-parā-i] 미래의 상태. 내세. 당래(當來). -vedaniyakamma. -vedanīyakamma 미래에 받는 업보. 순후수업(順後受業).
samparāyika *adj.* [<samparāya] 내세의. 후세의. 당래(當來)의. ~attha 내세의 이익.
samparikaḍḍhati [saṁ-pari-kṛṣ] ① 끌고 다니다. ② 질질 끌고 다니다.
samparikantati [saṁ-pari-kṛt②] ① 둘레를 베어내다. ② 통째 자르다.
samparikiṇṇa *adj.* [saṁ-parikiṇṇa] 둘러싸인.
samparitāpeti [saṁ-pari-tap의 *caus.*] ① 따뜻하게 하다. 데우다. ② 벌주다.
samparibhinna [saṁ-paribhinna] ① 부서진. ② 해체된. 분리된.
samparivajjeti [saṁ-parivajjeti] ① 피하다. ② 멀리하다. *aor.* samparivajjesi; *pp.* samparivajjita; *abs.* samparivajjetvā.
samparivatta *adj.* [<samparivattati] 여기저기 구르는. 뒹구는. -sāyin 빈들빈들 누워 뒹구는 자. 게을러 누워있는 자.
samparivattaka *adj.* [saṁ-parivattaka] ① 구르는. 뒹구는. ② 기는. *acc.* samparivattakaṁ *adv.* 뒹굴며. 구르며.
samparivattati [saṁ-pari-vṛt] ① 구르다. ② 돌다. 회전하다. *pp.* samparivatta; *caus.* samparivatteti.
samparivatteti [samparivattati의 *caus.*] ① 회전시키다. 다루다. ② 숙고하다. 고찰하다.
samparivāreti [saṁ-pari-vṛ의 *caus.*] ① 둘러싸다. ② 시중들다. *aor.* samparivāresuṁ; *abs.* samparivārayitvā.
samparivāsita → parivāsita.
sampareta *adj.* [saṁ-pari-ita] ① 둘러싸인. 포위된. ② 사로잡힌. 괴로워하는.
sampalibhagga *adj.* [sampalibhañjati의 *pp.*] 분쇄된. 파괴된.
sampalibhañjati [saṁ-pari-bhañj] ① 부수다. 깨부수다. ② 파괴하다. *pp.* sampalibhagga.
sampalibodha *m.* [saṁ-palibodha] ① 장애. 장

애물. ② 방해. 방해물.
sampalimaṭṭha *adj.* [saṁ-pari-mṛṣ의 *pp.*] ① 접촉된. 만져진. ② 지워진. ③ 파괴된.
sampaliveṭheti [saṁ-pari-veṭh] ① 싸다. 둘러 싸다. ② 감다. *pp.* sampaliveṭhita.
sampavaṅka *adj. m.* [saṁ-pari-aṅka] ① 친한. ② 친구. 벗. 동료.
sampavaṅkatā *f.* [sampavaṅka의 *abstr.*] ① 친분. 친함. 친밀. ② 친교.
sampavaṇṇita *adj.* [saṁ-pa-vaṇṇita] 서술된. 칭찬받은.
sampavattar *m.* [saṁ-pa-vac-tar] 선동가.
sampavatteti [saṁ-pa-vṛt의 *caus.*] ① 생산하다. 산출하다. ② 일으키다. 작동시키다. 시작하다. 가게 하다.
sampavāti [saṁ-pa-vā] ① (바람이) 불다. ② 향기가 나다.
sampavāyati [saṁ-pavāyati] ① 향기롭게 하다. ② 즐겁게 하다.
sampavāyana *n.* [<sampavāyati] ① 향기롭게 함. ② 즐겁게 함.
sampavāreti [saṁ-pa-vṛ의 *caus. bsk.* sampravārayati] ① 받게 하다. 제공하다. ② 대접하다. *aor.* sampavāresi; *abs.* sampavāretvā.
sampavedhati [saṁ-pa-vyath] ① 심하게 흔들리다. ② 크게 영향을 받다. *aor.* sampavedhi; *pp.* sampavedhita; *caus.* sampavedheti; *pp.* sampavedhita.
sampavedheti [sampavedhati의 *caus.*] ① 심하게 흔들리게 하다. ② 크게 영향을 주다.
sampavedhin *adj.* [<sampavedhati] 동요하는. 심하게 흔들리는.
sampasāda *m.* [saṁ-pa-sad] ① 평온. 유쾌. 온화. 기쁨. 환희. ② 정신(淨信). 신락(信樂).
sampasādana *n.* [<sampasīdati] ① 조용해 짐. 평온해 짐. ② 침잠.
sampasādanīya *adj.* [<sampasādeti] ① 평화로운. ② 정결한. ③ 환희심이 나는. ④ 청정한 믿음을 갖게 하는.
sampasādeti [sam-pa-sad의 *caus.*] ① 평온하게 하다. ② 기쁘게 하다. 즐겁게 하다. 환희심이 나게 하다. ③ 깨끗이 하다. 청정하게 하다. 정신(淨信)을 갖게 하다 *aor.* sampasādesi; *pp.* sampasādita; *abs.* sampasādetvā.
sampasāreti [saṁ-pa-sṛ의 *caus.*] ① 펴다. ② 늘이다. *pass.* sampasāriyati 늘어지다.
sampasīdati [saṁ-pa-sad] ① 평온해지다. 안심하다. ② 환희심을 갖다. ③ 정신(淨信)을 갖다.
sampasīdana *n.* [<sampasīdati] ① 평온. 안정. 침착. ② 정신(淨信).
sampassati [saṁ-paś] ① 보다. ② 살피다. 주의하다. ③ 정관(正觀)하다. *ppr. m. sg. nom.* sampassaṁ. sampassanto; *pl. gen.* sampassataṁ.
sampahaṁsaka *adj.* [<sampahaṁseti] 기쁘게 하는. 칭찬하는.
sampahaṁsati [saṁ-pa-hṛṣ] ① 기뻐하다. ② 찬양하다. *pp.* sampahaṭṭha; *caus.* sampahaṁseti.
sampahaṁsanā *n. f.* [<sampahaṁsati] ① 기뻐함. 즐거움. 희열. ② 찬성. 찬양.
sampahaṁseti [sampahaṁsati의 *caus.*] ① 기뻐하게 하다. ② 찬성하다.
sampahaṭṭha *adj.* ① [saṁ-pa-ghṛṣ의 *pp.*] 얻어맞은. 정련된. 단련된. ② [saṁ-pa-hṛṣ의 *pp.*] 기쁜. 즐거운.
sampahāra *m.* [saṁ-pahāra] ① 충돌. 서로 때림. ② 싸움.
sampāka *m.* [<saṁ-pac] ① 요리된 것. 조리된 것. ② 조정물(調整物). 성숙. 발전.
sampāta *m.* [saṁ-pāta] ① 함께 떨어짐. 충돌. ② 일치. 동의.
sampādaka *m.* [<sampādeti] ① 준비하는 자. ② 공급자. 획득자. ③ 공연자(公演者).
sampādana *n.* [<sampādeti] ① 성취. 달성. ② 공연(公演).
sampādi sampajjati의 *aor.*
sampādeti [sampajjati의 *caus.*] ① 획득하다. 얻다. ② 노력하다. 시도하다. ③ 현성(現成)하다. 준비하다. 공급하다. ④ 처리하다. 집행하다. *opt.* sampādetha. *pass.* sampādiyati.
sampāpaka *adj. m.* [<sampāpeti] ① 얻게 하는. 가져오는. ② 통하는. ③ 제공자(提供者). 영득자(令得者)
sampāpana *n.* [<sampāpuṇāti] ① 도착. 도달. ② 획득. 성취.
sampāpanā *f.* [<saṁ-pāpa] 심한 욕지거리. 극악구(極惡口).
sampāpuṇāti [saṁ-pa-āp] ① 도달하다. ② 마주치다. ③ 얻다. 성취하다. *aor.* sampāpuṇi; *pp.* sampatta; *caus.* sampāpeti.
sampāpeti [sampāpuṇāti의 *caus.*] ① 가져오다. ② 도달하게 하다.
sampāyati [saṁ-pa-ā-yā<i] ① 설명하다. 해명하다. 대답하다. ② 동의하다. 타협하다. ③ 성공하다. *opt.* sampāyeyaṁ; *fut.* sampāyissati; *aor.* sampayāsi. *cf.* sampayāti.
sampāruta *adj.* [saṁ-pāruta] 완전히 덮인.

sampāleti [saṁ-pāleti] ① 보호하다. 수호하다. ② 지키다.
sampiṇḍana n. [<saṁ-piṇḍ] ① 결합. 연결. 연관. ② 첨가. 부가.
sampiṇḍita adj. [sampiṇḍeti의 pp.] ① 결합된. 합쳐진. ② 굳어버린.
sampiṇḍeti [saṁ-piṇḍ] ① 둥글게 하다. 결합하다. 합치다. ③ 줄이다. pp. sampiṇḍita.
sampiya adj. [saṁ-piya] ① 친한. 친구의. ② 서로 사랑하는. ③ 합의한.
sampiyāyati [sampiya의 denom.] ① 친절하게 대접하다. ② 사랑스러운 말을 나누다. ③ 전념하다. ④ 좋아하다. aor. sampiyāyiṁsu; ppr. sampiyāyanta. sampiyāyamāna.
sampiyāyanā f. [saṁ-piyāyanā] ① 가까운 사이. ② 매우 좋아함.
sampīṇeti [saṁ-prī] 만족시키다. 기쁘게 하다. aor. sampesi; abs. sampīṇayitvā.
sampīḷa n. [saṁ-pīḷa] ① 압박. ② 고통. 고뇌.
sampīḷita adj. n. [sampīḷeti의 pp.] ① 압박받는. ② 고뇌. 근심.
sampīḷeti [saṁ-pīḍ] ① 압박하다. ② 괴롭히다. pp. sampīḷita
sampuccha ind. [sampucchati의 abs.] ①~와 약속을 하고. ② 상담해서.
sampucchati [saṁ-prach] ① 묻다. 상담하다. ② 허가를 받다. abs. sampuccha.
sampuṭa m. [sam-puṭa] (합장할 때) 두 손 모음의 공간.
sampuṭita adj. [cf. bsk. sampuṭaka] ① 움츠린. 축소된. ② 시든.
sampuṇṇa adj. [saṁ-puṇṇa] 채워진. 가득 찬.
sampupphita adj. [saṁ-pupphita] 만개(滿開)한. 활짝 핀.
sampūriyati [sampūreti의 pass.] ① 채워지다. ② 성취되다.
sampurekkharoti [saṁ-purakkharoti] ① 존경하다. ② 숭배하다.
sampūjeti [sam-pūjeti] ① 존경하다. ② 숭배하다. ③ 기리다. aor. sampūjesi; pp. sampūjita; ppr. sampūjenta; abs. sampūjetvā.
sampūreti [saṁ-pṛ의 caus.] ① 채우다. ② 성취하다. aor. sampūri; pass. sampūriyati.
sampesi sampīṇeti의 aor.
sampha adj. n. [cf. bsk. sambhinna] ① 하찮은. 시시한. 쓸데없는. ② 천박함. 어리석음. samphaṁ bhāsati 천박하게 말하다. -ppalāpa 시시한 소리. 쓸데없는 이야기. 꾸며대는 말. 기어(綺語). 잡예어(雜穢語). -ppalāpin 시시하게·경박하게 말하는. 꾸며대는. 기어자(綺語者). 희어자(戲語者).
samphala adj. [saṁ-phala] 열매가 많은.
samphassa m. [sk. saṁsparśa] = phassa. ① 접촉. ② 만남. ③ 관계. cakkhusamphassa 시각의 접촉. 안촉(眼觸).
samphuṭṭha adj. [samphusati의 pp.] ① 접촉된. 소촉(所觸)의. ② 만난.
samphulla adj. [saṁ-phulla] 만개한. 활짝 핀.
samphusati [sk. saṁspṛśati<spṛś] 닿다. 접촉하다. ppr. samphussaṁ. samphusamāna; aor. samphusi; inf. samphusituṁ; pp. samphuṭṭha. samphusita.
samphusanā f. [<samphusati] 접촉.
samphusi samphusati의 aor.
samphusitatta n. [samphusita의 abstr.] 접촉한 상태.
samphussaṁ samphusati의 ppr. sg. nom.
sambajjhati [sambandhati의 pass.] ① 묶여지다. 결합되다. ② 연결되다.
sambaddha adj. [sambandhati의 pp.] ① 함께 묶인. 결합된. ② 연결된.
sambandha m. [<saṁ-bandh] ① 묶임. 결합. ② 연결. 관계(關係). 관심(關心). -lakkhaṇa 하이픈.
Sambandhacintā f. 문장고(文章考)[쌍가락키따(Saṅgharakkhita)의 문장론].
sambandhati [saṁ-bandh] ① 묶다. 엮다. 결합하다. ② 연결하다. abs. sambandhitvā; pp. sambaddha; pass. sambajjhati.
sambandhana n. [<saṁ-bandh] ① 결합. ② 연결. ② 상속.
sambandhatā f. [saṁbandha의 abstr.] 상호성(相互性). -vāda 상호주의(相互主義). -vādin 상호주의자(相互主義者).
sambarimāyā f. [Sambarī-māyā] Sambara(sk. Śambara 阿修羅王. 幻術師)의 환술(幻術).
sambala n. [sk*. śambala] ① 준비. 대책. ② 양식(糧食). ③ 노자(路資).
sambahula adj. [saṁ-bahula] ① 많은. 중다(衆多)의. ② 다수결의. sambahulaṁ karoti 다수결을 취하다. 다수결로 하다.
sambahulatā f. [sambahula의 abstr.] 다수결.
sambahulika adj. = sambahula.
sambādha m. [〃] ① 압박. 결박. 올가미. ② 분주. 번잡. 불편. 장애. 곤궁. ③ 음밀한 곳. 밀소(密所). 음부(陰部). -ṭhāna 은밀한 곳. 음부.
sambādheti. sambādhayati [saṁ-bādh의 caus.] 붐비다. 번잡하다.

sambāhati. sambāheti [saṁ-bāh] ① 문지르다. ② 머리감다. ③ 안마하다. *aor.* sambāhi; *caus.* sambāhāpeti.
sambāhana *n.* [<sambāhati] 문지름. 머리감기.
sambāhāpeti [sambāhati의 *caus.*] 머리감게 하다. 안마시키다.
sambuka *m* [*sk.* śambuka] ① 껍질. 껍데기. ② 패각(貝殼).
sambujjhati [saṁ-budh] ① 깨닫다. 이해하다. 알다. ③ 성취하다. *inf.* sambuddhuṁ; *pp.* sambuddha; *caus.* sambodheti.
sambuddha *adj. m.* [sambujjhati의 *pp.*] ① 원만하게 깨달은. 올바로 깨달은. ② 정각자(正覺者). 등각자(等覺者).
sambuddhi *f.* [saṁ-buddhi] ① 올바른 깨달음. 정각(正覺). ② 원만한 깨달음.
sambuddhuṁ sambujjhati의 *inf.*
sambojjaṅga *m.* [saṁ-bodhi-aṅga] 깨달음의 요소. 깨달음의 고리. 각지(覺支)[=sambodhiyaṅga].
sambodha *m* [<saṁ-budh] 올바른 깨달음. 최고의 지혜. 정각(正覺). 등각(等覺). pubbe sambodhā 올바로 깨닫기 이전에. abhabbo sambodhāya 올바로 깨달을 수 없는. -gāmin 올바른 깨달음으로 가는·이끄는. -pakkhika 올바른 깨달음에 관련하는. -sukha 올바른 깨달음의 행복.
sambodhana *n.* [saṁ-bodhana] ① 각성(覺醒). 눈을 뜸. 깨달음. ② 호격(*voc.*)[文法].
sambodhi *f.* [=sambodha. saṁ-bodhi] 최고의 깨달음. 정각(正覺). 등각(等覺). 삼보리(三菩提). -agga(°yagga) 최상의 올바른 깨달음. -anuttara 위없는 올바른 깨달음. -gāmin 올바른 깨달음으로 이끄는. -patta 올바른 깨달음에 도달한[阿羅漢]. -parāyaṇa 올바른 깨달음을 향해 나아가는. -rati. -sukha 바른 깨달음의 즐거움. 바른 깨달음의 행복.
sambodhiyaṅga =sambojjhaṅga.
sambodheti [sambujjhati의 *caus.*] 가르치다. 지도하다.
sambhagga *adj.* [sambhañjati의 *pp.*] 부서진. 파괴된. 깨진.
sambhajati [saṁ-bhaj] ① 사귀다. ② 일치하다. ③ 좋아하다. ④ 집착하다. *opt.* sambhajeyya; *ppr.* sambhajanta; *pp.* sambhatta.
sambhajanā *f.* [saṁ-bhajanā] ① 사귐. ② 사랑.
sambhajjati [sambhañjati의 *pass.*] ① 쪼개지다. ② 부서지다. *aor.* *1sg.* sambhajjisaṁ.
sambhañjati [saṁ-bhañj] ① 쪼개다. ② 부수다. *pp.* sambhagga; *caus.* sambhañjeti; *pass.* sambhajjati.
sambhañjeti [sambhañjati의 *caus.*] ① 부수다. 파괴하다. ② 찢다. *opt.* sambhañjeyyuṁ
sambhata *adj. n.* [saṁ-bhṛ의 *pp.*] ① 함께 모아진. 저장한. ② 저장물. 비축물(備蓄物).
sambhati [śrambh] ① 가라앉다. ② 진정되다. ③ 조용해지다.
sambhatta *adj. m* [sambhajati의 *pp.*] ① 헌신적인. ② 친구. yathāsambhattaṁ *adv.* 각각의 동료들이 살고 있는 곳을 따라. 친구를 따라서. 친구를 신뢰하여.
sambhatti *f.* [saṁ-bhatti] ① 사귐. ② 사랑.
sambhama *m.* [<saṁ-bhram] ① 혼란. 혼미. ② 흥분. 광분. ③ 퍼즐. 난제. 수수께끼.
sambhamati [saṁ-bhamati] 빙빙 돌다. 회전하다. *aor.* sambhami; *abs.* sambhamitvā.
sambhava *m.* [<saṁ-bhū] ① 기원. 출생. 탄생. 산출. -esin 출생을 추구하는. -rūpa 본래적인 형태. 생성색(生成色). ② 남성의 정액. 정자. ③ *m* 쌈바바. 삼바바(三婆婆). 삼발바(參跋婆)[過去佛인 尸棄佛(Sikhin)의 第二弟子].
sambhavati. sambhuṇāti [saṁ-bhū] ① 발생하다. 생겨나다. 생산되다. ② 있다. ~와 함께 있다. *aor.* sambhavi; *pp.* sambhūta; *caus.* sambhāveti.
sambhavana *n.* [<sambhavati] 생성. 출생.
sambhavesin *adj.* [sambhava-esin] ① 다시 태어남을 추구하는. ② 재생을 원하는.
sambhāra *m.* [<saṁ-bhṛ] ① 재료. ② 필수품. 필수요소. ③ 축적. 쌓음. 더미. ④ 조미료. -saṁyutta 합주. -seda 인공적인 수단으로 땀을 내는 것. 찜질 요법.
sambhāvana *n.* [<sambhāveti] ① 가정(假定). 전제. ② 추측.
sambhāvanā *f.* [<sambhāveti] ① 존경. 공경. ② 의도. 확신.
sambhāvanīya *adj.* [sambhāveti의 *grd.*] 존경받을 만한.
sambhāvita *adj.* [sambhāveti의 *pp.*] 존경받는. 공경받는.
sambhāveti [saṁ-bhū의 *caus.*] ① 얻다. 도달하다. ② 숙고하다. ③ 존경하다. *grd.* sambhāvanīya 존경할 만한. *pp.* sambhāvita.
sambhāsā *f.* [saṁ-bhāṣ] 대화. 이야기.
sambhindati [saṁ-bhid] ① 혼합하다. 뒤섞다. ② 합류하다. 통합되다. ③ 성교하다. *pp.* sambhinna; *grd.* sambhejja.
sambhinna *adj.* [sambhindati의 *pp.*] ① 혼합된. 뒤섞인. ② 피곤한.

sambhīta *adj.* [saṁ-bhīta] 무서운.
sambhuñjati [saṁ-bhuj] ① 함께 먹다. ② 사귀다. 교제하다.
sambhuṇāti → sambhavati.
sambhūta *adj.* [sambhavati의 *pp.*] 생겨난. 발생된. 산출된.
sambhejja *adj.* [sambhindati의 *grd.*] 합류될 수 있는. 통합되어야 하는.
sambheda *m.* [<saṁ-bhid] ① 혼합. 혼란. 혼효. ② 오염.
sambhoga *m.* [saṁ-bhoga] ① 함께 식사함. ② 함께 살아가는 것. -saṁsagga 함께 살아서 탐욕이 생기게 하는 교제.
sambhoti = sambhavati.
samma ① *interj.* 벗이여![축복의 말]. *pl.* sammā. ② [= sammā ①] 올바로. 완전히. 원만히. 적절하게. 정확하게. 철저히. ③ [*cf. sk.* śamyā] 바라. 동발. 요발(鐃鈸). 심벌즈. -tāḷa 바라. 요발. 심벌즈의 일종. -sadda 바닷소리. 심벌즈 소리. 요성(鐃聲).
sammakkhana *n.* [saṁ-makkhana] ① 바르기. 칠하기. ② 더럽힘.
sammakkheti [saṁ-mṛkṣ의 *caus.*] ① 바르다. 칠하다. ② 더럽히다. *pp.* sammakkhita.
sammaggata *adj.* [sammā-gata] ① 바르게 사는. 바르게 유행하는. ② 정행자(正行者).
sammajjati [saṁ-mṛj] ① 쓸다. ② 닦다. ③ 청소하다. *pp.* sammaṭṭha; *caus.* sammajjāpeti.
sammajjana *n.* [<sammajjati] 청소.
sammajjanī *f.* [<sammajjati] 비[청소용]. 빗자루. *cf.* sammujjanī
sammajjāpeti [sammajjati의 *caus.*] 청소시키다. 닦게 하다.
sammaññati =sammannati.
sammaṭṭha *adj.* [sammajjati의 *pp.*] ① 청소된. 치워진. 닦여진. ② 매끄러운. 연마된.
sammata *adj.* [sammannati] ① ~으로 간주된. ② 존경받는. 권위가 있는. ③ 선발된. 정해진. 동의(同意)하는. 자명한. -sacca 자명한 진리.
sammati ① [*sk.* śamyati śam ①] 조용히 가라앉다. 그치다. 쉬다. 살다. 적지(寂止)하다. *pp.* santa; *caus.* sāmeti. ② [*sk.* śrāmyati śram] 피로하다. 피곤하다. ③ [*sk.* śamyati śam ②] 일하다. 만족하다. ④ *f.* [=sammuti<saṁ-man] 세속. 통속. 가명(假名). -ñāṇa 세속의 지식. 세속지(世俗智). -deva 세속의 신. 세속천(世俗天). -santi 세속의 고요. 세속적(世俗寂).
sammatta *n.* ① [saṁ-matta<mad] 취한 미친. 즐거운. ② [sammā의 *abstr.*] 정확함. 올바름. 정성(正性)[팔정도의 성격]. -niyata 올바름에 의해 결정된 것. 정성결정자(正性決定者). -niyatarāsi 올바름에 의해 확정된 무리. 정성결정취(正性決定聚). -niyāma 올바름으로 이끄는·올바름에 의한 결정. 정성결정(正性決定).
sammad° *cpd.* [=sammā] 올바른. -akkhāta 바르게 설해진. -aññā 완전한 지혜. 완전지(完全智). -eva 바르게. 완전히. 당연히.
sammada *m.* [saṁ-mada] 식후의 졸림.
sammadda *m.* [<saṁ-mṛd] ① 밟기. 잡답(雜沓). ② 붐빔. 모여듦. ③ 치구(馳驅).
sammaddati [saṁ-mṛd] ① 짓밟다. ② 박살내다. ③ 무시하다. *aor.* sammaddi; *pp.* sammaddita; *abs.* sammadditvā; *ppr.* sammaddanta.
sammaddana *n.* [<sammaddati] ① 짓밟기. ② 박살내기. ③ 억압.
sammaddasa *adj.* [*sk.* samyakdṛśa] 올바른 견해를 가진. 올바로 보는
sammanteti [saṁ-manteti] ① 의논하다. ② 상의하다.
sammannati [saṁ-man] =samaññati. ① 동의하다. 일치하다. ② 선정하다. 고르다. ③ 존경하다. ④ 권한을 부여하다. *aor.* sammannesi; *inf.* sammannituṁ; *pp.* sammata.
sammappajāna *adj.* [sammā-pajāna] 올바로 앎. 올바로 알아차림. 정지(正知).
sammappaññā *f.* [sammā-paññā] 올바른 지혜. 정혜(正慧).
sammasa *m.* [<saṁ-mṛś] 접촉. 촉(觸).
sammasati [saṁ-mṛś] ① 접촉하다. ② 쥐다. 잡다. ③ 파악하다. 철저하게 알다. *ppr.* sammasaṁ. sammasanta. sammasamāna; *pp.* sammasita.
sammasana *n.* [<sammasati] ① 이해. 분명한 이해. ② 숙달. 파악. 사유. -ñāṇa 분명하게 이해하는 지혜. 사유지(思惟智). -rūpa 분명한 사유의 형태. 사유색(思惟色).
sammasita *adj.* [sammasati의 *pp.*] ① 파악된. 이해된. 파지(把持)된. ② 숙달된. -jjhāna 파지된 선정. 사유선(思惟禪).
sammasitar *m.* [<sammasati] 분명하게 이해하는 사람. 분명히 파악하는 사람.
sammā ① *ind.* [*sk.* samyak] 올바로. 완전히. 원만히. 적절하게. 정확하게. 철저히. samma° -akkhāta 잘 설한. -aññā 완전한 지혜. -attha 적절한 것. 좋은 것. 적절한 원인. -ggata 올바르게 유행한 사람. 정행자(正行者). 목표에 도달한 사람. 완성자(完成者). -ddasa 올바른 견해를 가진. 정견자(正見者). -ppajāna 올바른 지혜를 지닌.

정지자(正智者). -ppaññā 올바른 지혜. 참된 지혜. 정혜(正慧). -ppadhāna 올바른 노력. 정근(正勤). sammā° -ājīva 올바른 생활. 올바른 생계수단. 올바른 직업. 정명(正命). -kammanta 올바른 행위. 정업(正業). -ñāṇa 올바른 지혜. 정지(正智). -ñāṇin 올바른 앎을 가지고 있는. 정지자(正智者). -dassana 올바로 봄. -diṭṭhi 올바른 견해. 정견(正見). -diṭṭhika. -diṭṭhin 올바른 견해를 가진. 정견자(正見者). -dvayatānupassin 올바로 괴로움의 생기와 소멸을 관찰하는. 이종수관(二種隨觀). -dhārā 심한 소나기. -paṭipatti. -paṭipadā 올바른 실천. 정행(正行). 정도(正道). -paṭipanna 올바른 실천을 행하는. 정행자(正行者). -paṇidhi 올바른 서원. 정원(正願). -paṇihita 올바르게 향해진. 바르게 서원된. -passaṁ 올바로 보는. -pāsa 제식의 일종. -magga 올바른 길. 정도(正道). -vattanā 엄격한 행위. 적절한 행위. -brahmacārin 올바른 청정한 삶을 사는. 올바른 신성한 삶을 사는. 정범행자(正梵行者). -manasikāra 올바른 정신활동. 정작의(正作意). -vācā 올바른 언어. 정어(正語). -vayāma 올바른 정진. 정정진(正精進). -vimutta. -vimutti 올바른 해탈. 정해탈(正解脫). -saṁvara 올바른 제어. 정율의(正律儀). -saṅkappa 올바른 의도. 올바른 사유. 정사유(正思惟). -sata. -sati 올바로 새기는. 올바른 새김. 정념(正念). -satidhammapada 올바른 새김이라는 가르침의 분야. -samādhi 올바른 집중. 올바른 삼매. 정정(正定). -samādhidhammapada 올바른 집중이라는 가르침의 분야. -samuccheda 올바른 끊음. 정단(正斷). -sampassaṁ 올바른 견해를 갖고 있는. 정견자(正見者). -sambuddha 올바로 원만히 깨달은. 정등각자(正等覺者). 삼막삼불타(三藐三佛陀). -sambuddhadivāsa 올바로 원만히 깨달은 날. 성도일(成道日). -sambodhi 올바른 완전한 깨달음. 정등각(正等覺). 삼먁삼보리(三藐三菩提). ② *interj.* [samma ①의 *pl.*] 벗들이여!(축복을 나타내는 말). ③ *f.* [*sk.* śamyā] 멍에의 목정(木釘). 제사용 도구의 일종.

sammāna *n.* sammānanā *f.* [<saṁ-man] ① 존경. ② 경의(敬意).

sammāpāsa *m.* [*sk.* śamyāprāsa] 정좌(釘座). 쌈마빠싸공희[祭儀의 일종].

sammiñjati. sammiñjeti [=samiñjati. saṁ-iṅg. *bsk.* sammiñjayati] ① 구부리다. ② 접다. *pp.* sammiñjita

sammiñjita [sammiñjati의 *pp.*] ① 구부러진. ② 접혀진.

sammiñjana *n.* [<sammñjati] ① 구부림. ② 접혀짐. *cf.* pasāraṇa.

sammita *adj.* [saṁ-mā의 *pp.*] ① 계량된. 적량의. ② 바로 그 만큼. -bhāṇin 적절하게 말하는 사람.

Sammiti. Sammitiya *m.* [*bsk.* Sammatiya. Sammitīya] 쌈미띠. 삼미띠야. 정량부(正量部). 삼미저부(三彌底部)[部派佛教의 한 宗派].

sammiya *adj.* [samma-iya] '친구'라는. 친구와 관계된.

sammilāta *adj.* [saṁ-milāta] ① 시든. 시들어 빠진. ② 움츠러든.

Sammillabhāsinī *f.* [saṁ-milla=mihitabhāsin] 쌈밀라바씨니['웃으면서 말하는 여자' 베나레스의 소녀 이름].

sammissa *adj.* [saṁ-missa] 뒤섞인. 혼합된.

sammissatā *f.* [saṁ-missa의 *abstr.*] ① 뒤섞인 상태. 혼합. ② 혼란.

sammisseti [saṁ-mis] ① 뒤섞다. 혼합하다. ② 불명확하게 하다. 혼란시키다. *aor.* sammissesi; *pp.* sammissita; *ppr.* sammissetvā.

sammukkācanā *f.* [saṁ-ukkācanā] 지극한 허언. 미사여구. 침소봉대. 극거설(極擧說).

sammukha *adj.* [saṁ-mukha] ① 마주보는. 면전의. ② 현전(現前)의. *abl.* sammukhā; *loc.* sammukhe. 얼굴을 맞대고. 면전에서. 상대하여. 친하게 sammukhā° -vikappanā 면전에서의 분배·보시. 대면정시(對面淨施). -vinaya 당사자들을 서로 대면하게 하여 소송을 해결하는 방법. 대면에 의한 해결. 현전비니(現前毘尼). 현전비나야(現前毘奈耶)[칠멸쟁(七滅諍)의 하나]. -vinayapaṭirūpaka 대면에 의한 해결과 유사한. sammukhī° -bhāva 대면(對面)하여 있는. -bhūta 대면한. 직면한.

sammukhatā *f.* [sammukha의 *abstr.*] ① 현전(現前). ② 대면. 직면.

sammuccā → sammusā.

sammucchati [sam-mṛṣ] ① 얼빠지게 하다. 혼미하게 하다. ② 열중하게 하다. *aor.* sammucchi; *pp.* sammucchita; *abs.* sammucchitvā.

sammucchita = samucchita.

sammujjani = sammajjani.

sammuñjana *m.* [saṁ-muñja-na] 비. 빗자루.

sammuṭṭha *adj.* [saṁ-mṛṣ의 *pp.*] ① 혼란된. 혼미한. 새김이 없는. ② 잊혀진. -ssati 기억을 잃어버린. 새김이 없는. 주의력이 없는. 실념(失念).

sammuti *f.* [=sammati<saṁ-man *sk.* saṁvṛti] ① 동의. 인정. 허가. ② 선택. ③ 일반적인 의견. 전통. 전승. 관습. 인습. ④ 세속적 가르침. 세속(世俗). ⑤ 가명(假名). -ñāṇa 일반적 지혜. 세속

지(世俗智). -thera 특별한 경우에 선택된 장로. 인정에 의한 장로. 인정장로(認定長老)[사미의 이름이 장로인 경우]. -deva 세속의 신[왕, 왕비, 왕자]. -maraṇa 일반적으로 불리는 죽음.일상적 죽음. 세속사(世俗死). -viruddha 역설적인. viruddhavāda 역설(逆說). -sacca 관습적인 진리. 세속적인 진리. 속제(俗諦). -saṅgha 세간승가[구족계를 받은 비구·비구니의 모임]. ② [*cf. sk.* smṛti] 성전서(聖傳書). 전승서(傳承書).

sammudita *adj.* [sammodati의 *pp.*] 기쁜.

sammuyhati [saṁ-muh] ① 혼미하다. 얼빠지다. ② 당황하다. *pp.* sammūḷha. *caus.* sammoheti.

sammuyhana *n.* [sam-muyhana] ① 당황. 당혹. ② 혼미.

sammusā *ind.* [sammuti의 *abl.*] = sammuccā 동의하여.

sammussati [sam-mus] 잊어버리다. 망각(忘却)하다. *aor.* sammussi; *pp.* sammuṭṭha; *abs.* sammussitvā.

sammussantā *f.* [<saṁ-mussati] 잊어버림. 망각(忘却).

sammūḷha *adj.* [sammuyhati의 *pp.*] ① 얼빠진. 혼미한. ② 당황한. ③ 치매의.

sammegha *m.* [saṁ-megha] ① 비오는 날씨. ② 흐린 날씨.

sammoda *m.* [<saṁ-mud] ① 향기. 향기로움. ② 방향(芳香).

sammodaka *adj.* [<sammodati] ① 친절한. ② 공손한. 예의바른.

sammodati [saṁ-mud] ① 기뻐하다. 일치하다. ② 친절한 인사를 교환하다. *aor.* sammodi; *grd.* sammodanīya; *pp.* sammudita. sammodita; *ppr.* sammodamāna.

sammodana *n.* sammodanā *f.* [<sammodati] ① 만족. 기쁨. ② 칭찬. 인사.

sammodanīya *adj.* [sammodati의 *grd.*] ① 즐길 만한. ② 우의가 있는. 우정이 있는.

sammodamāna adj. [sammodati의 *ppr.*] ① 즐거운. ② 우의가 있는. 화합하는.

sammodita [sammodati의 *pp.*] = sammudita 즐거운. 기쁜.

sammosa *m.* [saṁ-mṛṣ] ① 당황. 혼란. ② 착란. 실성. 실념(失念).

sammoha *m.* [<saṁ-muh] ① 당황. 혼미. 착란. 실성. ② 미망. 치몽(痴蒙) -âbhinivesa 미망에 현혹. 미망의 경향. 치몽주착(痴蒙住著). 미망현탐(迷妄現貪). -kosadha 벌레잡이통풀.

Sammohavinodanī *f.* [sammohavinodanī] 제미망소(除迷妄疏)[분별론에 대한 주석서. 분별론주(分別論註)].

sammoheti [sammuyhati의 *caus.*] ① 놀리다. ② 속이다.

samhi [sa ③의 *loc.*] 자기에게서.

saya *adj.* [=saka?] 자기 자신의.

sayaṁ *ind.* [*sk.* svayaṁ] 스스로. 홀로. -kata 자생하는. 자발적인. 자작(自作). 자조(自造). gāmīratha 자동차(自動車). -pabha 자신으로부터 빛을 내뿜는. 자광자(自光者). 자광천(自光天)[神·神界의 一種]. -pālana 자치(自治). 자주권(自主權). 주권(主權). -bhū 독립적인 자존자. 자생자(自生者). 독존자(獨尊者). -likhitacariyā 자서전(自敍傳). -vaṭṭaka 자동차. -vattin 자동적인. -vara 자기선택. -vasin 독립적인. 자재된. 자재자(自在者). -siddha 자명한.

sayaṁ. sayamāna. sayāna seti의 *ppr.*

sayañcalana *n.* [sayaṁ-calana] 오토마티즘.

sayañjāta *adj. n.* [sayaṁ-jāta] ① 자신에게서 생겨난. 자생적인. ② 자생(自生).

sayatatta = saṁyatatta [saṁyata-atta]

sayati ① [=seti śī] 눕다. 자다. 드러눕다. *aor.* sayi; *opt.* saye. sayeyya; *fut. 1sg.* sayissaṁ; *abs.* sayitvā; *inf.* sayituṁ; *pp.* sayita; *ppr.* sayaṁ. sayāna. sayamāna; *caus.* sayāpeti. ② [śrī] 기대다. 의존하다. *pp.* sita. *cf.* nissayati.

sayathā *ind.* [sa-yathā=seyyathā] ① ~와 같이. ~처럼. ② ~pi 마치…처럼.

sayana *n.* [=sena<śī] ① 누움. 수면. 횡와(橫臥). ② 침대. 잠자리. 와구(臥具). -āsana 잠자리와 깔개. 와좌구(臥坐具). 와좌소(臥坐所). 와좌처(臥坐處). -kathā 침대·잠자리에 대한 이야기. 와상론(臥床論). 와구론(臥具論). -dasaka 휴면기의 십년. 와십년(臥十論). -pālaka 의전장관(儀典長官). 의전대신(儀典大臣).

sayanighara *m.* [sayana-ghara] 침실.

sayāna [=sayamāna] seti의 *ppr.*

sayāpeti [seti. sayati의 *caus.*] 눕게 하다. *pp.* sayāpita.

sayi. sayitvā. sayituṁ seti의 *aor. abs. inf.*

sayita *adj.* [seti의 *pp.*] 누운. 가로누운. 횡와(橫臥)의.

sayissaṁ seti. sayati의 *fut. 1sg.*

saye. sayeyya. seti. sayati의 *opt.*

sayha *adj.* [sahati의 *grd.*] ① 견딜 수 있는. ② 이루어질 수 있는. *cf.* asayha.

sayhāmi [sahati의 *pres. 1sg.*] 나는 할 수 있다.

sara ① *m.* [sk śara] 갈대. 골풀. 화살. -tuṇḍa 화살같은 부리. 날카로운 주둥이. -daṇḍaka 화

살의 몸체. -paṭibāhana 화살을 제거하는 법. 궁기(弓技). -parittāṇa 화살을 막아내는 주문. 방전주(防箭呪). -bhaṅga 화살을 부러뜨리는. -rajju 활줄. 시윗줄. -laṭṭhi 활. -veṇi 활줄. 시윗줄[두세 줄로 꼬아서 만들어진 강한 줄]. ② *adj.* [<sarati sṛ] 움직이는. 흐르는 ③ *m n* [〃] 호수. 연못. 호소(湖沼). *loc.* sare. sarasmiṁ. sarasi. ④ *adj.* [<smṛ] 기억하는. 추억하는. 새기는. -saṅkappa 새김의 의도. 주의와 의도. -māna 추억(追憶)의. ⑤ *m* [*sk.* svara<svar] 소리. 억양. 음성. 모음(母音). -akkhara 모음(母音). -āyatta 발음상의. -kutti 억양. 음조. -bhañña. -bhāṇa 읊조리기. 영창. -bhāṇaka (경전을) 읊조리는. 염송하는 사람. 창송자(唱誦者). -lekhanakkama 표음식철자법. -vijjā 음성학(音聲學). 음운학(音韻學). -vijjāvidū 음성학자. 음운학자. -sandhi 모음연성[문법]. -sāmañña 동음(同音). -sara 싸라싸라[擬聲語]. ⑥ sarati '기억하다'의 *imp.*

saraṁ ① sara ①~⑤의 *acc.* ② sarati ② (기억하다)의 *ppr. sg. nom.*

saraka *m.* [sara-ka] 그릇. 물그릇.

saraṁsā *f.* [<sa-raṁsi] 태양.

saraja *adj.* [sa-raja] 먼지가 낀.

Sarañjita *m.* [=Sarājita] 싸란지따. 구소락(俱所樂)[지옥과 지옥중생의 이름].

saraṇa ① *n.* [*sk.* śaraṇa] 보호. 도움. 피난처. 귀의처. saraṇaṁ upeti. ~ṁ gacchati. ~ṁ yāti 귀의처로 가다. 귀의하다. -āgamana. -gamana 귀의. -gāmin 귀의처로 가는. -ttaya 삼귀의(三歸依)[→ tisaraṇa]. -sīla 삼귀의의 계. 삼귀계(三歸戒) ② *adj.* [sa-raṇa] 다툼 있는 -duka 한 쌍의 분쟁. 유쟁이법(有諍二法). ③ *n.* [<sarati smṛ] 기억. 억념. 새김.

saraṇīya *n.* [sarati smṛ의 *grd.*] ① 기억되어야 할 것. ② 새겨져야 할.

sarati ① [〃 sṛ] 가다. 흐르다. *opt.* sare; *aor.* asarā; *pp.* sarita; *caus.* sāreti. sārāpeti 가게 하다. 흐르다. ② [*sk.* smṛti smṛ] = sumarati. 기억하다. 억념하다. matūyā sarati 어머니를 기억하다. *pres.* sare (*1sg.*). saremhase (*1pl.*); *imp.* sara. sarāhi; saratu; *aor.* sari; *fut.* sarissati; *abs.* saritvā; *ppr.* saraṁ. saramāna; *pp.* sata. sarita. *caus.* sāreti. sarāpeti. 상기시키다. ③ [śṛ] 분쇄하다. *caus.* sāreti ③

sarada *m.* [*sk.* śarad *f.*] 가을. -samaya 가을철. 추시(秋時).

sarabha *m.* [*sk.* śarabha] ① 싸라바[사슴의 일종]. ② 팔족사(八足獅)[사자나 코끼리의 호적수로 전설적인 八足獸]. -pallaṅka '녹좌(鹿座)' 보살이 설법하는 높은 자리. -pādaka 사슴과 같은 다리를 지닌.

sarabhasaṁ *ind.* [sa-rabhasaṁ] ① 열성적으로. ② 빨리.

sarabhū *f.* ① [?] 도마뱀. ② [*sk.* Sarāyu] 싸라부. 살라부(薩羅浮). 살라유(薩羅遊)[五河의 하나].

sarala. saraḷa *m.* [?] 싸랄라[나무의 일종: Pinus Longifolia].

saravant *adj.* [sara-vant] ① 소리가 나는. 잘 울리는. ② 시끄러운.

sarasa *adj.* [sa-rasa] ① 자연스런. ② 자기작용(自己作用)의. ③ 자미(自味)를 지닌. -maraṇa 자연사(自然死).

sarasara *m.* [onomati.] 싸라싸라하는 소리.

sarasi sara (연못)의 *loc.*

sarasī *f.* [〃] 큰 연못.

Sarassatī. Sarasvatī *f.* [*sk.* Sarasvatī] ① 싸랏싸띠. 싸라쓰와띠[강의 이름]. ② 지혜의 여신. 변재천녀(辨材天女).

sarāga *adj.* [sa-rāga] ① 탐욕이 있는. 탐욕적인. ② 격정적인.

sarājaka *adj.* [sa-rāja-ka] ① 왕을 포함하는. ② 왕의 참석 하에 있는. *f.* sarājika.

Sarājita *m.* [=Sarañjita] 구소락(俱所樂). 싸라지따[지옥과 지옥중생의 명칭]. *cf.* parājita. sarañjita로 읽기도 한다.

sarāpana *n.* [<sarāpeti] 상기시킴.

sarāva. sarāvaka *m.* [*sk.* śarāva] ① 잔(盞). ② 받침접시. 팬.

sari sarati[smṛ]의 *aor.*

sarikkha. sarikkhaka *adj.* [*cf. sk.* sadṛkṣa] ① 같은. ② 닮은. 유사한. 비슷한. *cf.* sadisa.

sarikkhatā *f.* sarikkhatta *n.* [<sarikkha] ① 같음. ② 닮음. 유사(類似).

sarita *adj.* ① [sarati sṛ의 *pp.*] 간. 움직인. 흐른. ② [sarati smṛ의 *pp.*] 기억된 ③ [sarati śṛ의 *pp.*] 부서진. -sipāṭikā 고무와 섞인 가루·분말. 밀납(蜜臘)을 섞은 분말.

saritaṁ saritā의 *sg. acc. pl. gen.*

saritaka *n.* [<śṛ '부수다'] ① 분말. ② 돌가루.

saritabba *adj.* [smṛ의 *grd.*] ① 기억할 수 있는. ② 기억하기에 적당한.

saritar *m.* [<smṛ] ① 기억하는 사람. ② 새기는 사람. 억념자(憶念者).

saritā *f.* [*cf. sk.* sarit<sṛ] 강. *sg.* acc; *pl. gen.* saritaṁ; *pl. nom.* saritā. ② saritar의 *sg. nom.*

saritvā sarati[smṛ]의 *abs.*

sarisa *adj.* = sadisa.

sarisapa = siriṁsapa.

sarīra *n.* [*sk.* śarīra] ① 몸. 신체. ② 시체. 해골. 유골. 유해. -aṭṭhaka 신체의 골격. -ântima 최후의 몸. 최후신(最後身). -âphasu 불안감(不安感). -ābhā 신체의 방광. -kicca 장례(葬禮). 몸의 기능[육체적 욕구를 충족시키는 기능]. -ṭṭha 신체에 머무는. 주신(住身). -davya 몸의 적합성. 아름다운 몸. 육체미(肉體美). -dhātu 유신사리(遺身舍利). -pabhā 몸의 방광. -parikamma 몸을 돌보는. -pūjā 사리공양(舍利供養). -maṁsa 육체. 몸의 고기. -vaṇṇa 몸의 외모. -valañja 몸의 분변(糞便). -vicchedavijjā 해부학. -saṅghāta 몸의 완전함. -saṇṭhāna 몸의 구조. 신체의 형태. 체격(體格).

sarīravant *adj.* [sarīra-vant] 몸이 있는.

sarīvaṇṇā *adj.* [=sadisa-vaṇṇa] 닮은. 유사한.

sarūpa *adj.* [sa-rūpa] ① 같은 모양의. ② 몸을 지닌. -tta. -tā 일치관계. 상동관계(相同關係). 유추(類推). 비유(比喩).

saroja. saroruha *n.* [saro-ja. saro-ruha] 연꽃.

sarojayoni *m.* [<saroja] 범천(梵天).

sare ① sara (연못 소리의)의 *loc.* ② sarati(흐르다)의 *opt.* ③ sarati(기억하다)의 *pres. 1sg.*

salakkhaṇa ① *adj.* [saha-lakkhaṇa] 상호가 있는. 특징과 함께 하는. ② *n.* [sva-lakkhaṇa] 자신의 특징. 자상(自相).

salana *n.* [<śal] ① 움직임. ② 흔들림. 동요.

salabha *m.* [*sk.* śalabha] ① 나방. ② 메뚜기.

salayati [śal의 *caus.*] 흔들다.

salaḷā *m.* [?] 쌀랄라[향기 있는 나무의 일종. 방향수(芳香樹)의 일종].

salākā *f.* [*sk.* śalākā] ① 활. 작은 막대기. ② 제비. 추첨. 산가지. 표찰. 식권(食券). 투표용지. 표(票). ③ 풀잎. 우산살. 주걱. 외과용 기구. ④ 음경(陰莖). salākaṁ gaṇhāti 표찰을 잡다. salākaṁ gāheti. salākaṁ dadāti 표찰을 발행하다. salāka° -âgga 식권을 받고 음식을 나누어 주는 곳. 주실(籌室). -ôdhāniya 산가지 상자. 비광(篦筐). -gāha 표찰을 다루는 법. 행주(行籌). 집주법(集籌法). -gāhāpaka 표찰을 발행하는 사람. 행주인(行籌人). -bhatta 식권에 의해 분배되는 밥. 주식(籌食). -yāgu 식권에 의해 분배되는 죽. 주죽(籌粥). -vātapāna 나무 조각으로 만든 창. 책창(柵窓). -vutta [*bsk.* vṛtta] 풀잎으로 생활하는. 식권에 의해 생활하는(?). 젓가락처럼 된(?). -hattha 산가지손던지기[손의 모양에 의한 놀이의 一種].

salāṭuka *adj.* [*cf. sk.* śalāṭu] 신선한. 익지 않은.

salābha *m.* [sva-lābha] ① 자신의 이익. ② 자신에게 유리함.

salila *n.* [〃] 물. -dhārā 물의 흐름. 수류. -vuṭṭhi 빗물. 우수(雨水).

saloma *m.* [sa-loma] 털이 나있는. -macchavisesa 해마(海馬).

salohita *m.* [〃] 혈연관계(血緣關係).

salla *n.* [*sk.* śalya] ① 화살. 바늘. 자전(刺箭). 투창(投槍). ② 말뚝. 쌀라[나무이름]. -latta 외과의사. -kattiya. -kattika 외과. 외과수술. -bandhana 화살과 포박. -viddha 화살에 관통된. -santhana 바늘의 제거. ③ *m.* [*sk.* śalpa] 호저(豪豬)[동물]

sallaka *m.* [*sk**. śalala. śallaka] 호저(豪豬)[동물]. → salla.

sallaki *f.* [*sk.* śallaki] 쌀라끼[香氣가 있는 나무의 一種. Boswellia Thurifera].

sallakkhaṇā *f.* [<sallakkheti] ① 식별. 분별. ② 관찰. 등관(等觀).

sallakkheti [saṁ-lakṣ. *sk.* saṁ-lakṣayati] ① 관찰하다. 고찰하다. ② 이해하다. 등관(等觀)하다. *pp.* sallakkhita. *caus.* sallakkhāpeti.

sallapati. sallapeti [saṁ-lap] ① 함께 이야기하다. ② 대화하다. 회담하다.

sallapana *n.* [<sallapati] ① 대화. ② 회담.

sallalīkata *adj.* [sallakīkata<salaka] 꿰뚫린. 관통(貫通)된.

sallahuka *adj.* [saṁ-lahuka] ① 가벼운. ② 검소한. 간소한. -vutti 경제(經濟). -vuttin 간소한 생활을 하는. 알뜰한 생활을 영위하는.

sallāpa *m.* [<saṁ-lap] ① 대화. ② 친절한 말.

sallikhati [saṁ-likh] 얇게 자르다. *aor.* sallikhi; *pp.* sallikhita; *abs.* sallikhitvā.

sallitta *adj.* [saṁ-litta◁lip] ① 문지른. ② 발라진. 칠해진.

sallīna *adj.* [saṁ-līna] ① 게으른. 나태한. ② 움츠리는.

sallīyati [saṁ-lī] ① 은둔하다. 격리되다. ② 홀로 있게 되다. 독좌(獨坐)하다. *aor.* sallīyi; *abs.* salliyitvā.

sallīyanā *f.* [<sallīyati] ① 은둔. 격리. 독좌(獨坐). ② 둔감. 완고.

sallekha *m.* [saṁ-likh] ① 고행. 엄숙. 내핍. 손감(損減). ② 버리고 없애는 삶. 숭고한 삶. -pariyāya 검약의 가르침. 버리고 없애는 삶의 가르침. 숭고한 삶의 법문. -vihāra 숭고한 삶. 버리고 없애는 삶. -vuttin 고행을 하는 자. 숭고한 삶을 사는 자. 버리고 없애는 삶을 사는 자.

sallekhatā *f.* [sallekha의 *abstr.*] ① 고행. 엄숙. 내핍. ② 손감(損減).

sallekhitācāra *m.* [sallekhita-ācāra] 가혹한 고

행의 실천.
sallekhiya *adj. n.* [sallekha-iya] 고행.
saḷāyatana *n.* [=chaḷāyatana. cha-āyatana] 여섯 가지 감각의 장(場). 여섯 감역(感域). 육처(六處). 육입(六入)[여섯 가지 감각능력과 감각대상]. -nirodha 여섯 가지 감역의 소멸. -vibhaṅga 여섯 가지 감역에 대한 분석.
sava *adj.* [<sru] ① 방울져 떨어지는. ② 흐르는.
savaṁ suṇāti의 *ppr. sg. nom.*
savaka → saṁsavaka
savaṅka *m.* [*cf.* satavaṅka. saccavaṅka] 싸방까[물고기의 일종].
savacanīya *adj. m.* [sa-vacanīya] ① 함께 이야기해야 할. ② 대화.
savaṇa = savana
savati [*sk.* sravati sru] ① 방울져 떨어지다. ② 흐르다.
savana ① *n.* [<suṇāti śru] = savaṇa 귀. 청각. 청취. 청문(聽聞). dhammassa savanato 가르침을 듣는 것으로부터. 가르침을 듣기 때문에. -ânuttariya 최상의 청문(聽聞). 듣는 것 가운데 최상[가르침을 듣는 것]. 문무상(聞無上). -visayaka 청각적인. 음향과 관계된. -saṁsagga 청각적으로 탐욕이 생기게 하는 교제. 문교(聞交). ② *n.* [<savati sru] 흐름. -gandha 썩은 냄새가 흐르는. ③ *n.* [<savati su] 발생. 출생. 생산. *cf.* pasavana.
savanīya. savaneyya *adj.* [suṇāti의 *grd.*] ① 듣기에 즐거운. ② 명쾌한.
savantī *f.* [sru의 *ppr. f.*] ① 흐르고 있는 것. ② 하천. 강. 수류(水流).
savara *m.* [*sk.* śabara] ① 원주민. 토착민. ② 만족(蠻族). 천민(賤民)의 마을.
savasa [sa-vasa] ① 자신의 뜻. ② 자신의 의지.
savāhana *adj.* [sa-vāhana] 군세를 같이 하는.
savighaṭa *adj.* [sa-vighāta] ① 짜증나게 하는. ② 괴롭히는.
savicāra *adj.* [savi-cāra] ① 숙고가 수반되는. 고찰·사찰(査察)을 지닌. ② 유사(有伺)의. 유관(有觀)의. -duka 한 쌍의 숙고가 수반되는 것. 유사이법(有伺二法).
savijjuka *adj.* [sa-vijju-ka] 번갯불이 있는.
saviññāṇa. saviññāṇaka *adj.* [saviññāṇa] ① 의식 있는. ② 생명이 있는. -kāya 의식을 수반하는 몸. 유식신(有識身).
Saviṭṭha *m.* 싸빗타. 수승(殊勝)[比丘의 이름].
savitakka *adj.* [sa-vitakka] 사유가 있는. 유심(有尋)의. -duka 한 쌍의 사유가 수반되는 것. 유심이법(有尋二法). -savicāra 사유와 숙고가 수반되는. 유심유사(有尋有伺). 유각유관(有覺有觀). -savicārasamādhi 사유도 있고 숙고도 있는 삼매. 유심유사정(有尋有伺定).
savidha *adj. n.* [〃] ① 가까운. ② 이웃.
savipāka *adj.* [sa-vipāka] ① 과보가 있는. ② 이숙(異熟)이 있는.
savibhattika *adj.* [sa-vibhatti-ka] ① 분류될 수 있는. ② 상세히 설명되는.
savisa *adj.* [sa-visa] 독(毒)이 있는.
savupādāna *adj.* [=sa-upādāna] 집착이 있는.
savera *adj.* [sa-vera] ① 화난. ② 원한 있는. 적의가 있는.
savyañjana *adj.* [sa-vyañjana] 문자가 있는. 문자를 지닌.
savhaya *adj.* [sa-avhaya] ① 불리는. ② 명명된.
savyāpajjha *adj.* [sa-vyāpajjha] ① 해로운. ② 유해한.
sasa *m.* [*sk.* śaśa] 토끼. -lakkhaṇa 토끼의 표시. -lañjana. -lañchana (달에 있는) 토끼의 표시. -visāṇa 토끼의 뿔. 토각(兎角)[非存在. 不可能한 것].
sasaka = sasa.
sasakkaṁ *ind.* [sa-sakka<śak의 *acc.*] ① 가능한 만큼. ② 확실히.
sasaṅka *m.* [sasa-aṅka] 달.
sasaṅkhāra *adj.* [sa-saṅkhāra] ① 조건지어진 것이 있는. ② 힘들게 이루어진. 많은 노력을 기울이는. 유행(有行)의. -parinibbāyin 노력하여 완전한 열반에 드는 님. 유행반열반자(有行般涅槃者)[오종불환자(五種不還者: pañca anāgami-no)에서 상세한 설명을 보라]. -samāpatti 조건지어진 것이 남아있는 명상의 성취. 행등지(行等至).
sasaṅkhārika. sasaṅkhāriya *adj.* [<sasaṅkhāra] 자극받은. 힘들게 일어나는. -citta 자극받은 마음. 힘들게 일어나는 마음.
sasati ① [śas] 죽이다. 학살하다. *inf.* sasituṁ; *pp.* sattha; *pass.* sassati 살해되다. ② [śvas] 숨을 쉬다. 호흡하다.
sasana *n.* [<sasati] 호흡. -ôpakārapesī 횡격막(橫膈膜).
sasattha *adj.* [sa-sattha] 칼을 가진. 칼이 있는.
sasambhama *adj.* [sa-sambhama] 매우 혼란스러운. 어지러운.
sasambhāra. sasambhārika *adj.* [sasambhāra] ① 구성요소가 있는. ② 성분이 있는. sasambhāra-cakkhu 구성된 물질의 눈. 종안(種眼).
sasalla *adj.* [sa-salla] ① 화살을 맞은. ② 부상을

입은.

sasituṁ sasati의 *inf.*

sasin *adj. m.* [sasa-in. *sk.* śaśin] '토끼가 있는' 달[月].

sasīsa *adj.* [sa-sīsa] 머리가 달린 *acc.* sasīsaṁ 머리와 함께. 머리에 이르기까지.

sasura. sassura *m.* [*sk.* śvaśura. *f.* śvaśrū] ① 시아버지. ② 장인(丈人). ③ 의부(義父).

sasurā. sasurī *f.* [<sasura] ① 시어머니. ② 장모(丈母). ③ 의모(義母).

sasenaka *adj.* [sa-sena-ka] ① 군대를 동원한. ② 군대와 함께 하는.

sassa *n.* [*sk.* sasya] ① 곡물. ② 수확(收穫). -uddharaṇa 수확. -kamma 농업. -kālasamaya 수확기. -ṭṭhāna. -khetta 농장. 논밭. -ghāta 재산의 파괴.

sassata *adj.* [*sk.* śaśvat] ① 영원한. 영구적인. ② 상주(常住)하는 *f. abl.* sassatiyā. *loc.* sassatāyaṁ 영원히. -ucchedadiṭṭhi 영원주의와 허무주의. 상견(常見)과 단견(斷見). -kāya 상주하는 몸. 상주신(常住身). -diṭṭhi 영원주의. 상견(常見). -bhāva 영원히 존재하는 상태. -mūla. -vāda 영원주의. 영원론(永遠論). -vādin 영원론자. 상주론자(常住論者).

sassati [sasati의 *pass.*] 살해되다 *ppr.* sassamāna =hiṁsamāna.

sassatika *adj. m.* [<sassata] ① 영원한. ② 영원론자. 상주론자(常住論者).

sassatisamaṁ *ind.* [sassatisama의 *acc.*] ① 영구히. ② 언제까지라도 sassatī samā 영구적인 자(땅·해·지구 등)와 같은.

sassamaṇabrāhmaṇa *adj.* [sa-samaṇa-brāhmaṇa] 수행자과 성직자를 포함하는. *f. sg. ins.* sasamaṇabrāhmaṇiyā.

sassara = sarasara.

sassāmika *adj.* [sa-sāmin-ka] ① 주인이 있는. ② 누군가에 속하는 . *f.* sassāmikā.

sassirīka *adj.* [sa-sirī-ka] ① 영광스러운. ② 찬란한. 아름다운.

sassu. sassū *f.* [*sk.* śvaśrū] ① 시어머니. ② 장모(丈母). ③ 의모(義母). sassu-deva 장모·시어머니를 신으로 숭배하는.

sassura = sasura.

saha ① *prep. prep.* [〃] 함께. 수반된. 함께 하는. 포함하는. 즉시의[*ins.*과함께]. -ânukkama 고삐와 함께 하는. 부속물과 함께 하는. 부수(附隨)와 함께 하는. -āmacca 대신과 함께 하는. -āvudha 무기와 함께 하는. -indaka 제석천과 함께 하는. -ūdaka 물과 함께 하는. -oḍha 훔친 물건을 지닌 (*cf.* oḍḍha). -odaka 물을 포함하는. -orodha 시녀와 함께 하는. -kathin 담화하는. 의견을 나누는. -kāra 향기로운 망고의 종류. -ggaṇa 동료들과 함께 하는. -cetiya 탑묘를 포함하는. -ja 동시에 태어난. -jāta 동시에 생겨난. 같은 나이의. -jjhāyaka 급우(級友). -jīvin 같이 사는. -dhammika 동일한 가르침을 지닌. 같은 종교의 신자. -dhammiya 같은 종교의 신자. -dhenuka 암소를 데리고 있는. -nandin 같이 기뻐하는. -paṁsukīḷita 놀이 친구. 불알친구. -parinibbānā 반열반와 더불어. -pavatti 양립(兩立). 병존(竝存). 공존(共存). -pesuṇa 이간질·중상과 함께 하는. -bhāgin. 동반하는. 동반자. -bhāvin 활동범위 안에 있는. -bhū ~과 더불어 발생하는. -macchara 인색과 함께 하는. -yoga → sahayoga. -yogitā 교감(交感). -vatthu ~와 함께 사는. -vāsa ~와 함께 사는. 결합한. 연합한. -vāsin 함께 사는 자. 동거인. -saṅgha 교단과 함께 하는. -seyyā 침대를 같이 쓰는. 함께 사는. -sevaka 노예·하인을 거닐고 있는. -sokin 슬픈(?). ② *adj.* [<sah] 복종하는. 참는. sabbasaha 모든 것을 참는. ③ [sahati의 *imp.*] 참아라.

sahaka. sahakāla *m.* [?] 싸하까. 싸하깔라[나무의 일종].

sahakathin *adj. m.* [saha-kathin] ① 함께 이야기하는. ② 의견을 나누는 사람.

sahagata *adj.* [saha-gata] ① 수반하는. 부수하는. ② 관련된.

sahaja *adj.* [saha-ja] ① 동시에 생겨난. ② 함께 태어난. -netta 동시에·순간적으로 생겨난 눈을 지닌. 전지(全知)의. 구생안자(俱生眼者). -rūpa 함께 생겨난 물질. 구생색(俱生色).

sahajāta *adj.* [saha-jāta] ① 함께 태어난. 나이가 같은. ② 동시에 발생된. ③ 선천적으로 갖춘. -atthi 태어날 때 갖추고 있는 것. -âdhipati 선천적인 것의 영향. 병발영향. 구생증상(俱生增上)[의식과 함께 발생하는 의도, 의지, 노력, 숙고와 고찰 등의 동기가 작용하는 방식]. -kamma 함께 생겨난 업. 구생업(俱生業). -paccaya 동시에 생겨나는 조건. 병발조건. 구생연(俱生緣)[함께 발생함으로써 도와주는 조건으로 램프를 켰을 때 빛이 램프의 불꽃에 해당하는 조건]. -parivāra 함께 생겨난 권속. 구생권속(俱生眷屬). -vippayutta 선천적인 것과 관계가 없는. 구생불상응(俱生不相應).

sahajīvin *adj. m.* [saha-jīvin] ① 함께 사는. ② 제자. *f.* sahajīvī. sahajīvinī.

sahati [sah] ① 정복하다. 이기다. 극복하다. ② 참다. ③ 가능하다. 할 수 있다. *pres.* sayhāmi;

opt. sahe. saheyya. sahheyaṁ; *imp.* saha; *grd.* sayha.
sahattha *adj.* *m.* [sa-hattha] 자기 자신의 손. *abl.* sahatthā; *ins.* sahatthena. 자신의 손으로. 친히.
sahatthin *adj.* [sa-hatthin] 코끼리와 함께 하는.
Sahadhamma *m.* 싸하담마. 차바다모천(遮婆陀暮天)[천계의 이름].
sahadhammika *adj.* [saha-dhamma-ika] ① 같은 가르침을 갖고 있는. 종교가 같은. ② 근거를 제공하는. *acc.* sahadhammikaṁ 가르침에 따라서. 근거에 따라서.
sahadhammiya *m.* [saha-dhamma-iya] ① 같은 가르침을 지닌 사람. ② 종교가 같은 사람.
sahana *n.* [<sahati] 참을성. 인내. 관용(寬容). 포용(包容).
sahanandin *adj.* [saha-nandin] 함께 기뻐하는.
sahapaṁsukīḷita *m.* [*bsk.* sahapāṁśukrīḍita] ① 놀이 친구. 함께 흙먼지 속에서 뛰놀던 자. ② 어릴 때의 친구. 불알친구.
Sahampati *m.* [*sk.* Sahāmpati] 싸함빠띠. 사바주(娑婆主)[범천(梵天)의 이름]. *cf.* Brahmā Sahampati 사바주범천(娑婆主梵天). 색하주범천(索訶主梵天).
sahayoga *m.* [saha-yoga] ① 연관(聯關). 사용. ② 구격(具格). -vajjana 사용거부. 보이콧.
sahavasati [saha-vas] 함께 살다. *aor. 1sg.* sahavāsiṁ; *opt.* sahāvase
sahavāsa *m.* [saha-vāsa] ① 교제. ② 함께 삶. 공주(共住). 동주(同住).
sahavāsiṁ sahavasati의 *aor. 1sg.*
sahavya *n.* [<sahāya. *cf.* *sk.* sāhāvya] ① 교제. ② 교우관계. -ûpaga 친하게 된. 함께 살게 된.
sahavyatā *f.* [sahavya의 *abstr.*] ① 교제. ② 우정. 교우관계.
sahasā *ind.* [sahas의 *ins.*] ① 순간적으로. 급히. ② 갑자기. 강제로. -kāra 난폭. 폭력. *cf.* sāhasakāra.
sahaseyya. *adj.* sahaseyyā *f.* [saha-seyya] ① 함께 자는. 함께 숙박하는. 침대를 나누는. ② 함께 숙박함. 함께 삶. sahaseyyaṁ kappeti 함께 숙박하다. 함께 살다.
sahasokin *adj.* [saha-soka-in] 함께 근심하는. 같이 걱정하는.
sahassa *num.* [*sk.* sahasra] ① 1.000. 천(千). ② 천금. 천냥. *nom. sg.* sahassaṁ. *pl.* sahassā. sahassāni. sahassena sahassaṁ. 천에 의한. 천. 천의 천배. 백만. -âkkha. -cakkhu. -netta. -locana 눈이 천개인 자. 천안자(千眼者)[帝釋天]. -aggha 천의 가치가 있는. -āra (바퀴) 살이 천개인. 천폭(千輻). -ṭṭhavikā 천냥의 돈주머니. -netta 천개의 눈이 있는 자[帝釋天]. -bhaṇḍikā 천냥더미. -bāhu 천개의 팔이 있는[앗주나(Ajjuna)]. -raṁsi 태양. 천광.
sahassadhā *ind.* [sahassa-dhā] ① 천 가지 방법으로. ② 천 가지 모습으로. -loka. -lokadhātu 천(千) 개의 세계.
sahassika *adj.* [sahassa-ika] ① 1000의. ② 천(千) 개의 부분으로 이루어진.
sahassīlokadhātu *f.* [=sahassaloka-dhātu] 천(千) 개의 세계.
sahājanetta *adj.* *m.* [sahaja-netta] ① 동시에·순간적으로 생겨난 눈을 지닌. ② 모든 것을 보는. 자발적으로 생겨난 눈을 지닌. 전지(全知)한. 구생안자(俱生眼者).
sahāya *m.* [〃 <saha-i] 동료. 친구. adiṭṭhasahāya 아직 보지 못했던 친구. bahusahāya 많은 친구가 있는. -kicca 도움. 보조(?). -matta 동료. -sampadā 친구의 구족(具足). 친구들이 있는 행운.
sahāyaka = sahāya.
sahāyatā *f.* sahāyatta *n.* [<sahāya] 교제. 교우관계. 우정. 친교.
sahāyikā *f.* [<sahāyaka] 여자친구.
sahāvase sahavasati(함께 살다)의 *opt.*
sahita ① *adj.* [〃 =saṁhita. saṁ-dhā의 *pp.*] 수반된. 결합된. 일관된. 칭순(稱順)의. *cf.* saṁhita. ② *m.* 갈매기. 백구.
sahitabba *adj.* [sahati의 *grd.*] 참아질 수 있는. 참아져야 하는.
sahitar *m.* [sahati sah의 *ag.*] 인내하는 사람.
sahirañña *adj.* [sa-hirañña] 황금을 갖고 있는.
sahetu *adj.* [sa-hetu] 원인이 있는. 원인과 함께. -dhamma 원인이 있는 법. 연기법. -rūpa 원인이 있는 상태. 유인사(有因事).
sahetuka *adj.* [sa-hetu-ka] 원인이 있는. 원인에 의해 수반된. -duka 한 쌍의 원인을 수반하는 것. 유인이법(有因二法). -citta (선악의) 원인이 있는 마음. -paṭisandhi 원인이 있는 재생. 유인결생(有因結生).
sahe. saheyya. saheyyañ sahati의 opt
sahoḍha → saha-oḍha.
sā ① san (개)의 *sg. nom.*; *pl. nom. acc.* ② sa (ta) 의 *f.* (그녀)의 *sg. nom.*
sāka ① *n.* [*sk.* śāka. sāka] 야채. 채소. 삶아서 먹는 야채. -kaṭṭa 야채와 땔감. -bhakkha 채식의. -bhakkhin 채식주의자. -vatthu 야채재배를 위한 토지. -samūha 야채. 채소. ② *m.* [*sk.* śāka] 싸까[나무의 이름: Tectona Grandis].

sākacchā *f.* [sa-kathā-ya] ① 대화. ② 의논. 토의. 토론.

sākaccheti. sākacchāyati [sākacchā의 *denom*] ① 대화하다. ② 의논하다. 논의하다. 토론하다. *fut.* sākacchissati; *ppr.* sākacchanta. sākacchāyamāna; *grd.* sakacchātabba.

sākaṭika *m.* [<sakaṭa] ① 짐마차꾼. 마부. ② 운송인부.

sākalya *n.* [sakala-ya] 전체[vekalya의 반대]. *cf.* sākhalya.

sākāra *adj.* [sa-ākāra] 특징들을 갖고 있는. 행상(行相)이 있는.

Sākiya. Sākya [=Sakka. Sakiya] ① 싸끼야 족. ② 석가(釋迦). -sāsana 석가의 가르침.

sākuṇika *m.* [<sakuṇa] ① 새사냥꾼. 조사(鳥師). ② (새잡는) 매.

sākuntika *m.* [<sakunta] ① 새잡는 사람. 조사(鳥師). ② (새잡는) 매.

Sāketa *n.* [〃] ① 싸께따. 사갈타(娑竭陀). 사기다(娑祇多). 사기(娑祇). 사계다(娑計多·娑鷄多) [꼬쌀라 국에 있는 都市. Ayojjhā 附近]. ② *m* 싸께따. 사계제(娑鷄帝)[婆羅門의 이름].

sākkharappabheda *adj.* [sa-akkahara-pabheda] 음운론과 어원론을 함께 하는.

sākhapurāṇasanthuta *adj.* [sakhi-purāṇa-santhuta] 친구로서 이전에 친했던.

sākhalya. sākhalla *adj. n.* [sakhilaya] ①우정. 친교(親交)[sākalya는 *misr.*] ② 친절.

sākhavant *adj.* [sākhā-vant] 가지 있는.

sākhā *f.* sākha *n.* [*sk.* śākhā] ① 가지. 나뭇가지. ② (언덕의) 돌출부. ③ 우산살. sākhā° -nagaraka 교외. 작은 도시. -pattapalāsa. palāsa 가지와 잎. -pattaphal'upeta 가지들과 잎들과 열매를 갖춘. -bhaṅga 나뭇단. -miga 원숭이. sākha° -ssita 가지에서 사는. 원숭이.

sākhin *adj.* [sākhā-in] 가지를 지닌 (나무).

sāgataṁ *interj.* [su-āgata의 *n. nom*] 어서 오시오. 선래(善來)[환영사]. ~ bhante bhagavato '세존이시여. 세존의 선래(善來)입니다' 세존이시여. 세존께서는 잘 오셨습니다.

sāgara *m.* [〃] 바다. 대양(大洋). -anta 바다를 끝으로 하는 것. 대지. -ūmi 바다의 파도. -kuṇḍala. -pariyanta 바다에 의해 둘러싸여진 것. 대지. 지구(地球). -vāri 바다.

sāgāra *adj.* [sa-agāra] ① 같은 집에 사는. 동숙하는. ② 집에 사는.

sāṅgaṇa *adj.* [sa-aṅgaṇa] 먼지로 가득 찬. 더러운. *cf.* saṅgaṇa. anaṅgaṇa.

sācakka *n.* [sā=śvan-cakka] 개로부터 끌어낸 징조를 해석하는 점술학.

sācariyaka *adj.* [sa-ācariya-ka] ① 스승과 함께 지내는. ② 스승을 모시는.

sāciyoga *adj.* [sāci-yoga. *cf. sk.* sāci '굽은'] ① 부실한. 성의가 없는. 부정직한. ② 성격이 비뚤어진.

sājiva *m.* [sa-ājiva] ① 삶의 규칙. ② 계율.

sāṭa *m.* sāṭī *f.* [*cf. sk.* śāṭa] 옷. 의복.

sāṭaka *m.* [<sāṭa] ① 겉옷. 외투. ② 욕의(浴衣). ③ 옷감 -patta 겉옷과 발우. -lakkhaṇa 옷 조각으로부터 끌어낸 조짐·징후.

sāṭikā. sāṭī *f.* = sāṭaka.

sāṭiya *m.* [=sāṭaka] -gāhāpaka 욕의(浴衣)를 분배하는 자. 분욕의인(分浴衣人).

sāṭetar *m.* [<sāṭeti] ① 추방하는 사람. 쫓아버리는 사람. ② 제거하는 자.

sāṭeti [śat] ① 절개하다. 파괴하다. ② 제거하다. ③ 괴롭히다.

sāṭheyya *n.* [saṭha-ya. *bsk.* śāṭhaya] ① 못된 꾀. ② 사기. 협잡. 음모. ③ 배신.

sāṇa ① *n.* [*cf. sk.* śāṇa] 삼. 대마. 대마포(大麻布). -sutta 대마로 만든 실. 마사(麻絲).-vāka 대마직물. ② *adj.* [sa-iṇa] 빚이 있는. 번뇌가 있는. *cf.* anaṇa.

Sāṇa-Sambhūta *m.* [=Sāṇavāsi-Sambhūta] 싸나(사람)의 쌈부따[비구의 이름]. 싸나의 주인이 된 쌈부따[비구의 이름].

sāṇadhovana *n.* sāṇadhovikā *f.* 삼씻기[놀이].

sāṇikā *f.* [<sāṇī] ① 휘장. 커튼. ② 천막.

sāṇī *f.* [<sāṇa] ① 마포(麻布). ② 휘장. 커튼. 천막. -pākāra 천막. 막책(幕柵). 위막(圍幕). -sibbaka 포대자루.

sāta *adj. n.* [*sk**. śāta] ① 즐거운. 유쾌한. 기분좋은. ② 즐거움. 위안. -ārammaṇa 즐거움을 소연으로 하는. 즐거움의 대상. -odaka(*f.* -odikā) 좋은 물이 있는. -kumbha 황금. -putta 고귀한 아들. -rūpa 기뻐하는 모습의 -sahagata 즐거움이 감추어진. -sita 기쁨에 의존하는. -sukha 기쁨의 행복. 열락(悅樂).

sātaka *m.* [sāta-ka] 싸따까[새의 일종].

sātacca *n.* [satata-ya] ① 보존. 유지. 계속. ② 지속적인 노력. 견인불발(堅忍不拔). -kārin 항상 노력하는. 포기하지 않고 계속하는. -kiriyā 항상 노력하는 것. 보존 작업을 하는. -kiriyatā 항상 계속하는 작업. 항상 노력하는 것.

sātataṁ *ind.* [=sātataṁ. satata의 *acc.*] 끊임없이 계속적으로.

sātatā *f.* sātatta *n.* [<sāta] 행복.

sātatika *adj.* [<satata] ① 보존하는. 유지하는.

② 항상 노력하는. 견인불발(堅忍不拔)의 *cf.* sātacca.
sātava *n.* [<sadhava. sādhu의 *misr.*?] (훌륭한 언어에 대한) 좋은 결과.
sātiya *adj.* [<sāta] 유쾌한. 즐거운.
sātireka *adj.* [sa-atireka] 무언가 과도하게 있는.
sātisāra *adj.* [sa-atisāra] ① 침입하는. 침해하는. 방해하는. ② 과오가 있는.
sāttha *adj.* [sa-attha] 의미가 있는.
sātthaka *adj.* [sa-atthaka] 유용한. *f.* sātthikā.
sātrāyāga = sammāpāsa.
sāthalika *adj.* [<sathila. sithila] ① 졸림. 노곤한. ② 느슨한. 방종한. ③ 태만한. 방만한.
sādana *n.* [〃<sad] ① 집. ② 거처.
sādara *adj.* [sa-ādara] ① 경건한. ② 공손한.
sādariya *n.* sādariyatā *f.* [<sādara] ① 경건. ② 공손(恭遜).
sādāna *adj.* [sa-ādāna] ① 세상에 애착하는. ② 열정적인. 취착(取著)하는.
sāditar *m.* [<sādiyati] ① 받아들이는 사람. ② 향수자(享受者).
sādiyati [*bsk.* svādiyati. svad의 *caus.*] ① 받아들이다. 수용하다. ② 즐기다. 찬성하다. 허락하다. *aor.* sādiyi. sādiyiṁ; *fut.* sādiyissati.
sādiyanā *n. f.* [<sādiyati] ① 받아들임. ② 찬성. ③ 허락.
sādisa *adj. m.* sādisī *f.* [sadisa] ① ~과 같은. 유사한. ② 유사자(類似者).
sādu *adj. n.* [*sk.* svādu] ① 달콤한. 즐거운. 좋은. ② 감미. 미미(美味). -tara 더 달콤한.
sādutā *f.* [sādu의 *abstr.*] 달콤함. 감미로움.
sādeti ① [sad의 *caus.*] 가라앉게 하다. 아래로 던지다. ② [svad의 *caus.*] 즐기다. 맛보다. 향수하다. *cf.* ucchādeti.
sādhaka *adj. m. n.* [<sādh] ① 성취하는. (목적을) 이루는. ② (세금이나 차용금의) 증인. 증명. ③ 공연자(公演者).
sādhakatā *f.* [sādhaka의 *abstr.*] ① 효과. ② 성과.
sādhana *n.* [<sādh] ① 증명. 해결. ② 빚의 청산. ③ 완수. 성취.
sādhayati = sādheti.
sādharaṇa *adj.* [〃sa-ādhāraṇa] ① 일반적인. 공통의. ② 공동의. -paññatti 공통의 시설. 공통의 제정.
sādhika *adj.* [sa-adhika] 여분이 있는.
sādhiya *adj.* [<sādh] 성취될 수 있는.
sādhīna *adj.* [sa-adhīna] 자주(自主)의. 자유(自由)로운. -pālana 자치(自治). 자치정부(自治政府). -puggala 자유인(自由人). -tā 자주(自主). 독립(獨立).
sādhu *adj. adv. interj.* [〃<sādh] ① 선한. 선량한. 유익한. 숙달한. ② 잘. 철저히. 제발. 부디. ③ 어서 오시오! 좋다! 훌륭하다. 다행이다! 감사합니다! 고맙습니다! 선재(善哉). sādhu mayaṁ labheyyāma bhagavantaṁ dassanāya 저희들은 세존을 뵐 수 있다면 좋겠습니다. -kamyatā 숙달에 대한 욕망. -kāra 승인. 박수갈채. 칭찬. -kīḷana (kīḷita) 축제의 유희. 신성한 축제행사. -guṇa 도덕(道德). 사기(士氣). -jīvin 유덕하게 생활하는. -tara 더욱 훌륭한. -phala 유익한 열매를 지니는. -rūpa 훌륭한 존경할 만한. 단정한. -sammata 크게 존경받는. -sīliya 선량한 성품을 지닌 사람.
sādhuka *adj.* [sādhu-ka] ① 착한. 훌륭한. ② 철저한. 충분한. *acc.* sādhukaṁ 잘. 철저히. *ins.* sādhukena 자진해서. 원해서.
sādheti. sādhayati [sādh의 *caus.*] ① 성취하다. 완수하다. ② 준비하다. ③ 실행하다. 공연하다. 집행하다. 빚을 청산하다. *aor.* sādhesi; *abs.* sādhetvā; *pp.* sādhita; *ppr.* sādhenta.
sānu *m. n.* [〃] ① 산등성이. ② 고원.
sānucara *adj.* [sa-anucara] 종자(從者)와 함께 있는. 시종을 데리고 있는.
sānuvajja *adj.* [sa-anuvajja] ① 비난할 만한. ② 비난받아야 할.
sānusaya *adj.* [sa-anusaya] ① 잠재적 경향. ② 수면이 있는. 유수면(有隨眠)의.
sānuseti ① [sa(=saṁ)-sanuseti] 완전히 (마음을) 채우다. ② = so anuseti (그는 잠을 잔다).
sāpa [*sk.* śapa] 저주.
sāpateya. sāpateyya *n.* [sva-pateyya] ① 재산. ② 부(富). ③ 책임영역. 책임분야.
sāpattika *adj.* [sa-āpatti-ka] ① 죄가 있는. 위범의. ② 범죄자.
sāpada *n.* [*sk.* śvāpada] 맹수.
sāpadesa *adj.* [sa-apedesa] ① 이유가 있는. ② 합리적인.
sāpanadoṇī *f.* [sāpānaṁ doṇī] 개의 밥그릇. 구조(狗槽).
sāpekha. sāpekkha *adj.* [sa-apekhā] ① 기대하는. ② 열망하는. 애타는. ③ 고의적인. *adv.* sāpekkhaṁ 애타게.
sābhoga *adj.* [sa-ābhoga] ① 관념작용이 있는. 사유·생각이 있는. ② 유공용(有功用)의.
sāma *adj.* [*sk.* śyāma] ① 검은. 어두운. ② 노란색의. 황금색의. 아름다운. ③ *n.* [<śam] 평화. 고요. 적정(寂靜). ④ *n.* [*sk.* sāman] 노래. 가영

(歌詠). 찬가. 성가. 헌신. 숭배. 화해.

sāmaṁ *ind.* [sayama의 *n. acc.*] 스스로. 자신이. sāmaññeva = ~ eva 스스로 ~ marati 자살하다.

sāmaggiya *n.* [samagga-ya] ① 완성. ② 조화. 화합. 일치[涅槃]. -rasa 조화의 맛.

sāmaggī *f.* [<samagga] ① 완성. 모임. ② 조화. 화합. 일치. -uposatha 화합된 포살 모임. 화합포살(和合布薩). -pavāraṇā 화합된 참회의 모임. 화합자자(和合自恣).

sāmacca *adj.* [sa-amacca] 대신(大臣)·장관과 함께 하는.

sāmañña ① *n.* [samaṇa-ya] 수행자의 지위. 사문의 지위. ② *adj.* 사문이 되려고 노력하는. 사문의 지위와 일치하는. -aṅga 사문의 자격·속성. -attha 사문의 취지. 사문의 목표. 사문의(沙門義). -guṇa 사문지위의 공덕. -phala 사문의 경지. 수행의 결과. 출가의 공덕. 사문과(沙門果) [네 가지 수행의 결과(四沙門果 sotāpatti°. sakadāgāmi°. anāgāmi°. arahatta-phala)가 있음]. ③ *n.* [samāna-ya] 일반성. 보편. 평등. 일치. 통일. *ins.* sāmaññena 일반적으로. -gata 통일된. -lakkhaṇa 보편적 특징.

sāmaññatā *f.* [sāmañña의 *abstr.*] = sāmañña ① 수행자의 지위. 수행자에게 공경하는 것. ② 일반성. 보편성. 평등성.

sāmaṇaka *adj.* [<samaṇa] ① 수행자에 어울리는. ② 사문에게 필요한. ③ 승원에 속하는. -parikkhāra 사문에게 필요한 물품들.

sāmaṇera *m.* [*bsk.* śrāmaṇeraka] ① 새내기 수행자. 초심자. ② 사문의 후보. 사미(沙彌). ~ṁ upaṭṭhāpeti 사미를 두다[봉사하게 하다]. -daṇḍakamma 사미에 대한 처벌. -pabbajjā 사미가 되기 위한 출가. -pesaka 사미의 감독자. 감사미인(監沙彌人). -bhāva 초심자의 상태. 수습기간의 초심자.

sāmaṇerā. sāmaṇerī *f.* [sāmeṇera의 *f.*] 사미니(沙彌尼).

sāmattha *adj.* [= samattha] 가능한.

sāmatthiya *n.* [samattha의 *abstr.*] ① 능력. ② 가능성.

sāmanta *adj.* [<samanta] ① 근처의. ② 인접한. *abl.* sāmantā. *loc.* sāmante 주변에. -jappā. jappanā 넌지시 하는 말. 완곡한 말. 주변어(周邊語). -padesa 주변(周邊).

sāmayika *adj.* [*bsk.* 〃 <samaya=sāmāyika] ① 일시적인. ② 종교적인. -vimutta 일시적인 해탈자. 시해탈자(時解脫者).

sāmalatā *f.* [*sk.* śyāmalatā] 넝쿨 식물의 일종. 흑갈(黑葛).

sāmā *f.* sāmāka *m.* [*sk.* śyāmā. śyāmāka] ① 피. 좁쌀. 수수. 기장. 약용 식물의 일종. ② 얼굴이 검은 여인. 주근깨가 많은 여인.

sāmājika *m.* [〃] ① 모임의 구성원. 회원(會員). 단원(團員). ② 집회의 참가자.

sāmādhika *adj.* [<samādhi] 정신집중에 달려있는. 정소생(定所生)의.

sāmāmigī *f.* [sāmā-migi] 검은 암사슴[牝鹿].

sāmāyika *adj.* [=sāmayika<samaya] ① 친한. ② 일치하는. 시기·계절에 맞는. 일시적인. 잠시의. 적시(適時)의.

sāmi → sāvi 의 *misr.*

sāmika *m.* [<sāmin] ① 소유자. 주인. ② 남편.

sāmin *m.* [=suvāmin. *sk.* svāmin<sva] ① 소유자. 지배자. 점령자. 사용자. 주인. ② 남편. *voc.* sāmi 주인이여! sāmi° -paribhoga 소유의 수용. -parivattana 소외(疏外). -vacana 소유격·속격(*gen.*)[文法].

sāminī *f.* [sāmin의 *f.*] ① 여주인. ② 아내. 마누라.

sāmiya = sāmika

sāmisa *adj.* [sa-āmisa] ① 음식을 가지고 있는. 자양이 있는. ② 육체적인. 물질적인. -dukkha 물질적인·육체적인 고통. -sukha 물질적인·육체적인 즐거움.

sāmicī *f.* [<sammā] ① 적절한 진행. 정의로움. ② 좋은 대접. 공경. 화경(和敬) -kamma 적절한 행동. 화경업(和敬業). -paṭipadā 올바른 생애. 화경행(和敬行). -paṭipanna 올바르게 사는. 화경행(和敬行).

sāmukkaṁsa *adj. m.* [<saṁ-ukkaṁsa] ① 고양(高揚). ② 칭찬. *cf.* samukkaṁsati.

sāmukkaṁsika *adj.* [<saṁ-ukkaṁsa-ka *cf. bsk.* sāmutkarṣika] ① 고양된. 뛰어난. 칭찬하는. ② 압축된. ③ 간략한. *cf.* sāmukkaṁsikā dhammadesanā.

sāmudda *n.* [samudda-ya] 바다소금. 해염(海鹽).

sāmuddika *adj.* [<samudda] ① 바다의. 항해의. ② 해병(海兵)의. -vāṇija 바다의 상인. 해상(海商).

sāmetī [sammati śam의 *caus.*] ① 가라앉히다. ② 억누르다. ③ 그만두게 하다. *pp.* samita

sāya *n.* [〃] 저녁. *acc.* sāyaṁ 밤에. 늦게. -tatiyakudakorohaṇa (하루에 세 번하는 목욕가운데) 저녁에 하는 세 번째의 목욕. -tara 더 늦은 저녁. -pātaṁ 저녁과 아침에. -m-āsa 저녁식사.

sāyaṇha *m.* [sāya-aṇha. *sk.* sāyāhna] 저녁. 밤. -kāle. -samayaṁ 저녁시간에.

sāyati [*sk.* svādate svad *cf.* sādiyati] 맛을 보다.

먹다. *ppr.* sāyanta; *grd.* sāyanīya 맛이 좋은 (음식). *abs.* sāyitvā; *pp.* sāyita.

sāyana ① *n.* [<sāyati] 맛을 봄. 맛. ② *m.* 싸야나 [龍樹(Nāgarukkha)의 一種].

sāyika *adj.* [<sayati śī] ① 누워있는. 자는. ② 쉬는.

sāyita *adj.* [sāyati의 *pp.*] ① 맛보아진. ② 맛보는. *cf.* sāditar.

sāyitvā sāyati의 *abs.*

sāyin *adj.* [<sayati śī] 누워있는.

sāra *adj. m.* [〃] ① 본질적인. 뛰어난. 강한. ② 본질. 견실. 진실. 진수. 핵심. ③ 심재(心材). 수심(樹心). 단단한 나무의 부분. (나무의) 고갱이. sāraṁ sārato ñatvā 진실을 진실로부터 (진실로서) 알고 (나서) -ādāyin 진수를 취하는. 진수를 획득하는. -gandha 수심향(樹心香). -gabbha 보물. 보고(寶庫). -gavesin 단단한 나무. 목재를 구하는. -dāru 강한 목재. -bhaṇḍa(ka) 좋은 것들의 보따리. -bhūmi 좋은 흙. -mañjūsā 좋은 나무로 만든. -mati 견실하다고 생각되는 사람. -maya 단단한 나무로 이루어진. -yutta 비옥한. -vākyasaṅgaha 선집(選集). 앤솔로지. -suvaṇṇa 법정 순도의 황금. -sūci 단단한 나무로 만든 바늘. *pl. nom.* sāramatino. sāramatayo ② *m.* [<sarati sṛ] 유출(流出).

sāraka ① *adj.* [<sāra] 핵심으로 하는. ② *m.* [<sārati] 전령. 사자(使者). ③ *m.* kaṭasāraka 돗자리.

sārakkhati = saṁrakkhati.

sārakkhā *f.* ① [sva-rakkhā] 스스로 보호하는 여자. 자호녀(自護女)[結婚한 女子의 一種] ② [sa-rakkhā] 보호 하에 있는 여자(?).

sārajja *n.* [sārada-ya] ① 두려움. 겁. 외포(畏怖). 동요. ② 소심. 부끄러움. ③ 미숙(未熟).

sārajjati [saṁ-raj. *bsk.* sārajyati. *cf.* sārāga] ① 즐거워하다. ② 집착하다. *aor.* sārajji; *pp.* sāratta. saṁratta; *abs.* sārajitvā.

sārajjanā *f.* [<sārajjati] ① 심취. 몰두. 열중. ② 반한 상태.

sārajjāyati [sārajja의 *denom.*] ① 당황하다. 혼란스럽다. ② 부끄러워하다. 수치스러워하다. *ppr.* sārajjāyamāna>sārajjamāna.

sārajjitatta *n.* [sārajjanā] ① 열중. 심취. ② 광기(狂氣). ③ 반한 상태.

sārapā *f.* [sāreti<smṛ] ① 기억나게 함. ② 충고(忠告). 훈계(訓戒).

sāratta *adj.* [=saṁratta. sārajjati의 *pp.*] ① 열렬한. ② 매혹된. 염착된. -citta 열렬한 마음. 집착이 심한 마음. 집착심.

sārathi *m.* [〃<sa-ratha] ① 마부. ② 조어자(調御者).

sārattha *a. m* [sāra-attha] ① 핵심적 의미가 있는. ② 요의(要義). -dīpakagāthāvali 풍자시(諷刺詩).

Sāratthadīpanī *f.* [sāra-attha-dīpanī] 해요의소(解要義疏) [善見律毘婆沙疏의 復註로 Mahākassapa의 著述].

Sāratthappakāsinī *f.* [sāra-attha-dīpanī] 요의해소(要義解疏)[쌍윳따니까야(相應部)의 주석서].

sārada. sārāda *adj.* [*sk.* śārada<śarad] ① 가을의. ② 금년의. ③ 금방 수확한. 신선한. ④ 미숙한. 경험이 없는 -bīja 햇씨앗. 햇종자. 신숙(新熟)의 종자.

sāradika *adj.* = sārada.

sāraddha *adj.* [=saṁraddha] 격렬한. 화난.

sāraṇa *m.* [<sarati] 감[行]. 가는 것. 이동(移動).

sārabbha =sārambha ①

sārameya *m.* [〃] 개[犬].

sārambha ① *m.* [=saṁrambha. sārabbha< ra-bh] 격정. 격분. 분노. 다툼. 자만. 철면피. 동기유발. 시도. -kathā 격분의 말. ② *adj.* [sa-ārambha] 살생을 포함하는. 생물에게 위험한. 노고가 많은. -yañña 노고가 많은 제사.

sārambhin *adj.* [sārambha ① -in] 격정적인. 격분하는. 맹렬한.

sārammaṇa *adj.* [sa-ārammaṇa] 감각의 대상이 있는. -duka 한 쌍의 감각의 대상을 지닌 것. 유소연이법(有所緣二法).

sārayati = sāreti.

sāravant *adj.* [sāra-vant] ① 심재(心材)를 지닌. ② 가치있는. 핵심있는. ③ 견실한. 실질적인. 실속있는.

sārasa *m.* [〃] (인도의) 왜가리. 학(鶴)[Ardea Sibirica].

sārāga *m.* [=saṁrāga<raj] 애정. 열중.

sārāgin *adj.* [sārāga-in] 집착된.

sārāṇiya *adj.* [<saraṇa<smṛ. *bsk.* saṁrañjaniya<saṁ-raj] ① 기억할 만한. ② 공손한. 예의바른. 친절한. -vatthu 증표(證票).

sārādānābhinivesa *m.* [sāra-ādāna-abhinivesa] 본질에 대한 견고한 관념적 경향. 견고한 것을 취해 집착하는 것. 견집현탐(堅執現貪). 취견실주착(取堅實住著).

sāri *m.* [*cf. sk**. śāri] ① 주사위 놀이의 말[骰子]. ② 체스에서 사용하는 말[骰子].

sārin *adj.* [<sāreti<sṛ] ① 배회하는. 헤매는. ② (~에) 따르는. *cf.* aniketasārin. anokāsasārin.

diṭṭhisārin.

Sārīputta *m.* [bsk Śāriputra] 싸리뿟따. 사리불(舍利佛). 사리자(舍利子)[釋迦牟尼의 弟子 가운데 智慧第一] [12世紀의 論師.].

sāribā *f.* [? *sk.* sarṣaparillā] 싸리바[겨자의 종류로 열대산 백합과식물].

sāribālatā *f.* [? *sk.* sarṣaparillā] 사르사[청미래덩굴].

sāriyati [sāreti<smṛ의 *pass.*] 기억시켜지다. 상기시켜지다. *ppr.* sāriyamāna.

sārīrika *adj. n.* [<sarīra] ① 몸의. 신체적인. ② 사리(舍利). -dukkha 몸의 고통. -poṇatā 소질(素質). 기질(氣質).

sāruppa *n. adj.* [*cf.* sarūpa. *bsk.* sārūpya. sāropya] ① 같은 상태. 동일 상태. ② 적당한.

sāreti. sārayati [sareti의 *caus.*] ① [<sṛ] 가게 하다. 문지르다. 섞다. ② [<smṛ] 상기시키다. *ppr.* sārayamāna; *pass.* sāriyati. *caus.* sarāpeti. ③ [<śṛ] 분쇄시키다.

sāropin *adj.* [sa-ropin<ropeti<ruh] 치료하는. 치료와 관계된.

sāla *m.* [*sk.* śāla. sāla] ① 쌀라나무. 사라수(沙羅樹)[Shorea Robusta]. -kaṭṭha 사라수 장작. -māḷaka 사라수 울타리. -rājan 사라왕수(沙羅王樹). -rukkha 사라수. -laṭṭhi 사라수의 싹. -vana 사라수 숲. -sākhā 사라수의 가지. *m.* ② [*sk.* syāla] = sālaka ①.

sālaka ① *m.* [*sk.* syāla-ka] 남편·아내의 형제. 자매의 형제. 법적인 형제. ② *adj.* [sālā-ka] 강당의. 회당의. ③ *m.* [?] 구더기. 저충(蛆蟲).

sālakimi *m.* [sālaka-kimi] 구더기. 저충(蛆蟲).

sālaya *adj.* [sa-ālaya] 의도가 있는. 집착이 있는.

sālā *f.* [*sk.* śālā] ① 공회당. 강당. ② 큰 방. 집. ③ 광. 헛간. ④ 상점(商店). 작업장. -pālaka 원장(院長).

sālākiya *n.* [*sk.* śālākya] 안과학(眼科學).

sāli *m.* [*sk.* śāli] 쌀. 벼. 육도. 백경미(白硬米). -anna 쌀밥. -kedāra. -khetta 논. 도전(稻田). -gabbha 어린 벼의 속 줄기. -bīja 볍씨. -bhatta 쌀밥. -bhojana 쌀 음식. -maṁsodana 경미반(硬米飯). -suka 벼이삭.

sālika *adj.* [sāli-ka] 쌀의. 쌀에 속하는.

sālikā. sāliyā. sāḷikā *f.* sāḷi. sāliya *m.* [*sk.* śārikā] 앵무새. 구관조(九官鳥). 미음조(美音鳥). 백설조(百舌鳥). 사리조(舍利鳥). 사라조(舍羅鳥) [새의 일종. Gracula Religiosa].

sālittaka *n.* [*sk.* saṁlepa ?] ① 돌 던지기. 투석. 발사. ② 투석기. 발사기. -sippa 투석의 기술.

sālin *adj.* [?] 탁월한.

sālina *adj.* [<sāli] ① 미세한. ② 가는 (쌀).

sāluka. sālūka *n.* [*sk.* śālūka] ① 수련(水蓮)의 먹을 수 있는 뿌리. 연뿌리. 연근(蓮根). 사루가(舍樓伽). ② 수련(水蓮).

sālūra *m.* [*cf. sk.* śālūna '개구리'] 개[犬].

sāleyyaka *m.* [?] 쌀레이야까[식물의 이름].

sāloka *adj. m.* [sa-āloka] ① 빛이 있는. 밝은. ② 시야. 광경. ③ 조망. 전망.

sālohita *m.* [sa-lohita] ① 친척의 남자. ② 혈연. 연자(緣者).

sāḷava *m.* [*sk.* ṣāḍava] 샐러드.

sāḷikā. sāḷi *f.* = sālikā.

sāḷuka [=sāluka] -pāna 연뿌리를 삶은 물. 사루가장(舍樓伽漿)[건강음료].

sāva *m.* [<sru] ① 주스. 과즙. ② 추출액.

sāvaka *m.* [*bsk.* śrāvaka<śru] ① 청취자. ② 제자. 성문(聲聞). *pl. nom.* sāvakāse. -pāramī 성문의 완성. 성문바라밀(聲聞波羅密). -bodhi 성문의 깨달음. 성문보리(聲聞菩提). -bhāsita 성문의 말한 바. 성문소설(聲聞所說). -yuga 한 쌍의 제자(=yamaka-sāvaka) -visaya 성문의 경지. 성문경(聲聞境). -saṅgha 제자의 모임. 성문승가(聲聞僧伽).

sāvakatta *n.* [sāvaka의 *abstr.*] 성문의 지위.

sāvajja *adj.* [sa-avajja] ① 비난할 만한. ② 결점이 있는. -kamma 비난할 만한 행위. 유죄업(有罪業). -paññatti 비난의 시설. 유죄제(有罪制). -bhogin 비난을 수용하는. 유죄수용자(有罪受用者).

sāvajjatā *f.* [sa-avajji의 *abstr.*] 죄. 죄악.

sāvaṭa *n.* [?<sāvaṭṭa] 싸바따[주사위던지기의 이름].

sāvaṭṭa *adj.* [sa-āvaṭṭa] ① 소용돌이가 있는. ② 선류(旋流)하는.

sāvaṇa ① *n.* [<sāveti<*sk.* suṇāti. śru의 *caus.*] 고함. 소리. 단어. 선언. 발표. 알림. 통지. ② [<sāveti<*sk.* sṛṇāti. śṛ의 *caus.*] 절개(切開). ③ *m.* [?] 싸바나. 팔월(八月 : 양력 7월 16일 ~ 8월 15일)[남방음력 4월 16일 ~ 5월 15일].

Sāvatthī *f.* [*bsk.* Śrāvastī] 싸밧티. 사위성(舍衛城)[꼬쌀라 국의 首都].

sāvana *n.* [<sāveti] = sāvaṇa①②.

sāvasesa *adj.* [sa-avasesa] ① 나머지의. 잔여의. ② 미완성의. -āpatti 나머지의 죄. 유여죄(有餘罪). -dohin 여분남기며 젖을 짜는.

sāvi *m.* [sk śvavidh] 호저(豪豬)[동물].

sāvikā *f.* [sāvaka의 *f.*] 여자 성문(聲聞). 여제자(女弟子).

Sāvittī *f.* [*sk.* Sāvitrī] 싸빗띠. 사비저(舍毘底)[가

장 有名하고 重要한 베다찬가=가야뜨리(Gāyatrī)].
sāvetar *m* [sāveti의 *sg.*] ① 듣게 하는 사람. 알리는 사람. ② 포고자. 선언자.
sāveti ① [suṇāti. śru의 *caus.*] 듣게 하다. 알리다. 선언하다. 포고하다. 공표하다. ② [sṛṇāti. śṝ의 *caus.*] 파열시키다. 절개하다.
sāsa *m* [*sk.* śvāsa<śvas] 천식(喘息). -roga 천식(喘息). -nāḷakaṇṭhantara 인두(咽頭).
sāsaṅka *adj.* [sa-āsaṅka] ① 위험한. 무서운. ② 의심스러운.
sāsati [śās] ① 가르치다. ② 명령하다. *inf.* sāsituṁ; *pp.* sattha *cf.* satthar. sattha [*sk.* śāstra].
sāsana *n.* [*sk.* śāsana<śās] ① 가르침. ② 명령. ③ 전갈. 서신. 통첩. -antaradhāna (부처님의) 가르침의 소멸. -āvaraṇa 편지봉투. -kara. -kāra(ka). -kārin 명령과 가르침을 따르는. -paṇṇāgāra 우체국(郵遞局). -patta 편지지. 메모지. muddā 우표(郵票). -muddāvisesavidū 우표수집가. -muddāsañcinana 우표수집. -hara 명령의 수령·해독. 사신(使臣). 사자(使者). 메신저. -haraka 사신(使臣). 사자(使者). 메신저.
sāsanika *adj.* [sāsana-ika] (불교의) 가르침에 관한.
Sāsanavaṁsa *m* [sāsana-vaṁsa] 싸싸나방싸. 교사(敎史)[미얀마에서 저술된 佛敎史].
sāsapa *m* [*sk.* sarṣapa] 겨자씨. -kuṭṭa. -kudda 겨자가루. 개자분(芥子粉). -tela 겨자기름. 개자유(芥子油).
sāsava *adj.* [sā-āsava] 번뇌가 있는. 유루(有漏)의. -duka 한 쌍의 유루를 수반하는 것. 유루이법(有漏二法). -sukha 번뇌가 있는 즐거움. 유루락(有漏樂).
sāsituṁ sāsati의 *inf.*
sāha [=cha-aha] 육일(六日).
sāhatthika *adj.* [sahattha-ika] 자기 손으로 한.
sāhaṁ [=so ahaṁ] (그) 나는.
sāhasa *adj. n.* [<sahas] ① 격렬한. 성급한. 난폭한. ② 난폭. 폭력. 멋대로 하는 행동. *ins.* sāhasena; *acc.* sāhasaṁ 임의로. 멋대로. -kāra. -cariyā 난폭한 행위. 포악행(暴惡行). 강도. -kiriyā 격렬. 폭행. 포악(暴惡).
sāhasika *adj. m* [<sāhasa] ① 거친. ② 격렬한. 잔혹한. ③ 야만적인. 짐승같은. ④ 악당. 깡패
sāhasiya *adj.* [<sāhasa] ① 거친. ② 격렬한. 잔혹한. ③ 야만적인. 짐승같은.
sāhasiyakamma *n.* [sāhasiyakamma] 잔인한 행위. 잔혹한 행위.
sāhāra *adj.* [sa-āhāra] ① 음식이 있는. ② 속국이 있는. 영토가 있는.
sāhicca *n.* [*sk.* sāhitya<sahita] ① 결합. ② 문학적인 작품. 문학(文學). 문헌(文獻). 작시법(作詩法). -visayaka 문학적인.
sāhin *adj.* [<sah] 참는.
sāhu *adj. adv.* [=sādhu] ① 좋은. 충분한. ② 잘. 훌륭하게.
sāhuḷacīvara *n.* [*prk.* sāhuḷī-cīvara] 거친 옷. 조의(粗衣).
sāhuneyyaka *adj.* [sa-āhuneyyaka] 존경·공양을 받아야 할 사람과 함께 하는.
sāhunna [=sāhuḷa] 누더기 옷의 천 조각.
si [=asi] atthi의 *2sg.*
siṁsaka *n.* [*sk.* śirṣaka?] 수초의 일종.
siṁsati ① [*sk.* sisīrṣati. sarati sṛ의 *desid.*] 달리고자 하다. *pres. 3pl.* siṁsare. ② [śaṁs] 바라다. 기대하다.
siṁsapā [*sk.* śiṁśapā] 씽싸빠 나무. 신서(申恕)[나무의 일종. Delbergia Sisu].
Siṁhaḷa *m* [=Sīhaḷa] 스리랑카.
Siṁhaḷaka *adj. m* [=Sīhaḷa-ka] 스리랑카의. 싱할리어.
sikatā *f.* [〃] ① 자갈. ② 모래.
sikāyasamaya *adj.* [sikāyasa-maya] 담금질한 쇠로 만든.
sikkā *f.* [*sk.* śikyā] ① 실. 끈. ② 실의 고리. 저울의 실. ③ 망대(網袋).
sikkha sikkhati의 *grd.* 또는 *imp.*
sikkhati [*sk.* śikṣati. śikṣ<śak의 *desid.*] ① 배우다. 공부하다. 배우고 익히다. 학습하다. ② 훈련하다. hatthismiṁ sikkhati 코끼리 병법을 배우다. 상병법(象兵法)을 배우다. *pres. 3pl.* sikkhare; *opt.* sikkhe. sikkheyya. sikkhema. sikkheyyāma; *fut.* sikkhissāmi. sikkhissāmase; *ppr.* sikkhanta. sikkhamāna; *grd.* sikkhitabba. sikkha; *inf.* sikkhituṁ; *pp.* sikkhita; *caus.* sikkhāpeti.
sikkhato sikkhati의 *ppr. sg. gen.*
sikkhana *n.* [<sikkhati] ① 학습. 공부. ② 훈련.
sikkhamānā *f.* [sikkhati의 *ppr. f.*] 씩카마나. 식차마나(式叉摩那). 정학녀(正學女)[比丘尼가 되기 위해 見習하는 女子].
sikkhare sikkhati의 *3pl.*
sikkhā *f.* [*sk.* śikṣā<śikṣ] ① 배움. 공부. ② 훈련. 규범. 규정. 규칙. 학습계율. 학계(學戒). sikkhaṁ paccakkhāti 배움을 비방하다. -ânuttariya 최상의 배움. 배우는 것 가운데 최상[계정혜 삼학을 배우는 것]. 학무상(學無上). -ānisaṁsa 배움의 공덕. 훈련에 대한 칭찬. -ânu-

santatavutti 규범과 행동이 완전히 일치하는. -kāma 규범을 배우길 바라는. -gāravatā 배움을 존중함. -ttaya 세 가지 배움. 삼학(三學). -dāna 교육(敎育). -dubbalya 규범을 배우는데 허약한 자. -paka 선생. 스승. -pada 학습계율. -paccakkhāta 규범을 배우기를 포기한 자. -samādāna 규범을 받아들임. -sājiva 훈련의 체계. 생활규정. ③ 음성학(音聲學).

sikkhātā *f.* [sikkhā의 *abstr.*] 배움의 사실. 훈련. 학성(學性).

sikkhāpada *n.* [sikkhā-pada. *bsk.*śikṣāpada] ① 훈련의 규칙. 종교상의 규범. 배움의 규범. ② 학계(學戒). 학습계율. 학처(學處). 계법(戒法). 계율(戒律). dasa° 열 가지 배움의 규범. 십학처(十學處). 십계(十戒). diyaḍḍhasikkhāpadasata 백오십 가지 배움의 규범. 백오십학처(百五十學處).

sikkhāpaka *adj. m.* [<sikkhāpeti] ① 가르치는. 교훈의. ② 강사. 교사.

sikkhāpana *n.* [<sikkhāpeti] 가르침. 교훈.

sikkhāpanaka *adj.* = sikkhāpaka.

sikkhāpeti [sikkhati의 *caus.*] 가르치다. 수련시키다. 훈련시키다.

sikkhita *adj.* [sikkhati의 *pp.*] 배운. 훈련된. 수련된. -sikkha 학계(學戒)를 실천한. -sabbasippa 모든 지식을 연마한.

sikkhitabba. sikkhituṁ sikkhati의 *grd. inf.*

sikkhitar *m.* [sikkhati의 *ag.*] 배우는 사람. 학생.

sikkhe sikkhati의 *opt.*

sikkhetar *m.* [sikkheti의 *ag.*] 배우게 하는 사람. 선생(先生). 스승.

sikkhema sikkhati의 *opt.*

sikkheyya. sikkheyyāma sikkhati의 *opt.*

sikhaṇḍa *m.* [*sk.* śikhāṇḍa] ① (공작의) 우관(羽冠). ② 공작의 꼬리.

sikhaṇḍaka *m.* = sikhaṇḍa.

sikhaṇḍin *adj. m.* [*sk.* śikhaṇḍin] ① 우관(羽冠)이 있는. 술이 있는. 볏이 있는. 깃장식을 한. ② 삭발한. ③ 공작새.

sikhara *m.* [*sk.* śikhara] ① 꼭대기. 정상. ② 칼날. 칼끝. ③ 싹. -thūpiyo. -thūpikayo 첨탑.

sikharaṇī. sikhariṇī *f.* [<sikhara] 음순(陰脣)이 긴 여자. 장굴녀(長堀女)[외음부비정상의 여자].

sikhā *f.* [*sk.* śikhā] ① 불꽃. ② 볏. 상투. ③ 끝. 가장자리. ⑤ 됫박에 채운 곡물의 상층부. -bandha (머리의) 묶은 다발. 상투. 리본. -bheda '상층덜기' 됫박속이기[참깨나 쌀 등을 잴 때의 도량형속이기].

sikkhitar *m.* [sikkhati의 *ag.*] ① 숙련자. 전문가. ② 스승. 거장.

sikhin *adj. m.* [sikha-in] ① 불꽃이 있는. 불꽃. ② 볏이 있는. 관모 있는. 뿔. 공작.

sikhinī *f.* [sikhin의 *f.*] 암컷 공작. 자공작(雌孔雀).

sigāla *m.* [=siṅgāla. *sk.* sṛgāla. śṛgāla] 재칼. 승냥이. 늑대. 시랑(豺狼). 야간(野干). *f.* sigālī.

sigālika *adj. n.* [<sigāla] 재칼의. 승냥이의. 늑대의. *cf.* segālaka. sīgālaka.

siggu *n.* [*sk.* śigru] ① 씩구[나무의 일종. Hyperanthera Moringa]. ② 양고추냉이. 자채(煮菜) [식물의 이름. Maringa Pterygosperma?].

siṅga ① *n.* [*sk.* śṛṅga] 뿔. 뿔피리. 뿔로 만든 용기. -dhanu 뿔활. -dhamaka 뿔피리를 부는. ② *m.* 동물의 새끼. 송아지.

siṅgāra *adj. m.* [*sk.* śṛṅgāra] ① 아름다운. 고상한. ② 연애감정. 연정(戀情). ③ 미복(美服). -ādirasa 감정(感情). 정서(情緖).

siṅgāratā *f.* [siṅgāra의 *abstr.*] 화려한 치장을 좋아하는 것.

siṅgāla = sigāla.

siṅgālaka *m.* [siṅgāla-ka] 씽갈라 사람. 시가라월인(尸伽羅越人).

siṅgika *adj.* [<siṅga] 뿔 있는.

siṅgin *adj. m.* [siṅga-in] ① 뿔 있는. 소(牛). ② 영리한. 빈틈없는. ③ 악현(惡賢)의. 부정(不正)한. 사특한. 음외(淫猥)한.

siṅgila *m.* [<siṅga] 뿔 있는 새. -sakuṇa 뿔 있는 새. 유각조(有角鳥).

saṅgiloṇakappa *m.* [siṅga-loṇā-kappa] 뿔로 만든 그릇의 소금은 (저장하여 사용하는 것이) 허락 됨. 각염정(角鹽淨)[十事非法의 하나].

saṅgivera *n.* [*sk.* śṛṅga-vera] 생강.

siṅgi. siṅgī *f.* [*sk.* śṛṅgī] ① 금. 황금. ② 생강. siṅgi° -nada 황금. -nikkha 자연금의 고리. 금화. -loṇa(-kappa) 소금이나 생강과 관련한 면허. -vaṇṇa 황금색의. -suvaṇṇa 황금.

siṅgu *f.* [?] 씽구[물고기의 일종].

siṅghati [siṅgh] 냄새 맡다.

siṅghāṭaka *m. n.* [*sk.* śṛṅgāṭaka] ① 광장. 사거리. 사구가도(四衢街道). ② 수초의 일종. -baddha. -bandha 십자로의 묶인.

siṅghāṇikā *f.* [*sk.* siṅghāṇaka. °ṅikā] 콧물. 점액.

siccati [siñcati의 *pass.*] 뿌려지다.

sijjati [*sk.* svidyate svid] ① 끓다. 비등하다. ② 땀을 흘리다. *ppr.* sijjamāna; *pp.* sinna. siddha; *caus.* sedeti.

sijjhati [*sk.* sidhyate sidh] ① 이루어지다. 벌어지다. ② 성공하다. 달성하다. *pp.* siddha; *inf.* sijjhituṁ.

sijjhana *n.* [<sijjhati] 성공. 이루어짐.
siñca siñcati의 *imp.*
siñcaka *adj.* [<siñcati] 물대는. 물대는 사람.
siñcati [sic] ① 뿌리다. 물대다. 흘리다. ② 배의 물을 퍼내다. *imp.* siñca; *abs.* sitvā; *pp.* sitta; *pass.* siccati; *caus.* seceti. siñcāpeti.
siñcanaka *adj. m.* [<siñcati] (물을) 뿌리는. 물대는 (사람)
siñcāpeti [siñcati의 *caus.*] (물을) 뿌리게 하다. 물대게 하다.
siṭṭha *adj.* [śiṣ의 *pp.* *sk.* śiṣṭha] → visiṭṭha. -ācāratā 문화. 문명.
siṇāti → seyyati.
sita ① *adj.* [sayati śri의 *pp.*] 의존하는. 집착된. *m. pl. nom.* sitāse. ② *adj. n.* [=mihita. smi의 *pp.* *cf.* hasita] 미소짓는. 미소. -kāra 미소짓는. ③ *adj.* [〃] 흰. 백색의. ④ [śā의 *pp.* *sk.* śita] 날카로운. ⑤ [sinoti의 *pp.*] 묶인.
sitta *adj.* [siñcati의 *pp.*] 물을 댄. 물이 뿌려진.
sittha *n.* [*sk.* sikta] 밥 덩어리. 반립(飯粒). 반구(飯球). -âvakārakaṁ 밥덩어리들을 뿌리면서. -telaka 밀랍유(蜜蠟油). 납유(蠟油).
sitthaka *n.* [*sk.* sikthaka] ① 밀랍. 벌의 왁스. ② 벌집에서 나온 납. *cf.* sittha.
sitvā siñcati의 *abs.*
sithila *adj.* [=sathila. *sk.* śithira. śithila] ① 느슨한. 완만한. 구부러진. 이완된. ② 고분고분한. sithili°-bhāva 이완상태. 완만한 상태. -bhūta 느슨하게 걸린.
sithilahanu *m.* [sithila-hanu] 새의 일종.
siddha ① *adj.* [sijjati svid의 *pp.*] 익은. 요리된. -bhatta. -bhojana 요리된 음식. ② *adj.* [sijjhati sidh의 *pp.*] 끝난. 완성된. 마술사. -ppatta 완성에 도달한. -anta 독단(獨斷). 격언(格言). 금언(金言). -attha 일을 완성한. 성취자.
Siddhattha *m.* [*bsk.* Siddhārtha] 씻닷타. 실달다(悉達多)[釋迦牟尼의 어릴 때 이름].
Siddhattha. Siddhatthika *m.* [<siddha-attha] 씻닷타. 씻닷티까. 의성부(義成部)[南方大衆部安達派의 한 이름].
siddhatthaka *m.* [*sk.* siddhātthaka] 흰 겨자.
siddhi *f.* [<sidh] ① 발생정도. ② 완성. 성취. 성공. ③ 번영.
siddhika *adj.* [<siddhi] 성취하는. 성공의. appa° 성공 못한. 불운한.
sināta *adj.* [sināti snā의 *pp.* =nahāta] 씻겨진. 목욕을 한.
sināti ① [=nahāyati. nhāyati. *sk.* snāti snā] 씻다. 목욕하다. *imp.* sināhi; *aor.* sināyi; *inf.* sināyituṁ; *pp.* sināta. ② =sinoti.
sinend *n.* [<snā=nahāna] 목욕.
sinānī *f.* [<sināna] 목욕용 분말.
siniddha *adj.* [siniyhati의 *pp.* *sk.* snigdha] ① 젖은. 축축한. ② 기름을 바른. 미끌미끌한. 매끄러운. ② 유순한. 부드러운. 사랑스러운.
siniyhati [*sk.* snihyate. snih] ① 습기에 젖다. ② 기름을 바르다. ③ 사랑을 느끼다. ④ 집착하다. *pp.* siniddha; *caus.* sineheti. sneheti. snehayati.
Sineru *m.* [=Neru. Meru. Sumeru. *sk.* Sumeru] 씨네루. 수미산(須彌山). 묘고산 (妙高山)[傳說的인 世界最高의 山].
sineha. sneha *m.* [<snih *sk.* sneha] ① 끈적끈적한 액체. ② 습윤. 습기. ③ 지방(脂肪). ④ 애정. 사랑. -anvaya 애정을 따르는. -gata 습기 있는. -ja 습기에서 생겨난. 애정에서 생겨난. -bindu 기름방울. -virecana 기름으로 된 하제(下劑).
sinehaka *m.* [sineha-ka] 친구. 애인(愛人)
sinehana *n.* [<sineha] ① 기름을 먹임. 주유(注油). ② 습기의 공급. ③ 부드럽게 함. 연화(軟化).
sinehaniya *adj.* [sineheti의 *grd.* 또는<sineha] 부드럽게 하는. 미끄러운 -bhesajja 설사약.
sinehita *adj.* [sineheti의 *pp.*] ① 탐욕스러운. ② 음탕한. 탐애하는.
sineheti [sineha의 *denom.* 또는 siniyhati의 *caus.*] ① 매끄럽게 하다. 부드럽게 하다. ② 습기를 공급하다. ③ 사랑하다. *grd.* sinehaniya; *pp.* sinehita.
sinoti [sā 또는 si] 묶다.
sindī *f.* [?] 씬디[나무의 일종].
sindūra *m.* [〃] 연단(鉛丹).
sinduvāra. sindhavāra. sinduvārikā. °vārita *m. f.* [*sk.* sinduvāra] 씬두바라. 씬두바리까. 씬두바리따[나무의 일종: Vitex Negundo].
sindhava *adj. m.* [*sk* Saindhava<Sindhu] ① 씬두산(産)의. ② 씬두산의 말·준마. ③ 싼두산의 소금·암염. 무기염(無機鹽). ④ 씬두국. 신두국(辛頭國). 신두국인(辛頭國人).
sinna *n.* [*sk.* svinna. sijjati svid의 *pp.*] ① 땀에 젖은. ② 익혀진. 삶아진.
sipāṭikā. sipātikā *f.* [*sk.* sṛpāṭikā] ① 과일껍질. 과피(果皮). ② 작은 상자. khurasipāṭika 면도날 케이스.
sippa *n.* sippaka *m.* [*sk.* śilpa] ① 기술. 기예. 기교. 공예. 예술. ② 지식의 분야. 연구의 분야. -ânugata 예술적인. -āyatana. -ṭṭhāna 기술의 분야. 공교처(工巧處). 스튜디오. 작업장. -uggahaṇa 기술의 습득. 기술. 수공예. -kamma 기술

업. 직업. 공교업(工巧業). -kalā 수공예. -phala 기예의 결과. -mada 기예에 의한 도취·교만. 공교교(工巧憍). -mūla 기술을 배우는데 필요한 비용. -vāda 기술론. 기예론. -sālā 기술학교.

sippavant. sippika. sippiya *adj. m* [<sippa] 기술자. 직인(職人).

sippikā[1]. sippī *f.* [*prk.* sippī] 진주조개. 굴. 모려(牡蠣). -sambuka 굴과 조개. ②

sippikā[2] [*sk.* pippaka 또는 pippika] 새의 일종.

sippin *adj. m* [sippa-in] ① 기술을 지닌. ② 기술공. 숙련공. sippī°-kammanāsana 공공기물의 파손. 반달리즘.

sibala *m* [?] 씨발라[나무의 일종].

sibba *n.* = sibbinī. *pl.* sibbāni.

sibbati = sibbeti.

sibbana *n.* [<sīv] 재봉. 바느질 -magga 꿰맨 자리. 봉합선. -yanta 재봉틀.

sibbanī *f.* [<sīv] ① 여자재봉사. 바느질. ② 갈망. 탐애(貪愛).

sibbāpana *n.* [<sibbāpeti] 꿰매게 함. 봉합.

sibbāpeti [sibbāpeti의 *caus.*] 꿰매게 하다.

sibbi sibbati의 *aor.*

sibbita *adj.* [sibbati의 *pp.*] 꿰매진.

sibbitar *m* [sibbati의 *ag.*] 재봉사. 꿰매는 자.

sibbinī *f.* sibba *n.* sibbanamagga *m* [<sīv] 두개골의 봉합선.

sibbeti [*sk.* sīvyati sīv] 꿰매다. 바느질하다. *aor.* sibbi. sibbesi; *abs.* sibbetvā; *inf.* sibbetuṁ; *grd.* sibbitabba; *pp.* sibbita; *caus.* sibbāpeti.

sibbetuṁ. sibbetvā. sibbesi → sibbeti.

simbalī *f.* [*cf. sk.* śimbala] 씸발리. 비단목화나무. 견면수(絹綿樹). -vana 견면수의 숲. 섬바리바나(睒婆利婆那)[地獄의 이름].

siyā → atthi.

siyyati → seyyati.

sira *n. m* [*sk.* śiras] 머리. *nom* siro, siraṁ; *acc.* siraṁ. sirasaṁ. siro; *ins.* sirasā; *loc.* sire. sirasmiṁ. pādesu sirasā nipatati 발아래 머리를 조아리다. 두면례족(頭面禮足)하다.

siraṁ sira의 *sg. nom. acc.*

sirasā sira의 *sg. ins.*

sirā *f.* [〃] 혈관. 정맥. -jāla 정맥의 망상조직.

siriṁsapa *m* [*sk.* sarīsṛpa<sṛp] 기어 다니는 동물. 뱀. -antarāya 뱀의 장애.

siriṁsapatta *n.* [siriṁsapa의 *abstr.*] 기어 다니는 동물의 상태. 뱀의 상태. 사류(蛇類).

sirimant *adj.* [<sirī] ① 영광스러운. ② 찬란한.

sirī *f.* [*sk.* śri] ① 행운. 영광. 화려함. ② 길상(吉祥). 상서(祥瑞). ③ 재산. ④ 왕의 침실. ⑤ 지국천희(持國天姬). 길상천(吉祥天). 실리천(室利天)[幸運의 女神]. -gabbha 침실. -corabrāhmaṇa 행운을 훔치는 바라문. -devatā 행운의 여신. -dhara 영광스러운. -nīggundi 씨리닉군디[나무의 일종]. -vāsa 테레빈유. 송지정(松脂精)[Pinus Longifolia]. -vilāsa 화려함과 장려함. -vivāda 침실에서의 말다툼. -sayana 왕의 침대.

sirīmant *adj.* [sirī-mant] ① 영광스러운. 찬란한. ② 행운의.

sirīsa *n.* [*sk.* śirṣa] 나무의 일종. 아카시아류. 시리사수. 보리수[Acacis Sirissa]. -puppha 보석의 일종. *cf.* serīsaka.

Sirīssavatthu *m* 씨리싸밧투[마을·都市의 이름].

siro sira의 *sg. nom. acc.*

siroruha m. [*sk.* śiras-ruha] 머리카락.

siromaṇi [*sk.* śiras-maṇi] 왕관(王冠).

sirovethana n. [*sk.* śiras-vethana] 머릿수건. 스카프.

silā *f.* [*sk.* śilā] 바위. 돌. 암석. -uccaya(silu°) 산. 바위산. -guḷa 바윗덩어리. 석괴(石塊). -chadana 돌지붕. 석옥(石屋). -tthamba 돌기둥. -paṭimā 돌모습. 돌의 이미지. -paṭṭa 석판(石板). -patthara 석판. 슬레이트. -pākāra 돌담. 석벽(石壁). -phalaka 석판. -maya 돌로 만든. -mayachavādhāna 석관(石棺). -muddā 석판인쇄(石版印刷). -muddāsādhaka 석판인쇄공(石版印刷工). -lipi 비문(碑文). 암면조각(巖面彫刻). -lekhā 암면조각. -lekkhanī 석필(石筆). -vaḍḍhakin 석조조각가. 암면조각가. -vaḍḍhakīkamma 석조조각. 암면조각. -vijjā 암석학(巖石學). -visayaka 석질(石質)의. 결석(結石)의. -yudhasamaya 신석기시대(新石器時代). -yūpa 돌기둥. -santhāra 석상(石床).

silāghati [*sk.* ślagh] ① 칭찬하다. 자랑하다. ② 격찬하다.

silāghā *f.* [<silāghati] ① 칭찬. 자랑. ② 격찬.

silābhu *n.* [*sk.* śila-bhū] 꼬리가 채찍처럼 가느다란 푸른 잎 색깔의 아시아산의 뱀.

siliṭṭha *adj.* [sk śliṣṭa<śliṣ의 *pp.*] ① 들러붙은. 밀착된. ② 연결된. ③ 구체적인. -akkharatā 활음조(滑音調).

siliṭṭhatā *f.* [siliṭṭha의 *abstr.*] ① 부착. 밀착. ② 연결된 상태.

silutta *m* [?] 독사뱀. *cf.* = gharasappa.

silesa *m* [<śliṣ] ① 결합. 점착(粘着). ② 수수께끼. 농담. -vākya 글귀의 모호함.

silesikā *f.* [silesa] 고무풀.

silesuma *n.* [=semha. *sk.* śleṣman] 담(痰). 가래.

siloka *m* [*sk.* śloka] ① 명성. ② 시. 게송.

silokavant *adj.* [siloka-vant] 유명한. 명성 있는.
siloghati [*sk.* ślokayati(?)] 찬탄하다(*gen.*).
siva *adj. n. m.* [*sk.* śiva] ① 길조의. 행복한. ② 행복. ③ 시바신의 숭배자. 시바신. -gāmimagga 행복에 이르는 길. -vijjā 상서로운 주문에 대한 지식. 복주명(福呪明).
sivā *f.* [*sk.* śivā] 재칼. 승냥이. 시랑(豺狼). 야간(野干).
sivāṭikā → sipāṭikā.
sivikā *f.* [*sk.* śibikā] ① 일인승 가마. ② 단가(担架). 들것. -gabbha 가마 모양의 방. 작은방.
Sīveyyaka *adj.* [<Sivi] 씨비(Sivi) 국에서 만든. (매우 비싼) 천.
sisira *adj. m.* [*sk.* śiśira] ① 서늘한. 추운. ② 추운 계절. 냉계(冷季). -vuṭṭhi 서늘한 비. 차가운 비.
sissa *m.* [*sk.* śisya] 학생. 제자. -nivāsa 하숙집. 기숙사.
sissati [śiṣ의 *pass.*] ① 남겨지다. ② 남다. 잔류하다. *pp.* siṭṭha; *caus.* seseti.
sigālaka *n.* [=sigālaka. segālaka<sigāla] 재칼의 울음소리. 승냥이의 울음소리. 시명(豺鳴).
sīgha *adj.* [*sk.* śīghra] 빠른. 급한. 급속한. *acc.* sigharṁ 빠르게. 급히 -assa 빠른 말. 준마. -gāmin 빨리 걸어가는. -tararṁ 재빨리. -paññatā 빠른 지혜가 있는 것. 속혜성(速慧性). -pañña 빠른 지혜. -vāhana (말처럼) 빠른. -sīgharṁ 아주 빠르게. 아주 급하게. -sota 급류.
sīta ① *adj.* [*sk.* śīta] 추운. 시원한. 한냉한. -āluka 추위를 느끼는. -uṇha 추위와 더위. -odaka. -odika 물이 차가운. 찬물. -kāla 추운 때. -naraka 추운 지옥. 한지옥(寒地獄). -bhīruka 추위를 두려워 하는. -valāhaka 차가운 비구름. ② *n.* [*bsk.* 〃] 돛.
sītaka. sītala *adj.* [<sīta] ① 시원한. 서늘한. ② 추운. 한냉한.
sītalī° [<sītala] -karoti 차갑게 하다. 냉장하다. -karaṇa 냉장(冷藏). -karaṇabhājana 냉장고(冷藏庫). -bhavati 차갑게 되다. 냉장되다.
sītā *f.* [〃] ① 고랑. 골. ② 밭이랑. -āloḷi 고랑의 진흙. 반토(畔土).
sīti° [=sita] ① 청량한. 시원한. ② 추운. 한랭한. -kata 한랭하게 된. 청량한. -karaṇopakaraṇa 실내냉각기. -bhavati 춥게 되다. 냉정하게 되다. *opt.* -siyā = -bhaveyya 춥게 될 것이다. *pp.* -bhuta 청량한. 맑고 시원한. -bhāva 청량(淸涼).
sīdati [sad] ① 앉다. 내려앉다. ② 포기하다. ③ 양보하다. *pres. 3pl.* sīdare; *opt.* sīde; *grd.* sajja; *pp.* sanna; *caus.* sādeti. sīdāpeti.
sīdare. sīde → sīdati.
sīdana *n.* [<sīdati] 내려앉는 것. 하강.
sīna *adj.* ① [śṛ의 *pp.* *sk.* śirṇa] 떨어진. 파괴된. ② [sīyati śyai의 *pp.* *sk.* śina] 동결된. 응결된.
sīpada *n.* [*sk.* ślipada] 상피병(象皮病). 족병(足病).
sīpadin. sīpadika *adj. m.* [<sīpada] 상피병에 걸린. 상피병자(象皮病者).
sīdāpeti [sīdati의 *caus.*] ① 앉게 하다. ② 가라앉게 하다.
sīmanta *m.* [simā-anta] ① 경계의 끝. ② 죄악.
sīmantinī *f.* [sīmanta의 *f.* '경계가 있는 여자'] 여인(女人). 부인(夫人).
sīmā *f.* [〃] ① 경계. 한계. ② 교구(敎區). 계단(界壇). 결계(結界)[특히 수도에 방해되는 자의 출입을 금하는 지역의 규정]. (수행승을 위한) 교구의 집회당. sīmǎ° -âtiga 경계[번뇌]를 초월한. 죄의 한계를 넘은. 죄를 정복한. -anta 경계. 한계. 번뇌[선인(善人)과는 다른 경계]. -antarikā 경계선의 사이. -ārāma 출입금지의 경계로 삼는 정원. 결계원(結界園). -kata 경계가 지어진. -geha. -ghara 교구의 집회당. 결계당(結界堂). -ṭṭha 경계 안에 사는·존재하는. -maṇḍala 계단(界壇). -samugghāta 경계의 폐지·제거. -sambheda 경계의 혼란.
sīpada *m.* [*sk.* ślīpada] 상피병(象皮病). 족병(足病).
sīyati [*sk.* śyāyati śyai] 얼다. 동결하다. *pp.* sīna. *cf.* visīyati. visīveti.
sīra *m.* [〃] 쟁기. *cf.* naṅgala.
sīla *n.* [*sk.* śīla] ① 본성. 습관. 성격(性格). ② 덕(德). 도덕(道德). 규범(規範). 도덕적 의무. 도덕적인 실천. ③ 계(戒). 계행(戒行)[계행의 다발(戒蘊 sīlakkhandha)은 팔정도(八正道)와 관련하여 올바른 언어(正語 sammāvācā). 올바른 행위(正業 sammākammanta), 올바른 생활(正命 sammāājīva)을 말한다]. *abl.* sīlato. sīlato nindati 계행을 이유로 ~대해 비난하다. -aṅga 계행의 내용. -ācāra 계행의 실천. -ânussati 계행에 대한 새김. 계수념(戒隨念). -āyatta 도덕적인. 윤리적인. -uposatha 계행에 대한 포살. -kathā 계행에 대한 대화. 계론(戒論). -kkhandha 계행의 다발. 여러 가지 계행. 계온(戒蘊). -gandha 계행의 향기. 계향(戒香). -caraṇa 계행의 실천. -jala 계행을 받을 때 사용하는 물. 계수(戒水). -tittha 계행을 나루터(渡場)로 삼는. -dhana 계행의 재물. 계재(戒財). -paññāṇa 계행과 지혜를 갖춘. -pāramī. -pāramitā 계행의 완성. 계도피안(戒到彼岸). 계바라밀(戒波羅密). -bbata →

sīlabbata. -byasana. -vyasana 계행과 관련된 상실[五厄難]. -bheda 계행의 파괴. -mada 계행에 의한 도취·교만. 계교(戒憍). -mattaka 단지 계행의 문제. -maya 계행으로 이루어진. 계소성(界所成). -mayapuññakiriyavatthu 계행으로 이루어진 공덕행의 토대. 계복업사(戒福業事). 계성복업사(戒成福業事). -ratana 씰라라따나[인명]. -vatta 계행의 습관. 도덕성. 덕성. -vipatti 계행의 결핍. 파계(破戒). 계실괴(戒失壞)[신체적·정신적·언어적으로 계행을 범하는 것으로 계행의 망실과 불수호]. -vipanna 계행이 상실된. 파계자(破戒者). -viraha 덕이 없는. 계행을 지키지 않는. -vīmaṁsaka 계행을 조사하는. -velā 도덕적인 의무의 한계. 계한계(戒限界). -saṁyama 계행에 의해 제어하는. 계조어자(戒調御者). -saṁvara 계행에 대한 수호. 계율의(戒律儀). -saṁvarapariyanta 계행에 대한 수호의 한계. 계율의주변(戒律儀周邊). -saṁvuta 도덕적인 자기 절제로 사는. -samācāra 계행에 대한 올바른 실천. 계정행(戒正行). -sampadā 계행의 성취. 계구족(戒具足). 계성취(戒成就)[신체적·정신적·언어적으로 계행을 범하지 않는 것]. -sampanna 계행을 갖춘. 구계자(具戒者). -sāmañña 계행과 관련된. 계상응(戒相應).

sīlatā *f.* [sīla의 *abstr.*] ① 특성. ② 성품. ③ 능력.

sīlana *n.* [<sīla] (도덕의) 실천. 억제.

sīlabbata *m. n.* [sīla-vata. *bsk.* śīlavrata] ① 미신과 터부. ② 계행과 맹세. 규범과 금계. 의식과 의례. 계금(戒禁). -upādāna. -parāmāsa 계행과 맹세에 대한 집착. 규범과 금계에 대한 집착. 의식과 의례에 대한 집착. 계금취(戒禁取). -parāmāsakāyagantha 규범과 금계의 집착에 의한 정신·신체적 계박. 계금취신계(戒禁取身繫). -sampanna 계행과 맹세를 갖춘.

sīlavataṁ sīlavant의 *pl. gen.*

sīlavatā. sīlavato sīlavant의 *sg. ins. gen.*

sīlavatī sīlavant의 *f.*

sīlavant *adj.* [sīla-vant] ① 덕이 있는. 도덕적인. ② 계행을 지키는 *m.* (*sg.*). *nom.* sīlavā; *gen.* sīlavato; *acc.* sīlavantaṁ; *ins.* sīlavatā; (*pl.*) *nom.* sīlavanto; *acc.* sīlavante; *gen.* sīlavantānaṁ. sīlavataṁ. *f.* sīlavatī.

sīlin. sīlika *adj.* [<sīla] ① (~의) 본성·성향이 있는. ② 덕·인격이 있는. ③ 관행의. 습관이 된. ④ 계행이 있는.

sīliya *n.* [sīla-ya. *sk.* śīlya] ① 행위. 행동. ② 성격. ③ 관행. ④ 계성(戒性).

sīvathikā *f.* [? *sk.* śivālaya] ① 묘지. 총간(塚間). ② 시체가 버려지는 곳. -ûpamā 묘지의 비유.

sīvana. sīveti → visīvana. visīveti.

sīsa ① *n.* [〃] 납. 연(鉛). -kāra 납을 다루는 일꾼. -maya 납으로 만든. ② *n.* [*sk.* śīrṣa. *cf.* sira] 머리. 정상. 전방. 요점. 벼. 이삭. 표제. -ânulokin 전방을 보는. 주시하는. -ābādha 두통. -âbhitāpa 머리의 열(熱). 두통. 일사병. -ûpaga 머리장식. -kapāla. -kapālaṭṭhi 해골(骸骨). 두개골(頭蓋骨). -kapālavijjā 골상학(骨相學). -kalanda(?) 담요. 모포. 손수건. -cchavi 머리가죽. -cola 터번. -cchinna 머리가 베어진. -cchejja 단두죄(斷頭罪)에 해당하는. -ccheda 참수(斬首). -paramparāya 머리를 맞대고 있는. -ppacālaka 머리를 흔드는. -rujā 두통. -virecana 두통치료를 위해 하제를 처방하는. -veṭha. -veṭhana 머리싸개. 두건. -vedanā 두통.

sīsaka *adj.* [sīsa-ka] ① 머리방향의. ② 무엇보다도. uttarasīsaka 북쪽으로 머리를 둔. 북쪽으로 향한. pācinasīsaka 동쪽으로 향한. dhammasīsaka 무엇보다 가르침을 신봉하는.

sīha *m.* [*sk.* siṁha] 사자(獅子)[부처님에 대한 비유]. -āsana 왕좌(王座). 사자좌(獅子座)=불좌(佛座). -kuṇḍala '사자-귀고리'. 매우 값진 귀고리. -camma 사자가죽. -tela '사자-기름' 매우 값비싼 기름. -nāda 사자의 포효. 사자후(獅子吼)[부처님의 설법]. -nādika 사자후를 하는 사람. 무아경의 노래. -pañjara 발코니. -papātaka 사자의 절벽[히말라야의 큰 湖水 이름]. -piṭṭhe 사자의 등에. -pubbaḍḍhakāya 상반신이 사자 같은. 상신여사자상(上身如獅子相)[三十二相의 하나]. -potaka 어린 사자. -mukha 사자의 얼굴[왕의 수레바퀴통의 장식물]. -ratha 사자가 끄는 수레. -vikkīḷita 사자의 유희[부처님과 阿羅漢의 마음가짐]. -seyya 사자처럼 누운. -ssara 사자와 같은 목소리를 지닌. 사자후(獅子吼)를 하는. -hanu 사자와 같은 턱을 가진. 사자협상(獅子頰相)[三十二相의 하나].

Sīhaḷa *m.* [*bsk.* Siṁhala] 스리랑카. 사자국(獅子國). -dīpa 스리랑카 섬. 사자주(獅子洲). -bhāsā 싱할리어. -kuddāla 스리랑카의 괭이·가래·쟁기.

sīhaḷaka *adj. m.* [sīhaḷa-ka] ① 스리랑카의. ② 싱할리어.

Sīhalaṭṭhakathā *f.* [sīhala-aṭṭhakathā] 씨할랏타까타. 싱할리어의 의소(義疏)[三藏의 註釋書].

Sīhalā *f.* [Sīhala-bhāsā] 싱할리어.

su ① *ind.* [=ssu. assu. si. sudaṁ. sa. assa. *sk.* svid. sma] 어떨까. ~하면 어떨까. 참으로·실로[의문부사(kaṁ ~. kena ssu. kissa ssu. kiṁ ~. kathaṁ ~)와 함께 사용]. tadā ~바로 그때에. hatthe ~sati 손이 바로 닿는 곳에. ② *prep.*

[〃] 좋은. 착한. 행복한. 완전한. 묘한. 쉬운. 극히. 매우.

suṁsumāra *m.* [*sk.* śiśumāra] 악어. -bhaya 악어에 대한 공포.

suṁsumāri. suṁsumārinī *f.* [suṁsumāra의 *f.*] 악어의 암컷. 빈악(牝鰐).

suka *m.* [*sk.* śuka] 앵무새. 능언조(能言鳥). *cf.* suva.

sukaṭa. sukata *adj.* [su-kata] 선행. 선행의. -dukkata 선행과 악행.

sukara *adj.* [su-kara] ① 실행할 수 있는. ② 쉬운. 하기 쉬운.

sukiccha *adj.* [su-kiccha] 아주 고통스러운. 매우 아픈.

sukittika *adj.* [su-kittika] 잘 설명된.

sukumāra *adj.* [su-kumāra] ① 섬세한. 세련된. 아름다운. ② 귀여운.

sukumāratā *f.* sukumāratta *n.* [sukumāra의 *abstr.*] 세련미.

sukumālatta [su-kumālatta] 사랑스러움. 멋짐.

sukusala *adj.* [su-kusala] 아주 능숙한.

sukka ① *m.* [*sk.* śukra<śuc] *m.* 별. 혹성. 금성(金星). -rāhu 혜성(彗星). ② *n.* 정액(精液). 정자(精子). -mocana 사정(射精). -visaṭṭhi 사정(射精). ③ *adj.* [*sk.* śukla] 흰. 밝은. 착한. 선(善)한. 청정한. 순수한. -aṁsa 행운. -âbhijāti 백색계급. 백생류(白生類)[사명외도들]. -kamma 순수한 · 선한 행위. 선업. 백업(白業). -dhamma 선한 원리. 밝은 원리. 백법(白法). -pakkha 한 달 중 밝은 보름. 백분(白分)[초하루에서 보름]. -magga 선한 길. 백도(白道). -vāra 금요일(金曜日). -sukkavipāka 선(善)에 의해 선(善)한 과보가 있는. 밝음에 의해 밝은 과보가 있는.

sukkha *adj.* [*sk.* śuṣka<śuṣ] 마른. 건조된. -kaddama 마른 진흙. -kantāra 황폐한. -maccha 건어(乾魚). -yava 마른 보리. 건맥(乾麥). 마맥(馬麥). -vipassaka 건관자(乾觀者)[선정에 젖어들지 못하고 통찰만 하는 자].

sukkhati [śuṣ] 마르다. 건조하다. *pp.* sukkhita 건조된. *caus.* sukkhāpeti 건조시키다.

sukkhana *n.* [<sukkhati] 건조.

sukkhin *adj.* [<sukkha] ① 마른. 건조한. ② 초췌한. 야윈.

sukkhita *adj.* [sukkhati의 *pp.*] ① 마른. ② 초췌한. 야윈.

sukha *adj. n.* [〃] ① 즐거운. 행복한. 편안한. ② 행복. 편안(便安). 안락(安樂). 지복(至福). *acc.* sukhaṁ. *ins.* sukhena 행복하게. 안락하게. 편안하게. -atthin. attinī(*f.*) 행복을 열망하는 (자). -attha 행복을 원하는 사람. -âdhivāha 행복을 유인하는. -āvaha 행복을 가져오는. -indriya 안락의 능력. 낙근(樂根). -uccāraṇa 활음조(滑音調). -udraya 행복한 결과가 있는. -upapatti 행복의 생성. -ūpahanaṇa 행복한 공양. 사치. 향락. -edhita(sukheṭhita) 행복한. -esin 행복을 추구하는. -kāma 행복을 바라는. -da 기쁨을 주는. -dukkha 즐거움과 괴로움. -dukkhin 즐거움과 괴로움이 있는. -dhamma 행복한 상태. 낙법(樂法). -dhātu 행복의 요소. 낙계(樂界). -nisinna 안락하게 자리에 앉은. -paṭisaṁvedin 행복을 체험하는. -pada 안락의 경지. 안락경(安樂境). -ppatta 행복에 도달한. 행복한. -pharaṇatā 안락이 편만한 것. 낙편만성(樂遍滿性). -bhāgiya 행복에 참여하는. -bhūmi 행복의 경지. 행복의 근원. -yānaka 편안하게 가는 수레. -vinicchaya 행복의 식별. 낙결정(樂決定). -vipāka 행복으로 귀결됨. 낙보(樂報). 낙이숙(樂異熟). -vihāra 편안한 삶. 낙주(樂住). -vihārin 편안하게 사는. 낙주자(樂住者). -vedanā 즐거운 느낌. 낙수(樂受). -vedanīya 안락을 느낄 수 있는. -saṁvāsa 교제의 즐거움. -saññā 행복의 지각. 낙상(樂想). -saññin 행복을 지각하는. 낙상자(樂想者). -samuddaya 즐거움의 발생. 즐거움의 원인. -samphassa 즐거움의 접촉. 낙촉(樂觸). -sammata 행복이라고 생각된. -sayita 잘 파묻힌. 안장(安葬)된. -sahagata 즐거움을 수반하는. -sāra 견실한 안락. 낙견실(樂堅實). -sīla 낙천적인. -seyya 편안한 잠. 안면(安眠).

sukhaṇa *ṁ.* [su-khaṇa] ① 최상의 순간. ② 경사스러운 순간.

sukhara *adj.* [su-khara] ① 매우 단단한. ② 아주 견고한 마음을 지닌.

sukhallika *adj.* [*bsk.* 〃 sukhala-ika] 쾌락의. 향락의. -anuyoga 향락에 탐닉하는. 쾌락의 생활을 하는. 안락행(安樂行).

sukhāpeti [sukheti의 *caus.*] 행복하게 하다. 기쁘게 하다.

sukhayati. sukhāyati = sukheti.

sukhita *adj.* [sukheti의 *pp.*] ① 행복한. ② 기쁜. -atta 스스로 기뻐하는. 행복한. 편안한.

sukhin *adj. m.* [sukha-in] ① 행복한. 마음편한. ② 무사한. ③ 행복한 자. 구복자(具福者).

sukhinī *f.* [sukhin의 *f.*] 복이 있는 여자.

sukhuma *adj. n.* [*sk.* sūkṣma] ① 미세한. 섬세한. 정밀한. 미묘한. 승화된. ② 정밀. 섬세. 미묘. -acchika 그물눈이 미세한. -cchavi 섬세한 피부를 지닌. 세박피상(細薄皮相)[三十二相의 하나]. -dassaka 현미경(顯微鏡). -diṭṭhi 미묘한 견해.

-dhāra 예리한 칼날이 있는. -pāṇī 미생물(微生物). -randhagavesin 혹평가(酷評家). -vedaka 과민증환자. -saññāya 예민하게. -saññāyutta 과민증(過敏症)의.
sukhumaka = sukhuma.
sukhumatta *n.* [sukhuma의 *abstr.*] 섬세. 미세. 정묘(精妙). -pāpaṇa 승화(昇華).
sukhumāla *adj.* [*cf. sk.* sukumāra] ① 부드러운. 섬세한. ② 우아한. 세련된. ③ 유복한. 걱정 없는.
sukhumāli. sukhumālinī *f.* [sukhumāla의 *f.*] 세련된 여자. 우아한 여인.
sukhumālatā *f.* [sukhumala의 *abstr.*] 세심함. 섬세한 구조.
sukheti [sukha의 *denom.*] = sukhayati. sukhāyati. 행복하게 되다. 기뻐하다. *pp.* sukhita; *caus.* sukhāpeti.
sukhetta *n.* [su-khetta] 비옥한 밭.
sugajjin *adj.* [su-gajjin] (공작새가) 아름답게 날카로운 소리를 내는.
sugata *adj. m.* [su-gata] ① 잘 간. 바른 길로 잘 가신 님. 선서(善逝)[如來十號의 하나]. ② 행복한. 행복하신 님. -aṅgula 선서의 손가락. -ālaya 선서의 모방. -ovāda 선서의 설법. -cīvara 선서의 옷. 불의(佛衣). -vidatthi 선서의 손의 뼘. 불걸수(佛搩手). -vinaya 선서의 계율. 선서의 조복(調伏).
sugati *f.* [su-gati] ① 행복. 축복. ② 행복한 운명. 선취(善趣). 선도(善道)[하늘나라와 인간세계(人天界)].
sugatin *adj. m.* [sugata-in] ① 올바른. ② 선행자(善行者).
sugandha *adj. m.* [su-gandha] ① 향기로운. ② 좋은 냄새. 향기(香氣). -taṇḍula 향기 좋은 쌀.
sugandhi = sugandha.
sugandhika *adj.* [sugandhi-ka] 향기로운.
sugama *n.* [su-gama] 개방적인. 공개적인.
sugahana *n.* [su-gahana] ① 잘 붙잡음. 잘 획득함. ② 잘 배움.
sugīta *adj.* [su-gīta] 운율에 꼭 맞은.
sugutta. sugopita *adj.* [*sk.* su-gupta] 잘 보호된. 잘 수호된.
sugga *m.* [?] 망구스. 대황서(大黃鼠)[뱀·코프라를 잡아먹고 사는 큰 쥐의 종류]. -pota 망구스 새끼.
suggava *adj.* [su-ggava] 덕이 있는. suggata의 *misr.*(?).
sughara *adj.* [su-ghara] 좋은 집을 가진.
suṅka *m. n.* [*sk.* śulka] ① 통행세. 관세(關稅). 세금(稅金). ② 이익. ③ 아내를 사는 가격. 신대금(身代金). -ghāta. -ṭṭhāna 세관(稅關). 세무서(稅務署). -pābhata 공물(貢物). -saṅgāhaka 세무원(世務員). -sāyika(?). 세관원(稅關員). 세무원(世務員).
suṅkika *m.* [suṅka-ika] 관세징수원. 세무원(稅務員).
suṅkiya *n.* [suṅka-ya] 아내를 사는 가격. 신대금(身代金). 결납금(結納金).
sucarita *adj. n.* [su-carita] ① 올바른. 선한. ② 선행(善行). 도덕성. 공덕(功德).
suci *adj. n.* [*sk.* śuci] ① 맑은. 청정한. 순수한. ② 청정. suciṁ (*nom. acc.*). -kamma 청정한 행위. 정업(淨業). -gandha 청정한 향기. 정향(淨香). -gavesin 청정을 동경하는. -ghaṭika → sūcighaṭikā. -ghara → sūcighara. -jātika 깨끗한 후손의. -n-dhara 청정을 지닌. -bhojana 청정한 음식. 정식(淨食). -mhita 해맑은 미소를 띄운. -vasana 깨끗한·밝은 옷을 입은. 정의(淨衣).
sucitta. sucitra *adj.* [su-citra] ① 아주 다채로운. ② 잡다한.
Sucitti *m.* 쑤찌띠. 소즉단라(蘇喞怛囉) [阿修羅의 이름].
sucintita *adj.* [su-cintita] 잘 생각된. 선사(善思)된. -cintin 잘 생각하는. 선사유자(善思惟者).
sucimant *adj. m.* [suci-mant] ① 청정한. ② 구정(具淨)[부처님을 지칭함].
sucira *adj.* [su-cira] 아주 오래된. sucirass'eva 아주 오랜 후에.
succaja *adj.* [su-caja] ① 잘 버려진. 잘 포기된. ② 잘 베풀어진.
succhanna *adj.* [su-channa] ① 잘 덮인. ② 지붕을 잘 이은.
succhavi *adj.* [su-cchavi] ① 아름다운 피부를 지닌. ② 피부에 좋은.
sujana *m.* [su-jana] ① 덕 있는 사람. 훌륭한 사람. ② 탁월한 사람.
sujā *f.* [*sk.* sruc] ① 제사용 국자. 표자(杓子). ② 목작(木酌).
sujāta *adj. m.* [su-jāta] ① 잘 태어난. 귀족의 가문에서 태어난. ② 선생자(善生者).
sujāti *adj.* [su-jāti] 고귀한 가문에 속하는.
sujīva *adj.* [su-jīva] 살기 쉬운. 이명(易命)의.
sujjhati [śudh] 깨끗하게 되다. 청정해지다. *pp.* suddha; *caus.* sodheti 정화시키다.
sujjhana *n.* [<sujjhati] 정화(淨化).
suñña *adj. n.* [*sk.* śūnya] ① 빈. 텅 빈. 공허한. ② 비실체적인. 현상적인. 소용없는. ③ 사람이 살지 않는. ④ 공(空)[모든 것이 인연에 따라 생겨나므로 아(我)와 아소(我所)라든가 실체와 자성이 없는 것]. -āgārā 빈 장소. 빈 집. 사람이 살지 않는 곳. 공한처(空閑處). -gāma 빈 마을. 버려진 마을. 사람이 없는 마을. -vimāna 빈 궁전. -suñña 공공(空空)[感域 즉 感覺(內身)과 그 對象(外境)에 我와 我所라든가 永遠한 것도 堅固한 것도 없는 空].

suññata° *adj.* [<suññato *abl.*] ① 빈. 텅 빈. 공(空)한[탐욕·업·나쁜 성격 등의 소멸. 특히 자아의 공함] ② 실체가 없는. -phala 텅 빈 과실. 공과(空果). -phassa 공에 의한 접촉. 공촉(空觸)[想受滅定에 든 자의 세 가지 接觸의 하나]. -vipassanā 공의 이치에 대한 관찰. 공관(空觀). -vimokkha 공의 이치에 대한 통달을 통한 해탈. 공해탈(空解脫). -samādhi. -samāpatti 공의 이치를 관찰하는 삼매. 있음을 여읜 삼매. 공삼매(空三昧). 공정(空定).

suññatā *f.* [suñña의 *abstr.*] ① 텅 빈 것. 있음의 여읨. 공(空). 공성(空性). ② 비실체성(非實體性). -ânupassanā 있음의 여읨에 대한 관찰. 공에 대한 관찰. 공수관(空隨觀). 공성관(空性觀). -cetovimutti 공의 이치를 통해서 (갈애에서 벗어나는) 마음에 의한 해탈. 공심해탈(空心解脫). -jhāna 공의 이치에 따른 선정. 공선(空禪). -pakāsana 공의 현시. -paṭisaṁyuttakathā 공에 관련된 이야기. 공론(空論). -pada 공이라는 진리. -vakka. -vākya 공의 언어. 공류(空類). -vāra 공의 단계. 공단(空段). -vihāra 공의 이치에 머무는. -samāpatti 공의 이치를 관찰하는 명상의 성취. 공성등지(空性等至). 공정(空定).

suññatta *n.* [suñña의 *abstr.*] 텅 빈 상태. 공(空)의 상태.

suṭṭhu *adv.* [*sk.* suṣṭhu] 잘. 훌륭하게 -tara *compar.* 더 훌륭한.

suṭṭhutā *f.* [suṭṭhu의 *abstr.*] ① 탁월. 우수. ② 선성(善性).

suṇa ① *m.* [=suna] 개. ② suṇāti의 *imp.*

suṇāti. suṇoti [*sk.* śṛṇoti<śru] 듣다. 청취하다. 배우다. *opt.* suṇeyya. suṇe; *imp.* suṇa. suṇāhi. suṇohi. suṇātu. suṇāma. suṇoma. suṇotha. suṇantu; *fut.* sossati. sussaṁ. sossi; *aor.* assuṁ. assu. suṇi. assosi. assumha. assuttha. assosuṁ; *inf.* sotuṁ. suṇituṁ. sotave; *ppr.* suṇanta. savaṁ; *grd.* savanīya. sotabba; *pp.* suta; *pass.* sūyati. suyyati; *caus.* sāveti. suṇāpeti.

suṇi suṇāti의 *aor.*

suṇisā. suṇhā f [*sk.* snuṣā] ① 며느리. 신부(新婦). ② 의매(義妹). -bhoga 며느리의 일. 시집일. 가사(家事).

suṇe. suṇeyya suṇāti의 *opt.*

suṇoti. suṇotha. suṇoma → suṇāti.

suṇohi =suṇotī.

suta *adj. n.* [suṇatī의 *pp. sk.* śruta] ① 들은. 배운. ② 신성한 전승. 들리는 것. 계시. 학문. 종교적인 지식. 베다(Veda). 천계(天啓). -ādhāra 신성한 가르침을 마음에 간직하는. -āvudha 배움의 무기. 문장(聞杖). -kavi 베다 시인. -dhana 배움의 재물. 문재(聞財). -dhara 들은 바를 새기는·기억하는. 지식인(知識人). 지문자(持聞者). -ppiyatā 학문을 좋아함. 호학(好學). -maṅgalika 들리는 것을 통해 행운을 믿는 자. -mada 박식에 의한 도취·교만. 박식교(博識憍). -maya 배움으로 이루어진. 문소성(聞所成). -mayapaññā 배움으로 이루어진 지혜. 문소성혜(聞所成慧). -vantu 글을 읽고 쓸 줄 아는. -sannicaya 들은 바를 축적하는. 문집자(聞集者). -ssava 널리 알려진 님[부처님]. ② *m.* [〃<sū. su] 아들. *f.* sutā 딸.

sutatta ① *n.* [suta의 *abstr.*] 전승된 상태. 배운 상태. ② [su-tatta] 많은 열이 가해진.

sutanu *adj.* [su-tanu] ① 세련된 몸을 지닌. ② 가는 허리를 지닌.

sutappaya *adj.* [su-tappaya<tṛp] 쉽게 만족하는. 만족하기 쉬운.

sutavant *adj.* [suta-vant] ① 종교적인 지식이 있는. ② 많이 배운. 박학한.

sutā *f.* [suta의 *f.*] 딸. 여식(女息).

suti *f.* [*sk.* śruti<śru] ① 청취. 전승. 전통. 소문(所聞). ② 천계(天啓). 베다(Veda). ③ 음조(音調).

sutitikkha *adj.* [su-titikkha] 참기 쉬운.

sutta ① *adj. n.* [supati의 *pp. sk.* supta<svap] 졸리는. 잠든. 잠. 수면. -pabuddha 잠으로부터 깨어난. ② *n.* [*sk.* sūtra<siv] 경전(經典). 수다라(修多羅). 장(章). 절(節). 경구(警句). 격언(格言). 금언(金言). 부처님의 대화. 고대의 시(詩)[九分教의 하나]. 계경(戒經). 계본(戒本) [pāṭimokkha] ③ 실. 줄. -anta 경전(經典). 문헌의 장. 법문. -antika 경전에 정통한 (자). -ânuloma 경전. -âbhidhamma 경전과 논서. -āvaṭṭa 실패. 얼레. -uddesa 경전의 암송. -kantikā 여자방직공(女子紡織工). 여자직조공(女子織造工). -kāra 방직공(紡織工). 직조공(織造工). -guḷa 실공. 사구(絲球). -jāla 실의 망. 직물(織物). -dhara 경전을 기억하는. 지경(持經)의. -piṭaka 경장(經藏). -bhikkhā 실을 구걸하는. -maya 실로 만들어진. -rajjuka 실로 만든 줄. -lūkha 서로 거치게 기운. -vaṭṭi 실로 된 심지. 등심(燈心). -vāda 경부(經部)[설일체유부에서 파생]. -vinaya 경전과 율장. 경율(經律). -vibhaṅga 계율의 분류. 경분별

(經分別). -veṇi 실타래. -sādhanā 경전의 증명·해명. 경증론(經證論).

suttaka *n.* [<sutta] ① 실. 끈. ② 조충(條蟲).

Suttaniddesa *m.* 경광설(經廣說)[차빠다(Chapada)의 깟짜야나문법의 주석서].

Suttanipāta *m.* 숫타니파타. 경집(經集)[쿳다까니까야(小部)의 하나].

suttanta *m.* [sutta-anta] ① 경(經). 법문. ② 경전(經典)[큰 경전에 사용] -aṭṭhakathā 경전의 주석. 의소(義疏). -bhājaniya 경전의 분별·구분. 경분별(經分別). -mātikā 경전의 논의의 내용. 경논모(經論母).

suttantika *adj. m.* [suttanta-ika] ① 경전에 정통한. ② 경사(經師). 송경자(誦經者) [=suttadhara]. -gaṇa 경전에 능통한 승려의 무리. 경사중(經師衆). -pariyāya 경전에 대한 법문. -bhikkhu 송경하는 비구. 송경비구(誦經比丘). -vatthūni 경에 따른 정신적 수행의 물적 토대.

Suttavāda *m.* [*bsk.* Sautrāntika] 경량부(經量部)[部派의 하나].

Suttavibhaṅga *m.* [sutta-vibhaṅga] 계율의 분류. 경분별. 계경의 주석[律藏의 部分. 大分別과 比丘尼分別로 이루어진다.]

sutti *f.* ① [*sk.* śuki] 몸에 문지르는 가루. *cf.* sotti. ② [*sk.* sūkti] 좋은 말. 언어.

sutvā. sutvāna suṇati의 *abs.*

suthita *adj.* [? *cf.* supoṭhita] ① 두들겨 버린. ② 두들겨 다진. *cf.* suthiketa. suphita. supita. supīta. supāyita.

suda *m.* [?] 과자를 만드는 사람.

sudaṁ *ind.* [*sk.* svid. *cf.* su ①] 바로. 정말로. api ~. tatra ~. itthaṁ ~. sā ssudaṁ.

Sudatta *m.* [su-dāṭha] 쑤닷따. 수달다(修達多) [=給孤獨長子. Anāthapiṇḍika. 祇園精舍를 지은 장자].

sudanta *adj.* [su-danta] 잘 훈련된. 잘 조어된.

sudassa *adj.* [su-dassa] ① 잘 보는. 잘 나타나는. ② 아름다운. 멋진.

sudassa *adj. m.* [*bsk.* Sudṛśa] ① (선정이) 잘 나타나는. ② 선현천(善現天). Sudassā devā 선정이 잘 나타나는 신들의 하느님 세계. 선정이 잘 나타나는 하느님 세계의 신들. 선현처(善現天)[神·神界의 이름. 色界四禪의 하느님 세계].

sudassana *adj. m.* [su-dassana] ① 아름다운. 멋진. ② 북극(北極).

Sudassin *adj. m.* [*sk.* Sudarśa. Sudarśana] ① 관찰이 잘 이루어지는. ② 선견천(善見天). Sudassī devā 관찰이 잘 이루어지는 신들의 하느님 세계. 관찰이 잘 이루처지는 하느님 세계의 신들. 선견처(善見天)[神·神界의 이름. 色界四禪의 하느님 세계].

Sudāṭha *m.* [su-dāṭha] 쑤다타. 선아(善牙)[獅子의 이름].

sudinna ① *m.* [su-dinna] 쑤딘나. 수제나(須提那)[인명]. ② *adj.* [su-dinna] 잘 주어진.

Sudinnakalandakaputta *m.* [sudinna-kalandaka-putta] 쑤딘나깔란다까뿟따. 수제나가란다자(須提那迦蘭陀子)[比丘의 이름].

sudiṭṭha *adj.* [su-diṭṭha] 잘 보인.

sudivasa *adj.* [su-divasa] 운 좋은 날. 좋은 날.

sudissamāna *adj.* [su-dissamāna] 잘 보이는. 걸출(傑出)한.

sudukkara *adj.* [su-du-kara] 아주 하기 어려운.

suduccaya *adj.* [su-du-caya] 매우 버리기 어려운. 포기하기 아주 어려운.

sudujjaya *adj.* [su-du-jaya] 이기기 매우 어려운. 승리하기 아주 어려운.

suduttara *adj.* [su-du-tara] 아주 벗어나기 어려운. 건너기 아주 어려운.

sududdasa *adj.* [su-du-dasa] 아주 보기 어려운. -gāmimagga 보기 아주 어려운 곳으로 도달하는 길.

suduppadhaṁsiya *adj.* [su-du-padhaṁsiya] 아주 격파하기 어려운.

sudubbala *adj.* [su-du-bala] 매우 약한.

sudullabha *adj.* [su-du-labha] 얻기 아주 어려운. 획득하기 아주 어려운.

sudesika *m.* [su-desika] 좋은 안내자.

sudesita *adj.* [su-desita] 잘 설해진. 선설된.

sudda *m.* [*sk.* śūdra] 수드라. 수드라 계급의 사람. 노예 족. 수다라(修陀羅). 수다(首陀). *f.* suddī. -kula 수드라 씨족. 노예족(奴隷族).

suddiṭṭha *adj.* [su-uddiṭṭha] ① 잘 언명된. ② 잘 간추려진.

suddī *f.* [sudda의 *f.*] 쑤드라 계급의 여자. 수다라녀(首陀羅女).

suddha *adj.* [sujjhati의 *pp.*] ① 청정한. 깨끗한. ② 순수한. 혼합되지 않은. 순전한. ③ 바로 그것의. -antaparivāsa 완전히 청정한 견습기간. 청정변별주(淸淨邊別住). -aṭṭhaka 청정한 여덟 가지 법. 순팔법(純八法). -ājīva 청정한 삶·직업(職業). -ājivin 청정한 삶을 사는. -ânupassin 청정을 관찰하는. 정관자(淨觀者). -āvāsa 청정한 거처. 정거천(淨居天). -āvāsakāyika 정거천의 무리에 속하는. -kāḷaka 순전히 검은. -daṇḍaka 바로 그 지팡이의. -diṭṭhi 청정한 견해. -pīti 기쁨이 청정한. 청정한 기쁨을 지닌. -buddhi 순수한 지성을 지닌. -manodvāravīthi 순전한 정신문의 인식과정. 순의문로(純意門路). -vaṁsatā 순수한 혈통. -vasana 청정한 옷을 입은. -vālukā 흰 모래. -vipassanā (선정에 들지 않는) 순전한 관찰. 순비발사나(純毘鉢舍那). -vipassanāyanika 순전한 관찰의 수행자[선정에 들지 않고 관찰하는 수행자 = sukkhavipassaka. -saṅkhārapuñja 순전한 조건지어진 것의 집적(集積).

suddhaka *n. adj.* [suddha-ka] 사소한 일. 작은 죄. 경죄(輕罪)[승잔(僧殘) 이하의 경죄].

suddhatā *f.* suddhatta *n.* [suddha의 *abstr.*] ① 청정. ② 청정성.

suddhanta *adj.* [su-dhanta] 잘 불어진.

suddhāvāsa *adj. m* [*bsk.* śuddhāvāsa] ① 청정한 삶을 영위하는. ② 쑤다바싸. 정거천(淨居天)[오정거천(五淨居天) : 弟四禪天에서의 번뇌 없는 성자(無漏聖者)가 머무는 다섯 가지 住處; 無煩天. 無熱天. 善賢天. 善見天. 色究竟天].

suddhi *f.* [sk śuddhi<śudh] ① 청정. 정화. ② 진실. -ṁ-vāda 청정에 대하여 설하는. 정설자(淨說者). -magga 청정의 길.

suddhika *adj.* [suddha-ika] ① 청정한. 순수한. 단순한. ② 정통적인. 체계화된. ③ 정당화된. -saṁsandanā 단순한 적용. 근본적인 적용.

Suddhodana *m.* [*bsk.* śuddhodana] 쑤도다나. 정반(淨飯)[釋迦牟尼의 아버지. 釋迦族의 王].

sudhanna *n.* [sudhā-anna] 감로식(甘露食).

sudhammatā *f.* [su-dhamma의 *abstr.*] 선법인 상태. 묘법인 것. 선법성(善法性).

Sudhammasabhā *f.* [sudhammasabhā] 쑤담마싸바. 선법당(善法堂). 정법전(正法殿). 선법강당(善法講堂)[三十三天의 宮殿].

sudhā *f.* [〃] ① 신의 음식. 감로식(甘露食). ② 석회. 백색도료. 칠식(漆喰). -kamma 칠식공사(漆喰工事). -chadana 석회를 바른 지붕. -piṇḍa 석회·백색도료. -bhojana 신의 음식·식사. 천식(天食). 넥타. 감로식(甘露食). -mattikā 석회흙. -lepa 회반죽.

sudhin *m.* [*sk.* su-dhī] 현명한 사람. 현자.

sudhota *adj.* [su-dhota] 잘 씻어진. 아주 깨끗한.

suna ① *adj.* [*sk.* śūna<śū의 *pp.*] 부푼. 부풀은. ② *m.* [=suṇa. *sk.* śuna. *cf.* suvāṇa] 개. *cf.* sunakha. sunakha *m.* [*bsk.* 〃 *sk.* śunaka] 개. -pati 개의 주인. -maṁsa 개고기. 구육(拘肉).

sunakhī *f.* [<suna] 암캐.

sunaggavellita *adj.* [su-agga-vellita] 머리털의 끝이 아름답게 오그라든.

sunandī *f.* [su-nandī] 최고의 기쁨.

sunaya. sunnaya *m.* [su-naya] ① 좋은 추론. 훌륭한 결론. ② 좋은 방법. 바른 도리. 올바른 이취(理趣).

sunahāta. sunhāta *adj.* [su-nahāta] ① 잘 씻은. ② 목욕을 잘 한.

sunikkhitta *adj.* [su-nikkhitta] 바르게 배치된. 잘 정비된.

sunikhāta *adj.* [su-nikhāta] 잘 박힌. 잘 매장된

sunicchita *adj.* [su-nicchita] 확실한.

sunniṭṭhita *adj.* [su-niṭṭhi] 잘 완료된. 선구경(善究竟)의.

Sunidha *m.* 쑤니다. 손니다(孫尼陀)[大臣이름].

sunimmadaya *adj.* [su-nimmadaya] 아주 제압하기 쉬운.

sunisita *adj.* [su-nisita] ① 잘 갈아진. ② 아주 날카로운. -agga 아주 날카로운 끝을 지닌.

sunīta *adj.* [su-nīta] 잘 이해한. 바르게 이해한.

sundara *adj.* [〃] ① 아름다운. 미인의. ② 훌륭한. 좋은. -pāṭhagavesin 미사여구(美辭麗句)를 추구하는 자. -lipi 서예(書藝).

sundarī *f.* [sudara의 *f.*] ① 미인. ② 쑨다리. 손다리(孫陀利)[외도의 여인 이름].

supakka *adj.* [su-pakka] 완전히 익은.

supaṭipanna = suppaṭipanna.

supaṇṇa *m.* [*sk.* suparṇa=garuḷa. garuḍa] 금시조(金翅鳥). 묘시조(妙翅鳥)[전설 속의 새의 일종]. -bhavana 금시조의 거처. -rājan 금시조의 왕. -vata 금시조에게의 의무·맹세. -vatika 금시조에게 맹세한 자. -vāta 금시조의 바람.

supaṇṇsālā *f.* [su-paṇṇa-sālā] ① 아름다운 오두막. ② 훌륭한 초암.

supaccatthata *adj.* [su-paṭi-ā-stṛ의 *pp.*] 잘 깔린. 잘 펴진.

supati. suppati. soppati [*sk.* svapiti. svapati<svap] 자다. 잠자다. *opt.* supe; *aor.* supi; *inf.* sottuṁ; *ppr.* supanta. suppamāna; *pp.* supita. sutta. sotta.

supatittha *adj.* [su-pa-tittha] ① 아름다운 해안이 있는. ② 해안까지 충분히 물이 있는.

supāṇa *m.* [=suvāṇa] 개[犬].

supadhārita *adj.* [su-padhārita] ① 잘 생각된. ② 잘 이해된.

suparikammakata *adj.* [su-parikammakata] ① 잘 준비된. ② 잘 닦인.

supariccaja *adj.* [su-pariccaja] 포기하기 쉬운.

suparimaṇḍala *adj.* [su-parimaṇḍala] ① 완전히 둥근. ② 아주 완전한. 아주 원만한.

suparihīna *adj.* [su-parihīna] ① 아주 궁핍한. 아주 비천한. 아주 쇠퇴한. ② 완전히 사별한. 아주 수척한.

supasanna *adj.* [su-pasanna] ① 아주 청정하게

된. ② 잘 믿음을 갖고 기뻐하게 된.
supāṇa. supāna *m* [=suvāṇa] 개[犬].
supāpakammin *adj.* [su-pāpa-kamm-in] 아주 사악한. 극악업의.
supāpadhamma *adj.* [su-pāpadhamma] 아주 사악한. 극악한.
supāpika *adj.* [su-pāpika] ① 극악한. ② 아주 죄악이 많은.
supāyika. supāyita *adj.* [su-pāyita] ① 잘 적셔진. ② (칼이) 잘 단련된.
supāsiya *adj.* [su-pāsiya] 쉽게 꿰매지는.
supi supati의 *aor.*
supicchita *adj.* [su-picchita] ① 잘 닦여진. 미끄러운. ② 빛나는. *cf.* suphassita.
supita *adj. n.* [supati의 *pp.*=sutta] ① 잠자는. ② 잠. 수면. ko attho supitena 자면서 어떠한 이익이 있는가? 자면서 무슨 보람이 있는가?
supina *m n.* [*sk.* svapna. *cf.* soppa] ① 꿈. ② 환영(幻影). ③ 해몽. supinaṁ passati 꿈을 꾸다. -anta 꿈. 꿈의 경계. -pāṭhaka 해몽가. 꿈으로 점치는 자. -rajja 꿈의 왕국. 유토피아. 꿈나라. -sattha 해몽학.
supinaka *m* [supina-ka] ① 꿈. ② 꿈을 꾸는 자. -ûpamā 꿈의 비유.
supipi *adj.* [su-pipi] 마시기에 좋은.
supīta → suthita의 *misr.*
supupphita *adj.* [su-pupphita] ① 꽃으로 뒤덮인. ② 만발한. 완전히 개화된.
supubbaṇha *m* [su-pubbaṇha] 좋은 오전. 행운의 오전.
supe supati의 *opt.*
supekhuṇa *adj.* [su-pekhuṇā] 아름다운 꼬리털이 있는.
supoṭhita *adj. n.* [su-poṭhita] ① 잘 때려진. ②좋은 타작.
suposatā *f.* [su-posa의 *abstr.*] 부양하기 쉬움. 이양(易養).
suppa *m* [*sk.* śūrpa] 키질하는 바구니. 키.
suppaṭikāra *adj.* [su-paṭikāra] 보상하기 쉬운.
suppaṭinissaggin *adj.* [su-paṭiṅ] ① 버리기 쉬운. ② 벗어나기 쉬운.
suppaṭipadā *f.* [su-paṭipadā] 좋은 길. 선행도(善行道). 선향도(善向道).
suppaṭipanna *adj. m* [su-paṭipanna] ① 잘 실천된. 선행을 한. ② 선행자.
suppaṭippatāḷita *adj.* [su-paṭi-patāḷita] ① 잘 튕겨진. ② 잘 때려진. 잘 맞은.
suppaṭividdha *adj.* [su-paṭividdha] ① 잘 꿰뚫어진. 잘 통찰된. ② 완전히 이해된.
suppatā *f.* [<sūpa] muggasuppatā '완두수프 이야기' 달콤한.
suppati =supati.
suppatiṭṭhita *adj.* [su-patiṭṭhita] ① 잘 확정된. 잘 확립된. ② 안정된. -pāda 발밑의 땅에 밀착하여 안주된 것. 족하안평립상(足下安平立相)[三十二相의 하나].
suppatīta *adj.* [su-ppatīta] 아주 기쁜.
Suppatīta *m* [<suppatīta] 쑵빠띠따. 선등(善燈)[왕의 이름].
suppadhaṁsiya *adj.* [su-padhaṁsiya] ① 쉽게 공격당하는. ② 쉽게 압도당하는.
suppadhota *adj.* [su-padhota] 철저히 정화된. 아주 청결한.
suppanta supati의 *ppr.*
suppabuddha ① *m* 쑵빠붓다. 선각(先覺)[在家信者의 이름]. ② *adj.* [su-ppabuddha] 잘 깨달은.
suppabhāta *adj. n.* [su-pabhāta] 좋은 새벽. 좋은 아침.
suppameyya *adj.* [su-pameyya] 쉽게 측량되는.
suppavādita *adj.* [su-ppavādita] 잘 연주한.
suppavāyita *adj.* [su-ppavāyita] 잘 짜여진. 고루 짜여진. 잘 방적된.
suppavedita *adj.* [su-pavedita] 잘 설해진. 선설(善說)된.
suppasanna *adj.* [su-pasanna] ① 매우 밝은. ② 매우 기쁜. ③ 매우 믿음이 깊은.
suppahāra *m* [su-ppahāra] 좋은 타격.
Suppiya *m* [su-pīya] 쑵삐야. 수비인(修卑人)[인명].
suphasita *adj.* [su-phasita] ① 만지기에 좋은. ② 아주 부드러운.
suplavattha *adj.* [? *cf.* suplavantaṁ] 아름답게 미끄러지는. 잘 활주하는.
Subadda *m* [su-badda] 쑤밧다. 소파두루(蘇菠頭樓)[인명].
subahu *adj.* [su-bahu] 매우 많은.
subāḷhika *adj.* [su-bāḷhika] 아주 격렬한.
subīja *n.* [su-bīja] 좋은 종자. 선종(善種).
Subodhālaṅkāra *m* 선해장엄(善解莊嚴)[쌍가락키따(Saṅgharakkhita)저술의 수사학 서적].
subbaca *adj.* [=suvaca. su-vaca] 순종하는. 온순한. 순종하는. *cf.* sovacassa.
subbata *adj. m* [su-vata] ① 잘 행동한. 선량한. 믿음 깊은. ② 선행자(善行者).
subbināya *adj.* [su-bbināya] 이해하기 쉬운.
subbuṭṭhi *f.* [su-vuṭṭhi] 많은 비. 선우(善雨).
subbuṭṭhika *adj.* [su-vuṭṭhika] ① 비가 많이 내리는. ② 선우(善雨)의.

subbhū *adj.* [su-bhū<*sk.* bhrū] 아름다운 눈썹이 있는.
subyāpitambu *adj.* [su-vyāpitambu] 물이 충분히 채워진. 물을 가득 채운.
subrahā *adj.* [su-brahā] 대단히 큰.
Subrahma *m.* [su-brahma] 쑤브라흐마. 선범천(善梵天).
subha *adj. n.* [*sk.* śubhas<śubh] ① 빛나는. 아름다운. 청정한. ② 운 좋은. 길조의. ③ 즐거운. ④ 선(善). 행복. 복. ⑤ 아름다움. 청정. 광명. ⑥ 축복(祝福). ~m āsiṁsati 축복하다. -aṅgaṇa 아름다운 정원이 있는. -âsubba 선하고 악한. 즐겁고 불쾌한. -gati 축복받는 것. 하늘에 도달하는 것. -ṭṭhāyin 영광 속에 존재하는. 머무는. -dhātu 광명의 요소. -nimitta 길조의 표시. -vaṇṇanibha 아름다운 색으로 빛나는. 미묘단려(美妙端麗). -vimokkha 청정에 의한 해탈. 정해탈(淨解脫). -saññā 즐거운 것. 아름다운 것에 대한 지각. 정상(淨想). -saññin 아름답게 여겨지는. 아름다운 것을 지각하는. 정상자(淨想者). ⑦ 쑤바. 수바(須婆)[인명].
subhakiṇṇa. subhakiṇha *adj. m.* [*bsk.* śubhakṛtsna] ① 영광으로 충만한. ② 편정천(遍淨天). subhakiṇṇā devā 영광으로 충만한 신들의 하느님 세계. 편정천(遍淨天)[神·神界의 이름. 第三禪定의 最上天].
subhaga *adj.* [su-bhaga] 운 좋은. 행운의. -karaṇa (주문에 의해) 행복하게 함. 운명을 바꾸는 주문. *cf.* sobhagga.
Subhadda *m.* [su-bhadda] 쑤밧다. 수발(須魃)[比丘의 이름]. 수발다라(須魃陀羅)[비구이름]
Subhaddā *f.* [su-bhadda] 쑤밧다. 선현(善賢)[王妃의 이름].
subhara *adj.* [su-bhara] ① 검소한. ② 부양하기 쉬운. 이양(易養).
subharatā *f.* [subhara의 *abstr.*] ① 검소. 알뜰. ② 부양하기 쉬운 것. 이양성(易養性).
subhāsita *adj. m.* [su-bhāsita] ① 잘 설해진. ② 선어(善語). 선설(善說). 격언(格言). 금언(金言). -jaya 잘 설해진 말씀의 승리. -bhāsin 잘 설하는. 선설자(善說者). -mālā 어록(語錄).
subhikkha *adj. n.* [su-bhikkha] ① 음식이 많이 있는. ② 풍부. 다량. *cf.* dubbhikkha.
Subhūti *m.* [*bsk.* 〃] 쑤부띠. 수보리(須菩提). 선현(善賢)[佛弟子 가운데 無諍第一 또는 解空第一의 僧侶].
subhūmi *f.* [si-bhūmi] 좋은 흙 (땅).
sumaṅgala *adj.* [su-maṅgala] 아주 길조의. 아주 운 좋은. 묘길상(妙吉祥)의.
Sumaṅgalavilāsinī *f.* [su-maṅgala-vilāsinī] 쑤망갈라빌라씨니. 묘길상찬석(妙吉祥讚釋)[디가니까야(長部)의 註釋書].
sumajja *adj.* [su-majja] ① 잘 닦인. ② 광택이 나는.
sumajjhantika *m.* [su-majjh°] 좋은 정오. 훌륭한 한낮.
sumati *m.* [su-mati] 슬기로운 사람. 현자.
sumatikata *adj.* [su-matikata] 잘 고르게 된. 잘 평균된.
sumada *adj.* [su-mada] 매우 기쁜.
sumana *adj.* [su-manas] ① 기쁜. 즐거운. 행복한. ② 친한. 친절한. *cf.* somanassa.
sumanā *f.* [〃] 큰 꽃이 피는 재스민. 소형(素馨). -dāma = -mālā. -paṭṭa 재스민 무늬가 있는 천. -puppha 재스민 꽃. -makula 재스민 싹. 봉오리. -mālā 재스민 화환. *cf.* somanassa.
sumanohara *adj.* [su-manohara] 아주 매력적인.
sumanta *adj.* [su-manta] ① 잘 조언을 받은. ② 매우 신중한.
sumarati = sarati ②.
sumānasa *adj.* [su-mānasa] 기쁜. 즐거운.
sumāpita *adj.* [su-māpita] 잘 지어진. 잘 건축된.
sumutta *adj.* [su-mutta] 잘 해방된. sumuttā tena mahāsamaṇena 저 대사문으로부터 완전히 해방된 사람들.
sumedha. sumedhasa *adj.* [su-medha] ① 현명한. ② 선혜(善慧)의.
sumbhita *adj.* [sumbhati의 *pp.*] 밀쳐 넘어진.
sumbhati. sumhati [*bsk.* subhati] ① 밀다. 던져 버리다. ② 치다. *pp.* sumbhita.
suyiṭṭha *adj.* [su-yiṭṭha] 제사를 잘 지낸.
suyutta *adj.* [su-yutta] ① 잘 정리된. ② 적당한.
suyyati = sūyati.
sura *m.* [〃] 신(神)[asura의 반대].
surata *adj. m.* [su-rata] ① (좋은 의미에서) 사랑하는. 헌신적인. ② (나쁜 의미에서) 설교. *cf.* sūrata. sorata. soracca.
suratta *adj.* [su-ratta] 아주 붉은. 진홍의.
surabhi *adj.* [su-rabhi] ① 냄새가 좋은. 방향이 있는. 향기가 나는. ② 매혹적인.
surā. *f.* [〃] ① 취하게 하는 음료. ② 술. 곡주. -âdhiṭṭhaka 술독에 빠져 있는. -geha 술집. -ghaṭa 술주전자. -ghara 술집. -chaṇa 술마시는 축제. 주제(酒祭). -ḍaka 술주정꾼. -dhutta 술에 탐닉하는. 술고래. -nakkhatta 술마시는 축제. -pāna 강한 술을 마시는. -pāyikā 술 마시는 여자. -pita 술 취한. -pipāsita 강한 술을 마시고 싶어 하는. -pīta 술 마신 사람. -mada 얼근히

취한. -merayapāna 곡주(穀酒)나 과주(果酒)의 음료. -meraya-majja-pamādaṭṭhāna 방일의 원인이 되는 곡주나 과일주 등의 술. -pamādaṭṭhāyin 음주자. -vitthaka 술잔. 술사발. -soṇḍa(ka) 술을 매우 좋아하는. 술꾼. 술고래.

suriya *m.* [*sk.* sūrya] 태양. 해. 일륜(日輪). -atthaṅgamana 일몰(日沒). -ābhā 태양 빛. 햇빛. -āyatta 태양의. -āyattagahasamūha 태양계(太陽系). -uggamana(suriyo°). -udaya(suriyo°) 일출. -kanta 보석의 한 종류. 일주(日珠). -kantapuppha 해바라기. -kalaṅka 흑점(黑點). -gatavāyu 헬륨. -ggāha 일식(日蝕). -maṇḍala 일륜(日輪). -māsa 양력월(陽曆月). -rasmi 태양광선. -vaṁsa 태양족(太陽族). vaṇṇanā 태양면학(太陽面學). -vattika 태양에게 맹세한 자. 태양무자(太陽務者). -vandanā 태양숭배(太陽崇拜). -samikkhhaka 태양관측망원경.

suru *ind.* [*onomat.*] 쑤루[擬聲語].

suruṅgā *f.* [〃] ① 지하통로. 비밀통로. 갱(坑). ② 감옥(監獄).

Suruci *m.* [su-ruci] 쑤루찌. 선희왕(善喜王)[인명].

suruddha *adj.* [su-ruddha<rudh] 매우 가혹한.

surusurukāraka *adj.* [suru-suru-kāra-ka] (식사할 때) '쑤루쑤루'하는 소리를 내는.

surūpa. surūpin *adj.* [su-rūpa. su-rūpin] 세련된. 아름다운.

surūpatā *f.* [surūpa의 *abstr.*] 아름다움. 미(美).

suladdha. sulladdha *adj. n.* [suladdha] ① 잘 취해진. 잘 얻어진. ② 유익. 축복. 지복(至福).

sulabha *adj.* [su-labha] 얻기 쉬운.

sulasī *f.* [*cf. sk.* surasī] 쑬라씨[약용식물의 일종].

sulopī *f.* [?] 쑬로삐[작은 사슴의 일종].

suva *m.* [=suka. *sk.* śuka] 앵무새. *f.* suvī. -pota 앵무새의 새끼. 새의 일종.

suvaca *adj.* [=subbaca. su-vaca] ① 순종하는. 온순한. ② 말하기 쉬운. *cf.* sovacca.

suvaṇṇa *adj. n.* [su-vaṇṇa. *sk.* suvarṇa] ① 색깔이 좋은. 아름다운. ② 금(金). 황금(黃金). -iṭṭhakā 황금색 벽돌. 도금한 타일. -kakkaṭaka 황금색의 게(蟹). -kāra 금세공사. 황금장(黃金匠). -gabbha 황금보관금고. -guhā 황금동굴[동굴이름]. -toraṇa 황금첨탑. -nikkha 금화. 금환(金環). -paṭimā 황금상(黃金像). -paṭṭa 황금판(黃金板). -paṭṭaka 금색의 천. -paṇaka 황금왕관. -pabbata 황금산. 산의 이름. -pabhassara 황금빛으로 빛나는 (고리). -passa 황금의 산중턱을 가진 산[산의 이름]. -pāti 황금 발우. 금발(金鉢). -pādapa 황금 나무. 금수(金樹). 황금수(黃金樹). -pādukā 황금 덧신. -maya 금으로 만들어진. -mālā 황금의 화환. -māsaka 금화(金貨). 작은 금화. -meṇḍaka 황금색 수양. -bhiṅkāra 금병(金甁). -rājahaṁsa 황금색의 백조왕. 금아왕(金鵝王) -rūpa 황금모습의. 황금색. -rūpiya 금과 은. -vaṇṇa 황금색. 피부색이 황금과 같은. 금색상(金色相)[三十二相의 하나]. -vīthi (인드라신의 도시에 있는) 황금의 거리. -sivikā 황금가마. -haṁsa 황금백조.

suvaṇṇatā *f.* [su-vaṇṇa의 *abstr.*] ① 색의 아름다움. ② 안색의 아름다움.

Suvaṇṇabhūmi *f.* [suvaṇṇa-bhūmi] 금지국(金地國)[미얀마의 海岸地方].

suvavatthāpita *adj.* [su-vavatthāpita] ① 잘 결정된. 잘 확정된. ② 잘 정의된.

suvatthi *f. interj.* [=sotthi. su-atthi. *sk.* svasti] ① 행복. 길상. ② 안전. 복지. ③ 와아! -paritta 행복을 기리는 호주. 안전호주(安全護呪).

suvammita *adj.* [su-vammita] 잘 무장된.

suvāṇa. suvāna *m.* [*sk.* śvan. śvāna] 개[犬]. -doṇi 개 먹이통. -piṇḍa 개밥. 개먹이. -vamathu 개의 구토. *cf.* san. suṇa. suna. sunakha. supāṇa. soṇa.

suvānaya *adj.* [su-ānaya<ā-nī] ① 쉽게 데려올 수 있는. ② 잡기 쉬운. 유혹하기 쉬운.

suvāmin *m.* [=sāmin] 주인.

suviggaha *adj.* [su-viggaha] 세련된 모습의.

suvijāna *adj.* [su-vijāna] 쉽게 알려진.

suviññāpaya *adj.* [su-viññāpaya] 가르치기 쉬운.

suvitacchita *adj.* [su-vitacchita] 잘 벗겨진. 잘 평편하게 된. 평활하게 된.

suvidūravidūra *adj.* [su-vidūra-vidūra] 아주 멀리 떨어진.

suvinīta *adj.* [su-vinīta] 잘 훈련된. 잘 교육받은.

suvibhatta *adj.* [su-vibhatta] 잘 구분된. 잘 정리된.

suvimhita *adj.* [su-vimhita] 매우 두렵고 놀라운. 매우 경악스러운.

suvilitta *adj.* [su-vilitta] ① 잘 발라진. ② 향내가 잘나는.

suvisada *adj.* [su-visada] 아주 깨끗한·맑은.

suvisama *adj.* [su-visama] ① 매우 불평등한. ② 위험스러운.

suvihīna *adj.* [si-vihīna] ① 완전히 빼앗긴. ② 완전히 상실된.

suvī *f.* [suva의 *f.*] 암앵무새.

suvīta *adj.* [su-vīta<vā의 *pp.*] 잘 짜진. 잘 방적(紡績)된.

suvīraka *m.* = sovīraka.

suvuṭṭhika *adj.* [su-vuṭṭhi-ka] 많은 비를 지닌.
suve *ind.* [=sve] 내일. 명일. suve suve 날마다. 매일매일.
suvosita *adj.* [su-vosita] 행복하게 끝난.
susaṁvuta *adj.* [su-saṁvuta] ① 감각기관들을 잘 통제하고 있는. ② 감관이 잘 제어된.
susaṁhita *adj.* [〃] ① 잘 결합된. ② 예의바른.
susaṅkhata *adj.* [su-saṅkhata] ① 잘 준비된. ② 준비하기 쉬운.
susañña *adj.* [su-sañña] ① 좋은 이해력을 가진. ② 훌륭한 지각을 지닌.
susaññata *adj.* [su-saññata] ① 잘 제어된. ② 철저히 수련된.
susaṇṭhapita *adj.* [su-saṇṭhapita] 깔끔한. 잘 정돈된.
susaṇṭhāna *adj.* [su-saṇṭhāna] ① 잘 조화되는. 잘 만들어진. ② 모양이 좋은.
susattha *adj.* [su-sattha] 잘 훈련된.
susaddala *adj.* [su-saddala] ① 좋은 풀이 무성한. ② 싱싱한 풀이 무성한.
susandhi *adj.* [su-sandhi] ① 잘 결합된. ② 멋지게 시작된.
susamāgata *adj.* [su-saṁ-āraddha] ① 잘 시작된. 노력을 잘 다진. ② 선정근(善精勤)의.
susamāhita *adj.* [su-samāhita] ① 잘 세워진. 확고한. 잘 통일된. ② 잘 등지(等至)된.
susamucchinna *adj.* [su-samucchinna] 철저히 근절된. 잘 단절된.
susamuṭṭhāpaya *adj.* [su-samuṭṭhāpaya] ① 들어올리기 쉬운. 쉽게 등기(等起)시킬 수 있는. ② 쉽게 세워진.
susamudānaya *adj.* [su-samudānaya] 성취하기 쉬운. 이루기 쉬운.
susambuddha *adj.* [su-sambuddha] ① 이해하기 쉬운. ② 쉽게 이해된.
susāna *n.* [*sk.* śmaśāna] ① 묘지. 공동묘지. 매장지. ② 총간(塚間). 총묘(塚墓). -aggi 묘지의 불. -gopaka 묘지기. -ghara 시체안치소. 납골당(納骨堂). -vaḍḍhana 묘지의 증대. 묘지에 버려지기에 적합한.
susānaka *adj. m.* [susāna-ka] ① 묘지에 고용된. ② 묘지기.
susāyaṇha *m.* [su-sāyaṇha] ① 좋은 저녁. ② 행복한 저녁.
susikkhita *adj.* [su-sikkhita] ① 잘 배운. ② 유순한. 온순한.
susikkhāpita *adj.* [su-sikkhāpita] ① 잘 가르쳐진. ② 잘 훈련된.
susippika *m.* [su-sippika] ① 유능한 일꾼. ② 기술자. 기능인.
susira *adj. n.* [*sk.* śuṣira] ① 동굴이 많은. ② 공동(空洞). 동혈(洞穴).
Susīma *m.* 쑤씨마. 수시마(修尸摩)[遊行者].
susīla *adj.* [su-sīla] ① 양심적인. 선량한. ② 계율을 잘 지키는. 선계(善戒)의.
susu ① *m.* [*sk.* śisu] 아동(兒童). 소년. 젊은이. -nāga 어린 코끼리. ② *m.* [=suṁsumāra] 악어. 상어. 맹어(猛漁). *pl.* susū. ③ *ind.* [*onomat.*] '쑤쑤' 소리.
susukā *f.* [?] 악어[=suṁsumāra]. 상어. 맹어(猛漁). -bhaya 악어에 대한 공포.
susukāḷakesa *adj. m.* [su-su-kāḷakesa] ① 아주 검은 머리털이 있는. ② 칠흑의 머리털.
susukka *adj.* [su-sukka<śukla] 아주 흰. 순백의. -dāṭha 이가 아주 흰. 아백상(牙白相)[三十二相의 하나]. -sukka 아주 희고 깨끗한.
susuddha *adj.* [su-suddha] 아주 청정한.
susukhuma *adj.* [su-sukkhuma] 아주 정교한. 미묘한. -nipuṇattha 극히 미묘한 뜻을 지닌. 극묘(極妙)의.
susū susu ②의 *pl. nom.*
susedita *adj.* [su-sedita] ① 잘 적셔진. ② 잘 땀이 난.
suseyya *adj.* [su-seyya] 아주 부드러운 침대 위에 누운.
sussaṁ suṇāti의 *fut. 1sg.*
sussata *adj.* [su-sata<smṛ] ① 잘 기억된. ② 새김이 깊은. 극정념(極正念)의.
sussati [*sk.* śuṣyati śuṣ] ① 마르다. ② 시들다. *fut.* sussissati; *abs.* sussitvā; *ppr.* sussamāna; *caus.* soseti.
sussara *adj.* [su-sara] 가락이 아름다운. 아주 음악적인.
sussaratā *f.* [su-sara의 *abstr.*] 매력적인 목소리를 지닌 것.
sussavana *n.* [su-savana] 좋은 뉴스. 좋은 소식.
sussusaṁ. sussūsati의 *ppr. sg. nom.*
sussussī sussūsati의 *aor.*
sussūsa *adj.* [<sussūsati] ① 듣기를 원하는. ② 복종적인. ③ 공경청문(恭敬聽聞)의.
sussūsati. sussūyati [suṇāti의 *desid. sk.* śuśrūṣati] ① 듣기를 원하다. ② 주의하여 듣다. *aor.* sussussī. sussūsiṁsu; *fut.* sussūsisasati; *ppr.* sussusaṁ. sussūsamāna.
sussūsā *f.* [<sussūsati. *sk.* śuśruṣā] ① 듣기를 원함. ② 순종. 복종. ③ 공경청문(恭敬聽聞).
sussūsin *adj.* [sussūsa-in] ① 순종하는. ② 믿는. ③ 공경청문의.

sussoṇi *adj.* [su-soṇi] 아름다운 엉덩이를 지닌.
suhajja *m.* [*sk.* suhṛd. suhṛdya] ① 친목. 친선. ② 우정.
suhatā *f.* [=sukhatā. suha(sukha)의 *abstr.*] 행복. 지복(至福).
suhada *adj.* [su-hada<hṛd] ① 친한. 선량한. ② 친구. 벗.
suhadā *f.* [suhada의 *f.* = gabbhinī] 임신부(姙娠婦)[胎兒에게 愛情을 갖는 女子].
suhanna *adj.* [su-hanna] 겸손. 겸양. 하심(下心).
suhita *adj.* [su-hita] ① 실컷 먹은. 물린. ② 잘 놓아진. 잘 두어진.
suhuṭṭhita *adj.* [su-uṭṭhita] 잘 일어난. 잘 현기(現起)된.
suhuta *adj.* [su-huta] ① 잘 바쳐진. 잘 헌공된. ② 제물로 태워진.
sū *ind.* [*onomat.*] 쑤[擬聲語].
sūka *m.* [*sk.* śūka] 까끄라기. 수선(穗先).
sūkara *m.* [〃] 돼지. 수퇘지. 멧돼지. *f.* sūkarī 암퇘지. 빈돈(牝豚). -antaka 띠[帶]의 일종. 편대(編帶). -doṇi 돼지의 먹이통·구유. 저조(猪槽). -potaka 어린 돼지. -posaka 돼지 기르는 사람. 양돈자(養豚者). -maṁsa 돼지고기. 돈육(豚肉). -maddava 부드러운 수퇘지 고기(?). 전단수이(栴檀樹耳?). → sūkaramaddava. -sāli 야생벼의 일종. -sūṇā 돼지 잡는 곳. 도돈장(屠豚場).
sūkaramaddava *m.* [sūkara-maddava] 쑤까라맛다바는 부처님이 꾸씨나라 시(Kusināra)로 가는 도중 빠바 시에 들렀을 때, 금세공사의 아들 쭌다가 베푼 최후의 공양에 포함되어 있었다. 쭌다가 올린 음식은 맛있는 쌀밥과 케이크 및 쑤까라맛다바였다. 그 공양을 들고 부처님께서 심한 설사를 하게 되었고 완전한 열반에 들어야 했다. 세존께서는 그 전에 아난다에게 부탁해서 쭌다가 부처님의 죽음에 대한 가책을 느끼지 않도록 위로했고 최후의 공양이 다른 어떤 것보다 위대한 공덕을 가진 것이라고 격려하게끔 했다. Smv. 568에서 붓다고싸(Budhhaghosa)는 '쑤까라맛다바는 너무 늙거나 너무 어리지도 않은 하나의 우수한 멧돼지의 신선한 고기(ekajeṭṭhasūkarassa pavattanamaṁsa)로 부드럽고 기름진 것이었고 잘 요리된 것'이라고 주장했다. 그리고 담마빨라(Dhamapāla)는 UdA. 399-400에서, '쑤까라맛다바는 대의소(大義疏 : Mahā-aṭṭhakātha)에 나와 있듯이, 멧돼지의 부드럽고 기름지고 신선한 고기이다. 그러나 어떤 사람들은 그것이 멧돼지의 고기가 아니라 멧돼지에 짓밟힌 죽순(kaḷīra)이라고 말한다. 다른 사람들은 멧돼지에 짓밟힌 땅에서 자란 버섯(ahichattaka)라고 말한다. 또 다른 사람들은 불노장생약(rasāyanavidhi)이라고 한다.'라고 기술하고 있다. 이와 유사하게 Smv. 568(미얀마본)은, 쑤까라맛다바가 소에서 얻은 오종미(五種米 : pañca gorasa) — 우유(乳 : khīra), 요구르트(酪 : dadhi), 생버터(生酥 : navanīta), 버터(熟酥 : sappi), 버터크림(醍醐 sappimaṇḍa) — 와 함께 끓인 부드러운 쌀밥(mudu odana) 또는 수프(yūsa)이거나 불노장생약(rasāyanavidhi)이라는 설이 있다고 소개하고 있다. 그러나 Mil. 174-176에 따르면, 나가세나(Nāgasena)는 밀린다(Milinda) 왕에게 부처님의 마지막 식사와 완전한 열반의 관계에 대해서 '대왕이여, 그 마지막 만찬 때문에 생겨나지 않은 질병이 생겨나서가 아니라, 세존의 자연스러운 육체적인 쇠약과 수명이 다해서 생겨나는 질병이 더욱 심해져서 … 대왕이여, 그 탁발음식에 잘못이 없고, 거기에 잘못을 전가할 수는 없습니다.'라고 말했다. 북전의 장아함경(長阿含經)에서는 쑤까라맛다바가 전단수이(栴檀樹栮) — 간다리(Gandhari) 범어인 짠다나까르나(Candanakarṇa)를 번역한 것 — 라는 버섯의 일종으로 번역되어 있다.
sūkarika *m.* [sūkara-ika] ① 돼지 잡는 사람. ② 돼지고기 판매상. ③ 돼지고기저장실. 돈육실(豚肉室).
sūkarī *f.* [sūkara의 *f.*] 암퇘지. 빈돈(牝豚).
sūcaka *m.* [<sūc] ① 정보 제공자. 밀고자. ② 헐뜯는 사람.
sūcana *n.* [<sūc] ① 지시. ② 전시. 정보 제공.
sūci *f.* [〃] ① 바늘. ② 머리핀. ③ 문의 빗장. ④ 난간. -kāra 바늘 만드는 사람. -ghaṭika (문의) 작은 빗장. -ghara 바늘 상자. -nāḷikā 대나무로 만든 바늘 통. -paṭiggaha 골무. -mukha(ta) 바늘 모양의 입을 가진 곤충. 모기. 침구충(針口蟲). -mukhapāṇa 바늘 모양의 입을 지닌 생류. -loma 바늘 같은 머리카락을 가진. -vatta = sūcimukha. -vāṇijaka 바늘 장사. -vijjhana 송곳.
sūcikā *f.* [<sūci] 바늘. 작은 빗장.
sūceti [sūc] 중상하다. 이간하다.
sūju *adj.* [su-uju] 똑바른. 곧바른. 올바른.
sūṇā = sūnā.
sūta *m.* [〃] ① 마부. 어자(御者). ② 음유시인(吟遊詩人).
sūti *f.* [=pasūti] 출산(出産). -ghara 분만실.
sūtikā *f.* [sūti(pasūti)-kā] 산파(産婆).
sūda. sūdaka *m.* [〃 *cf.* sādu] ① 제과사. ② 요리사.
sūna *adj.* [=suna. *sk.* śūna] 부푼. 팽창된
sūnā. sūṇā *f.* [*sk.* sūnā] 도살장(屠殺場). 도축장

(屠畜場). -ghara 도살장. 도축장. -āpaṇa. -ghara. -nissita 정육점. 육실(肉室)
sūnu *m.* [〃] ① 아들. ② 아이.
sūpa *m. n.* [〃] ① 수프. ② 즙. ③ 카레. *f.* sūpi. *pl.* sūpiyo. -rasa 수프 맛. -vyañjana 카레. -vyañjanaka 카레와 소스를 담는 그릇. -sattha 위학(胃學). 요리학(料理學).
sūpatittha *adj.* [=supatittha. su-upattittha] ① 아름다운 둑이 있는. ② 아름다운 여울이 있는.
sūpadhārita *adj.* [=su-upadhārita] 잘 알려진.
sūpika *m.* [sūpa-ika] 요리사.
sūpin *adj.* [sūpa-in] 카레가 있는.
sūpeyya *n.* [sūpa-ya. *sk.* sūpya] ① 수프. ② 카레 조미료. -paṇṇa. -sāka 수프에 사용하는 야채. 카레용 야채.
sūyati. suyyati [suṇāti의 *pass. sk.* śrūyate] 들리다. *pres. 3pl.* sūyare.
sūra ① *adj.* [*sk.* śūra<śū] 용감한. 대담한. ② *m. n.* 영웅. 용사. 용맹. 용기. -kāta 용감한 까마귀. -kathā 영웅의 이야기. 영웅론(英雄論). -bhāva 힘. 용기. 대담성. ③ *m.* [〃=suriya] 태양(太陽). 해.
sūrata *adj.* [=surata. sorata] ① 부드러운. ② 온화한. 안온한.
sūratta *n.* [sūra의 *abstr.*] 영웅주의(英雄主義).
Sūrasena *m.* [sūra-sena] ① 쑤라쎄나. 용군(勇軍)[인명]. ② 쑤라쎄나. 수라선나(首羅先那)[나라의 이름].
sūrin *adj.* [sūra-in] 현명한. 용기가 있는.
sūriya *n.* [sūra-ya=sūra ①] 용기.
sūlā *m. n. f.* [*sk.* śūla] ① 뾰족한 도구. 말뚝. 산적 꼬챙이. ② 격심한 고통. 복통. 동통. -āropana (창 등으로) 찌르기. 처형. -koṭi 말뚝·꼬챙이의 뾰족한 끝.
sūḷāra *adj.* [su-uḷāra] ① 장려한. 굉장한. ② 뛰어난. 수승한.
sūsūyati [sū의 *denom.*] '쑤쑤'라는 소리를 내다.
se *pron.* [sa] → ta.
seka *adj.* [<siñciati sic] 흩뿌리는. 뿌리는.
sekata *n.* [*sk.* saikata] 모래언덕. 모래 둑.
sekadhārī *f.* [?] 쎄까다리[넝쿨식물의 일종].
sekha. sekkha *m.* [*sk. bsk.* śaikṣa<śikṣ] ① 배워야 할 사람. 학인(學人). 유학(有學)[四聖諦의 이치를 知見하였으나 아직 번뇌를 다 끊지 못해서 戒·定·慧의 三學을 수행하는 아직 阿羅漢의 境地에 도달하지 못한 자]. ② 배움. 학문. -âdhipati 학인의 영향·지배. 유학증상(有學增上). -ñāṇa 배움의 지혜. -ttika 세 가지 학인의 법. 유학삼법(有學三法). -paññā 학인의 지혜. 유학혜(有學慧). -paṭipadā 학인의 실천도. -puggala 아직 배울 것이 있는 사람. 유학인(有學人). -phala 학인이 도달하는 경지. 유학과(有學果). -bala 학인의 힘. 유학력(有學力). -bhūmi 학인의 단계. -muni 학인으로서의 성자[自制와 洞察을 얻은 자]. -vijjā 배움에 관한 지식. 학명(學明). -vesārajja 학인의 두려움 없음·자신감. -sammata 배움에 의해 인정된. 교육받은. -sammutti 학인의 지위에 대한 인정. 학지인정(學地認定). -sīla 학인으로서 지켜야 하는 계행.
sekhara *n.* [*sk.* śekhara] ① 관모장식(冠毛裝飾)의 화환. 화관(花冠). ② 왕관(王冠).
sekhavant *adj.* [?] 빠른. 민첩한. *cf.* sīghavant.
sekhiya *adj.* [<sekha] 훈련과 관련된. -dhamma 훌륭한 교육의 규칙. 중학법(衆學法).
segālaka *n.* [=sigālaka] 재칼의 울음소리. secanaka *adj.* [<sic] 뿌리는. 산포하는.
seceti [siñcati의 *caus.*] ① 뿌리게 하다. ② 물대게 하다.
secchā *f.* [sa-icchā] 자발성(自發性). -pubbaka 자발적(自發的)인. -sevaka 자원봉사자(自願奉仕者). -sevanā 자원봉사.
seṭṭha *adj.* [*sk.* śreṣṭha] 최상의. 뛰어난. -âdhikaraṇa 최고재판소. 고등법원(高等法院). -kamma 탁월한 행실. 경건한 행위. -jāti 양질(良質). -tamavatthu 귀감(龜鑑). -bhāva 탁월성. -sammata 최상으로 생각되는.
seṭṭhatara *adj.* [seṭṭha-tara] 더 뛰어난.
seṭṭhin *m.* [seṭṭha-in. *sk.* śreṣṭhin] ① 백만장자. 장자. ② 재무관(財務官). seṭṭhi° -ânuseṭṭhī 재무관과 부재무관. -ṭṭhāna 장자·재무관의 지위. -putta 장자의 아들.
seṭṭhitta *n.* [seṭṭhi의 *abstr.*] 재무관의 지위. (도매)상인.
seṇi. seni *f.* [*sk.* śreṇi] ① 조합. 부류. ② 군단(軍團).
seta *adj. m.* [*sk.* śveta] ① 흰. 백색의. ② 쎄따[빠쎄나디(Pasenadi) 왕의 코끼리 이름 또는 히말라야에 있는 산의 이름]. -aṅga 흰 사지를 지닌. 흰 몸을 지닌. -aṭṭhika 흰 뼈를 가진. 백골(白骨). -aṭṭhikā 노균병(露菌病)[벼의 病原菌]. -assa 흰 말. 백마. -ôdaka 맑은 물. 투명한 물. -kambala 흰 담요. -kamma 희게 씻은. -kuṭṭha 흰색 나병(癩病). -geru 쎄따게루[식물의 이름]. -chatta 흰 우산. 백산(白傘). 백개(白蓋). -tila 흰 참깨. 백호마(白胡麻). -danta 흰 이빨. 백아(白牙). -pacchāda 흰 덮개를 지닌. -puppha '흰 꽃을 지닌' 쎄따뿝파[나무의 이름. Vitex Trifolia]. -saṅkha 흰 조개껍질. -hatthi 흰 코끼리. 백상(白

象).
setaka *adj.* [seta-ka] ① 흰. ② 투명한.
setaccha *m.* [?] 쎄땃채[나무이름].
setapaṇṇi *f.* [seta-paṇṇi] 쎄따빠니[나무이름].
setavaccha *m.* [seta-vaccha] 쎄따밧채[나무이름].
setavārī *f.* [seta-varī] 쎄따바리[나무이름].
setavārisa *m.* [seta-varī] 쎄따바리싸[나무이름].
seti. sayati [*sk.* śete. śayate śī] ① 눕다. 자다. ② 어떤 상태에 있다. 살다. ③ 행동하다. *opt.* saye. sayeyya; *aor.* sesi. sesiṁ. settha. sayi. asayittha; *fut.* sessati. sessaṁ. sayissaṁ; *inf.* sayituṁ; *abs.* sayitvā. sayitvāna; *ppr.* sayaṁ. sayāna. semāna. sayamāna; *pp.* sayita; *caus.* sayāpeti.
setu *m.* [〃] ① 다리. ② 방죽길. 도(道). -kāraka 다리 만든 사람. -ghāta 길을 통한 악습의 타파. -ghātavirati 길을 통한 악습의 타파에 의한 삼감 [세 가지 삼감(tisso viratiyo)의 하나].
settha seti의 *aor. 3sg.*
seda *m.* [*sk.* sveda<svid] 땀. -âvakkhitta 이마의 땀으로 벌은. -kamma 땀을 냄. 사우나. 발한(發汗). -gata 땀을 흘리는. 땀으로 범벅이 된. -mala 땀자국. -mocanaka 발한(發汗性)의. 발한제(發汗劑). -mocanakamma 땀을 내게 하는 것. 발한법(發汗法). -yūsa 땀.
sedaka *adj.* [seda-ka] 땀나는. 증발하는.
sedeti [sijjato svid의 *caus.*] ① 증발시키다. 데우다. ② 찌다. *aor.* sedesi; *abs.* sedetvā; *pp.* sedita; *caus.* sedāpeti 열나게 하다.
sena ① *m.* [*sk.* śyana] 매[鷹]. 연(鳶). 솔개. -sakuṇa 매[鷹]. ② *m.* [=sayana<seti śī] 누움. 잠. 침대. 잠자리. ③ [sa ③의 *ins.*] 스스로. 자신에 의해서.
senaka ① *m.* [=sena ①] 매[鷹]. ② *m.* [=sākaṭika] 짐마차꾼. 차부(車夫).
senā *f.* [〃] ① 군대. 군세. ② 군진(軍陣). -kathā 군대 이야기. -gutta 전쟁의 장관[높음 직위]. -nāyaka 장군. 군의 지휘관. -pacca 장군 집무실. -pati. -patika 장군. 군사. -byūha. -vyūha 군대의 전열(戰列). 병단(兵團). 배병(配兵). 퍼레이드. 열병식(閱兵式).
senānī *m.* [=senāpati] 장군. -kuṭilatā 전술전략.
senāsana *n.* [sena-āsana=sayanāsana] ① 숙박. 숙소(宿所). 잠자리. 거주지. ② 자고 앉는 곳. 잠자리와 깔개. ③ 상좌(床座). 방사(房舍). 처소(處所). 와좌구(臥坐具). 와좌소(臥坐所). 와좌처(臥坐處). -gāha 숙소의 할당. -gāhāpaka 숙소의 할당자. -cārikā 방사의 순회. 방사순행(房舍巡行). -paññāpaka 방사의 단속자. -paṭibāhana 숙소의 배제. -paviveka 처소를 격리하여 홀로 지냄. 처소의 원리(遠離). -lesa 처소와 유사한. -vatta 방사의 행동규칙. 방사의 의법(儀法). -santosa 처소에 대한 만족.
seniya *adj. m.* [<senā] ① 군대의. ② 군인.
Seniya-Bimbisāra *m.* [=Bimbisāra] 쎄니야 빔비싸라 왕. 사니야빈비사라(斯尼耶頻毘沙羅)[마가다국의 왕].
senesika. senehika *adj.* [<sineha] 기름을 바른. 미끌미끌한. *cf.* siniddha.
sepaṇṇī *f.* [*sk.* śripaparni] 길상엽(吉祥葉). 길상엽수(吉祥葉樹)[나무의 일종. Gmelina Arborea].
sephālikā *f.* [*sk.* śriphalika] 향기가 있는 꽃을 피우는 식물. 모과수[Aegla Marmelos](?).
semāna *adj.* seti의 *ppr.*
semānaka *adj.* [semānaka] ① 드러누워 있는. ② 옆으로 누운.
semha *n.* [=silesuma. *sk.*' śleṣman] ① 담. 가래. ② 점액. -roga 독감. 유행성 감기. 인플루엔자. -samuṭṭhana 담·가래 발생.
semhāra *m.* [?] ① 셈하라[동물의 일종]. ② 원숭이. *cf.* makkaṭa.
semhika *adj.* [<semha] 점액질의 담병자(痰病者).
seyya a [*sk.* śreyas] ① 더 나은. 더 훌륭한. ② 우월한. 뛰어난 *nom.* seyyo (*m. n.*) seyyasi. seyyā (*f.*) seyyaṁ (*n.*). *abl.* seyyaso 더 좋은. seyyo'ham asmī tī māna(또는 vidhā) 내가 우월하다는 교만. 아승만(我勝慢). mama seyyo 나보다 훌륭한 사람. dhanena seyyoseyyo 재물 보다 더 훌륭한. akataṁ dukkataṁ seyyo 하지 않는 것이 악한 것보다 훌륭하다 (악하려면 하지 않는 것이 좋다.) katañ ca sukataṁ seyyo 잘하는 것이 하는 것보다 훌륭하다 (하려면 잘하는 것이 좋다). *cf.* seṭṭha.
seyyaka *adj.* [<seyyā] 드러누워 있는.
seyyati [*sk.* śṛṇāti. śīryate śṛ] ① 눌러 부수다. ② 짓이기다.
seyyathā *ind.* [=taṁ yathā. sa-yathā] 예를 들면 ~과 같이. seyyathā pi, evaṁ (eva) 마치 ~과 같이 … 그와 같이.
seyyathidaṁ *ind.* [seyyathā-idaṁ] 그것은 이와 같이. 즉.
seyasi. seyyaso → seyya.
seyyā *f.* [*sk.* śayyā<śi] ① 침대. 잠자리. 와상(臥床). 와구(臥具). ② 누움. 횡와(橫臥). seyyaṁ kappeti 눕다. -sukha 눕는 즐거움. 잠자리의 즐거움.
seyyo seyya의 *sg. nom.* (*m. n.*).

seritā *f.* [serin의 *abstr.*] ① 독립. 자유. ② 아집. 고집.
serin *adj.* [*sk.* svairin] ① 독립의. ② 자유로운. 임의(任意)의. ③ 전제적인. serī° -pālaka 전제군주(專制君主). -pālana 전제주의(專制主義). 절대주의(絶對主義). 전제정치.
sericāra *m.* [serin-cāra] 변덕.
sericārin *adj. m.* [serin-cāra-in] ① 마음대로 행하는. 다루기 힘든. 변덕스러운. ② 난봉꾼. 탕아(蕩兒).
serivihāra *adj. m.* [serin-vihāra] 마음대로 머무는. -sukha 마음대로 머무는 즐거움. 무의주(無依住)의 즐거움.
serirāja *m.* [serin-rāja] 폭군(暴君). 전제군주(專制君主).
Serissa. Serisa *n.* [<sirīsa] 쎄리싸까 궁전(Serisakavimāna)에서 벌어지는 축제.
Serīsaka *adj.* [<sirīsa] 씨리싸 나무로 만든 궁전의 이름.
Serīsamaha *m.* [<serīsaka] 쎄리싸까 궁전을 기리는 축제.
sereyyaka *m.* [*sk.* saireyaka] 쎄레이까[꽃나무의 이름. Barleris Cristata].
sela *adj. m.* [<silā] ① 바위의. ② 바위. 돌. ③ 수정. -guḷa 바위덩이. -pabbata 바위산. -maya 돌로 만든(부처님의 발우).
selaka *m.* [sela-ka] 구리의 일종.
selana *n.* [<seḷeti] ① 외침. ② 소음.
selissaka *n.* [<seḷeti] ① 뛰어 노는 것. 도희(跳戲). ② 소란. 소동. 혼잡.
seleyya *n.* [?] 쎌레이야[고무벤자민. 녹나무과 린데라 속의 芳香性 식물의 安息香].
seḷita. selita *adj.* [seḷeti의 *pp.*] ① 떠드는. 외치는. ② 소음. 소동.
seḷeti [*cf.* svelayati] 떠들다. 외치다. 기뻐서 소리치다. *pp.* seḷita. selita.
sevaka *adj. m.* [<sevati] ① 시중드는. ② 하인. 시봉. 시자(侍者).
sevati [〃sev] ① 자주가다. 시중들다. 섬기다. 봉사하다. ② 교제하다. ③ 이용하다. ④ 실행하다. *opt.* seveyya. sevetha. seve; *aor.* asevi. asevissaṁ; *grd.* sevitabba; *pp.* sevita.
sevanā. sevanatā *f.* [<sevati] ① 교제. 봉사. ② 이용. 사용. sevanācitta 성적 욕구.
sevā *f.* [<sev] 봉사. 조력. 도움.
sevāla *m.* [*sk.* śevala. śaivala. saivāla] 이끼. 수초[Blyxa Octandra]. -paṇaka. -paṇṇaka 이끼.
sevitabba *adj.* [sevati의 *grd.*] ① 봉사되어져야 할. ② 실행되어져야 할.
sevin *adj.* [seva-in] ① 봉사하는. ② 실행하는.
seve. sevetha. seveyya sevati의 *opt.*
seveti [? =sāveti. sru의 *caus.*] 넘어지게 하다. 던져버리다.
sesa *m.* [<śiṣ] ① 남아 있는. 남겨진. ② 나머지. 잔여(殘餘).
sesi. sesiṁ seti의 *aor.*
seseti [sissati śiṣ의 *caus.*] ① 남기다. ② 연기(延期)하다. *aor.* seseti.
sessati. sessaṁ seti의 *fut.*
sehi [sa(sva)의 *pl. ins.*] 스스로. 그들과 함께.
so [sa (ta)의 *m. sg. nom.*] 그는.
soka *m.* [<socati śuc] ① 슬픔. 비탄. ② 우수(憂愁). *ins.* sokā. -aggi 슬픔의 불. -gīta 슬픔의 노래. 비가(悲歌). 애가(哀歌). -divasā 애도의 날들. 몽상(蒙喪)[王妃의 죽음 후에]. -dhamma 슬픔의 상태. 수법(愁法). -parideva 슬픔과 비탄. 우수(憂愁)와 비읍(悲泣). -pareta 슬픔으로 가득 찬. -vinaya 슬픔의 극복. -vinodana 슬픔의 제거. -salla 슬픔의 화살. 우전(憂箭). -sallaharaṇa 슬픔의 화살을 뽑음. 발우전(拔憂箭).
sokajjhāyikā *f.* [<soka-ajjhāya] ① 바보역하는 여자. ② 익살꾼 여자.
sokajjhāyin *adj. m.* [<soka-ajjhāya] ① 바보역하는. ② 익살꾼.
sokavant *adj.* [soka-vant] 슬픈. 비탄에 빠진.
sokika *adj.* [soka-ika] 슬픈.
sokin *adj.* [soka-in] 슬픈. *f.* sokini.
sokhya *n.* [sukha-ya] 행복.
sokhumma *n.* sokhummatā *f.* [sukhuma-ya의 *abstr.*] ① 섬세. 미세. 정묘(精妙). ② 미세지(微細智).
sogata *adj. m.* [<sugata] ① 불교를 믿는. ② 불교도(佛敎徒). 선래도(善來徒). 불자(佛子).
sogandhika ① *n.* [*sk.* saugandhika<sugandha] 백수련(白睡蓮). 호향연화(好香蓮華)[Nymphaea Lotus]. ② *m.* 청련지옥(靑蓮地獄).
sogandhī *f.* =sogandhika.
socati [*sk.* śocati śuc] ① 슬퍼하다. ② 애도하다. *pres. 3pl.* socare; *aor.* cosi. socayittha; *ppr.* socamāna. socaṁ; *pp.* socita; *caus.* soceti. socayati. socāpayati.
socanā *n f.* [<śuc] ① 슬픔. 비탄. ② 애도(哀悼). 우수(憂愁).
socayati. soceti [socati의 *caus.*] ① 슬퍼하다. ② 애도하다. 괴로워하다. *abs.* socayitvā; *ppr.* socayanta; *caus.* socāpayati 슬퍼하게 하다.
socayanta *adj.* [socayati의 *ppr.*] 슬프게 하는.
socayittha. socare. soci → socati.

socāpayati [socayati의 *caus.*] 슬퍼하게 하다.
socita *adj. n.* [socati의 *pp.*] ① 슬픈. ② 슬픔. 비통. 비탄.
socitatta *n.* [socita의 *abstr.*] 슬픔. 비통.
socin *adj.* [soca-in] 슬퍼하는.
sociya *adj.* [*sk.* śocya] ① 슬픈. 비통(悲痛)한. ② 비참한.
soceti = socayati.
soceyya *n.* [<suci<śuc] ① 청정. ② 결백. 순수.
sojacca *n.* [sujāti-ya] ① 고귀함. ② 고귀한 태생.
soṇa. sona *m.* ① [=suvāṇa. sunakha] 개[犬]. *f.* soṇī. ② [*cf. sk.* śyonāka] 쏘나[菩提樹의 일종. Paduma 부처님과 Nārada 부처님의 菩提樹]. ③ 쏘나. 소나(蘇那). 수루나(首樓那)[장로이름]
Soṇā *f.* [<soṇa] 쏘나. 수나(輸那)[비구니이름].
soṇita *n.* [*sk.* śoṇita<śoṇa] 피. 혈액.
soṇī *f.* ① [*sk.* śroṇi] (사람·동물의) 엉덩이. ② 암캐. 빈견(牝犬).
soṇḍa *adj.* [*sk.* śauṇḍa] ① 술에 취한. ② 술고래의. -sahāya 술친구. *f.* soṇḍī. ③ 음탕한.
soṇḍaka *adj.* =soṇḍa
soṇḍā *m f.* [*sk.* -śuṇḍā] 코끼리의 코.
soṇḍika *m.* [<soṇḍa] ① 주류제조업자. 술장수. ② 양조자. 술주정뱅이. -kammakara 술 제조업자. 양조자. -dhutta. -dhūta 술주정뱅이. 악인. 술꾼.
soṇḍikā *f.* ① [<soṇḍā] 넝쿨식물의 넝쿨손. ② [*sk.* śauṇḍī] 후추를 친 고기 ③ [<soṇḍī] 저수지.
soṇḍī *f.* [?<soṇḍa] ① 바위 위에 있는 저수지 ② 거북이의 목. 뱀의 후드. 용개(龍蓋). ③ 술취한 여자.
soṇṇa *n. adj.* [=suvaṇṇa] 황금. 황금의. -âlaṅkara 황금으로 치장한. -dhaja 황금 깃발의. -bhiṅkāra 황금병(黃金甁). -maya 황금으로 된. -vālukā 황금분(黃金粉).
sota ① *n.* [*sk.* śrotas. śrotra<śru] 귀. 청각. 청각기관. *pl. nom.* sotā. sotaṁ odahati(=avadahati) 귀를 기울이다. 경청하다. -añjana 귀에 바르는 연고. -ânugata 경청해서 얻은. -āyatana 청각감역. 청각영역. 이입(耳入). -âvadhāna 주의. 경청. -indriya 청각능력. 청각기관. 청각작용. 이근(耳根). -dasaka 청각을 구성하는 열 가지 요소. 이십법(耳十法)[색깔(色 : vaṇṇa), 냄새(香 : gandha), 맛(味 : rasa), 자양(食素 : ojā), 땅(地 : paṭhavī), 물(水 : āpo), 불(火 : tejo), 바람(風 : vāyo), 청각성(耳淨 : cakkhuppasāda), 생명(命 : jīvita)]. -dvāra 청각기관. 청각문. 이문(耳門). -dvāravīthi 청각문의 인식과정. 이문로(耳門路). -dhātu 청각요소. 청각세계. 이계(耳界). -ppasāda 청각감성. 청각성(聽覺性). 이정(耳淨). -roga 귀의 병. 귓병. -vatthu 청각의 물질적 토대. 청각토대. -viññāṇa 청각의식. 이식(耳識). -viññāṇadhātu 청각의식의 세계. 청각의식의 요소. 이식계(耳識界). -viññāṇavīthi 청각의식의 인식과정. 이식로(耳識路). -viññeyya 들어서 인식할 수 있는. 청각에 의해 인식될 수 있는. -samphassa 청각접촉. 이촉(耳觸). -samphassaja 청각접촉에서 생긴. 이촉소생(耳觸所生). -samphassajavedanā 청각접촉에 의해 생겨난 느낌. 이촉소생수(耳觸所生受). ② *m. n.* [*sk.* srotas<sru] 흐름. 범람. 급류. 통로. 구멍. *sg. nom.* sato; *pl. nom.* sotā. sotāni. sotāyo.
sotatta *adj.* [su-tatta] 그을린. 바싹 마른. 탄.
sotabba *adj.* [suṇāti의 *grd.*] 들어야 하는. 들을 수 있는.
sotar *m.* [suṇāti śru의 *ag.*] 청취자.
sotavant *adj.* [sota-vant] 귀가 있는.
sotave suṇāti의 *inf.*
sotāpatti *f.* [*bsk.* srotāpatti. sota-āpatti] 고귀한 길에 들어섬. (진리의) 흐름에 들어섬[팔정도의 흐름에 들어선 것을 말함]. 예류(預流). 예류과(預流果). 수다원과(須陀洹果). -niyāma 흐름에 드는데 도움이 되는 실천. 예류의 실천. 예류결정(預流決定). -phala 흐름에 든 경지. 예류과(預流果). 수다원과(須陀洹果). -phalacitta 흐름에 든 경지의 마음. 예류과심(預流果心). 수다원과심(須陀洹果心). -phalasacchikiriyāya paṭipanna 흐름에 든 경지를 실현하기 위해 길을 가는 님. -magga 흐름에 드는 길. 예류도(預流道). 예류향(預流向). -maggacitta 흐름에 드는 길의 마음. 예류도심(預流道心). 예류향심(預流向心). -yaṅga 흐름에 드는 조건. 예류지(預流支).
sotāpanna *adj. m.* [*sk. bsk.* srotāpanna. sota-āpanna] 고귀한 길에 들어선. (진리의) 흐름에 든 님. 수다원(須陀洹). 예류자(預流者).
sotuṁ suṇāti의 *inf.*
sotukāma *m.* [sotuṁ-kāma] 듣기를 원함. 듣고자 하는 소망.
sotukamyatā *f.* [sotukāma의 *abstr.*] 듣고자 하는 욕구.
sotta *adj.* [supati의 *pp.*] = sutta. 잠들은.
sotti *f.* [=sutti. *sk.* śukti] 등을 긁거나 씻는데 사용하는 도구[조가비 등]. 세구(洗具). 석말(石抹).
sottiya *adj. m.* [<ṣrotṛ<śru] ① 성스러운 학문에 정통한. ② 학식이 있는 사람. 바라문(婆羅門) [=sotthiya ①].
sottuṁ supati의 *inf.*
sotthāna *n.* [*cf. sk.* svastyana] ① 행복. 복지. ②

축복. 가피.

sotthi *f.* [=suvatthi. *sk.* svasti=su-asti] ① 행복. 복지. ② 안전. ③ 축복. 가피(加被). 길상(吉祥). *acc.* sotthiṁ. *ins.* sotthinā *adv.* 안전하게. 무사히. ~ṁ pattheti 축복하다. *cf.* sotthika. sovatthika. -kamma 축복. 가피. -kāra 축복하는 자. 축복의 사자. -gata 안전한 여행. 유익한 여행. -gamana = sotthigata. -bhāva 복지. 번영. 안전. -vācaka 축복하는 자. -sālā 병원.

sotthika *adj.* [<sotthi] ① 행복한. 길조의. 축복받은. ② 안전한. *cf.* sotthiya.

Sotthija *m.* [sotthi-ja] 솟티자. 안화인(安和人) [인명].

sotthiya ① *m.* [=sottiya] 학식이 있는 사람. 바라문. 문경자(聞經者). ② *n.* [?] 출산시 태아를 받는 천. 포태포(胞胎布). ③ *adj.* [=sotthika] 운 좋은. 길조(吉兆)의.

sotthivant *adj.* [sotthi-vant] ① 운 좋은. 행복한. ② 안전한.

sodaka *adj.* [sa-udaka] 물이 있는. 물을 지닌.

sodhaka *m.* [<sodheti] ① 깨끗이 하는 사람. ② 청소부.

sodariya *adj.* [sa-udariya] ① 공통의 기원을 갖는. 같은 어머니에서 태어난. ② 형제자매. 동포.

sodhana *n.* sodhanā *f.* [<sodheti] ① 정화. 교정. 조사. ② 지불. 청산(淸算). ③ 조화. *cf.* uddhāra.

sodhāpeti [sodheti의 *caus.*] 정화시키다. 청소시키다.

sodhita *adj.* [sodheti의 *pp.*] 정화된. -khaṇijatela 휘발유(揮發油).

sodhīyati [sodheti의 *pass.*] 정화되다. 청소되다. 깨끗해지다.

sodheti [sujjhati śudh의 *caus.*] ① 깨끗이 하다. 정화하다. ② 결제하다. 청산하다. ③ 빛을 발산하다. *aor.* sodheti; *pp.* sodhita; *ppr.* sodhenta. sodhayamāna; *abs.* sodhetvā; *grd.* sodhetabba; *caus.* sodhāpeti; *pass.* sodhīyati 깨끗해지다.

sona *m.* ① [=soṇa] 개. ② 쏘나. 수나(數那)[仙人의 이름].

Sonaka *n.* [sona-ka] 쏘나까. 수나가(須那迦)[辟支佛·緣覺佛의 이름].

sopadhīka *adj.* [=sa-upadhika] ① 의지하는 바가 있는. ② 집착이 있는.

sopavāhana *adj.* [=sa-upavāhana] 신발이 있는. 신발을 신고 있는.

sopāka *m.* [sopāka. śva-pāka] '개를 요리하는 자' 아주 낮은 계급의 사람. 천민(賤民). *cf.* sapāka.

sopārambha *adj.* [sa-upārambha] 냉소적인.

sopāna. sopāṇa *m n.* [〃 sa-upāyana] ① 계단. ② 사다리. -kaliṅgara 계단. 계급의 단계. -panti 계단. -pāda 사다리. 층계의 하부. -phalaka 사다리의 계단. 디딤대. -sīsa 사다리. 층계의 꼭대기.

soppa *n.* [=supna] ① 잠. 수면. ② 꿈.

soppati = supati.

sopha *m.* [*sk.* śopha] ① 부풀어 오름. ② 팽창. 종기(腫氣).

sobbha *m.* [*sk.* śvabhra] ① 구멍. 구덩이. ② 물구덩이. -papāta 깊은 절벽. 험준한 절벽. 현애(懸崖).

Sobha *m.* [<subha] 쏘바. 청정왕(淸淨王)[왕명].

sobhagga *n.* [subhaga-ya] ① 번영. ② 아름다움. 미(美). 우아함. 기품. -ppatta 우아한.

sobhañjana. sobhañjanaka *m.* [<su-bhañjana] 쏘반자나. 쏘반자나까[나무의 일종. Hyperanthica Moringa] *cf.* = siggu①-rukkha.

sobhati [*sk.* śobhate<śubh] ① 빛나다. ② 아름답다. *aor.* sobhi; *pp.* sobhita; *ppr.* sobhanta; sobhamāna. *abs.* sobhitvā. *caus.* sobheti.

sobhaṇa. sobhana *adj. n.* [<śubh] ① 띠의 테두리 장식. 장식물. ② 장식하는. 빛나는. 아름다운. 청정한. 깔끔한. ③ 훌륭한. 선한. -citta 청정한 마음. 정심(淨心). -cetasika 청정한 마음의 작용. 정심소(淨心所). -cetasikasampayoganaya 청정한 마음의 작용의 결합방식. -sādhāraṇacetasika 청정한 것에 공통되는 마음의 작용. 공정(供淨心所).

sobhanagaraka *adj.* [sobha-nagara-ka] ① 기술. 손재주. ② 게임의 일종. ③ 아름다운 광경.

sobhā *f.* [*sk.* śobhā<śubh] ① 화려. 빛남. ② 정결. ③ 아름다움. 미(美).

sobhiṇī *f.* [<sobhaṇa] ① 빛나는 여자. ② 창녀. ③ 유녀(遊女).

sobhita *m adj.* [<sobhati śubh] ① 빛나는. 아름다운. ② 쏘비따. 수비타(輸毘陀)[比丘의 이름].

sobhiya *m.* [*sk.* śaubhika. *bsk.* sobhika] ① 마술사. ② 사기꾼. ③ 광대. 어릿광대.

sobheti [sobhati의 *caus.*] ① 빛나게 하다. ② 아름답게 하다. 미화하다.

soma *m.* [〃] 쏘마. 신주(神酒)[사람을 幻覺에 빠뜨리는 古代印度의 植物의 汁] -yāga 쏘마 축제.

Somadatta *m.* [soma-datta] 쏘마닷따. 소마달다(蘇摩達多)[코끼리의 이름].

somanassa *n.* [*sk. bsk.* saumanasya<sumano] ① 안정. 만족. 기쁨. 희(喜). 희열(喜悅). ② 정신적인 즐거움. 정신적 만족. -indriya 희열을 경험하는 능력. 희열의 감각. 희근(喜根). -ûpavicāra

희열에 대한 고찰. 희근사(喜近伺). -ṭṭhāniya 만족·희열이 따르는 곳. 순희처(順喜處). -sahagata 만족·희열이 갖추어진.

somanassita *adj.* [somanassa의 *caus. pp.*] ① 만족한. ② 기쁜.

somarukkha *m.* [soma-rukkha] 쏘마룩카[나무의 일종].

sombhā. sombhakā *f.* [?] 인형. 작은 인형. 완구(玩具).

somma *adj.* [*sk.* saumya<soma] ① 즐거워하는. 온순한. ② 부드러운 분위기의.

soracca *n.* [*bsk.* sauratya. sorata-ya. sū-rata] ① 온화. 유순. ② 자제.

sorata. sūrata *adj.* [*bsk.* sūrata] ① 온화한. 유순한. ② 자제하는.

soreyya *m.* [*cf.* <sorata] ① 온화. 유순. 자제. ② 쏘레이야. 수리(須離)[마을의 이름]. 수리인(須離人)[종족의 이름].

soḷasa *num.* [*bsk.* ṣoḍaśa] 16. 열여섯. *ins.* soḷasahi. soḷasehi; *gen.* soḷasannaṁ. *f.* soḷasī 제십육. 십육 일. kalaṁ n'agghati soḷasiṁ 그것은 십육 분의 일의 가치도 없다[이것은 원래 베다시대의 祭司長을 포함한 16祭官과 관계된 말이다. 한 제관만 빠져도 제사를 지낼 수 없었다]. -kkhattuṁ 열여섯 번. -nipāta 16모음집. 16집. -parikkhāra 16가지 제의법(祭儀法). -vatthuka 16가지 사항의. -vidha 열여섯 종류의.

~ cittânupassanā 열여섯 가지 마음에 대한 관찰. 십육심수관(十六心隨觀)['마음의 탐·진·치의 유무(sarāgaṁ, vītarāgaṁ, sadosaṁ, vītadosaṁ, samohaṁ, vītamohaṁ), 마음의 위축이나 산란(saṅkhittaṁ, vikkhitaṁ), 계발이나 비계발(mahaggataṁ, amahaggataṁ), 열등이나 탁월(sauttaraṁ, anuttaraṁ), 집중이나 산란(samāhitaṁ, asamāhitaṁ), 해탈이나 비해탈(vimuttaṁ, avimuttaṁ)]

soḷasama *adj.* [soḷāsa-ma] 열여섯 번째.

sovaggika *adj.* [<sagga] ① 하늘의. 하늘과 관련된. 경건한. ② 하늘에 태어나는. ③ 생천(生天)의 원인.

sovacassa *n.* [suvacas-ya] ① 온화. 유순. 유화(柔和). ② 정중함. ③ 선어(善語). -karaṇa 정중함. 신사도(紳士道).

sovacassatā *f.* [sovacassa의 *abstr.*] 온화함. 유순함. 정중함.

sovacassaya. sovacassiya *adj.* [<sovacassa] 온화한. 유순한. 정중한.

sovaṇṇa *adj.* [suvaṇṇa-ya] ① 황금의. ② 황금으로 만든. -kūṭāgāra 황금 전각. 황금각(黃金閣). -dhaja 황금 깃발. 금당(金幢). -maya 황금으로 만든. -viggaha 황금상(金像).

sovaṇṇaka. sovaṇṇaya = sovaṇṇa.

sovatthika *adj. m.* [su-atthi-ka=sotthika. *sk.* svastika] ① 안전한. 평화로운. 축복하는. ② 만자(卍字). -âlaṅkāra 만자(卍字) 무늬[상서로운 표시의 일종].

sovīraka. suvīraka *n.* [*dialec.*?] 신 죽. 산죽(酸粥).

sosa *m.* [<śuṣ] ① 건조. ② 소비. 소모. ③ 폐병(肺病). 건척(乾瘠).

sosana *n.* [<soseti] ① 건조시킴. ② 건조.

sosānika *adj. m.* [<susāna] ① 묘지와 관련된. 관(棺)과 같은. ② 묘지에 지내는 사람. 총간주자(塚間住者). -aṅga 묘지에서 지내는 수행. 총간주지(塚間住支)[두타행].

sosārita *adj.* [su-osārita] ① 잘 회복된. ② 잘 해죄(解罪)된.

sosika. sosiya *adj. m.* [<sosa] ① 폐병의. ② 폐병환자.

sosīta *adj.* [so-sīta] ① 흠뻑 젖은. ② 완전히 쌀쌀해진. 추워진.

soseti [sussati의 *caus.*] ① 마르게 하다. ② 시들게 하다.

sossati suṇāti의 *fut.*

sohajja *n.* [*sk.* sauhārdya] ① 친구관계. ② 우정.

sohada [*sk.* sauhṛda<su-hṛd] 친구. 벗.

sneha = sineha.

smase. smi = asmase. asmi → atthi.

svākāra *m.* [su-ākāra] 좋은 성향을 갖고 있음. 선행상(善行相).

svākkhāta *adj.* [su-akkhāta] 잘 설해진. 선설(善說)된. -dhamma 잘 설해진 가르침을 지닌. 선설법자(善說法者).

svāgata *adj.* [su-āgata] ① 잘 오신. 환영받는. 선래(善來). 잘 도래한. ② 암기된. 통효(通曉)된. tassa te svāgataṁ 바로 당신을 잘 오셨습니다. *cf.* sāgata.

svāgama *adj.* [su-āgama] ① 전승에 정통한. ② 경전에 정통한.

svātana *adj.* [sve-tana. *cf. sk.* śvastana] 내일의. 다음날의. 명일(明日)의. 익일(翌日)의 *dat.* svātanāya. 내일을 위해.

svātivatta *adj.* [su-ativatta] ① 쉽게 극복된. ② 초극하기 쉬운.

svāssu [=so assu] 그는 정말로.

svāham [=so ahaṁ] (그) 나는.

sve *ind.* [=suve. *sk.* śvas] 내일. 다음날. 명일. 익일(翌日).

H

ha ① 자음·문자 h의 이름. ② *ind.* 반드시. 틀림없이. 참으로. 강조의 분사. na ha nūna 반드시 ~하지는 않은가. itiha 이렇게. 이와 같이. itihītiha [itiha iti ha] 이러저러 하게.

haṁ *ind.* [〃] '나는 말한다'. '여보게' [주의를 촉구하는 말]. iti haṁ = iti. *cf.* handa. hambho.

haṁsa *m.* [〃] ① 백조. 거위. 아조(鵝鳥). ② 항싸[건물의 종류]. *m.* [<hṛṣ] ③ 털이 곤두섬. loma° 몸의 털이 곤두섬. 신모수립(身毛竪立).

haṁsati [*sk.* harṣate. hṛṣ] 털이 곤두서다 [매우 두렵거나 즐거울 때]. *pp.* haṭṭha; *caus.* haṁsati 털을 곤두세우다.

haṁsana *adj.* [<haṁsati] 털이 곤두서는.

haṁsi *ind.* [?] = hañci 만약에. ~경우에.

hakāra *m.* [ha-kāra] h의 문자·음소. ha 어미. -āgama h의 문자·음소의 추가. -ādesa h의 문자·음소의 대체. -lopa h의 문자·음소의 제거.

haṅkhati → paṭihaṅkhati.

hacca *adj.* [<han] 살해하는.

hañci *ind.* [haṁ-ci] 만약에.

hañchati. hañchema hanati의 *fut.*

haññati. haññate [hanati의 *pass.*] ① 살해되다. ② 파괴되다. hatthī dantesu haññate 코끼리는 상아 때문에 살해된다. *aor.* haññiṁsu; *fut.* haññissati; *ppr.* haññamāna; *grd.* hantabba. haññitabba.

haññana *n.* [<haññati] ① 고문(拷問). 억압. ② 살해.

haññe haññati의 *opt.*

haṭa ① *adj.* [harati hṛ의 *pp.*] 운반된. 날라진. 데려간. -haṭakesa 머리가 헝클어진. ② *m.* [*sk.* haṭha. haṭa] 하따 초(草). 이끼. 선태(蘚苔)[水草의 一種].

haṭaka = hāṭaka.

haṭṭha *adj.* [*sk.* hṛṣṭa<hṛṣ haṁsati의 *pp.* 또는 hasati has의 *pp.*] ① 털이 곤두서는. 신모수립(身毛竪立)의. ② 기쁜. 행복한. ③ 유정천(有頂天)의.

haṭha *lexicogr.* [?] 폭력.

hata *adj.* [hanti han의 *pp.*] ① 던져진. 맞은. ② 살해된. 파괴된. 다친. -antarāya 장애를 제거한 (사람). -âvakāsa (선이나 악의) 모든 경우를 제거한. -âvasesaka 살아남은. -pahata 살육된. -vikkhittaka 살해되어 사지가 흩어진. -vikkhittakasaññā 살해되어 사지가 흩어진 시체에 대한 지각. 참작이산상(斬斫離散相). -viññāṇa 의식불명의. 인사불성의.

hatatta *n.* [hata의 *abstr.*] 파괴된 상태.

hattuṁ harati의 *inf.*

hattha *m.* [<hṛ *sk.* hasta] ① 손. ② 자루. ③ 완척(腕尺)[길이의 單位. 二十四指節(aṅgulapabba)=1주(肘 : ratana)=1/4심(尋 : vyāma)=1/4궁(弓 : dhanu)]. -aṅguli 손가락. -aṭṭhika 손뼈. -antara 완척. -âpalekhana 손을 핥는 것[식후에 손을 깨끗이 하기 위한 것임]. -ābharaṇa 팔찌. -âbhijapanna 손을 갑자기 들어 올리게 하는 주문. -âlaṅkāra 팔찌. -ûpaga 손장식. 수식(手飾). -kacchapaka 손에 공간이 생기도록 오므리기. -kamma 손일. 일거리. 기술. 솜씨. -kukkucca 손버릇이 나쁜 것. -gata 입수된. 손에 들어온. -gahaṇa 손으로 잡는. -cchinna 손이 절단된 사람. -ccheda(na) 손을 자름. -tala 손바닥. -to 손수. -ttha 손아귀에 있는. -tthagata 손아귀에 있는. -niddhunaka 손을 떠는. -nillehaka 손을 핥는 것 [식후에 손을 깨끗이 하는 것]. -pajotika 손을 불로 그슬림. 촉수형(燭手型)[손에 기름을 적셔 불로 태워 죽이는 고문·형벌]. -padacchinna 수족이 절단된 사람. -pasāraṇa 손을 펴는 것. -pāsa 손의 길이. 이웃. 근처. -puñchana 손수건. -bandha 팔찌. 수갑. -muddā 손의 인계. 수인(手印). -yoga 체조를 통한 요가. 하타요가. -yogin 체조를 통한 요가의 수행자. 하타요가수행자. -lañcha 필적. 사인(*eng.* signature). -vaṭṭaka 손수레. 인력거. -vikāra 손의 움직임. -sāra '손의 재산' 동산(動産).

hatthaka *m.* [hattha-ka] 한 움큼. *cf.* = kalāpa.

hatthin *m.* [*sk.* hastin] ① 손[手]이 있는. ② 코끼리. 상(象). *pl. nom.* hatthī. hatthino. hatthiyo. hatth° -atthara(hatthatthara) 코끼리의 덮개. 코끼리 등의 깔개. -âcariya 코끼리 조련사. 상사(象師). -ājānīya 좋은 코끼리. 양상(良象). -ānīka 코끼리 부대. 상병대(象兵隊). -ārūyha 코끼리 조종술. 상어술(象御術). -āroha. -ārūha 코끼리를 탄. 코끼리 조종자. -âlaṅkāra 코끼리의 장식. hatthi° -kanta(=manta) 코끼리의 매력. -kantavīṇā 코끼리를 유혹하는 비파. -kappana 코끼리를 위한 장식. -kalabha. -kaḷāra 코끼리 새끼. -kāya 코끼리 부대. 상군(象軍). -kumbha

코끼리의 이마. -kula 코끼리 가족. -kkhandha 코끼리의 어깨. 코끼리 등. 상배(象背). -gopaka 코끼리사육사. -cchāpa. -cchāpaka 코끼리 새끼. 유상(幼象). -danta 상아. -damaka. -damma-sārathi 코끼리조련사. 조상사(調象師). -damma 훈련받은 코끼리. -nakha 문의 입구의 코끼리 머리 모양의 장식용 탑. -nāga 큰 코끼리. 대상(大象). -pada 코끼리의 발·발자국. 상적(象跡). -padopamā 코끼리 발자국의 비유. 상적유(象跡喩). -ppabhinna 미쳐 날뛰는 코끼리. 광상(狂象). -bandha. -bhaṇḍa 코끼리조련사. 상사(象師). -magga 코끼리의 길·진로. -maṅgala 코끼리 축제. -matta 코끼리만큼 큰. -maha 코끼리 축제. -māraka 코끼리 사냥꾼. -meṇḍa 코끼리 사육사. -yāna 코끼리 수레. 올라타는 코끼리. -yuddha 코끼리 싸움. 상투(象鬪). -laṇḍa 코끼리 똥. -liṅgasakuṇa 코끼리의 코와 같은 부리를 가진 콘도르·독수리. -ratana 코끼리의 보물. 상보(象寶)[칠보]. -rājan 코끼리의 왕. 상왕(象王). -rūpaka 코끼리 그림. 장난감 코끼리. -ratana 코끼리라는 보물. 상보(象寶). -vatika 코끼리처럼 행동하는. 상무자(象務者). -vatta 코끼리의 습성. -sālā 코끼리 우리. 상소옥(象小屋). -sippa 코끼리 훈련에 관한 지식. 조상술(調象術). -sutta 코끼리 조련사의 안내서·편람. 상경(象經). -senā 코끼리 군대. 상군(象軍). -soṇḍaka 코끼리 코에 씌우는 옷. 상비의(象鼻衣).

Hatthigāma *m.* [hattha-gāma] 핫티가마. 수수촌(授手村)[마을·읍의 이름].

hatthinī. hattinikā *f.* [<hatthin] 암코끼리. 여상(女象). 빈상(牝象).

hadaya *m.* [*sk.* hṛdaya] 심장(心臟). 마음. 흘리다야(紇利陀耶). 흘리다심(紇利陀心). hadaya-ssânuppatti 마음의 통달. hadaya° -aṭṭhi 가슴뼈. 흉골. 심골(心骨). -gata 마음에 새겨진. 마음으로 배운. -(ṅ)gama 마음이 들뜬. 즐거운. 유쾌한. -phandana 심장확장기. -pariḷāha 마음의 열뇌. 마음의 고뇌. -phālana 심장의 파열. -bh- eda '중심덜기' 중심속이기[액상버터·기름 등을 잴 때의 도량형속이기]. -maṁsa 심장의 고기. 심장. 심장육(心臟肉). -rūpa 마음의 물질. 심색(心色)[심토대의 구성요소]. -vañcana 마음을 현혹시킴. -vatthu 마음의 토대. 심토대(心土臺). 심기(心基). -vatthudasaka 마음의 토대를 구성하는 열 가지 요소. 심기십법(心基十法)[색깔(色: vaṇṇa), 냄새(香 : gandha), 맛(味 : rasa), 자양(食素 : ojā), 땅(地 : paṭhavī), 물(水 : āpo), 불(火 : tejo), 바람(風 : vāyo), 심토대(心基 : hadayavatthu), 생명(命 : jīvita)]. -saṅkocana 심장수축기. -santāpa 마음의 불탐. 슬픔. 비탄. -ssita 가슴에 박힌.

han *ind.* → haṁ.

hana hanati의 *imp.*

hanaṁ. hanataṁ hanati의 *ppr. sg. nom. pl. gen.*

hanati. hanti [〃han] ① 때리다. 타작하다. 죽이다. 파괴하다. 제거하다. *pres.* hanāmi. hanasi. hanāsi. hanati. hanāti. hanāma. hanti. hananti; *imp.* hana. hanassu. hanantu; *opt.* hane. haneyya; *aor.* hani. haniṁsu; *abs.* hantvā. hanitvāna; *fut.* hanissati. hañchati [*sk.* hantsyati]. hañchema; *ppr.* hanaṁ. hananta. hataṁ; *grd.* hantabba; *pp.* hata; *pass.* haññati; *caus.* hanāpeti. ghātāpeti. ghāteti. ② [<had] 똥을 누다. 배변을 보다. *pp.* hanna.

hanana *n.* [<hanati] ① 살해. 구타. ② 해침.

hanāpeti [hanati의 *caus.*] ① 살해시키다. ② 파괴시키다.

hani. haniṁsu hanati의 *aor.*

hanu *f.* [〃] 턱. -kkama 고삐. -saṁhanana 턱을 묶은 말을 못하게 하는.

hanukā *f.* [=hanu] -aṭṭhi 턱뼈.

hane. haneyya hanati의 *opt.*

hantabba *adj.* [hanati 또는 haññati의 *grd.*] 살해되어야 할.

hantar *m.* [hanati의 *ag.*] ① 구타하는 사람. ② 살인자. 살해자.

hanti = hanati.

hantvā hanati의 *abs.*

handa *interj.* [*sk.* hanta] 자! [권유하는 말].

hanna *n.* [<hanati] 배변. 통변(通便).

hambho *interj.* [haṁ-bho] 어머나! 이런! [놀람. 경멸의 말] *cf.* ambho.

hammiya *n.* [*sk.* harmya. *bsk.* harmikā] ① 긴 층계가 있는 건물. 누옥(樓屋). ② 큰 건물. -gabbha 윗 층에 있는 방·누옥의.

haya *m.* [〃<hi] ① 말[馬]. 속력. -potaka 망아지. -vāhin 말이 끄는.

hayānika *n.* [haya-ānika] 기병대(騎兵隊).

hara ① *adj.* [<hṛ] 나르는. 가져가는. vayohara '나이를 운반하는 것' 흰머리. ② [*sk.* hara] 신. 절대자. 하라[시바신의 별칭].

haraṇa *n.* [<hṛ] ① 갖고 감. 운반. 운송. 전달. ② 제거. ③ 약탈.

haraṇaka *n.* [<haraṇa] ① 운송 중인 상품. ② 동산(動産).

haraṇī *f.* [<haraṇa] ① 자극을 전하는 신경. 통로. ② 운반자. 제거기(除去機). kaṇṇamalaharaṇī 귀

지의 제거하는 것. 귀 후비게.
haratam̆ harati의 *ppr. pl. dat. gen.*
harati [〃hṛ] ① 나르다. 운반하다. 전달하다. 가져가다. ② 빼앗다. 약탈하다. 훔치다. *aor.* ahāsi; *abs.* haritvā. hātūna; *inf.* haritum̆. hātave. hātum̆. hattum̆; *fut.* hāhiti; *ppr. pl. dat. gen.* haratam̆; *pp.* haṭa; *grd.* haritabba; *pass.* harīyati. hīrati; *caus.* hāreti. harāpeti.
harāpeti [hāreti의 *caus.*] 나르게 하다. 가져가게 하다. *opt. 1sg.* harāpeyyam̆.
harāyati [=hiriyati. hiri의 *denom. bsk.* hrīyāyati] ① 부끄러워하다. 풀이 죽다. ② 괴롭다. 걱정하다. *aor.* hari; *ppr.* harāyamāna. harāyanta. hariyyamāna.
hari ① *adj.* [*sk.* harita. hariṇa] 초록의. 황갈색의. -candana 황갈색 전단나무. 황전단(黃栴檀). -tāla 웅황(雄黃)[광물의 이름]. -ttaca 황금색의. -pada 황금 발. 노란 발. 사슴. -ssavaṇṇa 황금색의. ② harāyati의 *aor.* ③ *m.* 신. 절대자. 하리[비슈누신의 별칭].
hariṇa *m.* [<hari] 사슴.
harita *adj. n.* [〃] ① 초록의. 황갈색의. 신선한. ② 야채. 초록색. 녹색. 황갈색. ③ 황금. -ûpattā 초록빛으로 덮인. -tiṇa 초록색의 풀. -paṇṇa 야채. 푸른 잎사귀.
haritaka *n.* [harita-ka] 야채. 채소.
haritatta *n.* [harita의 *abstr.*] 초록색·녹색의 상태. 신선한 상태.
haritā *f.* [<harita] 황금.
haritāla *n.* [〃] 웅황(雄黃). 자황(雌黃)[광물의 이름].
haritar *m.* [harati의 *ag.*] 나르는 자. 운반하는 자.
harissavaṇṇa *adj.* [hari-savaṇṇa] 황금색상의.
harītaka. harīṭaka *m.* harītakī *f.* [*sk.* harītaka] 하라륵(呵羅勒). 하리륵(呵利勒). 가자(柯子). 아시아산 자두. 미로발란(Myrobalan)나무[Teminalia Citrina].
harīyati. hīrati [harati의 *pass.*] ① 운반되다. 가져가지다. ② 빼앗기다. *aor.* ahīratha.
hare ① *adv.* [?] 저열한 것을 나타내는 허사. ② [hari의 *voc.*] 비슈누 신이여!
hareṇukā *f.* [〃] 완두(콩). -yūsa 완두콩 수프.
hala *n.* [〃] 쟁기.
halam̆ [=hi alam̆] ~ dāni pakāsitum̆ 왜 내가 지금 설해야 하는가?[지금 설할 필요가 없다.].
halāhala. haḷāhala *m. n.* [*sk.* halā-hala] 맹독(猛毒). 소란. 소동. -visa 맹독.
haliddhā. haliddī *f.* [*sk.* haridrā] 심황(深黃). 울금(鬱金). 울금향(鬱金香). -âbhijāti 황색의 계급. 황생류(黃生類)[흰 옷을 입는 평신도와 나형고행자의 제자들]. -rāga 심황색과 같은. 빠르게 변하지 않는.
hava [〃<hū. hvā] ① 부름. ② 도전(挑戰).
have *ind.* [ha-ve] 정말로. 확실히.
havya *n.* [〃<hū] 봉납물. 기증물. -sesa 공양물의 나머지.
hasati. hassati [has '웃다' hṛṣ '기뻐하다'] ① 웃다. ② 즐겁다. 명랑하다. 쾌활하다. *aor.* hasi. hasim̆su (hasissim̆su); *pp.* hasita. haṭṭha; *caus.* hāseti. hāsāpeti.
hasana *n.* [<hasati] 웃음. -citta 웃는 마음.
hasamānaka *adj.* [hasati의 *ppr.* -ka] 웃는. 즐거운. *acc.* hasamānakam̆ *adv.* 익살맞게. 농담으로.
hasim̆su. hasissim̆su hasati의 *aor.*
hasita *adj. n.* [hasati의 *pp.*] ① 웃는. 즐거운. 유쾌한. ② 웃음. 미소. 명랑. 유쾌. -uppāda 미소를 불러일으키는. -uppādacitta 미소를 불러일으키는 마음. -uppādakiriyā 미소를 불러일으키는 일 자체.
hasula *adj.* [?<has] '매력적인 말솜씨' 또는 '웃음'(?).
hassa *adj. n.* [*sk.* hāsya<has] ① 우스운. ② 웃음. 유쾌. 농담. *abl.* hassā. *ins.* hassena 농담으로. -khiḍḍārati-dhamma 웃음의 유희를 즐기는. 소희락법(笑喜樂法). -vasena 농담으로.
hā *interj.* 아아!.[슬픔·근심을 나타냄].
hāṭaka *n.* [〃] 금의 종류. 황금.
hātabba hāyati의 *grd.*
hātave. hātum̆ harati의 *inf.*
hātūna harati의 *abs.*
hāna *n.* [〃<hā] ① 버림. 감소. 포기[顚倒와 無知의 포기]. ② 감퇴. 물러남. ③ 퇴락. 타락[악한 성품의 상승]. -gāmin 타락한. 불명예에 처한. -bhāgin 포기와 관련된. -bhāgiyapaññā (전도와 무지의) 포기와 관련된 지혜. 퇴분혜(退分慧). -bhāgiyasamādhi 포기와 관련된 삼매. 퇴분정(退分定). -bhāgiyasīla 포기와 관련된 계행. 퇴분계(退分戒).
hāni *f.* [〃<hā] 감소. 감퇴. 손실. 낭비. -dasaka 감퇴의 십년의 생애. 퇴십년(退十年).
hāpaka *adj.* [<hāpeti] ① 무시하는. 게을리 하는. ② 줄이는.
hāpana *n.* [<hāpeti] ① 무시. ② 감소. 축소(縮小). 감퇴(減退).
hāpita *adj.* [<hu] 섬겨진. 공양을 받은. *cf.* huta.
hāpeti ① [jahati hā의 *caus.*] 게을리 하다. 빠뜨리다. 무시하다. 줄이다. 축소하다. 늦추다. *opt.*

hāpaye; *abs.* hāpetvā 빠뜨리고. 불충분하게. attham ~뜻을 놓치다. ② [*sk.* hāvayati<juhati hu의 *caus.*] 섬기다. 제사지내다. 공양하다. 계발하다. *pp.* hāpita.

hāyati [jahati hā의 *pass.*] ① 감소하다. 줄다. ② 쓸모없게 되다. *ppr.* hāyamāna. *cf.* hāyana; *abs.* hāyitvā. *aor.* ahāyatha.

hāyana ① *n.* [<hā] 감소. 쇠퇴(衰退). 축소. ② *n.* [〃] 해. 년. saṭṭhi° 60세.

hāyin *adj.* [<hā] ① 버리는. 포기하는. ② 남기는.

hāra *m.* ① [〃] (진주) 목걸이. 염주의 줄. 화환. 머리장식. ② [<harati] 획득한 것. 갈취. 노획물. 전리품. 한 줌. 한 움큼. hārahārin 갈취할 것은 모두 갈취하는. 강탈하는. ③ [<harati] 카테고리. 범주. 하라[Nettipakaraṇa의 第一章의 이름].

hāraka *adj. m.* [<harati. hṛ] ① 운반하는. 갖고 가는. 운반자. ② 제거하는. 제거하는 자.

hāraye hāreti의 *opt.*

hāri *adj.* [〃 <hṛ] ① 매력적인. ② 마음을 사로잡는. -sadda 매력적인 소리. 매혹적인 소리.

hārika *adj.* [<hṛ] 운반하는. 가져가는.

hārikā *f.* [hāraka의 *f.*] ① 운반하는 여자. 가져가는 여자. ② 강탈하는 여자.

hārin *adj.* [hāra-in] ① 가져가는. 운반하는. ② 강탈하는. *f.* hārinī. hārī.

hāriya *adj.* [<hāra] 운반할 수 있는. 들고 다닐 수 있는.

hāreti [harati의 *caus.*] 가져가게 하다. 빼앗게 하다. *opt.* hāraye; *grd.* hāretabba; *caus.* harāpeti.

hālidda *adj.* [<haliddā] 심황으로 물들인.

hāsa ① *m.* [*sk.* hāsa. harṣa] 웃음. 유쾌. 기쁨. 즐거움. -uppādaka 우스꽝스러운. 이상야릇한. 우스꽝스러움. 이상야릇함. -kara 기쁨을 주는. -kkhaya 웃음을 멈춤. -janaka 재미있는. -dāyakanāṭaka 코미디. 희극(喜劇). -dhamma 흥겹게 떠들기. 놀이. 희희법(嬉戱法). ② [=hāsu] 민첩한. -pañña 민첩한 지혜를 지닌. 영리한. 질혜(疾慧)의.

hāsaka *m.* [hāsa-ka] 코미디언. 개그맨.

hāsaniya *adj.* [*sk.* hārṣanīya<has. hṛṣ] 즐거움을 주는. 기쁨을 주는.

hāsayati = hāseti.

hāsāpeti [hasati의 *caus.*] 웃게 하다.

hāsu° *cpd.* [*cf.* hāsa ②] 민첩한. 빠른. -pañña 현명한. 영리한. 속혜(速慧)의. -paññatā 민첩한 지혜. 속혜(速慧). -paññā 지혜. 기지(機智). 첩혜(捷慧).

hāseti. hāsayati [hasati의 *caus.*] ① 웃게 하다. ② 즐겁게 하다. *aor.* hāsesi; *abs.* hāsayitvāna; *ppr.* hāsayamāna; *caus.* hāsāpeti.

hāhasi. hāhisi jahati hā의 *fut.*

hāhiti harati의 *fut.* = harissati.

hi *ind. conj.* [〃] ① 왜냐하면. ② 정말로. 확실히. tena hi. 그러면. 그렇다면.

hiṁsaka *adj. m.* [<hiṁs] 살인자. 살해자.

hiṁsati [*sk.* hinasti. hiṁsati. hiṁs] 해치다. 죽이다. *aor.* hiṁsi; *caus.* hiṁsāpeti.

hiṁsana *n.* [<hiṁsati] ① 구타. 상해. 살해. ② 박해(迫害). 학대(虐待).

hiṁsanā *f.* = hiṁsana.

hiṁsā *f.* [〃 <hiṁs] 상해. 살해. -mano 해치고자 하는 의도. 살의.

hiṁsitar *m.* [<hiṁsati의 *ag.*] 상해자. 살해자.

hikkā *f.* [〃] 딸꾹질.

hikkāra *m.* [hik-kāra] = hikkā.

hiṅkāra *m.* [hi(ṁ)-kāra] 놀라움의 비명.

hiṅgu [〃] ① *m.* 아위(阿魏)[미나리과의 多年草. Asa Foetida] ② *n.* 아위의 붉은 색 수지(樹脂). 약수지(藥樹脂). 흥거(興渠)[阿魏의 뿌리에서 채취한 고무수지로 약용으로 쓰임]. -cuṇṇa 아위수지(阿魏樹脂)의 가루. -rāja 힝구라자[새의 일종]. -sipāṭika 잉구씨빠띠가[약수지의 일종].

hiṅgulaka *n.* [hiṅgula-ka] ① 붉은 색. 주색(朱色). ② 주색안료(朱色顔料).

hiṅguli *m.* [hiṅgula] ① 붉은 색. 주색(朱色). ② 주색안료(朱色顔料).

hiṇḍati [hiṇḍ] 방랑하다. 배회하다.

hita *adj. n. m.* [〃 dadhāti dhā의 *pp.*] ① 유익한. 적당한. 친한. ② *n.* 이익. 안녕. 축복. 선(善). ③ *m.* 친구. 은인. -ânukampin 유익하고 애민이 많은. 애민자(哀愍者). -ûpacāra 유익한 행위. -esin 타인의 이익을 바라는. 호의가 있는. -kara 은인. 베푸는 자. 후원자(後援者). -kāma 우호적(友好的)인.

hitvā. hitvāna jahāti의 *abs.*

hidaṁ = hi idaṁ.

hinati [*sk.* hinoti<hi] 보내다.

hintāla *m.* [hiṁ-tāla] 습지의 대추야자[종려나무의 일종].

hindagu *n.* [inda-gu] 인간[인드라 神에서 나온 자].

Hindu *n.* [sindhu] 인도(印度). -samaya 힌두교.

hima *n.* [〃] 얼음. 눈. -duddha 아이스크림. -pāta 강설(降雪). -pātasamaya 눈 내리는 계절. 겨울. -rakkhānāgāra 얼음창고. 냉동고(冷凍庫). 제빙실(製氷室).

Himavant *m.* [〃 hima-vant] 설산. 히말라야산. -padesa(himavā°) 설산지방. ~ pabbatarājan

산의 왕인 설산(雪山).
hiyyo *adv.* [*sk.* hyaḥ] 어제.
hiraññа *n.* [*sk.* hiraṇya] ① 금. 황금. ② 가공되지 않은 금. -suvaṇṇa 황금. 금화.
Hiraññavatī *f.* [hirañña-vati] 히란냐바띠강. 희련선하(熙蓮禪河)[江의 이름].
hiri. hirī *f.* [*sk. bsk.* hrī] ① 부끄러움. 수치심. 참(慚). ② 양심. hiri° -ottappa 부끄러움과 창피함. 참괴(慚愧). -kopīna 허리에 걸치는 간단한 옷. 음부를 가리는 옷. 음부(陰部). -gāravatā 부끄러움에 의한 겸손. -dhana 부끄러움을 아는 것의 재물. 참재(慚財). -nisedha 부끄러움에 의해 억제된. -bala 양심의 힘. 부끄러움을 아는 힘. 참력(慚力). -mana 양심적인. -mant 예민한. 민감한.
hirika. hirīka. hirimant. hirīmant *adj.* [hiri-ka, -mant] ① 부끄러워하는. 부끄러움을 아는. 참괴하는. ② 양심에 호소하는.
hiriya *m. n.* [<hiri] 부끄러움. 양심.
hiriyati [hiri의 *denom. cf.* harāyati] 부끄러워하다. 수치스러워하다.
hiriyanā *f.* [<hirīyati] 부끄러움. 수치스러움.
hirivera *n.* [*sk.* hrīvera] ① 향료의 일종. ② 방향수(芳香水)의 일종.
hīna *adj.* [jahati hā의 *pp.*] ① 낮은. 하층의. 열등한. 비열한. 경멸할. ② 결여된. 부족한. hīnāya āvattati 환속하다. 속퇴하다. hīnāyāvâtta 환속한 사람. hīno 'hamasmī ti māna(또는 vidhā) 나는 열등하다는 교만. 아열만(我劣慢). -akkosa 비열한 욕. 비매(卑罵). -âdhimutta. -âdhimuttika 비속한 데로 향하는. -indriya 의식불명의. 인사불성의. -kamma 비열한 행위. 비업(卑業). -kāya '비천한 모임' 사자(死者)의 세계. 염마계(閻魔界). -gotta 천한 씨족. -jacca 비천한 태생. 하층의 계급. -jāti 저질(低質). -ttika 세 가지 비속한 법. 열삼법(劣三法). -dhātu 저열한 세계[악하고 불건전한 세계]. -nāma 천한 이름. 비명(卑名). -pañña 바보. 멍청이. -paṇīta 열등함과 뛰어남. -puthujjana 열등한 범부. 열범부(劣凡夫). -vaṇṇa 열등한 계급. -vāda 이론·교리가 불완전한 사람. 열론자(劣論者). -viriya 노력이 결여된·부족한. 열정진(劣精進). -sippa 천한 기술. 비기(卑技).
hīyati = hāyati [jahati. hā의 *pass.*] ① 감소되다. 줄어들다. ② 버려지다. 포기되다. *ppr.* hīyamāna.
hīyattanī *f.* [<hīyati] 부정과거[어제보다 이전에 확정되었거나 불확정한 과거. 문법].
hīyo = hiyyo.
hīra. hīraka *m.* [〃] 작은 조각. 파편. hīrahīraṁ *adv.* 조각조각.
hīrati [harati의 *pass.*] = harīyati ① 운반되다. 가져가지다. ② 빼앗기다. 약탈당하다.
hīḷana *n.* hīḷanā *f.* [<hīḷeti] 저주. 경멸. 꾸짖음.
hīḷita *adj.* [hīḷeti의 *pp.*] 경멸받은. 조소를 받은. 비웃음을 당한.
hīḷeti [hīḍ] ① 경멸하다. 저주하다. 화가 나다. ② 슬퍼하다. *pp.* hīḷita.
huṁ *ind.* 흥![不滿 또는 拒絶의 擬聲語]. -kara '흥!'하고 소리를 내는 것.
hukku *ind.* [*onomat.*] 재칼의 부르짖는 소리.
huta *adj. n.* [juhati. hu의 *pp.*] ① 공양된. 바쳐진. 숭배된. ② 헌공. 봉납물. -âsana 공양물을 먹는 것. 제화(祭火).
hutta *n.* [*sk.* hotra] 제물. 공물. 공희.
hutvā. hutvāna [=bhavitvā] bhavati의 *abs.*
hunitabba juhati의 *grd.*
hupeyya. huveyya bhavati의 *opt.*
huraṁ *adv.* [?] ① 다른 세계에. 다른 생(生)에. ② 저기에. idha vā huraṁ vā 이 생에서 또는 저 생에서. hurāhuraṁ 이 존재에서 저 존재로. 여기저기의 세상으로.
huhuṅka *adj.* [<huṁ] ① '흥흥'이라고 중얼거리는[擬聲語]. 타인을 경멸하는. ② 오만한. -jātika 교만한 종류의.
hūti *f.* [〃 <hā. hvā] ① 부름. ② 도전(挑戰).
he *interj.* [〃] 야아! 이봐! 이보게!
heṭṭhato *adv.* [heṭṭhā의 *abl.*] 아래에. 아래로부터. 아래쪽으로. heṭṭhato avīcinirayaṁ pariyantaṁ karitvā 아래쪽으로는 무간지옥(無間地獄)을 경계로 하고.
heṭṭhā *prep. adv.* [*cf. sk.* adhastāt<adhaḥ의 *abl.*] 아래에. 아래쪽에. -āsana 낮은 자리. -nāsika 낮은. 콧구멍. 들창코. -bhāga 낮은 부분. -mañce 침대 밑에. -vāta 밑에 있는 창문. -sīsaka 머리를 숙인.
heṭṭhima *adj.* [heṭṭhā의 *superl.*] 가장 낮은.
heṭhaka *adj.* [<heṭheti] ① 괴롭히는 사람. ② 강도. 도둑.
heṭhanā *f.* [<heṭheti] 괴롭힘. 뇌해(惱害).
heṭhayita *adj.* [heṭhayati의 *pp.*] 괴롭혀진.
heṭheti. heṭhayati [heḍ. hīḍ *cf.* hīḷeti] ① 괴롭히다. ② 상처를 입히다. *aor.* heṭhesi; *ppr.* heṭhenta. heṭhayamāna; *abs.* heṭhayitvāna; *pp.* heṭhita. heṭhayita.
hetaṁ = hi etaṁ
heti *f.* [〃] ① 나는[飛] 도구[武器의 일종]. ② 창(槍). ③ 발사.
hetu *m.* [〃 <hi] ① 원인. 이유. ② 조건. 도덕적

조건[阿羅漢果를 얻는 前際條件]. *acc.* hetu(-°). ~때문에. ~을 위하여. *abl.* hetuso 그 원인으로부터. 원인을 통해서. kissa hetu 왜? pubbe katahetu 이전에 행한 것 때문의. dhanahetu 돈을 원인으로 하는. -gocchaka 원인의 다발·집합. 인취(因聚). -duka 한 쌍의 원인. 인이법(因二法). -nibbatta 원인에 의해 발생한. 인소생(因所生). -paccaya 근본조건. 인연(因緣)[벼에 대한 벼의 종자와 같은 보다 중요한 조건]. -pabhava 원인에서 생기하는. 조건지어진. -phalatā 인과성(因果性). -rūpa 원인의 형태. 인사(因事). -vāda 인과론(因果論). 인과를 주장하는. 합리주의(合理主義). -vādin 인과론자. 합리주의자(合理主義者). -vijjā 원인에 관한 지식. -vippayutta 원인과 무관함. 인불상응(因不相應). -virodha 이론혐오증(理論嫌惡症). -samuppanna 원인에 의해 발생한. 인소생(因所生). -sampayutta 원인과 관계된. 인상응(因相應).

hetuye bhavati의 *inf.*

hetuka *adj.* [hetu-ka] 원인과 연결된. 조건지어진. 원인으로 하는.

hetutta *n.* [hetu의 *abstr.*] 이유. 까닭.

hetuye → bhavati.

Hetuvādin *m.* [hetu-vāda-in] 헤뚜바딘. 설인부(說因部)[部派佛敎의 宗派의 하나].

hema *n.* [*sk.* heman] 금. 황금. -candana 금색의 전단나무. 금색전단(金色栴檀). -jāla 황금의 그물. -vaṇṇa 황금색의.

Hemaka *m.* [hema-ka] 헤마까·헤마가(醯摩迦)[比丘·婆羅門의 이름].

hemanta *m.* [hima-anta] 겨울.

hemantika *adj.* [hemanta-ika] 겨울의. 얼음처럼 찬. -kāla 겨울철.

hemavata *adj.* [<hima-vant] ① 설산의. 히말라야의. ② 히말라야에 사는.

Hemavatika. Hemavata *m.* [*bsk.* Haimavata] 헤마바띠까. 설산부(雪山部)[부파불교의 종파 가운데 하나].

herañňaka. herañňika *m.* [<hirañňa] ① 금세공사. ② 환전상. 은행가. 지장관(知藏官). -phalaka 환전상의 탁자·카운터.

hevaṁ = hi evaṁ

hesati ① [heṣ. hreṣ] (말이) 울다. *pp.* hesita. *cf.* hasati ②. ② =hiṁsati.

hesā *f.* [<hesati] 말의 울음소리.

hesita *adj.* [hesati의 *pp.*] (말이) 우는. *cf.* hasita.

hessaṁ bhavati의 *fut. 1sg.*

hessati ① bhavati의 *fut.* ② jahati hā의 *fut.* hessatha (*2pl.*)

hehiti. hehisi bhavati의 *fut.*

hotabba *adj.* [=bhavitabba] bhavati의 *grd.*

hoti [=bhavati<bhū] 이다. 있다. 되다. *pres.* homi. hosi. homa. honti; *imp.* hohi. hotu. hotha. hontu; *fut.* hossati. hohisi → bhavati.

hotta *n.* [*sk.* hotra] 헌공. 제사. 공희. aggihotta 제화(祭火).

homa *m. n.* [〃<hu] ① 헌납. 헌공. 호마(護摩). ② 제물. 봉헌물.

horā *f.* [〃] ① 시간. 시각(時刻). ② 점성(占星). -pāṭhaka 점성술사. -yanta 시간을 나타내는 기구. 시계. -māṇavijjā 측시학(測時學). -locana 시간을 보는 도구. 시계(時計). -sattha 점성학(占星學). 점성술(占星術).

hossati. hohisi bhavati의 *fut.*

hohi bhavati의 *imp. 2sg.*

제3장 한글-빠알리사전편

ㄱ

가[가장자리] mukhavaṭṭi. pariyanta. paripantha. sikhā. vaṭṭi. vaṭṭikā.
가[모서리] passa. nema.
가가자(家家者) kolaṅkola. kolaṁkola.
가가지(伽伽池)[지명] Gaggara. Gaggarā.
가간(家慳) kulamacchariya.
가건물(假建物) maṇḍapa.
가게 āpaṇa. paggāhikasālā. paṇa.
가게 된 yantita.
가게 하는 pavattita. °gāmin. °gāminī.
가게 하는 자 pavattetar.
가게 하다 apayāpeti. gacchāpeti. uyyāpeti. carāpeti. cārāpeti. pājāpeti. pavatteti. sampavatteti. sañcarāpeti. yapeti. yāpeti. sāreti. sārayati.
가게에 속하는 pāpaṇika.
가게에 진열된 pāpaṇika.
가게의 문 āpaṇadvāra.
가게주인 pāpaṇika.
가격(價格) aggha. mūla.
가격을 정하다 aggheti. agghaṁ niyameti.
가격을 정함 agghāpana.
가계(家系) abhijāti. abhijātitā. gotta. kulatanti. kulavaṁsa. paramparā. vaṁsaparamparā. santati.
가계론(家系論) gottavāda.
가계에 대한 이야기 gottavāda.
가계에 속하게 된 gotrabhū.
가고 싶은 gantukāma.
가고 옴 gamanâgamana.
가고 있는 caraṁ.
가고자 하는 gantukāma.
가공되지 않은 금 hirañña.
가공하지 않은 āma.
가구(家具) dārubhaṇḍa.
가구다가전연(伽拘陀迦旃延)[인명] Pakudha Kaccāyana.
가구상 dārubhaṇḍika.
가굴차(迦屈差) Kakuthā.
가굴차하(迦屈嗟河) Kukuṭṭhā.
가기 gati.
가기 어려운 duggama.
가기로 허락되지 않은 agamanīya.
가까운 antika. āsanna. āsannabhūta. āsannaṭṭhāna. ummukha. dussa. nikaṭṭha. opasāyika. samīpa. savidha. upakaṭṭha. upantika.
가까운 곳에 anti. antike. āsajja.
가까운 곳에 두고 upanidhāya.
가까운 곳에 두다 upanidahati.
가까운 곳에 머무는 upavuṭṭha. upavuttha.
가까운 곳에 옮겨진 upanāmita.
가까운 사문 samaṇûpāsana.
가까운 사이 sampiyāyanā.
가까운 수행자 samaṇûpāsana.
가까운 원인 padaṭṭhāna.
가까운 인연의 이야기 santikenidāna.
가까움 sannidhāna.
가까워지는 upanāyika.
가까이 abhido. abhito. anti. avidūre. upanissāya. upantikaṁ. antike. nissāya. upanti. samīpaṁ. samīpe. samīpato.
가까이 가다 akkandati. anupagacchati. āsādeti. avagacchati. paccupeti. pariyāti. samupagacchati. upagacchati. upasaṅkamati.
가까이 가져가는 opanayika.
가까이 가져오는 abhimukhakaraṇa.
가까이 가져오다 upanāmeti. upanayati. upaneti. upanīyati.
가까이 가져옴 upasaṁhāra.
가까이 가져와 지지 않은 anāhaṭa.
가까이 가지 않고 anupagamma.
가까이 감 upayāna.
가까이 관찰하지 않음 anupalakkhaṇa.
가까이 날았다 accupati.
가까이 두는 것 upanikkhepa. upanikkhipana.
가까이 두다 upanikkhipati. upanipajjati.
가까이 둔 upanipanna.
가까이 모여 앉다 āmaṇḍaliyaṁ karoti.
가까이 사는 upanisevin. paṭivissaka.
가까이 앉다 abhinisīdati. upanisīdati. upāsati.
가까이 앉았다 upāvisi.
가까이 앉은 upāsīna.
가까이 앉음 upanisā.
가까이 오다 upanamati. upāyati.
가까이 오지 않은 anupāgata.
가까이 와서 upecca. upetvā.
가까이 인도함 upanaya. upanayana.
가까이 있는 samīpaṭṭha. samīpacārin. paṭṭha.

가까이 있는 숲 upavana.
가까이 존재하다 upavattati.
가까이 해서는 안 될 anāgamaniya. anāgamanīya.
가까이가 아닌 anikaṭṭha.
가까이하기 어려운 avisayabhūta.
가깝게 달라붙다 anuanuseti.
가깝게 지내다 upanissayati.
가깝고 먼 āsannadūra.
가깝지 않은 asāmanta.
가꾸어지지 않은 aropita.
가끔 appekadā.
가나[胎內五位의 하나] ghana.
가난 addhana. anāthabhāva. daḷiddatā. dāliddiya. dāḷiddiya. dīnatta. pārijuñña
가난뱅이 anāthamanussa. kapaṇajana. kapaṇamanussa. kapaṇapurisa.
가난하지 않은 adalidda. akhīṇa.
가난한 adhana. anaḍḍha. anāḷhika. anāḷhiya. anātha. aniddhimat. appassaka. assa. assaka. dalidda. daḷidda. dīna. duggata. kapaṇa. kātara. lūkha. niddhana. niggahaṇa. nihīnattha. nirasana. otallaka. paṭaccarin pottha. ujjhita. vanin. vanibbaka. appabhogin
가난한 사람 anāthamanussa. kapaṇajana. kapaṇamanussa. kapaṇapurisa.
가난한 삶 kapaṇajīvikā.
가난한 생활을 하는 kapaṇavuttin.
가난한 여자 ambakā. kapaṇitthī. kapaṇā. kapaṇikā. kapaṇiyā.
가난한 자 kapaṇa.
가난한 자들과 유랑자들 kapaṇaddhikā.
가난한 자와 구걸하는 자 kapaṇayācaka.
가느다란 saṅkhitta. sālina. tanu. tanuka. tanuya. vilaggita. vilāka.
가느다란 가지로 만든 깔개 kaṭṭhatthara.
가느다란 천 paṭṭaka. paṭṭikā.
가는 것 sāraṇa.
가는 곳마다 gatagataṭṭhāne.
가는 길이 불확실한 aniyatagatika.
가는 사람 gantar.
가는 수단 gamanakāraṇa.
가는 이유 gamanakāraṇa.
가는 허리를 지닌 sutanu.
가는[細] saṅkhitta. sālina. tanu. tanuka. tanuya.
가는[行] carita. °gatika.°gatin. gamika. gāmika. °gāmin. °gāminī. paddhaguyāta. yāyin. yāyinī.
가늘게 하는 tanukaraṇa.
가늘고 긴 조각 cīra. cīraka.
가능성 bhabbatā. sakkuṇeyyatta. sāmatthiya.
가능하다 labbhati. pabhavati. pabhoti. pahoti sahati. sakkoti. upapajjati. visahati. labbhā. sakkā. sakkuṇāti
가능한 abhisambhū. alamattha. asaṅkara. bhabba. namita. paha. pahonaka. pahupahu. paṭibala. paṭṭha. sakka. sāmattha. sattha. visayha
가능한 만큼 sasakkaṁ.
가능한 스승 ācariyamata ācariyamatta.
가능한 한 수단을 찾는 uppajjanupāyapariyesana.
가니깨[신계] Ghanika.
가니화(迦尼華) kaṇṇikāra.
가다 anusaññāti. atati. āvajati. āvijjhati. āviñjati. āviñchati. carati. eti. gacchati. isati. kamati. pajjati. pasakkati. riṇāti. sakkati. sarati ukhati. upabbajati. upayāti. vajati. vaṅgati vattati. vihāyati. yāti. yāyati. ulati(?). abbajati abhihāreti.
가단니(珂旦尼) khādaniya.
가단차라(迦旦遮羅) Kajaṅgala.
가두는 자 avarodhaka.
가두는 행위 avarodha.
가두다 avarundhati. orundhati.
가두리 ovaṭṭika. ovaṭṭikā. ovaṭṭiyā.
가득 차게 되다 āpūrati.
가득 차다 abhipūrati. abhivāyati. pharati. umbhati.
가득 차지 않은 anākiṇṇa.
가득 차지 않은 aparipuṇṇa. anokkanta.
가득 찬 abhikiṇṇa. abhisanna. ajjhotthaṭa. ākiṇṇa. anuciṇṇa. atta. bharita. okiṇṇa. paribhāvita. paripphuṭṭha. paripphuta. puṇṇa. pūra. pūraka. sampuṇṇa. sañcita. saṅkula. ussanna. vassita.
가득 찬 발우 puṇṇapatta.
가득 찬 항아리 puṇṇaghaṭa.
가득 참 āpūra. umbhanā.
가득 채우다 appāyati. umbheti.
가득 채움 appāyana. ubbha. ubbhanā.
가득 채워진 abhissanna. parissana. paripuṇṇa.
가득 채워진 상태 ākiritatta.
가득 흐르는 parissana.
가득한 abhinna. → 가득 찬.
가라! pehi.
가라마천(伽羅摩天)[신계] Karumhā.
가라앉게 하기 osīdāpana.
가라앉게 하다 osādeti. osīdāpeti. osīdeti. sādeti. sīdāpeti.

가라앉기 osīdana.
가라앉다 ajjhottharati. avakaḍḍhati. avasīdati. mujjati. nibbāyati. nimujjati. avagāhati. ogāhati. okkhāyati. opilavati. osīdati. pagāhati. parigalati. pasammati. passambhati. paṭippassambhati. saṁsīdati. sannisīdati. upasamati. visīdati. vūpasammati. sambhati
가라앉은 bhāvitatta. nigāḷhika. nigāḷhita. nijjhatta. nimugga. ossanna. palipanna. passaddha. paṭippassaddha. samāhita. samañcara. sanna. visanna. vūpasanta. vyasanna.
가라앉음 saṁsīda. saṁsīdana. visīdana.
가라앉지 않는 abhijjamāna.
가라앉히다 opilāpeti. osīdāpeti. osīdeti. passambheti. paṭippasambheti. sāmeti. saṁhanati. saṁhanti. saṁsādeti. sannisīdeti. vūpasāmeti.
가락 ninnatā.
가락이 아름다운 sussara.
가란다가원(迦蘭陀迦園) Kalandakanivāpa.
가람(伽藍)으로 antarârāmaṁ.
가래[痰] kheḷa. kapha. semha. silesuma.
가래[삽] ākha. ākhanika. khanitī. kuddāla.
가래와 콧물 kheḷasiṅghānikā.
가래의 발생 semhasamuṭṭhana.
가러 gamanāya. gamiyuṁ. gantave. gantuṁ.
가려내다 vijaṭeti.
가려운 곳 kaṇḍuyanaṭṭhāna. kaṇḍūyanaṭṭhāna. kaṇḍuvanaṭṭhāna. kaṇḍūvanaṭṭhāna.
가려운 곳을 긁는 맛 kaṇḍuyanassāda. kaṇḍūyanassāda. kaṇḍuvanassāda. kaṇḍūvanassāda.
가려운 곳을 긁음 kaṇḍuyana. kaṇḍūyana. kaṇḍuvana. kaṇḍūvana.
가려운 느낌 kaṇḍu. kaṇḍū. kaṇḍuka.
가려움증 kacchu. kacchū. kacchura. kaṇḍu. kaṇḍū. kaṇḍuka. khajju.
가려움증에 감염된 kaṇḍupaṭipīḷita.
가려움증으로 고생하는 비구가 입는 옷 kaṇḍupaṭicchādī.
가려움증으로 고통 받는 kaṇḍurogin.
가려지지 않은 apaṭicchanna.
가려진 abbhacchādita. apatthaṭa. gunṭhima. channa. otthaṭa. paṭikujjita.
가련한 accāhita
가렵다 kaṇḍuyati. kaṇḍūyati. kaṇḍuvati. kaṇḍūvati.
가로누운 sayita.
가로대 aggaḷa. aggaḷā. khīla. parigha. pāsaka. piṭṭha. ummāra
가로세로로 여덟 줄눈의 놀이판 aṭṭhapada.
가로지르게 하다 saṅkāmeti.
가로지르다 anusaṁyāyati. anusañcarati. saṅkamati
가로질러 tiraccha. tiriyaṁ. tiro.
가로챔 vilumpana.
가루[분말] kakka. kakku. cuṇṇa. cuṇṇaka. kuṭṭa. piṭṭha. upapisana. upapiṁsana. saritaka.
가루가 된 cuṇṇa. pamathita.
가루라(迦樓羅) garuḷa. venateyya.
가루로 만든 piṭṭhamaya.
가루로 만들다 cuṇṇeti. nippeseti. nipuñchati. saṅgharati
가루로 빻다 piṁsati.
가루로 빻은 pista.
가루반죽으로 만든 인형 piṇḍadhītalikā.
가루약 cuṇṇabhesajja.
가루의 cuṇṇaka.
가룰라[金翅鳥] garuḷa.
가르다 tuvaṭṭeti.
가르쳐 보이다 vosāsati.
가르쳐 주다 padeseti.
가르쳐야 할 viññāpaya.
가르쳐져야 할 ovadanīya. ovaditabba. ovadiya. kathetabba.
가르쳐지는 ovajjamāna.
가르쳐지다 akkhāyati. desīyati.
가르쳐진 akkhāta. āsikkhita. desita. pavedita. sattha. viññatta
가르쳐질 수 있는 neyya.
가르쳐질만한 가치가 있는 bodhanīya. bodhaneyya.
가르치기 쉬운 suviññāpaya.
가르치기 쉽지 않은 anisedhanatā.
가르치기 어려운 duviññāpaya.
가르치는 ācarin bodhana. desaka. sikkhāpaka. viññāpana
가르치는 사람 desetar. sandassaka. vācetar. vinetar
가르치다 abhiniropeti. akkhāti. anubodheti. anudasseti. anuneti. anusāsati. deseti. ovadati. pabodheti. pasāsati. pavedeti. sambodheti. sandasseti. saññāpeti. sāsati. sikkhāpeti. uddasseti. uggaṇhāpeti. upajjhāpeti. vāceti. vineti. viññāpeti
가르칠 수 있는 viññāpaka.
가르침 anusāsana. anusāsanā. anusāsanī. anusiṭṭhi. desaka. desanā. dhamma. ovāda. pasāsana. samādapana. sāsana. sikkhāpana. uddesa.

uddisana.
가르침과 가르침이 아니 것 dhammâdhamma.
가르침과 같은 dhammika.
가르침과 일치성 dhammatā.
가르침과 일하는 상태 anudhammatā.
가르침과 질문 uddesaparipucchā.
가르침과의 일치 anudhamma.
가르침과의 일치성 dhammatā.
가르침과의 일치하게 anudhammaṁ.
가르침에 관한 대화 dhammasākaccha.
가르침에 관한 유익한 선물 dhammappatti.
가르침에 관한 화합 dhammasāmaggī.
가르침에 깊이 들어간 pariyogāḷhadhamma.
가르침에 대한 경멸 dhammânâdariya.
가르침에 대한 귀의 dhammasaraṇa.
가르침에 대한 동정 dhammânukampā.
가르침에 대한 모임 dhammasamaya.
가르침에 대한 베풂 dhammûpahara.
가르침에 대한 분석적 통찰의 지식 dhammapatisambhidā.
가르침에 대한 새김 dhammānussati.
가르침에 대한 서적 dhammapotthaka.
가르침에 대한 선물 dhammapaṇṇākāra.
가르침에 대한 설법 dhammapariyāya.
가르침에 대한 애착 dhammakāma.
가르침에 대한 이야기 dhammakathā.
가르침에 대한 인색 dhammamacchariya.
가르침에 대한 지식 dhammadhāraṇa.
가르침에 대한 토론 dhammakkhāna.
가르침에 대해 토론하는 회당 dhammasabhā.
가르침에 도달함 dhammapariyatti.
가르침에 동의하는 사람 ovādakara.
가르침에 따라 yathânudhammaṁ.
가르침에 따라 비난 받는 사람 dhammacuditaka.
가르침에 따라 사는 사람 anudhammacaraṇasīla. anudhammacārin.
가르침에 따라 행동하는 dhammânuvattin.
가르침에 따라서 yathāsatthaṁ.
가르침에 따르는 사문 dhammikasamaṇa.
가르침에 따르는 화합 dhammikasāmaggī.
가르침에 맞는 이야기 dhammikavāda.
가르침에 목마른 dhammasoṇḍatā.
가르침에 불복종하는 atītasāsana.
가르침에 의한 이익 dhammalābha.
가르침에 의한 집중 dhammasamādhi.
가르침에 의해 규정된 dhammuposatha.
가르침에 의해 수호되는 dhammaggutta.
가르침에 의해 획득된 dhammaladdha.
가르침에 일치하는 anudhamma.
가르침에 일치하는 실천 anudhammapaṭipatti.
가르침에 입각한 dhammaṭṭha.
가르침에 합당하게 계율을 적용하는 것을 유보하는 것 dhammikapāṭimokkhaṭhapana.
가르침에서 생긴 dhammaja.
가르침에의 길 dhammamagga.
가르침으로 사는 ovādûpajīvin.
가르침을 깊이 이해한 pariyogāḷhadhamma.
가르침을 담은 구절 dhammapada.
가르침을 담은 연시(聯詩) dhammapada.
가르침을 듣기 때문에 dhammassa savanato.
가르침을 따르는 dhammasārin.
가르침을 따르지 않는 adesanagāmin.
가르침을 따름 anudhamma. anudhammatā.
가르침을 모르면서 안다고 사칭하는 것 dhammapaṭirūpaka.
가르침을 받다 ovadiyati. ovadīyati. ovajjati.
가르침을 받은 saṁsattha.
가르침을 받은 대로 yathânusiṭṭhaṁ.
가르침을 설하는 것을 들음 dhammasavana.
가르침을 설하는 자 dhammakathika.
가르침을 수호하는 dhammaggutta.
가르침을 아는 dhammaññu.
가르침을 아는 자 dhammaññū. dhammagū.
가르침을 암송하는 사람 dhammabhāṇaka.
가르침을 여법하게 따름 dhammânudhamma.
가르침을 주는 uddesadāna.
가르침을 즐기는 dhammabhoga. dhammarata.
가르침을 지닌 dhammadhara.
가르침을 칭찬하는 것 dhammaghosaka.
가르침을 헤아린 saṅkhātadhamma.
가르침의 감로수 dhammâmata.
가르침의 거울 dhammādāsa.
가르침의 공양 dhammapūja.
가르침의 교사 dhammânussāsaka.
가르침의 구별 dhammavisesa.
가르침의 귀 dhammasota .
가르침의 기쁨 dhammanandi. dhammapīti.
가르침의 깃발 dhammadhaja. dhammaketu.
가르침의 다발 dhammakkhandha.
가르침의 다양성 dhammanānatta.
가르침의 대도(大盜) dhammâtitheyya.
가르침의 대면 dhammasammukhatā.
가르침의 도둑 dhammatthenaka.
가르침의 동기 dhammâdhipateyya.
가르침의 등불 dhammapajjota.
가르침의 뛰어남 dhammasudhammatā .
가르침의 목적 kathanattha.
가르침의 몸 dhammakāya. dhammatanu.

가르침의 보고(寶庫)[인명] Dhammabhaṇḍāgārika
가르침의 보물 dhammaratana.
가르침의 보시 dhammadāna.
가르침의 보호자 dhammapāla.
가르침의 본질 dhammabhūta.
가르침의 북 dhammabheri.
가르침의 분별 dhammavaratthāna. dhammavinicchaya
가르침의 불가사의한 교육적 효과 dhammiddhi.
가르침의 비구름 dhammamegha.
가르침의 소라고동 dhammasaṅkha.
가르침의 수레 dhammayāna.
가르침의 수레바퀴 dhammacakka.
가르침의 수레바퀴를 굴림 dhammacakkapavattana.
가르침의 수용 dhammasambhoga. dhammasamādāna.
가르침의 수호자 dhammarakkha.
가르침의 시설(施設) saccapaññatti.
가르침의 심오함 dhammagambhīratā.
가르침의 싸움 dhammayuddha.
가르침의 약 dhammâgada. dhammosadha.
가르침의 영속성 dhammaṭṭhitatā.
가르침의 영속에 대한 지혜 dhammaṭṭhitiñāna.
가르침의 왕 dhammarājan.
가르침의 요체 dhammâdhikaraṇa.
가르침의 위력 dhammatejo.
가르침의 음미 dhammasamannesanā.
가르침의 의미의 해석 dhammatthadesana.
가르침의 이익 dhammânuggaha.
가르침의 이해 dhammâbhisamaya.
가르침의 일반적 결론 dhammanvaya.
가르침의 장군[싸리뿟따] Dhammasenāpati.
가르침의 재물 dhammadhana.
가르침의 전파 dhammasaṁvibhāga.
가르침의 정수 dhammojā.
가르침의 조어자 dhammasārathi.
가르침의 주인 dhamma(s)sāmin. dhammappati.
가르침의 준수 dhammacariyā.
가르침의 중요항목 dhammakkhandha.
가르침의 즐거움 dhammarati.
가르침의 지배적인 영향 dhammâdhipateyya.
가르침의 창고[아난다] dhammabhaṇḍāgārika.
가르침의 통찰 dhammadassana.
가르침의 풍부함 dhammavepulla.
가르침의 핵심 dhammasāra.
가르침의 행위 kathana.
가르침의 행자 dhammānusārin.
가르침의 확립 dhammavaratthāna.
가르침의 횃불 dhammokkā. dhammûkkā.
가르침의 획득 dhammappatti.
가르침의 힘 dhammatejo.
가르침이 없는 assutavat.
가릉빈가(迦陵頻伽)[조류] karavī. karavīka. karavīya.
가릉아(迦陵誐)[지명] Kaliṅga.
가리개 chada. chadana. chadda. oguṇṭhikā.
가리는 avaguṇṭhana.
가리다 apidahati. guṇṭheti. oguṇṭheti. pārupati. paṭikujjati. vuṇāti.
가리키다 disati. anudisati. vavatthapeti. vavatthāpeti.
가리킴 ādesa.
가림 avaguṇṭhana.
가마 dolā. pāṭaṅkī. pātaṅkī. sivikā.
가마모양의 방 sivikāgabbha.
가마솥 kumbhī.
가면(假面) musāracanā. parikkhatatā.
가면극(假面劇) cāraṇika.
가명(假名) sammuti.
가문(家門) gotta. kula. vaṁsa.
가문에 대한 물음 gottapañha.
가문에 대한 인색 kulamacchariya.
가문에 속하는 abhijātika. kulasantaka.
가문에 의존하는 gottapaṭisārin.
가문에 의해 보호받는 gottarakkhita.
가문을 보존하는 vaṁsânurakkhaka.
가문을 신뢰하는 gottapaṭisārin.
가문을 자랑하는 gottathaddha.
가문의 kulin. kulla. vaṁsika.
가문의 계급 kulapadesa.
가문의 습관에 따라 anukulaṁ.
가문의 습관에 따라 헌공된 제사 anukulayañña.
가문의 입지 kulapadesa.
가문의 재산 kulasantaka.
가문이 물려준 은혜 kulapasāda.
가문이 좋은 atijāta. ayya. kolīniya.
가물은 avuṭṭhita.
가뭄 anovassa. avaggaha. avuṭṭhi. avuṭṭhikā. nidāgha.
가뭄이 든 avuṭṭhika.
가방 pasibbaka. pasippaka. thavikā.
가버리는 apāyin.
가버리다 apagacchati. apakkamati. apanamati. apasakkati. apayāti. apeti. avasarati. niggacchati. osarati. pakkamati. uyyāti. veti. viheti. vippakkamati. vyavayāti. yāti.

가버리지 않는 avigacchamāna.
가버리지 않은 avigata.
가버린 abhikkanta. anissaṭa. apagata. apakkanta. apanata. apeta. āvatta. pakkanta. vigata.
가버린 상태 gamanabhāva
가버림 abhinikkhama. abhinikkhamana. apakkama. apayāna. gamanakamma.
가벼운 lahu. lahuka. sallahuka.
가벼운 옷을 걸칠 시간도 없는 atilahupāpuraṇaṁ.
가벼운 흙을 뿌린 paṁsuvappa.
가벼움 lahutā.
가변성 ittaratā. ittaratā.
가볍게 대다 upasiṅghāyati. upasiṅghāpeti.
가볍게 두드리다 āmasati.
가볍게 뛰다 laṅghati.
가부따[단위] gāvuta.
가부좌(跏趺坐) pallaṅka.
가비[식물] gavi.
가비라발도(迦毘羅拔兜)[지명] Kapilavatthu.
가비라성(迦毘羅城)[지명] Kapilavatthu.
가비라위(迦毘羅衛)[지명] Kapilavatthu.
가사(袈裟) kāsāvaka. kāsāya. saṅghāṭī.
가사(家事) suṇisābhoga.
가사의(袈裟依) kāsāyavattha.
가사천(伽沙天)[신계] kaṭṭhaka.
가상(假想) ayathābhāva.
가상(嘉尙)히 여기다 samanujānāti.
가설(假說) paññatti. paṇṇatti.
가섭(迦葉) Kassapa.
가섭유부(迦葉維部) Kassapika. Kassapiya.
가세(加勢)하다 saṅkāmeti.
가쇄(枷鎖) saṅkhalā. saṅkhalikā.
가수(歌手) gāyaka.
가숭경(可崇敬) bhāvanīya.
가슴 antaraṁsa. ura. uro.
가슴뼈 hadayaṭṭhi.
가슴앓이 antodāha. antoḍāha. urogada. ururoga.
가슴에 박힌 hadayassita.
가슴을 치다 ure paṭipiṁsati.
가슴의 한가운데 uromajjha.
가습(加濕) temana.
가시 āḷaka. āḷakā. kaṇṭa. kaṇṭaka. kaṇṭhaka. khīla. koṭi.
가시(迦尸)[국명] Kāsi.
가시가 가득한 장소 kaṇṭakādhāna.
가시가 덮인 침대 kaṇṭakâpassaya.
가시가 덮인 침대에서 자는 고행자 kaṇṭakâpassayika.
가시가 없는 akaṇṭaka. akhīla. nikkaṇṭaka.
가시가 있는 kaṇṭakayutta. sakaṇṭaka.
가시나무 kaṇṭakarukkha.
가시달린 잎 kaṇṭaka. kaṇṭhaka.
가시담장 kaṇṭakavati. kaṇṭakavaṭṭa.
가시덤불 kaṇṭaka. kaṇṭhaka. kaṇṭakagumba.
가시덤불담장 kaṇṭhakivāṭa.
가시덤불울타리 kaṇṭhakivāṭa.
가시덩굴 kaṇṭakalatā.
가시들을 뽑아내는 kaṇṭakasodhana.
가시로 된 채찍 kaṇṭakakasā.
가시로 된 회초리 kaṇṭakakasā.
가시로 뒤덮인 kaṇṭakācita. kaṇṭakâpacita. kaṇṭakanicita. kaṇṭakanivuta. kaṇṭakanīvuta. kaṇṭakasamākiṇṇa.
가시로 뒤덮인 장소 kaṇṭakadhāna.
가시를 지닌 khīlaka.
가시밭길 saṅkupatha.
가시와 같은 kaṇṭakasadisa.
가시와 같은 존재 kaṇṭakabhūta.
가시와 유사한 kaṇṭakappaṭibhāga.
가시의 위에 앉는 것 kaṇṭakaseyya.
가시투성이의 까마종이 kaṇṭakârikā.
가시투성이의 나뭇가지 kaṇṭakasākhā.
가시투성이의 막대를 가진 kaṇṭakanāḷa.
가시투성이의 삶을 사는[고행] kaṇṭakavuttika.
가시투성이의 숲 kaṇṭakasaṇḍa.
가시투성이의 연꽃 kaṇṭakavārija.
가시투성이의 열매처럼 kaṇṭakaphalasadisa.
가애(加愛) anupiya.
가애가의(可愛可意) piyamanāpata.
가야[지명] Gayā.
가야씨싸(象頭山)[지명] Gayāsīsa.
가업(家業) kamma. gharāvāsattha.
가열(加熱) visīvana. visibbana.
가열된 parisedita. usmīkata.
가열하다 usmāpeti. visīveti.
가엽게 여기다 anukampati.
가영(歌詠) gīta. saṅgīta. saṅgīti. sāma.
가영(歌詠)되다 pavuccati. pavuccate.
가영(歌詠)의 pavutta.
가옥(家屋) agāra.
가요(歌謠) gīta. saṅgīta. saṅgīti. sāma.
가운데 abbhantara. antarā.
가운데 놓인 majjhaka.
가운데 있는 손가락 majjhimā.
가운데 쪽 oraṁ.
가위 kattari. kattarī. kattarikā. pipphala. pipphalaka. satthaka.

가위의 날카로운 끝 kattarikāyagga. kattariyagga.
가을 sarada.
가을에 즈음하여 upasaradaṁ.
가을의 sārada. sārāda.
가을철 saradasamaya.
가의상(可意相) manāparūpa.
가의중천(可意衆天) manāpakāyikadeva.
가입(加入) osaraṇa. dikkhā.
가입하다 dikkhati.
가입한 dikkhita.
가자(柯子)[식물] harītaka. harīṭaka. harītakī.
가장 가까운 이웃 왕 anantarasāmanta.
가장 값비싼 보석 aggaratana.
가장 고귀한 uttama.
가장 고귀한 가문에 속하는 uttamakulīna.
가장 깊숙한 antima.
가장 나이 많은 jeṭṭha.
가장 나이든 학생 aggasissa.
가장 낮은 heṭṭhima. orima. pacchima. pacchimaka.
가장 내밀하게 시중드는 사람 antoparijana.
가장 높은 ukkaṭṭha.
가장 높은 정도 uparimakoṭi.
가장 높은 지위 uttamaṭṭhāna.
가장 뛰어난 pavara.
가장 뛰어난 여제자 aggasāvikā.
가장 뛰어난 외모가 있는 brahmavaṇṇin.
가장 뛰어난 제자 aggasāvaka.
가장 뛰어난 존재 brahmabhūta.
가장 뛰어난 진리 dhammavara.
가장 뛰어남 paramatā.
가장 맛있는 것 aggarasa.
가장 비열한 pacchimaka.
가장 선한 길 brahmayāna.
가장 성스러운 참회의례 brahmuposatha .
가장 신성하게 똑바른 사지를 가진 brahmujjugatta.
가장 아름다운 abhirūpatara.
가장 아름다운 것 aggarūpa.
가장 악독한 pāpiṭṭha.
가장 악한 pāpatama.
가장 어린 kaṇiṭṭha. kaniṭṭhaka.
가장 어린 상태 kaniṭṭhatta.
가장 열등한 adhama. kaṇiṭṭha.
가장 유명한 pākatatama. pākaṭatama.
가장 유익한 aggavara.
가장 작은 kaniṭṭha. kaniṭṭhaka.
가장 작은 상태 kaniṭṭhatta.
가장 작은 입자 paramâṇu.
가장 정선된 탁발음식 aggabhikkhā.
가장 좋은 나무 tacasāra.
가장 좋은 우주기[劫] maṇḍakappa.
가장 좋은 흙 maṇḍakhetta.
가장 죄질이 나쁜 pāpiṭṭha.
가장 중요한 mukhya. uttama.
가장 천한 kaniṭṭha. pacchima.
가장 천한 사람 narâdhama.
가장 커다란 ukkaṭṭha.
가장 탁월한 atiuttama. lañcaka. uttama.
가장 탁월한 연설 brahmavāda.
가장 탁월한 활잡이 aggadhānugaha.
가장 탐욕스럽게 먹는 뱀 tāmatamada.
가장 훌륭한 jeṭṭha. uttama.
가장 훌륭한 보물 ratanavara.
가장 훌륭한 사람 naruttama. uttamapurisa. nisabha.
가장 훌륭한 선물 brahmadeyya.
가장 훌륭한 행동 uttamasamācāra.
가장(假裝) ālaya. parikkhatatā. vesa.
가장(家長) gahapati. gharamesin. gihin. agārika. agārin. dampati.
가장[최상] parama.
가장보(家長寶) gahapatiratana.
가장의 gahapatika.
가장의 보물 agārikaratana.
가장의 부인 gahapatānī.
가장의 아내 gahapatānī.
가장의 제화 gahapataggi.
가장자리 dasa. dasā. mukhavaṭṭi. pariyanta. paripantha. sikhā. vaṭṭi. vaṭṭikā.
가장자리까지 가득한 tittika. samatittka.
가장자리를 꿰맨 samaṇḍalīkata.
가전연(迦旃延)[인명] Kaccāyana.
가전연문법(迦旃延文法) Kaccāyanavyakaraṇa.
가전연서(迦旃延書)[서명] Kaccāyanagandha.
가전연어근보함(迦旃延語根寶函)[서명] Kaccāyanadhātumañjūsā
가정(假定) paññatti. paṇṇatti. parikamma. parikappa. parikappanā. sambhāvana. sampaggāha.
가정(家庭) sadana. kuṭumba. kula.
가정교사(家庭敎師) piṭṭhācariya.
가정생활(家庭生活) agāravāsa. gharāvāsa. gehāsattatā.
가정생활을 돌보는 가운데 agāramajjhe.
가정생활을 이끄는 agārikabhūta.
가정에 속하는 kulika.
가정을 파탄시키는 자 kulagandhana.

가정을 파탄시키는 자 kulaṅgāra.
가정의 문 kuladvāra.
가정의 번영 vāsattha.
가정의 부인 kulagharaṇī. agārikā.
가정의 성공 vāsattha.
가정적인 gehanissita. gharāvāsāyatta.
가정주부(家庭主婦) gharasāminī.
가정하다 dahati. pacceti.
가제월(迦提月)[월명] kattika. kattikā. kattikamāsa.
가제적(迦提敵) kattikacoraka.
가져가 질 수 없는 anāharanīya.
가져가게 하다 harāpeti. hāreti.
가져가는 hara. hārika. hārin. pavāhaka.
가져가는 여자 hārikā.
가져가다 abbhudāharati. dhāreti. harati. oharati. paṭisaṁharati. pavāheti. viyūhati
가져가버린 avahaṭa.
가져가지다 harīyati. hīrati.
가져감 apanayana.
가져야 할 upavajja. gamanīya. gamma.
가져오게 하다 abhihāreti. āharāpeti.
가져오고 ānīya.
가져오기로 되어 있는 āhariya.
가져오는 āhara. āharaṇaka. āvaha. āvahana. āvahanaka. āvuyhamāna. bhāriya. sampāpaka.
가져오는 것 āhāra.
가져오는 자 āhatar. ninnetar. upahattar. āhāraka.
가져오다 abbhudāharati. abhiharati. abhisaṁharati. āharati. ajjhoṭhapeti. ānāmeti. āneti. atiharati. atineti. āvahati. avyāharati. samāneti. sampāpeti. upaharati. upakappeti. upasaṁharati. upaṭṭhapeti. upaṭṭhāpeti. upavahati.
가져오지 못한 asamudānita.
가져온 abhihaṭa. āharaṇa. nihāraka. pābhata.
가져온 물의 차례 udakavāra.
가져올 수 있는 ānaya.
가져옴 abhihāra. upadhāna. upahāra. upasaṁharaṇa
가져와지다 ānīyati.
가져와지지 않은 anāharita.
가져와진 ābhata. āhaṭa. ānīta. oḍḍa. oḍḍha. oḍha. upanāmita.
가져진 ādinna.
가족(家族) āmajana. antojana. antomānusaka. bhoja. geha. kula. kuṭumba, gehajana. samānagaṇa. antajana
가족사제의 직책 porohacca.
가족의 kulla.
가족이 아님 akula.
가주화(家主火) gahapataggi.
가죽 ajina. camma. cīra. cīraka.
가죽가방 cammamāluka.
가죽끈 cammabandha. vattikā. baddha. bhaddula. cammavaratta. gaddula. gaddūla. nandhi. saṇḍāsa. vaddha. vaddhaka. varatta. varattakhaṇḍa. vedha. vega.
가죽끈으로 묶은 vegamissaka.
가죽끈의 vārattika.
가죽무기를 만드는 kontāmant.
가죽시트가 깔려진 ajinûpasevita.
가죽신 upāhana. upāhanā.
가죽옷을 걸친 고행자 cammasāṭaka.
가죽옷을 입는 cammavāsin.
가죽으로 된 vaddhamaya.
가죽으로 만들어진 vaddhamaya.
가죽을 제공하는 영양(羚羊) ajinamiga.
가죽의 vārattika.
가죽이 벗겨진 niccamma.
가죽이 벗겨진 암소 niccammagāvi.
가죽천 cammapaṭṭa.
가죽포대 cammabhastā. cammapasibbaka.
가지 않는 agamana. anapāyin.
가지 않다 anupasaṅkhamati.
가지 않은 사람 agantar.
가지 않음 agamāni.
가지(加持) adhiṭṭhāna.
가지(加持)하다 adhiṭṭhahati.
가지[나무] aṅga. sākhā. sākha.
가지[식물] vātiṅgaṇa.
가지가 밑으로 갈라지고 뿌리째 뽑혀진 채 adhosākhaṁ uddhamūlaṁ.
가지가 있는 visākha. viṭapin.
가지각색의 vividha.
가지게 하다 samādapeti. samādāpeti.
가지고 ādā. upādā. ādāya. upādāya.
가지고 가다 apakaḍḍhati. apanāmeti. apaneti.
가지고 와서 abhihaṭṭhuṁ.
가지고 있는 samaṅgin samaṅgībhūta.
가지나 잎이 없는 apagatasākhāpalāsa.
가지다 ādadāti. ādāti. ādadāti.
가지러 āharituṁ.
가지런히 하다 kappāpeti. paṭisāmeti.
가지를 지닌 (나무) sākhin.
가지에서 번식하는 종자 aggabīja.
가지에서 사는 sākhassita.
가지위에 매단 벌통 daṇḍakamadhu.

가지의 aṅgika.
가진 것이 적은 appassaka.
가짐 ādāna.
가징가라(迦徵伽羅)[지명] Kajaṅgala.
가짜 lesa.
가짜 물 udakalesa.
가짜 사문 assamaṇa.
가짜 상인 kūṭavāṇija.
가짜 상투 paṭisīsaka.
가짜 승려 assamaṇa. muṇḍakasamaṇaka.
가짜 코 paṭināsikā.
가짜의 accheka. dvaya. dīpaka. pāṭirūpika. vitatha.
가창(歌唱) gāyana.
가책(呵責) tajjanīya.
가책으로 이끌지 않는 atapanīya.
가책을 일으키는 upatāpaka.
가책자(呵責者) codaka.
가축(家畜) gorūpa. okacara. pasu. pasuka. yūtha.
가축몰이막대 pācana. pācanayaṭṭhi.
가축용 채찍 pācana.
가축을 기르는 사람 pāsupāla.
가축의 주인 yūthapa.
가치(價值) aggha. agghana. araha. maha.
가치가 적은 appaggha. māsaka.
가치가 적은 화폐 kākaṇikā.
가치나의(迦絺那衣) kaṭhina.
가치나의(迦絺那衣)를 표시하기 위한 헝겊조각 kaṇḍusa.
가치를 매기다 agghāpeti.
가치없는 anaraha. anatthavat abhājanabhūta. amūlaka. amūlika. ananurūpa. asāra. asāraka. kasambu. nissāra.
가치없는 나무뿐인 phegguka.
가치없는 대상을 향해서 avisare.
가치있는 agghaka. agghanaka. agghika. ārahat. garu. dabba. dabbajātika. sāravant abhisaṅkhārika. agghanaka. agghiya. araha. mūlaka. pasādaka. garuka.
가치있는 것 dabba.
가치있는 것으로 생각되는 것 garutta.
가치있는 것을 수집하는 dabbasaṁhara.
가치있는 것의 수집 dabbasambhāra.
가치있는 대상을 섬기는 āyatanasevin.
가치있는 모임 ariyagaṇā.
가치있는 삶 ācāravihāra.
가치있는 행위의 영역 kammabhūmi.
가치있다 agghati. arahati. āgacchati.
가타(伽陀) gāthā.
가타무가리(迦咤無迦利)[인명] Kaṭamorakatissa.
가택침입 sandhicheda.
가파른 ukkūla.
가파른 물가[水邊]가 없는 anāvakūla.
가파른 바위 papada. papadā. papāta.
가피(加被) āsī. sottāna. sotthi.
가피를 입다 anugayhati.
가해(加害) apakāra. vihesā. vihesikā. vikopana. vyāpajjanā. vyāpatti. vyāpāda
가해자(加害者) āpadetar. kāraṇika. hiṁsitar.
가해하는 apakāraka. vihesaka. vihesika.
가해하다 vyābādha. vyābādheti. vyāpādeti. vyāpajjati.
가행(加行) payoga. payojana.
가행성취(加行成就)[서명] Payogasiddhi.
가행의 사실 payogatā.
가행지멸의 지혜 payogapaṭipassaddhipaññā.
가행청정(加行淸淨) payogasuddhi.
가행하다 payojeti.
가현(假現) ālaya.
가호(加護) adhiṭṭhāna.
가호받는 adhiṭṭhita.
가호하다 adhiṭṭhahati.
가혹(苛酷) kaṭukabhāva.
가혹하지 않은 agahitadaṇḍa.
가혹한 bhārika. bhāriya. kaṭuka. tiṇha.
가혹한 고행의 실천 sallekhitācāra.
가혹한 명령 kaṭukasāsana.
가혹함 kakkaratā. kakkariya. lunana.
가희법(可喜法) pasādaniyadhamma.
각 가정에서 anukulaṁ.
각 단어마다 anupadaṁ anupadato.
각 단어마다의 설명 anupadavaṇṇanā.
각 부분이 완전한 nelaṅga.
각 종류 가운데 최상인 aggamagga.
각(各) → 각각의.
각(覺) bodha. bodhi. buddhi. mati. muti. vitakka.
각(角) kaṇṇa.
각가라[의성어] gaggara.
각가라[지명] Gaggara. Gaggarā.
각가라까[어류] gaggaraka.
각각 anu. eka ~ eka. ekamekena. ekaso. nānā. visuṁ.
각각 백(100)으로 이루어진 sabbasata.
각각 부족한 ūna ~ ūna.
각각에게 알려져야 하는 것 paccattavedanīya.
각각의 ekameka. ekeka. aññamañña. appitappita. pāṭekka. pāṭiyekka. paccatta. pacceka.

puthu. yevāpanaka.
각각의 동료들이 살고 있는 곳을 따라 sambhatta.
각각의 사항에 대한 규정 odhiggāha.
각각의 진리 paccekasacca.
각건(角鍵) visāṇatala.
각관(覺觀) takka. vitakkavicāra.
각구다(脚俱多)[지명] Kakuṭṭhā.
각막(角膜) akkhipaṭala.
각반(脚絆) jaṅghāveṭhana.
각별수고(各別受苦)[地獄] paccattavacana.
각선미(脚線美)가 있는 vāmuru.
각선지교(覺支善巧) bojjhaṅgakosalla.
각성(覺醒) anubodhana. bujjhana. pabodhana. paṭibodha. nibbidā. sambodhana.
각성시키다 pabodheti.
각성하다 dassati. pabujjhati. paṭibujjhati.
각성한 pabuddha.
각염정(角鹽淨) saṅgiloṇakappa.
각운(脚韻)의 특별한 형태 akkharuttarikayamaka
각음(覺音)[인명] Buddhaghosa.
각자(覺者) buddha. motar.
각자(各自) paccattaṁ.
각자에 따라 yathāsakaṁ.
각자의 paccatta. puggalika. → 각각의.
각자의 스승 aññamaññasatthar.
각정명론(覺淨明論)[서적] Buddhippasādanī.
각지(覺知) anubujjhana.
각지(覺支) sambojjaṅga. bojjhaṅga.
각지(覺知)하다 abhijānāti.
각첩(脚帖) jaṅgheyyaka.
각투(角鬪) mallayuddha.
각행자(覺行者) buddhicarita.
각희(角戲) mallayuddha.
간(肝) yakana. yakanapiṇḍa. yakapeḷa.
간[行] gata. °gū. pakkanta. sarita. yāta.
간[行] 사실 gatatta.
간[行] 상태 gatatta.
간격(間隔) abbhantara. okāsa. sandhi. vivara. antara.
간격이 없는 anantarika. asanthata. avivara.
간결음(簡潔音) bindussara.
간결한 saṅgāhika.
간계(奸計) kūṭopāya. nikati. māyā. vañcana. vañcanā.
간계가 없는 amāyāvin. asaṭha.
간계가 있는 māyāvin. saṭha.
간고(諫告)하다 samanubhāsanā.
간고등기(諫告等起) samanubhāsanāsamuṭṭhāna
간곡한 권유 uyyojanā.
간곡히 권유하는 uyyojanika.
간과(看過) khalita. anavadhāna. pamādadosa.
간과된 khalita.
간과하다 anupadhāreti.
간교한 사기꾼 chinnikā dhuttā.
간구(慳咎) maccheralala. malamacchera.
간구(懇求) ukkaṇṭha. ukkaṇṭhā. ukkaṇṭhanā. ukkaṇṭhitā. kamyatā. kammatā.
간구하다 ukkaṇṭhati.
간극(間隙) sandhi. vivara.
간극의 입구 sandhimukha.
간다라[지명] Gandhāra.
간다라지방의 주문 gandhārī.
간다마다나산[지명] Gandhamādana.
간다방싸(書史)[서명] Gandhavaṁsa.
간단(間斷)없는 abbocchinna.
간담바[식물] Gaṇḍamba.
간담이 서늘하게 하다 santajjeti.
간답바[건달바] gandhabba.
간디까[식물] gaṇḍikā.
간략(簡略) saṅkhepa.
간략하게 samāsato.
간략하게 지시하는 말 uddesapada.
간략한 sāmukkaṁsika. saṅkhitta.
간략한 지침 uddesaniddesa.
간략한 해석적인 설명의 지시 uddesavibhaṅga.
간린(慳吝) macchariya. macchera.
간명(簡明)한 saṅgāhika.
간미(幹味) khandharasa.
간별(看別) vinibbhoga.
간별색(看別色) vinibbhogarūpa.
간별하는 형태 vinibbhogarūpa.
간병(看病) paccupaṭṭhāna. upaṭṭhāna.
간부(奸婦) aticārinī. micchācārinī.
간부(姦夫) aticaritar. jāra. paradārika. pāradārika. kāmamicchācārin
간사(奸邪)한 kuḍḍa. kuṭṭa. kūṭa. parisaṭha.
간색(看索)하는 ocaraka.
간섭(干涉) parakiccappavesa. aññamaññavirodha.
간섭하지 않는 ajjhupekkhaka.
간소한 sallahuka.
간소한 생활을 하는 sallahukavuttin.
간수(看守) kārāpāla.
간식(間食)[오전중] antarakajjaka. antarakājaka.
간신히 kathaṁ ci. kathañci.
간언(諫言) samanubhāsanā.

간언하다 samanubhāsati.
간원(懇願) ajjhesanā. sampatthanā.
간원(懇願)하다 ajjhesati. āyācati.
간이 맞지 않는 aloṇa. aloṇaka.
간장(肝臟) yakana. yakanapiṇḍa. yakapeḷa.
간절히 바라다 abhisiṁsati.
간주(看做) samanupassanā.
간주된 saṅkhāta. sammata.
간주하다 samanupassati.
간지럽게 하는 patodaka.
간질(癎疾) apamāra. apasmāra.
간질발작 apasmāravātā.
간질병환자 apamārika.
간첩(間諜) cara. caraka. cariyamanussa. guyhamanta.
간청(懇請) abhijappā. abhijappana. ajjhesanā. avhāna. avhāyana. nimantana. paccāsā. sampatthanā. yācana. yācanā.
간청된 abhijappita. ajjhesita.
간청하는 abhijappin yācaka.
간청하다 abhijappati. ajjhesati. niveseti. paccāsati. pattheti. patthayati. yācati.
간탐(慳貪) abhijjhā. macchara. maccharāyanā. maccharāyitatta.
간택(簡擇) paṭisaṅkhāna. paṭisaṅkhā. vicaya.
간택수관(簡擇隨觀) paṭisaṅkhânupassana.
간택하다 paṭisaṅkhāti. pavicinati.
간통(姦通) anācāra. aticāra. aticariyā. aticca. jārattana. paradārakamma. vijjaṭipatti.
간통녀(姦通女) aticārinī. micchācārinī.
간통자(姦通者) aticārin. paradārika. pāradārika. micchācārin. kāmamicchācārin.
간티깨[식물] ganthikā.
간파(看破) nibbedha.
간파된 vocarita.
간파하다 sañcinteti. sañceteti.
간호(看護) paṭijaggana. upaṭṭhāna. veyyāvaṭika
간호를 받다 upaṭṭhahiyati. upaṭṭhahīyati. upaṭṭhiyati. upaṭṭhīyati.
간호사 → 간호원.
간호원(看護員) dhātī. posaka. posikā. paṭijaggaka. upamātar. upaṭṭhāka.
간호하기에 적당한 paṭijaggiya.
간호하는 paṭijaggaka. paṭijagganaka.
간호하다 paṭijaggati. upaṭṭhahati. upaṭṭhāti. upaṭṭheti. upatiṭṭhati.
간호할 수 있는 paṭijaggiya.
갈 수 없는 avañcana.
갈고리 aṅka. aṅkusa. gaḷa. pāsa. pāsaka. vaṅka.
갈고리가 달린 막대기 aṅkusa.
갈고리가 달린 막대의 거리를 넘는 accaṅkusa.
갈고리가 없는 apagatavaṅka.
갈고리발톱 nakhapañjara.
갈고리판 pāsakaphalaka.
갈구(渴求) paṇidhāna.
갈구가 없는 nippipāsa.
갈구된 paṇihita.
갈구촌나불(羯句寸那佛)[불명] Kakusandha.
갈구하는 āluka. upasiṁsaka.
갈기가 있는 kesarin.
갈기가 있는 사자(獅子) kesarasīha.
갈까마귀 kākola. kākoḷa.
갈니가화(羯尼迦花)[식물] kaṇikāra. kaṇṇikāra. kanikāra.
갈다 abhimanthati. ghaṁsati. koṭṭeti. nighaṁsati. nippiṁsati. parimaddati. parimajjati. pisati. saṇheti. ummaddāpeti. ummaddeti.
갈대 anikkhu. īsikā. isikā. isīkā. kaccha. kāsa. nala. naḷa. sara. kaṭṭhaka. saṇṭha. ikkhaṭa. pabbaja. poṭakila. poṭaggala. vaṁsacoraka. vetasa.
갈대다발 nalakalāpī. nalamālā.
갈대로 만든 다리 nalasetu.
갈대로 만든 집 nalâgāra.
갈대로 이루어진 nalamaya.
갈대묶음 nalakalāpī.
갈대바구니 kacchapuṭa.
갈대세공인 nalakāra.
갈대숲 nalavana.
갈대와 같은 nalasannibha.
갈대의 불 nalaggi.
갈대의 창 naladaṇḍaka.
갈대의 화살 naladaṇḍaka.
갈대조각 vilīva.
갈라갈라하는 소리를 내며 비가 심하게 내리다 gaḷagaḷāyati.
갈라놓다 vavakassati.
갈라놓이다 vavakassati.
갈라놓인 vavakaṭṭha.
갈라람(羯羅藍) kalala.
갈라지다 ādriyati. phalati.
갈라지지 않은 anādiṇṇa.
갈라진 visākha.
갈라진 꽃자루 vallarī.
갈라진 꽃줄기 mañjarī. mañjarikā.
갈라진 대나무 줄기 bidala.
갈라진 발굽모양을 한 anekasapha.

갈라진 번갯불 vijjullatā.
갈라진 잎자루 vallarī.
갈라진 틈 avatāra. chidda. padara. randha. sandhi.
갈라진 틈으로 가득 찬 padarasañcita.
갈래가 진 visākha.
갈로찌[식물] gaḷoci.
갈루자(葛樓子) jīraka.
갈림길 dvedhāpatha. dvidhāpatha.
갈마(羯磨) kamma.
갈마를 위해 정화된 마당 kammamālaka.
갈마를 행하는 수행승 kammika.
갈마사(羯磨事) kammavatthu.
갈마에 기초가 되는 kammapādaka.
갈마에 기초가 되는 제안 kammapādañatti.
갈마에 기초한 kammamūlaka.
갈마에 대한 묘사 kammavinicchaya.
갈마에 의해 정화된 kammâsujjhana.
갈마에 의해서 죄의 제거 kammappaṭipassaddhi.
갈마에 적당한 kammayutta.
갈마에 참여한 kammappatta.
갈마에서의 결의 kammasanniṭṭhāna.
갈마와 독송 kammuddesa.
갈마의 대상 kammavatthu.
갈마의 불성립 kammadosa.
갈마의 성취 kammasampatti.
갈마의 실패 kammavipatti.
갈마의 실현 kammasambhava.
갈마의 타당성을 방해하는 kammapaṭibāhana.
갈마의 항목 kammavatthu.
갈마의 혼란 kammasaṅkara.
갈마의규(羯磨儀規) kammavācā.
갈마의규를 외우는 스승 kammavācâcariya.
갈마의규애 의한 승단의 입문 kammavācôpasampada.
갈마의규에 대한 경전구절 kammavācāpāḷi.
갈마의규에 대한 동의 kammavācāñatti.
갈마의규에 의한 결정 kammavācāniṭṭhāpana.
갈마의규에 의해 구족계를 받음 kammavācôpasampada.
갈마의규에 의해 특징지어진 kammavācālakkhaṇa.
갈마의규에 포함되지 않은 상태 kammasaṅgahâbhāva
갈마의규에서 이율배반의 부존재 kammavācādvayâbhāva.
갈마의규의 결점 kammavācādosa.
갈마의규의 다양성 kammavācānānatta.
갈마의규의 완성 kammavācāpariyosāna.
갈마의규의 정당성 kammasiddhi.
갈망(渴望) aticchā. ejā. gedhi. jālinī. jappanā. jappā. kāma. kāmatā. lubbhana. nikāma. nikanti. pajappā. paṇidhāna. paritassanā. pipāsā. sampakkhandana. sibbanī. taṇhā. tasiṇā.
갈망이 없는 anāsasāna. nippipāsa. nirupadhi. nirūpadhi.
갈망이 없음 anāsā.
갈망하는 giddha. giddhin paṭikaṅkhin.
갈망하는 임산부 dohaḷinī.
갈망하다 jappati. nikāmayati. nikāmeti. pajappati. paṇidahati. paṭikaṅkhati. paṭilobheti. patthayati. pattheti. patthayati. pihayati. piheti. sampakkandati. taṇhiyati. tasati. vanayati. vanāyati. vaneti.
갈망하지 않는 anikāmayat.
갈면(葛麵) latātūla.
갈바사가(羯播死迦) kappāsika.
갈보 rūpûpajīvinī.
갈비뼈 phāsukaṭṭhi.
갈비뼈가 드러난 upphāsulika.
갈빗대 mamma. pāsuka. pāsuḷa. phāsukā. phāsuḷā. phāsuḷī. phāsulikā.
갈빗대를 부러뜨리는 mammachedaka.
갈색(褐色) kapila.
갈색머리카락과 수염을 한 kapilakesamassuka.
갈색소의 보시 kapilagāvīdāna.
갈색의 gocariya. kapila. piṅka. piṅga. piṅgala. piṅgiya. tamba.
갈색의 거칠고 긴 머리카락을 지닌 kapilapharusadīghakesa.
갈색의 눈동자를 지닌 tambanetta.
갈색의 소 kapilago.
갈아진 piṁsa. vimaṭṭha.
갈애(渴愛) pariggaha. tasiṇā. upadhi. tammayatā. taṇhā.
갈애가 버려지지 않은 자 appaṭinissaṭṭhataṇha.
갈애가 없는 vītataṇha.
갈애가 없음 atammayatā.
갈애가 있는 sataṇha.
갈애를 근본으로 하는 taṇhāmūlaka.
갈애를 버리지 못한 avītataṇha.
갈애를 벗으로 하는 taṇhādutiya.
갈애를 생겨나게 하는 네 가지 cattāro taṇhuppāda.
갈애를 수반하는 taṇhādutiya.
갈애를 여읜 nittaṇha.
갈애를 여읨 nittaṇhā.
갈애를 조건으로 하는 taṇhāpaccaya.

갈애를 포기하지 않은 avantataṇha.
갈애에 기초하는 계행 taṇhānissitasīla.
갈애에 대한 집착 taṇhâdhipateyya.
갈애에 빠진 taṇhāgata.
갈애에 사로잡힌 taṇhâdhipanna.
갈애에 속하는 모든 것 taṇhāpakkha.
갈애에 오염된 taṇhāsaṅkilesana.
갈애에 의한 동요 taṇhātassanā.
갈애에 의한 분별 taṅhākappa.
갈애에 의한 아집 taṇhāmamatta.
갈애에 의한 허구 taṅhākappa.
갈애에 의한 희론 taṅhāpapañca.
갈애에 의해 생긴 taṇhāsambhūta.
갈애에 입각한 허구 taṇhākappa.
갈애에 집착하는 taṇhālepa.
갈애의 강 taṇhānadi.
갈애의 거울 taṇhādāsa.
갈애의 귀(耳) taṇhāsota.
갈애의 그물 taṇhājāla.
갈애의 끊음 taṇhācchida.
갈애의 무리 taṇhākāya. taṇhāpakkha.
갈애의 바다 taṇhāsamudda.
갈애의 발생 taṇhuppāda.
갈애의 밧줄 taṇhāgaddula.
갈애의 부숨 taṇhākkhaya. taṇhāsaṅkhaya.
갈애의 부숨에 대한 지향 taṇhakkhayâdhimutta.
갈애의 사념 taṇhāvicarita.
갈애의 영향 taṇhâdhipateyya.
갈애의 영향을 받는 taṇhāluka.
갈애의 잠재적 경향 taṇhânusaya.
갈애의 존재 taṇhābhava.
갈애의 지배 taṇhâdhipateyya.
갈애의 지배하에 있는 taṇhāvasika.
갈애의 집착 taṇhānivesanā.
갈애의 파괴 taṇhākkhaya. taṇhāsaṅkhaya.
갈애의 화살 taṇhāsalla.
갈애의 흐름 taṇhāsota.
갈증(渴症) pipāsā.
갈증이 나는 pipāsita.
갈증이 심한 atipipāsita.
갈증이 없는 nicchāta. nippipāsa. vītapipāsa.
갈채(喝采) bhiṅkāra. bhiṅgāra. ukkuṭṭhi.
갈채를 보내다 pasaṁsati.
갈채를 불러일으키는 pasaṁsāvahana.
갈취(喝取) hāra.
갈치나의(羯絺那衣) kaṭhina.
갈팡질팡하지 않는 avasāyin.
감[行] gamaṇa. gamana. yāna. raya. sāraṇa.
감각(感覺) muti. saññā. vedanā.
감각기관(感覺器官) āyatana.
감각기관들을 잘 통제하고 있는 susaṁvuta.
감각기관들을 통제하고 있는 saṁvutindriya.
감각기관에 지각되는 paccakkha.
감각기관이 통제 되지 않음 aguttindriya.
감각기능(感覺機能) indriya.
감각기능에 대한 분명히 이해 indriyâbhisamaya.
감각능력(感覺能力) indriya.
감각능력에 대하여 잘 아는 indriyadhīra.
감각능력을 수호하는 gutt'indriya.
감각능력의 의미 indriyaṭṭha.
감각능력이 고요해진 사람 sant'indriya.
감각능력이 파괴된 upahat'indriya.
감각대상(感覺對象) āyatana. gocara. ālamba. ārammaṇa. visaya.
감각대상에 충돌을 본질로 하는 ālambāhanana.
감각대상에 탐닉하는 본질을 지닌 ālambagijjhanarasa.
감각대상에의 의존 ālambatthikatā.
감각대상으로서 냄새 gandhārammaṇa.
감각대상이 있는 sārammaṇa.
감각대상이 필요한 사실 ālambatthikatā.
감각문(感覺門) dvāra.
감각문의 물질 dvārarūpa.
감각문의 물질이 아닌 물질 advārarūpa.
감각성(感覺性) pasāda.
감각에 관하여 청정한 mutavisuddhika.
감각영역(感覺領域) āyatana.
감각영역에 대한 분석 āyatanavavatthāna.
감각영역에 대한 시설 āyatanapaññatti.
감각영역에 밝은 āyatanadhīra. āyatanakusala.
감각영역에 밝은 것 āyatanakusalatā.
감각영역에서 발견되는 āyatanaṭṭha.
감각영역에서 일어나는 마찰 āyatanaghaṭṭhana.
감각영역의 규정 indriyavavatthāna.
감각영역의 문 āyatanadvāra.
감각영역의 분석 indriyavibhaṅga.
감각영역의 생성 āyatanuppāda.
감각영역의 이기적 성격 āyatanamacchariya.
감각영역의 전체 āyatanasabba.
감각영역의 체험에 속하는 avacaraka. ocaraka.
감각영역의 특징 āyatanalakkhaṇa.
감각영역의 한계 āyatanapariyanta.
감각을 통해 행운을 점치는 자 mutamaṅgalika.
감각의 장(場) āyatana.
감각의 장에 대한 분석 āyatanavavatthāna.
감각의 장에 대한 시설 āyatanapaññatti.
감각의 장에 밝은 āyatanadhīra. āyatanakusala.
감각의 장에 밝은 것 āyatanakusalatā.

감각의 장에서 발견되는 āyatanaṭṭha.
감각의 장에서 일어나는 마찰 āyatanaghaṭṭhana.
감각의 장의 규정 indriyavavatthāna.
감각의 장의 분석 indriyavibhaṅga.
감각의 장의 생성 āyatanuppāda.
감각의 장의 이기적 성격 āyatanamacchariya.
감각의 장의 전체 āyatanasabba.
감각의 장의 특징 āyatanalakkhaṇa.
감각의 장의 한계 āyatanapariyanta.
감각이 있는 vedanaka.
감각작용(感覺作用) indriya.
감각작용의 그침 indriyûpasama.
감각적 욕망 kāma.
감각적 욕망과 관련된 kāmapatisaṁyutta.
감각적 욕망에 대한 집착 kāmajjhosāna. kāmālaya.
감각적 욕망에 대한 탐욕 kāmagiddha.
감각적 욕망에 의존하는 kāmanissita.
감각적 욕망에 의한 번뇌 kāmāsava.
감각적 욕망에서 떠남 kāmanissaraṇa.
감각적 욕망에의 탐착 kāmagedha.
감각적 욕망을 버린 kāmacāgin.
감각적 욕망을 원인으로 kāmanidānaṁ.
감각적 욕망을 원인으로 하는 kāmahetu.
감각적 욕망을 즐기는 kāmārāma.
감각적 욕망의 괴로움 kāmadukkha.
감각적 욕망의 불 kāmaggi.
감각적 욕망의 소용돌이 kāmāvaṭṭa.
감각적 욕망의 요인 kāmakoṭṭhāsa.
감각적 욕망의 탐착 kāmalābha.
감각적 쾌락과의 교섭에서 즐거움을 찾는 kāmapaṭisandhisukhin
감각적 쾌락에 눈먼 kāmandha.
감각적 쾌락에 대한 갈망 kāmataṇhā.
감각적 쾌락에 대한 갈애 kāmataṇhā.
감각적 쾌락에 대한 욕망 kāma.
감각적 쾌락에 대한 욕망을 정복한 자[부처님] kāmâbhibhū.
감각적 쾌락에 대한 욕망의 세계 kāmadhātu. kāmaloka.
감각적 쾌락에 대한 욕망의 종류 kāmaguṇā.
감각적 쾌락에 대한 욕망의 종류로 이루어진 kāmaguṇika.
감각적 쾌락에 대한 충동 kāmavega.
감각적 쾌락에 대한 탐욕 kāmarāga.
감각적 쾌락에 대한 탐욕의 경향 kāmarāgānusaya.
감각적 쾌락에 종사하는 kāmasevin.
감각적 쾌락에의 집착 kāmasaṅga.
감각적 쾌락을 구하는 것 kāmagavesin
감각적 쾌락을 아직 즐기지 못한 anikīḷitāvin
감각적 쾌락을 열망하는 kāmagijjha.
감각적 쾌락을 완전히 즐기지 못한 aparibhutta.
감각적 쾌락을 원하는 kāmin.
감각적 쾌락을 즐김 kāmabhoga.
감각적 쾌락을 추구하는 kāmânusārin.
감각적 쾌락의 갈망 kāmapipāsā.
감각적 쾌락의 대상 upadhi.
감각적 쾌락의 욕구가 없는 nirāmisa.
감각적 쾌락의 욕망 kāmacchanda.
감각적 쾌락의 욕망계 가운데 좋은 곳의 세상 kāmasugatibhūmi.
감각적 쾌락의 욕망계의 마음 kāmâvacaracitta.
감각적 쾌락의 욕망계의 존재 kāmabhava.
감각적 쾌락의 욕망계의 착하고 건전한 업 kāmâvacarakusalakamma.
감각적 쾌락의 욕망계의 하늘나라 kāmasagga.
감각적 쾌락의 욕망에 대한 유혹 kāmassāda.
감각적 쾌락의 욕망에 대한 종사 kāmasevanā.
감각적 쾌락의 욕망에 대한 집착 kāmûpādāna.
감각적 쾌락의 욕망에 대한 추구 kāmesanā.
감각적 쾌락의 욕망에 매인 사유 kāmavitakka.
감각적 쾌락의 욕망에 매인 세계 kāmadhātu.
감각적 쾌락의 욕망에 매인 의도 kāmasaṅkappa.
감각적 쾌락의 욕망에 매인 지각 kāmasaññā.
감각적 쾌락의 욕망에 의한 번뇌 kāmāsava.
감각적 쾌락의 욕망에 의한 사랑 kāmasineha.
감각적 쾌락의 욕망에 의해 야기된 kāmahetuka.
감각적 쾌락의 욕망을 떠난 nikkāma.
감각적 쾌락의 욕망을 여읜 사유 nekkhammavitakka.
감각적 쾌락의 욕망을 여읜 세계 nekkhamadhātu.
감각적 쾌락의 욕망을 여읜 의도 nekkhammasaṅkappa.
감각적 쾌락의 욕망을 여읜 지각 nekkhammasaññā.
감각적 쾌락의 욕망을 즐김 kāmarati.
감각적 쾌락의 욕망의 거센 흐름 kāmogha.
감각적 쾌락의 욕망의 결박 kāmasaññojana. kāmasaṁyojana
감각적 쾌락의 욕망의 맛 kāmarasa.
감각적 쾌락의 욕망의 멍에 kāmayoga.
감각적 쾌락의 욕망의 추구 kāmesanā.
감각적 쾌락의 욕망의 티끌 kāmaraja.
감각적 쾌락의 즐거움 kāmûpabhoga.
감각적 쾌락의 진흙구덩이 kāmapaṅka.

감각적 쾌락의 행복 kāmasukha.
감각적으로 이끌린 nimittakaraṇa.
감각적인 것에 대한 집착 ālaya.
감각적인 것에 대한 집착과 반대가 되는 ālayapaṭipakkha.
감각적인 것에 대한 집착을 완전히 제거한 ālayasamugghāta.
감각적인 것에 대한 집착을 즐기는 ālayarata.
감각적인 것에 대한 집착의 경향 ālayâbhinivesa.
감각적인 대상의 향유 upadhi.
감각적인 범위 visaya.
감각적인 욕망에 의해 지배받는 존재 kāmabhava.
감각적인 욕망의 거센 흐름 kāmogha.
감각적인 욕망의 영역에 속하는 kāmâvacara.
감각적인 즐거움 kāmanandī.
감각적인 쾌락에서 발생하는 즐거움 kāmasukhallika.
감각적인 쾌락을 즐기는 자 kāmabhogin. kāmabhojin.
감각적인 쾌락의 욕망이 없는 akāmakāmin.
감각하다 maññati. vedeti.
감겨든 saṁsibbita.
감겨버린 anuviddha.
감겨진 āveṭhita.
감관(感官) akkha. āyatana. dvāra. dvāra. indriya. indriyaṭṭhāna. karaṇa. dhātu. vatthu.
감관들 가운데 한 장소 indriyaṭṭhāna.
감관들이 비대해진 pīnindriya.
감관수호의 계행 indriyasaṁvarasīla.
감관에 대하여 제어하지 않는 것 indriyâsaṁvara.
감관에 대한 수호 indriyasaṁvara.
감관에 대한 수호의 한계 indriyasaṁvarapariyanta.
감관에 대한 승리 indriyavijaya.
감관에 묶인 indriyabaddha.
감관에 의해 야기된 indriyamūlaka.
감관을 뛰어넘는 apaccakkha.
감관을 벗어난 dvāravimutta.
감관을 수호하는 indriyânurakkhana. indriyagutta.
감관을 수호하는 계행 indriyasaṁvarasīla.
감관을 수호하는 자 guttadvāra.
감관을 정복한 자 vijitindriya.
감관을 지킴 saṁvara.
감관을 파악할 수 있는 indriyaggayha.
감관을 훈련시킨 katindriya.
감관의 결함 indriyavekalya.
감관의 계발 indriyabhāvanā.
감관의 규정 indriyavavatthāna.
감관의 다발 indriyakkhandhā.
감관의 대상 vatthārammaṇa.
감관의 문 dvāra.
감관의 문(다섯 가지)을 통해 일어나지 않는 advārika.
감관의 문을 지키는 guttadvāra.
감관의 물질 indriyarūpa.
감관의 분석 indriyaniddesa. indriyavibhaṅga.
감관의 성숙 indriyaparipāka.
감관의 세계 indriyaloka.
감관의 수호 guttadvāratā. indriyagutti. saṁvara.
감관의 연결관계 indriyayoga.
감관의 영역 indriyabhūmi.
감관의 영역[六根]을 넘어서는 atindriya.
감관의 영향 indriyavasa.
감관의 유연성 kāyamudutā.
감관의 자연적 상태 indriyapakati.
감관의 제어 indriyasaṁvara.
감관의 지배 indriyavijaya.
감관의 철수 samāhāra.
감관의 평온 kāyapassaddhi.
감관의 훈련 indriyadama.
감관의 힘 indriyavasa.
감관이 고요한 anuddhatindriya.
감관이 상처받은 upahatindriya.
감관이 성숙하지 않은 aparipakkindriya.
감관이 아닌 것 anāyatana.
감관이 완전히 죽은 parimāritindriya.
감관이 잘 제어된 susaṁvuta.
감관이 제어된 삶을 사는 saṁvutakārin.
감금(監禁) rundhana.
감금하다 orundhati. rundhati.
감기(感氣) pināsa.
감긴 paṭimukka. saṅkuṭika. saṅkuṭita.
감긴 실 bandhanasuttaka.
감긴 자 guṇṭhika
감는 āvedhika. āvijjhana.
감다 āvaṭṭeti. āveṭheti. āvijjhati. āviñjati. āviñchati. nibbhujati. ogumpheti. parikantati. paṭivellati. sampaliveṭheti. valeti. veṭheti.
감독(監督) āyuttaka. thapati. kammantanāyaka. adhiṭṭhāyaka. payojaka. payojetu. oṇi. oṇī. vāraṇa.
감독관(監督官) āyuttaka. thapati. kammantanāyaka. adhiṭṭhāyaka. payojaka. payojetu.
감독자 → 감독관
감독하고 adhiṭṭhāya.

감독하는 adhiṭṭhāyaka.
감독하다 vicāreti.
감동(感動) saṁvejana.
감동시키다 saṁvejeti.
감동을 일으킬 수 있는 saṁvejanīya.
감동의 장소 saṁvejanīyaṭṭhāna.
감동적이어야 하는 saṁvejanīya.
감동하다 saṁvijjati.
감로(甘露) amata. pīyūsa.
감로로 뿌려진 amatâsitta.
감로병(甘露甁) amataghaṭika.
감로수(甘露水) amata. madhupānīya. amatarasa.
감로수를 마심 amatapāna.
감로식(甘露食) sudhā. sudhanna. sudhābhojana.
감로와 같은 amatasadisa.
감로우(甘露雨) amatavassa.
감로의 관정 amatâbhiseka.
감로의 북 amatabherī. amatadundubhi.
감로의 북소리 amatadundubhi.
감로의 비 amatavassa.
감로의 상점 amatâpaṇa.
감로의 호수 amatarahada.
감로처럼 달콤한 amatamadhura.
감미(甘味) sādu. rasatta.
감미로운 mañju.
감미로운 목소리의 mañjuka.
감미로운 소리 mañjussara.
감미로운 음식 madhupāka.
감미로움 sādutā.
감미롭게 말하는 (사람) mañjubhāṇaka.
감사(感謝) abbhanumodana. abbhanumodanā. anumodana. anumodanā.
감사를 모르는 akatavedin.
감사를 표시하지 않는 anamodaka.
감사미인(監沙彌人) sāmaṇerapesaka.
감사의 뜻을 나타내지 않는 apakataññu.
감사하는 (사람) anumodaka. katavedin.
감사하는 katavedin. katavedika.
감사하다 ācāmeti. anumodati. anumodeti.
감사하지 않는 katanāsaka.
감사할 줄 모르는 akataññu. akataññū. allapāṇihata.
감사합니다! sādhu.
감상적(感傷的)인 rasabahula. saṅkappamaya.
감상주의(感傷主義) rasaññutā. manobhāvayuttatā.
감상주의자(感傷主義者) nāṭyarasika.
감성(感性) pasāda.
감성(感性)의 토대 pasādavatthu.
감성의 물질 pasādarūpa.
감성의 물질이 파괴된 upahatapasāda.
감성의 토대 pasādavatthu.
감소(減少) apacaya. hāna. hāni. hāpana.hāyana. parihāna. parihāni. parikkhaya. saṁhāni. tanubhāva. tanutta.
감소되는 virāguṇa.
감소되다 hīyati. jiyyati. jīyati.
감소된 tanubhūta.
감소시키는 tanukaraṇa.
감소하는 manda.
감소하다 hāyati. vigacchati.
감소해 가는 apacayagāmin.
감송(甘松) tagara. narada.
감수(感受) vedanā.
감수되어야 할 vedaniya. vedanīya.
감수된 vedayita. vedita.
감수성(感受性) jānanasatti. tikhiṇindriyatā.
감수성이 있는 indriyagocara. sacetana. anupahatindriya. paṭisaṁvedin. mutimant. vicakkhaṇa.
감수하는 paṭisaṁvedin.
감수하다 vedeti. vediyati.
감시(監視) anurakhā. anurakkhaṇa. anurakkhaṇā. anurakkhana. anurakkhanā. ārakkhā. rakkhā. saṁrakkhanā.
감시를 받는 saṁvuta.
감시인(監視人) ārakkhaka. ārakkhika. caritar. purisagutti.
감시자 → 감시자.
감시탑(監視塔) aṭṭa. aṭṭaka. aṭṭāla.
감시하는 anurakkhaka. anurakkhamānaka. rakkhaka. vicāraka.
감시하다 anurakkhati. apadhāreti. ārakkhati. gopeti. paripāleti. pāti. paṭijaggati.
감싸는 veṭhaka.
감싸다 āliṅgati. āveṭheti. pārupati.
감싸여진 veṭhita.
감아올리다 bhañjati. samussāpeti.
감아올림 āveṭhana.
감아진 obhagga.
감언(甘言) anupiya.
감언이설(甘言利說) upalāpana.
감역(感域) āyatana → 감각영역.
감역에 대한 분류 āyatanavibhaṅga.
감역에 대한 분석 āyatanavavatthāna.
감역에 대한 시설 āyatanapaññatti.
감역에 밝은 āyatanadhīra. āyatanakusala.
감역에 밝은 것 āyatanakusalatā.

감역에서 발견되는 āyatanaṭṭha.
감역에서 일어나는 마찰 āyatanaghaṭṭhana.
감역을 수호하는 삶의 실천 āyatanacariyā.
감역의 생성 āyatanuppāda.
감역의 이기적 성격 āyatanamacchariya.
감역의 장 āyatanapadesa.
감역의 전체 āyatanasabba.
감역의 특징 āyatanalakkhaṇa.
감역의 한계 āyatanapariyanta.
감염되다 āturīyati.
감염된 āhatacitta. pariyāhanita.
감옥(監獄) andughara. bandhanâgāra. kārā. suruṅgā.
감은 nivattha.
감음(閉) thakana.
감인종(堪忍宗) khantivāda.
감임성(堪任性) kalyatā.
감자(甘蔗) goḷāluva.
감자왕(甘蔗王) Okkāka.
감전사(感電死) vijjuyogena māraṇa.
감정(鑑定) agghāpaniya.
감정(感情) cittavega. cittapakati. cittabhāva. saṅkappa. manobhāva. siṅgārādirasa.
감정을 가진 vedanaka.
감정을 상하게 말하는 nipaccavādin.
감정을 상하게 하다 dussati. padhaṁseti.
감정을 상하게 하지 않는 appaduṭṭha.
감정을 상하게 함 dussana.
감정이 상한 paripīḷita.
감지(鹼地)의 ūsara.
감청색의 vinīlaka.
감초(甘草) laṭṭhimadhu. madhuka. jiñjuka.
감촉(感觸) phoṭṭhabba.
감촉에 대한 갈애 phoṭṭhabbataṇhā.
감촉에 대한 숙고 phoṭṭhabbavitakka.
감촉에 대한 의도 phoṭṭhabbasañcetanā.
감촉에 대한 인식 phoṭṭhabbasaññā.
감촉에 대한 조사 phoṭṭhabbavicāra.
감촉에 대한 지각 phoṭṭhabbasaññā.
감촉을 즐김 phoṭṭhabbabhoga.
감촉을 통해 제공된 것 phoṭṭhabbûpahāra.
감촉의 감역 phoṭṭhabbāyatana.
감촉의 경계 phoṭṭhabbavisaya.
감촉의 맛 phoṭṭhabbarasa.
감촉의 세계 phoṭṭhabbadhātu.
감촉의 영역 phoṭṭhabbāyatana.
감촉의 요소 phoṭṭhabbadhātu.
감촉이 즐거운 느낌을 일으키는 utusukhasamphassa.
감추기 vocchādanā.
감추는 makkhin.
감추는 곳 guhā.
감추다 apanidahati. chādeti. gūhati. nigūhati. parigūhati. pariharati. paṭicchādeti. paṭigūhati. rundhati. veṭheti.
감추어져야 할 guyha.
감추어지지 않은 anantarahita. vivaṭa.
감추어진 apanihita. gūḷha. gūḷhaka. līna. nikiṇṇa. ohita. pacchanna. paṭicchādita. paṭiccha- nna. sañchādita.
감추어진 늙음 paṭicchannajarā.
감추어진 의미 līnattha.
감춤 apanidhāna. avaguṇṭhana. guhanā. gūhanā. paṭicchāda. paṭicchādaka. paricchādanā. vicchādanā.
감춰진 → 감추어진.
감탄사(感歎詞) udānavākya. udāna.
감탕(甘湯)을 칠하다 abhilimpati.
감퇴(減退) hāna. hāni. hāpana. paṭikkamana.
감퇴의 십년의 생애 hānidasaka.
감퇴하다 paṭikkamati.
감행하다 visahati.
감흥어(感興語) udāna.
감히 ~ 하다 ussahati.
갑옷 kañcuka. kavaca. kavacajālikā. koja. guṇi. guṇī. nāha. vamma.
갑옷 모양을 지닌 kañcukasaṇṭhāna.
갑옷과 같은 kañcukasadisa.
갑옷과 무기 kavacâvudha.
갑옷과 창 kavacatomara.
갑옷으로 무장한 kañcukin kañcukita.
갑옷을 입다 vammeti.
갑옷을 입은 dassita. kavacika. vammika. vammita.
갑옷을 입은 무장한 katasannāha.
갑옷을 장착하기 등 kavacapaṭimuñcanâdi.
갑자기 ekappahārena. sahasā. na āyatakena.
갑자기 공격하는 opakkamika.
갑자기 나타나다 abbhunnamati.
갑자기 방향을 바꾸다 pariplavati.
갑자기 생겨난 adhiccasamuppanna.
갑자기 하다 avacchindati. occhindati.
갑작스러운 사건 uppāda.
갑작스런 khaṇika.
갑작스런 공격에 의한 제압 avattharaṇa. avatthāraṇa. ottharaṇa. otthāraṇa.
갑작스런 비 khaṇikavassa.
갑작스런 사건의 발생 uppādâgamana.

갑작스런 죽음 khaṇikamaraṇa.
갑작스런 출현 samudaya.
갑작스럽게 움직이다[밀침·찌름·던짐·뒤틈] ugghāteti.
갑주(甲冑) kavaca.
갑판의자 āsandī.
값 aggha. agghana.
값비싸지만 허용된 이불을 덮은 kappiyamahagghapaccattharaṇa.
값비싼 atiissara. agghanaka. agghiya. mūlaka. mahâraha
값비싼 것 agghapada.
값비싼 귀고리 sīhakuṇḍala.
값비싼 금속[금이나 은] kaṁsa.
값비싼 기름 sīhatela.
값비싼 옷 vaḍḍhamāna.
값싼 amūlika. anaggha. appaggha. appaggha.
값어치 pābhati.
값어치가 있는 agghiya. mūlaka.
값없는 amūlika. anaggha.
값을 정하다 agghaṁ karoti.
값있는 atiissara. agghaka. agghanaka. agghiyamūlaka. mahâraha.
강(江) apagā. āpakā. āpagā. āpayā. ninnagā. kebukanadī. saritā. savantī. upayantī.
강(腔) gabbha.
강(綱) yotta. yottaka.
강(江)의 둑을 따라 anunadītīre.
강가하(强伽河)[지명] Gaṅgā.
강곡(糠穀) bhusa. bhusikā.
강낭콩수프 bidalasūpa.
강당(講堂) māḷa. sālā. upaṭṭhānasālā.
강당의 sālaka.
강도(强盜) abhimāra. dassu. heṭhaka. nisāda. panthadūhana. pāripanthika. paṭikaṇṭaka. sāhasakāra. antaracara.
강도가 횡행하는 duhitika. dūhitika.
강도에 의한 재난 dassukhīla.
강도질 paripantha.
강둑 patittha. taṭa. tīra. upakūla.
강둑 가까이에 anutīre.
강둑을 따라 anutīre.
강둑을 따라 거니는 anutīracārin.
강력하게 daḷhaṁ.
강력하게 방비된 daḷhapākāra.
강력한 abhida. bala. balaka. bāḷhika. balika. nisāra. pabala. pamaddin. thira.
강력한 원인 upanissaya. upanissayapaccaya.
강력한 원인의 순서 upanissayavāra.
강력한 의존적 원인에 대한 대체적(代替的) 관점 upanissayakoṭi. upanissayalesa.
강력한 흐름의 충격 udakavegābhigāta.
강력함 balya.
강림(降臨) avatāra. avataraṇa.
강림된 okkanta.
강림하다 avatarati. otarati. okkamati.
강바닥 avani. avanī.
강법(强法) daḷhīkamma.
강변(江邊) taṭa.
강변을 따라 anutīre.
강보(襁褓) dhātīcela.
강사(講師) sikkhāpaka.
강사이의 섬 antaradīpa. antaradīpaka.
강설(降雪) himapāta.
강식행(糠食行) kaṇabhakkha.
강신론(降神論) bhūtavijjā.
강심장(强心臟)을 지닌 kakkhaḷahadaya. thaddhahadaya.
강심장을 지닌 thaddhahadaya.
강심제(强心劑) ghanasāra.
강연(講演) desanā.
강연자(講演者) kathika.
강열(强烈)한 āyūhaka. pakaṭṭha.
강열한 즐거움 kāmagga.
강요(强要) balakkāra.
강요된 kalita.
강요하는 dhaṁsin.
강요하다 āṇāpeti.
강우(降雨) pavassana. vassana. vassavuṭṭhi. pāvussaka.
강원(講院) pariveṇa.
강원의 관주 pariveṇâdhipati.
강의 물 있는 기슭 anūpatittha.
강이 아닌 것 anadi.
강자(强者) balavant.
강제(强制) niyojana.
강제된 abhinīta. paṭibāḷha. vyāpārita. yantita.
강제로 sahasā. balakkārena.
강제로 먹게 하는 것[처벌의 일종] khādāpana.
강제로 앉히다 abhinisīdāpeti.
강제로 행해진 상태 akāmatā.
강제하다 yanteti.
강조(强調) avadhāraṇa.
강조하여 반복하다 anugajjati.
강타(强打) daḷhapahāra.
강탈(强奪) acchedana. apahara. ghāta. ghātaka. viparāmāsa. viparāmosa.
강탈자(强奪者) apahāraka. ghātikā. ghātin.

강탈하는 hāra. hārin.
강탈하는 여자 hārikā.
강탈하다 apaharati. palumpati. vilumpati.
강풍(强風) mahânila. ativāta.
강하(降下) ninna.
강하게 thāmena. thāmasā. thāmunā. balasā. balena. balavaṁ. bhusaṁ. bāḷhaṁ.
강하게 되다 balīyati.
강하게 때림 daḷhapahāra.
강하게 불타오르다 abhijjalati.
강하게 빛나다 abhijjalati. atirocati.
강하게 빛나질 수 없는 anāvaraṇīya.
강하게 억눌린 anupīḷita.
강하게 하다 bahati. bhuseti.
강하지 않은 abala. abāḷha.
강한 agāḷha. aphegguka. aṭala. balavant bāḷha. bhusa. dāruṇa. gaḷha. gāḷha. nisāra. pabāḷha. pavaḍḍha. pavuddha. samattha. samatthiya. sāra. thāmavant thāvara. ugga. ussanna. theraka.
강한 냄새가 나는 atigandha.
강한 목재 sāradāru.
강한 바람 ativāta. mahânila.
강한 섬유 tacarasa.
강한 성품의 dhammin.
강한 술을 마시고 싶어 하는 surāpipāsita.
강한 술을 마시는 surāpāna.
강한 욕망 tibbarāga.
강한 허벅지를 가진 ūrubalin.
강함 thāma.
강화(强化) anubrūhana. vitthambhana. daḷhīkamma. upatthambha
강화되다 samucchati.
강화된 ocita.
강화하다 anubrūheti. vitthambheti.
갖게 하다 ādapayati. ādapeti. uggaṇhāpeti.
갖고 가는 hāraka.
갖고 가다 obharati.
갖고 감 haraṇa.
갖고 싶은 ādānaâdhippāya.
갖고 있는 dhara. dharaṇa. dhāraka. sa°.
갖고자 의도하는 ādānâbhiniviṭṭha.
갖는 dhāra.
갖도록 하는 자 gāhāpaka.
갖추고 있는 upapanna.
갖추어진 yutta. sameta. āyuta. parikkhata. samannāgata. saṁhita. upasaṁhita.
갖춘 upapādita. sahita. sampanna. upeta.
갖춰진 upeta.
같은 anuccāvaca. eka. nibha. nikāsa. nikāsin. sādisa. sadisa. samāna. sama. samita. sarikkha. sarikkhaka. tula. upama. upamānita. upanibha. pakkha.
같은 가르침을 갖고 있는 sahadhammika.
같은 가르침을 따르는 자 sadhammika.
같은 가르침을 지닌 자 sahadhammiya.
같은 계급 sajāti.
같은 계급의 sajāti. sajātika. samajātika.
같은 계율을 지닌 자 samasīla.
같은 곳에 ekajjhaṁ.
같은 교구 samānasīmā.
같은 국가 sajāti.
같은 국가의 sajātika.
같은 나이의 sahajāta.
같은 마을 출신인 sagāmeyya.
같은 마음의 sacutta.
같은 모습의 sarūpa. °rūpa.
같은 모양의 sarūpa. °rūpa.
같은 모태에서 태어난 saudariya.
같은 부분의 tabbhāgiya.
같은 상태 sāruppa.
같은 생계 sajīvāna.
같은 스승을 모시고 있는 자 samānācariyaka.
같은 씨족의 사람 gāmeyya.
같은 양(크기·무게)의 santuleyya.
같은 어머니에서 태어난 sodariya.
같은 원리에 속하는 sadhammika.
같은 의무를 지니고 삶 samavattavāsa.
같은 의무를 지니고 유행함 samavattacāra.
같은 일의 tabbhāgiya.
같은 정도의 자리에 앉을 자격이 있는 samānāsanika
같은 종교단체에 속하는 samānasaṁvāsaka.
같은 종교의 신자 sadhammika. sahadhammika. sahadhammiya.
같은 종족 sajāti.
같은 종족의 sajātika.
같은 집에 사는 sāgāra.
같음 sarikkhatā. sarikkhatta.
같이 걱정하는 sahasokin.
같이 기뻐하는 sahanandin.
같이 사는 sahajīvin.
같이[비슷하게] seyyathā. upamaṁ. viya. iva.
같이[함께] saddhiṁ. saddhi°
같지 않은 asadisa. asamāna.
갚다 paṭinayati. paṭineti. paṭinayati.
개[犬] bhukka. kukkura. soṇa. sona. suna. sunakha. suvāna. suvāṇa. suvāna. bhobhukka.

sālūra. san. sārameya. supāṇa. supāna.
개간지 aṅgaṇa.
개개의 pakiṇṇaka.
개관(槪觀) anuvilokana.
개관하다 anuviloketi.
개괄(槪括) anugīti.
개구리 bheka. maṇḍūka. maṇḍūkiya. uddhumāyikā.
개구쟁이 atimīḷhaja.
개그맨 naṭa. hāsaka.
개념(槪念) atthapaññatti. dhamma. paññatti. paṇṇatti. saññā. saṅkhā. saṅkhyā.
개념에 의한 해석방식 paññattipathā.
개념적 판단 saññāsaṅkhā.
개똥벌레 khajjopanaka. khajjūpanaka.
개량노(改良蘆) ropima.
개로부터 끌어낸 징조를 해석하는 점술학 sācakka.
개를 잡아먹는 사람 sapāka.
개먹이 suvāṇapiṇḍa.
개미 kipillaka. kuntha. pipillika. pipīlikā. kunthakipillikā.
개미구릉 vammīka.
개미구릉의 특징 vammīkanimitta.
개미둑 vammīka.
개밥 suvāṇapiṇḍa.
개방(開放) ugghāṭana.
개방된 anāvaṭa. apāruta. asaṁvuta.
개방된 문 ugghāṭanadvāra.
개방된 술 마시는 홀 āpānamaṇḍapa.
개방된 장소 udaṅgaṇa.
개방된 집 vivaṭadvāra.
개방적인 sugama. agūḷha.
개방하다 apāpurati.
개백정 sapāka.
개별관찰(個別觀察) anupekkhaṇā. anupekkhā. paccavekkhana. paccavekkhanā.
개별성(個別性) āveṇikatta.
개별적으로 paccekaṁ. pāṭekkaṁ. paccattaṁ.
개별적으로 관찰하다 paccavekkhati.
개별적으로 세워진 anupadavavatthita.
개별적인 puthu.
개별적인 것 anupada.
개불상응(蓋不相應) nīvaraṇavippayutta.
개상응(蓋相應) nīvaraṇasampayutta.
개선(改善) anubrūhana. paṭikamma.
개선(疥癬) thūlakacchā. thullakacchā. vitacchikā.
개선하다 anubrūheti. paṭikaroti.
개성(個性) pāṭekkatā. puggalikatā. puggalabhāva. attabhāva. sakkāya.
개성을 부여하다 pāṭipuggalikaṁ karoti.
개성의 획득 attapaṭilābha.
개성적 존재 attabhāva.
개성적인 ekatta.
개수통 avakkārapāti. avakkārapātī.
개시(開始) paṭhamārambha. paṭisandhi.
개시(開示) samudāgama. nidassana.
개시하다 abhiseceti.
개오(開悟) aññā.
개오하고 나서 aññāya.
개오한 aññāta.
개요(槪要) piṇḍattha. piṇḍagaṇanā. uddhāra. vacanasampatiggaha
개울 kunnadī.
개원(開院) pavesana.
개의 구토 suvāṇavamathu.
개의 먹이통 suvāṇadoṇi.
개의 밥그릇 sāpanadoṇī.
개의 짓을 흉내 내는 것 kukkuravata.
개의 짓을 흉내 내는 자 kukkuravatika.
개의 짖는 소리 bhasita. santacā.
개인(個人) puggala.
개인간의 차이 puggalavemattata.
개인론자(個人論者) puggalavādin.
개인에 대한 구별 puggalabheda.
개인에 대한 시설 puggalapaññatti.
개인에 따라 yathāpuggalaṁ.
개인에 속하는 paṭipuggalika.
개인의 puggalika.
개인의 동기 attâdhipateyya.
개인적인 ajjhatta. ajjhattika. ajjhattikasantati.
개인적인 상태에 대한 통찰 anupadadhammavi-passanā.
개인적인 해탈 ajjhattavimokkha.
개인주의(個人主義) attakāmatā.
개자분(芥子粉) sāsapakuṭṭa.
개자유(芥子油) sāsapatela.
개종(改宗) samayantaragahaṇa.
개종시키다 pasādeti.
개종자(改宗者) sadhammacāgin. samayantaragāhin.
개종한 avasaṭa.
개체(個體) attakāra. sakkāya.
개체가 영원히 존재한다는 극단적 견해 sakkāyanta.
개체가 있다는 견해 sakkāyadiṭṭhi.
개체상주견(個體常住見) sakkāyadiṭṭhi.

개체의 발생 sakkāyasamudaya.
개체의 발생의 상태 sakkāyasamudayanta.
개체의 상태 sakkāyanta.
개체의 소멸 sakkāyanirodha.
개체의 소멸의 상태 sakkāyanirodhanta.
개체의 여읨 sakkāyanissaraṇa.
개체적 사항(事項)의 sakkāyavatthuka.
개체적으로 yathāpuggalaṁ.
개최하다 pavatteti.
개펄 loṇī.
개현(開顯) vivaraṇa. vivaraṇā.
개현하다 vikāseti.
개화(開花) phālana.
개화된 phullita. mañjarita.
개화하다 pabhijjati.
개회(開會) saṁsad.
객관적 욕망 vatthukāma.
객관적인 bāhira.
객사(客舍) āgantukâgāra.
객소리 biḷibiḷikā. vilivili(kriyā).
객진(客塵)의 āgantu. āgantuka.
갠지스강을 거슬러 uddhagaṅgaṁ.
갠지스강을 따라 아래로 adhogaṅgam.
갠지스강을 따라 위로 uparigaṅgaṁ.
갠지즈강 gaṅgā.
갠지즈강의 gaṅgeyya.
갠지즈강의 커다란 물 samudda.
갤러리 cittâgāra. cittasālā.
갱(坑) bhittikhīla. suruṅgā.
갱도(坑道) āvāṭa.
거공(渠工) nettika.
거기로 tahaṁ. tahiṁ.
거기에 amutra. tahaṁ. tattha. tatra.
거꾸로 된 dunikkhita. omuddhaka.
거느리다 pariharati. parivāriyati.
거니는 addhika.
거니는 것 parikkamana.
거니는 집 caṅkamanasālā.
거닐다 caṅkamati. vañcati. vicarati.
거닐음 caṅkamana. vikkama.
거님과 머묾 cāravihāra.
거대한 abbhāmatta. aparimāṇa. atimahant ati-visāla. brahant. vaṭhara. mahākāya. atimahanta.
거대한 바다고기 timi. timiṅgala. timirapiṅga. timiramiṅgala.
거대한 뱀 ajagara.
거대한 황금선(黃金船) kañcanamahānāvā
거동 iriya.
거두다 saṁsāmeti.
거두어 간직하는 nidāhaka.
거드는 anuggāhaka.
거들 kaccha. kacchā. kāyabandhana.
거들먹거리지 않는 anunnaḷa.
거듭 puna.
거듭 나타나는 okkantika.
거듭거듭 punappunaṁ.
거듭해서 punappunaṁ.
거래(去來) vaṇijjā. vāṇijjā. vaṇippattha. vohāra. vyohāra.
거래에 포함되는 kayavikkhayasaṅgaha.
거래의 개시 kayavikkhayâpajjana.
거래의 규칙 kayavikkhayavatthu.
거래의 성립 kayavikkhayasamāpajjana.
거래하다 pakiṇāti. vipaṇeti.
거룩하고 순수한 삶 brahmacariyavāsa.
거룩한 brahma°.
거룩한 경지 arahatta. arahattaphala. asekha-bhūmi. aggaphala.
거룩한 경지를 실현하기 위해 길을 가는 님 arahattaphalasacchikiriyāya paṭipanna.
거룩한 경지를 얻지 못한 aniṭṭhaṅgata.
거룩한 경지에 관계되는 asekhabhāgiya.
거룩한 경지에 대한 분석 asekhapaṭisambhidā.
거룩한 경지에 도달하고자 하는 의도 aññācitta.
거룩한 경지에 도달한 님 arahattaphala. arahattapatta.
거룩한 경지의 마음 arahattaphalacitta.
거룩한 경지의 성취 arahattagahaṇa.
거룩한 길 aggamagga. arahattamagga.
거룩한 길을 가는 님 arahattamagga. arahatta-phalasacchikiriyāya paṭipanna.
거룩한 길의 마음 arahattamaggacitta.
거룩한 님[아라한] asekhamuni. kappa(ñ)jaha. thāvara. brahmabhūta. asekharatana. arahant. arahat. asekha. asekkha. kevalin. vantāsa.
거룩한 님과 관계되는 영역 asekhavisaya.
거룩한 님에 대한 살해자 arahantaghātaka.
거룩한 님에 도달하여 완성하는 열 가지 탁월한 원리 dasa asekhā dhammā.
거룩한 님에 이르는 길 arahantamagga.
거룩한 님에 이르는 네 번째 길 catutthamagga.
거룩한 님을 넘어서는[다른 거룩한 님에 대하여] atiarahant.
거룩한 님의 asekhiya.
거룩한 님의 계행을 지닌 ariyasīlin.
거룩한 님의 지위 arahatta.
거룩한 님의 지위에서 쉽게 발견되지 않는 것 ab-

habbaṭṭhāna.
거룩한 님의 지혜 asekhañāṇa.
거룩한 님의 해탈 arahattavimokkha.
거룩한 님의 힘 asekhabala.
거룩한 님이 아닌 자 anarahat.
거룩한 삶 brahmavihāra.
거룩한 삶을 실천하지 않는 사람 abrahmacārin.
거룩한 삶이 아닌 것 abrahmacariya.
거룩한 성인 devisi.
거룩한 진리 ariyasacca
거룩한 진리에 대한 앎을 닦는 삶의 실천 ñāṇacariyā.
거룩한 침묵 vacīmoneyya.
거르다 parissāveti.
거리[간격] dūra. antara.
거리[길] visikhā. vīthi. vyūha.
거리가 없는 asanthata.
거리낌 kālikamucchā. cittosīdana.
거리낌이 없는 aparivajjana.
거리를 두다 antaraṁ karoti.
거리를 둔 antarita. bāhita.
거리를 둠 asaṁsagga.
거리에서 antaravīthi.
거리의 gamanin.
거리청소부 nagarasodhaka.
거만(倨慢) atimāna. atimaññanā. bhakuṭi. bhākuṭikā. bhākuṭiya. bhūkuṭi. dappa. issariyabhāva. māna. mahicchatā. uṇṇama. uṇṇati.
거만하다 uṇṇamati. unnamati.
거만하지 않은 anuddhata. anuddharin anuṇṇata. anussada.
거만한 accasara. atimānin. dappitadappita. gabbita. samussita. ukkaṭṭha. unnala. uṇṇala. uṇṇata. uppilāvita.
거머리 jalūkā. jalūpikā. rattapā.
거미 aṭṭhagādha. aṭṭhapāda. lūtā. makkaṭa. makkaṭaka. panthamakkaṭaka. uṇṇanābhi. uṇṇānābhi.
거미줄 makkaṭajāla. makkaṭakasutta. santānaka. vāgurā.
거미집 vāgurā. vākara. vākura. vākarā. vākurā.
거부(拒否) avakkāra. bāhitatta. kaḍḍhana. paccakkhāna. pahāna. panūdana. pariccajana. pariccajanā. paṭinissagga. ussagga.
거부되어야 할 nissaggiya.
거부되어야 할 사타의(捨墮衣) nissaggiyacīvara.
거부되지 않은 anirākata.
거부된 apāhata. apaviddha. avakkhitta. chaḍḍita. nihata. niratta. paccākata. paccakkhāta. panunna. nuṇṇa. paṭikkhitta. samukkheṭita. ucchiṭṭha. vitiṇṇa
거부될 수 있는 avakiriya.
거부하는 paccakkhant.
거부하다 apasādeti. bāheti. nibbeṭheti. niraṅkaroti. paccācikkhati. paccakkhāti. pariccajati. paṭibandhati. paṭikkhipati. paṭikuṭati. paṭikuṭṭati. ucchaḍḍeti.
거북이 kacchapa. kumma. manthara. nakka. ogaha. ogāha. oguha.
거북이알 kacchapaṇḍa.
거북이왕 kacchaparāja.
거북이의 등가죽 kapāla.
거북이의 등표면 kapālamatthaka.
거북이의 목 soṇḍī.
거북이의 자궁 kacchapayoni.
거북이의 특징 kacchapalakkhaṇa.
거북이점[미신] kacchapalakkhaṇa.
거북이털[비존재] kacchapaloma.
거사(居士) kuṭimbika. kuṭumbika. kuṭumbiya. gahapati.
거사보(居士寶) gahapatiratana.
거사부(居士婦) gahapatānī. gihinī.
거세(去勢) bījuddharaṇa.
거세된 uddhaṭaṇḍa. uddhaṭabīja. uddhaṭaphala. uppāṭitabīja. nāsitapumbhāva
거세된 남자 paṇḍaka. vassavara.
거세된 소 vacchatara.
거세된 황소 uddhaṭabījusabha.
거세된 황소의 이빨(?) dantakuṭa.
거세하는 (자) nilañchaka. nillañchaka.
거세하다 nillaccheti. aṇḍāni uddharati. bījam uppāṭeti. pumbhāvaṁ nāseti.
거센 흐름 ogha.
거센 흐름과 밧줄 oghapāsa.
거센 흐름들과 멍에들의 무리 oghayogagoccha-ka
거센 흐름에 가라앉는 oghasaṁsīdana.
거센 흐름에 삼켜진 oghaniya. oghanīya.
거센 흐름에 휩쓸린 oghasampayutta.
거센 흐름으로 가득 찬 oghapuṇṇa.
거센 흐름으로 넘치는 oghavephulla.
거센 흐름을 건너는 자 oghatārin.
거센 흐름을 건넌 oghatiṇṇa.
거센 흐름을 건넌 영웅 oghuttarakavīrapurisa.
거센 흐름을 건넌 자[阿羅漢] oghatara.
거센 흐름을 건넘 oghanittharaṇa. oghataraṇa. oghuttaraṇa.

거센 흐름을 뛰어 넘은 oghâtikkanta. oghâtiga
거센 흐름의 oghaniya. oghanīya.
거센 흐름의 길 oghapatha.
거센 흐름의 끝 oghanta.
거센 흐름의 어둠 oghandhakāra. oghatama.
거센 흐름이 없는 oghavippayutta.
거스르는 vimukha.
거슬러 올라가는 paṭisota.
거실(居室) jantāghara. vāsâgāra.
거실문 āvasathadvāra.
거울[鏡] ādāsa. ādāsaka. dappaṇa. attadassa.
거울의 표면 ādāsatala.
거위 haṁsa. pākahaṁsa.
거유(鋸喩) kakaca.
거의 manaṁ. yebhuyyena.
거의 없는 appa, appaka.
거의 유사한 색깔을 지닌 avanibhāsavaṇṇa.
거의 죽은 matapāya.
거인(巨人) kañjaka.
거장(巨匠) sikkhitar.
거절(拒絶) apoha. nisedhanatā. nivāraṇa. paccakkhāna. paṭibāhana. paṭikassana. paṭikkhepa. paṭisedhana. ussagga. vikkhipana. panūdana.
거절되어서는 안 될 appaṭikkhippa.
거절된 adhokata. paṭiibāhira. paṭikkhitta.
거절하고 abhinibbija.
거절하는 paṭisedhaka.
거절하는 사람 paṭisedhitar.
거절하다 abhinibbajjeti. abhivāreti. apasādeti. apohati. avanindati. okirati. paccācikkhati. paccakkhāti. paṭibāhati. paṭikassati. paṭikkhipati. paṭisedhati. ussajati. ussajjati.
거죄(擧罪) codanā. paṭicodana.
거죄갈마(擧罪羯磨) ukkhepaniyakamma.
거죄하다 paṭicodeti.
거주(居住) viharaṇa.
거주자(居住者) nevāsika. vasitar. nivāsin.
거주지(居住地) senāsana. vasanaṭṭhāna.
거주하는 abhinivuttha. adhisayana. adhivattha. ajjhāsaya. ajjhāvuttha. āvāsika. nivāsika. nivāsin. osita. vāsaka. vāsana. vāsika. vāsin vihārin. vissaka.
거주하는 마을 vasanagāma.
거주하는 수행승이 없는 abhikkhuka.
거주하다 abhinivasati. adhivasati. antovasati. āsīyati. āvasati. nisīdati. nivasati. paṭivasati. upavasati. vasati. viharati.
거주하지 않는 anāvāsa. anāvuttha. anivuṭṭha.
거주한 vasita.
거지 anāgāra. bhikkhaka. kapaṇamanussa. vaṇibbaka. vanin. vanibbaka. yācaka. yācanaka.
거지들과 유랑자들 kapaṇaddhikā.
거지와 사냥꾼 annabhāranesādā.
거짓 ālika. asacca. ayathābhāva. kohañña.
거짓 없는 ādīna.
거짓 외침 ullapana. ullapanā.
거짓 특징 vilakkhaṇa.
거짓 해탈 micchāvimutti.
거짓되지 않은 nikkuha. nimmakkha.
거짓된 kūṭa.
거짓된 것 mosadhamma.
거짓된 견해에 의한 곡해 diṭṭhiparāmāsa.
거짓된 단위 mānakūṭa.
거짓된 진술 abhūtârocana. abhūtavāda.
거짓된 진술을 하는 abhūtavādin.
거짓말 alika. kūṭavinicchayikatā. musāvāda. visaṁvāda.
거짓말을 않는 avisaṁvādin.
거짓말을 하는 alikavādin. musāvādin.
거짓말을 하는 것 musāvāda.
거짓말쟁이 musāvadin.
거짓말하다 palambheti. visaṁvādeti.
거짓말하지 않는 avisaṁvādaka.
거짓으로 musā.
거짓을 말하는 것을 삼가는 것 musāvādā veramaṇī.
거짓의 abhūta. asacca. avijjamāna. keḷisīla(ka) kerāṭika. kerāṭiya. keṭubhin kuha. māyāvin mosa. pāṭirūpika. vaṅka.
거짓이 아닌 akūṭa. amosa.
거짓이 아님 avisaṁvāda.
거처(居處) ālaya. āvāsa. āvasatha. geha. niketa. nilaya. nivāsa. nivāsana. nivesa. nivesana. oka. sādana. vasana. vasanaṭṭhāna. vihāra.
거처에 대하여 탐욕이 많은 āvāsapaligedhin.
거처에 대한 인색 āvāsamacchariya.
거처에 대한 집착 āvāsasaṅga.
거처에 도움이 되는 āvāsasappāya.
거처에 이기적인 āvāsamaccharin.
거처에 있는 āvāsagata.
거처에 탐욕적인 āvāsalobha.
거처의 āvāsika.
거처의 공덕 āvāsânisaṁsa.
거처의 무장애 āvāsâpalibodha.
거처의 축복 āvāsânisaṁsa.
거처하는 āvāsabhūta.
거치(鋸齒) kakacadanta.
거친 agāḷha. aṇḍaka. aṭaṇaka. dāruṇa. gaḷita.

kakkasa. kakkhaḷa. kaṭhina. kaṭhora. khaḷa. khara. lūkha. lūkhasa. makkhin niṭṭhura. oḷārika. pharusa. rabhasa. sāhasika. thūla. thulla. tiṭṭha.
거친 감각적 쾌락에 대한 탐욕 oḷārikakāmarāga.
거친 것에 대한 감각 oḷārikaṭṭha.
거친 것에 대한 해설 oḷārikaniddesa.
거친 고행적인 삶으로 평가하는 것 lūkhappamāṇaka.
거친 고행적인 삶을 사는 lūkhājiva.
거친 관목과 덤불 kakkhaḷagacchalaṭa.
거친 말 kakkhaḷasadda. pharusavācā.
거친 물질 oḷārikarūpa.
거친 밭 dukkhetta.
거친 번뇌 oḷārikakilesa.
거친 비단 kaca.
거친 사람 purisāda
거친 상태 kaṭhinatā. kharatta. oḷārikatā. kak.-khaḷabhāva
거친 소리 kharassara. oḷārikasadda.
거친 소리가 나는 kharassara.
거친 아들[말(馬)의 별칭] kharaputta.
거친 오염 oḷārikakilesa.
거친 옷 thūlasāṭaka. thullasāṭaka. sāhuḷacīvara.
거친 옷을 입은 lūkhacīvara.
거친 요소 oḷārikaṅga.
거친 음식 oḷārikâhāra.
거친 자아를 얻은 oḷārikattapatilābha.
거친 자양 oḷārikâhāra.
거친 잘못 oḷārikadosa.
거친 죄 thullaccaya.
거친 태양의 열기에 타버린 kaṭhinātapatāpita.
거친 털 kakkasaloma.
거친 행동 oḷārikaṭṭhāna.
거친 행위 oḷārikâcāra.
거칠거나 미세한 먹을 수 있는 자양 kabalīkāro āhāro oḷāriko vā sukhumo vā.
거칠게 만드는 pakopana.
거칠게 숨 쉬다 ghurughurāyati.
거칠고 아프고 아리고 쓰리고 매운 kakkhaḷatikhiṇakhārakaṭuka.
거칠고 잔혹한 kakkhaḷapharusa.
거칠고 헝클어진 kakkasâkiṇṇa.
거칠음 kakkaratā. kakkariya. kakkasiya. kakkassa. kharabhāva. niṭṭhuriya. phāruliya. phārusiya. thūlatā.
거칠지 않은 apharusa. aduṭṭhulla. akakkasa. alūkha. aniṭṭhurin asakkhara.
거품 bubbuḷa. bubbula. bubbuḷaka. māla. pheṇa. poṭa.
거품덩어리 pheṇapiṇḍa.
거품으로 뒤섞인 pheṇamissa.
거품을 내뿜는 사람 kheḷāpaka(?). kheḷāsika(?).
거품의 막 pheṇapaṭala.
거품의 비유 bubbuḷûpamā.
거품의 색깔 pheṇavaṇṇa.
거품의 소용돌이 pheṇamālā.
거품의 소용돌이가 있는 pheṇamālin.
거품이 이는 samuppilava. uddehaka. ussadakajāta.
거품이 일지 않는 anussadakajāta.
거화(炬火) ukkā.
걱정 agha. dara. daratha. nibbusittattā. parisaṅkā. paritassanā. saṁvega. tāsa. tāsaṇa. ubbega. ubbijjanā. vihesā.
걱정되는 saṅkita.
걱정되지 않는 avighātavat. anussaṅkita.
걱정스러운 visaṅkita.
걱정시키는 사람 pakaṭṭhaka.
걱정이 없는 adara. ādīna. sukhumāla. appakicca. anupasagga. aparitassaka. nirāsaṅka. nissaṅka. anussaṅkin. aparitassant. aparitassin. avyāvaṭa.
걱정이 없음 aparitassana.
걱정하는 āsaṅkin nibbusitatta. parisaṅkita. paritasita. paritassin paritatta. saṅkin. ubbegavat. ubbigga. ussaṅkita. ussaṅkin. utrāsin.
걱정하다 addiyati. ajjheti. harāyati. kukkuccāyati. parisaṅkati. paritappati. paritassati. paritasati. ubbijjati. viheti.
걱정하지 않는 → 걱정이 없는.
건강(健康) anīti. appābādha. appātaṅka. ārogiya. ārogga. ārogya. ārogyatā. kalla. kalya. kallatā. nibbāna.
건강에 의한 교만 ārogiyamada. āroggamada. ārogyamada.
건강에 의한 도취 ārogiyamada. āroggamada. ārogyamada.
건강을 추구하는 kallaṭṭhika.
건강의 구족 ārogyasampadā.
건강하게 하다 ārogāpeti.
건강한 anāmaya. anītika. aroga. ārogya. ātaṅka. kallaka. kallakāya. kallasarīra. kallitacitta. kallitakusala. nirāma. nirāmaya. nirātaṅka. niroga. nīroga. paṭipākatika. phāsu. appābādha. appātaṅka. jāta.
건강한 마음 kallacitta.
건강한 몸을 가진 kallaviggaha.

건강한 상태 kallabhāva.
건강한 출생 apuccaṇḍatā.
건관자(乾觀者) sukkhavipassaka.
건기와 일치하는 태양과 달의 천체궤도의 한 부분 ajavīthi
건남(犍南)[胎內五位] ghana.
건너 벗어남에 대한 완전한 앎 tīraṇapariññā.
건너가게 하다 otāreti. otārayati. otarāpeti.
건너가다 → 건너다.
건너가버리다 abhivitarati.
건너간 nittiṇṇa. okkanta. otiṇṇa. tiṇṇa. uttara.
건너감 otaraṇa.
건너게 도와주는 사람 tāretar.
건너게 하다 tāreti.
건너게 함 uttaraṇa.
건너기 아주 어려운 suduttara.
건너기 원하는 tar'esin.
건너기 위한 여울목 otaraṇatittha.
건너기 힘든 duttara.
건너는 다리 uttarasetu.
건너는 자 taritar.
건너다 atitarati. okkamati. otarati. otārayati. otāreti. nittharati. patarati. patāreti. tarati. tīreti. uttarati. vitarati.
건너서 pāraṁ.
건너지 못한 anuttiṇṇa.
건너지 않은 anatikkanta.
건넌 uttiṇṇa.
건넌 상태 taritatta.
건널 수 있는 tara.
건넘 netthāra. nitthāra. nittharaṇa. tara. taraṇa. uttāra. uttaraṇa.
건네진 ābhata.
건니가화(建尼迦花)[식물] kaṇṇikāra.
건다(騫茶)[인명] Khaṇḍa.
건다가(騫陀迦)[율장의 품] khandhaka.
건다라(健陀羅)[국명] Gandhāra.
건다비나자(騫陀毘那子)[인명] Khaṇḍadeviyāputta
건달(乾達) dhutta.
건달바(乾達婆) gandhabba.
건달바와 인간 gandhabbamānusā(pl.).
건달바위 무리에 속하는 gandhabbakāyika.
건도부(犍度部)[율장의 품] khandhaka.
건드려져서는 안 될 anāmasitabba. anāmassa.
건드려지지 않은 anāmasita. apparāmaṭṭha.
건드리는 māsin.
건드리다 āhanati. āhanti. anumajjati. māsati. omasati.
건드리지 않는 anomasanta. aphassita. paṭimaṁsa.
건드림 māsana.
건맥(乾麥) sukkhayava.
건물(建物) mandira. vatthuṭṭha.
건물의 기초공사 vatthukamma.
건방지지 않은 nimmāṇa.
건방진 anīcavutti. samussita. unnala. uṇṇala. uppilāvita. sappagabbha.
건방짐 dappa.
건배(乾杯) thuticuṇṇikā. uttaribhaṅga.
건설(建設) kārāpaṇa.
건설되다 kayirati. kayyate. kariyyati. karīyati.
건설된 saṇṭhita. upacita.
건설자(建設者) māpaka.
건설하다 cināpeti. kāreti. māpeti. tacchati. taccheti.
건어(乾魚) sukkhamaccha.
건육(乾肉) vallūra.
건장하고 뚱뚱한 소녀 thūlakumāri. thūlakumārikā. thullakumāri. thullakumārikā.
건장한 balavant.
건전(健全) apuccaṇḍatā.
건전한 kalla. kalya. sappāya.
건전한 상태의 pakatatta.
건전함 anābādha. kalyatā.
건조(乾燥) anovassa. avasussana. parisosa. sosa. sosana. sukkhana.
건조(乾燥)된 abhitatta. parisosita. sukkha. visukkha. visukkhita.
건조(乾燥)시키다 ninneti. parisoseti. pubbāpeti. pubbāpayati. upasoseti. upasussati. vippasukkhati. visoseti. nirudakaṁ karoti.
건조(乾燥)시킴 sosana.
건조(乾燥)하다 sukkhati. ussussati.
건조(建造)하다[船] bandhāpeti.
건조(乾燥)한 anodaka. anovassaka. appôdaka. parisukkha. parisukkhita. sukkhin. tiṭṭha. appodaka.
건조지대(乾燥地帶)의 숲속에서 araññe thale. dhammani.
건척(乾瘠) sosa.
건초 한 다발 tiṇakalāpa.
건초 한 단 tiṇakarala.
건초 한 웅큼 tiṇakarala.
건초(乾草) tiṇa. tiṇabhusa. yavasa. chādiya.
건초로 만든 횃불 tiṇ'ukkā.
건초를 분쇄한 tiṇacuṇṇa.
건추(犍椎) gaṇḍi.

건축(建築) karaṇa. karaṇabhāva. uṭṭhāna.
건축가(建築家) thapati. vaḍḍhaki. vaḍḍhakī. nimmāṇasippin.
건축시간 時間) karaṇakāla.
건축양식(建築樣式) ālaya.
건축을 위한 준비 uṭṭhānaparikamma.
건축의 기초적 작업 uṭṭhānaparikamma.
건축하다 uṭṭhāpeti.
건축학(建築學) nimmāṇasippa.
건편(腱片) nahārudaddula.
걷고 있는 caritar.
걷기 kanti.
걷기 힘든 vidugga.
걷기[經行]에 적절하지 않은 (장소) acaṅkama.
걷기에 알맞은 터널 jaṅghāummagga.
걷기에 즐거운 pītigamanīya.
걷는 cara.
걷는 소리 pattisadda.
걷는데 사용하는 지팡이 ālambadaṇḍa.
걷는데 습관을 들인 āciṇṇacaṅkamana.
걷다 akkamati. carati. gacchati. kamati. pacarati. pajjati. vaṅgati. sañcarati.
걷어 올리다 ubbhujati.
걸다 ālambati. laggeti. palambati.
걸레 ghaṁsanī. puñchanacolaka. puñchanī.
걸려 넘어지게 하는 khaluṅka. khaḷuṅka.
걸려 넘어지다 khalati. upakkhalati.
걸려있는 담쟁이 olambanalatā.
걸려있는 보금자리를 지닌 olambanakuṭava.
걸려있는 상태 laggana.
걸려있다 lagati. laggati.
걸려있음 avasaṁsana. vilambana.
걸려있지 않는 alamba.
걸리다 avalambati. rambati. saṁhīrati. vilambati.
걸리지 않은 apariyonadha.
걸린 ālambana. avalambaka. palambita. vilambin. āsaṅgin.
걸상 pīṭha. pīṭhaka. pīṭhikā.
걸쇠 aggaḷa. aggaḷā.
걸식(乞食) dalidda. daḷidda. piṇḍolya. piṇḍapāta.
걸식교(乞食憍) piṇḍapātikamada.
걸식수행자 bhikkhu.
걸식에 의한 교만 piṇḍapātikamada.
걸식에 의한 도취 piṇḍapātikamada.
걸식자(乞食者) vaṇibbin. kapaṇa.
걸어 돌아다니다 parisakkati. sañcarati. vicarati.
걸어 돌아다님 vicaraṇa.
걸어가 버린(?) parakkanta .
걸어가고 있는 상태 jaṅghāvihāra.
걸어가는 paddhagu.
걸어가다 pajjati.
걸어간 kanta.
걸어서 심부름 가는 jaṅghāpesanika.
걸을 수 없는 chinniriyāpatha.
걸음걸이 kamana. kamaṇa. vītihāra. saṅkamana. saṅkamaṇa.
걸음마 anipuṇagamana.
걸이 cillaka.
걸출(傑出)한 paccuggata. sudissamāna.
걸치다 paridahati. laggeti.
걸친 vāsana.
걸행(乞行) cāra.
검(劍) asi. sattha. karavāla.
검게 된 kaṇhikata.
검극(劍戟) sattisūla.
검댕이 aṅgāramasi. kajjala. masi.
검댕이로 만들어진 안약 kajjala.
검마슬담(劍磨瑟曇)[지명] Kammāssadhamma.
검보자(劍浦闍)[국명] Kamboja.
검부자(劍浮闍)[국명] Kamboja.
검사(檢査) parikkhā. parikkhaṇa. samannesanā. upaparikkhā. upaparikkhakā. upaparikkhaṇa. vicāra. vicaya.
검사자(檢査者) anuvicinaka. anuvijjaka. parikkhaka. viliketar. anuvicinaka.
검사하는 upaparikkhin vicāraka.
검사하다 anuvicināti. parikkhati. parivīmaṁsati. pavicinati. saṅkaḍḍhati. tuleti. vīmaṁsati.
검소(儉素) subharatā.
검소하게 사는 것 samajīvitā.
검소한 sallahuka. subhara.
검술(劍術) tharusippā.
검술을 익힘 tharusippā.
검안경(檢眼鏡) nayanabbhantaranidassaka.
검열을 받지 않는 appaṭikuṭṭha.
검염계(檢鹽計) khāramāṇa.kayanta
검엽(劍葉)[지옥] asipatta.
검은 apaṇḍara. asita. kāla. kāḷa. kālaka. kāḷaka. kaṇha. kiṇha. mecaka. nīla. sāma. kāla. kaṇha. kākavaṇṇa.
검은 개미 kālakipillikā.
검은 거위 kālahaṁsa.
검은 결과를 가져오는 kaṇhavipāka.
검은 곡식이 없는 apagatakāḷaka.
검은 구름 nīlabbha. valāhaka.
검은 금속 kālaloha.
검은 끈을 두른 kaṇhavaddhika.

검은 납[광물] kālatipu.
검은 낱알이 제거된 apanītakāḷaka.
검은 다발[머리카락] kaṇhakkhandhaka.
검은 덮개[머리카락] kaṇhacchakaṇha dana.
검은 독사 kaṇhasappa.
검은 막대기 kāladaṇḍa.
검은 머리를 가진 kaṇhasīsā.
검은 머리카락의 결발을 한 kaṇhajaṭi.
검은 모습을 한 kaṇhobhāsa.
검은 목재[방향(芳香)이 있음] kāliya.
검은 바람 kālavāta.
검은 반점이 없는 apagatakāḷaka.
검은 반점이 제거된 apanītakāḷaka.
검은 뱀 kaṇhā.
검은 불운한 계급 nīlâbhijāti.
검은 불운한 출생 nīlâbhijāti.
검은 뻐꾸기 kālakokila.
검은 사슴과 판다나 나무 isaphandanā.
검은 색의 kaṇha.
검은 색의 광택제 kaṇhañjana.
검은 색의 세안제 kaṇhañjana.
검은 생류 kaṇhâbhijāti.
검은 소금 kālaloṇa.
검은 손톱을 한 andhanakha.
검은 쇠 kāḷāyasa.
검은 안약 kālañjana.
검은 암사슴[牝鹿] sāmāmigī.
검은 얼굴을 지닌 kaṇhuttara.
검은 얼굴의 원숭이 kaṇhatuṇḍa.
검은 영양의 가죽 끈을 그물처럼 짜서 만든 옷 ajinakkhipa.
검은 점 kāḷaka.
검은 점이 있는 sakaṇika.
검은 지팡이 kāladaṇḍa.
검은 철 kālâyasa.
검은 큰 벌 ali.
검은 흑[비옥한 토양] kaṇhabhūmi.
검지 aggaṅgulī.
검지 않은 akaṇha.
검파해(劍波海)[지옥의 일종] khuradhāra.
검푸른 asita. mecaka. upanīla.
검푸른 색의 보석 amatabbāka.
겁(劫) kappa. kevalakappa.
겁(怯) sārajja. bhīru.
겁(怯)나는 vibhiṁsana.
겁(劫)의 kappika.
겁내지 않는 acchambhin. abhīruka.
겁의 시초에서 발생된 kappanibbatta.
겁의 전개 kappaparivaṭṭa.
겁의 종말 kappâvasāna.
겁의 종말이 시작되는 kapp'uṭṭhāna.
겁의 중간 kappavemajjha.
겁의 출현 kappasaṇṭhāna.
겁의 특징 kappapādapa.
겁의 파괴 kappakkhaya. kappavināsaka.
겁이 남아 있는 동안 kappâvasesaṁ.
겁이 많은 asūra. bhīru. bhīruka.
겁이라는 말 kappasadda.
겁이라는 소리 kappasadda.
겁쟁이 kāpurisa.
겁적(劫敵) panthaghāta. pāripanthika.
겁제라수(法提羅樹) khadira.
겁주다 santāseti.
겁중포(怯衆怖) parisasārajjabhaya.
겁파(劫簸)[음사] kappa.
겁파(劫波)[음사] kappa. kappāsika.
겁파의(劫波衣) kappāsikavatthu.
것 dhamma.
겉겨 kāraṇā. palāpa.
겉겨가 없는 akaṇa.
겉겨의 붉은 가루 kukkusa. kuṇḍaka.
겉모습 nimitta.
겉모습이 농부인 kassakavaṇṇa.
겉에 바르는 약 bāhiralepa.
겉옷 pāvuraṇa. sāṭaka. sāṭikā. sāṭī. uttarisāṭaka.
겉옷과 발우 sāṭakapatta.
겉옷의 절반 upaḍḍhadussa.
겉치레 musāracanā.
게[蟹] upayānaka. kakkaṭaka. kulīra. kuḷīra.
게걸스럽게 먹는 mahagghasa. odarika.
게걸스럽게 먹어치우지 않는 alolupacāratā. aloluppacāratā.
게걸스럽지 않은 alolupa. aloluppa.
게걸스레 먹다 gilati.
게경(偈經) gāthā.
게다가 adu. pana. uttari. uttariṁ.
게로 만든 양념 kakkaṭakarasa.
게를 잡는 꼬챙이와 같은 kakkaṭakavijjhanasūlasadisa.
게송(偈頌) catupādaka. gāthā. siloka.
게송을 노래해서 얻어진 (음식) gāthâbhigīta.
게송을 아는 자 gāthājānanaka.
게송을 지닌 sagātha. sagāthaka.
게송이 끝난 후 gāthâvasāne.
게송이 있는 sagātha. sagāthaka.
게양(揭揚) ussāpana.
게양된 깃발 accuggatadhaja.
게양하다 paggaheti.

게운[먹] vanta.
게으르고 많이 먹는 ālasiyamahagghasa.
게으르다 ālasyāyati. ālassāyati. pamajjati.
게으르지 않는 avitthana.
게으르지 않은 akusīta. alīna. analasa. appamatta. asallīna. atandita.
게으르지 않은 사람에게 appamajjato.
게으르지 않음 alīnatā. appamāda.
게으른 alasa. anuṭṭhahāna. anuṭṭhaka. dandha. kusīta. līna. manda. middhin. nibbiriya. niddārāma. niddāsīlin pamatta. sallīna. tandita.
게으른 자라는 사실 ālasiyayuttatā.
게으름 alasatā. alassa. ālasiya. ālasya. ālassa. ālassāyanā. dandhatta. kosajja. kusītatā. mandiya. middha. niddārāmatā. olīyanā. pamāda. pamādavatā. anuṭṭhāna.
게으름에 정복된 ālasiyâbhibhūta.
게으름의 실천 ālasiyânuyoga.
게으름이 생겨난 ālasiyajāta.
게으름이 없는 ālasiyavirahita. anālasya.
게을러 누워있는 자 samparivattasāyin.
게을리 하는 hāpaka.
게을리 하다 aparādheti. avarajjhati. hāpeti. parihāpeti.
게의 껍질 kapāla.
게의 눈 kakkaṭakkhi.
게의 집게발 aḷa. nakhapañjara.
게임 akkha. kīḷā. kīḷanā. keḷi. sobhanagaraka.
게임을 하다 abhikīḷati.
게임의 패배자 dukkhin. dukkhita.
겨 bhusa. bhusikā. kaṇa. kukkusa.
겨드랑이 kaccha. kacchā.
겨드랑이 밑 kaccha. kacchā. upakaccha. upakacchaka.
겨드랑이를 대고 눕다 passaṁ nipāteti.
겨드랑이의 털 kaccha. kacchā.
겨루다 anukaroti.
겨우 dukkhena. kathaṁ ~ ci.
겨울 hemanta. himapātasamaya.
겨울의 hemantika.
겨울철 hemantikakāla.
겨자가루 sāsapakuṭṭa.
겨자기름 sāsapatela.
겨자씨 andhikā. sāsapa.
격(激)해진 sampaditta.
격년(隔年)의 dvivassika.
격노(激怒) pakopa. sampakopa. balavakopa. rosa.
격노하다 parikuppati.
격노한 parikupita. rosaka. saṅkupita.
격동(激動) khobbha. saṅkhobha.
격동시키다 saṅkhobheti.
격려(激勵) ākoṭana. ākoṭanā. upatthambha. uyyojana.
격려를 받은 assattha. niyojita. ussāhita.
격려하는 ākoṭana.
격려하다 niyojeti. samādapeti. samādāpeti. samavassarati. ussāheti.
격렬(激烈) sāhasakiriyā. saṁrambha.
격렬한 dāruṇa. sāhasa. sāhasika. sāraddha. tippa.
격렬한 바람 uparivāyanavāta.
격렬한 움직임 ādhāvana.
격렬한 정진 tippupakkama.
격렬해진 sampaditta.
격리(隔離) asamosaraṇa. asanthava. paviveka. pavivekatā. sallīyanā. viveka.
격리되다 sallīyati.
격리되지 않은 avyāpeta.
격리된 paṭisallīna. rāhaseyyaka. vivitta. vūpakaṭṭha.
격리된 거처 vivittasenāsana.
격리된 숙소 vivittasenāsana.
격리된 자리 vivittāsana.
격리시키다 viveceti.
격변화(格變化)[문법] vibhatti.
격분(激憤) caṇḍikka. kupita. makkha. nigha. sārambha.
격분의 말 sārambhakathā.
격분하는 sārambhin.
격분하지 않음 asārambha.
격분한 kupita. ruṭṭha.
격심한 lambila. bāḷha. pabāḷha.
격심한 고통 sūlā.
격어미(格語尾)가 떨어져나가지 않는[문법] aluttavibhattika
격어미[문법] vibhatti.
격언(格言) saccasammatā. siddhanta. subhāsita. uccāraṇa. kārikā. sutta.
격의론(格義論)[서적] Vibhattyatthappakaraṇa.
격정(激情) saṁrāga. sārambha.
격정이 없는 vītarāga. anigha. asāraddha.
격정적인 caṇḍa. sarāga. sārambhin.
격찬(激讚) silāghā.
격찬하다 silāghati.
격퇴(擊退) paṭihanana.
격퇴되다 paṭihaññati.
격퇴된 apāhata.

격퇴하는 paṭihananaka.
격퇴하다 atibāheti. apabodhati. appabodhati. paṭihanati. paṭihāreti. paṭiseneti.
격파(擊破) parājaya. parābhava.
격파되다 paṭihaññati.
격파하고 abhivihacca.
격파하다 paṭihanati. parājeti. abhimaddati. pabhañjati.
격한정복합어(格限定複合語)[문법] tappurisa.
격향(格香) tagara.
겪고 upiya. anvāya.
겪다 āpajjati. paccanubhoti. paṭisaṁvediyati. paṭisaṁvedeti.
견갈(見渴) diṭṭhipipāsa.
견결(見結) diṭṭhisaṁyojana.
견결택(見決擇) diṭṭhipaṭivedha.
견고(堅固) anīti. daḷhī. gādha. thambhanā. thāma. akampiyatta. saṅgahaṇa.
견고(堅固)[인명] Kevaddha.
견고상(堅固想) dhuvasaññā.
견고성(堅固性) akuppatā. thiratā.
견고성에 대한 지각 dhuvasaññā. ghanasaññā.
견고하게 된 daḷhībhūta. kharigata.
견고한 akampa. akampanīya. akampiya. abhidhara. agāḷha. akkhobbha. akuppa. asaṅkuppa. dhīra. dhuva. khara. ṭhita. thaddha.
견고한 것을 취해 집착하는 것 sārādānābhinivesa.
견고한 곳 gādha.
견고한 구성의 kharagata.
견고한 상태 kharatta.
견고한 상태에 도달한 자 dhuvadhamma.
견고한 특징 thaddhalakkhaṇa.
견괴(見壞) diṭṭhivipatti. diṭṭhivipanna.
견교(見交) dassanasaṁsagga.
견구족(見具足) dassanasampanna. diṭṭhisampadā. sampannadiṭṭhi.
견난로(見難路) diṭṭhikantāra.
견도(見到) diṭṭhippatta.
견도자(見到者) diṭṭhippatta.
견득(見得) diṭṭhipaṭilābha.
견디기 어려운 asayha.
견디는 khama. thāmavant.
견디다 abhisambhavati. avatiṭṭhati. bharati. dhīyati. khamati. vibharati.
견디어 낼만한 yāpanīya.
견딜 수 있는 sayha.
견루(見漏) diṭṭhāsava.
견류(見流) diṭṭhogha.
견리고(見離苦) diṭṭhibyasanadukkha.
견망(見網) diṭṭhijāla.
견면수(絹綿樹) simbalī. tūlini.
견면수의 숲 simbalīvana.
견무상(見無上) dassanânuttariya.
견별(堅別) paṭiviṁsa. paṭivisa. paṭivīsa.
견본(見本) aggakārikā.
견분별(見分別) diṭṭhikappa.
견사(遣使) dūteyyapahiṇa. pahena. pahiṇagamana.
견삼법(見三法) dassanattika.
견상(見想) diṭṭhisaññā.
견상(堅相) thaddhalakkhaṇa.
견상응(見相應) diṭṭhisāmañña.
견성(見成) diṭṭhânugati.
견성(堅性) thaddhabhāva.
견손실(見損失) diṭṭhivyasana.
견수면(見睡眠) diṭṭhânusaya.
견수자(見隨者) diṭṭhisārin.
견습(見習)의 허용 parivāsadāna.
견습기간 parivāsa.
견습기간을 지내다 parivasati.
견습이 지난 뒤의 의식에서 인정받은 katûpacāra.
견습중인 자 parivāsika.
견습하는 parivāsika.
견실(堅實) sāra.
견실괴(見失壞) diṭṭhivipatti.
견실하다고 생각되는 사람 sāramati.
견실한 sāravant.
견심제인(見審諦忍) diṭṭhinijjhānakhanti.
견아집(見我執) diṭṭhimamatta.
견애(見愛) diṭṭhitaṇhā.
견액(見軛) diṭṭhiyoga.
견원만상(肩圓滿相)[삼십이상] samavattakhandhā.
견의(見依) diṭṭhinissaya.
견이법(見二法) dassanaduka.
견인(牽引) ākassa. anukaḍḍhana. ākaḍḍhana. ākaḍḍhanā. upakaḍḍhana.
견인된 anukaḍḍhita.
견인불발(堅忍不拔) sātacca.
견인불발의 sātatika.
견인하는 ākaḍḍhaka.
견인하다 anukaḍḍhati. anukasati. anukassati.
견잡염(見雜染) diṭṭhisaṅkilesa.
견장애(見障碍) diṭṭhipapañca.
견적(見積) tulanā.
견전(見纏) diṭṭhipariyuṭṭha.
견전(見箭) diṭṭhisalla.

견전도(見顚倒) diṭṭhivipariyesa.
견정(見定) dassanasamāpatti.
견조(樫鳥)[조류] kikin.
견주(堅住) ṭhiti.
견주다 upanayati. upaneti.
견줄 수 없는 asama.
견줄 수 없는 자비 asamakaruṇa.
견증상(見增上) dassanâdhippeyya.
견지(見地) dassanabhūmi.
견집(見執) diṭṭhigāha.
견집(見集) diṭṭhisamudaya.
견집자(見執者) diṭṭhinipāta.
견집현탐(堅執現貪) sārādānābhinivesa.
견착(見著) diṭṭhajjhosana. diṭṭhilepa. diṭṭhisaṅga.
견책(譴責) paribhāsa. upārambha. upārambhanā.
견처(見處) diṭṭhiṭṭhāna.
견청정(見淸淨) dassanavisuddhi. diṭṭhivisuddhi.
견취(見趣) diṭṭhânugati.
견취(見取) diṭṭhûpādāna.
견취착(見取著) diṭṭhiparāmāsa.
견치(見痴) dandhadiṭṭhi.
견치(堅齒) dāṭhā. danta. daṭṭhā.
견친(見親) diṭṭhisneha.
견탐(見貪) diṭṭhirāga.
견편취(見遍取) diṭṭhipariggaha.
견폭류(見暴流) diṭṭhogha.
견해(見解) dassana. diṭṭhi. laddhi.
견해가 무너지는 고통 diṭṭhibyasanadukkha.
견해가 없음 adassana.
견해로 성취한 님 diṭṭhippatta.
견해를 가진 diṭṭhika. diṭṭhin.
견해를 따르는 diṭṭhisārin.
견해를 성취한 님 diṭṭhappatta.
견해를 지닌 상태 diṭṭhitā.
견해를 형성한 사람 diṭṭhipatta.
견해에 대한 갈애 diṭṭhitaṇhā.
견해에 대한 것 atidiṭṭhi.
견해에 대한 결정 diṭṭhivinicchaya.
견해에 대한 중시 diṭṭhipurekkhāra.
견해에 대한 지각 diṭṭhisaññā.
견해에 대한 집착 diṭṭhigāha. diṭṭhilepa. diṭṭhinipāta. diṭṭhûpādāna.
견해에 대한 탐욕 diṭṭhirāga.
견해에 도달한 diṭṭhippatta.
견해에 두루 집착하는 것 diṭṭhipariggaha.
견해에 매인 지각 diṭṭhisaññā.
견해에 물듦 diṭṭhisaṅkilesa.
견해에 빠진 diṭṭhigata.
견해에 빠진 자 diṭṭhigatika.
견해에 의존하는 diṭṭhinissaya.
견해에 의한 동요 diṭṭhitassanā.
견해에 의한 망상 diṭṭhipapañca.
견해에 의한 번뇌 diṭṭhāsava.
견해에 의한 분별 diṭṭhikappa.
견해에 의한 애정 diṭṭhisneha.
견해에 의한 얽힘 diṭṭhipariyuṭṭha.
견해에 의한 염착 diṭṭhisaṅga.
견해에 의한 허구 diṭṭhikappa.
견해에 의한 혼미 diṭṭhimucchā.
견해에 의한 희론 diṭṭhipapañca.
견해에 입각한 허구 diṭṭhikappa.
견해와 관계있음 diṭṭhisāmañña.
견해와 관련된 상실 diṭṭhivyasana.
견해의 갈증 diṭṭhipipāsa.
견해의 거센 흐름 diṭṭhogha.
견해의 결박 diṭṭhisaṁyojana.
견해의 경향 diṭṭhānusaya.
견해의 그물 diṭṭhijāla.
견해의 멍에 diṭṭhiyoga.
견해의 미혹 diṭṭhipariḷāha.
견해의 발생 diṭṭhisamudaya.
견해의 번뇌 diṭṭhâsava.
견해의 분쟁 diṭṭhivipphandita.
견해의 상실 diṭṭhivipatti.
견해의 성취 diṭṭhisampadā.
견해의 손괴 diṭṭhivipatti.
견해의 왜곡 diṭṭhivipariyesa. diṭṭhivipallāsa.
견해의 잠재적 경향 diṭṭhânusaya.
견해의 전도 diṭṭhivipariyesa. diṭṭhivipallāsa.
견해의 청정 diṭṭhivisuddhi.
견해의 통찰 diṭṭhipaṭivedha.
견해의 화살 diṭṭhisalla.
견해의 황야 diṭṭhikantāra.
견행(見行) diṭṭhicarita.
견혹(見惑) diṭṭhipariḷāha.
결가(結跏) ābhujana.
결가부좌(結跏趺坐)를 하다 pallaṅkaṁ ābhujati.
결계(結界) sīmā.
결계(結界)를 파괴한 bhinnasīma.
결계당(結界堂) sīmāghara. sīmāgeha.
결계원(結界園) sīmārāma.
결과(結果) abhisanda. abhisandana. apadāna. attha. nipphajjana. nipphatti. nissanda. nissaraṇa. pacchāsa. pariṇāma. payojana. phala. sampadā. sañjāti. udaya. vipāka. nisaṅkhiti. atthanipphatti. atthavasa.

결과가 달리 성숙함 phalavipāka.
결과가 되다 abhinippatati.
결과가 없는 aphala. asamijjhanaka. avipāka.
결과가 있는 nipphattika.
결과로 nidānaṁ.
결과로 되다 upanīyati.
결과로 된 upanīta.
결과로 생기는 vepakka.
결과로서 adhikaraṇa. anusārena.
결과를 걱정하는 vinighātin.
결과를 낳지 않는 avipāka
결과를 내지 못한 akoṭigata.
결과를 얻은 āgataphala.
결과에 따라서 atthaso.
결과에 의해서 나타난 apadānasobhana.
결과와 관련하여 무규정적인 avyākatavipāka.
결과의 paribbasāna.
결과의 상태 vipākatta.
결과하는 uddaya. udraya. samuddaya. samudraya.
결과하다 adhivattati. āgacchati. nippajjati. nipphajjati. niyujjati. pavattati
결국 ~ 이 되다 ācināti.
결국 cirassa. cirassaṁ. osānavasena. ante. osāne.
결납금(結納金) suṅkiya.
결단(決斷) pagabbhatā. vohāra. vyohāra.
결단된 nicchita.
결단력 있는 pagabbhin.
결단하다 nicchināti.
결례(缺禮) asuddhappayoga. avinītabhāva.
결론(結論) abhisandana. adhippāya. anubuddhi. nigamana. niggama(na). osāna. sanniṭṭhāna.
결론에 도달하다 neti. nayati. upaneti.
결론이 되는 upanīta.
결론적인 진술 atthanigamana.
결망(結網) vinandhanarajju.
결박(結縛) ābandha. ābandhana. bandhana. nibandhana. saṁyojana. saṅgaha. upanibandha. upanibandhana. vinandhana. sambādha.
결박과 관계되는 saṁyojaniya. saññojaniya.
결박되기에 적합한 saṁyojaniya. saññojaniya.
결박된 naddha. upanibaddha.
결박될 수 있는 saṁyojaniya. saññojaniya.
결박될 수 있는 원리 saṁyojaniyadhamma.
결박번뇌지(結縛煩惱地) saṁyojanakilesabhūmi.
결박을 푼 vijaṭita.
결박의 경향 saṁyogâbhinivesa.
결박의 오염단계 saṁyojanakilesabhūmi.
결박의 장애 bandhanapalibodha.
결박주착(結縛住著) saṁyogâbhinivesa.
결발(結髮) dhammilla. jaṭā.
결발을 한 jaṭādharaṇa. jaṭin.
결발행자(結髮行者) jaṭin. jaṭiya. jaṭila. jaṭilaka.
결백(潔白) soceyya.
결백한 apāpa. apāpaka. vimala.
결부(結付)된 āvuta.
결부시키다 āvuṇāti.
결사(結絲) vinandhanasutta.
결생(結生) paṭisandhāna. paṭisandhi.
결생(結生)에 이르기까지 āpaṭisandhito.
결생(結生)하다 paṭisandahati.
결생(結生)하지 않는 appaṭsandhika.
결생(結生)하지 않음 appaṭisandhi.
결생식(結生識) paṭisandhiviññāṇa.
결생심(結生心) paṭisandhicitta.
결생업(結生業) paṭisandhikamma.
결생찰나(結生刹那) paṭisandhikkhaṇa.
결석(結石) asmarī. muttakicchā.
결석(結石)의 pāsāṇāyatta. silāvisayaka.
결석(結石)이 있는 asmarīsahita.
결석용해약(結石溶解藥) asmarībhedaka.
결손(缺損) virandha.
결실(結實) vipāka.
결실상태에 있는 dovila.
결실이 적음 appaphalatā.
결심(決心) abhinīhāra. cetopaṇidhi. dhiti. paṇidhi. sanniṭṭhāna. vyavasāna.
결심이 된 nicchita.
결심하고 adhiṭṭhāya.
결심하다 nicchināti. samāpeti.
결여(缺如) alābha. apetatta.
결여가 없는 avaya.
결여된 abhivajjita. hīna. parihīna. parihīnaka. ūna. ūnaka. vikala(ka). vinibbhoga. vipanna.
결여로 parammukhā.
결절(結節) pabbagaṇṭhi.
결절창(結節瘡) daddu.
결점(缺點) chidda. dosa. kasaṭa. kibbisa. otāra. padosa. randha. vaṅga. virandha. vivara. vyālika. kasāva. kasāya.
결점으로 가득 찬 ākiṇṇadosa.
결점을 찾기 otāra. otārâpekkha.
결점이 없는 ahīna. amala. appaṭikuṭṭha. avekalla. kalya. niddukkha. parisuddha.
결점이 있는 chidda. chiddaka. chiddavant. sakasaṭa. sāvajja. upakkuṭṭa.

결정(決定) adhimutti. adhimokkha. adhiṭṭhāna. ālaya. kiccâdhikaraṇa. nicchaya. niṇṇaya. niyati. niyama. niyāma. niyamana. okappanā. paricchindana. santīraṇa. vavatthāna. vinicchaya. vyavasāna. appaṇā. appanā. vinicchinana. votthapana. voṭṭhapana. votthappana. voṭṭhappana.
결정(結晶) sakkharā.
결정(決定)에 관해 현명한 자 vinicchayaññū.
결정기(決定記) ekaṁsika.
결정기능의 성취 votthap(p)anakicca. voṭṭhap(p)anakiriyā.
결정되다 vavattheti.
결정되지 못한 avinicchita.
결정되지 않은 avyākata. anadhiṭṭhita. anibaddha. aniyata. aniyāmita.
결정되지 않은 성[문법] aniyataliṅga.
결정된 adhiṭṭhita. avasita. dhata. niyāmaka. niyata. parikappita. ussāhita. vavattita. vinicchita. viyatta. vyākata. vyavasita.
결정론(決定論) niyāmakathā. vinicchayakathā. niyativāda.
결정론자(決定論者) niyativādin.
결정바라밀(決定波羅密) adhiṭṭhānapāramī. adhiṭṭhānapāramitā.
결정사견(決定邪見) niyatamicchādiṭṭi.
결정성(決定性) ekaṁsikatā.
결정에 대한 예비적 사고 ālaya.
결정을 한 katasanniṭṭhāna.
결정의 마음 adhiṭṭhānacitta.
결정의 번복 ukkoṭa. ukkoṭanā.
결정의 순간적 포착 adhiṭṭhānajavana.
결정의 완성 adhiṭṭhānapāramī. adhiṭṭhānapāramitā.
결정이 이루어지지 않은 animittakata.
결정이법(決定二法) niyataduka.
결정적으로 ekadatthu.
결정적으로 얻는 ekantalābhin.
결정적이지 못한 논증 aniyyānikakāraṇa.
결정적인 ekaṁsika. gāhavant.
결정적인 원인 upanissayapaccaya.
결정지(決定地) kappiyabhūmi.
결정하는 paricchedaka. paricchindanaka.
결정하는 사람 ninnetar.
결정하다 abhilakkheti. adhiṭṭhahati. adhiṭṭhāti. avadhāreti. okappeti. osāpeti. niṇṇeti. paricchindati. samāpeti. saṅkappeti. vavatthapeti. vavatthāpeti. viniccheti. vinicchinati. vinicchināti. vinicchati. voharati.
결정하지 못하는 anekaṁsika. kaṅkhamāna. kaṅkhin.
결정하지 못함 anadhiṭṭhāna.
결정할 수 없는 avinicchaya.
결제하다 sodheti.
결집(結集) saṅgaha. saṅgāha. saṅgīti.
결집된 saṅgīta.
결집사(結集師) saṅgahācariya.
결집의 saṅgāyika.
결집하는 (사람) saṅgāhaka.
결집하다 saṅgāyati.
결코 ~ 아님 akiñci.
결코 kuto ci.
결코 쉽게 위반하지 못하는 anujjhānabahula.
결코 앉지 않는 āsanapaṭikkhitta.
결택(決擇) nibbedha.
결택력(決擇力)이 있는 nibbedha. nibbedhaka.
결택법문(決擇法門) nibbedhakapariyāya.
결택분(決擇分) nibbedhabhāgiya.
결택분계(決擇分戒) nibbedhabhāgiyasīla.
결택분정(決擇分定) nibbedhabhāgiyasamādhi.
결택분혜(決擇分慧) nibbedhabhāgiyapaññā.
결택혜(決擇慧) nibbedhakapāñña.
결핍(缺乏) ūnatta. vekalla. vekallatā. vekalyatā. vipatti.
결핍된 ūna. ūnaka.
결함(缺陷) alābha. chidda. ela. padosa. upakkilesa. klesa. vekalla. vekallatā. vekalyatā. vivara.
결함이 없는 anūna. anūnaka. avikala. nela. neḷa. nirāmaya.
결함이 있는 akevalin apariपūra. omatta. padosika.
결함이 있는 말을 하는 eḷagalavāca.
결합(結合) anuyojana. bandha. ekīkaraṇa. ghaṭṭana. missakatta. missana. sāhicca. samāsa. samavāya. samāyoga. sambandha. sambandhana. saṁhanana. samodhāna. samodahana. samodhānatā. samosaraṇa. sampayoga. sampiṇḍana. saṁsandanā. saṁyoga. sandhāpana. sandhi. saṅgati. saṅghāṭa. silesa. upayoga. vikāra. yoga. yuñjana. yutta.
결합되다 samāyāti. sambajjhati. saṁyujjati. sandhīyate. sandhiyyate.
결합된 atibaddha. āyuta. āyutta. baddha. ekaṭṭha. ghaṭita. missaka. missita. sahita. samāyuta. sambaddha. sameta. samodita. samohita. sampiṇḍita. saṁsaṭṭha. samudita. saṁyojita. saṁyūḷha. saṁyuta. saṁyutta. saṅgatika.

결합시키는 saṅgāhaka. saṅghātanika.
결합시키다 abhisambandhati. sandhiṁ karoti. misseti. pahārāpeti. saṁsandeti. saṁyojeti. saṁyuñjati. sannipāteti. yojāpeti. yojeti. sañcāreti.
결합의 분리[문법] yogavibhāga.
결합의 상태 saṅgatibhāva.
결합의 특징 sampayogalakkhaṇa.
결합하는 vyāpaka.
결합하다 ganthati. ghaṭeti. sambandhati. saṁhanati. hanti. saṁhanti. samodhāneti. sampiṇḍeti. sañcarati. yuñjati.
결혼(結婚) anusandhi. āvāha. āvāhana. pariṇaya. vāreyya. vivāha. vivāhya. vivāhana. pāṇiggaha. gharabandhana.
결혼(結婚)의 축제 āvāhamaṅgala.
결혼시키다 āvahati. saṁyojeti.
결혼식(結婚式) āvāhamaṅgala. dhāreyya.
결혼식에서 신부를 신랑에게 인도하는 것 apāda. apādāna.
결혼식의 손님 vevāhika.
결혼식의 축연 maṅgalakirīya.
결혼을 위해 소녀를 받아들이는 kaññāgahana.
결혼의 시작 gharabandhana.
결혼적령기(結婚適齡期) viññūtā.
결혼적령기의 여자 pateyyā.
결혼축제의 파트너로서 허락되지 않은 anāvayha.
결혼하지 않은 adārabharaṇa. anibbiṭṭha. apajāpatika. apariggaha. apariggahita. avāvaṭa.
결혼하지 않은 것 akatapariggaha.
결혼하지 않은 소녀 adattā.
결혼하지 않은 여자 apariṇītā. apatikā.
결혼한 katapariggaha. sapariggaha.
결혼할 만큼 성숙한 alampateyya.
결혼혐오론자(結婚嫌惡論者) vivāhavirodhin.
결혼혐오증(結婚嫌惡症) vivāhavirodha.
겸손(謙遜) attuññā. ahāsa. nipaccākāra. suhanna.
겸손하다 nimmāniyati.
겸손한 apagabbha. appagabbha. appaguṇa. avikatthin. nihatamāna. nihuhuṅka. nimmāṇa. nivāta. paṇipātika. nīcamana.
겸손한 마음 nīcacitta(tā).
겸양(謙讓) nikāra. nipaccākāra. suhanna.
겸허의 표준 lūkhappamāṇika.
겹 guṇa.
겹꽃의 재스민 mālikā.
겹옷 dupaṭṭa.
경(鏡) ādāsa.
경(經) sutta. suttanta.
경(境) visaya.
경각(頃刻) laya.
경건(敬虔) pasāda. sādariya. sādariyatā.
경건하게 말하다 pariyudāharati.
경건하지 않는 adhammika.
경건한 brahma°. dhammaladdha. paṇipātika. pasādaka. sādara. sovaggika.
경건한 소망을 표현하다 abhisiṁsati.
경건한 행위 seṭṭhakamma.
경계(境界) anta. avadhi. mariyādā. odhi. pariccheda. pariyanta. sīmā. sīmanta. velā.
경계(警戒) ārakkha. ārakkhā. jāgaratā. jāgariyā. jagga. jaggana. jagganatā.
경계가 구획되지 않은 abaddhasīma.
경계가 없는 animitta. aparikkhitta.
경계가 잘린 antacchinna.
경계가 지어진 pariyanta. sīmākata.
경계가 지어진 지방 maṇḍala.
경계를 넘어가는 atisīmacara.
경계를 어기다 ajjhottharati.
경계를 초월한 sīmâtiga.
경계선(境界線) ummāra.
경계에 묶인 mariyādābaddha.
경계에 접한 paccanta. paccantima.
경계의 끝 sīmanta.
경계의 밖 bahisīmā.
경계의 밖의 nissīma.
경계의 안에 사는 sīmaṭṭha.
경계의 안에 있는 antosīmagata.
경계의 안에 존재하는 sīmaṭṭha.
경계의 제거 sīmāsamugghāta.
경계의 폐지 sīmāsamugghāta.
경계의 혼란 sīmāsambheda.
경계표(境界標) indakhīla.
경계하는 jāgara.
경계하다 ārakkhati. jāgarati. jaggati. nilloketi.
경골(頸骨) gīvaṭṭhi.
경골(脛骨) jaṅghā.
경과(經過) addhan. vītikama. vītikkama.
경과된 vītivatta.
경과된 시간을 지각하는 atikkantasaññin.
경과해서 aticca.
경광설(經廣說)[서명] Suttaniddesa.
경구(警句) sutta. manta. kārikā. yoga. upadesapāṭha.
경국지색(傾國之色) janapadakalyāṇī.
경기장(競技場) maṇḍala.

경논모(經論母) suttantamātikā.
경도(傾倒)되다 mamāyati. mamāyate.
경량부(經量部)[部派] Suttavāda.
경련(痙攣) vipphadana. vipphandita.
경련이 일어난 vipphandita.
경련하다 vipphandati.
경례(敬禮) abhivādana. paṇāma.
경례하다 abhivādeti.
경로(徑路) patha.
경론(經論) ākhyāyikā.
경마의 기수 assācariya.
경마훈련장 assamaṇḍalika.
경멸(輕蔑) ādariya. anādariya. apavyāma. atimaññanā. avajānana. avamāna. omāna. avamānana. avaññā. avaññatti. hīḷana. hīḷanā. jigucchā. jigucchana. tajjaniya. tirokkāra. nirākaraṇa. nindā. nindana. ohīḷanā. parābhava. paribhava. ukkhipana. vambha. vambhanā. vamha. vimāna. vimānana.
경멸당해야 하는 vanbhanīya.
경멸받은 avaḍḍhitabhūta. avabhūta. avaññāta. oñāta. oññāta. kucchita. nindita. paribhūta. paṭikuṭṭha. dhikkata. hīḷita. samukkheṭita. vimānita.
경멸받을 만한 uññātabba.
경멸받지 않기를 바라는 anavaññattikāma.
경멸받지 않는 명예를 지닌 anavaññattimada.
경멸받지 않은 anavamata. aparibhūta. anavaññāta.
경멸받지 않음 anavaññatti.
경멸받지 않음과 관련된 anavaññattipaṭisaṁyutta
경멸스러운 kapaṇa. appatikkha.
경멸적인 → 경멸스러운.
경멸하는 adhokhipana. avakārin vambhin.
경멸하다 apakirati. appamaññati. atihīḷeti. atimaññati. avajānati. avajānāti. avamāneti. avamaññati. hīḷeti. nibbhacceti. nindati. niraṅkaroti. ocināyati. ohīḷeti. paribhavati. paribhoti. samatimaññati. vambheti. vamheti. vimāneti.
경멸하여 apakiritūna. apavyāma.
경멸하지 않는 ajeguccha. nihuhuṅka. vigatacāpalla.
경멸할 만한 chuddha. hīna.
경미반(硬米飯) sālimaṁsodana.
경미한 범죄 dukkaṭakamma.
경미한 죄 dukkaṭa. dukkata.
경박하게 말하는 samphappalāpin.
경박함을 떠난 vigatacāpalla.
경부(經部)[부파] Suttavāda.
경분별(經分別) Suttavibhaṅga. Suttantabhājaniya.
경비(警備) pāla. pālaka.
경사(傾斜) nati. pabbhāra.
경사(經師) suttantika.
경사(傾斜)가 없는 apabbhāra.
경사(傾斜)로 tiraccha.
경사(慶事)스러운 순간 sukhaṇa.
경사(傾斜)진 poṇa. poṇika.
경사면(傾斜面) kūla. pabbhāra. pabbhāraṭṭhāna
경사면에 이어지는 경사면 anupubbapabbhāra.
경사중(經師衆) suttantikagaṇa.
경색(境色) gocararūpa
경색(梗塞) kaṭukañcukatā.
경설(經說) pariyāya. pariyāyakathā.
경솔(輕率)한 asamekkhakārin. lahuggāhin. agarukārin
경수자(經水者) utunī.
경시(輕視) anādariya. avamāna. omāna. vambha. vambhanā. vamha.
경시되지 않은 anavakkhitta.
경시된 abahumata.
경시하는 anādara. anādariyaka.
경시하다 appamaññati. laṅghati.
경식(頸飾) ganṭhika.
경식(硬食) khajja. khajjaka. khādaniya.
경악(驚愕) aṭṭiyana. aṭṭiyanā. chambhitatta. vimati. vimhaya.
경악한 chambhita.
경안(輕安) passaddhi. passaddhatā.
경안각지(輕安覺支) passaddhisambojjhaṅga
경안등각지(輕安等覺支) passaddhisambojjhaṅga.
경안신(輕安身) passaddhakāya.
경안심(輕安心) passaddhacitta.
경안한 passaddha.
경어(敬語) garuvacana.
경영(經營) adhikāra.
경영자(經營者) adhikāra. adhikārin. payojaka. payojetu
경영하는 adhikārika.
경오책려(警寤策勵) jāgariyânuyoga.
경오책려주변(警悟策勵周邊) jāgariyānuyogapariyanta.
경외(敬畏) saṁvega. saṁvejana.
경외감(敬畏感) saṁvega.
경외감을 야기하는 saṁvigga. saṁvejanīya.
경외감을 일으킬 수 있는 saṁvejanīya.

경외의 토대 saṁvegavatthu.
경우(境遇) aṭṭhuppatti. āyatana. pasaṅga. samaya. ṭhāna. vāra. haṁsi(?).
경우가 아닌 anavakāsa.
경우가 있는 sauddesa.
경우에 ṭhāne.
경우에 맞는 āvatthika.
경우와 경우가 아님 ṭhānâṭhāna.
경유(經由)해서 niyāmena.
경율(經律) suttavinaya.
경의(敬意) accana. accanā. apacāyana. apaciti. purekkhāra. sammāna. sammānanā.
경의가 표해진 abhiropita.
경의를 표하는 것 purekkhāratā.
경의를 표하다 abhiropeti. abhivādeti. abhivandati. namassati. paṭipūjeti. sa.mannāharati.
경의를 표함 namassiyā. namassā.
경이(驚異) acchara. cittarūpa. lomahaṁsa. pāṭihāriya.
경이로운 abbhuta. acchariya. acchariyarūpa. abbhuta.
경이로운 것 abbhutadhamma.
경이로움으로 이끄는 acchariyagāmin.
경이롭게 abbhutaṁ.
경작(耕作) kasi. kasī. kasana. kasikamma. naṅgalakaṭṭhakaraṇa.
경작되지 않은 akaṭṭha.
경작되지 않은 토양 akaṭabhūmibhāga.
경작된 kaṭṭha.
경작에 알맞은 땅 khetta.
경작자(耕作者) kassaka.
경작지(耕作地) kasikhetta. kasitaṭṭhāna. kedāra.
경작하다 ākassati. kasati. vaḍḍheti.
경장(經藏) suttapiṭaka.
경쟁(競爭) vivāda. vijigiṁsā. yugaggāha. paṭipuggalatta.
경쟁자(競爭者) paṭipurisa. sapatta. paṭimalla. paṭipuggala. yugaggāhin.
경쟁자가 없는 appaṭipuggala. asapatta.
경쟁자가 있는 동료 sappaṭipuggala.
경쟁적인 sapattaka.
경쟁적인 여자[아내와 첩] sapatī.
경쟁하다 abhiyujjhati. vijigiṁsati.
경전(經典) manta. pāṭha. pāvacana. sutta. suttânuloma. suttanta. tanti. suttanta
경전강요(經典綱要)[서명] Gandhasāra.
경전결집 saṅgīti.
경전결집의 시기 saṅgītikāla.
경전과 율장 suttavinaya.
경전에 능통한 pariyattibahussuta.
경전에 능통한 승려의 무리 suttantikagaṇa.
경전에 대한 법문 suttantikapariyāya.
경전에 대한 설명[주로 단어의 의미에 대한 것] pālivaṇṇanā.
경전에 정통한 suttantika. svāgama.
경전에서의 인용 āhaccapāḷi.
경전연구에 뛰어난 pariyattibahula.
경전을 결집하는 스승 saṅgahācariya.
경전을 기억하는 suttadhara.
경전을 외우고 있는 pariyattidhara.
경전의 가르침 pariyattisāsana.
경전의 공부에 지성이 풍부한 pariyattipaṭibhānavant.
경전의 구분 suttantabhājaniya.
경전의 구절 pāṭha.
경전의 기준과 일치하지 않는 apāḷinaya.
경전의 내용 pariyattidhamma.
경전의 논의의 내용 suttantamātikā.
경전의 보존 pariyattipariharaṇa.
경전의 분별 suttantabhājaniya.
경전의 세분 antaravāra.
경전의 암송 suttuddesa.
경전의 암송자 bhāṇaka.
경전의 연구 pariyatti.
경전의 이름 nimantanika.
경전의 주석 suttantaṭṭhakathā.
경전의 편집에 참가한 katasaṅgaha.
경전의 편집자 saṅgītikāra.
경전의 편찬자 dhammasaṅgāhaka.
경전의 학습 pariyatti.
경전의 학자 ajjhāyaka.
경전의 해명 suttasādhanā.
경전읽기 āhaccapāṭha. pāṭha.
경제(經濟) atthasattha. vayaparimiti. sallahukavutti.
경제적인 dhanapālanāyatta.
경제학(經濟學) dhanapālanavijjā. mitabbayāyatta. atthasattha.
경제학자(經濟學者) atthasatthaññū. mitabbayin.
경죄(輕罪) suddhaka.
경주(傾注) āvajjana.
경주(競走) dhāva. dhāvana. vinīta.
경주마(競走馬) javādhikassa.
경주자(競走者) dhāvin.
경중법(敬重法) garudhamma.
경증론(經證論) suttasādhanā.

경지(境地) āyatana. bhūma. bhūmi. bhūmikā. bhummi. pada. phala
경지를 즐기는 (자) phaleṭhita.
경지에 속하는 āyatanika.
경지의 순서 bhūmikkama.
경직(硬直) chambhitatta. khambha. nitthaddhana. santhambhanā. santhambhitta. thambhitatta. thīna.
경직되다 chambheti. vikkhambhati.
경직된 asithila. chambhin chambhita. kaṭhora. patthaddha. patthīna. patthinna.
경직시키다 santhambheti.
경직시키지 않는 asanthambhana.
경직의 상태 thīyanā. thiyitatta.
경집(經集)[경장] Suttanipāta.
경찰(警察) rājabhaṭa.
경찰서(警察署) rājabhaṭāgāra.
경찰청장 nagaraguttika.
경첩 dvārāvaṭṭaka.
경청(傾聽) upassuti.
경청하는 nisāmaka. upassutika.
경청하다 āsuṇati. nisāmeti.
경쾌(輕快)함 lahutā.
경포(驚怖) uttasana. santatta.
경행(經行) caṅkama. caṅkamana.
경행당(經行堂) caṅkama. caṅkamanasālā.
경행장소 caṅkama.
경행하는 습관이 있는 caṅkamika.
경행하다 caṅkamati.
경향(傾向) abhinivesa. adhimutti. ajjhāsaya. ajjhāsayatā. ākappa. ālaya. ābhoga. anusaya. āsaya. nati. pasaṅga. pātāla. ruci.
경향을 가지고 있는 rucika.
경향을 갖다 abhinivisati.
경향을 세우지 않는 anabhisaṅkhacca.
경향의 오염 anusayakilesa.
경향의 오염단계 anusayakilesabhūmi.
경향의 요소 ajjhāsayadhātu.
경향이 없는 anata.
경향이 없음 agopanā.
경향이 있는 adhimanasa. adhimānasa.
경험(經驗) anubhava. anubhutta. āpajjana. muti. nepuñña. paccana. paricaya. pāguññatā. phassa. phassanā. sacchikaraṇa. sacchikiriyā. upabhoga. upagama. upagamana. viditatta. vyattatā.
경험되고 있는 사실 anubhūyamānatta.
경험되다 anubhūyate.
경험되어야 하는 업보 vedaniyakamma.
경험되어야 할 vedaniya. vedanīya.
경험된 anubhutta. anuṭṭhita. parikkhaka. phassita. sacchikata. upagata. vedayita. vedita.
경험세계 dhātu.
경험에 의해 아는 abhiññāta.
경험에 의해서 알다 abhijānāti.
경험의 상태 sakkhibhabbatā.
경험이 많은 anavaya.
경험이 없는 aṇḍabhūta. sārada. sārāda.
경험이 없지 않은 vītasārada.
경험적인 paricayāyatta. satthaviruddha.
경험주의(經驗主義) kuvejjakamma.
경험주의자(經驗主義者) vejjapatirūpaka.
경험하고 abhiññāya. upiya. anvāya.
경험하는 paṭisaṁvedin. upabhuñjaka. upagāmin.
경험하다 ābhujati. anubhavati. āpajjati. nigacchati. paccanubhoti. paṭisaṁvediyati. paṭisaṁvedeti. phassati. phasseti. sacchikaroti. upabhuñjati. upagacchati. vedeti. vediyati. vindati.
경험하여 opiya.
경험한 upaga.
경호(警護) anurakhā. anurakkhaṇa. anurakkhaṇā. anurakkhana. anurakkhanā. ārakkha. ārakkhā. ārakkhagahaṇa.
경호대신(警護大臣) kañcukin.
경호되어야하는 장소 ārakkhaṭṭhāna.
경호업무 ārakkhakāraṇa.
경호원(警護員) aṅgarakkhaka. aṇīkaṭṭha. ārakkhaka. ārakkhika. ārakkhaparivāra. ārakkhapurisa.
경호의 범주 ārakkhagocara.
경호의 중지 ārakkhanirodha.
경호의 표시 ārakkhapaññatti.
경호의무 ārakkhakicca.
경호자 → 경호원.
경호자가 있는 ārakkhasampanna.
경호하는 anurakkhaka.
경호하다 anurakkhati. ārakkhati. paṭijaggati.
경희(慶喜) ānanda.
곁가지 potaka.
곁길 uppatha.
곁눈 apaṅga. apāṅga.
곁눈으로 aḍḍhakkhika.
곁눈질 apaṅga. apāṅga.
곁으로 ekamantaṁ.
계(界) dhātu. avacara. bhavana.
계(戒) vata. sīla.
계(戒)를 설하는 uposathika.

계(戒)를 설하는 날 uposatha.
계(戒)를 설함 uposatha.
계(戒)를 어긴 āpanna.
계(戒)를 어긴 것에 대한 논의 āpattâdhikaraṇa.
계(戒)를 어김 āpatti. atikkama. atikkamana. dussīla.
계(戒)를 지키는 vatika.
계(戒)를 지키지 않는 sīlaviraha.
계(界)의 avacaraka. ocaraka.
계경(戒經) sutta.
계경(戒經)의 주석[律藏] Suttavibhaṅga.
계곡(溪谷) nitamba. padarasākhā. upaccakā.
계곡(溪谷)의 정행자(正行者) padarasamācāra.
계교(戒憍) sīlamada
계구족(戒具足) sīlasampadā.
계금(戒禁) sīlabbata. sīlavata
계금취(戒禁取) sīlabbataparāmasā. sīlabbatûpādāna.
계금취견(戒禁取見) sīlabbataparāmāsa.
계금취신계(戒禁取身繫) sīlabbataparāmāsakāyagantha.
계급(階級) abhijāti. kula. vaṇṇa.
계급의 abhijātika. jātika. °jātiya.
계급의 단계 sopānakaliṅgara.
계기희(繼起喜) okkantikapīti.
계다산(鷄陀山) Kiṭāgiri.
계단(階段) kaḷebara. kalebara. sopāna. sopāṇa. sopānakaliṅgara. sopānapanti.
계단(界壇) sīmā. sīmāmaṇḍala.
계단아래 있는 반원형석판 pāṭikā.
계덕증상자(戒德增上者) vuḍḍhasīlin.
계도피안(戒到彼岸) sīlapāramī. sīlapāramitā.
계동(季冬) māgha.
계란(鷄卵) aṇḍī. kukkuṭaṇḍa.
계란껍질 aṇḍakosa.
계란노른자 aṇḍamiñjā. kalala.
계란흰자 allasineha.
계략(計略) pariyāpadāna. upāya.
계략에 걸리게 하다 randheti.
계량(計量) tulanā.
계량기(計量器) māṇakayanta.
계량된 sammita. tulita.
계량될 수 있는 parimeyya.
계량하고 나서 pamāya.
계량하기 힘든 duppameyya.
계량하다 mināti. pariminàti.
계론(戒論) sīlakathā.
계론(界論)[논장] Dhātukathā.
계리계(繫離繫) saṁyogavisaṁyoga.
계림원(鷄林園) Kukkutārāma.
계몽(啓蒙) ukkācanā.
계몽된 katatta. ukkācita.
계몽적인 āciṇṇa.
계몽하다 ābhāveti. anubodheti. ukkāceti.
계바라밀(戒波羅密) sīlapāramī. sīlapāramitā.
계박(繫縛) anubandhana. saṁyoga. saṁyojana. vinandhana. gantha. vinibandha.
계박과 계박에서 벗어남 saṁyogavisaṁyoga.
계박되지 않는 aganthaniya.
계박된 vinibaddha.
계박될 수 없는 asaññojaniya.
계박에의 집착 saṁyogâbhinivesa.
계박의 두 가지 ganthaduka.
계박하다 anubandhati.
계발(啓發) āyūhana. āyūhanā. āyūhanī. bhāvana.
계발(髻髮) moli.
계발되지 않은 abahulīkata. abhāvita. aropita. avaḍḍhita.
계발되지 않은 마음 abhāvitacitta.
계발된 upaṭṭhita.
계발이 없음 abhāvanā.
계발하다 āseveti. āyūhāpeti. āyūhati. hāpeti. upaṭṭhapeti. upaṭṭhāpeti.
계법(戒法) sikkhāpada.
계보(系譜) paveṇi.
계보기(計步機) padapātamāṇakayanta.
계보주(髻寶珠) cūḷāmaṇi.
계복업사(戒福業事) sīlamayapuññakiriyavatthu.
계본(戒本) pāṭimokkha. pātimokkha.
계본에 의한 제어 pāṭimokkhasaṁvara.
계본에 의한 제어의 계행 pāṭimokkhasaṁvarasīla.
계본을 독송하는 사람 pāṭimokkhuddesaka.
계본의 독송 pāṭimokkhuddesa.
계본정명론(戒本淨明論)[서명] Pātimokkhavisodanī
계산(計算) gaṇanā. gaṇikā. saṅkhā. saṅkhyā. saṅkhāna. saṅkhyāna.
계산된 samakkhāta. upasaṅkhyāta.
계산된 것을 행하는 saṅkheyyakāra.
계산될 수 있는 upasaṅkhātabba. upasaṅkheyya.
계산법(計算法) muddā. saṅkhānasippa. gaṇanāsippa.
계산술(計算術) → 계산법.
계산하는 사람 gaṇaka. saṅkhāyaka.
계산하다 gaṇeti. kalati. samāneti. saṅkhāyati. saṅkhāti.

계산할 수 없는 gaṇanāpathātita.
계산할 수 있는 saṅkheyya.
계상응(戒相應) sīlasāmañña.
계선교(界善巧) dhātukusala.
계성(戒性) sīliya.
계성복업사(戒成福業事) sīlamayapuññakiriya-vatthu
계성취(戒成就) sīlasampadā.
계소성(界所成) sīlamaya.
계속(繼續) anupabandha. anupabandhanā. anupabandhanatā. anupasaṇṭhapanā. anuppabandha. anuppabandhana. aviccheda. niccatā. niccatta. pavattāpana. pavattāpanatta. santāna. santati. sātacca. vattana.
계속되는 uttara.
계속되다 viniyujjati.
계속되지 않는 acarima.
계속적으로 따르게 하다 anuppabandhāpeti.
계속적으로 따르다 anuppabandhati.
계속적으로 발전하는 rumhaniya.
계속적인 anupacchinna. nicca. pabandha. sapadāna. satata.
계속적인 보시 niccadāna.
계속적인 보시물 niccabhattaka.
계속적인 초대 niccapavāraṇa.
계속하는 dhuvaṭṭhāniya. pavatta.
계속하다 anoramati. anupabandhati. dharati. pavatteti. saṁvatteti. santāneti.
계속해서 abhiṇhaṁ. anavaratam.
계속해서 가다 āsarati.
계속해서 구르다 anupavattati.
계속해서 굴리다 anupavatteti.
계속해서 돌아다니다 saṁsarati.
계속해서 불다 dhamadhamāyati.
계속해서 유지하다 anupabandhati.
계수(戒水) sīlajala.
계수념(戒隨念) sīlânussati.
계승(繼承) anupaṭipāti. anupavattana. ānuppubbī.
계승되는 anupavattita.
계승하다 anupavattati.
계시(啓示) suta.
계시의 보물 sutadhana.
계실괴(戒失壞) sīlavipatti.
계약되어야 하는 upasaṅkhātabba. upasaṅkheyya.
계약된 baddha.
계약하다 bandhati.
계업처(界業處) dhātukammaṭṭhāna.
계열(系列) paramparā. panti.
계온(戒蘊) sīlakkhandha.
계외(界外) bahisīmā.
계율(戒律) vinaya. āgama. sājiva. sikkhāpada.
계율에 관한 모임에서의 의결 kammavācā.
계율에 대한 공부 sikkhā.
계율에 따라서 yathāsatthaṁ.
계율에 어긋나는 것을 논하는 사람 avinaya-vādin.
계율을 잘 지키는 susīla.
계율의 결집 vinayasaṅgīti.
계율의 교설 vinayapariyāya.
계율의 대면 vinayasammukhatā.
계율의 조문 pāṭimokkha. pātimokkha.
계율의 주석 vinayavaṇṇanā.
계율의 지도자 vinayapāmokkha.
계율의 찬석(讚釋) vinayavaṇṇanā.
계율의 해설 vinayavyākaraṇa.
계율의주변(戒律儀周邊) sīlasaṁvarapariyanta.
계율이 갖추어진 sampannasīla.
계율이 아닌 것 avinaya.
계율이 아닌 것에 대한 지각 avinayasaññin.
계율이 아닌 악업에 대한 참회 avinayakamma.
계율이 청정한 parisuddhasīla.
계이법(繫二法) ganthaduka.
계작의(界作意) dhātumanasikāra.
계재(戒財) sīladhana.
계절(季節) samaya. utu.
계절과 씨앗의 우주적 질서 utubījaniyāmā.
계절에 맞는 utuka.
계절에 알맞은 utusappāya.
계절에 의해 산출된 utuja.
계절에 의해 생겨난 utusamuṭṭhāna.
계절의 utuka.
계절의 바뀜 utuvikāra.
계절의 변화 utupariṇāma.
계절의 순환 utusaṁvacchara. utuvāra.
계절의 우주적 질서 utuniyāma.
계절의 위험 utuparissaya.
계절의 측량 utupamāṇa.
계절의 활동 utûpasevanā.
계절적으로 유익한 utusappāya.
계절적인 utukāla.
계절풍(季節風) veramba. verambha.
계정행(戒正行) sīlasamācāra.
계제(階梯) nisseṇī.
계조어자(戒調御者) sīlasaṁyama.
계지(界地) avacara.
계집[경멸하는 말] itthikā. itthikyā.

계집아이 taruṇī.
계착(繫着) lagana. laggana.
계청정(戒清淨) parisuddhasīla.
계통(系統) paveṇi. santati.
계통화(系統化) vavatthāpana.
계한계(戒限界) sīlavelā.
계행(戒行) sīla. vatta.
계행과 관련된 sīlasāmañña.
계행과 관련된 상실 sīlabyasana. sīlavyasana.
계행과 맹세 sīlabbata.
계행과 맹세를 갖춘 sīlabbatasampanna.
계행과 맹세에 대한 집착 sīlabbataparāmasā. sīlabbatûpādāna.
계행과 지혜를 갖춘 sīlapaññāṇa.
계행만의 문제 sīlamattaka.
계행에 관한 adhisīla.
계행에 관한 학습 adhisīlasikkhā.
계행에 대한 논의 sīlakathā.
계행에 대한 대화 sīlakathā.
계행에 대한 새김 sīlânussati.
계행에 대한 수호의 한계 sīlasaṁvarapariyanta.
계행에 대한 올바른 실천 sīlasamācāra.
계행에 대한 포살 sīluposatha.
계행에 의한 교만 sīlamada.
계행에 의한 도취 sīlamada.
계행에 의해 제어하는 sīlasaṁyama.
계행으로 이루어지는 공덕행의 토대 sīlamaya-puññakiriyavatthu.
계행으로 이루어진 sīlamaya.
계행을 갖춘 sīlasampanna.
계행을 나루터(渡場)로 삼는 sīlatittha.
계행을 받을 때 사용하는 물 sīlajala.
계행을 조사하는 sīlavīmaṁsaka.
계행을 지키는 sīlavant.
계행을 지키는 자의 다섯 가지 공덕 pañca ānisaṁsā sīlavato sīlasampadāya.
계행을 지키지 않는 sīlaviraha.
계행을 지키지 않는 자의 다섯 가지 재난 pañca ādīnāvā dussīlassa sīlavipattiyā.
계행의 공덕을 설하다 uddisati.
계행의 구족 sīlasampadā.
계행의 내용 sīlaṅga.
계행의 다발 sīlakkhandha.
계행의 상실 sīlavipatti.
계행의 성취 sīlasampadā.
계행의 손괴 sīlavipatti.
계행의 습관 sīlavatta.
계행의 실천 sīlācāra. sīlacaraṇa.
계행의 완성 sīlapāramī. sīlapāramitā.
계행의 재물 sīladhana.
계행의 청정 sīlavisuddhi.
계행의 파괴 sīlabheda.
계행의 향기 sīlagandha.
계행이 상실된 sīlavipanna.
계행이 있는 sīlin. sīlika.
계행이 청정하지 않은 aparisuddhasīla.
계행이 파괴된 bhinnasīla.
계향(戒香) sīlagandha.
계획(計劃) abhisaṅkhāra. abhisaṅkharaṇa. naya. pakappanā. saṅkappa. vicāraṇa. vicāraṇā.
계획된 abhisaṅkhārika. nimmita. pakappita. paññatta. payutta. vikappiya.
계획을 감추지 못한 anigūḷhamanta.
계획자(計劃者) kārāpaka.
계획적인 sauddesa.
계획하는 vikappin.
계획하다 abhisañcetayati. pakappeti. sañcinteti. sañceteti. vicāreti. vikappeti.
고(苦) dukkha.
고(告)하다 akkhāti. paṭivedeti.
고(告)해지다 akkhāyati.
고(告)해진 akkhāta.
고가(高價) mahagghatā.
고가의 agghaniya. agghanīya. mahaggha.
고갈(枯渴) khīyana. parikkhaya. parikkhīṇatta. pariyādinnatta. ūnatta. parisosa.
고갈되다 khīyati. parikkhīyati.
고갈된 abhitatta. anodaka. anovassaka. nijjiṇṇa. parikkhiṇa. parisosita.
고갈시키다 milāpeti. parisoseti. pariyādiyati. pariyādiyyati.
고개를 숙인 adhomukha. vonata.
고경(古經) jarāsutta.
고계(苦界) apāya. dukkhadhātu.
고계(苦界)에 있는 āpāyika.
고고(苦苦) dukkhadukkhatā.
고고성(苦苦性) dukkhadukkhatā.
고고지(苦苦智) dukkhadukkhañāṇa.
고고학(考古學) purāvatthuvijjā.
고고학자(考古學者) purātattavedin.
고과(苦果) kaṭukavipāka.
고과(苦瓜) tittakâlâbu.
고관(高官) rājañña. rājaniya.
고귀하게 uccā.
고귀하지 못한 anāriya.
고귀하지 못한 탐구 anariyapariyesanā.
고귀하지 않은 ajañña. anariya. amahaggata.
고귀하지 않은 말 anariyavohāra.

고귀하지 않은 사람 asappurisa.
고귀하지 않은 용어 anariyavohāra.
고귀한 adīna. adīnava. ājāniya. ājānīya. ariya. ayya. ayira. ayyira. jañña. jātimant. mahant. mahaggata. pavara. ucca. ucciya. udāra. udatta. udicca. uggatatta. ulāra. uḷāra. ulārika. uttara. vara. issarajātika. sabbha. sabbhin.
고귀한 가계 ariyavaṁsa.
고귀한 가문 uccākula.
고귀한 가문에 속하는 sujāti.
고귀한 가문에 태어난 uccākulīna. uccākuliya.
고귀한 가문에서 고귀한 가문으로 태어나는 님 kolaṁkola. kolaṅkola.
고귀한 가문의 태생으로 이끄는 uccākulīna-saṁvattanika.
고귀한 것에 대한 추구 ariyapariyesanā.
고귀한 계급의 abhijātika.
고귀한 계율 ariyavinaya.
고귀한 길 ariyamagga. ariyapatha.
고귀한 길에 대한 경지 ariyaphala.
고귀한 길에 들어서지 않은 appaṭipannaka.
고귀한 길에 들어선 sotāpanna.
고귀한 길에 들어섬 sotāpatti.
고귀한 길을 닦는 삶의 실천 maggacariyā.
고귀한 님 ariya.
고귀한 님들 가운데 최상자 ariyaseṭṭha.
고귀한 님들과 일반사람 ariyaputhujjana.
고귀한 님들에 의해 실천된 ariyâcarita. ariyase-vita.
고귀한 님들의 모임 ariyasaṅgha.
고귀한 님들의 지혜 ariyapaññā.
고귀한 님에 의해 꿰뚫어진 ariyapaṭividdha.
고귀한 님에 의해 사랑받는 ariyakanta.
고귀한 님에 의해 이해된 ariyâdhigata.
고귀한 님으로 여겨진 ariyasammata.
고귀한 님을 닮은 ariyasadisa.
고귀한 님을 비난하는 ariyagarahin. ariyûpa-vāda
고귀한 님의 계행을 지닌 ariyasīlavata.
고귀한 님의 길 ariyavīthi.
고귀한 님의 맹세 ariyavata.
고귀한 님의 모임 ariyamaṇḍala.
고귀한 님의 보물 ariyaratana.
고귀한 님의 실천 ariyadhamma.
고귀한 님의 지위 ariyabhūmi.
고귀한 님의 지위를 성취한 ariyappatta.
고귀한 님의 행위 ariyavatti.
고귀한 님의 형상 ariyarūpa.
고귀한 마음 mahaggatacitta.
고귀한 마음에 의한 해탈 mahaggatacetovim-utti.
고귀한 마음을 지닌 ariyacitta.
고귀한 말을 하는 ariyavatā. ariyavattā.
고귀한 불가사의한 힘 ariyā iddhi.
고귀한 불교도들 ariyajana.
고귀한 사람 puṅgava. usabha.
고귀한 사람들 ariyamanussā.
고귀한 삶 ariyavihāra.
고귀한 삶을 사는 ariyavattin. ariyavāsa. ariya-vutti.
고귀한 성품 uttamaguṇā.
고귀한 성품을 지닌 atijāti.
고귀한 신분 ayya.
고귀한 신통력 ariyā iddhi.
고귀한 아들 sātaputta.
고귀한 앎 ariyañāṇa.
고귀한 언표양식 ariyavohāra.
고귀한 영성적인 힘 ariyā iddhi.
고귀한 왕조의 출신인 ariyânvayasambhūta.
고귀한 일 uccakamma.
고귀한 자손의 무리 ariyagaṇā.
고귀한 재보 ariyadhana.
고귀한 전통 ariyavaṁsa.
고귀한 정신을 지닌 uggatamānasa.
고귀한 제자 ariyasāvaka.
고귀한 존재 adīnasatta.
고귀한 지위의 구성요소 ariyakaradhamma.
고귀한 진리를 보는 ariya(d)dasa.
고귀한 참사람 ariyapuggala.
고귀한 출신의 atijāti.
고귀한 태생 abhijacca. abhijātikatta. sojacca.
고귀한 태생인 udiccajātippabhava.
고귀한 행위로 이끄는 ācārâriya.
고귀한 행위의 ariyasamācāra.
고귀한 형제의 혈통 ariyagabbha
고귀함 sojacca. uggatatta. udāratā. ussaya.
고근(苦根) dukkhindriya.
고급창부(高級娼婦) ajjukā.
고급털옷 kambalaratana.
고기[漁] maccha. sakula. → 물고기.
고기[肉] maṁsa. pista.
고기가 없는 nimmaṁsa.
고기더미 maṁsakāya. maṁsapuñja.
고기떼 macchagumba.
고기맛 paṭicchādaniya.
고기양념 maṁsûpasecana.
고기와 관계된 maṁsika.
고기와 피가 없는 apagatamaṁsalohita.

고기잡이를 위해 그물을 치는 사람 macchabandha.
고기장사 maṁsika.
고기조각 maṁsapesi.
고기조각의 비유 maṁsapesūpamā.
고깃간 maṁsika.
고깃덩이 maṁsapiṇḍa. pesi. pesī.
고깔리까[인명] Kokālika.
고난(苦難) ādīna. ādīnava. bādhana. pariklesa. parikilesa. paritāpana. upāyāsa. upāyāsanā. mahāvipatti. balavaphandana. tattaparikkhā. saccavīmaṁsā.
고난을 겪다 vihaññati.
고난의 장소 saṁsavaka.
고뇌(苦惱) upatāpa. bādhā. daratha. dukkha. īti. ītī. pariḷāha. paritāpana. saṁpīḷa. sampīḷita. vighāta. vyathā.
고뇌가 없는 akaṇṭaka. anupāyāsa. apariḷāha. nirupatāpa.
고뇌가 없음 anupāyāsa.
고뇌를 야기하는 odahanakāraka.
고뇌에 찬 vighātavant.
고뇌에서 벗어난 apetadaratha.
고뇌와 한편이 된 vighātapakkhika.
고뇌하다 vyathati.
고다까[조류] godhaka.
고답대형(槀踏臺刑) palālapīṭhaka.
고대의 purātana.
고대의 시(詩)[九分教] sutta.
고도(高度) ussaya.
고도입(苦導入) dukkhāhāra.
고독(孤獨) ekatta. ekībhāva. paviveka. rahas. viveka.
고독을 좋아하는 araññaka. araññāka.
고독을 즐기는 ekattâbhirati.
고독을 즐기는 상태 ekârāmatā.
고독하게 사는 것 āraññakatta.
고독하지 않은 avivitta.
고독한 ekâyana. ekacara. ekākika. ekākiya. ekākin. ekaṭṭha. pavivitta. vivittaka.
고독한 곳에 ekamantaṁ.
고독한 길 ekapatha.
고독한 은둔 paṭisallāna. paṭisallāṇa.
고독한 인간 ekantapuggala.
고독한 장소 ekanta.
고동(鼓動) phandanā. phandita. phanditatta.
고동[소라] saṅkha.
고동소리 saṅkhasadda.
고동치는 phandita.
고등법원(高等法院) seṭṭhâdhikaraṇa.
고따마[인명] Gotama.
고따마까[사당] Gotamaka.
고따미[인명] Gotamī.
고랑[밭] sītā.
고랑[족쇄] saṅkhalā. saṅkhalikā.
고랑의 진흙 sītāloḷī.
고려(考慮) ādara. anudassana. anupekkhā. anupekkhaṇā. anurodha. avekkhana. cittikāra. paccavekkhana. paccavekkhanā. parivitakka. paṭisaṅkhā. paṭisaṅkhāna. pekkhā. pekhā. samanupassanā. samapekkhaṇa. sampajañña. santīraṇa. tulanā. ūhana. ūhā. upadhāraṇā. vicāra. vicāraṇa. vicāraṇā. vikappa. vikappanā.
고려되지 않은 anāmasita. asamekkhita.
고려된 anupekkhita. apekkhita. mantita. mata. parivitakkita. upadhārita. vicārita. vitakkita.
고려하고 aṭṭhikatvā. mantā. saṅkhāya. viceyya.
고려하는 anupekkhin apekkhin.
고려하는 자 anupekkhitar.
고려하다 anucinteti. anupekkhati. anuviganeti. apekkhati. avekkhati. cetayati. dahati. gaṇeti. manteti. nicchināti. olokayati. oloketi. padhāreti. paripañhati. parivitakketi. paṭisañcikkhati. paṭisaṅkhāti. samannāharati. samapekkhati. samekkhati. saṅkhāyati. saṅkhāti. ūhati. upadhāreti. upadhārayati. upanijjhāyati. vicināti. vicinteti. vitakketi. vikappati.
고려하지 않고 anupadhāretvā. appaṭisaṅkhā.
고려하지 않는 anānupassinanānupassin.
고려하지 않음 appaccavekkhaṇā.
고루 미치다 pariyuṭṭhati.
고루 짜여진 suppavāyita.
고루(高樓) niyyūha. pāsāda.
고루(固陋)하지 않은 akhila.
고르게 된 matikata.
고르기 vaḍḍhana.
고르다 sammannati. uccināti. uddisāpeti.
고른 samatala.
고름 assāva. pubba. pūya.
고름과 피 pubbalohita.
고름이 가득 찬 vipubbaka.
고름이 괸 pubbagata.
고리대금 atthappayoga.
고리버들세공상자와 같이 karaṇḍakâkārena.
고리버들세공의 바구니 karaṇḍa.
고리버들세공의 발우받침대 pattakaṇḍolikā.
고리장식 saṅghaṭṭa.
고만(高慢) uṇṇama.

고만(高慢)하다 uṇṇamati. unnamati.
고맙습니다! sādhu.
고멸(苦滅) dukkhanirodha.
고멸도지(苦滅道智) dukkhanirodhagāminīpaṭipadāñāṇa.
고멸지(苦滅智) dukkhanirodhañāṇa.
고모(姑母) pitucchā.
고모의 딸 pitucchādhītar.
고모의 아들 pitucchāputta.
고무 niyyāsa.
고무나무 khīrarukkha.
고무나무의 분비물 niyyāsa.
고무시키다 samuttejeti.
고무와 섞인 가루 saritasipāṭikā.
고무젖꼭지 cūcuka.
고무풀 silesikā.
고무풍선 vatthi.
고무하는 samuttejaka.
고문(拷問) haññana. kammakāraṇa. kammakāraṇā. paritāpana. tapana. tāpana. upatāpana.
고문(顧問) pariṇāyaka. mantin.
고문서(古文書) purālipi. purāvatthu.
고문서학(古文書學) purālipivijjā. purāvatthuvijjā.
고문에 의한 처벌 kammakărana.
고문을 겪는 장소 kammakaraṇânubhavaṭṭhāna.
고문을 당하게 하지 않는 행위 kammakāraṇâkaraṇa
고문을 원인으로 kammakaraṇapaccayā.
고문의 수행 kammakāraṇappatta.
고문의 종류 kammakaraṇabheda.
고문이나 형벌에 의해 야기되는 opakkamika.
고문자(拷問者) kammakāraṇika.
고문하기 위해 kammakaraṇâtthāya.
고문하다 upatapeti. upatāpeti.
고물[선미] nāvāya. pacchābhāga.
고민(苦悶) vyathā.
고민거리 ruppana. vighāta.
고민스러운 vighātavant.
고민하는 paritatta.
고민하다 vyathati.
고밀도의 āḷāra.
고발(告發) aparādhacodanā. dosāropaṇa. ujjhāpana.
고발당한 cudita.
고발된 uddhaṁsita.
고발로 인한 쟁사 anuvādâdhikaraṇa.
고발하는 ujjhāpanaka.
고발하다 abhiyuñjati. ākaḍḍhati. pakattheti.
고백(告白) āvikamma. ñatti.
고백에 의해서는 참회되지 않는 adesanagāmin.
고백참회죄에서 고백의 지정 anaññapācittiya.
고백하는 사람 āvikattar.
고백하다 āvikaroti. pākaṭīkaroti. deseti. paṭideseti.
고백해야 할 pāṭidesanīya. pātidesanīya.
고법(苦法) dukkhadhamma.
고병(膏瓶) medakathālika.
고보(苦報) dukkhavipāka.
고분고분하게 말하는 appaṭikūlavādin.
고분고분하지 않은 avacanakara.
고분고분한 anukūla. anukūlavattin. appaṭilomavattin. sithila.
고비아상(苦非我想) dukkhe anattasaññā.
고빈다[인명] Govinda.
고삐 ābandha. ābandhana. abhīsu. bandha. raṁsi. rasmi. yugādhāna. hanukkama.
고삐까[인명] Gopikā.
고삐와 함께 하는 sahânukkama.
고삐풀린 nidāsamatika.
고사업(故思業) sañcetanākamma. sañcetanikakamma.
고사포(高射砲) vyomayānanāsaka.
고상(苦想) ādīnavasaññā.
고상(高床) āsandī.
고상(苦相) dukkhākāra.
고상한 brahmuttama. adhiceto siṅgāra. ucciya. ussaṭa.
고상한 모습을 한 ariyâvakāsa.
고상행(考想行) vitakkasaṅkhāra.
고생물학(古生物學) purājīvīvijjā.
고선(古仙) porāṇisi.
고성(古聖) porāṇa.
고성(高聲) uccasadda. uccāsadda. uddhaṁsara.
고성(高聲)으로 uddhaṁsaraṁ.
고성(高聲)의 ravita. oḷārika.
고성제(苦聖諦) dukkhâriyasacca.
고소(告訴) aparādhacodanā. dosāropaṇa.
고소(高笑) ujjagghikā.
고소인(告訴人) abhiyuñjaka.
고소하는 abhiyuñjaka.
고소하다 abhiyuñjati.
고수(苦受) dukkhavedanā.
고수관(苦隨觀) dukkhânupassanā.
고수머리 āvaṭṭa.
고수머리를 한 āvaṭṭasīsa. vellita.
고수풀 dhāniya.
고시(姑尸)[인명] Kusa.

고시(告示)하지 않음 anārocanā.
고싸까[신계] Ghosaka.
고쌀라(Gosāla)의 추종자 kaṇha-âbhijāti.
고씨따라마[승원] Ghositârāma.
고씽가쌀라숲 Gosiṅgasālavana.
고아(孤兒) amātāpitika. nimmātapitika.
고아의 amātāpitika. nimmātapitika.
고안(考案) kalā. kappana.
고안된 abhilakkhita. cintita. vicārita.
고안하는 cintaka.
고안하다 abhicetayati. abhisañcetayati. kappeti. oḍḍeti. oḍḍāpeti. parikappeti
고약(膏藥) ālepa. abbhañjana. añjana.
고약을 바르는 것 ālepana.
고약을 바르다 abbhañjati.
고약항아리 añjanī.
고양(高揚) uppilavana. uppilavanā. uppilāpa. uppilāva. upplavana. sāmukkaṁsa. ullaṅghanā
고양과 침체 unnatâvanati.
고양되다 uppilavati.
고양되지 않은 anussita.
고양된 sampaggahīta. ullaṅghita. unnata. up.pilāvita. sāmukkaṁsika
고양이 ākhubhuñja. babbu. babbuka. biḷāla. biḷāra. majjāra. viḷāra.
고양이가 살금살금 움직이는 biḷālanissakkana. biḷāranissakkana
고양이가죽으로 만든 자루 biḷālabhastā. biḷārabhastā
고양이새끼 biḷālapotaka. biḷārapotaka. majjārapotaka.
고양이의 눈과 같은 보석 kabaramaṇi. masāra. galla.
고엽(枯葉) paṇḍupalāsa.
고온(苦蘊) dukkhakkhandha.
고요 araṇa. pasādana. pasādanī. pasīdana. pasīdanā. passaddhatā. passambhanā. sāma. sama. santi. upasama. upasanti.
고요하게 되다 nibbāyati. upasamati. yamati. passambheti
고요하게 행동하는 samacārin.
고요하고 평온한 마음 upasantasantacitta.
고요하지 않은 avûpasanta. asanta.
고요하지 않음 anupasama. avûpasama.
고요한 anuddhata. dūrasaṅkhara. khemaṭṭhitanissadda. nivāta. passaddha. rāhaseyyaka. samañcara. samitāvin samupādika. santa. santavant tuṇhikkhaka. upasanta. tuṇhībhūta.
고요한 곳 rahas.
고요한 마음 samacitta. upasantacitta.
고요한 모습 upasantavaṇṇa.
고요한 모습을 한 upasantapati(s)sa. upasantappadissa
고요한 몸(을 갖고 있는) santakāya.
고요한 삶 samacariyā.
고요한 생활 santavutti.
고요한 행위 samacariyā.
고요함 santadhamma.
고요함으로 이끌지 않는 anupasamasaṁvattanika
고요해지는 opasamika.
고요해지다 pasammati. upasammati.
고요히 지냄 santavihāra.
고요히 하다 upasāmayati. upasameti.
고용(雇用) bhaṭapatha. upayoga. anuyuñjana. anuyuñjanā. vyāpāra
고용된 노동자 kammakāraka.
고용인(雇傭人) bhaṭa. bhataka. bhaṭaka. bhaṭika. bhatika. porisakammakara. kammakāra
고용자 → 고용인.
고용주(雇用主) kammasāmin. pesaka.
고용하다 payojeti. niyojeti. adhikaroti. anuyuñjati. payuñjati. upaṭṭhapeti. upaṭṭhāpeti.
고원(高原) adhiccakā. piṭṭhipāsāṇa. sānu.
고위신분 accunnatabhāva.
고위층[왕이나 귀족 등] iddhi.
고유의 niya.
고유한 물질 sabhāvarūpa.
고유한 본성의 표현 sabhāvanirutti.
고유한 원리 sabhāvadhamma(tta).
고유한 특징 sabhāvalakkhaṇa.
고의(故意)의 sampajāna.
고의로 cecca. sañcicca.
고의로 하는 거짓말 sampajānamusāvāda.
고의에 의한 행위 sañcetanākamma.
고의적인 sāpekha. sāpekkha. sañcetanika. sañcetaniya. sāpekkha.
고의적인 사정(射精) sañcetanikasukkavisaṭṭhi.
고의적인 행위 sañcetanikakamma.
고인(古人) porāṇa. porāṇaka. porāṇika.
고인과 관계되는 uddhadehika.
고인이 된 친지 atītañati.
고장(故障) appaccaya. avatthambha.
고장이 없는 nela. neḷa.
고적(槀積) palālapuñja. palālapuñjaka.
고전학(古錢學)의 mūlamuddaṅkanāyatta.
고절갈마(苦切羯磨) tajjaniyakamma.
고정(固定) avakappana. avakappanā. avaṭṭhā-

pana. niyamana. samādhāna. samādahana. sannāha. saṇṭhiti. upasaṇṭhapanā. vavatthāna.
고정되다 olaggati.
고정되지 않은 anibaddha. aniyata.
고정된 abhilakkhita. abhiniropita. abhisaṅkhata. āhita. appita. avaṭṭhita. ekodi. ekodhi. nibaddha. niyata. niyamita. ovaddha. parikappita. pariyosita. samānīta. vavattita.
고정된 견해를 가진 avaṭṭhitavāda.
고정된 목적을 가지고 행하는 saṅkheyyakāra.
고정된 방법 niyāmatā.
고정된 법칙성 niyama. niyāma.
고정된 법칙을 지닌 niyata.
고정된 생각 manasikāra.
고정된 장소 avaṭṭhāna.
고정될 수 없는 anibandhanīya.
고정시키는 ābandhaka.
고정시키다 ābandhati. avatthapeti. avatthāpeti. olaggeti. sannayhati.
고정핀의 세트 āṇisaṁghāta.
고정하는 paricchedaka.
고정하다 abhilakkheti. ādahati. avatiṭṭhati. niyameti. piḷayhati
고제(苦諦) dukkhasacca.
고지(苦智) dukkhañāṇa.
고지(告知)되지 않은 appaṭisaṁvidita.
고지자(告知者) nivedaka.
고진(苦盡) dukkhakkhaya.
고집(固執) adhiṭṭhāna. ajjhosāna. dovacassatā. kakkhaḷatā. kakkhaḷatta. thambha. thambhitatta. seritā. yathākāmacāra.
고집불통의 dubbinīta.
고집성제(苦集聖諦) dukkhasamudayâriyasacca.
고집이 세지 않은 akhila. atthaddha. athaddha.
고집이 센 ādhānagāhin. thaddhamaccharin. thambhin. sacchanda.
고집지(苦集智) dukkhasamudayañāṇa.
고집하는 ajjhosita.
고집하다 adhiṭṭhahati. ajjhosati. āsarati. laketi. upanayhati.
고집하여 ajjhosāya.
고착(固着) abhisaṅga. līyana. līyanā.
고착되지 않은 anibaddha.
고착된 ajjhosita. upalīna.
고착될 수 없는 anibandhanīya.
고찰(考察) paccavekkhā. paccavekkhana. paccavekkhanā. samekkhana. vikappa. vilokana. vīmaṁsanā. samekkhā.
고찰된 aṭṭhita.
고찰시키다 vīmaṁsāpeti.
고찰을 수반하는 savicāra.
고찰하는 vīmaṁsaka. vīmaṁsin.
고찰하다 pavicarati. pavicinati. sallakkheti. samavekkhati. samekkhati. samparivatteti. viloketi. vīmaṁsati. vīmaṁseti. vikappati.
고처(苦處) apāya.
고처로 가는 apāyagāmin.
고처에 속하는 apāyika.
고체(固體) kharigata. kharatta.
고쳐진 kataparibhaṇḍa.
고추 āsittaka.
고출정(故出精) sañcetanikasukkavisaṭṭhi.
고치다 paṭisaṅkharoti. vikaroti.
고칠 수 없는 atekicca.
고칠 수 있는 tejiccha.
고통(苦痛) aṭṭa. ābādhana. agha. āmaya. anubhutta. āsava. dara. dukkha. dukkhatā. dukkhatta. kaṭuka. paccana. pariḷāha. pīḷana. pīḷā. rujā. saṁpīḷa.tapana. ukkaṇṭhā. vidugga. vijina. vedanā. vyathā.
고통스러운 ātura. kasaṭa. kaṭuka. upāhata.
고통스러운 감각 dukkhindriya.
고통스러운 대상 dukkhadhamma.
고통스러운 상태 dukkhatā. dukkhatta.
고통스럽게 살다 ātaṅkati.
고통스럽게 하다 dukkhāpeti.
고통스럽다 dukkhati.
고통스럽지도 않고 행복하지도 않은 adukkhamasukha
고통스럽지도 않은 adukkha.
고통에 사로잡히지 않는 apīḷiyamāna.
고통에 시달린 dukkhapareta.
고통에 의해 괴로운 (사람) vedanaṭṭa.
고통에서 벗어나 nissoka.
고통을 가져오는 aghāvaha.
고통을 경험하는 능력 dukkhindriya.
고통을 느끼는 aghāvin rujanaka.
고통을 느끼다 dukkhīyati.
고통을 당함 upaddutatta.
고통을 받는 āhatacitta. aghajāta.
고통을 받다 anudayhati.
고통을 받을 수 없는 avedaniya. avedanīya.
고통을 주다 abhimanthati. abhipīḷayati. abhisantāpeti.
고통을 참지 못함 dukkhâsahananatā.
고통을 초래하는 dukkhâdhivāha.
고통의 괴로움 dukkhadukkhatā.

고통의 근원 aghamūla.
고통의 불꽃 aggi.
고통의 야기 dukkhāpana.
고통의 외침 aṭṭassara. āturassara. baddharāva.
고통의 존재 aghabhūta.
고통의 초래 dukkhāpana.
고통의 형태 dukkhākāra.
고통이 없는 anābādha. avedana(ka). avedayita. niddukkha. visalla.
고통이 없음 appābādha. anābādha. avyāpajjha. avyāpajja.
고통이 있는 aghabhūta.
고통이 적은 appadukkha.
고투(苦鬪)하다 vāyamati.
고함(高喊) sāvana. sāvaṇa.
고함소리 upassāsa.
고함치는 thanita.
고함치다 gaggarāyati. ravati. thanayati. thaneti.
고해(苦海) apāyasamudda.
고행(苦行) atta(n)tapa. attaparitāpana. attakilamatha. dukkarakārikā. lūkhatā. paritāpana. sallekha. sallekhatā. sallekhiya. tapa. tapana. tāpana. tapo tapossita. ātāpana.
고행림(苦行林) tapovana.
고행에 의존하는 tapossita.
고행을 하는 자 sallekhavuttin.
고행의 tapanīya.
고행의 실천 tapokamma.
고행의 재보를 지닌 자 tapodhana.
고행이 아닌 atapanīya.
고행자(苦行者) dukkarakāraka. tāpasa. tapassin. tapodhana. naggabhogga.
고행자가 되다 pabbajati.
고행자가 됨 tāpasapabbajja.
고행자의 거친 가죽옷 kharâjina.
고행자의 출가 tāpasapabbajja.
고행적 삶으로 평가하는 것 lūkhappamāṇika.
고행적 삶의 필요성 anagārûpanissaya.
고행적인 lūkha.
고행주의(苦行主義) tapacaraṇa.
고행주의에 대한 혐오 tapojigucchā.
고행하는 lūkhasa. tapassin.
고행하는 것 dhutatta.
고행하다 ātāpeti. tapati. tappati. tapo karoti. tapaṁ karoti.
고행하지 않는 nissantāpa.
고향(故鄕) abhijana. janitta. jātabhūmi. pettikagocara. uppattidesa.
고환(睾丸) aṇḍa. aṇḍakosa. phala.
고환을 어깨에 달고 다니는 aṇḍabhārin.
고환이 부풀어 오름 aṇḍavuddhi.
고후(枯朽)의 jiṇṇa.
곡녹조(穀祿鳥)[조류] kuntanī.
곡마장(曲馬場) assamaṇḍala.
곡물(穀物) aṇṇa. dhañña. dhāniya. kiṭṭhāda. sassa. yava. yavaka.
곡물상(穀物商) dhaññavāṇija.
곡물의 준비 yavakaraṇa.
곡물의 첫 수확 aggasassa. aggaḷasassa.
곡물창고(穀物倉庫) annakoṭṭha. kusūla.
곡선(曲線) addhāvaṭṭa. addhamaṇḍala.
곡선을 지닌 anuju.
곡선의 몸을 가진 anujjaṅgin.
곡식(穀食) dhañña. kiṭṭhāda.
곡식껍질에 붙인 불 thusaggi.
곡식껍질의 공양물 thusahoma.
곡식더미 dhaññarāsi.
곡식으로 가득 찬 바구니 dhaññapiṭaka.
곡식을 못 쓰게 만드는 yavadūsin.
곡식을 벰 lavana.
곡식을 얻기 어려운 dussassa.
곡식을 지키는 사람 yavapālaka.
곡식을 터는 송풍기 apasammajjanī.
곡식의 껍질 thusa.
곡식의 여물음 kiṭṭhasambādha.
곡식의 왕겨 yavakāraṇḍava.
곡식의 준비 yavakaraṇa.
곡식의 파동을 막기 위한 저장 dhaññasamavāpaka.
곡식이 많은 āḷhiya. āḷhika.
곡식이 있는 sadhañña.
곡식창고 dhaññâgāra.
곡예(曲藝) mokkhacika. mokkhacikā.
곡예사(曲藝師) atoṇa. jalla. laṅghaka. laṅgha. nanaṭaka. maṇibhadda. laṅghika. laṅghikā. pisāca.
곡예사의 묘기 dhopana.
곡예사의 한 종류[탁월한 곡예사] dhammagariya.
곡조(曲調) ninnatā.
곡주(穀酒) surā.
곡주나 과일주 등의 취기있는 것에 취하는 것을 삼가는 것 surāmerayamajjapamādaṭṭhānā veramaṇī.
곡주나 과주의 음료 surāmerayapāna.
곡창(穀倉) koṭṭhâgāra.
곡천(谷川) padarasākhā.

곡해(曲解) visūkāyita.
곡해(曲解)하는 parāmāsin.
곡행자(曲行者) bhujaga.
곤경(困境) āyāsa. vyathā. pīḷana. pīḷā. duddasā.kasira. kiccha.
곤경에 빠지지 않은 anākula.
곤궁(困窮) sambādha. vipatti.
곤두박이의 adhosīsa.
곤두선 uddhagga.
곤두세우다 haṁsati.
곤란(困難) gaṇṭhi. upatāpa. vidugga. kasira. kiccha.
곤란에 빠져서는 안 될 anākulanīya.
곤란하게 하다 randhati.
곤란하다 kicchati.
곤란하지 않은 akiccha. akasira.
곤란한 kasira. kiccha. rūḷha. vidugga.
곤봉(棍棒) aḍḍhadaṇḍaka. gadā. ghana. laguḷa. lakuṭa. muggara. musala.
곤봉으로 살해된 daṇḍâbhigāta.
곤봉의 일격 muggarapahāra.
곤충(昆蟲) kapālapiṭṭhikapāṇa. kīṭa. pāṇaka. maṅkuna.
곤충학(昆蟲學) kīṭakavijjā.
곤혹(困惑) ummāda. uppīḷa. uppīḷana. vitthāyitatta. vighāta.
곤혹스러운 uppīḷita. vighātavant.
곤혹스러운 의식상태 vighātabhūmi.
곤혹스러워하는 aṭṭa.
곤혹스러워하다 vitthāyati. aṭṭīyati.
곤혹스런 vitthata.
곤혹스럽지 않은 anākula.
곧 ādikena. anupubbena. iti. kamato. kamena. sakid eva. sapadi. tāva.
곧게 세우다 uṭṭhāpeti.
곧바로 tam enaṁ. tāva. tāvad eva. anantaraṁ.
곧바로 부는 바람 ujuvāta.
곧바로 아는 abhiñña.
곧바로 아는 지혜 abhiññā.
곧바로 아는 지혜가 있는 abhiñña.
곧바로 아는 지혜가 있음 abhiññatā.
곧바로 알고 abhiññāya.
곧바로 알다 abhijānāti.
곧바로 중단된 anantaraniruddha.
곧바른 nibbaṅka. sūju.
곧바른 앎 abhiññā. abhiññāñāṇa.
곧바른 앎에 관한 이야기 abhiññākathā.
곧바른 앎에 대한 가까운 조건 abhiññāpadaṭṭhāna.
곧바른 앎에 대한 시설 abhiññāpaññatti.
곧바른 앎에 대한 질문 abhiññânuyoga.
곧바른 앎에 도달한 abhiññappatta.
곧바른 앎에 밝은 것 abhiññākusala.
곧바른 앎에 의한 속행 abhiññājavana.
곧바른 앎에 의한 순간적인 포착 abhiññājavana.
곧바른 앎에 의한 실현 abhiññāsacchikiriyā.
곧바른 앎에 의한 의도 abhiññācetanā.
곧바른 앎에 의해 완전히 알려질 수 있는 abhiññāpariññeyya.
곧바른 앎으로 궁극에 도달한 자 abhiññāpāragū.
곧바른 앎을 갖고 있는 abhiñña.
곧바른 앎을 보수로 받는 abhiññânisaṁsa.
곧바른 앎을 지향하는 abhiññāhadaya. abhiññāmānasa
곧바른 앎을 통해 완전한 성취에 도달한 자 abhiññāvosānapāramipatta
곧바른 앎을 통해 완전해진 자 abhiññāvosita.
곧바른 앎의 눈 abhiññacakkhu.
곧바른 앎의 마음 abhiññācitta.
곧바른 앎의 순서 abhiññāpaṭipāṭi.
곧바른 앎의 완성 abhiññāpāramī. abhiññāpāpūrī.
곧바른 앎의 완전한 통달을 닦은 사람 abhiññāsibhāvita.
곧바른 앎의 유익성 abhiññattha.
곧바른 앎의 의미 abhiññaṭṭha.
곧바른 앎의 지혜 abhiññāpaññā.
곧바른 앎의 토대 abhiññāpādaka.
곧바른 앎의 힘 abhiññābala.
곧은 ajimha. avaṅka.
곧음 ājjava.
골[고랑] sītā.
골격(骨格) aṭṭhikaṅkala. pañjara.
골격의 아름다움 aṭṭhikalyāṇa.
골관절(骨關節) saṅghaṭṭita. saṅghaṭita.
골동품 purāṇavatthu.
골동품을 수집하는 purāṇavatthuvisayaka.
골동품전문가 purātattaññū.
골라 뽑은 꽃 aggapuppha.
골라지다 vāriyati.
골목 vyūha.
골몰(汩沒) → 몰두.
골몰하다 payuñjati.
골몰한 paṇihita. payutta.
골무 aṅgulikosa(ka) paṭiggaha.
골무 aṅgulitāṇaka. sūcipaṭiggaha.
골상(骨想) aṭṭhisaññā.
골상학(骨相學) sīsakapālavijjā.

골상학자(骨相學者) kapālalakkhaṇaññū.
골쇄(骨鎖) aṭṭhisaṅkhala.
골수(骨髓) aṭṭhimiñjā. miñja. miñjā. miñjaka.
골수염(骨髓炎) piṭṭhikaṇṭakadāha.
골절(骨節) miñja. miñjā. miñjaka.
골절(骨節)의 더미 miñjarāsi.
골질환(骨疾患) aṭṭhitoda.
골짜기 nikuñja. nitamba.
골치아픈 kiccha. pakaṭṭhaka.
골치아픈 사람 pakaṭṭhaka.
골칫거리 ruppana.
골탕먹이다 vañceti. palambheti.
골풀 sara.
곪다 kilijjati.
곪아터진 viputta.
곪아터진 시체에 대한 지각 vipubbakasaññā. viputtasaññā.
곪은 viputta.
곰[熊] accha. ikka. issa(?). taraccha.
곰보 mukhadūsi.
곰의 가죽 acchacamma.
곰의 피부 acchacamma.
곱사등의 khujja.
곱슬머리 alaka.
곳에 yatra. yena.
곳으로 yatra. yena.
공(空) abhava. agha. anabhāva. suñña. suññatā. tucchatta. rittatta.
공(空)에 관련된 이야기 suññatāpaṭisaṁyuttakathā.
공(空)의 단계 suññatāvāra.
공(空)의 상태 suññatta.
공(空)의 언어 suññatāvakka. suññatāvākya.
공(空)의 이치를 관찰하는 명상의 성취 suññatāsamāpatti.
공(空)의 이치를 통한 마음에 의한 해탈 suññatācetovimutti.
공[球] kanduka. kaṭṭhi. bheṇḍu. goḷa. goḷaka. guḷa. piṇḍa. piṇḍi. vaṭṭani.
공[球]과 같은 goḷākāra. piṇḍita.
공[球]의 둘레 guḷaparimaṇḍala.
공간(空間) ākāsa. ākāsanta. anilañjasa. avakāsa. okāsa.
공간과 같은 ākāsasadisa.
공간근접조건 anantarapaccaya.
공간성(空間性) ākāsatta.
공간에 대한 설명 okāsadīpanī.
공간에 대한 의식 ākāsaviññāṇa.
공간에 속하는 ākāsagaṅgā.
공간에 의존하는 ākāsasannissita.
공간에 의존한 ākāsanissita.
공간에 접촉된 ākāsaphuṭṭha.
공간을 기초로 하는 ākāsasannissaya.
공간을 뛰어넘는 ākāsâtikkama.
공간을 만드는 okāsakaraṇa.
공간을 매질로 하는 ākāsasannissaya.
공간을 추구하는 ākāsajjhāsaya.
공간의 둘레 ākāsamaṇḍala.
공간의 세계 okāsaloka. ākāsadhātu.
공간의 요소 ākāsadhātu.
공간의 표시 ākāsanimitta.
공간이 무한한 경지 ākāsânañcâyatana.
공간이 무한한 경지에 도달한 신들의 하느님 세계 ākāsānañcāyatanūpagā devā.
공간이 무한한 경지에 도달한 하느님 세계의 신들 ākāsānañcāyatanūpagā devā.
공간이 무한한 세계 ākāsānañcāyatana. ākāsānañcāyatanadhātu
공간이 무한한 세계를 지향하는 ākāsānañcāyatanâdhimutta.
공간이 무한한 세계에 대한 지각 ākāsānañcāyatanasaññā.
공간이 무한한 세계에 수반된 ākāsānañcāyatanasahagata.
공간이 무한한 세계에 유익한 ākāsānañcāyatanasappāya.
공간이 무한한 세계에 의존하는 ākāsānañcāyatananissita.
공간이 무한한 세계에 의존하는 비활동적인 마음 ākāsānañcāyatanakiriyacitta.
공간이 무한한 세계에 의존하는 착하고 건전한 느낌 ākāsānañcāyatanakusalavedanā.
공간이 무한한 세계에 의존하는 착하고 건전한 마음 ākāsānañcāyatanakusalacitta.
공간이 무한한 세계와 관련된 ākāsānañcāyatanûpaga.
공간이 무한한 세계의 마음 ākāsānañcāyatanacitta.
공간이 무한한 세계의 명상주제 ākāsānañcāyatanakammaṭṭhāna
공간이 무한한 세계의 선정 ākāsānañcāyatanajjhāna.
공간이 무한한 세계의 성취 ākāsānañcāyatanasamāpatti.
공간이 무한한 세계의 영역 ākāsānañcāyatanabhūmi
공간적인 ākāsagata.
공개(公開) vivaraṇa. vivaraṇā.

공개된 abhimukha. anantarahita. asaṁvata.a-saṁvuta. pākata. pākaṭa.
공개된 싸움 abhimukhayuddha.
공개의 vivaṭaka.
공개입찰 vivaṭakasalākagāha.
공개적으로 aviccaṁ. aviviccaṁ. pātur.
공개적으로 또는 비밀리에 āvi vā raho.
공개적으로 반항하는 ujupacchatthika.
공개적이 아닌 abāhira.
공개적인 appaṭicchanna. sugama. agūḷha. uju. ujju.
공개적인 견습 appaṭicchannaparivāsa.
공개적인 고백 diṭṭhāvikamma.
공개적인 산가지 잡기 vivaṭakasalākagāha.
공개적인 선거 vivaṭakasalākagāha.
공개적인 아닌 apāṭuka.
공개적인 진술 diṭṭhāvikamma.
공개적인 참회 appaṭicchannamānatta.
공개하는 사람 āvikattar.
공개하다 vivarati.
공개행주(公開行籌) vivaṭakasalākagāha.
공거천(空居天)[신계] Ghanika.
공겁(空劫) saṁvaṭṭaṭṭhāyikappa .
공격(攻擊) akkamana. akkamaṇa. abhinipāta. abhinipātana. abhippaharaṇa. abhippaharaṇī. adhipatana. anvāssava. anvāssavana. āsajjana. pakkhandana. upakkama. upakkamana. upasaṅkama.
공격받다 abhihariyati. okkamati.
공격받은 āhata. okkanta. upadduta. uparuddha. abbhāhata. adhipanna. anupatita. samabbhāhata. upakkanta. anvāsanna. pahaṭa.
공격받지 않는 viññūpasaṭṭha. viññūpasattha.
공격받지 않은 anāsatta. anupakkanta.
공격성(攻擊性) yuddhakāmitā.
공격을 받음 upaddutatta.
공격적(攻擊的)인 yuddhakāmī. vivādakāmī.
공격적인 대화 kathāpaḷāsa.
공격하게 하다 pahārāpeti.
공격하고 āsajja.
공격하는 abhinipātin anupatana. anupātin. pahārin. uparundhana.
공격하다 abhiddavati. abhiharati. abhinipāteti. abhiyāti. akkandati. anupatati. anvāssavati. āsādeti. āsīdati. āyujjhati. dhaṁseti. lumpati. nihanti. padhaṁseti. paribādheti. paripāteti. paripāṭeti. upaddavati. upadhāvati. upakkamati. upanayati. upaneti. uparundhati. yodheti.
공격하지 않음 anupakkama.
공격할 수 없는 aghātetabba.
공경(恭敬) abhivādana. āhuna. āhuṇa. āhuti. payirupāsana. payirupāsanā. sakkāra. sabhājana. sambhāvanā. sāmicī. gārava.
공경교(恭敬憍) sakkāramada.
공경받는 sambhāvita.
공경받다 sakkarīyati.
공경받을 수 없는 avandiya.
공경시(恭敬施) sakaccadāna.
공경에 의한 교만 sakkāramada.
공경에 의한 도취 sakkāramada.
공경에 의한 보시 sakaccadāna.
공경을 받은 sakkata.
공경의 대상 gārava.
공경청문(恭敬聽聞) sussūsā.
공경청문의 sussūsa. sussūsin.
공경하는 ottappin. ottāpin. sakaccaṁkata. sakaccaṁkārin.
공경하는 인사 añjalikamma. añjalippaṇāma
공경하다 abhivandati. apacāyati. sakkaroti.
공경할 가치가 있는 añjalikaraṇīya.
공계(空界) ākāsadhātu. vyoma.
공고(公告) ñāpana.
공공(空空) suññasuñña.
공공기물을 파손하는 자 vijjākalāviddhaṁsin.
공공기물의 파손 sippīkammanāsana.
공공연한 vivaṭaka.
공공의 chakaṇṇa.
공공휴게소의 식사 āvasathapiṇḍa.
공교교(工巧憍) sippamada.
공교신(工巧神) Vissakamma.
공교업(工巧業) sippakamma.
공교처(工巧處) sippāyatana.
공국(公國) padesarajja.
공극(孔隙) chidda.
공급(供給) ajjhāhāra. nissaya.
공급된 paṭṭhapita. upaṭṭhita.
공급받는 upaṭṭhita.
공급이 안 됨 anupahāra.
공급자(供給者) sampādaka. vidhātar.
공급하는 ādadhāna.
공급하다 ajjhāharati. anupavecchati. anupaveseti. atineti. odahati. paribhāveti. paṭṭhapeti. samaṅgīkaroti. samodahati. sampādeti. upadahati. upaṭṭhapeti. upaṭṭhāpeti.
공기(空氣) anilañjasa. anila. samīra. samīraṇa. vāta. vāya. vāyu.
공기로 가득한 vāyupuṇṇa.
공기로 이루어진 vāyumaya.

공기로써 살아가는 vātabhakkha.
공기의 힘으로 vāyubalena.
공놀이 guḷakīḷā.
공단(空段) suññatāvāra.
공덕(功德) guṇa. kalyāṇa. kallāṇa. patti. puñña. sucarita. ānisaṁsa
공덕에 대한 해설 ānisaṁsavibhāvana.
공덕으로 가득 차다 puññassa. pūrati.
공덕으로 둘러싸인 ānisaṁsaparivāra.
공덕을 구하는 puññapekkha.
공덕을 바라는 puññāpekkha. puññatthika.
공덕을 보는 ānisaṁsadassana.
공덕을 보는 자 ānisaṁsadassāvin.
공덕을 뿌리로 하는 ānisaṁsamūlaka.
공덕을 얻은 visesagāmin.
공덕을 지닌 puññavant.
공덕을 짓지 못한 akatapuñña.
공덕을 함께 하는 puññabhāgiya.
공덕을 행하는 (사람) puññakata.
공덕을 행한 katapuñña.
공덕을 행한 사실 katapuññatā.
공덕의 결과 puññapaṭipadā.
공덕의 다발 puññakkhandha.
공덕의 땅 puññamahi.
공덕의 몸 khetta.
공덕의 밭 khetta. puññakkhetta.
공덕의 밭과 같은 (자)[阿羅漢] khettûpama.
공덕의 밭으로 바뀐 khettagata.
공덕의 밭의 승리자 khettajina.
공덕의 밭의 위대성 khettamahantatā.
공덕의 산출 puññappasavana.
공덕의 수희(隨喜) pattānumodanā.
공덕의 실천 pattidhamma.
공덕의 쌓임 puññûpacaya.
공덕의 위대성 puññamahatta. ānisaṁsamahantattā.
공덕의 위력 puññânubhāva. puññateja.
공덕의 자리 puññassaya.
공덕의 전이 pattānumodanā.
공덕의 초월적인 힘 puññiddhi.
공덕의 행위 puññakamma.
공덕의 회향 pattānumodanā. pattidāna.
공덕의 흐름 puññadhārā.
공덕의 힘 puññabala. puññateja.
공덕의(功德衣) kaṭhina.
공덕이 다해서 사망하는 것 puññakkhayamaraṇa.
공덕이 되는 업의 형성 puññâbhisaṅkhāra.
공덕이 생겨나는 puññappasava.
공덕이 아닌 apuñña.
공덕이 안 되는 업의 형성 apuññâbhisaṅkhāra.
공덕이 있는 pattika. puññavant.
공덕이 있는 행위의 기본 puññakiriyavatthu.
공덕이 작용하는 토대로서의 보시 dānapuññakiriyavatthu.
공덕이 적은 appapuñña.
공덕이 적음 appapuññatā.
공덕이 헤아릴 수 없이 많은 자 atiguṇakāraka.
공덕취(功德聚) puññakkhandha.
공동(空洞) susira.
공동(共同)으로 samāniyā.
공동묘지(共同墓地) susāna.
공동의 padesavisayaka. sabhāga. sādharaṇa.
공동의 대상을 가진 ekārammaṇa.
공동의 사용을 위한 gayhūpaga.
공동의 식사로 준비된 음식 gaṇabhojana.
공동의 죄 sabhāgāpatti.
공동의 토대를 가진 ekāvatthuka.
공동체(共同體) samasambhoga. saṅgha. nikāya.
공동체적인 samasambhogāyatta.
공동체주의(共同體主義) janasammutivāda. samasambhogavāda
공동체주의자(共同體主義者) samasambhogavādin. samasambhogika.
공략하다 paribādheti.
공론(空論) suññatāpaṭisaṁyuttakathā.
공론이 없는 nippalāpa.
공류(空類) suññatāvakka. suññatāvākya.
공명조(共鳴鳥) jīvaṁjīvaka. jīvajīvaka.
공모양의 금빛장식품 kañcanabubbula.
공모양의 장식물 bheṇḍu.
공모해서 행한 도둑질 saṁvidhāvahāra.
공무(公務) raṭṭha.
공무변처(空無邊處) ākāsānañcāyatana.
공무변처천(空無邊處天) ākāsānañcāyatanūpagā devā
공무원(公務員) kammika. rājaporisa.
공물(供物) āyāga. kara. upāyana. juhana. saddha. hutta.
공물(貢物) suṅkapābhata. thutipābhata.
공물을 대는 마을 bhattagāma.
공물을 받는 사람 āyāga.
공발(空鉢) rittapatta.
공복(空腹)의 udarūnûdara.
공부(工夫) pariyāpuṇana. sajjhāyanā. sikkhā. sikkhana. uggaṇhana. yutti.
공부를 끝낸 바라문 nahātaka.

공부를 하지 않은 anajjhāyaka.
공부의 정도 pariyattiparimāṇa.
공부하고 adhicca.
공부하는 anusikkhin.
공부하다 sikkhati. paricayati.
공부하지 않음 asajjhāya.
공부하지 않음의 얼룩 asajjhāyamala.
공사(公使) dūta.
공산주의(共産主義) samasambhogavāda.
공산주의자(共産主義者) samasambhogavādin. samasambhogika.
공산주의적인 samasambhogāyatta.
공삼매(空三昧) suññatasamādhi.
공상적(空想的)인 kavita. saṅkappita. cintāmaya. pallatthamatika. abbhutakāmin. micchābhimānin.
공생(共生)된 saṁrūḷha.
공생하다 saṁvāsati.
공선(空禪) suññatājhāna.
공성(空性) suññatā. tucchatta. rittatta.
공성관(空性觀) suññatânupassanā.
공성등지(空性等至) suññatāsamāpatti.
공손(恭遜) sādariya. sādariyatā. sakkaccaṁkiriyā.
공손하게 sakkacca. sakkaccaṁ.
공손한 padakkhiṇa. sādara. sammodaka. sārāṇiya.
공수관(空隨觀) suññatânupassanā.
공수병(恐水病) jalabhītikaroga.
공심해탈(空心解脫) suññatācetovimutti.
공양(供養) dakkhiṇā. juhana. onojana. oṇo- jana. pūjā. pūjanā. yāca. bhattâbhihāra. yāga.
공양된 huta.
공양물(供養物) bali. dakkhiṇā. dānavaṭṭa. deyya.
공양물을 먹는 것 hutâsana.
공양물을 바치는 사람 baliṅkatar.
공양물의 나머지 havyasesa.
공양물의 운반 baliharaṇa.
공양물인 과자 pūraḷāsa.
공양미(供養米) upahārabali.
공양받을 가치가 있다는 사실 dakkhiṇeyyatā.
공양받을 만한 pūjaneyya. pūjanīya. pujja.
공양받을 만한 pujja. pūja. pūjiya.
공양받을 만한 님 arahant.
공양받을 만한 대상을 발견한 성취감 dakkhiṇeyyasampatti.
공양받을 만한 대상을 발견한 축복(祝福) dakkhiṇeyyasampatti.
공양받을 만한 밭 dakkhiṇeyyakhetta.
공양받을 만한 여신 balipaṭiggāhikā.
공양식(供養食) yāgapiṇḍa.
공양을 드리는 pūjākaraṇa.
공양을 드리다 abhipūjayati.
공양을 받아야 할 사람과 함께하는 sāhuneyyaka.
공양을 받은 hāpita. pūjita.
공양을 받을 만한 dakkhiṇeyya. āhuneyya. āhuṇeyya.
공양을 받을 만한 가치가 있는 dakkhiṇâraha.
공양을 받을 만한 사람 dakkhiṇeyyapuggala.
공양음식 yāgapiṇḍa.
공양하게 하다 yajāpeti.
공양하는 사람 pūjetar.
공양하다 hāpeti. juhati. juhoti. oṇojeti. pūjeti. yajati. paṭijānāti.
공양할 만한 가치가 있는 pūjâraha.
공연(公演) ācaraṇa. vattana. sampādana. naccana.
공연되다 udiyyati.
공연된 samannāhata.
공연자(公演者) sampādaka. sādhaka. naṭa. raṅgakāra.
공연장(公演場) raṅgamaṇḍala. naccasālā. vijjatthīsālā.
공연하다 oḍḍeti. oḍḍāpeti. sādheti. sādhayati. pavatteti.
공예(工藝) sippa.
공예가(工藝家) kammasippin.
공예천(工藝天) Vissakamma.
공용(功用) ābhoga.
공원(公園) ārāma. uyyāna.
공원과 정원 ārāmuyyāna.
공원근처에 사는 ārāmanisādin.
공원들과 숲들 ārāmûpavana.
공원숲속의 놀이 uyyānavanakīḷā.
공원에 간 ārāmagata.
공원에 관한 uyyānagata.
공원에 있는 ārāmagata. ārāmaṭṭha(ka).
공원으로 antarârāmaṁ.
공원으로 가는 uyyānagamana.
공원으로 간 uyyānagata.
공원을 찾는 습관을 지닌 ārāmasīla.
공원을 향한 ārāmâbhmukha.
공원의 경계에 속하는 ārāmamariyādaka.
공원의 경내 ārāmûpacāra.
공원의 관할구역 ārāmûpacāra.
공원의 기증 ārāmadāna.

공원의 기증자 ārāmadāyaka.
공원의 나무 ārāmarukkha.
공원의 놀이 uyyānakīḷā.
공원의 바깥문 ārāmadvāra.
공원의 부지 ārāmavatthu.
공원의 신 ārāmadevatā.
공원의 입구 ārāmakoṭṭhaka.
공원의 입장 ārāmappavesana.
공원의 주인 ārāmasāmika.
공원의 즐거움 ārāmarāmaṇeyyaka.
공원의 탑묘 ārāmacetiya.
공원지기 ārāmagopaka. ārāmapāla. ārāmika.
공유(共有) samasambhogatta.
공유화하다 mahājanāyattaṁ karoti.
공의 이치에 따른 선정 suññatājhāna.
공의 이치에 머무는 suññatāvihāra.
공의 현시 suññatāpakāsana.
공이라는 진리 suññatāpada.
공인(公認)된 abhisammata.
공일체처(空一切處) ākāsakasiṇa.
공작(孔雀) → 공작새.
공작새 barihin. mayūra. nīlagīva. sikhin. mora. kalāpin. sikhaṇḍin.
공작새 꼬리의 끝 kalāpagga.
공작새의 깃털 morapiccha.
공작새의 깃털의 깃 morahattha.
공작새의 깃털의 깃으로 만든 총채 morahatthacāmara.
공작새의 꼬리 kalāpa. sikhaṇḍa.
공작새의 꼬리깃털 piccha. piñcha.
공작새의 암컷 morinī.
공작새의 울음소리 kekā.
공작새의 춤 mayūranacca.
공장(工場) kammantasālā.
공장(工匠) thapati.
공장장(工場長) kammantanāyaka.
공적(功績) puñña.
공적(公的)으로나 사적(私的)으로 āvi vā raho.
공적(功績)이 있는 결과 puññâbhisanda.
공정(空定) suññatāsamāpatti.
공정(供淨)의 sobhanasādhāraṇa. sobhaṇasādhāraṇa.
공제(控除) paṭuppādana.
공제자(供祭者) baliṅkatar.
공존(共存) samakālavattana. samavadhāna. sahapavatti.
공존하는 samakālika. ekakālavattin.
공주(公主) rājadhītar.
공주(共住) sahavāsa.
공주자(共住者) samānasaṁvāsaka.
공중(空中) antalikkha. gagana. vehāsa.
공중곡예(空中曲藝) mokkhacika. mokkhacikā.
공중높이에 있는 uparivehāsa.
공중에 upari.
공중에 뜬 appatiṭṭhita.
공중에서 움직이는 uparicara.
공중에서 장기를 하는 놀이의 이름 ākāsa.
공중으로 나는 uparicara. ākāsagāmin.
공중으로 나는 것 ākāsagati.
공중을 통해 가는 aghagāmin.
공중제비 avaṁsirakkhipana.
공짜 amūla. nimmūla.
공짜로 mudhā. nimmūlena.
공짜의 amūlaka.
공책(空冊) alikhitapotthaka.
공탁(供託) nikkhepa.
공탁하다 upanidahati.
공통되지 않은 asādhāraṇa. āveṇi. āveṇika. āveṇiya.
공통된 sabhāga.
공통의 sādharaṇa.
공통의 기원을 갖는 sodariya.
공통의 시설 sādharaṇapaññatti.
공통의 제정 sādharaṇapaññatti.
공편(空遍) ākāsakasiṇa.
공편처(空遍處) ākāsakasiṇa.
공평(公平) alobha. majjhattatā. samatā.
공평하게 나르는 samavāhita.
공평하지 않은 asamāna. asamānatta.
공평하지 않은 일 asamānatta. asamānattatā.
공평한 alobha. majjhatta. sama.
공평한 마음 samacitta.
공평한 상태 samānattatā.
공평한 행위 samacariyā.
공포(恐怖) aṭṭiyana. aṭṭiyanā. bhaya. bhayabherava. bhiṁsā. bhiṁsikā. bhismā. bhīti. cittuttrāsa. lomahaṁsa. paṭibhaya. santāsa. santasana. tāsa. tāsaṇa. utrāsa. uttāsa. uttasana. vihesikā.
공포로 두려워진 bhayabhīta.
공포를 불러일으키는 사람 ubbejitar. ubbejetar.
공포를 실감하는 bhayadassāvin.
공포에 대한 이야기 bhayakathā.
공포에 떠는 saṁvijita.
공포에 떨게 하다 bhāyāpeti. bhāyāpeti. atisantaseti.
공포에 의한 동요 tāsatassanā.
공포에 현기에 대한 앎 bhayatupaṭṭhānañāṇa.

공포의 uttāsavant vyamhita.
공포의 대상을 보는 bhayadassāvin.
공포의 울부짖음 bheravarāva
공포의 위험을 보는 bhayadassāvin.
공포의 현기 bhayatupaṭṭhāna.
공표(公表) pakāsa. ussāvana. pakāsana. saṅkittana. ugghosa. ugghosanā.
공표된 ghuṭṭha. viññatta.
공표자 pakāsaka. ghositar.
공표하는 pakāsaka.
공표하다 anusāveti. pakitteti. pakāseti. sāveti. ugghosāpeti. ugghoseti. vyakhyāti.
공한처(空閒處) suññāgārā.
공해탈(空解脫) suññatāvimokkha.
공행자(共行者) saddhiṁcara.
공허(空虛) abbhu. asāra.
공허공(空虛空) tucchâkāsa.
공허하게 mogha.
공허하게 되다 viriccati.
공허한 asāra. asāraka. mogha. palāpa. rittaka. suñña. tuccha. virahita.
공허한 대상에서 맛을 찾는 rittassāda.
공허한 말 lālappa. lālappana. lālappanā.
공허한 말을 하는 lāla.
공허한 사변의 속박 diṭṭhisaṁyojana.
공호(空壺) tucchakumbhi.
공회당(公會堂) māla. māḷa. sālā. santhāgāra.
공후(箜篌) vīṇā.
공희(供犧) hotta. hutta. yajana. yāja. yājana. iṭṭhi. katu.
공희당(供犧堂) yaññâgāra.
공희를 올리는 yajanaka.
공희를 올리다 yajati.
공희승(供犧僧) addhariya.
과[연결사] ca.
과거(過去) atīta. atītaṁsa. purimakoṭi. pubbakoṭi. pubbanta.
과거라는 용어 atītâdhivacana.
과거로부터 발생한 마음의 상태 atītārammaṇa.
과거분지(過去分智) atītaṁsañāṇa.
과거불(過去佛) pubbabuddha.
과거사(過去事) atītavatthu.
과거생(過去生)에 행한 pubbekata.
과거생의 bhavantaga.
과거세에 지은 업인 pubbekatahetu.
과거소연(過擧所緣) atītārammaṇa.
과거시(過去時) atītaddha.
과거에 pure. uddha. uddhaṁ.
과거에 관한 지식 pubbeñāṇa.
과거에 대한 앎 atītaṁsañāṇa.
과거에 대한 진술 atītaddhakatha.
과거에 대한 질문 atītapuccha.
과거에 잘못된 upahatapubba.
과거와 미래 bhūtabhavya.
과거와 미래에 pubbrattâparattaṁ.
과거와 미래와 현재 atītânāgatapaccuppanna.
과거와 미래의 pubbâpara.
과거의 atīta. purāṇa. atipanna.
과거의 겁(劫) atītakappa.
과거의 겁을 기억하는 자 kappânussaraṇaka.
과거의 경향 vāsanā.
과거의 부처님 pubbabuddha.
과거의 시간 atītaddha.
과거의 시간에 속하는 atītakālika.
과거의 업 atītakamma.
과거의 오염 pubbāsava.
과격한 agāḷha. aṇḍaka.
과계(果戒) phalasīla.
과구족지(果具足智) phalasamaṅgīñāṇa.
과다(過多) atirekatā.
과다한 atireka.
과도하게 ati. atiriva. atisaya.
과도하게 방향을 튼 accāyata.
과도하게 비추다 ativirocati.
과도하게 쌓이지 않은 appakiṇṇa.
과도하게 절제하다 atisallekhati.
과도하게 향기를 채우다 ativāyati.
과도하다 ussādiyati.
과도한 accanta. atireka. samādhika. ukkaṭa. ussanna.
과도한 간소함 atisallekha.
과도한 것에 대하여 지각하는 atirekasaññin.
과도한 긴 시간의 ativela.
과도한 두려움 atibhaya.
과도한 절제 atisallekha.
과도한 탁발을 멀리함 piṇḍapātapaviveka.
과도한 흥이 없는 것 ahāsa.
과도함 atisaya.
과류(瓜類) bimba.
과만(瓜蔓) lāpulatā.
과만심(過慢心) adhimāna.
과민증(過敏症)의 sukhumasaññāyutta.
과민증환자(過敏症患者) sukhumavedaka.
과보(果報) vipāka.
과보가 갖추어진 upapannaphala.
과보가 있는 savipāka.
과보를 얻지 못한 anāgataphala.
과부(寡婦) vidhavā.

과부에게 친근한 vidhavāgocara.
과부의 신분 vedhabba.
과부의 아들 vedhavera.
과세된 katasuṅka.
과소평가하다 appamaññati
과수원(果樹園) phalārāma.
과승가(果僧伽) phalasaṅgha.
과시(誇示) dappa. ahaṅkāra. bāhirālaṅkara.
과시욕(誇示欲) ketukamyatā.
과시적인 padassanāyābhimata.
과시하다 vikatthati.
과식(過食) accodara. atibhojana.
과식자(過食者) alaṁsāṭaka.
과식체(過飾體) adhikālaṅkārayuttalipi.
과식하다 atibhuñjati.
과실(過失) accaya. ādīnava. avajja. avaṇṇa. nindā. otāra. padosa. raṇa
과실수(果實樹) osadhirukkha.
과실이 없는 appaduṭṭha. anindita.
과실이 있는 padosika.
과실재배법 phalaropaṇavijjā.
과심(果心) phalacitta.
과약(果藥) phalabhesajja.
과업(課業) kāraṇa. kattabbaka.
과연(果然) apissudaṁ. api ssu. ādu. tu. assu.
과오(過誤) vikkhalita.
과오가 있는 sātisāra.
과위(果位) phala.
과위를 체험한 adhigataphala.
과위를 확립한 자 phaleṭhita.
과이숙(果異熟) phalavipāka.
과일 phala.
과일가게 phalāpaṇa. phalahārika.
과일껍질 sipāṭikā. sipātikā.
과일나무 osadharukkha.
과일로 만든 phalamaya.
과일로 만든 약 phalabhesajja.
과일바구니 phalapacchi.
과일에서 짜낸 즙 phalāsava.
과일을 구하는 phalesin.
과일을 선물하는 자 phaladāyin.
과일을 파는 장수 phalika.
과일을 파는 행상 phalika.
과일의 무르익음 phaluppatti.
과일의 선물 phaladāna.
과일의 종류 vikatiphala.
과일의 추출물 phalāsava.
과일의 향기 phalagandha.
과일장사 phalāpaṇika.
과일주 meraya.
과일주머니 phalapuṭa.
과일즙 phalarasa.
과일항아리 phalatumba.
과잉(過剩) atirekatā.
과잉적인 대화 parikathā.
과자(菓子) apūpa. modaka. pūva. saṅguḷikā. sakkhali. sakkhalikā. saṅkuli. saṅkulya.
과자를 만드는 사람 suda.
과자를 먹는 āpūpika.
과자장수 pūvika. pūpiya.
과작식(果作食) phalakhādaniya.
과장(誇張) katthanā.
과장된 pavikatthita.
과장법(誇張法) atisayutti.
과장하는 katthin.
과장하는 사람 katthitar. katthika.
과장하다 apilāpeti. katthati. upalāḷeti.
과장하지 않은 avikatthin.
과정(過程) anvaya. pavutti.
과정상의 vīthika.
과정에 대한 찬양 gamanavaṇṇa.
과정을 시작하다 paṭipajjati.
과정의 끝 kammanta.
과주(果酒) meraya.
과주자(果住者) phalaṭṭha.
과중한 부담 atibhāra.
과즙(果汁) phalāsava. sāva. phalarasa.
과지(果智) phalañāṇa. phaleñāṇa.
과청정(果淸淨) phalavisuddhi.
과피(果皮) sipāṭikā. sipātikā. kaṇṇikā. bījakosa.
과향(果香) phalagandha.
과환(過患) ādinava.
과환(過患)이 없는 nirādinava.
과환수관(過患隨觀) ādīnavânupassanā.
과환수관지(過患隨觀智) ādīnavânupassanāñāṇa.
과히 붐비지 않는 appakiṇṇa.
곽공(郭公) karavī. karavīka. karavīya. kuṇāla. kuṇālaka. cātaka.
관(管) āyatikā. nāla. nāḷa. nāḷi. nāḷī. nāḷikā. panāḷī. panāḷikā.
관(冠) makuṭa.
관(觀) vīmaṁsā.
관(棺)과 같은 sosānika.
관(觀)하는 anupassaka.
관개된 논이 정방형을 지닌 accibandha.
관개시설이 좋은 udaññavant.
관견(觀見)하다 abhipassati.

관계(關係) adhikaraṇa. anuparivatti. paṭibandhu. samphassa. saṁsagga. upayoga. yoga.
관계가 있는 bhāgiya. saṁhita.
관계대명사(關係代名詞) aniyāmitaniddesa.
관계대명사의 주격 aniyāmitapaccatta.
관계되는 āyatta. vattin. upanibandha.
관계되는 활동영역 upanibandhagocara.
관계되다 anuparivattiyati.
관계되지 않는 ananucchavika. vippayutta.
관계된 āyuta. paṭisaṁyutta. saṁyutta. upanissita. upasaṁhita.
관계된 사람 bandhava.
관계를 맺다 ajjhābhavati.
관계사[문법] aniyāmitavacana.
관계시키다 sampayojeti.
관계없는 visaṁsaṭṭha.
관계없음 asaṁsagga.
관계있는 upanāyika.
관계자(關係者) bandhava.
관계하고 āhacca.
관계하는 adhikārika.
관계하다 anuparivattati. paṭisaṁyujati. upanikkhipati. upasaṁvasati.
관계하지 않는 apurakkhata. atammaya.
관계해서 upādāya.
관고(鑵鼓) deṇḍuma. dundubhi. paṭaha. tiṇava.
관광(寬廣) pariṇāha.
관광교(寬廣憍) pariṇāhamada.
관구(管區) upacāra.
관구로 들어가는 upacārokkama(na).
관구를 넘어가는 것 upacārâtikkama.
관구의 경계 upacārasīmā.
관념(觀念) ābhoga. dhamma. mano. mati. saññā. adhippāya. saṅkappa.
관념론(觀念論) viññattimattavāda. viññāṇavāda.
관념론자(觀念論者) viññāṇavādin. manovikappin.
관념을 갖고 있는 ṭhāyin.
관념작용이 있는 sābhoga.
관념적인 manokappita.
관념화하다 parikappeti.
관대(寬大) cāga. pariccāga. vadaññutā.
관대(觀待) pekkhā. pekhā.
관대(觀待)하는 pekkhavant pekkhin.
관대(觀待)하다 pekkhati.
관대(寬大)하지 않은 asaṁvibhāgin avadāniya.
관대하지 않음 avadaññutā.
관대한 anissukin apalāsin avadaññu. cāgavant cāgin dānarata. saṁvibhāgin. vadaññu.
관대한 기증자 dānapati.
관대한 성격을 지닌 dānasīla.
관대함 dāna.
관력(觀力) vipassanābala.
관련(關聯) paṭibandhu. sampayoga. sannissayatā.
관련되어 있음 samaṅgitā.
관련되지 않은 asambaddha. asambandha.
관련된 adhikata. paṭibandha. sahagata. samaṅgin. sampayutta. sannissita.
관련된 경우 paccattavacana.
관련된 말에 대한 모종의 실천 kathāvohāra.
관련된 수행원 sampayuttaparivāra.
관련된 항목 sampayogaṅga.
관련시키다 sampayojeti.
관련지(關聯智) paribhaṇḍañāṇa.
관련하다 upayuñjati.
관련해서 odissa.
관례(慣例) rūḷhi. ṭhiti.
관례를 거치다 upacāraṁ karoti.
관례를 준수하다 vataṁ karoti.
관로(觀路) vipassanāvīthi.
관료(官僚) amaccajana.
관료의 가족 amaccakula.
관료의 힘 amaccabala.
관리(管理) adhikāra. adhiṭṭhāna. thapati. vicāraṇa. vicāraṇā.
관리인(管理人) ajjhupekkhitar. gopaka. guttika. pesaka. adhiṭṭhāyaka. kammika. vaḍḍhaka. adhikāra.
관리자 → 관리인.
관리하고 adhiṭṭhāya.
관리하는 adhikārika. saṁvidhāyaka.
관리하다 anusaññāti. vicāreti. vidahati.
관모(冠毛) moli.
관모가 있는 sikhin.
관모장식(冠毛裝飾)의 화환 sekhara.
관목(灌木) gaccha. gumba. kaccha. kaseruka. tiṇarukkha
관법(觀法) vipassanā.
관비(灌鼻) natthu. natthukamma.
관비통(灌鼻筒) natthukaraṇi.
관사(觀捨) vipassanûpekkhā.
관삼마지근행성취신족(觀三摩地勤行成就神足) vīmaṁsāsamādhipadhānasaṅkhārasamannāgatam iddhipādaṁ.
관삼매(觀三昧) vīmaṁsāsamādhi.
관상(觀相) lakkhaṇa.

관상가(觀相家) aṅgavijjāvidū.
관상술(觀相術) aṅgasattha.
관상학(觀相學) aṅgavijjā.
관세징수원(關稅徵收員) suṅkika.
관속행(觀速行) vipassanājavana
관솔 alāta. ummuka
관솔의 불꽃 alātaggisikha.
관솔의 조각 alātakhaṇḍa.
관수(灌水)된 ositta.
관수염(觀隨染) vipassanûpakkilesa.
관습(慣習) ciṇṇatta. pāramparíya. paveṇi. sammuti. ṭhiti. vaṁsa. vatta. yāta.
관습의 upaciṇṇa.
관습의 실천 vattapaṭipatti.
관습적인 samucita.
관습적인 진리 sammutisacca.
관신족(觀神足) vīmaṁsiddhipāda.
관심(關心) apekkhā. apekhā. ābhoga. sambandha. anurāga.
관심사(關心事) ārabbhavatthu.
관심의 성취 anavaññapaṭilabha.
관업처(觀業處) vipassanākammaṭṭhāna.
관여(關與) anuparisakkana.
관여의족(觀如意足) vīmaṁsiddhipāda.
관용(寬容) adhivāsana. adhivāsanā. khamā. khamana. khamantā. khanti. khantī. nijjhāpana
관용과 인내 khantisoracca.
관용구(慣用句) bhāsārīti. racanāvilāsa.
관용구가 들어간 bhāsārītyanugata.
관용어(慣用語) vohāra. vyohāra.
관용을 베풀다 khamati.
관용하다 udikkhati.
관장(灌腸) vatthikamma.
관절(關節) aṭṭhisandhi. mamma. pabba. sandhi.
관절액(關節液) lasikā.
관절염(關節炎) aṅgavāta.
관절을 부드럽게 하는 액체 lasikā.
관절을 부러뜨리는 mammachedaka.
관절활액(關節滑液) lasikā.
관점(觀點) ṭhāna. matabheda.
관점을 벗어난 āgantuka.
관점을 벗어난 이야기 āgantukakathā.
관점을 지키기 anudassana.
관정(灌頂) abhiseka.
관정(灌頂)의 축제 abhisekamaṅgala.
관정된 avasitta.
관정식(灌頂式) abhisekakaraṇa, abhisekamaṅgala. rajjâbhiseka. khattiyâbhiseka.
관정식에 사용하는 물 abhisekudaka.
관정식을 위한 천막 abhisekamaṇḍapa.
관정식을 하는 홀 abhisekageha.
관정에 대한 기대 abhisekâsa.
관정을 거행하는 abhisekada.
관정을 받다 abhisiñcati.
관정을 받은 abhisekita. abhisitta.
관정을 받음 abhisekagahaṇa.
관정을 받지 못한 anabhisitta.
관정을 할 만한 가치가 있는 abhisekâraha.
관정을 행한 katâbhiseka.
관정의 ābhisekika. abhisekiya.
관정하다 abhisiñcati.
관조(觀照) pekkhaṇa.
관조하다 olokayati. oloketi.
관증상(觀增上) vīmaṁsâdhipati.
관지(觀智) vipassanāñāṇa.
관찰(觀察) abhivitaraṇa. abhiyoga. abhiyuñjana. āloka. anupassanā. apalokita. avalokana. dassāvitā. nillokana. olokana. paccavekkhā. paccavekkhana. paccavekkhanā paccupekkhaṇā. pekkhā. pekhā. pekkhaka. pekkhaṇa. sallakkhaṇā. samanu.passanā. vilokana. vilokita. vīmaṁsā. vīmaṁsanā. volokana. ādesanā.
관찰과 등지(等至) dassanasamāpatti.
관찰된 āciṇṇa. olokita. vilokita. sallakkhita.
관찰상(觀察相) paccavekkhananimitta.
관찰신변(觀察神變) ādesanāpāṭihāriya.
관찰에 대한 참조 diṭṭhasaṁsandana.
관찰에 의해서도 수행에 의해서도 버려질 수 없는 nevanevadassanenanabhāvanāyapahātabba.
관찰의 위없음 dassanânuttariya.
관찰의 지혜 paccavekkhanañāṇa.
관찰이 잘 이루어지는 Sudassin.
관찰이 잘 이루어지는 신들의 하느님 세계 Sudassī devā
관찰이 잘 이루처지는 하느님 세계의 신들 Sudassī devā
관찰자(觀察者) āloketar. caritar. samavekkhitar. ajjhupekkhitar. olokanapurisa. udikkhitar.
관찰자재(觀察自在) paccavekkhanavasin. paccavekkhaṇāvasitā.
관찰정(觀察淨) paccavekkhanasuddhi.
관찰지(觀察智) paccavekkhanañāṇa.
관찰타심신변(觀察他心神變) ādesanāpāṭihāriya.
관찰하게 하다 pekkheti. vīmaṁsāpeti.
관찰하는 anulokin anupassaka. anupassin. dakkhaka. dakkhin olokanā. pekkhavant pekkhin.
관찰하다 abhivitarati. ajjhupekkhati. anumināti.

anumīyati. anupassati. apadhāreti. avaloketi. dakkhati. dakkhiti. nilloketi. nisāmeti. olokayati. oloketi. paṭiyoloketi. pekkhati. sallakkheti. samavekkhati. udikkhati. upaparikkhati. ūhati. upadhāreti. viloketi. vipassati. voloketi.
관찰하여 paṭisaṅkhā.
관찰하지 못하다 anupacināti.
관찰하지 않고 appaṭivekkhitvā.
관찰하지 않는 anānupassinanānupassin.
관찰하지 않음 apaccupekkhaṇā. appaccavekkhaṇā. asallakkhaṇā.
관찰한 것의 모방 diṭṭhânugati.
관찰할 만한 sallakkhanīya.
관철해서 avecca.
관통(貫通) abhinibbhidā. āvedha. chiddatā. nittudana. paṭivedha. sampaṭivedha. vedhana. vijjhana. vinivijjhana.
관통되다 tujjati.
관통되어야 할 viddheyya.
관통되지 않은 abbhida. appaṭividdha.
관통된 anuviddha. āvuta. padālita. paṭividdha. sallalīkata. viddha. vinividdha.
관통된 상태 padālitatta.
관통될 수 있는 vinivijjha.
관통시키다 vedheti. vijjheti.
관통하고 viddhā.
관통하는 āvedhika. paṭivijjhanaka. vedhin. vītivatta.
관통하다 anuvijjhati. āvijjhati. āviñjati. āviñchati. āvuṇāti. nibbijjhati. pāreti. parikantati. paṭivijjhati. samativattati. sampaṭivijjhati. vijjhati. vinivijjhati.
관통하지 못함 appaṭivijjhana.
관통할 수 없는 avinivedhiya. anibbijjhiya. duravabodha.
관하여 ādissa. ārabbha. uddissa. yathā. sandhāya. vasena.
관한 gata.
관해서 upari.
관행(慣行) sīliya. yoga.
관행의 sīlin. sīlika.
관행자(觀行者) vipassanāyānika.
관현악단(管絃樂團) vādakasamūha. vāditamaṇḍapa.
관혜(觀慧) vīmaṁsā. vipassanāpaññā.
관혜(觀慧)가 있는 vīmaṁsin.
광[헛간] sālā. uddosita.
광견(狂犬) alakka. atisuṇa.
광경(光景) abhidassana. dassana. sāloka.
광과천(廣果天) vehapphalā devā.
광기(狂氣) sārajjitatta. ummāda. ummādana. ummādanā.
광기를 만들다 ummādayati. ummādeti.
광대(廣大) vepullata. vepullatā. vipphāra.
광대[어릿광대] sobhiya.
광대하게 하다 vitthāreti.
광대한 bhūri. brahant. mahaggata. mahant. oḷārika. pahūta. puthu. puthula. uru. vihata. vipula. visāla. vitthiṇṇa.
광대한 마음 mahaggatacitta.
광대한 마음에 의한 해탈 mahaggatacetovimutti.
광대한 숲 aṭavi. aṭavī.
광대한 존재 mahābhūta.
광대한 존재의 물질 mahābhūtarūpa.
광대한 지혜 bhūripaññā. vipulapaññatā.
광대함 visālatā.
광대혜(廣大慧) vipulapaññatā.
광란(狂亂) īgha.
광란의 viceta.
광명(光明) ābhā. āloka. avabhāsa. bhāsa. ditti. kanti. pabhā. pajjota. pakāsa. rocana. subha. ubbhāsa.
광명상(光明想) ālokasaññā.
광명을 가져오는 님 pabhaṅkara.
광명을 비추는 pabha.
광명의 요소 subhadhātu.
광명의 화관 ketumālā.
광명이 비치는 ubbhāsita.
광명이 없는 appabhāsa. nippabha.
광목천(廣目天)[신계] Virūpakkha.
광목천왕(廣目天王)[신계] Virūpakkha.
광목천희(廣目天姬)[아수라] Kālakañjaka.
광물(鑛物) khaṇija. khaṇijadhātu.
광물질의 ākaraja. bhūdhātumaya.
광물학(鑛物學) khaṇijavijjā.
광물학자(鑛物學者) khaṇijatattaññū.
광박(廣博) vitthāra.
광범위(廣範圍)한 bahuṭhāna. ukkaṭṭha.
광분(狂奔) sambhama.
광산(鑛山) ākara.
광상(狂象) hatthippabhinna. madahatthin. mattakuñjara. mattagaja. mattahatthin.
광석(鑛石) āra.
광선(光線) akka. aṁsu. acci. accī. kara. ketu. kiraṇa. marīci. marīcikā. raṁsi. rasmi. raṁsijāla.
광선을 지닌 raṁsika. raṁsimant.

광선이 없는(?) vītaraṁsi.
광설(廣說) vitthāra.
광설분(廣說分) niddesavāra.
광신(狂信) atisaddhā. bhattyummāda. idaṁsaccâbhinivesa. diṭṭhummāda.
광신도(狂信徒) bhattyummatta. sandiṭṭhiparāmāsin.
광야(廣野) kantāra.
광야에 사는 āḷavaka. āḷavika.
광야의 āḷavaka
광야의 길 kantāraddhāna
광엄성(廣嚴城)[지명] Vesālī.
광음천(光音天) ābhassara. ābhassara. pabhassara.
광인(狂人) ummattakapurisa.
광일체처(光一切處) ālokakasiṇa.
광장(廣場) aṅgaṇa. ālinda. āḷinda. ālindaka. caccara. catukka. bhūmippadesa. siṅghāṭaka.
광장설(廣長舌) pahūtajivha.
광장설상(廣長舌相) pahūtajivhatā.
광장의 경계선 aṅgaṇapariyanta.
광조(光照) jotana. jotanā. virocana.
광조하는 pabha.
광조하다 virocati.
광주리 kullaka. pacchi.
광채(光彩) ābhāsa. bhā. joti. kanti. kiraṇa. nibhā. obhāsa. pajjota. patāpa. ruci. tejo ubbhāsa. ujjota. vacca. vaccasa.
광채가 나는 kantima. nibhāsin.
광채가 나다 daddaḷhati. jotati.
광채가 없는 assirīka.
광채를 내다 vilasati.
광채를 잃은 nippabha.
광택이 나는 maṭṭa. maṭṭha. sumajja.
광택이 있는 palimaṭṭha.
광편(光遍) ālokakasiṇa.
광편처(光遍處) ālokakasiṇa.
광포(狂暴) ummāda.
광포살(廣布薩) vitthatuposatha.
광포한 atidāruṇa.
광풍(狂風) vātakopa.
광향광자(光向光者) jotijotiparāyaṇa.
광향암자(光向闇者) tamojotiparāyaṇa.
광혜(廣慧) puthupaññatā. puthupaññatta. bhūripaññatā. bhūripaññā.
광혜자(廣慧者) puthupañña. pahūtapañña. bhūrimedhasa.
광혹(誑惑) māyā.
광휘(光輝) ābhāsa. juti. jutimatā. jutimantatā. kiraṇa. obhāsa. ujjota. vaccasa
광휘로운 avabhāsaka. jotaka. pajjotaka. raṁsika. ujjotakara.
광희(狂喜) pītipharaṇatā.
괭이 khanitī. kuddāla.
괴(愧) ottappa. ottappana. ottappiya. ottappī.
괴겁(壞劫) saṁvaṭṭakappa.
괴견(壞見) diṭṭhivipatti. diṭṭhivipanna.
괴경식물(塊莖食物) biḷāli.
괴고(壞苦) vipariṇāmadukkha. vipariṇāmadukkhātā
괴고성(壞苦性) vipariṇāmadukkhatā.
괴고지(壞苦智) vipariṇāmadukkhañāṇa.
괴공(壞空) vipariṇāmasuñña.
괴력(愧力) ottappabala.
괴로운 abbhāhata. addita. aṭṭita. dukkhin. dukkhita. kuthita. paripīḷita. pavyadhita. pīḷita. rusita. ubbāḷha. upadduta. upaṭṭita. uppīḷita. vikujjhita. vimana.
괴로운 곳 apāya.
괴로운 곳에 떨어진 apāyagata.
괴로운 곳에 있는 āpāyika.
괴로운 곳에 태어남 apāyûpapatti.
괴로운 곳에서 벗어난 apāyaparimutti.
괴로운 곳으로 갈 운명의 apāyaparāyaṇa.
괴로운 곳으로 귀결되는 apāyasampāpaka.
괴로운 곳으로 이끄는 apāyagamanīya. apāyamukha.
괴로운 곳을 채우는 사람 apāyaparipūraka.
괴로운 곳의 고통 apāyadukkha.
괴로운 곳의 공포 apāyabhaya.
괴로운 곳의 문 apāyadvāra.
괴로운 곳의 세계 apāyabhūmi. apāyaloka.
괴로운 기분 dukkhin. dukkhita.
괴로운 느낌 dukkhavedanā.
괴로운 느낌을 야기하는 kaṭukudraya.
괴로운 상태에 있는 dukkhapatta.
괴로운 일을 당하는 upassaṭṭha.
괴로운 일을 당하다 parikissati.
괴로움 ābādhana. dukkha. pīḷana. pīḷā. upatāpa. upāyāsa. īgha. rujana.
괴로움 가운데 실체 없음에 대한 지각 dukkhe anattasaññā.
괴로움에 극복한 자 dukkhantagū.
괴로움에 대한 관찰 dukkhânupassanā.
괴로움에 대한 앎 dukkhañāṇa.
괴로움에 사로잡힌 dukkhânubhikiṇṇa.
괴로움에서의 전환 vivaṭṭa.
괴로움으로 다시 고통을 받게 되는 사실 paṭi-

dukkhāpanatā
괴로움을 경험하는 능력 dukkhindriya.
괴로움을 극복한 사람 antagū
괴로움을 낳는 고통스러운 과보 dukkhavipāka.
괴로움을 받아야 할 dukkhavedaniya. dukkhave-danīya.
괴로움을 야기하는 dukkhûpadhāna. dukkhu.-draya
괴로움을 일으키는 upatāpaka.
괴로움의 감수 dukkhāhāra.
괴로움의 거룩한 진리 dukkhâriyasacca.
괴로움의 과보 kaṭukapphala
괴로움의 길 dukkhapaṭipadā
괴로움의 느낌 dukkhavedanā.
괴로움의 더미 dukkhakkhandha.
괴로움의 발생에 대한 앎 dukkhasamudayañāṇa.
괴로움의 발생의 거룩한 진리 dukkhasamuda-yâriyasacca.
괴로움의 뿌리 gaṇḍamūla.
괴로움의 세계 dukkhadhātu.
괴로움의 소멸 dukkhakkhaya. dukkhanirodha.
괴로움의 소멸로 이끄는 길의 거룩한 진리 duk-khanirodhagāminīpaṭipadâriyasacca.
괴로움의 소멸에 대한 앎 dukkhanirodhañāṇa.
괴로움의 소멸에 이르는 길에 대한 앎 dukkha-nirodhagāminīpaṭipadāñāṇa.
괴로움의 소멸의 거룩한 진리 dukkhanirodhâri-yasacca
괴로움의 완화 dukkhûpasama.
괴로움의 요소 dukkhadhātu.
괴로움의 원리 dukkhadhamma.
괴로움의 원인 dukkhanidāna.
괴로움의 지멸 dukkhûpasama.
괴로움의 진리 dukkhasacca.
괴로움의 진행 dukkhapaṭipadā.
괴로움의 파괴 dukkhakkhaya.
괴로움이 없는 anigha. anīgha. atappa.
괴로움이 없는 하느님 세계의 신들 atappa.
괴로워하는 āhatacitta. ajjhāpīḷita. aṭṭa. parita-sita. sampareta. → 괴로운.
괴로워하다 ajjheti. anutappati. aṭṭiyati. aṭṭīyati. bādhiyati. kicchati. paccati. parikissati. pari-tappati. paritassati. paritasati. pīḷiyati. rujati. socayati. soceti. vipphandati. vyādheti. vyādhi-yati.
괴로워하지 않는 anupassaṭṭha. avihaññamāna. avihata
괴로워하지 않아도 되는 atapanīya.
괴로워하지 않은 anupadduta.
괴롭게 하다 randheti.
괴롭다 harāyati. ruppati. tappati. upatappati. vihaññati. vyāpajjati.
괴롭지 않은 nirupatāpa.
괴롭지도 즐겁지도 않은 느낌 adukkhamasu-khavedanā.
괴롭혀지지 않는 avihaññamāna. avihata.
괴롭혀지지 않은 aparikupita.
괴롭혀진 heṭhayita. upagata.
괴롭히는 addana. bādhaka. pācayat pakaṭṭhaka. savighaṭa. upapīḷa. upatāpika. veyyābādhika. vihesaka. vihesika. viheṭhaka. viheṭhanaka. vyāpajjha. ubbādhika. ubbāyika.
괴롭히는 것 bādhakatta.
괴롭히는 사람 heṭhaka.
괴롭히는 소리 kaṇṭaka. kaṇṭhaka.
괴롭히다 ābādheti. abhimanthati. abhipīḷayati. abhipīḷeti. abhisantāpeti. adhibādheti. ātāpeti. atikaḍḍhati. bādhati. bādheti. ḍahati. dukkhā-peti. dunoti. heṭheti. heṭhayati. kajjati. otapeti. pāceti. paritāpeti. paṭipīḷeti. pīḷeti. randhati. roseti. rujati. sampīḷeti. santāpeti. sāṭeti. tāpeti. ubbāheti. ūhanati. upaddavati. upapīḷeti. upa-rundhati. upatapeti. upatāpeti. uttāpeti. viheseti. viheṭheti. vihiṁsati. vyathati. vyādheti. vyāp-ādeti. sañjambhariṁ karoti.
괴롭히지 않는 aviheṭhaka. aviheṭhayat.
괴롭히지 않음 aviheṭhana.
괴롭힘 bādha. heṭhanā. odahana. paritāpana. rujana. upapīḷā. upatāpana. vihesā. viheṭhana. vihiṁsā
괴롭힘에 시달리는 paritatta. bādhita. paṭipīḷita. atipīḷita.
괴롭힘을 당하는 paritatta. bādhita. paṭipīḷita. atipīḷita.
괴롭힘을 당하지 않음 anabbhāhatatta.
괴롭힘을 받는 paritatta. bādhita. paṭipīḷita. ati-pīḷita.
괴뢰(傀儡) cillaka.
괴멸(壞滅) paloka. vyaya.
괴멸에 관한 지혜 bhaṅgañāṇa.
괴멸에 대한 관찰 bhaṅgânupassana.
괴멸의 관찰에 대한 앎 bhaṅgânupassanañāṇa.
괴멸의 법 palokadhamma.
괴물(怪物) rakkhasa. bhīmadeha. mahādeha.
괴발자(壞鉢者) bhinnapatta.
괴법(愧法) ottappadhamma.
괴사(壞死) kāyaviññāṇāpagama.
괴상정관(壞相正觀) vayalakkhaṇavipassanā.

괴상한 ghorarūpa. vikaṭākāra. niyamaviruddha. lokācārapaṭipakkha.
괴색(壞色)으로 만드는 dubbaṇṇakaraṇa.
괴색(壞色)의 dubbaṇṇa.
괴성겁(壞成劫) saṁvaṭṭavivaṭṭakappa.
괴수관(壞隨觀) bhaṅgânupassana.
괴수관지(壞隨觀智) bhaṅgânupassanañāṇa.
괴재(愧財) ottappadhana.
괴주(壞住)의 saṁvaṭṭaṭṭhāyin.
괴지(壞智) bhaṅgañāṇa.
괴팍함 sacchandacāra. vipallatthacintā.
괴패(壞敗) paloka.
굉장한 ārohasampanna. atippamāṇa. samussita. sūḷāra. bhusa.
굉장한 비구름 thūlaphusitaka. thullaphusitaka.
굉장한 흥분 uddhaccabahulatā.
굉장히 bhusaṁ.
교각(橋脚) saṅkama. saṅkamana.
교감(交感) sahayogitā. ekamatikatā.
교계(教誡) ovāda.
교계신변(教誡神變) anusāsanīpāṭihāriya.
교계의 기적 anusāsanīpāṭihāriya.
교계의 지혜 desanāñāṇa.
교계죄(教誡罪) desanāgāminī-āpatti.
교구(教區) sīmā.
교구의 감독 gāmika.
교구의 집회당 sīmā. sīmāghara. sīmāgeha.
교단(教團) saṅgha.
교단(教壇) uparipiṭṭhi.
교단에 대한 새김 saṅghânussati.
교단에 들어오는 것이 허가된 pabbājita.
교단에 속하는 saṅghika.
교단에서 추방된 비구 nāsanantika.
교단에서 추방하다 uppabbājeti.
교단을 구성하는 네 가지 무리 catasso parisā.
교단을 떠나다 uppabbajati.
교단의 saṅghin.
교단의 규율이 아님 ubbinaya.
교단의 규칙의 중대한 위반 duṭṭhullāpatti.
교단의 지도자 saṅghin.
교답마(憍答摩) Gotama.
교당(教堂) dhammasālā.
교도관(矯導官) kārāpāla.
교도사(教導事) vinītavatthu.
교란(攪亂) mathana. sañcalana. saṅkhubhana.
교란되다 saṅkhubhati.
교란되지 않는 avikopin.
교란된 mathita. sañcalita. saṅkhubhita.
교란될 수 없는 asaṅkhubbha. avikopiya.
교란이 없는 aparikkhobbha.
교란이 없음 avikopana.
교란하다 mathayati. matheti.
교량의 파괴 setughāta.
교룡(蛟龍) kumbhīla.
교룡에 대한 공포 kumbhīlabhaya.
교룡의 왕 kumbhīlarājā.
교리(教理) diṭṭhi. vāda.
교리가 불완전한 자 hīnavāda.
교리를 설하는 자 vāditar.
교리문답(教理問答) pucchāvissajjanā. kathôpakathana. vedalla.
교리문답에서 긍정을 나타내는 말의 표현 āmantā.
교리문답의 이야기 vedallakathā.
교리의 vādaka.
교만(驕慢) abhimāna. anavaññatti. avalepa. mada. mamatta. mamāyita. māna. maññitatta. sampaggāha. uddhaṭa. unnati.
교만스러운 mānavant.
교만심(驕慢心) abhimukhacitta.
교만심이 강한 accuddhumāta.
교만에 대한 꿰뚫음 mānâbhisamaya
교만에 대한 논의 mānavāda.
교만에 대한 충분한 이해 mānâbhisamaya
교만에 의한 방일(放逸) madappamāda.
교만에 의한 염착 mānasaṅga.
교만에 집착하는 mānagāha. mānasatta.
교만에 취한 madamatta. mānamada.
교만으로부터 벗어남 madanimmadana.
교만의 화살 mānasalla.
교만이 없음 anatimāna.
교만하게 되다 katthati.
교만하지 않은 anunnata. vimada. anatimānin.
교만한 abhimānin. mānassin. mānim. nimmāṇa. uddhata. uddhaṭa. unnata. ussita.
교만한 마음을 지닌 samāna.
교만한 자 bhavamāna.
교만한 종류의 huhuṅkajātika.
교만함이 없어지다 nimmāniyati.
교목(喬木) vanappati. vanaspati.
교묘(巧妙)한 abhiyogin cheka. kallakusala. nipuṇa. vicakkhaṇa.
교반(攪拌) mathana.
교반봉(攪拌棒) mantha. mattha.
교반하다 ejati. mathati.
교법(教法) pariyatti. pariyattidhamma.
교법에 밝은 pariyattibahula.
교부(交付) appaṇā. appanā.

교사(教師) ācarin. ācariya. anusāsaka. dassetar. satthar. sikkhāpaka. vināyaka. vinetar. viññāpetar. ajjhāyaka.
교사(教史)[서명] Sāsanavaṁsa.
교살라(憍薩羅)[국명] Kosala.
교상미(憍賞彌)[지명] Kosambī.
교설(教說) pasāsana. sandassana. upadesa.
교설자(巧說者) cittakatha.
교설하다 anudisati.
교섭(交涉) āsada. avacaraṇa.
교수(教授) viññāpetar. ācariya. vinetar
교수(教授)하는 viññāpana
교수(教授)하다 upajjhāpeti
교수대(絞首臺) gaṇḍikā. gaṇṭhi. gaṇṭhikā.
교수형(絞首刑) tantarajjuka.
교시(教示) pasāsana. sandassana. upadesa.
교시(教示)가 구족된 samannāgatapaññatti.
교시의 형태 upadesâkāra.
교시자(教示者) sandassaka.
교양이 없는 akata. apāṭuka. apāṭubha.
교양이 없는 것 akatatta.
교양있는 사람 purisājañña. purisājānīya.
교역(交易) sabbabyohāra. cetāpana. kayavikya.
교역과 관계되는 pārivattaka.
교역상품 paṭibhaṇḍa.
교역의 시간 kayavikkhayakāla.
교역이 행해지는 장소 antarāpaṇa.
교역장 kayavikkhayaṭṭhāna.
교역품 paṭibhaṇḍa.
교역하다 paṇati.
교외(郊外) dvāragāma. sākhānagaraka.
교우관계(交友關係) sahavya. sahavyatā. sahāyatā. saṁsevanā. saṁsevā.
교육(教育) ajjhāpana. niggaha. pāribhaṭṭakatā. pāribhaṭyatā. pāribhaṭṭatā. vinayana. vinītavatthu. sikkhādāna.
교육(教育)의 ajjhāpaka.
교육받은 anusiṭṭha. atavijja. sekhasammata. viññāpita. vinīta.
교육받지 못한 appassuta. appassuta.
교육받지 않은 avinīta.
교육부장관(教育部長官) ajjhāpanâmacca.
교육위원회(教育委員會) ajjhāpakasabhā.
교육청(教育廳) ajjhāpanamaṇḍala.
교육청장(教育廳長) ajjhāpanâmacca.
교육하다 vineti.
교의에 대한 논의소 samayappavādaka.
교의에 대한 회의소 samayappavādaka.
교재(教材) pāṭhantara.
교전중(交戰中)인 yuddhaṭṭha.
교정(矯正) anusāsana. anusāsanā. anusāsanī. kārāpālana.
교정(校正) niddosīkaraṇa. sodhana. sodhanā.
교정쇄(校正刷)[인쇄] vaṇṇasodhaka.
교정자(校正者) vaṇṇasodhaka.
교정학(矯正學) kārāpālanañāṇa.
교제(交際) ajjhābhava. paṭicāra. sahavāsa. sahavya. sahavyatā. sahāyatā. sahāyatta. samāgama. saṁsagga. saṁsevanā. saṁsevā. saññcaritta. saṅgama. saṅgaṇikā. saṅgati. sannivāsa. santhavana. sevanā. sevanatā.
교제를 끊는 niketavant.
교제를 좋아하는 saṅgaṇikārata.
교제하는 pakkhiya. saṁsaṭṭha. saṁseva. saṁsevin. sannivuttha.
교제하다 ajjhābhavati. bhajati. samāsati. sambhuñjati. sameti. saṁsandati. saṁsevati. saṁvāsati. sannivasati. sevati. upasaṁvasati.
교제하지 않는 asaṁsaṭṭha.
교제하지 않음 abhajanā.
교조(教祖) titthakara.
교주(教主) satthar.
교지(教智) desanāñāṇa.
교진여(憍陳如)[인명] Koṇḍañña.
교차로(交叉路) koṇaracchā.
교체(交替) aññathātta.
교취(憍醉)의 madanīya.
교취법(憍醉法) madanīyadhamma.
교태(嬌態) kutta.
교합(交合) saṅgama.
교향곡(交響曲) samānassaratā.
교호(教護)하다 anugaṇhāti. anuggaṇhāti.
교호작용(交互作用) vinimaya. vītihāra.
교화(教化) brūhana. ukkācanā.
교화하기 쉬운 viññāpaya.
교화하기 어려운 viññāpaya.
교화할 수 있는 viññāpaya.
교환(交換) kayavikkhaya. kayita. vinimaya. vītihāra. vītiharaṇa.
교환과 관계되는 pārivattaka.
교환된 parivattita. vekata.
교환시장 kayavikkhayaṭṭhāna.
교환적인 탁발 piṇḍapaṭipiṇḍa(kamma).
교환하다 nimināti. parivatteti. saṁvohārati. vītisāreti.
교활(狡猾) saṭhatā.
교활한 saṭha.

교회(敎會) devagaha. devakula. devāyatana.
교회학(敎會學) devāyatanavijjā.
교훈(敎訓) ajjhāpana. dhamma. sikkhāpana. upadesa.
교훈시(詩) atthakavi.
교훈을 주다 abhiniropeti.
교훈의 sikkhāpaka.
교훈적인 upadesagabbhaka. anusāsanakara
구(9) nava
구(球) goḷa. goḷaka. guḷa
구가리가(拘迦利迦)[인명] Kokālika.
구강(口腔) mukhadvāra.
구강병(口腔病) mukharoga.
구개(口蓋) tālu.
구갱(溝坑) parikhākūpa.
구걸(求乞) atthanā. bhikkhana. saṁyācikā. unnahanā. upayācitaka. yāca. yācana. yācanā.
구걸된 yācitaka. yācita.
구걸자 āyācaka. yācaka.
구걸하는 āyācaka. piṇḍacārika. unnahana. vaṇibbin. vanin. vanibbaka.
구걸하는 여인 āyācikā.
구걸하다 bhikkhati. lapeti. lāpeti. upayācati. vaṇeti. yācati.
구걸한 것 saṁyācikā.
구걸한 음식 bhikkhǎ.
구격(具格)[문법] tatiyā. karaṇa. karaṇakāraka. karaṇavacana.
구격과 행위와 행위자와 직접목적어의 특성을 설명하는 karaṇakiriyakattukammavisesappakāsana.
구격을 나타내는 karaṇasañña.
구격을 사용해서 끝난 karaṇaparinitthita.
구격을 이해하는 구문론적 수단 karaṇabhāvasadhāna.
구격의 술어 karaṇaniddesa.
구격의 의미 karaṇattha.
구격의 의미 karaṇavacanattha.
구격인 사실에 대한 진술 karaṇabhāvaniddesa.
구격인 상태 karaṇabhāva karaṇabhūta.
구격한정복합어(具格限定複合語)[문법] tatiyātappurisa.
구견자(具見者) diṭṭhisampanna.
구경(究竟) accanta. niṭṭhā. niṭṭhāna. parāyaṇa. parāyana.
구경(究竟)의 akaniṭṭha. pariyantika. pariyāpanna.
구경거리 samajja.
구경거리에 몰두하는 것 samajjâbhicaraṇa.
구경에 도달하다 niṭṭhāti
구경으로 하는 niṭṭha.
구경지(究境智) aññā.
구경지를 얻은 자 aññātar.
구경취(究竟趣) accantaniṭṭha.
구경하다 upekkhati. upekhati.
구계(狗戒) kukkuravata.
구계자(具戒者) sīlasampanna.
구공(俱空) dubhatosuñña.
구관조(九官鳥) sālikā. sāliyā. sāḷikā. sāḷi. sāliya.
구근(球根) karahāṭaka. vaṭaka.
구근모양의 풀 gundā.
구나라(鳩那羅)[조류] kuṇāla. kuṇālaka.
구나함불(拘那含佛)[인명] Koṇāgamana.
구니사(瞿尼師)[인명] Gulissāni.
구담(瞿曇)[인명] Gotama.
구담(瞿曇)[탑묘] Gotamaka.
구담미(瞿曇彌)[인명] Gotamī.
구더기 kimi. puḷava. sālaka. sālakimi. takkoṭaka.
구덩이 āvāṭa. kāsu. kūpa. kūpaka. naraka. papada. papadā. papāta. sobbha.
구덩이를 파는 자 kūpakhaṇa.
구덩이의 밑 부분 kūpatala.
구도(口刀) vacīsattha.
구두창을 지닌 talika.
구두창이 있는 신발 talikupāhanā.
구라과장(俱羅果漿) cocapāna.
구라단두(究羅壇頭)[인명] Kūṭadanta.
구라바겁화(具羅波劫花)[식물] kuravaka.
구란다(俱蘭茶·俱蘭陀)[식물] kuraṇḍaka.
구레나룻 dāṭhikā.
구로(俱盧)[국명] Kuru.
구로사(俱盧舍)[1/4由旬] kosa.
구론자(口論者) vivādakāraka.
구루구루[숨을 거칠게 쉬는 소리] ghurughuru.
구루손불(拘樓孫佛·拘留孫佛) Kakusandha.
구르는 samparivattaka.
구르다 samparivattati. vaṭṭati.
구르며 samparivattaka.
구름 abbha. ambuda. jalada. ghana. megha. nabha. nabho. sajaladhara. valāhaka. vārida. vārivāha. satakkaku.
구름 낀 ghana.
구름 낀 날 duddina.
구름색의 meghavaṇṇa.
구름색의 건축용석재 meghavaṇṇapāsāṇa.
구름을 보호자로 삼는 (초식동물) meghanātha.
구름의 비유 valāhakûpamā.

구름의 천막 abbhamaṇḍapa.
구름의 태 valāhakagabbha.
구름의 화환을 쓴 abbhamālin.
구름이 끼다 dhūmayati. dhūmāyati.
구름이 낌 dhūmāyanā. dhūmāyitatta.
구름이 없는 abbhamutta. apagatamegha.
구리(俱利) ubhayattha.
구리[금속] kaṁsa. loha. tamba. selaka. vekantaka. vijātiloha.
구리궁전 lohapāsāda.
구리그릇 lohathālaka. tambabhājana.
구리그릇이 황금접시처럼 보이는 것 kaṁsakūṭa.
구리다(拘利多; 拘離多)[인명] Kolita.
구리단지 lohabhāṇaka.
구리로 된 산(算)가지 lohasalākā.
구리로 만든 lohamaya.
구리망 lohajāla.
구리발우 lohapatta.
구리빛의 tamba.
구리빛의 꽃 tambapuppha.
구리빛의 베개 tambupadāna.
구리빛의 콩 lohamāsa.
구리세공인 lohakāra.
구리솥 lohakumbhī.
구리용기 lohakaṭāha.
구리제품 lohabhaṇḍa.
구리족(拘利族)[종족] Koliya.
구리촌(拘利村)[지명] Kotigāma.
구리합금 loha.
구리항아리 lohatumba.
구린내나는 karīsavāyin.
구매(購買) kaya. kayita.
구매하는 kayaka. kayika. kayin.
구매한 kayita.
구멍 āvāṭa. āvedha. bila. chidda. chiggaḷa. darī. doṇī. kāsu. kuhara. kūpa. puṭa. sobbha. udara. virandha. vivara.
구멍과 같은 āvāṭadhātuka.
구멍뚫기 vinivijjhana.
구멍속의 거북이 āvāṭakacchapa.
구멍을 파다 ukkirati.
구멍의 가장자리 āvāṭamukhavaṭṭi. āvāṭatīra.
구멍의 개구리 āvāṭamaṇḍūka.
구멍의 측면 āvāṭataṭa.
구멍이 난 상태 chiddatā.
구멍이 뚫린 avacchidda. chidda. chiddita.
구멍이 뚫린 국자 kaṭacchuparissāvana.
구멍이 있는 chiddaka. chiddavant.
구멍이 채워진 āvāṭapuṇṇa.
구멍투성이의 vicchidda. vicchiddaka.
구멱(求覓) maggana. magganā.
구명(求命) jīvitadāna.
구문[문법] bandhana.
구물두화(鳩勿頭華)[식물] kumuda.
구반다(鳩槃茶)[야차] kumbhaṇḍa.
구베라(俱吠羅) Kubera.
구별(區別) nicchaya. niddesa. paccupalakkhaṇā. pajānana. pajānanā. upalakkhaṇa. upalakkhaṇā. vibhatti. vicinana. vinibbhoga. visesa. visesana. vivecana. vivecitatta. vivesa. viyatti. vokāra.
구별되는 pariraññjita. visesin.
구별되다 visissati.
구별되지 않는 avinibbhutta.
구별된 vinibbhutta. vinicchita. visesita.
구별된 자리들이 있는 강당 paṭikkamanasālā.
구별될 수 없는 avinibbhoga.
구별될 수 있는 visesiya. visesitabba.
구별의 이유 visesapaccaya.
구별이 없음 avisesa.
구별하는 nibbikappa.
구별하는 특징 vinibbhogarūpa.
구별하다 lakkheti. nicchināti. niddisati. niddissati. pajānāti. upalakkheti. vicināti. viseseti. vinibbhujati. vinibbhuñjati.
구별하지 못하는 avinibbhujat.
구별할 수 없는 대화 avinibbhogasadda.
구복자(具福者) sukhin.
구부러져 가는 것 anujjugāmin.
구부러져 흐르는 vaṅkagata.
구부러지다 kujati. paṇamati. paṭikuṭati. paṭikuṭṭati.
구부러지지 않는 막대 anoṇamidaṇḍa.
구부러지지 않는 지팡이 anoṇamidaṇḍa.
구부러지지 않다 anoṇamati.
구부러지지 않은 ajimha. akuṭila. anabhinata. anata. añjasa. apariṇata. asannata.
구부러진 abhinata. ākaḍḍhita. anujjubhūta. anujuka. anujjuka. bhogga. bhuja. jimha. kujja. kuṇa. kuñcita. kuṇḍa. kuṇṭha. kuṭila. nikkujja. ninna. ninnata. obhagga. pariṇata. paṭikuṇika. samiñjita. sammiñjita. saṅkuṭika. saṅkuṭita. sannata. sithila. upanata. vakka. vaṅka. vaṅkagala. vellita. vinata. pariṇāmita.
구부러진 것 kujja.
구부러진 것 같은 vaṅkeyya.
구부러진 것을 펴다 ukkujjati. ukkujjeti.
구부러진 것을 편 ukkujja.

구부러진 것을 폄 ukkujjana.
구부러진 곳 āvatta. obhoga.
구부러진 구멍 vaṅkachidda.
구부러진 송곳니를 가진 (돼지) vaṅkadātha.
구부러짐 jimhatā. jimheyya. kuṭilatā. vaṅkatā. vaṅkatta. vaṅkeyya.
구부리게 하다 ānāmeti.
구부리고 가는 bhujaga.
구부리기 vināma. vināmana.
구부리는 kuṇḍika.
구부리다 abhinamati. ābhujati. apanamati. apanāmeti. avanamati. kuṇṭheti. namati. nibbhujati. nikkujjati. ninnāmeti. obhañjati. palikujjati. pariṇamati. pariṇāmeti. paṭippaṇāmeti. samiñjati. sammiñjati. sammiñjeti. sannāmeti. vinamati. vināmeti. vinibbhujati. vinibbhuñjati. abhininnāmeti.
구부리지 않는 avinamat
구부림 namanā. samiñjana. sammiñjana. vinibbhujana.
구분(區分) bhājana. vibhāga. vibhajanā. vibhājana. vibhatti
구분교(九分敎) navaṅgabuddhasāsana. navaṅgika.
구분된 paricchinna. vibhatta
구분된 생애의 서로 다른 사실 āyuvemattatā.
구분해탈자(俱分解脫者) ubhatobhāgavimutta.
구불구불한 kimisadisa.
구불구불한 것 vaṅkavatthu.
구불구불한 길 vaṅkamagga.
구불능사(九不能事) nava abhabbaṭṭhānāni.
구비(具備)된 anvāgata. anvāsanna. samaṅgin. samannāgata. samappita. sameta. samupeta. upeta.
구비녀(瞿毘女) Gopikā.
구비다라수(俱毘陀羅樹)[식물] koviḷāra.
구비라(拘毘羅)[어류] kumbhīla.
구비하지 못한 asamannāgata.
구빈죄(驅賓罪) pārājika.
구사(拘舍) kusa.
구사라원(瞿師羅園)[지명] Ghositârāma.
구사바제(拘舍婆提)[지명] Kusāvati.
구사십치상(俱四十齒相)[삼십이상] cattārisadanta.
구살라(拘薩羅) Kosala.
구상(九想) nava saññā.
구상(球狀)의 parimaṇḍala.
구생권속(俱生眷屬) sahajātaparivāra.
구생불상응(俱生不相應) sahajātavippayutta.
구생색(俱生色) sahajarūpa.
구생안자(俱生眼者) sahajanetta. sahājanetta.
구생업(俱生業) sahajātakamma.
구생연(俱生緣) sahajātapaccaya.
구생증상(俱生增上) sahajātâdhipati.
구석 aṁsi. assa. koṇa. kaṇṇa.
구석의 kaṇṇaka. kaṇṇika.
구석진 곳 nivattana.
구성(構成) bandhana. kārāpaṇa.
구성되다 kappīyati. kappiyyati.
구성된 sameta. saṇṭhita. viracita. vidha.
구성된 물질의 눈 sasambhāracakkhu.
구성부분 aṅka. aṅga. avayava.
구성부분들과 연결된 avayavasambandha.
구성부분에서 떨어진 avayavavinimmutta.
구성부분인 것 avayavabhūta.
구성성분 avayava. dhātu.
구성요소 avayava. khandha.
구성요소가 있는 sasambhāra. sasambhārika.
구성하는 pabbaniya.
구성하다 bandhati. kāreti. racati. racayati. viracayati. viraceti.
구세주(救世主) lokasivaṅkara.
구소락(俱所樂)[지옥] Sarājita. Sarañjita.
구속(拘束) bandhana. saṁvara. saṁyojana. viniggaha
구속된 avaruddha. oruddha. pariyonaddha.
구속하다 avarundhati. onayhati. pariyonandhati.
구수(具壽) āyasmant.
구술(口述) anuvācana.
구술하다 ādisati.
구슬 bheṇḍu.
구시나갈라(拘尸那竭羅)[지명] Kusinārā.
구식(舊式)의 addhagata. kālâtīta.
구실(口實) lesa.
구십(90) navuti.
구십(90)살 nāvutika.
구십(90)에 해당하는 navutiya.
구십(90)의 navutiya.
구십구(99) ekūnasata.
구십이(92) dvānavuti.
구십일(91) ekanavuti.
구아비(瞿夷妃)[인명] Gopikā.
구애근법(九愛根法) nava taṇhāmūlakādhammā.
구애되지 않는 vīta.
구업도(口業道) vācīkammapatha.
구업소생취(九業所生聚) nava kammasamuṭ-

ṭhānakalāpā.
구역(區域) āvāsa.
구역을 형성하는 pabbaniya.
구역의 경계 gāmasīmā.
구역질나는 kariparibandha. karīsaparibandha.
구연(枸櫞)[식물] mella.
구연(枸櫞)[열매] mātuluṅga.
구엽수(九葉樹) navapatta.
구예(垢穢) upakkilesa.
구워 삶는 것 paripācana.
구워진 upakūḷita.
구워진 케이크 pakkapūva.
구원(救援) moca. mocāpana. mokkha. netthāra. nitthāra. niyyāna. pamocana. samassāsa. samuddharaṇa. ullumpana. uttaraṇa.
구원되다 muccati.
구원된 pamutta.
구원만(句圓滿) padapāripūrī.
구원에 이르지 못함 anīyānika.
구원자(救援者) mocetar. pamuñcakara. tāretar. tātar.
구원하다 muñcati. pamuñcāpeti. pamuñcati. samuddharati. uttāreti.
구월(九月)[남방음력 5월 16일 ~ 6월 15일] poṭṭhapāda.
구유(俱有) samaṅgitā.
구유정거(九有情居) nava sattāvāsā.
구육형(鉤肉刑) balisamaṁsikā.
구음악(口音樂) mukhadaddarika. mukhavalimaka.
구의 각 단어를 분리하는 것 padabhājana.
구의 분리 padabhājaniya.
구의(句義) padattha.
구익(拘翼)[제석천] Kosika.
구인자(鉤引者) ākāsa.
구입(購入) kaya.
구입된 kīta.
구입하다 kiṇāti.
구장(蒟醬)[꽃] tambūla. kuhilikā.
구장(蒟醬)을 담는 바구니 tambūlapeḷā.
구장(蒟醬)의 열매 saṇhaka(?).
구전(口傳) itihāsa. itihā.
구전(鉤箭)[화살] vekaṇḍa.
구전(口傳)의 mukhapāṭhābhata.
구전적으로 paṭhanavasena.
구절(句節) khaṇḍavākya. racanāvidhi. bhāsārīti. upadesapāṭha.
구절(句節)을 따르는 것 anupada.
구절(句節)의 padaka.
구절의 두 부분 padadvaya.
구정(具淨)[부처님] sucimant.
구정물웅덩이 mīḷhakā. oligalla.
구정사유근법(九正思惟根法) nava yonisomanasikāramūlakā dhammā.
구제(救濟) mocāpana. samuddharaṇa. ullumpana. uttaraṇa.
구제된 pannabhāra. rakkhita. vippamutta.
구제불가능한 atekicca.
구제하다 ullumpati.
구조(狗槽) sāpanadoṇī.
구조(救助) uttaraṇa. uttāraṇa.
구조된 uddhaṭa. uttārita.
구조하는 nibbāhana.
구조하다 nibbāhati. samuddharati. samupaṭṭhahati. uttāreti.
구족(俱足) sampadā.
구족계(具足戒) upasampadā.
구족계(具足戒)를 받지 않은 anupasampanna.
구족계갈마(具足戒羯磨) upasampadākamma.
구족계를 바라는 upasampadâpekkha.
구족계를 받은 katûpasampada.
구족계를 받은 자 laddhupasampada. upasamapanna.
구족계를 받은 자를 생각하는 upasamapannasaññin.
구족계를 받을 가치가 있는 upasampadâraha.
구족계를 받자마자 upasamapannasamananatarā.
구족계를 받지 못한 자 anupasampanna.
구족계를 받지 않은 것으로 추정하는 anupasampannasaññin.
구족계를 받지 않은 자를 위한 계행 anupa- sampannasīla.
구족계를 주는 의식 upasampadākamma.
구족계를 주는 자 upasampādetar.
구족계를 주다 upasampādeti.
구족계를 줌 upasampādana. upasampādanā.
구족계의 스승 upasampadâcariya.
구족된 upapanna. upeta. samaṅgībhūta. samannāgata. sampanna.
구족시설(具足施設) samannāgatapaññatti.
구족천녀(鳩足天女) kakuṭapādinī.
구종성(九種性) nava nānāttā.
구종종(求種種) pariyesanānātta.
구중생거(九衆生居) nava sattāvāsā.
구지(俱胝) koṭi.
구지(九智) nava ñāṇāni.
구지근(俱知根) aññātāvindriya.

구지라(瞿枳羅) kokila.
구지자(俱知者) aññātāvin.
구진(究盡) niṭṭhāna.
구차재(舊借財) porāṇiṇamūla.
구차제(句次第) padānupubbatā.
구차제멸(九次第滅) nava anupubbanirodhā.
구차제정(九次第定) navânupubbavihārasamāpatti.
구차제주(九次第住) nava anupubbavihārā.
구청갈마(求聽羯磨) apalokanakamma.
구청정근지(九淸淨勤支) nava pārisuddhipadhāniyaṅgāni.
구체적 물질 nipphannarūpa.
구체적인 oḷārika. siliṭṭha.
구체적인 조건 paccayatā.
구축(驅逐)된 nikkaḍḍhita.
구축(驅逐)의 갈마 pabbājaniyakamma.
구축(驅逐)하다 nāseti. nīharati.
구출(救出)되다 nibbuyhati.
구출갈마(驅出羯磨) pabbājaniyakamma.
구출리퇴전(俱出離退轉) dubhatovuṭṭhānavivaṭṭana.
구타(毆打) hanana. hiṁsana. paharaṇa. pariyāhanana. tāḷana. tudana. uppoṭhana.
구타당하는 pothiyamāna.
구타당한 pariyāhanita. samabbhāhata. ugghātita. vadhita.
구타하는 paharaṇaka. pahārin.
구타하는 사람 hantar.
구타하다 anutāḷeti. nihanti. nitāḷeti. paharati. tāḷeti.
구탁(垢濁) abbuda.
구태고(口太鼓)[악기] mukhabheriya.
구토(嘔吐) chaddikā. pacchaḍḍana. uddeka. uddhaṁvirecana.
구토를 일으키는 행위 uddhavirecana.
구토물(嘔吐物) vamathu.
구토제(嘔吐劑) vamana. vamanayogga.
구토제를 복용해야 할 사람 vamanīya.
구토하는 질병 uddhavamanābhāda.
구토하다 kakkāreti.
구판(鉤板) pāsakaphalaka.
구포(懼怖) utrāsa.
구포(懼怖)된 utrasta.
구피죄(求彼罪) tassapāpiyyasikā.
구하는 atthin esa. esin. °esiya. gavesin. pāragavesin. puññatthika.
구하는 바가 없는 nirapekkha.
구하다 esati. gavesati. paccāsati.
구할 수 없는 atekicca.
구함 anvicchā. esana. esanā.
구함의 닦음 esanabhāvana.
구해심사(九害心事) nava āghātavatthūni.
구해심조복(九害心調伏) nava āghātapaṭivinayā.
구행(口行) vacīsaṅkhāra.
구행자(狗行者) kukkuravatika.
구행형(驅行刑) erakavattika.
구현(具現) sacchikaraṇa. sacchikiriyā.
구현되어야 할 sacchikātabba. sacchikaraṇīya.
구현된 ñāta. sacchikata.
구현하다 sacchikaroti.
구형포탑(球形砲塔) bheṇḍuka.
구호(救護) tāṇatā.
구호마(口護摩) mukhahoma.
구혼(求婚) vivāhāpucchā.
구혼하게 하다 vārāpeti.
구혼하다 vivaham āpucchati.
구획(區劃) gaṇṭhi. pariccheda.
국가(國家) raṭṭha. janapada.
국가들 iddha.
국가의 번영 raṭṭhavaddhana.
국가의 보시물 raṭṭhapiṇḍa.
국가의 수호자 raṭṭhapāla.
국경(國境) paccanta
국고(國庫) rāsika
국내(國內) sadesa.
국내적인 sadesāyatta.
국민(國民) janapadavāsin. jānapadā. jānapadikā. raṭṭhavāsin.
국왕(國王) manujâdhipati. pathabya. rājan. rājā. raṭṭhapāla. bhūmipala.
국왕의 raṭṭhaka.
국외자(局外者) paribāhira.
국유화(國有化)하다 desāyattaṁ karoti. desānug- aṁ karoti.
국자 dabbī. kaṭacchu. uluṅka. uḷuṅka. camasa.
국자를 들고 있는 dabbīgāha.
국자를 사용하여 제사지내는 헌공 dabbīhoma.
국적(國籍) jātivisesa. desīyatā.
국토(國土) khetta.
국회의원(國會議員) nīticintaka. nītidāyin. vidhāyin.
군국주의(軍國主義) yuddhanīti. saṅgāmādhipacca.
군국주의자(軍國主義者) yuddhasikkhaka. yuddhakāmin.
군나화(軍那花)[식물] kunda.

군다다나(君多陀那)[인명] Kuṇḍadhāna.
군단(軍團) seṇi. seni.
군대(軍隊) anīka. camu. camū. bala. būḷha. būha. dhajinī. senā. vāhini. vūḷha. vyūha. yuddhasenā. gumbiya.
군대를 동원한 sasenaka.
군대에서의 어떤 지위 dāvika.
군대와 함께하는 sasenaka.
군대의 seniya.
군대의 배치 avattharaṇa. avatthāraṇa. otthāraṇa. otthāraṇa.
군대의 전열(戰列) būḷha. būha. vūḷha. vyūha. cakka. senābyūha.
군대이야기 senākathā.
군사(軍師) senāpati.
군사학(軍事學) yuddhasippa.
군세(軍勢) senā. balavatā. vāhana.
군세를 같이 하는 savāhana.
군엽(群葉) palāsa.
군의 지휘관 senānāyaka.
군인(軍人) āyudhajīvin. āyudhīya. bhaṭa. bhatakāra. seniya. yodha. yodhājiva.
군인의 거리 bhatakāravīthi.
군자(君子)[식물] guñjā.
군주(君主) adhibhū. adhipa. adhipati. adhīsa. inda. issara. pabhū. rājan. rājā. adhissara. bhūpati.
군주와 관계자 adhipaka.
군중(群衆) bahujana. bahujañña. gaṇa. ghaṭā. janatā. kudaṇḍaka.
군중에 의해 사랑받는 gaṇārāma.
군지처림(軍持處林) kuṇḍitthānavana.
군진(軍陣) senā.
군집된 samākula. samupabbūḷha.
군함(軍艦) yuddhanāvā.
굳건히 서다 patiṭṭhahati. patiṭṭhāti. gādhati.
굳건히 지키다 santhambhati.
굳게 결심한 anivattimānasa.
굳세게 daḷhaṁ.
굳센 daḷha.
굳어버린 sampiṇḍita.
굳어지게 하다 santhambheti.
굳어지다 mucchati. samucchati.
굳은 asithila. thaddha. upatthaddha.
굳은 땅 위에 서 있는 thalaṭṭha.
굴(窟) bila. guhā. ākara.
굴[해산물] sippikā. sippī.
굴곡 āvatta. koṭilla. kuṭila.
굴과 조개 sippikāsambuka.
굴대 dhura.
굴레 abhīsu. gantha. saṁyoga.
굴려진 pavattita.
굴리다 vinivaṭṭeti. vinivatteti.
굴리싸니 Gulissāni.
굴림 parivaṭṭa.
굴복시키다 nisumbhati. paṭikoṭeti. paṭikoṭṭeti.
굴복하다 avalīyati. oliyyati. oliyati. olīyati.
굴신(屈伸) onamana.
굴에서 옆으로 기는 것 vilāsaya.
굴욕(屈辱) abhibhava. avakaṁsa. avanati.
굴욕적인 abhivādaka. abhivākya.
굴자수비타(屈闍須毘陀)[인명] Khujjasobhita.
굴종(屈從) paṇipāta.
굴착(掘鑿) abhikkhaṇana. khaṇana.
굴착된 nikhāta.
굴착하다 abhikkhaṇati. anukhaṇati. nikhanati. nikhaṇati.
굵은 모래가 적은 appamarumba.
굵은 자갈이 적은 appamarumba.
굶주리는 사람 jaddhu.
굶주리다 abhijighachati.
굶주린 chinnabhatta. jighacchita.
굶주린 자 jighacchita.
굶주림 āhārâsā. dighacchā. khudā.
굶주림과 목마름 khuppipāsā.
굶주림에 대한 공포 chātakabhaya.
굶주림이 없는 nicchāta
굼뜬 javacchinna
굼뜸 middha.
굽다 bhajjati. pacati.
굽어 있음 koṭilla.
굽어지지 않은 nibbaṅka. avaṅka.
굽어진 aḷāra. paṭikuṇika.
굽어진 눈썹을 한 aḷārabhamukha.
굽어진 속눈썹 aḷārakkhi.
굽어진 손톱 nakhapañjara.
굽은 āḷāra. kujana. vaṅkagata.
굽음 vaṅka.
굽혀지지 않은 anabhinata.
굽혀진 onāmita. vinata.
굽히다 avanamati. namati. onameti. onāmeti. vinamati.
굽히지 않는 avinamat.
굽힘 avanati.
굿 bhūtāpasāraṇa.
궁(弓) dhanu.
궁극(窮極) accanta. anta. pariyanta. koṭi. osāna. pariyosāna. niṭṭhāna.

궁극에 도달한 anta(p)patta. antagāmin.
궁극에 도달한 자 antagū.
궁극으로 이끄는 antagamaka.
궁극을 보지 못하는 apāradassin.
궁극의 antabhūta.
궁극이 아닌 apāra.
궁극적 사라짐 accantavirāga.
궁극적 앎을 갖춘 능력 aññātāvindriya. aññin.-driya
궁극적 의미의 진리 paramaṭṭhasacca. paramatthasacca
궁극적 지혜를 가진 aññātāvin.
궁극적 진리 paramaṭṭhasacca. paramatthasacca.
궁극적 청정 accantavodhāna.
궁극적 표현 paramaṭṭhavacana. paramatthavacana
궁극적으로 고요한 accantasanta.
궁극적으로 해탈된 accantavimutta.
궁극적으로 헌신한 ekantagata.
궁극적인 accanta. ekanta.
궁극적인 경지로 나아감 accantaniṭṭha.
궁극적인 길 accantaniyāma.
궁극적인 미세한 물질계의 하느님 세계에 화생하여 완전한 열반에 드는 님 akaniṭṭhagāmin.
궁극적인 미세한 물질로 이루어진 신들의 하느님 세계 Akaniṭṭhā devā
궁극적인 미세한 물질로 이루어진 하느님 세계의 신들 Akaniṭṭhā devā
궁극적인 사라짐 accantavirāga.
궁극적인 소멸 accantanirodha.
궁극적인 안온을 얻은 accantayogakhemin.
궁극적인 완성 ekantaparipuṇṇa.
궁극적인 완성에 도달한 사람 accantaniṭṭha.
궁극적인 완성을 획득한 accantapariyosāna.
궁극적인 이욕(離欲) accantavirāga.
궁극적인 적멸 accantasanti.
궁극적인 청정 accantasuddhi.
궁극적인 해탈이 없는 appamocana.
궁극적인 확신 accantaniyāma.
궁극적인 확신을 지닌 accantaniyata.
궁기(弓技) sarapaṭibāhana.
궁녀(宮女) antepurikā. pajāpatī. rājorodhā. bhariyā.
궁둥이 ānisada. piṇḍikamaṁsa → 엉덩이.
궁비라(宮毘羅) kumbhīla.
궁색하지 않은 adalidda.
궁수(弓手) cāpika. issāsin issattha. issatthaka.
궁술(弓術) dhanusippa. issāsasippa. issattha. upāsana. ususippa.
궁술사 vikāsitar. issāsa. issāsin. dhanuddhara. dhanuggaha.
궁술사의 기술 issāsasippa.
궁술사의 스승 issāsâcariya.
궁술사의 제자 issāsantevāsin.
궁술에 능한 katasarakkhepa. katupasāna. katûpasāna.
궁전(宮殿) kūṭâgāra. mandira. rājamandira. pāsāda. vyamha. upakiriyā. yūpa.
궁전(弓箭) usu.
궁전꼭대기의 테라스 ākāsatala.
궁전의 내실 kaccha. kacchā. kacchantara.
궁전의 넓은 지붕 mahātala.
궁전의 윗층 uparipāsāda.
궁전의 윗층으로 uparipāsādaṁ.
궁전의 유원 pamadāvana.
궁정음악가 vetālika.
궁핍(窮乏) dāliddiya. dāḷiddiya. abhāva. viraha. parihāni. pārijuñña.
궁핍한 anātha.
권고(勸告) codanā.
권고를 받은 paccanusiṭṭha.
권고하는 nivedaka.
권귀(權貴) uggaputta.
권능(權能) āṇā.
권도(勸導) samādapana.
권력(勸力) adhipateyya. ādhipacca. ādhipateyya. issariya. issariyabala. khatta. pabhāva. pabhutta. vibhava. vibhūti.
권력의 쟁취 issariyasampatti.
권리의 정지 ukkhepana.
권모술수(權謀術數) khattavijjā.
권모술수를 가르치는 사람 khattavijjavādin.
권모술수에 대한 지식을 실천하는 자 khattavijjācariya.
권문세도의 사람 uggaputta.
권세(權勢) vibhūti. pabhāva. ādhipacca. adhipateyya. ādhipateyya. issariya. issariyabala. khatta. vibhava.
권세를 넘겨줌 issariyavossaga.
권세를 잃어버린 nissirīka.
권세를 탐내는 issariyaluddha.
권세에 의한 교만 issaramada. issariyamada.
권세에 의한 도취 issaramada. issariyamada.
권세에 의한 도취에서 생겨난 issaramadasambhava.
권세에 의한 자만에 도취된 issariyamadamatta.
권세와 연결된 부를 지닌 issariya.

권세의 쟁취가 가져오는 행복 issariyasukha.
권세의 크기 issariyamattā.
권속(眷屬) parivāra. parikkhāra.
권속교(眷屬憍) parivāramada.
권위(權威) āṇā. ānubhāva. māravasa. vasa.
권위가 있는 vasavattana. pabala. sammata. tejavant.
권위가 있는 제왕 āṇācakkavattin.
권위가 있는 진술 āhaccapada.
권위와 일반적 사용 āṇāvohāra.
권위의 가치가 있는 āṇâraha.
권위의 파괴 āṇābheda.
권위의 힘 āṇābala.
권위적인 āṇāsampanna.
권유받다 anunīyati.
권유받은 anunīta. saññatta.
권유받지 않은 행위 anāmantacāra.
권유하다 uyyojeti.
권청(勸請) ajjhesanā.
권청하다 ajjhesati.
권총(拳銃) agginālī.
권태(倦怠) tandī.
권투(拳鬪) muṭṭhiyuddha.
권투선수 mallamuṭṭhika. muṭṭhika. mallayuddhika. mallayoddha.
권패(捲貝) kharamukha.
권포(捲布) paṭṭaka. paṭṭikā.
권하다 niyuñjati.
권한을 부여하다 adhikāraṁ deti. niyojeti. sammannati.
권화(權化) avataraṇa.
궤도(軌道) gahatārāpatha.
궤변(詭辯) kuhanā. vitaṇḍā. vitaṇḍavāda. amarāvikkhepa. takkagahaṇa.
궤변가(詭辯家) → 궤변론자.
궤변론(詭辯論) vitaṇḍavāda. amarāvikkhepa.
궤변론자(詭辯論者) takkika. moghatakkin. vetaṇḍin. vitaṇḍa. vitaṇḍavādin.
궤변에 능한 vetaṇḍin.
궤변을 하는 vetaṇḍin.
궤변의 kuha. kuhaka.
궤변의 그물 diṭṭhijāla.
궤양(潰瘍) bhagandala. bhagandalā.
귀 kaṇṇa. kaṇṇasota. savana. savaṇa. sota.
귀가 밝은 avahitasota.
귀가 베어진 사람 kaṇṇacchinna.
귀가 없는 chinnakaṇṇa.
귀가 없음 asotatā.
귀가 있는 kaṇṇaka. kaṇṇika. sotavant. kaṇṇavant.
귀가 잘린 자 kaṇṇamuṇḍa .
귀감(龜鑑) ukkaṭṭhapamāṇa. seṭṭhatamavatthu.
귀감람석(貴橄欖石) tiṇamaṇi.
귀걸이 kaṇṇâlaṅkāra. → 귀고리.
귀결되는 pariṇāmin.
귀고리 kaṇṇasaṅkhali. kaṇṇikā. kuṇḍala. maddavāna. maddaviṇa. pāmaṅga. vaṭaṁsa. vaṭaṁsaka. avaṭaṁsaka.
귀고리를 달은 kuṇḍalin.
귀금속광산 ratana.
귀납적인 지혜 anvaya.
귀뚜라미 cīrī. cīriḷkā. pataṅga.
귀래(歸來) āgati.
귀를 기울이는 avikkhittasota. ohitasota.
귀를 기울이다 āvajjeti. sotaṁ odahati.
귀를 닫기 kaṇṇasamīpa.
귀를 떨음 kaṇṇacālana.
귀를 똑바로 세운(?) ukkaṇṇa.
귀를 뚫는 의식을 행하지 않은 aviddhakaṇṇa.
귀를 씻기[게임] kaṇṇasandhovikā.
귀를 자름 kaṇṇacheda.
귀머거리의 badhira.
귀먹고 벙어리인 eḷamūga.
귀먹은 badhira.
귀먹지 않고 벙어리가 아닌 aneḷamūga.
귀명(歸命) bhatti. namo. nama.
귀명하다 namassati.
귀부인(貴婦人) varaṅganā. varārohā.
귀뿌리 kaṇṇamūla.
귀숙(鬼宿) phussa.
귀신(鬼神) amanussa. bhūta. pubbapeta. rakkhasa. yakkha. asura.
귀신들의 주인 bhūtapati.
귀신명(鬼神明) bhūtavijjā.
귀신숭배 bhūtapūjā.
귀신에 대한 지식 bhūtavijjā.
귀신을 쫓는 사람 bhūtavejja.
귀신을 쫓아내기 bhūtavijjā.
귀신의 amānusa.
귀신의 말 upadisa.
귀신의 말과 같은 upadisasadisa.
귀신학(鬼神學) bhūtavijjā.
귀에 거슬리는 kakkasa. pharusa.
귀에 구멍을 내는 의식 kaṇṇavijjhanamaṅgala.
귀에 구멍을 냄 kaṇṇavijjhana.
귀에 구멍을 뚫는 kaṇṇavedha.
귀에 낙인이 찍힌 aṅkitakaṇṇaka.
귀에 바르는 약 kaṇṇatela.

귀에 장식을 한 katakaṇṇapūra.
귀에 즐거운 kaṇṇasukha.
귀에서 늘어뜨린 장식용 줄 kaṇṇasutta.
귀엣말 kaṇṇajappana.
귀여운 piya. sukumāra.
귀여운 새 sakuṇaka. sakuṇikā.
귀여운 염소 ajaka.
귀여움 piyatā. piyatta.
귀여움을 받는 piyāyita. mamāyita.
귀여움을 받는 것을 좋아함 pāribhaṭya. pāribhaṭṭakatā. pāribhaṭyatā. pāribhaṭṭatā.
귀여워하는 것 pāribhaṭṭakatā.
귀여워하다 apalāḷeti. keḷāyati. keḷayati. piyāyati. upalāḷeti.
귀여워함 pāribhaṭyatā. pāribhaṭṭatā.
귀염둥이 여자아이 upasenikā. upaseniyā.
귀와 코 kaṇṇanāsa.
귀의 꽃장식 kaṇṇamālā.
귀의 부근의 upakaṇṇa.
귀의 아래의 nikaṇṇika.
귀의 윗부분 kaṇṇapiṭṭhī.
귀의 장식 kaṇṇapilandhana.
귀의 주변에 입힌 꽃장식 kaṇṇapūra.
귀의(歸依) bhatti. namo. nama.
귀의(歸依)하다 namassati.
귀의처(歸依處) saraṇa.
귀의처가 없는 appaṭisaraṇa.
귀의처를 가진 parāyin.
귀의하다 saraṇaṁ upeti. saraṇaṁ gacchati. saraṇaṁ yāti. anunamati. apanāmeti.
귀의한 bhattikata. bhattimant.
귀의할 곳 없는 asaraṇa.
귀장식으로서의 아소카나무의 원추꽃차례 asokakaṇṇikā.
귀장신구 vallikā. kaṇṇaveṭhana.
귀족(貴族) ayira, ayyira. khattiya. ariya. kulavant. kulīnajana.
귀족가문 abhijacca.
귀족가문에 속하는 uccākulika.
귀족가문의 힘 abhijaccabala.
귀족신분 uggatabhāva.
귀족의 ayira, ayyira. khattiya. ariya.
귀족의 가계 khattiyavaṁsa.
귀족의 가문 khattiyakula.
귀족의 가문에서 태어난 sujāta.
귀족의 무리 khattiyaparisā.
귀족의 저택 kulīnamandira.
귀족의 처녀 khattiyakaññā.
귀족의 환력(幻力) khattiyamāyā.
귀족집안 abhijacca.
귀족태생의 abhijāta.
귀중품(貴重品) agghapada. bhaddaka.
귀중품의 무게가 너무 큰 atiratanabhāra.
귀중한 agghiya. mahâraha.
귀중한 것 agghapada.
귀지 kaṇṇagūthaka. kaṇṇamala.
귀찮게 구는 것 samārambha.
귀찮게 굴지 않는 appasamārambha.
귀찮은 pakaṭṭhaka. upadduta.
귀퉁이 aṁsi. kaṇṇa.
귀퉁이에서 귀퉁이로 이은 줄 kaṇṇasuttaka.
귀퉁이의 kaṇṇaka. kaṇṇika.
귀화시키다 paricayati. desīyaṁ karoti.
귀환(歸還) āgama. paccāgamana. paccosakkhanā. paṭikkamana. sannivaṭṭa
귀환하다 paccosakkati.
귀후비게 haraṇī.
귓구멍 kaṇṇabila. kaṇṇachidda. kaṇṇasakkhali(kā). kaṇṇasota. sakkhali. sakkhalikā.
귓바퀴 kaṇṇapuccha.
귓병 kaṇṇaroga.
귓불 cūḷa. cūḷā. cūlikā. kaṇṇacūḷa. kaṇṇapāli. kaṇṇapatta. kaṇṇavallī. kaṇṇasakkhali(kā).
귓불에 삽입되는 kaṇṇāyata.
규명하다 samanugāhati.
규방(閨房) orodha.
규방에 가두다 avarundhati.
규범(規範) niyāma. nidassana. sikkhā. sīla.
규범과 금계에 대한 집착 sīlabbataparāmāsa. sīlabbatûpādāna.
규범과 금계의 집착에 의한 정신·신체적 계박 sīlabbataparāmāsakāyagantha
규범에 대한 공부 sikkhā.
규범을 받아들임 sikkhāsamādāna.
규범을 배우기를 포기한 자 sikkhāpaccakkhāta.
규범을 배우길 바라는 sikkhākāma.
규범을 배우는데 허약한 자 sikkhādubbalya.
규범의 dhammanetti.
규약(規約) kathikā. katikā.
규율(規律) āṇatti. vata. vinaya.
규율에 정통한 사람 venayika.
규율의 설명 vinayakathā.
규율의 실천 kappakaraṇa.
규율의 준수에 대한 정기적인 승단의 모임 vinayakamma.
규정(規定) saṁvidhāna. niyama. sikkhā. paññatti. nīti.
규정되어야 하는 visesiya. visesitabba.

규정되지 않은 apaññatta. appaññatta. avavatthita. avihita.
규정되지 않음 appaññatti. avavatthāna.
규정된 anuññāta. odhikata. odissaka. paññatta.
규정된 길 āhaccaniyama.
규정된 대로 yathāvihita.
규정된 생필품만 사용하는 계행 paccayasannissitasīla
규정됨 abhilakkhitatta.
규정에 따라 사용할 준비가 된 katasaṁvidhāna.
규정의 대상 odissa.
규정지음 ābhaṇḍana.
규정하고 āhacca. odissa.
규정하다 anujānāti. avatthapeti. avatthāpeti. paññāpeti. viseseti.
규칙(規則) āgama. āṇatti. ānuppubbī. ānupubba. mariyādā. vidhi. sikkhā.
규칙성 ānupubba. ānupubbatā.
규칙에 대한 공부 sikkhā.
규칙에 따른 kappiya.
규칙에 따름 kappiyânuloma.
규칙을 모음에 대한 제한에 들어간 사실 okkantasammattaniyāmatta.
규칙을 준수하는 kappagatika. mariyādā.
규칙의 너무 일반적인 적용[문법] atippasaṅga.
규칙의 실천 kappa. kappakaraṇa.
규칙의 제정 vinayapaññatti.
규칙의 준수 vinayânuloma.
규칙적인 dhuva.
규칙적인 생활 samajīvitā.
규칙적인 순서 niyāmatā.
규탄하다 aribhāsati. aribhāseti.
규환지옥(叫喚地獄) Jālaroruva. Roruva.
균등히 분할하다 paṭivibhajati.
균열(龜裂) adhipāta. sampadālana.
균열되지 않은 abbhida.
균열된 apavārita. otiṇṇa. katavivara.
균열시키는 adhipātin.
균질(均質)의 samajātikatā. samajātikatta.
균질성(均質性) samajātikatā. samajātikatta.
균학(菌學) ahicchattakavijjā.
균형(均衡) avisaggatā. avisāhāra. saṅgata.
그 결과 ato.
그 나무의 꽃들의 색을 가진 atasīpupphavaṇṇa.
그 당시에 takkālaṁ.
그 뒤로 paṭṭhāya.
그 때문에 iti. tamhā. tasmā. tatonidānaṁ. tāva. tāvatā. tena
그 때에 samaya. tadā. takkālaṁ. tarahi. tattha.
그 만큼 tāva.
그 만큼의 tattaka. tāvataka. yattaka.
그 목적으로 tadatthaṁ.
그 반대에 의한 tadaṅga.
그 반대에 의한 공(空)의 구현 tadaṅgasuñña.
그 반대에 의한 극복 tadaṅgapahāna.
그 반대에 의한 지양(止揚) tadaṅgapahāna.
그 부분 tadaṅga.
그 부분에 반대(反對)되는 것의 tadaṅga.
그 부분의 tadaṅga.
그 사이에 일어난 일 antarākamma.
그 상태 tabbhāva.
그 순간의 taṅkhañña. taṅkhaṇika.
그 실재의 본성 tabbhsāva.
그 여자들 가운데에서 kāsu.
그 여자들은 tā. tāyo.
그 여자들을 tā. tāyo.
그 열매 madhuka.
그 위에 또한 punâparaṁ. puna c'aparaṁ.
그 이상 atisaya.
그 이상의 제어 atisayanirodha.
그 이상이 없는 niruttara.
그 인연으로 tatonidānaṁ.
그 자리에서 ṭhānaso.
그 자체의 nija.
그 장소에 tattha.
그 점 때문에 tadaṅgena.
그 점에 의해서 tadaṅgena.
그 정도 tāva.
그 찰나의 taṅkhañña. taṅkhaṇika.
그 후 pabhuti. pabhutika. tato pabhuti.
그 후에 tamhā. tasmā. tato.
그것 asu. ena. etad.
그것 때문에 tena.
그것 또는 그와 동일한 것 tammayatā.
그것(목표)을 향해 노력하는 taccarita.
그것과 관계하는 tammaya.
그것과 동일한 tammaya.
그것과 일치하는 tadanuvattika.
그것과는 다른 tabbiparīta.
그것만의 ettaka.
그것에 tasmiṁ.
그것에 대립하는 tabbipakkha.
그것에 도달하지 않은 atammaya.
그것에 반대하는 tabbipakkha.
그것에 의해 tena.
그것에 이르는 tammaya.
그것에 일치하는 tadūpika. tadūpiya.
그것에 적응하는 tadadhimuttatā.

그것에 전념하는 tadadhimuttatā.
그것으로부터 tamhā. tato.
그것으로부터 이루어진 tammayatā.
그것은 taṁ.
그것은 이와 같이 seyyathidaṁ.
그것을 taṁ.
그것을 가지고 yena.
그것을 반연(攀緣)하는 tadārammaṇa.
그것을 시작으로 tatopaṭṭhāya.
그것을 인식의 대상으로 하는 tadārammaṇa.
그것을 인식의 대상으로 하는 마음 tadārammaṇacitta.
그것을 충족시키는 tammaya.
그것을 통해 tena.
그것을 한 사람 takkara.
그것의 amuka. asu.
그것일지라도 yādisaka. tādisaka.
그곳에 amutra.
그날의 포살에서의 tadahuposatha.
그녀를 taṁ.
그녀와 동일한 것 tammayatā.
그노몬 chāyāmāṇakatthambha.
그는 so.
그는 정말로 svāssu.
그늘 anātāpa. ātapâbhāva. ātapatta. chāyā.
그늘진 곳 pacchāyā.
그늘진 부분 pacchāda.
그늘진 장소 pacchāda.
그대 tvaṁ.
그대로 yathātaṁ.
그대로 있는 tatraṭṭhaka.
그대로의 tatha.
그대여! bho.
그대여! 라고 말하는 자 bhovādika.
그들과 함께 sehi.
그들은 te. ne.
그들을 te. ne.
그때 이후로 tato pabhuti.
그때부터 tatopaṭṭhāya.
그래도 api ca.
그러고 있는 사이에 antarā.
그러나 ādu. pna. api. pi. tu. tu eva. ca[부정 뒤에서]
그러니까 ca.
그러면 tena hi.
그러면 어째서 kathaṁ carahi.
그러면 왜 kathaṁ pana.
그러므로 ~ 아니다 neto.
그러므로 ato. carahi. ettato. etto. iti. ito. tamhā. tasmā. tato. tadaṅgena. tena. tāva. tāvatā. tena. yato.
그러한 tathārūpa.
그러한 가격인 agghanabhāva.
그러한 만큼 tāvatā.
그러한 크기의 tattaka.
그러함 tathatā. tathatta.
그러함의 성질 tāvata.
그런 방법으로 thatā.
그런 종류의 tathāvidha.
그런데 atha. atha. kho carahi. pana. tarahi. tu. tu eva.
그런데 어떻게? kimaṅga ~ pana.
그런데 지금 만약 ce va. kho pana.
그럴 것이다 nu. idha.
그럼[긍정] āma.
그럼에도 불구하고 api. ca. kiñcāpi.
그렇게 thatā.
그렇게 말하는 자 tathāvādin.
그렇게 행동하는 자 tathākārin.
그렇다 adu. āma.
그렇다면 carahi. tena. hi.
그렇지 않다면 itarathā. udāhu.
그렇지 않은가 nanu.
그렇지 않음 ayathābhāva.
그렇지만 api. ca. api. kho tu. tu. eva.
그려진 대상 ārammaṇacitta.
그로부터 tasmā.
그루터기 khāṇu.
그를 taṁ.
그를 통해 tena.
그릇 ādhāna. ādhāra. bhājana. caṅgavāra(ka). cāṭi. kapāla. kaḷopī. kaḷopikā. kaḷopika. karoṭi. karoṭika. kolamba. koḷamba. kosa. loṇaghaṭa. mallaka. pāti. pātī. paṭiggaha. patta. saraka. thāli. thālī. thāla. upadhāraṇa. vittha.
그릇(器)이 아닌 apatta.
그릇되게 micchā.
그릇되게 사는 사람 adhammaṭṭha.
그릇되게 주장하고 vinidhāya.
그릇되게 향해진 micchāpaṇihita.
그릇된 kirāsa. adhamma → 잘못된.
그릇된 가르침을 설하는 사람 adhammavādin.
그릇된 가르침을 설함 adhammikavāda.
그릇된 가르침을 행하는 사람 adhammacārin.
그릇된 가르침의 adhammika.
그릇된 가르침의 준수(非法行) adhammacaraṇa.
그릇된 근거에 밝은 aṭṭhānakusala.
그릇된 근거에 밝은 것 aṭṭhānakusalatā.

그릇된 길 micchāmagga.
그릇된 믿음 kudiṭṭhi.
그릇된 법(法) adhamma.
그릇된 청원 kūṭaṭṭa.
그릇된 측정 kūṭamāna.
그릇된 행위 adhammacaraṇa.
그릇됨 adhammikatta.
그릇됨에 의해 확정된 무리 micchattaniyatarāsi.
그릇받침 maḷorikā.
그릇을 손에 들고 kaḷopīhattha.
그릇이 된 ādhārabhūta.
그릇이나 용기 māluka.
그릇장사 pattavāṇijjā.
그리 멀지 않은 avidūragata.
그리 멀지 않은 곳 nātidūraṭṭhāna.
그리고 atha ca. api ca. pana.
그리스[희랍] yonakaloka. yona.
그리스사람 yonaka.
그리스식민지 yonakaloka.
그리스의 yavanadesīya. yonadesīya.
그린피스[강낭콩의 일종] mugga.
그림 citta.
그림이 비치게 된 집 cittâgāra.
그림자 bimba. chādi. chāyā. lesamattā. paṭibimba.
그만 해 alaṁ.
그만두게 하다 sāmetī.
그만두다 abhivitarati. paṭivyāharati. upāramati. viramati. vosāpeti.
그만두었다 aṭṭhapesi.
그만둔 saṭṭha. abhivitaraṇa. viramaṇa.
그물 dhūmajāla. jāla. jālaka. vākara. vākura. vākarā. vākurā. vāgurā.
그물눈의 akkhika.
그물눈이 미세한 sukhumacchika.
그물망 jālakkhi.
그물무늬의 과자(?) jālapūpa.
그물을 던지다 oḍḍeti. oḍḍāpeti.
그물을 장치한 gavacchita.
그물을 쳐서 동물을 잡는 사람 vāgurika.
그물의 안쪽에 사로잡힌 antojālagata.
그물이 있는 jālin.
그물코 jālakkhi.
그밖에 canaṁ cana.
그슬리다 abhisantāpeti. dhūmayati. dhūmāyati. bhajjati. kaṭhati. pariḍayhati. paritāpeti. patāpeti. sandhūpeti. sandhūpāyati.
그슬리지 않은 adhūpana.
그슬린 upakūḷita.
그슬림 tāpana.
그야말로 mūlatthānusārena.
그에 의해 tena.
그와 같은 amuka. tādisa. tathārūpa. tathûpama.
그와 같은 상태 tathatā. tathatta.
그와 같이 thatā.
그을린 kaṭhita. paricchāta. sotatta. uppakka.
그쪽으로 집중한 taccarita.
그치게 하다 upasāmayati. upasameti.
그치다 pasammati. sammati. uparamati. uparujjhati. upasamati. upasammati. viramati. vyantībhavati. vyantīhoti.
그치지 않는 avigata.
그친 uparata. uparuddha. vigata. vikkhambhita.
그침 abhisamaya. khaya. samatha. uparama. uparamā. uparati. vyantībhūta. vyantībhāva
극(極)의 parama.
극거설(極擧說) sammukkācanā.
극고도(極苦道) nijjhāmapaṭipadā.
극광(極光) disāḍāha. disādāha.
극광정천(極光淨天) Pabhassara.
극광천(極光天) ābhassara.
극기(克己) attasaṁyama. sakatthapariccāga.
극단(極端) amattaññutā. anta. aṇi.
극단론(極端論) ekantavāda.
극단에 치우치지 않는 anumajjha.
극단으로부터 antato.
극단의 처벌 brahmadaṇḍa.
극단적 입장을 취하는 견해 antaggāhakadiṭṭhi. antaggāhikadiṭṭhi.
극단적으로 adhimatta. ati.
극단적으로 불의[非法]에 몰두하는 accantâdhammabahula.
극단적으로 아첨하는 accantakāmânugata.
극단적으로 악한 성품을 지닌 accantadussīlya.
극단적으로 열망한 atiiṭṭha.
극단적으로 호감을 가진 ekantavallabha.
극단적인 accanta.
극단적인 상태 adhimattatā.
극단적인 우월 atiaggatā.
극도로 → 극단적으로.
극도로 교만한 adhimānika.
극도로 기뻐하다 atitussati.
극도로 두려운 atibherava.
극도로 사악한 accantakakkhala.
극도로 섬세한 ekantamudu.
극도로 실망한 accantasaṁvigga.
극도로 예리한 ekantatippa.
극도로 자신을 평가하는 것 adhimāna.

극도로 즐거운 ekantamanāpa.
극도로 찬란하게 빛남 atippabhatā.
극도로 최상의 atiuttama.
극도의 accanta. adhimatta. ekanta. yathodhi.
극도의 고통 ekantadukkha.
극도의 고통으로 괴로워하는 uttamakicchapatta.
극도의 만족 atituṭṭhi.
극도의 분노 atidosa.
극도의 어리석음 accantabālatā.
극도의 환희 atituṭṭhi.
극묘(極妙)의 paṇīta. susukhumanipuṇattha.
극미(極微) aṇu. paramâṇu.
극미(極微)를 수반하는 aṇusahagata. anusahagata.
극백생류(極白色類) paramasukkābhijāti.
극복(克服) abhibhavana. abhibhū. abhisambhava. atikkamana. ativattana. nittharaṇa. pahāna. parisahana. pariyāpuṇana. pasaha. pasahana. samatikkamana. uttaraṇa. vitaraṇa.
극복되지 않은 anokkanta. apariyādāna. anavakkanta.
극복된 abhitunna. damita. nijjita. nittiṇṇa. pahīna.
극복된 사실 atītatta.
극복될 수 없는 anabhibhavanīya.
극복하게 하다 abhibhāveti.
극복하고 pahāya.
극복하는 abhibhū. pahāyin samatikkama.
극복하다 abhibhavati. acceti. atibhoti. atiyāti. nittharati. parisahati. pasahati. sahati. samatikkamati. samativattati. tarati. upātigacchati. vitarati. vītivatteti. vitureyyati.
극복하지 못한 avitiṇṇa. avītivatta.
극복하지 못한 자 anadhibhū.
극복한 atiga. atigata. tiṇṇa. vitiṇṇa.
극복한 자 abhibhavitar.
극빈자(極貧者) vaṇibbaka.
극소(極小)의 atiparitta.
극악(極惡)한 pāpatama. pāpatara. supāpadhamma. supāpika.
극악구(極惡口) sampāpanā.
극악시(極惡時) kaliyuga.
극악업(極惡業)의 supāpakammin.
극열(極熱)[지옥] patāpana.
극열한 괴로움의 길 nijjhāmapaṭipadā.
극장(劇場) raṅga. raṅgamaṇḍala. naccasālā. vijjatthīsālā.
극적인 표현 abhinaya.
극정념(極正念)하는 sussata.
극정진(極精進)의 accāraddha.
극칠반생(極七反生) sattakkhattuparama.
극칠편(極七遍) sattakkhattuparama.
극한(極限) pariyanta.
극히 adhimatta. su. ati.
극히 가난한 accantadāliddiya.
극히 개인적인 ajjhattajjhatta.
극히 미묘한 뜻을 지닌 susukhumanipuṇattha.
극히 유익한 alamattha.
근(根) indriya.
근거(根據) ākāraka. ārambha. atthatta. bhūma. bhūmi. mūla. mūlaka. nimitta. ogadha. ogādha. uddīpanā. upadhi. vatthu.
근거가 박약하게 dubbalyā.
근거가 없는 abhumma. ahetu. ahetuka. amūlaka. nimmūla.
근거가 없는 선택 atakkagāha.
근거가 없는 의견 diṭṭhigata.
근거가 없는 이론 diṭṭhi.
근거가 없음 amūla.
근거가 있는 ākāravant.
근거가 충분한 sappāṭihīrakata.
근거를 제공하는 sahadhammika.
근거에 따라서 sahadhammika.
근거한 vatthuka.
근거해서 paṭicca.
근검절약하는 paṭisallekhita.
근교(近郊) upacāra.
근래(近來)의 ādhunika.
근면(勤勉) uṭṭhāna. uyyoga. ārambha.
근면과 분발 uṭṭhānaporisa.
근면의 결과로 생계를 유지하는 uṭṭhānaphalūjīvin
근면의 토대 ārambhavatthu.
근면하게 노력하는 anikkhittachanda.
근면한 akilāsu. ganthika. padhānika. uṭṭhānasīla. uṭṭhāyaka. uṭṭhāyin. āyatta. vidhūra.
근면한 실천이 없는 anāsevanā.
근미(根味) mūlarasa.
근본(根本) mūla. pakati.
근본논모(根本論母) mūlamātikā.
근본박(根本縛) mūlabandhana.
근본복주(根本復註) Mūlaṭīkā.
근본삼매(根本三昧) mūlasamādhi. appaṇā. appanā. appaṇāsamādhi. appanāsamādhi.
근본삼매를 체험한 adhigatappanā.
근본상좌부(根本上座部)의 mūḷatheravādin.
근본선정(根本禪定) appaṇājhāna. appanājhāna.

근본어(根本語) mūlabhāsā.
근본업처(根本業處) mūlakammaṭṭhāna.
근본유분(根本有分) mūlabhavaṅga.
근본이 되는 mūlaṭṭha.
근본이 되는 논의의 항목 mūlamātikā.
근본이 없는 avatthuka.
근본이 없음 avatthu.
근본적 속박 mūlabandhana.
근본적으로 yoniso.
근본적으로 관찰하여 yoniso paṭisaṅkhā.
근본적이 아니게 ayoniso.
근본적인 ādina. ādīna. pādaka. ādipubbaṅgama.
근본적인 가르침 aggaḷavāda.
근본적인 말 āhaccavacana.
근본적인 명상주제 mūlakammaṭṭhāna.
근본적인 적용 suddhikasaṁsandanā.
근본접미사(根本接尾辭)[문법] kitapaccaya.
근본정(根本定) appaṇā. appaṇāsamādhi. appanā. appanāsamādhi. mūlasamādhi.
근본조건(根本條件) hetupaccaya.
근본주의자(根本主義者) mūlaṭṭha.
근본집중(根本集中) → 근본정.
근본집중에 능숙한 appaṇākosalla. appanākosalla.
근본집중에 대한 순간적인 포착 appaṇājavana. appanājavana.
근본집중에 든 마음 appaṇācitta. appanācitta.
근본집중으로 이끄는 명상수행 appaṇākammaṭṭhāna. appanākammaṭṭhāna.
근본집중의 기능을 가진 appaṇārasa. appanārasa.
근본집중의 길 appanāvīthi. appaṇāvīthi.
근본집중의 실천 appaṇāvata. appanāvata.
근본집중의 실행 appaṇāvidhāna. appanāvidhāna.
근본집중의 특징을 지닌 appaṇālakkhaṇa. appanālakkhaṇa.
근본집중이 적용된 영역 appaṇākoṭṭhāsa. appanākoṭṭhāsa.
근본학(根本學)[律藏의 入門書] Mūlasikkhā.
근삼마지근행성취신족(勤三摩地勤行成就神足) viriyasamādhipadhānasaṅkhārasamannāgatiddhipāda.
근소(僅少)한 appamatta.
근소바라밀(近小波羅蜜) upapāramī.
근습(近習) upanisā.
근심 agha. īgha. dara. daratha. domanassa. nibbusittattā. parissaya. sampīḷita. upāyāsa. upāyāsanā.
근심거리 vālatta.
근심과 함께하는 domanassasahagata.
근심에 대한 고찰 domanassûpavicāra.
근심의 요소 domanassadhātu.
근심이 없는 anāyāsa. anigha. anīgha. anupāyāsa. asoka. asokin. visoka.
근심이 없음 aparitassana. vidomanassā.
근심이 있는 domanassasahagata.
근심하다 samanusocati.
근심하지 않는 asocana. asocat.
근약(根藥) mūlabhesajja.
근업(近業) āsannakamma. maraṇāsannakamma.
근연(根緣) indriyapaccaya.
근용(勤勇) ussoḷhi.
근원(根源) nidāna. pabhava. udaya. uppatti. yoni.
근원계(近圓戒) upasampadā.
근원으로 되돌아가는 것 mūlāya. paṭikassana.
근원으로부터 yoniso.
근원을 보는 ādidassana.
근원의 출현 uppattipākāṭatā.
근원이 물인 udakabhījaka.
근원이 정화된 katanidānasodhana.
근원이 집착인 upādānappabhava.
근원적인 ādina. ādīna. ādiccupaṭṭhānā.
근위병(近衛兵) anīkaṭṭha.
근육(筋肉) kaṇḍarā. daddula(?). nahāru. nhāru. maṁsa. pesi. pesī.
근육에 붙어있는 기름 vilīnasneha.
근육학(筋肉學) maṁsavijjā. pesivijjā.
근율의(根律儀) indriyasaṁvara.
근율의계(根律儀戒) indriyasaṁvarasīla.
근율의주변(根律儀周邊) indriyasaṁvarapariyanta.
근의연(近依緣) upanissayapaccaya.
근적정자(根寂靜者) santindriya.
근절(根絶) nigghātana. samugghāta. samūhatatta. ummūlana. uppaṭana. uppaṭanaka.
근절되지 않은 asamūhata. anūhata.
근절된 khata. samuddhaṭa. samūhata. ummūla.
근절에 의한 삼감 samucchedavirati.
근절하다 palikhaṇati. samucchindati. samugghātāpeti. samūhanati. samūhanti. ummūleti. vikkhambheti.
근접(近接) antika. upakaṇṭha. antikabhāva. sannidhāna. upacāra. anantara.
근접단계(根接段階) upacārabhāvanā.
근접삼매(根接三昧) upacārasamādhi.
근접삼매를 산출하는 upacārâvaha.

근접삼매의 수행 upacārabhūmi.
근접원인 āsannakārana.
근접조건 padaṭṭhāna.
근접하여 upecca. upetvā.
근접하지 않음 anupacāra.
근접한 āsanna. samīpa. samīpacara.
근접한 장소 āsannappadesa.
근정진(勤精進) viriyārambha.
근좌(近座)한 upāsīna.
근찰(近察) upalakkhaṇa. upalakkhaṇā.
근처(近處) hatthapāsa. sannikaṭṭha. santika.
근처가 아닌 anāsanna.
근처에 paccāsanne.
근처에 삶 apassayana.
근처에 존재하는 upavatta(ka). upavattana.
근처와 눈앞의 āsannapaccakkha.
근처의 āsannaṭṭhāna. paṭivissaka. sāmanta.
근취락정(近聚落淨) gāmantarakappa.
근친상간(近親相姦) adhammarāga. vyabhicāra. ñātimethuna.
근해(近解) upalakkhaṇa. upalakkhaṇā.
근해(近解)하다 upaparikkhati.
근행(近行) upacāra. upavicāra.
근행(近行)하다 upavicarati.
근행당(勤行堂) padhānaghara.
근행자(勤行者) samīpacārin
근행정(近行定) upacārasamādhi
근행지(勤行支) padhānaṅga
글귀의 모호함 dveḷhakavācā. silesavākya
글러브 vaṭṭani
글쓰기 avalekhana. lekha. lekhā. likhana. lipi
글쓰기 위한 나뭇잎 paṇṇa
글쓰기를 가르치는 선생 lekhācariya
글쓰는 기술 lekhā. lekhāsippa
글을 쓰다 avalekhati
글을 읽고 쓸 줄 아는 akkharaññū. sutavantu
글자 akkhara. kāra
긁게 하다 lekheti
긁기 apalikhana
긁는 일 없는 aparighaṁsanta
긁다 apalikhati. kaṇḍuyati. kaṇḍūyati. kaṇḍuvati. kaṇḍūvati. lekheti. likhati. parighaṁsati. radati. ullikhati.
긁어내다 vilikhati.
긁어서 떼어 내다 avalekhati.
긁어서 벗기다 avalikhati.
긁어진 likhita. vilikhita.
긁음 likhana.
긁힌 자국이 없는 nillekha.

금(禁)하기 힘든 duppaṭinissaggin. duppaṭinissaggiya.
금(禁)하는 nisedhaka. orata.
금(金) hema. hirañña. jātarūpa. kambu. kanaka. kañcana. satthuvaṇṇa. siṅgi. siṅgī. suvaṇṇa. → 황금.
금(金)과 은(銀) suvaṇṇarūpiya.
금강(金剛) vajira.
금강석(金剛石) vajira.
금강수(金剛手) vajirapāṇi.
금강유심(金剛喩心) vajirûpamacitta.
금강저(金剛杵) kulisa. vajira.
금강지혜주(金剛智慧註)[서명] Vajirabuddhi.
금계(禁戒) vata. vatapada. yāma. vārittasīla. viratisīla.
금계(禁戒)가 없는 abbata.
금계로 사방을 수호하는 의무 disāvata.
금계를 지키는 vatavant.
금계의 vatika.
금계의 준수 samādānavirati.
금고(金庫) kahāpaṇagabbha.
금괴(金塊) kañcanakkhanda. kañcanapiṇḍa.
금기(禁忌) virati.
금년(今年)의 sārada. sārāda.
금당(金堂) aḍḍhayoga.
금당(金幢) sovaṇṇadhaja.
금덩어리 kañcanakkhanda.
금록석(金綠石) mandapītamaṇi.
금머리핀 kañcanasūci.
금박(金箔) kanakacchavin.
금박과 같은 피부를 지닌 kañcanatanusannibhattaca
금반녹야림(金槃鹿野林) Kaṇṇakatthakamigadāya
금발(金鉢) suvaṇṇapāti.
금발(金髮) tambakesa.
금방 수확한 sārada. sārāda.
금병(金甁) bhiṅkāra. bhiṅgāra. suvaṇṇabhiṅkāra.
금비하(金鞞河) Kimikala.
금빛 가마 kañcanapallaṅka.
금빛 상(像) kañcanapatimā.
금빛 영상을 한 kañcanabimba.
금빛과 같은 kañcanasannibha.
금빛의 kañcanaka. maṅgura.
금빛의 빔바열매 kañcanabimba.
금빛천 kañcanavelli. suvaṇṇapaṭṭaka.
금빛화관 kañcanāveḷā.
금빛화환 kañcanāveḷā.

금사와 보석으로 수놓은 비단모양의 이불 kaṭṭhissavakatikā
금사와 보석으로 수놓은 비단이불 kaṭṭhissa.
금산(金山) kanakapabbata.
금산(金山)의 정상 kañcanagirimattaka.
금색(金色) bimbi. bimbī.
금색상(金色相) suvaṇṇavaṇṇa.
금색의 전단나무 hemacandana.
금색전단(金色栴檀) hemacandana.
금색화(金色花) campa. campaka.
금생에서 타생으로 가다 cavati.
금석학(金石學) purālipivijjā.
금석학자 purālipividū.
금성(金星) sukka.
금세공(金細工) kañcanajāla.
금세공사(金細工師) heraññaka. herañññika. suvaṇṇakāra.
금속(金屬) kaṁsa. loha.
금속공학(金屬工學) lohasodhana.
금속그릇 kaṁsa.
금속노동자 lohakāra.
금속성(金屬性) lohatā.
금속세공사(金屬細工師) kammāra. lohakāra. lohavisesaññū.
금속으로 된 우유통 kaṁsupadahāraṇa.
금속으로 만든 kaṁsa.
금속제(金屬製)의 āyasa.
금속제접시 kaṁsamallaka.
금속침(金屬針) kaṁsakaṇṭaka.
금속학(金屬學) lohavijjā.
금수(金樹) suvaṇṇapādapa.
금시조(金翅鳥) karoṭi. supaṇṇa. garuḷa
금시조에게 맹세한 자 supaṇṇavatika.
금시조에게의 맹세 supaṇṇavata.
금시조에게의 의무 supaṇṇavata.
금시조의 거처 supaṇṇabhavana.
금시조의 바람 supaṇṇavāta.
금시조의 왕 supaṇṇarājan.
금식(禁食)의 날 dhammauposatha.
금아왕(金鵝王) suvaṇṇarājahaṁsa.
금언(金言) siddhanta. subhāsita. uccāraṇa. kārikā. sutta.
금요일(金曜日) sukkavāra.
금욕(禁欲) asevanā. saṁyama. upavāsa. veramaṇī. virati.
금욕의 upekkhaka.
금욕적인 nibbisevana.
금융(金融) vaḍḍhi.
금으로 만든 장식물 nikkha.
금으로 만들어진 suvaṇṇamaya.
금은(金銀) rūpiya.
금은을 받는 것을 삼가는 것 jātarūparajatapaṭiggahaṇā veramaṇī.
금은을 버리는 수행승 rūpiyachaḍḍakabhikkhu.
금은의 세공사 kammāra.
금을 긋다 ākaḍḍhati.
금의 kañcanaka.
금의 무게(의 단위) nikkha.
금의 종류 hāṭaka.
금이 없는 ahirañña.
금일(今日) ajjădivasa. ajjatā.
금장식(金粧飾) nekkha.
금장신구(金裝身具) kambussa.
금전(金錢) pābhata. rūpiya.
금제(禁制) veramaṇī. vāritavata.
금주(禁酒) majjavirati.
금주자(禁酒者) amajjapāyaka.
금주주의자(禁酒主義者) amajjapāyaka.
금지(禁止) āvaraṇa. nisedha. nisedhanatā. ovaraṇa. paṭisedha. paṭisedhana. paṭivirati. samādānavirati. ṭhapana. vāritta. niggaha.
금지국(金地國) Suvaṇṇabhūmi.
금지되지 않은 anivāritta. appaṭisiddha. avārita. avirata.
금지된 ovarita. ovaṭa.
금지된 것을 건드리는 죄악 anāmassadukkaṭa.
금지시키는 사람 nisedhaka.
금지하는 nisedha. ovariyāna. paṭisedhaka.
금지하는 사람 paṭisedhitar.
금지하다 abhinigganhāti. nisedheti. nivāreti. ovarati. ovāreti. paṭisedhati.
금지하라 nisedha.
금지하지 않은 apihita.
금판(金板) kanakaphalaka.
금핀 kañcanasūci.
금화(金貨) hiraññasuvaṇṇa. kahāpaṇa. nekkha. nikkha. siṅgīnikkha. suvaṇṇanikkha. suvaṇṇamāsaka.
금환(金環) suvaṇṇanikkha.
금후(今後) ito paṭṭhāya. parattha. ajjătagge.
급격한 동요 ugghāta.
급고독장자(給孤獨長者) Sudatta. Anāthapiṇḍika.
급료(給料) bhati. bhatika. vetana.
급류(急流) dhārā. jaladhārā. sīghasota. vāhaka.
급류와의 만남 dhārāsamphassa.
급비(汲毘)[인명] Kikin.
급성(急性)의 opakkamika.

급소(急所) mamma.
급속한 khippa. saṅkhippa. sīgha.
급수관(給水管) udakāyatika.
급식(給食) bhatta. bhattavissagga. parivesanā.
급식을 제한하는 (사람) bhojanapariyantika.
급식을 주는 마을 bhattagāma.
급식자(給食者) parivesaka. bhojaka.
급식하는 parivisaka.
급식하다 parivisati.
급우(級友) sahajjhāyaka.
급하지 않은 ataramāna.
급한 turita. sīgha.
급히 sīgham, tuvaṭaṁ, turitaturitaṁ. sahasā. na āyatakena.
긍가하(恆伽河·殑伽河)[지명] Gaṅgā.
긍정(肯定) anvaya.
긍정적인 선택 ukkaṭṭhakoṭi.
긍지(肯志) avaññā. anavaññatti.
기(旗) dhaja. patākā. paṭāka. ketu. konta.
기간(期間) kālantara. pariyaya. pariyāya.
기갈(飢渴) khuppipāsā.
기계(器械) yanta.
기계론(機械論) yantaracanā.
기계론자(機械論者) yantasippin.
기계를 끄는 yantākaḍḍhana.
기계의 바퀴축 yantacakkhayaṭṭhi.
기계의 줄 yantasutta. yantayutta.
기계의 판(板)들 yantaphalakāni.
기계적으로 yantasippānusārena.
기계적인 yantavisayaka. yantasippānugata.
기계적인 코끼리[인공코끼리] yantahatthi.
기계적인 튜브 yantanāḷi.
기계학(機械學) yantasippa.
기관(機關) yanta.
기관학(器官學) avayavavibhāga.
기교(技巧) nepuñña. sippa.
기교가 있는 kallakusala.
기구(祈求) kamyatā. kammatā.
기구(冀求) paccāsā.
기근(饑饉) chātaka. chātatā. dubbhikkha.
기근(氣根) oghana.
기근(饑饉)의 dussassa
기근난소(饑饉難所) dubbhikkhakantāra.
기근에 대한 공포 dubbhikkhabhaya.
기근이 든 dubbhikkha.
기근이 든 지방 dubbhikkhakantāra.
기꺼이 버림 pakkhandanapaṭinissagga. pakkhandanavossagga.
기꺼이 하는 anukūla.
기녀(妓女) vesī. vesiyā. vesikā.
기념(紀念) saññāṇa.
기념적인 uddesika. uddissaka.
기는 apādaka. samparivattaka. saṁsappaniya. saṁsappin. sappin.
기는 덩굴식물 elambaraka.
기능(技能) indriya.
기능공(技能工) kammantika. kammika. susippika.
기능인 → 기능공.
기다 saṁsappati.
기다리게 하다 āgamayati. āgameti.
기다리는 apekkha.
기다리다 adhivāseti. kaṅkhati. olokayati. oloketi. paṭimāneti. santiṭṭhati. saṇṭhahati. saṇṭhāhati. vītināmeti
기대(期待) apekkhā. apekhā. āsā. āsiṁsanā. kaṅkhā. paccāsā. paṭimānana.
기대가 없는 nirāsaṁsa. nirāsaya.
기대가 큰 apekkhavant.
기대는 apassayika. olumbhaka. paṭisārin. samassita.
기대는 것 apassena. apassenaka.
기대다 apassayati. avasseti. nissayati. olambati. avalambati. olubbhati.
기대되어야 할 pāṭikaṅkha.
기대된 āsiṭṭha.
기대를 갖는 pāṭikhaṅkhin.
기대서 olubbha.
기대어진 apassita.
기대에 대한 실망에 의존하는 āsâvacchedika.
기대하는 abhikaṅkhin. apekkhin. āsamāna. āsiṁsanaka. kaṅkhin paṭikaṅkhin pekkha. pekkhavant. pekkhin. sāpekha. sāpekkha.
기대하다 abhikaṅkhati. āgamayati. āgameti. apekkhati. āsaṁsati. āsāsati. avakaṅkhati. icchati. kaṅkhati. nibodhati. olokayati. oloketi. paccāsiṁsati. paṭikaṅkhati. paṭikkhati. pekkhati. saṁsati. udikkhati. ulloketi. ulloleti.
기대하지 않는 anapekkha. atakkito.
기대하지 않았던 순간 akālasamaya.
기대하지 않음 anapekkhana.
기대해도 좋을만한 pekkha.
기도(企圖) āsī. āsīvacana. upayācitaka.
기도하는 āsiṁsaka.
기도하다 abhijappati. āsāsati.
기독교(基督教) kiṭṭhabhatti. kiṭṭhasamaya.
기독교국가(基督教國家) kiṭṭhabhattikadesa.
기독교인(基督教人) kiṭṭhabhattika.

기둥 āḷaka. āḷakā. cillaka. esika. esikā. khīla. kīla. phalaka. thambha. thūṇa. saṅghāṭa.
기둥머리 thambhasīsa.
기둥처럼 서있는 khīlaṭṭhāyi.
기둥처럼 안정된 esikaṭṭhāyin.
기러기[조류] kādamba.
기력이 없음 anuṭṭhāna.
기력학(氣力學) vāyuvijjā.
기로(岐路) dvidhāpatha.
기록되다 āgacchati.
기록된 lekhanagata.
기루(妓樓) vesidvāra.
기르는 pārihāriya. posaka.
기르다 abrūheti. jaggati. paribhaṭati. saṁvaḍḍheti. saṁvirūheti. upaneti. upanayati.
기름 abbhañjana. meda. medaka. tela.
기름공양 telahoma.
기름과자 doṇīnimminñjana.
기름그릇 telapatta.
기름단지 medakathālika. telaghaṭa.
기름등 telapadīpa. telapajjota.
기름램프 telapajjota.
기름방울 sinehabindu.
기름상인 telaka. telika.
기름색의 medavaṇṇa.
기름약 vasābhesajja.
기름에 의한 관장(灌腸) anuvāsana.
기름에 튀기다 lājeti.
기름으로 된 하제(下劑) sinehavirecana.
기름으로 튀기는 솥 medakathālika.
기름을 만드는 기계 telayanta.
기름을 먹임 sinehana.
기름을 바르다 abbhañjati. añjeti. anulimpati. siniyhati. vilimpati.
기름을 바른 anulitta. anuvilitta. rosita. senesika. senehika. siniddha. vilitta.
기름을 바름 abbhañjana. anulepa. anulimpana. bhañjana. paccañjana.
기름을 친 teladhūpita.
기름을 칠하다 añjati.
기름의 색깔 telavaṇṇa.
기름의 흐름 teladhārā.
기름이 묻은 teliya.
기름이 없는 atela.
기름이 지나는 관 telanāḷi.
기름장사 telavaṇijjā. telavāṇijjā.
기름장수 telaka. telika.
기름저장소 telakoṭṭhāgāra.
기름지다 mejjati.
기름진 teliya.
기름진 땅 maṇḍakhetta.
기름탱크 telacāti.
기름통 teladoṇi.
기름항아리 telakumbha.
기리까니깨[식물] girikaṇṇī,.
기리다 sampūjeti. ussādeti.
기림[숭배] accana. accanā.
기립(起立) paccuṭṭhāna. ṭhitatta.
기립바재[지명] Giribbaja.
기마대(騎馬隊) assakāya. assagumba. assasenā. assānīka. hayānika.
기마부대 → 기마대.
기마사자(騎馬使者) assadūta.
기마전(騎馬戰) assayuddha.
기만(欺瞞) accasarā. accāsarā. aññātakavesa. aññātavesa. dubbhana. kūṭeyya. pamohana. pariharaṇa. pariharaṇā. vañcana. vañcanā.
기만자(欺瞞者) dubbhin.
기만하다 vañceti.
기만하지 않는 anikubbat.
기명(記名) nyāsa.
기명등소[복주] Nyāsapradīpa.
기명소(記名疏)[문법주석] Nyāsa.
기문(記問) pañhavyākaraṇa.
기민한 akilanta.
기반(基盤) adhiṭṭhāna. ārammaṇa. gādha. nissaya. oka. yoni.
기반을 갖다 gādhati.
기반을 둔 katapatiṭṭha.
기반이 마련된 upatthaddha.
기반이 없는 appatiṭṭha.
기반이 없음 appatiṭṭhāna.
기별(記別) veyyākaraṇa.
기병대(騎兵隊) → 기마대.
기병도(騎兵刀) maṇḍalagga.
기병부대 → 기마대.
기부(寄附) agghika. agghikā. cāga. padāna. pariccāga. pariccajana. pariccajanā. vissagga. vossagga.
기부자(寄附者) cāgin. dātar. dāyaka. pariccajanaka.
기부하는 것을 좋아하는 vossaggarata.
기부하다 pariccajati.
기분(氣分) cittapakati. manobhāva.
기분의 상쾌함 samassāsa.
기분이 나쁘다 abhisajjati.
기분이 상한 anattamana.
기분이 언짢음 akallatā.

기분이 좋은 abhimata. appāṭikulyatā. appāṭikulyatā. iṭṭha. kantika. kantiya. sāta. kalyāṇajātika.
기분전환 saṇṭhahana. utugahaṇa.
기뻐서 소리치다 seḷeti.
기뻐지다 paricāriyati.
기뻐하게 하다 sampahaṁseti.
기뻐하고 있는 āmodamāna.
기뻐하는 abhinandin abhirādhin adhiceto rama. uppilāvin.
기뻐하는 모습의 sātarūpa.
기뻐하다 abhinandati. abhippamodati. abhiroc-ati. ācāmeti. ānandati. anumodati. anurañjati. anurujjhati. āramati. kuhīyati. modati. nibbisati. oramati. pahaṁsati. pahassati. pahasati. pamodati. paṭinandati. ramati. rañjati. rasīyati. rocati. rocate. roceti. ruccati. samanumodati. sammodati. sampahaṁsati. santussati. sukhayati. sukhāyati. sukheti. tussati. uparocati. vippasīdati.
기뻐하며 āsajja.
기뻐할 수 있는 ānandiya.
기뻐함 āramaṇa. sampahaṁsanā.
기쁘게 받아들이다 paṭinandati.
기쁘게 하는 abhirādhin. sampahaṁsaka. samuttejaka. tosāpana.
기쁘게 하는 사람 pasādetar.
기쁘게 하다 abhihaṁsati. abhippamodayati. abhirādheti. abhirocati. āmodeti. anumodeti. ārādhayati. ārādheti. paritoseti. pasādeti. pīṇeti. rameti. rañjeti. sampasādeti. sampīṇeti. samuttejeti. sukhāpeti. toseti.
기쁘다 āmodati. tappati.
기쁘지 않은 appatīta. appatīta. appītika. nanikāma.
기쁘지 않음 anabhinandana.
기쁜 abhirāma. ānandajāta. ānandin āraddha. ārādhaka. attamana. attañjaha. haṭṭha. kalla. kalya. kalyarūpa. mudita. orata. paricārita. patīta. paṭita. pasanna. picchita. pītika. ramaṇīya. ramaṇeyya. ramita. rucita. santus(s)ita. samabhisāta. sammodita. sammudita. sampahaṭṭha. sappītika. somanassita. sukhita. sumana. sumānasa. titta. tosana. tuṭṭha. vaddha. vitta.
기쁜 기분 muditāsaññā.
기쁜 대로 abhiramati.
기쁜 마음 maññussava. pītimana.
기쁜 마음에 의한 해탈 muditācetovimutti.
기쁨 abbhanumodana. abbhanumodanā. abhinandana. abhinandanā. abhirati. āmoda. āmodanā. ānanda. ānandī. ānandiya. ārāma. attamanatā. hāsa. iṭṭha. modana. mudā. muditā. nandi. nandī. pamoda. pamodanā. pāmujja. paṭinandanā. pīṇana. pīti. pītipāmojja. rāma. rañjana. ratha. ruccana. ruccanā. sammodana. sammodanā. sampasāda. santosa. somanassa. tosa. tosana. tussana. tussanā. tuṭṭhi. udaggatā. vaddhava. vitti. muditā.
기쁨과 만족 pītisomanassa.
기쁨과 행복 pītisukha.
기쁨에 넘치는 saṅkara.
기쁨에 대한 지각 muditāsaññā.
기쁨에 의존하는 sātasita.
기쁨으로 가득한 vedajata.
기쁨을 가져오는 pītisahagata.
기쁨을 갖지 못하는 acchandika.
기쁨을 갖춘 muditāsahagata.
기쁨을 야기하는 ānandakara.
기쁨을 음식으로 하는 pītibhakkha.
기쁨을 주는 hāsakara. hāsaniya.
기쁨을 주는 행위 tosāpana.
기쁨을 찾다 roceti. saṁroceti.
기쁨의 근접에 의해 위협받는 āsannapītipaccatthika.
기쁨의 깨달음 고리 pītisambojjhaṅga.
기쁨의 행복 sātasukha.
기쁨이 넘치는 상태 pītipharaṇatā.
기쁨이 수반되는 pītisahagata.
기쁨이 청정한 suddhapīti.
기사(棄捨) vossagga.
기사(棄捨)하다 vossajjati.
기상(氣象) antalikkha.
기상(起床)하다 uṭṭhahati. uṭṭhāti.
기상시간 uṭṭhānakāla.
기상하는 uṭṭhāyin.
기상하지 않는 anuṭṭhahāna.
기상학(氣象學) antalikkhavijjā.
기색(基色) vatthurūpa.
기생(寄生) antepurikā.
기생식물 khandhaja. vandākā.
기생집 vesidvāra.
기설(記說) veyyākaraṇa.
기설청정(記說淸淨) parisuddhaveyyākaraṇa.
기세간(器世間) okāsaloka.
기소(起訴) aparādhacodanā. dosāropaṇa.
기수(騎手) assāroha. assārūha.
기수(旗手) celaka.

기숙(耆宿) vaddhavya. vuḍḍha. vuddha.
기숙사(寄宿舍) nivāsa. sissanivāsa. āvasathāgāra.
기술(技術) kalā. dakkheyya. hatthakamma. jānana. pariyāpadāna. pāṭava. sippa. sippuggahaṇa. sobhanagaraka. yutti.
기술공(技術工) sippin.
기술될 수 있는 vaṇṇanīya.
기술론(技術論) sippavāda.
기술업(技術業) sippakamma.
기술을 배우는데 필요한 비용 sippamūla.
기술을 애호하는 kalābhirata.
기술을 지닌 sippin.
기술의 분야 sippāyatana.
기술의 습득 sippuggahaṇa.
기술자(技術者) sippavant. sippika. sippiya. susippika. yantasippin. yantika.
기술학교(技術學校) sippasālā.
기슭 tīra.
기슭에 사는 tīriya.
기시착오(記時錯誤) sadosavassasaṅkhyā.
기심(記心) ādesanā.
기심선교(記心善巧) desanākusala.
기십법(基十法) vatthudasaka.
기아(飢餓) āhāramandatā. chātaka. chātatā. dighacchā. jighacchā. khudā. anasana.
기아자(飢餓者) jighacchita.
기어 다니는 동물 siriṁsapa.
기어 다니는 동물의 상태 siriṁsapatta.
기어 다니다 parisappati.
기어(綺語) samphappalāpa.
기어가는 panna. saṁsappa. saṁsappaniya. saṁsappin.
기어가는 자 pannaga.
기어가다 saṁsappati. sappati.
기어나감 nissakkana.
기어오르다 ussakkati.
기어자(綺語者) samphappalāpin.
기억(記憶) abhijāna. ādhāraṇa. anusaraṇa. anussaraṇa. anussati. dhāraṇa. dhāraṇā. pariyatti. paṭissati. sati. satitā.
기억나게 함 sārapā.
기억되어야 할 것 saraṇīya.
기억된 gahita. gahīta. sarita. anussarita.
기억에 의한 해결 sativinaya.
기억을 돕는 사람 dhāraṇaka.
기억을 잃어버린 sammuṭṭhassati.
기억의 상태 dhāraṇatā.
기억의 쇠퇴 ananussati.
기억의 진술에 의한 유무죄판별법 sativinaya.
기억의 토대 anussatiṭṭhāna.
기억이 없음 appaṭissati. asaraṇa.
기억하고 있는 dhāra. dhāraka.
기억하기에 적당한 saritabba.
기억하는 sata.
기억하는 것 uggahaṇa.
기억하는 자 anussaritar. dhāraka. saritar.
기억하다 abhijānāti. ādhāreti. anubujjhati. anusajjhāyati. anussarati. dharati. dhāreti. parisarati. samabhijānāti. anusarati.
기억할 만한 sārāṇiya.
기억할 수 있는 saritabba.
기영(氣癭) mamma.
기영(起迎) paccuṭṭhāna.
기예(技藝) ācariyakamma. ācariyaka. dakkheyya. sippa.
기예론(技藝論) sippavāda.
기예를 가진 스승 ācariya.
기예에 의한 교만 sippamada.
기예에 의한 도취 sippamada.
기예의 결과 sippaphala.
기온(氣溫) tejopamāṇa.
기온(氣溫)의 변화 utu.
기와 chadaniṭṭhakā. giñjakā. iṭṭhakā. itthakā.
기와집 giñjakāvasatha.
기우는 oṇamaka. poṇa.
기우러진 경향이 있는 upanata.
기운의 회복 utu.
기운의 회복을 취함 utugahaṇa.
기울기 pabbhāra.
기울다 oṇamati. onamati. paṇamati.
기울어진 namita. nata. ninna. oṇata. pariyosita. poṇika. samassita.
기울어짐 oṇati.
기울이다 sannāmeti.
기워진 ūta.
기원(祈願) āsaṁsā. āyācana. āyācanā. kamyatā. paṇidhāna. āsīvacana.
기원(紀元) kiṭṭhuppatti.
기원(起源) uṭṭhāna. mātuka. mūla. nidāna. pabhava. sambhava. samudaya. samuppatti. sañjāti. ubbhava. vuṭṭhāna. yoni.
기원(祈園)[승원] Jetavana.
기원(起源)된 samuppanna.
기원(祈願)을 위한 abhisaṅkhārika.
기원(起源)이 같은 sañjāta.
기원(起源)하는 mūlaka. uppādin.
기원(祈願)하다 abhisiṁsati.

기원식(祈願食) abhisaṅkhārikapiṇḍapāta.
기원자(祈願者) āyācaka.
기유(起有) upapattibhava.
기유업(旣有業) ahosikamma.
기이(奇異)한 gūḷha. gūḷhaka. paṭicchanna. dubbodha. rahassa
기자(記者) pavattipattavikketu.
기자굴산(耆闍崛山)[지명] Gijjhakūṭa. Gijjhapabbata.
기장[곡식] sāmā. sāmāka. kaṅgu.
기장과 바라까쌀과 강남콩이 가득한 kaṅguvarakamuggādibahula.
기장과 쌀 kaṅguvīhi.
기장밥 kaṅgubhatta.
기장밥덩어리 kaṅgusittha.
기장의 가루 kaṅgupiṭṭha.
기재(記載) nyāsa.
기저귀 dhātīcela.
기적(奇蹟) iddhi. uttarimanussadhamma. pāṭihāriya. vikubbana. vikubbanā.
기적에 의해 입증된 sappāṭihīrakata.
기적을 동반하는 sappāṭihāriya.
기적을 행하다 vikubbati.
기적을 행한 katapāṭihāriya.
기적의 pāṭihāriya.
기적의 수행 iddhipāṭihāriya.
기적이 있는 sappāṭihāriya.
기절(氣絶) mucchā. mucchana. mucchanā.
기절하다 mucchati. nitammati. pamucchati. tintiṇāti. tintiṇāyati.
기절한 ajjhomucchita. mucchita. pamucchita. uttanta.
기점(起點) āraddhakāla.
기증(寄贈) dakkhiṇā. datti. onojana. pariccajana. pariccajanā. vossagga.
기증된 dakkhita.
기증물 havya. sajjita.
기증자 dāyaka.
기증품 dattika.
기증하는 자 anuppadātar.
기증하는 지혜 vossagge paññā.
기증하다 padāti. padadāti.
기지(機智) paṭibhāna.
기지가 있는 paṭibhānavant.
기지개 vijambhanā.
기지개를 켜다 jambhati.
기지개를 켬 jambhatā.
기진맥진하게 되다 parikilamati.
기질(氣質) sārīrikapoṇatā.
기차(汽車) dhūmaratha.
기차역(汽車驛) dhūmaratanivattana.
기체(基體) vatthu.
기체(基體)의 소연(所緣) vatthārammaṇa.
기초(基礎) ādhāra. ārammaṇa. āyatana. nidāna. nissaya. niṭṭhā. ogădha. padaka. pādaka. padhāna. tala. upadhi. upanissaya. vatthu.
기초가 단단한 gambhīrasita.
기초가 있는 pādaka.
기초공사(基礎工事) nyāsa.
기초로 사용되는 선정 pādakajhāna.
기초로 사용되는 수행 pādakayoga.
기초로 하는 nissita.
기초를 만든 vatthukata.
기초선(基礎禪) pādakajhāna.
기초유가(基礎瑜伽) pādakayoga.
기초작업(基礎作業) kammadhura.
기초하는 paratthaddha.
기초하다 upadhīyati.
기초한 niyāmaka. ṭhāniya. sandhāya. vatthuka.
기침 kāsa. ukkāsana.
기침소리 ukkāsitasadda.
기침하다 kāsati. ukkāsati.
기침한 ukkāsita.
기타림(祇陀林)[승원] Jetavana.
기품(氣稟) sobhagga.
기피(忌避) jigucchā. jigucchana.
기피하는 jegucchin. jigucchaka.
기피하다 jigucchati.
기학(氣學) vāyuvijjā.
기학(氣學)상으로 vāyubalena.
기혐(譏嫌)하다 ujjhāyati.
기형(奇形)의 okoṭimaka.
기호(記號) abhiññāṇa. niketa. nimitta. saññā. vyañjana.
기호(嗜好) ruci. nijjhatti.
기호(嗜好)의 rucika.
기회(機會) antara. avakāsa. avasara. diṭṭhakāla. kaṇḍa. nivātaka. okāsa. otāra. pakaraṇa. pattakāla. vāra. uppatti. upapatti.
기회가 없는 nirokāsa. anokāsa.
기회가 없음 okāsâbhāva.
기회가 왔음 okāsasabhāva.
기회가 주어진 katôkāsa.
기회를 놓친 khaṇâtīta.
기회를 만드는 okāsakaraṇa.
기회를 보아서 kālass'eva.
기회를 부여하는 okāsakamma.
기회를 순간적으로 포착하는 javanavāra.

기회를 아는 자 khaṇaññū.
기회를 얻은 kālavipassin. katâvakāsa.
기회를 주는 okāsadāna.
기회를 주다 okāsaṁ karoti.
기회를 포착한 자 khaṇaññū.
기회의 상실 okāsâbhāva.
기회의 제공 okāsadāpana.
기회의 현존 okāsasabhāva.
기회주의(機會主義) kālocitavutti.
기획(企劃) upāyana.
기후(氣候) utuguṇa. desaguṇa.
기후적으로 desaguṇavasena.
기후적인 desaguṇāyatta.
기후학(氣候學) utuguṇavijjā.
긴 āyata. āyataka. dīgha. tuṅga.
긴 것 dīgha.
긴 귀가 달린 사슴 kaṇṇakamiga.
긴 눈썹을 지닌 특징 āyatabhamukatā.
긴 눈을 지닌 āyatacakkhunetta. āyatanettaca-kkhu.
긴 덧베개 bhisi.
긴 못이나 돌출된 성가퀴로 보호된 요새 kaṇṭa-kadugga.
긴 베개 apassaya.
긴 상태 dīghatā. dīghatta.
긴 소매 dīghadasa.
긴 속눈썹 āyatapamha.
긴 시간 dīghaṁ. addhānaṁ.
긴 시간의 addhaniya. addhaneyya.
긴 양털로 만들어진 담요 goṇaka. gonaka.
긴 양털로 만들어진 양탄자 goṇaka. gonaka.
긴 여행에서의 피로 addhānakilamatha.
긴 여행을 견디는 addhānakkhama.
긴 여행을 행하는 addhānagamana.
긴 의자 mañca. masāraka.
긴 조롱박 lāpu. lābu. lābuka.
긴 측면을 지닌 āyataṁsa.
긴 층계가 있는 건물 hammiya.
긴 코를 갖고 있는 사람 tuṅganāsika.
긴 코를 지닌 dīghanāsika .
긴 털 kaccha.
긴 풀 kaccha.
긴 호리병박 tumbī.
긴 후추 ibhapipphalī. pippala. pipphala. pipphalī.
긴급하게 pavayha.
긴급한 accāyika. atipātika. upakaṭṭha.
긴나라(緊那羅) kimpurisa. kinnara.
긴나라녀(緊那羅女) kinnarī.
긴숙가(緊叔迦) kiṁsuka.
긴의자 pallaṅka.
긴자까바싸타[승원] Giñjakāvasatha.
긴장시키다 sampaggaṇhāti. adhisallikati.
길 addhan attha. ayana. gamanamagga. magga. niyāma. pajja. pantha. patha. paṭipadā. paṭipatti. sañcara. sañcāra. saṅkamana. upāya. vattanī. vaṭuma. vīthi. vyāma.
길 없음 apatha.
길 위로는 가지 않는 anaddhagū.
길 위에서의 위의로(威儀路) addhāniriyāpatha.
길 위의 물 maggôdaka.
길(四向=四果)에 대한 앎 maggañāṇa.
길[단위] vyāma.
길거리에서 하는 잡담 visikhākathā.
길게 끄는 소리 āyatassara.
길게 늘어진 āyataka.
길게 자란 parūḷha.
길게 지속하는 āyatagga.
길고 넓은 아름다운 이마를 지닌 특징 āyata- pu-thulalalāṭasobhatā.
길고 넓은 혀를 가진 pahūtajivha.
길고 넓은 혀의 특징 pahūtajivhatā.
길고 높은 것에 의한 교만 ārohamada.
길고 높은 것에 의한 도취 ārohamada.
길고 높은 것의 성취 ārohasampatti.
길고 아름다운 귀를 지닌 특징 āyatarucirakaṇ-ṇatā.
길든 okacara.
길들어져야 할 damaya. damma.
길들여지다 dammati.
길들여지지 않은 adanta.
길들여진 damita. danta. vinīta.
길들은 사람의 상태 dantabhūmi.
길들이기 쉬움 veneyyatta.
길들이기 어려운 duddama. duddamaya.
길들이는 damana.
길들이는 사람 dametar. dammasārathi.
길들이다 dameti. niveseti. paridameti. vineti.
길들임 dama. damana. damatha. paridamana. vinayana. nivesāpana
길라잡이 avatāra. saṅgaha.
길러지다 saṁvaḍḍhiyati.
길러진 posa. puṭṭha.
길러진 상태 puṭṭhatta.
길상(吉祥) maṅgala. suvatthi. bhadda. bhadra. sirī. sotthi.
길상가(吉祥歌) maṅgalagīta.
길상경(吉祥經) Maṅgalasutta.
길상상(吉祥象) maṅgalahatthin.

길상엽수(吉祥葉樹) sepaṇṇī.
길상의 maṅgala. māṅgalya.
길상의 제사 maṅgalacchaṇa.
길상의 조짐 maṅgalakolāhala.
길상의 황소 maṅgalusabha.
길상천(吉祥天) sirī. lacchī. lakkhī.
길상초(吉祥草) dabbha. kusa.
길새[조류] panthasakuṇa.
길어지다 cirāyati.
길에 능숙한 maggakusala.
길에 대한 앎 maggañāṇa.
길에 들어서다 paṭipajjati.
길에 밝은 maggakusala.
길에서 사라지다 apavattati.
길을 가는 otiṇṇa.
길을 가다 otarati. otārayati. otāreti.
길을 감 otaraṇa. pathagamana.
길을 더럽히는 자 maggadūsin.
길을 따라서 anumaggaṁ.
길을 막는 paripanthika.
길을 막다 paripanthe tiṭṭhati.
길을 만들다 ukkamati.
길을 밟다 anubbajati.
길을 잃어버린 maggamūḷha.
길을 잃은 mūḷha. vippanaṭṭha. vippaṭipanna.
길을 잃은 자 apanthaka.
길을 잘 아는 addhānakovida.
길을 잘 아는 재[부처님] maggakovida.
길을 잘못 든 ubbaṭuma. ummaṅga.
길을 취함 otāraṇa.
길을 통한 악습의 타파 setughāta.
길을 통한 악습의 파괴에 의한 삼감 setughātavirati.
길을 향해서 가다 paṭipatha.
길의 경로 maggavīthi.
길의 성취에 대한 앎 maggasamaṅgīñāṇa.
길의 신 panthadevatā.
길의 실천에 대한 앎과 봄의 청정 paṭipadāñāṇadassanavisuddhi.
길의 실천의 청정 paṭipadāvisuddhi.
길의 절반 upaḍḍhapatha.
길의 정령 panthadevatā.
길의 진로 pathaddhan.
길의 진리 maggasacca.
길의 한 가운데로 antaravīthiyaṁ.
길의 흐름에 들어간 사실 otiṇṇamaggasotatta.
길이 āroha. āyāma. āyati. dīghatā. dīghatta.
길이 끊어진 chinnavaṭuma.
길이 봉쇄된 uparuddhamagga.
길이 없는 avaṭuma.
길이 있는 vīthika.
길이와 원주 ārohapariṇāha.
길이와 원주가 맞는 ārohapariṇāhin.
길이의 단위[14km 정도] yojana.
길인 것과 길이 아닌 것에 대한 앎과 봄의 청정 maggāmaggañāṇadassanavisuddhi.
길일(吉日) maṅgaladivasa.
길조(吉兆) maṅgala. maṅgalya.
길조를 기대하는 maṅgalika.
길조의 abhimaṅgala. bhadda. bhadra. bhāgyavant. lakkhañña. lakkhika. lakkhiya. laṭṭhaka. maṅgala. maṅgalika. māṅgalya. siva. sotthika. sotthiya. subha. katamaṅgala.
길조의 시간 muhutta.
길조의 특징의 절반 upaḍḍhalakkhaṇa.
길조의 표시 subhanimitta.
길조의 표시로 황금장식을 한 kañcanacittasantika.
길조의 표시를 얻음 abhilakkhitatta.
길조의 하룻밤 bhaddekaratta.
길흉상(吉凶相) lakkhaṇa.
길흉을 점치기 위해 풀로 만든 제비를 던지는 것 kusapāta.
길흉이 뒤섞인 점괘 missakuppāda.
깁는 ūtavat.
깃발 dhaja. ketu. konta. patākā. paṭāka.
깃발로 장식된 dhajālu. ketumant.
깃발을 거둔 pannaddhaja.
깃발의 꼭대기 dhajagga.
깃발이 있는 ketumant.
깃이 있는 romaka.
깃자꾸때[지명] Gijjhakūṭa.
깃장식을 한 sikhaṇḍin.
깃털 patta.
깃털로 만든 옷의 pakkhaka. pakkhita.
깊어지다 okkhāyati.
깊은 gādha. gaḷha. gāḷha. gambhīra. nīpa. okkhāyika.
깊은 곳 kāṭa.
깊은 바닥 gambhīra.
깊은 잠 mahāniddā.
깊은 절벽 sobbhapapāta.
깊이 ubbedha.
깊이 가라앉은 parininna.
깊이 들어가다 ajjhogahati. ajjhogāhati. ajjhogaheti. ajjhogāheti. pariyogāhati. pariyogāheti.
깊이 들어가서 pariyogāya.
깊이 들어간 ajjhogāḷha. pariyogāḷha.

깊이 들어감 pariyogāhana. pariyogāhanā.
깊이 뛰어듦 pariyogāha.
깊이 부상당한 aṭṭhivedhin.
깊이 안치된 gambhīrasita.
깊이 움푹 파인 parininna.
깊이 이해된 pariyogāḷha.
깊이 집착된 viniviṭṭha.
깊이가 있음 gambhīratā.
깊이를 재는 pariya.
깊지 않은 agambhīra. anikhāta.
까꾸다[식물] kakudha.
까꾸다[인명] Kakudha.
까꾸다[조류] kakudha.
까꾸싼다[불명] Kakusandha.
까꿋타강[지명] Kakutthā. Kakuṭṭhā.
까뀌 olambaka.
까끄라기 sūka.
까나까닷따[인명] Kanakadatta.
까나다[인명] Kaṇāda.
까나삐야[성씨] Kanapiya.
까는 santhāra.
까니까[식물] kaṇikā.
까니까라[식물] kaṇikāra. kaṇṇikāra. kanikāra.
까닛타띳싸까[인명] Kaniṭṭhatissaka.
까달리가마[지명] Kadalīgama.
까달리빳따[지명] Kadalīpatta.
까달리팔라다야까[인명] Kadalīphaladāyaka.
까닭 hetutta.
까담마와 꾸무다의 씨앗(?) kaddamakumuda-bīja.
까담바강[지명] Kadamba.
까담바까고나[사원] kadambakagona.
까담바나무 kadamba.
까담바나무 위로 가는 uddhakadambaga.
까담바나무로 만든 kādambaka.
까담바나무의 꽃 kadambapuppha.
까담바나무의 꽃의 크기를 가진 kadambakapup-phappamāṇa.
까담비뿝피야[인명] Kadambapupphiya.
까담바산[지명] Kadamba.
까따까[지명] Kaṭaka.
까따말라[식물] katamāla.
까따모라까띳싸[인명] Kaṭamorakatissa.
까따싸라[갈대] kaṭasara.
까떼루하[식물] kaṭeruha.
까떼룩카[식물] kaṭerukkha.
까뚜까[식물] kaṭukā.
까뚜끼따까[곤충] kaṭukīṭaka.
까띠가마[지명] Kaṭigāma.
까띠까[음력7-8월] kattika. kattikā.
까띠발라바[식물] kaṭibalava.
까라띠[식물] karati.
까라띠야[식물] karatiya.
까라띠야[야차] Karatiya.
까라맛다[관목] karamadda.
까라맛다숲[지명] Karamaddavana.
까라미야빳따나[항구] Karambiyapaṭṭana.
까라비까[조류] karavī. karavīka. karavīya.
까라비까[지명] Karavīka.
까란두[인명] Karaṇḍu.
까란자나무[식물] karañja.
까란자나무의 꽃 karañjapuppha.
까란자와 까쿠다 나무에 둘러싸인 karañjaka-khudhâyuta
까랄라[단위] karaḷa.
까랄라캇띠야[인명] Kaḷārakhattiya.
까람바[식물] karamba.
까람바[여신] Karambhā.
까람비야[인명] Karambiya.
까룸바까[식물] karumbhaka.
까룸하[여신] Karumhā.
까리싸[단위] karīsa.
까린다까[지명] Karindaka.
까링가[국명] Kaliṅga.
까링가국의 kāliṅga.
까링가왕국 kaliṅgaraṭṭha.
까마귀 baliputṭha. dhaṅka. kāka. vantâda. vā-yasa.
까마귀 울음소리 kā.
까마귀가 마실 수 있을 정도로 가득 찬 kāka-peyya.
까마귀를 놀라게 하는 kākuṭṭepaka.
까마귀를 숨기는데 알맞은 kākaguyha.
까마귀밥 kākabhatta.
까마귀와 올빼미 kākôlūka.
까마귀의 둥지 kākanīḷa.
까마귀의 머리 kākasīsa.
까마귀의 발 kākapāda.
까마귀의 비유 kākôpamā.
까마귀의 울음소리 kākavassa.
까마귀의 울음소리로 운명을 판단하는 방법 vāyasavijjā.
까마귀의 피부를 하고 있는 kākavaṇṇa.
까마귀처럼 우는 kākassaraka.
까마귀처럼 행동하는 kākavata.
까말라 연꽃 모습을 한 kamalôbhāsa.
까말라 연꽃과 푸른 수련 kamalakuvalaya.
까말라 연꽃받침과 같은 kamalôdarasappabha.

까말라 연꽃을 사랑하는 자 kamalinīkāmuka.
까말라 연꽃이 자라는 숲 kamalavana.
까말라 연꽃이 자라는 총림 kamalasaṇḍa.
까말라 연꽃잎 kamaladala.
까말라 연꽃잎 같은 눈을 가진 kamalapattakkha.
까말라 연꽃잎이 말아 올라간 것 같은 손을 가진 kamaladalavattivaṭṭaṅguli.
까말라 연꽃처럼 부드러운 손을 가진 kamalakomalakara.
까말라[식물] kamalinī. kamala.
까말라[운율] kamalā.
까말라로 만든 샌들 kamalapādukā.
까말라싸나[범천] Kamalāsana.
까말라싸나쑤누[인명] Kamalāsanasūnu.
까부뻴란다 마을[지명] Kabupelandagāma.
까부뻴란다 승원[승원] Kabupelandavihāra.
까부뻴란다[지명] Kabupelanda.
까비타나[식물] kapiṭhana.
까빨라칸다[지명] Kapallakkhaṇḍa.
까빨란나가[승원] Kapālanāga.
까뽀따깐다라[지명] Kapotakandarā.
까삐낫짜나[지명] Kapinaccanā.
까삐따나[식물] kapītana.
까삐반따[야차] Kapīvanta.
까삐씨싸[인명] Kapisīsa.
까삘라[식물] kapilā.
까삘라[인명] Kapila.
까삘라[지명] Kapilā.
까삘라가 물고기로 환생한 kapilamaccha.
까삘라밧투[지명] Kapilavatthu.
까삘라밧투로 가는 길 Kapilavatthugāmimagga.
까삘라밧투로 들어가기 Kapilavatthuppavesana.
까삘라밧투의 kāpilavatthava.
까삘라밧투의 근처 kapilavatthusamīpa.
까삘라밧투의 방문 kapilavatthugamana.
까삘라밧투의 위대한 영광 kapilavatthumahāsiri.
까삘라밧투의 주민 kapilavatthuvāsika.
까삘라의 여성후원자 kāpilanī.
까삘라족의 여성 kāpilanī.
까삣타나[식물] kapiṭṭhana.
까쉬미르[지명] Kasmīra.
까시[국명] Kāsi.
까싸빠[인명] Kassapa.
까씨국 출신이 아닌 akāsiya(?) akāsika
까씨국에서 생산된 kāsika.
까씨국의 kāsika.
까씨인들의 절반에 충분한 만큼의 aḍḍhakāsika.
까장갈라[지명] Kajaṅgala.
까지 ā. yāva. yāvataka.
까타밧투[논장] Kathāvatthu.
까티나 옷 kaṭhina.
까티나 옷감 kaṭhina.
까티나 옷감에 붙이는 헝겊조각 kaṇḍusaka. kaṇḍūsaka.
까티나 옷을 보시함 kaṭhinattharaṇa.
까티나 옷의 kaṭhinaka.
까티나 의식에 참여한 수행승의 특권 kaṭhinânisaṁsā.
까티나 의식에서 특권의 보류 kaṭhinuddhāra.
까티나 의식을 하기에 적당한 kaṭhinatthārakusala.
까티나 의식이 행해지는 경계 kaṭhinatthatasīmā.
깍까따[인명] Kakkaṭa.
깍까라빳따[지명] Kakkarapatta.
깍다 tacchati. taccheti. avalikhati. olikhati.
깍아내다 tacchati. taccheti. avalikhati. olikhati.
깎아냄 tacchana.
깎여진 nivutta.
깐나깟타까미가다야[지명] Kaṇṇakatthakamigadāya.
깐니까라[식물] kaṇṇikāra.
깐니까라나무의 꽃[식물] kaṇṇikāra.
깐다갈라까[조류] kandagalaka.
깐다까[인명] Kaṇḍaka. Kaṇḍakā.
깐다나가라[지명] Kaṇḍanagara.
깐다라까[인명] Kandaraka.
깐다라마쑤까[인명] Kandaramasuka.
깐다라비하라[승원] Kandaravihāra.
깐다리[인명] Kaṇḍari.
깐달라[식물] kandala.
깐담바[인명] Kaṇḍamba.
깐두[단위] kaṇḍu. kaṇḍū.
깐두베띠[지명] Kaṇḍuveṭhi.
깐둘라 풀(?)의 섬유가 많은 질긴 뿌리 kandulamūḷala
깐둘라[식물] kaṇḍula.
깐둘라[코끼리명] Kaṇḍula.
깐디유루[인명] Kaṇḍiyūru.
깐띠쌍뉴따[식물] kantisaññuttā.
깐란자[식물] karañja.
깐란자의 씨앗 karañjabīja.
깐짜까[식물] kañcaka.
깐짜나마나바[인명] Kañcanamāṇava.
깐짜나뿌라[지명] Kañcanapura.
깐타까[마명] Kaṇṭhaka.
깐하[불명] Kaṇha.

깐하[악귀] Kaṇha.
깐하[인명] Kaṇhā.
깐하고따마까[龍軍] Kaṇhāgotamaka.
깐하딘나[인명] Kaṇhadinna.
깐하따빠싸[인명] Kaṇhatāpasa.
깐하따빠싸[인명] Kaṇhatāpasa.
깐하야나[족명] Kaṇhāyana.
깔개 attharaṇa. āsana. bhisi. colabhisi. kaṭa. kilañjā. nisīdana. paccattharaṇa. pādukā. paveṇi. santhara. santhāra. santhata. taṭṭikā. ulloka. upatthara. attharaka. dasasadasa.
깔개가 있는 āsanika.
깔개에서 잠자는 santhatika.
깔게 하다 santharāpeti.
깔끔한 sobhaṇa. sobhana. susaṇṭhapita.
깔다 ajjhottharati. attharati. avattharati. santharati.
깔라가마[지명] Kallagāma.
깔라까[지명] Kālaka.
깔라까레나[승원] Kallakāleṇa.
깔라까마하비하라[승원] Kallakamahāvihāra.
깔라꾸따[지명] Kālakūṭa.
깔라라[족명] Kallara.
깔라마[쌀종류] kalama.
깔라메이야[조류] kālameyya.
깔라바까[象名] kāḷavaka.
깔라발라가마[지명] Kallavālagāma.
깔라부[인명] Kalābu.
깔라빠[胎內五位] kalāpa.
깔라빠에 대한 이야기 kalāpakathā.
깔라빠에 대한 통찰 kalāpavipassanā.
깔라빠의 개략 kalāpasaṅgaha.
깔라빠의 지속조건 kalāpasantānamūla.
깔라빠의 집합과 관련된 신체적 물질 kalāparāsirūpa
깔라빠인 상태 kalāpabhāva.
깔라사뿌라[지명] Kalasapura.
깔라사뿌라의 주민 kalasapuravāsin.
깔라씨[지명] Kalasi.
깔라씨마을 Kalasigāma.
깔라씨하[사자] kālasīha.
깔라하[지명] Kalaha.
깔라핫틴[고문도구] kālahatthin.
깔란다[승원] Kalanda.
깔란다까니바빠[지명] Kalandakanivāpa.
깔란다까마을[지명] Kalandakagāma.
깔란다까뿟따[인명] Kalandakaputta.
깔란다쎗티[인명] Kalandaseṭṭhi.
깔란다우하[승원] Kalandavha.
깔란두까[인명] Kalaṇḍuka.
깔랄라[胎內五位] kalala.
깔랄라의 기간 kalalakāla.
깔랄라인 상태 kalalabhāva.
깔랄라할리까[지명] Kalalahallika.
깔람바[식물] kalamba.
깔람바[코끼리명] Kalamba.
깔람바까비하라[승원] kalambakavihāra.
깔람부[지명] Kalambu.
깔람부띳타[지명] Kalambutittha.
깔리[여신] Kali.
깔리깔라[인명] Kalikāla.
깔리다싸[인명] Kālidāsa.
깔리라[식물] kalīra.
깔리라의 꽃 kalīrapuppha.
깔리야나[인명] Kalyāṇa.
깔리야니[지명] Kalyāṇī.
깔리야니강의 입구 kalyāṇīnadīmukhadvāra.
깔리야니강이라는 경계 kalyāṇīsīmā.
깔리야니승원 kalyāṇīvihāra.
깔리야니의 탑묘 kalyāṇīcetiya.
깔리야니지방 kalyāṇīvisaya.
깔리야니지방에서 바다로 들어가는 kalyāṇīsammukha
깔리야니지방의 왕 kalyāṇīrāja.
깔리여신 kalidevī.
깔링가[지명] Kāliṅga.
깔링가닷따[인명] Kāliṅgadatta.
깔보다 appamaññati. avamāneti. avamaññati.
깔아진 atthata.
깔짚 uklāpa. ukkalāpa.
깜맛싸담마[지명] Kammāssadhamma.
깜박이는 눈 kampanakkhi.
깜박이지 않는 animisa.
깜박이지 않는 눈 animisanetta.
깜박이지 않음 animisatā.
깜발라[용왕] Kambala.
깜보자[국명] Kamboja.
깜보자국에서 생산된 kambojaka.
깜보자국의 주민 kambojaka.
깜보자에서 오는 kamboja.
깜보자왕국 kambojaraṭṭha.
깜보자출신의 kamboja. kambojaka.
깜보자출신의 가문에 속하는 Kambojakula.
깜보자출신의 씨름꾼 Kambojamalla.
깜보지[식물] kamboji.
깜보지의 총림 kambojigumba.
깜삘라[지명] Kampilla.
깜삘라국 kampillaraṭṭha.

깜삘리야[지명] Kampilliya.
깜짝 놀란 vyamhita.
깝빠[인명] Kappa.
깝빠씨까[지명] Kappāsika.
깝빠씨까바나싼다[총림] Kappāsikavanasaṇḍa.
깝뿌까가마[지명] Kappukagāma.
깝삐나[인명] Kappina.
깝삐따까[인명] Kappitaka.
깟다마다하[지명] Kaddamadaha.
깟띠까 월 kattikamāsa.
깟띠까 월숙(月宿) kattikanakkhatta.
깟띠까 월야(月夜)의 축제날 kattikarattivāra.
깟띠까 월의 만월 kattikapuṇṇamā.
깟띠까 월의 밝은 보름간[白分] kattikajuṇhapakkha. kattikasukkapakkha.
깟띠까 월의 보름날 축제 kattikanakkhatta.
깟싸삐까[부파] Kassapika.
깟싸삐야[부파] Kassapiya.
깟조빡까마까[보석] kajjopakkamaka.
깟짜[성씨] kacca.
깟짜야나[인명] Kaccāyana.
깟찌까라[식물] kaccikāra.
깟차까[식물] kacchaka.
깟차까강가[지명] Kacchakagaṅgā.
깟차까강가의 나루터 kacchakatittha.
깟타무카[독사] katthamukha.
깟타바하나[인명] Kaṭṭhavāhana.
깡싸[인명] Kaṁsa.
깡싸의 가계 kaṁsavaṁsa.
깡카 레바따[인명] Kaṅkhā Revata.
깡패 sāhasika. kakkhaḷa. duṭṭhapakatika.
깨[참깨] tila.
깨꽃 eḷā.
깨끗이 씻음 dhopana. dhovana.
깨끗이 치우다 ukkiledeti.
깨끗이 하는 dhova. pariyodāpaka.
깨끗이 하는 사람 sodhaka.
깨끗이 하다 dapeti. dhopati. dhovati. niddhovati. oṇojeti. pakkhāleti. paridhovati. parisodheti. pariyodapeti. pasodheti. paṭivāpeti. punāti. sampasādeti. sandhovati. sodheti. visodheti. vomādapeti. vodapeti. vodāpeti.
깨끗이 함 parisodhana. pariyodapana. pariyodapanā. visadakiriyā.
깨끗하게 되다 parisujjhati. sujjhati.
깨끗하지 않은 aparisuddha. ucchiṭṭha.
깨끗한 apūtika. asabala. avadāta. bhuja. cokkha. dhota. maṭṭa. maṭṭha. nikasāva. nikkaddama. nimmala. niṇhāta. ninhāta. odāta. odātaka. paduṭṭha. parisodhita. parisuddha. yathādhota. suddha. vimala. visada. visuddha. vīvadāta. vodāta.
깨끗한 음식 kappiyâhāra.
깨끗한 정신에서 비롯된 의도 odātamanasaṅkappa.
깨끗한 정신을 지닌 odātamanasa.
깨끗함 cokkha. parisuddhatta. visadatā.
깨끗해지다 sodhīyati. visujjhati. vodāyati.
깨끗해진 padhota. paridhota. vikkhāleti.
깨다 bhindati. pabhindati. pabodhati. pabujjhati.
깨닫게 하는 사람 bodhetar.
깨닫게 하다 anubodheti. bodheti. bujjhapeti. bujjhāpeti. pabodheti.
깨닫게 해야 할 bodhanīya. bodhaneyya.
깨닫기 어려운 duranubhoda. durājāna.
깨닫기로 정해진 존재 bodhisatta.
깨닫는 bodhana.
깨닫는 사람 bujjhitar.
깨닫다 ājānāti. anubodhati. anubujjhati. bujjhati. pabodhati. sacchikaroti. sambujjhati.
깨닫지 못하다 appabodhati.
깨닫지 못한 andha.
깨달아 앎 bodhana.
깨달아야져야 하는 것들 sacchikaraṇīyadhammā.
깨달아져야하는 sacchikaraṇīya.
깨달아지지 않은 asacchikata.
깨달아진 sacchikata.
깨달아질 수 있는 bodhanīya. bodhaneyya.
깨달은 buddha. bujjhanaka.
깨달은 님 buddha.
깨달은 님의 눈 buddhacakkhu.
깨달음 āloka. anubodha. anubodhi. avabodha. bodha. bodhi. buddhatā. buddhatta. buddhi. bujjhana. pabodhana. sacchikaraṇa. sacchikiriyā. sambodhana.
깨달음에 관계하는 것 bodhipakkhika.
깨달음에 관계하는 법 bodhipakkhiyadhamma.
깨달음에 대한 지혜 bodhiñāṇa.
깨달음에 의한 꿰뚫음 sacchikiriyāpaṭivedha.
깨달음에 의한 완전한 이해 sacchikiriyâbhisamaya.
깨달음에 이르는 bodhipācana.
깨달음에서 생겨난 bodhija.
깨달음에서 생겨난 지혜 bodhijañāṇa.
깨달음을 얻기 위한 필수조건들 bodhisambhāra.
깨달음을 얻지 못한 akatabuddhi.
깨달음을 향한 존재 bodhisatta.
깨달음의 고리 sambojjaṅga.

깨달음의 고리에 숙달됨 bojjhaṅgakosalla.
깨달음의 상태 bodhiṭṭhāna. buddhatā. buddhatta.
깨달음의 성숙 bodhiparipāka.
깨달음의 실천 buddhicariyā.
깨달음의 완성 bodhiparipāka.
깨달음의 요소 sambojjaṅga.
깨달음의 집 bodhighara.
깨달음이 없는 abuddhika.
깨뜨리기 bhedana.
깨뜨리는 chida.
깨물기 ḍasana.
깨물다 ḍasati. ḍaṁsati. palikhādati.
깨부수다 sampalibhañjati.
깨어 있다 jāgarati.
깨어 있음 jāgaraṇa. jāgaratā. jāgariyā.
깨어난 pabuddha.
깨어남 pabodhana.
깨어있는 jāgara.
깨어있는 실천의 한계 jāgariyānuyogapariyanta.
깨어있다 jaggati.
깨어있음 jagga. jaggana. jambhatā.
깨어진 pabhinna. padālita. bhinna.
깨어진 상태 padālitatta.
깨우는 방법 jāgaraṇa.
깨우는 수단 jāgaraṇa.
깨우다 pabodheti. uṭṭhāpeti.
깨지기 쉬운 bhedanadhamma. bhejjanaka.
깨지다 dalati.
깨진 phalita. sambhagga.
깨진 곡식알 kaṇikā.
깨질 수 있는 bhejjanaka.
깨짐 padālana.
깨침 anubujjhana.
꺼내다 anukasati. anukassati. abhinīharati. āharati. nīharati. samuddharati.
꺼낸 pavāḷha. uddhaṭa.
꺼냄 abhinīhāra. abhinīharaṇa. nīharaṇa.
꺼리다 parivajjeti.
꺼림칙함 kālikamucchā. cittosīdana.
꺼버리다 niddhamati.
꺼지게 하는 nibbāpaka.
꺼지게 함 nibbāpana.
꺼지다 nibbāyati. vijjhāyati. vūpasammati.
꺼풀 tirodhāna.
꺾꽂이로 번식하는 종자 aggabīja.
꺾다 acchindati. pacināti.
껍데기 sambuka. saṅkha.
껍질 challi. taca. taco. sambuka. saṅkha.
껍질뿐인 phegguka.
껍질을 벗기다 luñcati.
껍질이 벗겨진 odīraka.
껍질이 없는 athusa.
께까[식물] kekā.
께밧다[인명] Kevaddha.
께밧따[지명] Kevaṭṭadvāra.
께싸깜바린[인명] Kesakambalin.
껠라싸[지명] Keḷāsa.
껴안다 anupariharati. liṅgeti. omaddati. palissajati. parigaṇhāti. pariggaṇhāti. pariggaheti. parissañjati. parissajati. paṭivellati. samuggacchati. upagūhati. upasamphasati. upasamphassati. upasamphusati.
껴안음 upagūhana.
꼬기 ganthana.
꼬까[식물] koka.
꼬나가마나[불명] Koṇāgamana.
꼬다 ābhujati. āveṭheti. kantati.
꼬뚜하까[인명] Kotūhaka.
꼬띠가마[지명] Kotigāma.
꼬띠심발리[식물] koṭisimbalin.
꼬란다까[식물] koraṇḍaka.
꼬리 cheppā. naṅgula. naṅguṭṭha. vāla. vāladhi.
꼬리가 없는 anaṅguṭṭha.
꼬리깃털[공작새] piccha. piñcha.
꼬리에 의해 덮여진[공작새의 춤] kalāpasañchanna.
꼬리의 끝 agganaṅguṭṭha.
꼬리털 vāla.
꼬리털로 된 담요 vālakambala.
꼬마라밧짜[인명] Komārabhacca.
꼬빌라라[식물] koviḷāra.
꼬빌라라의 꽃 koviḷārapuppha.
꼬싸[단위] kosa.
꼬싸따끼[식물] kosātakī.
꼬싸따끼의 씨 kosātakībīja.
꼬쌀라[국명] Kosala.
꼬쌈비[지명] Kosambī.
꼬쌈비의 kosambaka.
꼬씨까[신계] Kosika.
꼬씨야[신계] Kosiya.
꼬인 parisaṁsibbita.
꼬챙이 padalaka. phāla. sakalikāhīra. sūlā.
꼬챙이의 뾰족한 끝 sūlākoṭi.
꼭대기 agga. koṭa. koṭi. matthaka. muddha. mukha. piṭṭhi. piṭṭhī. sikhara. thūpika. thūpikā.
꼭대기가 구부러진 onatagga.
꼭대기가 굵은 guṇaka.

꼭대기에 upari.
꼭대기에 칸막이가 된 장소[수행녀의 화장실로 사용] uparipaṭicchanna.
꼭대기에서 꼭대기로 matthakamatthakena.
꼭대기에서부터 aggato.
꼭대기의 가지 aggaḷasākhā.
꼭두각시 okacārikā(?). kaṭallaka.
꼭두각시인형 cillaka.
꼰당냐[인명] Koṇḍañña.
꼰짜바디까[조류] koñcavādikā.
꼴 ghāsa. ghāsana.
꼴리따[인명] Kolita.
꼴리야[종족] Koliya.
꼴풀 kilañjā.
꼼짝 않고 있다 saṅkasāyati.
꽂타[식물] koṭṭha.
꽂타[조류] koṭṭha.
꽁무니뼈 ānisadaṭṭhi.
꽃 kusuma. mālya. puppha.
꽃 한 다발 ekaphāliphulla.
꽃가게 pupphāpaṇa.
꽃가루 dhūli. kiñjakkha. parāga. reṇu.
꽃꽂이 mālākamma.
꽃다발·향료·크림을 가지고 화장하고 장식하는 것을 삼가는 것 mālāgandhavilepanadhāraṇa-maṇḍanavibhūsanaṭṭhānā veramaṇī.
꽃다발 mālā. mālādāma. mālāguḷa. mālāguṇa. pupphagocchaka. kusumatthabaka.
꽃더미 pupphapalāsa. puppharāsi.
꽃무늬가 새겨진 양모커버 āmilāka.
꽃무늬옷 pupphapaṭa.
꽃바구니 mālāpuṭa.
꽃방석 mālācumbaṭaka. pupphacumbaṭaka.
꽃봉오리 amajja. opuppha.
꽃송이 pupphadāma.
꽃수레 phussaratha.
꽃으로 뒤덮인 pupphâbhikiṇṇa. supupphita.
꽃으로 만든 귀장식 avataṁsa.
꽃으로 만든 즙 puppharasa.
꽃으로 빚은 술 pupphāsava. makaranda.
꽃을 말하는 pupphabhāṇin.
꽃을 바치는 대 pupphādhāna.
꽃을 바치는 선반 pupphādhāna.
꽃을 지닌 pupphin.
꽃을 피는 pupphin.
꽃의 정원 pupphārāma.
꽃이 만발한 kusumita.
꽃이 피는 vikaca.
꽃이 피다 pupphati. ummisati.
꽃이 피어 있는 saṅkusumita.
꽃이 핌 ummisana.
꽃잎 dala.
꽃장수 mālika. pupphāpaṇika.
꽃장식 mālākamma.
꽃장식을 하는 자 mālākāra.
꽃장식일 mālākamma.
꽃파라솔 pupphacchatta.
꽃피는 phālima. phullita. phuṭa. sampaphulla.
꽃피다 vikasati.
꽃핀 phulla. pupphita. vikasita.
꽃향기 pupphagandha.
꽉 들어찬 ekaghana.
꽉 묶인 atigāḷha.
꽉 붙잡은 antomuṭṭhigata.
꽉 조이기 위한 거친 천 makacipilotikā.
꽉 죄기 위한 두건 makkhivāla.
꽉 쥐다 laketi. olaggeti. uppīḷeti.
꽉 쥔 saṅkucita.
꽉 쥠 abhinippīḷanā.
꽉 찬 samatitthika. samatittika. samatittiya.
꽤 비싼 paccaggha.
꾀다 accāvadati.
꾸꿋타강 kukuṭṭhā.
꾸꿋타까[조류] kukutthaka.
꾸날라[인명] Kuṇāla.
꾸두루싸[식물] kudrūsa.
꾸따깐나[인명] Kūṭakaṇṇa.
꾸따단따[인명] Kūṭadanta.
꾸따자[식물] kuṭaja.
꾸뚬바까[식물] kutumbaka.
꾸러미 bhaṇḍikā. kaṭabhaṇḍaka. moṭa.
꾸러미로 만들어진 kaṭabhaṇḍa.
꾸러미지어진 것을 나타내는 katabhaṇḍaṭṭhāniya.
꾸루[족명] kuru.
꾸루족의 왕국 kururaṭṭha.
꾸루족의 자손 korabya.
꾸룬디의소[주석] Kurundī.
꾸룽까[조류] kuluṅka.
꾸며대는 samphappalāpin.
꾸며대는 말 samphappalāpa.
꾸며대는 말을 하는 것 samphappalāpa.
꾸며대는 말을 하지 않는 asamphappalāpavādin.
꾸무다지옥 kumuda.
꾸물거리다 avatiṭṭhati.
꾸미기 alaṁkaraṇa.
꾸미다 keḷāyati. keḷayati. maṇḍeti.
꾸밈없는 amakkhin.

꾸밈없음 amakkha.
꾸베라[신계] Kubera.
꾸싸바띠[지명] Kusāvati.
꾸싸풀[식물] kusa. dabbha.
꾸씨나라[지명] Kusinārā.
꾸씨나라의 kosināraka.
꾸자[식물] kuja.
꾸짖는 niggayhavādin. abhisajjana. garahin. pācayat.
꾸짖다 anuddhaṁseti. apavadati. garahati. nindati. ocināyati. ojānāti. okkhipati. pāceti. paṇāmeti. paṭikkosati. raṭati. santajjeti. upakkosati. upavadati. vinadati. vinindati
꾸짖어 갚다 paṭirodeti.
꾸짖어 화나게 하다 saṅghaṭṭeti.
꾸짖어서는 안 될 agarahiya.
꾸짖음 abhisajjana. apavāda. hīḷana. hīḷanā. khīyana. paṭikkosa. paṭikkosana. paṭikkosanā. upakkosa. upavadana.
꾸짖음을 들어야 할 gārayha.
꾸짖음을 받은 upakkuṭṭa.
꾼다다나[인명] Kuṇḍadhāna.
꾼딧타나 숲[지명] kuṇḍitthānavana.
꾼따[조류] kunta.
꿀 madhu. madhura.
꿀과 같은 madhuvat.
꿀과자 madhupāka.
꿀나무 madhuka.
꿀나무 기름 madhukatela.
꿀나무 꽃 madhukapupha.
꿀나무 열매의 핵 madhukaṭṭhika.
꿀로 가득 찬 madhumadhuka. madhutthika. madhuraka.
꿀로 된 설탕 madhuphāṇita.
꿀로 칠해진 madhumakkhitā.
꿀물 jalamissitamadhu.
꿀을 마신 madhupīta.
꿀을 만드는 것 madhukara.
꿀을 주는 madhuda.
꿀을 찾는 madhatthika.
꿀을 파는 상점 madhāpaṇa.
꿀음료 madhukā.
꿀의 madhuka.
꿀의 덩어리 madhugoḷaka.
꿀이 떨어지는 madhumadhuka. madhutthika.
꿀이 묻은 madhumakkhitā.
꿀이 흐르는 madhussava.
꿀장사 madhuvāṇija.
꿈 soppa. supina. supinanta. supinaka.
꿈나라 supinarajja.
꿈미가[식물] kummiga.
꿈반다[야차] Kumbhaṇḍa.
꿈으로 점치는 자 supinapāṭhaka.
꿈을 꾸는 자 supinaka.
꿈의 경계 supinanta.
꿈의 비유 supinakûpamā.
꿈의 왕국 supinarajja.
꿈틀거림 visūka.
꿉삘라[식물] kuppila.
꿋꾸따라마[승원] Kukkutārāma.
꿋달라빤디따[인명] Kuddālapaṇḍita.
꿋타[식물] kuṭṭha.
꿩 daddara. vanakukkuṭa.
꿰뚫기 어려운 duppaṭivedha. duppaṭivijjha.
꿰뚫는 abhisambudha. nibbedha. nibbedhaka. tippa. vedha.
꿰뚫다 abhisameti. ativijjhati. āvuṇāti. nibbijjhati. ovijjhati. paṭivijjhati. samativattati. vijjhati. vinivijjhati.
꿰뚫린 sallalīkata. vinividdha.
꿰뚫어 보다 abhisamikkhati.
꿰뚫어 보지 못하는 appaṭivedha.
꿰뚫어 아는 katapaṭivedha.
꿰뚫어 알지 못하고 anabhisamecca.
꿰뚫어 알지 못하는 anabhisametāvin.
꿰뚫어 알지 못한 anabhisameta.
꿰뚫어 알지 못함 anabhisamaya.
꿰뚫어지지 않은 anibbiddha.
꿰뚫어진 abhisameta. otiṇṇa.
꿰뚫은 자 abhisametar.
꿰뚫을 수 없는 avinivedhiya. anibbijjhiya. duravabodha.
꿰뚫음 abhisamaya. paṭivedha. vijjhana. nibbedha.
꿰뚫음과 연관된 nibbedhabhāgiya.
꿰뚫음과 연관된 계행 nibbedhabhāgiyasīla.
꿰뚫음과 연관된 삼매 nibbedhabhāgiyasamādhi.
꿰뚫음과 연관된 지혜 nibbedhabhāgiyapaññā.
꿰뚫음의 법문 nibbedhakapariyāya.
꿰뚫음의 부족 apariyogāhanā.
꿰뚫음의 지혜 nibbedhakapāñña. paṭivedhañāṇa.
꿰매게 하다 sibbāpeti.
꿰매게 함 sibbāpana.
꿰매는 자 sibbitar.
꿰매다 sibbeti.
꿰매어진 pasibbita. paṭisibbita.
꿰매진 sibbita.

꿰맨 자리 sibbanamagga.
꿰찌르다 ārañjati. nibbijjhati.
꿰찌름 ārañjana.
꿰찔려진 ārañjita.
끄는 upakaḍḍhaka.
끄다 nibbāpeti. nipphoṭeti.
끄샤뜨리아 khattiya.
끈 apilandhana. apiḷandhana. āyoga. kalāpaka. kalāpinī. kalāpī. nandhi. sikkā. suttaka. tanta. veṭha.
끈기 있는 anikkhittadhura. kammasīla.
끈끈이가 칠해진 abhilitta.
끈에 매달린 흔들의자 andoli. andolikā.
끈을 매지 않고 apagatasambandha.
끈적거리는 abhilitta.
끈적끈적한 kaphauttara.
끈적끈적한 액체 sineha. sneha.
끈질기게 괴롭히다 dhaṁseti.
끈질긴 노력 abhijīhanā.
끊기는[시간적으로] kammāsa.
끊는 chedaka. chedanaka.
끊다 acchindati. ālumpati. apakantati. chedeti. chedāpeti. upacchindati. checchati.
끊어버림 pahāna.
끊어버림에 대한 완전한 앎 pahānapariññā.
끊어버림에 의한 극복 samucchedapahāna.
끊어버림에 의한 절제 samucchedavirati.
끊어버림에 의한 제어 pahānavinaya.
끊어버림에 의해서 존재하지 않음 pahānavibhūta.
끊어버림의 단계 pahānakkama.
끊어버림의 지혜 pahānapaññā.
끊어버림의 항목 pahānaṅga.
끊음 cheda. chedana. samuccheda.
끊음에 의한 멀리 떠남 samucchedaviveka.
끊음에 의한 청정 samucchedavisuddhi.
끊음의 조치[懺悔의 하나] chedanaka.
끊임없는 abbocchinna.
끊임없는 운동 visūka.
끊임없이 anivattaṁ. niccakālaṁ. pavayha. satata.
끊임없이 계속적으로 sātataṁ.
끌 nikhādana. ṭaṅka.
끌고 가다 apakaḍḍhati.
끌고 감 apakaḍḍhana.
끌고 다니다 pariṇeti. samparikaḍḍhati.
끌다 ākaḍḍhati. ākassati. añcati. añjati. kaḍḍhati. samākaḍḍhati. upakaḍḍhati.
끌어내기 kaḍḍhana.
끌어내다 ākaḍḍhati. okassayati. okasseti.
끌어내려진 ohārin.
끌어내리다 okaḍḍhati. okassati.
끌어내어지다 nibbuyhati. vavakassati.
끌어내어진 vavakaṭṭha.
끌어냄 abbhukkiraṇa.
끌어넣다 ākaḍḍhati.
끌어당겨서 atikassa.
끌어당기는 ākaḍḍhaka.
끌어당기는 기계 ākaḍḍhanayanta.
끌어당기는 자 ākāsa.
끌어당기다 parikaḍḍhati.
끌어당김 ākaḍḍhana. ākaḍḍhanā. ākāsana. parikaḍḍhana.
끌어올리다 ubbahati.
끌어올림 ubbahana. ubbāhana.
끌채 sakaṭadhura.
끓게 하다 pāceti.
끓고 있는 밥의 뜬 찌꺼기 ācāma.
끓는 kaṭhita. pakkaṭhita. pakkuṭṭhita. pakkuthita. pakkutthita.
끓는 물 kaṭhitûdaka.
끓는 혼합물 pakkaṭṭhī.
끓다 sijjati.
끓어오르게 하다 pakkaṭṭhāpeti.
끓어오르는 ukkaṭṭhita.
끓음 paccana.
끓이다 kathati. kaṭhati. kuthati. nippacati. pacati. pakkaṭhati.
끓인 anuttaṇḍula. nippakka. vikkuthita.
끓인 쌀 bhatta.
끓인 우유 vikkuthitaduddha.
끓임 randhana.
끝(端) aṁsi. anta. avasāya. dhajagga. koṇa. koṭi. nema. niṭṭhā. osāna. pariniṭṭhāna. pariyādāna. pariyanta. pariyosāna. sikhā. vyanti. aṁsa.
끝까지 가는 행위 antagamana.
끝까지 간 antaga. antagata.
끝나는 pariyanta. pariṇāmin.
끝나다 abhivitarati. niṭṭhāti. pariyāpajjati. saṁvaṭṭati. upanīyati. upaniyyati. vyantībhavati. vyantīhoti.
끝나지 않는 apariyādāna.
끝나지 않은 aniṭṭhita. apariyosita.
끝난 kata. kaṭa. nijjiṇṇa. niṭṭhita. pariyādinna. pariyādiṇṇa. pariyosita. siddha. pariyantika.
끝남 abhivitaraṇa.
끝내는 antakara. osāpana.
끝내다 osāpeti. pariyādiyati. pariyādiyyati. pari-

yosāpeti. vosāpeti.
끝내지 않은 apavārita.
끝낸 osāpita. vusita.
끝냄 osāpanā.
끝없는 영광을 지닌 anantavaṇṇa.
끝없는 윤회(輪廻) anamataggiya.
끝없는 윤회의 끝에 도달한 자 apārapāragū.
끝없는 재난 apariyantâdīnava.
끝에 agge.
끝에 꽃을 단 papupphaka.
끝에 매듭이 있는 guṇaka.
끝에 이르다 saṁsīdati.
끝에서 끝으로 antamantena.
끝에서 두 번째의 음절[문법] upanta.
끝을 목표로 한 koṭin.
끝을 밑으로 향한 adhokoṭika.
끝을 성취하지 못한 akoṭigata.
끝을 위로 향한 uddhaṁkoṭika.
끝을 지닌 koṭika.
끝의 uttara.
끝이 아래로 향한[윗이빨의 묘사] adhagga.
끝이 약간 소용돌이친 īsakaggapavellita.
끝이 없는 anamatagga. ananta. anantaka. anantavat. apāra. apariyanta.
끝이 있는 antavat.
끝이 좋은 것 pariyosānakalyāṇa.
끝장난 parimaddhita. vikkhīṇa.
끝장내기 avasādana.
끼낀[인명] Kikin.
끼니를 연명하는 고행자 sampattakālikatāpasa.
끼따산[지명] Kiṭāgiri.
끼미깔라강[지명] Kimikala.
끼어들다 antarayati. antarārati.
끼워넣다 pakkhipati.
낀나라[조류] kinnara.
낌새 iṅga. iṅgita. iṅgitâkāra.
낑쑤까[식물] kiṁsuka.
낑쑤까꽃 kiṁsukapuppha.
낑쑤까꽃의 색깔 kiṁsukavaṇṇa.

ㄴ

내[我] aharh.
내[我] 때문에 maṅkato.
나가[뱀] nāga.
나가게 하다 nikkhameti. nikkhāmeti. pasāreti.
나가는 nikkhama.
나가다 abhinikkhamati. abbhuggacchati. gacchati. niggacchati. nikkhamati. nipatati. pabbajati. paccuggacchati. pasakkati. upanikkhamati. uyyāti. viniccharati.
나가달다(那伽達多)[인명] Nāgadatta.
나가닷따[인명] Nāgadatta.
나가들의 도시 nāgapurī.
나가들의 왕 mucalinda.
나가디빠[인명] Nāgadīpa.
나가르쥬나[인명] Nāgajjuna(*sk.* Nāgarjuna).
나가버리지 않은 anikkhanta.
나가사마라(那伽沙摩羅)[인명] Nāgasamāla.
나가수(樹)[식물] naga.
나가싸말라[인명] Nāgasamāla.
나가쎄나[인명] Nāgasena.
나가지 않고 있는 anikkhamāna.
나감 niyyāna.
나계(螺髻) jaṭāmissa.
나그네 pathika.
나기다(那耆多)[인명] Nāgita.
나기따[인명] Nāgita.
나꿀라[악기] nakula.
나꿀라[인명] Nakula.
나누게 하다 saṁvibhājeti.
나누고 vibhajja.
나누는 것 bhājana.
나누다 abhivis(s)aj(j)ati. bhājeti. paṭibhajati. paṭivibhajati. pavibhajati. saṁvibhajati. tuvaṭṭeti. vibhajati. khaṇḍe karoti. bhāge karoti.
나누어 진 bhājita.
나누어져야 할 pattiya.
나누어주는 vissajjaka. vissajjanaka.
나누어주다 abhivissajjeti. anupadeti. bhajati. paṭibhajati.
나누어주지 않음 asampadāna.
나누어지고 나누어지지 않은 bhājitâbhājita.
나누어지다 bhājiyati.
나누어지지 않는 abhejja. avinibbhutta. abhijjamāna.
나누어지지 않은 abhinna. acchinnaka. advejjha.
나누어진 ābhata. dejjha. dvejjha. kappa. paricchinna. saṁvibhatta. vibhinna.
나누어질 수 없는 avebhaṅgiya.
나누지 못하는 avinibbhujat.
나는 있다는 생각 asmimāna.
나는[飛] udapatta.
나는[飛] 냄비 kanduka.
나는[飛] 도구[武器의 일종] heti.
나는[飛] 여우 tuliya(?).
나는[我] aharh.
나디깟싸빠[인명] Nadīkassapa.
나라(那羅)[지명] Nāla.
나라[國] janapada.
나라가 아님 ajanapada.
나라가바녕(那羅伽波寧)[지명] Naḷakapāna.
나라계라(那羅稽羅)[식물] nāḷikera.
나라까[악마] naraka.
나라다(那羅陀)[인명] Nārada.
나라다[인명] Nārada.
나라를 유행하는 janapadacārika.
나라에 대한 이야기 janapadakathā.
나라에서 가장 아름다운 소녀 janapadakalyāṇi.
나라의 jānapada. jānapadika.
나라의 안정 janapadatthāvariya.
나라천(那羅天)[신계] Nala.
나락가(奈落迦)[지옥] Naraka.
나란다(那爛陀)[지명] Nālanda. Nālandā.
나로서는 maṅkato.
나루 → 나루터.
나루터 tittha. nāvātiṭṭha. otaraṇa. patittha. uttaraṇatittha.
나르게 하다 harāpeti.
나르고 나서 pavayha.
나르기 vahana.
나르는 bhāriya. hara. vāha. vāhana. vahanaka. vāhin.
나르는 것 vāhaka.
나르는 자 haritar. vahitar.
나르다 ābharati. harati. ovahati. pariharati. parivahati. samubbahati. sandhāreti. vahati. vāheti.
나륵풀[향신료] tulasi. tulasī. tuḷasi. tuḷasī.

나를 maṁ.
나룻 kubbara. īsā.
나룻이 있는 īsāka.
나린라(那隣羅)[야차] Neḷeru.
나마루빠빠리체다 nāmarūpaparicccheda.
나막신 dārupādukā.
나머지 anubhāga. avasesa. parisesa. sesa. vyatireka.
나머지가 없는 anatiritta. asesa. asesita. niravasesa.
나머지가 있는 saupādisesa.
나머지의 atireka. atiritta. sāvasesa. uttiṭṭa.
나머지의 죄 sāvasesāpatti.
나무(南無) namo. nama.
나무[木] aga. duma. dāru. kaccha. pādapa. ruccha. rukkha. taru. vaccha. viṭapin.
나무가 무성하고 강이 흐르는 협곡 kandaravana.
나무개[동물?] rukkhasunakha.
나무겉껍질의 향기 tacagandha.
나무계단 dārusopāna.
나무구두 kaṭṭhapādukā.
나무그늘 rukkhachāyā.
나무그릇 kaṭṭhatumba.
나무기구 dāruyanta.
나무껍질 cīra. cīraka. makacivāka. papaṭikā. pesikā. pheggu. taca. taco. vāka. vakkala.
나무껍질 깔개 vākabhisi.
나무껍질 옷 vakkala.
나무껍질 옷을 입는 dārucīriya.
나무껍질과 같은 cīriya.
나무껍질로 만드는 vākamaya.
나무껍질로 만든 옷 cīra. cīraka. potthaka.
나무껍질의 cīriya.
나무껍질의 맛 tacarasa.
나무껍질의 옷을 입은 자[고행자] vakkalin.
나무단지 dāruvāraka.
나무담장 dārukuḍḍa. dārupākāra.
나무더미 dārucaya. kaṭṭhapuñja.
나무덤불 rukkhagahana.
나무들의 다양성 dumantara.
나무들의 사이 dumantara.
나무등걸 dārukkhandha.
나무라다 codeti. garahati. vigarahati.
나무로 된 순갈 rukkhapāṇikā.
나무로 된 징 kaṭṭhatāḷa.
나무로 된 형상 kaṭṭharūpa.
나무로 만든 dāruka. kaṭṭhamaya.
나무로 만든 대야 kathali. kaṭhalikā. kathalikā. kathaliyā.
나무로 만든 상(像) kaṭṭharūpaka.
나무로 만든 열쇠 kaṭṭhatāla.
나무로 만들어진 dāruja. dārumaya.
나무를 먹는 dārukhādaka.
나무를 베는 사람 kaṭṭhakāra.
나무를 불태움 dārudāha. dāruḍāha.
나무를 심다 ropeti.
나무마루 dārusanthāra.
나무마차 kaṭṭhavāha. kaṭṭhavāhana.
나무망치 kaṭṭhahattha. muggara.
나무못 āṇi.
나무받침대 kulaṅkapādaka.
나무발우 dārupatta.
나무발우를 사용하는 사람 dārupattika.
나무방망이 laguḷa.
나무벌레 guṇapāṇaka.
나무베개 kaliṅgarûpadhāna.
나무불록 gaṇḍikā.
나무사이에 있음 antorukkhatā.
나무새[조류] kaṭṭhasakuṇa.
나무속껍질을 지나친 apagataphegguka.
나무속껍질의 향기 pheggugandha.
나무신발 dārupādukā.
나무아래 rukkhamūla.
나무아래 사는 사람 rukkhamūlika.
나무아래에서 지내는 rukkhamūlika.
나무아래에서 지내는 수행 rukkhamūlikaṅga. rukkhamūlikatta.
나무에서 자란 kaccha.
나무열매 dumaphala.
나무원판 dārumaṇḍalika.
나무의 rukkhika.
나무의 계통 rukkhapaveṇi.
나무의 껍질이 없는 avāka.
나무의 꼭대기 dumagga.
나무의 내부 rukkhantara.
나무의 부스러기 kaṭṭhakhaṇḍa.
나무의 비유 rukkhûpamā.
나무의 뿌리 bunda. rukkhamūla.
나무의 삼출물 nivāyāsa.
나무의 신 rukkhadevatā.
나무의 심을 갉아먹는 벌레 guṇa.
나무의 열매 rukkhaphala.
나무의 점액 ikkāsakasāva(?).
나무의 족보 rukkhapaveṇi.
나무의 진 taka.
나무의 특징 rukkhanimitta.
나무잎사귀처럼 어깨를 떨군(?) pattakkhandha.
나무자르기 kaṭṭhabhatin. kaṭṭhaphālaka.

나무자르는 사람 kaṭṭhabhatin. kaṭṭhaphālaka.
나무장사[판매] kaṭṭhika.
나무조각 kaliṅgarakhaṇḍa.
나무조각들을 함께 두는 것 dārusamādahāna.
나무조각으로 만든 창 salākāvātapāna.
나무조각으로 피운 불 sakalikaggi.
나무주전자 dārughaṭha.
나무줄기로부터 생긴 산물 khandhaja.
나무찌[악마] namuci.
나무찌의 군대 namucibala.
나무침대 kaṭṭhamañcaka.
나무코끼리 kaṭṭhahatthin.
나무토막 kaṭṭha. papaṭikā.
나무토막 같은 인상 kaṭṭhasaññā.
나무토막 던지기 kaṭṭhapāta.
나무토막과 돌조각 등이 섞인 kaṭṭhapāsāṇādimissa.
나무토막을 베개로 사용하는 kaliṅgarûpadhāna.
나무토막의 더미 kaṭṭharāsi.
나무토막처럼 여겨지는 kaṭṭhasammata.
나무통 ammaṇa. doṇa. doṇī. doṇikā.
나무화살 kaliṅgarakaṇḍa.
나무화폐 dārumāsaka.
나뭇가지 sākhā. sākha. visākhā. rukkhaviṭabhī. viṭabhī. viṭapa.
나뭇가지와 덩굴을 자르기 위해 kaṭṭhalatāchedanatthaṁ.
나뭇가지의 끝 aggasākhā.
나뭇꾼 kaṭṭhahāra(ka).
나뭇단 kaṭṭhakalāpa. sākhābhaṅga.
나뭇더미 kalanda.
나뭇잎 patta.
나뭇잎으로 된 표 pattasalākā.
나뭇조각 kaliṅgara. kaṭṭha. phalaka.
나뭇조각과 돌 kaṭṭhakaṭhala.
나뭇조각과 쇠똥 kaṭṭhagomayādi.
나뭇조각으로 만든 옷 phalakacīra.
나방[곤충] adhipāta. adhipāta. adhipātikā. salabha.
나병(癩病) kilāsa. kuṭṭha. rakhasā. kabarakuṭṭha.
나병을 지닌 kuṭṭhika. kuṭṭhin.
나병환자 kuṭṭhika. kuṭṭhin. saṅkhakuṭṭhin.
나부(裸婦) naggiyā.
나부자(羅浮闍)[식물] labuja.
나쁘거나 좋은 결과가 없는 akaṇhâsukka.
나쁘게 duṭṭhu. micchā.
나쁘게 대우를 받은 khalita.
나쁘게 대하다 khaleti.
나쁘게 만들어진 katadukkata.
나쁘게 복권된 dosārita.
나쁘게 집취(執取)된 dupparāmaṭṭha.
나쁘지 않은 akaṇha. alāmaka. alāmaka.
나쁜 asa. asādhu. asat. kā. ku. lāmaka. niggatika. sakasaṭa. valīka.
나쁜 결과로 이끌어질 수 없는 anupavajja.
나쁜 곳 duggati.
나쁜 곳에 대한 공포 duggatibhaya.
나쁜 곳에 태어남 duggatipaṭisandhi.
나쁜 곳의 세상 duggatibhūmi.
나쁜 관계에 있는 anaṅga.
나쁜 길 kupatha.
나쁜 냄새 duggandha.
나쁜 냄새가 없는 niggandha.
나쁜 놈 kupurisa.
나쁜 뜻이 없는 anūpanāhin.
나쁜 말을 하는 것을 금하는 것을 어긴 사람 dubbhāsitajjhāpana.
나쁜 말을 함 dubbhāsita.
나쁜 말하는 사람 dubbhāsitabhāsin.
나쁜 명성 pāpasiloka.
나쁜 몽둥이를 가진 kudaṇḍaka.
나쁜 방법 dunnaya.
나쁜 병에 걸린 자 pāparogin.
나쁜 사람 kāpurisa. nettika. purisāda.
나쁜 상담을 하는 amantin.
나쁜 상담자 amantin.
나쁜 상태 vipatti.
나쁜 생각이 일어난 duccintita.
나쁜 생각하는 dummantita.
나쁜 성품을 지닌 dussīla.
나쁜 소리 pāpasadda.
나쁜 수단 anupāya.
나쁜 수단에 정통한 anupāyakusala.
나쁜 습관 pāpadhamma.
나쁜 실천방도 duppaṭipadā.
나쁜 업 kammakiliṭṭha.
나쁜 외교관 amantin.
나쁜 욕심을 가진 pāpiccha.
나쁜 우정 pāpamittatā.
나쁜 음식 kadanna.
나쁜 의도를 가진 pāpiccha.
나쁜 인상 dunimitta.
나쁜 짐승 dupasu.
나쁜 짓을 하는 kibbisakarin.
나쁜 짓을 하다 padussati.
나쁜 징조 dunimitta.
나쁜 충고를 하는 anatthadassin.

나쁜 친구 pāpamitta. pāpasakhi.
나쁜 친구를 사귀는 vipakkhasevaka.
나쁜 해자 kali.
나쁜 행실 kāyappakopa.
나쁜 행위 duccarita. durita.
나서다 nikkamati. nikkhamati.
나선(螺線) kaṇṇikā.
나선(螺旋) kuṇḍalāvatta.
나선(那先)[인명] Nāgasena.
나선모양의 목을 갖는 kambugīva.
나선형(螺旋形)의 saṅkhavaṅkākāra.
나선형의 vaṅkâtivaṅkin.
나선형의 높은 목을 한 ārohakambu.
나수다(那庾多) nahuta.
나아가는 paṭipanna. pavattin. pubba(ṅ)gama.
나아가다 abbhuṭṭhāti. abhikkamati. anukkamati. anutarati. pakkamati. pasaṅkamati. paṭipajjati. pavattati. pāyāti. payātipayāti. sampayāti. uṭṭhahati. uṭṭhāti. vajati. valañjeti. yāti. yāyati.
나아가야 할 vattabba.
나아간 pasaṅkanta. yāta.
나아감 abbhuṭṭāna. yāna.
나약하지 않은 alīna.
나약한 atejavat. nibbiriya. osanna.
나약한 마음이 아닌 alīnacitta.
나약한 사람 avīrapurisa.
나열(羅列) upasaṅkhyana.
나오다 abhinikkhamati. nikkhamati. nippatati. upanikkhamati.
나온 viniggata.
나와 같은 mādisa.
나와 관계되지 않는 amāmaka.
나와 동등한 mādisa.
나유타(那由陀)[숫자] nahuta.
나의 mama.
나의 것 mama.
나이 āyu. vaya.
나이가 같은 sahajāta.
나이가 늙어 감관이 부패하는 upadhiparipāka.
나이가 든 vayânuppatta. vayappatta.
나이가 많은 mahallaka. vuḍḍha. vuddha.
나이가 보다 많은 pubbaja.
나이가 충분히 든 ativaddha.
나이의 āyuka. āyukin.
나제가섭(那提迦葉)[인명] Nadīkassapa.
나중에 anu. apara. aparabhāge. para. uddha. uddhaṁ. upari.
나중에 또는 보답으로 하다 anukaroti.
나중에 생기는 pacchājāta.
나중에 이어서 아래에 uttaratra.
나중의 apara. avara. uttara.
나중의 번영 anuvaḍḍhi.
나중의 성숙 anuvaḍḍhi.
나중의 시간 uttarakāla.
나중의 시기 aparakāla.
나지(裸地) thaṇḍila.
나찰(羅刹) rakkhasa.
나찰녀(羅刹女) rakkhasī.
나체(裸體) naggatta. naggiya. naggeyya.
나체수행자[자이교도의 한파] digambara.
나타나게 하는 avabhāsaka.
나타나게 하다 olokāpeti. paccupaṭṭhāpeti. rūpeti. ummīleti. vidaṁseti.
나타나게 함 ummujjāpana.
나타나는 ābha. āpāthagata. ummujjamānaka.
나타나는 뱀 uppajjanakasappa.
나타나다 ābhāsati. āsavati. bhāti. dissati. okāsati. okkamati. okkhāyati. paccupaṭṭhahati. padissati. pakkhāyati. paṭibhāti. paṭidissati. patidissati. pātubhavati. rūpeti. samuggacchati. sandissati. saṅkhāyati. saṅkhāti. ummīlati. ummisati. ummujjati. upadissati. upajāyati. upaṭṭhahati. upaṭṭhāti. upaṭṭheti. upatiṭṭhati. uṭṭhahati. uṭṭhāti. vuṭṭhahati.
나타나야 할 padissa.
나타나지 않는 apātubhonta.
나타나지 않은 aparipphuṭa. apātubhūta. appaññatta.
나타나지 않음 apākaṭatā. apātubhāva. appaññatti.
나타난 aggakata. anudassita. nissaṭa. okkanta. paccupaṭṭhita. samuggata. upanibbatta. upaṭṭhita.
나타난 형태 upaṭṭhānākāra.
나타남 ābhāsana. nikāsa. paccupaṭṭhāna. samuggama. ummujjana. upaṭṭhāna.
나타났다 paccupādi.
나타내는 saṁsūcaka.
나타내다 deseti. disati. saṁsuceti. ugghaṭeti. ulliṅgeti. upadaṁseti. upadaṁsayati. uppādeti. vyañjayati. pakāseti.
나태(懶怠) abbhu. alasatā. ālasiya. ālasya. ālassa. alassa. ālassāyanā. anāyatana. kosajja. kusīta. kusītatā. mandiya. niddārāmatā. tandī. mahāala.
나태와 졸음 thīnamiddha.
나태하다 ālasyāyati. ālassāyati.

나태하지 않은 akusīta.
나태한 alasa. ālasiyajāta. sallīna.
나태한 것 kusīta.
나팔수 saṅkhadhama. saṅkhadhamaka.
나패(螺貝) kambu. saṅkha.
나패로 만든 팔찌·발찌 kambupariharaka.
나패의 광택이 나는 나선형 부분 kambutala.
나패의 팔찌를 한 kambukāyuradhara.
나패장신구 kambussa.
나행(裸行) naggacariyā.
나행자(裸行者) naggabhogga.
나형론자(裸形論者) acelakavāda.
나형외도(裸形外道)의 acelaka.
낙(諾) āma.
낙(酪) takka.
낙(樂)이 없는 vikīlanika.
낙(酪) dadhi.
낙관주의(樂觀主義) sabbasubhavāda.
낙관주의자(樂觀主義者) sabbasubhavādin.
낙근(樂根) sukhindriya.
낙담(落膽) appaccaya. āyāsa. ubbega. kheda. visāda.
낙담시키다 osādeti.
낙담의 시간 ukkaṇṭhitavelā.
낙담하게 하다 avasādeti.
낙담하는 ukkaṇṭhita.
낙담하지 않는 anoṇamanta.
낙담하지 않은 anoṇata.
낙담한 osādita. pattakkhandha. visādāpanna.
낙담한 상태 ukkaṇṭhitasabhāva.
낙뢰(落雷) asanivicakka.
낙미(樂味) assāda. assādanā.
낙변화천(樂變化天) nimmāṇarati.
낙색(酪色) takkavaṇṇa.
낙수(樂受) sukhavedanā.
낙수(落水) udakapāta.
낙심(落心) visīdana.
낙심하다 saṁsīdati. visīdati.
낙심한 parihīna.
낙엽(落葉) saṁsīnapatta.
낙엽의 더미 saṭa.
낙원(樂園) khemantabhūmi. nandanavana.
낙인(烙印) lakkhaṇa.
낙인찍는 것 aṅkakaraṇa.
낙인찍다 aṅketi.
낙인찍힌 aṅkita. lakkhaṇāhata.
낙인형자(烙印刑者) lakkhaṇāhata.
낙장(酪漿) takka.
낙주부(樂住婦) chandavāsin.
낙천적 성격을 지닌 ānandarūpa.
낙타(駱駝) karabha. oṭṭha.
낙타봉 kaku.
낙타의 무리 oṭṭhaka.
낙태(落胎) viruddhagabbha. gabbhapātana.
낙태된 apagabbha.
낙태시킴 viruddhagabbhakaraṇa.
낙하(落下) nipāta. opāta. papada. papāta. pātavyatā. udrīyana.
낙하산(落下傘) gaganotaraṇachatta.
낙하하는 nipātin. patanaka.
낙하하다 patati.
낙하한 paribhaṭṭha. patita.
나후따[막대한 수] nahuta.
낚싯대 balisayaṭṭhi.
낚싯바늘 aṅka. balisa. baliṣa. gaḷa. vaṅka.
낚싯바늘을 삼킨 ghastavaṅka. vaṅkaghasta.
난(煖) uṇha.
난각(卵殼) kapāla. aṇḍakapāla. aṇḍakosa.
난간(欄干) ālambana. lambanaka. vedi. vedikā. vediyā. sūci.
난간동자 uṇhīsa.
난간의 손잡이 vedi. vedikā. vediyā.
난감한 adhikatussāha. appatiṭṭha.
난곡(難穀)의 dussassa.
난다(難陀)[인명] Nanda.
난다[인명] Nanda.
난도질 ārañjana.
난도질당한 ārañjita.
난도질하다 ārañjati.
난디야[인명] Nandiya.
난로(難路) vidugga. kantāra.
난문(難問) meṇḍakapañha.
난봉꾼 nidāsamatika. sericārin. durācāra.
난사(難事) antarāyikadhamma.
난색(難色) vyasana.
난생(卵生) aṇḍajayoni.
난생의 모태 aṇḍajayoni.
난설(難說) dubbaca. dubbacana.
난소(卵巢) gabbhāsaya.
난소(難所) kantāra.
난양(難養) dubbharatā. dupposatā.
난양(難養)의 dubbhara.
난우(難雨)의 dubbuṭṭhika.
난쟁이 lakuṇṭaka. vāmana.
난쟁이 같은 vāmanaka.
난제(難題) paheḷikā. gūḷhapañha. sambhama.
난제(難提)[경명] Nandiya.
난제(難提)[사슴명] nandiya.

난처한 adhikata.
난초(蘭蕉) ākāsavallī.
난파(難破) nāvābhaṅga.
난파된 bhinnaplava.
난파된 배에 탄 bhinnanāva.
난폭(亂暴) kakkhaḷatā. kakkhaḷatta. sāhasa. sahasākāra.
난폭하게 balakkārena.
난폭하지 않음 asāhasa.
난폭한 aṇḍaka. kakkhaḷa. mammachedaka. pharusa. sāhasa.
난폭한 야생의 맹수 aghammiga.
난폭한 이야기 kakkhaḷakathā.
난폭한 행위 sāhasakāra.
난폭함 kakkasiya. kakkassa.
난해(難解) dunnaya.
난해한 dujjāna.
난행(亂行) dukkarakārikā.
난황(卵黃) aṇḍamiñjā. kalala.
난힐자(難詰者) codaka.
난힐처(難詰處) gārayhaṭhāna.
날 것의 āma. āmaka.
날 것일지라도 āmakamatta.
날 생선을 먹는 āmakamacchabhojin.
날 수 없는 apatana.
날[日] aha. anha. dina. aṇha. diva. divasa.
날[日]에 divā.
날[日]의 ahika. āhika.
날개 pakkha. patta. pekhuṇa.
날개가 달린 여우 pakkhabiḷāla.
날개가 뽑힌 (새) nippatta.
날개가 없는 nippatta. vipakkhika. vipakkhin.
날개가 있는 pakkhin.
날개달린 여우 pakkhanilāla.
날개를 수레로 하는 pattayāna.
날개를 운반하는 sapatthabhāra.
날개를 잃은 opakkhin.
날개의 pakkhaka. pakkhita.
날개의 무게를 갖고 있는 sapatthabhāra.
날개의 힘 pakkhabala.
날것과 요리한 것의 구걸을 위해 유행하는 āmapakkabhikkhācariya.
날것의 apakka.
날게 하는 uḍḍāpaka.
날게 하다 abhipāteti. uḍḍāpeti.
날고[飛] āpātaṁ.
날고기 āmakamaṁsa.
날고기와 같은 vissa.
날고기와 같은 냄새 vissagandha.
날고기의 āma.
날고기의 냄새 āmagandha.
날곡식 āmakadhañña.
날기 ḍiyana.
날다[飛] ḍeti. uḍḍeti. ḷīyati.
날다포라(捺多布羅)[지명] Dantapura.
날뛰지 않는 anunnaḷa.
날라[신계] Nala.
날라[지명] Nāla.
날라까빠나[지명] Naḷakapāna.
날라삔[동물] naḷapin.
날라지다 vahīyati.
날라진 haṭa.
날란다[지명] Nālanda. Nālandā.
날렵한 ujjaṅga. ujjaṅgin.
날름거리다 nillāḷeti. nilloḷeti.
날름거리다 nilloleti.
날리[단위] nāḷi. nāḷī.
날마다 suve suve.
날숨[어원적으로는 들숨] assāsa.
날숨과 들숨 ānāpāna.
날쌘 javasampanna.
날씨의 변화 utu.
날씬하게 뻗은 모양 aṅgalaṭṭhi.
날씬한 vilagga.
날씬한 허리를 지닌 aṇumajjhima.
날아가게 하다 atipateti. atipāteti.
날아가는 atipātin.
날아가다 āpatati.
날아가버리다 adhipatati.
날아다니는 sampatita. vyāviddha.
날아다니다 sampatati. vītipatati.
날아떨어지다 opatati.
날아오르게 하다 uṭṭepeti.
날아오르고 upacca.
날아오르는 papātin. udapatta.
날아오르다 samatigganhāti. uḍḍeti. uppatati. uṭṭhahati. uṭṭhāti.
날아오른 uppatita.
날아오름 uppāda.
날아올라 uppacca. uppecca.
날이 밝음 aruṇa.
날이 없는(?) nillekha.
날이 저물어 divātaraṁ.
날인(捺印) aṅka. lañcha. lañchana. muddā.
날인된 lañchita.
날인된 반지 muddikā.
날인시키다 lañchāpeti.
날인하다 lañchati. lañcheti.

날지 않는 apatamāna.
날카로운 khara. nibbedhaka. nisita. tibba. tikkha. tiṇha. tippa. vālavedhirūpa. khīṇa.
날카로운 돌[무기] asani. asanī.
날카로운 소리 kaṇṭaka. kaṇṭhaka.
날카로운 손발톱 kaṇṭaka. kaṇṭhaka.
날카로운 외침 santacā.
날카로운 이빨을 지닌 kūṭadanta.
날카로운 주둥이 saratuṇḍa.
날카로운 지혜 tikkhapaññā.
날카로운 칼 potthanikā. potthanī. vāsī.
날카로움 uddīpanā.
날카롭게 만들다 tejate.
날카롭게 하다 tejeti.
날카롭다 tejate.
낡다 parijīyati.
낡아빠진 uddhaṭa.
낡은 buḍḍha. kattara. parijiṇṇa. porāṇaka. porāṇika. purāṇa. uddhata.
낡은 습관을 따르는 yātânuyāyin.
낡은 승복 kappaṭa.
낡은 옷을 입은 paṭaccarin.
낡은 집 agāraka. jarāghara.
남겨 둔 parisiṭṭha.
남겨두다 chaḍḍeti.
남겨지다 avasissati. parihiyyati. sissati.
남겨진 atiritta. avasesa. avasiṭṭha. avasiṭṭhaka. pariccatta. sesa. ucchiṭṭha. uttiṭṭa.
남겨진 것 avasesaka.
남겨진 것으로 구성된 탁발음식 ucchiṭṭhapiṇḍa.
남겨진 것을 먹는 ucchiṭṭhakhādaka.
남겨진 음식과 섞인 물 ucchiṭṭhajala. ucchiṭṭhodaka.
남겨진 음식의 수거 ucchiṭṭhapaṭiggahana.
남겨진 찌끼 ucchiṭṭhakasaṭa.
남극대(南極帶) vinataka.
남근(男根) liṅga. pulliṅga. visabhāgārammaṇa. purisindriya. purisavyañjana. kāṭa. purisavyañjana. purisindriya.
남근의 은몰 liṅgantaradhāna.
남근이 말 모양으로 감추어진 상태 vatthaguyha.
남기는 hāyin.
남기다 atiriccati. jahati. jahāti. seseti.
남기지 않은 anatiritta.
남기지 않은 음식 anatirittabhojana.
남김없는 anavasesa.
남김없이 사라져 소멸하면 asesavirāganirodhā.
남김이 없는 aparisesa. nissesa.
남녀(男女) itthipurisa. itthipuma. naranārī.
남녀의 교합 methunasaṁsagga.
남녀추니 ubhatobyañjanaka.
남다 atiriccati. avasissati. ohiyyati. ohīyati. sissati. tiṭṭhati.
남동생 kaṇeyyasa. kaniṭṭhabhātar. kaṇiṭṭhabhātu.
남루한 cīvararajju.
남마다[지명] Nammadā.
남방국가 dakkhiṇajanapada.
남방불교의 축제 vesākha. vesākhā.
남산(南山)[지명] dakkhiṇāgiri.
남색(藍色) nīlī.
남섬부주(南贍部洲) jambudīpa.
남성(男性) puma. puṁs. pumbhāva. purisabhāva. purisindriya.
남성[문법] pulliṅga.
남성과 여성 mithuna.
남성과 여성의 성[문법] itthipurisaliṅga.
남성다운 면을 없애다 nillaccheti.
남성도 여성도 아닌 napuṁsaka.
남성을 구성하는 열 가지 요소 purisabhāvadasaka.
남성의 능력 purisindriya.
남성의 생식기 liṅga. pulliṅga. visabhāgārammaṇa. purisindriya. purisavyañjana. kāṭa.
남성의 성기를 싸고 있는 얇은 막 vatthikosa.
남성의 음부를 가리는 천 saṁvelliya.
남십법(南十法) purisabhāvadasaka.
남아(男兒) putta.
남아있는 anusayika. sesa.
남용(濫用) ovijjhana.
남용하는 padosin.
남용하다 ovijjhati.
남으로 하여금 욕설하도록 자극하지 않는 anupavādāpana.
남은 avasesaka. atiritta.
남은 것 añña. avasesa.
남은 것이 적은 appâvasesa.
남은 두 가지 piṭṭhiduka.
남은 업 kammasesa. kammāvasesa.
남은 음식 anubhojana. atirittabhojana. vighāsa.
남을 괴롭히는 paratapa.
남을 비난하지 않는 nimmakkha.
남을 요익(饒益)하게 하는 자기 saṅgahitattabhāva. saṅgahītattabhāva.
남을 해침 parūpaghāta.
남을 화나게 하는 ujjhāpanaka.
남의 apara.
남의 부인 paradāra.

남의 불행을 바라다 oyācati.
남의 아내 paradāra.
남의 아내와 통하는 자 paradārika.
남의 약점을 찾는 antaragavesin.
남의 호의에 감사하는 kataññu.
남자(男子) aṇḍira. manussapurisa. posa. puman. puma. puṁs. purisa. purisapuggala.
남자가 없는 nippurisa.
남자다운 노력 purisaviriya.
남자다운 정진 purisaviriya.
남자다움 purisakāra. purisatta. purisattana. viriyatā.
남자를 지닌 purisaka.
남자방직공 kantika.
남자성기 liṅga. pulliṅga. visabhāgārammaṇa. purisindriya. purisavyañjana. kāṭa.
남자신도 upāsaka.
남자에 대한 이야기 purisakathā.
남자에 의해 건드려진 (여인) purisantaragatā.
남자와 같은 여자 vepurisikā.
남자와 성교를 한 여인 purisantaragatā.
남자의 생식기 purisavyañjana.
남자의 자태 purisarūpa.
남자의 정력을 얻게 하는 것 vassakamma.
남자의 정력을 잃게 하는 것 vossakamma.
남자의 특징 purisaliṅga.
남자재가신자 upāsaka.
남자재가신자의 신분 upāsakatta.
남자중혼자(男子重婚者) dvibhariya.
남자하인 paricārin.
남조카 bhāgineyya. bhātuputta.
남쪽바다 dakkhiṇasara.
남쪽의 dakkhiṇa. paṭiyāloka.
남쪽지방 dakkhiṇajanapada.
남쪽호수 dakkhiṇasara.
남편(男便) abhīka. bhattar. kanta. pati. sāmika. sāmin. dhava.
남편과 아내 tudampati.
남편에게 헌신한 katasāmibhattika.
남편을 공유하고 있는 아내의 상태 sāpattika.
남편을 공유하고 있는 여자 sapatī.
남편을 공유하는 아내 sapattī.
남편을 신으로 섬기는 여인 patidevatā.
남편을 얻을 수 있는 여자 pateyyā.
남편을 얻음 vivāha. vivāhya. vivāhana.
남편의 형제 sālaka. devara.
남편이 없는 assāmika.
남편이 있는 patika.
남편이 있는 여자 sapatikā.
납[鉛] sīsa. tipu.
납골당(納骨堂) chavakuṭikā. dhātugabbha. susānaghara.
납득(納得) vijānana.
납득시키다 saddahāpeti.
납득시킴 saññāpana.
납세(納稅) balikāra.
납세자(納稅者) kārakāraka.
납유(蠟油) sitthatelaka.
납으로 만든 sīsamaya.
납으로 만들어진 tipumaya.
납을 다루는 일꾼 sīsakāra.
납작한 바위 piṭṭhipāsāṇa.
납작해 진 곡물 puthuka.
낫 asita.
낫 모양의 빛 phaṇaka.
낫따말라[식물] nattamāla.
낫주하[조류] najjuha.
낭굴리끼[식물] naṅguliki.
낭낭한 목소리 bindussara.
낭독(朗讀) vācanā.
낭독하지 않음 anuddesa.
낭비(浪費) hāni. khepana.
낭비된 vissota. aparopita.
낭비하는 atippadāna. vikiraṇa.
낭비하다 khepeti.
낭설(浪說) adhivuttipada.
낭송되다 anugīyati.
낭송된 anugīta.
낭패(狼狽) puñcikatā.
낭포(囊胞) abbuda.
낭하(廊下) koṭṭhaka.
낮 aha. anha. dina. diva. divasa. vāsara.
낮 동안 anha.
낮 시간을 보내는 장소 divāṭhāna.
낮거나 무익한 일 adhurā.
낮게 adho.
낮게 깔리는 ninna.
낮게 놓인 그릇 onāmitabhājana.
낮게 되다 onamati.
낮게 드리워진 ninnata.
낮고 높은 ninnunnata.
낮과 밤 aharatta.
낮아진 adhokata. nikaṭṭha. onāmita.
낮에 divā.
낮에 취하는 휴식 divāvihāra.
낮은 atinīcaka. avaca. avajja. avara. catukka. heṭṭhānāsika. hīna. nīca. ninna. okkhāyika. oma. oṇata. ora. paṭikiṭṭha. sannata.

낮은 것보다 낮은 omakomaka.
낮은 계급의 사람 pukkusa.
낮은 곳과 높은 곳 orapāra.
낮은 곳에 놓이다 okkhāyati.
낮은 단계의 orambhāgiya.
낮은 단계의 결박(五下分結) orambhāgiyāni. saṁyojanāni.
낮은 단계의 지혜를 지닌 omapañña.
낮은 대(臺) āsandikā.
낮은 부분 heṭṭhābhāga. adhobhāga.
낮은 상태 adhobhāva.
낮은 상태로 이끄는 adhobhāvagamanīya.
낮은 세계 adhobhuvana.
낮은 언덕 uttānakūla.
낮은 의자 nīcapīṭhaka.
낮은 자리 heṭṭhāsana. nīcāsana.
낮은 존재 adhobhāva.
낮은 존재로 이끄는 adhobhāvagamanīya.
낮은 지역 adhodisa.
낮은 침대 nīcaseyyā.
낮의 지각 divāsaññā.
낮의 휴식 divāseyyā.
낮지 않은 alāmaka. alāmaka. anāvara. anoṇata. anoṇamanta.
낮추다 apanāmeti. onameti. onāmeti. avasādeti. osādeti.
낮추어진 onāmita.
낯선 anajjhattikabhūta. para. paribāhira.
낯선 몸 paragatta.
낯선 사람 atithi. parajana.
낯선 씨족 parakula.
낳게 하다 pasaveti.
낳는 janana. nibbattaka. nibbattanaka. pāsāvin.
낳는 사람 sañjanetar. sañjānetar.
낳다 āpādeti. bhāveti. janati. janeti. janayati. nikkhipati. nipphādeti. pasavati. sañjaneti. upajanayati. vijāyati.
낳아 준 어머니 jānettī.
낳아질 수 없는 ajanetabba.
낳지 않는 ajanayamāna.
내 것이 아닌 amama. amāmaka.
내 것이 없는 assa.
내 던지다 anukkhipati.
내 손을 잡아라고 말하는 사람 āharahatthaka.
내 쉬는 숨 apāna.
내 아기 같은 아동 sakumāra.
내가 동등하다는 교만 sadiso'hamasmī'ti vidhā.
내가 열등하다는 교만 hīno'hamasmī'ti vīdhā.
내가 우월하다는 교만 seyyo'hamasmī'ti vidhā.
내가 질문하면 어떨까? yaṁ nūna.
내걸다 abhidhārayati. laggeti.
내과의(內科醫) bhisakka.
내관(內觀) vipassanā.
내궁(內宮) antepura.
내기 abbhuta. lakkha. paṇitaka. upajūta.
내기에 걸린 paṇitaka.
내놓다 patāyati.
내놓지 않는 apajaha.
내던져지다 nirajjati.
내던져진 avakkhitta. nicchuddha. nikkaḍḍhita.
내던지다 abhinīharati. nikkaḍḍhati. parisumbhati. samuggirati. viniggilati.
내던짐 nicchubhana. nikkaḍḍhana. parisumbhana.
내려가게 하다 otārayati. otāreti. otarāpeti.
내려가는 ninnāmin. otiṇṇaka.
내려가는 시간 otaraṇakāla.
내려가다 avagacchati. avasarati. nigacchati. nipatati. orohati. oruhati. orūhati. otarati. paccorohati. paṭiorohati. samorohati. samotarati.
내려가지 않는 apaccosakkana.
내려간 oggata. otiṇṇa.
내려간 협곡 otiṇṇakandara.
내려감 oruhana. otāra. otaraṇa.
내려놓는 oropaka.
내려놓다 abhinikkhipati. nidahati. nikkhipati. oropayati. oropeti. otārayati. otāreti. paṭṭhahati. ūhadati. ūhadayati. ūhadeti.
내려놓은 nihita. ohita. panna.
내려놓음 abhinikkhipana. avikkhepana.
내려놓지 않은 apaññāpana.
내려앉는 것 sīdana.
내려앉다 nilīyati. patati. sīdati.
내려앉은 ossanna.
내려오는 orohaṇaka. orohanaka.
내려오다 avatarati. otarati. ocarati. orohati. oruhati. orūhati. oruyhati.
내려오지 않는 apacculohaṇa.
내려온 orūḷha.
내려온 장엄한 깃발 otiṇṇaketupāda.
내려옴 avataraṇa. orohaṇa. orohaṇaka. orohana. orohanaka.
내려와 태어남 avakkanti.
내려진 nikaṭṭha.
내력이 있는 sauddesa.
내리 걸려있는 상태 anabbhuṇṇatatā.
내리다 osāpeti. avasādeti. osādeti.
내리막 otaraṇa.

내리막의 poṇa. poṇika.
내리받이 pavana.
내리침 āracaya.
내몰다 nīharati. panudati. paṭivineti. vinodeti.
내몰린 codita. panudita. panunna. paṇunna. paṇuṇṇa.
내몰아 버리는 vinodaka.
내밀다 paggaṇhāti. paṇāmeti. paṇidahati.
내밀은 viyāyata.
내박(內縛) antojaṭā.
내뱉다 chaḍḍeti. pacchindati. samuggirati.
내버려둔 nihita.
내법(內法) ajjhattadhamma.
내부(內部) abbhantara. antara. antarāla. antarikā. gabbha. udara. anta.
내부에 antarā. santara.
내부에 있는 antobhavika. antoṭhita.
내부에서 일어난 abbhantarabhūta. antopavatta.
내부의 abbhantara. antara. antima. anto. antobhāga. santara.
내부의 경쟁자 antarāsapatta.
내부의 껍질 antarācilima.
내부의 더러움 antarāmala.
내부의 바람 abbhantaravāta.
내부의 불(火) antoḍāha. antodāha.
내부의 살해자 antarāvādhaka.
내부의 아파트 antovalañja.
내부의 오염 antarāmala.
내부의 원 antomaṇḍala.
내부의 적 antarāamitta.
내부의 총애하는 신하 antoamacca.
내부의 화재 antoaggi.
내부적 경계 abbhantarasīmā.
내부적으로 부패한 antopūti.
내뿜다 uggirati.
내색(內色) ajjhattarūpa.
내생(來生) abhisamparāya. samudāgama.
내성(內城) antopura.
내성적인 ajjhattacintin. antomana(s) līna.
내세(來世) aparabhāga. samparāya. abhisamparāya.
내세(來世) paraloka.
내세를 포기한 vitiṇṇaparaloka.
내세에 abhisamparāya. aparabhāge. pecca. peccā.
내세의 dibba. samparāyika.
내세의 이익 samparāyika attha.
내소연(內所緣) ajjhattārammaṇa.
내속(內屬)의 antolīna.
내쉬기 āna.
내시(內侍) paṇḍaka.
내실(內室) gabbha. ovaraka.
내심관찰(內審觀察) paccavekkhana. paccavekkhanā.
내어놓다 paṇāmeti.
내어주다 paṭṭhapeti.
내연(內椽) pakuṭa.
내온(內蘊) ajjhattikakkhandha.
내외적인 ajjhattikabāhira.
내용의 상세한 리스트 abbhantaramātikā.
내용의 축약 atthuddhāra.
내의(內衣) antaravāsaka. antarasāṭaka.
내일 suve. sve.
내일모래 uttarasuve. uttarasve. uttarasse. parasuve.
내일의 svātana.
내장(內臟) anta. antaguṇa. antavaṭṭi. antapaṭala. udara. koṭṭhabbhantara.
내장기관이 손상된 upahatabbhantara.
내장의 관의 굴곡 antabhoga.
내장의 구멍 antabila.
내장의 통로 bantabila.
내적외적인 ajjhattabahiddhā.
내적요소 nāma.
내적으로 ajjhatta. antomukhaṁ.
내적으로 고통스러운 antotodaka.
내적으로 고통을 감내하는 antonijjhāna.
내적으로 쑤시는 antotodaka.
내적으로 청정한 antosuddha.
내적으로 타는 번뇌 antotāpanakilesa.
내적인 abbhantarima. ajjhatta. ajjhattika.
내적인 것을 비롯한 세 가지[內·外·內外] ajjhattattika.
내적인 결박 antarāsaṁyojana.
내적인 고통 vātābādha.
내적인 관계에 있는 abbhantarika.
내적인 명상수행의 주제 ajjhattikakammaṭṭhāna.
내적인 물음 ajjhattapucchā.
내적인 물질 ajjhattarūpa. ajjhattikarūpa.
내적인 부패 antodosa.
내적인 빛 āloka.
내적인 슬픔 antoparisoka. antosoka.
내적인 오염 antarākilesa.
내적인 요소를 버림 ajjhattavuṭṭhāna.
내적인 요소에 대한 분석 ajjhattavavatthāna.
내적인 작열 abbhantaraḍāha. abbhantaradāha. antopariḍaha.

내적인 적멸 ajjhattasanti.
내적인 존재의 다발 ajjhattikakkhandha.
내적인 평온 ekaggacitta.
내적인 평온을 중요시하는 upasamagaruka.
내적인 평온을 지닌 ekagga.
내적인 평화 ajjhattasanti.
내적인 현상 ajjhattadhamma.
내지(乃至) antamaso. peyyāla.
내쫓긴 paṇāmita.
내쫓는 °nudaka °nūdaka.
내쫓다 āvarati. niddhāpeti. pabbājeti. paṭivinodeti. uyyāpeti. → 쫓아내다.
내쫓아버리다 paṇāmeti.
내키는 대로 yadicchakaṁ. yathāicchakaṁ.
내키지 않음 akallatā.
내포되지 않은 anantogadha.
내포성(內包性) pariyāpannatta.
내피와 외피가 없는 apagatatacapapaṭika.
내핍(耐乏) sallekha. sallekhatā.
냄비 kapallapāti. kaṭāhaka.
냄비의 가장자리 kaḷopīmukha.
냄새 gandha.
냄새가 나는 pavāsita. gandhaka. pavūsita. vāyin.
냄새가 맡아진 upasiṅghita.
냄새가 없는 niggandha.
냄새가 좋은 surabhi.
냄새나게 하다 vāsāpeti.
냄새를 느끼다 upasiṅghati.
냄새를 맡기 upasiṅghana.
냄새를 맡는 것 ghāyana.
냄새를 맡다 anughāyati. ghāyati. upasiṅghati. siṅghati. vāti. upagghāyati. upaghāyati.
냄새를 맡아 찾아가는 upasiṅghaka.
냄새를 풍기는 upasiṅghita.
냄새를 풍기다 anuvāseti. pavati.
냄새에 대한 갈애 gandhataṇhā.
냄새에 대한 의도 gandhasañcetanā.
냄새에 대한 지각 gandhasaññā.
냄새와 관련이 있는 gandhārammaṇa.
냄새의 감역 gandhāyatana.
냄새의 경계 gandhavisaya.
냄새의 세계 gandhadhātu.
냄새의 요소 gandhadhātu.
냅킨 vicittadukūla.
냉계(冷季) sisira.
냉능향(冷凌香) tagara.
냉담한 katathaddha. thaddha.
냉동고(冷凍庫) himarakkhānāgāra.
냉소(冷笑) ukkhipana. upahāsa.
냉소가(冷笑家) sabbatthadosadassin. sabbavivecaka. sabbajegucchin.
냉소적(冷笑的)으로 upahāsapubbakaṁ.
냉소적(冷笑的)인 niggahasūcaka. sopārambha.
냉소주의(冷笑主義) sabbajigucchā.
냉소하다 anūhasati.
냉장(冷藏) sītalīkaraṇabhājana.
냉장고(冷藏庫) sītalīkaraṇabhājana.
냉장되다 sītalībhavati.
냉장하다 sītalīkaroti.
냉정한 akāmakāmin.
냉철한 upekkhaka.
냉혹(冷酷) kakkhaḷatā. kakkhaḷatta. niṭṭhuriya.
너[당신] tuvaṁ. tvaṁ.
너그러운 vadaññū.
너그러움 vadaññutā.
너는 tvaṁ. tuvaṁ. taṁ.
너를 tvaṁ. tuvaṁ. tavaṁ. taṁ.
너무 ati. atīva. ativiya. bāḷhaṁ.
너무 가까이 atisantike.
너무 가까이 맞댄 atisammukhaṁ.
너무 가는[細] atikisa.
너무 가득 찬 atibharita.
너무 가득 참 atipuṇṇatta.
너무 간결한 atisaṇha.
너무 강하게 atibāḷhaṁ.
너무 거친 atipharusa.
너무 걸쭉한[쌀죽] uttaṇḍāla. uttaṇḍula.
너무 고요한 atisanta.
너무 과민한 atimaṭāhaka(?).
너무 광대한 ativisāla.
너무 굶주린 atichāta.
너무 귀여운 atippiya.
너무 귀여워하다 atimamāyati.
너무 기뻐하다 atimodati.
너무 기쁜 atimoda.
너무 긴장된 atipaggahīta.
너무 깊이 파내다 atikhaṇati.
너무 깊이 파냄 atikhaṇa. atikhaṇana.
너무 깨끗한 피부를 지닌 accodāta.
너무 꼭 묶은 atisambādha.
너무 꾸짖다 atiniggaṇhāti.
너무 넓은 ativisāla.
너무 넘치는 atibharita.
너무 넘침 atipuṇṇatta. atipūra.
너무 높이 atiuccaṁ. atuccaṁ.
너무 높이 올리다 atiuddharati.
너무 느리게 atisaṇikaṁ.

너무 느슨한 atisithila.
너무 늦음 atipapañca.
너무 달콤한 atimadhura.
너무 당기다 atikaḍḍhati.
너무 더운 accuṇha.
너무 더운 상태 atijotitā.
너무 뒤에 atipacchā.
너무 뜨거운 불 atiaggi.
너무 뜨거운 상태 atijotitā.
너무 만족한 atidhāta.
너무 많게 atibāḷhaṁ.
너무 많은 atibahu. atibahuka. ativissaṭṭha. samādhika.
너무 많은 것[法]을 짊어짐 atidhammabhāra.
너무 많은 것에 대한 요구 atiyācanā.
너무 많은 관계를 갖다 accūpasaveti.
너무 많은 물이 포함된 atiudaka.
너무 많은 보시 atidāna. atipadāna.
너무 많은 비 ativuṭṭhi.
너무 많은 술과 섞인 atipakkhittamajja.
너무 많은 죽음과 기아 atidubbhikkhachātaka.
너무 많은 학습 atisikkhita.
너무 많이 atiriva.
너무 많이 끓인 atikilinna.
너무 많이 마시고 먹는 aparimitapānabhojana.
너무 많이 먹다 atibhuñjati.
너무 많이 먹은 사람 alaṁsāṭaka.
너무 많이 물리다 atiañjati.
너무 많이 요구를 하는 atiyācaka.
너무 많이 원하는 atriccha.
너무 많이 지출하는 atippadāna.
너무 많이 펼친 accāyata.
너무 많이 하여 atikaraṁ.
너무 많이 한 atikaṭa.
너무 말이 많은 atimukhara.
너무 맑은 atisayavisuddha. ativisuddha.
너무 매력적인 atimadhura.
너무 매운 atikhara.
너무 멀리 가다 atisarati. accāsarati.
너무 멀리 가지 않는 avidūragamana.
너무 멀어져 kara.
너무 무거운 atibhāriya.
너무 무거운 짐 atibhāra.
너무 무게가 나가는 atibhārita.
너무 밝은 ativisuddha.
너무 방황하는 atisañcara.
너무 배고픈 atichāta.
너무 배부르게 udarâvadehakaṁ.
너무 배부른 atidhāta.
너무 부드러운 atimuduka.
너무 부서지기 쉬운 atimaṭāhaka(?).
너무 불리한 accāhita.
너무 비싼 값을 요구하다 atiañjati.
너무 빠르게 atikkhippaṁ. atilahukaṁ.
너무 빨리 atilahuṁ.
너무 사랑스러운 atipīṇita.
너무 살찐 atithūla.
너무 생각 없이 atilahuṁ.
너무 서두르는 atiturita.
너무 섬세한 atisaṇha.
너무 성장하지 않는 anajjhārūha.
너무 세게 부는 atidhanta.
너무 세게 치는 atidhanta.
너무 세속에 오염된 atilīna.
너무 시끄럽게 외치는 ativassita.
너무 시큼한 atiambila.
너무 신 atiambila.
너무 신중한 atidīghasutta.
너무 심각한 atibhāriya.
너무 심한 atikaṭa.
너무 아래로 잡아당긴 accokkaṭṭha.
너무 아래에 atiheṭṭhā.
너무 아침 일찍 atiussūre.
너무 앞에 atisammukhaṁ.
너무 얇은 atikisa.
너무 어두운 atikāḷa.
너무 어리석은 atimoha. atisammūḷha.
너무 어린 atidahara.
너무 영웅적인[나쁜 의미] atisūra.
너무 예리한 atitikhiṇa.
너무 오래 ativela. aticiraṁ.
너무 오래 걸리다 aticirāyati.
너무 오랜 체류 aticiraṁnivāsa.
너무 위로 atiupari.
너무 유복한 atiphīta.
너무 유창하게 말하는 ativissaṭṭhavākya.
너무 유창한 ativissaṭṭha.
너무 이른 죽음 antarāmaraṇa.
너무 익은 paripakka.
너무 익지 않은 nātipakka.
너무 일찍 atipāto. atipageva. atippageva. atippago.
너무 일찍 존재하는 것 atippagabhāva.
너무 자극적인 atitikhiṇa.
너무 자라지 않는 anajjhārūha.
너무 자랑하는 atidappita.
너무 자만하는 atimatta.
너무 자부심이 강한 accunnatimāna.

너무 자유분방함 atipariccāga.
너무 자주 관계를 갖다 atisevati.
너무 자주 있는 accābhikkhaṇa.
너무 저속한 atilīna.
너무 적거나 너무 많은 ūnâdhika.
너무 적은 atithoka.
너무 존경받지 못하는 appayasa.
너무 좋아하다 atimamāyati.
너무 지체하는 것 atipapañca.
너무 짠 atiloṇa.
너무 짧은 atirassa. atimaṭāhaka(?).
너무 채운 atisayabharita.
너무 청정한 atisayavisuddha.
너무 크게 우는 ativassita.
너무 큰 노력 ativiriya.
너무 탐욕스러운 atirāga.
너무 풍부한 accussanna.
너무 피곤해지다 atikilamati.
너무 하얀 accodāta.
너무 행복한 atidhañña.
너무 허물없는 ativissāsika.
너무 헐거운 atisithila.
너무 현명한 atipaṇḍita.
너무 혼란된 atisammūḷha.
너무 화난 atikuddha.
너무 확장된 연결 atippasaṅga.
너무 흘린[글씨] ativissaṭṭha.
너무 힘없는 atidubbala.
너의 tuyhaṁ. tumhaṁ. tava. tavaṁ.
너털웃음 upahasana. upahasita.
넉넉한 samiddhika.
넋을 빼앗다 ākaḍḍhati.
넋을 잃다 bajjhati.
넋을 잃은 pavāḷha.
넌더리 난 nibbiṇṇa.
넌지시 하는 이야기 pariyāyakathā.
널따란 옷 vitthatacīvara.
널리 puthu. pari°.
널리 경계하는 jāgarabahu.
널리 관습적으로 실천된 āciṇṇasamāciṇṇa.
널리 돌아다니다 anuparigacchati.
널리 보는 자 aññadatthudasa.
널리 비추는 verocanaka.
널리 알려서 얻은 (음식) saṅkitti.
널리 알려진 pākata. pākaṭa. patthaṭa. vissuta. vitthā- rika.
널리 알려진 님[부처님] sutassava.
널리 알려진 위험 pākataparissaya.
널리 알림 ārocāpana. pakāsa. pakāsana.
널리 인구에 회자되는 dūraghuṭṭa.
널리 퍼져나가다 abhivyāpeti.
널리 퍼져나간 paripakkata.
널리 퍼져나감 abhivyāpana.
널리 퍼지게 하다 paribhāveti.
널리 퍼지다 abhivyāpeti. parippharati.
널리 퍼진 paribhāvita. paripphuṭṭha. parippuhta. parivitthiṇṇa. patthaṭa. puthubhūta. phuṭa. ussanna. vitthārika.
널리 퍼짐 abhivyāpana.
널리 흩어진 paripakkata.
널빤지 padara. phāla. phalaka.
널빤지 의자 phalakapīṭha.
널빤지가 깔린 침대 phalakaseyya.
널찍한 공간 udaṅgaṇa.
넓게 puthuso.
넓은 mahant. oḷārika. puthu. puthula. uru. vatta. vihata. visāla. visaṭa. vitthata. vitthiṇṇa. bhūri.
넓은 정원 udaṅgaṇa.
넓은 지혜 puthupaññatā. puthupaññatta.
넓은 지혜를 지닌 (자) puthupañña.
넓이 āyāma. visālatā.
넓적다리 satthi. ūru.
넓혀진 otata. patthaṭa. vitthiṇṇa.
넓히다 patāyati.
넘겨주다 anupadeti. anupavecchati. ativahati. dadāti. nissajjati. samappeti. sampadāti. vissajjeti.
넘겨준 anissaṭṭha.
넘겨줌 sanniyyātana. sampadāna.
넘겨진 nissaṭṭha. samappita. vissajjita.
넘다 ajjhottharati.
넘어 도달하다 samatigganhāti.
넘어가는 vītikama. vītikkama. samatikkama. upātivatta.
넘어가다 abbhudeti. samatikkamati. samuttarati. upātivattati. vītikkamati. vītivatteti.
넘어간 atikkanta. vītivatta.
넘어감 abbhuddaya.
넘어뜨리다 avasumbhati.
넘어서 para. paraṁ. paro. upari. tiro.
넘어서 나아가다 abbhussakati. abbhussakkati.
넘어서다 samativattati.
넘어서지 못한 anatīta.
넘어서지 않은 avītikkanta.
넘어선 para.
넘어져야 하는 사실 pātavyatā.
넘어지게 하다 ākaḍḍhati. khaleti. seveti.
넘어지다 nikkujjati. ogalati. ogaḷati. opatati. pa-

patati. pakkhalati.
넘어진 patita. pātita.
넘어짐 apacāra. papatana.
넘쳐흐르는 avasiñcanaka. parissuta. udaka-vāhaka. ussadaka. ussuta.
넘쳐흐르다 vissandati.
넘쳐흐르지 않는 anavaseka. anavasiñcanaka. aparissavanaka. anavasitta. anotthata.
넘쳐흐르지 않음 anottharaṇa.
넘쳐흘러서는 안 될 anottharaṇīya.
넘치게 하다 abhisandeti. ottharati. parisandeti. umbheti.
넘치는 abhisanna. abhissanna. ussadaka. ussa-dakajāta. vissandaka. vyāpin.
넘치다 otthariyati. ottharīyati. saṁvissandati. umbhati. uttarati.
넘치지 않은 anavassuta.
넘치지 않음 anavassava.
넘칠 듯한 samatitthika. samatittika. sama-tittiya. tittika.
넘침 ussādana. umbhanā.
넝마 nantaka. pilotikā.
넝마 조각이 끊긴 chinnapilotika.
넝마로 만든 누더기 옷 paṁsukūla.
넝마조각 pilotikākhaṇḍa.
넝쿨 badālatā. latā. vetta. vettalaṭa. kālavalli. kadambapupphavallī. indavallī.
넝쿨길 vettapatha.
넝쿨끈 vettabandhana.
넝쿨로 묶음 vettabandhana.
넝쿨식물 māluvā. vettalaṭa. sāmalatā.
넝쿨엮기 latākamma.
넝쿨을 엮은 작품 latākamma.
넝쿨의 넝쿨손 soṇḍikā.
넝쿨의 씨앗 māluvābīja.
넝쿨의 얽힘 vettabandhana.
넝쿨의 열매 gavipphala.
넝쿨의 종자 māluvābīja.
넝쿨의 화관 vettavalli.
넝쿨의 화환 vettavalli.
넝쿨풀 kalambuka. kalambukā.
넣다 saṁsāveti. upaveseti. paveseti.
넣어지다 acchupīyati.
넣어질 것이 필요가 없는 anāsittaka.
네 가지 caturaṅga.
네 가지 가르침의 분야 cattāri dhammapadāni.
네 가지 갈애의 발생 cattāro taṇhuppāda.
네 가지 개체의 획득 cattāro attabhāvapaṭilābha.
네 가지 거룩하지 못한 말 cattāro anariyavohārā.
네 가지 거룩한 진리 cattāri ariyasaccāni.
네 가지 거룩한 진리의 가르침을 배운 사람 nahātaka.
네 가지 거센 흐름 cattāro oghā.
네 가지 거센 흐름을 건넌 atikkantacaturogha.
네 가지 견해의 부전도 cattāro na diṭṭhivipallāsā.
네 가지 견해의 전도 cattāro diṭṭhivipallāsā.
네 가지 결생 catubbidhapaṭisandhi.
네 가지 결정처 cattāri adhiṭṭhānāni.
네 가지 경지 cattāri phalāni.
네 가지 계급 cattāro vaṇṇā.
네 가지 계박 cattāro ganthā.
네 가지 고귀하지 못한 말 cattāro anariyavohārā.
네 가지 고귀한 님의 혈맥 cattāro ariyavaṁsā.
네 가지 고귀한 말 cattāro ariyavohārā.
네 가지 공덕 cattāro ānisaṁsā.
네 가지 과보 cattāri phalāni.
네 가지 관찰의 성취 cattaso dassanasamāpattiyo.
네 가지 광대한 존재 cattāri mahābhūtāni.
네 가지 구성요소의 존재 catuvokārabhava.
네 가지 금계에 의한 제어[니간타] catuyāma-saṁvara.
네 가지 기반 cattāri adhiṭṭhānāni.
네 가지 길과 네 가지 경지 cattāro paṭipannā. cattāro phalā.
네 가지 길에 대한 앎 catumaggañāṇa.
네 가지 깨달아져야 할 원리 cattāro sacchika-raṇīyā dhammā.
네 가지 꽃의 향기 catujātigandha.
네 가지 나쁜 길 cattāro apāyā.
네 가지 나쁜 운명 cattāro apāya.
네 가지 다발(四蘊)을 갖춘 자 catuvokarābhava.
네 가지 단계를 지닌 catubhūmika.
네 가지 달콤한 것[버터 · 꿀 · 설탕 · 참기름] ca-tumadhura.
네 가지 동거 cattāro saṁvāsā.
네 가지 동요 catasso tassanā.
네 가지 두려움 cattāri bhayāni.
네 가지 두려움 없음 cattāri vesārajjāni.
네 가지 마음의 부전도 cattāro na cittavipallāsā
네 가지 마음의 전도 cattāro cittavipallāsā.
네 가지 멍에 cattāro yogā. catuyoga.
네 가지 멍에로부터 벗어남 cattāro visaṁyogā. cattāro visaññogā.
네 가지 멍에를 떠남 cattāro visaṁyogā.
네 가지 모태 catasso yoniyo.
네 가지 무량한 것 catasso appamaññayo.
네 가지 무량한 마음 cattāri appamāṇacittāni.

네 가지 무리의 catuvagga.
네 가지 미세한 통찰 cattāri sokhummāni.
네 가지 버려질 수 없는 장소 cattāri avijahitaṭṭhānāni.
네 가지 번뇌 cattāro āsavā.
네 가지 번뇌를 끊는 정신적 활동 cattāri balāni.
네 가지 번뇌의 경계(境界) catasso sīmāyo.
네 가지 번영 catasso iddhiyo. caturussada.
네 가지 보륜 cattāri cakkāni.
네 가지 보시의 정화 catasso dakkhināvisuddhiyo.
네 가지 분석적인 앎 catasso paṭisambhidā.
네 가지 불가사의 cattāri acinteyyāni.
네 가지 비구름과 같은 사람 cattāro valāhakūpamā puggalā.
네 가지 비물질계의 선정 cattāro arūpajjhāna.
네 가지 비물질적 세계 cattāro arūpā.
네 가지 비탄의 상태 cattāro paridevadhammā.
네 가지 삶의 방식 cattāri dhammasamādānāni. cattāro dhammasamādānā.
네 가지 삼매 cattāro samādhi.
네 가지 삼매의 수행 catasso samādhibhāvanā.
네 가지 새김의 토대 cattāro satipaṭṭhānā.
네 가지 새김의 확립 cattāro satipaṭṭhānā.
네 가지 섭수의 토대 cattāri saṅgahavatthūni.
네 가지 세계 catasso dhātuyo.
네 가지 속박 cattāro ganthā.
네 가지 수행자의 경지 cattāri sāmaññaphalāni.
네 가지 실천의 길 catasso paṭipadā.
네 가지 악마 cattaro mārā.
네 가지 안식 cattāro assāsa.
네 가지 앎 cattāriñāṇāni.
네 가지 언어적 악행 catubbidha vacīduccarita.
네 가지 영향 cattāro adhipatī.
네 가지 예지의 종류 catasso ādesanavidhā.
네 가지 오염의 단계 catasso kilesabhūmiyo.
네 가지 올바른 정근 cattāro sammappadhānā.
네 가지 요소 catasso dhātuyo.
네 가지 의식의 주처 catasso viññāṇaṭṭhitiyo.
네 가지 의식이 머무는 기반 catasso viññāṇaṭṭhitiyo.
네 가지 의지 cattāri apassenāni.
네 가지 입태 catasso gabbhâvakkantiyo.
네 가지 자기존재의 획득 cattāro attabhāvapaṭilābhā.
네 가지 자양 cattāro āhārā.
네 가지 쟁사 cattāri adhikaraṇāni.
네 가지 전도(顚倒) catu(b)bipallāsa.
네 가지 정신·신체적 계박 cattāro kāyaganthā. cattāro ganthā.
네 가지 정진 cattāri padhānāni.
네 가지 주요한 가르침의 다발 cattāro dhammakkhandhā.
네 가지 즐거움의 추구 cattāro sukhallikānuyogā.
네 가지 지각 catasso saññā.
네 가지 지각의 부전도 cattāro na saññāvipallāsā.
네 가지 지각의 전도 cattāro saññāvipallāsā.
네 가지 진리 cattāri saccāni.
네 가지 진리의 기초 cattāri dhammapadāni.
네 가지 질문을 다루는 방식 cattāro pañhavyākaraṇā.
네 가지 집중 cattāro samādhi.
네 가지 집착 cattāri upādānāni.
네 가지 청정계 catupārisuddhisīla.
네 가지 청정을 위한 노력의 고리 cattāri pārisuddhipadhāniyaṅgāni.
네 가지 청정한 계행 catupārisuddhisīla.
네 가지 청정한 보시 catasso dakkhināvisuddhiyo.
네 가지 청정한 삶 cattāro brahmavihārā.
네 가지 초월적 능력의 기초 cattāro iddhipādā.
네 가지 최상의 믿음 cattāro aggappasādā.
네 가지 타인의 해탈에 대한 앎 catasso parapuggalavimuttiñāṇā.
네 가지 필수품 catupaccaya.
네 가지 하느님과 함께 하는 삶 cattāro brahmavihārā.
네 가지 하느님의 삶 cattāro brahmavihārā.
네 가지 한계 cattāro pariyantā.
네 가지 한량없는 마음 cattāri appamāṇacittāni.
네 가지 한량없음 catasso appamaññāyo.
네 가지 행동양식 cattāro iriyāpathā.
네 가지 행위 cattārikammāni.
네 가지 행해서는 안 되는 것에 대한 실천 cattāri agatigamanāni.
네 가지 헤아릴 수 없는 우주기 cattāri asaṅkheyyakappāni.
네 가지 흐름에 드는 길의 고리 cattāri sotapattiyaṅgāni.
네 가지 흐름에 든 님의 고리 cattāri sotâpannassa aṅgāni.
네 개 한 벌 catukka.
네 겹의 catugguṇa.
네 달 catumāsa.
네 모퉁이를 가진 caturaṁsa.

네 문을 지닌 catudvāra.
네 방향의 대왕 cattāro mahārājā.
네 번 catukkhatuṁ.
네 번째 catuttha. uttha. uḍḍha.
네 번째 계급 ākhughāta.
네 번째 부분 catubbhāga.
네 번째 선정 catutthajjhāna.
네 부문으로 구성된 caturaṅgika. caturaṅgin.
네 부분으로 구성된 것 catukka.
네 부분으로 이루어진 제사 catukkayañña.
네 분을 위한 식사 catukkabhatta.
네 사람 catukka.
네 쌍으로 여덟이 되는 참사람 cattāri purisayugāni. aṭṭha purisapuggalā.
네 쌍의 성자의 지위 cattāri. purisayugāni.
네 쌍의 참사람 cattāri purisayugāni.
네 위대한 왕들의 하늘나라 cattāro mahārājā.
네 위대한 왕들의 하늘나라 신들 cātummahārājikā devā.
네 위대한 왕들의 하늘나라의 cātummahārājika.
네 위대한 왕들의 하늘나라의 신들의 모임 cātummahārājikaparisā.
네 종류의 catubbidha. catuvidha. catudhā.
네 종류의 교계 catasso anusāsanavidhā.
네 종류의 마음 catubbidha citta.
네 종류의 사람 cattāro puggalā.
네 종류의 선(白)과 악(黑)에 따른 업 cattāri kammāni.
네 종류의 성자 cattāro ariyavaṁsā.
네 종류의 업 catubbidhakamma.
네 종류의 요소들의 분석 catudhātuvavatthāna.
네 종류의 참사람 cattāro puggalā.
네 집으로 구성된 catu(s)sālā.
네 통의 catudoṇika.
네거리 → 사거리.
네란자라[지명] Nerañjarā.
네모진 공터 catu(s)sālā.
네민다라[지명] Nemindhara.
네발이 있는 catu(p)pada.
네발짐승 catu(p)pada.
넥타 pīyūsa. amata. sudhābhojana.
넬렐루[야차] Neḷeru.
넷(4) catu. catur. caturo. cattāri. catasso. aṭṭhaḍḍha. aḍḍhaṭṭha. aṭṭhaḍḍha.
년(年) hāyana. saṁvacchara. vassa. vacchara.
념(念) upaṭṭhitasati.
노[棹] phiya.
노고(勞苦) ārambha. ussāha. vāyāma. uyyāma. uyyoga. viriya.
노고가 많은 sārambha.
노고가 많은 제사 sārambhayañña.
노고가 없는 appasamārambha. nirārambha.
노곤한 sāthalika.
노균병(露菌病) setaṭṭhikā.
노끈 āḷhā.
노년(老年) jarā. jaras. jaratā. vaddhavya.
노년기의 십년생애 mandadasaka.
노년에 이른 vayovuddha.
노년의 출가자 vuḍḍhapabbajita.
노는 abhirama. kīḷita. rāmakara.
노는 데 열중한 kīḷanāpasuta.
노대(老大)한 mahallaka.
노도(怒濤) kallola.
노동(勞動) kamma. āyāsa. parissama. hatthakamma.
노동력(勞動力) veyyāvaccakamma.
노동자(勞動者) kammakara. kammakāra. kammantika. kammantikamanussa. kammika. bhataka. vetanika.
노란 pīta.
노란 그림물감 pītana.
노란 미로발란 나무 abhatā[?].
노란 발 haripada.
노란 호박 pītakumbhanda.
노란색 dantakāsava. pītavaṇṇa.
노란색옷 pītavattha.
노란색의 sāma. paṇḍu.
노란색이 깃든 청색의 paṇḍu.
노란색천 pītavattha.
노랑의 두루채움을 위로 아래로 옆으로 유일하게 한량없이 지각하는 것 pītakasiṇa.
노랑의 두루채움이라는 명상토대 pītakasiṇa.
노랗게 된 uppaṇḍuppaṇḍukajāta.
노래·춤·음악·연극 등을 보는 것을 삼가는 것 naccagītavādiitavisūkadasanā veramaṇī.
노래 gandhabbā. gāyana. gīta. sāma. saṅgīta. saṅgīti.
노래로 답하다 paṭigāyati. paṭigāti.
노래불러진 abhigīta. pavutta.
노래소리 gītarava. gītasadda. gītassara. ruta.
노래와 음악 gītavādita.
노래하는 abhigajjin.
노래하다 gāyati. laḷati. lalati. uggāyati. upakujjati.
노력(努力) anosakkana. ārambha. ātapa. ātāpa. ātappa. āyatana. āyoga. āyūhana. āyūhanā. āyūhanī. īhā. īhana. nikkama. nisevana. nisevanā. nissama. padhāna. paggaha. parakkama.

parissama. payatana. payogakaraṇa. samārambha. samīhita. upakkama. ussāha. ussahana. ussoḷhi. ussukka. uṭṭhāna. uyyāma. vavassagga. vāyāma. vikkamana. viriya. viyārambha. yatana. yoga. voyoga(?).
노력과 관련된 padhāniya.
노력부족으로 인한 위축 anussāhasaṁhananatā.
노력없이 īsaṁ.
노력없이 완전한 열반에 드는 님 asaṅkhāraparinibbāyin.
노력을 본질로 하는 āyūhanarasa.
노력을 이유로 āyūhanapaccayā.
노력을 잘 다진 susamāgata.
노력의 능력 viriyindriya.
노력의 대상 vavassaggārammaṇa.
노력의 부족 payogahīna.
노력의 성취 uṭṭhānasampatti. uṭṭhānasampadā.
노력의 요소 padhānaṅga. padhāniyaṅga.
노력의 특수한 동기 āyūhanatthavasa.
노력의 형성 āyūhanasaṅkhāra.
노력이 결여된 hīnaviriya.
노력이 부족한 hīnaviriya.
노력이 없는 anussukka.
노력이 없음 anussāha.
노력이 이루어진 īhita.
노력정진(努力精進) āraddhaviriya.
노력하게 만들다 āyūhāpeti.
노력하는 abbhusūyaka. anukaṅkhin. anusārin. anvesin. atandita. ātāpin. āyatta. gavesin. padhānavant. padhānika. pahita. payatta. samīhita. ussuka. uṭṭhānavant. uṭṭhita. viriyavant. yatta. katayoga
노력하는 마음 paggahitacitta.
노력하는 시간 āyūhanakāla.
노력하다 abhijappati. abhipassati. alati. āyatati. āyūhati. dhanāyati. esati. gavesati. ghaṭati. īhati. nikkamati. padahati. paggaṇhāti. parakkamati. parisakkati. patāreti. samīhati. sampādeti. sampaggaṇhāti. saṅkappeti. upakkamati. upanamati. ussahati. ussakkati. ussukkati. uṭṭhahati. uṭṭhāti. uyyamati. uyyuñjati. vāyamati. vikkamati. yatati. yuñjati. parakkamati.
노력하여 완전한 열반에 드는 님 sasaṅkhāraparinibbāyin.
노력하지 않는 anātāpin. anāyūha. anīhamāna.
노력하지 않음 anāyatana. anāyūhana.
노력한 uyyuta. uyyutta.
노른자 aṇḍamiñjā. kalala.
노름꾼 dhutta. jūtakāra.
노름꾼이 아닌 자 ajūtakara.
노름밑천 odhisuṅka.
노름집 jūtasālā.
노마(駑馬) abalassa. assakhaluṅka.
노망(老妄) jiṇṇatā.
노법(老法) jarādhamma.
노복(奴僕) bhacca. dāsa. dāsakammakara. dāsaka.
노상강도(路上强盜) maggadūsin. panthadūhana. pāripanthika. pathadūsaka. viparāmāsa. viparāmosa.
노새 assatara. assatara. gadrabha. khara.
노속(蘆束) nalakalāpī.
노쇠(老衰) jarā. jaras. jiṇṇatā. jīraṇa.
노쇠포(老衰怖) jarābhaya.
노쇠하다 jīrati. jīrayati.
노쇠하지 않는 ajajjara.
노쇠한 jajjara. jarāja. jiṇṇa. parijiṇṇa.
노쇠해지다 jajjarati.
노예(奴隷) upakkitaka. upakkītaka. bandhupāda. sudda. āhataka. āmajāta. bandhupāda. ceṭa. dāsa. dāsaka. dāsakammakara. karamara. paddhacara. paddhagu. pessika. pessiya. pesiya. ukkala. sudda.
노예노동자 kammantadāsa.
노예로 태어난 āmāyadāsa.
노예병사 dāsakapatta.
노예상(奴隷商) sattavaṇijjā. sattavāṇijjā.
노예상태 dāsabya. dāsavya. dāsitta.
노예상태로 전락한 abhujissabhāvakaraṇa.
노예상태를 벗어남 bhojisiya.
노예의 amājāta.
노예의 신분 dāsabya. dāsavya. dāsitta.
노예의 아들 dāsīputta.
노예의 재산 dāsībhoga.
노와 키 phiyâritta. piyâritta.
노인(老人) jiṇṇaka. mahallaka.
노자(路資) pātheyya(ka). sambala.
노적(露積) ussāvabindu.
노정(路程)에 피곤한 maggakilanta.
노지(露地) abbhokāsa. thaṇḍila.
노지주지(露地住支) abbhokāsikaṅga.
노천(露天) abbhokāsa. ajjhokāsa.
노천에서 지내는 abbhokāsikaṅga. abbhokāsika.
노천에서 지내는 수행 abbhokāsikaṅga.
노천좌행자(露天坐行者) abbhokāsika.
노초(蘆草) pabbaja.
노출되지 않은 aniddiṭṭha. anuttāna.

노출하다 opunāti. opuṇāti.
노크 ākoṭana. ākoṭanā. vighaṭṭana.
노크한 ākoṭita.
노파(老婆) mahallikā. mahitthī.
노회(蘆薈) kāliya.
노회수(蘆薈樹) agalu.
노획(虜獲) rodhana. gahaṇa. bandhana.
노획된 āhaṭa.
노획된 깃발 dhajāhaṭa. dhajabaddha.
노획물(虜獲物) hāra.
녹다 līyati. vilīyati. visīyati.
녹로(轆轤) kulālacakka. bhama.
녹로공(轆轤工) bhamakāra. cundakāra.
녹림(鹿林) migâraññа.
녹색(綠色) harita.
녹수(漉水)하다 parissāveti.
녹수낭(漉水囊) caṅgavāra. caṅgavāraka. parissāvana.
녹수낭을 지닌 parissāvanaka.
녹슨 kaṇṇakita.
녹심(鹿心) migabhūtaceto.
녹아 없어지다 pavilīyati.
녹아들다 anupeti.
녹야원(鹿野園) migadāya.
녹은 kuṭṭhita. sandhanta.
녹음(綠陰) pacchāyā.
녹자모강당(鹿子母講堂) migāramātupāsāda.
녹좌(鹿座) sarabhapallaṅka.
녹주옥(綠珠玉) nīlamaṇi.
녹즙(綠汁) pattarasa.
녹피(鹿皮) ajina.
녹피의(鹿皮依) ajinakkhipa.
논[畓] anūpakhetta. kedāra. sālikedāra.
논거(論據)를 대다 ākaḍḍhati.
논두둑 kedārapāḷi.
논둑 kedārapāḷi.
논리(論理) ñāya. nīti. takka. takkaṇa.
논리가(論理家) ñāyaññū.
논리적으로 어긋남이 없는 avyabhicāra. avyabhicāri. avyabhicārin.
논리적으로 어긋남이 없는 표현 avyabhicāravohāra. avyabhicārivohāra.
논리적이고 본질적인 yāthāvasarasa.
논리적인 yāthāva.→ 논리적으로 어긋남이 없는.
논리적인 귀결 anvayasaṁsagga. āpajjana. āpatti.
논리적인 언어 yāthāvavacana.
논리적인 특징을 지닌 yāthāvalakkhaṇa.
논모(論母) mātikā.
논모를 지지하는 것 mātikādhara.
논모의 개설부분 mātikānikkhepavāra.
논모의 개요 mātikānikkhepa.
논모의 구절(論母句) mātikāpada.
논문(論文) pakaraṇa. racanā. racanāvisaya.
논박(論駁) nirākaraṇa. niggaha. paccakkhāna.
논박된 apāhata. vādakhitta.
논박하다 paṭimanteti.
논밭 sassaṭṭhāna. kedāra.
논사(論師) vādin.
논사(論事)[논장] Kathāvatthu.
논사(論事)에 대한 강론 kathāvatthudesana.
논서(論書) pakaraṇa.
논설하다 pavadati.
논의(論議) ālocana. ālocanā. mantaṇā. sākacchā. vicāraṇa. vicāraṇā.
논의가 없는 anapadesa.
논의당(論議堂) kutūhalasālā.
논의된 vitakkita.
논의의 제목 mātikā.
논의하다 manteti. sākaccheti. sākacchāyati. āloceti. vicāreti. vitakketi.
논자(論者) akkhāyin.
논장(論藏) abhidhammapiṭaka.
논쟁(論爭) adhikaraṇa. anupāta. anusampavaṅkatā. bhassa. kalaha. kathôjja. pavāda. pavitakka. vācanaka. vāda. viggaha. viggāhikakathā. vipphandita. vivāda. vivadana
논쟁과 소송 vivādâdhikaraṇa.
논쟁사(論爭事) vivādâdhikaraṇa.
논쟁에 경험이 있는 bhassappavedin.
논쟁에 능숙한 katavādaparicaya.
논쟁으로 인한 쟁사 vivādâdhikaraṇa.
논쟁의 viggāhika.
논쟁의 방식 vivādapatha.
논쟁의 소음 kalahasadda.
논쟁의 요점 kathāvatthu.
논쟁의 원인 vivādamūla.
논쟁이 없음 avivāda.
논쟁자(論爭者) vivādakāraka.
논쟁하기를 좋아하는 adhikaraṇika.
논쟁하는 습관이 있는 vādasīla.
논쟁하는 자 adhikaraṇakāraka. vivādaka. vivādātar.
논쟁하다 vilometi. vippavadati. vivadati. vivādiyati.
논쟁학(論爭學) vādasattha.
논점(論点) kathāvatthu.
논점이라는 사실 kathāvatthubhāva.

논증(論證) apadesa. apadisa. apadisana. paccakkhakamma.
논지(論旨) racanāvisaya.
논파(論破) nirākaraṇa. paccakkhāna.
논파된 āropita.
논파하다 ojināti. vādaṁ āropeti. niraṅkaroti. nirākaroti.
논힐(論詰) upārambha. upārambhanā.
논힐하다 upārambhati.
놀게 하다 abhiramāpeti. laḷeti. lāḷeti.
놀기 좋아하는 vilasita.
놀다 abhikīḷati. abhiramati. dibbati. kīḷati. laḷati. lalati. lasati. lāseti. paricāreti. ramati. saṅkelāyati. saṅkīḷati. vilasati.
놀라게 하는 bhīmala. santāsaniya.
놀라게 하다 tāseti. uttāseti. vimhāpeti.
놀라게 함 vimhāpana.
놀라는 anamha. chambhin.
놀라다 chambheti. santasati. vikkhambhati.
놀라운 acchariya. acchariyarūpa. mahânubhāra.
놀라운 법 acchariyadhamma.
놀라운 사람 acchariyamanussa.
놀라운 이야기 acchariyakathā.
놀라운 진보를 지닌 abbhutakkama.
놀라운 커다란 덕성의 광산 abbhutôruguṇâkara.
놀라움 acchara.
놀라움과 불가사의와 경이로움으로 가득 찬 acchariyabbhutacittajāta.
놀라움의 비명 hiṅkāra.
놀라지 않은 anutrasta.
놀란 chambhita. ubbegappatta. vimana. vimhita.
놀랄만한 abbhuta. pāṭihāriya.
놀람 chambhitatta. khambha. ugghāta. vimhaya.
놀랍게 abbhutaṁ.
놀랍지 않은 anacchariya.
놀리다 sammoheti. sañjagghati. vippalambheti.
놀음 paṇitaka. → 도박.
놀이 dava. dūta. hāsadhamma. keḷi. khiḍḍā. kīḷanā. kīḷā. kīḷikā. lāsa. līlā. līḷā. nacca. naṭṭa. nattana. vikkīḷita. santikā.
놀이공 geṇḍuka. kīḷāgoḷa. kīḷāgoḷaka. bheṇḍuka.
놀이꾼 kīḷaka.
놀이를 유도하는 사람 kīḷāpanaka.
놀이방 kutūhalasālā.
놀이에 몰두한 nīkīḷita.
놀이에 의해 퇴락한 신들의 세계 khiḍḍāpadosika. khiḍḍāpadūsika.
놀이의 단계 khiḍḍābhūmi.
놀이집 kīḷāsāḷā.
놀이친구 sahapaṁsukīḷita. sakumāra.
놀이터 kīḷāmaṇḍala.
놀이판 keḷimaṇḍala.
놀이하다 nikīḷati.
놋쇠 āra. ārakūṭa. loha. rīti.
놋쇠의 세공사(細工師) vaṭṭakāra.
농(膿) assāva.
농경(農耕) → 농업(農業).
농경의 도구 kasibhaṇḍa.
농난상(膿爛想) vipubbakasaññā.
농담(農談) hassa. silesa. vilāpa. vilāpanatā.
농담으로 hasamānaka.
농담하다 sañjagghati.
농독증(膿毒症) lohitadūsana.
농락당하고 버려진 여자 jahitikā.
농부(農夫) kassaka. kuṭipurisa. naṅgalin.
농부의 모습 kassakavaṇṇa.
농양(膿瘍) medagaṇṭhi.
농업(農業) kasi. kasī. kasana. kasikamma. kasikaraṇa. sassakamma.
농업과 목축 kasigorakkha.
농원(農園) ropa. sassaṭṭhāna.
농장(農場) → 농원.
농포(膿疱) guḷā. piḷakā.
농혈증(膿血症) lohitadūsana.
높게 uccā. uddha. uddhaṁ.
높고 낮은 paropariya. parovara. uccâvaca. uccanīca. uccānīca. unnāmininnāmin.
높아지다 ubbattati. ubbaṭṭati.
높여지지 않은 anuṇṇata.
높은 brahant. oḷārika. tuṅga. ubbedhavat. ucca. ucchita. ucciya. udatta. uggata. ukkūla. unnata. uṇṇata. ussanna. ussaṭa. ussita.
높은 값어치의 paripīta.
높은 곳에서 부는 바람 verambavāta.
높은 곳에서 부는 바람의 veramba. verambha.
높은 단계의 uddhaṁbhāgiya.
높은 단계의 길 uparimamagga.
높은 단계의 장애들 uddhaṁbhāgiyasaṁyojanāni.
높은 대나무 uggatavaṁsa.
높은 상태에 도달한 자 visesagū.
높은 소리 uccāsadda. uddhaṁsara.
높은 소리로 uddhaṁsaraṁ.
높은 숫자의 일종 uppala.
높은 시원한 지역 ussannasītadesa.
높은 신분의 ariya. uggatatta.

높은 열 uṇhapariḷāha.
높은 자리 uccâsana.
높은 장소 uccaṭṭhāna. uccāṭṭhāna.
높은 지위 iddhi. uccaṭṭhāna. uccāṭṭhāna. uggatabhāva. yasa. yaso.
높은 지위를 지닌 uggatatta.
높은 지위의 사람 iddhi.
높은 침대 uccāsayana.
높은 침대나 큰 침대에서 자는 것을 삼가는 것 uccāsayanamahāsayanā veramaṇī.
높은 토대를 가진 uccavatthuka.
높이 ubbedha. uccatta. udaya. ussaya.
높이 들어 올려진 코끼리 코 uccāsoṇḍā.
높이 들어진 ullaṅghita.
높이 쌓은 upocita.
높이 오르다 abbhussakati. abbhussakkati.
높이 올리다 abhidhārayati. uccāreti.
높이 일어지 않은 anuggata.
높이 존경받는 atigaru.
높이 찬양받는 atitthuta. atippasattha.
높이 평가받는 가문에 속하는 aggakulika.
높이다 unnāmeti.
높인 upāta.
높지 않은 anuggata.
높지 않음 anuggamana.
놓고 나서 vidhāya.
놓는 ādadhāna. ṭhāpaka.
놓다 ādahati. dahati. karoti. odahati. opati. opeti. otārayati. otāreti. samappeti. saṁsādeti. ṭhapeti. upadahati. upaveseti.
놓아두고 ṭhapetvā.
놓아버리는 자 muttacāga.
놓아버리다 paṭinissajjati.
놓아버림 visaṭṭhi.
놓아져야 하는 uddheyya.
놓아주기 vavassagga.
놓아주다 cajati. moceti. nissajjati. omuñcati. ossajati. ossajjati. osajati. osajjati. osārayati. osāreti. palāpeti. palisajjati. pamuñcati. pasajati. paṭimuñcati. muñcati. ussajati. ussajjati.
놓아준 pamutta.
놓아줄 의도가 없는 amuñcitukamyatā.
놓아줌 pamocana.
놓아진 ossaṭṭha.
놓여야 할 ādheyya.
놓여진 āhita. ajjhohita. avasita. nikkhitta. ohita. sannihita.
놓은 nihita.
놓음 nikkhepa. odahana.
놓쳐버린 viraddha.
놓치다 avarajjhati. virādheti. virajjahati.
놓친 aparaddha. saṭṭha. virādhita.
놓침 viraddhi.
뇌(腦) matthaluṅga.
뇌(惱) ubbega. upāyāsa. upāyāsanā.
뇌괴(惱壞) ruppana.
뇌란시키는 pakopana.
뇌란자(惱亂者) pakaṭṭhaka.
뇌물(賂物) lañca. pābhati. ukkoca.
뇌물로 생활하는 사람 lañcakhādaka.
뇌물로써 부자가 된 자 lañcavittaka.
뇌물을 받은 죄 ukkoṭanaka.
뇌물을 받은 죄에 해당하는 ukkoṭanaka.
뇌물을 받음 lañcaggāha.
뇌물주기 lañcadāna.
뇌병(惱病)이 없는 nirātaṅka.
뇌수(腦髓) matthaluṅga.
뇌수까지의 다섯 종류 matthaluṅgapañcaka.
뇌수종(腦水腫) matthaluṅgasopha.
뇌운(雷雲) jīmūta. valāhaka.
뇌해(惱害) bādha. heṭhanā. palāsa. vighāta.
뇌해(惱害)를 입다 upahaññati.
뇌해(惱害)를 입은 upahata. paripīḷita.
뇌해자(惱害者) palāsin. paḷāsin.
뇌해파괴지(惱害破壞地) vighātabhūmi.
누가 ~ 적당한 ko samattha.
누가 ~ 할 수 있는 ko samattha.
누가 ko.
누각(樓閣) pāsāda.
누각의 평평한 지붕 ākāsatala.
누구 ka. kā. katara. katama.
누구 때문에 kasmā.
누구든 kāsānaṁ.
누구든지 원해진 icchiticchita.
누구든지 원해진 고기 icchiticchitamaṁsa.
누구에 의해 kena.
누구의 kassa.
누군가에 속하는 sassāmika.
누나 anti. antikā.
누대(樓臺) pāsādamaṅgala.
누더기 kappaṭa. nantaka. kacavara. ponti.
누더기 옷의 천 조각 sāhunna.
누더기를 걸친 katapaṁsukūla.
누더기를 입은 otallaka.
누더기옷만을 입는 paṁsukūlika.
누더기옷만을 입는 수행 paṁsukūlikaṅga.
누더기옷을 입은 katapaṁsukūla.
누런색의 장식용 돌 paṇḍukambalasilā.

누르고 āhacca.
누르다 apanāmeti.
누르스름한 āpīta. maṅgula. paṇḍara. paṇḍu. uppaṇḍuppaṇḍukajāta.
누르스름한 붉은색의 pītâruṇa.
누름 nittharaṇa.
누불상응(漏不相應) āsavavippayutta.
누상응(漏相應) āsavasampayutta.
누설(漏泄) vivaraṇa. vivaraṇā.
누설되는 곳 apāya.
누설되다 uggharati.
누설된 vivaṭa.
누에 kosakāraka.
누에고치 kosa.
누에고치를 만드는 자 kosakāraka.
누옥(樓屋) hammiya.
누운 nipanna. nipannaka. sayita. sāyika. sāyin.
누운 자 nipajjitar.
누움 adhisayana. sayana. sena. seyyā. nipajjā.
누워있는 sayita. sāyika. sāyin.
누워있음 saṁvesanā.
누월수녀(漏月水女) paggharantī.
누이동생 kaṇiṭṭhā. kaṇiṭṭhikā. kaṇiṭṭhī.
누이와 같은 아내 bhaginībhariyā.
누이의 아들보다 사랑스러운 자 atibhaginiputta.
누이정도의 (연령의) 여자 bhaginīmattī.
누진(漏盡) āsavakkhaya.
누진자(漏盡者) khīṇāsava. bhūta. niddasa.
누진지(漏盡智) āsavakkhayañāṇa.
누진통(漏盡通) āsavakkhayañāṇa.
누출(漏出)하다 paggharati.
눈[雪] tuhina. hima.
눈[芽] koraka.
눈[眼] cakkhu. akkha. akkhi. locana. nayana. vilocana.
눈곱 akkhigūtha(ka). akkhimala. piḷikoḷikā.
눈구멍 akkhikūpa.
눈꺼풀 akkhidala.
눈꺼풀의 터진 자리 akkhichidda.
눈동자 akkhitārā. akkhitārāka. kanīnikā.
눈두덩[눈껍풀과 속눈썹을 포함] akkhigaṇḍa.
눈뜨게 하다 pabodhati.
눈뜨고 있다 jaggati.
눈먼 acakkhu. anakkhika. andha. andhākula. andhabhūta. andhakāra. andhita. kāṇa. mūḷha. vicakkhuka. vicakkhu. upahatapasāda.
눈먼 물소 andhamahisa.
눈먼 봉사의 종류 otaraṇakiṭika.
눈먼 사람과 같은 (변장) andhavaṇṇa.
눈먼 상태 andhabhāva. andhakāra. andhakāra.
눈멀게 된 andhīkata.
눈멀게 만드는 andhakārin.
눈멀게 만들기 acakkhukaraṇa.
눈멀게 함 andhakaraṇa. vicakkhukamma.
눈멀고 귀먹은 사람 andhabadhira.
눈멀고 늙은 andhamahallaka.
눈멀고 말 못하고 귀먹은 andhamūgabadhira.
눈멀고 말을 못하는 andhamūga.
눈멀다 andheti.
눈멀지 않은 anandha.
눈물 assu. assujala. assuka. vappa.
눈물단지 assubindughaṭā.
눈물로 가득 찬 assupuṇṇa.
눈물에 젖은 assukilinna.
눈물에 젖은 눈 assunetta.
눈물에 젖은 얼굴을 한 assumukha.
눈물을 떨어뜨림 assupāta.
눈물을 말리기 assusukkhana.
눈물을 흐름 assudhārā.
눈물을 흘림 assumocana.
눈물의 바다 assusamudda.
눈물의 산출 assujanana.
눈밝은 cakkhuka. cakkhumant.
눈병 akkhiroga. nettābhisanda.
눈부시게 빛나는 aggisikhūpama.
눈부시다 jotati. obhāsati.
눈부신 ābha.
눈부신 흰색을 한 dhavala.
눈뼈 akkhaṭṭhi.
눈살을 찌푸리기 bhākuṭikā. bhākuṭiya.
눈살을 찌푸리는 bhākuṭika.
눈살을 찌푸리지 않는 abbhākuṭika.
눈썰미 akkhikoṭi. akkhikūṭa.
눈썹 akkhiloma. bhamu. bhamukā. bhamukhā. pakhuma. pamukha.
눈썹을 움직이다 pacalāyati.
눈앞에 āvi.
눈앞에 놓인 aggatokata.
눈앞에 떨어져서 vemajjhe.
눈앞에 있는 paccakkha.
눈앞에 있음 sakāsa.
눈에 가득 찬 (눈물) akkhipūra.
눈에 나쁜 acakkhussa.
눈에 띄다 visissati.
눈에 띄는 tirochada.
눈에 띄지 않는 anācikkhita.
눈에 보이는 āpāthagata. sandiṭṭhika. sandiṭṭhiya. sandiṭṭhin.

눈에 보이는 대상 rūpārammaṇa.
눈에 보이지 않는 apaccakkha.
눈에 세안제를 바른 añjitakkha.
눈에 있는 akkhiga.
눈에 좋은 cakkhussa.
눈에 즐거운 cakkhussa.
눈에 티끌이 거의 없는 apparajakkha.
눈으로 삼는 nettika.
눈으로부터의 분비물 akkhigūtha(ka).
눈을 감게 하다 nimmīleti.
눈을 감다 kaṇati. nimilati. vinimīleti.
눈을 깜박거리다 nimisati.
눈을 깜박거림 nimesa. nimisa.
눈을 내리깐 okkhittacakkhu. okkhittalocana.
눈을 뜨게 하다 ummīleti.
눈을 뜨고 닫음 ummīlitanimīlita.
눈을 뜨다 ummīlati. ummisati.
눈을 뜸 sambodhana. ummīlana. ummisana.
눈을 뽑아버리는 akkhikahāraka.
눈을 지닌 cakkhumant.
눈의 akkhika.
눈의 연고 akkhiañjana.
눈이 길고 큰 특징 āyatavisālanettatā.
눈이 내리는 계절 himapātasamaya.
눈이 둘 있는 dvecakkhu.
눈이 떠진 ummīlita.
눈이 많은[雪] himavant.
눈이 먼 apassat.
눈이 없는 acakkhu. anakkhika. vicakkhu.
눈이 있는 akkhika. cakkhuka. cakkhumant. cakkhula. locana.
눈짓 nimesa. nimisa. nimisatā.
눈짓하다 nimisati.
눈찌푸리기 nalāṭkā.
눈초리 apaṅga.
눈초리에 그은 선 apaṅga.
눈치를 채지 못하고 appaṭivekkhitvā.
눌러 부서진 sampamathita.
눌러 부수기 āmaddana.
눌러 부수다 pamathati. sampamaddati. seyyati.
눌려 납작해지는 cippiyamāna.
눌려서 납작해진 cipiṭa.
눌은 abhitatta.
눕게 하다 sayāpeti.
눕기 sampaṭinipajjā.
눕기에 적당한 nisādika.
눕는 즐거움 passasukha. seyyāsukha.
눕다 adhiseti. nipajjati. sayati. seti.
뉘우치는 anutāpin. vippaṭisārin.
뉘우치다 pacchânutappati.
뉘우침 vippaṭisāra.
뉘우침이 없음 avippaṭisāra.
뉴스 kathāpavatti. kiṁvadantī. pābhatikathā. udanta. pavatti. vuttanta. janavāda.
뉴판(紐板) ganthikaphalaka.
느껴져야 할 vedaniya. vedanīya.
느껴지는 phassa.
느껴지다 anubhūyate.
느껴진 vedayita. vedita.
느끼는 paṭisaṁvedin.
느끼다 ābhujati. paṭisaṁvediyati. paṭisaṁvedeti. saṁvijjati. vedeti. vediyati.
느끼지 못하는 appaṭisaṁvedana.
느낌 vedanā.
느낌에 대한 관찰 vedanânupassanā.
느낌에 대한 미세한 통찰 vedanāsokhumma.
느낌에 등취(等趣)하는 vedanāsamosaraṇa.
느낌에 합류하는 vedanāsamosaraṇa.
느낌의 다발 vedanākkhandha.
느낌의 다양성 vedanānānatta.
느낌의 무리 vedanākāya.
느낌의 종류 vedanāgata.
느낌의 집착다발 vedanûpādānakkhandha.
느낌이 없는 avedana(ka). avedayita. appaṭisaṁvedana.
느려지는 manda.
느려진 olīna.
느리게 saṇikaṁ.
느리게 움직이다 saṁsappati.
느리지 않은 adandha. appamiddha.
느린 aturita. dandha. jaḷa. līna. līnacitta. manda. mudindriya. thaddha.
느림 dandhatta.
느릿느릿 가다 sappati.
느슨하게 거는 āviñjana(ka). āviñchanaka.
느슨하게 걸린 sithilabhūta.
느슨하지 않은 asithila.
느슨한 sāthalika. sithila.
느슨해 지지 않는 apaccosakkana. apacculohaṇa.
늑골(肋骨) mamma. pāsuka. pāsuḷa. phāsukā. phāsuḷā. phāsuḷī. phāsulikā.
늑골들의 절반 upaḍḍhaphāsuka.
늑대 koka. sigāla. vaka.
늑대의 sigālika.
늑막(肋膜) kiloma. kilomaka.
늘리다 āyamati. paribrūhati. paṭippaṇāmeti. tanoti. vitanoti.
늘어난 vyāyata.

늘어뜨린 ālambana.
늘어지다 apakaḍḍhati. avalambati. bhassati. lambati.
늘어진 alasa. apakaṭṭha. lamba. lambin. vilaggita. vilamba. vilambin.
늘이다 pasāreti. sampasāreti.
늙게 만들다 jarayati.
늙다 jarati. jīrati. jīrayati. jiyyati. jīyati. kattarayati.
늙어 버린 anujiṇṇa.
늙은 āyuvant. buḍḍha. jajjara. jara. jiṇṇa. jiṇṇaka. mahallaka. vaddha. vayovuddha. vuḍḍhaka. vuḍḍhikā. vayânuppatta. vayappatta. vayavuddha.
늙은 사람 addhagata.
늙은 여인 mahitthī.
늙은 여자 mahallikā. vuḍḍhikā.
늙을 수밖에 없는 jarādhamma.
늙음 jīraṇa.
늙음에 대한 두려움 jarābhaya.
늙음의 성질이 있는 pakatajarā.
늙지 않고 죽지 않는 ajarâmara.
늙지 않는 ajajjara. ajara. apurāṇa.
늙지 않음 ajīraṇa.
능가(凌駕)하는 adhivara.
능가(楞伽)[지명] Laṅkā.
능가하는 행위 karaṇuttara.
능가하다 abhitiṭṭhati. atibhoti. atigacchati. atihoti. atisayati. atiseti. atiyāti. kalāyati. samadhigaṇhāti.
능가할 자가 없는 appaṭiseṭṭha.
능금나무[식물] kapiṭṭha. kaviṭṭha. kapittha.
능동을 표시하는[문법] kammappavacanīya.
능동적인 서비스 uṭṭhānapāricāriyā.
능동적인 참여 uṭṭhānapāricāriyā.
능력(能力) ānubhāva. indriya. pariyatti. sāmatthiya. satti. sīlatā. ussāha.
능력과 힘 indriyabala.
능력없는 appabhavat. asakka.
능력에 대한 질문 indriyapucchā.
능력에 따라 yathāsattiṁ.
능력을 제어하는 개념 indriyapaññatti.
능력있는 pariyatta.
능멸(凌蔑) parikkhepa. samukkhepanā.
능생자(能生者) sañjitar.
능섭력(能攝力) saṅgahabala.
능수버들 jhāvuka. picula.
능숙(能熟) kosalla. cāturiya. pāguññatā. liḷhā.
능숙하지 못한 akusala. avyatta.
능숙한 attha. caṭula. dakkhiṇa. iddhimant. kalla. kalya. kataparicaya. kittima. kusala. paddha. pavīṇa. ujjaṅga. ujjaṅgin. katavinaya. katayogga.
능숙한 사수(射手) akkhaṇavedhin.
능언조(能言鳥) suka.
능증(能證) sacchikiriyā.
능취(能取) upādāna.
능취분산(能趣分散) apacayagāmin.
능취적집(能趣積集) ācayagāmin.
능행자(能行者) bhabbāgamana.
능히 행할 수 있는 자 bhabbāgamana.
늦게 sāyaṁ.
늦다 dandhāyati. dandheti.
늦어지는 palibuddha.
늦어지다 cirāyati. dandhāyati. dandheti. osakkati.
늦어지지 않은 alamba.
늦추다 hāpeti. palibuddhati.
늦추어지다 palibujjhati.
늪 anupa. cikkhalla. kaccha. palipa. udakaccha.
늪지 kalala.
늪지대 pallala.
늪지로 변한 kalaladdagata.
니가야(尼柯耶)[경전] nikāya.
니가타(尼迦吒)[인명] Nikata.
니간두[신계] Nighaṇḍu.
니간타[이교] nigaṇṭha.
니건타(尼乾陀)[이교] nigaṇṭha.
니건포살(尼乾布薩) nigaṇṭhûposatha.
니구(泥咎) mala.
니구다(尼俱陀)[인명] Nigrodha.
니구다겁빈(尼瞿陀劫賓)[인명] Nigrodhakappa.
니구다겁파(尼瞿陀劫波)[인명] Nigrodhakappa.
니구류(尼俱留)[인명] Nigrodha.
니구율(尼拘律)[식물] nigrodha.
니구율(尼拘律)[정원] Nigrodha.
니구율과(尼拘律果) nigrodhapakka.
니군디[식물] nigguṇṭhi. nigguṇḍi.
니귀(泥鬼) paṁsupisācaka.
니그로다 나무와 같은 균형잡힌 몸을 지닌 nigrodhaparimaṇḍala.
니그로다[식물] nigrodha.
니그로다[인명] Nigrodha.
니그로다깟빠[인명] Nigrodhakappa.
니깨[동물] nīka.
니까따[인명] Nikata.
니까야[경전] nikāya.
니까야를 이해하는 자 ganthadhura.

니까야에 정통한 nekāyika.
니까야의 절반 upaḍḍhanikāya.
니다나(尼陀那) nidāna.
니다나(尼陀那)[음사] nidāna.
니다나까타[인연이야기] nidānakathā.
니단(泥團) mattikāpiṇḍa.
니라갈라공희[제사] niraggala. niraggaḷa.
니라부다(尼羅浮陀)[숫자, 지옥] nirabbuda.
니랍부다[숫자, 지옥] nirabbuda.
니련선하(尼連禪河)[지명] Nerañjarā.
니마라천(尼摩羅天)[신계] Nimmāṇarati.
니민다라(尼民陀羅)[지명] Nemindhara.
니민달(尼民達)[지명] Nemindhara.
니발(泥鉢) mattikāpatta.
니발라[식물] nīvāla.
니빠[식물] nīpa.
니살기(尼薩耆) nissaggiya.
니살기바일제(尼薩耆波逸提) nissaggiyapācittiya.
니살기파일제(尼薩耆波逸提) nissaggiyapācittiya.
니소(泥沼) candanikā. palipa. pallala.
니승(尼僧)이여! amma.
니연두천(尼延頭天)[신계] Nighaṇḍu.
니지(泥池) cikkhalla. paṅka.
니쭐라[식물] nicula.
니토(泥土) paṅka.
닉카마니야[월명] nikkhamanīya.
닐라뿝피[식물] nīlapupphi.
님나무[식물] picumanda.
님바나무[식물] nimba.
님프 devacchara. devakaññā.

ㄷ

다가가는 upagāmin.
다가가다 abhigacchati. upāgacchati. āsavati. upavisati. upeti. usseneti.
다가라수(多伽羅樹)[식물] tagara.
다가서다 upaṭṭhahati. upaṭṭhāti. upaṭṭheti. upatiṭṭhati.
다가오는 응보를 생각하는 āgamanadiṭṭhika.
다가오다 pacceti.
다각형(多角形) bahukoṇaka.
다결실(多結實)의 bahuphalada.
다나바[아수라] dānava.
다누까리까[식물] dhanukārika.
다누딱까리[식물] dhanutakkāri.
다누빠딸리[식물] dhanupāṭali.
다다르다 anvārohati.
다다른 samupāgata.
다단신변(多端神變) nānāvihitiddhividhā.
다두정치(多頭政治) janasammatarajja.
다듬다 kappāpeti. karoti.
다따랏타[持國天王] dhataraṭṭha.
다라경(多羅莖) tālavaṇṭa.
다라나[단위] dharaṇa.
다라니루하[식물] dharaṇīruha.
다라선(多羅扇)[부채] tālavaṇṭa.
다라수(多羅樹)[식물] tāla.
다라엽(多羅葉)[식물잎] tālapaṇṇa.
다라엽의(多羅葉衣) tālavaṇṭaka.
다람쥐 kalandaka. kalandakāḷaka.
다람쥐의 모양 kalandakarūpa.
다람쥐의 색깔 kalandakavaṇṇa.
다람쥐의 이빨 kalandakadanta.
다람쥐의 자궁 kalandakayoni.
다람쥐의 형상 kalandakavesa.
다량(多量) nivaha. pūga. rāsi. sañcaya. subhikkha.
다루기 쉬운 khantar. veneyyatta.
다루기 어려운 avaruddha. oruddha. avisayha. duddama. duddamaya. duppariyogāha.
다루기 힘든 sericārin.
다루기 힘든 것 padarasamācāra(?).
다루기 힘든 열등한 말 khaluṅka. khaḷuṅka.
다루는 자 paṭisevitar.
다루다 anuparivattati. paṭicarati. paṭisevati. patisevati. pavatteti. upacarati. samparivatteti.
다루어진 upacarita.
다르게 nānā.
다르다 visissati.
다르지 않게 anaññathā.
다른 14명과 자신 attapañcadasama.
다른 añña. apara. asamāna. itara. para. pāra. visabhāga.
다른 가르침을 갖는 aññathādhamma.
다른 가르침을 교수하는 aññavādin.
다른 가르침을 따르는 사람 paradhammika.
다른 것과 같아지는 aññasamāna.
다른 것에 기대하지 않는 것 anaññâpekkhatakatta.
다른 것에 대한 참조 aññâpadesa.
다른 것에 사로잡힌 aññavihita(ka).
다른 것에 의존하는 aññasita.
다른 것에 의존하지 않고 aparapaccaya.
다른 것에 의존하지 않는 aparāyatta.
다른 것에 의지하는 aññagatika.
다른 것으로 결정된 aññuddisika.
다른 것으로 존재하지 않는 anaññatha.
다른 것을 의도하는 parajjhāsaya.
다른 것이 아닌 anañña.
다른 견해나 믿음을 지니는 aññakhantika.
다른 견해나 성향을 지니는 aññakhantika.
다른 견해를 가지고 있는 aññadiṭṭhika.
다른 견해를 가지는 aññavāda.
다른 계급에 속하는 asamānajātika.
다른 곳에 aññattha. aññatra. parattha.
다른 곳으로부터 aññato.
다른 과정 aññagati.
다른 교설이 아닌 것 nippariyāya.
다른 구격(具格) karaṇantara.
다른 깔라빠가 된 kalāpantaragata.
다른 깔라빠와 분리된 kalāpantarabhinna.
다른 깔라빠의 물질적 형태 kalāpantararūpa.
다른 나라의 vijātika.
다른 넘어서는 것이 없는 anāpara.
다른 동기 aññakāraṇa.
다른 때에 punavāre.
다른 또 다른 aparâpara.
다른 명상적 수행을 갖는 aññatrayoga.
다른 목적으로 지닌 aññattha.
다른 목초지로 살아가는 aññagocara.

다른 방법으로 aññathā. aññatattha. itarathā. aññena.
다른 방향으로 aññato.
다른 방향을 갖는 aññathādisa.
다른 본성을 지닌 aññasabhāva.
다른 사람과 공통적이 아닌 anaññasādhāraṇa.
다른 사람과 교류하지 않는 asabhāga.
다른 사람과 나눌 수 없는 apattika.
다른 사람들 aññajana. parapuggala.
다른 사람보다 늦게 취침하는 사람 pacchānipātin.
다른 사람에 고분고분한 anaññadheyya.
다른 사람에 귀의하지 않는 anaññasaraṇa.
다른 사람에 대한 연민 parânuddayā.
다른 사람에 대한 지배력 paravasatta.
다른 사람에 의존하지 않는 자 anaññaposin.
다른 사람에 의지하는 aññasita.
다른 사람에 의해 걸어간(?) parakkanta.
다른 사람에 의해 소유된 parapariggahita.
다른 사람에 의해 알려져야 될 paravediya.
다른 사람에 의해 얻어질 수 있는 것이 아닌 anaññalabha.
다른 사람에 의해 이끌려짐 paraneyya.
다른 사람에 의해 이끌어질 수 없는 anaññaneyya.
다른 사람에 종속되지 않는 anaññâdhina.
다른 사람에게 공격받지 않는 aparûpakkama.
다른 사람에게 봉사하는 parapessa.
다른 사람에게 속하는 aññadīya.
다른 사람에게 유익한 aññadatthika.
다른 사람에게 의존하지 않는 (것) apara(p)paccaya.
다른 사람에게 피난처를 구하는 aññasaraṇa.
다른 사람으로부터 aññato.
다른 사람을 경멸하는 paravambhin.
다른 사람을 괴롭히는 para(n)tapa.
다른 사람을 괴롭히는 자 aparantapa.
다른 사람을 시봉하는 parakārin.
다른 사람을 죽이지 않는 aparûpaghātin.
다른 사람의 교리에 집착하지 않는 anaññavāda.
다른 사람의 능력의 높고 낮음에 대해 아는 지혜 indriyaparopariyañāṇa.
다른 사람의 마음 paracitta.
다른 사람의 마음에 밝은 paracittakusala.
다른 사람의 마음을 아는 자 paracittavidū.
다른 사람의 마음을 읽는 놀라운 능력 ādesanāpāṭihāriya.
다른 사람의 보시에 의존해 살아가는 (사람) paradattûpajīvin.
다른 사람의 봉사 parakamma.
다른 사람의 비난 parânuvāda. parûpavada.
다른 사람의 비난을 두려워함 parânuvādabhaya.
다른 사람의 소들에 대해 난폭함 paragavacaṇḍa.
다른 사람의 아들 paraputta.
다른 사람의 욕구를 아는 자 adhippāyavidū.
다른 사람의 의도 parasañcetanā.
다른 사람의 이야기 paravāda.
다른 사람의 이익 parattha.
다른 사람의 잘못을 들춰내는데 가담한 kalisāsanāropana.
다른 사람의 저주 paravambhitā.
다른 사람의 종교 parasamaya.
다른 사람의 지배하에 있는 ativasa.
다른 사람의 행복 parahita. parattha.
다른 사람이 사용한 집 ucchiṭṭhageha.
다른 사람이 제공한 음식 parabhojana.
다른 삶에 의해 준비된 paraniṭṭhita.
다른 상태 aññathābhāva. aññatta.
다른 생(生)에 huraṁ.
다른 생각을 갖는 aññathāsaññin.
다른 생명을 목숨을 끊음 parapāṇarodha.
다른 생명체 parapāṇa.
다른 선정의 요소로 옮겨감 aṅgasaṅkanti.
다른 설명을 하길 좋아하는 사람 aññavādaka.
다른 성향을 지닌 aññarucika.
다른 세계 paraloka. paravisaya.
다른 세계를 포기한 vitiṇṇaparaloka.
다른 세계에 huraṁ.
다른 수행체계를 갖는 aññathācariya(ka).
다른 스승 aññasattha.
다른 스승을 갖고 있지 않은 anaññasattuka.
다른 신들에 의해 만들어진 paranimmita.
다른 신들에 의해 만들어진 존재를 지배하는 abhnimimmitavasavattin. paranimmitavasavattin.
다른 신들에 의해 만들어진 존재를 지배하는 신들의 하늘나라 abhnimimmitavasavattino devā. paranimmitavasavattino devā.
다른 씨족 parakula.
다른 아내가 없음 asapattī.
다른 어머니가 있는 vemātika.
다른 업과 더불어 발생한 kammantaracārin.
다른 업과 더불어 업이 발생하는 것 kammantaracaraṇa.
다른 업의 물질과 연관된 kammapuggalantarasaṁyoga.
다른 자가 들어가게 하는 paravitāraṇa.
다른 자궁에 들어가지 않는 apagabbha.

다른 자들에게 종속하는 aññâdhīna.
다른 자를 비난하지 않는 anaññagarahin.
다른 장소로 aññato.
다른 존재 aññajāti.
다른 존재로 가는 °gatika.°gatin.
다른 존재로 가는 것 aññatragati.
다른 존재로 나아감 gati.
다른 존재자들 parasattā.
다른 종파의 신봉자 aññatitthiya.
다른 지각을 갖는 aññathāsaññin.
다른 지방에서 사는 사람 nānāsaṁvāsaka.
다른 쪽 pāra.
다른 출신의 aññajātika.
다른 측면에서 parato.
다른 침대 atimañca.
다른 한편 api. pi.
다름 aññathatta. puthutta.
다리(脚) pāda.
다리(橋) saṅkama. saṅkamana. setu.
다리가 많은 bahupada.
다리를 놓는 사람 nettika.
다리를 만든 사람 setukāraka.
다리를 절다 khañjati.
다리를 제거하거나 끼워 넣을 수 있는 āhacca-pādaka.
다리를 제거할 수 있는 소파 āhaccapāda.
다리를 제거할 수 있는 침상 āhaccapāda.
다만 kevalaṁ.
다망(多忙)한 bahukaraṇīya. payutta. vyāvaṭa.
다멱비니(多覓毘尼) yebhuyyasikā.
다문부(多聞部)[부파] Bahussutaka. Bahulika.
다문천(多聞天)[신계] Vessavana.
다문천왕(多聞天王)[신계] Vessaraṇa.
다발 bhaṇḍikā. cakkali. gocchaka. guḷa. kalāpa. kalāpaka. kalāpinī. kalāpī. kaṇṇikā. khandha. pūla. saṇḍa. thabaka. vallarī.
다발로 bilaso.
다발로 묶다 saṁvelleti.
다발로 묶은 kaṇṇikābaddha.
다발로 묶인 kalāpabaddha.
다발의 속성이 있는 khandhâdhivacana.
다변(多辯) kathābāhulla.
다비(茶毘)하다 jhāpeti.
다색(多色)의 anekavaṇṇa.
다색도(多色圖) nānāvaṇṇamuddita.
다섯 가지 가운데 최상의 pañcaseṭṭha.
다섯 가지 감각문(感覺門) pañcadvāra.
다섯 가지 감각문의 인식과정 pañcadvāravīthi.
다섯 가지 감각문의 전향 pañcadvārāvajjana.
다섯 가지 감각적 욕망의 대상 pañca kāmaguṇā.
다섯 가지 감각적 욕망의 종류 pañca kāmaguṇā.
다섯 가지 감각적 쾌락의 욕망의 대상 pañca kāmaguṇā.
다섯 가지 감각적 쾌락의 욕망의 종류 pañca kāmaguṇā.
다섯 가지 거센 흐름 pañcogha.
다섯 가지 계행 pañcasīla.
다섯 가지 고행 pañcatapa.
다섯 가지 공통성 pañcasādhāraṇabhāva.
다섯 가지 관찰 pañcamahāvilokana.
다섯 가지 관찰을 행한 katapañcamahāvilokana.
다섯 가지 구성요소 pañcaṅga.
다섯 가지 구성요소의 존재 pañcavokārabhava.
다섯 가지 구족 pañca sampadā.
다섯 가지 길 pañcakanaya.
다섯 가지 낮은 단계의 결박 pañca orambhā-giyāni saṁyojanāni.
다섯 가지 높은 단계의 결박 pañca uddham-bhāgiyāni saṁyojanāni.
다섯 가지 능력 pañca indriyāni.
다섯 가지 니까야 pañcanikāya.
다섯 가지 니까야에 정통한 사람 pañcanikāyika.
다섯 가지 탐욕 pañcalolatā.
다섯 가지 두려운 원한 pañca bhayāni verāni.
다섯 가지 마음의 속박 pañca cetaso vinibandhā.
다섯 가지 마음의 황무지 pañca cetokhilā.
다섯 가지 매운 것보다 더 매운 kaṭukatar-apañcakaṭukena.
다섯 가지 먼지 pañca rajāni.
다섯 가지 모음 pañcanipāta.
다섯 가지 무기 pañca āvudha.
다섯 가지 무기 한 벌 pañcāvudha.
다섯 가지 방법 pañcakanaya.
다섯 가지 방법으로 pañcaso.
다섯 가지 배움의 마비 pañca sikkhādubbalyāni.
다섯 가지 불가능한 경우 pañca abhabbaṭṭhā-nāni.
다섯 가지 사항 pañca vatthūni.
다섯 가지 색 pañca vaṇṇā.
다섯 가지 선정의 고리 pañcajhānaṅga.
다섯 가지 손실 pañca byasanāni. pañca vya-sanāni.
다섯 가지 신통력 pañca abhiññā.
다섯 가지 아름다움 pañca kalyāṇāni.
다섯 가지 안으로 준비하여 책망하는 원리 pañca dhamme ajjhattaṁ upaṭṭhepetvā paro code-tabbo.
다섯 가지 약물 pañca bhesajjāni.

다섯 가지 업 pañca kammāni.
다섯 가지 여읨의 세계 pañca nissāraṇīyā dhātuyo.
다섯 가지 염착(染着) pañca saṅgā.
다섯 가지 욕망을 벗어나게 하는 요소 pañca nissāraṇīyā dhātuyo.
다섯 가지 운명 pañcagati. pañca gatiyo.
다섯 가지 위대한 포기 pañca mahāpariccāga.
다섯 가지 유제품 pañcagorasa.
다섯 가지 음식물 pañca bhojānāni.
다섯 가지 의식 pañca viññāṇā.
다섯 가지 인상 pañca nimittāni.
다섯 가지 인색 pañca macchariyāni.
다섯 가지 자유자재 pañca vasitā.
다섯 가지 장애 pañca nīvaraṇāni.
다섯 가지 정근의 요소 pañca padhānaṅgāni.
다섯 가지 정립된 것 pañcapatiṭṭhita.
다섯 가지 존경스러운 형태 pañcapatiṭṭhita.
다섯 가지 존재의 다발 pañcakkhandha.
다섯 가지 존재의 다발을 지닌 존재 pañca vokārabhava.
다섯 가지 존재의 집착다발 pañca upādānakkhandhā.
다섯 가지 즉시 처벌받는 행위 pañca anantariyāni.
다섯 가지 지향 pañca adhimuttā.
다섯 가지 집착 pañca saṅgā.
다섯 가지 집착다발(五取蘊) pañca upādānakkhandhā.
다섯 가지 찬장(?) pañcapaṭṭhika.
다섯 가지 청정한 하느님 세계 pañca suddhāvasā.
다섯 가지 토대 pañca vatthūni.
다섯 가지 특징 pañca nimittāni.
다섯 가지 학습계율 pañca sikkhāpadāni.
다섯 가지 학습계율의 마비 pañca sikkhādubbalyāni.
다섯 가지 해탈의 성숙을 위한 지각 pañca vimuttiparipācaniyā saññā.
다섯 가지 해탈의 세계 pañca vimuttāyatanāni.
다섯 가지 헌공 pañcabali.
다섯 가지 화살 pañca sallāni.
다섯 가지 힘 pañca balāni.
다섯 가지로 구성된 길 pañcaṅgikamagga.
다섯 가지로 구성된 선정 pañcaṅgikajhāna.
다섯 가지로 구성된 올바른 집중 pañcaṅgikasammāsamādhi.
다섯 개의 목책 pañcapaṭṭhika.
다섯 개의 발톱을 지닌 pañcanakha.
다섯 개의 상투 pañcacūḷa.
다섯 남편을 둔 여인 pañcapatikā.
다섯 다발보다 적은 apañcapūlī.
다섯 달보다 짧은 기간 māsalu.
다섯 마리의 황소보다 적은 것 apañcagava.
다섯 무리 pañcavagga. pañcavaggika. pañcavaggiya.
다섯 번 pañcakkhattuṁ.
다섯 번째 pañcama. pañcatha.
다섯 번째로서 목주위에 묶은 밧줄을 지닌 kaṇṭhabandhanapañcama.
다섯 번째의 pañcamaka.
다섯 부분 pañcaṅga.
다섯 부분으로 이루어진 pañcaṅgika.
다섯 손가락의 마크 pañcaṅguli.
다섯 손을 지니고 있는 pañcahattha.
다섯 송이보다 적은 apañcapūlī.
다섯 종류로 pañcadhā.
다섯 종류의 pañcavidha.
다섯 종류의 과일 phalapañcaka.
다섯 종류의 기쁨 pañcavidhā pīti.
다섯 종류의 눈 pañca cakkhūni.
다섯 종류의 돌아오지 않는 님 pañca anāgamino.
다섯 종류의 명상 pañcakajjhāna.
다섯(5) pañca.
다섯으로 pañcaso.
다섯으로 구성되는 pañcaka.
다섯의 pañcaka.
다소(多少) thokaṁ.
다소간(多少間) manaṁ.
다수(多數) ghaṭa. kalāpa. kadambaka. nikara. nivaha. parisā. pūga. puñja. samudāya. samūha. saṇḍa. visara. kadambaka.
다수결(多數決) sambahulatā. yebhuyyasikā.
다수결로 하다 sambahulaṁ karoti.
다수결의 sambahula.
다수습(多修習)의 yogabahula.
다수의 aneka→ 많은.
다수의 무리를 이끄는 gaṇin.
다수의 의견 yebhuyyasikā.
다수의 제자를 지닌 gaṇin.
다스려지다 anusissati.
다스려지지 않은 asaññata.
다스려질 수 없는 avidheyya.
다스리다 anusāsati. pāleti.
다시 anu. paṭi. apara. puna.
다시 가다 paṭivigacchati.
다시 가버리다 paṭivigacchati.
다시 고려하다 paṭivinicchinati.

다시 끌어내다 paccukkaḍḍhati.
다시 끌어냄 paccukkaḍḍhana.
다시 끓임 punapāka.
다시 나가다 paccuttarati.
다시 나타나는 upapajjanaka.
다시 내려가다 paccorohati.
다시 던져 버리다 paṭivāmeti.
다시 돌아가다 paccudāvattati. paṭinivattati.
다시 돌아오게 하다 paṭinivatteti.
다시 돌아오다 anvāgacchati. paṭinivattati.
다시 돌아옴 punanivatti.
다시 들려진 anusaṁgīta.
다시 들어가다 paṭipavisati.
다시 들어가진 paṭipaviṭṭha.
다시 말해서 iti.
다시 바르게 된 paṭipākatika.
다시 빨아들이다 paccācamati.
다시 뽑다 paccukkaḍḍhati.
다시 뽑음 paccukkaḍḍhana.
다시 생겨날 수 없는 abhabbuppattika.
다시 성장하다 paṭivirūhati.
다시 소리치다 anugajjati.
다시 시작하다 vivaṭṭati.
다시 심리하다 paṭivinicchinati.
다시 언급된 anvādiṭṭha.
다시 언급하다 anvādisati.
다시 옴 punāgamana.
다시 울리다 anusaddāyati. upanadati.
다시 울림 anusaddāyanā.
다시 육신을 얻는 순간 paṭisandhikkhaṇa.
다시 육신을 얻는 업 paṭisandhikamma.
다시 육신을 얻음 paṭisandhi. paṭisandhigaha.
다시 일어나고자 하는 의도 uṭṭhānâdhippāya.
다시 일어남에 대한 지각 uṭṭhānasaññā.
다시 일어서다 patitiṭṭhati.
다시 자라는 치아 duvija.
다시 자란 uparūḷha.
다시 재판하다 paṭivinicchinati.
다시 정복하다 avajināti.
다시 진정된 paṭinijjhatta.
다시 청소하다 paṭisammajjati.
다시 청함 punapavāraṇā.
다시 태어나게 하다 nibbattāpeti. nibbatteti.
다시 태어나게 함 nibbattapana.
다시 태어나는 kāyūpaga. nibbatta. nibbattaka. nibbattanaka. nibbattin. saṁvaṭṭanika. upapajjanaka. upapanna. uppajjanaka.
다시 태어나는 사람 nibbattaka. nibbattanaka.
다시 태어나다 jāyati. jāyate. nibbattati. upapajjati.
다시 태어나도록 운명이 지어지지 않은 apagabbha.
다시 태어나서 upahacca.
다시 태어나지 않고 죽음에 들다 parinibbāyati. parinibbāti.
다시 태어나지 않고 죽음에 듦 parinibbāyana.
다시 태어나지 않는 anabhinibbatta.
다시 태어나지 않은 anupapanna.
다시 태어나지 않음 anabhinibbatti. anupapatti. appaṭisandhi.
다시 태어난 abhinibbatta. abhinibbattita. paccājāta. saṅkanta.
다시 태어난 상태 abhisamparāya.
다시 태어날 근거를 형성하는 opadhika.
다시 태어날 때의 의식 paṭisandhiviññāṇa.
다시 태어날 마음 paṭisandhicitta.
다시 태어남 abhijāti. abhinibbatti. abhinibbattibhāva. āgamana. bhava. jāti. nibbatti. punâbhinivatti. punāvāsa. upapajjana. upapāta. upapatti. uppajjana. uppatti
다시 태어남에 의한 신(神) upapattideva. uppattideva.
다시 태어남을 일으키는 uppattijanaka.
다시 태어남을 추구하는 sambhavesin. uppattesiya.
다시 태어남의 가치가 있는 uppajjanâraha.
다시 태어남의 객관적이고 주관적 모든 토대가 되는 것 upadhi.
다시 태어남의 과정 uppattibhava.
다시 태어남의 끝 upapattipariyanta.
다시 태어남의 두려움 upapattibhaya.
다시 태어남의 순간 upapattikkhaṇa.
다시 태어남의 원인 upapattihetu.
다시 태어남의 윤회 jātisaṁsāra.
다시 태어남의 장애 uppattinivāraṇa.
다시 태어남의 종식 anuppatti.
다시 태어남의 토대의 성숙 upadhivipāka.
다시 태어남의 특징 upapattinimitta.
다시 태어남의 표현 abhinibbattisammuti. abhinibbattivohāra.
다시 태어남의 획득 upapattipaṭilābha.
다시 태어남이 소멸된 자 khīṇapunabbhava.
다시 토하다 paṭivāmeti.
다시 허락되지 않은 anabbhita.
다시 확정된 anvādiṭṭha.
다시 확정하다 anvādisati.
다시는 함께 놓일 수 없는 asandheyya.
다신교(多神教) bahudevavāda.

다신교도(多神敎徒) bahudevadiṭṭhika.
다신론자(多神論者) bahudevadiṭṭhika.
다씨마[식물] dāsima.
다양성(多樣性) vibhatti. bahutta. cittatā. nānākaraṇa. nānatā. nānatta. puthutta.
다양성과 단일성 nānattekatta.
다양하게 anekadhā. nānā. puthu. puthuṁ. puthuso. vidhā.
다양하게 장식한 katacittakamma.
다양하지 않은 anuccāvaca.
다양한 aneka. anekabhāga. anekabhāva. anekavidha. aparâpara. asamāna. missa. nānāppakkāra. omissaka. uccāvaca. vividha.
다양한 것에 주의를 기울임 nānâvajjana.
다양한 경계 nānāsimā.
다양한 말 vacanabheda.
다양한 말투 vacanabheda.
다양한 맛 nānārasā(*pl.*).
다양한 몸을 갖고 있는 nānattakāya.
다양한 무기 nānāvudhā.
다양한 방법으로 anekabhāgaso.
다양한 변화의 힘 vikubbana. vikubbanā.
다양한 본성의 anekasabhāva.
다양한 불가사의한 힘 anekiddhividdha.
다양한 불이익과 장애 anekânatthânubandha.
다양한 사람들 nānājana.
다양한 색깔을 한 anekavaṇṇa.
다양한 색의 virūpa.
다양한 세계 nānādhātu.
다양한 세계에 대한 꿰뚫음 anekadhātupaṭivedha.
다양한 세계에 대한 분석적인 지식 anekadhātupaṭisambhidā.
다양한 소리를 구별할 수 있는 자 ravaññū.
다양한 속임수를 지닌 anekamāya.
다양한 시제의 asamānakālika.
다양한 신통력 anekiddhividdha.
다양한 얼굴을 지닌 anekamukha.
다양한 요소에 대한 꿰뚫음 anekadhātupaṭivedha.
다양한 요소에 대한 분석적인 지식 anekadhātupaṭisambhidā.
다양한 유익성 pacuratthatā.
다양한 유익한 것에 기초하는 anekatthapadanissita.
다양한 의무 kiccâkicca.
다양한 의향 nānâdhimutti.
다양한 이론 nānāvāda.
다양한 이름을 가진 anekanāma.
다양한 장로들 aññatarattherā.
다양한 재료로 이루어진 anekasambhāra.
다양한 종파의 nānātitthiya.
다양한 지각을 지닌 nānattasaññin.
다양한 추론 nānattanaya.
다양한 특징을 지닌 anekaliṅga.
다양한 혈통 nānāgotta.
다양한 형상을 지닌 anekarūpa.
다양한 형태를 지닌 anekarūpa.
다양한 형태의 anekâkāra.
다양한 환상을 지닌 anekamāya.
다양한 효과가 있는 것 anekasarasatā.
다언어사용자 nānābhāsika.
다업(多業) āciṇṇakamma. bahulakamma.
다완(茶碗) pāti. pātī.
다원발생(多元發生) bahumūlakuppatti.
다음 → 다음에. 다음의.
다음 구절 anupada.
다음 부분에 따라오는 절반의 시련(詩聯)[문학] uttaraṁsa.
다음 부분의 uttara.
다음 생에 받아야 할 upapajjavedaniya. upapajjavedanīya.
다음 생에서 받는 업 upapajjavedaniyakamma. upapajjavedanīyakamma.
다음 시행 anupada.
다음 이야기 anantaravatthu.
다음날 punadivasa. sve. aparajju.
다음날의 svātana.
다음에 anantarā. anu. puna.
다음의 anantara. antarika. apara. avara. itara. ora. oraka. dutiya. paccanta.
다음의 것 anugati.
다음의 넷 anantaracatukka.
다음의 시련(詩聯)을 필요로 하는 시행(詩行) uttaragāthāpekkhapada.
다음의 장로(長老) anuthera.
다음의 철자 aparakkhara.
다음절(多音節)의 bahusarayutta.
다이빙 vigāhana.
다이빙하다 mujjati.
다이아몬드 vajira.
다이아몬드의 팔각형 aṭṭhaṁsa.
다이얼 ghaṭikāmaṇḍala. māṇadassaka. ghaṭīyantamukha.
다인어(多人語) yebhuyyasikā.
다자(多子)[탑묘] bahuputta.
다자묘(多子廟)[탑묘] bahuputtacetiya.
다자어(多髭魚)[어류] puthuloma.

다자탑(多子塔)[탑묘] bahuputtacetiya.
다전향(多轉向) nānâvajjana.
다정하지 못한 apesala.
다져진 saṁyata.
다족류(多足類) bahupada.
다종다양한 anekavihita.
다지(多枝)의 bahuppada.
다찰나(多刹那) nānakkhaṇika.
다채로운 kabara. sabala.
다채로운 색깔의 눈 kabarakkhi.
다치게 하고 upahacca.
다치게 하는 upaghāta.
다치게 하다 kathati. rādheti.
다치게 함 midha.
다치다 anuvijjhati. risati.
다치지 않는 avighātavat.
다치지 않은 aparikkhata. appadhaṁsita. appaṭividdha. avighāta. nirupaghāta.
다친 ākaḍḍhita. hata. parijita. parikkhata. paripīḷita. upahata. upāhata. vihata.
다탐자(多貪者) abhijjhitar.
다투다 parikkhipati. sampayojeti. vilometi. vippavadati. vivādiyati.
다투지 않는 avivadamāna.
다툼 adhikaraṇa. kalaha. medhaga. medhaka. parikkhepa. rosa. sārambha. viggaha. vivāda.
다툼없음 avivāda.
다툼의 viggāhika.
다판(多瓣)의 bahudalaka.
다표마라자(陀驃摩羅子)[인명] Dabbamallaputta.
다행입니다! sādhu.
다형태의 bahurūpaka. nānāsaṇṭhāna.
닥치다 samudācarati.
닦게 하다 sammajjāpeti.
닦기 majjanā.
닦는 천 puñchanacolaka. pidhara.
닦다 ghaṁsati. khaleti. khāḷeti. opuñchati. opuñcheti. paccuddharati. parighaṁsati. paripuñchati. puñchati. samudācarati. sammajjati.
닦아 없애다 paccuddharati.
닦아내다 parimajjati.
닦아낸 maṭṭa. maṭṭha.
닦아오는 āgamanaka.
닦여져야 할 수행의 종류 kattabbayogavidhi.
닦여지지 않은 abhāvita.
닦여진 bhāvita. oṇitta. palimaṭṭha. sammaṭṭha.
닦은 parimaṭṭha.
닦음 puñchana. samudācara.
단(團) kalāpa. puñja.
단[솔기] anuvāta.
단가(担架) sivikā.
단검(短劍) asiputtī. churikā. potthanikā. potthanī. satti. illī.
단견(斷見) ucchedadiṭṭhi.
단견론(斷滅論) ucchedavāda.
단결(團結) sandhāpana.
단결된 samāyuta. samodita.
단계(段階) avatthā. bhūma. bhūmi. bhūmikā. bhummi. kama.
단계적으로 anupubbaso. saṇiṁ.
단계적인 설법 ānupubbikathā.
단계적인 소멸 anupubbanirodha.
단계적인 해탈 anupubbamuñcana.
단괴(斷壞) upaccheda.
단괴되다 lujjati.
단괴된 lugga.
단괴상(斷壞想) vicchiddakasaññā.
단근(斷勤) pahānapadhāna. pahānappadhāna.
단념(斷念) cāga. oramana. pariccāga. paṭinissagga. sanniyyātana. vippahāna.
단념되지 않은 appahīna.
단념된 paṭinissaṭṭha.
단념하다 oramati. pajahati. paṭinissajjati. paṭivyāharati. samucchindati. upāramati. vippajahati. vossajjati.
단념한 udāvatta. orata. uparata.
단다빠두마[식물] daṇḍapaduma.
단단(斷斷) samucchedapahāna.
단단하게 되다 ādhiyati.
단단하게 묶다 atibandhati.
단단하게 하다 upatthambheti. vitthambheti.
단단하다는 특징 thaddhalakkhaṇa.
단단하지 않은 abāḷha. akakkala. akhara.
단단한 amha. aṭala. daḷha. dāruṇa. ekaghana. ghana. kakkhaḷa. kaṭhina. kaṭhora. oḷārika. ovaddha. saṁhata. thaddha. thira. tiṭṭha.
단단한 것을 먹다 khādati.
단단한 나무 sāragavesin.
단단한 나무로 만든 바늘 sārasūci.
단단한 나무로 이루어진 sāramaya.
단단한 나무에서 유래하는 kaṭṭhaja.
단단한 나무의 부분 sāra.
단단한 땅 kaṭhinabhūmi. thaṇḍila.
단단한 마음의 katathaddha.
단단한 발굽을 한 말 ekakhura.
단단한 벽으로 둘러싸인 도시·성곽·요새 nagarûpakārikā.
단단한 열매의 음식 phalakhādaniya.

단단한 음식 khajja. khajjaka. khādaniya. khadda.
단단한 음식물 usā.
단단한 피부 khiḷa.
단단함 daḷhī. kakkhaḷatā. kakkhaḷatta. kaṭhinatā. thaddhabhāva. thambhanā.
단단히 고정된 saṅgata.
단단히 고정시키다 laggeti.
단단히 묶는 것 ovaddheyya.
단단히 묶다 upanibandhati.
단단히 묶여지다 upanibajjhati.
단단히 묶인 atibaddha.
단단히 수선된 katadaḷhikammaparibhaṇḍa.
단단히 헝겊 등으로 기운 katadaḷhikammaparibhaṇḍa.
단독의 ekākika. ekākiya.
단독의 걸식 ekabhikkhā.
단독의 궁전 ekapāsāda.
단독의 범천 ekabrāhamaṇa.
단독의 연못 ekapokkharaṇī.
단독의 존재 ekabhava.
단두대(斷頭臺) dhammagaṇṭhikā. gaṇḍi.
단두사(斷頭事) chejjavatthu.
단두죄(斷頭罪) chejjâlatti. pārājika.
단두죄에 해당하는 sīsacchejja.
단두죄에 해당하는 것 chejjavatthu.
단따뿌라[지명] Dantapura.
단락(段落) vākyacheda. vākyakhaṇḍa.
단련(鍛鍊) dama.
단련된 sampahaṭṭha.
단련하다 paricayati.
단리(斷離) samucchedavirati. samucchedaviveka.
단멸(斷滅) abhāva. antakiriyā. vibhāvanā. uccheda. vibhava.
단멸견(斷滅見) ucchedadiṭṭhi.
단멸되지 않음 anuccheda.
단멸론(斷滅論) ucchedavāda.
단멸론자(斷滅論者) ucchedin.
단멸을 주장하는 이론 vibhavadiṭṭhi.
단멸하는 ucchedana.
단명(短命)한 appāyuka. ittarajīvita.
단명하게 된 사실 āyusaṅkhāraparittatā.
단벌옷 ekapaṭṭa.
단사(斷事) ubbāhika. ubbāhikā.
단삼의자(但三衣者) tecivarika.
단삼의지(但三衣支) tecīvarikaṅga.
단상(斷想) pahānasaññā.
단상(斷常) ucchedasassata.
단상자(斷想者) pahānasaññin.
단수(單數)[문법] ekatta. ekavacana.
단수로 취급된[문법] ekīkata.
단수의 동사적 표현[문법] ekâbhidhāna.
단수의 표현[문법] ekâdhivacana.
단순한 ekacintin. ekavidha. oḷārika. suddhika.
단순한 알아차림 sampajañña.
단순한 적용 suddhikasaṁsandanā.
단순히 ekavidha.
단순히 보는 것 olokanamatta.
단시(短詩) 또는 한 구절의 시 padavaṇṇanā.
단식(斷食) anāsakatta. appāhāra. upavāsa. anasana.
단식(段食) kabaliṅkārāhāra.
단식(團食) kabaliṅkārāhāra. piṇḍaka. piṇḍapāta. piṇḍiyālopa.
단식(團食)을 먹는 kabaliṅkārabhakkha.
단식(斷食)을 지키는 upavāsika.
단식(斷食)하는 nirāhāra. uposathika.
단식자(斷食者) upavāsika. anāsaka.
단애(斷崖) papāta.
단어(單語) ālāpa. pada. sāvana. sāvaṇa.
단어가 구격에 있다는 대체적 가정 karaṇapakkha.
단어나 음성의 연속[문법] akkharapiṇḍa.
단어들의 연성법칙 padasandhi.
단어들의 연속 padānupubbatā.
단어들의 접속 padasaṁsagga.
단어를 요소로 분해함[문법] viggaha.
단어를 잘못 분석해서 만들어진 유령어[문법] kamallikā.
단어마다의 주석 anupubbavaṇṇanā.
단어설명 nighaṇḍu.
단어에 대한 단계적 설명 anupubbapadavaṇṇanā.
단어에 따르는 것 anupada.
단어와 단어를 따르다 anupadati.
단어의 끝에서 음절의 대체[문법] uttarâdesa.
단어의 끝에서의 확대변화[문법] uttaravuddhi.
단어의 끝의 모음[문법] uttarasara.
단어의 끝이 단음인[문법] uttararassa.
단어의 문자적 의미 akkharattha.
단어의 분리 padaccheda.
단어의 분석 padavibhāga. padaviggaha.
단어의 시작에서 대체하는 것[문법] ādādesa.
단어의 의미 padattha.
단어의 중첩에 의해서[수사학] gobalivaddanayena.
단어의 처음에 문자를 첨가하는 것[문법] ādā-

gama.
단어의 초두모음의 변화[문법] ādiviparitā.
단언(斷言) anubrūhana.
단언하지 않는 appaṭijānat.
단원(團員) pārisajja. sāmājika.
단월(檀越) dānapati. kulûpaka. upaṭṭhāka.
단위(單位) kalāpa. māna.
단음(單音) ekassarasadda.
단음(斷音)의 lahuka.
단음절(單音節)[문법] ekakkhara.
단음절(單音節)의 lahu. lahuka.
단이 바르지 못한 vikaṇṇa.
단이 비뚤어진 vikaṇṇa.
단일(單一) ekatta.
단일의 ekaka.
단일한 ekavidha.
단일한 개념 ekatta.
단일한 접근의 ekūpacāra.
단일한 정형동사를 가진[문법] ekâkhyāta.
단일한 충고 ekovāda.
단자(團子) cuṇṇapiṇḍa.
단장(丹粧) maṇḍana. maṇḍanavibhūsana.
단장하다 alati.
단절(斷絶) asandhāna. samuccheda. upaccheda. pariccajana. pariccajanā.
단절되지 않은 avijahita. avirata.
단절된 vyādinna.
단절이 없는 avijahat.
단정(斷定) avadhāraṇa.
단정(端正)한 sādhurūpa.
단정적으로 말해진 āhaccabhāsita.
단정적인 tadaṅga.
단정치 못한 amaṇḍita. anañjita. vikiṇṇa.
단정하게 차려입지 않은 anākappasampanna.
단조로운 ekasadisa. abhinnasara. nibbisesa.
단조로운 소리를 내다 okūjati.
단조로움 ekasadisatta. visesābhāva.
단조롭게 nibbisesatāya. samarūpena.
단조롭고 힘든 일 dhorayhavata.
단지(斷智) pahānapaññā.
단지[오로지] kevalaṁ.
단지[壺] bhāṇaka. cāṭi. ghaṭi. kalasa. kaḷopī. kapāla. kaṭāha. kaṭāhaka. khaḷopī. kaḷopikā. kaḷopika. kolamba. koḷamba. kumbha. kuṇḍi. matta. ukkhali. ukkhalī. ukkhalikā vāraka.
단지로 지은 밥 ghaṭôdana.
단지를 유지할 수 있을 만한 kumbhabhāramatta.
단지를 이용하는 도둑 kumbhatthenaka.
단지안에서 염료가 끓어 넘치는 것을 막기 위한 고안품 uttarâlumpa.
단지에 숨겨진 보물 nidhikumbhi.
단지의 가운데 kapālamajjha.
단지의 가장자리 kaṭāhamukhavaṭṭi.
단지의 테두리 kumbhīmukha.
단직(端直) ujukatā.
단청정(斷淸淨) samucchedavisuddhi.
단체(團體) pūga.
단축(短縮) rassatta. samāsa. saṁhāra. saṅkhepa.
단치론(斷痴論)[논서] Mohavicchedanī.
단침(丹枕) tambûpādāna.
단타(單墮) pācittiya.
단토(團土) guḷikā.
단통달(斷通察) pahānapaṭivedha.
단편(斷片) khaṇḍa. khaṇḍana. khaṇḍikā. papaṭā. papatā. pesī.
단편장(斷片章) khaṇḍacakka.
단편적이 아닌 akhaṇḍa.
단편지(斷遍知) pahānapariññā.
단호한 dhitimant. pagabbha. pagabbhin. pahita.
단호함 pagabbhatā.
닫다 paṇāmeti. pāpurati. pidahati. thaketi. upanisevati.
닫음 pidahana. thakana.
닫집 uparicchadana.
닫히다 anupithīyati. pithīyati. pithiyyati. pidhīyati.
닫히지 않은 anāvaṭa. anovaṭa. apihita. asaṁvuta.
닫히지 않음 asaṁvara.
닫힌 apihita. āvaṭa. ovaṭa. paṇāmita. pihita. saṁvuta. nisākara. sasin.
달[月] canda. candamaṇḍala. nakkhattarājan. candima. candimā. indu. tārāpati. māsa. sāsaṅka. ulurāja. uḷurāja. sasin.
달[月]의 candāyatta. candayutta.
달갑지 않은 allapāṇihata.
달걀 aṇḍa.
달단국(韃靼國)[국명] Vilāta.
달들로 이루어진 māsika. māsiya.
달라붙다 lagati. laggati. palippati. upalippati.
달라붙은 lagga. laggita. vilagga.
달라붙지 않은 alagga. anallīna. anolagga. asaṁlitta.
달라져 변화하는 것 aññatābhāva.
달라진 존재 aññathābhāva.
달라짐 aññathātta.
달래[식물] lasuṇa. lasuna.

달래다 abhippasādeti. anuneti. ārādhayati. ārādheti. saññāpeti. upalāḷeti. upalāpeti.
달램 saññatti. santhana. upalālana.
달려 돌아다니다 parisarati.
달려가다 abhidhāvati. padhāvati. paridhāvati. sandhāvati. upātidhāvati. ussarati.
달려나가는 padhāvin.
달려서 돌아오다 paṭisakkati.
달려서 되돌아가다 paṭidhāvati. paṭisarati.
달력 dinadassana. pañcaṅga. nāmāvali.
달리 aññena. aññathā. aññatattha. itarathā.
달리 대답하다 paṭicarati.
달리 성숙함 vipāka.
달리게 하는 eraka.
달리고자 하다 siṁsati.
달리기 ādhāvana. dhāva. dhāvana. padhāvana.
달리는 abhidhāvin. dhāvin.
달리는 자 dhāvin.
달리다 ādhāvati. anujavati. āsarati. dhāvati. javati. padhāvati.
달마다 anumāsaṁ.
달밤 juṇhā.
달빛 candikā. candimapabhā. dosinā. juṇhā. komudī.
달성(達成) abhinipphatti. nipphādana. paripūraka. phusana. phusanā. sampadā. sampādana. visesa. vosāna.
달성되다 paripūrati.
달성된 abhinippanna. ciṇṇa. nipphādita. nipphanna. pariniṭṭhita.
달성하다 pariniṭṭhāpeti. paripūreti. phusati. sijjhati.
달성한 사람 nipphādar.
달아나다 palāyati. paleti.
달아난 palāta.
달아날 수 있는 mocaya.
달아매다 ubbadhati.
달아맴 ubbandhana.
달아오른 숯 uṇhakalla.
달여진 nippakka.
달을 채움 māsapuṇṇatā.
달의 māsika. māsiya.
달의 상태 candatta.
달의 원륜 candamaṇḍala.
달의 제팔일에 행하는 공양 pakkhika.
달이 다시 차는 khayâtīta.
달이 뜨는 것 candodaya.
달이다 nippacati.
달인(達人) abhiyutta. pāragata.
달인의 경지에 도달한 (자) ciṇṇavasin.
달자향(達子香)[식물] tālissa. tālisa. tālisaka.
달자향분말 tālissa. tālisa. tālisaka.
달자향연고 tālissa. tālisa. tālisaka.
달지 않은 amadhura.
달콤한 madhura. sādu. sampanna. suppatā.
달콤한 말을 하는 madhubhāṇin.
달콤한 멜로디의 madhurassara.
달콤한 옥수수 madhulāja.
달콤한 음료 madhura.
달콤한 음료나 술로 가득한 madhuraka.
달콤한 주스 madhurarasa.
달콤함 assādanā. assāda. madhuratā. madhuratta. rasatta. sādutā.
달콤해진 katamadhura.
닭과 돼지 kukkuṭasūkarā.
닭으로 치는 점(占) kukkuṭalakkhaṇa.
닭의 볏 makuṭa. kakudha.
닭의 울음소리 kuñca.
닮은 anujāta. paṭirūpaka. pāṭirūpika. sannibha. sannikāsa. sappaṭibhāga. sarikkha. sarikkhaka. sarīvaṇṇā. nikāsin.
닮음 paṭibhāga. samupama. sarikkhatā. sarikkhatta.
닳아 끊어진 papīḷita.
닳아 떨어진 papīḷita. vikaṇṇa.
닳아 헤어진 vikaṇṇa.
닳아빠진 uddhata. uddhaṭa.
담(膽) pitta.
담(痰) silesuma. kapha. semha.
담[울타리] ādhāna. bhitti. kaccha. kacchā. pākāra. uddāma. vati. vatikā.
담그다 gāhati. uplāpeti. uplāpayati. opilāpeti.
담금 osīdāpana.
담금질한 쇠로 만든 sikāyasamaya.
담낭(膽囊) pittakosaka.
담론(談論) parikathā.
담론을 즐기는 것 bhassārāmatā.
담마낏띠[인명] Dhammakitti.
담마빠다[경전] Dhammapada.
담마빨라[인명] Dhammapāla.
담마쌍가니[논장] Dhammasaṅgaṇi.
담마씨리[인명] Dhammasiri.
담배 dhūmapāna. tamākhupaṇṇa.
담배[식물] tamākhu.
담배가게주인 tamākhuvāṇija.
담뱃대 dhūmanetta.
담보(擔保) nyāsa. upanidhi. upanikkhepa.
담보로 하기 nyāsa.

담보물 upanikkhepa.
담설(談說) ākhyāyikā.
담식(噉食) khādaniya.
담요 kambala. santhata. sīsakalanda(?).
담요 상인 kambalavāṇija. kambalika.
담을 가진 bhittikabhittika.
담을 넘어 tirokuḍḍaṁ. tiropākāraṁ.
담을 따라 anupākāre.
담의 발생 semhasamuṭṭhana.
담장 kuḍḍa. kuṭṭa. pākāra.
담장 밖에 tirokuḍḍaṁ. tiropākāraṁ.
담쟁이 kaccha. vallī. latā.
담즙(膽汁) pitta. māyu.
담즙병(膽汁病) pittābādha.
담즙병예방의 pittūpasamaka.
담즙이 정체된 baddhapitta.
담즙질(膽汁質) pittabbhama.
담즙질의 baddhapitta. pittika.
담지자(擔持者) vahitar.
담합(談合) upalāpanā.
담합하다 upalāpeti.
담화(談話) abhilāpa. ākhyāyikā. bhassa. vākkaraṇa.
담화하는 sahakathin.
답게(答偈) paccanīkagāthā.
답례(答禮)로 보여주다 paccāropeti.
답례로 친절하게 인사하다 paṭisammodeti.
답례의 시식(施食) paṭipiṇḍa.
답바마라자(沓婆摩羅子)[인명] Dabbamallaputta.
답바말라뿟따[인명] Dabbarmallaputta.
답변(答辯) uttariya. uttara(*ifc.*).
답변을 요청하는 자 vissajjāpetar.
답변의 uttara.
답변자(答辯者) vissajjāpetar.
답변할 의무가 있는 말로 특징지어지는 uttarakaraṇavācālakkhaṇa.
답시(答詩) paṭigāthā.
답신(答信) paṭipaṇṇa.
답장(答狀) paṭipaṇṇa. paṭisāsana.
닷비무카[조류] dabbīmukha.
닷새마다 anupañcāhaṁ.
당(黨) pakkha.
당겨서 뽑다 abbahati.
당겨지다 ākaḍḍhiyati.
당겨진 ākaḍḍhita.
당과(糖菓) sakkhali. sakkhalikā.
당기는 āvijjhana. upakaḍḍhaka. vāhana.
당기는 사람 vikāsitar.
당기는데 사용하는 āviñjana(ka). āviñchanaka.
당기다 ākaḍḍhati. ākassati. añcati. añjati. kaḍḍhati. upakaḍḍhati. uttāreti.
당김 locana. upakaḍḍhana. uttāraṇa.
당나귀 gadrabha. khara. bhadda. bhadra.
당나귀 울음소리 gadrabharăva.
당나귀 집 gadrabhabhāraka.
당나귀라는 사실 gadrabhabhāva.
당뇨(糖尿) madhumeha.
당뇨병(糖尿病) madhumeha.
당뇨병의 madhumehika. madhuramehāyatta.
당당한 amaṅkubhūta. patāpavant. vaccasin.
당래(當來) samparāya.
당래의 anāgata. samparāyika.
당밀(糖蜜) guḷa. phāṇita.
당번(幢幡) dhaja.
당분(糖分)이 없음 nipphāṇitatta.
당신[경어] bhavant.
당신들의 bhavataṁ.
당신에게 실례가 되지 않는다면 sace te agaru.
당신은 bhavaṁ.
당신은 있다 asi.
당신의 것이 아닌 사지 paragatta.
당연한 pāṭikaṅkha.
당연히 ~ 을 받아야 할 araha.
당연히 alaṁ.
당연히 두려운 tāsaniya.
당연히 부끄러워 할 필요가 없는 alajjitāya.
당위(當爲) dhamma.
당장(當場) ādikena.
당취(當取)의 upādāniya.
당파(黨派) pakkha.
당파가 있는 pakkhin.
당하다 anvānayati.
당혹(當惑) kaṅkhā. kaṅkhana. pamoha. sammuyhana.
당혹하지 않은 abhanta.
당혹한 kātara. maṅkubhūta.
당혹한 상태 ākulabhāva.
당혹해 하다 vitthāyati.
당황(唐惶) mohatta. muyhana. pamoha. puñcikatā. sammoha. sammosa. sammuyhana. ubbijjanā. uddhacca. vikkhepa. visāhāra. vitthāyitatta.
당황하게 되다 mussati.
당황하게 하다 musati.
당황하게 함 vicakkhu.
당황하는 ākulanīya. andhakārasamākula. ubbigga.
당황하다 muyhati. pamuyhati. parimussati.

sammuyhati. sārajjāyati. ubbijjati. vitthāyati.
당황하지 않는 amaṅkubhūta. asammūḷha. avitthana. avyagga. vītamoha. asammosa. avisāhaṭa.
당황한 akkula. appaṭibhāna. dummaṅku. momūha. muddha. muṭṭhassati. pamūḷha. parimohita. parimuṭṭha. sammūḷha. ubbhantacitta. vimhita. visāhaṭa. vitthata. vyagga. vyākula.
닻 aṅka. aṅkusa. lakanaka. nāvābandha. nāvâṅkusa. nāvālakanaka.
닿다 āmasati. parimajjati. saṁhanati. saṁhanti. samphusati. upapphusati.
닿아 지지 않은 aphuṭṭha.
닿을 수 없는 aphusa.
닿지 않은 aparāmasat. apphuta.
대(臺) ādhāraka.
대(帶) pacchada. yotta(ka).
대가(代價)로서의 업 kammamūla.
대가섭(大迦葉)[인명] Mahākassapa.
대가전연(大迦旃延)[인명] Mahākaccāna. Mahākaccāyana
대각선(對角線) koṇagatarekhā.
대강(大綱) uddhāra.
대강당(大講堂) mahāsālā.
대개(大槪) appeva. nāma. nu. bahuso.
대개병(大疥病) thūlakacchā. thullakacchā.
대검(大劍) mahāchurikā.
대겁(大劫) mahākappa.
대격(對格)[문법] dutiyā. upayoga. upayogavacana. kammakāraka. kammavacana.
대격속에 있는 upayogaladdha.
대격에 의한 지시 upayoganiddesa.
대격의 가치 upayogappatti.
대격의 구성[문법] kammasaṁyoga.
대격의 복수 upayogabahuvacana.
대격의 의미 upayoga.
대격한정복합어(對格限定複合語)[문법] dutiyātappurisa.
대결집(大結集) mahāsaṅgīti.
대경(對境) visaya.
대경실색(大驚失色)한 chambhita.
대계(大戒) mahāsīla.
대고(大鼓) deṇḍuma. dundubhi. mahāmukha.
대공(大工) taccha. tacchaka. tacchakāra. thapati. vaḍḍhaki. vaḍḍhakī.
대공덕(大功德) mahānisaṁsa.
대공화기(對空火器) vyomayānanāsaka.
대공희(大供犧) mahāyañña.
대관(大觀) mahāvipassanā.
대관식(戴冠式) rajjâbhiseka.
대관식축제 chattamaṅgala.
대광휘(大光輝)[인명] Mahāpatāpa.
대구치라(大俱絺羅)[인명] Mahākoṭṭhita.
대군주(大君主) abhibhū.
대궁술사(大弓術士) mahissāsa.
대규환(大叫喚)[지옥] Mahāroruva.
대기(大氣) anila. antalikkha.
대나무 anāma. tacasāra. veṇu. vaṁsa. veḷu.
대나무가공업자 vilīvakāra.
대나무껍질로 만든 천 vilīvapaṭṭa.
대나무꼭대기 veḷagga.
대나무노동자가 지불하는 세금 veṇubali.
대나무놀이 vaṁsa.
대나무로 만든 vilīva.
대나무로 만든 바늘 통 sūcināḷikā.
대나무로 만든 침대 bidalamañcaka.
대나무마디 veḷupabba.
대나무막대기 daṇḍaveḷupesikā. veḷudaṇḍa.
대나무색 vaṁsarāga.
대나무세공을 업으로 하는 계급 veṇajāti.
대나무순 kalīra. kaḷīra. vaṁsakaḷīra.
대나무순과 빵나무의 열매 등 kalīrapanasâdī.
대나무숲 veḷugumbha. veṇuvana. veṇugumba.
대나무숲속 다람쥐 키우는 정원 veḷuvanakalandakanivāpa.
대나무싹 vettagga.
대나무울타리 veḷuvāṭa.
대나무의 발아 vettaṅkura.
대나무의 선물 veḷudāna.
대나무잎 veḷupatta.
대나무조각 kaṭṭhakaliṅgara.
대나무조각 veḷupesikā. vilīva.
대나무줄기 vaṁsanāḷa. veḷupabba.
대나무지팡이 daṇḍaveḷupesikā. veḷudaṇḍa.
대나무창 veḷunāḷi.
대나무피리 vaṁsa.
대나무화살 veḷunāḷi.
대다 āhanati. āhanti. āsādeti. paṭicaleti. phusati.
대단(大壇) kusi.
대단한 adhika.
대단한 곤란 bahāyāsa.
대단한 열기 atitāpa.
대단히 atīva.
대단히 갈망하는 atitaṇha.
대단히 매력적인 atiramaṇīya.
대단히 사랑스러운 atirucira.
대단히 아름다운 atiramaṇīya. atirūpin.
대단히 유능한 mahâbhisakka.

대단히 즐거운 atiramaṇīya.
대단히 큰 subrahā.
대담(大膽) asantasana. avikampana. pagabbhatā. pāgabbhiya.
대담(對談) saṁvohāra.
대담성(大膽性) sūrabhāva.
대담한 abhidhara. abhīta. amaṅkubhūta. asaṅkita. asantasanaka. dhaṁsin. pagabbha. pagabbhin. pakkhandaka. pakkhandin. sappagabbha. sūra.
대답(對答) paṭivacana. paṭivāda. veyyākaraṇa. vissajjana. vyākaraṇa. uttariya.
대답대신 울다 paṭirodati.
대답되어야 할 kathetabba. vissajjaniya. vissajjitabba. vacanīya.
대답되지 않은 것 avyākata.
대답된 vyākata.
대답을 보류해야 할 질문 ṭhapanīyapañha.
대답의 목적 kathanattha.
대답하게 하다 kathāpeti.
대답하기에 적당한 시간 kathetabbayuttakāla.
대답하는 vissajjanaka.
대답하는 사람 vissajjaka. vissajjetar.
대답하는 수행승 kathanabhikkhu.
대답하는 행위 kathana.
대답하다 kathayati. katheti. paccudāharati. paṭibhāsati. paṭikatheti. paṭimanteti. paṭivadati. vissajjati. vissajjeti. vyākaroti. sampāyati.
대답한 paṭivutta.
대답할 때의 시간 kathitakāla.
대대(大隊) aṇīka.
대덕(大德) āyusmant. bhadanta. bhaddanta.
대도(大盜) ātitheyya. mahāpatha.
대도(大道)의 적(敵) panthaghāta.
대동혈(大洞穴) gabbhara.
대두(大豆)[식물] kulattha.
대들다 abhinippatati.
대등(對等) samatta.
대등하지 않다 visamāyati.
대등한 pāṭipuggalika. paṭisama.
대등한 자가 없는 appaṭisama.
대락(大樂) vipulasukha.
대량(大量) nikara. visara.
대력(大力)의 atibala.
대로(大路)[인명] Mahāpanthaka.
대룡(大龍) mahānāga.
대륙(大陸) mahādīpa. dīpa.
대리(代理) āyuttaka.
대리(大利) mahāattha.
대리(代理)의 āyuttaka.
대리인(代理人) paṭinidhi. parakiccasādhaka.
대리자(代理者)[문법] kattar. kattu°.
대림원(大林園)[숲] Mahāvana.
대립하여 저촉이 되는 물질 sappaṭigharūpa.
대마(大麻) sāṇa. bhaṅga. mubbā.
대마로 만든 거친 직물(織物) saṇhaka(?).
대마로 만든 실 sāṇasutta.
대마직물 sāṇavāka.
대마포(大麻布) sāṇa.
대망(大望)의 pāṭikaṅkha.
대머리 khallātasīsa. muṇḍiya. muṇḍeyya.
대머리가 아닌 amuṇḍa.
대머리의 akūṭa. bhaṇḍu. khalita. muṇḍa. muṇḍaka.
대머리의 가장 muṇḍagahapatika.
대면(對面) sammukhatā. sammukhībhāva.
대면에 의한 해결 sammukhāvinaya.
대면정시(對面淨施) sammukha.
대면하는 paṭimukha.
대면한 abhimukha. abhimukhī°.
대명사가 아닌[문법] asabbanāma.
대모니(大牟尼) mahāmuni.
대목건련(大目犍連)[인명] Mahāmoggallāna.
대무간(大無間)[八大地獄] Mahāvici.
대문(大門) alāra. dvārakoṭṭhaka. koṭṭhaka.
대바나왕(大波那王)[인명] Mahāpanāda.
대반열반(大般涅槃) mahāparinibbāna.
대발한법(大發汗法) mahāseda.
대범(大梵)[신계] Atibrahmā.
대범천(大梵天)[신계] Mahābrahma.
대법(對法) abhidhamma.
대법관(大法官) akkhadassa.
대법교(大法敎) mahâpadesa.
대법론(對法論) abhidhammakathā.
대법분별(對法分別) abhidhammabhājaniya.
대변(大便) gūtha. uccāra. ukkāra. vacca. valañja.
대변과 소변 uccārapassāva.
대변도(大便道) vaccamagga.
대변을 보다 ūhanati.
대변을 통하게 하다 vireceti.
대변이 마려운 vaccita.
대변이 마렵다 vacceti.
대보리수(大菩提樹) mahābodhi.
대보리수에 공양함 mahābodhipūjā.
대보리좌(大菩提座) mahābodhimaṇḍa.
대보살(大菩薩) mahābodhisatta.
대보시(大布施) mahādāna.

대복주(大復註) mahāṭīkā.
대복행(大腹行) mahāuraga.
대부(貸付) → 대출(貸出).
대부분(大部分) pāyena.
대부분의 yebhuyya.
대부정식(大不淨食) mahāvikaṭabhojana.
대분별(大分別)[율장] mahāvibhaṅga.
대비(大悲) mahākaruṇā.
대비(大妃) uparidevī.
대비(對比) viparītatā.
대비성(大悲性) mahākāruṇikatā.
대비정(大悲定) mahākaruṇāsamāpatti.
대사(大使) dūta.
대사(大士) mahāsatta.
대사(大史) mahāvaṁsa.
대사(大師) satthar.
대사(大寺)[승원] Mahāvihāra.
대사(大寺)에 거주하는 자 mahāvihāravāsin.
대사라수(大沙羅樹) mahāsālarukkha.
대사리장(大舍利藏) mahādhātunidhāna.
대사문(大沙門)[부처님] mahāsamaṇa.
대사서(大詞書)[문법서] Mahāniruttigandha.
대사원(大寺院) mahāvihāra.
대살타(大薩埵) mahāsatta.
대상(對象) ārambha. attha. vatthu. visaya. bāhirabhaṇḍa.
대상(大象) hatthināga. mahānāga.
대상(大床) mahāsayana.
대상(隊商) sattha. satthavāsika. satthavāsin. vāṇijasattha. mahāyāna.
대상(隊商)에 속하는 satthika.
대상(隊商)의 satthaka.
대상과 관련된 마음 ārammaṇacitta.
대상과 마주한 ārammaṇâbhimukha.
대상과 인접성 ārammaṇânanatara.
대상과 전개 ārammaṇapaṭipadā.
대상과의 대면 abhimukhabhāva.
대상에 대한 명상 ārammaṇûpanijjhāyana.
대상에 대한 분석적 앎 atthapaṭisambhidā.
대상에 대한 성찰 ārammaṇapaṭisaṅkhā.
대상에 대한 수용 ārammaṇasampaṭicchana.
대상에 속하는 ārammaṇika.
대상에서의 분리 ārammaṇaviyoga.
대상영향(對象影響) ārammaṇâdhipati.
대상으로 만들기 ārammaṇakaraṇa.
대상으로부터 벗어남 ārammaṇavimutti.
대상으로부터의 추론 ārammaṇânvaya.
대상을 대충 훑어보는 ārammaṇôkkantika.
대상을 뛰어넘음 ārammaṇasamatikkama(na).
대상을 만들지 않는 avisaya.
대상을 여읨 anārammaṇa.
대상을 인식하는 ārammaṇapaṭivijānana. ārammaṇasañjānana. ārammaṇavijānana.
대상을 파악하는 자 ārammaṇapariggāhaka.
대상의 ārammaṇika.
대상의 가치를 인식하고 aṭṭhikatvā.
대상의 경계 ārammaṇamariyādā.
대상의 고요함 ārammaṇasantatā.
대상의 구입 ārammaṇakiṇana.
대상의 규정 ārammaṇavavatthāna.
대상의 그림 ārammaṇacitta.
대상의 기능 ārammaṇarasa.
대상의 기능을 체험하는 ārammaṇarasânubhavana.
대상의 내부 ārammaṇantara.
대상의 다양성 ārammaṇanānatta.
대상의 맛 ārammaṇarasa.
대상의 맛을 즐기는 ārammaṇarasânubhavana.
대상의 물질 gocararūpa.
대상의 범주 ārammaṇagocara.
대상의 본성 ārammaṇasabhāva.
대상의 본질에 대한 파악 ārammaṇasāraggāha.
대상의 분류 ārammaṇabheda. ārammaṇappabheda. ārammaṇavibhāga. atthappabheda.
대상의 빗나감 ārammaṇasaṅkanti.
대상의 상태 ārammaṇadhamma.
대상의 선행성 ārammaṇapurejāta.
대상의 세 가지 ārammaṇattika.
대상의 숲 ārammaṇavana.
대상의 안정성 ārammaṇaṭṭhiti.
대상의 어긋남 ārammaṇasaṅkanti.
대상의 유사성 ārammaṇasabhāgatā.
대상의 의미 ārammaṇaṭṭha.
대상의 의미를 찾는 정신작용이 없는 것 avitakka.
대상의 인식과정 ārammaṇavīthi.
대상의 존재 ārammaṇabhāva.
대상의 주인 satthapati.
대상의 지도자 satthavāha. satthanāyaka.
대상의 지멸(止滅) ārammaṇasantatā.
대상의 지배적인 영향 ārammaṇâdhipati.
대상의 지속성 ārammaṇaṭṭhiti.
대상의 차례 ārammaṇavāra.
대상의 차이점 ārammaṇavisabhāgatā.
대상의 초월 ārammaṇâtikkama. ārammaṇasamatikkama(na).
대상의 파악 ārammaṇapariggaha.
대상의 향유 ārammaṇânubhavana.

대상의 허약성 ārammaṇadubbalatā.
대상이 되는 사물 ārammaṇadhamma.
대상이 아닌 것이 없는 찰토 visaya(k)khetta.
대상이 없는 anārammaṇa.
대상조건(對象條件) ārammaṇapaccaya.
대상찰토(對象刹土) visaya(k)khetta.
대상친의(對象親依) ārammaṇûpanissaya.
대선정가(大禪定家) mahājhāyin.
대세(大勢) abhivagga.
대소변(大小便) muttakarīsa.
대소연(大所緣) mahaggatârammaṇa.
대수(大數) akkhohiṇī.
대수미산(大須彌山)[지명] Mahāneru.
대수석(帶數釋)[문법] digu.
대순다(大淳陀)[인명] Mahācunda.
대승(大乘) mahāyāna.
대승(大乘)의 mahāyānika.
대승경(大乘經) vetullapitaka.
대승교도(大乘敎徒)의 mahāyānika.
대승불교(大乘佛敎) vetulla. mahāyāna.
대승설자(大乘說者) vetullavādin.
대식(大食)하지 않는 anodarika.
대신 (덫이나 올가미에) 걸려든 paccoḍḍita.
대신 어떠한 것도 기대하지 않는 apaccāsa. apaccāsiṁsana.
대신 주어진 옷 paṭinivāsana.
대신(大臣) khattar. mahâmacca. sajīva. mantin. amacca. rājabhogga. rājâmacca.
대신(代身) ṭhāne.
대신과 함께 하는 sāmacca. sahāmacca.
대신들의 명부 amaccagaṇanā.
대신력(大神力) mahiddhi.
대신론(大臣論) mahāmattakathā.
대신변(大神變) mahiddhika. mahiddhikatā.
대신어(大身漁)[어류] kumbhīla. timi. timiṅgala. timirapiṅga. timiramiṅgala.
대신에 → 대신.
대신에 ṭhāne.
대신에 대한 이야기 mahāmattakathā.
대신의 보물 amaccaratana.
대신의 아들 uggaputta.
대심(大心) mahaggatacitta.
대심해탈(大心解脫) mahaggatacetovimutti.
대아비(大阿鼻) mahāvici.
대아비지옥(大阿鼻地獄) mahāavīci.
대아자리(大阿闍離) pācariya.
대안(對岸) pāra.
대애도(大愛道)[인명] Mahāpajāpati.
대야 kaḷopī. karoṭi.
대야차(大夜叉) mahāyakkha.
대양(大洋) mahaṇṇava. sāgara. samudda. mahāsamudda.
대양에 위치한 samuddaṭṭhaka.
대어(大魚) pāgusa.
대여(貸與) iṇadāna.
대열반(大涅槃) mahānibbāna.
대왕(大王) mahārājan. manujinda.
대왕계(大王界) mahārājabhavana.
대왕두(大王豆) mahārājamāsamugga.
대왕의 궁전 mahārājabhavana.
대왕의 의무를 이행하는 mahārājavatika.
대왕통사(大王統史)[역사서] Mahāvaṁsa.
대욕(大欲) mahicchatā.
대용어(代用語)[문법] ādesa.
대우(對偶) mithuna. yuga.
대우(對偶)의 sappaṭibhāga.
대우주(大宇宙) lokadhātu.
대웅(大雄)[부처님] mahāvīra.
대위력(大威力) mahânubhāra. mahânubhavatā.
대위엄(大威嚴) mahânubhavatā.
대응(對應) upanidhi.
대응물 paṭibhāga. paṭibimba.
대응인상 paṭibhāganimitta.
대응하는 yevāpanaka.
대의(大衣) saṅghāṭī.
대인(大人) mahāpurisa. uttamapurisa.
대인다라(大因陀羅) mahinda.
대인상(大人相) mahāpurisalakkhaṇa.
대인상의 특징 lakkhaṇa.
대인시(對人施) pāṭipuggalikadakkhiṇā.
대인주(大人思) mahāpurisavitakka.
대인주(大人住) mahāpurisavihāra.
대자유(大自由) mahācāga.
대자재천(大自在天) mahissara.
대장간 kammārakula. kammārasālā.
대장경(大藏經) piṭaka.
대장경에 속하는 peṭaka.
대장군(大將軍) mahāsenagutta. mahāsenāpati.
대장로(大長老) mahāthera.
대장장이 ayokāra. kammāra. lohakāra.
대장장이 가문 kammārakula. kammārakula.
대장장이의 딸 kammāradhītar.
대장장이의 마을 kammāragāma.
대장장이의 망치 kammārakūṭa.
대장장이의 모루 adhikaraṇī.
대장장이의 모습 kammāravaṇṇa.
대장장이의 부젓가락 kammārasaṇḍāsa.
대장장이의 쇠메[대형망치] kammāramuṭṭhika.

대장장이의 십장 kammārajeṭṭhaka.
대장장이의 연장 kammārabhaṇḍa.
대장장이의 용광로 안에 있는 kammāragata.
대장장이의 직업 kammārakamma.
대장장이의 풀무 kammārabhastā.
대장장이의 화덕 kammāruddhana.
대장장이처럼 대머리로 깍은 kammārabhaṇḍu.
대저택에 속한 모든 것 pariveṇa.
대적(大敵) mahācora.
대전존(大典尊)[신계] Mahāgovinda.
대접(待接) taṭṭaka.
대접받을 가치가 없는 apujja.
대접하다 bhojeti. sampavāreti. tappeti. santappeti.
대정(大定) mahaggatasamādhi.
대정사(大精舍)[승원] Mahāvihāra.
대조(對照) anta. paṭivimsa. paṭivisa. paṭivīsa. viparītatā. virodha. virodhana.
대조요왕(大照曜王)[인명] Mahāpatāpa.
대조적인 virodhana.
대종(大種) mahābhūta.
대종색(大種色) mahābhūtarūpa.
대죄(大罪) abhiṭhāna.
대주나(大周那)[인명] Mahācunda.
대중(大衆) bahujana. bahujañña. mahājana. kudaṇḍaka. parisā. samūha. gaṇa.
대중가운데 parisamajjhe. parisantare.
대중가운데서 활동하는 parisâvacara.
대중방(大衆房) āsanasālā.
대중부(大衆部)[부파] Mahāsaṅghika.
대중부의 후계 ekabbohāra, ekabyohāra.
대중에 관한 화합 gaṇasāmaggī.
대중에 대한 공포 parisasārajjabhaya.
대중에 의한 장엄 parisasobhaṇa.
대중을 아는 parisaññu.
대중을 아는 자 parisaññū.
대중음식점 lahubhojanāgāra.
대중이 모일 때 mahāsamaya.
대중적인 bāhujañña.
대중적인 철학 lokāyata.
대지(大指) aṅguṭṭha. aṅguṭṭhaka.
대지(大地) avani. avanī. bhū. bhūmi. bhūri. chamā. dharā. dhāraṇā. dharaṇī. jagat. jagati. jagatī. mahī. mahāpathavī. medinī. paṭhavī. pathavī. puthavī. puthuvī. puṭhuvī. sāgaranta. sāgarakuṇḍala. urū. khamā. bhumma. vasudhā. vasudharā. vasundharā.
대지(大池) mahātaḷāka. mahāudakarahada.
대지(臺地) pāsāṇatela.
대지(臺地)와 가옥(家屋) sauyyānageha.
대지에 이르기까지 yāva bhummā.
대지에서 자라는 나무 jagatiruha.
대지옥(大地獄) mahāniraya. mahānaraka.
대지의 아들[화성] kuja.
대지진(大地震) mahābhūmicāla.
대직신상(大直身相)[삼십이상] brahmujjugatta.
대집회(大集會) mahāsammilana.
대찰(大刹) mahāvihāra.
대책(對策) paṭikamma. paṭikara. paṭikāra. sambala. visaya.
대책을 세우다 paṭikaroti.
대책의 paṭikārika.
대청(大靑) mahānīla.
대청정묘(大淸淨妙)[부처님生母] Mahāmāyā.
대체(代替) anukappa. ādesabhūta.
대체된 ādiṭṭha.
대체어(代替語) ādesa.
대초열(大焦熱) patāpana.
대추[식물] badara. kola. kakkandhu.
대추나무 badarī. kolarukkha.
대추씨 kolaṭṭhi.
대추야자 khajjūrī. takka. khīrakā. hintāla.
대추열매 크기의 것들 kolamattiyo(pl.).
대추열매의 즙 badarayūsa.
대추열매의 즙을 혼합한 (것) badaramissa.
대추의 koliya.
대추의 핵 badaraṭṭhi.
대출(貸出) iṇadāna. nyāsa. upanidhi.
대출리(大出離) mahānekkhamma.
대출업자(貸出業者) iṇadāyaka.
대출하다 upanidahati. nyāsam karoti.
대취(大鷲)[매과의 새] paṭigijjha.
대치(對治) paṭikāra.
대치(對治)의 paṭikārika.
대칭(對稱) saṅgata. saṅgatâvayavatā. anukūlatā. ubhayasamatta. nigrodhaparimaṇḍalatā.
대칭적으로 saṅgatabhāvena.
대칭적인 yathāpamāṇayutta; saṅgatāvayava.
대탐(大貪) paligedha.
대탐(大貪)의 paṭigijjha.
대통지(大通智) mahâbhiññatā.
대퇴골(大腿骨) kaṭaṭṭhika. ūrupabba.
대퇴부(大腿部) kaṭi. satthi.
대패 kaṭṭhasamakaranī. tacchanī.
대패질 tacchana.
대패질하다 tacchati. taccheti.
대포(大砲) nāḷīyanta.
대포알 nāḷīyantaguḷikā.

대표(代表)의 참회 tiṇavatthāraka.
대표자(代表者) niyojita.
대품(大品) mahāvagga.
대하(大蝦) apaccasatthu.
대하(大河) mahādanī.
대하여 ārabbha. uddissa. pati. upari.
대학(大學) mahāvijjāyatana. nikhilasatthālaya. nikhilavijjālaya. nikhilavijjāyatana. satthālaya. vijjālaya.
대학교(大學校) → 대학(大學).
대학자(大學者) mahāpañña.
대항(對抗)해서 upari.
대항자(對抗者) paṭiviruddha.
대해(大海) mahāsamudda.
대해서 abhimukhaṁ.
대해양(大海洋) mahāsamuddasāgara.
대혜(大慧) mahāpaññā. mahāpaññatā.
대혜(大慧)의 mahāpañña.
대홍련(大紅蓮)[지옥의 이름] mahāpaduma.
대화(對話) abhijappana. āgada. ālāpa. ālapana. ālapanā. ālapanatā. allāpa. bhassa. kathā. kathana. kathanâkāra. kathanapaṭikathana. kathāsallāpa. kathāsaṁsandanā. kathita. katikā. sākacchā. sallāpa. sallapana. samanubhāsanā. sambhāsā. samudāhāra. samullapana. samullāpana. samullāpa. saṁvohāra. savacanīya. vacana. paṭivacana. vākkaraṇa.
대화(袋靴) puṭabandhupāhanā.
대화가 없는 anālāpa.
대화를 넓히는 vacīvipphāra.
대화를 부연하는 vacīvipphāra.
대화를 실천하는 행위 kathākāraṇa.
대화를 옮기는 행위 kathāpavattana.
대화를 통해 탐욕이 생기게 하는 교제 samullāpanasaṃsagga
대화를 폭로하는 행위 kathāvibhāvana.
대화속에 나타난 우화 atthasallāpikā.
대화에 끼어들기 위해 kathābhaṅgatthaṁ.
대화에 자유로운 kathāphāsuka.
대화에 적합하지 않은 akaccha.
대화에의 접근 kathāupacāra.
대화의 도중에 kathāpasaṅgena.
대화의 맛 kathārasa.
대화의 방식 kathanâkāra.
대화의 소통 kathāsampayoga.
대화의 장소 kathitaṭṭhāna.
대화의 주제 kathāpābhata.
대화의 지속 kathāsantati.
대화의 지속을 중단하기 위해 kathânuppabandhavicchedanatthaṁ.
대화자(對話者) paṭimantaka. ālāpin.
대화재(大火災) aggidāha. aggiḍāha. ālimpana.
대화하고 노래하고 우는 소리 kathitagītaroditasadda.
대화하는 kathika. vādika.
대화하는 소리 kathānigghosa.
대화하다 abhijappati. ārocayati. katheti. sākaccheti. sallapati. sallapeti. samanubhāsati. samudācarati. samullapati. upasaṁharati. vītisāreti.
대화하지 않는 adassāvin.
대황서(大黃鼠)[동물] sugga.
댐 rodha.
댐이 있는 저수조 udakakoṭṭha(ka).
댓가로 돌아오리라고 생각하지 않는 anāgamanadiṭṭhika.
댕기물새[조류] dindibha.
더 → 더욱.
더 공양받을 만한 pujjatara.
더 나쁜 pāpiyo. pāpiyyo.
더 나은 seyya.
더 나은 것이 있는 sauttara.
더 나이 많은 jeṭṭhatara.
더 낮은 paccora.
더 높은 상태 uparibhāva.
더 높은 지혜 adhipaññā.
더 늦은 저녁 sāyatara.
더 달콤한 sādutara.
더 뛰어난 seṭṭhatara.
더 뛰어난 것이 있는 sauttara.
더 많은 uttara. bahutara. bhiyyo.
더 많은 것을 원하는 것 bhiyyokamyatā.
더 먼 dūratara.
더 먼저 paṭhamatara.
더 부드러운 mudutara.
더 빠른 khippatara.
더 사악한 pāpiyo. pāpiyyo.
더 상세히 설명하다 atidisati.
더 아래 부분 paccora.
더 아름다운 abhirūpatara.
더 악한 pāpatara.
더 어린 kaniya. kanīya.
더 연장자인 theratara.
더 오래 ciratarаṁ.
더 이상 upari.
더 이상 노예가 아님 adāsa.
더 이상 배울 것이 없는 사람 asekha. asekkha. asekkhapuggala.

더 이상 배울 것이 없는 올바른 견해 asekkhasammādiṭṭhi.
더 이상 배울 것이 없는 올바른 사유 asekkhasammāsaṅkappa.
더 이상 배울 것이 없는 올바른 새김 asekkhasammāsati.
더 이상 배울 것이 없는 올바른 생활 asekkhasammāājīva.
더 이상 배울 것이 없는 올바른 앎 asekkhasammāñāṇa.
더 이상 배울 것이 없는 올바른 언어 asekkhasammāvācā.
더 이상 배울 것이 없는 올바른 정진 asekkhasammāvāyāma.
더 이상 배울 것이 없는 올바른 집중 asekkhasammāsamādhi.
더 이상 배울 것이 없는 올바른 해탈 asekkhasammāvimutti.
더 이상 배울 것이 없는 올바른 행위 asekkhasammākammanta.
더 이상 배울 것이 없는 지혜 asekkhapaññā.
더 이상 배울 것이 없는 해탈자 asekhamuni.
더 이상 스승이 없는 atikkantasatthuka. atītasatthuka.
더 이상 여자 노예가 아님 adāsī.
더 이상 탁월한 자가 없는 anadhivara.
더 이상 하지 마라 alaṁ.
더 이상의 영향이 없는 anavasesa.
더 이상이라는 의미 upariattha.
더 장로인 theratara.
더 적은 kaniya. kanīya.
더 존경받아야 할 pujjatara.
더 착한 santatara.
더 파다 anukhaṇati.
더 훌륭한 jeṭṭhatara. paṇītatara. suṭṭhutara. seyya.
더구나 pana.
더군다나 bhiyyoso.
더덕더덕 발라진 ukkhita.
더덕더덕 칠해진 avalitta.
더듬거리며 말하다 vilapati.
더러운 ajañña. anikkasāva. asubha. asuci. asuddhin. āvila. kaddamabhūta. kaddamin. kaddamībhūta. kalusa. kasambu. kaṭhita. kiliṭṭha. malina. paṁsuka. rajakkha. rumma. rummin. sāṅgaṇa. saṅkiliṭṭha. uklāpa. ukkalāpa. vikaṭa. vikata. kaṇṇakita.
더러운 것 mala.
더러운 것에 대한 즐거움 mīḷhasukha.
더러운 것을 먹고 사는 vekaṭika.
더러운 곳 mīḷhakā.
더러운 물 kaddamôdaka.
더러운 상태 rajakkhatā.
더러운 여자 paṅkadharī.
더러운 진흙에서 사는 rajajallika.
더러운 진흙의 mālin.
더러운 창자를 지닌 pisôdara.
더러운 표면 māla.
더러움 abbuda. asucitā. āvilatā. āvilatta. kālusiya. kappaṭa. palipa. paṅka. raja. rajas. rajo. ussāva.
더러움을 정복하는 malâbhibhū.
더러움이 없는 akālussiya. akasāva.
더러워지다 kilissati. lippati. saṅkilissati. saṅkīyati.
더러워지지 않은 anavasitta.
더러워진 kaṇhikata. kita. litta. paduṭṭha. palitta. parikiliṭṭha. sandiddha. ūhata. upatta.
더러워진 음식 vikaṭabhojana.
더러워짐 kilissana.
더럽게 하다 upakkilissati.
더럽지 않은 akāca. anupalitta. araja.
더럽혀지다 ūhaññati.
더럽혀지지 않은 adūsaka. anupalitta.
더럽혀진 avalitta. kaṭuviya. makkhita. upalitta.
더럽히는 asucikaraṇa. dūsaka.
더럽히는 자 dūsin.
더럽히다 anulimpati. kileseti. limpati. makkheti. padūseti. padoseti. padusseti. sammakkheti. ūhanati. upalimpati. vyāsiñcati.
더럽히지 않는 aparāmasat.
더럽힘 sammakkhana. sandosa.
더렵혀지지 않는 aparāmaṭṭha.
더렵혀진 upakkiliṭṭha. ussuta. vyāseka.
더미 citi. ghaṭa. guḷa. kara. kalanda. kāya. nivaha. opuñjana. pañja. pūga. puñja. rāsi. sambhāra. saṇḍa. uccaya. velā. vyūha.
더미로 bilaso.
더없이 ati.
더욱 bhīyo. bhīyyo. bhiyyo. → 더.
더욱 강한 balavatara.
더욱 늙은 mahallakatara.
더욱 다양한 색깔을 지닌 cittatara.
더욱 더 bhiyyoso. punad eva. punar eva.
더욱 많은 anappakatara.
더욱 매운 kaṭukatara.
더욱 먼 pārima.
더욱 반복해서 bhiyyo.

더욱 밝은 pabhādhika.
더욱 부족한 ūnakatara.
더욱 사랑스러운 kantatara.
더욱 수승한 지혜를 지닌 abhiññatara.
더욱 아름다운 dassanīyatara.
더욱 연로한 mahallakatara.
더욱 적은 ūnakatara.
더욱 적응할 수 있는 kammaññatara. kammaniyatara. kammanīyatara.
더욱 좋은 kalyāṇatara.
더욱 천한 nīceyya.
더욱 큰 mahantatara.
더욱 훌륭한 kalyāṇatara. sādhutara.
더욱더 parato.
더욱더 발전하다 anuanubhāveti.
더욱이 api. ca. apara. paraṁ. uttari. uttariṁ.
더운 uṇha. usmâbhibhūta.
더운 계절 gimha. gimhāna. uṇhakāla.
더운 구름의 신들[신계] Uṇhavalāhakā.
더운 날씨 uṇhakāla. uṇhasamaya.
더운 때 uṇhasamaya.
더운 물 usmodaka.
더운 방 jantāghara.
더운 장소 usmāṭṭhāna.
더운 체질을 지닌 uṇhapakati.
더움 uṇhabhāva.
더위에 괴로워하는 uṇhapīḷita.
더하기 upasaṅkhyana.
더하지 않는 anadhika.
더한 adhika.
더해야 할 일 uttarikaraṇīya.
덕(德) guṇa. sagguṇa. vatapada. sīla.
덕가시라(德迦尸羅)[지명] Takkasilā.
덕성(德性) guṇa. sagguṇa. sīlavatta. vatapada. sīla.
덕성으로 칭찬받은 abhitthutaguṇa.
덕성을 지닌 guṇin.
덕을 잃은 guṇahīna.
덕의 위력 guṇateja.
덕이 높은 사람 muni.
덕이 아닌 apuñña.
덕이 없는 aguṇa. guṇahīna. nigguṇa. sīlaviraha.
덕이 있는 (자) dhammacārin. sujana. puññavant. guṇavant. kalyāṇaka. sīlavant. suggava. sīlin. sīlika. yathācārin(yatacārin?).
덕이 풍부한 guṇaḍḍha.
덕행(德行) adhikāra. adhikārakamma. caraṇa. vata. vatta.
덕행에 적극적인 cārittasīla.
덕행이 있는 caraṇavant.
던져넣기 pakkhepa. pakkhepana.
던져넣다 pakkhipati.
던져버려서 avakārakaṁ.
던져버려진 apattha. pakkhitta.
던져버리고 apakiritūna.
던져버리는 avakāraka. ukkhepa. vidhamaka.
던져버리다 abhikirati. apakaroti. apakirati. avakaroti. avakirati. avakkhipati. avapakāsati. nirassati. nidassati. odhunāti. ohanati. seveti. sumbhati. sumhati.
던져버리다 apakassati.
던져버리지 않은 anīhata.
던져버리지 않음 anikkaḍḍhanā.
던져서 쌓다 nivapati.
던져서 흩뿌리다 nicchādeti. nicchāreti. nicchedeti. nicchodeti. nicchoreti.
던져올려진 upāta.
던져올리는 ukkhepaka.
던져올림 ukkhipana.
던져져야 할 avakiriya.
던져지거나 남겨지지 않은 anucchiṭṭha.
던져진 akkhitta. anupahata. avattha. erita. erayita. hata. khitta. pamutta. paviddha. vissaṭṭha. attha.
던져진 음식 nivāpa.
던져진 흙덩이가 도달할 수 있는 거리 leḍḍupāta.
던지게 하다 khipāpeti.
던지기 pakkhepa. pakkhepana. pāsaka.
던지는 chaḍḍaka. pātin.
던지다 abhikkhipati. abhipāteti. adhikkhipati. chaḍḍeti. āsumbhati. āsumhati. dhunāti. khipati. nipāteti. pāteti. paṭivaṭṭati. pavijjhati. upacchubhati. uṭṭhāpeti. ussajati. ussajjati. vicchaḍḍeti. viniggilati. yanteti.
던지면 돌이 닿는 곳 upacāra.
던짐 khepa. khipa. odhunana. odhūnana. pāsa. pāta. pavijjhana. ussagga.
덜 구워진 도기 āmakabhājana.
덜 중요한 anukhuddaka.
덜커덕 덜커덕 울리다 taṭataṭāyati.
덤[더 주는 것] vetana.
덤불 gaccha. kalila. nikuñja. pagumba. thambha. vanatha. kubbanaka.
덤불과 같은 golomika.
덥다 tapati.
덥혀진 방 agyāgāra.
덧문 ālokasandhi.
덧신 pādukā.

덧없거나 저열한 것에 의해 실행된 ittarasampayutta.
덧없는 bhidura. ittara. ittarapaccupaṭṭhāna.
덧없는 것에 대한 관찰 ittarânupassana.
덧없음 ittarabhāva.
덧칠하다 opuñjāpeti.
덩굴식물 vallī. vallikā.
덩굴식물의 끝 vallīkoṭi.
덩굴식물의 발아 vallīsantāna.
덩굴식물의 열매 vallīpakka.
덩굴식물의 화환을 두른 vallīhāraka.
덩어리 kabala. kabaḷa. kaṭṭhi. khandha. pacuṭa. peḷa. piṇḍa. piṇḍi. puñja. samūha. saṅghāṭa. vaṭṭi.
덩어리로 헤아리기 piṇḍagaṇanā.
덩이 kanda.
덫 pāsa. upanikkhipana. vākara. vākura. vākarā. vākurā.
덫을 놓다 oḍḍeti. oḍḍāpeti.
덫을 놓음 oḍḍana.
덫의 종류 adūhala.
덮개 apadhāraṇa. apavāraṇa. apidhāna. āvaraṇa. chada. chadana. chadda. kañcuka. koraka. kosa. kosī. oloka. onāha. paccattharaṇa. pacchada. paṭicchāda. paṭicchādaka. padhāna. pāpuraṇa. paricchada. parivāraṇa. pariyonāha. pariyonahana. pariyonandhana. pārupana. paṭala. paṭicchādī. paveṇi. saṁvaraṇa. ulloka. upatthara. nīvaraṇa. uttaracchada. uttaracchadana. vitāna.
덮개가 되는 āvaraṇīya.
덮개가 없는 āvaraṇavirahita. vinīvaraṇa.
덮개가 있는 paṭalika.
덮개가 있는 큰 마차 vaḷabhīratha.
덮개로 덮인 kosohita.
덮개를 만든 olokamaya.
덮개를 발생시키는 nīvaraṇiya. nīvaraṇīya.
덮개에 연꽃무늬를 한 ullokapaduma.
덮개의 열개자(裂開者) vivaṭṭacchadda.
덮게 하다 acchādāpeti. santhāreti.
덮기 vocchādanā.
덮는 avaguṇṭhana. santhāra.
덮는 것 acchādana. acchādanā.
덮는 담뇨 uparikaṭa.
덮다 abbhokirati. abhippakirati. acchādeti. acchāpeti. ācināti. ajjhottharati. attharati. avattharati. chādeti. guṇṭheti. nigūhati. nikhanati. nikhaṇati. oguṇṭheti. onahati. onandhati. onayhati. opuñjati. opuñjeti. otanati. ottharati. paliveṭheti. pāpurati. parivāreti. pārupati. paṭicchādeti. paṭikujjati. pidahati. piḷayhati. sañchādeti. thaketi. upanisevati. vinandhati.
덮어버리다 okirati.
덮어버림 padhāna.
덮어진 avatthaṭa. otthaṭa. nucchanna. upakiṇṇa. abhikiṇṇa. abhippakiṇṇa. avatata. otata. channa. oguṇṭhita. parisaṁvuta. upavīta.
덮은 guṇṭhima. avatthāraka.
덮음 ajjhottharaṇa. apavāraṇa. avattharaṇa. avatthāraṇa. ottharaṇa. otthāraṇa. nigūhana. onaha. onahana. opuñjana. ottharaṇa. paṭicchādana. paṭikujjana. pidahana.
덮이다 apithīyati. pithīyati. pithiyyati. pidhīyati.
덮이지 않은 acchanna. apaṭicchanna. appaṭicchanna.
덮인 acchanna. ajjhotthaṭa. apatthaṭa. apihita. abbhacchādita. kuṇṭhita. guṇṭhita. atthata. āvaṭa. āvuta. āvuṭa. ophuṭa. ophuṭṭha. otthaṭa. nivuta. nīvuta. pacchanna. paliguṇṭhita. paliguṇḍhita. palikuṇṭhita. paricchanna. pariyonaddha. pariveṭhita. pāruta. paṭicchādita. paṭicchanna. paṭikujjita. pihita. samākiṇṇa. samohita. sañchādita. sañchanna. santhata. vinaddha. vokiṇṇa. guṇṭhima.
덮인 자 guṇṭhika.
덮지 않음 athakana.
덮쳐진 abhivihata.
덮치는 anupatana.
덮치다 anupatati. ajjhottharati. anvāssavati.
데려간 haṭa.
데려오게 하다 ānayāpeti.
데려오는 āhara. āharaṇaka.
데려오는 것 āhāra.
데려오는 자 āhatar. āhāraka.
데려오다 āharati. āneti. upakappeti. upavahati.
데려온 āharaṇa.
데르비시 Mahammadīyatāpasa.
데리고 다니다 parineti.
데바다루[식물] devadāru.
데바다하[인명] Devadaha.
데바닷따[인명] Devadatta.
데방냐따라[신계] Devaññatara.
데우기 otāpana.
데우다 otāpayati. otāpeti. samparitāpeti. santāpeti. sedeti. usmāpeti. visīveti.
데워지다 santappati.
델륨[芳香樹脂] takkola.
도(道) bodhi. dhamma. magga.

도(棹) phiya.
도(道)에 관해 현명한 maggadhīra.
도(道)에 대한 찬양 maggavaṇṇa.
도(道)의 위험 maggaparissaya.
도[또한] api. pi.
도가니 mūsā.
도가머니 moli.
도간(稻竿) palāla. taṇḍulanāḷi.
도간적(稻竿積) palālapuñjaka.
도거(掉擧) uddhacca.
도거상응(掉擧相應) uddhaccasampayutta.
도거악작(悼擧惡作) uddhaccakukkucca.
도검상(刀劍商) satthavaṇijjā. satthavāṇijjā.
도계(道戒) maggasīla.
도계속(道繫屬) maggapariyāpanna.
도공(陶工) bhaggava. kulāla. kumbhakāra. ghaṭīkāra.
도공의 그릇 kulālabhājana.
도공의 바퀴 kulālacakka.
도과(道果)[四向四果] maggaphala.
도교(渡橋) uttārasetu.
도구(道具) bhaṇḍa. parikkhāra. parikkhāraṇa. payoga. upakaraṇa. upakkhara. yanta. bhaṇḍaka.
도구족자(道具足者) maggasamaṅgin.
도구족지(道具足智) maggasamaṅgīñāṇa.
도그마 adhivuttipada. diṭṭhi. matavisesa. siddhanta. sakamata.
도그마의 모순성 diṭṭhikantāra.
도금한 타일 suvaṇṇiṭṭhakā.
도기(陶器) bhājana. kumbha. āmattikā.
도기공의 화로 āvāpa.
도기의 조각 kapālakhaṇḍa.
도기제조소 kumbhakārasālā.
도끼 kuthārī. kuṭhāri. pharasu. tacchanī. vāsī.
도나[용량의 단위] doṇa.
도나의 수입을 감독하는 사람 doṇamāpaka.
도달(到達) abhisambhava. adhigama. adhigamana. āgamana. ajjhupagamana. anupatti. anuppatti. āpajjana. āpatti. okkamana. patti. phusana. phusanā. samāpatti. sampāpana. sampatti. upagaṇhanā.
도달되어야 할 pattabba.
도달되지 않은 asamatta. asampatta.
도달된 abhisampatta. adhigata. ajjhupagata. anupanna. anupatta. anuppatta. anvāgata. aṭṭhita. pariyāgata. paviṭṭha. phassita. samāpajjita. samāpanna. sampatta. upāgata.
도달될 수 없는 anabhisambhavanīya.
도달하게 하는 길 āyana.
도달하게 하다 adhigameti. anupāpeti. āpāpeti. āpādeti. āpeti. sampāpeti.
도달하게 함 pāpaṇa.
도달하고 āhacca.
도달하는 parimajjaka. paṭipanna.
도달하다 abhinippajjati. abhisambhavati. adhigacchati. adhipajjati. ajjhupagacchati. anupāpuṇāti. āpajjati. āphusati. appoti. ārādhayati. ārādheti. avasarati. icchati. labhati. nigacchati. pappoti. pāpuṇāti. pareti. pasakkati. paṭimuñcati. paṭiyāti. phasseti. phusati. samadhigacchati. samadhigaṇhāti. samāpajjati. sambhāveti. sampāpuṇāti. tīreti. upāgacchati. upagaṇhāti. upapajjati. upasampādeti. upasampajjati. upayāti. upeti. vajati.
도달하지 못한 anāgata.
도달하지 않음 anāgama. anāgamana.
도달한 āpanna. abhipattika. āgata. ajjhappatta. gata. osaṭa. °gū. pariyāgata. patta. pattin. upaga.
도달한 자 āpajjitar. pattin.
도대체 kismiṁ. kimhi. kiṁ nu. kiṁ nu kho.
도대체 어떤 이유로 kathaṁ hi nāma.
도덕(道德) dhamma. kalyāṇa. kallāṇa. sīla. sādhuguṇa. sadācāra. dhammopadesa.
도덕가(道德家) dhammopadesaka. ñāyaññū.
도덕과 습관 ācāragocara.
도덕성(道德性) sīlavatta. sīla. sucarita. nītisattha.
도덕의 결핍 vipatti.
도덕적 → 도덕적인.
도덕적 결함이 없는 apagatakāḷaka.
도덕적 나약함 maṅkubhāva.
도덕적 불가능성 abhabbaṭṭhāna.
도덕적 생활의 기초 원리의 ādibrahmacariyaka.
도덕적 완성 moneyya.
도덕적 의무 abhisamācārikavatta. sīla.
도덕적 행위가 성숙한 결과 vipākaphala.
도덕적 행위의 결과를 초래하는데 장애되는 것 vipākāvaraṇa.
도덕적 행위의 결과에 대한 법칙 vipākadhamma.
도덕적 행위의 결과에서 생겨난 vipākaja.
도덕적 행위의 결과의 상속 vipākasantati.
도덕적 행위의 결과의 원인 vipākahetu.
도덕적 행위의 결과의 윤회 vipākavaṭṭa.
도덕적 행위의 결과의 지배 vipākâdhipati.
도덕적 행위의 성숙에 대한 의도 vipākacetanā.

도덕적 행위의 성숙을 가져오는 정신의 세계 vipākamanodhātu.
도덕적 행위의 성숙을 가져오는 정신의 요소 vipākamanodhātu.
도덕적 행위의 성숙을 가져오는 정신의식의 세계 vipākamanoviññāṇadhātu.
도덕적 행위의 성숙을 가져오는 정신의식의 요소 vipākamanoviññāṇadhātu.
도덕적 행위의 성숙의 조건 vipākapaccaya.
도덕적이 아닌 adhamma.
도덕적이라고 여겨지지 않는 adhammasammata.
도덕적인 apūtika. dhammika. ñāyānugata. sīlavant.
도덕적인 맹세가 없는 abbata.
도덕적인 삶 brahmacariya.
도덕적인 실천 sīla.
도덕적인 오염에 대한 두려움 upalepabhaya.
도덕적인 의무가 없는 abbata.
도덕적인 의무의 한계 sīlavelā.
도덕적인 자기 절제로 사는 sīlasaṁvuta.
도덕적인 행위와 생계 kammantājīva.
도덕적인 행위의 결과 vipāka.
도돈장(屠豚場) sūkarasūṇā.
도둑 adinnādāna. ākhanika. cora. ekâgārika. heṭhaka. kaṇṭaka. kaṇṭhaka. ocara. ocaraka. takkara. thena. thenaka.
도둑들에 관한 이야기 corakathā.
도둑들의 숲 corâṭavi.
도둑맞은 apābhata.
도둑에 대한 공포 corabhaya.
도둑에 의해 운반되지 않은 acorāharaṇa.
도둑이 아닌 acora.
도둑이 아닌 사람 athena.
도둑이 아닌 여자 athenī.
도둑인 아내 corībhariyā.
도둑질 adinnādāna. avahāra. coriya. thena. thenaka. thenana. theyya.
도랑 digghikā.
도랑과 구덩이 parikhākūpa.
도래(到來) āpajjana.
도래가 불가능한 abhabbâgamana.
도량(道場) maṇḍala. maṇḍa.
도량(道場) upāsanasālā.
도로 사다 nikkiṇāti.
도로 찾다 nikkiṇāti.
도로(道路) magga. pantha. vaṭuma. visikhā.
도로상에서 훔치는 자 pathadūsaka.
도로의 강도 panthaghāta.
도론(導論) nettipakaraṇa.
도료(塗料) palepa. raṅga.
도르래 cakka. karakaṭaka.
도르래가 부러진 cakkachinna.
도를 넘다 upātivattati.
도를 실천한 maggapaṭipanna.
도리(道理) atthavasa. ṭhāna. attha.
도리깨 vyābhaṅgī.
도리를 보고 실천하는 diṭṭhicarita.
도리에 대한 변명 atthapaṭibhāna.
도리에 밝은 atthakusala.
도리에 어긋나 행위로 이끄는 번뇌 agatikilesa.
도리에 어긋나는 행위 agatigamana.
도리에 어긋남 agati.
도마뱀 ākucca. golikā. sarabhū.
도망 niyyatta. palātatta.
도망가는 atipātin. palāyin.
도망가다 palāyati. paleti. paridhāvati. sampaddavati.
도망가지 않는 apalāyin.
도망가지 않음 anivattana.
도망간 palāta.
도망치다 palāyati. paleti. paridhāvati. sampaddavati.
도망친 abhinissaṭa. nivattati. sampadduta. upātivatta.
도망하다 palāyati. paridhāvati. sampaddavati.
도무상(道無上) paṭipadânuttariya.
도박(賭博) abbhuta. akkha. dūta. jūta. keḷi. upajūta.
도박꾼 akkhika. akkhadevin. kitava. kitavā.
도박꾼 dhutta. jūtakāra.
도박꾼의 내기 paṇītaka.
도박꾼이 아닌 사람 akitava.
도박꾼이 아닌 자 ajūtakara.
도박사(賭博師) kalidevatā. → 도박꾼.
도박에 중독된 akkhamada.
도박에 패한 akkhaparājita.
도박에서의 패배 kalikāla.
도박을 좋아하는 akkhapatīta.
도박을 하는 사람 akkhadevin.
도박을 하지 않는 anakkha.
도박의 심판자 akkhadassa.
도박장(賭博場) jūtasālā.
도박판 khalika. khalikā.
도반(道伴) sabrahmacārin. saddhiṁvihārika.
도반으로 살기에 아주 적합한 alaṁsājīva.
도발(挑發)['논쟁에 도전하는 것'] vipaccatā.
도방론(道傍論) visikhākathā.

도범행(道梵行) maggabrahmacariya.
도법(道法) maggadhamma.
도벽(盜癖)이 없는 atthena.
도보(徒步) patti.
도보여행(徒步旅行)의 paṭhavant.
도보여행자(徒步旅行者) maggika.
도보주의(徒步主義) padagamana.
도분(塗粉) cuṇṇabhesajja.
도불상응(道不相應) maggavippayutta.
도비도(道非道) maggâmagga.
도비도지견(道非道知見) maggâmaggañāṇadassana.
도비도지견청정(道非道知見淸淨) maggaâmaggañāṇadassanavisuddhi.
도사(島史) dīpavaṁsa.
도사(導師) ninnetar. nāyaka. niyyāma. niyyāmaka.
도살꾼 → 도살자.
도살업자 → 도살자.
도살업자의 칼 potthanikā. potthanī.
도살자(屠殺者) goghātaka. māgavika. pukkusa. pasughātaka.
도살장(屠殺場) abbhāghāta. goghātakasūnā. asisūna. asisūnā. sūnā. sūṇā. sūnāghara. sūṇāghara.
도상(道相) magganimitta.
도상(圖像) paṭimākaraṇa. paṭimāsaṅgaha.
도상학(圖像學) paṭibimbavijjā.
도색(塗色)된 palitta.
도색(桃色)을 한 pāṭala.
도서관(圖書館) potthakālaya. potthakākara.
도성(都城) adhiṭṭhāna.
도성의 kuḍḍanagaraka.
도성의 파괴자 purindada.
도성제(道聖諦) dukkhanirodhagāminīpaṭipadâriyasacca.
도성찰(道省察) maggapaccavekkhaṇa.
도소연(道所緣) maggārammaṇa.
도솔천(兜率天)[신계] Santuṭṭha. Santusita.
도수(渡手) titthanāvika.
도시(都市) nagara. nagarī. pura.
도시가 아님 anigama.
도시들 iddha.
도시로 가는 길 anupariyāyapatha.
도시를 도는 길 anupariyāyapatha.
도시밖에 bahinagare.
도시사람과 같은 porin.
도시에 대한 이야기 nagarakathā.
도시와 연결된 nagarabandhana.
도시의 거리 nagaravithi.
도시의 근처에 upanagaraṁ.
도시의 미인 nagarasobhinī.
도시의 서쪽에 있는 avapura.
도식(圖式) saṅkhittanirūpana.
도심(道心) maggacitta.
도안하다 abhilakkheti.
도약(跳躍) laṅghana. pakkhandana. ullaṅghanā. uppāda. uppilavana. uppilavanā. uppilāpa. uppilāva. upplavana.
도약된 uppilāvita.
도약시키다 ullaṅgheti.
도약하다 laṅghati. pakkhandati. ullaṅghati. uppilavati. vaggati.
도양자(屠羊者) orabbhika.
도연(道緣) maggapaccaya.
도와줌 mamaṅkāraṇa.
도왕통사(島王統史) dīpavaṁsa.
도우자(屠牛者) goghātaka.
도움 ālamba. anuggaha. anuggahaṇa. anugganhana. avalambana. avassaya. dutiyaka. dutiyyatā. nātha. nissaya. paṭisaraṇa. patiṭṭhā. patiṭṭhāna. sahāyakicca. saraṇa. upakāra. upakārakabhāva. upakaraṇa. upatthambha. bahukāra. sevā.
도움을 갖춘 saparikkhāra.
도움을 받는 parāyin. upatthaddha.
도움을 받다 anugayhati.
도움을 받은 anuggahita. anuggahīta. katânuggaha. katûpakāra. upakkhaṭa.
도움을 받을 수 있는 tejiccha.
도움을 받을만한 katupakāra.
도움을 받지 못하는 nirālamba.
도움을 주고 anuggahāya.
도움을 주는 anuggahasīla. upakārin. upatthambhaka.
도움을 주는 자 tātar.
도움이 되는 bhāgiya. opanayika. saṁvattanika. yānika. yāniya. upakappanaka. upakārabhūta. upakāraka. upakārāvaha.
도움이 되는 것과 도움이 되지 않는 것 upakārânupakāra.
도움이 되는 사람 upakāramanussa.
도움이 되다 upakappati. upaneti. upanayati.
도움이 되지 않는 anupakāra.
도움이 없음 aposana.
도유(塗油) abbhaṅga. paccañjana. vilepa. vilepana.
도유(塗油)하다 ubbatteti. ubbaṭṭeti. vilepeti.

도입(跳入) pakkhandana.
도입사견(跳入捨遣) pakkhandanapaṭinissagga.
도입하는 게송 vatthugāthā.
도입하는 이야기 vatthukathā.
도장(刀杖) daṇḍasattha.
도장(圖章) lañchana. muddā.
도장(道障) maggāvaraṇa.
도장(渡場) patittha. tittha.
도장(渡場)에 관한 지식 titthaññutā.
도장겁(刀杖劫) satthantarakappa.
도장을 찍는 사람 lañchaka.
도장을 찍다 lañchati.
도적(盜賊) abhimāra. cora. likhitaka. paṭikaṇṭaka. thena. thenaka.
도적(道跡) paṭipadā.
도전(蹈田) sālikedāra.
도전(挑戰) vipaccatā. hava. hūti.
도전(挑戰)하다 adhikkhipati. payojeti.
도전적 대화 kathāpaḷāsa.
도정표(道程表) citi.
도제(道諦) maggasacca.
도주(逃走) palātatta. palāyana.
도주하는 palāyanaka.
도주한 palāta.
도중겁(刀中劫) satthantarakappa.
도중에 antarāmagge.
도중에 완전한 열반에 드는 님 antarāparinibbāyin.
도중에 포기하는 antaramuttaka. antarāmuttaka. antarāvosāna.
도증상(道增上) maggâdhipati.
도지(道智) maggañāṇa.
도지(道支) maggaṅga.
도진(塗塵) jalla. paṁsukundita. paṁsugunthita.
도착(到着) abbhāgamana. āgama. āgamana. āyāna. sampāpana. upayāna.
도착된 upāgata. upaṭṭhita. sampatta.
도착하는 āgantu. āgantuka.
도착하다 āgacchati. ajjhupagacchati. anupajjati. eti. gacchati. upagacchati. upāgacchati.
도착하러 āgantuṁ.
도착하지 않은 agata.
도착한 abbhāgata. pariyāgata. samupāgata. upaga.
도착한 사람 āgāmiya.
도찰나(道刹那) maggakkhaṇa.
도청정(道清淨) maggavisuddhi.
도청하는 upassutika.
도축장(屠畜場) → 도살장.
도출된 ninnīta.
도취(陶醉) madana.
도취시키는 madanīya.
도탈(度脫) tara. taraṇa. taritatta. vitaraṇa. nittharaṇa.
도탈(度脫)하기 원하는 taresin.
도탈(度脫)하다 tarati. vitarati.
도탈(度脫)한 vitiṇṇa.
도편지(度遍知) tīraṇapariññā.
도포(塗布) avalepa. avalepana. lepa. palepa.
도포된 makkhita. okkhita.
도포하다 makkheti.
도표(圖表) lekhācitta.
도피(逃避) nibbāhana. parivajjana. vajjana.
도피안(度彼岸) pāramī. pāramitā.
도피안의 승가 pāramīsaṅgha.
도피자(逃避者) parivajjayitar.
도피처(逃避處) āsaya. leṇa. lena. nilenaka. nillenaka. saraṇa. paṭisaraṇa. tāṇa.
도하(渡河) uttāra.
도해(圖解) lekhācitta. paṭimākaraṇa. paṭimāsaṅgaha.
도행(道行) maggacariyā. pathagamana.
도향(塗香) vilepa. vilepana.
도향장애(塗香障碍) vāsanāpalibodha.
도향하다 vilepeti.
도회외도(塗灰外道) paṇḍaraṅga.
도희(跳戱) selissaka.
독(毒) visa.
독각(獨覺) paccekabuddha.
독감(毒感) semharoga.
독거(獨居) paviveka. pavivekatā.
독거하는 pavivitta.
독경(讀經) sajjhāya.
독극물(毒劇物) gharavisa.
독극물의 작용 visavega.
독단(獨斷) diṭṭhi. matavisesa. siddhanta. sakamata.
독단론(獨斷論) → 도그마.
독단론자(獨斷論者) nivissavādin. sakamatadesaka.
독단적 진리 paccekasacca.
독단적 해명을 하지 않기로 원칙을 삼은 avyākaraṇadhamma.
독단적인 diṭṭhivisayaka. daḷhadiṭṭhika.
독단하다 nivisati.
독두(禿頭) muṇḍiya. muṇḍeyya.
독두(禿頭)의 bhaṇḍu. khalita. muṇḍa.
독두거사(禿頭居士) muṇḍagahapatika.

독등각자(獨等覺者) paccekasambuddha.
독려(督勵) samādapana.
독립(獨立) aparavasatā. sādhīnatā.
독립(獨立) attadīpa. bhojisiya. sādhīnatā. seritā.
독립된 appaṭibaddha.
독립의 asita. serin. attâdhīna.
독립적인 anaddhabhūta. avasa. visuṁsiddha. sayaṁvasin.
독립적인 자존자 sayaṁbhū.
독명(毒明) visavijjā.
독물이 떨어진 āsittavisa.
독물이 제거된 상태 anibbisatā.
독사(毒蛇) alagadda. āsīvisa. goṇasa. gonasa. gharasappa. silutta.
독사가 많은 ussannâsīvisa.
독선적인 attānavajjatādassin.
독설(毒舌) katukaparibhāsanā.
독송(讀誦) pāṭha. paṭhana. sajjhāya. sajjhāyanā. uddesa. vācanā. vācanaka. ajjhāya.
독송시키다 sajjhāpeti. sajjhāyāpeti.
독송의 방도 vācanāmagga.
독송의 행위 kathana.
독송자(讀誦者) uddesaka.
독송하고 sajjhāya.
독송하는 ajjhena.
독송하는 사람 pāṭhaka.
독송하다 adhiyati. adhīyati. aṇati. anukathayati. japati. kathayati. katheti. paṭhati. sajjhāyati. ajjhāyati.
독송하지 않음 asajjhāya.
독송하지 않음의 얼룩 asajjhāyamala.
독수리 bhāsasakuṇa. gaddha. gijjha. kulala. sakunta. sakuntaka. vāraṇa.
독수리사료 gaddhabādhi.
독수리산 gijjhapabbata.
독수리새끼 gijjhapotaka.
독수리조련사 gaddhabādhi.
독신남(獨身男) ekapurisa.
독신녀(獨身女) ekapamadā.
독실한 vatavant.
독심술(讀心術) kathana. manesikā. paracittajānana. → 타심지.
독심술의 기적 kathanapāṭihāriya.
독심술의 신변(神變) kathanapāṭihāriya.
독아(毒牙)가 뽑힌 뱀 uddhaṭadāṭha.
독약(毒藥) visa. ghara.
독약을 먹은 자와 같은 katavisaparibhogasadisa.
독약학(毒藥學) visavijjā.
독에 관한 지식 visavijjā.
독에 관한 학문 visavijjā.
독에 의해 부풀어 오른 visamuccha.
독우(犢牛) vaccha. vacchaka. vacchatara.
독을 넣은 diṭṭha.
독을 담는 그릇 visapatta.
독을 마시기 visapānaka.
독을 마신 결과 생겨난 병 gharadinnakābādha.
독을 바른 diddha.
독을 바른 화살 visapītasalla.
독을 사고파는 것 visavaṇijjā. visavāṇijjā.
독을 치유하는 의사 visavejja.
독을 토함 visuggāra.
독의 해악 visadosa.
독의 힘 visavega.
독이 가득 찬 옹기 visakumbha.
독이 묻은 (화살) visapīta.
독이 없는 asaṅkilesika.
독이 없는 물뱀 udakadeḍḍubha(ka).
독이 있는 saṅkilesika. savisa.
독이 있는 나무 visarukkaha.
독이 있는 물뱀 udakâsīvisa.
독있는 가시 visakaṇṭaka.
독자유(犢子喩) vacchataruṇūpamā.
독자적으로 pāṭekka. pāṭiyekka.
독존(獨存)의 kevala.
독존자(獨尊者) sayaṁbhū.
독존하는 kevalin.
독좌(獨坐) paṭisallāna. paṭisallāṇa. rahogata. sallīyanā.
독좌(獨坐)하다 sallīyati.
독좌정관(獨坐靜觀) paṭisallāna. paṭisallāṇa.
독주(獨住) vippavāsa.
독채의 오두막에서 사는 ekakuṭika.
독채의 집을 터는 도둑 ekâgārika.
독처(獨處) aparisā.
독처(獨處)의 paṭilīna.
독처(獨處)하게 하다 paṭileṇeti.
독촉하다 codeti.
독치(犢齒)[활·창의 일종] vacchadanta.
독침 visakaṇṭaka.
독특한 asādhāraṇa. āveṇi. āveṇika. āveṇiya. ekatta.
독한 수렴제의 냄새가 나는 kasāyagandha.
독한 음료를 마시는 사람 majjapa.
독해(毒害) visadosa.
독행(獨行) ekacara.
독화살 visasalla.
돈 āmisa. kahāpaṇa. dhana. lakkha. mūla. pābhati.

돈과 곡식 dhanadhañña.
돈과 돈의 가치 dhanadhañña.
돈놀이 iṇadāna.
돈육(豚肉) sūkaramaṁsa.
돈육실(豚肉室) sūkarika.
돈으로 구입한 dhanakkīta.
돈을 원인으로 하는 dhanahetu.
돈을 헤프게 쓰는 bāhulika. bāhullika.
돈의 소나기[雨] kahāpaṇavassa.
돈이 많은 dhanavant. pahūtadhañña. mahaddhana. mahaddhanin. bahudhana.
돌(咄)![불행을 바라는 저주] are.
돌[石] addi. asana. asama. asma. asman. amha. amhan. assa. kaṭhala. kaṭhalā. kathala. kathalā. pāsāṇa. patthara. sela. silā. upala. pāsāṇasevāla.
돌가루 saritaka.
돌격대 pakkhandin.
돌격하다 ādhāvati.
돌고래 macchakinnarī.
돌기 ussada.
돌기둥 silātthamba. silāyūpa.
돌기지옥(突起地獄) ussadaniraya.
돌길라(突吉羅) dukkaṭa. dukkata.
돌길라범계자(突吉羅犯戒者) dukkaṭajjhāpanna.
돌다 āvattati. bhamati. pariyāti. samparivattati. vaṭṭati.
돌담 silāpākāra.
돌던지기 kaṭhalapāta. sālittaka.
돌들과 자갈들이 없는 apāsāṇasakkharilla.
돌들이 쏟아짐 pāsāṇavassa.
돌들이 있는 장소 kaṭhalaṭṭhāna.
돌들이 적은 appapāsāṇa.
돌들이나 바위들이나 자갈들의 모습 kaṭhalapāsāṇasakkhararūpa.
돌려받다 āneti.
돌려보내다 nivattāpeti. niyyādeti. niyyāteti. niyādeti. paṭipahiṇāti. paṭipaṇāmeti.
돌려주는 anukubba.
돌려주다 paṭidadāti.
돌로 된 제단 āsana.
돌로 된 제단에 꽃을 헌화하는 것 āsanapūja.
돌로 된 제단의 크기를 가진 āsanappamāṇa.
돌로 된 제단이 마련된 집 āsanaghara.
돌로 만든 amhamaya. silāmaya.
돌로 만든[부처님의 발우] selamaya.
돌리기 ābhoga.
돌리다 āvaṭṭeti. namati. valeti. vattati. vāvatteti. vivaṭṭeti.
돌모습 silāpaṭimā.
돌발사태 saṅgati.
돌보기 ghāsacchada. ghāsacchāda. ghāsacchādana. adhiṭṭhāna. jagga. pariharaṇa. pariharaṇā. paṭijaggana. rakkhā.
돌보는 paṭijaggaka. paṭijagganaka. posin. ratin.
돌보는데 자재한 adhiṭṭhānavasin.
돌보다 anuviganeti. jaggati. paricarati. pariharati. paṭijaggati. poseti. upasaṅkamati. upaṭṭhahati. upaṭṭhāti. upaṭṭheti. upatiṭṭhati.
돌봄 ghāsacchada. ghāsacchāda. ghāsacchādana. adhiṭṭhāna. jagga. pariharaṇa. pariharaṇā. paṭijaggana. rakkhā.
돌비늘 abbhaka.
돌아 서지 않음 anivattana.
돌아가는 paṭisārin.
돌아가다 ābhujati. paccāgacchati. paṭiyāti. vivaṭṭati. anupagacchati.
돌아가다[死] atthaṁ gacchati.
돌아갈 수 없는 anāvattidhamma.
돌아감 āgama. āgamana. vaṭṭana.
돌아다니게 하다 sañcāreti.
돌아다니게 함 sañcāraṇa.
돌아다니는 bhanta. vyāviddha.
돌아다니다 bhamati. pacāleti. paricarati. pariharati. pavajati.
돌아다님 sañcāra. sañcaraṇa.
돌아보도록 안내하다 anuvicarāpeti. anuvicārāpeti.
돌아오게 하다 anvāgāmeti. paccāsāreti.
돌아오길 바라다 anvāgāmeti.
돌아오는 방법 āgamanâkāra.
돌아오다 āgacchati. āvajati. avākaroti. āvattati. eti. nivattati. paccāgacchati. pacceti. paṭikkamati. upanivattati.
돌아오지 않는 anavatthin. anāvattin.
돌아오지 않는 경지 anāgāmiphala.
돌아오지 않는 경지를 실현하기 위해 길을 가는 님 anāgāmiphalasacchikiriyāya paṭipanna.
돌아오지 않는 경지에 도달한 님 anāgāmiphala.
돌아오지 않는 경지의 마음 anāgāmiphalacitta.
돌아오지 않는 경지의 실현 anāgāmiphalasacchikiriyā.
돌아오지 않는 길 anāgāmimagga.
돌아오지 않는 길을 가는 님 anāgāmimagga.
돌아오지 않는 길의 마음 anāgāmimaggacitta.
돌아오지 않는 님 anāgāmin. anāgantar.
돌아오지 않는 님의 행복 anāgāmisukha.
돌아오지 않는 상태 anāgāmitā.
돌아오지 않음 anāgama. anāgamana.

돌아온 abbhita. āgata. paṭikkanta. paṭikkantaka.
돌아온 사람 āgantar.
돌아올 수 없도록 apaccāgamanāya.
돌아올 수 있는 nivattanīya.
돌아옴 abbhāna. āgati. nivattana. paṭikkamana. punāgamana. sannivaṭṭa.
돌아와서는 안 될 anāgamaniya. anāgamanīya.
돌아와야 할 nivattanīya.
돌에 새기는 것 pāsāṇalekha.
돌에 새기는 것에 대한 비유 pāsāṇalekhūpamā.
돌을 자르는 기구 ṭaṅka.
돌을 주먹에 쥔 assamuṭṭhika.
돌을 주먹에 쥔 고행자 assamuṭṭhikatāpasa.
돌의 비[石雨] pāsāṇavassa.
돌의 이미지 silāpaṭimā.
돌의 특징 pāsāṇanimitta.
돌이 많은 sakkharika. sakkharilla.
돌이 없는 asakkhara.
돌입하는 pakkhandaka. pakkhandin.
돌지붕 silāchadana.
돌진(突進) ādhāvana. āpatana. padhāvana.
돌진하는 padhāvin.
돌진하다 abhidhāvati. abhinipatati. ādhāvati. āpatati. appeti. padhāvati.
돌쩌귀 dvārāvaṭṭaka.
돌출(突出)한 bahiniggata.
돌출부[언덕] sākhā. sākha.
돌파(突破) abhinibbhijjana. abhinibbijjhana.
돌파하다 abhinibbijjhati. vinibhindati.
돔(dome) addhagoḷasikhara. thūpa.
돕기 어려운 dussaṅgaha.
돕는 anuggāhaka. anugganhataka. paricāra. saṅgaṇha.
돕다 anugaṇhāti. anuggaṇhāti. anuparivāreti. paggaṇhāti. samupaṭṭhahati. upaṭṭhāti. upaṭṭheti. upatiṭṭhati. ullumpati. upakaroti. saṅgaṇhati. sampaggaṇhāti.
돗자리 dassadasa. kaṭasāraka. kaṭasārakakilañja. taṭṭikā.
돗자리에 수반되는 kaṭasārakadutiya.
돗자리의 조각 kaṭasārakakhaṇḍa.
동(銅)손잡이 lohatāḷa.
동거(同居) samāgama. saṁvāsa.
동거하는 anuvusita. anuvuttha. saṁvāsaka. saṁvāsiya.
동거하다 abhisaṁvisati. yabhati.
동건(銅鍵) lohatāḷa.
동격한정복합어[문법] kammadhāraya.
동결(凍結)된 sīna.
동결하다 sīyati.
동경(憧憬) ajjhāsayatā. āsā. esana. esanā. icchā. icchana. icchatā. kaṅkhā. ukkaṇṭhā. ukkaṇṭhanā. ukkaṇṭhi. ukkaṇṭhitā.
동경하는 esana.
동경하다 kaṅkhati. ukkaṇṭhati. vivicchati.
동과(冬瓜) kumbhaṇḍa.
동굴(洞窟) bila. darī. gabbhara. gādha. guhā. kandara. leṇa. lena. leṇaguhā. leṇapabbhāra. nidda.
동굴에 도달한 leṇagāmin.
동굴에 사는 bilāsaya.
동굴에 사는 자 darīcara.
동굴을 거처로 하는 것 āvāsadarī.
동굴의 문 leṇadvāra.
동굴의 잠자리 darīsaya.
동굴이 많은 susira.
동굴이 아닌 asusira.
동굴입구 darīmukha.
동기(動機) āgati. paccaya. adhipateyya.
동기(銅器) lohabhaṇḍa.
동기를 잘 아는 ākārakovida.
동기유발 sārambha.
동녀(童女) kumārikā.
동등(同等) tulyatta. tulyatā.
동등(同等) upamā.
동등하고 동등하지 않은 tulâtula.
동등하지 않은 asama. atula.
동등한 paṭisama. sadisa. samāna. samānagatika. tula. upanibha.
동등한 것이 없음 asamatta.
동등한 몫의 samavibhatta.
동등한 사람 paṭipuggala.
동등한 지혜를 지닌 samapañña.
동등함을 갖고 있는 sappaṭipuggala.
동라(銅鑼) kaṁsa. gaṇḍi.
동란(動亂) khobbha.
동량(棟梁) taccha.
동료(同僚) amacca. anucara. anvāyika. dutiya. dutiyaka. sagocara. sahāya. sahāyaka. sahāyamatta. sakhi. saddhiṁcara. sampavaṅka. sabhāgata. sabhaggata.
동료가 없는 anabhisara. appasattha.
동료들과 함께하는 sahaggaṇa.
동료수행자 sabrahmacārin.
동료심부름꾼 anudūta.
동류(同類) tadanvaya.
동류의 sabhāga. tulya. tuliya. tulla. sajāti.
동류의 상속 sabhāgasantati.

동모이부[同母異父]의 ekamātika.
동모이부의 형제 saudariya.
동문(同門) samānācariyaka.
동물(動物) bhūta. pasu. satta. pāṇin. dehin. jīvin.
동물숭배 pasunamassanā.
동물원(動物園) pasuyyāna.
동물을 묶은 기둥 āḷhaka.
동물의 기름 vasātela.
동물의 발굽 khura.
동물의 새끼 chāpa. pillaka. puthuka. siṅga. vaccha.
동물의 왕 migarājan. miginda.
동물이 다니는 거리 migavīthi.
동물이 먹고 남긴 시체에 대한 지각 vikkhāyitakasaññā.
동물지학(動物誌學) pasuvaṇṇanā.
동물학(動物學) pasupakativijjā. pasuvijjā.
동물학의 pasuvijjāyatta.
동물학자(動物學者) pasuvijjāvidū.
동물해부학(動物解剖學) pasukayaviccheda.
동반(同伴)된 anugata. kataparivāra. upapādita.
동반자(同伴者) anudūta. dutiya.
동반자인 상태 pakkhatta.
동반하는 친구 anumitta.
동반하다 anupajjati.
동발(銅鉢) lohapatta. vetāla.
동방(東方)의 pācīna.
동방세계(東方世界) pācīnalokadhātu.
동배(同輩)의 paṭipuggalika.
동법(同法)의 sadhammika.
동법자(同法者) sadhammika.
동병(銅甁) lohakaṭāha.
동분(同分)의 sabhāga. tabbhāgiya.
동분공(同分空) sabhāgasuñña.
동분상속(同分相續) sabhāgasantati.
동분죄(同分罪) sabhāgāpatti.
동사(同捨) samacāga.
동사(同事) samānattatā. samānattatā.
동사(動詞)[문법] kiriya. kiriyā. kriyā. kiriyapada.
동사(同事)의 samānatta.
동사(動詞)의 바다[문법] ākhyātasāgara.
동사(動詞)의 어미[문법] ākhyātavibhatti.
동사(動詞)의 접미사[문법] ākhyātapaccaya. ākhyātikapaccaya.
동사(動詞)의[문법] ākhyātika.
동산(動産) dāya. hatthasāra. gayha. haraṇaka.
동산부(東山部) pubbaseliya.
동산주부(東山部州) pubbaseliya.
동살(同殺) saghaccā.
동생 anuja. avaraja. kaṇiṭṭhaka.
동성연애하는 환관 āsittapaṇḍaka.
동수(同數)의 yattaka.
동숙(同宿)하는 sāgāra.
동승신주(東勝身洲)[四大洲] pubbavideha.
동시대의 제자 sakkhisāvaka.
동시에 apubbaṁ acarimaṁ. ādikena. apacchâpurimaṁ. ekato. taṁ khaṇaṁ yeva.
동시에 발생된 sahajāta.
동시에 생겨나는 조건 sahajātapaccaya.
동시에 생겨난 sahaja. sahajāta.
동시에 생겨난 눈을 지닌 sahajanetta.
동시적으로 ekakkhaṇe.
동시적인 ekakkhaṇika. acarima. apacchâpurima.
동신자(同信者) samasaddha.
동안거자(同安居者) samānavassika.
동안에 antarā.
동양(東洋) pācīnadesa. pubbadisā.
동양의 pācīna. pubbadesīya.
동양인(東洋人) pācīnavāsin.
동양학자(東洋學者) pācīnabhāsaññū.
동어반복(同語反覆) pariyāyena punarutti. anulāpa.
동어반복의 anekapunaruttaka.
동어반복하는 ekattha.
동엽(銅葉) tambapaṇṇi.
동요(動搖) cāla. calana. dolā. iñjitatta. kampiya. keḷi. khobbha. kupita. kuppana. dolāyana. lāḷana. loṭana. mucchañcikatā. nigha. pacala. pakopa. salana. saṁvega. saṁvejana. sañcalana. saṅkhobha. saṅkhubhana. saṅkopa. sārajja. tumula. ugghāti. ukkaṇṭhanā. ullola. ullolanā. vikampana. visāhāra. vyādhiyaka. vyathana.
동요가 없는 anigha. anīgha.
동요가 없는 집중 abhejjasamādhi.
동요가 없음 aparipphanda. avikampana.
동요되기 쉬운 kuppa.
동요되다 ejati. samiñjati. samīrati. saṅkhubhati.
동요되지 않는 asampavedhin.
동요된 kupita. lolita. luḷita. pavellita. samīrita. saṁvedhita. saṁvigga. sañcalita. saṅkhubhita. saṅkupita.
동요될 수 없는 akampanīya. akampiya. asampakampiya. avicāliya.
동요를 여읜 수행자 samaṇamacala.
동요를 조건으로 iñjitapaccayā.
동요시키다 caleti. kopeti. loleti. luṭati. luḷati.

parikopeti. pavellati. phandāpeti. saṅkhobheti. vikkhambheti. vikopeti. viloḷeti. vyādheti.
동요하게 하다 khaleti. pakampeti.
동요하기 쉬운 성질 capalatā.
동요하는 athāvara. bhanta. calana. capala. lola. loḷa. maṅku. pacālaka. pacalita. pakampita. pariplava. phandana. sampavedhin. tasa. ugghāta. vedha. vikampin. vikopin.
동요하는 수레 bhantaratha.
동요하다 anupakampati. calati. cavati. dolāyati. iñjati. kampati. khalati. khubhati. pakampati. parikuppati. pariplavati. saṁvijjati. sañcalati. saṅkampati. ubbehati. vedhati. vikampati. vyadhati.
동요하지 않는 akampa. avikampamāna. avikampayat. avikampin. avikampita. kampin. anugghāta. asampakampin. asaṅkuppa. niriñjana.
동요하지 않은 akampita. alola. avikampita.
동원(東園) pubbārāma.
동으로 된 열쇠 lohatāḷa.
동음(同音) sarasāmañña.
동음이어(同音異語)가 아닌 asamānasutika.
동음이의어(同音異議語) anekatthanāma.
동음이의어(同音異議語)의 anekatthakasamānasadda.
동의(同意) adhivāsa. adhivāsana. adhivāsanā. ajjhupagamana. anumati. anumodana. anumodanā. kathikā. katikā. paṭissā. patissā. paṭissavatā. paṭissaya. samaggatta. samavadhāna. sammuti. sampāta. sampaṭicchana. sampaṭiggaha. saṅgara. saṅketa. saṅketakamma.
동의(同義)의[문법] aññamañña.
동의(同意)하는 sammata.
동의된 ajjhupagata. anumata.
동의를 구함 apalokita.
동의를 얻은 paṭiññāta.
동의어(同義語) aññamaññavevacana. vevacana. anuppayoggavacana.
동의어가 아닌 asamānattha.
동의어로 표현되어야 할 adhivacanīya.
동의어인 ekattha.
동의에 반대하지 않는 avisaṅketa.
동의이어(同義異語)[문법] vevacana.
동의하게 하다 sampaṭicchāpeti.
동의하기에 적합한 chandāraha.
동의하는 ekacchanda. paṭissāvin.
동의하는 태도 tuṇhībhāva.
동의하다 adhivāseti. ādiyati. ajjhupagacchati. anumaññati. nijjhāpeti. pasaṁsati. paṭijānāti. paṭissuṇāti. roceti. sammannati. sampaṭicchati. saṁvadati. sampāyati. sandhiṁ karoti
동의하여 sammusā.
동의하지 않는 appaṭissa. appaṭissaya.
동의하지 않는 행위 appaṭissayavutti.
동의하지 않음 appaṭiññā. appaṭissavatā.
동의한 katasaṅketa. katasañña.
동이 트는 pabhāta.
동이 틈 aruṇa.
동일경계(同一境界) samānasīmā.
동일상태(同一狀態) sāruppa.
동일성(同一性) ekatta. sakatā.
동일성과 차이성에 대한 질문 ekattanānattapañha.
동일주처(同一住處) samānasaṁvāsa.
동일하게 samaka.
동일하게 관대한 samacāga.
동일하게 떠맡는 samavāhita.
동일하게 베푸는 samacāga.
동일학계자(同一學戒者) samasikkhātar.
동일한 anuccāvaca. eka. ekaṭṭha. nibbisesa. samaka. samānagatika. samadhura. upanibha. pakkha.
동일한 가르침을 지닌 sahadhammika.
동일한 강의 바닥으로 이끌음 anusaṁsandanā.
동일한 겁 ekakappa.
동일한 것 anaññatta.
동일한 것이 남은 ekaṭṭha.
동일한 경구 ekayoga.
동일한 계율을 배운 자 samasikkhātar.
동일한 계행을 지닌 ekantasīla.
동일한 관계 ekayoga.
동일한 괴로움과 즐거움을 갖는 ekadukkhasukha.
동일한 근원을 지닌 ekamūla.
동일한 기능 ekakicca.
동일한 기능을 지닌 ekarasa.
동일한 길 ekamagga.
동일한 끝을 갖는 ekapariyosāna.
동일한 나무 ekarukkha.
동일한 나이 ekavaya.
동일한 날 ekadivasa.
동일한 남편을 지닌 ekapati.
동일한 대리자를 가진 ekakattuka.
동일한 대상을 지닌 ekârammaṇa.
동일한 도덕적 성품을 지닌 anuccāvacasīla.
동일한 동사(動詞) ekakriyā.
동일한 모태 ekakucchi.
동일한 목표를 가진 ekantâjjhosāna.

동일한 몫을 지닌 ekalābha.
동일한 무드라[印] ekamuddikā.
동일한 믿음을 지닌 자 samasaddha.
동일한 발생을 지닌 ekuppāda.
동일한 발우 ekabhājana.
동일한 본질을 가진 ekarasa.
동일한 불꽃 ekajāla.
동일한 생계 형태를 지닌 ekâjīvika.
동일한 생명 ekajīvika.
동일한 석판을 지닌 ekaphalaka.
동일한 선언 ekânu(s)sāvanā.
동일한 설계(設戒) ekuddesa.
동일한 섬광 ekajāla.
동일한 성에 속하는 ekagotta.
동일한 소생(所生)에 속하는 sañjātisaṅgaha.
동일한 수레 ekayāna.
동일한 순간 ekakkhaṇa. ekamuhutta.
동일한 스승 ekâcariya.
동일한 시간 ekakāla. laya.
동일한 아버지를 지닌 ekapitara,.
동일한 아버지의 아들인 상태 ekapituputtatā.
동일한 어머니를 지닌 ekamātika.
동일한 옹기장이의 상점 ekakumbakārasālā.
동일한 왕국 ekaraṭṭha.
동일한 유지 samadhāraṇa.
동일한 의도를 가진 ekâjjhāsaya.
동일한 의무 ekakicca.
동일한 의미를 지닌 ekarasa.
동일한 의미에서의 다른 단어의 추가적 사용 anuppayogga.
동일한 의향 ekantacchanda.
동일한 장소 ekaṭṭhāna.
동일한 정의(定義)를 갖는 ekavavatthana.
동일한 존재 ekabhava.
동일한 종류 tadanvaya.
동일한 주제로 시작하는 한 쌍에 대한 대답 ekayamakavisajjana.
동일한 직업 sajīvāna.
동일한 짐을 나르는 samadhura.
동일한 집 ekâgāra. ekaghara.
동일한 치수를 지닌 ekappamāṇa.
동일한 친교사 ekupajjhāya.
동일한 토대를 지닌 ekavatthuka.
동일한 특징을 지닌 ekalakkhaṇa.
동일한 포살(布薩) ekuposatha.
동일한 표면 ekatala.
동일한 형태를 지닌 ekâkāra.
동일한 화살 ekûsu.
동일한 화상을 모시고 있는 자 samānûpajjhāya.
동일한 후원 samadhāraṇa.
동자(童子) kumāra.
동자가 치는 점쾌 kumāralakkhaṇa.
동작(動作) ijjā. ijjana. iṅga. iṅgita. iñjana. iñjanā. iñjita. kāyavikāra.
동작주(動作主)[문법] kattar. kattu°.
동장(銅掌) tambapaṇṇi.
동전(銅錢) lohamāsaka. kaṁsa.
동전(銅殿) lohapāsāda.
동전반냥 aḍḍhamāsa. aḍḍhamāsaka.
동전반냥에 해당하는 aḍḍhamāsika.
동전반냥의 가치가 있는 aḍḍhamāsakagghanika.
동정(同情) āmeṇḍita. āmeḍita. anudayā. anuddayatā. anuggaha. anuggahaṇa. anugganhana. anukampā. anukampana. dayā. karuṇā. karuṇāyanā. kāruñña. muditā. saṅgaha
동정심을 갖는 karuṇāyanaka.
동정심을 갖다 karuṇāyati.
동정심이 많은 kāruṇika.
동정심이 많음 sakaruṇabhāva.
동정심이 있는 anukampaka.
동정을 느끼다 avadayati.
동정을 얻기 어려운 asaṅgahaka.
동정적인 anuggahasīla. anuggaṇha. anuggaṇhataka.
동정하고 anuggahāya.
동정하는 anugayhamāna. anukampin.
동정하다 anugaṇhāti. anuggaṇhāti. anudayati. anukampati. dayati.
동정하여 karuṇā.
동제(銅製) lohamaya.
동조(同調)하다 sampaṭicchati.
동종(同種)의 samajātikatā. samajātikatta. sahadhammika.
동종성(同種性) samajātikatā. samajātikatta.
동주(銅鑄) lohasalākā.
동주(同住) sahavāsa.
동죽산(東竹山)[산명] pācinavaṁsa.
동질(同質)의 samajātikatā. samajātikatta.
동질성(同質性) samajātikatā. samajātikatta.
동쪽 pubbā. pubbanta. pura.
동쪽 비데하 지방 pubbavideha.
동쪽 정원 pubbārāma.
동쪽 지방 puratthimajanapada.
동쪽에 purattha.
동쪽에서 purato.
동쪽으로 purattha.
동쪽을 향한 pāmokkha.
동쪽을 향해 puratthaṁ. pācīnamukkaṁ.

동쪽의 pācīna. pubba. puratthima. purima.
동착(動着) ejā.
동체의 윗부분 upakhandha.
동탐(動貪) ejā. luluppa.
동탐(動貪)이 없는 aneja. nillolupa. nilloluppa.
동탐성(動貪性) loluppāyamā. loluppāyitatta.
동통 sūlā.
동트기 전에 purâruṇā.
동틀녘 udaṇha.
동포(同胞) sodariya.
동해탈(動解脫) kuppavimokkha.
동향인(同鄕人) sagāmeyya.
동혈(洞穴) susira.
동호(銅壺) lohabhāṇaka. lohatumba.
동호회 samāja. samiti.
동화(銅貨) kahāpaṇa.
동화(同化)되다 āpajjati.
동환(銅丸) lohaguḷa.
돛 lakāra. sīta.
돛단배 lakāranāvā.
돛대 kūpaka.
돼지 ākhanika. sūkara.
돼지 기르는 사람 sūkaraposaka.
돼지 잡는 곳 sūkarasūṇā.
돼지 잡는 사람 sūkarika.
돼지고기 sūkaramaṁsa.
돼지고기저장실 sūkarika.
돼지고기판매상 sūkarika.
돼지구유 sūkaradoṇi.
돼지먹이통 sūkaradoṇi.
돼지모양의 야차 yakkhasūkara.
돼지자두[망고] ambāṭaka.
되게 하다 abhinibbatteti.
되는[~으로] saṁvaṭṭanika.
되다 abhinibbattati. āvattati. hoti. sampajjati. parivattati. bhavati. okkamati. samāpajjati.
되돌려 보내다 paṭiāneti.
되돌려 줌 niyyātana.
되돌려 칭찬하다 paṭipasaṁsati.
되돌리기 nivatti.
되돌리다 nivattāpeti. paccāharati. paṭinayati. paṭineti. paṭinayati. paṭivatteti.
되돌아 올 수 없는 anivattiya.
되돌아가다 abhinivaṭṭeti. paṭisakkati.
되돌아오는 āvattaka.
되돌아오다 paṭisakkati. āvajati.
되돌아오지 않는 군인 anivattiyayodha.
되돌아온 nivatta.
되받다 paṭiharati.
되살아나는 sañjīvana.
되져라! are.
되찾음 nikkaya.
되풀이하다 vinivaṭṭeti. vinivatteti.
되풀이하여 abhiṇhaṁ.
되풀이해서 경험하다 puneti.
되풀이해서 도는 vaṭṭavivaṭṭa.
될 수 있는 대로 가득한 yathāpūrita.
됫박속이기 sikhābheda.
두 가지 diguṇa. dvejjha.
두 가지 가르침의 수레바퀴 duvidhadhamma-cakka.
두 가지 갈마의례에 사용되는 말 dvikamma-vācā.
두 가지 결박과 관계되는 법 saṁyojaniyaduka.
두 가지 계본(戒本) ubhayapātimokkha.
두 가지 극단 antadvaya.
두 가지 남은 법 piṭṭhiduka.
두 가지 방법으로 dvedhā. dvidhā. ubhatopak-khaṁ.
두 가지 방법으로 해탈된 사람 ubhatobhāga-vimutta.
두 가지 법을 지닌 dvedhammika.
두 가지 수승한 지혜 abhiññādvaya.
두 가지 열반의 세계 dve nibbānadhātuyo.
두 가지 오염의 법 saṅkiliṭṭhaduka.
두 가지 원인에 의해 다시 태어나는 자 dvihetu-kapaṭisandhi.
두 가지 원인의 dvihetuka.
두 가지 장애를 발생시키는 것 nīvaraṇiyaduka.
두 가지 조건지어진 법 sappaccayaduka.
두 가지 종류의 관찰 dvayatânupassanā.
두 가지 취착 parāmasaduka.
두 가지 통찰의 법 dassanaduka.
두 가지 포함된 것 pariyāpannaduka.
두 가지 확정된 법 niyataduka.
두 가지 희열이 있는 법 sappītikaduka.
두 가지로 dvedhā. dvidhā.
두 가지로 말하지 않는 advejjhavacana.
두 갈래로 나누어진 kappakata.
두 갈래로 나누어진 상태 kappabhāva.
두 갈래로 나뉜 머리를 지닌 kappasīsa.
두 개 duve.
두 개 한 벌의 duka.
두 개(頭蓋) kaṭāha.
두 개의 다른 의미 atthadvaya.
두 개의 부분으로 구성된 du(v)aṅgika.
두 개의 원인의 duhetuka.
두 결과를 동시에 성취하는 님 samasīsa.

두 결과를 동시에 얻는 samasīsin.
두 결과를 동시에 얻는 님 samasīsa.
두 겹 diguṇa.
두 귀를 꿰맨 parisibbita.
두 눈썹 사이에 흰 털이 있는 것 bhamukāloma.
두 눈이 있는 dvecakkhu.
두 단어 복합어의 앞부분 upapada.
두 단어[부처님과 부처님의 가르침]만을 말하는 dvevācika.
두 도로의 사이 vijjantarikā.
두 마을에 사는 gāmadvaya.
두 무리의 dvigocchaka.
두 발 dipada.
두 발 짐승 dvipad.
두 발을 가진 자 dipada.
두 발을 지닌 존재 dvipada.
두 방식으로 ubhayathā.
두 배 diguṇa. dvayatā.
두 배로 증가한 상태 dvebhāva.
두 배의 dvaya. dvipala.
두 번 dvikkhattuṁ.
두 번 이상 asakiṁ.
두 번 출산한 여자 duvijātā.
두 번째 선정 dutiyajjhāna.
두 번째 아내가 없음 asapattī.
두 번째 찌르기 anuvedha.
두 번째 행위를 주된 행위와 연결하는 anvācaya.
두 번째는 절반 diyaḍḍha.
두 번째의 dutiya.
두 번째의 작은 분석 uttaracūḷabhājanīya. uttaracūḷavāra.
두 뼘의 칫수 dvitālamatta.
두 사람 duve.
두 셋 dvittā.
두 손가락 마디의 크기 du(v)aṅgula. dvaṅgula.
두 손가락으로 잡을 만큼 ekaccharamatta.
두 손가락으로 집을 수 있을 만큼의 양 accharā.
두 요소로 이루어진 duvaṅgika.
두 종류 dvayatā.
두 종류의 허구 duvidhakappa.
두 편(編)으로 이루어진 duvagga.
두 품(品)으로 이루어진 duvagga.
두개골(頭蓋骨) kapāla. kappara. sīsakapāla. sīsakapālaṭṭhi.
두개골의 봉합선 sibbinī. sibba. sibbanamagga.
두건(頭巾) sīsaveṭha. veṭhana.
두견새 koka.
두견화(杜鵑花)[koka를 잘못 읽었을 경우] kekā.
두근거리다 pariphandati.
두꺼운 āḷāra. gaḷha. gāḷha.
두꺼운 흙 bhūmi-ghana.
두꿀라 dukūla.
두뇌(頭腦) lasī. mattha. matthaluṅga.
두다 accādahati. dhāreti. opati. opeti.
두드러지게 visesato.
두드러지게 하다 pabodheti.
두드러지는 ukkaṭṭha.
두드러지다 abhitiṭṭhati.
두드러진 abhivisiṭṭha. pariraññita. uddhagga. visesita.
두드러진 조건 āhaccapaccaya.
두드러진 특징 lakkhaṇa. visesaka.
두드리고 āhacca.
두드리는 ākoṭana. saṅghaṭṭa.
두드리다 āhanati. āhanti. ākoṭeti. anutāḷeti. oṭhati. pariyāhanati. paṭihaṁsati. tāḷeti. uppoṭheti.
두드린 ākoṭita.
두드림 āhanana. āmasana. āmasanā. tāḷa. vighaṭṭana.
두들겨 다진 suthita.
두려운 bhayānaka. bhāyitabbaka. bhīta. cakita. ghora. pavyadhita. rūḷa. ubbegavat. upaṭṭita. utrasta. uttasana. vibhiṁsana.
두려운 것 bhiṁsikā.
두려운 사도(邪道) bhayâgati.
두려운 사람들을 보호하는 bhīruttāṇa.
두려움 anāgatabhaya. āsaṅkā. bhaya. bhiṁsā. bhīru. bhismā. bhīti. dara. kaṅkhā. parisaṅkā. parisappanā. paritassanā. paṭibhaya. saṁvega. saṅkā. sārajja. ubbega. utrāsa. uttāsa. uttāsana.
두려움 없는 abhaya. abhīru. apalāyin. appaṭibhaya. asantasanaka. visaṅka. visārada.
두려움 없음 abhāyana. asantasana. vesārajja. vigatabhaya.
두려움과 당황 bhayabherava.
두려움에 대한 구호(救護) bhīruttāṇa.
두려움에 대한 앎 bhayañāṇa.
두려움에 대한 이야기 bhayakathā.
두려움으로 가득 찬 ubbegabahula. ubbegin.
두려움으로부터의 수호를 가져오는 katabhayaparittāna.
두려움을 느끼게 하다 bhāyayate. bhāyāpeti.
두려움을 억제하는 (자) bhayûparata.
두려움을 없애주는 보시 abhayadāna.
두려움을 없애줌 abhayada(da).
두려움을 품게 하는 bhiṁsanaka.
두려움을 품게 하는 숲 bhiṁsanakavanasaṇḍa.
두려움의 지각 bhayasaññā.

두려움이 없는 acchambhin. alomahaṭṭha. anussaṅkita. anutrāsa. nibbhaya. nibbisaṅja. nikkaṅkha.
두려움이 없는 자 vītasārada.
두려움이 없음 aparitassana. avyatha.
두려워 떠는 saṁvigga.
두려워지다 parisappati.
두려워하는 adhīra. āsaṅkin. bherava. bhīru. bhīruka. chambhin. parisaṅkita. paritasita. parittāsin. tasa. ubbigga. ussaṅkita. ussaṅkin. utrāsin. uttāsavant. uttāsin. vitthata
두려워하다 anubhāyati. āsaṇkati. bhāyati. chambheti. kaṅkhati. parisaṅkati. paritassati. parissati. avedhati. uttasati. vibheti. vibhāyati. vitthāyati. vyhati.
두려워하지 않는 abhāya. abhāyanaka. abhīruka. avisārada. anussaṅkin. aparitassaka. asaṅkamāna. asaṅkita. asaṅkiya. asantasant.
두려워할 수 없는 abhāya. abhāyitabba.
두려워해야 할 bhāyitabbaka. tāsaniya.
두렵게 하다 bhiṁsāpeti. ubbejeti. utrāseti.
두렵지 않은 abhīta. asambhīta. asantāsin.
두렵지 않음 nikkaṅkhā.
두루 pari°.
두루 묶는 paribhaṇḍa.
두루 불어 닥치는 parivāta.
두루 뿌리다 paripphoseti. pariyottharati.
두루 살피는 자 paricakkhitar.
두루 시설함 sabbatthapaññatti.
두루 아는 pariññа.
두루 알다 parijānāti.
두루 앎 parijānanā.
두루 잘라내다 saṅkantati.
두루 참 vipphāra.
두루 취하고 pariyādāya.
두루 퍼져 있음 sabbatthatā.
두루 퍼지다 vipphurati.
두루 퍼진 paribbūḷha. pharita.
두루마리 aṇḍuka.
두루미 baka. balākā. peṇāhi. peṇāhikā. pokkharasataka. pokkharasātaka.
두루채움 pharaṇa.
두루채움에 대한 명상수행 kasiṇakamma.
두루채움에 대한 명상수행에 사용되는 석판 kasiṇamaṇḍala.
두루채움에 대한 명상수행의 대상 kasiṇārammaṇa.
두루채움에 대한 명상수행의 선정 kasiṇajhāna.
두루채움에 대한 명상수행의 성취 kasiṇasamāpatti.
두루채움에 대한 명상수행의 영역 kasiṇāyatana.
두루채움에 대한 명상수행의 준비 kasiṇaparikamma.
두루채움에 대한 명상수행의 토대 kasiṇa.
두루채움의 명상이 계발되지 않은 avaḍḍhitakasiṇa.
두르다 veṭheti.
두뭇빨라[식물] dumuppala.
두발(頭髮) muddhaja. kesa. uttamaṅgaruha.
두부(頭部) dhura.
두세 번 dvattikkhattuṁ.
두엄 uklāpa. ukkalāpa.
두유(豆乳) māsasūpa.
두타(頭陀) dhuta. dhūta.
두타를 설함 dhutavāda. dhūtavāda.
두타를 행하는 자 dhutadhara. dhūtadhara.
두타법(頭陀法) dhutadhamma. dhūtadhamma.
두타설(頭陀說) dhutavāda. dhūtavāda.
두타설자(頭陀說者) dhutavādin. dhūtavādin.
두타의 가르침 dhutadhamma. dhūtadhamma.
두타지(頭陀支) dhutaṅga. dhūtaṅga.
두타행(頭陀行) dhuta. dhūta.
두타행을 수행하기 위한 맹세 dhutavata. dhūtavata.
두타행의 덕 dhutaguṇa. dhūtaguṇa.
두타행의 항목 dhutaṅga. dhūtaṅga.
두터운 oḷārika. viyūḷha.
두터운 비듬을 지닌 것 thūlakacchā. thullakacchā.
두통(頭痛) sīsābādha. sīsâbhitāpa. sīsarujā. sīsavedanā.
두통치료를 위해 하제를 처방하는 sīsavirecana.
둑 āli. āḷi. āvaraṇa. kūla. pāli. pāḷi. rodha. mariyādā.
둑과 같은 높이의 samatitthika. samatittika. samatittiya.
둑의 파괴 ālipabheda.
둔감(鈍感) acetanatta.
둔감(鈍感) sallīyanā. thīna.
둔감과 마비 thīnamiddha.
둔감의 상태 thīyanā. thiyitatta.
둔감한 acetana. pasādahīna.
둔부(臀部) piṇḍikamaṁsa.
둔세(遁世)하다 pabbajati.
둔십년(鈍十年) mandadasaka.
둔한 jaḷa. līna. līnacitta. manda. mandatta. middhin. momūha. mudindriya.
둔한 감각을 지닌 mudindriya.

둔함 līyanā. mandiya. moha.
둘(2) dvi. duve. dvi.
둘(2) 가운데 다른 itara.
둘(2) 다의 ubho. ubhaya.
둘(2) 또는 셋(3) dvittā.
둘(2) 중에 하나의 aññatara.
둘둘 말다 ābhujati.
둘러보다 anuviloketi. parikkhati.
둘러봄 anuvilokana.
둘러싸게 하다 parikkhipāpeti.
둘러싸기 veṭhana.
둘러싸는 āvijjhana. paribhaṇḍa. parihāraka. pariharaka. pariya. veṭhaka.
둘러싸다 anupariharati. anuparivāreti. āvijjhati. āviñjati. āviñchati. nivarati. parikirati. parikkhipati. parissañjati. parissajati. parivāreti. pariyeti. rumbhati. rumhati. sampaliveṭheti. samparivāreti. upadhāvati
둘러싸여진 parikiṇṇa.
둘러싸이다 parivāriyati.
둘러싸인 avakkanta. aṇḍabhūta. nivuta. nīvuta. paribbūḷha. paricchanna. parihaṭa. parikkhitta. parivāraṇa. parivārita. parivuta. paṭikujjita. paliveṭhita. sa.maṇḍalīkata. sampareta. samparikiṇṇa. veṭhita. veṭṭhita.
둘러싸인 장소 vāṭa.
둘러싼 nivattha. pāliguṇṭhima.
둘러쌈 paṭikujjana.
둘레 pariṇāha. vāṭaka.
둘레를 기운 parisibbita.
둘레를 베어내다 samparikantati.
둘레를 장식한 (장화) pāliguṇṭhima.
둘레에 abhito. parito.
둘레에 있는 ajjhāvara.
둘로 깨짐 paloka.
둘로 나누어지지 않은 adejjha.
둘로 접음 samiñjana.
둘씩 diso.
둘의 dubha. duka. ubhaya.
둘이 아닌 advaya.
둠 nikkhepa. odahana.
둡바[제사용 곡초] dubbā.
둥근 cakkākāra. parimaṇḍala. vaṭṭula.
둥근 가슴의 bindutthanī.
둥근 거울 maṇḍalādāsa.
둥근 것 bheṇḍuka.
둥근 금속(?) vaṭṭaloha.
둥근 단(壇) maṇḍala.
둥근 돌 aṭṭhilla.
둥근 뿌리(球根) ālu.
둥근 뿌리의 식물 biḷāli.
둥근 손가락을 가진 vaṭṭaṅguli(ka).
둥근 언덕 kaku.
둥근 지붕(의 탑) bheṇḍu.
둥근 지붕의 집 māla. māḷa.
둥근 칼 maṇḍalagga.
둥글게 감는 것 āvijjhanaka.
둥글게 도는 pārivattaka.
둥글게 돌다 āvilati.
둥글게 말다 paṇḍeti.
둥글게 모우다 paṇḍeti.
둥글게 움직이다 anuparisakkati.
둥글게 하다 sampiṇḍeti.
둥글게 흔드는 āvijjhana.
둥우리 niḍḍha. nīḷa. nilaya. kulāvaka. kuṭava.
둥우리가 없는 vikulāva. vikulāvaka.
둥지 → 둥우리.
둥지가 없는 vikulāva. vikulāvaka.
뒤 piṭṭhi. piṭṭhī. piṭṭha.
뒤가 아닌 apacchā.
뒤꿈치 paṇhi. piṭṭhipāda.
뒤꿈치가 있는 paṇhin.
뒤꿈치를 든 uddhaṁpāda. uddhapāda.
뒤꿈치의 뼈 paṇhikaṭṭhi.
뒤덮다 anukirati. pariyonandhati.
뒤덮음 paricchādanā.
뒤덮이다 otthariyati. otthariyati.
뒤덮인 abhisañchanna. ocita. okiṇṇa. pariyonaddha.
뒤따라 파견하다 anupeseti.
뒤따르다 anupabandhati.
뒤떨어지다 avalīyati. oliyyati. oliyati. olīyati.
뒤로 가는 pacchāgataka.
뒤로 돌다 paṭivaṭṭati. paṭivattati.
뒤로 묶인 apanaddha.
뒤로 오는 pacchāgataka.
뒤로 움직이다 anusakkati. paṭivaṭṭati. paṭivattati.
뒤로 움직임 paṭivatta.
뒤로 이끌다 paccāneti.
뒤로 틀지 않는 것 anāvatti.
뒤로부터 pacchato. piṭṭhito.
뒤를 따라가는 anvāyika.
뒤를 따라가다 anubandhati. anucaṅkamati. anvāgacchati.
뒤를 따르는 piṭṭhigata.
뒤범벅으로 만들다 āloḷeti.
뒤섞다 āloḷeti. sambhindati. sammisseti.

뒤섞이지 않는 asaṁsagga.
뒤섞이지 않은 amissa(ka). amissita. asaṅkiṇṇa. avyāmissa.
뒤섞인 ekathūpa. parivāta. sambhinna. sammissa. saṁyutta.
뒤섞인 상태 sammissatā. vītimissadhamma.
뒤섞임 āloḷa. missana.
뒤얽히다 viveṭhiyati.
뒤엉킨 jaṭita. missa.
뒤엎다 āvajjati. khipati. vikkhipati. mathati. nikkujjati. pakireti.
뒤엎어진 nikkujja. nikkujjita. vikkhitta.
뒤엎음 mathana.
뒤에 anvadeva. pacchā. pacchato. piṭṭhito. parato. piṭṭhipasse.
뒤에 남겨지는 ohīyamānaka.
뒤에 남겨지다 avahiyyati. avahīyati. ohiyyati. ohīyati.
뒤에 남겨진 ohīna.
뒤에 남겨진 것 ohīyana.
뒤에 남기는 jaha.
뒤에 남김 nissaraṇa.
뒤에 남은 (사람) ohiyyaka. ohīyaka.
뒤에 서 있는 anubaddha.
뒤에 앉다 anuvāsati.
뒤에서 불어오는 바람 anuvāta.
뒤의[시간적] avara. pacchima. oraka.
뒤집기 vyattaya.
뒤집다 vinibbhujati. vinibbhuñjati. vikkhipati.
뒤집어 쓴 okīrāṇaka.
뒤집어 업다 āvajjeti.
뒤집음 vinibbhujana.
뒤집혀진 adhokata.
뒤집히다 viparivattati.
뒤집힌 vipallattha. vipariyādikata. vikkhitta.
뒤쪽 vipiṭṭhi.
뒤쪽의 apācīna.
뒤쫓다 anubandhati.
뒤처짐 osakkanā.
뒤쳐지다 avahiyyati. avahīyati. ohīyati. osakkati. paṭisarati.
뒤틀다 veṭheti. vipphandati.
뒤틀린 kuñcita. pariṇata. vipphandita.
뒤틀림이 없는 apagatajimha.
뒤흔들다 mathayati. matheti.
뒷공론을 끝내는 행위 kathāpacchindana.
뒷다리 aparapāda.
뒷머리에 땋아 붙인 쪽 moli.
뒷발 pacchimapāda.
뒷부분 pacchābhāga.
뒷부분이 비교의 대상인 upamānuttarapada.
뒹구는 samparivatta. samparivattaka.
뒹굴며 samparivattaka.
드라마틱한 표현 abhinaya.
드라비다[족명] damiḷa.
드러나지 않은 상태 avyattatā.
드러난 abhivyatta. appaṭicchanna. ugghaṭita.
드러난 늑막과 같은 피막 appaṭicchannakilomaka.
드러내놓고 하는 uju. ujju.
드러내놓은 pākāsiya.
드러내는 abhivyañjaka.
드러내는 사람 āvikattar.
드러내다 abhivyañjeti. ācikkhati. uddasseti. ugghaṭeti. pākaṭīkaroti. pakāseti.
드러누워 있는 semānaka. seyyaka.
드러눕다 avassayati. sayati.
드럼 bheri. cammanaddha.
드레스 pārupana.
드리우다 palambati.
드리울 수 있는 lambin.
드리워지다 abhilabhati. abhippalambati. olambati. avalambati.
드리워진 olamba. olambaka. palambita. vilamba. volambita.
드리워진 꽃 olambapuppha.
드리워진 바위 아래의 동굴 olambasilākucchi.
드리워진 상태 anabhuṇṇatatā.
드리워진 연꽃 olambapaduma.
드리워진 진주의 그물 olambamuttājāla.
드리워짐 avasaṁsana. olambana.
드문 virala. viraḷa.
드물게 abhikkantaṁ. adhicca.
드물게 죄를 저지른 adhiccāpattika.
득견자(得見者) diṭṭhipatta.
득달(得達) pariyatti. pāpuṇana. paṭilābha. upagaṇhanā.
득달자(得達者) pattin.
득달하다 pāpuṇāti. upagaṇhāti.
득무상(得無上) lābhânuttariya.
득성(得性) pattatta.
득의(得意) ubbilāpa. ubbilāvitatta. ubbilla.
득정심(得定心) samāhitacitta.
득종종(得種種) lābhanānatta.
듣게 하는 사람 sāvetar.
듣게 하다 sāveti.
듣고 싶어 하지 않음 asussūsā.
듣고자 하는 소망 sotukāma.

듣고자 하는 욕구 sotukamyatā.
듣기 좋은 mañju.
듣기를 원하는 sussūsa.
듣기를 원하다 sussūsati. sussūyati.
듣기를 원함 sotukāma. sussūsā.
듣기에 민망한 kaṇṇakaṭuka.
듣기에 좋은 kaṇṇasukha.
듣기에 즐거운 savanīya. savaneyya.
듣기에 즐겁지 않은 assavanīya.
듣는 것 가운데 최상 savanânuttariya.
듣다 abhisuṇāti. anusuṇāti. āsuṇati. āvajjeti. nibodhati. nisāmeti. sotaṁ odahati. suṇāti. suṇoti.
듣지 않는 anisamma.
듣지 않음 assavanatā.
들 khetta.
들 수 없음 avisahana.
들것 vayha. vayhā. sivikā.
들고 다닐 수 있는 hāriya.
들다 uṭṭhāpeti.
들뜨지 않은 anuddharin. anuddhata.
들뜨지 않음 apilāpanatā.
들뜬 uddhata.
들뜬 마음 bāhulya. bāhulla.
들뜸 uddhacca.
들러붙게 하다 alliyāpeti. allīyāpeti.
들러붙다 alliyati. allīyati. pasajati. sajjati.
들러붙은 siliṭṭha.
들려지다 anusuyyati.
들리는 것 suta.
들리는 것을 통해 축복을 믿는 자 sutamaṅgalika.
들리다 sūyati. suyyati.
들린 saddita.
들보 saṁvelliya.
들소 goṇaka. gonaka. gonasira. goṇasira. mahisa. mahiṁsa.
들숨 passāsa.
들숨과 날숨(入息出息) assāsapassāsa.
들어 올려지다 ūhaññati.
들어 올려진 paggahita. sampaggahīta. samuddhaṭa. samussāpita. uggahita. uggahīta. ullaṅghita.
들어 올리는 사람 uggahetar.
들어 올리다 dharati. kaṁsati. samuddharati. samussāpeti. samusseti. uccāreti. uddharati. uggahāyati. uggaheti. ūhanati. ukkāceti. ukkhipati. ummasati.
들어 올림 laṅghāpana. ubbāhana. uccāraṇa. uddhara. uddharaṇa. uggira. ukkhepa. ukkhepana. ukkhepanā. ummasanā. ussāpana.
들어가게 하다 anupaveseti. niveseti. opeti. āpādeti.
들어가기 avagāha.
들어가는 ogadha. ogādha. pabbhāra.
들어가는 수단 pavesana.
들어가다 ajjhogahati. ajjhogāhati. ajjhogaheti. ajjhogāheti. anugāhati. anupavisati. anupeti. āpajjati. avagāhati. ogāhati. āvajati. āvisati. kamati. nigacchati. nivisati. ogamana. okkamati. osarati. otarati. otārayati. otāreti. pavisati. samāpajjati. samāruhati. samārohati. sampakkandati. sampaṭivijjhati. saṁvisati. upapajjati. upayāti. vigāhati. visati. nibbisati. anvāvisati.
들어가서 okkamma. opiya.
들어가야 할 okkamaniya.
들어가지 않고 anāpajja.
들어가지 않은 anupapanna. appaviṭṭha.
들어가지 않음 anāpajjana. asaṅgāhanā.
들어가진 āviṭṭha.
들어간 ajjhogāḷha. āpanna. avakkanta. okkanta. otiṇṇa. paviṭṭha. samāpajjita. samāpanna. samārūḷha. uviṭṭa. anuppaviṭṭha.
들어간 사실 okkantabhāva.
들어간 자 āpajjitar.
들어감 anupavesa. anupavisana. āpajjana. āpatti. avakkanti. āya. okkamana. okkanti. osaraṇa. otaraṇa. otāraṇa. otaraṇī. pavesana. pavisana.
들어갔을 뿐인 okkantamatta.
들어맞지 않음 anupakappana.
들어보지 못한 ananussuta.
들어서 나르다 paribhaṭati.
들어서 알고 있는 anussuta.
들어야 하는 sotabba.
들어오다 avatarati. otarati.
들어오지 않은 anupāgata.
들어올리기 쉬운 susamuṭṭhāpaya.
들어옴 avataraṇa.
들여다보는 ullokaka.
들여보내는 사람 pavesetar.
들여보내다 paveseti.
들으려 하지 않음 asotukamyatā.
들은 anussuta. suta.
들은 바 없는 assutavat.
들은 바 지식이 적은 appassuta.
들은 바를 기억하는 sutadhara.

들은 바를 새기는 sutadhara.
들은 바를 축적하는 sutasannicaya.
들은 적이 없는 assuta.
들을 뿐인 ekantasavana.
들을 수 없는 assavanīya.
들을 수 있게 하다 anussāveti.
들을 수 있는 sotabba.
들의 주인 khettasāmika.
들이닥치다 upaddavati.
들이마심 ācamā.
들이쉬기 āna.
들이키다 pivati. pibati.
들이킴 pivana.
들쥐 ākhu. khalūsikā. undura. undūra.
들짐승의 굴 nilaya.
들창코 heṭṭhānāsika.
들통 kumbha.
들통 안에 젖을 짜는 kumbhadūhana.
들판 khetta.
듯하다 khāyati.
등 뒤에서 험담을 하는 (사람) piṭṭhimaṁsika.
등(等) ādi.
등(燈) dīpa. padīpa.
등[背] khandha. piṭṭha. piṭṭhi. piṭṭhī.
등각(等覺) sambodha. sambodhi.
등각자(等覺者) sambuddha.
등공양(燈供養) dīpapūjā.
등관(等觀) sallakkhaṇā.
등관(等觀)하다 sallakkheti.
등구(燈具) padīpiya. padīpeyya.
등극(登極)하다 samabhisiñcati.
등기(登記) lekhanagatakaraṇa.
등기(等起) samuṭṭhāna.
등기(等起)하다 samuṭṭhahati. samuṭṭhāti.
등기법취(等起法聚) samuṭṭhānasaṅgaha.
등기색(等起色) samuṭṭhānarūpa.
등나무의자 koccha. vettāsana.
등단(登壇) abhiseka.
등대(燈臺) nāvikadīpāgāra. padīpatthambha. padīpāgāra.
등등(等等) ādi.
등록(登錄) lekhanagatakaraṇa. tadārammaṇa.
등류(等流) nissanda.
등류과(等流果) nissandaphala.
등명(等命) samajātika.
등무간(等無間)의 samanantara.
등무간연(等無間緣) samanantarapaccaya.
등반(登攀) abhirūhana. āroha. ārohaṇa.
등반하는 abhirūhanaka.
등받이 판 upasseyyaphalaka.
등분(等分) saṁvibhāga.
등분하다 saṁvibhajati.
등불 dīpa. dīpaka. padīpa. pajjota.
등불공양 dīpapūjā.
등불에 도달한 dīpagāmi.
등불에 도달한 dīpagāmi.
등불을 비추는 dīpa(ṁ)kara.
등불을 켜다 padīpeti.
등불의 불꽃 dīpacci. dīpasikhā.
등불의 빛 dīpāloka.
등불의 심지 dīpavaṭṭi.
등불이 없는 appadīpa.
등뼈 piṭṭhikaṇṭaka. piṭṭhivaṁsa.
등산(登山) abhirūhana.
등산한 abhirūḷha.
등소(燈疏) dīpanī.
등송경(等誦經) saṅgītisuttanta.
등숙력(等熟力)이 있는 samavepākin.
등시(等施) samacāga.
등심(等心) samacitta.
등심(燈心) suttavaṭṭi.
등심초(燈心草) kilañjā. pabbaja. babbaja.
등심초로 만든 슬리퍼 babbajapādukā.
등심초를 베는 사람 babbajalāyaka.
등에 andhaka. daṁsa.
등에에 많이 괴롭힘을 당하지 않는 appadaṁsasamphassa.
등염(燈焰) dīpasikhā.
등을 긁거나 씻는데 사용하는 도구[조가비 등] sotti. mallaka.
등을 긁는 도구 katamallaka.
등을 대고 재우는 uttānasaya.
등을 돌리다 vipiṭṭhikaroti.
등의 맛사지 piṭṭhiparikamma.
등의 살 piṭṭhimaṁsa.
등의 짐 khandhabhāra.
등의자 bhaddapīṭha. mañca.
등의자의 속을 채우기 mañcavāna.
등이 굽은 okoṭimaka.
등이 아픈 것 piṭṭhiroga.
등이 있는 piṭṭhika. piṭṭhimant.
등장하다 udāyati.
등지(等至) samādhāna. samādahana. samāpatti.
등지선교(等至善巧) samāpattikusala.
등지지(等至智) samāpattiñāṇa.
등쪽 vipiṭṭhi.
등쪽에 piṭṭhiyaṁ.
등취(等聚) samosaraṇa.

등한(等閑)히 하다 ajjhupekkhati.
등허리[어린 아이를 업은 어머니의] aṅka.
등혜자(等慧者) samapañña.
등화시(燈火時) padīpakāla.
등활(等活)[지옥] Sañjīva.
디가니까야[경전] Dīghanikāya.
디가니까야의 송출자 dīghabhāṇaka.
디가니까야의 암송자 dīghabhāṇaka.
디딤대 sopānaphalaka.
디빠방싸[서명] Dīpavaṁsa.
디빵까라[불명] Dīpaṁkara.
디스크 cakkalaka.
따가라 향 tagara.
따다 ocinati. ocināti. olumpeti.
따뜻하게 하는 것 visīvana. visibbana.
따뜻하게 하다 samparitāpeti. visīveti.
따뜻한 온기 usā.
따라 걷다 anusañcarati.
따라 굴려진 anupavattita.
따라 굴림 anupavattana.
따라 끌다 anukaḍḍhati.
따라 뿌리다 anukirati.
따라 사는 anujīvin.
따라 생기게 하다 anuppadeti. anuppādeti.
따라 움직여진 anvāvaṭṭa.
따라 움직이게 하다 anupavatteti.
따라 움직이다 anupavattati. anvāvaṭṭati.
따라 움직임 anvāvaṭṭanā.
따라 읽다 anukathayati.
따라 파다 anukhaṇati.
따라 흐르다 anuparidhāvati. anusandati.
따라 흐름 anuparidhāvana.
따라가게 둠 anusaṁsandanā.
따라가게 하다 anusāreti.
따라가는 anuga. anugāmin. anuyāyin. paṭipanna.
따라가다 anubbajati. anucarati. anugacchati. anukkamati. anupasaṅkhamati. anuyāti. anveti. maggati. maggeti. paṭisevati. patisevati.
따라가지다 anugammati.
따라간 anugata. anuyāta.
따라감 anugacchanā. anugama. anugama. anugati.
따라서 aggena. anu. anuvicca. anuvijja. anusārena. upari. niyāmena.
따라서 걷는 anucārin.
따라서 노래하다 anugāyati.
따라서 노래함 anugāyana.
따라서 말하다 anubhāsati. anuvāceti.
따라서 배우다 anusikkhati.
따라서 살다 anujīvati.
따라서 장난친 anukīḷita.
따라서 죽다 anumarati.
따라서 출가함 anupabbajjāanupabbajjā.
따라서 행동하다 anuvidhīyati.
따라야 할 방도나 계획 paṭipajjana.
따라오는 anubaddha.
따로 떨어져서 ekamantaṁ.
따로따로 visuṁ. visuṁ visuṁ.
따로따로의 aññamañña. pacceka.
따르는 anugāmika. anugāmin. anupatana. anupātin. anusārin. anuvattaka. anuvattika. upanisevana.
따르다 āgacchati. ajjhupagacchati. anupajjati. anupatati. anusarati. anuvattati. anuvatteti. purakkharoti. upanisevati.
따르지 않는 anānuyāyin.
따름 anusañcaraṇa.
따말라[식물] tamāla.
따져 묻다 upārambhati.
따지다 viseseti. upalakkheti.
딱까실라[지명] Takkasilā.
딱따구리 rukkhakoṭṭaka. rukkhakoṭṭasakuṇa. tuṇḍya. satapatta.
딱딱한 patthaddha. upatthaddha.
딴 데로 돌려진 avakkhalita.
딴[의성어] ṭan.
딴둘레이야까[식물] taṇḍuleyyaka.
딴머리 paveṇi.
딴채 upaghara.
딸 kaññā. dārikā. dhītar. dhītā. duhitar. sutā.
딸꾹질 hikkā.
딸라깐다[식물] tālakanda.
딸랑딸랑 kili.
딸랑딸랑 울리다 kilikilāyati. kiṇakiṇāyati. kiṅkiṇāyati.
땀 jalla. saṁseda. seda. sedayūsa.
땀구멍 doṇī.
땀나는 sedaka.
땀바빤니[스리랑카] Tambapaṇṇi.
땀방울 jallikā.
땀에 젖은 sinna.
땀으로 범벅이 된 sedagata.
땀으로 얻은 avakkhittaseda.
땀을 내게 하는 것 sedamocanakamma.
땀을 냄 sedakamma.
땀을 흘리는 sedagata.
땀을 흘리다 sijjati.

땀이 흘려진 avakkhittaseda.
땀자국 sedamala.
땀투성이가 된 kuṭṭhita.
땅 avani. avanī. avyathisā. bhūmi. bhumma. bhūri. dharā. dharaṇī. mahī. medinī. paṭhavī. pathavī. puthavī. puthuvī. puṭhuvī. ubbī. vasudhā. vasudharā. vasundharā.
땅 위에 노출되어 있는 뿌리 oghana.
땅 위에서 주문을 외우는 것 bhūrikamma.
땅과 같은 paṭhavīsama.
땅과 동일시하는 명상수행 paṭhavīsamabhāvanā.
땅꾼 ahigāha. ahiguṇṭhika.
땅덮개 bhummattharaṇa.
땅딸막한 놈 āṇimaṁsa.
땅속 요정 nidhipālakabhūta.
땅속에 묻힌 antobhūmigata.
땅에 관한 길흉을 판단하는 지식 bhūrivijjā.
땅에 대한 지각 paṭhavīsaññā.
땅에 대해 지각하는 사람 paṭhavīsaññin.
땅에서 자라는 것 bhūmipappaṭaka.
땅위에 (글을) 새기는 것의 비유 paṭhavīlekhūpamā.
땅위에 누운 bhūmisaya.
땅위에서 자는 bhūmisaya.
땅위의 거처 avehāsavihāra.
땅을 고르는 도구 saṇhakaraṇī.
땅을 대상으로 하는 ārammaṇapaṭhavī.
땅을 보호하는 신 vatthudevatā.
땅을 신성하게 한 katabhūmikamma.
땅을 치는 bhūmipothana.
땅의 bhumma. bhummi.
땅의 광대한 존재 paṭhavīmahābhūta.
땅의 다양성 bhūminānatta.
땅의 두루채움을 위로 아래로 옆으로 유일하게 한량없이 지각하는 것 paṭhavīkasiṇa.
땅의 두루채움이라는 명상수행의 토대 paṭhavīkasiṇa.
땅의 맛 paṭhavīrasa. rasapaṭhavī.
땅의 본질적인 속성 rasapaṭhavī.
땅의 부류 paṭhavīkāya.
땅의 세계 paṭhavīdhātu.
땅의 수호자 bhūmipala.
땅의 순서 bhūmikkama.
땅의 신 bhūmidevatā.
땅의 요소 paṭhavīdhātu.
땅의 요정 bhummadeva. bhummadevatā.
땅의 원륜 paṭhavīmaṇḍala.
땅이 아닌 것 apaṭhavī.
땅이 없는 akhetta.
땅이 흔들게 된 진원지 kampāpitaṭṭhāna.
땋아 늘인 머리와 사슴가죽[고행자의 모습] jaṭâjina.
땋아 늘인 머리의 사슬 jaṭaṇḍuva.
땋은 머리 cūḷa. cūḷā. cūḷikā. dhammilla. jaṭā. kalāpa. veṇi.
땋은 머리를 한 jaṭin. kataveṇi.
땋은 머리를 한 사람 jaṭin. jaṭiya. jaṭila. jaṭilaka.
땋은 머리를 한 여자 jaṭinī.
때 묻은 rajakkha.
때 아닌 akālarūpa.
때 아닌 구름 akālamegha.
때 아닌 때 asamaya. avelā.
때 아닌 때에 akāle. akālena.
때 아닌 때에 먹는 것을 삼가는 것 vikālabhojanā veramaṇī.
때 아닌 때에 소리를 지르는 akālarāvin.
때 아닌 때의 akāla. akālika.
때 아닌 때의 번개 akālavijjutā.
때 아닌 죽음 akālamaccu.
때[더러움] mala. māla. raja. rajas. rajo.
때[시간] kāla. vāra.
때가 낀 samala.
때가 묻은 malina.
때가 없는 nikasāva. viraja. vītamala.
때때로 antarantarā. antarantare. antarantarena. appekadā. api. ekadā. kāle. kālena kālaṁ.
때려눕히다 nisumbhati.
때려부수다 ohanati.
때려죽이다 pamāreti.
때려지다 pahariyati.
때려질 수 없는 aghaṭṭanīya.
때를 제거하는 기둥 aṭṭāna.
때를 제거하는 사람 malamajjana.
때리게 하다 pahārāpeti.
때리고 āhacca. āsajja.
때리고 두드리다 paṭipiṁsati.
때리기 tudana.
때리는 abhighāta. paharaṇaka. pahārin. vedha.
때리다 abhihanati. abhitāḷeti. āhanati. āhanti. ākoṭeti. anumajjati. anutāḷeti. āsādeti. ghaṭṭeti. ghaṭṭayati. hanati. hanti. koṭṭeti. nihanti. nipphoṭeti. nitāḷeti. oṭhati. pahaṁsati. paharati. pappoṭheti. pappoṭeti. parisumbhati. pariyāhanati. paṭivaṭṭati. paṭivattati. potheti. poṭheti. potheti. samāhanati. saṁsumbhati. sannitāḷeti. tāḷeti. tudati. ūhanati. uppoṭheti. vadhati. vihanati. vijjhati. vitudati.

때리지 않고 anupahacca.
때릴 수 있는 ghātimant.
때림 paharaṇa. parisumbhana. pariyāhanana. poṭha. poṭhana. pothana. tāḷa. tāḷana.
때맞게 yathāsamayaṁ. yathākālaṁ. yathākāle.
때문에 adhikaraṇaṁ. āgamma. ārabbha. atthiyā. °mattaṁ. °mattena. nidānaṁ. nimittaṁ. nimittena. nissāya. paṭicca. uddissa. vāhasā. yato. yāvatā.
때아니 때에 (탁발하러) 가는 akālacārin.
땔감 aggi. edha. indhana. upādāna.
땔감이 없는 anedha.
땔나무 dāru. idhuma. kaṭṭha. kaṭṭhaggi.
땔나무더미에서 생겨난 열 kaṭṭhasannicaya-santāpa.
땔나무에서 생겨난 (불) kaṭṭhûpādāna.
떠나감에 능숙한 apāyakusala.
떠나게 하다 apayāpeti. uyyojeti. vissajjeti.
떠나고 apāhāya. vihāya.
떠나는 수행승을 위한 음식 gamikabhatta.
떠나다 apagacchati. apakkamati. apasakkati. apohati. nissarati. ojahāti. pakkamati. paṭinissarati. rahati. ujjhati. upanikkhamati. vapayāti. vigacchati. vijahati. vyapagacchati.
떠나버린 avasaṭa. apakkama.
떠나지 않는 avigacchamāna.
떠나지 않는 조건 avigatapaccaya.
떠나지 않은 anapāyin. anikkhanta. avigata.
떠나지 않음 aniggamana.
떠난 apakkanta. apeta. katanikkhamana. pakkanta. vigata. °vigama.
떠남 apagama. uyyoga. nikkhamana. nissaraṇa. niyyāna. vigamana. vippahāna. virati. °vigama.
떠남의 입구 uyyogamukha.
떠남의 허락 atisagga.
떠내려가는 나무 kaṭṭhavipalāvita.
떠는 bhīru. bhīruka. paritassin. pavellita.
떠는 습관을 지닌 kampanasīla.
떠는 행위 kampanā.
떠도는 수행자 paribbājaka.
떠돌다 iriyati.
떠드는 seḷita. selita.
떠들기 saddana.
떠들다 saṇati. seḷeti.
떠맡김 niyyātana.
떠맡다 gaṇhati. samādiyati.
떠맡은 samādinna.
떠받치다 upatthambheti.
떠벌리는 행위 kathanā.
떠보고 은밀하게 viceyya.
떠오르다 abbhuggacchati. abhilaṅghati. uppilavati.
떠오름 ummujjana.
떠있게 하다 uplāpeti. uplāpayati.
떠있는 apilāpa.
떠있지 않은 상태 apilāpana.
떡 pappaṭaka. pūva.
떡과 술 pūvasurā.
떡집 pūvaghara.
떨다 pariphandati. pariplavati. pavedhati.
떨리게 하다 ākampayati. ākampeti.
떨리는 ākampita. kampamāna. chambhin. sacchambhin.
떨리다 ākampati. vipphurati.
떨림 kampa. kampana.
떨어뜨리기를 원하다 cikkhassati.
떨어뜨리는 pāvussaka.
떨어뜨리다 avakkhipati. āsumbhati. āsumhati. gaḷayati. okkhipati. opilāpeti. opīḷeti. pakirati. pāteti. vinigaḷati.
떨어져나가다 khīyati.
떨어져나간 khīyanaka. ucchinna.
떨어져나간 상태 khaṇḍicca.
떨어져나감 khīyana.
떨어져서 vivicca.
떨어져야 할 것 pātavyatā.
떨어지게 하다 abhipāteti. opāteti. paripāteti. paripāṭeti. patīyati.
떨어지게 함 pabhaṁsana.
떨어지고 나서 nipacca.
떨어지는 patana. patanaka.
떨어지는 순간의 patanaka.
떨어지다 abhippavassati. āpatati. bhassati. dhaṁsati. nipatati. okkamati. pabhassati. padhaṁsati. papatati. paripaṭati. paripatati. patati. saṁsādeti. vigalati. vigaḷati. viviccati. antaraṁ karoti.
떨어지지 않는 apatamāna. apatana.
떨어지지 않은 apapatita.
떨어진 abhippavaṭṭa. abhippavuṭṭha. bhaṭṭha. okkanta. okkhitta. palipanna. panna. paribhaṭṭha. patita. pātita. pavatta. saṁsīna. sīna. upaya. viccuta. avatiṇṇa. otiṇṇa. vivajjita
떨어진 열매를 음식으로 하는 pavattaphala-bhojana.
떨어짐 avasaṁsana. onati. papatana. pāta. saṭa.
떨지 않는 aparitassin. asantāsin.
떨쳐버려진 dhuta. dhūta.

떨쳐버리다 dhunāti. nicchādeti. nicchāreti. nicchedeti. nicchodeti. nicchoreti.
떫은 맛의 khara.
떫은 맛이 나는 kasāyarasa. kasāvarasa.
떫은 액체 kasāvôdaka.
떼[뗏목] daṇḍarājin.
떼[무리] saṇḍa. yūtha. piṇḍi.
떼거리 saṇḍa. yūtha. piṇḍi.
떼어내다 lisati.
떼어놓게 하다 vūpakāsāpeti.
떼어놓다 oneti. vūpakāseti.
떼어지다 onīyati.
떼지어 이동하는 saṇḍacārin.
떼짓는 saṇḍacārin.
뗏목 bhisi. kulla. kullaka. saṅghāṭa. uḷumpa. daṇḍarājin.
뗏목으로 건넌 사람 olumpika. oḷumpika.
뗏목을 찾은 사람과 같은 상태 kullakavihāra.
뗏목의 비유 kullûpamā.
또 puna. uda ~ vā.
또 다른 añña.
또 다른 존재 aparapariyāya.
또 하나의 apara.
또는 atha. athavā. udāhu. uda. vā. yadi. vā. ādu.
또렷한 aneḷagala.
또한 atha. ca. pi.
똑같은 anañña. samāsama. samasama.
똑같은 의무 samavatta.
똑같은 의무를 갖고 함께 사는 것 samavattasaṁvāsa.
똑같이 나누어 먹지 않는 appaṭivibhattabhogin.
똑같이 베푸는 samacāga.
똑같이 평등하게 samaṁsamaṁ.
똑딱[의성어] kili.
똑똑 떨어지게 하다 gaḷati.
똑똑 떨어지는 kanna.
똑똑 떨어지다 gaḷati. ogalati. ogaḷati. vinigaḷati.
똑바로 ujuṁ.
똑바로 걷는 ujugata.
똑바로 서다 uṇṇamati. unnamati. usseti.
똑바로 서있는 kūṭaṭṭha.
똑바로 선 ubbhaṭṭhaka.
똑바로 하다 ukkujjati. ukkujjeti.
똑바르게 ujuṁ.
똑바르지 않은 anuju. anujuka. anujjuka.
똑바르지 않은 상태 anujubhāva.
똑바르지 않음 anujutā.
똑바른 añjaya. sūju. udu. uju. ujju. ujubhūta. ujuka. ujjuka. ukkujja.
똥 amejjha. gūtha. karīsa. mīḷha. uccāra. ukkāra. vacca. valañja. valañjana.
똥과 오줌 uccārapassāva.
똥과 진창 gūthakalala.
똥구덩이 gūthakūpa. karīsavāca. mīḷhakā. mīḷhakūpa. vaccakūpa.
똥막대 pidhara.
똥벌레 mīḷhakā.
똥울타리 karīsavāṭa.
똥으로 가득 찬 karīsapuṇṇa.
똥을 긁는 주걱 avalekhanakaṭṭha.
똥인 부분 karīsabhāga.
똥인 상태 karīsabhāva.
똥치기 pukkusa.
똬리를 튼 bhogin.
뚜껑 apadhāraṇa. apidhāna. padhāna.
뚫다 pāreti. viddha.
뚫을 수 없는 사슬갑옷 abhejjakavacajālikā.
뚬바[단위] tumba.
뚱뚱하게 만들다 phātikaroti.
뚱뚱한 pīna.
뚱뚱해지다 medeti.
뛰게 함 laṅghāpana.
뛰다 vaggati.
뛰어건너다 atitarati.
뛰어나다 atiyāti.
뛰어난 abhikkanta. adhika. adhipati. atikkanta. bhagavant. jañña. jātimant. jotimant. seyya. paccuggata. pāmokkha. paṇīta. paṇītatara. sāmukkaṁsika. sāra. seṭṭha. sūḷāra. udāra. udi. udī. ukkaṭṭha. ulāra. uḷāra. ulārika. ussaṭa. uttara. vara.
뛰어난 가르침 paṇītadhamma.
뛰어난 견해 atidiṭṭhi.
뛰어난 말[駿馬] varahaya.
뛰어난 보물 nidhimukha.
뛰어난 사람 purisuttama.
뛰어난 수레바퀴 brahmacakka.
뛰어난 스승 pācariya.
뛰어난 신의 상태 atidevabhāva.
뛰어난 위엄이 있는 brahmavaccasin.
뛰어난 지혜가 있는 varapañña.
뛰어내리게 하다 olaṅgheti. olaṅghāpeti.
뛰어내리다 avekkhipati. olaṅghati. patati.
뛰어내림 olaṅghanā.
뛰어넘는 samatikkama.
뛰어넘다 laṅghati. laṅgheti. samuttarati. ullaṅghati.
뛰어노는 것 selissaka.

뛰어다니는 sampatita.
뛰어다니다 paridhāvati. sampatati. vidhāvati.
뛰어다님 viddāvana.
뛰어드는 ogadha. ogādha. papātin.
뛰어든 ajjhogāḷha. pakkhanna. pakkhanta.
뛰어들기 avagāha. ogāha.
뛰어들다 anugāhati. avagāhati. ogāhati. avatarati. otarati. gāhati. mujjati. okkhandati. pakkhandati. sampakkandati. vigāhati.
뛰어들지 않는 anogāhanta.
뛰어듦 avagāhana. vigāhana. avataraṇa. pakkhandana. sampakkhandana. okkandikā.
뛰어듦을 통한 버림 pakkhandanapaṭinissagga. pakkhandanavossagga.
뛰어오르는 samuppilava.
뛰어오르는 사람 laṅghaka.
뛰어오르다 abbhunnamati. vihaṅghati. khandati. laṅghati. ullaṅghati. uppatati. uppilavati. upplavati. vaggati.
뛰어오르지 않는 anuppilavana.
뛰어오른 uppatita.
뛰어오름 laṅghana. uppilavana. uppilavanā. uppilāpa. uppilāva. upplavana.
뜨거운 aggivaṇṇa. kuṭṭhita. pakkaṭhita. pakkuṭṭhita. pakkuthita. pakkutthita. tapana. tatta. uṇha.
뜨거운 단지 uṇhakumbha.
뜨거운 물 uṇhodaka.
뜨거운 물이 흐르는 강 uṇhôdaka.
뜨거운 빛을 지닌 uṇharaṁsi.
뜨거운 상태 uṇhatta.
뜨거운 숯 mummura.
뜨거운 온도 uṇhutu.
뜨거운 유골 kukkuḷa.
뜨거운 음식을 즐기는 uṇhabhojin.
뜨거운 재 kukkuḷa. uṇhakalla.
뜨거운 진흙 uṇhakalala.
뜨거운 타다 남은 숯불 uṇhakukkula.
뜨거운 타다 남은 재 uṇhachārikā.
뜨거움 uṇhabhāva.
뜨거워 지지 않은 asantatta.
뜨거워지다 kilijjati.
뜨거워진 santatta. uṇhajāta.
뜨겁게 하다 santāpeti. uttāpeti.
뜨겁다 tapati.
뜨게 된 vipalāvita.
뜨게 하다[織造] vināpeti. vāyāpeti.
뜨다 palavati. upaplavati. uppilavati. upplavati. vināti.
뜨다[織造] vāyati.
뜬 vāyita.
뜬 찌꺼기 pheṇa.
뜰 ajira. ājira.
뜻대로 akkhata. yathābhirantaṁ. anukāmaṁ.
뜻밖에 adhicca.
뜻밖에 획득된 adhiccaladdha.
뜻밖의 재난 kākatāliya.
뜻에 따르는 anvattha.
뜻을 두다 upavicarati.
뜻을 둔 ajjhāsita.
뜻을 둠 upavicāra.
뜻을 따르다 anumaññati.
뜻을 믿고 따름 atthaveda.
뜻있는 chandikata.
뜻하는 바의 (공양) chandaka.
띠[帶] apilandhana. apiḷandhana. dāma. kalāpaka. kalāpinī. kalāpī. pacchada. parikara. paṭṭa. paṭṭaka. paṭṭikā. sūkarantaka. muraja.
띠리따[식물] tirīṭa.
띠리따의 껍질로 만든 옷 tirītaka.
띠리바채[식물] tirivaccha.
띠리야[식물] tiriya.
띠미라땀바[식물] timiratamba.
띠미라룩카[식물] timirarukkha.
띠바라[종족] tīvarā.
띠의 테두리 장식 sobhaṇa. sobhana.
띤두까나무 tindu. tinduka.
띰바루나무 timbaru. timbarū. timbarūsaka.
띰바루신 timbaru.
띳싸[인명] Tissa.
띳싸부띠[인명] Tissabhūti.

ㄹ

라가[악마] ragā.
라고 iti. ti.
라고 듣고 iti.
라고 말하고 iti.
라고 불리는 abhidhānaka. nāma. nāmaka.
라고 생각하여 iti.
라고 알고 iti.
라고 언급하고 iti.
라고 지각하고 iti.
라꾼따까밧디[인명] Lakuṇṭakabhaddi.
라꾼따까밧디야[인명] Lakuṇṭakabhaddiya.
라디오 ākāsagāmīsaddappacāra.
라디오방송 ākāsagāmīsandesa.
라따나닷따[인명] Ratanadatta.
라마가마[지명] Rāmāgama.
라마교 tibbatasamaya.
라마교승원 tibbatīyārāma.
라마승 tibbatīyayati.
라마촌(羅摩村)[지명] Rāmāgama.
라바나발제(羅婆那拔提)[인명] Lakuṇṭakabhaddiya.
라열지(羅閱祗)[지명] Rājagaha.
라임나무[식물] dantasaṭha.
라임나무의 과일 dantasaṭha.
라자가하[지명] Rājagaha.
라자기리까[부파] Rājagirika.
라자기리야[부파] Rājagiriya.
라줄라[파충류] rājula.
라텍스 rukkhaniyyāsa.
라후(羅睺)[아수라] Rāhu.
라후라(羅睺羅)[인명] Rāhula.
라훌라[인명] Rāhula.
라훌라의 어머니 rāhulamātā.
락 염료로 칠한 katalākhā(rasa)parikamma.
락(*eng. lac*) jatu. lākhā.
락(酪) dadhi.
락염료 lākhā.
락염색의 전문가 lākhācariya.
락카나[인명] Lakkhaṇa.
람마까[월명] rammaka.
람바[식물] rambhā.
람비니(藍毘尼)[지명] Lumbinī.
랑까[지명] Laṅkā.
랑데부 saṅketa.
램프 dīparukkha.
레몬 atigandha. jambīra.
레몬나무 jambīra.
레몬음료 jambīrapāna.
레슬링 mallayuddha.
레슬링선수 malla.
레슬링장소의 울타리 akkhavāṭa.
레코드 sarānugatalipi.
려야천(攞耶天)[신계] Roja.
로까야따[세속철학] lokāyata.
로께싸[범천] lokesa.
로로가(勞嚕迦)[지명] Roruka.
로루까[지명] Roruka.
로루바[지옥] Roruva.
로마까염(鹽) romakaloṇa.
로마로부터 수입된(?) romaka.
로마빠두마까[식물] lomapadmaka.
로션 lavaṇa.
로심(路心) vīthicitta.
로자[신계] Roja.
로프 āḷhā. nandhi.
로히따[동물] rohita.
로힛짜[사슴] rohicca.
롤루빠[식물] lolupā.
롯다[식물] lodda.
료오(了悟) pariyādāna.
루(漏) āsava. avassava. avassavana. ussāva.
루(樓) kūṭa.
루루[동물] ruru. rurumiga.
루비[紅玉] aruṇôpala. lohitaṅka. padumarāga. uppala.
루비와 사파이어 uppalakuruvinda.
루삐[화폐] rūpiya.
루즈 vaṇṇaka.
루짜[식물] ruca. rucā.
룸비니 lumbinī.
류머티즘 pabbavāta. rattavāta. pabbavātābādha. vātaratta.
류머티즘의 rattavātika. rattavātāyatta.
류트 vallakī.
륜보(輪寶) cakkaratana.
륵겁누(勒怯㝹)[인명] Lakkhaṇa.
륵차나(勒叉那)[인명] Lakkhaṇa.
리그베다[서명] Arubheda. Irubbeda. Iruveda.

리듬 laya.
리듬있는 layanuga.
리본 sikhābandha.
리플릿 pattikā.
림프액 vasā.
릿차비[종족] licchavi.
링 vaṭṭani.

ㅁ

마(麻) maruvā.
마(麻)와 다른 옷감을 섞어 짜 만든 거친 옷 masāṇa.
마가다[국명] Magadha.
마가다어 magadhabhāsā. māgadhanirutti. māgadhikā.
마가바(摩伽婆)[신계] Maghavant.
마가바[식물] maghava.
마가반뜨[신계] Maghavant.
마가월(磨伽月)[월명] māgha.
마간디야[인명] Māgandiya.
마갈다(摩揭陀)[국명] Magadha.
마갈다왕(摩揭陀王)[인명] Māgadha.
마갈라(摩竭羅)[동물] makara.
마갈어(摩竭魚)[동물] makara.
마건제(摩建提)[인명] Māgandiya.
마결(魔結) mārasaṁyoga.
마경(魔境) māravisaya.
마계(魔界) māradheyya.
마구(馬具) kappana. saṁyuga.
마구(馬具)를 만드는 사람 cammaṇḍa.
마구가 장착되다 kappīyati. kappiyyati.
마구를 벗은 visaṁyutta. visaññutta.
마구잡이의 payuta.
마군(馬軍) assakāya. assasenā.
마군(魔軍) mārasenā.
마귀(魔鬼) pisāca. bhūta.
마귀들린 bhūtāviṭṭha. pisācasadisa. bhūtāviṭṭha.
마귀들린 사람 bhūtāviṭṭhapuggala.
마그네토 vijjuppādakayanta.
마기(摩企)[지명] Mahī.
마까라[동물] makara.
마까찌[섬유] makaci.
마까찌섬유로 만든 천 potthaka.
마나따[참회죄] mānatta.
마나타(摩那埵)[참회죄] mānatta.
마나타(摩那埵)를 행하는 자 ciṇṇamānatta.
마녀(魔女) māradhītar.
마노라타뿌라니[주석] Manorathapūraṇī.
마노빠도씨까[신계] Manopadosikadeva.
마누라 kalatta. jayā. jāyā. jāyikā. dāra. dārā. dutiyā. dutiyikā. nārī. pajāpatī. piyā. bhariyā. sāminī. ubbarī. kantā.
마누사천(麽㝹沙天)[신계] Mānusa.
마누소다마(麽㝹疏多摩)[신계] Mānusuttama.
마누싸[신계] Mānusa.
마누쑤따마[신계] Mānusuttama.
마늘 lasuṇa. lasuna. māgadhaka. cāpalasuṇa.
마니(摩尼) maṇi.
마니까[단위] mānikā.
마니보(摩尼寶) maṇiratana. maṇisāra.
마니보주의 보물 maṇiratana.
마니쌉빠[독사] maṇisappa.
마니에 의한 주술 maṇika. maṇikā.
마니황금(摩尼黃金) maṇisuvaṇṇa.
마닐라[식물] maṇila.
마다나유따[야차] madanayuta.
마달(摩達)[종족] madda.
마달리가(麻怛履迦) mātikā.
마당 ajira. vatthu.
마당에서 거주하는 vatthusāyika.
마도요[조류] kuntanī.
마독용가(磨獨龍伽)[식물] mātuluṅga.
마등가(摩藤伽·摩登伽)[인명] Mātaṅga.
마디 kaṇḍa. phalu. gaṇṭhi. pabba. pabbagaṇṭhi.
마디가 있는 gaṇḍika. kaṇḍin.
마디에 종자가 있는 phalubīja.
마디에서 번식하는 식물 phalubīja.
마디혹 makula.
마딸리[인명] Mātali.
마땅가[식물] mātaṅga.
마땅가[인명] Mātaṅga.
마땅히 하지 말아야 할 akaraṇiya.
마땅히 해야 하는 것 karaṇīyatā.
마땅히 해야 할 kātabba.
마뚜룽가 mātuluṅga.
마라(魔羅) māra. maccu.
마라에 대한 시설 mārapaññatti.
마라의 정복 mārâbhibhū.
마련된 kappita.
마련하는 vidhāyaka.
마루 piṭṭha. santhāra.
마르게 하다 soseti.
마르다 avasussati. kissati. pajjhāyati. sukkhati. sussati. uppacciyati.
마른 analla. ātatta. koḷāpa. kolāpa. sukkha. sukkhin. sukkhita. visukkha.

마른 땅 thala.
마른 머리카락 anallakesa.
마른 보리 sukkhayava.
마맥(馬麥) sukkhayava.
마멸(磨滅) nimmaddana.
마멸된 ugghaṭṭa. ugghaṭṭha.
마무리하다 pariyosāpeti.
마미흠바라의(馬尾欽婆羅依) vālakambala.
마박(魔縛) mārabandhana.
마법(魔法) āthabbaṇa. māradhamma. bhūtabhatti. bhūtavijjā.
마법사(魔法師) atiyakkha. atiyakkhā. indajālika. vetālika. vijjādhara. māyākāra. bhūtavejja.
마법의 주사위 pāsaghaṭikā.
마보(馬寶) assaratana.
마부(馬夫) assaratha. khattar. meṇḍa. mūlika. sākaṭika. sārathi. sūta. yoggācariya.
마부들의 왕 rathesabha.
마분(魔分) mārapakkha.
마비(痲痺) khambha. muyhana. nitthaddhana. thīna. samorodha. dubbalya. dubballa. pakkhaghāta. pakkhahata.
마비되다 muyhati.
마비시키다 santhambheti. vikkhambheti.
마사(馬師) assācariya.
마사(麻絲) sāṇasutta.
마사제(馬祠祭)[제사] assamedha.
마사지 ubbaṭṭana.
마셔야 하는 peyya.
마셔야 할 것 papīyana.
마쇄(磨碎)하다 ummaddāpeti. ummaddeti.
마술(魔術) āthabbaṇa. māyā. bhūtabhatti.
마술사 āthabbaṇika. atoṇa. māyākāra. siddha. sobhiya.
마술적인 māya.
마술적인 전투 mantayuddha.
마습마가국(摩濕摩駕國) assaka.
마승(馬勝)[인명] Assaji.
마시게 하다 pāyeti.
마시고 싶어 하는 pātukāma.
마시기에 적당한 āpānīya.
마시기에 좋은 supipi.
마시는 pāyin. pipi. pītin.
마시는 것 āpāna.
마시는 그릇 āpānīyakaṁsa.
마시는 컵 pāniyaṭhālika.
마시다 pipati. pivati. pibati. apapibati.
마시러 오는 avapāyin.
마시지 않는 자[고행자] apānaka.
마시지 않은 apīta.
마식(魔食) mārāmisa.
마신 pīta.
마신다(摩哂陀)[인명] Mahinda.
마실 것 pāna. pīta.
마실 것과 먹을 것 pānabhojana.
마실 것이 없는 apānaka.
마실 물이 제공되는 방 pāniyasālā.
마실 물조차 없는 삶 apānakatta.
마실 수 없는 apātabba. apeyya.
마실 수 있는 pāniya. pānīya. āpānīya. pātabba. peyya.
마실 수 있는 것 papīyana.
마실만한 pātabba. peyya.
마심 pivana.
마싸라까[침대] masāraka.
마싸라까의자 masārakapīṭha.
마싸라까침대 masārakamañca.
마안(魔眼) māracakkhu.
마야부인(摩耶夫人)[인명] Māyā. Mahāmāyā.
마야천(摩耶天)[신계] Māyā.
마약(痲藥) ghara.
마어(魔魚) vohāra. vyohāra.
마을 gāma. gāmaka.
마을 가까이 gāmasamīpe. upagāmaṁ.
마을 가운데 gāmantara.
마을 근처에 gāmasamīpe. upagāmaṁ.
마을 부근 gāmasāmanta.
마을 사람 bhoja. gāmajana. negama.
마을 안으로 antaragāmaṁ.
마을사람 gāmaka.
마을에 대한 지각 gāmasaññā.
마을에 속하는 gāmeyya.
마을에서 가까운 gāmasāmanta.
마을에서 해야만 하는 gāmakamma.
마을의 gamma.
마을의 거주자 gāmavāsin.
마을의 경계선 gāmanta.
마을의 구정물이 있는 웅덩이 candanikā.
마을의 돼지 gāmasūkara.
마을의 사기꾼 gāmakūṭa.
마을의 아첨꾼 gāmakūṭa.
마을의 약탈자 gāmaghāta.
마을의 우두머리 bhojarājan. gāmabhoja(na)ka. gāmaṇika.
마을의 입구 gāmadvāra.
마을의 장관 gāmika.
마을의 젊은이들 gāmadārakā.
마을의 중간에서 gāmamajjhe.

마을의 집들 사이 antaraghara.
마을의 터 gāmaṭṭhāna.
마을의 화제 gāmakathā.
마을이 아닌 agāma.
마을이 없는 agāmaka.
마음 abbhantara. ceto. citta. hadaya.
마음가짐 dhamma.
마음과 관계없는 cittavippayutta.
마음과 마음의 작용 cittacetasika.
마음과 함께하여 발생하는 cittasaṁsaṭṭhasamuṭṭhāna.
마음대로 cittarūpaṁ. yathāmano.
마음대로 머무는 serivihāra.
마음대로 머무는 즐거움 serivihārasukha.
마음대로 변화하는 형상 kāmarūpa.
마음대로 행하는 sericārin.
마음먹다 mānasaṁ karoti.
마음속에 있게 abahi.
마음에 계박을 지닌 cittapaṭibaddha.
마음에 관계되는 cittasampayutta.
마음에 남아 있는 것 vāsanā.
마음에 대한 관찰 cittânupassanā.
마음에 두다 ādiyati. upadhāreti. upadhārayati.
마음에 둔 upadhārita.
마음에 둘 수 있는 ādiya.
마음에 드는 iṭṭha. kamanīya. vallabha.
마음에 드는 것 kamanīya.
마음에 드는 것과의 헤어짐 iṭṭhaviyoga.
마음에 드는 것을 취하는 iṭṭhaggāha.
마음에 드는 결과 iṭṭhavipāka.
마음에 드는 대상 iṭṭhârammaṇa. iṭṭhavatthu.
마음에 드는 말 anukathā.
마음에 드는 맛 iṭṭharasa.
마음에 드는 모습 iṭṭharūpa.
마음에 들게 하다 ārādhayati. ārādheti. rādheti.
마음에 들고 마음에 들지 않는 것 iṭṭhâniṭṭha.
마음에 들음 appāṭikulyatā. appāṭikkulyatā. vallabhatta.
마음에 들지 맞음 anattamanatā.
마음에 들지 않는 anattamana. aniṭṭha.
마음에 들지 않는 냄새 aniṭṭhagandha.
마음에 들지 않는 모양 appiyarūpa.
마음에 들지 않는 형상 aniṭṭharūpa.
마음에 따라서 yathāmano.
마음에 맞는 ārādhaka. attamana. manorama.
마음에 맞는 친구 anukūlamitta.
마음에 번뇌를 여읜 anavassutacitta.
마음에 부수되는 cetasika.
마음에 새겨져야 할 ādheyya.
마음에 새겨진 dhata. hadayagata.
마음에 새기는 dhara. dharaṇa.
마음에 새기다 ādiyati. karoti.
마음에 새기지 않음 adharaṇatā.
마음에 속하는 cetasika.
마음에 수반되는 cetasika.
마음에 숨는 guhāsaya.
마음에 의한 신통의 기초 cittiddhipāda.
마음에 의한 집중 cittasamādhi.
마음에 의한 해탈 cetovimutti.
마음에 의해서 cetasā.
마음에 품다 padhāreti.
마음에서 발생하는 물질 cittasamuṭṭhānarūpa.
마음에서 비롯한 집중과 노력으로 형성되는 신통의 기초 cittasamādhipadhānasaṅkhārasamannāgatiddhipāda.
마음에서 야기된 cittahetuka.
마음에서부터 생겨난 cittaja.
마음에서부터 생겨난 물질 cittajarūpa.
마음으로 배운 hadayagata.
마음을 고정시키다 ābhujati.
마음을 구족한 cittasampadā.
마음을 기울임 ṭhapanā.
마음을 다른 사람에게 두지 않는 anaññamano.
마음을 닦은 bhāvitacitta.
마음을 모우는 일 saṅgāhapada.
마음을 부수는 cittapamaddin.
마음을 사로잡는 hāri.
마음을 읽는 능력의 종류 ādesanāvidhā.
마음을 읽다 ādisati.
마음을 정착시키다 sañcarāpeti.
마음을 정하지 못함 anadhiṭṭhāna.
마음을 해방시킴 cetovivaraṇa.
마음을 향하게 하다 pakāreti.
마음을 현혹시킴 hadayavañcana.
마음을 흔드는 cittapakopana.
마음의 cetaso.
마음의 경쾌 cittalahutā.
마음의 계발 bhāvanā.
마음의 고뇌 cittasampīḷana. hadayapariḷāha.
마음의 고요 cittavūpasama.
마음의 고통 cetasikadukkha.
마음의 곧음 cittujjukatā.
마음의 길 cetopariyāya.
마음의 때 cittamala.
마음의 못이 없는 apagatakhīla.
마음의 물질 hadayarūpa.
마음의 방편 cetopariyāya.
마음의 번뇌 cetaso upakkilesa.

마음의 부수(附隨)가 아닌 acetasika.
마음의 상속 cittasantati.
마음의 상태 cittabhāva.
마음의 상태와 관련하여 ajjhāsayaṁ.
마음의 서원 cetopaṇidhi.
마음의 소망이 채워진 anūnamanasaṅkappa.
마음의 수습 cittabhāvanā.
마음의 수행 cittabhāvanā.
마음의 순간[의식의 순간] cittakkhaṇa.
마음의 신통한 능력 cittiddhipāda.
마음의 악함 cittadubbhaka.
마음의 안정 cittapassaddhi.
마음의 열뇌 hadayapariḷāha.
마음의 영향 cittâdhipati.
마음의 오염 cittakilesa.
마음의 왜곡 cittavipallāsa.
마음의 유연성 cittamudutā.
마음의 의도 cittasaṅkhāra.
마음의 작용 cetasika.
마음의 작용과 관계되는 cetasika.
마음의 작용에 관한 이론 cetasikakathā.
마음의 작용의 조합방식 cetasikasaṅgahanaya.
마음의 적응 cittasamodhāna.
마음의 적응능력 cittakammaññatā.
마음의 적정 cetosamatha.
마음의 전도 cittavipallāsa.
마음의 전향 āvaṭṭanā.
마음의 접촉 cetosamphassa.
마음의 정직성 ujucittatā.
마음의 준비 cittakallatā.
마음의 지배 cittâdhipati.
마음의 집중 abhiniropana. cittekaggatā. cetosamādhi.
마음의 청정 cittavisuddhi.
마음의 충동 cittavega.
마음의 타락 cetopadosa.
마음의 토대 hadayavatthu.
마음의 토대로서의 심장 hadayavatthu.
마음의 토대를 구성하는 열 가지 요소 hadayavatthudasaka.
마음의 통제 cetovasippatta.
마음의 퇴전 cittavivaṭṭa.
마음의 퍼져나감 cetopharaṇatā.
마음의 피난처 guhāsaya.
마음의 행위 cittapariyāya.
마음의 혼란 vecitta. cittakkhepa.
마음의 혼탁 cittāvila.
마음의 황무지 cetokhila.
마음의 황폐함 khila.
마음이 고요한 āhitacitta.
마음이 고정된 āhitacitta.
마음이 묶이지 않은 appaṭibaddhacitta.
마음이 병든 āturacitta.
마음이 불타는 것 hadayasantāpa.
마음이 상처입은 upahatacitta.
마음이 성취되지 못한 appattamānasa.
마음이 애통한 ākampita.
마음이 어지러운 viceta.
마음이 어지러운 사람 ukkhittacitta.
마음이 없는 niccittaka.
마음이 연민으로 향한 karuṇāsamāvajjitahadaya.
마음이 열린 사람 vossaggarata.
마음이 오염된 cittasaṅkilesa.
마음이 움츠려들지 않는 asaṅkucitacitta.
마음이 유연한 사문 samaṇasukhumāla.
마음이 정해지지 못한 anadhiṭṭhita.
마음이 제어된 ṭhitacitta.
마음이 준비된 āraddhacitta.
마음이 즐거운 udaggacitta.
마음이 지금 여기에 있는 상태 upaṭṭhāna.
마음이 진정된 passaddhacitta.
마음이 집착되지 않은 anadhimana.
마음이 타인에 의해 혼란된 katacittavikkhepa.
마음이 통일된 samāhita.
마음이 편한 passaddhacitta.
마음이 평온한 samānatta.
마음이 혼란되지 않은 (자) ananvāhatacetasa.
마음이 확립된 ṭhitacitta.
마음이 후한 vadaññu.
마음장상(馬陰藏相)[삼십이상] kosohitavatthaguyha.
마음챙김 sati(?).
마음편하게 yathāsukhaṁ.
마음편한 passaddha. sukhin.
마의(麻衣) masāṇa.
마이(摩夷) mātikā.
마이크 saddavipphāraka.
마잔따[인명] Majjhanta.
마잔띠까[인명] Majjhantika.
마재(魔財) mārāmisa.
마주보는 sammukha.
마주본 sakkhidiṭṭha.
마주선 cita.
마주치다 sampāpuṇāti.
마중 paccuggamana.
마중(魔衆) māraparisā.
마중받은 katapaccuggamana.

마중하다 paccuggacchati.
마지막 시련(詩聯) avasānagātha.
마지막 여덟 번째 aparaṭṭhama.
마지막 음절[문법] antakkhara.
마지막 존재 anantarattabhāva.
마지막 철자의 제거[문법] uttaralopa.
마지막 탁발음식(의 보시) avasānapiṇḍapāta.
마지막 태어남 bhavacarimakā. carimabhava.
마지막으로 태어난 (자) pacchimabhavika.
마지막의 avasāna. carima. dighañña.
마지못해 하는 akāmaka.
마차 cakkapāda. ratha. sakaṭa. vaṭṭaka. yānaka. yogga. rathacakka.
마차가 다니는 길 rathikā. rathiyā.
마차가 있는 rathaka.
마차경주 rathavinīta.
마차덮개 rathûpatthara.
마차를 따라서 anurathaṁ.
마차를 만드는 가문[천민] rathakārakula. rathakārajāti.
마차를 만드는 여자 rathakāri.
마차를 모는 기술 rathasippa.
마차를 몰고 감 rathavinīta.
마차를 탄 사람 rathārūha.
마차바퀴 rathacakka.
마차받침대 yānakûpatthambha(na).
마차소리 rathasadda.
마차의 고삐 ratharasmi.
마차의 멍에 rathayuga.
마차의 보호자 sakaṭagopaka.
마차의 비유 rathopamā.
마차의 전면 sakaṭamukha.
마차제동장치 apālamba.
마차제작자 rathakāra.
마차주인 rathesabha.
마찬가지로 api. ca. thatā.
마찰(摩擦) āmasana. āmasanā. chupana. ghaṁsana. nighaṁsa. nighaṁsana. parāmasa. parāmāsa. parimaddana. parimajjana. saṅghaṭṭana. saṅghaṭṭanā.
마찰된 parimaddita.
마찰로 불을 일으키다 abhimatthati.
마찰시키다 parimaddāpeti.
마찰하다 abhimanthati. ghaṁsati. masati. nighaṁsati. parāmasati. parimaddati. parimajjati. parisambāhati. paṭimasati. saṅghaṁsati. upanighaṁsati.
마촉(磨觸) nimmaddana. parāmasa. parāmāsa. parāmasana.
마취상태 osadhajātaniddā.
마취시키는 visaññīkara. niddājanaka.
마취시키다 visaññīkaroti.
마취제(痲醉劑) visaññīkaraṇabhesajja. niddājanakosadha.
마치 yathātaṁ. sayathā. seyyathā.
마침내 cirassa.
마크 kalaṅka. niketa.
마포(麻布) sāṇī.
마하가섭(摩訶迦葉)[인명] Mahākassapa.
마하가전연(摩訶迦旃延)[인명]Mahākaccāna. Mahākaccāyana
마하겁빈나(摩訶劫賓那)[인명] Mahākappina.
마하고빈다[인명] Mahāgovinda.
마하구치라(摩訶俱絺羅)[인명] Mahākoṭṭhita.
마하깔라[조류] mahākāla.
마하깝삐나[인명] Mahākappina.
마하깟싸빠[인명] Mahākassapa.
마하깟짜나[인명] Mahākaccāna.
마하깟짜야나[인명] Mahākaccāyana
마하꼿티따[인명] Mahākoṭṭhita.
마하나마[인명] Mahānāma.
마하네루[지명] Mahāneru.
마하띳타[지명] Mahātittha.
마하로루바[지옥] mahāroruva.
마하리(摩訶梨)[인명] Mahāli.
마하마야(摩訶摩耶)[인명] Mahāmāyā.
마하목갈라나[인명] Mahāmoggallāna.
마하목건련(摩訶目犍蓮)[인명] Mahāmoggallāna.
마하바나[지명] Mahāvana.
마하바라천(摩訶波羅天)[신계] Mahāpāraga.
마하바자바제구담미(摩訶波闍波提瞿曇彌)[인명] Mahāpajāpati Gotamī.
마하박가[품명] Mahāvagga.
마하반지(摩訶槃持)[인명] Mahāpanthaka.
마하방싸[서명] Mahāvaṁsa.
마하비방가[서명] Mahāvibhaṅga.
마하비찌[지옥] Mahāvici.
마하비하라[사원] Mahāvihāra.
마하빠나다[인명] Mahāpanāda.
마하빠따빠[인명] Mahāpatāpa.
마하빠라가[인명] Mahāpāraga.
마하빠자빠띠 고따미[인명] Mahāpajāpati Gotamī.
마하빤타까[인명] Mahāpanthaka.
마하사마(摩訶賒摩)[신계] Mahāsamāna.
마하살(摩訶薩)[음사] mahāsatta.
마하삼마다(摩訶三摩多)[인명] Mahāsammata.

마하싸마나[신계] Mahāsamāna.
마하쌈마따[인명] Mahāsammata.
마하쌍기까[부파] Mahāsaṅghika.
마하쏘나[식물, 조류] Mahāsoṇa.
마하쏘나[인명] Mahāsoṇa.
마하주나(摩訶周那)[인명] Mahācunda.
마하쭌다[인명] Mahācunda.
마할리[인명] Mahāli.
마함(馬銜) mukhādhāna.
마혜(摩醯)[지명] Mahī.
마호메트[인명] Mahomada. Mahammada.
마호메트교 Mahammadadhamma.
마호메트교의 Mahammadīya.
마훌사마(摩賉沙摩)[지명] Māhissati.
마흔(40) cattārisa. cattālīsa. cattāḷīsa.
마흔(40) 개의 치아를 지닌 cattārisadanta. cattālīsadanta. cattāḷīsadanta.
마흔(40) 살의 cattārisavassika. cattālīsavassika. cattāḷīsavassika.
마흔(40)의 cattārisaka. cattālīsaka. cattāḷīsaka.
마흔다섯(45) pañcacattārisa. pañcacattālīsa. pañcacattāḷisa.
마흔둘(42) dvācattārisa. dvācattālīsa. dvācattāḷīsa.
마흔셋(43) tecattārisa. tecattālīsa. tecattāḷīsa.
마흔아홉(49) ekūnapaññāsā.
마흔여덟(48) aṭṭhacattārisa. aṭṭhacattālīsa. aṭṭhacattāḷīsa.
마힌다[인명] Mahinda.
마힛싸띠[지명] Māhissati.
마힝싸싸까[부파] Mahiṁsasaka.
막(幕) saṁsaraṇa.
막가띠야[식물] muggatiya.
막가씨라[월명] maggasira.
막강한 atiissara. indabhūta.
막내딸 kaniṭṭhī.
막는 āvara. paṭisedhaka.
막다 āvarati. bāheti. khambheti. khambhayati. nisedheti. nivāreti. ovarati. ovāreti. paṭibāhati. paṭihanati. paṭipaṇāmeti. paṭisedhati. pidahati. vāreti. virundhati.
막대 īsaka. phāla.
막대 위에 펼쳐진 까티나 천・옷 daṇḍakaṭhina.
막대 위의 그물 daṇḍavākarā.
막대 위의 덫 daṇḍavākarā.
막대기 ālāna. āḷāna. daṇḍa. gaṇḍa. gaṇḍikā. ghana. khaṇḍikā. kīla. saṅku. saṅkuka. vyābhaṅgī. yaṭṭhi.
막대기의 끝 daṇḍakoṭi.
막대로 때림 daṇḍapahāra.
막대의 사이 daṇḍantara.
막대점[점술] daṇḍalakkhaṇa.
막사(幕舍) yodhanivāsa.
막아내다 apabodhati. appabodhati.
막음 nivāraṇa.
막책(幕柵) sāṇīpākāra.
막혀진 viruddha.
막힌 ovarita.
만(萬) dasasahassa.
만(慢) māna.
만[오로지] eva.
만개(滿開)된 mañjaritapatta.
만개(滿開)한 phāliphulla. phuṭa. sampupphita. saṅkusumita. sampaphulla. samphulla.
만겁 kappasatasahassa.
만결(慢結) mānasaṁyojana.
만국(萬國)의 sappadesa.
만나고 samecca.
만나고 있는 katasaṁsagga.
만나는 āvijjhana.
만나는 길 paṭimagga. paṭipatha.
만나는 장소 āyatana.
만나다 anuparivattati. āpajjati. ārādhayati. ārādheti. āsādeti. paṭimasati. sameti. samupeti. sañcarati. saṅgacchati.
만나러 가다 ajjhupeti.
만나러 감 abhisaraṇa.
만나러 나가다 paccuggacchati.
만나지 않고 anāpajja.
만나지 않음 anāpajjana.
만나진 māsita.
만난 samphuṭṭha. saṅgata.
만남 abhisaraṇatā. āpajjana. paccuggamana. samosaraṇa. samphassa. sañcaraṇa. saṅgama. saṅketa. saṅketa. saṅketana.
만남의 장소 samosaraṇaṭṭhāna. saṅketanaṭṭhāna.
만남이 없는 asannipāta.
만년(晩年) addhagata.
만년승(萬年僧) vuḍḍhapabbajita.
만다길니(曼陀吉尼)[호수] mandākinī.
만다까[악기] mandaka.
만다끼니[호수] mandākinī.
만다라(曼荼羅) maṇḍala.
만다라바[식물] mandārava.
만다라산(曼陀羅山) mandāra.
만다라수(曼陀羅樹) mandāra. mandārava.
만다린오렌지 erāvata.

만다파당(曼陀婆堂) maṇḍapa.
만달라까[연꽃] mandālaka.
만달라라마[사원] Maṇḍalārāma.
만두 kapallapūva.
만드는 karaṇa. kara. kattara. vattin.
만드는 사람 kattar.
만드는 원인 karaṇaṭṭhāna.
만들고 있는 옷 karaṇacīvara.
만들고자 하는 욕구 karaṇicchā.
만들기 kamma.
만들기 위해서 karaṇatthāya.
만들다 abhinimmināti. anudassati. āpajjati. āropeti. karoti. māpeti. nimmināti. pakaroti. racati. racayati. ubbhāveti. vidahati. viracayati. viraceti.
만들러 karaṇāya. kattuṁ. kātave. kātuye. kātuṁ. paṭiyādetuṁ.
만들어 질 수 없는 anabhisaṅkharaṇīya.
만들어져서 upādā.
만들어져야 할 간격을 보여줌으로서 kattabbantaradassanamukhena.
만들어져야 할 공물 kattabbabali.
만들어져야 할 조미료의 종류 kattabbabyañjanavikati.
만들어져야 할 형태를 결정하는 지혜 kattabbâkāraparicchindanapaññā.
만들어져야 할 형태를 보여주기 위해 kattabbâkāradassanatthaṁ.
만들어지고 축적된 katupacita.
만들어지다 kappīyati. kappiyyati. kayirati. kayyate. kariyyati. karīyati.
만들어지도록 야기되지 않은 animmāta.
만들어지도록 야기될 수 없는 animmātabba.
만들어지지 않은 anabhisaṅkhata. animmita.
만들어지지 않음 anabhisaṅkhāra.
만들어진 abhisaṅkhārika. abhisaṅkhata. āropita. kata. kaṭa. kita. pakappita. pakata. paṭiyatta. viracita.
만들어진 것의 의미 katattha.
만들어진 것이 아닌 akata. akaṭa.
만들어진 고요 kappitasanti.
만들어진 표정을 한[~으로] katâbhisaṅkharamukha.
만들지 말아야 할 akāriya.
만들지 않는 akubbant.
만물(萬物) bhūta.
만민(蠻人) milakkhu. milakkhuka. milāca.
만발(滿鉢) puṇṇapatta.
만발한 supupphita.
만복(滿腹) alasaka. odarikatta. udarapūra.
만성적(慢性的)인 cirappavatta. anusāyika. nidhānagata.
만세(萬歲)! diṭṭhā.
만세를 부르다 jayāpeti.
만세소리 diṭṭhā.
만수(蔓樹)[식물] takkārī.
만수면(慢睡眠) mānânusaya.
만약 ce. sacāca. sace. yadi.
만약 또 yadi vā.
만약에 haṁsi. hañci. canaṁ.
만약에 그렇다면 그렇게 하자 yadi evaṁ.
만연(蔓延) pariyuṭṭhāna.
만연되다 pariyuṭṭhati.
만연된 avatata. otata.
만원자(滿願者)[인명] Puṇṇa-Mantāniputta.
만인평등사회(萬人平等社會) janasammatapālana.
만일(萬一) ce. sacāca. sace. yañce.
만자(卍字) sovatthika. vaḍḍhamāna.
만자무늬 sovatthikâlaṅkāra.
만자자(滿慈子)[인명] Puṇṇa Mantāniputta.
만장애(慢障碍) mānapapañca.
만전(慢箭) mānasalla.
만져지지 않은 paṭimaṁsa.
만져진 sampalimaṭṭha.
만족(滿足) abbhanumodana. abbhanumodanā. abhiraddhi. abhirādhana. abhiruci. adhimokkha. sampasāda. āmodanā. anukkaṇṭhana. anumodana. anumodanā. anurodha. appāyana. appicchatā. ārādhana. ārādhanā. ārāmātā. attamanatā. dhātatā. modana. muditā. nijjhatti. nikāma. pamoda. pamodanā. paricāraṇā. pasādana. pasādanī. pasāda. pasīdana. pasīdanā. pīṇana. ruccanaka. sammodana. sammodanā. santhana. santosa. santuṭṭhi. somanassa. titti. tuṭṭhi. tosa. tosana. tussana. tussanā. pavāraṇā.
만족(蠻族) saṅkopa. savara.
만족과 혐오 anurodhavirodha.
만족스러운 tosana.
만족스러움 kalyatā.
만족스럽지 못한 상태 ukkaṇṭhitasabhāva.
만족스럽지 않은 atitta.
만족시키는 사람 tappetar.
만족시키다 abhihaṁsati. appāyati. abhippamodayati. abhirādheti. abhirocati. abhitosayati. āmodeti. ativāyati. tappeti. toseti. paritoseti. pavāreti. pīṇeti. rādheti. sampīṇeti. santappeti.
만족시킴 tappaṇa.

만족에 대한 대화 santuṭṭhikathā.
만족을 모르는 atappaka. atappanīya.
만족을 모름 asantuṭṭhi.
만족을 주는 abhirādhin. tosāpana.
만족을 주는 행위 tosāpana.
만족을 찾지 못함 analaṁkaraṇa.
만족의 능력 somanassindriya.
만족의 상태 santuṭṭhitā.
만족의 적용 somanassûpavicāra.
만족의 판별 somanassûpavicāra.
만족이 갖추어진 somanassasahagata.
만족이 따르는 곳 somanassaṭṭhāniya.
만족하게 될 abhirādhaniya.
만족하기 쉬운 sutappaya.
만족하기 어려운 dutappaya.
만족하는 abhirucika. abhirucita. anumodaka.
만족하다 abbhanumodati. abhippamodati. anumodati. anurujjhati. nibbindati. oramati. pakkhandati. pamodati. rasīyati. samanumodati. saṁsijjhati. santussati. tappati. tussati.
만족하여 기뻐하는 tuṭṭhahaṭṭha.
만족하여 물린 parititta.
만족하지 못한 analaṁkata.
만족하지 않는 apariyattikara. asantuṭṭha. atuṭṭha.
만족한 abhilakkhita. abhiraddha. alaṁ. anuggahita. anuggahīta. anuruddha. asita. āraddha. dhāta. mudita. nicchāta. nijjhatta. orata. orata. patīta. paṭita. pavārita. ruccanaka. santatta. santussaka. santuṭṭha. santus(s)ita. somanassita. titta. tittimant. tusita. tuṭṭha. appiccha.
만족한 마음을 지닌 āraddhacitta.
만족할 만큼 yathâbhirantaṁ.
만족할 만한 ādeyya.
만족할 수 없는 atappaya.
만족할 줄 모르는 atappaya.
만주싸까꽃[식물] mañjūsaka. mañjussaka.
만지기에 좋은 suphasita.
만지는 parimajjaka.
만지다 anumajjati. masati. upapphusati.
만직녹원(曼直鹿苑) maddakucchimigadāya.
만직림(曼直林) maddakucchi.
만착(慢着) mānasaṅga.
만초(蔓草)[식물] kosātakī. vilambinī. kalambuka. kalambukā.
만큼 matta. yāvant.
만큼의 mattaka. yāvataka.
만한가? kacci.
만행(蠻行) niṭṭhuratta.
만현관(慢現觀) mānâbhisamaya.
많은 anappa. aneka. bahu. bahuka. bahula. bahūta. neka. oḷārika. pacura. pahūta. pasura. pūga. puthu. vipula. sambahula. ussanna. yebhuyya.
많은 건초 karaḷasata.
많은 공덕을 지닌 anekânisaṁsa.
많은 구름 abbhaghana.
많은 기예를 체험한 puthugumba.
많은 노력을 기울이는 bāhusacca. sasaṅkhāra.
많은 늑골을 지닌 anekasākha.
많은 덕을 지닌 ussannaguṇavat.
많은 뜨거운 재가 퍼붓는 것 kukkuṭasampātika.
많은 뜨거운 재의 지옥 kukkuḷavassa.
많은 머리카락을 지닌 kesava.
많은 백련화의 무리 kumudavana.
많은 번뇌를 지닌 ussannakilesa.
많은 보석을 지닌 anekaratana.
많은 부를 지닌 bahudhana.
많은 비 subbuṭṭhi.
많은 비를 지닌 suvuṭṭhika.
많은 사람 bahujana. bahujañña. pacurajana.
많은 사람들의 bāhujañña.
많은 사람의 말 yebhuyyasikā.
많은 사람의 이익과 관계된 anekasārīrika.
많은 수레분량의 화물을 지닌 anekabhāraparimāṇa.
많은 수행원을 거느린 것에 의한 교만 parivāramada.
많은 수행원을 거느린 것에 의한 도취 parivāramada.
많은 신적인 향기를 가진 ussannadibbagandha.
많은 씨 bījasakaṭa.
많은 업 kammasata.
많은 열이 가해진 sutatta.
많은 요자나의 거리에 있는 anekayojanantarika.
많은 위험이 있는 anantâdinava.
많은 은혜를 베푼 katabahukāra.
많은 이익 bahukāra.
많은 장점을 지닌 ussannakusala.
많은 재난이 있는 anantâdinava.
많은 존경 bahumāna.
많은 주제를 포괄하는 bahuṭhāna.
많은 추종자를 거느린 anappakaparivāra.
많은 하위단위로 이루어진 atippabhedagata.
많은 화환으로 장식한 āveḷāveḷa.
많이 puthu. puthuṁ. bhusa. bhusaṁ.
많이 관계되지 않은 abahukata.
많이 늙다 jajjarati.

많이 말하는 lālappita.
많이 말하다 lālapati. lālappati.
많이 먹는 mahagghasa.
많이 먹는 자[火] pahūtabhakkha.
많이 모은 necayika.
많이 받는 lābhin.
많이 배운 sutavant.
많이 사용된 porāṇaka. porāṇika.
많이 생산되다 abhinivassati.
많이 앓는 bavhābādha.
많이 얻은 bahupatta.
많이 자극받은 bahukata.
많이 자란 bahujāta.
많이 존경받는 bahumata.
많이 할 일이 없는 appaṭṭha.
많이 흔들다 abbhuddhunāti.
많지 않은 anadhika.
맏형 aggaja.
말[馬] assa. avyathi. turaga. turaṅga. turaṅga. vaḷavā. haya. vājin.
말[馬]을 대상[희생물]으로 하는 assagocara.
말[馬]을 묶는 줄 assapanti.
말[馬]을 지닌 assaka.
말[馬]을 지키는 자 assagopaka.
말[馬]을 타는 사람 assārūha.
말[馬]의 등 assapiṭṭha. assapiṭṭhi.
말[馬]의 똥 assacchakaṇa.
말[馬]의 마구를 채우기 assakappanā.
말[馬]의 안장 assattharaṇa. assapiṭṭhattharaṇa. assattha.
말[馬]의 얼굴을 한 assamukha.
말[馬]의 울음소리 hesā.
말[馬]의 조련사 assadammasārathi.
말[馬]의 털 assavāla. vāla.
말[馬]의 특징 assalakkhaṇa.
말[馬]의 특징을 보고 길흉을 보는 점괘 assalakkhaṇa.
말[馬]의 형상 assarūpaka.
말[馬]이 끄는 hayavāhin.
말[馬]이 아닌 anassa.
말[馬]장수 assabhaṇḍa. assavāṇija.
말[馬]장식 assabhaṇḍaka. sandana.
말[言] āgada. ālāpa. bhaṇita. bhāsā. bhāsita. gada. girā. kathā. nirutti. sadda. utti. vācā. vacana. vaco. vaca. vadana. vāk. vāṇī. vyappathi.
말[言]을 잘하는 vācika.
말[言]을 하는 것 adhivutti.
말[言語]의 오용 anucitasaddappayoga.
말가시라(末伽尸羅) → 말가시라월.
말가시라월(末伽始羅月)[월명] māgasira.
말거름 assalaṇḍa.
말겁(末劫)의 kappika.
말구종 assabandha. assabhaṇḍa. assagopaka. assameṇḍa.
말굴레 mukhādhāna.
말끔히 씻어진 avakkhalita.
말다툼 bhaṇḍana. rāji. saṅkalaha. tuvantuva.
말다툼하다 paribhindati. bhaṇḍati. bhaṇḍeti. viggaṇhati. vivadati.
말단 dhura.
말대꾸하다 paccābhāsati. paccāropeti.
말더듬는 자 pakkhalitavāca.
말똥 assalaṇḍa.
말뚝 āḷaka. āḷakā. ālāna. āḷāna. apala. khāṇu. khīla. salla. saṅku. saṅkuka. sūlā.
말뚝의 뾰족한 끝 sūlākoṭi.
말라(末羅)[국명] Malla.
말라[국명] Malla.
말라라마[사원] Mālārama.
말라리아 visavātajara. jara.
말라버린 anudaka. milāta. terovassika.
말라붙은 paricchāta.
말라빠진 nīrasa.
말라빠진 나무의 상태 pheggutā.
말려든 anāviddha.
말로 그 가치만큼 얻은 바가 없는 aparikathākata.
말로 짓밟다 omaddati.
말로 타이르기 어려움 dovacassakaraṇa.
말로 표현하다 voharati.
말루라[식물] mālūra.
말리까[식물] mallikā.
말리다 otāpayati. otāpeti. pubbāpeti. pubbāpayati. upasussati. ussussati. vissussati. visussati.
말린 고기 vallūra.
말마(末摩)[급소] mamma.
말발굽 khurāvaraṇa.
말벌 bhamara.
말사육자 assabandha.
말세(末世) kali. kaliyuga. kalikāla.
말소리 kathāsadda.
말소리의 saddavisayaka. vācānissita.
말솜씨를 갖춘 yuttapaṭibhāna.
말수법(末水法) odakantika.
말쑥하게 된 nivutta.
말씀 pāvacana.
말씨 vadana.

말없는 asadda.
말없음 avacana.
말없이 tuṇhī.
말에 근거한 vācāvatthuka.
말에 뛰어난 사람 vacīpara(ma).
말에서 가장 가까운 마차의 버팀목 paṭikubbara.
말운반선 assanāvika.
말을 거는 것 avhāna. avhāyana.
말을 건넴 ābhāsana.
말을 걸게 하다 lapāpeti.
말을 걸기 abhinimantanatā. anubhaṇanā. lāpana.
말을 걸다 ābhāsati. adhibhāsati. ālapati. āmanteti. ārocayati. āroceti. kathayati. lapeti. lāpeti. pavadati. samālapati. samudācarati. ullapati.
말을 걸려고 접근하는 āmantaṇika.
말을 걸지 않는 anālāpa.
말을 검 ālapana. ālapanā. ālapanatā.
말을 남용하다 obhāseti. omaddati.
말을 더듬는 mammana.
말을 많이 하다 papañceti.
말을 많이 함 lālappa. lālappana. lālappanā.
말을 삼가는 vācânurakkhin. vācāyata. vacīgutta.
말을 잘 듣지 않는 avacanakara.
말을 조심하는 vācânurakkhin.
말을 친절하게 하는 vacanakkhama.
말의 vācasika.
말의 가시 vācāsannitodaka.
말의 과실 vacīdosa.
말의 길 vādapatha.
말의 남용 obhāsana. obhāsa.
말의 법칙 niruttidhamma.
말의 보물[馬寶] assaratana.
말의 부도덕한 행위 vācasikânācāra.
말의 분별 padavibhatti.
말의 분석 saddabheda. saddasiddhi.
말의 불순 vacīkasāva.
말의 안정 vacanasesa.
말의 암시 vācasikaviññatti.
말의 왜곡 vacīvaṅka.
말의 의미 vacanattha.
말의 익살스런 오용 ayathāvācāpayoga.
말의 전달 kathāsampayoga.
말의 정확한 구성 saddasiddhi.
말의 종류 vacībheda.
말의 청정 vacīpārisuddhi.
말의 희생제[馬祀祭] assamedha.
말이 거친 aṇḍakavāca.
말이 많은 vācāla.
말이 많은 것 lālappita.
말이 많지 않은 amukhara.
말이 유창한 akakkalavācatā.
말이 진실한 avitathavacana.
말재주 paṭibhāna.
말재주가 있는 paṭibhānavant. paṭibhāneyyaka.
말재주에 의한 교만 paṭibhānamada.
말재주에 의한 도취 paṭibhānamada.
말재주의 분석적인 통찰 paṭibhānapaṭisambhidā.
말전디가(末田底迦)[인명] Majjhantika.
말전지(末田地)[인명] Majjhanta.
말털로 만든 옷 vālakambala.
말하게 하고 싶은 kathāpetukāma.
말하게 하다 bhāṇeti. kathāpeti. vāceti.
말하고 vatvā. vatvāna.
말하기 ābhaṇana. abhilāpa. bhassa. kathana. kathati. vaco. vaca. udīraṇa. utta. vācā. vāda. vajja. vākya. vyappatha.
말하기 쉬운 suvaca.
말하기로 결심함 kathanacitta.
말하기를 통해서 kathanamukhena.
말하기에 적당한 kathetabbayuttaka.
말하기와 말대꾸하기 kathanapaṭikathana.
말하는 ācikkhaka. bhāsaka. bhāsin. vacasa. vada. vādin.
말하는 것 vacatā.
말하는 과정 kathanakathā.
말하는 대로 yathāvādin.
말하는 방법 byappatha.
말하는 법 vyappatha.
말하는 사람 bhāsitar. vāditar.
말하는 시간 kathanakāla. kathākāla.
말하는 자 vattar.
말하는 재주 kathāchekatā.
말하는 행위 kathanakicca.
말하는데 결함이 있는 eḷagala. elagaḷa. elagala. eḷamūga.
말하는데 무례한 aṇḍakavāca.
말하는데 허용된 길 kappiyavacana.
말하는데의 결함 eḷagala. elagaḷa. elagala.
말하다 abhibhāsati. ācikkhati. adhibhāsati. ādisati. āha. ālapati. ārocayati. āroceti. bhaṇati. bhāsati. brūmeti. brūti. cikhati. ereti. erayati. gadati. japati. kathayati. katheti. nicchāreti. pabhāsati. paccābhāsati. paccanubhāsati. samālapati. samīreti. samudāharati. samuggirati. udāharati. udīrayati. udīreti. uggirati. vadati.

vadeti. vādiyati. vatti. viyācikkhati. vyāharati.
말하도록 시키다 parisaṅgāhāpeti.
말하도록 이끌다 parisaṅgāhāpeti.
말하라! bhāsa.
말하여진 utta.
말하여진 것 vuttaka.
말하지 않고 abhāsiya.
말하지 않는 anuggirat.
말하지 않음 abhāsana.
말할 것이다 vakkhati.
말할 수 없는 anakkhāta.
말할 수 없음 anakkhāna.
말할 필요도 없이 pageva.
말해져야 할 kathetabba. vacanīya. vattabba. vajja.
말해지다 abhivyāharīyati. kathīyati. pavuccati. pavuccate. udiyyati. vuccati.
말해지지 않은 anuccārita. avutta.
말해진 ābhaṭṭha. abhivyāhaṭa. adhīrita. bhāsita. bhaṭṭha. pavutta. samudāhaṭa. udita. vutta.
말해진 시간 kathitakāla.
말해질 수 없는 abhāsaneyya.
말했다 āha.
말했을 때 vuttavelāyaṁ.
맑게 하기 어려운 dubbisodha.
맑게 하는 pasādaka. dhāvati. ninhāti. obhāsati. vippasādeti.
맑아지다 vippasīdati. visujjhati.
맑은 accha. akāca. aneḷaka. cokkha. parisuddha. pasanna. pāvaka. suci. viddha. vippasanna. visuddha. vodāta.
맑은 마음 pasannacitta.
맑은 마음 상태에 따라 yathāpasādhanaṁ.
맑은 물 setôdaka.
맑은 물이 있는 acchôdaka. acchôdika.
맑지 않은 anaccha. avisuddha.
맘모스 porāṇakamahāhatthivisesa.
맛[味] abhiruci. assāda. assādanā. rasa. rasatta. sāyana.
맛다[국명] Madda.
맛다꿋치[지명] Maddakucchi.
맛다리[조류] maddarī.
맛다바[지명·인명] Maddava.
맛달라까[조류] maddālaka.
맛보기 anubhava.
맛보는 sāyita.
맛보다 anubhavati. assādeti. paṭisāyati. rasīyati. sādeti. saṁsāyati.
맛보아진 sāyita.
맛본 anubhutta.
맛사지하는 사람 parimajjaka.
맛세계 rasadhātu.
맛없는 apparasa. appassāda. nīrasa. nirāsāda. niroja. arasa. nippakāra. nirassāda.
맛없는 물 kasaṭôdaka.
맛에 대한 갈애 rasataṇhā.
맛에 대한 사념 rasasañcetanā.
맛에 대한 욕구 rasāsā.
맛에 대한 의도 rasasañcetanā.
맛에 대한 지각 rasasaññā.
맛을 보다 sāyati.
맛을 봄 sāyana.
맛을 잃은 rittassāda.
맛을 지닌 rasāvin.
맛의 감각영역 rasāyatana.
맛의 감역 rasāyatana.
맛의 경계 rasavisaya.
맛의 대상 rasārammaṇa.
맛의 세계 rasadhātu.
맛의 요소 rasadhātu.
맛의 제공 rasûpahāra.
맛의 즐거움 rasabhoga.
맛의 출현 rasûpahāra.
맛이 나는 rasāvin.
맛이 별로 없는 appassāda.
맛이 없는 appassāda. nīrasa. nirāsāda.
맛이 있는 것 rasavatī.
맛이 좋은 madhura.
맛이 좋은 고기 pahiṇaka.
맛이 좋은 상태 madhuratā. madhuratta.
맛있는 sampanna.
맛있는 것으로 시중드는 uttaribhaṅgika.
맛있는 물 rasodaka.
맛있는 물건이 있는 곳 rasavatī.
맛자루[식물] majjhāru.
맛지마니까야[경장] Majjhimanikāya.
맛지마니까야주석[주석] Majjhimaṭṭhakathā.
맛채[국명] Maccha.
망(網) jāla.
망가진 diṇṇa. vikkhaṇḍita.
망각(忘却) muṭṭhasacca. sammussantā.
망각된 muṭṭha.
망각하다 mussati. pamussati. vissarati. sammussati.
망각한 pamuṭṭha. vissarita.
망고껍질 ambapesikā.
망고나무 amba. ambarukkha. pāvāra.
망고나무숲 ambavana.

망고나무울타리 ambapanta.
망고나무정원 ambārāma.
망고나무조각 ambakaṭṭha.
망고를 돌보는 사람 ambagopaka.
망고를 먹는 ambakhādaka.
망고모양의 독 있는 과일 kimpakka.
망고묘목 ambapotaka.
망고스틴[果樹] madhukatimbaru.
망고싹 ambaṅkura. ambapotaka.
망고씨 ambabīja.
망고에 물을 주는 ambasiñcaka.
망고열매 amba. ambapiṇḍi. ambaphala.
망고열매의 핵(核) ambaṭṭhi.
망고음료 ambapānaka.
망고주스 ambayūsa.
망고죽(粥) ambakañjika.
망구스 sugga.
망구스 새끼 suggapota.
망념(忘念) satisammosa.
망대(網袋) sikkā.
망령(亡靈) pubbapeta.
망루(望樓) aṭṭa. bheṇḍu. aṭṭaka. aṭṭāla.
망루(望樓) gopūra.
망루를 사용하는 사냥꾼 aṭṭakaluddaka.
망명(亡命) sadesapariccāga.
망명자(亡命者) sadesacāgin. videsagāmin.
망보다 pāti.
망분별(妄分別)이 없는 nibbikappa.
망사옷 dussacālanī.
망상(妄想) adhimāna. upaladdhi. maññita. marīci. moha. pamohana. papañca. papañcita.
망상에 사로잡힌 adhimānika.
망상에 의한 개념적 판단 papañcasaññāsaṅkhā.
망상에 의한 판단 papañcasaṅkhā.
망상을 즐기는 사람 papañcārāma.
망상의 상태 maññitatta.
망상의 추방자[부처님] vivaṭṭacchadda.
망상이 없는 appapañca. nippapañca.
망상하는 papañcita.
망상하다 papañcati. papañceti.
망설이는 adhikata.
망설이다 avalīyati. oliyyati. oliyati. olīyati.
망설임 kathaṁkathā. vitthāyitatta.
망신시키는 lajjanaka.
망실(亡失) panāsa. naṭṭhana.
망실하다 panassati.
망실한 naṭṭha.
망씨[식물] maṁsi.
망아지 assapota. hayapotaka. kisora.
망어(妄語) musāvāda.
망어자(妄語者) musāvādin.
망언(妄言) saccālika.
망원(輞圓) nemimaṇḍala.
망원경(望遠鏡) dūradassaka.
망자공양회(亡者供養會) saddha.
망자공양회의 공양 saddhābhatta.
망자에 대한 의무 petakicca.
망자에 대한 이야기 petakathā.
망자의 세상 petabhavana petaloka.
망자의 소유물 petapariggaha.
망자의 잠자리 petaseyyā.
망치 kūṭa. ghana. muṭṭhika.
망치는 bhañjanaka.
망치다 atimamāyati. bhañjati. dūseti. dusseti. padūseti. padoseti. padusseti. vikkhaṇḍati. vikopeti.
망치지 않고 anupahacca.
망치질 āracaya.
망치질하다 abhitāḷeti.
망토 uttarīya.
망하다 parihiyyati. vinassati.
망한 vinaṭṭha.
맞고 있는 taṭṭikā.
맞대[일치] sameti.
맞대[타격] → 얻어맞다.
맞먹는 upamānita.
맞먹는 사람의 pāṭipuggalika.
맞서다 padahati.
맞아 넘어진 pariyāhanita.
맞은 → 얻어맞은.
맞이하러 가다 pakkosāpeti.
맞이하러 보내다 āmantāpeti.
맞지 않게 aṭṭhānaso.
맞지 않는 akappiya. amanuñña. anānuloma. anucita. asaṁyutta.
맞추다 appeti. saṇṭhāpeti. upakappeti.
맞추어지다 appīyati.
맞히고 upahacca.
맡겨진 nikkhitta. paladdha.
맡겨진 물건 oṇi. oṇī.
맡겨진 재산 oṇi. oṇī.
맡기다 anusāsati. āropeti. nikkhipati. samāropeti. samavossajjati.
맡김 nikkhepa.
맡음 samādāna.
매[鷹] kulala. senaka. senasakuṇa. sena. vyagghīnasa.
매[조류] sakuṇagghi. sākuṇika. sākuntika.

매가등기(媒嫁等起) sañcarittasamuṭṭhāna.

매각(賣却) vikkaya.

매개(媒介) sañcara. sañcaritta.

매개물(媒介物) sañcara.

매개체(媒介體) sañcara.

매국노(賣國奴) vipakkhasevaka.

매끄러운 sammaṭṭha. siniddha.

매끄러움 akakkalatā.

매끄럽게 만듦 vimajjana.

매끄럽게 하다 abbhañjati. osaṇheti. sineheti.

매끄럽지 않은 asaṇha.

매끈하게 된 paccākoṭita.

매끈해진 vitacchita.

매녀(賣女) vasalī.

매년(每年) anuhāyanaṁ. anusaṁvaccharaṁ. anuvassaṁ.

매년의 anuvassaka.

매다 ābandhati. apiḷandhati. bandhati. ganthati. laggeti. nayhati. obandhati. onandhati.

매달기 ukkhepana. tantarajjuka.

매달다 ajjholambati. ālaggeti. pacāleti.

매달려 olubbha.

매달려는 있는 것 ālamba.

매달리기 olambana.

매달리는 olumbhaka.

매달리다 abhilabhati. abhippalambati. ālambati. avalambati. lambati. olambati. avalambati. olubbhati. pacalati. palambati. parāmasati. rambati.

매달린 ālambana. āsatta. avalambaka. lamba. palambita. satta. visatta. volambita.

매달린 상태 anabhuṇṇatā. olumbhakabhāva.

매달릴 수 있는 lambin.

매달림 avalambana. laggana.

매도(罵倒) akkosa. paribhāsa. paribhāsana.

매도된 durutta.

매도하는 paribhāsaka.

매도하다 abhikkhipati. abhisaṁsati. akkosati. paribhāsati.

매듭 ābandha. ābandhana. anuvāta. gaṇṭhi. gaṇṭhikā. pabba. pabbagaṇṭhi. pacuṭa.

매듭이 있는 가사 gaṇṭhikā-kāsāva.

매력(魅力) kantabhāva. līḷhā. vilāsa.

매력적인 atimanorama. atipāsādika. āharima. kalyāṇa. kallāṇa. kamanīya. komala. mañju. manohara. ramaṇa(ka). ramma. vilāsin. hāri. manāpa. vilāsaka.

매력적인 것 kamanīya.

매력적인 말솜씨(?) hasula.

매력적인 모습 manāparūpa.

매력적인 목소리를 지닌 것 sussaratā.

매력적인 목소리의 mañjuka.

매력적인 몸을 지닌 신 manāpakāyikadeva.

매력적인 소리 hārihārisadda.

매리어(罵詈語) omasavāda.

매매(賣買) kayavikkaya. kayavikkhaya. kayita.

매매하다 cetāpeti.

매물(賣物) keyya.

매복하여 약탈하다 paripanthe tiṭṭhati.

매서운 바람 uparivāyanavāta.

매수(買收) upalāpanā.

매수된 자 payuttaka.

매수하다 upalāpeti.

매연(煤煙) aṅgāramasi. masi.

매욕(罵辱) paribhāsa.

매욕(罵辱)하다 paribhāsati.

매우 ati. su.

매우 가까운 accāsanna.

매우 가혹한 suruddha.

매우 값비싼 의약품 atiissarabhesajja.

매우 값진 귀고리 sīhakuṇḍala.

매우 강력한 atissara. mahâbhisakka.

매우 강한 atibāḷha.

매우 거칠게 말하는 atirukkhavāca.

매우 경악스러운 suvimhita.

매우 교활한 bahumanta.

매우 굽어진 ativaṅka.

매우 권세가 있는 atiissara.

매우 귀여운 atipīṇita.

매우 귀중한 agghaniya. agghanīya.

매우 기뻐하다 sampamodati.

매우 기쁘고 즐거운 udaggahaṭṭha.

매우 기쁜 abhirucira. atihaṭṭha. pamudita. pamodita. parihaṭṭha. sumada. suppasanna.

매우 난해한 atisaṇha.

매우 넓은 uparivisāla.

매우 놀란 paritajjita.

매우 높은 udagga.

매우 단단한 sukhara.

매우 더운 atiuṇha.

매우 두려워 한 paritajjita.

매우 두렵고 놀라운 suvimhita.

매우 뛰어나다 atisayati. atiseti.

매우 뜨거운 abbhuṇha.

매우 많은 subahu.

매우 믿을 만한 ativissāsika. ativissattha.

매우 믿음이 깊은 suppasanna.

매우 밝은 pabhassara. suppasanna.

매우 배고프다 abhijighachati.
매우 버리기 어려운 suduccaya.
매우 부드러운 parisaṇha.
매우 불쌍한 atilūkha.
매우 불평등한 suvisama.
매우 비참한 atikaruṇa. atiluddha. atilūkha.
매우 빠른 atijavana.
매우 사랑스러운 atimanāpa.
매우 사랑스러운 자매 atibhaginī.
매우 선명한 ativibhūta.
매우 섬세한 천 dukūla.
매우 성난 adhikodhita.
매우 슬퍼하다 vikkandati.
매우 신용이 있는 ativissāsika.
매우 신중한 sumanta.
매우 아름다운 abhirucira. atikanta.
매우 아픈 bāḷhagilāna. sukiccha.
매우 약한 sudubbala.
매우 얇은 patanu.
매우 잔인한 atighora.
매우 잔혹한 atighora.
매우 좋아함 sampiyāyanā.
매우 즐거운 udaggaudagga. ramaṇa(ka).
매우 총명한 bhūrimedhasa.
매우 큰 atibāḷha.
매우 탐욕스런 atriccha.
매우 폭력적인 aticaṇḍa.
매우 풍부한['아주 깊은 곳에 빠진'] accogāḷha.
매우 현명한 bhūripañña.
매우 혼란스러운 sasambhama.
매우 화가 난 adhikodhita.
매운 kasaṭa. kaṭu. kaṭuka. kaṭula. kaṭuka. kaṭukatta.
매운 소스를 친 kaṭukasannissita.
매운 열매를 지닌 kaṭukapphala.
매움 kaṭukabhāva.
매월(每月) anumāsaṁ.
매이다 paṭimuccati.
매인 āyutta. baddha. gathita. paṭibaddha. paṭimukka. sandita. yojita.
매일(每日) anudinaṁ. anvahaṁ. devasikaṁ.
매일매일 suve suve. devasikaṁ.
매일매일의 devasika.
매장된 nikhāta.
매장이 없이 남겨진 시체 anāthasarīra.
매장지(埋葬地) susāna.
매장하는 것 nikkhepa.
매장하다 nikhanati. nikhaṇati.
매질 nipphoṭana.
매질하다 khaleti.
매춘부(賣春婦) nagarasobhinī. vesī. vesiyā. vesikā. rūpûpajīvinī. vaṇṇadāsī.
매트 atthara. kalandaka. kaṭasāra(ka). bhummattharaṇa. santhara. tūlikā.
매트리스 atthara. kalandaka. kaṭasāra(ka). bhummattharaṇa. santhara. tūlikā.
매혹(魅惑) ākāsana. anurodha.
매혹되다 rajati.
매혹된 sāratta.
매혹적인 āharima. mañju. surabhi.
매혹적인 소리 hārihārisadda.
맥락에 대한 분석적 앎 paṭibhānapaṭisambhidā.
맥박이 뛰다 phandati.
맥박이 뜀 phandita.
맥반(麥飯) yāvaka.
맥분대(麥粉袋) sattupasibbaka. sattubhasta.
맥타봉(麥打棒) vyābhaṅgī.
맨 끝 nikūṭa.
맨 먼저 paṭhamataraṁ. sabbapaṭhamaṁ.
맨 서쪽의 dighañña.
맨 앞의 mokkha. pamukha.
맨땅에 눕는 자[고행자] thaṇḍilasāyika.
맨땅에 눕는 행동[고행] thaṇḍilasāyika.
맨땅위의 침대 thaṇḍilaseyyā.
맵고 씁쓸한 khāraka.
맵지 않은 akhārika.
맷돌 nisada. nisadā. pota.
맹견(猛犬) vāḷasuṇaka.
맹농(盲聾) andhabadhira.
맹독(猛毒) halāhala. haḷāhala. kakkhaḷavisa. āgatavisa. ghoravisa. halāhalavisa.
맹독이 있는 ativisa.
맹동(孟冬) māgasira.
맹렬하게 태우다 patāpeti.
맹렬한 sārambhin. ugga.
맹렬한 기세의 화염의 지닌 accĭvega.
맹목의 andha. vicakkhu.
맹세(盟誓) paṭiññā. sapatha.
맹세하다 āyācati.
맹세한 satta.
맹수(猛獸) sāpada. vāla. vāḷa. vāḷamiga. nisātaka.
맹수가 다니는 험로 vāḷakantāra.
맹수가 사는 곳 vāḷāvasatha.
맹아(盲啞) andhamūga.
맹어(猛漁) susu. susukā.
맹장염(盲腸炎) antagaṇṭhābādha. antagaṇṭhi. antagaṇṭhikā.

맹춘(孟春) phagguṇa. phagguṇī.
맹하(孟夏) jeṭṭha.
머리 mattha. matthaka. muddha. sira. sīsa.
머리가 둘러싸인 veṭṭhitasīsa.
머리가 많은 bahusīsaka.
머리가 몸통에 들어간 동체 kavandha.
머리가 베어진 sīsacchinna.
머리가 부서진 bhinnasira.
머리가 산발한 vikesikā.
머리가 없는 asīsaka.
머리가 없는 몸 kavandha.
머리가 없는 몸의 모습 kavandharūpa.
머리가 젖은 allasira.
머리가 풀어헤쳐진 상태 vijaṭana.
머리가 헝클어진 haṭahaṭakesa. vikesikā. vikiṇṇakesa.
머리가죽 sīsacchavi.
머리감게 하다 sambāhāpeti.
머리감기 gāmapoddava(?). sambāhana. sambāhati.
머리감다 sambāhati. sambāheti.
머리나 입의 어느 쪽으로 든 ubhatomukha.
머리를 깍은 katasīsamunda.
머리를 들어올린 ukkhittasira.
머리를 땋은 veṇikata.
머리를 밑으로 한 omuddhaka.
머리를 베일로 가린 oguṇṭhita-sīsa.
머리를 북쪽으로 한 uttarasīsaka.
머리를 빗다 osaṇheti.
머리를 빗은 ullikhita.
머리를 숙이고 adhosiraṁ.
머리를 숙인 adhosira. avaṁsira. heṭṭhāsīsaka.
머리를 아래로 향한 avaṁsira. adhakkhandha.
머리를 자르다 ohāreti. ohārayati. ohārāpeti.
머리를 흔드는 sīsappacālaka.
머리말 ussīsa. ussīsaka.
머리맡 ussīsa. ussīsaka.
머리받침대가 있는 의자 apassayapīṭhaka.
머리방향의 sīsaka.
머리숱이 너무 많은 atiloma.
머리싸개 sīsaveṭha. uṇhīsapaṭṭa.
머리에 감는 장식물 āveḷā.
머리에 감는 화만(華鬘) āveḷā.
머리에 기름이 부어지지 않은 anabhisitta.
머리에 놓인 adhikata.
머리에 물 단지나 짐의 받침을 내려놓은 여자 obhaṭacumbaṭā.
머리에 불붙은 사람 ādittasīsa.
머리와 수염을 정렬한[이발을 한] kappitakesamassu.
머리와 함께 sasīsaṁ.
머리위의 살이 상투 모양으로 융기된 상태 uṇhīsa.
머리의 아름다움 kesakalyāṇa.
머리의 열(熱) sīsâbhitāpa.
머리의 위에 anusīsaṁ.
머리의 위에 정계가 있는 것 uṇhīsasīsa.
머리의 타래 alaka.
머리의 희어지는 것 pālicca.
머리장식 avataṁsa. hāra. sīsûpaga.
머리장식물 avataṁsaka.
머리장식을 위한 화환 vataṁsa. vataṁsaka.
머리카락 kesa. siroruha.
머리카락으로 만든 담요 kesakambala.
머리카락으로 만든 담요를 두르는 kesakambalin.
머리카락을 관통하는데 능숙한 katavāḷavedhaparicaya.
머리카락을 마무리하는 형식 aṭṭhapadaṭṭhapana.
머리카락의 타래 kesahattha.
머리카락이 귀고리처럼 오른 쪽으로 도는 것 kuṇḍalāvatta.
머리카락이 긴 dīghaloma. dīghalomika.
머리카락이 많은 kesika.
머리카락이 없는 apagatakesa.
머리카락이 있는 kesin.
머리카락이 젖은 allakesa.
머리털 bāla. vāla. kuntala. muddhaja. pāvāḷa.
머리털을 맞추는 vālavedhā.
머리털을 맞추는 사수 vālavedhin.
머리털을 뽑음 pāvāḷanipphoṭana.
머리털의 끝이 아름답게 오그라든 sunaggavellita.
머리털이 없는 khallāta.
머리핀 sūci.
머릿결의 아름다움 kesasobha.
머무는 nivāsika. parivuṭṭha. parivuttha. subhaṭṭhāyin. ṭhāyin. vāsaka. vāsika. vuthaka.
머무는 곳 āvasatha. nivāsaṭṭāna. vihāra.
머무르고 있는 paribbasāna.
머무르는 nivāsin. parivāsika.
머무름 viharaṇa. kālikavāsa. nivattana. parivāsa. ṭhiti.
머물게 된 vāsita.
머물다 acchati. adhiṭṭhahati. anuvasati. nivasati. nivattati. parivasati. paṭivasati. tiṭṭhati. vasati. viharati.

머물러 살지 않는 apatiṭṭhant.
머물어야 할 ṭhāniya.
머물지 않는 avattana.
머지않아 acira. nacira.
먹게 되다 khajjati.
먹게 만듦 khādāpana.
먹게 하다 bhojeti. khādāpeti.
먹고 나서 bhutvā. bhutvāna.
먹고 남긴 vikkhāyita.
먹고 마실 때 나는 소리 capu.
먹고 싶어 하다 jighacchati.
먹고 싶은 만큼 yathābhuttaṁ.
먹기 adana. khāda. khādaka. paribhuñjana.
먹기를 원하는 bhokkhin. bubhukkhita.
먹기에 적당하지 못한 abhojja.
먹기에 적당한 음식 bhojaniya. bhojanīya. bhojaneyya.
먹는 ada. addu. añhamāna. asana. bhakkha. bhojin. bhuñjaka. bhuttar. bhuttavant. bhuttavin. ghasa. khādaka. māsati. upabhogin. upabhuñjaka.
먹는 것 ajjhohāra.
먹는 대로 yathābhuttaṁ.
먹는 사람 āharitar. bhuñjitar. bhuttar. bhuttavant. bhuttavin. ghasa.
먹는 자 bhottar. upabhuñjaka.
먹는 행위 khādana.
먹다 adati. adeti. āhāreti. āhārayati. asati. asnāti. avabhuñjati. bhakkhati. ghasati. khādati. māsati. paribhuñjati. paṭisāyati. sāyati. udrabhati. upabhuñjati. abhibhakkhayati
먹실을 넣음 avaṅga.
먹어져서는 안 될 abhuñjitabba. abhuttabba.
먹어진 asita.
먹어치우다 avabhuñjati.
먹어치움 lumpana.
먹여진 bharita.
먹은 asita. bhutta. ghasta.
먹을 것과 마실 것 annapāna.
먹을 것을 주게 하다 bhojāpeti.
먹을 것이 없는 appabhakkha. nirasana.
먹을 것이 적은 appabhakkha.
먹을 수 없는 abhojja.
먹을 수 있는 ādiya. bhojaniya. bhojanīya. bhojaneyya. bhojja.
먹을 수 있는 구근(球根) ālupa.
먹을 수 있는 덩이줄기 mūlakanda.
먹을 수 있는 음식물 bhakkha.
먹을 수 있을 만큼 적당히 먹어라 bhutta.
먹을 풀 nivāpatiṇa.
먹음 bhakkhana. māsati. upabhoga.
먹이 āmisa. nivāpa.
먹이기 āhārûpahāra.
먹이는 자 āpādetar.
먹이다 āpādeti. bharati. bhojāpeti.
먹이에 대해 탐욕적인 눈을 지닌 āmisacakkhu(ka).
먹이에 탐욕적인 āmisagiddha.
먹지 않고 anasitvāna.
먹지 않는 abhuñjat. akhādanta.
먹지 않은 abhutta.
먹지 않음 abhojana.
먹히다 bhuñjīyati.
먹힌 것과 관련되는 vikkhāyitaka.
먼 āraka. dūra. okkhāyika. panta. vidūra. vyanti.
먼 거리의 코스 addhānapariyāyapatha.
먼 곳 aparanta.
먼 곳에 편지나 물건을 전하는 pesanika. pesaniya.
먼 곳에서 살다 vivasati.
먼 길 addhāna.
먼 끝 dhura.
먼 나라 tirojanapada.
먼 마을 tirogāma.
먼 옛날의 ādikāla.
먼 인연 이야기[자타카의 서론] dūrenidāna.
먼동이 트다 vibhāti. vibhāyati.
먼저 tāva.
먼저 언급된 것이 뒤따르는 것에 의해 규정되는 현상[수사학] ekâvalī.
먼저 태어난 aggaja.
먼지 aṅgaṇa. dhūli. kacavara. kiraṇa. mala. paṁsu. raja. rajas. rajo. reṇu. saṅkāra.
먼지 더미 saṅkaṭīva.
먼지 묻은 paṁsuka.
먼지 묻은 옷 paṁsuka.
먼지 없는 araja. apagataraja. vigataraja.
먼지가 낀 saraja.
먼지가 많은 장소 rajāpatha.
먼지구름 rajakkhandha.
먼지구멍 rajāpatha.
먼지더미 saṅkārakūṭa. saṅkāraṭhāna.
먼지로 가득 찬 sāṅgaṇa.
먼지로 덮인 paṁsugunthita. paṁsukundita.
먼지를 뿌리다 uppoṭheti.
먼지를 제거하는 것 kaṅguchaḍḍana.
먼지뿌리기 uppoṭhana.
먼지와 때를 씻는 사람 paṁsudhovaka.

먼지와 진흙 rajojalla. rajovajalla.
먼지와 진흙을 덮어 쓰고 사는 rajojallika.
먼지와 진흙을 덮어 쓴 자 rajajalladhara.
먼지와 진흙을 덮어쓰는 자[고행자] rajojalladhara.
먼지의 dhūsara.
먼지의 제거 rajupavāhana. rajohara(ṇa).
먼지투성이 rajāpatha.
먼지투성이의 머리를 한 rajassira.
멀고 가까운 paropariya. parovara.
멀리 가버린 dūragata.
멀리 도는 에움길 parihārapatha.
멀리 떠나고자 하는 의도 pavivekajjhāsaya.
멀리 떠나서 arā.
멀리 떠남 paviveka. viveka.
멀리 떠남에 의지하는 vivekanissita.
멀리 떠남을 좋아함 pavivekarati.
멀리 떠남을 즐거워하는 사람 pavivekārāma.
멀리 떠남의 무기 pavivekāvudha.
멀리 떠남의 즐거움 vivekasukha.
멀리 떨어져 ārakā.
멀리 떨어져 있음 ārakatā. ārakatta.
멀리 떨어져 있지 않은 avippavāsa.
멀리 떨어져서 사는 dūravihāra.
멀리 떨어지지 않은 avivitta.
멀리 떨어진 anikaṭṭha. āraka. araṇa. avāgata. dūra. pavivekiya. pavivitta. vidūra.
멀리 떨어진 상태 ārakabhāva.
멀리 미치는 āyatagga.
멀리 보는 dīghadassin.
멀리 여읨 paviveka. viveka.
멀리 여읨에 대한 대화 pavivekakathā.
멀리 여읨에 대한 의도 pavivekajjhāsaya.
멀리 여읨에 대한 지향 pavivekâdhimutta.
멀리 여읨에 대한 지향 pavivekâdhimutta.
멀리 여읨에 의지하는 vivekanissita.
멀리 여읨을 좋아함 pavivekarati.
멀리 여읨을 즐거워하는 사람 pavivekārāma.
멀리 여읨의 무기 pavivekāvudha.
멀리 여읨의 즐거움 vivekasukha.
멀리 하는 ārata.
멀리까지 나아간 vyāyata.
멀리하게 하다 paṭileṇeti. vūpakāsāpeti.
멀리하고 vivicca.
멀리하는 āvara. paṭilīna. vūpakaṭṭha.
멀리하는 행위 paṭilīnacara.
멀리하다 avarundhati. bāheti. paribāhati. parivajjeti. paṭilīyati. paṭivāpeti. paṭivaṭṭati. paṭivattati. paṭivineti. samparivajjeti. viviccati. vūpakāseti.
멀리하다 dūrato karoti.
멀리함 ārati. paṭilīyana. veramaṇī.
멀어지다 dhaṁsati. okkhāyati.
멀지 않은 adūra. avidūra.
멀지 않은 곳에 avidūre.
멈추게 하다 nivattāpeti.
멈추다 abhinivaṭṭeti. abhisammati. nirujjhati. nirumbhati. nivattati. oramati. uparamati. uparujjhati.
멈추어 있지 않은 appatiṭṭhant.
멈추어지도록 하지 않음 anupasaṇṭhapanā.
멈추지 않는 anuparama. aṭṭhita.
멈춘 uparata. uparuddha.
멈춤 abhisamaya. apasaggana. avasāya. nirujjhana. oramana. samatha. uparama. uparamā. uparati. upasaṇṭhapanā.
멈춤과 통찰 samathavipassanā.
멈춤에 헌신적인 samathayānika.
멈춤을 선구로 하는 samathapubbaṅgama.
멈춤을 수레로 삼는 samathayānika.
멈춤의 삼매 samathasamādhi.
멈춤의 특징 samathanimitta.
멈춤의 힘 samathabala.
멈춰서 있지 않는 appatiṭṭha.
멈춰라 alaṁ.
멋대로 kāmaṁ. sāhasaṁ. yathākāmaṁ.
멋대로 하는 행동 sāhasa.
멋대로 행하는 yathākāmacārin.
멋부림 vilāsitā.
멋쟁이 maṇḍanappiya. vilāsin.
멋지게 수호 받은 kataparitta.
멋지게 시작된 susandhi.
멋진 atipāsādika. sudassa. sudassana.
멋진 북을 에워싼 줄 kañcanalatā.
멋짐 sukumālatta.
멍멍 짖는 bhukka.
멍멍 짖는 소리 bhukkaraṇa. bhuṅkaraṇa. bhukkāra.
멍에 dhura. yoga. yuga.
멍에 지워져야 할 dhoreyya.
멍에로 이어지게 하다 yojāpeti.
멍에로 이어지다 yojiyati.
멍에로 있다 yojeti.
멍에로부터 해탈에 도달한 pattayogakkhema.
멍에로부터의 휴식 yogakkhema.
멍에를 거절하지 않는 aṭṭhapitadhura.
멍에를 걸다 yuñjati.
멍에를 내려놓은 katadhuranikkhepa.

멍에를 내려놓음 dhuranikkhepa.
멍에를 내려놓지 못한 자 anoropitadhura.
멍에를 내려놓지 않은 anikkhittadhura.
멍에를 벗은 visaṁyutta. visaññutta.
멍에를 지지 않는 ayoganīya.
멍에를 진 dhuravant.
멍에를 진 상태 dhuratā.
멍에를 초월한 yogâtiga.
멍에만큼 yugamattaṁ.
멍에에 묶다 payuñjati.
멍에에 묶인 payutta. yogayutta. yojita. yutta.
멍에에 묶인 황소 dhuradhorayha. yogga.
멍에에 익숙한 dhorayhasīla.
멍에와 관계없는 yogavippayutta.
멍에와 관련된 yogasampayutta.
멍에와 상응하지 않는 yogavippayutta.
멍에와 쟁기 yuganaṅgala.
멍에의 구멍 yugacchida.
멍에의 끈 yotta(ka).
멍에의 다발 yogagocchaka.
멍에의 두 가지 yogaduka.
멍에의 원리 yogadhamma.
멍청이 hīnapañña. buddhihīna. jaḷa.
멍해지다 muyhati.
메뚜기 paṭaṅga. salabha.
메라야[과주(果酒)등의 발효술] meraya.
메루[지명] Meru.
메마른 vañjha.
메모지 sāsanapatta.
메스꺼운 paṭikūla. paṭikkūla.
메스꺼움 pāṭikulyā. pāṭikūlya. pāṭikkulyatā. paṭikulyatā. parijegucchā.
메시지 pesana.
메시지를 전하는 pesanaka.
메신저 āharaṇaka. sandesahara. sāsanahara. sāsanaharaka.
메아리 anunāda. anurava. anusaddāyanā. paṭighosa. paṭirava.
메아리치게 하다 paṭirāveti.
메아리치다 anusaddāyati. anunadati. paṭiravati.
메추라기 dīpaka. vaṭṭa. lāpa. daddara. dīpatittira.
멜대 kāca. kāja. vividha.
멜대로 나르는 자 kājahāraka.
멜라닌색소 gattakālavaṇṇatā.
멜로디 laya.
멜로디가 있는 layânuga.
멜빵이 달린 바구니 kacchapuṭa.
멧돼지 dantin. sūkara. varāha.

며느리 suṇisā. suṇhā. vadhukā.
며느리를 맞이함 āvāha. āvāhana.
며느리의 일 suṇisābhoga.
며칠 katipāha(ka).
며칠 동안 katipāhan. katipāhakan. katipāhena. katipāhassa.
며칠 후에 katipāhaccayena.
멱죄상(覓罪相) tassapāpiyyasikā.
면(綿) picu.
면과수(麵果樹) panasa.
면도(面刀) bhaṇḍukamma.
면도날 같은 원판 khurapariyanta.
면도날 소리를 내는 khuranāsa.
면도날집 khurakosa.
면도칼 kesa. khura.
면도칼의 날 khuradhāra.
면도칼의 녹 방지용 가루 khurasipāṭika.
면도칼의 자루 khuradhāra.
면도칼처럼 날카로운 수레바퀴 khuracakka.
면락(眠樂) middhasukha.
면목(面目)이 없는 abhivādaka. abhivākya.
면사(綿絲) kappāsikasutta.
면상(面相) mukhanimitta.
면색(眠色) middharūpa.
면식(面識) paricaya. santhava. santhavana.
면식이 있는 santhavajāta.
면애락(眠愛樂) middha-ārāmatā.
면옷감 kappāsikadussa.
면외투 kappāsikapāvāra.
면으로 만든 숄 kappāsikapāvāra.
면으로 만들어진 kappāsiya.
면으로 만들어진 천 kappāsika.
면전(面前) santika.
면전에 parimukha.
면전에 있음 sakāsa.
면전에서 sammukha.
면전에서의 분배 sammukhavikappanā.
면전의 parimukha. sammukha.
면제하다 khaṇḍeti. pamuñcati.
면죄하다 abbheti.
면지(緬祗)[지명] Vedhañña.
면책되어 질 수 없는 avuṭṭhāpanīya.
면포(綿布) paṭikā.
면포수(綿布樹)의 잎 kappāsikapaṇṇa.
면포의(綿布衣) kappāsikavatthu.
면화(棉花) kappāsa. picu. tūla. tūlapicu. poṭakitūla.
면화나무 kappāsarukkha.
면화로 만들어진 kappāsika. kappāsiya. kappā-

samaya.
면화를 세척하기 kappāsavicinana.
면화뭉치 kappāsavaṭṭi.
면화씨의 피막 kappāsapaṭala.
면화의 다발 kappāsīpiṇḍī.
멸계(滅界) nirodhadhātu.
멸계(滅界) nirodhadhātu.
멸도성제(滅道聖諦) dukkhanirodhagāminīpaṭipadâriyasacca.
멸루(滅漏) apacaya.
멸망(滅亡) nassana. osāna. parikkhīṇatta. saṁhāni. vināsa. vipajjana.
멸망된 parābhūta.
멸망시키다 antaraṁ karoti. viddhaṁseti. vināseti.
멸망하는 vyāyika.
멸망하다 nihīyati. parābhavati. parikkhīyati. viddhaṁsati. vikkhīyati. vipajjati.
멸망한 parikkhiṇa. vidhamita.
멸법(滅法) nirodhadhamma. samatha.
멸법성(滅法性) vayadhammatā.
멸법취(滅法取) samathasaṅgaha.
멸사(滅事) nijjarāvatthu.
멸상(滅想) nirodhasaññā.
멸성제(滅聖諦) dukkhanirodhâriyasacca.
멸수관(滅隨觀) nirodhânupassanā.
멸시당한 dhikkata.
멸시하다 avakaroti. samatimaññati.
멸시하여 말하다 vipāceti.
멸애(滅愛) nirodhataṇha.
멸쟁(滅諍) adhikaraṇanirodha. adhikaraṇavūpasama. samatha.
멸쟁건도(滅諍犍度) samathakkhandha.
멸정(滅定) nirodhasamāpatti.
멸제(滅諦) nirodhasacca.
멸죄(滅罪) netthāra. nitthāra.
멸지(滅智) nirodhañāṇa.
멸진(滅盡)되다 parikkhīyati.
멸진(滅盡)된 nijjiṇṇa. parikkhiṇa.
멸진애(滅盡愛) nirodhataṇhā.
멸진정(滅盡定) nirodhasamāpatti.
멸진청정(滅盡淸淨) nijjarāvisuddhi.
멸찰나(滅刹那) bhaṅgakkhaṇa. vayakkhaṇa.
멸희론소(滅戱論疏)[주석] Papañcasūdanī.
명(明釋) jotikā.
명구족(明具足) vijjāsampanna.
명근(命根) jīvitindriya.
명기(明記)된 vyākata.
명난(命亂) jīvitantarāya.
명단(名單) nāmāvalī.
명달혜(明達慧) nibbedhakapāñña.
명랑(明朗) hasita. pahāsa.
명랑하다 hasati. hassati.
명랑하지 않은 anubbillāvitatta.
명랑해지다 vippasīdati.
명령(命令) āṇā. āṇāpana. āṇāpana. āṇatti. anuyoga. kārāpaṇa. mantana. mantaṇa. mantanā. mantaṇā. muddikā. niyoga. niyojana. ovāda. payojana. pesita. sāsana. uddesa. vacana. vadana
명령과 가르침을 따르는 sāsanakara.
명령과 금지 pesitâpesita.
명령되어진 āṇatta.
명령된 abhisattha. niddiṭṭha.
명령에 대한 복종 ovādapaṭikara.
명령에 속하는 āṇattika.
명령에 인내하는 ovādakkhama.
명령을 내릴 만한 āṇâraha.
명령을 내림 āṇāpavatti.
명령을 받은 anusiṭṭha. pesita. samijjhiṭṭha.
명령을 부여하는 사람 āṇāpaka.
명령을 하는 āṇāpaka.
명령의 방법 āṇāpatha.
명령의 수령 sāsanahara.
명령의 어김 āṇāvītikamma.
명령의 접수 ovādapaṭiggahaṇa.
명령의 종료 ovādapariyosāna.
명령의 해독 sāsanahara.
명령자(命令者) kārāpaka. ovādakara. vidhātar. āṇāpaka.
명령하다 āṇāpeti. anudisati. peseti. samādisati. sanniyojeti. sāsati. upajjhāpeti. vidahati.
명료(明瞭) āvibhāva. visadabhāva.
명료소연(明瞭所緣) vibhūtālambana. vibhūtārammaṇa.
명료하게 pātur. pātu°.
명료하게 나타나지 않음 anāvikamma.
명료하게 된 paridīpita.
명료하게 하고 싶은 āvibhāvetukāma.
명료하지 않은 anāvikata.
명료하지 않음 kālusiya. kālussiya.
명료한 asambhinna. asandiḍḍha. asandiddha. pākāsiya. parivyatta. uttāna. vatta. vibhūta. viññeyya. vissaṭṭha.
명료한 새김 satasammuṭṭha.
명료해진 āvibhūta.
명리(名利) yasalābha.
명명(命名) saṅkhā. saṅkhyā. avhāna. avhāyana.

namana.
명명되고 나서 katanāmadheyya.
명명된 nāmaka. nivutta. samaññāta. saṅkhāta. saññāta. savhaya.
명명법(命名法) paribhāsā.
명명자(命名者) avhāyika.
명명하는 avhāyika.
명명하다 avhayati. avhāti. avheti. sañjānāti. saṅkathati.
명목도(名目道) adhivacanapathā.
명목론(名目論) paññattimattavāda.
명목상으로 nāmamattena. saddavasena.
명목상의 nāmasadisa. nāmamattaka. nāmavisayaka.
명문(銘文) lekhana. lekhā.
명민(明敏)한 parivyatta.
명발(鳴鉢) vetāla.
명백하게 āvi. pātur. pātu°. paccakkhato. sappaññākārena.
명백하게 되다 ummīlati.
명백한 paccakkha. pākata. pākaṭa. pākāsiya. paṇṇattika. vyatta. pakkha.
명사(名辭)[문법] adhivacana. nāmika.
명사어미(名詞語尾)[문법] nāmikavibhatti.
명사적인 nāmika.
명상(冥想) anujjhāna. bhāvanā. nijjhāyana. samādhi. upagaṇhanā. upanijjhāna. upanijjhāyana. yoga. jhāna.
명상대상의 화환으로 치장한 ārammaṇamālin.
명상수행(冥想修行) kamma. kammakaraṇa. kammaṭṭhāna. kammakāraṇa. kammappavattana.
명상수행에 몰두하는 사람 kammaṭṭhānika.
명상수행을 닦는 사람 kammaṭṭhānika.
명상수행을 시작한 āraddhakammaṭṭhāna.
명상수행을 포기하지 않은 avissaṭṭhakammaṭṭhāna.
명상수행의 방해 kammaṭṭhānavikkhepa.
명상수행의 본질 kammaṭṭhānasabhāva.
명상수행의 시작 kammaṭṭhānârambha.
명상수행의 토대 kammaṭṭhāna.
명상에 몰입한 paṭisallīna.
명상에서 대상의 섬세함 ārammaṇapaṇītatā.
명상왕(明相王) aruṇa.
명상을 위한 대상의 구별 ārammaṇavibhatti.
명상을 위한 은둔 paṭisallāna. paṭisallāṇa.
명상을 즐기는 상태 samāpatti.
명상의 단계 samāpatti.
명상의 대상 ārammaṇa.
명상의 대상에 능숙한 ārammaṇakusala.
명상의 방법을 따르는 katayogavidhāna.
명상의 성취 samāpatti.
명상의 성취에 능숙한 samāpattikusala.
명상의 성취에 능숙한 사실 samāpattikusalatā.
명상의 성취에 대한 수행 samāpattibhāvanā.
명상의 성취에 든 마음 samāpatticitta.
명상의 성취에서 생겨나는 지혜 samāpattiñāṇa.
명상의 존중 samādhigāravatā.
명상의 집 jhānâgāra.
명상조건 jhānapaccaya.
명상주제 ālamba. ārammaṇa. kammaṭṭhāna.
명상주제로 구성된 길 kammaṭṭhānavīthi.
명상주제로 구성된 대상 kammaṭṭhānagocara.
명상주제를 구성하는 경전구절 kammaṭṭhānapāḷi. kammaṭṭhānatanti.
명상주제를 구성하는 주제 kammaṭṭhānaṭṭhāna.
명상주제를 놓지 않기 kammaṭṭhānâvijahana.
명상주제를 받는 행위 kammaṭṭhānaggahaṇa.
명상주제를 정화 kammaṭṭhānavisodhana.
명상주제를 정화한 kammaṭṭhānasuddhika.
명상주제를 주는 사람 kammaṭṭhānadāyaka.
명상주제를 친구로 삼는 kammaṭṭhānasahāya.
명상주제에 대한 도움 kammaṭṭhānûpakāra.
명상주제에 대한 설명 kammaṭṭhānakathana.
명상주제에 대한 수행 kammaṭṭhānapaṭipatti.
명상주제에 대한 수호 kammaṭṭhānaparipālaka.
명상주제에 대한 스승 kammaṭṭhānâcariya.
명상주제에 대한 접근 kammaṭṭhānûpacāra.
명상주제에 대한 정신활동 kammaṭṭhānamanasikāra.
명상주제에 대한 지식 kammaṭṭhānasuta.
명상주제에 대한 지침 kammaṭṭhānavidhāna,.
명상주제에 대한 집중 kammaṭṭhānayoga.
명상주제에 대한 집착 kammaṭṭhānâbhinivesa.
명상주제에 대한 참여 kammaṭṭhānupaṭṭhāna.
명상주제에 대한 학습과 질문 kammaṭṭhānuggahaparipuccha.
명상주제에 대해 수행하는 사람 kammaṭṭhānânuyogin.
명상주제에 대해 집중하기 kammaṭṭhānappanā.
명상주제에 목표를 정한 kammaṭṭhānaparāyaṇa.
명상주제에 몰입된 마음 kammaṭṭhānagatacitta.
명상주제에 잠수하기 kammaṭṭhānaôgāhaka.
명상주제에 적합한 kammaṭṭhānasappāya.
명상주제에 전념하는 kammaṭṭhānakammika.
명상주제에 집중된 kammaṭṭhānayutta.
명상주제와 대면하는 kammaṭṭhānâbhimukha.
명상주제와 반대가 되는 kammaṭṭhānaviruddha.
명상주제와 상응하지 않는 kammaṭṭhānavip-

payutta.
명상주제와 연결되지 않는 kammaṭṭhānavinimutta.
명상주제와의 분리 kammaṭṭhānaviyoga.
명상주제의 결정 kammaṭṭhānavinicchaya.
명상주제의 구현에서 결과하는 kammaṭṭhānasallakkhaṇavasappavatta.
명상주제의 버림 kammaṭṭhānapariccāga.
명상주제의 분류에 대한 분석 kammaṭṭhānasaṅgahavibhāga.
명상주제의 성취에 대한 지식 kammaṭṭhānasampattijānana.
명상주제의 수용 kammaṭṭhānaparigaha.
명상주제의 수행 kammaṭṭhānabhāvanā.
명상주제의 수행에 대한 지침 kammaṭṭhānabhāvanāvidhāna.
명상주제의 수행을 위해 적합한 것 kammaṭṭhānabhāvanāyogyatā.
명상주제의 실천 kammaṭṭhānâsevanā.
명상주제의 오점 kammaṭṭhānamala.
명상토대 kammaṭṭhāna.
명상하는 yogin.
명상하는 사람 jhāyin.
명상하다 abhicetayati. abhicintayati. anuvicintayati. avajjhāyati. jhāyati. nijjhāyati. upanijjhāyati.
명상하지 않음 ayoga.
명색(命色) jīvitarūpa.
명색식별론(名色識別論)[논서] Nāmarūpapariccheda.
명색합론(名色合論)[논서] Nāmarūpasamāsa.
명석한 katavijja.
명성(名聲) ghosanā. kathāsadda. kitti. kittī. kittighosa. kittisadda. nigghosa. siloka. yasa. yaso.
명성(明星) osadhitārakā. osadhi. osadhī.
명성의 위대함 yasamahatta.
명성의 이득 yasalābha.
명성의 증가 yasavuddhi.
명성이 있는 abhikhyāta. bhaddaka. bhadraka. silokavant. yasassin. yasavant.
명소성(明所成) vijjāmaya.
명시(明示) āvibhāva.
명시된 paṇṇattika.
명시된 말 āhaccapada.
명실상부한 anvatthanāma.
명심(銘心) apamussana.
명심시키다 abhiniropeti.
명심시킨 abhiniropita.
명심하다 abhicetayati. anussarati. cittikaroti. dhāreti.
명십법(命十法) jīvitadasaka.
명안자(明眼者) vivaṭacakkhu.
명예(名譽) adhikāra. anavaññatti. paṭipūjana. paṭipūjanā. sakkāra. yasa. yaso.
명예가 회복된 abbhita.
명예로운 garu. garuka. yasassin. yasavant.
명예를 부여하는 yasadāyika.
명예를 잃음 yasaparihāni.
명예를 훼손당한 paṭikuṭṭha.
명예를 훼손하다 vikitteti.
명예에 의한 교만 yasamada.
명예에 의한 도취 yasamada.
명예의 이득 yasalābha.
명예회복 vuṭṭhānatā.
명예훼손 dūhana.
명월(明月) juṇhā.
명의등(名義燈)[사전] abhidhānaṭīkā.
명의집(名義集) nighaṇḍu.
명인 rūpadakkha.
명일(明日) suve. sve.
명일(明日)의 svātana.
명정(酩酊) madamattatā.
명정(明淨) pasīdana. pasīdanā.
명정(明淨)한 pasanna.
명정심(明淨心) pasannacitta.
명주(明紬) koseyya.
명즉신(命卽身) taṁ jīvaṁ taṁ sarīraṁ.
명증적(明證的)인 자 vipañcitaññū.
명지(明智) vijjā.
명지과 해탈 vijjāvimutti.
명지를 갖춘 vijjāsampanna.
명지와 덕행을 겸비한 sampannavijjācaraṇa.
명처(明處) vijjāṭṭhāna.
명칭(名稱) adhivacana. ākhyā. nāma. paññatti. paṇṇatti. samañña. samavhaya. °avha(ya).
명칭에 의한 해석방식 adhivacanapathā.
명쾌한 savanīya. savaneyya.
명쾌함 vitthāratā.
명탁(命濁) āyukkhaya.
명행구족(明行具足) sampannavijjācaraṇa.
명행구족자(明行具足者) vijjācaraṇasampanna.
명행족(明行足) vijjācaraṇasampanna.
명현성(明顯性) pākatabhāva.
명확성(明確性) vyākatatta.
명확하지 않게 asañcicca.
명확하지 않은 asañcetanika.
명확한 asaṁsaya. vipañcita.

명확한 관찰 vipassanā.
명확한 표현 vacanavyattaya.
명확히 함 viyatti.
몇 날 kāsānaṁloc.
몇 년의 kativassa.
몇 번씩이나 katikkhatuṁ.
몇 번째의 katima.
몇 종류의 katividha.
몇몇은 ekacce.
몇몇의 katipaya.
모(母) → mātar.
모계의 mattisambhava.
모과(木瓜) → 모과수.
모과수(木瓜樹)[식물] billa. beluva. beḷuva. sephālikā.
모과수로 만든 노란 피리 beluvapaṇḍuvīṇā.
모과수새싹 beluvalaṭṭhi.
모과수숲 beluva. beḷuva.
모과수열매 billa. bella.
모과수열매의 절반 aḍḍhabeluva.
모과수의 설익은 열매 beluvasalāṭuka.
모과수의 익은 열매 beluvapakka.
모기[곤충] makasa. sūcimukha(ta).
모기를 쫓는 부채 makasavījanī.
모나(牟那) mona.
모나드 abhejjavatthu.
모는 eraka.
모니(牟尼) mona. muni.
모니도(牟尼道) monapatha.
모더니즘 ādhunikamata.
모델 paṭirūpa. patirūpa.
모독(冒瀆) dūsana. sandosa.
모독하는 asucikaraṇa.
모두 가운데 가장 어린 sabbakaniṭṭha.
모두 덮여진 anuotthaṭa.
모두 먹어버리는 · 삼키는 sabbaghasa.
모두 보여주다 anuvicarāpeti. anuvicārāpeti.
모두 빼지 않고 ahāpetvā.
모두 포함하다 ativeṭheti.
모두 함께 ekapahārena. visesato.
모두보다 월등한 atisabba.
모두에게 유익한 sabbatthaka.
모두에게 통용되지 않는 asabbasādhāraṇa.
모두의 vessa. vissa. sabbajana.
모든 itaretara. itarītara. nikhila. sabba. sabbāvant. sakala. samanta. vissa.
모든 갈망을 그만둔 사람 saṭṭhesana.
모든 감관이 온전한 ahīnindriya.
모든 것 sabba.
모든 것과 관계되는 sabbatthaka.
모든 것과 관련이 있는 sabbatthaka.
모든 것에 대한 이해 anavasesâdhigama.
모든 것에 침투하는 anavasesapharaṇa.
모든 것을 단념하는 sabbañjaha.
모든 것을 명상수행의 기반으로 삼는 것 sabbatthakammaṭṭhāna.
모든 것을 버린 sabbappahāyin.
모든 것을 보는 dīghadassin. sahājanetta.
모든 것을 보는 자 sabbadassāvin. sabbadassin. aññadatthudasa.
모든 것을 아는 자 sabbaññū. sabbadassāvin. sabbadassin.
모든 것을 어떻게 해서든지 sabbathā ~ sabbaṁ.
모든 것을 정복하는 sabbâbhibhū.
모든 것을 정복한 sabbaji.
모든 것을 정복할 수 없는 asabbaji.
모든 것을 파는 가게 sabbāpaṇa.
모든 것을 파악하는 anavasesavyāpaka.
모든 것을 포기하는 sabba(ñ)jaha.
모든 것을 포함하는 aparisesa.
모든 것을 하는 sabbatthaka.
모든 것의 포함 anavasesapariyādāna.
모든 경계의 둘레에 anupariyante.
모든 경우에 sabbadhī. sabbaso. sabbattha.
모든 계절에 해당하는 sabbôtuka.
모든 계절의 sabbotuka.
모든 곳에 sabbadhī. sabbattha.
모든 곳에 비가 내림 sabbatthābhivassin.
모든 곳에 있는 sabbatthaka.
모든 곳으로부터 sabbato.
모든 곳의 sappadesa.
모든 마음에 공통되는 sabbacittasādhāraṇa.
모든 망상을 없앤 사람 vivattacchada.
모든 면이 가죽으로 덮인 북이나 장구 ātatavitata.
모든 바라는 것을 포기한 사람 vantāsa.
모든 방법으로 sabbathā.
모든 방향에 parito.
모든 방향에서 살피는 anudisāpekkhana.
모든 방향에서부터 anudisā.
모든 방향을 따라 anudisaṁ.
모든 부류의 죄 āpattânāpatti.
모든 불건전한 것 sabbâkusala.
모든 불건전한 것에 공통되는 sabbâkusalasādhāraṇa.
모든 사람들 앞에서 janamajjhe.
모든 실천과 의무 vattapaṭivatta.
모든 요소에 속하지 않는 asabbadhātuka.

모든 욕망에서 해탈되다 parinibbāyati. parinibbāti.
모든 유익 sabbattha.
모든 의무를 다한 katasabbakicca.
모든 일에 유능한 tipallattha.
모든 일을 하는 장관 sabbakammikamacca.
모든 잘못을 버린 사람 vantakasāva.
모든 점에 sabbadhī. sabbaso.
모든 조건지어진 것들의 차별성 saṅkhāraparicchedа.
모든 조건지어진 것은 괴로운 것이라는 사실 saṅkhāradukkhatā.
모든 조건지어진 것의 괴로움 saṅkhāradukkhatā.
모든 조건지어진 것의 괴로움에 대한 앎 saṅkhāradukkhañāṇa.
모든 존재에 대한 집착을 놓아버림 sabbûpadhipaṭnissagga.
모든 종류의 공(空) sabbasuñña.
모든 종류의 과일 phalâphala.
모든 종류의 의무 kiccâkicca.
모든 종류의 종파적인 교리를 vādânuvāda.
모든 지식을 연마한 sikkhitasabbasippa.
모든 창조된 것들의 주인 pajāpati.
모든 창조물의 주인인 것 pajāpatatta.
모든 추구를 그만둔 사람 saṭṭhesana.
모든 측면으로부터 parisamantato.
모든 형성에서 떠남 visaṅkhāra.
모든 형성에서 벗어난 visaṅkhāragata.
모라구[식물] moragu.
모래 pulina. puḷina. sakkharā. sakkharikā. sikatā. urū. vālikā. vālukā. vaṇṇu.
모래가 없는 appavālika.
모래가 적은 appavālika.
모래더미 vālikāpuñja.
모래둑 pulina. puḷina. sekata.
모래비 vālikāvassa.
모래사막 vālukantāra. vālukakantāra.
모래알갱이 pulina. puḷina.
모래언덕 sekata. vālikāpulina.
모레[내일의 다음날] parasuve.
모려(牡蠣) sippikā. sippī.
모르는 것으로 여기는 adiṭṭhavādin.
모르는 것을 알게 될 것이라고 믿는 감관능력 anaññātaññāssāmitindriya.
모르는 상태 ajānanabhāva.
모멸(侮蔑) avaññā. avaññatti.
모멸하다 nimmādeti.
모반(謀叛) padussana.
모반자(謀叛者) dāmarika.
모발(毛髮) kesa. kaca.
모발우선상(毛髮右旋相) kuṇḍalāvatta.
모발이 있는 kesin.
모방(模倣) anukāra. anukaraṇa. anukiriyā. anuvattana.
모방자(模倣者) anukārin.
모방하는 anukara. anukārin. anuvattaka. anuvattika.
모방하다 anukaroti. anusikkhati. anuvattati. anuvatteti.
모범(模範) nidassana. udāharaṇa.
모범적인 nidassanabhūta.
모사(茅舍) kuṭi. kuṭī.
모상향우선상(毛上向右旋相) dakkhiṇāvattaka.
모서리 nema.
모셔오다 upavahati.
모순(矛盾) dvejjha. dvejjhatā. virodha. vemattatā. vilomana.
모순되게 aññena aññaṁ.
모순되게 대처하다 aññena. aññnaṁ. paṭicarissati.
모순되는 vilakkhaṇa.
모순되지 않은 aviruddha.
모순된 chiddakārin. pallatthita.
모순에 사로잡힌 paṭikūlagāhitā.
모순의 dvejjha.
모순이 없음 avirodha. avirodhana.
모순적인 paṭikūla. paṭikkūla.
모스크 mahammadadevāyatana.
모습 abhidassana. rūpa. rūpaka. saṅkāsa. saṇṭhāna. vikati.
모습을 본 뜬 anujāta.
모습을 한 rūpavant.
모습의 dīpaka.
모시옷 bhaṅga.
모아지지 않은 anupacita.
모아진 abhisamācita. ocita. samudānīta.
모양 bimba.
모양(牡羊) uraṇa. uraṇika urāṇa. urāṇika.
모양이 좋은 susaṇṭhāna.
모여듦 sammadda.
모여지다 cīyati.
모여지지 않은 anuddhaṭa.
모여진 paricita. saṁhata.
모옥(茅屋) kuṭipuri.
모욕(侮辱) abhibhava. āsādana. āsajjana. avajānana. ohīḷanā. omāna. omasa. omasanā. paribhava. tirokkāra. upavadana. vambha. vambhanā. vamha.

모욕을 당한 nihatamāna.
모욕을 받은 vambhayita.
모욕하고 āsajja.
모욕하는 vambhin.
모욕하는 자 ativattar.
모욕하다 āsādeti. avajānati. avajānāti. ohīḷeti. omasati. paribhavati. paribhoti. upavadati. vambheti. vamheti. viheseti.
모우다 cināti. sandahati. saṅgharati.
모우왕(牡牛王) āsabha.
모유(母乳) thañña.
모으는 saṁhāraka.
모으다 abhisañcināti. abhisandahati. ocinati. ocināti. pacināti. samādahati. samāneti. saṁharati. samodahati. samodhāneti. samudāneti. samūheti. saṅgaṇhāti. saṅkaḍḍhati. saṅkharoti. saṅkhipati. sannipāteti. upacināti. upasaṁharati.
모음 abhisandhāna. cakka. ocinana. samādhāna. sandahana. saṁhara. saṁharaṇa. upasaṁharaṇa.
모음(母音)[문법] sara. sarakkhara.
모음어미[문법] antasara.
모음연성[문법] sarasandhi.
모음집 nikāya.
모의전투 uyyodhika.
모이다 nipatati. osarati. pacīyati. samāgacchati. samosarati. saṁyūhati. saṅgacchati. sannipatati.
모인 samita. samocita. samohita. saṁyūḷha. saṅgata. sannipatita. viracita.
모임 gaṇa. kāya. khandha. melana. osaraṇa. sabhā. samāgama. sāmaggī. samosaraṇa. saṅgaṇikā. saṅgata. saṅgati. saṅgha. sannipāta. sannipatana. samaya. vāṭaka.
모임과 관계된 sabhaggata.
모임에 대한 sabhāgata.
모임에 맞지 않는 asabhāgayogga.
모임을 좋아하는 sabhāsīlin.
모임을 즐기는 saṅgaṇikārāma.
모임을 추구하다 upassayati.
모임의 구성원 pārisajja. sāmājika.
모임의 범위 samajjamaṇḍala.
모임의 절차 kamma.
모임의 즐거움 saṅgaṇikārāmatā.
모임의 집단 samajjamaṇḍala.
모자 nāḷĭpaṭṭa.
모자라는 ossanna.
모자란 vinibbhoga → 부족한.
모자이크 vividhavaṇṇakhacana.
모조코끼리 katahatthika.
모종삽 karaṇī.
모직물 kambala.
모직물장사 kambalika.
모직섬유 kambalasutta.
모직섬유의 색깔을 지닌 kambalavaṇṇa.
모직옷 kambalīya.
모직으로 둘러싼 대나무구조물 kambalakūṭâgāra.
모직으로 만들어진 박공이 있는 집 kambalakūṭâgāra.
모체(母體) mātuka.
모충(毛蟲) khajjara. uccāliṅga.
모태(母胎) gabbha. gabbhaseyyā. jalābu.
모태를 떠난 tirokucchigata.
모태의 의지처 gabbhāsaya.
모퉁이 kaṇṇa. nikūṭa.
모퉁이가 넷인 catukkaṇṇa.
모퉁이의 kaṇṇaka. kaṇṇika.
모포(毛布) kambala. paccattharaṇa. sīsakalanda(?). kesakambala.
모포로 덮은 kambalapariyoddhana.
모포로 만들어진 kambalamaya.
모포상인 kambalavāṇija. kambalika.
모피(?) pattuṇṇa.
모피를 제공하는 동물군 ajinayoni.
모함(謀陷) upavadana.
모함하다 upavadati.
모험(冒險) parissaya. vīrakamma. vīracariyā. abbhutakamma,.
모호한 appabha.
모흠바라의(毛欽婆羅衣) vālakambala.
목[頸] gala. gīvā. kaṇṭha. kandhāra.
목갈라나[인명] Moggallāna.
목갈리뿟따 띠싸[인명] Moggaliputta Tissa.
목건련(目犍蓮)[인명] Moggallāna.
목건련자제수(目犍蓮子帝須)[인명] Moggaliputta Tissa.
목걸이 gīvūpaga. gīveyyaka. kaṇṭhabhūsā.
목격(目擊) apadisa.
목격자(目擊者) attapaccakkhika.sakkhi.
목격자가 됨 sakkhibhabbatā.
목공(木工) taccha. tacchaka. tacchakāra.
목구멍 gala. galaka. galanāḷi. kaṇṭha. kaṇṭhakūpa. kaṇṭhaṭṭhāna.
목구멍 밑에 adhogala.
목구멍과 입술과 입천장 kaṇṭhoṭṭhatālu.
목구멍과 코 kaṇṭhanāsā.

목구멍까지 치미는 kaṇṭhappamāṇa.
목구멍에 대한 청소 kaṇṭhavisodhana.
목구멍에서 나온 kaṇṭhôkkanta.
목구멍에서 생긴 kaṇṭhaja.
목구멍을 닫음 kaṇṭhapidahana.
목구멍의 끝을 구성하는 galapariyosāṇa.
목구멍의 아픔 galappavedhaka.
목구멍의 하부 galavāṭaka.
목까지 조여진 kaṇṭhâvasatta.
목녀상(木女像) dārudhītalikā.
목동(牧童) gāmaṇḍala.
목두(木頭) kāja.
목련(目蓮)[인명] Moggallāna.
목련문법(目蓮文法)[서명] Moggallāyanavyākaraṇa.
목련상해(目蓮詳解)[서명] Moggallāyanapañcikā.
목련상해등소(目蓮詳解燈疏)[서명] Moggallāyanapañcikāpadīpa.
목마른 pipāsin. pipāsita.
목마름 pipāsā. tasiṇā.
목마의 입구[지옥입구] vaḷabhāmukha.
목매달기 ubbandhana.
목매달아 죽이다 ubbadhati.
목면(木棉) rukkhatūla.
목면(木棉)의 껍질 picupaṭala.
목병(木瓶) dāruvāraka.
목뼈 akkhaka. gīvaṭṭhi.
목산양(牧山羊) bhasata.
목상(木床) dārusanthāra.
목소리 sadda.
목소리가 아름다운 karavī. karavīka. karavīya.
목소리를 개선하는 약 kaṇṭhasarabhesajja.
목소리를 높이다 abbhudīreti.
목소리의 달콤함 kaṇṭhamādhuriya.
목수(木手) taccha. tacchaka. tacchakāra. vaḍḍhaki. vaḍḍhakī.
목수의 마을 vaḍḍhakigāma.
목수의 우두머리 thapati.
목수일 kaṭṭhakamma.
목숨 āyu. āyūhā. jīva. jīvita. pāṇa.
목숨에 제한하도록 하는 jīvitapariyantika.
목숨을 구성하는 열 가지 요소 jīvitadasaka.
목숨을 보시하는 자 āyudāyin.
목숨을 빼앗긴 katajīvitupaccheda.
목숨을 살려줌 jīvitadāna.
목숨을 연장하는 āyuvaḍḍhaka.
목숨을 점치는 pakkajjhāna.
목숨을 지닌 āyusmant.
목숨의 보시 āyudāna.
목숨의 지속을 위한 효과적인 조건의 성취 āyusantānakapaccayasampatti.
목숨의 파괴 attapariyāya.
목숨의 형성 āyusaṅkhāra.
목숨이 그친 uparuddhajīvita.
목숨이 다할 때까지 āpāṇakoṭikaṁ. yāvāyuka.
목숨이 붙어있는 한 pāṇupetaṁ.
목숨이 없는 apagatajīvita.
목에 달라붙은 paccaggaḷa.
목에 이르기까지 ākaṇṭhato.
목에까지 이르는 galappamāṇa.
목요일(木曜日) guruvāra.
목욕(沐浴) abhisecana. nahāpana. nhāna. udakôrohaṇa. ogāhana. sināna.
목욕가운 titthacoḷa. jalasāṭaka. jalasāṭikā.
목욕나룻터의 계단 paha(?).
목욕수건 titthacoḷa. ukkāsikā. kataka.
목욕용 페이스트로 문지르기 kakkana.
목욕용분말 nahānīyacuṇṇa. sinānī.
목욕용의 nahānīya.
목욕을 돕는 nahāmin.
목욕을 돕는 사람 nahāpaka.
목욕을 잘 한 sunahāta. sunhāta.
목욕을 한 sināta.
목욕장(沐浴場) tittha. ogāhana.
목욕재개한 사람 nahātaka.
목욕재계자(沐浴齋戒者) udakôrohaka. nahātaka.
목욕타월 titthacoḷa. ukkāsikā. kataka.
목욕패드 ukkāsikā.
목욕하고 물긷는 장소 udakatittha.
목욕하는 udakôrohaṇa.
목욕하는 곳 tittha.
목욕하는 사람 nhātaka.
목욕하다 nahāyati. nhāyati. ninhāti. parisiñcati. sināti.
목욕하지 않은 anahāta.
목욕한 nahāta.
목욕할 때 몸을 문지르는 기둥이나 돌 aṭṭhāna.
목우(牧牛) vasabha. gavaja. gavaya. goṇa. nisabha. puṅgava.
목우와 같은 사람 purisâsabha.
목우자(牧牛者) abhīra. gorakkhā. gopāla. gopālaka. gopitā. gopetar. vacchakapālaka. vacchapālaka.
목을 잡은 galaggaha.
목을 조르는 galaggaha.
목의 임파선이 붓는 병 kaṇṭhamālaroga.
목의 장식 ganthika.

목의 하부 galamūla.
목이 메다 kakkāreti.
목이 약간 길어진 īsakāyatagīva.
목자(牧者) gopāla. gopālaka. gopetar. gopitā.
목작(木酌) sujā.
목장(木墻) dārukuḍḍa.
목장(牧場) ghāsanaṭṭhāna. gocara.
목장(木匠) taccha. tacchaka. tacchakāra.
목장식 gīvūpaga. gīveyyaka. kaṇṭhasuttaka.
목재(木材) daṇḍa. dāru.
목재로 이루어진 kaṭṭhamaya.
목재를 구하는 sāragavesin.
목재상(木材商) dārukammika.
목재소(木材所) dārugaha.
목재업(木材業) dārukamma.
목적(目的) ajjhosāna. anta. ayana. mānasa. nimitta. niṭṭhā. payojana. saṅkappa.
목적격(目的格)[문법] kammakāraka. upayoga. kammavacana. paccattavacana.
목적격의 구성[문법] kammasaṁyoga.
목적관계(目的關係) upayogattha.
목적론(目的論) mūlahetuvijjā. paramaṭṭhavāda. paramatthavāda.
목적에 따라 길들여진 yāvatāvavinīta.
목적에 따라 길들여진 대중 yāvatāvavinītā parisā.
목적에 알맞은 alaṁkammaniya.
목적에 이르는 길 niyāma.
목적이 언급되지 않은 avuttanaya.
목적이 없는 appaṇihita.
목적이 없음 nikkāraṇa.
목적이 없이 nikkāraṇā. aniyāmena.
목적이 이루어진 katapariyosita.
목적인 없지 않은 anuyyuta.
목젖 adhojivhikā.
목제(木製)의 dāruka.
목제품(木製品) dārubhaṇḍa.
목제품장수 dārubhaṇḍika.
목즐(木櫛) phaṇaka.
목청 galagga.
목초(牧草) ghāsa. ghāsana. gundā.
목초지(牧草地) ādana. ghāsanaṭṭhāna. kaccha.
목축(牧畜) gorakkhā.
목축업자(牧畜業者) pāsupāla.
목판(木板) apassenaphalaka.
목판술(木板術) dārukkiraṇasippa.
목편(木片) kaṭṭhakhaṇḍa.
목편의(木片衣) phalakacīra.
목표(目標) attha. parāyaṇa. parāyana. patthanā.
목표로 삼다 abhisandahati.
목표로 삼은 abhippeta.
목표로 삼음 abhisandhāna.
목표로 하지 않은 anabhippeta.
목표를 위한 koṭin.
목표를 잃은 atītaṁsa.
목표를 추구하는 atthânusārin.
목표를 향해서 anu.
목표에 도달한 사람 sammāggata.
목표에 따라서 atthaso.
목표의 성취 atthasiddhi.
목표하는 adhikārika.
목표하다 cikicchati. tikicchati.
목향수(木香樹) tagara.
목화(木花) kappāsa. kappāsī. picu. tūla.
목화밭 kappāsakhetta.
목화섬유 kappāsaṁsu.
목화씨 kappāsaṭṭhi. kappāsaphalaṭṭhi.
목환자(木患者)[식물] ariṭṭhaka.
몫 aṁsa. bhāga. koṭṭhāsa. paṭiviṁsa. paṭiviṁsaka. paṭivisa. paṭivīsa. pāṇibhāga.
몫의 반 aḍḍhabhāga.
몬순 → 우기(雨期).
몰다 pājāpeti.
몰두(沒頭) abhiropana. anuyuñjana. anuyuñjanā. muyhana. nijjhāna. sārajjanā. vaḍḍhana.
몰두되지 않은 anallīna.
몰두된 mucchita.
몰두됨 mucchā.
몰두하는 anuyogavant. anuyogin.
몰두하다 anuyuñjati. avagāhati. ogāhati. okkhandati.
몰두하지 못하는 agocara.
몰두하지 못한 atammaya.
몰락(沒落) patana.
몰락시키다 paripāteti. paripāṭeti.
몰락하다 paridhaṁsati. paripaṭati. paripatati.
몰락하지 않은 akhīṇa.
몰래 nikaṇṇika. upakaṇṇaka.
몰러남 ogacchana.
몰러서지 않음 appaṭinissagga.
몰려가다 abhiddavati.
몰살(沒殺) uggiraṇa.
몰수(沒收) jāni.
몰아내다 kajjati. kajjati. kaleti. nibandhati. niyojeti. nudati. pājeti. yojeti.
몰아냄 ossāraṇā.
몰아대지 않는(?) anihita.
몰아댐 niyojana.

몰이 pājana.
몰이꾼 pājaka.
몰이막대 patoda. patodalaṭṭhi. tunna.
몰이해(沒理解) acetanatta. asambodha.
몰이해하는 acetana. pasādahīna.
몰입(沒入) adhimutta. paṭisevana.
몰입된 adhimucca. adhimuccana. adhimutta. samucchita. samudāciṇṇa.
몰입하다 adhimuccati. paṭisevati. patisevati. pariyogāhati. pariyogāheti.
몰입해서 pariyogāya.
몰질을 지각하는 rūpasaññin.
몸 aṅga. atasa. aṭṭhithūṇa. attabhāva. bondi. deha. dehaka. gatta. kaḷebara. kalebara. karaṇa. kāya. kāyāyatana. viggaha. samussaya. sarīra. tanu. upadhi. ussaya. vapu. rūpa
몸 안에 감도는 aṅgânusārin.
몸 안에서의 요소세계[지수화풍]의 장애 abbhantaradhātusaṅkopa.
몸 안으로 들어오다 upasaṁyāti.
몸 안의 바람 vāta.
몸 안의 힘줄 antarābandhana.
몸과 마음 kāyacitta.
몸과 연결된 kāyapaṭibaddha.
몸부림 saṁsappana. vipphadana. vipphandita.
몸부림치다 saṁsappati. vipphandati.
몸에 결함이 없는 aṅgapaccaṅgin.
몸에 관한 kāyagata.
몸에 닥치는 abhinipātin.
몸에 대한 관찰 kāyānupassanā.
몸에 대한 새김 kāyagatāsati.
몸에 대한 새김이 흐트러진 anupaṭṭhitakāyasati.
몸에 문지르는 가루 sutti.
몸에 바르는 분말향의 장애 vāsanāpalibodha.
몸에 바르는 조제된 기름 pākatela.
몸에 상처투성이인 arukāya.
몸에 일곱 개의 융기가 있는 sattussada.
몸에 잘 익은 samāsevita.
몸에 조이는 (옷) kāyabaddha.
몸에 집착된 kāyūpaga.
몸으로 깨우친 님 kāyasakkhin.
몸을 갖고 dehadhārin.
몸을 건강하게 돌봄 kallatâpādana. kallâpādana.
몸을 굽히는 것 onamana.
몸을 내던짐 dehanikkhepana.
몸을 눕히기 kaḷebaranikkhepa.
몸을 돌보는 sarīraparikamma.
몸을 보살핀[목욕 등] katasarīrapaṭijaggana.
몸을 불 위에 올려놓는 벌 jotimālikā.
몸을 움직인 자 iñjitaṅga.
몸을 지닌 dehin. sarūpa.
몸을 치장한 (자) āveḷin.
몸을 편하게 하다 utu.
몸을 흔드는 것 kāyapacālaka.
몸의 kāyika. sārīrika.
몸의 격리 kāyaviveka. kāyavūpakāsa.
몸의 견고성 kāyadaḷha.
몸의 고기 sarīramaṁsa.
몸의 고통 sārīrikadukkha. kāyadaratha.
몸의 구조 sarīrasaṇṭhāna.
몸의 기능 sarīrakicca.
몸의 기질들의 결합 sannipāta.
몸의 기질들의 결합에서 기인하는 sannipātika.
몸의 기질들의 결합에서 기인하는 병 sannipātikābādha.
몸의 기질들의 배열 sannipāta.
몸의 도구성 kāyapayoga.
몸의 마찰 aṅgahaṁsana.
몸의 방광 sarīrapabhā.
몸의 배설물 asuci.
몸의 보호 kāyagutti.
몸의 부분 aṅka.
몸의 분리 kāyaviveka. kāyavūpakāsa.
몸의 분변(糞便) sarīravalañja.
몸의 분비물 asuci.
몸의 불결 kāyakasāva.
몸의 뼈부분 aṭṭhibhāga.
몸의 사지 apaghana.
몸의 세련됨 kāyujjukatā.
몸의 속박 kāyagantha.
몸의 완전함 sarīrasaṅghāta.
몸의 외모 sarīravaṇṇa.
몸의 요동 kāyappacālaka.
몸의 유연성 kāyamudutā. kāyapāguññatā.
몸의 적응성 kāyakammaññatā.
몸의 적합성 sarīradavya.
몸의 절단수술 aṅgacchedana.
몸의 절반 aḍḍhakāya. upaḍḍhasarīra.
몸의 절반만 움직이는 춤 upaḍḍhaṅga.
몸의 절반처럼 작은 upaḍḍhakāyika.
몸의 절반크기의 aḍḍhakāyika.
몸의 지체 kāyaṅga.
몸의 직립성 kāyujjukatā.
몸의 측면 pakkha.
몸의 치명적인 곳 mamma.
몸의 털 loma. roma.
몸의 털이 곤두선 uddhaggaloma.
몸의 털이 곤두섬 lomahaṁsa.

몸의 털이 내려앉은 pannaloma.
몸의 털이 솟구침이 없는 상태 vigatalomahaṁsatā.
몸의 털이 쓰러져 있는 palloma.
몸의 티끌 kāyadosa.
몸의 평온 kāyapassaddhi.
몸의 한계 kāyapariyanta.
몸의 활동 kāyaphandita.
몸의 활력 kāyadaḷha.
몸의 희생 aṅgapariccāga.
몸이 병든 āturakāya.
몸이 아픈 āturarūpa.
몸이 안온한 passaddhakāya.
몸이 없는 arūpa. arūpin. asarīra.
몸이 없는 신(神) anaṅga. aviggaha → 사랑의 신.
몸이 있는 (자) dehadhārin.
몸이 있는 rūpin. sarīravant.
몸이 진정된 passaddhakāya.
몸이 쭉 빠진 것 kāyujjukatā.
몸이 해체되기 전에 purābhedā.
몸짓 aṅgahāra. aṅgavikkhepa. aṅgahāra. ijjā. ijjana. iṅga. iṅgita. iṅgitâkāra. iñjana. iñjanā. iñjita. kamma. saññā.
몸짓에 의한 감정의 표현 iṅgitasaññā.
몸짓하다 āpiyati.
몸통 bondi.
몹시 adhikataraṁ.
몹시 기뻐하다 majjati.
몹시 기뻐함 odagya.
몹시 두려워하다 atibhāyati.
몹시 목마름 nijjhāmataṇhā.
몹시 바라는 atthika. atthin.
몹시 바라다 āsiṁsati. nikāmayati. nikāmeti.
몹시 싫어하다 vijigucchati.
몹시 아름다운 abhirūpatara.
몹시 원하는 āsaṁsuka. āsasāna.
몹시 원하다 āsayati. tasati.
몹시 원하지 않는 anāsayāna.
몹시 탐내는 anugiddha.
몹시 탐내다 abhijigiṁsati. abhijjhāyati. anugijjhati. jigiṁsati. jigisati. lubbhati. pihayati. piheti. vanayati. vanāyati. vaneti.
몹시 탐내지지 않은 anabhipatthita.
몹시 흥분한 abhiratta.
몹시도 갈구하는 mahātaṇha.
못 āḷaka. āḷakā. apala. kaṁsakaṇṭaka. kaṇṭaka. kaṇṭhaka. khīla. taḷāka.
못난 nihīna.
못된 꾀 sāṭheyya.
못된 짓 kibbisa.
못살게 구는 upatāpika.
못살게 굴다 upaddavati. upatapeti. upatāpeti. sañjambhariṁ karoti.
못살게 굶 sañjambhari. sañjambhariya.
못생긴 virūpa.
못생긴 눈 virūpakkha.
못쓰게 만드는 bhañjanaka.
못쓰게 하다 bhañjati.
못을 지닌 khīlaka.
못이 없는 akhīla.
몽구스[동물] muṅgusa. nakula.
몽둥이 muggara. pājana.
몽둥이 싸움 daṇḍayuddha.
몽둥이가 없는 adaṇḍa.
몽둥이를 내려놓은 nihitadaṇḍa.
몽둥이를 사용하는 폭력적인 attadaṇḍa.
몽매(蒙昧) momūhatta.
몽매주의(蒙昧主義) avivecakatta. vīmaṁsāvirodha.
몽매주의자(蒙昧主義者) vivecanavirodhin. avīmaṁsākāmin.
몽매한 momūha.
몽매한 법 momūhadhamma.
몽매한 십년생애 momūhadasaka.
몽상(夢想) vikappanā. vilakkhaṇarūpa. manokappitabimba.
몽상적인 kavita. manokappita.
몽상하다 vikappati.
몽십년(夢十年) momūhadasaka.
몽유(夢遊)하다 niddāya āhiṇḍati.
몽유병(夢遊病) niddāyāhiṇḍana.
몽유병자(夢遊病者) niddāyāhiṇḍaka.
묘계(妙界) paṇītadhātu.
묘고산(妙高山)[지명] Sineru. Mahāneru.
묘관찰(妙觀察) paccavekkhā. paccavekkhana. paccavekkhanā.
묘기(妙技) yutti.
묘길상(妙吉祥)의 sumaṅgala.
묘길상찬석(妙吉祥讚釋)[주석] Sumaṅgalavilāsinī.
묘당(廟堂) cetiya.
묘목(苗木) uparopa. uparopaka. ropa. ropaka.
묘목(眇目)의 kāṇa.
묘목석(猫目石)[보석] masāragalla.
묘법(妙法) paṇītadhamma. saddhamma.
묘법명석(妙法明釋)[서명] Saddhammappajotikā.
묘법인 것 sudhammatā.
묘법해소(妙法解疏)[서명] Saddahammapakāsinī.

묘보(妙寶) nidhimukha.
묘사되다 paññāyati.
묘사하다 ālikhati. paññāpeti. parivaṇṇeti. rajeti.
묘사할 수 없음 anakkhāna.
묘사할 수 있는 pamāṇavant.
묘색자(妙色者) anomavaṇṇa.
묘설자(妙說者) cittakatha. mañjubhāṇaka.
묘승해(勝妙解) paṇītâdhimutta.
묘시조(妙翅鳥)[동물] supaṇṇa.
묘어자(妙語者) vagguvada.
묘유(猫鼬)[동물] nakula.
묘음(妙音) mañjussara.
묘음자(妙音者) mañjussara.
묘장(墓場) āḷāhanaṭṭhāna.
묘지(墓地) āḷāhana. kaṭasi. kaṭasī. sīvathikā. susāna.
묘지기 susānaka.
묘지라고 불리는 kaṭasisaṅkhāta.
묘지에 고용된 susānaka.
묘지에 버려지기에 적합한 susānavaḍḍhana.
묘지에 지내는 사람 sosānika.
묘지에 지내는 수행 sosānikaṅga.
묘지에서 지내는 수행 sosānikaṅga.
묘지와 관련된 sosānika.
묘지의 불 susānaggi.
묘지의 비유 sīvathikûpamā.
묘지의 증대 susānavaḍḍhana.
묘지터 āḷāhanaṭṭhāna.
묘청석(猫睛石) kakketana.
무(無) natthaṭṭha. natthi. natthibhāva. natthitā.
무(無)의 natthika.
무[식물] mūlaka.
무[식물]의 뿌리 mūlakakanda.
무가치하지 않은 anittara.
무가치한 aṇudhamma. avabhūta.
무각(無覺) avitakka.
무간(無間)의 anantara. anantaraka. nirantara. antaravirahita.
무간업(無間業) anantarakakamma. ānantarikakamma.
무간업과 유사한 ānantarikasadisa.
무간연(無間緣) anantarapaccaya.
무간지옥(無間地獄) avīci.
무간친의(無間親依) anantarûpanissaya.
무갈애(無渴愛) nittaṇhā.
무감각(無感覺) khiḷa. mucchā. visaññā.
무감각의 acittaka.
무감각한 acetana. anindriyabaddha. aviññāṇaka. naṭṭhapasāda.
무개(無蓋) agha.
무개(無蓋)의 abbhokāsika. chadanarahita. uparivivaṭa.
무거운 bhārika. bhāriya. garu. garuka. ohārin. oḷārika.
무거운 돌 alaghūpala.
무거운 범죄 thūlaccaya.
무거운 부담 garubhāra.
무거운 소리를 내다 daddahāyati.
무거운 죄 thūlavajja. thullavajja. garukāpatti.
무거운 지체를 진 thūlaṅga. thullaṅga. thūlaṅga.
무거운 짐 garubhāra.
무거워지다 avakaḍḍhati.
무겁지 않은 agaru.
무게 māna. tulā. ummāna.
무게나 양을 재는 māpaka.
무게를 달다 tuleti.
무게를 달아야 할 tulya. tuliya. tulla.
무게를 달지 않은 atulita.
무게를 담 anusañcaraṇa.
무게를 두어 애착함 garuka.
무게를 재는 데의 특정한 속임수 aṅgakūṭa.
무게의 단위 cāṭi. rājikā.
무게의 양(量) phala.
무견(無見) anidassana.
무견무대(無見無對) anidassanappaṭigha.
무견실(無堅實)한 nissāra.
무견유대(無見有對) anidassanasappaṭigha.
무결정(無決定) appaṇidhāna.
무관(無關) atammayatā.
무관(無觀) avicāra.
무관계(無關係) atammayatā.
무관심(無關心) ajjhupekkhaṇa. ajjhupekkhaṇā. appôssukkatā. majjhatta. majjhattatā. udāsīnatā. vossagga. sativossagga.
무관심하게 보이다 upekkhīyati.
무관심하다 upekkhati.
무관심한 ajjhupekkhaka. alobha. anapekkha. appôssukka. apurakkhata. majjhatta. nirāmisa. nirapekkha. nirussukka. nissaṅga. udāsīna. upekkhaka.
무괴(無愧) anottappī.
무괴(無愧)의 anottappin. anottāpin.
무교심(無憍心) nimmadana.
무구(無垢) anāpatti.
무구(武具) nāha. sannāha.
무구(無垢) vigatûpakkilesa.
무구(無垢)의 akammāsa. nikasāva. nimmala.
무궁(無窮)한 anamatagga.

무규정(無規定) avyākata.
무규정의 원인 avyākatahetu.
무근(無根) avatthu.
무기(武器) atasa. āvudha. āyudha. paharaṇa. maṭaja. sattha. yuddhopakaraṇa.
무기(無記) avyākata.
무기(武器)가 없는 asattha.
무기(無記)라는 용어 avyākatapada.
무기(武器)로 사는 āyudhajīvin. āyudhīya.
무기(無記)에 대한 질문 avyākatapucchā.
무기(無記)에 뿌리를 둔 avyākatamūla.
무기(武器)의 끝날 aṇi.
무기(無記)의 뿌리 avyākatamūla.
무기력(無氣力) anuṭṭhāna.
무기력하게 함 vossakamma.
무기력한 사람 anuṭṭhātar.
무기를 소지한 āyudhīya.
무기를 지닌 자의 운명을 나타내는 특징 āvudhalakkhaṇa.
무기물(無機物) khaṇijadhātu.
무기에 대한 길흉의 점술 āvudhavijjā.
무기염(無機鹽) sindhava.
무기와 관계되지 않는 asatthâvacara.
무기와 함께하는 sahāvudha.
무기의 비[雨] āvudhavassa.
무기의 자루 tharu.
무기의 종류 āvudhabheda.
무기장사 satthavaṇijjā. satthavāṇijjā.
무난처(無難處)[열반(涅槃)] anārambha.
무너뜨림 vidhamana.
무너지다 nikkujjati.
무녀(巫女) atiyakkhā.
무능(無能) abhabbatā.
무능승(無能勝)의 ajita.
무능한 abhabba. abhājanabhūta. asamattha.
무능한 지혜를 가진 asamatthapañña.
무다얀띠[식물] mudayantī.
무당(巫堂) bhūtavejja.
무대(舞臺) raṅga. raṅgamaṇḍala. samajjaṭṭhāna.
무대(舞臺)에 samajjamajjhe.
무대(無對)의 appaṭigha.
무더운 gimhika.
무덤 cetiya. kaṭasi. kaṭasī.
무도(舞蹈) nacca. naccana.
무도(舞蹈)의 naccāyatta.
무도거(無掉擧)의 anuddhata.
무드라 muddā.
무등등(無等等) asamasama.
무량(無量) appamaññā.
무량광천(無量光天)[신계] Appamāṇâbha.
무량삼매(無量三昧) appamāṇasamādhi.
무량소연(無量所緣) appamāṇârammaṇa.
무량심(無量心) appamaññā.
무량심해탈(無量心解脫) appamāṇacetovimutti.
무량정천(無量淨天)[신계] Appamāṇasubha.
무량한 anappameyya. aparimāṇa.
무량한 빛의 amitābha.
무량한 자비 appamaññāmetta.
무력(武力) bala. bala(k)kāra.
무력(無力) nitthaddhana. dubbalya. dubballa.
무력으로 bala(k)kārena.
무력을 사용하다 pasahati.
무력의 사용 pasahana.
무력한 appatiṭṭha. appesakkha. nibbiriya. opakkhin.
무례(無禮) anādariya. anesanā. apavyāma. asakkāra. avamāna. omāna. vikkhalita. vimāna. vimānana.
무례한 abaddhamukha. anādara. anādariyaka. asabbha. asabbhin. dhaṁsin. upavajja.
무례함 upavajjatā.
무론(無論) natthikavāda.
무론자(無論者) natthika. natthikavādin.
무뢰한 마음 cittadubbhaka.
무료(無料) nimmūla.
무료기숙사 puññanivāsa.
무료로 mudhā. nimmūla.
무료숙박소 puññanivāsa.
무루(無漏)에 속하는 nirāsava.
무루(無漏)의 anāsava.
무릎 adduva. aṅka. jannu. jaṇṇu. jaṇṇuka. jānu. jāṇu. jānuka. ucchaṅga. upattha.
무릎 깊이의 jāṇumatta.
무릎 부분['무릎에 속한 것'] jaṅgheyyaka.
무릎 위로 ubbhajānumaṇḍalaṁ.
무릎을 위로 쳐든 uddhajānu.
무릎의 관절 ūrupabba.
무릎의 둥근 부분 jāṇumaṇḍala.
무릎의 슬개골 위에 uparijānumaṇḍala.
무리 gaṇa. gocchaka. gumba. kalāpa. parisā. pārisajja. saṁsad. saṇḍa. saṅgaṇikā. saṅgha. saṅkhepa. vagga. yūtha.
무리가운데에서 사는 saṅgaṇikāvihāra.
무리를 떠나 홀로 있음을 좋아하는 vaggārāma.
무리를 떠난 ogaṇa.
무리를 보존하는 kalāpânupalaka.
무리속에 있는 vaggavagga.

무리에 속하는 vaggiya.
무리와 함께 있지 않음 aparisā.
무리의 vaggiya.
무리의 더러움 parisadussanā.
무리의 스승 gaṇâcariya.
무리의 앞에서 abhito sabhaṁ.
무리의 우두머리 gaṇagaṇin.
무리의 지도자 yūthapa.
무리의 화합 gaṇasāmaggi.
무멸(無滅)[인명] Anuruddha.
무명(無明) tama. avijjā.
무명(無名)의 anāmaka.
무명개(無明蓋) avijjānīvaraṇa.
무명계(無明界) avijjādhātu.
무명과 관련된 avijjāsampayutta.
무명루(無明漏) avijjâsava.
무명류(無明流) avijjogha.
무명상응(無明相應) avijjāsampayutta.
무명수면(無明隨眠) avijjânusaya.
무명액(無明軛) avijjāyoga.
무명에 덮인 avijjānīvuta. avijjāpaṭicchanna.
무명에 오염된 avijjûpakiliṭṭha.
무명에 의한 번뇌 avijjāsava.
무명에 의해 얼빠진 avijjāsammūḷha.
무명에 의해 조건지어진 avijjûpanisa.
무명에 의해 파괴된 avijjāpabheda.
무명에 의해 혼란된 avijjāsammatta.
무명에 정복된 avijjâbhibhūta.
무명에 존재하는 avijjāgata.
무명에서 생겨난 avijjāsambhūta.
무명을 독약의 악영향으로 삼는 avijjāvisadosa.
무명을 뿌리로 하는 avijjāmūlaka.
무명을 원인으로 하는 avijjāhetuka. avijjāpabhava. avijjānidāna.
무명을 조건으로 avijjāpaccayā.
무명의 거센 흐름 avijjogha.
무명의 결박 avijjāsaṁyojana.
무명의 경향 avijjānusaya.
무명의 계란껍질 avijjaṇḍakosa.
무명의 고치 avijjākosa.
무명의 그물 avijjājāla.
무명의 다발 avijjākhandha.
무명의 덮개를 제거하는 avijjāpaṭaluddharin.
무명의 독(毒)에 감염된 avijjāvisadosalitta.
무명의 멍에 avijjāyoga.
무명의 발생 avijjāsamudaya.
무명의 백내장을 제거하는 avijjāpaṭaluddharin.
무명의 번뇌 avijjâsava.
무명의 사라짐 avijjāvirāga.
무명의 소멸 avijjānirodha.
무명의 속박 avijjābandhana.
무명의 어둠 avijjātamas.
무명의 얽매임 avijjāpariyuṭṭhāna.
무명의 장애 avijjānīvaraṇa.
무명의 제목 avijjākoṭṭhāsa.
무명의 제목 아래 avijjāmukhena. avijjāsīsena.
무명의 편견에 사로잡힘 avijjāpariyuṭṭhāna.
무명의 폐기 avijjāpahāna.
무명의 항목 avijjākoṭṭhāsa. avijjāpada.
무명이 앞서가는 avijjāpubbaṅgama.
무명전(無明纏) avijjāpariyuṭṭhāna.
무명천[섬유] paṭaka. paṭṭa.
무명촉생(無明觸生) avijjāsamphassaja.
무명폭류(無明暴流) avijjogha.
무모한 dappita. anottappin. anottāpin. pagabbha. atisūra.
무모함 anottappa.
무문(無聞) appassuta.
무문(無聞) appassuta.
무문자설(無問自說) udāna.
무미(無味) arasa.
무박(無縛)의 nijjaṭa.
무번천(無煩天)[신계] Aviha. Avihā devā.
무법(無法) atikkantatā.
무법자(無法者) kakkhaḷadhutta.
무변(無邊) ānañca.
무변(無邊)의 apariyanta.
무변지(無邊智) anantañāṇa.
무변허공(無邊虛空) anantākāsa.
무병(無病) anīti. ārogyatā. appābādha. appātaṅka. ārogiya. ārogga. ārogya. avyādhi.
무병(無病)으로 이끄는 anītikagāmin.
무병(無病)의 agada. agilāna. anītika. avyādhika. avyādhita.
무병교(無病憍) ārogiyamada. āroggamada. ārogyamada.
무보수(無報酬) amūla. amūlaka.
무복(無覆) amakkha.
무사(無私) alobha.
무사(無伺) avicāra.
무사(武士) saṅgāmayodha. yodha. yodhājiva.
무사(無事)한 sukhin.
무사유(無思惟) anābhoga.
무상(無常) anicca. aniccatā.
무상(無相) animittā.
무상(無上) anuttariya. ānuttariya.
무상(無常) 가운데 괴로움에 대한 지각 anicce dukkhasaññā.

무상(無常)에 대하여 명상하는 aniccakammaṭṭhānika.
무상(無常)에 대한 관찰 aniccânupassanā.
무상(無常)에 대한 지각 aniccasaññā.
무상(無常)에 대해 지각하는 aniccasaññin.
무상(無相)의 animitta.
무상(無常)의 특징 aniccalakkhaṇa.
무상(無常)한 anicca. asassata. addhuva. anibaddha. ittara. khaṇika.
무상고상(無常苦想) anicce. dukkhasaññā.
무상관(無常觀) aniccânupassanā.
무상녀(無相女) animittā.
무상론(無想論) asaññīvāda.
무상법(無常法) aniccadhamma.
무상사(無上士) anuttara.
무상사(無上師) anuttara.
무상삼매(無相三昧) animittasamādhi.
무상상(無常想) aniccasaññā.
무상상(無相想) animittasaññā.
무상성(無常性) aniccatā. khaṇikatta.
무상수관(無常隨觀) aniccânupassanā.
무상심해탈(無相心解脫) animittacetovimutti.
무상유(無想有) asaññabhava.
무상정등정각(無上正等正覺) anuttarasammāsambodhi.
무상천(無想天) asaññadeva.
무상촉(無相觸) animittaphassa.
무상태(無想胎) asaññin.
무상하지 않은 anittara.
무상한 것 aniccadhamma.
무상한 것을 결과로 갖는 aniccasādhanatā.
무상함을 느끼는 aniccapaṭisaṁvedin.
무상해탈(無相解脫) animittavimokkha.
무색(無色)의 arūpin.
무색계(無色界) arūpâvacara. arūpadhātu.
무색계(無色界)에 머무는 āruppagamana.
무색계(無色界)의 arūpa. arūpin. āruppa.
무색계결생(無色界結生) rūpâvacarapaṭisandhi.
무색계선(無色界禪) arūpajjhāna.
무색계선업(無色界善業) arūpacarakusalakamma.
무색계심(無色界心) arūpâvacaracitta.
무색등지(無色等至) arūpasamāpatti.
무색범천계(無色梵天界) arūpabrahmalokā.
무색선(無色禪) arūpajjhāna.
무색애(無色愛) arūpataṇhā.
무색유(無色有) arūpabhava.
무색일체처(無色一切處) arūpakasiṇa.
무색탐(無色貪) arūparāga.
무색편(無色遍) arūpakasiṇa.
무색편처(無色遍處) arūpakasiṇa.
무색행(無色行) arūpâvacara.
무생(無生) anuppāda. anuppādana.
무생(無生)의 ajāta.
무생물(無生物) nijjīva(ta). aviññāṇaka.
무생물의 anindriyabaddha. apāṇin.
무생지(無生智) anuppāda.
무서운 bhayānaka. bhāyitabbaka. bherava. bhesma. bhīma. bhīmakāya. bhīmala. bhiṁsa. bhiṁsana. bhiṁsanaka. bhīru. bhīta. bībhaccha. ghora. kakkhaḷa. ludda. pavyadhita. rabhasa. rudda. rūḷa. sadara. saddara. sambhīta. santāsin. santatta. sāsaṅka. utrāsin. utrasta. uttasana. vyamhita.
무서운 고통의 발생 kakkhaḷadukkhuppāda.
무서운 군대를 지닌 bhīmasena.
무서운 독 ghoravisa.
무서운 몸을 지닌 bhīmakāya.
무서운 소리를 내는 악마 bakkula.
무서운 자에게 구호를 행한 katabhīruttāṇa.
무서움 santasana. uttāsa.
무서워하게 하다 bhāyayate. bhāyāpeti. uttāseti.
무서워하는 tajjita. uttasta.
무서워하다 bhāyati. santasati. uttasati. vibheti. vibhāyati. viheti.
무서워하지 않는 nibbhaya.
무섭게 하는 santāsaniya.
무섭게 하다 santāseti. utrāseti.
무섭지 않은 anutrasta.
무성(無聲)의[문법] aghosa.
무성(茂盛)한 gahana.
무성찰(無省察) appaṭisaṅkhā.
무성처(無聲處) appasadda.
무성해지지 않은 anajjhārūḷha.
무세욕자(無世欲者) anokacārin.
무소[犀] palǎsata. khagga.
무소득(無所得) nikkāraṇa.
무소부재(無所不在) sabbatthatā.
무소뿔 khaggavisāṇa.
무소뿔과 같은 khaggavisāṇakappa.
무소뿔의 비유 khaggavisāṇakappa.
무소연(無所緣) anārammaṇa.
무소유(無所有) ākiñcañña.
무소유(無所有)의 akiñcana.
무소유심해탈(無所有心解脫) ākiñcaññacetovimutti.
무소유처(無所有處)[신계] Ākiñcaññāyatana.
무소유처천(無所有處天)[신계] Ākiñcaññāyatana.

무속(巫俗人) bhūtavejja.
무수(無數) nahuta.
무수난처(無水難處) nirudaka.
무수리 aṭṭhisaṁhāraka.
무수한 asaṅkha.
무수한 겁 kappanahuta.
무수한 공덕 satapuñña.
무수한 해[年] vassapūgāni.
무수행(無修行) abhāvanā.
무슨 목적으로 kamatthaṁ.
무슨 목적을 위하여 kimatthaṁ.
무슨 이유로 kiṁkāraṇā.
무시(無視) anādariya. apasāda. apavyāma. avajānana. avamāna. omāna. avamānana. nirākaraṇa. hāpana.
무시(無始)의 anamatagga.
무시당하지 않는 anirākata. anapamada. anāviddha. anoññāta. apamuṭṭha.
무시당한 kucchita. paribhūta.
무시된 abahumata. oñāta. oññāta. vimānita.
무시무시한 abbhāmatta. bhīmala. bhīru. bībhaccha.
무시무시한 모습을 한 bhīmarūpa.
무시무종(無始無終)의 anamatagga.
무시유전(無始流轉)의 교(敎) anamataggapariyāya.
무시하고 avokkamma. parammukhā.
무시하는 anādara. anādariyaka. avakārin. avokkamat. hāpaka. nirapekkha. vambhin. vimukha.
무시하다 ajjhāpekkhati. ajjhupekkhati. anupadhāreti. aparādheti. apaṭṭhapeti. atimaññati. avajānati. avajānāti. avamāneti. avamaññati. avarajjhati. hāpeti. laṅghati. niraṅkaroti. nirākaroti. nirassati. nidassati. ojānāti. okkamati. paribhavati. paribhoti. parihāpeti. riñcati. sammaddati. vambheti. vamheti. vimāneti.
무시하여 apavyāma.
무시하지 않는 ahāpayat.
무시하지 않은 anapaviddha.
무시해도 좋은 abbohāra.
무식(無識) āsañcicca.
무식한 appassuta.
무신(無信) assaddha.
무신락(無信樂) appasāda.
무신론(無神論) anissaravāda. adevadiṭṭhi.
무신론자(無神論者) adevadiṭṭhin. anissaravādin.
무심(無尋) avitakka.
무심(無心)하게 asatiyā.
무심무사정(無尋無伺定) avitakkâvicārasāmādhi.
무심유사정(無尋有伺定) avitakkavicāramattasamādhi.
무쌍(無雙)한 asamadhura.
무아(無我) anattan.
무아경(無我境)의 노래 sīhanādika.
무아관(無我觀) anattânupassanā.
무아론(無我論) anattavāda.
무아론자(無我論者) anattavādin.
무아법(無我法) anattadhamma.
무아상(無我相) anattalakkhaṇa.
무아상(無我想) anattasaññā.
무아에 대한 관찰 anattânupassanā.
무아에 대한 지각 anattasaññā.
무아의 특징 anattalakkhaṇa.
무아의 표지 anattalakkhaṇa.
무안(無眼)의 acakkhu.
무안(無顔)한 nitteja.
무안맹매(無眼盲昧)의 상태로 만듦 vicakkhukamma.
무안하게 만들다 nittejaṁ karoti.
무애(無碍)의 appaṭigha.
무애락(無愛樂) anabhinandana.
무애해(無碍解) paṭisambhidā.
무애해도(無碍解道)[서명] Paṭisambhidāmagga.
무애해보(無碍解寶) paṭisambhidāratana.
무언가 kiñci.
무언가 과도하게 있는 sātireka.
무언가 다른 aññattha.
무언가를 가지고 있는 sakiñcana.
무언극(無言劇) abhinaya. cāraṇika. cāraṇikanacca.
무엇 katama. kiṁ.
무엇 때문에 kamatthaṁ. kasmā. kena.
무엇보다 먼저 sabbapaṭhamaṁ.
무엇보다 중요한 sabbaseṭṭha. atyukkaṭṭha.
무엇보다도 ativiya. sīsaka.
무엇에 기초한 katthaṭṭhita. katthôgadha.
무엇에 의해 kena.
무엇에 포함된 katthapariyāpanna.
무엇으로 kissa.
무엇을 목적으로 하는 kimatthiya.
무엇을 설법하는 kimakkhāyin.
무엇을 위하여 kattha.
무엇을 위해 kimatthaṁ.
무엇의 kassa. kissa.
무엇이든 kiñci.

무엇이든 원해진 것을 주는 icchiticchitadāyaka.
무엇이든지 원해진 icchiticchita.
무엇이든지 원해진 것을 얻은 icchiticchitalābhin.
무엇이든지 원해진 모습 icchiticchitarūpa.
무엇이든지 원해진 순간 icchiticchitakkhaṇa.
무엇이든지 의해 kena.
무엇이든지['다른 것이 있더라도'] aññadatthu.
무엇인가 소리가 나도록 하는 것 vadāpana.
무엇인가의 kiñcana.
무에(無恚) avera. abyāpāda. avyāpāda.
무에(無恚)의 avera.
무에계(無恚界) abyāpādadhātu. avyāpādadhātu.
무에사(無恚思) abyāpādasaṅkappa. avyāpādasaṅkappa.
무에사유(無恚思惟) abyāpādasaṅkappa. avyāpādasaṅkappa.
무에상(無恚想) abyāpādasaññā. avyāpādasaññā.
무에심(無恚心) averacitta.
무에심(無恚尋) avyāpādavitakka.
무여(無餘)의 anupādisesa.
무여열반(無餘涅槃) anupādisesanibbāna.
무여열반계(無餘涅槃界) anupādisesanibbānadhātu.
무여의(無餘依) niravasesa.
무여의열반(無餘依涅槃) anupādisesanibbāna.
무역(貿易) kaya. saṁvohāra. vaṇijjā. vāṇijjā. vaṇippattha.
무역하다 saṁvohārati.
무연(無緣)의 appaccaya.
무연좌구(無緣坐具) adasakanisīdana.
무열천(無熱天) atappa. atappā devā.
무염오(無染汚)의 nirāmisa.
무외(無畏) abhaya. abhāyana. nissārajja. vesārajja. vigatabhaya.
무외(無畏)의 asambhīta.
무외산사(無畏山寺)[사원] abhayagiri.
무외자(無畏者) vītasārada.
무욕(無欲) anādāna. anejatta. nibbanatha.
무욕(無欲)의 akāmakāmin.
무용수(舞踊手) naccaka. naṭa. nāṭaka. naṭṭaka. nattaka.
무용수로서의 뱀 nāganāṭaka.
무용수마을의 촌장 naṭagāmaṇi.
무우(無憂)의 asoka.
무우수(無憂樹)[식물] asoka.
무우왕(無憂王) asoka.
무운천(無雲天)[범천계] anabbhakā. devā.
무원(無願) anāsā. appaṇidhāna.
무원(無願)의 appaṇihita.
무원삼매(無願三昧) appaṇihitasamādhi.
무원수관(無願隨觀) appaṇihitânupassanā.
무원촉(無願觸) appaṇihitaphassa.
무원해탈(無願解脫) appaṇihitavimokkha.
무위(無爲)의 akata. akaṭa. asaṅkhata.
무위계(無爲界) asaṅkhatadhātu.
무위법(無爲法) asaṅkhatadhamma.
무위의 세계 asaṅkhatadhātu.
무유(無有) vibhava.
무유견(無有見) vibhavadiṭṭhi.
무유루(無流漏) anavassava.
무유루(無流漏)의 anavassuta.
무유상자(無有想者) vibhūtasaññin.
무유애(無有愛) vibhavataṇhā.
무음처(無音處)의 appanigghosa.
무의(無疑) akathaṁkathā.
무의(無依)로 anupādā. anupādāya. anupādiyitvā.
무의(無依)의 nirupadhika.
무의락(無依樂) nirupadhisukha. nirūpadhisukha.
무의미한 attharahita. nāmaka. nippakāra. palāpa.
무의미한 말 atikathā.
무의미한 말을 하는 lāla.
무의반열반(無依般涅槃) anupādā.
무의식(無意識)[잠재의식] bhavaṅga. upaviññaṇa.
무의식의 상태 visaññitā. mucchā.
무의식적으로 asañcicca.
무의식적인 acetasika. asañcetanika.
무의주(無依住)의 즐거움 serivihārasukha.
무익(無益) abbhu. okāra. abhū.
무익어자(無益語者) anatthavādin.
무익으로 이끄는 anatthāvaha.
무익한 appasiddhika. appasiddhiya. anatthasaṁhita. manda. nirattha. niratthaka. niratthikā. nirupakāra. viphala.
무익한 것과 관련된 anatthayutta.
무익한 이야기 palapana. palapita.
무인(無因) ahetu. akāraṇa. anidāna. nikkāraṇa.
무인(無人) nimmanussa.
무인(無因)의 ahetuka.
무인(無人)의 avāsa.
무인가(無認可) ananuññā.
무인결생(無因結生) ahetupaṭisandhi.

무인론(無因論) adhiccasamuppattika. ahetukavāda. ahetuvāda.
무인론을 주장하는 견해 ahetukadiṭṭhi.
무인론자(無因論者) adhiccasamuppannika.
무인무연(無因無緣) ahetukâpaccaya.
무인상(無因相) animitta.
무인생기(無因生起) adhiccasamuppattika.
무인지대(無人地帶) anāvāsa.
무일푼의 assaka.
무자비(無慈悲) nikkaruṇā. palāsa. asaṁyama. khaḷa.
무자비한 karuṇāvirahita. khaḷa. makkhin. niddaya. palāsin. paḷāsin.
무자비한 자 palāsin. paḷāsin.
무작(無作) asaṅkhāra.
무작론(無作論) akiriyadiṭṭhi.
무작법(無作法) avinaya.
무장(武裝) sannāha.
무장된 āmutta. dassita.
무장애(無障碍)의 apalibuddha.
무장애의 지혜 anāvaraṇañāṇa.
무장지(無障智) anāvaraṇañāṇa.
무장하다 āmuñcati. sannayhati. vammeti.
무장한 sannaddha. vammika. vammita.
무쟁(無諍) araṇa. aviggaha.
무쟁(無争)의 aviggahaka. aviggahita. aviggahīta.
무쟁론(無争論)의 nippalāpa.
무쟁주자(無諍住者) araṇavihārin.
무적(無敵)의 anabhibhavanīya. appaṭibhāga.
무적(無敵)의 함성 appaṭināda.
무절제(無節制) avirati.
무절제한 amattaññu. asaññata. uddāma.
무정(無情)[무생물] appāṇaka. aviññāṇaka. nijjīva(ta).
무정(無情)[무자비] nikkaruṇā.
무정부상태(無政府狀態) arājakatta.
무정부상태의 rājaviraha.
무정부주의(無政府主義) rājavirodhitā.
무정하게 acittaka.
무정한[무생물의] aviññāṇaka. nijjīva. nijjīvata. anindriyabaddha. naṭṭhapasāda.
무정한[무자비한] acittaka. niddaya. nikkaruṇa. acetana.
무제한 요리하는 appamāṇapāka.
무제한적인 asīmita. aparimita. ananta.
무조건적인 appaccaya. appaṭiññābaddha.
무조림(無稠林) nibbanatha.
무종초(無種草) moca.
무죄(無罪) anāpatti.
무죄의 adaṇḍa. niraparādha.
무지(無智) aññāṇa.
무지(無知) appasacca. abujjhana. āsañcicca. bālya. tama. laṅgī. ananubodha.
무지각(無知覺) asaññā.
무지개 indacāpa. indadhanu.
무지를 야기하는 aññāṇakaraṇa.
무지에 대한 가르침 aññāṇadhamma.
무지에 뿌리를 둔 apariññāmūlaka.
무지에 의해 특징지어지는 aññāṇalakkhaṇa.
무지에 정복된 aññāṇâbhibhūta.
무지에서 오는 고통에 관한 aññāṇadukkha.
무지와 관련된 평정(平靜) aññāṇûpekkhā.
무지의 덮개 avijjānīvaraṇa.
무지의 멍에 avijjāyoga.
무지의 뿌리에서 유래하는 aññāṇamūlappabhava.
무지의 세계 avijjādhātu.
무지의 어둠 tamandhakāra.
무지의 요소 avijjādhātu.
무지의 잠재적 성향 avijjânusaya.
무지한 abodha. ajānant. ajānana. akovida. andha. andhabhūta. añña. aññāṇa. aññaṇaka. aññaṇin. aññāta. assutavat. aviddasu. avidu. avidvant. avijānant. bāla
무지한 가책자(呵責者) bālacodaka.
무지한 당파들과 사귀는 aññāṇapakkha.
무지한 비난자 bālacodaka.
무지한 상태 aññāṇabhāva. aññāṇatā.
무지한 자 avidū.
무지한 자에 속하는 aññāṇajātika.
무지한 행동 aññāṇacariyā.
무진(無瞋) adosa.
무진계(無瞋界) avyāpādadhātu.
무진선근(無瞋善根) adosakusalamūla.
무질서(無秩序) uppaṭipāti. uppaṭipāṭi. ākulatā. vyākulatā. saṅkhobha.
무질서하게 uppaṭipāṭiyā.
무질서하지 않은 abhinna.
무집착(無執着) anallīyana. anajjhosāna.
무집착하여 anajjhosāya.
무짤라[식물, 용왕] mucala. mucela.
무짤린다[식물, 용왕] mucalinda.
무착(無着) anādāna. anālaya. anupādāna.
무착처(無着處) anālaya.
무참(無慚)의 ahirika. ahirīka.
무참무괴(無慚無愧)의 ahirikânottapa. ahirīkânottapa.

무채(無債) āṇaṇya.
무책임(無責任) adhura.
무척 upacārena. upamāvasena
무척추동물(無脊椎動物) piṭṭhikaṇṭarahita.
무체착행(無滯着行) paṭilīna.
무축관(巫祝官) dovārika.
무치선근(無癡善根) amohakusalamūla.
무카베리아[악기] mukhabheriya.
무탐(無貪) agedhatā. alobha. ālobha. anabhijjhā.
무탐선근(無貪善根) alobhakusalamūla.
무탐에 대한 해석 alobhaniddesa.
무탐에서 생겨난 alobhaja. alobhasamudaya.
무탐으로 이루어진 alobhamaya.
무탐을 조건으로 alobhapaccaya.
무탐의 nillobha.
무탐의 결과인 것 alobhanissandatā.
무탐의 영향아래 시행된 alobhapakata.
무탐이라 불리는 alobhasaṅkhāta.
무탐자(無貪者) anabhijjhālu.
무표(無表) aviññatti.
무풍(無風)의 nivāta.
무학(無學) asekha. asekkha.
무학(無學)의 asekhiya.
무학력(無學力) asekkhabala.
무학인(無學人) asekkhapuggala.
무학정견(無學正見) asekkhasammādiṭṭhi.
무학정념(無學正念) asekkhasammāsati.
무학정명(無學正命) asekkhasammāājīva.
무학정사유(無學正思惟) asekkhasammāsaṅkappa.
무학정어(無學正語) asekkhasammāvācā.
무학정정(無學正定) asekkhasammāsamādhi.
무학정정진(無學正精進) asekkhasammāvāyāma.
무학정지(無學正智) asekkhasammāñāṇa.
무학정해탈(無學正解脫) asekkhasammāvimutti.
무학정행(無學正行) asekkhasammākammanta.
무학혜(無學慧) asekkhapaññā.
무한(無限) ānañca. appamaññā.
무한(無限)의 anodissaka. anupanāha.
무한(無限)하게 anodhiso.
무한공간의 경지 ākāsānañcāyatana.
무한공간의 세계 ākāsānañcāyatana. → 공간이 무한한 세계.
무한성(無限性) anantatā. ānantya.
무한에 대한 지각 anantasaññin.
무한으로 느껴진 정신 anantamānasa.
무한을 지각하는 appamāṇasaññin.
무한의 상태에 머무는 appamāṇavihārin.
무한의 정복자 anantajina.
무한의식의 경지 anantaviññāṇāyatana. viññāṇânañcāyatana. viññāṇañcāyatana.
무한의식의 세계 viññāṇânañcāyatanadhātu. viññāṇânañcāyatana. viññāṇañcāyatana. → 의식이 무한한 세계.
무한편만(無限遍滿) anodhisopharaṇa.
무한한 amita. ananta. anantavat. aparimāṇa. apariyantakata. appamāṇa. appameyya. asīmita.
무한한 광명 anantappabhā.
무한한 군대를 지닌 anantabalaporisa.
무한한 덕성을 지닌 appamāṇaguṇa.
무한한 덕행을 지닌 anantaguṇa.
무한한 명예 anantayasa.
무한한 방법을 지닌 anantanaya.
무한한 번영을 부여받음 anantabhogatā.
무한한 봄[지혜]을 지닌 anantadassin.
무한한 사람의 집합 anantajanasaṁsa(d).
무한한 사랑을 지닌 accantapemānugata.
무한한 사실 anantatā.
무한한 수행원을 지닌 anantaparivāra.
무한한 수행원이 주어진 anantabhogatā.
무한한 아름다움을 지닌 appamāṇasubha.
무한한 양의 anantaparimāṇa.
무한한 영광을 지닌 appamāṇâbha.
무한한 재치가 있는 anantapaṭibhānavat.
무한한 정진을 하는 anantaraviriya.
무한한 지혜를 지닌 anantapañña.
무한한 허공 anantākāsa.
무한한 허공의 경지 anantākāsāyatana.
무한한 활동영역을 갖는 appamāṇagocara.
무한한 힘 anantabala.
무해(無害) avihiṁsā. avihesā. avyāpajjha. avyāpajja.
무해계(無害界) avihiṁsādhātu.
무해를 즐기는 avyāpajjhârāma. avyāpajjharata.
무해를 최상으로 하는 avyāpajjhaparama.
무해사(無害思) avihiṁsāsaṅkappa.
무해사유(無害思惟) avihiṁsāsaṅkappa.
무해상(無害想) avihiṁsāsaññā.
무해상응(無害相應) avihiṁsāpaṭisaṁyutta.
무해신해(無害信解) avyāpajjhâdhimutta.
무해심(無害尋) avihiṁsāvitakka.
무해심사(無害尋思) avihiṁsāvitakka.
무해의 특징 avyāpajjhalakkhaṇa.
무해의 행복 avyāpajjhasukha.
무해한 appaduṭṭha. avyāpajjha. avyā- pajja.
무행(無行) asaṅkhāra.
무행반(無行般) asaṅkhāra.

무행반열반자(無行般涅槃者) asaṅkhāraparinibbāyin.
무행처(無行處) aparikkamana.
무허가(無許可) appaṭiññā.
무형(無形)의 arūpa.
무혜(無慧) duppañña.
무혜(無慧)의 nippañña.
무화과(無花果) udumbara.
무화과(無花果)의 odumbara. odumbaraka.
무환자(無患者) ariṭṭhaka.
무효(無效)로 하다 avākaroti. ukkalissati.
무효화(無效化) khepana.
무희(舞姬) lāsika. nāṭakā. nāṭakitthi.
무희(舞姬)의 동작 abbhokkiraṇa.
무희론(舞戱論)의 apaṇṇaka. appapañca. vipañcita.
무희론성(無戱論性) apaṇṇakatā.
묵다 acchati.
묵상하다 avajjhāyati.
묵언(默言) mūgabbata.
묵은 죽 bilaṅga.
묵인(默認) khanti. khantī.
묵인하는 khantika.
묶기 onaha. vinandhana.
묶기 위한 밧줄 vinandhanarajju.
묶는 ābandhaka. paṭimokkha.
묶는 것 nibandha.
묶는 것이 있는 판 gaṇṭhikaphalaka.
묶는 끈 paribhaṇḍa.
묶는 띠 paribhaṇḍa.
묶는 실 vinandhanasutta.
묶다 ābandhati. ābhujati. ādāti. ādadāti. ādāya. ālaggeti. antati. anughaṭeti. bādheti. bandhati. ganthati. ghaṭeti. nandhati. nayhati. nibandhati. olaggeti. onahati. onandhati. onayhati. paṭibandhati. paṭimuñcati. sambandhati. saṁyuñjati. sannayhati. sinoti. upanayhati. vinandhati. yojeti.
묶어 두다 niyameti.
묶여야 할 bandhanīya.
묶여있음 onāha.
묶여지다 sambajjhati. saṁyujjati.
묶여진 adejjha. niyamita. yojita.
묶은 머리가 풀어헤쳐진 것의 장애 vijaṭanapalibodha.
묶은 사람 bandha.
묶음 ābandha. ābandhana. ādāna. āyoga. bandhana. gantha. gaṇṭhi. kalāpa. kalāpaka. kalāpinī. kalāpī. nayhana. nibandhana. onahana. pūla. saṁyoga.
묶음 가운데 가장 좋은 것[보시로 기부된 첫 수확물] kalāpagga.
묶이다 bajjhati. ghaṭīyati. olaggati. paṭimuccati. yanti. yojiyati.
묶이지 않는 abajjhanta.
묶이지 않은 abaddha. abādha. anaddhabhūta. apariyāpanna. appaṭibaddha. nijjaṭa.
묶인 addhabhuta. addhābhūta. āveṭhita. baddha. gathita. naddha. nibaddha. olagga. paṭibaddha. paṭibaddhacitta. paṭibandha. paṭimukka. saṁvuta. saṁyutta. sandita. sannaddha. ubbhaṇḍa. ubbhaṇḍika. ubbhaṇḍita. uḍḍita. vinaddha. vinibaddha. yuja. yuta.
묶인 saññutta.
묶일 수 있는 bandhanīya.
묶임 sambandha.
문(門) alāra. dvāra. kavāṭa.
문(門 : 감관의 문)이 통제되지 않는 aguttadvāra.
문경자(聞經者) sotthiya.
문교(聞交) savanasaṁsagga. savaṇasaṁsagga.
문구(文句) padavyañjana.
문구위최자(文句爲最者) padanikkhepaparama.
문기둥 dvārabāhā. dvārakavāṭa.
문답(問答) pucchāvissajjanā. kathopakathana.
문답식으로 가르치다 pañhavissajjanena uggaṇhāpeti.
문둥병자 kuṭṭhika. kuṭṭhin.
문뒤의 코너 kavāṭakoṇa.
문들 사이에 antaradvāre.
문들이 있는 방 dvārasālā.
문무상(聞無上) savanânuttariya.
문미(門楣) piṭṭhasaṅghāta.
문밖에 bahidvārakoṭṭhake.
문방(門房) dvārasālā.
문방구상(文房具商) lipibhaṇḍika.
문법(文法) saddasattha. vyākaraṇa.
문법(文法)의 규칙에서 밝혀지지 않은 alakkhaṇika.
문법가(文法家) akkharacintaka. saddakovida. saddavidū. veyyākaraṇa.
문법을 공부한 katayoga.
문법적 일치를 요구하는 anuvattāpaka.
문법적인 설명 saddasiddhi.
문법학(文法學) saddanaya.
문사초(文邪草) muñja.
문색(門色) dvārarūpa.
문서(文書) lipi.

문설주 kavāṭapiṭṭha.
문소성(聞所成) sutamaya.
문소성혜(聞所成慧) sutamayapaññā.
문스톤 pāṭikā.
문신(文身) avaṅga.
문안의 사람 antovaḷañjanaka(parijana).
문앞에 뿌려진 음식 dvārabhatta.
문어 aṭṭhapāda.
문없는 āḷādvāraka.
문에 관련된 dvārika.
문에 의해 닫힌 것 kavāṭabaddha.
문위에 가로댄 상인방 piṭṭhasaṅghāta.
문을 닫는 dvārapidahana.
문의 가로대 kapisīsa.
문의 개방 kavāṭappaṇāmaṇa.
문의 기둥 aggaḷavaṭṭi.
문의 넓이 kavāṭappamāṇa.
문의 빗장 aggaḷarukkha. sūci.
문의 상인방(上引枋) uttarummāra.
문의 윗고리 uttarapāsaka.
문의 윗부분 aggadvāra.
문의 창문 dvāravātapāna.
문의 창문 안쪽에 dvārapānantara.
문의 통로 dvāratoraṇa.
문이 닫힌 kavāṭabaddha.
문이 없는 advārika.
문인(文人) ādhunikācariya. vyākaraṇaññū.
문자(文字) akkhara. akkharikā. kāra. lekhā. lekhana. lipi. vaṇṇa. vyañjana.
문자[어류] muñja.
문자가 있는 savyañjana.
문자그대로 mūlatthānusārena.
문자그대로의 saddānugata.
문자를 인식하는 게임 akkharajānanakīḷā.
문자를 지닌 savyañjana.
문자에 능한 vyañjanapaṭibhāna.
문장(文章) gada. saṁvacana. vākya.
문장(聞杖) sutāvudha.
문장고(文章考)[서명] Sambandhacintā.
문장의 앞부분 pubbapada.
문재(聞財) sutadhana.
문전가(文典家) veyyākaraṇa.
문제(問題) adhikaraṇa. ādhāratā. ṭhāna.
문제가 없는 appaṭṭha.
문제각(文蹄脚) bundikābaddha.
문제상(文蹄床) bundikābaddhamañca.
문제소상(文蹄小床) bundikābaddhapīṭha.
문제의 해결[교리상의] samatha.
문주(門柱) indakhīla.
문지기 dovārika. dvārapāla. dvārika.
문지르게 하다 apabbūhati.
문지르기 avalepa.
문지르다 āmasati. ghaṁsati. kaṇḍūyati. kaṇḍuvati. kaṇḍūvati. lañcheti. nighaṁsati. pahaṁsati. parighaṁsati. parimaddati. parimajjati. parisambāhati. sambāhati. sambāheti. saṅghaṁsati. saṅghaṭṭeti. sāreti. sārayati. ubbatteti. ubbaṭṭeti. ugghaṁseti. ummaddāpeti. ummaddeti. vilikhati.
문지른 parimaṭṭha. rosita. sallitta.
문지름 ghaṁsana. nighaṁsa. nighaṁsana. sambāhana.
문지방 elaka. eḷaka. udukkhalikā. ummāra.
문지방의 기둥 eḷakatthambhaka.
문질러 더러워진 ullitta.
문질러 떼다 apabbūhati. avalikhati.
문질러 바른 diddha.
문질러 바름 palepa.
문질러 벗기다 olikhati.
문질러 지우다 atighaṁsati.
문질러진 vilikhita.
문집자(聞集者) sutasannicaya.
문짝 kapisīsa. kavāṭa. kavāṭaphalaka.
문짝과 빗장으로 화려한 kavāṭaggaḷacittata.
문짝들 사이의 공간 kavāṭantarikā.
문짝의 구멍 kavāṭacchida.
문체(文體) paṇṇalekhanī. rīti.
문탑(門塔) gopura.
문턱 udukkhalikā.
문틀 aggaḷaphalaka.
문학(文學) sāhicca. ganthasamūha.
문학자(文學者) ganthakāra.
문학작품 pakaraṇa.
문학적인 sāhiccavisayaka. ganthasambandha.
문학적인 작품 sāhicca.
문헌(文獻) nyāsa. gantha. sāhicca. ganthasamūha.
문헌의 장 suttanta.
문헌학(文獻學) ganthavaṁsa. ganthasūci.
문화(文化) bhāvanā. siṭṭhācāratā. sabbhatā.
묻는 pucchaka.
묻다 abhipucchati. anupucchati. āpucchati. paripañhati. paripucchati. pucchati. sampucchati.
묻지 않고 anāpucchitvā.
묻지 않은 anāmanta.
물[水] ambha. ambu. aṇṇa. āpa. āpo. udaka. odaka. jala. kebuka. khara. daka. nīra. pāniya. papa. salila. toya. udaka. udda. vāla. vāri. ela(?).

oka. sajala.
물[水] 한 모금 udakagaṇḍūsa.
물가 mariyādā. udakanta. udakapariyanta.
물가의 둑을 따라서 anukūlaṁ.
물가의 언덕을 따르는 anukūla.
물가의 장소 odakantika.
물개구리 udakamaṇḍūka.
물거품 udakabubbula. udakapubbuḷa.
물건(物件) bhaṇḍa.
물결치는 ullulita.
물고기 ambuja. ambucārin. maccha. mīna. vālaja. vārija. sakula.
물고기가 없는 호수 khīṇamaccha.
물고기가 풍부한 bahumaccha.
물고기그물 khippa. kumina.
물고기밥 macchabhatta.
물고기뼈 macchasakalika. kaṇṭaka. kaṇṭhaka.
물고기뼈의 더미 kaṇṭakarāsi.
물고기와 육류 macchamaṁsa.
물고기의 암컷 macchī.
물고기행상 macchika.
물공급의 중단 udakûpaccheda.
물과 같은 āpasama. udakûpama.
물과 결합된 āpasannissaya.
물과 관계된 odaka.
물과 섞어 기름으로 준비한 udakatelaka.
물과 섞인 udakamissa(ka).
물과 육지에 사는 udakathalacara.
물과 육지에서 움직이는 udakathalacara.
물과 자리와 음식 udakāsanabhojana.
물과 진흙 udakakaddama.
물과 함께하는 sahūdaka.
물구덩이 sobbha. udakāvāṭṭa.
물굽이 nivattana.
물귀신 dakarakkhasa. gāha.
물그릇 pisīla. saraka. udakabhājana. udakapatta. udakatumba. udapatta.
물그릇에 손을 얹어 아내로 인정된 여인 odapattakinī. odapattakī. odapattikā. odapattiyā.
물기 ḍasana. vikhādana.
물기 있는 udika.
물기 있는 땅 anūpabhūmi.
물기 젖은 adda.
물긷기 ussiñcana.
물긷는 노예소녀 kumbhadāsī.
물긷는 하녀 kumbhadāsī.
물길 mātikā.
물다 ḍasati. ḍaṁsati.
물단지 amatta. bhiṅkāra. bhiṅgāra. dhammakaraka. ghaṭa. ghaṭīkaṭāha. kamaṇḍalu. kumbha. kuṇḍi. maṇika. maṇikā. tumba. pāniyaghata. udakakalasa. udakakumbha.
물단지를 가질 수 있는 kāmaṇḍaluka.
물단지를 운반하는 kamaṇḍaludhara. kamaṇḍaluka.
물단지의 물 kamaṇḍalūka.
물대게 하다 seceti.
물대게 하다 siñcāpeti.
물대는 (사람) siñcanaka. siñcaka.
물대다 siñcati. āsiñcati.
물더미 udakakāya. udakarāsi.
물던지기 udakukkhepa.
물도마뱀 deḍḍubha. deḍḍubhaka.
물들다 addāyate. parikilissati. piñjati. rajati. rajjati. rañjati.
물들은 palitta. piñjita. rañjita. ratta.
물들은 진홍색 raṅgaratta.
물들이다 kileseti. piñjeti.
물들지 않은 anāvila. anupalitta. asatta.
물러가게 하다 ussāreti.
물러간 āvatta.
물러나게 되다 saṁhīrati.
물러나게 하다 paṭileṇeti.
물러나다 avalīyati. oliyyati. oliyati. olīyati. osakkati. osappati. paccāgacchati. paccosakkati. paccuttarati. paṭilīyati. paṭisaṁharati.
물러난 avasaṭa. osaṭa. paṭikkanta. paṭikkantaka. paṭilīna. vūpakaṭṭha.
물러남 hāna. paccāgamana. paṭilīyana.
물러서게 하다 paṭikkamāpeti.
물러서다 paṭikkamati.
물러서지 않는 anavatthin. anāvattin. asallīna.
물러서지 않음 appaṭinissajjana. asallīnatta.
물러선 udāvatta.
물러섬 osakkanā. paṭikkama. paṭikkamana.
물로 (악의 제거를) 체험하는 vārivārita.
물로 가득 찬 udakabharita. udakapuṇṇa.
물로 가득 찬 협곡 udakakandara.
물로 가득 채워진 udakapūra.
물로 닦아냄 udakummajjana.
물로 뿌려진 udakaposita.
물로 시원해진 동굴 udakaleṇa.
물로 여기는 udakânupassin.
물로 이루어진 āpamaya.
물로 이루어진 경계표시 udakanimitta.
물로 이루어진 토대 udakûpanissaya.
물로 인해 평온한 udakaphāsu.
물로 인해 평온한 장소 udakaphāsuṭṭhāna.

물로 입헹구기 udakācamana.
물로 채우다 parisandeti.
물로 채워진 parisanna.
물로 채워진 그릇 udakathāla.
물리게 먹고 udarâvadehakaṁ.
물리게 하지 않는 atappaka. atappanīya.
물리다 nibbindati.
물리적으로 dhātuvasena.
물리적인 rūpamaya.
물리적인 원인을 통해 생성된 utunibbatta.
물리적인 질서 utu.
물리치다 apakaroti. atibāheti. avanindati. paṭibāhati.
물리학(物理學) rūpadhātuvijjā. padatthasattha.
물리학자(物理學者) rūpadhammavidū. padatthasatthaññū.
물린 daṭṭha. ḍasita. dhāta. suhita.
물물교환 cetāpana.
물물교환하다 cetāpeti.
물바가지 chavasarīra.
물방울 bindu. theva. udakabindu. udakaccheva. udakaphusita. vāribindu.
물방울처럼 빛나다 thevati.
물뱀 deḍḍubha. deḍḍubhaka. udakasappa.
물뱀머리모양의 허리띠 deḍḍubhaka.
물병 chavasitta. karaka. udakakaṭāha.
물보라 udakajallikā.
물부족 udakakkhaya.
물뿌리기 udakāsiñcana. udakasiñcana.
물새 udakakāka. nandīmukha. dakasakuṇika. pākahaṁsa. pokkhara.
물소 mahisa. mahiṁsa. māhisa.
물소리 udakasadda.
물소의 māhisa.
물소의 버터 māhisasappi.
물소의 수(酥) māhisasappi.
물소의 숙수(熟酥) māhisasappi.
물소의 싸움 mahisayuddha.
물소의 젖 māhisakhīra.
물속에 사는 udakaṭṭhaka.
물속에 있는 udakaṭṭha.
물속에서 나타남 ummujjā.
물속에서 떠도는 udakasañcārika.
물속에서 비틀기 udakavipphandita.
물속에서 사는 udakacara. vārigocara.
물속에서 움직이는 udakasañcārika.
물속에서 잡아채기 udakavipphandita.
물속에서의 삶 vārigocara.
물수리[조류] kukkuha. ukkusa. kurara.
물안개 udakajallikā.
물안의 장소 udakappadesa.
물어뜯다 anuḍasati.
물어지지 않은 anāmanta.
물어진 puṭṭha.
물에 가까이 사는 udakavāsa.
물에 기뻐하는 udakâbhirata.
물에 깨끗이 할 필요가 없는 adhovima.
물에 대하여 지각하는 āpasaññin.
물에 대한 두려움 udakabhaya.
물에 대한 목마름 udakapipāsā.
물에 대한 분쟁 udakakalaha.
물에 대한 선·표시 udakalekhā.
물에 들어가는 곳 udakatittha.
물에 떠내려가는 사람 vuyhamānaka.
물에 뛰어드는 udakôrohaṇa.
물에 머리를 내미는 것 ummujjā.
물에 비유되는 udakûpama.
물에 빠진 vuyhamānaka.
물에 빠짐 pilavana. palavana.
물에 사는 dakāsaya. jalagocara. udakanissita. udakûpajīvin. udakavāsa. udakavāsin.
물에 사는 생물 odakasatta.
물에 삶아진 udakasinna.
물에 서 있는 pokkharaṭṭha.
물에 싸인 parisanna.
물에 씨뿌리기 udakavappa.
물에 의한 우주의 파멸 āpasaṁvatta.
물에 의한 청정 udakasuddhi.
물에 의한 청정을 지향하는 udakasuddhika.
물에 의해 꺼진 udakânugata.
물에 의해 용해된 āpasaṅgahita.
물에 의해 자란 udakaposita.
물에 의해 파괴된 udakabhinna.
물에 의해서 압도된 udakânugata.
물에 잠기는 udakôgāhana. udakôrohaka.
물에 적셔진 parisanna.
물에 젖은 udakatemana. unna.
물에 젖은 모래 udakavāllikā.
물에 침식된 udakabhinna.
물에만 끓인 udakamattasitta.
물에서 나옴 udakummujjana.
물에서 나와 언덕에 도달한 자 uttaramānaka.
물에서 생겨난 udakaja. dakaja. elambiya. jalaja. odaka. udakaja. udakasambhāva. vārija.
물에서의 세정식(洗淨式) udakâbhisiñcana.
물웅덩이 udakadaha.
물위에 udakamatthake.
물을 가득 채운 subyāpitambu.

물을 가져가는 udahāriya.
물을 거르는 천 caṅgavāra. caṅgavāraka.
물을 건너는 곳 tittha.
물을 건넘 udakataraṇa.
물을 경멸하는 사람 āpagarahaka.
물을 긷는 바퀴 cakkavaṭṭaka.
물을 긷다 ussiñcati.
물을 깃는 도르래 ugghāṭana.
물을 깃는 밧줄과 양동이 ugghāṭana.
물을 끌어 댐 abbhāhana.
물을 끌어올리는 밧줄 udakavāhanarajju.
물을 나르는 udahāriya.
물을 나르는 가죽포대 cammaghaṭaka.
물을 나르는 사람 udahāraka.
물을 놓는 받침대 udakaṭṭhāna.
물을 닮은 āpasama.
물을 담는 가죽부대 udakabhasta.
물을 담는 작은 진흙사발 udakakapallaka.
물을 당김 abbhāhana.
물을 대다 abhivassati. āsiñcati. pāyeti.
물을 댄 sitta.
물을 데움 udakatāpana.
물을 떨어뜨리는 āpapaggharaṇin.
물을 마심 udakapāna.
물을 바름 udakapicchilla.
물을 보시하는 udakadāyaka.
물을 부음 udakasecanaka.
물을 빼다 ninneti. osiñcati. ussiñcati.
물을 뿌려 신성하게 함 abhiseka.
물을 뿌리다 abhisiñcati. āsiñcati.
물을 수집하는 udakasaṅgaha.
물을 실은 수레 udakasakaṭa.
물을 싫어하는 사람 āpajigucchaka.
물을 운반하는 udakavāha.
물을 운반하는 것 vārivāha.
물을 저장하기 위한 용기 udakādhāna.
물을 정화하는 udakappasādaka.
물을 주는 sajalada.
물을 즐기는 āpâbhinandin.
물을 지닌 sodaka.
물을 찬양하는 사람 āpapasaṁsaka.
물을 치기 udakapoṭhana.
물을 포함하는 sahodaka.
물을 푸기 위한 조정들보 udakubbāhanatulā.
물음 pañha. pucchana.
물의 거센 흐름 udakôgha.
물의 걸러냄 udakaparissāvana.
물의 경로 udakavāhaka.
물의 고갈 udakakkhaya. udakapariyādāna.
물의 광대한 존재 āpomahābhūta.
물의 끝 udakanta.
물의 더미 udakakkhandha.
물의 두루채움을 위로 아래로 옆으로 유일하게 한량없이 지각하는 것 āpokasiṇa.
물의 두루채움이라는 명상수행의 토대 āpakasiṇa.
물의 백합 vārikiñjakha.
물의 범람 udakavāhaka. udakôgha.
물의 보시 udakadāna.
물의 분출 udakadhārā. udakavaṭṭi.
물의 뿌림 udakanisseka.
물의 상승 udakuggamana.
물의 상태 āpasabhāva.
물의 색깔 dakavaṇṇa.
물의 생존에 대한 질문 udakajīvanapañha.
물의 성질 āpagata. āpasabhāva.
물의 세계 āpodhātu.
물의 수급 udakāharaṇa. udakaharaṇa.
물의 순환의 순서 udakavāra.
물의 습기 udakasineha.
물의 쏟아짐 udakadhārā.
물의 양태 āpagata.
물의 요소 āpodhātu.
물의 요정 udakarakkhasa.
물의 용 udakanāga.
물의 운반자 udakahārin.
물의 인상 udakanimitta.
물의 저장용기 udakanidhāna.
물의 조건을 지닌 udakagatika.
물의 조류(潮流) udakavaḍḍhanasamaya.
물의 짐 udakabhāra.
물의 차단 udakûpaccheda.
물의 청정 udakasuddhi.
물의 출현 udakauppatti.
물의 측량단위 udakāḷhaka.
물의 파도 udakûmika.
물의 표면 udakapiṭṭha. udakatala.
물의 표면에 있는 udakapiṭṭhika.
물의 헌공 udakapūjā. udakakamma.
물의 홀 udakamāḷaka.
물의 확산 āpapharaṇa.
물의 획득 udakapaṭiggaha.
물의 흐름 saliladhārā. udakadhārā. udakappavāha. udakasota. udakavāhaka.
물이 가득 찬 호수 pūrarahada.
물이 가득한 구멍 udakañjali.
물이 가득한 두 손의 공간 udakañjali.
물이 골골 소리 내는 것 gaggaraka. gaggalaka.

물이 골골 소리를 내다 gaggarāyati.
물이 너무 많은 accodaka.
물이 넘치는 unna.
물이 담긴 솥모양의 큰북 udakabheri.
물이 되는 udakagatika.
물이 되어버린 udakībhūta.
물이 들어오는 곳 aya.
물이 떨어진 āsittôdaka.
물이 많은 udaññavant.
물이 많은 산죽(酸粥) udakakañjika.
물이 밴 udakagaruka.
물이 뿌려진 abhivuṭṭha. āsitta. ositta. sitta. udakasitta. upasitta.
물이 새는 udakagāhin.
물이 없는 anodaka. anudaka. apānaka. appôdaka. nirudaka. vodaka. appodaka.
물이 없는 강 anadi.
물이 없는 상태 apānakatta.
물이 없는 하천 anadi.
물이 없는 황량한 곳 nirudakakantāra.
물이 있는 saudaka. sodaka. udika.
물이 있는 밭 anūpakhetta.
물이 있는 장소 udakaṭṭhāna.
물이 적은 appôdaka.
물이 차가운 sītôdaka.
물이 충분히 채워진 subyāpitambu.
물이 풍부한 bahûdaka. bahvodaka.
물이 풍부한 상태 āpussadatta.
물이 필요한 udakatthka.
물이라는 지각 udakasaññā.
물장난 udakakīḷā. udañjala.
물저장소 pāniyamaṇḍapa.
물적 토대가 없는 avatthuka.
물주는 자 vārida.
물주머니 cammaṇḍa.
물주전자 kuṭa. udakaghaṭa. uddekanika.
물질(物質) āmisa. rūpa. padattha.
물질계(物質界) rūpadhātu.
물질계에 대한 지각을 뛰어넘은 arūpasaññin.
물질계의 장소가 아닌 arūpokāsa.
물질성(物質性) oḷārikatā. oḷārikatta.
물질에 대한 갈애 āmisataṇhā.
물질에 대한 미세한 통찰 rūpasokhumma.
물질에 대한 집착 rūpûpādāna.
물질에 대한 환희 rūpanandi.
물질에서 만들어진 신체 rūparūpa.
물질을 아는 자 rūpaññū.
물질의 공급 rūpûpādāna.
물질의 다발 rūpakkhandha.
물질의 다발에 속한 법 rūpīdhamma.
물질의 덩어리 rūpapuñja.
물질의 맛 rūparasa.
물질의 무리 rūpakāya.
물질의 분류 rūpasaṅgaha.
물질의 성질 rūpatā. rūpatta.
물질의 영역 rūpāyatana.
물질의 요소 rūpadhātu.
물질의 조합 rūpasaṅgaha.
물질의 존재 rūpadhamma.
물질의 집착다발 rūpûpādānakkhandha.
물질의 차별에 관한 지혜 rūpavavatthāpanapaññā.
물질의 추구 āmisesanā.
물질의 출현 rūpûpahāra.
물질의 특징 oḷārikalakkhaṇa. rūpanimitta.
물질의 풍요 āmisiddhi.
물질의 향수 rūpabhoga.
물질이 차지하는 공간 rūpokāsa.
물질이라는 명상주제 rūpakammaṭṭhāna.
물질적 rūpa°. oḷārika. sāmisa.
물질적 대상 rūpārammaṇa.
물질적 성취 āmisiddhi.
물질적 양상 vaṇṇadhātu.
물질적 외관의 구성 vaṇṇadhātu.
물질적 요소 loka.
물질적 존재 bhūta.
물질적·정신적 과정에 대한 연기적 관점 sapaccayanāmarūpadassana.
물질적인 rūpa°. oḷārika. sāmisa.
물질적인 것 āmisa.
물질적인 것에서 유래하는 즐거움의 요소를 버림 oḷārikasukhaṅgappahāna.
물질적인 것으로 하는 보시 āmisadāna.
물질적인 것을 열망하는 āmisatthin.
물질적인 것을 자신의 몫으로 하는 āmisakoṭṭhāsa.
물질적인 것을 중요시하는 āmisagaru.
물질적인 것을 즐김 āmisaparibhoga.
물질적인 것의 기증 āmisapariccāga.
물질적인 것의 베풂 āmisacāga.
물질적인 것의 수용 āmisapaṭiggaha.
물질적인 고통 sāmisadukkha.
물질적인 구성물 oḷārikasaṅkhāra.
물질적인 몸 rūpakāya.
물질적인 몸을 지닌 oḷārikasarīra.
물질적인 선물 āmisapaṇṇākāra.
물질적인 선물로 손님을 환영하는 āmisâtittheyya.

물질적인 선물에 친절하게 환영하는 것 āmisapaṭisanthāra.
물질적인 성분 rūpa.
물질적인 성질을 가진 rūpin.
물질적인 세계 okāsaloka.
물질적인 세계에 대한 안내 okāsalokasūdanii.
물질적인 신체 oḷārikakāya.
물질적인 음식을 먹는 kabaliṅkārabhakkha.
물질적인 자양 kabaliṅkārāhāra.
물질적인 자양에 의존하는 kabaliṅkārāhārûpanibaddha.
물질적인 자양으로 사는 kabaliṅkārāhārûpajīvin.
물질적인 자양으로 형성된 자아 kabaliṅkārāhārabhakkhâtta.
물질적인 자양을 먹는 자아 kabaliṅkārāhārabhakkhâtta.
물질적인 자양의 조건 kabaliṅkārāhārapaccaya.
물질적인 저촉이 있는 sappaṭigha.
물질적인 즐거움 sāmisasukha.
물질적인 필요에 따른 친절 āmisapaṭisanthāra.
물질적인 한계가 없는 asaṁvuta.
물질적인 형상의 지속 rūpasantati.
물질적인 형성 oḷārikasaṅkhāra.
물질주의(物質主義) lokāyatavāda.
물질주의자(物質主義者) lokāyatika.
물질현상(物質現象) rūpokāsa.
물집 phoṭa. phoṭaka.
물체(物體) dabba.
물컵 udakamallaka. udakasarāvaka.
물통 nipāna. udakadoṇī. udakavāraka. udañcana.
물퍼내기 ussiñcana.
물푸기 udañcanī.
물품(物品) bhaṇḍa.
물항아리 kalasa. karaka.
묽은 고기 수프 paṭicchādaniya.
묽은 수프 akaṭayūsa.
묽은 죽 thusodaka.
뭇삶 loka. satta.
뭇삶을 유익하게 하는 삶의 실천 lokatthacariyā.
뭇삶의 생사에 대한 앎의 명지 sattānaṁ cutūpapātañāṇavijjā.
뭉게구름 abbhaghana.
뭉게구름의 정점 abbhakūṭa.
뭉둥이와 칼 daṇḍasattha.
뭉치 cakkali. kalāpa. kalāpaka. kalāpinī. kalāpī.
뭉치다 saṁyūhati.
뭉치로 bilaso.
뭉친 saṁyūḷha.
미(美) rūpasampatti. rūpasobhā. sobhā. surūpatā. pokkharatā. sobhagga. rūpasiri. vaṇṇapokkharatā → 아름다움.
미가라마뚜빠싸다[승원] migāramātupāsāda.
미각(味覺) jivhā.
미각감성 jīhvappasāda.
미각감역 jivhāyatana.
미각기관 jivhādvāra.
미각기능 jivhindriya.
미각능력 jivhindriya.
미각대상 rasa.
미각대상을 즐기는 rasâda.
미각문(味覺門) jivhādvāra.
미각문의 인식과정 jivhādvāravīthi.
미각성(味覺性) jīhvappasāda.
미각세계 jivhādhātu.
미각신경 rasaharaṇī.
미각에 감촉되는 jivhāsamphassa.
미각영역 jivhāyatana.
미각요소 jivhādhātu.
미각을 구성하는 열 가지 요소 jivhādasaka.
미각의 물질적 토대 jivhāvatthu.
미각의식 jivhāviññāṇa.
미각의식에 속하는 jivhāviññeyya.
미각의식의 세계 jivhāviññāṇadhātu.
미각의식의 인식과정 jivhādvāravīthi.
미각작용 jivhindriya.
미각접촉 jivhāsamphassa.
미각접촉에 의해 생겨나는 느낌 jivhāsamphassajā vedanā.
미각토대 jivhāvatthu.
미간(眉間) pakhumantarikāyaṁ.
미간백호(眉間白毫) uṇṇaloma. uṇṇāloma.
미간백호상(眉間白毫相) bhamukāloma.
미개인(未開人) milāca. milakkha.
미결정(未決定) vikappa.
미경(味境) rasavisaya.
미계(味界) rasadhātu.
미곡(米穀) taṇḍula.
미곡판매상(米穀販賣商) taṇḍulika.
미끄러운 sinehaniya. picchila. supicchita.
미끄러움 adda.
미끄러지다 līyati. ogalati. ogaḷati. sappati.
미끄러짐 sappana.
미끌미끌한 senesika. senehika. siniddha.
미끼 āmisa.
미끼를 끼운 (낚싯바늘) āmisagata.
미끼를 바라는 āmisapekkhin.
미끼짐승 cetaka.
미녀(美女) rūpavatī.

미는 것 paṭikaḍḍhanā.
미늘이 있는 화살의 모양을 한 kaṇṇikasalla-saṇṭhāna.
미덕(美德) sagguṇa.
미란심(迷亂心) vibbhantacitta.
미란왕문경(彌蘭王問經) milindapañhā.
미래(未來) āgamana. anāgata. anāgataṁsa. aparanta. aparabhāga. aparanta. āyati. uttarakāla. āyatagga.
미래론(未來論) aparantakappa.
미래론자(未來論者) aparantakappika.
미래를 알게 해주는 표지 lakkhaṇa.
미래를 위한 행복을 가져오는 anāgatasukhâvaha.
미래분(未來分) anāgataṁsa.
미래분지(未來分智) anāgataṁsañāṇa.
미래불(未來佛) buddhabījaṅkura.
미래불의 역사 anāgatavaṁsa.
미래사(未來史)[서명] Anāgatavaṁsa.
미래성(未來性) anāgatabhāva.
미래소연(未來所緣) anāgatârammaṇa.
미래시(未來時) anāgataddha.
미래시제[문법] anāgatâdhivacana. anāgatavacana.
미래시제의 형식[문법] anāgatarūpa.
미래에 abhisamparāya. āyatiṁ. uddha. uddhaṁ.
미래에 관한 갈망들 anāgatappajappā.
미래에 대한 두려움 anāgatabhaya.
미래에 대한 앎 anāgataṁsañāṇa.
미래에 대한 진술 anāgataddhakatha.
미래에 대한 질문 anāgatapucchā.
미래에 속하는 anāgatakālika.
미래에서의 만남 anāgatasamāgama.
미래와 결부된 aparantasahagata.
미래와 관련된 anāgatasambandha.
미래와 관련된 독단적인 견해(를 지닌) aparantânudiṭṭhi.
미래왕국(未來王國)[미얀마] aparantaraṭṭha.
미래의 āgamanaka. anāgata. anāraddha. apara. āyatika. para. uttara.
미래의 감각대상 anāgatârammaṇa.
미래의 공포 anāgatabhaya.
미래의 때 anāgataddha.
미래의 상태 anāgatabhāva. samparāya.
미래의 시간 anāgataddha.
미래의 운명 abhisamparāya.
미량(微量) lava.
미려(美麗) vaṇṇatā.
미려골(尾閭骨) ānisadaṭṭhi.
미로발란 나무의 열매 osadhaharīṭaka.
미로발란[식물] harītaka. harīṭaka. harītakī.
미로발란의 과일 agadâmalaka. agadaharīṭaka.
미륵(彌勒)[未來佛] metteyya.
미리 paṭigacca. paṭikacca.
미리 말하는 pubbabhāsin.
미리 행하는 pubbakarin.
미립(米粒) taṇḍula.
미망(迷妄) pamohana. sammoha.
미망에 현혹됨 sammohâbhinivesa.
미망의 경향 sammohâbhinivesa.
미망인(未亡人) vidhavā.
미망현탐(迷妄現貪) sammoha.
미모(眉毛) pakhuma.
미모(美貌)를 갖춘 rūpasahagata.
미모의 십년간 vaṇṇadasaka.
미묘(微妙) sukhuma.
미묘단려(美妙端麗) subhavaṇṇanibha.
미묘한 anoḷārika. nipuṇa. sukhuma. susukhuma. udatta.
미묘한 견해 sukhumadiṭṭhi.
미묘한 뜻 nipuṇattha.
미묘함으로 이끄는 길 nipuṇagāmomagga.
미미(美味) sādu.
미발육(未發育) avirūḷhi.
미복(美服) siṅgāra.
미사(眉寺) missaka.
미사(美辭) ukkācanā.
미사가(眉沙迦)[지명] Missaka.
미사색부(彌沙色部)[부파] Mahiṁsasaka.
미사여구(美辭麗句) sammukkācanā.
미사여구로 길들여진 ukkācitavinīta.
미사여구로 길들여진 대중 ukkācitavinītā parisā.
미사여구를 좋아하는 자 atipaṇḍitatādassāvin.
미사여구를 추구하는 자 sundarapāṭhagavesin.
미사여구의 ukkācita.
미사일 asana. jevanīya. attha.
미산녀(未産女) avijātā.
미상(味想) rasasaññā.
미생(未生)의 anuppanna.
미생물(微生物) aṇuppamāṇajīvin. sukhumapāṇī. khuddajantu.
미생원(未生怨) ajātasattu.
미설(米屑) kuṇḍaka.
미성조(美聲鳥) karavī. karavīka. karavīya.
미세(微細) sokhumma. sukhumatta. sokhummatā.
미세지(微細智) sokhumma. sokhummatā.
미세하고 거친 aṇuṁthūla.

미세한 anoḷārika. aṇu. khuddânukhuddaka. sālina. sukhuma.
미세한 물질계 rūpâvacara.
미세한 물질계에 대한 갈애 rūpataṇhā.
미세한 물질계에 대한 탐욕 rūparāga.
미세한 물질계에서의 선정의 성취 rūpasamāpatti.
미세한 물질계에의 결생 rūpâvacarapaṭisandhi.
미세한 물질계의 네 가지 선정 cattāri jhānāni.
미세한 물질계의 마음 rūpâvacaracitta.
미세한 물질계의 선정 rūpajhāna.
미세한 물질계의 존재 rūpabhava.
미세한 물질계의 착하고 건전한 업 rūpâvacarakusalakamma.
미세한 물질의 세계 rūpadhātu.
미세한 물질의 세계에 태어난 rūpûpāpatti.
미세한 물질의 영역(色界)에 속하는 rūpin.
미소(微笑) mihita. mhita. sita. mihati. mandahāsa. hasita.
미소를 불러일으키는 hasituppāda.
미소를 불러일으키는 마음 hasituppādacitta.
미소를 불러일으키는 일 자체 hasituppādakiriyā.
미소짓는 mihita. mhita.
미수죄(未遂罪) thullaccaya.
미숙(未熟) sārajja.
미숙업(未熟業) aparipakkakamma.
미숙한 aparipakka. sārada. sārāda.
미술(美術) cittakamma.
미스터리 rahassa.
미시설(未施設)의 apaññatta.
미식(美食) manuññabhojana.
미식가(美食家) paṇītabhojin.
미신과 터부 sīlabbata.
미신적 행위 vata.
미신적인 kotūhalamaṅgalika. maṅgalika.
미신적인 견해가 없는 akotūhalamaṅgalika.
미신적인 견해나 실천이 없는 apagatakotūhalamaṅgalika.
미신적인 관점이 없는 akutūhala.
미싸까 missaka.
미애(味愛) rasataṇhā.
미약(媚藥) vasīkaraṇosadha.
미완성의 anavosita. sāvasesa. sakaraṇīya.
미요의(未了義) neyyattha.
미요의법(未了義法) neyyatthadhamma.
미용사 kappaka. nahāpita.
미용실 nahāpitasālā.
미움 dosa.
미움에 해당하는 dosasama.
미워하다 viddessati.
미워하지 않는 adussita.
미워하지 않음 adussanā.
미음정사(美音精舍) ghositârāma.
미음조(美音鳥) sālikā. sāliyā. sāḷikā. sāḷi. sāliya.
미의사(味思) rasasañcetanā.
미의사(味意思) rasasañcetanā.
미인(美人) kalyāṇī. sundarī.
미인의 sundara.
미장이 palagaṇḍa.
미조마(未調馬) khaluṅka. khaḷuṅka.
미증유(未曾有)의 abbhuta.
미증유법(未曾有法) abbhutadhamma.
미지당지근(味知當知根) anaññātaññāssāmitindriya.
미지현(味持現) rasûpahāra.
미쳐 날뛰는 코끼리 hatthippabhinna.
미처(味處) rasāyatana.
미치게 만들다 ummādayati. ummādeti.
미친 abhisammatta. anummata. pamādin. ummatta(ka). ummattakarūpa. sammatta.
미친 사람 ummattakapurisa.
미친 사람을 위한 동의 ummattakasammuti.
미친 사람의 등장 ummattakavesa.
미친 사람의 본성을 지닌 ummattakasabhāva.
미친 여자 ummattikā.
미친 코끼리 madahatthin. mattakuñjara. mattagaja. mattahatthin.
미친개 alakka. atisuṇa. ummattakasunakha.
미칠 영향 kattabbappasaṅga.
미터 metu.
미풍(微風) pavāta.
미현관자(未現觀者) anabhisametāvin.
미현현(未顯現)의 avyatta.
미혹(迷惑) parimohita.
미혹되지 않은 amucchita.
미혹된 parimohita.
미혼(未婚)의 apariggaha.
미혼녀(未婚女) apatikā. kaññā.
미혼상태 apariggahabhāva.
미화(美化)된 abhimaṇḍita.
미화하다 sobheti. maṇḍeti. bhūseti. alaṅkaroti.
민감성(敏感性) tikhiṇindriyatā.
민감하지 못한 appaṭivijānanta.
민감한 khippābhiñña. tikhiṇindriya. hirimant. lajjābahula.
민둥산 muṇḍapabbataka.
민둥의 muṇḍa.
민병대(民兵隊) sacchandāgatasenā.

민족(民族) manussajāti. ekasadisajanatā.
민족에 속하는 varisaja.
민족의 관습 jātikācāra. desācāra.
민족적인 jātika. °jātiya. desīya. māṇavajātivisayaka.
민족주의(民族主義) desabhatti. desānurāga.
민족지학(民族誌學) vijjānukūlamāṇavapabhedadīpana.
민족학(民族學) māṇavajātivijjā.
민족학자(民族學者) māṇavavijjāvidū.
민족학적인 māṇavavijjāyatta.
민중(民衆) puthusatta. mahājana.
민첩한 hāsa. hāsu°. sekhavant. tura. vājin.
민첩한 지혜를 지닌 hāsapañña.
민첩함 lahutā.
민활(敏活) javana.
믿게 되다 pasīdati.
믿게 만드는 paṭiñña.
믿게 만들다 saddahāpeti.
믿게 하는 자 pasādetar.
믿게 하다 pasādeti.
믿는 abhippasanna. apatthaddha. paṭisārin. pattiya. saddha. sussūsin.
믿는 대로 yathāsaddhaṁ.
믿다 abhippasīdati. abhisaddahati. adhimuccati. asmasati. maññati. pattiyāyati. saddahati. takketi.
믿어지지 않는 avissāsaniya. avissāsanīya.
믿을 가치가 없는 asaddheyya.
믿을 만한 akkhaya. anāsaṅka. paccayika. paccāyika. abhejja. akuha. anivattanadhamma. paccāyika. saddha. saddhāyika. theta. vissāsaka. vissāsika. vissāsaniya.
믿을 만한 사람 adhimuccitar.
믿을 만한 성격을 지닌 abhejjarūpa.
믿을 만한 용감한 전사 abhejjavarasūramahāyodha.
믿을 수 없는 anassāsika. appatiṭṭhita. asaddheyya. asaddhiya. avissāsaniya. avissāsanīya. saṭha.
믿을 수 없는 말 appatiṭṭhitavacana.
믿을 수 있는 saccasandha. saddhāyika. vissāsaniya.
믿음(信) abhipattiyanā. abhippasāda. abhisaddahana. adhimutti. adubbhana. pasāda. pasādana. pasādanī. pasīdana. pasīdanā. pattiya. saddahanā. saddhā. saddhāyita.
믿음에 경도된 saddhâdhimutta.
믿음에 따라 yathāsaddhaṁ.
믿음에 따라 가는 saddhânusārin.
믿음에 의한 해탈 saddhāvimutti.
믿음에 의해 바치는 것 saddhādeyya.
믿음에 의해 이루어진 saddhāpakata.
믿음에 적응하는 saddhâdhimutta.
믿음으로 해탈한 님 saddhāvimutta.
믿음을 갖춘 saddhāsampanna.
믿음을 놓은 자 muttasaddha.
믿음을 일깨우다 abhippasādeti.
믿음을 주는 abhivissattha. pasādaniya.
믿음을 주는 법 pasādaniyadhamma.
믿음을 주는 사람 pasādetar.
믿음을 행하는 saddhācariya.
믿음의 광대함 saddhāvepulla.
믿음의 구족 saddhāsampadā.
믿음의 능력 saddhindriya.
믿음의 믿음 saddhādhana.
믿음의 실천자 saddhācarita.
믿음의 재물 saddhādhana.
믿음의 재보 saddhādhana.
믿음의 특징 pasādaniyanimitta. saddhāpadāna.
믿음의 풍부 saddhāvepulla.
믿음의 행복이 없는 apasanna.
믿음의 행자 saddhānusārin.
믿음의 힘 saddhābala.
믿음이 깊은 subbata.
믿음이 없는 asaddha. assaddha.
믿음이 없는 것 assaddha.
믿음이 있는 anubbata. anuratta. saddha.
믿음이 있는 친구 anukūlamitta.
믿지 않고 apattiyāyitvā.
믿지 않는 appasanna. asaddha. assaddha.
믿지 않음 asaddahana.
밀 godhūma.
밀가루 piṭṭha. sattu.
밀가루 덩어리 piṭṭhapiṇḍi.
밀가루 반죽으로 만든 인형 piṭṭhadhītalikā.
밀가루 음식 piṭṭhakhādaniya.
밀가루로 만든 (반죽) katapiṭṭha.
밀가루로 만든 술 piṭṭhasurā.
밀가루로 만든 풀 piṭṭhamadda.
밀가루포대 sattupasibbaka. sattubhasta.
밀고 나가다 ussādeti.
밀고 나아가다 anupakkhandati.
밀고자 sūcaka.
밀과수(蜜果樹) madhuka.
밀기 paṭikaḍḍhanā.
밀납(蜜臘)을 섞은 분말 saritasipāṭikā.
밀다 paṭicaleti. sumbhati. sumhati.

밀당(蜜糖) madhupa. madhuphāṇita.
밀당덩어리 madhupiṇḍika.
밀랍(蜜蠟) sitthaka. madhusittha(ka).
밀랍유(蜜蠟油) sitthatelaka.
밀려나오다 nippatati.
밀려와서 화환처럼 부서지는 파도 kallolamālā.
밀린다빵하[경장] Milindapañhā.
밀림(密林) gahana. vanasaṇḍa.
밀물 udakôtaraṇa.
밀부(密夫) gamiya.
밀사(密使) cara. caraka. cariyamanussa.
밀사(密事) guyhamanta.
밀소(密所) sambādha.
밀실회의 rājâdhikaraṇa.
밀어내다 apabbūhati.
밀어넣다 acchupeti.
밀어자(蜜語者) madhubhāṇin.
밀의(密義) guyhattha.
밀적(蜜滴) madhubindu.
밀적역사(密迹力士) guyhaka.
밀적천(密跡天)[나찰] guyhaka.
밀접한 관계 upanibandha. upanibandhana.
밀접한 관계를 목표로 하는 upanibandhanattha.
밀접한 관계를 이익으로 갖는 upanibandhanānisaṁsa.
밀정(密偵) guyhamanta. cara. caraka. cariyamanussa.
밀주(蜜酒) madhāsava.
밀죽(蜜粥) madhupāyāsa.
밀집된 nicita.
밀집된 상태 bahalatta.
밀집한 bahala. sanda. tibba. kikita.
밀짚 pilāla.
밀짚새 thusapacchi.
밀착(密着) siliṭṭhatā.
밀착된 siliṭṭha.
밀쳐 넘어진 sumbhita.
밀쳐진 vitunna.
밀치고 āhacca.
밀치는 patodaka.
밀치다 vitudati.
밀폐(密閉) kaṭukañcukatā.
밑둥 mūla.
밑둥이 잘려진 avatthukata.
밑바닥 paccora.
밑에 놓다 anupakkhipati. avakaroti.
밑에 있는 nīpa.
밑에 있는 창문 heṭṭhāvāta.
밑으로 adho. avaṁ.
밑으로 가다 avagacchati. avaṁgacchati. aveti.
밑으로 구부러지지 않는 anoṇamanta.
밑으로 구부러지지 않은 anoṇamana. anoṇata.
밑으로 기울어짐 olaṅghanā.
밑으로 던져진 okkhitta.
밑으로 던지다 okkhipati.
밑으로 떨어진 paṭisumbhita.
밑으로 이끄는 adhogamaniya.
밑으로 향하게 하다 adhokaroti.
밑을 향함 olaṅghanā.

ㅂ

바[보석] bhā.
바가범(薄伽梵)[세존] bhagavant.
바가범(婆伽梵)[신계] Bakabrahmā.
바구니 kaḷopī. kaḷopikā. kaḷopika. karaṇḍa. karaṇḍaka. kullaka. pacchi. pañjara. peḷikā. piṭaka. puṭa. samugga.
바구니를 손에 들고 kaḷopīhattha.
바구니세공 kullaka.
바구니의 덮개 karaṇḍakapaṭala.
바구니의 뚜껑 karaṇḍapuṭa.
바구니의 바닥 karaṇḍatala.
바구니의 입구 karaṇḍamukha.
바구니제조자 nalakāra. vilīvakāra.
바구다가전연(波拘陀迦旃延)[인명] Pakudha Kaccāyana.
바기니말라[식물] bhaginīmāla.
바기라(婆耆羅)[인명] Vajirā.
바기라티[지명] Bhāgirathī.
바깥문 bahidvāra.
바깥부분 parabhāga.
바깥울타리 bahivati.
바깥으로 가버린 bahigata.
바깥의 bāhirima.
바꾸다 dameti. nimināti. vikappeti. vikaroti.
바꾸찌[식물] bākucī.
바꿀 수 없는 것 nippariyāya.
바꿀라[식물] bakula. vakula.
바뀐 vikata. vikaṭa.
바나나 coca.
바나나나무 kadala. kadalī. kadalīduma. moca. rambhā. āyatacchadā.
바나나다발 kañcanakadalikkhaṇḍa.
바나나로 만든 달콤한 음료 cocapāna.
바나나로 만든 음료 mocapāna.
바나띠미라[식물] vanatimira.
바느질 sibbanī. sibbana. tunnakamma. vāna.
바느질하는 ūtavat.
바느질하다 sibbeti.
바느질한 것을 풀다 visibbeti.
바늘 apala. āra. salla. sūci. sūcikā. tunna.
바늘 같은 머리카락을 가진 sūciloma.
바늘 만드는 사람 sūcikāra.
바늘 모양의 입을 가진 곤충 sūcimukha(ta).
바늘 모양의 입을 지닌 생류 sūcimukhapāṇa.
바늘땀 ārapatha.
바늘로 찌르는 고통이 없는 vītasalla.
바늘상자 sūcighara.
바늘의 제거 sallasanthana.
바다 ambha. aṇṇava. avyathisa. jaladhara. jaladhi. jalanidhi. sāgara. sāgaravāri. samudda. udadhi.
바다가운데 samuddamajjha.
바다가재 apaccasatthu.
바다를 끝으로 하는 것 sāgaranta.
바다소금 sāmudda.
바다에 의해 둘러싸여진 것 sāgarakuṇḍala.
바다에 이르기까지 āsamuddaṁ.
바다와 같다 samuddāyati.
바다의 sāmuddika.
바다의 기원에 대한 이야기 samuddakkhāyikā.
바다의 깊은 곳 aṇṇavakucchi.
바다의 상인 samuddavāṇija. sāmuddikavāṇija.
바다의 신 samuddadeva. samuddadevatā.
바다의 심연 aṇṇavakucchi.
바다의 이름 khuramāla.
바다의 파도 sāgarūmi. samuddavīci.
바다의 포말 samuddapheṇaka.
바닥 bhūmikā. bhumma. mūla.
바닥없는 atalamphassa. agādha. appatiṭṭha.
바닥에 누운(?) pasakkhita.
바두루(婆頭樓)[인명] Bhaddha.
바드마까[식물] padmaka.
바디까[조류] vādika.
바따싸꾸나[조류] vātasakuṇa.
바띠쌈비다막가 paṭisambhidāmagga.
바라[악기] vetāla.
바라까쌀[곡물] varaka.
바라나[지명] Bārāṇasī.
바라나씨 근처의 공동묘지 atimuttakasusāna.
바라는 abhikaṅkhin. āsamāna. āsiṁsaka. esana. gavesin. pekkha. pekkhavant.
바라는 대로 yathicchitaṁ.
바라는 바가 없는 appaṇihita.
바라다 abhikaṅkhati. abhirocati. ākaṅkhati. āsāsati. āsayati. avakaṅkhati. dhanāyati. gavesati. icchati. kāmeti. kanati. lasati. paccāsiṁsati. pacceti. palobheti. saṁsati. vanīyati. vivicchati.

바라드와자[인명] Bhāradvāja.
바라를 치면서 음유하는 시인 vetālika.
바라문(婆羅門) ajjhāyaka. bhovādika. bhovādin. dija. dvija. dvijāti. dvijātin. sotthiya. vedaka. vippa. sottiya. brāhmaṇa.
바라문계급 brāhmaṇa. bhovādin. vippakula.
바라문계급의 두건 brahmaveṭhana.
바라문계급의 여자 brāhmaṇī.
바라문과(婆羅門果) brahmaññaphala.
바라문교(婆羅門敎) brāhmaṇadhamma.
바라문교의 상위계급 dija. dvija. dvijāti. dvijātin.
바라문교의 하층계급 ibbha.
바라문녀학인 māṇavikā.
바라문들의 모임 brāhmaṇaparisā.
바라문들이나 새의 무리 dvijagaṇa.
바라문보다 더욱 탁월한 바라문 atibrāhmaṇa.
바라문스승 ācariyabrāhmaṇa.
바라문에 대한 존경이 없는 abrahmañña.
바라문의 가문에 속하는 brahmajacca.
바라문의 무리 dijagaṇa.
바라문의 발우 kapallapatta.
바라문의 삶의 결실 brahmaññaphala.
바라문의 상태 brahmañña. brāhmañña. brahmaññā. brāhmaññā. brahmaññatā. brāhmaññatā.
바라문의 상태에 있다는 사실 brahmaññatā. brāhmaññatā.
바라문의 성스러운 생활 bāhirapabbajjā.
바라문의 아내 brāhmaṇī.
바라문의 의궤(儀軌) keṭubha.
바라문의 지위 brahmañña. brāhmañña. brahmaññā. brāhmaññā. brahmaññatā. brāhmaññatā.
바라문의 지위에 있는 brahmañña. brāhmañña.
바라문이 되는 양식 brahmaññattha.
바라문이 아닌 사람 abrāhmaṇa.
바라문이란 의미 brahmaññattha.
바라문중(婆羅門衆) brāhmaṇaparisā.
바라문청년 māṇava.
바라문학인 māṇava.
바라밀(波羅密) pāramī. pāramitā.
바라밀승가(波羅密僧伽) pāramīsaṅgha.
바라바라[의성어] bharabhara.
바라바라·싸라싸라라는 소리가 끊어진 chinnababbharasassara.
바라보는 anulokin.
바라보다 abhisamekkhati. abhisamikkhati. apekkhati. avaloketi. olokayati. oloketi. avekkhati. ikkhati. samudikkhati.
바라보지 않는 anolokenta.
바라봄 ālokana. ālokita. avekkhana. ikkhaṇa. ikkhana. vilokita.
바라봄과 성찰 ālokanavilokana.
바라연(波羅延) pārāyana.
바라이(波羅夷) pārājika.
바라제목차(波羅提木叉) pāṭimokkha. pātimokkha.
바라제제사니(波羅提提舍尼)[참회죄] pāṭidesanīya.
바라지 않는 anapekkha. aniccha.
바라타(婆羅墮)[인명] Bhāradvāja.
바라타화자(婆羅墮和闍) bhāradvāja.
바람[風] anila. atasa. māluta. māruta. nāsāvāta. samīra. samīraṇa. vāta. vāya. vāyo. vāyu.
바람개비 ciṅgulaka.
바람과 같은 수행 vāyosamabhāvanā.
바람과 구름의 신 vātavalāhakadeva.
바람과 비 vātavuṭṭhi.
바람과 열기에 상처를 입은 avātâtapahata.
바람과 함께 anuvātaṁ.
바람과 함께 하는 것 anuvāta.
바람구멍 vātāyana.
바람방향으로 anuvātaṁ.
바람에 대해 지각하는 vāyosaññin.
바람에 얻어맞은 vātāhaṭa.
바람에 의해 흔들린 vātadhuta.
바람에 흔들린 vātâbhihaṭa.
바람에 흩날림 vāyana.
바람에서 떨어져 uparivātato.
바람을 거슬러 paṭivātaṁ.
바람을 따라 anuvātaṁ.
바람을 일으키게 된 saṁvījita.
바람의 vātika.
바람의 광대한 존재 vāyomahābhūta.
바람의 두루채움을 위로 아래로 옆으로 유일하게 한량없이 지각하는 것 vāyokasiṇa.
바람의 두루채움이라는 명상수행의 토대 vāyokasiṇa.
바람의 발생 vātasamuṭṭhāna.
바람의 방향 vātapassa. vātayoga.
바람의 방향을 향한 uparivāta.
바람의 빠름 vātajava.
바람의 세계 vāyodhātu.
바람의 신 maru.
바람의 요소 vāyokāya. vāyodhātu.
바람의 해체 vāyosaṁvaṭṭa.
바람의 힘 vātavega.

바람이 몰아치는 지역 vātakkhandha.
바람이 부는 vāyin. vāyogata.
바람이 부는 길 anuvātamagga.
바람이 부는 쪽 uparivātapassa.
바람이 불어가는 쪽 adhovātapassa.
바람이 불어가는 쪽을 향해 adhovātaṁ.
바람이 불음 vāyana.
바람이 없는 nivāta.
바람직하지 않은 anabhinandita. aniṭṭha.
바람직하지 않은 것으로 생각된 aniṭṭhasammata.
바람직한 cāru. iṭṭha. lobhaniya. lobhaneyya. lobhiya. pekkha.
바람직한 것에 대하여 숙고한 iṭṭhâbhimata.
바래서 kamyā.
바래진 adhipatthita.
바랜 milāta.
바램 abhikaṅkhanatā. abhipatthanā. ajjhāsayatā. āsiṁsanā. esana. esanā. eṭṭhi. kamyatā. kammatā. nikanti. paccāsā. patthanā. pekkhā. ukkaṇṭha. vaṇi.
바램에 의해 특징지어지는 kamyatālakkhaṇa.
바램을 여읜 삼매 appaṇihitasamādhi.
바램을 여읜 삼매에 의해 해탈한 appaṇihitavimutta.
바램을 여읜 삼매의 의한 해탈 appaṇihitavimokkha.
바램을 여읨에 대한 지각 appaṇihitasaññā.
바램을 여읨에 의한 접촉 appaṇihitaphassa.
바램을 여읨의 삼매 appaṇihitasamādhi.
바램의 여읨에 대한 관찰 appaṇihitânupassanā.
바램이 없음 anāsā.
바려가차(婆慮迦車)[지명] Bhārukaccha. Bharukacca.
바로 adhunā. ādika. sudaṁ. tattha. tāva.
바로 가는 ujugāmin.
바로 같은 samasama.
바로 그 만큼 sammita.
바로 그 지팡이의 suddhadaṇḍaka.
바로 그것의 suddha.
바로 그때에 yadā.
바로 놓이지 않은 appatiṭṭhita.
바로 뒤에 anupadaṁ.
바로 삼십 samatiṁsa.
바로 생기(生起)된 adhunupanna.
바로 앞서 간 존재 anantarâtitattabhāva.
바로 앞의 경 anantarasutta.
바로 이어지는 ānantarika. ānantariya.
바로 이웃한 집 anantarapaṭivissakaghara.
바로 이전에 말해진 anantaravutta.
바로 직전의 atītânanatara.
바로 하기 ujukaraṇa.
바로 후에 anantarā.
바루[지명·국명] Bharu.
바루깟채[지명] Bhārukaccha. Bharukacca.
바루나[신계] Vāruṇa.
바류가차(婆留迦車)[지명] Bhārukaccha. Bharukacca.
바르게 배치된 sunikkhitta.
바르게 사는 sammaggata.
바르게 서원된 sammāpaṇihita.
바르게 유행하는 sammaggata.
바르게 이해하지 못함 anabhisamaya.
바르게 이해한 sunīta.
바르게 집중된 padhānavant.
바르게 행동하는 ācārin. samacārin.
바르고 원만한 깨달음 abhisambodhi. abhisambujjhana.
바르고 원만한 깨달음의 시간 abhisambodhisamaya.
바르고 원만한 행위 abhisamācāra.
바르고 원만한 행위의 abhisamācārika.
바르고 원만한 행위의 계행 abhisamācārikasīla.
바르고 원만히 깨닫게 하다 abhisambodheti.
바르고 원만히 깨달은 abhisambodhita. abhisambudhāna.
바르기 avalepa. avalepana. lepa. lepana. sammakkhana.
바르는 기름 makkhaṇa.
바르다 ālimpati. ālimpeti. āsiñcati. añjati. avalimpati. limpati. opuñchati. opuñcheti. opuñjati. opuñjeti. sammakkheti. ubbatteti. ubbaṭṭeti. vilepeti. vilimpati.
바르지 못한 anujjubhūta.
바르지 않은 도리 dunnaya.
바른 kalla. kalya. rosita. ujugata. → 올바른.
바른 가르침 saddhamma.
바른 가르침을 듣는 것 saddhammasavana.
바른 가르침의 지지자 saddhammādhāraka.
바른 견해를 지닌 사실 ujudiṭṭhitā.
바른 견해의 청정함 diṭṭhivisuddhi.
바른 결론 naya.
바른 길 ñāya. ujupatha.
바른 길 위에 사는 (님) maggaṭṭha.
바른 길과 그른 길에 대한 앎과 봄 maggâmaggañāṇadassana.
바른 길과 바르지 않는 길 maggâmagga.
바른 길로 나가는 ñāyapaṭipanna.

바른 길로 잘 가신 님 sugata.
바른 길에 관한 진리 maggasacca.
바른 길에 대한 성찰 maggapaccavekkhaṇa.
바른 길에 대해 명상하는 사람 maggajjhāyin.
바른 길에 머무는 maggaṭṭhāna.
바른 길에 소속되는 maggapariyāpanna.
바른 길에 의한 승리자 maggajina.
바른 길을 갖춘 자 maggasamaṅgin.
바른 길을 따라 사는 maggajīvin.
바른 길을 밟은 maggapaṭipanna.
바른 길을 아는 자 maggavidū.
바른 길을 원인으로 하는 maggahetuka.
바른 길의 대상 maggārammaṇa.
바른 길의 의한 청정 maggavisuddhi.
바른 길의 장애 maggāvaraṇa.
바른 길의 특징 magganimitta.
바른 깨달음의 즐거움 sambodhirati.
바른 깨달음의 행복 sambodhirati.
바른 끝을 지닌 ujukoṭi.
바른 다시 태어남을 갖는 ujugatika.
바른 도리 sunaya. sunnaya.
바른 때를 보는 kālavipassin.
바른 마음 ujucitta.
바른 말하는 것 bhassasamācāra.
바른 새김이 확립된 satujjubhūta.
바른 생활을 하는 ujugata.
바른 수단을 포기하지 않는 upāyâpariccāga.
바른 수족을 지닌 ujjaṅga. ujjaṅgin.
바른 순서의 pañjasa.
바른 신성한 삶을 사는 sammābrahmacārin.
바른 줄기를 가진 ujuvaṁsa.
바른 지혜를 지닌 buddhimant.
바른 행동 ācāra.
바른 행동에 의한 아리안 족이 된 ācārâriya.
바른 행동을 하는 선남자(善男子) ācārakula-putta.
바른 행위 ācārakiriya.
바른 행위를 상실한 ācāravipanna.
바른 행위를 하는 사람 ācārin.
바른 행위에 대한 노력 ācārasaṁyama.
바른 행위에 대한 시설 ācārapaññatti.
바른 행위에 대한 의무 ācāravatta.
바른 행위와 덕성을 갖춘 ācāraguṇasampanna.
바른 행위와 덕성의 청정으로 이끄는 ācāra-guṇasodhana.
바른 행위와 점잖은 행동에 정통한 자 ācāru-pacāraññū.
바른 행위의 계율 ācāravinaya.
바른 행위의 상실 ācāravipatti.
바른 행위의 성취 ācārapaṭipatti.
바른 행위의 의무 ācāravatta.
바른 행위의 전도(顚倒) ācāravikāra.
바름[正] ujukabhāva. ujukatā. ujutā.
바름[漆] ālimpana. limpana.
바마니까[코끼리명] Vāmanikā.
바바초(婆婆草)[식물] babbaja.
바발사나(毘鉢舍那) vipassanā.
바베이야[식물] bhaveyya.
바보 bālaka. duppañña. lālaka. hīnapañña. bud-dhihīna. jaḷa.
바보들의 축제[카니발명] bālanakkhatta.
바보들이 있는 bālakin.
바보역하는 sokajjhāyin.
바보역하는 여자 sokajjhāyikā.
바보와 사귀는 친구 bālasaṅgatacārin.
바보와 현자 bālena. paṇḍita.
바빳씬[불명] Vipassin.
바쁜 āyūhita. uyyuta. uyyutta. vyāvaṭa. bahu-karaṇīya. bahukicca.
바사닉왕(波斯匿王)[인명] Pasenadi.
바사바천(婆沙婆天)[신계] Vāsava.
바삼바(婆三婆)[아수라] Vāsava.
바스켓 peḷikā.
바싸[동물] bhāsa.
바싸바[신계] Vāsava.
바싸바네씨[신계] Vāsavanesi.
바싹 마른 parisukkha. parisukkhita. sotatta. vi-sukkhita.
바싹 마름 parisosa.
바싹 말리다 parisussati. vippasukkhati.
바쎗타[인명] Vāseṭṭha.
바쑤데바 신에 대한 맹세 vāsudevavata.
바쑤데바 신에 대한 의무 vāsudevavata.
바쑤데바 신의 궁전 issarāyatana.
바쑤데바[신계] Vāsudeva.
바야가(波耶伽)[지명] Pāyāga.
바위 alaghūpala. asana. asama. asma. asman. amha. amhan. pabbata. pāsāṇa. patthara. sela. silā.
바위 부스러기 pāsāṇasakkharā.
바위 위에 있는 저수지 soṇḍī.
바위굴 leṇa. lena.
바위덩이 selaguḷa.
바위로 된 가파른 내리막 papātataṭa.
바위산 selapabbata. siluccaya.
바위산에 사는 동물 cheta.
바위의 sela.
바윗덩어리 silāguḷa.

바이라(婆夷羅)[인명] Vajirā.
바이러스 sannihitavisa.
바이샤[계급] vessa.
바이샤계급의 여자 vessikā.
바이세쉬까[철학] visesikā.
바이스[기계] kaṭṭhapīḷaka.
바이어 kayajana. kayaka. kayika. kayin.
바일제(波逸提) pācittiya.
바일제범계자(波逸提犯戒者) pācittiyajjhāpanna.
바일제품(波逸提品) pācittiyavagga.
바자바리(波闍波提) pajāpatī.
바자빠이야제[제의명] Vājapeyya.
바줄라[식물] vajuḷa.
바지(婆祗)[국명] Bhagga.
바지라[인명] Vajirā.
바지라[지명] Vajira.
바지라붓디[인명] Vajirabuddhi.
바짜[향료식물의 뿌리] vaca.
바찟싸라[인명] Vācissara.
바차(婆磋)[十六大國의 하나] Maccha.
바차구다(婆蹉衢多)[인명] Vacchagotta.
바쳐지지 않은 appavārita.
바쳐진 dakkhita. huta. upaṭṭhita.
바치는 dāyin. °dada.
바치다 ādisati. oṇojeti. paṭicchāpeti. pūjeti. uddisati.
바퀴 cakka. kaṭaka. vaṭṭani.
바퀴가 넷인 catucakka.
바퀴가 부러진 cakkachinna.
바퀴가 없는 vicakka.
바퀴를 고정시키는 쐐기를 보호하는 자 āṇirakkha.
바퀴를 바큇대에 고정시키는 쐐기 āṇi.
바퀴의 원 nemimaṇḍala.
바퀴의 원주(圓周) nema. nemi.
바퀴자국 투성이가 아닌 abhinna.
바퀴테 nemi. nemimaṇḍala.
바퀴테를 지닌 sanemika.
바퀴통 nābhi. nābhī. nābhika.
바퀴통을 지닌 sanābhika.
바퀴통이 있는 sanābhika.
바타림(波陀林)[지명] Pālileyyaka.
바탁리수(波矺離樹)[식물] pāṭalīrukkha.
바탁리촌(波吒離村)[지명] Pāṭaligāma.
바탕 vatthu.
바탕에 대한 해명 vatthuvibhāvana.
바탕의 깨끗함 vatthuvisadakiriyā.
바탕의 물질 vatthurūpa.
바탕이 되는 전생 vatthupurejāta.
바후바라까수[식물] bahuvāraka.
바후뿟따[인명] Bahuputta.
바훗수따까[인명] Bahussutaka.
박[瓜] kumbhaṇḍa.
박가 bhagga.
박공(欂栱) thūṇira.
박공벽(欂栱壁) thūṇira.
박멸(撲滅) palujjana.
박멸하는 nijjara.
박멸하다 nirodheti.
박명한 kasaṭa.
박살 palibhañjana. palujjana. paribheda.
박살나다 palujjati.
박살난 pamathita.
박살내기 sammaddana.
박살내다 sammaddati. upanighaṁsati.
박살된 palugga.
박수갈채 pasaṁsa. pasaṁsā. pasaṁsana. phoṭana. sādhukāra.
박수치다 apphoṭeti. phoṭeti.
박식(博食) kabaliṅkārāhāra.
박식(博識) paribyattatā.
박식가(博識家) nānāsatthavidū.
박식교(博識憍) sutamada.
박식에 의한 교만 sutamada.
박식에 의한 도취 sutamada.
박식한 atipaṇḍita. bahussuta. bahussutaka. sabbaññū.
박식한 사실 atipaṇḍitatā.
박아서 아로새겨 넣다 khacati.
박애적(博愛的)인 parahitakāmin. lokānukampin.
박애주의(博愛主義) parahitakāmitā, lokānukampā. lokatthacariyā.
박애주의자(博愛主義者) parahitākārin. lokatthacārin. parānukampin. lokānukampin.
박약(薄弱) dubbalya. dubballa.
박약한 appabala. appaṭibala.
박쥐 ajinapattā. jaṭuka. jaṭūka. jatuka. jatūka vagguli.
박쥐가 사는 나무 vaggulirukkha.
박쥐행자[고행자] vaggulivata.
박차를 가하다 samavassarati.
박착(縛着)이 없는 nirāsattin.
박탈당한 nivatta. vikala(ka).
박풍(欂風) thūṇira.
박학(博學) bāhusacca. paṇḍicca.
박학한 paṇḍita. sutavant.
박해(迫害) hiṁsana. daṇḍana. vadhaniyamana. upapīḷā. upapīḷana. viheṭhana. bādhana. pajā-

pīḷana.
박해받는 upassaṭṭha.
박해받지 않는 anupassaṭṭha.
박해하는 upapīḷa. upapīḷaka. bādhaka. viheṭhaka. viheṭhanaka.
박해하다 abhisāreti. uparodheti. uppīḷeti. bādhati. vibādhati. viheṭheti. vyathati.
박혜자(博慧者) puthupañña.
박혜자(博慧者) puthupaññatā. puthupaññatta.
밖에 bahi. bahiddhā. muñciya.
밖에 내놓게 하다 nibbāhāpeti.
밖에 내놓다 nibbāheti.
밖에 두다 bahati.
밖에 둔 bāhita.
밖에 머물게 하다 bahati.
밖에 있는 tirokkha.
밖에 있지 않게 abahi.
밖에 있지 않은 abāhira.
밖으로 tiro.
밖으로 나가버린 apasakka.
밖으로 나감 nissakkana. bahinikkhamana. niggama. niggamana.
밖으로 던져진 pakkhitta.
밖으로 삐져나온 nikkaṭṭha.
밖으로 옮겨진 nībhata. uttārita.
밖으로 옮기다 uttāreti.
밖의 bāhira. bāhiraka.
밖의 요소 bāhiraṅga.
반 까하바나 upaḍḍhakahāpana.
반(半) aḍḍha. upaḍḍha. pakkha. pāṭī.
반(飯) kūra.
반가부좌(半跏趺坐) aḍḍhapallaṅka.
반가부좌로 앉은 aḍḍhapallaṅka.
반가움 pīṇana.
반감(反感) paṭigha. paṭisena.
반감이 없는 anapāya.
반격(反擊) paṭihanana.
반격하다 paṭiharati.
반계몽주의(反啓蒙主義) avivecakatta. vīmaṁsāvirodha.
반계몽주의자(反啓蒙主義者) vivecanavirodhin. avīmaṁsākāmin.
반구(半球) goḷaddha.
반구(飯球) sittha.
반기독교(反基督敎)의 kiṭṭhasamayaviruddha.
반나절 upaḍḍhadivasa.
반달 addhamāsa.
반달(半月) aḍḍhamāsa.
반달리즘 sippīkammanāsana.
반달마다의 aḍḍhamāsika.
반달의 간격을 지닌 aḍḍhamāsantarika.
반달의 작은 모양 aḍḍhacandaka.
반달이 뜨는 날 aḍḍhamāsī.
반대(反對) anta. paccuṭṭhapanā. paṭibhāga. paṭikkhepa. paṭikkosa. paṭikkosana. paṭikkosanā. paṭisena. paṭivirodha. vighāta. virodha. virodhana. vyattaya.
반대(反對)의 불[火] paṭaggi.
반대가 아닌 appaṭilomavattin. aviparīta. aviruddha.
반대되지 않은 apaccanīka.
반대로 pati. paṭimukha.
반대론자(反對論者) paṭivattar.
반대방향 paṭidisā.
반대심문하다 samanuyuñjati.
반대에 사로잡힌 paṭikūlagāhitā.
반대의 alika. apasavya. paccanīka. paccanīya. paṭiloma. paṭimukha. paṭipakkha. paṭipakkhika. saṅkusaka. vipakkha. vipakkhika. vipakkhin. viparāvatta. vippaṭikkūla. viruddha. vyāruddha.
반대의 길 paṭipatha.
반대의 제거를 통한 극복 vikkhambhanapahāna.
반대의 제거를 통한 해탈 vikkhambhanavimutti.
반대자(反對者) paravādin. paṭiviruddha.
반대적인 순서로 uppaṭipāṭiyā.
반대질문 paṭipucchā.
반대질문으로 길들여진 paṭipucchāvinīta.
반대질문으로 길들여진 대중 paṭipucchāvinītā parisā.
반대질문하다 paṭipucchati.
반대쪽에 mithu.
반대쪽으로 나오도록 피부를 관통해서(?) paṭicamma.
반대쪽을 향해 달리다 paṭidhāvati.
반대편 둑 paṭitittha.
반대편의 제방 paṭitittha.
반대하는 viloma. viruddha.
반대하다 ghaṭṭeti. ghaṭṭayati. paṭikkhipati. paṭippharati. paṭisena. vilometi. virodheti. virujjhati.
반대해서 paṭi°. pati°.
반두시바가(般豆時婆迦)[식물] bandhujīva(ka).
반두지바까[식물] bandhujīva(ka).
반드시 aññadatthu. ha. niyamatoṭhānaso.
반듯이 누운 uttāna.
반디[식물] bhaṇḍi.
반디까[식물] bhaṇḍika.
반론(反論) vighāta. viniveṭhana. vinibbeṭhana.

반립(飯粒) sittha.
반목(反目)하는 vyāruddha.
반문(反問) paṭipucchā.
반문되어야 할 paṭipucchākaraṇīya.
반문하다 paṭipucchati.
반문하지 않고 appaṭipucchā.
반박(反駁) paṭikamma. paṭivāda. uttara(ifc.).
반박하는 paṭibāhaka.
반박하는 사람 paṭivattar.
반박하다 vippavadati.
반복(反復) abbhāsa. anulāpa. apilāpana. āsevana. āsevanā. sajjhāya.
반복음절(反復音節)[문법] abbhāsa.
반복적으로 숙고하다 anuvicāreti.
반복적인 관찰 anuanupassana.
반복적인 숙고 anuvicāra.
반복적인 아첨 anuanunayana.
반복적인 업 āciṇṇakamma. bahulakamma.
반복조건(反復條件) āsevanapaccaya.
반복하다 anukasati. anukassati. anubhāsati. anupadati. anusajjhāyati. anuvāceti.
반복해서 abhikkhaṇa. abhiṇhaso. bahuso. kāle.
반복해서 말함 punavacana.
반성(反省) anuvicāra. āvajjana. nijjhāyana. parivitakka. paṭinidhi. paṭisaṅkhā. sañcetayitatta. upadhāraṇā. upanijjhāna. upanijjhāyana. upaparikkhā. upaparikkhakā. upaparikkhaṇa. vitakka. vitakkacarita. vitakkacariyā.
반성된 anuvicarita. āvajjita. upadhārita. vitakkita.
반성하는 upaparikkhin.
반성하다 anuvicāreti. anuvicarāpeti. anuvicārāpeti. anuvitakketi. āvajjati. cetayati. cikicchati. tikicchati. nijjhāyati. paṭisañcikkhati. upadhāneti. upanijjhāyati. vitakketi.
반숙이 되어 거칠게 빻아진 쌀 puthuka.
반식(飯食) pāka.
반신(半身) upaḍḍhakāya.
반신불수(半身不隨) pakkhaghāta. pakkhahata.
반야(般若) paññā.
반역(反逆) dobbha. dobha.
반역자(反逆者) dāmarika. vipakkhasevaka. vipakkhasevin.
반역하는 dubbha. dūbha. dubbhaka. dubbhaya. dubbhika.
반역하지 않는 adūbhaka.
반열반(般涅槃) parinibbāna. parinibbāyana.
반열반과 더불어 sahaparinibbānā.
반열반에 든 parinibbāyin. parinibbuta.
반열반에 들다 parinibbāyati. parinibbāti.
반열반으로 이끄는 parinibbānika.
반열반자(般涅槃者) parinibbāyin.
반열반하다 parinibbāti.
반영(反影) paṭibimba.
반원형의 aḍḍhamaṇḍala.
반원형지붕 thūpa.
반원형지붕을 지닌 thūpika.
반월(半月)의 pakkhika.
반월공식(半月供食) pakkhika. pakkhikabhatta.
반월마나타(半月摩那陲) pakkhamānatta.
반월별주(半月別住) pakkhaparivāra.
반월열의(半月熱意) pakkhamānatta.
반유순(半由旬)[7km] addhayojana.
반응(反應) paṭivacana. paccuttara.
반응(反應)하는 sappaṭigha.
반작용(反作用) aññamaññappavatti. patikriyā.
반작용을 낳는 sappaṭigha.
반전(半錢) lohaḍḍhamāsa.
반전(反轉) paṭivatta.
반전될 수 없는 appaṭivattiya.
반전시키다 paṭivatteti.
반전통주의(反傳統主義) assuti.
반전하다 paṭivaṭṭati. paṭivattati.
반절(半切) aḍḍhabhāga.
반점(斑點) kaṇa. kaṇikā. tilaka.
반점없는 asabala.
반점있는 akaṇika. cittita. kabara. pasata. phusita. sabala.
반점있는 발을 지닌 (자)[나찰] Kammāsapāda.
반죽 kakka. madda. kalala.
반죽된 maddita. sannīta.
반죽하다 sanneti.
반죽하여 만든 식품 piṭṭhakhādaniya.
반즙(飯汁) ācāma.
반지 kaṭaka.
반지제조자 muddika.
반짜씨카 pañcasikha.
반짝거리는 → 반짝이는.
반짝거리다 → 반짝이다.
반짝이는 addāvalepana. allâvalepana. parittābha.
반짝이다 thevati. dippati. vijjotati. vijjotalati.
반짝임 tārakā.
반쪽의 조롱박과 같은 aḍḍhalābusama.
반쯤 구워진 aḍḍha(j)jhāma.
반쯤 눈먼 vicakkhuka.
반쯤 마른 aḍḍhasukkha.
반쯤 머리를 빗은 반쯤 옷을 입은 aḍḍhullikhita.
반쯤 머리를 삭발한 aḍḍhamuṇḍaka.

반쯤 미친 aḍḍhummatta.
반쯤 뽑아낸 aḍḍhocitaka.
반쯤 열린 aḍḍhavivata.
반쯤 옷을 입은 aḍḍhâlaṅkata.
반쯤 찬 물단지 aḍḍhakumbha.
반차라(般遮羅)[국명] Pañcāla.
반차익(般遮翼)[신계] Pañcasikha.
반창고(絆瘡膏) kabaḷikā.
반추(反芻) romanthana.
반추하는 romanthaka.
반추하다 romanthati. romantheti.
반택가(半擇迦) paṇḍaka.
반택가에 친근한 paṇḍakagocara.
반토(畔土) sītāloḷī.
반푼 lohaḍḍhamāsa.
반하여 mithu.
반한 상태 sārajjanā. sārajjitatta.
반함 pamoha.
반항(反抗) paccuṭṭhapanā. vāraṇa.
반항적인 avaruddha. oruddha.
반항하다 abhiyāti.
반향(反響) anusaddāyanā.
반향이 있는 saṅghuṭṭha.
반향하는 abbhunnadita. abhigīta. abhinikūjita.
반향하다 anusaddāyati.
반환(返還) paṭidāna.
받게 하다 ādapayati. ādapeti. niyyādeti. niyy-
    āteti. niyādeti. paṭicchāpeti. sampavāreti.
받고 opiya.
받기 lābhaka.
받기 쉬운 paddha. vatthubhūta.
받는 āda(ka). labha. lābhin. paggāhika. paṭi-
    cchaka. paṭiggāhaka. paṭiggaṇhanaka.
받는 사실 labbhamanatta.
받다 ādadāti. ādāti. ādadāti. ādiyati. opeti. pa-
    ccupadissati. pappoti. paṭicchati. paṭiggaṇhāti.
    paṭigaṇhāti. paṭilabhati. rāti. samādāti. sampa-
    ṭicchati.
받들어 모셔지다 mahīyati.
받들어 모시다 mahati.
받아드릴 수 있는 ādeyya.
받아들여진 paṭicchita.
받아들이게 하다 sampaṭicchāpeti.
받아들이는 사람 paṭiggahetar. sāditar.
받아들이다 paṭiggaṇhāti. paṭigaṇhāti. sādiyati.
받아들인 paṭiggahita.
받아들일 수 없는 anabhimata.
받아들임 paṭiggahaṇa. paṭiggāhaṇa. sādiyanā.
받은 āhaṭa. datta. laddha.

받을 만하다 arahati.
받음 paṭiggaha. paṭiggahaṇa. paṭiggāhaṇa.
받쳐지다 dhīyati.
받치는 paggahita.
받치다 abhiharati.
받침 upadhāna. cumbaṭa. kilañjā. samappaṇā.
받침대 māḷaka. paṭipādaka. aṇḍupaka.
받침두루마리 aṇḍūpaka.
받침접시 sarāva. sarāvaka.
발[단위] vyāma.
발[足] adhamaṅga. caraṇa. pada. pāda.
발가락 aṅgula. pādaṅguṭṭha(ka). papada. pa-
    padā.
발가락 사이 aṅgulantara.
발가락·손가락과 뼈 aṅgulaṭṭhi.
발걸레 pādakathalika. pādapuñchinī.
발걸음 pada.
발걸음으로 따르다 anupadati.
발걸음을 따르는 것 anupada.
발견(發見) paññāpana. upalabbha.
발견되다 dissati. upadissati. upalabbhati. vijjati.
발견되지 않는 anupalabbhamāna.
발견된 anuvidita. upaññāta. vidita.
발견하게 하다 anupāpeti.
발견하고 나서 anuvicca.
발견하는 dassin.
발견하다 abhivindati. anupāpuṇāti. anuvijjati.
    atipassati. jānāti. nibbisati. passati. saṁvindati.
    upalabhati. vindati.
발견하지 못하고 avinditvā.
발견하지 못하는 asaṁvindat.
발견하지 않는 anibbisat. avindat.
발관리치료 pādatikicchā.
발광(發光) obhāsana.
발광기능 obhāsakicca.
발광하다 dippati.
발굴(發掘) abhikkhaṇa.
발굽으로 따그닥따그닥 거리며 달리는 것 khur-
    akāsa.
발굽으로 조용히 소리 없이 달리는 것 khurakāya.
발굽이 있는 sakhura.
발근(發勤) vavassagga.
발근(發根)의 āraddha.
발근론(發勤論) viriyārambhakathā.
발근소연(發勤所緣) vavassagga-ārammaṇa.
발근정신(發勤精神) āraddhaviriya.
발근정진의 세계 ārambhadhātu.
발기(勃起) nimmāṇa. patiṭṭhāpana.
발난다(跋難陀)[신계] Upananda.

발농(鉢籠) pattakaṇḍolikā.
발다(跋陀)[신계] Bhaddā.
발다리(跋陀利)[인명] Bhaddāli.
발다사라(跋陀沙羅)[식물] bhaddasāla.
발다살라(跋陀薩羅)[식물] bhaddasāla.
발다수(鉢多樹) assattha.
발닦기 pādaghaṁsaniya.
발닦는 수건 pādaghaṁsanī.
발단(發端) ārambha.
발단장 pādûpaga.
발담마(鉢曇摩) paduma.
발대(鉢臺) pattādharaka.
발대(鉢袋) pattatthavikā.
발뒤꿈치가 넓고 원만한 특징 āyatapādapaṇhin.
발등이 높고 원만한(?) ussaṅkhapāda.
발등이 높은 ussaṅkha.
발라드 kavya.
발라리[악기] vallarī.
발라삐띠야[지명] Balapitiya.
발라사겁(鉢羅奢怯)[胎內五位] pasākha. pasākhā.
발라지다 lippati. palippati.
발라지지 않은 anupalitta.
발라진 litta. sallitta.
발랄바랄나(鉢剌婆剌拏)[自恣] pavāraṇā.
발로 마시는 것 pādapa.
발로 움직이는 pādacāra.
발로 짓는 나쁜 행위 pādakukkucca.
발리[아수라] Bali.
발리살라벌나(鉢里薩羅伐拏)[比丘必需品] parissāvana.
발리약카[조류] baḷīyakkha.
발맛사지 pādasambāhana.
발목 gopphaka.
발목위에 도달하는 uparigopphaka.
발목장식 nūpura. mañjīra. uggatthana.
발밑의 땅에 밀착하여 안주된 것 suppatiṭṭhitapāda.
발바닥 pādamūla. pādatala.
발병징후(發病徵候) roganidāna. rogapattharaṇākāra.
발빈발행자(拔鬢髮行者) kesamassulocaka.
발사(發射) asana. heti. mokkha. sālittaka. vedhitā.
발사기(發射器) sālittaka.
발사된 vinimutta. vinimmutta.
발사리(髮舍利) kesadhātu.
발사하는 muñcaka. muñcanaka.
발사하다 abhipāteti. muñcati. viniggilati. vijjhati. vissajjeti.
발산(發散) niccharaṇa.
발산된 vitata.
발산하다 niccharati. vidhūpeti. vidhūpayati. vipphurati.
발상(鉢商) pattavāṇijjā.
발생(發生) āgama. āyūhana. āyūhanā. āyūhanī. nibbattana. nibbatti. okkanti. katabhāva. pabhava. sampajjana. samudaya. samuggama. samuppāda. samuppatti. samuṭṭhāna. savana. ubbhava. udaya. uppāda. uppādana. uppajjana. uppatti. vattana. vuṭṭhāna.
발생가능한 uppattiaraha.
발생과의 결합이라는 용어 uppattiyogavacana.
발생과의 관련 uppajjanasabhāgata.
발생되기 쉬운 uppādadhamma.
발생되다 samubbhavati.
발생되지 않은 anibbatta.
발생되지 않음 anibbattana. anupaladdhi. anupaṭṭhāna.
발생된 abhinippanna. jāta. pavatta. sambhūta. samubbhūta. samudāgata. samudita. samuggata. samuppanna. samuṭṭhita. sañjāta. uppanna.
발생될 수 있는 uppajjitabba.
발생시키는 janaka. uṭṭhānaka.
발생시키다 janeti. janayati. nibbattāpeti. nibbatteti. samuṭṭhāpeti.
발생시킴 nibbattapana.
발생에 대한 앎 samudayañāṇa.
발생에 대한 지각 uppajjanasaññā.
발생에 대한 진리 samudayasacca.
발생에 의해서 uppajjanavasena.
발생에 적합한 uppattiyogga.
발생을 설명하는 방식 uppattidassanamaya.
발생의 가능성 uppattibhabbatā.
발생의 문 uppattidvāra.
발생의 법칙 uppattidhammatā.
발생의 순간 uppādakkhaṇa.
발생의 시간 uppajjanakāla.
발생의 원리 samudayadhamma.
발생의 원인 uppattihetu.
발생의 장애물 uppattivāraṇa.
발생의 진리 samudayasacca.
발생의 획득 uppattipaṭilābhika.
발생이라고 불리는 uppattisaṅkhāta.
발생장소 uppattidesa. uppattiṭṭhāna.
발생정도 siddhi. sabhāvasiddhi.
발생하게 하다 vatteti.
발생하는 nibbatta. nibbattin. samuṭṭhānika. sa-

muddaya. samudraya. uddaya. uppādaka. udraya. uppādin. uppajjanaka.
발생하는 모습 uppajjanakarūpa.
발생하는 범죄 uppajjanakāpatti.
발생하는 이익 uppajjanakalābha.
발생하는 행불행(幸不幸) uppajjanakasukhadukkha.
발생하다 abbhusseti. adhivattati. āgacchati. nibbattati. nippajjati. nipphajjati. pabhavati. pabhoti. pahoti. sambhavati. sambhuṇāti. samudayati. samudeti. samuggacchati. ubbhavati. udeti. upapajjati. upavattati. uppajjati. vattati. vaṭṭati. vuṭṭhahati.
발생하지 않은 anuppanna. ajāta.
발생하지 않음 anupapatti.
발생학(發生學) gabbhaseyyakavijjā.
발생한 ubbhūta. uppatita. uṭṭhita. vuṭṭhita.
발생한 장소에 있는 āyabhūta.
발생할 수 있는 uppattiraha.
발성(發聲) samuggiraṇa. uccāraṇa. uggiraṇa.
발성되다 abhilapīyati.
발성하다 gadati.
발소리 pādasadda.
발송(發送)하다 uyyojeti.
발수건 pādapuñchinī.
발식(鉢食) piṇḍapāta.
발식자(鉢食者) pattapiṇḍika.
발심(發心) cittuppāda.
발씻기 pādadhovana.
발아(發芽) aṅkura.
발아된 parisedita.
발아시키는 힘이 없는 abīja.
발아시키다 parisedeti.
발아하다 virūhati.
발안마 pādasambāhana.
발언(發言) byappatha. ghosa. girā. lāpana. samudīraṇa. samuggiraṇa. udāhāra. udīraṇa. uggiraṇa. utta. vacana. vadana. vyappatha. mokkha.
발언되지 않은 abhāsita. anuccārita.
발언된 samudīrita. utta.
발언자(發言者) udāhāraka.
발언하다 abbhudīreti. udāharati. udāneti. uggirati.
발언하지 않음 abhāsana.
발에 바르는 기름 pādabbhañjana. pajja.
발에 바르는 연고 pādabbhañjana. pajja.
발에 속하는 mūlika.
발열(發熱) jararoga.
발열(發熱)의 jaruppādaka.
발우(鉢盂) caṅgavāra(ka). ghaṭīkaṭāha. kapāla. kapālaka. kapālapatta. kapalla. kosaka. mallaka. pāti. pātī. patta. piṇḍapatta. pisīla.
발우가 못쓰게 된 bhinnapatta.
발우가 있는 pattika.
발우로부터 손을 떼는 때 onītapattapāṇi.
발우를 담는 자루 pattatthavikā.
발우를 분배하는 사람 pattagāhāpaka.
발우를 손에 들고 구걸하는 kapālahattha.
발우를 위로 한 uddhapatta.
발우를 잃은 사람 naṭṭhapatta.
발우를 핥는 자 pattanillehaka.
발우바닥 pattamūla.
발우바닥의 원 pattamaṇḍala.
발우받침 pattādharaka.
발우에 들어간 pattagata.
발우에 모아진 kapālābhata.
발우에 받은 음식 piṇḍapāta.
발우에 받은 음식만 먹는 수행 piṇḍapātikaṅga.
발우에 받은 음식만을 먹는 piṇḍapātika.
발우에 받은 음식만을 먹는 사람 piṇḍapātika.
발우와 옷이 없는 apattacīvaraka.
발우와 유사한 pattalesa.
발우와 의복 pattacīvara.
발우의 가장자리 pattavaṭṭi.
발우의 세척 pattadhovana.
발유가자(鉢瑜伽者) pattayogin.
발을 닦는 수건 dhotapādaka.
발을 닦는 수세미 kathali. kaṭhalikā. kathalikā. kathaliyā.
발을 도끼처럼 사용하는(?) pādakudārikā.
발을 따라 anupādaṁ.
발을 베어낸 pādacchinna.
발을 씻는 물 pādodaka. pajjodaka.
발을 씻는 종 pādamūlika.
발을 씻는 하인 pādamūlika.
발을 올려놓는 대 pādapīṭha. pādakathalika. kathali. kaṭhalikā. kathalikā. kathaliyā.
발을 절기 khañjana.
발을 쫓아서 anupada.
발음(發音) akkhāna. uccāraṇa.
발음되다 abhilapīyati.
발음되지 않는 anuccāraṇa.
발음된 adhīrita. saddita.
발음상(發音上)의 saddavisayaka. sarāyatta.
발음이 불분명한 avyañjana.
발음하는 ghosaka.
발음하는 행위 kathana.

발음하다 karoti. vissajjeti.
발음하다 uccāreti.
발의 pajja.
발의 끝 papada. papadā.
발의 뼈 pādaṭṭhika.
발의 앞부분 aggapāda.
발의 특징 padajāta.
발의 티눈 pādakhīla.
발의(發議) kathāsamuṭṭhāpana.
발이 머무는 깊이 paṭigādha.
발이 아픈 ugghaṭṭapāda.
발이 없는 apada. apādaka.
발이 없는 상태 apadatā.
발이 없는 존재 apada.
발자(跋闍)[국명·족명] vajji.
발자국 kākapāda.
발자국소리 padasadda.
발자취를 따라서 padânupadaṁ.
발자취를 따르는 padânupadika.
발자취탑묘 padacetiya.
발작적인 opakkamika.
발전(發展) anuparivatta. anuparivattana. brūhana. paribrahaṇa. paripāka. sampāka.
발전기(發電機) vijjuppādakayanta.
발전되지 못한 avibhūta.
발전된 pabhinna. paripācita.
발전시키다 paribrūhati. paripāceti.
발전을 유도하는 행위 kammakaraṇa.
발전하다 niggacchati. pabhindati.
발제(拔除) santhana.
발제(跋提)[지명] Bhaddiya.
발제리가(跋提梨伽)[인명] Bhaddiya.
발제와 세 번에 걸친 토의 ñatticatuttha.
발제와 한 번의 토의 ñattidutiya.
발족(發足)하다 paṭṭhahati.
발족시키다 abhilakkheti.
발주무르기 pādasambāhana.
발지(跋祇)[족명·국명] Bhagga. Vajji.
발진(發疹) masūrikā.
발찌 mañjīra.
발차(跋蹉)[국명] Vaṁsa.
발췌(拔萃) samākaḍḍhana.
발췌하다 uddharati. samākaḍḍhati.
발취(發趣) paṭṭhāna.
발취론(發趣論)[논장] Paṭṭhāna.
발취하다 paṭṭhahati.
발코니 sīhapañjara.
발톱·손톱 aḷa. nakha.
발톱·손톱 깎기 nakhacchedana.
발톱·손톱과 흡사한 nakhaka. nakhin.
발톱·손톱을 지닌 nakhaka. nakhin.
발톱을 감춘 sakhura.
발판 gādha. paṭigādha.
발판을 마련하다 gādhati.
발판이 없는 appatiṭṭhita.
발포(發砲) nissanda.
발표(發表) ñatti. vitaraṇa. pariccāga. padassana. sāvana. sāvaṇa.
발표된 pavedita.
발표하다 kitteti.
발표한 uddhaṭa.
발표할 것이다 pavakkhati.
발한(發汗) sedakamma.
발한(發汗性)의 sedamocanaka.
발한법(發汗法) sedamocanakamma.
발한제(發汗劑) sedamocanaka.
발행(發行) abhisanda. nissanda.
발행자(發行者) pakāsaka.
발화(發火) dāha.
발효(醱酵) paccana. antokhobha.
발효가 시작된 āsuta. āsuta.
발효되다 paccati. pheṇam uppādeti.
발효된 차 thusodaka.
발효시키다 khobheti.
밝게 되다 pabhāti. pasīdati.
밝게 만들어진 vibhāsita.
밝게 빛나다 pajjotati.
밝게 하는 pakāsaka.
밝게 하는 자 dīpitar.
밝게 하다 abhijotayati. anurañjeti. dīpeti. joteti. pabhāseti. pakāseti. paridīpeti. sandīpeti.
밝다 tapati.
밝아지다 vibhāti. vibhāyati.
밝은 anurañjita. bhānu. bhānumant. bhāsura. bhuja. iddha. jotimant. kallitakusala. odāta. pasanna. sāloka. sukka. vibhāta.
밝은 눈을 가진 akaṇhanetta.
밝은 모습을 한 odātanidassana.
밝은 밤 dosinā.
밝은 밤의 얼굴[비유] dosināmukha.
밝은 보름달이 뜬 밤 dosināpuṇṇamāsi.
밝은 붉은색 빛 bhānu.
밝은 붉은색의 suratta. mañjeṭṭha. mañjeṭṭhaka.. mañjiṭṭha.
밝은 원리 sukkadhamma.
밝은 지혜 vijjā.
밝음 āloka. pakāsa. ruci.
밝음에 의해 밝은 과보가 있는 sukkasukkavipāka.

밝음에서 밝음으로 가는 사람 jotijotiparāyaṇa.
밝음에서 어둠으로 가는 사람 jotitamaparāyaṇa.
밝지 않은 apabhassara.
밝혀져서는 안 되는 anobhāsanīya.
밝혀지지 않은 anobhāsita.
밝혀질 수 없는 anobhāsanīya.
밝히다 ādīpeti. pavidaṁseti.
밟기 sammadda.
밟기 위한 돌 padasilā.
밟다 akkandati.
밟아지지 않은 anavakkanta.
밟지 않는 anakkamaṇa.
밤[夜] natta. rajanī. ratta. ratti. sāyaṇha. vikāla. andhikā. nisā. nisītha. saṁvarī. nisākara.
밤낮 ahoratta. ahoratti.
밤낮으로 지저귀는 ubhokālūpakūjin.
밤늦도록 atirattiṁ.
밤늦은 atiratta.
밤마다 nisive.
밤에 ratto.
밤을 보내다 rattiṁ vivaseti.
밤을 향해 uparatti.
밤의 어둠 samandhakāra.
밤의 첫 번째 3분의 1부분 paṭhamayāma.
밤의 하늘 nakkhattapatha.
밤의 후반부 apararatta. avaratta.
밤중 rattibhāga. rattisamaya.
밤하늘 nakkhatta.
밥 anna. bhatta. kura. kūra. odana.
밥덩어리 sittha.
밥덩어리들을 뿌리면서 sitthâvakārakaṁ.
밥바라[의성어] babbhara.
밥을 요리한 pakkodana.
밧대[신계] Bhaddā.
밧대[인명] Bhaddha.
밧다뭇따[식물] bhaddamutta.
밧다쌀라[식물] bhaddasāla.
밧달리[인명] Bhaddāli.
밧디야[지명·인명] Bhaddiya.
밧싸라[조류] bhassara.
밧줄 ābandha. ābandhana. āḷhā. dāma. kusā. rajju. rajjuka. sandāna. upanibandhana. vaṭākara. nandhi.
밧줄에 의한 속박 rajjubandhana.
밧줄을 만드는 사람 rajjukāra.
밧지[족명·국명] Vajji.
밧지뿟따[인명] Vajjiputta.
밧지족의 vajjin.
밧차곳따[인명] Vacchagotta.
방(房) kaccha. kacchā.
방광(膀胱) vatthi. muttavatthi.
방광(方廣) vepullata. vepullatā. vepulla.
방광(放光) vibhāyana.
방광부(方廣部) vetulla.
방광삼장(方廣三藏) vetullapitaka.
방광염(膀胱炎) meha.
방광자(放光者) ālokakara. aṅgīrasa.
방금 adhunā.
방금 태어난 sampatijāta.
방기(放棄) vijahana. nisagga. nissagga. pakkhepa.
방기된 caja. niratta. paviddha.
방기싸[인명] Vaṅgisa.
방기하다 khaṇḍeti. nisajjeti. vivajjeti. vippajahati. vikīlanikaṁ karoti.
방뇨(放尿)하다 omutteti.
방도(傍道) gati. ummagga. uppatha.
방등부(方等部) vetulla. vetullavādin.
방랑(放浪) paricaraṇa. paricariyā. sañcaraṇa. vicaraṇa.
방랑하는 addhika. dalidda. daḷidda.
방랑하다 anubbajati. hiṇḍati. iriyati. paricarati. sañcarati.
방만한 sāthalika.
방면(方面) āsā. disābhāga.
방면(放免) netthāra. nitthāra.
방문(訪問) abhicaraṇa. paṭicāra. upasaṅkamana.
방문객(訪問客) āgāmiya.
방문객[수행승]을 위한 규칙 āgantukavatta.
방문객의 환대 āgantukapaṭisanthāra.
방문받은 abhisaṭa. paviṭṭha.
방문자 āgantu. āgantuka. upasaṅkamitar.
방문자를 위한 음식 āgantukabhatta.
방문하다 abhihāreti. anusaṁyāyati. anusaññāti. anuyāti. anvārohati. anvāvisati. avagacchati. cāritta. osarati. pacāreti. payirupāsati. upabbajati. upagacchati. upavhayati. upasevati
방문한 osaṭa.
방법(方法) āciṇṇa. cakka. mukha. naya. ñāya. nīhāra. niyāma. pakāra. pariyāya. paṭipadā. paṭipatti. upacāra. upakkama. upāya. vidhi.
방법에 대한 질문 upāyapucchana. upāyapucchā.
방법으로 보아 upāya.
방법을 따르다 paṭipajjati.
방법을 보이다 pakāreti.
방법의 pakāraka.
방벽(防壁) paghaṇa.
방사(房舍) senāsana.

방사(放射) visaṭṭhi.
방사(放捨)된 nissaṭṭha.
방사(房舍)의 단속자 senāsanapaññāpaka.
방사(房舍)의 순회 senāsanacārikā.
방사(房舍)의 의법(儀法) senāsanavatta.
방사(放射)하다 pamuñcati. nicchāreti. paṭippharati.
방사순행(房舍巡行) senāsanacārikā.
방사자(放捨者) muttacāga.
방석(方席) āsana. bhisi. nisīdana. ohana. upadhāna. upādhi. upatheyya.
방석과 관련된 ohaniya.
방석이 갖추어진 upādhiya.
방송(放送) sandesa.
방수포(防水布) udakavārakavatthavisesa.
방식(方式) vidhā.
방식을 따라 yathā.
방심(放心) anāvajjana.
방싸[국명] Vaṁsa.
방어(防禦) nivāraṇa. ovaraṇa. pariyodha. paṭighāta. paṭisedha.
방어물이 있는 saphalaka.
방어하는 vibādhaka.
방어하다 nivāreti. ovarati. saṁrakkhati.
방언(方言) bhāsā. padesabhāsā.
방언(方言) sadesabhāsā. nijabhāsā.
방언과 관계된 padesabhāsāyatta.
방울 kiṅkiṇī.
방울[물방울]을 측정하는 bindumatta.
방울방울 떨어지는 paggalita. sava. thika.
방울방울 떨어지다 uggalati. savati. vigalati. vigaḷati.
방울방울 떨어짐 nissanda.
방울을 형성하는 thika.
방위(方位) disā.
방위(防衛) pariyodha.
방의 덧문과 코너 ālokasandhikaṇṇabhāgha.
방이 하나뿐인 거처 kuṭi. kuṭī.
방일(放逸) ālasiya. ālasya. ālassa. ālassāyanā. anāvajjana. olīyanā. pamāda. pamādavatā. pamajjanā. pamajjitatta.
방일의 비참 ālasiyavyasana.
방일의 원인 pamādaṭṭhāna.
방일주(放逸住) pamādavihāra.
방일주자(放逸住者) pamādavihārin.
방일처(放逸處) pamādaṭṭhāna.
방일하게 사는 사람 pamādavihārin.
방일하다 ālasyāyati. ālassāyati. pamajjati.
방일하지 않는 avitthana.
방일하지 않음 alīna.
방일한 anohitasota. pamatta.
방일한 삶 pamādavihāra.
방일한 친지 pamattabandhu.
방일행자(放逸行者) pamattacārin.
방적(紡績) kantana. kantanā. vayana. ganthana.
방적된 kanta.
방적하다 kantati.
방전주(防箭呪) saraparittāṇa.
방정(方正) ajjavatā.
방종(放縱) atipariccāga. luluppa.
방종하지 않는 nibbisevana. avyasanīya.
방종한 aniggaha. lolupa. sāthalika.
방죽길 setu.
방지(防止) nisedha. nivāraṇa. paṭibāhana.
방지된 vārita.
방지하다 abhinigganhāti.
방지해서 paṭikacca.
방직공(紡織工) suttakāra.
방책(防柵) samorodha.
방추(紡錘)의 체인 vaṭṭanāvalā.
방추의 쇠사슬 vaṭṭanāvalā.
방출(放出) niddhamanā. nissanda. ossajana. recana.
방출된 mutta. pasaṭa. vissajjita.
방출하다 apasarati. cajati. ossajati. ossajjati. osajati. osajjati. passavati. paṭippharati. sañcarāpeti. ūhanati. vamati.
방치(放置)된 nikkhitta. vihīna.
방치하다 nikkhipati. ujjahati.
방탕(放蕩)하지 않는 avyasanīya.
방탕한 aniggaha. kāmâbhimukha. padosika.
방탕한 것에 동료가 되어주는 apāyasahāya.
방탕한 친구 apāyasahāya.
방패(防牌) kheṭa. kheṭaka. phalaka.
방패가 있는 saphalaka.
방편(方便) pariyāya. payoga. upakkama. upanisā. upāyakusala. upaya. upāya.
방편선교(方便善巧) upāyakosalla.
방편에 대한 밝음 upāyakosalla.
방편에 대한 생각 upāyacintā.
방편에 밝은 upāyakovida. upāyakusala.
방편에 의한 노력 upāyappadhāna.
방편에 의해 정신활동을 기우리는 upāyamanasikāra.
방편연구자(方便研究者) nippesika.
방편을 보여주는 upāyanidassana.
방편을 소유하는 upāyasamaṅgin.
방편을 잘 아는 upāyaññu.

방편을 획득하는 upāyasampādana.
방편의 결박에 대한 파괴 upāyavinibandhavidhamana.
방편의 구족 upāyasampadā.
방편의 길을 아는 upāyamaggaññu.
방편의 인식을 위한 지혜 upāyajānanapaññā.
방편의 적용 upāyapaṭipatti.
방편의 존재 upāyabhāva.
방편의 파악 upāyapariggaha.
방편이 되는 upāyabhūta.
방편이 없는 anussaya.
방편이 풍부한 upāyasampanna.
방편이라는 사실 upāyatta.
방편장(方便章) pariyāyavāra.
방풍림(防風林) vātaghāta(ka).
방해(妨害) antarāya. avaggaha. āvāra. āvaraṇa. āvaraṇatā. avarodha. avarodhana. kuppana. mathana. nissitatta. orodha. paccūha. palibodha. palibujjhana. paliveṭhana. rodha. rodhana. rundhana. ruppana. sampalibodha. saṅgaha. saṅkopa. upapīḷā. vibādhana. virodha. virodhana. virujjhana.
방해가 되는 antarāyika. paṭiviruddha.
방해가 없는 aparikkhobbha.
방해가 없음 anavadāna. anavadāna. appaṭivāṇa. avûpaccheda.
방해가 없이 avicchijja.
방해되는 virodhana.
방해되지 않은 apariyonadha. aṭṭhita.
방해된 ovuṭa. ovuta. viruddha.
방해될 수 없는 anīvaraṇīya.
방해될 수 있는 vikkhambiya.
방해를 만난 antarāyikin.
방해물(妨害物) paccūha. sampalibodha.
방해받는 apākaṭika. nivuta. nīvuta. lagga. laggita. palibuddha. ophuṭa. ophuṭṭha. ovaṭa. rūḷha. virodhita.
방해받다 apithīyati. ghaṭīyati. kuppati. palibujjhati. virujjhati.
방해받은 āvuta. āvuṭa. oputa. khalita. paṭiruddha. pihita. vārita. vilulita.
방해받을 수 없는 appaṭivāṇīya. avedha. avikkhambhiya.
방해받지 않고 지속적인 accanta.
방해받지 않는 anāluḷita. anīvaraṇa. apalibuddha. aparihīna. appaṭihata. asambādha. avighātavat. avikkhitta. niraggala. niraggaḷa. viññūpasaṭṭha. viññūpasattha.
방해받지 않은 agahana. aluḷita. anavarata. aniruddha. avicchinna. avikkhambhita. aviruddha. upadduta. appappabaddha.
방해받지 않은 상태 avisaggatā.
방해업(妨害業) upapīḷakakamma.
방해자(妨害者) antarāyakara. avarodhaka.
방해하는 addana. āvara. ovariyāna. paṭibāhaka. sātisāra. upacchedaka. upapīḷa. upapīḷaka.
방해하다 antaraṁ karoti. antarāgacchati. antarārati. apidahati. āvarati. bādhati. buddhati. cāveti. khambheti. khambhayati. kopeti. mathati. nivarati. opāteti. ovāreti. palibuddhati. palibujjhati. paribāhati. paṭikopeti. paṭivirujjhati. rumbhati. rumhati. rundhati. sacceti. saṁnirumbhati. sannirumbhati. sannivāreti. upakkilissati. upapīḷeti. uparodheti. uparundhati. vāreti. vicchindati. vikkhipati. virodheti. virundhati. vuṇāti. vyābādha. vyābādheti. antarāyaṁ karoti.
방해하지 않는 appaṭigha.
방해하지 않다 appaṭikopeti. appaṭikkopeti.
방향(方向) āsā. disā. disābhāga. disatā.
방향(芳香) gandha. dhūpa. dhūpana. sammoda.
방향가루 gandhacuṇṇa.
방향감각을 잃은 disāmūḷha.
방향기름 gandhatela.
방향상자(芳香箱子) gandhakaraṇḍa.
방향수(芳香水) hirivera.
방향에 밝은 disākusala.
방향연고(芳香軟膏) gandhālepa.
방향연고의 저장 gandhasannidhi.
방향을 바꾸는 āvattin.
방향을 바꾸다 apavattati. āvattati. vivaṭṭati. vāvatteti. vivaṭṭeti.
방향을 잘 아는 disākusala.
방향이 바뀔 수 있는 āvattiya.
방향이 있는 parivāsita. surabhi.
방향타(方向舵) aritta. keṇipāta.
방호(防護) nivāraṇa. saṁvara.
방호하는 parittāyaka.
방호하다 nivāreti.
방호행자(防護行者) saṁvutakārin.
방화(放火) gehajhāpana. jhāpana. gharajhāpana.
방화범(放火犯) jhāpaka.
방황(彷徨) āhiṇḍana. paribbhamana. sañcāra. uppathagamana.
방황하게 하다 ativatteti.
방황하는 palalita. palāḷita.
방황하다 aticarati. āhiṇḍati. anvāhiṇḍati. pab-

bhamati. paribbhamati. vidhāvati.
방황하도록 이끌다 ativahati.
밭 kedāra. khetta.
밭가는 소 balivadda. balibadda.
밭갈이 축제 maṅgalavappa.
밭갈이의 축제가 열리는 곳 kammantaṭṭhāna.
밭곡식 kiṭṭha.
밭곡식을 지킴 kiṭṭhārakkha.
밭두둑 kedārapāḷi.
밭둑 kedārapāḷi.
밭을 갈게 하다 kasāpeti.
밭을 갈기 전에 깨끗이 치우는 것 khettasodhana.
밭을 갈다 kasati.
밭의 경계 aṇi.
밭의 관리자 khettarakkhaka.
밭의 근처에 kammantasamīpe.
밭의 끝 kedārakoṭi.
밭의 모퉁이 kedārakoṭi.
밭의 수호자 khettarakkhaka.
밭의 재산의 소유 khettavatthu.
밭이랑 sītā.
밭일 khettakammanta.
밭지기 khettagopaka. khettarakkhaka.
배[腹] udara. jalābu. jaṭhara. kucchi. koṭṭha. udaravaṭṭi.
배[腹]의 풍병 udaravāta. udaravātābādha.
배[舟] taraṇī. tari. doṇī. nāvā. pota. saṅghāṭa.
배가 난파된 bhinnanāva.
배가 부풀어 오른 uddhumātaudara.
배가 빈 udarūnûdara.
배고프지 않는 nirāsa.
배고픈 bhojanatthika. bubhukkhita. chāta. chātaka.
배고픈 때 chātakāla.
배고픔 chātaka. dighacchā. jaṭhara. jighacchā.
배금주의(拜金主義) dhanaparāyaṇatā.
배금주의자(拜金主義者) kāmabhogin. kāmabhojin.
배급된 pariṇāmita.
배급량(配給量) niyamitāhārakoṭṭhāsa.
배급하는 bhājaka.
배꼽 nābhi. nābhī. nābhika. nabha. nabho.
배꼽아래 adhonābhi.
배낭(背囊) pasibbaka. pasippaka. thavikā.
배뇨(排尿) passāvakaraṇāsā
배달되지 않은 anupanāmita.
배당(配當) saṁvibhāga. vidhāna.
배당되어야 하는 uddheyya.
배당된 saṁvibhatta.
배당하다 olaggeti. vikappeti.
배려(配慮) ādara. ābhoga. ālocana. ālocanā.
배려하는 cintanaka.
배려하다 āloceti. anuvigaṇeti.
배로 건너감 nāvāsantāraṇi.
배를 만족시키기 위해서만 사는 udaranissitajīvika.
배를 발로 사용하는 (것) pādûdara.
배를 채움 udarapūra.
배반자(背反者) mittaddu. mittaddubbha. mittaddūbha. mittaddūbhin.
배반하다 aticarati. musati.
배반하지 않는 adūbha. adūbhaka.
배변(排便) hanna. valañjana. muttācāra.
배변을 보지 않은 anuccārita.
배변통 gūthakaṭāha.
배변하다 ohanati. ohaneti. ūhadati. ūhadayati. ūhadeti.
배병(配兵) senābyūha.
배부르게 ākaṇṭhato.
배부른 asita.
배분(配分) viniyoga. vibhāga. vibhājana.
배분되다 bhājiyati.
배분된 bhājita.
배상(賠償) paṭikamma.
배상하다 paṭikaroti.
배설(排泄) nisagga. nissagga. recana.
배설물(排泄物) amejjha. gūtha. karīsa. laṇḍa. mīḷha. muttakarīsa. uccāra. vacca.
배설물단지 vaccaghaṭa.
배설물덩어리 asucipiṇḍa.
배설물로 가득 찬 asucipuṇṇa. asucibharita.
배설물로 바뀌는 gūthagata.
배설물로 살아가는 gūthakhādaka.
배설물로 여겨지는 asucisammata.
배설물로 장난하기 gūthakīḷana.
배설물의 냄새가 나는 gūthagandhin.
배설물통 asucikapallaka.
배설의 장소 gūthaṭṭhāna.
배설하다 nisajjeti.
배수(排水) niddhamana. udakaniddhamana.
배수구(排水口) digghikā.
배수로(排水路) niddhamana.
배수하다 ninneti.
배식(配食) bhattavissagga.
배식자 bhattuddesaka.
배신(背信) dubbhana. dūbhī. sāṭheyya.
배신자 dubbhin.
배신하다 musati.

배신하지 않음 asāṭheyya.
배아(胚芽) kalalarūpa. gabbhagata.
배앓이 āmaroga.
배어내다 vinibbhujati. vinibbhuñjati.
배에 가득히 ākaṇṭhato.
배에 탐 nāvâbhirūhana.
배열(配列) aṭṭhapanā. samodhāna. samodahana.
배열하는 vidhānavant.
배열하다 sannipāteti.
배우(俳優) naccaka. naṭa.
배우게 하는 사람 sikkhetar.
배우게 하다 uggaṇhāpeti. upajānāpeti.
배우고 adhicca. sajjhāya.
배우고 익히다 sikkhati.
배우고자 원하는 atthabaddha.
배우고자 하는 사람 uggāhaka.
배우는 anusikkhin.
배우는 것 가운데 최상 sikkhânuttariya.
배우는 사람 sikkitar. viññātar.
배우는데 능숙한 uggahakosalla.
배우다 adhiyati. adhīyati. ājānāti. nibodhati. pariggaheti. sikkhati. suṇāti. suṇoti. uggahāyati. uggaheti. uggaṇhāti. upajānāti.
배우자(配偶者) vara.
배우지 못한 appassuta.
배운 adhiyita. pariyāputa. sikkhita. suta. uggaha. upaññāta. vedeha. viññāta.
배운 것이 없는 assutavat.
배운 상태 sutatta.
배울 것이 있지도 배울 것이 없지도 않은 사람 nevasekkhanāsekkhapuggala.
배울 것이 있지도 배울 것이 없지도 않은 지혜 nevasekkhanāsekkhapaññā.
배울 필요가 없는 asekhiya.
배움 ācariyaka. ājānana. sekha. sekkha. sikkhā. uggaṇhana.
배움에 관한 지식 sekhavijjā.
배움에 영향을 받거나 배움을 넘어선 자도 아닌 자 nevasekhanāsekha.
배움에 의해 인정된 sekhasammata.
배움으로 이루어지는 sutamaya.
배움으로 이루어지는 지혜 sutamayapaññā.
배움을 뛰어넘은 사람 asekha. asekkha.
배움을 존중함 sikkhāgāravatā.
배움의 공덕 sikkhānisaṁsa.
배움의 규범 sikkhāpada.
배움의 무기 sutāvudha.
배움의 사실 sikkhātā.
배움의 재물 sutadhana.
배움의 지혜 sekhañāṇa.
배움이 없는 것 appassuta.
배움이 있는 것 bahussuta.
배웅하다 uyyojeti.
배워 얻는 사람 uggahetar.
배워 얻은 adhiyita.
배워야 할 사람 sekha. sekkha.
배워지지 않은 apariyāpuṭa.
배위에까지 머리를 늘어뜨린 헤어스타일 aḍḍhaduka. aḍḍharuka. aḍḍharūka.
배은망덕 akataveditā.
배은망덕한 자 akataññū. apakataññu. appatikāraka.
배의 닻 lakanaka. nāvābandha. nāvâṅkusa. nāvālakanaka.
배의 물을 퍼내다 siñcati.
배의 방향타 goṭaviya. goṭavisa.
배의 키 goṭaviya. goṭavisa.
배정(配定) ṭhitatta. uddesana.
배제(排除) apanudana. apanūdana. bāhitatta. nāsana. paṭibāhana. paṭivinodana. pavāhana. apavāda.
배제되다 panujjati.
배제된 panudita. panunna. paṇunna. panuṇṇa. paṭibāhira. bāhita.
배제시키다 paṭibāheti.
배제하기 어려운 duppaṭivinodaya.
배제하는 pavāhaka.
배제하다 apanudati. avarundhati. chedeti. chedāpeti. nibbāheti. nibbeṭheti. nudati. parakkaroti. paṭibāhati. vyābāheti.
배제하다 apavadati.
배제하지 않는 anavakāra.
배제하지 않음 apanudana. apanūdana.
배증(倍增) dvebhāva.
배척(排斥) paṭibāhana.
배척되다 panujjati.
배척된 chuddha. nunna. nuṇṇa. paṭikkhitta. ukkhitta.
배척하다 paribāhati. paṭibāhati. samuggirati. vyābāheti.
배출(排出) ossajana.
배출하다 apasarati.
배치(配置) saṁvidahana. saṁvidhāna. ṭhitatta. vaḍḍhana.
배치되지 않은 asajjita.
배치하다 karoti. pakkhipati. upanikkhipati. upasaṁharati.
배치하여 āsajja.

배타적으로 ekamantaṁ.
배타적인 ekatta.
배타적인 속성 ekantadhamma.
배트 kandukapaharaṇa.
배화(拜火)의 aggika.
배화교(拜火敎) agginamassana.
배회(徘徊) āhiṇḍana. anuvicaraṇa. aṭana. cāraka. cārika. cāraṇa. paribbhamana. vicaraṇa. viddāvana.
배회하는 aṭanaka. cāraka. cārika. cāraṇa. sārin.
배회하다 āhiṇḍati. anuvicarati. hiṇḍati. pabbhamati. paribbhamati. paṭicarati. vicarati. vidhāvati.
배후(背後) vipiṭṭhi.
배후에 pacchā. parokkha.
배후에서 piṭṭhito. paraṁmukhā.
배후의 piṭṭhika. piṭṭhimant.
백(百) sata. sataka.
백(白) seta.
백(百)의 satika.
백(百)의 모음 sataka.
백가지 맛의 음식 satarasabhojana.
백가지 방법으로 satadhā.
백가지 일 kammasata.
백가지 행위 kammasata.
백가지 희론 papañcasata.
백갈마(白羯磨) ñattikamma.
백개(白蓋) setachatta.
백개의 무리 kalāpiyasata.
백개의 뭉치 kalāpiyasata.
백개의 봉우리를 지닌 것[구름] satakkaku.
백개의 옹기 okkhāsata.
백개의 조각으로 satadhā.
백개의 창이 있는 sattisata.
백개의 통나무 kaṭṭhasata.
백개의 투창 saṅkusata.
백개의 횃불 okkhāsata.
백겁을 지속하는 kappasatika.
백경미(白硬米) sāli.
백골(白骨) setaṭṭhika.
백골의 kāpotakā.
백기(白期) paṇḍaraketu.
백까랄라의 건초 karaḷasata.
백꼬띠(100 koṭi)에 해당하는 시간 lakkha.
백내장(白內障) paṭala.
백냥에 해당하는 기름 혼합물 satapākatela.
백년(百年) utusata. vassasata. satavacchara.
백년동안 sataṁ samaṁ.
백년의 vassasatika.
백년의 제사 vassasatahuta.
백단(白檀) candana.
백단수(白檀樹) gandhasāra.
백도(白道) sukkamagga.
백련(白蓮) puṇḍarīka.
백련과 같은 수행자 samaṇapuṇḍarika.
백련사문(白蓮沙門) samaṇapuṇḍarika.
백련지옥(白蓮地獄) puṇḍarīkaniraya.
백련화 kumuda.
백로(白鷺) kaṅka. koñca.
백로의 깃털 kaṅkapatta.
백로조(伯勞鳥)[참새(雀)의 일종] kuliṅka.
백립의 사금(砂金) satarājikā.
백마(白馬) setassa.
백마(白馬)와 같은 kakkika.
백만(百萬) dasalakkha.
백만장자(百萬長者) seṭṭhin.
백명의 재가신자 upāsakasata.
백모(伯母) pitucchā.
백미(白米) taṇḍula.
백발(白髮) palita. pālicca.
백발의 phalita.
백번(百番) satakkhattuṁ. kālasataṁ.
백번째의 satama. satima.
백법(白法) sukkadhamma.
백복상(百福相) satapuññalakkhaṇa.
백분(白分) juṇhā. juṇhāpakkha. sukkapakkha.
백사(白四) ñatticatuttha.
백산(白傘) paṇḍarachatta. setachatta.
백상(白象) setahatthi.
백색(白色)의 odāta.
백색계급의 sukkâbhijātika.
백색도료 sudhā. sudhāpiṇḍa.
백색생류(白色生類) sukkābhijāti.
백색에 대한 지각 odātasañña.
백색의 seta.
백색의 대상 odātanimitta.
백색의 명상 대상에 대한 준비 odātaparikamma.
백색의 빛 odātarasmi.
백색의 뿌리 odātamūla.
백색의 외투를 입은 odātapāvāra.
백색의 인상 odātanimitta.
백색의 장신구 odātâlaṅkāra.
백색형상의 창조 odātarūpānimmāṇa.
백색화(白色花)[식물] kakkaru.
백생류(白生類) sukkābhijāti. sukkâbhijātika.
백설조(百舌鳥) sālikā. sāliyā. sāḷikā. sāḷi. sāliya.
백성(百姓) jana. janapadavāsin. jānapadā. jānapadikā.

백수련(白睡蓮)[식물] sogandhika.
백시행보다 많은 atirekapadasata.
백심(百尋) yugasata.
백십(110) dasauttarasata.
백아(白牙) setadanta.
백업(白業) sukkakamma.
백여덟 가지 갈애의 행로 aṭṭhasata. taṇhāvicaritāni.
백여덟 가지 번뇌 aṭṭhasata kilesā.
백오십 가지 배워야 할 것 diyaḍḍhasikkhāpadasata.
백오십 가지 학습계율 diyaḍḍhasikkhāpadasata.
백오십(百五十) diyaḍḍhasata.
백오십학처(百五十學處) diyaḍḍhasikkhāpadasata.
백월(白月) juṇhā.
백유순(100由旬) yojanasata.
백으로 구성된 satika.
백의자(白衣者) odātavasana.
백이(白二) ñattidutiya.
백이상(百以上) parosataṁ.
백이십(120) vīsuttatasata.
백이십팔(128) aṭṭhavīsasata.
백일(101) ekādhikasata. ekasata.
백일체처(白一切處) odātakasiṇa.
백장(百張) yugasata.
백조(白鳥) haṁsa. ravihaṁsa.
백조(百兆) pakoṭi.
백족(百足) satapadī.
백창포(白菖蒲)[향료식물] vacattha.
백창포의 뿌리 vacattha.
백천(百千) satasahassa. satasahassima.
백천(百川)이 흘러드는 puṭabhedana.
백치(白痴) jaḷatā. eḷamūgatā.
백캐럿의 무게를 지닌 satapala.
백팔(108) aṭṭhuttarasata. aṭṭhasata.
백팔번뇌(百八煩惱) aṭṭhasata kilesā.
백팔십(180) asītisata.
백팔애행(百八愛行) aṭṭhasata taṇhāvicaritāni.
백편(白遍) odātakasiṇa. odātakasiṇa.
백편처(白遍處) odātakasiṇa.
백포(白布) dussapaṭṭa.
백호(白毫) uṇṇa. uṇṇā.
백호마(白胡麻) setatila.
백화점(百貨店) sabbāpaṇa.
백희론(百戲論) papañcasata.
밸런스 tulā.
뱀 ahi. amatamada. aṇḍaja. anuju. anujjugāmin. āsīvisa. bhogin. bhujaga. dijivha. dīgha. dujivha. nāga. pādûdara. pannaga. sappa. sappin. siriṁsapa. vāḷa. vilāsaya. udarapāda. silābhu. dīghajāti. dīghajātika
뱀고기 ahimaṁsa.
뱀과 몽구스 ahinakula.
뱀모양의 용 ahināga.
뱀오이[호과(胡瓜)의 일종] kakkaṭī.
뱀왕의 이름 ahicchatta.
뱀으로 가득 찬 āsīvisabharita.
뱀을 두려워하는 ahibhīruka.
뱀을 부리는 사람 ahiguṇṭhika.
뱀을 부리는 지식 ālambānavijjā.
뱀을 찾는 alagaddagavesin.
뱀을 통한 점술(占術) ahivijjā.
뱀의 bhogin.
뱀의 껍질 karaṇḍa. karaṇḍā.
뱀의 독아(毒牙) āsī. sappadāṭhā.
뱀의 띠 ahimekhalā.
뱀의 머리 sappasira.
뱀의 머리를 비유 sappasirūpamā.
뱀의 머리와 같은 손이 있는 자 phaṇahatthaka.
뱀의 몸 ahisarīra.
뱀의 벗은 허물 nimmoka. paribhaṇḍa.
뱀의 비유 alagaddûpama. āsīvisûpama.
뱀의 상태 siriṁsapatta.
뱀의 시체 ahikuṇapa.
뱀의 암컷 sappinī.
뱀의 왕 ahirāja.
뱀의 장애 siriṁsapantarāya.
뱀의 장치 ahimekhalā.
뱀의 제왕 ahinda.
뱀의 허물 ahikañcuka. kañcuka. karaṇḍa. karaṇḍā.
뱀의 형상 ahimekhalā.
뱀의 후드 soṇḍī. phaṇa. dabbī.
뱀장어 amarā.
뱀장어통 khippa.
뱀형상의 아귀 ahipeta.
뱃사공 nāvika.
뱃사람 nāvāyika.
뱉다 opati.
뱉어내다 ovamati.
뱉은 upagaḷita.
버들가지로 만들어진 바구니 kaṇḍolikā.
버려버림 paṭinissagga.
버려져야 할 nissaggiya. vissajjiya.
버려지다 hīyati. nihīyati. parihiyyati. ubbāsīyati. vihāyati. vihīyati. vivajjati.
버려지지 않은 ajahita. akkhitta. anapaviddha.

appahīna. avissajjita. avissaṭṭha.
버려진 ākiṇṇa. anupahata. apaviddha. avattha. catta. chaḍḍita. chuddha. khitta. nicchuddha. nihīna. niratta. nisaṭṭha. omukka. pahīna. pariccatta. paṭin.issaṭṭha. tuccha. ubbāsita. ucchiṭṭha. ujjhita. ukkheṭita. vijahita. vippahīna. virājita
버려진 attha.
버려진 마을 suññagāma.
버려진 아이 khettaja.
버려진 여자 okiriṇi. okilinī.
버려진 옷 nibbasana.
버려질 수 없는 avijahita. avissajjiya.
버렸다 aṭṭhapesi. pahāsi.
버릇 āciṇṇa.
버릇없는 asabbha. asabbhin. anīcavutti. apagatasukkadhamma. apāṭuka.
버릇을 지닌 āciṇṇa.
버리게 하다 ṭhapāpeti.
버리고 apāhāya. pahāya. vihāya.
버리고 가다 avapakāsati.
버리고 없애는 삶 sallekha. sallekhavihāra.
버리고 없애는 삶을 사는 자 sallekhavuttin.
버리고 없애는 삶의 가르침 sallekhapariyāya.
버리기 쉬운 suppaṭinissaggin.
버리기 어려운 duccaja. dujjaha.
버리는 cāgavant. cāgin. hāyin. pahāyin. pajaha. ukkhepaka.
버리다 abhikkhipati. anukasati. anukassati. anukkhipati. apohati. cajati. chaḍḍeti. jahati. jahāti. khipati. nibbakketi. niddhamati. niraṅkaroti. nirākaroti. nisajjeti. odahati. ohāreti. ohārayati. ohārāpeti. ojahāti. okirati. okkamati. osajjati. pajahati. pamuñcati. pariccajati. parihāpeti. rahati. riñcati. ṭhapeti. ṭhapayati. ubbisati. ujjhati. vijahati. vikkhambheti. vipiṭṭhikaroti. vippajahati. virājeti. viseneti. vissajjati. vivajjeti.
버리지 못한 avīta.
버리지 않는 avissaja. avissajat. avisajjamāna.
버린 nihita. nikkhitta.
버림 apoha. avakkāra. cāga. chaḍḍana. hāna. janti. khepa. nicchubhana. nisagga. nissagga. nissaraṇa. pariccāga. riñcana. pahāna.
버림받은 nihīna. rahita. ujjhita.
버림에 대한 새김 cāgānussati.
버림에 대한 지각 pahānasaññā.
버림에 대한 통찰 pahānapaṭivedha.
버림의 결정 cāgâdhiṭṭhāna.
버림의 기반 cāgādhiṭṭhāna.
버림의 노력 pahānappadhāna.
버림의 대상에 관한 지혜 pariccāgaṭṭhe ñāṇaṁ.
버섯 ahichattaka.
버클[혁대장식] vidha.
버터 gosappi. āja(?). ghata. sappi.
버터가 든 죽 sappipāyāsa.
버터기름 ghata. sappitela.
버터기름을 먹는 것 ghatāsana.
버터를 담는 옹기 sappikumbha.
버터를 사용하는 어떤 의약적 치료 avapīḷanaka.
버터를 화로에 헌공하는 것 sappihoma.
버터와 기름 sappitela.
버터우유 takka.
버터우유의 색깔 takkavaṇṇa.
버터크림 maṇḍa.
버터크림처럼 마실 수 있는 maṇḍapeyya.
버팀 yapana. yāpana.
버팀벽 kulaṅkapādaka.
번(番) khattuṁ.
번개 asaññā. asani. asanī. asanaggi. akkhaṇa. kkhaṇā. indaggi. kulisa. vajira. vijju. vijjullatā. saterata. sateritā. saderitā.
번개가 치는 사이 vijjantarikā.
번개로 이한 화재 asanaggi.
번개와 같은 것 akkhaṇa.
번개의 꽃장식 vijjumāli.
번개처럼 맞추는 자 akkhaṇavedhin.
번갯불 → 번개.
번갯불의 간격 vijjantarikā.
번갯불의 번쩍임 vijjullatobhāsa.
번갯불의 출현 vijjuppāda.
번갯불이 있는 savijjuka.
번기가정사(繁耆迦精舍)[승원] Giñjakāvasatha.
번뇌(煩惱) ācariya. aṅgaṇa. āsava. avassava. avassavana. avassuta. āyāsa. ḍaha. nīvaraṇa. kilesa. klesa. opakkilesa. parikilesa. pariyuṭṭhāna. sīmanta. upadhi. upakkilesa. yoga. saṅkilesa
번뇌가 그친 upasantakilesa.
번뇌가 많은 āsavavepulla.
번뇌가 멀리 떨어져 있는 ārakakilesa.
번뇌가 부서진 āsavakhīṇa.
번뇌가 소멸된 nibbuta.
번뇌가 소멸된 사람 khīṇāsava.
번뇌가 소멸한 지혜의 경지 paññâdhiṭṭhāna.
번뇌가 없는 akiliṭṭha. anāsava. anassāvin. anavassuta. niggumba. nippapañca. viraja. appakilesa. nirāsava. nikkilesa.
번뇌가 있는 sāsava. sāṇa.

번뇌가 있는 즐거움 sāsavasukha.
번뇌가 파괴되지 않은 자 akhīṇāsava.
번뇌로 물들다 parikilissati.
번뇌로서의 악마 kilesamāra.
번뇌로서의 욕망 kilesakāma.
번뇌를 끝내는 āsavapariyādāna.
번뇌를 내려놓지 못한 anikkhittakasāva.
번뇌를 따르지 않는 vigatûpakkilesa.
번뇌를 버림 kilesapahāna.
번뇌를 부숨에 대한 앎의 명지 āsavakhaya-ñāṇavijjā.
번뇌를 일으키는 āsavaṭṭhāniya. āsavaṭṭhānīya.
번뇌를 제거하는 āsavanuda.
번뇌사(煩惱事) kilesavatthūni.
번뇌에 기초한 āsavapadaṭṭhāna.
번뇌에 대한 해설 āsavaniddesa.
번뇌에 의해 오염됨 kilesasampayutta.
번뇌에서 만들어진 적의 무리의 파괴 āsavâri-gaṇakkhaya.
번뇌와 관계하지 않는 āsavavippayutta.
번뇌와 무관한 kilesavippayutta.
번뇌와 상응하지 않는 kilesavippayutta.
번뇌윤전(煩惱輪轉) kilesavaṭṭa.
번뇌의 avassuta.
번뇌의 개념 āsavasamaññā.
번뇌의 구름이 없는 anabbhaka.
번뇌의 구름이 없는 신들의 하느님 세계 anabb-hakā devā.
번뇌의 구름이 없는 하느님 세계의 신들 anabb-hakā devā.
번뇌의 극복 kilesaniggaha. kilesapahāna.
번뇌의 근원 āsavasamudaya.
번뇌의 근절 āsavasamuccheda.
번뇌의 기초 upakkilesavatthu.
번뇌의 다발 āsavagocchaka.
번뇌의 다양성 kilesajāta.
번뇌의 덩어리 kilesapuñja.
번뇌의 두 가지 kilesaduka.
번뇌의 마음 avassutacitta.
번뇌의 멈춤 āsavapidhāna.
번뇌의 발생 āsavasamudaya. āsavuppatti.
번뇌의 버림 āsavappahāna.
번뇌의 부숨 āsavakkhaya.
번뇌의 부숨에 대한 궁극적인 앎 āsavakkhaya-ñāṇa.
번뇌의 부숨에 대한 인식 āsavakkhayajānana.
번뇌의 부숨에 대한 지혜 āsavakkhayañāṇa.
번뇌의 부숨에 도달한 āsavakkhayappatta.
번뇌의 부숨으로 끝나는 āsavakkhayapariyo-sāna.
번뇌의 부숨을 얻은 āsavakkhayalābha.
번뇌의 소멸 āsavakkhaya. āsavanirodha.
번뇌의 소멸로 끝나는 āsavakkhayapariyosāna.
번뇌의 소멸에 대한 인식 āsavakkhayajānana.
번뇌의 소멸에 대한 지혜 āsavakkhayañāṇa.
번뇌의 소멸에 도달한 āsavakkhayappatta.
번뇌의 소멸에 의한 열반 kilesanibbāna.
번뇌의 소멸을 얻은 āsavakkhayalābha.
번뇌의 열 pariḷāha.
번뇌의 완전한 소멸 kilesaparinibbāna.
번뇌의 위험 kilesaparipantha.
번뇌의 유전 kilesavaṭṭa.
번뇌의 장애 kilesāvaraṇa.
번뇌의 제어 āsavapidhāna. āsavasaṁvara.
번뇌의 토대 kilesabhūmi. kilesavatthūni.
번뇌의 파괴 anabhāva. āsavakkhaya. āsavak-khaya. āsavavināsana. kilesaviddhaṁsana. ki-lesakkhaya.
번뇌의 화살이 없는 visalla.
번뇌인 사실 āsavatā.
번뇌장(煩惱障) kilesāvaraṇa.
번뇌종(煩惱種) kilesajāta.
번뇌지(煩惱地) kilesabhūmi.
번민(煩悶) ummāda. ummāda. ummādana. um-mādanā.. pakaṭṭhaka. paritassanā.
번민하는 kuthita. otiṇṇacitta. paritassin.
번민하다 parikissati. paritasati. paritassati.
번역(飜譯) anuvāda. parivattana.
번역된 parivattita.
번역하다 anuvādeti. parivatteti.
번영(繁榮) abhivuddhi. iddhi. ijjhana. ijjhanā. lakkhī. samiddhi. sampajjana. sampatti. siddhi. sobhagga. vaddhana. vibhava. vitti. vuḍḍhi. vuddhi.
번영의 상태 bhogatā.
번영의 시기 kālasampatti.
번영하는 ajjhārūḷha. iddha. phīta. sampanna. vaḍḍhika.
번영하다 ajjhārūhati. edhati. ijjhati. ijjhate. par-ivaḍḍhati. samijjhati. sampajjati. vaḍḍhati.
번잡(煩雜) sambādha.
번잡의 여읨에 대한 대화 asaṁsaggakathā.
번잡하다 sambādheti. sambādhayati.
번지다 uggharati.
번쩍이는 ditta. vellāḷin.
번쩍이다 daddaḷhati. pabhāti. vijjotati. vijjota-lati.
번호를 매기다 aṅketi.

벌(罰) paṭidaṇḍa.
벌[곤충] bhamara. chappada. madhukara. madhulīha. madhupa. madhuphāṇita.
벌거벗은 acela. acelaka. appaṭicchanna. avattha. nagga. niccola.
벌거벗은 고행자 acelaka.
벌거벗은 모양의 jātarūpa.
벌거벗은 수행자 naggabhogga.
벌거벗은 채 수행함 naggacariyā.
벌금(罰金) daṇḍa. janti.
벌다 nibbisati.
벌레 kimi. kīṭa. pāṇaka. puḷava.
벌레 먹은 kimisaṅkiṇṇa.
벌레들의 종류 kimikula.
벌레들이 모여 있는 puḷavaka. puḷuvaka.
벌레들이 모여 있는 시체에 대한 지각 puḷavakasaññā.
벌레로 뒤덮인 kimina.
벌레를 포함하고 있지 않은 물 appāṇakudaka.
벌레의 득실거리는 무리 kimikula.
벌레잡이통풀 sammohakosadha.
벌어지다 āgacchati. sijjhati.
벌업(罰業) daṇḍakamma.
벌의 왁스 sitthaka.
벌주다 samparitāpeti.
벌집 madhugaṇḍa. madhupaṭala.
벌집에서 나온 납 sitthaka.
벌충 nikkaya.
벌하다 vadhati.
벌호녀(罰護女) saparidaṇḍā.
범(梵) brahma. brahmā.
범(犯)하는 atipātin.
범(犯)하는 것 āpatti.
범(犯)하다 aticarati. ukkamati.
범(犯)하지 않는 akhaṇḍa.
범(犯)하지 않음 anajjhāpatti. anatikkama. anatikkamana.
범(犯)한 자 āpajjitar.
범(犯)함 āpajjana.
범(犯)해져서는 안 되는 anāsādaniya. anāsādanīya.
범궁(梵宮) brahmavimāna.
범단벌(梵担罰) brahmadaṇḍa.
범당(梵堂) brahmavihāra.
범락(梵樂) brahmasukha.
범람(氾濫) abhisanda. avaseka.
범람하는 vissandaka.
범람하다 saṁvissandati. vissandati.
범람한 parissuta.
범륜(梵輪) brahmacakka.
범마야(梵摩耶)[인명] Upavāna.
범망(梵網) brahmajāla.
범벌(梵罰) brahmadaṇḍa.
범법자(犯法者) aticārin. atipātin. likhitacora.
범보천(梵輔天)[신계] Brahmapurohita.
범부(凡夫) puthujjana. puthusatta.
범부가 즐길 수 없는 aputhujjanasevita.
범부들의 즐거움 puthujjanasukha.
범부의 pothujjanika. puthujjanika.
범부의 경지 puthujjanabhūmi.
범부인 것 puthujjanatā.
범부지(凡夫地) puthujjanabhūmi.
범색자(梵色者) brahmavaṇṇin.
범선(帆船)의 oḷumpika.
범속(凡俗)한 puthujja. lāmaka.
범승(梵乘) brahmayāna.
범승(凡僧) puthujjanabhikkhu.
범식(梵食) brahmabhakkha.
범신(梵身) brahmakāya.
범신론(汎神論) issaranimmāṇavāda.
범신론자(汎神論者) issaranimmāṇavādin.
범신천(梵身天)[신계] Brahmakāyika.
범어(梵語) sakkatabhāsā.
범왕권(梵王勸) brahmādhipateyya.
범위(範圍) antarikā. padesa. upavicāra.
범위를 벗어나는 accasara.
범위의 valañjanaka.
범위자(梵威者) brahmavaccasin.
범음(梵音) brahmassara.
범인(凡人) samajana.
범죄(犯罪) āgu. ajjhāpatti. aparādhikatā. ārambha. oḷārikaṭṭhāna. aparādha. kibbisa.
범죄가 가능한 자 bhabbāpattika.
범죄가 없는 anaṅgaṇa.
범죄관련성 sāparādhitā.
범죄로 인한 쟁사 āpattâdhikaraṇa.
범죄를 저지르는 네 가지 업의 종류 kammacatukka.
범죄의 aparādhika. aparādhita. aparādhāyatta. daṇḍanāraha.
범죄자(犯罪者) āgucārin. aparādhin. kibbisakāraka. sāpattika.
범죄학(犯罪學) aparādhaparikkhā.
범죄행위(犯罪行爲) aparādhitakamma.
범주(梵呪) brahmamanta.
범주(梵住) brahmāvihāra.
범주(範疇) hāra. padesa.
범주화(範疇化) kathāsīsa.

범중천(梵衆天)[신계] Brahmapārisajja.
범천(梵天) brahman.
범천계(梵天界) brahmabhavana. brahmaloka.
범천계로 이르는 길 brahmapatha.
범천계를 포함하는 sabrahmaka.
범천계에서의 삶 brahmatta.
범천계의 신(神) brahmadevatā.
범천계의 신들의 무리 brahmaparisā.
범천과 같은 brahmakappa. brahmasama.
범천과 함께 하는 sapajāpatika.
범천과 함께 하는 삶 brahmasahavyatā.
범천무(梵天務) brahmavata.
범천소조(梵天所造) brahmakutta.
범천에 대한 맹세 brahmavata.
범천에 대한 의무 brahmavata.
범천에 의해 만들어진 것 brahmakutta.
범천에 의해 창조된 brahmanimmita.
범천에 이르는 brahmayāniya.
범천에 초대받은 brahmanimantanita.
범천에서 태어난 brahmaja.
범천으로 가득 찬 brahmavant.
범천으로서의 존재 brahmattabhāva.
범천을 따르는 무리의 신 brahmapārisajja.
범천의 경행 brahmacaṅkama.
범천의 공덕 brahmapuñña.
범천의 궁전 brahmavimāna.
범천의 권세 brahmādhipateyya.
범천의 그물 brahmajāla. atthajāla.
범천의 명성 brahmayasa.
범천의 무리에 속하는 brahmakāyika.
범천의 무리에 속하는 신들 brahmakāyikadevā.
범천의 산책 brahmacaṅkama.
범천의 상속자 brahmadāyāda.
범천의 세계 brahmabhavana. brahmaloka.
범천의 세계에 태어남 brahmuppatti.
범천의 신봉자 brahmabhatta.
범천의 요청 brahmāyācana.
범천의 주권 brahmādhipateyya.
범천의 친척 brahmabandhu.
범천의 칭찬 brahmapphoṭana.
범천의 행복 brahmasukha.
범천의 후계자 brahmadāyāda.
범천이 있는 brahmavant.
범천인 상태 brahmatta.
범천중(梵天衆) brahmaparisā.
범포살(梵布薩) brahmuposatha.
범하지 않는 anajjhācāra.
범행(犯行) aticca. aticāra. aticaraṇa.
범행(梵行) brahmacariya.
범행(梵行)을 하는 brahmacariyaka. brahmacariyavant.
범행(犯行)을 하지 않은 anaticārin.
범행(梵行)의 장애 brahmacariyantarāya.
범행(梵行)이 없는 aseṭṭhacarin.
범행(犯行)해서 aticca.
범행구(梵行求) brahmacariyesanā.
범행자(梵行者) brahmacārin. brāhmaṇa.
범행제호(梵行醍醐) brahmacariyamaṇḍa.
범행주(梵行住) brahmacariyavāsa.
범행주(梵行住)의 구부시부절(九不時不節) nava akkhaṇā asamayā brahmacariyavāsāya.
법(法) dhamma. nīti.
법간(法慳) dhammamacchariya.
법거(法炬) dhammûkkā.
법견(法見) dhammadassana.
법견자(法見者) dhammathera.
법결정(法決定) dhammavaratthāna. dhammavinicchaya.
법결집자(法結集者) dhammasaṅgāhaka.
법경(法鏡) dhammādāsa.
법경(法境) dhammavisaya.
법경모(法輕侮) dhammânâdariya.
법계(法界) dhammadhātu.
법고(法鼓) dhammabheri.
법고당(法高堂) dhammapāsāda.
법공양(法供養) dhammayāga. dhammapūja.
법과 관련된 dhammayoga.
법관(法官) vicāraka.
법광대(法廣大) dhammavepulla.
법구(法句) dhammapada.
법구경(法句經)[경전] dhammapada.
법구의석(法句義釋)[주석] dhammapadaṭṭhakathā.
법균포(法均布) dhammasaṁvibhāga.
법담(法談) dhammasākaccha.
법당(法幢) dhammadhaja. paṭāka.
법당(法堂) dhammasabhā. dhammasālā.
법득(法得) dhammasamādāna.
법등명(法燈明) dhammapajjota.
법등수용(法等受用) dhammasambhoga.
법라(法螺) dhammasaṅkha.
법라패(法螺貝) saṅkha.
법락(法樂) dhammarati.
법령(法令) āṇāpana. āṇatti.
법령에 속하는 āṇattika.
법령포고를 맡은 비서와 장관 ārocanalekhakâmacca.
법륜(法輪) dhammacakka.

법륜을 굴리다 anupavatteti.
법률(法律) nīti. dhammavinaya.
법률가(法律家) nītivedin.
법률상의 보호를 박탈당한 likhitaka.
법률에 정통한 사람 nītikovida.
법률을 제정하다 nītiṁ paññāpeti.
법률의 제정 nītisampādana.
법리(法利) dhammalābha.
법망(法網) dhammajāla.
법무애해(法無碍解) dhammapatisambhidā.
법무장관(法務長官) padhānanītivedin.
법문(法門) pariyāya. suttanta. dhammapariyāya.
법미(法味) dhammarasa.
법변(法辨) dhammapaṭibhāna.
법보(法寶) dhammaratana.
법복(法服) saṅghāṭī.
법비법(法非法) dhammâdhamma.
법사(法師) dhammakathika. dhammika.
법사(法思) dhammasañcetanā.
법사(法伺) dhammavicara.
법사의 정의 kathikasaṇṭhiti.
법사택(法思擇) dhammatakka.
법삼매(法三昧) dhammasamādhi.
법상(法床) ādhāraka.
법상(法想) dhammasaññā.
법상부(法上部) dhammuttarika. dhammuttariya.
법상속(法相續) dhammasantati.
법상응(法相應) dhammayoga.
법상인(法商人) dhammâpanika.
법생(法生) dhammaja.
법선법성(法善法性) dhammasudhammatā.
법설(法說) dhammakathā.
법섭수(法攝受) dhammânuggaha.
법섭익(法攝益) dhammânuggaha.
법성(法城) dhammanagara.
법성(法性) dhammatā.
법성계(法性戒) dhammatāsīla.
법성만(法盛滿) dhammiddhi.
법성법문(法性法門) dhammatādhammapariyāya.
법성색(法性色) dhammatārūpa.
법소성(法所成) dhammamaya.
법소연(法所緣) dhammârammaṇa.
법수관(法隨觀) dhammânupassanā.
법수념(法隨念) dhammânussati.
법수법(法隨法) dhammaânudhamma.
법수용(法受用) dhammabhoga.
법수지(法受持) dhammadhāraṇa.
법수호자(法守護者) dhammarakkha.
법시(法施) dhammadāna. dhammayāga.
법시설(法施設) dhammapaññatti.
법신(法身) dhammakāya. dhammatanu.
법심(法尋) dhammavitakka.
법심심(法甚深) dhammagambhīratā.
법안(法眼) dhammacakkhu.
법애(法愛) dhammarāga. dhammataṇhā.
법애민(法哀愍) dhammânukampā.
법약(法藥) dhammâgada. dhammosadha.
법약(法藥) dhammosadha.
법에 대한 반복적인 해명 dhammapaṭibhāna.
법에 대한 사유 dhammavitakka.
법에 대한 숙고 dhammavicara.
법에 따라 올바로 사는 dhammajīvin.
법에 따라 행동하지 못하는 adhammiyamāna.
법에 따르는 dhammiya.
법에 따른 수행자 dhammânusārin.
법에 의해 보호받는 여자 dhammarakkhitā.
법열(法悅) pamoda. pahāsa. ubbegapīti.
법온(法蘊) dhammakkhandha.
법왕(法王)[부처님] dhammarājan.
법욕(法欲) dhammachanda. dhammakāma.
법운(法雲) dhammamegha.
법원(法院) vinicchayasabhā. vinicchayāsana.
법위력(法威力) dhammatajo.
법유(法乳) dhammakhīra.
법으로 이루어진 dhammamaya.
법을 따르는 무리 dhammagaṇa.
법을 설하는 dhammavādin.
법을 순관(順觀)하는 dhammânuloma.
법을 싫어하는 dhammadessin.
법을 아는 자 dhammavidū.
법을 어기는 aticaritar.
법을 이해하는 자 dhammapaṭisaṁvedin.
법을 존중하는 dhammagaru.
법을 존중함 dhammagāravatā.
법을 즐기는 (사람) dhammārāma.
법을 파는 자 dhammâpanika.
법의 그물 dhammajāla.
법의 상속자 dhammadāyāda.
법의 설시(說示) dhammadesanā.
법의 인과적 질서에 속하는 dhammaniyāma.
법의 전개 dhammapaññatti.
법의 찰오자(察悟者) saṅkhātadhamma.
법의 총상(總相) dhammanvaya.
법의 출현 dhammûpahara.
법의 탐구 dhammavicaya.
법의 확실성 dhammaniyāmatā.
법의(法衣) cīvara.

법의사(法意思) dhammasañcetanā.
법의석(法義釋) dhammatthadesanā.
법이(法耳) dhammasota.
법자양(法滋養) dhammojā.
법장(法將)[인명] Dhammasenāpati.
법장로(法長老) dhammathera.
법재(法財) dhammadhana.
법적인 결정을 번복하다 ukkoṭeti.
법적인 일을 집행하려는 의도를 가진 kamma-karaṇâdhippāya.
법적인 일의 집행 kammakaraṇa.
법적인 조치 aṭṭakamma.
법적인 조치를 취하려는 kammâdhippāya.
법적인 형제 sālaka.
법적집(法積集) dhammasannicaya.
법전(法典) dhammappatti.
법정(法庭) vinicchayasālā. adhikaraṇasālā.
법정변호사(法庭辯護士) adhinītivedin.
법정순도의 황금 sārasuvaṇṇa.
법좌(法座) dhammasabhā. dhammāsana.
법주(法主) dhammappati. dhammasāmin. dham-massāmin.
법주성(法住性) dhammaṭṭhitatā.
법주지(法住智) dhammaṭṭhitiñāna.
법증상(法增上) dhammâdhipateyya.
법지(法智) dhammañāṇa.
법지현(法持現) dhammûpahara.
법질서(法秩序) dhammaniyāma.
법집론(法集論)[논장] Dhammasaṅgaṇi.
법차별(法差別) dhammavisesa.
법처(法處) dhammâyatana.
법체(法體) dhammabhūta.
법체계(法體系) vohāra. vyohāra.
법치(法幟) dhammaketu.
법칭(法稱)[인명] Dhammakitti.
법통달(法通達) dhammapariyatti.
법편구(法遍求) dhammapariyeyesanā.
법포살(法布薩) dhammuposatha.
법행(法行) dhammacariyā.
법행자(法行者) dhammacārin.
법현관(法現觀) dhammâbhisamaya.
법현전(法現前) dhammasammukhatā.
법호(法護)[인명] Dhammapāla.
법화(法話) dhammakkhāna.
법화합(法和合) dhammasāmaggī.
법회(法會) dhammasamaya.
법회(法會) dhammasamaya.
법희(法喜) dhammapīti. dhammanandi.
벗 mitta. sakhi. sampavaṅka. sohada. suhada. vayassa.
벗(들)이여! āvuso.
벗겨진 ummukka. pacchita.
벗다[신발] omuñcati.
벗어나게 하다 pamuñcāpeti. parimoceti. ukkā-meti. vinimoceti.
벗어나게 해야 할 pamokkha.
벗어나기 쉬운 suppaṭinissaggin.
벗어나는 bhanta. tiracchabhūta.
벗어나다 muñcati. paṭivāpeti.
벗어나서 okkamma.
벗어나지 못한 amutta.
벗어난 atiga. atigata. mutta. nissaṭa. vippa-mutta. vītivatta. nibbaṭṭa.
벗어날 수 없는 atappaka.
벗어날 욕구가 없는 amuñcitukamyatā.
벗어남 apagama. mokkha. nissaraṇa. vimocana.
벗어지다 omuccati.
벗은 naggiya.
벗은 상태 naggatta. naggiya. naggeyya.
벗음[신발] omuñcana.
벗이여! bho. samma.
벙어리 chinnakatha. mūga.
벙어리 맹세 mūgabbata.
벙어리와 귀머거리의 mūgabadhira.
벙어리의 avacana. mūga. eḷagala. elagaḷa. ela-gala. eḷamūga.
베개 ohana. upadhāna. ussīsa. ussīsaka. bim-bohana. cumbaṭa.
베개머리 ussīsa. ussīsaka.
베개와 관련된 ohaniya.
베개의 껍데기 bhisicchavi.
베개처럼 마는 옷 cīvarabhisī.
베개하다[자름] lāvayati. lāveti.
베기 abhilāva. avakhaṇḍana. dāyāna. kantana. likhana.
베나레스 bārāṇasī.
베나레스 근처의 목욕장 akittitittha.
베나레스 산의 (천 옷) bārāṇaseyyaka.
베나레스에 있는 문 akittidvāra.
베누띤두까[식물] veṇutinduka.
베는 chida. kantanaka.
베는 것 atipāta.
베는 동작을 유발하는 kantanakāraka.
베는 사람 lavaka. lāvaka. lāyaka.
베다 abhimatthati. anukantati. atipateti. atipā-teti. bhindati. chindati. dāyati. karati. lāvati. lāyati. likhati. lunāti. niḍḍāyati. niḍḍeti. nikan-tati. sampadāleti. sañchindati. udāyati. upphā-

leti. vikantati.
베다[天啓書)] veda. suta. suti.
베다라(吠陀羅) vedalla.
베다를 공부하는 vedaka.
베다를 베우는 자 ajjhāyaka.
베다를 아는 vedaka.
베다본집 saṁhitā.
베다스승의 가문 ajjhāyakakula.
베다시대의 의례 kappa.
베다시인 sutakavi.
베다에 대한 지식에서 뛰어난 vedantagū.
베다에 정통한 vedagū.
베다에 통달한 자 vedapāragū.
베다의 성스러운 구절에 정통한 자 padaka.
베달라[九分敎] vedalla.
베당냐[인명] Vedhañña.
베데하[인명] Vedeha.
베데하테라[인명] Vedehathera.
베데히의 아들[인명] Vedehiputta.
베디싸[식물] vedisa.
베디야까[지명] Vediyaka.
베뚤라[부파] Vetulla.
베란다 ālinda. āḷinda. ālindaka. kiṭika. osaraka. osārikā.
베란다가 없는 anālindaka.
베란자[지명] Verañja.
베로짜[아수라] Veroca.
베싸카[월명] vesākha. vesākhā.
베쌀리[지명] Vesālī.
베어내는 avacchedaka.
베어내다 avakantati. ok(k)antati. lunāti. occhindati. olikhati. vaddheti.
베어낸 avakanta. pacchita.
베어냄 lopa.
베어야 할 chejja.
베어지는 고통 satthakavāta.
베어지는 아픔 satthakavāta.
베어지다 lūyati. vocchijjati.
베어진 chinna. kanta. kantta. lāyita. likhita. lūna. luta. lutta. nikanta. nivutta. parikanta. parikatta. sañchinna. vāpita.
베일 oguṇṭhikā.
베자얀따[궁전] Vejayanta.
베카낫싸[신계] Vekkanassa.
베틀 tanta. tantaka. vema. vemaka.
베틀을 짜는 방 tantaka.
베틀의 북 vema. vemaka. tasara. tasala.
베푸는 cāgavant. cāgin. dāyin.
베푸는 자 dātar. hitakara.
베풀어져야 할 파티 kattabbasakkāra.
베풀지 않음 asampadāna.
베풂 anupadāna. cāga.
베풂으로 가득 찬 마음 cāgaparibhāvitacitta.
베풂을 갖춤 cāgasampadā.
베풂의 재물 cāgadhana.
벤치 nisīdanaphalaka.
벨 ghaṇṭā. ghaṇṭī. tāla. tāḷa.
벨라마 족의 소녀 velāmikā.
벨라마[족명] Velāma.
벨루까[식물] veḷuka.
벨루바[식물] veḷuva.
벨루바나[승원] Veḷuvana.
벨루바나까란다까니바빠[지명] Veḷuvanakalandakanivāpa.
벨루바랏티까[식물] veḷuvalaṭṭhikā.
벨트 kaccha. kacchā.
벰 lāyana.
벳싸바나[신계] Vessavaṇa.
벵갈[국명] Vaṅga.
벵골보리수[식물] Nigrodha.
벵골보리수의 열매 nigrodhapakka.
벵골보리수의 주위 nigrodhaparimaṇḍala.
벼[稻] sāli. sīsa. taṇḍula. vīhi. pavīhi. pasādiyā(?).
벼락 asanipāta. vajira.
벼랑 taṭa.
벼룩 adhipātikā. maṅkuna. maṅkuṇa. ūkā. uppāṭaka.
벼룩냄새 ūkāgandha.
벼룩들의 성가신 방해 ūkāpalibodha.
벼룩알 likkhā.
벼리 yotta. yottaka.
벼의 줄기 taṇḍulanāḷi.
벼이삭 sālisuka.
벽(壁) bhitti. kaccha. kacchā. kuḍḍa. kuṭṭa. pākāra. uddāma.
벽돌 cayaniṭṭhakā. iṭṭhakā. itthakā.
벽돌가루 iṭṭhakācuṇṇa.
벽돌계단 iṭṭhakāsopāna.
벽돌공 iṭṭhakāvaḍḍhakin. palagaṇḍa.
벽돌더미 iṭṭhakāpuñja.
벽돌로 만든 기초 iṭṭhakāmūla.
벽돌로 만든 동굴 iṭṭhakāgūha.
벽돌로 만들어진 iṭṭhakāmaya.
벽돌로 지어진 홀 iṭṭhakāsālā.
벽돌로 향한 iṭṭhakâbhimukha.
벽돌만들기 iṭṭhakākaraṇa.
벽돌벽 iṭṭhakākuḍḍa.

벽돌벽으로 둘러싸인 iṭṭhakāpākāra.
벽돌벽으로 만들어진 방 iṭṭhakāpariveṇaka.
벽돌을 바라보는 iṭṭhakolokana.
벽돌을 쌓는 iṭṭhakāvaḍḍhakin.
벽돌을 지키는 사람 iṭṭhakāgopaka.
벽돌의 기초를 쌓기 iṭṭhakānyāsa.
벽돌의 선물 iṭṭhakāpaṇṇākāra.
벽돌의 쌓임 iṭṭhakārāsi.
벽돌의 줄 iṭṭhakāpanti.
벽돌의 집적 iṭṭhakācaya.
벽돌의 크기 iṭṭhakāppamāṇa.
벽돌일 iṭṭhakākamma.
벽돌조각 iṭṭhakākaṇḍa.
벽돌집 giñjakāvasatha.
벽돌층이 쌓여진 iṭṭhakācayanasampanna.
벽에 대는 기둥 bhittikhīla.
벽을 둘러싸인 장소 koṭṭha.
벽을 지닌 bhittikabhittika.
벽의 밑 부분의 지지대 bhittipāda.
벽의 안쪽 antopākāra.
벽이 있는 kuḍḍaka.
벽재(壁材) bhittikhīla.
벽지모니(辟支牟尼) paccekamuni.
벽지범천(辟支梵天) paccekabrahmā.
벽지보리(辟支菩提) paccekabodhi.
벽지불(辟支佛) paccekabuddha.
변경(邊境) vikāra. vippakāra. paccanta.
변계(遍計)된 pakappita.
변계하다 pakappeti.
변괴(變壞) vipariṇāma.
변괴성(變塊性) rūpatā. rūpatta.
변괴하다 vipariṇāmati.
변괴하지 않는 avipariṇāma.
변덕 cāpalla. cāpalya. sericāra.
변덕스러운 aniyatacitta. aññamañña. asaṇṭhita. kapicitta. sericārin.
변덕스러운 마음 aññamaññacitta.
변덕스럽게 행동하는 sabalakārin.
변덕스럽다 kakati.
변명하지 않고 appaṭinissajja.
변모(變貌)된 vikata. vikaṭa.
변무애해(辯無碍解) paṭibhānapaṭisambhidā.
변발(辮髮) jaṭā. veṇi.
변비(便秘) malabandha. malatthambha.
변비를 치료로 허용된 음료 āmisakhāra.
변비에 걸리게 하다 ābandhati
변비에 걸린 ajiṇṇa. ābaddha.
변비에 대한 두려움 ajiṇṇâsaṅkā.
변상(辨償) nikkaya. paṭidāna.
변상되다 paṭidiyyati.
변상하다 nikkiṇāti. paṭidadāti.
변색(變色) vevaṇṇa. virajjana.
변색된 vinīlaka. vivaṇṇa.
변소(便所) gūthaṭṭhāna. karīsachaḍḍanaṭṭhāna. vaccakuṭi. vaccaṭṭhāna.
변소청소부 vaccasodhaka.
변심(變心) aññathātta.
변역(變易) vipariṇāma.
변역법(變易法) vipariṇāmadhamma.
변역상(變易相) vipariṇāmalakkhaṇa.
변역수관(變易隨觀) vipariṇāmânupassanā.
변이 잘나오게 하다 ohanati.
변이(變異) vikāra.
변이된 pariṇata.
변이시키다 pariṇāmeti.
변이의 vipakka.
변장(變裝) andhavesa. aññātakavesa. aññātavesa. vesa.
변재교(辯才憍) paṭibhānamada.
변재천녀(辨材天女)[신계] Sarassatī. Sarasvatī.
변종종(辯種種) paṭibhānanānatta.
변지인(邊地人) milakkhu. milakkhuka. milāca.
변집견(邊執見) antaggāhakadiṭṭhi. antaggāhikadiṭṭhi.
변천(變遷) saṅkanti. vipariṇāma.
변천하는 saṅkantika.
변천하다 cavati. vipariṇāmati.
변칙(變則) aniyatarūpikapada.
변칙적인 niyatavidhiviruddha. visesarūpika.
변하고 파괴되는 성질 rūpatā. rūpatta.
변하는 āvaṭṭanin.
변하지 않는 akkhaya. avipariṇāma. nibbikāra.
변할 수 있는 ittara.
변함없는 결가부좌 ekapallaṅka.
변형(變形) aññathatta.
변형하다 vikubbati.
변호사(辯護士) nītivedin.
변호인(辯護人) paṭinidhi. parakiccasādhaka.
변호하는 adhinītivedin.
변화(變化) aññathābhāva. aññathatta. nimmāṇa. pariṇāma. vikāra. vipariṇāma. viparivattana. vipariyaya. vipariyāya. vippakāra.
변화가 없는 avikāra. avikārin. avyaya.
변화되다 āpajjati. pariṇamati. ruppati.
변화되지 않는 abhijjanaka.
변화된 pariṇata. parivattita. vikata. vikaṭa. vikata. viparāvatta. vipariṇata.
변화된 모습의 vippakāraka. virūpa.

변화무쌍한 kāmavaṇṇin.
변화색(變化色) vikārarūpa.
변화시키다 pariṇāmeti. parivatteti.
변화신변(變化神變) vikubbana. vikubbanā.
변화에 대한 관찰 vipariṇāmânupassanā.
변화에서 오는 괴로움 vipariṇāmadukkhatā.
변화의 고통 vipariṇāmadukkha.
변화의 괴로움 vipariṇāmadukkhātā.
변화의 괴로움에 대한 앎 vipariṇāmadukkha-ñāṇa.
변화의 물질 vikārarūpa.
변화의 법 vipariṇāmadhamma.
변화하기 쉽지 않은 avyāyika.
변화하는 aññathābhāvin.
변화하다 parivattati. vikubbati. vipariṇāmati.
변환된 vekata.
별[星] joti. nakkhatta. sukka. tārā. tārakā. ulu. uḷu.
별개의 ekanta. pāṭekka. pāṭiyekka.
별견(瞥見) akkhipāta. ittaradassana. olokana-cakkhu.
별도로 visuṁ.
별도의 atireka. āveṇi. āveṇika. āveṇiya.
별도의 발우 atirekapatta.
별도의 옷 atirekacīvara.
별도의 집에 사는 āveṇigharāvāsa.
별들의 우두머리 tārâsabha.
별들의 호환 nakkhattamālā.
별똥별 ukkāpāta. upagaha. uppāta.
별로 재미없는 appassāda.
별리(別離) vippayoga.
별명(別名) upapada.
별빛 tārakārūpa.
별상(別相) anuvyañjana.
별의 사라짐 nakkhattaggāha. nakkhattapīḷana.
별의 운행 nakkhattayoga.
별이사(別異事) nānāvatthu.
별자리 nakkhatta. nakkhattatārakā.
별자리를 관찰하다 nakkhatam oloketi.
별주(別住) parivāsa.
별주(別住)의 허용 parivāsadāna.
별주(別住)하는 paribbasāna. pārivāsika. par-ivuṭṭha. parivuttha. parivasati.
별주비구(別住比丘) pārivāsikabhikkhu.
별주행법(別住行法) pārivāsikavatta.
별중(別衆) gaṇa.
별중갈마(別衆羯磨) vaggakamma.
별중식(別衆食) gaṇabhojana.
별채 upaghara.
별처(別處) paccekaṭhāna.
별축제 nakkhattamaha.
별표 tārālañchana.
별해탈(別解脫) pāṭimokkha. pātimokkha.
별해탈계(別解脫戒) pāṭimokkhasaṁvarasīla.
별해탈율의(別解脫律儀) pāṭimokkhasaṁvara.
별해탈율의계(別解脫律儀戒) pāṭimokkhasaṁ-varasīla.
볍씨 sālibīja.
볏 moli. sikhā.
볏이 있는 sikhaṇḍin. sikhin.
병(病) ābādha. ātaṅka. īti. ītī. roga. rujā. vyādhi. → 질병.
병(甁) kumbha. paṭhara. khaḷopī. kaḷopikā. kaḷ-opika. ghaṭa. vāraka.
병기(兵器) āyudha.
병단(兵團) senābyūha.
병든 ābādhika. akallaka. ātaṅkin. ātura. gilāna. vyādhita.
병든 상태 āturatā.
병든 여자 ābādhikinī.
병들게 하다 ābādheti.
병들다 tintiṇāti. tintiṇāyati. vyādheti.
병들지 않은 anātura. ārogya.
병렬(竝列) upanyāsa. sabbathāsama.
병렬복합어(竝列複合語)[문법] dvanda.
병렬적인 samadūravattin. sabbathāsama. sa-mantara.
병리학(病理學) rogalakkhaṇavijjā.
병리학자(病理學者) rogalakkhaṇaññū.
병발영향(併發影響) sahajātâdhipati.
병발조건(併發條件) sahajātapaccaya.
병상주제에 대한 수행을 실천하는 kamma-ṭṭhānakāraka.
병색(病色) rogarūpa.
병소(病所) dosa.
병소(病巢) roganiḍḍha. roganīḷa.
병실(病室) gilānālaya.
병아리 kukkuṭachāpaka. kukkuṭapotaka.
병약한 akalya. tanubhūta. vivaṇṇa.
병없는 agada. avyādhika. avyādhita.
병없음 avyādhi.
병에 걸리지 않게 하다 ārogāpeti.
병에 걸리지 않는다는 교만 ārogiyamada. āro-ggamada. ārogyamada.
병에 걸리지 않은 agilāna.
병에 걸리지 않음 ārogiya. ārogga. ārogya.
병에 걸린 vyādhita.
병에 의한 고통 rogātaṅka.

병에의 접촉 rogaphassa.
병열(病熱) dāha. ḍāha.
병영(兵營) yodhanivāsa.
병원(病院) ārogiyasālā. āroggasālā. ārogyasālā. gilānālaya.
병의 소질 roganinnatā.
병이 나다 āgilāyati.
병이 난 ābādhika. ātaṅkin.
병이 많은 bavhābādha.
병이 없는 anāmaya. aroga. nirātaṅka. nīroga. appābādha. appātaṅka.
병이 있는 rogin.
병이 적은 appātaṅka.
병이든 ītika.
병자(病者) gilāna.
병적인 성장 rūhita.
병존(兩立) samakālavattana. sahapavatti.
병존하는 samakālika. ekakālavattin.
병주(餠酒) pūvasurā.
병학(兵學) yuddha.
보강(補强) upatthambha.
보게 하다 āropeti. dasseti. nidasseti. olokāpeti. upadaṁseti. upadaṁsayati. upadasseti.
보견자(普見者) aññadatthudasa.
보경(寶經) ratanasutta.
보고 있지 않는 apassat.
보고(報告) anussava. anussavana. nivedana. pavedana. udanta.
보고(寶庫) atthasaṇṭhāna. ākara. kosa. koṭṭhâgāra. sāragabbha.
보고(寶庫)와 곡창 kosakoṭṭhāgāra.
보고되다 anusuyyati.
보고된 pavedita.
보고하다 ācikkhati. katheti. nivedeti. pavedeti.
보관(保管) kirīṭa. oropaṇa. ṭhiti.
보관단계의 첫 번째 것의 보시 koṭṭhaggadāna.
보관되지 않은 anidhānagata.
보관된 uddhaṭa.
보관의 특징 ārakkhanimitta.
보관이 허용된 물품을 저장하는 집 kappiyakuṭī.
보관자 dhāretar.
보관하지 않음 anidhāna.
보관할 가치가 없는 anidhānavat.
보군(步軍) pattisenā. pattikāya.
보궁(寶宮) maṇivimāna.
보금자리 ālaya. niḍḍa. nīḷa.
보급(普及) brūhana. paribhāvanā.
보급된 vyāpin.
보기 nidassana. udāharaṇa. upogghāta.
보기 아주 어려운 곳으로 도달하는 길 sududdasagāmimagga.
보기를 원하는 dassanakāma. pekkhaka.
보기를 원하지 않는 adassanakāma.
보기를 원하지 않는 상태 adassanakamyatā.
보기에 무서운 bībhacchadassana.
보기에 사랑스러운 piyadassana.
보기에 아름다운 cārudassana.
보기에 역겨운 assirīkadassana.
보기에 좋은 dassanīya.
보기흉하게 만드는 dubbaṇṇakaraṇa.
보기흉한 okoṭimaka. dubbaṇṇa. virūpa.
보기흉함 vilomatā.
보내는 pahiṇa.
보내다 atikkameti. atikkāmeti. atikkamāpeti. abhivis(s)aj(j)ati. abhivissajjeti. hinati. īreti. nicchāreti. pāheti. pahiṇati. pahiṇāti. pavatteti. peseti. sajjeti. vissajjati. vissajjeti. paṭipeseti.
보내버리다 pāheti. pahiṇati. pahiṇāti. nissajati.
보내버림에 대한 관찰 paṭinissaggânupassanā.
보내버림에 대해 관찰하는 paṭinissaggânupassin.
보내지다 ānīyati. pesīyati.
보내진 āhaṭa. pahita. sajjita. vissajjita. vissaṭṭha.
보낸 pavattita. vasita.
보냄 appaṇā. appanā. pahiṇana.
보는 anulokin. cakkhuka. cakkhula. dakkhaka. dakkhin. dasa. dasika. dassa. dassāvin. dassin. passa. pekkhaka. pekkhavant. pekkhin.
보는 것 avalokana.
보는 것 가운데 최상 dassanânuttariya.
보는 것과 듣는 것 olokanasavana.
보는 것이 없는 adassana.
보는 기능 olokanakicca.
보는 사람 daṭṭhar. passa. udikkhitar.
보는 사실 olokanabhāva.
보는 시간 diṭṭhakāla. olokanakāla.
보는 자 āloketar.
보다 abhisamikkhati. āloketi. anupassati. dakkhati. dakkhiti. dassati. ikkhati. olokayati. oloketi. passati. paṭiyoloketi. pekkhati. samanupassati. sampassati. udikkhati.
보다 나은 uttaritara.
보다 낫다 abhitiṭṭhati. jayati. jeti. jināti.
보다 낮은 adhara.
보다 높은 ussa. uttaritara.
보다 높은 계행에 대한 배움 adhisīlasikkhā.
보다 높은 노력 uparussukkanā.

보다 높은 마음에 대한 배움 adhicittasikkhā.
보다 높은 법 uttaradhamma.
보다 높은 상층의 두 세계와 관계된[色界와 無色界] mahaggata.
보다 높은 의식 abhicetas.
보다 높은 정도로 bhiyyo.
보다 높은 존재를 획득하는 uparûparûppattika.
보다 높은 지혜에 대한 배움 adhipaññāsikkhā.
보다 높은 지혜의 원리에 대한 통찰 adhipaññādhammavipassanā.
보다 높은 진리 uparisacca.
보다 높이 upari.
보다 더한 adhikatara.
보다 뛰어난 adhikatara.
보다 먼 dūratara.
보다 어린 kaṇeyyasa. kaṇiya.
보다 열등한 adhara. nīceyya.
보다 우위를 점하지 않은 anajjhārūḷha.
보다 월등한 purebhava.
보다 위대한 mahantatara.
보다 위에 uttari.
보다 작은 appatara. kaṇiya.
보다 적은 appatara.
보다 정도 높은 지혜 vijjā.
보다 착하고 건전한 adhikusala.
보다 훌륭한 abhikkantatara. uttaritara.
보다 훌륭한 계율 abhivinaya.
보답(報答) nivatti. paccupakāra.
보답으로 사랑하는 anukāma.
보답으로 속이는 paṭikūṭa.
보답으로 주는 보시 paṭipiṇḍa.
보답으로 칭찬하다 paṭipasaṁsati.
보답을 바라는 puññapekkha.
보답이 없는 appatikāraka.
보답이 있는 saphala.
보도(步道) anucaṅkamana. vaṭuma.
보디가드 aṅgarakkhaka. aṇīkaṭṭha. ārakkhaparivāra.
보라! passa.
보람이 없는 appatikāraka.
보려고 dassana.
보류(保留) ṭhapana.
보류된 ukkhitta.
보류하다 ṭhapeti. ṭhapayati.
보륜(寶輪) cakkaratana.
보름[15일] addhamāsa. dvesattaratta. pannarasa. pakkha.
보름기간의 네 번째 날 catutthī.
보름달 puṇṇacanda.
보름달 후의 보름 kaṇhapakkha.
보름동안 pakkhika.
보름마다[한 달에 두 번] anvaḍḍhamāsaṁ.
보름을 전후로 8일 사이에 antaraṭṭhaka.
보름의 pakkhika. pannarasika.
보름의 전후로 8일 사이에 antaraṭṭhaka.
보름전에 구족계를 받은 자 aḍḍhamāsupasampanna.
보리(菩提) bodha. bodhi.
보리[麥] yava.
보리도량(菩提道場) bodhimaṇḍa.
보리를 담는 접시 yāvaka.
보리를 지키는 사람 yavapālaka.
보리밥 yavabhatta. yāvaka. yavakhetta.
보리분(菩提分) bodhipakkhika.
보리분법(菩提分法) bodhipakkhiyadhamma.
보리생(菩提生) bodhija.
보리생지(菩提生智) bodhijañāṇa.
보리수(菩提樹) assattha. bodhirukkha. dumuttama. duminda. bodhi. vaṭarukkha. sirīsa.
보리수가 있는 지역 bodhitala.
보리수를 기리는 축제 bodhimaha.
보리수마당 bodhimaṇḍa.
보리수아래 bodhimūla.
보리수에 공양하는 축제 bodhipūjā.
보리수의 뿌리 bodhimūla.
보리수의 열매 bodhipakka.
보리수제(菩提樹祭) bodhipūjā.
보리의 까라기 yavasūka.
보리의 왕겨 yavakāraṇḍava.
보리자량(菩提資糧) bodhisambhāra.
보리좌(菩提座) bodhimaṇḍa.
보리지(菩提智) bodhiñāṇa.
보릿가루 sattu.
보릿가루포대 sattupasibbaka. sattubhasta.
보릿단 yavakalāpin.
보물(寶物) dhana. maṇi. maṇiratana. ratana. sāragabbha.
보물단지 nidhikumbhi.
보물로서의 여인 ratananarī.
보물산(寶物山) maṇipabbatā.
보물의 더미 ratanagaṇa.
보물의 매장 nidhikumbhi.
보물의 저장 nidhinidhāna.
보물창고의 파수병 kosārakkha.
보병(步兵) patta. patti. pattika. pattikāya.
보병부대(步兵部隊) pattisenā. pattânīka. pattikāya.
보복(報服) paṭidaṇḍa. paṭikibbisa. paṭisena. pa-

ṭivera.
보복된 atikaṭa.
보복으로 괴롭히다 paṭirosati. paṭiroseti.
보복으로 사기를 치는 것 paṭisāṭheyya.
보복으로 욕설하지 않는 것 apaccakkosana.
보복의 속임수 paṭisāṭheyya.
보복하는 anukubba.
보복하다 paṭiseneti. paṭisenikaroti.
보복해서 때리다 paṭipaharati.
보부상(褓負商) kacchapuṭa. kacchapuṭavāṇija.
보산정찬(普山頂讚)[서명] Samantakūṭavaṇṇanā.
보살(菩薩) bodhisatta.
보살의 보물단지 uppala.
보살의 어머니 bodhisattamātar.
보살의 이름 kaṇha.
보살펴주다 apaloketi.
보살펴지지 않은 ajaggita.
보살펴진 apekkhita.
보살피는 nisāmaka. pārihāriya.
보살피는 지혜 pārihāriyapaññā.
보살피다 ābhujati. abrūheti. anutiṭṭhati. anuṭṭhahati. mamāyati. mamāyate. mamiṅkaroti. udikkhati.
보살핌 ārakkhagahaṇa. ghāsacchada. ghāsacchāda. ghāsacchādana. gopanā. jaggana. parihāra. upaṭṭhāna. veyyāvaṭika.
보살핌을 받다 parihīrati.
보상(報償) anukkhepa. daṇḍakamma. nikkaya. paṭikamma. paṭikara. paṭikāra. paṭisārana.
보상되다 paṭidiyyati.
보상하기 쉬운 suppaṭikāra.
보상하다 paṭikaroti.
보상하지 않는 appatikārika.
보석(寶石) candakanta. dūbhaka. kabaramaṇi. maṇi. ratana. veḷuriya. manohara.
보석광산 ratanākara.
보석궁전 ratanavimāna.
보석더미 guḷa.
보석모양의 maṇirūpaka.
보석상(寶石商) maṇikāra. ratanāpaṇa.
보석으로 만든 maṇimaya.
보석으로 장식된 높은 탑묘 ussitaratanacetiya.
보석으로 치는 점 maṇilakkhaṇa.
보석을 박은 귀고리 maṇikuṭṭima.
보석을 박은 기둥 maṇithūṇa.
보석을 박은 팔찌를 찬 손목 maṇibandha.
보석을 아로새긴 누각 ratanakūṭa.
보석을 아로새긴 듯한 maṇirūpaka.
보석을 파는 포장지 ratanapaliveṭhana.
보석의 동굴 maṇiguhā.
보석의 바다 ratanodadhi.
보석의 반사 maṇicchāyā.
보석의 특징을 지닌 ratanaka.
보석의 힘 ratanagaha.
보석이 박힌 침대 maṇipallaṅka.
보석이 박힌 평상 maṇipallaṅka.
보석함 caṅgoṭaka. mañjūsā.
보성(步聲) pattisadda.
보수(報酬) āmisa. bhāga. nibbisa. paṭidāna. vetana.
보수(保守) saṁrakkhana. ciraṁpavattāpana.
보수적(保守的) cirappavattaka. saṁkharaṇaviruddha.
보수가 없는 일꾼 dāsakammakara.
보수기(步數機) padapātamāṇakayanta.
보시(布施) agghika. agghikā. anuppadāna. dakkhiṇā. dānavatthu. dāna. padāna. yāca. yāga. yāja. yājana. yajana. yañña.
보시가 베풀어지는 집 dānagga.
보시당(布施堂) dānagga. dānasālā.
보시된 anuppadinna.
보시로 이루어진 dānamaya.
보시로서 찬성하지 않는 adānasammata.
보시를 구하는 사람 bhikkhu. piṇḍola[?].
보시를 구하다 bhikkhati.
보시를 구하러 다니는 사람 piṇḍacārika.
보시를 구하러 다님 piṇḍacāra.
보시를 구함 bhikkhǎ.
보시를 받을 가치가 있는 dakkhiṇeyya.
보시를 받을 만한 deyya. balipaṭiggāhaka.
보시를 얻기 위해 돌아다님 bhikkhǎcariyā.
보시를 제공하는 balikāraka.
보시를 즐기는 dānarata.
보시를 행하는 시주 kulûpaka.
보시물(布施物) bhikkhǎ. dāna. dānavaṭṭa. deyyadhamma. bhoga. vaṭṭa.
보시물을 나누어 주기 위해 지은 건물 dānasālā.
보시물을 나누어 줌 dānasaṁvibhāga.
보시물의 감독 dānâdhikāra.
보시에 관한 이야기 dānakathā.
보시에 대한 새김 cāgânussati.
보시에 대한 찬양 dānānisaṁsa.
보시에 의한 공덕행의 토대 dānamayapuññakiriyavatthu. dānapuññakiriyavatthu.
보시음식 piṇḍaka.
보시의 공덕 dānapuñña.
보시의 공덕을 설명하게 하다 uddisāpeti.
보시의 과보 dānaphala.

보시의 권장 dāpana.
보시의 성품을 지닌 dānasīla.
보시의 완성 dānapāramī. dānapāramitā.
보시의 의무 dānadhamma.
보시의 의무를 하지 않는 adānasīla.
보시의 제화 dakkhiṇeyyaggi.
보시의 주인 dānapati.
보시의 청정 dakkhiṇāvisuddhi.
보시자(布施者) anuppadātar. cāgin. dānuppatti. dātar. dāyaka. pariccajanaka. upakārakā. upakārin. upaṭṭhāka.
보시하는 dinnadāna. dinnadāyin. duha.
보시하는 것 dāna.
보시하는 일 dānavatthu.
보시하다 anuppadeti. anuppādeti. padāti. padadāti. yajati.
보시하도록 권장하는 사람 dāpetar.
보시하지 않는 adāyaka.
보시하지 않는 사람 adātar.
보시하지 않으려 하는 adānâjjhāsaya.
보시하지 않음 adāna.
보시할 마음을 잃어버린 adānâdhimutta.
보안(普眼) samantacakkhu.
보안자(普眼者) samantacakkhu.
보여서는 안 되는 (것) adassanīya.
보여야 할 daṭṭhabba. padissa.
보여주는 ācikkhaka. dassaka.
보여주는 사람 ācikkhitar. dassetar. upadaṁsitar.
보여주다 ācikkhati. ādisati. brūti. dasseti. deseti. disati. okāseti. olokāpeti. paccupadissati. padeseti. pāvadati. saṁsuceti. sandasseti. uddasseti. upadaṁseti. upadaṁsayati. upadasseti. upadisati. vidaṁseti. āvikaroti. niddisati. niddissati. nidasseti. sandasseti.
보여줄 수 있는 sandassitabha; nidassanīya.
보여지다 sandassiyati.
보여진 dassita. diṭṭha.
보온병(保溫甁) usumārakkhakabhajana.
보유(保有) dhāraṇa.
보유자(保有者) dhāraka. dhārin.
보유하고 있는 성질 dhārakajātika.
보유하는 dhāra.
보이거나 알려진 것에 대한 자신 견해의 비교 diṭṭhasaṁsandana.
보이게 하다 abhijotayati. okāseti.
보이는 dasa. dasika. dassa. diṭṭha. diṭṭhaka. nikāsa. nikāsin. sanidassana. pakkha.
보이는 것 diṭṭha.
보이는 것을 통해 축복을 믿는 자 diṭṭhamaṅgalika.
보이는 세계 okāsaloka.
보이다 ābhāsati. dissati. okāsati. padissati. pakāsati. paṭibhāti. paṭidissati. patidissati. saṁvijjati. sandissati. upadissati. dussati.
보이지 않는 adissamāna. adiṭṭha. asandissamāna. parokkha. addiṭṭha.
보이콧 sahayogavajjana.
보인 anudiṭṭha.
보인 것 diṭṭha.
보일 수 있는 ikkha.
보임(補任) upaṭṭhāna.
보잘 것 없는 일 kiñcikkha.
보장(寶藏) nidhimukha.
보장되지 않은 appasiddha.
보조(補助) sahāyakicca(?).
보조사제(補助司祭) upapurohita.
보존(保存) parirakkhaṇa. parirakkhana. pālana. pālanā. pariharaṇa. pariharaṇā. pavattāpana. pavattāpanatta. sātacca.
보존에 관한 pārihāriya.
보존작업을 하는 sātaccakiriyā.
보존하는 anupālaka. sātatika.
보존하는 것 anupālana.
보존하다 dharati. parirakkhati. rakkhati. santāyati. tāyati.
보주(寶珠) guḷa. maṇiratana. manohara. mukhaphulla.
보증(保證) nibbicikicchā. nibbecikicchā. saccakāra.
보증을 받은 adhiṭṭhita.
보증인(保證人) pāṭibhoga.
보지 못하는 adassin. andha. vicakkhuka.
보지 못한 자와 친구인 자 adiṭṭhasahāya.
보지 않고 adiṭṭhā.
보지 않는 adassāvin.
보초(步哨) ajjhupekkhitar. rakkhaka.
보충물(補充物) upādhi.
보충적인 규정 anupaññatti. anupaññatti.
보충적인 논문 uttarapakaraṇa.
보통사람 puthujjana. puthusatta.
보통사람을 넘어선 uttarimanussa.
보통사람을 초월한 atikkantamānusaka.
보통사람의 pothujjanika.
보통으로 pāyena. yebhuyya.
보통의 majjhima. pākata. pākaṭa. puthujja. puthujja- nika.
보통의 감관능력을 지닌 majjhimindriya.

보통의 관습 vattabbata.
보통의 귀 maṁsasota.
보통의 눈 maṁsacakkhu.
보통의 마음 pakaticitta.
보통의 말하는 법 lokavohāra.
보통의 발우 majjhimapatta.
보통의 상태 pakati.
보통의 수레 pakatiyānaka.
보통의 행복 puthujjanasukha.
보트 doṇī. taraṇī. tari. dārusaṅghāta.
보특가라(補特伽羅) puggala.
보특가라론자(補特伽羅論者) puggalavādin.
보편(普遍) sāmañña.
보편성(普遍性) sāmaññatā.
보편의 눈 samantacakkhu.
보편적인 anodissaka. apaṇṇaka. samanta. sabbasādhāraṇa.
보편적인 승단 catuddisāsaṅgha.
보편적인 요소 apaṇṇakaṅga.
보해(寶海) ratanodadhi.
보행(步行) gamana. kamana. kamanakiriyā.
보행의 cara.
보행자(步行者) caraka. pathāvin. pathika. patti. pattika.
보행자원(普行者園) paribbājakārāma.
보호(保護) abhirakkha. abhirakkhā. abhirakkhana. anuggaha. anurakhā. anurakkhaṇa. anurakkhaṇā. anurakkhana. anurakkhanā. ārakkha. ārakkhā. avassaya. gopanā. gutti. nātha. nissaya. nivāraṇa. nivāsa. oṇi. oṇī. ovaraṇa. paritta. parittā. pālana. pālanā. pariharaṇa. pariharaṇā. parirakkhaṇa. parirakkhana. parittāṇa. paṭicchādī. paṭisaraṇa. paṭisedha. paṭisedhana. rakkhā. rakkhana. saṁrakkhanā. saṅgaha. saraṇa. tāṇatā. tāyana. vāraṇa.
보호가 없는 aparigutti.
보호되다 pallati. pallate. apadīyati. rakkhīyati.
보호된 abhigutta. anugutta. gopita. gutta. nikiṇṇa. pālita. parisaṁvuta.
보호를 받은 rakkhita. katârakkha.
보호를 받지 못하는 것 attāṇa.
보호를 뿌리로 하는 ārakkhamūlaka.
보호자(保護者) āpādaka. ārakkhaka. ārakkhika. gopaka. gopetar. guttika. nātha. pāla. pālaka. pāletar. tātar. tāyitar. upakārin.
보호처(保護處) āsāra. dīpa.
보호하기 어려운 dūrakkha.
보호하기 힘든 durakkha.
보호하는 anupālaka. anurakkhaka. anurakkhamānaka. āvāra. parihārika. parihārin. parittāyaka. paṭisedhaka. rakkhaka.
보호하는 것 acchādana. acchādanā. anupālana.
보호하는 일 nāthakaraṇa.
보호하다 abhipālayati. abhipāleti. abhirakkhati. anupāleti. ārakkhati. āvārayati. āvāreti. gopeti. kaṭati. nivāreti. pāleti. pariharati. parirakkhati. paṭicchādeti. paṭisedhati. rakkhati. sampāleti. saṁrakkhati. saṅgopeti. santāyati. tāyati. vuṇāti.
보호하지 않음 athakana.
보호할 필요성 pariharitabbatta.
보호행위 paṭisārana.
복(福) puñña. subha.
복개된 sañchādita.
복과(福果) puññapaṭipadā.
복권(復權) osāra. osāraṇa. osāraṇā. vuṭṭhānatā. vosāraṇiya.
복권시키다 abbheti. osārayati. osāreti.
복귀(復歸) nivatti. osāra. osāraṇa. osaraṇa. paccudāvattana.
복귀시키다 abbheti.
복귀하다 anupagacchati. osarati. paccudāvattati.
복덕윤택(福德潤澤) puññâbhisanda.
복도(複道) dīghantara.
복동(僕童) cetaka.
복등류(福等流) puññâbhisanda.
복리(福利) vara.
복모음(複母音)의 anekassara.
복밭 puññakkhetta.
복보증장(福寶增長) atthavaḍḍhi.
복복주(復復註) anuṭīkā.
복부(腹部) jaṭhara. jalābu. kucchi. pakkāsaya. ucchaṅgapadesa. udara.
복부로 끝나는 udarapariyosana.
복부안에 있는 antoudaragata.
복부의 가죽 udaracchavi.
복부의 부분 udaraṅga.
복부의 빈곳 udarantara.
복부의 뼈 koṭṭhaṭṭhi.
복사(複寫) puttikākaraṇa.
복사본(複寫本) paṭilekhā. puttikā. anulipi.
복사뼈 gopphaka.
복사뼈가 가운데에 있는 ussaṅkha.
복사뼈가 발뒤꿈치를 넘지 않고 발의 가운데에 있는 ussaṅkhapāda.
복생천(福生天)[신계] Puññappasava.
복수(複數)[문법] anekavacana. anekâdhivaca-

na. bahuvacana.
복수(復讐) paṭivera. vera.
복수구격(複數具格) karaṇaputhuvacana.
복수로 죽이다 paṭimāreti.
복수성(複數性) nānatā.
복원(復元) abhisaṅkhāra. abhisaṅkharaṇa. saṅkharaṇa.
복원하다 abhisaṅkharoti. paṭidadāti. saṅkharoti. patipākatikaṁ karoti.
복위력(福威力) puññateja.
복을 바라는 puññāpekkha. puññatthika.
복의 위력 puññateja.
복의 힘 puññateja.
복이 있는 puññavant.
복이 있는 여자 sukhinī.
복장(服裝) ākappa.
복장(覆障) āvaraṇa. chada. chadana. chadda. makkha. makkhāyanā. makkhāyitatta. paṭicchāda(ka). paṭicchādana.
복장갈마(覆藏羯磨) paṭicchannakamma.
복장마나타(覆藏摩那陀) paṭicchannamānatta.
복전(福田) dakkhiṇeyyakhetta. puññakkhetta. khetta.
복제(複製) saṁhara. saṁharaṇa.
복종(僕從) anuvattana. nipaccākāra. paṭissā. patissā. paṭissavatā. paṭissaya. paṭissava. sussūsā.
복종시키다 ānāmeti. pamathati.
복종시킴 dama. damana. damatha.
복종적인 sussūsa.
복종하는 anubbata. anuvattika. paṭissāvin. vacanakara.
복종하다 anuvattati. vacanaṁ karoti. vaco karoti.
복종하지 않는 anassava. avidheyya.
복주(復註) ṭīkā.
복주명(福呪明) sivavijjā.
복주에 대한 주석 anuṭīkā.
복지(福祉) attha. kalyāṇa. kallāṇa. parattha. sotthāna. sotthi. suvatthi.
복지를 파괴하는 atthabhañjanaka.
복지원(福祉院) dānasāla.
복지의 파괴 atthabheda.
복직(復職) vuṭṭhānatā.
복진사(福盡死) puññakkhayamaraṇa.
복창의(覆瘡衣) kaṇḍupaṭicchādī. kaṇḍupaṭicchādikā.
복통(腹痛) udaravāta. udaravātābādha. kucchiroga. sūlā. vātaroga.
복폐(覆蔽) acchādana. acchādanā. padhāna. paṭikujjana.
복폐된 paṭikuṇṭhita.
복폐하다 paṭikujjati.
복합어(複合語)[문법] samāsa.
복합어가 아닌[문법] asamāsa.
복합어의 뒷부분[문법] uttarapada.
복합어의 분리 padaviggaha.
복합어의 앞부분[문법] anupapada.
복합어의 첫단어[문법] ādipada.
복합적 형태 rūpasamussaya.
복해탈(伏解脫) vikkhambhanavimutti.
볶다 bhajjati.
볶은 uppakka.
볶은 곡식 lāja. lājā.
볶음 bhajjana.
본겁(本劫)의 pubbantakappika.
본능적인 pākata. pākaṭa.
본뜬 형상 pothalikā.
본래 → 본래적으로.
본래 게으른 ālasiyajātika.
본래 단순한 ujujātika.
본래 무상한 aniccadhamma.
본래 은혜를 모르는 akataññūrūpa.
본래 질투심이 있는 issāpakata.
본래부터 가지고 있는 antolīna.
본래의 āvatthika. pakatika. pākatika.
본래의 신체 rūparūpa.
본래적 조건 pakatûpanissaya.
본래적으로 pakatiyā.
본래적인 덕성 pakatisīla.
본래적인 자아를 가진 pakatatta.
본래적인 형태 sambhavarūpa.
본류와 교차하는 물줄기 ūmijāla.
본모(本母) mātikā.
본부인(本婦人) adhivinnā.
본삼매(本三昧) mūlasamādhi. appaṇā. appanā. appaṇāsamādhi. appanāsamādhi.
본생경(本生經) jātaka.
본생경찬석(本生經讚釋) jātakatthavaṇṇanā.
본생담(本生譚) jātaka.
본생송자(本生誦者) jātakabhāṇaka.
본성(本性) bhāva. pakati. sabhāva. dhammatā. sakatā. sīla. yoni.
본성을 지닌 dhātuka. pakata. sīlin. sīlika.
본성의 āluka.
본성의 청정 pakatiparisuddha.
본성적으로 교만한 mānajātika.
본성적으로 어리석은 muddhadhātuka.

본성적으로 이숙(異熟)이 없는 avipākasabhāva.
본성적으로 집착하는 upādānasīla.
본성청정(本性淸淨) pakatiparisuddha.
본영(本營) saṅgāmasīsa.
본의(本衣)[上衣] mūlacīvara.
본질(本質) pakati. rasa. sāra. sabhāva.
본질에 대한 견고한 관념적 경향 sārādānâbhinivesa.
본질이 안에 있는 antosāra.
본질적으로 다양한 anekasabhāva.
본질적으로 무상한 aniccasabhāva.
본질적인 dhātuka. sāra.
본질적인 대상 ārammaṇasabhāva.
본체(本體) dabba. asaṅkhatārammaṇa.
본체가 없는 rittaka.
볼 수 없고 느껴지는 성질의 것 anidassanasappaṭigha.
볼 수 없고 느껴지지 않는 성질의 것 anidassanappaṭigha.
볼 수 없는 adissamāna. adiṭṭha. atidassana. parokkha.
볼 수 없는 곳에 parokkha.
볼 수 없음 anidassana. apātubhāva.
볼 수 있는 ālokanasamattha. āpāthaka. daṭṭhabba. diṭṭhaka. nayanagocara.
볼 수 있는 특징 diṭṭhapadā.
볼 수 있도록 pātur. pātu°.
볼[頰] kapola.
볼만한 dassanīya.
볼모 karamara.
볼트 aggaḷa. aggaḷā.
봄[觀] dassana. dassāvitā. ikkhaṇa. ikkhana. olokana. diṭṭha. pekkhā. pekkhaka. pekkhaṇa.
봄[春] vasanta.
봄[春]의 vasantakālika.
봉(蜂) ali.
봉(棒) cillaka. kaṭṭha. byābhaṅgī. vyābhaṅgī.
봉(封)하다 onandhati.
봉(縫)해진 pasibbita.
봉급(俸給) bhaṭapatha. bhaṭṭha.
봉납물(捧納物) bali. havya. huta.
봉랍(蜂蠟) jatu.
봉밀(蜂蜜) madhu. makkhikāmadhu.
봉사(奉仕) bhaṭapatha. nikāra. nipaccākāra. nisevana. nisevanā. paricariyā. pāricariyā. pesana. pessakamma. porisa. bahukāratta. sevā. sevanā. sevanatā. upakāra. upakaraṇa. upasevana. upasevanā. upasevā. upaṭṭhāna. vatta. veyyāvacca. veyyāvaṭika. vyāpāra.
봉사(奉仕)받는 bhatta. upasevita. upaṭṭhita.
봉사[盲人] andha.
봉사[盲人]의 andha.
봉사[盲人]의 줄서기 andhaveṇi.
봉사[盲人]의 줄서기에 대한 비유 andhaveṇûpama.
봉사되어져야 할 sevitabba.
봉사된 nisevita. upacarita.
봉사를 실천하는 upaṭṭhānakāraka.
봉사를 위해 고용하는 pesanaka.
봉사를 행하지 않은 akāraka.
봉사에 만족한 upakārasantosa.
봉사에 필요한 필수품 upaṭṭhānasambhāra.
봉사의 vicakkhuka.
봉사의 실천 upaṭṭhānakaraṇa. veyyāvaccakarā.
봉사의 실행 upaṭṭhānakicca.
봉사의 열매 upaṭṭhānaphala.
봉사의 핵심 upaṭṭhānasāra.
봉사자(奉仕者) paricāra.
봉사하게 함 upaṭṭhāpana.
봉사하고 있지 않는 apesiyamāna.
봉사하기로 맹세하는 것 karaṇavatta.
봉사하는 adhikārika. paddha. paddhacara. paricāra. paricāraka. paricārika. pūjākaraṇa. sevin. upakārin. upanisevin. upasevin. upaṭṭhita. vaḍḍhanaka. bahukata. vaḍḍhana
봉사하는 일 pessitā.
봉사하다 bhajati. paricarati. paricāreti. parikaroti. sevati. upakaroti. upanamati. upasevati. upaṭṭhapeti. upaṭṭhāpeti.
봉쇄(封鎖) avarodha. avarodhana.
봉쇄된 uparuddha.
봉쇄자(封鎖者) avarodhaka.
봉쇄하다 uparundhati.
봉오리 jālaka. kalikā. koraka. mukula.
봉오리진 jālakajāta.
봉오리처럼 아름다운 유방 가진 여인 kalikâkārasuttanī.
봉우리 kaku.
봉익(棒杙) saṅku.
봉인(封印)하다 lañcheti.
봉인시키다 lañchāpeti.
봉입(封入) ubbeṭhana.
봉토(封土) rājadāya.
봉투(封套) āvaraṇa. kosa. modaka. paṭala. ubbeṭhana.
봉투(棒鬪) daṇḍayuddha.
봉합(封合) onaha. onahana. sibbāpana.
봉합(封合)하다 onayhati.

봉합선(縫合線) sibbana. kusi.
봉헌(奉獻) upacāra. agghika. agghikā. āhuna. āhuṇa. āhuti. uddissana. samappaṇā.
봉헌된 āhuta. saddha.
봉헌물(奉獻物) homa.
봉헌식(奉獻式) accana. accanā. āhuti.
봉헌적인 uddesika. uddissaka.
봉헌하고 uddissa.
봉헌하다 ādisati. anvādisati. uddisati.
봉화(烽火) daṇḍadīpika.
부(富) aḍḍhatā. atthattha. atthajāta. dhana. nicaya. paribhoga. rāsi. vasu. vaḍḍha. vitta. sāpateya. sāpateyya.
부(父) pitar.
부(富) 또는 선(善)의 상태를 파괴하는 cakkabhañjanin.
부(富)를 모은 상태 dhanatta.
부(富)를 산출하는 atthajāpika.
부(富)를 성취한 atthasādhaka.
부(富)를 축적하는 antokoṭṭhâgārika.
부(富)에 대한 열망 dhanāsā.
부(富)에 대한 이론 aḍḍhavāda.
부(富)와 권력의 전성기 issarakāla.
부(富)와 힘 dhanaviriya.
부(富)의 신 kubera. kuvera. dhanesa. dhanasampatti.
부(富)의 증가 atthavaḍḍhi.
부(富)의 획득 atthalābha.
부가(附加) āgama. sampiṇḍana. saṅkalana. vyatireka.
부가규정 anupaññatti. anupaññatti.
부가된 āsiliṭṭha.
부가적으로 규정된 anuppaññatta. anuppaññatta.
부가적인 규정 anupaññatti. anuppaññatti.
부가적인 의무 uttarikaraṇīya.
부과(賦課) anuddhaṁsana.
부과하고 upaneyya.
부과하는데 실패함 anullapanatā.
부과하다 anuddhaṁseti. niyyādeti. niyyāteti. niyādeti. upaneti. upanayati.
부군(副裙) paṭinivāsana.
부근(附近) antarikā. sakāsa. santika.
부근의 upakaṭṭha.
부끄러운 lajjanaka.
부끄러운 줄 모르는 ahirika. ahirīka. kopīnaniddaṁsanin. kopīnaniddaṁsin.
부끄러운 줄 모르는 비양심적인 사람 kākasūra.
부끄러움 hiri. hirī. hiriya. hiriyanā. lajjana. sārajja.
부끄러움과 창피함 hirottappa.
부끄러움과 창피함을 모르는 bhinnahirottappa.
부끄러움에 의한 겸손 hirigāravatā.
부끄러움에 의해 억제된 hirinisedha.
부끄러움을 느끼는 lajjin.
부끄러움을 느낌 lajjidhamma.
부끄러움을 모르는 alajjin. nillajja.
부끄러움을 모르는 것 ahirika. ahirīka.
부끄러움을 모르는 사람과의 즐김 alajjiparibhoga.
부끄러움을 아는 hirika. hirīka. hirimant. hirīmant.
부끄러움을 아는 것의 재물 hiridhana.
부끄러움을 아는 사람 lajjipuggala.
부끄러움을 아는 힘 hiribala.
부끄러움의 원인 lajjitabbaka.
부끄러움의 재보 hiridhana.
부끄러움이 없고 창피함이 없는 ahirikânottapa.
부끄러움이 없는 anottappin. anottāpin.
부끄러움이 없음 anottappa.
부끄러워하는 hirika. hirīka. hirimant. hirīmant.
부끄러워하다 harāyati. hiriyati. lajjati. sārajjāyati. vilajjati.
부끄러워함 lajjā.
부끄러워해야 할 것 lajjitabbaka.
부끄럽게 만듦 lajjāpana. lajjāpanikā.
부끄럽다! dhi. dhī.
부뇨수(腐尿水) pūtimutta.
부는 자 dhama. dhamaka.
부는[吹] dhama. dhamaka.
부단(稃團) thusapiṇḍa.
부담(負擔) bhāra.
부담시키다 anuddhaṁseti.
부담을 주다 adhikaroti.
부담이 적은 appakicca.
부당하게 발뺌하다 aññena vā aññaṁ paṭicarissati.
부당한 ayutta.
부덕(不德) asagguṇa.
부덕한 aguṇa.
부도덕(不道德) parikilissana.
부도덕한 상태 asaddhamma.
부도덕한 행위 anācāra.
부도덕한 행위의 anācārin.
부동(不動) acala. aniñjana. thambhanā. thāvariya.
부동(不動)의 acalita. akkhobbha. akuppa. ānañja. āne(j)ja. āneñja. anugghāta. asaṁhārima. asaṁhāriya. thāvara. niccala. nibbikāra.

부동사(不同事) asamānatta. asamānattatā.
부동사문(不動沙門) samaṇa-m-acala.
부동산(不動産) kuṭumba.
부동삼매(不動三昧) āneñjasamādhi.
부동성(浮動性) samudīraṇabhāva.
부동성(不動性) akuppatā.
부동에 대한 결박 āneñjasaṁyojana.
부동에 대한 논의 āneñjakathā.
부동에 대한 인지 acalabuddhi.
부동에 도달한 āneñjappatta.
부동에 유익한 āneñjasappāya.
부동으로 이끄는 유위적 조작 āneñjâbhisaṅkhāra.
부동을 닦은 āneñjakārita.
부동을 지각하는 āneñjasaññin.
부동의 경지에 도달한 acalapatta.
부동의 마음에 의한 해탈(不動心解脫) akuppacetovimutti.
부동의 상태로 이끄는 형성 āneñjasaṅkhāra.
부동의 상태에 도달함 āneñjûpaga.
부동의 상태의 성취 āneñjavihārasamāpatti.
부동의 성취 āneñjasamāpatti.
부동의 성취와 관련된 āneñjapaṭisaṁyutta.
부동의 실천 āneñjakāraṇa.
부동의 원리를 지닌 akuppadhamma.
부동의 장애 āneñjasaṁyojana.
부동의 집중 āneñjasamādhi.
부동의 평온 acalappasāda.
부동이라는 일반적 언어의 사용 āneñjavohāra.
부동행(不動行) āneñjasaṅkhāra.
부동현행(不動現行) āneñjâbhisaṅkhāra.
부드러운 apharusa. abāḷha. akakkala. akakkasa. akhara. alūkha. komala. maddava. manda. mudu. nela. neḷa. saṇha. siniddha. sukhumāla. sūrata. vimaṭṭha.
부드러운 마음의 muduhadaya.
부드러운 말 saṇhabhāsita.
부드러운 면화로 만든 옷감 kappāsikasukhuma.
부드러운 분위기의 somma.
부드러운 뼈 muduṭṭhi.
부드러운 사지를 지닌 akakkasaṅga.
부드러운 수퇘지 고기 sūkaramaddava.
부드러운 음식 bhojaniya. bhojanīya. bhojaneyya.
부드러운 죽 bhojjayāgu.
부드러움 akakkalatā. maddava. maddavatā. mudutā.
부드럽게 saṇiṁ.
부드럽게 만들다 ummaddāpeti. ummaddeti.
부드럽게 비를 내리다 phusāyati.
부드럽게 하는 sinehaniya.
부드럽게 하다 saṇheti. sineheti.
부드럽게 함 sinehana.
부드럽고 연한 mudumaddava.
부드럽지 않은 amaddava.
부득가무창기급관청(不得歌舞娼技及觀聽) naccagītavāditavisūkadasanā veramaṇī.
부득상고광대상(不得上高廣大床) uccāsayanamahāsayanā veramaṇī.
부득지분도신(不得脂粉塗身) mālāgandhavilepanadhāraṇamaṇḍanavibhūsanaṭṭhānā veramaṇī.
부등관(不等觀) asamapekkhana. asamapekkhanā. asamavekkhaṇā
부등중회(不等衆會) visamavisamā. parisā.
부디 ~ 해야 합니다 yagghe.
부디 sādhu.
부딪히다 ghaṭṭayati. ghaṭṭeti. ghaṭṭayati. saṅgāmeti. saṅghaṭṭeti.
부딪힌 omaṭṭha. samabbhāhata.
부따나까[식물] bhūtanaka.
부뚜막 uddhana.
부뚜막의 문 uddhanadvāra.
부란가섭(富蘭迦葉)[인명] Pūraṇakassapa.
부란나(富蘭那)[인명] Purāṇa.
부란나가섭(富蘭那迦葉)[인명] Pūraṇakassapa.
부란다라(富蘭陀羅)[신계] Purindada.
부란성(腐卵性) puccaṇḍatā.
부랑자(浮浪者) vanin. vanibbaka.
부러움 pihā.
부러워하다 abhigijjhati. pihayati. piheti.
부러워함 pihana. pihanā.
부러지다 lisati.
부러짐 vicchinda.
부록(符籙) parisiṭṭha.
부루나[인명] Puṇṇa. Purāṇa.
부루나미다라니자(富樓那彌多羅尼子)[인명] Puṇṇa Mantāniputta.
부류(部類) āyatana. seṇi. seni. panti. vagga.
부르게 하다 pakkosāpeti.
부르고 āhūyaāhūya.
부르기를 원하다 vavakkhati.
부르는 āmantaṇika. avhāyika.
부르다 āmanteti. avhayati. avhāti. avheti. bhāsati. brūti. nimanteti. nimantayati. pakkosati. upavhayati. saddāyati. sañjānāti. vatti.
부르러 보내다 pakkosāpeti.
부르짖는 ghosavant.

부르짖는 소리 panāda.
부르짖다 ugghosati. viravati.
부르짖음 nadana. virāva.
부름 hava. hūti. pakkosana. pakkosanā. vohāra. vyohāra.
부리 mukhatuṇḍa(ka).
부리로 쪼는 tuṇḍya.
부명제(副命題) mātikāpāṭha. saṅkhittavisaya.
부모(父母) mātāpitaro. mūlapurisa. pabhava.
부모가 없는 amātāpitika.
부모가 있는 mātāpettika. mātāpitika.
부모를 보호하는 여인 mātāpiturakkhitā.
부모를 부양하는 mātāpettibhāra.
부모를 여읜 nimmātapitika.
부모소생의 mātāpettikasambhava.
부모없이 태어나는 upapātika. opapātika.
부모없이 태어나는 것 opapātikayoni.
부모없이 태어난 opapaccayika.
부모에게 효도함 mātāpitunnaṁ upaṭṭhānaṁ.
부문(部門) kaṇḍa.
부물(敷物) bhummattharaṇa. santhara. santhata. upatheyya.
부박(浮薄) cāpalla. cāpalya.
부부(夫婦) jānipatayo tudampati. jayampatikā. jāyampatikā.
부부의 상태 jāyattana. jāyatta. jāyatva.
부분(部分) aṁsa. aṅga. avayava. kalā. bhāga. bila. desa. khandhaka. koṭṭhāsa. padatta. pāṭī. paṭiviṁsa. paṭiviṁsaka. paṭivisa. paṭivīsa.
부분[足]들로 이루어진 padika.
부분을 갖는 pakkhin.
부분의 aṅgika. padesika.
부분의 연결 aṅgasambhāra.
부분적으로 bilaso. bhāgaso. īsakaṁ. īsaṁ.
부분적으로 사용되는 asabbappayoga.
부분적으로 황색(黃色)의 īsaṁkaḷara. īsaṁpiṅgala. īsaṁpītaka.
부분적인 ekadesa. ekadesabhūta.
부분적인 영역을 갖는 ekadesavisaya.
부분적인 접촉으로 īsakaṁpuṭṭha.
부분적인 접촉의 īsakapuṭṭha.
부분적인 존재 ekadesabhāva.
부분적인 포함 ekadesapariggaha.
부사제(副司祭) anupurohita. upapurohita.
부상당한 sasalla. khatasarīra. vaṇita.
부서져 편편해지는 cippiyamāna.
부서져야 할 nimmadaya.
부서지기 쉬운 bhidura. chedagāmin.
부서지다 bhijjati. kalākalā. lujjati. palujjati. sambhajjati. viddhaṁsati. vippalujjati. viseyyati.
부서지지 않는 abhijjamāna. apabhaṅgu. akhaṇḍa.
부서진 abhinihata. ādiṇṇa. diṇṇa. khīṇa. piṁsa. bhaṭṭha. bhinna. lugga. palugga. sambhagga. samparibhinna. sañcuṇṇa. sañcuṇṇita. viddhasta. vikkhaṇḍita. vilugga. visaṁhata. visāṭita. visiṇṇa.
부서진 부분 khaṇḍaphulla.
부서진 부분이 없는 akhaṇḍaphulla.
부서진 상태 ādiṇṇatta. bhinnatta.
부서진 조각 pappaṭaka.
부서질 수 없는 abhijjanaka.
부서질 수 있는 bhejja.
부서짐 padālana.
부선사(不善士) asappurisa.
부속건물 osāraka.
부속물(附屬物)과 함께하는 sahânukkama.
부속품(附屬品) parikkhāra.
부수(附隨) upapada. parivāra.
부수(附隨)와 함께 하는 sahânukkama.
부수(附隨)하는 sahagata.
부수게 하다 bhedeti.
부수고 bhetvā.
부수는 addana. bhañjaka. bhañjanin. chida. upacchedaka. vimaddana.
부수다 abhimanthati. ābhindati. ajjhomaddati. anukantati. bhañjati. bhindati. jīreti. jīrāpeti. kalībhavati. koṭṭeti. khādati. khaṇḍati. manāti. nimmādeti. nimmatheti. opāteti. pabhañjati. paribhindati. phāleti. pisati. sambhañjati. sambhañjeti. sampalibhañjati. sañcuṇṇeti. sandāleti. udāyati. vidāleti. vikkhaṇḍati.
부수되는 opasāyika.
부수복합어(附隨複合語) upapadasamāsa.
부수의주석(附隨依主釋) upapadatappurisa.
부수입(副收入) atirekalābha.
부수적(附隨的) amukhya.
부수적(附隨的)인 āgantuka. anusaṅgika.
부수적인 속성 anuvyañjana.
부수적인 속성을 띤 anuvyañjanagāhin.
부수한정복합어(附隨限定複合語) upapadatappurisa.
부숨 bhañjana.
부스럼 gaḷa. gaṇḍa. khasā. phoṭa. phoṭaka. pilaka. piḷakā. pīḷakā. rūhita.
부스럼이 있는 gaṇḍika. gaṇḍin.
부식물(副食物) upadaṁsa.
부신(腐身) pūtikāya.

부실(不實) asāra.
부실한 asāra. asāraka. sāciyoga.
부싯목[燧木] araṇiyugaḷa. araṇi. araṇī. araṇisahita. araṇīsahita.
부싯목을 지닌 사람 araṇīnara.
부싯목의 윗부분 adharâraṇī.
부싯목의 일부 araṇika.
부양(扶養) bharaṇa. jagga. jaggana. yapana. yāpana. khādāpana.
부양(浮揚) ummujjā.
부양(扶養)되지 않은 ajaggita.
부양(扶養)된 bhata.
부양(扶養)하기 쉬운 subhara.
부양(扶養)하기 쉬운 것 subharatā.
부양(扶養)하기 쉬움 suposatā.
부양(扶養)하는 bhara.
부양(扶養)하는 사실 bharatā.
부양(扶養)하다 āpādeti. bharati. jaggati. yapeti. yāpeti.
부양(扶養)할 만한 yāpanīya.
부양자(扶養者) paṭijaggaka. āpādetar. bhattar. posaka. posikā.
부어(浮語) adhivuttipada.
부어진 abhippavaṭṭa. abhippavuṭṭha.
부엌 bhattageha. mahânasa. rasavatī.
부엌의 소금 ubbhida.
부여(附與) nissaya.
부여되어 있음 samaṅgitā.
부여된 āyuta. samaṅgin. samannāgata.
부여된 사실 vippakiṇṇatā.
부여받은 ākiṇṇa.
부여하는 da.
부여하다 ācināti. samijjhāpeti.
부왕(副王) anunāyaka, uparājan.
부왕(副王)의 oparajja.
부왕비(副王妃) uparājinī.
부왕위(副王位) uparajja. oparajja.
부유(富裕) bahubhāva. aḍḍhatā.
부유(浮游) pilava. plava. uplavana.
부유(浮游)하게 된 abhivuḍḍha.
부유(浮游)하게 하다 uplāpeti. uplāpayati.
부유(浮游)하는 apilāpa.
부유(浮游)하다 uplavati. pilavati. plavati. palavati.
부유(浮游)하지 않는 상태 apilāpana.
부유(富裕)하지 않은 anāḷhika. anāḷhiya. asamiddha.
부유하고 권세 있는 사람 issarajana. issarapurisa.
부유한 aḍḍha. aḍḍhaka. āḷhiya. āḷhika. attha. bhogavant. bhogika. bhogin. dhanavant. dhanin. dhāniya. dhañña. iddha. mahaddhana. mahaddhanin. mahābhoga. necayika. pahūtadhañña. phīta. sabhoga. sadhana. samiddha. sapariggaha. ulāra. uḷāra. ulārika. vasumant. vittaka.
부유한 가문 aḍḍhakula.
부유한 귀족 khattiyamahāsāla.
부유해진 상태 vittakatā.
부인(婦人) itthi. itthī. bhariyā. nārī. mahilā. pajāpatī. piyā. thī. vanitā. sīmantinī.
부인(否認)된 paccakkhāta.
부인(婦人)의 가슴 thana.
부인(否認)하는 paccakkhant.
부인(否認)하다 paccakkhāti.
부자(富者) bhogavant. dhanavant. dhanin. bhogiya.
부자연스러움 apākaṭatā.
부자인 것처럼 말하는 aḍḍhavāda.
부작(不作) akaraṇa.
부작(不作)의 akaronta.
부작의(不作意) amanasikāra.
부잡론(不雜論) asaṁsaggakathā.
부잡염(不雜染)의 asaṅkilesika.
부장로(副長老) anuthera.
부재(不在) natthi. vippavāsa.
부재(不在)가 아닌 avippavāsa.
부재(不在)로 parammukhā.
부재기간 antaravāsa.
부재자(不在者) tirokkha.
부재중(不在中)이다 vippavasati.
부재중인 vippavuttha.
부적(符籍) manta. mantapada. paritta. parittā.
부적당(不適當) anesanā. apākaṭatā.
부적당하지 않은 것이 아닌 anapanīta.
부적당한 akalya. akappiya. akiriyarūpa. ananucchavika. ananuromika. appaṭirūpa. asappāya. ayutta. vajjanīya.
부적당한 길 uppatha.
부적당한 대상 avisaya.
부적당한 때에 akāle.
부적당한 시간 avelā. vikāla.
부적당한 시간에 실천하는 vikālacariya.
부적당한 시기 atittha.
부적당한 장소 atittha.
부적당한 행동 akiriyā.
부적당한 행위 asappāyakiriyā.
부적절(不適切)하게 aṭṭhānaso.

부적절한 asabbha. asabbhin. ativela. oḷārika.
부적절한 때 asamaya.
부적절한 목장 agocara.
부적절한 삶의 영역에 속하는 agocara.
부적절한 작용의 범주 agocara.
부적절한 표현 asabbhavācā.
부전(不全) vekalla. vekallatā. vekalyatā.
부정(否定) avajānana. paṭikkhepa. paccakkhāna. vikkhipana.
부정(否定)의 paccanīka. paccanīya.
부정(否定)의 접두어 ana.
부정(否定)하는 사람 paṭivattar.
부정(否定)하다 abhivāreti. apaṭṭhapeti. nibbeṭheti.
부정(否定)하다 avajānati. avajānāti. nisedheti.
부정(不淨) ussāva. asucitā. asuddhi.
부정(不正) visaṁvādana. visaṁvādanā. visama.
부정(不淨)에 관한 논의 asubhakathā.
부정(不淨)에 관한 명상대상 asubhârammaṇa.
부정(不淨)에 관한 선정의 성취 asubhasamāpatti.
부정(不淨)에 관한 지각 asubhasaññā.
부정(不淨)에 관해 관찰하는 asubhânupassin.
부정(不淨)에 대한 명상의 대상 asubhanimitta.
부정(不淨)에 주의를 전향시킴 asubhâvajjanā.
부정(不淨)에서 야기되는 불쾌 asubhâsukha.
부정(不淨)으로 가득 찬 amejjhabharita.
부정(不淨)의 계발 asubhabhāvanā.
부정(不淨)의 형태 asubhâkāra.
부정(不定)의[문법] aniyāmita.
부정(不淨)이라는 명상주제 asubhakammaṭṭhāna.
부정(不正)하게 법적인 해결을 위해 뇌물을 받다 ukkoṭeti.
부정(不正)하게 법적인 해결을 위해 뇌물을 받음 ukkoṭana. ukkoṭanā.
부정(不正)한 akappiya. nekatika. siṅgin.
부정(不淨)한 amejjha. asubha. asuci. asuddha. asuddhin. asobhaṇa. asundara. avisuddha. kopīnaniddaṁsanin. kopīnaniddaṁsin. mejjha.
부정(不淨)한 것과 섞이지 않는 avyāseka.
부정(不淨)한 것을 청소하는 사람 pupphachaḍḍaka.
부정(不正)한 견해 micchāvāda.
부정(不淨)한 과일로 가득 찬 kaliphalapūrita.
부정(不正)한 관점 micchādassana.
부정(不正)한 교리 uddhamma.
부정(不正)한 길 kummagga.
부정(不正)한 길 micchāpatha.
부정(不淨)한 대중 parisadussanā.
부정(不正)한 말 micchāvāda.
부정(不淨)한 삶을 영위하는 asucika. asucīka.
부정(不正)한 여자 asatī.
부정(不正)한 이취(理趣) dunnaya.
부정(不正)한 자세 visamaparihāra.
부정(不淨)한 장소 mīḷhakūpa.
부정(不正)한 청정(淸淨) ayonisuddhi.
부정(不正)한 탐욕 visamalobha.
부정(不正)한 행위 micchācāra.
부정(不正)한 행위를 저지르는 micchācārin.
부정과거(不定過去)[문법] hīyattanī.
부정관(不淨觀) asubhânupassanā. asubhabhāvanā
부정관(不淨觀)의 실천 asubhabhāvanānuyoga.
부정관법(不淨觀法) asubhakammaṭṭhāna.
부정관자(不淨觀者) asubhânupassin.
부정당한 시간에 하는 식사 vikālabhojana.
부정대명사(不定代名詞)[문법] aniyāmitaniddesa.
부정되지 않은 appaṭisiddha.
부정락(不淨樂) mīḷhasukha.
부정법(不淨法) methunadhamma.
부정법(不定法)[문법] aniyatadhamma.
부정사(不定詞)[문법] aniyāmitavacana.
부정상(不淨相) asubhanimitta.
부정상(不淨想) asubhasaññā.
부정수(不定數) aniyatasaṅkhā.
부정수(不定數)에 대한 표현 aniyāmitasaṅkhāniddesa.
부정수관(不淨隨觀) asubhânupassanā.
부정수행(不淨修行) asubhabhāvanā.
부정수행(不淨修行)의 실천 asubhabhāvanānuyoga.
부정심(不定心) asamāhitacitta.
부정업처(不淨業處) asubhakammaṭṭhāna.
부정지(不正知) asampajañña.
부정직(不正直) vaṅkatā. vaṅkatta. vaṅkeyya.
부정직(不正直)한 sāciyoga. vaṅka.
부정취(不定聚) aniyatarāsi.
부정행(不淨行) ajjhācāra.
부정행(不淨行)의 anācāra.
부정행위 kāyappakopa.
부조리한 anapadesa.
부조화(不調和) asammodiya. asandhāna.
부조화의 visama.
부조화의 상태 asandhitā.
부족(部族) gotta. kulavisesa. gottaparamparā.
부족(不足) ūnatta. vaya.

부족이 없는 avaya.
부족적인 gottāyatta.
부족주의(部族主義) gottāyattapālanavidhi.
부족하게 nālaṁ.
부족하다 kilamati. nādhati.
부족하지 않다 anukkaṇṭhati.
부족하지 않은 akhaṇḍa. anūna. anūnaka.
부족한 hīna. omatta. ossanna. ūna. ūnaka. vinibbhoga.
부족한 것이 없음 anukkaṇṭhana.
부족함이 없는 anavaya.
부존(不存) natthi.
부존조건(不存條件) natthipaccaya.
부주의(不注意) anāvajjana. apaccavekkhanā. apaccupekkhaṇā. appôssukkatā. assavanatā. olīyanā. pamāda. pamādavatā. pamajjanā. pamajjitatta. sativossagga.
부주의하게 asatiyā.
부주의하게 되다 mussati.
부주의하게 행동하는 asakkaccakārin.
부주의하게 행동하는 것 asakkaccakiriyatā.
부주의하게 행동하는 자 pamattacārin.
부주의하다 pamajjati.
부주의한 anohitasota. asakkacca. asakkata. avyāvaṭa. avyāyata. muṭṭhassati. nirussukka. pamatta. payuta. saṭhila. ummukha. vimukha.
부주의한 독서 pamādapāṭha.
부지(敷地) vatthu.
부지(敷地) 위에 선 (것) vatthuṭṭha.
부지런한 anālasya. tappara. appamiddha. kammakāma.
부지휘관(副指揮官) anunāyaka.
부집(部集) nikāya.
부착(附着) allīyana. lagana. laggana. siliṭṭhatā. visattikā.
부착된 vilīna.
부착시키다 alliyāpeti. allīyāpeti. laggeti.
부착시킴 laggāpana.
부채(負債) iṇa.
부채(副菜) vyañjana.
부채[扇] kesarabhāra. vidhūpana. vījana. vījanika. vījanī.
부채로 부치다 vījati.
부채의 상환 iṇasodhana.
부채질 vījana. vījanika.
부채질하는 vidhūpana.
부채질하다 sandhamati.
부처님 buddha. brahmabhūta. munimuni. satthar. purisâsabha.
부처님께서 다니시는 거리 buddhavīthi.
부처님께서 올바로 원만히 깨달은 때 abhisambuddhakāla.
부처님에 관한 buddhagata.
부처님에 대한 공양 buddhapūjā.
부처님에 대한 명상에서 기원하는 buddhārammaṇa.
부처님에 대한 새김 buddhânussati.
부처님에 대한 섬김 buddhûpaṭṭhāna.
부처님에 대한 전생담 buddhâpadāniya.
부처님에 대한 지각 buddhasaññā.
부처님에 의해서 선악으로 규정되지 않은 것 avyākatavatthu.
부처님에게 헌신적으로 신봉하는 buddhamāmaka.
부처님에게서 연원된 말 āhaccapada.
부처님오신날 buddhadivāsa. vijātamaṅgala. vesākhadivāsa.
부처님을 대상으로 하는 buddhārammaṇa.
부처님을 따라서 깨달은 buddhânubuddha.
부처님의 가르침 buddhasāsana.
부처님의 가르침에 의한 기적 anusāsanīpāṭihāriya.
부처님의 가르침에 접근할 수 있는 buddhaveneyya.
부처님의 가르침을 믿다 saddahati buddhasāsane.
부처님의 가문 buddhakula.
부처님의 가피를 입은 buddharakkhita.
부처님의 경계 buddhavisaya.
부처님의 경지 bodha.
부처님의 계보 buddhavaṁsa.
부처님의 교리 brahmacakka.
부처님의 권위 jinacakka.
부처님의 대화 sutta.
부처님의 덕성 buddhaguṇa.
부처님의 말씀 āhaccavacana. buddhavacana. pāvacana.
부처님의 말이 아닌 abuddhavacana.
부처님의 몸에 피를 낸 자 ruhiruppādaka.
부처님의 몸에 피를 낸 죄업 ruhiruppādakamma.
부처님의 미간에 있는 흰 곱슬털 uṇṇa. uṇṇā.
부처님의 사리 dhātusarīra.
부처님의 선언 buddhakolāhala.
부처님의 시대 buddhakāla.
부처님의 어머니 buddhamātar.
부처님의 위력 buddhabala.
부처님의 위력이 확장되는 영역 āṇācakka.
부처님의 위신력 buddhânubhāva.

부처님의 인격에서 방사되는 빛[六色光明] buddharasmi.
부처님의 자리 buddhāsana.
부처님의 제자 buddhasāvaka. jinaputta.
부처님의 조건[깨달음] buddhabhāva.
부처님의 지위를 만들어내는 buddhakāraka.
부처님의 지혜 buddhañāṇa.
부처님의 진언 buddhamanta.
부처님의 총명 lokagga.
부처님의 출현 buddhuppāda.
부처님의 해야 할 바를 행한 katabuddhakicca.
부처님의 형상 buddharūpa.
부처님이 비어있지 않은 시대 asuññakappa.
부처님이 사용한 (나무·탑묘 등의) 유물 paribhogacetiya.
부처의 눈 buddhacakkhu.
부추겨진 vyāpārita.
부추기다 samussāheti.
부추김 abbhussahanatā.
부축금은보계(不蓄金銀寶戒) jātarūparajatapaṭiggahaṇā veramaṇī.
부침(浮沈) ummujjā.
부탁 abhiyācana. abhiyācanā. avhāna. avhāyana. āyācana. āyācanā. bhikkhana. yācana. yācanā.
부탁받은 yācita. āmanta. yācitaka.
부탁받지 않은 anāyācita.
부탁하고 āmanta.
부탁하는 āmanta. varaka. yācaka.
부탁하는 사람 yācanaka.
부탁하다 abhiyācati. ajjhesati. apadhāreti. avhayati. āyācati. bhikkhati. lapeti. lāpeti. upayācati. vaṇeti. yācati.
부패(腐敗) avassuta. dosa. dūsaka. dūsana. paripāka. pubba. kilissana. pūtibhāva. sampadosa. sampadussana.
부패된 upahata. vidūsita.
부패될 수 없는 avikopiya.
부패로 갈라진 시체에 대한 지각 vicchiddakasaññā.
부패시키다 paridūseti.
부패하기 쉬운 vināsana.
부패하다 sampadussati.
부패하지 않는 avikopin.
부패하지 않은 akkhayita. anavassuta. apūtika.
부패하지 않음 avikopana.
부패한 amejjha. avassuta. duṭṭha. padosika. pūti. sampaduṭṭha. sañjiṇṇa. padosika. vissa.
부패한 요구르트[치즈의 원료] pūtidadhi.
부패한 응유식품 pūtikummāsa.
부패해서 갈라진 시체에 대한 지각 vicchiddakasaññā.
부표(浮漂) uḷumpa.
부푼 ādhāmita. pīna. sūna. vikaca. suna. uddhumāta. uddhumāyika. pīna. uddhumātaka.
부푼 마음 bāhulya. bāhulla.
부푼 배 udaravaṭṭi.
부풀게 하는 것 avagaṇḍa.
부풀다 ubbattati. ubbaṭṭati.
부풀리다 ubbatteti. ubbaṭṭeti.
부풀어 오르다 uddhumāyati.
부풀어 오른 suna. uddhumāta. uddhumāyika. pīna. uddhumātaka.
부풀어 오른 시체 uddhumātaka. uddhumātakasarīra.
부풀어 오른 시체에 대한 지각 uddhumātakasaññā.
부풀어 오른 시체에 대한 혐오 uddhumātakapaṭi(k)kūla.
부풀어 오른 시체의 부정상(不淨相) uddhumātakâsubhanimitta.
부풀어 오른 시체의 인상 uddhumātakanimitta.
부풀어 오른 시체의 존재 uddhumātakabhāva.
부풀어 오른 시체의 특성 uddhumātakasabhāva.
부풀어 오른 시체의 형상 uddhumātakasaṇṭhāna.
부풀어 오름 sopha.
부풀은 suna. uddhumāta. uddhumāyika. pīna. uddhumātaka.
부풀은 상태 uddhumātatta.
부하(部下) upaṭṭhāka.
부합(附合) anvaya. anvayatā.
부호(符號) abhiññāṇa. ciṇha. muddā. nimitta.
부호마(稃護摩) thusahoma.
부화(孵化)된 parisedita.
부화하다 parisedeti.
부활(復活)된 paṭisañjīvita.
부회장(副會長) upasabhāpati.
부휴자(浮休闍)[식물] bhūja.
북[鼓] ālambara. āḷambara. bheri. deṇḍuma. dundubhi. thūṇakumbhathūṇā.
북구로주(北拘盧州) uttarakuru.
북극(北極) sudassana.
북동쪽 uttarapubba.
북동쪽의 pubbuttara.
북문(北門) uttaradvāra.
북부반차라국(北部般遮羅國) uttarapañcālaraṭṭha.

북서쪽의 uddiya.
북소리 bherisadda. dundubhi. mutiṅgasadda. bherivāda. kumbhathūṇa.
북소리처럼 입에서 내는 소리 mukhabheruḷaka.
북을 치며 도는 것 bhericaraṇa.
북의 가죽 pokkhara.
북의 신호 bherisaññā.
북의 표면 bheritala.
북쪽 uparimadisā. uttaradisā.
북쪽나라 uttarapatha.
북쪽방향 uttarā.
북쪽으로 uttarena.
북쪽으로 난 발코니 uttarasīhapañjara.
북쪽으로 향한 → 북쪽을 향한.
북쪽을 마주한 uttarâbhimukha.
북쪽을 지배하는 신 kubera. kuvera.
북쪽을 통해서 uttarena.
북쪽을 향한 uttarâbhimukha. uttarāmukha. uttarenâbhimukha. uttarenamukha. sīsaka.
북쪽의 uddiya. uttara.
북쪽의 집 uttarageha.
북쪽의 히말라야 산 uttarahimavanta.
북쪽지방 uttaradesa.
북쪽측면 uttarapassa.
북치는 막대 bheridaṇḍa.
북치는 사람 bherivādaka.
북치는 일 kammantabherī.
분(粉) cuṇṇa.
분(分) vāra.
분개(憤慨) paṭighāta. sampakopa. ujjhāna. ujjhatti. ujjhāyana.
분개를 잘 하는 ujjhānasaññin.
분개하는 성격을 지닌 ujjhānasīla.
분개하다 sandiyyati. sandīyati. ujjhāyati. upadussati.
분개한 ummattakarūpa.
분갱(糞坑) gūthakūpa. mīḷhakā.
분광기(分光器) dīghatulyaṁsaka.
분기(奮起) uṭṭhāna.
분기(奮起)하는 uṭṭhānavant.
분기(奮起)하다 uṭṭhahati. uṭṭhāti.
분나가(芬那伽)[식물] punnāga.
분노(忿怒) āmarisa. anabhiraddhi. anabhirādhana. anabhirādhaniyabhāva. anabhiramanā. antopariḍaha. byāpāda. dosa. īgha. kodha. kopa. kuppa. padosa. paṭigha. saṁrambha. sārambha. upanāha. byāpāda. byāpāda. vyāpāda. vyāpajjanā. vyārosa. ṭhapanā
분노가 없는 anāghāta. anubbigga. appakodha. niddosa. vītadosa.
분노가 없음 akkodha.
분노로 괴로워하지 않는 마음 aduṭṭhacitta.
분노를 따르지 않는 dosâgati.
분노를 수반하는 dosasahagata.
분노를 없앤 panunnakodha.
분노를 여의는 인내 avyāpādakhanti.
분노를 여읜 avyāpādavant. avyāpanna.
분노를 여읜 사유 avyāpādasaṅkappa. avyāpādavitakka.
분노를 여읜 세계 abyāpādadhātu.
분노를 여읜 의도 abyāpādasaṅkappa.
분노를 여읨 avyāpāda.
분노를 여읨에 대한 집중 avyāpādekatta.
분노를 여읨에 수반되는 avyāpādasahagata.
분노를 여읨에 의해 결정되는 것 avyāpādâdhipatatta.
분노를 여읨의 추구 avyāpādesanā.
분노를 여읨의 획득 avyāpādapaṭilābha.
분노를 음식으로 하는 재[야차] kodhabhakkha.
분노를 품고 있는 dosantara.
분노심(憤怒心) byāpādavitakka.
분노에 매인 사유 byāpādavitakka.
분노에 매인 세계 byāpādadhātu.
분노에 매인 의도 byāpādasaṅkappa.
분노에 매인 지각 byāpādasaññā.
분노에 사로잡힌 사람 kodhupāyāsin.
분노에 사로잡힌 상태 kodhupāyāsa.
분노에 의한 정신·신체적 계박 byāpādakāyagantha.
분노에 찬 kodhana.
분노에서 벗어난 nikkuha.
분노와 관계있는 paṭighasampayutta.
분노와 자만 kodhâtimāna.
분노와 환락 vyāpādanandī.
분노의 결박 paṭighasaṁyojana.
분노의 경향 paṭighānusaya.
분노의 고뇌 kodhupāyāsa.
분노의 고뇌가 없는 akkodhupāyāsa.
분노의 본질을 아는 kodhapaññāṇa.
분노의 사유 vyāpādavitakka.
분노의 세계 vyāpādadhātu.
분노의 소멸 dosakkhaya.
분노의 여읨에 대한 의지 avyāpādâdhiṭṭhāna.
분노의 여읨에 대한 지각 avyāpādasaññā.
분노의 여읨에 들어가는 것 avyāpādapariyogāhana.
분노의 여읨의 요소 avyāpādadhātu.
분노의 여읨의 채택 avyāpādapariggaha.

분노의 여읨이라는 가르침의 분야 abyāpādadhammapada.
분노의 오염에 속하지 않는 asandosadhamma.
분노의 요소 vyāpādadhātu.
분노의 의도 vyāpādasaṅkappa.
분노의 제어 kodhavinaya.
분노의 표시 paṭighanimitta.
분노의 허물 vyāpādadosa.
분노하게 하다 kujjhāpeti.
분노하는 upanāhin.
분노하는 것 byāpāda.
분노하다 pakujjhati. sandiyyati. sandīyati. ujjhāyati. upadussati. → 화내다.
분노하여 sakopaṁ.
분노하지 않는 akuddha.
분노한 anabhiraddha. kopāviṭṭha. ruṭṭha.
분노해야 하는 dussaniya.
분뇌(忿惱) kodhupāyāsa.
분뇨수거인 vaccasodhaka.
분다리가(分陀利迦) puṇḍarīka.
분단(分斷) vocchijjatā.
분단되다 vocchijjati.
분담하는 bhāgavant. bhāgin.
분량(分量) nivaha. samudāya.
분류(分類) kathāsīsa. upavicāra. vibhāga. vibhājana. vibhatti. vidhāna. vikati. saṅgaha. upavicāra.
분류된 katavibhāga. saṅgahita. saṅgahīta. vibhatta.
분류될 수 있는 savibhattika.
분류방식 saṅgahanaya.
분류하다 upadisati. vibhajati.
분리(分離) apādāna. chedana. ekatta. pabhijjana. putthakkaraṇa. vaggatta. vavatthāna. vinābhāva. vinibbhoga. vippayoga. visaṁyoga. visaññoga. vivecana. viveka. vivittatā. viyoga. vyāsa. visuṅkaraṇa. viyujjana. viyoga.
분리되다 onīyati. vavattheti.
분리되지 않은 aparicchinna. avinābhūta. avinnimutta. avivitta. avyāpeta.
분리되지 않음 avippayoga.
분리된 antarita. samparibhinna. unnītaka. vagga. vavattita. vinibbhutta. vippayutta. viraha. visaṁsaṭṭha. vivitta. puthakkata. puthakkataṅga.
분리된 관계의 표현 paccattavacana.
분리론자가 아닌 abhinnaka.
분리시키다 viveceti.
분리주의(分離主義) vinābhavana.
분리하고 odissa. vivicca.
분리하다 kaṇḍayati. kaṇḍeti. occhindati. oneti. vinibbhujati. vinibbhuñjati. viyojeti. puthakkaroti. viviccati. visuṅkaroti.
분만된 pasūta.
분만실(分娩室) sūtighara.
분만의 부정(不淨) gabbhamala.
분말(粉末) kakka. kakku. cuṇṇa. cuṇṇaka. kuṭṭa. piṭṭha. saritaka.
분말로 된 바르는 약 piṭṭhañjana.
분말로 만든 piṭṭhamaya.
분말로 만든 덩어리 cuṇṇapiṇḍa.
분말로 만들다 cuṇṇeti. nippeseti. nipuñchati. saṅgharati.
분말로 빻다 piṁsati.
분말로 빻은 pista.
분말이 된 cuṇṇa. pamathita.
분말향료 upapisana. upapiṁsana.
분명하게 pātur. pātu°. visesato.
분명하게 되다 āvibhavati. pakkhāyati. paṭibhāti.
분명하게 되지 않은 anuttānikata. anuttānīkata.
분명하게 보다 vipassati.
분명하게 이해시키다 vibhāveti.
분명하게 이해하는 사람 sammasitar.
분명하게 이해하는 지혜 sammasanañāṇa.
분명하게 이해하다 samadhigacchati.
분명하게 하다 āvikaroti. paridīpeti. upadasseti. uttānīkaroti. vivarati.
분명하게 함 diṭṭhāvikamma.
분명하지 않은 anāvikata. appaguṇa. avissaṭṭha. aparipphuṭa.
분명하지 않음 anuttānikamma.
분명한 abhivyatta. agahana. agaḷita. apaṇṇaka. asaṁsaya. aviparīta. avyākula. diṭṭhaka. nīta. oḷārika. uttāna. vibhūta. visada. vissaṭṭha.
분명한 감각 대상 vibhūtālambana.
분명한 것에 대한 의식 oḷārikaviññāṇa.
분명한 목적이 있는 pariyantavant.
분명한 사유의 형태 sammasanarūpa.
분명한 새김 sativepulla.
분명한 새김을 얻은 sativepullappatta.
분명한 소리 oḷārikasadda.
분명한 의미 nītattha.
분명한 의미를 지닌 가르침 nītattha.
분명한 이해 abhisamaya. sammasana.
분명한 이해력이 있는 abhisametāvin.
분명한 철자 uttānavyañjana.
분명함 asandeha. vitthāratā.

분명해지다 okkhāyati.
분명해진 paridīpita.
분명히 avecca. āvi. dhuva. ekadatthu. jātu. nanu. bhaṇe.
분명히 발음된 agaḷitapadavyañjana.
분명히 알고 나서 paññāya.
분명히 알다 pajānāti.
분명히 앎 pajānana. pajānanā.
분명히 이해되어야 할 abhisametabba.
분명히 이해된 abhisameta.
분명히 이해하는 자 abhisametar.
분명히 이해하다 abhisameti.
분명히 작용하지 않는 abhabbâbhāsa.
분명히 파악하는 사람 sammasitar.
분명히 하는 vibhāvaniya.
분발인(分鉢人) pattagāhāpaka.
분방(奔放) vissaṭṭhiya.
분배(分配) saṁvibhāga. vissagga. vissajjana. vitaraṇa.
분배되다 bhājiyati.
분배되지 않은 abhājita.
분배된 uddiṭṭha. vissaṭṭha.
분배된 것 bhāgya.
분배자(分配者) bhājaka. gāhāpaka. padātar.
분배하게 하다 saṁvibhājeti.
분배하는 bhājaka. vissajjaka.
분배하는 것 bhājana.
분배하다 bhājeti. pavibhajati. tuvaṭṭeti. vaṇṭati. viniddisati.
분별(分別) nepakka. nibbedha. nicchaya. paññatta. parikappa. paṭisaṅkhāna. sallakkhaṇā. sampajañña. vibhajanā. vijānana. viññūtā.
분별기문(分別記問) vibhajjavyākaraṇīyapañha.
분별된 pakappeti. pakappita. vibhatta. vikappita.
분별된 견해 pakappitadiṭṭhi.
분별될 수 있는 nijjhāpaya.
분별력(分別力) jānanasatti. tikhiṇindriyatā.
분별력있는 indriyagocara. sacetana. anupahatindriya. paṭisaṁvedin. mutimant. vicakkhaṇa.
분별론(分別論)[논장] Vibhaṅga.
분별론(分別論)[이론] vibhajjavāda.
분별론자(分別論者) vibhajjavādin.
분별론자(分別論者)의 교리 vibhajjavāda.
분별이 없는 avyāyata. abujjhaka.
분별이 없는 사람 aparicakkhita.
분별이 있는 atthavasika. parikkhaka. mutimant. matimant. bujjhaka. paññāṇavant.
분별이 있는 법문 nibbedhakapariyāya.
분별이 있는 지혜 nibbedhakapañña.
분별지(分別智) ñāṇavisesa.
분별하고 vibhajja.
분별하는 āvedhika. nibbedhaka. nibbikappa. vinicchin.
분별하다 nicchināti. pakappeti. paṭisañcikkhati. paṭisaṅkhāti.
분비(分泌) vissanda. vissandana.
분비되다 vissandati.
분비물(分泌物) āsaya. kheḷa.
분비물로 젖은 kheḷakilinna. asucikiliṭṭha.
분비물을 방사하는 asucinissavana.
분비물이 묻은 asucimakkhita.
분사(噴射) uggāra.
분산(分散) vikiraṇa. visāra.
분산된 anuvikkhitta.
분산시켜 avakārakaṁ.
분산시키다 viddhaṁseti.
분산하다 kirati.
분석(分析) pabheda. paricchindana. paṭisambhidā. vibhajanā. viggaha.
분석될 수 없는 anibbacanīya.
분석적으로 답변해야 할 질문 vibhajjabyākaraṇīyapañha.
분석적인 교리 vibhajjavāda.
분석적인 설명 niddesa.
분석적인 앎 paṭisambhidā.
분석적인 이론을 가르치는 사람 vibhajjavādin.
분석적인 지식 paṭisambhidā. dhamma.
분석적인 토론 vinicchayakathā.
분석적인 통찰 paṭisambhidā.
분석적인 통찰의 지식 paṭisambhidāratana.
분석하고 abhinibbija. vibhajja.
분석하는 paricchindanaka.
분석하다 abhinibbajjeti. paricchindati.
분석한 후에 대답되어야 할 질문 vibhajjavyākaraṇīyapañha.
분석할 수 없는 avinibbhoga.
분석할 수 없는 신비로운 소리 avinibbhogasadda.
분소의(糞掃衣) paṁsukūla.
분소의자(糞掃衣者) paṁsukūlika.
분소의지(糞掃衣支) paṁsukūlikaṅga.
분쇄(粉碎) abhimaddana. abhinimmadana. adhichindana. bhindana. koṭṭana. maddana. nimmadana. nimmaddana. nimmathana. nippothaṇa. nippothana. pabhaṅgapabhaṅga. pabheda. pabhedana. pamaddana. parimaddana. pisana. piṁsana. viddhaṁsa. viddhaṁsana.

분쇄되다 rujjhati. viddhaṁsati. viseyyati.
분쇄된 abhimaddita. bilakata. maddita. parimaddita. pīḷita. pista. sampalibhagga. sañcuṇṇa. sañcuṇṇita. ugghaṭṭa. ugghaṭṭha. vicuṇṇa. vicuṇṇita. viddaṁsita. viddhasta. visāta. visāṭita. visiṇṇa.
분쇄된 돌의 바닥 또는 옷의 종류(?) koṭṭima.
분쇄될 수 없는 asaṁhāriya.
분쇄시키다 maddāpeti. parimaddāpeti. sāreti. sārayati.
분쇄자(粉碎者) padāletar. padāḷetar.
분쇄하고 나서 pamāya.
분쇄하는 bhindana. madda. maddin. pamaddin. viddhaṁsaka.
분쇄하다 abhimaddati. abhimatthati. ajjhomaddati. cuṇṇeti. dāreti. ghaṁsati. kaṭati. koṭṭeti. maddati. maddeti. nimmathati. nimmanthati. nimmatheti. nipphoṭeti. pabhañjati. padāleti. pamaddati. pīḷeti. rujati. sañcuṇṇeti. saṅgharati. upanighaṁsati.
분수(噴水) udakayanta.
분수(分數)를 아는 mattaññu.
분수를 아는 것 mattaññutā.
분수를 아는 자 mattaññū.
분시화조(焚尸火爐) chavâlāta.
분실(紛失)되다 panassati.
분야(分野) cakka. kappa.
분에상(忿恚相) kodhupāyāsa.
분열(分裂) bheda. bhedana. dvejjhatā. pabhijjana. phālana. vippayoga. vivadana. parisabheda. saṅghabheda. matavirodha.
분열된 vippayutta. viyatta. vyādinna.
분열로 이끄는 bhedanasaṁvattanika.
분열시키는 bhedakara.
분열시키다 vibhedeti. vobhindati.
분열의 원인 abbuda.
분열하게 하다 phālāpeti.
분열하는 phālaka.
분욕의인(分浴衣人) sāṭiyagāhāpaka.
분위(分位)의 āvatthika.
분위기(雰圍氣) vāta.
분유(分有)하다 saṁvibhajati.
분장(扮裝) ālaya. maṇḍana. maṇḍanavibhūsana.
분장하다 pasādheti.
분장한 pasādhita.
분재(分齋)의 pariyantika.
분쟁(紛爭) rāji. vipphandita. kalaha.
분쟁이 없는 appasamārambha.
분좌당(分座堂) paṭikkamana.
분주(分住) padesavihāra.
분주(奔走) sambādha.
분지(分支) pasākha. pasākhā.
분출(噴出) abhisanda. uggiraṇa. ubbhijjana. niggama(na). niggamana. pacchaḍḍana. uddeka. uggāra. vaṭṭi.
분출하는 uddekanika.
분출하다 uggirati. ubbhijjati. niggacchati. upanikkhamati. vamati.
분충(糞蟲) mīḷhakā.
분투(奮鬪) anosakkana. saṁsappana. viyārambha.
분투하다 āsappati.
분파(分派) nikāya. gaṇa. pakkha. bhinnavāda.
분파적인 nikāyāyatta. pakkhagata. nekāyika.
분파주의(分派主義) nekāyikatta. pakkhagāha.
분파주의자(分派主義者) nikāyāyatta. pakkhagata. pakkhagāhīdesaka. nekāyika.
분할(分割) bhājana. bhedana. koṭṭhāsa. vyāsa.
분할하는 bhedaka. phālaka.
분할하다 vaṇṭati.
분해(分解) aṅgaviyojana. bhaṅga. lujjana. paloka. putthakkaraṇa. vilaya. vilīyana.
분해되다 nirujjhati. palujjati. pavilīyati. vilaya. vilīyati.
분해되지 않은 abhinna.
분해된 abhitāḷita. vicchinnaṅga. puthakkata. puthakkataṅga.
분해시키고 abhinibbija.
분해시키다 abhinibbajjeti.
분해하다 aṅgāni vicchindati. puthakkaroti.
분호(粉糊) piṭṭhamadda.
분홍빛의 pāṭala.
분홍색의 pāṭala.
불(不) na.
불(佛) buddha.
불[火] joti. aggi. aggini. ghatāsana. kaṇhavattānī. pāvaka. dahana. dhūmaketu. dhūmasikhā. gini. jātaveda. tejo.
불가능(不可能) pādavisāṇa. abhabbatā. aṭṭhāna.
불가능의 존재 aṭṭhānamanavakāsatā.
불가능하게 uppaṭipāṭiyā.
불가능하다 appabhoti. appahoti.
불가능한 abhabba. alattha. anala. anavakāsa. appahonaka. appahonta. appaṭibala. asakka. asakkonta. asakkuṇeyya. asamattha. asambhuṇanta. asayha. avisahant. nirokāsa
불가능한 대상 avisaya.
불가능한 조건 aṭṭhāna.

불가능한 조건들의 가정 aṭṭhānaparikappa.
불가능한 주장 aṭṭhānīyakathā.
불가분단(不可分斷)의 acchinnaka.
불가분리(不可分離) avinibbhoga. avippayoga.
불가분리의 성질 avinibbhogarūpa.
불가불리의 현현 avinibbhogapaccupaṭṭhāna.
불가사의(不可思議) acchara.
불가사의한 acchariya. acintiya. acchariyarūpa. pāṭihāriya.
불가사의한 교설 anusāsanīpāṭihāriya.
불가촉천민(不可觸賤民) → 천민.
불가촉천민의 삶 vevaṇṇiya. vevaṇṇīya.
불가측(不可測)의 aparimeyya.
불가침(不可侵)의 aghātetabba.
불가피하게 ṭhānaso. avassaṁ. avassakaṁ.
불가피한 avassa(ka). avassakaraṇīya.
불각(不覺) asambhodi.
불간섭(不干涉) ajjhupekkhaṇa. ajjhupekkhaṇā.
불감(不減) anūnatā.
불감(不感) mucchā. visaññā.
불개미 tambakippilikā.
불건전(不健全)한 akalya. asappāya.
불건전한 마음의 작용의 결합방식 akusalacetasikasampayoganaya.
불걸수(佛搩手) sugatavidatthi.
불견(不見) avyattatā.
불결(不潔) asucibhāva. asucitā. paṅka. pariklesa. saṅkilesa. upakkilesa. upakkilissana. upalepa. raja. rajas. rajo.
불결의 증가 rajavaḍḍhana.
불결정(不決定)의 avinicchaya.
불결정기(不決定記) anekaṁsika.
불결정성(不決定性) anekaṁsikatā.
불결하게 만들어진 kaṭuviyakata.
불결하게 여겨지는 asucisammata.
불결하게 하는 행위 upalepana.
불결하고 혐오스러운 asucibībhaccha.
불결한 amejjha. asuci. asucika. asucīka. kacavarabhūta. kasaṭa.
불결한 것이 가득 찬 가죽 포대의 신체 abhisaṁviseyyagatta.
불결한 여자 paṅkadharī.
불경(不敬) apayirupāsanā. āsādana. asakkāra. omāna.
불경(佛經) tipiṭaka.
불경계(佛境界) buddhavisaya.
불경스러운 agārava.
불경한 bāhiraka.
불고불낙수(不苦不樂受) adukkhamasukhavedanā.
불고불락(不苦不樂) adukkhamasukha.
불공(不空) asuññatā.
불공(不空)의 amogha. asuñña. atuccha. āveṇi. āveṇika. āveṇiya.
불공겁(不空劫) asuññakappa.
불공구(不恐懼) aparitassana.
불과 같은 tejosama.
불관용(不寬容) akkhanti.
불괴(不壞)의 abhijjanaka. anupahata. avecca.
불괴정(不壞淨) aveccapasāda.
불교(佛敎) buddhasamaya. buddhabhatti. buddhasāsana.
불교경전(佛敎經典) tipiṭaka.
불교경전의 분석적인 교리 abhidhamma.
불교도(佛敎徒) buddhabhattika. buddhasāvaka. sogata.
불교락천(不憍樂天) nimmāṇarati.
불교를 믿는 sogata.
불교를 믿다 saddahati. buddhasāsane.
불교승려 bhikkhu. buddhasāvaka.
불교승려의 웃옷 saṅghāṭī.
불교의 승려 bhikkhu.
불교의 여자승려 bhikkhunī.
불구(不具) pakkha. pakkhaghāta. pakkhahata.
불구(不具)가 되지 않은 apīṭhasappin.
불구(不具)의 arūpimat. arūpin. vikuṇita. kuṇṭha. okoṭimaka. vāmanaka.
불구로 만들다 kuṇṭheti.
불구사(弗拘沙) pukkusa.
불구자(不具者) pīṭhasappin.
불구자인 체 yathâvajjaṁ.
불굴(不屈) patiṭṭhāha.
불규칙(不規則) uppaṭipāti.
불규칙성(不規則性) kaḷāratā.
불규칙한 accāyika.
불그스름한 kapila. pāṭala. dūratta. upalohitaka.
불근관(不近觀) apaccupalakkhaṇā.
불근찰(不近察) apaccupekkhaṇā.
불근행(不勤行) ananuyoga.
불기[吹] dhamana.
불길(不吉) amaṅgala.
불길한 avamaṅgala. avamaṅgalla. kālakañjaka.
불길한 예감 dunimitta.
불까다 nillaccheti. aṇḍāni uddharati. bījam uppāṭeti. pumbhāvaṁ nāseti.
불깐 uddhaṭaṇḍa. uddhaṭabīja. uddhaṭaphala. uppāṭitabīja. nāsitapumbhāva.
불깐 소 vacchatara.

불깐 황소 uddhaṭabījusabha.
불깐 황소의 이빨(?) dantakuṭa.
불꽃 acci. accī. accikā. aggijālā. aggini. ālimpana. jālā. jālasikhā. raṁsijāla. sikhā. sikhin. tejo. vipphuliṅga. aggisikhā.
불꽃같은 타오르는 aggisikhūpama.
불꽃을 내뿜다 padhūpāti. padhūpāyati. padhūmāti.
불꽃을 튀기는 sampajjalita.
불꽃의 aggimālāyatta. aggimālāsampādana.
불꽃의 더미 accikkhandha.
불꽃의 비[雨] aṅgārakavassa.
불꽃의 접촉 aggisamphassa.
불꽃의 튕김 aggipapaṭikā.
불꽃의 화환 accimālin.
불꽃이 넘실대는 aggisama.
불꽃이 없는 vītaccika.
불꽃이 있는 sikhin.
불난(不亂)[팔음(八音) 가운데 하나] avisārin.
불노(不老)[열반] ajīraṇa.
불노불사(不老不死)[열반] ajarâmara.
불능승(不能勝)의 avikkhambhiya.
불능처(不能處) abhabbaṭṭhāna.
불다[吹] abhidhamati. dhamati. pumati.
불다[風] pavati. pavāyati. vāti. samīrati.
불도수행(佛道修行) brahmacariya.
불똥 vipphuliṅga.
불량배(不良輩) saṭha.
불러지다 kathīyati.
불러지지 않은 anabbhita. anāhuta. anavhāta.
불려진 ākhyāta. sanāmika. °avha(ya).
불력(佛力) buddhabala.
불로 데우는 aggijālana.
불로 인해 영향을 받을 수 있는 aggikaraṇīya.
불료사(不了事) avyattatā.
불륜을 저지르는 동료 methunaka.
불리(不利) vokāra.
불리거연(不離去緣) avigatapaccaya.
불리거조건 avigatapaccaya.
불리는 savhaya.
불리다 saṅkhaṁ gacchati. vohariyati.
불리어지다 vuccati.
불리어진 nivutta. saṅgīta.
불리연(不離緣) avigatapaccaya.
불리한 dulladdha.
불리한 것에 대한 설명 ādīnavavibhāvanā.
불리함 ādīna. ādīnava.
불리함과 유익함 ādīnavânisaṁsa.
불린 āhūta.
불만(不滿) appaccaya. atitti. atuṭṭhi. dukkha. khīya. ujjhāna. ujjhatti.
불만스러운 asantuṭṭha. atuṭṭha.
불만으로 가득 찬 asantuṭṭhibahula.
불만을 만드는 atittikara.
불만을 품은 maṅkubhūta.
불만의 atuṭṭha.
불만의 경건한 표현 ujjhānakamma.
불만의 상태 khīyadhamma.
불만의 지각 ukkaṇṭhitasañña.
불만족(不滿足) anabhiraddhi. anabhirādhana. anabhirādhaniyabhāva. anabhiramanā. anabhirati. anārādhana. arati. asantuṭṭhi. asantuṭṭhitā. atricchā. maṅkubhāva. ukkaṇṭhā. ukkaṇṭhi. ukkaṇṭhitā.
불만족스러운 anala. atitta. atittarūpa. ukkaṇṭhita.
불만족스런 상태의 ukkaṇṭhitarūpa.
불만족스런 수행승 ukkaṇṭhitabhikkhu.
불만족에 대한 지각 anabhiratisaññā.
불만족한 anabhiraddha. anārādhaka. anattamana. anirassada. appatīta. maṅku.
불망어(不妄語) musāvādā veramaṇī.
불멸(不滅) accuti. anassana. avināsa.
불멸성(不滅性) amatasabhāva.
불멸의 accuta. akkhara. anassanadhamma. avināsaka. avināsika. avināsana. avyāyika. abhejjanaka.
불멸의 길 accutapada.
불멸천(不滅天) accuta.
불명료하게 하다 paṭicarati.
불명료한 anuttāna. avedagū. avibhūta. avinibbhoga. avyatta.
불명료한 단어에 대한 설명 anuttānadīpanā.
불명료한 단어의 의미 anuttānapadattha.
불명예(不名譽) ayasa. āyasakka. āyasakya. lajjāpana. lajjāpanikā. lajjitabbaka.
불명예에 처한 hānagāmin.
불명예의 asiloka.
불명확하게 하다 sammisseti.
불명확한 소리 kala.
불모(不毛)가 아닌 avañjha.
불모(佛母) buddhamātar.
불모의 anissaya. ubbāsita. vañjha.
불모의 땅 ujjaṅgala.
불바비데하(佛波毘提訶)[지명] Pubbavideha.
불방일(不放逸) alīnatā. appamāda.
불법(佛法) buddhadhamma.
불법적이라고 여기는 adhammasaññin.

불법적인 것으로 여기는 adhammadiṭṭhi.
불법적인 세금 adhammabali.
불법행위와 일치하는 aparādhânurûpaṁ.
불변(不變) niccatā. niccatta.
불변사(不變辭)[문법] avyaya. nipāta. asaṅkhya.
불변사가 첫 번째 또는 지배적인 요소인 곳 avyayapubbaka.
불변사가 포함된 복합어 avyayībhāva.
불변사로 사용되는 단어 avyayapada.
불변성(不變性)에 대한 지각 dhuvasaññā.
불변역(不變易)의 aviparināma.
불변의 nicca.
불변화복합어(不變化複合語) avyayībhāva.
불보(佛寶) buddharatana.
불복종(不服從) appaṭissavatā. asussūsā. dubbacatā. dovacassa. dovacassatā. padarasamācāra.
불복종(不服從) dubbacatā. anassavatā. āṇātikkama.
불복종하는 bhinnamanta.
불복종하다 āṇam ullaṅgheti. āṇam atikkamati. na sussūsati. ovādaṁ nānuvattati.
불분명(不分明) anāvikamma.
불분명한 andha. aparivyatta. appabha. avisada. avissaṭṭha. avyāyata.
불분명한 모습의 표현 avisadâkāravohāra.
불붙는 jhāma.
불붙은 jalitajalita. jhāpita. paridīpita.
불붙이는 jhāyaka.
불붙이는 나무 alāta.
불붙이다 jāleti. jhāpeti. sandīpeti.
불비시식계(不非時食戒) vikālabhojanā veramaṇī.
불빈멸인(不貧滅人) anāsitaka.
불빛 aggāloka. aggipajjota.
불사(不死) accuta. amara. amaratta. amata.
불사(不死)에 대한 견해를 지닌 accutavāda.
불사(不死)의 accuta. amata. anāmata. apajaha. amara.
불사(弗沙)[월명] phussa.
불사를 궁극으로 하는 amatapariyosāna.
불사를 기초로 하는 amatogadha.
불사를 대상으로 하는 amatârammaṇa.
불사를 선언하는 amatavāda.
불사를 성취한 amatâdhigata.
불사를 해탈로 삼는 amataparāyaṇa.
불사리(佛舍利) dhātusarīra.
불사리장(佛舍利藏) mahādhātunidhāna.
불사심(不邪心) aduṭṭhacitta.
불사약(不死藥) amatosadha.
불사에 대한 획득의 길 amatuppattipaṭipadā.
불사에 도달한 amatapatta.
불사에 몰입하는 amatogadha.
불사음(不邪淫) kāmesu micchācārā veramaṇī.
불사의 경지 accutaṭhāna. amatapada.
불사의 길 amatamagga.
불사의 문 amatadvāra.
불사의 북 amatabherī. amatadundubhi.
불사의 북소리 amatadundubhi.
불사의 빛을 지닌 amataraṁsa.
불사의 성질을 지닌 amatasabhāva.
불사의 성취 amatâdhigama.
불사의 세계 amatadhātu.
불사의 열매 amataphala.
불사조(不死鳥) misarapurāvuttagatamahāpakkhin.
불사주(不死酒) amata.
불살생(不殺生) avihiṁsā. avihesā. ahiṁsā. pāṇātipātā veramaṇī.
불살생에 전념하는 ahiṁsārati.
불살생을 가르치는 가족 ahiṁsakakula.
불살생의 ahiṁsaka.
불살생의 명령 māghāta.
불살생의 명령을 알리는 북 māghātabheri.
불상(佛像) buddhapaṭimā. jinabimba.
불상(佛想) buddhasaññā.
불상응(不相應) vippayoga.
불상응(不相應)의 vippayutta.
불상응연(不相應緣) vippayuttapaccaya.
불상해(不傷害) anupaghāta. anupaghātana.
불상해(不傷害)의 anupaghātika. anūpaghātika.
불생(不生) ajāti.
불생(不生)의 asamuppanna.
불선(不善) akusala.
불선(不善)의 akusala.
불선계(不善界) akusaladhātu.
불선근(不善根) akusalamūla.
불선법(不善法) akusalacitta. asat.
불선심(不善心) akusalacitta.
불선업(不善業) akusalakamma.
불선이숙행근본(不善異熟行根本) akusalavipākasaṅkhāramūlaka.
불선한 심사[不善尋思] akusalavitakka.
불선행자(不善行者) akattar.
불섭생(不攝生) asappāyakiriyā.
불성(佛性) buddhadhamma. buddhatā. buddhatta.
불소설(佛所說) buddhabhāsita.

불소연(佛所緣) buddhārammaṇa.
불소촉(不所觸)의 asamphuṭa. asamphuṭṭha.
불손(不遜)하게 vāmato.
불손한 unnala.
불수(佛授)[인명] Buddhadatta.
불수각(不隨覺) ananubodha.
불수관(不隨觀) anupalakkhaṇa.
불수념(佛隨念) buddhânussati. buddhānussati.
불수습실(不修習心) abhāvitacitta.
불순(不純) kaṭuviya. parikilissana. saṅkilesa.
불순(不純)하게 되다 saṅkīyati.
불순결(不順結)의 asaññojaniya.
불순계(不順繫)의 aganthaniya.
불순물(不純物)이 섞인 āsittaka.
불순액(不順軛)의 ayoganīya.
불순폭류(不順暴流) anogha.
불순하지 않은 asaṅkiliṭṭha.
불순한 kalusa. kaṭuviya. kiliṭṭha. samala. saṅkiṇṇa.
불순한 빛 saṅkiliṭṭhābhā.
불시(不時) akkhaṇa. asamaya.
불시에 khaṇa.
불시해탈(不時解脫) asamayavimutta.
불신(不信) appasāda. asaddahana. asaddha. āsappanā. assaddha. assaddhiya.
불신을 야기하는 asaddhiya.
불신이 없는 avecikicchin.
불신하다 āsappati.
불쌍하지 않은 adīna. adīnava.
불쌍한 asaṁvibhāgin. pottha. varāka. vidhura.
불쌍한 몸 kāyakali.
불쌍한 여인 kapaṇitthī.
불쌍히 여기다 dayati.
불아사(佛牙史)[서명] dāṭhāvaṁsa.
불악구(不惡口) pharusavācāyo.
불안(不安) aṭṭhiti. dukkha. kaṅkhana. nibbusittattā. parisaṅkā. tāsa. tāsaṇa. ubbijjanā. uddhacca. ullola. upāyāsa. upāyāsanā. uttasana. visāhāra. visevita. khaluṅkatā. vyathā
불안(佛眼) buddhacakkhu.
불안감(不安感) sarīrāphasu.
불안정(不安定) anavaṭṭhāna. keḷāyana. sañcalana.
불안정하게 방황하는 것 anavaṭṭhitacārikā.
불안정하게 하다 loleti.
불안정하다 anupakampati. kakati. sañcalati.
불안정한 adhikata. anavaṭṭhita. asaṇṭhita. attheta. cala. calita. cañcala. capala. ittara. kuppadhamma. lola. loḷa. mathita. pacalita. pariplava.
불안정한 마음 anavaṭṭhitacitta.
불안정한 해탈 kuppavimokkha.
불안하게 둘러보지 않는 alolakkhi.
불안하게 하다 vikkhambheti.
불안하다 kaṅkhati.
불안한 anassāsika. kuppa. nibbusitatta. uddhata. utrāsin.
불안한 본성을 지닌 uddhaccapakatika.
불안해지다 parimussati.
불알 aṇḍa. aṇḍakosa. phala.
불알친구 sahapaṁsukīḷita.
불양설(不兩舌) apisuṇāvācā. pisuṇavācāya veramaṇī.
불어 꺼진 niddhanta.
불어(佛語) buddhavacana.
불어난 ādhāmita.
불어진[吹] dhanta.
불에 관한 명상 tejojhāna.
불에 관한 법문 ādittapariyāya.
불에 끓인 aggipāka.
불에 대한 공포 aggibhaya.
불에 대한 의무 aggivata.
불에 불타는 aggipaditta.
불에 상처를 입은 aggiparijita.
불에 요리된 aggipakka.
불에 요리하지 않은 anaggipakka.
불에 의한 겁의 소진 kappajāla.
불에 타버린 aggidaḍḍha.
불에서 생겨난 aggija.
불여취(不與取) adinnādāna.
불연속적으로 행동하는 kammāsakārin.
불연속적인 kammāsa.
불영해(不領解) ananubodha.
불영해의 appaṭivedha.
불예복합어(不刈複合語) aluttasamāsa.
불완전(不完全)하게 īsakaṁ. īsaṁ.
불완전한 akevala. akevalin. aparipūra. avyosita. kācin. parinipphanna. ūna. ūnaka.
불운(不運) abhava. akkhaṇa. alakkhī. anaya. dobbhagga.
불운을 가져오는 uppātika.
불운을 야기하지 않는 anupasagga.
불운을 초래하는 사람 anaya.
불운의 중지 anayûparama.
불운의 징후가 있는 avalakkhaṇa.
불운이 지나간 katûpaddavanivārāṇa.
불운한 alakkhika. alakkhiya. alakkhya. avaḍḍhitanissita. avamaṅgala. avamaṅgalla. duggata. kālakañjaka. nissirīka. siddhika. umma-

ṅga. uppātika. vidhirahita. vyasanin.
불운한 몸 kāyakali.
불유잡염(不有雜染)의 asaṅkiliṭṭha.
불을 끄는 것 parinibbāpana.
불을 끄다 vidhūpeti. vidhūpayati. vijjhāpeti.
불을 내 뿜는 것 abbhujjalana.
불을 다루는 텍스트 aggigantha.
불을 밝히는 자 pabhaṅkarapabhaṅkara.
불을 붙이는 나무 ukkā.
불을 사용하지 않는 재[고행자] anaggi.
불을 섬기는 장소 aggiparicaraṇaṭṭhāna.
불을 숭배하는 aggika. aggiparicārika.
불을 원하는 aggitthika.
불을 지각하는 tejosaññin.
불을 지피는 (사람) jhāpaka.
불을 지피는 도구 aggivījanaka.
불을 지핌 aggijālana.
불을 찾는 aggigavesin. aggipariyesana.
불을 켜는 사람 padīpakāla.
불을 켜다 ādīpeti. padīpeti. sandīpeti.
불을 통해 빛나는[태양] agginikāsin.
불을 피우는 jhāyaka.
불을 피우는 나무 araṇi. araṇī.
불음(不淫) komārabrahmacariyā.
불음(佛音) buddhaghosa.
불음주(不飮酒) surāmerayamajjapamādaṭṭhānā veramaṇī.
불음주하는 asoṇḍa.
불응작(不應作)의 akaraṇiya.
불의 광대한 존재 tejomahābhūta.
불의 더미 tejokāya.
불의 두루채움을 위로 아래로 옆으로 유일하게 한량없이 지각하는 것 tejokasiṇa.
불의 두루채움이라는 명상토대 tejokasiṇa.
불의 발생 agguṭṭhāna.
불의 성질 tejogata.
불의 세계 tejodhātu.
불의 소진(消盡) agginibbāna.
불의 신 aggi.
불의 열기 aggisantāpa.
불의 요소 tejodhātu.
불의 위험 agyantarāya.
불의 장애 agyantarāya.
불의 파괴 tejosaṁvaṭṭa.
불의 해체 tejosaṁvaṭṭa.
불의 헌공을 행하지 않은 ahāpitaggi.
불의(不義) adhammakāra. adhammakiriyā. adhammatta. adhammikatā.
불의(不義)의 asama.
불의(佛衣) sugatacīvara.
불의를 중시하는 adhammagārava.
불이 꺼진 nibbuta.
불이 꺼짐 nibbuti.
불이 되어버린 aggigata.
불이 없는 anaggi. niraggika.
불이 있는 오두막 agyāgāra.
불이 있는 장소 aggiṭṭha.
불이 켜진 ādīpita. padīpita. paditta. ubbhāsita.
불이(不二) advaya.
불이론(不二論) advayavāda.
불이익(不利益) alābha.
불이익을 가져오는 anatthada.
불이익이 없음 anādīnava.
불이취(不已取) anupādiṇṇa.
불익(不益) alābha.
불익이라는 사실을 아는 anatthajānanaka.
불인(不忍) āmarisa. asahana.
불일치(不一致) ananuvattana. asammodiya. vilomana. visevita. vivadana.
불일치하는 ananuvāda.
불일치하지 않는 nibbematika.
불일치한 paṭikūla. paṭikkūla.
불임(不姙)의 vajjha.
불자(佛子) anubuddha. buddhasāvaka. sogata. buddhaputta.
불자(拂子) vījana. vījanika.
불작법(不作法) muttācāra.
불전(佛典) buddhamanta.
불전(佛殿) paṭimāghara.
불전생(不轉生) anabhinibbatta. anabhinibbatti.
불점술 agginimittapāṭhaka.
불제자(佛弟子) sakyaputtiya.
불제자가 아닌 asakyaputtiya.
불종성경(佛種姓經)[경장] Buddhavaṁsa.
불좌(佛座) buddhaāsana. sīhāsana.
불지(佛地) buddhabhūmi.
불지(佛智) buddhañāṇa.
불진복(不鎭伏)의 avikkhambhita.
불찰토(佛刹土) buddhakkhetta.
불참(不參) asamosaraṇa.
불처럼 된 aggigata.
불출리(不出離)의 aniyyānika.
불충분하게 hāpeti. nālaṁ.
불충분한 apariyatta. ūna. ūnaka.
불충분한 이해 anabhisamaya.
불충분한 이해를 갖고 있는 자 anabhisametāvin.
불치비나야(不痴毘奈耶) amūḷhavinaya.
불치비니(不癡毘尼) amūḷhavinaya.

불치신해(不痴信解) asammohâdhimutta.
불친절(不親切) akāruññatā. ananukūlatā. avadaññutā. phāruliya. phārusiya.
불친절하지 않은 anappiya.
불친절한 ananukūla. duhada. apesala. avadāniya. avadaññu.
불침번을 서다 paṭijaggati.
불쾌(不快) anabhirati. anattamanatā. appasāda. appīti. appiyatā. aruccana. dessatā. usuyyā. usuyyanā. usuyyitatta. usūyā.
불쾌감을 주는 lūkha.
불쾌를 경험하는 능력 domanassindriya.
불쾌하게 여기지 않는 appaṭikūlasaññin.
불쾌하다! dhi. dhī.
불쾌한 āhundarika. akalya. akanta. anattamana. anicchita. aniṭṭha. appatīta. appiya. amanorama. amanuñña. arucca. aruccanaka. aruja. asāta. bhaga. dessa. dessiya. nanikāma
불쾌한 감각 domanassindriya.
불쾌한 감촉 dupphassa.
불쾌한 것을 피하는 dukkhapaṭikkūla.
불쾌한 냄새가 나는 paṭigandhiya.
불쾌한 소리를 내다 kaddati.
불쾌한 전조 aniṭṭhanimitta.
불쾌한 접촉 aniṭṭhaphassa.
불쾌한 표정 bhākuṭikā. bhākuṭiya. bhūkuṭi.
불쾌한 표정을 짓는 bhākuṭika.
불쾌해 하는 usuyyaka. usūyaka.
불쾌해 하다 usuyyati. usūyati.
불타(佛陀) abhisambuddha. buddha.
불타게 하다 jāleti.
불타고 있는 paditta.
불타는 āditta. iddha. jalana. jalitajalita. santāpa. tapana. tapanīya. tejavant. tejin. ujjala. upadāha.
불타는 상태 ātapatā.
불타는 숯 aṅgāra.
불타는 집 ādittâgāra. ādittageha.
불타는 초암 ādittapaṇṇakūṭi.
불타다 abhitapati. ātapati. jalati. padippati. pajjalati. pajjhāyati. tappati. ujjalati.
불타버리다 ḍayhati.
불타버린 nijjhāma.
불타악취(不墮惡趣)의 avinipāta.
불타오르는 pajjalita.
불타오르는 열 abhitāpa.
불타오르다 padippati.
불타오름 anuḍahana. dāha. ḍāha. pajjalana.
불타지 않은 adaḍḍha.
불타지다 anudayhati.
불탄 abhitatta. ātatta. daḍḍha.
불탄 장소 daḍḍhaṭṭhāna.
불탄일(佛誕日)[테라바다불교에서는 탄신일·성도일·열반일이 같음] buddhadivāsa. vijātamaṅgala. vesākhadivāsa.
불탑(佛塔) buddhathūpa.
불태우다 dunoti.
불태움 dahana.
불태워지다 upaḍayhati.
불퇴(不退)의 aparihīna.
불퇴(不退)의 선정 aparihīnajjhāna.
불퇴법(不退法) aparihānadhamma. parihāniya.
불퇴전(不退轉) anivattana. anosakkana. aparihāna. appaṭinissagga. appaṭinissajjana. appaṭivāṇī. asallīnatta.
불퇴전(不退轉)의 anāvattin. avinipāta.
불퇴전의 원리 aparihānadhamma.
불퇴전의 정진을 지닌 anosakkitaviriya.
불투도(不偸盜) adinnādānā veramaṇī.
불투명(不透明)한 gahana.
불편(不便) dukkha. dukkhatā. dukkhatta. sambādha. vokāra.
불편부당(不偏不黨) ajjhupekkhaṇa. ajjhupekkhaṇā.
불편부당한 ajjhupekkhaka.
불편하지 않은 agaru.
불편한 akālarūpa. aphāsu. garu. dubbhaga.
불평(不評) garahaṇa. ujjhāyana.
불평등하다 visamāyati.
불평등한 visama.
불평등행(不平等行) visamacariya.
불평하는 anala. analaṁkata. upanaddha. garahaka. garahin.
불평하다 garahati. okandati. okkandati. ujjhāyati. upanandhati.
불평하지 않는 anasūyaka. anasuyyant.
불합리(不合理)한 anapadesa.
불행(不幸) abhava. agha. akkhaṇa. alakkhī. anaya. āpā. āpadā. asamiddhi. āvā. dobbhagga. duddasā. dukkha. lūkhatā. pariklesa. parikilesa. upaddava. upasagga. vipannatta. vipatti. vyasana. asukha
불행에 빠진 duddasāpanna. dukkhotiṇṇa.
불행으로 이끄는 행위 visappana.
불행의 여신(女神) alakkhī.
불행의 집합 vipattisaṅgaha.
불행하게 되다 vipajjati.
불행하게 하는 것 dubbhagakaraṇa.

불행하지 않는 niddukkha.
불행한 adhañña. akusala. alābhin. alakkhika. alakkhiya. alakkhya. anāyasa. anibbuta. dubbhaga. dummana. kadara. kapaṇa. kiccha. niggatika. paṭikiṭṭha. sadara. saddara. vanbhanīya. vidhirahita. vyasanin.
불행한 곳 apāya.
불행한 날 duddina.
불행한 상태의 apāyika.
불행한 시기 duddasā.
불행한 아내 kapaṇajāyā.
불허(不許)하다 paccācikkhati.
불허망성(不虛妄性) avitathatā.
불현관(不現觀) anabhisamaya.
불협화음(不協和音) kaṭukassaratā.
불호문자(不護門者) agutta.
불호색(不好色) aniṭṭharūpa.
불호제근(不護諸根) aguttindriya.
불화(不和) asamaggiya. asammodiya. asandhāna. asanthava. bheda. bhedana. kalaha. vaggatta.
불화가 없는 aviggahaka. aviggahita. aviggahīta.
불화가 없이 사는 avaggavāsa.
불화로 이끄는 bhedanasaṁvattanika.
불화를 야기하는 bhedaka.
불화를 일으키는 sandhibheda(ka).
불화를 일으키다 paribhindati.
불화합승(不和合僧) vaggaparisā.
불화합의 대중 vaggā parisā.
불확실(不確實) kaṅkhā. kaṅkhana.
불확실성 saṅkā. vicikicchā.
불확실성이 없는 avecikicchin.
불확실하다 kaṅkhati.
불확실한 addhuva. anekaṁsika. aniyata. kathaṁkathin. kiṁ(ifc.). vematika.
불확실한 규칙 vematikasīla.
불확실한 성격을 지닌 anuttānasabhāva.
불확실한 종성(種性) aniyatarāsi.
불환과(不還果) anāgāmin. anāgāmiphala. anāgāmitā.
불환과심(不還果心) anāgāmiphalacitta.
불환도(不還道) anāgāmimagga.
불환도심(不還道心) anāgāmimaggacitta.
불환위(不還位) anāgāmitā.
불환자(不還者) anāgāmin. anāvattīdhamma.
불환향(不還向) anāgāmimagga. anāgāmiphalasacchikiriyāya paṭipanna.
불환향심(不還向心) anāgāmimaggacitta.
불황(不況) kālavipatti.
불후(不朽) avināsa.
불후의 avināsaka. avināsika. avināsana. avyāyika.
붉은 aṅgārin. aruṇavaṇṇa. kambalavaṇṇa. lohitaka. lohitika. ratta. rohañña. rohita.
붉은 거위 cakkavāka.
붉은 곰팡이[균류] mañjeṭṭhikā.
붉은 꽃이 피는 관목 anojā.
붉은 납 cīnapiṭṭha.
붉은 노을 disāḍāha. disādāha.
붉은 눈을 가진 lohitakkha.
붉은 눈의 piṅgala.
붉은 대리석 paṇḍukambalasilā.
붉은 베개 lohitakûpadhāna.
붉은 벼 rattasāli.
붉은 부리의 새 lohitatuṇḍa.
붉은 비단 천 colapaṭṭa.
붉은 색 hiṅgulaka. hiṅguli. lohita. lohitavaṇṇa. lohitakavaṇṇa.
붉은 색의 aṅgāraka. piñjara.
붉은 색의 대상에 대한 명상행위 lohitakamma.
붉은 색의 두루채움이라는 명상수행의 토대 lohitakasiṇa.
붉은 색의 명상대상에 대한 명상을 최상으로 하는 lohitasamāpattiparama.
붉은 색의 명상대상을 지닌 lohitalābhin.
붉은 색의 바다갈대 kakkaṭakanala.
붉은 색이 편만함으로 인해 빛나고 변화되는 존재의 성질 lohitapharaṇavisadavibhūtatā.
붉은 생류 lohitâbhijāti.
붉은 수정 kācambha.
붉은 쌀 lohitakasāli.
붉은 연꽃 paduma.
붉은 옷 lohitavattha.
붉은 전단나무 lohitacandana. rattacandana.
붉은 천 lohitavattha.
붉은 투구풍뎅이 indagopaka.
붉은 피 lohita.
붉은 황소 rohiṇī.
붉은 흙 geruka. gerukā.
붉은 흙의 가루 gerukacuṇṇa.
붉음의 두루채움을 위로 아래로 옆으로 유일하게 한량없이 지각하는 것 lohitakasiṇa.
붉음의 두루채움이라는 명상토대 lohitakasiṇa.
붉지 않은 alohita.
붐비는 āhundarika. ākiṇṇa. anuciṇṇa. anvāvaṭṭa. samākula. samupabbūḷha. upabbūḷha.
붐비는 가운데 사는 ākiṇṇavihāra.
붐비다 anvāvaṭṭati. sambādheti. sambādhayati.

붐비지 않는 abbokiṇṇa. anākiṇṇa.
붐빔 anvāvaṭṭanā. sammadda.
붓게 하다 abhivassāpeti. okirāpeti.
붓는 abhivassin.
붓다 abhippavassati. abhivassati. opati. osiñcati. phoseti. saṁsāveti.
붓다[佛] buddha.
붓다고싸[인명] Buddhaghosa.
붓다닷따[인명] Buddhadatta.
붓다락키타[인명] Buddharakkhita.
붓다방싸[인명] Buddhavaṁsa.
붓답삐야[인명] Buddhappiya.
붕괴(崩壞) paripāka.
붕괴된 olugga. oluggavilugga.
붕괴된 헛간 oluggajarasālā.
붕괴하다 olujjati.
붕기사(鵬耆舍)[인명] Vaṅgisa.
붕대(繃帶) ādānavaṭṭi. āyoga. āyogapaṭṭa. bandha. celapaṭṭikā. kabaḷikā. paṭṭa. paṭṭaka. paṭṭikā. pilotikā. vaṇapaṭichādaka. vaṇapaṭṭa. vaṇabandhana. vaṇabandhanacola.
붕사(硼砂) rasasodhaka. biḷālaloṇa.
붕우(朋友) mitta.
붕우(朋友)와 원적(怨敵) mittâmitta.
붙이다 āvuṇāti. olaggeti.
붙잡고 pariyādāya. gahetvā. paggayha.
붙잡고자 하는 갈애 ādānataṇhā.
붙잡기에 적당하지 않는 agayhûpaga.
붙잡는 ādāyin. gāhin.
붙잡는데 적당한 시간 ādānakāla.
붙잡다 ādadāti. ādāti. ādadāti. ajjholambati. ākaḍḍhati. gaṇhati. parigaṇhāti. pariggaṇhāti. ummasati. upagaṇhāti. upasaṅgaṇhati. viggaṇhati.
붙잡아 끌어당기는 것 ākaḍḍhanaparikaḍḍhana.
붙잡을 수 없는 agayha.
붙잡음 ādāna. ummasanā.
붙잡지 않은 agahita.
붙잡지 않음 agaṇhana.
붙잡혀야 하는 gayha. gayhaka.
붙잡히다 bajjhati. gayhati. niggayhati.
붙잡히지 않은 aggahita.
붙잡힌 adhiggahita. aggahita. gahita. gahīta. pariggahita. samuggahīta.
브라만 brāhmaṇa.
브라만의 지위 brăhmañña.
브라흐마 brahman. lokesa. kamalāsana.
브라흐마에 귀의한 brahmaparāyaṇa.
블라인드 tirokaraṇī.
블록 ganṭhi. ganṭhikā. pacuṭa.
블록을 부수는 ganṭhibhedaka.
블록이 있는 가사 ganṭhikākāsāva.
블록이 있는 장소 ganṭhiṭṭhāna.
비(臂) bāhu.
비(鼻) ghāna.
비(悲) karuṇā.
비(妃)가 있는 sadevika.
비[掃] sammuñjana. sammajjanī.
비[雨] abhivassa. ākāsasalila. ovassa. vassa. pāvusa. vuṭṭhi.
비[雨]의 pāvussaka. vassika.
비가 내리는 pāvussaka. vassanta. vaṭṭha.
비가 내리다 abhippavassati. ovassati. pavassati. vassati.
비가 내린 abhippavaṭṭa. abhippavaṭṭha. abhippavuṭṭha. abhivaṭṭa. abhivaṭṭha. abhivuṭṭha. pavuṭṭha.
비가 내릴 때에 vassanta.
비가 내림 pavassana.
비가 많은 vuṭṭhibahula.
비가 많이 내리는 subbuṭṭhika.
비가 세차게 내리다 ativassati.
비가 안 오는 dubbuṭṭhika.
비가 없는 avuṭṭhika.
비가 없는 구름 avuṭṭhikamegha.
비가 없는 구름과 같은 avuṭṭhikasama.
비가 오다 gaḷati.
비가 오지 않은 anovaṭṭa.
비가 오지 않음 avuṭṭhi. avuṭṭhikā. anovassa.
비가 퍼붓다 kaṭati.
비가(悲歌) sokagīta.
비가행자(非家行者) anokacārin.
비강(鼻腔) nāsā.
비겁(卑怯)한 kātara.
비견(比肩)되는 tulya. tuliya. tulla.
비견비수소단(非見非修所斷) neva-nevadassanena-na-bhāvanāya-pahātabba.
비견자(比肩者) paṭipuggala.
비결정(非決定) avyākata.
비경구(非境區)의 nissīma.
비계(鼻界) ghānadhātu.
비계[油脂] meda. medaka. vasā.
비공(鼻空) nāsācchidda.
비공개(非公開)로 anuraho.
비공개적인 rahogata.
비관주의(悲觀主義) sabbāsubhavāda.
비관주의자 sabbāsubhavādin.
비광(蓖筐) salākôdhāniya.

비교(比較) nidassana. opamma. samīkaraṇa. tulanā. upanidhi. upasaṁharaṇa.
비교급(比較級)[문법] atisaya.
비교대상의 청정 upamānappasāda.
비교대상의 현존에 대한 지시 upamānabhāvadassana.
비교되어야 하는 upameyya.
비교된 tulita. upamānita.
비교를 통한 설명 opammanidassana.
비교분사(比較分詞)[문법] upamāna. upamānavacana.
비교와 함께하는 시설 upanidhipaññatti.
비교의 대상 upamāna.
비교의 목적 opammattha.
비교의 의미 opammattha.
비교의 주제 opameyya.
비교의 주제가 있는 장소 opameyyaṭṭhāna.
비교체(非交替)[문법] avipallāsa.
비교하고 난 뒤의 시설 upanidhāyapaññatti.
비교하다 tuleti. upameti. upasaṁharati.
비교하다 upanidahati.
비교하여 upanidhāya. yāvatā.
비교할 수 없는 anupama. appaṭipuggala. appaṭima. appameyya. asadisa. asama. atitula. atula. atuliya. atulya. atulla. nirupama.
비교할 수 없는 이와 같은 님 asamasama.
비교할 수 있는 tulya. tuliya. tulla.
비구(比丘) bhikkhu.
비구니(比丘尼) bhikkhunī.
비구니계(比丘尼戒) bhikkhunīsīla.
비구니계의 해설 bhikkhunīvibhaṅga.
비구니분별(比丘尼分別)[율장] bhikkhunīvibhaṅga.
비구니비방가[율장] bhikkhunīvibhaṅga.
비구니승가(比丘尼僧伽) bhikkhunīsaṅgha.
비구니여! amma.
비구름 payodhara. deva. jīmūta. pajjunna. valāhaka. vassavalāhaka.
비구름이 비를 내리고 있는데도 vassato.
비구에게 허용된 물품 kappiyabhaṇḍa.
비구여, 오라라는 말로 승단에 입단하는 것 ehibhikkhûpasampadā.
비구여, 오라라는 말로 출가가 허락된 상태 ehibhikkhubhāva.
비구의 bhikkhuka.
비구의 심부름 아이 kappiyadāraka.
비구의 옷의 한 부분 anuvivaṭṭa.
비굴(卑屈)한 olīna.
비굴한 삶의 방식 olīnavutti.
비근(鼻根) gandhāyatana. ghānindriya.
비기(卑技) hīnasippa.
비길 데 없는 anāpara. anāvara. appaṭipuggala. atitula. paṭisama.
비길 데 없는 포효 appaṭinādа.
비껴가다 okkamati.
비껴나간 okkanta.
비꼬다 sañjambhariṁ karoti
비꼼 omasavāda. sañjambhari. sañjambhariya.
비나따[인명] Vinatā.
비나야(毘奈耶)[음사] vinaya.
비나야간디[서명] Vinayagaṇḍhi.
비난 받을 만한 표현 vacīviññattisāvajja.
비난(非難) abbhācikkhana. abbhakkhāna. akkosa. akkosana. anubhaṇanā. anulapanā. anupāta. anuvāda. anuvadanā. apavāda. āropana. āropanā. atthuti. avaṇṇa. avaṇṇavāda. codanā. dubbaca. dubbacana. garahā. garahaṇa. niggaha. nigghosa. nindā. nindana. omasanā. paribhāsa. paribhāsana. paṭicodana. paṭikkosa. paṭikkosana. paṭikkosanā. tajjaniya. upakkosa. upanīta. upārambha. upārambhanā. upavāda. upavadana. ropana. ropanā. vivaṇṇaka. uttara(*ifc.*).
비난과 성냄 nindārosa.
비난과 칭찬 nindāpasaṁsā.
비난되어져서는 안 될 ananuvajja.
비난될 만한 upaneyya.
비난될 수 없는 anupavajja.
비난받는 niggahīta. upakkuṭṭa.
비난받는 것 avajjatā.
비난받다 cujjati. niggayhati.
비난받아서는 안 될 anindiya.
비난받아야 하는 → 비난받아야 할.
비난받아야 하듯이 yathâvajjaṁ.
비난받아야 할 anuvajja. gārayha. nindiya. sānuvajja. tajjaniya.
비난받아야 할 죄 avajja.
비난받아야 할 처지 gārayhaṭhāna.
비난받은 apasādita. codita. upakkhittaka. upāraddha. cudita. cuditaka. nindita. upāraddha.
비난받을 만한 anuvajja. avaṇṇâraha. nindiya. upavajja.
비난받을 만한 것이 없는 aparibhāsaneyya.
비난받을 만함 upavajjatā.
비난받을 바가 없는 anagha. appavajja.
비난받을 수 없는 agārayha. anindiya.
비난받을 행위 kāyapakopa.
비난받지 않는 anupakkuṭṭha. akkuṭṭha. ap-

paṭikuṭṭha.
비난사(非難事) anuvādâdhikaraṇa.
비난에 대한 두려움 avaṇṇabhaya. upavāda-bhaya.
비난에 말려든 자의 두려움 avaṇṇasaṁsagga-bhaya.
비난에 속하는 dubbacajātika.
비난에서 벗어난 avaṇṇarahita.
비난을 받는 cudita. cuditaka. ropita.
비난을 받은 durutta. nindita. paribhaṭṭha. paṭi-kuṭṭha.
비난을 받을 수 없는 aninditabba.
비난을 수용하는 sāvajjabhogin.
비난을 야기하는 upavādakara.
비난의 가치가 있는 āropanâraha.
비난의 시설 sāvajjapaññatti.
비난의 장애를 일으키는 upavādantarāyika.
비난이 없는 upavādavinimutta.
비난이나 분노가 없는 anindārosa.
비난자(非難者) upavādaka.
비난하고 niggayha. upaneyya. upanīya.
비난하고 화내는 자 nindārosin.
비난하는 anupātin. garahaka. garahin. nig-gāhaka. niggayhavādin. upavādaka.
비난하는 말 omasavāda.
비난하는 자 akkosaka. apasādetar. codaka. ati-vattar.
비난하다 abbhācikkhati. abhikkhipati. akkosati. anuddhaṁseti. anuvadati. anuvādeti. apasādeti. apavadati. āropeti. avanindati. codeti. garahati. khuṁseti. niggaṇhāti. nindati. omasati. ovi-jjhati. pakattheti. paribhāsati. paṭicodeti. paṭi-kkosati. upakkosati. upanayati. upaneti. upan-ayati. upārambhati. upavadati. vinindati. vi-vaṇṇeti.
비난하지 않는 anomasanta. anupavādaka. anu-pavādin.
비난하지 않음 anupavāda. anupavadana.
비난할 것이 없는 anindita.
비난할 만한 opārambha. paṭikuṭṭha. sānuvajja. sāvajja.
비난할 만한 행위 sāvajjakamma.
비난할 수 없는 anāgu. anupakkuṭṭha.
비노천(毘砮天)[신계] Veṇhu. Venhu. Veṇḍu.
비누[목욕용] nahānīya.
비뉴천(毘紐天)[신계] Veṇhu. Venhu. Veṇḍu.
비는 내리지만 천둥은 치지 않는 사람 vassitā no gajjitā.
비니(毘尼)[음사] vinaya.
비니갈마(毘尼羯磨) vinayakamma.
비다라(毘陀羅)[음사] vedalla.
비다산(毘陀山)[지명] Vediyaka.
비단(緋緞) koseyya.
비단목화나무 simbalī.
비단뱀 ajagara.
비단실을 혼합한 koseyyamissaka.
비단옷 koseyyapāvāra.
비단옷을 걸친 여인 paṭavāsinī.
비단으로 만든 koseyya.
비단천 paṭṭa.
비달라[식물] bidala.
비대(肥大) atithūlatta.
비대한 thūla. thulla. atithūla.
비데하 국에 속하는 vedeha.
비도(非道) agati. apatha.
비동시적인 nānakkhaṇika.
비두다바[인명] Viḍūḍabha.
비둘기 aruṇalocana. kakuṭa. kapoṭa. kapota. ka-potasakuṇa. pārāpata. pārāvata. pārepata. pā-revata.
비둘기같이 아름다운 발을 지닌 여인 kakuṭa-pādinī.
비둘기둥지 kapotapālikā.
비둘기발의 색깔을 한 kapotapādavaṇṇa.
비둘기색의 kāpotakā.
비둘기와 같은 발을 지닌 kakuṭapāda.
비둘기의 발 kapotīpāda.
비둘기의 색깔을 한 kapotavaṇṇa.
비둘기장 viṭaṅka.
비득(非得) anupaladdhi.
비등(沸騰) ativega. pheṇuddehana. adhikavega.
비등하는 ukkaṭṭhita. phenuddehaka. ativega-yutta.
비등하다 sijjati.
비등하며 소리가 나다 cicciṭāyati. ciṭiciṭāyati.
비라나(毘羅那)[식물] bīraṇa.
비라나풀의 향기로운 뿌리 usīra.
비란야(毘蘭耶)[인명] Verañja.
비란야촌(毘蘭若村)[지명] Verañja.
비람풍(毘藍風) veramba. verambha. veramba-vāta.
비랑가[식물] vilaṅga.
비량(比量) anumāna. opamma.
비량과 관계되는 opamāyika.
비로소 paṭṭhāya.
비로자(毘盧遮)[아수라] Veroca.
비로자나(毘盧遮那)[신계] Verocana.
비록 kiñca. kiñcāpi. pi. api.

비루[皮膚病?] aṁsā.
비루륵천(毘樓肋天)[신계] Virūḷha.
비루박차(毘樓博叉)[신계] Virūpakkha.
비루빡카[신계] Virūpakkha. Virūḷhaka.
비룰하[신계] Virūḷha.
비를 가져오는 sajalada.
비를 내리게 하는 자 vassitar.
비를 내리는 abhivassin. vassin.
비를 막는 베란다 parittāṇakiṭikā.
비를 맞은 upasitta. vuṭṭha.
비를 뿌리게 하다 abhivassāpeti.
비를 뿌리다 abhivassati.
비를 오게 하다 abhivassāpeti. vassāpeti.
비를 포함하는 vuṭṭhimant.
비를 피하는 anuavassa.
비를 피하는 건물 vassagga.
비를 피한 anovassaka. anovassakata.
비를 피한 장소 anovassika.
비리탐(非理貪) visamalobha.
비린내가 나지 않는 nirāmagandha.
비만(肥滿) thullatā. pīvaratā.
비만한 thūlasarīra. thullasarīra. moligalla(?). vaṭhara.
비말라붓디[인명] Vimalabuddhi.
비말라야까[값비싼 돌] vimalayaka.
비매(卑罵) hīnakkosa.
비명(卑名) hīnanāma.
비명(碑銘) lekha. ghosa. vissara.
비명(悲鳴) viruta.
비무량심(悲無量心) karuṇappamāṇacitta.
비문(鼻門) ghānadvāra.
비문(碑文) silālipi.
비문로(鼻門路) ghānadvāravīthi.
비문색(非門色) advārarūpa.
비문이 적힌 작은 천 조각 akkharapaṭṭikā.
비물질(非物質)의 arūpa.
비물질계(非物質界) arūpâvacara. arūpadhātu.
비물질계라고 불리는 arūpasaṅkhāta.
비물질계로 가는 āruppagamana.
비물질계를 명상대상으로 하는 āruppârammaṇa.
비물질계를 조건으로 하는 arūpapaccaya.
비물질계에 관계되는 arūpappaṭisaṁyutta.
비물질계에 다시 태어남 āruppapaṭisandhi.
비물질계에 대한 가르침 āruppadesanā.
비물질계에 대한 갈애 arūpataṇhā.
비물질계에 대한 명상의 성취 arūpasamāpatti.
비물질계에 대한 지각을 지닌 arūpasaññin.
비물질계에 대한 지각이 없는 āruppâsañña.
비물질계에 대한 탐욕 arūparāga.
비물질계에 대한 편취(遍取) arūpapariggaha.
비물질계에 사는 āruppaṭṭhāyin.
비물질계에 속하는 arūpa. arūpin.
비물질계에 태어남 āruppasambhava. arūpûpapatti.
비물질계에서 발견되는 arūpaṭṭhāyin.
비물질계에서 사라짐 āruppacuti.
비물질계에서의 선한 삶 āruppakusala.
비물질계에서의 성취 āruppasamāpatti.
비물질계에서의 정신 āruppamānasa.
비물질계에서의 활동 āruppakiriyā.
비물질계에의 결생 rūpâvacarapaṭisandhi.
비물질계와 관계되는 āruppa.
비물질계의 네 하느님 세계 arūpabrahmalokā.
비물질계의 마음 arūpâvacaracitta.
비물질계의 삼매 āruppasamādhi.
비물질계의 선정 arūpajjhāna.
비물질계의 존재 arūpabhava.
비물질계의 착하고 건전한 업 arūpacarakusalakamma.
비물질의 상속 arūpasantati.
비물질적 상태에 대해 아는 āruppabodhana.
비물질적 존재 āruppabhava.
비물질적 존재다발 arūpakkhandha.
비물질적 존재다발을 명상대상으로 하는 것 arūpakkhandhagocara.
비물질적 존재무리에 속하는 arūpakāyika.
비물질적인 세계의 두루채움이라는 명상수행의 토대 arūpakasiṇa.
비밀(秘密) ajānikā. apalāpa. guyha. rahas. rahassa.
비밀로 하다 pariharati. rakkhati.
비밀로 함 pariharaṇa. pariharaṇā.
비밀리에 rahassa.
비밀스러운 일 guyhamanta.
비밀을 지킴 guhanā. gūhanā.
비밀의 gūḷha. gūḷhaka. guyha. nikaṇṇika. rahassaka. rahassaka. upakaṇṇaka.
비밀이 아니게 aviccaṁ. aviviccaṁ.
비밀이야기 rahassakathā. rahovāda.
비밀통로 suruṅgā.
비밀한 장소 ekanta.
비밀히 anuraho.
비바라문(非婆羅門) abrāhmaṇa.
비바람이 몰아칠 때 vātavuṭṭhisamaya.
비바시(毘婆尸)[過去七佛] vipassin.
비방(誹謗) abbhakkhāna. āsajjana. ativākya. avakaṁsa. garahaṇa. khipana. khipanā. paribhāsa. upanīta. upavadana. usuyyā. vivaṇṇaka.

비방가[논장] Vibhaṅga.
비방을 받은 durāgata.
비방자(誹謗者) kūṭavedin.
비방하고 āsajja.
비방하다 abbhakkhāti. pakattheti. paribhāsati. upavadati.
비방하여 갚다 paṭiroseti.
비범한 덕성 atiguṇatā.
비범한 몸을 지닌 atikāya.
비범한 사람 purisājañña. purisājānīya.
비범한 초인(超人) atikkantamānusaka.
비범행(非梵行) abrahmacariya.
비범행자(非梵行者) abrahmacārin.
비법(非法) adhamma. adhammikatā. uddhamma.
비법(秘法) vijjā.
비법가책자(非法呵責者) adhammacodaka.
비법갈마(非法羯摩) adhammakamma.
비법설자(非法說者) adhammavādin.
비법주자(非法住者) adhammaṭṭha.
비법행자(非法行者) adhammacārin.
비베디까[식물] vibhedika.
비벼서 벗기다 atighaṁsati.
비복(非福) apuñña.
비분리 avinibbhoga.
비비다 nighaṁsati. parighaṁsati. ugghaṁseti.
비비득가(毘脾得迦)[식물] vibhītaka. vibhīṭaka.
비비따까[식물] vibhītaka. vibhīṭaka.
비비만(卑卑慢) atinipāta.
비빳싸나[觀] vipassanā.
비사(毘舍)[평민] vessa.
비사갈마(毘舍羯磨)[신계] Vissakamma.
비사거(毘舍佉)[월명] vesākha. vesākhā.
비사거(毘舍佉)[인명] Visākha.
비사거녹모(毘舍佉鹿母)[인명] Visākhā.
비사거월(毘舍佉月)[월명] vesākha. vesākhā. visākhā.
비사교적인 asabhāga.
비사리(毘舍離)[지명] Vesālī.
비사문(非沙門) assamaṇa.
비사문이려천(毘沙門伊麗天)[신계] Vāsavanesi.
비사문천(毘沙門天)[신계] Vessavana. Kubera.
비사자(毘舍闍) pisāca.
비사족(毘舍族) vessikā.
비상(非常)하게 atīva. ativiya.
비상(飛翔)하는 papātin.
비상(非常)한 adhika.
비상비비상처(非想非非想處) nevasaññānāsaññāyatana.
비상비비상처천(非想非非想處天) nevasaññānāsaññāyatanūpagā devā.
비상사상속(非相似相續) visabhāgasantati.
비상위성(非相違性) avirodhitā.
비색신(非色身) arūpakāyika.
비색온(非色蘊) arūpakkhandha.
비색온행경(非色蘊行境) arūpakkhandhagocara.
비서(秘書) lekhaka.
비석(砒石) manosilā. manosilikā.
비선(悲禪) karuṇājhāna.
비선비불선(非善非不善) nevakusalanākusala.
비선사(非善士) asappurisa.
비성(悲性) karuṇāyitatta.
비소작(非所作) akaraṇa.
비속(卑俗) lokikatta.
비속어(卑俗語) anariyavohāra.
비속한 데로 향하는 hīnâdhimutta.
비수(匕首) asiputtī. churikā. potthanikā. potthanī. illī.
비술사(秘術師) gūḷhavijjāvidū.
비슈누신 cakkapāṇi. kesava. Veṇhu. Venhu. Veṇḍu.
비슈누신이여! hare.
비스듬한 jimha. visaṭa, visata.
비스듬히 tiraccha.
비슷하게 되다 saṅkāsāyati.
비슷한 nibbisesa. samūpama. saṅkāsa. sarikkha. sarikkhaka.
비슷한 것이 없는 asadisa.
비슷함 anvaya.
비승해(悲勝解) karuṇâdhimutta.
비시식(非時食) vikālabhojana.
비시의(非時衣) akālacīvara.
비시행(非時行) akālacariyā. vikālacariya.
비시화(非時花) akālapuppha.
비식(非食) abhojana.
비식(鼻識) ghānaviññāṇa.
비식계(鼻識界) ghānaviññāṇadhātu.
비식로(鼻識路) ghānadvāravīthi.
비실유(非實有) natthibhava. natthitā.
비실재(非實在) abhūtâkāra.
비실재의 abhūta.
비실체성(非實體性) niratta. suññatā.
비실체적인 nissāra. suñña.
비실체적인 것 adabba.
비실체적인 것을 지칭하는 adabbavācaka.
비심(悲心) anukampā. anukampana. karuṇā. karuṇācitta. karuṇāyanā.
비심(悲心)을 느끼다 karuṇāyati.
비심(悲心)의 비[雨] karuṇājala.

비심(悲心)이 많은 kāruṇika.
비심(悲心)이 있는 anukampaka.
비심소(非心所) acetasika.
비십법(鼻十法) ghānadasaka.
비싸깜마[신계] Vissakamma.
비싸카[월명] visākhā.
비싸카[인명] Visākhā.
비싼 → 값비싼.
비쑷디막가[논서] Visuddhimagga.
비아냥 → 비난. 비웃음.
비아리안족 milakkhu. milakkhuka. milāca.
비아소(非我所)의 amama.
비애(悲哀) parisoka.
비애로 수척해지다 dunoti.
비약하다 vaggati.
비양심적인 ahirika. ahirīka.
비어있지 않은 amogha. asuñña. asusira. atuccha.
비어있지 않음 asuññatā.
비업(卑業) hīnakamma.
비에 젖게 만들다 ovassāpeti.
비에 젖다 ovassati.
비에 젖은 ovassaka. ovaṭṭha. vuṭṭha.
비여리(非如理)로 ayoniso.
비여리작의(非如理作意) ayonisomanasikāra.
비연속(非連續) appavattā.
비연합조건(非聯合條件) vippayuttapaccaya.
비열업(非劣業) nihīnakamma.
비열한 ākiṇṇa. avaḍḍhitabhūta. hīna. jamma. kapaṇa. pāpaka. uññātabba.
비열한 사람 kāpurisa.
비열한 사문 samaṇaka.
비열한 욕 hīnakkosa.
비열한 행위 hīnakamma.
비오는 abhivassaka. vassavassana.
비오는 날씨 sammegha. vaddalikā.
비오는 때에 vassato.
비오는 시간 vassakāla.
비오는 시기 vassakāla.
비오는 하늘 vuṭṭhimant.
비오다 abhivassati.
비옥하지 못한 pāpa.
비옥한 땅 sārayutta. bahuphalada
비옥한 땅 ubbarī.
비옥한 밭 sukhetta.
비옷 vassikasāṭikā.
비와 관련된 vuṭṭhijāta. vuṭṭhivisayaka.
비요(秘要) rahas.
비용(費用) paribbaya. vayakaraṇa. veyyāyika. vyaya.
비우다 riñcati. vireceti.
비움 recana.
비웃다 anuhasati. anujagghati. anupajagghati. avahasati. jagghati. khīḷeti. ohasati. parihasati. tajjeti. ūhasati. ujjagghati. uppaṇḍeti. vilambeti.
비웃음 avahāsa. jagghana. jagghitā. khīḷana. khipana. khipanā. parihāsa. ūhasana. ukkhepanā. uppaṇḍana. uppaṇḍanā.
비웃음을 당한 hīḷita.
비위 → 기분.
비위를 맞추다 abhippasādeti.
비유(非有) abhava. anabhāva. natthi. natthibhava. natthitā. abhūta.
비유(比喩) tulyatta. tulyatā. sarūpatta. sarūpatā. samānatta. samānatā. sadisatta. upamā. opamma.
비유(比喩·譬喩) opamma. upamā. upamāna. upanisā. apadāna. udāharaṇa.
비유견(非有見) natthikadiṭṭhi.
비유경(譬喩經)[경장] Apadāna.
비유경과 관계되는 apadāniya.
비유경주석[주석] Apadānaṭṭhakathā.
비유되어야하는 것과 비유하는 것 upameyyûpamānā.
비유될 수 있는 upameyya.
비유로서 upamaṁ.
비유론(非有論) abhūtavāda.
비유론자(非有論者) abhūtavādin.
비유를 통한 설명에 능숙한 opammakusala.
비유리(毘琉璃)[인명] Viḍūḍabha.
비유연(非有緣) natthipaccaya.
비유와 관계되는 opamāyika.
비유의 대상과 주체 upameyyûpamānā.
비유의 적용 upamānasaṁsandana.
비유의 표현 upamāvacana.
비유적인 nidassanabhūta. upamāyatta.
비유적인 어법 pariyāya.
비유하다 upameti.
비유학비무학(非有學非無學)[凡夫] nevasekhanāsekha.
비유학비무학(非有學非無學人) nevasekkhanāsekkhapuggala.
비유학비무학혜(非有學非無學慧) nevasekkhanāsekkhapaññā.
비유할 수 없는 anopama.
비율(非律) avinaya.
비율갈마(非律羯磨) avinayakamma.
비율론자(非律論者) avinayavādin.

비율의(非律儀) ubbinaya.
비음(鼻音)[문법] anunāsika.
비음화모음(鼻音化母音)[문법] anusāra. anusvāra.
비읍(悲泣) anutthunā. paridevitatta.
비읍(悲泣)하다 paridevati. paridevayati.
비의 신 pajjunna. thūlaphusitaka. thullaphusitaka.
비의 신이 내리는 뇌전(雷電) mahinda.
비의(秘義) guyhattha.
비이문(非異門) nippariyāya.
비이문(非異門)의 가르침 nippariyāyadesanā.
비이숙비비이숙법(非異熟非非異熟法) nevavipākanâvipākadhamma.
비인(非人) amanussa. bhūta.
비인에 대한 두려움 amanussabhaya.
비인에 의해 야기되는 amanussika.
비인으로부터의 위험 amanussantarāya.
비인의 목소리 amanussavāca.
비인의 방해 amanussantarāya.
비인의 부류에 속하는 amanussajātika.
비인의 소리 amanussasadda.
비인의 여인 amanussitthī.
비인집(非人執) gāha.
비자발적으로 akāmā. akāmasā.
비자연적 음식 apakatibhojana.
비작업론자(非作業論者) akiriyavāda.
비작용론자(非作用論者) akiriyavāda.
비잔식(非殘食) anatirittabhojana.
비장(脾臟) pihaka.
비장육(脾臟肉) udarajivhāmaṁsa.
비전문가의 교설 bāhiratittha.
비전향(非轉向) anāvattana.
비정(非定) asamādhi.
비정(鼻淨) ghānappasāda.
비정상적 모습을 지닌 vippakāraka.
비정상적인 appasiddha.
비정상적인 온도 utuvisabhāga.
비정상적인 음식 apakatibhojana.
비정신적인 acetasika.
비정중(非定中)의 asamāpanna.
비정하게 acittakena.
비정행자(非正行者) visamacārin.
비제하(脾提訶)[인명] Vedeha.
비존재(非存在) abhāva. anupalabbhana. natthattha. natthi. natthibhāva. vibhava.
비존재를 주장하는 이론 vibhavadiṭṭhi.
비존재에 대한 갈망 vibhavataṇhā.
비존재에 대한 갈애 vibhavataṇhā.
비존재에 대한 설명 anuabhāva.
비존재의 상태 abhāvâkāra.
비종교적인 담화 bāhirakakathā.
비종교적인 설법 bāhirakathā.
비중계(比重計) jalagaruttamāṇaka.
비진실 ayathābhāva.
비집수(非執受)의 apalibuddha.
비집합(非集合)의 asamāhāra.
비집합대수(非集合帶數)[문법] asamāhāradigu.
비집합병열복합어(非集合竝列複合語)[문법] asamāhāradvanda.
비집합상위(非集合相違)[문법] asamāhāradigu.
비참(悲慘) agha. āmaya. apakāra. āsava. lūkhatā. nīgha. parikilesa. vyasana.
비참하다 kilamati.
비참하지 않는 anāpanna. anātura.
비참한 anāḷhika. anāḷhiya. ātura. chava. chavaka. dalidda. daḷidda. dīna. dukkhin. dukkhita. jamma. kadara. kasira. kātara. luddha. lūkha. lūkhasa. niggatika. rumma. sadara. saddara. sociya. uppātika. vanbhanīya. varāka.
비참한 곳 duggati.
비참한 모습의 rummarūpin.
비참한 사람의 출현 kapaṇavesa.
비참한 상태 kapaṇabhāva. kapaṇatā.
비참한 상태에 있는 aghāvin.
비참한 생활을 영위하는 lūkhājiva.
비참한 여인 jammī. kapaṇā. vasalī.
비참한 존재로 도달한 anāthâgamana.
비참한 존재의 세계 duggati.
비참한 죽음 anāthamaraṇa.
비참함 dīnatta.
비처(非處) adesa. anāyatana.
비처(鼻處) ghānāyatana.
비처선교(非處善巧) aṭṭhānakusalatā.
비천(卑賤) nihīnatā. okāra.
비천족(卑賤族) nīcakula. nihīnakula.
비천하지 않은 akaṇha.
비천한 adhama. agaru. anājāniya. anājānīya. anariya. avakiriya. oma. oṇata. dīna. kadariya. kapaṇa. nihīna. nīca. hīna.
비천한 가문 nīcakula. nihīnakula.
비천한 마음을 지닌 nihīnacitta.
비천한 말 abhivākya.
비천한 사람 asappurisa. bandhupāda. kapaṇapurisa.
비천한 신분의 avajāta.
비천한 오만 atinipāta.
비천한 종족 nīcakula. nihīnakula.

비천한 종족에 속하는 nīcakulin.
비천한 태생 hīnajacca.
비천한 행위 nihīnakamma.
비첩(臂帖) bāhanta.
비촉(鼻觸) ghānasamphassa.
비촉소생수(鼻觸所生受) ghānasamphassajā vedanā.
비촉소수(鼻觸所受) ghānaviññāṇa.
비추는 것 dippana.
비추다 ābhāsati. ābheti. abhijalati. abhivijjotate. obhāsayati. obhāseti. pabhāsati. pabhāseti. rājati. sampabhāsati. ujjotati. ujjoteti. virājati. virocati.
비추어진 obhāsagata. obhāsajāta. ujjotita.
비축(備蓄) abhisaṅkhāra.
비축물 nicaya. sambhata.
비축물자가 없는 anissaya.
비춤 ābhāsana.
비치다 rajati.
비치하다 paṭṭhapeti.
비친(悲親) karuṇāsneha.
비키게 하다 ukkāmeti.
비키다 anusakkati.
비탄(悲嘆) ādeva. ādevanā. anutthunā. āruṇṇa. āyāsa. hadayasantāpa. kandita. lālappa. lālappana. lālappanā. parideva. paridevitatta. parisoka. socanā. socita. soka. vippalāpa.
비탄에 빠진 sokavant.
비탄의 상태 paridevadhamma.
비탄해 할 수 없는 ananusociya.
비탄해하게 된 paridevita.
비탄해하다 santappati. vilapati. vippalapati. kandati. rudati. rodati. paridevati. paridevayati. vikkandati.
비탄해하지 않는 이유 arodanakāraṇa.
비탈 kūla. pabbhāra. pabbhāraṭṭhāna.
비탈에 이은 비탈 anupubbapoṇa.
비통(悲痛) kandana. socita. socitatta.
비통의 원인 kandanakāraṇa.
비통한 aṭṭita. sociya.
비트는 막대[찬목의 일부] araṇipotaka.
비트는 막대를 가게 하기 위한 활 araṇidhanuka.
비트는 막대를 위한 실 araṇiyottaka.
비틀거리는 bhanta.
비틀거리다 kattarayati. pakkhalati. paribbhamati.
비틀거림 pakkhalana. paribbhamana.
비틀기 vināma. vināmana.
비틀다 āveṭheti. nandhati. valeti. vināmeti.
비틀리는 parivatta.
비틀린 kuṇalin. saṅkuṇḍita. valita.
비틀림 visūkāyita.
비틀어 구부리다 paṭikoṭeti. paṭikoṭṭeti.
비틀어 짜다 anvāmaddati.
비파(琵琶) vīṇā. vīṇātantissara.
비파를 타는 사람 veṇika.
비파사(琵琶師) vīṇāvādaka.
비파의 기둥 vīṇāthūṇa.
비파의 목부분 vīṇādaṇḍaka.
비파의 몸체 vīṇāpokkhara.
비파의 몸통 vīṇādoṇi.
비파의 연주자 vīṇāvādaka.
비판(批判) garahā. niggaha. vebhavyā. vivecana. anupavatti.
비판적인 vicāraṇayutta. dosagavesin.
비판적인 조사 samanupassanā.
비판적인 조사가 없음 asamanupassanā.
비판하다 paṭicodeti. viveceti.
비평(批評) vivecana. guṇadosanirūpana.
비평가(批評家) vivecaka. guṇadosanirūpaka.
비평하다 viveceti. guṇadosaṁ vicāreti.
비폭력(非暴力) anupaghāta. anupaghātana. avihiṁsā. avihesā. avyāpajjha. avyāpajja.
비폭력에 관계되는 avihiṁsāpaṭisaṁyutta.
비폭력에 대한 고뇌 avihiṁsāpariḷāha.
비폭력에 대한 지향 avyāpajjhâdhimutta.
비폭력의 anupaghātika. anūpaghātika. avyāpajjha. avyāpajja.
비폭력의 추구 avihiṁsāpariyesana.
비품(備品) upādhi. upakaraṇa. upakaraṇabhaṇḍa.
비하될 수 있는 avañña.
비하비하[조류] vihaviha.
비할 데 없는 atula. appaṭisama. asamadhura. vidhura. appaṭibhāga. appaṭima.
비행(非行) akamma. akammaka. kukkucca.
비행(飛行) āpatana. uppatana. ḍiyana.
비행(非行)의 acaṅkama. anācāra. anācārin.
비행(飛行)하다 ḍeti.
비행경(非行境) agocara.
비행기(飛行機) vyomayāna.
비행처(非行處) agocara.
비현실적인 abhumma.
비호(庇護) tāṇatā.
비활동적인 anuṭṭhahāna. anuṭṭhaka. niriha(ka).
빈 palāpa. suñña. tuccha. viraha. virahita.
빈 곳 udara. kucchi.
빈 궁전 suññavimāna.

빈 마을 suññagāma.
빈 물병 rittudakamaṇikā.
빈 발우 rittapatta.
빈 장소 suññāgārā.
빈 집 suññāgārā.
빈 하늘 tucchâkāsa.
빈 항아리 tucchakumbhi.
빈견(牝犬) soṇī.
빈곤(貧困) anāthabhāva. daḷiddatā.
빈곤한 anātha. niddhana. niggahaṇa. parihīna.
빈곤한 여자 ambakā. kapaṇitthī. kapaṇā. kapaṇikā. kapaṇiyā.
빈대 maṅkuna. maṅkuṇa.
빈돈(牝豚) sūkarī.
빈두[소리] bindu.
빈두노바라타서(賓頭盧頗羅墮誓)[인명] Piṇḍolabhāradvaja.
빈두마띠[인명] bindumatī.
빈두사라(頻頭沙羅)[인명] Bindusāra.
빈두싸라[인명] Bindusāra.
빈들거리다 vilambati.
빈들거림 lāḷana. ullolanā. vilambana.
빈들빈들 누워 뒹구는 자 samparivattasāyin.
빈랑(檳榔)[식물] kamuka.
빈랑수(檳榔樹) nāgalatā. tambūla.
빈록(牝鹿) migamātukā. migī. turī.
빈멸(擯滅) nāsana.
빈멸갈마(擯滅羯磨) pabbājaniyakamma.
빈멸된 nāsita.
빈멸자(擯滅者) nāsitaka.
빈멸하다 nāseti.
빈민(貧民) kapaṇajana.
빈민가(貧民街) kapaṇavisikhā.
빈민구호소(貧民救護所) anāthālaya.
빈번하게 드나드는 saṁsevita.
빈번히 → 자주.
빈비사라(頻毘沙羅)[인명] Bimbisāra.
빈상(牝象) hatthinī. kareṇukā. hattinikā.
빈손의 rittahattha. tucchahattha.
빈악(牝鰐) suṁsumāri. suṁsumārinī.
빈양(牝羊) uraṇī. uraṇikā. urāṇī. urāṇikā.
빈용(牝龍) nāgī.
빈우(牝牛) gāvi.
빈원(牝猿) makkaṭī.
빈자(貧者) anāthamanussa. kapaṇamanussa. kapaṇapurisa.
빈자리 rittāsana.
빈자와 거지 kapaṇayācaka.
빈정대는 자 omasavādin.
빈정대다 omasavādin. sañjambhariṁ karoti.
빈정댐 omasavāda. sañjambhari. sañjambhariya.
빈주먹 rittamuṭṭhi.
빈출(擯出) pabbājana.
빈출된 pabbājita.
빈출하다 pabbājeti. paṇāmeti.
빈탕나무[식물] pūga.
빈터 aṅgaṇaṭṭhāna.
빈틈 vivara.
빈틈없는 paradavutta. parikkhaka. siṅgin.
빈혈 rudhirakkhaya.
빌딩안의 상점 āpaṇasālā.
빌딩의 옥상 ākāsatala. pakkhapāsa.
빌딩의 평평한 지붕 ākāsatala.
빌라따 vilāta.
빌랄라[소금] biḷāla.
빌랑기까[인명] Bilaṅgika.
빌려서 aṇaṁ katvā.
빌린 yācitaka. yācita.
빌린 돈 iṇamūla.
빌린 물건의 비유 yācitakûpamā.
빌린 재물 yācitakabhoga.
빔(*eng.* beam)의 선단 viṭaṅka.
빔바[인명] Bimbā.
빔바나무[식물] bimbajāla.
빔바나무의 열매 bimba. bimboṭṭhi. bimbaka.
빔비싸라[인명] Bimbisāra.
빔비잘라[식물] bimbijāla.
빗[梳] koccha. phaṇaka.
빗나가는 bhanta.
빗나가다 atiyāti. ukkamati. vokkamati.
빗나가지 않은 abhejja.
빗나간 vokkanta.
빗나간 길 oharaṇa.
빗나감 vokkamana.
빗다 olikhati.
빗대어 말하다 opapakkhiṁ karoti.
빗물 salilavuṭṭhi. vassodaka.
빗방울 phusita.
빗방울이 있는 phusitaka.
빗자루 sammajjanī. sammuñjana.
빗장 aggaḷa. aggaḷā. kapisīsa. khīla. laṅgī. paligha. piṭṭha. ummāra. yantaka.
빗장으로 수호함 aggaḷagutta.
빗장을 고정시킴 aggaḷatthāpana.
빗장을 끼워 넣는 꺽쇠 kapisīsaka.
빗장을 내린 okkhittapaligha.
빗장을 당겨 열 수 있는 문밖의 장소 āviñjana-

ṭṭhāna.
빗장을 당기는 밧줄 āviñjanarajju.
빗장을 잠근 phusitaggaḷa.
빗장이나 볼트로서 막대기를 설치하는 것 gaṇḍikâdhāna.
빗질하다 ullikhati.
빗질한 ullikhita.
빙까라[조류] bhiṅkāra. bhiṅgāra.
빙빙 돌다 gaggarāyati. sambhamati. ciṅgulāyati.
빙의(凭椅) sattaṅga.
빚 aṇa. iṇa. uddhāra. ubbhāra.
빚과 같은 iṇasadisa.
빚에 대한 이자 iṇavaḍḍhi.
빚에 시달리는 iṇaghāta.
빚으로 괴로운 iṇapīḷita.
빚으로 괴로워하는 iṇâṭṭa.
빚을 청산하다 sādheti. sādhayati.
빚의 사용 iṇaparibhoga.
빚의 차용 iṇagahaṇa.
빚의 청산 sādhana.
빚이 없는 ajjhiṇamutta. anaṇa. aniṇa. iṇamutta.
빚이 없음 āṇya. iṇâpagama.
빚이 있는 iṇaṭṭha. sāṇa.
빚쟁이 iṇasādhaka.
빛 ābhā. āloka. ālokabhūta. bhā. bhāsa. ditti. jāla. joti. juti. jutimatā. jutimantatā. pabhā. padīpa. pajjota. ruci. tejo. ujjota.
빛깔 rāga.
빛나게 만드는 ābhaṁkara.
빛나게 보이다 ejati.
빛나게 하다 dīpeti. joteti. obhāsayati. obhāseti. pabhāseti. sobheti.
빛나는 ābha. accha. accimant. ādīpita. ālokakaraṇa. aticitra. avabhāsaka. avabhāsaka. avabhāsita. bhānu. bhānumant. bhassara. bhāsura. ditta. jalitajalita. jotaka. jotimant. jutidhara. jutika. jutimant. nibha. nibhāsin. obhāsagata. obhāsajāta. obhāsakara. pabha. pabhassara. pabhāta. padīpita. paditta. pajjotaka. pakāsaka. pāvaka. rājimant. rucira. samujjala. santāpeti. sobhaṇa. sobhana. sobhita. subha. supicchita. tejavant. tejin. ujjala. verocanaka. vibhāsita. vibhāta. vijjotita. vikāsin. vilāsaka. vilāsavant. vilāsin. vilasita. yasassimant.
빛나는 것 tārakā.
빛나는 금속 tapanīya.
빛나는 여자 sobhiṇī.
빛나는 자 dīpitar.
빛나다 ābhāsati. ābhāti. ābheti. abhijalati. abhitapati. ākāsati. bhāti. daddaḷhati. dippati. ejati. jalati. jotati. kaccayati. kanati. lasati. obhāsati. pabhāsati. pabhāti. pajjalati. pakāsati. paṭippharati. rājati. sampabhāsati. sobhati. tapati. ujjalati. ujjotati. ummisati. upasobhati. vibhāti. vibhāyati. vijjotati. vijjotalati. vilasati. virājati. virocati.
빛난 abhiphuṭṭha.
빛남 dippana. nibhā. obhāsana. pabhā. pabhāsa. rocana. samudaya. sobhā. ujjāla. ujjalana. virocana.
빛내다 citteti.
빛살 aṁsu.
빛에 대하여 지각하는 ālokasaññin.
빛에 대한 의존 ālokanissaya.
빛에 대한 지각 ālokasaññā.
빛에 대한 지각에 정신활동을 기울임 ālokasaññāmanasikāra.
빛에 대한 지각에 침투 ālokasaññāpariyogāhana.
빛에 대한 지각을 중요시하는 ālokasaññāgaruka.
빛에 대한 지각을 지향하는 ālokasaññâdhimutta.
빛에 대한 지각의 결정 ālokasaññâdhiṭṭhāna.
빛에 대한 지각의 경향 ālokasaññākhanti.
빛에 대한 지각의 의미 ālokasaññattha.
빛에 대한 지각의 이해 ālokasaññāpaṭivedha.
빛에 대한 지각의 통달 ālokasaññâdhipatatta.
빛에 대한 지각의 파악 ālokasaññāpariggaha.
빛에 대한 지각의 획득 ālokasaññāpaṭilābha.
빛에 도달한 jotiparāyaṇa.
빛으로 가득 채우다 obhāsayati. obhāseti.
빛을 내는 ālokakara. ālokakaraṇa. rājimant. raṁsimant.
빛을 내는 자 ālokakara.
빛을 내뿜는 āveḷa.
빛을 내뿜다 ābhāti.
빛을 만드는 ālokakaraṇa.
빛을 만드는 자 pajjotakara.
빛을 발산하다 sodheti.
빛을 방사하는 ālokada.
빛을 보는 ālokadassana.
빛을 비춤 vibhāyana.
빛을 잃게 할 수 있는 anāvaraṇīya.
빛을 잃은 assirīka. vītaccika.
빛을 지각하는 ālokasaññin.
빛을 향해 paṭiyāloka.
빛의 광선 abhikhyā. mayūkha.
빛의 기능 ālokakicca.

빛의 덩어리 ālokapuñja.
빛의 두루채움 ālokakasiṇa.
빛의 두루채움이라는 명상수행의 토대 āloka-kasiṇa.
빛의 두루채움이라는 명상토대의 성취 obhāsa-kaṣinasamāpatti.
빛의 묶임(?) accibaddha.
빛의 상(相) ālokanimitta.
빛의 세계 ālokadhātu.
빛의 요소 ālokadhātu.
빛의 존재 ālokabhūta.
빛의 펴져나감 ālokapharaṇa.
빛의 편만(遍滿) ālokapharaṇa.
빛이 들어오는 틈새 ālokasandhi.
빛이 생겨난 ālokajāta.
빛이 없는 anāloka. appabhāsa. appadīpa.
빛이 없음 ānaṇya.
빛이 있는 sappabhāsa. sāloka.
빛이 있는 곳 ālokaṭṭnāna.
빛이 흐르는 ābhassara.
빛이 흐르는 하느님 세계의 신들 ābhassara.
빠까[신계] Baka.
빠까브라흐마[신계] Bakabrahmā.
빠까항싸[조류] pākahaṁsa.
빠꾸다 까짜야나[인명] Pakudha Kaccāyana.
빠는 nillehaka.
빠따빠나[지옥] Patāpana.
빠딸리[식물] pāṭalī.
빠딸리가마[지명] Pāṭaligāma.
빠딸리뿟따[지명] Pāṭaliputta.
빠딸리수[식물] pāṭalīrukkha.
빠뜨리다 hāpeti.
빠뜨리지 않고 ahāpetvā.
빠띠굿따까[조류] paṭikuttaka.
빠띠목카 pāṭimokkha. pātimokkha.
빠라맛타조띠까[주석] Paramatthajotikā.
빠라야나[경명] Pārāyana.
빠레빠따[식물] pārepata. pārevata.
빠르게 lahuso. sajju. sajjukaṁ. tuvaṭaṁ.
빠르게 급속히 khippa.
빠르게 변하지 않는 haliddhārāga.
빠르게 움직이는 ugghāta.
빠르게 움직이다 pilavati. plavati. palavati.
빠른 java. javasampanna. khippa. lahu. saṅkhi-ppa. sekhavant. sīgha. tikkha. tura. turita. ug-ghaṭita. hāsu°.
빠른 곧바른 앎을 지닌 khippâbhiññā.
빠른 말 sīghassa.
빠른 움직임 vega.
빠른 지혜 sīghapañña.
빠른 지혜가 있는 것 sīghapaññatā.
빠른 판단력을 지닌 ṭhānocitapañña.
빠름 javana.
빠리바라[부록] parivāra.
빠리숫다바[신계] Parisuddhābha.
빠릴라까[조류] parillaka.
빠릿찻따[식물] pāricchatta(ka).
빠바싸라[신계] Pabhassara.
빠부싸[어류] pāvusa.
빠빤짜쑤다니[주석] Papañcasūdanī.
빠삐만[악마] pāpimant.
빠쎄나디[인명] Pasenadi.
빠알리성전 pāli. pāḷi.
빠알리성전협회 pālipotthakasamiti.
빠알리어 pāli. pāḷi. pālibhāsa.
빠알리정법 pālidhamma.
빠야가[지명] Pāyāga.
빠져든 osādita.
빠져들게 하다 osādeti.
빠지게 하다 uplāpeti. uplāpayati.
빠지나방싸산 pācinavaṁsa.
빠지는 assāvin.
빠지다 āsevati. nimujjati. papatati.
빠지지 않는 assāvin.
빠지지 않은 anāpanna.
빠진 nimugga. pakkhanna. pakkhanta. sam-unna. upātipanna.
빠짐 ogamana.
빡가바[식물] paggava.
빤냣띠바다[부파] Paññattivāda.
빤짤라[국명] Pañcāla.
빨갛게 빛나는 sajotibhūta.
빨다 ākaḍḍhati. dhayati. palahati.
빨라[단위] pala.
빨라까[식물] palaka.
빨라싸 나무의 잎사귀 palāsapatta.
빨라싸[식물] palāsa.
빨랫줄 kaṇṇasuttaka.
빨리 avilambitaṁ. sarabhasaṁ.
빨리 가는 āsugāmin.
빨리 감 āsuṁgati.
빨리 감의 의미 ravattha.
빨리 걸어가는 sīghagāmin.
빨리 달리다 atidhāvati. upātidhāvati.
빨리 배우는 padakkhiṇa.
빨리! āsu.
빨리밧다까[식물] pālibhaddaka.
빨릴레이야까 숲 pālileyyaka.

빨아 마시는 nillehaka.
빨아내다 paccācameti. paccācamāpeti.
빨아들이다 kaḍḍhati. parigilati.
빨아져야 할 (음식) leyya.
빰빠까[조류] pampaka.
빳태[단위] pattha.
빳타나[논장] Paṭṭhāna.
빵 pūva.
빵가게 pūvaghara. pūvasālā. sattāpaṇa.
빵과 술 pūvasurā.
빵나무[식물] labuja. panasa. likuca.
빵나무의 견과(堅果) lakaṭṭhika.
빵나무의 껍질 panasataca.
빵나무의 열매 panasaphala.
빵장수 pūpiya. pūvika.
빵집 pūvaghara.
빻기 abhimaddana. anumajjana. koṭṭana.
빻다 abhimaddati. ajjhomaddati. ākoṭeti. anumajjati. koṭṭeti. nippeseti. nippiṁsati. nipuñchati. pisati. piṁsati.
빻아진 abhimaddita. pista.
빼고 aññatra.
빼기 paṭuppādana.
빼내다 ākaḍḍhati.
빼다 pabāhati. pavāhati. uddharati.
빼먹지 않은 avissajjita.
빼앗게 하다 hāreti.
빼앗기다 dhaṁsati. harīyati. hīrati. jiyyati. jīyati. padhaṁsati. paridhaṁsati.
빼앗긴 acchinna. avahaṭa. jīna. rahita. vilutta.
빼앗다 acchindati. ādiyati. avaharati. oharati. byapaharati. harati. olumpeti. upasaṁharati. voropeti. vyapaharati.
빼앗아가다 vyapaharati.
빼앗은 상태 ādiyanatā.
빼앗을 수 없는 asampaduṭṭha.
빼앗음 apakaḍḍhana. upasaṁhāra. voropana.
빼앗지 않는 anādiyāna.
빼앗지 않음 anādiyana. anādiyanā.
빽빽하게 gāḷha.
빽빽한 bahala. galha. gāḷha. ghana. nicita. ovaddha. piṇḍita. saṁhata. sanda.
빽빽한 것에 대한 지각 ghanasaññā.
빽빽한 상태 bahalatta.
빠야씨 pāyāsi.
뺨 kapola.
뻐꾸기 kuṇālaka. pika. pussaka.
뻐꾸기새 karavīsakuṇa.
뻐꾸기의 울음소리처럼 사랑스러운 소리를 내는 karavīrutamañjussāra.
뻐꾸기처럼 달콤한 목소리 karavīmadhuraniggosa.
뻐꾸기처럼 달콤한 목소리를 지닌 karavīmadhuraṅgira.
뻐꾸기처럼 소리내는 karavīsamassara.
뻐꾸기처럼 아름답게 소리내는 karavīsussara.
뻐꾸기처럼 우는 karavīruta.
뻐드렁니 kuṭadanta. dantakuṭa.
뻐드렁니를 지닌 kūṭadanta.
뻔뻔스러운 kopīnaniddaṁsanin. nillajja.
뻔뻔스러움 pāgabbhiya.
뻔뻔한 ummukha.
뻗다 abhippasāreti. paggaṇhāti. paṇāmeti.
뻗어서 잡다 paggaṇhāti.
뻗어진 paggahita. vyāyata.
뻗은 paṇāmita. vilaggita. viyāyata.
뻗치다 samatiggaṇhāti.
뻬나히[조류] peṇāhi.
뻬따꼬빠데싸[논서] Peṭakopadesa.
뻬따밧투[경장] Petavatthu.
뻬싸카[胎內五位] pasākha. pasākhā.
뻬씨[胎內五位] pesi. pesī.
뼈 aṭṭhi. aṭṭhika. dantaṭṭhi. kaṇṭaka. kaṇṭhaka.
뼈 가까이의 근육 aṭṭhimaṁsa.
뼈더미 aṭṭhisañcaya.
뼈들에 의존하는 aṭṭhinissita.
뼈들의 날개들을 지닌 aṭṭhipakkha.
뼈들의 벽[몸] aṭṭhipākāra.
뼈로 만든 화환 aṭṭhimālā.
뼈로 만들어진 aṭṭhimaya.
뼈로만 만들어진 것같은 머리를 지닌 aṭṭhisīsa.
뼈를 말리는 질병 aṭṭhisosa.
뼈를 부수는 aṭṭhicchida.
뼈를 제외한 aṭṭhisesa.
뼈만 남은 aṭṭhimattâvasesa.
뼈에 대한 관념 aṭṭhisaññā.
뼈에 대한 지각 aṭṭhisaññā.
뼈와 가죽 aṭṭhicamma.
뼈와 간(肝) aṭṭhiyaka.
뼈와 힘줄이 함께 얽힌 aṭṭhinahārusaññuta.
뼈의 결합 aṭṭhisaṅghāṭa.
뼈의 구조 aṭṭhisaṇṭhāna.
뼈의 다발 aṭṭhisamuha.
뼈의 더미 aṭṭhirāsi.
뼈의 사슬 aṭṭhikasaṅkhalikā.
뼈의 포인트 aṭṭhikoṭi.
뽐내는 bāhulika. bāhullika.
뽑게 하다 loceti. niḍḍāpeti.

뽑는 ubbaha.
뽑는 것 abbāhana.
뽑다 ālumpati. luñcati. loceti. nibbahati. nīharati. pabāhati. pavāhati. ubbahati. uddharati. uttāreti.
뽑아내다 abbahati. okaḍḍhati. okassati. ūhanati.
뽑아냄 uddhara. uddharaṇa.
뽑아버리다 okassayati. okasseti. pavāheti.
뽑아지지 않은 anuddhaṭa.
뽑아진 ūhata.
뽑음 abbuḷhana. locana. nīharaṇa. samuddharaṇa. ubbahana. uddhāra. uttāraṇa.
뽑혀진 samuddhaṭa.
뽑히기를 원하는 abbūḷhesika.
뽑힌 abbūḷha. abbūḷhita. nīhaṭa. pabāḷha. pavāḷhapavāḷha. ubbhata. uddhaṭa. uttārita.
뽓타빠다[월명] poṭṭhapāda.
뾰루지 guḷā. pilaka. piḷakā. pīḷakā.
뾰족탑 kūṭa. niyyūha. thūpikā.
뾰족탑이 있는 건물 kūṭâgāra.
뾰족한 tippa.
뾰족한 도구 sūlā.
뾰족한 화살 khurappa.
뿌드득뿌드득[이를 갈음으로써] karakarā.
뿌라나 깟싸빠[인명] Pūraṇa Kassapa.
뿌라나[인명] Purāṇa.
뿌려지다 siccati.
뿌려지자마자 āsittamatte.
뿌려진 abhisitta. ākiṇṇa. anukiṇṇa. anukiṭa. anusaṭa. anuvisaṭa. avasitta. okiṇṇa. phosita. santharin. santhata. upakiṇṇa. vassita. vikiṇṇa. vītikiṇṇa.
뿌리 mūla. mūlaka. nema.
뿌리가 뽑힌 uppāṭita. ummūla. palikhata.
뿌리가 없는 nimmūla. amūla. amūlaka.
뿌리가 없는 식물 amūlakabhūtagāma.
뿌리가 잘려진 avatthukata.
뿌리가 절단된 ucchinnamūla.
뿌리게 하다 seceti.
뿌리기 upasecana.
뿌리기 위하여 santhariṁ.
뿌리는 santharaṇaka. segālaka. seka.
뿌리다 abbhukkirati. abhiseceti. anuphusīyati. paṭikirati. phoseti. phusāyati. siñcati. upakirati. vikirati.
뿌리를 뽑다 palikhaṇati. tāpeti. ummūleti. uppāṭeti.
뿌리를 뽑음 ummūlana.
뿌리를 취급하는 행상(行商) mūlika.
뿌리를 포함하는 samūlaka.
뿌리박은 ogadha. ogādha. ogadhita. ogādhita.
뿌리약 mūlabhesajja.
뿌리에 종자가 있는 mūlabīja.
뿌리에서 번식하는 종자 mūlabīja.
뿌리열매 mūlapphala.
뿌리의 맛 mūlarasa.
뿌리의 일종 kuṭaja.
뿌리의 향기 mūlagandha.
뿍갈라빤냐띠[논장] Puggalapaññatti.
뿐 eva.
뿐나[인명] Puṇṇa.
뿐나가[식물] punnāga.
뿐만 아니라 ~ 도 api ~ api ~ .
뿐만 아니라 adu. ādu. aduṁ.
뿔 sikhin. siṅga. visāṇa.
뿔 있는 siṅgika. siṅgin.
뿔 있는 새 siṅgila. siṅgilasakuṇa.
뿔로 만든 visāṇamaya.
뿔로 만든 그릇의 소금은 (저장하여 사용하는 것이) 허락 됨 saṅgiloṇakappa.
뿔로 만든 열쇄 visāṇatala.
뿔로 만든 용기 siṅga.
뿔이 없지 않은 akūṭa.
뿔이 잘린 kūṭa.
뿔이 잘린 소 kūṭagoṇa.
뿔피리 siṅga.
뿔피리를 부는 siṅgadhamaka.
뿔활 siṅgadhanu.
뿝바라마[승원] pubbārāma.
뿝바비데하[四大洲] pubbavideha.
삐꺽거리는 소리를 내다 kaṭakaṭāyati.
삐싸찔리까[악귀] Pisācillikā.
삐야까[식물] piyaka.
삐야난다[인명] Piyananda.
삐얄라[식물] piyāla.
삔돌라 바라드와자[인명] Piṇḍolabhāradvaja.
삘락카[식물] pilakkha. pilakkhu.
삘린다밧차[인명] Pilindavaccha.
삥굴라[조류] piṅgulā.

ㅅ

사(四) catu. catur. caturo. cattāri. catasso. aṭṭhaḍḍha.
사(詞) nirutti.
사(師) pavattin.
사(士) puggala.
사(捨) upekkhā.
사(伺) vicāra.
사(捨)의 upekkhaka.
사각(四角)의 catukkaṇṇa.
사각지(捨覺支) upekkhāsambojjhaṅga.
사각형(四角形) catukoṇaka. caturassaka.
사각형(四角形)의 catukoṇa. catukkaṇṇa. caturassa.
사갈타(娑竭陀)[지명] Sāketa.
사거리 āpāthaka. caccara. catukka. siṅghāṭaka. catumahāpatha.
사거리에서의 제사 catukkayañña.
사거리의 길 catukkamagga.
사건(事件) adhikaraṇa. antarāsiddhi. itivutta. pasaṅga. pavatta. pavatti. pavutti. upalabbhana.
사건의 발생 aṭṭhuppatti.
사건의 발생시간 aṭṭhuppattikāla.
사건의 발생에 기인하는 aṭṭhuppattika.
사격(斜格)[문법] apaccattavacana.
사견(邪見) dulladdhi. diṭṭhi. diṭṭhigata. kudiṭṭhi. micchādassana. micchādiṭṭhi. micchāvāda.
사견(捨遣) nisagga. nissagga. ossajana. paṭinissagga. pariccāga. vossagga.
사견(邪見)과 결합된 diṭṭhigatasampayutta.
사견(捨遣)된 paṭinissaggin. paṭinissaṭṭha.
사견(捨遣)하다 paṭinissajjati. ussajati. ussajjati. vossajjati.
사견부전도(四見不顚倒) cattāro na diṭṭhivipallāsā.
사견수관(捨遣隨觀) paṭinissaggânupassanā.
사견수관자(捨遣隨觀者) paṭinissaggânupassin.
사견자(邪見者) micchādiṭṭhika.
사견전도(四見顚倒) cattāro diṭṭhivipallāsā.
사견정(四見定) catasso dassanasamāpattiyo.
사결계(四結界) catasso sīmāyo.
사계(四界) catasso dhātuyo.
사계(四繫) cattāro ganthā.
사계다(娑計多·娑鷄多)[지명] Sāketa.
사계제(娑鷄帝)[인명] Sāketa.
사고(思考) ābhoga. anucintana. appaṇā. appanā. kappa. cintā. cintana. manana. takka. takkaṇa. vikappa. vitakka.
사고(事故) āpadā. kammasahāya.
사고(思考)의 방법 takkāgama.
사고(思考)의 집중 anupekkhā. anupekkhaṇā.
사고(思考)하는 cintin.
사고(思考)하다 vikappati.
사고처(四苦處) cattāro apāyā.
사고팜 kayavikkaya. kayavikkhaya.
사곡(邪曲) kujja.
사공(沙工) titthanāvika.
사공덕(四功德) cattāro ānisaṁsā.
사과(四果) cattāri phalāni.
사과(沙果) kapiṭṭhaphala. ummatta(ka).
사과(赦過) paccāhāra.
사과(沙果)나무 kapiṭṭha. kaviṭṭha. kapittha.
사과(赦過)하지 않고 appaṭinissajja.
사과나무라고 불리는 암자 kapiṭṭhassama.
사과나무숲 kapiṭṭhavana.
사과나무의 송진 kapiṭṭhaniyyāsa.
사과를 따는 자 kapiṭṭhahāraka.
사과주스 kapiṭṭhasāḷava.
사구(詞口) niruttipada.
사구(絲球) suttaguḷa.
사구가도(四衢街道) siṅghāṭaka.
사구게(四句偈) catupādaka.
사구도(四衢道) āpāthaka. patha.
사구족(捨具足) cāgasampadā.
사구행심(捨俱行心) upekkhāsahagatacetasa.
사군(四軍) caturaṅginī senā.
사군자나무의 열매 osadhaharīṭaka.
사권(師拳) ācariyamuṭṭhi.
사귀다 sambhajati. sambhuñjati.
사귐 samāsana. sambhajanā. sambhatti.
사귐을 추구하다 upassayati.
사근(四謹) cattāri padhānāni.
사근(捨根) upekkhindriya.
사금(砂金) kañcanacuṇṇa.
사기(詐欺) abhivañcana. accasarā. accāsarā. dobbha. dobha. dūbhī. jimhatā. jimheyya. keḷi. kohañña. koṭilla. kuhanā. kuṭaka. kūṭeyya. kuṭila. kuṭilatā. nikati. nippesa. nippesikatā. paṭicchāda. paṭicchādaka. parigūhanā. pariha-

raṇa. pariharaṇā. sāṭheyya. vañcana. vañcanā. visaṁvādana. visaṁvādanā.
사기(士氣) guṇadhamma. sādhuguṇa. sadācāra. dhammopadesa.
사기(邪氣)가 아닌 akūṭa.
사기(士氣)를 꺾다 sadācārā cāveti. caritaṁ dūseti. dusseti. guṇadhammaṁ hāpeti.
사기(娑祗)[지명] Sāketa.
사기그릇 patthara.
사기꾼 dhutta. keṭubhin. kitava. nippesika. sobhiya. vañcaka. vañcanika. vañcaniya. visaṁvādayitar.
사기꾼이 아닌 사람 akitava.
사기다(娑祗多)[지명] Sāketa.
사기당한 vañcita.
사기를 꺾음 ācārabhaṅga. caritadūsana. guṇahāni.
사기문(四記問) cattāro pañhavyākaraṇā.
사기성이 있는 변호의 vohārakūṭa.
사기성이 있는 재판의 vohārakūṭa.
사기성이 있는 제소의 vohārakūṭa.
사기심(四記心) catasso ādesanavidhā.
사기의 kerāṭika. kerāṭiya. kirāsa. kuha. kuhaka. kūṭa. nekatika. saṭha.
사기의 경우들 kuhanāvatthūni.
사기치는 parisaṭha.
사기치는 상인 kirāta. kirāṭa.
사기치다 visaṁvādeti. vañceti. patāreti.
사나운 caṇḍa. kurūra. ludda. rudda. vāla.
사나운 개 kukkura.
사나운 일 vālatta.
사내 pums.
사내다움 purisatta. purisattana.
사냥 migava. migavā.
사냥감 maga.
사냥개 ākheṭika. kukkura.
사냥개의 무리 kukkurasaṅgha.
사냥꾼 ākheṭika. ludda. luddaka. māgavika. migava. migavā. nesāda. nevāpika. migapotaka. vanacaraka. vanaka. vanika. vyādha. nisāda. migabandhaka.
사냥의 미끼로 사용되는 정글의 수탉 kakkara.
사냥의 애호가 migavittaka.
사냥의 여신 vyādhadevī.
사냥하다 anusarati.
사념(死念) maraṇasati.
사념(邪念) micchāsati.
사념(思念) upavicāra. cintā. mati. saṅkappa.
사념(思念)에서 벗어난 cittavisaṁsaṭṭha.
사념(思念)이 있는 cetanaka.
사념(思念)하다 anusañceteti. upavicarati. pajjhāti. pajjhāyati. cetayati. cikicchati. tikicchati. samannāharati.
사념처(四念處) cattāro satipatthānā.
사노(寺奴) saṅghupaṭṭhāka.
사는 곳 āsaya. āvesana. āyatana. bhavana. nivāsana. nivāsaṭṭāna. upassaya.
사는 사람 vasitar. °cārin.
사는[買] kayaka. kayika. kayin.
사는[住] abhinivuttha. adhivattha. avacara. °cārin. jīvamānaka. nivāsika. vasanta. vāsaka. vāsika. vāsana. vāsika. vāsin. vihārin. vuthaka.
사다 cetāpeti. kayati. kiṇāti.
사다리 adhirohinī. nisseṇī. sopāna. sopāṇa. sopānapāda. sopānasīsa.
사다리의 계단 sopānaphalaka.
사다함(斯多含) sakadāgāmin.
사다함(斯多含)의 경지 sakadāgāmitā.
사다함과심(斯多含果心) sakadāgāmiphalacitta.
사다함도(斯多含道) sakadāgāmimagga.
사다함도심(斯多含道心) sakadāgāmimaggacitta.
사다함향(斯多含向) sakadāgāmimagga.
사다함향심(斯多含向心) sakadāgāmimaggacitta.
사단(捨斷) pahāna.
사단(捨斷)되다 pahīyati. pahiyyati.
사단(捨斷)된 pahīna. vippahīna.
사단무유(捨斷無有) pahānavibhūta.
사단비니(捨斷毘尼) pahānavinaya.
사단지(捨斷支) pahānaṅga.
사단차제(捨斷次第) pahānakkama.
사단현관(捨斷現觀) pahānâbhisamaya.
사당(祠堂) cetiya.
사당공양 cetiyapūjā.
사당예배 cetiyavandana.
사당의 순례자 cetiyacārika.
사대(四大) cattāri mahābhūtāni.
사대(四大)로 이루어진 catumahābhūtika.
사대부조(四大不調) dhātukkhobha.
사대성지(四大聖地) cattāri mahāsaṁvejanīyaṭṭhānāni.
사대왕천(四大王天) cātummahārājika. cattāro mahārājā.
사대요소의 청정 bhūtappasāda.
사대종(四大種) cattāro mabhābhūtā.
사대주의(事大主義) cāṭukammatā. cāṭukamyatā.

사대천왕중(四大王天衆) cātummahārājikaparisā.
사도(邪道) amagga. kummagga. micchāmagga. micchāpaṭipadā. ummagga. uppatha. ummaṅga.
사도사과(四道四果) cattāro paṭipannā. cattāro phalā.
사도지(四道智) catumaggañāṇa.
사등각지(捨等覺支) upekkhāsambojjhaṅga.
사라수(沙羅樹)[식물] sālarukkha. sāla.
사라수숲 sālavana.
사라수울타리 sālamāḷaka.
사라수의 가지 sālasākhā.
사라수의 싹 sālalaṭṭhi.
사라수장작 sālakaṭṭha.
사라쌍수(沙羅雙樹) yamakasālā.
사라왕수(沙羅王樹) sālarājan.
사라조(舍羅鳥)[조류] sālikā. sāliyā. sāḷikā. sāḷi. sāliya.
사라지게 하는 주문 antaradhānamanta.
사라지게 하다 abhāveti. atigālayati. virājeti.
사라지게 함 pabhaṁsana.
사라지는 apāyin. virāguṇa.
사라지다 abbhattha. adhipatati. antaradhāyati. apagacchati. atthaṁ gacchati. gaḷati. niggacchati. nivattati. pabhassati. pasammati. pavilīyati. saṁvaṭṭati. vapayāti. vigacchati. viheti. vijjhāyati. vilīyati. vinassati. vyavayāti. panassati.
사라지지 않는 재보 anugāmikadhana.
사라지지 않은 anantarahita. avigata. avīta.
사라지지 않음 anantaradhāna.
사라진 attha. antarahita. cuta. naṭṭha. nissuta. °vigama.
사라짐 abbhatthatā. antaradhāyana. apagama. cuti. nassana. tirobhāva. vigamana. vinassana. virāga. virāgatā. °vigama.
사라짐에 대한 관찰 vayânupassanā. virāgânupassanā.
사라짐에 대한 지각 virāgasaññā.
사라짐에 도달하는 길 virāgagāmimagga.
사라짐의 원리 virāgadhamma.
사락(沙礫) marumba.
사람 aṇḍira. dvipada. jantu. macca. manuja. mānusa. manussa. nara. posa. puggala. purisa. jana. janatā. pajā. purisapuggala.
사람[下人]을 구하는 (자) purisatthika.
사람들로 가득 찬 sattussada.
사람들의 무리 janakâya.
사람들의 왕 janâdhipa. manujinda.
사람들의 우두머리 janâdhipa. narâsabha.
사람들의 이야기 janavāda.
사람들의 주인 manujâdhipati. manussinda.
사람들의 지도자 janesabha.
사람들이 없음 nimmanussa.
사람모양을 한 manussākāra.
사람에 대한 서술 puggalapaññatti.
사람으로 붐비는 ākiṇṇajana. ākiṇṇamanussa.
사람을 '벗이여'라고 부르는 것 āvusovāda.
사람을 경멸함 puggalânādariya.
사람을 먹는 귀신 porisâda.
사람을 선하게 만드는 도덕 bhaddakasīla.
사람을 아는 자 puggalaññū.
사람을 훈련시키는 장부 purisadammasārathi.
사람의 mānusa. mānusaka. mānusika. puggalika.
사람의 계율에 대한 올바른 실천 purisasīlasamācāra.
사람의 그림자조차 없는 vijanavāta.
사람의 마부 narasārathi.
사람의 무리 puggalasaṅgaha.
사람의 수명 manussāyu.
사람의 스승 sattapurohita.
사람의 신 naradeva.
사람의 우열을 아는 자 puggalaparoparaññū.
사람의 원기 purisaparakkama.
사람의 이름 isindhara.
사람의 잘못 purisadosa.
사람의 절반키의 aḍḍhaporisa.
사람의 차이 purisavisesa.
사람의 키 porisa. purisappamāṇa.
사람의 키에 해당하는 porisiya.
사람의 특징 purisavisesa.
사람의 현전(現前) puggalasammukhatā.
사람의 활기 purisaparakkama.
사람이 가려진[不敬] oguṇṭhita.
사람이 거주하지 않는 곳 anāvāsa.
사람이 많은 (곳) ālakamanda. āḷakamanda(?).
사람이 매복할 수 있는 흙으로 만든 항아리 모양의 함 cāṭipañjara.
사람이 살고 있는 saṁsevita.
사람이 살지 않는 anosita. anosakkiyamāna. suñña.
사람이 살지 않는 곳 suññāgārā.
사람이 없는 vijana.
사람이 없는 마을 suññagāma.
사람이 여자인 것에 대한 지각 itthisaññā.
사람이 있는 purisaka.

사람이 적은 appapurisa.
사람이 죽지 않은 장소 amataṭṭhāna.
사랑 kāma. metta. mettā. mettatā. pema. piyāyanā. rati. sambhajanā. sambhatti. sineha. sneha.
사랑과 애정이 없는 apetacitta.
사랑받는 mamāyita. piyāyita.
사랑받지 못한 akāmita.
사랑스러운 anuppiya. kanta. laṭṭhaka. manda. pāsādika. pemaniya. pemanīya. pesala. peyya. piya. siniddha. vaggu.
사랑스러운 manorama.
사랑스러운 것 kantadhamma.
사랑스러운 눈 piyacakkhu.
사랑스러운 말 pemaniyavāda. peyyavajja.
사랑스러운 말을 나누다 sampiyāyati.
사랑스러운 말을 하는 vagguvada.
사랑스러운 말을 하는 것 peyyavajja.
사랑스러운 성격 piyakamya.
사랑스러운 여인 vallabhā.
사랑스러운 음성 pemaniyassara.
사랑스러움 piyamanāpata. piyatā. piyatta. sukumālatta.
사랑스럽거나 사랑스럽지 않은 piyâppiya.
사랑스럽지 않은 apāsādika.
사랑스럽지 않음 appiyatā.
사랑에 반응하는 anukāma.
사랑에 빠짐 otaraṇa.
사랑을 나눔에 잘못을 범하는 것을 삼가는 것 kāmesu micchācārā veramaṇī.
사랑을 나눔에 잘못을 행하는 것 kāmesu micchācāra.
사랑을 느끼다 mejjati. siniyhati.
사랑을 보여주다 mettāyati.
사랑을 표시하는 mettaṁsa.
사랑의 맛 kāmarasa.
사랑의 신 anaṅga. aviggaha. madana. manobhū.
사랑의 특징 piyanimitta.
사랑하는 kāmuka.
사랑하는 남자 kanta.
사랑하는 남편 icchitapati.
사랑하는 대상과의 이별 piyavippayoga.
사랑하는 사람과의 이별 piyâpāya.
사랑하는 여인 piyā. kantā.
사랑하는 이여! bhummi.
사랑하다 icchati. kāmeti. mamāyati. mamāyate. mejjati. piyāyati. sineheti. vanati. vanute. vanoti.
사랑하지 않는 appiya.
사랑하지 않는 사람 appiyapuggala.
사랑할 만한 peyya.
사량(思量) maññanā. saṅkhā. saṅkhyā.
사량(思量)하다 maññati.
사려(思慮) ābhoga. manasikāra. upanijjhāna. upanijjhāyana. paccavekkhana. paccavekkhanā. ālocana. ālocanā. vīmaṁsā. nepakka. paṭisaṅkhā. paṭisaṅkhāna. vikappanā. viññūtā. samapekkhaṇa.
사려깊은 avippavāsa. antomana(s). paṭissatika. sacetasa. satimant. nipaka.
사려된 vikappita.
사려분별의 시기 viññūtā.
사려하다 ādiyati. anucinteti. anupekkhati. upadhāreti. upadhārayati. cetayati. ceteti. paṭisaṅkhāti. vikappati. vicinteti. samapekkhati.
사력(四力) cattāri balāni.
사력(沙礫) kaṭhalavālikā.
사력관(司曆官) gaṇaka.
사령관(司令官) calaka.
사로잡는 gāhaka.
사로잡다 āvisati. pariyādiyati. pariyādiyyati.
사로잡음 gāha.
사로잡히다 okkamati.
사로잡히지 않은 anākula.
사로잡힌 adhipanna. okiṇṇa. okkanta. otiṇṇa. papañcita. pariyuṭṭhita. sampareta. vasika. viggahita.
사로잡힌 마음 pariyuṭṭhitacitta.
사로잡힘 āvaṭṭana.
사료(飼料) āhāra. ghāsa. gocara. nivāpa. nivāpabhojana. yavasa.
사료를 가져오는 사람 ghāsahāraka.
사료를 먹고 자란 nivāpapuṭṭha.
사루(四漏) cattāro āsavā.
사루가(舍樓伽) sāluka. sālūka.
사루가장(舍樓伽漿)[음료] sāḷukapāna.
사류(蛇類) siriṁsapatta.
사류학(蛇類學) sappavijjā.
사륜(四輪) cattāri cakkāni.
사르사[청미래덩굴] sāribālatā.
사리(舍利) dhātu. sārīrika. kāyadhātu.
사리(私利) mamaṅkāra. sakattha.
사리(捨離) pahāna. paṭinissagga. vavassagga.
사리공양(舍利供養) dhātupūjā. sarīrapūjā.
사리보(舍利寶) dhāturatana.
사리보관소 dhātugabbha.
사리불(舍利佛)[인명] Sārīputta.
사리실(舍利室) dhātugabbha. dhātughara.

사리의 보물 dhāturatana.
사리자(舍利子)[인명] Sārīputta.
사리조(舍利鳥) sālikā. sāliyā. sāḷikā. sāḷi. sāliya.
사리탑(舍利塔) dhātucetiya. dhātuthūpa. thūpa.
사리탑사(舍利塔史) thūpavaṁsa.
사리함(舍利函) dhātusamugga.
사마(死魔) antaka. avaggaha. maccu.
사마(四魔) cattaro mārā.
사마귀 tilaka.
사마귀가 있는 sakaṇika.
사마다정(奢摩多定) samathasamādhi.
사마타(奢摩他) samatha.
사마타(奢摩他)와 비발사나(毘鉢舍那) samatha-vipassanā.
사마타명상수행(奢摩他冥想修行) samathakammaṭṭhāna.
사마타행자(奢摩他行者) samathayānika.
사막(沙漠) iriṇa. īriṇa. jaṅgala. kantāra. maru. nirudaka. ujjaṅgala. vaṇṇupatha.
사막과 같은 존재 kantārabhūta.
사막에서 사는 kantāriya.
사막의 안내자 kantāriya.
사막의 험로 marukantāra.
사만(邪慢) micchāmāna.
사망(死亡) accaya. pavasana.
사망기사담당자 matanāmalekhaka.
사망자명부 matasaṅkhyālekhana.
사멸(死滅) palujjana. vināsa.
사멸하기 쉬운 vināsana.
사멸하다 miyyati. mīyati. palujjati. atthaṁ gacchati.
사멸한 apagata. mata. palugga → 죽은.
사명(蛇明) ahivijjā.
사명(使命) anuyoga. dūteyya.
사명(邪命) micchāājīva.
사명외도(邪命外道) ājīvaka. ājīvika.
사명외도의 신도 ājīvakasāvaka.
사몰(死沒) cāvanā. cuti. maraṇa.
사몰시키다 cāveti.
사몰하다 marati.
사무량(四無量) catasso appamaññāyo.
사무량심(四無量心) cattāri appamāṇacittāni.
사무량심(捨無量心) upekkhappamāṇacitta.
사무색(四無色) cattāro arūpā.
사무소(事務所) kammantasālā.
사무소외(四無所畏) cattāri vesārajjāni.
사무애해(四無碍解) catasso paṭisambhidā.
사무애해(詞無碍解) niruttipaṭisambhidā.
사무원(事務員) lekhaka.
사무치는 phuṭa.
사문(沙門) samaṇa.
사문(沙門)과 바라문(波羅門) samaṇabrāhmaṇa.
사문과(沙門果) sāmaññaphala.
사문니(沙門尼) samaṇī.
사문에 대한 인식 samaṇasaññā.
사문에게 적합한 samaṇasāruppa.
사문에게 필요한 sāmaṇaka.
사문에게 필요한 물품들 sāmaṇakaparikkhāra.
사문을 더럽히는 samaṇadūsin.
사문의 경지 sāmaññaphala.
사문의 목표 sāmaññattha.
사문의 무리 samaṇaparisā.
사문의 밥 samaṇabhatta.
사문의 속성 sāmaññaṅga.
사문의 자격 sāmaññaṅga.
사문의 지도자 atisamaṇa.
사문의 지위 sāmañña.
사문의 지위와 일치하는 sāmañña.
사문의 취지 sāmaññattha.
사문의 행복 samaṇasukha.
사문의 행운 samaṇabhadra.
사문의 후보 sāmaṇera.
사문의(沙門義) sāmaññattha.
사문이 되는 것 samaṇakaraṇa.
사문이 되려고 노력하는 sāmañña.
사문중(沙門衆) samaṇaparisā.
사문지위의 공덕 sāmaññaguṇa.
사문찌꺼기 samaṇapalāpa.
사물(事物) ārammaṇa. attha. dhamma. vatthu.
사물(捨物) nissaggiya.
사물에 대한 식별 vatthusallakkhaṇa.
사물에 대한 파악 vatthugahikā.
사물에 밝은 atthakusala.
사물에 적절한 빛을 비추는 atthajotaka.
사물에 좋은 것 atthânisaṁsa.
사물의 고유한 본질 ṭhitidhātu.
사물의 성립하는 경우의 논리적인 관계 atthayutti.
사물의 유혹 dhammarasa.
사미(沙彌) samaṇuddesa. sāmaṇera.
사미가 되기 위한 출가 sāmaṇerapabbajjā.
사미니(沙彌尼) sāmaṇerā. sāmaṇerī.
사미세지(四微細智) cattāri sokhummāni.
사미의 감독자 sāmaṇerapesaka.
사바라밀(捨波羅密) upekkhāpāramī. upekkhāpāramitā.
사바주(娑婆主)[신계] Sahampati.
사바주범천(娑婆主梵天)[신계] Brahmā Saham-

pati.
사발(沙鉢) bhājana. kapāla. kapālaka. kapalla. kapallaka. karoṭi. karoṭika. vittha.
사발(捨鉢) nissaṭṭhapatta.
사발을 준비하기 kapallasajjana.
사방(四方) disā.
사방승가(四方僧伽) catuddisāsaṅgha.
사방에 parito.
사방에 가득 차 있음 disāpharaṇa.
사방에 가득 찬 기쁨 pharaṇapīti.
사방에 뿌려져 paripphosakaṁ. paripphosita.
사방에 뿌리다 paripphoseti.
사방에 살포된 paripphosita.
사방으로 tiriyaṁ.
사방으로 얼굴을 향한 disāmukha.
사방으로 파견된 vippahita.
사방을 걸어 다니고 anupariyāya.
사방을 걸어 다니다 anupariyāti.
사방의 catu(d)disā. sappadesa.
사방의 중간 anudisā. vidisā.
사번뇌지(四煩惱地) catasso kilesabhūmiyo.
사범주(四梵住) cattāro brahmavihārā.
사법(四法) catukka.
사법(似法) dhammapaṭirūpaka.
사법(邪法) micchādhamma. uddhamma.
사법(詞法) niruttidhamma.
사법(捨法) paccorohaṇī.
사법(司法) vohārika.
사법관(司法官) vinicchayâmacca.
사법구(四法句) cattāri dhammapadāni.
사법대신(司法大臣) vohārikamahāmatta.
사법수(四法受) cattāri dhammasamādānāni. cattāro dhammasamādānā.
사법온(四法蘊) cattāro dhammakkhandhā.
사법적(四法迹) cattāri dhammapadāni.
사법족(四法足) cattāri dhammapadāni.
사변(思辨) anudiṭṭhi. diṭṭhi. pavitakka.
사변(詞弁) niruttipaṭibhāna.
사변(思辨)에서 벗어난 atakkika.
사변론자(思辨論者)의 편 diṭṭhipakkha.
사변에 기반을 둔 diṭṭhinissaya.
사변의 얽힘 diṭṭhiganṭhi.
사변적 diṭṭhika. diṭṭhin.
사변적 교리 diṭṭhi.
사변적 교리에 대한 이해 diṭṭhinijjhānakhanti.
사변적 교리의 동아리 diṭṭhimaṇḍala.
사보특가라(四補特伽羅) cattāro puggalā.
사본(寫本) paṭilekhā. puttikā. anulipi.
사부대중(四部大衆) catasso parisā.
사부대중의 첫째[比丘衆] aggaparisā.
사부중(四部衆) catuparisā.
사분의 일(1/4) catubbhāga.
사불가사의(四不可思議) cattāri acinteyyāni.
사불행처행(四不行處行) cattāri agatigamanāni.
사비성언(四非聖言) cattāro anariyavohārā.
사비저(舍毘底)[운율] sāvittī.
사사(辭詞) nirutti.
사사문과(四沙門果) cattāri sāmaññaphalāni.
사사유(邪思惟) micchāsaṅkappa.
사상(四想) catasso saññā.
사상(似相) paṭibhāganimitta.
사상(捨相) upekkhānimitta.
사상부전도(四想不顚倒) cattāro na saññāvipallāsā.
사상전도(四想顚倒) cattāro saññāvipallāsā.
사색(思索) anucintana. diṭṭhi. takka.
사색의 징후 diṭṭhânugati.
사색하다 anucinteti.
사생(四生) catasso yoniyo.
사생아(私生兒) nippitika. nippītika.
사선(四禪) cattāri jhānāni. catutthajjhāna.
사설(邪說) micchāvāda.
사섭사(四攝事) cattāri saṅgahavatthūni.
사성(邪性) micchatta.
사성결정(邪性決定) micchattaniyata.
사성결정취(邪性決定聚) micchattaniyatarāsi.
사성삼법(邪性三法) micchattattika.
사성언(四聖言) cattāro ariyavohārā.
사성제(四聖諦) cattāri ariyasaccāni.
사성종(四聖種) cattāro ariyavaṁsā.
사소(些少)한 aṇudhamma. anukhuddaka. anuḷāra. appa. appaka. appamatta. appamattaka. appaguṇa. thokaka. ittara. khudda. khuddaka. oramattaka. anu. anuḷāratta.
사소성(思所成) cintāmaya.
사소성혜(思所成慧) cintāmayapaññā.
사소한 것 appatā. kiñcana. thoka.
사소한 것을 원하는 kiñcikkhakamayatā.
사소한 것을 위해 닦여진 katakiñcikkhabhāvana.
사소한 계율까지도 실천하는 abhisamācārika.
사소한 계율의 실천 abhisamācāra.
사소한 신(神) upadeva.
사소한 일 kiñcikkha. suddhaka.
사소한 일과 관계된 appaṭṭha.
사소한 잘못의 죄 appasāvajja.
사속(嗣續) santāna.
사속자(嗣續者) dāyāda. dāyādaka.

사수념(捨隨念) cāgânussati.
사수념(死隨念) maraṇânussati.
사수수용(嗣受受用) dāyajjaparibhoga.
사슬 dāma. guḷika. pāmaṅga. sandāna. saṅkhalā. saṅkhalikā.
사슬로 만든 갑옷 jālikā.
사슬로 묶음 andubandhana.
사슬에 묶인 자를 풀어주는데 필요한 돈 andukahapaṇa.
사슬이 있는 guḷika.
사슴 hariṇa. haripada. maga. miga. kuruṅgamiga. laṅghi. laṅghī. roruva. aṭṭhapāda. sarabha.
사슴고기 migamaṁsa.
사슴공원 migadāya.
사슴과 같은 다리를 지닌 sarabhapādaka.
사슴동산 migadāya.
사슴사냥꾼 migaluddaka.
사슴사육자 nevāpika.
사슴을 살해하는 migavadha.
사슴을 잡는 사람 māgavika.
사슴의 거리 vīthi.
사슴의 마음 migabhūtaceto.
사슴의 무리 migajāta.
사슴의 뿔 migavisāṇa.
사슴의 새끼 migapotaka.
사슴의 숲 migârañña.
사슴의 종 migajāta.
사슴의 환술 migamāyā.
사슴이 다니는 거리 migavīthi.
사시(死時) maraṇasamaya.
사시인(思詩人) cintā.
사시정(四施淨) catasso dakkhināvisuddhiyo.
사식(四食) cattāro āhārā.
사식주(四識住) catasso viññāṇaṭṭhitiyo.
사신(死神) antaka. māra.
사신(使臣) pahiṇa. pahena. pessa. sāsanahara. sāsanaharaka.
사신(思身) sañcetanākāya.
사신(使臣)으로 가는 pahiṇagamana.
사신결(四身結) kāyaganthā.
사신족(四神足) cattāro iddhipādā.
사실(事實) bhūta. dhamma.
사실과 일치하는 yathāva. yathāvaka.
사실상의 tadaṅga.
사실성(事實性) tacchatta. vijjamānatta.
사실세계 dhammadhātu.
사실에 대한 갈애 dhammataṇhā.
사실에 대한 관찰 dhammânupassanā.
사실에 대한 새김 dhammânussati.
사실에 대한 의도 dhammasañcetanā.
사실에 대한 지각 dhammasaññā.
사실에 대한 추론 dhammatakka.
사실에 대한 추리 dhammatakka.
사실에 대한 탐착 dhammarāga.
사실에 의한 앎 dhammañāṇa.
사실은 kira. kila. adu.
사실의 sabhāvabhūta.
사실의 경계 dhammavisaya.
사실의 세계 dhammadhātu.
사실의 영역 dhammâyatana.
사실이 아닌 aparibhinna.
사실적으로 tathato.
사실적인 avitatha. yathātatha. taccha. akittima.
사실주의(寫實主義) yathābhūtanirūpana.
사심(私心) → 이기심.
사심(邪心) duṭṭhacitta.
사심(捨心) upekhā. upekkhā.
사심부전도(四心不顚倒) cattāro na cittavipallāsā.
사심전도(四心顚倒) cattāro cittavipallāsā.
사십 세의 cattālīsavassika.
사십(40) cattārisa. cattārisaka.
사십(40) 개의 치아를 지닌 cattārisadanta.
사십구(49) ekūnapaññāsā.
사십이(42) dvācattāḷīsa.
사십팔(48)분[하루의 1/30] muhutta.
사쌍(四雙) cattāri(purisa)yugāni.
사쌍자(四雙者) cattāri(purisa)yugāni.
사쌍팔배(四雙八輩) cattāri purisayugāni aṭṭha purisapuggalā.
사아승지겁(四阿僧祇劫) cattāri asaṅkheyyakappāni.
사악(邪惡) kasaṭa. micchatta. sampadosa. sampadussana. saṭhatā. visama.
사악(邪惡) pāpakamma.
사악취(四惡趣) cattāro apāya.
사악하게 micchā.
사악하게 사는 asamacārin.
사악하고 사악하지 않은 죄 duṭṭhullâduṭṭhulla.
사악하고 인색한 왕 adhammikakapaṇarāja.
사악한 adhamma. adhammarūpa. adhammika. asādhu. asama. duhada. dukkhûpadhāna. dussīla. duṭṭha. duṭṭhulla. kaṇha. kiṇha. ku°. lāmaka. nipātita. paduṭṭha. pallatthita. pāpa. pāpaka. sakasaṭa. sampaduṭṭha. saṅkassara. saṅkiliṭṭha. saṭha
사악한 것에 대한 지배 anatthavasa.

사악한 것에 몰두하는 adhammaniviṭṭha.
사악한 것에 의존하는 adhammanissita.
사악한 견해 pāpadiṭṭhi.
사악한 결과를 가져오는 kaṇhavipāka.
사악한 교만 micchāmāna.
사악한 길 micchāpaṭipadā.
사악한 마음 duṭṭhacitta.
사악한 말을 하는 duṭṭhullabhāṇin.
사악한 분노 duṭṭhadosa.
사악한 사람 adhammacārin.
사악한 생활 micchāājīva.
사악한 실천 micchāpaṭipatti.
사악한 웃음 adhammahāsa.
사악한 인간 purisādhama. purisanta.
사악한 지식 micchāñāṇa.
사악한 지식을 갖고 있는 micchāñāṇin.
사악한 행동 micchāpaṭipatti.
사악한 행동을 하는 자 micchāpaṭipanna.
사악한 행위 kaṇhakamma. micchākammanta. visamacariya.
사악한 행위자 adhammakāraka.
사악함 adhammikatta. agha. pāpadhamma.
사안락행(四安樂行) cattāro sukhallikānuyogā.
사안식(四安息) cattāro assāsa.
사애생(四愛生) cattāro taṇhuppāda.
사액(四軛) cattāro yogā. catuyoga.
사양(辭讓) paṭikkhepa. paṭisedhana.
사양하는 cāgavant. cāgin.
사양하다 paṭisedheti. paṭikkhipati.
사어(邪語) micchāvacā. micchāvācā.
사업(事業) attha. kiṁkaraṇīya. sabbabyohāra.
사업(四業) cattāri kammāno. cattāri kammāni.
사업(思業) cetanākamma.
사업(邪業) micchākammanta.
사업가(事業家) kammantika.
사업에 능숙하지 못한 avohārakusala.
사업에 능숙한 atthakaraṇika. atthakaraṇika.
사업의 소유주 kammasāmin.
사여의덕(四如意德) catasso iddhiyo.
사연(沙燕)[조류] cātaka.
사열(四列)로 정돈한 catubyūha.
사예류도지(四預流道支) cattāri sotapattiyaṅgāni.
사예류지(四預流支) cattāri sotâpannassa aṅgāni.
사예류향지(四預流向支) cattāri sotapattiyaṅgāni.
사온유(四蘊有) catuvokārabhava.
사왕(死王) yama.
사용(使用) ādāna. attha. paribhoga. payoga. payojana. sevanā. sevanatā. upabhoga. upacāra. valañja. viniyoga. sahayoga. yutti.
사용거부 sahayogavajjana.
사용되고 있는 pāribhogika.
사용되다 pharati.
사용되어야 하는 opabhogga.
사용된 ādinna. paribhutta. purāṇa.
사용료(使用料) vetana.
사용방법(使用方法) kappa.
사용자(使用者) payojaka. payojetu.
사용자(占據者) sāmin. adhikārin.
사용하기 어려운 duppariyogāha.
사용하기에 적당한 kammayogga. upabhojiya.
사용하기에 적합한 pāribhogika.
사용하다 ādāti. ādadāti. gaṇhati. paribhuñjati. payojeti. upabhuñjati. upacarati. upasevati. valañjeti. vissajjeti. voharati. ādiyati. karoti.
사용한 vissajjita.
사용할 수 없는 aparibhoga.
사우나 sedakamma.
사원(寺院) devagaha. devakula. devaṭṭhāna. devāyatana. ālaya. vihāra.
사원경내 caṅkama.
사원에서 입는 옷 vihāracīvara.
사원을 뒤덮는 장식용 모포 kambalakañcuka.
사원의 건설 vihārakāra.
사원의 밖의 금욕적인 생활 bāhirapabbajjā.
사원의 부지 vihāravatthu.
사원의 소유물 vihāraṭṭha.
사원의 수호자 vihārapāla.
사원의 여자노예 yakkhadāsī.
사원의 이름 kalyāṇīvihāra.
사원의 파수꾼 vihārapāla.
사월(四月)[남방음력 12월 16일 ~ 1월 15일] cittarammaka.
사위 jāmātar.
사위성(舍衛城)[지명] Sāvatthī.
사위의로(四威儀路) cattāro iriyāpathā.
사유(四維) anudisā. vidisā.
사유(思惟) anujjhāna. āvajjana. cintā. jhāyana. maññanā. mano. manas. mati. sammasana. sañcetanā. saṅkappa. takka. takkaṇa. upanijjhāna. upanijjhāyana. vīmaṁsanā. vitakka. vitakkacarita. vitakkacariyā. ālokita. vīmaṁsā
사유가 있는 sābhoga. savitakka.
사유는 없고 숙고만 있는 삼매 avitakkavicāramattasamādhi.
사유도 없고 숙고도 없는 삼매 avitakkâvicāra-

samādhi.
사유도 있고 숙고도 있는 삼매 savitakkasavicārasamādhi.
사유되지 않은 avīmaṁsita.
사유된 aṭṭhita. vitakkita.
사유될 수 없는 avicintiya.
사유로 이루어진 cintāmaya.
사유로 이루어진 지혜 cintāmayapaññā.
사유를 갖춘 vitakkasahagata.
사유를 뛰어넘음 avitakka.
사유를 수반하는 두 가지 savitakkaduka.
사유삼매(思惟三昧) vīmaṁsāsamādhi.
사유색(思惟色) sammasanarūpa.
사유선(思惟禪) sammasitajjhāna.
사유수(思惟修) jhāna.
사유에 의한 삼매 vīmaṁsāsamādhi.
사유와 숙고 vitakkavicāra.
사유와 숙고가 수반되는 savitakkasavicāra.
사유와 숙고를 가까운 적으로 가진 āsannavitakkavicārapaccatthika.
사유와 행위가 근접한 āsannatakkacāra.
사유의 길 takkāgama. vitakkapatha.
사유의 덤불 takkagahana.
사유의 적정 vitakkavūpasama.
사유의 주관적 대상 ajjhattārammaṇa.
사유의 편만 vitakkavipphāra.
사유의 형성 vitakkasaṅkhāra.
사유지(思惟智) sammasanañāṇa.
사유하는 vīmaṁsaka.
사유하다 abhicetayati. āloketi. āmasati. apadhāreti. jhāyati. takketi. vīmaṁsati. vīmaṁseti. vitakketi.
사유할 수 없는 amata.
사유행위 matikamma.
사육(飼育) paṭijaggana.
사육하다 abhisañceteti.
사음(邪淫) kāmesu micchācāra. kāmamicchācāra. aticāra. aticariyā. paradārakamma. parapurisasevanā.
사음하게 하다 vippaṭipādeti.
사음하다 vippaṭipajjati.
사응증법(四應證法) cattāro sacchikaraṇīyā dhammā.
사의(四依) cattāri apassenāni. catupaccaya.
사의(捨衣) nissaṭṭhacīvara.
사이 antara. antarikā. antarāla. antarāḷa. abbhantara. kālantara[시간].
사이로 가다 antarayati.
사이를 갈라놓는 pisuṇa.
사이를 둔 antarita.
사이를 틀어 놓는 자 vibhedaka.
사이비수행자 samaṇaka.
사이비학자(似而非學者) kiñcimattavidū.
사이비현자(似而非賢者) paṇḍitaka.
사이사이 antarantarā. antaraânatare.
사이액(四離軛) cattāro visaṁyogā. cattāro visaññogā.
사이업(思已業) cetayitakamma.
사이없는 antaravirahita.
사이에 antarena. antarā. majjha.
사이에 끼어들다 antarāgacchati.
사이에 낀 anuviddha.
사이에 놓인 antarika.
사이에 패인 곳이 없는 어깨를 지닌 citantaraṁsa.
사인(*eng.* signature) hatthalañcha.
사일(四日) catuha.
사일마다 먹는 음식 catutthabhatta.
사입태(四入胎) catasso gabbhâvakkantiyo.
사자(獅子) kesarin. miginda. dāṭhābalin. migarājan. vikkantacārin. sīha.
사자(死者) mata.
사자(嗣子) orasa.
사자(使者) sandesahara. sāraka. āharaṇaka. dūta. gataka. sāsanahara. sāsanaharaka.
사자(嗣子)의 orasaka.
사자(死者)의 세계['비천한 모임'] hīnakāya.
사자(使者)의 속성 dūteyyaṅga.
사자(死者)의 파견 dūteyya.
사자가 끄는 수레 sīharatha.
사자가죽 sīhacamma.
사자구(四資具) catupaccaya.
사자국(獅子國) sīhaḷa.
사자군진(獅子軍陣) kesarin.
사자분(使者分) dūteyyaṅga.
사자상승의 계보 ācariyavaṁsa.
사자숭배(死者崇拜) petapūjā. pubbapetabali.
사자와 같은 목소리를 지닌 sīhassara.
사자와 같은 사람 purisasīha.
사자와 같은 턱을 가진 sīhahanu.
사자의 등에 sīhapiṭṭhe.
사자의 얼굴[장식] sīhamukha.
사자의 유희 sīhavikkīḷita.
사자의 의무를 행하는 dūteyyakamma.
사자의 절벽[지명] Sīhapapātaka.
사자의 포효 sīhanāda.
사자좌(獅子座) sīhāsana.
사자주(獅子洲)[지명] Sīhaḷadīpa.

사자처럼 누운 sīhaseyya.
사자처럼 눕는 시간 kappanakāla.
사자체득(四自體得) cattāro attabhāvapaṭilābhā.
사자협상(獅子頰相) sīhahanu.
사자후(獅子吼) sīhanāda.
사자후를 하는 sīhassara.
사자후를 하는 사람 sīhanādika.
사쟁사(四諍事) cattāri adhikaraṇāni.
사적으로 puggalikavasena. rahassena.
사적인 puggalika. ajjhattika. rahassa. vivitta.
사적인 비밀 rahassa.
사적인 상담 antomanta.
사전(師傳) ācariyavaṁsa.
사전(辭典) saddakosa. akārādikosa.
사전(事前)에 paṭigacca. paṭikacca.
사전편찬자(辭典編纂者) saddakosasampādaka.
사전학(辭典學) saddakosaracanā.
사절(使節) niyojita. pahena. pahiṇa. pesanika. pesaniya. pessa. dūtagamana. dūteyya. mamma.
사절단(使節團) niyojitasabhā. dūtasamūha.
사정(四定) cattāro samādhi.
사정(邪定) micchāsamādhi.
사정(射程) pabbedha.
사정(射精) sukkamocana. sukkavisaṭṭhi.
사정계(四淨戒) catupārisuddhasīla.
사정근(四精勤) cattāri padhānāni. cattāro sammappadhānā.
사정려(四精慮) cattāri jhānāni.
사정수(四定修) catasso samādhibhāvanā.
사정진(邪精進) micchāvāyāma.
사제(司祭) brāhmaṇa. purohita. yājaka. yājetar.
사제(四諦) cattāri saccāni. cattāri ariyasaccāni. catusacca.
사제의 brahmañña. brāhmañña.
사제의 지위 brahmañña. brāhmañña. brahmaññā. brāhmaññā. brahmaññatā. brāhmaññatā.
사제의 직무 porohacca. porohicca.
사제직(司祭職) porohacca. porohicca.
사종결생(四種結生) catubbidhapaṭisandhi.
사종구악행(四種口惡行) catubbidha vacīduccarita.
사종금계율의(四種禁戒律儀) catuyāmasaṁvara.
사종성(四種姓) cattāro vaṇṇā.
사종심(四種心) catubbidhacitta.
사종업(四種業) catubbidhakamma.
사종종(事種種) vatthunānatta.
사죄(謝罪) khamāpanā. paccāhāra. accayapaṭiggahana.
사죄(赦罪) pāpamocana. dosanirākaraṇa. santidāna.
사죄(死罪) vajjhā.
사죄(謝罪)하다 khamāpeti.
사주(四住) cattāro saṁvāsā.
사주변(四周邊) cattāro pariyantā.
사주처(捨住處) cāgādhiṭṭhāna.
사중(四衆) catasso parisā.
사중(四重)의 catugguṇa.
사중물(四衆物) vihāraṭṭha.
사증상(四增上) cattāro adhipatī.
사지(四肢) avayava. aṅga. gatta.
사지(四智) cattāriñāṇāni.
사지(四肢) caturaṅga.
사지(邪智) micchāñāṇa.
사지(寺誌) vihāravaṁsa.
사지(寺地) vihāravatthu.
사지(四肢)를 원인으로 하는 aṅgahetu.
사지가 기형인 aṅgavikala.
사지가 상처투성이인 arugatta.
사지가 썩어가는 pakkagatta.
사지가 완전한 aṅgasampanna.
사지가 있는 aṅgin.
사지가 절단된 samacchidagatta.
사지가 젖은 allagatta.
사지가 쭉 뻗은 aṅgin.
사지로 감싸는 것[보호] aṅgapāpuraṇa.
사지를 차례로 하는 aṅgamaṅga.
사지에 바르는 연지 aṅgarāga.
사지와 비교되는 aṅgasadisa.
사지의 고기 aṅgamaṁsa.
사지의 한 부분 aṅga.
사지의 한 부분씩의 aṅgamaṅga.
사지자(邪智者) micchāñāṇin.
사진(寫眞) chāyārūpa.
사진술(寫眞術) chāyārūpasippa.
사진의 chāyārūpāyatta.
사진작가 chāyārūpasippin.
사찰(伺察) vicāra.
사찰(査察) vīmaṁsā.
사찰(伺察)하다 pavicarati. vicarati. vicāreti.
사처(捨處) cāgâdhiṭṭhāna.
사처(四處) cattāri adhiṭṭhānāni.
사천왕(四天王) cattāro mahārājā.
사천왕천(四天王天)[신계] Cātummahārājika.
사철의 순환 utupariṇāma.
사청정계(四淸淨戒) catupārisuddhisīla.

사청정근지(四淸淨勤支) cattāri pārisuddhipadhāniyaṅgāni.
사체(死體) kaḷebara. kalevara. kuṇapa. matakuṇapa. matasarīra. chava. chavasarīra.
사체에 대한 목욕 apanhāna.
사촌자매 pitucchādhītar.
사촌형제 pitucchāputta.
사춘기(思春期) yobbana. viññūtā. vayappatti. yobbanappatti.
사취(四取) cattāri upādānāni.
사치(奢侈) bāhulya. bāhulla.
사치스러운 bāhulika. bāhullika.
사치품 upaharaṇa.
사타(捨墮) nissaggiyapācittiya.
사타구니 pāvaḷā. upakaccha.
사탕 modaka.
사탕수수 ikkhu. ucchu. ucchuganṭhikā.
사탕수수더미 ucchukalāpa.
사탕수수도둑 ucchucoraka.
사탕수수를 먹음 ucchukhādana.
사탕수수밭 ucchukhetta. ucchuvappa. ucchusassa.
사탕수수밭의 주인 ucchusāmika.
사탕수수숲 ucchuvana.
사탕수수씨 ucchubīja.
사탕수수와 참깨 ucchutila.
사탕수수용 압착기 ucchuyantra.
사탕수수의 끝 부분 ucchagga.
사탕수수의 배분을 위한 표 ucchusālaka.
사탕수수의 산물 ucchuvikāra. ucchuvikati.
사탕수수의 압착 ucchupīḷana. ucchuyanta.
사탕수수의 자름 ucchucchedana. ucchutaccana.
사탕수수의 잘린 조각 ucchuk(h)aṇḍa.
사탕수수의 제분소 ucchusālā.
사탕수수주스 ucchuphāṇita. phāṇita. ucchurasa.
사탕수수줄기 ucchkaṇḍikā. ucchuganṭhikā. ucchulaṭṭhi. ucchuyaṭṭhi.
사탕수수즙 ucchuphāṇita. phāṇita. ucchurasa.
사탕수수지킴이 ucchupāla.
사탕수수짐 ucchubhāra.
사탕수수포대 ucchupuṭa.
사택(思擇) paṭisaṅkhā. paṭisaṅkhāna. pavitakka. takka.
사택(思擇)과 의락(意樂) takkāsaya.
사택(思擇)하다 paṭisaṅkhāti.
사택력(思擇力) paṭisaṅkhānabala.
사택지(思擇智) paṭisaṅkhānapaññā.
사특(邪慝)한 siṅgin.
사파이어 indamaṇi. indanīla. nīlamaṇi. mahānīla.
사팔뜨기 kekara.
사팔뜨기의 valira.
사포외(四怖畏) cattāri bhayāni.
사폭류(四暴流) cattāro oghā.
사풍병(蛇風病) ahivātaka. ahiroga.
사프란 kuṅkuma.
사해탈(邪解脫) micchāvimutti.
사행(四行) catasso paṭipadā.
사행(邪行) kāyapakopa, micchācāra, uppathagamana, vippaṭipatti.
사행(蛇行) sappana.
사행(蛇行)에 대한 법문 saṁsappaniyapariyāya.
사행(蛇行)하는 saṁsappa. saṁsappaniya. saṁsappin.
사행(蛇行)하다 saṁsappati. sappati.
사행시(四行詩) catupādaka.
사행자(邪行者) micchācārin.
사향(麝香) katthūrikā.
사향사과(四向四果) cattāro paṭipannā. cattāro phalā.
사향장미나무 kareri.
사형(死刑) vadha.
사형선고를 받은 vajjhabhāvapatta. vajjhāppatta.
사형에 처하다 pariyāpādeti. samugghātāpeti.
사형집행(死刑執行) vajjhā.
사형집행용 북 vajjhapaṭahabheri.
사형집행인(死刑執行人) coraghāta. kāsāviya. vadhaka. vajjhagahāta.
사화(事火)의 aggika.
사회(社會) samiti. parisā. samāja. samāgama.
사회개량론(社會改良論) lokābhivuddhisādhakamata.
사회적 관습이 청정하지 않은 aparisuddhavohāra.
사회적 지위 upadhi.
사회적 지위의 구족 upadhisampadā.
사회적(社會的)인 samājahita. mahājanika.
사회주의(社會主義) samājahitakaraṇa. samasambhogatā.
사회주의자(社會主義者) samasambhogavādin. samājahitakārin.
사회학(社會學) samājadhammavijjā,.
사회학자(社會學者) samājadhammavedin.
사후(死後)에 abhisamparāyaṁ. accayena. paraṁmaraṇā. pecca. peccā.
사후(事後)에 uddha. uddhaṁ.

사후에 고통의 상태에 있는 āpāyika.
사후에 영혼이 존재한다고 주장하는 자['나중의 살육자'] uddhamāghātanika.
사후에 자각하는 존재가 있다는 주장(의 학파) saññivāda.
사후에 처벌을 받아야 할 vinipātika.
사후의 상태 abhisamparāya.
사흘 동안 tirattaṁ.
삭발(削髮) bhaṇḍukamma. muṇḍana. matthakamuṇḍana. ohāraṇa. oropaṇa.
삭발된 vilūna. vutta.
삭발사(削髮師) kappaka.
삭발용 칼(을 지닌) asiloma.
삭발하는 방 khuragga.
삭발하다 oropayati. oropeti. muṇḍati. muṇḍeti.
삭발하지 않은 amuṇḍa.
삭발한 bhaṇḍu. khuramuṇḍa. muṇḍa. muṇḍaka. muṇḍika. sikhaṇḍin.
삭발한 머리 muṇḍasira.
삭발한 사람의 뒷머리에 땋아 붙인 쪽 muṇḍakapaṭisīsaka.
삭발한 사이비사문 muṇḍakasamaṇaka.
삭발한 상태 muṇḍatta. muṇḍiya. muṇḍeyya.
삭발한 제자 muṇḍasāvaka.
삭제(削除) vodāya.
삭제하다 nikantati.
삭풍(朔風) kantanakavāta.
산(山) acala. addi. aga. giri. pabbata. pabbataka. siluccaya.
산(蒜)[식물] lasuṇa. lasuna.
산(山)의 pabbateyya.
산(酸)이 없는 anambila.
산(生) vasita.
산가지 salākā.
산가지상자 salākôdhāniya.
산가지손던지기 salākāhattha.
산개(傘蓋) chatta.
산견(山犬) bheraṇḍa. bheraṇḍaka.
산곡성(山谷城)[지명] Giribbaja.
산골짜기 giribbaja. pabbatasānu.
산과 같다 pabbatāyati.
산굴(山窟) leṇaguhā. leṇa. lena.
산기슭 pabbatapāda. pāda. pavana.
산꼭대기 giragga. pabbatakūṭa. pabbatasaṅkhepa. pabbatasikhara.
산꼭대기의 회합[제사모임] giraggasamajja.
산도(産道) yoni. yonimukha.
산도솔(珊兜率)[신계] Santuṭṭha. Santusita.
산등성이 piṭṭhipāsāṇa. nitamba. sānu.
산란(散亂) khepa. vikkhepa. vibbhama.
산란(産卵)하다 aṇḍāni pasavati. aṇḍāni vijāyati.
산란상(散亂想) vikkhittakasaññā. vikkhittasaññā.
산란심(散亂心) vibbhantacitta. vikkhittacitta.
산란어(散亂語) vikiṇṇavāca.
산란에 대한 인식 vikkhittakasaññā.
산란에 대한 지각 vikkhittasaññā.
산란의 제거 vikkhepapaṭibāhana.
산란하게 하다 vūpakāseti.
산란하지 않음 avikkhepa.
산란한 vikkhitta. vikkhittaka.
산란한 마음 vibbhantacitta. vikkhittacitta.
산림(山林) vanapattha.
산림관(山林官) vanacaraka.
산마루 pabbatasikhara. piṭṭhipāsāṇa.
산만(散漫) uddhacca. vecitta. asamannāhāra.
산만하게 말하지 않는 anānattakathika.
산만하지 않은 nippapañca.
산만한 pavāḷha. saṭhila. uddhata. vikiṇṇa. vimana.
산만한 이야기 nānattakathā.
산맥(山脈) pabbata.
산모(産母) vijāyantī.
산목숨을 죽이지 않는 것 apāṇâtipāta.
산물(産物) sañjāti.
산불 dāvaggi. davaḍāha. davadāha.
산비탈 pavana.
산사(山查) āmaṇḍa. āmalaka. āmalakī.
산산조각 나다 khaṇḍati.
산산조각 난 pamathita.
산산조각 내다 khaṇḍeti.
산산조각 냄 ālumpakāra.
산산조각으로 odhiso.
산술(算術) gaṇanā. gaṇikā. gaṇita. saṅkhānasippa.
산술에 능한 사람 gaṇaka.
산술의 도(道) gaṇanāpatha.
산스크리트어 sakkatabhāsā.
산실(産室) vijātāghara.
산악(山岳) giri.
산악학(山岳學) pabbatavijjā. giripabhedañāṇa.
산양(山羊) aja. vātamiga.
산양을 삼키는 것 ajagara.
산양의 목녀(牧女) ajapālikā.
산양의 목자 ajapāla.
산양의 무리 ajayūtha.
산업(産業) kammanta.

산에 있는 동굴 pabbhāra.
산에서 기원하는 pabbateyya.
산왕(山王) girirājā. pabbatarājan.
산위성(山圍城)[지명] Giribbaja.
산위에 선 pabbataṭṭha.
산의 낭떠러지 pabbatavisama.
산의 능선 kaṭaka.
산의 동굴 giribbaja. girigabbhara. giriguhā. pabbatakandara. pabbatavivara.
산의 목초지 pabbatakaccha.
산의 벼랑 pabbatavisama.
산의 시간[점성술] pabbatutu.
산의 왕 girirājā. pabbatarājan.
산의 왕국 pabbataraṭṭha.
산의 절벽 ataṭa.
산의 정상 pabbatakūṭa. pabbatasaṅkhepa.
산의 피난처 giribbaja.
산이 많은 지방의 사람 pabbata.
산적꼬챙이(散炙-) sūlā. maṁsasūla. bhūnāsikā.
산정(山頂) kūṭa.
산죽(酸粥) āranāḷa. bilaṅga. sovīraka. suvīraka.
산죽(酸粥)의 남겨진 것 ucchiṭṭhakañjika.
산중턱 passa.
산지(産地) ākara.
산책(散策) anucaṅkamana. anuvicaraṇa. caṅkama. caraṇa. jaṅghāvihāra. parikkamana. vikkama. sañcaraṇa.
산책하는 습관이 있는 caṅkamika.
산책하다 caṅkamati. vañcati. sañcarati.
산출(産出) abhinipphatti. āyūhana. āyūhanā. āyūhanī. nibbatti. nimmāṇa. pabhava. pasava. sambhava. samudaya.
산출되다 abhinippajjati. samuppajjati. sañjāyati. vuṭṭhahati.
산출된 abhinippanna. bhūta. pasaṭa. sambhūta. samubbhūta. samuppanna. sañjāta. bhāvita. uppādita.
산출물(産出物) uppāditavatthu. uppannaphala.
산출의 기쁨 nimmāṇarati.
산출하는 janana. pāsāvin. uṭṭhānaka.
산출하다 anudassati. āpādeti. bhāveti. nipphādeti. pasajati. āvahati. samupajaneti. upajanayati. upasaṁharati. uppādeti. uṭṭhāpeti.
산통(産痛) kammajavāta. vātaroga.
산파(産婆) apaccadā. sūtikā.
산포(散布)된 okkhita. → 흩뿌려진.
산포하는 segālaka.
산포하다 → 흩뿌리다.
산혈(山穴) pabbatakandara.
산호(珊瑚) pavāla. pavāḷa.
산호로 만든 pavālamaya.
산호수(珊瑚樹) pāricchatta(ka). mandāra. mandārava.
산호초(珊瑚礁) kakkaṭakanala.
살 maṁsa. pista.
살 수 있는 vatthabba.
살가야(薩迦耶) sakkāya.
살가야견(薩迦耶見) sakkāyadiṭṭhi.
살갈퀴 kulattha.
살갈퀴 속의 각종 초본(草本) kulattha.
살게 되다 vussati.
살게 하다 vāsāpeti. vāseti.
살고 있는 āvuttha. dharamānaka. paribbasāna.
살과 피 maṁsalohita.
살기 쉬운 sujīva.
살기 어려운 durāvāsa.
살기에 적합하지 않은 anājīvabhūta.
살나무[식물] assakaṇṇa.
살다 abhinivasati. acchati. adhivasati. ajjhāvasati. āsīyati. āvasati. balati. dharati. jīvati. nisīdati. nivasati. parivasati. paṭivasati. sammati. seti. sayati. tiṭṭhati. upavasati. vasati.
살라부(薩羅浮)[지명] Sarabhū.
살라유(薩羅遊)[지명] Sarabhū.
살림 ājīva.
살모사(殺母蛇) goṇasa. gonasa.
살부(殺父) pitughāta.
살비야(薩毘耶)[인명] Sabhiya.
살생(殺生) pāṇātipāta.
살생을 포함하는 sārambha.
살생하는 사람 bhūhata. bhūnaha.
살생하지 않음 veramaṇī.
살아가는 ājīvin.
살아남은 hatâvasesaka. ṭhāyaka.
살아야 할 vatthabba.
살아온 vusita. vuttha.
살아있는 jīva. jīvaka. jīvamānaka.
살아있는 사람 jīvaka.
살아있는 생명을 죽이는 것 pāṇātipāta.
살아있는 생명을 해치는 것을 삼가는 것 pāṇātipātā veramaṇī.
살아있는 한 pāṇupetaṁ.
살아있지 않은 anindriyabaddha. ubbāsita.
살아지지 않다 ubbāsīyati.
살육(殺戮) māraṇa. nisūdana. saṅghāta. vadha. vighāta. āghātana.
살육된 hatapahata.

살의(殺意) hiṁsāmano. maraṇâdhippāya. vadhakacitta.
살이(撒餌) nivāpa.
살인(殺人) parapāṇarodha.
살인무기 maṭaja(?).
살인자(殺人者) atipātin. ghātikā. ghātin. hantar. hiṁsaka. māretar. vadhaka.
살점을 낚는 고문(拷問) balisamaṁsikā.
살지 않는 anajjhāvuttha. avāsa.
살지 않다 ubbāsīyati.
살찌다 medeti.
살찐 thūlasarīra. thullasarīra. vaṭhara. moligalla(?).
살충제(殺蟲劑) kīṭanāsakosadha.
살코기 āmisa. daddula.
살타(薩陀) satta.
살포(撒布) abhikiraṇa. avattharaṇa. avatthāraṇa. ottharaṇa. otthāraṇa. nittharaṇa. okiraṇa. samokiraṇa. upasecana. vikiraṇa. vipphāra.
살포된 anuvikkhitta. anuvisaṭa. paccatthata. phosita. samotata. ukkhita. vicchurita.
살포하다 abbhokirati. abbhukkirati. abhikirati. ākirati. avattharati. nisiñcati. okirāpeti. pariyottharati. phoseti. samokirati.
살피다 apaviṇati. apavīṇati. apaveṇati. jaggati. sampassati. saṅkhāti. saṅkhāyati. saṅkhāti.
살피지 않는 appaṭijaggat.
살핌 upaṭṭhāna.
살해(殺害) abhighātana. āghāta. atipāta. ghañña. ghāta. ghātaka. hanana. haññana. hiṁsā. hiṁsana. mārāpana. nigghātana. nigha. nighāta. par.apāṇarodha. samārambha. vadha. voropana.
살해되다 haññati. haññate. māriyati. sassati.
살해되어 사지가 흩어진 hatavikkhittaka.
살해되어 사지가 흩어진 시체에 대한 지각 hatavikkhittakaññā.
살해되어야 할 vajjha. hantabba.
살해된 abhinihata. atimāpita. ghātita. hata. mārita. nihata. pahata. sattha. ugghātita. vikoṭṭita. vadhita. vihata.
살해될 수 없는 avajjha.
살해시키다 hanāpeti.
살해자(殺害者) ghātikā. ghātin. hantar. hiṁsaka. hiṁsitar. māraka. māretar.
살해하게 하다 atimāpayāpeti.
살해하는 abhighātin. ghātaka. ghātin. hacca. abhinihanati. abhinīhanati. atimāpeti. ghāteti. mārāpeti.
살해하다 abhihanati. atimāpeti. atipateti. atipāteti. ghāteti. hanati. hanti. hiṁsati. jhāpeti. kajjati. māreti. nāseti. pāteti. sasati. vadhati. vadheti. vajjheti. vighāteti. vihanati
살해하지 않는 ahiṁsaka.
살해하지 않음 ahiṁsā. ahiṁsana.
삶 attabhāva. ājīva. āvāsa. carita. caritaka. īhita. jīvana. vāsa. vihāra. viharaṇa.
삶다 kuthati.
삶아서 먹는 야채 sāka.
삶아지지 않은 apakka.
삶아진 nippakka. sinna.
삶에 대한 욕구 jīvitanikanti.
삶에서 (평안이) 성취된 상태 vihārasamāpatti.
삶은 떡의 맛 pappaṭakojā.
삶을 살게 하는 자 kappetar.
삶을 영위하다 ajjhāvasati.
삶음 randhana.
삶의 규칙 sājiva.
삶의 멍에 vāsadhura.
삶의 시간에 대한 결정 addhānaparicchedа.
삶의 실천 cariya. cariyā.
삶의 의무 vāsadhura.
삶의 의미 vihāraṭṭha.
삶의 종결에 대한 갈망 vibhavataṇhā.
삶의 지속 addhāyu.
삶의 책임 vāsadhura.
삶의 청정을 가져오는 계행 pārisuddhisīla.
삼(3) taya. tayo.
삼(3)개월 간 temāsaṁ.
삼(3)과 이분의 일(1/2) upaḍḍhacatuttha.
삼(3)일 tīha.
삼(3)회 tikkhattuṁ.
삼(麻) ummā. bhaṅga. saṇa. sāṇa.
삼가기 어려운 duppaṭinissaggin. duppaṭinissaggiya.
삼가는 ārata. orata. paṭivirata. virata.
삼가는 것 vivajjana.
삼가다 abhivāreti. paṭigūhati. paṭiviramati. uparamati. vajjati. vajjeti. viramati. viveceti.
삼가지 않는 appaṭivirata.
삼각(三脚) 지팡이를 지닌 자 tedaṇḍika.
삼각가(三脚架) tidaṇḍa.
삼각형(三角形) tikoṇaka.
삼감 paṭivirati. viramaṇa. virati.
삼감의 정신적 속성 viraticetasika.
삼거죄사(三擧罪事) tīṇi codanavatthūni.
삼결(三結) tayo saṁyojanā. tīṇi saṁyojanāni.
삼계(三界) tiloka. tisso dhātuyo.

삼계에 속하는 모든 것 pariyāpannadhamma.
삼계의 tedhātuka.
삼계의 존재에 속하는 tebhūmaka.
삼고(三苦) tisso dukkhatā.
삼과 이분의 일(10½) aḍḍhekādasa.
삼과 이분의 일(3½) aḍḍhuḍḍha. aḍḍhacatuttha.
삼교(三憍) tayo madā.
삼구(三求) tisso esanā.
삼구족(三具足) tisso sampadā.
삼귀의(三歸依) tisaraṇa.
삼귀의(三歸依)를 외우는 tevācika.
삼근(三根) tīṇi indriyāni.
삼길사(三吉事) tayo maṅgalā.
삼년 또는 사년을 넘는 terovassika.
삼논사(三論事) tīṇi kathāvatthūni.
삼단논법(三段論法) tidhābhūtatakka.
삼단논법의 구성요소 avayava.
삼도(三刀) tīṇi satthāni.
삼락생(三樂生) tisso sukhûpapattiyo.
삼루(三漏) tayo āsavā.
삼리(三離) tisso virati.
삼림(森林) arañña. aṭavi. aṭavī. vana. vanapattha.
삼림거주자 vanavāsin. kantārapaṭipanna.
삼림국가(森林國家) aṭavijanapada.
삼림수(森林樹) vanappati. vanaspati.
삼림주(森林住) sandavihāra.
삼림지대(森林地帶) vanagumba.
삼마발저(三摩跋底) samāpatti.
삼만(三慢) tisso vidhā.
삼매(三昧) samādhi.
삼매가 아님 asamādhi.
삼매등지선교(三昧等至善巧) samādhisamāpattikusalatā.
삼매로 이끌지 않는 asamādhisaṁvattanika.
삼매를 구족한 samādhisampanna.
삼매를 닦는 수행자 samādhikammika.
삼매를 선구로 하는 samādhipamukha.
삼매에 대한 대화 samādhikathā.
삼매에 도움이 되는 samādhisaṁvattanika.
삼매에 도움이 되는 수단 samādhiparikkāra.
삼매에 들지 않은 asamāhita. asamāpanna.
삼매에 익숙한 samādhikusala.
삼매에서 느끼는 행복이 아닌 행복 asamādhisukha.
삼매에서 생겨난 samādhija.
삼매온(三昧蘊) samādhikkhandha.
삼매와 성취에 밝은 것 samādhisamāpattikusalatā.
삼매의 다발 samādhikkhandha.
삼매의 성취 samādhisampadā.
삼매의 인상 samādhinimitta.
삼매의 조건 samādhinimitta.
삼매의 존중 samādhigāravatā.
삼매의 퍼져나가는 불가사의한 힘 samādhivipphāriddhi.
삼매의 편만(遍滿) samādhivipphāra.
삼매의 힘 samādhibala.
삼명(三明) tevijjā. tisso vijjā.
삼명(三明)을 갖춘 tevijja.
삼묘행(三妙行) tīṇi sucaritāni.
삼무상(三無上) tīṇi anuttariyāni.
삼미띠[부파] Sammiti.
삼미띠야[부파] Sammitiya.
삼미저부(三彌底部)[부파] Sammiti.
삼바바(三婆婆)[인명] Sambhava.
삼발바(參跋婆)[인명] Sambhava.
삼발이[전차의 부품] tidaṇḍa.
삼백(300) tisata.
삼번뇌(三煩惱) tayo kilesā.
삼법발취(三法發趣) tikapaṭṭhāna.
삼법인(三法印) tilakkhaṇa. tīṇi lakkhaṇāni.
삼베다(三吠陀) tayo vedā.
삼베다학자(三吠陀學者) tevijja.
삼변(三邊) tayo antā.
삼보(三寶) tīṇi ratanāni. tiratana. ratanattaya. tīṇi ratanāni. tiratana.
삼보리(三菩提) sambodhi. tibodhi.
삼복업사(三福業事) tīṇi puññakiriyavatthūni.
삼불선계(三不善界) tisso akusaladhātuyo.
삼불선근(三不善根) tīṇi akusalamūlāni.
삼불선사(三不善思) tayo akusalasaṅkappā.
삼불선상(三不善想) tisso akusalasaññā.
삼불선심(三不善尋) tayo akusalavitakkā.
삼불찰토(三佛刹土) tīṇi buddha(k)khettāni.
삼사문상(三沙門想) tisso samaṇasaññā.
삼사유(三思惟) tayo vitakkā.
삼삼매(三三昧) tayo samādhi.
삼상(三相) tīṇi lakkhaṇāni. tilakkhhaṇa. tīṇi nimittāni.
삼상주론(三常住論) tayo sassatavādā.
삼색화(三色花)[식물] phārusa. phārusaka.
삼선(三善) kusalattika.
삼선(三禪) tatiyajjhāna.
삼선계(三善界) tisso kusaladhātuyo.
삼선교(三善巧) tīṇi kosallāni.
삼선근(三善根) tīṇi kusalamūlāni.
삼선사(三善思) tayo kusalasaṅkappā.

삼선상(三善想) tisso kusalasaññā.
삼선심(三善尋) tayo kusalavitakkā.
삼선행(三善行) tīṇi sucaritāni.
삼수(三修) tisso bhāvanā.
삼수(三受) tisso vedanā.
삼시(三時) tayo addhā. addhanttaya. atītattika.
삼식(三食) tikabhojana.
삼신변(三神變) tīṇi pāṭihāriyāni.
삼신죽(三辛粥) tekaṭulayāgu.
삼실괴(三失壞) tisso vipattiyo.
삼심멱(三尋覓) tisso esanā.
삼십(30) tidasa. tiṁsa. tīsa.
삼십삼(33) tāvatiṁsa. tettiṁsa.
삼십삼천(三十三天) tidasadeva. tidiva. tidasa.
삼십삼천계(三十三天界) tāvatiṁsadevaloka.
삼십삼천궁(三十三天宮) tāvatiṁsabhavana.
삼십삼천의 tāvatiṁsa.
삼십삼천의 궁전 tidasabhavana. tidasapura.
삼십삼천의 도시 tidasabhavana. tidasapura.
삼십삼천의 무리 tidasagaṇa.
삼십삼천의 상태 tidasabhavana.
삼십삼천의 우두머리 tidasâdhipati.
삼십삼천중(三十三天衆) tāvatiṁsaparisā. tidasagaṇa.
삼십육(36) chattiṁsa.
삼십육(36)회 chattiṁsakkhattuṁ.
삼십육애행(三十六愛行) chattiṁsa taṇhāvicaritāni.
삼십이(32) battiṁsa. battiṁsati. dvattiṁsa.
삼십이대인상(三十二大人相) dvattiṁsamahāpurisalakkhaṇa.
삼십이상(삼십이상) dvattiṁsalakkhaṇa.
삼십이신분(三十二身分) dvattiṁsākāra.
삼십칠보리분법(三十七菩提分法) sattatiṁsabodhipakkhiyadhamma. sattatiṁsa bodhipakkhiyā dhammā.
삼십칠조도품(三十七助道品) sattatiṁsabodhipakkhiyadhamma. sattatiṁsa bodhipakkhiyā dhammā.
삼씻기[놀이] sāṇadhovana. sāṇadhovikā.
삼아[~으로] āgamma.
삼악행(三惡行) tīṇi duccaritāni.
삼안(三眼) tīṇi cakkhūni.
삼애(三愛) tisso taṇhā.
삼어로(三語路) tayo vādapathā.
삼업도(三業道) tayo kammapathā.
삼업집연(三業集緣) tīṇi nidānāni kammānaṁ samudayāya.
삼염(三染) tayo kilesā.
삼온(三蘊) tayo khandhā.
삼요(三搖) tayo nighā.
삼욕생(三欲生) tisso kāmûppattiyo.
삼월(三月)[남방음력 11월 16일 ~ 12월 15일] phagguṇa. phaggunī.
삼유(三有) tayo bhavā.
삼유(三有) tibhava.
삼의(三衣) ticīvara.
삼의(三疑) tisso kaṅkhā.
삼익(三益) tayo atthā.
삼인(三人) tayo puggalā.
삼장 이외의 서적 saṅgaha.
삼장(三藏) piṭakattaya.
삼장(三障) tayo kiñcanā.
삼장(三仗) tīṇi āvudhāni.
삼장(三藏) tipiṭaka.
삼장법사(三藏法師) tepiṭaka. tipeṭakin. tipiṭakadhara.
삼장에 정통한 tepiṭaka. tipeṭakin. tipiṭakadhara.
삼장에 통달한 자 piṭakaññū.
삼장을 암송하는 사람 piṭakadhara.
삼장의 권위에 근거해서 piṭakasampadāya.
삼장의 전승에 따라 piṭakasampadāya.
삼재(三栽) tayo khilā.
삼적묵(三寂默) tīṇi moneyyāni.
삼전십이행상(三轉十二行相) tiparivaṭṭadvādasākāra.
삼점청정(三點淸淨) tikoṭiparisuddhi.
삼정(三定) tayo samādhi.
삼종녀(三種女) tisso itthiyo.
삼종사(三種師) tayo satthāro.
삼종사(三種死) tividhamaraṇa.
삼종신(三種神) tayo devā.
삼종신악행(三種身惡行) tividhakāyaduccarita.
삼종아득(三種我得) tayo attapaṭilābhā.
삼종의악행(三種意惡行) tividha manoduccarita.
삼종장로(三種長老) tayo therā.
삼종환자(三種患者) tayo gilānā.
삼주(三住) tayo vihārā.
삼중(三衆) tayo parisā.
삼증상(三增上) tīṇi adhipatteyyāni.
삼지(三智) tīṇiñāṇāni.
삼집(三集) tikapāta. tiṁsapāta.
삼찰나(三刹那) tayo khaṇā.
삼천(三天) tidiva.
삼청정(三淸淨) tīṇi soceyyāni.
삼촉(三觸) tayo phassā.
삼촌(三寸) cullapitar.
삼출리계(三出離界) tisso nissaraṇiyā dhātuyo.

삼취(三聚) tayo khandhā. tayo rāsī.
삼층(三層)의 tibhūmaka.
삼켜지다 khajjati.
삼키게 하다 paccācameti. paccācamāpeti.
삼키는 것 ajjhohāra.
삼키다 ajjhoharati. ghasati. gilati. khādati. ogilati. paccācamati. parigilati.
삼킨 ghasta.
삼킬 수 있는 galajjhoharaniya.
삼킴 gilana.
삼편지(三遍知) tisso pariññā.
삼품(三品)으로 이루어진 tivagga.
삼학(三學) tisso sikkhā. sikkhattaya.
삼해탈(三解脫) tayo vimokkhā.
삼행(三行) tayo saṅkhārā.
삼행시(三行詩) tipada.
삼형제를 지닌 tebhātika.
삼혜(三慧) tisso paññā.
삼화(三火) tayo aggi.
삼화합(三和合) tisso sāmaggiyo.
삼희론(三戱論) tayo papañcā.
삽 ākha. ākhanika. chaḍḍanī. khanitī. kuddāla.
삽색(澁色) kasāya. kasāva.
삽십구(39) ekūnacattāḷīsa.
삽십일(31) ekatiṁsa.
삽입(揷入) āgama. antare pakkhipana.
삽입(揷入)하다 appeti. opati. antare paveseti.
삽화적(揷話的)인 pāsaṅgika. antarāgata.
삿된 견해가 없음 adiṭṭhi.
삿된 고행자 kūṭajaṭila.
상(象) hatthin.
상(像) rūpa.
상(想) saññā.
상(相) vyañjana. nimitta. lakkhaṇa. rūpa.
상기(商伽)[인명] Caṅki.
상가(商街)거리 antarāpaṇa.
상가띠 옷(saṅghāti)의 윗끝 uttamanta.
상감세공(象嵌細工)으로 장식하다 khacati.
상감으로 장식된 khacita.
상거래(商去來) kayavikkhaya.
상거래법 kayavikkhayavatthu.
상거래의 규칙 kayavikkhayasikkhapāda.
상거래의 질서를 어김 kayavikkhayâpatti.
상걸식자(常乞食者) piṇḍapātika.
상걸식지(常乞食支) piṇḍapātikaṅga.
상견실(常堅實) niccasāra.
상결정집(上決定集)[서명] Uttaravinicchaya.
상경(象經) hatthisutta.
상공(相空) lakkhaṇasuñña.
상관없는 anapekkha.
상관없는 논쟁점 bāhiramātikā.
상관하지 않는 ummukha.
상군(象軍) hatthisenā.
상기(想起) anussaraṇa. anussati. abhijāna.
상기(詳記) vivecitatta.
상기시켜지다 sāriyati.
상기시키다 sāreti. sārayati.
상기시킴 sarāpana.
상기하는 paṭissata. paṭissatika. patissata.
상기하다 anussarati. paṭidhāvati. samabhijānāti. samanussarati.
상끼라나[점술의 용어(?)] saṅkiraṇa.
상냥하지 않음 avadaññutā.
상냥한 pesala. piyavacana. sakhila.
상냥한 말 vācapeyya.
상냥함 anukūlabhava.
상논모(相論母) lakkhaṇamātikā.
상놈이라는 비난 ibbhavāda.
상담(相談) āmantaṇa. āmantana. mantana. mantaṇa. mantanā. mantaṇā.
상담자(相談者) āmantaṇika. mantin.
상담하는 āmantaṇika.
상담하다 āmanteti. manteti. sampucchati.
상담해서 sampuccha.
상당하다 agghati.
상당한 pahūta.
상당히 빠른 adandha.
상대(相對) paccāmitta. paṭipakkha.
상대가 없는 appaṭima.
상대와 씨름하는 paṭimalla.
상대의 씨름선수 paṭimalla.
상대적 관점 pariyāya.
상대적 관점에서 가르쳐진 pariyāyadesita.
상대적인 공간 tāvata.
상대적인 유희 paṭikeḷanā.
상대하여 sammukha.
상도를 벗어난 niyamaviruddha. lokācārapaṭipakkha.
상동관계(相同關係) samānatta. samānatā. sarūpatta. sarūpatā.
상두산(象頭山)[지명] Gayāsīsa.
상득(想得) saññāpaṭilābha.
상등지(想等至) saññāsamāpatti.
상류(想類) saññāgata.
상류(上流)로 uddha. uddha. uddhaṁ. uddhasotaṁ. ussotaṁ.
상류로 가는 uddhagāmin. uddhaṁgama. uddhaṁgāmin. uddhaṁvāhin.

상류로 이끌지 못하는 anuttiṇṇa.
상류로 향해가는 uddhaṁsota.
상류로 향해서 색구경천까지 가는 님 uddhaṁsotâkaniṭṭhagāmin.
상류색구경행자(上流色究竟行者) uddhaṁsotâkaniṭṭhagāmin.
상류에 친 그물 uddhajāla.
상류자(上流者) uddhaṁsota.
상류의 궁극적인 미세한 물질계의 하느님 세계에 화생하여 완전한 열반에 드는 님 uddhaṁsotâkaniṭṭhagāmin.
상류출신의 jātisampanna.
상륙(上陸)하다 otarati.
상립행자(常立行者) ubbhaṭṭhaka.
상무자(象務者) hatthivatika.
상문설(相問說) lakkhaṇāyuttikathā.
상미세지(想微細智) saññāsokhumma.
상민(常民) ibbha.
상박(相搏)하는 paṭimalla.
상반(相反)되는 saṅkusaka.
상반신(上半身) uparimakāya.
상반신이 사자 같은 sīhapubbaddhakāya.
상반신이 허리까지 구부러지는 난쟁이 kaṭivāmana.
상방(上方)으로 uddha. uddhaṁ.
상배(象背) hatthikkhandha.
상범(上梵) adhibrahman.
상법(像法) saddhammapaṭirūpaka.
상법(常法) ṭhitadhamma.
상법정(常法淨) āciṇṇakappa.
상병대(象兵隊) hatthānīka. hatthikāya.
상병법(象兵法)을 배우다 hatthismiṁ sikkhati.
상보(象寶) hatthiratana.
상복부(上腹部) bāhirodara. udarūparibhāga.
상부(上部) piṭṭhi. piṭṭhī.
상부의 uddhaṁbhāgiya. uparima.
상부의 잠재의식 piṭṭhibhavaṅga.
상비의(象鼻衣) hatthisoṇḍaka.
상사(象師) aṅkusaggaha. hatthâcariya. hatthidamaka. hatthidammasārathi. hatthibandha. hatthibhaṇḍa.
상사병(相思病)의 kāmātura.
상상(想像) kappana. maññita. kappa. paccavekkhā.
상상된 aggatokata. kappita. kappiya.
상상된 형태 kappitâkāra.
상상력이 풍부한 kavita.
상상의 산물로 구성되다 kappīyati. kappiyyati.
상상적(想像的)인 saṅkappita. cintāmaya.
상상적인 관념에 기초한 사유 kappanagahaṇa.
상상하다 kappeti. maññati. papañceti. saṅkappeti. upadhāneti. parikappeti.
상색(相色) lakkhaṇarūpa.
상서(祥瑞) sirī.
상서로운 lakkhañña.
상서로운 제사 anukūlayañña.
상서로운 주문에 대한 지식 sivavijjā.
상서로움 abhilakkhitatta.
상석(上席) aggâsana.
상선(商船) vāṇijanāvā.
상선교(相善巧) nimittakosalla.
상설(詳說) niyamana.
상세(詳細) vibhatti. vitthāra.
상세하게 되다 vitthāriyati.
상세하지 않음 avitthāra.
상세한 ukkaṭṭha. vibhattika. vipañcita. vitthāratā.
상세한 가르침 ukkaṭṭhadesanā.
상세한 것을 아는 자 vipañcitaññū.
상세한 계율 abhivinaya.
상세한 새김 sativepulla.
상세한 설명 ukkaṭṭhaniddesa.
상세한 특징 anuvyañjana. anubyañjana.
상세한 특징에 관하여 anuvyañjanaso.
상세한 특징에 대한 만족에 묶인 anuvyañjanassādagadhita.
상세한 특징을 다루는 anuvyañjanagāhin.
상세히 vitthārena.
상세히 계산하면 vitthāragaṇanā.
상세히 설명되는 savibhattika.
상세히 연구하다 pavicarati.
상세히 질문하다 samanugāhati.
상소리를 하는 mukhara.
상소옥(象小屋) hatthisālā.
상속(相續) āgamana. sambandhana. santati. paramparā. santāna.
상속되는 습기 santānavāsanā.
상속된 anvayâgata.
상속법(相續法) vaṭṭa.
상속습기(相續習氣) santānavāsanā.
상속에 의해 구족계를 받음 dāyajja.
상속으로 bāhāparamparāya.
상속자(相續者) orasa. dāyāda. dāyādaka.
상속자가 없는 adāyāda.
상속자의 orasaka.
상속현재(相續現在) santatipaccuppanna.
상쇄(相殺) anukkhepa.
상수멸(想受滅) saññāvedayitanirodha.

상수멸정(想受滅定) saññāvedayitanirodhasamāpatti.
상술(詳述) vibhāga. vivecitatta.
상술된 vitthārita. vinicchita.
상술하는 vibhattavant.
상스러운 anīcavutti. asabbha. asabbhin. chava.
상스러운 모습의 asabbharūpa.
상스러운 행위 asabbhikāraṇa.
상습적(常習的)인 āciṇṇa.
상승(上乘) abhirūhana. adhiroha. āruhana. ārūhana. samāruhana. udayana. ugga. uggacchana. uggama. uggamana. uggatatta. unnama. unnamana. uparibhāva.
상승된 adhirūḷha. samuparūḷha. uddhasta. uddhaṭa. uggata.
상승시킴 samāropana.
상승하고 uggamma.
상승하고 침강하는 unnāmininnāmin.
상승하다 accuggacchati. ubbattati. ubbaṭṭati. uggacchati.
상시(常施) niccadāna.
상시물(常施物) niccabhattaka.
상시식(常施食) niccabhatta.
상식(常食) niccabhatta.
상식(常識) nītimaṅgala.
상식이 없는 dirasaññu(?).
상신여사자상(上身如獅子相)[삼십이상] sīhapubbaḍḍhakāya.
상실(喪失) anaya. apāya. parājaya. parikkhaya. vyasana.
상실과 불운 anayavyasana.
상실된 nikhiṇa.
상실하다 parājiyati.
상실한 atīta. parājita. ucchinna.
상아(象牙) hatthidanta. danta. dantâjina. dāṭhā. daṭṭhā. nāgadanta. reruka. visāṇa.
상아그릇 dantavikati.
상아로 된 발목장식 dantavalaya.
상아로 만든 danta. dantamaya.
상아를 지닌 dantin. dāṭhin.
상아브로치 dantaka.
상아사(象牙師) cunda.
상아세공사 cunda. dantakāra.
상아세공사의 거리 dantakārāvīthi.
상아팔찌 dantavalaya.
상어[어류] susu. susukā.
상어술(象御術) hatthārūyha.
상연된 samannāhata.
상연분(相緣分) paṭiccavāra.
상온(想蘊) saññakkhandha.
상왕(象王) hatthirājan.
상월수녀(常月水女) dhuvalohitā.
상위(相違) paṭivirodha. tuvantuva.
상위(相違)가 없음 avirodha. avirodhana.
상위(相違)의 vyāruddha.
상위(相違)하지 않은 aviruddha.
상위석(相違釋) dvanda.
상유(想有) saññābhava.
상을 주다 anuppadeti. anuppādeti.
상응(相應) sampayoga. yutti.
상응(相應)된 sampayutta.
상응권속(相應眷屬) sampayuttaparivāra.
상응변(相應辯) yuttapaṭibhāna.
상응부(相應部)[경장] Saṁyuttanikāya.
상응부사(相應部師) saṁyuttabhāṇaka.
상응부의 스승 saṁyuttabhāṇaka.
상응부의소(相應部義疏)[주석] Saṁyuttaṭṭhakathā.
상응부주석[주석] Saṁyuttaṭṭhakathā.
상응상(相應相) sampayogalakkhaṇa.
상응시키다 samānattaṁ pāpeti.
상응연(相應緣) sampayuttapaccaya.
상응지(相應支) sampayogâṅga.
상응하는 anurūpa.
상응하는 가르침 yathânulomasāsana.
상응하는 조건 sampayuttapaccaya.
상응하지 않는 ananucchavika.
상응하지 않는 조건 vippayuttapaccaya.
상응하지 않은 ananucchaviya.
상의(相議) mantana. mantaṇa. mantanā. mantaṇā. sākacchā.
상의(上衣) uparivasana. uttarasaṅgha.
상의(上衣)의 uttara. uttarāsaṅga.
상의를 입은 katuttarasaṅga.
상의하다 sammanteti. sākacchati. manteti. sādhakāni pariyesati.
상이계심(上二界心) mahaggatacitta.
상이한 asamāna. aññādisa.
상이한 격의 형태 asamānavibhattika.
상이한 논리적 요소를 갖춘 avayavâdisampanna.
상이한 성을 지닌 asamānaliṅga.
상이한 수(數)의 asamānavacanaka.
상이한 어미를 지닌 asamānanta.
상이한 업의 본성에 의해서 특징지어지는 것 kammantararūpalakkhaṇatā.
상이한 정신상태의 분석 avatthantarabheda.
상이한 종류의 자리를 가진[의자나 침대 등] asa-

mānâsanika.
상인(商人) āpaṇika. kammika. kayajana. kayaka. kayika. kayin. pattharika. tulādhāra. vāṇija. vāṇijaka. vaṇin.
상자(箱子) caṅgavāra(ka). caṅgoṭaka. kañcuka. karaṇḍaka. pañjara. mañjūsā. samugga.
상자성(常磁性)의 ayokantākaḍḍhanīya.
상자의 근처 karaṇḍakasamīpa.
상재(上財) dhanagga.
상적(象跡) hatthipada.
상적(相敵) sapatta.
상적유(象跡喩) hatthipadopamā.
상적정(想寂靜) saññāvūpasama.
상점(商店) āpaṇamukha. paggāhikasālā. paṇasālā.
상점을 여는 것 āpaṇûgghāṭana.
상점의 배치 āpaṇaracaṇa.
상점의 좌판 āpaṇaphalaka.
상점이 많은 것 āpaṇabahulatā.
상정(上程) āropana. āropanā.
상정된 ārūḷha.
상제자(相弟子) samānûpajjhāya.
상좌(床座) senāsana. mañcapīṭha.
상좌(上座) thera.
상좌부(上座部) theravāda. vibhajjavādin.
상좌불와지(常坐不臥支) nesajjikaṅga.
상좌사(上座師) theravādin.
상좌위(上座位) thāvareyya.
상주(常住) niccatā. niccatta.
상주론자(常住論者) sassatika.
상주신(常住身) sakkāya. sassatakāya.
상주하는 ṭhita. satata. santata. sassata. nicca.
상주하는 몸 sakkāya. sassatakāya.
상죽(常粥) dhuvayāgu.
상징(象徵) aṅka. dhaja. pariyāya. paṭimā. ciṇha. visesalakkhaṇa.
상징적(象徵的)인 ciṇhāyatta. visesaviññāpaka.
상징주의(象徵主義) lakkhaṇapaddhati.
상징하다 lakkhaṇehi viññāpeti.
상찬(賞讚) pasaṁsana. thuti.
상찬이취등명(償理趣燈明)[서명] Saṁvaṇṇanānayadīpanī.
상찬하다 uṭṭhāpeti. vaṇṇeti.
상처(傷處) aru. aruka. khataka. pahāra. upahati. vaṇa. vedha. āvedha.
상처가 새로 생긴 allavaṇa.
상처가 없는 abbaṇa. akkhata. avaṇa.
상처가 없이 akkhata.
상처를 입다 anuvijjhati. rujati.
상처를 입은 khata. rujanaka. ugghaṭṭa. ugghaṭṭha. upaghaṭṭita. vaṇita.
상처를 입히는 upaghāta. upaghātaka. upaghātin.
상처를 입히는 말 dukkhavāca.
상처를 입히다 heṭheti. heṭhayati. nibbijjhati. upahiṁsati. upalikkhati. vihiṁsati.
상처를 입힘 katana. kaṭana. upaghātana.
상처를 주는 말 atidukkhavāca.
상처를 주지 않고 anupahacca.
상처를 치료하기 위한 붕대 vaṇacoḷaka.
상처받다 upahaññati.
상처받은 atigāḷhita.
상처받지 않는 avyāpajjha. avyāpajja.
상처에 바르는 연고 arumakkhaṇa.
상처에 연고를 바르는 vaṇālepana.
상처의 구멍 vaṇamukha.
상처의 치료 vaṇapaṭichādana. vaṇapaṭikamma.
상처입지 않은 nirupaghāta.
상처투성이의 arubhūta.
상청(常請) niccapavāraṇa.
상취온(想取蘊) saññûpādānakkhandha.
상층(上層) uparimatala. pāsādatala.
상층덜기 sikhābheda.
상층세계에 사는 uddhalokavāsin.
상층의 방[목욕실?] piṭṭhikoṭṭhaka.
상층의 천계 uparidevaloka.
상층의 코너 kaṇṇikā.
상층침대 atimañca.
상쾌하게 함 tappaṇa.
상쾌한 kallakāya.
상쾌함 parinibbāpana. utu.
상태(狀態) bhāva. bhavatta. dhamma. dhātu. karaṇa. kiriyatā. sabhāva. ṭhāna. vāsa. vuttitā.
상태가 되게 하다 āpādeti.
상태가 되다 upagacchati.
상태가 됨 upagama.
상태에 관한 지혜 ṭhitiñāṇa.
상태에 떨어지다 āgacchati.
상태에 있는 ṭhāyin.
상투(常套) cūḷa. cūḷā. cūḷikā. sikhā. sikhābandha.
상투(象鬪) hatthiyuddha.
상투를 튼 kirīṭin. cūḷaka.
상표를 붙이다 aṅketi.
상품(商品) bahubhaṇḍa. bhaṇḍa. paṇiya. vikkayikabhaṇḍa. vittopakaraṇa. vikkayabhaṇḍa. bhaṇḍaka.
상품을 취급하는 (상인) bhaṇḍāhāraka.

상품의 더미 bhaṇḍikā.
상피병(象皮病) sīpada.
상피병에 걸린 sīpadin. sīpadika.
상피병자(象皮病者) sīpadin. sīpadika.
상하게 하다 paridūseti. vyāpādeti.
상항식(常恒食) dhuvabhatta.
상해(傷害) abhinipāta. abhinipātana. apakāra. ārambha. bādhana. dubbhana. kaṭha. kaṭhana. hiṁsā. hiṁsana. midha. pīḷana. pīḷā. samārambha. upahanana. upahaṇana.
상해가 없는 avyābādhana.
상해를 받지 않는 ariṭṭha.
상해를 입은 atimāpita.
상해를 주다 kathati.
상해자(傷害者) hiṁsitar.
상해하게 만들다 atimāpayāpeti.
상해하는 apakāraka. dubbha. dūbha. dubbhaka. dubbhaya. dubbhika.
상해하다 upahiṁsati.
상해하지 않음 avihiṁsā. avihesā.
상호(相互) aññamaññaṁ. ubhato. mithu.
상호(相好) vyañjana. lakkhaṇa.
상호(相互) 의존하는 aññoññanissita.
상호(相互) 정보속에서 힘을 갖는 asaññattibala.
상호(相好)가 있는 salakkhaṇa.
상호(相互)간에 aññamaññaṁ. ubhato. mithu. añño aññaṁ. aññoññaṁ.
상호(相互)의 itaretara. aññamañña. aññoñña. yevāpanaka.
상호교환 vītiharaṇa.
상호대화 aññamaññavacana.
상호비난 paṭivāda.
상호성(相互性) itaretaratta. aññamaññasambandha. sambandhatā.
상호연(相互緣) aññamaññapaccaya.
상호의 성적욕구 ubhatoavassuta.
상호작용하는 ajjhattabahiddhā.
상호적인 dvipassika.
상호조건 aññamaññapaccaya.
상호주(相好呪) lakkhaṇamanta.
상호주의(相互主義) sambandhatāvāda.
상호주의자(相互主義者) sambandhatāvādin.
상환희(想歡喜) maññussava.
상황(狀況) nigati. avatthā. avatthāna.
새 발톱 모양의 나무도구 gandhabbahatthaka.
새[鳥] aṇḍaja. aṭṭhituṇḍa. dija. dvija. dvijāti. dvijātin. oṭṭhavacittaka. khaga. pakkhin. pattayāna. sakuṇa. sakunta. sakuntaka. vakkaṅga. pakkhima.
새가 짹짹 울기 kūjana.
새겨져야 할 saraṇīya.
새겨진 likhita.
새기게 하다 lekheti.
새기는 것 가운데 최상 anussatânuttariya.
새기는 사람 anussaritar. saritar.
새기다[기억] ādhāreti. anussarati. dharati. dhāreti. padhāreti. parisarati.
새기다[조각] lekheti. likhati. ukkirati.
새김 ādhāraṇa. anussaraṇa. anussati. paṭissati. sati. satitā.
새김과 알아차림 satisampajañña.
새김에 의한 제어 satisaṁvara.
새김을 갖춤 appamāda.
새김을 상실하는 것 muṭṭhasati.
새김을 확립하는 것 upaṭṭhitasati.
새김의 광대함 satovepulla.
새김의 깨달음 고리 satisambojjhaṅga.
새김의 능력 satindriya.
새김의 동기 satâdhipateyya.
새김의 발생 satuppāda.
새김의 상실 satisammosa.
새김의 상태 dhāraṇatā.
새김의 영향 satâdhipateyya.
새김의 지배 satâdhipateyya.
새김의 지배적 영향 satâdhipateyya.
새김의 토대 anussatiṭṭhāna. satipaṭṭhāna.
새김의 토대를 닦는 삶의 실천 saticariyā.
새김의 형태 satākāra.
새김의 힘 satibala.
새김이 깊은 sussata.
새김이 없고 알아차림이 없는 상태 asatâsampajañña.
새김이 없는 pamatta. sammuṭṭha. sammuṭṭhassati. saṭhila.
새김이 없음 appaṭissati. pamāda.
새김이 없이 asatiyā.
새김이 올바로 된 satujjubhūta.
새김이 있는 paṭissata. paṭissatika. patissata. sata. yathāsata.
새김이 현존하지 않는 anupaṭṭhitasati.
새김이 확립된 satimant.
새까만 añjana. añjanavaṇṇa.
새끼 vaṭākara.
새끼손가락 kaṇiṭṭhaṅguli.
새내기 navaka.
새내기 수행자 sāmaṇera.
새내기 출가자 samaṇuddesa.
새는 avassuta.

새는 것 āsava.
새는 곳 apāya.
새다 uggharati.
새덫 vītaṁsavītaṁsa.
새로 adhunā.
새로 나는 싹 kuḍumalaka.
새로 난 잔가지 pāroha.
새로 또는 방금 기름 부어 신성하게 된 adhunâbhisitta.
새로 솟아오르는 태양 bālasuriya.
새로 온 사람 abbhāgata. adhunāgata. atithi.
새로 조성한 무덤 āmakasusāna.
새로 중복된 addāvalepana.
새로 지은 adhunākārita.
새로 채취한 한 줌의 풀 allakusamuṭṭhi.
새로운 abhinava. ahata. alla. ādhunika. bāla. nūtana. paccaggha.
새로운 것 añña.
새로운 생성 punabbhava.
새로운 시작 vivaṭṭa.
새로운 존재로 다시 태어나다 paccājāyati.
새로운 존재로 들어가다 upapajjati.
새로운 존재로 태어나지 않음 accuti.
새로운 존재로 태어남 bhavuppatti.
새로운 존재를 얻은 paccājāta.
새로운 주제 adhikārantara.
새로운 주제의 설명을 시작하는 aññâdhikāravacanârambha.
새로운 탄생 punabbhava.
새로운 힘을 얻은 āraddhaviriya.
새로이 sajju. sajjukaṁ.
새롭게 되다 samassasati.
새롭게 된 samassattha.
새롭게 승단에 들어온 뒤 한해도 지나지 않은 avassika.
새롭게 임명된 avassika.
새롭게 하다 samassāseti.
새벽 paccūsa. pabhāta. udaṇha. vibhāta. vivasana.
새벽녘 aruṇa. vivasana.
새벽이 밝아오게 하다 rattiṁ vivaseti. vivaseti.
새사냥꾼 sākuṇika.
새소리로 가득 찬 abhinikūjita.
새싹 aṅkura. kalikā. mañjarī. mañjarikā. mukula. pallava. papaṭikā. pāroha. phallava. piṅka. piṅga. taruṇa.
새싹의 끝 aggaṅkura(ka).
새싹의 색깔을 한 aṅkuravaṇṇa.
새싹이 움트는 곳 aṅkuranibbattanaṭṭhāna.
새어나오는 paggharaṇa. paggharaṇaka.
새어나옴 paggharaṇa. paggharaṇī.
새의 날개 patta.
새의 도가머리 makuṭa.
새의 무리 dijagaṇa.
새의 벼슬 cūḷa. cūḷā.
새의 부리 tuṇḍi. tuṇḍaka.
새잡는 사람 sākuntika.
새장 pañjara. pakkhipañjara.
새점[새모양이나 울음소리로 치는 점쾌] sakuṇarutavijjā. sakuṇavijjā.
새지 않는 anassāvin. anavassuta.
새집 kulāvaka. nīḷa.
색(色) rūpa. raṅga.
색견자(色見者) rūpadakkha.
색경(色境) rūpavisaya.
색계(色界) rūpadhātu, rūpâvacara.
색계결생(色界結生) rūpâvacarapaṭisandhi.
색계생(色界生) rūpûpāpātti.
색계선업(色界善業) rūpâvacarakusalamma.
색계심(色界心) rūpâvacaracitta.
색계정(色界定) rūpasamāpatti.
색구경천(色究竟天)[신계] Akaniṭṭha. Akaniṭṭhā devā.
색구경천으로 가는 akaniṭṭhagāmin.
색구경천의 신 akaniṭṭhadevatā.
색구경행자(色究竟行者) akaniṭṭhagāmin.
색구족(色具足) vaṇṇasampanna.
색깔 abhīsu. raṅgajāta. vaṇṇa.
색깔에 대한 식별 vaṇṇasallakkhaṇa.
색깔을 부여하는 vaṇṇada. vaṇṇadada.
색깔의 두루채움에 대한 명상수행 vaṇṇakasiṇa.
색깔이 좋은 suvaṇṇa.
색락(色樂) rūpabhoga.
색려(色麗)의 abhirūpa.
색맹(色盲) vaṇṇandhatā.
색명근(色命根) rūpajīvitindriya.
색미(色味) rūparasa.
색미세지(色微細智) rūpasokhumma.
색법(色法) rūpadhamma.
색비색분별론(色非色分別論)[논서] Rūpārūpavibhāga.
색사(色思) rūpasañcetanā.
색상(色相) rūpanimitta.
색상(色想) rūpasaññā.
색상(色相)을 만드는 vaṇṇakāra.
색상을 만드는 vaṇṇakāra.
색상의 성취 vaṇṇasampatti.
색색(色色) rūparūpa. nipphanarūpa.

색선정(色禪定) rūpajhāna.
색성취(色成就) vaṇṇasampatti.
색성취(色成就)[문법서] rūpasiddhi.
색소연(色所緣) rūpārammaṇa.
색신(色身) rūpakāya.
색신의 표준 rūpappamāṇika.
색십년(色十年) vaṇṇadasaka.
색애(色愛) rūpataṇhā.
색업처(色業處) rūpakammaṭṭhāna.
색온(色蘊) rūpakkhandha.
색용유(色容有) rūpokāsa.
색유(色有) rūpabhava.
색의 아름다움 suvaṇṇatā.
색의사(色意思) rūpasañcetanā.
색이 바래는 vevaṇṇiya. vevaṇṇīya.
색이 바래다 virajjati.
색이 바랜 virāgin.
색이 바램 virāga.
색이 변하는 vevaṇṇiya. vevaṇṇīya.
색전증(塞栓症) rudhirarundhana.
색지현(色持現) rūpûpahāra.
색차별혜(色差別慧) rūpavavatthāpanapaññā.
색채(色彩) rāga. raṅgajāta.
색처(色處) rūpāyatana.
색취(色聚) rūpakalāpa. rūpapuñja. rūpasaṅgaha.
색취(色取) rūpûpādāna.
색취온(色取蘊) rūpûpādānakkhandha.
색칠하다 citteti.
색칠한 방 cittasālā.
색칠해진 cittita.
색탐(色貪) rūparāga.
색하주범천(索訶主梵天)[신계] Brahmā Sahampati.
색희(色喜) rūpanandi.
샌들을 만드는 풀 kamala.
샌들이 없는 anupāhana.
샐러드 sāḷava.
샐러리맨 vetanika.
샐비어[식물] eḷā.
샘 papā. udakayanta.
샘내는 macchara. maccharin.
샘내지 않는 anusuyyaka.
샘물 opāna. ubbhidodaka. ubbhijjanudaka.
샘솟는 ubbhinna.
샘솟다 ubbhijjati.
샘솟음 ubbhijjana.
생(生) jāti.
생(生)에 대한 두려움 jātibhaya.
생(生)의 근원 jātipabhava. jātisambhava.
생(生)의 기원 jātipabhava. jātisambhava.
생각 cetanā. cintā. cintana. cintita. citta. dhamma. manana. mānasa. maññanā. mano. manas. mati. samanupassanā. sañcetanā. takkaṇa. vikappa. vikappanā. vitakka. kammasahāya. saññā.
생각건대 maññe.
생각과 관련된 cetanaka.
생각과 함께 발생하는 cittasahabhū.
생각나게 하다 anussarāpeti.
생각나다 paṭibhāti.
생각난 anussarita.
생각되어야 할 motabba.
생각된 anubuddha. maññita. mata. saññāta.
생각에 대한 것 abhisaññā.
생각에 이어지는 cittânuparivattin.
생각에 잠기다 apajjhāyati. pajjhāyati.
생각에 지배되는 manopubbaṅgama.
생각으로 짓는 업 cetanākamma.
생각을 대상에 고정시킴 appaṇā. appanā.
생각을 일으킴 cittôppāda.
생각의 바른 실천 manosamācāra.
생각의 퇴전 cetovivaṭṭa.
생각이 깊은 cintanaka.
생각이 없는 acetana. acittaka. niccittaka.
생각이 없이 acittakena.
생각이 있는 sābhoga.
생각처럼 빠른 manojava.
생각하는 āvedhika. cintaka. cintin. ṭhāyin. vikappin.
생각하는 자 motar.
생각하다 anuvitakketi. āvajjati. cetayati. maññati. manute. munāti. nijjhāyati. parituleti. sañcinteti. sañceteti. sañjānāti. saṅkappeti. takketi. upadhāneti. vicinteti.
생각하지 못한 amuta.
생각할 수 없는 acintiya. amata.
생각해내다 abhisañceteti.
생각해낸 cintita.
생강(生薑) adda. saṅgivera. siṅgi. siṅgī.
생겨나다 abbhusseti. niccharati. sambhavati. sambhuṇāti. upajāyati. uṭṭhahati. uṭṭhāti.
생겨나지 않음 ajāti.
생겨난 bhūta. jāta. sambhūta.
생계(生計) ājīva. ājīvaka. ājīvika. anujīvita. jīvikā. jīvita. pākavaṭṭa. upakaraṇa. yātrā. yapana. yāpana.
생계(에 대한 청정)의 완성 ājīvapūraṇa.
생계가 부서진 bhinnājiva.

생계를 꾸려나가는 abhijīvanika.
생계를 꾸려나가다 abhijīvati.
생계를 마련하는 kappitajīvika.
생계를 얻은 ṭhāyaka.
생계를 원인으로 하는 ājīvahetu. ājīvakāraṇa.
생계를 위해 모으다 uñchati.
생계를 위해 모은 것 uñcha. uñchā.
생계를 유지하기 위한 수단 ājīvaka. ājīvika. ājīvupaya.
생계를 유지하다 ājīvati.
생계수단 jīvana. upakaraṇa.
생계에 관련된 경우에 ājīvavāre.
생계에 대한 청정의 계행 ājīvapārisuddhisīla.
생계에 도움이 되는 수단 jīvitaparikkhārā(*pl.*).
생계에 필요한 물건 ājīvabhaṇḍaka.
생계의 곤란에 대한 두려움 ājīvakabhaya.
생계의 수호 ājīvasaṁvara.
생계의 제어 ājīvasaṁvara.
생계의 청정 ājīvasuddhi. ājīvavisuddhi. ājīvapārisuddhi.
생계의 파괴 ājīvabheda.
생계청정의 계행 ājīvapārisuddhisīla.
생기(生起) udayana. abhinibbatti. jāyana. pavattana. sampajjana. samudaya. samuppāda. samuppatti. uppāda. uppādana. uṭṭhāna.
생기(生氣) viññāṇa. ojavantatā.
생기(生氣)가 없는 koḷāpa. kolāpa.
생기(生氣)가 있는 viññāṇaka.
생기(生起)된 abhinibbatta.
생기(生氣)를 주는 ojavat.
생기(生起)에 대한 정신활동 uppādakamanasikāra.
생기(生起)하는 uppādaka.
생기(生起)하다 nibbattati. samuppajjati.
생기게 하다 abhinibbatteti. abhinimmināti. abhinipphādeti. samāvahati.
생기다 abhinippajjati.
생기된 abhinibbattita. abhinipphādita. pavatta.
생기를 불어넣다 sajīvaṁ karoti. uttejeti. ussukkāpeti.
생기하는 pavattana.
생기하다 pavattati. udeti. upapajjati.
생긴 avakkhitta. samudāgata.
생농(生聾) jaccabadhira.
생득(生得)의 nija.
생득혜(生得慧) jātipaṇṇā.
생략(省略) pe. peyyāla. samāsa. saṁhāra. ṭhapana.
생략기호 la.
생략된 saṅkhitta.
생략된 시설 akaṭaviññatti.
생략이 없는 nibbivara.
생략하다 avarajjhati. opāteti.
생략하지 않는 ahāpayat.
생류(生類) bhū. pāṇa.
생리[月經]가 규칙적인 여자 dhuvalohitā.
생리학(生理學) jīvavijjā. bhūtagāmavijjā.
생리학자(生理學者) jīvavijjāvedin.
생맹(生盲) jaccandha.
생멸(生滅) udayabbaya. udayavaya. udayavyaya. udayattha.
생멸법(生滅法) samudayavayadhamma. udayavayadhamma.
생멸수관지(生滅隨觀智) udayabbayānupassanāñāṇa.
생멸에 적용되는 udayatthagāmin.
생멸의 관찰에 대한 앎 udayabbayānupassanāñāṇa.
생멸의 원리 samudayavayadhamma.
생명(生命) āpāṇa. āyūhā. jīva. jīvita. pāṇa. ūhā.
생명교(生命憍) jīvitamada.
생명들로 충만한 sattussada.
생명력(生命力) jīvitindriya.
생명소(生命素) ojā.
생명에 대한 욕구 jīvitāsā. jīvitanikanti.
생명에 대한 지혜 udayabbayānupaññā.
생명에 의한 교만 jīvitamada.
생명에 의한 도취 jīvitamada.
생명으로 충만한 sattussada.
생명을 빼앗다 jīvitā. voropeti.
생명을 위해 jīvitahetu.
생명의 능력 jīvitindriya.
생명의 물질 jīvitarūpa.
생명의 세계 sattaloka.
생명의 소진 jīvitapariyādāna.
생명의 연료 upādāna. upādi.
생명의 연료가 남아 있는 열반 upādisesanibbāna.
생명의 연료가 남은 upādisesa.
생명의 원리 āyusaṅkhāra.
생명의 장애 jīvitantarāya.
생명의 조건 āyusaṅkhāra.
생명의 조건을 버림 āyusaṅkhāravossajjana.
생명의 조건의 소멸 āyusaṅkhārakhepana.
생명의 지속 āyu.
생명의 탈취 vayôhāra.
생명의 파괴 jīvitakkhaya.
생명이 다한 āpāṇakoṭika.

생명이 없는 apāṇin. appāṇaka. aviññāṇaka. nijjīva. nijjīvata. okkantasatta.
생명이 일 겁 이상 지속하는 kappâyuka.
생명이 있는 jīva. jivin. pāṇin. sajīva. saviññāṇa. saviññāṇaka.
생명이 허약한 āyudubbala.
생명현상(生命現象) bhūta.
생모(生母) janikā. jānettī.
생무죄법(生無罪法) anāpattikaradhamma.
생문(生門) yonimukha.
생물(生物) attabhāva. bhū. bhūta. dehin. pāṇa. pāṇī. pāṇin. satta.
생물에게 위험한 sārambha.
생물왕국(生物王國) jīvaloka.
생물을 살해하는 bhūhana.
생물을 죽이는 bhūnahacca.
생물을 포함하고 있지 않은 appāṇaka.
생물을 포함하고 있지 않은 물 appāṇakudaka.
생물의 매매 sattavaṇijjā. sattavāṇijjā.
생물이 있는 sappāṇaka.
생물이 있는 물 sappāṇakudaka.
생물이 태어나는 네 가지 형태 catasso yoniyo.
생물인 것 bhūtatta.
생물학(生物學) jīvavijjā.
생물학자(生物學者) jīvavijjāvidū.
생물학적인 jīvavijjāyatta.
생반열반자(生般涅槃者) upahaccaparinibbāyin. *sk.* upapadyaparinirvāyin.
생버터 navanīta.
생사(生死) saṁsāra.
생사를 벗어나려는 의도 nissaraṇajjhāsaya.
생사윤회(生死輪廻) jātisaṁsāra.
생산(生産) abhisanda. karaṇa. nibbattapana. pasavana. sañjanana. savana. upahāra.
생산되는 상품 uppajjanakabhaṇḍa.
생산되다 sambhavati. sambhuṇāti.
생산되어야 하는 upasaṅkhātabba. upasaṅkheyya.
생산되지 않은 anuppādita.
생산된 abhinipphanna. nibbattita. nipphanna. pasaṭa. pasūta. samubbhūta. upanibbatta.
생산된 물질 nipphannarūpa.
생산될 수 없는 ajanetabba. anuppādaniya.
생산에 능숙한 uppādakakovida.
생산자(生産者) nipphādaka. sañjanetar. sañjānetar. uppādetar. uppajjitar.
생산적인 abhivassaka. avañjha.
생산하는 abhinipphādaka. duha. janaka. nipphādaka. sañjanana. uppādaka.
생산하다 āpajjati. āropeti. ātanoti. janati. janeti. janayati. karoti. pasajati. samāneti. sampavatteti. samupajaneti. sañjaneti. upajanayati. upasampādeti. uṭṭhāpeti.
생산하지 않는 ajanayamāna.
생석회(生石灰) abhilepana.
생선의 가시 kaṇṭaka. kaṇṭhaka.
생설탕 phāṇita.
생성(生成) abhinibbatti. bhava. bhāva. jāyana. sambhavana. samuppāda. uppāda.
생성과 소멸 udayattha. uppādanirodha. uppādavaya.
생성과 소멸에 대한 앎(生滅智) udayabbayañāṇa.
생성되지 않음 anibbattana.
생성된 abhinibbattita. bhūta. sañjāta.
생성된 사실 bhūtatta.
생성색(生成色) sambhavarūpa.
생성의 경우 uppādavāra.
생성의 사실 bhūtatta.
생성의 시간 uppādavāra.
생성의 요소 bhavaṅga.
생성의 찰나 uppādakkhaṇa.
생성하는 nibbatta. nibbattaka. nibbattanaka.
생소(生疎)한 anajjhattikabhūta.
생수(生酥) navanīta.
생쌀 nīvāra.
생애(生涯) addhāyu. āyu. āyūhā. āyukāla. āyukappa. carita.
생애를 마치다 upaneti. upanayati.
생애에 집적된 번뇌 āyusaṅgatakilesa.
생애에 집적된 오염 āyusaṅgatakilesa.
생애의 기간 āyuppamāṇa.
생애의 일부분 āyukoṭṭhāsa.
생애의 중간 āyuvemajjha.
생애의 한계 āyuparimāṇa.
생야채(生野菜) āmakasāka.
생연(生緣) janakapaccaya.
생유(生有) upapattibhava.
생육(生育) ropana. ropanā.
생의 여읨 anuppāda. anuppādana.
생일(生日) jātadivasa. uppattidivasa.
생일파티 jātamaṅgala.
생장(生長)하다 ajjhārūhati.
생존(生存) anujīvita. īhita. nivāsa. pākavaṭṭa. vāsa. yapana. yāpana.
생존될 수 있는 yāpanīya.
생존시키다 yapeti. yāpeti.
생존의 수단 ājīvamukha.

생존하고 있는 dharamānaka.
생존하는 jivin.
생존하다 anujīvati. jīvati. vaṭṭati.
생주(生主) pajāpati.
생주성(生主性) pajāpatatta.
생주신(生主神)과 함께 하는 sapajāpatika.
생찰나(生刹那) uppādakkhaṇa.
생채기가 없는 nillekha.
생천(生天)의 원인 sovaggika.
생천자(生天者) saggagāmin.
생탄찰토(生誕刹土) jāti(k)khetta.
생포(生胞)[胎內五位] abbuda.
생포(生捕)된 jīvagāha.
생피 āmakalohita.
생활(生活) ājīva. ājīvaka. ājīvika. anujīvita. jīvikā. jīvita. vutti.
생활규정 sikkhāsājiva.
생활에서 분별없는 anippakavutti.
생활에서 실패한 ājīvavipanna.
생활에서 지각없는 anippakavutti.
생활을 청정하게 하는 계행 ājīvaparisuddhisīla.
생활의 상실 ājīvavipatti.
생활의 성취 ājīvasampadā.
생활의 지혜에 정통한 nītikusala.
생활이 상실된 ājīvavipanna.
생활하기 어려운 dujjīva.
생활하는 abhijīvanika. vuttika.
생활하다 abhijīvati. ājīvati. anujīvati. jīvikaṁ karoti.
샤프트 gaṇḍikā.
샴푸 gāmapoddava(?).
샴푸로 사용되는 아말라까 반죽의 덩어리 āmalakapiṇḍa.
서각유(犀角喩) khaggavisāṇakappa.
서게(序偈) vatthugāthā.
서계(誓戒) vatta. vata.
서골(書骨)[서명] Gandhaṭṭhi.
서구화(西歐化)하다 apācīnattaṁ pāpeti.
서기(西紀) kiṭṭhuppatti.
서기(書記) lekhaka.
서까래 phāsukā. tulā.
서까래가 만나는 지붕의 꼭대기 kaṇṇikamaṇḍala.
서까래같이 구부러진[늙은이의 비유] gopānasībhoggasama.
서까래받침 miḍhi.
서넛 ticatu.
서늘한 sisira. sītaka. sītala.
서늘한 비 sisiravuṭṭhi.
서다 santiṭṭhati. saṇṭhahati. saṇṭhāhati. tiṭṭhati.
서두(序頭) mukhabandha. upaññāsa.
서두르게 하다 tāreti.
서두르는 anisammakārin. turita.
서두르는 일 turitakāraṇa.
서두르다 abhidhāvati. abhittharati. anujavati. javati. santarati. turati.
서두르지 않는 aturita. ataramāna.
서두르지 않음 anasuropa.
서두름 ādhāvana.
서둘러지지 않은 apesita.
서력기원 kiṭṭhuppatti.
서로 → 상호(相互).
서로 aññamaññaṁ. ubhato. mithu.
서로 거치게 기운 suttalūkha.
서로 교환하다 vītiharati.
서로 꼬이게 하다 anusibbati.
서로 다르게 aññena aññaṁ.
서로 달라붙은 aññamaññalagga.
서로 돕는 aññamaññûpatthambha.
서로 둥글게 감다 anusibbati.
서로 때림 sampahāra. sannighāta.
서로 보호하는 aññamaññagutta.
서로 삐걱거리는 소리 kaṭakaṭā.
서로 사랑하는 sampiya.
서로 수호하는 aññamaññarakkhita.
서로 아는 sandiṭṭha.
서로 예의를 지키는 sabhāgavuttin.
서로 의존하는 aññamaññanissita.
서로 의지하는 aññamaññûpanissita.
서로 잡아먹음 aññamaññakhādikā.
서로 적인 여자[아내와 첩] sapattī.
서로 접촉하는 gaṇasaṅganika.
서로 지지하는 aññamaññûpatthambha.
서로 치고받는 aññamaññûpaghaṭṭita.
서로 통하게 하다 avabodheti.
서로서로 añño aññaṁ. aññamaññaṁ. aññoññaṁ.
서로에 대한 원인 aññamaññapaccaya.
서로의 aññamañña.
서론(序論) upaññāsa. mukhabandha.
서류(書類) lekhana. lipi.
서류상자 mañjūsā.
서류철 lohakhādaka.
서른(30) tidasa. tiṁsa. tīsa. tiṁsa. tīsa.
서른(30)정도 samatiṁsa.
서른두가지 몸의 구성요소 dvattiṁsākāra.
서른둘(32) battiṁsa. battiṁsati. dvattiṁsa.
서른셋 신들의 하늘나라 tāvatiṁsa. tāvatiṁsa-

devaloka.
서른셋 하늘나라의 신들 tidasadeva. tidiva. tidasa.
서른셋 하늘나라의 신들의 궁전 tāvatiṁsabhavana. tidasabhavana.
서른셋 하늘나라의 신들의 도시 tidasapura.
서른셋 하늘나라의 신들의 모임 tāvatiṁsaparisā.
서른셋 하늘나라의 신들의 무리 tidasagaṇa.
서른셋 하늘나라의 신들의 우두머리 tidasâdhipati.
서른셋(33) tāvatiṁsa. tettiṁsa.
서른셋(33) tettiṁsa. tāvatiṁsa.
서른아홉(39) ekūnacattāḷīsa.
서른여덟(38) aṭṭhatiṁsa.
서른여섯(36) chattiṁsa(ti).
서른여섯가지 갈애의 행로 chattiṁsa taṇhāvicaritāni.
서른일곱(37) sattatiṁsa.
서른일곱가지 깨달음에 도움이 되는 수행법 sattatiṁsa bodhipakkhiyadhammā. sattatiṁsa bodhipakkhiyā dhammā.
서른하나(31) ekatiṁsa.
서리 mahikā. mahiyā. tuhina. tusāra.
서방(西方) apācī. patīci.
서방의 apācīna.
서북방에서 기원한 udicca.
서북방에서 유래한 가문 udiccakula.
서북방의 udicca.
서비스의 실천 veyyāvaccakarā.
서사(書史) gandhavaṁsa.
서사(書寫) lekha. lekhā. likhana. lipi.
서사사(書寫師) lekhācariya.
서산(西山) aparasela.
서산부(西山部)[부파] Aparaselika.
서산주부(西山住部)[부파] Aparaselika.
서서 ṭhatvā.
서서히 saṇiṁ.
서설(序說) vatthukathā.
서술(敍述) ākhyā. ākhyāna. lekhā. niddesa. paññatti. paṇṇatti.
서술(書術) lekhāsippa.
서술되어야 하는 vaṇṇanīya.
서술되지 않은 anakkhāta.
서술된 sampavaṇṇita. samudāhaṭa.
서술하다 ākhyāti. samudāharati.
서술할 수 없는 avaṇṇanīya.
서슬탁월(逝瑟矺月)[월명] jeṭṭha. jeṭṭhamāsa.
서식처(棲息處) adhiṭṭhāna. nilenaka. nillenaka.
서식하다 adhiṭṭhahati.
서신(書信) sāsana.
서약(誓約) saccakāra. saṅgara. vatta. saccapaṭiññā.
서약으로 묶다 saccāpeti.
서양(西洋) pacchimadesa.
서양(西洋)의 pacchimadesīya. apācīna.
서양유도화(西洋油桃花)[식물] kaṇavīra.
서양장기 keḷimaṇḍala.
서언(誓言) saccakiriyā. saccavacana.
서영락(書瓔珞)[서명] Gandhābharaṇa.
서예(書藝) sundaralipi.
서예를 아는 자 lekhaka.
서우화주(西牛貨州) aparagodhāna.
서울 agganagara.
서원(誓願) paṇidhāna. paṇidhi.
서원된 paṇihita.
서원업(誓願業) paṇidhikamma.
서원의 보답 paṇidhikamma.
서원의 실천 vatasamādāna.
서원하다 paṇidahati.
서있는 ṭhāyin. ṭhita. ṭhitika.
서있지 않은 appatiṭṭhant.
서자(庶子) nippitika. nippītika.
서적(書籍) gandha.
서적상(書籍商) lipibhaṇḍika.
서적숭배(書籍崇拜) ganthapūjā.
서지(棲止) nilīyana.
서지학(書誌學) ganthavaṁsa. ganthasūci.
서쪽 apācī. aparanta. attha. patīci.
서쪽에 pacchā.
서쪽의 apācīna. apara. avara. pacchima.
서커스 assamaṇḍala.
서커스링 maṇḍala.
서툰 avyatta.
서툴지 않는 avitthana.
서해(西海) aparasamudda.
석가(釋迦)[종족] Sakka. Sakya. Sākiya. Sākya.
석가모니(釋迦牟尼) sakyamuni.
석가왕(釋迦王) sakkarājan.
석가의 가르침 sākiyasāsana.
석가의 제자 sakyaputtiya.
석가족 → 석가.
석가족 출신의 사람 sakyaputta.
석가족의 고귀한 자 sakyapuṅgava.
석가족의 여자 sakyadhītā.
석가족의 왕 sakkarājan.
석가탄신일(釋迦誕辰日) → 부처님오신날.
석공(石工) palagaṇḍa. vaḍḍhaki. vaḍḍhakī.
석관(石棺) silāmayachavādhāna.

석괴(石塊) silāguḷa.
석구(石球) pāsāṇaguḷa.
석궁(石弓) kodaṇḍa.
석기(石器) patthara.
석녀(石女) vañjhā.
석란도(錫蘭島)[지명] Tambapaṇṇi.
석류수(石榴樹) dālikā. dālima. karaka.
석말(石抹) sotti.
석방(釋放) moca. mocāpana. mocana.
석벽(石壁) silāpākāra.
석상(石相) pāsāṇanimitta.
석시(昔時)의 bhūtapubba.
석양(夕陽)에 uparatti.
석영(石英) phalika. phalikā. phaḷika.
석옥(石屋) silāchadana.
석유(石油) khaṇijatela. bhūmijatela.
석제환인(帝釋桓因) sakka.
석조조각가(石造彫刻家) silāvaḍḍhakin.
석주(石柱) kumbhaka. medhi.
석질(石質)의 pāsāṇāyatta. silāvisayaka.
석질운석(石質隕石) yantapāsāṇa.
석척(蜥蜴) ākucca.
석천(釋天) sakka.
석탑(石塔) pāsāṇacetiya.
석판(石板) paṭṭa. silāpaṭṭa. silāpatthara. silāphalaka. pāsāṇaphalaka.
석판인쇄(石版印刷) silāmuddā.
석판인쇄공(石版印刷工) silāmuddāsādhaka.
석필(石筆) silālekkhanī.
석회(石灰) sudhā. sudhāpiṇḍa.
석회를 바른 지붕 sudhāchadana.
석회흙 sudhāmattikā.
섞다 nibandhati. paṇḍeti. saṅkirati. sanneti. sāreti.
섞이지 않은 amissīkata. asabala. asambhinna. asaṁsaṭṭha. asecanaka.
섞인 maddita. missa. missaka. missita. paribhāvita. saṁsaṭṭha. saṅkiṇṇa. vītimissa. vokiṇṇa. vokiṇṇaka. vyāseka.
섞인 부분 missakavāra.
선(禪) jhāna.
선(善) kalyāṇa. kallāṇa. kalyāṇatā. kusala. subha. hita.
선(線) pāli. panti. rekhā. tanti. tantu. vali. vaḷi. valī. vaḷī. valañja. lekhā. rāji. → 줄.
선(善) 혹은 악(惡)의 경향을 지닌 kalyāṇapāpâsaya.
선(善)과 불선(不善) kusalâkusala.
선(善)도 아니고 악(惡)도 아닌 것 nevakusalanākusala.
선(善)에 관해 잘 아는 kalyāṇatākusala.
선(善)에 대한 찬양 kalyāṇapasaṁsa.
선(善)에 의지하는 kalyāṇanissita.
선(善)에 의해 선(善)한 과보가 있는 sukkasukkavipāka.
선(善)에 의해 특징지어지는 kalyāṇatālakkhaṇa.
선(線)으로 묶인 pālibandha.
선(線)을 그리다 kaḍḍhati.
선(禪)을 닦고 jhiyāya.
선(禪)을 닦다 jhiyāyati.
선(禪)을 수행하다 jhāyati.
선(禪)을 습관으로 하는 jhānasīlin.
선(善)을 자신에게 적용하는 kalyāṇâdhimuttaka.
선(善)을 지향하는 kalyāṇâdhimuttaka.
선(善)을 행하는 atthacara.
선(善)을 행하지 않는 자 akattar.
선(善)의 넘침 kusalâbhisanda.
선(善)의 의미 kalyāṇattha.
선(線)이 있는 rājimant. rājin.
선(善)하지 않은 asa. asat. asanta.
선(善)한 dabba. kalyāṇaka. sukka.
선[立] ṭhita.
선각(先覺)[인명] Suppabuddha.
선거(仙居) patthaṇḍila.
선견율비바사(善見律毘婆沙)[주석] Samantapāsādikā.
선견지명(先見之明)이 있는 atthadassin. nissaraṇadassin.
선견천(善見天)[신계] Sudassī devā. Sudassin.
선경계(禪境界) jhānavisaya.
선경계(禪境界) jhānavisaya.
선계(善戒) bhaddakasīla.
선계(善戒)의 susīla.
선관(禪觀) vipassanā.
선관(禪觀)을 수행의 토대 kasiṇa.
선관(禪觀)하다 vipassati.
선교(善巧) kosalla. kusalatā. cāturiya.
선교녀(善巧女) kusalī.
선구(先驅) pubba(ṅ)gama.
선구경(善究竟)의 sunniṭṭhitasunniṭṭhita.
선구자(先驅者) netar.
선나(禪那) jhāna.
선남자(善男子) kulaputta.
선남자에 속하는 kolaputtika.
선녀(仙女) accharā.
선단(先端) matthaka.
선당(禪堂) jhānâgāra.

선도(善道) sugati.
선도자(先導者) dhura. dhuraggāla.
선동(煽動) abbhussahanatā. gehajhāpana. odhunana. odhūnana. samādapana. sannitodaka. uyyojana.
선동가(煽動家) pakkhagāhīdesaka. mūlaṭṭha. samādapaka. samādapetar. sampavattar.
선동된 āraddha. niyojita. samussāhita. vyāpārita.
선동자(煽動者) → 선동가.
선동적인 uyyojanika.
선동하는 samuttejaka.
선동하는 행위 ajana.
선동하다 samussāheti. samuttejeti. uṭṭhāpeti. uyyojeti. niyojeti.
선두(先頭) pamukha. dhura. niyyāma. niyyāmaka.
선두에 pamukha.
선등(善燈)[인명] Suppatīta.
선래(善來) svāgataṁ. sāgataṁ.
선래도(善來徒) sogata.
선량한 kalyāṇa. kallāṇa. sādhu. subbata. suhada. susīla.
선량한 성품을 지닌 사람 sādhusīliya.
선류(旋流) āvaṭṭa.
선류(旋流)하는 sāvaṭṭa.
선망(羨望) pihā. pihana. pihanā.
선망(先亡) pubbapeta.
선망론(先亡論) pubbapetakathā.
선명한 vibhūta.
선물(膳物) pābhati. apavajjana. abhihāra. āhuna. ātitheyya. dakkhiṇā. dāna. deyyadhamma. lañca. pābhata. paheṇaka. paṇṇākāra. paṭidāna. upahāra. upāyana.
선물로 가득 채운 bahupatta.
선물로 주어진 pavāsita.
선물로 주어진 지팡이(?) lañcadaṇḍaka.
선물로서 제공되는 꽃을 지닌 katapupphûpahāra.
선물을 주다 yajati.
선물을 지적하는 abhihāraniddesa.
선물하고 anupaneyya. anūpaneyya.
선물하고 싶다 anupaneyya. anūpaneyya.
선물하는 duha. upadāyaka.
선물하다 abhiharati. abhisaṁharati. anudassati. payacchati. upaharati.
선미(船尾) goṭaviya. goṭavisa.
선박(船舶) pota.
선박기술자 nāvāyantika.
선반(旋盤) vedi. vedikā. vediyā.
선반공(旋盤工) cundakāra.
선발(選拔)된 sammata.
선범부(善凡夫) puthujjanakalyāṇaka.
선범천(善梵天)[신계] Subrahma.
선법(善法) kusaladhammā(*pl.*).
선법강당(善法講堂) sudhammasabhā.
선법당(善法堂) sudhammasabhā.
선법성(善法性) kalyāṇadhammatā. sudhammatā.
선법의 부분 kusalabhāgiya.
선법인 상태 sudhammatā.
선별(選別) uccinana.
선별된 vicita.
선별하다 vicināti.
선불선(善不善) kusalâkusala.
선사(禪捨) jhānupekkha.
선사(善思) kusalacetanā. paṭisallāna. paṭisallāṇa.
선사(先士) pubbācariya.
선사(善士) sappurisa.
선사(善思)된 sucintita.
선사(禪思)하고 jhiyāya.
선사(禪思)하다 jhiyāyati.
선사시(善士施) sappurisadāna.
선사유자(善思惟者) sucintitacintin.
선사지(善士地) sappurisabhūmi.
선상응(禪相應) jhānasampayutta.
선생(先生) sikkhāpaka. ācariya. garu. satthar. sikkhetu. vinetar. viññāpetar. sikkhetar.
선생자(善生者) sujāta.
선서(宣誓) sapatha.
선서(善逝)[부처님] sugata.
선서의 계율 sugatavinaya.
선서의 모방 sugatālaya.
선서의 설법 sugatovāda.
선서의 손가락 sugataṅgula.
선서의 손의 뼘 sugatavidatthi.
선서의 옷 sugatacīvara.
선서의 조복(調伏) sugatavinaya.
선설(宣說) ācikkhana.
선설(善說) bhāsita. subhāsita.
선설(善說)된 sudesita. suppavedita. svākkhāta.
선설(宣說)하다 ācikkhati.
선설법자(善說法者) svākkhātadhamma.
선설자(宣說者) ācikkhitar. pavattar.
선설자(善說者) subhāsitabhāsin.
선설제호(善說醍醐) desanāmaṇḍa.
선성(善性) kallita. suṭṭhutā.

선수행자(禪修行者) jhāyin.
선술집 āpāna. āpānabhūmi. āpānasālā. pānâgāra. pānamandira.
선술집이 된 āpānabhūta.
선승(善勝)[인명] Uttarā.
선심(善心) kusalacittā.
선아(善牙)[獅子名] sudāṭha.
선악의 kalyāṇapāpaka.
선악의 업에 의한 윤회 kammavaṭṭa.
선악의 업에 의해 생긴 결과는 선도 악도 아닌 것이라는 사실 vipākâvyākata.
선악의 행위를 하는 마음 kammakārakacitta.
선악의 행위를 하는 의식 kammakārakaviññāṇa.
선악의 행위의 결과를 믿는 (자) kiriyavāda.
선어(善語) sovacassa. subhāsita.
선언(宣言) anussāvana. anussāvanā. ārocana. ārocanā. kolāhala. ñatti. paññatti. paṭiññā. pavedana. saṅkittana. sāvana. sāvaṇa. ugghosa. ugghosanā. ussāvana. uttānīkamma
선언되고 있는 pavediyamāna.
선언되다 akkhāyati. paññāyati.
선언되지 않은 apaññatta. aviññāpita.
선언된 abhighuṭṭha. akkhāta. erita. erayita. ghuṭṭha. kaṇṭhôkkanta. pavedita. pavutta. saṅghuṭṭha. udita. vyākata.
선언이 없이 anussāvanavipanna.
선언자(宣言者) anussāvaka. ghositar. paññāpetar. sāvetar.
선언하게 하다 ghosāpeti.
선언하는 ghosaka.
선언하다 abhivadati. anusāveti. anussāveti. bhaṇati. cikhati. ghoseti. īreti. kitteti. pakitteti. paññāpeti. parikitteti. paṭijānāti. paṭivedeti. pavedeti. payir.udāharati. saṁsati. sāveti. thunati. ugghosāpeti. ugghoseti. ugghosati. uttānīkaroti. vyākaroti.
선업(善業) kalyāṇakamma. kusalakamma. sukkakamma.
선업(善業)의 다른 종류 kalyāṇantara.
선업도(善業道) kusalakammapatha.
선여인(善女人) kuladhitā.
선연(禪緣) jhānapaccaya.
선우(善友) kalyāṇamitta. kalyāṇamitta. kusalapakkhika.
선우(善雨) subbuṭṭhi.
선우(善雨)의 subbuṭṭhika.
선원(船員) nāvāyika. nāvika.
선율(旋律) mucchā. mucchana. mucchanā.
선의(善意) paṭisanthāra.
선의(善意)가 없음 appaṭisanthāra.
선인(仙人) isi.
선인(善人) katakusala. sajjana. santa. sappurisa.
선인(仙人)의 상태 ārissa.
선인(仙人)의 조건 ārissa.
선인(仙人)의 지위 isitta.
선인들이 앞으로 나아간 장소 isippayāta.
선인에 의해 가르쳐진 isippavedita.
선인에 의해 말해진 isibhāsita.
선인을 따라 이름 지어진 isināma.
선인을 유혹하는 여자 isipalobhikā.
선인의 무리 isipūga.
선인의 비품 isibhaṇḍa. isiparikkhāra.
선인의 상태 isibhāva.
선인의 지위 isitta.
선인의 출가생활 isipabbajjā.
선인이라 불리는 isināmaka.
선인장의 울타리 kaṇṭhakivāṭa.
선인타처(仙人墮處)[지명] Isipatana.
선임자인 것에 따라 yathāvuḍḍhaṁ. yathābuḍḍhaṁ.
선입견이 없는 vipañcita.
선입견이 없는 자 vipañcitaññū.
선입관(先入觀) pariyuṭṭhāna.
선입관에 뿌리박고 있는 pariyuṭṭhitaṭṭhāyin.
선잠 pacalāyikā.
선장(船長) niyyāma. niyyāmaka.
선재(善哉) sādhu.
선전(宣傳) anussāvana. anussāvanā. dhammappacāraṇa. pacārakavidhāna. pacāraṇavidhi.
선전의 성취 anussāvanasampadā.
선전하다 anussāveti.
선정(禪定) adhicitta. anujjhāna. jhāna. jhāyana.
선정(禪定)의 jhānika.
선정(選定)하다 sammannati→ 선택하다.
선정과 관계된 jhānasampayutta.
선정근(善精勤)의 susamāgata.
선정불퇴전(禪定不退轉) aparihīnajjhāna.
선정에 들지 않고 관찰하는 수행자 sukkhavipassaka.
선정에 속하는 jhānika.
선정에 수반하는 jhānasahagata.
선정에 열심인 jhānapasuta.
선정에 의존하는 abhicetasika.
선정에 의한 초월적 지혜 jhānābhiññā.
선정에 전념하는 jhānânuyutta.
선정에 젖어들지 못하고 통찰만 하는 자 sukkhavipassaka.

선정에서 방해받지 않은 anirākatajjhāna.
선정에서 요소와 대상 aṅgârammaṇa.
선정에서 일어나다 vuṭṭhahati.
선정에서 일어남 vuṭṭhāna.
선정에서 일어남에 자유로운 vuṭṭhānavasin.
선정을 닦는 jhānika.
선정을 닦는 삶의 실천 samādhicariyā.
선정을 조건으로 하는 jhānapaccaya.
선정을 좋아하는 jhānarata.
선정을 즐김 jhānakīḷā.
선정을 통한 해탈 jhānarati.
선정의 경계 jhānavisaya.
선정의 고리를 뛰어넘는 aṅgâtikamma.
선정의 고리와 관련된 물질성 aṅgaoḷārika.
선정의 고리와 관련된 허약함 aṅgadubbala.
선정의 고리의 구분 aṅgavavaṭṭhāna.
선정의 고리의 변화 aṅgapariṇāma.
선정의 구성요소 jhānaṅga.
선정의 대상 jhānavisaya.
선정의 영역 jhānavisaya.
선정의 요소를 뛰어넘는 aṅgâtikamma.
선정의 요소와 관련된 물질성 aṅgaoḷārika.
선정의 요소와 관련된 허약함 aṅgadubbala.
선정의 요소의 구분 aṅgavavaṭṭhāna.
선정의 요소의 변화 aṅgapariṇāma.
선정의 즐거움 jhānarati.
선정의 평온 jhānaupekkha.
선정이 잘 나타나는 신들의 하느님 세계 sudassā devā.
선정이 잘 나타나는 하느님 세계의 신들 sudassā devā.
선조(先祖) pubbapeta.
선종(善種) subīja.
선지(禪支) jhānaṅga.
선지식(善知識) kalyāṇamitta.
선지족(善知足)[신계] Santuṭṭha. Santusita.
선집(選集) sāravākyasaṅgaha.
선착장(船着場) nāvāsañcaraṇa. nāvātiṭṭha.
선처(仙處) assama.
선천적 지혜 jātipaṇṇā.
선천적으로 갖춘 sahajāta.
선천적인 upapanna.
선천적인 것과 관계가 없는 sahajātavippayutta.
선천적인 것의 영향 sahajātâdhipati.
선취(善趣) gati. sugati.
선태(蘚苔)[식물] haṭa.
선택(選擇) rocana. sammuti. uccinana.
선택된 uddhaṭa.
선택적인 ekantarika.
선택하다 avadhāreti. roceti. uccināti. uddisāpeti.
선택한 apaṇṇakagāha.
선풍(旋風) verambavāta.
선하고 약한 subhâsubba.
선하지 않은 ahita.
선하지 않은 사람 asappurisa.
선하지 않음 asantabhāva. asantatā.
선한 ariya. dabba. dabbajātika. bhaddaka. bhadraka. sobhaṇa. sobhana. pasādaka. sādhu. sant. santa. sucarita.
선한 개인 kalyāṇapuggala.
선한 길 sukkamagga.
선한 말을 하는 사람 atthavādin.
선한 성격을 지닌 kalyāṇâsaya.
선한 성품을 산출하는 kalyāṇadhammuppādika.
선한 성품을 지닌 kalyāṇadhamma.
선한 성품을 지닌 상태 kalyāṇadhammatā.
선한 성품을 지닌 자와 사귀는 kalyāṇadhammasamāgama.
선한 성품을 타고난 kalyāṇajātika.
선한 실천 saddhamma.
선한 열망을 지닌 kalyāṇajjhāsaya.
선한 원리 sukkadhamma.
선한 일반사람 kalyāṇaputhujana.
선한 존재의 부류에 속하는 kalyāṇâbhijātika.
선한 행위 dhamma. sukkakamma.
선한 행위와 악한 행위 모두 하는 dvayakārin.
선해(善解) okappanā.
선해장엄(善解莊嚴)[서명] Subodhālaṅkāra.
선행(善行) adhikāra. adhikārakamma. kalyāṇacarita. kalyāṇakamma. puñña. sucarita. sukaṭa. sukata. vata.
선행(先行) pubba(ṅ)gama.
선행과 악행 sukaṭadukkata.
선행도(善行道) suppaṭipadā.
선행사문(先行沙門) puresamaṇa.
선행상(善行相) svākāra.
선행을 하는 kalyāṇakārin.
선행을 하려고 애쓰는 kiṁkusalagavesin.
선행을 하지 않는 anatthacara.
선행을 한 suppaṭipanna.
선행을 행한 katakalyāṇa.
선행의 sukaṭa. sukata.
선행의 결과 puññaphala.
선행의 기쁨 kalyāṇapīti.
선행의 길 kalyāṇapaṭipadā.
선행의 탁월함 atipuññatā.
선행의 한계를 넘어선 여자 atikkantikā.

선행이 없음 anattha.
선행자(先行者) purejava.
선행자(善行者) subbata. katapuñña. suppaṭipanna. sugatin.
선행조건(先行條件) purejātapaccaya. upanisā.
선행하는 purecārika. purima.
선행하지 않는 apubba. apurima.
선향도(善向道) suppaṭipadā.
선현(善賢)[인명] Subhūti. Subhaddā.
선현천(善現天)[신계] Sudassā devā.
선혜(善慧)의 sumedha. sumedhasa.
선호(選好) ruccana. ruccanā. ālaya. rocana.
선호적 경향 pasāda.
선호하다 ruccati.
선회하다 ciṅgulāyati.
선훈습(先薰習) pubbavāsana.
선희왕(善喜王)[인명] Suruci.
설(舌) jivhā.
설가부(說假部)[부파] Paññattivāda.
설거지 thālidhovana.
설계(舌界) jivhādhātu.
설계(設計) parikappanā. upāya. ālekha. valañja.
설계(說戒) pāṭimokkhuddesa. uddisana. uposatha.
설계(設計)된 pakappita.
설계(設計)의 상이한 종류 karaṇavikati.
설계(說戒)의 중지 pāṭimokkhaṭhapana.
설계(設計)하는 abhidhāyin.
설계(設計)하다 parikappeti. ālikhati. lekhāhi aṅketi. uddisati.
설계자(設計者) nimmāṇasippin.
설계자(說戒者) pāṭimokkhuddesaka.
설교(說教) desanā. kathana. kathikā.
설교단(說教壇) dhammāsana. ādhāraka.
설교의 청정 desanāsuddhi.
설교자(說教者) desaka. vādin.
설교하다 kathayati.
설근(舌根) jivhindriya.
설단(舌端) jivhagga.
설득(說得) saññāpana. unnahanā. upalāpana. upalāpanā. anukassaṇa.
설득과 섭수 upalāpanasaṅgaha.
설득과 친절 upalāpanasaṅgaha.
설득당한 paluddha.
설득되다 anunīyati.
설득된 saññatta.
설득력이 있는 sappāṭihāriya.
설득시키다 niyojeti.
설득의 길 upalāpanakāraṇa.
설득하는 unnahana.
설득하다 accāvadati. niyuñjati. saññāpeti. upalāpeti.
설득하여 ~ 시키다 abhiviññāpeti.
설령 ~ 라도 api ce.
설립(設立) ṭhapana. ukkujjana. patiṭṭhāpana.
설립된 paṭṭhapita.
설립자(設立者) patiṭṭhāpitar.
설립하다 paṭṭhapeti. uṭṭhāpeti.
설명 또는 대답에 숙달한 사람 veyyākaraṇa.
설명(說明) ādīpana. akkhāna. attha. atthasaṁvaṇṇanā. āvibhāva. āvikaraṇa. dīpanā. jotana. jotanā. jotikā. kathā. kathāmagga. kathana. kathita. nibbeṭhana. nigamana. otaraṇa. osāra. osāraṇa. pakāsa. pakāsana. paridīpana. paridīpanā. saṅkāsanā. uddesa. uddīpanā. ukkācanā. vaṇṇanā. veyyākaraṇa. vibhāvanā. viniveṭhana. vinibbeṭhana. vitthāra. vyākaraṇa. vyākatatta.
설명되다 āvibhavati. kathīyati.
설명되어야 하는 ādīpanīya.
설명되어야 할 kathetabba.
설명되지 않은 anuttāna.
설명되지 않은 것 avyākata.
설명된 desita. dīpitadīpita. kathita. niddiṭṭha. otiṇṇa. paccābhaṭṭha. paridīpita. ukkācita. vaṇṇita. vijaṭita. vyākata. vyākhyāta.
설명된 경우 kathitokāsa.
설명될 수 없는 anibbacanīya.
설명방법 atthanaya.
설명에 따라 kathāmaggânusārena.
설명을 부탁하다 uddisāpeti.
설명의 귀결 kathāmaggasampaṭipādanā.
설명의 모순 kathāmaggavirodha.
설명의 배경 kathanaṭṭhāna.
설명의 분류 kathāmaggabheda.
설명의 생략 anuttānikamma.
설명이 분명한 parisuddhaveyyākaraṇa.
설명이 붙은 sauddesa.
설명이 없이 간략하게 가르쳐진 ugghaṭita.
설명자(說明者) dīpitar. kathetar. pavattar. vyākattar.
설명적인 paridīpaka.
설명하게 하고 싶은 bkathāpetukāma.
설명하게 하다 kathāpeti.
설명하기에 적당한 kathetabbayuttaka.
설명하는 akkhāyin. dīpaka. jotaka. kathika. pakāsaka. paridīpaka. uddesaka. vibhāvaniya.
설명하는 부분 uddesavāra.

설명하다 abhijotayati. ādisati. anusāsati. āvikaroti. bhāṇeti. brūti. dīpeti. gadati. gāheti. joteti. kathayati. katheti. kitteti. ñāpeti. nibbeṭheti. nidasseti. niddisati. niddissati. osārayati. osāreti. otarati. paccābhāsati. paccāropeti. pakāseti. paridīpeti. parikitteti. pātukaroti. pavedeti. sampāyati. saṅkathati. ukkāceti. vādiyati. vaṇṇeti. vibhāveti. vijaṭeti. vissajjeti. viyācikkhati. vyākaroti. vyakhyāti. vibhūtaṁ karoti. paribhāsati.
설명할 것이다 pavakkhati.
설명해 보이다 padeseti.
설문(舌門) jivhādvāra.
설문로(舌門路) jivhādvāravīthi.
설미반(屑米飯) kaṇājaka.
설법(說法) akkhāna. bhāṇa. dhammikathā. dhammīkathā. kathikā. pariyāya. dhammakkhāna.
설법당(說法堂) dhammasālā.
설법되다 akkhāyati.
설법된 akkhāta.
설법사(說法師) desaka. desetar. bhāṇaka. dhammavādin.
설법에 능숙함 desanākusala.
설법의 끝에 desanâvasāne.
설법의 순서 desanakkama.
설법의 심오함 desanāgambhīratā.
설법의 아름다움 desanāvilāsa.
설법의 장관(壯觀) desanāvilāsa.
설법이 청정한 parisuddhadhammadesanā.
설법자(說法者) desaka. desetar. bhāṇaka. dhammavādin.
설법청정(說法淸淨) parisuddhadhammadesanā.
설법하다 akkhāti. deseti.
설봉(舌鋒) mukhasatti.
설비(設備) parikkhāra. parikkhāraṇa.
설사 ~ 이라도 kiñcāpi.
설사(泄瀉) pakkhandikā. atisāra.
설사시키다 vireceti.
설사약(泄瀉藥) paṭimokkha. sinehaniyabhesajja. vireka. virecana.
설사하다 viriccati.
설산(雪山) himavant.
설산부(雪山部)[부파] Hemavatika. Hemavata.
설산의 hemavata.
설산지방 himavāpadesa.
설소식(舌所識)의 jivhāviññeyya.
설수설(說隨說) vādânuvāda.
설시(說示) pakāsana.
설시심심(說示甚深) desanāgambhīratā.
설시정(說示淨) desanāsuddhi.
설식(舌識) jivhāviññāṇa.
설식계(舌識界) jivhāviññāṇadhātu.
설식로(舌識路) jivhādvāravīthi.
설십법(舌十法) jivhādasaka.
설익은 āma.
설인부(說因部)[부파] Hetuvādin.
설인자(說印者) muddika.
설전부(說轉部)[부파] Saṅkantika.
설정(舌淨) jīhvappasāda.
설정(設定)된 vikappita.
설처(舌處) jivhāyatana.
설촉(舌觸) jivhāsamphassa.
설촉소생수(舌觸所生受) jivhāsamphassajā vedanā.
설치(設置) ādhāna. āropana. āropanā. kappanā. nimmāṇa. patiṭṭhāna. patiṭṭhāpana. ukkujjana.
설치되다 acchupīyati. kappati.
설치된 sajjita. saṁhita. vihita.
설치하는 abhidhāyin.
설치하다 acchupeti. ādahati. appeti. paccupaṭṭhāpeti. sajjeti. ṭhapeti. ṭhapayati. uṭṭhāpeti.
설치할 것이다 abhihessati.
설탕 guḷa.
설탕물 phāṇitodaka.
설탕이 들어간 과자 saguḷa.
설탕이 없음 nipphāṇitatta.
설탕포대 phāṇitapuṭa.
설하다 bhaṇati. pabrūti. vadeti. vatti. vyakhyāti.
설할 것이다 vakkhati.
설해져야 할 vattabba.
설해지다 bhaññati. pavuccati. pavuccate.
설해지지 않은 abhāsita.
설해진 bhaṇita. bhāsita. bhaṭṭha. vutta. vyākhyāta.
설해진 바를 vuttavādin.
설화(說話) apadāna. kathāmagga.
섬[島] dīpa.
섬[立] ṭhāna.
섬겨진 hāpita.
섬광(閃光) jāla.
섬광처럼 투과하는 것 anupharaṇa.
섬광처럼 투과하다 anupharati.
섬기는 paddhacara.
섬기는 것 가운데 최상 pāricariyânuttariya.
섬기다 hāpeti. sevati. upatiṭṭhati.
섬뜩한 bhīta.
섬바리바나(睒婆利婆那)[지옥] simbalīvana.
섬세(纖細) sokhumma. sukhuma. sukhumatta.

sokhummatā.
섬세한 sukhuma. sukhumāla. sukumāra.
섬세한 구조 sukhumālatā.
섬세한 면화로 만든 옷감 kappāsasukhuma.
섬세한 모직물 kambalasukhuma.
섬세한 천으로 만든 상의(上衣) maṭṭasāṭaka. maṭṭhasāṭaka.
섬세한 털깔개 kambalasukhuma.
섬세한 피부를 지닌 sukhumacchavi.
섬세한 흰색 자갈 kaṭasakkharā.
섬유(纖維) makaci.
섬유로 꼰 끈 kalābuka.
섬유로 꼰 띠 kalābuka.
섬의 이야기 lañjaka.
섬주민 dīpavāsin.
섭묘법(攝妙法)[서명] Saddhammasaṅgaha.
섭사(攝事) saṅgahavutthu.
섭생(攝生) sappāyakiriyā.
섭송(攝頌) uddāna.
섭송(攝頌)으로 엮다 uddāneti.
섭수(攝受) paccupakāra. anuggaha. anuggahaṇa. anugganhana. anuggaṇhana. pariggaha. saṅgaha. saṅgaṇhana.
섭수공(攝手空) pariggahasuñña.
섭수되기 어려운 asaṅgahaka.
섭수되지 않은 asaṅgahita. asaṅgahīta.
섭수되지 않음 asaṅgaha.
섭수된 anuggahita. anuggahīta.
섭수의 토대 saṅgahavutthu.
섭수하고 anuggahāya.
섭수하기 어려운 dussaṅgaha.
섭수하는 anuggaṇha. anuggaṇhataka. saṅgaṇha.
섭수하는 능력 saṅgahabala.
섭수하다 anugaṇhāti. anuggaṇhāti. paggaṇhāti. saṅgaṇhati.
섭승법의론(攝勝法義論)[서명] Abhidhammatthasaṅgaha.
섭심(攝心) saṅkhittacitta.
섭익(攝益) anuggaha. paccupakāra. saṅgaha.
섭익(攝益)되지 않은 asaṅgahita. asaṅgahīta.
섭익(攝益)의 saṅgāhaka.
섭익(攝益)하다 anugaṇhāti. anuggaṇhāti. saṅgaṇhati.
섭지(攝持) saṅgahaṇa.
섭지(攝持)된 adhiṭṭhita. saṅgahita. saṅgahīta.
섭지공(攝持空) adhiṭṭhānasuñña.
섭지력(攝持力) adhiṭṭhānabala.
섭지신족(攝持神變) adhiṭṭhāniddhi.
섭지자재(攝持自在) adhiṭṭhānavasin.
섭지자재(攝持自在) adhiṭṭhānavasitā.
섭취(攝取)하다 saṅgaṇhati.
섭호(攝護) saṁvara.
성(性) bhāva. liṅga. bhāvarūpa. methuna.
성(城) nagarī. nagara. pura. pāsāda.
성(姓) vaṁsa.
성(城) 밖에 bahinagare.
성(城) 안의 antonagara.
성(性)에 관계되는 liṅgika.
성(性)을 구성하는 열 가지 요소 bhāvadasaka.
성(性)의 methuna.
성(性)의 교체 liṅgavipallāsa.
성(性)의 구별이 없는 aliṅgabheda.
성(性)의 물질 bhāvarūpa.
성(性)이 없는 aliṅga.
성(性)이 없는 태아 abhāvakagabbhaseyyaka.
성가(聖歌) sāma.
성가시지 않은 aparikupita.
성가신 vighātavant.
성가신 사람의 추방 kaṇṭakanāsanā.
성가심 uppīḷa.
성각(成覺) bujjhana.
성각자(成覺者) bujjhitar.
성겁(成劫) vivaṭṭakappa.
성격(性格) āsaya. sīliya. sabhāva. pakati. sīla.
성격과 추구 ācāragocara.
성격상 규칙을 따르는 자 kappiyasabhāva.
성격이 비뚤어진 sāciyoga.
성격이 없는 nigguṇa.
성격적으로 부동의 acalasabhāva.
성격적으로 싸움을 좋아하는 kalahasīla.
성격적으로 자비를 파괴하는 karuṇāviddhaṁsanarasa.
성경(聲境) saddavisaya.
성경(聖經)[기독교] kiṭṭhavadhammapotthaka.
성계(聲界) saddadhātu.
성고명(星古明) nakkhattavijjā.
성공(成功) abbhuddaya. abhirādhana. atthasiddhi. ārādhana. ārādhanā. iddhi. ijjhana. ijjhanā. nipphatti. samiddhākāra. samiddhi. samijjhana. sampadā. sampajjana. sampatti. siddhi. sijjhana. vitti. yasa
성공된 abhirādhita.
성공으로 타락하지 않는 aviha.
성공으로 타락하지 않는 신들의 하느님 세계 avihā devā.
성공으로 타락하지 않는 하느님 세계의 신들 avihā devā.

성공의 siddhika.
성공의 원인 iddhikāraṇa.
성공이나 복지를 가져다주지 않는 appasiddhika. appasiddhiya.
성공적 수행의 조건 ijjhanabhāva.
성공적이 아닌 asamijjhanaka.
성공적이지 못한 anārādhaka.
성공적인 ārādhaka. ārādhanīya. iddha. iddhimant. samiddhika. sampanna.
성공적인 갈마 kammasampatti.
성공적인 갈마의규 kammavācāsampatti.
성공적인 돌파 abhinibbhidā.
성공적인 수행을 의미하는 ijjhanaṭṭha.
성공적인 수행의 태도 ijjhanâkāra.
성공적인 제작 karaṇasampatti.
성공하다 ārādhayati. ārādheti. edhati. ijjhati. ijjhate. samijjhati. sampajjati. sampāyati. saṁsijjhati. sijjhati.
성공하지 못한 asamiddha.
성공하지 못함 asamiddhi.
성공한 nipphanna. samiddha.
성과(成果) abhisandana. sādhakatā.
성과가 없는 avipāka.
성곽과 같은 nagarûpama.
성관(聲慣)[서명] Saddavutti.
성관계(性關係) → 성교.
성관계로부터 생긴 methunasambhūta.
성교(性交) ajjhācāra. methuna. methunaka. mithuna. methunadhamma. saṁvāsa. saṅgama.
성교가능한 아버지 bījakapatar.
성교가능한 어머니 bījakamatar.
성교를 행한 katasanthava.
성교의 methuna.
성교하다 sambhindati.
성교후에 물로 씻는 일 odakantika. odakantikatā.
성구(聖句) mantapada.
성구법(聲九法) saddanavaka.
성구의 통효자(通曉者) padaka.
성군(星群) nakkhatta. tārāsamūha.
성급한 anadhivāsaka. caṇḍa. lahusa. sāhasa.
성급함 anadhivāsanatā.
성기(性器) aṅgajāta. mehana. upattha.
성기를 가리는 옷을 제거한 kopīnaniddaṁsanin.
성나게 하다 apakaroti.
성나지 않은 appadhaṁsita.
성난 caṇḍikata. dosin. kuddha. rusita. saṅkuddha. vikujjhita.
성내는 sabyābajjha. vyāpādavant.
성내는 마음 dosacitta.
성내는 자 dosacarita.
성내다 kujjhati.
성내지 않는 akodhana.
성내지 않음 adosa.
성낼 만한 dosaniya. dosanīya. dosaneyya
성냄 dosa. kodha. kuppa. padosa. rosa. vyāpāda. vyāpādadosa.
성냄에 뿌리박은 dosamūla.
성냄에 뿌리박은 마음 dosamūlacitta.
성냄에 의한 염착 dosasaṅga.
성냄으로 가득 찬 dosagata, dosagaru.
성냄을 여읨의 착하고 건전한 뿌리 adosakusalamūla.
성냄을 지니고 있는 dosasahagata.
성냄의 동요 dosanigha.
성냄의 부숨 dosakkhaya.
성냄의 불 dosaggi.
성냄의 뿌리 dosamūla.
성냄의 악하고 불건전한 뿌리 dosâkusalamūla.
성냄의 여읨에 대한 설명 adosaniddesa.
성냄의 여읨에서 기원하는 adosapakata.
성냄의 여읨에서 생겨난 adosaja. adosasamudaya.
성냄의 여읨으로 가득한 adosussada.
성냄의 여읨을 열망하는 adosajjhāsaya.
성냄의 여읨을 인연으로 adosanidāna.
성냄의 여읨을 조건으로 adosapaccaya.
성냄의 여읨의 결과인 상태 adosanissandatā.
성냄의 원인 dosahetu.
성냄의 장애 dosakiñcana.
성냄의 제거 dosavinaya.
성냄의 행위 dosacariyā.
성냄의 화살 dosasalla.
성냄의 황무지 dosakhila.
성년이 된 vayânuppatta. vayappatta.
성대(聖帶) upavīta.
성대한 개원식 pavesanamahussava.
성도(成道) abhisambujjhana.
성도(聖道) ariyamagga.
성도일(成道日) sammāsambuddhadivāsa. [테라바다불교에서는 탄신일·성도일·열반일이 같음] buddhadivāsa. vijātamaṅgala. vesākhadivāsa.
성득유(成得有) sampattibhava.
성등정각(成等正覺) abhisambuddha.
성령론(聖靈論) devattavijjā.
성론(聲論) saddasattha.
성루(城樓) pākāratoraṇa.
성립(成立) saṁvaṭṭa. vivaṭṭa. vivaṭṭana. vivaṭṭanā.

성립되고 유지되는 vivaṭṭaṭṭhāyin.
성립되다 saṁvaṭṭati. vivaṭṭati.
성립된 avasīna.
성립하는 우주기 vivaṭṭakappa.
성만(盛滿) vepulla. vepullata. vepullatā.
성문(聲聞) sāvaka. tathāgatasāvaka.
성문(城門) toraṇa. gopūra. gopura.
성문(城門) 밖의 마을 dvāragāma.
성문(城門) 앞에 육중한 기둥 esikatthamba.
성문의 지위 sāvakatta.
성미가 급하지 않은 appaduṭṭha.
성미가 급한 accāyika.
성미가 급함 visūkāyita.
성미가 까다로운 pittika.
성법(聖法) ariyadhamma.
성벽(性癖) āveṇikasabhāva
성벽(城壁) kuḍḍa. kuṭṭa. kuḍḍamūla. pākāra. nagara. uddāpa. āveṇikasabhāva
성벽으로 둘러싸인 pākāraparikkhitta.
성벽을 따라 anupākāre.
성벽의 벽돌 pākāriṭṭhakā.
성벽이 있는 uddāpavant.
성병(性病)의 일종 upadaṁsa.
성분(成分)이 있는 sasambhāra. sasambhārika.
성사(聲思) saddasañcetanā.
성상(聲想) saddasaññā.
성상연구(聖像硏究) paṭibimbavijjā.
성색(性色) bhāvarūpa.
성성문(聖聲聞) ariyasāvaka.
성소(聖所) devaṭṭhāna.
성수(聖水) dakkhiṇodaka. mantodaka.
성숙(星宿) nakkhatta. nakkhattatārakā.
성숙(成熟) pariṇāma. paripācana. paripaccana. paripāka. sampāka. vepakka.
성숙(星宿)의 왕 nakkhattarājan.
성숙되지 않은 apariṇata.
성숙되지 않은 업 aparipakkakamma.
성숙된 paripācaniya. paripācita. paripakka.
성숙된 결과 경험된 업 paripakkavedanīyakamma.
성숙된 결과에 대한 경험 paripakkavedanīya.
성숙보(星宿寶) maṇijotirasa.
성숙성(成熟性) paripācanabhāva.
성숙시키다 paripāceti.
성숙에 도달되지 않은 avipakkavipāka.
성숙의 시간 pākaṭhāna.
성숙의 장소 pākaṭhāna.
성숙의 정도 pākadāna.
성숙의 특징 paripācanalakkhaṇa.
성숙하다 abhinippajjati. pariṇamati.
성숙하지 않은 avipakka.
성숙한 pariṇata.
성스러운 lokuttara.
성스러운 가르침 āgama.
성스러운 가르침 ariyadhamma.
성스러운 거처 고귀한 삶 ariyavihāra.
성스러운 경지에 의한 안식을 통한 멀리 여읨 paṭippassaddhiviveko.
성스러운 경지에 의한 안식을 통한 해탈 paṭi-passadhivimutti.
성스러운 구절을 독송하는 padabhāṇa.
성스러운 구절을 설하는 padabhāṇa.
성스러운 구절의 집성 pārāyana.
성스러운 기둥을 세움 yūpussāpana.
성스러운 길 magga.
성스러운 길에 도달한 vedantagū.
성스러운 도시 nagaravara.
성스러운 말 manta.
성스러운 박수갈채 brahmapphoṭana.
성스러운 발자국이 있는 집 pādamaṇḍapa.
성스러운 발자취 pādacetiya.
성스러운 상태 devattabhāva.
성스러운 영감을 받은 brahmacintita.
성스러운 학문에 정통한 sottiya.
성실(誠實) alīnatā. avisaṁvādanatā. saccavajja.
성실하게 sakkacca. sakkaccaṁ. sabhāvaṁ.
성실한 ādīna. cittakata.
성실한 보시 cittakatadāna.
성십법(性十法) bhāvadasaka.
성씨(姓氏) gotta.
성악(聲樂)과 기악(器樂) vādita.
성안(性眼) pakaticakkhu.
성애(聲愛) saddataṇhā.
성우왕(星牛王) tārâsabha.
성을 잘 냄 dovacassa.
성의가 없는 sāciyoga.
성의분별고(聲義分別考)[서명] Saddatthabhed-acintā.
성의사(聲意思) saddasañcetanā.
성인(聖人) ariyapuggala. isi. mantar. muni.
성인은 mantā.
성인의 견해 munidassana.
성인의 경지 moneyya.
성인의 반열에 입문한 님 gotrabhū.
성인의 지위 isitta.
성인이 사용한 것들로 이루어진 유품 paribho-gadhātu.
성자(聖者) ariya. isi. arahat. muni.

성자(聖者) 중의 성자 munimuni.
성자가 아닌 자 anarahat.
성자승가(聖者僧家) ariyasaṅgha.
성자의 삶 moneyya.
성자의 삶을 사는 법 moneyyadhamma.
성자의 지위 isitta. phala.
성장(成長) abhivaḍḍhana. abhivaḍḍhi. abhivuddhi. nibbattana. paribrahaṇa. paribrūhana. pavaḍḍhana. rūhana. rūhanā. rūḷhi. udaya. upacaya. vaḍḍhana. vaḍḍhi. virūhanā. virūḷhi. vuḍḍhi. vuddhi. saṁvaddhana.
성장(盛裝)한 maṇḍita.
성장되다 āciyati.
성장되지 않는 avirūḷhi. avaḍḍhita.
성장된 ajjhārūḷha. pavaḍḍha. pavuddha. uppanna.
성장시키는 abhivaḍḍhaka.
성장시키다 abhivaḍḍheti. paribrūhati. ropāpeti. ropeti.
성장의 그침 avirūḷhi.
성장하는 abhivaḍḍhana. ajjhāruha. ajjhārūha. ruha. rumhaniya. vaḍḍamānaka.
성장하다 ajjhārūhati. pabhindati. pavaḍḍhati. rūhati. saṁrūhati. saṁvaḍḍhati. udeti. virūhati.
성장하지 않은 apparūḷha.
성장하지 않음 avaḍḍhana.
성장한 niruḷha. pabhinna. parūḷha. saṁvaḍḍha. vaddha. vaḍḍhita. virūḷha.
성적인 차별화가 없는 abhāvaka.
성적인 쾌락 kāma.
성전(聖典) āgama. gandha. manta. mantapada. pariyatti. pāṭha.
성전송지자(聖典誦持者) pariyattidhara.
성전어(聖典語) mantabhāsā.
성전에 능통한 mantapāraga.
성전의 계승자 tantidhara.
성전의 구예(垢穢) mantamala.
성전의 독송 pārāyana.
성전의 암송자 mantajjhāyaka.
성전의 언어 mantabhāsā.
성전의 연구 gandhadhura.
성전의 정신에 정통한 atthûpeta.
성전의 학습 mantajjhena.
성전환(性轉換) liṅgavipallāsa.
성정각(成正覺) abhisambujjhana.
성정리론(聲正理論)[문법서] saddanīti.
성제(星祭) nakkhattakiḷanā. nakkhattamaha.
성제(聖諦) ariyasacca.
성좌(星座) nakkhatta. tārāsamūha.
성좌(星座) ulu. uḷu. nakkhattapada.
성주(聖住) ariyavihāra.
성주(城主) nagarasāmin.
성주(成住)의 vivaṭṭaṭṭhāyin.
성지(聖地) saṁvejanīyaṭṭhāna.
성지현(聲持現) saddūpahāra.
성직(聖職)을 공경하는 것 brahmaññatā. brāhmaññatā.
성직자(聖職者) bhovādin. brāhmaṇa. brahmañña. brāhmañña. vippa.
성직자의 지위에 있는 brahmañña. brāhmañña.
성질(性質) dhamma. guṇa. sabhāva.
성질의 āluka.
성질이 있는 pakata.
성찰(省察) ābhoga. anupekkhā. anupekkhaṇā. anuvicāra. āvajjana. āvajjitatta. paccavekkhā. paccavekkhana. paccavekkhanā. paccupekkhaṇā. parivitakka. paṭinidhi. paṭisaṅkhā. paṭisaṅkhāna. samapekkhaṇa. vīmaṁsā. vīmaṁsanā.
성찰(省察)하지 않고 appaṭisaṅkhā.
성찰되다 olokiyati. olokīyati.
성찰된 anuvicarita. āvajjita. upadhārita.
성찰사(省察思) paccavekkhanacetanā.
성찰수관(省察隨觀) paṭisaṅkhânupassanā.
성찰수관지(省察隨觀智) paṭisaṅkhânupassanāñāṇa.
성찰시키다 vīmaṁsāpeti.
성찰심(省察心) paccavekkhanacitta.
성찰에 대한 관찰 paṭisaṅkhânupassanā.
성찰에 의한 소멸 paṭisaṅkhānirodha.
성찰에 의한 청정 paccavekkhanasuddhi.
성찰에 자재한 자 paccavekkhanavasin.
성찰의 의도 paccavekkhanacetanā.
성찰의 자유자재 paccavekkhaṇāvasitā.
성찰의 지혜 paṭisaṅkhāñāṇa. paṭisaṅkhānapaññā.
성찰의 특징 paccavekkhananimitta.
성찰의 힘 paṭisaṅkhānabala.
성찰이 없음 anābhoga.
성찰지(省察智) paṭisaṅkhāñāṇa.
성찰하게 하다 anupekkheti.
성찰하는 vīmaṁsin.
성찰하는 마음 paccavekkhanacitta.
성찰하다 abhicintayati. ābhujati. ajjhupekkhati. anupekkhati. anuvicāreti. anuvicarāpeti. anuvicārāpeti. āvajjeti. cetayati. olokayati. oloketi. paccavekkhati. parivīmaṁsati. parivitakketi. paṭisañcikkhati. paṭisaṅkhāti. samapekkhati. upadhāneti. upadhāreti. upadhārayati. vīmaṁsa-

ti. vīmaṁseti.
성처(聲處) saddāyatana.
성취(成就) abhisambhava. āgama. anupatti. apavagga. ārādhana. ārādhanā. iddhi. nipphajjana. paṭilābha. pāpuṇana. pariniṭṭhāna. pāripūrī. pariyādinnatta. pariyāpuṇana. pariyatti. ādhana. samāpatti. samijjhana. sampadā. sampādana. sampāpana. sampatti. visesa. vosāna.
성취되다 sampūriyati.
성취되어야 할 깨달은 님의 의무 kattabbabuddhakicca.
성취되지 못한 asampatta.
성취되지 않은 anipphanna. anupapanna. asamatta. asampādita.
성취된 abhinipphanna. abhisampatta. adhigata. āraddha. laddha. parābhūta. pariniṭṭhita. pariyādinna. pariyādiṇṇa. sampanna. uppanna. veyyatta. vosita.
성취된 상태 sampattibhava.
성취된 존재 sampattibhava.
성취될 수 있는 sādhiya.
성취를 열망하는 samāpattesiya.
성취시킴 pāpaṇa.
성취에 도달된 samāpannaka.
성취의 수단 upakaraṇa.
성취자(成就者) samāpattila. siddhattha. pāṭibhoga.
성취자의 단계(?) pannabhūmi.
성취하기 쉬운 susamudānaya.
성취하는 nipphādaka. sādhaka. siddhika.
성취하다 abhisādheti. adhigacchati. appoti. ārādhayati. ārādheti. ārañjhati. nippajjati. nipphajjati. pāpuṇāti. parābhavati. pariniṭṭhāpeti. pariyāpuṇāti. paṭipajjati. sādheti. sādhayati. samāpeti. samāvahati. sambujjhati. samijjhati. sampāpuṇāti. sampūreti. upapādeti. valañjeti.
성취하지 못한 ananubhūta. appatta.
성취하지 못함 anadhigama.
성취한 āgata. pariyāputa. pattin.
성취행(成就行) patticariyā.
성큼성큼 걷다 vītiharati.
성큼성큼 걸음 vītiharaṇa.
성품(性品) guṇa. sīlatā.
성품으로 평가하는 것 dhammappamāṇika.
성품이 나쁜 kopin. nigguṇa.
성향(性向) ajjhāsaya. sabhāva.
성향과 관련하여 ajjhāsayaṁ.
성향에 따라서 행동하는 kāmakārin.
성향에 따르는 ajjhāsayânurūpa.
성향에 지배되는 연결부분 ajjhāsayânusandhi.
성향을 따르기 위한 ajjhāsayagahaṇa.
성향이 있는 sīlin. sīlika.
성홍열(猩紅熱) pītajara.
성화당(聖火堂) agyāgāra.
섶불 tiṇaggi.
세 가지 tayo. tisso. tīṇi.
세 가지 갈애 tisso taṇhā.
세 가지 감각적 쾌락의 욕망에 매인 태어남 tisso kāmûppattiyo.
세 가지 거죄의 기초 tīṇi codanavatthūni.
세 가지 결박 tayo saṁyojanā. tīṇi saṁyojanāni.
세 가지 고요한 삶 tīṇi moneyyāni.
세 가지 곧바른 지혜 tevijjā.
세 가지 곧바른 지혜가 있는 tevijja.
세 가지 공덕을 만드는 토대 tīṇi puññakiriyavatthūni.
세 가지 괴로움 tisso dukkhatā.
세 가지 교만 tayo madā. tisso vidhā.
세 가지 기쁨의 법 pītitika.
세 가지 기적 tīṇi pāṭihāriyāni.
세 가지 길 maggattaya.
세 가지 깨달음 tibodhi.
세 가지 느낌 tisso vedanā. vedanāttika.
세 가지 능력 tīṇi indriyāni.
세 가지 대중 tayo parisā.
세 가지 더미 tayo rāsī.
세 가지 도덕적 행위의 결과 vipākattika.
세 가지 도량형속이기 tayo mānakūṭā.
세 가지 도취 tayo madā.
세 가지 동기 tīṇi adhipatteyyāni.
세 가지 동요 tayo nighā.
세 가지 둥근 곳[배꼽과 두 무릎] timaṇḍala.
세 가지 명지 tisso vijjā.
세 가지 모음 tikapāta. tiṁsapāta.
세 가지 무기 tīṇi āvudhāni.
세 가지 무리 tayo khandhā.
세 가지 무엇인가 있는 것 tayo kiñcanā.
세 가지 방법 tikapaṭṭhāna.
세 가지 방법으로 tidhā.
세 가지 배움 tisso sikkhā. sikkhattaya.
세 가지 번뇌 tayo āsavā. tayo kilesā.
세 가지 베다 tayo vedā. tevijjā.
세 가지 베다에 정통한 tevijja.
세 가지 베다에 정통한 삼베다학자(三吠多學者) tevijja.
세 가지 보다 높은 단계의 길 uparimamaggattaya.
세 가지 보물 ratanattaya. tīṇi ratanāni. tiratana.

세 가지 부처님의 현존을 위한 세계 tīṇi buddha(k)khettāni.
세 가지 불 tayo aggi.
세 가지 비속한 법 hīnattika.
세 가지 사악한 법 micchattattika.
세 가지 사유 tayo vitakkā.
세 가지 사유의 길 vitakkattika.
세 가지 삶 tayo vihārā.
세 가지 삼감 tisso virati.
세 가지 삼매 tayo samādhi.
세 가지 상실 tisso vipattiyo.
세 가지 선지(禪支)로 이루어진 ti(v)aṅgika.
세 가지 선행 tīṇi sucaritāni.
세 가지 성스러운 삶 tīṇi moneyyāni.
세 가지 성취 tisso sampadā.
세 가지 세계 tisso dhātuyo.
세 가지 세속을 여의게 하는 세계 tisso nissaraṇiyā dhātuyo.
세 가지 수습 tisso bhāvanā.
세 가지 수행 tisso bhāvanā.
세 가지 수행자의 지각 tisso samaṇasaññā.
세 가지 시간 tayo addhā.
세 가지 신(神) tayo devā.
세 가지 신체적 악행 tividhakāyaduccarita.
세 가지 신통의 기적(三神變) tīṇi pāṭihāriyāni.
세 가지 악하고 불건전한 뿌리 tīṇi akusalamūlāni.
세 가지 악하고 불건전한 사유 tayo akusalavitakkā.
세 가지 악하고 불건전한 세계 tisso akusaladhātuyo.
세 가지 악하고 불건전한 의도 tayo akusalasaṅkappā.
세 가지 악하고 불건전한 지각 tisso akusalasaññā.
세 가지 악행 tīṇi duccaritāni.
세 가지 앎 tīṇiñāṇāni.
세 가지 언어의 해석방식 tayo vādapathā.
세 가지 업 kammattaya.
세 가지 업도 kammapathattika.
세 가지 업을 발생시키는 조건 tīṇi nidānāni kammānaṁ samudayāya.
세 가지 여래의 감춤의 여읨 tīṇi tathāgatassa arakkheyyāni.
세 가지 여읨의 세계 tisso nissaraṇiyā dhātuyo.
세 가지 여인 tisso itthiyo.
세 가지 영원주의 tayo sassatavādā.
세 가지 오염 tayo kilesā.
세 가지 오염의 법 saṅkiliṭṭhattika.
세 가지 옷만을 지니는 수행 tecīvarikaṅga.
세 가지 완전한 앎 tisso pariññā.
세 가지 요소의 tedhātuka.
세 가지 원인을 지닌 tihetuka.
세 가지 위없음 tīṇi anuttariyāni.
세 가지 의혹 tisso kaṅkhā.
세 가지 이익 tayo atthā.
세 가지 자아의 획득 tayo attapaṭilābhā.
세 가지 자양의 무리 āhārattaya.
세 가지 장애 tayo kiñcanā.
세 가지 접촉 tayo phassā.
세 가지 정신적 악행 tividha manoduccarita.
세 가지 제화 tayo aggī.
세 가지 존재 tayo bhavā. tibhava.
세 가지 종류의 tividha.
세 가지 종류의 눈 tīṇi cakkhūni.
세 가지 종류의 죽음 tividhamaraṇa.
세 가지 종류의 향료 tikaṭuka.
세 가지 즐거움의 생성 tisso sukhûpapattiyo.
세 가지 지배적인 영향 tīṇi adhipatteyyāni.
세 가지 지혜 tisso paññā.
세 가지 진술의 토대 tīṇi kathāvatthūni.
세 가지 착하고 건전한 것 kusalattika.
세 가지 착하고 건전한 것의 뿌리 tīṇi kusalamūlāni.
세 가지 착하고 건전한 사유 tayo kusalavitakkā.
세 가지 착하고 건전한 세계 tisso kusaladhātuyo.
세 가지 착하고 건전한 의도 tayo kusalasaṅkappā.
세 가지 착하고 건전한 지각 tisso kusalasaññā.
세 가지 찰나 tayo khaṇā.
세 가지 청정 tīṇi soceyyāni.
세 가지 초월적 지혜가 있는 tevijja.
세 가지 추구 tisso esanā.
세 가지 축제 tayo maṅgalā.
세 가지 침묵 tīṇi moneyyāni.
세 가지 칼 tīṇi satthāni.
세 가지 통찰의 법 dassanattika.
세 가지 특징 tilakkhaṇa. tīṇi lakkhaṇāni.
세 가지 피난처 tisaraṇa.
세 가지 학인의 법 sekhattika.
세 가지 해탈 tayo vimokkhā.
세 가지 행복을 수반하는 태어남 tisso sukhûpapattiyo.
세 가지 행위의 길 tayo kammapathā.
세 가지 향료를 포함한 죽 tekaṭulayāgu.
세 가지 형성 tayo saṅkhārā.
세 가지 화합 tisso sāmaggiyo.

세 가지 황무지 tayo khilā.
세 가지 희론 tayo papañcā.
세 간격으로 이루어진 tisandhi.
세 개 한 벌의 tika.
세 개로 구성된 tika.
세 개의 종려나무 높이의 titālamattaṁ.
세 겹의 ti(p)pala.
세 계절에 적당한 ututtayānukūla.
세 구분으로 이루어진 tisandhi.
세 발 달린 솥 tidaṇḍa.
세 발 달린 의자 tidaṇḍa.
세 번 tikkhattuṁ.
세 번 굴린 열두 갈래의 행상 tiparivaṭṭadvādas-ākāra.
세 번까지 yāva tatiyakaṁ.
세 번인 한의 yāvatatiyaka.
세 번째 tatiya.
세 번째 선정 tatiyajjhāna.
세 번째로 tatiya.
세 번째의 tatiya.
세 벌의 옷 ticīvara.
세 사람이 함께하는 식사 tikabhojana.
세 종류의 tividha.
세 종류의 기만 tivudhakuhanavatthu.
세 종류의 사람 tayo puggalā.
세 종류의 세계 tiloka.
세 종류의 스승 tayo satthāro.
세 종류의 안식처 tisaraṇa.
세 종류의 장로 tayo therā.
세 종류의 환자 tayo gilānā.
세간(世間) loka.
세간도(世間道) lokiyamagga.
세간론(世間論) lokāyata.
세간법(世間法) lokadhamma. pariyāpannadha-mma.
세간법(世間法)의 두 가지 lokiyaduka.
세간사유(世間思惟) lokacintā.
세간세속(世間世俗) lokasaṅketa.
세간소섭(世間所攝) lokapariyāpanna.
세간수습(世間修習) lokiyabhāvanā.
세간승가(世間僧家) sammutisaṅgha.
세간시설(世間施設) lokapaññatti.
세간심(世間心) lokacitta.
세간에 대한 체험 lokiyasacchikiriyā.
세간의 lokiya. lokika.
세간의 관찰법 lokiyavipassanā.
세간의 명칭 lokasamaññā.
세간의 언설 lokavohāra.
세간의 이익 lokattha.
세간의 지정된 장소 lokasaṅketa.
세간작증(世間作證) lokiyasacchikiriyā.
세간적 곧바른 앎 lokiyā abhiññā.
세간적인 oramattaka.
세간적인 철학 lokāyata.
세간적인 철학을 지닌 lokāyatika.
세간죄(世間罪) lokavajja.
세간주(世間住) lokasannivāsa.
세간증상(世間增上) lokâdhipateyya.
세간청정(世間淸淨) lokappasāda.
세간해(世間解)[부처님] lokavidū.
세게 불다 dhamadhamāyati.
세게 흔들다 luṭati. luḷati.
세계(世界) āyatana. bhavana. bhūta. bhuvana. dhātu. disā. jagat. jagati. jagatī. loka. lokadhātu.
세계가 절대신에 의해 창조되었다는 설 issar-animmāṇahetuvāda.
세계가 파괴되는 겁 saṁvaṭṭakappa.
세계가 파괴되는 겁과 성립되는 겁 saṁvaṭṭavi-vaṭṭakappa.
세계개현(世界開顯) lokavivaraṇa.
세계광(世界光) lokapajjota.
세계군주(世界君主) sabbabhumma.
세계기원론(世界起源論) lokakkhāyikā. lokayi-kakathā.
세계로 이루어진 dhātura.
세계론(世界論) lokayikakathā.
세계를 아는 자 lokavidū.
세계를 항복시키는 주문 paṭhavījayamanta.
세계에 관한 이야기 lokayikakathā.
세계에 대한 명상수행의 토대 dhātukamma-ṭṭhāna.
세계에 대한 분별 dhātuvibhaṅga.
세계에 대한 분석 dhātuvavatthāna.
세계에 대한 사유 lokacintā.
세계에 대한 철학 lokacintā.
세계에 속하는 āyatanika.
세계의 lokiya.
세계의 간별 dhātuvinibhoga.
세계의 구분 loka.
세계의 기원에 관한 이야기 lokayikakathā.
세계의 끝 kappaparivaṭṭa.
세계의 도사(導師) lokanāyaka.
세계의 등불 lokappadīpa.
세계의 모습을 드러냄 lokavivaraṇa.
세계의 범위 lokamariyādā.
세계의 법칙 lokâdhipateyya.
세계의 빛 lokapajjota.
세계의 수호신 lokapāladevatā.

세계의 시설 dhātupaññatti.
세계의 안내자 lokanāyaka.
세계의 이익 lokattha.
세계의 장엄[신계] Lokabyūha.
세계의 주인 lokâdhipati. lokissara.
세계의 중앙에 있는 (지옥들) lokantarika.
세계의 지배 lokâdhipacca.
세계의 지배자 lokâdhipa.
세계의 청정 lokappasāda.
세계의 축(軸) āvijjhanaka.
세계의 한 지방 jagatippadesa.
세계의 한계 lokamariyādā.
세계적으로 유명한 disāpāmokha.
세계항복신주(世界降伏神呪) paṭhavījayamanta.
세관(稅關) karaggāhālaya. suṅkaghāta. suṅkaghara. suṅkaṭṭhāna.
세관원(稅關員) suṅkasāyika(?).
세구(洗具) sotti.
세금(稅金) āya. bali. kara. kāra. suṅka. uddhāra. rājabali.
세금으로 짓눌린 balipiḷita.
세금이 부과된 katasuṅka.
세금징수원 balisādhaka. āyasādhaka.
세기(世紀) satavacchara.
세끼식사 tikabhojana.
세끼의 tika.
세다 gaṇeti. kalati.
세대(世代) pajā. yuga.
세대주(世帶主) gahaṭṭha.
세력 아래에 있는 vasika.
세력(勢力) anubhāva. anubhāvatā. bala. balatā. balatta. balavatā. pabhāva. thāma.
세련(洗鍊)된 anavaya. porin. palimaṭṭha. parimaṭṭha. sukhumāla. sukumāra. surūpa. surūpin.
세련된 모습의 suviggaha.
세련된 몸을 지닌 sutanu.
세련된 여자 sukhumāli. sukhumālinī.
세련미(洗練味) sukumāratā.
세례(洗禮) dikkhā.
세례를 주다 jalasekasuddhiṁ deti. jale osīdāpeti. udakam ogāheti. nāmaṁ ṭhapeti.
세례식(洗禮式) jalasekasuddhi.
세론(世論) lokavāda.
세리(稅吏) tuṇḍya.
세말도약(細抹塗藥) piṭṭhañjana.
세면소(洗面所) mukhadhovanaṭṭhāna.
세무공무원(稅務公務員) tuṇḍya.
세무서(稅務署) suṅkaghāta. suṅkaṭṭhāna.
세밀히 조사하고 apaccavekkhitvā.
세밀히 조사하고 나서 pariyogāya.
세밀히 조사하다 pariyogāhati. pariyogāheti. saṅkaḍḍhati.
세밀히 조사하지 않고 apaccavekkhita.
세박피상(細薄皮相) sukhumacchavi.
세번 tikkhattuṁ.
세분(細紛) cuṇṇabhesajja.
세분(洗粉) nahānīyacuṇṇa.
세분(細分) paṭiviṁsa. paṭivisa. paṭivīsa. paṭivisesa.
세분(洗粉)을 만들기 위한 모르타르 cuṇṇacālāni.
세상(細相) anuvyañjana.
세상(世上) loka.
세상과 함께 사는 것 lokasannivāsa.
세상에 대한 시설 lokapaññatti.
세상에 대한 이야기 lokavāda.
세상에 대한 집착 kiñcana.
세상에 대해 생각하는 lokamānin.
세상에 대해 인식하는 lokasaññin.
세상에 소속된 것 lokapariyāpanna.
세상에 애착하는 sādāna.
세상에 존귀한 님 bhagavant.
세상에서 분리된 visaṁyutta. visaññutta.
세상을 버리다 pabbajati.
세상을 싫어하다 abhinibbijjati.
세상을 싫어함 abhinibbidā.
세상의 끝 lokanta.
세상의 끝에 도달한 자[阿羅漢] lokantagū.
세상의 동기 lokâdhipateyya.
세상의 우두머리 lokagga.
세상의 윤회 lokavaṭṭa.
세상의 종말에 관해 인식하는 antasaññin.
세상의 주인 lokajeṭṭha.
세상의 지배적인 영향 lokâdhipateyya.
세속(世俗) ihaloka. loka. vohāra. vyohāra. sammuti.
세속사(世俗死) sammutimaraṇa.
세속에 대한 동경에 정복당한 ukkaṇṭhâbhibhūta.
세속에 대한 동경으로 인한 불만족 ukkaṇṭhâkulacittatā.
세속에 대한 체험 lokiyasacchikiriyā.
세속에서 구원될 수 없는 anuddharaṇīya.
세속에서 떠남 paviveka.
세속에서의 벗어남 vimokkha. vimokha.
세속의 단절 vohārasamuccheda.

세속의 신 sammutideva.
세속적(世俗的)으로 lokiyavasena.
세속적인 bhumma. lokiya. lokika. oramattaka. ihalokika. saṁsārika.
세속적인 가르침 sammuti.
세속적인 것 loka.
세속적인 것에 물들은 sandiṭṭhiparāmāsin.
세속적인 것에서 벗어나는 것을 좋아하는 nekkhammâbhirata.
세속적인 것으로부터 벗어나는 길 nekkhamma-paṭipadā.
세속적인 것을 이야기하지 않는 atiracchāna-kathika.
세속적인 마음 lokacitta.
세속적인 소유 āmisa. upadhi.
세속적인 소유의 행복 upadhisukha.
세속적인 언어 lokanirutti.
세속적인 욕망에서 벗어남 nekkhamma.
세속적인 이득 lokāmisa.
세속적인 이야기 bāhirakakathā. bāhirakathā.
세속적인 이익을 포기한 vantalokāmisa.
세속적인 일에 도움을 주는 āmisânuggaha.
세속적인 일에 자비로운 āmisânukampā.
세속적인 일에 친절한 āmisânukampā.
세속적인 자양 lokāmisa.
세속적인 재물 lokāmisa.
세속적인 진리 saccasammatā. sammutisacca.
세속적인 진리 vohārasacca.
세속적인 집착의 경향 ādānasaṅga.
세속적인 집착이 없는 (사람) anokacārin.
세속적인 카테고리 loka.
세속적인 활동에 기뻐하는 것 kammārāmatā.
세속주의(世俗主義) ihalokaniṭṭhā. lokāyatavāda.
세속주의자(世俗主義者) lokāyatika.
세속지(世俗智) sammutiñāṇa. sammutiñāṇa.
세속철학(世俗哲學) lokakkhāyikā. lokāyata.
세속철학을 주장하는 자 lokāyatika.
세속화(世俗化) lokikatta.
세수(洗手)하다 vikkhāleti.
세수세(細隨細)의 khuddânukhuddaka.
세습(世襲) abhijātitā.
세심하게 주의하는 상태 dhutatta.
세심한 관찰 nisanti.
세심함 sukhumālatā.
세안(洗眼劑) akkh'añjana. rasañjana. añjana.
세안제더미 añjanapuñja.
세안제를 넣는 주머니 añjanithavikā.
세안제를 바르다 añjati. añjeti.
세안제와 같은 añjanasadisa.
세어진 gaṇita.
세요(細腰) velli.
세욕(洗浴) nhāna.
세욕(洗浴)하다 nhāyati. parisiñcati.
세욕자(洗浴者) nahātaka.
세우게 하다 ṭhapāpeti.
세우다 añjati. cināpeti. karoti. māpeti. nikhanati. nikhaṇati. niveseti. patiṭṭhāpeti. tacchati. taccheti. ṭhapeti. ṭhapayati. ukkujjati. ukkujjeti. ussāpeti. usseti. uṭṭhāpeti. votthāpeti.
세우지 않고 anupaṭṭhapetvā.
세워지지 않은 anupaṭṭhita.
세워진 nikhāta. samupabbūḷha. samussita. ukkujja. upacita. ussita. uyyata.
세워진 깃발 ussitaddhaja.
세입(稅入) bali. rāsika. samudaya.
세입자(貰入者) parasantakabhūmivāsin.
세정(洗淨) abhisecana. dhopana. dhovana.
세정수(洗淨水) paribhojaniya.
세정수를 담는 물 단지 paribhojaniyaghaṭa.
세족대(洗足臺) kathali. kaṭhalikā. kathalikā. kathaliyā. pādapīṭha.
세족판(洗足板) pādakathalika.
세족포(洗足布) dhotapādaka.
세존(世尊) anadhivara. bhagavant.
세존께서는 잘 오셨습니다 sāgataṁ bhagavato.
세존이시여! bhante.
세증상(世增上) lokâdhipateyya.
세차게 찌름 uttāsana.
세척(洗滌) upavāhana.
세천(世天)[신계] Vāsudeva.
세천무(世天務) vāsudevavata.
세탁(洗濯) ācamana. nahāpana. nijana. oṇojana.
세탁업자(洗濯業者) rajaka.
세탁인(洗濯人) rajaka.
세편(細片) lujjana. cīra. cīraka. lekha.
셀 수 없는 asaṅkha.
셈 saṅkhāna. saṅkhyāna.
셋 ti(=tayo, tisso, tīṇi).
셋씩 tiso.
셔틀(*eng.* shuttle) tasara. tasala.
소 go. goṇa. siṅgin. gorūpa[집합]. gavaja. gavaya.
소 길들이는 사람 godamaka.
소 잡는 곳 goghātakasūnā.
소 키우기 gorakkhā.
소 키우는 사람 gāmaṇḍala. gopa. gopāla. gopālaka.

소가 풀을 먹는 gocaraṇa.
소가죽 goghaṁsikā.
소각(燒却) usana.
소각(所覺)의 muta.
소각되다 uḍḍayhati.
소각되지 않은 ajjhāpita.
소각하다 uḍḍahati.
소갈(燒渴) nijjhāmataṇhā.
소개(紹介) parikathā.
소견(所見) diṭṭha.
소계(小戒) ajjhācāra.
소계(所繫)의 pariyāpanna.
소계법(所繫法) pariyāpannadhamma.
소계이법(所繫二法) pariyāpannaduka.
소고(小鼓) tindima.
소광천(小光天) parittābha.
소구(小球) guḷikā.
소굴(巢窟) niḍḍha.
소궁(小弓) dhanuka.
소금 lavaṇa. loṇa. phāṇita. biḷāla. bila.
소금과 기름이 준비된 loṇikateliya.
소금과 신죽 loṇambila.
소금기 loṇa.
소금기가 있는 loṇika. loṇiya. ūsara.
소금기가 있는 땅의 ūsara.
소금기가 있는 웅덩이 loṇī.
소금물 loṇodaka.
소금버캐가 낀 ūsara.
소금에 절인 물고기 loṇamaccha.
소금을 곁들인 loṇadhūpana.
소금을 만드는 사람 loṇakāra. loṇakāraka.
소금을 친 신죽 loṇasovīraka.
소금의 결정 loṇaphala. loṇasakkhara.
소금의 맛 loṇarasa.
소금이 나는 khārabahula.
소금이 들어있는 병 loṇaghaṭa.
소금이 있는 땅 ūsa.
소나 짐승의 먹이 nivāpabhojana.
소나(蘇那)[인명] Sona. Soṇa.
소나기 dhārā. khaṇikavassa. ovassa. udaka-vuṭṭhi.
소낙비 → 소나기.
소녀(少女) bālikā. ceṭikā. daharā. daharī. dahar-ikā. dārikā. kaññā. kumārī. komārikā.
소녀에 관해서 adhikumāri.
소녀에 대한 포옹 kaññâliṅgana.
소녀의 komāra.
소녀의 남편 komārapati.
소녀의 모습 kaññārūpa.
소녀의 유방 thanaka.
소년(少年) bālaka. dahara. daharaka. dāraka. kumāra. kumāraka. susu.
소년과 같은 말 kumārakavāda.
소년에게 맞는 질문 kumārapañhā.
소년의 komāra. komāraka.
소년의 유희 kumārakīḷā.
소도(小刀) vikantana. vikattana.
소도살업자의 칼 govikantana. govikattana.
소도시의 주민 negama.
소독하다 vāseti.
소동(騷動) āloḷa. bhantatta. halāhala. haḷāhala. kolāhala. kuṅkumiya. kutūhala. mucchañcikatā. puñcikatā. selissaka. seḷita. selita. ussādana.
소동이 없는 akutūhala.
소동이 없음 anārambha.
소득(所得) āya. nibbisa.
소득이 있는 (사람) lābhin.
소떼 goyūtha.
소라 kharamukha.
소라고동 모양의 상투 jaṭāmissa.
소라껍질 kambu. saṅkha.
소라껍질과 같은 saṅkhûpama.
소라껍질을 연마한 saṅkhalikhita.
소라껍질처럼 빛나는 saṅkhalikhita.
소라껍질처럼 흰 saṅkhûpama.
소란(騷亂) halāhala. haḷāhala. kolāhala. kuṅ-kumiya. rava. selissaka. tumula. ussādana. us-sāraṇa. ussāraṇā.
소란피우다 lapati.
소란하다 kanūyati.
소란한 lapita.
소량(少量) ālopa. kabala. kabaḷa. lava.
소량을 원하는 mattatthiya. mattatthika.
소량의 ālopika. gaṇḍusa. matta.
소량의 기름 telaka.
소량의 음식 ālopa. piṇḍiyālopa. piṇḍiyālopa-bhojana.
소량의 음식의 선물 ālopadāna.
소로 점치는 운수 golakkhaṇa.
소리 abhinadita. ārāva. ghosa. nigghosa. sadda. sampaghosa. sāvana. sāvaṇa.
소리가 나는 dhanita. dhanta. saravant. saddita.
소리가 나다 kaṇati. kavati. nikūjati. pavajjati. saṁsaddati.
소리가 다른 소리와 만나는 연속성 akkharapiṇḍa.
소리가 울다 anuravati.
소리가 울리는 dhanita.
소리가 울리다[새나 짐승의 소리] abhinikūjati.

소리그대로의 saddānugata.
소리내기 pavajjana. saddana. samīreti.
소리내지다 udiyyati.
소리로 가득 찬 ghosavant.
소리를 내는 판(?) doṇī.
소리를 내다 dhamati. kallati. nicchāreti. panādeti. saddāyati. saṇati. upaḷāseti. uppaḷāseti.
소리를 들을 수 있을 정도로 가까운 upakaṇṇaka.
소리를 지르다 uggajjati.
소리를 지름 ukkuṭṭhi.
소리를 쳐서 들리는 거리의 절반 aḍḍhaghosa.
소리세계 saddadhātu.
소리없는 appasadda. aghosa. appanigghosa. asadda. nigghosa. nissadda. nīrava.
소리없이 가기 sappana.
소리없이 가다 sappati.
소리에 대한 갈애 saddataṇhā.
소리에 대한 의도 saddasañcetanā.
소리에 대한 지각 saddasañña.
소리요소 saddadhātu.
소리의 감역 saddāyatana.
소리의 경계 saddavisaya.
소리의 깨뜨림 saddavedhin.
소리의 세계 saddadhātu.
소리의 연결 akkharasamavāya.
소리의 울림 anuravanā.
소리의 제공 saddûpahāra.
소리의 즐거움 saddabhoga.
소리의 헌공 saddûpahāra.
소리치다 bhuṅkaroti. bhussati. nadati. unnadati. ravati.
소마달다(蘇摩達多)[코끼리명] Somadatta.
소망(所望) abhijappā. abhijappana. adhippāya. ajjhāsaya. anupatti. āsī. chanda. esana. esanā. icchā. icchana. icchatā. jappanā. jappā. manoratha. nikanti. pajappā. palobha. palobhana. pariyesana. pariyesanā. patthanā. pihā. vara.
소망된 abhijappita. abhimata. pariyesita.
소망을 여읜 해탈 appaṇihito vimokkha.
소망의 대상 manoratha.
소망의 표시 adhippāyanidassana.
소망하는 esana.
소망하다 pariyesati.
소매[옷] dasa. dasā.
소멸(消滅) attha. atthaṅgama. atthaṅgamana. antakiriyā. antaradhāna. uparama. uparamā. uparati. cavana. cāvanā. khaya. nibbāna. nijjarā. nirodha. nirujjhana. pariyādāna. saṁvaṭṭa. saṁvattana. saṅkhaya. tanutta. uparodha. uparodhana. vibhāvanā. vināsa. vinassana. virāgatā. vyaya. vaya. vyantībhūta. vyantībhāva.
소멸되다 abbhattha. apeti. nibbāyati. pahīyati. pahiyyati. paṭippassambhati. vigacchati. vinassati.
소멸된 antarahita. khepita. khīṇa. niruddha. vibhāvita. vibhūta. vigata. vippanaṭṭha. viyāpanna.
소멸될 수 있는 것 nirodhadhamma.
소멸시키는 nibbāpaka. nijjara.
소멸시키다 nibbāpeti. nijjareti. nirodheti. paṭippasambheti. vibhāveti.
소멸에 관한 관찰 nirodhânupassanā.
소멸에 관한 명상 nirodhasamāpatti.
소멸에 대한 갈애 nirodhataṇhā.
소멸에 대한 앎 nirodhañāṇa.
소멸에 대한 지각 nirodhasaññā.
소멸에 이르는 길 nirodhagāminīpaṭipadā.
소멸의 nirodhika.
소멸의 경지에 들어간 nirodhasamāpanna.
소멸의 세계 nirodhadhātu.
소멸의 조건 nirodhadhātu.
소멸의 진리 nirodhasacca.
소멸의 찰나 bhaṅgakkhaṇa.
소멸의 청정 nijjarāvisuddhi.
소멸의 토대 nijjarāvatthu.
소멸하다 antaradhāyati. gaḷati. ucchijjati. uparamati. uparujjhati. upasamati. veti. vibhavati. vibhoti. vikkhīyati. vyavayāti.
소멸해야 하는 것 nirodhadhamma.
소멸해야 하는 것의 상태 nirodhadhammatā.
소모(消耗) anudahana. khīyana. nijjhāyana. parihāna. parihāni. parikkhaya. parikkhīṇatta. pariyādāna. pariyādinnatta. vaya. saṅkhaya. sosa.
소모되다 khajjati. khīyati. pajjhāyati. parikkhīyati.
소모되지 않는 apariyādāna.
소모되지 않는 재물 anugāmikadhana.
소모되지 않은 akkhāhata. akkhāyita. aparikkhīṇa.
소모되지 않음['가라앉지 않음'] anavasīdana.
소모된 jīna. nijjhāma. nissaṭṭha. parikkhiṇa. pariyādinna. pariyādiṇṇa. aparopita.
소모될 수 없는 aparikkhayadhamma.
소모성질환(消耗性疾患) khayaroga.
소모하고 pariyādāya.
소모하다 anudahati. jhāyati. nisajjeti. pariyādāti. pariyādiyati. pariyādiyyati.
소모하지 않는 anāsaka.

소문(所聞) anussava. anussavana. kathāpavatti. paravāda. suti.
소문(小聞) appassuta.
소문에 근거하지 않은 anītiha.
소문에 의해서만 anussavupalabbhamattena.
소문을 듣고 배우는 사람 anussutika.
소문을 퍼뜨리는 자 pavattihārin.
소바라밀(小波羅蜜) upapāramī.
소방수(蘇芳樹) palāsa.
소방의 의무 aggivata.
소변(小便) mutta. muttagata. omeha. passāva. ummihana.
소변도(小便道) muttakaraṇa.
소변보는 의자 passāvapāduka.
소변소(小便所) muttakaraṇa. passāvaṭṭhāna.
소변을 누는 곳 passāvaṭṭhāna.
소변을 담는 나무통 passāvadoṇikā.
소변을 담는 단지 passāvakumbhī.
소변을 보다 omutteti.
소부(小部) khuddakanikāya.
소부송자(小部誦者) khuddakabhāṇaka.
소비(消費) anudahana. pariccāga. sosa. vaṭṭa. vayakaraṇa.
소비되지 않은 avissajjita.
소비된 nijjhāma. vissota. aparopita.
소비하다 anudahati. khepeti. nigacchati. valañjeti.
소비하지 않는 avissaja. avissajat.
소사(小史) cullavaṁsa.
소사(小事) khuddakavatthu.
소사(所思)의 mata.
소사서(小詞書) cullaniruttigandha.
소삼법(小三法) parittattika.
소상(塑像) lepacitta.
소상녀(少相女) nimittamattā.
소생(所生) uṭṭhāna.
소생된 laddhajīvika.
소생시키다 matam uṭṭhāpeti. punarujjīveti.
소생하는 nibbatta.
소생하는 힘 uṭṭhānaviriya.
소생하는 힘을 갖춘 uṭṭhānaviriyasampanna.
소생하는 힘을 갖춘 uṭṭhānaviriyasampanna.
소생하는 힘을 얻은 uṭṭhānaviriyādhigata.
소생한 paṭisañjīvita.
소섭(所攝)의 pariyāpanna.
소성(所成)의 kāra.
소소(小小)한 khuddânukhuddaka.
소소연(小所緣) parittārammaṇa.
소속(所屬)된 santaka. pariyāpanna.
소속성(所屬性) pariyāpannatta.
소송(訴訟) adhikaraṇa. aṭṭa. aṭṭakamma. aṭṭayoga. bhaṇḍana.
소송경(小誦經)[경장] Khuddakapāṭha.
소송관계자 aṭṭakāra.
소송에 진 aṭṭaparājita.
소송을 걸다 abhiyuñjati.
소송을 제기하는 aṭṭakaraṇa.
소송을 좋아하지 않는 anadhikaraṇa.
소송의 ussayavādika.
소송의 이유 aṭṭa.
소송자(訴訟者) adhikaraṇakāraka.
소송하기를 좋아하는 adhikaraṇika.
소송하는 aṭṭakāra.
소수습(所修習) bhāvita.
소스 uttaribhaṅga.
소승(小乘) hīnayāna.
소승(小乘)의 hīnayānika.
소승교도(小乘敎徒)의 hīnayānika.
소시(所施) dattika. dinna.
소시(小時) laya.
소식(消息) kiṁvadantī. pābhatikathā. sandesa.
소식(蘇息) vissatthi. visatthi. visaṭṭhi. vissaṭṭhi.
소식(蘇息)의 assāsin.
소식(蘇息)이 없는 nirussāsa.
소실(燒失) antaradhāna. jhāpana. nassana. nijjhāyana. panāsa. ajjhāpana.
소실되다 panassati. vihāyati.
소실된 antarahita. vinaṭṭha.
소실하다 cavati.
소심(小心) sārajja.
소심하지 않은 alīna.
소심한 adhīra. cakita. kātara.
소아과의(小兒科醫) komārabhacca.
소여(所與) dinna. nisagga. nissagga.
소연(所緣) ārammaṇa.
소연연(所緣緣) ārammaṇapaccaya.
소연증상(所緣增上) ārammaṇâdhipati.
소연친의(所緣親依) ārammaṇûpanissaya.
소염법(所染法) rajanīyadhammā.
소옥(小屋) kuṭikā.
소왕(小王) bhojarājan. khujjarājan. kuḍḍarājan.
소왕국의 왕위 oparajja.
소왕통사(小王統史)[서명] Cullavaṁsa.
소외(疏外) para(ṅ)kāra. putthakkaraṇa. sāmiparivattana. cittavibbhama.
소외되다 vavakassati.
소외되지 않은 abhejja.

소외된 para(ṅ)kata. puthakkata. vavakaṭṭha.
소외시키다 viyojeti. vinibbhujati. vinibhuñjati. puthakkaroti. vicchindati. vighaṭeti.
소외양간 goṭṭha. gokāṇā. gokaṇṇa. gokula.
소요(逍遙) mandacārikā. caṅkama. caṅkamana.
소요하다 caṅkamati.
소욕(小欲) appicchatā.
소욕과 만족 appicchasantuṭṭha.
소욕론(小欲論) appicchakathā.
소욕의 appiccha.
소용(所用) payojana.
소용돌이 āvatta. āvaṭṭa. gaggara. gaggaraka. gaggalaka. saṁsāra. vaṭṭa.
소용돌이가 있는 sāvaṭṭa.
소용돌이에 대한 두려움 āvaṭṭabhaya.
소용돌이치는 saummi.
소용돌이친 āvaṭṭa.
소용없는 amūlaka. amūlika. suñña.
소용없음 anupakappana.
소우주(小宇宙) jīvattabhāva.
소우주의 ajjhatta.
소원(所願) āsā. kanti. paṇidhi.
소원에 응하다 kāmaṁ karoti.
소원을 들어주는 kappa.
소원을 들어주는 나무 kappapādapa. kapparukkha.
소원을 들어주는 나무에 의해 주어진 옷 kappadussa.
소원을 성취한 자 laddhâdhippāya.
소원의 성취 āsāphalanipphādana.
소위 진리에 집착하는 itisaccaparāmāsa.
소위(所謂) iti. itthannāma. laddhanāma.
소유(所有) khatta. lābha. sabhoga. upasaṁhāra. viniyoga.
소유가 없는 apariggaha.
소유격(所有格)[문법] sāmivacana.
소유되기 위한 gayhūpaga.
소유되어야 하는 gayha.
소유되어야 할 bhogga.
소유되지 않은 apariggahita.
소유된 anvāsanna. pariggahita.
소유라는 생각이 없는 apariggahita.
소유물(所有物) bhaṇḍa. pariggaha. upadhi. vitta.
소유물에 대한 집착 upadhi.
소유물에 묶인 upadhibandhana.
소유물이 없는 niggahaṇa.
소유복합어(所有複合語)[문법] bahu(b)bīhi.
소유욕(所有欲) lābhataṇhā.
소유의 행복 atthisukha.
소유자(所有者) bhojaka. īsa. sāmika. sāmin.
소유하고 있는 samappita.
소유하다 īsati.
소유하지 않는 apurakkhata.
소유한 것 gayha.
소은화(小銀貨)[화폐의 단위] pāda.
소음(騷音) ārāva. kalakala. daddara. kharassara. nadita. rāva. ruta. sampaghosa. saṁvilāpa. selana. seḷita. selita. uccāsadda. uparava. viruta. kharabhāva.
소음(所飮) papīyana.
소음으로 가득 차다 abhinadati.
소음을 만들기 saddana.
소음을 일으키는 uccāsadda.
소음이 가득 찬 kalakalabahala.
소음이 없는 appasadda.
소의 똥 chakaṇa.
소의 먹이 gobhatta.
소의 무리 gogaṇa.
소의 산출물 gorasa.
소의 오줌 gomutta.
소의 우두머리 gopariṇāyaka.
소의 울부짖는 소리 goravaka.
소의 유락(乳酪) gosappi.
소의 제물 gomedha.
소의 주인 gomika.
소의 턱뼈 gohanuka.
소의 털과 같은 golomika.
소의 행동경로 gomaṇḍala.
소의 행동을 흉내 내면서 사는 사람 gosīla.
소의 희생제 gomedha.
소의(所依) adhikaraṇa. vatthu.
소의관상(所依觀相) vatthuvibhāvana.
소의구족(所依具足) nissayasampanna.
소의색(所依色) vatthurūpa.
소의석(小義釋)[경장] Cullaniddesa.
소의전생(所依前生) vatthupurejāta.
소이법(小二法) parittaduka.
소자수(蘇子樹) bhaddamutta.
소작(所作) karaṇa. karaṇīya. katatta. kicca. kiccayatā.
소작원만(所作圓滿) vusitavant. vusitāvin.
소작이작(所作已作) kataṁ karaṇīya.
소잡는 사람 goghātaka.
소장자(所藏者) nidāhaka.
소재(素材) dabba.
소정(小定) parittasamādhi.
소정천(小淨天) parittasubha.

소제(消除) vikkhambhana.
소제공(消除空) vikkhambhanasuñña.
소제하다 paripuñchati.
소조색(所造色) nipphannarūpa. upādārūpa.
소중한 agghika. agghiya.
소중한 공물(供物) agghika. agghiya.
소중히 하다 keḷāyati. keḷayati. mamāyati. mamāyate. mamiṅkaroti.
소즉단라(蘇唧怛囉)[아수라] Sucitti.
소지(所持) dhāraṇa.
소지(小池) kussubbha.
소지(所知) ñeyya. viññeyya.
소지(所持)하는 gāhin.
소지옥(小地獄) ussada. ussadaniraya.
소지옥계(小地獄界) ussadacārika.
소지절(小支節) paccaṅga.
소지하다 samubbahati.
소진(消盡) nijjhāma. nijjhāyana.
소진되다 upaḍayhati.
소진된 vikkhīyati.
소진법(消盡法) dosaniyadhamma.
소진시키다 parisussati. tāpeti.
소진하다 anuḍahati. pajjhāyati. vikkhīyati.
소질(素質) sārīrikapoṇatā.
소집(召集)하다 sannipāteti.
소집부대(召集部隊) anubala.
소처럼 행동하는 자 govattika.
소촉(所觸) phoṭṭhabba.
소촉(所觸)의 phussa. samphuṭṭha.
소취(所取)의 upādāniya.
소취처(所趣處) parāyaṇa. parāyana.
소치기 abhīra. vacchakapālaka. vacchapālaka.
소치는 여인 gopi.
소탄(燒炭) mummura.
소탑(小塔) niyyūha.
소탕(掃蕩) pavāhana.
소택(沼澤) oligalla. pallala. udakaccha.
소택지(沼澤地) anupa. kaccha. kalala. candanikā.
소파두루(蘇波頭樓)[인명] Subadda.
소편(小片) kaṇḍa.
소품(小品) cullavagga.
소학(小學)[서명] Khuddasikkhā.
소합향(蘇合香) turukkha.
소행(所行) kāra.
소행성(小行星) tārakākāra.
소행장(小行藏)[경장] Cariyāpiṭaka.
소형(素馨) sumanā. vassika. vassikā. vassikī. yūthikā. kunda.
소형닻 kakkaṭayantaka.
소형보트 upavahana.
소형보트의 oḷumpika.
소호법왕자(小護法王者)[인명] Culla Dhammapāla.
소화(消化) jaṭharaggi. jīraṇa. kuthana. paripācana. vilaya. jīraka.
소화가 잘 되게 하는 samavepākin.
소화기관(消火器官) gahaṇī.
소화기관이 손상된 upahatabbhantara.
소화되다 jīrati. jīrayati. pariṇamati.
소화되지 않고 남은 음식 āmâvasesa.
소화되지 않는 ajiṇṇa. ajīraṇadhamma.
소화되지 않은 āma.
소화된 kuthita. pariṇata.
소화된 음식을 위한 용기 pakkāsaya.
소화력(消化力) gahaṇī. udaraggi.
소화력있는 pācakaggidīpaka.
소화를 시키는 vepākin. vepākinī.
소화불랑(消化不良) ajiṇṇaroga. ajīraka. ajīraṇa. alasaka. āmaroga. āmadosa.
소화불량으로 괴로워하는 duṭṭhagahaṇika.
소화불량을 치료하는 āmabhedanidassana.
소화수(小華樹)[식물] mālāvaccha.
소화하다 jīreti. jīrāpeti.
소환(召喚) adhikaraṇavhāna. pakkosana. pakkosanā.
소환되지 않은 anabbhita. anāhuta.
소환하다 pakkosati.
소희(小喜) khuddakapīti.
속가(俗家) agāra. ghara.
속겨 kaṇa.
속격(屬格) chaṭṭhī. sāmivacana.
속국(屬國) antararaṭṭha.
속국의 왕 bhojarājan.
속국이 있는 sāhāra.
속기 쉬운 saddha.
속눈썹 pakhuma. pamha.
속눈썹을 감은 saṁyatapakhuma.
속다 vipallāsayati.
속도(速度) java. rava. raya. vega.
속도가 느려진 olīnavega.
속력(速力) haya.
속력을 갖춘 javasampanna.
속물적인 dhanathaddha. nikiṭṭha.
속박(束縛) anubandha. anubandhana. bandha. bandhana. gantha. nayhana. nibandha. nibandhana. saṁyoga. saṁyojana. sandhāna. saṅkhalā. saṅkhalikā. vibandha. vinibandha. vinivesa. yoga.

속박되다 paṭimuccati. yanti.
속박되어야 하는 abandhitabba.
속박되어야 할 yoganīya.
속박되지 않은 abādha. agathita.
속박된 paliveṭhita. saṁyutta.
속박에서 벗어난 abandhana. visaṁyutta. visaññutta.
속박에서 벗어남 bandhamokkha. visaṁyoga. visaññoga.
속박으로부터 평온을 얻은 자 yogakkhamin.
속박으로부터의 평온 yogakkhema.
속박을 초월한 yogâtiga.
속박의 여지가 없는 abandhanôkāsa. abandhôkāsa.
속박이 없는 abandhana.
속박이 없음 asaṁyoga.
속박하다 nayhati. obandhati. paṭimuñcati.
속복(俗服) gahapaticīvara.
속삭이는 japa. jappa. upakaṇṇaka.
속삭이는 말 rahassakathā.
속삭이다 japati. rapati.
속삭임 japana. jappanā. kaṇṇajappana.
속성(屬性) aṅga. cakka. dhātu. liṅga. oḍḍa. oḍḍha. oḍha. padāna. ṭhāna. vyañjana.
속성을 지닌 dhammin.
속세에 속하는 orambhāgiya.
속아 빼앗긴 nikata.
속옷 antaravāsaka.
속옷이 없는 asaṅkacchika.
속으로 기뻐하는 ajjhattarata.
속은 nikata. paladdha. vañcita.
속이 뒤집힌 khittacitta.
속이 비치는 vinivijjhadassaka.
속이 빈 (나무) koḷāpa. kolāpa.
속이 빈 나무 rukkhasusira.
속이는 dubbha. dūbha. dubbhaka. dubbhaya. dubbhika. dubbhin. dvaya. kuhaka. kūṭa. paligedhin. vañcanika. vañcaniya. vimhāpaka. visaṁvādaka. visaṁvādikā.
속이는 사람 visaṁvādayitar.
속이는 상인 kūṭavāṇija.
속이다 atibhoti. dubbhati. dūbhati. kalāyati. kuheti. moheti. musati. nikaroti. palambheti. sammoheti. upalāpeti. vañceti. vimhāpeti. vimoheti. vippalambheti. visaṁvādeti.
속이지 않는 adūbha. akerāṭika. akuha. akūṭa. amakkhin. amāya. anikubbat. asaṭha. avisaṁvādaka. nikkuha.
속이지 않음 adubbhana. avisaṁvādanatā.
속인(俗人) agārika.
속인의 가정을 자주 방문하는 자 kulûpaga.
속임 abhivañcana. paṭicchāda. paṭicchādaka. pamohana. vimhāpana. visaṁvādana. visaṁvādanā.
속임수 andhavesa. dobbha. dobha. indajāla. kakkaratā. kirāta. kirāṭa. kuṭaka. lesa. māyā. nikati. parikkhatatā. vañcana. vañcanā. visaṁ- vāda- visaṁvāda. visevita.
속임수가 없는 nillapa.
속임수와 같은 māyûpama.
속제(俗諦) sammutisacca. vohārasacca.
속종(續種) bījaka.
속종모(續種母) bījakamatar.
속종부(續種父) bījakapatar.
속죄(贖罪) netthāra. nitthāra. paṭikamma.
속죄의 paṭikammāyatta. dosahāpaka.
속죄의식을 행하는 자 ciṇṇamānatta.
속죄하다 paṭikaroti.
속죄한 katapaṭikamma.
속치마 saṁvelli.
속칭(俗稱) samañña.
속통달(速通達) khippâbhiññā.
속퇴하다 hīna.
속하는 adhīna. paṭisaṁyutta. upaga. upanāyika. valañjanaka. āyatta. pabbaniya.
속하는 것 bhummi.
속하여 āsajja.
속행(速行) āsuṁgati. javana.
속행로(速行路) javanavīthi.
속행사(速行思) javanacetanā.
속행사(速行事) turitakāraṇa.
속행시분(速行時分) javanavāra.
속혜(速慧)의 javanapañña.
속혜성(速慧性) sīghapaññatā.
손[手] kara. bhuja. hattha. pāṇi.
손가락 abhīsu. aṅgula. aṅguli. aṅgulī. aṅgulika. karasākhā. hatthaṅguli.
손가락 관절 aṅgulapabba. aṅgulipabba.
손가락 구부리기 aṅgulivināmana.
손가락 길이의 aṅgulimāna.
손가락 끝 aṅgulagga.
손가락 끝의 살 aṅgulikoṭimaṁsa.
손가락 두 마디만큼의 지혜 dvaṅgulapaññā.
손가락 두 마디만큼의 크기 dvaṅgula.
손가락 두 마디의 dvaṅgula.
손가락 두 마디의 길이가 될 때 까지는 먹어도 된다는 것[점심식사 후에 해의 그늘의 길이] dvaṅgulakappa.

손가락 사이의 간격 aṅgulantarikā.
손가락 짓 aṅgulivikkhepa.
손가락 크기 aṅgulamatta.
손가락 튕기기 accharā. accharâghāta.
손가락 표시 aṅgulilekhā.
손가락 한 마디의 길이 aṅgulamatta. aṅgulapabba.
손가락·발가락과 뼈 aṅgulaṭṭhi.
손가락과 발가락 aṅgulaṅguli.
손가락들로 이루어진 화환을 지닌 aṅgulimālin.
손가락반지 aṅguliyaka.
손가락셈 aṅguligaṇita.
손가락으로 무엇인가 하는 aṅgulika.
손가락으로 툭치는 것 aṅgulipatodaka.
손가락을 튕기는 데 걸리는 시간 accharāsaṅghāṭa.
손가락을 튕기는 소리 accharāsadda.
손가락을 튕기다 apphoṭeti. potheti. poṭheti. potheti.
손가락을 튕김 aṅgulipoṭha. aṅgulisaṅghaṭṭana. saṅghāta.
손가락의 끝 aggaṅgulī.
손가락의 등살 aṅgulipiṭṭhamaṁsa.
손가락의 뼈 karabha.
손가락의 장식물 aṅgulīyaka.
손가락의 표시 aṅgulipada.
손가락의 한 마디[1인치의 크기] aṅgula.
손가락이 긴 dīghaṅgulin.
손가락이 잘린 aṅgulichinna.
손감(損減) saṁhāni. apāya. sallekha. sallekhatā.
손감(損減)에 능숙한 apāyakusala.
손감선교(損減善巧) apāyakusala.
손과 발의 부드러움 karacaraṇamudutā.
손니다(孫尼陀)[大臣의 이름] sunidha.
손님 abbhāgata. āgantu. āgantuka. atithi. pāhuna. pāhunaka.
손님에 대한 공양 atithibali.
손님에 대한 의무 atithikaraṇīya.
손님을 위한 식사 pāhuna. pāhunaka.
손님을 초빙하는 사신 pakkosāpitar.
손님의 자격이 있는 pāhuneyya(ka). pāhuṇeyya(ka). pāhavanīya.
손다리(孫陀利)[인명] Sundarī.
손대지 않아 깨끗한 anucchiṭṭha.
손도끼 kuṭhāri. pharasu. vāsī.
손도끼의 자루 vāsījata.
손바닥 hatthatala. karatala. pāṇi. tala. pāṇitala.
손바닥에 놓인 노란 미로발란 열매 karatalâmalaka.
손바닥에 있는 karatalagata.
손바닥으로 찰싹 때리기 talaghātaka.
손반열반자(損般涅槃者) upahaccaparinibbāyin.
손발 aṅgapaccaṅga.
손발을 자르는 고문 chejja.
손발을 자르는 형벌 chejja.
손발톱과 같은 kaṇṭakasadisa.
손버릇이 나쁜 것 hatthakukkucca.
손뼈 hatthaṭṭhika.
손상(損傷) bhañjana. limpana. upahanana. upahaṇana. kaṭha. kaṭhana.
손상되지 않은 apparāmaṭṭha. avyāseka.
손상된 upaghaṭṭita. upahata. kaṇṇakita. vippanaṭṭha.
손상시키는 padosin.
손상이 없음 anārambha.
손상하는 bhañjaka. bhañjanin.
손상하다 upahanti. upahanati. upahaṇati. vyāpādeti.
손수 hatthato.
손수건 hatthapuñchana. natthukaraṇi. sīsakalanda(?).
손수레 hatthavaṭṭaka.
손실(損失) alābha. anattha. anaya. apāya. atikkhaya. cheda. hāni. jāni. nassana. parihāna. parihāni. vyaya. vaya.
손실되다 avajīyati.
손실된 jīna.
손실을 야기하는 anatthuppādana. parihāniya.
손실을 입은 vipanna.
손실이 없는 avyaya.
손실이 없어야 하는 aparihāniya.
손실이 없어야 하는 것 aparihāniyadhamma.
손실이 없음 aparihāna.
손실하지 않는 anapāyin.
손아귀에 두다 hatthe karoti.
손아귀에 있는 hatthattha. hatthatthagata.
손아귀에 있지 않은 avisayabhūta.
손에 공간이 생기도록 오므리기 hatthakacchapaka.
손에 금강저(金剛杵)를 갖고 있는 vajirapāṇi.
손에 넣다 abhisameti. anvāvisati. ajjhupaharati. āneti. upāyati.
손에 넣은 abhipattika.
손에 넣음 abhisamaya.
손에 들어온 hatthagata.
손에 몽둥이를 가지고 있는 attadaṇḍa.
손에 몽둥이를 든 daṇḍahattha.
손에 무기를 든 āvudhapāṇi.

손에 부싯목을 든 araṇihattha.
손에 수레바퀴를 든 자 cakkapāṇi.
손에 의한 구분 pāṇibhāga.
손에 의해 측정될 수 있는 karamita.
손에 의해 측정될 수 있는 가는 허리를 가진 여인 karamitatanumajjhimā. karamitamajjhā.
손에 장식한 pariharaka.
손에 지팡이를 갖고 있는 (사람) laṭṭhihattha.
손에 칼을 든 talasattika.
손으로 머리감기 puthupāṇiya.
손으로 신호하는 것 vilaṅghaka.
손으로 잡는 hatthagahaṇa.
손으로 측정될 수 있는 가는 허리를 가진 여인 karamitamajjhā.
손을 갑자기 들어 올리게 하는 주문 hatthâbhijapanna.
손을 내미는 pañjali.
손을 대지 않은 anucciṭṭha.
손을 떼어놓은 apanītahattha. apanītapāṇi.
손을 뗀 avakkhalita.
손을 불로 그슬림 hatthapajotika.
손을 씻게 하다 oṇojeti.
손을 씻음 oṇojana.
손을 자름 hatthaccheda(na).
손을 잡는 āharahattha.
손을 주머니에 넣은 ucchaṅgahattha.
손을 철수한 apanītapāṇi.
손을 펴는 것 hatthapasāraṇa.
손을 핥는 것 hatthanillehaka. hatthâpalekhana.
손의 길이 hatthapāsa.
손의 모양에 의한 놀이 salākāhattha.
손의 움직임 hatthavikāra.
손의 인계 hatthamuddā.
손의 점상(占相) aṅga.
손이 닿지 않는 ahattha.
손이 닿지 않는 거리에 있는 ahatthapāsa.
손이 불구인 사람 kuṇihatthaka.
손이 없는 ahattha.
손이 있는 hatthin.
손이 절단된 사람 hatthacchinna.
손이나 몸에 바르는 향내 나는 분말 vāsanā.
손이나 발을 묶는 사슬 andu. anduka.
손일 hatthakamma.
손일을 하는 것 kammakaraṇa.
손자(孫子) nattar. paputta.
손자의 손 mallaka.
손잡이 jaṭa. piḷakā.
손잡이 달린 솥 daṇḍakathālikā.
손잡이 달린 주전자 daṇḍakathālikā.
손잡이가 달린 여과기 daṇḍaparissāvana.
손장식 hatthûpaga.
손재주 sobhanagaraka.
손재주가 있는 ujjaṅga. ujjaṅgin.
손질 pakkhara.
손크기의 pāṇimatta.
손톱·발톱 aḷa. nakha.
손톱·발톱 깎기 nakhacchedana.
손톱·발톱과 흡사한 nakhaka. nakhin.
손톱·발톱을 지닌 nakhaka. nakhin.
손톱으로 할퀸 상처 nakhasā.
손톱의 끝 agganakha. nakhasikhā.
손해(損害) jāni. khataka. nighāti.
손해를 보상하다 gīvaṁ karoti.
손해를 입은 parijita.
손해에 당면한 apāyamukha.
솔 vālaṇḍupaka.
솔개 kulala. sena. ākāsapatta.
솔기 anuvāta. kusi.
솔직하지 않은 apāṭuka.
솔직한 ajjava. amāya. udumano. uju. ujju.
솜 kappāsa. kappāsapicu. kappāsī. tūla.
솜덩이 kappāsapaṇḍī.
솜뭉치 kappāsīpiṇḍī.
솜씨 ācariyaka. ācariyakamma. dakkha. dakkheyya. hatthakamma. pariyāpadāna. pāṭava.
솜씨가 있는 kalla. kalya. dakkha. pavīṇa. vidū. katahattha.
솜씨가 있음 kusalatā. cāturiya.
솜씨가 좋은 dakkhiṇa.
솜으로 만들어진 kappāsika.
솜을 두드리기 위한 활 kappāsapothanadhanuka. kappāsapothanadhanu. kappāsavihanadhanu.
솜의 얇은 피막 kappāsapaṭala.
솜의 얇은 피막에 스며든 액체 kappāsapaṭalasneha.
솟아 있지 않은 상태 anabbhuṇṇatatā.
솟아나는 물 uggacchanudaka.
솟아나다 uggacchati.
솟아남 uggacchana.
솟아오르는 ubbhida. ubbhinna.
솟아오르는 샘물이 된 opānabhūta.
솟아오르다 abbhunnamati. accuggacchati. ubbhijjati.
솟티자[인명] Sotthija.
송경비구(誦經比丘) suttantikabhikkhu.
송경자(誦經者) suttadhara. suttantika.
송곳 āra. ārā.
송곳니 danta. dāṭhā. dāṭhādanta.

송곳니를 지닌 dantin.
송곳의 끝 āragga.
송구스러움 ottappa. ottappana. ottappiya. saṁvega.
송구스러워 해야 할 saṁvejanīya.
송구스러워하는 ottappin. ottāpin.
송구스러워하다 ottapati. ottappati.
송도(誦道) vācanāmagga.
송법사(誦法師) dhammabhāṇaka.
송분(誦分) bhāṇavāra.
송설(誦說)하다 uddisati.
송식자(送食者) ghāsahāraka. piṇḍapātanīhāraka.
송아지 siṅga. vaccha. vacchaka.
송아지 이빨 vacchadanta.
송아지를 갈망하는 vacchagiddhini.
송아지에 애착하는 vacchala.
송아지의 비유 vacchataruṇûpamā.
송이 mañjarī. mañjarikā. pūla. thabaka. vallarī.
송주자(誦呪者) mantajjhāyaka. mantabhāṇin.
송지정(松脂精) sirīvāsa.
송찬회(誦纂會) vācanaka.
송출(誦出) bhāṇa. pāṭha. paṭhana.
송출자(誦出者) bhāṇaka. pāṭhaka.
송출하는 bhāṇin.
송출하다 paṭhati.
솥 thāli. thālī.
솥단지 pariyoga.
쇄골(鎖骨) akkhaka. jattu.
쇄골의 밑의 adhakkhakaṁ.
쇄골의 아래에 있는 것 adhakkha.
쇄골의 위로 ubbhakkahakaṁ.
쇄도하는 abhidhāvin.
쇄도하다 abhiddavati. othariyati. otharīyati.
쇄석(碎石) asmarīchedana.
쇄석술(碎石術) asmarīcuṇṇīkaraṇa.
쇄석술사 asmarichedin.
쇄석술의 asmarīchedanāyatta.
쇠[鐵] ayo.
쇠고기 gomaṁsa.
쇠공 lohaguḷa. lohapiṇḍa.
쇠기둥 ayokhīla.
쇠나무 nāgarukkha. nāga.
쇠단지 ayokūṭa.
쇠도끼 ayoghana.
쇠똥 gomaya.
쇠똥으로 피운 불 gomayaggi.
쇠똥을 나르는 여자 gomayahārikā.
쇠똥을 먹고 사는 gomayabhakka.
쇠똥을 먹는 벌레 gomayapāṇaka.
쇠로 만든 곤봉 ayoghana.
쇠로 만든 공 ayoguḷa.
쇠로 만든 발우 ayopatta.
쇠로 만든 울타리 ayopākāra.
쇠로 만든 집 ayoghara.
쇠로 만들어진 āyasa.
쇠막대기 gadā.
쇠말뚝 ayosūla.
쇠망(衰亡) avaḍḍhi.
쇠망바닥 ayopaṭhavi.
쇠망치 ayokūṭa.
쇠망하지 않는 acavana.
쇠망하지 않는 법 acavanadhamma.
쇠멸(衰滅) vyaya.
쇠멸상(衰滅相) vayalakkhaṇa.
쇠멸상에 대한 관찰 vayalakkhaṇavipassanā.
쇠멸수관(衰滅隨觀) vayaânupassanā.
쇠멸의 원리 vayadhamma.
쇠멸의 찰나 vayakkhaṇa.
쇠미하게 하다 atigālayati.
쇠빗장 ayokhīla.
쇠뿔 gosiṅga.
쇠사슬 saṅkhalā. saṅkhalikā.
쇠사슬 갑옷 kavaca. koja.
쇠솥 lohakumbhī.
쇠약(衰弱) avaḍḍhi.
쇠약한 여자 kisikā.
쇠약해지다 milāyati. parihāyati.
쇠약해진 pamilāta.
쇠울타리 ayopākāra.
쇠쟁기 ayonaṅgala.
쇠지레 musala. khaṇittī.
쇠지렛대 khanitī.
쇠퇴(衰退) avaḍḍhi. khaya. jarā. jaras. jīraṇa. paloka. parihāna. parihāni. pārijuñña. parikkhaya. paripāka. vyaya. vaya. saṁhāni. hāyana.
쇠퇴를 야기하는 parihāniya.
쇠퇴에 대한 관찰 vayaânupassanā.
쇠퇴의 특징 vayalakkhaṇa.
쇠퇴하게 하다 parihāpeti.
쇠퇴하는 vyāyika.
쇠퇴하는 것에 대한 이야기 parihānikathā.
쇠퇴하는 법 parihānadhamma. parihānidhamma.
쇠퇴하다 cavati. jarati. jiyyati. jīyati. olujjati. pajjhāyati. parihāyati. parijīyati.
쇠퇴하지 않는 acavana. ajara. aparihāniya.
쇠퇴하지 않음 aparihāna.
쇠퇴한 jara. nijjiṇṇa. olugga. parihīna. parijiṇṇa.

sañjiṇṇa.
쇠파리 andhaka. andhakamasaka.
쇠파리에 많이 괴롭힘을 당하지 않는 appa-daṁsasamphassa.
쇳물이 괴는 곳 mūsā.
쇼 abhidassana.
쇼핑센터 sacchadanacaṅkama.
숄 veṭhana.
수(酥) sappi.
수(數) saṅkhā. saṅkhyā.
수(水) udaka.
수(受) vedanā.
수각(隨覺) anubodha. anubodhana. anubodhi.
수각(隨覺)하다 anubodhati.
수갑(手匣) hatthabandha.
수건(手巾) mukhachana. puñchanī. udakapuñ-chanī.
수건으로 발을 닦는 pādapuñchana(ka).
수겁(壽劫) āyukappa.
수견(隨見) anudiṭṭhi.
수결(隨結) anusandhanatā. anusandhi.
수결(隨結)하다 anusandahati.
수계(水界) āpadhātu. āpodhātu. āpodhātu.
수계(受戒) samādāna. upasampadā.
수계식(受戒式) upasampadāmaṅgala.
수계식을 위한 울타리 upasampadāmālaka.
수계식장(受戒式場) upasampadāmaṇḍala.
수계에 의한 삼감 samādānavirati.
수계자(受戒者) laddhupasampada.
수고 → 노고.
수고를 아끼지 않는 katassama.
수고스럽지 않은 agaru.
수고하다 āyūhāpeti. āyūhati.
수공업자(手工業者) kammika.
수공예(手工藝) sippakalā. sippuggahaṇa.
수관(隨觀) anupassanā.
수관(水管) āyatikā. udakamātikā. udakanibbā-hana. udakaniddhamana.
수관(隨觀)의 anupassin.
수관(隨觀)하는 anupassaka.
수구(隨句) anupada.
수구(守舊) saṁrakkhana. ciraṁpavattāpana.
수구자(受具者) upasamapanna.
수구적(守舊的) cirappavattaka. saṁkharaṇavi-ruddha.
수군(獸群) yūtha.
수귀(水鬼) gāha.
수그러지다 bhassati.
수근(修勤) bhāvanāppadhāna.
수기(授記) veyyākaraṇa.
수기상(隨其相) tādisa.
수나(輸那)[인명] Soṇā.
수나가(須那迦)[인명] Sonaka.
수나찰(水那察) dakarakkhasa.
수난(受難) tattaparikkhā. saccavīmaṁsā.
수납(受納) paṭiggahaṇa. paṭiggāhaṇa.
수납인(受納人) āda. ādaka.
수년간(數年間)의 gaṇavassika.
수념(隨念)하다 anussarati.
수놓아진 paṭisibbita.
수다 atimukharatā. bahubhāṇitā. lapa. lapana. lapanā. vebhassi.
수다(首陀)[노예] sudda.
수다라(修多羅) sutta.
수다라(修陀羅)[노예] sudda.
수다라녀(首陀羅女) suddī.
수다를 떨다 lapati. palāpeti. vippalapati.
수다스러운 bahubhāṇika. bahubhāṇin. lapa. m-ukhara. vācāla.
수다스러움 bahubhāṇitā.mukharatā. vibhassi-kata.
수다스런 사람 lapaka.
수다스럽지 않은 alālāmukha. amukhara.
수다에 의한 기만 lapanakuhana.
수다원(須陀洹) sotāpanna.
수다원과(須陀洹果) sotāpatti. sotāpattiphala.
수다원과심(須陀洹果心) sotāpattiphalacitta.
수다원도(須陀洹道) aṭṭhamaka. paṭhamamag-ga. sotāpattimagga.
수다원향(須陀洹向) aṭṭhamaka. paṭhamamag-ga. sotāpattimagga.
수다쟁이 kheḷāpaka. kheḷāsika(?). lapa.
수단(手段) atthajāta. cakka. mukha. nīhāra. ni-ssaya. paccaya. parikappa. paṭipadā. payoga. parikappanā. upacāra. upakkama. upaya. upāya. vasa.
수단에 대한 생각 upāyacintā.
수단에 뛰어남 upāyakusala.
수단에 밝은 upāyakovida.
수단으로 nidānaṁ.
수단을 강구하다 sañcinteti. sañceteti.
수단을 아는 upayaññu.
수단의 실패 payogavipatti.
수단의 탁월함 payogasuddhi.
수단이 좋은 upāyasampanna.
수단인 것 upāyatta.
수달(水獺) udda.
수달다(修達多)[=給孤獨長子] sudatta.

수달의 새끼 uddapota.
수대(水大) āpomahābhūta.
수대(獸帶) rāsicakka.
수도(首都) agganagara. rājadhānī.
수도(水稻) madhulaṭṭhikā.
수도(修道) maggabhāvanā.
수도(水道)의 입구 naṅgalamukha.
수도원(修道院) assama.
수도원생활 pabbajjā. tapacariyā.
수동성(受動性) udāsīnatā.
수동을 나타내는 동사의 진술[문법] kammavācakakiriyāniddesa.
수동적인['떨어져 앉는'] udāsīna.
수드라 bandhupāda. sudda.
수득부(水得婦) odapattakinī. odapattakī. odapattikā. odapattiyā.
수등(首等)의 samasīsin.
수등자(首等者) samasīsa. samasīsin.
수라(修羅) asura → 아수라.
수라[왕의 음식] rājakhādāya.
수라선나(首羅先那)[국명] Sūrasena.
수락(受諾) samādāna. sampaṭicchana.
수량(數量) saṅkhā. saṅkhyā. āyupamāṇa.
수량화하다 pamāṇaṁ nirūpeti.
수렁 jambali. jambāli. vaṇṇupatha. sapaṅkasobbha. udakaccha.
수레 cakkapāda. ratha. vāha. vāhana. yāna. yānaka. sakaṭa.
수레 만드는 사람 yānakāra.
수레 한 대분의 씨 bījasakaṭa.
수레 한 대분의 짐 sakaṭabhāra. sakaṭavāha.
수레가 다니는 땅 yānabhūmi.
수레가 있는 yānin.
수레길 rathikā. rathiyā.
수레로 만드는 yānikata.
수레를 끄는 수소 anāvaha.
수레를 돌리는 정의로운 왕 cakkavattin.
수레를 모는 yānin.
수레바퀴 cakka.
수레바퀴의 보물 cakkaratana.
수레에 대한 이야기 yānakathā.
수레에 오름 yānagata.
수레에 있는 yānaṭṭha.
수레의 먼지 소량 rathareṇu.
수레의 바퀴덮개 varūtha.
수레의 보관 yānasannidhi.
수레의 비유 rathopamā.
수레의 삐꺽거림 yānugghata.
수레의 식량비축 주머니 yānapuṭosa.
수레의 양 앞 쪽에 대는 긴 나룻 īsā.
수레의 전면 sakaṭamukha.
수레의 주인 rathesabha.
수련(修練) dama.
수련(睡蓮) kuvalaya.
수련(水蓮) uppala. sāluka. sālūka. elambuja.
수련된 kata. kaṭa. sikkhita.
수련시키다 ābhāveti. sikkhāpeti.
수련으로 가득한 연못 uppalinī.
수련을 행한 katayogga.
수련의 먹을 수 있는 뿌리 sāluka. sālūka.
수련하다 dameti.
수렴성(收斂性) kasāyatta.
수렴성의 약제 kasāya. kasāva.
수렴성의 적용 kasāyayoga.
수렴제(收斂劑)[의약] kasāya. kasāva.
수렴제의 독한 냄새가 나는 kasāvagandha.
수렵(狩獵) migava. migavā.
수렵가(狩獵家) ludda.
수령(受領) lābha. paṭiggaha. paṭiggahaṇa. paṭiggāhaṇa. paṭilābha.
수령(手鈴) pāṇissara.
수령된 paṭicchita.
수령악(手鈴樂) pāṇissara.
수령인(受領人) paṭiggahītar.
수령하는 lābhaka.
수령하다 paṭicchati. paṭigganhāti. paṭiganhāti.
수로(水路) digghikā. mātikā. parikhā. udakamātikā. avani. avanī.
수로학(水路學) jalāsayamāṇavijjā.
수로학자(水路學者) jalāsayamāṇavidū.
수뢰(受賂) ukkoca.
수루나(首樓那)[인명] Sona. Soṇa.
수류(水流) āpakā. āpagā. āpayā. saliladhārā. savantī.
수류(水溜) oligalla.
수류(隨流)하다 anuparidhāvati.
수륙양용(水陸兩用)의 thalajalagocara.
수륜(獸輪) migacakka.
수리(受理) paṭikāra.
수리(受離) samādānavirati.
수리(須離)[지명] Soreyya.
수리시키다 paṭisaṅkhārāpeti.
수리인(須離人)[종족] soreyya.
수리하는데 유용한 paṭisaṅkhāriya.
수리하다 paṭisaṅkharoti.
수립(樹立) patiṭṭhāpana. saṇṭhāpana.
수립된 saṇṭhita.
수립하다 patiṭṭhāpeti. saṇṭhāpeti.

수마(水魔) dakarakkhasa.
수많은 공덕의 특징 satapuññalakkhaṇa.
수말[馬] vājin.
수맥(水脈) udakasirā.
수메루[지명] Meru.
수메루산의 서쪽의 신화적인 대륙 aparagodhāna.
수메루산의 서쪽의 신화적인 대륙의 주민 aparagoyānikā.
수면(隨眠) niddā. sayana. soppa. supita. sutta. anusaya. middha. saṁvesanā.
수면(水面)과 같은 높이의 samodaka.
수면(水面)에 뜨는 것 maṇḍaka.
수면(睡眠)에 탐착하는 사람 niddāyitar.
수면(水面)에까지 samodaka.
수면(水面)위에 samupādika.
수면(睡眠)의 즐거움 middhārāmatā.
수면(睡眠)의 행복 middhasukha.
수면(睡眠)의 형태 middharūpa.
수면(睡眠)이 있는 sānusaya.
수면(睡眠)하는 middhin.
수면(隨眠)하다 anusayati. anuseti.
수면번뇌(睡眠煩惱) anusayakilesa.
수면번뇌지(睡眠煩惱地) anusayakilesabhūmi.
수명(壽命) āyu. āyūhā. āyupamāṇa. jīvita.
수명과 업 āyukamma.
수명을 줄이는 anāyussa.
수명의 āyuka. āyukin. āyussa.
수명의 기간 āyukappa.
수명의 파괴 āyukkhaya. āyusaṅkhaya.
수명의 파괴에 가까운 āyukkhayantika.
수명의 파괴에 의한 죽음 āyukkhayamaraṇa.
수명이 다할 때까지 yāva jīvaṁ.
수목(樹木) rukkha. khandhiman.
수목상(樹木上)의 rukkhasaṇṭhāna.
수목학(樹木學) rukkhavijjā.
수묘사(殊妙事) niddesavatthu. niddasavatthu.
수문(隨聞) anussava. anussavana.
수문(守門) guttadvāratā.
수문(水門) naṅgalamukha. ayamukha.
수문(水門)의 제수장치(制水裝置) āvaraṇa.
수문학(水門學) jalavijjā.
수문학자(水門學者) jalavijjāvidū.
수미산(須彌山) sineru.
수미세지(受微細智) vedanāsokhumma.
수바(須婆)[인명] Subha.
수박(隨縛) anubandha.
수반(隨伴) anubandhana.
수반되지 않는 asahita.
수반되지 않음 asaṁyoga.
수반된 anucarita. anuciṇṇa. anugata. kataparivāra. missa. saha. sahita. samannāgata. upapādita. upasaṁhita.
수반하는 anuga. anugāmika. anugāmin. anugāmin. sahagata. uttara.
수반하다 āgacchati. anveti.
수발(水鉢) udapatta.
수발(須魃)[인명] Subhadda.
수발다라(須魃陀羅)[인명] Subhadda.
수밧다 subadda.
수백 년의 anekasata.
수백 명 앞에서 paṭisatena.
수백에 의해서 paṭisatena.
수백합(水百合) vārikiñjakha.
수번뇌(隨煩惱) opakkilesa. upakkilesa.
수법(隨法) anudhamma. anusārin.
수법행(隨法行) anudhammapaṭipatti. anudhammatā.
수법행자(隨法行者) anudhammacaraṇasīla. anudhammacārin. dhammânusārin.
수병(水甁) tumba. dhammakaraka. karaka. kamaṇḍalu.
수병을 운반하는 kamaṇḍaluka.
수보리(須菩提) subhūti.
수복업사(修福業事) bhāvanāmayapuññakiriyavatthu.
수부향(樹膚香) pheggugandha.
수분(水分) saṁseda.
수비인(修卑人)[인명] Suppiya.
수비타(輸毘陀)[인명] Sobhita.
수사(水蛇) alagadda.
수사(受捨) vedanûpekkhā.
수사한정복합어(數詞限定複合語) digu.
수삼법(受三法) vedanattika.
수상(隨相) anuvyañjana.
수상(首相) mahāmatta.
수상(樹相) rukkhanimitta.
수상(水相) udakanimitta.
수상식물(水上植物) udakarūha.
수색(搜索) pariyesana. pariyesanā. pariyeṭṭhi. samekkhā. samekkhana.
수색된 pariyesita.
수색하다 pariyesati.
수생(水生)의 dakaja.
수생동물(水生動物) udda. jalacara. jalagocara. jalaja. udakabhījaka.
수생사탕수수 udakaucchu.
수생유정(水生有情) odakasatta.

수선(穗先) sūka.
수선(修繕) tunnakamma.
수성(水星) budha.
수소(水素) ujjalanakavāyu. jalakaravāyu.
수소(隨小)의 anukhuddaka.
수소[牛] āsabha. balivadda. balibadda. goṇa. usabha. vasabha.
수소성혜(修所成慧) bhāvanāmayapaññā.
수소의 발굽 gokaṇṭaka.
수소의 외양간 goṇisādika.
수송(輸送) adhivahana. adhivāhana. aññaṭṭhānaharaṇa.
수수[곡물] sāmā. sāmāka.
수수관(受隨觀) vedanānupassanā.
수수께끼 paheḷikā. gūḷhapañha. sambhama. silesa.
수수념(受隨念) vedanânupassanā.
수수촌(授手村)[지명] Hatthigāma.
수순(隨順)된 anuppaviṭṭha.
수순(隨順)하는 anuvattika. anuloma.
수순(隨順)하다 anuvattati.
수순(隨順)해서 anumaggaṁ.
수순지(隨順智) anulomañāṇa.
수술(手術) kesara. satthakamma.
수술에 의해 야기되는 opakkamika.
수습(修習) bhāvanā.
수습기간 samodhānamānatta.
수습기간의 초심자 sāmaṇerabhāva.
수습사(修習事) vinītavatthu.
수습성(修習性) bhāvitatta.
수습하다 bhāveti.
수승(殊勝)[인명] Saviṭṭha.
수승한 sūḷāra. abhivisiṭṭha → 탁월한.
수승한 지혜 abhiññā. abhiññāñāṇa. abhiññāpaññā.
수승한 지혜로 궁극에 도달한 자 abhiññāpāragū.
수승한 지혜를 갖고 있는 abhiñña.
수승한 지혜를 보수로 받는 abhiññânisaṁsa.
수승한 지혜를 지향하는 abhiññāhadaya. abhiññāmānasa.
수승한 지혜를 통해 완전한 성취에 도달한 자 abhiññāvosānapāramipatta.
수승한 지혜를 통해 완전해진 자 abhiññāvosita.
수승한 지혜에 관한 이야기 abhiññākathā.
수승한 지혜에 대한 가까운 조건 abhiññāpadaṭṭhāna.
수승한 지혜에 대한 시설 abhiññāpaññatti.
수승한 지혜에 대한 질문 abhiññânuyoga.
수승한 지혜에 도달한 abhiññappatta.
수승한 지혜에 밝은 것 abhiññākusala.
수승한 지혜에 의한 속행 abhiññājavana.
수승한 지혜에 의한 실현 abhiññāsacchikiriyā.
수승한 지혜에 의한 의도 abhiññācetanā.
수승한 지혜에 의해 완전히 알려질 수 있는 abhiññāpariññeyya.
수승한 지혜의 눈 abhiññacakkhu. abhiññācakkhu.
수승한 지혜의 마음 abhiññācitta.
수승한 지혜의 순서 abhiññāpaṭipāṭi.
수승한 지혜의 완성 abhiññāpāramī. abhiññāpāripūrī.
수승한 지혜의 완전한 통달을 닦은 사람 abhiññāvasibhāvita.
수승한 지혜의 유익성 abhiññattha.
수승한 지혜의 의미 abhiññaṭṭha.
수승한 지혜의 토대 abhiññāpādaka.
수승한 지혜의 힘 abhiññābala.
수시마(修尸摩)[遊行者의 이름] susīma.
수시자(隨施者) anupadātar.
수식(手飾) hatthûpaga.
수식관(數息觀) ānāpānadīpanī.
수식어(修飾語) upapada.
수식하는 alaṁkaraṇaka.
수신(隨信) anusārin.
수신(水神) jaladevatā. varuṇa.
수신(樹神) rukkhadevatā.
수신(受身) vedanākāya.
수신(樹神)이나 야차(夜叉)들 bhummā.
수신행자(隨信行者) saddhânusārin.
수신호(手信號) vilaṅghaka.
수심(樹心) sāra.
수심향(樹心香) sāragandha.
수압(水壓)의 jalavahanāyatta. jalabalasampādita.
수액(樹液) ojā. ojo°.
수액(髓液) vasā.
수액(樹液)을 탈취당한 가지 ojāharaṇasākhā.
수액(樹液)이 없는 koḷāpa. kolāpa.
수양 meṇḍa.
수양의 meṇḍaka.
수양의 뿔로 만든 meṇḍaka.
수양의 싸움 meṇḍayuddha.
수어(隨語) anupada.
수엄(首嚴)의 kirīṭin.
수여(授與) padāna.
수여자(授與者) padātar.
수여하다 pavecchati. samijjhāpeti.
수염(隨染) upakkilesa.

수염고르기 massukutti.
수염다듬기 massukamma.
수염을 다듬은 kappitamassu. katamassukamma.
수염이 없는 amassuka.
수염이 있는 massuka.
수엽(樹葉) paṇṇa.
수엽와욕(樹葉臥褥) paṇṇabhisi.
수영(水泳) nimujjana.
수영하게 하다 uplāpeti. uplāpayati.
수옥(水屋) pāniyasālā.
수온(受蘊) vedanākkhandha.
수옹(水甕) pāniyaghata.
수완(手腕)이 있는 vidhūra.
수요일(水曜日) budhavāra.
수용(受用) paribhoga. parissajana. paṭisevana. upabhoga. ābhoga.
수용되어야 할 bhogga.
수용되지 않은 asaṅgahita. asaṅgahīta.
수용된 bhutta. pāribhogika. paribhutta.
수용물의 사리(舍利) paribhogadhātu.
수용욕(受用欲) paribhogachanda.
수용의 마음 sampaṭicchanacitta.
수용하는 dhāna.
수용하다 ābhujati. upabhuñjati. ādiyati. paṭisevati. patisevati. sādiyati. sampaṭicchati.
수위(守衛) dvārapāla. dovārika. veyyāvaccakara.
수위실(守衛室) dvārakoṭṭhaka.
수유(獸油) vasātela.
수육(垂肉) cheppā.
수율(守律) vinayânuloma.
수은(水銀) pārada. rasa.
수음(手淫) ayathāsukkavissaṭṭhi.
수음(樹陰) rukkhachāyā.
수음(手淫)하다 upakkamati.
수응작(隨應作)의 sappāyakārin.
수의 구별이 없는 asaṅkhya.
수의(隨意) pavāraṇā.
수의(隨意)로 abhiramati.
수인(手印) aṅgulimuddā. hatthamuddā. muddā.
수인(獸人) maga.
수인(手印)을 새긴 반지 aṅgulimuddikā.
수일체처(水一切處) āpokasiṇa.
수입(收入) āya. bali. paribbaya. udaya.
수입(收入)의 소모 āyaparicāga.
수입(隨入)하다 anupavisati.
수입이 적은 appāya.
수장(手掌) pāṇitala.
수장인(收藏人) nidāhaka.
수재(秀才)의 atipaṇḍita.
수적(水滴) bindu.
수전(隨轉)하다 anuparivattati. anupavatteti.
수정(酥精) sappimaṇḍa.
수정(水晶) kāca. kācamaṇi. kakketana. phalikā. phalika. phaḷika. maṇi. sela.
수정굴(水晶窟) phalikaguhā.
수정궁(水晶宮) phalikapāsāda. phalikavimāna.
수정으로 만든 kācamaya. phalikamaya.
수정의 색깔 maṇivaṇṇa. phalikavaṇṇa.
수정이 있는 kācin.
수정처럼 맑은 maṇivaṇṇa.
수제(樹提)[신계] Joti.
수제계(隨制戒) anupaññatti. anuppaññatti.
수제나(須提那)[인명] Sudinna.
수제나가란다자(須提那迦蘭陀子)[인명] Sudinnakalandakaputta.
수조(水槽) pāsāṇapokkharaṇī.
수조(水鳥)[조류] pilava. plava.
수족(手足) aṅgapaccaṅga.
수족이 절단된 사람 hatthapadacchinna.
수족지만망상(手足指縵網相)[삼십이상] jālahatthapāda.
수죽(酥粥) sappipāyāsa.
수죽(水竹) udakaveḷu.
수준(水準) bhūmi. samabhūmi. samaṭṭhāna. samatta. tulyatta.
수준(水準) tulyatta. tulyatā.
수준에 있다 addhabhavati. addhābhavati.
수줍어 함 līnatta. līnatā.
수줍어하는 lajjin. līna.
수줍어하는 마음 līnacitta.
수줍어하다 ottapati. ottappati. lajjati. vilajjati.
수줍어하지 않는 avisārada.
수줍음 lajjā. lajjava. lajjidhamma. ottapanā. ottappa. ottappana. ottappiya.
수줍음이 없는 acchinnalajjitā. apagatalajja.
수중동물 jalacara.
수증(隨增)하다 anusayati. anuseti.
수지(受持) adhiṭṭhāna. samādāna. uggahaṇa.
수지(樹脂) taka. jatu. sajjulasa. vasā. yakkhadhūpa.
수지(受持)된 adhiṭṭhita.
수지(受持)의 원인 samādānahetu.
수지(受持)하다 samādiyati. uggaṇhāti.
수지바라밀(受持波羅密) adhiṭṭhānapāramī. adhiṭṭhānapāramitā.
수지섬장상(手指纖長相) dīghaṅgulin.

수지포살(受持布薩) adhiṭṭhānuposatha.
수집(收集) nikāya. saṁhara. saṁharaṇa. samuccaya. saṅgaha. saṅgāha.
수집가(蒐集家) saṁhāraka.
수집된 samudānīta. saṅgahita. saṅgahīta.
수집하는 (사람) saṅgāhaka.
수집하다 samūheti. saṅganhati. udrabhati.
수창(隨唱) anugāyana.
수창(隨唱)하다 anugāyati.
수처주지(隨處住支) yathāsanthatikaṅga.
수척(瘦瘠) tanubhāva.
수천년(數千年)의 anekasahassa.
수천족(水天族) vāruṇa.
수초(水草) pappaṭaka. ambusevāla. maṇḍaka. mandālaka. sevāla. paṇṇaka. paṇaka. phaṇaka. saṅkha. siṁsaka. siṅghāṭaka.
수축(收縮) līyana. paccosakkhanā. saṁhāni. saṅkoca. saṅkucana.
수축(隨逐)하다 anudhāvati.
수축된 kuṇalin.
수축시키다 saṅkoceti.
수축하다 līyati. paccosakkati.
수축한 saṅkucita.
수출가(隨出家) anupabbajjāanupabbajjā.
수취(髓聚) miñjarāsi.
수취(受取) paṭiggahaṇa. paṭiggāhaṇa.
수취온(受取蘊) vedanûpādānakkhandha.
수취인(受取人) paṭiggāhaka. paṭiggahetar. paṭiggahītar. paṭigganhanaka.
수취하는 paṭicchaka.
수취하다 paṭicchati.
수취한 paṭiggāhaka. paṭiggahita.
수취한 물건의 사용 paṭiggahitaparibhoga.
수치(羞恥) avanati. okāra.
수치료법(水治療法) jalatikicchā.
수치스러운 maṅkubhūta. hiriyanā.
수치스러워하는 maṅku.
수치스러워하다 hiriyati. sārajjāyati.
수치심(羞恥心) hiri. hirī.
수컷 puma. puman. puṁs.
수컷의 기관 kāṭa.
수컷의 성(性) pumbhāva.
수탁자 nikkhittaka.
수탈(收奪) vilopa.
수탈하는 vilopaka. vilopikā.
수탉 tambacūḷa. kukkuṭa.
수탉의 날개 kukkuṭapatta.
수탐(隨貪)하다 anugijjhati.
수태(受胎) paṭisandhi.
수태기(受胎期)의 여인 utunī.
수퇘지 sūkara. varāha.
수편(水遍) āpakasiṇa. āpokasiṇa.
수편처(水遍處) āpokasiṇa.
수포(水泡) bubbuḷa. bubbula. bubbuḷaka.
수포유(水泡喩) bubbuḷûpamā.
수풀 gumba. kalila.
수품사(手品師) māyā-kāra.
수프 sūpa. sūpeyya. yūsa.
수프레이 udakavāta.
수프를 먹지 않는 āsūpika.
수프에 사용하는 야채 sūpeyyapaṇṇa.
수피(樹皮) pheggu. challi. cīra. cīraka. makacivāka. pesikā. vāka.
수피의(樹皮衣) vakkala.
수하주지(樹下住支) rukkhamūlikaṅga.
수학(數學) gaṇita.
수학(隨學)하다 anusikkhati.
수학자(數學者) gaṇaka.
수행(修行) abhiyoga. abhiyuñjana. bhāvanā. yoga. yogga.
수행(隨行) anucaraṇa. anucariyā. anugacchanā. anugama. anugama.
수행(壽行) āyusaṅkhāra.
수행(遂行) katatta. kiriya. kiriyā. kriyā. pavattana. pakaraṇa. sampadā. upāsana.
수행(隨行)되다 anugammati.
수행(遂行)되어야 하는 kattabba.
수행(修行)되어야 할 bhāvanīya.
수행(遂行)되어야 할 기능 kattabbadhamma.
수행(隨行)된 anuyāta.
수행(修行)된 bhāvita.
수행(遂行)된 pariciṇṇa. vusita.
수행(修行)된 것 bhāvitatta.
수행(隨行)하는 parivāraka.
수행(遂行)하다 adhiseti.
수행(隨行)하다 anucarati. anugacchati. anuparivattati. anvāgacchati.
수행(隨行)한 anujāta.
수행녀(修行女) bhikkhunī.
수행녀들의 공동체 bhikkhunīsaṅgha.
수행녀를 타락시키는 자 bhikkhunīdūsaka.
수행녀에 대한 훈계 bhikkhunovāda.
수행녀에 대해 훈계하는 (자) bhikkhunovadant.
수행녀에게 친근한 bhikkhunīgocara.
수행녀의 거처 bhikkhunupassaya.
수행녀의 규칙 bhikkhunīsīla.
수행되다 anuparivattiyati.
수행되어야 할 일 kammadheyya.

수행성만(修行圓滿) vusitavant. vusitāvin.
수행승(修行僧) bhikkhu.
수행승에게 옷을 만들어주는 직공(織工) kap-piyatantavāya.
수행승의 bhikkhuka.
수행승의 숫자가 적은 appabhikkhuka.
수행승의 자격을 상실하는 중죄 chejjâlatti.
수행승이 아닌 사람 abhikkhu.
수행승인 수행자 isisāmañña.
수행원(隨行員) abhisara. ajjhāvara. anubala. anujīvin. khattar. missaka. paricāra. paricāraka. paricārika. parijana. parivāra. purisa. upāsitar. anucara. anugāmin.
수행원과 함께 사는 sadutiyavihārin.
수행원이 있는 gaṇin. missa.
수행원이 적은 appaparivāra.
수행으로 이루어지는 공덕행의 토대 bhāvanā-mayapuññakiriyavatthu.
수행으로 이루어진 지혜 bhāvanāmayapaññā.
수행의 결과 sāmaññaphala.
수행의 노력 bhāvanāppadhāna.
수행의 부족 ayoga.
수행의 장소 upāsanasālā.
수행의 즐거움에 대한 만족 bhāvanārāmasan-tosa.
수행이 시작된 āraddhabhāvana.
수행이 없음 abhāvanā.
수행이 원만하게 된 vusitavant. vusitāvin.
수행자(修行者) pabbajita. samaṇa. anudūta.
수행자 가운데 승묘한 수행자 samaṇasukhu-māla.
수행자들의 모임 samaṇaparisā.
수행자들의 우두머리 atisamaṇa.
수행자에 어울리는 sāmaṇaka.
수행자와 성직자 samaṇabrāhmaṇa.
수행자와 성직자를 포함하는 sassamaṇabrāh-maṇa.
수행자의 경지(四果)를 닦는 삶의 실천 patticar-iyā.
수행자의 단계 samaṇabhūmi.
수행자의 삶의 길을 실천한 katasamanadha-mma.
수행자의 삶의 길을 실천한 katasāmaṇasām-añña.
수행자의 원리 samaṇadhamma.
수행자의 지위 sāmañña. sāmaññatā.
수행자의 집[장로 아유빨라(Āyupāla)의 처소] saṅkheyya.
수행자의 초자연적인 힘 īsitā.
수행조건(修行條件) maggapaccaya.
수행처(修行處) āvāsa.
수행처를 보시하는 공덕 āvāsadānânisaṁsa.
수행처에 보시하는 것 āvāsadāna.
수행처의 계승 āvāsaparamparā.
수행처의 문지기 āvāsajagganaka.
수행하는 자 paripuṇṇatākārin.
수행하다 anupagacchati. anuṭṭhahati. anuyāti. bhāveti. paripūreti. pūreti. samanubandhati. upapādeti. upaṭṭhapeti. upaṭṭhāpeti.
수행하지 않는 aparipūraka. appaṭipajjant.
수형(受刑) daṇḍakamma.
수호(守護) abhirakkha. abhirakkhā. abhirak-khana. anurakhā. anurakkhaṇa. anurakkhaṇā. anurakkhana. anurakkhanā. ārakkha. gopanā. gutti. khatta. paritta. parittā. parihāraka. pāla-na. pālanā. parirakkhaṇa. parirakkhana. rakkhā. rakkhana. saṁvara.
수호가 필요한 질병 ārakkhadukkha.
수호근(守護勤) anurakkhaṇāppadhāna.
수호근자(守護根者) rakkhitindriya.
수호되다 pallati. pallate.
수호되지 않는 agutta.
수호된 anugutta. gutta. pālita. parisaṁvuta. rakkhita.
수호로 나타난 ārakkhapaccupaṭṭhāna.
수호를 원인으로 ārakkhâdhikaraṇaṁ.
수호를 위한 노력 anurakkhaṇapadhāna.
수호마(酥護摩) sappihoma.
수호받지 못함 agutti.
수호신(守護神) ārakkhadevatā.
수호에 대한 새김 ārakkhasati.
수호의 결과로 ārakkhâdhikaraṇaṁ.
수호의 노력 anurakkhaṇāppadhāna.
수호의 성취 ārakkhasampadā.
수호의 요소 ārakkhadhātu.
수호자(守護者) gottar. gottī. pāla. pālaka. pāl-etar. rakkhaka.
수호주(守護呪) paritta. parittā.
수호주를 외우지 않은 akataparitta.
수호주에 기도발이 서는 kataparitta.
수호주에 의해 수호된 katapariittāṇa.
수호처(守護處) dīpa.
수호하는 anupālaka. anurakkhaka. parihārika. parihārin. parittāyaka. rakkha. rakkhanaka.
수호하다 abhipālayati. abhipāleti. abhirakkhati. anurakkhati. ārakkhati. gopeti. paripāleti. pari-rakkhati. sampāleti. saṁvarati. saṅgopeti.
수확(收穫) dāyāna. sassa. sassuddharaṇa. ab-

hilāva. apadāna. avakhaṇḍana.
수확기(收穫期) sassakālasamaya.
수확단계의 첫 번째 것의 보시 khettaggadāna.
수확된 apadīyati.
수확자(收穫者) lavaka.
수확하다 atiharati. atiharapeti. atiharāpeti. dāyati.
수희(隨喜) anumodana. anumodanā. pīti.
수희(水戱) udañjala.
수희(隨喜)하는 anupamodaka.
수희(隨喜)하다 anupamodati.
숙고(熟考) anucintana. anupekkhā. anupekkhaṇā. anurodha. anusañcaraṇa. anuviccakāra. avekkhana. āvajjana. ābhoga. ālocana. ālocanā. kācanā. manasikāra. nijjhāna. samapekkhaṇa. sañcetayitatta. ūhā. upadhāraṇā. upanijjhāna. upanijjhāyana. vicāra. vicāraṇa. vicāraṇā. vitakka.
숙고가 수반되는 savicāra.
숙고가 수반되는 두 가지 법 savicāraduka.
숙고가 없는 보시 asakkaccadāna.
숙고된 anuvicarita. āvajjita. parivitakkita. upadhārita. vicārita. viciṇṇa. viññāta.
숙고를 뛰어넘은 경지 avicārabhūmi.
숙고하게 하다 anupekkheti.
숙고하고 āhacca.
숙고하고 나서 anuvicca.
숙고하는 abhimana. vicāraka.
숙고하다 abhisamekkhati. ābhujati. āmasati. anucinteti. anusañcarati. anusañceteti. anuvicināti. anuvigaṇeti. anuvitakketi. āvajjeti. āloceti. avekkhati. cikicchati. tikicchati. manasikaroti. manteti. paripañhati. parituleti. parivīmaṁsati. paṭisañcikkhati. paṭisaṅkhāti. samapekkhati. sambhāveti. samparivatteti. ūhati. upadhāreti. upadhārayati. upanijjhāyati. vicāreti. vitureyyati.
숙고하지 않는 anisamma.
숙고하지 않다 avicāreti.
숙고하지 않은 asakkacca. asakkata.
숙고하지 않음 avicāra.
숙달(熟達) pāguññatā. parisahana. pasahana. sammasana. vasi°.
숙달된 pariyatta. sammasita. vyosita.
숙달에 대한 욕망 sādhukamyatā.
숙달자(熟達者) abhiyutta.
숙달하다 addhabhavati. addhābhavati. parisahati. pariyāpuṇāti.
숙달한 katâbhiyoga. sādhu.
숙려(熟廬) jhāyana.
숙려(熟慮)하다 paṭimāseti.
숙련(熟練) dakkha. kosalla. cāturiya. padakkhiṇaggāhitā. pāguññatā.
숙련공(熟練工) sippin.
숙련되지 못한 akosalla.
숙련되지 않은 appadakkhiṇaggāhin.
숙련된 cheka. dakkhiṇa. daḷhadhamma. katakamma. kusala. padakkhiṇa. paṇḍita. visārada. katussāha. katahattha. katasikkha.
숙련의 상태 abhibhāyatana.
숙련자(熟練者) sikkhitar.
숙명(宿命) kammaniyāma. niyati. vidhi.
숙명론(宿命論) niyativāda. pubbekatavāda.
숙명론자(宿命論者) niyativādin. pubbekatavādin.
숙명지(宿命智) jātissaraṇāṇa.
숙명통(宿命通) pubbenivasānussati. pubbenivāsânussatiñāṇavijjā.
숙모(叔母) cullamātā.
숙모의 아들 cullamātulaputto.
숙박(宿泊) katâvāsa. senāsana.
숙박시설 anāthasālā. āvasathâgāra. vissāmasālā. āgantukasālā.
숙부(叔父) cullapitar.
숙부의 아들 cullapituputta.
숙소(宿所) senāsana.
숙소가 없는 asenāsanaka. asenāsanika.
숙소를 격리하여 홀로 지냄 senāsanapaviveka.
숙소와 유사한 senāsanalesa.
숙소의 배제 senāsanapaṭibāhana.
숙소의 원리(遠離) senāsanapaviveka.
숙소의 할당 senāsanagāha.
숙소의 행동규칙 senāsanavatta.
숙수(熟酥) nonīta. sappi.
숙어(熟語) bhāsārīti. racanāvilāsa.
숙어가 들어간 bhāsārītyanugata.
숙연(宿緣) pubbayoga.
숙작(宿作) pubbakata.
숙작인(宿作因) pubbekatahetu.
숙장(熟藏)[S狀結腸과 直腸] pakkāsaya.
숙주수념(宿住隨念) pubbenivânussati.
숙주지(宿住智) pubbenivāsañāṇa.
숙지(宿智) pubbeñāṇa.
숙지지(宿知智) paricca.
순(筍)[대나무] kalīra.
순간(瞬間) accharāsaṅghāṭa. khaṇa. muhutta.
순간적 ittara. khaṇika. ṭhānupattika.
순간적 계기 javana.

순간적 생각 khaṇikacitta.
순간적 포착 javana.
순간적 포착의 의도 javanacetanā.
순간적 포착의 인식과정 javanavīthi.
순간적 포착의 지혜를 지닌 javanapañña.
순간적으로 sahasā. ṭhānaso.
순간적으로 결정하는 지혜를 지닌 ṭhānocitapañña.
순간적으로 다시 태어나는 자의 출현 upapātikavesa.
순간적으로 발생한 khaṇapaccupana.
순간적으로 행한 katarūpa.
순간처럼 작은 khaṇaparitta.
순개(順蓋)의 nīvaraṇiya. nīvaraṇīya.
순개법(順蓋法) nīvaraṇiyadhamma..
순개이법(順蓋二法) nīvaraṇiyaduka.
순결(純潔)의 상태 brahmacariyavāsa.
순결(純潔)하지 못함 kāyaduṭṭhulla.
순결법(順結法) saṁyojaniyadhamma.
순결이법(順結二法) saṁyojaniyaduka.
순관(順觀)과 역관(逆觀) anulomapaṭiloma.
순관(順觀)의 anuloma.
순다(純陀)[인명] Cunda.
순라(修羅) asura.
순례자(巡禮者) puññatitthagamaka.
순류행자(順流行者) anusotaṁ.
순리론(純理論) nippariyāya.
순마(順摩) omasanā.
순모(順毛)의 anuloma.
순백(純白)의 susukka.
순번(順番) vāra.
순비발사나(純毘鉢舍那) suddhavipassanā.
순생수(順生受)의 upapajjavedaniya. upapajjavedanīya.
순생수업(順生受業) upapajjavedaniyakamma. upapajjavedanīyakamma.
순서(順序) anukkama. ānuppubbī. ānupubba. anupubbatā. ānupubbatā. kama. pariyāya. paṭipāṭi. vidhāna.
순서대로 anupubbaso. paṭipāṭiyā. paṭipāṭiyaṁ. yathākkamaṁ.
순서대로 공부하는 것 anupubbasikkhā.
순서대로 문지르다 anomajjati.
순서대로 일어나는 kamappavatta.
순서대로 일어남 kamappavatti.
순서대로의 sapadāna.
순서를 어기는 kamabheda.
순서에 따르는 anulomika.
순서에 따름 anulomana.
순서에 맞게 yoniso.
순서에 맞게 또 역순으로 anulomapaṭiloma.
순서에 맞고 만지 않는 anulomapaccanīya.
순서에 맞는 anuloma.
순서의 dhammanetti.
순세론(順世論) lokāyata.
순세술(順世術) lokāyatasippa.
순세외도(順世外道) lokāyata.
순세철학(順世哲學) lokakkhāyikā.
순세파(順世派) lokāyatika.
순수(純粹) pārisuddhi. soceyya.
순수하지 못한 accheka.
순수하지 않은 asuddha. avisuddha.
순수한 adūsaka. akakkasa. akammāsa. amissa(ka). amissita. amissīkata. anaparādha. aneḷaka. apalāsin. asambhinna. asecanaka. bhuja. jāta. niddosa. nimmala. odāta. parisuddha. pariyodāta. pāvaka. payata. suci. suddha. suddhika. sukka. suppaṭimutta. vippasanna. visada. visuddha. vīvadāta.
순수한 금속 jātarūpa.
순수한 마음 odātacitta.
순수한 상류계급의 jātimant.
순수한 손[친구의 손] adūbhapāṇi.
순수한 액체 락(*eng.* lac)의 색깔을 한 acchalākhārasavaṇṇa.
순수한 정신을 지닌 ābhicetasika.
순수한 지성을 지닌 suddhabuddhi.
순수한 행위 sukkakamma.
순수한 혈통 suddhavaṁsatā.
순수함 visadatā.
순액(順軛)의 yoganīya.
순역(順逆) anulomapaccanīya. anulomapaṭiloma.
순염이법(順染二法) saṅkilesikaduka.
순우처(順優處) domanassaṭṭhāniya.
순음(脣音) oṭṭhaja.
순응(順應) anuvattana. anuvatti.
순응하는 anulomika. anuparivattin. sappāya.
순응하다 anulometi. anuvatteti.
순의문로(純意門路) suddhamanodvāravīthi.
순전(純全)한 suddha.
순전한 관찰의 수행자 suddhavipassanāyanika.
순전한 정신문의 인식과정 suddhamanodvāravīthi.
순전한 조건지어진 것의 집적(集積) suddhasaṅkhārapuñja.
순전히 kevalaṁ.
순전히 검은 suddhakāḷaka.

순정(順正)의 pañjasa.
순조(鶉鳥) lāpa. laṭukikā.
순조로운 제사 anukūlayañña.
순종(順從) anurodha. anuvidhīyanā. paṭissā. patissā. paṭissavatā. paṭissaya. paṭissava. sussūsā.
순종(純種)의 ājāneyya. ājāniya. ājānīya.
순종의 암말 ājāneyyavaḷavā.
순종하는 anurūpa. nibbisevana. nivāta. subbaca. subbaca. sussūsin. suvaca. vidheyya.
순종하다 anuvidhīyati.
순종하여 anu.
순종하지 않는 anassava. appaṭissa. appaṭissaya.
순종하지 않음 appaṭissavatā.
순진(純眞) akārabhāva.
순진한 akāra. akāraka. anāgavat. anaparādha.
순차적으로 성취된 anupubbâdhigata.
순차적인 anupubba.
순차적인 분석 anupubbavavatthāna.
순차적인 통찰 anupubbavipassanā.
순찰(巡察) sañcārakarakkhin.
순처럼 자르기 kalīracchejja.
순치(順取)의 upādāniya.
순투(鶉鬪) vaṭṭakā.
순팔법(純八法) suddhaṭṭhaka.
순폭류(順暴流)의 oghaniya. oghanīya.
순풍(順風) anuvāta.
순현수업(順現受業) diṭṭhadhammavedaniyakamma. diṭṭhadhammavedanīyakamma.
순환(循環) cakkākāra. saṁsaraṇa. vattita.
순환의 cakkākāra.
순환의 기쁨 okkantikapīti.
순환중인 혈액 saṁsaraṇalohita.
순환하는 pārivattaka. vaṭṭa. vaṭṭula. okkantika.
순회하다 pavajati.
순후수업(順後受業) samparāyavedaniyakamma. samparāyavedanīyakamma. aparâpariyavedaniyakamma. aparâpariyavedanīyakamma.
순후업(順後業) → 순후수업.
순희처(順喜處) somanassaṭṭhāniya.
숟가락 camasa. dabbī. kaṭacchu.
숟가락과 관계되는 kaṭacchuka.
숟가락으로 (음식을) 헌공하는 kaṭacchu-abhihāra.
숟가락을 들고 있는 dabbīgāha.
숟가락의 끝 aggakaṭacchu.
숟가락의 선단 dabbīkaṇṇa.
숟갈 uluṅka. uḷuṅka. pāṇikā.
술 마시는 버릇이 있는 pānasoṇḍa.
술[알콜]의 일종[붉은 색을 띤다] kāpotikā.
술[酒] madhu. madhukā. madhupāna. madhura. madirā. majja. surā. vāraṇa. vāruṇī.
술[타래] cakkali.
술[테두리] 장식 dasanta.
술[테두리] 장식의 dasika.
술[테두리]의 끝 dasanta.
술가게 āpānabhūmi.
술고래 surādhutta. surāsoṇḍa.
술고래의 soṇḍa.
술과 섞인 기름을 몸에 바르기 telapāka.
술꾼 soṇḍikadhutta. surāsoṇḍa.
술독에 빠져 있는 surâdhiṭṭhaka.
술마시는 축제 surāchaṇa. surānakkhatta.
술사발 surāvitthaka.
술수(術數) nippesa.
술수에 의한 기만 nippesakuhana.
술어(述語) adhivacana.
술에 취한 madamatta. soṇḍa. surāpita.
술에 탐닉하는 surādhutta.
술을 마시는 습관이 있는 āpānaka.
술을 마시는 여자 surāpāyikā.
술을 마시지 않는 amajjapa. āpānaka.
술을 마시지 않음 āpānaka.
술을 마신 (사람) madhupīta. surāpīta.
술을 안 마시는 여자 asoṇḍī.
술을 입에 대지도 않는 majjanisedhanāyatta.
술의 제조업자 soṇḍikakammakara.
술의 판매 majjavikkaya.
술의 향기를 지닌 madhugandhika.
술이 없는 amajja.
술잔 āpānīyakaṁsa. surāvitthaka.
술장사 majjavikkayin. majjika.
술장수 majjika. soṇḍika.
술주전자 surāghaṭa.
술주정꾼 surāḍaka.
술주정뱅이 soṇḍika. soṇḍikadhutta.
술주정뱅이가 아닌 asoṇḍa.
술주정뱅이가 아닌 여자 asoṇḍī.
술집 āpāna. majja. surāgeha. surāghara. vāruṇīvāṇija.
술책(術策) kalākalā. saṭhatā.
술취한 여자 soṇḍī.
술친구 soṇḍasahāya.
숨겨진 channa. guyha. nigūḷha. otiṇṇa. paṭicchādita.
숨겨진 곳 pacchāda.
숨겨진 보물 nidhāna. nidhi.
숨겨진 상태 avyattatā.

숨겨진 의미 guyhattha.
숨기다 antaradhāyati. apanidahati. gūhati. odahati. oguṇṭheti. pāpurati. parigūhati. paṭigūhati. theneti. nilīyāpeti. uppīḷeti. vuṇāti.
숨긴 죄과에 대한 참회 paṭicchannamānatta.
숨긴 죄과에 대한 참회로서의 격리생활 paṭicchannaparivāsa.
숨긴 죄과에 대한 참회로서의 별주(別住) paṭicchannaparivāsa.
숨김 apanidhāna. makkhāyanā. makkhāyitatta. nigūhana. parigūhanā. pariharaṇa. pariharaṇā. vicchādanā.
숨는 곳 nilenaka. nillenaka.
숨다 abhinilīyati. antaradhāyati. nilīyati.
숨쉬는 passāsin.
숨어서 기다리는 nilīna.
숨은 bhūmigata. nilīna.
숨을 거둔 nirussāsa.
숨을 내쉬는 vāyin.
숨을 내쉬다 udāneti. vāti.
숨을 내쉼 vāyana.
숨을 들이쉬다 passasati.
숨을 멈추고 있는 appāṇaka.
숨을 멈춘 uparata.
숨을 멈춘 상태의 선(禪) appāṇakajhāna.
숨을 쉬게 하다 assāseti.
숨을 쉬는 assāsaka.
숨을 쉬다 sasati.
숨을 회복하지 못한 anassāsaka.
숨이 없는 nirussāsa.
숫돌 khurasilā. nikasanikasa. nisada. nisadā. nisāna. pota.
숫양 eḷaka. urabbha. uraṇa. uraṇika urāṇa. urāṇika. avi.
숫염소 bhasata. chakala.
숫자가 모자라는 ogaṇa.
숫타니파타[경장] Suttanipāta.
숭고한 brahmuttama. bhagavant. ucca. ucchita.
숭고한 삶 sallekha. sallekhavihāra.
숭고한 삶을 사는 자 sallekhavuttin.
숭고한 삶의 법문 sallekhapariyāya.
숭고한(?) yathāsata.
숭배(崇拜) abhivandana. accana. accanā. āhuna. āhuṇa. āhuti. apacāyana. namassana. namassanā. namassiyā. paṭipūjana. paṭipūjanā. pūjanā. sakkāra. sāma. upacāra. upahāra. upaṭṭhāna.
숭배되는 mānikata.
숭배된 huta.
숭배를 받는 apacita.
숭배의식 upacāra.
숭배자(崇拜者) payirupāsika. vanditar.
숭배하는 apacāyika.
숭배하다 abhipūjayati. acceti. paṇamati. paṭipūjeti. payirupāsati. pūjeti. sampūjeti. sampurekkharoti. upaṭṭhahati. upaṭṭhāti. upaṭṭheti. upatiṭṭhati. upacāraṁ karoti. namo karoti.
숯 aṅgāra.
숯과 같은 존재 aṅgārabhūta.
숯덩이 aṅgārapiṇḍa.
숯불 aṅgāra.
숯불구덩이 aṅgārakāsu.
숯불구덩이의 비유 aṅgārakāsupamā.
숯불더미 aṅgārarāsi.
숯불로 가득 찬 구덩이 aṅgārapuṇṇakūpa.
숯불속 aṅgāragabbha.
숯불에 구운 요리 davaḍāhaka. davadāhaka.
숯불에 구워진 aṅgārapakka.
숯불에 요리한 aṅgārakapakka.
숯불을 담는 단지 aṅgārakaṭāha.
숯불의 aṅgāraka.
숯불의 비 aṅgāravassa.
숯불의 산 aṅgārapabbata.
숯불의 장작더미 aṅgāracitaka. aṅgāracitā.
숯불의 탑[타다 남은] aṅgārathūpa.
숯불처럼 뜨거워진 aṅgārajāta.
숯불화로 aṅgārakapalla. aṅgārakammakara. aṅgārika.
숯을 굽는 일 davaḍāhaka. davadāhaka.
숯을 모우는 통 aṅgārapacchi.
숯인 상태 aṅgārabhāva.
숲 aṭavi. aṭavī. arañña. ārañña. dāva. dāya. gahana. kaccha. kānana. sañjādiya. vana. vanappagumba. vipina.
숲가 aṭavimukha.
숲속 antovana. aṭavimajjha.
숲속 한정처에서 지내는 수행 āraññikaṅga. āraññakaṅga.
숲속에 사는 araññagata.
숲속에 사는 것 āraññakatta.
숲속에 사는 부족 aṭavi. aṭavī.
숲속에 사는 사람 aṭavi. aṭavī.
숲속에 있는 ārañña.
숲속에서 지내는 기쁨 araññapīti.
숲속에서의 삶의 공덕 araññânisaṁsa.
숲속의 거주자 āḷavaka. āḷavika.
숲속의 길 aṭavimagga.
숲속의 도둑 aṭavicora.

숲속의 사슴 āraññakamiga.
숲속의 삶 araññavāsa. araññakatta. sanda-vihāra.
숲속의 삶을 좋아하는 araññârāma.
숲속의 서식지 araññâyatana.
숲속의 승원 araññavihāra.
숲속의 암자 araññakuṭikā.
숲속의 은둔을 위한 준수사항 āraññakavatta.
숲속의 은둔을 위해 배워야할 규칙 āraññaka-sikhāpada.
숲속의 은둔자를 필두로 하는 āraññakasīsa.
숲속의 은둔처 āraññakavihāra.
숲속의 장소 araññaṭhāna.
숲속의 주처 araññâyatana.
숲속의 코끼리 mātaṅgârañña.
숲에 난 불 dāvaggi.
숲에 대한 찬미 vanavaṇṇanā.
숲에 속하는 araññapariyāpana.
숲에 있는 탑묘 vanacetya.
숲에서 사는 aṭavivāsin. āḷavaka. āḷavika. arañ-ñaka. araññāka.
숲에서 사는 자 araññavāsin.
숲에서 생겨난 araññaja.
숲에서 수행하는 시기 assama.
숲에서 일하는 사람 vanakammika.
숲에서 태어난 vaneja.
숲에서의 숙박 araññasenāsana.
숲을 걷는 자 vanacāraṇa.
숲을 태우는 vanadahaka. vanadahana.
숲의 araññaka. araññāka. vanaka. vanika.
숲의 가장 자리 vananta.
숲의 길 vanapantha.
숲의 대화재 davaḍāha. davadāha.
숲의 무성한 곳 vanagahana.
숲의 신 āraññadeva. vanadevatā.
숲의 입구 aṭavimukha.
숲의 주인 araññasāmika. vanappati. vanaspati.
숲의 특징 vananimitta.
숲이 없는 nibbana. niggumba.
숲이 없음 nibbanatha.
숲지기 araññapāla.
쉬게 하다 vissameti.
쉬는 sāyika.
쉬다 āyamati. passupati. sammati. vissamati.
쉬운 akiccha. sukara.
쉬지 않고 불다 dhamadhamāyati.
쉰 목소리를 내다 ākurati.
쉰 목소리의 sandiddha.
쉰(50) paññāsa. paññāsati. paṇṇāsa.
쉰(50) 이상 paropaññāsa.
쉰(50)보다 많은 atirekapaṇṇāsa.
쉰(50)의 paṇṇāsaka.
쉰넷(54) catupaṇṇasa.
쉰다섯(55) pañcapaññāsa.
쉰셋(53) tepaññasati.
쉽게 appakasirena. īsaṁ. sukhena.
쉽게 공격당하는 suppadhaṁsiya.
쉽게 극복된 svātivatta.
쉽게 꿰매지는 supāsiya.
쉽게 데려올 수 있는 suvānaya.
쉽게 등기(等起)시킬 수 있는 susamuṭṭhāpaya.
쉽게 만족하는 appiccha. sutappaya.
쉽게 묶이지 않는 aganthaniya.
쉽게 변하지 않는 avipariṇāmadhamma.
쉽게 변화하는 athira.
쉽게 상하는 dussa.
쉽게 세워진 susamuṭṭhāpaya.
쉽게 악취에 떨어지지 않는 avinipātadhamma. avinipātasabhāva.
쉽게 알려진 suvijāna.
쉽게 압도당하는 suppadhaṁsiya.
쉽게 얻는 akasiralābhin. akicchalābhin.
쉽게 얻을 수 없는 asulabha.
쉽게 이해되는 uttānamukha.
쉽게 이해된 susambuddha.
쉽게 측량되는 suppameyya.
쉽게 파괴되는 pabhaṅgu. pabhaṅguṇa. pabba-ṅgura.
쉽게 파괴되지 않는 avināsadhamma.
쉽게 화내는 lahusa. kodhana.
쉽게 확신하는 adaḷhadiṭṭhi.
쉽게 흔들리지 않는 것 avedhadhamma.
쉽게 흥분을 야기하는 rajanīya.
쉽사리 믿는 ādheyyamukha. ādiyamukha.
쉽지 않은 aphāsu.
쉿 ciṭiciṭi.
쉿하고 말하다 cicciṭāyati. ciṭiciṭāyati.
슈욱하는 소리를 내다 cicciṭāyati. ciṭiciṭāyati.
스님 bhikkhu. bhikkhunī.
스님의 옷 kāsāya. kāsāva.
스리랑카[지명] Laṅkā. Sīhaḷa. Siṁhaḷa.
스리랑카섬[지명] Lañjaka. Sīhaḷadīpa.
스리랑카의 sīhaḷaka. siṁhaḷaka.
스며드는 pagāḷha.
스며든 otiṇṇa. pīta.
스며들다 ativāyati. avagāhati. ogāhati. sam-padhūpeti. uggharati.
스며들지 않은 apphuta.

스무 가지 사항이 있는 vīsativatthuka.
스무 개의 무리 vīsativagga.
스물(20) vīsati.
스물네 가지 조건 catuvīsatipaccayā.
스물넷(24) catuvīsati.
스물다섯(25) paṇṇavīsati.
스물둘(22) bāvīsati. dvāvīsati.
스물셋(23) tevīsati.
스물아홉(29) ekūnatiṁsā. ekūnatiṁsati.
스물여덟(28) aṭṭhavīsati.
스물여섯(26) chabbīsati. chabīsati.
스물일곱(27) sattavīsati.
스물하나(21) tisatta.
스스로 paccattaṁ. sāmaṁ. sayaṁ. sehi. sena.
스스로 고안해낸 anītiha.
스스로 괴롭히지 않는 nissantāpa.
스스로 기뻐하는 sukhitatta.
스스로 노력하는 pahitatta.
스스로 만든 것이 아닌 anattanikata.
스스로 목격한 attapaccakkha.
스스로 보는 sandiṭṭhin.
스스로 보호하는 여자 sārakkhā.
스스로 안온에 도달한 사람 khematta.
스스로 억제된 payatatta.
스스로 일어나는 사람 uṭṭhātar.
스스로 즐겁게 하다 ramāpeti.
스스로 즐김 abhiramana.
스스로 진리를 보는 이치를 획득한 자 diṭṭhi-paṭilābha.
스스로 통제할 수 없는 asayaṁvasin.
스스로를 믿다 takketi. attānaṁ.
스승 ācariya. garu. ācariyaka. ajjhāyaka. anu-satthar. bhavant. desika. guru. pavattar. sik-khāpaka. sikkhitar. upajjhāya. upajjhāyaka. sa-tthar. sikkhetar.
스승과 같은 ācariyasādisa.
스승과 스승의 스승 ācariyapācariya.
스승과 친교사 ācariyûpajjhāya.
스승과 친교사가 없는 anācariyupajjhāya.
스승과 함께 사는 사람 antevāsika.
스승과 함께 지내는 sācariyaka.
스승과의 교류 garusaṁvasa.
스승에 대한 보수 ācariyabhāga. ācariyada-kkhiṇā.
스승에 대한 봉사 ācariyupāsana.
스승에 대한 의무 ācariyakicca. ācariyavatta.
스승에 대한 의존 garunissaya.
스승에 의한 가르침 ācariyânusatthi.
스승에게서 유래한 게송 ācariyagāthā.
스승을 거역하는 사람 issarâparādhika.
스승을 공경하는 ācariyapūjaka.
스승을 모시는 sācariyaka.
스승의 ācariyaka.
스승의 가족 ācariyakula.
스승의 경전에 대한 해설 ācariyuggaha.
스승의 고뇌 ācariyaûpaddava.
스승의 공경과 관련된 ācariyapūjaka.
스승의 교리 ācariyavāda.
스승의 교리체계 ācariyasamaya.
스승의 권위 ācariyagarutta.
스승의 길 ācariyamagga.
스승의 덕성 ācariyaguṇa.
스승의 문중 ācariyakula.
스승의 생각 ācariyamati.
스승의 스승 ācariyâcariya. pācariya. ācariya-mahāyuga.
스승의 승계에서의 청정함 ācariyasuddhi.
스승의 아내 ācariyabhariyā. ācariyānī. garudāra.
스승의 자리 ācariyaṭṭhāna.
스승의 제자가 되기 위한 속임수 ācariyalesa.
스승의 제자가 되기 위한 환심 ācariyalesa.
스승의 주먹 ācariyamuṭṭhi.
스승의 집에서 살지 않는 agarukulavāsika.
스승의 집이 아닌 anācariyakula.
스승의 충고 ācariyavaca.
스승의 혈맥에 의해서 전해 내려온 ācariya- par-amparāgata. ācariyaparamparābhata.
스승이 없는 anācariyaka.
스승이 오래전에 죽은 사람 atītagatasattha.
스승이 있는 satthuka.
스승이여! mārisa.
스승정도의 ācariyamata. ācariyamatta.
스치다 nighaṁsati. phusati.
스카프 kaṇṭhaveṭhana.
스카프와 진주목걸이 kaṇṭhaveṭhanamuttāhāra.
스케줄 niyamāvali. parisiṭṭhasaṅgaha.
스케치하다 ālikhati.
스크린 āvaraṇa. javanikā. tirodhāna.
스탠드 dīparukkha.
스튜디오 sippāyatana.
스트레스가 없는 apariḷāha.
스트레스를 받다 dukkhīyati.
스파이 avacaraka. ocaraka. payuttaka.
스포츠 kīḷanā. kīḷā. vikkīḷita.
스피드 raya.
슬개골(膝蓋骨) 밑에 adhojānumaṇḍala.
슬기 āññāṇa. dhi. ñāṇa. paññā. nepuñña. mati. buddhi. medhā. dhī. ñāṇa. amoha.

슬기로운 동료 ñāṇabandhu. ñāṇabandhu.
슬기로운 사람 sumati.
슬기로운 십년의 생애 paññādasaka.
슬레이트 silāpatthara.
슬륜(膝輪) jānu.
슬리퍼 pādukā.
슬퍼하게 된 paridevita.
슬퍼하게 하다 socāpayati.
슬퍼하는 anamha. kandita. socin.
슬퍼하다 ādevati. anusocati. anutthuṇāti. devati. hīḷeti. kalindati. kandati. kapati. lālapati. lālappati. okandati. okkandati. paridevati. paridevayati. paritappati. samanusocati. santappati. socati. socayati. soceti. uparodati. vilapati.
슬퍼하지 않는 asocana. asocat.
슬퍼하지 않음 aparideva.
슬프게 노래하다 uparodati.
슬프게 하는 socayanta.
슬프다![놀램 ·고통] aha.
슬프도다! ahahā.
슬프지 않다 anukkaṇṭhati.
슬픈 bhārika. dukkhin. dukkhita. dummana. socita. sociya. sokavant. sokika. sokin.
슬픈 생명으로 이끄는 jīvasokin.
슬픈 얼굴을 한 dummukha.
슬픔 anusocana. anusocanā. dara. domanassa. hadayasantāpa. kandana. parideva. paridevitatta. socanā. socita. socitatta. soka.
슬픔에서 벗어난 apetasoka.
슬픔의 노래 sokagīta.
슬픔의 이유 kandanakāraṇa.
슬픔의 화살을 뽑아버린 abbūḷhasokasalla.
슬픔이 없는 asoka. asokin. apagatasoka. nissantāpa. nissoka. visalla. visoka.
슬픔이 없는 마음 asokacitta.
슬픔이 없음 asokabhāva. asoka.
슬피 우는 ārunna.
습(習)한 anūpa.
습격(襲擊) āsajjana. saṅkopa.
습격하다 upadhāvati.
습관(習慣) āciṇṇa. ākappa. ciṇṇatta. samudācāra. sīla. vutti. yāta.
습관이 되지 않은 anāciṇṇa.
습관이 된 ciṇṇa. paricita. samucita. sīlin. sīlika.
습관이 있는 yānika. yāniya. yānikata. vatika.
습관이 있는 사람 vasitar.
습관적으로 말하는 kathanasīla.
습관적으로 일하는 kammasīla.
습관적으로 종사하는 āciṇṇa.
습관적으로 행해진 ajjhāciṇṇa.
습관적인 āciṇṇa.
습관적인 것과 관련된 실천 āciṇṇakappa.
습관적인 실천 āciṇṇabhāva.
습관적인 행위 bahulīkamma.
습기(濕氣) saṁseda. sineha. sneha.
습기(習氣) vāsanā.
습기가 있는 sinehagata. sajala. saudaka. unna.
습기가 있는 바람 udakavāta.
습기로부터 태어난 saṁsedaja.
습기를 공급하다 sineheti.
습기에 젖다 siniyhati.
습기에 젖은 더러운 것 jallikā.
습기에 젖은 더러운 먼지 jalla.
습기에서 생겨난 sinehaja.
습기에서 태어난 금시조(金翅鳥) saṁsedajasupaṇṇa.
습기에서 태어난 자 saṁsedajayoni.
습기의 공급 sinehana.
습득(習得) ajjhena. uggaha.
습득된 uggahita. uggahīta.
습득인상 uggahanimitta.
습득하다 samadhigaṇhāti.
습득한 uggaha.
습생(濕生) saṁsedaja. saṁsedajayoni.
습생의 모태 saṁsedajayoni.
습생의 용 saṁsedajanāga.
습숙(習熟) samudācaritatta.
습윤(濕潤) temana. sineha. sneha.
습지(濕地) kaccha. udakabhūmi.
습지대(濕地帶) anupa. anūpa. anūpadesa.
습지에서 자란 kaccha.
습지의 anūpa.
습진(濕疹) daddu.
습창(濕瘡) assāva.
습포(濕布) osadhikā.
습행연(習行緣) āsevanapaccaya.
승(升) āḷhaka.
승(僧) saṅgha.
승가(僧伽) saṅgha.
승가가 분열한 saṅghabhinna.
승가람(僧伽藍) saṅghārāma.
승가리(僧伽梨) saṅghāṭī.
승가사(僧伽舍)[지명] Saṅkassa.
승가시(僧伽尸·施)[지명] Saṅkassa.
승가식(僧伽食) saṅghabhatta.
승가안의 분쟁 saṅgharāji.
승가에 공양된 음식 saṅghabhatta.
승가에 귀의된 saṅghamāmaka.

승가에 대한 새김 saṅghânussati.
승가에 들어간 saṅghagata.
승가에 속하는 saṅghin.
승가와 관련된 saṅghin.
승가왕(僧伽王) saṅgharājan.
승가의 saṅghin.
승가의 구성권을 위한 거처 saṅghārāma.
승가의 분열 saṅghabheda.
승가의 분열을 야기한 자 saṅghabhedaka.
승가의 아버지 saṅghapitar.
승가의 장로 saṅghatthera.
승가의 존중 saṅghagāravatā.
승가의 지도자 saṅghapariṇāyaka.
승가의 행사 saṅghakaraṇīya.
승견(勝見) atidiṭṭhi.
승낙(承諾) samanuñña. samanuññā.
승낙하는 samanuñña.
승낙하다 paṭissuṇāti. samanujānāti.
승냥이 gomāyu. kotthu. koṭṭhu. koṭṭhuka. bheraṇḍa(ka). sigāla. sivā. taraccha. jambuka.
승냥이의 sigālika.
승냥이의 울음소리 sīgālaka.
승단(僧團) saṅgha.
승단에 남아있을 수 있는 죄 saṅghādisesa.
승단에 독점적으로 지정된 accantasaṁghika.
승단에 받아들일 수 있는 자 kappiyasabhāva.
승단에 의해 취해져야 할 갈마[법적인 조치]의 결여 kattabbasaṅghakammâbhāva.
승단에 입단을 허락받다 upasampajjati.
승단에서 안건을 놓고 토의하는 것 ñattikamma.
승단에의 복귀 vuṭṭhāna. vuṭṭhānatā.
승단의 갈마(羯磨) saṅghakamma.
승단의 계율에 맞는 행위 dhammakamma.
승단의 모임 kamma. upasampadākamma.
승단의 모임에서 가책 받는 것 tajjaniyakamma.
승단의 모임에서 쟁론자를 대면하게 하여 시비를 판단하는 계율 sammukhavinaya.
승단의 정규적인 모임 saṅghakamma.
승려가 된 pabbājita.
승려를 위해 물품을 받는 재가신자 kappiyakāraka.
승려에게 국자로써 제공한 음식 kaṭacchubhikkhā.
승려의 bhikkhuka.
승려의 방 koṭṭha.
승려의 옷감[가치나의]에 찍는 작은 검은 점[사용할 수 있다는 표시] kappabindu.
승려의 옷감에 찍는 작은 검은 점 kappiyabindukappabindu.
승려의 의복이 아닌 anukkaṭṭhacīvara.
승려의 필수품 paccaya.
승론(勝論) visesikā. samavāya.
승론자(勝論者) samavāyavādin.
승리(勝利) abhibhavana. jaya. jita. ugghāti. vijaya.
승리를 거둔 abhibhuyyacārin.
승리를 바라다 jayāpeti.
승리의 kaṭaggaha. vijita.
승리의 축배 jayapāna.
승리자(勝利者) arindama. jetar. jina. vijitāvin.
승리자의 가르침 jinasāsana.
승리자의 단계 jinabhūmi.
승리자의 수레바퀴 jinacakka.
승리자의 아들 jinaputta.
승리하게 하다 jāpayati. jāpeti.
승리하고 abhibhuyya.
승리하기 아주 어려운 sudujjaya.
승리하는 abhibhū. °ji.
승리하는 신들의 하느님 세계 Abhibhū devā.
승리하는 주사위 kaṭa.
승리하는 하느님 세계의 신들 Abhibhū devā.
승리하다 adhibhavati. jayati. jeti. jināti. jāpayati. nittharati. pareti.
승리하여 얻게 하다 jāpayati. jāpeti.
승리한 jina. laddhajaya. vijitasaṅgāma. vijitāvin.
승리한 사람 naravīra.
승마의 즐거움 yānasukha.
승마자(乘馬者) assāroha. assārūha. rathārūha.
승만(勝慢) vimāna. vimānana.
승묘(勝妙)한 paṇīta. kusala.
승물(乘物) vāha.
승방(僧房) pariveṇa. vihāra.
승방마다 anupariveṇaṁ.
승법(勝法) abhidhamma. paṇītadhamma.
승법근본복주(勝法根本復註)[복주서] abhidhammamūlaṭīkā.
승법의 요소를 포함하는 abhidhammamissaka.
승보(僧寶) saṅgharatana.
승복(僧服) cīvara.
승복의 자락 cīvarakaṇṇa.
승불화합(僧不和合) saṅgharāji.
승상(勝上)[소라고동] vijayuttara.
승선(乘船) nāvâbhirūhana. nāvāyika.
승선(勝善)의 adhikusala.
승수념(僧隨念) saṅghânussati.
승연량(承椽梁) gopānasī.
승영(承迎) paṭisanthāra.

승영자(承迎者) paṭisanthārapaṭisanthāraka.
승원(僧園) ārāma. vihāra. assama. yatinivāsa.
승원에 간 ārāmagata.
승원에 속하는 sāmaṇaka.
승원에 있는 ārāmagata.
승원의 경내 ārāmûpacāra.
승원의 관할구역 ārāmûpacāra.
승원의 기증 ārāmadāna.
승원의 기증자 ārāmadāyaka.
승원의 바깥문 ārāmadvāra.
승원의 부지 ārāmavatthu.
승원의 수호자 ārāmarakkhaka.
승원의 여자 방문객 ārāmakiṇī.
승원의 입구 ārāmakoṭṭhaka.
승원의 입장 ārāmappavesana.
승원의 즐거운 주거 ārāmaramma.
승원의 하녀 ārāmakiṇī.
승원의 하인 ārāmika.
승원장(僧院長) saṅghatthera.
승원지기 ārāmika.
승율(勝律) abhivinaya.
승의(勝義) paramaṭṭha. paramattha.
승의결정론(勝義決定論)[논서] Paramatthavinicchaya.
승의공(勝義空) paramaṭṭhasuñña. paramatthasuñña.
승의광명소(勝義光明疏)[주석] Paramatthajotikā.
승의론(勝義論)[주석] Paramatthakathā.
승의보함(勝義寶函)[주석] Paramatthamañjūsā.
승의석(勝義釋)[주석] Paramatthadīpanī.
승의소(勝義疏)[주석] Atthasālinī.
승의제(勝義諦) paramaṭṭhasacca. paramatthasacca.
승인(承認) saccakāra. sādhukāra. samanuñña.
승인되어서는 안 될 anārādhanīya.
승자(勝者) jina. jetar.
승자장엄(勝者莊嚴)[서명] Jinâlaṁkāra.
승자천(勝者天)[신계] Abhibhū. Abhibhutta. Abhibhū devā.
승자행찬(勝者行讚)[서명] Jinacarita.
승잔죄(僧殘罪) saṅghādisesa.
승지(勝智) abhiññā.
승지(勝智) visesādhigama.
승진(昇進) adhiroha.
승진분(勝進分) visesabhāgin.
승진분계(勝進分戒) visesabhāgiyasīla.
승진분정(勝進分定) visesabhāgiyasamādhi.
승진분혜(勝進分慧) visesabhāgiyapaññā.
승차(乘車) āroha. āropana. āropanā.
승차시간 āropanakāla.
승차의 즐거움 yānasukha.
승처(勝處) abhibhāyatana.
승패(勝敗) jayaparājaya.
승해(勝解) adhimucca. adhimuccana. adhimokkha. adhimutti.
승해(勝解)된 adhimutta.
승해(勝解)하다 adhimuccati.
승해심(勝解心) adhimuttacitta.
승행(勝行) padhānasaṅkhāra.
승화(昇華) sukhumattapāpaṇa. parisodhana.
승화되지 않은 amahaggata.
승화된 mahaggata. sukhuma. visiṭṭha. ukkaṭṭha.
승화된 마음 mahaggatacitta.
승화된 마음에 의한 해탈 mahaggatacetovimutti.
승화합(僧和合) saṅghasāmaggī.
시(市) adhiṭṭhāna. nagara. nagarī.
시(詩) kāveyya. kavya. geyya. kabba. kabya. siloka. pajja. gāthā.
시가(詩歌) → 시(詩).
시가라월인(尸伽羅越人) siṅgālaka.
시각(時刻) → 시간(時間).
시각(視覺) cakkhu. olokana. diṭṭha.
시각감성 cakkhuppasāda.
시각감역 cakkhāyatana.
시각기관 cakkhu. cakkhudvāra. vilocana.
시각기능 cakkhundriya.
시각능력 cakkhundriya.
시각대상 rūpa.
시각문 cakkhudvāra.
시각문의 인식과정 cakkhudvāravīthi.
시각성(視覺性) cakkhuppasāda.
시각세계 cakkhudhātu.
시각요소 cakkhudhātu.
시각을 구성하는 열 가지 요소 cakkhudasaka.
시각의 물질적 토대 cakkhuvatthu.
시각의식 cakkhuviññaṇa.
시각의식의 세계 cakkhuviññaṇadhātu.
시각의식의 인식과정 cakkhudvāravīthi.
시각작용 cakkhundriya.
시각장애의 vicakkhu.
시각적으로 탐욕이 생기게 하는 교제 dassanasaṁsagga.
시각접촉 cakkhusamphassa.
시각접촉에서 생겨나는 느낌 cakkhusamphassajā vedanā.
시각토대 cakkhuvatthu.
시간(時間) addhan. addhāna. āratta. ghaṭikā.

horā. kappa. velā. samaya.
시간과 관련해서 불확실한 aniyatakālika.
시간과 관련해서의 직접성 addhānântaratā.
시간근접조건 samanantarapaccaya.
시간에 맞지 않게 ativela.
시간에 메이지 않는 akālika.
시간을 기다리다 kālaṁ kaṅkhati.
시간을 나타내는 기구 horāyanta.
시간을 놓친 atītavela.
시간을 버린 자 kappa(ñ)jaha.
시간을 보내다 addhānaṁ āpādeti. atināmeti. vītināmeti.
시간을 보낸 vusita. vuttha.
시간을 보는 도구 horālocana.
시간을 아는 자 kālaññū.
시간을 초월한 자 kappâtīta.
시간의 과거구분 atītakoṭṭhāsa.
시간의 구분 addhānaparicchedа. bhāga.
시간의 미래부분 anāgatakoṭṭhāsa.
시간의 후분 aparabhāga.
시간이 덧없는 kappiya.
시간이 맞지 않는 atikkantavela. ativela.
시간이 맞지 않음 atikāla.
시간측정학(時間測定學) kālamāṇa.
시계(時計) ghaṭikāyanta. horālocana. horāyanta.
시계바늘 chāyāmāṇakatthambha.
시계탑(時計塔) ghaṭikāthambha.
시구(詩句) pada.
시구를 채우는 것[허사나 감탄사] padapūraṇa.
시궁창 asuciṭṭhāna.
시기(時期) aṁsa.
시기(猜忌) issā. issāyanā. issāyitatta.
시기(猜忌) 없음 anissā. anissāyana.
시기(時機)가 맞지 않는 asāmāyika.
시기(時機)가 적당하지 않은 akappiya.
시기(時機)를 놓친 akāla.
시기(時機)를 놓친 행위 akālacariyā.
시기(時機)에 맞는 sāmāyika.
시기(猜忌)하는 issita. issukin.
시기(猜忌)하다 issati.
시기(猜忌)하지 않는 anasūyaka. anasuyyant.
시기적절하게 yathāsamayaṁ. yathākālaṁ. yathākāle.
시기적절한 samayocita. kālānurūpa. pattāvasara.
시끄러운 mukhara. ninnādin. saravant. unnādin.
시끄러운 소리 daddara.
시끄러운 이야기 saṁvilāpa.
시끄러움 mukharatā.
시끄러움을 멀리한 dūrasaṅkhara.
시끄럽다 kallati. kanūyati.
시내(市內) antonagara.
시녀(侍女) orodhā. upaṭṭhāyikā. upaṭṭhikā. paricārikā. paricārinī. pāricariyā. parijanā.
시녀와 함께하는 sah'orodha.
시누이 nanandar.
시달린 atipīḷita.
시당국(市當局) nagarasabhā.
시대(時代) āratta. yuga.
시대아래 존재하는 addhānahīna.
시대의 상이성 addhānavemattatā.
시대의 종말 yuganta.
시대착오적인 kālānanurūpa.
시대착오적인 생각 kālavirodha .
시도(試圖) abhiyuñjana. ārambha. īhā. īhana. sārambha. ussahana.
시도하다 ārabhati. ghaṭeti. īhati. parisakkati. ussahati. ussukkati. sampādeti.
시든 maddava. nīrasa. pamilāta. parisosita. sammilāta. sampuṭita.
시든 곡물 pulaka.
시든 곡식 pulaka.
시든 잎사귀 paṇḍupalāsa.
시들게 하다 milāpeti. soseti. upasoseti. visoseti. vissussati. visussati.
시들다 avasussati. līyati. milāyati. parijīyati. sussati. uppacciyati.
시들어 버린 asārada.
시들어 빠진 sammilāta.
시들어 빠짐 parisussana.
시들어버린 상태 milātatā.
시들은 abhikkanta. milāta. pamilāta. upakūḷita.
시들지 않는 성질 amilātatā.
시들지 않은 amilāta.
시들지 않은 상태 amilātatā.
시듦 avasussana. līyana. parisosa.
시라(蒔蘿) satapupphā.
시랑(豺狼) sigāla. sivā.
시력(視力) diṭṭha. akkhidiṭṭhi.
시력을 잃어버린 andhakāracakkhuka.
시력이 좋은 vivaṭacakkhu.
시련(試鍊) tattaparikkhā. saccavīmaṁsā. mahāvipatti. balavaphandana.
시련(試鍊)을 주다 abhisallikhati.
시론(施論) dānakathā.
시를 구현하는 kabbâkāra.
시를 모방하는 kabbâkāra.

시리사수[식물] sirīsa.
시명(豺鳴) sīgālaka.
시무외(施無畏) abhayada(da). abhayadāna.
시문(侍聞) upassuti.
시물(施物) oṇojana. dāna. dakkhiṇā. aggha → 보시물.
시민(市民) nāgara. nāgarika. negama.
시민의 nāgarika.
시바라밀(施波羅密) dānapāramī. dānapāramitā.
시바신 siva.
시바신의 숭배자 siva.
시방편만(十方遍滿) disāpharaṇa.
시보(時報)를 치는 것 pāṭihāra.
시복(侍僕) pādaparicārikā.
시복업사(施福業事) dānamayapuññakiriyavatthu.
시봉(侍奉) sevaka.
시봉가족 upaṭṭhākakula.
시봉하는 anuyanta.
시분(時分)의 vāraka.
시분식(時分食) vārakabhatta.
시비(屎篦) avalekhanakaṭṭha. pidhara.
시상(示相) nemittikatā.
시상업(示相業) nimittakamma.
시샘 issā. issāyanā. issāyitatta. issukitā. usuyyā. usuyyanā. usuyyitatta. usūyā.
시샘하는 issâvatiṇṇa. issāluka. issita. issukin. usuyyaka. usūyaka.
시샘하다 issati. usuyyati. usūyati.
시샘하지 않는 amaccharin.
시서(詩書) saṁhitā.
시설(施設) paññāpana. paṇṇatti. paññatti.
시설(施設)하다 paññāpeti.
시설도(施設道) paññattipatha.
시설되다 kappati. paññāyati.
시설되지 않은 appaññatta. appaññattika.
시설되지 않은 것 apaññāyana. avyākata.
시설되지 않음 anabhisaṅkhāra. appaññatti.
시설된 upaṭṭhita. paññatta.
시설된 계행 paṇṇattisīla.
시설될 수 없는 anabhisaṅkharaṇīya.
시설력(施設力) paññattibala.
시설분(施設分) paññattivāra.
시설의 기회 paññattivāra.
시설의 방도 paññattipatha.
시설의 순서 paññattivāra.
시설의 힘 paññattibala.
시설이 갖추어진 samannāgatapaññatti.
시설자(時說者) kālavādin.
시설자(施設者) paññāpaka. paññāpetar. patiṭṭhāpitar.
시설하는 abhidhāyin.
시설하다 upaṭṭhapeti. upaṭṭhāpeti. paññāpeti.
시성복업사(施成福業事) dānapuññakiriyavatthu.
시소성(施所成) dānamaya.
시수(柿樹) tindu. tinduka.
시스템 paṭipāṭi. yojitakkama. riti. paddhati. kappanā.
시시하게 말하는 samphappalāpin.
시시한 appāṭihāriya. sampha.
시시한 소리 samphappalāpa.
시시한 이야기 appāṭihāriyakathā. sampabhāsa.
시식(試食) adana.
시식단계의 첫 번째 것의 보시 bhojanaggadāna.
시식자(施食者) bhikkhadāyika.
시신(侍臣) pārisajja.
시심(詩心) kabbacitta.
시심(詩心)을 지닌 kavyacitta.
시아버지 sasura. sassura.
시야(視野) āpātha. sāloka. upavicāra.
시야가 없는 anāloka.
시야를 지닌 nayanagocara.
시야에서 벗어나다 okkhāyati.
시야에서 벗어난 okkhāyika.
시약(時藥) yāvakālika.
시어머니 sassu. sassū. sasurā. sasurī.
시어머니를 신으로 숭배하는 sassudeva.
시어자(時語者) kālavādin.
시에 심취한 kāveyyamatta.
시여(施與) cāga. dāna. datti. anupadāna.
시여하다 anupadeti.
시욕자(施浴者) nahāpaka.
시원하게 하다 nibbāti.
시원한 sīta. sītaka. sītala.
시원함 parinibbāpana.
시월(十月)[남방음력 6월 16일 ~ 7월 15일] assayuja.
시윗줄 sararajju. saraveṇi.
시의 길을 따르는 kavyapathânupanna.
시의 줄거리 paduddhāra.
시의 한 행(1/4) pāda. pada.
시의(侍醫) rājakīyavejja.
시의원(市議員) nagarasabhika.
시의자(施衣者) vatthadāyaka.
시의회(市議會) nagarasabhā.
시인(詩人) akkharacintaka. kavi. kavyakāra. samanuññā. kabbakāra. kabyakāraka.

시인(是認)하는 samanuñña.
시인들 가운데 최상의 황소[우두머리] kavivarasabha.
시인들 가운데 최상자 kaviseṭṭha.
시인에 의해 말해진 kavibhāsita.
시인의 신분 kavitā. kavitta.
시인의 재능 kavitā. kavitta.
시인이 지은 kavikata.
시인하다 anupāleti. anurujjhati. samanujānāti. samanumaññati. samanumodati.
시자(侍者) kappiyakāraka. pādaparicārikā. paricaraṇaka. parikammakāraka. sevaka. upacāraka. upāsitar.
시자실(侍者室) upaṭṭhānasālā.
시작(始作) abbhuṭṭāna. ārabhana. ārambha. dhura. pakkama. pavesana. pāya. samāpajjana. samudāgama. samuṭṭhāna. vavassagga.
시작(詩作) kabba. kabbakaraṇa. kabya. kāveyya.
시작과 끝 ādipariyosāna.
시작과 끝을 지닌 것 ādantavantatā.
시작되다 samuṭṭhahati. samuṭṭhāti.
시작된 āraddha. pavattita. paṭṭha. payāta. pāyāta. samāraddha.
시작된 사실 āraddhabhāva.
시작된 시점 āraddhakāla.
시작된 올바른 길 āraddhañja.
시작부터 아름다운 ādikalyāṇa.
시작에 ādo. aggato.
시작으로 되돌아가는 것 mūlāya. paṭikassana.
시작을 보는 ādidassana.
시작을 알 수 없는 amatagga.
시작을 알 수 없는 것에 대한 설명 anuamatagga.
시작을 헤아릴 수 없는 anamatagga.
시작의 ādika.
시작의 의미 ārambhaṭṭha.
시작의 확실함 ārambhadaḷhatā.
시작이 알려지지 않은 것 aviditagga.
시작이 없는 anādi. anādimat. anagga. anamatagga.
시작이 없는 시간 anādikāla.
시작이 없음에 관한 논쟁 anamataggiya.
시작이 없이 윤회한다는 가르침 anamataggapariyāya.
시작하고 āraddhā.
시작하고자 하는 āraddhukāma.
시작하는 pabhuti. pabhutika. samuṭṭhānika. upanāyika.
시작하다 abbhuṭṭhāti. abhiseceti. ārabhati. nibbuyhati. pabhavati. pabhoti. pahoti. paṭisaṁyujati. pāyāti. samārabhati. sampavatteti. samuṭṭhāpeti. upakkamati.
시작해서 ārabbha.
시장(市場) antarāpaṇa. āpaṇa.
시장(市長) nagaraguttika.
시장마을 nigama.
시재(施財) cāgadhana.
시적인 용법 kavisamaya.
시절(時節) utu.
시점(時點) velā.
시정(市井)의 gamma.
시정(市井)의 법 gāmadhamma.
시종(侍從) abhisara. bhaṭaka. bhaṭika. kattaputta.
시종(侍從) samīpacārin.
시종을 데리고 있는 sānucara.
시종이 없는 anantevāsika.
시주(施主) dānapati. dānuppatti.
시중 anucariyā. paricariyā. pāricariyā. upacāra. upāsana. upāsanā. upaṭṭhāna. veyyāvacca. veyyāvaṭika.
시중드는 ajjhāvara. anucārin. paricāraka. paricārika. paricārin. parivesaka. parivisaka. paṭṭha. sevaka. upacāraka. upaṭṭhita.
시중드는 여자 anucārikā. parijanā.
시중드는 일 veyyāvaccakamma.
시중드는 자 ajjhāvara. parikammakāraka. upāsitar.
시중들 시간 upaṭṭhānakāla. upaṭṭhānavelā.
시중들게 하다 upaṭṭhapeti. upaṭṭhāpeti. vaḍḍhāpeti.
시중들게 함 upaṭṭhāpana.
시중들고 āsajja.
시중들다 anuparivāreti. anuvāsati. nibodhati. paccupeti. paricarati. paricāreti. parikaroti. parivisati. paṭimāneti. payirupāsati. samparivāreti. sevati. upāsati. upatiṭṭhati. upaṭṭhahati. upaṭṭhāti. upaṭṭheti. upatiṭṭhati. upaṭṭhapeti. upaṭṭhāpeti.
시중들지 않음 apayirupāsanā. asevanā.
시중을 받는 paricinna. upāsita.
시중을 받다 upaṭṭhahiyati. upaṭṭhahīyati. upaṭṭhiyati. upaṭṭhīyati.
시집 gharasuṇhā.
시집간 여자 gihigatā. gihīgatā.
시집감 vivāha. vivāhya. vivāhana.
시집보내기 kaññādāna.
시집일 suṇisābhoga.

시청각(視聽覺) olokanasavana.
시청정(施淸淨) dakkhiṇāvisuddhi.
시체(屍體) chava. chavaka. chavasarīra. kaḷebara. kalebara. kuṇapa. matakuṇapa. matasarīra. sarīra.
시체가 버려지는 곳 sīvathikā.
시체를 태우는 사람 chavaḍāhaka. chavadāhaka.
시체안치소 chavakuṭikā. susānaghara.
시체의 옷 chavadussa.
시초(始初)의 paṭhamārambhaka. paṭṭhāpaka.
시큼하지 않은 anambila.
시큼한 ambila.
시큼한 죽 ambilayāgu.
시키는 대로 따르는 anurodhin. anuruddha.
시키는 대로 따르다 anurujjhati.
시키는 사람 kārāpaka.
시키다 kārāpeti.
시킴 kārāpaṇa.
시한(時限) addhānaparicceheda.
시해탈(時解脫) samayavimutti.
시해탈자(時解脫者) samayavimutta. sāmayikavimutta.
시행(詩行) gāthāpada.
시험(試驗) anuvijjana. anuyoga. upaparikkhā. vīmaṁsā.
시험관(試驗官) anuvicinaka. anuvijjaka.
시험을 위한 질문을 하는 사람 pāsanika.
시험하다 anuvijjati.
시현(示顯) paññāpana.
시현자(示顯者) paññāpetar.
시형(詩形) chandasā.
시형론(詩形論) chandasā.
시형론적 변형 āmata.
시혜(施惠) pariccāga.
시후불식(時後不食)의 khalu.
시후불식지(時後不食支) khalupacchābhattikaṅga.
식(式) ussava.
식(識) viññāṇa.
식감상(食瞰想) vikkhāyitakasaññā.
식계(識界) viññāṇadhātu.
식공양(食供養) bhattâbhihāra.
식구(食口) gehajana.
식권(食券) salākā.
식권에 의해 분배되는 밥 salākābhatta.
식권에 의해 분배되는 죽 salākāyāgu.
식권에 의해 생활하는(?) salākāvutta.
식당(食堂) agga. bhattagga. bhattasālā. bhojanasālā. upaṭṭhānasālā.
식도락(食道樂) odarikatta.
식도락가(食道樂家) paṇītabhojin. visayāsatti.
식량(食糧) upaṭṭhānasambhāra.
식량꾸러미(?) muṭolī. mutoḷī.
식량주머니 → 식량꾸러미.
식료대(食料袋) puṭaṁsa.
식료품저장실 āhārabhaṇḍāgāra.
식면표(拭面布) mukhapuñcanacolaka.
식목(植木) ropana. ropanā.
식무변처(識無邊處) anantaviññāṇāyatana. viññāṇânañcāyatana. viññāṇañcāyatana.
식무변처천(識無邊處天) viññāṇânañcāyatana. viññāṇañcāyatana.
식물(食物) ajjhohāra.
식물(植物) bhūtagāma. kaseruka. thāvara(?).
식별(識別) sallakkhaṇā. upalakkhaṇa. upalakkhaṇā. upavicāra. vicinana. vijānana. vinibbhoga. vinicchaya. viññāṇa.
식별자(識別者) viññātar.
식별하는 vinicchin.
식별하다 upalakkheti. upavicarati. vijānāti. viseseti. vinibbhujati. vinibbhuñjati.
식별하지 않음 asallakkhaṇā. apaccupalakkhaṇā.
식비(食費) posāvanika. posāvaniya.
식사(食舍) agga.
식사(食事) āhāra. āhārakicca. āhārûpahāra. annakicca. asana. bhakkhana. bhatta. bhattabhoga. bhattakicca. bhojana. bhuñjana. khādanakhādana. paribhuñjana
식사가 끝나서 onītapattapāṇi.
식사도중 antarabhatta.
식사를 끊고 anasitvāna.
식사를 끝낸 katabhattakicca. katannakicca.
식사를 제공한 kataparibhoga.
식사를 즐기지 못하는 자 kākâmasaka.
식사시간 āhārakāla. āhāravelā. bhattakāla. bhattavelā. bhuñjanakāla.
식사에 감사하는 katabhattânumodana.
식사에 시중을 들다 bhojāpeti.
식사에 알맞은 분량을 아는 것 bhojane mattaññutā.
식사에 알맞은 분량의 한계 bhojane mattaññutāpariyanta.
식사의 장애 bhattantarāya. dhuvabhattika
식사의 제공 bhattadāna.
식사의 초대를 받은 nemantaṇka.
식사의 초대를 받은 비구 nemantaṇkabhikkhu.
식사중에 antarābhattā.
식사중인 sabhojana.

식사하지 않음 anasana.
식색(食色) āhārarūpa.
식성(食性) āhāratā.
식성(識性) viññāṇatta.
식소(食素) ojā.
식소생(食所生) āhārasambhava.
식소성(食所成) āhāramaya.
식식(識食) viññāṇāhāra.
식신(識身) viññāṇakāya.
식연(食緣) āhārapaccaya.
식온(識蘊) viññāṇakkhandha.
식욕(食欲) dighacchā. jighacchā.
식욕이 없는 arocaka.
식욕이 없는 병 aruciroga.
식욕이 없음 aruci.
식욕이 왕성한 odarika.
식용소금 lavaṇa.
식용의 백수련(白睡蓮) kallahāra. kalhāra.
식용의 수련 kandaḷa.
식인(食因)없는 anāhāra.
식인귀(食人鬼) porisāda. purisādaka.
식인종(食人種) porisāda. porisādaka. manussa-khādaka.
식일체처(識一切處) viññāṇakasiṇa.
식자(識者) viññū. ñātar. °ñū. °ññū.
식자공(植字工)[인쇄] vaṇṇayojaka.
식잔상(食殘想) vikkhāyitakasaññā.
식전(式典) nakkhatta.
식주(識住) viññāṇaṭṭhiti.
식지량주변(食知量周邊) bhojane mattaññutā-pariyanta.
식집(識集) viññāṇasamudaya.
식차마나(式叉摩那) sikkhamānā.
식초(食醋) abhisuta.
식취온(識取蘊) viññāṇûpādānakkhandha.
식칼 vikantana. vikattana.
식탁(食卓) bhojanaphalaka.
식토물아귀(食吐物餓鬼) vantâsika.
식편(識遍) viññāṇakasiṇa.
식편처(識遍處) viññāṇakasiṇa.
식행(識行) viññāṇacariyā.
식혈자(食血者) ruhaṅghasa.
식후에 pacchābhattaṁ.
식후에 손을 씻지 않은 자 ucchiṭṭhahattha.
식후에 입을 헹구지 않은 자 ucchiṭṭhamukha.
식후의 pacchābhatta.
식후의 나른함 bhattasammada. sammada.
식후의 졸림 bhattasammada. sammada.
식후의 피곤 bhattakilamatha.
식후의 휴식 divāvihāra.
신 기장 죽으로 이루어진 탁발음식 kaṅgumbila-piṇḍa.
신 죽 bilaṅga. sovīraka. suvīraka.
신(神) amara. deva. devatā. hara. hari. sura.
신(身) kāya.
신(神) 중의 신(神)[부처님] atidevadeva.
신(神)의 devaka. dibba.
신[酸] ambila. lambila.
신[신발] pānadhi.
신격화(神格化) devattāropaṇa.
신격화하다 devattaṁ papoti. devattaṁ āropeti.
신경성(身輕性) kāyalahutā.
신경안(身輕安) kāyapassaddhi. passaddhakāya.
신경을 써주는 katavedin.
신계(身界) kāyadhātu.
신계(神界)의 이름 kāmaseṭṭhā.
신과 같은 devasadisa.
신과 신선 devisi.
신과 아수라의 싸움 devāsurasaṅgāma.
신광대(信廣大) saddhāvepulla.
신교(身交) kāyasaṁsagga.
신구족(信具足) saddhāsampadā.
신구족자(信具足者) saddhāsampanna.
신궁(神宮) devavimāna.
신근(身根) kāyindriya.
신근(信根) saddhindriya.
신기루(蜃氣樓) gandhabbanagara. marīci. ma-rīcikā.
신기루라는 명상수행의 토대 marīcikammaṭṭh-āna.
신기루와 같은 것 marīcidhamma.
신나는 udagga.
신념(信念) cittasaññatti.
신념(身念) kāyagatāsati.
신념(信念)이 있는 dhīra.
신대금(身代金) suṅka. suṅkiya.
신대금(身代金)의 범위 odhisuṅka.
신데렐라 kacavarachaḍḍikā.
신도(身刀) kāyasattha.
신두국(辛頭國) sindhava.
신두국인(辛頭國人) sindhava.
신들과 관련된 것에 대한 앎과 봄 adhide-vañāṇadassana.
신들과 인간들 devamanussā.
신들과 함께 sadevaka.
신들과 함께 하는 sadevaka.
신들에 관련된 (것) adhideva.
신들에 대한 새김 devatānussati.

신들에 의해 설해진 devatābhāsita.
신들에게 받치는 제물 devatābali.
신들에게 헌신하는 날 devatûposatha.
신들의 궁전 devavimāna.
신들의 도시 devanagara. devapura.
신들의 무리 devagaṇa. devanikāya. devaparisā.
신들의 부 devabhoga.
신들의 세계 devaloka. dibbaloka.
신들의 세계의 멍에 dibbayoga.
신들의 왕 devayāna.
신들의 왕인 제석 sakka.
신들의 자손 devorohaṇa.
신들의 전쟁 devayuddha.
신들의 제왕 sakka. sakkatta. inda.
신들의 집합 devakāya.
신락(信樂) pasāda. pasādana. pasādanī. pasīdana. pasīdanā. sampasāda.
신락(信樂)에 따라 yathāpasādhanaṁ.
신락(信樂)하는 pasādaka. pasanna.
신락(信樂)하다 pasīdati.
신랄(辛辣) kaṭuka. kaṭukatta. kaṭukabhāva.
신랄한 kaṭu. kaṭuka. kaṭukatara.
신랄한 맛 kaṭu. kaṭukarāsa.
신랑의 손에 선물의 물을 부은 신부 udakûpassaṭṭhā.
신력(信力) saddhābala.
신령(神靈) asoppā.
신령스러운 모습 devarūpa.
신령스러운 힘 deviddhi.
신령한 권능 devatânubhāva.
신뢰(信賴) abhisaddahana. anaticāriyā. nibbicikicchā. nibbecikicchā. nikkaṅkhā. okappanā. pattiya. pattiyāyana. saddahanā. saddhāyita. visaṭṭhi. vissaṭṭhi. vissatthi. visatthi. vissāsa.
신뢰가 깨지지 않은 abhejjacitta.
신뢰되지 않은 avissattha.
신뢰받는 vissāsaniya.
신뢰받는 자 saddhāyita.
신뢰받은 abhivissattha. apassita.
신뢰받을 만한 okappaniya. okappanīya.
신뢰받을 수 있는 okappaniya. okappanīya.
신뢰자(信賴者) adhimuccitar.
신뢰하는 abhippasanna. akaṅkha. apassayika. avatthaddha. pattiya. vissāsin. vissattha. katavissāsa.
신뢰하다 abhippasīdati. abhisaddahati. avabodhati. nissayati. okappeti. pattiyāyati. saddahati. vissasati. vissāseti.
신뢰할 만한 abhejja. avikampana. avikampamāna. avikampayat. avikampin. avikampita. theta. vissāsaka. vissāsika.
신뢰할 수 없는 attheta. keḷisīla(ka). akkhaya. anāsaṅka. paccāyika. saddha. vissāsaniya. visaṁvādaka. visaṁvādikā.
신뢰할 수 있는 akkhaya. anāsaṅka. paccayika. paccāyika. vissāsaniya. saddha.
신뢰할 수 있는 것 apassena. apassenaka.
신뢰할 수 있는 것을 올가미로 사용하는 것 apassenasaṁvidhāna.
신뢰할 수 있는 말솜씨 akkhamapaṭibhāna. akkhayapaṭibhāna.
신뢰할 수 있는 변재(弁才) akkhamapaṭibhāna. akkhayapaṭibhāna.
신맛의 amadhura.
신맛이 압도적인 ambilagga.
신모상미상(身毛上靡相) uddhaggaloma.
신모수립(身毛竪立) haṁsa. lomahaṁsa.
신모수립(身毛竪立)의 haṭṭha.
신목(薪木) kaṭṭha.
신묘행(身妙行) kāyasucarita.
신문(身門) kāyadvāra.
신문(新聞) pavattipatta.
신문로(身門路) kāyadvāravīthi.
신민(臣民) raṭṭhavāsin.
신발 pādukā. pānadhi. upāhana. upāhanā.
신발로 인해 고통을 받는 upāhanûpatāpita.
신발을 닦는 천 upāhanapuñchanacolaka.
신발을 마주치는 소리 upāhanapappoṭhanasadda.
신발을 벗음 upāhanomuñcana.
신발을 신고 있는 sopavāhana.
신발을 신은 upāhanagata.
신발의 한 종류 aṭalī.
신발이 없는 anupāhana.
신발이 있는 sopavāhana.
신발이 젖은 upāhanatemana.
신발이 하나의 신바닥이나 구두창을 지닌 ekapaṭalika.
신발주머니 upāhanathavikā.
신변(神變) iddhipāṭihāriya. pāṭihāriya. vikubbanā̆. vikubbanā.
신변(神變)을 행한 katapāṭihāriya.
신변(神變)의 sappāṭihāriya.
신변에 의해 확인된 sappāṭihīrakata.
신변월(神變月) pāṭihāriyapakkha.
신보다 뛰어난 길을 얻은 자 atidevapatta.
신봉자(信奉者) nissitaka.
신봉하는 māmaka.

신부(新婦) suṇisā. suṇhā.
신부값의 절반 upaḍḍhasuṅka.
신부를 데려오다 āvahati.
신부를 신랑의 집으로 데려오는 결혼축제 āharaṇamaṅgala.
신부의 혼인 지참금 ajjhāvahanika.
신분(身分) aṅga. jāti.
신분원만상(身分圓滿相)[삼십이상] nigrodhaparimaṇḍala.
신분의 차이 jātisambheda.
신분이 낮은 omaka.
신비로운 gūḷha. gūḷhaka. paṭicchanna. dubbodha. rahassa.
신비스러운 현상 abbhutadhamma.
신비요법(神秘療法) gūḷhavijjā.
신비의 망고나무 abbhantara. abbhantaramba.
신비의 주문 osadhamanta.
신비적인 변화 vikubbana. vikubbanā.
신비적인 지식 vijjā.
신비주의(神秘主義) gūḷhadhamma.
신비주의자(神秘主義者) yogin. guyhatantavidū.
신비학(神秘學) gūḷhavijjā.
신비한 것 dibbamanta.
신비한 약 dibbosadha.
신비한 주문 māyā.
신사(紳士) mahāsaya.
신사도(紳士道) sovacassakaraṇa.
신서(申恕)[식물] siṁsapā.
신석기시대(新石器時代) silāyudhasamaya.
신선(神仙) isi.
신선(新鮮)하지 않은 asārada.
신선가운데 호랑이 isisaddūta.
신선을 따라 이름지어진 isivyaha.
신선의 공동체 isisaṅgha.
신선의 등장 isivesa.
신선의 바람[신선이 지날 때 상쾌한 바람] isivāta.
신선의 옷매무새 isivesa.
신선의 표시[의복과 소지품] isiliṅga.
신선인 수행자 isisāmañña.
신선콩[식물] isimugga.
신선한 abhinava. alla. apūtika. harita. salāṭuka. sārada. sārāda.
신선한 고기조각의 색깔을 지닌 allamaṁsapesivaṇṇa.
신선한 꿀 allamadhu.
신선한 똥 allagūtha.
신선한 로히따 물고기 allarohitamaccha.
신선한 맛 allarasa.
신선한 버터 navanīta. nonīta.
신선한 버터밀크 āmakatakka.
신선한 상태 haritatta.
신선한 새싹 allapiṅka.
신선한 쇠똥 allagomaya.
신선한 연유 navanīta.
신선한 토끼고기 allasasamaṁsa.
신선한 풀 allatiṇa.
신선한 피 āmakalohita.
신설된 uddissakata.
신성(神性) dibbabhāva. visuddhi. devatā. devatta.
신성모독(神聖冒瀆) ṭṭhānadūsana
신성하게 된 abhisitta. avasitta. dikkhita.
신성하게 된 곳 parikiraṇa.
신성하게 하다 abhisiñcati. dikkhati.
신성하게 한 katamaṅgalasakkāra.
신성한 ariya. ayira. ayya. dhammaladdha. dibba. pujja. brahma.
신성한 가르침을 마음에 간직하는 sutādhāra.
신성한 경내를 벗어난 곳 parabhāga.
신성한 곳 parikiraṇa. pujjaṭṭhāna.
신성한 목소리 brahmassara.
신성한 몸 brahmakāya.
신성한 법 devadhamma.
신성한 삶 brahmacariya. dibbavihāra. nekkhamma.
신성한 삶에 몰입하는 nekkhammaninna.
신성한 삶에 의존하는 nekkhammasita.
신성한 삶을 사는 brahmacārin. brahmacariyaka.
신성한 유물 paribhogacetiya.
신성한 음식 brahmabhakkha.
신성한 전승 suta.
신성한 존재 brahmabhūta.
신성한 주문 brahmamanta.
신성한 지복 brahmasukha.
신성한 지식 āgama.
신성한 축제행사 sādhukīḷana.
신속(迅速) javana.
신속한 tuvaṭaka.
신수(身修) kāyabhāvanā.
신수관(身隨觀) kāyānupassanā.
신숙(新熟)의 종자 sāradabīja. sārādabīja.
신승해자(信勝解者) saddhâdhimutta.
신시(神市) devanagara.
신시(信施) saddhāpakata.
신시가(信施家) upaṭṭhākakula.
신시물(信施物) saddhādeyya.

신식(身識) kāyaviññāṇa.
신식(新式)의 ādhunika. adhunāgata.
신식계(身識界) kāyaviññāṇadhātu.
신식로(身識路) kāyadvāravīthi.
신십법(身十法) kāyadasaka.
신악행(身惡行) kāyaduccarita.
신앙(信仰) bhatti. saddhā.
신앙심 있는 pasanna.
신앙심을 일으키다 saṁvejeti.
신앙에 의해 해탈된 saddhāvimutta.
신앙이 없는 gamma.
신앙이 있는 bhattimant.
신업(身業) kāyakamma.
신업도(身業道) kāyakammapatha.
신에 대한 맹세 devavata.
신에 사로잡히지 않은 adevasatta.
신에 속하는 devaka.
신에게 하는 질문 devapañha.
신연성(身軟性) kāyapāguññatā.
신열(身熱) utu.
신열에 의한 고통을 지닌 utuvedana.
신월(新月) kāla. kaṇhapakkha.
신월(新月)의 날 āmāvasī.
신월야(新月夜) amāvasī.
신육(身肉) pista.
신율의(身律儀) kāyasaṁvara.
신을 죽임 devanāsana.
신을 향한 기도 devāyacana.
신음(呻吟) anutthuna. tāpana.
신음하다 akkandati. nitthanati. nitthunati. thunati. tintiṇāti. tintiṇāyati.
신의 거처 devālaya.
신의 거처 dibbabhavana.
신의 권속(眷屬) devaparivāra.
신의 귀 dibbasota.
신의 길 dibbapatha.
신의 나이 dibbāyu.
신의 눈 dibbacakkhu. dibbanayana.
신의 능력 devânubhāva.
신의 덕성 devadhamma.
신의 모습 devarūpa.
신의 북 devadundubhi.
신의 사슬 devasaṅkhalikā.
신의 사자 devadūta.
신의 상태 devatta. devattana. devattabhāva.
신의 세계로 통하는 길 devapada.
신의 수명 dibbāyu.
신의 수행원 devaññatara. devaparivāra.
신의 술 soma. dibbapāna.
신의 아들 devakumāra. devaputta.
신의 위엄 devânubhāva.
신의 음료 amata.
신의 음식 dibbojā. sudhā. amata. sudhābhojana.
신의 족쇄 devasaṅkhalikā.
신의 존재 devatā.
신의 주문 dibbamanta.
신의 축복 dibbasampatti.
신의 출현 devadassana. devapātubhāva.
신의 탈것 dibbayāna.
신의 향기 dibbagandha.
신의 환술 dibbamāyā.
신이 주는 devadattika.
신인 사실 devatta. devattana.
신자(信者) saddha. saddhātar.
신장(腎臟) vakka.
신장까지의 몸의 다섯 구성요소 vakkapañcaka.
신장병(腎臟病) vakkaroga.
신재(信財) saddhādhana.
신적묵(身寂默) kāyamoneyya.
신전(神殿) devagaha. devakula. devaṭṭhāna. devālaya. devāyatana.
신정(身淨) kāyappasāda.
신정행(身正行) kāyasamācāra.
신조어의 반대어로 일상용어로 사용되는 anabhisaṅkhata.
신족(神足) iddhipāda.
신족비공(神足飛空) antalikkhacara. antalikkhecara.
신족통(神足通) iddhi.
신주(神酒) soma. dibbapāna.
신중(愼重) alīnatā. nepakka. parikkhā.
신중(神中)의 신(神) devadeva. devâtideva.
신중하게 paṭikacca.
신중하게 생각하지 않는 anisammakārin.
신중하게 하는 nisammakārin.
신중하지 못한 abujjhaka.
신중하지 않은 자 aparicakkhitar.
신중한 parikkhavant. pariyantavant. vidhānavant.
신중히 nisamma. saṅkhāya. sampaṭisaṅkhā. sampaṭisaṅkhāya.
신증자(身證者) kāyasakkhin.
신지념(身至念) kāyagatāsati.
신지학(神智學) devañāṇa. yogavijjā.
신지학의 devañāṇayatta.
신지학자(神智學者) ñāṇayogavādin.
신진대사(新陳代謝) rūpajanakasatti.
신참수행승이 가까이 모시고 그 감독을 받는 수

행승 nissayācariya.
신참수행자(新參修行者) adhunāpabbajita. adhunāsamayāgata.
신참자(新參者) āgantu. āgantuka. navaka.
신처(身處) kāyāyatana.
신청정(身淸淨) kāyasoceyya.
신청하다 abhinimanteti.
신체(身體) aṅga. bimba. bondi. kāya. maṁsa. samussaya. sandeha. sarīra. viggaha.
신체를 보양하는 것 kucchiparihārika.
신체에 대한 애착 dhātu.
신체에 머무는 sarīraṭṭha.
신체의 가장 중요한 부분[머리·눈·성기] uttamaṅga.
신체의 결함 aṅgavikāra.
신체의 경쾌 kāyalahutā.
신체의 골격 sarīraṭṭhaka.
신체의 관점에서의 성자 kāyamuni.
신체의 귀 maṁsasota.
신체의 기형 aṅgavekalla.
신체의 반쪽 pakkha.
신체의 방광 sarīrābhā.
신체의 불구 aṅgahīna.
신체의 불완전 upadhivipatti.
신체의 수습 kāyabhāvanā.
신체의 수호 kāyasaṁvara.
신체의 제어 kāyasaṁvara.
신체의 칼 kāyasattha.
신체의 특징으로 성격과 운명을 아는 학문 aṅgavijjā.
신체의 형태 sarīrasaṇṭhāna.
신체의 활동 kāyakamma.
신체적 고요한 삶 kāyamoneyya.
신체적 바른 행위 kāyasamācāra.
신체적 번뇌에서 해탈한 상태 kāyamoneyya.
신체적 선행 kāyasucarita.
신체적 성스러운 삶 kāyamoneyya.
신체적 악행 kāyaduccarita.
신체적 암시 kāyaviññatti.
신체적 압박 kāyasampīḷana.
신체적 청정 kāyasoceyya. kāyasuci.
신체적 표현 kāyaviññatti.
신체적 행위 kāyakamma.
신체적 행위가 청정한 parisuddhakāyasamācāra.
신체적 행위의 길 kāyakammapatha.
신체적 형성 kāyasaṅkhāra.
신체적으로 dehabalena.
신체적으로 방자함 kāyapāgabbhiya.
신체적으로 탐욕이 생기게 하는 교제 kāyasaṁsagga.
신체적으로 품위없음 kāyapāgabbhiya.
신체적인 kāyika. oḷārika. sārīrika.
신체적인 감각 utu.
신체적인 결함[추하거나 불구] upadhivipatti.
신체적인 결함이 없는 anūnaṅga.
신체적인 눈 maṁsacakkhu.
신체적인 몸 karajakāya.
신체적인 몸에 근거한 karajakāyasannissita.
신체적인 몸에 한정된 사건의 발생이라는 사실 karajakāyapaṭibandhavuttitā.
신체적인 몸의 형태로 가는 karajakāyagatigamana.
신체적인 물질 karajarūpa.
신체적인 물질 kayajarūpa.
신체적인 물질을 초월하는 시간 kayajarūpasamatikamanakāla.
신체적인 물질의 영상 kayajarūpapaṭibhāga.
신체적인 업(業)의 청정 parisuddhakāyakammantatā.
신체적인 질병 karajakāyagelañña.
신체적인 행복 nibbāna.
신촉(身觸) kāyasamphassa.
신촉소생(身觸所生) kāyasamphassaja.
신촉소생수(身觸所生受) kāyasamphassajā vedanā.
신추중(身麤重) kāyaduṭṭhulla.
신탁(神託) devavākya. anāgatañāṇa.
신탁을 통해 신에게 질문함 devapañha.
신탁점(神託占) anāgatakathana.
신통(神通) abhiññā. iddhi. pāṭihāriya.
신통과 선정을 지닌 abhiññāsamāpattilābhin.
신통력(神通力) iddhibala. anubhāva.
신통력에 대한 자부 iddhimada.
신통력에 밝은 iddhivesārajja.
신통력에 의해 창조된 iddhinimmita.
신통력에 정통한 iddhikovida.
신통력으로 구성된 iddhimaya.
신통력을 얻은 iddhippatta.
신통력을 지닌 iddhimant.
신통력을 지향하는 iddhipara.
신통력의 공연 iddhivikubbanā.
신통력의 과시 iddhivilāsa.
신통력의 기적 iddhiyoga.
신통력의 단련 iddhiâbhisaṅkhāra.
신통력의 부분 iddhipadesa.
신통력의 세계 iddhivisaya.
신통력의 수레 iddhiyāna.

신통력의 실천 iddhikaraṇa.
신통력의 실행 iddhivikubbanā.
신통력의 아름다움 iddhivilāsa.
신통력의 위대성 iddhimahatta.
신통력의 장애 iddhipalibhoda.
신통력의 종류 iddhikoṭṭhasa.
신통력의 질 iddhiguṇa.
신통력의 통달 iddhipahutā. iddhivasībhāva.
신통력의 현상 iddhidhamma.
신통력의 회복 iddhipaṭilābha.
신통력의 획득 iddhilābha.
신통력있는 마음 iddhicitta.
신통변화(神通變化) iddhipāṭihāriya.
신통신변(神通神變) iddhipāṭihāriya.
신통의 기반 iddhipāda.
신통의 기적 iddhipāṭihāriya.
신통의 기초 cattāro iddhipādā.
신통의 눈 abhiññācakkhu.
신통의 영역 iddhivisaya.
신통의 요소 iddhipāda.
신통의 종류 iddhividhā.
신통이 있는 iddhimant.
신통이 있는 것 abhiññatā.
신표(身表) kāyaviññatti.
신하(身瑕) kāyadosa.
신학(神學) devadhamma.
신학자(神學者) devadhammavidū .
신학적으로 devadhammānusārena.
신학적인 devadhammāyatta.
신해(信解) adhimucca. adhimuccana. adhimokkha. adhimutta. adhimutti. saddhāvimutta.
신해된 adhimuccita.
신해자(信解者) muttasaddha. saddhāvimutta.
신해하다 adhimuccati.
신행(身行) kāyasaṅkhāra.
신행(信行) saddhācariya.
신행자(信行者) saddhācarita.
신행청정(身行淸淨) parisuddhakāyasamācāra.
신호련(辛胡蓮)[식물] kaṭukarohiṇī.
신화(神話) purāvuttakathā. itihītiha. devakathā. ākhyāna.
신화적인 porāṇika. devakathāyatta. ākhyānavisayaka.
신화학(神話學) purāvuttavijjā.
신화학자(神話學者) purāvuttavidū.
싣다 āropeti. āropayati. ṭhapayati. ṭhapeti. ṭhapayati.
실[絲] aṁsu. sikkā. sutta. suttaka. tanta.
실감(實感) abhisamaya. sacchikaraṇa. sacchikiriyā.
실감되어야 하는 sacchikaraṇīya.
실감된 sacchikata.
실감하다 abhisameti. paccanubhoti. sacchikaroti.
실공[실타래] suttaguḷa.
실괴취(失壞聚) vipattisaṅgaha.
실내(室內) antovalañja.
실내냉각기(室內冷却器) sītikaraṇopakaraṇa.
실념(失念) muṭṭhasacca. muṭṭhasati. sammosa. sammuṭṭhassati.
실념하다 pamussati. parimussati.
실달다(悉達多)[인명] Siddhattha.
실례(失禮) apavyāma.
실례되는 appatikkha.
실로 ādu. eva. iti ha. vo. → 참으로.
실로 된 심지 suttavaṭṭi.
실로 만든 줄 suttarajjuka.
실로 만들어진 suttamaya.
실로 묶인 racita.
실리천(室利天)[신계] Sirī.
실망(失望) āyāsa. āsābhaṅga. ukkaṇṭhā. ukkaṇṭhanā. ukkaṇṭhi. ubbega. kheda. vimhaya. appaccaya. visāda.
실망시키다 avasādeti.
실망시킴 visaṁvādana. visaṁvādanā.
실망하다 khīyati. nibbijjati. pariyukkhaṇṭhati. ukkaṇṭhati.
실망한 āsāchinna. dīnamāna. domanassapatta. khittacitta. paccākata. pattakkhandha. vimhita. visādāpanna.
실발자(失鉢者) naṭṭhapatta.
실상(實相) sabhāva.
실성(失性) sammoha. sammosa.
실속있는 dabba. dabbajātika. dabbamaya. tathatovijjamāna. sāravant. dhanavantu.
실솔(蟋蟀) cīriḷkā.
실수(失手) apacāra. micchāgahaṇa. vikkhalita.
실수(實修) pavattana. pavattanī.
실수가 없는 akhalita.
실수하지 않은 avipallattha.
실시된 aṭṭhita.
실어내지 않은 anībhaṭa.
실없는 소리 vilāpa. vilāpanatā.
실에 꿰다 ogumpheti.
실용적인 anubhavamūlaka. kiccakusala. atthakara.
실용적인 지식 vijjā.
실용주의(實用主義) anubhavamūlakavāda. cā-

rittānugamana.
실을 구걸하는 suttabhikkhā.
실의 appaccaya.
실의 고리 sikkā.
실의 망 suttajāla.
실의(失衣) vippavāsa.
실의자(失依者) naṭṭhacivara.
실이 뭉친 것 guṇṭhikā.
실잣는 kantika.
실잣는 여자 kantikā.
실잣는 자 kantika.
실재(實在) atthi. atthitā. sabhāva. bhūta.
실재의 몸 bhūtakāya.
실재의 존재를 지닌 atthidhamma.
실재적인 ruppa.
실제(實際) sacca. saccikaṭṭha. taccha. tatha.
실제로 saccato. yathābhuccaṁ. yathābhūtaṁ.
실제로 있지 않음 natthibhava.
실제로의 yathābhūta.
실제적이 아닌 abhumma.
실제적인 pakati.
실족하다 pakkhalati.
실존하지 않음 appavattā.
실증(實證) paccakkhakamma.
실증적인 paricayāyatta. satthaviruddha.
실증주의(實證主義) yathābhūtañāṇa. yathābhūtavāda. kuvejjakamma.
실증주의자(實證主義者) vejjapatirūpaka.
실질(實質) rasa.
실질적으로 tathato.
실질적인 dabba. dabbajātika. dabbamaya. tathatovijjamāna. sāravant. dhanavantu.
실질적인 것 dabba.
실질적인 것의 수집 dabbasambhāra.
실천(實踐) abhiyoga. abhiyuñjana. āciṇṇa. āgama. anucaraṇa. anusikkhana. anuvattana. anuyoga. āsevana. āsevanā. āyana. āyatana. āyuñjana. bahulīkatatta. cariya. cariyā. cāritta. karaṇa. kāraṇa. niyāma. paṭipadā. paṭipatti. paṭipatticariyā. paṭisevana. payoga. samudācara. samudācaritatta. upāsana. vutti. yutti.
실천되지 못하는 asañcaraṇa.
실천되지 않은 akatayogga. asampādita.
실천된 abhiyogin. āciṇṇa. anucarita. anuciṇṇa. anuyutta. ciṇṇa. katakamma. nisevita. paribhāvita. pariciṇṇa. samudāciṇṇa. upacarita.
실천수행 āsevanabhāvanā. kappa.
실천순서 paṭipattikkama.
실천에 대한 가르침 paṭipattisāsana.
실천에 의한 안식의 지혜 payogapaṭipassaddhipaññā.
실천으로 조건으로 하는 karaṇahetu.
실천을 위한 공간 karaṇôkāsa.
실천의 결과 karaṇappasaṅga.
실천의 부족 āsevanamandatā.
실천의 실수[갈마의규의 실천] karaṇavipatti.
실천의 원인 karaṇaṭṭhāna.
실천의 위대성 āsevanamahantatā.
실천의 위없음 paṭipadânuttariya.
실천의 잘못 paṭipadādosa.
실천의 힘 āsevanabalavatā.
실천이 불가능한 atīraṇeyya.
실천자(實踐者) paṭisevitar.
실천적이지 못한 akiriya.
실천하기에 적합한 āsevitabba.
실천하는 anucarita. °cārin. kammin. paṭipanna. vaḍḍhana. vattaka. vattita.
실천하는 날 karaṇadivasa.
실천하다 abhisaṅkhāreti. abrūheti. ācarati. ajjhācarati. anubrūheti. anucarati. anusevati. anutiṭṭhati. anuyuñjati. āsevati. āseveti. bahulīkaroti. karoti. paricarati. paṭipajjati. paṭisevati. patisevati. samācarati. samudācarati. upasevati. valañjeti
실천하도록 하다 paṭipādeti.
실천하지 않는 aparipūraka. appaṭipajjant.
실천해야 할 āsevitabba.
실체(實體) dabba. asaṅkhatārammaṇa.
실체가 없는 nissatta.
실컷 먹은 suhita.
실컷 젖을 빨은[만족한 아이] khīramatta.
실타래 guṇṭhikā. suttaveṇi.
실패(失敗) abhibhava. anārādhana. asamiddhi. vipajjana. vipannatta. vipatti. viraddhi. virādhanā. vyāpajjanā. vebhaṅga. vyathā.
실패[실감는] suttāvaṭṭa. tantuveṭhana.
실패시키는 bhindana.
실패의 khalita.
실패의 집합 vipattisaṅgaha.
실패하게 하다 aparādheti. parihāpeti.
실패하다 khalati. saṁsādeti. vipajjati. vippaṭipajjati. virādheti. virāgeti. virajjahati. vyāpajjati.
실패한 anārādhaka. aparaddha. vipanna. viraddha. virādhita.
실행(實行) abhisaṅkhāra. abhisaṅkharaṇa. āyatana. bahulīkatatta. kiriya. kiriyā. kriyā. kiriyatā. nisevana. nisevanā. niṭṭhāna. pattana.

pāripūrī. pavatti. samodhānatā. sampadā. samudācāra. samudācaritatta. vidhāna.
실행가능한 kappa.
실행되다 saṁsijjhati.
실행되어야 할 kicca.
실행되어야 할 의무 kiccakaraṇīya.
실행되어져야 할 sevitabba.
실행되지 않은 anāciṇṇa.
실행된 abhinipphādita. abhiyutta. āciṇṇa. anuṭṭhita. anuyutta. nisevita. paṇīta. upacarita.
실행으로 이끄는(?) unnītaka.
실행하기에 곤란한 장소 gaṇṭhiṭṭhāna.
실행하는 caritar. sevin. vattaka.
실행하다 abhinipphādeti. abhisaṅkharoti. abhiyuñjati. ādiyati. anuṭṭhahati. anuvattati. nibbāhati. nipphādeti. pacarati. vahati. samudācarati. sādheti. sādhayati. sevati. upacarati. upapādeti.
실행하지 않은 anībhaṭa.
실행할 수 있는 sukara.
실험(實驗) parikkhaṇa. vīmaṁsanā.
실험하는 parikkhaka.
실현(實現) kiriya. kiriyā. kriyā. paccakkhakamma. paṭivedha. sacchikiriyā. udaya.
실현되다 saṁsijjhati. saṁvaṭṭati.
실현되지 못한 ananubhūta. asacchikata.
실현된 ñāta.
실현하다 avyāharati. olokāpeti. pacceti.
싫다! dhi. dhī.
싫어하고 화냄 khīya.
싫어하는 dessin. jigucchaka.
싫어하다 dessati. jīgucchati. upadussati. viseneti.
싫어하여 꺼리는 paṭikūla. paṭikkūla.
싫어하여 꺼림 parijegucchā.
싫어하여 꺼림에 대한 지각이 있는 paṭikūlasaññin.
싫어하여 꺼림에 대해 주의를 기울임 paṭikūlamanasikāra.
싫어하여 떠나는 마음을 일으키다 saṁvejeti.
싫어하여 떠나다 abhinibbijjati. nibbijjati.
싫어하여 떠나야 할 saṁvejanīya.
싫어하여 떠난 nibbiṇṇa.
싫어하여 떠남 abhinibbidā. anālaya. nibbidā.
싫어하여 떠남에 대한 관찰 nibbidânupassanā.
싫어하여 떠남의 관찰에 대한 앎 nibbidânupassanāñāṇa.
싫어하지 않는 adussanaka. anapāya. appaṭikūla.
싫어하지 않음 appāṭikulyatā. appāṭikkulyatā.
싫어할 만한 dessa. dessiya. jeguccha. jegucchiya. nibbejaniya.
싫어함 arati. aruci. aṭṭiyana. aṭṭiyanā. digucchā. jigucchana.
싫은 paṭikūla. paṭikkūla.
싫음 pāṭikulyā. pāṭikūlya. pāṭikkulyatā. paṭikulyatā.
싫증 nibbidā. vilomatā.
싫증나게 하는 abhajanta.
싫증나다 nibbindati.
싫증난 kilāsu. nibbiṇṇa. tandita.
심(心) citta.
심(尋)[단위] yuga.
심(尋)[사유] vitakka.
심각한 kaṭhina.
심경안(心輕安) cittapassaddhi.
심공(心骨) hadayaṭṭhi.
심구(心垢) cittakilesa. cittamala.
심구(尋求) esana. esanā. pariyesana. pariyesanā. pariyeṭṭhi. pavitakka.
심구(尋究) vitakka.
심구(尋求)된 pariyesita.
심구(深求)하다 abhitakketi.
심구(尋求)하다 pariyesati.
심구공(尋求空) esanāsuñña.
심구유(心具有) cittasahabhū.
심구족(心具足) cittasampadā.
심구주등기(心俱住等起) cittasaṁsaṭṭhasamuṭṭhāna.
심구행(尋俱行) vitakkasahagata.
심기(心起) cittuppāda.
심기(心基) hadayavatthu.
심기십법(心基十法) hadayavatthudasaka.
심념법(心念法) matikamma.
심다 abhiniropeti.
심등기색(心等起色) cittasamuṭṭhānarūpa.
심라원(心羅園)[정원] cittalatā.
심란(心亂) cittakkhepa. cittavikhepa.
심려(深慮) nijjhāyana.
심려력(審慮力) nijjhattibala.
심려하다 nijjhāyati.
심령론(心靈論) bhūtavijjā.
심령론자(心靈論者) attavādin. bhūtavejja.
심로(心路) cittavīthi.
심리(審理) anuvijjana. vinicchaya.
심리적인 cittavisayaka.
심리하다 anuvijjati. vinicchinati. vinicchināti. vinicchati. vinicchati.
심리학(心理學) cetasikavijjā; ajjhattavijjā.
심리학자(心理學者) cittadhammavidū.

심문(尋問) paripucchā.
심문하는 자 paricakkhitar.
심문하다 paripucchati.
심방편(心方便) cittapariyāya.
심벌즈 ghana. tāla. tāḷa.
심봉(心峰)[지명] Cittakūta.
심부름 dūteyya.
심부름꾼 gataka. pahiṇa. samīpacārin.
심부름하는 사절(使節) pahiṇagamana.
심불상응(心不相應) cittavippayutta.
심사(尋思) takka. vitakkavicāra.
심사(尋伺) ūhana.
심사관(審査官) anuvijjaka. anuvijjhaka.
심사숙고(深思熟考) kācanā. mantana. mantaṇa. mantanā. mantaṇā. parivitakka. parivitakkita. tulanā. vebhavyā.
심사숙고하다 apajjhāyati. nijjhāpeti. parivitakketi.
심사편만(尋思遍滿) vitakkavipphāra.
심삼마지성취신족(心三摩地勤行成就神足) cittasamādhipadhānasaṅkhārasamannāgatiddhipāda.
심삼매(心三昧) cetosamādhi.
심삼매(心三昧) cittasamādhi.
심상속(心相續) cittasantati.
심상응(心相應) cittasampayutta.
심색(心色) hadayarūpa.
심생색(心生色) cittajarūpa.
심성(心性) cittatā.
심성의 표준 dhammappamāṇika.
심소(心所) cetasika.
심소론(心所論) cetasikakathā.
심수(心修) cittabhāvanā.
심수관(心隨觀) cittânupassanā.
심수번뇌(心隨煩惱) cetaso upakkilesa.
심수전(心隨轉) cittânuparivattin.
심술 kopa.
심술궂은 kaṇerutā. kopin. pallatthita. vikūlaka.
심신의 괴로움 dukkhadukkhatā.
심신족(心神足) cittiddhipāda.
심심법(深甚法) gambhīradhamma.
심심소(心心所) cittacetasika.
심약(心弱)한 uttasta.
심어지지 않은 aropita.
심어진 ropita.
심어진 것 ropima.
심여의족(心如意足) cittiddhipāda.
심연(深淵) gādha. papada. papadā. pātala. pātāla. papāta.
심연달성(心練達性) cittapāguññatā.
심오(深奧) gambhīra. gambhīratā.
심오한 atakkâvacara. gambhīra. mahant. ninna.
심오한 모습을 하고 있는 gambhīrâvabhāsa.
심오한 원리 gambhīradhamma.
심오한 지식 bāhusacca.
심원(深遠)한 atidūra. agādha.
심의(心意) mānasa.
심일경(心一境) ekaggacitta.
심일경상(心一境相) cetaso ekodibhāva.
심일경성(心一境性) ekaggacitta. cittekaggatā.
심입(深入) pariyogāha. pariyogāhana. pariyogāhanā.
심자재자(心自在者) cetovasippatta.
심장(心臟) abbhantara. hadaya. hadayamaṁsa.
심장수축기(心臟收縮器) hadayasaṅkocana.
심장육(心臟肉) hadayamaṁsa.
심장의 고기 hadayamaṁsa.
심장의 파괴 hadayabheda.
심장의 파열 hadayaphālana.
심장이 떨리는 ākampitahadaya.
심장확장기(心臟擴張器) hadayaphandana.
심재(心栽) cetokhila.
심재(心材) sāra.
심재(心材)를 지닌 sāravant.
심재(心材)의 심[髓]을 지닌 antopheggu.
심적정(心寂靜) cittavūpasama. vitakkavūpasama.
심적지(心寂止) cetosamatha.
심전도(心顚倒) cittavipallāsa.
심제(審諦) nijjhatti.
심증상(心增上) cittâdhipati.
심지(心地) puññamahi.
심지[등잔] vaṭṭi. vaṭṭikā.
심지어 api. pi.
심직성(心直性) cittujjukatā.
심진자(心瞋者) vyāpannacitta.
심차별지(心差別智) pariya.
심찰(審察) anupekkhā. anupekkhaṇā. vīmaṁsanā. parivīmaṁsā. vīmaṁsā.
심찰(審察)하다 anupekkhati. parivīmaṁsati. vīmaṁsati. vīmaṁseti.
심찰된 anupekkhita.
심찰시(審察施) viceyyadāna.
심찰하는 anupekkhin.
심찰하는 자 anupekkhitar.
심청정(心淸淨) cittavisuddhi.
심촉(心觸) cetosamphassa.
심취(深醉) mada. muyhana. otaraṇa. sārajjanā.

sārajjitatta.
심취하다 muyhati.
심퇴전(心退轉) cetovivaṭṭa. cittavivaṭṭa.
심판(審判) vināyaka.
심판관 aṭṭakulika. vicāraka.
심판받기에 용이함[율장] dhammatta.
심판하다 viniccheti.
심편만(心遍滿) cetopharaṇatā.
심포니 samānassaratā.
심포지엄 nānāmatasaṅgaha.
심하게 곪은 상처 kuruṭṭharū.
심하게 꾸짖다 vigarahati.
심하게 동요된 vikkhobhita.
심하게 동요하다 vikkhobheti.
심하게 아픈 사람 bāḷhagilāna.
심하게 흔들리게 하다 sampavedheti.
심하게 흔들리는 sampavedhin.
심하게 흔들리다 sampavedhati.
심한 bāḷha.
심한 고행을 닦는 uggatapa.
심한 단축 atisaṅkhepa.
심한 비웃음 samukkhepanā. saṅkhipanā.
심한 소나기 sammādhārā.
심한 요약 atisaṅkhepa.
심한 욕을 하는 akkosaka.
심한 욕을 함 akkosa.
심한 욕지거리 sampāpanā.
심한 혼란 vikkhobhana.
심해(深解) pariyogāha. pariyogāhana. pariyogāhanā.
심해공(深解空) pariyogāhanasuñña.
심해탈(心解脫) cetovimutti.
심행(心行) cittasaṅkhāra.
심험(深嶮) papāta.
심홍색(深紅色)의 aṅgārin.
심홍현(深紅莧) kuravaka.
심황(深黃) haliddhā. haliddī.
심황(深黃)으로 물들인 hālidda.
심황(深黃)으로 물들지 않은 ahālidda.
심황색(深黃色)과 같은 haliddhārāga.
십(十) dasa.
십(十)년 vassadasa. vassadasaka.
십(十)요자나 떨어진 거리의 dasayojanika.
십(十)의 dasaka.
십계(十戒) dasasīla.
십관수염(十觀隨染) dasa vipassanûpakkilesā.
십구(19) ekūnavīsati.
십녀(辻女) gamanin.
십년(十年) dasaka.
십년마다의 dasaka.
십년제(十年制) dasaka.
십논사(十論事) dasakathāvatthu.
십대의 젊음 abhiyobbana.
십력(十力) dasabala.
십만(十萬) lakkha. satasahassa. satasahassima.
십만세계(十萬世界) satasahassīlokadhātu.
십목기(十目碁) dasapada.
십무학(十無學) dasa asekhā.
십무학법(十無學法) dasa asekhā dhammā. dasa asekkhā dhammā.
십바라밀(十波羅密) dasa pāramiyo.
십번뇌사(十煩惱事) dasa kilesavatthūni.
십법(十法) dasaka.
십법식(十法食) dasadhammā āhārā.
십보특가라(十補特伽羅) dasa puggalā.
십부정상(十不淨想) dasa asubhasaññā.
십불선업도(十不善業道) dasa akusalakammapathā.
십사(14) cuddasa.
십사(十邪) dasa micchattā.
십삼(13) terasa. telasa. tedasa. teḷasa.
십삼두타지(十三頭陀支) terasa dhutaṅgāni.
십상(十想) dasa saññā.
십선업도(十善業道) dasa kusalakammapathā.
십성거(十聖居) dasa ariyavāsā.
십신주법(十身住法) dasa sarīraṭṭhā dhammā.
십억(十億) koṭilakkha.
십억(十億) satakoṭi.
십오(15) pannarasa. paṇṇarasa. pañcadasa.
십오(15)일 pañcadasī.
십오(15)일의 pannarasika.
십오과 이분의 일(15½) aḍḍhasoḷasa.
십육(16) soḷasa.
십육분의 일(1/16) kalā.
십육심수관(十六心隨觀) soḷasa cittânupassanā.
십음절 시행의 운율이름 ekarūpā.
십의 천배 dasasahassa.
십의인법(十依因法) dasa nāthakaraṇā dhammā.
십이(12) doḷasa. dvādasa.
십이과 이분의 일(12½) aḍḍhaterasa. aḍḍhateḷasa.
십이연기(十二緣起) dvādasa paṭiccasamuppādā.
십이월(十二月)[남방음력 8월 16일 ~ 9월 15일] māgasira.
십이처(十二處) dvādasa āyatanāni.
십이행상(十二行相) dvādasākāra.
십인(十人) dasa puggalā.

십일(11) ekārasa.
십일월(十一月)[남방음력 7월 16일 ~ 8월 15일] kattika. kattikā.
십자(十字)의 catukoṇa.
십자로(十字路) vīthisiṅghāṭaka.
십자표시 kākapāda.
십장(什長) kammantanāyaka.
십쟁근(十諍根) dasa vivādamūlāni.
십정(十正) dasa sammattā.
십종(十種)의 dasadha.
십지(十支) dasaṅga.
십진사(十盡事) dasa nijjaravatthūni.
십처(十處) dasa āyatanāni.
십취(十聚) dasaka.
십칠(17) sattārasa.
십팔(18) aṭṭhādasa.
십팔(18) 종류의 aṭṭhārasavidha.
십팔대관(十八大觀) aṭṭhārasa mahāvipassanā.
십팔애행(十八愛行) aṭṭhārasa taṇhāvicaritāni.
십팔의근사(十八意近伺) aṭṭhārasa manopavicārā.
십편처(十遍處) dasa kasiṇāyatanāni.
십학처(十學處) dasasikkhāpada.
십혐한사(十嫌恨事) dasa āghāṭavatthūni.
십회(十回) dasakkhattuṁ.
싱싱한 풀이 무성한 susaddala.
싱할리어 sīhalā. sīhaḷabhāsā. sīhaḷaka. siṁhaḷaka.
싱할리어의 의소(義疏)[三藏의 註釋書] sīhalaṭṭhakathā.
싸개 bāhitikā. pacchada. pariyonāha. veṭha. veṭhana.
싸까[식물] sāka.
싸께따[지명] Sāketa.
싸끼야 족 sākiya. sakya.
싸는 것 acchādana. acchādanā. veṭha.
싸다[包] acchādeti. cchāpeti. anupariharati. nandhati. paliveṭheti. pariyonandhati. paṭikujjati. paguṇa. pāpurati. sampaliveṭheti. saṁvelleti. saṁveṭheti. veṭheti. vinandhati.
싸다맛따[궁전] Sadāmatta.
싸담마빠까씨니[주석] Saddahammapakāsinī.
싸담마빠조띠까[주석] Saddhammappajotikā.
싸담마쌍가하[서명] Saddhammasaṅgaha.
싸담마쪼띠빨라[인명] Saddhammajotipāla.
싸따까[조류] sātaka.
싸따방까[어류] satavaṅka.
싸따뽀리싸[지옥] Sataporisa.
싸뚤라빠무리[신계] Satullapakāyika.
싸라기 kaṇikā.
싸라바[동물] sarabha.
싸라부[지명] Sarabhū.
싸라싸라[의성어] sarasara.
싸라싸라하는 소리 sarasara.
싸라쓰와띠[지명] Sarasvatī.
싸라지따[지옥] Sarājita.
싸락눈 karakā.
싸락눈과 같은 색깔을 한 karakupalasamānavaṇṇa.
싸락눈이라고 불린 karakasaññita.
싸란지따[지옥] Sarañjita.
싸랄라[식물] sarala.
싸랏싸띠[지명] Sarassatī. Sarasvatī.
싸로자요니[신계] Sarojayoni.
싸리바[식물] sāribā.
싸리뿟따[인명] Sārīputta.
싸리뿟따의 별명 kammaṭṭhānadīpanī.
싸마나[신계] Samāna.
싸마타와 위빠싸나 samathavipassanā.
싸만따빠싸디까[주석] Samantapāsādikā.
싸미라나[식물] samīraṇa.
싸바나[월명] sāvaṇa.
싸바따[주사위던지기의 이름] sāvaṭa.
싸밧티[지명] Sāvatthī.
싸방까[어류] savaṅka.
싸비야[인명] Sabhiya.
싸빗띠[운율] sāvittī.
싸빗타[인명] Saviṭṭha.
싸서 가리다 onahati.
싸서 가림 onahana.
싸싸나방싸[서명] Sāsanavaṁsa.
싸야나[식물] sāyana.
싸여진 pasibbita.
싸우고 있는 kalahajāta.
싸우기 좋아하는 kalahakāraka.
싸우기 좋아하는 사람 kalahakārika.
싸우는 yodhin.
싸우는 사람 yuddhaka.
싸우는 장소 kalahaṭṭhāna.
싸우다 abhiyujjhati. āsappati. āyujjhati. otarati. parikkhipati. paṭivirujjhati. sampayojeti. saṅgāmeti. tuvaṭṭeti. yujjhati. yodheti.
싸우지 않는 asampaduṭṭha.
싸움 abhippaharaṇa. abhippaharaṇī. anusampavaṅkatā. bhaṇḍana. kalaha. kathôjja. medhaga. medhaka. parikkhepa. rāji. raṇa. samara. sampahāra. saṅgāma. saṅgara. saṅkara. tuvantuva. ukkaṭṭha. visappana. yuddha. yujjhana.

싸움 등을 두려워하는 kalahâdibhaya.
싸움과 논쟁 kalahavivāda.
싸움과 비난이 생겨난 kalahaviggahajāta.
싸움에 대한 자극 kalahavaḍḍhana.
싸움에 진 apajita.
싸움에 탐닉하는 kalahappasuta.
싸움에서 이긴 vijitasaṅgāma.
싸움을 다시 시작하는 kalahaṅkara.
싸움을 달래기 위해 kalahavūpasamanatthaṁ.
싸움을 야기시키는 것 yujjhāpana.
싸움을 위해 준비된 kammasajja.
싸움을 일으키는 kalahajāta.
싸움을 좋아하는 kalahâbhirata.
싸움을 즐김 kammassāda.
싸움의 가열 kalahapavaḍḍhanī.
싸움의 소음 kalahasadda.
싸움의 장(章) kalahavatthu.
싸움이 끝난 pannaddhaja.
싸움이 없는 abhaṇḍana. aviggahaka. aviggahita. aviggahīta. viraṇa.
싸움이 없음 aviggaha.
싸인 pacchanna. paliguṇṭhita. paliguṇḍhita. palikuṇṭhita. pariveṭhita. pariyonaddha. paṭicchanna.
싸파리[어류] sapharī.
싸하까[식물] sahaka.
싸하깔라[식물] sahakāla.
싸하담마[궁전] Sahadhamma.
싸함빠띠[신계] Sahampati.
싹[芽] amajja. aṅkura. bīja. jālaka. kalikā. koraka. laṭṭhi. makula. mukula. opuppha. pallava. piṅka. piṅga. sikhara.
싹가[조류] sagga.
싹까[신계] Sakka.
싹으로 가득 찬 korakita.
싹의 끝 aggapavāḷa.
싹이 달린 pallavita.
싹이 있는 pallavita. sapallava.
싹이 트는 dovila.
싹이 튼 jālakajāta.
싹트다 saṁvirūhati. ubbhijjati.
싹튼 mañjarita. pallavita. saṁvirūḷha.
싼 → 값싼.
싼[低廉] amūlika. anaggha. appaggha.
싼나깟두[식물] sannakaddu.
싼다나까[식물] santānaka.
싼두산의 소금 sindhava.
싼두산의 암염 sindhava.
싼따나[식물] santāna.
싼뚜씨따[신계] Santusita.
싼뜻타[신계] Santuṭṭha.
싼띠께니다나[금생이야기] santikenidāna.
싼지바[지옥] Sañjīva.
쌀 sāli. taṇḍula. daddula. vīhi.
쌀 한 줌 taṇḍulammaṇa(?).
쌀가루 kuṇḍaka.
쌀겨 kaṇa.
쌀겨가 있는 쌀 kaṇataṇḍula.
쌀겨가루 kaṇaṁpūva.
쌀겨가루를 먹는 kaṇabhakkha.
쌀겨가루의 봉헌 kaṇahoma.
쌀겨를 갈아 만든 산죽 kaṇājaka.
쌀과자 mantha.
쌀라[식물] salla. sāla.
쌀라끼[식물] sallaki.
쌀랄라[식물] salaḷā.
쌀레이야까[식물] sāleyyaka.
쌀로 가득 찬 ākiṇṇataṇḍula.
쌀밥 sālinna. sālibhatta.
쌀사발 taṇḍuladoṇa.
쌀에 속하는 sālika.
쌀을 갈아 만든 죽 kaṇājaka.
쌀을 보관하는 집 taṇḍulapāladvāra.
쌀음식 sālibhojana.
쌀의 sālika.
쌀의 검은 낱알 kāḷaka.
쌀의 헌공 taṇḍulahoma.
쌀이 설익은[쌀죽] uttaṇḍāla. uttaṇḍula.
쌀이 없는 ataṇḍula.
쌀장수 odanika. taṇḍulika.
쌀죽 kañjika. kañjiya. odana. pāyāsa. yāgu.
쌀죽으로 만든 음료 yāgupāna.
쌀죽의 odaniya. odanīya.
쌀케익 mattha.
쌈마빠싸공희(供犧) Sammāpāsa.
쌈미띠[부파] Sammiti.
쌈미띠야[부파] Sammitiya.
쌈밀라바씨니[인명] Sammillabhāsinī.
쌈바바[인명] Sambhava.
쌈빠까[동물] sampaka.
쌉바쌍하라까[香水] sabbasaṁharaka.
쌋다띳싸[인명] Saddhātissa.
쌋딸리[식물] sattali.
쌋딸리요티까[식물] sattaliyothikā.
쌋짜방까[어류] saccavaṅka.
쌍(雙) yamaka. yuga. yugala. yugaḷa. yugalaka.
쌍가따(까)[지옥] Saṅghāta(ka).
쌍가띠 옷 saṅghāṭī.

쌍가띠 옷을 입고 다니는 saṅghāṭīcāra.
쌍가띠 옷을 입은 saṅghāṭīvāsin. saṅghāṭika.
쌍깐띠까 saṅkantika.
쌍깟싸 saṅkassa.
쌍두(雙頭)의 dvisīsaka.
쌍둥이 yamaka.
쌍련(雙連)[멈춤(止)와 통찰(觀)] yuganandha. yuganaddha.
쌍론(雙論)[논장] Yamaka.
쌍론(雙論)의 한 장(章) uppādavāra.
쌍무적인 dvipassika.
쌍방의 dvipassika.
쌍변화(雙變化) yamakavikubbana.
쌍신변(雙神變) yamakapāṭihāriya.
쌍싸바까[지옥의 이름] saṁsavaka.
쌍윳따니까야[경장] saṁyuttanikāya.
쌍윳따니까야를 외우고 있는 자 saṁyuttabhāṇaka.
쌍으로 이루어진 기적 yamakavikubbana.
쌍을 이루는 시설(施設) yamakapaññatti.
쌍제(雙制) yamakapaññatti.
쌍카[인명] Saṅkha.
쌓기 caya. cayana.
쌓다 abhisañcināti. abhisaṅkhipati. abhisaññūhati. ācināti. cināti. opuñjati. opuñjeti. saṁharati. sañcināti. sañcayati. saṅkhipati. upasaṁharati. ussādeti.
쌓아두지 않은 asannidhikata.
쌓아올려진 upacita.
쌓아올리다 paṭivyūhati. pativyūhati.
쌓아올린 것 citi. pañja. uccaya.
쌓아진 abhisamācita. anupacita. upocita.
쌓여지다 cīyati.
쌓여진 ocita. samupabbūḷha. vaggavagga.
쌓여진 상태 ākiritatta.
쌓음 ācaya. opuñjana. sambhāra.
쌓이다 āciyati.
쌓이지 않음 apacaya.
쌓인 abhisaṅkhitta. cita. ubbhaṇḍa. ubbhaṇḍika. ubbhaṇḍita. viyūḷha. sandeha.
쌓임 → 더미.
썩어가는 몸을 갖고 있는 pakkagatta.
썩은 duṭṭha. jiṇṇa. paripakka. pūti. sañjiṇṇa. terovassika.
썩은 계란 puccaṇḍa.
썩은 계란의 상태 puccaṇḍatā.
썩은 냄새가 흐르는 savanagandha.
썩은 물 theva.
썩은 쌀 kadanna.
썩은 오줌 pūtimutta.
썩은 종자 pūtibīja.
썩은 피를 지닌 pūtilohitaka.
썩지 않은 알(卵) apuccaṇḍatā.
썰물 jalogamana.
쎄까다리[식물] sekadhārī.
쎄때[지명] Seta.
쎄따게루[식물] setageru.
쎄따바리[식물] setavārī.
쎄따바리싸[식물] setavārisa.
쎄따밧채[식물] setavaccha.
쎄따빠니[식물] setapaṇṇi.
쎄따뿝파[식물] setapuppha.
쎄땃채[식물] setaccha.
쎄레이까[식물] sereyyaka.
쎄리싸까 궁전에서 벌어지는 축제 Serissa. Serisa. Serīsamaha.
쎄리싸까[궁전] Serīsaka.
쎌레이야[安息香] seleyya.
쎔하라[동물] semhāra
쏘나[보리수명] Sona. Soṇa.
쏘나[인명] Sona. Soṇa. Soṇā.
쏘나까[불명] Sonaka.
쏘는 āsin. pātin. vedhin.
쏘는 식물 dupphassa.
쏘다 abhipāteti. muñcati. viniggilati. vijjhati. vissajjeti. khipati.
쏘레이야[지명] Soreyya.
쏘마[神酒] Vāja. Soma.
쏘마공희(供犧) Vājapeyya.
쏘마닷따[코끼리명] Somadatta.
쏘마대제[大祭] Vājapeyyamahāyañña.
쏘마룩카[식물] somarukkha.
쏘마제[제의] Vācapeyya. Somayāga.
쏘바[인명] Sobha.
쏘반자나(까)[식물] sobhañjana(ka).
쏘비따[인명] Sobhita.
쏘아져야 할 viddheyya.
쏟다 ācamati. āvajjati. opati.
쏟아부음 okiraṇa.
쏟아붓다 avakirati. nisiñcati. okirati.
쏟아지는 abhivassaka. vassāpanaka.
쏟아지는 물 vassana.
쏟아지다 abhinivassati. vassāpeti.
쏟아지자마자 āsittamatte.
쏟아진 abhippavatta. abhippavuṭṭha. āsitta.
쏴쏴 소리내다 dhamadhamāyati.
쐐기 apala.
쐐기모양의 대형 sakaṭavyuha.

쐐기벌레 khajjara. uccāliṅga.
쐐기풀 dupphassa.
쑤[의성어] sū.
쑤까라맛다바[음식] sūkaramaddava.
쑤니다[인명] Sunidha.
쑤다바싸[신계] Suddhāvāsa.
쑤다타[사자] sudāṭha.
쑤담마싸바[궁전] Sudhammasabhā.
쑤닷따[인명] Sudatta.
쑤도다나[인명] Suddhodana.
쑤드라 계급의 사람 sudda.
쑤드라 계급의 여자 suddī.
쑤딘나[인명] Sudinna.
쑤딘나깔란다까뿟따[인명] Sudinnakalandakaputta.
쑤라쎄나[인명·국명] Sūrasena.
쑤루[의성어] suru.
쑤루찌[인명] Suruci.
쑤리야깐따[보석] suriyakanta.
쑤망갈라빌라씨니[주석] Sumaṅgalavilāsinī.
쑤바[인명] Subha.
쑤반나빱바따[지명] Suvaṇṇapabbata.
쑤밧다[인명] Subhaddā.
쑤부띠[인명] Subhūti.
쑤브라흐마[신계] Subrahma.
쑤셔넣다 saṁveṭheti.
쑤시개 poṇa.
쑤시는 kilinna.
쑤쑤라는 소리를 내다 sūsūyati.
쑤씨마[인명] Susīma.
쑤찌띠[신계] Sucitti.
순다리[인명] Sundarī.
쑬라씨[식물] sulasī.
쑬로삐[동물] sulopī.
숩빠띠따[인명] Suppatīta.
숩빠붓다[인명] Suppabuddha.
숩삐야[인명] Suppiya.
쓰기 lekha. lekhā. likhana. lipi.
쓰다[글] likhati.
쓰다[사용] payojeti.
쓰다[쓴] titta. kaṭuka. tittaka. tittika. tittarasa. lambila. phāruka.
쓰다[작성] karoti.
쓰다듬는 사람 parimajjaka.
쓰다듬다 āmasati. anomajjati. anumajjati. parimajjati. upasiṅghāyati. upasiṅghāpeti.
쓰디쓴 atitittaka. kaṭu. kaṭuka.
쓰러뜨리다 nipāteti. pāteti.
쓰러지다 nikkujjati. papatati.
쓰러진 odhasta. panna. viccuta.
쓰레기 aṅgaṇa. kacavara. kaddama. kalala. kali. kasambu. paṁsu. saṅkāra. vikaṭa. vikata.
쓰레기 같은 존재 kacavarabhāva.
쓰레기 냄새가 나는 kaddamagandhika.
쓰레기 처분의 방도 kacavaraniyāma.
쓰레기 치우는 사람 pukkusa.
쓰레기가 없음 kaddamâbhava.
쓰레기더미 kacavararāsi. saṅkaṭīva. saṅkārakūṭa.
쓰레기더미로부터 주워 올린 넝마조각 saṅkāracola.
쓰레기더미의 야차 saṅkārayakkha.
쓰레기로 가득한 kaddamin.
쓰레기를 먹고 사는 자 vekaṭika.
쓰레기를 버림 kacavarachaḍḍana.
쓰레기에 오염된 kaddamâluḷita.
쓰레기와 말뚝과 같은 kacavarakhāṇukabhāva.
쓰레기의 kasambu.
쓰레기의 불 saṅkāraggi.
쓰레기장 saṅkāraṭhāna.
쓰레기통 avakkārapāti. avakkārapātī. kacavarachaḍḍanapacchi. samalā.
쓰레받기 kacavarachaḍḍanaka. kacavarachaḍḍanī.
쓰지 않고 두다 upanikkhipati.
쓴 titta. kaṭuka. tittaka. tittika. tittarasa. lambila. phāruka.
쓴 약물 kaṭukôdaka.
쓴 오이 kanakalambā.
쓴 호로(葫蘆) kāravella.
쓴 호리병박 kāravella. tittakâlâbu.
쓴맛의 amadhura. phāruka.
쓸개즙 māyu.
쓸다 parimajjati. sammajjati.
쓸데없는 sampha. aparibhoga.
쓸데없는 것 pheggutā.
쓸데없는 공부 ajjhenakujja.
쓸데없는 교리 ajjhenakujja.
쓸데없는 말 vikiṇṇavāca.
쓸데없는 말을 하는 vikiṇṇavāca.
쓸데없는 말을 하지 않는 asamphappalāpavādin.
쓸데없는 말하다 apilāpeti.
쓸데없는 수다 palāpa.
쓸데없는 이야기 bhassa. samphappalāpa.
쓸데없지 않은 avañjha.
쓸모없게 되다 hāyati.
쓸모없게 된 vinaḷīkata.
쓸모없게 하다 velāyati.

쓸모없는 akāraka. anatthavat. apattha. avalañja. mogha. nippakāra. niratttha. niratthaka. niratthikā. nirupakāra.
쓸모없는 것에 관여하는 anatthanissita.
쓸모없는 것을 보여주는 anatthadassin.
쓸모없는 실 moghasuttaka.
쓸모없음 avalañjana. vebhaṅga.
쓸모있는 payojanāvaha. upakāraka.
쓸쓸한 곳 pattha.
씁쓸한 khārayutta.
씌우개 paricchada.
씌우다 acchādeti. acchāpeti.
씨[종자] bīja. aṭṭhi.
씨가 뿌려지다 vappate.
씨가 뿌려진 nivutta.
씨네루[산] sineru.
씨를 뿌리다 nivapati.
씨름 mallayuddha. nibbuddha.
씨름꾼 mallamuṭṭhika.
씨름꾼으로 훈련받은 katamallanepuñña.
씨름꾼의 돌로 훈련을 쌓은 katamallapāsāṇaparicaya.
씨름꾼의 무리 mallagaṇa.
씨름선수 mallamuṭṭhika. muṭṭhika. mallayuddhika. mallayoddha.
씨름장소의 울타리 akkhavāṭa.
씨름하다 nibbujjhati.
씨리닉군디[식물] sirīnīggunḍi.
씨리싸[식물] sirīsa.
씨리싸밧투[지명] Sirīssavatthu.
씨리싸뿝빠[보석] sirīsapuppha.
씨발라[식물] sibala.
씨부렁거리는 japa. jappa.
씨부렁거리다 japati. jappati. palapati.
씨부렁거림 japana. jappanā. palapana. palapita. bālalapanā.
씨비(Sivi) 국에서 만든 sīveyyaka.
씨뿌려야 할 vappa.
씨뿌려진 vāpita. vutta.
씨뿌리게 하다 vāpeti.
씨뿌리기 āvapana.
씨뿌리는 때 vappakāla.
씨뿌리는 일 vappakamma.
씨뿌리다 pavapati. ropeti. vapati.
씨앗[종자] aṭṭhi. bīja.
씨앗에 의해 태어난 karaja.
씨앗에 종자가 있는 bījabīja.
씨앗에서 번식하는 종자 bījabīja.
씨앗에서 생겨난 몸 karajakāya.
씨앗에서 생겨난 물질 karajarūpa.
씨앗이 없는 abīja.
씨앗이 제거된 uddhaṭabīja.
씨의 외피 kuṭṭhilakā.
씨족(氏族) gotta. kulavisesa. gottaparamparā.
씨틸라하누[조류] sithilahanu.
씨할랏타까타[주석] Sīhalaṭṭhakathā.
씩구[식물] siggu.
씩카마나[정학녀] sikkhamānā.
씬두국[국명] Sindhava.
씬두바라[식물] sinduvāra.
씬두산(産)의 sindhava.
씬두산의 말[馬] sindhava.
씬두산의 소금 sindhava.
씬두산의 준마 sindhava.
씬디[식물] sindī.
씰라라따나[인명] Sīlaratana.
씸발리[식물] simbalī.
씹고 난 후 뱉어버린 고깃덩어리 calaka.
씹기 ḍasana. khāda. khādaka. vikhādana.
씹는 khādaka. ullahaka.
씹다 cappeti. ḍasati. ḍaṁsati. khādati. saṅkhādati.
씹삐까[조류] sippikā.
씹어 먹기에 적합한 khajja. khajjaka. khādaniya.
씹어 먹다 cappeti.
씻겨진 dhota. sināta.
씻기 ācamana. majjanā.
씻는 dhova. sandhovika.
씻는 발판 ācamanapādukā.
씻는데 사용되는 그릇 ācamanakumbhī.
씻는데 사용되는 대야 ācamanathālaka.
씻다 ācamati. ācameti. dhopati. dhovati. khaleti. khāḷeti. nahāyati. nhāyati. ninhāti. oṇojeti. pakkhalati. pakkhāleti. paridhovati. sināti.
씻닷타[보살] siddhattha.
씻닷티까[부파] Siddhatthika.
씻어내다 niddhovati. vikkhāleti.
씻어냄 oṇojana.
씻어진 oṇitta. paridhota.
씻은 것과 같은 yathādhota.
씻을 물 ācamanôdaka.
씻지 않은 adhota.
씽갈라 사람 siṅgālaka.
씽구[어류] siṅgu.
씽싸빠[식물] siṁsapā.

ㅇ

아![놀람·고통] aha.
아(我) attan. tuma.
아(鴉) kāka.
아가니타천(阿迦膩吒天)[신계] Akaniṭṭha. Akaniṭṭhā devā
아가다약(阿伽陀藥)[해독제] agada.
아가씨 yuvatī. dāra. dārā.
아간띠까[식물] āgantika.
아견(我見) attadiṭṭhi.
아견실(我堅實) attasāra.
아계(啞戒) mūgabbata.
아계집(阿計執) ahaṁkāra. ahaṅkāra.
아교만(我憍慢) seyya.
아궁이 aggiṭṭha.
아귀(餓鬼) peta. petti°.
아귀같은 사람 manussapeta.
아귀경(餓鬼境) pittivisaya. pettivisaya. petavisaya.
아귀계(餓鬼界) petavisaya.
아귀계(餓鬼界) pittivisaya. pettivisaya. petavisaya.
아귀녀(餓鬼女) petī.
아귀도(餓鬼道) pittivisaya. pettivisaya. petavisaya.
아귀들(petā) yamapurisā(*pl.*).
아귀로 태어난 petupapattika.
아귀사(餓鬼事)[경장] Petavatthu.
아귀세계의 pittivisayika.
아귀에 대한 이야기 petakathā. petavatthu.
아귀왕(餓鬼王) petarājan.
아귀왕국 petayoni.
아귀의 상태 petatta. petattana.
아귀의 세계 petavisaya.
아귀의 세상 petabhavana. petaloka.
아귀의 소유물 petapariggaha.
아귀의 영역 pittivisaya. pettivisaya. petavisaya.
아귀의 왕 petarājan.
아귀의 잠자리 petaseyyā.
아귀의 조건 petatta. petattana.
아기가 있는 부인 pāyantī. pāyamānā.
아기다시사침바라(阿耆多翅舍欽婆羅)[인명] Ajitakesakambali.
아기에게 젖을 먹이는 여자 pāyantī. pāyamānā.
아까띠[운율] ākati.
아까싸두마[식물] ākāsadhūma.
아까싸라마[식물] ākāsarama.
아까싸빳다[식물] ākāsapaddha.
아까싸욱킵삐야[인명] Ākāsukkhipiya.
아꿀리 나무[식물] ākulī.
아꿀리 나무의 꽃 ākulīpuppha.
아낌없는 madhuda.
아낌없이 주는 dinnadāyin.
아낏띠[인명·지명] Akitti.
아나가따빵하[서명] Anāgatapañha.
아나따삔디까 anāthapiṇḍindika.
아나운서 pakāsaka.
아나율(阿那律) anuruddha.
아나콘다 ajagara.
아나함(阿那含) anāgāmin.
아나함과(阿那含果) anāgāmin. anāgāmiphala.
아나함과심(阿那含果心) anāgāmiphalacitta.
아나함도(阿那含道) anāgāmimagga.
아나함도심(阿那含道心) anāgāmimaggacitta.
아나함향(阿那含向) anāgāmimagga. anāgāmīphalasacchikiriyāya paṭipanna.
아나함향심(阿那含向心) anāgāmimaggacitta.
아낙네 aṅgaṇā.
아난(阿難)[인명] Ānanda.
아난다[인명] Ānanda.
아난다가 심은 보리수 ānandabodhi.
아내 bhariyā. dāra. dutiyā. dutiyikā. jāni. jayā. jāyā. jāyikā. kalatta. kantā. nārī. pajāpatī. piyā. vanitā. sāminī. ubbarī. pariggaha.
아내가 없는 apajāpatika. apariggaha.
아내가 있는 sapariggaha.
아내로 맞이하다 gehe karoti.
아내를 거느리고 있는 sapajāpatika.
아내를 고르게 하다 vārāpeti.
아내를 부양하지 않는 adārabharaṇa.
아내를 사는 가격 suṅka. suṅkiya.
아내를 얻다 orundhati.
아내와 남편 jānipatayo.
아내와 함께하는 sapajāpatika.
아내의 형제 sālaka.
아넬라까쌉빠[독사뱀] aneḷakasappa.
아녀자 kulagharaṇī. agārikā.
아노닷따 호수의 물 anotattôdaka.
아노닷따다하[지명] Anotattadaha.

아노닷따호수의 물가 anotattapiṭṭha.
아노땃때[지명] Anotatta.
아노매[지명] Anomā.
아노마닷씬[불명] Anomadassin.
아노빠매[인명] Anopamā.
아노빠매[지명] Anopama.
아노재[인명] Anojā.
아뇩다라(阿耨多羅) anuttara. ānuttariya.
아뇩다라삼먁삼보리(阿耨多羅三藐三菩提) anuttarasammāsambodhi.
아뇩달(阿耨達)[지명] Anotatta.
아누께밧태[인명] Anukevaṭṭa.
아누라다뿌래[지명] Anurādhapura.
아누룻대[인명] Anuruddha.
아누뻡바쎗티뿟때[인명] Anupubbaseṭṭhiputta.
아누삐애[지명] Anupiya.
아누싸씨깨[조류] anusāsikā.
아누씻싸[인명] Anusissa.
아눌래[인명] Anula.
아눌래[인명] Anulā.
아눌라띳싸빱바때[지명] Anulatissapabbata.
아눗재[인명] Anujjā.
아눗투배[운율] anuṭṭhubhā.
아는 jānanaka. jānat. paṭividdha. vedin. vidū. vidvan.
아는 것 ñeyya. °ññutā.
아는 사이 santhavana.
아는 사이가 아닌 asanthuta.
아는 자 °ñū. °ññū. pāṭhaka. ñātar. viññātar. vidū. vidvan.
아능가(阿能訶)[악기] ānaka.
아니까닷때[인명] Anikaratta.
아니다 na. no.
아니만다비애[인명] Āṇimaṇḍavya.
아니미싸쩨띠애[지명] Animisacetiya.
아니발락꼿때[지명] Anivalakkoṭṭa.
아니발락끼[지명] Anivalakki.
아니수천(阿尼輸天)[신계] Anejaka.
아닛티간대[인명] Anitthigandha.
아다나빨리[인명] Adhanapālī.
아다랏떼리[지명] Adharaṭṭeri.
아다싸[조류] adāsa.
아도꾸래[지명] Adhokūra.
아도뻡삐애[인명] Adhopupphiya.
아동의 komāra. susu.
아동입문(兒童入門)[서명] Bālāvatāra.
아들 kumāra. putta. sūnu. suta. tanaya. tanuya.
아들들의 아들들까지 āputtaputtehi.
아들의 지위 puttatta.
아들이 있는 puttavant. puttamant. saputta.
아들이라는 것 puttatta.
아등만(我等慢) sadiso'hamasmī'ti vidhā.
아디깍깨[지명] Adhikakka.
아디띠[신계] Aditi.
아디띠난다내[신계] Aditinandana.
아디씰래[인명] Adhisīla.
아디아디[지명] Ādyādi.
아때[조류] āṭa.
아따때[지옥] aṭaṭa.
아따란다 마하보딕칸대[지명] Atarandā Mahābodhikkhandha.
아딸래[지옥] Atala.
아뜻재[악기] ātojja.
아띠데배[인명] Atideva.
아띠두띠[운율] atidhuti.
아띠뭇때[식물] atimutta.
아띠뭇때[인명] Atimutta.
아띠뭇따깨[인명. 식물] atimuttaka.
아띠비쌔[식물] ativisā.
아띠빤디때[인명] Atipaṇḍita.
아띠쌔[인명] Atisa.
아띠싹까리[운율] atisakkarī.
아띠자가띠[운율] atijagatī.
아라나천(阿羅那天)[신계] Aruṇa.
아라라가라마(阿羅羅伽羅摩)[인명] Alārakālāma.
아라바가(阿羅婆迦)[주민] āḷavaka. āḷavika.
아라비(阿羅毖)[국명] Āḷavī.
아라빈대[식물] aravinda.
아라한(阿羅漢) asekhamuni. kappa(ñ)jaha. thāvara. brahmabhūta. asekharatana. arahant. arahat. asekha. asekkha. kevalin. vantāsa.
아라한과 관계되는 영역 asekhavisaya.
아라한과(阿羅漢果) aggaphala. arahattaphala. arahattaphala.
아라한과심(阿羅漢果心) arahattaphalacitta.
아라한도(阿羅漢道) aggamagga. arahattamagga. arahattamagga.
아라한도심(阿羅漢道心) arahattamaggacitta.
아라한에 대한 살해자 arahantaghātaka.
아라한에 이르는 길 arahantamagga.
아라한에 이르는 네 번째 길 catutthamagga.
아라한을 넘어서는[다른 아라한에 대하여] atiarahant. atiarahant.
아라한의 asekhiya.
아라한의 경지 arahattaphala. asekhabhūmi.
아라한의 경지를 얻지 못한 aniṭṭhaṅgata.
아라한의 경지에 관계되는 asekhabhāgiya.

아라한의 경지에 대한 분석 asekhapaṭisambhidā.
아라한의 경지에 도달하고자 하는 의도 aññācitta.
아라한의 경지에 도달한 자 arahattapatta.
아라한의 경지의 마음 arahattaphalacitta.
아라한의 경지의 성취 arahattagahaṇa.
아라한의 길 arahattamagga.
아라한의 길의 마음 arahattamaggacitta.
아라한의 지위 arahatta.
아라한의 지위에서 쉽게 발견되지 않는 것 abhabbaṭṭhāna.
아라한의 지혜 asekhañāṇa.
아라한의 해탈 arahattavimokkha.
아라한의 힘 asekhabala.
아라한이 아닌 자 anarahat.
아라한향(阿羅漢向) arahattamagga. arahattaphalasacchikiriyāya paṭipanna.
아라한향심(阿羅漢向心) arahattamaggacitta.
아란야(阿蘭若) arañña.
아란야(阿蘭若)에서 사는 āraññaka.
아란야주지(阿蘭若住支) āraññikaṅga. āraññakaṅga.
아람바나[인명] Ālambāna.
아래 ora.
아래 놓인 anupakkhipati.
아래로 ninna.
아래로 가는 adhogama. adhogāmin.
아래로 가다 aveti.
아래로 경사진 vonata.
아래로 구부러지고 위로 구부러진 onataunnata.
아래로 구부러지다 onamati. oṇamati.
아래로 구부러진 abhinata. avakujja. oṇamaka. oṇamita. oṇata. vonata.
아래로 구부러진 나무 onataduma.
아래로 구부러짐 oṇamana. onati. oṇati.
아래로 구부리다 oṇameti.
아래로 굽힌 onata.
아래로 끌다 avaṁharati.
아래로 내려가는 adhoorohana.
아래로 당겨지다 avakaḍḍhati.
아래로 당겨짐 avakaḍḍhana.
아래로 당기다 avakaḍḍhati. avakassati. okassati.
아래로 당김 avakaṁsa.
아래로 던지다 sādeti.
아래로 드리워지다 pacalati.
아래로 떨어짐 adhonīharaṇa. adhovirecana. adhopatana. adhopāta.
아래로 미끄러지다 parigalati.
아래로 향한 adhosira. adhomukha. apaṇata. ninnāmin.
아래로 흐르다 avaṁsarati.
아래로 흘러가는 ojavana. ojavanika.
아래로부터 heṭṭhato.
아래에 adho. avaṁ. heṭṭhā. heṭṭhato.
아래에 놓인 apācīna.
아래에 두다 anupakkhipati. paṭṭhahati. upanipajjati.
아래에 둔 upanipanna.
아래에 둠 oropaṇa.
아래에 사는 mūlika.
아래에 선 adhoṭhita.
아래에 오다 otarati.
아래의[책에서] upari.
아래쪽과 위쪽 adharôttara.
아래쪽에 heṭṭhā.
아래쪽으로 heṭṭhato.
아랫입술 adharôṭṭhara.
아련야주지(阿練若住支) āraññakaṅga.
아로새겨진 citaka.
아론(我論) attavāda.
아론자(我論者) attavādin.
아롱거리다 thevati.
아뢰야(阿賴耶) ālaya.
아루나바띠[지명] Aruṇavatī.
아루나뿌라[지명] Aruṇapura.
아루나승원[사원] Aruṇârāma.
아름다운 abhikkanta. abhirūpa. abhirūpaka. abhirūpavat. anurañjita. bhuja. cāru. jañña. chavivaṇṇa. citta. cittika. dassanīya. kalla. kalya. kalyāṇa. kallāṇa. kalyāṇadassana. kalyāṇin. kantavaṇṇa. laṭṭhaka. mañju. manohara. manuñña. paccaggha. phassa. picchita. rāmaṇeyyaka. ramaṇīya. ramaṇeyya. ramma. rucira. rūpavant. sāma. sappabhāsa. sassirīka. siṅgāra. sobhaṇa. sobhana. sobhita. subha. sudassa. sudassana. sukumāra. sundara. surūpa. surūpin. suvaṇṇa. ujjala. vaggu. vaṇṇavant. vaṇṇin. vilāsavant. vilāsin. rūpapatta. upadhisampanna.
아름다운 것에 대한 지각 subhasaññā.
아름다운 것을 지각하는 subhasaññin.
아름다운 광경 sobhanagaraka.
아름다운 궁전이 있는 vemānika.
아름다운 기후를 가진 utusampanna.
아름다운 꼬리털이 있는 supekhuṇa.
아름다운 눈썹이 있는 subbhū.

아름다운 다리를 지닌 vāmuru.
아름다운 도장(渡場) kalyāṇatittha.
아름다운 둑이 있는 sūpatittha.
아름다운 모습의 ariyâvakāsa.
아름다운 모음들을 가진 cittakkhara.
아름다운 목소리의 mañjuka.
아름다운 몸 sarīradavya.
아름다운 몸을 가진 kallaviggaha.
아름다운 미모를 지닌 anomavaṇṇa.
아름다운 부인 varaṅganā.
아름다운 사지를 지닌[미인] kalyāṇaṅgatā.
아름다운 색으로 빛나는 subhavaṇṇanibha.
아름다운 시를 지음 kabyâlaṅkāra.
아름다운 엉덩이를 지닌 sussoṇi.
아름다운 여울이 있는 sūpatittha.
아름다운 여자 kalyāṇī. rūpinī.
아름다운 여자노예 vaṇṇadāsī.
아름다운 오두막 supaṇṇsālā.
아름다운 이야기 kathārasa.
아름다운 자수가 있는 cittavyañjana.
아름다운 정원이 있는 subhaṅgaṇa.
아름다운 천개(天蓋) cittavitāna.
아름다운 피부를 지닌 succhavi.
아름다운 해안이 있는 supatittha.
아름다운 허벅지를 가진 여인 karabhoru.
아름다운 허벅지와 가슴을 지닌 ūruthanûpapanna.
아름다움 abhirūpatā. kalyāṇa. kallāṇa. kalyāṇatā. kalyāṇī. kanti. lalita. pabhāsa. pokkharatā. rūpa. sobhā. sobhagga. subha. surūpatā. vacca. vaṇṇatā. vilāsa. upadhisampatti. rūpasampatti. rūpasobhā. rūpasiri. vaṇṇapokkharatā.
아름다움을 갖추고 있는 vaṇṇasampanna.
아름다움을 부여하는 vaṇṇada. vaṇṇadada.
아름다움을 지시하는 kantisūcaka.
아름다움의 정도 vaṇṇāroha.
아름다움의 획득 rūpasamāpatti.
아름답게 땋은 머리 kesakalāpā(*pl.*).
아름답게 만드는 사람 vaṇṇakāraka.
아름답게 미끄러지는 suplavattha.
아름답게 보이다 upasobhati.
아름답게 여겨지는 subhasaññin.
아름답게 하다 anurañjeti. bhūseti. pasādheti. upasobheti. sobheti.
아름답다 sobhati.
아리까리[승원] arikāri.
아리맛다나[지명] Arimaddana.
아리수(阿梨樹)[식물] ajjuka.
아리안어를 말하는 ariya.
아리안족 ariya. ayira. ayyira.
아리안족에 속하는 ariya. ayiraka. ayyiraka.
아리안족의 언어 ariya. ariyaruda.
아리야방싸[인명] Ariyavaṁsa.
아리타(阿利咤)[인명 등] Ariṭṭha.
아릿따까[식물]의 신선한 씨 addāriṭṭhaka.
아릿타[인명 등] Ariṭṭha.
아마 ~ 했더라면 좋을 텐데 appeva nāma.
아마 appeva. appeva. nāma. kacci nu. kacci nu kho. kacci. kudassu. nūna. nūnaṁ. nu. pi. api. app'ekadā. app'eva. app'eva nāma.
아마(亞麻) ummā. khoma. atasī.
아마도 → 아마.
아마로 만든 옷 khoma.
아마주(阿魔晝)[바라문 이름] ambaṭṭha.
아마포(亞麻布) khomapilotikā. vikāsika.
아만(我慢) khamā. ahaṁkāra. ahaṅkāra. asmimāna. mamatta.
아만(我慢)을 일으키다 khamati.
아만(我慢)이 부서진 nihatamāna.
아만다[식물] amanda.
아말라까[식물] āmalaka. āmaṇḍa. āmalakarukkha.
아말라까로 만든 회전의자 āmalakavaṭṭaka.
아말라까로 만들어진 그릇 āmalakatumba.
아말라까로 만들어진 물단지 āmalakaghaṭa.
아말라까샴푸의 사용으로 생긴 장애 āmalakapalibodha.
아말라까양식의 덮개 āmalakapaṭṭa.
아말라까열매 āmalakaphala.
아말라까잎 āmalakapatta.
아말라까진주[진주] āmalakamutta.
아말라까처럼 둥근 āmalakavaṭṭa.
아말라까호리병박으로 만든 그릇 āmaṇḍasāraka.
아명(鴉明) vāyasavijjā.
아무 것도 없는 akiñcana.
아무 것도 없는 경지 ākiñcaññāyatana.
아무 것도 없는 경지에 도달한 하느님 세계의 신들 ākiñcaññāyatana.
아무 것도 없는 세계 ākiñcaññāyatana. ākiñcaññāyatanadhātu.
아무 것도 없는 세계를 지향하는 ākiñcaññāyatanâdhimutta.
아무 것도 없는 세계에 대한 지각 ākiñcaññāyatanasaññā.
아무 것도 없는 세계에 수반되는 ākiñcaññāyatanasahagata.
아무 것도 없는 세계에 유익한 ākiñcaññāyatana-

sappāya.
아무 것도 없는 세계에 의존하는 ākiñcaññāyatananissita.
아무 것도 없는 세계에 의존하는 비활동적인 마음 ākiñcaññāyatanakiriyacitta.
아무 것도 없는 세계에 의존하는 착하고 건전한 느낌 ākiñcaññāyatanakusalavedanā.
아무 것도 없는 세계에 의존하는 착하고 건전한 마음 ākiñcaññāyatanakusalacitta.
아무 것도 없는 세계와 관련된 ākiñcaññāyatanûpaga.
아무 것도 없는 세계의 결박 ākiñcaññāyatanasaṁyojana.
아무 것도 없는 세계의 마음 ākiñcaññāyatanacitta.
아무 것도 없는 세계의 명상주제 ākiñcaññāyatanakammaṭṭhāna.
아무 것도 없는 세계의 선정 ākiñcaññāyatanajjhāna.
아무 것도 없는 세계의 성취 ākiñcaññāyatanasamāpatti.
아무 것도 없는 세계의 영역 ākiñcaññāyatanabhūmi.
아무 것도 없음 akiñci.
아무 것도[부정사와 함께 사용] kiñcana.
아무 것에 걸리지 않음 alaggana.
아무것도 써지지 않은 책 alikhitapotthaka.
아무것도 얻지 못한 alābhin.
아무것도 없는 경지의 마음에 의한 해탈 ākiñcaññacetovimutti.
아무것도 없는 상태 ākiñcañña.
아무것도 자신의 것으로 소유하지 않는 asa.
아무것에도 뒤지지 않는 anuttara.
아무도 자기의 것이라고 주장하지 않는 asa.
아무도 죽지 않는 곳의 anāmata.
아무런 계급에도 속하지 않는 신분 vevaṇṇiya. vevaṇṇīya.
아무런 피난처도 보지 못하는 aleṇadassin.
아무리 많아도 yattaka.
아무리 사소한 것이라도 yādisa. yādisi.
아무쪼록 ~ 하고 싶습니다 yagghe.
아물라까발리[식물] amūlakavallī.
아바다나(阿波陀那)[음사] apadāna.
아바루다까[야채] Avaruddhaka.
아바바[숫자] ababa.
아바바[지옥] Ababa.
아바야[식물] abhayā.
아바야[인명] Abhayā.
아바야갈라까[승원] Abhayagallaka.
아바야기리[승원] Abhayagiri.
아바야나가[인명] Abhayanāga.
아바야뿌라[지명] Abhayapura.
아바야테리[인명] Abhayattherī.
아바양까라[코끼리명] Abhayaṁkara.
아반디(阿槃提)[국명] Avanti. Avantī.
아반띠[국명] Avanti. Avantī.
아발디(阿鉢底)[음사] āpatti.
아백상(牙白相)[삼십이상] susukkadāṭha.
아버지 ātu. āvuka. pitar. petti°. tāta.
아버지가 없는 apitika. nippitika.
아버지로부터 물려받은 재산과 권력에 의지해 사는 사람 pettanika.
아버지로부터 생긴 pituja.
아버지를 사랑하는 petteyya.
아버지를 죽인 (자) pitughātaka.
아버지에 대한 존경 petteyyatā.
아버지에 의해 보호받는 여자 piturakkhitā.
아버지에게 불손함 apetteyyat.
아버지와 같은 사람 pitusadisa.
아버지와 아들 pitāputta.
아버지와 할아버지 pitupitāmahā.
아버지의 pettika.
아버지의 소유 pitusantaka.
아버지의 아버지 pitupitar.
아버지의 영역 pettikagocara.
아버지의 자매 pitucchā.
아버지의 집 kulageha.
아버지의 쪽 pitupakkha.
아버지의 형제 pettāpiya.
아버지쪽으로부터 petyā.
아버지쪽의 증조부 papitāmaha.
아부(阿附) cāṭukammatā. cāṭukamyatā. pātukamyatā. pāṭukamyatā.
아부다(阿浮陀)[지옥] Abbuda.
아부담[阿部曇][胎內五位] abbuda.
아부하는 mukhullokaka. piyabhāṇin.
아불(芽佛=菩薩) buddhaṅkura.
아비달마(阿毘達磨) abhidhamma.
아비달마(阿毘達磨)를 연구하는 ābhidhammika.
아비달마설(阿毘達磨說) nippariyāyadesanā.
아비달마에 정통한 ābhidhammika.
아비담(阿毘曇) abhidhamma.
아비담마(阿毘曇磨) abhidhamma.
아비담마라는 대해의 저편 abhidhammamahaṇṇavapāra.
아비담마를 교차로 하는 abhidhammasiṅghāṭaka.
아비담마를 연구하는 ābhidhammika.

아비담마물라띠까[복주] Abhidhammamūlaṭīkā.
아비담마에 대한 복복주 abhidhammânuṭīkā.
아비담마에 대한 복주 abhidhammaṭīkā.
아비담마에 대한 상해(詳解) abhidhammaniddesa.
아비담마에 대한 설법 abhidhammadesanā.
아비담마에 대한 탐구 abhidhammaparicaya.
아비담마와 관련된 abhidhammasaṁyutta.
아비담마와 비나야의 조화 속으로 뛰어든 abhidhammavinayogāḷha.
아비담마와 어긋나는 abhidhammavirodha.
아비담마의 경전적 전거 abhidhammatanti.
아비담마의 구절 abhidhammapada.
아비담마의 난해어에 대한 논문 abhidhammatthaganṭhipada.
아비담마의 난해한 용어에 대한 해설서 abhidhammaganṭhi.
아비담마의 논리 abhidhammanaya.
아비담마의 논서 abhidhammagūḷhatthadīpanī.
아비담마의 대도시 abhidhammamahāpura.
아비담마의 바다 abhidhammamahodadhi.
아비담마의 텍스트 abhidhammapāḷī.
아비담마장(阿毘達磨藏) abhidhammapiṭaka.
아비담마주제의 목록 abhidhammamātikā.
아비담마책 abhidhammagantha.
아비라다나[인명] Abhirādhana.
아비부[인명] Abhibhū.
아비부따[인명] Abhibhūta.
아비부천(阿毘浮天) abhibhū. abhibhutta.
아비빠라까[인명] Abhipāraka.
아비싸마[인명] Abhisāma.
아비쌍께따[인명] Abhisaṅketa.
아비지(阿毗至)[지옥] Avīci.
아비지까[음사] ājīvaka. ājīvika.
아비지옥 avīciniraya. avīci.
아비찌[지옥] Avīci.
아빠 pitar. tāta.
아빠다나[음사] apadāna.
아빠다니야[인명] Apadāniya.
아빠라밧따[운율] aparavatta.
아빠라쎌리까[부파] Aparaselika.
아빠라쎌리야[부파] Aparaseliya.
아빠란따띠까[운율] aparantatikā.
아빤나디삐야[인명] Apaṇṇadīpiya.
아사다(阿沙陀)[월명] āsāḷha. āsāḷhā. āsāḷhi. āsāḷhī.
아사타(阿私陀)[인명] Asita.
아선약(阿仙藥) khadirasāra.
아설시(阿說示)[인명] Assaji.
아소견(我所見) attaniyadiṭṭhi. mamaṅkāra.
아소집(我所執) mamaṅkāra. mamāyita.
아쇼카나무 asoka.
아쇼카나무의 가지 asokapallava. asokasākhā.
아쇼카나무의 꽃 asokapuppha.
아쇼카나무의 꽃으로 만든 화환 asokamālā.
아쇼카나무의 싹 asokaṅkura.
아쇼카나무의 원추꽃차례의 다발 asokapiṇḍī.
아쇼카산(山) asoka.
아쇼카승원 asokârāma.
아쇼카와 이름이 같은 asokasavhaya.
아쇼카왕 dhammâsoka. asoka.
아수(阿酬)[인명] Ajjuka.
아수라(阿修羅) asura. vatra.
아수라를 가르치는 자[제석천] asurasāsana.
아수라와 나찰들 asurarakkhasā.
아수라의 것과 같은 이빨을 한 asuradanta.
아수라의 궁전 asurabhavana. asuravimāna.
아수라의 도시 asuranagara.
아수라의 맹세 asuravata.
아수라의 무리 asuragaṇa.
아수라의 무리를 분쇄하는 자[제석천] asuragaṇappamaddana.
아수라의 북 asurabherī.
아수라의 세계 asurakāya. asurayoni.
아수라의 세계로 이끄는 asurayonigāmin.
아수라의 수행원 asuraparivāra.
아수라의 왕 asurarāja.
아수라의 왕인 라후 rāhusurinda.
아수라의 우두머리 asurajeṭṭhaka.
아수라의 정복자 vatrabhū. asurâbhibhū.
아수라의 제왕 asurâdhipa. asurinda.
아수라의 행동 asuravata.
아수라의 환술 asuramāyā.
아수라장 saṅkulayuddha. balavavivāda.
아슈람 assama.
아스파라거스[식물] satamūlī. satāvarī.
아습바(阿濕婆)[인명] Assaji.
아습바국(阿濕婆國)[국명] Assaka.
아습바족(阿濕婆族)[족명] Assaka.
아승만(我勝慢) seyyo'hamasmī'ti vidhā.
아승지(阿僧祇)[숫자] asaṅkha.
아승지겁(阿僧祇劫) asaṅkheyyakappa.
아시리아학 asurapurāvijjā.
아시아 asiyā.
아시아산 자두[식물] harītaka. harīṭaka. harītakī.
아시아의 asiyādesāyatta.
아싸나 나무의 판자 asana.
아싸나[식물] asana.

아싸마[인명] Asama.
아싸바[신계] Āsava.
아싸바띠[식물] āsāvati.
아쌀하[월명] āsāḷha. āsāḷhā. āsāḷhi. āsāḷhī.
아쌀하성운(星雲) āsāḷhanakkhatta.
아쌀하월 āsāḷhamāsa.
아쌀하월의 백분 āsāḷhasukkapakkha.
아쌀하월의 보름날 āsāḷhapuṇṇamadivasa. āsāḷhapuṇṇamā.
아쌀하월의 보름밤 축제 āsāḷhanakkhatta.
아쌀히[월명] āsāḷhi. āsāḷhī
아쏘까[인명] Asokā.
아씨따[인명] Asita.
아씨띠까[식물] āsītika. āsītikā.
아아! hā.
아아! 과연![놀람] aho.
아아! 무서워라! abbhuṁ.
아아! 슬프다! alaṁ. aha.
아아! 슬프도다! abbhumme.
아야타나(阿耶他那) āyatana.
아양 anunayana. kutta.
아어취(我語取) attavādûpādāna.
아열만(我劣慢) hīno'hamasmī'ti vīdhā.
아오리스트시제[문법] ajjatanī.
아우성치다 pakkandati. parodati.
아위(阿魏)[식물] hiṅgu.
아위(阿魏)의 붉은 색 수지(樹脂) hiṅgu.
아위수지(阿魏樹脂)의 가루 hiṅgucuṇṇa.
아유르베다[서명] Āyubbeda.
아유바라니구율수(阿踰波羅尼拘律樹)[식물] ajapālataru.
아육왕(阿育王)[인명] Asoka. Dhammâsoka.
아이 dāraka. pillaka. putta. sūnu. bāla.
아이가 없는 anapacca.
아이나화제(阿夷那和提)[지명] Aciravatī.
아이다시사침바라(阿夷多翅舍欽婆羅)[인명] Ajitakesakambali.
아이디어 saññā.
아이러니를 표현하는 분사 aṅga.
아이를 낳을 수 있는 여자 vijāyin.
아이를 낳지 않은 avijāta.
아이를 낳지 않은 여자 avijātā.
아이를 못 낳는 vañjha.
아이를 못 낳는 여자 vañjhā.
아이보리색 dantakāsava.
아이보리색깔의 danta.
아이보리색의 dantavaṇṇa.
아이스크림 himaduddha.
아일다(阿逸多)[인명] Ajita.
아일다소문경(雅逸多所聞經)[경명] Ajitapañha.
아자까라니[지명] Ajakaraṇī.
아자깔라빠까[야차] Ajakalāpaka.
아자나(阿闍那)[인명] Añjana.
아자따쌋뚜[인명] Ajātasattu.
아자리(阿闍梨) ācariya.
아자빨라나무[식물] ajapālaka.
아자빨라니그로다[식물] ajapālanigrodha.
아자세왕(阿闍世王)[인명] Ajātasattu.
아자화라수(阿闍和羅樹) ajapālaka.
아조(鵝鳥) pākahaṁsa. haṁsa.
아주 → ati. su.
아주 가까이 upantike.
아주 가버리다 atieti.
아주 가혹한 atitikhiṇa. atitikkha.
아주 간소하게 살다 atisallekhati.
아주 갑자기 atisahasā.
아주 강한 balavatara.
아주 강한 사람 purisusabha.
아주 강한 탐욕 tibbasārāga.
아주 거친 atilūkha.
아주 건조한 atisukkha.
아주 검은 atikaṇha.
아주 검은 머리털이 있는 susukāḷakesa.
아주 격렬한 atisāhasa. subāḷhika.
아주 격파하기 어려운 suduppadhaṁsiya.
아주 견고한 마음을 지닌 sukhara.
아주 경이로운 것 atiaccheraka.
아주 고귀한 atipaṇīta.
아주 고귀한 상태 atijaññatā.
아주 고요한 adhippasanna.
아주 고통스러운 atidukkha. sukiccha.
아주 공평한 alobhussada.
아주 광대한 amanda.
아주 교활한 bahumāya.
아주 굶주린 atijighacchita.
아주 굽은 atisambādha.
아주 궁핍한 suparihīna.
아주 귀여운 atimanāpa.
아주 급속한 atisāhasa.
아주 급하게 sīghasīghaṁ.
아주 급한 turitaturita.
아주 급함 ativega.
아주 기만적인 bahumāya.
아주 기쁘게 하다 abhitosayati.
아주 기쁜 suppatīta. udaggudagga.
아주 긴 atidīgha.
아주 긴 의자 āsandī.
아주 길조의 sumaṅgala.

아주 깊은 agādha. atigambhīra.
아주 깨끗한 pariyodāta. sudhota. suvisada.
아주 깨어있는 bahujāgara.
아주 깨어있는 jāgarabahu.
아주 날카로운 sunisita.
아주 날카로운 끝을 지닌 sunisitagga.
아주 낮은 계급의 사람 '개를 요리하는 자' sopāka.
아주 내려감 atinipāta.
아주 놀라운 atiaccheraka.
아주 놀란 atibhīta.
아주 높은 accuggata. akukkuka.
아주 높은 구름 udaggamegha.
아주 높은 신분을 지닌 uggatuggata.
아주 늙은 ativaddha.
아주 능숙한 aticheka. atikusala. sukusala.
아주 늦게 atisāyaṁ.
아주 늦은 저녁 atisāyaṇha.
아주 다채로운 sucitta. sucitra.
아주 단단하게 atidaḷhaṁ.
아주 달콤한 atisādu.
아주 닳아빠진 atikhiṇa.
아주 당당한 acculāra.
아주 더러운 asucitara.
아주 도덕적인 atisīlavanta.
아주 두터운 atibahala.
아주 뛰어난 신(神)[부처님·보살] atideva.
아주 뜨거운 열 abhitāpa.
아주 막강한 상태 atijaccatā.
아주 만족하다 atitussati.
아주 만족한 parititta.
아주 많은 accussanna. atibahala. sampacura.
아주 많은 선인(仙人)의 무리 atisigaṇa.
아주 맑은 suvisada.
아주 매력적인 sumanohara.
아주 매운 kaṭukagga.
아주 매혹적인 atimanohara.
아주 먼 antamanta. atidūra.
아주 먼 곳에 atidūre.
아주 멀리 떨어진 suvidūravidūra.
아주 멋있는 atimanohara.
아주 멋진 atidassanīya.
아주 명료한 ativibhūta.
아주 명백한 uttānuttāna.
아주 목마른 atipipāsita.
아주 몹시 탐내다 anuanugijjhati.
아주 무서운 atibhiṁsana. atighora. bahubherava.
아주 발견하기 어려운 atiduddasa.
아주 배고픈 atijighacchita.
아주 벗어나기 어려운 suduttara.
아주 보기 어려운 sududdasa.
아주 부드러운 suphasita.
아주 부드러운 침대 위에 누운 suseyya.
아주 부서진 atikhiṇa.
아주 부유한 mahaddhana. mahaddhanin. mahāsāra.
아주 부적절한 때의 atikāla.
아주 불쌍한 atikaruṇa.
아주 붉은 abhiratta. suratta.
아주 붐비는 atisambādha.
아주 비난할 만한 atimahāsāvajja.
아주 비싼 mahaggha.
아주 비쌈 mahagghatā.
아주 비참한 atidīna. paṭikiliṭṭha.
아주 비천한 atinīcaka. suparihīna.
아주 빠르게 atisīghaṁ. sīghasīghaṁ.
아주 빠름 rava.
아주 빨리 atisīghaṁ. sīghasīghaṁ.
아주 사랑스러운 atidayita. atimanorama. paripīta.
아주 사랑하는 atimanāpa.
아주 사악한 supāpadhamma. supāpakammin.
아주 섬세한 atisukhuma.
아주 성공적인 atisampanna.
아주 소모된 atikhiṇa.
아주 속아 넘어가기 쉬운 atimāyavin.
아주 쇠퇴한 suparihīna.
아주 수줍은 atibhīruka.
아주 수척한 suparihīna.
아주 승묘(勝妙)한 atipaṇīta.
아주 싫은 견해 bībhacchadassana.
아주 심오한 atigambhīra.
아주 심한 atikaṭuka.
아주 쓴 atitittaka. parititta.
아주 아름다운 atisundara.
아주 아름다운 이마 abhinalāṭa.
아주 어려운 atidukkara.
아주 어린 atitaruṇa.
아주 얼룩진 kabarakabara.
아주 엄한 atiluddha.
아주 여윈 kasima.
아주 연약한 atimuduka.
아주 열등하다 kalākalā.
아주 열등한 atihīna.
아주 열심인 tibbagārava.
아주 영리한 abhinipuṇa. atibuddhi. aticheka.
아주 영특한 abhinipuṇa. atibuddhi. aticheka.

아주 예리한 atitikkha.
아주 오래된 sucira.
아주 완고한 atithaddha.
아주 완전한 suparimaṇḍala.
아주 우수한 파라솔 aticchatta.
아주 운좋은 mahābhāgadheyya. sumaṅgala.
아주 원만한 suparimaṇḍala.
아주 위대한 브라흐마 atibrahmā.
아주 유명한 agganikkhitta. ativissuta. dūraghuṭṭa.
아주 유익한 bahûpakāra.
아주 음악적인 sussara.
아주 이른 아침에 balavapaccūse. balavapaccūsasamaye.
아주 익은 atipakka.
아주 일찍 atipāto. atipageva. atippageva. atippago.
아주 자극적인 atitikkha. parititta.
아주 작은 aṇu. aṇumatta. atiparitta.
아주 작은 손가락크기를 한 kaniṭṭhaṅguliparimāṇa.
아주 작은 씨앗 aṇubīja.
아주 잔인한 aticaṇḍa. atidāruṇa.
아주 잘 갖추어진 atiasampanna.
아주 잘 말하다 accāvadati.
아주 적게 남은 aṇusahagata. anusahagata.
아주 적은 appaka. atithoka. atyappa.
아주 적정(寂靜)한 adhippasanna.
아주 젊은 abhidahara. abhinava. atitaruṇa.
아주 젊음 abhiyobbana.
아주 정교한 susukhuma.
아주 제압하기 쉬운 sunimmadaya.
아주 존경받는 atisakkata.
아주 존경스러운 bahumata.
아주 좋아하는 tappara.
아주 좋은 맛 virasa.
아주 죄악이 많은 supāpika.
아주 즐거운 pamudita. pamodita.
아주 지배적인 atissara.
아주 지혜로운 atibuddhi.
아주 천한 atihīna.
아주 천함 atinipāta.
아주 철저한 abhinipuṇa.
아주 청결한 suppadhota.
아주 청정하게 된 supasanna.
아주 청정한 susuddha.
아주 최상의 ekajeṭṭhaka.
아주 큰 atimahant. mahantatara.
아주 탁월한 atippasattha.
아주 탁월한 차양 aticchatta.
아주 탐욕스런 atiluddha.
아주 하기 어려운 sudukkara.
아주 하찮은 kaniṭṭha.
아주 현명한 mahāmati. sabbavidū.
아주 현명한 것 atipaṇḍitatā.
아주 현저한 parivyatta.
아주 혐오하다 vijigucchati.
아주 혼란된 parimohita.
아주 훌륭한 aticitra.
아주 희고 깨끗한 susukkasukka.
아주 흰 susukka.
아주까리 eraṇḍa.
아주타천(阿周陀天)[신계] Accuta.
아줌마 cullamātā. amma.
아증상(我增上) attâdhipateyya.
아지나[인명] Ajina.
아지따[인명] Ajita.
아지따께사깜발리[인명] Ajitakesakambali.
아지따의 질문[경명] Ajitapañha.
아지랑이 marīci. marīcikā.
아지바까[인명] Ajīvaka.
아직 tu. api ca. tathā pi.
아직 건너지 못한 atiṇṇa.
아직 구어지지 않은 āmakamatta.
아직 구족계를 받지 않은 여자를 겁탈한 자 anupasampannadūsaka.
아직 날 것인 āmakamatta.
아직 더운 abbhuṇha.
아직 바르고 원만한 깨달음을 성취하지 못한 anabhisambhuddha.
아직 배울 것이 있는 사람 sekkhapuggala.
아직 배울 것이 있는 지혜 sekkhapaññā.
아직 비가 내리지 않은 avuṭṭhita.
아직 시작되지 않은 anāraddha.
아직 신선한 젊음을 지닌 avihatayobbana.
아직 신선할 때에 자른 āmakacchinna.
아직 얻지 못한 apatta.
아직 완전히 이해하지 못한 anabhisambhuddha.
아직 익지 않았는데 썩어버린 āmakapūtika.
아직 존재하지 않은 옷의 제조 akatasaṁvidhāna.
아직 태어나지 않은 asañjata.
아직 해야 할 일이 있는 sakaraṇīya.
아직 획득되지 못한 appaṭiladdha.
아집(我執) ahaṁkāra. ahaṅkāra. mamaṅkāra. mamayidaṁ. seritā. yathākāmacāra.
아집(我執)이 없는 amama.
아짤라[인명] Acala.

아찌라바띠[지명] Aciravatī.
아찌무키[인명] Accimukhī.
아첨 anunayana. cāṭukammatā. cāṭukamyatā. kathānigghosa. madhura. pātukamyatā. pāṭukamyatā. unnahanā.
아첨꾼 pasaṁsaka. parāyattavuttin.
아첨하는 anupiya. unnahana.
아첨하는 사람 anupiyabhāṇin.
아첨하다 upalāpeti.
아치라벌지(阿致羅筏底)[지명] Aciravatī.
아치형의 āḷāra.
아치형의 문 toraṇa.
아침 pabhāta. purebhatta.
아침시간에 paccūsakāle.
아침식사 pātarāsa.
아침식사를 한 katapātarāsabhatta. katapātarāsa.
아침식사의 의무를 행한 katapurebhattakicca.
아침에 anuppagge. pāto.
아침일찍 adhippageva. apiratte. divādivassa. pātar. pāto. pātaṁ.
아침잠 ussūraseyyā.
아카시아나무[관목] dhava. khadira.
아카시아나무로 만든 꼬챙이 khadirasūla.
아카시아나무로 만든 발우 khadirapatta.
아카시아나무숲 khadiravana.
아카시아나무의 숯불 khadiraṅgara.
아카시아나무의 조각 khadiraghaṭika.
아카시아류 sirīsa.
아키야니까[운율] ākhyānikā.
아키야따루빠말라[서명] Ākhyātarūpamālā.
아키야따빠다[서명] Ākhyātapada.
아타르바베다[서명] Āthabbaṇa.
아타르바베다주문의 적용 āthabbaṇappayoga.
아타마(阿陀摩)[인명] Aṭṭhaka.
아펙구싸라[서명] Apheggusāra.
아편(阿片) ahipheṇa. aphena.
아프게 되다 āturīyati.
아프다 ābādhati. āgilāyati. ameti.
아픈 akallaka. ātura. kakkhaḷa. khara.
아픈체하기 gilānālaya.
아픔 āgilāyana. dukkha.
아하하(阿訶訶)[지옥] Ahaha.
아함(阿含)[경전] Āgama.
아함(阿含)에 정통한 āgatāgama.
아홉 가지 갈애가 뿌리가 되는 법 nava taṇhāmūlakādhammā.
아홉 가지 고리의 navaṅga.
아홉 가지 남을 해치고자 하는 마음 nava āghātavatthūni.
아홉 가지 남을 해치고자 하는 마음의 극복 nava āghātapaṭivinayā.
아홉 가지 다양성 nava nānāttā. navanānattā.
아홉 가지 단계의 명상의 경지 nava anupubbavihārā.
아홉 가지 단계의 소멸 nava anupubbanirodhā.
아홉 가지 뭇삶의 주처 nava sattāvāsā.
아홉 가지 부류의 불타의 가르침 navaṅgabuddhasāsana. navaṅgika.
아홉 가지 불가능한 경우 nava abhabbaṭṭhānāni.
아홉 가지 소리 내는 법 saddanavaka.
아홉 가지 앎 navañāṇāni.
아홉 가지 업에서 생긴 깔라빠 nava kammasamuṭṭhānakalāpā.
아홉 가지 원한의 토대 nava āghātavatthūni.
아홉 가지 원한의 토대의 극복 nava āghātapaṭivinayā.
아홉 가지 이치에 맞는 정신활동의 근본이 되는 원리 nava yonisomanasikāramūlakā dhammā.
아홉 가지 지각 nava saññā.
아홉 가지 차제적 명상 navânupubbavihārasamāpatti.
아홉 가지 청정을 위한 노력의 고리 nava pārisuddhipadhāniyaṅgāni.
아홉 가지 청정한 삶을 실천하기에 좋지 않은 때 nava akkhaṇā asamayā brahmacariyavāsāya.
아홉 개의 잎사귀를 지닌 navapatta.
아홉 단계의 선정의 성취 navânupubbavihārasamāpatti.
아홉 번째 navama.
아홉 부류의 navaṅga.
아홉 종류의 navavidha.
아홉(9) nava.
아흔(90) navuti.
아흔(90)살 nāvutika.
아흔(90)에 해당하는 navutiya.
아흔(90)의 navutiya.
아흔넷(94) catunavuti.
아흔둘(92) dvānavuti.
아흔셋(93) tenavuti.
아흔아홉(99) ekūnasata.
아흔여덟(98) aṭṭhanavuti.
아흔하나(91) ekanavuti.
아히빠따까[병의 이름] ahivātaka.
아힝싸까[인명] Ahiṁsaka.
악(惡) īgha. pāpa. akusala.
악(鶚)[조류] ukkusa.
악(惡)과 선(善) kaṇhasukka.

악가빤디따[인명] Aggapaṇḍita.
악갈라뿌라[지명] Aggaḷapura.
악견(惡見) diṭṭhigata. pāpadiṭṭhi.
악견(惡見)을 지닌 duddiṭṭha.
악견과 결합된 diṭṭhigatasampayutta.
악견자(惡見者) diṭṭhigatika.
악계(惡戒)의 pāpasīla.
악계자오위난(惡戒者五危難) pañca ādīnāvā dussīlassa sīlavipattiyā.
악과(惡果) kaṭukavipāka.
악구(惡口) dubbaca. dubbacana. pharusā vācā.
악구(惡口)의 paribhāsaka.
악구성(惡口性)의 dubbacajātika.
악귀(惡鬼) pisāca. asappurisa. yakkha. amanussa.
악귀가 출몰하는 amanussapariggaha. amanussapariggahita.
악귀가 출몰하는 황야 amanussakantāra.
악귀를 지닌 pisācin.
악귀에 의해 야기되는 amanussika.
악귀에 의해 야기되는 병 amanussikâbādha.
악귀에게 상처받은 amanussaviddha.
악기(樂器) divilla. turiya. tūriya. vajja.
악기까 바라드와자[인명] Aggika Bhāradvāja.
악기닙바빠나[인명] Agginibbāpana.
악기닷따[인명] Aggidatta.
악기데바[인명] Aggideva.
악기만따[식물] aggimanta.
악기말라[바다] aggimāla.
악기무카[독사] aggimukha.
악기벳싸나[인명] Aggivessana.
악기싸마[인명] Aggisama.
악기쏘마[인명] Aggisoma.
악기씨카[용왕] Aggisikha.
악기의 소리 turiyasadda. tūriyasadda.
악기의 연주 vādana.
악기의 채 koṇa.
악기의 통 doṇikā.
악기잘라[식물] aggijālā.
악까[식물] akka.
악까로 만든 움직이는 울타리 akkavāṭa.
악까바따[창문] akkavāṭa.
악까의 껍질 akkavāka.
악까의 잎 akkapaṇṇa.
악담(惡談) abhisapatha.
악담하다 abhisapati.
악당(惡黨) abhimāra. khaḷa. kakkhaḷa. duṭṭhapakatika. narādhama. sāhasika.
악당근성(惡黨根性) ketava.
악덕(惡德) asagguṇa.
악덕을 행하는 asagguṇavibhāvin.
악령(惡靈) bhūta.
악령들에 빙의된 amanussaûppaddava.
악령들이 많은 장소 amanussussadaṭṭhāna.
악령에 사로잡힌 bhūtagāha.
악령을 쫓다 bhūtāvesā moceti. mantehi bhūte apaneti.
악령쫓기 bhūtāpasāraṇa.
악루창(惡漏瘡) duṭṭhâruka.
악마(惡魔) antaka. asura. kaṇha. maccu. māra. pamattabandhu. pāpimant. pisāca. rakkhasa. kaṇha. parajana. amanussa. bhūta. yakkha. pisāca. niṭṭhura. kakkhaḷa.
악마들의 모임 māraparisā.
악마란 개념 mārapaññatti.
악마로서의 존재 māratta.
악마를 포함한 samāraka.
악마와 같은 pisācasadisa. bhūtāviṭṭha.
악마와 함께하는 samāraka.
악마의 māraka.
악마의 경계 māravisaya.
악마의 군대 kaṇhasena. mārasenā.
악마의 눈 māracakkhu.
악마의 덫 mārapāsa.
악마의 딸 māradhītar.
악마의 무리 māraparisā.
악마의 무리에 속하는 mārakāyika.
악마의 상태 māratta.
악마의 속박 mārabandhana.
악마의 영역 māradheyya.
악마의 음식 mārāmisa.
악마의 자양 mārāmisa.
악마의 정복 mārâbhibhū.
악마의 지배에 있는 māradheyya.
악마의 지분 mārapakkha.
악마의 힘 māravasa.
악마주의(惡魔主義) bhūtabhatti. atiluddhatta. kakkhaḷatta.
악매(惡罵) upavāda.
악매(惡罵)하는 upavādaka.
악명(惡名) akitti. ayasa. āyasakka. āyasakya. pāpasiloka.
악명을 만들어내는 akittisañjananī.
악명이 높은 samaññāta.
악몽(惡夢) pāpasupina.
악사량(惡思量)의 dummantita.
악설(惡說)[輕罪] dubbhāsita.
악설범계자(惡說犯戒者) dubbhāsitajjhāpana.

악설죄(惡說罪) dubbhāsita.
악성의 상처 duṭṭhâruka.
악성전염병(惡性傳染病) mārakavyādhi. māra-karoga.
악세설(惡世說) lokāsubhadiṭṭhi.
악수(握手) āharahattha.
악수(惡獸) dupasu.
악습(惡習)을 가지고 있는 사람 koṇṭa. koṇḍa.
악신(惡神) apadevatā.
악심(惡心) duṭṭhacitta.
악어(惡語) dubbaca. dubbacana. pharusavācā.
악어(鰐魚) kumbhīla. kumbhīra. gaha. suṁsumāra. susu. susukā.
악어가 많은 sagaha. sagāha.
악어새[조류] kuṁbhīlaka.
악어에 대한 공포 suṁsumārabhaya. susukābhaya.
악어의 암컷 suṁsumāri. suṁsumārinī.
악업(惡業) kammakiliṭṭha. kaṇhakamma. pāpakamma.
악업의 파괴 pāpaparikkhaya.
악업자(惡業者) nihīnakamma.
악에 물들지 않는 anānuyāyin.
악영향(惡影響) apakāra.
악욕(惡欲) pāpicchatā. pāpicchā.
악우(惡友) pāpamitta.
악을 쓰는 사람 akkosaka.
악을 씀 akkosa.
악을 저지르는 asaggunavibhāvin.
악을 제거하는 것 dhūtatta. dhūtatā.
악을 행하는 apakāraka.
악을 행하다 padubbhati. pāpeti.
악의(惡意) āghāta. palāsa. upanāha. vyāpajjanā. vyāpannacitta. vyāpatti. byāpāda. makkha. vyāpāda.
악의(惡衣) duccola.
악의가 없는 āghātavirahita. anāghāta. apalāsin. avyāpādavant. avyāpanna.
악의가 없음 avyāpāda.
악의가 있는 palāsin. paḷāsin. upanāhin. vāla. vyāpanna. pisuṇa. vyāpādavant. sabyābajjha.
악의를 품다 āghāteti.
악의를 품은 vyāpannacitta.
악의에 대한 억제 āghātapaṭivinaya.
악의에 사로잡힌 āghātita. vyāpādakāyagantha.
악의에 의해 야기된 dosahetuka.
악의와 연결된 dosasaññita.
악의의 제거 āghātavinaya.
악이숙(惡異熟) akusalavipāka.
악인(惡人) asappurisa. pāpakarin. pāpadhammin. pāpakammanta. pāpakammin. pāpakara. pāpakarin. pāpasamācāra. katapāpa. kupurisa. pāpita. soṇḍi.kadhutta
악작(惡作) dukkaṭa. dukkata. kukkucca.
악작개(惡作蓋) kukkuccanīvaraṇa.
악전(惡田) dukkhetta.
악진(惡瞋) duṭṭhadosa.
악처(惡處) duggati.
악처(惡妻) kudāra. vadhakabhariyā.
악처결생(惡處結生) apāyapaṭisandhi.
악처에의 결생 apāyapaṭisandhi.
악취(惡臭) duggandha. pūtigandha.
악취(惡趣) duggati.
악취(惡趣)에 떨어진 tamanuda.
악취가 나는 pannagandha. pūti.
악취가 나는 담쟁이 pūtilatā.
악취가 나는 생선 pūtimaccha.
악취가 없는 nirāmagandha.
악취결생(惡趣結生) duggatipaṭisandhi.
악취나는 몸 pūtikāya.
악취를 내는 뿌리를 지닌 pūtimūla.
악취에 떨어지지 않는 avinipāta. avinipātaka.
악취의 appagandha.
악취의 상태 duggatibhūmi.
악취지(惡趣地) duggatibhūmi.
악카깨[단위] akkhaka.
악카라비쏘다니[서명] Akkharavisodhanī.
악카라쌈모핫체다니[서명] Akkharasammohacchedanī.
악코히니[숫자] akkhohiṇī.
악평(惡評) āyasakka. āyasakya.
악평에 둘러싸인 avaṇṇasaṁyutta.
악평을 퍼뜨리는 avaṇṇaharaṇa.
악평이 있는 apaññāta.
악필(惡筆) dullikhita.
악하게 micchā.
악하게 보이는 duddiṭṭha.
악하고 불건전한 akusala.
악하고 불건전한 것에 대한 성찰 akusalaparikkhā. akusalûpaparikkha.
악하고 불건전한 것에 대한 지각 akusalasaññā.
악하고 불건전한 것을 버림 akusalapariccāga.
악하고 불건전한 것의 뿌리 akusalamūla.
악하고 불건전한 것의 요약 akusalasaṅgaha.
악하고 불건전한 것의 원인 akusalahetu.
악하고 불건전한 것의 집적 akusalarāsi.
악하고 불건전한 것이라고 불리는 akusalasaṅkhāta.

악하고 불건전한 관념 akusalasaññā.
악하고 불건전한 마음 akusalacitta.
악하고 불건전한 법 akusaladhamma.
악하고 불건전한 사유 akusalavitakka.
악하고 불건전한 성품 akusalasīla.
악하고 불건전한 세계 akusaladhātu.
악하고 불건전한 업 akusalakamma.
악하고 불건전한 의도 akusalasaṅkappa.
악하고 불건전한 행위 akusalakamma.
악하고 불건전함 akusala.
악하지 않은 aduṭṭha.
악한 asagguṇa. dūsita. kakkhaḷadhutta. kasaṭa. khaḷa. ku. pāpa. pāpaka. pāpimant. pāpita. saṭha.
악한 것이 없는 niddukkha.
악한 견해 pāpadassana.
악한 결과 ādīnava.
악한 결과를 가져오는 akusalavipāka.
악한 결과를 가져오는 마음 akusalavipākacitta.
악한 결과를 가져오는 형성의 근본 akusalavipākasaṅkhāramūlaka.
악한 사람들에 의해서 봉사되지 않는 akāpurisasevita.
악한 생각 pāpasaṅkappa.
악한 성품을 지닌 pāpasīla.
악한 영향 āsava.
악한 영향이 없는 anācariyaka.
악한 의도 pāpicchatā. pāpicchā.
악한 일에 대한 두려움 ottappa. ottappana. ottappiya.
악한 일에 대한 두려움의 상태 ottappadhamma.
악한 행위 ārambha. kaṇhakamma. pāpācāra. pāpakamma.
악한(惡漢) → 악인.
악함 micchatta.
악행(惡行) akusala. āsava. duccarita. katana. kaṭana. katapāpa. katapāpakamma. kukkucca. dukkaṭakamma. pāpa. pāpācāra. pāpakamma.
악행도(惡行道) duppaṭipadā.
악행상(惡行相) dvākāra.
악행에 물든 duccaritasaṅkilesa.
악행에 오염된 duccaritasaṅkilesa.
악행에서 기원하는 katapāpamūlaka.
악행을 숨기는 것으로 특징지어지는 katapaṭicchadanalakkhaṇa.
악행의 모습 dvākāra.
악행의 장애 kukkuccanīvaraṇa.
악행자(惡行者) → 악인.
악행잡염(惡行雜染) duccaritasaṅkilesa.
악현(惡賢)의 siṅgin.
악혜(惡慧) duppaññā. duppaññatā.
악혜(惡慧)를 지닌 dummati.
악혜자(惡慧者) duppañña.
악화(惡化)되다 parihāyati. ukkalissati.
악화되지 않은 nirāma.
악화된 anuddhasta. vidūsita.
악화시키다 anuddhaṁseti. virodheti.
악화시키지 않는 avyāpajjamāna. avyāpajjhamāna.
악화시킬 수 없는 avyāpajjamāna. avyāpajjhamāna.
안(內)의 anto. ajjhatta. ajjhattika.
안(眼) cakkhu.
안각처(安脚處) passāvapāduka.
안감 paṭala.
안감에 속하는 paṭalika.
안개 mahikā. nabha. nabho.
안거(安居)의 마지막 날에 그동안 지은 죄를 고백하고 참회하는 행사 pavāraṇā.
안계(眼界) cakkhudhātu.
안과의(眼科醫) akkhivejja.
안과의(眼科醫師) akkhivejja.
안과학(眼科學) nayanavijjā. sālākiya.
안구절개(眼球切開) nayanasallakamma.
안근(眼根) cakkhundriya.
안내(案內) netta. netti. nīti. saṁrakkhanā. tāyana.
안내된 abhigutta.
안내를 받다 nīyati. niyyati.
안내를 찾아야하는 karaṇīyanissaya.
안내서(案內書) avatāra. saṅgaha.
안내아(案內鴉) disākāka.
안내원(案內員) → 안내자(案內者).
안내인(案內人) → 안내자(案內者).
안내자 없이 anāyaka.
안내자(案內者) ativāha. ativāhika. dassetar. maggadesaka. nāyaka. netar. ninnetar. niyyāma. niyyāmaka. niyyātar. pavesetar. parihāraka. pariṇāyaka. tāyitar. vināyaka. vinetar.
안내하는 purecārika.
안내하는 것 netta.
안내하는 까마귀 disākāka.
안내하는 여자 netti.
안내하다 anusāsati. neti. nayati. ninneti. niyāmeti. pāleti. paveseti. vineti.
안녕(安寧) namakkāra. hita. attha.
안다(安陀)[지명] Andha.
안다[국명] Andha.

안다국왕 andhakarājan.
안다국의 andhaka.
안다국의 장군 andhasenāpati.
안다까벤후[인명] Andhakaveṇhu.
안다까빈다[지명] Andhakavinda.
안다는 사실 jānanatā.
안다림(安陀林)[지명] Andhavana.
안다왕국 andhakaraṭṭha.
안다인들의 언어 andhakabhāsā.
안다인의 andhaka.
안달라파(安達羅波) andhaka.
안달루[어류] aṇḍālu.
안달하는 kuṅkumin.
안닷타카타[고대율장] Andhaṭṭhakathā.
안도(安堵) visaṭṭhi. vissaṭṭhi. vissatthi. visatthi.
안두[지명] Andu.
안따라메기리[지명] Antaramegiri.
안따라싸뭇다[지명] Antarasamudda.
안따라쏘바[지명] Antarāsobha.
안뜰 aṅgaṇa.
안락(安樂) sukha.
안락녹야원[安樂鹿野園](지명) Khemamigadāya.
안락사(安樂死) anāyāsamaraṇa.
안락을 경험하는 능력 sukhindriya.
안락의 기능 sukhindriya.
안락의 능력 sukhindriya.
안락의자 āsandī. bhaddapīṭha. pallaṅka.
안락주처(安樂住處) phāsuvihārika.
안락한 곳 sabhāgaṭṭhana.
안락행(安樂行) sukhallikânuyoga.
안료(顔料) mukhacuṇṇaka.
안립(安立) paññatti. ṭhitatta.
안립된 avaṭṭhita.
안마(按摩) parimaddana.
안마당 ājira. antaravatthu.
안마시키다 sambāhāpeti.
안마하다 parimaddati. sambāhati. sambāheti.
안문로(眼門路) cakkhudvāravīthi.
안반(安般) ānāpāna.
안반념(安般念) ānāpāna(s)sati.
안반등소(安般燈疏)[논서] Ānāpānadīpanī.
안변(岸邊) upakūla.
안부인사(安否人事) ānandana.
안살구(安殺具) upanikkhipana.
안색(顔色) vaṇṇatā. vaṇṇanibhārūpa.
안색광택(顔色光澤) pasannamukhavaṇṇa.
안색의 아름다움 suvaṇṇatā.
안색이 나쁜 vivaṇṇa.
안색이 나쁜 여자 maṅgulīmaṅgulī.
안색이 없는[노쇠한 모습] vītavaṇṇa.
안식(眼識) cakkhuviññaṇa.
안식(安息) passaddhi. paṭippassaddhi. paṭipassaddhi. paṭippassambhanā. paṭippassambhitatta.
안식계(眼識界) cakkhuviññaṇadhātu.
안식로(眼識路) cakkhudvāravīthi.
안식에 의한 극복 paṭippassaddhipahāna.
안식에 의한 버림 paṭippassaddhipahāna.
안식에 의한 청정을 가져오는 계율 paṭippassaddhipārisuddhisīla.
안식에 의한 해탈 paṭippassaddhivimutti.
안식원리(安息遠離) paṭippassaddhiviveka.
안식을 얻은 paṭippassaddha.
안식을 통한 멀리 여읨 paṭippassaddhiviveka.
안식처(安息處) ālaya. niḍḍha.
안식편정계(安息遍淨戒) paṭippassaddhipārisuddhisīla.
안식해탈(安息解脫) paṭipassadhivimutti.
안심(安心) palloma. samassāsa. vihāra. visaṭṭhi. vissaṭṭhi. vissatthi. visatthi. urundā.
안심되다 samassasati.
안심된 samassattha.
안심시키다 samassāseti.
안심하다 sampasīdati. vissasati. vissāseti.
안심한 palloma. pannaloma.
안심할 수 있는 vissāsaniya.
안십법(眼十法) cakkhudasaka.
안악가빠까[인명] Anaggapāka.
안안따까야[인명] Anantakāya.
안안따잘리[인명] Anantajāli.
안약(眼藥) añjana.
안약을 바른 añjanamakkhita.
안약을 바른 눈으로 añjanakkhika.
안에 두다 antaradhāyati.
안에 들어오는 사람 antaracara.
안에 바리케이트를 친 antosamorodha.
안에 있게 abahi.
안에 있는 antogata.
안에 있는 것으로 언급되다 upanīyati. upaniyyati.
안에 있는 줄 antarābandhana.
안에서 사는 abbhantaracara.
안에서 움직이지 않는 avattana.
안에서 피가 분출된 antolohita.
안염(眼炎) nettābhisanda. akkhidāha.
안온(安穩) khema. passaddhatā. passaddhi.
안온론(安穩論)[서명] Khemappakaraṇa.

안온에 도달한 khemappatta.
안온을 발견한 abhippasanna.
안온을 보는 khemadassin.
안온의 깨달음 고리 passaddhisambojjhaṅga.
안온지(安穩地) khemantabhūmi.
안온처(安穩處) khemaṭṭhāna.
안온한 khemavati. khemin. nirākula. passaddha. sūrata.
안온한 사람 khemin.
안온한 사슴동산 khemamigadāya.
안으로 ati. anto.
안으로 간 abbhantaragata.
안으로 구부러진 antovaṁka.
안으로 꼬부림 ābhujana.
안으로 넣는 antopavesana.
안으로 들어온 antopaviṭṭha.
안으로 떨어진 apāpata.
안으로 묶인 antojaṭā.
안으로 오그라듬[활동이 없는 것] antosaṁkhepa. antoolīyana.
안으로 이끄는 antopavesana.
안으로 칠해진 antolitta.
안으로 향해진 꽃자루를 한 antovaṇṭa.
안의 abbhantara.
안자나 산[지명] Añjanagiri.
안자나 싹까[인명] Añjana Sakka.
안자나[인명] Añjana.
안자나바나[지명] Añjanavana.
안자나바싸바[코끼리명] Añjanavasabha.
안자싸[인명] Añjasa.
안잘리[인명] Añjalī.
안장(鞍裝) assakaccha.
안전(安全) abhaya. abhāyana. anīti. anīti. parittāṇa. sotthi. suvatthi.
안전구(安全具) apālamba.
안전을 보장함 abhayada(da).
안전을 얻은 abhayappatta.
안전을 일으키는 abhayaṁkara.
안전지(安全地) dantabhūmi.
안전하게 akkhata.
안전하고 건전한 akkhata.
안전하지 못한 akkhema.
안전한 akuto. akutobhaya. anābādha. anītika. anupaddava. avyaya. kavāṭabaddha. khema. nirupaddava. nissaṅka. sotthika. sotthiya. sotthivant. sovatthika. vi.saṅka.
안전한 곳 gādha.
안전한 기초 gambhīra.
안전한 상태 abhayagata.
안전한 장소 dantabhūmi.
안전호주(安全護呪) suvatthi.
안절부절하는 kuṅkumin.
안정(安靜) attha. avaṭṭhiti. avaṭṭhitatā. līḷhā. passaddhatā. passaddhi. passambhanā. patiṭṭhāha. sampasīdana. saṇṭhiti. somanassa. thāvariya. ṭhiti.
안정(眼淨) cakkhuppasāda.
안정과 관련된 계행 ṭhitibhāgiyasīla.
안정과 관련된 삼매 ṭhitibhāgiyasamādhi.
안정과 관련된 지혜 ṭhitibhāgiyapaññā.
안정되다 ekodibhavati. passambhati. sannisīdati.
안정되지 못한 addhuva.
안정되지 않은 adhuva. athira.
안정된 anigha. anīgha. anugghāta. appacala. appakampin. avaṭṭhita. avisāhaṭa. dhuva. nibaddha. niriñjana. patiṭṭhita. suppatiṭṭhita. ānañja. āne(j)ja. āneñja.
안정된 기반 paṭigādha.
안정된 본성을 지닌 avaṭṭhitasabhāva.
안정성(安定性) avatthā. thiratā.
안정성이 없는 aparigutti.
안정시키다 passambheti. saṁvidahati.
안정에 밝은 ṭhitikusala.
안정적인 satata. santata.
안주(安住) phāsuvihāra.
안주인 gahapatānī.
안주하는 niṭṭha.
안주하다 avatiṭṭhati. nivisati.
안지라[무화과나무 또는 그 열매] añjīra.
안지정(安止定) appaṇā. appaṇāsamādhi. appanā. appanāsamādhi.
안지정을 체험한 adhigatappanā.
안짱다리 antovaṁkapāda.
안쪽베란다 pakuṭa.
안쪽에 anto.
안쪽의 anto. ajjhatta. ajjhattika. santara.
안착(安着) avaṭṭhāpana.
안처(眼處) cakkhāyatana.
안촉(眼觸) cakkhusamphassa.
안촉소생수(眼觸所生受) cakkhusamphassajā vedanā.
안출(案出) payoga. upakkama. upāyacintā.
안출자(案出者) upāyacintaka.
안출하다 parikappeti. payojeti.
안치(安置) nidhāna.
안치하다 nidahati.
안타의(安陀衣) antaravāsaka.

안티몬[금속] añjana.
안티몬으로 이루어진 añjanamaya.
안팎 모두의 santarabāhira.
안팎의 antarabāhira. santaruttara.
안팎의 옷과 함께 santaruttarena.
안하무인(眼下無人)의 sappagabbha.
안화(安和)[인명] Khema.
안화인(安和人)[인명] Sotthija.
앉거나 눕는 것 āsīnasayana.
앉게 하다 abhinisīdāpeti. sīdāpeti.
앉고 나서 nisajja.
앉기에 적합한 antonisīdanayogga.
앉는 것 upavesana.
앉는 장소 āsanaṭṭhāna.
앉다 acchati. āsati. nilīyati. nisīdati. sīdati. upavisati.
앉아서 āsajja.
앉아야 할 sajja.
앉아있는 nisādin.
앉아있는 사람 nisajjitar.
앉았다 ajjhupāvekkhi.
앉은 abhinisinna. āsīna. nilīna. nisinna.
앉은뱅이 pīṭhasappin.
앉을 기회 nisīdana.
앉음 abhinisīdana. nisajjā. nisajjā. nisīdana.
앉히다 nisīdāpeti.
알 수 없는 amata. aviññeyya.
알 수 있는 jāna. jānitabba. pariññeyya.
알[卵] aṇḍa. aṇḍī. bīja.
알갱이 sakkharā. sakkharikā.
알게 되다 ñayati. paññāyati. pāpuṇāti. rūpeti.
알게 된 santhavajāta.
알게 된 마음을 지닌 kataviditamana.
알게 될 것이다 upaññassaṁ.
알게 하다 ārocāpeti. ñāpeti. pakāseti. upajānāpeti. paricayati.
알고 나서 samecca. anuvicca. paññāya. viditvāviditvā.
알고 이해하는 pariya.
알고 있는 dhāra. dhāraka. saññin.
알고자 하는 aññâpe(k)kha.
알기 어려운 dujjāna.
알껍질 kapāla. aṇḍakapāla. aṇḍakosa.
알다 abhivedeti. ājānāti. aveti. bujjhati. jānāti. munāti. nibbijjhati. pajānāti. passati. paṭibujjhati. paṭijānāti. samabhijānāti. sambujjhati. sameti. sam.pajānati. sañjānāti. upajānāti. upalabhati. vedeti. veti. vetti. vijānāti. vindati.
알뜰 subharatā.
알뜰한 생활을 영위하는 sallahukavuttin.
알라까데바[인명] Alakadeva.
알라까만다[지명] Ālakamanda.
알라깝빠[지명] Allakappa.
알라라깔라마[인명] Alārakālāma.
알라바까[인명] Āḷavaka.
알라비[국명] Āḷavī.
알라비국에 있는 사원 aggāḷava.
알라비국의 사람 āḷavaka. āḷavika.
알라비까[인명] Āḷavikā.
알랑거리는 자 pasaṁsaka.
알렉산드리아[지명] Alasanda.
알려져야 하는 jānitabba. anuvejja.
알려져야 할 aññeyya. pakāsaniya. vediya.
알려주는 viññāpana.
알려주는 사람 ācikkhitar.
알려줌 saññatti.
알려지게 하다 paṭivedeti.
알려지고 있는 pavediyamāna.
알려지다 akkhāyati. pakāsati. paññāyati. upalabbhati. vijjati.
알려지지 않고 anabhiññaya.
알려지지 않는 aññātaka.
알려지지 않은 adiṭṭha. ajānika. anabhiññata. aññāta. apākaṭa. apaññāta. apaññatta. appaññatta. appaññattika. appaṭisaṁvidita. appaṭivedita. avidita. aviññāpita. aviññāta.
알려지지 않은 것 apaññāyana. avyākata.
알려지지 않은 것을 알게 되는 능력 anaññātaññassāmītindriya.
알려지지 않음 appaññatti. aviññatti.
알려진 abhiññāta. ākhyāta. akkhāta. aññāta. anubuddha. lañcaka. ñāta. paññatta. paricita. paṭisaṁvidita. paṭividita. pavedita. samakkhāta. samaññāta. saṁvidita. saṅghuṭṭha. upaññāta. vidita. viññāpita. vyākhyāta.
알려진 것 viditatta.
알려진 것에 대한 완전한 앎 ñātapariññā.
알려진 것의 소멸 ñātavibhūta.
알려짐 pākatabhāva.
알로에나무[식물] agalu.
알로에연고 akalu.
알루[식물] ālu.
알루미늄 lahusetaloha.
알리[식물] alli.
알리[어류] āli. āḷi.
알리게 하다 ārocāpeti. ghosāpeti.
알리는 사람 akkhātar. sāvetar.
알리다 abhivedeti. ācikkhati. ādisati. akkhāti.

ārocayati. āroceti. ghoseti. ñāpeti. nivedeti. pabhāsati. paññāpeti. parikitteti. paṭivedeti. pātukaroti. pavedeti. saññāpeti. sāveti. ugghosāpeti. ugghoseti. upajānāpeti. vadati. viññāpeti. viyācikkhati
알리의 잎 allipatta.
알리의 잎으로 만든 천 allikā̆.
알리의 잎으로 물들인 천 allipatta.
알리지 않음 anārocanā.
알림 ācikkhana. ārocana. ārocanā. ñāpana. ñatti. nivedana. pavedana. sandesa. saṅkittana. sāvaṇa.
알림의 의무 ārocanakicca.
알림의 의미 ārocanattha.
알맞게 yathāvato. yathāvidhiṁ.
알맞게 시설된 uddissakata.
알맞다 upakappati.
알맞은 dhammika. anucchava. āvatthika. kappa. tadanurūpa. tadūpika. tadūpiya. ucita.
알맞은 것 otaraṇa.
알맞은 행복 mattāsukha.
알맞음 otāraṇa.
알맞지 않는 appaṭirūpa.
알면서 cecca.
알모양의 aṇḍākāra.
알사다월(頞沙茶月)[월명] āsāḷha. āsāḷhā.
알선된 paripācita.
알선하다 paripāceti.
알아내다 munāti.
알아냄 munana.
알아야 할 것 ñeyya.
알아차리다 bujjhati. dassati.
알아차림 anussaraṇa.
알아채고 paṭivekkhiya. abhisaṁvikkha.
알아채다 anussarati. āvajjati. jānāti. upadhāreti. upadhārayati. upalakkheti.
알았다고 자만하는 aññātamānin.
알약 cuṇṇapiṇḍa.
알에서 생겨난 aṇḍasambhava. aṇḍaja.
알을 위하여 aṇḍatthāya.
알음알이 viññāṇa.
알지 못하고 anaññāya.
알지 못하는 ajānana. ajānant. aññaṇin. apassat. asaṁvindat. avijānant.
알지 못하는 상태 anavagama.
알지 못한 anaññāta.
알지 못함 āsañcicca.
알카리 loṇa. khāra. bahukhāra.
알카리성물질 loṇa. khāra. bahukhāra.
알카리성의 loṇika. loṇiya. khārika.
알코올 ariṭṭha. majjasāra.
알코올을 다량 함유한 majjasārabahula.
알코올음료 majja.
알코올이 없는 amajja.
알파벳 lipi.
알하까[단위] āḷhaka.
알하룰라까[식물] āḷharūḷhaka.
알현실(謁見室) upaṭṭhāna.
앎 ājānana. aññā. aññāṇa. ñāṇa. sañjānanā.
앎과 무관한 ñāṇavippayutta.
앎과 봄 ñāṇadassana.
앎과 봄을 지닌 ñāṇadassin.
앎과 봄을 통해서 ñāṇadassanānurūpena.
앎과 봄의 청정 ñāṇadassanavisuddhi. parisuddhañāṇadassana.
앎에 대한 이야기 ñāṇavāda.
앎에 의한 동요 ñāṇatassanā.
앎에 의한 해탈 ñāṇavimokkha.
앎을 갖춘 사람 aññātar.
앎을 실천하는 (사람) ñāṇacarita.
앎을 원하는 aññātukāma.
앎을 주는 ñāṇakaraṇa.
앎의 그물 ñāṇajāla.
앎의 길 ñāṇapatha.
앎의 눈 ñāṇacakkhu.
앎의 능력 ñāṇindriya.
앎의 실천 ñāṇacariyā.
앎의 작용 ñāṇindriya.
앎의 체험 ñāṇaphusanā.
앎의 칼 ñāṇakkhagga. ñāṇâsi.
앎의 퍼져나가는 불가사의한 힘 ñāṇavipphāriddhi.
앎의 획득 ñāṇaphusanā.
앎이 부여된 ñāṇûpapanna.
앎이 없는 aññāṇa. aññaṇaka.
앎이 있는 aññaṇaka.
앓다 virāgeti. vyādheti.
암고양이 biḷārikā.
암굴(暗窟) kandara.
암기된 pariyatta. svāgata.
암기하다 pariyāpuṇāti.
암기한 pariyāputa.
암까마귀 kākī.
암낙타 oṭṭhī.
암놈박쥐 jaṭukā. jatukā. vaggulī.
암라(菴羅) amba.
암마나[단위] ammaṇa.
암마라할바(菴摩羅割波)[지명] Allakappa.

암말 assā. assadhenu. baḷavā. vaḷavā.
암말의 입 baḷavāmukha.
암말이 끄는 마차 vaḷavāratha.
암면조각(巖面彫刻) silāvaḍḍhakīkamma. pāsāṇacittakamma. silālekhā. silālipi.
암면조각가(巖面彫刻家) silāvaḍḍhakin.
암바랑고다[지명] Ambalaṅgoda.
암바바리(菴巴波利)[인명] Ambapālī.
암바빨리[인명] Ambapālī.
암바설림(菴婆僻林)[지명] Ambatthikā.
암밧타[인명] Ambaṭṭha.
암밧티까숲[지명] Ambatthikā.
암사슴 migadhenu. migamātukā. migī. turī.
암사자 sīhī.
암산(暗算) gaṇanā. gaṇikā.
암산양 ajā. eḷakā. eḷikā. eḷikī.
암석(巖石) pāsāṇa. silā.
암석분류학(巖石分類學) pāsāṇasambhavavijjā.
암석분류학자(巖石分類學者) pāsāṇasambhavavidū.
암석학(巖石學) pāsāṇavijjā. silāvijjā.
암소 amhā(?). dhenu. gāvi. vasā.
암소 뒤에 anugu.
암소를 데리고 있는 sahadhenuka.
암송(暗誦) anuvācana. uddesa. bhāṇa. paṭhana. sajjhāyanā. vācanā. vācanaka.
암송되어야 하는 āhacca.
암송되어야할 것 kathetabbabhāva.
암송되지 않는 anuccāraṇa.
암송된 paccābhaṭṭha.
암송의 이유 kathanaṭṭhāna.
암송의 장소 vācanaka.
암송의 행위 kathana.
암송의식(暗誦儀式) vācanaka.
암송하게 하다 bhāṇeti. vāceti.
암송하는 ajjhena. bhāṇin. japa. jappa. vācaka.
암송하다 anukasati. anukassati. adhiyati. adhīyati. āharati. aṇati. anusajjhāyati. anuvāceti. apilāpeti. gadati. japati. katheti. paccābhāsati. paccudāharati. parivatteti. paṭhati. sajjhāyati. udāharati.
암송한 것(계율의 항목)에 포함되는 uddesapariyāpanna.
암송한 것(계율의 항목)의 분류 uddesaparicchеda.
암수[암놈과 수놈] mithuna.
암시(暗示) atthâpatti. dassana. obhāsa. parikathā. saṅketa. viññatti.
암시를 얻지 못한 aviññāta.
암시를 주는 행위 obhāsakamma.
암시를 주지 않음 aviññatti.
암시와 신호을 만드는 obhāsanimittakamma.
암시와 완곡과 신호 obhāsaparikathānimitta.
암시의 물질 viññattirūpa.
암시하다 nimittaṁ karoti.
암앵무새 suvī.
암양 eḷakā. eḷikā. eḷikī. uraṇī. uraṇikā. urāṇī. urāṇikā. avī.
암염소 ajā. ajikā.
암올빼미 ulūkī. ulūpinī.
암용 nāgī.
암원숭이 kapinī. makkaṭī.
암원숭이의 자궁 kapiyoni.
암자(庵子) paṇṇakuṭī.
암캐 kukkurinī. soṇī. sunakhī.
암컷 공작 sikhinī.
암컷의 기관 koṭacikā.
암컷의 푸른 어치 kikin.
암코끼리 hatthinī. hatthinikā. kareṇū. kareṇukā.
암탉 kikin. koriyā. turī. kukkuṭī.
암탉의 꼬꼬댁 우는 소리 kuñcakāra.
암퇘지 sūkarī.
암표범 dīpanī.
암향광자(闇向光者) jotitamaparāyaṇa.
암향암자(闇向闇者) tamotamaparāyaṇa.
암호랑이 vyagghinī.
암흑(暗黑) andhakāra. timira. andhatama.
암흑을 몰아내는 andhakāratamonuda.
압도(壓倒) ativattana.
압도당한 parijita. upaṭṭita.
압도된 abhivihata. ajjhotthaṭa. ākaḍḍhita. avakkanta. avatthaṭa. otthaṭa.
압도하는 ajjhārūha. ajjhāruha.
압도하다 abhikirati. atiyāti. pariyādiyati. pariyādiyyati.
압도하지 않음 anajjhottharaṇa.
압박(壓迫) abhinippīḷanā. adhipatana. bādha. bādhā. paṭipīḷana. sambādha. sampīḷa. uppīḷana.
압박받지 않는 anuppīḷa.
압박을 받는 addita. nibaddha. sampīḷita. bādhita. paṭipīḷita.
압박을 받다 ruppati.
압박하기 paṭikaḍḍhanā.
압박하는 bādhaka.
압박하는 상태 bādhakatta.
압박하다 abhinippīḷeti. abhipīḷeti. abhisallikhati. abhisāreti. ajjhottharati. ativeṭheti. sampīḷeti-sampīḷeti. uppīḷeti.

압부대[인명] Abbuda.
압부대[지옥] Abbuda.
압부대[胎內五位] abbuda.
압정포(壓定布) kabaḷikā.
압제(壓制) paṭipīḷana. paṭivinaya.
압제자(壓制者) niggāhaka.
압착(壓搾) abhinippīḷanā. āmaddana. nimmathana. nippīḷana.
압착되어야 할 nimmadaya.
압착된 sampamathita.
압착하다 abhisuṇāti. anvāmaddati. nimmathati. nimmanthati. nimmatheti. pamathati. sampamaddati.
압착해서 뽑아내다 omaddati.
압축된 abhisaṅkhitta. ākoṭita. paccākoṭita. sāmukkaṁsika.
압축하다 abhisaṅkhipati.
앗![감탄사] ahe.
앗다까씨[인명] Aḍḍhakāsī.
앗다마싸까라자[인명] Aḍḍhamāsakarāja.
앗다짠다[식물] aḍḍhacanda.
앗다짠디야[인명] Aḍḍhacandiya.
앗다쩰라까[인명] Aḍḍhacelaka.
앗딜라랏타[국명] Addilaraṭṭha.
앗따나갈루사의 사지(寺誌) attanagaluvihāravaṁsa.
앗따하싸까[식물] aṭṭahāsaka.
앗싸간다[식물] assagandhā.
앗싸굿따[인명] Assagutta.
앗싸까[족명] Assaka.
앗싸깐나[지명] Assakaṇṇa.
앗싸뿌라[지명] Assapura.
앗싸유자[월명] assayuja.
앗싸지[인명] Assaji.
앗싸타[식물] assattha.
앗자까[식물] ajjaka.
앗자로하[어류] ajjhāroha.
앗주까[인명] Ajjuka.
앗주깐나[식물] ajjukaṇṇa.
앗주나[식물] ajjuna.
앗주나뿝삐야[인명] Ajjunapupphiya.
앗쭈따가마비야마까[인명] Accutagāmavyāmaka.
앗쭈따가민[인명] Accutagāmin.
앗치바[식물] acchiva.
앗타까[인명] Aṭṭhaka.
앗타까나가라[지명] Aṭṭhakanagara.
앗티[운율] aṭṭhi.
앗티깟차까[식물] aṭṭhikacchaka.
앗티깟차빠[거북이] aṭṭhikacchapa.
앗티꿈마[거북이] aṭṭhikumma.
앗티싸라[인명] Aṭṭhissara.
앗티쎄나[인명] Aṭṭhisena.
앙가[국명 등] Aṅga.
앙가로까[국명] Aṅgaloka.
앙가헤뚜까[조류] aṅgahetuka.
앙갚음 paṭikibbisa.
앙굴리말라[인명] Aṅgulimāla.
앙굴마라(央掘摩羅)[인명] Aṅgulimāla.
앙굿따라니까야[경장] Aṅguttaranikāya.
앙굿따라니까야주석[주석] Aṅguttaraṭṭhakathā.
앙굿따라빠[지명] Aṅguttarāpa.
앙기라(鴦耆羅)[인명] Aṅgīrasa.
앙기라싸[인명] Aṅgīrasa.
앙꼴라[식물] aṅkola.
앙꼴라까[인명] Aṅkolaka.
앙꼴라뿝피야[인명] Aṅkolapupphiya.
앙꾸라[인명] Aṅkura.
앙상한 upphāsulika.
앞 santika.
앞과 뒤의 pubbâpara. pubbuttara.
앞도 뒤도 아닌 apacchâpurima.
앞뒤가 맞지 않는 vilakkhaṇa.
앞문 puredvāra.
앞발 purimapāda.
앞부분 dhura. aggabhāga. mukha.
앞부분이 비교의 대상인 upamānapubbapada.
앞서 태어난 pubbaja.
앞서가는 (사람) purejava.
앞서가는 사문 puresamaṇa.
앞서가는 연민의 부분 karuṇāpubbabhāga.
앞서고 뒤서는 것 anusandhipubbâpara.
앞에 aggato. agge. parimukha. pubba. purā. purato. purattha. pure. upanti.
앞에 가는 purecārika.
앞에 꽃을 단 papupphaka.
앞에 놓다 purakkharoti.
앞에 놓인 adhikata.
앞에 엎드리다 paṇipatati.
앞에 있는 abhimukha. abhimukhī°. purebhava. uparima.
앞에 있는 상태 abhimukhabhāva. abhimukhībhāva.
앞에 있음 sakāsa.
앞에 있지 않은 apure.
앞에서 abhimukhaṁ.
앞에서부터 purato.
앞으로 puratthaṁ.

앞으로 가져오고 upaneyya. upanīya.
앞으로 가져와야 할 upaneyya.
앞으로 간 pasaṅkanta.
앞으로 나가게 하다 pasāreti.
앞으로 나아가는 pavattana. vikkamati.
앞으로 나아가지 못하는 avipakkanta.
앞으로 나아간 abhikkanta. sampayāta.
앞으로 흐르다 apasarati.
앞으로 흐르지 않는 apaggharaṇaka.
앞을 내다보는 abhikaṅkhin. apekkhaka.
앞을 바라보다 paviloketi.
앞을 바라봄 ālokita.
앞을 바라봄과 뒤를 바라봄 ālokitavilokita.
앞을 보다 apaloketi.
앞의 pura. puratthima. purima.
앞의 경전(經典) uparimasutta.
앞팔 aggabāhā.
애가(哀歌) sokagīta.
애결(愛結) anunayasaṁyojana. taṇhāsaṁyojana.
애국심(愛國心) sadesānurāga.
애국자(愛國者) sadesānurāgin.
애국적인 desabhattika.
애꾸눈을 지닌 ekacakkhu.
애꾸눈의 ekanetta.
애꾸의 kāṇa.
애도(哀悼) ādeva. ādevanā. anusocana. anusocanā. anutthunā. lālappa. lālappa. lālappana. lālappanā. parideva. paridevitatta. ruṇṇa. roṇṇa. socanā.
애도된 paridevita.
애도하다 ādevati. anusocati. anutthuṇāti. avajjhāyati. lālapati. lālappati. paridevati. paridevayati. socati. socayati. soceti.
애도하지 않음 aparideva.
애락(愛樂) kāmasukhallika.
애락(愛樂)하는 abhinandin.
애류(愛流) taṇhāsota.
애망(愛網) taṇhājāla.
애매(曖昧) dhūmāyitatta.
애매하지 않은 aviparīta.
애매한 avibhūta. avisada.
애매한 말 vācāvikkepa.
애무(愛撫) upalālana.
애무하다 apalāḷeti. keḷāyati. keḷayati. upalāḷeti.
애민자(哀愍者) hitânukampin.
애별리고(愛別離苦) piyehi vippayogo dukkho. vippayoga.
애분별(愛分別) taṅhākappa.
애상(愛相) piyanimitta.
애서가(愛書家) ganthappiya.
애석(哀惜)하게 여기다 anutappati.
애수면(愛隨眠) taṇhânusaya.
애신(愛身) taṇhākāya.
애쓰는 paṭisotagāmin.
애쓰다 āyatati. āyūhāpeti. āyūhati.
애씀 parissama. ussahana.
애어(愛語) pemaniyavāda. peyyavajja. piyavacana. peyyavajja.
애어자(愛語者) piyabhāṇin.
애욕(愛欲) kāma.
애욕이 없는 anassāvin.
애욕이 있는 kāmin.
애원(哀願) ajjhesanā. abhiyācana. abhiyācanā. āyācana. āyācanā.
애원하다 abhiyācati. ajjhesati. āyācati. upayācati.
애유(愛有) taṇhābhava.
애인(愛人) jāra. jārī. kāmuka. sinehaka.
애잡염(愛雜染)의 taṇhāsaṅkilesana.
애장애(愛障碍) taṅhāpapañca.
애정(愛情) apekkhā. apekhā. abhīsu. lepa. otaraṇa. paṇaya. pema. sārāga. sineha. sneha.
애정에서 생겨난 sinehaja.
애정을 따르는 sinehanvaya.
애정의 결여 anunayâbhāva.
애정이 깊은 눈 piyacakkhu.
애정이 없는 vītapema.
애정이 있는 pemaniya. pemanīya. vacchala.
애중시(愛重視) taṇhāpurekkhāra.
애증상(愛增上) taṇhâdhipateyya.
애진(愛盡) taṇhakkhaya.
애진신해(愛盡信解) taṇhakkhayâdhimutta.
애집(愛執) taṇhānivesanā.
애착(愛着) apekkhā. apekhā. ālaya. rati. taṇhā. visattikā.
애착을 버린 ālayavissajjana.
애착하는 nirata. ratin. saṁsatta.
애착하다 mamāyati. mamāyate.
애착하지 않는 nirāsaya.
애착하지 않다 paṭilīyati.
애착할 만한 kamanīya.
애타게 saussāhaṁ. sāpekkhaṁ.
애타게 원하지 않는 anāsayāna.
애타는 āsasāna. āsiṁsaka. āsamāna. āsayāna. sāpekha. sāpekkha.
애타다 āsayati. āsiṁsati. vipāceti. abhilasati.
애탐(愛貪) kāmacchanda.

애태우다 vyathati. viheseti.
애통(哀慟) cittasantāpa.
애통해 하다 okandati. okkandati.
애편취(愛遍取) taṇhāpariggaha.
애호(愛好) saṅgaha. vallabhatta.
애호를 받다 parihīrati.
애희(愛喜) abhinandana. abhinandanā.
액(液) rasa.
액(軛) yuga.
액군(軛群) yogagocchaka.
액난(厄難) vyasana.
액륜(額輪) nalāṭamaṇḍala.
액면가의 절반의 가치를 지닌 aḍḍhasāra.
액박(軛縛) yogayutta.
액법(軛法) yogadhamma.
액불상응(軛不相應) yogavippayutta.
액사리사(額舍利史)[서명] Nalāṭadhātuvaṁsa.
액상응(軛相應) yogasampayutta.
액안온(軛安穩) yogakkhema.
액안온(軛安穩)에 도달한 pattayogakkhema.
액운(厄運) vyasana.
액운을 당한 vyasanin.
액이법(軛二法) yogaduka.
액즙(液汁) pīyūsa.
액체가 조금씩 흘러나오다 adhippagharati.
액체수프 allayūsa.
액체의 방울 gaḷa.
앤솔로지 sāravākyasaṅgaha.
앨라라[인명 등] eḷāra.
앵무새 ciriṭa. kīra. sālikā. sāliyā. sāḷikā. sāḷi. sāliya. suka. suva.
야![낮은 계급의 여자를 부를 때] je.
야(夜) ratta. ratti.
야[경멸] re.
야간(野干) kotthu. koṭṭhuka. sigāla. sivā.
야간(夜間) saṁvarī.
야금학(冶金學) lohasodhana.
야기되다 kayirati. kayyate. kariyyati. karīyati.
야기하는 ādadhāna. āvahana. āvahanaka. samuṭṭhāpaka.
야기하다 āvahati. samuṭṭhāpeti. udīrayati. udīreti. upadahati. upajanayati. upasaṁharati.
야기함 upadhāna.
야단법석 kotūhala. tumula. ussāraṇa. ussāraṇā. visevita.
야단법석의 술잔치 jayapāna.
야록(野鹿) āraññakamiga. maga.
야마(夜摩) maccu. yama.
야마(夜摩)의 사자(使者) yamadūta.
야마까[논장] Yamaka.
야마천(夜摩天)[신계] Yāma.
야만인(野蠻人) milāca. milakkha. saṅkopa. kirāta. kirāṭa.
야만적인 asabbha. asabbhin. niṭṭhura. sāhasika. uddālamala.
야만주의(野蠻主義) asabbhatā.
야말로 eva.
야망(野望) icchâcara.
야망이 있는 abhimānin.
야모나(耶牟那)[지명] Yamunā.
야무나[지명] Yamunā.
야생고양이 araññabiḷāra.
야생꽃과 과일의 선물 vanabhaṅga.
야생동물과 같은 migabhūta.
야생말 araññahatthin. araññassa.
야생벼 nīvāra. sūkarasāli.
야생소 gonasira. goṇasira.
야생숲 āraññavana.
야생열매로 사는 고행자 pavattaphalikatāpasa.
야생열매를 음식으로 하는 pavattaphalabhojana.
야생염소 eḷaka.
야생으로 자란 aropitajāta.
야생의 맹수 aghammiga.
야생채소 araññapaṇṇa.
야생초목의 뿌리 vanamūla.
야생콩 araññamāsa.
야성(野性) āraññakasīla.
야쇼다라[인명] Yasodharā.
야수(野獸) miga. picu.
야수다라(耶輸陀羅)[인명] Yasodharā.
야수성(野獸性)의 tiracchānagatika.
야아! he.
야영(野營) sannivesa. satthavāsa.
야영지(野營地) khandhāvāra.
야우(野牛) gavaja. gavaya. gonasira.
야윈 sukkhin. sukkhita.
야자수(椰子樹) tāla. nāḷikera.
야자수에 속하는 nāḷikerika.
야자수의 즙 rasôdaka.
야자열매 coca.
야자유(椰子油) nāḷikeratela.
야자잎으로 만든 장난감 됫박 pattāḷhaka.
야자잎의 바구니 paṇṇapuṭa.
야저(野猪) varāha.
야쥬르베다 Yajubbeda. Yajuveda.
야차(夜叉) amanussa. bhūta. gaha. yakkha.
야차계(夜叉界) yakkhabhavana.
야차군의 대장 yakkhasenāpati.

야차녀(夜叉女) yakkhinī. yakkhī.
야차들로 가득 찬 ākiṇṇayakkha.
야차를 따르는 yakkhagaha.
야차무(夜叉務) yakkhavata.
야차성(夜叉城) yakkhanagara.
야차숭배 yakkhapūjā.
야차에 붙잡힌 yakkhagāha.
야차에 사로잡힌 여자노예 yakkhadāsī.
야차와 같은 인간 manussayakkha.
야차와 같은 행세 yakkhavata.
야차의 거처 yakkhabhavana.
야차의 군대 yakkhasenā.
야차의 능력 yakkhânubhāva.
야차의 대신통력 yakkhamahiddhi.
야차의 도시 yakkhanagara.
야차의 모임 yakkhasamāgama.
야차의 무리 yakkhagaṇa.
야차의 세계 yakkhayoni.
야차의 신통력 yakkhiddhi.
야차의 영역 yakkhayoni.
야차의 왕 kubera.
야차의 존재 yakkhabhūta.
야차의 처소 yakkhaṭṭhāna.
야차인 상태 yakkhatta.
야차태(夜叉胎) yakkhayoni.
야채(野菜) ḍāka. harita. haritaka. haritapaṇṇa. sāka. paṇṇikā.
야채가 적은 appaharita.
야채와 땔감 sākakaṭṭa.
야채장사 paṇṇika.
야채재배를 위한 토지 sākavatthu.
야채즙 ḍākarasa.
야천(野天) abbhokāsa.
야크 camara. camarī.
야크 꼬리털 vālavījanī.
야크 꼬리털로 만든 불자(拂子) vālavījanī. camaravījanī.
야크 꼬리털로 만든 총채 → 야크 꼬리털로 만든 불자(拂子).
야호(夜狐) kotthu. koṭṭhu. koṭṭhuka.
야후(yahoo) manussatiracchāna.
약(藥) agada. bhesajja. vejjikā.
약간 구부러진 āvelita. āvellita.
약간 구부러진 뿔을 지닌 āvelitasiṅgika.
약간 구부린 ānata.
약간 노란 īsaṁkaḷara. īsaṁpiṅgala. īsaṁpītaka.
약간 더운 kaduṇha.
약간의 katipaya.
약간의 거리를 두고 배웅하다 anusaṁsāveti.
약간의 사탕수수 ucchukhaṇḍikā.
약간의 자갈이나 돌이 섞인 īsaṁsakkharapāsāṇa.
약골(弱骨) paṇḍaka.
약과 같은 agadasama.
약국(藥局) bhesajjasālā. osadhālaya.
약냄새 agadagandha.
약량학(藥量學) osadhamattāñāṇa.
약리학(藥理學) osadhasampādanavijjā.
약리학자(藥理學者) osadhappabhedavidū.
약물론(藥物論) osadhavaṇṇanā.
약물학(藥物學) osadhasampādanavijjā.
약물학자(藥物學者) osadhappabhedavidū.
약배낭 bhesajjatthavika.
약사(藥師) osadhika. osadhavāṇija. osadhasampādaka.
약사발 bhesajjakapālaka.
약설(略說)된 uddiṭṭha.
약성분 osadhabhūta.
약속(約束) kathikā. katikā. paṭiññā. paṭissā. patissā. paṭissavatā. paṭissaya. paṭissava. payojana. saṅgara. sapatha.
약속된 paṭiññāta.
약속을 어기다 visaṁvādeti.
약속을 지키다 avisaṁvādeti.
약속을 하고 sampuccha.
약속장소 saṅketa.
약속하다 āyācati. paṭijānāti. paṭissuṇāti.
약속한 katapaṭiñña.
약손가락 anāmikā.
약수지(藥樹脂) hiṅgu.
약술(略述) sampaṭiggaha.
약심(略心) saṅkhittacitta.
약에 대한 학습계율 bhesajjasikkhāpada.
약왕성(藥王星) osadhitārakā.
약용씨앗 goṭhaphala.
약위(約位)의 āvatthika.
약의 저장 bhesajjasannidhikāra.
약의 하나의 적용 ekabhesajja.
약이 아닌 것 abhesajja.
약입(躍入) sampakkhandana.
약장사 osadhika.
약전(藥典) osadhanighaṇḍu.
약점이 적은 appavajja.
약제사(藥劑士) osadhasampādaka.
약제학(藥劑學) osadhasampādana.
약주머니 bhesajjatthavika.
약진(躍進) pakkhandana.
약진최사(躍進最捨) pakkhandanavossagga.

약진하다 pakkhandati.
약차(藥叉) yakkha.
약초(藥草) osadhi. osadhī. osadha. saddala. osadhikā. pakkava. paggaca.
약초로 덮인 osadhasañchanna.
약초로 만든 약 paṇṇabhesajja.
약초를 운반하는 osadhihārika.
약초성분과 혼합된 osadhaparibhāvita.
약초와 같은 osadhasama.
약초의 가지 osadhaghaṭikā.
약초의 뿌리 osadhamūla.
약초의 수집 osadhagahaṇa.
약초의 종류가 내포된 물질 osadhijātisambandhidabba.
약초의 효능 osadhabala.
약탈(掠奪) acchedana. acchindana. ālopa. duhana. dūhana. ghāta. ghātaka. haraṇa. jāni. lumpana. nillopa. padhaṁsa(na). vilopa. vilumpana. viddhaṁsana.
약탈과 관계되는 vilopiya.
약탈당하다 hīrati.
약탈당한 vilutta. acchinna.
약탈물(掠奪物) nillopa.
약탈시키다 vilumpāpeti.
약탈을 두려워하는 acchedasaṅkin.
약탈자(掠奪者) dūsaka. dūsin. ghātikā. ghātin. kaṇṭaka. kaṇṭhaka.
약탈하게 하다 acchindāpeti.
약탈하는 vilopaka. vilopikā. vilumpaka.
약탈하다 acchindati. ālopati. dhaṁseti. ghāteti. harati. jāpayati. jāpeti. lumpati. luṭhati. palumpati. vilumpati. viddhaṁseti.
약하지 않은 anāmaya. aphegguka.
약학(藥學)의 osadhavidhānavisayaka.
약한 dubbala. dubbalī°. mudindriya. mudu. phegguka.
약한 곳 mamma.
약한 마음을 지닌 mudundriya.
약한 통찰 taruṇavipassanā.
약함 bālya.
약해지다 saṅkasāyati.
약혼(約婚) paṭiññādāna. vivāhapaṭiññā.
얇게 자르다 sallikhati.
얇고 둥근 것 cakkalaka.
얇은 saṅkhitta. tanu. tanuka. tanuya.
얇은 구름의 무리 abbhapaṭala.
얇은 조각 lekha.
얇은 천 paṭṭa.
얌전 lajjava. maddava.
얌전한 appagabbha. lajjin. nivāta.
얌전한 생활 nivātavutti.
얌전함 lajjā.
얏티[길이의 단위] yaṭṭhi.
양(羊) ela. eḷaka. urabbha.
양(量) mattā. māna. pamāṇa. parimāṇa. ṭhāna. rāsi. puñja. sañcaya.
양(兩) 볼을 부풀림 avagaṇḍa.
양(兩) 볼을 음식으로 채움 avagaṇḍakāra.
양(兩) 볼의 사이에 kapolantare.
양(兩) 손 ubhopāṇī.
양(兩) 손으로 다루는 ubhatodaṇḍaka.
양(兩) 시간[밤낮]에 지저귀는 ubhokālūpakūjin.
양(兩) 어깨 사이 antaraṁsa.
양(兩) 측면에서 난쟁이 같은 ubhayavāmana.
양(羊)과 같은 eḷakasamāna.
양(羊)과 관련된 네 가지 측면 eḷakacatukkha.
양(羊)에 대한 (죽이려는) 의도 eḷakâbhsandhi.
양(羊)에 대한 지각 eḷakasaññā.
양(羊)으로 먹고 사는 사람 orabbhika.
양(量)을 속이는 mānakūṭa.
양(量)을 재기 어려운 duppameyya.
양(羊)의 고기 eḷakamaṁsa.
양(量)이 같은 samita.
양가(壤伽)[인명] Saṅkha.
양가죽 ajina. eḷakacamma.
양고추냉이 siggu.
양구(兩口) pisuṇā vācā.
양극단(兩極端) antadvaya. ubhatokoṭi. ubhayanta.
양극단에 떨어진 antadvayanipatita.
양극단에의 의존 antadvayûpanissaya.
양극단을 지닌 antadvayavat.
양극단을 피하는 방법 antadvayavivajjanānaya.
양극단을 피함 antadvayavajjana.
양껏 먹다 avadehaka.
양껏 먹지 못한 abhuttāvin.
양끝 ubhatokoṭi. ubhayanta.
양날을 지닌 ubhatodhāra.
양녀(養女) vadhukā.
양념 āsittaka. uttaribhaṅga.
양념그릇 āsittakâdhāra.
양념을 치는 것 upasecana.
양념이 필요가 없는 anāsittaka.
양도(讓渡) vossagga. vissajjana. samappaṇā.
양도되어야 할 옷 cīvarasaṅkamanīya.
양도되지 않은 avissajjita.
양도된 samappita.
양도될 수 없는 avissajjiya.

양도하는 muñcaka.
양도하다 anupaveseti. samappeti. samavossajjati. vossajjati. vissajjeti.
양도하지 않는 avissaja. avissajat.
양돈자(養豚者) sūkaraposaka.
양두정치(兩頭政治) dvidhāpālitarajja.
양들과 개들 eḷakasunakhā.
양떼 orabbhaka.
양떼 가운데 검은 양 parisadūsaka.
양람(洋藍) nīlī.
양력월(陽曆月) suriyamāsa.
양립(兩立) samakālavattana. sahapavatti.
양립하는 samakālika. ekakālavattin.
양립하지 않는 chiddakārin. asaṁyutta.
양마(良馬) assasadassa. sadassa.
양마와 같은 사람 purisasadassa.
양면(兩面) ubhatopassa. ubhatobhāga.
양면에서 청정한 du(v)addhato.
양면에서 청정한 ubhovisuddha.
양면으로 해탈한 님 ubhatobhāgavimutta.
양모(養母) āpādaka.
양목니구율수(羊牧尼拘律樹) ajapālataru.
양바라제목차(兩波羅提木叉) ubhayapātimokkha.
양배추 goḷapatta.
양변(兩邊) ubhatokoṭi. ubhayanta.
양보하다 anudadāti. sīdati.
양복장이 tunnakāra.
양분별(兩分別) ubhatovibhaṅga.
양산(洋傘) ātapavāraṇa. chatta. chattaka.
양산을 지닌 사람 chattin.
양상(良象) hatthājānīya.
양새끼 meṇḍapotaka.
양서류(兩棲類) thalajalacārin.
양서류의 thalajalagocara.
양설(兩舌) pisuṇā vācā.
양성을 지닌 ubhatobyañjanaka.
양식(糧食) pātheyya(ka). sambala. nivāpa.
양식과 형상 ākārasaṇṭhāna.
양심(良心) hiri. hirī. hiriya. ottāpitā. ottappa. ottappana.
양심에 대한 존중 ottappagāravatā.
양심에 호소하는 hirika. hirīka. hirimant. hirīmant.
양심의 힘 hiribala. ottappabala.
양심적인 hirimana. ottappin. ottāpin. susīla.
양액만상(兩腋滿相) citantaraṁsa.
양어깨 사이의 공간 antaraṁsa.
양육(養育) ghāsacchada. ghāsacchāda. ghāsacchādana. jagga. pāribhaṭṭakatā. pāribhaṭyatā. pāribhaṭṭatā. paṭijaggana. posana. posaṇa.
양육되어야 할 posāvanika. posāvaniya.
양육된 bhata. paribhata. posa. posita. puṭṭha. saṁvaḍḍha. vaḍḍhita.
양육된 상태 puṭṭhatta.
양육비(養育費) posāvanika. posāvaniya.
양육시키다 posāpeti. posāveti. vaḍḍhāpeti.
양육에 필요한 것 posāvanika. posāvaniya.
양육자(養育者) āpādetar. bhattar. posaka. posikā.
양육하기 어려운 dubbhara.
양육하기 어려움 dupposatā. posatādupposatā.
양육하는 pārihāriya. posaka. posin.
양육하는 것 posatā.
양육하다 āpādeti. jaggati. poseti. vaḍḍheti.
양을 가진 matta.
양을 도살하는 사람 orabbhika.
양을 도살하는 자와 사슴을 도살하는 자 orabbhikamāgavika.
양을 지닌 mattaka.
양의 몸 eḷakasarīra.
양의 무리 orabbhaka.
양의 뼈 eḷakaṭṭhi.
양의 품종 eḷakajāti.
양이라는 말 eḷakasadda.
양이라는 소리 eḷakasadda.
양인 상태 eḷakabhāva.
양인(量因) pamāṇakaraṇa.
양자(養子) nippitika. dinnaka.
양자(量子) parimāṇa. abhimatakoṭṭhāsa.
양자(兩者) ubho. dubha. dubhaya.
양자(兩者)의 dubha. dubhato. ubhato. ubhaya. ubho. dubhaya.
양자(兩者)의 이익 ubhayahita. ubhayattha.
양조자(釀造者) soṇḍika. soṇḍikakammakara.
양족(兩足) dvipada.
양족자(兩足者) dipada.
양중(兩衆) ubhatosaṅgha.
양지(楊枝) dumagga.
양지기 eḷakagopaka.
양질(良質) guṇa.
양질(良質) sagguṇa. seṭṭhajāti.
양쪽 dubha. dubhaya.
양쪽 끝에 열림이 있는 ubhatomukha.
양쪽 눈이 봉사인 ubhayakkhikāṇa.
양쪽 마을에 사는 ubhayagāmavāsin.
양쪽 모두에게 이익이 됨 ubhayattha.
양쪽 발을 모두 저는 ubhayapādakañja.
양쪽 어깨가 똑같이 둥근 samavattakkhandhā.

양쪽 언덕 ubhayatīra.
양쪽[태양과 달]이 지나는 길 ubhayâgatabhūmi.
양쪽에 abhito. ubhayattha.
양쪽에 모두 속하는 ubhayapakkhika.
양쪽에 호의를 갖는 ubhatopakkhika.
양쪽에서 기뻐하는 ubhatopasanna.
양쪽에서 길을 잃은 ubhatopaduṭṭha.
양쪽에서 다친 ubhayavyābhāda.
양쪽에서 배제된 ubhatoparibāhira.
양쪽에서 실패한 ubhatoparihīna.
양쪽에서 은밀하게 행동하는 ubhayatthenaka.
양쪽에서 타락한 ubhatopaduṭṭha.
양쪽에서 해로운 ubhayavyābhāda.
양쪽으로 ubhato.
양쪽으로부터 dubhato. ubhato. ubhatomukhā.
양쪽으로부터의 출리와 퇴전 dubhatovuṭṭhāna-vivaṭṭana.
양쪽으로의 ubhayaṁsa.
양쪽의 ubhaya. ubho.
양쪽의 갈고리를 가진 ubhatomukha.
양쪽의 결과 ubhayavipāka.
양쪽의 교단 ubhatosaṅgha.
양쪽의 무릎관절 ubhojannukasandhi.
양쪽의 분별 ubhatovibhaṅga.
양쪽의 성적인 흥분의 결여 ubhayâvassutâbhāva.
양쪽의 성취 ubhayasampatti.
양쪽의 세계 ubhayaloka. ubholoka.
양쪽의 속박 ubhosaṅga.
양쪽의 재생 ubhosandhi.
양쪽의 중간에 antarantare. antarantarena.
양쪽의 집착 ubhosaṅga.
양쪽이 모두 섞인 ubhayavokiṇṇa.
양쪽이 없이 ubhayamutta. ubhayavipanna.
양처럼 함께 사는 eḷakasaṁvāsa.
양치기 eḷakapāla. eḷakapālaka. elapāla. meṇḍapāla.
양치질 ācamana.
양치질 하는데 사용하는 물 udakadantapoṇa.
양치질하다 ācamati. ācameti.
양탄자 atthara. pāvāra.
양털 eḷakaloma. uṇṇa. uṇṇā.
양털과 관계된 계율의 규칙 eḷakalomasikkhāpada.
양털로 만든 장식용 침대의 덮개 kojava(ka).
양털모포 paveṇi.
양파 palaṇḍu. palaṇḍuka.
양해하다 paccanubhoti.
얕보는 vambhin.
얕보다 apasādeti. samatimaññati. vambheti. vamheti.
얕은 uttāna. uttānavāhin. uttānatala(?).
얕은 것으로 보이는 uttānaobhāsa.
얕은 곳 otaraṇa.
얕은 물가 paṭigādha.
얕은 물살을 한 uttānavāhin.
얘기할 수 있는 kathanasamattha.
어겨져서는 안 되는 anāsādaniya. anāsādanīya.
어겨질 수 없는 avajjha.
어곡(語曲) vacīvaṅka.
어구(語句) saddamattavicāraṇā.
어구를 잘 가려 쓰는 자 saddamattavicāraka.
어구에 따라서 padânusārena.
어근(語根)[문법] dhātu.
어근과 관련 없는 해석으로 생겨난 adhivacanasamphassajā.
어근구의(語根句義)[서명] Dhātupāṭha.
어근보함(語根寶函)[서명] Dhātumañjūsā.
어근의 어미에서의 두 번째의 음절[문법] upadhā.
어근의등소(語根義燈疏)[서명] Dhātvatthadīpanī.
어금니 danta.
어긋나는 tiracchabhūta.
어긋나다 ukkamati.
어긋나서 okkamma.
어긋나지 않는 anajjhācāra. anapagata.
어긋나지 않은 anapeta.
어긋나지 않음 anajjhāpatti.
어긋나질 수 없는 anatikkamanīya.
어긋난 avokkamat. khīyanaka.
어긋남 okkamana.
어긋남이 없는 삶을 이끄는 akhaṇḍavutti.
어기다 aparajjhati. aticarati. okkamati. padussati. ukkamati.
어기지 않는 akhaṇḍa. anaticārin.
어기지 않음 anatikkama. anatikkamana.
어김 aparādha. ukkamana.
어김에 대한 사유 atikkamanacitta.
어깨 assa. jattu. khandha. kūṭaṅga.
어깨 등의 윗부분 upakhandha.
어깨 사이에 근육이 원만하여 요철이 없는 citantaraṁsa.
어깨가 (크게) 발달한 sañjātakkhandha.
어깨가 황소와 같은 usabhakkhandha.
어깨에 힘주는 사람 aṁsika.
어깨의 짐 khandhabhāra.
어느 (것) ka. katama[셋 이상의]. katara[둘중의]. ya[관계대명사].

어느 것이라도 kāci. kiñci.
어느 곳에서라도 yattha. yattha.
어느 날 ekadivasa. ekadā.
어느 날 오후 ekapacchābhatta.
어느 방향에서도 두려움 없는 akutobhaya.
어느 사이에 가버린 antarâtīta.
어느 여자 kā.
어느 정도 īsakaṁ. īsaṁ. kittāvatā. kīvat. kīva. yāva.
어느 정도 길게 kīvat ~ dīghaṁ.
어느 정도 오래 kīvat ~ ciraṁ.
어느 정도(의 수) kati.
어느 정도의 kittaka. kīvataka.
어느 쪽인가 katara.
어단(語團) akkharapiṇḍa.
어두운 andha. andhakāra. andhakāra. appabha. kāla. kālaka. kaṇha. nīla. sāma. timira.
어두운 갈색 kaṇhapīta.
어두운 방 andhakāragabbha.
어두운 사악한 상태와 뒤섞인 kaṇhadhammavokiṇṇa.
어두움 kālusiya. kālussiya.
어둑하게 andhandhaṁ.
어둠 avijjā. tama.
어둠속에 있는 otamasika.
어둠속에서 만나는 avijjāsamosaraṇa.
어둠에 경도된 andhakārâbhinivesa.
어둠에 고통스러워하는 andhakārapīḷita.
어둠에 싸인 tamanivuta. tamanīvuta.
어둠에 의해 압도된 andhakārapareta.
어둠에 탐착하는 andhakārâbhinivesa.
어둠에서 밝음으로 가는 사람 tamojotiparāyaṇa.
어둠에서 생겨난 kaṇhâbhijātika.
어둠에서 어둠으로 가는 사람 tamotamaparāyaṇa.
어둠을 도달한 tamanuda.
어둡게 되다 nitammati.
어둡고 사악한 길 kaṇhamagga.
어둡고 사악한 상태 kaṇhadhamma.
어둡고 사악한 언어 kaṇhavāca.
어둡고 사악한 행로 kaṇhapaṭipadā.
어둡지 않는 asammūḷha.
어둡지 않은 akaṇha.
어디든지 yahaṁ.
어디로 kuhiṁ. kahaṁ.
어디로든지 kuhiñcanaṁ.
어디로든지 원하는 곳으로 yena kāmaṁ.
어디로부터 kuto. yato.
어디로부터도 kutoci.
어디에 kattha. kuvaṁ. kva. yahaṁ. yattha.
어디에 기초한 katthôgadha.
어디에 서있는 katthaṭṭhita.
어디에 시설된 것인가에 관한 장 katthapaññattivāra.
어디에 주거하는 katthavāsika.
어디에도 katthaci(d).
어디에라도 kuhiñcanaṁ.
어디에서라도 kvaci.
어디의 재생 katthûpapatti.
어딘가 다른 곳에 aññattha.
어딘가 딴 곳에 aññatra.
어딘가에 katthaci. katthacinaṁ. kvaci.
어떠한 ~ 이라도 yattaka.
어떠한 itara. kīkisa. kiṁ.
어떠한 것이든지 원해진 장소 icchiticchitaṭṭhāna.
어떠한 것이든지의 itaretara. itarītara.
어떠한 것이라도 그것일지라도 yādisaka ~ tādisaka.
어떠한 결과도 낳을 수 없는 avipākârāha.
어떠한 경우이든지 aññadatthu.
어떠한 공격도 없는 akutociupaddava.
어떠한 방식으로 위의(威儀)를 챙기는 kathamiriyanta.
어떠한 방식으로 이루어진 kathaṁsaṇṭhita.
어떠한 방식으로 행하는 kathaṁkara.
어떠한 방향에서도 아닌 akuto.
어떠한 상태에 들어가는 kathaṁpavattenta.
어떠한 스트레스도 없는 akutociupaddava.
어떠한 이름의 kinnāmakinnāma.
어떠한 자질을 지닌 kathaṁrūpa.
어떠한 종류의 kathaṁbhūta. kathaṁpakāra. kathappakāra. kathaṁrūpa.
어떠한 행위의 kiṁsamācāra.
어떤 aññatama. aññatara. asuka. ci. eka. ekacca. ekaccika. ekacciya. yādisa. yādisi.
어떤 것을 대상으로 갖는 기능 ārammaṇakicca.
어떤 것을 대상으로 주는 ārammaṇadāyaka.
어떤 것의 부분을 취하지 않는 anānuruddha.
어떤 것이라도 가져가는 사람 aññadatthuhara.
어떤 견해를 가진 kimakkhāyin.
어떤 계급의 kiñjacca.
어떤 계략에 의해 야기된 opakkamika.
어떤 고행자의 수행법 kaṇabhakkha.
어떤 날 tadaha. tadahu.
어떤 누구든지 koci.
어떤 동작을 반복하다 anukaroti.
어떤 때 ekaṁ samayaṁ. kadā.
어떤 마을 사람의 아들 bhojaputta.

어떤 모습을 지닌 kathaṁvaṇṇa.
어떤 목적으로 kimatthiya.
어떤 바탕위에 kattha.
어떤 방식으로 사는 kathaṁjīvin.
어떤 방식으로 사는 자의 삶 kathaṁjīviṁjīvita.
어떤 방향에서도 아닌 akuto.
어떤 부분을 지닌 kathaṁbhāga.
어떤 상태가 되게 하다 addhānaṁ āpādeti.
어떤 상태로 들어가는 kathaṁpavattenta. kathaṁpālenta. kathaṁyapenta. kathaṁyāpenta.
어떤 상태에 katthaṭṭhita.
어떤 상태에 이른 gata.
어떤 상태에 있는 bhūmaka. bhūmika.
어떤 상태에 있다 seti. sayati.
어떤 색을 지닌 kathaṁvaṇṇa.
어떤 성씨에 속하는 kathaṁgotta.
어떤 알아차림을 지닌 kathaṁdassin.
어떤 이름을 갖는 kimabhiñña.
어떤 일에 능한 daḷhadhamma.
어떤 일에 대해 우물쭈물 하는 (사람) pādalola.
어떤 자들은 ekacce.
어떤 절차를 따르는 kathaṁpaṭipanna.
어떤 점에서 kittāvatā.
어떤 존재의 kathaṁbhūta.
어떤 종류의 kathaṁbhūta. kathaṁpakāra. kathaṁvidha.
어떤 종류의 나무 kiṁrukkha.
어떤 종류의 사문 samaṇaka.
어떤 주거의 katthavāsa.
어떤 특성[行爲]의 kathaṁsīla.
어떤 특성의 kiṁsīla.
어떨까 kena ssu. kissa ssu. kiṁ su. kathaṁ su. kacci.
어떨지 → 어떨까.
어떻게 kathaṁ. kattha. kiṁ.
어떻게 결정할지를 모르는 자 avinicchayaññū.
어떻게 구성되는 kathaṁsameta.
어떻게 그럴 수가 kimaṅga.
어떻게 닦는지 kathaṁbhāvita.
어떻게 삶에 헌신하는 kathaṁvihāribahula.
어떻게 해서 kuto.
어떻게 해서든 kathaṁci. kathañci. katthaci. katthacinaṁ.
어려운 aphāsu. kakkhaḷa. kasira. kiccha. niṭṭhura. rūḷha. vidugga.
어려운 일 bhāra. vālatta.
어려운 질문 meṇḍakapañha.
어려움 antarāya. kakkhaḷatta. kakkhaḷatā.
어려움에 봉착한 antarāyikin.
어려움이 없이 appakasirena.
어렵게 kathañci.
어렵다고 생각하지 않다 agarukaroti.
어렵지 않은 abhārika. akiccha.
어로(語路) vacanapatha. vādapatha.
어록(語錄) subhāsitamālā.
어루만지다 parimajjati. parimasati. parisambāhati. upalāḷeti.
어루만진 katasamphassa. parimaṭṭha.
어루만짐 upalālana.
어류(魚類) jalacara.
어류상식(魚類常食) macchabhakkhana.
어류학(魚類學) jalacaravijjā.
어리둥절하게 되는 ākulanīya.
어리석게 만들다 moheti.
어리석게 만듦 mohana.
어리석게 말하는 사람 lāpin.
어리석게 말하다 lālapati. lālappati.
어리석어지다 muyhati.
어리석은 abalabala. abodha. abuddhimat. akiriya. amati. andha. andhākula. andhabāla. apaṭu. avicakkhaṇa. aviddasu. avyatta. kākapañña. bāla. dandha. datta. dattu. dummati. duppañña. eḷamūga. jaḷa. javacchinna. lāla. manda. mandapañña. mogha. momūha. momūhatta. muddha. muddhadhātuka. mūḷha. samoha. takkika.
어리석은 것 mohadhamma.
어리석은 견해를 지닌 dandhadiṭṭhi.
어리석은 동료 datta.
어리석은 마음 momūhacitta. samohacitta.
어리석은 범부 bālaputhujjana.
어리석은 사람 maga. mohacarita. moghapurisa.
어리석은 상태 eḷamūgatā.
어리석은 여자 bālakinī.
어리석은 일반사람 andhaputhujana. bālaputhujjana.
어리석은 자 andhajana. andhakārajana. bāla. lālaka.
어리석은 자들의 교리 dattupaññatta.
어리석은 자를 등쳐먹고 사는 사람 andhajanavilopaka.
어리석은 자의 경지 bālabhūmi.
어리석은 친구 moghapurisa.
어리석은 행동 mohacariyā.
어리석음 andhabhāva. bālatā. balya. balla. bālya. dandhatta. dummati. dummejjha. duppaññā. duppaññatā. mandatta. mandiya. middha. moha. muddhatā. okāra. pamoha. sampha.
어리석음에 뒤덮인 mohapāruta.

어리석음에 뿌리박은 mohamūla.
어리석음에 뿌리박은 마음 mohamūlacitta.
어리석음에 의한 염착 mohasaṅga.
어리석음으로 이끄는 mohanaka.
어리석음을 갖추고 있는 mohasahagata.
어리석음을 떠난 vītamoha.
어리석음을 여읨의 착하고 건전한 뿌리 amoha-kusalamūla.
어리석음의 길 위에 있는 mohamagga.
어리석음의 동요 mohanigha.
어리석음의 불 mohaggi.
어리석음의 뿌리 mohamūla.
어리석음의 속성 mohantara.
어리석음의 악하고 불건전한 뿌리 mohâkusa-lamūla.
어리석음의 어둠 mohatama.
어리석음의 여읨에 대한 지향 asammohâdhi-mutta.
어리석음의 원인 mohahetu. mohâgati.
어리석음의 장애 mohakiñcana.
어리석음의 제거 mohavinaya.
어리석음의 치성 mohussada.
어리석음의 특징 bālalakkhaṇa.
어리석음의 화살 mohasalla.
어리석음의 황무지 mohakhila.
어리석지 않는 ajaḷa. amogha. amūḷha. asam-mūḷha.
어리석지 않은 상태 ajaḷatā.
어리석지 않음 asammoha.
어린 abhidahara. bāla. dahara. daharaka. ka-niṭṭha. komāraka. taruṇa.
어린 가지 bījaka.
어린 나무 laṭṭhi. taruṇa. uparopa. uparopaka. ropa. ropaka.
어린 나무들이 자라는 구역 uparopavirūḷhana-ṭṭhana.
어린 돼지 sūkarapotaka.
어린 말 assapota.
어린 뱀 āsīvisapotaka. sappapotaka.
어린 벼의 속 줄기 sāligabbha.
어린 사슴 migachāpaka.
어린 사자 sīhapotaka.
어린 시절 bālya.
어린 암컷 뱀 nāgamāṇavika.
어린 암코끼리 kaṇerukā.
어린 준마 ājāniyasusu.
어린 짐승 bhiṅka. chāpa. pota. potaka.
어린 코끼리 bhiṅka. kaṇeru. kaṇerū. susunāga.
어린 풀 allatiṇa.
어린 하녀 ceṭikā. ceṭi.
어린 하인 ceṭa. ceṭaka.
어린아이 → 어린이.
어린아이까지 ākomāraṁ.
어린아이답지 않은 alālāmukha.
어린아이를 치료하는 기술 dārakatikicchā.
어린아이와 함께 하지 않는 apagatagabbhā.
어린이 taruṇa. bālaka. dāraka. kumāra. kumā-raka. susu.
어린이의 비유 taruṇûpamā.
어릴 때의 친구 sahapaṁsukīḷita.
어림잡다 agghāpeti.
어릿광대 sobhiya.
어마어마한 보석 maṇikkhandha.
어망(漁網) kumina.
어머나![놀람의 표현] hambho.
어머니 allā. ambā. ammā. annā. jananī. janettī. janikā. mātar. matti. mātā°. māti°.
어머니가 없는 amātika.
어머니로부터 생겨난 mattisambhava.
어머니를 공경하는 matteyya. metteyya.
어머니를 사랑하는 matteyya. metteyya.
어머니를 여읜 nimmātika.
어머니를 죽인 사람 mattigha.
어머니에 대한 공경 matteyyatā. metteyyatā.
어머니에 대한 불경(不敬) amatteyyatā.
어머니에 대한 효도 matteyyatā. metteyyatā..
어머니와 아버지 mātāpitaro.
어머니와 자식이 없는 amātāputtaka.
어머니의 mātika. mātu°.
어모니(語牟尼) vacīmoneyya.
어묘행(語妙行) vacīsucarita.
어물어물 넘어가지 않는 asandiḍḍha. asandid-dha.
어법(語法) abhilāpa. vacanapatha. vākkaraṇatā. vyākaraṇa. vācā. vākyaracanā. racanāvidhi.
어법론(語法論) bhāsāmagga.
어법성취(語法成就)[서명] Padasādhana.
어법성취주(語法成就註)[서명] Padasādhanaṭikā.
어부(漁夫) bālisaka. bālisika. bāḷisika. dhīvara. jālin. macchabandha. macchaghātaka. kevaṭṭa. macchika.
어부정행(語不正行) vācasikânācāra.
어분별(語分別) padavibhatti.
어사(語思) vacīsañcetanā.
어살 āvaraṇa.
어서 오시오! sāgataṁ. sādhu.
어서![권유] iṅgha. āsu.
어스레하게 andhandhaṁ.

어악행(語惡行) vacīduccarita.
어오만(語傲慢) vācasikapāgabbiya.
어울리게 입은 ākappasampanna.
어울리는 anucchava.
어울리지 않게 입은 duppāruta.
어울리지 않는 ananukūla. ananurūpa. aruccanaka.
어울리지 않음 vilomatā.
어울림 sappāyatā.
어원(語源) nibbacana.
어원론(語源論) akkharapabheda.
어원에 의한 해석방식 niruttipathā.
어원학(語源學) nirutti. saddanaya.
어원학에 근거하는 nerutta.
어원학자(語源學者) nerutta.
어원학적(語源學的)인 neruttika.
어유연(語柔軟) vacanakkhama.
어육(魚肉) macchamaṁsa.
어율의(語律儀) vacīsaṁvara.
어응(魚鷹)[조류] kukkuha.
어의(語義) vacanattha.
어의등(語義燈)[서명] Vacanatthajotikā.
어의석(語義釋)[학문] nirutti.
어자(御者) sūta.
어적묵(語寂默) vacīmoneyya.
어정행(語正行) vacīsamācāra.
어제 hīyo. hiyyo. gatadivase.
어제 밤에 gatarattiyaṁ.
어제 밤에 죽은 ābhidosikakālakata.
어제 밤의 ābhidosika.
어제 저녁의 ābhidosika.
어지러운 maṅku. santatta. sasambhama.
어지럽지 않은 akkhitta.
어지럽히다 vikaroti.
어지자지 ubhatobyañjanaka.
어째서 kiṁ. kasmā. kena. kiṁ. kena.
어쩌면 appeva. kacci. kacci nu. kacci nu kho.
어찌된 일인가 kiṁ pana. kiṁ aṅga pana. kin ti.
어찌할 바를 모르는 ākulavyākula.
어청정(語淸淨) vacīsoceyya.
어치[조류] kikin.
어편정(語遍淨) vacīpārisuddhi.
어표(語表) vācasikaviññatti. vacīviññatti.
어표(語表)를 구성하는 열 가지 요소 vacīviññattidasaka.
어행청정(語行淸淨) parisuddhavacīsamācāra.
어허허![슬픔의 표시] ahahā.
어휘(語彙) nighaṇḍu.
어휘론(語彙論) nighaṇḍu. niruttisattha.
어휘론(語彙論)과 의궤론(儀軌論)의 sanighaṇḍukeṭubha.
어휘목록(語彙目錄) saddakosa.
억(億) dasakoṭi. koṭi.
억념(憶念) manasikāra. paṭissati. sati.
억념무상(憶念無上) anussatânuttariya.
억념비나야(憶念毘奈耶) sativinaya.
억념비니(憶念毘尼) sativinaya.
억념자(憶念者) saritar.
억념하다 manasikaroti.
억누르는 ubbādhika. ubbāyika.
억누르다 avasādeti. nimmathati. nimmanthati. nirumbhati. omaddati. paridameti. pīḷeti. sāmetī. upasāmayati.
억누름 nimmathana.
억눌리지 않은 anupadduta.
억눌린 abhinihata. uppīḷita.
억류된 nivattāpita.
억류시키다 nivattāpeti.
억설(臆說) sampaggāha. itikirā.
억수 udakavuṭṭhi.
억압(抑壓) abhinighāta. bādhana. haññana. niggahaṇatā. nighāta. nippīḷana. nittharaṇa. paṭivinaya. pīḷana. pīḷā. sammaddana. sannirumhana. upapīḷā. uppīḷana. vibādhana. viheṭhana.
억압된 atipīḷita. niggahīta. paṭipīḷita. uparuddha.
억압된 마음의 상태 khīyadhamma.
억압받는 paṭibāḷha. ubbāḷha. pīḷita.
억압받다 pīḷiyati.
억압받은 atigāḷhita.
억압자(抑壓者) niggāhaka.
억압적인 veyyābādhika.
억압하는 bādhin. niggāhaka. upapīḷa. upapīḷaka. uparundhana. vibādhaka. viheṭhaka. viheṭhanaka.
억압하는 업 upapīḷakakamma.
억압하다 abhipīḷayati. adhibādheti. bādhati. nirodheti. paribādheti. pasahati. paṭipīḷeti. paṭivineti. pīḷeti. randhati. ubbāheti. upapīḷeti. uparundhati. vibādhati. viheṭheti.
억양 uccassara.
억양(抑揚) sarakutti.
억양부호(抑揚符號) uccassaralakkhaṇa.
억울함 appiyatā. appiyatta. asahana.
억울함을 주장하다 sapati.
억제(抑制) abhiniggaṇhanā. āvaraṇa. avarodhana. niggaha. niggahaṇatā. nirodha. nisedha. niyama. samana. saṁvara. saṁyama. saṁyamana. sandhāraṇa. saṅgaha. saṅgāha. sanni-

rumhana. sīlana. vikkhambhana. vinaya. viniggaha. vūpasama. yāma.
억제되기 어려운 dunniggaha.
억제되다 okkhāyati. palibujjhati. vūpasammati.
억제되지 않은 appaṭicchanna. asaṁvuta.
억제된 avaruddha. oruddha. danta. oputa. ovuṭa. ovuta. payata. samudāvaṭa. saṁvuta. saṁyata. saṅgahita. saṅgahīta. yata.
억제될 수 있는 saṁhīra.
억제시키다 saññāmeti. uparodheti.
억제음[ṁ] anusāra.
억제하는 nisedha. nisedhaka. sandhāraka. upapīḷaka.
억제하다 abhinippīḷeti. abhivāreti. avarundhati. buddhati. niggaṇhāti. nisedheti. niyāmeti. okkhipati. olaggeti. paccāharati. palibuddhati. paṭibandhati. paṭimāseti. paṭisaṁyamati. saṁhanati. hanti. saṁvarati. saṁyamati. sandhāreti. sanniggaṇhāti. saṁnirumbhati. sannirumbhati. sannivāreti. uparundhati. yamati.
억제함 āvaraṇatā.
억조(億兆) koṭippakoti.
억지(抑止) abhiniggaṇhanā. sannirumhana.
억지(抑止)하다 āvārayati. āvāreti. orundhati. uparundhati. niggaṇhāti. paṭibandhati. saṁnirumbhati. sannirumbhati. sannivāreti.
억지[고집] kakkhaḷatā. kakkhaḷatta.
억지로 pasahati.
억측(臆測) papañca. sampaggāha.
억측하다 papañceti.
언급(言及) apadisana. parikathā.
언급됐듯이 yathāvuttaṁ.
언급되다 āgacchati. kathīyati.
언급되어야 할 kathetabba.
언급되지 않은 anācikkhita. anutta. avutta.
언급된 ābhaṭṭha. adhīrita. erita. erayita.
언급이 되다 upanīyati. upaniyyati.
언급하다 ābhāsati. āmasati. anusandheti. apadisati. īreti. katheti. paccanubhāsati. uggirati.
언급할 가치가 있는 사실 kathanīyabhāva.
언니 anti. antikā.
언덕 kūla. pabbata. tīra.
언덕에 사는 tīriya.
언덕을 보지 못하는 atīradassin.
언덕의 전망이 없는 atīradakkhin.
언덕이 없는 apāra.
언로(言路) byappatha. vādapatha. vyappatha. vyappathi.
언로가 끊어진 khīṇavyappatha.
언론의 자유가 있는 kathāphāsuka.
언명(言明) dassana.
언명한 단어의 중복 kathitâmeṇḍitavacana.
언변(言辯) nirutti.
언변의 길 niruttipatha.
언생기(言生起)[서명] Vuttodaya.
언설(言說) bhassa. samudāhāra. vohāra. vyohāra.
언어(言語) bhāsā. bhāsita. nirutti. vācā. vākya. vacībheda.
언어가 절제되지 않은 asaññatavacana.
언어능력을 회복하다 samālapati.
언어도(言語道) niruttipathā.
언어에 대한 분석 niruttipaṭisambhidā.
언어에 대한 분석적 앎 niruttipaṭisambhidā.
언어의 궤변 vācāvikkhepa.
언어의 바른 행위 vacīsamācāra.
언어의 사용 vohāra. vyohāra.
언어의 소통 kathāsamāgama. kathāsampayoga.
언어의 수호 vacīsaṁvara.
언어의 오염 vacīkasāva.
언어의 오용 anucitasaddappayoga.
언어의 이원적 사용 yamakapaññatti.
언어의 제어 vacīsaṁvara.
언어의 칼 vacīsattha.
언어적 고요한 삶 vacīmoneyya.
언어적 번뇌에서 해탈한 상태 vacīmoneyya.
언어적 선행 vacīsucarita.
언어적 성스러운 삶 vacīmoneyya.
언어적 악행 vacīduccarita.
언어적 암시 vacīviññatti.
언어적 의도 vacīsañcetanā.
언어적 청정 vacīsoceyya.
언어적 표현 vacīviññatti.
언어적 행위의 길 vācīkammapatha.
언어적 형성 vacīsaṅkhāra.
언어학(言語學) nirutti. niruttisattha.
언어학자(言語學者) bhāsātattaññū. nerutta.
언어학적(言語學的)인 neruttika.
언저리 mukhavaṭṭi. paripantha.
언제 kadā. karahi. kudā.
언제까지라도 sassatisamaṁ.
언제나 '잘 오셨소'라고 말하는 사람 ehisāgatavādin.
언제나 abhiṇhaṁ. abhiṇhaso. dhuva. nicca. pubbarattâparattaṁ. sabbadā. sadā.
언제나 견실한 dhuvasāra.
언제나 계속되는 aparâpara. aparâpariya.
언제나 발견되는 것이 아닌 asabbakālika.

언제나 분개하는 ujjhānabahula.
언제나 아픈 abhikkhaṇâtaṅka.
언제나 잘못을 찾아내는 ujjhānabahula.
언제나 적용할 수 있는 것이 아닌 asabbatthagāmin.
언제부터 yato.
언제인가 karahaci.
언젠가 ekadā. karahaci. karahi.
언청이 oṭṭhaddha.
언치새[조류] kikin.
언행이 청정한 parisuddhavacīsamācāra.
얻게 만들다 āpeti.
얻게 하는 sampāpaka.
얻게 하다 anupāpeti. āpāpeti. labbheti.
얻고 ādāya. laddhā. upalabbha.
얻기 곤란한 dvīhitika.
얻기 쉬운 sulabha.
얻기 아주 어려운 sudullabha.
얻기 어려운 dullabha. dulladdha.
얻기를 바라는 āsiṁsanaka.
얻기를 바라다 jigiṁsati. jigisati.
얻는 abhisambhū. labha. lābhin.
얻는 것 가운데 최상 lābhânuttariya.
얻다 abhinippajjati. abhisādheti. abhisambhavati. abhivindati. adhigacchati. ādiyati. ajjati. ajjhupagacchati. anupāpuṇāti. āphusati. appoti. ārañjjhati. edhati. icchati. labhati. nibbisati. padāti. padadāti. pappoti. pāpuṇāti. pariṇāmeti. pariniṭṭhāpeti. paṭilabhati. paṭimuñcati. paṭipajjati. pattīyati. samadhigaṇhāti. samāsādeti. sambhāveti. sampādeti. sampāpuṇāti. samudāneti. uggaṇhāti. upagacchati. upāgacchati. upalabhati. upasampādeti. uppādeti. vindati.
얻어가지 않은 anāpāda.
얻어가지고 있는 상태 pattatta.
얻어맞는 사람 āhataka.
얻어맞다 anuvijjhati. tujjati. paharīyati. vihaññati.
얻어맞은 akkhitta. abbhāhata. abhitāḷita. anvāhata. pahaṭa. paripothita. samāhata. sampahaṭṭha. tunna. ugghātita. vadhita. vighaṭṭita. vikoṭṭita. vihata. vitunna. hata. pahaṭa. upāhata. saṅghaṭṭita. saṅghaṭita.
얻어맞지 않은 ananvāhata. avighaṭṭita.
얻어져야 할 pattabba. pattiya.
얻어지다 labbhati. samudāgacchati. upalabbhati.
얻어지지 않는 여자들 alabhantiyo.
얻어진 ajjhupagata. avakkhitta. laddha. nibbiṭṭha. paladdha. patta. uggahita. uggahīta.
얻어질 수 있는 ādiya.
얻은 abbhatika. abhipattika. abhisambhūta. abhisampatta. āgata. ajjhupeta. anupanna. anupatta. āraddha. atta. kappin. pariyāgata. upasamapanna.
얻은 것이 없는 anibbisat.
얻은 깨달음을 애호하여 번뇌의 계박에서 마음을 해탈한 자 sāmāyikakantacetovimutti.
얻은 만큼의 yathāraddha. yathālabdha.
얻은 바를 버리는 attañjaha.
얻을 수 있다 labbhā.
얻음 ajjana. gahaṇa. patti.
얻지 마라 mā paṭilabhati.
얻지 못하고 aladdhā.
얻지 못하는 anadhigata.
얻지 못한 agata. alattha. appatta.
얻지 못함 anabhisambhuṇana. anadhigama.
얻지 않고 aladdhā.
얼굴 ānana. mukha. vadana.
얼굴색이 검은 원숭이 gonaṅgula.
얼굴에 바르는 것 mukhālepana.
얼굴에 바르는 분 mukhacuṇṇaka.
얼굴을 닦는 천 mukhapuñcanacolaka.
얼굴을 맞대고 sammukha.
얼굴을 붉히지 않는 amaṅkubhūta.
얼굴을 쳐든 ummukha.
얼굴의 결점 mukhadūsi.
얼굴의 경련 mukhavikāra.
얼굴의 발진 mukhadūsi.
얼굴의 손상 mukhadūsi.
얼굴의 양쪽 위에 ubhatomukha.
얼굴의 인상 mukhanimitta.
얼굴의 찌푸림 mukhasaṅkocana.
얼굴의 찡그린 상 mukhamakkaṭika.
얼굴이 검은 여인 sāmā. sāmāka.
얼굴이 긴 특징 āyatavadanatā.
얼굴이 붉어진 dummaṅku.
얼굴이 예쁜 piyadassana.
얼굴이 위로 향한 uparimukha.
얼굴이 행복을 가져오는 bhaddamukha.
얼근히 취한 surāmada.
얼다 sīyati.
얼레 suttāvaṭṭa. tantuveṭhana.
얼룩[斑點] abhilepana. limpana. mala. tilaka.
얼룩날개를 지닌 cittapatta.
얼룩덜룩한 kammāsa.
얼룩소 kabaragāvī. kabaragorūpa.
얼룩송아지 kabaravaccha.

얼룩이 없는 asabala.
얼룩이 있는 kālakabara.
얼룩진 ālitta. kammāsavaṇṇa. kabara. kabarabhūta. kabaravaṇṇa. kukkusa. upakkiliṭṭha. vītikiṇṇa.
얼룩진 그림자를 던지는 kabaracchāya.
얼룩진 배를 가진 자[야차] Kabarakucchi.
얼마 kati.
얼마나 yāva.
얼마나 많은 kittaka.
얼마나 많은 날 동안 katihaṁ.
얼마나 많은 우기의 kativassa.
얼마나 멀리 kittāvatā.
얼마동안 karahaci.
얼마만큼 kīvat. kīva.
얼마만큼의 kīvataka.
얼빠지게 하는 mohaneyya. mohanīya.
얼빠지게 하다 sammucchati.
얼빠지다 mucchati. pamuyhati. sammuyhati.
얼빠진 abhisammatta. korajika. korañjika. mucchita. pamādin. pamūḷha. sammūḷha. samoha.
얼빠진 마음 samohacitta.
얼빠짐 moha. mohatta. mucchā.
얼음 hima. tusāra.
얼음창고 himarakkhānāgāra.
얼음처럼 찬 hemantika.
얽매다 nibandhati.
얽매이지 않은 apariyāpanna.
얽매인 uḍḍita. nibandha.
얽매지 않은 abaddha.
얽어맨 jaṭita.
얽어맨 머리를 한 jaṭin.
얽어맨 머리를 한 사람 jaṭiya. jaṭila. jaṭilaka.
얽어맨 머리를 한 여자 jaṭinī.
얽히다 saṁhīrati. viveṭhiyati.
얽힌 jaṭita. paliguṇṭhita. paliguṇḍhita. palikuṇṭhita. parisaṁsibbita. vinaddha. visatta.
얽힌 것을 풀기 viniveṭhana. vinibbeṭhana.
얽힌 것을 풀다 vijaṭeti. viniveṭheti.
얽힌 것이 풀림 vijaṭana.
얽힌 실 tantākula.
엄격(嚴格) santhambhanā. santhambhitta. thambha.
엄격하지 않은 anissukin.
엄격한 abhisallekhika.
엄격한 행위 sammāvattanā.
엄니 dāṭhā.
엄니를 무기로 하는 dāṭhâvudha.
엄니를 지닌 dāṭhin.
엄마 ammā.
엄마와 떨어지려고 하지 않는 여아(女兒) upasenikā. upaseniyā.
엄선된 음식 annagga.
엄숙(嚴肅) carittavidhi. garutta. garutā. santatā. sallekha. sallekhatā.
엄숙하게 선언하다 pariyudāharati.
엄숙한 atisanta. atigambhīra. cārittavidhipubbaka. bhārika. bhāriya. pavara.
엄지발가락 aṅguṭṭha. aṅguṭṭhaka.
엄지손가락 aṅguṭṭha. aṅguṭṭhaka.
엄지손가락의 축축함 aṅguṭṭhasineha.
엄지손가락지문 aṅguṭṭhapada.
엄청난 abbhāmatta. apariyanta. vaṭhara.
엄청난 부를 소유한 apariyantadhanadhañña.
엄하게 추궁하다 samanuyuñjati.
엄한 abhisallekhika.
엄한 고생을 하지 않음 asallekhatā.
엄한 명령 kaṭukasāsana.
엄함 kakkariya. lunana.
업(業) kamma. kammanta.
업격(業格)[문법] kammavacana.
업결손(業缺損) kammantavipatti.
업경계(業境界) kammavisaya.
업계(業繫) kammapaṭibāḷha.
업과 과보와 행동의 구별 kammapākakriyābheda.
업과 관련된 kammasampayutta. kammasaṁsaṭṭha.
업과 그 과보의 연결 kammaphalasambandha.
업과 무지와 같은 조건을 파악하는 지혜 kammāvijjapaccayapariggaṇhanañāṇa.
업과 연결된 공모관계[범죄] kammabandha.
업과 유사한 (재생) kammasabhāga. kammasadisa.
업과 재생의 구별 kammôpapattibheda. kammupapattibheda.
업과 함께 생겨난 kammasahajāta.
업과 함께 일어나는 느낌 kammavedanā.
업과의 관련 kammasambandha.
업과의 방해 없는 연결 kammappabandha.
업구(業垢) kammakilesa.
업구족(業具足)[선업] kammantasampadā.
업도(業道) kammapatha.
업도라 명명된 kammapathasaṅkhāta.
업도로서의 의도 kammapathacetanā.
업도를 구성하는 잘못들 kammapathamicchatā.
업도를 구성하며 사후의 즉각적인 결과를 가져오는 업 kammapathânantariyakamma.

업도를 대표하는 kammapathaṭṭhāniya.
업도를 부수기 kammapathabhidana.
업도를 산출하는 kammapathajanana.
업도를 통해서 kammapathamukhena.
업도에 대한 가르침 kammapathadesanā. kammapathadhamma.
업도에 대한 구분 kammapathabheda. kammapathavisesakara.
업도에 대한 숙고 kammapathavicāra.
업도에 대한 올바른 견해 kammapathasammādiṭṭhi.
업도에 대한 장(章) kammapathavāra.
업도에 따라 전개된 kammapathappavatti.
업도에 연관된 것에 대한 확정 kammapathasambandhavibhāvana.
업도에 있는 kammapathappatta.
업도에 포함된 kammapathapariyāpanna.
업도의 그룹 kammapatharāsi.
업도의 분류 kammapathakoṭṭhāsa.
업도의 통일 kammapathasaṁsandana.
업도의 통일에 모순되는 것 kammapathasaṁsandanavirodha.
업도인 것 kammapathasampatta.
업도인 사실 kammapathabhāva.
업등기(業等起) kammasamuṭṭhāna.
업등기색(業等起色) kammasamuṭṭhānarūpa.
업력(業力) kammabala.
업력에 따라서 나타나는 yathākammupaga.
업력에 따라서 나타나는 것에 대한 지혜 yathākammupagañāṇa.
업론(業論) kammavāda.
업론자(業論者) kammavādin.
업무(業務) anuparivatti. dhura. kammanta. porisa. saṁvohāra.
업무를 시작하는 시간 kammārambhanakāla.
업무의 시작 kammārambha.
업보(業報) kammaphala. kammavipāka.
업보로 살아가는 kammaphalûpajīvin.
업보를 나타내는 kammaphalasaññita.
업보를 대상으로 하는 kammaphalavisaya.
업보에 대한 가르침에 따른 kammaphalaladdhânugata.
업보에 대한 견해 kammaphaladiṭṭhi.
업보에 대한 관찰 kammaphaladassanā.
업보에 대한 이해 kammaphalapaccakkha.
업보에 대한 현자 kammavipākapaṇḍita.
업보에 의해 규정된 kammaphalavavatthita.
업보의 결정에 대한 안내 kammavipākaniccayanaya.
업보의 경험 kammavipākapaṭisaṁvedana.
업보의 본질을 보여주는 것 kammavipākasabhāvadassana.
업보의 존재를 알리는 kammaphalavādin.
업보의 존재에 대한 믿음 kammaphalasaddhā. kammaphalasaddahanā,.
업보의 존재에 대한 부정 kammaphalapaṭikkhepa.
업보의 진행 kammaphalapavatti.
업보인 것 kammavipākabhāva.
업뿐임 kammamatta.
업상(業相) kammanimitta.
업생(業生) kammanibbatta.
업생색(業生色) kayajarūpa.
업생신(業生身) karajakāya.
업식(業識) kammaviññāṇa.
업심(業心) kammacitta.
업에 관련된 kammaka.
업에 관한 이론 kammavāda.
업에 관한 혼란 kammasambheda.
업에 관해 권위가 있는 kammagaru.
업에 구속된 kammâdhiggahita. kammanibandhana.
업에 기초한 kammasannissita.
업에 대하여 가르치는 kammavāda.
업에 대한 공연의 존재하지 않음 kammavyāpārâbhāva.
업에 대한 분석 kammavibhāga. kammavibhajana. kammavibhaṅga. kammavibhatti.
업에 대한 성찰 kammapaccavekkhaṇā.
업에 대한 이론 kammavāda.
업에 대해 논의하는 kammavādin.
업에 대해 논의하는 사람 kammavādin.
업에 대해 분명히 아는 것 kammapajānana.
업에 따라서 yathākammaṁ.
업에 따르는 kammûpaga.
업에 사로잡힌 kammapasuta.
업에 속박된 kammapaṭibāḷha.
업에 숙달하는 것의 불가능성 kammavasitâsambhava.
업에 의존하는 kammapaṭibaddha. kammārammaṇa.
업에 의한 장애 kammāvaraṇa.
업에 의한 청정 kammavisuddhi.
업에 의해 고통받는 kammapīḷita.
업에 의해 고통을 받는 것 kammatapana.
업에 의해 만들어진 의식 kammaviññāṇa.
업에 의해 발생된 kammapavattita. kammasambhava.

업에 의해 생겨난 kammaja. kammasambhūta. kammasamuṭṭhāpita. kammasamuṭṭhita.
업에 의해 생겨난 감각성 kammajapasāda.
업에 의해 생겨난 것 kammajatta.
업에 의해 생겨난 것과 업에 의해 생겨나지 않은 것도 아니고 업에 의해 생겨난 것도 아닌 것의 구별 kammajanevakammajanâkammajabheda.
업에 의해 생겨난 것을 표현하는 단어 kamma-sambhūtapada.
업에 의해 생겨난 네 가지 광대한 세계 kammaja-mahābhūtasambhava.
업에 의해 생겨난 몸 kammajarūpa.
업에 의해 생겨난 물질 kammajarūpa.
업에 의해 생겨난 사대(四大) kammajamahābhū-tasambhava.
업에 의해 생겨난 삶의 지속 kammajasantāna.
업에 의해 생겨난 세 가지 kammajatika.
업에 의해 생겨난 열의 요소 kammatejodhātu.
업에 의해 생겨난 자양 kammajâhāra.
업에 의해 생겨난 지속 kammajapaveṇī.
업에 의해 생성된 것에서 전개된 kammajapava-tta.
업에 의해 태어난 kammâbhinibbatta.
업에 의해 태어남 kammanibbatta.
업에 의해 획득된 upādinna. upādiṇṇa.
업에 의해 획득된 것의 접촉 upādinnaphassa.
업에 의해 획득된 것의 지속 upādinnasantāna.
업에 의해 획득된 물질 upādinnarūpa.
업에 의해 획득된 정신적이고 물질적인 것 upā-dinnanāmarūpadhamma.
업에 의해 흔들리는 kammasañcodita.
업에 일치하는 kammânucchavika. kammânu-rūpa.
업에 지배된 kammâdhikata.
업에서 기원하는 kammasamuṭṭhāna.
업에서 기원하는 물질 kammasamuṭṭhānarūpa.
업에서 생겨난 kammasañjanita.
업에서 생겨난 것이 아닌 akammaja.
업에서 생겨난 생명의 지속 kammajasantāna.
업에서 생겨난 자양 kammāhāra.
업에서 생겨난 진통 kammajavāta.
업에서 생겨난 질병 kammajaroga.
업에서 자신을 분리하는 kammajajaha.
업연(業緣) kammapaccaya.
업연과 관련된 업 kammapaccayakamma.
업연의 생성 kammanidānasambhava.
업연의 파괴 kammanidānasaṅkhaya.
업연의 형태 kammapaccayâkāra.
업연인 사실 kammapaccayabhāva.
업유(業有) kammabhāva.
업으로 이루어진 kammamaya.
업으로 이루어진 존재의 토대 kammûpadhi.
업으로부터의 해탈 kammavimokkha.
업으로서의 마음 kammacitta.
업으로서의 의도 kammacetanā.
업을 갈망하는 순간 kammanikantikkhaṇa.
업을 결정하는 힘[如來十力] kammaparicchedа.
업을 구성하는 정신 kammamano.
업을 다시 태어남의 원인으로 하는 kammayoni.
업을 만들지 않은 akatakamma.
업을 믿는 kammavādin.
업을 믿는 사람 kammavādin.
업을 버리는 kammavihāyin.
업을 버림 kammapahāna.
업을 본질로 하는 kammasabhāva.
업을 부수는 업 kammupacchedakakamma.
업을 소유하는 kammasamaṅgin.
업을 쌓는 시간 kammakaraṇavelā.
업을 아는 것 kammajānana.
업을 오로지 실재로 삼는 kammasacca.
업을 원인으로 kammahetu.
업을 원인으로 하는 kammapaccaya.
업을 의지처로 하는 kammapaṭisaraṇa.
업을 일차적인 것으로 삼아 kammappamukhaṁ.
업을 자신으로 삼는 kammassaka.
업을 자신으로 삼는 것 kammassakatā.
업을 자신의 소유라는 것에 대해 설명하는 kam-massakatādīpaka.
업을 자신의 소유로 삼는 kammassaka.
업을 자신의 소유로 삼는 것에 의해 특징지어지는 kammassakatālakkhaṇa.
업을 자신의 소유로 삼는 견해 kammassaka-tādiṭṭhi.
업을 자신의 소유로 삼는 올바른 견해 kammas-sakatāsammadiṭṭhi.
업을 자신의 소유로 삼는 지혜 kammassakañāṇa. kammassakatāñāṇa. kammassakatāpaññā.
업을 자신의 소유로 삼는 지혜에 대한 새김 kam-massakatāñāṇasati.
업을 자신의 소유로 삼는 지혜에 대한 통찰 kam-massakatāñāṇadassana.
업을 자신의 소유로 삼는 지혜의 구현 kammas-sakatāñāṇappavatti.
업을 자신의 소유로 하는 kammassaka.
업을 조건으로 하는 kammapaccaya. kamma-ppaccaya.
업을 조건으로 하는 기온의 변화에 의해서 생겨난 kammapaccayutusamuṭṭhāna.

업을 조건으로 하는 자양에 의해서 생겨난 kammapaccayāhārasamuṭṭhāna.
업을 지닌 kammavat. kammin.
업을 지향하는 kammâdhimutta.
업을 초월하는 kammaparāyaṇa.
업을 친지로 삼는 kammañataka.
업을 친척으로 삼는 kammabandhu.
업을 특징으로 하는 kammalakkhaṇa.
업을 한탄하는 kammasocana.
업의 결과 kammâbhisanda. kammanissanda. kammavipāka.
업의 결과를 알리는 행위 kammavipākajānana.
업의 결과를 잘 아는 kammavipākakovida.
업의 결과에 대한 잘못된 견해 kammavipākavipallāsiya.
업의 결과에 정통한 kammavipākakusala.
업의 결과의 다양성을 아는 지혜 kammavipākavibhāgajānanañāṇa.
업의 경계 kammavisaya.
업의 공덕 kammapuñña.
업의 공덕에 의해 성취된 kammasiddha.
업의 공연[인간의 세계] kammasamārambha.
업의 과정 kammapatha.
업의 과정을 따르는 kammamaggagatika.
업의 구속을 견딜 수 있는 kammadhoreyya.
업의 구현 kammasiddhi.
업의 그물 kammapiloti.
업의 기계 kammayanta.
업의 길 kammapatha. kammapaṭha.
업의 꼬챙이에 찔린 kammasūlâvuta.
업의 다양성 kammanānatta. kammavisesa.
업의 더미 kammarāsi.
업의 덩어리 kammasamudāya.
업의 도움으로 구현된 kammasiddha.
업의 동력 kammavega.
업의 물질[자이나교] kammapuggala.
업의 바람 kammavāyu.
업의 바람이 몰아친 kammavāyusamerita.
업의 반전(反轉) kammavivaṭṭa.
업의 발생 kammapavatta. kammasambhava.
업의 배분 kammavossagga.
업의 번뇌 kammakilesa.
업의 법칙 kammaniyāma.
업의 법칙에 의해 성취된 kammaniyāmasiddha.
업의 분류에 대한 설명 kammabhedavibhāvana.
업의 상속 kammasantati.
업의 상속자 kammadāyāda.
업의 상승 kammârohana.
업의 생성 kammasamudaya.
업의 성숙 kammavipāka. kammavipāka.
업의 성숙에 대한 앎 kammavipākañāṇa.
업의 성숙에 대한 체험 kammavipākânubhavana.
업의 성숙에서 유래하는 kammavipākaja.
업의 성숙에서 유래하는 신통력 kammavipākajiddhi.
업의 성숙의 결과 kammavipākaphala.
업의 성취 kammasiddhi.
업의 소멸 kammakkhaya. kammanirodha.
업의 소멸로 이끄는 kammanirodhagāminī.
업의 소멸을 야기하는 지혜 kammakkhaya(kara)ñāṇa.
업의 실패 kammantavipatti.
업의 여세 kammavega.
업의 영향에 종속된 kammaphalûpaga.
업의 영향을 찬탄하여 kammaphalakittanamukhena.
업의 오염 kammakilesa.
업의 요소 kammasambhāra.
업의 우세 kammussada.
업의 운명 kammagati.
업의 원인과 결과가 유사한 kammasarikkhaka.
업의 윤회를 부숨 kammavaṭṭakkhaya.
업의 윤회에 의해 야기된 kammavaṭṭanibbatta.
업의 윤회에 포함된 kammavaṭṭasaṅgahita.
업의 윤회와 관련된 kammavaṭṭapakkhika.
업의 의해 이루어진 형성 kammâbhisaṅkhāra.
업의 이론과 상반되는 kammavimukha.
업의 일차적인 구분을 주제로 삼는 kammapakativibhāgâdivisaya.
업의 자성의 대한 앎 kammassakatañāṇa.
업의 작용을 인정하지 않는 akiriya.
업의 작용을 인정하지 않는 견해 akiriyadiṭṭhi.
업의 작용을 인정하지 않는 이론 akiriyavāda.
업의 잔여가 없는 asaṅkhāra.
업의 장애가 제거된 apetakammâvaraṇa.
업의 전환 kammapariṇāma.
업의 접촉 phassa.
업의 제어에 도달한 kammavasipatta.
업의 조건 kammārammaṇa.
업의 존재 kammabhāva.
업의 종자가 부서진 자 khīṇabīja.
업의 지속 kammavavatthāna.
업의 짐 kammadhura.
업의 짐을 운반할 수 있는 kammadhoreyya.
업의 차이 kammavossagga.
업의 축적 kammasanniccaya. kammûpacaya.
업의 축적행위 kammâyūhana.

업의 특정한 결과 kammavipākantara.
업의 특징 kammanimitta.
업의 특징과 운명의 특징 kammanimittagatinimitta.
업의 틀 kammayanta.
업의 표지 kammanimitta.
업의 해설 kammakatha.
업의 형성 kammasaṅkhāra.
업의 활동 kammakaraṇa.
업의 회향 kammapariṇāma.
업의 획득 kammasamādāna.
업의 힘 안에 있는 kammavasânuga.
업의 힘에 의해 던져진 kammavegakkhitta. kammavegukkhitta.
업의 힘으로 kammânubhāvena. kammânubhāvato.
업이 대가로서 발생한 kammamūlaka.
업이 되는 과정 kammabhava.
업이 되는 과정과 재생의 과정 kammabhavuppattibhava.
업이 되는 과정에 의해 야기된 kammabhavapaccaya.
업이 되는 과정을 원인으로 하는 kammabhavahetuka.
업이 되는 과정의 분류 kammabhavavibhāga.
업이 두터운 kammabahula.
업이 만들어질 때 kammasamaya.
업이라고 불린 kammasaṅkhāta.
업이라는 단어의 사용 kammavohara.
업이라는 명칭을 갖는 것 kammasamaññatā.
업이숙(業異熟) kammavipāka.
업이숙의 사실 kammavipākatta.
업이숙지(業異熟智) kammavipākañāṇa.
업자성(業自性) kammassakatā.
업자성지(業自性智) kammassakatañāṇa.
업적(業績) nipphatti. saṁsiddhi. samiddhi. adhigama.
업진(業盡) kammakkhaya.
업처(業處) kammaṭṭhāna.
업취(業趣) kammagati.
업풍(業風) kammajavāta. kammavāyu.
없는 abhava. appa. abhivajjita. apeta. nibbaṭṭa. nivatta. rahita. vibhūta. vidhura. vikala(ka). vigata. viraha. virahita. vīta. tirokkha.
없는 것이 아닌 avinābhūta.
없다는 사실 apetatta.
없애다 apacināti. parakkaroti.
없애버리는 chaḍḍaka.
없애버리다 nipuñchati.
없어지다 panassati.
없어짐 naṭṭhana. panāsa.
없음 anabhāva. natthi.
없이 vinā.
엉덩이 ānisada. jaghana. kaṭi. kaṭithālaka. kaṭiputhulaka. kaṭipariyosāna. kaṭippadesa. kaṭiphalaka. pāvaḷā.
엉덩이 모양을 한 kaṭisaṇṭhāna.
엉덩이 부분 kaṭipariccheda.
엉덩이 흔들기 kaṭikampana.
엉덩이뼈 kaṭiṭṭhi.
엉덩이위로 조인 kaṭisamohita.
엉덩이의 kaṭika.
엉덩이의 이음매 kaṭisandhi.
엉뚱함 sacchandacāra. vipallatthacintā.
엉망진창의 kalalakata.
엉켜든 anāviddha.
엉클어지지 않은 agahana.
엉터리약 guttosadha.
엊그제 parahīyo.
엎드리기 paṇipāta.
에계(恚界) vyāpādadhātu.
에까비오하라[이교도의 종파 · 대중부의 후계] ekabbohāra. ekabyohāra.
에라까[식물] eraka.
에라바나[코끼리명] Erāvaṇa.
에라바띠[지명] Erāvatī.
에로틱한 만남 avassuti.
에머랄드 marakata.
에상(恚想) vyāpādasaññā.
에워싸게 하다 parikkhipāpeti.
에워싸다 anusaṁyāyati. paliveṭheti. parikkhipati. rundhati.
에워싸인 paliveṭhita. parikkhitta. samaṇḍikata.
에워쌈 paliveṭhana. parikkhepa.
에장(恚障) dosakiñcana.
에피소드 upakathā. upākhyāna.
에희(恚喜) vyāpādanandī.
엑센트 uccassara.
엑센트부호 uccassaralakkhaṇa.
엘라갈라[식물] eḷagala. elagaḷa. elagala.
엘라갈라의 숲 eḷagalāgumba.
여가(餘暇) vivekakāla. vissamanasamaya.
여감자(餘甘子) āmalaka. āmaṇḍa.
여거(如去) tathāgata.
여걸(女傑) vīravanitā.
여겨지다 olokiyati. olokīyati. upaṭṭhahati. upaṭṭhāti. upaṭṭheti. upatiṭṭhati.
여겨지지 않은 asaṅkhāta.

여겨진 maññita.
여겨질 수 있는 ikkha.
여겨짐 upaṭṭhāna.
여격(與格)[문법] catutthī. sampadāna.
여격한정복합어(與格限定複合語)[문법] catutthītappurisa.
여과(濾過) avassāvana.
여과기(濾過器) cālanī. dhammakaraka. ottharaka. ottharika. parissāvana.
여과기가 공급되지 않은 aparissāvanaka.
여과하다 parissāveti.
여관(旅館) āgantukâgāra. pathikanivāsa.
여교사(女敎師) ācarinī.
여교수(女敎授) ācariyā.
여근(女根) itthâlaṁkāra.
여기 있다는 사실 ihatta.
여기 저기 달리다 anuparidhāvati.
여기 저기 치달음 anuparidhāvana.
여기다 jānāti. maññati. munāti. nibodhati. olokayati. samanupassati. upagacchati.
여기로 오라 ehi.
여기로부터 etto. ito paṭṭhāya. ettato. ito.
여기에 atra. attha. etta. ettha. idha. idhaṁ. iha. ittha.
여기에 있음 upaṭṭhāna.
여기저기 가는 dūragata.
여기저기 구르는 samparivatta.
여기저기 돌아다니다 vipariyāyati.
여기저기에 aparâparaṁ. tatra tatra.
여기저기의 세상으로 hurāhuraṁ.
여념이 없는 ajjhāsita. vyāvaṭa.
여는[開] phālima.
여니(余尼)[지명] Yona.
여닫이 막(幕) saṁsaraṇakiṭika.
여덟 가지 dvecaturaṅga.
여덟 가지 거룩한 길 aṭṭhaṅgikamagga.
여덟 가지 견해의 근거 aṭṭha diṭṭhiṭṭhānā.
여덟 가지 계행을 지키는 포살을 행하는 aṭṭhaṅguposathin.
여덟 가지 고귀한 길 ariya aṭṭhaṅgikamagga.
여덟 가지 고리를 갖춘 aṭṭhaṅgika. aṭṭhaṅgasamannāgata. aṭṭhaṅgasusamāgata. aṭṭhaṅgasusamāhita.
여덟 가지 과정과 연관된 aṭṭhavācika.
여덟 가지 나태의 토대 aṭṭha kusītavatthūni.
여덟 가지 논박 aṭṭhakaniggaha.
여덟 가지 두루채움의 명상 aṭṭhakasiṇa.
여덟 가지 때 aṭṭha malāni.
여덟 가지 바름 aṭṭhasammattā.
여덟 가지 보시에 의한 태어남 aṭṭha dānuppatiyo.
여덟 가지 보시의 토대 aṭṭha dānavatthūni.
여덟 가지 불행한 시간 aṭṭha akkhaṇā. aṭṭha asamayā.
여덟 가지 삶의 실천 aṭṭha cariyā.
여덟 가지 선정 aṭṭha samāpattiyo.
여덟 가지 선정의 수레 aṭṭha samāpattiyāna.
여덟 가지 세상의 원리 aṭṭha lokadhammā.
여덟 가지 수레를 사용하는 aṭṭhaṅgikayānayāyin.
여덟 가지 앎 aṭṭhañāṇāni.
여덟 가지 얼룩 aṭṭha malāni.
여덟 가지 여실한 법 aṭṭha yathābhuccā dhammā.
여덟 가지 요소를 갖춘 aṭṭhaṅgupāgata. aṭṭhaṅgupeta. aṭṭhaṅgika. aṭṭhaṅgasamannāgata. aṭṭhaṅgasusamāgata. aṭṭhaṅgasusamāhita.
여덟 가지 위대한 사람의 사유 aṭṭha mahāpurisavitakkā.
여덟 가지 인간의 성장단계 aṭṭha purisabhūmiyo.
여덟 가지 잘못 aṭṭha micchattā.
여덟 가지 재계를 갖춘 포살 aṭṭhaṅguposatha.
여덟 가지 재계를 갖춘 포살을 행하는 aṭṭhaṅguposathin.
여덟 가지 정진의 토대 aṭṭha ārabbhavatthūni. aṭṭha ārambhavatthūni.
여덟 가지 종류의 초월적 능력 iddhi.
여덟 가지 주요한 점 aṭṭhamukha.
여덟 가지 주제와 관련된 aṭṭhavatthuka.
여덟 가지 참사람의 보시 aṭṭha sappurisadānāni.
여덟 가지 초극의 단계 aṭṭha abhibhāyatanāni.
여덟 가지 축복 aṭṭhamaṅgala.
여덟 가지 탁월한 경지 aṭṭha abhibhāyatanāni.
여덟 가지 필수품 aṭṭhaparikkhāra.
여덟 가지 항목으로 구성된 aṭṭhaparivaṭṭa.
여덟 가지 해탈 aṭṭha vimokkhā.
여덟 가지 행운 aṭṭhamaṅgala.
여덟 가지 힘 aṭṭha balāni.
여덟 가지로 aṭṭhadhā.
여덟 가지에 기초한 aṭṭhavatthuka.
여덟 가지의 aṭṭhavidha.
여덟 갈래로 분류된 aṭṭhapada.
여덟 개의 기둥을 지닌 aṭṭhatthamba.
여덟 개의 발굽을 지닌 aṭṭhanakha.
여덟 개의 발을 지닌 aṭṭhapāda.
여덟 개의 식표에 해당하는 음식 aṭṭhasalākabhatta.
여덟 개의 이빨을 지닌 갈퀴 aṭṭhadantaka.

여덟 개의 표에 해당하는 음식 aṭṭhakabhatta.
여덟 겹으로 꼰 aṭṭhapada.
여덟 겹의 dvecaturaṅga.
여덟 구석 aṭṭhakoṇa.
여덟 달 aṭṭhamāsa.
여덟 달의 나이를 먹은 aṭṭhamāsika.
여덟 또는 아홉(8, 9) aṭṭhanava.
여덟 모서리를 지닌 aṭṭhakoṇa.
여덟 발굽 aṭṭhakhura.
여덟 번 aṭṭhakkhattuṁ.
여덟 번째 날(日) aṭṭhamī.
여덟 번째 참사람 aṭṭhamaka.
여덟 번째로 생계를 포함하는 계행 ājīvaṭṭhamakasīla.
여덟 번째의 aṭṭhama.
여덟 살의 aṭṭhavassika.
여덟 종류 공양 받을 만한 사람 aṭṭha puggalā dakkhiṇeyyā.
여덟 종류의 aṭṭhaguṇa.
여덟 종류의 고행자 aṭṭhavidhā tāpasā.
여덟 종류의 무리 aṭṭha parisā.
여덟 종류의 참사람 aṭṭha purisapuggalā.
여덟 채의 오두막을 가진 aṭṭhakuṭika.
여덟(8) aṭṭha.
여덟의 aṭṭhaka.
여덟의 절반(4) aṭṭhaḍḍha. aḍḍhaṭṭha.
여동생 kaṇiṭṭhā. kaṇiṭṭhikā. kaṇiṭṭhī. kaṇiṭṭhabhaginī.
여드름 guḷā. piḷakā.
여드름 vadanapiḷakā.
여든(80) asīti.
여든(80)세의 āsītika.
여든(80)의 āsītika.
여든넷(84) cūḷâsīti. cullâsiti.
여든다섯(85) pañcâsiti.
여든둘(82) dvâsīti.
여든셋(83) teasīti.
여든아홉(89) ekūnanavuti.
여든여덟(88) aṭṭhâsīti.
여든여섯(86) chāsīti.
여래(如來) tathāgata.
여래력(如來力) tathāgatabala.
여래삼불호(如來三不護) tīṇi tathāgatassa arakkheyyāni.
여래십력(如來十力) dasa tathāgatabalāni.
여래육력(如來六力) cha tathāgatabalāni.
여래의 와법(臥法) tathāgataseyyā.
여래의 잠자리 tathāgataseyyā.
여래의 제자 tathāgatasāvaka.
여래의 행적 tathāgatanisevita.
여래의 힘 tathāgatabala.
여러 가지 계행 sīlakkhandha.
여러 가지 길 maggâmagga.
여러 가지 마음 nānācitta.
여러 가지 말재주 paṭibhānanānatta.
여러 가지 방법으로 anekapariyāya.
여러 가지 법 nānādhamma.
여러 가지 삼매 samādhikkhandha.
여러 가지 색깔로 장식된 침대의 홑이불 cittakā.
여러 가지 색깔을 한 nānāratta.
여러 가지 신통 nānāvihitiddhividhā.
여러 가지 요소 nānādhātu.
여러 가지 욕구 vivicchā.
여러 가지 음식의 혼합물 karambaka.
여러 가지 의무 karaṇīyâkaraṇīya.
여러 가지 이름 nānānāma.
여러 가지 일 nānāvatthu.
여러 가지 직업 kammajāta.
여러 가지 행위 kammajāta.
여러 가지로 anekadhā. nānā. vidhā.
여러 가지의 aneka. anekabhāga. anekabhāva. anekavidha. anekavihita. citta. pacceka. pacura. uccâvaca. vicitta. vicitra. vomissa(ka).
여러 겹으로 쌓인 saguṇa.
여러 계박 saṁyogavisaṁyoga.
여러 곳에 tatra tatra.
여러 곳을 두루 돌아다니기에 적합한 saparikkamana.
여러 깔라빠와 공존하는 kalāpantaravutti.
여러 나라 verajja.
여러 나라의 verajjaka.
여러 방법으로 bahudhā.
여러 방향 puthuddisā.
여러 번 anekavāraṁ. bahukkhattuṁ.
여러 보석으로 이루어진 것들(?) laṅghamayā.
여러 성질 nānatta.
여러 종류로 puthu.
여러 종류로 말하는 puthuvacana.
여러 종류의 anekappakāra. bahuvidha. nānāppakkāra. nānāvidha. pakiṇṇaka. puthu.
여러 종류의 명상단계 samāpattinānatta.
여러 종류의 사항 vatthunānatta.
여러 종류의 쌀들 pavīhiyo(*pl.*).
여러 종류의 이득 lābhanānatta.
여러 종류의 잘못 vajjâvajja.
여러 종류의 죄 vajjâvajja.
여러 지방 puthuddisā. verajja.
여러 지방의 verajjaka.

여러 층의 anekabhūmika.
여러 해를 통해 돈을 모은 anekasāhassadhana.
여러 형식으로 bahudhā.
여럿 가운데 하나를 취하는 ekantarika.
여럿 가운데 하나의 aññatama.
여럿의 neka.
여로(旅路) addhānamagga.
여름 gimha. gimhāna. nidāgha. ghamma.
여름과 관련된 gimhika.
여름의 gimhika.
여름의 달에 gimhamāse.
여름의 더위 nidāgha.
여름의 시작 aggagimha.
여리(如理) yutti.
여리작의(如理作意) yonisomanasikāra.
여마나타(與摩那埵) mānattadāna.
여명(黎明) aruṇa. aruṇôdaya. aruṇugga.
여명의 빛 aruṇappabhā. aruṇasikhā.
여명의 색을 지닌 aruṇâbha. aruṇavaṇṇa.
여물 tiṇabhusa.
여밀의찬(如蜜義讚)[주석] Madhuratthavilāsiṇī.
여밀의해소(如蜜義解疏)[서명] Madhuratthappakāsinī.
여법(如法) anudhamma.
여법갈마(如法羯磨) dhammikakamma.
여법설(如法說) dhammikavāda.
여법차설계(如法遮說戒) dhammikapāṭimokkhaṭhapana.
여법피가책인(如法被呵責人) dhammacuditaka.
여법하게 anudhammaṁ. yathādhammaṁ.
여법하게 수레를 굴리는 anudhammacakkapavattaka.
여법한 dhammika.
여법한 표현 sabhāvanirutti.
여법화합(如法和合) dhammikasāmaggī.
여보(女寶) itthiratana.
여보게[주의를 촉구하는 말] haṁ.
여보시오! ambho.
여분(餘分) anubhāga. atirekatā. bāhulya. bāhulla.
여분남기며 젖을 짜는 sāvasesadohin.
여분의 atireka. avalañja. avasesaka. avasiṭṭha. avasiṭṭhaka.
여분의 발우 atirekapatta.
여분의 옷 atirekacīvara.
여분이 있는 sādhika.
여비(旅費) pātheyya(ka).
여상(女象) hatthinī. hatthinikā.
여선생(女先生) ācariyā.

여섯 가지 갈애의 무리 chataṇhākāyā.
여섯 가지 감각능력 chaḷindriya.
여섯 가지 감각의 장(場) saḷāyatana. chaḷāyatana.
여섯 가지 감각적 쾌락의 욕망계의 하늘나라 cha kāmasaggā. chadevaloka.
여섯 가지 감역 saḷāyatana. chaḷāyatana.
여섯 가지 감역에 대한 분석 saḷāyatanavibhaṅga.
여섯 가지 감역의 소멸 saḷāyatananirodha.
여섯 가지 견해 chadiṭṭhi.
여섯 가지 견해를 일으키는 소의처 chadiṭṭhiṭṭhāna.
여섯 가지 경계 cha visayā.
여섯 가지 고통 cha(ḷ)ābādhā.
여섯 가지 곧바른 앎 cha(ḷ)abhiññā.
여섯 가지 공경의 대상 cha gāravā.
여섯 가지 기억해야 할 원리 cha sārāṇīyā dhammā.
여섯 가지 꿰뚫음으로 이끄는 지각 cha nibbedhabhāgiyā saññā.
여섯 가지 내적 감역 cha ajjhattikāni āyatanāni.
여섯 가지 내적 감역의 chajjhattikāyatana.
여섯 가지 내적 외적 감역 cha ajjhattikabāhirāni āyatanāni.
여섯 가지 느낌의 종류 cha vedanākāyā.
여섯 가지 대죄 cha(ḷ)abhiṭhāna.
여섯 가지 방법으로 chaddhā. chadhā.
여섯 가지 방식 cha ākārā.
여섯 가지 분쟁의 뿌리 cha vivādamūlāni.
여섯 가지 불경 cha agāravā.
여섯 가지 불쾌에 대한 고찰 cha domanassûpavicārā.
여섯 가지 불퇴전의 원리 cha aparihāniyā dhammā.
여섯 가지 새김의 토대 cha anussatiṭṭhānāni.
여섯 가지 섬기는 원리 cha sārāṇīyā dhammā.
여섯 가지 세계 chadhātu. chadhātura. cha dhātuyo.
여섯 가지 안정적 삶 cha satatavihārā.
여섯 가지 여래의 능력 cha tathāgatabalāni.
여섯 가지 여래의 힘 cha tathāgatabalāni.
여섯 가지 여읨의 세계 cha nissāraṇiyā dhātuyo.
여섯 가지 외부의 감역 cha bāhirāni āyatanāni.
여섯 가지 외적 감역 cha bāhirāni āyatanāni.
여섯 가지 요소 chadhātu. chadhātura. cha dhātuyo.
여섯 가지 용서할 수 없는 죄 cha(ḷ)abhiṭhāna.
여섯 가지 위없음 cha anuttariyāni.

여섯 가지 의도의 무리 cha sañcetanākāyā.
여섯 가지 의복 chacīvara.
여섯 가지 의식의 무리 cha viññaṇakāyā.
여섯 가지 인식과정 cha vīthiyo. vīthichakka.
여섯 가지 일관된 삶 cha satatavihārā.
여섯 가지 쟁론의 뿌리 cha vivādamūlāni.
여섯 가지 지각의 무리 cha saññakāyā.
여섯 가지 초월적인 지혜 cha(ḷ)abhiññā.
여섯 가지 최상 cha anuttariyāni.
여섯 가지 토대 cha vatthūni.
여섯 가지 평정에 대한 고찰 cha upekkhūpa-vicārā.
여섯 가지 학문 chaḷaṅga.
여섯 가지 희열에 대한 고찰 cha somanassūpa-vicārā.
여섯 가지로 chaddhā. chadhā.
여섯 감각문(感覺門) cha dvārā.
여섯 감관과 관계되는 chadvārika.
여섯 감관의 문 cha dvārā.
여섯 감역(感域) saḷāyatana.
여섯 개 한 벌의 chakka.
여섯 개의 chakka.
여섯 개의 귀로 듣는 chakaṇṇa.
여섯 개의 어금니가 있는 cha(d)danta.
여섯 겹의 chabbidha. chabidha. chavidha.
여섯 계절의 각각의 전야제 utupubba.
여섯 모퉁이를 지닌 chandaṁsa.
여섯 무리에 속하는 chabaggiya. chabbaggiya. chavaggiya.
여섯 무리의 악행비구 chab(b)aggiyabhikkhu.
여섯 방향의 chaddisa. chadisa.
여섯 번 chakkhattuṁ.
여섯 번째의 chaṭṭa.
여섯 색상을 지닌 chabaṇṇa.
여섯 손가락 크기의 chaḷaṅgula. chaṅgula.
여섯 접촉의 무리 cha phassakāyā.
여섯 접촉의 영역 cha phassāyatanā.
여섯 종류의 chabbidha. chabidha. chavidha.
여섯 종류의 계층 cha(ḷ)abhijātiyo.
여섯 종류의 생류 cha(ḷ)abhijātiyo.
여섯(6) cha.
여섯이나 다섯 chapañca. chappañca.
여성(女性) itthi. itthī. itthiliṅga. mahilā. itthi-bhāva.
여성(如性) tathatā. tathatta.
여성가수 gāyikā.
여성과 관련된 adhitthi.
여성과 중성의 성[문법] itthinapuṁsakaliṅga.
여성남녀추니 itthubhatovyañjanaka.
여성명사[문법] itthiliṅga.
여성백성 itthijana.
여성보시자 dāyikā.
여성봉사자 upaṭṭhāyikā. upaṭṭhikā.
여성어지자지 itthubhatovyañjanaka.
여성용 거들 rasanā.
여성으로 태어난 itthibhūta.
여성을 구성하는 열 가지 요소 itthibhāvadasaka.
여성의 itthiliṅga.
여성의 계획자 kārapikā.
여성의 기증자 dāyikā.
여성의 띠[帶] mekhalā. mekhalikā.
여성의 명령자 kārapikā.
여성의 생식기 → 여성의 성기.
여성의 성기 yoni. koṭacikā. itthinimitta. kaṭa.
여성의 음모자 kārapikā.
여성의 장신구['큰 넝쿨'] mahālātā. mahālātā-pasādhana.
여성의 특성[선악과 길흉의 특징] itthilakkhaṇa.
여성의 표시 itthâdhivacana.
여성의 허리띠 mekhalā. mekhalikā.
여성이 아닌[문법] anitthibhūta.
여성인 것을 알리는 itthikhya.
여성자웅동체 itthubhatovyañjanaka.
여성지도자 pariṇāyikā.
여성친교사 upajjhāyā.
여성태아 itthigabbha.
여승(女僧) bhikkhunī.
여시아문(如是我聞) evaṁ me sutaṁ.
여시어경(如是語經)[경장] Itivuttaka.
여시어경주석[주석] Abhidhammatthadīpanī.
여시유무론(如是有無論) itibhavābhavakathā.
여식(女息) sutā.
여신(女神) devī. devadhītā.
여신도(女信徒) upāsikā.
여실(如實) taccha. tathiya.
여실지견(如實知見) yathābhūtañāṇadassana.
여실하게 avitathā.
여실한 yathābhūta. avitatha. yathātaccha.
여실한 것 yathatta.
여실한 이해를 가져오는 avitathaggāhaka.
여실히 yathābhuccaṁ. yathābhūtaṁ. yathāta-thā. yathātathaṁ.
여십법(女十法) itthibhāvadasaka.
여안색(如顔色) vaṇṇanibhārūpa.
여여한 yathāṭhita.
여왕(女王) adhipā. devī. rājinī.
여우 araññasunakha.
여우원숭이 nisāvānara.

여울 kunnadī.
여위게 하다 kesayati.
여위다 kissati.
여위어서 몸이 홀쭉해진 dhamanīsanthatagatta.
여윈 여자 kisikā.
여의게 하다 nikkhameti. nikkhāmeti.
여의는 niyyānika. nīyānika.
여의다 nikkhamati. nissarati. niyyāti.
여의보(如意寶) cintāmani. maṇijotirasa. jotirasa.
여의성취소(如意成就疏)[앙굿따라니까야(增支部)의 주석] Manorathapūraṇī.
여의수(如意樹) kappapādapa. kapparukkha.
여의족(如意足) iddhipāda.
여읜 apakkanta. apeta. āraka. katanikkhamana. vigata.
여읠 수 있는 nissaraṇīya.
여읨 ārakatā. ārakatta. nekkhamma. nikkhamana. nissaraṇa. parikkamana.
여읨의 가르침 niyyānikasāsana.
여읨의 두 가지 niyyānikaduka.
여읨의 무기 pavivekāvudha.
여읨의 완성 nekkhammapāramī. nekkhammapāramitā.
여인(女人) aṅgaṇā. itthipariggaha. manussitthi. vanitā. vilāsinī. sīmantinī.
여인과 그녀의 남편 jayampatikā. jāyampatikā.
여인들 itthijana.
여인을 원하다 kāmeti.
여인의 손가락 bhaṇḍākī.
여자(女子) abalā. andhikā. itthi. itthī. itthikā. itthikyā. lalanā. mahilā. mānusī. nārī. pamadā. ramanī. thī. ubbarī. vanitā.
여자가 많은 bahutthika.
여자가 적은 appitthika.
여자가 행하는 nippurisa.
여자결발행자 jaṭinī.
여자노동자 kammakarī.
여자노예 āmā. dāsī. dāsikā. dāsiyā. pesanakārikā. pessiyā. pessikā. āmadāsī. rakkhikā.
여자노예로 태어난 āmāyadāsī.
여자노예와 남자노예 dāsīdāsā.
여자노예의 상태 dāsitta.
여자노예의 신분 dāsitta.
여자답지 않은 여자 anitthi. anitthī.
여자도둑 corī. corikā.
여자뒷머리에 땋아 붙인 쪽 paṭisīsaka.
여자라는 말 itthisadda.
여자라는 소리 itthisadda.
여자로 붐비는 itthigumba.
여자로부터 방사되는 흐름 itthisota.
여자를 아주 좋아하는 vasika.
여자를 욕망하는 itthâdhippāya.
여자를 원하는 itthatthika.
여자를 위한 itthikāraṇa.
여자를 죽이는 살인자 itthighātaka.
여자마법사 atiyakkhā.
여자만의 오케스트라 nippurisaturiya.
여자만의 음악 nippurisaturiya.
여자무용수 naccakī. nāṭakā. naṭṭakī.
여자방직공 kantikā. suttakantikā.
여자뿐인 nippurisa.
여자선인 isinī.
여자성문(聲聞) sāvikā.
여자성자 isinī.
여자수행원 paricārikā. paricārinī. parijanā.
여자수행자 samaṇī.
여자스승 ācariyā.
여자시자 upaṭṭhāyikā. upaṭṭhikā.
여자신도 upāsikā.
여자아이 taruṇī.
여자에 관한 이야기 itthikathā.
여자에 대한 탐욕 itthikāma.
여자에 빠진 itthisoṇḍa.
여자에 탐닉하는 itthisoṇḍa.
여자에 탐욕적인 itthiluddha.
여자에게 불량한 itthidhutta.
여자에게 빠진 itthidhutta.
여자와 보석의 보물 itthimaṇiratana.
여자와 소녀 itthikumārikā.
여자와 즐김 itthikāma.
여자와의 교제 itthisaṁsagga.
여자요리사 pācikā.
여자우두머리 adhipā.
여자의 궁전 itthivimāna.
여자의 능력에 대한 분석적 설명 itthindriyaniddesa.
여자의 동료 itthipariggaha.
여자의 마음 itthicitta.
여자의 매력 itthiliḷha. itthirasa.
여자의 모습 itthirūpa.
여자의 목소리 itthisadda.
여자의 목소리를 지닌 itthisadda.
여자의 몸 itthiviggaha.
여자의 보고(寶庫) itthâkara.
여자의 보물 itthiratana.
여자의 봉사 itthikicca.
여자의 사적 재보 itthidhana.

여자의 상태 itthatta. itthitta.
여자의 생각 itthimati.
여자의 성기 → 여성의 성기.
여자의 성기를 지닌 itthiliṅga.
여자의 성을 지닌 itthiliṅga.
여자의 소유[장식물 등] itthibhaṇḍa.
여자의 속임수 itthimāyā.
여자의 신체 itthisarīra.
여자의 아름다움 itthirūpa.
여자의 영상 itthirūpa.
여자의 영향아래에 있는 itthiphoṭṭhabba.
여자의 외음부 itthivyañjana.
여자의 욕구 itthicchanda.
여자의 유혹적인 행동 itthikutta.
여자의 의무 itthikicca.
여자의 일 itthikutta.
여자의 장식물 itthâlaṁkāra.
여자의 집 itthāgāra.
여자의 특징 itthinimitta.
여자의 표시 itthivyañjana.
여자의 품위 itthiliḷha. itthivilāsa.
여자의 힘 itthibala.
여자인 사실 itthitta.
여자임 itthatta.
여자재가신자 upāsikā.
여자재봉사 sibbanī.
여자점쟁이 atiyakkhā. ikkhaṇikā. ikkhanikā.
여자정신적인 지도자 upajjhāyā.
여자죽세공 veṇī.
여자중혼자(女子重婚者) dvipatikā.
여자처럼 보이는 itthivaṇṇa.
여자처럼 현명한 ambakāsañña.
여자천민 caṇḍālī.
여자청소부 kacavarachaḍḍikā.
여자친구 dutiyā. dutiyikā. sahāyikā. sakhī. sakhikā.
여자친지가 아닌 aññātikā.
여자하인 gharadāsi. paricārikā. paricārinī. pesanakārikā. padacārikā.
여자혐오자(女子嫌惡者) itthidessīin.
여자혐오증(女子嫌惡症) vanitāviruddha.
여자환자 ābādhikinī.
여정(旅程) addhan. pathaddhan. padavalañja.
여제(女帝) adhirājanī.
여제자(女弟子) sāvikā. saddhiṁvihārinī.
여조카 bhāgineyyā. bhātudhītā.
여종(女從) āmā.
여주인(女主人) gharaṇī. patikā. sāminī.
여지(余地) avakāsa.
여지가 있는 āluka.
여진(如眞) taccha.
여쭈다 abhipucchati.
여차(如此)의 tādisa. etādi. etādī. etādikkha. etādisa. → 이와 같은.
여초복지(如草覆地) tiṇavatthāraka.
여타의 añña. avasesa.
여파(餘波) pacchāsa.
여하튼 aññadatthu. upāya.
여행(旅行) addhāna. addhānagamana. āhiṇḍana. cāraka. cārika. cāraṇa. gamana. desâṭana. desacārikā. pariyena. pariyenā. vicaraṇa. yātrā.
여행객(旅行客) āgantuka. panthagū. panthika. paṭhavant. pathāvin. pathika.
여행객을 위한 지팡이 āgantukadaṇḍaka.
여행길 addhānamagga.
여행에 대한 찬양 gamanavaṇṇa.
여행에 적합한 addhaniya. addhaneyya.
여행에 지친 addhānadaratha.
여행에 필요한 것 pātheyya(ka).
여행에서 음식을 나르는 자루 puṭaṁsa.
여행용 음식 puṭabhatta.
여행을 떠나는 gamika.
여행을 떠나는 비구 gamikabhikkhu.
여행을 떠남 pavasana.
여행의 동료 anudūta.
여행의 피로 addhānaparissama.
여행자 → 여행객.
여행자의 발길이 닿지 않는 anitthiṇṇa.
여행하는 (사람) gāmika.
여행하는 addhika.
여행하다 āhiṇḍati. kamati. vicarati. sañcarati. pariyaṭati.
여흥(餘興) sakkāra. agghiya. ātitheyya. ramāpana. ussava.
역(逆)의 paccanīka. paccanīya. paṭiloma.
역겨운 bībhaccha. paṭikūla. paṭikkūla. vikūlaka.
역겨움 paṭikulyatā.
역경(逆境) agha. visama.
역관(逆觀)에 의한 연기 paṭilomapaṭiccasamuppāda.
역논(逆論) paccanīka. paccanīya.
역량(力量) pariyatti.
역량이 있는 pariyatta.
역류(逆流)의 paṭisota.
역류하여 paṭisota.
역류행자(逆流行者) paṭisotagāmin.
역마(逆摩)하다 paṭimasati.
역모(逆毛)의 paṭiloma. viloma.

역병(疫病) īti. ītī. pajjaraka. mārakavyādhi. mārakaroga.
역사(歷史) itihāsa. udanta. vaṁsa.
역사(力士) malla. balin.
역설(逆說) sammutiviruddhavāda.
역설적인 sammutiviruddha.
역시 api. pi.
역언법(逆言法) paṭikkhepālaṅkāra. ākhepa.
역역설(逆力說) paṭikkhepālaṅkāra. ākhepa.
역연기(逆緣起) paṭilomapaṭiccasamuppāda.
역전(逆轉) paṭivatta. vikāra. vipallāsavipallāsa. vyattaya. vipariyāsa. vipariyesa.
역전된 vipallattha. viparāvatta. viparīta.
역전하다 paṭivaṭṭati. paṭivattati.
역증요법(逆症療法) visamatikicchā.
역풍(逆風) viruddhavāta.
역풍으로 paṭivātaṁ.
역학(疫學) saṅkantikarogavijjā.
역할(役割) rasa. kicca.
역행(逆行)하는 ujjava.
역행하다 ujjavati.
엮다 ganthati. racati. racayati. sambandhati.
엮은 saṁyutta.
엮은 무명옷 dussaveṇi.
엮은 손가락 사슬 aṅgulisaṅkhalikā.
엮음 ganthana. saṁhāra. vāya.
연(鳶) kulala. sena. ākāsapatta.
연(緣) paccaya. pacceka.
연(聯) padaka.
연(鉛) sīsa.
연각(緣覺) paccekabuddha.
연결(連結) ādāna. anusandhi. āyoga. nibandhana. samāyoga. sambandha. sambandhana. sampiṇḍana. saṁyoga. saṅghāṭa. sannissayatā. upanibandha. upayoga. yuñjana.
연결고리 aṅga.
연결관계가 분명한 uttānasambandha.
연결되는 sandhika.
연결되다 anusandati. anusandhīyati. sambajjhati. saṁyujjati. sandhīyate. sandhiyyate. viniyujjati.
연결되지 않은 asambaddha. asambandha. asaṁyutta.
연결되지 않은 상태 asandhitā.
연결된 anucarita. ghaṭita. paṭibandha. paṭisaṁyutta. sambaddha. sameta. samohita. sampayutta. saṁyojita. saṁyuta. siliṭṭha. upanibandhaka. yuja. yutta.
연결된 상태 siliṭṭhatā.
연결부위 aṅga.
연결시키다 paṭisaṁyujati.
연결에 능숙한 anusandhikusala.
연결에 대한 진술 anusandhiyojanā.
연결을 갖는 upanibandhaka.
연결의 예 anusandhinaya.
연결하는 ābandhaka.
연결하다 abhisambandhati. anughaṭeti. anusandahati. anusandheti. ghaṭeti. paṭibandhati. yuñjati. yojeti. sambandhati. samodhāneti. saṁyojeti. saṁyuñjati. sandahati.
연결하여 정리하다 anubandhati.
연결하여 정리함 anubandhana.
연계(連繫) → 연결.
연계하다 → 연결하다.
연고(軟膏) ālepa. ālepana. añjana. vilepa. vilepana. asambhinna. rasañjana.
연고로 사용되는 향기로운 알로에 나무 akalu.
연고를 넣는 상자 añjanī.
연고를 담는 작은 유리병 añjananāḷi.
연고를 바르는 막대 añjanisalākā.
연고를 바름 bhañjana.
연골(軟骨) muduṭṭhi.
연관(聯關) anusandhi. sahayoga. sampayoga. sandhi. samaṅgitā. ābandhana. sampiṇḍana.
연관이 없는 ananusandhika.
연관이 없는 대화 ananusandhikathā.
연구(硏究) ajjhayana. ajjhāyana. ajjhena. kappana. pavicaya. sajjhāya.
연구개(軟口蓋) adhojivhikā.
연구되지 않은 apariyāpuṭa.
연구된 yuja.
연구에 몰두하는 ajjhāyin.
연구의 분야 sippa.
연구하다 kappeti. sajjhāyati.
연극(演劇) abhinaya. nāṭaka. visūka.
연극관람 visūkadassana.
연극조(演劇調)의 raṅgamaṇḍalocita. raṅgāyatta.
연근(蓮根) sāluka. sālūka.
연금(年金) vissamavetana.
연기(煙氣) dhūma.
연기(煙氣) dhuma. dhūma. dhūmandha.
연기(緣起) nidānasambhava. paccayatā. pacceka. paṭiccasamuppāda.
연기(延期) sannidhi.
연기(煙氣)가 나는 padhūpita.
연기(煙氣)가 나는 것 dhūmāyanā.
연기(煙氣)가 없는 vidhūma.

연기(延期)되다 anuhīrati. cirāyati. avalīyati. oliyyati. oliyati. olīyati.
연기(延期)되지 않은 apapañcita.
연기(緣起)된 paṭiccasamuppanna.
연기(延期)된 sannidhikata.
연기(煙氣)로 그을리다 padhūpeti.
연기(煙氣)로 시야를 가린 dhūmandha.
연기(煙氣)로 채우다 sampadhūpeti.
연기(煙氣)를 내다 dhūmayati. dhūmāyati. padhūpeti.
연기(煙氣)를 내며 불타다 atijalate.
연기(煙氣)를 내뿜다 padhūpāti. padhūpāyati. padhūmāti.
연기(煙氣)를 내뿜은 padhūpita.
연기(煙氣)를 내뿜음 dhūmāyanā.
연기(緣起)에 대한 해석 paṭiccasamuppādaniddesa.
연기(緣起)에 밝은 paṭiccasamuppādakusala.
연기(緣起)에 밝은 것 paṭiccasamuppādakusalatā.
연기(煙氣)와 먼지 dhūmaraja.
연기(煙氣)와 수증기를 내다 sandhūpeti. sandhūpāyati.
연기(緣起)의 도리 paṭiccasamuppāda.
연기(煙氣)의 무리 dhūmajāla.
연기(緣起)의 법칙 paṭiccasamuppāda.
연기(緣起)의 요소 paṭiccasamuppādaṅga.
연기(緣起)의 이치 idappaccayatā. paṭiccasamuppādanaya.
연기(煙氣)의 출구 dhūmanetta.
연기(緣起)의 항목 paṭiccasamuppādaṅga.
연기(緣起)적 조건에 대한 앎 paccayākārañāṇa.
연기(煙氣)처럼 됨 dhūmāyitatta.
연기(延期)하다 seseti.
연기법(緣起法) sahetudhamma. paṭiccasamuppādanaya.
연기법(緣起法)에 따라 깨달은 사람 paccekabuddha.
연기선교(緣起善巧) paṭiccasamuppādakusalatā.
연기소생(緣起所生) paṭiccasamuppanna.
연기지(緣起支) paṭiccasamuppādaṅga.
연꽃[蓮] paṅkaja. ambuja. uppala. bhisapuppha. indīvara. indīvarī. paduma. padumaka. padumapuppha. padumini. padumī. pokkhara. puṇḍarīka. saroja. saroruha. satapatta. vārija.
연꽃거리[연꽃을 파는 거리] uppalavīthi.
연꽃과 같은 uppalasadisa.
연꽃과 같은 반점이 있는 코끼리의 통칭 padumin.
연꽃과 같음 pokkharatā.
연꽃과피(果皮) kaṇṇikā. uppalakaṇṇikā.
연꽃꽃받침 padumagabbha.
연꽃다발 padumakalāpa.
연꽃모양의 정점 padumakaṇṇikā.
연꽃무리 ambujinī.
연꽃빛깔을 지닌 것 padumarāga.
연꽃송이 padumakalāpa. padumapuñja.
연꽃숲 uppalavana.
연꽃습지 uppalakhetta.
연꽃식물 bhisa.
연꽃싹 bhisa. uppalamakula.
연꽃에 대한 파악 uppalagahaṇa.
연꽃요정 padumacchara.
연꽃우산 padumacchatta.
연꽃으로 가득 찬 uppalasannāha.
연꽃으로 뒤덮인 kamalin.
연꽃을 지닌 uppalin.
연꽃의 구근과 관목의 줄기 uppalakaserukakanda.
연꽃이 많은 uppalin. padumin.
연꽃이 있는 연못 paduminī. padumī. pokkharaṇī.
연꽃이라고 불리는 uppalasavhaya.
연꽃잎 opatta. uppalapatta. pokkharapatta.
연꽃잎의 꼭대기 모양을 한 uppaladalaggasaṇṭhāna.
연꽃종류 uppalajāta.
연꽃줄기 kumudanaḷa. uppaladaṇḍa. uppalanāḷa. bhisamuḷāla. muḷāla. muḷālikā. muḷālī.
연꽃줄기의 달콤한 즙 pokkharamadhu.
연꽃향기 uppalabhāva. uppalagandha.
연꽃화환 uppalamālā.
연노랑색의 대추 badarapaṇḍu.
연단(鉛丹) sindūra. uparipiṭṭhi.
연달성(練達性) paguṇabhāva.
연대(聯隊) anīka.
연대(椽坮) miḍhi.
연대(年代) vaya.
연대(連帶) yuñjana.
연대(連帶)되다 sandhīyate. sandhiyyate.
연대(連帶)하다 yuñjati.
연대기(年代記) purāvuttakathā. itihāsa.
연대기작가(年代記作家) itihāsalekhaka .
연대순(年代順)의 kālānugata.
연대학(年代學) kālanicchayavijjā.
연대학자(年代學者) kālaniṇṇayakārin.
연동운동(蠕動運動) kimipuṇṇatta.
연등불(燃燈佛) dīpaṁkara.
연력(緣力) paccayasatti.

연로(年老) thāvara.
연로한 vayavuddha.
연료(燃料) edha. indhana. samidhā. saṇṭhāna. upādāna. upādi.
연료가 떨어진 anindhana.
연료가 없는 anāhāra. anedha. nirindhana.
연료가 없음 anāhāra.
연료를 목적으로 kaṭṭhatthaṁ.
연료의 소모 upādānasaṅkhaya.
연마(硏磨) vimajjana. pisana. piṁsana.
연마된 sammaṭṭha. vimaṭṭha.
연마된 나패로 장식한 kambuvimaṭṭhadhārinī.
연못 ambujinī. taḷāka. daha. kamalinī. kūpagūthakupa. nalinī. padumasara. pokkharaṇī. sara. vāpi.
연묵(宴默) paṭisallāna. paṭisallāṇa.
연민(憐憫) anudayā. anuddayā. anukampā. anukampana. dayā. karuṇā. karuṇā. karuṇāyanā.
연민과 기쁨 karuṇāmuditā.
연민과 일치하는 karuṇāpaṭirūpaka.
연민과 일치하는 얼굴 karuṇāpaṭirūpamukha.
연민심에 의해 청량한 karuṇāsītala.
연민심의 바다 karuṇāmatisāraga.
연민심이 없는 nikkaruṇa.
연민어린 kāruṇika.
연민어린 마음 kāruñña.
연민에 기초한 karuṇānidāna.
연민에 대한 명상 karuṇājhāna.
연민에 대한 수행 karuṇābhāvanā.
연민에 대한 지각 karuṇāsaññā.
연민에 들어가기 karuṇôkammana.
연민에 따르는 성격을 지닌 karuṇânugatâsaya.
연민에 마음을 향하게 하는 karuṇâdhimutta.
연민에 수반된 karuṇāsahagata.
연민에 의해 앞서가는 karuṇāpurassara.
연민에서 발전한 karuṇāpabhāvita.
연민으로 인한 애정 karuṇāsneha.
연민으로 향한 의도 karuṇâdhippāya.
연민을 갖춘 karuṇāsagata.
연민을 느끼다 karuṇāyati.
연민을 동기로 하는 karuṇāvega.
연민을 보여주는 karuṇāyanaka.
연민을 보이는 dayāpanna.
연민을 특징으로 하는 karuṇāniketa.
연민의 감정 karuṇārasa.
연민의 경향을 지닌 karuṇâjjhāsaya.
연민의 계발 karuṇāsevanā.
연민의 마음 karuṇācitta.
연민의 마음에 의한 해탈 karuṇācetovimutti.
연민의 바다 karuṇāsāgara.
연민의 밭 karuṇākhetta.
연민의 상태 karuṇābhāva. karuṇāyitatta.
연민의 상태에 있는 karuṇāvikāra.
연민의 성품에서 생겨나는 karuṇāguṇaja.
연민의 의무 karuṇākicca.
연민의 축복 karuṇāsampatti.
연민의 힘 karuṇābala.
연민이 많은 anukampaka. anukampin.
연민이 선행하는 karuṇāpubbaṅgama.
연민이 최상의 단계에 있는 karuṇāpara.
연민이라는 기반 karuṇâdhiṭṭhāna.
연민하다 anukampati. avadayati.
연법(緣法) paccayadhamma.
연부단금의 장식품 jambonadanekkha.
연분(鉛粉) kakku.
연붉은색의 보석 gomedaka. gomutta(ka).
연뿌리 vaṭaka. sāluka. sālūka. sāḷuka. bhisa. bhisamūla. muḷāla. muḷālikā. muḷālī.
연뿌리를 삶은 물 sāḷukapāna.
연사(演士) ācikkhaka. ācikkhitar. vattar.
연사(演士) kathika.
연상(緣相) paccayākāra.
연생(緣生) paccayasamuppanna. paṭiccasamuppanna.
연생법(緣生法) paccayupannadhamma.
연생법(緣生法) paṭiccasamuppannadhamma.
연생식(緣生識) paṭiccasamuppannaviññāṇa.
연설(演說) āgada. bhaṇana. bhaṇita. bhāsana. kathā. kathana. udāhāra. vācikā.
연설과 반론 vacanapaṭivacana.
연설되다 abhivyāharīyati.
연설된 abhivyāhaṭa.
연설을 듣기 위해 kathāsavanatthaṁ.
연설자(演說者) anussāvaka. kathetar. kathika. udāhāraka.
연설자라고 불리는 kathikasaññita.
연설하는 bhāsaka.
연설하다 ābhāsati. abhibhāsati. bhaṇati.
연섭수(緣攝受) paccayapariggaha.
연성(軟性) kammaññatā. mudutā.
연성(連聲)[文法] sandhi.
연소(燃燒) jalana. jhāma. pariḍayhana. uḍḍayhana.
연소되다 uḍḍayhati.
연소된 daḍḍha.
연소생(緣所生) paccayasamuppanna.
연소시키다 uḍḍahati.
연소전(緣所轉) paccayapavatta.

연소하는 jhāma.
연소하다 pajjhāyati.
연소한 kañña.
연속(連續) anubandha. anukkama. anupabandha. anupabandhanā. anupabandhanatā. anupasaṇṭhapanā. anupaṭipāti. anuppabandha. anuppabandhana. āsevana. āsevanā. āvali. āvalī. nibandha. paramparā. paraṁparā. parivaṭṭa. paṭipāṭi. santāna.
연속된 abbhocchinna.
연속된 계단 nisseṇī.
연속적인 ānantarika. ānantariya. anavarata. anupubba. aparâpariya.
연속포격 ayoguḷavissajjana.
연속하는 guḷika. nirantara. sapadāna.
연속해서 abhiṇhaṁ. paṭipāṭiyā. paṭipāṭiyaṁ. sapadānaṁ.
연쇄(連鎖) santati. paveṇi. paramparā. guḷa.
연습(練習) payoga. sajjhāya. sajjhāyanā. samudācaritatta. uyyodhika.
연습하다 sajjhāyati. payojeti.
연안쇄파(沿岸碎波) kallolamālā.
연애(戀愛)하는 rāmakara.
연애감정(戀愛感情) siṅgāra.
연약(軟弱) dubbalya. abala. dubballa.
연약한 dubbala. dubbalī°.
연역(演繹) niggama(na).
연엽(蓮葉) padumapatta. pokkharapatta.
연예(演藝) sakkāra. agghiya. ātitheyya. ramāpana. ussava.
연예인(演藝人) sakkāraka.
연와(煉瓦) giñjakā. iṭṭhakā. itthakā.
연와당(煉瓦堂) giñjakāvasatha.
연우(蓮雨) pokkharavassa.
연유(緣由) upanisā.
연의분(緣依分) paccayavāra.
연이생(緣已生) paccayasamuppanna.
연이은 pabandha.
연인(戀人) jāra. jārī.
연인을 만나러 가는 여인 abhisārikā.
연잎 padumapatta. pokkharapatta.
연자(緣者) sālohita.
연장(延長) āyati. vaḍḍhana.
연장동녀(年長童女) thūlakumāri. thūlakumārikā.
연장된 āyataka.
연장자(年長者) thera.
연장자에 따라 anujeṭṭhaṁ.
연장자인 것에 따라 yathāvuḍḍhaṁ. yathābuḍḍhaṁ.
연장하는 visāraka.
연장하다 āyamati.
연재(軟材) pheggu.
연재(軟材)가 없는 aphegguka.
연재(軟材)를 지나친 apagataphegguka.
연재(軟材)의 안쪽에 있는 antopheggu.
연정(戀情) siṅgāra.
연좌(宴坐) paṭisallāna. paṭisallāṇa.
연주(演奏) pavajjana.
연주되다 pavajjati. vajjati.
연주되어야 할 vajja.
연주시키다 vādāpeti. vajjeti.
연주하게 하다 vādāpeti.
연주하다 vādeti.
연주하도록 하다 vajjeti.
연죽(煙竹) bhojjayāgu.
연지(臙脂) lākhā.
연지(蓮池) padumasara.
연지벌레 indagopaka.
연찬(硏鑽) vicaya.
연초(煙草) dhūmapāna.
연충(蠕蟲) kimi.
연충모양의 kimisaṇṭhāna.
연통(煙筒) dhūmanetta.
연필(鉛筆) lekhaṇī.
연하(嚥下) gilana.
연하하다 niggilati.
연합(聯合) bandhana. sampayoga.
연합된 sampayutta.
연합조건 sampayuttapaccaya.
연행상(緣行相) paccayākāra.
연화(軟化) sinehana.
연화군(蓮花軍) padumabyūha.
연화색(蓮花色)[인명] Uppalavaṇṇā.
연화좌(蓮華坐) kamalāsana.
연화진형(蓮花陣形) padumabyūha.
열 가지 dasadha.
열 가지 감역 dasa āyatanāni.
열 가지 계행 dasasīla.
열 가지 고귀한 삶의 방식 dasa ariyavāsā.
열 가지 구성요소 dasaka.
열 가지 능력 dasabala.
열 가지 담론의 토대 dasakathāvatthu.
열 가지 대화의 토대 dasakathāvatthu.
열 가지 더 이상 배울 것이 없는 원리 dasa asekkhā dhammā.
열 가지 두루채움의 세계 dasa kasiṇāyatanāni.
열 가지 멸진의 토대 dasa nijjaravatthūni.
열 가지 바름 dasa sammattā.

열 가지 부정에 대한 지각 dasa asubhasaññā.
열 가지 분쟁의 뿌리 dasa vivādamūlāni.
열 가지 수호를 만드는 원리 dasa nāthakaraṇā dhammā.
열 가지 신체안의 원리 dasa sarīraṭṭhā dhammā.
열 가지 신체적 통일성을 갖는 요소들의 집합 dasakakalāpa.
열 가지 여래의 능력 dasa tathāgatabalāni.
열 가지 여래의 힘 dasa tathāgatabalāni.
열 가지 오염의 토대 dasa kilesavatthūni.
열 가지 완성 dasa pāramiyo.
열 가지 요소 dasaṅga.
열 가지 원리의 자양 dasadhammā āhārā.
열 가지 인식의 영역 dasa āyatanāni.
열 가지 잘못 dasa micchattā.
열 가지 쟁론의 뿌리 dasa vivādamūlāni.
열 가지 지각 dasa saññā.
열 가지 착하지 못한 행위의 길 dasa akusalakammapathā.
열 가지 착한 행위의 길 dasa kusalakammapathā.
열 가지 통찰에 수반되는 오염 dasa vipassanûpakkilesā.
열 가지 학습계율 dasasikkhāpada.
열 가지 회한의 대상 dasa āghātavatthūni.
열 가지의 dasavidha.
열 개 한 벌(의) dasaka.
열 개(의) dasaka.
열 겹의 dasavidha.
열 마리의 소보다 적은 adasagava.
열 번 dasakkhattuṁ.
열 번째 dasama.
열 종류의 참사람 dasa puggalā.
열(10) dasa.
열(熱) ātapa. ātāpa. ātapatā. gimha. gimhāna. dāha. ḍāha. pariḷāha. tapa. tapo. vuṇhi. nidāgha. santāpa. utu. upatāpa. usmā. usumā. uṇha. uṇhatta. uṇhamāṇa. ghamma.
열(列) āvali. āvalī. panti. pāli. pāḷi. rāji. rīti. vali. vaḷi. valī. vaḷī.
열(熱)의 ghammamāṇāyatta.
열개(裂開) phālana. saṁvaṭṭa. vivaṭṭa. saṁvaṭṭana. vivaṭṭana. vivaṭṭanā.
열개되다 vivaṭṭati.
열개된 vipphālita.
열개하는 phālaka.
열거(列擧) apilāpana. saṅkhā. saṅkhyā. ukkhepana.
열거된 samakkhāta. vyākhyāta.
열거하다 apilāpeti. paccanubhāsati. ukkhipati.
열계(劣界) hīnadhātu.
열고(熱苦)가 없는 nirupatāpa.
열기(熱氣) → 열(熱).
열기를 가한 otāpaka.
열기를 동반하는 usmāsahagata.
열기를 두려워하는 uṇhabhīru.
열기를 일으키다 uṇhāpeti.
열기를 참지 못하는 uṇhabhīru.
열기에 괴로워하는 uṇhâbhipīḷita.
열기에 의해 만들어진 utumaya.
열기에 의해 생성된 utusamuṭṭhāna.
열기에 지친 uṇhâbhitatta.
열기와 밀접하게 연관된 usmûpanibaddha.
열기의 ghammāyatta.
열기의 출현 uṇhākāra.
열나는 tatta.
열나다 tappati. tapati.
열넷(14) cuddasa.
열녀(烈女) ekabhattakinī.
열뇌(熱惱) ḍaha. pariḷāha. aggi.
열다 opāṭeti. ugghaṭṭeti. ugghāṭeti. ugghāṭṭeti. vikāseti. vivarati.
열다섯 번째 pannarasama.
열다섯(15) pañcadasa. pannarasa. paṇṇarasa.
열대(熱帶) yugandhara.
열대구(熱帶區) uṇhadesa.
열대구(熱帶區)의 uṇhadesāyatta.
열대지대(熱帶地帶) yugandharapabba.
열동력(熱動力)의 usumākampanāyatta.
열두 가지 감역 dvādasāyatana. dvādasa āyatanāni.
열두 가지 인식의 근거 dvādasa āyatanāni.
열두 가지 조건적 발생 dvādasa paṭiccasamuppādā.
열두 갈래의 행상 dvādasākāra.
열두 마디 dvādasaṅga.
열두 번째의 dvādasama.
열두 부분 dvādasaṅga.
열둘(12) doḷasa. barāsa. dvādasa.
열등(劣等) kad. nihīnatā.
열등하게 비치는 khuddâvakāsa.
열등하지 않은 abhinindriya. ahīna. anoma.
열등한 anājāniya. anājānīya. anuyanta. avaca. avajja. avara. dighañña. hīna. kaniya. kanīya. khudda. khujja. lāmaka. nīca. nihīna. oma. omaka. ora. oraka. paṭikiṭṭha. phegguka. sauttara.
열등한 계급 hīnavaṇṇa.
열등한 두 가지 sauttaraduka.
열등한 범부 hīnaputhujjana.

열등한 부분 anubhāga.
열등한 상태 omakabhāva. omatta.
열등한 세계에 속하는 orambhāgiya.
열등한 신 devaññatara.
열등한 아내를 취함 adhivedana.
열등한 원리 sauttaradhamma.
열등한 원리[최상보다는] sauttaradhamma.
열등한 이름을 가진 omanāma.
열등한 존재 omakasatta.
열등한 존재로 가지 않는 ahīnagāmin.
열등한 지혜 dvaṅgulapaññā.
열등한 지혜를 가진 nihīnapañña.
열등함과 뛰어남 hīnapaṇīta.
열락(悅樂) pāmujja. sātasukha.
열려진 phālita. vikasita.
열려진 공간 ākāsaṅgaṇa.
열려진 안마당 ākāsaṅgaṇa.
열렬(熱烈)하게 ussoḷhikāya.
열렬한 ātāpin. avippavāsa. sāratta.
열렬한 마음 sārattacitta.
열렬히 원해진 uyyata.
열론자(劣論者) hīnavāda.
열리게 하다 ugghāṭāpeti. vikāseti.
열리다 pabhijjati. vikasati.
열리지 않은 anibbiddha.
열린 ādīna. anantarahita. apāruta. apihita. asaṁvata. vatta. vivaṭa.
열린 공간 aṅgaṇa.
열린 구멍 jhasa.
열린 문(이 있는) vivaṭadvāra.
열린 빈 손 añjali.
열릴 수 있는 스크린이나 셔터 ugghāṭanakiṭika.
열림 ugghāṭana. vikāsa.
열망(熱望) abhicchā. abhijappā. abhijappana. abhikaṅkhanatā. abhilāsa. abhinīhāra. jappanā. jappā. kamyatā. kammatā. lolatā. luluppa. nijigiṁsanatā. paṇidhāna. paṇidhi. patthanā. samīhita. sampakkhandana. ussukka.
열망된 abhicchita.
열망을 받은 āsiṭṭha.
열망이 없는 āapihālu. apihāluka.
열망이 없음 appaṇidhāna.
열망하는 abhilāsin. abhivana. anugiddha. anukaṅkhin. apekkhavant. kāmaka. kāmûpasaṁhita. kamya. kaṅkhin. kutuka. lola. loḷa. sāpekha. sāpekkha. ussuka. ussukin.
열망하다 abhigijjhati. abhikaṅkhati. abhilasati. abhiniveseti. abhipatthayati. anugijjhati. apekkhati. gijjhati. jappati. kanati. lubbhati. nijigiṁsati. palobheti. samīhati. sampakkandati. taṇhiyati. ussakkati. vanati. vanute. vanoti.
열망하지 않는 apiha.
열매 phala.
열매가 달린 phalita.
열매가 많은 samphala. phalavant.
열매가 없는 aphala. nipphala. viphala.
열매가 풍부한 bahu(p)phala. phalavant.
열매로 옷을 가지는[如意樹] dussaphala.
열매를 거두는 vepakka.
열매를 맺는 phalin. phalita.
열매를 맺는 나무 osadhirukkha.
열매를 맺다 phalati. phallati. vipaccati.
열매를 맺은 vipaccanaka. saphala.
열매를 맺은 사실 phalatā.
열매를 원하는 사람 phalatthika.
열매를 입에 문(?) phalina.
열매를 잘 맺은 phalavant.
열매를 지닌 phalin.
열매의 외피 kuṭṭhilakā.
열반(涅槃) accanta. koṭigata. nibbāna. nibbānapada. paramagati. accuta. amata. apalokita. dantabhūmi. appavatta.
열반계(涅槃界) nibbānadhātu.
열반관(涅槃觀) nibbānânupassanā.
열반구(涅槃句) nibbānapada.
열반구족(涅槃具足) sampannanibbāna.
열반성(涅槃性) nibbānabhāva.
열반에 관한 nibbānapaṭisaññuta.
열반에 대한 견해를 지닌 accutavāda.
열반에 대한 관찰 nibbānânupassanā.
열반에 대한 지각 nibbānasaññā.
열반에 도달하게 하다 nibbāpeti.
열반에 도달한 amatapatta. nibbānapatta. nibbuta.
열반에 도달함 nibbānapatti.
열반에 몰입하는 nibbānâbhirata.
열반에 이르게 함 nibbāpana.
열반에 이르는 nibbānagammna.
열반에 임하는 nibbānaninna.
열반으로 이끄는 amatagāmin.
열반으로 이끌지 않는 anibbānasaṁvattanika.
열반으로 회향하는 여읨을 통한 멀리 여읨 nissaraṇaviveko.
열반으로 회향하는 여읨을 통한 해탈 nissaraṇavimutti.
열반을 기초로 하는 nibbānâbhirata.
열반을 즐기는 nibbānogadha.
열반의 구족(具足) nibbānasampadā.

열반의 길 amatamagga.
열반의 도시 nibbānanagara. nibbānapura.
열반의 문 amatadvāra.
열반의 상태 nibbānabhāva. nibbānapada. tathatā. tathatta.
열반의 성취 nibbānasampatti.
열반의 세계 amatadhātu. nibbānadhātu.
열반의 지복(至福) nibbānasampadā.
열반이 구족된 sampannanibbāna.
열반일(涅槃日) parinibbānadivāsa. [테라바다불교에서는 탄신일·성도일·열반일이 같음] buddhadivāsa. vijātamaṅgala. vesākhadivāsa.
열범부(劣凡夫) hīnaputhujjana.
열병(閱兵) anīkadassana.
열병(熱病) jararoga. pabbavāta. pajjaraka. visavātajara. jara.
열병식(閱兵式) senāvyūha. yuddhaparicaya.
열삼법(劣三法) hīnattika.
열생(劣生)의 avajāta.
열성(熱性) ātapa.
열성적으로 sarabhasaṁ.
열세가지 두타행의 요소 terasa dhutaṅgāni.
열세번째 terasama.
열셋(13) terasa. telasa. tedasa. teḷasa.
열쇠 apāpuraṇa. avāpuraṇa. kuñcikā. tāḷa.
열쇠구멍 tāḷacchiggaḷa.
열수(熱水) uṇhôdaka.
열심(熱心) appamāda. ātāpa. ātappa. samātapa. ussukka.
열심인 accāyika. ajjhāsita. appamatta. ārādhaka. ātāpin. āyūhaka. āyūhita. āyutta. bahula. chandikata. niṭṭha. pahita. pasuta. payutta. ussuka.
열심히 ussoḷhikāya.
열심히 공부하는 katâbhinivesa.
열심히 노력하는 āraddhaviriya. daḷhanikkama. yogabahula.
열심히 노력해서 viparakkamma.
열심히 배우는 사람 uggāhaka.
열심히 않는 anussukka. anātāpin.
열심히 정진하는 것 āraddhaviriya.
열심히 추구하는 ariñcamāna.
열심히 하는 abbhusūyaka.
열심히 하다 abhijavati. īhati. paribrūhati.
열아홉(19) ekūnavīsati.
열악한 lāmaka.
열악한 음식 kadanna.
열어 보이다 vikāseti.
열에 민감한 uṇhapakati.
열에 정복된 usmâbhibhūta.
열여덟 가지 갈애의 행로 aṭṭhārasa taṇhāvicaritāni.
열여덟 가지 광대한 관찰 aṭṭhārasa mahāvipassanā.
열여덟 가지 정신적 탐구 aṭṭhārasa manopavicārā.
열여덟 번 aṭṭhārasakkhattuṁ.
열여덟 번째 aṭṭhārasama.
열여덟 살의 aṭṭhārasavassa. aṭṭhadasika.
열여덟 종류의 aṭṭhārasavidha.
열여덟(18) aṭṭhādasa. aṭṭhārasa.
열여섯 가지 마음에 대한 관찰 soḷasa cittânupassanā.
열여섯 번째 soḷasama.
열여섯(16) soḷasa. soḷasa. sorasa.
열을 가하는 upatāpika.
열을 가하다 kathati. tejeti. upatapeti. upatāpeti.
열을 가함 upatāpana.
열을 내게 하다 uṇhāpeti.
열을 받다 upatappati.
열을 받은 ātatta.
열의 다양성 pariḷāhanānatta.
열의 백배 dasasata.
열의 특성을 지닌 uṇhalakkhaṇa.
열의(熱意) chanda.
열의(悅意) maññussava.
열의가 없는 사람 anuṭṭhātar.
열의가 없음 anuṭṭhāna.
열이 가해지다 otappati.
열이 가해지지 않은 asantatta.
열이 가해진 uttatta.
열이 나는 때 pariḷāhasamaya.
열이 없는 vītatapo.
열일곱(17) sattārasa.
열정(熱情) chandikatā. samātapa. saṁrāga. rāgapatha.
열정의 불 rāgaggi.
열정적인 abbhusūyaka. chandika. sādāna.
열정진(劣精進) hīnaviriya.
열중(熱中) mada. mucchā. mucchana. mucchanā. muyhana. samātapa. sārāga. sārajjanā. sārajjitatta. ubbega.
열중하게 하다 sammucchati.
열중하는 adhimana. anuyogin. bahula. pamādin. rata. samucchita. ussuka. yuta. yutta. kataviriya. katavīriya.
열중하다 anuyuñjati. avagāhati. ogāhati. majjati. mucchati. muyhati.

열중하지 못한 atammaya.
열중한 adhimanasa. adhimānasa. anuyutta. āraddha. āyutta. muddha. nisevita. paṇihita. pasuta. pekkha. vimana.
열지 않다 anugghāṭeti.
열하나(11) ekārasa.
열한 번째 ekādasama.
열혜(熱慧) dummejjha.
열회(熱灰) kukkuḷa.
열회지옥(熱灰地獄) kukkuḷavassa.
열흘마다 anudasâhaṁ.
열희(悅喜) nandi. nandī.
옆은 나뭇가지를 지닌 kaṭṭhaṅga.
염(念) sati.
염각지(念覺支) satisambojjhaṅga.
염근(念根) satindriya.
염기(厭忌) parijegucchā.
염도(鹽度) khāratta. ūsaratta.
염등각지(念等覺支) satisambojjhaṅga.
염라대왕(閻羅大王) yāma.
염려(念慮) saṁsaya.
염려스러운 visaṅkita.
염려하는 saṅkin.
염려하다 āsaṇkati.
염려해 주는 것 mamaṅkāraṇa.
염력(念力) iddhi. satibala.
염력승(念力乘) iddhiyāna.
염력을 지닌 iddhimant.
염료(染料) rajana. rajananipakka.
염료단지 rajanakumbhī.
염리(厭離) abhinibbidā. abhinibbijjana. anālaya. nibbidā. saṁvejana.
염리(厭離)하다 abhinibbijjati. nibbijjati. nibbindati.
염리수관(厭離隨觀) nibbidânupassanā.
염리수관지(厭離隨觀智) nibbidânupassanāñāṇa.
염리심(厭離心) saṁvega.
염리심(厭離心)을 일으키다 saṁvejeti.
염리의 nibbiṇṇa.
염리의 관찰에 대한 앎 nibbidânupassanāñāṇa.
염마(閻摩) yama.
염마경(閻摩境) yamaloka.
염마계(閻魔界) hīnakāya. yamaloka.
염마계(閻摩界)의 주민 yāma.
염망실(念亡失) satisammosa.
염복유예(厭伏猶豫) tiṇṇakathaṅkatha.
염부(閻浮) jambu.
염부단금(閻浮鍛金) nikkha. jambonada.
염부단금의 화폐 jambonadanekkha.
염부수(閻浮樹) jambu.
염부수나라 jambudīpa.
염부수의 그늘 jambucchāyā.
염부제(閻浮提) jambudīpa.
염부제인(閻浮提人) jambudīpaka.
염부하(閻浮河)의 금 jambonada.
염분(鹽分) khārodakubbhida.
염분을 함유한 것 ūsa.
염분의 ūsara.
염분이 많은 khārabahula.
염분이 있는 토지 īriṇa.
염분이 함유된 khārika. loṇika. loṇiya. ūsara.
염불상응(染不相應) kilesavippayutta.
염불상응잡염(染不相應雜染) kilesavippayuttasaṅkilesika.
염상응(染相應) kilesasampayutta.
염색(染色) rāga. rajana.
염색공(染色工) rajaka. raṅgakāra. rañjaka.
염색되다 piñjati. rajati. rajjati.
염색된 parirañjita. piñjita. rañjita. ratta.
염색된 모직으로 된 옷 ambara.
염색시키다 rañjāpeti.
염색업 rajanakamma.
염색업자 raṅgakāra.
염색의 장애 raṅgapalibodha.
염색작업장 rajanasālā.
염색하게 하다 rajāpeti.
염색하다 piñjeti. rajeti. rañjati. rañjeti.
염소 aja. atilomasa. atiromasa.
염소가 끄는 수레 ajaratha.
염소들과 양들 ajeḷaka.
염소들과 양들을 받아들이는 ajeḷakapaṭiggahaṇa.
염소똥 ajalaṇḍikā.
염소를 흉내 내는 고행자의 수행 ajavata.
염소와 양 ajeḷaka.
염소의 가죽 ajacamma.
염소의 무리 ājaka.
염소의 발[끝이 갈라진 지팡이] ajapada.
염소의 버터 ajikāsappi.
염소의 상을 보고 치는 점 ajalakkhana.
염소의 습관 ajavata.
염소의 젖 ajikākhīra.
염소의 통로 ajapatha.
염소의 피부 ajacamma.
염소치는 여인 ajapālikā.
염송하는 사람 sarabhāṇaka.
염심(染心) paṭibaddhacitta. rattacitta.
염역(厭逆)의 paṭikūla. paṭikkūla.

염역상(厭逆想) paṭikūlasaññā.
염역성(厭逆性) pāṭikulyā. pāṭikūlya. pāṭikkulyatā. paṭikulyatā.
염역작의(厭逆作意) paṭikūlamanasikāra.
염욕사리(染欲捨離) rāgavirāga.
염율의(染律儀) satisaṁvara.
염의(厭意) ubbega.
염이법(染二法) kilesaduka.
염전(鹽田) ūsa.
염전의 ūsara.
염주(念珠) japamālā. akkhamālā.
염주(念住) satipaṭṭhāna.
염주의 줄 hāra.
염죽(鹽粥) loṇasovīraka.
염증(炎症)이 생기다 kilijjati.
염증상(念增上) satādhipateyya.
염지어(鹽漬魚) loṇamaccha.
염착(染着) saṅga.
염착되다 palippati.
염착된 abhiratta. sāratta.
염처(念處) satipaṭṭhāna.
염천(念天) devatânussati.
염치(廉恥) lajjava.
염탐(廉探)된 ociṇṇa.
염탐자(廉探者) ocara. ocaraka.
염탐하는 ocaraka.
염탐하다 ocarati.
염행(念行) saticariyā.
염휴식(念休息) upasamânussati.
엽사(獵師) ākheṭika. ludda. luddaka. māgavika. migava. migavā. nesāda. nevāpika. migapotaka. vanacaraka. vanaka. vyādha. nisāda.
엽산(葉傘) paṇṇachatta.
엽암(葉庵) paṇṇasālā.
엽적(葉笛) paṅgacīra.
엽좌(葉座) paṇṇasanthāra.
엿[사탕] modaka.
엿듣는 upassutika.
엿보는 ullokaka.
영광(榮光) ānubhāva. iddhi. ojā. sirī. vibhūti.
영광과 광명이 손상된 upahatappabhāteja.
영광속에 존재하는 subhaṭṭhāyin.
영광스러운 ānubhāvadhara. ānubhāvavat. pavāsita. sassirīka. sirīdhara. sirimant. sirīmant. tejin. ukkaṭṭha. ulāra. uḷāra. ulārika. yasassimant. yasassin. yasavant
영광스러움 ānubhāvatā.
영광에 도달한 jotiparāyaṇa.
영광으로 충만한 subhakiṇṇa. subhakiṇha.
영광으로 충만한 하느님 세계의 신들[신계] Subhakiṇṇa. Subhakiṇha. Subhakiṇṇā devā.
영구적(永久的)인 sassata.
영구적인 자와 같은 sassatī samā.
영구히 sassatisamaṁ.
영국(英國) aṅgala. aṅgaladesa.
영국의 aṅgaladesīya.
영국인(英國人) aṅgalajātika. iṅgirīsi.
영도(令渡) uttaraṇa.
영득자(令得者) sampāpaka.
영락(零落) kāyura. kāyūra.
영롱한 vissaṭṭha.
영리(怜悧) kusalatā. nepuñña. pariṇāyikā. padakkhiṇaggāhitā. paṇḍicca. medhā.
영리하지 못한 accheka.
영리한 caṭula. cheka. hāsapañña. kaṇṇavant. kittima. kovida. kusala. matimant. mutimant. nipuṇa. padakkhiṇa. paguṇa. paṇḍita. parivyatta. siṅgin. tikkha. vibhāvin. vidhūra. vidura.
영리한 자 viññū.
영물학(靈物學) devattavijjā.
영빈자(迎賓者) pakkosāpitar.
영사(永捨) pariccāga. pariccajana. pariccajanā.
영사(領事) rājânuyutta.
영사(永捨)된 pariccatta.
영사(永捨)에 의한 최상의 버림 pariccāgavossagga.
영사(永捨)하다 pariccajati.
영사죄갈마(令謝罪羯磨) paṭisāraṇīyakamma.
영사최사(永捨最捨) pariccāgavossagga.
영상(影像) bimba. paṭibimba. paṭimā.
영생업(令生業) janakakamma.
영성(靈性)의 힘 iddhi.
영속적인 지속 accantasaṁyoga.
영속하는 avirata.
영수(領受) paṭiggaha. paṭiggahaṇa. paṭiggāhaṇa. sampaṭicchana.
영수심(領受心) sampaṭicchanacitta.
영수인(領受人) āda(ka). paṭiggāhaka. paṭiggahetar. paṭiggahītar. lābhaka.
영수증철 āyapotthaka.
영수하는 paṭicchaka. paṭigganhanaka.
영수하다 ādadāti. paṭiggaṇhāti. paṭigaṇhāti. rāti.
영수한 paṭiggahita.
영승(影勝)[인명] Bimbisāra.
영신자(令信者) pasādetar.
영양(羚羊) eṇa. eṇi. eṇī. eṇimiga. eṇīmiga. eṇi-

mmigga. eṇeyya. liṅgāla(?). maga. vātamiga. eṇa. issāmiga. kuruṅga. issa(?).
영양가죽을 꿰매 만든 덮개 ajinappaveṇi.
영양분(營養分) āhāra.
영양분이 주어져야 되는 anuposiya.
영양소(營養素) ojā.
영양의 가죽 ajina. ajinacamma.
영양의 검은 가죽 kaṇhājina.
영양의 뿔 issasiṅga.
영양형(羚羊刑) eṇeyyaka.
영어(英語) aṅgalabhāsā. iṅgirīsi.
영역(領域) ajira. ālaya. āpātha. avacara. āyatana. bhāga. bhavana. bhummi. cakka. loka. okāsa. visaya.
영역안의 dheyya.
영역에 속하는 āpāthagata. āyatanika.
영역에서 지내다 avacarati.
영역에서 활동적이다 avacarati.
영역에서 활동하게 하다 avacāreti.
영역에서 활성적인 padesavattin.
영역을 넘어서는 avisaya.
영역의 세계 āyatanaloka.
영웅(英雄) mahānāga. mahāpurisa. sūra. vīra. āsabha.
영웅과 같은 모습을 한 vīrâṅgarūpa.
영웅담(英雄譚) apadāna.
영웅론(英雄論) sūrakathā.
영웅의 이야기 sūrakathā.
영웅적인 vikkanta. vīra. vīrâṅgarūpa.
영원(永遠) amaratta. anassana. asamaya. niccatā. niccatta.
영원론(永遠主義) sassatavāda.
영원론자(永遠論者) sassatika.
영원성(永遠性) ānantya. amaratta. niccatā. niccatta.
영원에 대한 지각 niccasaññā.
영원에 대한 지각이 있는 niccasaññin.
영원으로 통하는 dhuvagāmin.
영원주의(永遠主義) sassatavāda. sassatadiṭṭhi.
영원하지 않는 adhuva.
영원하지 않은 anibaddha. asassata.
영원한 accanta. accuta. ajeyya. akkhara. anassanadhamma. dhuva. nicca. sanantana. sassata. sassatika. ṭhita. ṭhitadhamma.
영원한 부재(不在) accantavipavāsa.
영원한 불 niccaggi.
영원히 규정된 dhuvapaññatta.
영원히 사라지는 anivattanīyagamana.
영원히 존재하는 상태 sassatabhāva.
영위(營爲)된 kutta.
영적인 소녀로부터 신의 말을 얻음 kumārikāpañha.
영적인 술 āsava.
영적자(令寂者) parinibbāpetar.
영접(迎接) paṭisanthāra.
영접받은 katapaccuggamana.
영접하는 자 paṭisanthāraka.
영접하다 paccuggacchati. paṭisantharati.
영주(領主) adhīsa. antarabhogika. khujjarājan. maṇḍalissara.
영주처(永住處) thiranivāsaṭṭhāna.
영지(靈知) aññā. paramatthavijjā.
영지(英智) bhūrī.
영지(靈知)에 대한 생각 aññācitta.
영지주의(靈知主義) paramatthañāṇa.
영지주의자(靈知主義者) paramatthavidū.
영창(詠唱) vācuggata. sarabhañña. sarabhāṇa.
영취산(靈鷲山)[지명] Gijjhakūṭa.
영탈자(令脫者) pamuñcakara.
영토 안에 거주하는 사람 raṭṭhavāsin.
영토(領土) janapada. janapada. raṭṭha. vijita.
영토가 있는 sāhāra.
영해(領解) abhisamaya.
영해(領解)하다 abhisameti.
영향(影響) pacchāsa. adhipati. ādhipateyya. ānubhāva. avassava. avassavana. vasa.
영향력(影響力) ānubhāva. vasavattaka.
영향력을 갖다 kamati.
영향력이 있는 vasavattana.
영향력이 있는 지위를 지닌 issariya.
영향력이 적은 appesakkha.
영향력하의 dheyya.
영향으로 vāhasā.
영향을 미치는 vattaka. vattin.
영향을 받는 āluka. vasika.
영향을 받은 anupatita. anvagata. āraddha. avatiṇṇa. otiṇṇa. korajika. korañjika. pariyāhanita. phuṭṭha.
영향을 받은 사실 anupatitatta.
영향을 받지 않는 avikāra. avikārin. abhijjanaka.
영향을 받지 않은 anāsatta. aparāmaṭṭha.
영향을 받지 않은 마음 anāsattacitta.
영향을 주기 위한 주문 karaṇavijjā.
영향을 주는 abhinipphādaka.
영향을 주는 행위 kamana.
영향을 주다 abhiniveseti.
영향을 주지 않은 aparāmasat.
영향의 의미 kamanaṭṭha.

영향이 없음 anavassava.
영향조건 adhipatipaccaya.
영혼(靈魂) attan. puggala.
영혼과 몸은 다르다 aññaṁ jivaṁ aññaṁ sarīraṁ.
영혼과 몸은 동일하다 taṁ jīvaṁ taṁ sarīraṁ.
영혼에 속하는 attaniya.
영혼을 업의 물질에서 분리하는 것 kammapuggalajīvaviyoga.
영혼의 jīva.
영혼의 마술사 uṭṭhāpaka.
영혼의 본성에 관한 견해 attaniyadiṭṭhi.
영혼의 존재 attabhāva.
영혼이 없는 nijjīva. nijjīvata. niratta. nissatta.
영화(榮華) sampatti.
영희자(令喜者) pasādetar.
옅은 노란색의 paṇḍu.
옆 anta. aṁsa.
옆구리 pakkha. passa.
옆길 oharaṇa. ummagga.
옆에 놓다 upasaṁharati.
옆으로 구부러진 apanata.
옆으로 굽어지지 않은 anapanata.
옆으로 누운 semānaka.
옆으로 누워지다 abhinipajjiyati.
옆으로 눕다 abhinipajjati. nipajjati.
옆으로 쓰러지다 opatati.
예(穢) aṅgaṇa. kilesa. klesa.
예(例) udāharaṇa. upogghāta.
예[긍정] adu. ādu. aduṁ. āma. evaṁ. atha kiṁ. sādhu.
예감으로 떠는 것으로 자신을 드러내려는 욕망 kampanataṇhā.
예감으로 떠는 행위 kampanā.
예고(豫告)된 paṭisaṁvidita.
예고하다 saṁsati.
예락(穢樂) mīḷhasukha.
예류(預流) sotāpatti.
예류(預流)의 실천 sotāpattiniyāma.
예류결정(預流決定) sotāpattiniyāma.
예류과(預流果) sotāpatti. sotāpattiphala.
예류과심(預流果心) sotāpattiphalacitta.
예류도(預流道) sotāpattimagga.
예류도심(預流道心) sotāpattimaggacitta.
예류자(預流者) sotāpanna. sotāpattipanna.
예류지(預流支) sotāpattiyaṅga.
예류향(預流向) sotāpattimagga. sotāpattiphalasacchikiriyāya paṭipanna.
예류향심(預流向心) sotāpattimaggacitta.
예를 들다 upamaṁ karoti.
예를 들면 seyyathā.
예리하게 하다 pahaṁsati.
예리한 nibbedha. nisita. paṭu. tiṇha. ugghaṭita.
예리한 칼날이 있는 sukhumadhāra.
예리함 uddīpanā.
예물(禮物) pābhata. paheṇaka.
예민성(銳敏性) tikhiṇindriyatā.
예민하게 sukhumasaññāya.
예민한 kaṇṇavant. khippābhiñña. tikhiṇindriya. hirimant. lajjābahula.
예민한 감각기관 tikkhindriya.
예민한 귀를 가진 avahitasota.
예방(豫防) pubbopāya. bādhā. samekkhā. samekkhana.
예방하다 samekkhati.
예방해서 paṭikacca.
예배(禮拜) paṇāma. paṇipāta. paṭisanthāra. upaṭṭhāna. vandana. vandanā. vandāpana.
예배당(禮拜堂) upaṭṭhānasālā.
예배드리다 upatiṭṭhati.
예배를 받을 만한 vandiya.
예배의 올바른 시간 upaṭṭhānasamaya.
예배자(禮拜者) vanditar.
예배하게 하다 vandāpeti.
예배하다 abhivādeti. anunamati. paṭisantharati. upaṭṭhahati. upaṭṭhāti. upaṭṭheti. upatiṭṭhati. vandati.
예보(豫報) pubbanimitta.
예불(禮佛) vandana. vandāpana.
예비군(豫備軍) anubala.
예비삼매(豫備三昧) parikammasamādhi.
예비적인 기능 pubbakicca.
예비행위 parikamma.
예사로운 samucita.
예상(豫想) paccāsā. paṭimānana.
예상하다 paṭikkhati.
예수(그리스도) kiṭṭha. kiṭṭhadevaputta.
예수(豫修) parikamma.
예수탄생일 kiṭṭhajamma. kiṭṭhuppatti.
예순(60) saṭṭhi.
예순넷(64) catusaṭṭhi.
예순둘(62) dvāsaṭṭhi. dvaṭṭhi.
예순셋(63) tesaṭṭhi.
예순아홉(69) ekūnasattati.
예순여덟(68) aṭṭhasaṭṭhi.
예순하나(61) ekasaṭṭhi.
예술(藝術) sippa. kalā. kosalla. nepuñña. cittakamma.

예술가(藝術家) sippin. cittakāra. rūpadakkha.
예술적(藝術的)인 sippânugata. kalānukūla. kosalladīpaka.
예시(例示) nidassana.
예식(禮式) vata.
예신(穢身) arukāya.
예언(豫言) nemittikatā. nimittakamma. vyākaraṇa.
예언가(豫言家) lakkhaṇapaṭiggāhaka. veyyañjanika.
예언된 vyākata.
예언자 → 예언가.
예언하다 ādisati. parijapati. vyākaroti.
예오(穢汚) dussana.
예외(例外) 없는 anodissaka.
예의가 없는 asabhāga. asabhāgavutti.
예의를 표하는 onata.
예의를 표하다 onamati.
예의바른 kullakavihāra. nāgarika. paṇipātika. porin. sammodaka. sārāṇiya. susaṁhita. sabbha. sabbhin.
예의바른 여인 bhaddikā. bhaddā.
예전부터 purā. purato.
예전부터 내려온 sanantana.
예전에 paṭigacca. paṭikacca.
예전에 내려온 사실 otiṇṇavatthu.
예전에 들은 적이 없는 assutapubba.
예전에 먹어보지 못한 akhāditapubba.
예전에 언급되지 않은 avuttapubba.
예전에 없었던 abbhuta.
예전에 적용되지 않은 akāritapubba.
예전에 주어지지 않은 adinnapubba.
예전에 지은 번뇌 pubbasamudāciṇṇakilesa.
예전에 지은 오염 pubbasamudāciṇṇakilesa.
예전에 함께 살아보지 않은 avutthapubba.
예전에 행한 katapubba.
예전에는 보지 못한 adiṭṭhapubba.
예전의 pura.
예전의 관념 pubbābhoga.
예전의 번뇌 pubbāsava.
예전의 사유 pubbābhoga.
예전의 신 pubbadeva.
예전의 정원사 pakatuyyānapālaka.
예전의 행위 pubbaparikamma.
예증(例證) nigamana. saṅkāsanā.
예증하다 niyameti.
예지(銳智) āloka. tikkhapaññā.
예지가 풍부한 ālokabahula.
예지의 기적 ādesanāpāṭihāriya.
예찬(禮讚) saṁvaṇṇana. saṁvaṇṇanā.
예찬하다 saṁvaṇṇeti.
예측(豫測) upadhāraṇā.
옛날사람 porāṇa.
옛날에 bhūtapubbaṁ. ekadā.
옛날에 있었던 bhūtapubba.
옛날옛적에 purimatarāni.
옛날의 porāṇa. porāṇaka. porāṇika. pubba. pubbaka. purāṇa. purātana. sanantana.
옛날의 성인 porāṇisi. pubbakisi.
옛날의 스승 pubbācariya.
옛날의 신 pubbadeva. pubbadevatā.
옛날이야기 akkhāna.
옛사람 porāṇaka. porāṇika.
옛친구 pubbasadisa.
오![놀램 · 고통] aha.
오(5) pañca.
오(5)의 pañcaka.
오(5)회 pañcakkhattuṁ.
오(烏) kāka.
오각형(五角形) pañcakoṇaka.
오간(五慳) pañca macchariyāni.
오개(五蓋) pañca nīvaraṇāni.
오게 하다 āgamayati. āgameti.
오계(五髻) pañcacūḷa.
오계(五戒) pañcasīla.
오계와 관련해서 어기지 않는 akhaṇḍapañcasīla.
오고 있는 āgantu. āgantuka.
오과 이분의 일(5½) aḍḍhacchaṭṭha.
오구(五垢) pañca rajāni.
오구(汚咎)의 rumma. rummin.
오구족(五具足) pañca sampadā.
오구하[동물] ogaha. ogāha. oguha.
오군(五群) pañcavagga. pañcavaggika. pañcavaggiya.
오그라들어서 sampaṭisaṅkhā. sampaṭisaṅkhāya.
오근(五根) pañca indriyāni.
오근지(五勤支) pañca padhānaṅgāni.
오기(誤記) dullikhita.
오년이 되지 않은 apañcavassa.
오는 길 āgamanamagga.
오는 날 āgamanadivasa.
오는 때 āgamanakāla.
오는 이유 āgamanakāraṇa.
오늘 ajja. ajjā. ajjadivasa. ajjuṇho.
오늘 이후 ajjappabhuti. ajjatagge.
오늘 태어난 ajjajāta.
오늘과 내일 ajjassuve.
오늘날 ajjetarahi. etarahi.

오늘날의 ajjatana.
오늘밤 ajjaratti.
오늘부터 ajjato. ajjato patthāya. ajjappabhuti.
오늘을 언급하지 않는 anajjatana.
오늘을 위하여 ajjatanāya.
오니(汚泥) paṅka.
오다 āgacchati. āpajjati. avagacchati. āyāti. eti. upapajjati. samupāgacchati.
오다따가이하[신계] Odātagayha.
오단따뿌리[지명] Udantapurī.
오대결의(五大決意) mahâdhiṭṭhānapañcaka.
오도(誤導)된 palaḷita. palāḷita.
오동탐(五動貪) pañcalolatā.
오두막 dārukuṭikā. gandhakuṭi. kuṭi. kuṭī. kuṭikā. kuṭipuri.
오두막을 지음 kuṭikāra.
오두막을 파괴하는 kuṭidūsaka.
오라 ehi.
오라라는 말 ehisadda.
오락(娛樂) keḷi. khiḍḍā. kīḷanā. kīḷā. kīḷikā. kīḷita. saṇṭhahana. vikkīḷita. sakkāra. agghiya. ātitheyya. ramāpana. ussava.
오랑우탄 mahāvānaravisesa.
오래 걸리다 ciraṁ karoti.
오래 사는 dīghāyu. dīghāyuka.
오래 사시길! jīvapaṭijīvaṁ.
오래 살기를 바라는 āyukāma.
오래 지속하지 않은 nacira.
오래도록 ciraṁ. cirena. cirāya. cirassa. cirassaṁ.
오래된 cira. porāṇa. porāṇaka. porāṇika.
오래된 것 jarā. jaras.
오래된 경 jarāsutta.
오래전부터 cirakālato.
오랜 cira.
오랜 고통 titikkhā.
오랜 날을 dīgharattaṁ.
오랜 번영 dīghasotthiya.
오랜 사귐의 katasaṁsagga.
오랜 세월의 addhaniya. addhaneyya.
오랫동안 dighaṁ addhānaṁ. ciraṁ. cirena. cirāya. cirassa. cirassaṁ. dīgharattaṁ.
오랫동안 지속하는 addhaniya. addhaneyya.
오렌지 jambīra. nāraṅga.
오렌지나무 erāvata. nāraṅga. jambīra.
오렌지색 kasāya. kasāva.
오렌지색 천 paṇḍukambala.
오렌지색으로 물든 pītaratta.
오렌지색의 pīta.
오력(五力) pañca balāni.
오로니[조미료] oloṇī.
오로지 ekanta. matta.
오로지 다시 태어남의 사실 abhinibbattimatta.
오로지 열반으로 향해 나아가는 것 tadaṅganibbāna.
오로지 자기를 비난하길 일삼는 attagarahin.
오론의소(五論義疏)[주석] Pañcappakaraṇaṭṭhakathā.
오르가즘 adhikavega. accantakāmāsā.
오르간 mahāturiya.
오르거나 가라앉지 않는 anunnāmininnāmin.
오르게 된 samuparūḷha.
오르는 ruha. unnāmin.
오르다 abbhudeti. abbhuggacchati. abhilaṅghati. abhirūhati. adhirohati. āruhati. ārūhati. ārohati. pāruhati. udāyati. udeti. unnamati. usseti. uttarati.
오른 abhirūḷha. ārūḷha. udita.
오른쪽 옆구리 dakkhiṇapassa.
오른쪽으로 도는 dakkhiṇāvattaka. nandyāvatta. padakkhiṇa.
오른쪽으로 돌다 padakkhiṇaṁ karoti.
오른쪽으로 향한 abhidakkhiṇa.
오른쪽의 apasavya. dakkhiṇa.
오름 abbhuddaya. adhiroha.
오리 pilava. plava.
오리엔트 pācīnadesa. pubbadisā.
오막가(烏幕迦) ummā.
오만(傲慢) bhakuṭi. dappa. māna. pāgabbhiya. uṇṇama. uṇṇati. vimānana.
오만하지 않은 anunnaḷa. apagabbha. appagabbha. abbhunnati. avaññā.
오만한 atimānin. dappitadappita. ditta. huhuṅka. ukkaṭṭha. unnala.
오명(汚名)의 asiloka.
오묘욕(五妙欲) guṇa. pañca kāmaguṇā.
오무간(五無間) pañca anantariyāni.
오문(五門) pañcadvāra.
오문로(五門路) pañcadvāravīthi.
오문전향(五門轉向) pañcadvārāvajjana.
오물(汚物) kali. kasambu. mahāvikaṭa. paṁsu. vikaṭa. vikata.
오물로 가득 찬 karipaibandha.
오물로 얼룩진 kaddamamakkhita.
오물을 없애다 ūhadati. ūhadayati. ūhadeti.
오물이 묻은 kaddamībhūta.
오물이 제거되지 않은 aninnītakasāva.
오미덕(五美德) pañca kalyāṇāni.

오미성(五美性) pañca kalyāṇāni.
오바색가(鄔波索迦) upāsaka.
오바제기가천(嗚婆提奇呵天)[신계] Odātagayha.
오바타야(鄔波馱耶) upajjhāya. upajjhāyaka.
오백(500) pañcasata.
오백(500)의 pañcasatika.
오백오십(550)년 paññāsâdhikāni pañca vassasatāni.
오부(五部)[다섯 가지] pañcanikāya.
오부(五部)[다섯 번째] khuddakanikāya.
오부사(五部師) pañcanikāyika.
오불능처(五不能處) pañca abhabbaṭṭhānāni.
오븐 āvāpa.
오빠만냐[인명] Opamañña.
오빠싸다 마을에 거주하는 opasādaka.
오빠싸다[지명] Opasāda.
오사(五事) pañca vatthūni.
오상(五相) pañca nimittāni.
오상분결(五上分結) pañca uddhambhāgiyāni saṁyojanāni.
오색(五色) pañca vaṇṇā.
오선지(五禪支) pañcajhānaṅga.
오성취(五成就) pañca sampadā.
오손실(五損失) pañca byasanāni. pañca vyasanāni.
오솔길 jaṅghāmagga.
오수(午睡) divāseyyā.
오식(五識) pañca viññāṇā.
오신통(五神通) pañcaâbhiññā.
오신해(五信解) pañca adhimuttā.
오심무(五心蕪) pañca cetokhilā.
오심박(五心縛) pañca cetaso vinibandhā.
오십(50) paññāsa. paññāsati. paṇṇāsa.
오십(50)보다 많은 atirekapaṇṇāsa.
오십(50)의 paṇṇāsaka.
오십(50)이상 paropaññāsa.
오십구(59) ekūnasaṭṭhi.
오십삼(53) tepaññasā.
오십이(52) dvepaṇṇāsā.
오십팔(58) aṭṭhapaññāsā.
오싸디[지명] Osadhī.
오안(五眼) pañca cakkhūni.
오액난(五厄難) pañca byasanāni. pañca vyasanāni.
오업(五業) pañca kammāni.
오열고행(五熱苦行) pañcatapa.
오염(汚染) abhilepana. dūhana. dūsaka. dūsana. dalusa. kaṭuviya. kalusa. kalusīkaraṇa. kilesa. klesa. kilissana. opakkilesa. parikilissana. ragā. raja. rajas. rajo. rajana. rajjana. sambheda. sandosa. saṅkilesa. upakkilesa. upakkilissana. upalepa. vevaṇṇa. dūsana. missaṇa
오염되기 적당한 두 가지 saṅkilesikaduka.
오염되다 palippati. parikilissati. saṅkilissati. upalippati.
오염되지 않은 adūsaka. akiliṭṭha. apetakaddama.
오염된 ābila. allīna. dūsita. kaddamin. kaṇhikata. kiliṭṭha. paduṭṭha. parikiliṭṭha. samala. sandiddha. saṅkiliṭṭha. saṅkiṇṇa. ucchiṭṭha. upakkiliṭṭha. upalitta.
오염된 강 ucchiṭṭhanadī.
오염된 것으로서의 감각적 쾌락에 대한 욕망 kilesakāma.
오염된 마음 kalicitta.
오염된 발우 ucchiṭṭhapatta.
오염된 여자 ucchiṭṭhitthī.
오염시키는 saṅkilesika.
오염시키다 ālimpeti. dūseti. dusseti. kileseti. padūseti. padoseti. padusseti. upakkilissati. upalimpati. dūseti. misseti.
오염시킴 upalepana.
오염에 대하여 kaddamûpari.
오염으로서의 악마 kilesamāra.
오염의 극복 kilesaniggaha. kilesapahāna.
오염의 기초 upakkilesavatthu.
오염의 다양성 kilesajāta.
오염의 덩어리 kilesapuñja.
오염의 두 가지 kilesaduka.
오염의 소멸에 의한 열반 kilesanibbāna.
오염의 위험 kilesaparipantha.
오염의 유전 kilesavaṭṭa.
오염의 장애 kilesāvaraṇa.
오염의 토대 kilesavatthūni. upakkilesavatthu.
오염의 파괴 kilesaviddhaṁsana. kilesakkhaya.
오염이 없는 apanītakasāva. appakilesa.
오오![안타까움] ahaddhi. ahadhi.
오온(五蘊) pañcakkhandhā.
오온유(五蘊有) pañcavokārabhava.
오외죄(五畏罪) pañca bhayāni verāni.
오욕(五欲) pañca kāmaguṇā.
오욕락(五欲樂) pañca kāmaguṇā.
오월(五月)[남방음력 1월 16일 ~ 2월 15일] vesākha. vesākhā.
오이[식물] indavāruṇī. tipusa. kakkārī. kakkārika. elāluka. elāḷika. paṭola.
오일(五日) pañcâha.
오일마다 anupañcâhaṁ.
오일케이크 telamiñjaka.

오자(誤字) dullikhita.
오자재(五自在) pañca vasitā.
오장(五障) pañca nīvaraṇāni.
오적(五賊) pañca mahācorā.
오전(午前) antomajjhantika. pubbaṇha.
오전(五箭) pañca sallāni.
오점(汚點) abhilepana. kāḷaka. kalaṅka. limpana. upakkilesa.
오점이 없는 anupalitta. nikkaddama. vimala.
오점이 없는 의지처 kalaṅkâpagatâlaya.
오정(五頂)[인명] Pañcasikha.
오정거(五淨居) pañca suddhāvasā.
오정거천(五淨居天) pañca suddhāvasā.
오정정지(五正定支) pañcaṅgikasammāsamādhi.
오종무기(五種武器) pañcāvudha.
오종미(五種味) pañca gorasa.
오종불환자(五種不還者) pañca anāgamino.
오종선(五種禪) pañcakajjhāna.
오종식(五種食) pañca bhojānāni.
오종욕(五種欲) guṇa.
오종욕락(五種欲樂) pañca kāmaguṇā.
오종종자(五種種字) bījagāma.
오종희(五種喜) pañcavidhā pīti.
오줌 meha. mutta. omeha. passāva.
오줌 마려움 meha.
오줌까지의 6종류[몸의 구성요소 중 6가지] muttachakka.
오줌을 누다 ummihati.
오지 않은 anāgata. anāgatabhaya.
오지 않음 agati.
오지그릇 arañjara.
오지인(五指印) pañcaṅguli.
오직 bhucca. kevalaṁ.
오집(五集) pañcanipāta.
오징어뼈 udadda.
오착(五着) pañca saṅgā.
오체투지(五體投地) nipaccākāra.
오체투지하다 nipatati.
오출리계(五出離界) pañca nissāraṇīyā dhātuyo.
오취(五趣) pañcagati. pañca gatiyo.
오취온(五取蘊) pañca upādānakkhandhā.
오케스트라 vādakasamūha. vādittamaṇḍapa.
오케이 yadi evaṁ.
오탁(汚濁)을 토해낸 자 vantakasāva.
오토마티즘 sayañcalana.
오하분결(五下分結) pañca orambhāgiyāni saṁyojanāni.
오학약처(五學弱處) pañca sikkhādubbalyāni.
오학처(五學處) pañca sikkhāpadāni.
오해(誤解)된 dunnīta.
오해(誤解)의 duggahita.
오해탈성숙상(五解脫成熟想) pañca vimuttiparipācaniyā saññā.
오해탈처(五解脫處) pañca vimuttāyatanāni.
오헌공(五獻供) pañcabali.
오환(五患) pañca ādīnayā.
오회(五回) pañcakkhattuṁ.
오후(午後) vikāla.
오후에 atidivā. pacchābhattaṁ.
오후에 먹는 사람 pacchābhattika.
오후의 pacchābhatta. ussūra.
오후의 식사 ussūrabhatta.
오히려 adu. ādu. api. nūna. nūnaṁ. kāma. kāmaṁ. kiñca.
오히려 많은 anappaka.
옥개(屋蓋) chada. chadana. chadda.
옥까까[인명] Okkāka.
옥까까가문에서 유래하는 okkākappabhava.
옥까까가문의 계승 okkākaparamparā.
옥까까가문의 깃발 okkākakulaketu.
옥까까왕가의 깃발 okkākarājakulaketu.
옥까까의 씨족 okkākagotta.
옥까무카[인명] Okkāmukha.
옥깔라[지명] Okkala.
옥내(屋內)의 사람 antovaḷañjanaka(parijana).
옥리(獄吏) bandhanâgārika.
옥사(獄舍) andughara. kārā.
옥상(屋上) kaṇṇikā.
옥쇄(玉刷) rājamuddā.
옥양목(玉洋木) kappāsika.
옥외(屋外) abbhokāsa. ajjhokāsa.
옥외변소 gūthakūpa. osāraka.
옥외에 bahi.
옥외에서 지내는 (자) abbhokāsikaṅga.
옥졸(獄卒) bandhanâgārika.
옥탑방(玉塔房) aṭṭa. aṭṭaka. aṭṭāla.
온 방향으로 향한 āgatamaggâbhimukha.
온 사람 āgantar.
온(蘊) khandha. vokāra.
온[來] āgata.
온갖 방법으로 sabbathā ~ sabbaṁ.
온갖 정성을 기울여 santhariṁ.
온건하게 말하는 mitabhāṇin.
온건한 majjhima. mita.
온대(溫帶) īsadharapabba.
온대지대 īsadhara[북반구]. nemindhara[남반구].
온도(溫度) utu. tejopamāṇa.
온도계(溫度計) uṇhamāṇaka.

온도의 변화 utu.
온도의 변화 utuvikāra.
온도의 변화로 생겨난 utuja.
온도의 조건 utupaccaya.
온순(溫順) veneyyatta.
온순한 abhivassaka. anappiya. nibbisevana. somma. subbaca. susikkhita. suvaca.
온순함 asāhasa.
온순해지다 dammati.
온실(溫室) usumāgāra.
온유하지 못한 apesala.
온통 검은 ekantakaṇha.
온통 구멍이 뚫린 vicchiddaka.
온통 노란색 가사로 빛나는 ekakāsāvapajjota.
온통 뒤덮인 ekacchanna.
온통 떨어지는 olīnavilīna.
온통 비구름뿐인 ekamegha.
온통 비탄으로 가득 찬 ekaparidevasadda.
온통 빛나는 ekapacchābhatta.
온통 상처를 입은 ekapariyākata.
온통 소동뿐인 ekakolāhala.
온통 시끄러운 ekarāva.
온통 에워싸인 ekaparikkhitta.
온통 진흙더미인 ekakalala.
온통 퍼부어진 otatavitata.
온통 퍼져나간 anuparipphuṭa.
온통 퍼지다 abhivāyati.
온통 퍼진 otatavitata.
온통 푸른 ekanīla.
온통 한 가지 색깔을 한 ekavaṇṇa.
온통 혼란된 ekakolāhala.
온통 화환으로 가득 찬 ekamālā.
온통의 eka. ekanta.
온통퍼짐 vipphuraṇa.
온호주(蘊護呪) khandhaparitta.
온화(溫和) maddava. sampasāda. soracca. soreyya. sovacassa. sovacassatā.
온화하게 saṇikaṁ.
온화하지 않은 amaddava.
온화한 avera. averin. maddava. nela. neḷa. saṇha. sorata. sūrata. sovacassaya. sovacassiya. sūrata.
올 것이다 essati.
올가미 sambādha. upanikkhipana. veṭha. samunna.
올가미로 묶은 veṭhamissaka.
올가미에 사용하는 칼을 지닌 asipāsa.
올다남(嗢陀南) uddāna.
올라가게 하다 āropeti.
올라가고 uggamma.
올라가는 abhirūhanaka. udi. udī. unnāmin. āroha. ārohaka.
올라가는 사다리 ārohaṇanisseṇi.
올라가다 abhilaṅghati. abhirūhati. accuggacchati. ajjhārūhati. akkandati. anusaṁyāyati. anvārohati. āruhati. ārūhati. ārohati. pāruhati. samāruhati. samārohati. ubbattati. ubbaṭṭati. uggacchati. unnamati. uṇṇamati. unnamati. ussakkati
올라간 abhirūḷha. ārūḷha. samārūḷha. uggata. udita.
올라갈 준비가 된 ārohaṇasajja.
올라갈 필요 ārohaṇakicca.
올라감 abhirūhana. āruhana. ārūhana. āroha. ārohaṇa. samāruhana. uggacchana. uggama. uggamana. unnamana.
올라온 niruḷha.
올려놓다 samāropeti.
올려놓음 āropana. āropanā. samāropana.
올려진 āropita. samussita. uddhaṭa. ūhata. uṇṇata.
올리다 samāropeti. samunnameti. samusseti. uddharati. unnāmeti. ussādeti. ussāpeti. usseti. uṭṭhāpeti.
올림피아드 mahākīḷāsamaya.
올림픽대회 mahākīḷāsamaya.
올림픽의 catuvassikakīḷāyatta.
올바로 sammā.
올바로 관찰되지 않는 asamekkhita. asamekkhakārin.
올바로 괴로움의 생기와 소멸을 관찰하는 sammādvayatānupassin.
올바로 깨닫지 못하는 asambudhat.
올바로 깨닫지 못한 asambuddha.
올바로 깨닫지 못함 asambodha.
올바로 깨달은 sambuddha.
올바로 노력하는 chandika.
올바로 다시 태어난 ujûpapattika.
올바로 보는 sammaddasa. sammāpassaṁ.
올바로 봄 sammādassana.
올바로 분명히 알아채는 sampajāna.
올바로 분명히 알아채다 sampajānati.
올바로 분명히 알아채며 행동하는 sampajānakārin.
올바로 알다 sampajānati.
올바로 알아차림 sammappajāna. sampajañña.
올바로 알아채지 못하는 asampajāna.
올바로 알아채지 못하는 것 asampajañña.

올바로 알지 못하는 asampajāna.
올바로 알지 못함 asampajañña.
올바로 앎 sammappajāna.
올바로 원만히 깨닫다 abhisambujjhati.
올바로 원만히 깨달은 (님) abhisambuddha. abhisambudha.
올바로 원만히 깨달은 상태 abhisambuddhatta.
올바로 행위하는 자 yuttakārin.
올바르게 가는 gatimant.
올바르게 사는 sāmicīpaṭipanna.
올바르게 유행한 사람 sammaggata.
올바르게 이해하지 못하는 anabhisametāvin.
올바르게 행동하다 samannāneti. samanvāneti.
올바르게 향해진 sammāpaṇihita.
올바른 ariya. dhammika. samujju. sucarita. sugatin. sūju. ucita. uddhaja.
올바른 가르침의 경청 saddhammasavaṇa.
올바른 견해 kalyāṇadiṭṭhi. sammādiṭṭhi.
올바른 견해를 가진 sammaddasa.
올바른 결정 dhammavinicchaya.
올바른 길 magga. sammāmagga. ujumagga.
올바른 길에 의한 명상 maggasamādhi.
올바른 길에 의한 삼매 maggasamādhi.
올바른 길에 의한 청정행 maggabrahmacariya.
올바른 길을 닦음 maggabhāvanā.
올바른 길을 위한 계율 maggasīla.
올바른 길을 지배하는 maggâdhipati.
올바른 길의 항목 maggaṅga.
올바른 깨달음 sambodha. sambuddhi.
올바른 깨달음에 관련하는 sambodhapakkhika.
올바른 깨달음에 도달한[阿羅漢] sambodhipatta.
올바른 깨달음으로 이끄는 sambodhagāmin. sambodhigāmin.
올바른 깨달음을 향해 나아가는 sambodhiparāyaṇa.
올바른 깨달음의 행복 sambodhasukha.
올바른 깨달음이 아닌 것 asambhodi.
올바른 노력 chandikatā. sammāppadhāna.
올바른 때 utu.
올바른 범행(梵行) yonisobrahmacariya.
올바른 사유 dhammavitakka. sammāsaṅkappa.
올바른 삶 maggadhamma.
올바른 새김 sammāsati.
올바른 새김이라는 가르침의 분야 sammāsatidhammapada.
올바른 생계수단 sammāppadhāna.
올바른 생계의 완성 ājīvasampadā.
올바른 생애 sāmicīpaṭipadā.
올바른 생활 sammāājīva.
올바른 서원 sammāpaṇidhi.
올바른 숙고 dhammavicara.
올바른 순서 anupubbī.
올바른 습관을 따르도록 하는 연설 dhammâlapana.
올바른 시간에 kāla.
올바른 시간을 알지 못하는 자 akālaññū.
올바른 실천 sammāpaṭipatti.
올바른 실천을 행하는 sammāpaṭipanna.
올바른 앎을 가지고 있는 sammāñāṇin.
올바른 앎의 대상 ñāṇavatthu.
올바른 앎의 항목 ñāṇavatthu.
올바른 언어 sammāvācā.
올바른 열정 chandikatā.
올바른 의도를 갖춘 ajjhāsayasampanna.
올바른 이취(理趣) naya. sunaya. sunnaya.
올바른 이해 abhisamaya.
올바른 읽음 akhalita.
올바른 장소가 아닌 곳 adesa.
올바른 정신을 계발한 manobhāvanīya.
올바른 정신활동 sammāmanasikāra.
올바른 정진 sammāvāyāma.
올바른 지식 ñāṇa.
올바른 지혜 sammāñāṇa. sammāppaññā.
올바른 지혜를 지닌 sammāppajāna.
올바른 직관 vipassanā.
올바른 직업 sammāppadhāna.
올바른 집중 sammāsamādhi.
올바른 집중이라는 가르침의 분야 sammāsamādhidhammapada.
올바른 청정한 삶을 사는 sammābrahmacārin.
올바른 청정행 yonisobrahmacariya.
올바른 태도 ñāya.
올바른 통찰력이 있는 dassanasampanna.
올바른 통찰의 경지 dassanabhūmi.
올바른 행위 apaccanīkapaṭipatti. sammākammanta.
올바른 행위에 대한 학문 nītisattha.
올바름 sammatta. ujubhāva.
올바름과 상응하지 않는 maggavippayutta.
올바름에 의한 결정 sammattaniyāma.
올바름에 의해 결정된 것 sammattaniyata.
올바름에 의해 확정된 무리 sammattaniyatarāsi.
올바름으로 이끄는 결정 sammattaniyāma.
올빼미 kosika. lūka. uhuṅkara. ulāka. ulūka. uḷūka. ulūpin. vāyasāri.
올빼미 같은 물고기 ulūpin.
올빼미 날개로 만든 옷을 입은 ulūkapakkhika. uḷūkapakkhika.

올빼미의 ulākapakkha.
올빼미의 무리 ulākapakkhika.
옮겨가다 pavāheti. samavossajjati.
옮겨주는 visakkiya.
옮겨주는 사자 visakkiyadūta.
옮겨지다 ovuyhati. vuyhati.
옮겨진 avāgata. saṅkanta. uddhaṭa. vuḷha.
옮겨진 대로 yathābhataṁ.
옮기기 어려운 ubbaha.
옮기는 adhivāha. samugghātaka. ubbaha.
옮기다 āneti. cavati. dhāreti. saṅkamati. saṅkāmeti. uṭṭhāpeti. parakkaroti.
옮길 수 없는 ahāriya.
옳다 āma.
옳은 근거에 밝은 ṭhānakusala.
옳은 근거에 밝은 것 ṭhānakusalatā.
옳지 못한 규칙 ubbinaya.
옴(來) āyāna. āgati.
옴[疥癬] kacchu. kacchū. vitacchikā. ukkaṇṭaka. ukkaṇṇaka. ukkaṇḍaka.
옵션 abhiruci. icchā. abhilāsa.
옷 ākappa. aṁsuka. āsaṅga. cela. cīvara. dussa. nivāsana. paṭicchāda. paṭicchādaka. pāpuraṇa. pārupana. saṅghāṭa. sāṭa. sāṭī. vasana. vattha. vesa. veṭhana.
옷감 makaci. sāṭaka. sāṭikā. sāṭī. akkanāla.
옷단이 대어진 samaṇḍikata.
옷들의 theraka.
옷에 대한 이야기 vatthakathā.
옷을 거는 대나무 못 cīvaravaṁsa.
옷을 거는 줄 cīvararajju.
옷을 거래하는 사람 cīvarabhājaka.
옷을 걸친 acchanna.
옷을 걸친 사람 celaka.
옷을 만드는 일 cīvarakamma.
옷을 만들기 적합한 때 cīvarakārasamaya.
옷을 만들어 입은 사람 katacīvara.
옷을 받는 사람 cīvarapaṭiggāhaka.
옷을 벗다 vippavasati.
옷을 벗은 acelaka. apetavattha. vippavuttha.
옷을 벗음 vippavāsa.
옷을 보강하기 위한 천 조각 aggaḷa. aggaḷā.
옷을 부적당하게 입은 duppāruta.
옷을 분배하는 cīvarabhaṅga.
옷을 빼앗긴 acchinnacīvara.
옷을 잃은 사람 natthacivara.
옷을 입다 nivāseti. paṭicchādeti.
옷을 입은 abhipāruta. āmutta. dussagahaṇa. vāsin.
옷을 입음 nivāsana.
옷을 입히다 nivāsāpeti. nivāseti.
옷을 잘 입은 ākappasampanna.
옷을 주는 사람 vatthadāyaka.
옷을 착용한 vuttha.
옷의 격리 cīvarapaviveka.
옷의 보관 vatthasannidhi.
옷의 솔 añcala.
옷의 실처럼 생긴 벌레 paṭatantukā.
옷의 자락 ucchaṅga.
옷의 주름 obhoga.
옷의 테두리 añcala.
옷의 한 부분 cīvarapaṭivisa.
옷의 한 종류 yamalayamalī.
옷이 불탄 사람 ādittacela.
옷이 없는 acela.
옷이 젖은 allavattha.
옷이 찢어진 bhinnapaṭa.
옷입기 sannāha. paridahana.
옷장사 dussika. vatthika. dussavaṇijjā. dussavāṇijjā. pāvārika.
옷조각으로부터 끌어낸 조짐 sāṭakalakkhaṇa.
옷조각으로부터 끌어낸 징후 sāṭakalakkhaṇa.
옷창고 dussakoṭṭhāgāra.
옹고집이 없는 apagatakhīla.
옹기 kumbha. kapāla.
옹기 조각들의 집합 kapālasamudāya.
옹기 크기의 kumbhamatta.
옹기의 비유 kumbhûpama.
옹기장이 bhaggava. ghaṭīkāra. kulāla. kumbhakāra.
옹달샘 opāna.
옹형야차(甕形夜叉) kumbhaṇḍa.
옻칠 lākhā.
와(臥) adhisayana. nipajjā.
와[연결조사] ca.
와구(臥具) santhara. santhata. sayana. seyyā.
와구(臥具)에 대한 인가(認可) santhatasammuti.
와구론(臥具論) sayanakathā.
와권(渦捲) vaṭṭa.
와상(臥床) seyyā.
와상론(臥床論) sayanakathā.
와서 보라고 하는 ehipassika.
와서 볼만한 ehipassika.
와서는 안 될 anāgamaniya. anāgamanīya.
와십년(臥十論) sayanadasaka.
와아! suvatthi.
와인[술] majja. muddikāsava.
와좌구(臥坐具) sayanāsana. senāsana.

와좌소(臥坐所) sayanāsana. senāsana.
와좌처(臥坐處) sayanāsana. senāsana.
와지(窪地) ninna. upakaccha.
와지(窪地)에 upakacchantare.
와형자자(臥荊刺者) kaṇṭakâpassayika.
와형행자(臥荊行者) kaṇṭakâpassayika.
왁스 jatu.
왁자지껄하지 않는 alālā.
완(腕) bāhu.
완결(完決) pariyosāna → 완성.
완결되다 pariyāpajjati.
완결되지 않은 aniṭṭhita.
완결된 pariyosita. vosita.
완결하다 → 완성하다.
완고(頑固) adhiṭṭhāna. dovacassatā. patiṭṭhāha. sallīyanā. santhambhanā. santhambhitta. thambha. thambhitatta. thīna. appaṭissavatā.
완고하다 patiṭṭhīyati.
완고하지 않은 adaḷhadiṭṭhi. asaṅkusaka. atthaddha. athaddha.
완고한 ādhānagāhin. appaṭissa. appaṭissaya. kaṭhina. kaṭhora. mānatthaddha. patthīna. patthinna. sacchanda. thaddha. thaddhamaccharin. thambhin.
완고한 견해 diṭṭhipaḷāsa.
완고한 상태 kaṭhinatā. thīyanā. thiyitatta.
완고한 행위 appaṭissayavutti.
완고함을 떠난 vigatakhila.
완곡어구(婉曲語句) guttapharusavacana. aññālāpa.
완곡한 이야기 parikathā.
완골(腕骨) bāhaṭṭhi.
완구(玩具) kīḷāpanaka. sombhā. sombhakā.
완두(豌豆) kulattha. hareṇukā.
완두콩 hareṇukā. māsa. kalāya. kaḷāya.
완두콩 수프 hareṇukāyūsa.
완두콩 정도 크기에 도달하는 시간 kalāyamattakāla.
완두콩 정도의 크기를 가진 kalāyamatta.
완료형(完了形)[문법] parokkhā.
완만하게 경사진 vikūla.
완만한 sithila.
완만한 상태 sithila. sithilībhāva.
완미함을 떠난 vigatakhila.
완벽하게 준비되도록 santhariṁ.
완벽한 anoma.
완벽한 지식 ñāṇadassana.
완벽한 통찰력을 갖고 있는 abhisametāvin.
완벽한 형상을 가진 abhirūpa. abhirūpaka. abhirūpavat.
완벽한 형상을 가진 것 abhirūpatā.
완비된 군대 akkhohiṇī.
완비된 대군에 의한 살육 akkhohiṇīmahāsenāghāta.
완성(完成) apavagga. kiriya. kiriyā. kriyā. nipphādana. nipphatti. niṭṭhā. niṭṭhāna. pariniṭṭhāna. paripāka. paripuṇṇatā. paripuṇṇatākārita. paripūraka. paripūraṇa. paripūratta. paripūrī. pāripūrī. pariyādāna. pariyādinnatta. pariyosāna. sāmaggī. sāmaggiya. sanniṭṭhāna. siddhi. vosāna.
완성되다 nippajjati. nipphajjati. niṭṭhāti. paripūrati. pariyāpajjati. udāgacchati.
완성되지 않은 āma. anipphanna. apariniṭṭhita. apariyosita. vippakata.
완성된 abhinippanna. katapariyosita. nipphādita. nipphanna. niravasesa. niṭṭhita. niyāmaka. parimaṇḍala. pariniṭṭhita. paripuṇṇa. pariyādinna. pariyādiṇṇa. pariyāpanna. sampanna. siddha. vosita. vusimant. vusitavant. vusitāvin. vyosita. samatta.
완성된 옷 katacīvara.
완성된 청정의 계행 paripuṇṇapārisuddhisīla.
완성시키다 niṭṭāpeti. parinibbāpeti.
완성에 도달하다 niṭṭhā.
완성에 도달한 pāramīpatta. siddhappatta. vusimant. vusitavant. vusitāvin.
완성에 의한 교만 pāripūrīmada.
완성에 이르지 못한 avosita. avyosita.
완성에 취함 pāripūrīmada.
완성으로 이끄는 paripācaniya.
완성의 상태 vusitatta.
완성자(完成者) nipphādar. sammaggata.
완성하게 하다 pariyosāpeti.
완성하는 vyāpaka.
완성하는 자 paripuṇṇatākārin.
완성하다 abhinippajjati. nipphādeti. pakaroti. parinibbāyati. parinibbāti. paripūreti. samāpeti. tīreti.
완수(完遂) nipphādana. sādhana. vitaraṇa.
완수된 kata. kaṭa. vitiṇṇa.
완수하다 sādheti. sādhayati. vitarati.
완의자(浣衣者) rajaka.
완전(完全) koṭigata. paripuṇṇatā. paripūraṇa. paripūratta. paripūrī.
완전성(完全性) paripūratta. parisuddhatta.
완전성에 따라 이름이 지어진 avekallanāma.
완전성이 성취된 kevalaparipuṇṇa.

완전에 도달하지 못한 aniṭṭhaṅgata.
완전지(完全智) abhisambuddhatta. aññā.
완전하지 못한 avosita.
완전하지 않은 aparipūra. aparisuddha.
완전한 accanta. ahīna. akhaṇḍa. akhaṇḍaphulla. anavasesa. anavaya. anūna. anūnaka. apariyanta. asesa. asesita. atta. avekalla. ekanta. gatatta. kasiṇa. kevala. kevalin. nissesa. parimaṇḍala. parinipphanna. paripuṇṇa. pariyāpanna. sabba. sakala. samatta. samujju. su. ubhayaṁsa. vyosita. antaga. antagata.
완전한 감관을 지닌(?) abhinindriya.
완전한 감관의 abhinindriya.
완전한 기쁨 kalyāṇapīti.
완전한 깨달음 abhisambuddhatta.
완전한 넓적다리에 의해 특징지어지는 uttamûrulakkhaṇa.
완전한 다양성 ekantanānatā.
완전한 발전 vepulla.
완전한 백(百) anūnasata.
완전한 버림 anavasesapahāna.
완전한 상태 anūnatā.
완전한 성숙 전에 고통을 받아야하는 aparipakkavedaniya. aparipakkavedanīya.
완전한 세계의 주기 saṁvaṭṭavivaṭṭakappa.
완전한 소멸 anavasesanirodha.
완전한 소모 ekantahara. ekantahāra.
완전한 승리 aññadatthujaya.
완전한 야성 ekantaniṭṭhuratā.
완전한 열반 parinibbāna. parinibbāyana.
완전한 열반에 대한 법문 parinibbānapariyāya.
완전한 열반에 대한 앎 parinibbānañāṇa.
완전한 열반에 든 parinibbānika. parinibbāyin.
완전한 열반에 들게 하는 자 parinibbāpetar.
완전한 열반에 들게 하다 parinibbāpeti.
완전한 영적인 구조 aṭṭhaṁsa.
완전한 이욕(離欲) accantavirāga.
완전한 이유 ekantakāraṇa.
완전한 이해 pariññā.
완전한 조사 parivīmaṁsā.
완전한 존재 anomasatta.
완전한 중립성 tatramajjhattatā.
완전한 즐거움을 가진 anūnabhoga.
완전한 증득 adhigamasampadā.
완전한 지혜 aññā. avekallabuddhi. kalyāṇapañña. sammaññā.
완전한 지혜를 가진 aññātāvin.
완전한 지혜를 가진 자의 감각기능 aññindriya.
완전한 지혜를 갖고 있는 사람의 감각기관 aññātāvindriya.
완전한 지혜를 갖고 있다고 자랑하는 사람 aññātamānin.
완전한 지혜를 결과하는 aññāphala.
완전한 지혜를 얻기를 원하는 aññātukāma.
완전한 지혜를 얻은 사람 aññātar.
완전한 지혜를 열망하는 aññatthika.
완전한 지혜를 지닌 ñāṇadassin.
완전한 지혜를 지닌 자 aññātāvin.
완전한 지혜를 통한 능력 aññindriya.
완전한 지혜에 의한 해탈 aññāvimo(k)kha. aññāvimutta.
완전한 지혜의 성취 aññārādhana.
완전한 지혜의 의미 aññāvyākaraṇa.
완전한 지혜의 통찰을 얻은[아라한의 경지] aññāpaṭivedha.
완전한 집중 appaṇā. appanā.
완전한 청정 apariyantapārisuddhi.
완전한 함축 abhividhi.
완전한 현자 asekhamuni.
완전함 kalyāṇatā. pāramī. pāramitā.
완전해지다 udāgacchati.
완전히 (마음을) 채우다 sānuseti.
완전히 ādiso. avecca. ekanta. pari°. parimaṇḍala. parito. sabbathā ~ sabbaṁ. sammā.
완전히 갖추지 못한 asamannāgata.
완전히 개화된 supupphita.
완전히 고귀한 ekantakalyāṇa.
완전히 관통된 vippaviddha.
완전히 구부러진 onatonata.
완전히 금으로 만든 sabbasovaṇṇa.
완전히 깨닫다 abhisambujjhati.
완전히 깨달은 abhisambodhita.
완전히 꺼진 abhinibbāti.
완전히 당혹한 ākulapākula.
완전히 덮인 sampāruta.
완전히 둥근 suparimaṇḍala.
완전히 말림 parisussana.
완전히 믿는 ekantavippasanna.
완전히 버려 버리는 paṭinissaggin.
완전히 버리다 ussajati. ussajjati.
완전히 버림 paṭinissagga.
완전히 버림으로서 열반으로 회향하는 vossaggapariṇāmin.
완전히 부서진 atinaṭṭha. viparibhinna.
완전히 빼앗긴 suvihīna.
완전히 사라지게 하다 abhivirājeti.
완전히 사별한 suparihīna.
완전히 상실된 suvihīna.

완전히 성숙한 vipakkavipāka.
완전히 성장한 nipāka.
완전히 식은 abhinibbāti.
완전히 심각한 ekantatikhiṇa.
완전히 쌀쌀해진 sosīta.
완전히 알고 나서 aññāya.
완전히 알다 abhisamāgacchati. parijānāti.
완전히 알려지지 않은 apariññāta.
완전히 알려진 akkhātarūpa.
완전히 알지 못하는 aparijānat.
완전히 열반에 든 날 parinibbānadivāsa.
완전히 열반에 든 님 parinibbāyin.
완전히 열반에 들다 parinibbāti.
완전히 오염이 없는 ekantanikkilesa.
완전히 원만한 samavatta.
완전히 유익한 ekantahita.
완전히 이해된 pariññāta. suppaṭividdha.
완전히 이해하고 pariññā.
완전히 익은 paripakka. supakka. vipaccanaka. vipakka.
완전히 익지 않은 aparipakka.
완전히 잃어버린 atinaṭṭha.
완전히 자란 nipāka. saṁvirūḷha.
완전히 적멸한 paha(?).
완전히 절제된 사람 aggadanta.
완전히 제거된 samugghātita.
완전히 제거된 사실 samugghātitatta.
완전히 죽은 parimārita.
완전히 쥐어짜는 anavasesadohin.
완전히 지멸(止滅)된 abhinibbuta.
완전히 집착에서 벗어난 anupādisesa.
완전히 착하고 건전한 ekantakusala.
완전히 청정한 견습기간 suddhantaparivāsa.
완전히 치장한 yathâlaṅkata.
완전히 타당한 ekantakappiya.
완전히 파괴된 vikkhīṇa. viparibhinna.
완전히 평온한 upasantûpasanta.
완전히 포기한 paha(?).
완전히 푸른 ekanīla.
완전히 풀이 죽은 atidīna.
완전히 해탈하지 못한 aparinibbuta.
완전히 행하는 akhaṇḍakārin.
완전히 혼란된 ākulākula. ākulavyākula.
완전히 혼란시키다 vikkhobheti.
완척(腕尺) hatthantara. hattha. kukku. ratana.
완척의 kukkuka. ratanika.
완화(緩和) ossagga. upasama. upasamana. upasamāna.
완화시키다 passambheti.
완화하다 abhisammati.
완환(腕環) pariharaka.
왕(王) adhipa. adhipati. atthapati. deva. issara. jagatipāla. manussadeva. naradeva. narinda. patthīva. rājan. rājā.
왕(王·國家)의 maṅgala.
왕(香王)[식물] jātikosa.
왕가(王家) rājakula.
왕가의 명성 issariyaparivāra.
왕겨 bhusa. bhusikā. kāraṇā. palāpa. thusa.
왕겨를 채워 넣어 만든 새 thusapacchi.
왕겨불 thusaggi.
왕고(王庫) rājakosa.
왕관(王冠) kirīṭa. uṇhīsa. siromaṇi. sekhara. āvelā. rājapada.
왕관을 쓴 kirīṭin.
왕국(王國) rajja. raṭṭha. vijita.
왕국에 속하는 raṭṭhaka.
왕국에 행운을 주는 (여신) rajjasiridāyikā.
왕국에서 분리된 virajjaka.
왕국을 빼앗긴 acchinnaraṭṭha.
왕국을 지닌 raṭṭhavant.
왕국의 거주자 raṭṭhika.
왕국의 관리 raṭṭhika.
왕국의 국경 rajjasīmā.
왕국의 문장(紋章) camaravījanī.
왕국의 백성 raṭṭhika.
왕국의 영화 rajjasiri.
왕국의 절반 upaḍḍharajja.
왕궁(王宮) rajja. vyamha. byamha. rājabhavana. rājamandira.
왕궁에서 삶 rājavasati.
왕궁주(王宮住) rājavasati.
왕권(王權) ādhipacca. ādhipateyya. rājaṭṭhāna. rājatā. rājatta. rajja. rajjasiri.
왕권을 궁극으로 하는 issariyapariyosāna.
왕권의 raṭṭhavant.
왕권의 상징물 rājakakudhabhaṇḍa.
왕권의 위엄 issariyânubhava.
왕권의 표시 rājakakudhabhaṇḍa.
왕녀(王女) rājadhītar.
왕녀들이 떠나지 않은 aniggataratanaka.
왕덕(王德) rājaguṇa.
왕도(王都) rājadhānī.
왕도(王道) vaṁsa. rājadhamma.
왕들 가운데 왕 rājâbhirājan.
왕래(往來) gamanâgamana.
왕립감독관(王立監督官) rājavallabha.
왕립공원(王立公園) rājuyyāna.

왕립공원의 관리인 rājamālakāra.
왕립공원의 연못 uyyānapokkharaṇī.
왕립마차 rājaratha.
왕립법정 rājaṅgaṇa.
왕립의 bhogga.
왕립집회소 mahāupaṭṭhāna.
왕마(王馬) maṅgalassa.
왕비(王妃)와 함께하는 sadevika.
왕사(王師) purohita.
왕사(王使) rājadūta.
왕사성(王舍城) rājagaha.
왕산부(王山部)[부파] Rājagirika. Rājagiriya.
왕상(王象) maṅgalahatthin. varārohā.
왕생(往生)하는 upapanna.
왕생하는 upapattika.
왕선(王仙) rājisi.
왕세자(王世子) yuvarāja.
왕수(王樹) rājarukkha.
왕실(王室) rājakula.
왕실용천막 upakiriyā.
왕아(王鵝) rājahaṁsa.
왕에 관한 이야기 rājakathā. rājavāda.
왕에 의해 주어진 처벌 rājadaṇḍa.
왕에 의해서 가져와진 rājâbhinīta.
왕에게 속하는 bhogga.
왕에게 조달하는 도기공 rājakumbhakāra.
왕예(往詣) avataraṇa.
왕원가(王怨家) rājapaccatthika.
왕위(王位) rājatā. rājatta. rajja. rājaṭṭhāna.
왕위를 버리고 고행자가 된 왕 rājisi.
왕위에 오르다 samabhisiñcati.
왕위의 즐거움 rajjasukha.
왕으로 통치하는 katarajja.
왕을 갖지 않은 arājaka.
왕을 보좌하는 세무 공무원 akāsiya.
왕을 포함하는 sarājaka.
왕의 rājaka.
왕의 고용인 rājabhaṭa.
왕의 고통 rājâgha.
왕의 관정식의 필수품 abhisekaparihāra. abhise-kôpakaraṇa.
왕의 국토측량기사 rajjuka.
왕의 군대 rājabhogga.
왕의 궁전 antarapura.
왕의 권능 rājiddhi.
왕의 권위 rājânubhāva. rājavibhūti.
왕의 대신 rājamacca.
왕의 덕 rājaguṇa.
왕의 딸 rājadhītar.
왕의 땅 rājavatthu.
왕의 마차 rājaratha.
왕의 명령 rājāṇā. rājāṇatti.
왕의 몫 rājabhāga.
왕의 무리 rājaparisā.
왕의 보물 rājadhanāgāra.
왕의 사자 rājadūta.
왕의 사절 maṇḍalika.
왕의 선물 rājadāya.
왕의 시종 rājûpaṭṭhāna.
왕의 신하 rājapurisa. rājapurisa. rājakammika.
왕의 영광 rājavibhūti.
왕의 영지(領地) rājabhogga.
왕의 영토 밖의 땅 avijita.
왕의 용병 rājabhaṭa.
왕의 음식 rājakhādāya.
왕의 장애 rājantarāya.
왕의 재산 rājakuṭumba. rājaṅga.
왕의 재상 rājamahāmatta.
왕의 적 paṭirājan. rājapaccatthika.
왕의 정원 rājuyyāna.
왕의 제일왕비 aggamahesī.
왕의 종교고문 purohita.
왕의 준마 rājabhogga.
왕의 중요한 신하 mahāmatta.
왕의 지위의 raṭṭhavant.
왕의 지팡이 rājakuṇḍa.
왕의 짐꾼 muṇḍavaṭṭin.
왕의 참석 하에 있는 sarājaka.
왕의 창고 rājakosa.
왕의 처벌 rājāṇā. rājāṇatti.
왕의 처벌에 대한 두려움 rājabhaya.
왕의 처소 rājanivesana.
왕의 총애자 rājavallabha.
왕의 침대 sirīsayana.
왕의 침실 sirī.
왕의 칼을 지닌 자 asiggāhaka.
왕의 통치 rājadhamma.
왕의 특징 rājaṅga.
왕의 표시 rājadhānī. rājaṅga.
왕의 할렘 antopura.
왕의 후궁 rājantepura.
왕이 떠나지 않은 anikkhantarājaka.
왕이 명령할 때 사용하는 북 issarabheri.
왕이 사용하기 적합한 rājûpabhoga.
왕이 없는 anissara. arājaka.
왕이 총애하는 신하 amacca.
왕이 행차하는 거리 rājavīthi.
왕인(王印) rājamuddikā.

왕자(王者) nisabha. rājakumāra. rājaputta.
왕자론(王子論) rājavāda.
왕자의 이름 uposathakumāra.
왕정주의(王政主義) rājabhatti. rājapakkhikatā.
왕족(王族) khattiya. rājañña. rājaniya. khattiya.
왕족과 노예의 혼합카스트의 구성원 ugga.
왕족들의 모임 khattiyaparisā.
왕족의 가문 khattiyakula.
왕좌(王座) sīhāsana.
왕중(王衆) rājaparisā.
왕처수(王處樹)[식물] rājāyatana.
왕코코넛[식물] sannīra.
왕통(王統) rājavaṁsa.
왕포외(王怖畏) rājabhaya.
왕후(王后) adhirājanī.
왜 kasmā. kassa. kathaṁ. kattha. kena. kuto. kissa. kiṁ. kena. kiṁkāraṇā. kismiṁ. kimhi. kiṁ nu. kiṁ nu kho.
왜? kissa. hetu.
왜가리 baka. kaṅka. koñca.
왜가리[조류] sārasa. lohapiṭṭha.
왜곡(歪曲) accasarā. accāsarā. jimhatā. jimheyya. koṭilla. kuṭila. saṅkoca. saṅkucana. vaṅkatā. vaṅkatta. vaṅkeyya. vikūṇa. vipallāsavipallāsa. vipphandita.
왜곡된 appakāra. jimha. kuṇa. saṅkuṇḍita. vikuṇita. vipariṇata.
왜곡하다 vipallāsayati.
왜냐하면 hi.
왜소(矮小) lakuṇṭakatta.
왜소한 kā. okoṭimaka. vāmana. vāmanaka.
왜약국(倭若國)[지명] Ujuññā.
외거주(外居住) pavāsa.
외견(外見) ākāraka. āloka.
외공(外空) bahiddhāsuñña.
외과(外科) sallakattiya.
외과수술(外科手術) sallakattiya.
외과용기구 salākā.
외과의(外科醫) bhisakkasallakatta. sallalatta.
외관(外觀) ākappa. āpāthagatatta. nibhatā. nidassana. saṅkāsa. upadhi. vaṇṇatā.
외관상의 paṭirūpa. patirūpa.
외관으로 측정하는 것 rūpapamāṇika.
외관으로 평가하는 것 rūpappamāṇika.
외관의 구족 upadhisampatti.
외관이 갖추어진 upadhisampanna.
외교(外交) upalāpanā.
외교적 영향 upalāpanā.
외국(外國) disā. tirojanapada. tiroraṭṭa. videsa.
외국에 거주하는 bāhikaraṭṭhavāsin. virajjaka. disāvāsika. pavāsin. pavuttha.
외국에 사는 → 외국에 거주하는.
외국에서 살다 pavasati.
외국의 bāhika. bāhiya. vijātika. milāca. milakkha. vijātika.
외도(外道) paratitthiya. paribāhira. pāsaṇḍa. titthiya. aññatitthiya.
외도로 옮긴 pakkhasaṅkanta.
외도사(外導師) titthakara.
외도에게로 달려간 자 titthiyapakkantaka.
외도의 pāsaṇḍika.
외도의 고행 bāhirakatapa.
외도의 사악한 견해 bāhirakadiṭṭhigata.
외도의 사원 titthiyavihāra.
외도의 소의처(所依處) titthâyatana.
외도의 제사절차에 관한 경전 bāhiramanta.
외도의 제자 titthiyasāvaka.
외도의 주문 bāhiramanta.
외도의 추종자 titthiyasāvaka.
외도의 행사 titthiyavatta.
외딴 panta.
외딴 거처 pantasenāsana.
외딴 곳 paccekaṭhāna.
외딴 와좌소(臥座所) pantasenāsana.
외래(外來)의 āgantu. āgantuka. bāhika.
외로운 adutiya. ekākika. ekākiya. ekākin. ekībhūta. ekika. rahita. vidhura. appasattha.
외로운 곳에 ekamantaṁ.
외로운 사람 ekākin.
외로운 여인 ekikā. ekitthī.
외로움 bhāva. ekībhāva.
외면(外面) abhinibbijjana.
외면하다 abhinibbijjati.
외모(外貌) vapu.
외모가 아름다운 kallarūpa.
외모를 가진 vaṇṇin.
외모를 취하는 nimittagāhin.
외모뿐인 여자 nimittamattā.
외모에 매혹된 nimittagāhin. nimittakaraṇa.
외모에 숙달된 nimittakosalla.
외부로의 출리(出離) bahiddhāvuṭṭhāna.
외부사람의 para.
외부세계와 차단된 aṇḍabhūta.
외부에 bahi. bahiddhā.
외부에 있음 bāhiratta.
외부의 bāhira. bāhiraka. bāhirima. para. paribāhira. paṭibāhira.
외부의 감각 대상 bahiddhārammaṇa.

외부의 결정 bahiddhāvavatthāna.
외부인(外部因) bāhiraṅga.
외사촌[남자] mātucchāputta.
외사촌[여자] mātuladhītā.
외삼촌[모계] mātula.
외상은몰(外相隱沒) liṅgantaradhāna.
외색(外色) bāhirarūpa.
외설(猥褻) oḷārikatā. oḷārikatta.
외설스런 oḷārika.
외설적인 말 obhāsa. obhāsana.
외설적인 말을 넌지시 하다 obhāseti.
외소연(外所緣) bahiddhārammaṇa.
외숙모(外叔母) mātulānī.
외아들을 지닌 ekaputtika.
외양간 gokāṇā. gokaṇṇa. gokula. goṭṭha. vacchakasālā. vaja.
외움 uddisana.
외이도(外耳道) kaṇṇasakkhali(kā).
외적인 것을 바라는 bāhirāsa.
외적인 논모(論母) bāhiramātikā.
외적인 모습에 따르는 nimittānusārin.
외적인 물질 bāhirarūpa.
외적인 사물에서 기쁨을 찾는 bāhirassāda.
외적인 재산의 보호 bāhirarakkhā.
외주혜(外住慧) bahiddhâbhinivesā.
외쳐진 nadita.
외출(外出) paccuggamana.
외치는 ghosaka. ghosavant. seḷita. selita. unnādin.
외치다 abhigajjati. abhiravati. anurodati. atibrūheti. ghoseti. nadati. paṭiravati. panādeti. rasatirasati. raṭati. ravati. seḷeti. thunati. uggajjati. ugghosati. unnādeti. vinadati. viravati.
외친 ravita.
외침 abhigajjana. ārāva. kolāhala. nadana. nadita. paṭirava. rava. rāva. selana. uggajjana. ugghosa. ugghosanā. unnāda. uparava. virāva.
외투(外套) dīghakañcuka. bāhitikā. pāpuraṇa. pāvāra. pāvuraṇa. sāṭaka. sāṭikā. sāṭī. upasaṁvyāna. uttarisāṭaka. uttarīya. uttarasāṭaka. vaḍḍhana.
외투장수 pāvārika.
외포(畏怖) sārajja.
외포된 vitthata.
외피(外皮) attharaṇa. āvarakacamma. chavi.
외피가 없는 athusa.
외형(外形) bāhiratta.
왼쪽 apasavyapakkha.
왼쪽 어깨에 걸친 의복 upasavyāna.
왼쪽으로 향한 apasavya.
왼쪽으로 향해 도는[무례] apasavyakaraṇa.
왼쪽의 uttara. vāma.
요[깔개] atthara. attharaka. colabhisi.
요가수행을 하는 yogin.
요가의 수행 yogācāra.
요강 passāvakumbhī.
요구(要求) apekkhā. apekhā. nissayatā. vaṇi.
요구되지 않는 anajjhiṭṭha. apatthita.
요구르트 dadhi.
요구하다 apadhāreti. ullapati. yācati.
요금(料金) vetana.
요나[지명] Yona.
요도(尿道) passāvamagga.
요동(搖動) phandanā. phanditatta.
요동시킴 viloḷana.
요동하는 vicāliya.
요동하다 phandati.
요디[식물] yodhi.
요디까[식물] yodhikā.
요를 덮는 자 attharaka.
요리(料理) pacana. pācana. pāka. randhana. saṅkhati. vaḍḍhanikā.
요리단계의 첫 번째 것의 보시 kumbhiggadāna.
요리되다 paccati. vipaccati.
요리되지 않은 āmaka.
요리된 kuthita. pakka. randha. siddha.
요리된 것 sampāka.
요리된 곡물 aparaṇṇa.
요리된 음식 siddhabhatta.
요리를 하는 randhaka.
요리법(料理法) saṅkhati.
요리사(料理師) āḷārika. āḷāriya. bhattakāraka. bhattarandhaka. odanika. pācaka. pācikā. pakka. randhaka. rasaka. sūda(ka). sūpika.
요리시키다 pācāpayati. pācāpeti.
요리용단지 tuṇḍikīra. ukhā. ukkhā. ukkhali. ukkhalī. ukkhalikā.
요리의 수단 upaṭṭhānasambhāra.
요리하는 주방 odaniyaghara. odanīyaghara.
요리하다 kuthati. pacati. pakkaṭhati.
요리하도록 시키다 pacāpeti.
요리하지 않는 자 apaca.
요리학(料理學) sūpasattha.
요발(鐃鈸) vetāla.
요새(要塞) nagara. pura.
요새아래에 orapure. avarapure.
요새화된 upatthaddha.
요설(饒舌) lapa. lapana. lapanā. vācâbhilāpa.

요설을 하는 rabhasa.
요설자(饒舌者) lāpin.
요설쟁이 lapa.
요소(要素) aṅga. avayava. bhūta. bīja. dhātu. padatta.
요소들로 이루어진 kataṅgika.
요소들에 숙련된 dhātukusala.
요소들의 동요 dhātukkhobha.
요소들이 없는 kataṅgavippahīna.
요소로 이루어진 dhātura.
요소에 대하여 적정(寂靜)한 것 aṅgasantatā.
요소에 대하여 정신활동을 기우림 dhātumanasikāra.
요소에 대한 명상토대 dhātukammaṭṭhāna.
요소에 대한 분별 dhātuvibhaṅga.
요소에 대한 확정 dhātuvavatthāna.
요소의 간별 dhātuvinibhoga.
요소의 다양성 dhātunānatta.
요소의 동요 dhātupakopa. dhātusaṅkopa.
요소의 세계 dhātu.
요소의 시설 dhātupaññatti.
요소의 청정 vatthuvisadakiriyā.
요술(妖術) indajāla. nippesikatā. nippesa.
요술쟁이 indajālika. māyākāra. nippesika.
요약(要約) anugīti. atthuddhāra. piṇḍattha. piṇḍagaṇanā. saṅkalana. samāhāra. samākaḍḍhana. sampaṭiggaha.
요약된 saṅkalita.
요약하는 vyāpaka.
요약하다 samākaḍḍhati. saṅkaleti.
요염한 vilāsaka. vilasita.
요염한 아름다움 vilāsa.
요의 껍데기 bhisicchavi.
요의(了義) nītattha.
요의(要義) sārattha.
요의법(了義法) nītattha.
요의해소(要義解疏)[주석] Sāratthappakāsinī.
요익(饒益) saṅgaha.
요익(饒益)의 saṅgāhaka.
요익되지 않은 asaṅgahita. asaṅgahīta.
요익된 saṅgahita. saṅgahīta.
요인(要因) aṅga.
요자나[14km정도] yojana.
요자나거리의 yojanika. yojaniya.
요절(夭折) antarāmaraṇa.
요점(要點) antaraṅga. sīsa. ṭhāna.
요정 devacchara.
요정(妖精) accharā. amanussa. asoppā. bhūta. devatā. kaṭṭhaka.
요정(妖精) bhūtadevatā.
요정과 같은 accharûpama.
요정의 무리 accharāgaṇa.
요즈음 idāni.
요지(了知) pajānana. pajānanā.
요지부동의 aniñjappatta.
요지심(了知心) aññāvimo(k)kha.
요지자(了知者) viññātar.
요지하기 힘든 dubbijāna.
요지하다 jānāti.
요처(要處) mamma.
요청(要請) abhipatthanā. abhiyācana. abhiyācanā. ajjhesanā. āmantaṇā. āmantanā.
요청되어지지 않은 anāyācita.
요청되어진 adhipatthita.
요청되지 않은 anajjhiṭṭha. anajjhesita. anāṇāpita. anāṇatta.
요청된 ajjhesita. ajjhiṭṭha. patthita. samijjhiṭṭha.
요청하는 ajjhesaka. yācaka.
요청하다 ajjhesati. attheti. icchati. pucchati. vanati. vanute. vanoti. yācati.
요체(要諦) antaraṅga.
요컨대 saṅkhitta.
요트 kīḷānāvā.
요해(了解) pajānana. pajānanā. ūhana. paṭiññā.
요해된 anuvidita.
요해하고 나서 paññāya.
요해하다 anuvijjati. avagacchati.
욕(辱) ativākya. dubbaca. dubbacana. nigghosa. omasavāda. paribhāsa. vivaṇṇaka. pharusavācā.
욕(辱)으로 갚다 paṭibhaṇḍati.
욕(辱)을 먹은 durutta. vambhayita.
욕(辱)을 삼가는 (사람) pharusavācā.
욕(辱)을 얻어먹은 abhisatta.
욕(辱)을 잘함 dovacassa.
욕(辱)을 퍼붓다 raṭati.
욕(辱)하는 paribhāsaka. upavādaka.
욕(辱)하다 abhiharati. akkosati. nibbhacceti. omasati. ovijjhati. paribhāsati. paṭikkosati. tajjeti. vambheti. vamheti. vigarahati.
욕(辱)하지 않는 anakkosa.
욕각(欲覺) kāmavitakka.
욕계(欲界) kāmaloka. kāmâvacara. kāmadhātu.
욕계선업(欲界善業) kāmâvacarakusalakamma.
욕계선처(欲界善處) kāmasugatibhūmi.
욕계선처결생(欲界善處結生) kāmasugatipaṭisandhi.

욕계선처에의 결생 kāmasugatipaṭisandhi.
욕계심(欲界心) kāmâvacaracitta.
욕계에 속하는 여섯 부류의 신계 chakāmasaggā.
욕계에 탄생하는 것 kāmûpapatti.
욕구(欲求) abhicchā. abhilāsa. abhipatthanā. adhippāya. āsa. āsaṁsā. attha. esikā. eṭṭhi. icchā. icchana. icchatā. jigiṁsanā. jigiṁsanatā. kāma. kāmesanā. kanti. tintiṇa
욕구가 소멸된 vigaticchā.
욕구가 없는 anāsasāna.
욕구가 없음 acchandaka. anicchā.
욕구가 있는 kāmin.
욕구되지 않은 anicchita.
욕구된 abhicchita. eṭṭha. icchita. pariyiṭṭha.
욕구를 충족시켜주는 māṅgalya.
욕구와 일치하도록 adhippāyânurūpaṁ.
욕구와 탐욕 icchālobha.
욕구의 표현 adhippāyanidassana.
욕구족(欲俱足) chandasampadā.
욕구하는 adhippeta.
욕구하다 abhilasati. icchati. kāmeti. vanīyati.
욕념(欲念) vanatha.
욕락(欲樂) kāmarati. kāmasukhallika.
욕락으로 사는 여인 chandavāsinī.
욕루(欲漏) kāmāsava.
욕류(欲流) kāmogho.
욕림(欲林) vana. vanatha.
욕망(欲望) abhijappā. ajjhāsaya. ālaya. āsā. āsiṁsanā. chanda. chandatā. chandavantatā. esikā. icchā. icchâcara. icchāgata. icchana. icchatā. jālinī. kāma. kāmatā. kaṅkhā. keḷi. nikāma. tāma. taṇhā. vāna.
욕망과 분노 kāmakopa.
욕망과 탐욕 chandarāga.
욕망들 kelisā.
욕망만으로 얻을 수 있는 icchāmattopasādhiya.
욕망에 근거하는 chandamūlaka.
욕망에 대한 설명 icchāniddesa.
욕망에 더럽혀진 icchādosa.
욕망에 따르는 icchânukulaka.
욕망에 매인 사유 kāmavitakka.
욕망에 묶인 icchābaddha.
욕망에 사로잡힌 icchâvatiṇṇa. icchāpakata. icchāpriyuṭṭhāna. kāmātura. taṇhāpariggaha.
욕망에 오염되지 않은 anadhimucchita.
욕망에 의해 생겨난 괴로움 chandajadukkha.
욕망에 의해 야기된 icchāpabhava.
욕망에 이끌리는 chandânunīta.
욕망에 이끌린 kāmanīta.
욕망에 이끌린 잘못된 행위의 실천 chandâgatigamana.
욕망에 정복당한 āsâbhibhūta.
욕망에서 벗어나는 niyyānika. nīyānika.
욕망에서 벗어난 vīticcha.
욕망으로 가득한 taṇhâbhinivesa.
욕망으로 고통받는 icchâhata.
욕망을 극복한 atikkantavanatha.
욕망을 따르는 icchākaraṇa.
욕망을 버림 chandapahāna.
욕망을 불어넣다 icchāpeti.
욕망을 여의는 사유 nekkhammavitakka.
욕망을 여의는 삶에 전념하는 nekkhammaninna. nekkhammasita.
욕망을 여의는 즐거움 nekkhammarati.
욕망을 여읜 사유 nekkhammavitakka.
욕망을 여읨에 대한 의도 nekkhammasaṅkappa.
욕망을 여읨에 대한 지각 nekkhammasaññā.
욕망을 여읨을 즐기는 nekkhammâbhirata.
욕망을 여읨의 공덕 nekkhammānisaṁsa.
욕망을 여읨의 완성 nekkhammapāramī. nekkhammapāramitā.
욕망을 여읨의 요소 nekkhammadhātu.
욕망을 여읨의 행복 nekkhammasukha.
욕망을 일으키게 하다 icchāpeti.
욕망을 조건으로 하는 icchāpaccaya.
욕망을 주는 kāmaduha.
욕망을 중시함 taṇhāpurekkhāra.
욕망을 채우는 ajjhāsayapūraṇa. icchākara.
욕망을 채워주는 넝쿨 kappalatā.
욕망을 철저하게 없애다 abhivirājeti.
욕망을 충족시키는 kāmakara.
욕망의 가시 kāmakaṇṭaka.
욕망의 강 taṇhānadi.
욕망의 거울 taṇhādāsa.
욕망의 고뇌 kāmapariḷāha.
욕망의 그물 jālataṇhā. kāmajāla.
욕망의 극복 chandapahāna.
욕망의 기둥이 뽑힌 abbūḷhesika.
욕망의 노예인 상태 āsādāsavyatā.
욕망의 늪 kāmapaṅka.
욕망의 다양성 chandanānatta.
욕망의 밧줄 taṇhāgaddula.
욕망의 속박 kāmabandha.
욕망의 수확 ajjhāsayaphala.
욕망의 여읨 nekkhamma.
욕망의 여읨에 대한 대화 appicchakathā.
욕망의 여읨에 대한 지향 nekkhamâdhimutta.
욕망의 연기에 뒤덮인 icchādhūmāyita.

욕망의 열뇌 kāmapariḷāha.
욕망의 영향 chandâdhipati.
욕망의 제거 icchāvinaya.
욕망의 좌절 icchāvighāta.
욕망의 즐거움 kāmupabhoga.
욕망의 지배 chandâdhipati.
욕망의 지배적인 영향아래 있는 chandâdhipateyya.
욕망의 진흙탕 kāmakalala.
욕망의 충족 chandasampadā. kāmakāra.
욕망의 화살 abhijappapadāraṇa.
욕망의 활동 icchâvacara.
욕망이 없는 acchandika. anādāna. aneja. atammaya. nirāsaṁsa. nirŭpadhi. nibbana.
욕망이 없는 신계(神界) anejaka.
욕망이 없는 즐거움 nirŭpadhisukha.
욕망이 없음 anapekkhanasīla. nibbanatha.
욕망이 접근하기 어려운 anivesana.
욕망이 충족된 katattha.
욕먹은 dhikkata. paribhaṭṭha.
욕먹지 않은 akkuṭṭha.
욕박(欲縛) kāmasaññojana. kāmasaṁyojana.
욕불행처(欲不行處行) chandâgatigamana.
욕사(欲思) kāmasaṅkappa.
욕사유(欲思惟) kāmasaṅkappa.
욕삼마지(欲三摩地) chandasamādhi.
욕삼마지성취신족(欲三摩地勤行成就神足) chandasamādhipadhānasaṅkhārasamannāgatiddhipāda.
욕상(欲想) kāmasaññā.
욕설(辱說) akkosana. omaddanā. omasa. ovijjhana. upavāda.
욕설과 구타 akkosapahāra.
욕설에 속하는 dubbacajātika.
욕설을 자제함 anupavāda. anupavadana.
욕설을 퍼붓다 okkhipati. omaddati.
욕설을 하는 것 pharusā vācā.
욕설자(辱說者) upavādaka.
욕설하다 abhisaṁsati. opapakkhiṁ karoti. sapati.
욕설하지 않는 anupavādaka. anupavādin.
욕신족(欲神足) chandiddhipāda.
욕실(浴室) udakakoṭṭha(ka).
욕심(欲尋) kāmavitakka.
욕심(欲心) lobha.
욕심으로 가득 찬 mahiccha.
욕심을 버리게 하다 nikkhameti. nikkhāmeti..
욕심이 없는 aniccha. appiccha. nicchanda. nicchāta. nirāsa. vīticcha.
욕심이 없어 무관심한 vicchandanika.
욕심이 없음 anicchā. asārāga.
욕심이 적은 appiccha.
욕애(欲愛) kāmataṇhā. kilesāvaraṇa.
욕액(欲軛) kāmayoga.
욕여의족(欲如意足) chandiddhipāda.
욕유(欲有) kāmabhava.
욕유(欲有) kāmabhava.
욕의(浴衣) sāṭaka. sāṭikā. sāṭī. udakagahaṇasāṭaka.
욕의(浴衣)를 분배하는 자 sāṭiyagāhāpaka.
욕장(欲障) rāgakiñcana.
욕장(浴場) tittha. ogāhana.
욕정(欲定) chandasamādhi.
욕정(欲情) vanatha.
욕증상(欲增上) chandâdhipati.
욕지거리 vivaṇṇaka.
욕지거리를 얻어먹은 avaññāta.
욕지거리의 dubbacajātika.
욕지거리하는 것 pharusā vācā.
욕지거리하다 bhaṇḍati. bhaṇḍeti. vippakaroti.
욕진(欲塵) kāmayoga.
욕착(欲着) kāmajjhosāna.
욕천(欲天) kāmasagga.
욕취(欲取) kāmûpādāna.
욕탐(欲貪) kāmarāga. chandarāga. kāmacchanda.
욕행(欲行) icchâvacara.
욕희(欲喜) kāmanandī.
용(龍) ajagara. nāga.
용감하지 못한 사람 avīrapurisa.
용감하지 않은 asūra.
용감한 apalāsin. apalāyin. nibbhaya. sūra. vīra.
용감한 까마귀 sūrakāta.
용개(龍蓋) soṇḍī.
용과 같은 사람 manussanāga.
용광로(鎔鑛爐) kammāruddhana.
용군(龍軍)[인명] Nāgasena.
용군(勇軍)[인명] Sūrasena.
용궁(龍宮) nāgâdhipativimāna. nāgabhavana.
용기(勇氣) asantasana. dhiti. sūra. sūrabhāva. sūriya. upadhāraṇa.
용기(容器) kaṭāha. kuṇḍi. mallaka. odhānīya. dhāna. bhājana. piṭaka. puṭaka.
용기가 있는 asantasanaka. sūrin. dhitimant.
용기를 내다 parakkamati.
용기를 보이다 parakkamati.
용기를 불어넣다 anusāsati. assāseti. ussāheti.
용기를 잃다 ukkaṇṭhati.

용기를 주었다 aparibrūhayi.
용기에 비스듬히 놓인 odhasta.
용기에 비스듬히 놓인 몰이막대를 지닌 odhastapadota.
용기에 비스듬히 놓인 채찍을 지닌 odhastapadota.
용기의 받침으로 사용되는 천의 두루마리 aṇḍūpaka.
용녀(龍女) nāgamāṇavikā.
용뇌향(龍腦香) kappūra.
용도(龍島)[지명] Nāgadīpa.
용마루 kūṭa.
용맹(勇猛) purisakāra. sūra. vikkama. parakkama.
용맹스러운 alīna.
용맹정진(勇猛精進) ussoḷhi. tippupakkama. viriyārambha.
용맹정진에 대한 대화 viriyārambhakathā.
용맹정진의 조건에 도달한 ussoḷhibhāvappatta.
용맹정진하는 katanissama.
용맹정진하다 vikkamati.
용맹한 vikkanta.
용맹한 사람 vikkamaporisa.
용맹한 행동을 하는 것 vikkantacārin.
용모(容貌) ānana. chavivaṇṇa. mukhavaṇṇa. vaṇṇa. vaṇṇiya.
용모에 대한 이기심 vaṇṇamacchariya.
용모에 의한 교만 vaṇṇamada.
용모에 의한 도취 vaṇṇamada.
용모의 성취 vaṇṇasampatti.
용모의 아름다움 chavikalyāṇa.
용법(用法) āciṇṇa.
용사(勇士) sūra. balin.
용상(龍象) nāga.
용색(容色)의 아름다움 vaṇṇapokkharatā.
용색간(容色慳) vaṇṇamacchariya.
용색교(容色憍) vaṇṇamada.
용서(容恕) accayapaṭiggahana. adhivāsana. khanti. khantī. khamā. titikkhā.
용서된 paṭikhamāpita.
용서를 구하다 khamāpeti.
용서를 구함 khamāpanā.
용서받은 paṭikhamāpita.
용서받을 수 있는 tejiccha.
용서하는 khantika.
용서하다 khamati.
용서하지 못하는 akkhamana.
용서하지 못함 akkhanti.
용서할 수 없는 범죄 abhiṭhāna.
용서할 수 있는 satekiccha.
용석약(溶石藥) asmarībhedaka.
용수(龍樹) nāga. nāgarukkha. nigrodha.
용수(用水) paribhojaniya.
용수(龍樹)의 꽃 nāgapuppha.
용약(踊躍) udaggatā. uppilavana. uppilavanā. uppilāpa. uppilāva. upplavana.
용약의 uppilāvita.
용약의 기쁨 ubbegapīti.
용약의 기쁨 uppilavanapīti.
용약하는 udaggudagga.
용약하는 정신을 지닌 udaggamanasa.
용약희(踊躍喜) ubbegapīti.
용어(用語) adhivacana. ākatigaṇa. nighaṇḍu. vacana.
용어(冗語) lālappa. lālappana. lālappanā.
용어선택 vācāvilāsa. uccāraṇavilāsa.
용어해설(用語解說) ṭīkākaraṇa.
용왕(龍王) nāgarājan.
용의가 있는 kappita.
용의가 있다 kappati.
용의주도(用意周到) anvāvajjanā. sampajañña.
용의주도한 parikkhavant. vidhānavant.
용이(容易)한 akasira.
용자(勇者) mahānāga.
용종(茸腫) bahumūlakagaṇḍa.
용출(湧出)하는 ubbhinna.
용품(用品) parikkhāraṇa.
용해(鎔解) vilaya. vilīyana.
용해되다 vilīyati. visīyati.
용해된 vilīna.
용해된 것(금)과 같은 색깔을 지닌 uttattarūpa.
용해된 황금의 흐름과 같은 커다란 광택을 지닌 kanakarasadhārāsadisarucirakaranikara.
용화수(龍華樹) punnāga.
우(隅) kaṇṇa.
우각사라림(牛覺沙羅林)[지명] Gosiṇgasālavana.
우거지상 mukhamakkaṭika. mukhavikūṇa.
우거진 숲 vanasaṇḍa.
우계(牛戒) gosīla.
우관(羽冠)이 있는 sikhaṇḍin.
우근(憂根) domanassindriya.
우근사(優近伺) domanassûpavicāra.
우기(雨期) antaravassa. antovassa. pāvusa. vaddalikā. vassa. vassāratta. vassāna. vassānakāla. meghasamaya.
우기가 끝나기 전에 antarāvassaṁ.
우기를 몰고 오는 아쌀하 달의 축제 āsāḷhachaṇussava.

우기를 함께 보낸 사람 samānavassika.
우기에 속하지 않는 avassika.
우기의 vassika.
우기의 궁전 vassikapāsāda.
우기의 끝 vassanta.
우기의 끝에 도달하다 pavāreti.
우기의 끝에 도달한 pavārita.
우기의 다가옴 vassupanāyikā.
우기의 달 vassānamāsa.
우기의 세 번째 달인 깟띠까 월의 만월 kattikatemāsipuṇṇamā.
우기의 최후의 만월(滿月) kattikacātumāsinī.
우기의 최후의 일 개월 kattika. kattikā.
우는 kandita. roṇṇa. ruṇṇa. roṇṇa.
우는 얼굴을 한 ruṇṇamukha. roṇṇamukha. rudammukha.
우다나(優陀那) udāna.
우다야[인명] Udaya.
우다야기리[지명] Udayagiri.
우다야바드라[인명] Udayabhadra.
우다야밧다[인명] Udayabhadda.
우다야밧다[인명] Udayabhaddā.
우다야빱바따[지명] Udayapabbata.
우다야씨카리[지명] Udayasikhari.
우다연(偶陀延)[인명] Udena.
우다이발다(優陀姨跋陀)[인명] Udāyibhadda.
우다이밧다[인명] Udāyibhadda.
우담바라(優曇婆羅)[식물] udumbara.
우담바라(優曇婆羅)[인명] Udumbarikā.
우담바라꽃 odumbarakapuppha.
우담바라나무 udumbararukkha.
우담바라나무 아래의 udumbaramūla.
우담바라나무로 만든 udumbaramaya.
우담바라나무의 가지 udumbarasākhā.
우담바라나무의 그루터기 udumbarakhāṇu.
우담바라나무판 udumbarapadara.
우담바라나뭇조각 udumbarakattha.
우담바라보리수 udumbarabodhi.
우담바라산[지명] Udumbaragiri.
우담바라수(優曇婆羅樹) odumbara.
우담바라열매 udumbaraphala.
우담바라열매의 시식 udumbarakhādikā.
우담바라의 odumbara. odumbaraka.
우데나[인명] Udena.
우두머리 nāyaka. ayya. issara.
우두머리전사 aggayodha.
우두전단(牛頭栴檀) gososacandana.
우둔(愚鈍) balya. balla. dandhatta. dummejjha. duppaññā. muddhatā.
우둔한 apaṇḍita. apañña. appañña. apaññaka. appaññaka. appāṭihāriya. asūra. dandha. dattu.
우둠바라 → 우담바라.
우둠바리까[인명] Udumbarikā.
우락(牛酪) gosappi.
우량계(雨量計) vuṭṭhimāṇaka.
우러러보다 pavīnati.
우려(憂慮) saṁsaya.
우뢰(雨雷) asanivicakka.
우루벨라[지명] Uruvela.
우루벨라마을에 사는 uruvelavāsin.
우루비라(優樓比羅) uruvela.
우리[나의 복수] mayaṁ. vayaṁ.
우리[畜舍] gokāṇā. gokaṇṇa. gokula. goṭṭha. vacchakasālā. vaja.
우리나라 sadesaja. jātabhūmi.
우만화(優曇華) udumbara.
우물 andhu. āvāṭa. kūpa. opāna. papā. udupāna.
우물대는 japa.
우물에 붙이는 갈고리가 달린 사다리 kakkaṭakayantaka.
우물에서 물을 푸는 도르레 araghaṭṭa.
우물에서의 잡담 kumbhaṭṭhānakathā.
우물쭈물하다 vicināti.
우미법(愚迷法) momūhadhamma.
우바난다(優波難陀)[인명] Upananda.
우바디(優波提)[음사] upadhi.
우바디사(優坡低沙)[인명] Upatissa.
우바리(優波離)[인명] Upāli.
우바새(優婆塞)[음사] upāsaka.
우바이(優婆夷)[음사] upāsikā.
우박(雨雹) ghanopala. karaka. karakā. karakavassa.
우박의 폭우 karakāvassa.
우발라(優鉢羅) uppala.
우분(牛糞) chakaṇa. chakana.
우빠까리[지명] Upakārī.
우빠깔라[인명] Upakāḷa.
우빠난다[인명] Upananda.
우빠네미[인명] Upanemi.
우빠띳싸[인명] Upatissa.
우빠띳싸[인명] Upatissā.
우빠띳싸꼴리따[인명] Upatissakolita.
우빠리밧다까[식물] uparibhaddaka.
우빠바나[식물] upavana.
우빠바나[인명] Upavāna.
우빠싸까[음사] upāsaka.
우빠싸바[인명] Upāsabha.
우빠쎄나[인명] Upasena.

우빠짤라[인명] Upacālā.
우빠짤리[인명] Upacālī.
우빨리[인명] Upālī. Upāli.
우빨리라고 불리는 upālivhaya.
우빨리로 시작하는 계보 upālivaṁsa.
우빨리를 상수(上首)로 하는 upālipamukha.
우빨리를 일곱 번째로 갖는 upālisattama.
우빨리와 같은 upālisama.
우빨리의 게송 upāligāthā.
우빨리의 교훈 upāliovada.
우빨리의 에피소드 upālivatthu.
우빨리의 질문 upālipañha.
우뻰드라바지라[운율] upendravajirā.
우뽀사타라는 코끼리왕 uposathanāgarāja.
우뽀싸타[코끼리명] Uposatha.
우뽀싸타라는 코끼리가족 uposathakula.
우사(牛舍) gosālā. vaja.
우사제(牛祠祭) gomedha.
우산(雨傘) ātapatta. chatta.
우산대 chattadaṇḍa.
우산살 sākhā. sākha. salākā.
우산을 지닌 사람 chattin.
우산이 아닌 acchatta.
우상(愚相) bālalakkhaṇa.
우상(偶像) paṭimā. devapaṭimā. pujjapaṭimā.
우상숭배(偶像崇拜) paṭimāvandanā.
우상파괴(偶像破壞) paṭimābhindana.
우상파괴자(偶像破壞者) paṭimābhindaka.
우선(優先) tāva.
우선적인 adhikata. agga.
우선적인 관심사 adhikatussāha.
우세(優勢)한 adhipati. anittara. pakaṭṭha.
우세한 원인 adhipatipaccaya.
우세한 힘 abhivagga.
우수(優秀) anuttariya. atisaya. suṭṭhutā. ukkaṁsa. ukkaṭṭhatā. visesa.
우수(雨水) salilavuṭṭhi.
우수(憂愁) socanā. soka. parisoka.
우수(優秀)한 adhivara. gāmavara. nisāra. paṭiseṭṭha. uttarika.
우수한 코끼리 karīvara.
우스꽝스러운 hāsuppādaka. parihāsaka.
우스꽝스러움 hāsuppādaka. parihāsaka.
우스운 hassa. nāmaka.
우시(雨時) vassāratta.
우신(雨神) thūlaphusitaka. thullaphusitaka. pajjunna.
우싸바[단위] usabha.
우싸바크기의 usabhamatta. usabhika.
우씨라닷자[지명] Usīraddhaja.
우아(優雅) vilāsa. liḷhā. sobhagga.
우아한 akakkasa. nāgarika. phussa. saṇha. sobhaggappatta. sukhumāla. vilāsaka. vilāsavant. vilāsin.
우아한 여인 sukhumāli. vilāsinī.
우안거(雨安居) vassāvāsa. vassavâsa. vassa.
우안거를 따르는 anuvassa.
우안거에 필요한 음식 vassāvāsika.
우안거월(雨安居月) vassānamāsa.
우안거의 시작 vassupanāyikā.
우안거의 준수 anuvassa.
우애(友愛) sakhya. sakkhi. sakkhī.
우애가 없는 asākhalya.
우연(偶然) avakāsa.
우연론(偶然論) ahetukavāda. ahetuvāda.
우연론에 속하는 ahetukavādin.
우연론자(偶然論者) adhiccasamuppannika.
우연성(偶然性) ninnimitta. yadicchāsiddhi.
우연적인 발생 adhiccasamuppatti. adhiccuppatti.
우연적인 발생의 adhiccasamuppattika.
우연적인 사고 saṅgati.
우연적인 일 diṭṭhadhammupakkama.
우연한 kākatāliya. āgantu. āgantuka.
우연히 adhicca.
우연히 거리에 있는 antaravīthipaṭipanna.
우연히 생겨난 adhiccasamuppattika.
우연히 얻은 adhiccaladdha.
우연히 저지름 adhiccāpattika.
우연히도 kathañci.
우왕(牛王) puṅgava.
우요(右繞)하다 padakkhiṇaṁ karoti.
우울(憂鬱) domanassa.
우울하지 않음 vidomanassā.
우울한 antomana(s).
우원묘(優園廟)[탑묘] udenacetiya.
우월(優越) uttariya. accaya.
우월성(優越性) adhikaguṇatā. adhikatta.
우월하게 ati.
우월하다 jayati. jeti. jināti.
우월한 seyya.
우위(優位) uttariya.
우유(牛乳) doha. duddha. khīra. khīra. paya.
우유가 응고되지 않은 amathita.
우유가 있는 atthikhīra.
우유나 버터의 가장 좋은 부분 maṇḍa.
우유냄새 khīragandha.
우유를 마시는 khīrapaka.

우유를 주는 소 khīranikā.
우유를 짜는 dohin.
우유를 휘저을 때 사용되는 밧줄 āviñjanarajju.
우유병 khīraghaṭa.
우유부단(優柔不斷) vikappa.
우유와 같은 가르침 dhammakhīra.
우유와 같은 즙을 내는 나무 khīrapaṇṇin.
우유와 물처럼 된 khīrôdaka.
우유와 쌀을 혼합해서 끓인 것 pappaṭaka.
우유의 가격 khīramūla.
우유의 주인 khīrasāmin.
우유통 dohaka. upadhāraṇa.
우의(友誼) → 우정.
우이록(牛耳鹿) gokaṇṇa.
우자지(愚者地) bālabhūmi.
우정(友情) avera. dutiyyatā. metta. mittatā. mitti. paṭisanthāra. sahavyatā. sahāyatā. sahāyatta. sākhalya. sākhalla. sakhībhāva. sakhitā. sakhya. sakkhi. sakkhī. sohajja. suhajja.
우정이 없는 asākhalya.
우정이 있는 sammodamāna. sammodanīya.
우주(宇宙) lokadhātu. adhideva.
우주기(宇宙期) kappa.
우주생성기 vivaṭṭakappa.
우주소멸기 saṁvaṭṭakappa.
우주유지기 vivaṭṭaṭṭhāyikappa.
우주의 공간 ajaṭâkāsa.
우주의 년기(年紀) yuga.
우주의 법칙 dhammatā.
우주의 성립과 파괴가 일어나는 saṁvaṭṭavivaṭṭa.
우주의 성립과 파괴가 일어나는 겁 saṁvaṭṭavivaṭṭakappa.
우주의 창조자 brahman.
우주적 질서 dhamma.
우주적인 법칙 utu.
우주창조론(宇宙創造論) bhummantaraparicchеda.
우주혼돈기(宇宙混沌期) saṁvaṭṭaṭṭhāyikappa.
우주혼돈기의 saṁvaṭṭaṭṭhāyin.
우중냐 ujuññā.
우진왕(優塡王)[인명] Udena.
우쭐대는 anivātavutti.
우쭐대지 않는 anattukkaṁsaka.
우쭐대지 않음 anattukkaṁsanā.
우쭐하는 upatthaddha.
우쭐해진 ocitatta.
우체국(郵遞局) sandesāgāra. sāsanapaṇṇāgāra.
우치(愚癡) moha. mohatta.
우치법(愚癡法) moghadhamma.
우치의 mogha.
우치의 파괴 mohakkhaya.
우파마야(優波摩耶)[인명] Upavāna.
우표(郵票) sāsanamuddā. muddā.
우표수집 sāsanamuddāsañcinana.
우표수집가 sāsanamuddāvisesavidū. muddāsaṁhāraka.
우하나디[지명] Ūhānadī.
우행자(牛行者) govattika.
우호적이 아닌 paṭipakkhika.
우호적인 hitakāma. anukūla. vissattha.
우호적인 대화 samullapana. samullāpa. samullāpana.
우호적인 조치 paṭisanthāra.
욱가[인명] Ugga.
욱가나가라[지명] Ugganagara.
욱가니가마[지명] Ugganigama.
욱가따[인명] Uggata.
욱가따싸리라[인명] Uggatasarīra.
욱가라(郁伽羅)[지명] Ukkaṭṭha.
욱가라마[승원] Uggârāma.
욱가쎄나[인명] Uggasena.
욱가쎄나난다[인명] Uggasenananda.
욱까벨라[지명] Ukkācela.
욱까쩰라[지명] Ukkācela.
욱깟타[지명] Ukkaṭṭha.
욱사근사(六捨近伺) cha upekkhūpavicārā.
운 좋은 날 sudivasa.
운 좋은 사람 kaṭaggaha.
운(運) bhaga. bhāgya. lakkhī. vidhi.
운나까[식물] unnakā.
운나까[향수] unnaka.
운나바[인명] Uṇṇābha.
운동(運動) kamma. lāsa. phandanā. phanditatta.
운동장(運動場) kīḷanāmaṇḍala.
운동하다 āpiyati.
운둔함 dummati.
운류학(雲類學) meghavijjā.
운마(雲馬) valāhassa.
운명(運命) kammaniyāma. bhaga. bhāgya. bhāgadheya. bhāgadheyya. gati. nigati. niyati. pariṇāma. pavutti. vidhi.
운명에 처한 gamina.
운명을 바꾸는 주문 subhagakaraṇa.
운명을 이야기하다 vyākaroti.
운명의 paribbasāna. °gatika.°gatin.
운명의 종말에 처한 tamanuda.
운명의 지배자 pariṇāmitar.

운명의 항구 icchitapaṭṭana.
운명이 결정된 사람 niyatapuggala.
운명지어진 pariṇāmita.
운모(雲母) abbhaka.
운문(韻文) kavya.
운반(運搬) ativāha. nayana. niddharaṇa. nīhāra. nittharaṇa. pavāhana. ubbāhana. yāna. vahana. haraṇa.
운반되다 abhiharīyati. anubhīrati. harīyati. hīrati. saṁhīrati. vahīyati. vuyhati.
운반되어야 할 bhacca. haraṇīya. haritabba. hariya. hāriya.
운반되어온 음식을 먹는 nīhārabhatta.
운반되지 않은 anāhaṭa.
운반된 ābhata. abhihaṭa. āharaṇa. āhaṭa. haṭa. nihāraka. obhaṭa. obhata. oḍḍa. oḍḍha. oḍha. ubbhata. vuḷha.
운반된 것 oḍḍa. oḍḍha. oḍha.
운반될 수 없는 anāharaṇīya.
운반물(運搬物) āharaṇa.
운반수단(運搬手段) vāhana.
운반용막대 vidha.
운반자(運搬者) adhivāha. ativāha. āhariya. āhatar. āvahanaka. ukkala. bhāraka. hāraka. haraṇī. haritar. upanetar. vāhana.
운반하게 하다 atiharapeti. atiharāpeti. vāheti.
운반하는 adhivāha. āvahanaka. āvuyhamāna. bhārin. hāraka. hārika. hārin. nihāraka. vahanaka.
운반하는 것 vaha.
운반하는 여자 adhivāhanī. hārikā.
운반하는 짐승 vaha.
운반하다 ābharati. abhiharati. āharati. dharati. harati. nibbuyhati. obharati. parivahati. vahati.
운반하러 harituṁ. hattuṁ. hātave. hātuṁ.
운반할 수 있는 hāriya.
운반해 감 upavāhana.
운반해가다 atiharati. parikassati.
운석(隕石) patitaukkā.
운석체(隕石體) nabhogāmīvatthu.
운송(運送) aññaṭṭhānaharaṇa. haraṇa.
운송수단으로 적합한 opavayha. opavuyha.
운송인부(運送人夫) sākaṭika.
운송중인 상품 haraṇaka.
운영되고 있는 paripāliyamāna.
운영하다 paripāleti.
운율(韻律) chando.
운율법(韻律法) chando.
운율에 꼭 맞은 sugīta.
운율을 맞추기 위해 gāthāsukhattaṁ.
운율적인 작시(作詩) pajjabandha.
운이 없는 abhaddaka. dubbhaga.
운이 좋은 abhimaṅgala. bhadda. bhadra. bhagavant. kalyāṇin. puññavant. sotthivant. sotthiya. subha. subhaga.
운전(運轉) parivattana.
운전된 parivattita.
운전석(運轉席) upattha.
운전자(運轉者) pājaka.
운전하다 pājāpeti. parivatteti. yanteti.
운중천(雲衆天) valāhakakāyika.
운천(雲天)[신계] Ghanika.
운태(雲胎) valāhakagabbha.
운하(運河) mātikā. niddhamana. udakamagga. udakamātikā.
운하나가라[지명] Uṇhanāgara.
울금(鬱金) haliddhā. haliddī.
울금향(鬱金香) haliddhā. haliddī. kuṅkuma.
울다 kandati. kapati. lapati. nadati. oravati. rodati. rudati. rodati.
울다라승(鬱多羅僧) uttarasaṅgha.
울다루(鬱多樓) [인명] Uttara.
울단월주(鬱單越州)[지명] Uttarakuru.
울두감불(鬱頭監弗)[인명] Uddakarāmaputta.
울려 퍼지는 abhighuṭṭha. abhinādita. ughusita. abhikūjita.
울려 퍼지다 abhinadati.
울리게 하는 parivadenikā.
울리게 하다 abhinādeti. unnādeti.
울리는 abbhunnadita. abhigīta. abhinādita. abhikūjita. abhinikūjita. parivadenikā. saṅghuṭṭha. unnādin. saṅghaṭṭita. saṅghaṭita.
울리다 abhinadati. abhitthaneti. anuravati. gaggarāyati. saṁsaddati. saṅghaṭṭeti. unnadati.
울림 anurava.
울면서 답하다 paṭirodati.
울부짖는 vassita.
울부짖는 자[까마귀의 별명] oravitar.
울부짖다 anurodati. anutthuṇāti. ghoseti. oravati. pakkandati. parodati. rasatirasati. rudati. rodati. vippalapati.
울부짖음 anutthuna. anutthunā. ārava. ārodana. ārodanā. ghosa. orava. rāva. ravaṇa. vippalāpa. vissara.
울비라(鬱鞞羅) uruvela.
울음 ārodana. ārodanā. kandana. kandita. orava. rodana. ruṇṇa. roṇṇa. ruta. vassita.
울음이 섞인 대답 paṭirodana.

울창한 그늘을 주는 sandacchāya.
울창한 숲 sanda.
울타리 ādhāna. laṅgī. pākāraparikkhepa. pañjara. upakaccha. vāṭa. vāṭaka. vati. vatikā.
울타리 안에 upakacchantare.
울타리가 쳐진 사탕수수밭 ucchuvāṭa.
울타리가 쳐진 술 마시는 장소 āpānamaṇḍala.
울타리로 만들어진 문 apesiya.
울타리를 갖지 않은 aparikkhitta.
울타리를 지키는 ādhānagāhin.
움[싹] aṅkura.
움마라꽃 ummāra.
움직거리는 jaṅgama.
움직여지지 않은 anerita. aniñjita.
움직여진 erita. erayita. iñjita. samerita.
움직여질 수 없는 avicāliya.
움직이게 하다 cāleti. copeti. ereti. erayati. īreti. sañcāreti. yanteti.
움직이게 함 sañcāraṇa.
움직이기에 부적합한 avañcana.
움직이는 ādhuta. āluḷa. cala. carita. copana. eraka. sañcopana. sara. tasa.
움직이다 āpiyati. calati. dolāyati. gacchati. iñjati. īrati. iriyati. kaṇati. kaṭati. samīhati. samiñjati. samīrati. sañcarati. sañcopati.
움직이지 않는 acala. acalita. aphandana. aluḷita. avicala. niccala. thāvara. niriha(ka).
움직이지 않는 계교 ānañjakāraṇa.
움직인 samīrita. sarita.
움직일 수 없는 aṇḍabhūta. aniñjappatta. asaṁhārima. asaṁhāriya. asañcalita. asañcalima. asaṅkamanīya. kūṭaṭṭha. ṭhita.
움직일 수 있는 jaṅgama. saṁhārima. saṅkuppa.
움직임 cāvanā. iṅgaṇa. iñjana. iñjanā. iñjita. iñjitatta. īraṇa. phandanā. phanditatta. salana. samudīraṇa.
움츠러드는 ottappin. ottāpin.
움츠러든 olīna. sammilāta. saṅkucita.
움츠러들다 avalīyati. oliyyati. oliyati. olīyati. ottapati. ottappati.
움츠러들지 않은 anolīna.
움츠러듦 saṅkucana. ottapanā. ottāpitā. ottappa. ottappana. ottappiya.
움츠리는 paṭivirata. sallīna.
움츠리다 saṅkucati.
움츠리지 않는 appaṭivirata. asallīna. alīna.
움츠린 sampuṭita.
움츠림 saṁhāni.
움트다 saṁvirūhati.
움튼 jālakajāta. saṁvirūḷha.
움푹 꺼진 곳 nikuñja. upakaccha.
움푹 들어 간 곳에 upakacchantare.
움푹 들어간 곳 nikuñja. upakaccha.
웃게 하다 hāsāpeti. hāseti. hāsayati. pahāseti. pamhāpeti.
웃는 hasamānaka. hasita. pahasita.
웃는 마음 hasanacitta.
웃다 anuhasati. avahasati. hasati. hassati. jagghati. ohasati. pahaṁsati. pahassati. pahasati. pamhayati. parihasati. saṁhasati. ujjagghati.
웃다까라마뿟따[인명] Uddakarāmaputta.
웃다나[攝頌] uddāna.
웃다나로 엮다 uddāneti.
웃다라[조류] uddhara.
웃다라까[야생동물] uddārakā.
웃다라꾸루[지명] Uttarakuru.
웃단다[집의 일종] uddaṇḍa.
웃달라[인명] Uddāla.
웃달라까[식물] uddālaka. uddāla.
웃달라까[인명] Uddālaka.
웃따라[인명] Uttara. Uttarā.
웃따라가마[지명] Uttaragāma.
웃따라마두라[지명] Uttaramadhurā.
웃따라마따[인명] Uttaramātā.
웃따라바나라마[승원] Uttaravanārāma.
웃따라밧다마나[지명] Uttaravaḍḍhamāna.
웃따라밧다빠다[월숙] uttarabhaddapada.
웃따라비하라[승원] Uttaravihāra.
웃따라빠타[지명] Uttarāpatha.
웃따라빤짤라국[국명] Uttarapañcālaraṭṭha.
웃따라빨라[인명] Uttarapāla.
웃따라쎄나[지명] Uttarasena.
웃따라야바맛자까[지명] Uttarayavamajjhaka.
웃따라팍구니[월숙] uttarapphaggunī.
웃따마데비비하라[사원] Uttamadevīvihāra.
웃따테라[인명] Uttatthera.
웃띠야[인명] Uttiya.
웃빨라바삐[지명] Uppalavāpi.
웃빨라반나[인명] Uppalavaṇṇā.
웃옷 kañcuka. upasaṁvyāna. uttarāsaṅga. uttarisāṭaka.
웃음 hāsa. hasana. hasita. hassa. jagghana. jagghitā. pahāsa. parihāsa. hasula.
웃음소리 sadda.
웃음을 멈춤 hāsakkhaya.
웃자야[인명] Ujjaya.
웃자이니로 가는 길 ujjenimagga.

웃잘라[운율] ujjalā.
웃제니[지명] Ujjenī.
웃제니에 사는 ujjenaka.
웃제니의 거주자 ujjenaka.
웅변가(雄辯家) kathika.
웅우(雄牛) goṇa.
웅장한 ulāra. uḷāra. ulārika.
웅장한 나무 dumagga.
웅장함 uḷāratā. uḷāratta.
웅크리고 앉은 자세 pallattha. pallatthikā.
웅크리다 avanamati. okkhāyati.
웅크린 nilīna. okkhāyika. ukkuṭika.
웅크림 sampaṭinipajjā.
웅황(雄黃)[광물] manosilā. manosilikā. haritāla.
워터멜론 vallībha.
원(圓) mālaka. māḷaka. maṇḍala. vāṭaka. parivaṭṭa. parivattakka. vaṭṭa.
원(圓) 모양을 한 āmaṇḍaliya.
원(圓)을 이루는 parivaṭuma.
원간(轅杆) īsā.
원경(圓鏡) maṇḍalādāsa.
원고(原告) abhiyuñjaka.
원기(元氣) vacca. viññāṇa. viriya. viriyatā.
원기왕성하게 하는 vassakamma.
원기회복 samassāsa.
원기회복에 의한 충만 utupharaṇa.
원둘레 āvaṭṭa.
원래(原來) mūla.
원래의 kaṭa.
원래의 아내 dutiyikā.
원래적인 형태 pakati.
원로(元老) āyusmant.
원륜(圓輪) parivaṭṭa.
원리(原理) dhātu. dhamma. padaka.
원리(遠離) paviveka. pavivekatā. viveka.
원리락(遠離樂) vivekasukha.
원리론(遠離論) pavivekakathā.
원리신해(遠離信解) pavivekâdhimutta.
원리에 따라 yathânudhammaṁ.
원리에 따른 여법한 실천 dhammānudhammappaṭipatti.
원리에 의한 장로 dhammathera.
원리의락(遠離意樂) pavivekajjhāsaya.
원리의지(遠離依止) vivekanissita.
원만(圓滿) paripūraṇa. paripūratta. pāripūrī. puṇṇatā. puṇṇatta.
원만교(圓滿憍) pāripūrīmada.
원만편정계(圓滿遍淨戒) paripuṇṇapārisuddhisīla.
원만하게 sammā.
원만하게 깨달은 sambuddha.
원만하게 이루어지지 않은 parinipphanna.
원만하게 하다 pūreti.
원만하지 않은 apariniṭṭhita.
원만한 깨달음 sambuddhi.
원만해지다 udāgacchati.
원만히 sammā.
원면(原綿) tūlapicu.
원반(圓盤) maṇḍala. cakka.
원반이 있는 maṇḍalin.
원상복귀(原狀復歸) abbhāna. osāra. osāraṇa. osāraṇā.
원상복귀되어야 할 vosāraṇiya.
원상복귀된 abbhita.
원상태로 되다 avajīyati.
원상태로 하다 avākaroti.
원생수(圓生樹)[식물] pāricchatta(ka).
원성(圓成)된 parinipphanna.
원수(元帥) calaka. paccatthika.
원수(怨讐) dhuttapaccatthika. sattu. sattuka.
원숙(圓熟) paripācana.
원숙이숙(圓熟異熟) vipakkavipāka.
원숙한 paripācaniya.
원숭이 kapi. makkaṭa. plavaṅgama. sākhāmiga. sākhassita. semhāra. valīmukha. vānara. picumanda. pampaka.
원숭이 가죽 makkaṭacamma.
원숭이 고기 makkaṭamaṁsa.
원숭이 무리 kapigaṇa.
원숭이 새끼 makkaṭacchāpaka.
원숭이 왕 vānarinda. kapirāja.
원숭이들에게 둘러싸인 kapiparivāra.
원숭이의 얼굴을 한 kapisīsa.
원시의 ādina. ādīna. aggañña.
원옥(圓屋) maṇḍalamāla.
원인(原因) ādhāra. ādhāratā. adhikaraṇa. apadesa. araha. ārammaṇa. atthatta. atthavasa. dhamma. hetu. karaṇa. mātuka. mukha. nidāna. nimitta. pabhava. paccaya. pariyāya. samuṭṭhāna. ṭhāna. upanisā. samudaya
원인과 관계된 hetusampayutta.
원인과 무관함 hetuvippayutta.
원인과 연결된 hetuka.
원인과 함께 sahetu.
원인들에 대한 조사 ākāraparivitakka.
원인들의 합성에 의해 산출된 saṅkhata.
원인없는 anidāna. appaṭicca.
원인없는 임신 ahetupaṭisandhi.

원인없음 nikkāraṇa.
원인없이 발생한 adhiccasamuppattika.
원인없이 생겨난 ahetuja. adhiccasamuppanna.
원인없이 생겨난 순수한 마음[과보를 낳지 않음] ahetukacitta.
원인없이 선한 과보를 가져오는 순수한 마음 ahetukakusalavipākacitta.
원인없이 작용만 하는 마음 ahetukakiriyacitta.
원인에 관한 지식 hetuvijjā.
원인에 대한 진리 samudayasacca.
원인에 의해 발생한 hetunibbatta. hetusamuppanna.
원인에 의해 생겨났기 때문에 katakāraṇā.
원인에 의해 수반된 sahetuka.
원인에서 생기하는 hetupabhava.
원인으로 하는 hetuka.
원인으로부터 hetuso.
원인을 같이 하는 saupanisa.
원인을 본질로 하는 karaṇarasa.
원인을 아는 mūladassāvin.
원인을 조사하는 atthadassimant.
원인을 통해서 hetuso.
원인의 다발 hetugocchaka.
원인의 두 가지 hetuduka.
원인의 형태 heturūpa.
원인이 되는 āvahana.
원인이 없고 조건이 없는 것 ahetukâpaccaya.
원인이 없는 ahetu. ahetuka. akāraṇa. anāhāra. animitta. appaccaya.
원인이 없음 ahetu.
원인이 없이 adhicca.
원인이 있는 sahetu. sahetuka. sappaccaya.
원인이 있는 법 sahetudhamma.
원인이 있는 상태 saheturūpa.
원인이 있는 재생 sahetukapaṭisandhi.
원인이 있음 paccayatā.
원인인 것 karaṇabhūta.
원자(原子) aṇu. kaṇa. paramâṇu.
원자론(原子論) paramâṇuvāda.
원자론자(原子論者) aṇuvādin.
원자성(原子性) aṇutā.
원자의 aṇu.
원자인 상태 aṇutā.
원자크기의 aṇumatta.
원자크기의 몸을 지닌 aṇuparimitakāya.
원자화하다 paramâṇubhāvaṁ pāpeti.
원장(院長) sālāpālaka.
원적(怨敵) corapaccatthika.
원적(圓寂) parinibbāna.
원적에 든 parinibbuta.
원적하다 parinibbāti. parinibbāyati. parinibbāti.
원조(援助) bahukāra. kaṭumikā.
원조자(援助者) upakārakā. upakārin.
원주(圓周)가 있는 nemiya.
원주민(原住民) desavāsin. desubbhūta. savara.
원천(源泉) pabhava. ubbhavaṭṭhāna. nidāna. āyatana.
원천적으로 자양을 지지하는 탓인 āhāranettippabhava.
원천적인 믿음의 수탁자(受託者) agganikkhittaka.
원초적인 purātana. ādikappika. padhāna.
원초적인 것으로 인지된 aggañña.
원하고 원하지 않는 것 iṭṭhâniṭṭha.
원하고 있는 (자는) kāmaṁ.
원하는 abhijappin. abhikaṅkhin. abhilāsin. anvesin. āsamāna. āsaṁsa. atthika. esin. °esiya. gijjha. kāmaka. paṭikaṅkhin. upasiṁsaka. varaka.
원하는 것을 얻지 못함 icchitālābha.
원하는 것을 주는 kāmada.
원하는 대로 yathākāmaṁ.
원하는 바가 없음 appaṇidhāna.
원하는 바대로 anukāmaṁ.
원하는 한 yāvadatthaṁ.
원하다 abhijappati. abhijjhāyati. abhilasati. abhipatthayati. ajjhosati. ākaṅkhati. āsaṁsati. gijjhati. jigiṁsati. jigisati. nikāmayati. nikāmeti. paccāsiṁsati. pacceti. paṇidahati. pariyesati. paṭikaṅkhati. pattheti. patthayati. pekkhati. vanati. vanute. vanoti. vaṇeti. vanayati. vanāyati. vaneti. vivicchati
원하던 iṭṭha.
원하던 결과 iṭṭhaphala.
원하던 대상 iṭṭhaṭṭha.
원하던 성숙 iṭṭhavipāka.
원하지 않는 akāma. akāmaka. akāmarūpa. akanta. anatthika. anicchant. anikāmayat.
원하지 않지 않는 anakāma.
원한(怨恨) āghāta. kopa. palāsa. upanāha. vera. viddesa.
원한에 대한 공포 verabhaya.
원한에 찬 upanaddha.
원한을 불러일으키다 āghāteti.
원한을 여읜 anupanāha. anupanisa. anupanissaya. avera. averin.
원한을 여읜 사람 averacitta.
원한을 품은 veraka. verika. verin.

원한을 품지 않고 avegāyitvā.
원한의 여읨을 갖춘 anupanissayasampanna.
원한이 없는 anupanāha. anupanisa. anupanissaya. avera. averin.
원한이 없는 사람 averacitta.
원한이 없음을 갖춘 anupanissayasampanna.
원한이 있는 sapattaka. savera.
원함 abhilāsa.
원해서 kamyā. sādhuka.
원해진 abhijappita. adhipatthita. patthita.
원해진 길 icchitamagga.
원해진 몸짓 icchitâkāra.
원해진 시간 icchitakāla.
원해진 장소 icchitaṭṭhāna.
원행비구(遠行比丘) gamikabhikkhu.
원형(圓形)의 aṇḍākāra. parimaṇḍala.
원형경기장(圓形競技場) aṇḍākārarangamaṇḍala.
원형곡마장 maṇḍala. maṇḍalikā.
원형울타리 mālaka. māḷaka.
원형의 maṇḍalin. parivaṭuma.
원형질(原形質) jīvamūlapakati. rasa.
원환(圓環) cakkākāra.
원활히 parimaṇḍala.
월(月) māsa.
월경(月經) utu. pupphaka. puppha.
월경기간 utukāla. utusamaya.
월경기간의 절제 utuveramaṇī.
월경기간이 끝난 여자 utuveramaṇī.
월경이 없는 여인 anutunī.
월경하는 여자 utumatī. utunī. udakī. paggharantī. pupphavatī.
월경후의 목욕 utusinātā.
월계수[식물] kaliṅgu.
월권(越權) atisāra.
월급쟁이 kammika.
월단(月但) pāṭipada.
월단식(月但食) pāṭipadaka. pāṭipadika.
월륜(月輪) candamaṇḍala. maṇḍala.
월수(月水) utu.
월요일(月曜日) candavāra.
월장석(月長石) pāṭikā.
월족(月族) candavaṁsa.
월하향(月下香)[식물] takkaḷa.
월화(月華) pupphaka. puppha.
웨싹축제 vesākha. vesākhā.
웰빙을 추구하는 kallaṭṭhika.
위(胃) āmâsaya. koṭṭha. udara. udariya.
위(胃)가 깨끗한 uddhasudha.
위(胃)의 설육(舌肉) udarajivhāmaṁsa.
위(胃)의 점액질 피막 udarapaṭala.
위난(危難) parissaya.
위난의 조복(調伏) parissayavinaya.
위대(偉大) mahatta. ānubhāva.
위대성(偉大性) ānubhāvatā.
위대하다! abhikkantaṁ.
위대한 ānubhāvavat. āsabhin. bhusa. mahâ. mahant. udāra. ugga. ulāra. uḷāra. ulārika. urūḷhava. ubbuḷhava. ussanna.
위대한 가르침 mahâpadesa.
위대한 공덕 ussannapuñña.
위대한 광명 ussannapabhā.
위대한 궁술사 mahissāsa.
위대한 명상가 mahājhāyin.
위대한 명성 accunnatabhāva. mahāyasa.
위대한 문법가 mahāveyyākaraṇa.
위대한 박수갈채 brahmapphoṭana.
위대한 사람 āsabha. mahāpurisa.
위대한 사람의 사유 mahāpurisavitakka.
위대한 사람의 삶 mahāpurisavihāra.
위대한 사람의 특징 mahāpurisalakkhaṇa.
위대한 성문 mahāsāvaka.
위대한 성인 mahāmuni.
위대한 수행자 mahāsamaṇa.
위대한 신들의 하느님 세계 mahābrahma devā.
위대한 영웅 mahāvīra.
위대한 왕 mahissara. manujinda.
위대한 왕의 보물 pariṇāyakaratana.
위대한 인드라의 포효 mahinda.
위대한 자비의 삼매 mahākaruṇāsamāpatti.
위대한 정진 ussannaviriya.
위대한 제자 mahāsāvaka.
위대한 주재자 mahissara.
위대한 청신녀 mahāupāsikā.
위대한 초월지 mahâbhiññatā.
위대한 출가 mahâbhinikkhamaṇa.
위대한 출리(出離)를 행한 katamahâbhinikkhamana.
위대한 포기 mahācāga.
위대한 하느님 atibrahmā.
위대한 하느님들 mahābrahmāno.
위대한 하느님의 mahābrahma.
위대함 mahantatā. mahantatta. udāratā. uḷāratā. uḷāratta.
위대함과 관련된 명성의 칭호 aggapaññatti.
위력(威力) adhipateyya. ādhipateyya. āṇā. anubhāva. anubhāvatā. bala. balatā. balatta. balavatā. tejo.
위력설법(威力說法) āṇādesanā.

위력에 대한 가르침 āṇādesanā.
위력의 굉장함 āṇābāhulla.
위력이 미치는 찰토 āṇā(k)khetta.
위력적인 tejin.
위력찰토(威力刹土) āṇā(k)khetta.
위로 ubbhaṁ. ubbha. uddha. uddhaṁ.
위로 가는 uddhagāmin.
위로 가다 abbhuggacchati.
위로 구부러지고 아래로 구부러진 unnāmininnāmin.
위로 나는 활 ārohaṇakaṇḍa.
위로 던져진 uddhasta.
위로 던지다 uddhunāti.
위로 떠다니면서 bhīrati.
위로 받은 assāsin.
위로 뾰족한 줄기를 지닌 uddhavaṇṭa.
위로 쌓다 avattharati.
위로 올려진 unnītaka.
위로 움직이는 uddhaṁgama. uddhaṁgāmin.
위로 창문이 구멍을 갖고 있는 uddhacchiddaka.
위로 향한 끝 uddhagga.
위로 향한 동작 uddhakamma.
위로 향해서 ubbhaṁmukha.
위로 흐르는 uparisota.
위로(慰勞) assāsa. saññatti.
위로를 받은 assattha.
위로하는 assāsin.
위로하다 assāseti. saññāpeti.
위막(圍幕) sāṇīpākāra.
위무(慰撫) santhana.
위반(違反) aparādha. ārambha. padhaṁsa(na). padussana. vītikama. vītikkama.
위반되지 않은 appadhaṁsita.
위반될 수 없는 appadhaṁsika.
위반없이 행동하는 anāparādhakammanta.
위반을 범한 katavītikkama.
위반이 없는 anujjhāna.
위반하는 atisara.
위반하다 aparajjhati. atisarati. avarajjhati. padussati.
위반하지 않은 anatisāra.
위범(違犯) accasarā. accāsarā. aticariyā. atiyāna. aticaraṇa. okkamana. vītikama. vītikkama.
위범번뇌(違犯煩惱) vītikkamakilesa.
위범의 sāpattika.
위범의 오염 vītikkamakilesa.
위범이 없음 avītikkama.
위범자(違犯者) aticaritar.
위범하다 ajjhāpajjati.
위법의 죄가 불가능한 abhabbâpattika.
위법자(違法者) kibbisakāraka.
위빠싸나 vipassanā.
위사(葦師) nalakāra.
위생(衛生) ārogyavijjā.
위생적인 ārogyavijjāyatta.
위생학(衛生學) ārogyasattha.
위선(僞善) kohañña. kuhanā. makkha. makkhāyanā. makkhāyitatta. niṭṭhuriya.
위선스러운 악인 pāpamakkhin.
위선이 없는 aketubhin. anaṭa.
위선이 없음 amakkha.
위선자(僞善者) keṭubhin.
위선적이지 않은 amakkhin.
위선적인 makkhin. kerāṭika. kerāṭiya. māyāvin.
위성(衛星) upagaha. anucara. anuyāyin.
위속의 소화되지 않은 (음식) udariya.
위신력(威信力) ānubhāvabala. anubhāva. ānubhāva.
위신력에 대한 설명 ānubhāvavibhāvana.
위신력에 대한 이해 ānubhāvavijānana.
위신력에 대해 설명하는 ānubhāvaparidīpaka.
위신력을 갖춘 ānubhāvasampanna.
위신력의 위대성 ānubhāvamahatta.
위신력이 있는 ānubhāvavat.
위신력이 있는 사실 ānubhāvatā.
위아래로 날다 vītipatati.
위아래로 움직이다[혓바닥] nillāḷeti. nilloḷeti.
위안(慰安) assāsa. sāta. upatthambha.
위안을 주는 assāsaka.
위엄(威嚴) mahânubhāra. pabhāva. parihāra. patāpa. vibhūti.
위엄이 있는 patāpavant.
위없는 anuttara. niruttara. uttaravirahita.
위없는 모임 gaṇuttama.
위없는 지혜의 예언 moneyyakolāhala.
위없음 ānuttariya.
위에 ubbhaṁ. uccā. upari. uttari.
위에 놓다 accādahati. apidahati.
위에 누운 adhisayana. uparisaya.
위에 쌓다 opuñjāpeti.
위에 앉다 adhiseti. ajjhāsate.
위에 앉은 adhisayita.
위에 있는 uparima.
위에 차양을 친 양탄자 sauttaracchada(na).
위에서 덮치다 avattharati.
위요(圍繞)된 parihaṭa.
위요(圍繞)하다 parikkhipati. parivāreti.
위의(威儀) ākappa. iriya. iriyā. iriyanā.

위의(違義) paccanīka. paccanīya.
위의로(威儀路) iriyāpatha.
위의로가 끊어진 chinniriyāpatha.
위의로가 완전한 iriyāpathasampanna.
위의로를 닦는 iriyāpathika.
위의로를 닦는 마음 iriyāpathikacitta.
위의로를 만드는 iriyāpathakappana.
위의로를 새기는 삶의 실천 iriyāpathacariyā.
위의로를 파괴하는 iriyāpathabhañjanaka.
위의로에 대한 방해 iriyāpathavikopana.
위의로에 대해 말하는 iriyāpathavācaka.
위의로에 의한 교만 iriyāpathamada.
위의로에 의한 도취 iriyāpathamada.
위의로에서 결과한 iriyāpathiya.
위의로에서 생겨난 iriyāpathaja.
위의로의 불편 iriyāpathabādhana.
위의로의 삶 iriyāpathavihāra.
위의로의 실천 iriyāpathapayoga.
위의로의 실행 iriyāpathasaṇṭhapana.
위의로의 의미의 수레바퀴 iriyāpathacakka.
위의로의 제어 iriyāpathaniyama.
위의로의 통일 iriyāpathasamāyoga.
위의로의 평온 iriyāpathasantatā.
위의로의 항목 iriyāpathapabba.
위의로의 형태 iriyāpatharūpa.
위의행(威儀行) iriyāpathacariyā.
위임된 āyuttaka.
위작(爲作) abhisaṅkhāra. abhisaṅkharaṇa.
위작(爲作)된 abhisaṅkhata.
위작(爲作)하다 abhisaṅkharoti.
위장(胃腸) āmâsaya. koṭṭha. udara. udariya.
위장(僞裝) andhavesa.
위장병(胃腸病) ajiṇṇaroga.
위장의 불 udaraggi.
위장의 주변 udaravaṭṭi.
위장의 특사[욕망을 지칭] udaradūta.
위장의 팽창 anilâmaya.
위제희부인(韋提希夫人)의 아들[인명] Vedehiputta.
위쪽에 uddha. ubbhaṁ.
위쪽에 머리를 두는 안락의자 uddhalomin.
위쪽에 머리를 두는 침대 uddhalomin.
위쪽으로 uddha. uddhaṁ.
위쪽으로 향한 ubbhamukha.
위쪽의 uparima. uttara.
위초(葦草) pabbaja.
위축(萎縮) līyanā.
위축된 līna. saṅkhitta.
위층 uparimabhūmi. uparibhūmi. uparitala.
위치(位置) aṭṭhāna. avaṭṭhāna. pada. padesa. sannivesana. saṇṭhāna. ṭhāna. ṭhapana.
위치에 있을 가치가 없는 aṭṭhānâraha.
위치한 patiṭṭhāpita.
위탁(委託) niyojana. nyāsa. oṇi. oṇī.
위탁하다 āropeti. samappeti. samāropeti. samavossajjati.
위탁하다 upanidahati.
위턱의 uttara.
위트가 있는 nammālāpin. parihāsakusala.
위폐(僞幣) kaṁsakūṭa.
위풍당당한 군대 anīkagga.
위풍당당한 코끼리 kuñjavara.
위하여 atthāya. atthiyā. kate.
위학(胃學) sūpasattha.
위해(危害) ārambha. vihesā. vyāpāda.
위해의 upaghātaka.
위해의 사유 vyāpādavitakka.
위해의 의도 vyāpādasaṅkappa.
위해하지 않음 aviheṭhana.
위험(危險) ādīna. ādīnava. antarāya. īgha. palipatha. paripantha. parissaya. upaddava. upasagga. upasaggapada.
위험과 공포에서 벗어난 apetabhayasantāsa.
위험에 대한 관찰 ādīnavânupassanā.
위험에 대한 지각 ādīnavasaññā.
위험에 대한 탐색 ādīnavapariyesanā.
위험에 대해 관찰하는 ādīnavânupassin. ādīnavadassāvin.
위험에 종속되지 않은 anantarāya.
위험에 처하지 않는 nirādinava.
위험에 처한 duhitika. dūhitika.
위험을 만드는 paripanthika.
위험을 보지 못하는 abhayasassin.
위험을 숨기는 ādīnavaparicchādaka.
위험의 관찰에 대한 앎 ādīnavânupassanāñāṇa.
위험의 제거 parissayavinaya.
위험이 없는 abhaya. anupaddava.
위험한 appasiddhika. appasiddhiya. pāripanthika. sakaṇṭaka. sappaṭibhaya. sāsaṅka. upasaggajāta. suvisama.
위협(威脅) tajjanā.
위협을 받는 tajjita.
위협이 있는 한 yāva tajjanī.
위협적으로 (칼을) 세우다 abbhuggirati.
위협하는 pāripanthika.
위협하다 bhiṁsāpeti. nibbhacceti. tajjeti. tāseti.
위화(違和) mithubheda.
윗고리 윗경첩 uttarapāsaka.

윗니 abhidanta. uparidanta.
윗니들 uparimadantā.
윗단계 uparimabhūmi.
윗덮개 uttarattharaṇa.
윗발판 uttarapadagaṇṭhi.
윗부분의 uddhaṁbhāgiya.
윗부분이 더러운 음식 upariucchiṭṭhabhatta.
윗사람을 존경하는 vaddhâpacāyin.
윗옷 uttarīya.
윗옷을 만들기 위한 가죽을 지닌 ajinottaravāsin.
윗이빨의 adhagga.
윗입술 uttaroṭṭa.
윗층에 있는 누옥의 hammiyagabbha.
윗층에 있는 방의 hammiyagabbha.
윙크 nimesa. nimisa. nimisatā.
윙크하다 mīlati. misati. pacalāyati.
윙크하지 않는 animisa.
윙크하지 않음 animisatā.
유(有) atthi. atthitā. bhava.
유(乳) khīra.
유가(瑜伽) yoga.
유가[우주기] yuga.
유가안온(瑜伽安穩) yogakkhema.
유가행(瑜伽行) yogācāra.
유가행자(瑜伽行者) yogācāriya.
유각유관(有覺有觀) savitakkasavicāra.
유각조(有角鳥) siṅgilasakuṇa.
유간다라[지명] Yugandhara.
유감(遺憾) anutāpa. anusocana. anusocanā. vippaṭisāra.
유감이 있는 baddhavera.
유건다라(由犍陀羅)[지명] Yugandhara.
유견(有見) bhavadiṭṭhi.
유결(有結) bhavasaṁyojana.
유골(遺骨) sarīra. dhātu.
유골을 봉함한 사당 kañcukacetiya.
유골을 봉함한 탑 kañcukacetiya.
유골탑 cetiya.
유공용(有功用)의 sābhoga.
유관(有觀)의 savicāra.
유괴(有愧)의 ottappin. ottāpin.
유구(有求) bhavesanā.
유구(維口) vidisāmukha.
유기체(有機體) saṁvidahana. saṁvidhāna. racanā.
유나(臾那)[지역] Yona.
유나세계(庾那世界)[지역] Yonakaloka.
유녀(遊女) gaṇikā. lalanā. sobhiṇī. vaṇṇadāsī.
유념자(有念者) satimant.
유뇌(有惱) bhavapariḷāha.
유능(有能) dakkha.
유능하지 못한 akosalla.
유능한 bhabba. dabba. dabbajātika. dakkha. kusala. paṭibala. samattha. samatthiya. viyatta. vyatta.
유능한 스승 alaṁsamakkhātar.
유능한 일꾼 susippika.
유달리 atīva. ativiya.
유대(有對) paṭigha.
유대(有對)의 sappaṭigha.
유대상(有對相) paṭighasaññā.
유대색(有對色) sappaṭigharūpa.
유대이법(有對二法) sappaṭighaduka.
유대촉(有對觸) paṭighasamphassa.
유덕하게 생활하는 sādhujīvin.
유덕한 nirāma.
유도물질(誘導物質) upādārūpa.
유도물질의 대상 upādārūpârammaṇa.
유도물질의 전개 upādārūpappavatti.
유도물질의 획득 upādārūpapariggaha.
유도화(油桃花) kaṇavīra. kaṇavera.
유도화를 뒤집어 쓴 장로 kaṇavīrapupphiyatthera.
유도화의 꽃 kaṇavīrapuppha.
유도화의 숲속 kaṇavīragacchantara.
유도화의 화환 kaṇavīramālā.
유동성(流動性) āpa. āpo. dravabhāva.
유동적인 요소 āpadhātu.
유등(油燈) telapadīpa.
유라시안 yuropāasiyādesāyatta.
유락(有樂) bhavasāta.
유락(乳酪)이 없는 atakkaka.
유람에 대한 탐욕 pādalolatā.
유랑(流浪) saṁsaraṇa. sañcaraṇa.
유랑하는 dalidda. daḷidda.
유랑하다 āhiṇḍati. pariyaṭati. saṁsarati.
유래(由來) aṭṭhuppatti. upanisā.
유래된 āgata.
유럽 yuropā.
유럽의 yuropādesāyatta.
유레카 udānavākya. udāna.
유령(幽靈) adhigatarūpa. amanussa. pisāca. bhūta. yakkhabhūta.
유령같은 bhūtāviṭṭha.
유령에 사로잡힌 bhūtāviṭṭha.
유령의 말 upadisa.
유령이 출몰하는 곳 bhūtaṭṭhāna.
유록(幼鹿) migapotaka.

유루(流漏) āsava. avassava. avassavana.
유루(有漏) bhavāsava.
유루(有漏)를 수반하는 두 가지 sāsavaduka.
유루(流漏)의 avassuta. sāsava.
유루(有流) bhavogha.
유루락(有漏樂) sāsavasukha.
유루이법(有漏二法) sāsavaduka.
유류(有流) bhavasota.
유륜(有輪) bhavacakka.
유리(琉璃) kāca. veḷuriya.
유리(有利) phātikamma.
유리(遊里) vesidvāra.
유리기둥 veḷuriyathambha.
유리로 만든 veḷuriyamaya.
유리병 kācatumba.
유리보주(琉璃寶珠) maṇiveḷuriya.
유리왕(琉璃王) viḍūḍabha.
유리제품 kācabhaṇḍa.
유리하게 이용하다 phātikaroti.
유리한 niyyānika. nīyānika. upanisevin.
유리함 abhibhūti.
유만자(有慢者) bhavamāna.
유명(有名) abhidheyya.
유명(有明)[구분교] vedalla.
유명론(唯名論) paññattimattavāda.
유명하게 된 ñattajjhāpanna.
유명하지 않은 apākaṭa. apaññāta.
유명한 abhikhyāta. abhiññāta. ghuṭṭha. kittika. kittimantu. ñāta. pākata. pākaṭa. paññāta. samaññāta. silokavant. visiṭṭha. vissuta. vitthārika. yasassin. yasavant.
유모(乳母) āpādaka. dhātī. posikā.
유문(有聞) bahussuta.
유미(乳米) khīrodana.
유미거(有味車)[서명] Rasavahinī.
유미사(唯美辭)[서명] Vaccavācaka.
유미죽(乳米粥) madhupāyāsa. odanakummāsa. pāyāsa. yāgu.
유민(有悶) bhavamucchā.
유발(油鉢) telapatta.
유발(乳鉢) udukkhala.
유발하는 āvaha.
유방(乳房) gaṇḍa. kalasa. thana. payodhara.
유방이 있는 gaṇḍin.
유변계(有邊戒) pariyantasīla.
유별(有別)난 visabhāga.
유보(遊步) anucaṅkamana.
유복(有覆)의 makkhin.
유복(裕福)한 sukhumāla.
유부녀(有夫女) sapatikā.
유분(有分) bhavaṅga.
유분(有分意) bhavaṅgamana.
유분로(有分路) bhavaṅgavīthi.
유분상속(有分相續) bhavaṅgasantati.
유분선(有分禪) bhavaṅgajjhāna.
유분식(有分識) bhavaṅgaviññāṇa.
유분심(有分心) bhavaṅgacitta.
유분유(有分流) bhavaṅgasota.
유분정(有分頂) piṭṭhibhavaṅga.
유사(類似) samupama. upamāna. upanisā. lesa. paṭibhāga. sarikkhatā. sarikkhatta.
유사(流砂) vaṇṇupatha.
유사(有伺)의 savicāra.
유사(類似)한 ābha. erisa. kappa. nibbisesa. nibha. pakkha. paṭirūpaka. lesakappā. sabhāga. sabhāganimitta. sadisa. sādisa. samāna. samūpama. saṅkāsa. sannibha. sappaṭibhāga. sarikkha. sarīvaṇṇā. upama. upanibha.
유사성(類似性) opamma. paṭirūpatā. sadisatta. samānatā. samantaratta.
유사어원적 동의어 adhivacana.
유사어원적 해석 adhivacanapatha.
유사어원적으로 생겨난 adhivacanasamphassajā.
유사이법(有伺二法) savicāraduka.
유사자(類似者) sādisa. sādisī.
유사점(類似點) sadisatta. samantaratta.
유사하지 않은 visabhāga.
유사하지 않은 상속 visabhāgasantati.
유사한 sarikkha. sarikkhaka.
유사한 문구의 vyañjanapaṭirūpaka.
유사한 상속 sabhāgasantati.
유사한 생활을 하는 자 sabhāgavuttika.
유사한 종류 paṭibandhu.
유사한 질(質)의 anuguṇa.
유산(遺産) dāyajja.
유산(流産) gabbhapātana.
유산(遺産) pitudāyajja. pettikadhana.
유산된 apagabbha.
유산시키다 pātāpeti.
유산시킴 viruddhagabbhakaraṇa.
유산을 상실한 자 ucchinnadāyajja.
유산의 수용 dāyajjaparibhoga.
유살(有殺) saghaccā.
유상(幼象) bhiṅka. hatthikalabha. hatthikaḷāra. hatthicchāpa. hatthicchāpaka.
유상론(有想論) saññivāda.
유상법(有上法) sauttaradhamma.

유상설자(有想說者) saññivāda.
유상심(有上心) sauttaracitta.
유상이법(有上二法) sauttaraduka.
유색(有色)의 vaṇṇasampanna.
유색(有色)의 계급에 속하는 vaṇṇin.
유색법(有色法) rūpīdhamma.
유색이법(有色二法) rūpīduka.
유석(鍮石) kāca.
유성(流星) ukkāpāta. upagaha. uppāta.
유성(流星)의 uppātavisayaka. ukkāsambhava.
유성체(流星體) nabhogāmīvatthu.
유소(幽所) rahas.
유소득(有所得)의 sakiñcana.
유소연이법(有所緣二法) sārammaṇaduka.
유수(乳酥) nonīta.
유수(乳樹) khīrarukkha.
유수(流水) ossavana. ossāvana.
유수면(有隨眠)의 sānusaya.
유순(柔順) muditā. soracca. soreyya. sovacassa.
유순(由旬) yojana.
유순(由旬)의 yojanika. yojaniya.
유순하지 않은 anisedhanatā.
유순한 anukūlavattin. siniddha. sorata. sūrata. sovacassaya. sovacassiya. susikkhita. sovacassatā.
유식신(有識身) saviññāṇakāya.
유신(有身) sakkāya.
유신견(有身見) sakkāyadiṭṭhi.
유신론(有神論) devabhatti. issaravāda. issaranimmāṇavāda.
유신론자(有神論者) brahmavādin. issaravādin.
유신론적인 issaravādāyatta.
유신멸(有身滅) sakkāyanirodha.
유신멸변(有身滅邊) sakkāyanirodhanta.
유신변(有身邊) sakkāyanta.
유신사리(遺身舍利) sarīradhātu.
유신집변(有身集邊) sakkāyasamudayanta.
유신희(有身喜) sakkāyanandi.
유실(流失)된 nissuta.
유심(唯心)의 manomattaka.
유심(有尋)의 savitakka.
유심유사(有尋有伺) savitakkasavicāra.
유심유사정(有尋有伺定) savitakkasavicārasamādhi.
유심이법(有尋二法) savitakkaduka.
유아(幼兒) thanasitadāraka.
유아녀(幼兒女) vijāyin.
유아의 단계 mandabhūmi.
유애(有愛) bhavataṇhā.
유액(有軛) bhavayoga.
유언비어(流言蜚語) adhivuttipada.
유여열반(有餘涅槃) upādisesanibbāna. saupādisesanibbāna.
유여열반계(有餘涅槃界) saupādisesanibbānadhātu.
유여의(有餘依) saupādisesa. upādisesa.
유여의열반(有餘依涅槃) saupādisesanibbāna. upādisesanibbāna.
유여의열반계(有餘依涅槃界) saupādisesanibbānadhātu.
유여죄(有餘罪) sāvasesāpatti.
유연(有緣) atthipaccaya.
유연(柔軟) maddava.
유연사문(柔軟沙門) samaṇasukhumāla.
유연성(柔軟性) kammaññatā. mudutā.
유연심(柔軟心) muducitta.
유연어(柔軟語) saṇhabhāsita.
유연이법(有緣二法) sappaccayaduka.
유연한 kammañña. mudu. mudubhūta.
유연한 등을 갖고 있는 mudupiṭṭhika.
유연한 마음 muducitta.
유엽수(乳葉樹)[식물] khīrapaṇṇin.
유예장(遊藝場) kutūhalasālā.
유용(有用) upakappana. upakappanā. payojana. pavattana. pavattanī. pariṇāmana.
유용성(有用性) upakārakatta. upayogitā.
유용하다 pariṇāmeti. saṁvattati. upakappati.
유용한 aṭṭhika. aṭṭhin. avañjha. pavattana. pavattin. payojanāvaha. sātthaka. upakappanaka. upakārāvaha. upakāraka. upayogin.
유용한 대상 upakaraṇa.
유용한 대상에 대한 지각 upakaraṇasaññā.
유용한 상태 upayogitā.
유원(遊園) ārāma. uyyāna.
유원이 있는 uyyānavant.
유원지(遊園地) uyyāna. uyyānabhūmi.
유월(六月)[남방음력 2월 16일 ~ 3월 15일] jeṭṭha.
유위(有爲) saṅkhata.
유위상(有爲相) saṅkhatalakkhaṇa.
유위이법(有爲二法) saṅkhataduka.
유위적 조작으로서의 악마 abhisaṅkhāramāra.
유위적(有爲的) 조작 abhisaṅkhāra.
유위처(有爲處) saṅkhatāyatana.
유의(有意) paricāraṇā.
유의어(類義語) aññamaññavevacana.
유의어사전(類義語事典) nikhilakosa.
유의하다 abhipassati.

유익(有益) attha. suladdha. sulladdha.
유익하게 만들다 atthāpeti.
유익하고 애민이 많은 hitânukampin.
유익하다 upakappati.
유익하지 못한 것에 관해 질문하는 anatthapucchaka.
유익하지 않은 akusala. ahita. aniyyānika. asappāya.
유익하지 않은 행위 asappāyakiriyā.
유익한 atthabhūta. atthakara. atthanissita. atthasaṁhita. atthavat. atthûpasaṁhita. hita. kusala. pavattana. sādhu. sappāya. uddhagga. upakappanaka.
유익한 것 attha.
유익한 것과 해로운 것 upakārâpakāra.
유익한 것에 대한 이해 atthâbhisamaya.
유익한 것에 대한 파악 atthapariganhana.
유익한 것에 상관하지 않는 avaḍḍhikāma.
유익한 것을 가르치다 atthāpeti.
유익한 것을 발견하는데 현명한 atthakusala.
유익한 것을 지향하는 atthadassin.
유익한 것의 지속 anatthasantāna.
유익한 말 atthapada.
유익한 열매를 지니는 sādhuphala.
유익한 음식 sappāyabhojana.
유익한 행위 hitûpacāra.
유익한 행위를 하는 것 atthacariya.
유익함 bahukāratta.
유익함을 만드는 sappāyakārin.
유익함을 얻은 katattha.
유인(誘因) samākaḍḍhana.
유인결생(有因結生) sahetukapaṭisandhi.
유인되다 anunīyati.
유인된 anunīta. paluddha.
유인사(有因事) saheturūpa.
유인용의 꿩 dīpakakakkara. dīpatittira.
유인용의 메추라기 dīpakatittira.
유인용의 사슴 dīpakamiga.
유인용의 새 dīpakapakkhin.
유인원(類人猿) māṇavasadisa. mahāvānara.
유인이법(有因二法) sahetukaduka.
유인하는 āvaṭṭanin. āvaṭṭin.
유인하는 것이 없는 anāvaṭṭana.
유인하다 samākaḍḍhati.
유일(唯一) ekatta. ekabhāva.
유일성 ekatta. ekabhāva.
유일신교(唯一神敎) ekissaravāda. devanimmāṇavāda.
유일한 apaṇṇaka. eka. ekatta.
유일한 겁 ekakappa.
유일한 권위 ekamukha.
유일한 길 apaṇṇakapaṭipadā. ekâyana.
유일한 목표 ekanta.
유일한 목표로 이끄는 ekāyana.
유일한 사역어미를 갖는[문법] ekakārita.
유일한 세계들 사이의 공간 lokantara.
유일한 속성 ekantadhamma.
유일한 왕위 ekarajja.
유일한 요소 apaṇṇakaṅga.
유일한 의도를 가진 ekâjjhāsaya.
유일한 의미를 지닌 ekarasa.
유일한 이유 ekakāraṇa.
유일한 입구를 지닌 ekamukha.
유일한 제방을 지닌 ekakuḍḍaka.
유일한 해결을 지닌 ekamukha.
유일한 해탈 ekattavimokkha.
유일한 향기와 향료를 지닌 ekâmodapamoda.
유입(流入) avassava. avassavana.
유자량(有資量)의 saparikkhāra.
유작(唯作) kiriya. kiriyā. kriyā.
유작의계(有作意界) kiriyamanodhātu.
유재석(有財釋) bahu(b)bīhi.
유저가(瑜底迦) yūthikā.
유전(流轉) ācayagāmin. pavatta. saṁsāra.
유전(有箭) bhavasalla.
유전영진(流轉永盡)에 관한 지혜 pavattapariyādāne paññā.
유전적(遺傳的)인 vaṁsāgata.
유전하다 sandhāvati.
유정(有頂) bhavagga.
유정(有情) jantu. bhūta. dehin. pāṇa. satta.
유정(乳精) mattha.
유정(有情)에 대한 시설(施設) sattapaññatti.
유정(有情)의 주처 sattāvāsa.
유정거(有情居) sattāvāsa.
유정세계(有情世間) loka. sattaloka.
유정천(有頂天) Akaniṭṭha. Akaniṭṭhā devā.
유정천(有頂天)의 haṭṭha.
유종초(有種蕉) coca.
유죄(有罪) sāparādhitā.
유죄(有罪)의 āpattika.
유죄수용자(有罪受用者) sāvajjabhogin.
유죄어표(有罪語表) vacīviññattisāvajja.
유죄업(有罪業) sāvajjakamma.
유죄제(有罪制) sāvajjapaññatti.
유죽(乳粥) tālipāka. yāgu.
유지(類智) anvayañāṇa.
유지(有支) bhavaṅga.

유지(乳脂) sappi.
유지(維持) tiṭṭhana. bharaṇa. pavattāpana. pavattāpanatta. sātacca. vattana. ādhāraṇa.
유지되어야 할 bhacca.
유지된 bhata. upatthambhita.
유지시키는 upatthambhaka.
유지시키다 anuppabandhāpeti.
유지의 찰나 ṭhitikkhaṇa.
유지하는 bhara. sātatika. vattita.
유지하는 사실 bharatā.
유지하는 업 upatthambhakakamma.
유지하다 abhidhārayati. ādhāreti. āmasati. anudhāreti. bharati. dharati. paṭimāseti. santāyati. vatteti. vibharati.
유착(有着) bhavajjhosana.
유참제죄(有懺除罪) sappaṭikammāpatti.
유창(流暢)한 agaḷita. akakkala.
유창한 말솜씨 muttapaṭibhāna.
유창함 akakkalatā.
유추(類推) tulyatta. tulyatā. sarūpatta. sarūpatā. samānatta. samānatā. sadisatta. upamā. opamma.
유출(流出) abhisanda. avassava. avassavana. niccharaṇa. ossavana. ossāvana. saṁsava. ussāva. vissanda. vissandana.
유출되다 paggharati.
유출된 abhisaṭa.
유출하는 vissandaka.
유출하다 abhisandati. niccharati. vissandati.
유충(幼蟲) āsāṭikā.
유충수(有蟲水) sappāṇakudaka.
유취착(有取著) saupādāna.
유치법(有恥法) lajjīdhamma.
유치심(有痴心) samohacitta.
유치인(有恥人) lajjīpuggala.
유치하지 않은 abāla.
유친(有親) bhavasneha.
유쾌(愉快) abhiruci. hāsa. hasita. hassa. sampasāda.
유쾌하지 않은 amanāpa.
유쾌한 abhimata. abhirucika. abhirucita. akaṇṭaka. anukūla. hadayagata. hasita. kallavant. kallita. kalyāṇa. kallāṇa. kantika. kantiya. manāpa. manuñña. pahasita. parihaṭṭha. pāsādika. pemaniya. pemanīya. ramaṇa(ka). rāmaṇeyyaka. ramaṇīya. ruccanaka. rucira. sāta. sātiya.
유쾌한 바람 anukūlavāta.
유쾌함 appāṭikulyatā. appāṭikkulyatā. pahāsa. piyatā. piyatta.
유쾌함을 원하는 kalyāṇakāma.
유탐(有貪) bhavarāga.
유탐수면(有貪隨眠) bhavarāgānusaya.
유토피아 supinarajja.
유통되다 samudācarati.
유통설시(流通說示)[經藏] vohāradesanā.
유포(流布)된 santhata. visaṭa.
유포하다 vikirati.
유하(油河) teladhārā.
유학(有學) sekha. sekkha.
유학(有學人) sekkhapuggala.
유학과(有學果) sekhaphala.
유학력(有學力) sekhabala.
유학삼법(有學三法) sekhattika.
유학증상(有學增上) sekhâdhipati.
유학지(有學智) sekhapaññā.
유학혜(有學慧) sekkhapaññā.
유한(有限)과 무한(無限) antânanta.
유한(有限)한 antavat. pariyantavant. santaka.
유한과 무한에 관한 antânantika.
유해(遺骸) sarīra.
유해(有害)한 avaḍḍhikara. savyāpajjha.
유행(遊行) akkamana. akkamaṇa. cāraka. cārika. cāraṇa. jaṅghāvihāra. paribbājana. paricaraṇa. paricariyā.
유행(有行) bhavasaṅkhāra.
유행(有行)의 sasaṅkhārā.
유행(遊行)하다 paribbajati.
유행녀(遊行女) paribbājikā.
유행반열반자(有行般涅槃者) sasaṅkhāraparinibbāyin.
유행병(流行病) saṅkantikaroga.
유행성감기(流行性感氣) semharoga.
유행자(遊行者) addhagū. paribbājaka. paribbājayitar.
유행자의 공원 paribbājakārāma.
유행하는 cāraka. cārika. cāraṇa.
유향(乳香) turukkha.
유향(維向) vidisāmukha.
유형(有形) vaṇṇa.
유혜자(有慧者) paññāvant.
유호(油壺) telaghaṭa.
유호마(油護摩) telahoma.
유혹(誘惑) assāda. assādanā. āvaṭṭana. mohana. palobha. palobhana. parikaḍḍhana. ullapana. ullapanā. upalāpana. upalāpanā.
유혹되지 않음에 대한 지각 anabhiratisaññā.
유혹된 āvaṭṭa. yuta.
유혹물(誘惑物) āmisa.

유혹받지 않은 anāvaṭṭana.
유혹에 사로잡힌 gāha.
유혹을 받은 paluddha. viggahita.
유혹을 발견하다 assādeti.
유혹의 길 upalāpanakāraṇa.
유혹자(誘惑者) māra.
유혹적인 rajanīya.
유혹적인 시각의 대상 piyarūpa.
유혹하고 pariyādāya.
유혹하기 쉬운 suvānaya.
유혹하는 āvaṭṭin. jālin. mohanaka.
유혹하다 palobheti. parikaḍḍhati. paṭilobheti. upalāpeti.
유화(柔和) maddava. lajjava. maddavatā. sovacassa.
유황(硫黃) atigandha. gandhaka.
유회제죄(有悔除罪) sappaṭikammāpatti.
유희(有喜) bhavanandī.
유희(遊戱) dava. dūta. kīḷanā. kīḷā. kīḷikā. kīḷita. nacca. naṭṭa. naṭṭana. lalita.
유희선(有喜禪) sappītikajhāna.
유희소연(有喜所緣) sappītikārammaṇa.
유희에 전념한 nikīḷita.
유희와 오락 khiḍḍārati.
유희의 십년생애 khiḍḍādasaka.
유희이법(有喜二法) sappītikaduka.
유희자(遊戱者) kīḷaka.
유희정(有喜定) sappītikasamādhi.
유희하다 laḷati. lalati. nikīḷati. saṅkelāyati. saṅkīḷati.
육(六) cha.
육각형(六角形) chaḷaṁsika.
육각형의 chaḷaṁsa.
육개월(六個月) 마다 anuchamāsaṁ.
육견(六見) chadiṭṭhi.
육견처(六見處) chadiṭṭhiṭṭhāna.
육결택분상(六決擇分想) cha nibbedhabhāgiyā saññā.
육경(六敬) cha gāravā.
육경(六境) cha visayā.
육계(六界) chadhātu. chadhātura. cha dhātuyo.
육계(肉桂) coca.
육계(肉髻) uṇhīsa.
육괴(肉塊) maṁsapuñja.
육군비구(六群比丘) chabaggiyabhikkhu.
육근(六根) chaḷindriya.
육내외처(六內外處) cha ajjhattikabāhirāni āyatanāni.
육내입처(六內入處) cha ajjhattikāni āyatanāni.
육내처(六內處) cha ajjhattikāni āyatanāni.
육년 동안 chabassāni. chavassāni.
육년에 걸치는 chabbassika.
육단(肉團) maṁsapiṇḍa.
육도(陸稻) sāli.
육두구(肉荳蔲)[식물] kosaphala. jātikosa. jātipuppha.
육로(六路) cha vīthiyo. vīthichakka.
육로(陸路) thalapatha.
육무상(六無上) cha anuttariyāni.
육문(六門) cha dvārā.
육발사리사(六髮舍利史)[서명] Chakesadhātuvaṁsa.
육법(六法) chakka.
육불경(六不敬) cha agāravā.
육불공경(六不恭敬) cha agāravā.
육불퇴법(六不退法) cha aparihāniyā dhammā.
육사(六師) cha satthāro titthakarā.
육사(六事) cha vatthūni.
육사근사(六捨近伺) cha upekkhūpavicārā.
육사신(六思身) cha sañcetanākāyā.
육상신(六想身) cha saññakāyā.
육색화(六色花) kiṁsuka.
육생류(六生類) cha(ḷ)abhijātiyo.
육성(育成) posana. posaṇa. saṁvaḍḍhana. sikkhāpana.
육성되다 saṁvaḍḍhiyati.
육성되어야 할 anuposiya.
육성된 paribhata. paribhāvita.
육성하다 abrūheti. cāreti. paribhaṭati. saṁvaḍḍheti. saṁvirūheti. tāyati.
육수념처(六隨念處) cha anussatiṭhānāni.
육수신(六受身) cha vedanākāyā.
육식(肉食) maṁsabhojana.
육식동물 vāḷamiga.
육식신(六識身) cha viññaṇakāyā.
육식의 maṁsakhādaka.
육식의 새 bhāsasakuṇa.
육신의 눈 maṁsacakkhu.
육신의 속박에서 벗어난 상태 ganthapamocana.
육신통(六神通) cha(ḷ)abhiññā.
육실(肉室) sūnāpaṇa. sūnāghara. sūnānissita. sūṇāpaṇa. sūṇāghara. sūṇānissita.
육십(60) saṭṭhi.
육십(60)세의 코끼리 saṭṭhihāyana.
육십(60)송의 모음 saṭṭhinipāta.
육십게집(六十偈集) saṭṭhinipāta.
육십구(69) ekūnasattati.
육십삼(63) tesaṭṭhi.

육십이(62) dvisaṭṭhi. dvāsaṭṭhi.
육십일(61) ekasaṭṭhi.
육안(肉眼) maṁsacakkhu.
육애신(六愛身) cha taṇhākāyā.
육역죄(六逆罪) cha(ḷ)abhiṭhāna. cha abhiṭhānāni.
육외입처(六外入處) cha bāhirāni āyatanāni.
육외처(六外處) cha bāhirāni āyatanāni.
육욕천(六欲天) cha kāmasaggā. chadevaloka.
육우근사(六優近伺) cha domanassûpavicārā.
육의사신(六意思身) cha sañcetanākāyā.
육이(肉耳) maṁsasota.
육일(六日) sāha. châha.
육일동안 châhaṁ.
육일전에 ajjasaṭṭhiṁ.
육입(六入) saḷāyatana. chaḷāyatana.
육쟁근(六諍根) cha vivādamūlāni.
육종(肉腫) maṁsagaṇṭhi.
육종의(六種衣) chacīvara.
육주야의 별주 pakkhaparivāra.
육즙(肉汁) paṭicchādaniya.
육지(陸地) tala. thala.
육지에서 사는 thalagocara.
육지에서 생겨난 thalaja.
육지의 안내자 thalaniyāmaka.
육처(六處) saḷāyatana. chaḷāyatana.
육천계(六天界) chadevaloka.
육체 maṁsa. sarīramaṁsa. vapu. rūpa.
육체가 있는 rūpavant.
육체를 구성하는 다발 rūpakalāpa.
육체미(肉體美) sarīradavya. maṁsakalyāṇa.
육체의 교합 kāyasaṁsagga.
육체적이 아닌 asarīra.
육체적인 sāmisa.
육체적인 고통 sāmisadukkha.
육체적인 몸 karajakāya.
육체적인 몸의 동의어 karajakāyapariyāya.
육체적인 물질과 접촉하는 시간 kayajarūpasamaṅgikāla.
육체적인 변화 utu.
육체적인 생명지속의 힘 rūpajīvitindriya.
육체적인 즐거움 sāmisasukha.
육촉신(六觸身) cha phassakāyā.
육촉처(六觸處) cha phassāyatanā.
육출리계(六出離界) cha nissāraṇiyā dhātuyo.
육취(肉聚) khala.
육통(六痛) cha(ḷ)ābādhā.
육편(肉片) bila. maṁsapesi.
육합석(六合釋) cha samāsā.
육항주(六恒住) cha satatavihārā.
육화경법(六和敬法) cha sārāṇīyā dhammā.
육회(六回) chakkhattuṁ.
육희근사(六喜近伺) cha somanassūpavicārā.
윤곽을 그리다 ālikhati.
윤기(潤氣) 있는 addāvalepana. allâvalepana.
윤내기 majjanā.
윤리(倫理) nītisattha. ācāravidhi. guṇadhamma.
윤리적으로 guṇadhammavasena.
윤리적인 nītivisayaka. sīlāyatta.
윤리학(倫理學) nītisattha. ācāravidhi. guṇadhamma.
윤반(輪盤) cakkāvudha.
윤위산(輪圍山) cakkavāḷa.
윤이 나는 머리털을 가진 kālakesa.
윤회(輪廻) attabhāva. bhava. gati. paṭisandhi. abhinibbatti. saṁsāra. vaṭṭa.
윤회가 끝난 katavaṭṭapariyanta.
윤회를 버린 자 kappakkhaya.
윤회를 부수는 vaṭṭapaṭighātaka.
윤회속에 방황 하는 atidhonacārin.
윤회에 관한 이야기 vaṭṭakathā.
윤회에 대한 두려움 vaṭṭabhaya.
윤회에 얽힌 vaṭṭânugata.
윤회에 종속된 kappiya.
윤회에서 벗어남 vaṭṭapaṭighātaka. vivaṭṭa.
윤회윤전(輪廻輪轉) saṁsāravatta.
윤회의 고통 vaṭṭadukkha.
윤회의 괴로움 saṁsāradukkha.
윤회의 근원 vaṭṭamūla.
윤회의 길 saṁsārapatha.
윤회의 끊음에 의한 죽음 samucchedamaraṇa.
윤회의 단절 vaṭṭûpaccheda.
윤회의 두려움 saṁsārabhaya.
윤회의 밀림 saṁsāragahana.
윤회의 소멸에 관한 지혜 pavattapariyādāne paññā.
윤회의 수레바퀴 bhavacakka. saṁsāracakka.
윤회의 전개 saṁsāravatta.
윤회의 정화 saṁsārasuddhi.
윤회의 파괴자 sandhicheda.
윤회의 항목 avijjābhāga.
윤회의 환멸(還滅)[열반] vivaṭṭa.
윤회의 황야 saṁsāragahana.
윤회의 흐름 saṁsārasota.
윤회하고 있는 상태 itthatta.
윤회하는 saṁsita. saṁsarita. saṁsārika.
윤회하는 사람 nibbattaka. nibbattanaka.
윤회하는 세계 orimatīra.

윤회하다 saṁsarati. sandhāvati. saṅkamati.
윤회해(輪廻海) saṁsārasāgara.
율(律) vinaya.
율결정집(律決定集)[서명] Vinayavinicchaya.
율결집(律結集) vinayasaṅgīti.
율론(律論) vinayakathā.
율모(律母) mātikā.
율사(律師) vinayadhara.
율서사양처(栗鼠飼養處)[지명] Kalandakanivāpa.
율섭수(律攝受) vinayânuggaha.
율의(律儀) saṁvara.
율의(律儀)가 있는 uju. ujju.
율의근(律儀勤) saṁvarappadhāna.
율의청정(律儀淸淨) saṁvarapārisuddhi.
율장(律藏) vinaya.
율장(律藏)[三藏의 하나] vinayapiṭaka.
율장건도부(律藏犍度部) mahāvagga.
율장에서 배우지 못한 avinayadhārin.
율장에의 통달자 vinayapariyatti.
율장을 암기하고 있는 사람 vinayadhara.
율장의 규칙을 따름 vinayânuggaha.
율장의 전문가 vinayadhara.
율장의 주석 vinayaṭṭhakathā.
율해자(律解者) vinayapariyatti.
율현의등론(律玄義燈論)[서명] Vinayagūḷhattha-dīpanī.
율현전(律現前) vinayasammukhatā.
융기(隆起) ussadaniyama.
융기된 땅 unnama.
융기된 지면 unnama.
융기선(隆起線) piṭṭha.
융기의 법칙 ussadaniyama.
융성(隆盛) abhivuddhi. paribrūhana. ussada.
융성과 쇠퇴 udayabbaya. udayavaya. udaya-vyaya.
융성하다 parivaḍḍhati.
융자(融資) nyāsa. upanidhi.
융자하다 upanidahati. nyāsaṁ karoti.
융통성(融通性) mudutā.
융합(融合) modanā(?).
융합된 sampattakajāta.
으깨다 kaṭati. sampamaddati.
으깨어진 pamathita.
으드득으드득[의성어] murumurā.
으드득으드득하는 소리를 내다 murumurāpeti. murumurrāyati.
으르렁거리는 bhusita. bhasita.
으르렁거리다 bhasati. bhusati. gajjati. gaḷa-gaḷāyati.
으르렁거림 gajjanā. rava. ravaṇa. upassāsa.
은(銀) rūpiya. rajata. sajjha. sajjhu.
은가루 rūpiyacuṇṇa.
은거(隱居) nilīyana.
은거하다 nilīyati.
은그릇 rūpiyapāti.
은닉(隱匿) avyattatā. paricchādanā. parigūh-anā. pariharaṇa. pariharaṇā. paṭicchādana. tir-obhāva. vicchādanā.
은둔(隱遁) nilīyana. paviveka. pavivekatā. sal-līyanā.
은둔생활 sandavihāra.
은둔처(隱遁處) nilenaka. nillenaka.
은둔하다 sallīyati.
은둔한 āraññaka. paṭisallīna.
은몰(隱沒) līnatta. līnatā. antaradhāna.
은몰된 līna.
은몰하다 antaradhāyati.
은밀(隱密) rahassa. guyha.
은밀하게 해를 끼치는 사람 sandhichedaka.
은밀하게 행동하는 paṭicchannakammanta.
은밀한 gūḷha. gūḷhaka. rahassa. rāhassaka. pa-ṭicchanna.
은밀한 곳 sambādhaṭhāna.
은밀한 눈길로 aḍḍhakkhika.
은밀한 늙음 paṭicchannajarā.
은밀한 위험 paṭicchannaparissaya.
은밀한 장소 tāṇa.
은발우(銀鉢盂) rūpiyapāti.
은복업(隱伏業) paṭicchannakamma.
은분(銀粉) rūpiyacuṇṇa.
은서(隱棲) nilīyana.
은세공사 sajjhakāra.
은신(隱身) rakkhā.
은신과 방어 rakkhāvaraṇa.
은어(隱語) lapana. lapanā.
은유(隱喩) adhivacana.
은유적 표현 adhivacana.
은으로 만든 rūpiyamaya.
은의 궁전(宮殿) rajatavimāna.
은인(恩人) hita. hitakara. kāmapāla. upakārakā. upakārin.
은자(隱者) araṇavihārin.
은자로서의 삶 sandavihāra.
은자의 거처 assama. paṇṇasālā. patthaṇḍila.
은전(銀錢) rūpiya.
은처(隱處) pacchada. pacchāda.
은퇴(隱退) adhikāracāga. apagamana. paṭisa-llīyana.

은퇴한 āraññaka.
은폐(隱蔽) parigūhanā. paṭicchādana. vicchādanā.
은폐된 apanihita. gūḷha. gūḷhaka. līna. nikiṇṇa. ohita. pacchanna. paṭicchādita. paṭicchanna. sañchādita.
은폐된 늙음 paṭicchannajarā.
은폐하다 apanidahati. chādeti. gūhati. nigūhati. parigūhati. paṭigūhati. paṭicchādeti. pidahati. ariharati. rundhati. veṭheti.
은행(銀行) dhanāgāra. atthasaṇṭhāna. dhanāgāra.
은행가(銀行家) heraññaka. heraññika.
은혜(恩惠) cāga. pariggaha. vara.
은혜를 모르는 자 akataññū. akatavedin.
은혜를 아는 kataññu.
은혜를 아는 것 kataññutā.
은혜를 아는 자 kataññū. kataññujana.
은혜에 대한 감사 katavedità.
은화(銀貨) kahāpaṇa.
읊조리기 sarabhañña. sarabhāṇa.
읊조리는 sarabhāṇaka.
음(陰)[1] khandha.
음(陰)[2] → 그늘.
음경(陰莖) salākā.
음광(飮光)[인명] Kassapa.
음광부(飮光部)[부파] Kassapika. Kassapiya.
음구(淫口) rahovāda.
음낭수종(陰囊水腫) aṇḍavuddhi.
음낭의 상피병(象皮病) vātaṇḍa.
음란(淫亂) oḷārikatā. oḷārikatta. gammatā. nīcatā.
음력 초하루 pāṭipada.
음력 초하루의 (음식) pāṭipadaka. pāṭipadika.
음력월(陰曆月) candamāsa.
음력일(陰曆日) tithi.
음료(飮料) leyya. pāna. pānaka. pāniya. pānīya. pīta.
음료수 → 음료.
음료수 그릇 pāniyacāṭika.
음료에 대한 이야기 pānakathā.
음마장(陰馬藏) vatthaguyha.
음모(陰謀) padussana. sāṭheyya. upakkama.
음모가 없음 asāṭheyya.
음모를 꾸미는 mantanaka. upakkanta.
음모를 꾸미다 dubbhati. dūbhati. padubbhati.
음모자(陰謀者) kārāpaka.
음모하다 upakkamati.
음미(吟味) samannesanā.
음밀하게 rahassena. rahassaṁ.
음밀한 곳 sambādha.
음법(淫法) methunadhamma. methunaka.
음부(陰部) jaghana. hirikopīna. sambādha. sambādhaṭhāna.
음부가 말처럼 감추어진 것 kosohitavatthaguyha.
음부를 가리는 옷 hirikopīna.
음상(婬相) nimitta.
음색(音色) vaṇṇa.
음성(吟聲) ghosa. sadda. vāk.
음성론(音聲論) akkharapabheda.
음성에 의해 평가하는 것 ghosapamāṇaka.
음성의 표준 ghosappamāṇika.
음성이 불분명한 avyañjana.
음성학(音聲學) saravijjā. sikkhā.
음성학자(音聲學者) saddakovida. saravijjāvidū.
음순(陰脣)이 긴 여자 sikharaṇī. sikhariṇī.
음식(飮食) ābhoga. adana. āhāra. āmisa. anna. aṇṇa. āsa. asita. atta. bhatta. bhikkhǎ. ghāsa. ghasa. gocara. ojā. ojo°. pānabhojana. khādā.
음식과 물 annāpa. annapāna.
음식난(飮食難) āhāraparissaya.
음식덩어리 piṇḍaka. piṇḍa.
음식물(飮食物) adana. asana. bhojana. paribhoga.
음식물인 사실 āhāratā.
음식에 관련된 āhāragata.
음식에 대한 이야기 āmisakathā. annakathā.
음식에 대한 추구 āhārapariyeṭṭhi.
음식에 대한 탐욕 āhāralolatā.
음식에 대해 걱정하는 āhāracinta.
음식에 동의하지 않는 사람 abhojanasannikāsa.
음식에 속하는 āsaka.
음식에 의존하는 āhārahetuka. āhāraṭṭhitika.
음식에서 생겨난 āhārasambhava.
음식으로 금지된 abhakkha. āhāraja.
음식으로 금지된 것으로 생각되는 abhakkhasammata.
음식으로 생겨난 육체 āhārajarūpa.
음식으로 이루어진 āhāramaya.
음식을 (입으로) 투입하는 것 piṇḍukkhepaka.
음식을 가져오는 사람 ghāsahāraka.
음식을 가져오다 āhāreti. āhārayati.
음식을 가지고 있는 sāmisa.
음식을 구함 asanesanā. ghāsesanā. adanesanā.
음식을 기대하는 āhārûpasiṁsaka.
음식을 나누어 주는 사람 piṇḍadāyika.
음식을 먹고 사는 āhāraṭṭhitika.

음식을 먹는 것 jaddhu.
음식을 사용하는 āhārûpasevin.
음식을 삼가는 훈련 ajaddhuka.
음식을 소화시키는 (자) pariṇatabhojin.
음식을 원인으로 하는 āhārahetuka.
음식을 원하는 āhāratthika.
음식을 위한 용역 bhattavetana.
음식을 위해 bhikkhāya.
음식을 제공하는 parivesaka.
음식을 주는 annada.
음식을 주는 사람 bhikkhadāyika.
음식을 주는데 인색함 kaṭacchugāha.
음식을 준비하거나 제공하는 규칙 āhāravidhāna.
음식을 지닌 āsaka.
음식을 찾는 āhārûpasiṁsaka.
음식을 탐하는 āhāragedhin.
음식을 함께 하고 있는 sabhojana.
음식의 감독 bhattuddesaka.
음식의 나머지 bhuttâvasesa. ucchiṭṭhabhatta.
음식의 대접 annabhacca.
음식의 반 스푼으로 사는 aḍḍhakosakâhāra.
음식의 배분 parivesanā.
음식의 부족 āhāraparissaya.
음식의 분배자 bhattuddesaka.
음식의 선물 bhattâbhihāra.
음식의 섭취 āhārapariggaha.
음식의 소비 āhārasaṅkhaya. āhārûpahāra.
음식의 일정한 공급 dhuvabhatta.
음식의 재난 āhāraparissaya.
음식의 저장 annasannidhi.
음식의 절제 āhārûpaccheda.
음식의 찌꺼기 ucchepaka.
음식의 찌꺼기를 먹는 사람 vighāsâda.
음식의 향수 bhattabhoga.
음식이 끊긴 chinnabhatta.
음식이 많이 있는 subhikkha.
음식이 승단에 보시되었다는 선언 bhikkhapañ-ñatti.
음식이 없는 anāhāra. nirāhāra.
음식이 없음 anāhāra.
음식이 있는 sāhāra.
음식이 있는 상태 āsakatta.
음식이 있는 장소 ādana.
음식이 적은 appabhojana. appannapānabhojana.
음식이 적음 appāhāra.
음식이 필요한 bhojanatthika.
음식점 lahubhojanāgāra.
음식찌꺼기 vighāsa.
음식통 bhattâmmaṇa.
음식포대 bhattapuṭa. bhattapuṭaka.
음악(音樂) gandhabbā. tāḷāvacara. turiyasadda. tūriyasadda. vādita. vāḷa(?).
음악가(音樂家) gandhabba. tāḷāvacara. vādaka.
음악을 애호하는 saṅgītappiya.
음악의 신 gandhabba.
음영(陰影) chāyā. lesamattā.
음외(淫猥)한 siṅgin.
음욕(淫欲) methuna.
음욕소생(淫欲所生) methunasambhūta.
음용수(飮用水) pāniya. pānīya.
음운론과 어원론을 함께하는 sākkharappabh-eda.
음운학(音韻學) saravijjā.
음운학자(音韻學者) saravijjāvidū.
음울한 ghana.
음유시인(吟遊詩人) sūta.
음장막(陰藏膜) vatthikosa.
음절(音節) akkharā. akkharikā.
음절에 따라 독송하는 방법 anvakkhara.
음절에 따르는 anvakkhara.
음절의 약세 lahuka.
음절의 완전성 akkharapāripūrī.
음절의 추가[문법] uttarâgama.
음조(音調) sarakutti. suti.
음주(飮酒) āpāna. majjapāna.
음주벽이 있는 āpānaka.
음주자(飮酒者) majjapa. majjapāyaka. surāpa-mādaṭṭhāyin.
음주하는 majjapāyin.
음지(陰地) āvaṭaṭṭhāna. pacchābhāga. pacchā-da.
음질(音質) vaṇṇa.
음탕하지 않은 anunnaḷa.
음탕한 duṭṭhulla. rajanīya. sinehita. soṇḍa.
음탕한 여인 lalanā.
음탕한 자 kamitar.
음행(淫行) anācāra. methuna.
음향(音響) abhinadita. ninnatā. vaṇṇa.
음향과 관계된 savanavisayaka. savaṇavisa-yaka.
읍언(泣言) lālappa. lālappana. lālappanā.
응(應)하다 anusandahati.
응[예] āma.
응결된 sīna.
응고되지 않은 우유의 amathita.
응공(應供) arahant.
응공인(應供人) dakkhiṇeyyapuggala.
응낙(應諾) anurodha.

응낙하는 말 anukathā.
응낙하지 않음 ananurodha.
응달 anātāpa. ātapâbhāva. ātapatta. chāyā. pacchāyā.
응답(應答) paccuttara. paṭisāsana. paṭivacana.
응답자(應答者) kathanaka.
응답하는 게송 paccanīkagāthā. paṭigāthā.
응답하는 노래 paṭigīta.
응답하다 paṭibhāsati. paṭikatheti. paṭivadati.
응답하지 못하는 appaṭibhāna.
응답한 paṭivutta.
응리(應理) ṭhānâraha.
응반힐기문(應反詰記問) paṭipucchābyākaraṇīyapañha.
응변(應辨)할 수 있는 paṭibhāneyyaka.
응보(應報) paṭidaṇḍa.
응분별기문(應分別記問) vibhajjabyākaraṇīyapañha.
응사(鷹飼) gaddhabādhi.
응사(鷹師) gaddhabādhin.
응사기문(應捨棄問) ṭhapanīyapañha.
응사치기문(應捨置記問) ṭhapaṇīyapañha.
응송(應頌) geyya.
응수하는 게송 paccanīkagāthā.
응시(凝視) anupassanā.
응시(應試) āyācana. āyācanā. samappaṇā.
응시(應時) kāla.
응시(凝視)하는 anupassaka. anupassin.
응시(凝視)하다 ajjhupekkhati. atipassati. anupassati.
응시(應試)하다 appeti. āyācati. upaṭṭhāti.
응시자(應試者) āyācaka. ākaṅkhin. apekkhaka.
응시화(應施火) dakkhiṇeyyaggi.
응용(應用) anusandhanatā. pavesana. saṁsandanā. upanaya. upanayana. viniyoga. yutti.
응용업처(應用業處) pārihāriyakammaṭṭhāna.
응용을 위한 명상수행의 대상 pārihāriyakammaṭṭhāna.
응용하는 pārihāriya.
응유(凝乳) dadhi. kummāsa.
응유(凝乳)에서 분리된 물 matthu.
응일향기문(應一向記問) ekaṁsabyākaraṇīyapañha.
응작증(應作證) sacchikaraṇīya.
응작증법(應作證法) sacchikaraṇīyā dhammā.
응전(應戰) paṭiyodha.
응제각소작(應除却所作) ukkhepaniyakamma.
응징(膺懲)하다 okkhipati.
응칭찬처(應稱讚處) pāsaṁsaṭhāna.
응활(凝滑) kalala.
응회죄(應悔罪) desanāgāminīāpatti.
의(意) mano. manas. mānasa.
의(疑) vicikicchā.
의개(疑蓋) kaṅkhā.
의개정(疑蓋淨) kaṅkhāvisuddhi.
의거(依據)하는 바가 없는 aparāyin.
의견(意見) adhivutti. mata. mati. ajjhāsaya. adhippāya.
의견을 나누는 sahakathin.
의견을 나누는 사람 sahakathin.
의견을 달리하는 vagga.
의견을 달리하는 무리 vaggaparisā.
의견차이(意見差異) bheda. vaggatta.
의견차이가 있는 bhinna.
의결(疑結) vicikicchāsaṁyojana.
의계(意界) manodhātu.
의고체(擬古體) atītānugamana.
의구(義句) atthapada.
의구(疑懼) parisaṅkā. vicikicchā.
의구심을 갖는 parisaṅkita.
의궤론(儀軌論) keṭubha.
의기소침(意氣銷沈) ubbega. onati. kheda. visāda.
의기소침한 saṁsanna.
의기양양(意氣揚揚) ubbilāvitatta. odagya. ubbilāpa. ubbilla.
의기양양하게 하다 ukkaṁsati. ukkaṁseti.
의기양양하지 않은 anubbillāvitatta. anuṇṇata.
의기양양한 ubbilāvita. udagga.
의기양양한 상태 ubbillāvitatta.
의논(議論) mantana. mantaṇa. mantanā. mantaṇā. pavāda. sākacchā.
의논하다 manteti. sākaccheti. sākacchāyati. sammanteti.
의도(意圖) abhisadhi. adhippāya. ajjhāsaya. anucintana. āsaya. cetanā. cintita. cetopaṇidhi. icchā. icchana. icchatā. mānasa. manomānasa. parikappa. parikappanā. sambhāvanā. sañcetanā. saṅkappa. cittôppāda
의도(意刀) manosattha.
의도가 없는 acetana.
의도가 있는 mānasāna. sālaya.
의도가 하나인 ekâjjhāsaya.
의도대로 변화하는 kāmavaṇṇin.
의도되지 않은 anabhippeta.
의도된 abhimata. cetayita. icchita. parikappita. vikappiya.
의도를 나타내는 icchattha.

의도와 관련된 cetanaka.
의도와 사유 saṅkappavitakka.
의도의 다양성 saṅkappanānatta.
의도의 무리 sañcetanākāya.
의도의 생성 saṅkhāruppatti.
의도의 탐욕 saṅkapparāga.
의도적으로 sañcicca.
의도적이 아니게 asañcicca.
의도적이 아닌 asañcetanika.
의도적이거나 의도적이지 않거나 간에 따르는 odissânodissakânurūpa.
의도적인 sacetana. sañcetanika. sañcetaniya.
의도적인 악하고 불건전한 것과 관계된 akusala-sañcetanika.
의도적인 통각의 계기 adhiṭṭhānajavana.
의도적인 행위로서의 서원 kammapatthanā.
의도하고 odissa.
의도하는 adhippeta. tappara. vikappin. yutta-payutta.
의도하다 icchati. cikicchati. tikicchati. saṅka-ppeti. vikappeti.
의도하지 않은 ananuyutta.
의도하지 않음 amanasikāra.
의도한 결과 adhippāyaphala.
의란(意亂) manopadūsika.
의례(儀禮) kamma. pūjāvidhi. cārittaniyama. pūjāniyama.
의례가 집행되는 장소 kammakaraṇôkāsa.
의례를 집행하는 일 kammakaraṇa.
의례와 의식에 대한 집착 sīlabbatûpādāna.
의례적(儀禮的)인 pūjānugata. cārittāyatta.
의례주의(儀禮主義) pūjānugamana.
의례주의자(儀禮主義者) pūjānugāmin.
의론적인 vasânuga.
의롭지 못한 asama.
의류(衣類) vāsa.
의매(義妹) suṇisā. suṇhā.
의모(義母) sassu. sassū. sasurā. sasurī.
의묘행(意妙行) manosucarita.
의무(義務) adhikāra. ārabbhavatthu. byappatha. kammadheyya. kāraṇa. karaṇīya. karaṇīyatā. kātabba. kattabba. kattabbaka. kattabbatta. ki-cca. kiccayatā. sakicca. sakiccaya. upakāra. vatta. veyyāvacca. vyappatha. vyappathi.
의무가 많은 bahukaraṇīya.
의무가 없는 appakicca.
의무계율(義務戒律) pāṭimokkha. pātimokkha.
의무계율수호의 계행 pāṭimokkhasaṁvarasīla.
의무계율을 수호하는 계행 pāṭimokkhasaṁva-rasīla.
의무계율의 수호 pāṭimokkhasaṁvara.
의무를 수행하는 사람 kammakārin.
의무를 완수한 사람 adhikārakata.
의무를 지닌 무용수들의 무리 dhammanāṭaka.
의무를 하는 (사람) kiccakara.
의무애해(義無碍解) atthapaṭisambhidā.
의무의 결여 kattabbâbhāva.
의무의 실천 vattapaṭipatti.
의무적인 avijahita. paṭimokkha.
의무적인 것이 아닌 akammakāma.
의무적인 관정(灌頂) kattabbabhiseka.
의무적인 보살핌 kattabbaparihāra.
의무적인 세정식(洗淨式) udakakicca.
의무적인 수단 kattabbupāya.
의무적인 일이 행해지는 마을 kammantagāma.
의무적인 정화(淨化) kattabbabhiseka.
의무적인 후원 kattabbaparihāra.
의문(疑問) adhikaraṇa. anekaṁsā.
의문(意門) manodvāra.
의문로(意門路) manodvāravīthi.
의문을 제기하는 paripucchaka.
의문전향(意門轉向) manâvajjana. manodvār-âvajjana.
의물득부(衣物得婦) paṭavāsinī.
의미(意味) abhidheyya. attharasa. abhisadhi. ad-hippāya. āgama. attha. naya. nipuṇattha. yo-janā.
의미가 강화된 ocitattha.
의미가 부여된 사실 adhippetatta.
의미가 분명하게 진술된 kathitattha.
의미가 없는 apattha.
의미가 없음 anattha.
의미가 일치하는 atthantara. atthantara.
의미가 있는 sāttha. atthavat.
의미가 있는 말을 포함하지 않은 anatthapada-saṁhita.
의미가 한정된 복합어 katâvadhisaddappaba-ndha.
의미나 단어의 과잉을 나타내는 수사학적 표현 ubhayâvutti.
의미들 사이의 차이 atthantara.
의미를 꿰뚫음 atthapaṭivedha.
의미를 보여주는 atthasandassana.
의미를 설명하는 atthapakāsaka.
의미를 아는 atthaññu. atthapaṭisaṁvedin.
의미를 아는 자 atthaññū.
의미를 이해하기 위한 단어의 구문론적인 해석 atthasambandha.

의미를 찾는 atthagavesaka. atthagavesaka.
의미를 표현하는데 불완전한 īsakatthavācaka.
의미속으로 들어감 atthajjhogahana.
의미심장한 atthantara. atthantara.
의미에 대한 규정 atthaparicchecla.
의미에 대한 분명한 이해 atthapaṭilābha.
의미에 대한 분석적 앎 atthapaṭisambhidā.
의미에 대한 설명 atthaparidīpanā.
의미에 대한 연결 atthasandhi.
의미에 대한 조사 atthaparikkhā.
의미에 대한 질문 atthapucchana.
의미에 따르는 anvattha.
의미와 단어에 능숙하지 못한 anatthapadakovida.
의미와 문맥 atthadhamma.
의미와 발음의 차이 atthuccāraṇavisesa.
의미와 언어에 대한 사유 atthasaddacintā.
의미와 적용 adhippāyânusandhi.
의미와는 동떨어진 atthâpagata.
의미의 가능성 atthasambhava.
의미의 같고 다른 것[同異] ekatthanānatthatā.
의미의 결정 atthasaṅkhata.
의미의 고정 atthavavaṭṭhāna.
의미의 구성 adhippāyayojanā.
의미의 구족 atthasampatti.
의미의 그물 atthajāla.
의미의 다양성 atthanānatā.
의미의 달콤함 attharasa.
의미의 분류[문법] atthabheda.
의미의 상실 atthâpaya.
의미의 유사성 atthalesa.
의미의 이해 atthâdhigama.
의미의 일치 atthasarikkhatā.
의미의 조사 atthûpaparikkhā.
의미의 차별화 atthappabheda.
의미의 파악 atthagahana.
의미의 해석 atthaṅkathā.
의미의 해설 atthakathā.
의미하는 abhidhāyin. adhippeta.
의발(衣鉢) pattacīvara. apassena. apassenaka.
의벌(意罰) manodaṇḍa.
의복(衣服) acchādana. acchādanā. aṁsuka. āsaṅga. dussa. paṭa. sāṭa. sāṭī. vasana. vattha. vesa.
의복과 식사 cīvarabhatta.
의복과 음식 등에 지나치게 집착하는 atidhonacārin.
의복론(衣服論) vatthakathā.
의복에 대한 만족 cīvarasantosa.
의복을 입은 여인 paṭavāsinī.
의복을 통해 아는 점쾌 vatthalakkhaṇa.
의복의 보시 cīvaradāna.
의복의 비유에 관한 경전 vatthasutta.
의복의 종류 pattuṇṇa.
의부(義父) sasura. sassura.
의분(義憤) ujjhāna.
의붓형제 devara.
의사(醫師) katta. kattaka. bhesiya. bhisakka. vejja. tikicchaka.
의사식(意思食) manosañcetanāhāra.
의사의 일 vejjakamma.
의상(衣箱) dussakaraṇḍaka.
의상(衣裳) vattha.
의석(義釋)[경장] Niddesa.
의성부(義成部)[부파] Siddhattha. Siddhatthika.
의소(義疏) aṭṭhakathā. suttanta.
의소(依所) patiṭṭhā.
의소(義疏)를 공부하는 자 aṭṭhakathika.
의소생신(意所生身) manomayakāya.
의소성(意所成) manomaya.
의소성신변(意所成神變) manomayā. iddhi.
의소식(意所識) manoviññeyya.
의수면(疑睡眠) vicikicchânusaya.
의수습(意修習) manobhāvanā.
의술(醫術) tikicchā. tikicchākamma. vejjakamma. bhesajja.
의시(衣時) cīvarakārasamaya.
의식(儀式) cārittaniyama. kamma. kutūhalamaṅgala. ussava. chaṇa. pūjāniyama. pūjāvidhi. vidhāna.
의식(意識) mano. manas. vijānana. viññāṇa. manoviññāṇa.
의식(意識)과 관계가 없는 anupādiṇṇa. anupādiṇṇaka.
의식(儀式)과 의례(儀禮) sīlabbata.
의식계(意識界) manoviññāṇadhātu.
의식과 의례에 대한 집착 sīlabbataparāmasā. sīlabbatûpādāna.
의식되지 않은 aviññāta.
의식된 viññāta.
의식로(意識路) manodvāravīthi.
의식불명(意識不明) mucchā. visaññā.
의식불명의 hataviññāṇa. hīnindriya. naṭṭhapasāda. indriyāgocara. kuṇṭhabuddhika.
의식서(儀式書) keṭubha. ketubha.
의식성(意識性) viññāṇatta.
의식에 속하는 viññāṇagata.
의식에 의한 행위 viññāṇacariyā.

의식을 상실하다 mucchati.
의식을 상실한 visañña.
의식을 수반하는 몸 saviññāṇakāya.
의식을 잃은 apagataviññāṇa. apetaviññāṇa.
의식을 잃은 사람 visaññin.
의식을 잘 지키는 자 vattasampanna.
의식의 기능 viññāṇakicca.
의식의 다발 viññāṇakkhandha.
의식의 두루채움을 위로 아래로 옆으로 유일하게 한량없이 지각하는 것 viññāṇakasiṇa.
의식의 두루채움이라는 명상수행의 토대 viññāṇakasiṇa.
의식의 무리 viññāṇakāya.
의식의 발생 viññāṇasamudaya.
의식의 상실 mucchā. mucchana. mucchanā.
의식의 상태 bhūmi.
의식의 세계 viññāṇadhātu.
의식의 요소 viññāṇadhātu.
의식의 인식과정 viññāṇavīthi.
의식의 자양 viññāṇāhāra.
의식의 집착다발 viññāṇûpādānakkhandha.
의식의 흐름 viññāṇasota.
의식이 머무는 곳 viññāṇaṭṭhiti.
의식이 무한한 경지 viññāṇânañcāyatana. viññāṇañcāyatana.
의식이 무한한 경지에 도달한 하느님 세계의 신들 viññāṇañcāyatanūpagā devā
의식이 무한한 세계 viññāṇânañcāyatanadhātu. viññāṇânañcāyatana. viññāṇañcāyatana.
의식이 무한한 세계에 대한 지각 viññāṇânañcāyatanasaññā.
의식이 무한한 세계에 수반된 viññāṇânañcāyatanasahagata.
의식이 무한한 세계에 유익한 viññāṇânañcāyatanasappāya.
의식이 무한한 세계에 의존하는 viññāṇânañcāyatananissita.
의식이 무한한 세계에 의존하는 착하고 건전한 느낌 viññāṇânañcāyatanakusalavedanā.
의식이 무한한 세계에 의존하는 착하고 건전한 마음 viññāṇânañcāyatanakusalacitta.
의식이 무한한 세계와 관련된 viññāṇânañcāyatanûpaga.
의식이 무한한 세계의 마음 viññāṇânañcāyatanacitta.
의식이 무한한 세계의 명상주제 viññāṇânañcāyatanakammaṭṭhāna.
의식이 무한한 세계의 선정 viññāṇânañcāyatanajjhāna.
의식이 무한한 세계의 성취 viññāṇânañcāyatanasamāpatti.
의식이 무한한 세계의 영역 viññāṇânañcāyatanabhūmi.
의식이 없는 acittaka. visaññin. aviññāṇaka.
의식이 있는 saviññāṇa. sacetana. samanaka. viññāṇaka. saviññāṇaka.
의식적이 아니지만 의식적 존재의 발생에 호감이 있는 anupādiṇṇûpādāniya.
의식하다 vijānāti.
의심(疑心) āsaṅkā. āsappanā. dvedhāpatha. dvejjha. dveḷhaka. kaṅkhā. kaṅkhana. kaṅkhāyanā. kaṅkhāyitatta. kathaṁkathā. parisaṅkā. parisappanā. saṁsaya. saṁsayita. sandeha. saṅkā. takka. vicikicchā. vicikicchita. vimati.
의심과 결합된 vicikicchāsampayutta.
의심과 의향 takkāsaya.
의심과 잠재적 경향 vicikicchânusaya.
의심받기 쉬운 saṅkiya.
의심받다 saṅkīyati.
의심받을 만한 kaṅkhanīya.
의심받을 수 있는 kaṅkhanīya.
의심받지 않은 aparisaṅkita.
의심스러운 anekaṁsika. anuyyāta. dveḷhakajāta. kaṅkhaṭṭhāniya. kiṁ(*ifc.*). saṅkassara. saṅkita. sāsaṅka. vematika. visaṅkita. dvejjha. vicikicchāsahagata
의심스러운 계행 vematikasīla.
의심스러운 상태 anekaṁsikatā.
의심스런 상태에 있는 kaṅkhābhūta.
의심스럽다 saṅkāyati.
의심에 근거한 kaṅkhaṭṭhāniya.
의심에서 벗어난 akathaṁkathin.
의심으로 가득 찬 kaṅkhābahula.
의심을 끊어버린 chinnasaṁsaya.
의심을 끊음 kaṅkhacchida.
의심을 받은 avissattha.
의심을 버리기 위해 kaṅkhāpahānatthaṁ.
의심을 여읜 청정 kaṅkāvitaraṇavisuddhi.
의심을 제거하기 위한 노력 kaṅkhāvinayapadhāna.
의심을 제거하는 kaṅkhāvinodaka.
의심의 결박 vicikicchāsaṁyojana.
의심의 극복 kaṅkhāvitaraṇa.
의심의 근거 takkahetu.
의심의 동의어 kaṅkhāpariyāya.
의심의 번뇌 vicikicchāpariyuṭṭhāna.
의심의 상태 kaṅkhādhamma.
의심의 얽맴 vicikicchāpariyuṭṭhāna.

의심의 요체를 제거함 kaṅkhāṭhānavidālana.
의심의 제거 kaṅkhāvinayana.
의심의 증가 takkavaḍḍhana.
의심의 출현 kaṅkhāpavatti.
의심의 화살 kathaṁkathāsalla.
의심의 흐름 kaṅkhāsota.
의심이 없는 advejjha. akathaṁkathin. asaṁsaya. avicikiccha. avikampana. avisaṅka. nissaṁsaya. nissaṅka. tiṇṇakathaṅkatha.
의심이 없음 akathaṁkathā. asandeha.
의심이 없음으로 이끄는 advejjhagāmin.
의심이 없이 nissaṁsayaṁ.
의심이 없이는 존재하지 않는 kathaṁkathâvibhūta.
의심하는 kaṅkhamāna. kaṅkhāsamaṅgin. kaṅkhin. kathaṁkathin. parisaṅkita. takkika. ussaṅkita. ussaṅkin. vecikicchin. vimata. vicikicchāsahagata.
의심하다 āsappati. āsaṇkati. kaṅkhati. kaṅkhāyati. kukkuccāyati. parisaṅkati. saṅkati. vicikicchati. vikampati.
의심하지 않는 avikampamāna. avikampayat. avikampin. avikampita. nirāsaṅka.
의심할 수 없음 nibbicikicchā. nibbecikicchā.
의심할 여지가 없는 akukkuccaka. apaṇṇaka.
의악행(意惡行) manoduccarita.
의안(意眼) manasacakkhu.
의약(醫藥) bhesajja. upakaraṇa.
의약연고(醫藥軟膏) osadhañjana.
의업도(意業道) manokammapatha.
의연(依緣) nissayapaccaya.
의욕(意欲) ākaṅkhā. chanda. kātukāmatā. manoratha.
의욕에서 비롯한 집중 chandasamādhi.
의욕에서 비롯한 집중과 노력으로 형성되는 신통의 기초 chandasamādhipadhānasaṅkhārasamannāgatiddhipāda.
의욕이 없는 alasa. nicchanda.
의욕적인 kataparakkama.
의용군(義勇軍) sacchandāgatasenā.
의원(議院) mantisabhā.
의인(依因) nāthakaraṇa.
의자(椅子) nisajjā. pādukā. pīṭha. pīṭhaka. pīṭhikā.
의자리바다(疑者離波多)[인명] Kaṅkhā Revata.
의장애(衣障碍) cīvarapalibodha.
의적묵(意寂默) manomoneyya.
의적정(意寂靜) santamānasa.
의전(疑纏) vicikicchāpariyuṭṭhāna.
의전대신(儀典大臣) sayanapālaka.
의전장관(儀典長官) kañcukin. sayanapālaka.
의절(義絶) pariccajana. pariccajanā.
의절(義絶)하다 paccakkhāti. paṭikkhipati.
의제(議題)의 해결 kiccâdhikaraṇa.
의존(依存) ālambana. apassayana. apassena. apassenaka. āsatti. avalambana. bhajanā. laggana. nissayatā. nissitatta. sannissayatā. upanibandha. upanissaya
의존되어야 할 bhacca.
의존된 addhabhuta. addhābhūta. apassita. avassita. niṭṭhita. upanibaddha.
의존적인 asayaṁvasin. aññasaraṇa.
의존조건 nissayapaccaya.
의존하는 adhīna. ajjhāsaya. anujīvin. assita. ativasa. avasa. avatthaddha. āyatta. nissita. sita. ṭhāyin. ṭhitika. upadhika. upadhīka. upanibandha. upanissita. apatthaddha
의존하는 사람 bhoja.
의존하는 사람에 대한 극복 bhojisiya.
의존하다 adhiseti. āsīyati. asmasati. avasseti. nissayati. upadhīyati. upanissayati.
의존하지 않는 anissita. anūpaya. avasa.
의존할 곳이 없는 agādha.
의존해 있는 adhikata.
의존해서 nissāya. paṭicca.
의존해서 살다 upajīvati.
의존해서 살아가는 upajīvika.
의주석(依主釋)[문법] tappurisa.
의지(意志) adhiṭṭhāna. chanda. chandatā. chandavantatā. kanti.
의지(依止) nissaya. nissayatā. passaya. niṭṭhā. olambana.
의지(意志)와는 반대로 akāmā. akāmasā.
의지(依止)의 소멸 nissayapaṭipassaddhi.
의지(依止)의 조건 nissayapaccaya.
의지갈마(依止羯磨) nissayakamma.
의지권속(依止眷屬) nissayaparivāra.
의지사미(依止沙彌) nissayasāmaṇera.
의지아자리(依止阿闍梨) nissayācariya.
의지자(依止者) nissitaka.
의지처(依止處) āsaya. dīpa.
의지처가 없는 anassaya. aparāyaṇa. appaṭisaraṇa.
의지처가 없음 aleṇa.
의지처로 삼다 abhiseti.
의지처를 발견하다 avasseti.
의지하고 upanissāya.
의지하는 adhīna. apassayika. niṭṭha. olum-

bhaka. paṭisārin. pattiya. paratthaddha. samassita. upajīvika.
의지하는 권속 nissayaparivāra.
의지하는 바가 있는 saupadhika. sopadhīka.
의지하는 사미 nissayasāmaṇera.
의지하다 apassayati. avassayati. bhajati. nissayati. nivisati. olambati. avalambati. olubbhati. pacceti. pattiyāyati. upajīvati.
의지하지 않는 appaviṭṭha. asita. nirāsaya.
의지할 곳이 없음 anāthabhāva.
의지할 데 없는 anātha. anāthamāna. asaraṇa.
의지할 데 없는 사람 asaraṇībhūta.
의지할 데 없는 자를 돕는 님 anāthanātha.
의지할 데 없는 죽음 anāthakālakiriyā.
의지할 바 없는 anālamba.
의지할 수 있는 osaraka.
의지해서 upanissāya. nissāya. olubbha.
의질상(蟻垤相) vammīkanimitta.
의착(依着) upadhi.
의착과 관련된 upadhipaṭisaṁyutta.
의착에 대한 지각 upadhisaññitā.
의착에 묶인 upadhibandhana.
의착에서 벗어난 anupadhika. upadhiviveka.
의착에서 생겨나는 upadhipabhava. upadhisamudaya.
의착을 결과하는 upadhivepakka.
의착을 원인으로 upadhipaccayā.
의착을 인연으로 하는 upadhinidāna.
의착의 발생 upadhisamudaya.
의착의 버림 upadhipaṭinissagga.
의착의 소멸 upadhikkhaya. upadhinirodha.
의착의 완전한 파괴 upadhiparikkhaya. upadhisaṅkhaya.
의착의 지멸 upadhipaṭippassaddhi. upadhivūpasama.
의착이 없는 nirupadhi. nirūpadhi.
의착이 있는 saupadhika.
의착하는 upadhika. upadhīka.
의착하지 않는 anissita. nirupadhika.
의찬(義讚) atthavaṇṇanā.
의처(意處) manâyatana.
의천(依天) adhideva.
의청정(意淸淨) manosoceyya.
의촉(意觸) manosamphassa.
의촉소생수(意觸所生受) manosamphassajā vedanā.
의취(意趣) ajjhosāna.
의치(義齒) katamallaka.
의탁(意濁) manokasāva.
의태(擬態) parikkhatatā.
의하면 anusārena.
의하여 → 의해서.
의학(醫學) tikicchā. vejjasattha.
의해서 āgamma. vasena. vāhasā. nidānaṁ. upādāya.
의해서 야기된 ṭhāniya.
의행(意行) manosaṅkhāra.
의향(意向) adhimutti. nati. chanda.
의향이 있는 adhimuttika. vikappin.
의형제(義兄弟) attavīra.
의호(依護) parāyaṇa. parāyana.
의호(依怙) parāyaṇa. parāyana.
의혹(疑惑) anekaṁsā. dveḷhaka. kaṅkhā. kaṅkhana. kaṅkhāyanā. kaṅkhāyitatta. kathaṁkathā. parisaṅkā. parisappanā. saṁsaya. vicikicchā.
의혹계(疑惑戒) vematikasīla.
의혹리왈(疑惑離曰)[인명] Kaṅkhā Revata.
의혹으로 들어나는 kathaṁkathāpatirūpaka.
의혹을 갖는 kaṅkhāsamaṅgin.
의혹을 갖다 kaṅkhāyati.
의혹을 극복하지 못한 avitiṇṇakaṅkha.
의혹의 vecikicchin.
의혹이 없는 akaṅkha. anibbematika. nikkaṅkha.
의혹이 없는 상태 anibbematikabhāva.
의혹이 없음 nikkaṅkhā.
의혹처(疑惑處) vicikicchaṭṭhāniya.
의회(議會) mantisabhā.
이 남자를 imaṁ.
이 만큼의 ettaka.
이 생에서 다음 생 사이의 존재 antarābhava.
이 세계 apāra.
이 세계의 → 이 세상의.
이 세상 ihaloka.
이 세상에 idha. idhaṁ. iha. ittha.
이 세상에만 속하는 oramattaka.
이 세상에서 선을 실천하는 kalyāṇadiṭṭhadhammupakkama.
이 세상에서 열반을 얻은 diṭṭhappatta.
이 세상의 avara. ihalokika. diṭṭhadhammika. orambhāgiya.
이 수행처에서 저 수행처로 āvāsaparamparā.
이 언덕과 저 언덕 orapāra.
이 언덕에 집착하는 orambhajanaka.
이 여자를 imaṁ.
이 점에 관해서 ettha.
이 정도로 ettāvatā.
이 정도의 ettaka.

이 주간 dvesattaratta.
이(2) duve. dvi.
이(2) 또는 삼(3) dvittā.
이(2)분의 1 paddha.
이(것) ayaṁ. eta. idaṁ. imaṁ.
이(남자) eso.
이(사람) ayaṁ.
이(여자) esā.
이(耳) sota.
이(離) virati.
이[벼룩] uppāṭaka. ūkā.
이[벼룩]의 알 likkhā.
이가 아주 흰 susukkadāṭha.
이간(離間)하는 pisuṇa.
이간시키는 bhedaka.
이간시키는 사람 bhettar.
이간시키다 vibhedeti.
이간어(離間語) pisuṇavācā. pisuṇāvācā. pesuṇa. pesuṇiya. pesuṇeyya.
이간질과 함께하는 sahapesuṇa.
이간질하는 pisuṇa.
이간질하는 사람 pesuṇika.
이간질하지 않음 apesuñña.
이간하는 말 pisuṇavācā. pisuṇāvācā. pesuṇa. pesuṇiya. pesuṇeyya. vebhūtika. vebhūtiya.
이간하는 사람 vibhedaka.
이간하다 sūceti.
이간하지 않는 apisuṇa.
이간하지 않는 말 apisuṇāvācā.
이갈(離渴) vītapipāsa.
이개월(二個月) dvemāsa.
이개월의 dummāsika.
이거(離去) apāya.
이거연(離去緣) vigatapaccaya.
이거조건(離去條件) vigatapaccaya.
이검(利劍) potthanikā. potthanī.
이것 ayaṁ. ena. esa. etad. ida.
이것만으로 충분하다 alaṁ ettakena.
이것만이 진리라는 독단에 의한 정신·신체적 계박 idaṁsaccâbhinivesakāyagantha.
이것부터 etto.
이것에 attha.
이것에 관해 atra. attha.
이것에 근거하는 tajja.
이것으로부터 발생하는 tajja.
이것은 imaṁ.
이것은 나의 것 mamayidaṁ.
이것을 imaṁ.
이것을 조건으로 하는 것 idappaccayatā.
이것의 ayaṁ.
이것이 있다면 sati.
이겨내기 어려운 asayha.
이경계(異境界) nānāsimā.
이계(耳界) sotadhātu.
이계(離戒) viratisīla.
이곳에서 etta.
이과 이분의 일(2½) aḍḍhatiya. aḍḍhateyya.
이교(異敎) paravāda. pāsaṇḍa. tittha. titthiya.
이교도(異敎徒) tittha. titthiya. titthiyasāvaka. aññatitthiya.
이교도가 되는 것 osaraṇa.
이교도적 환경 aññatitthiyāyatana.
이교의 bāhiraka. vādaka.
이교의 교리 vādakasammuti. bāhirasamaya.
이교의 사악한 견해 puthutitthakara
이교의 스승 puthutitthakara.
이교의 출가생활 bāhirakapabbajjā.
이교적인 bāhira.
이교적인 견해 atisāradiṭṭhi.
이구(離垢) vītamala.
이구(離垢)의 vimala.
이구아나[동물] godhā.
이국적인 videsābhata. parabhāsāyatta.
이근(耳根) sotindriya.
이근(利根) tikkhindriya.
이기고 abhibhuyya. pariyādāya.
이기기 매우 어려운 sudujjaya.
이기기를 원하다 abhijigiṁsati.
이기는 abhibhū. °ji.
이기는 자 jetar.
이기다 abhibhavati. abhihanati. abhijeti. abhivijayati. acceti. adhibhavati. atikkamati. ativattati. jayati. jeti. jināti. ojināti. pamaddati. pareti. parisahati. pariyādiyati. pariyādiyyati. sahati. vijayati. vijeti. vijinati.
이기심(利己心) ajjhopanna. attasineha. keḷanā. lābhamacchariya. macchariya. macchera. mamatta. paligedha. sakattha. vevicchа.
이기적이 아닌 amama. apalāsin.
이기적이다 maccharāyati.
이기적이지 않은 nimmakkha.
이기적인 kadariya. macchara. maccharin. paligedhin. thaddha. thaddhamaccharin.
이기적인 집착 mamaṅkāra.
이기주의(利己主義) attakāmatā. maccharāyanā. maccharāyitatta. sakatthaparāyaṇatā.
이기주의적인 attatthakāmin.
이긴 atiga. atigata. adhibhū. āraddha. jina. vi-

jitāvin.
이길 수 없는 ajeyya. ajita.
이길 수 없는 사람 anabhibhūta.
이길 수 있는 ārādhanīya.
이끄는 °gāmin. °gāminī. niyāmaka. opanayika.
이끄는 것 nettika. upāyana.
이끄는 자 netar.
이끌고 upaneyya.
이끌다 abhineti. anuneti. samannāneti. samanvāneti. saṁveseti. upanayati. upaneti. upanayati. yatati. yapeti. yāpeti. saṁvattati.
이끌리다 niyyati.
이끌린 vinīta.
이끌어내다 ninneti.
이끌어지다 saṁvaṭṭati. saṁvesiyati. upanīyati. upaniyyati.
이끌어지지 않는 asaṁvattanika. anabhineyya.
이끼 haṭa. sevāla. sevālapaṇaka.
이념(理念) mānasikavijjā.
이놈아! ambho.
이다 bhavati. hoti.
이단(異端) pāsaṇḍa. tittha. titthiya. anudiṭṭhi. vipatti. viruddhadhamma.
이단(異端)의 pāsaṇḍika. vādaka. viyatta.
이단번뇌(已斷煩惱) pahīnakilesa.
이단사설(異端邪說) parappavāda.
이단설(異端說) paravediya. bāhiratittha.
이단으로 가는 것 osaraṇa.
이단자(異端者) puthuladdhika. vipannadiṭṭhi.
이단적인 asatthasammata. uppathāgāmin. bāhira. bāhiraka. laddhika.
이단적인 가르침의 항목들 titthâyatana.
이단적인 견해 laddhi.
이당(珥璫) pāmaṅga.
이데목다가(伊帝目多伽)[경장] Itivuttaka.
이데올로기 mānasikavijjā.
이동(移動) cavana. cāvanā. sañcāra. sāraṇa.
이동된 saṅkanta.
이동성(移動性) samudīraṇabhāva.
이동시키다 īreti.
이동커튼 saṁsaraṇa.
이동할 수 있는 saṁhārima.
이득(利得) lābha.
이득간(利得慳) lābhamacchariya.
이득공경(利得恭敬) lābhasakkāra.
이득과 명예 lābhasakkāra.
이득과 명예와 칭송 lābhasakkārasiloka.
이득에 대한 인색 lābhamacchariya.
이득에 의한 교만 lābhamada.
이득에 의한 도취 lābhamada.
이득을 바람 lābhāsā.
이득의 다양성 lābhanānatta.
이득퇴(已得退) pattaparihāni.
이들 ime. imā.
이띠붓다까[경장] Itivuttaka.
이라고 생각하다 okkhāyati.
이라바나상(伊羅婆那象)[명칭] erāvaṇa.
이라바다용(伊羅婆陀龍)[명칭] erāvaṇa.
이라발제(伊羅跋提)[지명] Aciravatī.
이래 ārabbha. pabhuti. pabhutika.
이러이러한 성격의 죄 tassapāpiyyasikā.
이러이러한 성을 지닌 itthaṁgotta.
이러저러한 존재로 태어남 itibhavābhava.
이러한 tādin. asuka.
이러한 방식으로 ettāvatā.
이러한 세상의 존재 itthabhāva.
이러한 종류의 erikkha. yathāvutta.
이럭저럭하는 사이에 abbhantara.
이런 방식으로 evaṁ eva.
이런![놀람의 표현] hambho.
이렇게 evaṁ. itthaṁ. thatā. ti.
이렇게 가신 님 tathāgata.
이렇게 말하지 마시오! mā evaṁ avacuttha.
이렇게 불리는 itthannāma.
이렇게 오신 님 tathāgata.
이려천(伊灑天)[신계] Āsava.
이로(離路) vīthimutta.
이로운 행위 atthacariyā.
이로움이 없는 말을 하는 사람 anatthavādin.
이론(理論) adhivutti. adhivuttipada. attha. dhamma. diṭṭhi. mata. laddhi. vāda.
이론(異論) parappavāda.
이론과 실천 atthadhamma.
이론을 가진 diṭṭhika. diṭṭhin.
이론을 제시하다 parikappeti.
이론의 불일치 diṭṭhivisūka.
이론의 실패 diṭṭhivyasana.
이론이 갖추어진 sampannadiṭṭhi.
이론이 불완전한 사람 hīnavāda.
이론적 이해 abhisamaya.
이론적인 parikappanāyatta.
이론혐오증(理論嫌惡症) hetuvirodha.
이루기 쉬운 susamudānaya.
이루다 appoti.
이루어져야 할 kayira. kayya.
이루어져야 할 시간 kattabbakāla.
이루어지기에 적합한 kattabbayuttaka.
이루어지다 kīrati. sijjhati.

이루어지자마자 katamatte.
이루어진 abhinippanna. anuṭṭhita. kāra. kata. kaṭa. nibbattita. pakata. dhammin.
이루어질 결과 kattabbappasaṅga.
이루어질 수 있는 sayha.
이루어짐 sijjhana.
이룬 katavat.
이르기까지 antamaso.
이르는 °gāmin. °gāminī.
이르다 adhipajjati. upagaṇhāti.
이른 봄 bālavasanta.
이른 시간 atikāla.
이른 식사 purebhatta.
이른 아침 paccūsa.
이른 아침에 kālassa. paccūsakāle. pātaṁ.
이른바 iti. laddhanāma. saṅkhāta. saññita. taṁ yathā.
이를 갈다 taṭataṭāyati.
이름 °avha(ya). abhidhā. abhidhāna. abhikhyā. ākhyā. nāma. paññatti. paṇṇatti. samañña. samavhaya. saññā.
이름불리는 °avha(ya). saññita. katanāmadheyya.
이름불린 āhūta.
이름뿐인 nāmaka. nāmasadisa. nāmamattaka. nāmavisayaka.
이름에 대한 식별 nāmasallakkhaṇa.
이름에 대한 파악 nāmagahikā.
이름에 맞게 실천하는 saccanāma.
이름을 대다 nāmaṁ karoti.
이름을 받을만한 가치가 있는 saccavhaya.
이름을 지닌 abhidheyya.
이름의 가치가 있는 avitathanāma.
이름이 없는 anāmaka.
이름이 있는 paṇṇattika. sanāmika.
이름이 지어지지 않은 avutta.
이름이 지어지지 않은 대안 avuttavikappana.
이름이 지어진 samudāhaṭa.
이리 koka.
이리야! añja.
이리저리 aparâparaṁ.
이리저리 거닐다 ulloleti.
이리저리 끌다 parikassati.
이리저리 끌려 다니다 parikissati.
이리저리 날며[飛] āpātaparipātaṁ.
이리저리 달리다 parisappati.
이리저리 움직이다 āluḷati.
이리저리 회전하는 āvaṭṭaparivaṭṭa.
이마 alika. lalāṭa. nalāṭa.
이마 위 세 가닥의 선 tivisākha.
이마뼈 nalāṭaṭṭhi.
이마의 땀으로 벌은 sedâvakkhitta.
이마의 전면 nalāṭamaṇḍala.
이마의 측면 nalāṭanta.
이만큼까지 ettāvatā.
이망어(離妄語) musāvādā.
이멸(已滅)된 niruddha.
이명(異名) upapada.
이명(易命)의 sujīva.
이모(姨母) mātucchā.
이무기 ajagara.
이문(離門) dvāravimutta.
이문(異門) pariyāya.
이문로(耳門路) sotadvāravīthi.
이문설(異門說) pariyāyadesita.
이문이답론(異問異答論) amarāvikkhepa.
이미 pageva.
이미 결정된 assutavat. pageva.
이미 결정된 법적 문제에 대한 재개 ukkoṭa.
이미 번뇌가 파괴된 자 vikkhambhitakilesa.
이미 알려진 upaciṇṇa.
이미 언급된 생각에 대한 언급 anvādesa.
이미 외도의 제자인 사람 aññapubba.
이미 의도된 것이 행동과 언어로 나타난 업 cetayitakamma.
이미 이루어진 것에 대한 안전한 보살핌 kataparihāra.
이미 입은 손실 pattaparihāni.
이미 잣은 실 kantitasutta.
이미 제거된 번뇌 pahīnakilesa.
이미 지나가버린 것 atītatta.
이미지 paṭimā. rūpa. rūpaka.
이미지를 지닌 dīpaka.
이민(移民) sadesapariccāga.
이민자(移民者) sadesacāgin. videsagāmin.
이민하다 desantaraṁ saṅkamati.
이박(離縛) visaṁyoga. visaññoga.
이발기술 nahāpitasippa.
이발사(理髮師) kappaka. malamajjana. nahāpaka. nahāpita. nahāmin.
이발사계층에 속하는 kappakajātika.
이발사로 다시 태어난 kappakajātika.
이발사의 장비 khurabhaṇḍa.
이발사의 집 kappakageha.
이발소(理髮所) nahāpitasālā.
이발하는 nahāmin.
이방인(異邦人) āgāmiya. āgantuka.
이백(200) dvisata.

이백오십(250) aḍḍhateyyasata.
이법(理法) atthadhamma.
이법발취(二法發趣) dukapaṭṭhāna.
이변(異變) vippakāra.
이별(離別) vinābhāva. vippayoga.
이보게! ambho. re. he.
이복번뇌자(已伏煩惱者) vikkhambhitakilesa.
이봐! ambho. re. je. he.
이봐라![하층계급의 여자를 부를 때] je.
이부박(離浮薄) vigatacāpalla.
이분(異分) visabhāga.
이분법(二分法) dvidhāvibhajana.
이분지일 빳다(½빳다) aḍḍhapaddha.
이분지일 승(½升) aḍḍhāḷhaka.
이분지일 알하까(½ 알하까)[단위] aḍḍhāḷhaka.
이빨 danta. dantaṭṭhi. dāṭhā. dvija. dvijāti. dvijātin. dija. mukhaja.
이빨로 나무껍질을 벗기는 자[고행자] dantavakkalika.
이빨로 만든 핀 dantaka.
이빨로 물어뜯는 dantaluyya.
이빨로 물어뜯는 고행자 dantaluyyakatāpasa.
이빨로 씹는 dantavikhādana.
이빨에 힘이 있는 자 dāṭhābalin.
이빨을 가는 ullahaka.
이빨을 갈고 나서[마찰을 한 뒤에] dantullahakaṁ.
이빨을 보여주는 dantavidaṁsaka.
이빨을 절구공이로 사용하는 고행자 musalika.
이빨을 지닌 dāṭhin.
이빨을 향해 abhidantaṁ.
이빨의 광채 dantasampatti.
이빨의 끝 aggadanta.
이빨의 병 dantaroga.
이빨의 뿌리 dantamūla.
이빨의 아름다움 aṭṭhikalyāṇa.
이빨이 고른 것 samadanta.
이빨이 부서진 khaṇḍadanta.
이빨이 빠지고 머리가 백발이 된 것 khaṇḍicca. pālicca.
이삭 sīsa. uñcha. uñchā.
이삭을 주워서 사는 samuñchaka.
이삭을 줍는 samuñchaka.
이삭을 줍는 것 uñchācariyā.
이삭을 줍는 고행자 uñchācārikatāpasa.
이삭을 줍는 사람 uñchacārika. uñchācariya.
이삭을 줍다 uñchati.
이삭줍기 uñchana.
이삭줍기를 위한 그릇 uñchāpatta.
이삼회(二三回) dvattikkhattuṁ.
이상(理想) anupatti. paramattha. pārāyana. sadattha.
이상(以上) paro.
이상(異狀) visama.
이상야릇한 hāsuppādaka. parihāsaka.
이상야릇함 hāsuppādaka. parihāsaka.
이상임신(異常妊娠) visātagabbha.
이상적(理想的)인 ariya.
이상적인 manokappita. visiṭṭha. uttama.
이상적인 믿음을 지닌 ariya(d)dasa.
이상적인 포살(布薩) ariyûposatha.
이상한 vikaṭa. virūpa.
이상한 음식을 함께 즐기는 것 avuttiparibhoga.
이색성(二色性)의 dvivaṇṇadassaka.
이생(異生) puthujjana.
이생(已生)의 uppanna.
이생자(已生者) bhūta.
이선(二禪) dutiyajjhāna.
이설(異說) nānāvāda.
이설자(二舌者) dujivha.
이성(異性) liṅgavisabhāga. nānatta.
이성공(異性空) nānattasuñña.
이성과 도덕 atthadhamma.
이세간행(利世間行) lokatthacariyā.
이수행(異修行) aññathācariya(ka).
이숙(異熟) vepakka. vipāka.
이숙(異熟)의 vipakka.
이숙(異熟)이 없는 avipāka.
이숙과(異熟果) vipākaphala.
이숙무기(異熟無記) vipākâvyākata.
이숙법(異熟法) vipākadhamma.
이숙사(異熟思) vipākacetanā.
이숙상속(異熟相續) vipākasantati.
이숙수(已熟受) paripakkavedanīya.
이숙수업(已熟受業) paripakkavedanīyakamma.
이숙연(異熟緣) vipākapaccaya.
이숙윤전(異熟輪轉) vipākavaṭṭa.
이숙의 상태 vipākatta.
이숙의계(異熟意界) vipākamanodhātu.
이숙의식계(異熟意識界) vipākamanoviññāṇadhātu.
이숙이 있는 savipāka.
이숙인(異熟因) vipākahetu.
이숙장(異熟障) vipākāvaraṇa.
이숙조건(異熟條件) vipākapaccaya.
이숙증상(異熟增上) vipākâdhipati.
이숙하다 vipaccati.
이스와라(*sk.* īśvara) issara.

이슬 tuhina. ussāva.
이슬람교 Mahammadadhamma.
이슬람교교사 Mahammadadhammācariya.
이슬람교율법학자 Mahammadadhammācariya.
이슬람교의 Mahammadīya.
이슬람교학자 Mahammadadhammācariya.
이슬람사원 mahammadadevāyatana.
이슬방울 ussāvabindu.
이식(餌食) nivāpabhojana.
이식(耳識) sotaviññāṇa.
이식계(耳識界) sotaviññāṇadhātu.
이식로(耳識路) sotadvāravīthi.
이신론(理神論) devabhatti. issaravāda.
이신론자(理神論者) brahmavādin. issaravādin.
이신모수립(離毛身竪立) vigatalomahaṁsatā.
이심소(離心所) viraticetasika.
이십(20) vīsati.
이십구(29) ekūnatiṁsā. ekūnatiṁsati.
이십법(耳十法) sotadasaka.
이십사(24) catuvīsati.
이십사연(二十四緣) catuvīsatipaccayā.
이십삼(23) tevīsati.
이십오(25) pañcavīsati.
이십육(26) chabbīsati.
이십이(22) bāvīsati. dvāvīsati.
이십이근(二十二根) bāvīsatindriya.
이십일(21) tisatta.
이십칠(27) sattavīsati.
이십팔(28) aṭṭhavīsati.
이십팔핫타(hattha)[단위] abbhantara.
이싸나[신계] Īsāna.
이싸다라[지명] Isadhara.
이싸바띠[식물] āsāvati.
이쑤시개 dantakaṭṭha. dantapoṇa. dumagga.
이씨다싸[인명] Isidāsa.
이씨다씨[인명] Isidāsī.
이씨다씨까[인명] Isidāsikā.
이씨닷따[인명] Isidatta.
이씨딘나[인명] Isidinna.
이씨미가[사슴] isimiga.
이씨부망가나[지명] Isibhūmaṅgaṇa.
이씨빠따나[지명] Isipatana.
이씨씽가[인명] Isisiṅga.
이애(離愛) vītathaṇha.
이액(離軛) visaṁyoga. visaññoga.
이야기 abhilāpa. ākhyāyikā. akkhāna. akkhāyikā. ālāpa. bhaṇana. bhāsana. kathā. kathāmagga. kathana. kathāsallāpa. kathāvatthu. kathikā. kathita. katikā. lapāpana. sambhāsā. samudāhāra. samullapana. samullāpa. samullāpana. udanta. vācanaka. vācikā. vāda. vāk. vākkaraṇa. vāṇī. vuttaka. itikirā. itivāda. vacībheda
이야기가 걸린 abhivādita.
이야기꺼리 gāmakathā.
이야기되다 akkhāyati. kacchati.
이야기된 kathita. bhāsita.
이야기를 좋아하는 kathanasīla. vācāla.
이야기에 능숙한 kathākusala.
이야기에 따라 kathânusārena.
이야기에 적합하지 않은 akaccha.
이야기의 akkhāyika. vācasika. vācika.
이야기의 감로(甘露) kathārasa.
이야기의 결론 kathāpariyosāna.
이야기의 경향 saṅkhiyādhamma.
이야기의 교체 kathāvāra.
이야기의 구실 kathanâpadesa.
이야기의 끝 kathāpariyanta.
이야기의 목적 kathanattha.
이야기의 주제 kathāvatthu.
이야기의 중간 kathāvemajjha.
이야기의 형식 saṅkhiyādhamma.
이야기의 확장 kathāpapañca.
이야기하는 akkhāyin. ālāpin. bhāṇin. bhāsaka. bhāsin. kathika. lapita. nivedaka. vācaka. vada. vādika. vādin.
이야기하는 사람 akkhātar. bhassakāraka.
이야기하다 ābhāsati. ācikkhati. akkhāti. bhaṇati. bhāsati. kathayati. katheti. lapati. pabhāsati. palāpeti. pāvadati. samudāharati. samullapati. udīrayati. udīreti. vadati. vyāharati.
이야기하도록 만듦 vadāpana.
이야기하도록 유도하다 parisaṅgāhāpeti.
이야기할 수 있는 kathanasamattha.
이야기함 ācikkhana. akkhāna.
이양(利養) lābha.
이양(易養) subhara. suposatā.
이양공경명칭(利養恭敬名稱) lābhasakkārasiloka.
이양교(利養憍) lābhamada.
이양성(易養性) subharatā.
이어서 anantaraṁ.
이어지는 uttaruttara.
이어지는 견해 uttaradiṭṭhi.
이어지다 ghaṭīyati.
이어지지 않는 acarima.
이역(異域) videsa. verajja.
이역(異域)의 verajjaka.

이열반계(二涅槃界) dve nibbānadhātuyo.
이염기성(二鹽基性)의 dvitalayutta.
이염삼법(離染三法) saṅkiliṭṭhattika.
이염이법(離染二法) saṅkiliṭṭhaduka.
이와 같은 asuka. īdi. īdī. evaṁrūpa. edi. edī. edisa. edisaka. erisa. etādi. etādī. etādikkha. etādisa. īdikkha. īdisa. īdisaka. itthambhūta. itthambhāva. tādin.
이와 같은 상태 itthatta.
이와 같은 종류의 itthambhāva.
이와 같이 evaṁ byā kho. evaṁ. iti. itthaṁ.
이와 같이 말해져야 하는 것 itivattabbatā.
이와 같이 보는 evaṁdassin.
이와 같이 태어남 itibhava.
이와 같이 행하는 evaṁkārin.
이와 같이 행해져야 하는 itikattabba.
이와 유사한 etādikkha.
이완(弛緩) nibbeṭhana. ossagga. parāyaṇa. parāyana. vimocana.
이완된 sithila.
이완미(離頑迷) vigatakhila.
이완상태 sithilībhāva.
이외에 ṭhapetvā.
이욕(離欲) vigaticchā. vītacchanda. virāga.
이욕의 nikkāma.
이욕자(離欲者) nikkāmin.
이용(利用) sevanā. sevanatā.
이용되다 pharati.
이용된 paribhutta.
이용하다 sevati. upayuñjati.
이우(犛牛) camara. camarī.
이웃 antika. hatthapāsa. sannikaṭṭha. savidha. upakaṇṭha.
이웃의 paccanta.
이웃하지 않은 assāmanta.
이원론(二元論) dvittavāda.
이원성(二元性) dvaya. dvayatā. dvittatā. yugala. yugaḷa. yugalaka. dvanda.
이원자(二原字)의 dviaṇuka.
이원적이 아닌 advaya.
이원적인 duka. dvika. duvidha. dvikayutta.
이원주의(二元主義) dvittavāda.
이월(二月)[남방음력 10월 16일 ~ 11월 15일] māgha.
이유(理由) adhikaraṇa. ākāraka. aṅga. apadesa. ārammaṇa. atthatta. atthavasa. bhūma. bhūmi. hetu. hetutta. kāraṇa. karaṇa. mukha. nimitta. pada. pariyāya. ṭhāna. uddīpanā. vatthu.
이유가 박약하기 때문에 dubbalyā.
이유가 없는 분노 aṭṭhānakopa.
이유가 없음 nikkāraṇa. aṭṭhāna.
이유가 없이 adhicca.
이유가 없이 붙잡음 atakkagāha.
이유가 있는 sāpadesa.
이유로 nimittaṁ. nimittena.
이유를 갖춘 ākāravant.
이유를 묻다 samanugāhati.
이유를 아는 mūladassāvin.
이은 곳 pabba.
이음매 aṅga. sandhi.
이의(離衣) vippavāsa.
이의(異議)가 제기되지 않은 aniggahita.
이의의 제기에 대하여 참을 수 없는 ananuyogakkhama.
이익(利益) āmisa. ānisaṁsa. attha. āya. hita. lābha. patti. phātikamma. suṅka. udaya. uddaya. upakappana. upakappanā. upakāra. vaḍḍhi.
이익과 불익 atthânattha.
이익되게 된 saṅgahita. saṅgahīta.
이익에 능숙함 āyakusala.
이익에 탐욕적인 눈을 가진 것 āmisacakkhutā.
이익을 가져오는 atthāvaha. atthasaṁhita.
이익을 가져오지 않는 anatthasaṁhita.
이익을 넘어선 atikkantavara.
이익을 바라는 udayatthika.
이익을 얻다 pattīyati.
이익을 원하는 atthakāma. atthakāmin.
이익을 위하여 āmisatthaṁ. atthāya. atthakāraṇā. lābbhā.
이익을 중시하지 않는 anāmisagaru.
이익을 지향하는 atthantara.
이익의 달성 atthasiddhi.
이익이 되다 upakappati.
이익이 많은 bahûpakāra.
이익이 많은 것을 설명해주는 atthakkhāyin.
이익이 없음 abhū. alābha. anattha.
이익이 있는 atthavant. pattika. pattin.
이자전(離刺箭) vītasalla.
이작업(已作業) kaṭattākamma.
이장(離杖) pavivekāvudha.
이장(二藏)의 스승 dvipiṭaka.
이장지자(二藏持者) dvipiṭaka.
이쟁자(異諍者) viyatta.
이전(以前) purimikā.
이전부터 purato.
이전에 bhūtapubbaṁ. pubba. purā. uddha. uddhaṁ.

이전에 들은 적이 없는 pubbe ananussuta.
이전에 발생한 purejāta.
이전에 방문 받은 āgatapubba.
이전에 빌린 돈 porāṇiṇamūla.
이전에 일어난 pubbuṭṭhāyin.
이전에 행한 것 때문에 pubbe katahetu.
이전에 흔들린 kampitapubba.
이전의 pakati. porāṇa. porāṇaka. porāṇika. pubbaka. pura. purāṇa. purātana. purima. purimaka.
이전의 상태로 돌아가다 parisaṇṭhāti.
이전의 행위로부터 마음에 새겨진 인상 pubbavāsana.
이점에 관해서 etta. ettha.
이정(耳淨) sotappasāda.
이제 atha. atha kho. carahi. pana. tu eva.
이제 충분하다! alaṁ ettakena.
이제! ambho.
이제까지 ettāvatā.
이종(異種) bhinnajātikatta.
이종법륜(二種法輪) duvidhadhammacakka.
이종분별(二種分別) duvidhakappa.
이종사(異宗師) puthutitthakara.
이종수관(二種隨觀) dvayatânupassanā. sammādvayatānupassin.
이종의 bhinnajātika.
이주(移住) sadesapariccāga.
이주(移住) vippavāsa.
이주(移住)가 없는 aparigamanatā.
이주간(二週刊) aḍḍhamāsa. addhamāsa.
이주자(異住者) nānāsaṁvāsaka.
이주자(移住者) sadesacāgin. videsagāmin.
이중(二重) dvayatā.
이중결혼(二重結婚) dvipatitā. dvibhariyatā.
이중대조를 나타내는 수사적 표현 ubhayavyatireka.
이중옷 dupaṭṭa.
이중으로 하기 dvebhāva.
이중의 쌍으로 된 yamaka.
이중의 탐욕 ubhayarāga.
이중인격(二重人格)의 dvayakārin.
이중적인 dvipala. ubhato. ubhaya. duvidha. dvaya.
이지근(已知根) aññindriya.
이지러지는 avaḍḍhanaka.
이지러지는 달의 보름 avaḍḍhanakapakkha.
이지러지다 okkhāyati.
이지러진 okkhāyika.
이지러짐 avaḍḍhana.
이지정(二指淨) dvaṅgulakappa.
이진(離塵) vigataraja.
이진(離瞋) vītadosa.
이질(痢疾) pakkhandikā.
이집(二集) dukanipāta.
이집(異執) medhaga. medhaka. viggaha.
이집(異執)된 viggahita.
이집트콩 kalāya. kaḷāya. canaka. caṇaka.
이쪽언덕 orimatīra.
이쪽에 ora.
이쪽의 orima.
이차능가라(伊車能伽羅)[지명] Icchānaṅgala.
이차적 amukhya.
이차적 물질 upādārūpa.
이차적 물질의 대상 upādārūpârammaṇa.
이차적 물질의 전개 upādārūpappavatti.
이차적 물질의 획득 upādārūpapariggaha.
이차적인 계율 anupaññatti. anuppaññatti.
이차적인 교의 anukāraṇa.
이차적인 신(神) upadeva.
이차적인 친구 anumitta.
이차족(離車族)[종족] licchavi.
이처(耳處) sotāyatana.
이처럼 뛰어나게 etaparamaṁ.
이천(二千) dvisahassa.
이체동형(異體同形)의 asamānagatika.
이초(餌草) nivāpatiṇa.
이촉(耳觸) sotasamphassa.
이촉소생수(耳觸所生受) sotasamphassajā vedanā.
이추악어자(離醜惡語者) pharusavācā.
이취(理趣) ñāya.
이취(異取) parāmasa. parāmāsa.
이취(已取)의 upādinna. upādiṇṇa.
이취색(已取色) upādinnarūpa.
이치(理致) dhamma.
이치(離痴) vītamoha.
이치에 맞게 yathādhammaṁ.
이치에 맞게 성찰하여 yonisopaṭisaṅkhā.
이치에 맞는 정신활동 yonisomanasikāra.
이치에 맞음 yutti.
이치에 맞지 않게 ayoniso.
이치에 맞지 않는 범행(梵行) ayonisobrahmacariya.
이치에 맞지 않는 정신활동 ayonisomanasikāra.
이치에 맞지 않는 청정 ayonisuddhi.
이치에 합당한 ṭhānâraha.
이타(耳朶) kaṇṇapāli. kaṇṇapatta.
이타(利他) parahita. parattha.

이타적(利他的)인 parahitakara. parahitakāmin.
이타주의(利他主義) parahitakāmitā.
이타주의자(利他主義者) paratthakārin.
이타행자(利他行者) atthacaraka.
이탈(離脫) ācāravirōdha. visamatta. vinābhāva. visaṁyoga. visaññoga. vivittatā. vokkamana.
이탈하다 dhaṁsati. nippatati.
이탈한 vokkanta.
이탐(離貪) vītarāga.
이탐(離貪)하다 virajjati.
이탐법(離貪法) virāgadhamma.
이탐상(離貪想) virāgasaññā.
이탐수관(離貪隨觀) virāgânupassanā.
이태자(離胎者) apagabbha.
이통(耳痛) kaṇṇasūla.
이틀 dvīha.
이틀 또는 삼일 동안 dvīhatīhaṁ.
이틀 전에 죽은 dvīhamata.
이틀 혹은 삼일 밤 dvirattatiratta.
이틀간 dvāhaṁ.
이틀마다의 dvīhika.
이하(以下) anugati.
이학(異學) pāsaṇḍa. titthiya.
이해(理解) adhigama. adhigamana. āgama. ājānana. anubodha. anubodhana. anubodhi. anubujjhana. avabodha. avagama. avagamana. āvaṭṭanā. bhūrī. bodha. bodhana. buddhi. gāha. gahita. gahīta. khanti. khantī. kuthana. muti. ñāṇa. nijjhāna. nijjhatti. otaraṇa. pajānana. pajānanā. pariganhana. parijānanā. pariya. pariyatta. paṭibhāna. paṭivedha. sammasana. sampajañña. ummujjana. vijāna. vijānana.
이해가 없는 apetaviññāṇa. appaṭivedha.
이해가 있는 jāna.
이해되거나 알려져야 할 일 bojjha.
이해되다 āgacchati. upalabbhati.
이해되어져야 할 viññeyya.
이해되지 않은 aviññāta.
이해되지 않음 appatīti.
이해된 abhisamita. adhigata. avagata. buddha. dasa. dhata. gahita. gahīta. mata. otiṇṇa. sammasita. viññāta.
이해된 것 adhippetatta.
이해될 수 없는 anabhisambhavanīya.
이해될 수 있는 aññeyya. nijjhāpaya.
이해를 하지 못한 (사람) aviññātar.
이해시키다 otārayati. otāreti.
이해심이 많은 cintanaka.
이해심이 있는 nijjhatta.
이해의 문제 bojjha.
이해하게 하다 adhigameti. anubodheti.
이해하고 āhacca.
이해하기 쉬운 subbināya. susambuddha.
이해하기 어려운 dubbijāna. duppaṭivijjha. duranubhoda. durājāna.
이해하는 ājāna. jānat. pariñña.
이해하는 자 avagantar. viññātar.
이해하다 adhigacchati. ājānāti. anubodhati. anubujjhati. avabodhati. avabujjhati. avagacchati. aveti. bujjhati. dassati. gāheti. kamati. manute. okkhāyati. otarati. paccanubhoti. pacceti. padhāreti. pajānāti. pariggaheti. parijānāti. passati. paṭibujjhati. paṭivijjhati. sallakkheti. sambujjhati. ummujjati. upadhāreti. upadhārayati. upalabhati. vijānāti.
이해하여서 paricca.
이해하지 못하는 adassin. anadhigata. asambudhat.
이해하지 못한 amuta. anaññāta. asambuddha.
이해하지 못한 것처럼 말하는 aviññātavādin.
이해하지 못함 anadhigama. anavagama.
이해하지 못해서 anaññāya.
이해한 것으로 여기는 adhigatasaññin.
이해한 자 adhigatavat.
이해할 수 없는 appāṭihāriya. aviññeyya.
이해할 수 없음 anabhisambhuṇana.
이해했다는 것에 의한 교만 adhigatamāna.
이행(利行) atthacariyā.
이행(履行) katabhāva. samijjhana.
이행작(離行作)[涅槃의 指稱] visaṅkhāra.
이형(異形) aññathatta.
이형(異形)의 nānārūpika.
이혜(利慧) tikkhapaññā.
이혼(離婚) alaṁvacana.
이혼침수면(離昏沈睡眠) vigatathīnamiddha.
이혼해야 할 여자['그만'이라고 말해진 여자] alaṁvacanīyā.
이회(二回) dvikkhattuṁ.
이후(以後) ito paṭṭhāya. pabhuti. pabhutika. paṭṭhāya.
이희(離喜)의 nippītika.
익다 nippajjati. nipphajjati. pariṇamati. paripaccati. phalati. vipaccati. paccati.
익모자(翼毛者) romaka.
익살꾼 lālaka. sokajjhāyin.
익살꾼 여자 sokajjhāyikā.
익살맞게 hasamānaka.
익숙하지 않은 abahukata. abahulīkata.

익숙한 āciṇṇa.
익숙해진 samucita.
익은 abhinipphanna. kuthita. pakka. pariṇata. parisedita. siddha. vilīna.
익은 것 같은 pakkasadisa.
익은 결과 vipakkavipāka.
익은 과일 pakka. pakkaphala.
익은 망고 ambapakka.
익은 열매 pakka. pakkapakka.
익음 vepakka.
익의(翼衣) pakkhaka. pakkhita.
익일(翌日) punadivasa. sve.
익일(翌日)의 svātana.
익지 않은 apakka. apariṇata. avipakka. salāṭuka.
익지 않은 열매 āmakaphala.
익지옥(杙地獄) saṅkusamāhata.
익혀진 sinna.
익히다 bahulīkaroti. parisedeti. paricayati.
익힌 음식 pāka.
인(燐) pakāsadarasāyana.
인(人) puggala.
인가(認可) anuññā. samanuññā.
인가가 나지 않은 ananucchaviya. ananuññāta.
인가된 anuññāta.
인가될 수 있는 anuññeyya.
인가하는 samanuñña.
인가하다 anumaññati.
인간(의 손)이 만든 것이 아닌 aporisa.
인간(人間) dipada. dvipad. dvipada. loka. macca. manuja. mānusa. manussa. nara. hindagu.
인간계(人間界) manussaloka.
인간다운 porisiya. poroseyya.
인간들과 신들 manussadeva.
인간만큼 높은 ekaporisa.
인간성을 말살하다 manujagatiṁ nāseti.
인간세계(人間世界) manussaloka.
인간세상에 대한 연민 lokānukampā.
인간아귀(人間餓鬼) manussapeta.
인간야차(人間夜叉) manussayakkha.
인간에 대한 지각 manussasaññā.
인간에 의해 건드려지지 않은 amanussasevita.
인간에게 적합한 porisa. poroseyya.
인간을 바치는 제사 purisamedha.
인간의 mānusaka. mānusika. porisa. porisiya. poroseyya.
인간의 그물 manussakhipa.
인간의 모습을 한 manussabhūta.
인간의 모습을 한 짐승 manussatiracchāna.
인간의 목소리를 들은 적이 없는 assutâlāpa.
인간의 상태 manussadhamma. manussatta. porisatā.
인간의 신 manussadeva.
인간의 위험 manussantarāya.
인간의 인내 purisadhorayha.
인간의 자손 māṇava.
인간의 장애 manussantarāya.
인간의 조건 manussadhamma.
인간의 지각 manussasaññā.
인간의 지위 purisabhūmi.
인간의 힘 purisathāma.
인간의 힘을 초월한 atītamānusa(ka).
인간이 살지 않는 amanussa.
인간이 살지 않는 길 amanussapatha.
인간이 아닌 amānusa.
인간이 아닌 존재 amanussa.
인간이 없는 amanussa.
인간적으로 mānusagatiyā.
인간적인 mānusika. mānusaka.
인간적인 nela. neḷa.
인간존재 manussatta.
인간학살 manussaghāta.
인강(籾糠) kuṇḍaka.
인격이 있는 sīlin. sīlika.
인계(印契)의 기술 muddāsippa.
인계자(印契者) muddika.
인곡당(籾穀堂) bhusāgāra.
인공(忍空) khantisuñña.
인공(人工)의 kittima.
인공의 남자성기[避妊用] jatumaṭṭaka.
인공의 둥글게 틀어 올린 머리 paṭisīsaka.
인공이빨 katamallaka.
인공적이 아닌 akittima.
인공적인 kaṭumika.
인공적인 것 kaṭumikā.
인공적인 수단으로 땀을 내는 것 sambhāraseda.
인공줄기 yantanāḷi.
인과관계(因果關係) paccayatā.
인과론(因果論) hetuvāda.
인과론을 주장하는 hetuvāda.
인과성(因果性) hetuphalatā.
인과적 토대가 없는 anidāna.
인과적으로 관계있음 idappaccayatā.
인과적으로 연결된 saupanisa.
인근(隣近) parikkhepa → 주변.
인근마을 dhuragāma.
인근석(隣近釋) avyayībhāva.
인근의 사원 dhuravihāra.

인기인(人氣人) sakkāraka.
인내(忍耐) adhivāsa. adhivāsana. adhivāsanā. anukkaṇṭhana. ātappa. dhuratā. khamā. khamana. khamantā. khanti. khantī. nikkama. sahana. titikkhā.
인내가 없는 akkhama.
인내가 없음 anussāha.
인내력 khanibala.
인내심이 강한 dhorayhasīla.
인내심이 적음 asuropa.
인내의 완성 khantipāramī. khantipāramitā.
인내하는 adhivāsaka. dhuravant. khantika.
인내하는 사람 khantar. sahitar.
인내하다 adhivāseti. titikkhati.
인내하지 못하는 akkhamana.
인다라(因陀羅)[신계] Inda.
인다바라[인명] Indavara.
인다바루니까룩카[식물] indavāruṇikarukkha.
인다바지라[운율] indavajirā.
인다발라[어류] indavala.
인다방싸[운율] indavaṁsa.
인다싸라[인명] Indasāra.
인다쌀라[식물] indasāla.
인다쌀라구하[지명] Indasālaguhā.
인도(引導) anucaṅkamana. netta. sanniyyātana.
인도(印度) jambudīpa. bhārata. hindu. indīya.
인도(印度)의 bhāratiya.
인도되다 anunīyati. nīyati. niyyati.
인도되지 않은 anabhineyya. anupanāmita.
인도된 abbhatika. abhinīta. anunīta. ninnīta. nīta.
인도될 수 있는 neyya.
인도두루미 satapatta.
인도메추라기 laṭukikā.
인도뻐꾸기 karavī. karavīka. karavīya. kokila. kuṇāla. parabhuta.
인도서북부 이서의 외국인 yonaka.
인도의 기타 vīṇā.
인도의 현악기 vallakī.
인도인(印度人) jambudīpaka. bhāratiya.
인도자(引導者) netar. niyyātar.
인도적(人道的)인 kāruṇika.
인도주의(人道主義) parahitaniratatā. parahitakāmitā. janahitakāmitā.
인도주의자(人道主義者) janahitakāmin.
인도쪽[식물 또는 색채] nīlī.
인도하는 °gāmin. °gāminī.
인도하는 사람 ninnetar.
인도하다 abhineti. anupavecchati. neti. nayati. niyāmeti. niyyādeti. niyyāteti. niyādeti. samādapeti. samādāpeti.
인도후추 pūga.
인도후추나무[식물] tambūla.
인도후추나무의 잎 tambūla.
인두(咽頭) sāsanāḷakaṇṭhantara.
인두염(咽頭炎) kaṇṭhaggadāha.
인드라라고 불리는 indanāma.
인드라신 inda. devakuñjara. sakka.
인드라신과 같은 indûpama.
인드라신과 같은 성을 갖는 indasamānagotta.
인드라신과 동료관계 indasahavyatā.
인드라신과 동일한 부(富)를 갖는 indasamānabhoga.
인드라신에 속하는 indriya.
인드라신에 의해 만들어진 indasiṭṭha.
인드라신에 의해 선도되는 indapurohita.
인드라신을 최상으로 하는 indajeṭṭhika.
인드라신의 궁전 indabhavana.
인드라신의 깃발 indadhaja. indaketu.
인드라신의 도시 indanagarī. indapura.
인드라신의 모습 indavaṇṇa.
인드라신의 무기 indâyudha.
인드라신의 벼락 indaheti. indavajira. asani. asanī.
인드라신의 불 indaggi.
인드라신의 상(像) indapaṭimā.
인드라신의 세계 indatta.
인드라신의 용 erāvaṇa.
인드라신의 증거 indaliṅga.
인드라신의 천둥번개 indaheti. indavajira. asani. asanī.
인드라신처럼 행동하는 실천[고행] indavata.
인디고 nīlī.
인디고색의 nīla.
인디고색의 머리털염색 nīliya.
인디라[신계] Indirā.
인력거 hatthavaṭṭaka.
인류(人類) māṇavā. loka. pajā. manussa.
인류(人類) manussasantati.
인류의 조상 ādimapurisa.
인류학(人類學) māṇavavijjā.
인류학자(人類學者) māṇavavijjāvidū.
인류학적인 māṇavavijjāyatta.
인목우(人牧牛) purisâsabha. purisusabha.
인미조마(人未調馬) purisakhaluṅka.
인민(人民) jana. puthusatta. mahājana.
인바라밀(忍波羅密) khantipāramī. khantipāramitā.
인발(引發) abhinīhāra. abhinīharaṇa.

인발(引發)하다 abhinīharati.
인본주의(人本主義) mānusikatta. mānusakatta.
인본주의자(人本主義者) mānusācārasikkhaka.
인불상응(因不相應) hetuvippayutta.
인사(人事) ābhāsana. namakkāra. oṇamana. paṇāma. sabhājana. sammodana. sammodanā. vandanā. vacīpaṭisanthāra.
인사(因事) heturūpa.
인사(人祀) purisamedha.
인사(人師) sattapurohita.
인사가 이루어진 abhivādita.
인사를 건네다 upalāpeti.
인사불성(人事不省) mucchā. visaññā.
인사불성의 hataviññāṇa. hīnindriya. naṭṭhapasāda. indriyāgocara. niddaya. kuṇṭhabuddhika.
인사시키다 abhivādāpeti.
인사자(人獅子) purisasīha.
인사하다 abhinamati. abhivadati. abhivādeti. abhivandati. namo karoti. oṇamati. onamati. oṇameti. vītisāreti. namo karoti.
인산인해(人山人海) ālakamanda. āḷakamanda(?).
인상(印象) aṅga. vāsanā. nimitta.
인상을 여읜 animitta.
인상을 여읜 삼매 animittasamādhi.
인상을 여읜 해탈 animittavimokkha.
인상을 여읨에 대한 지각 animittasaññā.
인상을 여읨에 의한 접촉 animittaphassa.
인상을 여읨을 즐거워함 animittarata.
인상을 여읨의 길 animittamagga.
인상을 여읨의 삼매 animittasamādhi.
인상응(因相應) hetusampayutta.
인상의 여읨에 대한 관찰 animittânupassanā.
인상이 없는 appanimitta.
인상학(印象學) aṅgavijjā.
인상학자(印象學者) aṅgavijjāvidū.
인색(吝嗇) avadaññutā. kadariya. kadariyatā. kaṭukañcukatā. macchara. macchariya. macchera. maccharāyanā. maccharāyitatta. saṁyama. veviccha. maccharabhāva.
인색의 더러움 maccheralala.
인색의 허물 maccheralala.
인색하지 않은 amaccharin. anilīnamanasa.
인색하지 않음 amacchariya.
인색한 apajaha. avadāniya. avadaññu. kadariya. macchara. maccharin. necayika.
인색한 사람 adātar.
인색한 성품을 지닌 adānapakatika. adānasīla.
인색함의 속박 macchariyasaññojana.
인성(吝性) maccharabhāva.
인성학(人性學) cariyavisesavijjā.
인소생(因所生) hetunibbatta. hetusamuppanna.
인쇄(印刷) muddā. muddaṅkana. muddāpana.
인쇄공(印刷工) muddāpaka.
인쇄기(印刷機) muddāyanta.
인쇄소(印刷所) muddaṅkanālaya.
인쇄일 muddaṅkanālaya.
인쇄하다 muddāpeti.
인습(因習)에 의한 앎 sammutiñāṇa.
인습적 진리 vohārasacca.
인습적 표현 vohāravacana.
인시설(人施設) puggalapaññatti.
인시설론(人施設論)[논장] Puggalapaññatti.
인식(認識) abhijāna. abhiññā. ājānana. āññāṇa. anubodha. anubodhana. anubodhi. anubujjhana. avabodha. bujjhana. cakkhu. jānana. munana. paccab.hiññāṇa. paññā. parijānanā. sañcetanā. sañjānanā. saññā. sati. tīraṇa. vijāna. vijānana. viññāṇa
인식가능성(認識可能性) saññatta.
인식가능한 saññāgata.
인식과정(認識過程) cittavīthi. vīthicitta.
인식과정에 다다른 vīthipaṭipādaka.
인식과정에 돌입한 vīthipāta.
인식과정을 벗어난 vīthimutta.
인식과정의 분류 vīthisaṅgaha.
인식대상(認識對象) ārammaṇa.
인식대상으로서 조건 ārammaṇapaccaya.
인식되는 dassa.
인식되어야 할 motabba. viññeyya.
인식된 abhiññāta. āciṇṇa. anubuddha. anuvidita. muta. saññāta. viññāta.
인식된 것을 통해 축복을 믿는 자 mutamaṅgalika.
인식된 상태 sañjānitatta.
인식론(認識論) viññāṇavāda.
인식영역이 한계가 없는 anantagocara.
인식으로 이루어진[비물질계] saññāmaya(=arūpin).
인식의 과정 cittavīthi. vīthicitta.
인식의 기준이 되는 척도 pamāṇa.
인식의 대상 ārammaṇa.
인식의 수단으로서의 대화 kathâbhiññāṇa.
인식하기 어려운 gambhīra.
인식하는 ālokadassana. dassa. pariñña. saññāvant. saññāgata.
인식하는 사람 bujjhitar.
인식하는 자 motar.
인식하다 abhijānāti. ājānāti. anubodhati. ava-

bodhati. dakkhati. dassati. maññati. parijānāti. paṭivijānāti. sañjānāti. upalakkheti. vijānāti.
인식하지 못하는 aparijānat.
인식하지 못한 amuta.
인식할 수 없는 aññātaka.
인신(人身) manussaviggaha.
인신매매(人身賣買) sattavaṇijjā.
인심이 좋은 saṁvibhāgin.
인심이 좋은 사람 dātar.
인양마(人良馬) purisājañña. purisājānīya. purisasadassa.
인연(因緣) hetupaccaya. nidāna.
인연관계(因緣關係) samodhāna. samodahana.
인연담(因緣譚) nidānakathā.
인연으로 paṭicca.
인연을 끊다 paccakkhāti. paṭikkhipati.
인연의 복합성 nidānasaṅgaha.
인연이 없는 anidāna.
인연취(因緣聚) nidānasaṅgaha.
인연편(因緣篇) nidānavagga.
인연품(因緣品) nidānavagga.
인욕(忍辱) khamā. khanti. khantī.
인욕을 설하는 종파 khantivāda.
인욕을 설함 khantivāda.
인용(引用) apadisa. apadisana.
인용(人龍) manussanāga.
인용될 수 있는 āhacca.
인용문으로 주어지다[문법] andheti.
인용문으로 주어진[문법] andhita.
인용부호로 사용 iti.
인용하다 anukasati. anukassati. apadisati.
인용할 수 있는 말 āhaccavacana.
인우왕(人牛王) janesabha. nisabha.
인위적인 kaṭumika.
인위적인 것이 아닌 akata. akaṭa.
인육(人肉) manussamaṁsa.
인육을 먹는 사람 manussamaṁsakhādin. porisādaka.
인이법(因二法) hetuduka.
인적(人跡)이 없는 panta. vijanavāta.
인접(隣接) upasilesa.
인접의 관계 samanantarapaccaya.
인접하는 anantara. sāmanta. paccanta. paccantima.
인접하지 않은 asāmanta. assāmanta.
인접한 방 anantaragabbha.
인정(仁情) ahiṁsā. anuddayā.
인정(認定) paṭiññā. sammuti.
인정되다 paññāyati.
인정되지 않은 물건 akappiyabhaṇḍa.
인정된 abhisammata. paṭiññāta.
인정에 의한 장로 sammutithera.
인정이 많은 anuddāyita.
인정이 많음 muditā.
인정장로(認定長老) sammutithera.
인정하다 anupāleti. dhāreti. paṭijānāti. sampaṭicchati.
인지 아닌지 nu.
인지(認知) paccabhiññāṇa.
인지(人知) puggalaññū.
인지영역(認知領域) āyatana.
인지하다 jānāti. nibodhati. paṭivijānāti.
인질(人質) karamara.
인집(人執) gāha.
인체(人體) manussaviggaha.
인취(因聚) hetugocchaka.
인취(人聚) puggalasaṅgaha.
인플루엔자 semharoga.
인피(靭皮) challi.
인하하다 avasādeti. osādeti.
인행(忍行)[인명] Khemaṅkara.
인형(人形) kaṭṭharūpa. dhītalikā. rūpa. puttalikā. purisaka. sombhā. sombhakā.
인후(咽喉) gala.
일 개월에 걸쳐서 ekena māsena.
일 겁 동안 지속하는 kappaṭṭhika.
일 겁의 끝 kappajāla.
일 겁의 끝 무렵의 대혼란 kappahalāhala.
일 까리싸에 해당하는 면적에 퍼져있는 karīsamattabhūmipatthaṭa.
일 날리 정도 nāḷimatta.
일 년 ekavassa.
일 년 내내의 sabbotuka.
일 년 이상을 지속하는 terovassika.
일 년의 좋은 계절 utuvaṭṭa. utuvassa. utusaṁvacchara.
일 년이 된 anuvassika.
일 캐럿의 가치가 있는 ekapala.
일(1) eka(=ekaṁ).
일(日) dina.
일[事] ādhāratā. adhikaraṇa. ārambha. byappatha. kamma. kammakaraṇa. kammanta. kicca. kiṁkaraṇīya. payoga. payojana. porisa. saṁvohāra. veyyāvacca. vyāpāra. vyappatha. vyappathi. itivutta.
일간(一間) ekabījin.
일거리 hatthakamma.
일격(一擊) ekappahāra.

일격으로 만들어진 구멍 omaṭṭha.
일격으로 만들어진 균열 omaṭṭha.
일격이 가해진 omaṭṭha.
일경성(一境性) ekaggatā.
일곱 satta.
일곱 가지 결박 satta saṁyojanāni.
일곱 가지 경향 satta anusayā.
일곱 가지 고귀한 재물 satta ariyadhanāni.
일곱 가지 깨달음의 고리 satta bhojhaṅgā.
일곱 가지 논서 satta pakaraṇāni.
일곱 가지 무리 sattakāya.
일곱 가지 문제의 해결방식 satta adhikaraṇasamathā.
일곱 가지 방법으로 sattadhā.
일곱 가지 배움에 능숙함 sattadhuggahakosalla.
일곱 가지 번뇌 sattussada.
일곱 가지 번뇌를 부순 자의 토대 satta niddesavatthūni. satta niddesavatthūni.
일곱 가지 번뇌의 부숨의 힘 satta khīṇāsavabalāni.
일곱 가지 보물 sattaratana.
일곱 가지 불퇴전의 원리 satta apārihāniyaddhammā.
일곱 가지 악행 satta duccaritāni.
일곱 가지 올바른 원리 satta saddhammā.
일곱 가지 융기 sattussada.
일곱 가지 의식의 주처 satta viññāṇaṭṭhitiyo.
일곱 가지 이치 sattaṭṭhāna.
일곱 가지 잘못된 원리 satta asaddhammā.
일곱 가지 쟁사의 해결 satta adhikaraṇasamathā.
일곱 가지 존귀의 토대 satta niddesavatthūni, satta niddesavatthūni.
일곱 가지 죄악 satta āpattiyo.
일곱 가지 죄악의 다발 sattāpattikkhandha.
일곱 가지 지각 satta saññā.
일곱 가지 집중의 필요조건 satta samādhiparikkhārā.
일곱 가지 참사람의 원리 satta sappurisadhammā.
일곱 가지 힘 satta balāni.
일곱 가지로 sattadhā.
일곱 가지로 확립된 sattappatiṭṭha.
일곱 개의 현을 가진 비파(琵琶) sattatantivīṇā.
일곱 개의 호수 sattadaha. sattasarā.
일곱 개의 화살 satta sallāni.
일곱 걸음(단계) 동안 sattapadaṁ.
일곱 단계의 sattabhūmaka.
일곱 달 동안 sattamāsaṁ.
일곱 배의 sattaguṇa.
일곱 번 sattakkhattu.
일곱 번째 sattama.
일곱 번째 성인 munisattama.
일곱 부분으로 구성된 안락의자 sattaṅga.
일곱 분의 고귀한 참사람 satta ariyapugglā.
일곱 분의 참사람 satta puggalā.
일곱 살의 sattavassika.
일곱 조각 이상을 먹지 않는 sattālopika.
일곱 조각으로 sattadhā.
일곱 종류의 sattaguṇa.
일곱 종류의 보시받을 만한 님 satta puggalā dakkhiṇeyyo.
일곱 종류의 아내 satta bhariyāyo.
일곱 종류의 학인 satta sekhā.
일곱 줄로 땋은 sattajaṭa.
일곱 줄의 현악기 parivādinī.
일곱 줄이 있는 현악기 sattatanti.
일곱 집을 탁발하고 돌아온 sattâgārika.
일곱 혹은 여덟 sattaṭṭha.
일곱보다 많은 atirekasatta.
일곱이 아닌 asatta.
일곱째의 날 sattamī.
일관되게 avirodhena.
일관되게 행동하는 santataṁvutti.
일관된 sahita. satata. santata. anurupa. aviruddha. thira. acapala. ghana.
일관성(一貫性) ghanatā. thiratā. avirodha. avirodhana. avirodhitā. yuttatā.
일관성없이 행동하는 sabalakārin.
일관성있는 santataṁkārin.
일괄로 gaṇamaggena.
일그러짐 saṅkoca. saṅkucana.
일급의 현악기 jātiviṇā.
일기(日記) dinapotthaka. patidinalekhana. devasikapotthaka.
일기에 쓰다 dinapotthake āropeti.
일기작가 dinapotthakasāmī.
일기장(日記帳) dinapotthaka. patidinalekhana. devasikapotthaka.
일기체의 dinapotthakāyatta.
일깨우다 abhinīharati.
일깨움 abhinīhāra. abhinīharaṇa.
일꾼 kammakāra.
일념(一念) ekacitta.
일대기(一代記) apadāna.
일래결정(一來決定) sakadāgāmīniyata.
일래과(一來果) sakadāgāmiphala.
일래과심(一來果心) sakadāgāmiphalacitta.
일래도(一來道) sakadāgāmimagga.

일래도심(一來道心) sakadāgāmimaggacitta.
일래자(一來者) sakadāgāmin.
일래자(一來者)의 경지 sakadāgāmitā.
일래지(一來支) sakadāgāmiyaṅga.
일래향(一來向) sakadāgāmimagga. sakadāgāmiphalasacchikiriyāya paṭipanna.
일래향심(一來向心) sakadāgāmimaggacitta.
일러주다 paribhāsati.
일륜(日輪) suriya. suriyamaṇḍala. maṇḍala.
일만(一萬) nahuta.
일만의 세계 dasasahassīlokadhātu.
일목전(日沒前)의 antoaruṇa. antoaruṇagga.
일몰(日沒) attha. atthaṅgama. atthaṅgamana. suriyatthaṅgamana. avasūra.
일몰처(日沒處) avasūra.
일반사람 ittarapurisa. pacurajana. puthujjana. samajana.
일반사람의 pothujjanika.
일반사람이 향유하지 못한 aputhujjanasevita.
일반성(一般性) sāmañña. sāmaññatā.
일반적으로 pakatiyā. pāyena. sāmaññena. bahuso.
일반적으로 불리는 죽음 sammutimaraṇa.
일반적이지 않은 asādhāraṇa.
일반적인 ittara. oḷārika. pacura. sādharaṇa.
일반적인 괴로움에 대한 앎 dukkhadukkhañāṇa.
일반적인 구별 lokavohāra.
일반적인 긁는 도구 akatamallaka.
일반적인 법칙 dhammatā.
일반적인 법칙에 관한 법문 dhammatādhammapariyāya.
일반적인 법칙의 윤리 dhammatāsīla.
일반적인 법칙의 형태 dhammatārūpa.
일반적인 습관 dhammatā.
일반적인 실천 dhammatā.
일반적인 용어 ekatta.
일반적인 용어의 사용 ekattatā.
일반적인 용어의 시설 ekattapaññatti.
일반적인 의견 sammuti.
일반적인 지혜 sammutiñāṇa.
일반적인 현상 dhammatā.
일발식지(一鉢食支) pattapiṇḍikaṅga.
일부(一夫)종사는 ekabhatta.
일부다처(一夫多妻) bahubhariyatā.
일부러 cecca. sampaṭisaṅkhā. sampaṭisaṅkhāya.
일부종사하는 여자 ekabhattakinī.
일분행자(一分行者) padesakārin.
일사병(日射病) sīsâbhitāpa.
일산(日傘) chatta.
일산을 만들기 위한 샤프트[대나무나 갈대] chattanāḷi.
일상(日想) divāsaññā.
일상어(日常語) bhāsā.
일상적 죽음 sammutimaraṇa.
일상적이 아닌 abbohāra.
일상적인 niruḷha. pakati.
일상적인 상태 pakati.
일상적인 지각 divāsaññā.
일생동안 yāva jīvaṁ.
일생동안의 yāvāyuka.
일석(一石)[용량의 단위] khāri. khārī.
일석의 하물 khāribhaṇḍa.
일석의 하물을 단 천평칭 khārikāja.
일성(一性) ekatta.
일성공(一性空) ekattasuñña.
일세기(一世紀) paṭhamasatavassa.
일승(一乘) ekayāna.
일승도(一乘道) ekâyana.
일승병(一升甁) āḷhakathālikā.
일시적인 ittara. ittarapaccupaṭṭhāna. kālika. sāmayika. sāmāyika. tāvakālika. yāvakālika.
일시적인 선정에 의한 억제를 통한 멀리 여읨 vikkhambhanaviveka.
일시적인 선정에 의한 억제를 통한 해탈 vikkhambhanavimutti.
일시적인 체류 ittaravāsa.
일시적인 해탈 samayavimutti.
일시적인 해탈자 sāmayikavimutta.
일식(日蝕) suriyaggāha.
일신교(一神敎) ekissaravāda. devanimmāṇavāda.
일신교도(一神敎徒) ekissaravādin. devanimmāṇavādin.
일심(一心) ekacitta. cetaso ekodibhāva.
일심(一尋)[길이의 단위] vyāma.
일아(日鵝) ravihaṁsa.
일야(一夜) ekaratta. ekaratti.
일어나 맞이하다 paccuṭṭhāti.
일어나 맞이함 paccuṭṭhāna.
일어나게 하다 nibodhati. samuṭṭhāpeti. uddeheti. uṭṭhāpeti.
일어나는 고통 uppajjanakadukkha.
일어나는 공포 uppajjanakabhaya.
일어나는 논쟁 uppajjanakâdhikaraṇa.
일어나는 비난 uppajjanakânuvāda.
일어나는 신념 uppajjanakasaddhā.
일어나는 존재 uppajjanakasatta.

일어나는 지각 uppajjanakasaññā.
일어나다 abbhusseti. abhilaṅghati. abhinibbattati. āgacchati. akkandati. jambhati. nippajjati. nipphajjati. paccupaṭṭhahati. paccuṭṭhāti. pariyuṭṭhati. sampajjati. samubbhavati. samucchati. samudācarati. samudāgacchati. samudayati. samudeti. samuppajjati. samuṭṭhahati. samuṭṭhāti. upapajjati. upaṭṭhahati. upaṭṭhāti. upaṭṭheti. upatiṭṭhati. upavattati. uppajjati. uṭṭhahati. uṭṭhāti. vattati. vijambhati. vuṭṭhahati.
일어나지 않는 anuṭṭhaka.
일어난 anvāsatta. samudāgacchati. samudāgata. samuṭṭhita. uppanna. uṭṭhita. vuṭṭhita.
일어날 수 없는 anuddharaṇīya.
일어날 준비가 된 uṭṭhāyaka. uṭṭhāyin.
일어남 ārohaṇa. jambhatā. paccuṭṭhāna. udaya. uppajjana. uṭṭhāna.
일어남과 사라짐 udayabbaya. udayavaya. udayavyaya.
일어남과 앉음 uṭṭhānanisajjā.
일어서다 abbhuṭṭhāti. usseti. uṭṭhahati. uṭṭhāti.
일어섬 abbhuṭṭāna. uggama. uggamana.
일에 바쁜 kammapasuta.
일에 열중하다 kicchati.
일에 적합한 kammakkhama. kammañña.
일에 적합한 마음 kammakkhamacitta.
일에 적합한 신체 kammaññakāya.
일에 적합함 kammaññatā.
일에 전념하는 kammagaru.
일에 종사한 kammantavyāvaṭa.
일에 태만한 행위 kammantânuṭṭhāna.
일에서 기쁨을 느끼는 kammâbhirata.
일에서 의무를 행하는 kammantakiccakara.
일에서 해방된 kammamutta.
일온유(一蘊有) ekavokārabhava.
일요일(日曜日) ravivāra.
일용품(日用品) upakaraṇa.
일원론(一元論) advayavāda. ekattavāda.
일월(一月)[남방음력 9월 16일 ~ 10월 15일] phussa.
일으켜 세우다 samussāpeti. ullaṅgheti.
일으켜 세움 āropana. āropanā. ukkujjana. ullaṅghanā. uṭṭhāna.
일으켜 세워지지 않은 anuccārita.
일으켜 세워진 samussāpita.
일으켜진 uyyata.
일으키다 abhinibbatteti. sampavatteti. samunnameti. udīrayati. udīreti. ukkujjati. ukkujjeti. upadahati. vuṭṭhāpeti.
일으킴 samāropana. uggira.
일을 감당할 수 있는 kammañña. kammaniya. kammanīya.
일을 감당할 수 있음 kammaññatā.
일을 감독하는 행위 kammantâdhiṭṭhāna.
일을 구하는 사람 kammantapekkhaka.
일을 마스터한 atthajāpika.
일을 생각하는 abhimana.
일을 수행하기 위해 kammakaraṇâtthāya.
일을 완성하기 위해 kammanipphattatthaṁ.
일을 완성한 siddhattha.
일을 완수할 수 있는 kammaniṭṭharaṇasamattha.
일을 좋아하는 kammakāma.
일을 즐기는[신체적인 일] kammarata.
일을 하기 위해 kammantakaraṇatthāya.
일을 하는데 힘이 부족한 것 kammakaraṇaviriyâbhāva.
일을 하다 kiccaṁ karoti. vyāpāram āpajjati.
일을 함에 얼마나 많은 잘못을 범했는지를 취급하는 장 katâpattivāra.
일음보고(一音寶庫)[서명] Ekakkharakosa.
일의 감독자 kammâdhiṭṭhāyaka. kammantâdhiṭṭhāyika.
일의 결정 kammaniṭṭhāna.
일의 목표 kammantappayojana.
일의 방해(妨害) kammaccheda.
일의 성취 kammasiddhi.
일의 수행 kammakaraṇasīla.
일의 시작을 알리는 북 kammantabheri.
일의 열매로 사는[농장] kammaphalûpajīvin.
일의 완수 kammanipphādana.
일의 주도 ārambha.
일의 중지 kammaccheda.
일의 지휘자 kammantâdhiṭṭhāyika.
일의 처리 adhikaraṇa. kammanipphatti.
일의 혼란 kammavikkhepa.
일이 마음에 듦 kammasādutā.
일이 많은 bahukaraṇīya.
일이 없는 kammahīna.
일이 없음 avyāpāra.
일이 적합함 kammasādutā.
일이관지(一以貫之) ekâbhisamaya.
일인칭(一人稱)[문법] uttamekavaca. uttamapurisa.
일자일어법(一字一語法) ekakkharapadikalipi.
일정(日程) niyamāvali. parisiṭṭhasaṅgaha.
일정정도 실천하는 사람 padesakārin.
일정하게 dhuva.
일정하게 배분되는 쌀죽 dhuvayāgu.

일정하게 시설된 dhuvapaññatta.
일정하게 식사를 공급하는 dhuvabhattika.
일정한 abbokiṇṇa. anavarata. dhuva. ekacca. ekaccika. ekacciya. niyata. satata.
일종자(一種者) ekabījin.
일좌식(一坐食) ekâsana.
일좌식지(一座食支) ekāsanikaṅga.
일주(一周) anuparidhāvana. pariyena. pariyenā.
일주(日珠) suriyakanta.
일주(一周)의 vaṭṭa.
일주일(一週日) sattadina. sattāha. sattaratta.
일주일동안 sattâhaṁ.
일주일에 한 번 sattāhavārena.
일주하고 anupariyāya.
일주하는 vaṭṭula.
일주하다 parivattati. pariyeti.
일주하여 달리다 anuparidhāvati.
일직선(一直線) ujurekhā.
일직선의 pañjasa. uju. ujju.
일처다부(一妻多夫) bahupatikatta.
일천만(一千萬) koṭi.
일체(一切) → 일체의.
일체견자(一切見者) sabbadassāvin. sabbadassin.
일체공(一切空) sabbasuñña.
일체단자(一切斷者) sabbañjaha. sabbappahāyin.
일체를 건너는 vessantara.
일체를 보는 눈 samantacakkhu.
일체를 초월한 vessantara.
일체법(一切法) sabbadhamma.
일체불선(一切不善) sabbâkusala.
일체사(一切事) sabbattha.
일체선견(一切善見) samantapāsādikā.
일체성(一切性) sabbatta.
일체세간 존재에 유혹되지 않는 지각 sabbaloke anabhiratisaññā.
일체세간(一切世間) sabbaloka.
일체승자(一切勝者) sabbābhibhū. sabbaji.
일체의 eka. asesita. kasiṇa. kevala. nikhila. sabba. sabbassa. sabbattha. sabbāvant. sakala. samanta. vissa. vessa.
일체의 가르침 sabbadhamma.
일체의 모습을 여읜 animitta.
일체의 부류 sabbakāya.
일체의 원리 sabbadhamma.
일체지성(一切知性) sabbaññutā.
일체지자(一切知者) sabbaññū. sabbavidū.
일체지지(一切知智) sabbaññutā.
일체처업처(一切處業處) sabbatthakammaṭṭhāna.
일출(日出) aruṇôdaya. suriyoggamana. udayana. aruṇoggamana.
일출시(日出時) aruṇutu.
일치(一致) anuparodha. abheda. ajjhupagamana. anumati. anuvattana. anuvatti. anvaya. anvayatā. kalaha. kathikā. katikā. paṭiññā. samaggatta. sāmaggī. sāmañña. samavadhāna. saṅketa. saṅketakamma. sampaṭiggaha. sampāta. samānatā. samānatta. sāmaggiya
일치관계(一致關係) samānatta. samānatā. sarūpatta. sarūpatā.
일치되다 anusandhīyati.
일치된 행동 ekakamma.
일치성(一致性) ekasadisatta.
일치시키다 samānattaṁ pāpeti.
일치하게 anuvidhāya.
일치하는 anañña. anugāmika. ekâdhippāya. ekamānasa. nibbematika. sāmāyika. tadanurūpa. tajja.
일치하는 것 samānavatthu.
일치하다 ādapayati. ādapeti. anuvatteti. paṭissuṇāti. sambhajati. sameti. sammannati. sammodati. saṁvadati. sandissati.
일치하지 않는 aṭṭhita. viloma.
일컬어지다 saṅkhaṁ gacchati.
일편(一片) ālopa.
일하는 kammantika.
일하다 abhisaṅkharoti. saṅkharoti.
일행(一行) ajjhāvara. parivāra. sampayuttaparivāra.
일행도(一行道) ekâyana.
일향(一向) ekaṁsa.
일향성(一向性) ekaṁsikatā.
일향의 ekagga. ekanta.
일회(一回) saki°. sakid. sakiṁ.
일흔(70) satatti.
일흔(70)번째 sattatima.
일흔둘(72) dvesattati. dvisattati. dvāsattati.
일흔셋(73) tesattati.
일흔아홉(79) ekūnâsīti.
일흔여덟(78)살 먹은 aṭṭhasattativassa.
일흔일곱(77) sattasattati.
읽다 anukathayati. paṭhati.
읽을거리 akkhāna.
읽히다 anukathayati. paṭheti.
잃다 jiyyati. jīyati. panassati. nirajjati.
잃어버리다 paridhaṁsati.

잃어버리지 않은 anapāyin. anaṭṭha. avinaṭṭha.
잃어버린 nikhiṇa. nissaṭṭha. nivatta. parihīnaka.
잃어버림 panāsa.
잃은 naṭṭha.
잃음 viraddhi.
임금[俸給] bhati. bhatika. bhaṭṭha. bhatikā. mūlya. vetana.
임금[王] atthapati. narinda. rājan. rājā.
임금노동자 vetanika.
임금으로서의 음식 bhattavetana.
임도(林道) vanapantha.
임명자(任命者) saṁvissajjetar.
임명하다 uddisati. upasampādeti. vuṭṭhāpeti.
임무(任務) adhikāra. dhura. kāraṇa. veyyāvacca.
임무를 거부하는 attañjaha.
임무를 수행하는 사람 kammakārin.
임무를 포기함 dhuranikkhepa.
임바라[식물] imbara.
임바수(荏婆樹)[식물] nimba.
임박(臨迫)하지 않은 apesita.
임산부(姙産婦) → 임신부.
임서(林棲) āraññakatta.
임시(臨時)의 kukku. taṅkhañña. taṅkhaṇika.
임신(姙娠) gabbhavakkanti. vokkanti. gabbhadhāraṇa.
임신부(姙娠婦) sannisinnagabbhā. dharaṇī. sagabbhā. garugabbhā.
임신시킴 gabbhakaraṇa.
임신약(姙娠藥) bhesajjaṁ yena vijāyati.
임신직후의 깔랄라의 형태 kalalarūpa.
임신직후의 깔랄라일 뿐인 상태 kalalamatta.
임신하지 않은 (여인) agabbhinī.
임신하지 않은 apagatagabbhā.
임신하지 않은 것에 대한 지각 agabbhinīsaññā.
임신한 āhitagabbha. gabbhagata. kucchimant. bhāriya. garuka. sagabbha. garugabbha.
임신했을 때의 수호의식 gabbhapariharaṇa. gabbhaparihāra.
임암초(林闇草)[식물] vanatimira.
임야(林野) arañña.
임원(任員) vidhāyaka.
임의(任意)의 serin.
임의로 aniyāmena. āsajja. sāhasaṁ.
임종(臨終) antaradhāna. katanta.
임종시의 업 āsannakamma. maraṇāsannakamma.
임종의 antima. āpāṇakoṭika. āyukkhayantika. āsannacutika. āsannamaraṇa.
임종의 시간 āsannakāla.
임종하다 kālaṁ karoti.
임주(林住) āraññakatta.
임주(林住)의 āḷavaka. āḷavika.
임주비구(林住苾丘) āḷavaka. āḷavika.
임차(賃借) gharasuṅkadāna.
임차인(賃借人) parasantakabhūmivāsin.
임차해서 aṇaṁ katvā.
임파선염 kaṇṭhamālaroga.
임파액(淋巴液) vasā.
임학(林學) rukkhavijjā.
임행자(林行者) vanacāraṇa.
입(入) āyatana.
입[口] ānana. assa. mukha. vatta.
입게 하다 paridahāpeti.
입고 있는 bhārin.
입구(入口) aya. dvāra. mukha. pavesana. pavisana. āya. āyamukha.
입금(入金) paribbaya.
입다[着用] āmuñcati. āropeti. dhāreti. ogumpheti. olaggeti. paridahati. pārupati. acchādeti. pilandhati. piḷandhati. piḷayhati.
입단(入團) upasampadā.
입단시키는 자 upasampādetar.
입단시키다 upasampādeti.
입단시킴 upasampādana. upasampādanā.
입단한 dikkhita.
입단한 자 upasamapanna.
입담이 좋은 vācikupasampadā.
입맞춤 cumbana.
입맞춤하다 cumbati.
입멸(入滅) parinibbāna.
입멸하다 parinibbāyati. parinibbāti.
입멸한 parinibbuta.
입문(入門) dikkhā. upanayana.
입문서(入門書) avatāra.
입문하다 dikkhati. upanayati. upaneti. upanayati.
입법(立法)의 vidhāyaka.
입법부(立法府) vidhāyakasabhā.
입법식(立法式) upanayana.
입법자(立法者) nīticintaka. nītidāyin. vidhāyin.
입수(入水) udakanti.
입수(入手)되다 acchupīyati.
입수된 hatthagata.
입수하다 acchupeti.
입수한 것 gayha.
입술 oṭṭha. dantāvaraṇa.
입술들이 함께 접촉하는 oṭṭhapariyāhata.
입술에서 생겨난 것 oṭṭhaja.

입술을 돌리는 것 oṭṭhaparivattana.
입술을 떠는 것[얼굴표정] oṭṭhaparipphandana.
입술을 마는 것 oṭṭhanibhoga.
입술을 접촉하는 것 oṭṭhapahaṭakaraṇa.
입술을 지닌 oṭṭhaka.
입술을 핥는 oṭṭhanillehaka.
입술의 윤곽 oṭṭhapariyosāna.
입술이 잘린 oṭṭhacchinna(ka).
입식(入息)[어원적으로는 날숨] passāsa.
입식(入息)하다[어원적으로는 '숨을 내쉬다'] passasati.
입아비담론(入阿毘曇論)[서명] Abhidhammâvatāra.
입아비담론주석[주석] Abhidhammatthavikāsinī. Abhidhammavikāsinī.
입안 쪽 양 볼의 벽 kapolapassa.
입안에 가득 음식을 물고 있는 sakabala.
입양(入養) puttīkaraṇa.
입양된 puttīkata.
입양하다 puttīkaroti. puttīyati.
입에 가득 채움 avagaṇḍa.
입에 음식을 가득 넣고 kabalasakabala.
입에 처넣다 ajjhoharati.
입에서 침을 흘리는 elamukha.
입에서 태어난 mukhaja.
입율의등론(立律儀燈論)[서명] Vinayasamuṭṭhānadīpanī.
입으로 먹은 mukhāsiya.
입으로 불을 나르는 것 abbhujjalana.
입은[착용] pāruta. paṭiyatta. sannaddha.
입을 닦는 천 mukhapuñcanacolaka.
입을 대다 paricumbati.
입을 맞추다 paricumbati.
입을 묶은 katamukhabandha.
입을 벌리다 vijambhati.
입을 수 없는 nibbasana.
입을 씻기 위한 물 mukhôdaka.
입을 지닌 ānana.
입을 함부로 놀리는 mukhadugga.
입을 헹군 katamukhadovana.
입이 없는 amukha.
입자(粒子) sakkharā. sakkharikā.
입장(立場) adhiṭṭhāna. aṭṭhāna. avatthā. avaṭṭhāna. āyatana. pariyāya. ṭhāna. āya.
입장(入場) pavesa. pavesana.
입장(立場)을 고집하지 않는 anādhānagāhin.
입장하지 않음 agati.
입장허가 antokaraṇa.
입정(入定) samāpatti.
입정에 든 samāpanna. samāhita. samāpannaka.
입정의 자유자재 samāpajjanavasitā.
입정자재(入定自在) samāpajjanavasitā.
입정하다 samādahati.
입죄(入罪) samāpatti.
입죄선교(入罪善巧) āpattikusalatā.
입주(入住) pavesa. pavesana.
입증되다 avasīyati.
입처(入處) āyatana.
입천장 tālu.
입출식(入出息) assāsapassāsa.
입태(入胎) okkanti. vokkanti.
입태(入胎)되다 okkamati.
입태(入胎)된 okkanta.
입학(入學) antokaraṇa. pavesa.
입학된 antokata.
입학허가 antokaraṇa.
입혀진 āropita.
잇꽃[식물] kusumbha.
잇다 saṁyuñjati.
잇단 antarikanantarika. aparâpara.
잇단 순서의 배열 anantaraṭṭhapanā.
잇달아 발생한 aparâparuppanna.
잇따까바띠[지명] Iṭṭhakāvatī.
잇몸 dantamaṁsa. dantamūla.
잇싸라싸마나까[사원] Issarasamaṇaka.
잇싸라싸마나라마[사원] Issarasamaṇārāma.
잇싸라싸마나비하라[사원] Issarasamaṇavihāra.
잇차낭갈라[지명] Icchānaṅgala.
잇차낭갈라까[인명] Icchānaṅgalaka.
잇차낭갈라에 사는 icchānaṅgalavāsin.
잇차낭갈라출신의 icchānaṅgalaka.
있는 sant.
있는 그대로 bhucca. yathātaṁ.
있는 그대로 앎 yathābhūtañāṇa.
있는 그대로 앎과 봄 yathābhūtañāṇadassana.
있는 그대로의 yathāṭhita.
있다 atthi. bhavati. hoti. sambhavati. sambhuṇāti. vijjati.
있다는 사실 bhavatta.
있었던 bhūta.
있으므로 sati.
있을 것 같지 않은 anabhimata.
있을 것이다 bhavissati.
있음을 여읜 삼매 suññatāsamādhi.
있음을 여읜 해탈 suññatāvimokkha.
있음의 상태 atthitā.
있음의 여읨에 대한 관찰 suññatânupassanā.
있지 않게 되다 vibhavati. vibhoti.

있지 않는 것을 지각하는 vibhūtasaññin.
있지 않은 abhava.
잉구디[식물] iṅgudī.
잉구씨빠띠가[약수지의 일종] hiṅgusipāṭika.
잉크 kajjala.
잉크스탠드 kajjalādhāra.
잉태 → 임신.
잉태될 준비가 되어 있는 존재[초기불교] gandhabba.
잊다 vissarati. mussati. pamussati. sammussati.
잊어버려서는 안 될 apamussanīya.
잊어버리다 mussati. pamussati. vissarati. sammussati.
잊어버리지 않은 apamuṭṭha.
잊어버리지 않음 apamussana.
잊어버리지 않음의 기능을 지닌 apamussanarasa.
잊어버리지 않음의 특징 apamussanalakkhaṇa.
잊어버림 sammussantā.
잊혀진 pamuṭṭha. sammuṭṭha. muṭṭha. vissarita.
잎 dala. palāsa. paṇṇa. paṇṇi. patta. patti. pattikā.
잎사귀 → 잎.
잎사귀 덮개 paṇṇasanthāra.
잎사귀가 없는 nippatta.
잎사귀가 펼쳐진 paṇṇasanthāra.
잎사귀로 덮은 지붕 paṇṇachadana.
잎사귀로 만든 오두막 paṇṇakuṭī. paṇṇasālā.
잎사귀로 만든 우산 paṇṇachatta.
잎사귀로 만든 잠자리 paṇṇabhisi.
잎사귀를 말리는 paṇṇasusa.
잎사귀를 먹고 사는 palāsika.
잎사귀와 열매 pattaphala.
잎사귀의 맛 pattarasa.
잎으로 만든 담는 그릇 paṇṇadhara.
잎으로 만든 바구니 paṇṇapacchi.
잎의 가장자리 pattavaṭṭi.
잎의 향기 pattagandha.
잎이 떨어진 opatta.
잎이 없는 opatta.

ㅈ

자! iṅgha. ehi. handa. ambho.
자(慈) mettā.
자가당착(自家撞着)의 aññamaññavirodhin.
자각(自覺) anubodha. anubodhi. pabodhana. paṭibodha.
자각된 anubuddha.
자각시키다 bujjhapeti. bujjhāpeti. pabodhati.
자각하게 하다 anubodheti.
자각하다 anubodhati. pabodhati. pabujjhati. paṭibujjhati.
자각한 pabuddha. saṁvijita.
자갈 aṭṭhilla. kaṭhala. kaṭhalā. kathala kathalā. marumba. sakkharā. sakkharikā. sikatā.
자갈과 모래 kaṭhalavālikā.
자갈이 없는 appasakkhara. asakkhara.
자갈이 있는 sakkharika. sakkharilla.
자객(刺客) satthakāraka.
자격(資格) guṇa. satti. yoggatta. ucitatta.
자격을 갖추지 못한 상태 abhabbaṭṭhāna.
자격을 갖춘 guṇopeta. alaṅkammaniya. kammakkhama.
자격을 부여하다 viseseti. paricchindati. anucchavikaṁ karoti. yoggattaṁ pāpeti.
자격이 없는 사람 abhabbapuggala.
자격이 있는 paṭibala.
자격이 정지된 비구 ukkhittaka.
자견(自見)의 sandiṭṭhika. sandiṭṭhiya.
자고 앉는 곳 senāsana.
자고(鷓鴣)[조류] caṅkora. daddara. kakkara. cakora. kapiñjala. tittira.
자고새에 속하는 tittiriya.
자고새와 같은 tittiriya.
자고새의 고기음식 caṅkora.
자공작(雌孔雀) sikhinī.
자광자(自光者) sayaṁpabha.
자광천(自光天) sayaṁpabha.
자구(資具) parikkhāra. parikkhāraṇa. upakaraṇa. upakkhara. paccaya. apassena. apassenaka.
자구(字句)[문법] vyañjana.
자구(資具)와 관계된 규칙 upakaraṇavidhāna.
자구의지계(資具依止戒) paccayasannissitasīla.
자국(自國) sadesaja. jātabhūmi.
자국(自國)의 sadesaja. nijadesika.
자국[흔적] valañja.
자국어(自國語) desabhāsāpayoga.
자국어의 사용 desabhāsāpayoga.
자궁(子宮) antokucchi. dharā. gabbha. jalābu. kucchi. yoni. dhātukucchi.
자궁에 놓인 kucchiṭṭha.
자궁에 임신하지 않은 agabbhaseyyaka.
자궁으로부터 태어난 yonija.
자궁을 떠난 tirokucchigata.
자궁의 yoniya.
자궁의 내용물 gabbha.
자궁의 부푼 상태[임신] gabbha.
자궁의 의지처 gabbhāsaya.
자극(刺戟) javana. khipana. khipanā. sañcopanā. sannitodaka. ujjhāpana. uyyojana.
자극되지 않은 anerita.
자극된 āraddha. samussāhita. sañcodita. ussāhita.
자극받다 parikuppati.
자극받은 sasaṅkhārika. sasaṅkhāriya.
자극받은 마음 sasaṅkhārikacitta. sasaṅkhāriyacitta.
자극받지 않은 asaṅkhārika. asaṅkhāriya.
자극받지 않은 마음 asaṅkhārikacitta. asaṅkhāriyacitta.
자극성(刺戟性) kaṭuka.
자극성의 물질이 있는 kaṭula.
자극에 유혹되지 않는 anabhirata.
자극에 유혹되지 않음 anabhirati.
자극을 전하는 신경 haraṇī.
자극적인 tiṇha. titta. uyyojanika.
자극적인 맛 kaṭu.
자극적인 욕망 chandarāga.
자극하기 tudana.
자극하는 sañcopana. ākoṭana. patodaka. samādapaka. samuttejaka.
자극하는 말 saṅkalaha.
자극하다 codeti. copeti. ejati. īreti. niyojeti. pājeti. parikopeti. samādapeti. samādāpeti. samavassarati. samussāheti. samuttejeti. saṁvejeti. sañcopati. tejate. tudati. ūhanati. ussāheti. uṭṭhāpeti. uyyojeti. vijjhati.
자급자족할 수 있는 sabbasampuṇṇa. sakabalayutta.

자기(自己) attan. tuma. sa°.
자기가 잘되길 바라는 attakāma.
자기가 확립된 ṭhita.
자기교육(自己敎育) attôvāda.
자기극복(自己克服) attajaya.
자기로부터 생긴 orasa. orasaka.
자기를 고요히 하는 attasamatha.
자기를 위해 지향된 attuddesa.
자기를 존중하는 attagaru.
자기만족적인 attasantuṭṭha. abhimānayutta.
자기방어(自己防禦) attagutti.
자기방어를 위한 동아리 ārakkhayaṭṭhi.
자기본위(自己本位) ahaṁkāra. ahaṅkāra.
자기본위(自己本位)의 attaṭṭha. attatthakāmin.
자기부정(自己否定) sakatthapariccāga.
자기부정적인 sakatthacāgin.
자기비하(自己卑下) attuññā. omaññanā. omaññitta. omāna.
자기선택(自己選擇) sayaṁvara.
자기손으로 한 sāhatthika.
자기애(自己愛) attakāma. attakāmatā. sakatthaparāyaṇatā.
자기에 대한 올바른 서원 attasammānpaṇidhi.
자기에 의해 만들어진 attakata.
자기에게 속하는 자 sajana.
자기에게 이끌다 anvānayati.
자기에게서 samhi.
자기에게서 생겨난 attasamuṭṭhāna.
자기와 같은 attasama.
자기와 같은 마음을 지닌 samānatta.
자기와 동일하게 대하는 것 samānattatā.
자기완성 attasampadā.
자기의 saka.
자기의 것에 대한 보시 ajjhattikadāna.
자기의 것으로 한 ādāyin.
자기의 것이 없는 assaka.
자기의 나라 sadesa.
자기의 수호 attagutti.
자기의 의도 attasañcetanā.
자기의 이익 sadattha.
자기의 자식 attaja.
자기의 재산 attasampatti.
자기자신에게서 기원하는 attasambhava.
자기자신의 nija. sakiya. saya. anañña.
자기자신의 손 sahattha.
자기작용(自己作用)의 sarasa.
자기정당화(自己正當化) uddhacca.
자기존중(自己尊重) attagārava.
자기존중(自己尊重) attasambhāvanā. attābhimana.
자기중심벽(自己中心癖) ahaṁkāra. ahaṅkāra. mamatta. mamāyitatta.
자기중심적이 아닌 amama.
자기치유(自己治癒) attagutti.
자기파괴 attaghañña. attaghāta.
자기파멸(自己破滅) attavadha.
자기학대(自己虐待) attaparitāpana.
자기해탈(自己解脫) attamokkha.
자기희생(自己犧牲) attapariccāga. paratthacariyā.
자나바싸바[야차] Janavasabha.
자내증법(自內證法) sakkhidhamma.
자네 tuvaṁ. tvaṁ.
자네싸바[신계] Janesabha.
자는 sāyika. sayanta.
자니사(闍尼沙)[야차] Janavasabha.
자니사천(闍尼沙天)[신계] Janesabha.
자다 passupati. sayati. seti. supati. suppati. soppati.
자다가(闍多迦)[경장] Jātaka.
자달(子獺) uddapota.
자동적(自動的)으로 sakabalena.
자동적인 acetasika. sayaṁvattin.
자동차(自動車) sayaṅgāmīratha. sayaṁvaṭṭaka.
자동차의 범퍼 varūtha.
자두[식물] harītaka. harīṭaka. harītakī.
자따까를 암송하는 사람 jātakabhāṇaka.
자라게 하다 abrūheti. bhuseti. uṭṭhāpeti.
자라고 있는 곡물 kiṭṭha.
자라난 ropita. rūḷha.
자라는 ruha. vaḍḍamānaka.
자라다 saṁrūhati. saṁvirūhati. vaḍḍhati.
자라지 않은 apparūḷha.
자란 niruḷha.
자랑 katthanā. silāghā. unnati. vikatthana. vikatthita.
자랑을 잘 하는 사람 katthitar.
자랑하는 gabbita. mānin. vikatthin.
자랑하는 사람 vikatthaka.
자랑하는 행위 kathanā.
자랑하다 katthati. keḷāyati. keḷayati. silāghati. vikatthati. nandati.
자러가는 nipātin.
자력(磁力) ayokantaguṇa. ākaḍḍhakabala .
자록(仔鹿) migapotaka.
자론사(自論師) sakavādin.
자루 gaṇḍa. gaṇḍikā. hattha. jaṭa. kotthalī. koṭṭhalī. puṭa. puṭaka.

자루가주(闍樓伽酒) jalogi.
자루속에서 요리된 것[푸딩] puṭapāka.
자루에 고정된 īsâbaddha.
자루음식 puṭabhatta.
자루의 꼭대기 īsāmukha.
자르게 하다 lāvayati. lāveti. lekheti. chindāpeti.
자르기 adhikuṭṭana. kantana.
자르는 avacchedaka. chindanta. chedanaka. kantanaka. ucchedana.
자르는 사람 chettar. lāvaka.
자르다 ābhindati. anukantati. avacchindati. occhindati. dāyati. karati. koṭṭeti. lāvati. lāyati. lekheti. likhati. lunāti. nikantati. phāleti. sampadāleti. sañchindati. tacchati. taccheti. udāyati. ukkantati. vikantati.
자르지 않고 acchetvā.
자름 abhilāva. apadāna. lāyana.
자리(自利) atta(d)attha. attahita. attattha. sakattha. sadattha.
자리[席] āsana. kaṭa. niḍḍha. nisajjā. nivāsa. pīṭha. sajjā. dhānī. ṭhāna.
자리가 마련된 āsanapagata.
자리가 아닌 자리 anāsana.
자리가 있는 āsanika.
자리를 거부한 āsanapaṭikkhitta.
자리를 구별하여 제공하는 것 āsanâbhihara.
자리를 내어주다 nisīdāpeti.
자리를 배정하는 사람 āsanapaññāpaka.
자리를 잡다 anvāvasati. sannisīdati. ussīdati.
자리를 잡지 못한 aniviṭṭha.
자리에 대하여 올바른 āsanakusala.
자리에 앉는 āsanapagata.
자리와 물 āsanûdaka. āsanôdaka.
자리와 물을 제공하는 āsanûdakadāyin.
자리와 접시 āsanathālī.
자리의 배정 āsanapaññatti.
자리의 절반 upaḍḍhâsana.
자리의 제공 āsanadāna.
자리의 지정 āsanapaññatti.
자리의 청소 āsanadhovana.
자립(自立) attupatthambhana.
자립의 attâdhīna.
자마까[식물(?)] jhāmaka.
자만(自慢) abhimāna. adhimāna. atimāna. ahaṅkāra. mada. mamatta. māna. maññitatta. sārambha. uddhaṭa. avalepa.
자만심(自慢心) vidhā.
자만에 의한 희론 mānapapañca.
자만에 의해 손상된 atimānahata.
자만에 찬 abhimānin.
자만의 결박 mānasaṁyojana.
자만의 경향 mānânusaya.
자만의 잠재적 경향 mānânusaya.
자만이 없는 anadhimāna. apanītamāna.
자만하는 anivātavutti. upatthaddha.
자만하지 않는 vītamada.
자만한 mānassin.
자매(姉妹) bhaginī.
자매라고 하는 생각 bhaginīcitta.
자매에 의해 보호받는 여자 bhaginīrakkhitā.
자매의 딸 bhāgineyyā.
자매의 아들 bhāgineyya.
자매의 형제 sālaka.
자면서 무슨 보람이 있는가? ko attho supitena.
자면서 어떠한 이익이 있는가? ko attho supitena.
자멸(自滅) attaghañña. attaghāta.
자명(自明) nikkaṅkhā.
자명성(自明性) vyākatatta.
자명한 avuttasiddha. pāṭikaṅkha. sammatasacca. sayaṁsiddha.
자명한 이치의 saccasammata.
자명한 진리 sammatasacca.
자모(字母) akkhara.
자무량심(慈無量心) mettappamāṇacitta.
자문하다 manteti.
자미(自味)를 지닌 sarasa.
자바라밀(慈波羅密) mettāpāramī. mettāpāramitā.
자발성(自發性) secchā.
자발적(自發的)으로 iṭṭhaṁ.
자발적으로 생겨난 눈을 지닌 sahājanetta.
자발적인 iṭṭha. sayaṁkata. secchāpubbaka. sacchandakārin.
자범행(慈梵行) mettābrahmavihāra.
자법(自法) sadhamma.
자본(資本) mūla.
자본(資本) mūladhana.
자본주의(資本主義) dhanabala.
자본주의자(資本主義者) mahaddhanin.
자본주의적인 dhanabalāyatta.
자봉(刺捧) pācana.
자부심(自負心) accuddhumātabhāva. attasambhāvanā. atimāna. avaññā. anavaññatti. māna. vidhā.
자부심을 갖다 uṇṇamati. unnamati.
자부심이 강한 accuddhumāta. mānatthaddha. mānavant. sabbasampuṇṇa. sakabalayutta.

자비(慈悲) anudayā. anuddayā. avihiṁsā. avihesā. dayā. mettā. karuṇā.
자비로서 시작하는 karuṇāmukha.
자비로운 anukampaka. anukampika. anukampin. anuddāyita. anuggahasīla. apalāsa. karuṇākara. karuṇāpara. karuṇāyutta. kāruṇika. dayālu. nela. neḷa.
자비로운 마음 mettacitta.
자비로운 몸으로 하는 행위 mettakāyakamma.
자비로움 kampitahadayatta.
자비롭게 karuṇā.
자비롭다 anuddayati.
자비롭지 못한 adayāpanna.
자비롭지 못함 akāruññatā.
자비를 따르는 karuṇânukūla.
자비를 베풀다 anudayati.
자비를 지향하는 karuṇâsaya.
자비를 추구하는 karuṇânuvattin.
자비수(慈悲水) karuṇājala.
자비심 많은 avyāpanna. bahukata.
자비심을 발휘할 기회 karuṇôkāsatā.
자비에 대한 담론 karuṇākathā.
자비에 도달한 dayāpanna.
자비에 머무는 karuṇāvihārin.
자비에 섭수된 karuṇāpariggahita.
자비와 반대가 되는 karuṇāpaṭipakkha.
자비와 연결된 karuṇāsamaṅgin.
자비와 일치하는 측면 karuṇāmukha.
자비와 지혜의 바다 karuṇāñāṇasāgara.
자비의 성취 karuṇāsampatti.
자비의 실천 anuddayanā.
자비의 영역에 속하는 karuṇāvisaya.
자비의 전파 karuṇāvipphāra.
자비의 주처 karuṇāvihāra.
자비의 집 karuṇâlaya.
자비의 형태 anuddayâkāra.
자산(資産) veyyāyika.
자살(自殺) attavadha. attaghāta.
자상(自相) salakkhaṇa.
자생(自生) sayañjāta.
자생의 attasambhava. niya.
자생자(自生者) sayambhū.
자생적인 sayañjāta.
자생하는 sayaṁkata.
자서전(自敍傳) sayaṁlikhitacariyā.
자석(磁石) ākassa. ayokanta. lohacumbaka.
자선(慈善) dāna. dānavatthu. yāca. yāga. yāja-(na). yañña.
자설경(自說經)[경장] Udāna.
자성(自性) attabhāva. padhāna. sabhāva.
자성론자(自性論者)[수론파] pakativādin.
자성법(自性法) sabhāvadhamma(tta).
자성사(自性詞) sabhāvanirutti.
자성상(自性相) sabhāvalakkhaṇa.
자성색(自性色) sabhāvarūpa.
자성청정(自性淸淨) sabhāvaparisuddha.
자세(姿勢) iriyā. iriyāpatha.
자세를 갖춘 iriyāpathasampanna.
자세를 바꾸는 iriyāpathakopana.
자세를 바꾸는 훈련 iriyāpathasamparivattanatā.
자세를 취한 사람 pavattayitar.
자세를 흩뜨리지 않는 manobhāvanīya.
자세와 일치하는 iriyāpathiya.
자세한 → 상세한.
자세한 설명 niyamana. vitthāra.
자세한 설명에 의해서 아는 자 vipaccitaññū. vipañcitaññū.
자세한 조사 anuvicāra.
자세한 조사하다 anuvicāreti.
자세히 → vitthārena.
자세히 말하다 vitthāreti.
자세히 바라보다 voloketi.
자세히 서술함 vibhāga.
자세히 설명된 niyamita. vibhatta.
자세히 설명하는 vibhattavant.
자세히 설명하다 niyameti.
자세히 설명할 부분 niddesavāra.
자세히 조사하다 anuvicarāpeti. anuvicārāpeti.
자손(子孫) anuvaṁsa. apacca. pādâpacca. bījaka. kulaputta. mahākulāgata. kulavaṁsa. pajā. pasava. putta. santānaka. tanaya. tanuya. santāna.
자식(子息) atraja. attaja. tanaya. tanuya.
자식이 없는 aputtaka.
자신(自身) attakāra. attan. ātuman. tuma.
자신(自信) 없는 paṭibhāna.
자신감(自信感) vesārajja.
자신감을 불어넣는 pasādaniya.
자신과 같은 attûpama.
자신과 같음 attasamānatā.
자신과 자신에 속한 것에 대한 믿음 attatthiyagaha.
자신과 자신에 속한 것에 대한 집착 attatthiyagaha.
자신만만 ubbilla.
자신만만한 ubbilāvita.
자신업(慈身業) mettakāyakamma.
자신에 관해서 ajjhatta.

자신에 대하여 명상하는 사람 attânuyogin.
자신에 대한 경멸 attavañña.
자신에 대한 칭찬 attavaṇṇa.
자신에 대한 통제력이 없는 avasavattin. avasin.
자신에 머물지 않는 nibbusitatta.
자신에 속하는 attûpanayika.
자신에 속하지 않는 anajjhattikabhūta. asaka.
자신에 유용한 것 atta(d)attha.
자신에 의해 직접 체험된 attapaccakkha.
자신에 의해서 sena.
자신에게 완벽한 attasampanna.
자신에게 유리함 salābha.
자신에게 적대적인 attapaccatthika.
자신에게 적용된 attûpanayika.
자신에게 적합한 장소 sakagocara.
자신에게서 기인하는 attasambhūta.
자신에게서 생겨난 sayañjāta.
자신으로부터 빛을 내뿜는 sayampabha.
자신으로부터 생겨난 sayañjāta.
자신으로부터 생긴 attaja. atraja.
자신으로부터의 공격 attûpakkama.
자신을 경멸하는 attaparibhava.
자신을 관(觀)하는 attānuyogin.
자신을 관해 명상하는 attānuyogin.
자신을 괴롭히는 sakagavacaṇḍa.
자신을 괴롭히지 않는 anattantapa.
자신을 네 번째로 포함한[다른 세 사람과 자신] attacatuttha.
자신을 닦은 bhāvitatta.
자신을 믿다 attānaṁ takketi.
자신을 비난함 attânuvāda.
자신을 섬으로 하는 attadīpa.
자신을 섭익(攝益)하는 saṅgahitattabhāva. saṅgahītattabhāva.
자신을 수호하는 attagutta. attarakkhita.
자신을 수호하는 자 rakkhitatta.
자신을 수호하는 주문 attaparittā.
자신을 숨기다 abhinilīyati.
자신을 아는 attaññu.
자신을 아는 자 attaññū.
자신을 열두 번째로 하는 attadvādasama.
자신을 예로 드는 attûpama.
자신을 완벽하다고 생각하는 anomamānin.
자신을 위하여 attarūpena.
자신을 위해 요리하지 않는 (사람)[고행자] asāmapāka.
자신을 위해서 attahetu.
자신을 자랑하는 attappasaṁsaka.
자신을 적용시키다 abhiniveseti.
자신을 적용시키지 않는 것 ananuyoga.
자신을 친구로 삼는 attadutiya. attûpama.
자신을 칭찬하는 자 attukkaṁsaka.
자신을 칭찬하지 않는 anattukkaṁsaka.
자신을 파괴하는 attabhañjanaka. attûpaghāta.
자신을 피곤하게 함 attakilamatha.
자신을 피난처로 삼는 attagatika. attasaraṇa.
자신을 훈련한 attadanta.
자신을 희생하는 attapariccāgin.
자신의 ajjhatta. ajjhattika. atta. niya. saka.
자신의 감각능력을 수호하는 자 rakkhitindriya.
자신의 것으로 만드는 māmaka.
자신의 것으로 하고 ādā.
자신의 것을 인식하는 sakasaññin.
자신의 것이 거의 없는 appassaka.
자신의 결정 attajjhāsaya.
자신의 결정으로 개최된 포살을 파괴하는 adhiṭṭhānapavāraṇa.
자신의 경계속에서 사는 pariyantacārin.
자신의 고백 paṭiññātakaraṇa.
자신의 고통 attadukkha. attavyābādha.
자신의 내부로부터의 원한 ajjhattikavera.
자신의 내부의 적 ajjhattavera.
자신의 논리를 말하는 sakavādin.
자신의 눈에 보여 진 sacchikata.
자신의 눈으로 보다 sacchikaroti.
자신의 도구 ajjhattikakaraṇa.
자신의 동기 attâdhipateyya.
자신의 뜻 savasa.
자신의 마음 sacutta.
자신의 마음을 깨끗이 함 sacittapariyodapana.
자신의 마음을 수호하는 자 rakkhitamānasāna.
자신의 멤버가 아닌 anaṅga.
자신의 모임 sakasamaya.
자신의 목적을 위한 책략 kappiyalesa.
자신의 목표에 열중하는 atthavasin.
자신의 몸에 관한 attasannissita.
자신의 몸의 감관이 수호된 kāyagutta.
자신의 몸처럼 사랑스러운 aṅgasarikkhaka.
자신의 발우를 지각하는 pattasaññin.
자신의 백성 attajana.
자신의 백성에 친절한 ajjhattikasaṅgaha.
자신의 벌이에 의해 지원된 attavetanabhata.
자신의 보호 attarakkha.
자신의 복지를 위하는 attarūpa.
자신의 본성 attabhāva.
자신의 본질 attasāra.
자신의 부분에 속하는 attapakkhiya.
자신의 불운 attavipatti.

자신의 비탄 attavyābādha.
자신의 사지와 같은 aṅgasama.
자신의 삶에 자제하는 katâyattajīvika.
자신의 소망 attajjhāsaya.
자신의 솔선수범 attappayoga.
자신의 신앙 sadhamma.
자신의 아내 sadāra.
자신의 아름다움으로 사는 여인 rūpûpajīvinī.
자신의 언어 sakanirutti.
자신의 영역 안에서 움직이는 ālayasārin.
자신의 욕구를 추구하는 attatthiya.
자신의 유일한 본성을 지닌 ekatta.
자신의 의무 attakicca. sakamma.
자신의 의지 savasa.
자신의 의지와는 반대로 행해지는 akāmakaraṇīya.
자신의 의지와는 상관없는 avasavattaka.
자신의 이론에만 집착하지 않는 asandiṭṭhiparāmasin.
자신의 이익 atta(d)attha. attahita. salābha.
자신의 이익을 놓친 atikkantattha.
자신의 이익을 추구하는 attatthiya.
자신의 일 attakicca. sakicca. sakiccaya.
자신의 전생에 대한 새김 pubbe nivânussati.
자신의 존재 attabhāva.
자신의 존재방식의 획득 attapaṭilābha.
자신의 종교 sadhamma.
자신의 주인이 아닌 사실 anissaratā.
자신의 죽음을 야기하는 attamāraṇiya.
자신의 지방 sadesa.
자신의 집 saṅghara.
자신의 최상의 달성이 언어인 사람 padanikkhepaparama.
자신의 친척 attabandhu.
자신의 침으로 핥다 anuṭṭhubhati.
자신의 특징 salakkhaṇa.
자신의 파괴 attavinipāta.
자신의 필요를 관리하는 attabhara.
자신의 행복 attasukha.
자신의 행위 안에 거주하는 kammaniketavat.
자신의 형제 ajjhattabhātika.
자신의 훈련 attadamana. attadamatha.
자신의 힘에 따르는 것 anubala.
자신이 강화된 ocitatta.
자신이 없는 appaṭibhāna.
자신이 있는 avisārada. nikkaṅkha. nissārajja. visārada. vissattha.
자신이 있다 vissasati. vissāseti.
자신이 있음 palloma.
자신이 잘 닦여진 bhāvitatta.
자신이 주인이 아닌 것을 통해서 조정하는 anissaravikkapin.
자신이 증거하는 원리 sakkhidhamma.
자심(慈心) mettacitta.
자심해탈(慈心解脫) mettācetovimutti.
자써[어류] jhasa.
자아(自我) attan. ātuman. tuma.
자아가 강화된 ojitatta.
자아가 실체로 존재한다는 견해 attadiṭṭhi.
자아가 아닌 것 anattan.
자아가 아닌 현상 anattadhamma.
자아가 완성된 gatatta.
자아가 해탈된 vimuttatta.
자아나 자아에 속한 것이 아닌 anattanânanattanīya.
자아를 ~ 으로 여기는 attamāna.
자아에 대한 관심 attasañcetanā.
자아에 대한 지각 attasaññā.
자아에 속하는 attaniya.
자아에 속한 것이 아닌 anattaniya. anattanīya.
자아에 집착하는 견해 diṭṭhimamatta.
자아와 관계되는 atta.
자아의 개념 attûpaladdhi.
자아의 경향 kāma.
자아의 실체가 없다는 이론 anattavāda.
자아의 실체가 없음을 주장하는 자 anattavādin.
자아의 실체를 주장하는 자 attavādin.
자아의 실체에 대한 이론 attavāda.
자아의 이론에 대한 집착 attavādupādāna.
자아의 지배적인 영향 attâdhipateyya.
자아의 특징 attanimitta.
자아이론에 대한 집착 attavādûpādāna.
자아이론에 대한 취착 attagāha.
자애(慈愛) metta. mettā. mettatā. mettāyanā. mettāyitatta.
자애관(慈愛觀) mettabhāvanā. mettāsaññā.
자애로운 metta. mettaṁsa. vacchala.
자애로운 기분 mettāsaññā.
자애로운 삶 mettāvihāra.
자애로운 삶을 사는 자 mettāvihārin.
자애로운 신체적 행위 mettākāyakamma.
자애로운 언어적 행위 mettāvacīkamma.
자애로운 정신적 행위 mettāmanokamma.
자애로운 행위 mettācariyā.
자애롭다 mettāyati.
자애를 갖춘 mettāsahagata.
자애명상 mettabhāvanā. mettāsaññā.
자애수행 mettābhāvanā.

자애에 대한 지각 mettāsaññā.
자애에 의한 마음의 해탈 mettācetovimutti.
자애의 계발 mettābhāvanā.
자애의 공덕 mettānisaṁsa.
자애의 명상주제 mettākammaṭṭhāna.
자애의 실천 mettācariyā.
자애의 완성 mettāpāramī. mettāpāramitā.
자애의 위력 mettânubhāva.
자애의 청정한 삶 mettābrahmavihāra.
자야쑤나마[식물] jayasumana. jayasumanā.
자양(滋養) āhāra. ojā.
자양분(滋養分) āhāra. ojā. ojo°.
자양소(滋養素) pappaṭakojā.
자양에 묶인 āhārûpanibaddha.
자양에 의한 취착 āhārûpadhi.
자양에서 생겨난 āhārasambhava.
자양에서 일어난 āhārasamuṭṭhāna.
자양으로 사는 āhārûpajīvin.
자양으로 이루어진 āhāramaya.
자양을 여읜 anāhāra. nirāmisa. niroja.
자양을 통해 존재하게 된 āhārasambhūta.
자양의 근원 āhārasamudaya.
자양의 물질 āhārarūpa.
자양의 발생 āhārasamudaya.
자양의 본질 āhārarasa.
자양의 소멸 āhāranirodha.
자양의 조건 āhārapaccaya. āhāraṭṭhiti.
자양의 특징 ojālakkhaṇa.
자양의 퍼짐 ojāpharaṇa.
자양이 있는 sāmisa.
자양이 풍부한 ojavat.
자어업(慈語業) mettāvacīkamma.
자언치(自言治) paṭiññātakaraṇa.
자연(自然) bhūta. dhamma. nisagga. nissagga. pakati. lokanimmāṇa.
자연계(自然戒) pakatisīla.
자연금의 고리 siṅginikkha.
자연사(自然死) sarasamaraṇa.
자연상태 nisagga. nissagga.
자연상태의 pākatika.
자연스러움 nesaggikatta.
자연스런 sarasa.
자연스런 형태가 아닌 appakāra.
자연스럽지 못한 apākaṭika.
자연심(自然心) pakaticitta.
자연의 akata. akaṭa. nisagga. nissagga. pākata. pākaṭa. pākatika.
자연의 눈 pakaticakkhu.
자연의 물질 bhūtarūpa.
자연의 바다 pakatisamudda.
자연의 불 pakataggi.
자연의 연못 jātassara.
자연의 종(種)의 존재 vaṇṇabhūta.
자연의 창조적 힘에 의해 생산되지 않은 anutuja.
자연의 토지 jātibhūmi.
자연의 호수 jātassara.
자연적으로 pakatiyā.
자연적으로 pakatiyā. sabhāvena.
자연적으로 이루어진 pakata.
자연적으로 주어진 opapātikapaññatti.
자연적으로 주어진 이름 opapātikanāma.
자연적으로 행한 katarūpa.
자연적인 akata. akaṭa. akittima. nisagga. nissagga. nesaggika. pakatika. pākata. pākaṭa. pākatika. sabhāvasiddha.
자연적인 결점 bhūtavikāra.
자연적인 경사면 akaṭapabbhāra.
자연적인 고원 pāsāṇatela.
자연적인 불구 bhūtavikāra.
자연적인 상태 pakati.
자연적인 색깔 vaṇṇanibhārūpa.
자연적인 색깔 vaṇṇanibhārūpa.
자연적인 요소에 대한 초자연적인 통제력 īsitta.
자연적인 저수지 pāsāṇapokkharaṇī. udakasoṇḍī.
자연적인 조건 pakati.
자연적인 질서로 uppaṭipāṭiyā.
자연조건(自然條件) dhātu. pakati.
자연주의(自然主義) sabhāvanirūpaṇa.
자연친의(自然親依) pakatûpanissaya.
자연호수(自然湖水) jātassara.
자연화(自然火) pakataggi.
자웅동체(雌雄同體) ubhatobyañjanaka.
자원(雌猿) makkaṭī.
자원봉사(自願奉仕) secchāsevanā.
자원봉사자(自願奉仕者) secchāsevaka.
자위(自慰) ayathāsukkavissaṭṭhi.
자유(自由) adāsa. adāsī. bhojisiya. muñcana. muccana. muttatā. mutti. pamutti. seritā. vimutti. vimocana. vimokkha. vimokha. sādhīnatā. abaddhatā. aparādhīnatā.
자유로운 abajjhanta. apalibuddha. asaṅgita. asaṅgin. avāvaṭa. aviruddha. niraggala. niraggaḷa. nissaṭa. pākata. pākaṭa. vinimutta. vinimmutta. vimutta. sādhīna. serin.
자유로운 기회를 얻은 okāsâdhigama.
자유로운 마음 vimuttacitta.
자유로운 통로를 얻는 okāsâdhigama.
자유로운 행위 appaṭivāṇī.

자유로운 호흡 urundā.
자유로워진 parimutta. upātivatta.
자유로워질 수 있는 mocaya.
자유롭게 놓아줌 mocana.
자유롭게 되다 muccati. pamuccati. parimuccati. paṭinissarati. uṭṭhahati. uṭṭhāti. viriccati.
자유롭게 된 vimariyādikata. vippamutta.
자유롭게 움직이는 사지를 지닌 alīnagattatā.
자유롭게 하는 pamokkha.
자유롭게 하다 mocāpeti. moceti. muñcati. parimoceti. vimoceti. viniveṭheti.
자유롭지 못한 addhabhuta. addhābhūta. aṇḍabhūta. amutta. avasavatta.
자유를 원함 muñcitukamyatā.
자유를 줌 mocāpana.
자유민(自由民) bhujissa. bhujissā.
자유인(自由人) sādhīnapuggala.
자유자재(自由自在) vasitā.
자음(子音)[문법] vyañjana.
자음이 수반되지 않는[문법] asaṁyoganta.
자의식(自意識) ahaṁkāra. ahaṅkāra.
자의식이 강한 sakasabhāvacintaka.
자의업(慈意業) mettāmanokamma.
자이나교도 nigaṇṭha.
자이나교의 무리 nigaṇṭhaparisā.
자이나교의 포살 nigaṇṭhûposatha.
자인(自認) paṭiññātakaraṇa.
자자(自恣) pavāraṇā.
자자갈마(自恣羯磨) pavāraṇākamma.
자자를 위한 승단의 행사 pavāraṇākamma.
자자를 행하다 pavāreti.
자자를 행한 pavārita.
자자손손(子子孫孫) āputtaputtehi.
자자의 중지 pavāraṇāṭhapana.
자작(自作) attakata. sayaṁkata.
자작나무[樺] bhūja. ābhujī.
자재(資財) pābhata.
자재(自在) vasitā. vasi°.
자재된 sayaṁvasin.
자재력이 없는 avasa. avasin.
자재력이 있는 vasin. vasima.
자재를 얻은 pabhu.
자재변(自在辨) muttapaṭibhāna.
자재성(自在性) issaravatā.
자재자(自在者) sayaṁvasin.
자재천(自在天) issara. mahissara. vasavattin.
자재천론(自在天論) vasavattikathā.
자재천에 관한 이야기 vasavattikathā.
자재하게 된 vusimant.
자재화작인설(自在化作因說) issaranimmāṇahetuvāda.
자전(刺箭) salla.
자정기의(自淨其意) sacittapariyodapana.
자제(自制) attasaṁyama. adhivāsa. dama. damana. damatha. khamantā. khant. niyama. sakatthapariccāga. saṁvara. saṁyama. saṁyamana. saṅgāha. soracca. soreyya. tapa. tapo
자제되지 않는 agutta.
자제된 attasaññatā. ṭhitatta. samudāvaṭa. saṁvuta. saṁvutatta. saṁyata.
자제력(自制力) khantibala.
자제력이 있는 vasavattin.
자제시키다 saññāmeti.
자제의 결여 asaṁyama.
자제하기 어려운 dunnivāraya.
자제하는 damana. saṁyatatta. sorata. sūrata.
자제하다 paṭisaṁyamati. saṁvarati. saṁyamati. santhambhati. santiṭṭhati. saṇṭhahati. saṇṭhāhati. yamati.
자제하며 사는 yatacārin.
자제하지 못함 agutti.
자조(自助) attupatthambhana.
자조(自造) sayaṁkata.
자조(資助) upakāra. upakaraṇa.
자조된 upakkhaṭa.
자조의 upakāraka.
자조의 가르침 upakāradhamma. upakārakadhamma.
자조의 특징을 지닌 upakārakalakkhaṇa. upakāralakkhaṇa.
자조하는 saparikkhāra.
자조하다 upakaroti.
자족적인 attasaññata.
자존(自尊) ahaṁkāra. ahaṅkāra. attagārava.
자존심 있는 attagaru.
자존심(自尊心) attasambhāvanā. attābhimana.
자종(自宗) sakasamaya.
자주 abhiṇhaṁ. aparâparaṁ. bahukkhattuṁ. bahuso.
자주 가는 ciṇṇa. upasevin. upaka.
자주 가는 장소 ciṇṇaṭṭhāna.
자주 가다 abhiharati. avassayati. āsevati. pacāreti. sevati. upasevati. upabbajati. valañjeti.
자주 가지 않는 appaviṭṭha.
자주 가지는 upasevita.
자주 가진 abhisaṭa.
자주 감 apassayana.
자주 다니는 nibbiddha.

자주 다님 valañjana.
자주 되풀이 되는 행위 bahulīkāra.
자주 모이는 vicarita.
자주 모임을 갖는 abhiṇhaṁsannipāta. abhiṇhasannipāta.
자주 방문을 받는 upasevita.
자주 방문하지 않는 사람 asaṅgantar.
자주 함께 있는 것 abhiṇhasamaggavāsa.
자주 행하다 bahulīkaroti.
자주(自主) aparavasatā. sādhīnatā.
자주(自洲) attadīpa.
자주(自主)의 sādhīna.
자주권(自主權) sayaṁpālana. sakāyattapālana.
자주성(自主性) sayaṁpālana. sakāyattapālana.
자주적인 sakamatānuga.
자주적인 견해를 지닌 anaññaneyya.
자증(自證)하다 abhijānāti.
자지 않고 정진함 jāgariyânuyoga.
자지 않는 jāgara.
자지 않다 jāgarati.
자지 않음 jāgaratā. jāgariyā.
자지의 꼭대기 daṇḍakoṭi.
자질(資質) guṇa. yoggatta. ucitatta.
자질구레한 장신구 kaṭabhaṇḍa.
자찬자(自讚者) attukkaṁsaka.
자채(煮菜)[식물] siggu.
자철(磁鐵) ayokanta. lohacumbaka.
자체(自體) attabhāva.
자취가 없는 apada. apādaka.
자치(自治) sayaṁpālana. sakāyattapālana. sādhīnapālana.
자치정부 sādhīnapālana.
자칭(自稱) paṭiññā.
자칭하는 paṭiñña.
자칭하다 paṭijānāti.
자타의 이익 ubhayattha.
자태(姿態) iṅga. iṅgita.
자택(自宅)에서 ajjhāgāre.
자학(自虐) tāpana.
자행처(自行處) sakagocara.
자호녀(自護女) sārakkhā.
자화자찬(自畵自讚) attasilāghā. attukkaṁsanā.
자황(雌黃)[광물] haritāla.
작게 만듦 appīkriyā.
작게 빛나는 parittābha.
작게 빛나는 하느님 세계의 신들 parittābha.
작고 낮은 문 āṇidvāra.
작고 큰 aṇuṁthūla.
작다고 생각하다 appamaññati.

작동시키다 sampavatteti.
작만(昨晩) abhidosa.
작문(作文) bandhana. gantha. vākyaracanā.
작별인사를 청하다 apaloketi.
작별인사를 청한 apalokita.
작부(作婦) kammakārī.
작살의 가시 모양을 한 kaṇṇikasallasaṇṭhāna.
작성된 uparacita.
작성하다 karoti.
작시법(作詩法) chando. kāveyyasippa. sāhicca.
작식(嚼食) khādaniya.
작업(作業) kammakaraṇa. kammanta.
작업론(作業論) kiriyavāda.
작업부(作業婦) kammakārī.
작업소(作業所) kammantasālā. kammakaraṇasālā. kammasālā.
작업에 적당하지 않은 akammañña.
작업을 완성하려고 하는 kammantâbhinivesa.
작업의 수행 kammakaraṇa.
작업의 수행의무 kammakaraṇakicca.
작업장(作業場) kammabhūmi. kammakaraṇaṭṭhāna. kammantabhūmi. kiraṇa. sippāyatana. sālā.
작열(灼熱) pajjalana. pariḷāha. ātapa. ātāpa.
작열하는 accimant. āditta. jalitajalita. pajjalita. santatta. tatta. aggisikhūpama. aggivaṇṇa.
작열하는 상태 ātapatā.
작열하다 abhitapati. pajjalati.
작용(作用) indriya. kammanta. kicca. kiriya. kiriyā. kriyā. rasa.
작용된 abhinipphādita.
작용론자(作用論者) kiriyavāda.
작용만 하는 마음 kiriyacitta. kriyācitta.
작용의 범주[行境]가 아닌 agocara.
작용하는 abhinipphādaka.
작용하다 abhinipphādeti. saṁvattati. vaṭṭati.
작용하지 않는 avyāpāra.
작위(作爲) nisaṅkhiti.
작위자로서의 구격 karaṇakaraṇa.
작은 anuḷāra. appa. appaka. culla. cūḷa. ittara. kapaṇa. kattara(?). khudda. khuddaka. khujja. ku. omaka. paritta. parittaka. tanuka. tanuya. thoka. thokaka.
작은 가위 kattari. kattarī. kattarikā.
작은 가지 pasākha. pasākhā. potaka.
작은 갈고리 aṅkusaka.
작은 감각 대상 parittārammaṇa.
작은 강 kunnadī. nadikā.
작은 것 가운데 중간 크기의 omakamajjhima.

작은 것보다 작은 omakaomaka.
작은 곁가지 pāroha.
작은 골짜기 kandara.
작은 공 guḷikā.
작은 그릇 kapālaka. thālaka. thālikā.
작은 금화 suvaṇṇamāsaka.
작은 기쁨 khuddakapīti.
작은 낫 dātta.
작은 노래 gītaka. gītikā.
작은 놀이 cāraṇika.
작은 단지 ghaṭaka.
작은 달콤한 소리 kala.
작은 덧베개 bhisikā.
작은 도시 nagaraka. sākhānagaraka.
작은 돌 pāsāṇasakkharā.
작은 동전 lohamāsaka.
작은 동전의 반액 lohaḍḍhamāsa.
작은 마을 gāmaka. nigama.
작은 마을 이야기 nigamakathā.
작은 마차 rathaka.
작은 막대 tulikā. salākā.
작은 말 assaka.
작은 망고나무 ambaka.
작은 못 pallala.
작은 물고기 macchaka.
작은 물단지 alu.
작은 발 pāduka.
작은 발우 pattaka. ghaṭikā.
작은 방 ovaraka. sivikāgabbha.
작은 방마다 anupariveṇaṁ.
작은 방석 āsanaka.
작은 배[舟] upavahana. dārusaṅghāta.
작은 봉으로 때리기 ghaṭikā.
작은 부스럼 piḷakā.
작은 북 dindima. muraja. mutiṅga. paṇava. tindima.
작은 북소리 paṇavasadda.
작은 비둘기 kapotaka.
작은 빗장 sūcikā.
작은 뾰족탑을 구성하는 연꽃잎 opattakaṇṇika.
작은 사람 purisaka.
작은 사지 paccaṅga.
작은 삼매 parittasamādhi.
작은 상자 kosaka. sipāṭikā. sipātikā. vidha.
작은 상태 appībhāva.
작은 새 puttaka. sakuṇaka. sakuṇikā.
작은 새싹 aṅkuraka.
작은 새우 nalamīṇa.
작은 세 가지 법 parittattika.
작은 손가락 cullaṅguī.
작은 손발 paccaṅga.
작은 숫돌 nisadapota.
작은 숲 kānana. saṇḍa. sañjādiya. upavana. vipina.
작은 시간 ittarakāla.
작은 아들 puttaka.
작은 아버지 cullapitar.
작은 아이 puttaka.
작은 암비둘기 kapotī.
작은 연못 kussubbha.
작은 연민 karuṇāmattaka.
작은 염소 ajaka.
작은 영광의 parittasubha.
작은 영광의 하느님 세계의 신들 parittasubha.
작은 완성 upapāramī.
작은 왕 kuḍḍarājan.
작은 요정 accharikā.
작은 용 nāgamāṇavaka.
작은 웅덩이 kussubbha.
작은 원반 cakkalaka.
작은 유방 thanaka.
작은 의자 āsandikā.
작은 인식을 지닌 parittasaññin.
작은 인형 sombhā. sombhakā.
작은 자리 āsanaka.
작은 자아를 지닌 appātuma.
작은 잘못 ajjhācāra.
작은 절구공이 musalaka.
작은 정원 anuyyāna.
작은 조각 hīra. hīraka. kaṇa. kiṇi.
작은 조각으로 갈라진 accibandha.
작은 종 kiṅkiṇī.
작은 종의 벨소리 kiṇi.
작은 종이 달려 있는 그물 kiṅkiṇikajāla.
작은 종이 달린 그물에 알맞은 kappitakiṅkiṇijāla.
작은 죄 suddhaka.
작은 지네의 종류 kaṇṇajalūkā.
작은 지팡이 daṇḍaka. padalaka.
작은 집 agāraka. koṭṭhaka.
작은 창고 koṭṭhaka.
작은 천녀 accharikā.
작은 청정의 parittasubha.
작은 코 cullathṇḍila.
작은 콩 māsaka.
작은 크기의 계행 cullasīla.
작은 탑 niyyūha.
작은 토기 amatta.

작은 행동반경을 지닌 appâdhikaraṇa.
작은 행복 mattāsukha.
작은 향로 ghaṭikā.
작은 호수 osara. pallala.
작은 화폐 māsa. māsaka.
작은 활 dhanuka.
작음 anuḷāratta. appatā. appabhāva.
작의(作衣) cīvarakamma.
작의(作意) manasikāra.
작의(作意)하다 manasikaroti.
작의선교(作意善巧) manasikārakusalatā.
작익(作益)의 sappāyakārin.
작자(作者) kārin.
작증(作證) sacchikaraṇa. sacchikiriyā.
작증(作證)된 sacchikata.
작증(作證)하다 sacchikaroti.
작증열반(作證涅槃) nibbānasacchikiriyā.
작증현관(作證現觀) sacchikiriyâbhisamaya.
작지 않은 amanda. anapparūpa.
작지(作持)와 지지(止持) cārittavāritta.
작지계(作持戒) cārittasīla.
잔(盞) pāti. pātī. thālaka. thālikā. sarāva. sarāvaka.
잔가지 ghaṭikā. vetta. viṭapa.
잔가지로 묶음 vettabandhana.
잔꾀 kūṭopāya. nikati. vañcana. vañcanā.
잔나무 vanatha.
잔나뭇가지 daṇḍaka.
잔디 tiṇa.
잔디밭 saddalabhūmi.
잔디밭 tiṇabhūmi.
잔뜩 기대하는 āsaṁsuka.
잔뜩 먹은 dhāta.
잔뜩 시달린 ajjhāpīḷita.
잔류하다 sissati.
잔소리 garahaṇa.
잔소리하는 garahaka.
잔숙식(殘宿食) sannidhikārakabhojana.
잔식(殘食) bhuttâvasesa.
잔식생활자(殘食生活者) vighāsâda.
잔여 없는 열반 anupādisesanibbāna.
잔여 없는 열반의 세계 anupādisesanibbānadhātu.
잔여 있는 열반 saupādisesanibbāna.
잔여 있는 열반의 세계 saupādisesanibbānadhātu.
잔여(殘餘) avasesa. avasesaka. parisesa. sesa.
잔여로 남다 avaseseti.
잔여의 sāvasesa.
잔여이법(殘餘二法) piṭṭhiduka.
잔인(殘忍) caṇḍikka. kurūrakamma. niṭṭhuriya.
잔인하지 않은 aniṭṭhurin.
잔인한 bhīma. dāruṇa. duṭṭha. ludda. niddaya. niṭṭhura. rudda.
잔인한 일 dāruṇakamma.
잔인한 일을 하지 않은 akataluddha.
잔인한 행위 sāhasiyakamma.
잔인함으로 채워진 ākiṇṇaluddha.
잔털 uṇṇa. uṇṇā.
잔행정(殘行定) saṅkhārâvasesamāpatti.
잔혹(殘酷) kakkhaḷatā. kakkhaḷatta. nikkaruṇā.
잔혹으로 특징지어지는 kakkhaḷalakkhaṇa.
잔혹하지 않음 avihiṁsā. avihesā.
잔혹한 ākiṇṇa. kakkhaḷa. kataludda. katathaddha. kurūra. sāhasika.
잔혹한 성품 kakkhaḷabhāva.
잔혹한 왕 kakkhaḷarāja.
잔혹한 직업에 종사하는 kurūrakammanta.
잘 sādhu. sādhukaṁ. sāhu. suṭṭhu.
잘 가르쳐진 susikkhāpita.
잘 가르치는 viññāpaka.
잘 간 sugata.
잘 간추려진 sudditṭha.
잘 갈아진 sunisita.
잘 건축된 sumāpita.
잘 결정된 suvavatthāpita.
잘 결합된 saṅgata. susaṁhita. susandhi.
잘 고려하기 않고 acittikatvā.
잘 고려하지 않은 acittikata.
잘 고르게 된 sumatikata.
잘 고찰하고 sampaṭisaṅkhā. sampaṭisaṅkhāya.
잘 교육받은 suvinīta.
잘 구분된 suvibhatta.
잘 기억된 sussata.
잘 깔린 supaccatthata.
잘 깨달은 suppabuddha.
잘 꿰뚫어진 suppaṭividdha.
잘 나타나는 sudassa.
잘 놓아진 suhita.
잘 닦여진 supicchita.
잘 닦인 sumajja. suparikammakata.
잘 단절된 susamucchinna.
잘 대답한 kalyāṇapatibhāṇa.
잘 대접받은 santatta.
잘 덮인 abhicchanna. succhanna.
잘 도래한 svāgata.
잘 두어진 suhita.
잘 등지(等至)된 susamāhita.

잘 땀이 난 susedita.
잘 때려진 supoṭhita. suppaṭippatāḷita.
잘 떠벌리는 kathanasīla.
잘 만들어진 susaṇṭhāna.
잘 맞은 suppaṭippatāḷita.
잘 묘사하다 upavaṇṇeti.
잘 무장된 suvammita.
잘 믿음을 갖고 기뻐하게 된 supasanna.
잘 바쳐진 suhuta.
잘 박힌 sunikhāta.
잘 발라진 suvilitta.
잘 발음된 vissaṭṭha.
잘 방적(紡績)된 suvīta.
잘 방적된 suppavāyita.
잘 배우다 samuggacchati.
잘 배운 susikkhita.
잘 배움 sugahana.
잘 버려진 succaja. suvitacchita.
잘 베풀어진 succaja.
잘 보는 sudassa.
잘 보이는 tirochada. sudissamāna.
잘 보인 sudiṭṭha.
잘 보호된 sugutta. sugopita.
잘 부서지는 bhindana. pabhaṅgu. pabhaṅguṇa. pabbaṅgura.
잘 불어진 suddhanta.
잘 붙잡음 sugahana.
잘 사는 atijāta.
잘 삶다 nippacati.
잘 생각된 sucintita. supadhārita.
잘 생각하는 sucintitacintin.
잘 생긴 kalyāṇadassana.
잘 서술하다 upavaṇṇeti.
잘 설명된 sukittika.
잘 설치된 gambhīra. gambhīrasita.
잘 설하는 subhāsitabhāsin.
잘 설해진 subhāsita. sudesita. suppavedita. svākkhāta.
잘 설해진 가르침을 지닌 svākkhātadhamma.
잘 설해진 말씀의 승리 subhāsitajaya.
잘 성장된 abhivaḍḍhita.
잘 세워진 susamāhita.
잘 수호된 sugutta. sugopita.
잘 시작된 susamāgata.
잘 실천된 suppaṭipanna.
잘 씻어진 sudhota.
잘 씻은 sunahāta. sunhāta.
잘 아는 kataparicaya. paricaya.
잘 안치된 gambhīra.
잘 알고 paricca.
잘 알다 abhijānāti.
잘 알려진 paññāta. sūpadhārita.
잘 알려진 고대인도의 도시이름 indapaṭṭha.
잘 알려진 익숙한 대상 āciṇṇavisaya.
잘 알지 못하는 akovida.
잘 언명된 sudiṭṭha.
잘 얻어진 suladdha. sulladdha.
잘 연주한 suppavādita.
잘 오신 svāgata.
잘 완료된 sunniṭṭhitasunniṭṭhita.
잘 외운 vācuggata.
잘 요리된 sampanna.
잘 울리는 saravant.
잘 이루어진 kaṭa.
잘 이해되어야 할 abhiññeyya.
잘 이해된 supadhārita. vodiṭṭha.
잘 이해하는 padakkhiṇaggāhin.
잘 이해하여 upecca. upetvā.
잘 이해한 sunīta.
잘 익은 석류 karakapakka.
잘 인식된 vodiṭṭha.
잘 일어난 suhuṭṭhita.
잘 잊는 muṭṭhassati.
잘 잊어먹는 parimuṭṭha.
잘 적셔진 supāyita. susedita.
잘 적응하는 마음을 지닌 kallitacitta.
잘 정돈된 susaṇṭhapita.
잘 정리된 suvibhatta. suyutta.
잘 정미(精米)된 akaṇa.
잘 정비된 sunikkhitta.
잘 정의된 suvavatthāpita.
잘 제어된 susaññata.
잘 조련된 parinibbuta.
잘 조어된 sudanta.
잘 조언을 받은 sumanta.
잘 조화되는 susaṇṭhāna.
잘 주어진 sudinna.
잘 준비된 suparikammakata. susaṅkhata.
잘 증대된 abhivaḍḍhita.
잘 지껄이는 bahubhāṇika. bahubhāṇin. kathanasīla. mukhara.
잘 지어진 sumāpita.
잘 짜여진 suppavāyita.
잘 짜진 suvīta.
잘 차려입은 cittakata.
잘 취해진 suladdha. sulladdha.
잘 태어난 jañña. jātimant. sujāta.
잘 통일된 susamāhita.

잘 통찰된 suppaṭividdha.
잘 튕겨진 suppaṭippatāḷita.
잘 펴진 supaccatthata.
잘 평균된 sumatikata.
잘 평편하게 된 suvitacchita.
잘 포기된 succaja.
잘 해방된 sumutta.
잘 해죄(解罪)된 sosārita.
잘 행동한 subbata.
잘 행해진 katarūpa.
잘 헌공된 suhuta.
잘 현기(現起)된 suhuṭṭhita.
잘 확립된 suppatiṭṭhita.
잘 확정된 suppatiṭṭhita. suvavatthāpita.
잘 활주하는 suplavattha.
잘 회복된 sosārita.
잘 획득함 sugahana.
잘 훈련된 sudanta. susattha. susikkhāpita. suvinīta.
잘 훈련된 말 bhojâjānīya.
잘게 부서진 것 lujjana.
잘게 부수다 saṇheti.
잘라내는 luyyaka.
잘라내다 avacchindati. occhindati. okantati. okkantati. avakantati. upphāleti.
잘라냄 okantana.
잘라지다 chijjati. lūyati.
잘라진 kappa. lāyita. lūna. luta. lutta. vilūna.
잘라질 수 없는 acchejja.
잘려진 chinnaka.
잘로기[야자주스] jalogi.
잘리어진 vikoṭṭita.
잘못 ādīnava. agha. aguṇa. apacāra. kalaṅka. aparādha. atisāra. dosa. ela. micchatta. vajja. vaṅga. vikkhalita. vippaṭipatti.
잘못 가는 tiracchabhūta.
잘못 겨냥된 payuta.
잘못 경고된 adhammacudita(ka).
잘못 기워진 ducchanna.
잘못 놓고 vinidhāya.
잘못 다른 사람을 경고하는 사람 adhammacodaka.
잘못 대변하다 abbhācikkhati.
잘못 대변함 abbhācikkhana.
잘못 던진 주사위 kali.
잘못 덮여진 ducchanna.
잘못 만들어진 katadukkata.
잘못 사용된 dupparāmaṭṭha.
잘못 오지 않은 adurāgata.
잘못 이끌어진 dunnīta.
잘못 인도된 사유의 특징 uppathamanasikāralakkhaṇa.
잘못 인식시키다 vipallāsayati.
잘못 적용되지 않은 aduppayutta.
잘못 적용된 dunnīta.
잘못 취급하다 khippati.
잘못 훈련된 dubbinīta.
잘못되지 않은 avipatti.
잘못된 aparaddha. valīka. viloma. vipanna. viparīta. vippakata. vyāpanna.
잘못된 가르침 micchādhamma.
잘못된 개념 abhimāna.
잘못된 걸음이 없는 akhalita.
잘못된 것을 향해서 avisare.
잘못된 견해 atisāradiṭṭhi. kumati. dulladdhi. micchādiṭṭhi.
잘못된 견해를 갖고 있는 vipannadiṭṭhi. micchādiṭṭhika.
잘못된 견해를 갖다 vipallāsayati.
잘못된 견해를 토대로 하는 계행 diṭṭhinissitasīla.
잘못된 고용 abhoga.
잘못된 교리 asaddhamma.
잘못된 교리를 가르침 asaddhammasaññatti.
잘못된 교리를 즐기는 asaddhammarata.
잘못된 교리에 종사하는 asaddhammapaṭisevana.
잘못된 교리와 연관되는 asaddhammasanthava.
잘못된 교리와 연관된 asaddhammayuta.
잘못된 교리의 전법 asaddhammapūraṇa.
잘못된 길 agati. atittha. amagga. anaya. apatha. ummagga. uppatha. vipatha.
잘못된 길에 들어선 uppathabhūta.
잘못된 길을 가는 apañjasa.
잘못된 나루터 atittha.
잘못된 말 avacana. dukkathā.
잘못된 방법 anaya.
잘못된 방법으로 micchā.
잘못된 방편(方便) anupāya.
잘못된 비난을 초래하길 원하지 않는 anabbhakkhātukāma.
잘못된 사용 abhoga.
잘못된 사유 micchāsaṅkappa.
잘못된 삶을 떠난 katâbhinikkhamana.
잘못된 삶의 영위 dujjīvita.
잘못된 새김 micchāsati.
잘못된 생각 micchāgahaṇa.
잘못된 생계 dujjīvita.
잘못된 시간에 말하는 akālavādin.

잘못된 신념 kudiṭṭhi.
잘못된 실행 apakaraṇa.
잘못된 앎 micchāñāṇa.
잘못된 언어 micchāvacā.
잘못된 이론 diṭṭhi.
잘못된 입장 aṭṭhāna.
잘못된 장소 aṭṭhāna.
잘못된 적용 payogavipatti.
잘못된 정진 micchāvāyāma.
잘못된 집중 micchāsamādhi.
잘못된 채용 abhoga.
잘못된 특징 vilakkhaṇa.
잘못된 해탈 micchāvimutti.
잘못된 행동 atittha.
잘못된 행동이 없는 akukkuca.
잘못된 행위 anatthacariyā. anaya. kammâparādha.
잘못들 가운데 하나를 말하는 aguṇavādin.
잘못에 의한 결정 micchattaniyata.
잘못으로 가득 찬 ākiṇṇadosa.
잘못을 두려워하는 ottappin. ottāpin.
잘못을 두려워함 ottāpitā.
잘못을 범한 katâparādha.
잘못을 수반하는 vajjavant.
잘못을 인정하게 하여 쟁사를 그치게 하는 것 paṭiññātakaraṇa.
잘못을 저지르다 aparādheti.
잘못을 저지름 aticaraṇa.
잘못을 찾아내는 vajjadassin.
잘못을 찾아냄 ujjhāna.
잘못을 행한 katâgasa. katakibbisa.
잘못을 행함 āgu.
잘못이 없는 akasāva. anatisāra. anela. apagatadosa. apalāpin. nela. neḷa. niddosa. paṭimaṁsa. pāpabhīruka.
잘못이 없음 adosa.
잘못이 있는 ajjhāpanna. ajjhāpannaka. sadosa.
잘못하게 하는 mohanaka.
잘못하여 mithu.
잘못하지 않은 avipallattha.
잘못한 aparādhin.
잘박함 saṁvega.
잘생긴 abhirūpa. abhirūpaka. abhirūpavat.
잠 middha. niddā. sena. soppa. supita. sutta.
잠겨진 yuta.
잠그다 saṁyamati. upanisevati.
잠금 saṁyamana.
잠기는 pagāḷha.
잠기다 opilavati.
잠긴 nigāḷhika. nigāḷhita. samunna. visanna. vyasanna.
잠깐 동안 kittaka. muhutta. tāvakālika.
잠깐 동안의 acira.
잠깐 사이에 muhuttena.
잠꼬대 niddāya jappana.
잠든 okkantanidda. supita. paṭisutta. sutta. sotta.
잠들게 하다 pacāleti.
잠들다 niddāyati.
잠들은 sotta.
잠복(潛伏) tirobhāva.
잠복하고 있는 anusayika.
잠복하다 nilīyati.
잠복해 있다 anusayati.
잠부[식물] jambu.
잠부강에서 채취된 금으로 만든 화폐 jambonadassa nikkho.
잠부디빠[인도] jambudīpa.
잠수(潛水) avataraṇa. gāhanagāhana. nimujjā. nimmujjā. nimujjana. ogāha. ogāhana. udakanti.
잠수하는 ogadha. ogādha.
잠수하다 ajjhogahati. ajjhogāhati. ajjhogaheti. ajjhogāheti. avatarati. otarati. gāhati. mujjati. nimujjati. ottharati. pagāhati.
잠수함 antodakanāvā.
잠시(暫時) kittaka. muhutta. muhutta.
잠시의 kukkukata. sāmāyika. tāvataka.
잠시의 대화 antarākathā.
잠시의 아내 muhuttikā.
잠에 들다 okkamayati.
잠옷 rattivasana.
잠으로부터 깨어난 suttapabuddha.
잠입(潛入) avagāhana.
잠입하다 avagāhati.
잠입하지 않는 anogāhanta.
잠입한 ajjhogāḷha.
잠자기 좋아하는 niddārāma.
잠자는 anusāyika. anusayin. anusayita. supita. sutta. sotta.
잠자는 때 okkantakāla.
잠자는 사람 niddāyitar.
잠자다 passupati. supati. suppati. soppati.
잠자리 santhara. sayana. sena. senāsana. seyyā.
잠자리에 대한 이야기 sayanakathā.
잠자리에 드는 vāsûpagata.
잠자리와 깔개 sayanāsana. senāsana.
잠자리의 즐거움 seyyāsukha.

잠자코 있는 avacana.
잠재(潛在) aviññatti.
잠재된 anusāyika. anusayin.
잠재의식(潛在意識) bhavaṅga. bhavaṅgaviññāṇa.
잠재의식에 대한 사유 bhavaṅgajjhāna.
잠재의식의 근접성 āsannabhavaṅgatta.
잠재의식의 동요 bhavaṅgacala.
잠재의식의 마음 bhavaṅgacitta.
잠재의식의 상속 bhavaṅgasantati.
잠재의식의 정신 bhavaṅgamana.
잠재의식의 통로 bhavaṅgavīthi.
잠재의식의 흐름 bhavaṅga. bhavaṅgasota.
잠재적인 경향 anusaya. middha. sānusaya.
잠재적인 경향에 의해 수반되는 anusayânukkamasahita.
잠재적인 경향을 지닌 middhin.
잠재적인 경향이 없음 ananusaya.
잠재적인 선입견 anusaya.
잠재적인 선입견에 사로잡힌 anusayajālamotthata.
잠재적인 선입견을 버리는 anusayapahajana.
잠재적인 선입견의 반대 anusayapaṭipakkha.
잠재적인 성향 anusaya.
잠재하는 anusayita.
잠재하다 anusayati. anuseti.
잠정적인 권리정지 antarubbhāra.
잡게 하다 gāhāpeti.
잡결정(雜決定) pakiṇṇakavinicchaya.
잡곡(雜穀) yavaka.
잡기 쉬운 suvānaya.
잡는 parāmāsin.
잡는 것과 놓는 것 ādānanikādānakhepa.
잡는 사람 gaha.
잡는 자 upādātar.
잡다(雜多) nānatta.
잡다[把握] ādiyati. āharati. gaṇhati. olumpeti. parigaṇhāti. pariggaṇhāti. sammasati. samuggacchati. upādiyati.
잡다한 khuddaka. omissaka. pakiṇṇaka. sucitta. sucitra. vicitta. vicitra. vītimissa. vomissa(ka). sabbākāra.
잡다한 마음의 특성 pakiṇṇakacetasika.
잡다한 이야기 pakiṇṇakakathā.
잡담 itivāda.
잡담(雜談) biḷibiḷikā. janavāda. lapa. nānattakathā. palapana. palapita. vilivili(kriyā). vebhassi. vibhassikata. sampabhāsa.
잡담하는 (사람) palāpina.
잡담하는 lapa.
잡담하다 palapati.
잡답(雜沓) sammadda.
잡도록 시키는 사람 gāhāpaka.
잡론(雜論) pakiṇṇakakathā.
잡목숲 pabbatagahaṇa. pagumba. vanatha.
잡법(雜法) vītimissadhamma.
잡분(雜分) missakavāra.
잡사(雜事) khuddakavatthu.
잡색으로 칠하다 citteti.
잡색의 citta. cittita. kabara. kammāsa. kukkusa. phusita.
잡색이 아닌 akammāsa.
잡식성(雜食性)의 sabbabhakkha.
잡심소(雜心所) pakiṇṇakacetasika.
잡아 늘여진 pasārita.
잡아 늘이다 viggaṇhati.
잡아 뽑는 locaka.
잡아 뽑는 사람 locaka.
잡아 뽑다 vitaccheti.
잡아 뽑음 uppaṭana. uppaṭanaka.
잡아 찢다 uddāleti.
잡아당겨진 apakaṭṭha.
잡아당기는 kaḍḍhanaka.
잡아당기다 apakaḍḍhati. bahati. lisati. luñcati. loceti. samākaḍḍhati.
잡아당김 abbhukkiraṇa. apakaḍḍhana. kaḍḍhana. samākaḍḍhana.
잡어자(雜語者) vikiṇṇavāca.
잡역부(雜役夫) kammakara. kammakāra.
잡염(雜染) saṅkilesa.
잡염(雜染)되다 saṅkilissati.
잡염(雜染)된 saṅkiliṭṭha.
잡예어(雜穢語) samphappalāpa.
잡은 atta.
잡은 상태 ādiyanatā.
잡음(雜音) gāha. gahaṇa. kalakala. parāmasa. parāmāsa. parāmasana. ruta. upādāna.
잡일 khuddakavatthu.
잡종(雜種) missaka.
잡종견(雜種犬) saṅkarajāta. saṅkiṇṇuppattika.
잡종이 되다 missanena sañjaneti.
잡지 않은 anādinna.
잡초에 의해 황폐해진 tiṇadosa.
잡히게 만들다 gaṇhāpeti.
잡힌 baddha. dhajāhaṭa. gahita. gahīta. pariggahita. upādinna. upādiṇṇa.
잣기[방적] kantana. kantanā. nvayana. ganthana.

잣기와 요리하기 등 kantanapacanâdi.
잣기의 의미 kantanattha.
잣다 kantati. veti. olikhati.
잣은 kanta.
장(章) ajjhāya. kappa. pavattivāra. sutta. vāra. nipāta.
장(葬) ākara.
장(腸) anta. antaguṇa. antavaṭṭi. antapaṭala.
장(場) āyatana.
장(張) yuga.
장(章)으로 분할된 nipātaka.
장가들기 āvāha. āvāhana.
장가들다 gehe karoti.
장가보내다 āvahati.
장간(杖間) daṇḍantara.
장간막(腸間膜) antaguṇa. antavaṭṭi. antapaṭala.
장개(障蓋) pariyonāha.
장격(杖擊) daṇḍapahāra.
장고(杖鼓) mutiṅga.
장고교(長高憍) ārohamada.
장관(長官) amacca. khattar. sajīva. mantin.
장관과 수행원들 amaccaparicārikā.
장관과 함께 하는 sāmacca.
장관학(腸管學) antavijjā.
장구 ekakkhi. ekapokkhara. kumbhathūṇā. thūṇakumbhathūṇā.
장군(將軍) pariṇāyaka. senānāyaka. senānī. senāpati.
장군보(將軍寶) pariṇāyakaratana.
장군의 보물 pariṇāyakaratana.
장군의 집무실 senāpacca.
장굴녀(長堀女) sikharaṇī. sikhariṇī.
장기학(臟器學) avayavavibhāga.
장난감 kīḷanābhaṇḍaka. kīḷāpanaka.
장난감마차 rathaka.
장난감말 assarūpaka.
장난감쟁기 vaṅkaka.
장난감코끼리 hatthirūpaka. katahatthika.
장난끼 있음 keḷāyana.
장난치다 kīḷati. laḷati. lalati. saṅkīḷati.
장난하다 → 장난치다.
장년(壯年) vibhūti.
장뇌(樟腦) ghanasāra. kappūra.
장님[盲人] andha.
장대(壯大) viyākāra.
장대[막대] īsaka.
장대한 urūḷhava. ubbuḷhava.
장대함 bahubhāva.
장도자(將導者) ninnetar.
장딴지 jaṅghā.
장딴지 힘으로 jaṅghābalaṁ.
장래(將來)의 pārihāriya.
장래자(將來者) ninnetar.
장래혜(將來慧) pārihāriyapaññā.
장려(獎勵)하는 uttejaka. palobhaka.
장려(壯麗)한 sūḷāra.
장려책(獎勵策) uyyojana. palobhana. samuttejana.
장려하다 samuttejeti.
장례(葬禮) āḷāhanakicca. petakicca. matakicca. sarīrakicca.
장로(障老) āyasmant.
장로(長老) āyusmant. thera. thāvara. vaddha. vuḍḍha. vuddha.
장로(長老)의 theriya. jeṭṭha.
장로게(長老偈)[경장] Theragāthā.
장로니(長老尼) therī.
장로니게(長老尼偈)[경장] Therīgāthā.
장로들에게 공경을 표시하는 jeṭṭhâpacāyin.
장로들을 공경하는 사람 jeṭṭhâpacāyitar.
장로들을 포함하는 sathera.
장로들의 절반 upaḍḍhattherā.
장로를 따라서 anutheraṁ.
장로를 따르는 anuthera.
장로의 시자 cullûpaṭṭāka.
장로의 이름 isibhatta.
장로의 지위 thāvareyya.
장로의 지칭 asokapūjaka.
장막(帳幕) kiṭika. onāha. parivāraṇa.
장모(丈母) sassu. sassū. sasurā. sasurī.
장모를 신으로 숭배하는 sassudeva.
장물 theyya.
장미사과나무[식물] jambu.
장발(長鉢) atirekapatta.
장방형의 호수 digghikā.
장벌(杖罰)에 의해 보호받는 여자 saparidaṇḍā.
장벽(障壁) kuḍḍanagaraka. samorodha.
장부(長部) dīghanikāya.
장비(裝備) kappana. parikkhāra. parikkhāraṇa. upakaraṇa. upakkhara.
장사(壯士) malla.
장사[사업] ācariyaka. ācariyakamma. vaṇijjā. vāṇijjā. vaṇippattha. vohāra. vyohāra.
장사꾼 āpaṇika. kammika.
장사에 서투른 avohārakusala.
장사하다 pakiṇāti.
장소(場所) adhisaya. okāsa. pada. padesa. ṭhāna. visaya.

장소가 아닌 anavakāsa.
장소와 관련된 장(章) okāsavāra.
장소와 관련된 전략[훔치는데 필요한 전략] okāsaparikappa.
장수(長壽) addhan. addhāyu. āyu. dīghajīvita.
장수(將帥) nāyaka.
장수를 누리다 jīvitasaṅkhāraṁadhitiṭṭhati.
장수를 얻은 āyupaṭilābhin.
장수와 아름다움과 행복과 건강을 증진하는 āyuvaṇṇasukhabalavaḍḍhana.
장수와 지혜를 갖춘 āyupaññasamāhita.
장수의 āyusmant. dīghāyu. dīghāyuka.
장수의 조건 āyusaṅkhāra.
장수자(長壽者) dīghajīvin.
장수자(長壽者) dīghajīvin.
장수하는 āyussa. āyuvant.
장수하시길! jīvapaṭijīvaṁ.
장시간 kappa.
장식 옷이 입혀진[동물] kappita.
장식(裝飾) ābharaṇa. alaṁkāra. alaṁkaraṇa. apilandhana. bhūsana. bhūsā. cittakamma. maṇḍana. pakkhara. parikeḷanā. parikkhāra. pasādhana. pilandhana. piḷandhana. pīṇana. sajjana. sandana. vibhūsana
장식가(裝飾家) cittakāra.
장식된 abhicchanna. abhimaṇḍita. alaṁkata. āmutta. anucarita. cittakata. kappita. khacita. kita. maṇḍita. parikkhata. pasādhita. paṭimaṇḍita. pilandha. samupasobhita. vibhūsita. vicitta. vicitra. viracita
장식띠 kaṭibandhana. kaṭisutta.
장식매듭이 없는[칼의 경우] nigganṭhi.
장식물(裝飾物) ābharaṇa. apilandhana. giṅgamaka. pasādhana. pilandhanavikati. sobhaṇa. sobhana.
장식물을 좋아함 parikeḷanā.
장식에 맞지 않는 것 apilandhana.
장식에 신경을 쓰지 않는 amaṇḍanāsīla.
장식용 마구(馬具) assabhaṇḍaka.
장식용 말 assapota.
장식을 좋아하는 maṇḍanajātika.
장식을 좋아함 maṇḍanânuyoga.
장식의 적용 maṇḍanânuyoga.
장식이 없음 amaṇḍanā.
장식품 bhūsana. bhūsā. pakkhara. saṁyamanī.
장식하는 alaṁkaraṇaka. pilandha. sobhaṇa. sobhana.
장식하다 abbhokirati. alaṁkaroti. āmuñcati. anusumbhati. apiḷandhati. bhūseti. maṇḍeti. maṅkati. paṇamati. parikkharoti. pasādheti. pilandhati. piḷandhati. piḷayhati. piṁsati. sajjeti. samalaṅkaroti. upasobheti. vibhūseti. viracayati. viraceti.
장식하다 alaṁ karoti.
장식하지 않은 analaṁkata.
장신(莊身)의 축제 ābharaṇamaṅgala.
장신구(裝身具) alaṁkāra. ābharaṇa. pasādhana. pilandhana. pilandhanavikati.
장신구로 치장한 pasādhita.
장신구의 줄처럼 정렬된 하의(下衣) satavallikā.
장신구제조자 pasādhanakappaka.
장신식(裝身式) ābharaṇamaṅgala.
장애(障碍) antara. antarāya. avaggaha. āvāra. āvaraṇa. avarodhana. avatthambha. onaha. bādha. bādhā. bādhana. kiñcana. nivāraṇa. laṅgī. paccūha. paccanīka. paccanīya. palibodha. paḷibodha. palibujjhana. paligha. palipatha. papañca. paripantha. pariyonāha. paṭigha. rodha. rodhana. sambādha. sampalibodha. saṁvaraṇa. saṁyojana. upakkilesa. klesa. vegha. virujjhana.
장애가 없는 anantarāya. anāvaraṇa. anāvila. anīvaraṇa. apalibuddha. apetâvaraṇa. asajjat. asambādha. āvaraṇavirahita. nippalibodha. niraggala. niraggaḷa. vinīvaraṇa
장애가 없음 appaṭivāṇa. appaṭivāṇī. avirodha. avirodhana. vinīvaraṇatā.
장애가 없이 움직이는 asaṅgita. asaṅgin.
장애가 있는 lagga. laggita. papañcita. paṭighavant. rūḷha.
장애되는 āvāra.
장애들 kelisā.
장애를 끊은 chinnapathañca.
장애를 만드는 paripanthika.
장애를 만들다 antaraṁ karoti.
장애를 받은 katâvaraṇa.
장애를 발생시키는 nīvaraṇiya. nīvaraṇīya.
장애를 발생시키는 원리 nīvaraṇiyadhamma.
장애를 야기하는 antarāyakaraṇa. āvaraṇīya.
장애를 야기하는 법 āvaraṇīyadhamma.
장애를 일으킴 laggāpana.
장애를 제거한 (사람) hatantarāya. ukkhittapaligha.
장애를 지닌 khīlaka.
장애물(障碍物) kaṇṭaka. kaṇṭhaka. paccūha. sampalibodha.
장애법(障礙法) antarāyikadhamma. āvaraṇīyadhamma. paccanīkadhamma.

장애에 대한 지각 paṭighasaññā.
장애에 속하지 않는 anīvaraṇīya.
장애와 관계하는 nīvaraṇasampayutta.
장애와 관계하지 않는 nīvaraṇavippayutta.
장애와 방해 āvaraṇanīvaraṇa.
장애와 상응하지 않는 nīvaraṇavippayutta.
장애와의 접촉 paṭighasamphassa.
장애의 antarāyika.
장애의 근접에 의해 유해한 영향을 받는 āsanna-nīvaraṇappaccatthika.
장애의 법 paccanīkadhamma.
장애의 원인 antarakāraṇa.
장애자[신체적·정신적] koṇṭha.
장애자의 paṅgu. paṅgula. paṅguḷa.
장엄(莊嚴) alaṁkāra. ānubhāva. lalita. mahânubhāra. mahânubhavatā. patāpa. sampatti. vibhūsana. vibhūti. maṇḍana.
장엄(莊嚴)된 alaṁkata.
장엄계(莊嚴戒) maṇḍanasīla.
장엄된 vibhūsita.
장엄에서의 장애 maṇḍanapalibodha.
장엄하게 빛나다 atirocati.
장엄하다 alaṁkaroti. bhūseti. samalaṅkaroti. vibhūseti.
장엄한 samiddha. udāra.
장엄함 udāratā.
장음(長音)의 garuka.
장음부호(長音符號) dīghassaralakkhaṇa.
장음절(長音節)의 garu.
장의 염증 kucchiḍāha. kucchidāha.
장의 이상 kucchivikāra.
장의(長倚) āsandī.
장의(長衣) atirekacīvara.
장의(葬儀) sarīrakicca. matakicca. āḷāhanakicca.
장인(丈人) sasura. sassura.
장자(長者) seṭṭhin. gahapati.
장자가문의 일원 gahapatiputta.
장자들의 모임 gahapatiparisā.
장자의 gahapatika.
장자의 보물 gahapatiratana.
장자의 아내 gahapatānī.
장자의 아들 seṭṭhiputta.
장자의 지위 seṭṭhiṭṭhāna.
장자중(長者衆) gahapatiparisā.
장작 dāru. indhana. kaṭṭha. samidhā. citaka. citakā.
장작을 모으는 kaṭṭhahāra(ka).
장작이 모여지지 않은 anuddhaṭakaṭṭha.
장점(長點) sagguṇa. ukkaṁsa. vaṇṇa.
장점과 결점 ukkaṁsâvakaṁsa.
장점을 지닌 것 kusalapakkha.
장좌불와(長坐不臥)의 수행자 nesajjika.
장지(葬地)로 적당하지 않은 asusānaṭṭhāna.
장질환(腸疾患) antaroga.
장착(裝着) avakappana. avakappanā.
장착되다 olaggati.
장착된 āmutta.
장착시키다 olaggeti.
장착하다 āmuñcati. bandhati. onandhati. upaveseti.
장치(裝置) parivattana. sajjana. yanta.
장치된 baddha.
장침(長枕) masūraka.
장투(杖鬪) daṇḍayuddha.
장화(長靴) tittirapattikā.
장황한 āyata.
장황한 이야기 kathāvitthārikā.
장훈(藏訓)[서명] Peṭakopadesa.
잦은 교제 abhiṇhaṁdassana.
잦은 만남 abhiṇhaṁsaṁsagga.
잦은 모임을 갖는 abhiṇhaṁsannipata.
재[灰] chārikā. assa. bhasma. bhasman.
재[灰]가 된 bhasita.
재가 되어버린 상태 bhasmabhāva.
재가(在家) geha.
재가(在家)의 agārika. āgāra. āgāraka. āgārika. āgāriya. agārin.
재가녀(在家女) gihinī.
재가신도가 부처님과 스님들께 바치는 보시 mahādāna.
재가신도친구 āgāramitta.
재가신자(在家信者) agārika. upāsaka.
재가신자를 위한 수련 upāsakasikkhā.
재가신자의 계행 upāsakasīla.
재가신자의 규칙에 능숙한 upāsakavidhikosalla.
재가신자의 모습 upāsakavaṇṇa.
재가신자의 보물 upāsakaratana.
재가신자의 속성 upāsakavevacana.
재가신자의 장(章) upāsakavāra.
재가신자의 장식 agārikavibhūsā.
재가의 gihin.
재가의 남녀신도 upāsakôpāsikā.
재가의 성자 agāramuni.
재가의 여인 niketinī.
재가의 여자 gihinī.
재가의 여자신도 upāsikā.
재가자(在家者) gihin. niketavāsin. gahaṭṭha. od-

ātavasana.
재가자의 특징 gihiliṅga. gihīliṅga.
재갈 kharakhalīna. mukhādhāna.
재건(再建)시키다 paṭisaṅkhārāpeti. puna māpeti.
재결합(再結合) paṭisandhāna.
재결합시키는 사람 paṭisandhātar.
재결합을 이루다 paṭisandahati.
재곡(財穀) dhanadhañña.
재관(財官) bhaṇḍarakkha.
재귀(再歸) punanivatti.
재기에 넘친 연설자 cittakatha.
재난(災難) ādīna. ādīnava. anaya. āpā. āpadā. āvā. upaddava. upasagga. upasaggapada.
재난에 대한 관찰 ādīnavânupassanā.
재난에 대한 지각 ādīnavasaññā.
재난에 대한 탐색 ādīnavapariyesanā.
재난에 대해 관찰하는 ādīnavânupassin. ādīnavadassāvin.
재난으로 가득 찬 anekâdīnava.
재난을 숨기는 ādīnavaparicchādaka.
재난을 야기하는 vebhūtika. vebhūtiya.
재난을 초래하는 uppātika.
재난의 관찰에 대한 앎 ādīnavânupassanāñāṇa.
재난이 없는 nirupaddava.
재난이 없음 anādīnava.
재는 minana.
재다 parimināti. tuleti.
재담(才談) nammālāpakathana.
재로 끝나는 제사 bhasmantāhuti.
재로 덮인 bhasmaâcchanna.
재료(材料) sambhāra.
재를 담는 자루 bhasmapuṭa.
재무관(財務官) bhaṇḍâgārika. bhaṇḍarakkha. seṭṭhin.
재무관의 지위 seṭṭhitta. seṭṭhiṭṭhāna.
재물(財物) atthattha. bāhirabhaṇḍa. dhana. paribhoga. vasu.
재물과 관련된 상실 bhogavyasana.
재물로 하는 보시 dānāsā.
재물에 대한 탐욕 dhanalolatā.
재물욕(財物欲) vatthukāma.
재물을 바라는 dhanatthika.
재물의 구족 bhogasampadā.
재물의 보시 bāhiradāna.
재물이 많은 dhanadhañña. dhanavant. pahūtadhañña. bahudhana. mahaddhana. mahaddhanin.
재물이 없는 adhana.
재미있게 이야기하다 avabhāsati.
재미있는 hāsajanaka. upahasanīya. manohara. ramma. manuñña. tuṭṭhijanaka.
재배(栽培) kasi. kasī.
재보(財寶) sandhana.
재보에 대한 탐욕 dhanalobha,.
재봉(裁縫) sibbana.
재봉사 celaka. cīvaravaḍḍhaka. sibbitar. tunnakāra. vaḍḍhaka.
재봉틀 sibbanayanta.
재빠른 ujjaṅga. ujjaṅgin.
재빨리 sīghataraṁ.
재산(財産) attha. āyatana. bāhirabhaṇḍa. bhaṇḍaka. dabba. dhana. kuṭumba. lābha. pariggaha. rāsi. sabhoga. sandhana. santaka. sāpateya. sāpateyya. sirī. upasaṁhāra. vaḍḍha. vasu. vibhava. vitta
재산가(財産家) gahapati. kuṭimbika. kuṭumbika. kuṭumbiya.
재산가의 gahapatika.
재산과 권력 dhanaviriya.
재산관리인(財産管理人) vaḍḍhaka.
재산에 대한 관심 udayatthika.
재산으로 소를 갖고 있는 자 govittaka.
재산을 몰수하여 추방하다 jāpayati. jāpeti.
재산을 자랑하는 dhanathaddha.
재산을 증식하는 rāsivaddhaka.
재산을 증식한 사람 rāsivaddhaka.
재산의 상실 pārijuñña.
재산의 손실 dhanajāni.
재산의 절반 upaḍḍhavibhava.
재산의 축적자 koṭṭhâgārika.
재산의 파괴 sassaghāta.
재산의 획득 dhanalābha.
재산이 많은 mahaddhana. mahaddhanin. pahūtavitta.
재산이 많음 bhogatā.
재산이 버려진 nihīnattha.
재산이 없는 anāyasa. niddhana.
재산이 없음 addhana.
재산이 있는 bhogavant. sabhoga. sadhana. sapariggaha. vasumant. vittaka.
재산이 적은 appabhogin.
재산이 팔십만 냥에 이르는 aṭṭhasatasahassavibhava.
재산이 풍부한 bahubhaṇḍa.
재삼재사(再三再四) punappunaṁ.
재생(再生) abhinibbattana. abhinibbatti. nibbatti. paṭisandhāna. punabbhava. punâbhinivatti.

punāvāsa. upapatti. abhinibbhidā. dija.dvija. dvijāti. dvijātin. paṭisandhi.
재생된 abhinibbatta. nibbattita.
재생시키다 abhinibbatteti.
재생업(再生業) janakakamma.
재생에 뿌리를 두고 있는 upapattimūlaka.
재생으로 통하는 ponobhavika.
재생을 원하는 sambhavesin.
재생의 dija.dvija. dvijāti. dvijātin.
재생의 실현 uppattinipphādana.
재생의 흐름 uppattininnagā.
재생자(再生者) nibbattana.
재생족(再生族) dija.dvija. dvijāti. dvijātin.
재생하기 위해 축적하는 ācayagāmin.
재생하는 nibbattin. ponobhavika. upapattika.
재생하다 abhinibbattati. paccājāyati. paṭisandahati. upapajjati.
재생하지 않는 appaṭsandhika.
재생하지 않음 appaṭisandhi.
재생한 paccājāta.
재수자(齋首者) samasīsa. samasīsin.
재스민 jātisumanā. kunda. vassika. vassikā. vassikī. apphoṭā. yūthikā.
재스민 식물 atimodā.
재스민의 꽃장식 vassikāmālā.
재시(財施) āmisadāna. dānāsā.
재시의 상속자 āmisadāyāda.
재앙이 없음 anādīnava.
재액(災厄) vyasana.
재어진 tulita.
재유(再有) punabbhava.
재잘거리는 dantavidaṁsaka.
재잘거리다 abhigajjati. rapati.
재잘거리지 않는 alālā.
재정(財政) rāsika.
재정(在定)의 자유자재 adhiṭṭhānavasitā.
재정자재(在定自在) adhiṭṭhānavasitā.
재주 kusalatā. veyyatti. veyyattiya.
재주가 있는 katahattha.
재주넘기 mokkhacika. mokkhacikā.
재주넘기하다 vihaṅghati.
재차 묻다 paripañhati.
재채기 나게 하는 약 natthu.
재채기하는 khipita.
재채기하다 khipati.
재촉을 받은 yantita.
재촉하다 kaleti. yanteti.
재치 paṭibhāna.
재치없는 aviññāṇaka.
재치있게 parihāsacāturiyena.
재치있는 atthavasika. nammālāpin. parihāsakusala. paṭibhānavant. ṭhānocitapañña.
재치있는 그림 paṭibhānacitta.
재칼 gomāyu. jambuka. katthu. kotthu. koṭṭhu. koṭṭhuka. bheraṇḍa(ka). sigāla. sivā.
재칼의 sigālika.
재칼의 부르짖는 소리 hukku.
재칼의 울음소리 segālaka. sīgālaka.
재칼의 털이 떨어지는 질병(疾病) ukkaṇṇaka.
재판(裁判) aṭṭa. attha. vinicchaya. vohāra. vyohāra. vohārika.
재판과 관계되는 vohārika.
재판관(裁判官) adhikaraṇika. aṭṭakulika. dhammaṭṭha. vināyaka. vinicchaya. vinicchayâmacca. vohārika. vohārikamahāmatta.
재판법(裁判法) vinicchayadhamma.
재판석(裁判席) vinicchayāsana.
재판소(裁判所) sabhā. vinicchaya. vinicchayasabhā. vinicchayāsana.
재판위원회의 위원 antokārika.
재판을 함 atthakaraṇa.
재판의 ussayavādika.
재판정(裁判廷) vinicchayasālā. vinicchayaṭṭhāna.
재판하다 vinicchetі.
재현하다 punarāvibhavati. paṭidasseti.
재화(財貨) bhaṇḍa. nidhi.
재화가 모이는 puṭabhedana.
잴 수 없는 ametabba. appameyya. asaṅkheyya. asaṅkhiya. asaṅkhya. atitula. atula. atuliya. atulya. atulla. pameyya. tula.
잼 anusañcaraṇa.
잿가루 masi.
잿더미가 된 bhasita.
잿물 khāra. khārūdaka.
잿빛부분 paṇḍaraṅga.
잿빛의 paṇḍara.
쟁기 kasibhaṇḍa. hala. naṅgala. sīra.
쟁기날 naṅgalaphāla.
쟁기를 끌고 다니는 (소) naṅgalāvattanin.
쟁기를 놓은 unnaṅgala.
쟁기를 사용하는 naṅgalin.
쟁기의 자루 īsā.
쟁기자루 naṅgalisā.
쟁기자루만한 길이의 이빨 īsādanta.
쟁기질 naṅgalakaṭṭhakaraṇa.
쟁깃날 phāla.
쟁로(諍路) vivādapatha.

쟁론(爭論) medhaga. medhaka. rosa.
쟁론자(諍論者) adhikaraṇakāraka. adhikaraṇika.
쟁론쟁사(爭論諍事) vivādâdhikaraṇa.
쟁반(錚盤) taṭṭaka. thāli. thālī. thāla.
쟁반요리 thālipāka.
쟁사(諍事) adhikaraṇa.
쟁사를 그침 adhikaraṇasamatha.
쟁사에 말려든 adhikaraṇajāta.
쟁사의 분류 adhikaraṇasaṅgaha.
쟁사의 소멸 adhikaraṇanirodha.
쟁사의 중지 adhikaraṇavūpasama.
쟁점이 되는 법 dhammâdhikaraṇa.
저(것) ta.
저기에 huraṁ.
저널 kālikasaṅgaha.
저널리스트 pattikāsampādaka.
저널리즘 pattikāsampādana.
저녁 anha. dosā. sañjhā. sāya. sāyaṇha.
저녁 늦게 atisāyaṁ.
저녁과 아침에 sāyapātaṁ.
저녁노을 sañjhāghana.
저녁시간에 sāyaṇhakāle.
저녁식사 sāyamāsa.
저녁에 ussūre. sāyaṁ.
저녁의 구름 sañjhāghana.
저녁의 해 sañjhātapa.
저당(抵當) āvapana.
저당권설정자(抵當權設定者) nyāsadāyin.
저당권자(抵當權者) nyāsagāhin.
저당물 nyāsa.
저당잡기 nyāsa.
저런 asuka.
저명한 paccuggata. pavara. vissuta.
저서(著書) pakaraṇa.
저속한 gamma. nikiṭṭha. adhama. oḷārika.
저속한 말 asabbhavācā.
저속한 말의 사용 asabbhavācāpayoga.
저속함 oḷārikatā.
저수조(貯水槽) papā.
저수지(貯水池) pāniyamaṇḍapa. soṇḍikā. taḷāka. vāpi.
저신(自信) nikkaṅkhā. nissārajja. vissāsa. vissatthi.
저열한 atinīcaka. ittara.
저열한 것을 나타내는 허사 hare.
저열한 세계 hīnadhātu.
저열한 존재 ittarasatta.
저열한 지혜를 지닌 ittarapañña.
저울 tulā.
저울눈금 tulā.
저울대의 눈금 kācanā.
저울의 실 sikkā.
저의(紵衣) bhaṅga.
저자(著者) ganthakāra.
저작(詛嚼) vikhādana.
저작(詛嚼)하는 ullahaka.
저작(詛嚼)하다 saṅkhādati.
저장(貯藏) odahana. sannicaya. sannidhi. sannidhikāra. sannidhikāraka. upanidhi. upanikkhepa. upanikkhipana. nidhāna.
저장되는 업 kaṭattākamma.
저장되어야 할 ādheyya.
저장되어있는 음식물 sannidhikārakabhojana.
저장되지 않은 anidhānagata.
저장된 nihita. sannicita. sannidhikata. sannihita.
저장물(貯藏物) sambhata. sannidhikāraka.
저장소(貯藏所) ādhāna. ādhāra. odhānīya. kaṭāha. nicayaṭṭhāna. nihitatthāna. sannidhiṭṭhāna.
저장실(貯藏室) koṭṭhāgāra. samavāpaka. sannidhiṭṭhāna→ 창고(倉庫).
저장양식으로 살지 않는 asannidhikāraparibhogin.
저장용기(貯藏容器) nidhāna.
저장용기가 있는 nidhānavant.
저장의 목적 odahanattha.
저장하고자 하는 욕구 sannidhichanda.
저장하는 습관이 없는 asannidhikāraka.
저장하다 nidahati. odahati. upanikkhipati.
저장하지 않은 asannidhikata.
저장한 sambhata.
저장할 가치가 있는 nidhānavant.
저절로 일어나는 마음 asaṅkhārikacitta. asaṅkhāriyacitta.
저조(猪槽) sūkaradoṇi.
저조(低調)의 악기 kākalī.
저주(詛呪) abhisajjana. abhisāpa. abhisapana. abhisapatha. bhiṁsikā. hīḷana. hīḷanā. omāna. sāpa. sapatha.
저주를 갚음 paccakkosana.
저주를 돌려주다 paccakkosati.
저주받은 abhisatta. āsatta. dhikkata. satta. vajjhāppatta.
저주스러운 avakiriya.
저주하게 하다 abhisāpeti.
저주하는 abhisajjana.
저주하다 abhiharati. abhisajjati. abhisaṁsati.

abhisapati. hīḷeti. khuṁseti. oyācati. sapati.
저지(沮止) vikkhambhana.
저지대(低地帶) adhodisa. ninna.
저지대의 anūpa. vikūla.
저지되지 않는 avikkhambhita.
저지되지 않은 aniggahita.
저지된 katâvaraṇa. vārita.
저지될 수 없는 avikkhambhiya.
저지르다 āpajjati.
저지른 āpanna.
저지른 자 āpajjitar.
저지름 āpajjana. āpatti.
저질(底質) dugguṇa. hīnajāti.
저질러진 āpanna.
저질러진 것 āpanna.
저쪽에 parato. pāraṁ.
저쪽에 두다 parakkaroti.
저쪽의 pārima.
저차원의 신 devaññatara.
저축(貯蓄)하다 āyūhati. nidahati.
저충(蛆蟲) sālaka. sālakimi. takkoṭaka.
저택(邸宅) pāsāda. mandira.
저항(抵抗) paccuṭṭhapanā.
저항력(抵抗力) thāma.
저항을 받을 수 없는 appaṭivāṇīya.
저항자(抵抗者) paṭihananaka.
저항하는 paṭihananaka.
저항하다 patiṭṭhīyati. paṭivirujjhati. paccavaṭṭhāti.
저항할 수 없는 appaṭivattiya.
저해(沮害)된 viruddha.
저해하다 virundhati.
적(敵) accāmitta. abhighātin. amitta. arāti. ari. dassu. disa. diṭṭha. kaṇṭaka. kaṇṭhaka. paṭipakkha. paṭipurisa. paṭisūra. vipakkha. virodha. paccatthika. paccāmitta. parajanalohita. paṭikaṇṭaka. paṭisattu. sapatta. sattu. sattuka. viddesin. vipaccanīka.
적(敵)들 가운데 amittamajjhe.
적(敵)들과의 전쟁 arisaṅgara.
적(敵)들에게 속하는 arisaka.
적(敵)들을 길들이는 arindama.
적(敵)들을 제압하는 aribhū.
적(敵)들의 무리 arisaṅgha.
적(敵)을 괴롭히는 paratapa. amittatāpana.
적(敵)을 만들어내는 amittajanana.
적(敵)을 순응시키는 자 arindama.
적(敵)을 해침 parahiṁsā.
적(適)의 거처 amittagāma.
적(敵)의 공격 parūpakkama.
적(敵)의 무리 amittasaṅgha.
적(敵)의 손 parahattha.
적(敵)의 왕 paṭirājan.
적(敵)의 용사 paṭisūra.
적(敵)의 침략 parūpakkama.
적(敵)의 특징 amittalakkhaṇa.
적(敵)의 편을 드는 vipakkhasevaka.
적(敵)의 힘 amittavasa.
적(敵)이 된 aribhūta.
적(敵)이 없는 akaṇṭaka. asapatta. nikkaṇṭaka.
적(敵)이 출몰하는 험난한 장소 corakantāra.
적(敵)인 상태 disatā.
적(敵)인 여자 amittā.
적갈색의 kāsāya. kāsāva. piṅgala. piṅgiya.
적게 īsakaṁ. īsaṁ. manaṁ.
적게 고통받는 appavedanĭya.
적게 바라는 appiccha.
적게 바람 appicchatā.
적군(敵軍) disatā. paṭisena. parasenā. sattusenā.
적난(賊難) dassukhīla.
적난소(敵難所) corakantāra.
적능죄인(適能罪人) bhabbāpattika.
적당(適當) kappatā. yuttaka.
적당하게 yathârahaṁ.
적당하고 적당하지 않은 모든 것 kappiyâkappiya.
적당하다 kappati. niyujjati. upapajjati. vaṭṭati.
적당하지 못한 aphala. asobhaṇa.
적당하지 않는 anānuloma.
적당하지 않은 ananucchavika. ananukūla. ananurūpa. anucita. ayogga.
적당하지 않은 apākaṭika.
적당하지 않은 장소 akhetta.
적당한 alaṁ. anucchava. anuloma. anulomika. anurūpa. ārahat. atthayutta. atthika. dhammika. hita. kalla. kalya. kappa. kappiya. channa. opāyika. paṭirūpa. patirūpa. sāruppa. suyutta. tadanurūpa. tajja. ucita. upayogin. yathânurūpa. yogga. yutta. yuttaka. yuttarūpa.
적당한 것 yuttaka.
적당한 계율 kappa.
적당한 계행 pakatisīla.
적당한 때가 아닌 akāla.
적당한 때를 아는 자 kālaññū.
적당한 때를 알다 kāla.
적당한 때에 yathāsamayaṁ. yathākālaṁ. yathākāle.
적당한 때에 말하는 kālavādin.

적당한 몫보다 많은 atirekabhāga.
적당한 상태 upayogitā.
적당한 선언을 갖춘 anussāvanasampanna.
적당한 설명을 주지 않는 asampāyat.
적당한 시간 kāla. kallasamaya.
적당한 시간에 먹음 kālabhojana.
적당한 시간을 아는 것 kālaññutā.
적당한 시기를 아는 것 kālaññutā.
적당한 양 mattā.
적당한 장소 gocara.
적당한 장소가 아닌 abhūmi.
적당한 택지의 길흉에 대한 학문 vatthuvijjā.
적당히 yathāvidhiṁ.
적대(敵對) paccanīka. paccanīya. paṭisena. paṭivirodha. appīti. appiyatā. mithubheda.
적대감(敵對感) virodha. vipakkhatā.
적대감이 없음 anupārambha.
적대관계(敵對關係) virodha.
적대의 mittabheda. paccanīka. paccanīya. paṭipakkha. vipakkhika. vipakkhin.
적대자(敵對者) paṭipakkhin. paṭiviruddha. virodhin. vipakkhaka.
적대적으로 행동하다 paṭivirujjhati.
적대적이 될 수 없는 appadussiya.
적대적인 apaccanīka. baddhavera. paṭipakkhika. sapattaka. verika. verin. vipaccanīka. vipakkha. vippaṭikkūla. virodhana. virodhita. viruddha. vyāruddha.
적대적인 군대 parasenā.
적대적인 마음 sapattakacitta.
적대하다 dubbhati. dūbhati. paṭippharati. paṭiseneti.
적대해서 mithu.
적대행위 vera.
적도(赤稻) rattasāli.
적동(赤銅) tamba.
적동색(赤銅色)의 꽃 tambapuppha.
적동색의 손톱을 지닌 tambanakha.
적동엽(赤銅葉) tambapaṇṇi.
적량(適量) mattā.
적량으로 mattaso.
적량의 sammita.
적론자(寂論者) santivāda.
적리(赤痢) pakkhandikā. lohitapakkhandikā.
적면(赤面) lajjava.
적멸(寂滅) nibbuti. vūpasama. upasama. upasamana. upasamāna. nibbāna. samavaya.
적멸된 abhinibbuta.
적멸에 대한 새김 upasamânussati.
적멸에 들지 못한 avûpasanta.
적멸에 들지 못함 avûpasama.
적멸하다 nibbāyati. vūpasammati.
적묵(寂默) mona.
적법한 것으로 생각하는 kappiyasaññin.
적비석(赤砒石) manosilā. manosilikā.
적색(赤色) lohitavaṇṇa. lohita.
적색의 dūratta.
적생류(赤生類) lohitâbhijāti.
적성(適性) anurūpatta.
적셔진 pīta. vokiṇṇa.
적수(敵手) paṭipuggala.
적수(敵手)가 없는 appaṭipuggala.
적시(適時)의 sāmāyika.
적시다 anuphusīyati. āsiñcati. pakiledeti. temeti.
적시에 kāla.
적어도 antamaso.
적에 의한 재난 dassukhīla.
적연(赤鉛) cīnapiṭṭha.
적요(寂寥) rahas.
적용(適用) abhinīharaṇa. anusandhi. namanā. nibandhana. nyāsa. odahana. pariyāpadāna. pavesana. payoga. samodhāna. samodahana. samodhānatā. saṁsandanā. sandahana. upanaya. upanayana. upayoga. voyoga
적용되다 avadhīyati. niyujjati. yojiyati.
적용되지 않은 akārita.
적용된 appita. ohita. paṇīta. payutta. yojita.
적용시키다 pavesāpeti.
적용에서의 청정함 payogasuddhi.
적용의 말 anusandhivacana.
적용의 예 anusandhinaya.
적용의 이유 odahanahetu.
적용하는 사실 payogatā.
적용하다 abhinīharati. appeti. namati. nibandhati. odahati. paṇeti. paveseti. payojeti. payuñjati. samodahati. upayuñjati. yojeti.
적용할 수 있는 yuja.
적우(赤牛)[별자리 이름] rohiṇī.
적은 anuḷāra. appa. appaka. appamatta. catukka. paritta. parittaka. thoka. thokaka. ūna. ūnaka. appamatta. appamattaka.
적은 가치를 지닌 appasāra.
적은 가치의 화폐 kākaṇa.
적은 과보를 지닌 appavipāka.
적은 군대를 가진 appasena.
적은 대상에 적용된 appavisaya.
적은 물질적 이익을 위하여 āmisakiñcikkhanimittaṁ. āmisakiñci(kkha)hetu.

적은 배움 appasacca.
적은 수의 음절을 지닌 appakkhara.
적은 양을 받는 이익이 적은 appalābha.
적은 양의 기름을 바른 appasineha.
적은 영토를 가진 appavijita.
적은 지식을 갖고 있는 appassuta.
적은 행복의 느낌 appasukhavedanā.
적은 힘을 지닌 appānubhava.
적음 anuḷāratta. appatā. appabhāva.
적응(適應) anusandhanatā. āyuñjana. kallatā. pariyatti.
적응된 paradavutta.
적응성(適應性) kammaññabhāva. kammaññatā. kammaniyatā. kammanīyatā.
적응성에 의해 특징지어지는 kammaniyalakkhaṇa. kammanīyalakkhaṇa.
적응성을 근접원인으로 지닌 kammaññarūpapadaṭṭhāna.
적응성을 일으키기 kammaññabhāvakaraṇa.
적응에 능숙한 kallatākusala. kallitakusala.
적응의 상태 kallitabhāva.
적응의 지혜 anulomañāṇa.
적응하는 anuloma. anulomika.
적응하는 마음 kallacitta.
적응하다 anulometi. anusandahati. saṅkāsāyati. upanikkhipati.
적응할 수 있는 kammaniya. kammanīya.
적응할 수 있는 마음 kammaniyacitta. kammanīyacitta.
적응할 수 있는 양상 kammaññâkāra.
적응할 수 있는 인내 anulomakhanti.
적응할 수 있는 존재 kammaniyabhāva. kammanīyabhāva.
적응할 수 있도록 습관을 드린 kallatāparicita.
적의(赤衣) lohitavattha.
적의(敵意) paṭivirodha. viddesa. upanāha.
적의를 없애고 visenikatvā.
적의를 품게 하다 virodheti.
적의를 품는 upanaddha.
적의를 품다 upanandhati. upanayhati.
적의없는 visenibhūta.
적의에 사로잡힌 upanāhapariyuṭṭhita.
적의의 억제 upanāhavinaya.
적의있는 savera.
적일체처(赤一切處) lohitakasiṇa.
적임의 āyuttaka.
적자(嫡子) orasa.
적자(嫡子)의 orasaka.
적재(賊災) dassukhīla.
적재하다 āropeti. āropayati. ṭhapayati. ṭhapeti. ṭhapayati.
적적한 vijana.
적전단(赤栴檀) lohitacandana. rattacandana.
적절(適切) mattā. yuttaka. yutti.
적절성의 결여 ocityahīna.
적절하게 sammā. yoniso.
적절하게 말하는 사람 sammitabhāṇin.
적절한 anukūla. upanāyika.
적절한 것 sammattha.
적절한 것과 부적절한 것 sappāyâsappāya.
적절한 곳으로 가져온 samānīta.
적절한 노력을 함 viriyasamatā.
적절한 때에 헌공하는 utûpasevanā.
적절한 보시 viceyyadāna.
적절한 수단을 취하지 않는 asaṁvihita.
적절한 숙고가 없이 anavatthāya.
적절한 시간 utu.
적절한 실천 anulomapaṭipadā.
적절한 원인 sammattha.
적절한 진행 sāmicī.
적절한 행동 sāmicīkamma.
적절한 행위 sammāvattanā. sappāyakiriyā.
적절히 행동하는 yuttakāra.
적정(寂靜) nibbuti. santi. vūpasama. nibbāna. sāma. upasama. upasamana. upasamāna. upasanti.
적정경(寂靜境) santapada.
적정구(寂靜句) santapada.
적정념(寂靜念) upasamânussati.
적정신(寂靜身) santakāya.
적정심(寂靜心) samacitta. vūpasantacitta.
적정에 도달한 santagāmi.
적정의 삶을 영위하는 samacārin.
적정의 상태[涅槃] santipada.
적정의 행복 upasamasukha.
적정자(寂靜者) samitāvin.
적정주(寂靜住) santavihāra.
적정하게 되다 vūpasammati.
적정하게 된 parinibbuta.
적정하게 하는 것 parinibbāpana.
적정하게 하다 upasameti.
적정하지 않음 anupasama.
적정한 dūrasaṅkhara. santaka. santavant. santa. upasanta. vūpasanta.
적정한 거처 santavihāra.
적정한 마음 upasantacitta. vūpasantacitta.
적정한 삶 santavāsa.
적정한 상태 santapada.

적정한 정신을 갖춘 santamānasa.
적정해지는 opasamika.
적정해지다 upasamati. upasammati.
적정행(寂靜行) samacariyā.
적정행자(寂靜行者) samacārin.
적지 않은 anappa. anappaka.
적지(寂止) samatha.
적지도 많지도 않은 anūnâdhika.
적지력(寂止力) samathabala.
적지수념(寂至隨念) upasamânussati.
적지하다 sammati. vūpasammati.
적집행(積集行) ācayagāmin.
적처(敵妻) sapattī.
적출(嫡出)의 orasa. attaja.
적취(積聚)된 anupacita.
적취조(赤嘴鳥) lohitatuṇḍa.
적편(赤遍) lohitakasiṇa.
적편처(赤遍處) lohitakasiṇa.
적합(適合) kappatā. sappāyatā.
적합성(適合性) upayogitā. yuttatā.
적합의 의미 kammaññattha.
적합하게 anuvidhāya.
적합하고 부적합한 bhabbâbhabba.
적합하다 khamati. sameti. ussahati.
적합한 avyabhicāravohāra. avyabhicārivohāra
적합한 bhabba. dabba. dabbajātika. kammañña. paradavutta. paṭirūpa. patirūpa. samucita. sappāya. upayogin.
적호박(赤琥珀) phussarāga.
적화(赤花) kusumbha.
전(轉) parivaṭṭa.
전갈(傳喝) dūteyya. pesana. sāsana.
전갈[곤충] ali. kīḷa. vicchika.
전갈로 길흉을 치는 점술 vicchikavijjā.
전갈을 보내다 nimantāpeti. manteti. nimantayati.
전갈을 하는 pesanaka.
전갈하러 보냄 dūteyyapahiṇa.
전개(展開) anuparivatta. anuparivattana. avakkanti. okkamana. okkanti. pavatti. pariṇāma. pasaraṇa. pasāraṇa. saṁvaṭṭa. saṁvattana. vaṭṭa. vattamāna. vattana. vivaṭṭa. vivaṭṭana. vivaṭṭanā.
전개가 업에 의해 획득된 것인 upādinnapavatta.
전개되다 okkamati. pavattati. saṁvaṭṭati.
전개되어야 할 okkamaniya.
전개되지 않은 anibbatta.
전개되지 않음 anibbattana.
전개된 okkanta. pabhinna. pavatta.
전개와 퇴전 vaṭṭavivaṭṭa.
전개하다 anuparivattati. pabhindati. vattati. vivaṭṭati.
전개하며 퇴전하는 vaṭṭavivaṭṭa.
전공(箭工) usukāra.
전공(專攻) visiṭṭhatta. visesañāṇa.
전공(專攻)하다 visiṭṭhattaṁ labhati.
전공분야(專功分野) visesañāṇa.
전광(電光) kulisa. vijjuppāda. vijju. vijjumāli.
전광과 같은 마음 vijjûpamacitta.
전광유심(電光喩心) vijjûpamacitta.
전기(傳記) jīvanacarita.
전기(轉起) pavattana. pavattanī. pavatti. vattamāna. vattana.
전기(電氣) vijjubala.
전기된 āvatta. pavattita.
전기로 움직이게 하다 vijjusaṁyuttaṁ karoti.
전기시키다 pavatteti.
전기의 기회 pavattivāra.
전기작가(傳記作家) caritalekhaka.
전기적인 vijjumaya.
전기하는 pavattana.
전기하다 pavattati. vattati.
전기학(電氣學) vijjuvijjā.
전념(專念) adhimucca. adhimuccana. anuyoga. anuyuñjana. anuyuñjanā. appaṇā. appanā. pahitatta. saddhā. voyoga. vyappanā. avikkhepa.
전념하는 abhiyogin. anuyogavant. anuyogin. gāhavantgāhavant. yogin.
전념하다 ācarati. anuyuñjati. ghaṭati. sampiyāyati. upanamati. vaṭṭati.
전념한 saṅkhitta.
전능(全能)한 sabbabaladhara.
전능한 vasavattin.
전능한 자 vasavattin.
전다나천(栴陀那天)[천신계] candana.
전다라(栴陀羅) caṇḍāla.
전다발수다왕(栴陀鉢殊多王)[인명] Caṇḍapajjota.
전단(栴檀) candana. kāliya.
전단(傳單) pattikā.
전단말(栴檀末) candanacuṇṇa.
전단분말(栴檀粉末) candanacuṇṇa.
전단수(栴檀髓) candanasāra.
전단수이(栴檀樹耳) sūkaramaddava.
전단수지(栴檀樹枝) candanaghaṭikā.
전단향(栴檀香) candana. candanasāra.
전단향으로 뒤덮인 candanussada.
전단향을 지닌 candanagandhin.

전달(傳達) desanā. nivedana. viññāpana. haraṇa. nayana. pāpaṇa.
전달하는 사절 dūtaparampara.
전달하다 abhivedeti. avabodheti. deseti. nivedeti. viññāpeti. harati. neti. nayati. pāpeti.
전답(田畓) sassaṭṭhāna. kedāra.
전답에 관한 학문 khettavijjā.
전당(殿堂) pāsāda. pāsādavara.
전대미문(前代未聞)의 ananussuta. pubbe ananussuta.
전도(傳道) dhammadūteyya.
전도(顚倒) vipallāsa. viparivatta. viparivattana. vipariyāsa. vipariyesa. vipariyaya. vipariyāya.
전도견(顚倒見) viparītadassana.
전도견자(顚倒見者) viparītadassana.
전도되다 nikkujjati. viparivattati.
전도된 nikkujja. nikkujjita. viparīta. avakujja. dunikkhita. vipallattha. vipariyādikata.
전도된 견해 viparītadassana.
전도된 마음을 지닌 khittacitta.
전도된 앎 viparītañāṇa.
전도된 이야기 dukkathā.
전도된 지각 viparītasaññā. vipariyāsasaññā.
전도된 지각을 하는 사람 viparītasaññin.
전도된 지혜를 지닌 avakujjapañña.
전도된 파악 vipariyāsagāha.
전도사(傳道師) dhammadūta.
전도상(顚倒想) viparītasaññā. vipariyāsasaññā.
전도상자(顚倒想者) viparītasaññin.
전도시키는 pakopana.
전도시키다 vipallāsayati.
전도지(顚倒智) viparītañāṇa.
전락(轉落) apāya.
전락어(纏絡語) unnahanā.
전락하는 apāyagāmin.
전래(傳來) āgama.
전략(戰略) parikappa. parikappanā.
전력(電力) vijjubala. vijjutā.
전령(傳令) āharaṇaka. sandesahara. sāraka.
전륜왕(轉輪王) cakkavattin.
전륜유정(轉輪有情) cakkavattīsatta.
전리품(戰利品) hāra.
전말(顚末) pavatti.
전망(前望) dassana. sāloka.
전면(前面) pamukha. lalāṭa. abhimukhabhāga.
전면(前面)에 나온 aggakata.
전면적(全面的)으로 kevalakappaṁ.
전멸(全滅) atthaṅgama. atthaṅgamana. khepana. uggiraṇa.
전멸된 khepita.
전멸된 사실 khepitatta.
전멸시키다 nirodheti. ucchindati.
전문가(專門家) abhiyutta. pāragata. pāṭhaka. visesaññū. sikkhitar.
전문가로서 칭송받는 agganikkhitta.
전문분야(專門分野) visesañāṇa.
전문성(專門性) visiṭṭhatta.
전문적으로 visesato.
전문적인 jānanaka.
전문적인 visesa. asādhāraṇa. āveṇi. āveṇika. āveṇiya.
전박(纏縛) pariyuṭṭhāna.
전박된 pariyuṭṭhita. pariyuṭṭhitaṭṭhāyin.
전박번뇌(纏縛煩惱) pariyuṭṭhānakilesa.
전박번뇌지(纏縛煩惱地) pariyuṭṭhānakilesabhūmi.
전발(纏髮) jaṭaṇḍuva.
전방(前方) sīsa.
전방을 보는 sīsânulokin.
전방의 pura.
전법(傳法) dhammadūteyya.
전법단(傳法團) dūtasamūha. niyojitasabhā.
전법륜(轉法輪) dhammacakkapavattana.
전법사(傳法師) dhammadūta.
전변(轉變) viparivattana. parivattana. viparivatta.
전변된 parivattita.
전변시키다 parivatteti.
전변하는 parivatta.
전변하다 parivattati. viparivattati.
전병(煎餠) pappaṭaka.
전보(電報) vijjusandesa.
전복(顚覆) saṅkhobha. loṭana.
전복된 khitta. vighāṭita.
전복될 수 없는 appaṭivattiya.
전부(全部) sabbaṁ. ahāpetvā.
전분(轉分) pavattivāra.
전분행자(全分行者) paripuṇṇatākārin.
전사(戰士) āyudhajīvin. āyudhīya. khattiya. saṅgāmayodha. yodha. yodhājiva. yodhin. yuddhaka.
전사계급의 사람 khattiya. rājañña. rājaniya.
전사마을의 우두머리 yodhājivagāmaṇi.
전생(前生) atītajāti. purimajāti. purimabhava. purimattabhāva.
전생(轉生) pavatta. abhinibbhidā.
전생(前生)과의 관련 pubbayoga.
전생(轉生)시키다 abhinibbatteti.

전생(轉生)이 없는 aparigamanatā.
전생(轉生)이 없는 것 appavatta.
전생(轉生)하다 abhinibbattati.
전생에 pubbe.
전생에 관한 지식 pubbeñāṇa.
전생에 대한 기억 pubbenivânussati.
전생에 대한 지식 pubbenivāsañāṇa.
전생에 지은 pubbekata.
전생연(前生緣) purejātapaccaya.
전생을 기억하는 jātissara.
전생을 기억하는 앎 jātissaraṇāṇa.
전생의 삶 pubbacarita.
전생의 삶을 기억에 대한 앎의 명지 pubbenivāsânussatiñāṇavijjā.
전생의 수행을 통해서 pubbāciṇṇavasena.
전생의 존재 atītabhava.
전생의 죄 pubbāpatti.
전생의 행위 pubbakaraṇa.
전설(傳說) itikirā. itihāsa. anussava. anussavana. apadāna. pārampariya.
전소행번뇌(前所行煩惱) pubbasamudāciṇṇakilesa.
전송(傳送)하다 uyyojeti.
전수(傳受) dikkhā.
전수를 받다 dikkhati.
전수를 받은 dikkhita.
전술전략 senānīkuṭilatā.
전술한 yathāvutta.
전승(傳承) āgama. itihāsa. paveṇi. sammuti. suti.
전승되다 āgacchati. pavattati.
전승된 āgata.
전승된 상태 sutatta.
전승서(傳承書) sammuti.
전승에 따르는 anussutika.
전승에 정통한 āgatāgama. svāgama.
전승을 배우는 학생 āgamika.
전승을 배우지 못한 anāgatattha.
전승이 아닌 anāgata.
전시(展示) abhidassana. sūcana.
전시(戰時) yuddhakāla.
전시(戰時)의 사령실 yuddhakiccālaya.
전시된 dassita.
전시하는 abhivyañjaka. dassaka.
전시하다 abhivyañjeti. āpajjati. āropeti. upadaṁseti. upadaṁsayati.
전시후시(前視後視) ālokita.
전식(前食) pubbaṇṇa.
전신(全身) sabbakāya.
전신(電信) vijjusandesapesakayanta. vijjusāsana.
전신(電信)의 vijjusāsanāyatta.
전신기사(電信技士) vijjusāsanapesaka.
전신술(電信術) vijjusāsanavijjā.
전신에 parimaṇḍala.
전심(纏心) pariyuṭṭhitacitta.
전야(前夜) abhidosa.
전야(前夜)의 abhidosika.
전언(傳言) pesana.
전에 purā. upari.
전에 알던 사람 pubbañāti.
전에 얻지 못한 agatapubba.
전열(戰列) vyūha.
전염(傳染) saṅkantika. opasaggika.
전염되기 위한 어떠한 씨앗도 없는 anupādisesa.
전염병(傳染病) opasaggika. pajjaraka. saṅkantikaroga.
전염병이 없음을 갖춘 anītisampāda.
전염병학(傳染病學) saṅkantikarogavijjā.
전염성이 있는 saṅkantika. opasaggika.
전용(轉用) ādāna. pariṇāmana.
전용하다 pariṇāmeti. ādāti. ādadāti.
전용한 (사람) ādāyin.
전우안거(前雨安居) purimakavassāvāsa.
전율(戰慄) chambhitatta. lomahaṁsa. paritassanā. phandanā. phanditatta. saṁvega. santāsa. tāsa. tāsana. uttāsa.
전율하게 하다 utrāseti.
전율하는 kampamāna. bhīru. bhīruka. chambhin. paritasita. paritassin. phandana. utrasta. uttāsin. sacchambhin.
전율하다 chambheti. paritassati. paritasati. avedhati. phandati. uttasati.
전율하지 않는 aparitassin.
전율한 chambhita.
전의(箭醫) bhisakkasallakatta.
전이(轉移)하다 saṅkamati.
전자(電子) vijjuaṇu.
전자마나기(栴闍摩那祈)[인명] Ciñcāmāṇavikā.
전장(戰場) yuddhabhūmi. yuddhamaṇḍala. saṅgāma.
전장의 북 yuddhabheri.
전장의 선두 saṅgāmasīsa.
전재산(全財産) sabbassa.
전재산의 몰수 sabbassaharaṇa.
전쟁(戰爭) āhava. saṅgāma. yuddha. yujjhana.
전쟁론(戰爭論) yuddhakathā.
전쟁에 나가도록 선동하는 것 yujjhāpana.
전쟁에 대한 이야기 yuddhakathā.

전쟁에서 이긴 saṅgāmaji.
전쟁을 시작하다 yujjhati.
전쟁의 장관[직위] senāgutta.
전쟁터에서 편안함을 느끼는 사람 saṅgāmâvacara.
전쟁하다 saṅgāmeti.
전적(全的)으로 ekanta.
전적으로 거친 생각 ekantaphasucetanā.
전적으로 도와주는 ekantabahukāra.
전적으로 바람직하지 않는 결과를 갖는 ekantâniṭṭhaphala.
전적으로 분노가 없는 ekantavītadosa.
전적으로 비난할 만한 상태 ekantamahāsāvajjatta.
전적으로 신성한 ekantadibba.
전적으로 악하고 불건전한 ekantâkusala.
전적으로 어리석음이 없는 ekantavītamoha.
전적으로 탐욕이 없는 ekantavītarāga.
전적인 ekanta.
전적인 악 ekantapāpaka.
전적인 적멸의 상태 ekantasantatta.
전전(轉傳)하는 visakkiya.
전전식(轉傳食) paramparabhojana.
전제(前際) pubbanta. purimakoṭi. pubbakoṭi.
전제(前提) sambhāvana.
전제군주(專制君主) serīpālaka. yathākāmapālaka. serirāja.
전제수견(前際隨見) pubbantânudiṭṭhi.
전제정치(專制政治) serīpālana.
전제주의(專制主義) serīpālana. pajāpīḷana.
전조(前兆) uppāda. nimitta. pubbanimitta.
전조에 대한 신념 uppādâbhinivesa.
전조에 대한 학문 uppāda.
전조의 출현 uppādâgamana.
전족(前足) purimapāda.
전존대신(典尊大神)[인명] Govinda.
전죄(前罪) pubbāpatti.
전주(專注) abhiropana.
전지(全知) sabbaññutā. sabbaññutāñāṇa.
전지(全知)한 sahajanetta. sahājanetta. sabbaññu.
전지성(全知性) sabbaññutā.
전지의 지혜 sabbaññutāñāṇa.
전지자(全知者) sabbaññū.
전지자가 아닌 자 asabbaññū.
전진(前進) abhikkama. ussāraṇa. ussāraṇā.
전진하다 abhikkamati. adhipagacchati. appeti. parakkamati. pasaṅkamati. sampayāti.
전차(戰車) ratha. yuddharatha. sandamānikā. sandana.
전차(傳車) rathavinīta.
전차군(戰車軍) atiratha.
전차를 타고 싸우는 사람 rathika.
전차부대(戰車部隊) cakkavyūha. rathânīka. rathakāya. rathasenā.
전차의 덮개 rathatthara.
전차의 마부 rathika. saṅgāhaka.
전차의 무리 rathakāya.
전체(全體) kevalakappa. sabbatta. samudāya. sākalya.
전체가 아닌 akevala.
전체를 포괄하는 nippadesa.
전체를 포함하지 못하는 asabbasaṅgāhaka.
전체에 영향을 주는 sakaladehāyatta.
전체의 asesita. kasiṇa. kevala. nikhila. sabba. sabbāvant. sakala. samanta. vissa.
전체의 겁(劫) kevalakappa.
전체의 대신 amaccamaṇḍala.
전체의 대신들 amaccagaṇa.
전체의 일부분 ekakoṭṭhasa.
전체적인 akhaṇḍa.
전치사(前置詞)[문법] upasagga. upasagganipāta.
전치사와 관련된[문법] opasaggika.
전치사와의 연결 upasaggayoga.
전통(傳統) āgama. anussava. anussavana. anvaya. pārampariya. paveṇi. rūḷhi. sammuti. suti. tanti. vaṁsa. vaṭṭa.
전통보존자 tantidhara.
전통을 따르는 anussavika.
전통을 보호하는 vaṁsânupālaka.
전통을 유지하는 vaṁsânurakkhaka.
전통을 통해 받지 못한 anītiha.
전통의 수호자 paveṇipālaka.
전통이 없는 ananussuta.
전통적인 niruḷha.
전통적인 가르침 ācariyavāda. itihā.
전통적인 학습 āgama.
전통적인 해설 vohāradesanā.
전투(戰鬪) āhava. raṇa. samara. saṅgāma. ukkaṭṭha. yuddha.
전투계획 uyyodhika.
전투대열의 편성 avattharaṇa. avatthāraṇa. ottharaṇa. otthāraṇa.
전투시의 함성 yuddhaghosa.
전투에서 승리한 raṇañjaya. raṇajaha.
전투용 코끼리 yodhahatthin.
전투용의 북 saṅgāmabheri.
전파(傳播) saṅkanti.

전파하는 saṅkantika.
전포(氈布) namataka.
전하는 말로는 kira. kila.
전하다 ārocayati. āroceti. deseti. niyyādeti. niyyāteti. niyādeti. udāharati.
전함(戰艦) yuddhanāvā.
전해들은 이야기 itihītiha.
전해진 vaṁsika. jātika. °jātiya.
전행(前行) pubbakaraṇa.
전향(轉向) āvaṭṭana. nivattana.
전향(轉向)과 속행(速行) āvajjanajavana.
전향과정의 마음 āvajjanacitta.
전향되지 않는 anāvattana.
전향되지 않은 anāvattita.
전향된 āvajjita. āvatta.
전향된 마음의 āvajjitahadaya.
전향시키는 āvaṭṭanin.
전향시키다 āvaṭṭeti. otārayati. otāreti. vinivaṭṭeti. vinivatteti.
전향에 묶인 āvajjanapaṭibaddha.
전향에 의존된 āvajjanapaṭibaddha.
전향에 정신활동을 기울임 āvajjanamanasikāra.
전향을 본질로 하는 āvajjanarasa.
전향의 기능 āvajjanakicca.
전향의 순간 āvajjanalakkhaṇa.
전향의 습관 āvajjanapariyāya.
전향의 시간 āvajjanasamaya.
전향의 자유자재 āvajjanavasitā.
전향의 정신세계 āvajjanamanodhātu.
전향의 지배 āvajjanavasa.
전향의 지속 āvajjanapamāṇa.
전향의 직후에 뒤따르는 āvajjanânantara.
전향의 힘 āvajjanabala.
전향자(轉向者) sadhammacāgin. samayantaragāhin.
전향자재(轉向自在) āvajjanavasitā.
전향하는 āvattanin. āvedhika.
전향하는 정신의식의 세계 āvajjanamanoviññāṇadhātu.
전향하다 āvajjati. āvajjeti. āvattati. āvaṭṭati.
전혀 sabbaso.
전형(錢刑) kahāpaṇaka.
전화(電話) dūrabhāsana.
전화(電化) vijjuyoga.
전화기(電話機) dūrabhāsanayanta.
전환(轉換) vivaṭṭa. vivaṭṭana. vivaṭṭanā.
전환시키다 vivaṭṭeti.
절(節) kaṇḍa. sutta. vagga. nipāta.
절(節)로 분할된 nipātaka.
절[拜] namakkāra. oṇamana. paṇāma. vandanā.
절[拜]을 한 ānata.
절[拜]을 함 avanati.
절[拜]하게 하다 vandāpeti.
절[拜]하고 나서 nipacca.
절[拜]하는 oṇamaka. vandaka.
절[拜]하는 사람 vanditar.
절[拜]하다 abhinamati. abhivandati. onamati. oṇamati. onamati. oṇameti. vandati.
절[寺] ārāma. vihāra. assama. yatinivāsa.
절[寺院]의 안쪽 antovihāra.
절[禮拜]을 받은 vandita.
절개(切開) satthakamma.
절개된 parikanta. parikatta. vikatta. vikanta.
절개하다 parikantati. sāṭeti. vikantati.
절교(絶交) asanthava. pariccajana. pariccajanā.
절구 udukkhala.
절굿공이 cālanī. musala.
절규(絶叫) vissara.
절단(切斷) apadāna. āracaya. cheda. chedana. kappana. lāyana. lunana. niddāna. pacchedana. viccheda. vicchinda. vocchijjatā. vodāya.
절단기(切斷機) vikattana.
절단되다 pacchijjati. vocchijjati.
절단되지 않은 abbhocchinna.
절단된 avakanta. chinna. chinnaka. kanta. kantita. luta. lutta. parikatta. ucchinna. vicchinna.
절단시키다 chedeti. chedāpeti. chindāpeti.
절단시킴 chedāpana.
절단하는 chedaka. chedanaka. chindana(ka).
절단하다 adhipāteti. apakantati. avakantati. okantati. okkantati. chindati. lunāti. pacchindati. pari- kantati. vaddheti. vicchindati.
절대(絶對) ekaṁsa. paramaṭṭha. paramattha.
절대권력(絶對權力) issariya. ādhipacca. ādhipateyya. pabhutta.
절대권력을 확보할 수 있는 issariyânuppadānasamattha.
절대금주주의(絶對禁酒主義) majjapaṭisedhana.
절대금주주의자(絶對禁酒主義者) majjapaṭisedhin.
절대론(絶對論) issarakāraṇavādin.
절대문(絶對門) nippariyāya.
절대신(絶對神) hara. hari. issara.
절대신을 섬기는 무리[시바교도] issarabhattigaṇa.
절대신을 제일원인으로 하는 세계관 issarakāraṇavādin.
절대자(絶對者) hara. hari. issara.

절대적으로 avecca. ekamantaṁ. paripuṇṇaṁ. aparādhīnaṁ. ekaṁsena. sabbaso.
절대적으로 본질적인 ekantakaraṇiya.
절대적으로 비난받을 ekantanindita.
절대적이 아닌 akevala.
절대적인 accanta. apaṇṇaka. avyāmissa. paripuṇṇa. kevala. ekaṁsika. asīmita. abādhita. nicca. dhuva. asaṅkhata.
절대적인 관점 nippariyāya.
절대적인 관점에서 가르쳐진 nippariyāyadesita.
절대적인 관점의 가르침 nippariyāyadesanā.
절대적인 성취 ekantasiddhi.
절대적인 진리 ekantasacca.
절대적인 청정이 아닌 anaccantasuddhi.
절도(竊盜) avahāra. corikā. coriya. pabhaṁsana. theyya.
절도(節度)가 없는 amattaññu.
절도(節度)가 없음 amattaññutā.
절뚝발이 kañja.
절류(節瘤) makula.
절름발이 chinniriyāpatha. khañja. pīṭhasappin.
절름발이의 khañja. kuṇṭha. paṅgu. paṅgula. paṅguḷa.
절망(切望) upāyāsa. upāyāsanā.
절망의 chinnāsa.
절망의 상태 upāyāsitabhāva. upāyāsitatta.
절망의 시기 kālavipatti.
절멸(絶滅) abhāva. uccheda.
절박(切迫)한 upakaṭṭha. upaṭṭhita. viyūḷha.
절반(折半) aḍḍha. upaḍḍha.
절반만 빗은 upaḍḍhullikhita.
절반만이 남은 aḍḍhâvasesa.
절반을 두루 닫은 upaḍḍhaparicchanna.
절반을 먹은 aḍḍhakhādita.
절반의 겁 upaḍḍhakappa.
절반의 고기 upaḍḍhamaṁsa.
절반의 눈으로 aḍḍhakkhika.
절반의 돛대 aḍḍhalakāra.
절반의 모과열매 aḍḍhabeluva.
절반의 몫 upaḍḍhabhāga. upaḍḍhapaṭiviṁsa.
절반의 벽 aḍḍhakuḍḍaka.
절반의 보살 upaḍḍhabodhisatta.
절반의 사람키를 한 aḍḍhaporisa.
절반의 손가락 크기를 지닌 aḍḍhaṅgulimatta.
절반의 시간 upaḍḍhakāla.
절반의 유골 upaḍḍhadhātu.
절반의 팔 길이만큼 upaḍḍhabāhupamāṇa.
절반이 닫힌 upaḍḍhapihita.
절반이 덮인 upaḍḍhacchanna.
절반이 파괴된 upaḍḍhakkhayita.
절반쯤 익은 과일 aḍḍhapakkaphala.
절벽(絶壁) papada. papadā. papaṭā. papāta. pātala. pātāla. taṭa.
절복(折伏) niggaha.
절복하다 niggaṇhāti.
절약(節約) mitabbaya. saṁyama.
절약해 줄인 paṭisallekhita.
절양설자(節量說者) mitabhāṇin.
절양식(節量食) mitāhāra.
절연(絶緣) alaṁvacana.
절정(絶頂) accantakāmāsā. adhikavega. antimāvatthā. pariyanta. paramakoṭi. uparimapariccheda. uttamatā. uttamatta. nikūṭa.
절정상태에 있는 upabbūḷha.
절제(節制) ārati. asevanā. paṭivirati. uparama. uparamā. uparati. veramaṇī. virati.
절제된 vilūna.
절제된 사랑 khantimettā.
절제자(節制者) mattaññū.
절제하는 orata. paṭivirata. uparata. virata. vivajjita.
절제하는 yathācārin(yatacārin?).
절제하다 paṭiviramati.
절종(節種) phalubīja.
절집(節集) aṅgasambhāra.
절차(節次) pavattinī.
절차로 인한 쟁사 kiccâdhikaraṇa.
절차를 구성하는 발제 kammañatti.
절차와 관련된 다양한 모임의 회원 kammanānasaṁvāsaka.
절친한 vissāsaka. vissāsika.
절통(節痛) pabbavāta. rattavāta. pabbavātābādha.
젊은 kañña. navaka. taruṇa. dahara. daharaka. yuvin.
젊은 나이 vaya.
젊은 부인 māṇavikā. vadhukā.
젊은 아내 vadhukā. māṇavikā.
젊은 여자 daharā. daharī. dāra. dārā. yuvatī.
젊은 왕자 khattiyasukhumāla.
젊은 음탕한 여자 pamadā.
젊은 코끼리 kalabha.
젊은 황소 okkhatara.
젊은이 kumāraka. māṇava. navaka. susu. taruṇa. yuvan.
젊은이조차 ākomāraṁ.
젊음 yobbana.
젊음에 의한 교만 yobbanamada.

젊음에 의한 도취 yobbanamada.
젊음의 매력 vayakalyāṇa.
점(漸) anupubbī.
점(点) bindu. desa. kalaṅka. koṭi. kaṇa. kaṇikā.
점(占) nemittikatā.
점(点)이 없는 akaṇika.
점거(占據)된 pariyādinna. pariyādiṇṇa. pariggahita. adhiggahita. adhivattha. adhivuttha. abhiyutta.
점거하다 parig(g)aṇhāti. adhivasati. adhig(g)aṇhāti. abhiyuñjati. pariyādiyati. pariyādiyyati.
점령(占領)되지 않은 anajjhāvuttha.
점령(占領)된 pariyādinna. pariyādiṇṇa. pariggahita. adhiggahita. adhivattha. adhivuttha. abhiyutta.
점령기(占領旗) dhajāhaṭa. dhajabaddha.
점령자(占領者) sāmin. adhikārin. → 정복자.
점령하다 parig(g)aṇhāti. adhivasati. adhig(g)aṇhāti. abhiyuñjati. pariyādiyati. pariyādiyyati.
점박이 사슴 cittamiga.
점상(占相) nimitta.
점설(漸說) anupubbī.
점성(占星) horā.
점성가(占星家) jotisatthaññū. muhuttika. nemitta. horāpāṭhaka. muhuttika.
점성술(占星術) jātipatta. jotisattha. nakkhattayoga. nakkhattavijjā. horāsattha.
점성술사 → 점성가.
점성학(占星學) jotisattha. nakkhattavijjā. horāsattha.
점성학상의 jotisatthāyatta.
점성학적으로 jotisatthānusārena.
점술(占術) nippesikatā.
점술에 의한 기만 nemittakuhana.
점심(點心) divābhojana.
점액(粘液) kapha. semha. siṅghāṇikā.
점액질의 kaphuttara.
점액질의 담병자(痰病者) semhika.
점원(店員) lekhana.
점유(占有)된 ajjhāvuttha.
점쟁이 atiyakkha. ikkhaṇika. ikkhanika. nemitta. nippesika. veyyañjanika. lakkhaṇapāṭhaka. lakkhaṇapaṭiggāhaka.
점쟁이의 직업 ikkhaṇikǎkamma.
점적(點滴) bindu.
점점(漸漸) punappunaṁ.
점점(點點)이 박힌 anukiṭa.
점진적(漸進的)으로 saṇikaṁ.
점진적인 소멸 tanutta.
점진적인 실천 anupubbakāraṇa.
점차(漸次) anupubbena.
점차로 anupubbena.
점차로 좁아지는[위로] anupubbatanuka.
점차적 수행 anupubbatā.
점차적으로 kama. thoka.
점차적으로 깊어지는 anupubbaninna.
점차적으로 생겨나는 aparâparuppattika.
점차적인 anupubba. aparâpara.
점차적인 고양 단계의 상태 anupubbavihāra.
점차적인 소멸 anupubbanirodha.
점차적인 의식적 관념의 소멸 anupubbâbhisaññānirodha.
점차적인 이해 anupubbâbhisamaya.
점차적인 죽음 anupubbûpasanta.
점차적인 지멸(止滅) anupubbûpasanta.
점차적인 진보 anupubbapaṭipadā.
점차적인 해탈 anupubbamuñcana.
점차적인 휴식 anupubbapassadhi.
점착(粘着) lepa. silesa.
점착성이 있는 lasagatagata.
점청(點靑) avaṅga.
점치는 데에 능숙함 lakkhaṇakusalatā.
점토(粘土) mattikā.
점토귀고리 mattikǎkuṇḍala.
점토덩어리 mattikāpiṇḍa.
점토로 만든 mattikǎmaya.
점토로 만든 그릇 mattikāpatta.
점토로 만든 발우 mattikāpatta.
점토로 만든 통 mattikādoṇika.
점토사발 mattikāthala.
점토의 더미 mattikāpuñja.
점프 uppatana.
점프하다 avekkhipati. khandati. vihaṅghati.
점학(漸學) anupubbasikkhā.
점현관(漸現觀) anupubbâbhisamaya.
점화(點火) ālimpana. jhāpana. jhāyana.
점화(點火)된 jhāpita. paridīpita. sampaditta.
점화용 풀섶 aggisaññita.
점화하는 jhāyaka.
점화하다 jāleti. jhāyati.
접견실(接見室) upaṭṭhāna.
접견실의 문 upaṭṭhānadvāra.
접근(接近) abbhāgamana. abhikkama. āgama. āgamana. akkamana. āsada. nissitatta. okkamana. otāra. samupagamana. upacāra. upagama. upagamana. upahāra. upakkama. upakkamana. upasaṅkamana. upasilesa. upavesana. upaya. upayāna.

접근되어서는 안 될 anāsādaniya. anāsādanīya.
접근되어야 하는 araṇīya.
접근되어야 할 upavajja.
접근되지 않은 appatīta.
접근된 abhisaṭa. āviṭṭha. okkanta. upagata. upakaṭṭha. upaṭṭhita.
접근하고 āhacca. āsajja.
접근하기 쉬운 osita.
접근하기 어려운 agayhûpaga. durāsada.
접근하는 abhimukha. āvijjhana. upagamanaka. upaya.
접근하는 samīpaga.
접근하다 abhigacchati. abhikkamati. abhisāreti. āgacchati. anveti. āsīdati. āvijjhati. āviñjati. āviñchati. āvisati. āyāti. gacchati. okkamati. sacceti. samupagacchati. samupāgacchati. samupeti. upagacchati. upakkamati. upanāmeti. upāsati. upaṭṭhahati. upaṭṭhāti. upaṭṭheti. upatiṭṭhati. upavisati. upayāti.
접근하여 upanissāya.
접근하지 못하는 asañcaraṇa.
접근하지 않는 anūpaya.
접근하지 않다 anupasaṅkhamati.
접근할 수 없는 agamanīya. anāpātha. anosakkiyamāna. anosita.
접근할 수 있는 abhigamanīya. saparikkamana.
접다 saṁharati. samiñjati. sammiñjati. sammiñjeti. saṁvelleti. saṇṭhāpeti.
접두사(接頭辭)[문법] upasagga.
접두사의 첨가 upasaggâvayava.
접문(接吻) cumbana.
접문(接吻)하다 cumbati. paricumbati.
접미사(接尾辭)[문법] avayava.
접미음(接尾音)[문법] taddhita.
접시 pāti. pātī. thāla. ukkhā. ukkhali. ukkhalī. ukkhalikā.
접시를 닦는 천 ukkhaliparipuñchana.
접시를 설거지하는 물 ukkhalidhovana.
접시설거지 ukkhalidhovana.
접어서 개다 obhañjati.
접어서 구부리다 paṭikujjati.
접어서 구부림 paṭikujjana.
접어진 obhagga.
접족례(接足禮) nipaccākāra.
접착(接着) bhatti.
접착제(接着劑) lepa.
접촉(接觸) abhighāta. ajjhābhava. āmasana. āmasanā. chupana. nimmadana. nimmaddana. nimmathana. omasanā. parāmasa. parāmāsa. parāmasana. phassa. phassanā. phusana. phusanā. sammasa. samphassa. samphusanā. saṁsagga. sañcopanā. saṅghaṭṭana. saṅghaṭṭanā. ummasanā
접촉과 관계된 phassasampayutta.
접촉되어야 할 phussa.
접촉되어져야 하는 것 phoṭṭhabba.
접촉되지 않는 asamphuṭa. asamphuṭṭha.
접촉되지 않은 aparāmaṭṭha. aphassita. aphuṭṭha. appaṭimaṁsa.
접촉된 āmaṭṭha. māsita. omaṭṭha. parāmaṭṭha. phassita. phusita. phuṭṭha. puṭṭha. sampalimaṭṭha. samphuṭṭha.
접촉된 사실 phuṭṭhatta.
접촉될 수 없는 aphusa.
접촉에서 생겨난 것 phassasamudaya.
접촉의 기능이 없는 aphassaka.
접촉의 다양성 phassanānatta.
접촉의 무리 phassakāya.
접촉의 소멸 phassâbhisamaya.
접촉의 영역 phassāyatana.
접촉의 자양 phassāhāra.
접촉의 즐거움 phassasukha.
접촉이 생겨난 saṁsaggajāta.
접촉이 없는 anupalepa.
접촉이 없음 asaṁsagga.
접촉하고 āhacca.
접촉하다 acchupati. āmasati. anumasati. ghaṭṭayati. ghaṭṭeti. ghaṭṭayati. nihanti. nimmatheti. omasati. parāmasati. parimasati. paṭimasati. phassati. phasseti. phusati. sacceti. sammasati. samphusati. ummasati. upanayhati. upapphusati.
접촉하지 못하는 aphassaka.
접촉하지 않게 하다 paṭileṇeti.
접촉하지 않고 acchupitvā.
접촉하지 않는 acchupanta.
접촉한 puṭṭhavant. saṁsaggajāta.
접촉한 상태 samphusitatta.
접촉해야 할 phoṭṭhabba.
접합(接合) sandhi.
접혀진 samiñjita. sammiñjita.
접혀짐 sammiñjana.
젓가락처럼 된(?) salākāvutta.
정(定) samādhāna. samādahana. samādhi.
정(淨)의 kappiya.
정[도구] nikhādana.
정각(正覺) sambodha. sambodhi. sambuddhi.
정각자(正覺者) sambuddha.

정각지(定覺支) samādhisambojjhaṅga.
정각하다 abhisambujjhati.
정강이 adduva. jaṅghā.
정강이 뼈 jaṅghaṭṭhi.
정강이 사이 antarasatthi.
정거천(淨居天) suddhāvāsa.
정거천의 무리에 속하는 suddhāvāsakāyika.
정견(正見) sammādiṭṭhi.
정견의 구족 diṭṭhisampadā.
정견자(正見者) sammāddasa. sammādiṭṭhika.
정결(淨潔) sobhā.
정결한 mejjha. sampasādanīya.
정계(頂髻) uṇhīsa.
정골요법(整骨療法) aṭṭhivaṇṇanā.
정골학(整骨學) aṭṭhivijjā.
정공(定空) tadaṅgasuñña.
정관(靜觀) nijjhāna. nijjhāyana.
정관(靜觀)하다 nijjhāyati. paccavekkhati.
정관(正觀)하다 sampassati.
정관자(淨觀者) suddhânupassin.
정광불(錠光佛) dīpaṁkara.
정구족(定具足) samādhisampanna.
정규적인 주처(住處)가 없는 anibaddhavāsa.
정규적인 질서에서 벗어나 uppaṭipāṭiyā.
정규적인 하인 dhuvabhattika.
정근(諍根) vivādamūla.
정근(精勤) abhijīhanā. padhāna. ussoḷhi. uyyāma. viyārambha.
정근(定根) samādhi. samādhindriya.
정근(正勤) sammāppadhāna.
정근계(精勤界) nikkamadhātu.
정근상(精勤相) paggahanimitta.
정근의 인상 paggahanimitta.
정근지(精勤支) padhānaṅga.
정근하는 padhānavant. padhānika.
정글 gahana. gumba. iriṇa. jaṅgala. kaccha. pabbatagahaṇa.
정글 속으로 난 길 vettapatha.
정글로 변한 araññabhūta.
정글밧줄 veṇudaṇḍaka. vallikā.
정글에 대한 찬미 vanavaṇṇanā.
정글에 사는 키 작은 사람의 종류 kirāta. kirāṭa.
정글의 수탉 nijjivha.
정글지역 araññapadesa.
정기(淨基) pasādavatthu.
정기관(定棄觀) paṭinissaggânupassin.
정기식(定期食) pariyāyabhatta.
정기식자(定期食者) pariyāyabhattika.
정기적인 식사 pariyāyabhatta.
정기적인 식사를 하는 자 pariyāyabhattika.
정기적인 월경(月經)이 없는 여자 alohitā.
정념(正念) sammāsati.
정단공(正斷空) samucchedasuñña.
정단사(正斷死) samucchedamaraṇa.
정단사단(正斷捨斷) samucchedapahāna.
정단원리(正斷遠離) samucchedaviveko.
정단해탈(正斷解脫) samucchedavimutti.
정당(正當)하게 samena.
정당하게 사는 dhammacārin. dhammacariyā.
정당하게 얻지 못한 adhammaladdha.
정당하다 vaṭṭati.
정당한 dhammaṭṭha. kappiya. yutta.
정당한 살해 saghaccā.
정당한 식사 kappiyâhāra.
정당화된 yuttavāha. suddhika.
정도(程道) āyatana. odhi. parimāṇa. pariṇāha. ṭhāna.
정도(正道) niyāma. sammāmagga. sammāpaṭipatti.
정도가 높은 선정의 학습 adhicittasikkhā.
정도가 지나친 adhimatta.
정도로 많이 yāvant.
정돈(停頓) racanā. samīkaraṇa. samodahana. vaḍḍhana. vicāraṇa. vicāraṇā.
정돈된 pakappita. samita. samocita. vikappita. viyūḷha.
정돈시키다 kappāpeti.
정돈하고 vidhāya.
정돈하다 dapeti. racati. racayati. saṁvidati. samodahati. vikappeti.
정등각지(定等覺支) samādhisambojjhaṅga.
정량(定量) avadhi.
정량부(正量部) sammiti.
정려(靜慮) anujjhāna. jhāna. nijjhāna. nijjhāyana. upanijjhāna. upanijjhāyana.
정려(靜慮)하다 nijjhāyati.
정려해탈(靜慮解脫) jhānavimokkha.
정력(精力) indriya. ojā. ojo°. thāma. dhiti. vacca. vassa. viriyatā.
정력(定力) samādhibala.
정력적이지 못한 atejavat.
정력적인 analasa. thira. uṭṭhānaka. vaccasin. yatta.
정력적인 활동 anosakkana.
정련(精練)된 sampahaṭṭha. uttatta.
정련된 금 uttattasuvaṇṇa.
정련된 금과 같은 uttattakanakasannibha.
정렬(整列) anīka. vyūha.

정렬된 cita. kappita.
정론(町論) nigamakathā.
정론(定論) samādhikathā.
정리(整理) aṭṭhapanā. kutti. pakappanā. parikamma. parikati. samīkaraṇa. samodahana. saṁvidahana. saṁvidhāna. sandahana. ṭhapanā. vavatthāna.
정리(正理) ñāya. nīti.
정리(定理) pameyya.
정리(整理)되다 kappati.
정리(正理)에 응하는 sappāṭihīrakata.
정리된 abhisaṅkhata. kappita. kutta. nikkhitta. racita. samita. samocita. saṁvidahita. saṁvihita. vavatthāpita. vihita.
정리시키다 paṭiyādāpeti.
정리하는 사람 saṁvidhātar.
정리하다 āvijjhati. āviñjati. āviñchati. dahati. kappeti. okappati. paccupaṭṭhāpeti. pakappeti. paṭisāmeti. paṭiyādeti. racati. racayati. samodahati. sandahati. vidahati.
정립(定立) patiṭṭhita. saṇṭhapanā. ṭhapana. thāvariya.
정립되다 avatiṭṭhati. santiṭṭhati. saṇṭhahati. saṇṭhāhati.
정립된 avaṭṭhita.
정립시키다 patiṭṭhāpeti. saṇṭhāpeti.
정말 유익한 것 atthattha.
정말 필요한 것 atthattha.
정말로 ~ 하면 sacāca.
정말로 assu. nanu. have. hi. khalu. kho. sudaṁ. tathatāya. tathattā. vata. ve. saccato.
정맥(靜脈) dhamanī. dhamanījāla. sirā.
정맥염(靜脈炎) dhamanīdāha.
정맥의 망상조직 sirājāla.
정맥절개술(靜脈切開術) rudhirasāvaṇa.
정명(淨明) pasāda. pasādana. pasādanī.
정명(正命) sammāājīva.
정묘(精妙) sukhumatta. sokhumma. sokhummatā.
정무비서(政務秘書) mahālekhaka.
정무비서실 mahālekhakāgāra.
정밀(精密) sukhuma.
정밀한 sukhuma.
정박(町縛) nigamabandhana.
정박지 nāvābandhana. bandhanaṭṭhāna. nāvāsuṅka.
정반(淨飯)[인명] Suddhodana.
정반대로 말하는 ujuvipaccanīkavāda.
정반대의 paṭikūla. paṭikkūla. vikkhambhāyatta. ujuvipaccanīka. paṭiviruddha.
정발(頂髮) cūḷa. cūḷā. cūḷikā.
정발(頂髮)의 kirīṭin.
정발보관(頂髮寶冠) cūḷāmaṇi.
정범(定犯) samāpatti.
정범행자(正梵行者) sammābrahmacārin.
정법(正法) saddhamma. satadhamma.
정법(定法) ṭhitadhamma.
정법결집(正法結集) saddhammasaṅgaha.
정법구주(正法久住) saddhammaṭṭhiti.
정법아육(正法阿育)[인명] Dhammâsoka.
정법의 쇠퇴 saddhammaparihāna.
정법의 청문 saddhammasavana.
정법전(正法殿)[건물명] Sudhammasabhā.
정보(情報) ādesa. ñāpana. nivedana. pakāsana. sandesa. viññatti.
정보가 없음 asaññatti.
정보를 교환하다 ārocayati. āroceti.
정보를 제공하다 ācikkhati.
정보제공(情報提供) sūcana.
정보제공자(情報提供者) sūcaka.
정복(征服) abhibhavana. abhibhū. abhinimmadana. abhisambhava. accaya. akkamana. atikkama. atikkamana. ativattana. jaya. nimmadana. pamaddana. parisahana. pasahana. paṭivinaya. paṭivinodaya. ugghāti. vasi°. vasitā. vijaya.
정복되다 abhibhūyati.
정복되지 않은 ajita. anabhibhūta. aparājita. avikkhambhita. avijita. vinijjita.
정복된 abhibhūta. ajjhotthaṭa. ativatta. damita. jita. nijjita. pahata. paladdha. paṭivinīta. samatikkamati. vasaṁgata. vighāṭita. vijita. vitiṇṇa.
정복될 수 없는 ajeyya.
정복될 수 없는 anabhibhavanīya. appadhaṁsika. avikkhambhiya. ayojjha.
정복될 수 없는 사람 anabhibhūta.
정복될 수 있는 saṁhīra.
정복될 수 있는 upasādhiya.
정복될 수 있는 상태 abhibhavanīyatā.
정복자(征服者) abhibhū. abhibhavitar. āhāraka. arindama. ativattar. vijitāvin.
정복자가 아닌 자 anadhibhū.
정복자의 기반 jinabhūmi.
정복하게 하다 abhibhāveti.
정복하는 atigāmin. abhibhū. pamaddin.
정복하다 abhibhavati. abhijeti. abhivijayati. acceti. adhibhavati. ajjhobhavati. ajjhottharati.

atigacchati. atikkamati. ativattati. balīyati. dameti. jayati. jeti. jināti. maddati. nimmādeti. ojināti. okkhipati. pamaddati. pamathati. parājeti. paribhavati. paribhoti. parisahati. pariyādiyati. pariyādiyyati. pasahati. paṭivineti. pīḷeti. sahati. samadhigaṇhāti. saṁharati. vijayati. vijeti. vijinati.
정복한 atiga. atigata. adhibhū.
정부(政府) atthânusāsana. atthânusiṭṭhi. desapālana. rajjānusāsana. rajjakāla.
정부(情夫) gamiya. jāra.
정부(情婦) jārī. ajjukā.
정부(情夫)인 사실 jārattana.
정부관리(政府官吏) kammika.
정비(整備) kappana. kutti.
정비공(整備工) yantika. yantasippin.
정비사(整備士) yantika. yantasippin.
정비하다 paṭisāmeti.
정사(正士) sappurisa.
정사(精舍) vihāra.
정사(精舍)의 내부 antovihāra.
정사(精舍)의 순례 vihāracārika.
정사식(精舍食) vihārabhatta.
정사유(正思惟) sammāsaṅkappa.
정사의(精舍依) vihāracīvara.
정상(頂上) dhura. kaku. koṭa. koṭi. kūṭa. matthaka. muddha. piṭṭhi. piṭṭhī. piṭṭha. sikhara. sīsa.
정상(淨相) pasādaniyanimitta.
정상(定相) samādhinimitta.
정상(靜想) subhasaññā.
정상상태 apuccaṇḍatā.
정상에 piṭṭhiyaṁ.
정상의 산 koṭapabbata.
정상자(淨想者) subhasaññin.
정상적(正常的) pakati.
정상적이 아닌 abbohāra. abbohārika. abbohāriya.
정상적인 상태 pakati. samatā.
정상적인 의식 pakaticitta.
정색(淨色) pasādarūpa.
정서(情緖) saṅkappa. cittapakati. manobhāva. siṅgārādirasa.
정서적(情緖的)으로 manobhāvavasena.
정선교(定善巧) samādhikusala.
정선된 맛 aggarasa.
정설자(淨說者) suddhiṁvāda.
정성(正性) sammatta.
정성결정(正性決定) sammattaniyāma.
정성결정자(正性決定者) sammattaniyata.
정성결정취(正性決定聚) sammattaniyatarāsi.
정성육계상(頂成肉髻相)[삼십이상] uṇhīsasīsa.
정성취(定成就) samādhisampadā.
정소생(定所生)의 sāmādhika.
정수(精髓) miñja. miñjā. miñjaka.
정수(正受) samāpatti.
정수기(淨水器) parissāvana.
정수습자(定修習者) samādhikammika.
정수자(淨手者) payatapāṇin.
정숙치 못한 여자 bhandhakī.
정숙하지 못함 kāyaduṭṭhulla.
정숙한 아내 patibbatā. paṭibbatā.
정숙한 여자 satī.
정시(定時) kāla.
정식으로 주어진 음식 dhurabhatta.
정신(淨信) abhippasāda. sampasāda. sampasīdana.
정신(精神) ceto. manana. mānasa. mano. manas.
정신(淨信)을 갖게 하다 sampasādeti.
정신(淨信)을 갖다 sampasīdati.
정신(淨信)하는 pasanna.
정신(淨信)하다 abhippasīdati. pasīdati.
정신·신체적 계박 kāyagantha.
정신과의(精神科醫) manorogatikicchaka.
정신기관 manodvāra.
정신기능 manindriya.
정신능력 manatā. manindriya.
정신대상 dhamma.
정신대상에 대한 갈애 dhammataṇhā.
정신대상에 대한 지각 dhammasaññā.
정신대상에 대한 탐착 dhammarāga.
정신대상의 영역 dhammâyatana.
정신대상의 유혹 dhammarasa.
정신대상의 지속 dhammasantati.
정신대상의 축적 dhammasannicaya.
정신문(精神門) manodvāra.
정신문의 인식과정 manodvāravīthi.
정신병(精神病) cittavibbhama.
정신병원(精神病院) ummattāgāra. ummattakālāya.
정신병으로 이끄는 ummattakasaṁvattanika.
정신병자 cittavibbhama.
정신상태 manatā.
정신세계 manodhātu.
정신수행 manobhāvanā.
정신에 의해 선행되는 manopubbaṅgama.
정신에 의해 의식되어야 할 manoviññeyya.

정신에 의해 집착된 manosatta.
정신영역 manaṅgaṇa. manâyatana.
정신요소 manodhātu.
정신으로 manasā.
정신으로 이루어진 manomaya.
정신으로 이루어진 무리 manomayakāya.
정신을 쓰다 manasikaroti.
정신을 잃은 ajjhomucchita.
정신의 도덕적 완성 manomoneyya.
정신의 뜰 manaṅgaṇa.
정신의 물질적 토대 manovatthu.
정신의 바른 실천 manosamācāra.
정신의 불가사의한 산출의 힘 manomayā iddhi.
정신의 사려 manovitakka.
정신의 오염 manokasāva.
정신의 완고함 cetokhila.
정신의 장(場) manâyatana.
정신의 전향 manodvārâvajjana. manâvajjana.
정신의 청정 manosoceyya.
정신의 칼 manosattha.
정신의 평온 manopasāda.
정신의식(精神意識) manoviññāṇa.
정신의식의 세계 manoviññāṇadhātu.
정신의식의 인식과정 manodvāravīthi.
정신의식이 청정한 parisuddhamanoviññāṇa.
정신이 나간 ummatta(ka).
정신이 앞서가는 manopubbaṅgama.
정신이 있는 samanaka.
정신이 타락한 manopadosika.
정신이상(精神異狀) ummāda. ummādana. ummādanā. vibbhantacitta.
정신이상자(精神異狀者) vibbhantacitta.
정신자(淨身者) nahātaka.
정신작용 manokamma.
정신적으로 ajjhattikavasena.
정신적으로 고통을 느끼는 경향 domanassindriya.
정신적으로 괴로운 느낌 domanassa.
정신적으로 성숙하지 않은 aparipakkañāṇa.
정신적으로 접근하다 upavicarati.
정신적으로 타락한 manopadosika.
정신적인 ajjhattika. mānasika. cetasika. manasa. nirāmisa.
정신적인 것이 아닌 acetasika.
정신적인 결점 manodosa.
정신적인 결함이 없는 apetamānapāpaka.
정신적인 고요를 말하는 자 santivāda.
정신적인 고요한 삶 manomoneyya.
정신적인 눈 manasacakkhu.
정신적인 대상 dhammârammaṇa.
정신적인 분노 manopadosa.
정신적인 분노에 의해 타락한 천상의 신 manopadosikadeva.
정신적인 불만 domanassa.
정신적인 빛이 수반된 시 obhāsagāthā.
정신적인 사악함 cetopadosa.
정신적인 선을 추구하는 보통 사람 puthujjanakalyāṇaka.
정신적인 선행 manosucarita.
정신적인 성스러운 삶 manomoneyya.
정신적인 성취 phala.
정신적인 성취를 얻은 상태 phalatā.
정신적인 세계 āyatana.
정신적인 속박 cetasikavinibandha.
정신적인 숭고한 행위 manosucarita.
정신적인 스트레스 domanassa.
정신적인 악의 manopadosa.
정신적인 악행 manoduccarita.
정신적인 안내자 kalyāṇamitta.
정신적인 오탁 kasāya. kasāva.
정신적인 요소 nāma.
정신적인 의도의 음식 manosañcetanâhāra.
정신적인 장애 khila.
정신적인 접근 upavicāra.
정신적인 즐거움 somanassa.
정신적인 지도자 upajjhāya. upajjhāyaka.
정신적인 창조 kappa.
정신적인 청정 manosoceyya.
정신적인 탁예(濁穢) kasāya. kasāva.
정신적인 탐구 manupavīcara.
정신적인 태도 dhamma.
정신적인 폭력 manodaṇḍa.
정신적인 행복을 증진시키는 uddhaggika.
정신적인 행위 manokamma.
정신적인 행위의 길 manokammapatha.
정신적인 허물 manodosa.
정신적인 형성 cittasaṅkhāra. manosaṅkhāra.
정신적인 혼란 ejā.
정신적인 활동 mānasa.
정신접촉 manosamphassa.
정신접촉에 의해 생겨나는 느낌 manosamphassajā vedanā.
정신집중에 달려있는 sāmādhika.
정신착란을 확인하여 무죄를 선고하는 것 amūḷhavinaya.
정신처럼 빠른 manojava.
정신토대 manovatthu.
정신통일 samādhāna. samādahana. samādhi.

정신현상의 지속 dhammasantati.
정신활동에 밝은 것 manasikārakusalatā.
정신활동에 의해 발생하는 manasikārasambhava.
정심(淨心) pasannacitta. sobhaṇacitta.
정심(定心) samāhitacitta. samāpatticitta.
정심소(淨心所) sobhaṇacetasika.
정안(淨眼) pasādacakkhu.
정안제(淨眼劑) akkhañjana.
정액(精液) sambhava. sukka. bīja. vassa.
정액의 방사 sukkavisaṭṭhi.
정어(正語) sammāvācā.
정업(正業) sammākammanta.
정업(淨業) sucikamma.
정열이 없는 vidhūma.
정오(正午) majjhaṇha. majjhantika. majjhantikakāla. uttamâha.
정오의 majjhantika.
정옥(亭屋) maṇḍalamāla.
정온(定蘊) samādhikkhandha.
정욕(情欲)에 의한 변심 rattacittavipariṇata.
정원(庭園) ājira. ārāma. upavana. uyyāna.
정원(正願) sammāpaṇidhi.
정원사(庭園師) ārāmapāla. ārāmika. mālika. uyyānapāla.
정원으로 연결된 uyyānanissita.
정원을 관리하는 uyyānapāla.
정원을 조성하는 사람 ārāmaropa.
정원을 지키는 uyyānarakkhanaka.
정원을 향해 있는 uyyānâbhimukha.
정원의 수호 ārāmarakkhaṇakā.
정원의 수호자 ārāmarakkhaka.
정원의 신 uyyānadevatā.
정원의 안쪽 antoārāma.
정원의 외양간 ārāmagonisādikā.
정원의 절반 upaḍḍhârāma.
정원의 조성 ārāmaropa.
정원의 창고 uyyānovaraka.
정원이 있는 작은 숲 uyyānupavana.
정원지기 ārāmika.
정월(正月)[남방음력 12월 16일 ~ 1월 15일] citta.
정유행(定遊行) samavattacāra.
정육점(精肉店) sūnāpaṇa. sūnāghara. sūnānissita. sūṇāpaṇa. sūṇāghara. sūṇānissita.
정의(定義) dassana. niyamana. pariccheda. saṅkhā. atthasaṅkhata. atthaparicccheda.
정의(正義) yutti. dhamma. sāmicī.
정의내림 ābhaṇḍana.
정의되다 saṅkharn gacchati.
정의될 수 없다 saṅkharn na upeti. saṅkharn na ropeti.
정의로운 아쇼카 왕 asokadhammarāja.
정의롭지 못한 adhammika.
정의롭지 못함 adhammikatā.
정의에 목마른 dhammasoṇḍatā.
정의하는 paricchedaka.
정인찬석(淨人讚釋)[주석] Visuddhajanavilāsinī.
정입(正入) ujupacchatthika.
정자(精子) kara. sambhava. sukka. bīja. vassa.
정자에 의해 태어난 karaja.
정자에서 생겨난 몸 karajakāya.
정자에서 생겨난 물질 karajarūpa.
정작 kira. kila.
정작의(正作意) sammāmanasikāra.
정적처(寂靜處) rahogata.
정점(頂点) agga. thūpikā.
정정(正定) sammāsamādhi.
정정진(正精進) sammāvayāma.
정제(定制) samavatta.
정제공주(定制供住) samavattasarnvāsa.
정제된 vilīna.
정제하다 ninneti.
정족수를 채운 자 gaṇapūraka.
정종종(定種種) samāpattinānatta.
정좌(釘座) sammāpāsa.
정중(鄭重) maddavatā. sovacassa. sovacassakaraṇa. sovacassatā.
정중하게 sakkacca. sakkaccarn.
정중하게 대화하다 anusarnsāveti.
정중하지 않은 asakkacca. asakkata.
정중한 sagarava. sovacassaya. sovacassiya.
정중한 사람 ehisāgatavādin.
정중한 인사 añjalikamma. añjalippaṇāma. abhivādana.
정지(停止) avasāna. avatthambha. līyana. ubbhāra.
정지(淨地) kappiyabhūmi.
정지(正智) sammāñāṇa.
정지(正知) sammappajāna. sampajañña.
정지시키다 sannisīdāpeti. saṇṭhāpeti.
정지의 상태 appavattā.
정지자(正智者) sammāñāṇin. sammāppajāna.
정지하다 abhisādheti. nivisati. santiṭṭhati. saṇṭhahati. saṇṭhāhati. sampajānati.
정직(正直) ājjava. ajjavatā. avisarnvādanatā. saccavacana. saccavajja. ujubhāva. ujukabhāva. ujukatā. ujutā. ujukatā.

정직하게 ujuṁ.
정직하지 않은 anajjava.
정직한 ajjava. akerāṭika. akuha. akuṭila. amāya. amāyāvin. asaṭha. avaṅka. saccanikkhama. saccasandha. saccavādin. sama. uddhaja. udumano. uju. ujju. ujubhūta. ujugata. ujuka. ujjuka. bhūtavādin
정직한 마음을 지닌 ujuhadaya.
정직한 행위 samacariyā.
정직함 saccavāditā.
정진(精進) ārambha. āyoga. nikkama. padhānasaṅkhāra. pahitatta. parakkama. payatana. ussāha. uyyāma. uyyoga. abhijīhanā. viriya. vāyāma.
정진각지(精進覺支) viriyasambojjhaṅga.
정진근(精進根) viriyindriya.
정진등각지(精進等覺支) viriyasambojjhaṅga.
정진력(精進力) viriyabala.
정진력이 있는 viriyavant.
정진론자(精進論者) viriyavāda.
정진바라밀(精進波羅密) viriyapāramī. viriyapāramitā.
정진발근(精進發勤) viriyārambha.
정진사(精進捨) viriyupekkhā.
정진신족(精進神足) viriyiddhipāda.
정진에 대해 이야기하는 viriyavāda.
정진에 의한 신통의 기초 viriyiddhipāda.
정진에 의한 제어 viriyasaṁvara.
정진에 의한 평온 viriyupekkhā.
정진에서 비롯한 집중과 노력으로 형성되는 신통의 기초 viriyasamādhipadhānasaṅkhārasamannāgatiddhipāda.
정진여의족(精進如意足) viriyiddhipāda.
정진율의(精進律儀) viriyasaṁvara.
정진을 시작한 āraddhaviriya.
정진의 깨달음 고리 viriyasambojjhaṅga.
정진의 능력 viriyindriya.
정진의 불가사의한 교육적 효과 viriyiddhipāda.
정진의 영향 viriyâdhipati.
정진의 완성 viriyapāramī. viriyapāramitā.
정진의 요소 nikkamadhātu.
정진의 지배 viriyâdhipati.
정진의 집 padhānaghara.
정진의 힘 viriyabala.
정진증상(精進增上) viriya.
정진지(精進支) padhāniyaṅga.
정진평등(精進平等) viriyasamatā.
정진하는 kataviriya. katavīriya. pahita.
정진하다 nikkamati. padahati. vāyamati.
정진할 가치가 있는 padhāniya.
정착(定着) nivesa. nivesana. sannivesa. sannivesana.
정착되지 못한 aniddhārita.
정착되지 않은 avavatthita.
정착되지 않음 avavatthāna.
정착된 avasīna. baddha. niviṭṭha. sannisinna.
정착시키다 nisīdāpeti.
정착지가 없는 agāmaka.
정착하다 abhinivisati. ajjhāvasati. niveseti. sannisīdati. ussīdati.
정찰(精察)하다 paṭisañcikkhati.
정찰대(偵察隊) pakkhandin.
정찰하다 upanikkhipati.
정처(靜處) rahas.
정체된 물 theva.
정체성(正體性) ekībhāva. abheda. nibbisesa.
정치(政治) nīti. khatta.
정치(定置) ṭhapanā.
정치론(政治論) khattadhamma.
정치에 대한 지식을 실천하는 사람 khattavijjācariya.
정치와 법 nītinaya.
정치학(政治學) khattavijjā.
정치학을 가르치는 사람 khattavijjavādin.
정탐꾼 avacaraka. ocaraka.
정통(精通)하다 āgacchati.
정통적(正統的)인 abhinnaka. āṇāsampanna. suddhika.
정통적인 가르침의 권위 ācariyagāthā.
정통한 āgata. kovida. °gū. paricaya. yānikata.
정편만(定遍滿) samādhivipphāra.
정편만신변(定遍滿神變) samādhivipphāriddhi.
정하게 하다 ṭhapāpeti.
정하는 (사람) paññāpaka.
정하다 dahati. karoti. paṭṭhahati. saṁvidati. saṇṭhāpeti. ṭhapeti. ṭhapayati.
정하여 āsajja.
정학녀(正學女) sikkhamānā.
정해지지 않은 aniyata.
정해지지 않은 법 aniyatadhamma.
정해지지 않은 상호 대응하는 것들의 부류 aniyatayevāpanaka.
정해진 abhisattha. samānīta. sammata. saṅkhāta. uddissakata.
정해진 운명으로 이끄는 삿된 견해 niyatamicchādiṭṭi.
정해진 운명을 지닌 niyata.
정해진 운명을 지닌 사람 niyatapuggala.

정해탈(淨解脫) subhavimokkha.
정행(淨行) ācārakusala.
정행(正行) samacariyā. sammāpaṭipatti.
정행(定行) samādhicariyā.
정행녀(淨行女) māṇavikā.
정행자(正行者) samacārin. sammaggata. sammāpaṭipanna.
정향(淨香) sucigandha.
정향목(丁香木)[식물] devakusuma. lavaṅga.
정형동사(定形動詞) ākhyātapada. ākhyātikapada.
정혜(正慧) sammappaññā.
정호겁(精好劫) maṇḍakappa.
정화(淨化) nijana. parisodhana. parisuddhi. saṁsuddhi. sodhana. sodhanā. suddhi. visodhana. visuddhatta. vodāna. vodaka. vodāpana. vodāpanā. paṭimokkha. parisodhana. pariyodapana. pariyodapanā. visadakiriyā. sujjhana
정화되다 parisujjhati. pasīdati. sodhīyati. viriccati. vodāyati.
정화되어야 할 virecaniya.
정화되지 않은 avodāta.
정화된 dhona. niddhanta. niṇhāta. ninhāta. ninnīta. parisodhita. pariyodāta. payata. suppaṭimutta. vilīna. vippasanna. virājita.
정화된 버터 abhighāra.
정화된 버터로 성화에 공양하는 ajjhenamaggiṁ.
정화된 손을 가진 자 payatapāṇin.
정화시키다 pasādeti. sodhāpeti. vireceti.
정화하기 위해 사용되는 것 paribhojaniya.
정화하기에 적합한 vodāniya.
정화하는 vodāniya.
정화하다 nibbāpeti. niddhovati. pakkhalati. parisodheti. pariyodapeti. sodheti. vippasādeti. visodheti. vodapeti. vodāpeti. vomādapeti.
정확하게 sammā.
정확한 yāthāva.
정확한 계절의 관측 utupamāṇa.
정확한 앎 pariññā.
정확한 언어 yāthāvavacana.
정확한 이름을 지닌 yāthāvanāma.
정확한 지식에 대한 이론적 이해 pariññâbhisamaya.
정확한 지식을 가지고 있음 pariññātatta.
정확한 지식의 선택 pariññāvāra.
정확함 sammatta.
정확히 알다 parijānāti.
젖 doha. duddha.
젖 떨어진 송아지 vacchatara.
젖게 하다 abhisandeti. temeti.
젖꼭지 cūcuka. thanamukha. thanagga.
젖다 addāyate. kilissati.
젖먹이 thanapa. thanasitadāraka.
젖은 addha. alla. avassuta. sajala. samunna. saudaka. siniddha. tinta. vassita.
젖은 손 allahattha.
젖은 손을 지닌 allapāṇi.
젖은 옷 allacīvara.
젖은 진흙더미 allamattikapuñja.
젖은 피부 allacamma.
젖은 피와 고기로 아르어진 몸을 지닌 allamaṁsasarīra.
젖을 짜는 duha.
젖을 짜다 dohati. duhati.
젖을 짬 doha. dūhana.
젖음 temana.
젖지 않은 analla.
젖지 않은 상태 anallabhāva.
제 때의 kālika.
제 방향에서 벗어난 ubbaṭuma.
제 시간이 지난 후에 식사하지 않는 khalupacchābhattika.
제 시간이 지난 후에 식사하지 않는 수행 khalupacchābhattikaṅga.
제(諦) sacca.
제거(除去) abbāhana. abbuḷhana. apacina. apacinana. apahara. apakaḍḍhana. apakassana. apanāmana. apanayana. apanudana. apanūdana. avaharaṇa. chaḍḍana. dhunana. kappana. nibbāhana. nīharaṇa. nīhaṭatā. nikkhepa. ohāra. oharaṇa. ohāraṇa. panūdana. paṭikassana. paṭimokkha. paṭivinodana. paṭivinodaya. pabbājana. pavāhana. pahāna. lopa. ubbahana. ubbhāra. uddhara. uddhāra. uddharaṇa. ugghāṭa. ugghāṭana. ukkhepa. ukkhipana. upavāhana. vikkhambhana. vinaya. vinodana. viyūhana. haraṇa. samugghāta. samūhatatta. sannikkhepana
제거기(除去機) haraṇī.
제거되다 apanīyati. panujjati. ūhaññati. vyapahaññati.
제거되지 않은 anīhata. anūhata. asamūhata.
제거된 abbūḷha. abbūḷhita. acchinna. apagata. apakaṭṭha. apanīta. uppāṭita. chaḍḍita. chuddha. dhuta. dhūta. khīṇa. nibbaṭṭa. niddhanta. nīhaṭa. nikkhitta. niruddha. nunna. nuṇṇa. obhaṭa. obhata. omukka. onīta. oṇīta. ossaṭṭha. pahīna. panudita. panunna. paṇunna. panuṇṇa. paṭi-

vinīta. pavāḷha. samūhata. ubbhata. uddhaṭa. ukkhitta. visaṁhata.
제거된 상태 pavāhitatta.
제거될 수 없는 ahāriya.
제거될 수 있는 것 ugghāṭana.
제거시키다 niḍḍāpeti. ohāreti. ohārayati. ohārāpeti.
제거자(除去者) apanuditar.
제거하고 abhivihacca.
제거하는 chaḍḍaka. dhunanaka. hāraka. nibbāhana. pavāhaka. samugghātaka. ubbaha. vinodaka.
제거하는 자 apahāraka. hāraka. sāṭetar.
제거하다 anukasati. anukassati. abhinihanati. abhinīhanati. abhinivajjeti. abhivāheti. ādhunāti. ākaḍḍhati. apabbūhati. apacināti. apaharati. apakaḍḍhati. apakassati. apanāmeti. apaneti. apanudati. atighaṁsati. āvajjati. avakaḍḍhati. dhunāti. hanati. hanti. nibbaṭṭeti. niḍḍāyati. niḍḍeti. niddhamati. nīharati. nikkhipati. nudati. okassati. avakassati. odhunāti. ohanati. oharati. okaḍḍhati. okantati. okkantati. avakantati. oṇati. oneti. oṇeti. oropayati. oropeti. ossajati. ossajjati. osajati. osajjati. panudati. parakkaroti. pāṭeti. paṭikassati. paṭisaṁharati. paṭivinodeti. pavāheti. samugghātāpeti. samūhanati. samūhanti. sāṭeti. ubbahati. uddharati. ugghāṭeti. ugghaṭṭeti. ūhanati. ukkhipati. uppāṭeti. ussajati. ussajjati. vāvatteti. vidhūnāti. vineti. vinibbhujati. vinibbhuñjati. vinimoceti. vinodeti. virājeti. viseneti. vissajjeti. viyūhati. vyantīkaroti. antaraṁ karoti. parakkaroti.
제거하지 않고 anavakkarīkatvā.
제거하지 않는 anavakāra.
제거하지 않음 apanudana. apanūdana.
제거할 수 있는 āhacca.
제견미망소(除遣迷妄疏)[주석] sammohavinodanī.
제계(制戒) ajjhācāra.
제계(齊戒)를 지키면 신변(神變)을 얻는다는 특별한 축제일 pāṭihāriyapakkha.
제공(提供) abhihāra. datti.
제공되다 abhiharīyati. dhīyati. upanīyati. upaniyyati.
제공되지 않은 appavārita.
제공된 abhihaṭa. upanāmita.
제공된 것을 받아들이는 abhihāraka.
제공자(提供者) dāyaka. dātar. cāgin. sampāpaka.
제공하고 anupaneyya. anūpaneyya.
제공하고 싶다 anupaneyya. anūpaneyya.
제공하는 saṁvidhāyaka.
제공하다 abhiharati. abhisaṁharati. anudassati. dadāti. paṭipādeti. payacchati. pucchati. sampavāreti. upaharati. upanāmeti. upanayati. upaneti
제과사(製菓士) sūda. sūdaka.
제과업자 pūpaka. pūpakāra. pūvakāra.
제과업자(製菓業者) pūpakāra. pūpiya.
제과점 pūvaghara. pūvasālā.
제국(帝國) adhirajja.
제국(帝國)의 adhirajjāyatta.
제국의 국경 rajjasīmā.
제국주의(帝國主義) adhirājapālana. adhirajjavāda.
제국주의자(帝國主義者) adhirajjavādin.
제근비대(諸根肥大) pīnindriya.
제기랄! ahaddhi. ahadhi. dhi. dhī. dhīratthu.
제다(制多)[국명] Ceti. Cetiya. Ceta.
제다가인(制多迦人)[인명] Cetaka.
제단(祭壇) pūjāsana. yañña.
제달라월(制怛羅月)[월명] citta.
제당(祭堂) yaññâgāra.
제도(濟度) netthāra. nitthāra. santāraṇa.
제도(制度) ṭhiti.
제때가 아닌 asāmāyika.
제례(祭禮) maha.
제론(諦論) saccakathā.
제멋대로 행동함 vissaṭṭhiya.
제멋대로의 avyāyata.
제명(除名) niddhamanā.
제명(題銘) paṭimādilipi.
제명된 avaruddhaka.
제물(祭物) homa. hutta. juhana. yāga.
제물로 바쳐진 yiṭṭha.
제물로 바치기에 적합한 āhavanīya.
제물로 바칠 짐승을 묶는 기둥 yūpa.
제물로 받쳐진 iṭṭha.
제물로 태워진 suhuta.
제물에 쓸 대상이 없는 nirārambha.
제물에 쓸 동물을 죽이지 않는 nirārambha.
제물을 바치게 하다 yājeti.
제물을 바치기 위해 켜진 제화(祭火) āhavanīya.
제물을 바치는 yāgin. yajanaka. yājin.
제물을 바치는 구덩이 yaññāvāṭa.
제물을 바치는 사람 yājaka.
제물을 바치다 yajati.
제물을 바침 yajana.

제물을 받치게 하다 yajāpeti.
제물을 주는 yāgin.
제미망소(除迷妄疏)[주석] sammohavinodanī.
제바달다(提婆達多)[인명] Devadatta.
제바라밀(諦波羅密) saccapāramī. saccapāramitā.
제발 sādhu.
제방(堤防) āli. āḷi. kūla. mariyādā. pulina. puḷina. rodha. upakūla.
제방(諸方) puthuddisā.
제방(諸邦) puthuddisā.
제방의 파괴 ālipabheda.
제법(祭法) parikkhāra.
제법무아(諸法無我) sabbe dhammā anattā.
제본(製本) racanā.
제본사(製本社) potthakasibbaka.
제본하다 racati. racayati.
제분(製粉) pisana. piṁsana.
제분별(諦分別) saccavibhaṅga.
제분자(除糞者) pukkusa.
제비[새] kālakā.
제비[추첨] salākā.
제빙실(製氷室) himarakkhānāgāra.
제빵사 pūpaka. pūpiya. pūvika. pūpakāra. pūvakāra.
제사(祭祀) addhara. āhuti. hotta. ijjā. iṭṭhi. yañña.
제사(祭師) purohita.
제사(第四)의 catuttha.
제사(諦思) ālokita.
제사(諦思)하다 āloketi.
제사니(提舍尼)[죄명] pāṭidesanīya. pātidesanīya.
제사를 받는 사람 āhunapaṭiggāhaka.
제사를 얻다 ijjati. ijjate.
제사를 잘 지낸 suyiṭṭha.
제사를 주관하는 사람 yājetar.
제사를 주관하는 사제 addhariya.
제사를 주관하다 yājeti.
제사를 지내고 싶어 하는 āhutiyiṭṭhukāma.
제사에 가져와진 yaññupanīta.
제사에 바칠 정제된 버터 ajja.
제사에 사용되는 밥덩이 āhutipiṇḍa.
제사용 국자 sujā.
제사용 풀 barihisa.
제사용의 불 aggihotta. aggihutta.
제사음식 thālipāka.
제사의 āhuneyya. āhuṇeyya.
제사의 냄새 āhutigandha.
제사의 불꽃을 두는 장소 jotiṭṭhāna.
제사의 제물 ahutipiṇḍa. āhunapiṇḍa.
제사의 축제 yaññatā.
제사의례(祭祀儀禮) chaṇa.
제사지내다 hāpeti. mahati.
제사지냄 yaññatā.
제석계(帝釋天界) indatta.
제석국(帝釋國) sakkattarajja.
제석소문(帝釋所問) sakkapañha.
제석의 질문 sakkapañha.
제석천(帝釋天) devakuñjara. inda. sakka. tidasâdhipati. vajirapāṇi.
제석천과 함께하는 sahindaka.
제석천을 넘어서는 자[부처님을 지칭] atisakka.
제석천의 비 sakkapajāpati.
제석천의 양산의 이름 kañcanamālā.
제석천의 왕국 sakkattarajja.
제석천의 지위 sakkatta.
제수(齊首)의 samasīsin.
제수순(諦隨順) saccânuloma.
제수순지(諦隨順智) saccânulomañāṇa. saccânulomikañāṇa.
제수자(齊首者) samasīsa.
제스처 aṅgahāra. aṅgavikkhepa. saññā. kāyavikāra.
제시(提示) vitaraṇa. pariccāga. padassana.
제식용의 불 udaggihuttaṁ.
제안(提案) ñatti. uddesa.
제안이 있는 sauddesa.
제안하다 odahati. uddisati.
제압(制壓)된 abhibhūta. abhitunna. anupatita. paladdha. parijita. upadduta.
제압당한 adhiggahita.
제압되어질 수 있는 vikkhambiya.
제압된 상태 anupatitatta.
제압하는 ajjhāruha. ajjhārūha.
제압하다 adhibhavati. adhisarati. saṁharati.
제약(製藥)의 osadhavidhānavisayaka.
제어(制御) dama. damana. damatha. nirodha. niyama. paridamana. samana. saṁvara. saṁyama. saṁyamana. saññama. vinaya. vinayana. yuga. yugaggāha.
제어(諦語) saccagira. saccavācā. saccavāda.
제어되지 않은 anissariya. asaññata. pākata. pākaṭa.
제어된 avikiṇṇa. gutta. parisaṁvuta. saṁvuta. saṁyata.
제어될 수 없는 ayojjha.
제어를 지향하지 않는 asaṁvarâbhirata.
제어의 결여 asaṁyama.
제어의 노력 saṁvarappadhāna.

제어자(制御者) adhipati.
제어조건 indriyapaccaya.
제어하기 어려운 duddama. duddamaya. dunnivāraya.
제어하는 damana.
제어하다 dhāreti. nirodheti. niyameti. paridameti. saṁvarati.
제어하지 않음 asaṁvara.
제염업자(製鹽業者) loṇakāra. loṇakāraka.
제오격(第五格) pañcamī.
제왕(帝王) ekarājā. inda. pabhū.
제왕에 의해 보여진 indadiṭṭha.
제왕에 의해 설명된 indadesita.
제왕에 의해 실천된 indajuṭṭha.
제왕으로 다스리다 indati.
제왕으로 행위하는 indaṭṭha.
제왕의 모임 indasabha.
제왕이 된 indabhūta.
제외(除外) nibbāhana. sannikkhepana.
제외시키다 nibbāhāpeti.
제외하고 aññatra. muñciya. ṭhapetvā.
제외하는 nibbāhana.
제외하다 atisarati. nibbāhati. nibbāheti. vūpakāseti.
제요약론(諦要略論)[서명] Saccasaṅkhepa.
제유기(製油機) telayanta.
제육(6)일 saṭṭhī.
제의(祭儀) yañña.
제의(諦義) saccikaṭṭha.
제의멸진(諸依滅盡) upadhikkhaya.
제이격(第二格) dutiyā.
제이십(20) 품(品) vīsativagga.
제인자각(諸人自覺) paccattavacana.
제일(第一) agga.
제일(齊日) uposatha. ussava. ussavadivasa.
제일(齊日)과 관련된 uposathika.
제일(第一)의 parama.
제일결집(第一結集) paṭhamasaṅgīti.
제일공양(第一供養) aggapiṇḍa.
제일법(第一法) aggadhamma.
제일신(第一信) aggappasāda.
제일안(第一眼) paramacakkhu.
제일의(第一義) paramaṭṭha. paramattha.
제일의설시(第一義說示) paramatthadesanā.
제일의적(第一義的) 존재 sabhāvadhamma(tta).
제일의제(第一義諦) paramaṭṭhasacca. paramatthasacca.
제일청정(第一淸淨) paramavisuddha.
제자(弟子) antevāsika. anubuddha. saddhiṁvihārika. sahajīvin. sāvaka. sissa. nissitaka.
제자가 없는 anantevāsika.
제자로서의 자식 antevāsika.
제자리를 잡는 āsanakusala.
제작(製作) kamma. karaṇa. karaṇabhāva.
제작과 설치의 장소 karaṇanivāsanakkhetta.
제작시간(製作時間) karaṇakāla. karaṇavelā.
제작에 대한 사례 karaṇavatthu.
제작에 성공한 karaṇasampanna.
제작에 유능한 karaṇakosalla.
제작을 위한 밭 karaṇakkhetta.
제작을 위해 저장하는 것 karaṇasannidhi.
제작을 조건으로 karaṇapaccayā.
제작의 결과 karaṇanissanda.
제작의 경우 karaṇasamaya.
제작의 고통 karaṇadukkha.
제작의 방해 karaṇapalibodhana.
제작의 성공 karaṇasampatti.
제작의 실수 karaṇavipanna.
제작의 완성 karaṇapariyosāna.
제작이 가능한 karaṇasamattha.
제작자(製作者) kattar.
제작행위(製作行爲) karaṇakiriyā.
제작행위에 의존하는 karaṇakiriyâpekkha.
제정신이 아닌 anummata.
제조(製造) uppādana.
제조자(製造者) vaḍḍhaka.
제주(祭柱) indakhīla.
제주착(諦住著) saccâbhisacca nivesa.
제주처(諦住處) saccâdhiṭṭhāna.
제지(制止) abhiniggaṇhanā. rodha. samana. saṁvara. saṅgaha.
제지(諦智) saccañāṇa.
제지되지 않은 aniruddha.
제지된 paṭiruddha. yata.
제지하는 사람 nivāretar.
제지하다 abhiniggaṇhāti. āvārayati. āvāreti. rundhati.
제처(諦處) saccādhiṭṭhāna. saccâdhiṭṭhāna.
제처두기 cajana.
제철이 아닌 때 핀 꽃 akālapuppha.
제철이 아닌 열매 akālaphala.
제쳐두고 ṭhapetvā.
제쳐두다 okkameti. okkāmeti. okkamāpeti.
제출(提出) parivattana.
제출된 ānīta.
제출하다 niyyādeti. niyyāteti. niyādeti. osārayati. osāreti. pasāreti.
제타태자의 숲 jetavana.

제퇴전(諦退轉) saccavivaṭṭa.
제품(製品) vikati. vikatiphala.
제한(制限) avadhāraṇa. āvaraṇa. niggahaṇatā. orodha. pariccheda. pariyanta. yāma.
제한되어 odhiso.
제한되지 않는 anodissaka. asaṁvata.
제한된 mita. odhika. odissaka. paricchinna. parimita. pariyantakata. pariyantika. santaka.
제한된 식사 mitāhāra.
제한된 자애 odissakamettā.
제한된 지혜 padesañāṇa.
제한이 없는 apariyanta. vimariyādikata.
제한이 없음 appaṭivāṇī.
제한이 없이 anodhiso.
제한이 있는 pariyantavant. sapariyanta.
제한주(制限住) samavattavāsa.
제한편정계(制限遍淨戒) pariyantaparisuddhisīla.
제한하는 paricchedaka.
제한하다 paricchindati. pariminati.
제행개고(諸行皆苦) sabbe saṅkhārā dukkhā.
제행무상(諸行無常) sabbe saṅkhārā aniccā.
제현관(諦現觀) saccâbhisamaya.
제호(醍醐) sappimaṇḍa. maṇḍa.
제호같이 탁월한 설법 desanāmaṇḍa.
제호와 같은 최상의 청정행 brahmacariyamaṇḍa.
제호처럼 맛있는 maṇḍapeyya.
제화(祭火) aggi. aggihotta. aggihutta. aggihuttaka. hutâsana.
제화공(製靴工) upāhanika.
제화당(祭火堂) aggihottasālā. aggihuttasālā. aggiyāyatana. aggiyāyana. aggisālā.
제화를 관리하는 사제(?) upajotiya.
제화를 준비된 āhitaggi.
젯타월[월명] jeṭṭha.
조(兆) koṭilakkha.
조(鳥) pakkhin. sakuṇa.
조가비 kambu. saṅkha.
조가비가 있는 sakalikāsahita.
조각(彫刻) lekhā.
조각[片] bila. khaṇḍa. padālana. pesĭ.
조각나다 pabhijjati. udrīyati. vipāṭeti.
조각난 bilakata. dvidhāgata. khaṇḍâkhaṇḍikajāta. phuṭika. vipphālita.
조각들로 자름 adhichindana.
조각상(彫刻像) potthaka.
조각으로 부서진 khaṇḍâkhaṇḍikajāta.
조각조각 hīrahīraṁ.
조각칼 avalekhanasattha.
조각하기 avalekhana.
조각하다 avalekhati. avalikhati. ukkirati.
조감(鳥瞰)하다 apaloketi.
조개껍질 kambu. saṅkha. saṅkhanābhi.
조건(條件) ārammaṇa. āyatana. bhāva. bhavatta. cakka. dhamma. hetu. karaṇa. paccaya. sabhāva. samaya. saṅkhāra. upanisā. vāsa. vuttitā.
조건관계(條件關係) paccayatā.
조건들을 쌓은 katasambhāra.
조건부(條件附) upanissaya.
조건부의 나태 upanissayamandatā.
조건부의 힘 upanissayabala.
조건없이 해탈된 asamayavimutta.
조건에 대한 분석적 앎 dhammapaṭisambhidā.
조건에 대한 연구 ākāraparivitakka.
조건에 의해 발생된 것 paccayasamuppanna.
조건에 의해 발생한 paṭiccasamuppanna.
조건으로 하다 vaṭṭati.
조건으로 해서 paṭicca.
조건을 잘 보는 ākāradassanaka.
조건의 생기 paccayapavatta.
조건의 섭수 paccayapariggaha.
조건의 장·순번 paccayavāra.
조건의 형태 paccayākāra.
조건이 없는 anāhāra.
조건적으로 생성된 것 paṭiccasamuppannadhamma.
조건적으로 생성된 의식 paṭiccasamuppannaviññāṇa.
조건적으로 함께 발생하는 것 paṭiccasamuppāda.
조건적인 발생 paṭiccasamuppāda.
조건지어지지 않은 asaṅkhāra. asaṅkhata.
조건지어지지 않은 진리 asaṅkhatadhamma.
조건지어진 hetupabhava.
조건지어진 mūlaka. hetuka. saṅkhata. sappaccaya.
조건지어진 것 paccayupannadhamma. paccayasamuppanna.
조건지어진 것들의 괴로움 saṅkhāradukkha.
조건지어진 것들의 발생 saṅkhārasamudaya.
조건지어진 것의 영역 saṅkhatāyatana.
조건지어진 것의 특성 saṅkhatalakkhaṇa.
조건지어진 것이 남은 명상 saṅkhārâvasesamāpatti.
조건지어진 것이 남은 명상의 성취 sasaṅkhārāsamāpatti.
조건지어진 것이 있는 saṅkhāravant. sasaṅkhārā.

조건지어진 삶의 괴로움 saṅkhāradukkha.
조건지어진 세계 saṅkhāraloka.
조건지어진 현상 saṅkhāra.
조건짓는 것 paccayadhamma.
조건짓는 힘 paccayasatti.
조견(照見) apalokita.
조견(粗絹) kaca.
조견(照見)하다 apaloketi.
조국(祖國) sadesaja. jātabhūmi.
조그만 북 āliṅga.
조그만 접시 pātika.
조금 īsakaṁ. īsaṁ. thokaṁ.
조금도 ~ 아님 akiñci.
조금씩 bindubinduṁ. odhiso odhiso. khaṇḍâkhaṇḍaṁ. thokaṁ thokaṁ. pasataṁ pasataṁ.
조금의 음식 kadanna. kadasana.
조난학(鳥卵學) sakuṇaṇḍavijjā.
조는 습관이 있는 niddāsīlin.
조달하기 힘든 dvīhitika.
조달하다 acchupeti. gaṇhāpeti. upaṭṭhapeti. upaṭṭhāpeti.
조도(鳥道) pakkhin.
조띠라싸[보석] jotirasa.
조띠빨라 jotipāla.
조력(助力) sevā.
조력자(助力者)가 있는 saupavajja.
조련(調練) parinibbāpana.
조련되지 않은 말과 같은 사람 purisakhaluṅka.
조련된 yoggācariya.
조련사(調練師) assadamaka. yoggācariya.
조례(條例) āṇatti.
조로(鳥路) pakkhin.
조롱(嘲弄) avahāsa. sannitodaka. ūhasana. ujjagghikā. uppaṇḍana. uppaṇḍanā. parihāsa.
조롱박의 넝쿨 lāpulatā.
조롱하다 anupajagghati. avahasati. ūhasati. ujjagghati. uppaṇḍeti. vippalambheti.
조류학(鳥類學) pakkhivijjā. sakuṇavijjā.
조류학자(鳥類學者) pakkhivijjāvidū.
조르다 nibandhati.
조리(調理) piṭṭhacālikā.
조리된 것 sampāka.
조리된 음식 pāka.
조리사(調理師) pācaka.
조림지(造林地) ropa.
조립된 samupabbūḷha. saṅghaṭṭita. saṅghaṭita.
조립하다 pakkhipati. saṁsandeti. tacchati. taccheti.
조망(眺望) ālokana. olokana. sāloka.
조망하다 āloketi. olokayati. oloketi.
조면(繰綿)을 위한 통발의 한 종류 kappāsavaṭṭanakaṇaya.
조명(照明) jotana. jotanā. dippana.
조명(鳥明) sakuṇavijjā. pakkhivijjā.
조명된 anurañjita. vibhāsita.
조명하는 atthajotaka.
조명하다 ābhāsati. anurañjeti. sandīpeti.
조모(祖母) ayyikā.
조물주(造物主) pajāpati. uppādetar.
조미료(調味料) uttaribhaṅga. paṭicchādaniya. sambhāra. vyañjana.
조밀한 viyūḷha.
조밀한 상태 bahalatta.
조반(助伴)의 saupanisa.
조복(調伏) vinaya.
조부(祖父) ayyaka.
조사(調査) abhinayana. ālokanā. anuviccakāra. anuvijjana. anvavekkhana. anvesana. gavesana. olokana. otāra. pariganhana. parikkhā. parikkhaṇa. pavicaya. samannesanā. santīraṇa. sodhana. sodhanā. takka. upaparikkhā. upaparikkhakā. upaparikkhaṇa. vicāra. vicāraṇa. vicāraṇā. vicaya. vīmaṁsā. vīmaṁsanā. volokana.
조사(鳥師) sākuṇika. sākuntika.
조사(釣師)[낚시로 생계를 유지하는 자] bālisaka. bālisika. bāḷisika
조사되다 olokiyati. olokīyati.
조사되지 않은 atīrita. avīmaṁsita.
조사된 ociṇṇa. vocarita.
조사방법 olokanâkāra.
조사비구(造事比丘) mūlādāyakabhikkhu.
조사시키다 vīmaṁsāpeti.
조사자(調査者) parikkhaka. samavekkhitar. viliketar.
조사하고 나서 anuvicca.
조사하는 minana. ocaraka. olokanā. parikkhaka. upaparikkhin. vicāraka. vīmaṁsaka. vīmaṁsin.
조사하는 시간 olokanakāla.
조사하는 자 paricakkhitar.
조사하다 anusaññāti. anuvicināti. anuvijjati. anuviloketi. anvesati. ocarati. olokāpeti. olokayati. parikkhati. parivīmaṁsati. paṭimāseti. pavicarati. pavicinati. samannesati. samanvesati. samavekkhati. upadhāreti. upadhārayati. upaparikkhati. vicarati. vicāreti. vicināti. viloketi. vīmaṁsati. vīmaṁseti. viniccheti. vinicchinati. vinicchināti. vinicchati. vitureyyati. voloketi.

조사하지 않고 appaṭivekkhitvā.
조사하지 않다 avicāreti.
조사하지 않음 apaccavekkhanā. avicāra.
조상(祖上) pitupitāmahā. pubbapurisa. ādipurisa.
조상과 관계된 pettika.
조상대대로의 ādipurisāyatta. paramparāgata. paramparāgata.
조상들의 세대 pitāmahāyuga.
조상사(調象師) hatthidamaka. hatthidammasārathi.
조상술(調象術) hatthisippa.
조상신(祖上神) pitara.
조상의 영혼 petti°.
조상전래의 → 조상대대로의.
조성(粗性) kharabhāva.
조성(造成) upakāra.
조세(租稅) kara.
조소(彫塑) potthaka.
조소(嘲笑) ujjagghikā. uppaṇḍana. uppaṇḍanā. upahāsa. khīḷana. ūhasana.
조소를 받은 hīḷita.
조소하다 anuhasati. anūhasati. anujagghati. khīḷeti. ujjagghati. uppaṇḍeti. vilambeti.
조심(操心) samekkhā. samekkhana. paricāraṇā. parikkhā.
조심성없는 anīcavutti.
조심성있는 payatta. paṇḍita.
조심스러운 nivāta.
조심스러운 생활 nivātavutti.
조심스럽게 전차를 모는 전사 ārakkhasārathi.
조심하다 samekkhati.
조악(粗惡)한 lūkha. thūla. thulla.
조악한 옷을 두른 lūkhapāpuraṇa.
조악함 thūlatā.
조야(粗野)한 oḷārika.
조야한 행위 kakkhaḷakamma.
조어(調御) dama. damana. damatha.
조어(調御)하다 dameti.
조어자(調御者) dametar. dammasārathi. sārathi.
조어자(調御者)의 주인 rathesabha.
조어장부(調御丈夫) purisadammasārathi.
조어지(調御地) dantabhūmi.
조언(助言)을 하는 mantin.
조언이 빗나가지 않은 abhejjamanta.
조언자(助言者) anusāsaka. anusatthar. satthar. samādapaka. samādapetar.
조언하다 manteti.
조업시(造業時) kammasamaya.
조여지다 appīyati. olaggati.
조여진 phusita.
조욕자(助浴者) nahāpaka. nahāpita.
조용한 anākula. appakiṇṇa. appanigghosa. appasadda. ejā. nigghosa. nīrava. nissadda. tuṇhībhūta. pannaka. vidhūma. appanigghosa.
조용한 곳 appasadda.
조용해 짐 sampasādana.
조용해지다 passambhati. sambhati. sannisīdati.
조용해진 passaddha.
조용히 tuṇhī.
조용히 가라앉다 sammati.
조용히 서있다 avatiṭṭhati.
조우자(調牛者) godamaka.
조울(躁鬱) unnatâvanati.
조율(調律) āropana. āropanā.
조율하다 jiyaṁ karoti.
조음(調音) karaṇa.
조음과정을 표현하는 karaṇavācaka.
조음기관 karaṇa.
조음기관 관련해서 완성된 karaṇasampanna.
조의(粗衣) sāhuḷacīvara.
조이기 sannāha.
조이다 āmuñcati. saṁyamati.
조인(助因) upakāraka.
조임 saṁyamana. abhivādana. abhivādanā.
조작된 āmaṭṭha.
조장(助長) vaddhana.
조장하다 ropeti.
조절(調節) → 조정.
조절된 bhāvita.
조정(調整) antarāvattitā. abhirādhana. kutti. sandhāna. sañcopanā. sandhāna. saṁvidahana. saṁvidhāna. saṇṭhapanā.
조정되어야 하는 abhirādhaniya.
조정물(調整物) sampāka.
조정자(調整者) sandhānakārin. sandhātar.
조정하는 majjhavattin. antarāvattin. sañcopana.
조정하다 abhisādheti. anutiṭṭhati. niyāmeti. sañcopati. majjhe vattati. sandahati.
조제(調劑) pāka.
조제실(調劑室) bhesajjasālā. osadhālaya.
조제학(調劑學) osadhasampādana.
조조(早朝) udaṇha.
조종려(棗棕櫚)[식물] khīrakā.
조종사(操縦士) kaṇṇadhāra. niyyāma. niyyāmaka.

조죄(粗罪) thullaccaya.
조직(組織) aṇīka.
조직되다 vīyati.
조직적으로 행한 saṁvidhāvahāra.
조직적인 가르침 dhamma.
조직학(組織學) maṁsapesivijjā.
조직화(組織化) vavatthāpana.
조짐 kolāhala. uppāta.
조차 adu. antamaso.
조차사(造車師) yānakāra.
조충(條蟲) suttaka.
조치(措置) kappana. saṁvidahana. saṁvidhāna.
조침(朝寢) ussūraseyyā.
조카 bhāgineyya. bhātuputta(*m*). bhāgineyyā. bhātudhītā(*f.*).
조타수(操舵手) niyyāma. niyyāmaka.
조폭(粗暴) kakkasiya. kakkassa.
조합(組合) bandhana. gaṇa. pūga. samavāya. saṅgaha. seṇi. seni.
조합된 baddha.
조합방식 saṅgahanaya.
조합에 가입된 pūgamajjhagata.
조합에 들어온 pūgamajjhagata.
조합의 재산 pūgāyatana.
조합하다 bandhati.
조현인(助賢人)[인명] Kuddālapaṇḍita.
조화(調和) anunaya. anuparodha. avisaggatā. cakka. laya. sāmaggī. sāmaggiya. sodhana. sodhanā.
조화가 안 되는 kammāsa.
조화경(造花莖)[서명] Kārakapupphamañjarī.
조화로운 abhaṇḍana. layânuga. samagga.
조화로운 공존 yuganandha. yuganaddha.
조화롭지 못하게 행동하는 kammāsakārin.
조화를 얻기 위해 실행된 어떤 주술적인 행위 saṁvadana.
조화의 맛 sāmaggiyarasa.
조회(照會)하다 abhiyuñjati. upanikkhipati.
족근광장상(足跟廣長相) āyatapādapaṇhin.
족류원만(族類圓滿) jātisampanna.
족벌주의(族閥主義) ñātipakkhapātitā.
족벌주의자 ñātipakkhapātin.
족병(足病) sīpada.
족보(族譜) vaṁsāvali. anvayalekhā.
족부고만상(足趺高滿相) ussaṅkhapāda.
족서계(足誓戒) vatapada.
족쇄(足鎖) andu. anduka. bandha. bandhana. nigaḷa. pāsa. sandāna. sandhāna. saṅkhalā. saṅkhalikā. upādika. upādikā. vibandha.
족쇄판 pāsakaphalaka.
족식(足飾) pādûpaga.
족장(足場) aṭṭa.
족적(足跡) pada. valañja. padavalañja.
족적당(足跡堂) pādamaṇḍapa.
족적탑(足跡塔) pādacetiya.
족적탑묘(足跡塔廟) padacetiya.
족집게 saṇḍāsa.
족처(足處) padaṭṭhāna.
족하안평립상(足下安平立相) suppatiṭṭhitapāda.
존경(尊敬) citti. accana. accanā. ādara. adhikāra. apacāyana. apaciti. cittikāra. gārava. gāravatā. garukāra. māna. mānana. mānanā. namakkāra. namassana. namassanā. namassiyā. namassā. namo. nama. paṇipāta. paricariyā. pāricariyā. parihāra. paṭipūjana. paṭipūjanā. paṭisanthāra. payirupāsana. payirupāsanā. pūjā. pūjanā. purekkhāra. sabhājana. sagaravatā. sakkāra. sambhāvanā. sammāna. sammānanā. sampatti. upacāra. upāsana. upasevana. upasevanā. upasevā. vandanā. vandita.
존경교(尊敬憍) purekkhāramada.
존경받는 abhisammata. apacita. paṭimānita. bhatta. sambhāvita. sammata. accita. bhattavant. cittakata. mahita. mānikata. mānita. pariciṇṇa. parivārita. upāsita. vandita. pūjita. sakkata. katasakkāra
존경받다 mahīyati. sakkarīyati. parivāriyati.
존경받아야 할 pūjaneyya. pūjanīya. pujja.
존경받아야 할 사람과 함께하는 sāhuneyyaka.
존경받을 만한 sambhāvanīya. vandiya.
존경받을 수 없는 abhāvanīya.
존경받지 못하는 agaru. apujja.
존경받지 못한 akatabahumāna.
존경스러운 añjalikaraṇīya. manobhāvanīya. katabahumāna.
존경스러운 인사 abhivandana.
존경스러운 인사로 맞이해진 abhivandita.
존경스럽게 인사하고 abhivādiya.
존경심이 있는 sagarava.
존경에 의한 교만 purekkhāramada.
존경에 의한 도취 purekkhāramada.
존경을 불러일으키는 mānada.
존경을 표시함 ādariya. mānana. mānanā. sagaravatā.
존경을 표하지 않음 anamassanabhāva.
존경의 말 gāravâdhivacana.
존경의 성취 anavaññapaṭilabha.
존경의 칭호 gāravâdhivacana.

존경의 표시 apacitâkāra.
존경의 표시로 다른 사람에게 주어진 것 parûpahāra.
존경하는 apacāyika. vandaka.
존경하는 마음 없는 anādara. anādariyaka.
존경하는 사람 pūjetar.
존경하는 스승이여! bhante.
존경하다 abhipūjayati. acceti. apacāyati. apaloketi. cāyati. cittikaroti. garukaroti. mahati. māneti. namassati. paricarati. paricāreti. paṭimāneti. paṭipūjeti. pavīnati. payirupāsati. pūjeti. purakkharoti. purekkharoti. sakkaroti. samannāharati. sambhāveti. sammannati. sampūjeti. sampurekkharoti. udikkhati. upāsati. upasevati. upatiṭṭhati. vandati.
존경하지 않고 acittikatvā.
존경하지 않는 agārava.
존경할 가치가 있는 garu. garuka.
존경할 만한 āhuneyya. āhuṇeyya. āyasmant. bhattavant. guru. pujja. pūja. pūjiya. vaddha. mahanīya. ukkaṭṭha. vuḍḍha. vuddha.
존경할 만한 가치가 있는 pūjâraha.
존경할 만한 덕행을 갖춘 자 vuḍḍhasīlin.
존경할 만한 사실 garutta.
존귀(尊貴) maha.
존귀한 āyasmant. bhadanta. bhaddanta. mahant.
존귀한 주인 bhavant.
존니(尊尼) bhavati. bhavanti.
존대(尊大)의 gabbita.
존대하다 katthati.
존매(尊妹) bhavati. bhavanti.
존사(尊師) bhadanta. bhaddanta.
존사께서는 bhavaṁ.
존속(存續) ṭhiti.
존속살해(尊屬殺害)의 pitughātaka.
존속하다 santiṭṭhati. saṇṭhahati. saṇṭhāhati.
존엄한 bhadda. bhadra.
존우(尊佑) issara.
존우론(尊佑論) issarakāraṇavādin.
존자(尊者) āyasmant. bhavant.
존자는 bhavaṁ.
존자들의 bhavataṁ.
존자여! mārisa. bhante. bho. āvuso.
존재 쓰레기를 태우는 불 kacavaraggi.
존재(存在) atthi. atthitā. bhava. bhāva. bhūta. bhuvana. jantu. satī. satta. upalabbhana. vattamāna. vattana.
존재가 아닌 abhūta.
존재가 없는 nissatta.
존재가 일어나는 uppajjanakabhāva.
존재라는 사실 bhūtatta.
존재로 나아간 gatigata.
존재로 되다 ubbhavati.
존재로 인도하는 것 bhavanetti.
존재론(存在論) sattāvīmaṁsā.
존재론자(存在論者) sattāvādin.
존재를 파괴하는 자 bhūnaha.
존재를 획득하다 āgacchati.
존재성(存在性) satatta.
존재에 대한 갈애 bhavataṇhā.
존재에 대한 탐욕 bhavarāga.
존재에 대한 탐욕의 결박 bhavarāgasaṁyojana.
존재에 대한 탐욕의 경향 bhavarāgānusaya.
존재에 대한 탐착 bhavajjhosana.
존재에 의한 번뇌 bhavāsava.
존재에 의한 애정 bhavasneha.
존재에 의한 혼미 bhavamucchā.
존재에 집착하는 nettika.
존재와 비존재 bhavâbhava.
존재요소(存在要素) upadhi.
존재의 거센 흐름 bhavogha.
존재의 결박 bhavasaṁyojana.
존재의 고뇌 bhavapariḷāha.
존재의 구성요소 vokāra.
존재의 기갈 bhavapipāsa.
존재의 기능 bhavaṅga.
존재의 다발 khandha.
존재의 다발과 관련된 수호주문 khandhaparitta.
존재의 다발로서의 악마 khandhamāra.
존재의 다발에 관한 분류 khandhavibhaṅga.
존재의 다발에 관한 해석 khandhaniddesa.
존재의 다발의 상속 khandhasantāna.
존재의 다발의 세계 khandhaloka.
존재의 다발의 소멸에 의한 열반 khandhanibbāna.
존재의 다발의 완전한 소멸 khandhaparinibbāna.
존재의 다발의 지속 khandhapaṭipāṭi.
존재의 멍에 bhavayoga.
존재의 무리 sakkāya.
존재의 무리에 대한 기쁨 sakkāyanandi.
존재의 무리에 실체가 있다고 주장하는 견해 sakkāyadiṭṭhi.
존재의 무리의 소멸 sakkāyanirodha.
존재의 미혹하게 하는 것 bhavāsava.
존재의 바로 그 순간 atthikkhaṇa.
존재의 번뇌 bhavāsava.

존재의 본질 upadhi.
존재의 본질적인 것의 과성숙 upadhiparipāka.
존재의 비참한 운명 duggati.
존재의 사막 bhavakanatāra.
존재의 상태 bhava. satatta.
존재의 세 가지 특징 tilakkhaṇa.
존재의 소멸 bhavanirodha.
존재의 속박 bhavabandhana.
존재의 수레바퀴 bhavacakka.
존재의 순환 pavatta.
존재의 어떤 단계에서 얻은 bhūmiladdha.
존재의 조건을 형성하는 마음 bhavaṅgacitta.
존재의 종류 bhavâbhava.
존재의 주처 sattāvāsa.
존재의 추구 bhavesanā.
존재의 피안 bhavapāra.
존재의 한 영역에 속하는 ekabhūmaka.
존재의 형성 bhavasaṅkhāra.
존재의 화살 bhavasalla.
존재의 흐름 bhavasota.
존재자들의 주인 bhūtapati.
존재조건을 형성하는 동요 bhavaṅgacala.
존재조건을 형성하는 의식 bhavaṅgaviññāṇa.
존재조건을 형성하는 정신 bhavaṅgamana.
존재조건을 형성하는 흐름 bhavaṅgasota.
존재조건의 고리 bhavaṅga.
존재조건의 형성 bhavaṅga.
존재조건의 흐름 bhavaṅga.
존재조건이 형성되는 통로 bhavaṅgavīthi.
존재하게 되다 samuggacchati.
존재하고 있는 samāna. santaka. vijjamāna.
존재하기를 그치다 vibhavati. vibhoti.
존재하는 abhejjanta. bhāvin. niṭṭhita. sant. santa. vattamāna. vattamānaka.
존재하는 때에 sati.
존재하는 여자 santī.
존재하다 atthi. bhavati. pavattati. saṁvattati. saṁvijjati. tiṭṭhati. upalabbhati. vattati. vaṭṭati.
존재하지 않는 anupalabbhamāna. asa. asanta. asat. avijjamāna. natthika.
존재하지 않는 것을 자랑하여 말하는 asantadīpana.
존재하지 않음 asantabhāva. asantatā.
존재해야 될 vattabba.
존중(尊重) ādara. bahumāna. gārava. gāravatā. garukāra.
존중된 agga.
존중받지 못하는 abhāvanīya.
존중하다 cittikaroti. garukaroti. nikkujjati.
존중하지 않는 appatikkha.
존중해야 할 garu. garuka.
졸다 pacalāyati.
졸도하다 tintiṇāti. tintiṇāyati.
졸리는 middhin. sutta.
졸리지 않은 akilanta.
졸림 sāthalika. vijambhikā.
졸음 kapimiddha. kapiniddā. pacalāyikā.
좀도둑질 apahattha.
좁쌀 sāmā. sāmāka.
종(種) abhijāti. ghaṇṭā. ghaṇṭī. tāḷa. tāla.
종각(鐘閣) ghaṇṭāthambha. ghaṇṭīthambha.
종결(終決) avasāya. niṭṭhāna. pariniṭṭhāna. pariyosāna. vyanti.
종결되다 niṭṭhāti.
종결되지 않은 anavosita.
종결된 niṭṭhita. samatta.
종결시키다 niṭṭāpeti.
종결하다 vosāna. vosāpeti.
종교가 같은 sahadhammika.
종교가 같은 사람 sahadhammiya.
종교광(宗敎狂) dhammummāda.
종교단체 ekamatikagaṇa.
종교상의 규범 sikkhāpada.
종교서적 dhammapotthaka.
종교적 의무를 따르는 vatavant.
종교적인 sāmayika.
종교적인 감정 saṁvega. veda.
종교적인 감정을 야기하다 saṁvejeti.
종교적인 경지 phala.
종교적인 믿음 laddhi.
종교적인 삶 brahmacariya.
종교적인 의무 vata.
종교적인 이야기 dhammikathā. dhammīkathā.
종교적인 장엄 maṇḍanasīla.
종교적인 정진을 하지 않는 ayoganīya.
종교적인 정진의 부족 ayoga.
종교적인 제사 medha.
종교적인 지식 suta.
종교적인 지식이 있는 sutavant.
종교적인 축제 maha.
종국(終局) samavaya.
종극(終極) accanta. anta. pariyanta. koṭi. osāna. pariyosāna. niṭṭhāna.
종기(腫氣) abbuda. koḷikā. kolikā. gaḷa. gaṇḍa. guḷā. khasā. duṭṭhâruka. pilaka. piḷakā. pīḷakā. sopha.
종기가 난 gaṇḍin.
종기가 있는 gaṇḍaka. gaṇḍika.

종기의 뿌리 gaṇḍamūla.
종도(宗徒) pakkha.
종려(棕櫚)[식물] tāla. avaṇṭa.
종려나무그루터기 tālavatthu.
종려나무그루터기가 잘려진 tālâvatthukata.
종려나무몸통 tālakkhandha.
종려나무병목(幷木) tālapanti.
종려나무순(筍) karīra. kalīra. kaḷīra.
종려나무심 tālamiñja.
종려나무열(列) tālapanti.
종려나무열매 tālapakka. avaṇṭaphala.
종려나무열매의 핵 tālaṭṭhika.
종려나무잎 tālapaṇṇa.
종려나무잎으로 만든 옷 tālavaṇṭaka.
종려나무잎이나 껍질로 만든 깔개 cilimikā.
종료되다 pariyāpajjati.
종루(鐘樓) ghaṇṭāthambha. ghaṇṭīthambha.
종류(種類) aṅga. bheda. guṇa. jāti. pakāra. vaṇṇa. vidha. vidhā. vikati.
종류의 pakāraka. vidha.
종마(種馬) vājin.
종말(終末) anta. osāna. parikkhaya.
종명(終命) āyupariyanta. āyupariyosāna. āyusaṅkhaya. jīvitapariyosāna. jīvitasaṅkhaya.
종사(從事) anuparisakkana. anuparivatti. anusāra. anuyoga. āsevana. āsevanā. payogakaraṇa. yuñjana.
종사(種似) jātilesa.
종사자(從事者) vyāpāritar.
종사하는 abhiyogin. anuparivattin. pariggāhaka. vicarita.
종사하다 abhinivisati. anuparisakkati. anuparivattati. anusarati. anuyuñjati. āsevati. payojeti. samāpajjati. vaṭṭati. yuñjati.
종사하지 않는 avyāvaṭa. avāvaṭa.
종사한 anuyutta.
종색(種色) bhūtarūpa.
종선(終善) pariyosānakalyāṇa.
종성(種姓)을 지닌 gotrabhū.
종성자(種姓者) gotrabhū.
종소리 ghaṇṭārava. ghaṇṭīrava.
종속되는 anuyanta. opasāyika.
종속되다 randhati.
종속되어질 수 없는 avasāniya. avasānīya.
종속되지 않은 apariggahita.
종속되지 않음 avasavattana.
종속된 anatīta. parivāraka. vasânuga. vasaṁgata.
종속된 사람 bhoja.
종속된 왕국 antararaṭṭha.
종속하는 anuyāyin.
종시제(種蒔祭) vappamaṅgala.
종식(終熄) antakiriyā.
종식된 pariyādinna. pariyādiṇṇa.
종식시키는 antakara.
종식시키다 pariyādiyati. pariyādiyyati. pariyāpādeti.
종안(種眼) sasambhāracakkhu.
종야행(終野行) cāra.
종양(腫瘍) abbuda. gaṇḍa. medagaṇṭhi. uṇṇigaṇḍa. phoṭa.
종양절개술 gaṇḍaphālana.
종양학(腫瘍學) phoṭavijjā.
종의(宗義) samaya.
종이 kāgajapaṇṇa.
종자(種子) bīja. missaka. parivāra. upāsitar.
종자(從者)와 함께 있는 sānucara.
종자가 없는 nivattabīja.
종자가 있는 bījin.
종자를 잃어버린 nivattabīja.
종자매(從姉妹) pitucchādhītar.
종자의 비유 bījûpamā.
종자의 종류 bījajāta.
종정(種淨) bhūtappasāda.
종족(宗族) abhijana. apassena. apassenaka. vaṁsa.
종족에 속하는 vaṁsaja.
종종(種種) nānā.
종종[자주] abhikkhaṇa. antarantarā.
종종법(種種法) nānādhamma.
종종의락(種種意樂) nānâdhimutti.
종파(宗派) pāsaṇḍa. tittha.
종파의 pāsaṇḍika.
종파의 설립자 titthakara.
종파의 활동범위 titthâyatana.
종파적인 vādaka.
종파적인 교리 vādakasammuti.
종합론(綜合論) maṇḍala.
종합적인 saṅgāhika.
종형제(從兄弟) pitucchāputta.
좋다! sādhu.
좋아 보이다 khamati.
좋아하게 된 rucita.
좋아하는 abhirata. anuratta. maṅgalika. nirata. ratin. saṅgaṇikārāma. uppilāvin. vallabha.
좋아하는 곳으로 가라 yena kāmaṁ gama.
좋아하는 대로 yathārucim.
좋아하는 대로 말하는 kāmalāpin.

좋아하는 만큼 yathâbhirantaṁ.
좋아하는 여인 ratinī.
좋아하다 abhirocati. anurañjati. bhajati. mamiṅkaroti. piyāyati. rocati. rocate. ruccati. sambhajati. sampiyāyati.
좋아하지 않는다면 akāmā.
좋아한다는 것 abhiratatta.
좋아한다는 사실 abhiratatta.
좋아함 mamāyita. piyāyanā. rati. rocana. ruci.
좋은 jāta. kalyāṇa. kallāṇa. kalyāṇaka. kusala. nirāmaya. sādu. sāhu. su. sundara.
좋은 가문에 태어난 vaṁsañña.
좋은 가문에서 태어난 abhijāta.
좋은 가문의 kullakavihāra. kulavant.
좋은 가문이 아닌 akula.
좋은 가문이 아닌 자 akulaputta.
좋은 것 sammattha.
좋은 것들의 보따리 sārabhaṇḍa(ka).
좋은 것이 넘치는 bāḷhika.
좋은 결과 ānisaṁsa.
좋은 계절에 피어난[우기가 아닌] utusampupphita.
좋은 길 suppaṭipadā.
좋은 나무로 만든 sāramañjūsā.
좋은 날 sudivasa.
좋은 냄새 sugandha.
좋은 냄새를 가진 appaṭigandhika.
좋은 뉴스 sussavana.
좋은 대접 sāmicī.
좋은 뜻의 말 atthapada.
좋은 말[馬] assājāniya. bhojjha.
좋은 명성 kalyāṇakittisadda.
좋은 물건 bhaddaka. bhadraka.
좋은 물이 있는 sātôdaka.
좋은 방법 sunaya. sunnaya.
좋은 방편과 나쁜 방편 upāyânupāya.
좋은 본성을 가진 kalyāṇapakatika.
좋은 사람 kalyāṇajana.
좋은 새벽 suppabhāta.
좋은 생각을 지니지 않은 acittikata.
좋은 성품을 지닌 guṇavant.
좋은 성향을 갖고 있음 svākāra.
좋은 소식 sussavana.
좋은 속도로 머리를 들고 걷는 것 kalyāṇajavanikkama.
좋은 속성이 없는 okkantasukka.
좋은 수행을 따름 vatasamādāna.
좋은 습관 yātrā.
좋은 아침 suppabhāta.
좋은 안내자 sudesika.
좋은 업을 바라는 kammakāma.
좋은 오전 supubbaṇha.
좋은 음식을 제공한 kalyāṇabhattika.
좋은 의도를 지닌 kalyāṇacchanda. kalyāṇâdhippāya.
좋은 이해력을 가진 susañña.
좋은 일 attha.
좋은 일과 연관된 atthûpasaṁhita.
좋은 일에 능숙하지 못함 anatthakusala.
좋은 일을 기대하는 atthabaddha.
좋은 일을 행함 atthakaraṇa.
좋은 일이 일어난 katabhaddaka.
좋은 장소와 나쁜 장소 ṭhānâṭhāna.
좋은 저녁 susāyaṇha.
좋은 정오 sumajjhantika.
좋은 조각을 지닌 ārohapariṇāhin.
좋은 조건 cakka.
좋은 존재[善趣]로 가다 sugatiṁ gacchati.
좋은 종자 subīja.
좋은 집을 가진 sughara.
좋은 징조 maṅgala.
좋은 추론 sunaya. sunnaya.
좋은 충고 pariyāpadāna.
좋은 친구 kalyāṇamitta.
좋은 친구를 지닌 kalyāṇamitta.
좋은 코끼리 hatthājānīya.
좋은 타격 suppahāra.
좋은 타작 supoṭhita.
좋은 풀이 무성한 susaddala.
좋은 품종의 말 sadassa.
좋은 해답 kalyāṇapatibhāṇa.
좋은 행운을 지닌 bhaggavant.
좋은 혈통[동물] ājānīyatā.
좋은 혈통이 아닌 anājāniya. anājānīya.
좋은 흙 subhūmi. sārabhūmi.
좋지 않은 akalya. akalla. asa. asat.
좋지 않은 때 akkhaṇa.
좌(坐) nisajjā.
좌구(坐具) āsana. āsanaka. nisīdana.
좌석(坐席) sajjā.
좌석본생담(座席本生譚) pīṭhakajātaka.
좌선(坐禪) nisajjā.
좌선하는 사람 nisajjitar.
좌욕(坐褥) koccha.
좌우(左右)로 aparâparaṁ.
좌절(挫折)시키다 nipphoṭeti. vinipāteti.
좌포단(坐布團) upādhi. upatheyya.
죄(罪) āpatti. accaya. agha. aparādha. aticariyā.

atisāra. pāpa. pāpakamma. raṇa. sāvajjatā. vajja. vītikama. vītikkama. vera.
죄가 많은 akusala. atidhonacārin. lāmaka. vajjabahula. vajjavant.
죄가 많은 욕망 kilesa. klesa.
죄가 없는 anāgavat. anagha. anāgu. anāpattika. anavajja. apāpa. apāpaka. asaṅkilesika. nippāpa. niraparādha. pāpabhīruka.
죄가 열거되는 승단의 회의 ukkhepaniyakamma.
죄가 열거되어야 할 ukkhepaniya. ukkhepanīya.
죄가 있는 aparaddha. aparādhika. aparādhita. āpattika. padosika. saṅgaṇa. sāpattika. vajjavant.
죄값을 치루지 않음 appaṭikamma.
죄과(罪過) accaya. ajjhāpatti. kibbisa.
죄과가 어느 부류에 속하는지 잘 아는 āpattikusalatā.
죄과가 없는 avajja.
죄과를 참회하지 않고 숨기는 복장(覆藏) paṭicchādita. paṭicchanna.
죄과에 따르는 가르침 yathâparādhasāsana.
죄구(罪垢) kilesa. klesa. kibbisa.
죄를 뉘우치게 하다 desāpeti.
죄를 두려워하다 ottapati. ottappati.
죄를 범하는 atisara.
죄를 범하다 ajjhāpajjati.
죄를 범하지 않은 anajjhāpanna.
죄를 범한 ajjhāpanna. ajjhāpannaka. aparādhin.
죄를 범함 samāpatti.
죄를 벗어나는 방법에 관해 잘 아는 āpattuṭṭhānakusalatā.
죄를 숨기는 vajjapaticchādika.
죄를 저지르지 않은 akatakibbisa. anāpattika.
죄를 저지른 aparādhika. aparādhita.
죄를 정복한 sīmâtiga.
죄를 지우는 aparādhadīpaka. vajjadassaka.
죄를 지우다 dosam āropeti.
죄를 지은 vippaṭipanna.
죄를 지은 자 āpattāpanna.
죄를 짓게 하다 vippaṭipādeti.
죄를 짓게 함 vippaṭipādana.
죄를 짓다 aparajjhati. vippaṭipajjati.
죄를 참회하고 승단에 복귀하다 vuṭṭhahati.
죄를 참회하지 않고 숨기는 것에 대한 승단의 모임 paṭicchannakamma.
죄많은 dūsita. pāpa. pāpimant. pāpita. saṅgaṇa.
죄많음 saṅkilesa.
죄상(罪狀) sāparādhitā.
죄수(罪囚) gayhaka. kārābaddha. bandhanagata.
죄악(罪惡) āgu. akusala. asaddhamma. durita. kali. sāvajjatā. sīmanta. vippaṭipatti.
죄악에 가득 찬 사유 adhammavitakka.
죄악에 근접하는 āpattisāmanta.
죄악에 대한 구분 āpattibheda.
죄악에 대한 두려움을 지닌 āpattibhīru.
죄악에 대한 속임수 āpattilesa.
죄악에 대한 질문 āpattipucchā.
죄악에 대한 처벌로 주어진 별주(別住) āpattiparivāsa.
죄악에서 벗어난 anaṅgaṇa. apetapāpaka.
죄악에서 벗어남 āpattimokkha.
죄악에서 일어섬 āpattivuṭṭhāna.
죄악으로 인한 두려움 āpattibhaya.
죄악을 만드는 āpattikara.
죄악을 보여주는 것 āpattisandassanā.
죄악을 부수는 aghâpaha.
죄악을 인연으로 하는 āpattinidāna.
죄악을 일으키는 āpattijanaka.
죄악을 잘 구별할 줄 아는 āpattikusala.
죄악을 저지르는 습관이 있는 āpattibahula.
죄악을 저지르는 자 āpattāpajjanika.
죄악을 행하는 aghakara.
죄악의 결정 āpattiparicċheda. āpattivinicaya.
죄악의 고백을 받아들이는 자 āpattipaṭiggāhaka.
죄악의 고백을 받아들임 āpattipaṭiggaha.
죄악의 다양성 āpattinānatā.
죄악의 두드러짐 āpattivisesa.
죄악의 발생 akusaluppatti. āpattisamudaya.
죄악의 배가 āpattibahutā.
죄악의 범주 āpattikkhandha.
죄악의 부류 āpattikkhandha.
죄악의 비[雨] āpattivassa.
죄악의 뿌리 āpattimūla.
죄악의 소멸 āpattinirodha.
죄악의 수 āpattigaṇanā.
죄악의 시대 kaliyuga.
죄악의 유사성 āpattisabhāgatā.
죄악의 자백 āpattidesanā.
죄악의 제거 āpattivuṭṭhāna.
죄악의 집합 āpattisamūha.
죄악의 참회 vuṭṭhāna.
죄악의 참회에 능숙한 vuṭṭhānakusala.
죄악의 추궁 tassapāpiyyasikā.
죄악의 한 부분 āpattikoṭṭhāsa.
죄악이 많은 āpattibahula.
죄악이 없는 alāmaka. nela. neḷa.

죄악이라는 제목하의 분류 āpattisaṅgaha.
죄없는 niddosa. nirāma.
죄와 죄가 아닌 것 āpattânāpatti.
죄의 요소 āpattaṅga.
죄의 한계를 넘은 sīmâtiga.
죄의식(罪意識) ottapanā.
죄의식을 느끼다 ottapati. ottappati.
죄인(罪人) aparādhī. katakibbisa. pāpimant. pāpakara. pāpakarin.
죄장(罪障) aṅgaṇa.
죄쟁사(罪諍事) āpattâdhikaraṇa.
죄지은 사람 āgucārin.
죄짓다 sampadussati.
죄책감 vippaṭisāra.
죔쇠 vidha.
주(住) ṭhāna. ṭhiti.
주(住)하지 않는 avāsa.
주간(晝間) divasabhāga.
주간(週間) pariyāya.
주객간(主客間)의 atithisakkārāyatta.
주객관계의 atithisakkārāyatta.
주거(住居) adhiṭṭhāna. āvāsa. upassaya. vasana. vāsa.
주거가 없는 anissaya.
주거에 머무르는 upassayâdhivattha.
주걱 salākā.
주겁(住劫) vivaṭṭaṭṭhāyikappa.
주게 하다 dāpeti.
주격(主格)[문법] paṭhamā.
주격이 아닌 격 apaccattavacana.
주고 datvā.
주고 싶지 않음 adātukāmatā.
주고가다 ojahāti.
주고받다 vītisāreti.
주관적인 욕망 kilesāvaraṇa.
주권(主權) ādhipacca. ādhipateyya. adhipatiya. issariya. issariyatā. rajja. ekarajja. issariyadhipacca. sayaṁpālana. sakāyattapālana.
주권으로 이끄는 ādhipateyyasaṁvattanika.
주권을 장악한 adhipati.
주권을 행사하는 indaṭṭha.
주권이 없는 anissara.
주권이 있는 raṭṭhaka.
주근깨 kaṇikā. tilaka.
주근깨가 많은 여인 sāmā. sāmāka.
주기 힘든 duddada.
주기(週期) pariyaya.
주기를 원하다 dicchati.
주기적인 kālikasaṅgaha.
주나(周那)[인명] Cunda.
주는 ādadhāna. da. °dada. dāyin. upadāyaka.
주는 것을 좋아하는 (사람) vossaggarata.
주는 것을 좋아하는 vossaggarata.
주는 사람 anupadātar. dātar. ninnetar.
주는데 기쁨을 느끼는 anuppadānarata.
주다 anudadāti. anujānāti. anupavecchati. anuppadeti. anuppādeti. abhivis(s)aj(j)ati. dadāti. dhāreti. nisajjeti. niyyādeti. niyyāteti. niyādeti. padāti. padadāti. paṭicchāpeti. paṭipādeti. paṭiyādeti. pavecchati. pucchati. sajjeti. samappeti. samijjhāpeti. saṁyojeti. uddisati. upadahati. upanāmeti. upanayati. upaneti. upanayati. upanissajati. upaṭṭhapeti. upaṭṭhāpeti.
주도권(主導權) ārambha.
주도권의 요소 ārambhadhātu.
주도면밀하게 실천되지 못한 anāsevita.
주도면밀한 실천이 없는 anāsevanā.
주도수(晝度樹) pāricchatta(ka).
주도의 특징을 지닌 ārambhalakkhaṇa.
주된 것에 대한 무지가 있는 appakataññu. appakataññū.
주된 영향 ādhipateyyaṭṭha.
주두(柱頭) thambhasīsa.
주둥이 mukhatuṇḍa. mukhatuṇḍaka. tuṇḍi. tuṇḍaka.
주등지(住等至) vihārasamāpatti.
주라포(朱羅布) cola. coḷa.
주류(酒類) madhupāna. madirā.
주류제조업자(酒類製造業者) soṇḍika.
주름 ovaṭṭika. ovaṭṭikā. ovaṭṭiyā. vali. vaḷi. valī. vaḷī.
주름살이 있는 valita.
주름을 잡다 obhañjati.
주름이 있는 valika. valīmant. valin.
주름이 있는 흰 천 dussavaṭṭi.
주름진 ummika. valīmant. valin. valita. valittaca. valitattaca.
주름진 얼굴을 한 valīmukha.
주름진 피부를 지닌 tacapariyonaddha.
주름진 피부를 지닌 것 valittacatā.
주리반특(朱利槃特·周利槃特)[인명] Cullapanthaka.
주머니 달린 옷 ucchaṅga.
주먹 muṭṭhi.
주먹만큼의 pāṇimatta.
주먹을 꽉 쥔 katamuṭṭhihattha.
주목받지 못하는 apurakkhata.
주목을 끌다 anukaḍḍhati.

주목을 끔 anukaḍḍhana.
주목적(主目的) pārāyana.
주목하고 paṭivekkhiya.
주목하는 dassāvin.
주목할 가치가 없는 anādeyya.
주무르다 omaddati.
주문(主門) aggadvāra.
주문(呪文) manta. mantapada. paritta. parittā..
주문을 아는 사람 vijjādhara.
주문을 아는 사람 vijjādhara.
주문을 외우다 parijapati.
주문을 외움 parijapana.
주민(住民) nevāsika. janapadavāsin. jānapadā. jānapadikā.
주방(廚房) bhattageha. mahânasa. rasavatī. odaniyaghara. odanīyaghara.
주방(住房) leṇa. lena.
주변(周邊) aṅgaṇa. pariṇāha. sannikaṭṭha. vibbedha. āvaṭṭa. sāmantapadesa. samīpaṭṭhāna.
주변(周邊) parikkhepa. parisara.
주변에 의한 교만 pariṇāhamada.
주변에 의한 도취 pariṇāhamada.
주변에 있다 paribhavati. paribhoti.
주변에 충분한 공간이 없는 aparikkamana.
주변행(周邊行) pariyantacārin.
주병신보(主兵臣寶) pariṇāyakaratana.
주부(主婦) agārikā. agārinī. gharaṇī. vadhukā.
주사(朱砂) kuruvindaka.
주사기(注射器) vatthi.
주사위 akkha. pāsaka. mālika.
주사위 놀이 jūta.
주사위 놀이를 하지 않는 anakkha.
주사위 놀이에서 이긴 akkhika.
주사위 놀이에서 행운을 비는 노래 jūtagīta.
주사위 놀이의 말[骰子] sāri.
주사위 놀이판 jūtamaṇḍala. keḷinaṇḍala.
주사위도박 akkhayuddha.
주사위판 aṭṭhāpada.
주사위판의 형식에 따라 정리된 aṭṭhāpadakata.
주색(朱色) hiṅgulaka. hiṅguli.
주색안료(朱色顔料) hiṅgulaka. hiṅguli. kuruvindaka.
주색안료가 도포된 한 줄로 꿰어진 구슬 kuruvindakasuttī.
주색안료로 만든 가루비누 kuruvindaka.
주석(註釋) atthakathā. aṭṭhakathā. tipu. vaṇṇanā. vinicchayakathā. atthaṅkathā. jotikā. niddesa.
주석(朱錫)으로 만들어진 tipumaya.
주석가(註釋家) ṭīkākāra. ganṭhipadavivaraka.
주석된 vaṇṇita.
주석서(註釋書) atthakathā. aṭṭhakathā. dīpanī. atthavaṇṇanā.
주석에 대한 주석 ṭīkā.
주석을 달다 vaṇṇeti.
주석학자(註釋學者) aṭṭhakathācariya. nyāsakāra.
주소(住所) sadana.
주수(呪水) mantôdaka.
주술(呪術) mantana. mantaṇa. mantanā. mantaṇā. bhūtavijjā.
주술로 불러내다 saccāpeti.
주술로 혀를 묶는 jivhānittaddana.
주술사(呪術師) āthabbaṇika. vetālika. bhūtavejja. yakkhadāsa. gūḷhavijjāvidū.
주술적인 영향에 의한 매혹 abhicāra.
주스 paya. sāva.
주시(注視) ālocana. ālocanā. paccavekkhana. paccavekkhanā. sati. ūhana.
주시된 olokita.
주시하게 하다 olokāpeti.
주시하는 apekkhin. sīsânulokin.
주시하다 āloceti. olokayati. oloketi. paṭiyoloketi. samudikkhati. ūhati.
주식(籌食) salākābhatta.
주신(住身) sarīraṭṭha.
주실(籌室) salākā.
주야(晝夜) ahoratta. ahoratti.
주야로 aharattaṁ. ratto.
주어온 자식 khettaja.
주어져야 할 dātabba.
주어지는 dīyamāna.
주어지다 dīyati. padīyati.
주어지지 않는 것을 취하는 것 adinnādāna.
주어지지 않은 adatta.
주어지지 않은 것을 취하는 자 adinnādāyin.
주어진 datta. dattika. °dada. dinna. nisagga. nissagga. niyyādita. niyyātita. niyyāta. paṭṭhapita. sajjita. samappita. sampattakajāta. upanīta.
주어진 것을 취하는 dinnādāyin.
주어진 것이 아닌 adinna.
주어진 법칙에 따라 형성되지 않은[문법] anupapanna.
주어진 선악의 행위를 하는 자 kammakāraka.
주어진 일을 행하는 kammika. kammiya.
주어진 처소 그대로 수용하는 yathāsanthatika.
주어진 처소 그대로 수용하는 수행 yathāsantha-

tikaṅga.
주옥(廚屋) odaniyaghara. odanīyaghara.
주요원인으로 ṭhānaso.
주요창문 mahāvātapāna.
주요한 pamukha. sabbapaṭhama.
주요한 것 mukha.
주요한 것으로 장착된 appiya.
주요한 기반의 존재 adhiṭṭhānabhāva.
주요한 목표를 위해 ~ 을 갖다 adhikaroti.
주요한 상인 aggaseṭṭhin.
주요한 새김 satādhipateyya.
주요한 인물 agga.
주원당(周圓堂) maṇḍalamāla.
주위(周圍) parikkhepa. pariṇāha. vaṭṭi. veṭhana. vibbedha.
주위에 놓다 paridahati.
주위의 것을 베다 saṅkantati.
주유(注油) abbhaṅga. sinehana.
주유(侏儒) lakuṇṭaka.
주유발제(侏儒拔提)[인명] Lakuṇṭakabhaddi.
주의(注意) abhiropana. abhivitaraṇa. adhimana. apekkhā. apekhā. āvajjitatta. jagga. jaggana. jagganatā. manasikāra. nillokana. paricaraṇa. parihāra. pariharaṇa. pariharaṇā. paṭijaggana. paṭisaṅkhāna. ṭhapanā. upacāra. upacitatta. āvajjana. nisanti. samannāhāra. sampajañña. upassuti
주의(主義) mata. vāda.
주의(注意)과 통각(統覺) āvajjanajavana.
주의가 기울여진 abhiropita. āvajjita.
주의가 산만한 aññavihita(ka).
주의가 없음 anābhoga.
주의기울임 āvajjitatta. abhiniropana. āvajjana. āvaṭṭanā. sati. upanisā.
주의기울임과 순간적인 포착 āvajjanajavana.
주의기울임에 유능한 āvajjanasamatthatā.
주의기울임에서 결함이 있는 āvajjanavikalamattaka.
주의기울임을 핵심으로 하는 āvajjanarasa.
주의기울임의 상태 āvajjanaṭṭhāna.
주의기울임의 지향 āvajjanatappara.
주의기울임의 평정 āvajjanûpekkhā.
주의기울임의 힘 āvajjanavasa.
주의깊게 nisamma.
주의깊게 관찰된 anupekkhita.
주의깊게 관찰하게 하다 anupekkheti.
주의깊게 관찰하는 anupekkhin.
주의깊게 관찰하는 자 anupekkhitar.
주의깊게 관찰하다 anupekkhati.
주의깊게 듣는 ohitasota.
주의깊게 사는 yatacārin.
주의깊은 avippavāsa. katavedin. katavedika. paṭissata. paṭissatika. patissata. payatta. sacetasa. satimant. apalokin. saṅkhitta. vicakkhaṇa. yatta. yathāsata. sata.
주의깊은 관찰 anupekkhā. anupekkhaṇā.
주의깊은 마음 saṅkhittacitta.
주의깊은 사려 ākāraparivitakka.
주의깊음 anussati. paṭissati. satitā. appamāda.
주의깊음의 영향 satādhipateyya.
주의력이 없는 sammuṭṭhassati.
주의를 기울이는 bahukata.
주의를 기울이는 정신의식의 요소 āvajjanamanoviññāṇadhātu.
주의를 기울이다 avabodhati. āvajjeti. manasikaroti. odahati. upadhāreti. upadhārayati. upasaṁharati.
주의를 기울이지 못하다 anupacināti.
주의를 기울이지 않음 amanasikāra.
주의를 기울임 abhiniropana. āvajjana. āvaṭṭanā. sati. upanisā.
주의시키는 nivedaka.
주의하고 paṭivekkhiya.
주의하는 nisāmaka. parihārika. pariharin. paṭijaggaka. paṭijagganaka. paṭissata. paṭissatika. patissata.
주의하는 사람 ajjhupekkhitar.
주의하다 abhiropeti. abhisamikkhati. abhivitarati. ajjhupekkhati. anuvigaṇeti. apaloketi. apaviṇati. apavīṇati. apaveṇati. gaṇeti. manasikaroti. nilloketi. nisāmeti. pariharati. paṭijaggati. paṭikaroti. paṭisaṅkhāti. sampassati. upacināti. yatati.
주의하다 āvajjati.
주의하여 듣다 sussūsati. sussūyati.
주의하지 않고 anāditvā.
주의하지 않는 nirapekkha.
주의하지 않다 anupadhāreti.
주의할 필요 없는 arakkhiya.
주인(主人) abhibhū. ayira. ayyira. ayya. ayyira. bhojaka. īsa. pati. sāmika. sāmin. suvāmin.
주인과 함께 사는 사람 antevāsika.
주인없는 assāmika. anissara. asa.
주인없음 anabhissara.
주인의 상태인 issariya.
주인의 지위 abhibhāsana. abhibhāyatana.
주인이 되는 부인 patikā.
주인이 되다 īsati.

주인있는 sassāmika.
주입(注入) anuvāsana.
주입하다 odahati.
주잡(周匝) aṅgaṇa.
주잡(周匝)하다 anupariyāti.
주장(主張)하다 anumaññati. samudācarati. takketi.
주장하지 않는 appaṭijānat.
주재관(主財官) gaṇaka.
주재자(主宰者) sañjitar.
주저(躊躇) apasaggana. parisappanā. vicikicchā. vitthāyitatta. kukkucca.
주저앉다 ussīdati.
주저하는 akāma. akkula. kaṅkhamāna. vitthata.
주저하다 avalīyati. oliyyati. oliyati. olīyati. parisappati. sajjati. saṅkati. vicikicchati. vitthāyati.
주저하지 않는 anolagga. asaṅkita. asaṅkiya. avikampamāna. avikampayat. avikampin. avikampita. avisaṅka. nibbisaṅja.
주저하지 않음 asaṁsappa. asaṁsappana. avikampana.
주정(酒精)을 함유하는 음료 ariṭṭha.
주제(主題) kathāvatthu.
주제(酒祭) surāchaṇa.
주제넘음 pāgabbhiya.
주제로 돌아가기 paṭiniddesa.
주조(鑄造)된 uttatta.
주좌(主座) aggâsana.
주죽(籌粥) salākāyāgu.
주지 않는 appadāna.
주지 않는 것을 빼앗는 것 adinnādāna.
주지 않은 것을 빼앗는 것을 삼가는 것 adinnādānā veramaṇī.
주지사(州知士) janapadabhojaka.
주지하는 바와 같이 kira. kila.
주착(住著) abhinivesa. nivesanā.
주착(住著)된 niviṭṭha.
주찰나(住刹那) ṭhitikkhaṇa.
주처(住處) āvāsa. āvasatha. niketa. āyatana. nivāsaṭṭāna. ṭhāna. upassaya.
주처간(住處慳) āvāsamacchariya.
주처에 대한 축복 āvasathamaṅgala.
주처인용(住處認容) āvāsakappa.
주처정(住處淨) āvāsakappa.
주춤 oliyana. olīyana.
주한정처(住閑靜處) araññavihāra.
주해자(註解者) ṭīkākāra. ganṭhipadavivaraka.
주행(周行)하다 pariyāti.
주홍색(朱紅色)으로 장식한 katajātihiṅgulika.
주황색(朱黃色)의 kasāyavaṇṇa. kasāvavaṇṇa.
주황색의 염료 kasāyarasa.
죽(粥) yāgu.
죽(粥) 그릇 āsittakâdhāra.
죽(粥) 단지 bilaṅgathālika.
죽간(竹竿) vaṁsanāḷa.
죽게 하다 cāveti. mārāpeti. pātāpeti.
죽고 난 후에 accaya.
죽기 전에 purābhedā.
죽기 직전에 주어진 음식 maraṇabhojana.
죽는 mara.
죽다 atthaṁ gacchati. cavati. marati. miyyati. mīyati. nirujjhati. uparamati.
죽림(竹林) veḷuvana. veḷugumbha.
죽림가란다원(竹林迦蘭陀園)[승원] Veḷuvanakalandakanivāpa.
죽림원(竹林園) veḷuvana.
죽림율서양이소(竹林栗鼠養餌所)[승원] Veḷuvanakalandakanivāpa.
죽림정사(竹林精舍)[승원] Veḷuvanakalandakanivāpa.
죽봉희(竹棒戲) vaṁsa.
죽비(竹篦) veḷupesikā.
죽사발 taṭṭaka.
죽세공(竹細工) veṇa.
죽세공가문(竹細工家門) veṇajāti.
죽순(竹筍) kaḷīra. vettagga.
죽순수프 kalīrasūpa(ka).
죽어서 헤어짐 vinābhāva.
죽어야 하는 ghacca.
죽어야 할 macca. mātiya.
죽여서 절단하여 묶는 것 vadhachedabandhana.
죽엽(竹葉) veḷupatta.
죽위(竹葦) vaṁsanāḷa.
죽으려 하는 āsannacutika.
죽은 abbhatīta. apagata. cuta. kālagata. kālakata. mata. mataka. okkantasatta. peta. vikoṭṭita.
죽은 뒤에 katamaraṇa.
죽은 말 assakuṇapa.
죽은 몸 matasarīra.
죽은 뱀 ahikuṇapa.
죽은 사람 mataka. pubbapeta.
죽은 사람에 관한 이야기 pubbapetakathā.
죽은 사람의 상태 matakākāra.
죽은 사람의 영혼에 공양된 음식 vosāṭitaka.
죽은 사실 matatta.
죽은 자들의 세계 yamaloka.

죽은 자들의 세계의 주민 yāma.
죽은 자들의 영역 paravisaya.
죽은 자를 위한 음식 matakabhatta.
죽은 자를 일으켜 세우는 주문 uṭṭhāpanamanta.
죽은 자에 대한 의무 matakicca.
죽은 자의 영혼 peta. petti°.
죽은 척하는 ānañjakāraṇa.
죽을 수밖에 없는 maraṇadhamma.
죽음 abbhatthatā. accaya. cavana. cuti. jīvitakkhaya. jīvitapariyosāna. jīvitasaṅkhaya. kaddukkha. kālakiriyā. maccu. māra. maraṇa. māraṇa. nāsa. nijjarā. nikkhepa. uyyoga.
죽음에 대한 두려움 maraṇabhaya.
죽음에 대한 새김 maraṇânussati. maraṇasati.
죽음에 대한 의도 maraṇacetanā.
죽음에 영향을 받지 않는 anāmata.
죽음으로 끝나는 maraṇapariyosana.
죽음을 기다리다 kālaṁ kaṅkhati.
죽음을 끝으로 하는 maraṇanta.
죽음을 두려워하다 bhāyati. maccuno.
죽음의 건너편 maraṇapāra.
죽음의 공포 maraṇabhaya.
죽음의 때 maraṇasamaya.
죽음의 마음 cuticitta.
죽음의 시각 kālakiriyā.
죽음의 신 antaka. maccu.
죽음의 음식 āturanna.
죽음의 입 maraṇamukha.
죽음의 입구 uyyogamukha.
죽음의 자리 maraṇamañca.
죽음의 정복 mārâbhibhū.
죽음의식 cuticitta.
죽음이 없는 상태 amata.
죽음이 없는 위대한 열반 amatamahānibbāna.
죽이게 하다 atimāpayāpeti. ghātāpeti. mārāpeti.
죽이는 abhighāta. ghañña.
죽이는 것 atipāta. vadhaka.
죽이다 abhihanati. atimāpeti. atipateti. atipāteti. ghāteti. hanati. hanti. hiṁsati. jhāpeti. kajjati. māreti. nāseti. pāteti. sasati. vadhati. vadheti. vajjheti. vighāteti. vihanati.
죽이도록 선동을 받음 mārāpitatta.
죽이지 않고 anupahacca.
죽이지 않는 ahanat.
죽이지 않는 자 ahantar.
죽일 것이다 abhihessati.
죽임 māraṇa. pātana. pātana. vadha.
죽절(竹節) veḷupabba.
죽지 않는 accuta. amara.
죽지 않음 accuti.
죽책(竹柵) veḷuvāṭa.
죽편(竹片) veḷupesikā.
죽포(竹布) vilīvapaṭṭa.
준거(蹲踞) ukkuṭika.
준거행(蹲踞行) ukkuṭikapadhāna.
준금속(準金屬) lohasadisa.
준마(駿馬) assājānīya. assasadassa. bhojâjānīya. bhojjha. sīghassa. ājāniya. ājānīya. varahaya.
준비(準備) abhinīharaṇa. abhisandhāna. abhisaṅkhāra. abhisaṅkharaṇa. ārambha. avakappana. avakappanā. kappana. kappanā. karaṇa. nibandhana. pakāra. parikamma. parikappa. parikati. parivaccha. payoga. sambala. saṁvidahana. saṁvidhāna. saṅkharaṇa. sannivesa. upasaṅkamana.
준비단계(準備段階) parikamma.
준비단계에서의 주의를 기울임 parikammamanasikāra.
준비단계의 수행 parikammabhāvanā.
준비단계의 집중 parikammasamādhi.
준비되다 kappati. yojiyati.
준비되도록 santhariṁ.
준비되어야 하는 upasaṅkhātabba. upasaṅkheyya.
준비되어야할 장소 kattabbaṭṭhāna.
준비되지 않은 apaññatta. asajjita. asaṁvihita.
준비되지 않은 일에 대한 요청 akataviññatti.
준비된 abhinīhaṭa. abhinipphanna. abhisaṅkhārika. abhisaṅkhata. āraddha. dhata. kappita. katapariyosita. kita. niṭṭhita. paccupaṭṭhita. parikammakata. parikkhata. paripācita. paṭikata. paṭissāvin. paṭiyatta. sajja. sajjita. samavaṭṭhita. saṁvihita. saṅkhata. sannata. santharin. upakkhaṭa. upaṭṭhita. ummukha. uyyuta. uyyutta. vihita. vikappita. yojita.
준비된 것이 아닌 akata. akaṭa.
준비된 길 katapada.
준비된 길로서의 수행의 길 katamaggavihitabhāvanamagga.
준비된 상태에 있는 kammaniyeṭhita. kammanīyeṭhita.
준비를 끝낸 katapubbakicca. katapubbavidhāna.
준비시키다 kappāpeti. paṭiyādāpeti. vaḍḍhāpeti. vaḍḍheti.
준비인상(準備印象) parikammanimitta.
준비작의(準備作意) parikammamanasikāra.

준비하기 쉬운 susaṅkhata.
준비하는 vidhānavant. vidhāyaka.
준비하는 자 parikammakāraka. saṁvidhātar. sampādaka.
준비하다 abhinīharati. abhisandahati. abhisaṅkharoti. anusumbhati. āropeti. bandhati. kappeti. karoti. nibandhati. okappati. paccupaṭṭhāpeti. pakaroti. paññāpeti. paripāceti. paṭikaroti. paṭisāmeti. paṭiyādeti. paṭṭhahati. payojeti. racati. racayati. sādheti. sādhayati. sajjeti. sampādeti. saṁvidati. saṅkāpeti. saṅkharoti. santharati. upakappeti. upasaṁharati. upaṭṭhapeti. upaṭṭhāpeti. votthāpeti. yojeti.
준비해서 paṭikacca.
준수(遵守) anuvidhīyanā. rakkhana. samādāna.
준수(遵守)한 upavuṭṭha. upavuttha.
준수와 금지 cārittavāritta.
준수하는 rakkhaka. rakkhanaka.
준수하다 ajjhācarati. anuvidhīyati. paricarati. rakkhati. upavasati.
줄 가치가 있는 선물 dabbasambhāra.
줄[線] āvali. āvalī. lekhā. pāli. panti. rāji. rajju. rajjuka. rekhā. sutta. tāla. tanti. tantu. vali. vaḷi. valī. vaḷī.
줄기 daṇḍa. kanda. khandha. nāḷi. nāḷī. nāḷikā. vaṇṭa. yaṭṭhi. vetta.
줄기가 없는 avaṇṭa.
줄기가 있는 khandhiman. vaṇṭaka. vaṇṭika.
줄기로 번식하는 종자 khandhabīja.
줄기에서 떨어진 것으로 사는 vaṇṭamuttaka.
줄기에서 떨어진 것으로 사는 고행자 vaṇṭamuttakatāpasa.
줄기의 vaṇṭaka. vaṇṭika.
줄기의 달콤한 즙 pokkharamadhu.
줄기의 마디 kaṇḍa.
줄기의 맛 khandharasa.
줄다 hāyati. saṅkucati. vigacchati.
줄로 묶인 pālibandha.
줄무늬 tāla.
줄무늬가 많은 구두 gaṇa(ṁ)gaṇupāhanā(*pl.*).
줄무늬로 나누어진(?) accibaddha.
줄어드는 avaḍḍhanaka.
줄어든 olīna. tanubhūta.
줄어들다 avajīyati. hīyati. līyati. parihāyati. paṭikuṭati. paṭikuṭṭati.
줄어듦 avaḍḍhana. līyana. saṅkucana.
줄이 있는 rājimant. rājin.
줄이는 añcuka. hāpaka.
줄이다 apacināti. hāpeti. nibbhujati. sampiṇḍeti. saṅkoceti.
줄자덜기 rajjubheda.
줄자속이기 rajjubheda.
줄줄 흘러나오다 vissavati.
줍다 udrabhati.
중(衆) saṁsad.
중각(重閣) kūṭâgāra. pāsāda.
중간 겁 antarakappa.
중간 높이의 majjha.
중간 크기의 계행 majjhimasīla.
중간(中間) vemajjha.
중간에 antara.
중간에 놓인 작은 시계탑 antaraṭṭālaka.
중간의 antara. antarika. majjha. majjhima. nimajjhima.
중간의 도랑 antaraparikhā.
중간의 세계 majjhimadhātu.
중간의 예배 antarûpaṭṭhāna.
중간의 온건한 길 majjhimapaṭipadā.
중간의 이야기 antarākathā.
중간의 참석 antarûpaṭṭhāna.
중겁(中劫) antarakappa.
중계(中界) majjhimadhātu.
중계(中戒) majjhimasīla.
중국(中國)[인도중앙] majjha. majjhimajanapada.
중국(中國)[차이나] cīna. cīnaraṭṭha.
중국(中國)의 cīnadesīya.
중국어(中國語) cīnabhāsā.
중국인(中國人) cīnajātika.
중국장미[식물] japā.
중년(中年)의 majjha. majjhima.
중년여신(中年女人) majjhimitthī.
중다(衆多)의 sambahula.
중단(中斷) avasāna. pacchedana. upaccheda.
중단되다 pacchijjati.
중단되지 않은 abbhocchinna. abbokiṇṇa. anavarata. nirantara. anupacchinna.
중단된 vippakata. vyādinna.
중단이 없이 anavarataṁ. sapadānaṁ.
중단하다 apakantati. pacchindati. upacchindati. vicchindati.
중담(重擔) bhāra. bhāraka.
중대(重大)한 bhāriya. garu. garuka.
중도(中道) majjhimapaṭipadā. vijjantarikā.
중도를 따르는 anumajjha.
중독(中毒) mada.
중동인도(中東印度)[지금의 오릿싸] oḍḍakā.
중랍(中臘)의 수행승 majjhimabhikkhu.
중략(中略)의 표시 peyyāla[생략형 pe 또는 la].

중량(重量) tulā.
중립(中立) majjhattatā. majjhatta. tatramajjhatatā.
중립적 형성 saṅkhāramajjhattatā.
중매(中媒) sañcaritta.
중매하다 sañcāreti.
중무장(重武裝)한 āvudhabalavanta.
중반 이전에 완전한 열반에 드는 님 antarāparinibbāyin.
중반 이후에 완전한 열반에 드는 님 upahaccaparinibbāyin
중반열반자(中般涅槃者) antarāparinibbāyin.
중발(中鉢) majjhimapatta.
중벌(重罰) brahmadaṇḍa.
중법(重法) garudhamma.
중복(重複)이 없음 advitta.
중복자음(重複子音)의 첫 번째 자음[문법] ādivyañjana.
중부(中部)[경장] Majjhimanikāya.
중부경전(中部經典)을 암송하는 사람 majjhimabhāṇaka.
중부국(中部國) majjhimajanapada.
중부사(中部師) majjhimabhāṇaka.
중부송자(中部誦者) majjhimabhāṇaka.
중부의소(中部義疏)[주석] Majjhimaṭṭhakathā.
중부지방(中部地方) majjhimadesa.
중사(中捨) majjhattupekkhā.
중사성(中捨性) tatramajjhattatā.
중상(中傷) abbhācikkhana. abbhakkhāna. pesuṇa. ujjhāpana. upavadana. vivaṇṇaka.
중상과 함께하는 sahapesuṇa.
중상자(重傷者) vibhedaka.
중상하는 pisuṇa. ujjhāpanaka.
중상하는 말 pisuṇa. vebhūtika. vebhūtiya.
중상하는 사람 pesuṇika.
중상하다 abbhācikkhati. abbhakkhāti. sūceti. upasaṁharati. upavadati. vibhedeti. vikitteti. vivaṇṇeti.
중상하지 않는 apisuṇa. nillapa. rittapesuṇa.
중상하지 않는 말 apisuṇāvācā.
중생(衆生) loka. satta. dehin.
중성(中性) udāsīnatā. majjhimaporisa. napuṁsakaliṅga.
중성(中性)의 napuṁsaka. udāsīna.
중성이 아닌[문법] anapuṁsaka.
중세(中世)의 majjhumakālīna.
중심덜기 hadayabheda.
중심속이기 hadayabheda.
중심의 순환[점성학의 일종] antaracakka.
중압을 가하다 adhisallikati.
중앙(中央) vemajjha.
중앙의 majjhima.
중야(中夜) majjhimayāma.
중얼거려진 abhijappita.
중얼거리는 japa. jappa. lapita.
중얼거리는 사람 lapaka.
중얼거리다 abhijappati. japati. jappati. lapati.
중얼거림 abhijappana. anutthuna. japana. jappanā. lāpana. lapāpana.
중업(重業) garukakamma.
중요시하는 garu.
중요시하다 garukaroti.
중요하지 않은 agaru. appa. appaguṇa. kapaṇa. oramattaka. appamatta. appamattaka.
중요하지 않은 사람 cetaka.
중요하지 않은 특징 anuvyañjana.
중요한 atthavat. atthayutta. bhārika. garu. garuka. oḷārika.
중요한 것 atisayattha. mukha.
중요한 것을 두다 nikkujjati.
중요한 규율 vinayagaruka.
중요한 사람을 알리는 북 issarabheri.
중요한 업 garukakamma. kammagaruka.
중요한 요점으로서의 명상주제 kammaṭṭhānasīsa.
중요한 죄악에 대하여 (책임질 것을) 교사하는 (사람) anantarāpayutta.
중용(中庸) mattaññutā.
중우정치(衆愚政治) dāmarikapālana.
중유(中有) antarābhava. bhavantara.
중의(重衣) saṅghāṭī.
중장엄(衆莊嚴) parisasobhaṇa.
중재(仲裁) antarāvattitā. sandhāna.
중재자(仲裁者) sandhānakārin.
중재하는 majjhavattin. antarāvattin.
중재하다 majjhe vattati. sandahati.
중점(中店) antarāpaṇa.
중정(中正) majjha.
중조(中條)[袈裟] vivaṭṭa.
중죄(重罪) thūlavajja. thullavajja. garukāpatti.
중죄를 진 mahāparādhika.
중주(衆主) gaṇin.
중지(中指) majjhimā.
중지(中止) oramana. osāna. osāpanā. ubbhāra. upasanṭhapanā. vikkhambhana. saṇṭhāna.
중지(中止)가 없는 anuparama.
중지기간(中止期間) antaravāsa.
중지되지 않은 aniruddha.

중지되지 않음 anuccheda.
중지된 osāpita. vikkhambhita.
중지된 상태 vikkhambhanatā.
중지시키다 vikkhambheti.
중지하는 osāpana.
중지하다 oramati. osāpeti. saṁsādeti.
중지하도록 이끄는 vikkhambhika.
중지하지 않다 anoramati.
중집경(衆集經) saṅgītisuttanta.
중참죄(重懺罪) pācittiya.
중참죄의 품 pācittiyavagga.
중첩(重疊) abbhāsa.
중청(重淸) punapavāraṇā.
중추(仲秋) assayuja.
중춘(仲春) citta.
중태(重態)의 atikaṭuka.
중학법(衆學法) sekhiyadhamma.
중합(重合)[지옥] Saṅghāta(ka).
중혼(重婚) dvipatitā. dvibhariyatā.
중화합(衆和合) gaṇasāmaggi.
중환자(重患者) bāḷhagilāna.
중회(衆會) vāṭaka.
쥐 ākhanika. ākhu. mūsika. mūsikā. undura. undūra.
쥐가 갉아 먹은 옷의 모양으로 치는 점 mūsikacchinna.
쥐는 parāmāsin.
쥐다 āharati. ālambati. gaṇhati. parigaṇhāti. parigganhāti. parimasati. sammasati. samuggacchati. upādiyati.
쥐에 의한 길흉판단의 지식 mūsikavijjā.
쥐와 같은 사람 mūsikûpamapuggala.
쥠 parāmasa. parāmāsa. upādāna.
즈음의 āsanna.
즉(卽) iti. seyyathidaṁ. taṁ yathā.
즉각(卽刻) ekaṁsena. sakid eva.
즉각적으로 ekaṁsena.
즉각적으로 답변해야 할 질문 ekaṁsabyākaraṇīyapañha.
즉석(卽席) anupadaṁ. ṭhānaso.
즉석에 → 즉석.
즉석에 행한 āsannakata.
즉석의 āsanna.
즉시(卽時) avilambitaṁ. ekadhā. sajju. sajjukaṁ. sapadi. ṭhānaso.
즉시에 → 즉시.
즉시에 대답하는 방식 pañho ekaṁsavyākaraṇīyo.
즉시의 akālika. ṭhānupattika. upaṭṭhita. saha.
즉위(卽位) abhiseka. abhisekagahaṇa.
즉위식(卽位式) abhisekamaṅgala. rajjabhiseka.
즉위와 관계된 abhisekiya.
즉위하다 abhisiñcati.
즉위한 abhisitta.
즉흥시인(卽興詩人) ganthika.
즐(櫛) koccha.
즐거운 abhikkanta. abhirucita. adhiramma. akaṇṭaka. ānandajāta. anuppiya. ārāmika. attamana. attamana. iṭṭha. kalyarūpa. kāmûpasaṁhita. kanta. manāpa. manāparūpa. manorama. manuñña. mudita. pahasita. paricārita. parihaṭṭha. pasanna. pesala. phassa. phāsu. piya. rama. ramaṇīya. ramaṇeyya. ramma. rucira. udagga. vaddha. vaggu. vikāsin. sādu. samabhisāta. sammatta. sammodamāna. sammodita. sampahaṭṭha. santuṭṭha. sappītika. sāta. sātiya. subha. sukha. sumana. sumānasa. hadayagata. hasamānaka. hasita
즐거운 감각적 대상 sappītikārammaṇa.
즐거운 것 subhasaññā.
즐거운 곳 ārāma.
즐거운 과보가 있는 kantaphala.
즐거운 느낌 sukhavedanā.
즐거운 대상 kāma. kantarūpa.
즐거운 마음 상태 ubbilāpa.
즐거운 말 kantavacana. piyavacana.
즐거운 비명 panāda.
즐거운 수레 bhaddavāhana.
즐거운 식사 manuññabhojana.
즐거운 신체적 감각에 의해 생겨난 행복 utusukha.
즐거운 향기 iṭṭhagandha.
즐거운 형상 kantarūpa. piyarūpa.
즐거움 abhinandana. abhinandanā. abhirati. ānandī. ārāma. ārāmatā. hāsa. kalyatā. mudā. nandi. nandī. nijjhāna. nikāma. pāmujja. paricaraṇa. paricāraṇā. ratha. rañjana. ruccana. ruccanā. ruci. sampahaṁsanā. santuṭṭhi. sāta. tuṭṭhi. vaddhava
즐거움과 괴로움을 같이 하는 것 samānattatā.
즐거움을 떠난 nippītika.
즐거움을 발견하는 paradavutta.
즐거움을 소연으로 하는 sātārammaṇa.
즐거움을 얻은 nikāmalābhin.
즐거움을 위해 봉사하는 ārāmakara.
즐거움을 적게 주는 appassāda.
즐거움을 주는 hāsaniya.
즐거움을 찾다 saṁroceti.

즐거움을 추구하는 pagiddha.
즐거움을 탐하는 piyaggāhin.
즐거움의 대상 sātārammaṇa.
즐거움의 상태 kantabhāva.
즐거움이 감추어진 sātasahagata.
즐거움이 없는 nippītika. vikīlanika.
즐거움이 없음 asukha. anabhinandana.
즐거워야 될 āramaṇīya.
즐거워지다 paricāriyati.
즐거워하는 abhinandin. āmodamāna. nandin. rata. somma.
즐거워하다 abhinandati. abhippamodati. oramati. pahaṁsati. pasīdati. sārajjati.
즐거워하지 않는 anabhirata.
즐거워하지 않다 anabhinandati.
즐겁게 말하는 piyabhāṇin. piyavādin.
즐겁게 하는 rāmakara.
즐겁게 하다 hāseti. hāsayati. nandeti. pahāseti. rameti. sampasādeti. sampavāyati.
즐겁게 함 abhiramāpana. sampavāyana.
즐겁고 불쾌한 subhâsubba.
즐겁고 시원하고 매혹적인 광선의 불꽃으로 빛나는 kantasītalamanoharakiraṇajālasamujjala.
즐겁고 시원한 빛을 비추는 kantasītalakiraṇa.
즐겁고 즐겁지 못한 manāpâmanāpa.
즐겁기를 원하는 ānandin.
즐겁다 āmodati. hasati. hassati.
즐겁지 않은 amanāpa. anandin. apāsādika. apasanna. appiya. asāta. asāyiyanta.
즐겨질 수 있는 upabhogiya.
즐기거나 사용하기 위한 물건 paribhoga.
즐기게 하다 abhiramāpeti.
즐기게 함 abhiramāpana.
즐기고 나서 ramma.
즐기기 어려운 dūrama.
즐기기 힘든 durabhirama.
즐기는 abhirama. assāvin. bhogika. bhogin. bhojin. bhuñjaka. kāmuka. kīḷita. ramita. upabhogin. upabhuñjaka.
즐기는 자 vindaka.
즐기다 abhihaṁsati. abhiramati. ābhujati. anubhavati. āramati. assādeti. dibbati. iḷati. lasati. lāseti. modati. paricarati. paricāreti. rajjati. ramati. sādeti. sādiyati. saṁsāyati. saṅkelāyati. upabhuñjati. vindati.
즐기려는 욕구 paribhogachanda.
즐기지 못한 ananubhūta.
즐긴 anubhutta. anukīḷita. ramita.
즐길 만한 sammodanīya. āramaṇīya. rāmaṇeyyaka.
즐김 ābhuñjana. āmodanā. āramaṇa. assāda. assādanā. nisevana. nisevanā. paribhoga. paricaraṇa. ramana. upabhoga.
즙(汁) sūpa. yūsa. rasa.
즙의 향기 rasagandha.
증가(增加) abhivaḍḍhana. abhivaḍḍhi. abhivuddhi. bhiyyobhāva. brūhana. paribrahaṇa. paṭicaya. paṭiccaya. pavaḍḍhana. phāti. phātikamma. udaya. ukkaṁsa. upabrūhaṇa. vaddhana. vaḍḍhana. vaḍḍhi. vuḍḍhi. vuddhi.
증가되다 āciyati.
증가된 abhivuḍḍha. ocita. paricita. vaḍḍhita. virūḷha.
증가를 바라는 udayatthika.
증가시키는 vaḍḍhaka. vaḍḍhana.
증가시키는 사람 brūhetar.
증가시키다 abrūheti. ācināti. bahulīkaroti. pabhāveti. paribrūhati. paribrūheti. ropeti. upabrūhayati. upabrūheti. vaḍḍheti.
증가와 감소 ukkaṁsâvakaṁsa.
증가하는 abhivaḍḍhana. vaḍḍamānaka. vaḍḍhika.
증가하다 āpūrati. bahati. parivaḍḍhati. pavaḍḍhati. saṁvaḍḍhati. udeti. upayāti.
증거(證據) nidassana. sakkhi.
증거가 없는 asakkhika.
증거물을 보관한 상자 sakkhipañjara.
증과(證果) phalasacchikiriyā.
증기(蒸氣) nabha. nabho.
증기로 가열하다 parisedeti.
증기목욕탕(蒸氣沐浴湯) jantāghara.
증대(增大) abhivaḍḍhana. abhivaḍḍhi. anubrūhana. bhiyyobhāva. paribrūhana. paṭicaya. paṭiccaya. phāti. saṁvaddhana. upabrūhaṇa. vaḍḍha.
증대되다 pacīyati.
증대된 pavaḍḍha. pavuddha.
증대시키는 abhivaḍḍhaka.
증대시키다 abhivaḍḍheti. pabhāveti. paribrūheti. ubbatteti. ubbaṭṭeti. phātikaroti.
증대하다 abhivaḍḍhati. anubrūheti. pavaḍḍhati.
증득(證得) adhigama. adhigamana.
증득된 adhigata.
증득에 관하여 욕구가 없는 자 adhigamappiccha.
증득에 관한 바른 이론에 반대가 되는 adhigamasaddhammapaṭirūpaka.
증득에 관한 분명한 이해 adhigamavyatti.
증득에 관한 최상·최선의 성취 adhigamavipula-

varasamapatti.
증득에 대한 믿음 adhigamasaddhā.
증득에 재능이 있는 adhigamapaṭibhāṇavat.
증득을 구족한 adhigamasampanna.
증득의 구족 adhigamasampadā.
증득의 동기 adhigamakāraṇa.
증득의 방법 adhigamûpaya.
증득하다 adhigacchati.
증득한 자 adhigatavat.
증명(証明) nidassana. sādhaka. sādhana. paṭivedha.
증물(贈物) ātitheyya.
증발시키다 parisoseti. sedeti. ussussati.
증발하는 sedaka.
증상(增上) adhipateyya.
증상견(增上見) atidiṭṭhi.
증상계학(增上戒學) adhisīlasikkhā.
증상둔세(增上遁世) abhisaññānirodhasampajānasamāpatti. adhijeguccha.
증상만(增上挽) adhimāna.
증상바라제목차(增上坡羅提木叉) adhipāṭimokkha.
증상상(增上想) abhisaññā.
증상심(增上心) adhicitta.
증상심의 abhicetasika.
증상심학(增上心學) adhicittasikkhā.
증상연(增上緣) adhipatipaccaya.
증상행(增上行) ajjhācāra.
증상행의 abhisamācārika.
증상행의 실천 abhisamācārikadhammapūraṇa.
증상혜(增上慧) adhipaññā.
증상혜법수관(增上慧法隨觀) adhipaññādhammavipassanā.
증상혜학(增上慧學) adhipaññāsikkhā.
증소작(曾所作) katavat.
증손(曾孫) aparapajā. panattar.
증식(增殖) bhiyyobhāva.
증양자(增養者)[국왕] vaddhana.
증어(增語) adhivacana.
증어도(增語道) adhivacanapatha.
증어촉소생(增語觸所生) adhivacanasamphassajā.
증여(贈與) anupadāna. anuppadāna. dāna. datti.
증여되다 padīyati.
증여된 anuppadinna. dattika. niyyādita. niyyātita. niyyāta.
증여자(贈與者) pariccajanaka.
증여하다 anupadeti. nisajjeti. niyyādeti. niyyāteti. niyādeti.
증오(憎惡) agha. āghāta. asuropa. paṭigha. paṭighāta. vera. viddesa.
증오가 없음 adussanā.
증오를 돌려주다 paṭikujjhati.
증오심으로 가득한 paṭighavant.
증오의 제거 aghavinaya.
증오하는 viddesin.
증오하는 생각 paduṭṭhanasaṅkappa.
증오하다 viddessati.
증오하지 않는 adussanaka.
증오하지 않는 adussita.
증오하지 않음 asampadosa.
증익(增益)하다 abrūheti.
증익선교(增益善巧) āyakosalla. āyakusala.
증익자(增益者) brūhetar.
증인(證人) paccabhiññāṇa. sakkhi.
증인으로 세우다 apadisati.
증인으로 청하다 sakkhiṁ karoti.
증인으로서 질문을 받은 sakkhipuṭṭha.
증인이 없는 asakkhika.
증일(增一)의 ekuttara.
증장(增長) virūhanā. virūḷhi.
증장천(增長天)[신계] Virūḷha.
증장천왕(增長天王)[신계] Virūḷhaka.
증정(贈呈) upaharaṇa. upāyana.
증조모(曾祖母) payyikā.
증조부(曾祖父) payyaka.
증지(證知) abhijāna.
증지(證知)하다 abhijānāti. paṭisaṁvediyati. paṭisaṁvedeti.
증지되어야 할 abhiññeyya.
증지부(增支部)[경장] Aṅguttaranikāya.
증지부의소(增支部義疏)[주석] Aṅguttaraṭṭhakathā.
증지옥(增地獄) ussada.
증진(增進) paribrūhana.
증진된 pabhāveti.
증표(證票) ciṇha. sārāṇiyavatthu.
지(止) samatha.
지(池) vāpi.
지각(知覺) anubodha. anubodhi. ālocana. ālocanā. dassana. muti. okkhāyana. puḷava. sañcetanā. sañjānanā. saññā. saññāṇa.
지각가능성(知覺可能性) saññatta.
지각과 느낌의 소멸 saññāvedayitanirodha.
지각과 느낌의 소멸을 성취 saññāvedayitanirodhasamāpatti.
지각되다 saṁvijjati.
지각된 saññāta.

지각된 상태 sañjānitatta.
지각범위 안에 있는 āpāthaka.
지각에 관한 것 abhisaññā.
지각에 대한 미세한 통찰 saññāsokhumma.
지각에서 벗어남 saññāvimokkha.
지각유(地刻喩) paṭhavīlekhūpamā.
지각을 뛰어넘은 중생 asaññasatta.
지각을 뛰어넘은 천상계의 존재 asaññadeva.
지각을 초월한 존재 asaññabhava.
지각의 그침 saññāvūpasama.
지각의 다발 saññakkhandha.
지각의 다양성 saññānānatta.
지각의 성취 saññāsamāpatti.
지각의 세계 saññāgata.
지각의 전도 saññāvipariyesa. saññāvipallāsa.
지각의 존재 saññābhava.
지각의 집착다발 saññûpādānakkhandha.
지각의 초월 saññāsamatikkama.
지각의 퇴전 saññāvivaṭṭa.
지각의 획득 saññāpaṭilābha.
지각이 끊어진 존재 asaññasatta.
지각이 소멸한 자[阿羅漢] saññāviratta.
지각이 없는 asañña. asaññin.
지각이 없는 존재 asaññībhava.
지각이 없는 존재로 이끄는 asaññūpaka. asaññūpika.
지각이 없는 존재로의 일곱 갈래 태생 satta asaññīgabbhā.
지각이 있는 saññāvant. saññin.
지각이 있는 태아의 상태 saññīgabbha.
지각하는 dakkhin. dassāvin. dassin. saññāgata.
지각하는 것도 아니고 지각하지 않는 것도 아닌 경지 nevasaññānāsaññāyatana.
지각하는 것도 아니고 지각하지 않는 것도 아닌 세계 nevasaññānāsaññāyatana. nevasaññānāsaññāyatanadhātu.
지각하는 것도 아니고 지각하지 않는 것도 아닌 세계를 지향하는 nevasaññānāsaññāyatanâdhimutta.
지각하는 것도 아니고 지각하지 않는 것도 아닌 세계에 대한 지각 nevasaññānāsaññāyatanasaññā.
지각하는 것도 아니고 지각하지 않는 것도 아닌 세계에 수반된 nevasaññānāsaññāyatanasahagata.
지각하는 것도 아니고 지각하지 않는 것도 아닌 세계에 유익한 nevasaññānāsaññāyatanasappāya.
지각하는 것도 아니고 지각하지 않는 것도 아닌 세계에 의존하는 nevasaññānāsaññāyatananissita.
지각하는 것도 아니고 지각하지 않는 것도 아닌 세계에 의존하는 비활동적인 마음 nevasaññānāsaññāyatanakiriyacitta.
지각하는 것도 아니고 지각하지 않는 것도 아닌 세계에 의존하는 착하고 건전한 느낌 nevasaññānāsaññāyatanakusalavedanā.
지각하는 것도 아니고 지각하지 않는 것도 아닌 세계에 의존하는 착하고 건전한 마음 nevasaññānāsaññāyatanakusalacitta.
지각하는 것도 아니고 지각하지 않는 것도 아닌 세계와 관련된 nevasaññānāsaññāyatanûpaga.
지각하는 것도 아니고 지각하지 않는 것도 아닌 세계의 마음 nevasaññānāsaññāyatanacitta.
지각하는 것도 아니고 지각하지 않는 것도 아닌 세계의 명상주제 nevasaññānāsaññāyatanakammaṭṭhāna.
지각하는 것도 아니고 지각하지 않는 것도 아닌 세계의 선정 nevasaññānāsaññāyatanajjhāna.
지각하는 것도 아니고 지각하지 않는 것도 아닌 세계의 성취 nevasaññānāsaññāyatanasamāpatti.
지각하는 것도 아니고 지각하지 않는 것도 아닌 세계의 영역 nevasaññānāsaññāyatanabhūmi.
지각하다 anubodhati. āloceti. bujjhati. dakkhiti. maññati. paṭisaṁvediyati. paṭisaṁvedeti. samanupassati. sañjānāti. udikkhati.
지각할 수 있는 alaṁpañña. pariññeyya.
지갑 pasibbaka. pasippaka. thavikā.
지거신(地居神) bhummadeva. bhummadevatā.
지검(智劍) ñāṇakkhagga. ñāṇâsi.
지게 kāca. kāja.
지게로 나르는 자 kājahāraka.
지견(智見) ñāṇadassana.
지견자(智見者) ñāṇadassin.
지견청정(智見淸淨) parisuddhañāṇadassana.
지경(持經)의 suttadhara.
지계(地界) paṭhavīdhātu.
지계(持界) ṭhitidhātu.
지계자오공덕(持戒者五功德) pañca ānisaṁsā sīlavato sīlasampadāya.
지고(至高)의 para.
지관(止觀) samathayānika.
지구(地球) bhummantara. sāgarakuṇḍala.
지국천(持國天)[신계] Dhataraṭṭha.
지국천왕(持國天王)[신계] Dhataraṭṭha.
지국천희(持國天姬)[신계] Sirī.
지극한 마음의 보시 cittakatadāna.
지극한 허언 sammukkācanā.

지극히 ati→ 아주.
지극히 노력하는 accāraddha.
지극히 밝은 생류 paramasukhābhijāti.
지극히 섬세한 accantasukhumāla.
지극히 아름다운 accantavaṇṇa.
지극히 정진하는 accāraddha.
지극히 좋은 accantaseṭṭha.
지근(智根) ñāṇindriya.
지글지글 ciṭiciṭi.
지글지글 소리내다 cicciṭāyati. ciṭiciṭāyati.
지글지글거림 cicciṭāyana.
지금 adhunā. ajja. ajjā. dāni. etarahi. ettha. idāni. kira. kila. sampati. sampaṭike.
지금 더 이상 말하지 말라 alaṁ ettakena.
지금 바로 죽은 adhunākālakata.
지금 여기 보이는 세계 sandiṭṭhi.
지금 여기에 diṭṭhe dhamme. diṭṭhe'va dhamme.
지금 여기에 있음에 능숙한 upaṭṭhānakusala.
지금 여기에 있음에 대한 꿰뚫음 upaṭṭhānâbhisamaya.
지금 여기에 있음에 대한 새김 upaṭṭhānânussati.
지금 여기에 있음에 따른 탁월한 경지 upaṭṭhānamaṇḍa.
지금 여기에 있음에 의한 사라짐 upaṭṭhānavirāga.
지금 여기에 있음에 의한 욕망의 여읨 upaṭṭhānavirāga.
지금 여기에 있음에 의한 해탈 upaṭṭhānavimutti.
지금 여기에 있음에 의해 수반되는 upaṭṭhānaparivāra.
지금 여기에 있음의 실천 upaṭṭhānacariyā.
지금 여기에 있음의 특징을 지닌 upaṭṭhānalakkhaṇa.
지금 여기에서 유익한 sandiṭṭhika. sandiṭṭhiya.
지금 여기의 diṭṭhadhamma. sandiṭṭhika. sandiṭṭhiya. diṭṭhadhammika. sandiṭṭhin.
지금 태어난 sampatijāta.
지금부터 ito. itopaṭṭhāya. tadagge.
지금부터 후에 ito paraṁ.
지껄이는 japa. jappa.
지껄이다 japati. jappati. palapati.
지껄임 japana. jappanā. palapana. palapita. bālalapanā.
지나가 버린 abbhatikkanta. adhogata.
지나가게 하다 atikkameti. atikkāmeti. atikkamāpeti. ativattāpeti. ativatteti. vītisāreti.
지나가는 atigāmin. atikkamanaka.
지나가다 acceti. aticchati. atieti. atigacchati. atikkamati. sañcarati. tarati. upanīyati. upaniyyati. vītikkamati.
지나가도록 부탁하다 aticchāpeti.
지나가버린 atīta. gatigata.
지나가지 않은 anatīta. avītivatta.
지나간 abbhatīta. abhikkanta. apagata. atikkanta. atipanna. gata. vītivatta.
지나간 후에 pecca. peccā.
지나감 atipatti. taraṇa.
지나기 어려운 duraccaya. duratikkama.
지나두(支那豆) cīnaka.
지나쳐가다 upātivattati.
지나치게 ati. atīva. ativiya. bāḷhaṁ.
지나치게 가까운 accāsanna.
지나치게 높은 accuggata.
지나치게 많이 먹는 accāsana.
지나치게 먼 atidūra.
지나치게 엄격한 섭생(攝生) ajjhājīva.
지나치게 요구하다 aticchati.
지나치게 키가 큰 atidīgha.
지나치지 않은 anadhika.
지나친 atimatta. ukkaṭa.
지나친 고통에 괴로워하는 anappasokâtura.
지나친 분노 atikodha.
지나친 욕심 atilobha.
지나친 탐욕 atricchā.
지나친 행위 atikara. atikāra.
지나칠 정도로 받다 pariyādāti.
지난 밤 abhidosa. ajjaratti.
지난 밤의 abhidosika.
지난 일을 아는 katavedin. katavedika.
지난 일을 아는 것 감사 kataveditā.
지난 저녁 abhidosa.
지난치는 모습의 ittarapaccupaṭṭhāna.
지내다 atināmeti.
지네[동물] satapadī.
지능(知能) ñatta.
지니고 있는 dhārin.
지니고 있는 여인 dhārinī.
지니고 있는 자 dharaṇī.
지니는 자 dhāretar.
지니다 abhisambhavati. dhāreti. samubbahati.
지다 parājiyati.
지대(地帶) pabba. valaya. valiya. maṇḍala.
지대(地大) paṭhavīmahābhūta.
지도(指導) adhiṭṭhāna. anusatthi. anusaṭṭhi. apadāna. netta.
지도(地圖) bhūmicitta.
지도자(指導者) ukkādhāra. āsabha. ativāhika. gaṇin. nāyaka. netar. nisabha. niyyāma. niyyā-

maka. niyyātar. pāmokkha. pariṇāyaka. pati. samādapaka. vināyaka. vinetar.
지도자의 보물 pariṇāyakaratana.
지도자의 지위 āsabhaṭṭhāna.
지도하는 samādapaka.
지도하다 neti. nayati. pariṇeti. sambodheti. saṁveseti.
지독한 kaṭu. kaṭuka.
지독한 냄새가 나는 kurūra.
지독한 냄새나는 pūtimutta.
지두타자(持頭陀者) dhŭtadhara.
지둔(遲鈍) mandatta.
지랄병 apamāra. apasmāra.
지량(知量) mattaññutā.
지량자(知量者) mattaññū.
지렁이 gaṇḍapāṇa. gaṇḍuppāda.
지렁이의 분토(糞土) gaṇḍamattikā.
지력(止力) samathabala.
지령(指令) muddikā.
지령의 하달 atisajjana.
지로(智路) ñāṇapatha.
지론(智論) ñāṇavāda.
지루하게 지체되지 않는 atipātika.
지루함을 느끼다 addiyati.
지륜(地輪) kaṭaka. puthavīmaṇḍala. puthuvīmaṇḍala.
지름 vidatthi. vikkhambha. cakkamajjharekhā.
지름길 añjasa. añjasâyana.
지름길을 잃어버린 añjasâparaddha.
지만(指鬘)[인명] Aṅgulimāla.
지만다라(地曼茶羅) paṭhavīmaṇḍala.
지말접미사(支末接尾辭)[문법] taddhitapaccaya.
지면(地面) bhūmikā.
지멸(止滅) abhisamaya. khaya. nibbāna. nirodha. paṭippassaddhi. paṭipassaddhi. paṭippassambhanā. paṭippassambhitatta.
지멸공(止滅空) paṭippassaddhisuññā.
지멸된 paṭippassaddha. visaṅkhita.
지멸법(止滅法) khayadhamma.
지멸수관(止滅隨觀) khayânupassanā.
지멸에 관한 가르침 khayadhamma.
지멸에 관한 지혜 khayañāṇa.
지멸에 대한 관찰 khayânupassanā.
지멸의 nirodhika.
지멸의 기반 upasamādhiṭṭhāna.
지멸주처(止滅住處) upasamādhiṭṭhāna.
지멸처(止滅處) upasamādhiṭṭhāna.
지멸하는 nibbāpaka.
지멸하다 paṭippassambhati.
지명(地明) bhūrivijjā.
지명(指名)되지 않은 anuddiṭṭha.
지명된 nivutta.
지명하다 saṅkathati. sanniyojeti.
지모(智母) mātikā.
지모자(持母者) mātikādhara.
지무유(知無有) ñātavibhūta.
지문(指紋) aṅgulipada.
지문자(持聞者) sutadhara.
지문학(地文學) mahābhūtavaṇṇanā. bhūvaṇṇanā.
지미(地味) paṭhavīrasa. rasapaṭhavī.
지바[새소리] jīva.
지바까[인명] Jīvaka.
지방(地方) bhāga. bhūma. bhūmi. bhūmibhāga. desa. disā. disatā. janapada. janapada. padesa. vasā.
지방(脂肪) meda. medaka. sineha. sneha.
지방(脂肪)까지의 여섯 가지 medachakka.
지방에 대한 생각 janapadavitakka.
지방에 대한 이야기 janapadakathā.
지방에 대한 지배권력 padesarajja.
지방에 친숙하지 않은 akhettañña.
지방왕(地方王) padesarājā.
지방을 유행하는 janapadacārika.
지방의 desīya. bhūmaka. bhūmika. jānapada. jānapadika. padesika. pādesika.
지방의 경계 aṇi.
지방의 관리 maṇḍalika.
지방의 언어 janapadanirutti.
지방의 왕 disāpati. padesarājā.
지방의 장관 pādesika.
지방의 지역 janapadapadesa.
지방의 총독 maṇḍalissara.
지방정부(地方政府) padesarajja.
지방주의(地方主義) padesavohāra. padesānurāga.
지방지바까[식물] jīvaṁjīvaka. jīvajīvaka.
지배(支配) adhipacca. adhipati. anvāssava. anvāssavana. damatha. pālana. pālanā. parisahana. pasahana. vasi°. vijaya. vasitā. yugaggāha.
지배되는 vasagata.
지배되다 randhati.
지배된 vasaṁgata.
지배될 수 없는 avidheyya.
지배력(支配力) indriya. vasavattaka.
지배력을 갖다 addhabhavati. addhābhavati.

지배를 받기 vatthubhūta.
지배를 받다 saṁhīrati.
지배받는 vasika.
지배성(支配性) issaravatā.
지배아래 두다 hatthe karoti.
지배아래 두다 vase karoti.
지배영역 āṇaṭṭhāna.
지배원리(支配原理) indriya.
지배원리와 감각다발 indriyakkhandhā.
지배인(支配人) adhiṭṭhāyaka.
지배자(支配者) adhipa. adhipati. adhīsa. pabhū. sāmin.
지배자가 없는 abhissara.
지배자에 대한 abhissara.
지배자의 지위 abhibhāyatana.
지배적인 issariya.
지배적인 기능 issariyakamma.
지배적인 영향 adhipateyya.
지배적인 요소 adhipati.
지배적인 활동 issariyakamma.
지배하는 adhipaka. pabhu. vasin. vasima. vattaka. vattin.
지배하다 anuviloketi. anussavati. anvāssavati. atihoti. īsati. parisahati. pasāsati. rajja. vijayati. vijeti. vijinati.
지배하지 못하는 avasa.
지배할 수 없는 aniggaha.
지법사문(持法沙門) dhammikasamaṇa.
지법자(持法者) dhammadhara. dhammika.
지법자(知法者) dhammagu. dhammaññū.
지변(持邊) nemindhara.
지병(地餠) bhūmipappaṭaka.
지복(至福) ariyasukha. nibbāna. accantasukha. ekantasukha. suhatā. sukha. suladdha. sulladdha.
지부(地敷) bhummattharaṇa.
지분(止分) ṭhitibhāgiya.
지분(止分戒) ṭhitibhāgiyasīla.
지분(止分三昧) ṭhitibhāgiyasamādhi.
지분(止分慧) ṭhitibhāgiyapaññā.
지불(支拂) janti. mūlya. paribbaya. paribbayadāna. sodhana. sodhanā.
지불상응(智不相應) ñāṇavippayutta.
지불을 약속하는 각서 iṇapaṇṇa.
지불을 약속하는 어음 iṇapaṇṇa.
지붕 chada. chadana. chadda. chādiya. kūṭa. vaḷabhī.
지붕을 없앤 uttiṇa.
지붕을 이는 재료 chādiya.
지붕을 잘 이은 succhanna.
지붕의 장식이나 귀장식으로 치는 점 kaṇṇikālakkhaṇa.
지붕의 판 kaṇṇikā.
지붕의 풀을 벗긴 uttiṇa.
지붕이 없는 abbhokāsika. chadanarahita. uparivivaṭa. acchanna.
지붕판을 만들기에 적당한 kaṇṇikāyogya.
지붕판을 만들기에 적당한 나무 kaṇṇikarukkha.
지산(指算) muddā.
지산자(指算者) muddika.
지상(地想) paṭhavīsaññā.
지상(止相) samathanimitta.
지상(地上)에 bhuvi.
지상(地上)에 사는 bhumma.
지상(地上)의 bhumma. niruttara.
지상계(地上界) bhummantara.
지상과 천상의 bhummantalikkha.
지상권(至上權)의 kammâdhipateyya.
지상에 사는 신 bhummadeva. bhummadevatā.
지상에 세워진 bhummaṭṭha.
지상에 의존하는 bhummaṭṭha.
지상에 있는 bhummaṭṭha.
지상응(智相應) ñāṇasampayutta.
지상의 것들 bhummā.
지상의 그물 bhummajāla.
지상의 신들 bhummā.
지상의 장소 bhūmipadesa.
지상자(地想者) paṭhavīsaññin.
지색자(持色者) rūpaññū.
지석(砥石) nisada. nisadā.
지성(知性) jānana. jānanatā. medhāvitā.
지성(地性) paṭhavatta.
지성의 범주 ñāṇajāla.
지성의 부족 avisadatā.
지성이 없는 abuddhika.
지성적(知性的)인 katavijja. sacittaka.
지소의(智所依)[緣起法] ñāṇavatthu.
지속(持續) anuccheda. aviccheda. niccatā. niccatta. pavattāpana. pavattāpanatta. santati. ṭhiti. vattana. yapana. yāpana.
지속된 upatthambhita.
지속의 uttara.
지속적으로 anāratam. aṭṭhitam.
지속적으로 가게 하다 anuvatteti.
지속적으로 함께 사는 abhiṇhaṁsaṁvasa.
지속적으로 현존하는 addhānapaccuppanna.
지속적인 accanta. anupacchinna. avaṭṭhita. avaṭṭhita. ekâbaddha. nicca. ṭhitadhamma. ap-

pappabaddha.
지속적인 노력 sātacca.
지속적인 대화 parikathā.
지속적인 머묾 satatavihāra.
지속적인 발생 uppādaṭṭhiti.
지속적인 시도 avaṭṭhitasamādāna.
지속적인 실천 bahulīkāra.
지속적인 처리 anupavatti.
지속적인 충고 abhiṇhôvada.
지속적인 훈련 abhiṇhakāraṇā.
지속하게 하는 자 pavattetar.
지속하게 하다 anuppabandhāpeti. vatteti.
지속하는 satata. dhuvaṭṭhāniya. āyataka. ṭhitika. vattamāna. vattita.
지속하다 anuppabandhati. āsarati. avatiṭṭhati. dharati. tiṭṭhati.
지속하지 않는 anaddhaniya. anaddhanīya.
지시(指示) anusāsana. anusāsanā. anusāsanī. āṇāpana. niyojana. anuvācana. desaka. kaṭumikā. pasāsana. saṅketa. saṅketakamma. sūcana. uddesa. upadesa. vidhi.
지시된 abhisattha. anudiṭṭha. uddiṭṭha. viññāpita.
지시문자[문법] anavayava.
지시받은 saṁsattha.
지시의 순서 uddesânukkama.
지시의 접수 uddesagahaṇa.
지시자(指示者) dassetar. āṇāpaka.
지시자(知時者) kālaññū.
지시적인 abhidhāyaka. vācaka.
지시하고 uddissa.
지시하는 desaka. saṁsūcaka.
지시하다 abhiniddisati. āṇāpeti. disati. nidassati. niddisati. niddissati. niyyādeti. niyyāteti. niyādeti. samādisati. uddasseti. uddisati. viniddisati. viññāpeti. vosāsati.
지식(止息) abhisamaya. paṭippassaddhi. paṭipassaddhi. paṭippassambhanā. paṭippassambhitatta. samatha. uparama. uparamā. uparati. upasama. upasamana. upasamāna.
지식(知識) adhigama. bhūrī. bodha. jānana. jānanatā. paññāṇa. saññāṇa. sattha. uggaha. upaladdhi.
지식(止息)에 이른 uparata.
지식(知識)의 문제 bojjha.
지식(止息)하다 paṭippassambhati.
지식선(止息禪) appāṇakajhāna.
지식수념(止息隨念) upasamânussati.
지식에 대한 과도한 자만 atipaṇḍitamānitā.
지식에 의해 달성된 vijjāmaya.
지식을 얻다 upajānāti.
지식을 얻은 ñattajjhāpanna.
지식을 주는 사람 paññāpetar.
지식의 분야 sippa.
지식이 많은 bahussuta. bahussutaka.
지식이 있는 jāna.
지식인(知識人) bahussuta. sutadhara.
지신(地神) bhummadeva. bhummadevatā. bhūmidevatā.
지신(地身) paṭhavīkāya.
지심시(至心施) cittakatadāna.
지쌍산(持雙山) yugandhara.
지아자(知我者) attaññū.
지안(智眼) ñāṇacakkhu.
지야(祇夜)[九分教] geyya.
지약(脂藥) vasābhesajja.
지양(止揚)하다 ūhanati.
지어진 업 kaṭattākamma.
지어진 업에 기인하는 물질 kaṭattārūpa.
지업석(持業釋)[문법] kammadhāraya.
지업처(止業處) samathakammaṭṭhāna.
지역(地域) āyatana. āsā. bhūmi. bhūmibhāga. bhūmipadesa. desa. disatā. padesa. visaya.
지역민(地域民) janapadavāsin. jānapadā. jānapadikā.
지역에 거주함 padesavihāra.
지역에 속하는 desika.
지역에서 활약하는 padesavattin.
지역의 bhūmaka. bhūmika.
지역의 왕 padesarājā.
지역적 강우 padesavassin.
지역적 특징 padesalakkhaṇa.
지연(遲延)을 좋아하지 않는 nippapañcārāma.
지옥(地獄) apāya. naraka. niraya. pātala. papata. vinipāta.
지옥(地獄)의 nerayika.
지옥에 떨어진 nerayika.
지옥에 떨어진 존재 nerayikasatta.
지옥에 속한 nerayika.
지옥유정(地獄有情) narakasatta. nerayikasatta.
지옥으로 떨어져야 하는 avīciparāyaṇa.
지옥을 궁극으로 하는 avīcipariyanta.
지옥의 길 apāyamagga.
지옥의 벌(罰)의 일종 vuṭṭhānima.
지옥의 불 narakaṅgāra. nerayikaggi.
지옥의 열기 avīcinirayasantāpa. avīcisantāpa.
지옥의 입구 baḷavāmukha.
지옥의 재생으로 이끄는 avīcuppattisaṁvatt-

anika.
지옥의 절벽 narakappapāta.
지옥의 티끌 pātalaraja.
지옥화(地獄火) nerayikaggi.
지운신(遲雲神) mandavalāhaka.
지워진[부담] uddhaṁsita.
지워진[삭제] sampalimaṭṭha.
지원(支援) sampaggaha. thūṇa.
지원을 받다 upajīvati.
지원이 없는 anādhāra.
지원하다 dhāreti.
지위(地位) āyatana.
지위의 ṭhāniya.
지율자(持律者) vinayadhara.
지은(知恩) kataññutā.
지의자(知義者) atthaññū.
지인(知人) sandiṭṭha.
지일체처(地一切處) paṭhavīkasiṇa.
지자(智者) paṇḍita. viddasu. viññū. °ñū. °ññū.
지자(知者) vedin. vidvan.
지장(支障) nissitatta.
지장관(知藏官) herañňaka. herañňika.
지장자(持藏者) piṭakadhara.
지쟁(止諍) adhikaraṇasamatha.
지저(地底) pātāla.
지저귀 vicittadukūla.
지저귀는 abhigajjin.
지저귀다 abhigajjati. abhikūjati. nikūjati. rapati. uppaḷāseti. vikūjati.
지저귐 abhigajjana. abhikūjana.
지저귐으로 가득 찬 abhiruda.
지적(指摘) ādesa. ādesanā. apadisana. dassana. upadisana.
지적된 anuddiṭṭha. paññatta. upadiṭṭha.
지적이 없이 asaṅketena.
지적이지 못한 amati. aviddasu.
지적인 sacittaka.
지적인 능력 ñatta.
지적하는 saṁsūcaka.
지적하다 abhiniddisati. ācikkhati. ādisati. anuddisati. anudisati. avadisati. deseti. lakkheti. paccupadissati. saṁsati. saṁsuceti. uddisati. upadisati.
지절(肢節) pasākha. pasākhā.
지점(地點) āyatana. ṭhāna. bhūbhāga. padesa.
지정(指定) niyoga. saṅketa. uddesana.
지정되지 않은 appaññatta. avikappita.
지정되지 않음 appaññatti. avikappanā.
지정된 niddiṭṭha.
지정된 것을 모르는 appakataññu. appakataññū.
지정된 특별한 음식 uddesabhatta.
지정자(指定者) saṁvissajjetar.
지정하는 uddesaka.
지정하다 sanniyojeti. viniddisati.
지제(支提)[국명] Ceti. Cetiya. Ceta.
지제공양(支提供養) cetiyapūjā.
지제수(支提樹)[식물] cetiya.
지제예배(支提禮拜) cetiyavandana.
지족(知足) santuṭṭhi.
지족론(知足論) santuṭṭhikathā.
지족을 아는 것 santuṭṭhitā.
지주(支柱) apassaya. olambaka. thūṇa.
지주(地主) kuṭimbika. kuṭumbika. kuṭumbiya. pathabya.
지주(蜘蛛) makkaṭaka. uṇṇanābhi. uṇṇānābhi.
지주(止住) patiṭṭhita.
지주(止住)하다 acchati. patiṭṭhahati. patiṭṭhāti. paṭivasati.
지주선교(止住善巧) ṭhitikusala.
지주자(持呪者) mantadhara.
지중자(知衆者) parisaññū.
지지(支持) ādhāra. ādhāraṇa. olambana. ālamba. ālambana. ārambha. avassaya. nissaya. paccaya. parāyaṇa. parāyana. patiṭṭhā. patiṭṭhāna. thūṇa. upatthambha. vitthambhana. upanissaya. upatthambhaka
지지가 없는 appaccaya.
지지가 없음 aposana.
지지되어야 할 bhacca.
지지된 upadhārita. upatthaddha. bhata. patiṭṭhita.
지지를 받다 patiṭṭhahati. patiṭṭhāti.
지지를 받지 못하는 nirālamba.
지지물(支持物) apassaya. paṭipādaka.
지지받는 assita. parāyin. upatthambhita. upadhārita. upatthaddha. bhata. patiṭṭhita.
지지받지 못하는 anālamba.
지지받지 않는 aparāyin.
지지산(地持山) nemindhara.
지지성(支持性) vitthambhanabhāva.
지지업(支持業) upatthambhakakamma.
지지의 목적 olambanattha.
지지의 범주 upanissayagocara.
지지자가 떨어져나간 ucchinnapakkha.
지지하는 ādhārabhūta. paggahita. upatthambhaka.
지지하는 사실 ādhārabhāva. ādhāraṇatā.
지지하는 조건 ādhārabhāva.

지지하다 ādhāreti. olambati. avalambati. upadhāreti. upadhārayati. dharati. khambheti. khambhayati. paggaṇhāti. paṭipādeti. patiṭṭhāpeti. sandhāreti. upakaroti. upatthambheti. vitthambheti.
지진(至眞) arahant.
지진(地震) bhūmikampa. bhūmicāla. kampa. kampita. paṭhavīkampa. paṭhavīkampana.
지진계(地震計) bhūmicālasūcakayanta.
지진의 원인 kampakāraṇa. kampitakāraṇa.
지진이 일어나 장소 kampitaṭṭhāna.
지진학(地震學) bhūmicālavibhāga.
지참(持參) abhihāra.
지참금(持參金) itthidhana. ajjhāvahanika.
지처(智處) paññâdhiṭṭhāna.
지체(遲滯) osakkanā. papañca. vilambana.
지체되지 않는 akālika.
지체없는 anantara.
지체없이 avilambitaṁ.
지체없이 과보를 받는 행위 anantarakakamma.
지체없이 빠른 것 akkhaṇa.
지체없이 영향을 주는 anantaraka.
지체하다 vilambati.
지축산(持軸山) īsādhara.
지출(支出) paribbaya. paribbayadāna. pariccāga. vayakaraṇa.
지치는 일이 없는 akilāsu.
지치다 nitammati. parikilamati.
지친 abhikkanta. kheda. kilanta. kilāsu. osanna. parissanta. santa. uttanta.
지칠 줄 모르는 anibbindiyakārin.
지침(指針) parissama.
지침서(指針書) avatāra. saṅgaha.
지침을 받은 학생 uddesantevāsika.
지칭(指稱) apadesa.
지켜보다 samudikkhati.
지켜져야 할 규칙 garudhamma.
지켜져야 할 의무 kattabbavatta.
지켜지다 pallati. pallate.
지켜진 gopita. gutta.
지켜질 필요가 없는 arakkhiya.
지키는 parihārika. parihārin. rakkha. rakkhaka. rakkhanaka. ṭhāpaka.
지키다 abhipālayati. anurakkhati. apadhāreti. apabodhati. appabodhati. avatiṭṭhati. gopeti. jaggati. pacarati. pāleti. paripāleti. parirakkhati. pāti. rakkhati. sampāleti. saṁrakkhati. saṅgopeti.
지키지 않는 anārakkha.
지타산(枳陀山)[지명] Kiṭāgiri.
지탱(支撑) bharaṇa. parivattana.
지탱된 paratthaddha. upadhārita.
지탱하는 bhara.
지탱하는 것 bharatā.
지탱하는 업 upatthambhakakamma.
지탱하다 anudhāreti. upadhāreti. upadhārayati. vibharati.
지탱할 수 없는 avisayha.
지탱할 수 없음 avisahana.
지통달(遲通達) dandhâbhiññā.
지퇴전(智退轉) ñāṇavivaṭṭa.
지팡이 daṇḍa. ghaṭikā. kaṭṭha. khaṇḍikā. laṭṭhi. olambaka. vetta. yaṭṭhi.
지팡이가 없는 adaṇḍa.
지팡이둘레의 끈 daṇḍasikkā.
지팡이로 걸어 다니는 vettācāra.
지팡이를 버린 nihitadaṇḍa.
지팡이를 집어 듦 daṇḍādāna.
지팡이를 휴대하는 daṇḍapāṇin.
지팡이에 매달은 끈 daṇḍavikkā.
지팡이에 의지한 daṇḍaparāyaṇa.
지편(地遍) paṭhavīkasiṇa.
지편만신변(智遍滿神變) ñāṇavipphāriddhi.
지편지(知遍知) ñātapariññā.
지편처(地遍處) paṭhavīkasiṇa.
지표면(地表面) bhūmitala.
지푸라기 palāla.
지푸라기를 잡는 padullagāhin.
지푸라기의 다발 palālapiṇḍa.
지하도(地下道) ummagga.
지하통로(地下通路) suruṅgā.
지해(知解) vedalla.
지해론(知解論) vedallakathā.
지해심(知解心) aññāvimo(k)kha.
지해탈(智解脫) aññāvimo(k)kha.
지행(智行) ñāṇacariyā.
지행자(智行者) ñāṇacarita.
지향(志向) adhimucca. adhimuccana. abhinīharaṇa. adhimana. adhimutta. abhinīhāra.
지향된 abhiniviṭṭha. abhippeta. adhimuccita.
지향성(志向性) ajjhāsayatā.
지향하는 adhimana. adhimanasa. adhimānasa. uddesika.
지향하다 adhimuccati. paṇidahati.
지형학(地形學) mahābhūtavaṇṇanā. bhūvaṇṇanā.
지혜(智慧) āloka. aññāṇa. avabodha. bhūrī. bodha. buddhatā. buddhatta. buddhi. dhi. jānana.

mantā. mati. medhā. mona. ñāṇa. paññā. paññāṇa. paññatta. pariṇāyikā. veda. yoni. paññā.
지혜가 깊은 자 gambhīrapañña.
지혜가 많은 (사람) pahūtapañña.
지혜가 박약한 appaṭibalapañña.
지혜가 부여된 ñāṇûpapanna.
지혜가 없는 amati. nippañña. akissava(?). appadassa. appapañña. apparasa.
지혜가 없는 것 duppañña.
지혜가 풍부한 paññābāhulla.
지혜도(智慧道) monapatha.
지혜로운 aññaṇaka. buddhisampanna. bujjhanaka. cakkhumant. ñāṇabhūta. ñāṇika. ñāṇin. pañña. paññavant. paññāvant. medhasa. sapañña. sappañña. varapañña. vijja. vidū.
지혜로운 벗 ñāṇabandhu.
지혜로운 여인 paññavatī. paññāvatī.
지혜로움 medhāvitā. paṇḍicca.
지혜로움 paññatā.
지혜롭지 못한 apañña. appañña. apaññaka. appaññaka. avedagū.
지혜를 갖추는 것 paññavā.
지혜를 사라지게 하는 paññānirodhika.
지혜를 실천하는 ñāṇacarita.
지혜를 주는 paññādada.
지혜생주(智慧生註)[서명] Ñāṇodaya.
지혜에 능통한 mantapāraga.
지혜에 대한 대화 paññākathā.
지혜에 대한 이야기 ñāṇavāda.
지혜에 도달한 vijjāgata.
지혜에 도움이 되는 vijjābhāgin. vijjābhāgiya.
지혜에 의한 해탈 ñāṇavimokkha. paññāvimutti.
지혜에 의해 해탈된 paññāvimutta.
지혜에 의해 해탈한 님 paññāvimutta.
지혜에 의해서 paññāya.
지혜와 계행 paññāsīla.
지혜와 무관한 ñāṇavippayutta.
지혜와 실천 vijjācaraṇa.
지혜와 실천을 갖춘 sampannavijjācaraṇa. vijjācaraṇasampanna.
지혜의 paññāya.
지혜의 갖춤 paññāsampadā.
지혜의 결여 때문에 aññāṇapakata.
지혜의 계발 paññābhāvanā.
지혜의 광대함 paññāvepulla.
지혜의 궁극에 도달한 vedantagū.
지혜의 궁전 paññāpāsāda.
지혜의 그물 ñāṇajāla.
지혜의 근거 paññābhūmi.
지혜의 기반 paññādhiṭṭhāna.
지혜의 길 monapatha. ñāṇapatha.
지혜의 눈 ñāṇacakkhu. paññācakkhu.
지혜의 눈을 뜬 자 ummīlitapaññācakkhuka.
지혜의 능력 cakkhu. ñāṇindriya. paññindriya.
지혜의 다발 paññakkhandha.
지혜의 단계 paññābhūmi.
지혜의 동기 paññâdhipateyya.
지혜의 무기 paññāvudha.
지혜의 보석 paññāratana.
지혜의 빛 paññābhā.
지혜의 빛남 paññobhāsa.
지혜의 상실 paññāparihāni.
지혜의 성숙 paññāvuddhi.
지혜의 성취 paññāsampatti.
지혜의 수습 paññābhāvanā.
지혜의 실천 buddhicariyā. buddhicariyā.
지혜의 실천자 paññācarita.
지혜의 여신[신계] Sarassatī. Sarasvatī.
지혜의 완성자 vedantagū.
지혜의 요새 paññāpāsāda.
지혜의 위력 paññāteja.
지혜의 작용 ñāṇindriya.
지혜의 재물 paññādhana.
지혜의 지배적인 영향 paññâdhipateyya.
지혜의 청정 paññāvisuddhi.
지혜의 체험 ñāṇaphusanā.
지혜의 충분한 계발 paññāvepulla.
지혜의 칼 ñāṇâsi. ñāṇakkhagga. paññāsattha.
지혜의 퍼져나가는 불가사의한 힘 ñāṇavipphāriddhi.
지혜의 퍼져나감 ālokapharaṇa.
지혜의 향기 paññāgandha.
지혜의 획득 ñāṇaphusanā. paññāpaṭilābha.
지혜의 힘 paññābala.
지화술(指話術) hatthamuddā.
지휘(指揮)하다 vosāsati.
직경(直徑) vidatthi. vikkhambha. cakkamajjharekhā.
직계(直系) ujuvaṁsa.
직계자손(直系子孫) ujuvaṁsa.
직공(織工) tantavāya. pesakāra.
직공의 딸 pesakāradhītar.
직관(直觀) cakkhu. vipassanā.
직관하다 paṭivijjhati. vipassati.
직기(織技) pesakārasippa.
직류전기(直流電氣) rasāyanikavijjubala.
직립(直立)하다 usseti.
직립의 ujuṭṭhita. anonata.

직립의 단계 ujugatabhūmi.
직립한 ubbhaṭṭhaka.
직면(直面) sammukhatā.
직면하다 padahati.
직면하여 paṭimukha.
직면한 parimukha. paṭimukha. sammukhabhūta.
직물(織物) saṅghāṭa. tantāvuta. suttajāla. vāyāpita. vāyita.
직물덮개 paṭalikā.
직사(織師) pesakāra.
직수(直竪) āyāma.
직업(職業) ācariyaka. ācariyakamma. ājīva. ājīvamukha. ājīvavutti. avacaraṇa. kamma. kammanta. kiraṇa. jīvanopāya. payoga. sippakamma. vohāra. vyohāra. vyāpāra
직업의 분야 kammaṭṭhāna. kammâyatana.
직업의 스승 ācariya.
직업적인 씨름꾼 mallayuddhaka.
직업적인 역사(力士) mallayuddhaka.
직업적인 역사(力士) mallayuddhaka.
직업적인 일 kammakaraṇa.
직역자(直譯者) saddānuyāyin.
직역하다 padânusārena vyākhyāti.
직유(直喩) upamā.
직인(職人) sippavant. sippika. sippiya.
직접 볼 가능성 sacchibhabbatā.
직접목적어(直接目的語)[문법] kammabhāva. kathitakamma. kamma. kammaniddesa.
직접목적어등의 격어미와 관계없는 kammâdisaṁsaggarahita.
직접목적어등의 격어미와 연결된 kammâdisaṁsaṭṭha.
직접목적어로 사용되는 구격[문법] kammakaraṇa.
직접목적어를 구현의 수단으로 삼는[문법] kammasādhana.
직접목적어를 지닌 kammaka.
직접목적어에 종속된 단어 kammûpapada.
직접목적어와 관계된 kammâpekkha.
직접목적어와 관계없는 kammanirapekkha.
직접적으로 anantaraṁ. samanantarā.
직접적으로 영향을 받는 anantara. anantaraka.
직접적으로 인접한 āsannânantara.
직접적으로 해탈된 anantarāvimokkha.
직접적인 anantara. ānantarika. ānantariya. samanantara.
직접적인 고귀한 길 ariyañjasa.
직접적인 접촉에 의해 자격이 부여되는 opasilesika.
직접적인 해탈 anantaravimokkha.
직제자(直弟子) sakkhisāvaka.
직조(織造) kantana. kantanā. vayana. ganthana.
직조공(織造工) suttakāra.
직조공의 거리 pesakāravīthi.
직조기(織造機) tanta. tantabhaṇḍa. tantaka.
직조되다 upavīyati. vīyati. viyyati.
직조되어야 할 vetabba.
직조된 kanta. kantita. upavīta. vīta.
직조실(織造室) pesakārasālā. tantavāya.
직조장치(織造藏置) tantabhaṇḍa.
직조하다 kantati. veti.
직포(織布) paṭalikā.
직해(直解) saddānugamana.
직해(直解)의 saddānugata.
직후(直後)에 anantaraṁ. agge.
직후(直後)의 paṭhama.
진개(塵芥) reṇu.
진격(進擊) niyyāna.
진격된 abbhuyyāta.
진격하다 abbhuyyāti.
진결(瞋結) paṭighasaṁyojana.
진구(塵垢) paṁsu. rajojalla. rajovajalla. raja. rajas. rajo.
진구(塵垢)가 있는 rajakkha.
진구(塵垢)의 상태 rajakkhatā.
진구(塵垢)의 제거 rajupavāhana. rajohara(ṇa).
진구(塵垢)의 증가 rajavaḍḍhana.
진구렁 jambali. jambāli.
진구세척자(塵垢洗滌者) paṁsudhovaka.
진균학(眞菌學) ahicchattakavijjā.
진근(瞋根) dosamūla.
진기약(陳糞藥) pūtimutta.
진노(震怒) balavakopa. rosa. rosanā. appaccaya.
진노하다 parikuppati.
진노한 parikupita. rosaka. saṅkupita.
진니(塵泥) rajojalla. rajovajalla.
진단(診斷) rogaviññāṇa. roganirūpana.
진단메세지 rogalakkhaṇa. roganicchayakara.
진단하다 niṇṇeti.
진단학(診斷學) cittabhāvapākaṭīkaraṇa.
진도(塵道) rajāpatha.
진동(振動) cāla. calana. kampana. kampita. kampiya. pacala. phandanā. phandita. phanditatta.
진동시키는 pakopana.
진동시키다 ākampayati. ākampeti. pavyatheti. pakampeti. phoṭeti. sampakampeti. sañcalati.
진동시킴 kampakaraṇa.

진동을 지닌 vipphāravant.
진동의 이유 kampanakāraṇa.
진동의 형태 kampitâkāra.
진동이 없음 aparipphanda.
진동하는 cala. calana. phandita. pharaṇaka.
진동하다 ākampati. calati. kampati. pakampati. pariphandati. phandati. sampakampati. saṅkampati. ubbehati. vedhati. vipphurati. vyadhati.
진동하지 않는 aphandana.
진두가수(鎭頭街樹)[식물] tindu. tinduka.
진로(進路) rīti.
진리(眞理) avisaṁvāda. bhūta. dhamma. ñāya. sabhāva. sacca. saccikaṭṭha. taccha. tatha.
진리가 아닌 것 anata.
진리가 아닌 것을 말하는 anatabhasana.
진리를 닦는 마음 maggacitta.
진리를 담은 구절 dhammapada.
진리를 담은 연시(聯詩) dhammapada.
진리를 독단적으로 주장하는 경향 saccâbhivesa.
진리를 두루 추구함 dhammapariyeyesanā.
진리를 따르는 atthânusārin. atthânusārin. dhammasārin.
진리를 말하는 vuttavādin.
진리를 모르면서 안다고 사칭하는 것 dhammapaṭirūpaka.
진리를 보지 못한 adiṭṭhasacca.
진리를 설하는 것을 들음 dhammasavana.
진리를 수호하는 dhammaggutta.
진리를 아는 사람 dhammagu. dhammaññu.
진리를 알지 못함 avijjā.
진리를 왜곡하는 도그마에 집착하는 itisaccaparāmāsa.
진리를 의지처로 하는 것 dhammasaraṇa.
진리를 인식하게 하다 bodheti.
진리를 잘 가르치는 장로 dhammathera.
진리에 관한 유익한 선물 dhammappatti.
진리에 대한 분석적 통찰의 지식 dhammapatisambhidā.
진리에 대한 앎 saccañāṇa.
진리에 대한 이야기 saccakathā.
진리에 대한 전통에 의존하는 anussavasacca.
진리에 대한 지식 dhammadhāraṇa.
진리에 대한 토론 dhammakkhāna.
진리에 도달함 dhammapariyatti.
진리에 따라 yathātathā. yathātathaṁ.
진리에 따라 비난 받는 사람 dhammacuditaka.
진리에 따르는 화합 dhammikasāmaggī.
진리에 맞는 이야기 dhammikavāda.
진리에 의해 수호되는 dhammaggutta.
진리에 의해 획득된 dhammaladdha.
진리에 이르는 길 saccagāmimagga.
진리에 입각한 dhammaṭṭha.
진리에서 생긴 dhammaja.
진리에의 길 dhammamagga.
진리와 비진리 dhammâdhamma.
진리와의 일치성 dhammatā.
진리의 감로수(甘露水) dhammâmata.
진리의 거울 dhammādāsa.
진리의 교사 dhammânussāsaka.
진리의 귀 dhammasota.
진리의 기쁨 dhammanandi. dhammapīti.
진리의 깃발 dhammadhaja. dhammaketu.
진리의 꿰뚫음 saccâbhisamaya. saccapaṭivedha.
진리의 눈 dhammacakkhu.
진리의 다양성 dhammanānatta.
진리의 대면 dhammasammukhatā.
진리의 도둑 dhammatthenaka.
진리의 등불 dhammapajjota.
진리의 뛰어남 dhammasudhammatā.
진리의 몸 bhūtakāya. dhammakāya. dhammatanu.
진리의 발견자 paññāpetar.
진리의 보물 dhammaratana.
진리의 보호 saccânurakkhaṇa.
진리의 보호자 dhammapāla.
진리의 본질 dhammabhūta.
진리의 북 dhammabheri.
진리의 분별 dhammavaratthāna. dhammavinicchaya. saccavibhaṅga.
진리의 불가사의한 교육적 효과 dhammiddhi.
진리의 비구름 dhammamegha.
진리의 성곽 dhammanagara.
진리의 소라고동 dhammasaṅkha.
진리의 수레바퀴 dhammacakka.
진리의 수레바퀴를 굴림 dhammacakkapavattana.
진리의 수용 dhammasambhoga. dhammasamādāna.
진리의 시설(施設) saccapaññatti.
진리의 심오함 dhammagambhīratā.
진리의 싸움 dhammayuddha.
진리의 약 dhammâgada.
진리의 영속성 dhammaṭṭhitatā.
진리의 영속에 대한 지혜 dhammaṭṭhitiñāna.
진리의 완성 saccapāramī. saccapāramitā.
진리의 왜곡 saccālika.
진리의 위력 dhammatejo.

진리의 음미 dhammasamannesanā.
진리의 이해 dhammâbhisamaya. saccâbhisamaya.
진리의 재물 dhammadhana.
진리의 전파 dhammasaṁvibhāga.
진리의 정수 dhammojā.
진리의 조어자 dhammasārathi.
진리의 주인[부처님] dhammassāmin.
진리의 지배적인 영향 dhammâdhipateyya.
진리의 차제 saccânuloma.
진리의 차제에 대한 앎 saccânulomañāṇa.
진리의 통찰 dhammadassana.
진리의 퇴전 saccavivaṭṭa.
진리의 풍부함 dhammavepulla.
진리의 해석 saccaniddesa.
진리의 핵심 dhammasāra.
진리의 행자 dhammānusārin.
진리의 확립 dhammavaratthāna.
진리의 횃불 dhammokkā. dhammûkkā.
진리의 획득 dhammappatti. saccânupatti.
진리의 힘 dhammatejo.
진멸(盡滅) pariyādāna.
진미(珍味) uttaribhaṅga.
진보(進步) abbhuddaya. abbhuṭṭāna. kamana. vikkamana.
진보가 불가능한 abhabbâgamana.
진보의 힘 kamanasatti.
진보하다 payātipayāti. sampayāti.
진보한 sampayāta.
진복(鎭伏) vikkhambhana.
진복공(鎭伏空) vikkhambhanasuñña.
진복리(鎭伏離) vikkhambhanaviveka.
진복사단(鎭伏捨斷) vikkhambhanapahāna.
진복원리(鎭伏遠離) vikkhambhanaviveko.
진복해탈(鎭伏解脫) vikkhambhanavimutti.
진부(陳腐)한 lāmaka.
진부루천(珍浮樓天)[신계] Timbaru.
진불선근(瞋不善根) dosâkusalamūla.
진사유(瞋思惟) vyāpādasaṅkappa.
진수(眞髓) saṅkhepa. sāra.
진수를 획득하는 sāra.
진술(陳述) ākhyā. ākhyāna. utti. vyañjana.
진술되다 kathīyati.
진술된 kathita.
진술된 것 kathitatā.
진술된 형태 kathitâkāra.
진술의 거짓 kathādosa.
진술의 논리적 귀결 kathânusandhi.
진술하게 하다 parisaṅgāhāpeti.
진술하다 ākhyāti. katheti.
진신계(瞋身繫) byāpādakāyagantha.
진실(眞實) advejjhatā. avitathatā. bhūta. sacca. sāra. suddhi. tathiya.
진실된 말 saccavācā. saccavāda.
진실성(眞實性) apaṇṇakatā. saccavāditā.
진실어(眞實語) saccabhāsita. saccagira. saccavācā. saccavāda.
진실에 대한 진술 bhūtavacana.
진실을 말하는 avisaṁvādin. avitathavādin. pupphabhāṇin. bhūtavādin. saccavādin.
진실을 말함 tathavacana.
진실을 향한 노력 tathaparakkama.
진실의 saccanikkhama. yathāva(ka).
진실의 기반 saccādhiṭṭhāna.
진실의 말 saccabhāsita.
진실의 약속 saccapaṭiññā.
진실의(眞實義) saccikaṭṭha.
진실이 아닌 asa. asacca. ataccha. atatha. avijjamāna.
진실이 아님 ayathābhāva.
진실인 것 yathatta.
진실하게 anaññathā. yathāvato.
진실하지 않은 abhūta. asanta.
진실한 apaṇṇaka. saccika. tatha. tathiya. yathātaccha.
진실한 성품 bhūtabhāva.
진심(瞋心) dosacitta.
진심(眞心)으로 원하다 ajjhesati.
진심(瞋心)의 dosantara.
진심으로 원해진 ajjhiṭṭha.
진안(津岸) tittha.
진압(鎭壓) nighāta.
진압될 수 있는 upasādhiya.
진압하다 pasahati.
진애(塵埃) saṅkāra.
진언(眞言) manta.
진언에 정통한 사람 mantabhandhava.
진언을 암송하는 mantadhara.
진언의 암송자 mantabhāṇin.
진에(瞋恚) dosa. rosanā. byāpāda. byāpāda. kodha. kopa. rosa. vyāpāda. vyāpādadosa.
진에(瞋恚)가 없는 niddosa.
진에(瞋恚)가 있는 vyāpādavant.
진에(瞋恚)를 품은 viyāpanna.
진에(瞋恚)의 rosaka.
진에개(瞋恚蓋) byāpādanīvaraṇa. vyāpādanīvaraṇa.
진에계(瞋恚界) vyāpādadhātu. byāpādadhātu.

진에사(瞋恚思) vyāpādasaṅkappa. byāpādasaṅkappa.
진에상(瞋恚相) paṭighanimitta.
진에상(瞋恚想) vyāpādasaññā. byāpādasaññā.
진에상응(瞋恚相應) paṭighasampayutta.
진에수면(瞋恚睡眠) paṭighânusaya.
진에신계(瞋恚身繫) vyāpādakāyagantha. byāpādakāyagantha.
진에심(瞋恚尋) byāpādavitakka. vyāpādavitakka.
진에심(瞋恚心) vyāpannacitta. byāpannacitta.
진에조복(瞋恚調伏) dosavinaya.
진여(眞如) tatha. tathatā. tathatta.
진열(陳列) vyūha.
진요(瞋搖) dosanigha.
진유(眞鍮) ārakūṭa.
진인(眞人) arahant. tathāgata.
진인(瞋因) dosahetu.
진입(進入)하다 anupavisati. pavisati.
진입한 uviṭṭa.
진입했다는 사실 anupaviṭṭhatā.
진재(瞋栽) dosakhila.
진전(瞋箭) dosasalla.
진정(鎭靜) paṭippassaddhi. paṭipassaddhi. paṭippassambhanā. paṭippassambhitatta. santhana. upasama. upasamana. upasamāna. vikkhambhana. vūpasama.
진정되다 ekodibhavati. samādhīyati. sambhati. upasamati. upasammati. vūpasammati.
진정된 nijjhatta. passaddha. paṭippassaddha. samita. vūpasanta.
진정된 상태 samitatta.
진정시키는 사람 anunetar.
진정시키다 abhisammati. anuneti. saññāpeti. upasāmayati. upasameti. vūpasāmeti.
진정으로 현명한 ekantapaṇḍita.
진정제(鎭靜劑) niddājanakosadha.
진정한 본질에 따라 yathāvato.
진제(眞諦) paramatthasacca.
진제의 완성 paramatthapāramī.
진주(珍珠) muttā.
진주그물 muttājāla.
진주모(珍珠母) saṅkhathāla. saṅkhapatta. saṅkhamutta. saṅkhasilā.
진주목걸이 muttāhāra. muttāsikkā. muttāvali.
진주빛 saṅkhavaṇṇa.
진주상인 muttika.
진주조개 sippikā. sippī.
진주층(眞珠層) saṅkhathāla. saṅkhapatta. saṅkhamutta. saṅkhasilā.
진주패(珍珠貝) saṅkhathāla. saṅkhapatta. saṅkhamutta. saṅkhasilā.
진주행상(眞珠行商) muttika.
진주화만(眞珠華鬘) muttādāma.
진지(陣地) khandhāvāra. uddāpa.
진지(盡智) khayañāṇa.
진지(眞摯)하게 행하다 bahulīkaroti.
진지(眞摯)한 advejjha.
진지한 맹세 saccakiriyā. saccavacana.
진지한 선언 saccakiriyā. saccavacana.
진지한 이야기 advejjhakathā.
진지함 appamāda.
진짜 비구니(比丘尼)가 아닌 여자 asakyadhītā.
진짜가 아닌 asat.
진착(瞋着) dosasaṅga.
진창 cikkhalla. kaddama. palipa. sapaṅkasobbha.
진창에 빠지지 않고 뒹굴지도 않은 apalipapalipanna.
진창에 빠진 kaddamapaviṭṭha.
진창으로 가득 찬 해자(垓字) kaddamaparikhā.
진창의 kaddamin.
진태고(陳太鼓) paṭaha.
진토(塵土)의 사택(舍宅) paṁsu.
진퇴의(塵堆衣) paṁsuka. paṁsukūla.
진한[密] āḷāra.
진해(瞋害) vyāpatti.
진행(進行) gati. nipphajjana. pariyāya. pavatti. pavattinī. ussāraṇa. ussāraṇā. vattamāna.
진행된 abbhuyyāta. pavattita. payāta.
진행시키다 pavatteti.
진행자(進行者) pavattetar.
진행중인 pavatta.
진행하는 vattamānaka.
진행하는 사람 pavattayitar.
진행하다 pavattati. sampayāti. abbhuyyāti.
진행한 sampayāta.
진형수약(盡形壽藥) yāvāyuka.
진홍(眞紅)의 suratta. mañjeṭṭha. mañjeṭṭhaka. mañjiṭṭha.
진화(瞋火) dosaggi.
진화(進化) saṁvaṭṭa. saṁvattana.
진화하다 saṁvaṭṭati.
진흙 āloḷī. cikkhalla. jambāla. kaddama. kalala. kalalakaddama. māla. mattikā. paṁsu. paṅka.
진흙과 먼지로 뒤덮인 kaddamapaṁsumissaka.
진흙과 수초가 없다는 사실 kaddamasevālavirahitatta.

진흙과 쓰레기 kalalakaddamarajojalla.
진흙과 진창 kaddamakalala. kalalakaddama.
진흙구덩이 kalalagahaṇa. sapaṅkasobbha.
진흙귀신 paṁsupisācaka.
진흙냄새가 나는 kaddamagandhika.
진흙바르기 kalalalepa.
진흙반죽 kalalalepa.
진흙색깔의 kaddama.
진흙샤워 kalalavassa.
진흙속의 백련(白蓮)의 씨앗(?) kaddamakumudabīja.
진흙속의 섬유 mattikavāka.
진흙속의 수피(樹皮) mattikavāka.
진흙에 빠진 kalalagata.
진흙에 씨뿌리기 kalalavappa.
진흙에 오염된 kaddamâluḷita.
진흙에서 떠난 apetakaddama.
진흙으로 가득 찬 kaddamabahula. kalalapuṇṇa.
진흙으로 더러워진 kalalamakkhita.
진흙으로 변한 kalalīkata.
진흙으로 얼룩진 kaddamamakkhita.
진흙으로 오염되어 있기 때문에 kaddamalimpanâkārena.
진흙으로 오염된 kalalamissaka.
진흙의 cikkhallavant. jambālin.
진흙의 내부 kaddamantara.
진흙의 두터운 층 kaddamagahana.
진흙의 표면 kalalapiṭṭha.
진흙이 묻고 오염된 kaddamamissa.
진흙이 묻은 kaddamabhūta. sapaṅka.
진흙이 없음 kaddamâbhava.
진흙이나 쓰레기가 없는 사실 kaddamâvilatā.
진흙탕 palipa. udakacikkhalla.
진흙탕물 kaddamôdaka.
진흙탕에 떨어져 버린 palipapalipanna.
진흙투성이의 kalalamatta. cikkhallavant. kaddamin. kalalabhūta. kalalakata. kalalībhūta. kalusa.
질(質) guṇa. sabhāva. pakati. ṭhāna. vaṇṇa.
질곡(桎梏) bandhana.
질구(疾驅) rava.
질그릇 조각이 없는 appakaṭhala.
질그릇 깨진 조각 kaṭhala. kaṭhalā. kathala. kathalā. vaḍḍhana.
질그릇의 조각 kapālikā.
질다라상자(質多羅象子) cittahatthasāriputta.
질다사리불(質多私利弗) cittahatthasāriputta.
질문(質問) abhinayana. ādhāratā. pañha. pañhapucchā. paripucchā. pucchana.
질문되어질 수 없는 apuccha.
질문받은 anupuṭṭha.
질문순서 pañhavāra.
질문에 대답하게 하는 행위 kathāpana.
질문에 대답하는 방식 pañhavyākaraṇa.
질문에 대한 답변 pañhapaṭibhāna.
질문에서 빗나기 않은 atthânativatti.
질문을 다루는 방식 pañhavyākaraṇa.
질문을 받은 codita. pucchita. puṭṭha.
질문을 받지 않는 anāmantakata.
질문을 받지 않은 anānupuṭṭha.
질문을 제쳐두는 방식 pañhoṭhapanīyo.
질문을 제쳐두어야 질문 ṭhapaṇīyapañha.
질문을 판단하는 사람 pañhavīmaṁsaka.
질문의 기회 pañhavāra.
질문의 화살을 되돌려주어야 할 paṭipucchākaraṇīya.
질문의 화살을 되돌려주어야 할 질문 paṭipucchābyākaraṇīyapañha.
질문자(質問者) pucchaka. pucchitar.
질문하는 paripucchaka. pucchaka.
질문하는 자 āpucchaka.
질문하다 abhipucchati. anupucchati. anuyuñjati. paripañhati. paripucchati. pucchati.
질문하지 않는 aparipakkaparipucchā.
질병(疾病) ābādha. akallatā. āmaya. ātaṅka. aṭṭi. āturatā. īti. ītī. roga. vyādhi.
질병과 관련된 상실 rogavyasana.
질병분류학(疾病分類學) roganidānavijjā.
질병에 걸리지 않는 몸을 지닌 anupakkantadehavat.
질병에 대한 공포 vyādhibhaya.
질병에 대한 두려움 vyādhibhaya.
질병에 의한 쇠망 vyādhipārijuññā.
질병으로 얻은 āturapatta.
질병으로 이루어진 ābādhabhūta.
질병의 공포 rogabhaya.
질병의 둥지 roganiḍḍha.
질병의 불행 rogabyasana.
질병의 뿌리 rogamūla.
질병의 원인 rogamūla.
질병의 자리 roganiḍḍha.
질병이 없는 niroga.
질병이 없는 건강한 상태 ātaṅka.
질병이 있는 ābādhabhūta.
질병징후학(疾病徵候學) cittabhāvapākaṭīkaraṇa.
질서(秩序) ānuppubbī. paṭipāṭi.
질서에 맞게 anuvidhāya.

질서에 맞게 행동하는 anuvidhāna.
질서에 순응하는 paṭipāṭika.
질서에서 벗어난 apākaṭika.
질시(嫉視) issā. issāyanā. issāyitatta. niṭṭhuriya.
질시하다 issati.
질의응답을 통한 설명 niddesa.
질이 가장 좋은 maṇḍapeyya.
질이 나쁜 asagguṇa.
질적으로 일치된 anuguṇa.
질직(質直) ajjava.
질질 끌고 다니다 samparikaḍḍhati.
질책(叱責) anulapanā. anuvadanā. ativākya. codanā. garahā. nindā. nindana. tirokkāra. upārambha. upavāda.
질책당한 apasādita. upāraddha. cudita. cuditaka. nindita.
질책받은 → 질책당한.
질책이 없는 anujjhāna. anupakkuṭṭha.
질책하다 anusāsati. anuvadati. codeti. niggaṇhāti. paṭicodeti. vigarahati.
질투(嫉妬) gedhi. issā. issāyanā. issāyitatta. issukitā. macchariya. macchera. pihā. pihana. pihanā. usuyyā. usuyyanā. usuyyitatta. usūyā.
질투가 없음 anissāyana. anissā.
질투심에 사로잡힌 issāpakata.
질투심이 많은 issāluka. issâvatiṇṇa. issita.
질투에 지배당한 issâbhibhūta.
질투와 자만 issāmāna.
질투의 결박 issāsaṁyojana.
질투의 분석 issāniddesa.
질투의 사실 issāyanā.
질투의 성품 issādhamma.
질투의 악귀 issāpisāca.
질투의 열기에 감염된 issājara.
질투의 오점(汚點) issāmala.
질투의 형태 issâkāra.
질투의 화신 issāpisāca.
질투하는 issāmanaka. issukin. usuyyaka. usūyaka.
질투하는 행동 issâcāra.
질투하다 issati. maccharāyati. upadussati. upanijjhāyati. usuyyati. usūyati.
질투하지 않는 anusuyyaka. vītamacchara.
질혜(疾慧)의 hāsapañña.
짐 bhāra. bhāraka. dhura.
짐꾼 bhāraka. bhārataka.
짐마차 sakaṭa. vaṭṭaka.
짐마차꾼 sākaṭika. senaka.
짐속에 포함 된 bhāraṭṭha.
짐수레 sakaṭa. vaṭṭaka.
짐승 miga. pasu. pasuka. tiracchāna. tiracchānagata.
짐승가죽 taca. taco.
짐승같은 sāhasika.
짐승소리를 들을 수 있는 영역 migacakka.
짐승의 가죽 cammakhaṇḍa.
짐승의 굴 ālaya.
짐승의 꼬리 laṅgula.
짐승의 똥 laṇḍa. laṇḍikā.
짐승의 모태에 든 tiracchānayoni.
짐승의 수컷 okacara.
짐승의 암컷 okacārikā.
짐승의 영역 migacakka.
짐승의 영역에 속하는 tiracchānayonika.
짐승의 왕 miginda.
짐승의 자궁 tiracchānayoni.
짐승이야기 tiracchānakathā.
짐으로 옮겨진 bhāraṭṭha.
짐을 꽉 잡음 dhurasampaggāha.
짐을 나르는 막대기 antarākāja. kāja.
짐을 나르는 사람 bhāravāhin. bhārahāra.
짐을 나르는 수행 dhorayhavata.
짐을 나르는 짐승 dhorayha. vāhana.
짐을 나를 때 어깨에 메는 막대기 kāca.
짐을 나를 수 있는 dhorayha.
짐을 내려놓은 pannabhāra.
짐을 내려놓은 사람[阿羅漢] ohitabhāra.
짐을 내려놓음 bhāramopotana. bhāranikkhepana.
짐을 내려놓지 않은 anikkhitta.
짐을 버림 bhāranikkhepana.
짐을 실은 bhārika. ubbhaṇḍa. ubbhaṇḍika. ubbhaṇḍita.
짐을 실은 가축 vāhakapasu.
짐을 옮김 dhuravahana.
짐을 지는 dhoreyya.
짐을 지는 것 bhārādāna.
짐을 지우다 upanayati. upaneti. upanayati.
짐을 풀다 otārayati. otāreti.
짐이 없는 vidhura.
짐이 지워지지 않은 abhārika.
짐이 지워지지 않은 상태 abhāriyatā.
짐작에 근거한 anītiha.
집 agāra. agga. ālaya. āvāsa. āvasatha. āvesana. geha. gehaṭṭhāna. ghara. mandira. niketa. nilaya. nivesa. nivesana. sadana. sādana. sālā. vāsa. vesma.

집(執) gāha.
집(集) samudaya.
집검(執劍) satthādāna.
집게 saṇḍāsa.
집게손가락 aggaṅgulī. tajjanī.
집견(執見) gāha.
집기(集起) samudaya.
집기하다 samudayati. samudeti.
집념(執念) abhisajjana.
집단(集團) guḷika. gumba. kalāpa. parivaṭṭa. piṇḍaka. piṇḍi. puñja. saṅkhepa. vāṭaka. vyūha.
집단별로 vaggabahena.
집단을 이루는 vaggabandhana.
집단의 piṇḍita. saṁyūḷha.
집단이 되다 saṁyūhati.
집단적인 포살(布薩) vagguposatha.
집도(執刀) satthādāna.
집도마뱀 gharagolikā.
집돼지 gharasūkara.
집들 사이로 들어가기 antaragharappavesana.
집뜰 gehaṅgaṇa.
집뱀 agārasappa.
집법(集法) samudayadhamma.
집불상응(執不相應) parāmasavippayutta.
집비둘기 gharakapoṭa.
집사(執事) tantibaddha. veyyāvaccakara.
집삼장자(執三杖者) tedaṇḍika.
집상응(執相應) parāmasasampayutta.
집성제(集聖諦) dukkhasamudayâriyasacca.
집심(執心) paṭibaddhacitta.
집심사(集心事) saṅgāhapada.
집안사람들 antajana.
집안에서 ajjhāvasathe.
집안에서 음식을 받는 자 antobhattika.
집안에서 입는 옷 āvasathacīvara.
집안에서 태어난 노예 antojāta.
집안을 불명예스럽게 만드는 자 kuladūsaka.
집안의 abbhantara. āma.
집안의 뜰 gharājira.
집안의 사람 antojana. antomānusaka.
집안의 신[장인이나 남편 등] antodevatā.
집앞의 공터 gehaṅgaṇa.
집앞의 장소 antaraghara. padvāra.
집앞의 지붕이 있는 테라스 paghaṇa.
집약적인 atigāḷha.
집어 들다 samuggacchati.
집어 올려진 ukkhitta.
집어 올리다 paggaheti. paggaṇhāti. udrabhati. uggaṇhāti. ullumpati.
집어 올린 samuggahīta.
집어 올림 parāmasana.
집없는 agaha. ageha. agiha. anagārin. anāgārika. aniketa. anivesana. nirālaya.
집없는 사람 anāgāra. anagārika. milāca. milakkha. aniketasārin.
집없는 삶 anagāra. anagāriya. anāthavāsa.
집없는 삶을 택한 anagāriyupeta.
집없는 삶의 필요성 anagārûpanissaya.
집없는 상태 anoka.
집없는 상태에서 사는 anokacārin.
집없는 자 → 집없는 사람.
집없음 anāgāra. aghara. anagāra. anoka.
집에 거주하는 niketavāsin.
집에 정착한 kataghārāvāsa.
집에서 ajjhāgāre.
집에서 사는 okacara. sāgāra.
집에서 태어난 amājāta. āmāya.
집오리 kāraṇā.
집으로 가져온 antogehagata.
집으로 둘러싸인 pariyāgāra.
집으로 들어가는 antogehappavesana.
집을 갖고 있는 agārika.
집을 구하는 자 gharamesin.
집을 나와서 살다 → 집을 떠나서 살다.
집을 떠나 수행생활에 드는 것 pabbajana.
집을 떠나 있음 pavāsa.
집을 떠나가다 ubbisati.
집을 떠나다 pabbajati. uyyuñjati.
집을 떠나서 사는 pavāsin. pavuttha.
집을 떠나서 살다 pavasati. ubbisati. vivasati. vippavasati.
집을 떠난 pabbajita. vippavuttha.
집을 지니는 것의 장애 āvāsapalibodha.
집을 지키지 않는 자 apaca.
집을 찾는 ālayesin.
집의 갈라진 틈 gharasandhi.
집의 개방 apihitadvāratā.
집의 내부 antoghara.
집의 문 gehadvāra. gharadvāra.
집의 선 āvāsapāli.
집의 앞쪽 gharamukha.
집의 용마루 gahakūṭa.
집의 일 gharāvāsattha.
집의 입구 gharamukha.
집의[집과 관계된] āgāra. āgāraka. āgārika. āgāriya. āma.
집이 없는 → 집없는.
집이 없는 사람 → 집없는 사람.

집이 없음 → 집없음.
집이 있는 gihin.
집이라는 장애 āvāsikapalibodha.
집이법(執二法) parāmasaduka.
집장(執杖) daṇḍādāna.
집적(集積) ācaya. caya. cayana. saṅghāta. nicaya. pañja. paṭicaya. paṭiccaya. puñja. rāsi. samuccaya. samussaya. sañcaya. sañcinana. saṅgharaṇa. saṅkhepa. upacaya. velā. nisaṅkhiti.
집적되지 않은 anupacita.
집적된 anupacita. puñjakajāta. viyūḷha. puñjakata. puñjakita. puñjikata.
집적하다 sañcināti. sañcayati. saṅgharati.
집전하는 사제 iritvija.
집제(集諦) samudayasacca.
집주법(集籌法) salākāgāha.
집주심(集住心) saṅkhittacitta.
집주인 āvāsasāmika. dampati. gahapati. gahapati. gharamesin.
집주인[상민]의 가족 ibbhakula.
집주인의 gahapatika.
집중(集中) abhiropana. ādhāraṇa. adhimana. ekodi. ekodhi. ekodhibhāva. ekaggatā. samādhāna. samādahana. samādhi. samannāhāra. upacitatta. vyappanā. yoga.
집중과 성취에 능숙함 samādhisamāpattikusalatā.
집중되지 않은 asamāhita.
집중된 abhisaṅkhitta. appita. ekodi. ekodhi. ekodhibhūta. samāhita. saṅkhitta.
집중된 마음 adhicitta. samāhitacitta. saṅkhittacitta. ekaggacitta.
집중된 상태 ekaggatā.
집중우로 이끌지 않는 asamādhisaṁvattanika.
집중의 결여 satisammosa.
집중의 깨달음 고리 samādhisambojjhaṅga.
집중의 능력 samādhindriya. samādhindriya.
집중의 상태 ādhāraṇatā.
집중의 수행 samādhibhāvanā.
집중의 힘 samādhibala. samādhibala.
집중이 아님 asamādhi.
집중적인 atigāḷha.
집중하다 abhisaṅkhipati. abhisaññūhati. ādhāreti. adhiṭṭhahati. ādhiyati. anupekkhati. anusañceteti. okkhandati. samādahati. samannāharati. saṅkhipati. upacināti. upasaṁharati
집중하지 않음 asamannāhāra.
집지(執持) āsatti. gahaṇa. palibodha. paḷibodha. pariggaha. uggahaṇa.
집지(集智) samudayañāṇa.
집짓기 gahakāra.
집짓는 사람 gahakāra.
집착(執着) abhinivesa. abhisajjana. abhisaṅga. ādāna. ajjhosāna. ākāsa. ālaya. allīyana. āsaṅga. āsatti. gāha. keḷi. lagana. laggana. lepa. līyana. līyanā. mamāyita. nibandha. nivesa. nivesana. nivesanā. parāmasa. parāmāsa. pariggaha. pasaṅga. rāga. saṅga. saṅgayha. taṇhā. upādāna. upadhi. upādi. upādika. upādikā. upagamana. upanibandhana. upaya. vaḍḍhana. vinibandha. vinivesa. visaṭā. visatā. visaṭṭhi. visattikā. yoga.
집착과 관계되지 않는 parāmasavippayutta. upādānavippayutta.
집착과 관련된 parāmasasampayutta. upādānasampayutta.
집착과 상응하는 parāmasasampayutta. upādānasampayutta.
집착과 상응하지 않은 upādānavippayutta. parāmasavippayutta.
집착다발의 버림 upādinnakkhandhapariccāga.
집착되다 upanibajjhati. anupādeti.
집착되지 않는 asatta. anadhimucchita. anajjhosita. anāsatta. aparāmaṭṭha. appaṭibaddha. asaṁlitta. asaṅgita. asaṅgin.
집착된 abhiniviṭṭha. abhisattika. ādinna. ajjhosita. allīna. anulagga. anuratta. anvāsatta. byāsatta. parāmaṭṭha. paṭibaddha. ratta. sārāgin. sita. upādinna. upādiṇṇa. upalīna. upanibaddha. visatta. saññutta.
집착된 것과 집착될 수 있는 것 upādinnupādāniya.
집착된 것을 향한 경향 upādinnajjhāsaya.
집착된 견해 gāha.
집착된 마음 paṭibaddhacitta. rattacitta.
집착된 사물의 충격적인 결합 upādinnaghaṭṭana.
집착된 세계 upādinnadhātu.
집착될 수 있는 upādāniya.
집착론자(執着論者) nivissavādin.
집착심(執着心) sārattacitta.
집착에 기뻐하는 upādānasammudita.
집착에 대한 두려움 upādānabhaya.
집착에 대한 혐오 upādānaparijegucchā.
집착에 대해 두루 앎 upādānapariññā.
집착에 묶인 upādānasambandha.
집착에 뿌리를 둔 upādānamūlika.
집착에 사로잡혀 있는 byāsattamānasa.

집착에 의해 생겨난 upādānabhūta.
집착에 지배되기 쉬운 upādānavidheyya.
집착에서 결과하는 upādānagata.
집착에서 벗어남 upādānappamocana.
집착에서 생겨난 upādānasambhūta.
집착에서 오는 두려움 upādāparitassanā.
집착을 놓아버림 ādānapaṭinissaga.
집착을 만들어내는 upādānajanaka.
집착을 발판으로 하는 upādānapadaṭṭhāna.
집착을 버리는 okañjaha. okajaha.
집착을 보이는 saupādāna.
집착을 비롯한 upādānâdi.
집착을 인연으로 upādānanidāna.
집착을 조건으로 하는 upādānapaccaya.
집착을 즐기는 upādānârāma.
집착을 초월한 사람 saṅgâtiga.
집착을 통해서 대상을 가진 상태 upādānârammaṇatā.
집착의 upādāniya.
집착의 기둥 upanibandhanatthamba.
집착의 다발 upādānakkhandha.
집착의 대상 upadhi.
집착의 대상에 호감을 갖지 않는 anupādāniya.
집착의 대상이 없는 nirupadhi. nirūpadhi. nirupadhika.
집착의 두 가지 upādānaduka.
집착의 매듭 ādānagantha.
집착의 발생 upādānasamudaya.
집착의 분야 upādānagocchaka.
집착의 소멸 upādānakkhaya. upādānanirodha.
집착의 소멸에 대한 지향 upādānakkhayâdhimutta.
집착의 시설 upādānapaññatti.
집착의 오염단계 upādānakilesabhūmi.
집착의 요소 upādinnadhātu.
집착의 의미 upanibandhanaṭṭha.
집착의 잔여 upādānasesa.
집착의 잔여가 없는 anupādisesa.
집착의 조건이 제거된 upādānapaccayavirahita.
집착의 존재 ādānasatta.
집착의 증가 upādānasaṁvaḍḍhāna.
집착의 최상 upādānaseṭṭha.
집착이 심한 마음 sārattacitta.
집착이 없는 anupādāna. anupādiṇṇa. anūpaya. asaṅga. anivesana. oka. anādāna. anālaya. anupadhika. anupaya. nirālaya. viratta.
집착이 없는 마음을 지닌 asaṅgacitta.
집착이 없는 정신을 지닌 asaṅgamānasa.
집착이 없는 즐거움 nirūpadhisukha.
집착이 없음 asārāga. anūpaya.
집착이 없이 anupādā. anupādiyitvā.
집착이 있는 gathita. sakiñcana. sālaya. saupādāna. savupādāna. sopadhīka. saupadhika.
집착하게 하다 laketi.
집착하고 upādāya.
집착하는 abhisaṅgin. addha. āsaṅgin. āsatta. byāsatta. gāhin. līna. nirata. nissita. pagiddha. rata. saṁsatta. satta. upadhka.
집착하는 성품을 지닌 ādānasīla.
집착하는 자 upādātar.
집착하다 abhinivisati. abhisajjati. ajjholambati. ajjhosati. alliyati. allīyati. āmuñcati. anurañjati. lagati. laggati. līyati. palibujjhati. parāmasati. paṭivellati. rajati. rajjati. rañjati. sajjati. sambhajati. sārajjati. siniyhati. upādiyati. upanibandhati. upanisevati. usseneti.
집착하여 ajjhosāya. upādā.
집착하지 않고 anādā. anāditvā. anajjhosāya.
집착하지 않는 agathita. anupādiyaṁ. aparāmasat. asajjat. asaṅga. asita. avisajjamāna. nirāsattin. nissaṅga.
집착하지 않다 paṭilīyati.
집착하지 않은 alagga.
집착하지 않음 anajjhosāna.
집취(執取) ādāna. samuggahīta.
집취(執取)하는 parāmāsin.
집터 gharavatthu.
집합(集合) kāya. nikāya. parisā. samāhāra. samaya. samiti. saṁsad. saṅgha. saṅghāta. saṅghāṭa. sannipāta. sannipatana.
집합대수(集合帶數)[문법] samāhāradigu.
집합된 samita.
집합병(集合病) sannipātikābādha.
집합병렬복합어(集合竝列複合語) samāhāradvanda.
집합상위(集合相違) [문법] samāhāradvanda.
집합시키다 sannipāteti.
집합체(集合體) samūha. samussaya.
집합하다 nipatati. samāgacchati. samāyāti. sameti. samosarati. sannipatati.
집행(執行)하다 karoti. sādheti. sādhayati. sampādeti. nipphādeti. vadheti. ghāteti.
집행자(執行者) vadhaka. ghātaka.
집회(集會) melana. parisā. sabhā. samāgama. samaya. samiti. sañcaraṇa. saṅgaṇikā. saṅgata. saṅgati.
집회를 좋아하는 sabhāsīlin.
집회소(集會所) sannisajjā. santhāgāra. upaṭṭh-

ānasabhā. upaṭṭhānasālā. santhāna. saṇṭhāna.
집회에 가입한 parisaggata.
집회에 익숙한 sabhāsīlin.
집회의 외곽서클 parisapariyanta.
집회의 참가자 sāmājika.
집회장(集會場) sabhā. sañcaraṇa.
집회장으로 간 sabhāgata. sabhaggata.
집회처(集會處) parisā.
짓다 karoti. bhuṅkaroti.
짓밟기 maddana. sammaddana.
짓밟다 maddati. maddeti. omaddati. sammaddati.
짓이겨진 abhimaddita.
짓이기다 abhimaddati. abhinippīḷeti. omaddati. parimaddati. piṁsati. seyyati.
짓이긴 것[페이스트] khala. khali.
짓이김 abhimaddana.
징 tāḷa.
징계(懲戒)를 받는 upāraddha.
징벌(懲罰) kāraṇā.
징벌자(懲罰者) kāraṇika.
징상(徵狀) nimitta.
징후(徵候)가 없는 animitta.
짖는 bhukka. bhusita.
짖다 bhusati. bhuṅkaroti.
짖은 bhasita.
짙은 검은색 눈을 가진 abhinīlanetta.
짙은 검은색의 abhinīla.
짙음 bahalatta.
짙푸른 색의 아마 꽃 ummāpuppha.
짚 palāla.
짚더미 palālapuñja. palālapuñjaka.
짚신 pānadhi. puṭabandhupāhanā.
짚요 tūlikā.
짚으로 만든 의자 palālapīṭha.
짜게 하다 vināpeti. vāyāpeti.
짜내다 abhipīḷeti. abhisavati.
짜냄 abhisava.
짜넣다 anusibbati.
짜는 기술 pesakārasippa.
짜는 사람 pesakāra. tantavāya.
짜는[織造] kantika. ūtavat.
짜다 anvāmaddati. vāyati. veti.
짜도록 시켜진 vāyāpita.
짜마리[사슴] camara. camarī.
짜빨라[탑묘] cāpāla.
짜여져야 할 vetabba.
짜여진 kanta. upavīta. vāyima.
짜이다 vīyati.
짜증 khīya. khīyana. ujjhatti. upatāpa.
짜증나게 하는 savighaṭa.
짜증나게 하다 roseti. ujjhāpayati. ujjhāpeti.
짜증나다 sandiyyati. sandīyati. upatappati. vyāpajjati.
짜증난 rusita. vikujjhita.
짜증내다 ujjhāyati.
짜지 않는 실 dasikasutta.
짜지 않은 aloṇika. avāyima.
짜지다 upavīyati.
짜진 vīta.
짝 yamaka. yuga. yugala. yugaḷa. yugalaka.
짝짓다 misseti.
짠 무명옷 dussaveṇi.
짠 천 paṭalikā.
짠[鹽] loṇika. loṇiya.
짠[織] vāyita.
짠다[인명] Candā.
짠다나[신계] Candana.
짠다빳조따[인명] Caṇḍapajjota.
짠달라[천민] caṇḍāla.
짤라니[동물] calanī.
짤랑짤랑 kili.
짤랑짤랑 울리다 kilikilāyati. kiṇakiṇāyati. kiṅkiṇāyati.
짧게 산 appāyuka.
짧아지지 않은 akatarassa.
짧아진 katarassa.
짧은 anāyata. kukkuka. nacira. maṭāhaka(?). rassa.
짧은 시간 aṅgulakāla.
짧은 이음매[裁縫] aḍḍhakusi.
짧은 인생의 여로를 산 사람 addhagata.
짧은 지팡이 aḍḍhadaṇḍaka.
짧은 측정의 시간 laya.
짧음 rassatta.
짧지 않은 akukkuka.
짬빠[국명] Campā.
짬빠까나무[식물] campaka.
짬빠나무[식물] campa.
짬뻬이야[신계] Campeyya.
짭짭[의성어] capu. capucapu.
짱기[인명] Caṅki.
째지다 sampadālati.
째진 vipphoṭita.
짹짹 울다 kūjati. nikūjati.
쩨따[국명] Ceta.
쩨따께두[조류] cetakedu.
쩨따싸[식물] cetasa.

쩨띠[국명] Ceti.
쩨띠야[국명] Cetiya.
쩨띠야[탑묘] cetiya.
쩨띠야빱바따[지명] Cetiyapabbata.
쩰라빠까[조류] celāpaka. celāvaka.
쪼개는 adhipātin. rada.
쪼개다 abhimatthati. ābhindati. adhipāteti. bhindati. pabhindati. padāleti. phāleti. sambhañjati. uppāṭeti. vidāreti. vijjhati. vobhindati.
쪼개지다 avadīyati. bhindati. dalati. pabhijjati. phalati. sambhajjati.
쪼개지지 않는 abhejja. abhejjanaka.
쪼개진 uppāṭita. bhinna. phālita. vidārita. katavivara.
쪼개진 땔감을 갖고 있지 않은 abhinnakaṭṭha.
쪼개진 콩 bidala.
쪼개진 틈 darī. padara.
쪼개질 수 있는 bhejja.
쪼개짐 padālana. padālita.
쪼갠 조각 papaṭikā.
쪼갬 adhipāta. bhijjana.
쪼그리고 앉는 정근 ukkuṭikapadhāna.
쪼그리고 앉은 ukkuṭika.
쪼그리고 앉음 ukkuṭika.
쪼는 자 tuṇḍya.
쪼다 palikhādati.
쪼라까[식물] coraka.
쪽[측면] aṁsa.
쪽빛 nīlī.
쫄라[국명] Coḷa.
쫄라국의 coḷiya.
쫓겨나다 uddhūyate. vyapagacchati.
쫓겨나지 않은 사람 anāsitaka.
쫓겨난 dhuta. dhūta. nikkaḍḍhita. panudita. panunna. paṇunna. panuṇṇa.
쫓는 anusārin.
쫓다 ādhāvati. anudhāvati. upadhāvati. uṭṭepeti.
쫓아가다 anupasaṅkhamati. opatati.
쫓아내고 abhivihacca.
쫓아내다 atibāheti. apavahati. apayāpeti. abhinihanati. abhinīhanati. cāveti. niddhunāti. nāseti. nikkaḍḍhati. nissāreti. okkameti. okkāmeti. okkamāpeti. panudati. paṭipaṇāmeti. pavineti. vinodeti. vuṭṭhāpeti. vyapanudati. uṭṭhāpeti. uyyojeti.
쫓아냄 apanudana. apanūdana. nikkaḍḍhana. niddhunana. nissāraṇa.
쫓아다니다 anucaṅkamati. pacarati.
쫓아달려가다 opatati.
쫓아버리는 사람 sāṭetar.
쫓아버리다 → 쫓아내다.
쭉 내밀게 하다 paggaheti.
쭉정이 같은 사문 samaṇakāraṇḍava. samaṇapalāpa.
쭌다[인명] Cunda.
쭐라담마빨라 culladhammapāla.
찌그러진 vikuṇita. vikūṇa.
찌꺼기 uccāra. uklāpa. ukkalāpa. kasaṭa.
찌꺼기를 모우는 발우 uñchapatta.
찌다 sedeti.
찌따꾸따[지명] Cittakūta.
찌따라따[지명] Cittalatā.
찌따쎄나[신계] Cittasena.
찌따핫타싸리뿟따[인명] Cittahatthasāriputta.
찌르게 하다 vedheti.
찌르기 adhikuṭṭana. nittudana. tudana.
찌르는 khara. vedha.
찌르다 āvijjhati. āviñjati. āviñchati. tāseti. tejate. tudati. uttāseti. vijjhati. vitudati.
찌를 수 있는 ghātimant.
찌름 vedhana.
찌밀리까[의복] cimilikā.
찌푸린 원숭이 얼굴 makkaṭiya.
찐짜마나비까[인명] Ciñcāmāṇavikā.
찔레나무 jambu.
찔린 tunna. vitunna.
찜질 osadhikā.
찜질요법 sambhāraseda.
찟따빠딸리[식물] cittapāṭali.
찟딸라따[식물] cittalatā.
찡굴라까[식물] ciṅgulaka.
찡그린 상 saṅkoca. vikūṇa.
찡그린 얼굴 bhakuṭi. nalāṭkā.
찢게 하다 phālāpeti.
찢겨진 nipphalita.
찢다 ābhindati. luñcati. opāṭeti. phāleti. sambhañjeti. sampadāleti. udāyati. uddāleti. ukkantati. uppāṭeti. vidāreti. vipāṭeti. vitaccheti.
찢어발기다 omaddati. padāleti.
찢어지다 ādriyati. avadīyati. lisati. sampadālati. ubbatteti. ubbaṭṭeti.
찢어진 uppāṭita. pabhinna. vidārita.
찢어진 넝마 조각을 지닌 chinnapilotika.
찢어진 옷 bhinnapaṭa. chinnasāṭaka.
찢어짐 padāraṇa. ubbattana.
찢음 āracaya. locana. sampadālana. vidāraṇa.

찧기 anumajjana.
찧다 ākoṭeti. anumajjati. nippeseti. nippiṁsati. nipuñchati.

ㅊ

차(茶) cahā. cāhā.
차(車) yāna. yānaka. vāha.
차가운 비 sisiravuṭṭhi.
차가운 비구름 sītavalāhaka.
차갑게 되다 nibbāyati. sītalībhavati.
차갑게 하다 sītalīkaroti.
차거(硨磲) saṅkha.
차고(車庫) rathasālā.
차군(車軍) rathakāya. rathasenā.
차근차근 설명하다 anudīpayati.
차꼬 saṅkhalā. saṅkhalikā.
차나까[식물] chaṇaka.
차닉(車匿)[인명] Channa.
차다[滿] pūrati.
차단(遮斷) āvāra.
차단당한 palibuddha.
차단되지 않은 abādha.
차단된 avaruddha. oruddha.
차단하는 āvāra.
차단하다 āvārayati. āvāreti.
차도(車道) racchā. rathikā. rathiyā.
차라리 kāma. kāmaṁ.
차라파(遮羅頗)[지명] Allakappa.
차량(車輛) vayha. vayhā.
차려입은 maṇḍita. sannaddha.
차례 kama. vāra.
차례대로 구별없이 걸식하는 수행 sapadānacarikaṅga.
차례로 anupubba. anupubba.
차례로 거니는 anupubbacārin.
차례로 불을 붙이다 anujjaleti.
차례로 알게 하다 anudīpayati.
차례차례 anupubba. yoniso.
차륜(車輪)을 뚫는 cakkaviddha.
차림새 ākappa.
차마(差摩)[인명] Khema.
차바다모천(遮婆陀暮天)[신계] Sahadhamma.
차별(差別) paccupalakkhaṇā. paṭivisesa. vavatthāna. vematta. vemattatā. vivecitatta. visesa.
차별되다 vavattheti.
차별된 vavattita.
차별될 수 있는 visesiya. visesitabba.
차별로 인도하는 것 visesaka.
차별적으로 nānā. sañcicca.
차별적인 nekākāra.
차별하다 vavatthapeti. vavatthāpeti.
차별하지 않음 apaccupalakkhaṇā.
차병(車兵) rathika.
차부(車夫) senaka.
차분한 adhimana. adhimanasa. adhimānasa. adhimutta. anuddhata.
차분한 마음 adhimuttacitta.
차분함 mona.
차분해지다 nibbāti.
차빠다[인명] Chapada.
차사(遮事) antarāyikadhamma.
차생수(次生受)의 upapajjavedanīya.
차생수업(次生受業) upapajjavedanīyakamma.
차설계(遮說戒) pāṭimokkhaṭhapana.
차승론(車乘論) yānakathā.
차실집신계(此實執身繫) idaṁsaccâbhinivesakāyagantha.
차안(此岸) apāra. ora.
차안(此岸)도 피안(彼岸)도 아닌 anorapāra.
차안에 ora.
차안에만 속하는 oramattaka.
차안의 avara. orima.
차안의 세계 orimatīra.
차안이나 피안에 없는 anorapāra.
차양(遮陽) cakkali. celavitāna. chatta. maṇḍapa. oloka. uttaracchada. uttaracchadana. ulloca. ulloka. uparicchadana. vitāna.
차양의 핸들 chattadaṇḍa.
차연성(此緣性) idappaccayatā.
차요(扠腰) khambha.
차용(借用) ādāya. āyoga. iṇâdāna. gharasuṅkadāna.
차용인(借用人) iṇagāhaka.
차원(車轅) rathīsā.
차의 굴대 akkha.
차이(差異) adhippāyosa. aññathatta. aññatta. nānākaraṇa. paccupalakkhaṇā. vematta. vemattatā. visesa. vokāra.
차이가 없음 abheda.
차일(遮日) ulloca. ulloka.
차일의 설치 ullokâharaṇa.
차장(車匠) rathakāra.

차장녀(車匠女) rathakāri.
차제(次第) anukkama. ānuppubbī. ānupubba. anupubbatā. ānupubbatā. anupubbī. kama. pakkama. parivaṭṭa. paṭipāṭi.
차제(次第)의 anupubba. sapadāna.
차제걸식(次第乞食) sapadānacārika.
차제걸식지(次第乞食支) sapadānacarikaṅga.
차제관(次第觀) vipassanânukkama.
차제멸(次第滅) anupubbanirodha.
차제설법(次第說法) anupubbakathā. anupubbakathā. ānupubbikathā.
차제에 따라 saṇiṁ.
차지(遮止) nivāraṇa. paṭisedha. paṭisedhana.
차지(遮止)하다 nivāreti. paṭisedhati.
차체(車體) rathapañjara.
차축(車軸) akkha.
차축밧줄 akkhabandha.
차축에 윤활제를 바름 akkhabbhañjana.
차축위에 단단히 고정된 akkhâhata.
차축의 단단한 부분 akkhāhata.
차축의 바퀴멈추개[핀] akkhāṇi.
차축의 파괴 akkhabhañjana.
차축이 부서진 akkhachinna.
차치(且置) ṭhapana. ṭhapanā.
차치하다 ṭhapeti. ṭhapayati.
차파라(遮波羅·遮頗羅)[탑묘] cāpāla.
차폐(遮蔽) āvāra. rakkhāvaraṇa. vivaṭṭa. vivaṭṭana. vivaṭṭanā. saṁvaṭṭa. saṁvaṭṭana.
차폐되다 vivaṭṭati. saṁvaṭṭati.
차폐하는 āvara.
차폐하다 āvarati.
착(鑿) ṭaṅka.
착각(錯覺)된 papañcita.
착란(錯亂) sammosa. sammoha.
착란에 의한 해결 amūḷhavinaya.
착륙지(着陸地) uttaraṇatittha.
착마(捉摩)하다 āmasati.
착색(着色) rajana. vaṇṇiya.
착석(着席) nisīdana.
착석하다 nisīdati.
착수(着手) ārambha. pakkama. paṭhamārambha. paṭisandhi. payoga. upagama. upagamana. samāpajjana. samārambha.
착수된 āraddha. payāta. samāraddha.
착수라는 용어의 사용 ārambhagahaṇa.
착수를 원하는 āraddhukāma.
착수하고 āraddhā.
착수하는 upagamanaka.
착수하다 pacāreti. paccuggacchati. payojeti. samāpajjati. samārabhati. upagacchati. upakkamati. upanikkhipati. upapajjati. upayāpeti. uṭṭhahati. uṭṭhāti. saṅkāpeti.
착수한 paṭṭha.
착용(着用) dhāraṇa. paridahana.
착용자(着用者) dhāretar. dhārin.
착용하다 dharati. dhāreti. upanāmeti.
착용한 dhārin. pāruta. paṭiyatta. sannaddha. vāsa.
착유(窄乳)되다 duyhati.
착유하는 자 dohin.
착유하다 duhati.
착의(着衣) āsaṅga.
착의하다 nivāseti.
착중의(着重衣) saṅghāṭika.
착진구자(着塵垢者) rajajalladhara.
착취(搾取) apadāna.
착하고 건전한 kusala.
착하고 건전한 것들 kusaladhammā.
착하고 건전한 것에 유해한 영향이 생겨나는 āsannakusalārika.
착하고 건전한 일을 하지 않은 akatakalyāṇa. akatakusala.
착하고 건전한 행위 kusala.
착하고 유능한 여자 kusalī.
착하지 않은 행위를 하는 akusalakārin.
착한 kalla. kalya. kalyāṇa. kallāṇa. kalyāṇin. kusala. paduṭṭha. sādhuka. su. sukka. sata.
착한 사람 katakusala. sajjana. santa. sappurisa.
착한 사람들과 sabbhi.
착한 사람들의 sataṁ.
착한 성품을 지닌 kusalapakkhika.
착한 성품을 지닌 것 kusalapakkha.
착한 여자 santī. satī.
착한 의도 kusalacetanā.
찬가(讚歌) devatthutigīta.
찬가(讚歌) gīta. sāma.
찬가를 크게 부르다 unnadati.
찬나[인명] Channa.
찬동(贊同)하다 pasaṁsati. virocati.
찬란한 avabhāsita. bhassara. jutidhara. jutika. jutimant. pabhassara. rucira. samujjala. sassirīka. sirimant. sirīmant. ujjala. vijjotita. virājita. yasassimant.
찬란한 빛을 발하는 사람 aṅgīrasa.
찬란함 virocana.
찬목(鑽木) araṇi. araṇī. araṇiyugaḷa. araṇisahita. araṇisahita.
찬물 sītôdaka.

찬미(讚美) guṇakathā. kitti. kittī. saṁvaṇṇana. saṁvaṇṇanā. vaṇṇa.
찬미된 abhivaṇṇita.
찬미하다 abhivaṇṇeti. parivaṇṇeti. saṁvaṇṇeti.
찬미할 가치가 있는 naviya.
찬사(讚辭) thomana. thomanā.
찬석(讚釋) vilāsinī. saṁvaṇṇana. saṁvaṇṇanā.
찬성(贊成) adhivāsa. adhivāsana. adhivāsanā. anumodana. anumodanā. sādiyanā. sampahaṁsanā.
찬성될 수 없는 anārādhanīya.
찬성하는 pakkhiya.
찬성하다 anumodati. sādiyati. samanumaññati. sampahaṁseti. saṁvadati.
찬성한 katamanuñña.
찬스 avasara.
찬양(讚揚) sampahaṁsanā. thava. thoma. thomana. thomanā. ukkaṁsanā. ullapana. ullapanā. upahāra. vaṇṇa.
찬양된 anugīta.
찬양받은 saṁvaṇṇita.
찬양하는 ukkaṁsaka.
찬양하다 abhikitteti. kitteti. parivaṇṇeti. sampahaṁsati. samukkaṁsati. thavati. thometi. upaṭṭhahati. upaṭṭhāti. upaṭṭheti. upatiṭṭhati. vaṇṇeti.
찬연(燦然)한 avabhāsita.
찬탄(讚嘆) abhitthava. abhitthavana. vandanā. vaṇṇa.
찬탄되어지다 abhitthavīyati.
찬탄의 장소 vaṇṇabhū(mi).
찬탄하다 abhitthavati. samukkaṁsati. siloghati.
찬허담(讚虛談) ullapana. ullapanā.
찰깍[의성어] kili.
찰나(剎那) khaṇa. accharāsaṅghāṭa. muhutta.
찰나사(剎那死) khaṇikamaraṇa.
찰나삼매(剎那三昧) khaṇikasamādhi.
찰나성(剎那性) khaṇikatta.
찰나의 기쁨 khaṇikapīti.
찰나적 죽음 khaṇikamaraṇa.
찰나적인 khaṇika.
찰나적인 삼매 khaṇikasamādhi.
찰나희(剎那喜) khaṇikapīti.
찰량(察量)된 saṅkhāta.
찰량(察量)하다 saṅkhāyati. saṅkhāti.
찰제리명(剎帝利明) khattavijjā.
찰제리명의 실천자 khattavijjācariya.
찰제리족(剎帝利族) khattiya.
찰제리중(剎提利衆) khattiyaparisā.
찰지(察知) pariññā. pariññātatta.
찰지(察知)된 pariññāta.
찰토(剎土) khetta.
참(慚) hiri. hirī. hirīmā.
참[眞] advejjhatā. advejjhabhāva.
참가(參加)하다 abhiharati. saṁsevati.
참괴(慚愧) hirottappa. lajjā. lajjana.
참괴하는 hirika. hirīka. hirimant. hirīmant.
참괴하다 lajjati. vilajjati.
참괴하지 않는 abhīta.
참기 쉬운 sutitikkha.
참기름 tela. tilatela.
참깨 tila. tilaka. tilaphala.
참깨가 섞인 밥 tilodana.
참깨가루 tilapiṭṭha. piññāka.
참깨가루를 음식으로 하는 piññākabhakkha.
참깨과자 tilapiññāka. tilasaṅgulikā.
참깨나 쌀을 재는 것 sikhābheda.
참깨더미 tilarāsi.
참깨반죽 tilakakka.
참깨줄기 tiladaṇḍaka.
참깨화물 tilavāha.
참는 khama. sāhin.
참다 adhivāseti. avatiṭṭhati. dharati. khamati. sahati. saṁvarati. titikkhati.
참다운 saccika. tatha. sata.
참다운 교설 vādasattha.
참다운 여자 santī.
참다운 원리를 지닌 satadhamma.
참되게 avitathā.
참된 advejjha. avitatha. sabhāvabhūta. sant. santa. tathiya. theta. yathāva(ka).
참된 이름을 갖고 있는 saccanāma.
참된 지혜 sammappaññā.
참된 진리 saddhamma.
참된 진리를 가장한 saddhammapaṭirūpaka.
참된 진리에 대한 존경 saddhammagaru.
참된 진리의 지속 saddhammaṭṭhiti.
참된 화자 vādin.
참력(慚力) hirībala.
참마(懺摩)[인내] khama.
참마(讖摩)[인명] Khemā.
참마[식물] kanda.
참마의 둥근 뿌리 kandamūla.
참마의 뿌리 형태의 열매 kandamūlaphala.
참마의 뿌리 형태의 열매를 먹기 kandamūlaphalabhojana.
참마의 뿌리 형태의 열매음식 kandamūlaphalabhojana.

참마의 뿌리나 잎사귀 등을 수집하기 kandamūlapaṇṇādiggahna.
참마의 뿌리로 이루어진 먹을 수 있는 것 kandakhādanīya.
참마의 뿌리를 찾기 위하여 kandamūlatthaṁ.
참마의 뿌리의 부류에 속하는 kandajāta.
참모(參謀) calaka.
참모임 saṅgha.
참모임에 대한 새김 saṅghānussati.
참사람 santa. sappurisa. puggala. tathāgata.
참사람과의 교제 sappurisasaṁseva.
참사람과의 사귐 sappurisasaṁseva.
참사람들에 의해서 sabbhi.
참사람들의 sataṁ.
참사람보다 참사람의 sappurisatara.
참사람을 가까이 하는 것 sappurisûpassaya.
참사람의 경지 phala. sappurisabhūmi.
참사람의 경지가 구족된 upapannaphala.
참사람의 경지로 이끄는 계행 phalasīla.
참사람의 경지를 갖춘 phalasamaṅgin.
참사람의 경지를 즐기는 phalaṭṭha.
참사람의 경지를 체험한 adhigataphala.
참사람의 경지에 대한 앎 phaleñāṇa.
참사람의 경지에 도달한 āgataphala.
참사람의 경지의 계행 phalasīla.
참사람의 경지의 마음 phalacitta.
참사람의 경지의 성취 phalasamāpatti.
참사람의 경지의 성취에 대한 앎 phalasamaṅgīñāṇa.
참사람의 경지의 승가 phalasaṅgha.
참사람의 경지의 앎 phalañāṇa.
참사람의 경지의 즐거움 phalasukha.
참사람의 경지의 청정 phalavisuddhi.
참사람의 길과 경지 maggaphala.
참사람의 반열에 든 님 gotrabhū.
참사람의 반열에 든 님의 마음 gotrabhūcitta.
참사람의 반열에 든 님의 지혜 gotrabhūñāṇa.
참사람의 반열에 든 님이 되기까지 āgotrabhuṁ. āgotrabhuto.
참사람의 보시 sappurisadāna.
참사람의 지위 sappurisabhūmi.
참사람이 아닌 (자) asanta. asa.
참사람이 아닌 사람 asappurisa.
참사람이 아닌 자보다도 더욱 참답지 못한 asappurisatara.
참사람이 아닌 자에게 용기를 주는 것 asantapaggaha. asantasampaggaha.
참사람이 아닌 자와 교류 asappurisasaṁsagga. asantasannivāsa.
참사람이 아닌 자와 사귐 asappurisasaṁsagga.
참사람이 아닌 자의 견해를 지닌 asappurisadiṭṭhi.
참사람이 아닌 자의 보시와 같은 보시 asappurisadāna.
참사람이 아닌 자의 원리 asappurisadhamma.
참사람이 아닌 자의 의도를 가진 asappurisamantin.
참사람이 아닌 자의 행동을 하는 asappurisakammanta.
참사람이 아닌 자의 환심을 사는 것 asantasambhāvanā.
참사람이 아닌 자처럼 말하는 asappurisavāca.
참사람인 여자 santī.
참살하다 pamāreti.
참새 caṭaka. kalaviṅka. koṭṭhaka.
참새우 iñcāka.
참수(斬首) sīsaccheda.
참수대(斬首臺) āghātana.
참아라 khama.
참아져야 하는 sahitabba.
참아질 수 있는 sahitabba.
참여(參與) ābhuñjana. anubhava.
참여하는 bhāgavant. bhāgin. bhogin.
참여하다 anubhavati.
참여하지 않는 aparicāraka. avyāvaṭa.
참여할 권리를 부여받은 kammâraha.
참외 dālikā. dālima.
참으로 ~ 아니다 neva.
참으로 addhā. adu. ādu. aṅga. byā. eva. iti. ha. khalu. kho. kira. kila. nu. saccaṁ. vata. ve. vo. su. yathābhuccaṁ. yathābhūtaṁ.
참을 수 없는 akkhama.
참을성 khamā. sahana.
참을성이 있는 adhivāsaka. anikkhittadhura. dhorayhasīla.
참을성이 있는 자 khanibala.
참이 아닌 asa. asanta. asat.
참작이산상(斬斫離散想) hatavikkhittakasaññā.
참재(慚財) hiridhana.
참조(參照) apadisa. apadisana.
참지 못하는 anadhivāsaka.
참지 못함 akkhanti. anadhivāsanatā. asahana.
참혹한 accāhita.
참회(懺悔) anutāpa. anutappana. paṭikamma. paṭikkamana. paṭisārana. paṭisāraṇiya. paṭisāraṇa. tapa. tapo. vippaṭisāra. anusaya. khama.
참회당(懺悔堂) paṭikammasālā. ṭikkamanasālā.
참회되어야 할 vippaṭisāriya.

참회를 시키다 desāpeti.
참회에 의해 없어지는 sappaṭikamma.
참회에 의해서 없어지는 죄 sappaṭikammāpatti.
참회의 벌 mānatta.
참회의 벌을 받아야 하는 mānattâraha.
참회의 벌을 주는 것 mānattadāna.
참회의 표시로 재를 몸에 바르는 외도 paṇḍaraṅga.
참회의식(懺悔意識) posatha.
참회죄(懺悔罪) dukkaṭa. dukkata.
참회하는 anutāpin. pācittiya. vippaṭisārin.
참회하다 deseti. pacchānutappati. paṭideseti. paṭikaroti. paṭikkamati.
참회하지 않는 anānutappaṁ.
참회하지 않음 appaṭikamma.
참회할 필요가 있는 pācittiya.
참회해야 할 pāṭidesanīya. pātidesanīya. virecaniya.
참회해야 할 죄 pāṭidesanīya. pātidesanīya.
찻길 racchā.
찻단따[지명] Cha(d)danta.
창(槍) kaṇaya. pāsa. phāla. satti. tomara. heti. nārāca. bhindivāla.
창(窓) olokanaka. vātapāna.
창(瘡) rūhita.
창(槍)과 같은 털을 지닌 sattiloma.
창(槍)으로 만든 담 sattipañjara.
창고(倉庫) bhaṇḍâgāra. kosa. koṭṭha. koṭṭhâgāra. uddosita. samavāpaka. sannidhiṭṭhāna.
창고검사관 bhaṇḍâgārika.
창고관리자 koṭṭhâgārika.
창고지기 bhaṇḍâgārika. koṭṭhāgārika.
창구(瘡口) vaṇamukha.
창끝 kaṇayagga. phala.
창녀(娼女) abhisārikā. gaṇikā. gaṇaki. sobhiṇī. vesī. vesiyā. vesikā.
창녀촌(娼女村) vesidvāra.
창대(窓袋) vātapānbhisikā.
창문(窓門) ālokasandhi. ālokana. jhasa. kavāṭa. olokanaka. ullokana. vātāyana.
창문에 관련된 dvārika.
창문의 바람조절 기구 vātapānbhisikā.
창문의 틀장식 ālokasandhiparikamma.
창문이 없는 akavāṭaka. avātapānaka.
창백한 paṇḍara. vivaṇṇa.
창복(窓覆) vātapānacakkalika.
창설수구(唱說受具) vācikupasampadā.
창송자(唱誦者) sarabhāṇaka.
창신(瘡身) arukāya.
창자 anta. antaguṇa. antavaṭṭi. antapaṭala. antavaṭṭi. antokucchi. udara.
창자를 비우기의 보류 uccārapalibuddha.
창자를 비우기의 차단 uccārapalibuddha.
창자사이의 간격 udarantara.
창자의 뒤틀림 antagaṇṭhābādha. antagaṇṭhi. antagaṇṭhikā.
창자의 부분 antabhāga.
창작시인 cintākavi.
창조(創造) nimmāṇa.
창조되지 않은 abhūta.
창조된 nimmita.
창조된 물질 nimmitarūpa.
창조신(創造神)의 작품 issarakutta.
창조신의 작품 issarakutta.
창조에 능숙한 uppādakakovida.
창조의 기쁨 nimmāṇarati.
창조자(創造者) nimmātar. kattar. māpaka. sañjitar. uppādetar. vidhātar.
창조주(創造主) kamalāsana. lokesa. nimmātar.
창조하는 uppādaka.
창조하다 abhinimmināti. nimmināti. vidahati.
창조한 것에 기뻐하는 nimmāṇarati.
창짝 kavāṭa.
창틀 dvārakosa. ummāra. vātapānakavāṭaka.
창포(菖蒲)[식물] vacā.
창피 → 창피함.
창피를 주는 lajjanaka.
창피를 주다 nikaroti. nimmādeti.
창피함 ottāpa. ottapanā. ottāpitā. ottappa. ottappana. nindā.
창피함에 대한 해석 ottappaniddesa.
창피함을 모르는 것 anottappī.
창피함을 아는 것 ottappī.
창피함을 아는 것의 재물 ottappadhana.
창피함을 아는 힘 ottappabala.
찾는 anuesin. anvesin. apekkha. apekkhin. atthin. esin. °esiya. gavesaka. gavesin.
찾다 abhipassati. abhitakketi. anvesati. āpucchati. atipassati. esati. gavesati. nibbisati. olokayati. pariggaheti. pariyesati. samannesati. samanvesati. samekkhati. ulloketi. upadhāreti. upadhārayati. vicināti. ulati.
찾아낼 수 없는 ananuvejja.
찾아지지 않은 apariyiṭṭha.
찾음 anvesana. anvicchā. samekkhana. samekkhā.
채가 있는 īsāka.
채권자(債權者) dhanika. dhaniya. iṇasāmika. iṇ-

āyika. iṇāyaka. uttamaṇṇa. uttamiṇa.
채권자의 압력 iṇāyikapīḷā.
채무(債務) iṇa. uddhāra.
채무가 없는 ajjhiṇamutta.
채무가 없음 āṇya.
채무를 갚다 iṇaṁ jīrāpeti.
채무의 장애 iṇapalibhoda.
채무자(債務者) dhāraṇaka. iṇāyika. iṇāyaka.
채무회수업자(債務回收業者) iṇasādhaka.
채색(彩色) vaṇṇiya.
채색된 cittika. cittita.
채색한 phusita. vicitta. vicitra.
채소(菜蔬) haritaka. sākasamūha. bhūtagāma.
채소장사 paṇṇika.
채식(菜食) pattaphala.
채식의 paṇṇakhādaka. sākabhakkha.
채식주의(菜食主義) nimmaṁsabhojitā.
채식주의자(菜食主義者) sākabhakkhin. nimmaṁsabhojin.
채우게 하다 pūreti.
채우는 pūraṇa. vyāpaka.
채우는 행위 ubhanā.
채우다 abhipūreti. abhisandeti. āpūreti. obheti. paripūreti. pūreti. sampūreti. saṁveṭheti. ubbhati. ubbheti. vyāpeti.
채운 saṅkiṇṇa. ubbha. ubbhanā.
채워 넣음 vāna.
채워지다 paripūrati. sampūriyati.
채워지지 않은 abharita. anavakkanta. apariyosita. asamphuṭa. asamphuṭṭha.
채워진 abbokiṇṇa. abhisanna. parivāta. samākiṇṇa. samākula. sampuṇṇa.
채집(採集) ocinana.
채찍 kasā.
채찍으로 맞은 kasāniviṭṭha. kasāhata.
채찍질 kasāpahāra.
채찍질당한 kasāniviṭṭha. kasāhata. paripothita.
채찍질하다 piñjeti.
채택하다 ādiyati.
책(冊) gandha. gantha. pakaraṇa. potthaka.
책가방 potthakapasibbaka.
책과 관련이 있는 ganthapahīna.
책략(策略) ālaya. upāya. lesa. nippesa. nippesikatā. yutti.
책략이 풍부한 upāyasampanna.
책려(策勵)하다 paggaṇhāti.
책려상(策勵相) paggahanimitta.
책려심(策勵心) paggahitacitta.
책망(責望) avaṇṇa. mgarahā.
책망하는 garahin.
책망하다 āsīdati. garahati.
책상(冊床) ādhāraka. lekhanaphalaka.
책상다리를 한 saññatūru.
책에 남겨진 ganthapahīna.
책을 엮거나 수리하는 사람 potthakasibbaka.
책의 짐을 지닌 ganthadhura.
책의 쪽 piṭṭha.
책의 페이지 piṭṭha.
책임 추궁을 당하는 ropita.
책임(責任) dhura. karaṇīya. kicca.
책임분야 sakavisaya. āṇāvattiṭṭhāna. ādhipacca. sāpateyya.
책임성(責任性) dhuratā.
책임성이 있는 dhuravant.
책임영역 sakavisaya. āṇāvattiṭṭhāna. ādhipacca. sāpateyya.
책임을 감당하고 있는 dhurassaha.
책임을 거부하는 attañjaha.
책임을 등한히 하는 것 adhura.
책임을 떠맡음 bhārādāna.
책임을 지고 있는 사람 bhāravāhin. bhārahāra.
책임을 진 samādinna. abhiyutta.
책임자(責任者) dhuraggāla. vidhāyaka.
책임하에 무엇인가를 맡은 nikkhittaka.
책창(柵窓) salākāvātapāna.
챙겨 넣어진 bhūmigata.
챙겨 놓음 samodahana.
챙기다 samodahati.
처(處) āyatana.
처(妻) jayā. jāyā. jāyikā. bhariyā.
처격(處格)[문법] adhikaraṇa. okāsa. sattamī.
처격에 의해 표현되는 구문관계[문법] ādhāra.
처격한정복합어(處格限定複合語)[문법] sattamītappurisa.
처녀(處女) kaññā. kumārikā. kumāriyā. kumāri. komārikā. anaññapubbā.
처녀(處女)의 anāmasita.
처녀우(處女牛) paveṇī.
처녀지(處女地)의 appatīta.
처럼 sayathā. seyyathā. yathā. viya. iva. va.
처럼 보이는 sannikāsa.
처럼 작용하는 dhammin.
처럼 행동하는 vatika.
처리(處理) adhimutti. anuparivatti. saṅgaha.
처리되다 anuparivattiyati.
처리된 paribhāvita. parimaddita. parivattita. upeta.
처리된 마루[아마도 색칠한 것] katabhūmi.

처리하는 anuparivattin.
처리하는 자 vidhātar.
처리하다 paribhāveti. parivatteti.
처먹다 ajjhoharati.
처바른 ālitta.
처방(處方) paññatti. paṇṇatti.
처방된 niyamita.
처방된 계행 paññattisīla.
처방된 한계를 넘어가서 atibhūmiṁ.
처방하다 niyameti. upasaṅkamati.
처벌(處罰) daṇḍa. daṇḍakamma. daṇḍana. kāraṇā. parikilesa.
처벌로서 받는 일 dukkhakāraṇa.
처벌받기 쉬운 daṇḍaniya. daṇḍappatta.
처벌받기 쉬운 여인 paridaṇḍa.
처벌받을 만하지 않은 adaṇḍâraha. adaṇḍiya.
처벌에 대한 두려움 daṇḍabhaya.
처벌을 면한 adaṇḍa.
처벌을 받은 katadaṇḍakamma. paṇītadaṇḍa.
처벌을 받을 만한 daṇḍâraha.
처벌의 행사 āṇākaraṇa.
처벌하는 사람 vadhaka.
처벌하다 dameti.
처벌해야 할 mosalla.
처비처(處非處) ṭhānâṭhāna.
처선교(處善巧) āyatanakusala. ṭhānakusala. ṭhānakusalatā.
처세술(處世術) lokāyatasippa. lokāyatasippa.
처소(處所) ālaya.
처소에 대한 만족 senāsanasantosa.
처소의 안쪽 antoāvasatha.
처신(處身) ākappa. iriyanā.
처신의 방법 iriyāpatha.
처음 ādi. purimikā.
처음 아기에게 음식을 주는 의식 annapāsanamaṅgala.
처음과 중간과 끝맺음 ādimajjhapariyosāna.
처음부터 ādiso.
처음부터 선한 ādikalyāṇa.
처음에 ādo.
처음에 남은 것 ādisesa.
처음으로 paṭṭhāya.
처음의 ādiya. paṭhama. purimaka.
처음의 노력 ārambha.
처음의 시작 ādikamma.
처음의 자리에 있는 시작의 ādibhūta.
처음이라는 말[문법] ādisadda.
처자가 있는 saputtabhariya.
처자가 있는 고행자 saputtabhariyatāpasa.
처중성(處中性) tatramajjhattatā.
처첩의 방 itthāgāra. orodha.
처치(處置)하다 oneti.
처행(處行) āyatanacariyā.
처형(處刑) sūlāropana. vajjhā.
처형대(處刑臺) jīvasūla.
처형되려 하는 vajjhāppatta.
처형되어야 할 vajjha.
처형장(處刑場) ganṭhiṭṭhāna.
처형하다 vadheti. ghāteti.
척기(擲器) jevanīya.
척박한 토양의 akhetta.
척석소급소(擲石所及所) leḍḍupāta.
척수염(脊髓炎) piṭṭhikaṇṭakadāha.
척추(脊椎) piṭṭhikaṇṭa.
척추뼈 piṭṭhikaṇṭaṭṭhi.
천 가지 모습으로 sahassadhā.
천 가지 방법으로 sahassadhā.
천 개의 (행정)구역 gāmasahassa.
천 개의 부분으로 이루어진 sahassika.
천 개의 빛살을 지닌 raṁsikasahassaraṁsika.
천 개의 세계 sahassadhāloka. sahassīlokadhātu.
천 마리의 원숭이 kapisahassa.
천 명의 대장장이 kammārasahassa.
천 명의 소녀 kaññāsahassa.
천 명의 소녀의 우두머리 kaññāsahassapamukha.
천 이상 parosahassaṁ.
천(川) āpakā. āpagā. āpayā.
천(天) deva. sagga.
천(千) sahassa. dasasata.
천(天) 중의 천(天)[부처님] atidevadeva.
천(千)의 sahassika.
천[옷감] cela. dussa. paṭa. paṭicchāda. paṭicchādaka. cola. coḷa.
천개(天蓋) vitāna.
천겁(千劫) kappasahassa.
천계(天界) dibbaloka. devaloka. sagga. saggamagga.
천계(天啓) suta. suti.
천계(天界)와 고계(苦界) saggâpāya.
천계서(天啓書) Arubheda. Irubbeda. Iruveda.
천계에 속하는 신 ākāsaṭṭhadevatā.
천고(天鼓) devadundubhi.
천공(穿孔) chiddatā. vinivijjhana.
천관(天冠) makuṭabandhana.
천궁(天宮) vimāna. vyamha. ākāsakavimāna. dibbabhavana.
천궁(天宮)의 vemānika.

천궁사(天宮事) vimānavatthu.
천궁사경(天宮事經)[경전] Vimānavatthu.
천녀(天女) accharā. aṅgīrasī. devakaññā. devadhītā.
천녀의 accharika.
천녀의 음악 accharika.
천노(闡怒)[인명] Channa.
천다(闡陀)[인명] Channa.
천당래(天堂來) gaṅgā.
천도(天道) devapada. gaganatalamagga.
천둥 devadundubhi. indagajjita. abhigajjana. gajjanā. meghasadda. thanita.
천둥구름 megha.
천둥도 치지 않을 뿐만 아니라 비도 내리지 않는 사람 neva gajjitā no vassitā.
천둥도 칠 뿐만 아니라 비도 내리는 사람 gajjitā ca vassitā ca.
천둥만 치고 비는 내리지 않는 사람 gajjitā no vassitā.
천둥을 치는 자 gajjitar.
천둥이 치다 abhitthaneti. gaḷagaḷāyati.
천둥치는 thanita.
천둥치다 abhigajjati. thanayati. thaneti. gajjati.
천련(川練)[식물] vibhītaka. vibhīṭaka.
천로(天路) dibbapatha.
천막(天幕) celavitāna. māla. māḷa. maṇḍapa. sāṇī. sāṇikā. sāṇīpākāra. ulloca. ulloka. nahuta. uttaracchada. uttaracchadana. vitāna.
천만(千萬) satalakkha.
천만(千萬) 개의 벽돌 iṭṭhakākoṭi.
천만(千萬)의 18승 kathāna. ninnahutasatasahassānaṁ sataṁ.
천명(闡明) uttānīkamma. pātukaraṇa.
천묘화(天妙華)[식물] mandārava.
천무(天務) devavata.
천문학(天文學) jotisā. jotisattha. nakkhattavijjā.
천문학자(天文學者) jotisatthaññū. jotisatthavidū.
천문학적으로 jotisatthānusārena.
천문학적인 jotisatthāyatta.
천민(賤民) caṇḍāla. chapaka. pukkusa. sapāka. sopāka.
천민의 가족 pukkusakula.
천민의 마을 savara.
천박(淺薄) gammatā. nīcatā.
천박성(淺薄性) pilāpanatā.
천박하지 않음 apilāpanatā.
천박한 kātara. gamma. nikiṭṭha. adhama.
천박한 지식 appamattajānana.
천박한 지혜를 지닌 자 parihīnapañña.
천박함 sampha.
천법(天法) devadhamma.
천부적(天賦的)인 jacca. nija. niya.
천비성(天臂城) devadaha.
천빈(淺瀕) paṭigādha.
천사(天使) devadūta.
천사(天祠) devagaha. devakula.
천상(天上) sagga. saggapada.
천상과 지옥 saggâpāya.
천상세계(天上世界) saggaloka.
천상에 가는 자 saggagāmin.
천상에 이르는 saggasaṁvattanika.
천상에의 재생 devûpapatti.
천상으로 올라가는 saggārohaṇa.
천상으로 이끄는 saggasaṁvattanika.
천상으로의 여행 devacāricca.
천상의 공동체 devanikāya.
천상의 기둥 aṭṭhaṁsa.
천상의 길 saggamagga.
천상의 문 saggadvāra.
천상의 삶 dibbavihāra.
천상의 소녀 devakaññā.
천상의 소리 brahmassara. devasadda.
천상의 신들의 무리 saggakāya.
천상의 요정 devaccharā.
천상의 즐거움을 누리는 형상 kāmarūpa.
천선(天仙) devisi.
천성(天聲) devasadda.
천성이 곧바른 ujujātika.
천성취(天成就) dibbasampatti.
천수(天壽) dibbāyu.
천수(天授)의 devadattika.
천수념(天隨念) devatânussati.
천승(天乘) dibbayāna.
천식(天食) dibbojā.
천식(喘息) kāsa. sāsa. sāsaroga.
천식(天食) sudhābhojana.
천신(天神) deva. devatā. devakāya. amanussa.
천신당(天神堂) devālaya.
천신의 목소리 amanussavāca.
천안(天眼) dibbacakkhu. dibbanayana.
천안을 갖춘 dibbacakkhuka.
천안통(天眼通) dibbacakkhu. sattānaṁ cutūpapātañāṇavijjā.
천액(天軛) dibbayoga.
천약(天藥) dibbaosadha.
천억(千億) nahuta. pakoṭi.
천여녹왕상(腨如鹿王相) eṇijaṅgha.

천연(天然) sabhāva.
천연두(天然痘) kilāsa. masūrikā.
천연석 날개를 지닌 cittapekhuma.
천연수지 jatu. lākhā.
천연의 akata. akaṭa.
천연의 진짜 보석 jātimaṇi.
천연적인 주색안료 jātihiṅgulaka.
천연주스 akaṭayūsa.
천연즙 akaṭayūsa.
천열혜자(賤劣慧者) parihīnapañña.
천왕(天王) devayāna.
천의 깔라빠 kalāpasahassa.
천의(天衣) dibbavattha.
천이(天耳) dibbasota.
천이통(天耳通) dibbasota.
천인(天人) devatā.
천인소설(天人所說) devatābhāsita.
천일홍(天日紅)[식물] amilāta.
천자(天子) devaputta.
천제(天帝)[신계] Vāsava.
천제석(天帝釋) sakko.
천조각 cola. coḷa. colaka. coḷaka. namataka. pilotikā. pilotikākhaṇḍa.
천조각의 보시 aggaḷadāna.
천족(天族) devakāya.
천주(天酒) dibbapāna.
천주(天住) dibbavihāra.
천중(天衆) devaparisā. saggakāya.
천중천(天中天) atideva. devadeva. devâtideva.
천착하다 abhinivisati. abhinivīsati. abhinivissati.
천천히 sanikaṁ. saṇiṁ.
천천히 접근하다 upasappati.
천체(天體) aghagāmin.
천칭봉(天秤棒) antarākāja. vividha. vyābhaṅgī.
천평봉(天秤捧) kāca. kāja.
천포살(天布薩) devatûposatha.
천하게 옷을 입는 cīvaralūkha.
천하게 태어난 ajātima.
천하게 태어남 ajāti.
천하지 않은 adīna. adīnava.
천한 agaru. ajañña. ākiṇṇa. anariya. anāriya. asabbha. asabbhin. avabhūta. chava. gamma. ittara. nīca. nihīna. nikaṭṭha. paddhagu. paṭikiṭṭha. lūkha.
천한 계급의 asabbhajātika.
천한 기술 hīnasippa. tiracchānavijjā.
천한 사람 kāpurisa.
천한 씨족 hīnagotta. pukkusakula.
천한 이름 hīnanāma.
천한 일 kāyaveyyāvacca. kāyaveyyāvaṭika.
천한 일을 하는 nihīnasevin.
천한 재생을 야기하는 kaṇhabhāvakara.
천한 출생 ittarajacca.
천한 태생의 ajacca. avajāta.
천한 학문 tiracchānavijjā.
천한 행동 nihīnakamma.
천한 행위 gāmadhamma.
천향(天香) dibbagandha.
천화(天火) disāḍāha. disādāha.
천황(天皇) deva.
철(鐵) ayo. kāḷāyasa.
철거(撤去) nijjana.
철거(撤去) paṭisaṁharaṇa.
철거된 nijjanīkata.
철거된 ubbhata.
철거하다 nijjanaṁ karoti.
철공(鐵工) ayokāra.
철과(鐵鍋) kapāla.
철광석(鐵鑛石) kālaloha.
철망(鐵網) lohajāla.
철면피(鐵面皮) avalepa. sārambha. kākasūra.
철면피한 ottāparahita.
철면피한 사람 alajjin. alajjipuggala.
철면피한 사람의 섭수(攝受) alajjipaggaha.
철수(撤收) avakaḍḍhana. osaraṇa. paccāgamana. paccosakkhanā.
철수하다 osappati. osarati. paccosakkati.
철야정진(徹夜精進) jāgariyânuyoga.
철에 맞지 않는 옷 akālacīvara.
철위산(鐵圍山) cakkavāḷa.
철위산의 북쪽 uttaracakkavāḷa.
철자(綴字) akkhara.
철자론(綴字論) akkharasamaya.
철자법에 대한 규칙 akkharavidhāna.
철자법에서의 실수 akkharavipatti.
철자순서를 바꾼 말 vacanavipallāsa. akkharavipallāsa.
철자에 능숙한 akkharakosalla.
철자의 모음 akkharasannipāta.
철저하게 sakkacca. sakkaccaṁ. yoniso.
철저하게 뒤얽힌 ākulasamākula.
철저하게 반성하다 anuanuāharati.
철저하게 알다 abhijānāti. anuvijānāti. anuvijjati. sammasati.
철저하지 않게 ayoniso.
철저하지 않은 정신활동 ayonisomanasikāra.
철저한 atigāḷha. sādhuka. ubhayaṁsa.

철저한 검사 parivīmaṁsā.
철저함 yoni.
철저히 ādiso. sādhu. sādhuka. sammā.
철저히 근절된 susamucchinna.
철저히 배우다 pariyāpuṇāti.
철저히 생각하다 parivīmaṁsati.
철저히 수련된 susaññata.
철저히 실천한 vatthukata.
철저히 알고 abhiññā.
철저히 정화된 suppadhota.
철제무기(鐵製武器) nārāca.
철제반지 nārācavalaya.
철제의 ayomaya.
철제팔찌 nārācavalaya.
철추(鐵鎚) kūṭa.
철탑(鐵塔) gopura. uccatthambha.
철퇴(鐵槌) kulisa.
철판(鐵板) ayopaṭṭaka. ayothāla. phāla.
철폐(撤廢) acchindana.
철폐시키다 acchindāpeti.
철폐하다 acchindati.
철학(哲學) dhamma. dassana. tattañāṇa. ñāyasattha.
철학이 없음 adassana.
철학자(哲學者) ajjhattadhammavidū.
철학적 체계 takka.
철학적(哲學的)인 tattañāṇāyatta.
철학적으로 ñāṇadassanānurūpena. ñāyānusārena.
철환(鐵丸) lohaguḷa.
철환희(鐵丸戲)[놀이] caṇḍāla.
철회(撤回) paṭikassana.
철회되지 않은 appaṭinissaṭṭha.
철회하다 paṭikassati.
철회하지 않고 appaṭinissajjitvā.
철회하지 않음 appaṭinissagga.
첨가(添加) sampiṇḍana.
첨가되어 생겨나다 viniyujjati.
첨단(尖端) uddha. uddhagga.
첨미(添味) vyañjana.
첨부(添附)된 āsiliṭṭha.
첨정(尖頂) kūṭa.
첨탑(尖塔) niyyūha. sikharathūpiyo. thūpikā. toraṇa.
첨파(瞻婆·瞻波)[지명] Campā.
첨파가수(瞻婆伽樹)[식물] campa. campaka.
첨파건도(瞻波犍度)[冊編] Campeyyakkhandhaka.
첨필(尖筆)로 쓰여진 kaṇṭakalekha.
첩(妾) gaṇikā. abhisārikā.
첩모(睫毛) pakhuma.
첫 번째 것의 보시 aggadāna.
첫 번째 결집 paṭhamasaṅgīti.
첫 번째 곡식 pubbaṇṇa.
첫 번째 명상의 단계 paṭhamajjhāna.
첫 번째 부류의 사람이 아닌 anaggavat.
첫 번째 선정 pathamajjhāna.
첫 번째 송출의 품 paṭhamabhāṇavāra.
첫 번째 월숙(月宿) uttarâsāḷha.
첫 번째 위치 āsabhaṭṭhāna.
첫 번째 음절[문법] ādivaṇṇa.
첫 번째 학생 aggasissa.
첫 번째가 아닌 apubba.
첫 번째로 paṭhamaṁ.
첫 번째와 세 번째 시행의 운율이 같고 두 번째와 네 번째 시행의 운율이 같은[시형론] aḍḍhasamavutta.
첫 번째의 pāmokkha. mukhya. paṭhama. uttama.
첫 번째의 공양 aggapiṇḍa.
첫 번째의 길 paṭhamamagga.
첫 번째의 맛보기 aggakārikā.
첫 번째의 비물질적인 세계에 대한 마음을 근접한 적(賊)으로 갖는 āsannapaṭhamârūpacittapaccatthika.
첫수확을 바치는 aggadāyin.
첫음절의 모음[문법] ādisāra.
첫음절의 확대변화[문법] ādivuḍḍhi.
첫음절이 단음인[문법] ādirassa.
첫음절이 장음인[문법] ādidīgha.
청(靑) nīla.
청각(聽覺) savana. sota.
청각감성 sotappasāda.
청각감역 sotāyatana.
청각기관 kaṇṇa. sota. sotadvāra.
청각기관이 없음 asotatā.
청각기능 sotindriya.
청각능력 sotindriya.
청각문(聽覺門) sotadvāra.
청각문의 인식과정 sotadvāravīthi.
청각성(聽覺性) sotappasāda.
청각세계 sotadhātu.
청각요소 sotadhātu.
청각을 구성하는 열 가지 요소 sotadasaka.
청각의 물질적 토대 sotavatthu.
청각의식 sotaviññāṇa.
청각의식의 세계 sotaviññāṇadhātu.
청각의식의 인식과정 sotadvāravīthi.

청각작용 sotindriya.
청각적으로 탐욕이 생기게 하는 교제 savanasaṁsagga.
청각적인 savanavisayaka. savaṇavisayaka.
청각접촉 sotasamphassa.
청각접촉에 의해 생겨나는 느낌 sotasamphassajā vedanā.
청각토대 sotavatthu.
청개구리 nīlamaṇḍūka.
청견조(靑樫鳥) kikin.
청결(淸潔) cokkha. visodha. vodāpana. vodāpanā.
청경(靑頸) nīlagīva.
청금석(靑金石) veḷuriya. vaṁsavaṇṇa.
청년(靑年) bālaka. kumāra. kumāraka. yuvan.
청동(靑銅) ārakūṭa. kaṁsa. kaṁsaloha. loha.
청동그릇 kaṁsabhaṇḍa,.
청동그릇을 채우는 kaṁsapūra.
청동단지(솥) lohathāli.
청동발우 kaṁsapāti. kaṁsapātī.
청동상 loharūpa.
청동으로 만든 kaṁsa.
청동으로 만든 악기 gaṇḍikā.
청동이라는 말 kaṁsasadda.
청동쟁반 kaṁsādhāra.
청동접시 kaṁsa. kaṁsathalla.
청동제품 kaṁsabhaṇḍa.
청동징 kaṁsa. kaṁsatāla,.
청둥오리 vanahaṁsa.
청량(淸凉) anātāpa.
청련(靑蓮)[식물] uppala.
청련과 홍련의 종류 uppalapadumajāti.
청련지옥(靑蓮地獄) Sogandhika. Uppalaka. Uppalaniraya.
청련화(靑蓮花) nīluppala.
청명(淸明) visadabhāva.
청명한 vibhāta. viddha.
청문(聽聞) savana. abhissavana(?).
청법(聽法) dhammasavana.
청산(淸算) sodhana. sodhanā.
청산하다 sodheti.
청색(靑色) nīlavaṇṇa.
청색옷 nīlavattha.
청색옷을 입은 nīlavattha.
청색의 nīla.
청색의 대상에 대한 명상행위 nīlakamma.
청색의 대상에 대한 선정 nīlajjhāna.
청색의 두루채움이라는 명상수행의 토대 nīlakasiṇa.
청색의 명상대상에 대한 명상을 최상으로 하는 nīlasamāpattiparama.
청색의 명상대상을 지닌 nīlalābhin.
청색이 편만함으로 인해 빛나고 변화되는 존재의 성질 nīlapharaṇavisadavibhūtatā.
청생류(靑生類) nīlābhijāti.
청소(淸掃) parimajjana. puñchana. sammajjana. visodha.
청소년(靑少年)의 abhidahara. komāra.
청소되다 sodhīyati.
청소되지 않은 aniddhanta. anihita.
청소된 sammaṭṭha.
청소된 상태 pavāhitatta.
청소부 sodhaka.
청소시키다 sammajjāpeti. sodhāpeti.
청소하다 atigālayati. opuñchati. opuñcheti. opuñjati. opuñjeti. paripuñchati. pavāheti. punāti. puñchati. sammajjati. ukkiledeti.
청수련(靑垂蓮) indīvara. indīvarī.
청수련처럼 검푸른 indīvarasāma.
청승(靑蠅) nīlamakkhika.
청식(請食) nimantanabhatta.
청신남(淸信男) upāsaka.
청신남과 청신녀 upāsakôpāsika.
청신녀(淸信女) upāsikā.
청신녀가 아닌 anupāsikā.
청어(鯖魚)[물고기] pāṭhīna.
청어상(靑瘀想) vinīlakasaññā.
청옥(靑玉) indanīla.
청완두(靑豌豆) mugga.
청원(請願) atthanā. āyācana. āyācanā. paccāsā. upayācitaka. samappaṇā.
청원서(請願書) āyācanapaṇṇa.
청원자(請願者) āyācaka. yācaka. yācanaka.
청원하는 yācaka.
청원하는 여인 āyācikā.
청원하다 paccāsati. yācati.
청일체처(靑一切處) nīlakasiṇa.
청장교(靑壯憍) yobbanamada.
청정(淸淨) parisuddhi. pārisuddhi. pasāda. pasādana. pasādanī. pasīdana. pasīdanā. saṁsuddhi. soceyya. subha. suci. suddhatā. suddhi. visadatā. visuddhatta. visuddhi. vodāna
청정근지(淸淨勤支) pārisuddhipadhāniyaṅga.
청정도론(淸淨道論)[논서] visuddhimagga.
청정변별주(淸淨邊別住) suddhantaparivāsa.
청정설(淸淨說) visuddhikathā.
청정성(淸淨性) suddhatā.
청정수(淸淨水) dakkhiṇôdaka.

청정시물(淸淨施物) visuddhidakkhiṇa.
청정식(淸淨食) kappiyâhāra.
청정언설(淸淨言說) parisuddhavohāra.
청정에 대하여 설하는 suddhiṁvāda.
청정에 대한 이야기 visuddhikathā.
청정에 의한 해탈 subhavimokkha.
청정에 의해 나타난 akālussiyapaccupaṭṭhāna.
청정왕(淸淨王)[인명] Sobha.
청정을 관찰하는 suddhânupassin.
청정을 동경하는 sucigavesin.
청정을 향한 노력의 고리 pārisuddhipadhāniyaṅga.
청정의 길 suddhimagga.
청정의 신 visuddhideva.
청정의(淸淨衣) kappiyacīvara.
청정하게 수행하는 사람 nhātaka.
청정하게 하기 어려운 dubbisodha.
청정하게 하는 pariyodāpaka.
청정하게 하다 apadāyati. niddhamati. sampasādeti.
청정하지 못한 ajañña. asuddha. asuddhin.
청정하지 못한 행위 abrahmacariya.
청정하지 못함 asuddhi.
청정하지 않은 aparisuddha.
청정한 akāca. akālussiya. anāvila. anela. aneḷaka. apalāsin. mejjha. niddhanta. nikkaddama. parisuddha. pariyodāta. pasanna. saṁsuddha. sobhaṇa. sobhana. subha. suci. sucimant. suddha. suddhika. sukka. sobhana. sobhaṇa. vippasanna. visuddha. vīvadāta.
청정한 거처 suddhāvāsa.
청정한 것에 공통되는 sobhanasādhāraṇa. sobhaṇasādhāraṇa.
청정한 것에 공통되는 정신의 작용 sobhanasādhāraṇacetasika. sobhaṇasādhāraṇacetasika.
청정한 견해 suddhadiṭṭhi.
청정한 기반 pasādavatthu.
청정한 기쁨을 지닌 suddhapīti.
청정한 마음 pasannacitta. sobhanacitta. sobhaṇacitta.
청정한 마음의 작용 sobhanacetasika. sobhaṇacetasika.
청정한 마음의 작용의 결합방식 sobhanacetasikasampayoganaya. sobhaṇacetasikasampayoganaya.
청정한 믿음을 갖게 하는 sampasādanīya.
청정한 믿음을 지닌 saddhāvepulla.
청정한 발생 parisuddhuppāda.
청정한 보시물 visuddhidakkhiṇa.
청정한 빛 parisuddhābhā.
청정한 삶 brahmavihāra. brahmacariya. suddhājīva.
청정한 삶에 대한 장애 brahmacariyantarāya.
청정한 삶으로부터의 전락 brahmacariyûpaddava.
청정한 삶을 동경함 brahmacariyesanā.
청정한 삶을 사는 brahmacariyaka. brahmacariyavant. suddhājivin.
청정한 삶을 실천하지 않는 사람 abrahmacārin.
청정한 삶을 영위하는 brahmacārin. suddhāvāsa.
청정한 삶의 도움 brahmacariyânuggaha.
청정한 삶의 완성 brahmacariyapariyosāna.
청정한 삶의 추구 brahmacariyesanā.
청정한 생계 parisuddhājīva.
청정한 생계와 올바른 계행과 도덕적 행위가 실패한 ājīvasīlacāravipanna.
청정한 생활 parisuddhājīva.
청정한 언설 parisuddhavohāra.
청정한 여덟 가지 법 suddhaṭṭhaka.
청정한 직업(職業) suddhājīva.
청정한 행위 ācāra. sucikamma.
청정한 행위에 숙달한 ācārakusala.
청정한 향기 sucigandha.
청정한 혈통의 saṁsuddhagahaṇika.
청정함 parisuddhatta.
청정해지다 sujjhati.
청정해지지 않은 avīvadāta.
청정행이 없는 aseṭṭhacarin.
청정행이 없음 aseṭṭhacariya.
청정행자(淸淨行者) brahmacārin.
청주(淸酒) pasannā.
청춘(靑春) vaya. vayaguṇa. yobbana.
청춘기(靑春期) bālya.
청춘을 빼앗아가는 것 vayohara.
청춘을 빼앗음 vayôhāra.
청취(聽取) savana. suti.
청취실(聽取室) upaṭṭhāna.
청취자(聽取者) sāvaka. sotar.
청취하다 suṇāti. suṇoti.
청편(靑遍) nīlakasiṇa.
청편처(靑遍處) nīlakasiṇa.
청하다 avhayati. avhāti. avheti. pucchati.
청해진 ajjhiṭṭha.
청허(聽許)하다 anujānāti.
청혼(請婚) vivāhāpucchā.
청혼하다 vivaham āpucchati.
체[여과기] cālanī. ottharaka. ottharika. piṭṭha-

cālikā.
체격(體格) sarīrasaṇṭhāna. dehalakkhaṇa.
체계(體系) ñāya. paṭipāṭi. yojitakkama. rīti. paddhati. kappanā.
체계적으로 yathākkamaṁ. yathānurūpaṁ.
체계화(體系化) vavatthāpana.
체계화된 suddhika.
체계화하다 vavatthapeti. vavatthāpeti. niyameti.
체두사(剃頭師) nahāpita.
체력(體力) kāyikabala. mānusikabala.
체로 치기 opunnana.
체로 치다 opunāti. opuṇāti. punāti.
체로 친 vitta.
체류(滯留) viharaṇa. kālikavāsa. nivattana.
체류하다 āsati. nivattati. viharati.
체모(體毛) loma. roma.
체벌(體罰) kammakāraṇa. kammakāraṇā. kammakaraṇa. kāraṇā. kāyadāṇḍa.
체스에서 사용하는 말[骰子] sāri.
체온(體溫) utu.
체온계(體溫計) uṇhamāṇaka.
체온과 의식과 음식 utucittāhāra.
체온에 의해 만들어진 utumaya.
체읍(涕泣)하다 lālapati. lālappati.
체인 ābandha.
체재(滯在) parivāsa. vāsa.
체재하다 avassayati. vaṭṭati.
체조를 통한 요가 hatthayoga.
체조를 통한 요가의 수행자 hatthayogin.
체착(滯着)하지 않다 paṭilīyati.
체하는 paṭiñña.
체험(體驗) ābhuñjana. upabhoga.
체험된 otiṇṇa.
체험하는 upabhogin. upabhuñjaka.
체험하다 anubhūyate. jānāti. upabhuñjati.
체험한 adhigata. paricita.
쳐다보기 ullokana.
쳐다보는 apalokin. ullokaka.
쳐다보다 pavīnati. ulloketi.
쳐다보지 않는 anolokenta.
쳐부수다 abhihanati. abhivijayati.
초(秒) accharā.
초가지붕 palālachannaka. tiṇacchadana. tiṇacchādana.
초가집 bhusāgāra. kuṭi. kuṭī. kuṭipuri. tiṇâgāra. tiṇacchadana. tiṇacchādana. tiṇakuṭikā.
초거(草炬) tiṇukkā.
초과(超過) atikkama. atikkamana. atirekatā.
초과된 ativatta.
초과분을 요리하는 appamāṇapāka.
초과적재(超過積載)의 atibhārita.
초과하게 하다 ativattāpeti.
초과하는 atikkamanaka. atimatta.
초과하다 atikkamati. ativattati.
초과하지 못함 anatirekatā.
초극(超克)하기 쉬운 svātivatta.
초극의 단계 abhibhāyatana.
초기(初期)의 aggañña.
초기단계(初期段階) paṭhamārambha.
초기의 가르침 theravāda. aggavāda.
초능력(超能力) iddhi.
초능력을 지닌 존재[용이나 신들] iddhi.
초대(招待) abhinimantanatā. āmantaṇa. āmantana. āmantaṇā. āmantanā. nimantana. upanimantanā.
초대되지 않은 anajjhiṭṭha.
초대받은 bhadantika. nimantita.
초대받은 초대에 동의한 adhivattha.
초대받지 않는 anāmantakata.
초대왕(初代王) ādirāja.
초대의 식사 nimantanabhatta.
초대자(招待者) āmantaka. āmantaṇika. avhāyika.
초대하고 āmanta.
초대하는 nimantanika.
초대하다 abhinimanteti. āmantāpeti. āmanteti. nimanteti. nimantayati. pavāreti.
초대하러 보내다 nimantāpeti.
초대한 (사람) nimantaka.
초도(初道) paṭhamamagga.
초두모음의 생략[문법] ādilopa.
초라하게 차려입은 rummavāsin.
초라한 rumma.
초래(招來)된 abhinipphādita. abhinīta. upanīta.
초래하다 abhinipphādeti. adhivattati. ajjati. ajjhoṭhapeti. anvānayati. āvahati.
초록빛으로 덮인 haritûpattā.
초록색 harita.
초록색의 hari. harita.
초록색의 상태 haritatta.
초록색의 풀 haritatiṇa.
초륜(草輪) tiṇaṇḍupaka.
초목(草木) bhūtagāma. osadhitiṇavanaspati.
초방(草房) tiṇakuṭikā.
초범(初梵) atibrahmā.
초범자(初犯者) ādikammika.
초범지(超凡智) abhiññā.

초범지의 신통이 있는 abhiñña.
초범행(初梵行)의 ādibrahmacariyaka.
초보수행자(初步修行者) adhunāpabbajita. adhunāsamayāgata.
초복지비니(草覆地毘尼) tiṇavatthāraka.
초빙(招聘)하다 paṭimāneti.
초사(草舍) tiṇakuṭikā.
초상(肖像) paṭimā. samānarūpa.
초선(初善) ādikalyāṇa.
초선(初禪) paṭhamajjhāna.
초세속적(超世俗的)인 lokuttara.
초속(草束) tiṇakalāpa.
초송품(初誦品) paṭhamabhāṇavāra.
초식(草食) tiṇabhakka.
초신(草薪) tiṇakaṭṭha.
초심자(初心者) sāmaṇera. ādikammika.
초심자의 상태 sāmaṇerabhāva.
초암(草庵) assama. bhusāgāra.
초야(初夜) ādiyāma. paṭhamayāma. purimayāma.
초약(草藥) paṇṇabhesajja.
초옥(草屋) tiṇâgāra.
초욕(草褥) tiṇabhisi.
초원(草原) tiṇadāya.
초월(超越) accaya. atikkantatā. ativattana. samatikkamana. vitaraṇa.
초월된 ativatta. nittiṇṇa. parābhūta.
초월무유(超越無有) samatikkamavibhūta.
초월사단(超越捨斷) samatikkamanapahāna.
초월에 의한 극복 samatikkamanapahāna.
초월적인 accasara. adhika. lokuttara.
초월적인 감관을 지닌 abhinindriya.
초월적인 경지 āyatana.
초월적인 능력을 지닌 iddhimant. iddhika.
초월적인 능력의 기초 cattāro iddhipādā.
초월적인 지혜가 있는 abhiñña.
초월적인 지혜를 갖고 있음 abhiññatā.
초월적인 힘 anubhāva.
초월하기 힘든 duraccaya. duratikkama.
초월하는 atigāmin. atikkamanaka. samatikkama. uttarika.
초월하다 atigacchati. atitarati. ativattati. nittharati. parābhavati. samatikkamati. samativattati. samuttarati. upātigacchati. uttarati.
초월하지 못한 avitiṇṇa.
초월하지 않음 anativattana.
초월한 atiga. atigata. atikkanta. tiṇṇa. uttara. uttiṇṇa.
초월해서 aticca. pāra. pāraṁ. paro.
초유(初乳) pīyūsa.
초의(草衣) kusacīra.
초인(初因) padhāna.
초인적(超人的)인 atimānusaka. uttarimanussa. amānusa. uttarika.
초일(初日) pāṭipada.
초일식(初日食) pāṭipadaka. pāṭipadika.
초자연력(超自然力) iddhi.
초자연적인 싸움 mantayuddha.
초자연적인 힘 ānubhāva.
초자연적인 힘으로 나타나게 하다 māpeti.
초잔(初殘) ādisesa.
초저녁 ādiyāma.
초전법륜(初轉法輪) paṭhamadhammacakkapavattana. ādidhammacakkapavattana.
초제승(招提僧) catuddisāsaṅgha.
초좌(草座) tiṇasanthāra. santhāraka.
초즙(蕉汁) cocapāna.
초지(草地) saddala.
초청(招請) nimantana.
초청자(招請者) pavesaka.
초췌(憔悴)한 sukkhin. sukkhita.
초품(初品) paṭhamavagga.
초하루 amāvasī.
초학자(初學者) ādikammika.
초화(草火) tiṇaggi.
초화병(草花病) tiṇapupphaka.
촉(觸) phassa. sammasa.
촉각(觸覺) kāya.
촉각감성 kāyappasāda.
촉각감역 kāyāyatana.
촉각기관 kāyadvāra.
촉각기능 kāyindriya.
촉각기반 kāyāyatana.
촉각능력 kāyindriya.
촉각문(觸覺門) kāyadvāra.
촉각문의 인식과정 kāyadvāravīthi.
촉각성(觸覺性) kāyappasāda.
촉각세계 kāyadhātu.
촉각요소 kāyadhātu.
촉각을 구성하는 열 가지 요소 kāyadasaka.
촉각의 물질적 토대 kāyavatthu.
촉각의식 kāyaviññāṇa.
촉각의식의 세계 kāyaviññāṇadhātu.
촉각의식의 인식과정 kāyadvāravīthi.
촉각작용 kāyindriya.
촉각접촉 kāyasamphassa.
촉각접촉에 의해 생겨나는 느낌 kāyasamphassajā vedanā.
촉각토대 kāyavatthu.

촉경(觸境) phoṭṭhabbavisaya.
촉계(觸界) phoṭṭhabbadhātu.
촉락(觸樂) phoṭṭhabbabhoga.
촉미(觸味) phoṭṭhabbarasa.
촉사(觸思) phoṭṭhabbasañcetanā.
촉사(觸伺) phoṭṭhabbavicāra.
촉상(觸想) phoṭṭhabbasaññā.
촉성(觸性) phuṭṭhatta.
촉수형(燭手型) hatthapajotika.
촉식(觸食) phassāhāra.
촉신(觸身) phassakāya.
촉심(觸尋) phoṭṭhabbavitakka.
촉애(觸愛) phoṭṭhabbataṇhā.
촉요(觸嬈)하다 abhinippīḷeti.
촉요자(觸嬈者)[惡魔] dūsin.
촉의사(觸意思) phoṭṭhabbasañcetanā.
촉지현(觸持現) phoṭṭhabbûpahāra.
촉진(促進) paṭṭhāna. ropana. ropanā. vaddhana.
촉진시키는 자 āpādetar.
촉진시키다 āpādeti.
촉진하다 abrūheti.
촉처(觸處) phassāyatana. phoṭṭhabbāyatana.
촉촉한 alla.
촌락(村落) gāma.
촌음(寸陰) aṅgulakāla.
촌장(村長) gāmajeṭṭha. gāmaṇika. gāmaṇi. gāmabhoja(na)ka.
촌주부(村主婦) gaṇakī. gaṇikā.
촛대 dīparukkha.
총(銃) agginālī.
총간(塚間) sīvathikā. susāna.
총간주자(塚間住者) sosānika.
총간주지(塚間住支) sosānikaṅga.
총검(銃劍) mahāchurikā.
총계(總計) saṅkhepa.
총괄(總括)해서 pariyādāya.
총독(總督) rājânuyutta.
총론(總論) maṇḍala.
총리(總理) sabbatthamahāmatta.
총리대신(總理大臣) aggapurohita. mahāmatta. sabbatthakamahāmatta. sabbatthamahāmatta.
총림(叢林) pavana. vanatha. vipina. gumba. pagumba. saṇḍa. vanasaṇḍa. rukkhagahana.
총명(聰明) paribyattatā. paṭibhāna. medhā. veyyatti. veyyattiya. vyattatā.
총명하지 않은 자 aviññū.
총명한 medhāvin. medhin. nipaka. paññavant. paññāvant. vyatta.
총명한 자 medhāvin. medhin.
총묘(塚墓) susāna.
총민(聰敏) nepuñña.
총설분(總說分) uddesavāra.
총섭(總攝) samodhāna. samodahana.
총애(寵愛) 받는 piyāyita.
총액(總額) pamāṇa.
총운(叢雲) valāhakagabbha.
총채 vījana. vījanika.
총합(總合) saṅkalana.
총합하다 gaṇeti. saṅkaleti.
총혜(聰慧) vyattatā. mantā. nepakka.
촬영술(撮影術) chāyārūpasippa.
최고(最高) ānuttariya.
최고로 일곱 번 (태어날 사람) sattakkhattuparama.
최고선(最高善) paramakusala. sadattha.
최고신의 창조론 issarakuttika. issarakaraṇavāda.
최고의 aggavant. anoma. anuttara. ekanta. mukhya. pāmokkha. parama. uparima. upariṭṭhama. upariṭṭha. uttama. uttara.
최고의 기쁨 sunandī.
최고의 깨달음 sambodhi.
최고의 보물 dhanagga.
최고의 분량 uttamatā. uttamatta.
최고의 스승 ācariyâsabha.
최고의 신 adhideva. issara. devadeva. devâtideva.
최고의 신에 의해 창조된 issarakata.
최고의 위치 āsabhaṭṭhāna.
최고의 의미 paramaṭṭha. paramattha.
최고의 이상 vasuttama.
최고의 이익[阿羅漢의 경지] uttamattha.
최고의 종교 saddhamma.
최고의 좋은 것을 보여주는 atthasandassana.
최고의 지식 bodhi.
최고의 지식에 도달하지 못한 avedagū.
최고의 지혜 paññuttara. sambodha.
최고의 지혜를 가진 anomapañña.
최고의 힘이 있는 vasavattin.
최고인 것 aggatā.
최근(最近)에 idāni. adhunā. sajju.
최근에 얻은 ittarasamāpanna.
최근에 죽은 시체 allasarīra.
최근의 acira. nūtana. paccaggha. pacchima. pacchimaka.
최대 일곱 번 더 태어나는 님 sattakkhattuparama.
최대(最大) ukkaṁsa.

최대와 최소 ukkaṁsâvakaṁsa.
최대한의 ukkaṭṭha.
최대한의 정의에 의한 가르침 ukkaṭṭhadesanā.
최대한의 정의에 의한 설명 ukkaṭṭhaniddesa.
최대한의 탁월한 정의(定義) ukkaṭṭhaparicch-eda.
최면(催眠) mohananiddā. vasīkaraṇa.
최면과 관계되는 niddājanaka.
최면술(催眠術) mohanavijjā. vasīkaraṇavijjā.
최면에서 깨어나게 하다 visaññaniddā apaneti.
최면을 거는 듯한 visaññīkara. niddājanaka.
최면을 걸다 vasīkaroti. mohaniddaṁ janeti.
최사(摧捨) vossagga.
최사(摧捨)의 지혜 vossagge paññā.
최사(摧捨)하다 vossajjati.
최상(最上) agga. anuttariya.
최상공(最上空) aggasuñña.
최상등정각(最上等正覺) paramabhisambodhi.
최상선(最上善)의 획득 brahmapatti.
최상수(最上樹) duma.
최상으로 생각되는 seṭṭhasammata.
최상으로 알아주다 abbhanujānāti.
최상으로 인정하다 abbhanujānāti.
최상으로 평가하다 abbhanujānāti.
최상을 선언하는 자 aggaḷavādin.
최상을 설하는 자 aggavādin.
최상을 얻은 agga(p)patta.
최상의 agga. aggaḷavara. aggavant. anupama. anuttara. niruttara. parama. paṭiseṭṭha. satta-ma. seṭṭha. uparima. upariṭṭhama. upariṭṭha. uttama. uttara. uttaravirahita. vara.
최상의 가르침 aggadhamma. uttamadhamma.
최상의 가르침을 지닌 aggadhamma.
최상의 가치 uttamattha.
최상의 가치가 있는 uddhagga. uddhaggika.
최상의 감각적 쾌락 kāmagga.
최상의 건강 paramaroga.
최상의 것 aggatā.
최상의 것을 얻은 varāhāyin.
최상의 결과 aggaphala.
최상의 결정성(決定性) paramanīyāmatā.
최상의 경례 paramanipaccākāra.
최상의 계행 adhisīla.
최상의 고행 paramatapa.
최상의 공덕(涅槃)을 획득한 (사람) pattipatta.
최상의 공양 aggapiṇḍa.
최상의 공양을 받는 aggapiṇḍika.
최상의 공연을 하는 uttamappavatti.
최상의 광대한 지혜를 지닌 uttamabhūripañña.
최상의 권력을 계승하다 anupavatteti.
최상의 권력을 행사하지 않는 avasavattin.
최상의 권위 vasuttama.
최상의 귀추 paramagati.
최상의 길을 얻은 자 aggamagga.
최상의 깨달음을 지닌 자[부처님] anomabuddhi
최상의 나무 dumuttama.
최상의 눈 paramacakkhu.
최상의 대중 aggavatī parisā.
최상의 덕 uttamaguṇā.
최상의 덕성 anomaguṇa.
최상의 명예 yasagga.
최상의 모임 gaṇuttama.
최상의 무병(無病) paramâroga.
최상의 물의 제공 aggôdaka.
최상의 믿음 aggapasāda. aggappasāda.
최상의 믿음보다 열등한 마음 sauttaracitta.
최상의 믿음이 있는 재가신자 aggupāsaka.
최상의 배움 sikkhânuttariya.
최상의 법보다 열등한 법 sauttaradhamma.
최상의 법왕(法王) anuttaradhammarāja.
최상의 법칙 ādhipacca.
최상의 봄 dassanânuttariya.
최상의 부분[주로 음식에 사용] aggakārikā.
최상의 사람 uttamapuggala.
최상의 사유 adhicitta.
최상의 상태 agga. aggabhāva. aggapada. anut-tarabhāva. uttamatā. uttamatta. ariyavihāra. aggadhamma. uttamabhāva. guṇaggatā. upar-ibhāva.
최상의 상태에 도달한 brahmapatta.
최상의 상품 aggabhaṇḍa.
최상의 상품을 훔치는 도둑 uttamabhaṇḍathena.
최상의 서약을 행한 katamahâbhinihāra.
최상의 선율 uttamamucchanā.
최상의 선인[부처님] isinisabha.
최상의 설법자 aggavādin.
최상의 섬김 pāricariyânuttariya.
최상의 성구(最勝句) aggapada.
최상의 성취에 도달한 uttamapattipatta.
최상의 성품 anomaguṇa.
최상의 성품을 지닌 aggapakatimant.
최상의 소득 lābhagga.
최상의 손 karaseṭṭha.
최상의 수레 aggayāna.
최상의 순간 sukhaṇa.
최상의 스승 anuttara.
최상의 신뢰 ekantavissāsa.
최상의 아름다움을 발산하는 uttamarūpavaṇṇin.

최상의 아름다움을 지닌 anomadassika.
최상의 안식 paramassāsa.
최상의 억념 anussatânuttariya.
최상의 업 kammuttama.
최상의 여제자 aggaḷasāvikā.
최상의 영광 aggapasāda. aggappasāda.
최상의 올바른 깨달음 sambodhyagga.
최상의 왕 aggarājā. rājavara.
최상의 우두머리 issarâdhipati.
최상의 위치 aggaṭṭhāna.
최상의 음식 aggabhakkha. aggabhatta. uttamāhāra. uttamabhojana.
최상의 의미 paramaṭṭha. paramattha.
최상의 의미교설 paramatthadesanā.
최상의 의미의 진리 paramaṭṭhasacca. paramatthasacca.
최상의 의미의 표현 paramaṭṭhavacana. paramatthavacana.
최상의 의식의 상태의 마음에서 발견된 abhicittauttamacittanissita.
최상의 이득 lābhânuttariya.
최상의 이름을 지닌 anomanāma.
최상의 이익 lābhagga.
최상의 이익이 되는 것 lābhânuttariya.
최상의 인간[부처님] aggapuggala.
최상의 자비 asamakaruṇa.
최상의 잠자는 자세 uttamaseyyā.
최상의 정신적 상태 dibbavihāra.
최상의 정진을 하는 anomaviriya.
최상의 제물 pariyañña. pariyañña.
최상의 제자 aggaḷasāvaka.
최상의 존재 bhavagga. uttamasat.
최상의 존재 앞에 aggasantike.
최상의 지금·여기에서의 열반 paramadiṭṭhadhammanibbāna.
최상의 지배자 adhissara.
최상의 지복에 도달한 amatagata.
최상의 지복을 보는 amatadassin.
최상의 지위에 속하는 장비 issariyaparihāra.
최상의 지혜 aññā.
최상의 지혜를 지닌 anomadassin. uttamabuddhi. uttamapañña.
최상의 지혜를 터득한 vedagū.
최상의 지혜를 획득한 사람 vedagū.
최상의 지혜에 대한 공부 adhipaññāsikkhā.
최상의 진리 paramasacca. saccikaṭṭha. uparisacca. paramatthasacca.
최상의 청문 savanânuttariya.
최상의 청정 paramavisuddha.
최상의 탁월성 uparimakoṭi.
최상의 탁월함을 믿는 aggatopasanna.
최상의 탈 것 brahmayāna.
최상의 태어남 yonipamukha.
최상의 특징들을 부여받은 ākiṇṇavaralakkhaṇa.
최상의 행운 maṅgaluttama.
최상의 현세에서의 열반 paramadiṭṭhadhammanibbāna.
최상의 활력을 지닌 uttamasattavat.
최상의 훈련 uttamadamatha.
최상의(最上義) paramaṭṭha. paramattha.
최상이 없는 appaṭiseṭṭha.
최상자(最上者) puṅgava.
최상자의 앞에 aggaḷasantike.
최상처(最上處) āsabhaṭṭhāna.
최상현법열반(最上現法涅槃) paramadiṭṭhadhammanibbāna.
최상혜(最上慧) paññuttara.
최상혜자(最上慧者) varapañña.
최선(最善)의 sattama.
최소한의 찌꺼기가 있는 aṇusahagata. anusahagata.
최승(最勝)의 agga. jeṭṭha. mokkha. parama.
최승경례(最勝敬禮) paramanipaccākāra.
최승도지(最勝倒地) paramanipaccākāra.
최승선(最勝禪) paramakusala.
최승성(最勝性) aggatā. paramatā.
최승의(最勝義) paramaṭṭha. paramattha.
최승인(最勝人) purisuttama.
최승자(最勝者) jina.
최승전(最勝殿) vejayanta.
최승제(最勝諦) paramasacca.
최악(最惡) kaddukkha.
최음제(催淫劑) kāmuddīpaka.
최종(最終) niṭṭhāna. parāyaṇa. parāyana.
최종목표인 피안으로 이끄는 parāyaṇagāmimagga.
최종적인 antabhūta. antima. avasāna.
최종적인 요소의 탈락 antalopa.
최초(最初) ādi. agga.
최초라는 의미 ādattha.
최초에 시작한 사람 ādikattar.
최초의 ādika. ādiya. ādina. ādīna. agga. aggaḷavara. mokkha. paṭhama.
최초의 물의 헌공 aggôdaka.
최초의 상태 최초의 조건 ādibhāva.
최초의 여제자 aggaḷasāvikā.
최초의 우주기[劫]에 속하는 ādikappika.
최초의 원인 padhāna.

최초의 음식 aggabhatta.
최초의 인간 ādipurisa.
최초의 제자 aggaḷasāvaka.
최초의 찌꺼기 ādisesa.
최초의 탁발보시 ādibhikkhā.
최초의 해설자 ādidīpaka.
최초의 헌공을 받을 만한 aggadakkhiṇeyya.
최파(摧破)하다 viddhaṁseti.
최하(最下)의 adhama.
최하층의 천민 kaṇhâbhijāti. kaṇhâbhijātika.
최하층의 천민의 kaṇhâbhijātika.
최후신(最後身) antimadeha. sarīrântima.
최후심(最後心) pacchimacitta.
최후에 antike.
최후유(最後有) carimabhava. pacchimabhava.
최후유자(最後有者) pacchimabhavika.
최후의 antika. antima. carima. dighañña. pacchima. pacchimaka.
최후의 마음 pacchimacitta.
최후의 목적 pārāyana.
최후의 몸 antimadeha. sarīrântima.
최후의 몸을 지닌 자 antimadehadhara.
최후의 음식 āturanna.
최후의 음식을 제공한 kalyāṇabhattika.
최후의 태어남 antimajāti.
추(錘)의 선 olambaka.
추(醜)한 appakāra. arūpin. asubha. avalakkhaṇa. piṅgala. virūpa.
추가(追加) parisiṭṭha. saṅkalana.
추가의 avasesaka.
추가적으로 명령된 anuppaññatta.
추구(追求) abhisevanā. anuyoga. āsaṅga. āsevana. āsevanā. āyūhana. āyūhanā. āyūhanī. gamana. gavesana. nisevana. nisevanā. payatana. payogakaraṇa. upasevana. upasevanā. upasevā.
추구되지 않은 apariyiṭṭha.
추구된 anuyāta. nisevita. pariyesita. patthita. upasevita.
추구를 원인으로 하는 esanahetu. esanāhetu.
추구하는 anucarita. gavesaka. gavesin. pasuta. upanisevana. upasevin. upasiṁsaka.
추구하는 자 paṭisevitar.
추구하다 ābhāveti. anudhāvati. anusarati. āsevati. āyūhati. maggati. maggeti. nissayati. paṭisevati. patisevati. samanubandhati. upanisevati. upasevati. uyyamati.
추궁하는 anupātin.
추도심(推度心) santīraṇacitta.
추도작용(推度作用) santīraṇakicca.
추락(墜落) āpatana.
추락하다 āpatati.
추론(推論) anubuddhi. anumāna. naya. pakkappanā. takka. takkaṇa. ūhana.
추론된 anubuddha. nīta.
추론될 수 있는 neyya.
추론될 수 있는 의미 neyyattha.
추론될 수 있는 의미의 가르침 neyyatthadhamma.
추론에 따라서 takkahetu.
추론에 의한 앎 anvayañāṇa.
추론에서 벗어난 atakkika.
추론의 근거 takkahetu.
추론의 범위 안에 있는 takkâvacara.
추론의 범위를 벗어난 atakkâvacara.
추론의 원칙 takkāgama.
추론하다 anumināti. anumīyati. takketi. takkaṁdasseti. upadhāreti. upadhārayati.
추론할 수 있는 takkâvacara.
추루(醜陋)한 okoṭimaka.
추리(推理) anubuddhi. takka. takkaṇa. ūhana.
추리하다 ūhati.
추방(追放) nāsana. nicchubhana. niddhamanā. nīhaṭatā. nissāraṇa. pabbājana. paṭighāta. paṭivinodana. paṭivinodaya. vinodana.
추방되다 nirajjati.
추방되어야 하는 asamvāsiya.
추방되어질 수 없는 avuṭṭhāpanīya.
추방된 apanīta. avaruddha. oruddha. avaruddhaka. nāsita. nibbisaya. nicchuddha. pabbājita. paṭivinīta.
추방된 자 nāsitaka.
추방을 당할 만한 pabbājaniya.
추방자(追放者) apanuditar. likhitaka. vinodetar.
추방하고 abhinibbija.
추방하는 pabbājayat. vinodaka.
추방하는 사람 sāṭetar.
추방하다 abhinibbajjeti. avarundhati. nāseti. niddhāpeti. nissāreti. pabbājeti. palāpeti. paṭivineti. paṭivinodeti. pavineti. vihāpeti. vināseti. vyapanudati.
추방하지 않음 anikkaḍḍhanā.
추상적 물질 anipphannarūpa.
추세식(麤細食) kabaḷīkāro āhāro oḷāriko vā sukhumo vā.
추수시기(秋收時機) kiṭṭhasambādhasamaya.
추시(秋時) saradasamaya.
추식(麤食) oḷārikâhāra.

추아득(麤我得) oḷārikattapatilābha.
추악(醜惡) kakkhaḷatā. kakkhaḷatta.
추악어(醜惡語) pharusavācā.
추악한 asobhaṇa. asundara. dubbaṇṇa. duddasika. duṭṭhulla.
추악한 말 duṭṭhullavācā.
추어(麤語) duṭṭhullavācā.
추어자(麤語者) duṭṭhullabhāṇin.
추억(追憶) sati. anusaraṇa. anussaraṇa.
추억에 잠겨 anussatipubbakaṁ.
추억의 saramāna.
추억하는 sara.
추운 sisira. sīta. sītaka. sītala.
추운 계절 sisira.
추운 때 sītakāla.
추운 지옥 sītanaraka.
추워진 sosīta. sosīta.
추위 mahikā. mahiyā. tusāra.
추위를 느끼는 sītāluka.
추위를 두려워 하는 sītabhīruka.
추위와 더위 sītuṇha.
추적(追跡) anubandhana. anugacchanā. anugama. maggana. magganā. upadhāvana.
추적된 anugata.
추적을 받은 valañjanaka.
추적을 받지 않는 anāpāthagata.
추적하는 사람 anudhāvin.
추적하는데 영리한 padakusala.
추적하다 anubandhati. anudhāvati. anugacchati. anvāgacchati. maggati. maggeti. paripāteti. paripāṭeti. valañjeti.
추적할 수 없는 ananuvejja.
추종(追從) anusañcaraṇa. anusāra.
추종된 anulagga.
추종자(追從者) anucara. anumitta. nissitaka.
추종하는 anupatana. mukhullokaka. upasevin.
추종하다 anukkamati. anupatati.
추죄(麤罪) duṭṭhullāpatti.
추죄(麤罪)와 비추죄(非麤罪) duṭṭhullâduṭṭhulla.
추진하는 스승 pavattin.
추첨(抽籤) salākā.
추출(抽出) uddhāra.
추출된 unnītaka.
추출액(抽出液) sāva.
추측(推測) ādesanā. parikappa. parikappanā. sambhāvana.
추측하다 ādisati. kappeti.
추켜세우다 uṭṭhāpeti.
추타(追打)하다 paṭikoṭeti. paṭikoṭṭeti.
추태(醜態)를 보이는 vippakāraka.
추포(麤布) masāṇa.
추하지 않은 aduṭṭhulla.
추한 눈 virūpakkha.
추회자(追懷者) vippaṭisārin.
축 늘어져 기댄 자세 pallattha. pallatthikā.
축배(祝杯) thuticuṇṇikā. uttaribhaṅga.
축배를 들다 abhitthavati.
축복(祝福) ānisaṁsa. ānandī. āsī. hita. sotthāna. sotthi. subha. sugati. suladdha. sulladdha.
축복받는 yāma. ānandin.
축복받는 것 subhagati.
축복받는 하늘나라의 신들 yāmā devā.
축복받은 abhilakkhita. āsiṭṭha. sotthika. sotthiya.
축복의 maṅgala.
축복의 보도자 vācaka.
축복의 의식을 행한 katamaṅgalakicca.
축복하는 saṅkara. sovatthika.
축복하다 subham āsiṁsati. sotthiṁ pattheti.
축사(祝辭) ādeyyavacana.
축사(畜舍)의 입구 kaṇṭakadvāra.
축생(畜生) tiracchāna. tiracchānagata.
축생론(畜生論) tiracchānakathā.
축생명(畜生明) tiracchānavijjā.
축생으로 태어나지 않는 atiracchānagāmin.
축소(縮小) apacaya. ūnakaraṇa. hāyana. parihāna. parihāni. saṅkoca. saṅkucana. tanutta. hāpana.
축소되다 saṅkucati.
축소된 osanna. sampuṭita.
축소판(縮小版) vissapatibimba.
축소하다 hāpeti. tanukaroti.
축약(縮約) samāhāra. saṁhāra. maṅgalakicca. ussava.
축연(祝宴) paricāraṇā.
축음기(蓄音機) saddavāhakayanta.
축일(祝日) ussavadivasa.
축적(蓄積) ācaya. āyūhana. āyūhanā. āyūhanī. nicaya. nidhāna. nisaṅkhiti. puññûpacaya. sambhāra. sañcaya. sañcinana. sandeha. saṅgaha. saṅgharaṇa. saṅkhepa. sannicaya. sannidhi. sannidhikāra. uccaya. upacaya. upacitatta. ussādana. ussannatā. ussaya.
축적되다 cīyati. pacīyati.
축적된 āciṇa. nicita. paricita. sañcita. sannicita. upacita.
축적물 더미 piṇḍa. piṇḍi.
축적을 한 katasannicaya.

축적하다 abhisañcināti. ācināti. āyūhati. cināti. nidahati. pacināti. paṭivyūhati. pativyūhati. saṅgharati. upacināti.
축제(祝祭) ānandiya. chaṇa. kīḷikā. kīḷita. kotūhala. kutūhalamaṅgala. nakkhatta. maṅgala. ussava. pūjāvidhi. pakkha.
축제기분의 kotūhalamaṅgalika.
축제날 ussavadivasa.
축제를 갖는 samajjadāna.
축제를 열다 mahaṁ karoti.
축제소동에서의 외침 kotūhalasadda.
축제에서 연단으로 사용하는 쌓은 침대 mañcatimañca.
축제의 maṅgala.
축제의 놀이 chaṇakīḷā.
축제의 모임 samajja.
축제의 이름 akkhipūjā.
축제의 장소 samajjaṭṭhāna.
축제의 흥분 kotūhala.
축제일(祝祭日) pakkhadivasa.
축제행사(祝祭行事) maṅgalakicca.
축첩(蓄妾) gaṇikāvutti.
축축하게 하다 pakiledeti.
축축한 adda. samunna. siniddha. tinta.
축축한 상태 addabhāva.
축출(逐出) panūdana.
축하(祝賀) anugāyana.
축하하는 uppilāvin.
축하하다 abhikitteti. anugāyati. jayāpeti.
출가(出家) abhinikkhama. abhinikkhamana. nekkhamma. pabbajjā. pabbajana.
출가상태 pabbajjā.
출가상태의 agiha. agaha. ageha.
출가생활(出家生活) pabbajjā.
출가생활을 못하게 함 apabbajana.
출가수행자(出家修行者) anāgāra. anāgārika. samaṇa.
출가시키다 pabbājeti.
출가신분의 스승 pabbajjācariya.
출가의 공덕 sāmaññaphala.
출가의 기쁨 pabbajjāsukha.
출가의락(出家意樂) nekkhammajjhāsaya.
출가자(出家者) pabbajita.
출가자의 신분 pabbajjā.
출가자의 특징 pabbajitaliṅga.
출가하고자 하는 의도 nekkhammajjhāsaya.
출가하기 힘든 duppabbajja.
출가하는 okacārikā.
출가하다 abhinikkhamati. anagāriya. nikkhamati. pabbajati.
출가하지 않는 것 apabbajana.
출가하지 않은 apabbajita.
출가한 nikkhanta. pabbajita.
출기선(出起善) vuṭṭhānakusala.
출리(出離) abhinikkhama. abhinikkhamana. nekkhamma. nikkhamana. niyyāna. parikkamana. nissaraṇa.
출리계(出離界) nekkhammadhātu.
출리공(出離空) nissaraṇasuñña.
출리단(出離斷) nissaraṇappahāna.
출리도(出離道) nekkhammapaṭipadā.
출리될 수 있는 nissaraṇīya.
출리바라밀(出離波羅密) nekkhammapāramo.
출리사(出離思) nekkhammasaṅkappa.
출리사유(出離思惟) nekkhammasaṅkappa.
출리상(出離想) nekkhammasaññā.
출리신해(出離信解) nekkhamâdhimutta.
출리심(出離尋) nekkhammavitakka.
출리에 의한 극복 nissaraṇappahāna.
출리에 의한 버림 nissaraṇappahāna.
출리에 의한 해탈 nissaraṇavumutti.
출리원리(出離遠離) nissaraṇaviveko.
출리의 niyyānika. nīyānika.
출리의 가르침 niyyānikasāsana.
출리의 세계 nekkhammadhātu.
출리의락(出離意樂) nissaraṇajjhāsaya.
출리이법(出離二法) niyyānikaduka.
출리자(出離者) niyyātar.
출리하게 하다 nikkhameti. nikkhāmeti.
출리하다 nikkamati. nikkhamati. nissarati. niyyāti. paṭinissarati.
출리한 katanikkhamana.
출리해탈(出離解脫) nissaraṇavimutti.
출리혜(出離慧) nissaraṇapañña.
출몰(出沒) gamanâgamana.
출발(出發) abhinikkhama. abhinikkhamana. ārabhana. paṭṭhāna. pāya. vigamana.
출발된 payāta. pāyāta.
출발의 장애 gamanantarāya.
출발점 paṭṭhāna.
출발하다 ārabhati. oyāyati. pakkamati. pareti. pāyāti. payātipayāti. uyyuñjati. vyapagacchati.
출발한 vyapagacchati.
출발해버린 pakkanta.
출불신혈업(出佛身血業) ruhiruppādakamma.
출산(出産) gabbhavuṭṭhāna. pasavana. pasūti. sūti. bhāramocana. vijāyana.
출산경험이 있는 여자 vijātā.

출산된 upanibbatta.
출산시(出産時) vijātākāla.
출산시에 태아를 받는 천 sotthiya.
출산에 가까운 āsannagabbha.
출산에 즈음한 āsannagabbha.
출산의 시간 vijātākāla.
출산지(出産地) sañjātidesa.
출산하는 janaka.
출산하는 여자 vijāyantī. vijāyamānā.
출산하다 sañjaneti. vijāyati.
출생(出生) abhinibbatti. pajāyana. pasūti. sambhava. sambhavana. savana. uppatti. jāti.
출생국(出生國) sakaraṭṭha.
출생부터 바로 uppattisamantaraṁ.
출생시간(出生時間) uppattikāla. vijātākāla.
출생식(出生式) jātakamma.
출생실(出生室) jātovaraka.
출생에 대한 자부심이 강한 jātithaddha.
출생에 의한 교만 jātimada.
출생에 의한 도취 jātimada.
출생에 의한 장로 jātithera.
출생에 의해서 uppattivasena.
출생으로 이루어진 jātimaya.
출생을 속이는 jātilesa.
출생을 추구하는 sambhavesin.
출생의 jacca.
출생의 순서 uppattividhāna.
출생의 실현 uppattinipphādana.
출생의 차이 jātisambheda.
출생의 특징 jātivibhaṅga.
출생이 의착에서 비롯된 upadhijātika.
출생장로(出生長老) jātithera.
출생지(出生地) uppattibhūmi. yoni. uppattidesa. jātabhūmi.
출생하다 pajāyati.
출석(出席)하다 upanamati.
출석하지 않는 aparicāraka.
출세간(出世間) nekkhamma. lokuttara. vuṭṭhāna.
출세간도(出世間道) lokuttaramagga.
출세간선(出世間善) lokuttarakusala.
출세간수습(出世間修習) lokuttarabhāvanā.
출세간심(出世間心) lokuttaracitta.
출세간에 능숙한 vuṭṭhānakusala.
출세간에 밝은 lokuttarakusala.
출세간의 apariyāpanna. lokuttara.
출세간의 길 lokuttaramagga.
출세간의 길에 대한 통찰의 지혜 vuṭṭhānagāminīvipassanāñāṇa.
출세간의 마음 lokuttaracitta.
출세간의 마음의 조합방식 lokuttaracittasaṅgahanaya.
출세간의 삼매 lokuttarasamādhi.
출세간의 체험 lokuttarasacchikiriyā.
출세간의 행위 lokuttaracariyā.
출세간작증(出世間作證) lokuttarasacchikiriyā.
출세간적 곧바른 앎 lokuttarā abhiññā.
출세간적인 nirāmisa.
출세간적인 결과 lokuttaravipāka.
출세간적인 수행 lokuttarabhāvanā.
출세간적인 앎 lokuttarañāṇa.
출세간적인 제거를 통한 멀리 여읨 samucchedaviveko.
출세간적인 제거를 통한 해탈 samucchedavimutti.
출세간적인 통찰 lokuttaravipassanā.
출세간정(出世間定) lokuttarasamādhi.
출세간지(出世間智) lokuttarañāṇa.
출세간행(出世間行) lokuttaracariyā.
출식(出息) apāna. assāsa.
출신계급의 kulin.
출신성분과 직업이 대장장이인 사람 kammāraputta.
출신이 좋은 atijāta.
출욕(出欲) nekkhamma.
출입(出入) nissakkana.
출입구 dvārakoṭṭhaka.
출입금지의 경계로 삼는 정원 sīmārāma.
출입식(出入息) ānāpāna.
출정(出定) vuṭṭhāna.
출정(出定)시키다 vuṭṭhāpeti.
출정(出定)의 자유자재 vuṭṭhānavasitā.
출정자재(出定自在) vuṭṭhānavasin. vuṭṭhānavasitā.
출정하다 vuṭṭhahati.
출죄(出罪) vuṭṭhāna.
출죄(出罪)된 abbhita.
출죄(出罪)시키다 abbheti. vuṭṭhāpeti.
출죄(出罪)하다 vuṭṭhahati.
출죄선(出罪善) vuṭṭhānakusala.
출죄선교(出罪善巧) āpattuṭṭhānakusalatā.
출판(出版)하다 muddāpeti. pacāreti. pakāseti. pākatīkaroti.
출판업자(出版業者) pakāsaka.
출향(出向)하다 avasarati.
출현(出現) āpāthagatatta. avakkanti. āvibhāva. niccharaṇa. nikāsa. okkanti. paccupaṭṭhāna. samuggama. samuṭṭhāna. ummīlana. ummisana.

ummujjā. ummujjana. upapajjana. uppāda. vuṭṭhāna.
출현된 anudassita. samuṭṭhita. ummīlita.
출현된 물질 samuṭṭhānarūpa.
출현된 법의 취합 samuṭṭhānasaṅgaha.
출현이 적지 않은 akkhuddâvakāsa.
출현하게 하다 umujjāpeti.
출현하게 함 ummujjāpana.
출현하는 samuṭṭhānika. ummujjamānaka.
출현하다 niccharati. okkamati. paccupaṭṭhahati. upapajjati.
출현하지 않음 appakāsana.
출현한 samuggata.
출현해서 okkamma.
춤 lāsa. nacca. naccana. natta. naṭṭa. nattana. sanacca.
춤꾼 naccaka. naṭa. naṭṭaka. nattaka. naṭṭakī. naccakī.
춤을 추다 upanaccati.
춤을 춘 panaccita.
춤추게 하다 naccāpeti.
춤추는 곳 raṅga.
춤추는 사람 lāsika.
춤추는 여인 nāṭakitthi.
춤추다 lasati. naccati. naṭati.
춤출 때의 회전 abbhokkiraṇa.
충격(衝擊) abhighāta. javana. sannighāta. santāsa.
충고(忠告) anusāsana. anusāsanā. anusāsanī. anusiṭṭhi. apadāna. āvaṭṭanā. desaka. kathā. mantana. mantaṇa. mantanā. mantaṇā. ovāda. ovadana. ovādana. samanubhāsanā. upadesa. upadisana. sārapā.
충고가 없는 anovādaka.
충고될 수 있는 ovadanīya. ovaditabba. ovadiya.
충고를 따라 행동하지 않는 anovādakara.
충고를 무시하는 bhinnamanta.
충고를 받다 ovadiyati. ovadīyati.
충고를 받아들이지 않는 anapadāna.
충고를 받은 anusiṭṭha. mantita. paccanusiṭṭha.
충고를 받지 않는 anovadiyamāna.
충고를 주고자 원하지 않는 anovaditukāma.
충고를 줄 필요가 없는 anovādin.
충고를 참아내는 ovādakkhama.
충고자(忠告者) ovādakara. pariṇāyaka. ovādadāyaka. ovādaka.
충고하는 mantin. ovādaka. paññāpaka.
충고하다 anujānāti. anusāsati. anvādisati. manteti. niveseti. ovadati. samanubhāsati. saññāpeti. upadisati.
충담상(蟲噉想) puḷavakasaññā.
충당(充當)하다 pariṇāmeti.
충돌(衝突) abhighāta. paṭigha. paṭighāta. sampahāra. sampāta. saṅghāta. saṅghaṭṭana. saṅghaṭṭanā. sannighāta. vedhitā.
충돌될 수 없는 aghaṭṭanīya.
충돌하는 vedhin.
충돌하다 ghaṭṭeti. ghaṭṭayati. saṅgāmeti. saṅghaṭṭeti.
충동(衝動) chanda. chandatā. chandavantatā. vega.
충동의 다양성 chandanānatta.
충동적인 욕구 kāma.
충만(充滿) āpūra. asana. paripuṇṇatā. paripūraka. paripūraṇa. paripūratta. paripūrī. puṇṇatā. puṇṇatta. pūratta. vepulla. vepullata. vepullatā. vipphāra.
충만된 samākiṇṇa. samerita. sañcita.
충만하게 하다 pūreti. vyāpeti.
충만하다 pūrati.
충만한 paripuṇṇa. puṇṇa. pūra. pūraka. vokiṇṇa.
충분(充分)하게 yathāvato.
충분하다 nibbindati. pabhavati. pabhoti. pahoti.
충분하지 않은 anala. apariyatta.
충분한 ala. alaṁ. pahonaka. pahūta. sādhuka. sāhu. yāthāva. yathāraddha. yathālabdha.
충분한 금지를 지닌 yāthāvamāna.
충분한 정도로의 yathodhika.
충분한 지식 pariññā.
충분한 지식을 가지고 있는 pariññātāvin.
충분한 지식을 가지고 있음 pariññātatta.
충분히 갖추고 있지 못한 anupasampanna.
충분히 갖추다 upasampajjati.
충분히 고려된 보시 viceyyadāna.
충분히 근거가 있는 yāthāva.
충분히 아는 pariñña.
충분히 알고 pariññā.
충분히 알다 parijānāti.
충분히 알려져야 하는 pariññeyya.
충분히 알려진 pariññāta.
충분히 알지 못하고 ananuvicca.
충분히 앎 parijānanā.
충분히 짜지 않은 aloṇa. aloṇaka.
충분히 파악하다 abhisamayāgacchati.
충분히 포함하다 ativeṭheti.
충성(忠誠) anurodha.
충성스러운 anurodhin. anuruddha. assava.
충실(充實)한 adūbhaka. assava.

충일(充溢) ussādana.
충족될 수 없는 asamijjhanaka.
충취상(蟲聚想) puḷavakasaññā.
췌식(揣食) kabaliṅkārāhāra.
취(趣) gati.
취(聚) puñja. rāsi.
취(取) upādāna.
취(醉)하게 마시는 것 majja.
취(醉)하게 하는 madanīya.
취(醉)하게 하는 것 madirā.
취(醉)하게 하는 것이 없는 anāsava.
취(醉)하게 하는 법 madanīyadhamma.
취(醉)하게 하는 음료 surā.
취(醉)하게 하는 음료를 마심 majjapāna.
취(取)하고 ādā.
취(醉)하기 mada. madana.
취(醉)하는 assāvin.
취(取)하다 ādadāti. ādiyati. gaṇhati. ādāti. ādadāti. samādāti.
취(醉)하다 majjati. pamajjati.
취(取)하지 않고 anādā. anāditvā.
취(取)하지 않는 anādiyāna. anuggaha. assāvin.
취(醉)하지 않은 amatta. anādinna.
취(取)하지 않음 anādiyana. anādiyanā.
취(醉)한 madanayuta. sammatta.
취(醉)한 여자 vāruṇī.
취(醉)한 코끼리 madahatthin. mattakuñjara. mattagaja. mattahatthin.
취(取)함 samādāna.
취(取)해지다 gayhati.
취(取)해진 ādinna.
취견실주착(取堅實住著) sārādānābhinivesa.
취관분석학(吹管分析學) tejoviññāṇa.
취관분석학자(吹管分析學者) tejotattavidū.
취궁(取弓) cāpāla.
취권(取卷)하다 parikkhipati.
취급(取扱) anuparisakkana. avacaraṇa. karaṇa. sañcopanā. saṅgaha.
취급된 avassita.
취급의 대가 kammamūla.
취급하는 sañcopana.
취급하다 sañcopati. upacarati. upanikkhipati.
취담(取擔) bhārādāna.
취득(取得) lābha. labhana. pariggaha. paṭilābha. upaharaṇa. upasampadā.
취득하다 upasampajjati.
취득한 uggaha.
취락간정(聚落間淨) gāmantarakappa.
취만(臭蔓) pūtilatā.
취반(炊飯) pācana.
취봉(鷲峰)[지명] Gijjhakūṭa.
취불상응(取不相應) upādānavippayutta.
취사(炊事) pacana.
취사그릇 pacanathālikā.
취사인(炊事人) dānasālādhikārin.
취상(醉象) mattakuñjara. mattagaja. mattahatthin. madahatthin.
취상(取相) uggahanimitta.
취상응(取相應) upādānasampayutta.
취소(取消)하다 avākaroti.
취액(取軛) yugaggāha.
취연(取緣) upādānapaccaya.
취온(取蘊) upādānakkhandha.
취임(就任)된 abhilakkhita. abhisitta.
취임시키다 abhilakkheti. abhisiñcati.
취입(趣入) avataraṇa.
취주(吹奏)하다 vādeti.
취주자(吹奏者) dhama. dhamaka.
취진신해(取盡信解) upādānakkhayâdhimutta.
취착(取著) ādāna. upādi. ādāna. parāmasa. parāmāsa. parāmasana. samuggahīta. upādāna.
취착과 집착 ādānagahana.
취착된 parāmaṭṭha. upādinna. upādiṇṇa.
취착번뇌지(取著煩惱地) upādānakilesabhūmi.
취착에 의존하지 않는 anupādiṇṇa. anupādiṇṇaka.
취착의 upādāniya.
취착이 없음 anupādāna.
취착자(取著者) upādātar.
취착하는 ādāyin. parāmāsin. sādāna.
취착하지 않는 anupādiyaṁ.
취출물(吹出物) pilaka. piḷakā. pīḷakā.
취침(就寢)하는 nipātin.
취회(聚會) saṅgaṇikā.
취회주(聚會住) saṅgaṇikāvihāra.
측량(測量) māṇa.
측량되지 않은 atulita.
측량된 mita. parimita. upasaṅkhyāta.
측량된 상태 parimitatta.
측량될 수 있는 upasaṅkhātabba. upasaṅkheyya.
측량사(測量士) bhūmimāṇaka. rajjubheda.
측량에 의한 pamāṇika.
측량하는 pamāṇika. pamāyin.
측량하는 사람 pamāṇika.
측량하다 anumināti. anumīyati. nimmināti.
측량할 수 없는 amita. anappameyya. asaṅkha. atula. atuliya. atulya. atulla.
측량할 수 있는 것 pamaññā.

측면(側面) anta. passa.
측시학(測時學) horāmāṇavijjā.
측은히 여기는 anugayhamāna. anuggaṇha.
측은히 여기다 anugaṇhāti. anuggaṇhāti.
측은히 여김 anuggaṇhana.
측정(測定) māṇa. pamāṇa. tīraṇa.
측정될 수 없는 ametabba.
측정의 원인 pamāṇakaraṇa.
측정하다 kalāyati. māpeti. mināti. pamināti. tīreti.
측정할 수 없는 aparimeyya.
측정할 수 있는 pamāṇavant. pameyya.
층(層) caya. cayana. upadhi. opuñjana.
층계의 꼭대기 sopānasīsa.
층계의 하부 sopānapāda.
층이 있는 valika. bhūmika.
치골(齒骨) dantaṭṭhi.
치과학(齒科學) dantavijjā.
치구(馳驅) sammadda.
치구행(痴俱行) mohasahagata.
치근(痴根) mohamūla.
치기 nipphoṭana. pahāra.
치는 paharaṇaka. vedhin.
치는 것 pāṭihāra.
치다[때림] abhihanati. paharati. pappoṭheti. pappoṭeti. parisumbhati. pariyāhanati. paṭihaṁsati. potheti. poṭheti. potheti. sannitāḷeti. sumbhati. sumhati. vijjhati.
치닫다 anujavati. anuparidhāvati. upadhāvati.
치료(治療) bhesajja. osadhikā. paṭicchādī. paṭikāra. ropana. ropanā. rūhana. rūhanā. tikicchā. upakaraṇa. upakkama. yoga. vejjakamma.
치료가 없는 appaṭikamma.
치료되는 tejiccha.
치료된 rūḷha. saṁrūḷha. uparūḷha.
치료될 수 있는 ropaya.
치료법의 ātaṅkahara. roganivāraka.
치료사(治療師) katta. kattaka. vejja.
치료술(治療術) tikicchā.
치료약(治療藥) paṭicchādī.
치료와 관계된 sāropin.
치료의 paṭikārika.
치료의 별 osadhitārakā.
치료하는 sāropin.
치료하다 abhisādheti. cikicchati. tikicchati. paṭicchādeti. paṭikaroti. rūhati. tikicchati.
치료할 수 없는 appaṭijaggiya. atekicca.
치료할 수 있는 satekiccha.
치매(癡呆)의 sammūḷha.
치명적(致命的)인 avaḍḍhikara. avassabhāvin. pāṇahara. jīvitanāsaka.
치명적인 avassabhāvin.
치몽(痴夢) pamoha. sammoha.
치몽주착(痴蒙住著) sammoha.
치법(痴法) mohadhamma.
치병(齒病) dantaroga.
치불선근(癡不善根) mohâkusalamūla.
치사리(齒舍利) dāṭhādhātu.
치솟은 ucciya. ussaṭa.
치수 pamāṇa. ummāna.
치수가 2 정도인 dumatta.
치수자(治水者) nettika.
치아를 보여주는 웃는 모습 vidaṁsaka.
치아사리 dāṭhādhātu.
치안관(治安官) rājabhaṭa.
치암(痴闇) mohatama.
치열(齒列) dantapāli.
치요(痴搖) mohanigha.
치욕(恥辱) ayasa. omāna. parābhava. lajjitabbaka.
치욕을 줌 lajjāpana. lajjāpanikā.
치우다 abhivāheti. apaṭṭhapeti. oṇeti. oropayati. oropeti. viyūhati.
치워버리다 ujjahati.
치워진 apābhata. obhaṭa. obhata. onīta. oṇīta. sammaṭṭha.
치유(治癒) paripaccana. yoga.
치유의 ātaṅkahara. roganivāraka.
치인(痴因) mohahetu.
치자나무[약초] piyaṅgu. piyaṅguka.
치장(癡障) mohakiñcana.
치장(治裝) pīṇana.
치장된 abhimaṇḍita. abhiropita.
치장에 대한 탐욕 alaṁkāralolatā.
치장하다 abhiropeti. alati.
치장하지 않은 amaṇḍita.
치장하지 않음 amaṇḍanā.
치장한 만큼 yathâlaṅkata.
치재(痴栽) mohakhila.
치전(痴箭; 癡箭) mohasalla.
치제상(齒齊相)[삼십이상] samadanta.
치조농루(齒槽膿漏) dantapūyasavana.
치즈가 섞이지 않은 atakkaka.
치질(痔疾) arisa. arisaroga. bhagandala. bhagandalā. aṁsā. bhagandalābādha.
치착(癡着) mohasaṅga.
치통(齒痛) dantaroga. dantarujā.
치화(痴火) mohaggi.

칙령(勅令) rājāṇā. rājāṇatti.
칙령(勅令)의 āṇatta.
칙칙한 malina.
친(親)한 akopa. asapatta. avera. hita. katapari-caya. metta. sāmāyika. sampavaṅka. sampiya. suhada. sumana.
친교(親交) sahāyatā. sahāyatta. sampavaṅka-tā. saṁvāsa. sākhalya. sākhalla.
친교사(親敎師) upajjhāya. upajjhāyaka.
친교사가 없는 anupajjhāyaka.
친교사라는 속임수 upajjhāyalesa.
친교사에 대한 의무 upajjhāyakicca. upajjhāya-vatta.
친교사에 속하는 upajjhāyamūlaka.
친교사와 동등한 upajjhāyamatta.
친교사의 동의어 upajjhāyavevacana.
친구(親舊) amacca. anvāyika. hita. mitta. mi-ttâmacca. sagocara. sahāya. sakhi. saddhiṁ-cara. sambhatta. sampavaṅka. sandiṭṭha. sat-thuna. sinehaka. sohada. suhada. vayassa.
친구가 둘이 있는 dvibandhu.
친구가 사는 곳에 sandiṭṭha.
친구가 아닌 사람 amitta.
친구가 없는 appasattha. asahāya.
친구가 없음 abandhu.
친구관계 dutiyaka. dutiyyatā. mittatā. sakhī-bhāva. sakhitā. sohajja.
친구관계를 깸 mithubheda.
친구관계를 파괴하는 mittabheda.
친구들이 있는 행운 sahāyasampadā.
친구로 사귀는 katamittasanthava.
친구로서 이전에 친했던 sākhapurāṇasanthuta.
친구로서 친척인 mittabandhava.
친구를 따라서 sambhatta.
친구를 만족하게 하는 mittâbhirādhin.
친구를 배반하는 자 mittaddu. mittaddubbha. mittaddūbha. mittaddūbhin.
친구를 배반하지 않는 amittadūbhin.
친구를 신뢰하여 sambhatta.
친구를 의존해서 sandiṭṭha.
친구를 해치는 자 mittaddu. mittaddubbha. mit-taddūbha. mittaddūbhin.
친구와 관계된 sammiya.
친구와 적 mittâmitta.
친구와 친지가 없는 amittañāti.
친구의 sampiya.
친구의 구족(具足) sahāyasampadā.
친구인 상태 sakhībhāva.
친근사문(親近沙門) samaṇûpāsana.
친근하게 될 수 없는 asevitabba.
친근하다 bhajati.
친근한 bhatta. saṁseva. saṁsevin.
친근함 saṁsevanā. saṁsevā.
친목(親睦) suhajja.
친밀(親密) anunaya. anunayana. avacaraṇa. me-ttāyanā. mettāyitatta. paricaya. paguṇabhāva. sampavaṅkatā. samudācāra. santhava. vissāsa.
친밀감을 느끼다 mettāyati.
친밀과 혐오 anunayapaṭigha.
친밀의 결박 anunayasaṁyojana.
친밀하게 하다 paricayati.
친밀하다 vissasati. vissāseti.
친밀하지 않은 asanthava. asanthuta.
친밀한 abbhantara. abhisattika. santhuta. vis-sāsaka. vissāsika. vissāsaniya. vissāsin. vissa-ttha.
친밀한 감정 mettāyanā. mettāyitatta.
친밀함에서 오는 속박 anunayasaṁyojana.
친분(親分) sampavaṅkatā.
친선(親善) suhajja.
친숙(親熟) bhajanā. niṭṭhā. pāguññatā.
친숙한 avacara. paguṇa. pākata. pākaṭa. pari-cita. santhuta. katasaṁsagga.
친숙함 paguṇabhāva.
친애하는 벗이여! mārisa.
친애하는 친구 piyamitta.
친의연(親依緣) upanissayapaccaya.
친의조건(親依條件) upanissayapaccaya.
친절(親切) ahiṁsā. anuddayatā. anuggaha. an-uggahaṇa. anugganhana. anukūlabhava. ak-kodha. dayā. mamaṅkāraṇa. muditā. nijjhāpana. paggaha. sākhalya. sākhalla. saṅgaha. saṅga-ṇhana. vadaññutā.
친절을 공경의 대상으로 하는 것 paṭisanthāra-gāravatā.
친절하게 다루다 saṅgaṇhati.
친절하게 대접받는 katapaṭisanthāra.
친절하게 대접하다 sampiyāyati.
친절하게 말하기 upalāpanā.
친절하게 말하는 pubbabhāsin.
친절하게 말하다 upalāpeti.
친절하게 맞이하다 paṭisantharati.
친절하게 환영받는 katapaṭisammodana.
친절하게 환영하는 santhāra.
친절하다 mettāyati.
친절한 abbhākuṭika. akkodhana. anugganha-taka. anukūla. bahukata. kalyāṇa. kallāṇa. me-tta. pemaniya. pemanīya. pubbakarin. sammo-

daka. saṅgaṇha. sārāṇiya. sumana. uttānamukha. vadaññu.
친절한 마음을 지닌 kalyāṇacitta.
친절한 말 sallāpa. saṇhabhāsita.
친절한 말의 사용 sakhilavācatā.
친절한 성격 piyakamya.
친절한 인사 ānandana.
친절한 인사를 교환하다 sammodati.
친절함을 보이는 dayāpanna.
친절히 다루는 saṅgāhaka.
친절히 대하다 sakkaroti.
친족(親族) bandhava. bandhu. ñāti. sajana. sajana.
친족과 관련된 상실 ñātivyasana.
친족의 구족 ñātisampadā.
친증조모(親曾祖母)[부계] payyikā.
친증조부(親曾祖父)[부계] payyaka. papitāmaha.
친지(親知) ñāti. ñātaka.
친지가 아닌 aññāti. aññātika.
친지가 아닌 자로부터의 도움 aññātuñcha.
친지가 없는 (사람) aññātaka.
친지의 ñātaka.
친척(親戚) bandhava. bandhu. ñāti. ñātaka. paṭibandhu. sagotta. sālohita.
친척들 āmajana.
친척의 ñātaka.
친척이 많은 bandhuvant. bandhumant.
친척이 있는 bandhuvant. bandhumant.
친하게 된 sahavyûpaga.
친하지 않은 ahita.
친한 사람 paṭimantaka.
친한 친구 abbhantarika.
친할 수 없는 asevitabba.
친함 sampavaṅkatā.
친해지다 usseneti.
칠(7) satta.
칠(7) 보다 많은 atirekasatta.
칠(7) 요자나의 거리 sattayojanika.
칠(漆) ālimpana. limpana.
칠각지(七覺支) satta bhojhaṅgā. satta sambhojhaṅgā.
칠각형(七角形) sattakoṇaka.
칠결(七結) satta saṁyojanāni.
칠과 이분의 일(7½) aḍḍhaṭṭhama.
칠년(七年) sattavassāni.
칠년의 sattavassika.
칠누진자사(七漏盡者事) satta niddesavatthūni.
칠다라수(七多羅樹)만큼 큰 sattatāla.
칠돌기지옥(七突起地獄)[지옥] Sattussada.
칠등각지(七等覺支) satta sambhojhaṅgā.
칠력(七力) satta balāni.
칠론(七論) satta pakaraṇāni.
칠론(七論)을 이해한 sattappakaraṇika.
칠루진력(七漏盡力) satta khīṇāsavabalāni.
칠멸쟁(七滅諍) satta adhikaraṇasamathā.
칠무상태(七無想胎) satta asaññigabbhā.
칠백의 sattasatika.
칠보(七寶) sattaratana.
칠보특가라(七補特伽羅) satta puggalā.
칠불퇴법(七不退法) satta apārihāniyadhammā.
칠비법(七非法) satta asaddhammā.
칠상(七想) satta saññā.
칠선사법(七善士法) satta sappurisadhammā.
칠성자(七聖者) satta ariyapugglā.
칠성재(七聖財) satta ariyadhanāni.
칠수면(七睡眠) satta anusayā.
칠수묘사(七殊妙事) satta niddesavatthūni.
칠식(漆喰) sudhā.
칠식공사(漆喰工事) sudhākamma.
칠식주(七識住) satta viññāṇaṭṭhitiyo.
칠신(七身) sattakāya.
칠십(70) satatti.
칠십구(79) ekūnâsīti.
칠십오(75) pañcasattati.
칠십이(72) dvāsattati.
칠악행(七惡行) satta duccaritāni.
칠엽수(七葉樹) sattapaṇṇa. sattapaṇṇi. sattapaṇṇirukkha.
칠요소(七要素) sattakāya.
칠월(七月)[남방음력 3월 16일 ~ 4월 15일] āsāḷha. āsāḷhā. āsāḷhi. āsāḷhī.
칠유학(七有學) satta sekhā.
칠응공인(七應供人) satta puggalā dakkhineyyā.
칠인(七人) satta puggalā.
칠일 간 모우는 것이 허락된 미식[환자를 위해] sattâhakālika.
칠일동안 sattâhaṁ.
칠일약(七日藥) sattâhakālika.
칠장이 vaṇṇalepaka.
칠전(七箭) satta sallāni.
칠정구(七定具) satta samādhiparikkhārā.
칠정법(七正法) satta saddhammā.
칠종(七種)으로 sattadhā.
칠종파지선교(七種把持善巧) sattadhuggahakosalla.
칠죄(七罪) satta āpattiyo.
칠죄온(七罪蘊) sattāpattikkhandha.
칠증성(七增盛) sattussada.

칠지쟁(七止諍) satta adhikaraṇasamathā.
칠채(七菜) aparaṇṇa.
칠처(七妻) satta bhariyāyo.
칠처(七處) sattaṭṭhāna.
칠처제정(七處齊整) sattappatiṭṭha.
칠처충만상(七處充滿相) sattussada.
칠층의 sattabhūmaka.
칠판(漆板) akkharaphalaka. kālaphālaka.
칠하게 하다 añjāpeti.
칠하기 lepa. lepana. sammakkhana.
칠하다 abhilepeti. ālimpati. ālimpeti. avalimpati. opuñchati. opuñcheti. opuñjati. sammakkheti.
칠한 kataraññjana.
칠해진 ullitta. palitta. sallitta.
칠회(七回) sattakkhattu.
칠흑같이 어두운 andhakāratimisa.
칠흑같이 어둠 andhakāratimisā.
칠흑수(漆黑樹)[식물] añjana. añjanarukkha.
칠흑의 añjana. añjanavaṇṇa.
칠흑의 머리털 susukāḷakesa.
칡의 타래 latātūla.
침(針) āra. tunna.
침[唾液] elā. kali. kheḷa. niṭṭhubhana. lālā.
침구충(針口蟲) sūcimukha(ta).
침대(寢臺) apassaya. khaṭopikā. mañca. mañcaka. masāraka. pallaṅka. sayana. sena. seyyā.
침대기둥의 머리 kapisīsa.
침대를 나누는 sahaseyyǎ.
침대를 필요로 하지 않는 atimañca.
침대밑에 heṭṭhāmañce.
침대에 눕혀지다 saṁvesiyati.
침대에 눕히다 saṁveseti.
침대에 대한 이야기 sayanakathā.
침대에서 끝나는 mañcaparāyaṇa.
침대와 의자 mañcapīṭha.
침대용 시트 adhopatthara.
침대의 구조물[침대의 틀을 구성하는 네 가지 레일가운데 하나] aṭani.
침대의 다리 mañcapaṭipādakā.
침덩어리 kheḷapiṇḍa.
침략하고 anupakhajja.
침략하다 anupakhajjati. anupakkhandati.
침몰(沈沒) saṁsīda. saṁsīdana.
침묵(沈默) abhāsana. mona. tuṇhībhāva.
침묵을 지킴 apalāpa.
침묵하는 adhomukha. tuṇhībhūta.
침묵하다 nirumbhati.
침묵해야하는 abhāsaneyya.
침묵했다 tuṇhī ahosi.
침범당하지 않는 avajjha.
침소봉대(針小棒大) sammukkācanā.
침수(浸水) nimujjā. nimmujjā.
침수된 nimugga. udakagaruka.
침실(寢室) gabbha. sayanighara. sirīgabbha. vāsâgāra.
침실에서의 말다툼 sirīvivāda.
침실의 문 gabbhadvāra.
침을 먹는 사람(?) kheḷāpaka. kheḷāsika(?).
침을 뱉는 그릇 kheḷamallaka.
침을 뱉다 niṭṭhubhati. niṭṭubhati. oṭṭhubhati. uggirati.
침을 뱉었다 nuṭṭhubhi.
침을 뱉음 niṭṭhubhana. oṭṭhubhana.
침을 흘리는 eḷagala. elagaḷa. elagala.
침을 흘리면서 자고 있는 여자 vikkheḷikā.
침을 흘리지 않는 aneḷagala.
침의 끝 āragga.
침입(侵入) atisāra.
침입하고 anupakhajja.
침입하는 sātisāra.
침입하다 ālopati. anupakhajjati. anupakkhandati.
침잠(沈潛) osīdana. sampasādana. saṁsīdana.
침잠하다 avagāhati. ogāhati. osīdati. pagāhati.
침잠한 pagāḷha.
침착(沈着) avikkhepa. mona. sampasīdana.
침착하지 못한 ucchaṅgapañña.
침착하지 않은 asamāhita. asaṇṭhita.
침착한 attadanta. avikkhitta. avisāhaṭa. avyaggamana. bhāvitatta. ejā. samānatta. upekkhaka. visārada.
침착한 마음을 지닌 avisāhaṭacitta.
침착한 집중 abhejjasamādhi.
침체(沈滯) oliyana. olīyana.
침체된 olīna.
침체하다 avalīyati. oliyyati. oliyati. olīyati.
침투(浸透) anupavisana. gāhanagāhana. paribhāvanā. pariya. pariyogāha. pharaṇatā. sampaṭivedha. vinivijjhana. vipphāra.
침투된 anucarita. pharita. samerita. vinividdha.
침투하는 abhisambudha. vipphāravant.
침투하는 지혜의 신비한 힘 ñāṇavipphāriddhi.
침투하다 abhivisate. avagāhati. gāhati. paripharati. pharati.
침투하여 avecca.
침투한 phuṭa.
침파리 andhakamasaka.
침판(枕板) apassenaphalaka.

침해(侵害) kaṭha. kaṭhana. padhaṁsa(na).
침해하는 sātisāra.
침해하다 nimmādeti.
침향(沈香) agalu. agaru. akalu. kālānusārita.
침향(沈香)과 전단향(栴檀香)으로 기름부어진 ak- alucandanavilitta.
칭(稱)하다 avhayati. avhāti. avheti.
칭순(稱順)의 sahita.
칭예(稱譽) pasaṁsa. pasaṁsā.
칭찬(稱讚) abhitthava. abhitthavana. anutthunā. ānisaṁsa. ghosanā. guṇakathā. kathānigghosa. kitti. kittī. kittana. kittivaṇṇa. madhura. pasaṁsa. pasaṁsā. pasaṁsana. sādhukāra. sakkāra. sammodana. sāmukkaṁsa. saṁvaṇṇana. saṁvaṇṇanā. silāghā. thava. thoma. thomana. thomanā. thuti. ukkaṁsa. ukkaṁsanā. vaṇṇanā
칭찬간(稱讚慳) vaṇṇamacchariya.
칭찬되어 지다 abhitthavīyati.
칭찬되어질 수 없는 avandiya.
칭찬받은 accita. thuta. abhitthuta. abhivaṇṇita. pasaṁsita. pasaṭṭha. sampavaṇṇita. samukkaṭṭha. saṁvaṇṇita. vaṇṇita.
칭찬받을 만한 pasaṁsa. pāsaṁsa.
칭찬받을 만한 이유 pāsaṁsaṭhāna.
칭찬받지 못하는 appasattha.
칭찬에 대한 인색 vaṇṇamacchariya.
칭찬을 원하는 pasaṁsakāma.
칭찬의 pasaṁsa.
칭찬의 가치가 있는 vaṇṇâraha.
칭찬의 대상 niddasavatthu.
칭찬의 말 kittisadda.
칭찬의 말을 하는 vaṇṇavādin.
칭찬의 획득 pasaṁsalābha.
칭찬하는 guṇakittana. sampahaṁsaka. sāmukkaṁsika. ukkaṁsaka. vaṇṇavādin.
칭찬하는 사람 ussādetar. pasaṁsaka.
칭찬하다 abhikitteti. abhitthavati. abhivaṇṇeti. kaṁsati. kitteti. parikitteti. parivaṇṇeti. pasaṁsati. samukkaṁsati. saṁvaṇṇeti. silāghati. thavati. thometi. thunati. ukkaṁsati. ukkaṁseti. ussādeti. ussāpeti. uṭṭhāpeti. vaṇṇeti.
칭찬하지 않음 atthuti.
칭찬할 가치가 없는 avaṇṇa.
칭찬할 만한 katarūpa. naviya. pāsaṁsa. pasaṁsiya.
칭호(稱號) akkhara.

ㅋ

카니발리즘 sajātimaṁsakhādana.
카라반 sattha. satthavāsika. satthavāsin. vāṇijasattha. mahāyāna.
카라반의 satthaka. satthika.
카라빨라[칼의 일종] karapāla.
카레 sūpa. vyañjana. sūpeyya.
카레가 있는 sūpin.
카레용 야채 sūpeyyapaṇṇa.
카레의 재료 kaṭukabhaṇḍa.
카르다몬[식물] elā.
카리[단위] khāri. khārī.
카멜레온 kakaṇṭaka.
카멜레온의 변신 kakaṇṭakavesa.
카멜레온의 변장 kakaṇṭakavesa.
카멜레온의 색깔 kakaṇṭakarūpa.
카멜레온의 특징 kakaṇṭakanimitta.
카타르 pināsa.
카테고리 hāra.
카펫 atthara. bhummattharaṇa. pāvāra.
카펫장수 pāvārika.
칵 소리내다 kakkāreti.
칸다[인명] Khaṇḍa.
칸다까[율장의 품] Khandhaka.
칸막이 kaccha. kacchā.
칼 asi. kattari. kattarī. kattarikā. khagga. nettiṁsa. sattha. satthaka. satti. tharu.
칼과 같은 손톱을 지닌 asinakha.
칼과 같은 입 mukhasatti.
칼과 같은 잎사귀가 있는 asipatta.
칼과 말뚝 sattisūla.
칼과 말뚝의 비유 sattisūlūpamā.
칼과 방패 asicamma.
칼과 창 sattisūla.
칼과 창의 비유 sattisūlūpamā.
칼끝 asisūla. phala. sikhara. asidhāra. asisūla. dhārāsamphassa. sikhara. vāsīphala.
칼로 치는 점(占) asilakkhaṇa.
칼륨 yavakhāramūladhātu.
칼산[지명] Karavālagiri.
칼에 대한 공포 satthabhaya.
칼을 가진 tharuggaha. asika. khaggadhara. sasattha.
칼을 내려놓은 nihitasattha.
칼을 버린 nihitasattha.
칼을 뺀 ukkhittâsika.
칼을 잡은 khaggagāha.
칼을 쥠 satthādāna.
칼을 지닌 tharuggaha. asika. khaggadhara. sasattha.
칼을 찬 → 칼을 지닌.
칼의 녹 satthamala.
칼의 자루 tharu.
칼의 화환[고문] asimāla.
칼이 없는 asattha.
칼이 있는 sasattha.
칼자루 asitharu. satthakadaṇḍa. thala. vāsīdaṇḍa.
칼집 koraka. kosī. thala. asikoṭṭha. koṭṭha.
칼처럼 날카로운 satthakanisādana.
캠프 khandhāvāra.
커다란 mahâ. mahaggata. mahallaka. mahanta. ukkaṭṭha. urūḷhava. ubbuḷhava.
커다란 감각적 대상 mahaggatârammaṇa.
커다란 것 mahantatā. mahantatta.
커다란 과보 mahaggatavipāka.
커다란 기쁨 abhimudā.
커다란 단지 alañjara.
커다란 동요 vikkhobhana.
커다란 배려 accādara.
커다란 웃음 aṭṭahāsa.
커다란 통찰 mahāvipassanā.
커민[식물] ajamoja. jīraka.
커민의 씨 jīra. ajamoja.
커민의 종자 jīra. ajamoja.
커버 āvaraṇa.
커브 nivattana.
커브의 aḷāra.
커지다 vaḍḍhati.
커튼 cakkali. javanikā. kiṭika. sāṇī. sāṇikā. tirokaraṇi.
커튼의 안에서부터 antosāṇito.
커피 kāphībīja.
컵 casaka. mallaka.
케마[인명] Khemā.
케망까라[인명] Khemaṅkara.
케이크 apūpa. āsittakapūva.
케이트타워 gopura.
케틀드럼[솥모양의 북] āṇaka.

코 ghāna. ghāṇa. nāsikasota. natthu. nāsā.
코가 베어진 자 nāsācchinna.
코끼리 dvipa. anekapa. dantin. gaja. hatthin. ibha. kareṇu. karin. kuñja. kuñjara. mātaṅga. nāga. vāraṇa.
코끼리가 다니는 길 hatthimagga. nāgavīthi.
코끼리가 물속에서 노는 놀이 saṇadhovika.
코끼리가 바라보는 것처럼 조망하는 nāgâpalokita.
코끼리가족 hatthikula.
코끼리군대 hatthisenā.
코끼리그림 hatthirūpaka.
코끼리나 소를 모는 막대 tutta.
코끼리덮개 hatthatthara.
코끼리등 hatthikkhandha.
코끼리등의 깔개 hatthatthara.
코끼리똥 hatthilaṇḍa.
코끼리라는 보물 hatthiratana.
코끼리를 격퇴하는 자 nāgahata.
코끼리를 위한 장식 hatthikappana.
코끼리를 유혹하는 비파 hatthikantavīṇā.
코끼리를 지키는 사람 hatthigopaka.
코끼리를 탄 hatthāroha. hatthārūha.
코끼리만큼 큰 hatthimatta.
코끼리매력 hatthikanta. hatthimanta.
코끼리머리 모양의 장식용 탑[문입구] hatthinakha.
코끼리몰이꾼 hatthimeṇḍa.
코끼리몰이꾼의 갈고리 saṇṇikā.
코끼리몰이막대 tomara.
코끼리몰이창 tomara.
코끼리몸통과 같은 다리를 지닌 여자 nāganāsūru.
코끼리발 hatthipada.
코끼리발자국 hatthipada.
코끼리발자국의 비유 hatthipadopamā.
코끼리병법을 배우다 hatthismiṁ sikkhati.
코끼리보물 hatthiratana.
코끼리부대 hatthānīka. hatthikāya.
코끼리사냥꾼 hatthimāraka. nāgavanika.
코끼리사육사 hatthimeṇḍa. hatthigopaka.
코끼리새끼 hatthikalabha. hatthikaḷāra. hatthicchāpa. hatthicchāpaka. kalabha.
코끼리소동 kareṇulolita.
코끼리수레 올라타는 코끼리 hatthiyāna.
코끼리숲 nāgavana.
코끼리습성 hatthivatta.
코끼리신전 kaṭa.
코끼리싸움 hatthiyuddha.
코끼리어깨 hatthikkhandha.
코끼리얼굴 앞의 공[장식물] kumbha.
코끼리와 함께하는 sahatthin.
코끼리왕 hatthirājan.
코끼리외양간 kuñjasālā.
코끼리우리 hatthisālā.
코끼리울부짖음 koñcanāda.
코끼리울음 kaṅgajjita. kuñca. kuñcanāda.
코끼리이마 hatthikumbha.
코끼리장식 hatthâlaṅkāra.
코끼리장신구 kaṅkata.
코끼리조련사 aṅkusaggaha. hatthâcariya. hatthidamaka. hatthidammasārathi. hatthibandha. hatthibhaṇḍa.
코끼리조련사의 안내서 hatthisutta.
코끼리조종술 hatthārūyha.
코끼리조종자 hatthāroha. hatthārūha.
코끼리종족이름 chaddanta.
코끼리처럼 행동하는 hatthivatika.
코끼리축제 hatthimaha. hatthimaṅgala.
코끼리코 kara. karabha. nāgabhoga. soṇḍā.
코끼리코끝 karagga.
코끼리코에 씌우는 옷 hatthisoṇḍaka.
코끼리코와 같은 부리를 가진 독수리 hatthiliṅgasakuṇa.
코끼리훈련에 관한 지식 hatthisippa.
코끼리힘 nāgabala.
코너 aṁsa.
코란 Mahammadīyadhammagantha.
코르셋 rasanā.
코를 고는 passāsin.
코를 골다 ghurughurāyati. kākacchati.
코를 킁킁거리다 anughāyati.
코미디 hāsadāyakanāṭaka.
코미디언 naṭa. hāsaka.
코밑수염이 달린 물고기 puthuloma
코브라 phaṇin.
코뿔새 cātaka.
코뿔소 palăsata. khagga.
코뿔소의 외뿔 khaggavisāṇa.
코뿔소의 외뿔의 비유 khaggavisāṇakappa.
코에서 나오는 숨 nāsāvāta.
코의 nāsika.
코의 감각성 ghānappasāda.
코의 치료 natthu. natthukamma.
코코넛 nāḷikera.
코코넛껍질 kapāla.
코코아너트 coca.
코코야자수 nāḷikera.

콘도르 gaddha.
콜레라 visūcikā.
콧구멍 heṭṭhānāsika. nāsacchidda. nāsikasota. nāsăpuṭa. ghānabila.
콧노래를 하다 okūjati.
콧물 siṅghāṇikā.
콧뼈 nāsikaṭṭhi.
콩 cīnaka. kalāya. kaḷāya. māsa. māsabīja. mugga.
콩(mugga)으로 만든 즙 kaṭâkaṭa.
콩농장 māsavana.
콩류 aparaṇṇa.
콩물 māsodaka.
콩밭 māsakhetta.
콩비지 māsasūpa. muggasūpa. muggayūsa.
콩수프 kalāyayūsa. muggasūpa. muggasūpyatā. muggayūsa.
콩종자 māsabīja.
콩즙 māsasūpa. muggayūsa.
콩팥 vakka.
콰다당[무겁고 불분명한 소리] daddadha.
쾌락(快樂) kāma. nikāma.
쾌락을 느끼지 않는 asāyiyanta.
쾌락을 얻은 nikāmalābhin.
쾌락을 추구하는 여자 kāmitthi.
쾌락의 sukhallika.
쾌락의 생활을 하는 sukhallikânuyoga.
쾌락적인 kāmûpasaṁhita.
쾌락주의(快樂主義) odarikatta. visayāsatti.
쾌활하다 hasati. hassati.
쾌활한 kallita. lahuka. vilasita.
쿠션 ohana. upādhi.
쿡쿡 쑤시다 ābādhati.
쿳다[곤충] khuddā.
쿳다까니까야[경전] khuddakanikāya.
쿳다까를 독송하는 자 khuddakabhāṇaka.
쿳자쏘비따 khujjasobhita.
쿵[무겁게 떨어지는 소리] ruṇ.
쿵하는 소리 daddadha. dundubhi.
쿵하는 소리를 내다 daddahāyati.
크게 puthu. puthuṁ. bhusa. bhusaṁ. mahanta.
크게 감동한 abhiratta.
크게 감사하다 abbhanumodati.
크게 계행을 설함 vitthatuposatha.
크게 공포를 느끼다 atibhāyati.
크게 기뻐하는 abhimanāpa.
크게 기뻐하다 abbhanumodati. samāroceti.
크게 놀라게 하는 vimhāpaka.
크게 땀 흘리는 법 mahāseda.
크게 뜬 눈으로 보는 ummīlitavilocana.
크게 부정한 식사 mahāvikaṭabhojana.
크게 부패된 것 mahāvikaṭa.
크게 성장하다 abhivaḍḍhati.
크게 안심한 mahassāsin.
크게 열다 pabhindati.
크게 영향을 받다 sampavedhati.
크게 영향을 주다 sampavedheti.
크게 존경받는 sādhusammata.
크게 즐거워하는 abhimanāpa.
크게 화가 난 parikupita.
크게 환호하다 sampamodati.
크고 강한 몸 ussannakāya.
크고 넓은 pahūta.
크고 둥근 단지 kumbhī.
크고 무거운 thūla. thulla.
크고 작은 죄 vajjâvajja.
크기 pamāṇa.
크기가 제일 큰 uttamappamāṇa.
크기의 mattaka.
크로노미터 kālamāṇakayanta.
크로노미터의 kālamāṇāyatta.
크리스마스 kiṭṭhajamma.
크리스탈 kācamaṇi.
크리스탈로 된 불에 달구는 그릇 jotipāsāṇa.
크리켓 kanduka.
크림 makkhaṇa. vilepa. vilepana.
크림을 몸에 바르다 dhūpayati. dhūpāyati. dhūpeti.
크지 않은 amahaggata. anoḷārika. anuḷāra.
큰 bahu. bahuka. mahâ. mahallaka. mahant. oḷārika. ussanna. vaḍḍhita. vipula.
큰 가마솥 kapalla.
큰 강 aṇṇava. mahādanī.
큰 강당 mahāsālā.
큰 건물 hammiya.
큰 걸음걸이 vītiharaṇa.
큰 걸음으로 넘어서기[모욕으로 인식] antarakaraṇa.
큰 것의 두 가지 mahaggataduka.
큰 게으름 mahāalasa.
큰 고통 bavhābādha.
큰 고통으로 가득 찬 bahuvighāta.
큰 공포의 mahabbhaya.
큰 과보가 있는 mahapphala.
큰 구름 mahāmegha.
큰 기대를 갖다 pariyukkhaṇṭhati.
큰 길 addhāna. mahāpatha.
큰 길의 교차로 catumahāpatha.

큰 까마귀 kākola. kākoḷa.
큰 꽃의 재스민 mālatī.
큰 꽃이 피는 재스민 sumanā. vassikā.
큰 나무 mahārukkha. vanappati. vanaspati.
큰 낫 dātta.
큰 단지 paṭhara.
큰 단지 크기의 ghaṭapamāṇa.
큰 대양 mahāsamuddasāgara.
큰 대접 mahāsakkāra.
큰 도끼 kuthārī.
큰 도둑 ātitheyya. mahācora.
큰 도마뱀 godhā.
큰 도적 → 큰 도둑.
큰 돌 puthusilā. mahāsilā.
큰 돼지 mahāvarāha.
큰 땅 mahāpathavī.
큰 못 saṅku.
큰 못으로 가득 찬 길 saṅkupatha.
큰 무리 abhivagga.
큰 물결 kallola.
큰 물결의 파도 ūmivega.
큰 물고기 mahāmaccha.
큰 물단지 udakacāṭi. udakamaṇika.
큰 물웅덩이 mahāsobbha.
큰 바구니 peḷā.
큰 바다 aṇṇava. mahaṇṇava. mahāsamudda.
큰 바위산 mahāselapabbata.
큰 발우 mahantapatta.
큰 방 sālā.
큰 방을 가진 mahāsāla.
큰 뱀 ajagara. mahāuraga.
큰 병 bavhābādha.
큰 보리수 mahābodhi.
큰 보살 mahābodhisatta.
큰 부호의 mahāsāla.
큰 북 ālambara. āḷambara. bheri. mahāmukha.
큰 북과 작은 북 bheripaṇava.
큰 북소리 ālamba.
큰 북소리같은 천둥을 만드는 구름 ālambara-megha.
큰 불 aggikhandha. ajjhāpana. jhāma.
큰 불덩이 aggikkhandha.
큰 불익 mahāanattha.
큰 비 mahāmegha.
큰 비구름이 비를 내렸다 vassi.
큰 비파 mahāvīṇā.
큰 사라나무 mahāsālarukkha.
큰 사슴 gaṇin. gokaṇṇa. kakkaṭa. katamāya.
큰 상자 peḷā.
큰 소리 mahāsadda. nāda. rava. unnāda.
큰 소리 치는 자 bhavamāna.
큰 소리로 떠들다 ravati.
큰 소리로 말하다 abhivadati. pavadati. payir-udāharati.
큰 소리로 부르다 pakkandati.
큰 소리로 외치다 ullapati.
큰 소리로 외침 ullapa.
큰 소리로 웃다 pajagghati. umhāyati. ujja-gghati.
큰 소리를 내는 uccasadda. uccāsadda.
큰 소리를 내다 atibrūheti.
큰 쇠못 ayosaṅku.
큰 쇠못이 박혀있는 (지옥) saṅkusamāhata.
큰 수(數) kumuda.
큰 숫자 mahāpaduma.
큰 숲 araññānī. iriṇa. mahârañña.
큰 슬픔 parisoka.
큰 신통 mahiddhikatā.
큰 신통의 힘이 있는 mahiddhika.
큰 암코끼리 kaḷārikā.
큰 야차 mahāyakkha.
큰 양탄자 kuttaka.
큰 연꽃 mahāpaduma.
큰 연못 mahāudakarahada. sarasī.
큰 열매가 있는 mahapphala.
큰 옷 vitthatacīvara.
큰 용 mahānāga.
큰 웃음소리 ujjhaggikā.
큰 원숭이 mahākapi.
큰 이익 mahāattha.
큰 자루 bhasta. bhastā.
큰 자비 mahākaruṇā.
큰 자비가 있는 것 mahākāruṇikatā.
큰 자비가 있는 자[부처님] mahākāruṇika.
큰 재산 mahāsadattha.
큰 재산이 있는 mahābhoga.
큰 재산이 있는 가문 mahābhogakula.
큰 저택 pāsāda. vimāna.
큰 접시 thāli. thālī.
큰 종양 mahāgaṇḍa.
큰 죄 abhiṭhāna.
큰 즐거움 vipulasukha.
큰 지옥 mahāniraya.
큰 지진 mahābhūmicāla.
큰 지혜 mahāpaññā. mahāpaññatā.
큰 지혜가 있는 mahāpañña.
큰 집 mahāghara.
큰 창문 mahāvātapāna.

큰 천막 māḷa. māla.
큰 침대 mahāsayana.
큰 칭찬을 받을 만한 mahânisaṁsa.
큰 코끼리 hatthināga. mahānāga. varārohā.
큰 코끼리 왕 mahāhatthirājan.
큰 크기의 계행 mahāsīla.
큰 탐욕 mahāgedha.
큰 토기 kumbhakārikā.
큰 통 doṇikā.
큰 파도 kallola.
큰 포대 bhasta. bhastā.
큰 행복 vipulasukha.
큰 호수 mahāsara. mahātaḷāka.
큰 화재 jhāna. nijjhāna. mahaggidāha.
큰 희생제의 mahāyañña.
큰 힘 mahiddhi.
큰 힘을 지닌 mahabbala.
클라이맥스 koṭi. pariyanta. antimāvatthā.
클라이맥스의 koṭika.
클럽 samāja. samiti.
클럽회관 samājâgāra.
키[까부는 도구] kattarasuppa.
키[높이] uccaya. ubbedha.
키[방향타] aritta.
키가 18 완척(腕尺)인 aṭṭhārasahatthubbedha.
키가 작은 vāmana.
키가 큰 상(像) accuggatasarīra.
키가 큰 암코끼리 uccākaṇerukā.
키라까[식물] khīrakā.
키스 cumbana.
키스를 받은 upaghāta.
키스하다 cumbati. upagghāyati. upaghāyati.
키우기 어려운 dubbhara. dubbharatā.
키우는 posin.
키우는 것 posatā.
키우는 자 āpādetar.
키우다 āpādeti. posāpeti. posāveti. poseti. saṁvirūheti.
키질 opunnana. pavana.
키질하는 바구니 suppa.
키질하다 opunāti. opuṇāti.
킷다빠도씨까[신계] Khiḍḍāpadosika.

ㅌ

타격(打擊) ghaṭṭana. pahāra. ugghāti. vedhitā. nippīḷana.
타격받는 pothiyamāna.
타격에 의해 생겨난 소리 abhighātajasadda.
타경계(他境界) paravisaya.
타고난 jacca. nija. niya.
타고날 때부터 귀먹은 badhiradhātuka.
타구(唾具) mallaka.
타기에 적합한 opavayha. opavuyha.
타논사(他論師) paravādin.
타는 kaṭhita. santāpa.
타는 듯한 갈증의 nijjhāmataṇhā.
타는 듯한 고뇌를 여읜 신들의 하느님 세계 atappā devā.
타는 사람 āroha.
타다 ātapati. pariḍayhati.
타다 남은 불 ādittachārika.
타다 남은 불의 지옥 kukkuḷavassa.
타당한 santaka.
타도된 pariyāhanita.
타도하다 nitāḷeti.
타동사[문법]의 kammaka.
타락(墮落) apāya. avassuta. kalusa. kalusīkaraṇa. kilissana. dosa. dūsaka. dūsana. dussana. oharaṇa. okāra. sampadosa. sampadussana. hāna.
타락(駝酪) dadhi. takka.
타락된 anuddhasta. dūsita.
타락될 수 없는 adhaṁsiya.
타락시키는 saṅkilesika.
타락시키다 anuddhaṁseti. padūseti. padoseti. padusseti. vyāsiñcati.
타락하다 dussati. padussati. parihāyati. sampadussati. saṅkilissati. vibbhamati. vippaṭipajjati. vokkamati.
타락하지 않은 abhejja. aduṭṭha. anavassuta. apparāmaṭṭha. asaṅkiliṭṭha. appaduṭṭha.
타락하지 않은 친구 abhejjasahāya.
타락하지 않음 adhuttī.
타락한 avassuta. duṭṭha. hānagāmin. nihīna. nipātita. padosika. paduṭṭha. sampaduṭṭha. saṅkiliṭṭha. upakkiliṭṭha. vippaṭipanna.
타락한 곳 papata. vinipāta. vinipātika.
타락한 곳에서 고통을 겪도록 운명이 지어진 vinipātika.
타락한 마음 vyāpannacitta.
타락한 사람 dhutta.
타락한 자의 경지 pannabhūmi.
타래 cakkali.
타리(他利) parattha.
타마린드[식물] ciñcā. tintinī.
타밀어 damiḷabhāsā.
타밀의 damiḷāyatta.
타밀족 damiḷa. damiḷajātika.
타법자(他法者) paradhammika.
타부(墮負) niggaha.
타사(他思) parasañcetanā.
타서 없어짐 ajjhāpana.
타성(他性) para(ṅ)kāra.
타성(他聲) paratoghosa.
타소여(他所與) parûpahāra.
타심(他心) paracitta.
타심선교(他心善巧) paracittakusala.
타심에 의한 앎 pariccañāṇa.
타심지(他心知) paracittajānana→ 독심술.
타심지(他心智) parassa cetopariyañāṇa. cetopariyañāṇa. cetopariccañāṇa. pariccañāṇa. paricchedañāṇa.
타심지자(他心知者) paracittavidū.
타심통(他心通) → 타심지.
타악기(打樂器) tāḷa.
타악처자(墮惡處者) vinipātika.
타액(唾液) elā. kali. kheḷa. lālā. niṭṭhubhana.
타연(他緣) parapaccaya.
타오르는 ādīpita. sajotibhūta. sampajjalita.
타월 mukhachana.
타유정(他有情) parasattā.
타율(他律) paratantarajja.
타이르기 어려움 dovacassa. dovacassatā.
타이르다 paribhāsati.
타인(他人) añña. aññajana. parapuggala.
타인과 공통적이 아닌 anaññasādhāraṇa.
타인과 교류하지 않는 asabhāga.
타인과 나눌 수 없는 (공덕) apattika.
타인들 aññajana. para(ṅ)kāra.
타인보다 늦게 취침하는 사람 pacchānipātin.
타인에 고분고분한 anaññadheyya.
타인에 귀의하지 않는 anaññasaraṇa.

타인에 대한 연민 parânuddayā.
타인에 대한 지배력 paravasatta.
타인에 대한 탐욕 parapurisalolatā.
타인에 매혹된 aññapurisasāratha.
타인에 속하는 aññabhāgiya.
타인에 의존하지 않는 자[집없는 고행자] anaññaposin.
타인에 의지하는 aññasita.
타인에 의해 걸어간(?) parakkanta.
타인에 의해 만들어진 것이 아닌 aparaṁkata.
타인에 의해 소유된 parapariggahita.
타인에 의해 알려져야 될 paravediya.
타인에 의해 이끌려짐 paraneyya.
타인에 의해 이끌어질 수 없는 anaññaneyya.
타인에 의해 해탈된 aññamokkha.
타인에 의해서 얻어질 수 있는 것이 아닌 anaññalabha.
타인에 종속되지 않는 anaññâdhina.
타인에게 공격받지 않는 aparûpakkama.
타인에게 봉사하는 parapessa.
타인에게 속죄하게 하는 승가의 조치 paṭisāraṇiyakamma. paṭisāraṇakamma.
타인에게 속하는 aññadīya.
타인에게 스스로 적용하게 하다 adhimoceti.
타인에게 용서를 구하게 하는 처벌 paṭisāraṇiyakamma. paṭisāraṇakamma.
타인에게 유익한 aññadatthika.
타인에게 의존하지 않는 (것) apara(p)paccaya.
타인에게 피난처를 구하는 aññasaraṇa.
타인으로 하여금 정복하게 하다 abhibhāveti.
타인으로부터 aññato.
타인을 경멸하는 huhuṅka. paravambhin.
타인을 괴롭히는 para(n)tapa.
타인을 괴롭히는 자 aparantapa.
타인을 돕는 자 paropakāra.
타인을 살상하는 parûpaghāta.
타인을 시봉하는 parakārin.
타인을 죽이지 않는 aparûpaghātin.
타인을 해치는 paraheṭhanā.
타인의 apara.
타인의 교리에 집착하지 않는 anaññavāda.
타인의 능력의 높고 낮음에 대해 아는 지혜 indriyaparopariyañāṇa.
타인의 마음 paracitta.
타인의 마음에 밝은 paracittakusala.
타인의 마음을 돌리다 abhiviññāpeti.
타인의 마음을 아는 자 paracittavidū.
타인의 마음을 읽는 놀라운 능력 ādesanāpāṭihāriya.
타인의 마음을 읽는 앎 → 타인의 마음을 읽는 지혜.
타인의 마음을 읽는 지혜 cetopariccañāṇa. cetopariyañāṇa. parassa cetopariyañāṇa.
타인의 보시에 의존해 살아가는 (사람) paradattûpajīvin.
타인의 봉사 parakamma.
타인의 비난 parânuvāda. parûpavada.
타인의 비난을 두려워함 parânuvādabhaya.
타인의 생각을 추측함 manesikā.
타인의 소들에 대해 난폭함 paragavacaṇḍa.
타인의 아들 paraputta.
타인의 업과 과보를 아는 하늘눈 dibbacakkhu.
타인의 욕구를 아는 adhippāyavidū.
타인의 의도 parasañcetanā.
타인의 이야기 paravāda.
타인의 이익 parattha.
타인의 이익을 바라는 hitesin.
타인의 잘못을 들춰내는데 가담한 kalisāsanāropana.
타인의 저주 paravambhitā.
타인의 종교 parasamaya.
타인의 지배하에 있는 ativasa.
타인의 행복 parahita. parattha.
타인이 사용한 집 ucchiṭṭhageha.
타인이 제공한 음식 parabhojana.
타일로 만든 지붕이기 iṭṭhakākāñcuka.
타일마루 iṭṭhakāsanthāra.
타자(他者) añña.
타자로부터의 소리 paratoghosa.
타자를 원인으로 parahetu.
타자를 원하는 parajjhāsaya.
타자에 속하는 parāyatta.
타자에 의존하는 parâdhīna. parapaccaya.
타자에 의해 만들어진 para(ṅ)kata. paranimmita.
타자에 의해 만들어진 존재를 지배하는 abhnimimmitavasavattin. paranimmitavasavattin.
타자에 의해 만들어진 존재를 지배하는 신들의 하늘나라 abhnimimmitavasavattino devā. paranimmitavasavattino devā.
타자에 의해 이끌어지지 않는 anaññaneyya.
타자에 의해 주어진 aññadattika.
타자에 헌신하는 것이 아닌 anañña.
타자와의 논쟁 parappavāda.
타자의 입장에서 parato.
타자의 접근적인 공격 parûpakkama.
타자인 상태 para(ṅ)kāra.
타작(打作) anumajjana. maddana.
타작하다 ākoṭeti. anumajjati. hanati. hanti. ma-

ddati.
타점(打點) pāṭihāra.
타조(駝鳥) oṭṭhasakuṇa.
타종(他宗) parasamaya.
타종교의 교설 pariyāyadesita.
타종의(他宗義) parasamaya.
타책(他責) parânuvāda.
타책외(他責畏) parânuvādabhaya.
타처(墮處) papata. pātala. vinipāta.
타척(打擲) poṭha. poṭhana. pothana.
타척하다 nipphoṭeti.
타타르[종족] vilāta. tatar.
타타르족의 tātariya.
타태(墮胎) viruddhagabbhakaraṇa. gabbhapātana.
타파(打破) nipphoṭana.
타파의 교설 pariyāyadesita.
타파하다 abhivijayati. avajināti. nipphoṭeti.
타피오카 나무[식물] varaṇa.
타협(妥協)하다 sampāyati.
타호(唾壺) kheḷamallaka.
타화자재(他化自在) abhinimmitavasavattin. paranimmitavasavattin.
타화자재천(他化自在天)[신계] Abhinimmitavasavattino devā. Paranimmitavasavattino devā.
탁목조(琢木鳥) rukkhakoṭṭaka. rukkhakoṭṭasakuṇa.
탁발(托鉢) asanesanā. bhikkhǎ. ghāsesanā. piṇḍacāra. piṇḍolya. yāca.
탁발로 얻은 pattagata.
탁발수행자(托鉢修行者) bhikkhaka. vaṇibbin. vanin. vanibbaka.
탁발식(托鉢食) piṇḍapāta. piṇḍa. piṇḍaka.
탁발식에 대한 만족 piṇḍapātasantosa.
탁발식의 운반자 piṇḍapātanīhāraka.
탁발의 요가수행자 pattayogin.
탁발하다 bhikkhati.
탁발하러 piṇḍa.
탁발한 보시음식을 먹는 것[승려의 특징] piṇḍapātikatta.
탁발한 음식 bhikkhāhāra.
탁월(卓越) anuttariya. ānuttariya. paribyattatā. sampatti. sutthutā. ukkaṁsa. ukkaṭṭhatā. veyyatti. veyyattiya. visesa. visuddhi.
탁월과 열등 ukkaṁsâvakaṁsa.
탁월성(卓越性) adhikaguṇatā. adhikatta. adhipateyya. seṭṭhabhāva.
탁월하게 atisaya.
탁월하게 항상 앉아있는 자 ukkaṭṭhanesajjika.
탁월하다 paribhavati. paribhoti. visissati.
탁월한 abhivisiṭṭha. adhipati. adhivara. agga. anapparūpa. anoma. anupama. anuttara. bhagavant. dhammagariya. gāmavara. jotimant. mahant. pakaṭṭha. pasaṭṭha. paṭiseṭṭha. sālin. udāra. ukkaṭṭha. uttarika. visesin.
탁월한 가장 agārikaratana.
탁월한 경지로 이끄는 visesabhāgin.
탁월한 경지로 이끄는 계행 visesabhāgiyasīla.
탁월한 경지로 이끄는 삼매 visesabhāgiyasamādhi.
탁월한 경지로 이끄는 지혜 visesabhāgiyapaññā.
탁월한 공덕 atipuññatā.
탁월한 과보로 얻은 신들의 하느님 세계 vehapphalā devā.
탁월한 과보로 얻은 하느님 세계의 신들 vehapphalā devā.
탁월한 깃발 atidhaja.
탁월한 대상 niddesavatthu.
탁월한 명예 adhisakkāra.
탁월한 봉사 upaṭṭhānasāra.
탁월한 브라흐마 adhibrahmā.
탁월한 사람 sujana.
탁월한 삶이 없는 aseṭṭhacarin.
탁월한 삶이 없는 것 aseṭṭhacariya.
탁월한 색깔을 지닌 anomavaṇṇa.
탁월한 선물(?) lañcaka.
탁월한 성스런 주문 vijjāvisesa.
탁월한 성취 visesādhigama.
탁월한 세계 paṇītadhātu.
탁월한 의미를 지닌 것 atisayattha.
탁월한 일 kammaseṭṭha.
탁월한 장좌불와를 실천하는 자 ukkaṭṭhanesajjika.
탁월한 정진의 anomanikkama.
탁월한 지혜를 갖춘 atibuddhisampanna.
탁월한 친구 uttarasahāya.
탁월한 행실 seṭṭhakamma.
탁월한 행위 karaṇuttara.
탁월한 화환 aggamālā.
탁월한 힘 abhibhūti.
탁월함 atisaya. jutimatā. jutimantatā. udāratā.
탁월함에 도달한 visesagāmin.
탁탁 불꽃 튀는 소리를 내다 murumurāpeti. murumurrāyati.
탁탁 터지는 소리를 내는 불꽃 mummura.
탁탁[의성어] murumurā.
탁태(托胎) gabbhavakkanti.
탁태(托胎)되지 않는 apagabbha.

탄[불에 탄] sotatta.
탄산칼륨 khāra. yavakhāra.
탄생(誕生) attalābha. sañjāti. ubbhava. uppajjana. uppatti. jāti. sambhava. jammapatta.
탄생과 죽음 udayattha.
탄생에 의해 진동하는 찰토 jāti(k)khetta.
탄생의 순간 uppattikkhaṇa.
탄생일(誕生日) jātadivasa. uppattidivasa.
탄생지(誕生地) uppattidesa. jātabhūmi.
탄생하다 ubbhavati.
탄성(彈性) mudutā.
탄약(彈藥) yuddhôpakaraṇa.
탄원(歎願) abhiyācana. abhiyācanā. sampatthanā.
탄원자(歎願者) yācaka.
탄원하다 abhiyācati. niveseti. saccāpeti. yācati.
탄저병(炭疽病) antogaṇḍa.
탄지(彈指) aṅgulipoṭha. aṅgulisaṅghaṭṭana. poṭha. poṭhana. pothana. saṅghāta.
탄피(彈皮) aṇṇobhava.
탄핵(彈劾) ujjhāpana.
탄핵하다 aribhāseti.
탄화갱(炭火坑) aṅgārakāsu.
탄화된 vītaccika.
탈 준비가 되다 kappīyati. kappiyyati.
탈것 yāna. yānaka. vayha. vayhā. yogga.
탈것으로서의 말 assayāna.
탈것이 없는 avāhana.
탈것이 적은 appavāhana.
탈격(脫格)[문법] apādāna. nissakka. pañcamī.
탈격의 사용[문법] ārappayoga.
탈격한정복합어(奪格限定複合語)[문법] pañcamītappurisa.
탈곡(脫穀) khala. maddana.
탈곡기를 쓸 시기 khalabhaṇḍakāla.
탈곡단계의 첫 번째 것의 보시 rāsaggadāna.
탈곡마당 khala.
탈곡에 가장 좋은 농기구 khalabhaṇḍ'agga.
탈곡을 위한 제일 좋은 곡식 khalagga.
탈곡장(脫穀場) bhusāgāra. bhusāgāra. dhaññakaraṇa.
탈곡할 마당 khalamaṇḍala. khalakāla.
탈곡할 준비가 된 곡물 khala.
탈당(脫黨) pakkhāpagamana. pakkhavijahana.
탈당한 avasaṭa.
탈락될 수 없는 alopanīya.
탈락시키다 pātāpeti.
탈락시킴 pātana. pātana.
탈리폿야자[식물] tālī.
탈분행(脫糞行) muttācāra.
탈색(脫色) virajjana.
탈색되다 virajjati.
탈색된 virāga. virāgin.
탈선(脫線) ācāravirōdha. visamatta. vokkamana. vipatti.
탈선한 vokkanta.
탈속(脫俗) mahānekkhamma. paviveka. pavivekatā.
탈속의 즐거움 pavivekapīti.
탈속한 lokuttara.
탈옥수(脫獄囚) kārābhedaka.
탈욕지(脫欲智) muccitukamyatāñāṇa.
탈의(奪衣) acchinnacīvara.
탈출(脫出) nissaraṇa. niyyatta. parimuccana.
탈출시키다 tāreti.
탈출이 없는 anissaraṇa.
탈출하다 nissarati. parimuccati. paṭinissarati.
탈취(奪取) ālopa. apādāna. pabhaṁsana. voropana.
탈취하다 voropeti. vyapaharati.
탈퇴(脫退) pakkhāpagamana. pakkhavijahana.
탐구(貪求) abhijjhā. giddhi. jigiṁsanā. jigiṁsanatā. nijigiṁsanatā. palobha. palobhana. maggana. magganā.
탐구(探究) abhinayana. anuyoga. anvavekkhana. anvesana. nisanti. pavitakka. samannesanā. tīraṇa. upaparikkhā. upaparikkhakā. upaparikkhaṇa. vicāraṇa. vicāraṇā. vīmaṁsā.
탐구(探求) esana. esanā. pariyesana. pariyesanā. pariyeṭṭhi.
탐구(探究)가 불가능한 atīraṇeyya.
탐구(探究)되다 olokiyati. olokīyati.
탐구(探究)되지 않는 apatthita. atīrita.
탐구(探求)된 pariyesita. pariyiṭṭha.
탐구(探究)에 의한 신통의 기초 vīmaṁsiddhipāda.
탐구(探求)에 의한 청정 pariyeṭṭhisuddhi.
탐구(探究)에서 비롯한 집중과 노력으로 형성되는 신통의 기초 vīmaṁsasamādhipadhānasaṅkhārasamannāgatiddhipāda.
탐구(探究)의 깨달음 고리 dhammavicayasambojjhaṅga.
탐구(探求)의 다양성 pariyesananānatta.
탐구(探究)의 단계 vīmaṁsābhūmi.
탐구(探究)의 부족 apariyogāhanā.
탐구(探究)의 영향 vīmaṁsâdhipati.
탐구(探究)의 지배 vīmaṁsâdhipati.
탐구(探究)적인 관찰이 없음 asamanupassanā.

탐구(探求)하고자 하는 욕구 pariyesanachanda.
탐구(探求)하는 esana.
탐구(貪求)하는 jigiṁsaka.
탐구(探究)하는 upaparikkhin. vīmaṁsaka.
탐구(探究)하다 abhitakketi. anuvicarati. anvesati. jhāyati. maggati. maggeti. parivīmaṁsati. pavicinati. samannesati. samanvesati. upaparikkhati. vīmaṁsati. vīmaṁseti.
탐구(貪求)하다 anugijjhati. gijjhati. jigiṁsati. jigisati. pariyesati.
탐구(探究)하지 않음 apaccavekkhanā.
탐구자(貪求者) nijigiṁsitar.
탐구자(探求者) pariyesaka.
탐근(貪根) lobhamūla.
탐나는 picchita.
탐내는 abhijjhālu. abhijjhālū. luddha.
탐내다 alliyati. allīyati. jappati. nijigiṁsati.
탐내지 않는 akanta.
탐내지지 않은 anajjhosita.
탐닉(耽溺) abhisevanā. ajjhosāna. āsevana. āsevanā. nijjhāna. rati.
탐닉된 ajjhopanna. ratta.
탐닉하는 āciṇṇa. rata.
탐닉하는 자 paṭisevitar.
탐닉하다 ajjhosati. āsevati.
탐닉하지 않는 anajjhopanna.
탐람(貪婪)한 paligedhin.
탐법(貪法) lobhadhamma.
탐부루(耽浮樓)[건달바] Timbaru.
탐부루천(耽浮樓天)[신계] Timbaru.
탐불선근(貪不善根) lobhâkusalamūla.
탐사(探査)하다 anuviloketi.
탐색(探索) gavesana. pariyesana. pariyesanā. samannesanā.
탐색된 pariyesita.
탐색자(探索者) pariyesaka.
탐수면(貪睡眠) rāgânusaya.
탐신계(貪身繫) abhijjhākāyagantha.
탐애(貪愛) abhijjhā. sibbanī.
탐애하는 abhijjhālu. abhijjhālū. sinehita.
탐애하다 abhijjhāyati.
탐염(貪染) rajana. rajjana. saṁrāga.
탐요(貪搖) rāganigha.
탐욕(貪欲) abhijjhā. abhikaṅkhanatā. accodara. ajjhopanna. āmisa. ākāsa. aticchā. avassuta. hiyyokamyatā. kāma. gedha. gedhi. giddhi. giddhilobha. jālinī. jappanā. jappā. jigiṁsanā. keḷanā. lobha. lola. loḷa. lolabhava. lolatā. lubbhana. macchariya. macchera. nijigiṁsanatā. pajappā. paligedha. palobha. palobhana. magganā. maggana. magganā. ragā. rāga. tāma. tintiṇa. ussukka. vāna. vivicchā.
탐욕과 교만 giddhimāna.
탐욕과 분노 abhijjhāvyāpāda.
탐욕과 불만 abhijjhādomanassa.
탐욕과 악의 abhijjhāvyāpāda.
탐욕과 욕망이 없는 agiddhilobha.
탐욕과 탐착 giddhilobha.
탐욕수면(欲貪隨眠) kāmarāgānusaya.
탐욕스러운 abhijjhālu. abhijjhālū. abhijjhāsahagata. anuka. apajaha. asantuṭṭha. gedhita. giddha. iddhin. gijjha. lobhaniya. lobhaneyya. lobhiya. lolupa. luddha. maccharin. pagiddha. paligedhin. paṭigijjha. pihālu. mahiccha. rāgin. sinehita. taṇhāluka. tintiṇa. ussuka. ussukin. ussuta.
탐욕스러운 것 abhijjhā.
탐욕스러운 마음 avassutacitta.
탐욕스러운 마음을 지닌 luddhacitta.
탐욕스러운 사람 abhijjhitar. nijigiṁsitar.
탐욕스러운 삶 rāgacariyā.
탐욕스러운 삶을 사는 rāgacarita.
탐욕스러운 성격이 아닌 alolajātika.
탐욕스러움 lobhana. loluppāyamā. loluppāyitatta. luluppa.
탐욕스런 giddhimā.
탐욕스런 성격의 lobhadhamma.
탐욕스럽게 삶을 사는 자 lobhacarita.
탐욕스럽게 원하는 jigiṁsaka.
탐욕스럽게 원하다 abhigijjhati. pajappati.
탐욕스럽게 원하지 않는 anabhijjhita.
탐욕스럽게 원하지 않는 사람 anabhijjhitar.
탐욕스럽게 원해진 abhijjhita.
탐욕스럽다 maccharāyati. paligijjhati.
탐욕스럽지 않은 agedha. apihālu. apihāluka. alola. aluddha. aluddha. alolupa. aloluppa. amaccharin. amucchita. anabhijjhāsahagata. ananugiddha. anissukin. nillobha.
탐욕스럽지 않음 amacchariya.
탐욕스럽지 않음을 특징으로 하는 agedhalakkhaṇa.
탐욕에 근거한 rāgaṭṭhānīya.
탐욕에 대한 환희 rāgarati.
탐욕에 물들은 rāgaratta.
탐욕에 뿌리를 둔 lobhamūla.
탐욕에 뿌리를 둔 마음 lobhamūlacitta.
탐욕에 사로잡힌 abhijjhāpariyuṭṭhāna.
탐욕에 의한 염착 rāgasaṅga.

탐욕에 의한 정신·신체적 계박 abhijjhākāyagantha.
탐욕에서 벗어나게 하다 virājeti.
탐욕에서 벗어나다 virajjati.
탐욕에서 벗어난 anaṅgaṇa. nīraja.
탐욕에서 벗어남 anabhijjhā. virāga.
탐욕으로 가득 찬 avassuta.
탐욕을 벗어남 virāgatā.
탐욕을 부리다 gijjhati.
탐욕을 수반하는 rāgasahagata.
탐욕을 여읨의 착하고 건전한 뿌리 alobhakusalamūla.
탐욕을 파괴한 bhaggarāga.
탐욕의 lobhaniya. lobhaneyya. lobhiya.
탐욕의 경향 ālayâbhinivesa.
탐욕의 길 rāgapatha.
탐욕의 대상이 된 abhijjhita.
탐욕의 동요 rāganigha.
탐욕의 법 rāgadhamma.
탐욕의 불 rāgaggi.
탐욕의 뿌리 lobhamūla.
탐욕의 사라짐 rāgavirāga.
탐욕의 소멸 rāgakkhaya.
탐욕의 악하고 불건전한 뿌리 lobhâkusalamūla.
탐욕의 얽힘 jaṭā.
탐욕의 여읨에 대한 관찰 virāgânupassanā.
탐욕의 여읨에 대한 지각 virāgasaññā.
탐욕의 여읨에 도달하는 길 virāgagāmimagga.
탐욕의 여읨의 원리 virāgadhamma.
탐욕의 원인 lobhahetu.
탐욕의 잘못된 욕망 abhijjhāvisamalobha.
탐욕의 장애 rāgakiñcana.
탐욕의 제거 rāgavinaya.
탐욕의 제어 abhijjhāvinaya.
탐욕의 화살 rāgasalla.
탐욕의 황무지 rāgakhila.
탐욕이 없는 agiddha. agiddhima. agiddhiman. anabhijjhālu. ananugiddha. anānugiddha. anussuka. nussukin. anussuta. apada. apiha. avana. nillolupa. nilloluppa. viratta. vītagedha. vītalobha. vītarāga.
탐욕이 없는 성품을 지닌 apihanasīla.
탐욕이 없음 alobha. ālobha. alubbhana. alubbhanā. anabhijjhā.
탐욕이 있는 lobhasahagata. sarāga.
탐욕이 있는 자를 넘어선 atikkantarāgavat.
탐욕적인 sarāga.
탐욕적임 vevicchā.
탐인(貪因) lobhahetu.
탐재(貪栽) rāgakhila.
탐전(貪箭) rāgasalla.
탐정(探偵) guyhamanta. cara. caraka. cariyamanussa.
탐착(貪着) ajjhopanna. rāgasaṅga.
탐착에 물들은 rāgin.
탐착의 여읨이라는 가르침의 분야 anabhijjhādhammapada.
탐착하는 ajjhopanna.
탐착하다 rajjati.
탐침(探針)[의료도구] esanī.
탐화(貪火) rāgaggi.
탑(塔) thūpa.
탑(塔)의 상부 kapisīsa. medhi.
탑공양(塔供養) thūpapūjā.
탑모양의 thūpika.
탑모양이 생길 때까지 쌓은 thūpīkata.
탑묘(塔廟) cetiya. thūpa.
탑묘를 포함하는 sahacetiya.
탑묘의 값어치를 하는 사람 thūpârahant.
탑묘의 단(壇) cetiyaṅgaṇa.
탑묘의 이름 ākāsacetiya.
탑파(塔婆) thūpa.
탕아(蕩兒) nidāsamatika. sericārin. durācāra.
탕약(湯藥) bhaṅgôdaka.
탕진되지 않은 avināsaka. avināsika. avināsana.
탕진되지 않음 avināsa.
태(胎) gabbha. kucchi. yoni.
태(胎) 안에 있는 kucchiṭṭha.
태(胎)에 들어가 생을 받는 순간의 과정 upapattibhava.
태(胎)의 yoniya.
태고(太鼓) bheri. kāhala.
태고(太古)의 aggañña. sanantana.
태도(態度) ākappa. ākāraka. vidhā.
태만(怠慢) anāvajjana. atisāra. olīyanā. osannaviriyatā. pamāda. pamādavatā. pamajjanā. pamajjitatta.
태만하다 avalīyati. oliyyati. oliyati. olīyati. pamajjati.
태만하지 않은 avippavāsa.
태만한 anohitasota. avyāvaṭa. olīna. pamatta. sāthalika. vimukha.
태백성(太白星) osadhi. osadhī. osadhitārakā.
태생(胎生) jalābujayoni. yonija.
태생에 의한 장로 jātithera.
태생의 āmāya. jalābuja.
태생의 모태 jalābujayoni.
태생의 신 upapattideva.

태생학(胎生學) gabbhaseyyakavijjā.
태아(胎兒) gabbha. gabbhaseyyaka.
태아를 죽이는 bhūnahacca.
태아의 수호 gabbhapariharaṇa. gabbhaparihāra.
태양(太陽) ādicca. akka. aṁsumālin. añjiṭṭha. aruṇa. avyathisa. bhānu. bhānumant. dinakara. divākara. raṁsimant. ravi. saraṁsā. sūra. suriya. uṇharaṁsi. verocana. sataraṁsi
태양계(太陽系) suriyāyattagahasamūha.
태양과 같은 aruṇasadisa.
태양관측망원경(太陽觀測望遠鏡) suriyasamikkhaka.
태양광성(太陽光線) suriyarasmi.
태양면학(太陽面學) suriyavaṇṇanā.
태양무자(太陽務者) suriyavattika.
태양빛 suriyābhā.
태양숭배(太陽崇拜) ādiccaparicariyā. ādiccûpaṭṭhānā. suriyavandanā.
태양에 의해 뜨거워진 ādiccapaka. ādiccapāka.
태양에 의해 요리된 ādiccapaka. ādiccapāka.
태양에게 맹세한 자 suriyavattika.
태양열(太陽熱) ādiccasantāpa.
태양열로 괴로워하는 ātapatāpita.
태양을 보지 못하고 asuriyaṁpassa.
태양의 길 ādiccapatha.
태양의 왕[연꽃] ravinda.
태양이 가라앉지 않는 한 anāvasūraṁ.
태양족(太陽族) ravivaṁsa. ādiccabadhu. suriyavaṁsa.
태양처럼 눈부신 ādiccavaṇṇasaṅkāsa.
태어나거나 성장한 사실 jātatta.
태어나게 되는 원인 janakapaccaya.
태어나게 하는 janaka.
태어나게 하는 업 janakakamma.
태어나게 하다 uppādeti.
태어나기에 적당한 uppajjitabba.
태어나는 upapattika. uppajjanaka.
태어나는 사람 uppajjitar.
태어나는 사실 abhijātitā.
태어나다 jāyati. jāyate. nibbattati. pajāyati. sañjanati. sañjāyati. upajāyati. uppajjati.
태어나면서 얻은 지혜 jātipaṇṇā.
태어나면서부터의 āmāya.
태어나서 upahacca.
태어나지 않은 abhūta. ajāta. anuppādita. anuppanna. asamuppanna.
태어나지 않음 anuppāda. anuppādana.
태어나지길 바라는 uppajjitukāma.
태어난 bhūta. jāta. jātika. °jātiya. pasūta. tirokucchigata. uppanna.
태어난 곳 janitta.
태어난 사실 bhūtatta.
태어난 상태 jātatta.
태어날 때 갖추고 있는 것 sahajātatthi.
태어날 때부터 귀가 먼 jaccabadhira.
태어날 때부터 눈이 먼 jaccandha.
태어날 때부터 천한 nihīnajātika.
태어날 수 없는 anuppādaniya.
태어남 āgama. jāti. jāyana. pajāyana. upapatti. uppāda. uppādana.
태어남과 사라짐 uppattinivatti.
태어남에 대한 두려움 jātibhaya.
태어남을 구성하는 것 jātatta.
태어남의 부숨 jātikkhaya.
태어남의 소멸 jātikkhaya. jātinirodha.
태어남의 특징의 출현 uppattinimittûpaṭṭhāna.
태연자약(泰然自若) anasuropa.
태연하게 먹는 avikkhittabhojin.
태연한 avikkhitta. payata.
태우다 anudahati. ātāpeti. ḍahati. kaṭhati. pariḍahati. paritāpeti. tāpeti. uḍḍahati. usati. viḷayhati.
태움 anudahana. tāpana. usana.
태워버리다 abhisantāpeti. anuḍahati.
태워지다 ḍayhati. pariḍayhati. uḍḍayhati.
태초의 ādikāla.
태풍(颱風) veramba. verambha. kālavāta.
택멸(擇滅) paṭisaṅkhānirodha.
택법(擇法) dhammavicaya.
택법각지(擇法覺支) dhammavicayasambojjhaṅga.
택법등각지(擇法等覺支) dhammavicayasambojjhaṅga.
택시 vetanikasayaṁdhāvaka.
택시미터 gatadūramāṇaka.
택지 위에 뿌리는 헌공 vatthuparikiraṇa.
택지 위의 산포의식 vatthuparikiraṇa.
택지(宅地) vatthu.
택지를 만드는 의식(儀式) vatthukamma.
택지명(宅地明) vatthuvijjā.
택지에 관한 vatthuka.
택지학(宅地學) vatthuvijjā.
택지학(宅地學)의 스승 vatthuvijjācariya.
택혜(擇慧) nibbedhakapāñña.
탬버린 aṅkya.
탱크 모양의 큰 단지 cāṭi.
터널 ummagga.
터득(攄得) pariyāpuṇana.

터득하다 pariyāpuṇāti.
터득한 pariyāputa.
터무니없이 atīva. ativiya.
터번 paṭṭa. moli. veṭhana. sīsacola. veṭha. uṇhīsapaṭṭa. vālaṇḍuka.
터어키[국명] Turukkha.
터어키에 속하는 turukkha.
터어키의 turukkha.
터져나오다 ubbhijjati.
터지다 dalati. sampadālati. vipphalati.
터지지 않은 anādiṇṇa.
터진 곳 patara.
턱 cubuka. hanu.
턱뼈 hanukaṭṭhi.
턱수염 dāṭhikā.
턱을 묶은 말을 못하게 하는 hanusaṁhanana.
털 kesa. vāla.
털 달린 꼬리를 지닌 vālin.
털과 수염을 뽑은 수행자 kesamassulocaka.
털구멍 lomakūpa.
털깔개의 도둑 kambalacora.
털끝 vālagga. vālakoṭi.
털끝으로 찌르는 것 같은 vālavedhirūpa.
털담요 kambala. uṇṇabhisi.
털담요의 더미 kambalapuñja.
털로 구성된 uṇṇapāya. uṇṇāpāya.
털로 덮인 lomasa.
털로 만든 kambala. uṇṇika. uṇṇamaya. uṇṇāmaya.
털로 만든 노끈 vālarajju.
털로 만든 모피깔개 uddalomin. uddhalomin.
털로 만든 샌들 kambalapādukā.
털로 만든 총채 vālaṇḍuka. vāla.
털방석 uṇṇabhisi.
털실 kambala. kambalasutta.
털실로 짠 한 줄로 된 허리띠 ekarajjuka.
털실타래 kambalageṇḍuka.
털어내다 saṇheti.
털어냄 niddhunana.
털어놓다 deseti.
털어버리다 pamuñcati.
털옷 kambala. uṇṇī.
털옷 장사 kambalavāṇija. kambalika.
털옷을 가지고 있는 kambalin.
털옷을 입은 사람 kesakambalin.
털외투 kambalaka. uṇṇapāvāra(ka).
털요 tūlikā.
털을 다듬다 massuṁ karoti.
털의 lomasa.
털이 곤두서는 haṁsana. haṭṭha.
털이 곤두서다 haṁsati.
털이 곤두섬 haṁsa.
털이 나있는 salomama.
털이 너무 많은 atiloma.
털이 많은 lomasa.
털이 빽빽한 ākiṇṇaloma.
털이 뻣뻣이 일어서지 않은 alomahaṭṭha.
털이 있는 lomaka. lomin.
털이나 머리카락이 없는 aloma.
털투성이의 atilomasa. atiromasa.
텅 빈 kha. rittaka. suñña. catukka.
텅 빈 것 suññatā. suññatta.
텅 빈 상태 suññatā. suññatta.
테두리 dasa. dasā.
테두리가 없는 adasaka.
테두리가 없는 깔개 adasakanisīdana.
테두리가 있고 털로 만든 uddalomin. uddhalomin.
테두리가 있는 nemiya.
테두리가 있는 깔개 sadasa.
테두리가 있는 좌구(坐具) sadasa.
테두리를 두르기 pakkhara.
테라가타[경장] Theragāthā.
테라바다 theravāda.
테라스 ālinda. āḷinda. ālindaka. osaraka. osārikā. vedi. vedikā. vediyā.
테라스가 있는 집 muṇḍacchada.
테러 bhiṁsikā. cittuttrāsa. santasana. tāsa. uttāsa. bhaya. bhīti. bhāyāpana.
테레빈유 sirīvāsa.
테리가타[경장] Therīgāthā.
테이블 ādhāraka. bhojanaphalaka.
텔레그래프 vijjusandesapesakayanta. vijjusāsana.
텔레비전 dibbacakkhu.
텔레파시 paracittajānana→ 타심지.
토각(兎角) sasavisāṇa.
토괴(土塊) leḍḍu.
토구(討究) vicaya.
토구자(吐垢者) vantamala.
토기(土器) matikabhājana. mattikābhaṇḍa. thāli. thālī. āmattikā.
토끼 pelaka. sasa.
토끼가 있는 sasin.
토끼의 뿔 sasavisāṇa.
토끼의 표시 sasalañjana. sasalakkhaṇa. sasalañchana. sasallakkhaṇa.
토대(土臺) bhūmikā. nidāna. nissaya. niṭṭhā.

pādaka. ṭhāna.
토대가 없는 appatiṭṭha. avatthuka.
토대가 없음 appatiṭṭhāna. avatthu.
토대를 둔 ogadha. ogādha.
토대를 마련하다 nissayati.
토대를 완성한 katabhūmikamma.
토디[술에 향신료를 넣어 만든 술] ambilasurā.
토론(討論) kathā. kathāsamudācāra. pavāda. sākacchā. vāda.
토론에 그 원인이 있는 kathāsamudāya.
토론에 뛰어남 bhassasamācāra.
토론에서 말하기에 적합한 alaṁsākaccha.
토론을 야기하는 행위 kathāsamuṭṭhāpana.
토론을 원하는 vādakāma.
토론을 제안하는 bhassappavādika.
토론을 좋아하는 pavādaka. pavādiya.
토론의 pavādaka. pavādiya.
토론의 발생 kathāsamuṭṭhāna.
토론의 원인 kathāsamuṭṭhāna.
토론의 전개 kathāpapañca.
토론의 주제 ādhāra.
토론자(討論者) bhassakāraka. vādin.
토론하다 paṭimanteti. pavadati. sākaccheti. sākacchāyati.
토론하지 않는 avivadamāna.
토마토 takkālīphala.
토박이 desavāsin. desubbhūta.
토사(吐瀉)하다 vamati.
토사제(吐瀉劑) vamana. vamanayogga.
토성(土星) sani.
토양(土壤) urū. paṭhavī. pathavī. puthavī. puthuvī. puṭhuvī.
토양이 없는 akhettabhāva.
토요일(土曜日) sanivāra.
토의(討議) → 토론.
토지(土地) ubbī. bhū. bhūma. bhūmi. chamā. khetta. kuṭumba. paṭhavī. pathavī. puthavī. puthuvī. puṭhuvī. vatthu.
토지도 친척도 없는 akhettabandhu.
토착(土着)의 sadesaja. nijadesika.
토착민(土着民) savara.
토착어(土着語) sadesabhāsā. nijabhāsā.
토출(吐出) uggama. uggamana.
토퇴(土堆) mattikāpuñja.
토하게 하다 vameti.
토하는 소리 khipitasadda.
토하다 kakkāreti. khipati. niṭṭhubhati. niṭṭubhati. ovamati. pacchindati. ucchaḍḍeti. uggirati. vamati. vicchaḍḍeti.
토하지 않는 anuggirat.
토한 vanta.
토한 것을 먹는 vantâsika.
토한 사람 ucchaḍḍaka.
토함 recana. uggamana. uggāra. uggiraṇa. vamathu.
토해내는 uddekanika.
토해야 할 vamanīya.
토해진 khipita.
토해진 음식 vamathu.
토호(土豪) disāpati.
톡 쏘는 액체를 지닌[발정한 코끼리의 관자놀이에서 나오는 것] kaṭukappabhedana.
톱[鋸] kakaca. khara.
톱에 절단된 kakacôkantaka.
톱의 끝 kakacakoṭi.
톱의 비유 kakacûpamā.
톱의 비유에 대한 교훈 kakacôvada.
톱의 이빨 kakacadanta.
톱의 조각 kakacakhaṇḍa.
톱질 kappana.
통(桶) dārubhājana.
통각(統覺)의 계기 javana.
통각에 의한 사유 javanacetanā.
통고(通告) saṅketa.
통곡(痛哭) anutthuna. anutthunā. ārodana. ārodanā. parideva. paridevitatta. rodana.
통곡된 paridevita.
통곡하다 kandati. paridevati. paridevayati. rodati. vikkandati.
통과(通過) samāpajjana. saṅkanti. tara. taraṇa.
통과된 vītivatta.
통과하게 하다 pāreti.
통과하기 힘든 kantāra.
통과하는 saṅkantika.
통과하다 ācarati. kamati. patarati.
통과한 tiṇṇa.
통과한 사실 taritatta.
통과할 수 없는 āhundarika. avalañja.
통과할 수 있는 ghātimant. paṭivijjhanaka. tara.
통나무 dāruka. dārukkhandha. dārukkhandha. kaliṅgara.
통나무집 dārukuṭikā.
통달(通達) pariyatti. pasaha. pasahana. paṭivedha.
통달공(通達空) paṭivedhasuñña.
통달되지 못한 appaguṇa.
통달되지 않은 apariyāpuṭa.
통달심심(通達甚深) paṭivedhagambhīratā.

통달의 지혜 paṭivedhañāṇa.
통달지(通達智) paṭivedhañāṇa.
통달하다 ativijjhati. paṭivijjhati.
통달한 paṭividdha.
통로(通路) haraṇī. okāsa. saṅkama. saṅkamana. valañja. vattanī. vīthi.
통로의 vīthika.
통변(通便) hanna.
통삼장자(通三藏者) piṭakaññū.
통상적으로 pakatiyā.
통양(痛痒) kaṇḍuyana. kaṇḍūyana. kaṇḍuvana. kaṇḍūvana.
통용되다 samudācarati.
통일 속에 사는 ekattavāsa.
통일(統一) ekatthi. ekībhāva. ekodi. ekodhi. sāmañña.
통일되다 ekībhavati.
통일된 adejjha. ekattagata. sāmaññagata. samudita.
통일된 결정을 하는 ekâdhippāya.
통일된 마음 ekaggacitta.
통일된 지배권 ekarajja.
통일된 포살에 속하는 ekuposatha.
통일성(統一性) avisesa. ekabhāva. ekattatā.
통일에 대한 이해 ekattaggahaṇa.
통일의 samagga.
통일의 성취 ekattasamosaraṇa.
통제(統制) damatha. paridamana. sandhāraṇa. sannirumhana. vasa. yugaggāha.
통제되지 않는 agutta.
통제된 saṁvuta. yata.
통제력(統制力) indriya.
통제의 상태 abhibhāsana.
통제하기 어려운 dunniggaha.
통제하는 sandhāraka.
통제하다 paridameti. pariyādiyati. pariyādiyyati. paṭimāseti. samannāneti. samanvāneti. sandhāreti.
통제하지 않음 asaṁvara.
통증(痛症) āgilāyana. vātābādha.
통증이 심한 bavhābādha.
통지(通知) ārocana. ārocanā. pavedana. sāvana. sāvaṇa.
통지된 pavedita.
통지하는 승단모임 pakāsaniyakamma.
통째 자르다 samparikantati.
통찰(洞察) āloka. cakkhu. dassana. dassāvitā. munana. ñāṇa. nibbedha. nijjhāna. okkhāyana. paññā. pariṇāyikā. pariyogāha. pariyogāhana. pariyogāhanā. paṭivedha. yoni. vipassanā.
통찰과 명상 dassanasamāpatti.
통찰과 이해 nijjhānakhanti.
통찰된 paṭividdha. vocarita.
통찰력을 얻다 vipassati.
통찰력이 없는 adassana.
통찰력이 없음 adassana.
통찰력이 있는 cakkhuka. cakkhumant. buddhimant. dassāvin. ñāṇika. ñāṇin. paññavant. paññāvant. buddhika. buddhimant. vipassin.
통찰에 관한 지혜 vipassanāñāṇa.
통찰에 능숙한 dassanâdhippeyya.
통찰에 수반되는 오염 vipassanûpakkilesa.
통찰에 의한 순간적인 포착 vipassanājavana.
통찰에 의한 특수한 관점을 통한 멀리 여읨 tadaṅgaviveko.
통찰에 의한 특수한 관점을 통한 해탈 tadaṅgavimutti.
통찰에 의한 평온 vipassanûpekkhā.
통찰을 선구로 하는 vipassanāpubbaṅgama.
통찰을 실천하는 자 vipassanāyānika.
통찰을 얻기 시작한 āraddhavipassaka.
통찰을 위한 명상주제 vipassanākammaṭṭhāna.
통찰의 개발을 위해 수행하는 사람 vipassanākammika.
통찰의 계기 vipassanājavana.
통찰의 과정 vipassanāvīthi.
통찰의 구성요소 vipassanaṅga.
통찰의 기초가 없는 avipassanāpādaka.
통찰의 단계 vipassanânukkama.
통찰의 순서 vipassanânukkama.
통찰의 의무 vipassanādhura.
통찰의 지혜 vipassanāpaññā.
통찰의 책임 vipassanādhura.
통찰의 청정 dassanavisuddhi.
통찰의 특징 vipassanānimitta.
통찰의 힘 vipassanābala.
통찰이 부족한 omakadassa.
통찰하기 어려운 duppaṭivedha. duppaṭivijjha.
통찰하는 vipassaka.
통찰하는 대상 paṭivedhaṭṭha.
통찰하는 의미 paṭivedhaṭṭha.
통찰하다 ativijjhati. nibbijjhati. pariyogāhati. pariyogāheti. paṭivijjhati. vipassati.
통찰하지 못하는 avipassa(t). avipassaka.
통첩(通牒) sāsana.
통치(統治) khatta. rajja. raṭṭha.
통치권(統治權) issariya.
통치법(統治法) rājadhamma.

통치의 즐거움 rajjasukha.
통치자(統治者) adhipa. īsa. issara. pabhū.
통치하는 adhipati.
통치하다 anusāsati. voharati. issariyaṁ karoti. rajjaṁ karoti.
통칭(通稱) samañña.
통풍(通風) pavāta.
통하는 °gatika.°gatin. sampāpaka. opanayika. yānika. yāniya.
통합(統合) upacaya.
통합되다 sambhindati.
통합되어야 하는 sambhejja.
통합된 sampattakajāta.
통해서 nissāya. vasena. niyāma.
통행(通行) sañcara. sañcāra.
통행세(通行稅) suṅka.
통효(通曉)된 svāgata. yānikata.
퇴각(退却) apayāna. atiyāna. ogacchana. oliyana. olīyana. paṭikkamana.
퇴각시키다 apayāpeti. paṭikkamāpeti. ussāreti.
퇴각하다 apayāti. atiyāti. avalīyati. oliyyati. oliyati. olīyati. paṭikkamati.
퇴각하지 않음 appaṭikkamanā.
퇴거(退去) paccudāvattana.
퇴거하다 paccudāvattati.
퇴군(退軍) atiyāna.
퇴군하다 atiyāti.
퇴락(頹落) hāna.
퇴락에 대한 밝음(損減善巧) apāyakosalla.
퇴락한 padosika.
퇴론(退論) parihānikathā.
퇴마사(頹馬師) bhūtavejja.
퇴물(退物)이 된 viccuta.
퇴법(退法) parihānadhamma. parihānidhamma.
퇴보(退步) paṭikkamana.
퇴보되지 않은 aparihīna.
퇴보하다 paṭikkamati.
퇴분계(退分戒) hānabhāgiyasīla.
퇴분정(退分定) hānabhāgiyasamādhi.
퇴분혜(退分慧) hānabhāgiyapaññā.
퇴색(退色) vevaṇṇa.
퇴실법(退失法) parihāniya.
퇴십년(退十年) hānidasaka.
퇴적(堆積) saṇḍa.
퇴전(退轉) osakkanā. nivattana. paṭikkama. vivaṭṭa. vivaṭṭana. vivaṭṭanā. saṁvaṭṭa. saṁvaṭṭana.
퇴전될 수 있는 āvattiya.
퇴전시키다 paccāneti.
퇴전의 āvattin.
퇴전이 없는 anivattanadhamma.
퇴전하는 āvattaka. āvattanin.
퇴전하다 āvattati. osakkati. paṭikkamati.
퇴전하지 않는 alīna. appaṭisaṁharaṇa. asallīna.
퇴전하지 않은 정진 alīnaviriya.
퇴전하지 않음 anosakkana.
퇴전한 parihīna. parihīnaka.
퇴전할 수 없는 aparihāniya.
퇴짜를 놓다 avarajjhati.
퇴축심(退縮心) līnacitta.
퇴타(退墮)된 parihīna. viccuta.
퇴폐(頹廢) dūsana. kalusa. kalusīkaraṇa. kilissana. pūtibhāva.
퇴화(退化) anuvivaṭṭa.
투계(鬪鷄) kukkuṭayuddha.
투과(透過)할 수 없는 āhundarika.
투구[헬멧] kaṇerika.
투기(投棄)된 ujjhita.
투기장(鬪技場) yuddhamaṇḍala.
투덜거리지 않는 anasūyaka. anasuyyant.
투도(偸盜) adinnādāna.
투란차(偸蘭遮) thullaccaya.
투명하지 않음 kācin.
투명한 accha. setaka. vinivijjhadassaka.
투명한 물 setodaka.
투석(投石) sālittaka.
투석기(投石器) pāsa. sālittaka. jevanīya.
투석의 기술 sālittakasippa.
투성이가 된 litta.
투시(透視) vipassanā.
투시하다 vipassati.
투옥(投獄) rundhana.
투옥하다 orundhati.
투입(投入) pakkhepa. pakkhepana.
투자(投資) paribbaya.
투자하다 samijjhāpeti.
투쟁(鬪爭) kakkhaḷatā. kakkhaḷatta. tuvantuva. visappana.
투쟁적인 kakkhaḷa.
투창(投槍) bheṇḍi. saṅku. tomara. salla.
투척(投擲) avakkhipana. khepa. khipa. khipana. khipanā. parisumbhana. pāta. pavijjhana.
투척기(投擲器) attha.
투척하다 adhikkhipati. pavijjhati.
투표(投票) chanda. chandaka. anumati.
투표용지(投票用紙) salākā.
투표자(投票者) chandadāyin. anumatidāyin.
투표하다 chandaṁ deti. anumatiṁ pakāseti.

투하(投下) pavijjhana.
투하된 avakkhitta.
투하하다 pavijjhati.
튀긴 보리알 akkhata.
튀김냄비 kapāla. kapalla. kapallaka.
튀어나온 눈과 튀어나온 이빨을 한 kaḷārakkhi-kaḷāradanta.
튀어나온 이빨과 노란 눈 kaḷārapiṅgala.
튀어나온 이빨을 지닌 kaḷāra. kaḷārika.
튕기기 uppoṭhana.
튕기는 물거품 udakatārakā.
튕기다 uppoṭheti.
튕기지 않은 anavasitta.
튕김 poṭha. poṭhana. pothana.
튜브 doṇī. nāḷi. nāḷī. nāla. nāḷikā.
튜브속에 만들어진 케이크(?) doṇī.
트랙 padavalañja.
트림 uggāra. uddeka. udreka.
트림하다 uggirati. udrekayati.
트집 avaṇṇa.
트집잡기 avaṇṇahārikā.
특발성질환(特發性疾患) anaññaroguṭṭhitagelañña.
특별한 āveṇi. āveṇika. āveṇiya. abbohāra. accāyika. acceka. pakiṇṇaka. paṭivisiṭṭha.
특별한 감관 karaṇavisesa.
특별한 경험계의 다양성 dhātunānatta.
특별한 계율의 항목 āveṇipaṭimokkha.
특별한 관심을 부여하고 āhacca.
특별한 그릇 bhājanavikati.
특별한 길 āhaccaniyama.
특별한 때에 승려에게 주어진 옷 accekacīvara.
특별한 발음 uccāraṇavisesa.
특별한 새김[철저한 새김] anussativisesa.
특별한 순서[음식배분] āveṇiṭhitikā
특별한 승려에게 지정된 발우 uddesapatta.
특별한 시간의 vāraka.
특별한 유행에 따라 만든 비구에게 금지된 가사 macchavālaka.
특별한 제물 pariyañña.
특별한 제사 pariyañña.
특별한 지혜 abhiññā.
특별한 치수 atirekappamāṇa.
특별히 ekadatthu.
특사(特使) dūta.
특상(特相) vyañjana.
특색(特色) paññāṇa.
특성(特性) adhippāyosa. sakatā. sīlatā. vodāsa.
특성을 나타내다 vyañjayati.
특성의 왜곡 kuṭilabhāva.
특수논모(特殊論母) pakiṇṇakamātikā.
특수성(特殊性) āveṇikatta.
특수하거나 일반적인 방향에 대한 두루채움 odissakânodissakadisāpharaṇa.
특수한 asabbasādhāraṇa. odissaka. pakiṇṇaka. ukkaṭṭha.
특수한 기관 karaṇavisesa.
특수한 논의의 내용 pakiṇṇakamātikā.
특수한 법에 속하는 abhidhammika.
특수한 업 kammantara. kammavisesa.
특수한 원인 āhaccapaccaya.
특수한 이유 karaṇavisesa.
특수한 종류로의 구별 āhaccâkhārabheda.
특수한 종류의 칼 iṭṭhi.
특수화(特殊化)[문법] upādhi.
특수화된 upadiṭṭha.
특수화된 대상 odissa.
특유의 sakiya.
특정한 목적을 갖지 않은 anuddesika.
특정한 목적이 없는 유행 anibaddhacārikā.
특정한 사람을 지칭하지 않는 aniyāmitâlapa.
특정한 업 kammantara. kammavisesa.
특정한 업에 기인한 마음 kammantaramāna.
특정한 업의 결과 kammavipākavisesa.
특정한 업의 결과에 대한 논의 saṁsappaniyapariyāya.
특정한 업의 발생 kammantaruppatti.
특질(特質) vikāra. visesana.
특질이 있는 visesin.
특징(特徵) adhippāyosa. aṅga. ciṇha. lakkhaṇa. liṅga. nidassana. niketa. nimitta. padāna. vivesa. vodāsa. vyañjana. jāta.
특징과 모습 ākārasaṇṭhāna.
특징과 함께하는 salakkhaṇa.
특징들을 갖고 있는 sākāra.
특징들을 갖추고 있는 lakkhaṇasampanna.
특징에 관한 비밀학문 lakkhaṇamanta.
특징에 대한 논쟁점 lakkhaṇamātikā.
특징으로 보여주다 ulliṅgeti.
특징으로 점치는데 능한 lakkhaṇakusala.
특징을 부여하다 liṅgeti.
특징을 지적하는 이야기 lakkhaṇāyuttikathā.
특징의 형상 lakkhaṇarūpa.
특징이 되다 upaliṅgeti.
특징이 성취 lakkhaṇasampatti.
특징이 없는 appanimitta.
특징이 있는 liṅgika.
특징적 암시의 성취 ākārasampatti.

특징짓다 avadisati. lakkheti.
특히 atīva. odhiso.
튼튼한 saṁyata.
틀리게 duṭṭhu. musā.
틀리게 무게를 잼 tulākūṭa.
틀린 mūḷha.
틀린 가르침 adhamma.
틀린 견해를 가진 duggahita. takkika.
틀린 견해를 갖고 있는 사람 diṭṭhigatika.
틀린 견해와 무관함 diṭṭhivisaṁyoga.
틀린 견해의 얽힘 diṭṭhisaṅghāta.
틀린 생각의 조장 takkavaḍḍhana.
틀림없이 ha. addhā.
틀어박히다 saṅkasāyati.
틀있는 창문 kavāṭavātapāna.
틈 antarikā. okāsa. virandha. vivara.
틈과 구멍의 chiddâvacchidda.
틈새 → 틈.
틈새가 없는 anantara. anantaraka.
틈새가 없이 anantaraṁ.
틈을 파는 사람 sandhichedaka.
틈이 없는 ānantarika. ānantariya. avīcika. avivara. nibbivara. nirantara. samanantara.
틈이 있는 chidda.
틈입자(闖入者) antaracara.
티끌 paṁsu. raja. rajas. rajo. saṅkāra.
티끌의 제거 rajupavāhana. rajohara(ṇa).
티끌이 없는 vantamala.
티끌이 제거될 수없는 곳에 있는 ahāriyarajamattika.
티베트[국명] Tibbata. Tibbatadesa.
팀파니 ānaka. paṭaha.

ㅍ

파각(破殼) abhinibbhidā. abhinibbhijjana.
파견(派遣) pahiṇana. pesana.
파견되지 않은 apesiyamāna.
파견된 pahita. pesita. vissajjita.
파견하는 pahiṇa.
파견하다 abhivissajjeti. pāheti. pahiṇati. pahiṇāti. paṭipeseti. peseti. sajjeti.
파계(破戒) ajjhācāra. dussīla. sīlavipatti.
파계자(破戒者) sīlavipanna.
파고 들어가다 nikhanati. nikhaṇati.
파고(波高) ūmipiṭṭha.
파괴(破壞) anudahana. apanayana. atikkhaya. apacina. apacinana. abhighātana. adhipāta. āghāta. ālumpakāra. āmaddana. bhaṅga. bhañjana. bheda. bhedana. bhijjana. bhindana. cheda. chedaka. chedana. ghaccā. kali. khaṇḍa. khaya. lujjana. nāsa. nāsana. niddāna. nigghātana. nigha. nighāta. nijjarā. nimmadana. nimmathana. nippothana. nirodha. nisūdana. pabhaṅgapabhaṅga. pabheda. pabhedana. padhaṁsa(na). palibhañjana. palujjana. paribheda. pātana. pātana. rujana. samārambha. saṁvaṭṭa. saṁvattana. saṅkhaya. ubbahana. uccheda. upaccheda. upaghātana. upahanana. upahaṇana. uparodha. uparodhana. uppaṭana. uppaṭanaka. ussāda. vibhūti. viccheda. vidālana. viddhaṁsa. viddhaṁsana. vidhamana. vighāta. vikkhambhana. vināsa. vinaya. vyasana.
파괴되기 쉬운 abhāvadhamma. chedagāmin. nikkhaya.
파괴되기 어려운 dunnikkhaya.
파괴되는 palokin.
파괴되다 ādriyati. bhijjati. haññati. haññate. jīrati. jīrayati. lujjati. nirujjhati. olujjati. pabhijjati. palujjati. paṭihaññatipaṭihaññati. rujjhati. saṁvaṭṭati. ucchijjati. viddhaṁsati. vinassati. vipāṭeti. vippalujjati. vyapahaññati. vyantībhavati. vyantīhoti.
파괴되어야 하는 abhāvin. nimmadaya.
파괴되어야 할 ghacca.
파괴되지 않는 abhejjanta. akkhaya. akkhayita. anāsaka. apabhaṅgu. avikopin. avināsaka. avināsika. avināsana.
파괴되지 않은 abhinna. akhīṇa. anūhata. anupahata. appadālita. asamucchinna. avikkhambhita.
파괴되지 않음 asaṁvaṭṭana. avināsa.
파괴된 abbūḷha. abbūḷhita. ādiṇṇa. anupahata. apahata. atigāḷhita. atimāpita. bhagga. dhuta. dhūta. ghātita. hata. jiṇṇa. khepita. khīṇa. nihata. nijjiṇṇa. nipphalita. olugga. pabhagga. padālita. palugga. parimaddhita. pātita. sambhagga. sampalibhagga. sampalimaṭṭha. saṁsīna. sañchinna. sīna. ucchinna. ūhata. upahata. uppāṭita. vibhūta. vicchinna. vidālita. viddaṁsita. viddhasta. vidhamita. vidhūpita. vidūpita. vighāṭita. vihata. vikkhambhita. vikkhaṇḍita. vinaḷīkata. vinaṭṭha. vipariyādikata. visaṁhata. visaṅkhita. visāta. viyāpanna.
파괴된 사실 bhinnatta. khepitatta.
파괴된 상태 ādiṇṇatta. hatatta. khīṇatta. khīṇatā. padālitatta. vikkhambhanatā.
파괴된 탑 bhinnatthūpa.
파괴된 헛간 oluggajarasālā.
파괴될 수 없는 abhejjanaka. acchejja. adhaṁsiya. ajeyya. appadhaṁsika. asaṁhāriya. avajjha. avikopiya.
파괴될 수 있는 bhejjanaka. nikkhaya.
파괴될 수밖에 없는 bhedanadhamma. palokin.
파괴를 야기한 katavināsaka.
파괴성(破壞性) viddhaṁsanatā.
파괴시키다 bhedeti. bhindāpeti. hanāpeti. uparodheti.
파괴시킴 chedāpana.
파괴업(破壞業) upacchedakakamma. upaghātikakamma.
파괴의 능력 viddhaṁsanatā.
파괴자(破壞者) bhettar. māraka. māretar. padāletar. padāḷetar.
파괴적인 appatikārika. paridhaṁsaka. uddālamala.
파괴하고 bhetvā. upahacca.
파괴하고 나서 pamāya.
파괴하는 abhighātin. adhipātin. apaha. bhañjaka. bhañjanin. bhedaka. bhedakara. chida. chindana(ka). dhaṁsana. ghañña. ghātaka. ghātin. koṭṭa. maddin. nijjara. nirodhika. paribhedaka. ucchedana. upacchedaka. upaghāta.

upaghātaka. upaghātin. vidhamaka. viddhaṁsaka. vighāṭana. vimaddana.
파괴하는 사람 chettar.
파괴하는 업 upacchedakakamma. upaghātikakamma.
파괴하다 abhihanati. abhikirati. abhimatthati. abhinihanati. abhinīhanati. abhisantāpeti. adhipāteti. ajjhobhavati. ālumpati. anudahati. anuḍahati. atimāpeti. atipateti. atipāteti. avākaroti. bhañjati. bhindati. chindati. ḍhaṁseti. ḍhunāti. hanati. hanti. jhāpeti. jīreti. jīrāpeti. kalībhavati. khaṇḍati. lumpati. manāti. nāseti. nijjareti. nimmatheti. niraṅkaroti. nirākaroti. nirodheti. opāteti. osādeti. pabhañjati. pabhindati. padāleti. padhaṁseti. paribhindati. pariyādiy(y)ati. paṭihanati. paṭikopeti. pisati. rohati. rujati. sambhañjeti. saṁhanati. saṁhanti. sampalibhañjati. sañchindati. sāṭeti. ubbahati. ucchindati. uddhaṁseti. upacchindati. upahanti. upahanati. upahaṇati. uparodheti. uparundhati. upatapeti. upatāpeti. uppāṭeti. velāyati. vidāleti. viddhaṁseti. vidhamati. vidhūpeti. vidhūpayati. vighāteti. vikkhambheti. vikkhaṇḍati. vikopeti. vināseti. vinipāteti. vippakirati. visoseti. vivaṭṭeti. vyantīkaroti.
파괴하지 않고 anupahacca.
파괴하지 않다 appaṭikopeti. appaṭikkopeti.
파괴하지 않음 asamucchidana.
파괴할 수 없는 anirodha.
파내다 khanati. khaṇati. palikhaṇati. ukkirati.
파내진 palikhata. khata. nikhāta. uddhaṭa. ukkiṇṇa.
파냄 abhikkhaṇana. khaṇana.
파닛자까[식물] phaṇijjaka.
파다 abhikkhaṇati. khaṇati.
파당이 적은 appapakkha.
파도(波濤) ullola. ummi. ummī. ūmi. ūmī. ūmikā. vīci. taraṅga.
파도가 치는 것 ūmighāta.
파도로 이루어진 ūmimaya.
파도속에서 사는 ūmantaravāsin.
파도에 대한 공포 ūmibhaya.
파도와 함께 물결이 이는 ūmijāta.
파도의 격류 ūmivega.
파도의 그물 ūmijāla.
파도의 속도 ūmivega.
파도의 확대 ūmivipphāra.
파도치는 saummi. ullulita. vicāliya.
파두마(波頭摩)[음사] paduma.
파라리불(巴羅利佛)[지명] Pāṭaliputta.
파라솔 ātapavāraṇa.
파련불(巴連佛)[지명] Pāṭaliputta.
파렴치 koṭilla. kuṭila.
파렴치한 bhinnahirottappa.
파루싸[식물] phārusa. phārusaka.
파류사(頗留沙)[식물] phārusa. phārusaka.
파륵구나월(頗勒窶那月)[월명] phagguṇa. phaggunī.
파리(玻璃) kāca. phalika. phalikā. phaḷika.
파리[곤충] makkhikā.
파리가 없는 nimmakkhika.
파리의 알 āsāṭikā.
파멸(破滅) antakiriyā. bhijjana. nāsa. nassana. naṭṭhana. paloka. palujjana. parābhava. samavaya. vibhūti. viddhaṁsa. vināsa. vinipāta. vyasana. vyantībhūta. vyantībhāva.
파멸되기 어려운 dunnikkhaya.
파멸되었다 anassuṁ.
파멸되지 않는 acchejja.
파멸된 naṭṭha. vilutta.
파멸시키다 nāseti. paridūseti. vilumpati. vinipāteti.
파멸이 없는 avināsaka. avināsika. avināsana.
파멸하기 쉬운 bhidura.
파멸하다 olujjati.
파산자(破産者) naṭṭhāyika.
파생(派生)된 otiṇṇa.
파생물질(派生物質) upādārūpa.
파생물질의 대상 upādārūpârammaṇa.
파생물질의 전개 upādārūpappavatti.
파생물질의 획득 upādārūpapariggaha.
파생하다 otarati.
파손(破損) khaṇḍana.
파손업(破損業) upacchedakakamma. upaghātikakamma.
파수꾼 anīkaṭṭha. rakkhaka. pāla. pālaka.
파순(波旬)[악마] Pāpimant.
파순제(波純提)[신계] Pajjunna.
파승(破僧) saṅghabheda.
파승자(破僧者) saṅghabhedaka.
파실타(婆悉吒)[인명] Vāseṭṭha.
파악(把握) adhigama. avagama. avagamana. gāha. gahita. gahīta. paggahaṇa. parigaṇhana. sammasana. upalabbha. upaladdhi.
파악되지 않은 aggahita.
파악된 abhisamita. adhigata. aggahita. gahita. gahīta. sammasita.
파악된 대상 ārammaṇâdhigahita.

파악의 지혜 pariganhanapaññā.
파악하고 upalabbha.
파악하기 어려운 agayhûpaga.
파악하는 gāhaka.
파악하다 adhigacchati. gāheti. ganhati. kamati. pāpuṇāti. pariganhāti. parigganhāti. sammasati. upaganhāti. upalabhati. upasaṅganhati.
파여지지 않은 anikhāta.
파열(破裂) padāraṇa. sampadālana. vidālana. vidāraṇa.
파열되다 bhindati. vipphalati.
파열되지 않은 appadālita.
파열된 apavārita. phālita. phulla. phuṭika. vidālita. vipphālita.
파열시키다 ābhindati. dāreti. phālāpeti.
파열하는(?) rada.
파열하다 avadīyati.
파이프 panāḷī. panāḷikā.
파인애플 bahunettaphala.
파일[*eng. file*] lohakhādaka.
파일제(波逸提) pācittiya.
파일제범계자(波逸提犯戒者) pācittiyajjhāpanna.
파일제품(波逸提品) pācittiyavagga.
파자(跛者) khañja.
파조(派祖) titthakara.
파종(播種) āvapana. vapana.
파종되다 vappate. vuppati.
파종된 nivutta. pavutta. vāpita. vutta.
파종을 위한 제사 vappamaṅgala.
파종의 vappa.
파종축제(播種祝祭) maṅgalavappa.
파종하다 pavapati. vapati. vāpeti.
파지(把持) paggahaṇa. uggaha.
파지된 gahita. gahīta. sammasita.
파지된 선정 sammasitajjhāna.
파지하다 ugganhāti.
파초(芭蕉) aṭṭhikadalī. kadalī. kadalīduma. pattali. kadala.
파초(芭蕉)로 이루어진 아치길 kadalītoraṇa.
파초장(芭蕉漿) mocapāna.
파출소(派出所) rājabhaṭāgāra.
파충류학(爬蟲類學) sappāvijjā.
파탁리촌(巴杔釐村)[지명] Pāṭaligāma.
파토스 karuṇārasa.
파파야[식물] vātakumbha. nāvāphala.
파편(破片) hīra. hīraka. khaṇḍa. khaṇḍana. khaṇḍikā. padālana. papaṭā. papaṭikā. pappaṭaka. sakalikā. sakkharā. sakkharikā.
파행(跛行) khañjana.
파헤쳐지지 않은 akhāta.
팍구나[월명] phagguṇa. phagguṇī.
판결(判決) atthakaraṇa. vissajjana. vohāra. vyohāra.
판결을 내림 vinicchinana.
판결하는 vinicchin.
판결하다 paṇeti. vinicchinati. vinicchināti. vinicchati.
판다나[식물] phandana.
판다너스[식물] ketaka. ketakī.
판단(判斷) nicchaya. niṇṇaya. paṭisaṅkhā. paṭisaṅkhāna. santīraṇa. tīraṇa. vinicchaya.
판단과정(判斷過程) vinicchayavīthi.
판단기능(判斷機能) santīraṇakicca.
판단기준(判斷基準) nicchayalakkhaṇa. pamāṇadīpaka.
판단에 의한 소멸 paṭisaṅkhānirodha.
판단의 결여 appaṭisaṅkhā.
판단의 마음 santīraṇacitta.
판단의 지혜 paṭisaṅkhāñāṇa. paṭisaṅkhānapaññā.
판단의 힘 paṭisaṅkhānabala.
판단작용(判斷作用) santīraṇakicca.
판단하다 paṭisaṅkhāti. tīreti. niṇṇeti.
판독놀이[놀이] akkharikā.
판매(販賣) vaṇijjā. vāṇijjā. vikkaya.
판매원(販賣員) vikkayika. vikkāyika.
판별(判別) upalakkhaṇa. upalakkhaṇā.
판사(判事) vohārika.
판석(板石) padasilā.
판와상(板臥床) phalakaseyya.
판의자(板倚子) miḍha. miḍhaka.
판자(板子) kaliṅgara. paṭṭa.
판좌(板座) phalakapīṭha.
판침대(板寢臺) miḍha. miḍhaka.
판테온 sakaladevagaṇa. sakaladevāyatana.
팔 수 있는 paṇiya. paṇīya.
팔(8)의 반 = 4 aḍḍhaṭṭha.
팔[肱] bāhā. bāhu. bhuja.
팔[賣] 수 있는 paṇiya.
팔[八] 인치 크기의 aṭṭhaṅgula.
팔가락지 aṅgada.
팔각형(八角形) aṭṭhakoṇaka. aṭṭhaṁsa. aṭṭhaṁsika.
팔각형의 aṭṭhaṁsika.
팔걸이의자 olambanaka.
팔견처(八見處) aṭṭha diṭṭhiṭṭhānā.
팔과 이분지일(8½) aḍḍhanavama. addhūnanava.

팔과 팔로 서로 bāhāparamparāya.
팔관재계(八關齋戒) uposathaṅga. aṭṭhaṅguposatha.
팔구(八垢) aṭṭha malāni.
팔길조(八吉兆) aṭṭhamaṅgala.
팔꿈치 kaphoṇī. kapoṇi. kappara. piṭṭhibāha.
팔꿈치로 때림 kapparappahāra.
팔꿈치부분 pabba.
팔난(八難) aṭṭha akkhaṇā.
팔다 paṇati. vikkiṇāti. vipaṇeti.
팔대인각(八大人覺) aṭṭha mahāpurisavitakkā.
팔등지(八等至) aṭṭha samāpattiyo.
팔려고 내놓다 pasāreti.
팔려고 내놓은 keyya. paṇiya. paṇīya. pasārita. vikkayika. vikkāyika.
팔려고 내놓은 말 assapaṇiya.
팔력(八力) aṭṭha balāni.
팔리밧다까[식물] phālibhaddaka.
팔면입방체의 aṭṭhavaṅka.
팔목기(八目碁) aṭṭhapada.
팔목기(八目碁)의 그림의 틀 aṭṭhāpada.
팔목기판(八目碁板) aṭṭhapadaphalaka.
팔무등법(八無等法) aṭṭha yathābhuccā dhammā.
팔미라(palmyra) tāla.
팔방미인(八方美人)의 sabbatthaka.
팔배(八輩) aṭṭha purisapuggalā.
팔백(800) aṭṭha sataṁ.
팔법(八法)의 aṭṭhaka.
팔분의 일(1/8) aṭṭhapadaka.
팔분지일 까하빠나(1/8 kahāpaṇa) kākaṇikā.
팔비시(八非時) aṭṭha asamayā.
팔뼈 bāhaṭṭhi.
팔사(八邪) aṭṭha micchattā.
팔사도(八邪道) aṭṭha micchattā.
팔선(八禪) aṭṭha samāpattiyo.
팔선사시(八善士施) aṭṭha sappurisadānāni.
팔성도(八聖道) ariya aṭṭhaṅgika magga.
팔성취(八等至) aṭṭhasamāpatti.
팔세법(八世法) aṭṭha lokadhammā.
팔승처(八勝處) aṭṭhâbhibhāyatanāni.
팔시생(八施生) aṭṭha dānuppatiyo.
팔십(80) asīti.
팔십(80)세의 āsītika.
팔십(80)의 āsītika.
팔십구(89) ekūnanavuti.
팔십사(84) cūḷâsīti.
팔십오(85) pañcâsīti.
팔십육(86) châsīti.
팔십이(82) dveasīti. dvâsīti.
팔요구(八要具) aṭṭhaparikkhāra.
팔월(八月)[남방음력 4월 16일 ~ 5월 15일] sāvaṇa.
팔을 흔드는 bāhu(p)pacālaka.
팔응공인(八應供人) aṭṭha puggalā dakkhiṇeyyā.
팔의 힘 bāhābala.
팔이 등 뒤로 묶인 채 pacchābāhaṁ.
팔인지(八人地) aṭṭha purisabhūmiyo.
팔일(八日) aṭṭhâha.
팔일동안 숨겨진 aṭṭhâhapaṭichanna.
팔일마다 aṭṭhaṭṭhaka.
팔일제(八日祭) aṭṭhakā.
팔자구(八資具) aṭṭhaparikkhāra.
팔장(八章) aṭṭhanipāta.
팔재계(八齊戒) uposathaṅga. aṭṭhaṅguposatha.
팔정(八正) aṭṭha sammattā.
팔정도(八正道) ariya aṭṭhaṅgikamagga.
팔정진사(八精進事) aṭṭha ārabbhavatthūni. aṭṭha ārambhavatthūni.
팔족사(八足獅) sarabha.
팔종고행자(八種苦行者) aṭṭhavidhā tāpasā.
팔중(八衆) aṭṭha parisā.
팔지(八智) aṭṭhañāṇāni.
팔지(八支)의 aṅgika.
팔집(八集) aṭṭhanipāta.
팔찌 aṅgada. hatthābharaṇa. hatthâlaṅkāra. kaṅkaṇa. kaṭaka. kāyura. kāyūra. keyūra. parihāraka. pavaṭṭika. saṅghaṭṭa. saṅghaṭṭana. saṅghaṭṭanā. uggatthana. valaya.
팔찌를 낀 aṅgadin. kāyūrin.
팔찌를 찬 aṅgadin. keyūrin.
팔천(8,000) aṭṭhasahassa.
팔한지옥(八寒地獄)의 하나 aṭaṭa.
팔해탈(八解脫) aṭṭha vimokkhā.
팔해태사(八懈怠事) aṭṭha kusītavatthūni.
팔행(八行) aṭṭha cariyā.
팔현금(八絃琴) aṭṭhatantika.
패각(貝殼) sambuka.
패거리 bhaṭadala.
패근(敗根) upahatindriya.
패독형(貝禿刑) saṅkhamuṇḍika.
패드[받침] aṇḍūpaka.
패러다임 nidassana. udāharaṇa.
패류학(貝類學) saṅkhavijjā.
패류학자 saṅkhavijjādhārin.
패배(敗北) abhibhava. anārādhana. apajita. avajaya. nighāti. parābhava. parājaya.

패배를 두려워하는 vinighātin.
패배시키다 atibhoti. avajināti. jayati. jeti. jināti. nipphoṭeti. parājeti.
패배시키지 못한 vinijjita.
패배시킴 pamaddana.
패배하다 avajīyati. jiyyati. jīyati. parābhavati. parājiyati. parajjhati.
패배하지 않는 anabhibhūta.
패배한 apajita. abhibhūta. abhitunna. adhiggahita. atigāḷhita. maddita. pabhagga. parābhūta. parājita. pareta.
패엽(貝葉) paṇṇa.
패엽을 뚫는 날카로운 송곳 ārakaṇṭaka.
패퇴(敗頹) vaya.
팬 sarāva. sarāvaka.
팬케이크 kapallapūva.
팽이 bhamarikā.
팽창 niccharaṇa. phāti. sopha. uddhumāyana.
팽창된 ādhāmita. sūna. uddhumāta.
팽창상(膨脹相) uddhumātakanimitta.
팽창상(膨脹想) uddhumātakasaññā.
팽창하다 uddhumāyati.
팽창한 uddhumāyika.
팽창한 상태 uddhumātatta.
퍼내다 osiñcati. ussiñcati.
퍼레이드 senāvyūha. yuddhaparicaya.
퍼붓는 avasiñcanaka.
퍼센트 satabhāgavasena.
퍼져나가게 하다 uddeheti.
퍼져나가는 pharaṇaka.
퍼져나가다 abbhuggacchati.
퍼져나간 vipphārika.
퍼져나감 pharaṇa. pharaṇatā.
퍼져든 otiṇṇa.
퍼져들다 otarati. otārayati. otāreti.
퍼즐 paheḷikā. gūḷhapañha. sambhama.
퍼지게 하다 abhisandeti. ottharati. patthāreti. vitthāreti.
퍼지는 santhāra. visāraka. vyāpin.
퍼지다 abhibyāpeti. ativāyati. pariyuṭṭhati. pattharati. pharati. rūhati.
퍼지지 않은 apphuta. avisaṭa.
퍼진 paccatthata. phālita. samotata. santhata. tata. visaṭa.
퍼짐 paribhāvanā. visāra. vitthata.
페닐라[식물] pheṇila.
펜 lekhanī.
펜촉 lekhanīmukha.
펜터마임 cāraṇika. cāraṇikanacca.
펴다 abhippasāreti. ajjhottharati. attharati. paggaṇhāti. sampasāreti. vitaccheti.
펴져 들어가는 okkantika.
펴진 ajjhotthaṭa. otata.
편(編)[책] nipāta.
편견(偏見) adhiṭṭhāna. pariyuṭṭhāna. vipphandita.
편견에 대한 대치(對治) pariyuṭṭhānapaṭipakkha.
편견에 영향을 받는 pariyuṭṭhitaṭṭhāyin.
편견을 가진 pariyuṭṭhita. viggahita.
편견을 가진 마음 pariyuṭṭhitacitta.
편견의 오염 pariyuṭṭhānakilesa.
편견의 오염단계 pariyuṭṭhānakilesabhūmi.
편견이 없는 vinīvaraṇa. vivaṭacakkhu.
편견이 있는 asamānatta.
편구(遍求) pariyesana. pariyesanā. pariyeṭṭhi.
편구(遍求)된 pariyesita.
편구(遍求)하다 pariyesati.
편구욕(遍求欲) pariyesannachanda.
편구정(遍求淨) pariyeṭṭhisuddhi.
편대(編帶) sūkarantaka.
편도선 galagaṇṭhi. galagaṇḍa.
편드는 pakkhiya.
편력(遍歷) paribbājana.
편력녀(遍歷女) paribbājikā.
편력자(編曆者) addhagū. paribbājaka. paribbājayitar.
편력하는 gamika.
편력하다 anuparigacchati. anupariyāti. paribbajati.
편리(便利) sappāyatā.
편마(遍磨)된 palimaṭṭha. paribhāvita. samerita.
편만(遍滿) pharaṇatā. asana. paribhāvanā. pharaṇa. vipphāra. vipphuraṇa.
편만된 paripphuṭṭha. paripphuta. pharita.
편만시키다 paribhāveti. vyāpeti.
편만의 기쁨 pharaṇapīti.
편만하다 parippharati. abhibyāpeti.
편만하지 않은 aparipuṇṇa.
편만한 kasiṇa. pharaṇaka. phuṭa. vipphārika.
편만희(遍滿喜) pharaṇapīti.
편문(遍問) paripucchā.
편문하다 paripucchati.
편발(編髮) paveṇi.
편복(遍覆) paricchādanā.
편사(遍捨) pariccāga. pariccajana. pariccajanā.
편사된 pariccatta.
편사하다 pariccajati.
편수(遍修)된 paribhāvita.

편숙(遍熟) paripācana.
편숙된 paripakka.
편숙상(遍熟相) paripācanalakkhaṇa.
편숙시키다 paripāceti.
편심(遍審) parivitakka. parivitakkita.
편심하다 parivitakketi.
편안(便安) sukha.
편안하게 머무는 phāsuvihārika.
편안하게 사는 appôssukka.
편안하기를 원하는 phāsukāma.
편안한 anutrāsa. khema. pāsādika. phāsu. sukha. sukhitatta. yathāphāsuka.
편안한 거주처 phāsuvihārika.
편안한 몸 passaddhakāya.
편작(騙作) nippesa. nippesikatā.
편작(遍作) parikamma.
편작상(遍作相) parikammanimitta.
편작정(遍作定) parikammasamādhi.
편재(遍在) anupharaṇa. sabbatthatā.
편재(遍在)하는 sabbavyāpin. sabbatthavijjamāna.
편재성(遍在性) sabbavyāpitā.
편재하는 parivitthiṇṇa.
편재하다 anupharati.
편정(遍淨) parisodhana. parisuddha. parisuddhi. pārisuddhi.
편정광(遍淨光) parisuddhābhā.
편정광천(遍淨光天) parisuddhābha.
편정근지(遍淨勤支) pārisuddhipadhāniyaṅga.
편정기(遍淨起) parisuddhuppāda.
편정성(遍淨性) parisuddhatta.
편정천(遍淨天)[신계] Subhakiṇṇa. Subhakiṇha. Subhakiṇṇā devā.
편지(便紙) lekha. lekhana. lekhapatta. paṇṇa.
편지(遍知) parijānanā. pariññā. pariññātatta.
편지(遍知)된 pariññāta.
편지(遍知)하다 parijānāti.
편지나 물건을 전하는 사람 pathāvin.
편지봉투 sāsanāvaraṇa.
편지분(遍知分) pariññāvāra.
편지와 함께 보내진 것 paṇṇākāra.
편지지(片紙紙) sāsanapatta.
편지통달(遍知通達) pariññāpaṭivedha.
편지현관(遍知現觀) pariññâbhisamaya.
편진(遍盡) parikkhaya.
편집(編輯) ganthakaraṇa. parisodhana. saṁhāra. samāharaṇa. saṅgaha. saṅgāha.
편집된 parisodhita. saṅgahita. saṅgahīta. saṅkalita.
편집자(編輯者) saṅgāhaka. ganthakāra. ganthasodhaka.
편집하다 ganthati. gantheti. parisodheti. saṅgaṇhāti. saṅkaleti.
편찬(編纂) ganthakaraṇa. parisodhana. saṁhāra. samāharaṇa. saṅgaha. saṅgāha.
편찬된 parisodhita. saṅgahita. saṅgahīta. saṅkalita.
편찬자(編纂者) saṅgāhaka. ganthakāra. ganthasodhaka.
편찬하다 ganthati. gantheti. parisodheti. saṅgaṇhāti. saṅkaleti.
편처(遍處) kasiṇa.
편충(遍充)하다 vyāpeti.
편취(遍取) pariggaha. pariyādāna.
편취(遍取)된 pariyādinna. pariyādiṇṇa.
편취(遍取)하다 pariyādiyati. pariyādiyyati.
편통제(遍統制) sabbatthapaññatti.
편포(遍布)하다 pariyottharati.
편하지 않은 anassāsika. apāsādika.
편한 길 mahāpatha.
편행도(遍行道) sabbatthagāminīpaṭipadā.
편향(偏向) pakkhapātitā.
편향성(偏向性) pakkhapātitā.
펼쳐진 atthata. avatata. otata. nikkiṇṇa. pasārita. santharin. vitata. vyāyata.
펼치게 하다 santharāpeti.
펼치는 santharaṇaka.
펼치다 nibbahati. patāyati. santharati. santhāreti. uddisati.
펼치도록 santhariṁ.
펼침 attharaṇa. pasaraṇa. pasāraṇa.
폄 ajjhottharaṇa.
평가(評價) aggha. agghana. agghāpana. agghāpaniya. saṅkhā. saṅkhyā.
평가되다 agghīyati.
평가된 aggakata. anavamata. tulita. upamānita.
평가될 수 있는 anuññeyya.
평가받아야 할 agghāpaniya.
평가사(評價士) agghāpanaka. agghakāraka.
평가업무 agghāpaniyakamma.
평가절하가 되지 않은 anavakkhitta.
평가하는 pamāyin.
평가하는 사람 agghakāraka. agghāpanaka.
평가하다 agghāpeti. agghati. pamināti. parimināti. parituleti.
평가할 수 없는 agghaniya. agghanīya.
평가할 수 없이 귀중한 anaggha.
평가할 수 없이 귀중한 이유 anagghakāraṇa.

평균(平均) vattamānasabhāva. majjhimappamāṇa.
평균적인 majjhimappamāṇika,.
평균적인 사람 puthujjana.
평균하다 pamāṇaṁ dasseti. majjhe pavatteti.
평등(平等) sāmañña. samatā. samatta. samānatta. samānatā. tulyatta. tulyatā. sadisatta.
평등성(平等性) sāmaññatā.
평등심(平等心) samacitta.
평등하게 삶 samavattasaṁvāsa.
평등하게 함 samīkaraṇa.
평등하지 않은 asama. atula.
평등한 sama. samaka.
평등한 고려가 없는 (것) asamapekkhana. asamapekkhanā. asamavekkhaṇā
평등한 지혜를 지닌 samapañña.
평등행(平等行) samacariyā.
평론(評論) tattanirūpakalipi.
평면(平面) tala.
평민(平民) vessa.
평민가문(平民家門) vessakula.
평민계급(平民階級) vessa.
평민계급의 여자 vessikā.
평범한 appāṭihāriya. pothujjanika. puthujjanika.
평범한 사람 samajana.
평범한 수행승 puthujjanabhikkhu.
평범한 인격 puthujjanatā.
평범한 인물 puthujjanatā.
평범한 죄 lokavajja.
평안(平安) phāsuvihāra.
평온(平穩) avikkhepa. khema. majjhatta. majjhattatā. majjhattupekkhā. nekkhamma. passaddhi. paṭippassaddhi. paṭipassaddhi. paṭippassambhanā. paṭippassambhitatta. phāsuvihāra. samānabhava. samatha. sampasāda. sampasīdana. santadhamma. upasama. upasamana. upasamāna. upasanti. vūpasama.
평온과 자제 upasamasaṁyama.
평온과 직관 samathavipassanā.
평온에 대한 결정 avikkhepâdiṭṭhāna.
평온에 대한 통달 avikkhepapaṭivedha.
평온에 의존하는 nekkhammanissita.
평온에 의한 사라짐 upasamavirāga.
평온에 의한 이욕(離欲) upasamavirāga.
평온에 의한 청정 avikkhepaparisuddha.
평온에 의해 증가하는 upasamôpabrūhita.
평온에 즐거워하는 upasamarata.
평온으로 나타나는 upasamapaccupaṭṭhāna.
평온으로 유도하는 upasamasaṁvattanika.
평온으로 이끄는 upasamagāmin.
평온을 즐기는 upasamârāma.
평온의 꿰뚫음 avikkhepâbhisamaya.
평온의 본질 avikkhepamaṇḍa.
평온의 속성 upasamaguṇa.
평온의 요지 avikkhepasīsa.
평온의 의미 upasamaṭṭha.
평온의 특징 avikkhepalakkhaṇa.
평온의 확립을 위한 결정 upasamâdhiṭṭhāna.
평온의 획득 avikkhepapaṭilābha.
평온하게 하다 sampasādeti.
평온하게 회복하다 paṭisaṅkhayati.
평온하지 않은 upasamaparibāhira.
평온한 anāyāsa. khemavati. nirākula. paṭippassaddha. samāhita. santa. ṭhita. upekkhaka.
평온한 가운데 인내하는 것 avikkhepakhanti.
평온한 상태 samānattatā.
평온한 행동 avikkhepacariyā.
평온해 짐 sampasādana.
평온해지다 paṭippassambhati. sampasīdati.
평이하게 말하는 uttānamukha.
평정(平靜) sama. acala. majjhattatā. majjhattupekkhā. passambhanā. samānabhava. upekkhā. upekhā. upekkhanā.
평정과 관련된 upekkhāsampayutta.
평정과 유사한 upekkhāsadisa.
평정과 집중에 관련된 upekkhāsamādhiyutta.
평정과 통일 upekkhācittekaggata.
평정과 통일에 관련된 upekkhekaggatāsampayutta.
평정과 통일에 수반된 upekkhekaggatāsahita.
평정속에 포함된 upekkhāpariggahita.
평정속의 발전 upekkhânubrūhaṇā.
평정심(平靜心) samacitta.
평정에 대한 새김 upekkhāsati.
평정에 대한 지각 upekkhāsaññā.
평정에 대한 지혜 upekkhāñāṇa.
평정에 속하는 upekkhaṭṭhānīya.
평정에 수반되는 마음 upekkhāyuttacitta.
평정에 의한 행복 upekkhāsukha.
평정에 의해 생겨난 새김의 청정 upekkhāsatiparisuddhi.
평정에 의해 수반되는 upekkhânupatita.
평정으로 특징지어지는 선정 upekkhajjhāna.
평정으로 향하는 것 upekkhâvajjanā.
평정으로서의 느낌 vedanupekkhā.
평정을 (코끼리의) 흰이빨로 삼는[비유] upekkhāsetadantavat.
평정을 갖춘 upekkhāsamaṅgin.

평정을 갖춘 upekkhāsampanna.
평정을 갖춘 마음 upekkhāsahagatacetasa.
평정을 경험하는 능력 upekkhindriya.
평정을 경험하는 능력 upekkhindriya.
평정을 대상으로 하는 upekkhârammaṇa.
평정을 만드는 사람 upekkhanākāra.
평정을 새기는 upekkhânusārin.
평정을 완성한 upekkhāpāramin.
평정을 원인으로 하는 upekkhârammaṇa.
평정을 잃은 upekkhâvajjita.
평정의 경지 upekkhābhūmi.
평정의 깨달음 고리 upekhāsambojjhaṅga.
평정의 깨달음 요소 upekkhāsambojjhaṅga.
평정의 느낌 upekkhāvedanā.
평정의 느낌에 속하는 upekkhāvedanĭya.
평정의 마음을 지닌 samacitta.
평정의 발생 upekkhāsambhava.
평정의 발생 uppajjanupekkhā.
평정의 범위 upekkhûpavicāra.
평정의 삶 samacariyā. upekkhāvihāra.
평정의 삶을 사는 samacārin.
평정의 시간 upekkhākāla.
평정의 완성 upekkhāpāramī. upekkhāpāramitā.
평정의 요소 upekkhādhātu.
평정의 인상 upekkhānimitta.
평정의 조건 upekkhānimitta.
평정의 청정한 삶 upekkhābrahmavihāra.
평정의 추구 upekkhanâdhippāya.
평정의 한량없는 마음 upekkhappamāṇacitta.
평정의 힘 upekkhânubhāva.
평정이라고 불리는 멍에와 집중 upekkhāsaṅkhātadhurasamādhi.
평정하게 보이다 upekkhīyati.
평정한 akāmakāmin. samañcara. upekkhaka.
평정한 감각 upekkhindriya.
평정한 마음 samacitta. upekkhācitta.
평정한 마음에 의한 해탈 upekkhācetovimutti.
평지(平地) tala.
평탄하게 하다 saṇheti.
평탄하지 않은 visama.
평탄한 talaka.
평탄해진 vitacchita.
평판(評判) ghosa. nigghosa.
평판(平板) paṭṭa.
평판으로 평가하는 것 ghosappamāṇika.
평판의 표준 ghosappamāṇika.
평평하게 된 paccākoṭita.
평평하게 하다 vitaccheti.
평평한 puthula. samatala. talaka.
평평한 둑을 가진 samatittha.
평평한 머리 puthulasīsa.
평행(平行)의 samantara.
평행사변형(平行四邊形) samantaradīghacaturassa.
평형(平衡) avisāhāra.
평화(平和) araṇa. asampadosa. avyāpajjha. avyāpajja. nibbāna. sāma. santi. upasama. upasamana. upasamāna. viraṇa.
평화나 조화를 파괴하는 cakkabheda.
평화로운 akkhubhita. anāyāsa. anupāyāsa. avera. averin. khemaṭṭhita. khemin. sampasādanīya. sovatthika. viraṇa. asampadosa. santikara.
평화로운 마음 avyāpajjhacitta.
평화를 즐기는 avyāpajjhârāma. avyāpajjharata.
평화를 최상으로 하는 avyāpajjhaparama.
평화의 특징 avyāpajjhalakkhaṇa.
평화의 파괴자 paribhedaka.
평화의 행복 avyāpajjhasukha.
평화주의(平和主義) yuddhavirodha.
평화주의자 yuddhapaṭipakkha.
평활하게 된 suvitacchita.
폐(肺) papphāsa.
폐기(廢棄) avakaḍḍhana.
폐기물(廢棄物) avakkāra.
폐기하지 않음 asamugghāta.
폐까지의 다섯 장기 papphāsapañcaka.
폐렴(肺炎) papphāsadāha.
폐물(廢物) avakkāra. kasaṭa.
폐병(肺病) sosa.
폐병(肺病)의 sosika. sosiya.
폐병환자(肺病患者) sosika.
폐쇄(閉鎖) pidahana. saṁhanana.
폐숙왕(弊宿王)[인명] Pāyāsi.
폐시(閉尸)[胎內五位] pesi. pesī.
폐악녀(幣惡女) bhandhakī.
폐의(弊衣) bhinnapaṭa. duccola. paṁsukūla. ponti.
폐장(肺臟) papphāsa.
폐지(廢止) samuccheda. samugghāta. samūhatatta. vidhamana.
폐지되어야 하는 aṭṭhānâraha.
폐지되지 않은 asamucchinna. asamugghātita.
폐지된 samugghātita.
폐지된 상태 samugghātitatta.
폐지하는 vighāṭana.
폐지하다 samucchindati. samugghātāpeti. samūhanati. samūhanti. ugghāṭeti. ugghaṭṭeti.

vidhamati. vyantīkaroti.
폐지하지 않음 asamucchidana. asamugghāta.
폐하(陛下) deva.
폐허(廢墟) apāya. khīṇatta. khīṇatā. ussāda. vinipāta.
폐허가 된 마을 gāmaṭṭhāna.
폐허가 된 상태 katavināsakabhāva.
폐허로 만드는 dhaṁsana.
폐허로 만들다 uddhaṁseti.
포고(布告) anussāvana. ārocana. ārocanā. ārocāpana.
포고된 saṅghuṭṭha.
포고자(布告者) sāvetar.
포고하다 ārocāpeti. sāveti.
포괄(包括) saṅgaṇhana. antokaraṇa.
포괄적인 oḷārika. paribhaṇḍa. saṅgāhika. ukkaṭṭha. niravasesa. abhivyāpaka.
포괄적인 지혜 paribhaṇḍañāṇa.
포교단(布敎團) dūtasamūha. niyojitasabhā.
포기(暴棄) cāga. cajana. cattatta. janti. kaḍḍhana. nāsana. nikkhepa. nissaraṇa. nivattana. oka. ossajana. pahāna. pariccāga. pariccajana. pariccajanā. paṭinissagga. riñcana. samuccheda. ukkhipana. vijahna. vikkhambhana. vippahāna. vivajjana. vossagga. hāna.
포기되다 hīyati. pahīyati. pahiyyati. viheti. vivajjati.
포기되어서는 안 되는 anissaggiya.
포기되지 않은 ajahita. appahīna. appaṭinissaṭṭha. avijahita.
포기된 caja. niratta. nisaṭṭha. nissaṭṭha. ossaṭṭha. paccakkhāta. pahīna. pariccatta. paṭinissaggin. paṭinissaṭṭha. paviddha. vanta. vihīna. vijahita. vip.pahīna. vitiṇṇa.
포기될 수 없는 anissaggiya.
포기에 대한 관찰 paṭinissaggânupassanā.
포기에 대해 관찰하는 paṭinissaggânupassin.
포기에 의한 보내버림[捨遣] pariccāgapaṭinissagga.
포기와 관련된 hānabhāgin.
포기와 관련된 계행 hānabhāgiyasīla.
포기와 관련된 삼매 hānabhāgiyasamādhi.
포기와 관련된 지혜 hānabhāgiyapaññā.
포기자(抛棄者) pariccajanaka.
포기하게 만드는 vikkhambhika.
포기하고 vihāya.
포기하기 쉬운 supariccaja.
포기하기 아주 어려운 suduccaya.
포기하기 어려운 duccaja. dujjaha. duppaṭinissaggin.
포기하는 hāyin. jaha. paccakkhant. pahāyin. pajaha. paṭinissaggin. vivajjita.
포기하다 ajjhāpekkhati. apavahati. cajati. chaḍḍeti. jahati. jahāti. khaṇḍeti. muñcati. nikkhipati. nisajjeti. nissajjati. ojahāti. okkamati. ossajati. ossajjati. osajati. osajjati. paccakkhāti. pajahati. pariccajati. paṭigacchati. paṭinissajjati. paṭisaṁharati. riñcati. saṁsādeti. sīdati. ucchaḍḍeti. ujjahati. ujjhati. upāramati. vijahati. vikkhambheti. vineti. vippajahati. vivajjeti. vossajjati.
포기하지 않고 apaccakkhāya. appaṭinissajjitvā.
포기하지 않고 계속하는 sātaccakārin.
포기하지 않는 appaṭisaṁharaṇa. ariñcamāna. avisajjamāna.
포기하지 않은 apaccakkhāta.
포기하지 않음 appaṭinissagga. appaṭinissajjana.
포기한 anissaṭṭha.
포단(泡團) pheṇapiṇḍa.
포대(布袋) assapuṭa. pasibbaka. pasippaka.
포대(布帶) paṭṭa.
포도(葡萄) madhurasā. muddikā.
포도송이 muddikā.
포도주(葡萄酒) muddikā. muddikāsava.
포도즙(葡萄汁) muddikāpāna.
포로(捕虜) karamara.
포로로 데려온 karamarānīta(ka).
포로로 삼는 karamaraggahaṇa.
포록자(捕鹿者) māgavika.
포르티코 sacchadanadvārakoṭṭhaka.
포만(飽滿) āpūra. dhātatā.
포말(泡沫) poṭa. pheṇa.
포박(捕縛) bādhana. bandhana.
포박된 bādhita.
포박하다 bādhati. bādheti.
포병(砲兵) nāḷīyantapālaka.
포병대(砲兵隊) nāḷīyantasenā.
포부(抱負) cetopaṇidhi.
포살(布薩) uposatha. posatha.
포살갈마(布薩羯磨) uposathakamma.
포살당(布薩堂) uposathâlaya. uposathagga. uposathâgāra. uposathaghara.
포살당의 앞에 있는 장소 uposathapamukha.
포살시에 계행을 설하다 uddisati.
포살에 들어가다 upavasati.
포살에 마음을 고정하기 uposathâdhiṭṭhāna.
포살을 비롯한 uposathâdi.
포살을 실행하는 사람 uposathakāraka.

포살을 알리는 uposathârocitaka.
포살을 행한 upavuṭṭha. upavuttha.
포살의 uposathika.
포살의 시간 uposathakāla.
포살의 시설 uposathapaññatti.
포살의 실행 uposathakaraṇa. uposathakicca.
포살의 의례 uposathakamma.
포살의 장(章) uposathakkhandha.
포살의 장소 uposathaṭhāna.
포살의 장애 uposathantarāya.
포살의 절반 upaḍḍhuposatha.
포살의 중지 uposathaṭṭhāpana.
포살일(布薩日) uposathadina.
포살일마다 anuposathikaṁ.
포살일에 재가신자가 받는 준수해야 할 계행 uposathakiriyā. uposathakamma.
포살일에 재가신자가 지키는 계행 uposathaṅga.
포살일이 아닌 anuposatha.
포살타(布薩陀) uposatha.
포상(褒賞) abhihāra.
포상사(捕象師) nāgavanika.
포석(鋪石) padasilā.
포섭(包攝) upanayana.
포승자(捕繩者) rajjugāhaka. rajjuka.
포식(飽食) bhattasammada. odarikatta.
포식하여 물린 parititta.
포악(暴惡) sāhasakiriyā.
포악한 caṇḍa. caṇḍikata.
포악한 적 dhuttapaccatthika.
포악행(暴惡行) sāhasakāra.
포옹(抱擁) āliṅgana. parissajana. upagūhana.
포옹하다 āliṅgati. palissajati. parāmasati. parissañjati. parissajati. upasamphasati. upasamphassati. upasamphusati.
포외(怖畏) bhaya.
포외론(怖畏論) bhayakathā.
포외림(怖畏林) bhiṁsanakavanasaṇḍa.
포외상(怖畏想) bhayasaññā.
포외지(怖畏智) bhayañāṇa.
포외취(怖畏趣) bhayâgati.
포외현기(怖畏現起) bhayatupaṭṭhāna.
포외현기지(怖畏現起智) bhayatupaṭṭhānañāṇa.
포용(包容) adhivāsana. adhivāsanā. adhivāsanatā. khanti. khantī. khamana. sahana.
포용하다 upagūhati.
포위(包圍) paliveṭhana.
포위공격(包圍攻擊) parihāra.
포위된 paliveṭhita. sampareta. uparuddha.
포위하는 uparundhana.
포위하다 rumbhati. rumhati. rundhati. uparundhati.
포인트 assa. koṭa. koṭi.
포인트를 지닌[이빨과 관련하여] koṭika.
포장(包裝) veṭhana.
포장마차 vaḷabhī.
포장지(包裝紙) ubbeṭhana.
포장하다 saṁveṭheti.
포전(包纏) paliveṭhana.
포전(包纏)하다 paliveṭheti.
포진(疱疹) vitacchikā.
포착(捕捉) upaharaṇa. rodhana. gahaṇa. bandhana.
포착된 upādinna. upādiṇṇa. rodhita. baddha.
포착하다 upasaṁharati. rodheti. bandhati. adhig(g)aṇhāti.
포착할 수 있는 능력 upaharaṇasamatthatā.
포창(疱瘡) kilāsa.
포태포(胞胎布) sotthiya.
포함(包含) abhividhi. odhāna. parigaṇhana.
포함되다 dhīyati.
포함되지 않은 agaṇita. akappiya. anantogadha. apariyāpanna.
포함되지 않음 asaṅgaha. asaṅgāhanā.
포함된 antobhavika. antogadha. pariyāpanna. saṅgahita. saṅgahīta.
포함시키다 pakkhipati.
포함하는 pariggāhaka. saha. saṁvattanika. saṅgāhika.
포함하다 paribhavati. paribhoti. vyāpeti.
포함혜(包含慧) parigaṇhanapaññā.
포환(泡環) pheṇamālin.
포획(捕獲) rodhana. gahaṇa. bandhana. bādhana. gahita. gahīta.
포획된 gahita. gahīta. rodhita. baddha.
포획자(捕獲者) gaha.
포획하는 bādhin. gāhaka.
포획하다 rodheti. bādheti. bandhati. adhig(g)aṇhāti.
포효(咆哮) abhigajjana. ārava. gajjanā. nāda. paṭirava. rava. ravaṇa. virāva.
포효하다 abhigajjati. gajjati. thanayati. thaneti. paṭiravati.
폭(幅) pariṇāha. visālatā.
폭군(暴君) yathākāmapālaka. serirāja.
폭넓은 상태 visālatā.
폭넓은 이해력을 지닌 puthumati.
폭력(暴力) haṭha. sāhasa. sahasākāra.
폭력에 노출된['몽둥이에 둘러싸인'] paridaṇḍa.

폭력에 매인 사유 vihiṁsāvitakka.
폭력에 매인 세계 vihiṁsādhātu.
폭력에 매인 의도 vihiṁsāsaṅkappa.
폭력에 매인 지각 vihiṁsāsaññā.
폭력을 여읜 사유 avihiṁsāvitakka.
폭력을 여읜 의도 avihiṁsāsaṅkappa.
폭력을 여읜 지각 avihiṁsādhātu.
폭력을 여읨 avihiṁsā. avihesā.
폭력적인 접근 upasaṅkama.
폭로(暴露) āvikamma. paññāpana. vivaraṇa. vivaraṇā.
폭로된 upakkhittaka.
폭로하다 āvikaroti. ugghaṭeti. vivarati.
폭류(暴流) ogha. udakôgha.
폭류가 아닌 것 anogha.
폭류를 건너지 못한 anoghatiṇṇa.
폭류를 벗어난 oghâtikkanta. oghâtiga.
폭민정치(暴民政治) dāmarikapālana.
폭발(暴發) paribheda. pariyuṭṭhāna. udrīyana.
폭소(爆笑) ujjagghikā. ujjhaggikā.
폭식(暴食)하지 않는 anodarika.
폭언(暴言) kakkasiya. kakkassa.
폭언하는 kakkasa.
폭우(暴雨) āsāra. ativuṭṭhi.
폭탄(爆彈) aṇṇobhava.
폭파(爆破)하다 udrīyati.
폭포(瀑布) nijjhara.
폭풍우(暴風雨) megha.
폭행(暴行) sāhasakiriyā.
폴리네시아 bahudīpakapadesa.
폴리테크닉 vividhasippadāyakaṭṭhāna.
폴리테크닉의 bahusippaka.
폴립 bahumūlakagaṇḍa.
표(票) salākā.
표단(瓢簞) lāpukaṭāha.
표류(漂流) vuyhana. palavana. pilavana.
표류하는 pariplava. vipalāvita.
표류하다 palavati. pariplavati. upaplavati. uppilavati. vuyhati.
표면(表面) tala. piṭṭha.
표면에 upari.
표면에 찌꺼기가 뜬 채로 pheṇuddehakaṁ.
표면으로 떠오르다 uplavati.
표면으로 떠오름 uplavana.
표면을 태운 paricchāta.
표면의 uttara.
표명(表明) anussāvana. anussāvanā. paññatti. paṇṇatti. pātur. pātu°. pavatti. uttānīkamma.
표명하다 anussāveti.
표방(標榜) niketa.
표백업자 rajaka.
표백하다 rajāpeti.
표범 dīpin. ruhaṅghasa. saddūla. cheta.
표범가죽으로 덮은 수레 dīpa.
표상(表象) rūpaka. saññā. saññāṇa. takkaṇa.
표상작용의 구성요소 saññakkhandha.
표상적인 인식 manāvajjana.
표색(表色) viññattirūpa.
표시(表示) abhiññāṇa. aṅka. nimitta. lakkha. paricchindana. saṅketa. saññā. saññāṇa. viññatti.
표시되는 물질 viññattirūpa.
표시된 aṅkita. katasaññāṇa.
표시된 상태 abhilakkhitatta.
표시하는 paricchindanaka.
표시하다 abhilakkheti. aṅketi. paricchindati. lañcheti. vyañjayati.
표식(標識) lakkhaṇa. liṅga. nimitta. paññāṇa.
표음문자(表音文字) saddānugatalakkhaṇa.
표음식철자법(表音式綴字法) saralekhanakkama.
표의문자(表意文字) cittarūpakkhara.
표자(杓子) sujā.
표적(標的) lakkha.
표절(剽竊) vākyaracanācoriya. paravākyathenana.
표절자(剽竊者) vākyaracanāthenaka.
표제(表題) sīsa.
표준(標準) āyatana. pamāṇa.
표준으로 간주된 pamāṇakata.
표준이 되는 pamāṇakata.
표지(標識) lakkhaṇa. liṅga. nimitta. paññāṇa.
표찰(標札) salākā.
표찰을 다루는 법 salākāgāha.
표찰을 발행하는 사람 salākāgāhāpaka.
표피(表皮) bahittaca.
표피세포(表皮細胞)의 bahittacāyatta.
표피적인 bahittacāyatta.
표현(表現) abhilāpa. adhivutti. apadesa. vācā. vacana. vohāra. vyohāra.
표현되다 abhilapīyati.
표현된 adhīrita. niddiṭṭha.
표현될 수 없는 상태 avattabbatā.
표현만의 차이 abhilāpamattabheda.
표현의 다양성 abhilāpanānatta.
표현의 차이 vacanavyattaya.
표현하는 vācaka.
표현하다 niddisati. niddissati. niyyādeti. niyy-

āteti. niyādeti. vyañjayati.
표현할 수 없는 avacanīya.
푸닥거리 bhūtāpasāraṇa.
푸르게 멍든 vinīlaka.
푸르게 멍든 어혈에 대한 지각 vinīlakasaññā.
푸르고 마른 풀 allasukkhatiṇa.
푸른 nīla. vinīlaka.
푸른 구름색의 nīlabbhavaṇṇa.
푸른 꽃을 피는 식물 pupphin.
푸른 나무 alladāru. allarukkha.
푸른 목을 지닌 (자) nīlagīva.
푸른 생강 addaka. addasiṅgivera. allasiṅgivera. anūpaja. apākasāka.
푸른 생류 nīlābhijāti.
푸른 연꽃 indīvara. indīvarī. uppalaka.
푸른 잎 paṇṇaka. paṇaka. phaṇaka.
푸른 잎들 paṇṇikā.
푸른 잎사귀 haritapaṇṇa.
푸른 종자를 지닌 것[식물] nīlabījaka.
푸른 파리 nīlamakkhika.
푸른색의 upanīla.
푸름의 두루채움을 위로 아래로 옆으로 유일하게 한량없이 지각하는 것 nīlakasiṇa.
푸름의 두루채움이라는 명상수행의 토대 nīlaka-siṇa.
푸줏간의 도마 adhikoṭṭanā. adhikuṭṭanā.
풀[草] jantu. thambha. tiṇa. yavasa. poṭaki. poṭakī. poṭakila. poṭaggala.
풀[草] 한 짐 tiṇakājaka.
풀[草] 한 차 tiṇakājaka.
풀[草] 한 타래 tiṇaṇḍupaka.
풀[草] 한 통 tiṇaṇḍupaka.
풀[草]이 없는 nittiṇa.
풀[糊] khali.
풀과 장작 tiṇakaṭṭha.
풀과 장작과 물을 가지고 있는 satiṇakaṭṭhodaka.
풀넝쿨 tiṇajāti.
풀다 nibbeṭheti. omuñcati. opāṭeti. ugghāṭeti. ugghaṭṭeti.
풀라까[보석] phulaka.
풀려난 pasaṭa. vissaṭṭha.
풀로 만든 깔개 tiṇasanthāra. santhāraka.
풀로 만든 방석 tiṇabhisi.
풀로 만든 옷 kusacīra.
풀로 만든 요 tiṇabhisi.
풀로 만든 인형 purisakatiṇa.
풀로 붙이다 makkheti.
풀리다 visīyati.
풀린 abaddha. ummukka. visibbita.
풀린 담즙 abaddhapitta.
풀린 실 dasikasutta.
풀린 화환 abaddhamālā.
풀림 nibbeṭhana.
풀무 bhasta. bhastā. gaggarī. kammāragaggarī.
풀방석 koccha.
풀밭 kaccha.
풀베는 사람 tiṇahāraka.
풀어놓는 muñcanaka.
풀어놓다 muñcati. palisajjati.
풀어지다 omuccati.
풀어진 결합 abaddhasandhi.
풀을 먹는 tiṇamāsin.
풀을 모으는 사람 tiṇahāraka.
풀을 벰 lavana.
풀을 파는 상인 tiṇahāraka.
풀음 āveṭhana. ugghāṭana.
풀의 saddala.
풀의 더미 tiṇapuñja.
풀의 덤불 tiṇagahana.
풀이 난 saddala.
풀이 없는 appaharita.
풀이 죽다 harāyati.
풀이 죽은 saṁsanna.
풀이 죽지 않은 anolīna.
풀잎 salākā.
풀잎의 날끝 kusagga.
풀장 udakakīḷānaṭṭhāna.
풀지 않다 anugghāṭeti.
풀피리 paṅgacīra. paṅkacira.
품(品) khandhaka. kaṇḍa. kappa. vagga. pa-kkha.
품류(品類) pakaraṇa.
품성이 나쁜 자 kopantara.
품위(品位) lalita.
품종이 안 좋은 쌀의 종류 saṁsādiyā.
품행(品行) ākappa.
품행이 갖추어진 ākappasampadā.
품행이 단정치 못함 anesanā.
품행이 단정한 ākappasampatti. pesala.
풋싸 phussa.
풍(風) vāta. vāyo.
풍계(風界) vāyodhātu.
풍괴(風壞) vāyosaṁvaṭṭa.
풍대(風大) vāyomahābhūta.
풍뎅이 piḷhaka.
풍만(豊滿) ussannatā. vepulla.
풍문에 들은 anussavasuta.
풍문에서 배운 anussavika.

풍문에서의 믿음 anussavikapasāda.
풍문조차도 믿는 anussavappasanna.
풍미(風味) abhiruci. assāda.
풍병(風病) vātābādha.
풍부(豊富) atisaya. aḍḍhatā. atthattha. uḷāratā. uḷāratta. bahubhāva. bāhulya. bāhulla. subhikkha. ussādana. ussannatā. vepulla. vepullata. vepullatā.
풍부하게 bhiyyosomattāya.
풍부하게 갖추어진 samihita.
풍부하게 주어진 samiddhin.
풍부하다 ussādiyati.
풍부한 aḍḍha. bahu. bahuka. ākiṇṇa. bahujāta. bahula. bāhulika. bāhullika. bahūta. bhogin. bhūri. dhāniya. dhañña. iddha. necayika. pacura. pasura. phīta. samādhika. samiddhika. sampacura. sampanna. ulāra. uḷāra. ulārika. upocita. ussanna. vipula. yebhuyya.
풍부한 경험 paribyattatā.
풍부한 물이 있는 vipulajala.
풍부한 활력 ojavantatā.
풍상(風想) vāyosaññin.
풍설(風說) anussava. anussavana.
풍습(風習)을 따르는 yātânuyāyin.
풍신(風神) maru.
풍신(風身) vāyokāya.
풍요(豊饒) ussada. ussannabhāva. ussaya.
풍요가 없는 anussaya.
풍요로운 bahula. pasura. samiddhika. ussadagata.
풍요로운 생활 bahulājīva.
풍요롭지 않은 aparipuṇṇa.
풍요하게 하다 ussādeti.
풍일체처(風一切處) vāyokasiṇa.
풍자시(諷刺詩) sāratthadīpakagāthāvali.
풍조(風鳥) vātasakuṇa.
풍질(風疾)이 있는 사람 vātika.
풍차처럼 돌다 ciṅgulāyati.
풍태(風態) vāyogata.
풍편(風遍) vāyokasiṇa.
풍편처(風遍處) vāyokasiṇa.
프라이버시 rahassa. apākaṭatta. vivittaṭṭhāna.
프리젠테이션 vitaraṇa. pariccāga. padassana.
프리즘 dīghatulyaṁsaka.
프린트 muddaṅkana.
플라밍고 rājahaṁsa.
플랫폼 aṭṭa. aṭṭaka. uparipiṭṭhi.
피(皮) ajina.
피[식물] sāmā. sāmāka.
피[血] assa. ratta. pupphaka. kaṅgu. puppha. rudhira. ruha. ruhira. lohita. soṇita.
피가 흥건한 rattātisāra.
피고 있는 봉오리 kuḍumalaka.
피고(被告) cuditaka.
피곤(疲困) kilama. klama. parissama.
피곤하다 kicchati. kilameti. parikissati. saṁsādeti. ukkaṇṭhati.
피곤하지 않은 akilanta.
피곤한 abhikkanta. kheda. kilanta. parissanta. sambhinna.
피골(皮骨) aṭṭhicamma.
피난(避難) parittāṇa. tāṇatā.
피난의 원인 nāthakaraṇa.
피난처(避難處) āsāra. assaya. avassaya. khemaṭṭhāna. leṇa. lena. nātha. nivātaka. osaraka. osāraka. parittāṇa. paṭisaraṇa. passaya. saraṇa. tāṇa. dīpa.
피난처가 없는 aparāyaṇa. asaraṇa.
피난처가 없는 것 attāṇa.
피난처가 없는 사람 asaraṇībhūta.
피난처가 없음 aleṇa.
피난처로 삼다 abhiseti.
피난처를 가진 parāyin.
피난처를 구하다 upassayati.
피난처를 찾는 leṇagavesin.
피난처에 이르는 길 tāṇagāmimagga.
피난처의 문 leṇadvāra.
피난할 수단이 없는 aparikkamana.
피덩어리[하나의] ekalohita.
피라미드 misaradesīyathūpa.
피로 물든 lohitagata. lohitaka. lohitika.
피로 물든 시체에 대한 지각 lohitakasaññā.
피로(疲勞) kilama. klama. kilamatha. parissama. sama.
피로를 모르고 활동하는 anibbindiyakārin.
피로를 모르는 akilāsu. appakilamatha.
피로를 회복시키는 사람 vissametar.
피로하게 되다 kissati.
피로하다 āgilāyati. kilamati. kilameti.
피로한 santa.
피로해지다 parikilamati.
피를 담는 단지 lohitakumbhī.
피를 먹는 자 ruhaṅghasa.
피리를 부는 사람 virujaka.
피리부는 사람 rujaka.
피리연주자 veṇudhama.
피마자 eraṇḍa.
피막(皮膜) āvarakacamma. paṭala.

피막과 종기가 없는 apagatapaṭalapiḷaka.
피막이 있는 paṭalika.
피복(被覆) attharaṇa.
피복의류 vatthapaṭicchādī.
피부(皮膚) camma. cammaka. chavi. taca. taco.
피부가 드러난 sañchavin.
피부가 없는 niccamma. nicchavi.
피부가 있는 sañchavin.
피부까지의 다섯 가지[머리와 털과 손발톱과 이빨과 가죽] tacapañcaka.
피부반점(皮膚斑點) kaṇa.
피부병(皮膚病) chavidosābhādha. chaviroga. kacchura. kaṇḍu. kaṇḍū. kaṇḍuka. kilāsa.
피부병의 kilāsika. kilāsiya.
피부병이 있는 kilāsika. kilāsiya.
피부병환자 gaṇḍika.
피부색(皮膚色) chavivaṇṇa. vaṇṇa.
피부색이 황금과 같은 suvaṇṇavaṇṇa.
피부에 맞는 anucchava.
피부에 좋은 succhavi.
피부염(皮膚炎) → 피부병.
피부자극제(皮膚刺戟劑) ghanasāra.
피분(彼分) tadaṅga.
피분공(彼分空) tadaṅgasuñña.
피분사(彼分斷) tadaṅgapahāna.
피분원리(彼分遠離) tadaṅgaviveka.
피분해탈(彼分解脫) tadaṅgavimutti.
피브라크곡[군대행진곡] saṅgāmakāhalanāda.
피상적이 아닌 상태 apilāpanatā.
피상적인 것 pilāpanatā.
피소연심(彼所緣心) tadārammaṇacitta.
피승해(彼勝解) tadadhimuttatā.
피신(避身) paṭisedha.
피아노 turiyavisesa. tūriyavisesa.
피아니스트 turiyavisesavādaka. tūriyavisesavādaka.
피안(彼岸) pāra. parāyana. parāyaṇa. pārimatīra.
피안가는 길 pārāyana.
피안도[彼岸道] pārāyana.
피안에 pāraṁ.
피안에 도달하기를 원하는 pāratthika.
피안에 도달한 pāragata. pāraṁgata.
피안에 도달함 pāraṁgamana.
피안으로 가는 pāraga.
피안으로 건네줌 santāraṇa. santāraṇī.
피안으로 이끌어질 수 없는 apāraṇeyya.
피안을 건너간 비구니 okkantabhikkhunī.
피안을 찾는 pāragavesin.
피안이 아닌 apāra.
피의 정화 assavisodhana.
피의 제물 lohitahoma.
피의 헌공 lohitahoma.
피의(皮衣) cīra. cīraka.
피의형(皮衣刑) cīrakavāsika.
피자연다(皮闍延多)[신계] Vejayanta.
피작성(被作性) tammayatā.
피차(彼此)의 itaretara.
피트(feet)자 ujurekhaka.
피하게 하다 vajjeti. paṭikoṭeti. paṭikoṭṭeti.
피하는 vimukha.
피하다 abhinihanati. abhinīhanati. abhinibbijjati. abhinivajjeti. nibbakketi. nivattati. parivajjeti. paṭihāreti. paṭikuṭati. paṭikuṭṭati. paṭikoṭeti. paṭikoṭṭeti. paṭisedhati. samparivajjeti. uṭṭhahati. uṭṭhāti. vajjati. vañcati. vivajjeti. saṁrakkhati.
피하지 않는 aparivajjana.
피해(被害) upahati.
피해를 입다 upahaññati.
피해를 입은 upahata.
피해를 입은 사실 upahatavatthu.
피해져야 할 vajjanīya.
피해져야 할 것 vajja.
피해지다 vivajjati.
피혁(皮革) camma.
피혁공(皮革工) cammakāra. kontāmant(?).
핀 āṇi. kīla.
핀으로 안전하게 고정된 옷 āṇicoḷa.
핀의 포인트 āṇikoṭi.
필경구경자(畢竟究竟者) accantaniṭṭha.
필기구(筆記具) lekhaṇī.
필락차(畢洛叉)[식물] pilakkha. pilakkhu.
필릉가파차(畢陵迦婆蹉)[인명] Pilindavaccha.
필린다파차(畢隣陀婆蹉)[인명] Pilindavaccha.
필발라(畢鉢羅)[식물] pippala. pipphala. pipphalī.
필사차(畢舍遮)[악귀] pisāca.
필사차종도(畢舍遮宗徒)[악귀] pisācillikā.
필수요소(必需要素) sambhāra.
필수조건(必需條件) nissaya. parikkhāra.
필수품(必需品) nissaya. parikkhāra. parikkhāraṇa. parivāra. sambhāra. upakaraṇa.
필수품관련의 계행 paccayasannissitasīla.
필수품에 대하여 절제되지 않은 asaññataparikkhāra.
필수품의 구족 upakaraṇasampadā.
필수품이 적은 appaparikkhāra.

필시(必是) kudassu.
필연적으로 ṭhānaso. avassaṁ. avassakaṁ.
필연적으로 가야하는 avassagāmin.
필연적인 avassa(ka). avassakaraṇīya.
필요(必要) āsā. attha. niyoga. ṭhāna.
필요가 생긴 atthajāta.
필요이상으로 지속되다 anuhīrati.
필요조건 upanissaya.
필요조건과 일치하는 upanissayânurūpa.
필요조건을 잃어버린 upanissayavipanna.
필요조건의 성취 upanissayasampatti.
필요하다 apekkhati. apekkhate. nādhati.
필요한 것 paccaya.
필요한 물품 parivaccha.
필요할 때에 ṭhāna.
필적(匹敵) hatthalañcha.
필적하다 anukaroti.
필적학(筆跡學) akkharehi caritanirūpana.
핍박(逼迫) upapīḷā.
핍박받는 addita.
핍박받은 aṭṭa. aṭṭita.
핍박하는 upapīḷa. upapīḷaka.
핍박하다 upapīḷeti.
핏기가 없는 alohita.
핑크색의 pāṭala.

ㅎ

하강(下降) adhonīharaṇa. adhovirecana. adhopatana. adhopāta. avatāra. avataraṇa. nipāta. ogacchana. okkanti. onati. opāta. orohaṇa. orohaṇaka. orohana. orohanaka. oruhana. otaraṇa. otāraṇa. otaraṇī. sīdana.
하강시키다 olaṅgheti. olaṅghāpeti.
하강운동 adhogati.
하강의 때 okkantakāla.
하강지점 avatāra. otaraṇapada.
하강하는 orohaka. orohaṇaka. otiṇṇaka.
하강하다 okkamati. orohati. oruhati. orūhati. oruyhati. otarati. paccorohati. samorohati. samotarati.
하강하지 않은 anokkanta.
하강한 okkanta. orūḷha. otiṇṇa.
하강해야 할 okkamaniya.
하게 만들다 kārāpeti.
하게 하다 upayāpeti.
하경(下傾) olaṅghanā.
하계(下界)와 상계(上界) orapāra.
하고 싶은 욕망 kātukāmatā.
하기 쉬운 dhammin. sukara.
하기 어려운 dukkara.
하기를 원하는 kātukāmakātukāma.
하기에 알맞은 것 kattabbatta.
하기에 적합하다 upayuñjati.
하기에 적합한 kattabbayuttaka.
하나 반(1½) diyaḍḍha.
하나 보다 많은 ekuttara.
하나(一) eka.
하나가 되다 ekībhavati.
하나가 된 상태 ekībhāva.
하나가 부족한 ekūna.
하나가 아닌 aneka. neka.
하나가 의미를 갖는 사실 ekatthībhāva.
하나나 둘 ekadve.
하나는 ~ 다른 하나는 aññatara ~ aññatara.
하나들과 둘들 ekadve.
하나로 묶인 ekâbaddha.
하나로 시작하는 ekâdika.
하나로 집중된 ekagga.
하나로 취급된 ekīkata.
하나로 합치다 saṁyuñjati.
하나를 더하거나 빼는 adhikūnaka.
하나를 빼는 ekūna.
하나만을 키우는 ekaposin.
하나씩 ekeka. ekameka. visuṁ visuṁ.
하나에 의해 증가하는 ekuttara.
하나에 전념하는 ekaratta.
하나에 집착된 ekaratta.
하나을 더하는 ekâdhika.
하나의 eka.
하나의 가죽을 지닌 ekapokkhara.
하나의 개인 ekapuggala.
하나의 결과 ekanīhāra.
하나의 결합 ekayoga.
하나의 경우 ekaṭṭhāna.
하나의 공간 ekaṅgaṇa.
하나의 귀고리를 한 ekakuṇḍala.
하나의 기능을 지닌 ekarasa.
하나의 기둥에 지지되는 ekatthamba.
하나의 길을 통해 접근되어지는 ekavalañja.
하나의 꿰뚫음 ekâbhisamaya.
하나의 끝 ekanta.
하나의 단계 ekaṭṭhāna.
하나의 대상에 헌신하는 ekanta.
하나의 대상의 ekagga.
하나의 더미 ekarāsi.
하나의 덮개를 지닌 ekapāvuraṇa.
하나의 동물이 끄는 수레 ekayuttayāna.
하나의 등불처럼 존재하는 ekapadīpa.
하나의 목표로 이끄는 ekayāna. ekāyana.
하나의 목표로 향하는 길 ekâyana. ekāyana.
하나의 발우 ekapatta.
하나의 발우로 식사하는 수행 pattapiṇḍikaṅga.
하나의 발우만으로 식사하는 pattapiṇḍika.
하나의 법 ekadhamma.
하나의 비탄의 소리같은 ekaparidevasadda.
하나의 뾰족탑으로 가늘어지는 ekakūṭasaṅgahita.
하나의 뾰족탑으로 묶여진 ekakūṭayuta.
하나의 뿌리 ekamūla.
하나의 사물 ekadhamma.
하나의 사항으로 끝나는 ekâvasāna.
하나의 성(性)만을 가진 ekaliṅga.
하나의 수레 ekayāna.
하나의 시각대상 ekarūpa.
하나의 신 ekadevatā.

하나의 신발창을 가진 ekapalāsika.
하나의 옷 ekadussa.
하나의 옷만 입는 ekacīvara.
하나의 위범(違犯) ekâparādha.
하나의 유이한 근간을 지닌 ekakkhandha.
하나의 유일한 남편 ekavaraka.
하나의 유일한 연인 ekavallabha.
하나의 유일한 원인을 갖는 상태 ekantahetu-bhāva.
하나의 의무 ekavatta.
하나의 의미 ekattha.
하나의 의미를 지닌 ekâdhippāya.
하나의 입장 ekakoṭṭhasa.
하나의 장경을 아는 ekapiṭaka.
하나의 장소 ekaṭṭhāna.
하나의 점에 집중된 ekagga.
하나의 정신을 지닌 ekamānasa.
하나의 조건을 갖는 ekapaccaya.
하나의 존재 ekatthi.
하나의 주제를 지닌 ekânusandhika.
하나의 주제보다 많은 anekânusandhika.
하나의 줄[列] ekapanti.
하나의 집착 ekûpādāna.
하나의 치유 ekayoga.
하나의 향상 ekuddhāra.
하나의 형상 ekarūpa.
하나의 형상만을 지닌 ekappakāra.
하나의 화환 ekamālā.
하나의 후드를 가진 ekaphaṇa.
하나이자 같은 지멸을 가진 ekanirodha.
하나하나 anu. ekaso.
하녀(下女) dāsī. dāsikā. dāsiyā. parijanā. para-pessiyā. pessiyā. pessikā. veyyāvaccakarā.
하느님 brahman. lokesa.
하느님과 함께 하는 brahmaka.
하느님들의 모임 brahmaghaṭa. brahmaparisā.
하느님세계의 삶 brahmatta.
하느님에 의해 창조된 brahmanimmita.
하느님을 보좌하는 사제 brahmapurohita.
하느님을 보좌하는 하나님 나라의 신들 brahma-purohitā devā.
하느님을 섬기는 무리에 속하는 brahmapāri-sajja.
하느님의 공덕 brahmapuñña.
하느님의 궁전 brahmavimāna.
하느님의 권속인 신들의 하느님 세계 brahma-pārisajja.
하느님의 권속인 하나님 나라의 신들 brah-makāyika.
하느님의 그물 brahmajāla. atthajāla.
하느님의 나라를 포함하는 sabrahmaka.
하느님의 무리에 속하는 신들 brahmakāyika.
하느님의 삶 brahmacariya.
하느님의 삶을 영위하는 brahmacārin.
하느님의 세계에서 태어난 brahmaja.
하느님이 있는 brahmavant.
하느님인 상태 brahmatta.
하는 karaṇa. kara. kārin. vattin.
하는 때에 yadā.
하는 만큼 yāvatā. yāvatā kho.
하는 사이에 yāva.
하는 시간 karaṇakāla.
하는 일 없이 지내다 ubbhijjati. virūhati.
하는 한 ~ 그러한 한 yattaka ~ tattaka. yāva ~ tāva. yāvataka ~ tāvataka.
하는 한 yāva. yāvatā.
하는 행동 karaṇakārāpana.
하는 행동에 영향을 주는 karaṇakārāpanapayo-ga.
하늘 abbha. ādiccapatha. agha. ākāsa. ambara. antalikkha. diva. gagana. kha. nabha. nabho. nākanāka. sagga. vehāsa. vihāyasa. vyoma.
하늘과 관련된 sovaggika.
하늘귀[멀고 가까운 소리를 들음] dibbasota.
하늘눈[타인의 업과 과보를 앎] dibbacakkhu. dibbanayana.
하늘눈을 갖춘 dibbacakkhuka.
하늘로 vehāyasaṁ.
하늘빛 vaṁsavaṇṇa.
하늘사람 deva. devatā.
하늘색 vaṁsavaṇṇa.
하늘세계 saggaloka.
하늘아들 devaputta.
하늘아들로서의 악마 devaputtamāra.
하늘에 가는 자 saggagāmin.
하늘에 대한 이야기 saggakathā.
하늘에 도달하는 것 subhagati.
하늘에 속하는 ākāsaka.
하늘에 지어지지 않은 거처 avehāsavihāra.
하늘에 지어지지 않은 집 avehāsakuṭi.
하늘에 태어나는 sovaggika.
하늘에서 가는 aghasigama.
하늘에서 사는 ākāsaṭṭha.
하늘에서 사는 신 ākāsaṭṭhadevatā.
하늘옷을 걸친 자 digambara.
하늘을 나는 ākāsacārika. ākāsanabhagata. vi-haṅgama.
하늘을 나는 말 valāhassa.

하늘을 향해 보는 ākāsâbhimukha.
하늘의 accharika. devaka. dibba. sovaggika.
하늘의 궁전 ākāsakavimāna.
하늘의 길 saggamagga. saggapatha.
하늘의 꽃 dibbapubbha. kakkāru.
하늘의 눈 dibbacakkhu.
하늘의 성스런 강 ākāsagaṅgā.
하늘의 신들의 무리 saggakāya.
하늘의 장애 saggāvaraṇa.
하늘처럼 열린 ākāsabhūta.
하다 kappeti. karoti. kubbati. ubbhāveti.
하더라도 kiñca. kiñcāpi. yañce. yāvatā kho.
하등의 oma.
하따초(草)[식물] haṭa.
하라[신계] Hara.
하라륵(呵羅勒) harītaka. harīṭaka. harītakī.
하락(下落) opāta.
하루 anha. ekâha. vāsara. ekadivasa.
하루 동안 ekadivasaṁ.
하루 동안 존재하는 ekâhika.
하루 동안의 ekâhika.
하루 중 늦게 atidivā.
하루 한 끼를 먹는 ekabhatta.
하루 한번 한 자리에서 식사하는 수행 ekāsanikaṅga.
하루에 오십 요자나를 달리는 paññāsayojanika.
하루에 한 번 식사하는 것 ekâsana.
하루에 한 번 식사하는 사람 ekâsanika.
하루에 한 번 한 자리에서 식사하는 연습 ekâsanikaṅga.
하루의 ekâhika.
하류(下流)로 anusotaṁ.
하리[비슈누신의 별칭] hari.
하리륵(呵利勒)[식물] harītaka. harīṭaka. harītakī.
하면 어떨까 kena ssu. kissa ssu. kiṁ su. kathaṁ su.
하물(荷物) bhāra. bhāraka.
하물며 ~ 무엇하겠는가? kimaṅga.
하물며 ~ 에 있어서야 kimaṅga.
하물며 bhiyyoso. pageva.
하물며 어떻게? kiṁ aṅga.
하반신(下半身) adhobhāga.
하방(下方) ninna.
하부(下部)의 oraka.
하분(下分)의 orambhāgiya.
하분결(下分結) orambhāgiyasaṁyojanāni.
하생(下生) avakkanti.
하생(下生)된 avakkanta.
하생화(夏生花) vassikā.
하생화만(夏生花曼) vassikāmālā.
하선할 수 있는 섬 okkantadīpa.
하수(下水) niddhamana.
하수관(下水管) samalā.
하수도(下水道) samalā. ummagga.
하숙집 nivāsa. sissanivāsa. āvasathāgāra.
하심(下心) suhanna. nīcacitta(tā).
하안(河岸) upakūla.
하열심(下劣心) līnacitta.
하원(下院) mahājanikamantisabhā.
하의(下衣) antarasāṭaka.
하의(下意) paṭisāraṇiya. paṭisāraṇa.
하이브리드화 missanena uppādana.
하이비스커스[식물] bandhujīva. bandhujīvaka.
하이에나[동물] taraccha.
하인(下人) abhicara. bhacca. bhaṭa. bhataka. bhaṭaka. bhaṭika. dāsa. dāsaka. dāsakammakara. kammakāraka. kiṁkara. mūlika. paddhacara. paddhagu. paricāra. paricāraka. paricārika. paricaraṇaka. parijana. pesanakāraka. parapessa. pessa. pessakāra. pessika. pessiya. pesiya. porisa. purisa. sevaka. upaṭṭhāka. vacanakara. veyyāvaccakara. abhisara. gehajana. gehasevaka.
하인들의 상태로 보아 행운을 점치는 것 dāsalakkhaṇa.
하인의 의무 kammakārakakicca.
하인이 되는 것 pessitā.
하자가 있는 sadosa.
하자마자 katamatte. °mattaṁ. °mattena.
하제(下劑) vireka. virecana.
하제의 작용 adhovirecana.
하지 말아야 할 akāriya.
하지 말아야 할 행위 agati.
하지 않고 akatvā.
하지 않는 akaraṁ. akaronta.
하지 않는 것 akaraṇa.
하지마라 mā.
하지만 eva.
하찮은 abbohāra. anādeyya. lāmaka. paritta. parittaka. sampha.
하찮은 것 appapuññatā. vokāra.
하찮은 번뇌를 지닌 appātaṅka.
하찮은 병을 지닌 appātaṅka.
하천(河川) aṇṇava. kebuka. nadī. savantī.
하천과 관계된 nadīpaṭibaddha.
하천학(河川學) bnadībhedaviññāṇa.
하체(下體) adharakāya.

하촉(下觸) omasanā.
하층(下層)의 adhama. hīna.
하층계급(下層階級) hīnajacca.
하층계급의 사람들 adhamajana.
하층계급의 여인 ambakā. vesī. vesiyā. vesikā.
하층민(下層民) mātaṅga.
하타요가 hatthayoga.
하타요가수행자 hatthayogin.
하태우(荷駄牛) dhuradhorayha.
하품 vijambhikā.
하품을 하다 jambhati.
하품하다 vijambhati.
하품하며 일어남 vijambhanā.
하향(下向) olaṅghanā.
학(鶴) pokkharasataka. pokkharasātaka. laṅghīpitāmahā. satapatta. satapattasakuṇa.
학계(學戒) sikkhā. sikkhāpada.
학계(學戒)를 실천한 sikkhitasikkha.
학교(學校) vijjāyatana. pāṭhasālā.
학교선생(學校先生) pāṭhasālācariya.
학교의 기숙사 sissanivāsa.
학대(虐待) omaddanā. daṇḍana. vadhaniyamana. upapīḷā. upapīḷana. viheṭhana. bādhana. pajāpīḷana. hiṁsana.
학대하는 upapīḷa. upapīḷaka. padosin. bādhaka. viheṭhaka. viheṭhanaka.
학대하다 abhisāreti. uparodheti. uppīḷeti. dūseti. dusseti. pamāreti. bādhati. vibādhati. viheṭheti. vyathati. vippakaroti. sañjambhariṁ karoti.
학득(學得) pariyatti.
학명(學明) sekhavijjā.
학무상(學無上) sikkhânuttariya.
학문(學問) pariyatta. vijjā. sattha. sekha. sekkha. suta.
학문을 좋아하는 자 vijjāpiya.
학문을 좋아함 sutappiyatā.
학문의 분야 vijjaṭṭhāna.
학문적(學問的)인 vijjānugata. viññātasattha.
학살(虐殺) ghāta.
학살하게 하다 ghātāpeti.
학살하다 ghāteti. pamāreti. sasati.
학생(學生) antevāsika. chattamaṅgala. pāṭhasālīyasissa. māṇava. sabrahmacārin. sissa. sikkhitar.
학생의 관정식(灌頂式) antevāsâbhiseka.
학생의 단계 sekhabhūmi.
학생의 학생 anusissa.
학설(學說) mata. diṭṭhi. vāda.
학설에서의 반대 parappavāda.
학성(學性) sikkhātā.
학수고대(鶴首苦待) ukkaṇṭha. ukkaṇṭhā. ukkaṇṭhi.
학수고대하다 ukkaṇṭhati.
학술(學術) sattha. vijjaṭṭhāna.
학술원(學術院) vijjāmaṇḍapa.
학술토론회(學術討論會) nānāmatasaṅgaha.
학습(學習) ajjhayana. ajjhāyana. ajjhena. anusikkhana. jānana. pariyāpuṇana. sajjhāyakiriyā. sajjhāyanā. sikkhana. uggaha. uggahaṇa.
학습계율(學習戒律) sikkhā. sikkhāpada.
학습과 질문 uggahaparipucchā.
학습된 adhīta. uggahita. uggahīta.
학습시키다 sajjhāpeti. sajjhāyāpeti.
학습에 전념하는 ajjhāyin.
학습하다 ajjhāyati. anusikkhati. pariyāpuṇāti. sajjhāyati. sikkhati.
학식(學識) vyattatā.
학식이 많은 vedeha.
학식이 없는 자 aviññū.
학식이 있는 paguṇa. viyatta. vyatta.
학식이 있는 가장 gahapatipaṇḍita.
학식이 있는 자 ajjhāyaka. viññū. sotthiya. sottiya.
학인(學人) sekha. sekkha. anubuddha.
학인으로서 지켜야 하는 계행 sekhasīla.
학인으로서의 성자 sekhamuni.
학인의 두려움 없음 sekhavesārajja.
학인의 실천도 sekhapaṭipadā.
학인의 영향 sekhâdhipati.
학인의 지위에 대한 인정 sekhasammutti.
학인의 지혜 sekhapaññā.
학인의 힘 sekhabala.
학인이 도달하는 경지 sekhaphala.
학자(學者) vijjāvisārada.
학자인 체하는 사람 paṇḍitaka.
학지인정(學地認定) sekhasammutti.
학질(瘧疾) pabbavāta. pabbavātābādha.
학처(學處) sikkhāpada.
한 (최고 권력의) 우산 아래 ekâtapatta.
한 가지 구성요소의 존재 ekavokārabhava.
한 가지 쌓기에 속하는 ekathūpa.
한 가지만 생각하는 ekacintin.
한 걸음 한 걸음 추적하여 padânupadaṁ.
한 걸음씩 padânupadaṁ. anupadaṁ. anupādaṁ.
한 겁 동안 서 있는 ṭhitakappin. ṭhitakappin.
한 겁 동안 지속하는 kappin.
한 겁을 알리는 소동 kappakolāhala.
한 겁의 종말 kappajāla.

한 계절 catumāsa.
한 곳에 yattha. yattha.
한 곳에 너무 오래 머무는 것 atinivāsa.
한 곳에 오래 머물지 못하는 것 anavaṭṭhita-cārikā.
한 구석의 catukka.
한 구절 ekapada.
한 구획을 형성하는 ekapariccheda.
한 그대로 yathariva.
한 그루의 나무 ekarukkha.
한 그릇의 탁발식 ekapiṇḍapāta.
한 까닭에 adhikaraṇa.
한 끼니 ekabhatta.
한 끼의 식사로 사는 ekâlopika.
한 남자에서 진실한 ekapurisika.
한 노력의 경지 ekapadhānabhūmi.
한 단어 ekapada.
한 단어를 취하는 ekapadika.
한 달 중 밝은 보름 sukkapakkha.
한 달 중의 달이 없는 보름 kālapakkha.
한 달된 ekamāsika.
한 달보다 많은 atirekamāsa.
한 달의 14일 dvesattaratta.
한 달이 찬 māsācita.
한 덩어리의 곡식 껍질 thusapiṇḍa.
한 도나 양 doṇamita.
한 도나 양의 음식 doṇapāka.
한 뒤에[절대사의 대체] anvāya.
한 들통의 우유를 주는 kumbhadūhana.
한 때 ekadā. samaya.
한 떨기의 연꽃 ekapaduma.
한 마리의 작은 새 ekosakuṇiko.
한 마리의 쥐 ekamūsika.
한 맛 ekarasa.
한 모금 ālopa.
한 모습을 한 paṭirūpaka.
한 몫 ekâdhippāya.
한 묶음 ekabhaṇḍa.
한 묶음 한 묶음 kalāpakalāpa.
한 바퀴 도는 일 pariyā.
한 밤[一夜] ekaratta. ekaratti.
한 밤중 aḍḍhanisā. nisītha.
한 방법으로 ekadhā.
한 방울 ekaphusita. ekabindu. lava.
한 방울씩 bindubindu(ṁ).
한 방울의 꿀 madhubindu.
한 방향 ekadisā. ekaṁsa.
한 번 ekakkhatuṁ.
한 번 더 돌아오다 paṭiparivatteti.
한 번 돌아오는 경지에 도달한 님 sakadāgāmī-phala.
한 번 돌아오는 길을 가는 님 sakadāgāmimagga.
한 번 돌아오는 님 sakadāgāmin.
한 번만 다시 태어나도록 되어 있는 님 ekabījin.
한 벌 옷을 입은 ekavattha.
한 벌의 옷 dussayuga.
한 벌의 의복 vatthayuga.
한 보호자를 지닌 ekârakkha.
한 부분 ekâdhippāya. ekabhāga. ekapadesa.
한 뼘 vidatthi.
한 사람만을 위한 ekâyana.
한 사람만을 위한 길[좁고 고독한 길] ekâyana.
한 사람에게만 속하는 ekâyatta.
한 사람을 위한 길 ekamagga.
한 사람을 초청하는 것 ekanimantana.
한 사실에 대한 두루 앎 ekapariññā.
한 살 먹은 terovassika.
한 생각 ekacitta.
한 생각 동안만 존재하는 ekacittappavattimatta.
한 생각의 사이 ekacittantara.
한 생각이 지속하는 동안의 ekacittakkhaṇika.
한 송이 꽃 ekapuppha.
한 순간 ekamuhutta.
한 순간만 지속하는 ekamuhuttika.
한 숟갈 uluṅka. uḷuṅka.
한 숟갈의 밥 kaṭacchumatta.
한 숟갈의 탁발음식 uluṅkabhikkhā.
한 숨을 놓은 mahassāsin.
한 쌍 dvanda. dvaya. dvayatā. yamala.
한 쌍으로 이루어진 사라나무 yamakasālā.
한 쌍으로 이루어진 신통 yamakapāṭihāriya.
한 쌍의 갈비뼈 phāsukādvaya.
한 쌍의 감각의 대상을 지닌 것 sārammaṇaduka.
한 쌍의 깔라빠 kalāpayama.
한 쌍의 손바닥 karatalayugala.
한 쌍의 수레바퀴 cakkayuga.
한 쌍의 시행 gāthādvaya.
한 쌍의 신발 ekupāhana. upāhanadvaya. upā-hanasaṅghāṭa.
한 쌍의 원인을 수반하는 것 sahetukaduka.
한 쌍의 의복 yugasāṭaka.
한 쌍의 작은 것 parittaduka.
한 쌍의 저촉이 되는 것 sappaṭighaduka.
한 쌍의 조건지어진 것 saṅkhataduka.
한 알하까 들이의 그릇 āḷhakathālikā.
한 오솔길 ekapadika.
한 우기(雨期)를 지낸 anuvassika.
한 운율단위를 지닌 ekamatta.

한 움큼 hāra. hatthaka.
한 이유로 yato.
한 입 ekamāsa. kabala. kabaḷa.
한 입 가득한 mukhapūra.
한 입에 섭취한 것[단위] kabalaggaha.
한 입에 조금씩 먹는 kabalâvacchedaka.
한 입으로 만들기 kabaliṅkāra.
한 입으로 만들다 kabaliṅkaroti.
한 입을 방해하는 kabalantarāya.
한 입의 gaṇḍusa.
한 입의 음식을 넣은 kabalâvacchedaka.
한 장소 ekadesa.
한 장소로 이끄는 ekâyana.
한 장소로 이끄는 길 ekāyana.
한 장소를 갖는 ekadesa.
한 장소에 ekattha.
한 장소에 속하지만 다른 장소에서 사용된 aññatraparibhoga.
한 장의 직조물 ekapaṭṭa.
한 점의 ekagga. ekodi. ekodhi.
한 조각 ālopa. kabala. kabaḷa.
한 조각의 ālopika. eka.
한 조각의 고기 ekamaṁsa.
한 존재 상태에서 다른 존재 상태로 나아가다 cavati.
한 존재 상태에서 다른 존재 상태로 이전된 cuta.
한 좁은 길 ekapadamagga. ekapadika.
한 좁은 다리 ekapadiyasaṅkama.
한 좁은 보행자의 길 ekapadī.
한 종류의 ekavidha.
한 주먹 ālopa. ekamuṭṭhi.
한 주먹의 탁발식 ālopapiṇḍa.
한 주먹의 탁발식에 대한 선주문 ālopabhattaṭhitikā.
한 줄의 진주로 이루어진 목걸이 ekâvalī.
한 줌 ekamuṭṭhi. hāra. muṭṭhi.
한 줌의 깨 tilamuṭṭhi.
한 줌의 꽃 pupphamuṭṭhi.
한 줌의 밀당(蜜糖) madhupiṇḍika.
한 줌의 쌀 taṇḍulamuṭṭhi.
한 줌의 연꽃 uppalahattha.
한 줌의 완두콩 kalāyamuṭṭhi.
한 줌의 풀 kusamuṭṭhi.
한 줌의 흙 paṁsumuṭṭhi.
한 집에 사는 사람들 āmajana.
한 집에서만 탁발하는 자 ekâgārika.
한 짝의 팔찌 ekanīdhura.
한 층만을 지닌 ekabhūmaka.
한 코 ārapatha.
한 콧구멍 ekapuṭa.
한 큐비트[9인치 정도로 측정단위] ekaratana.
한 통로 ekapada.
한 평면 ekatala.
한 푼의 값어치도 없는 kākaṇikagghamaka.
한(恨) upanāha.
한가로이 거닐다 anuvicarati.
한가로이 거님 anuvicaraṇa.
한가하게 mandamandaṁ. yathāvasaraṁ.
한가한 aturita. yathāvasara.
한거(閑居) paviveka.
한거(閑居)하는 pavivekiya. pavivitta.
한결같은 ekatta.
한결같은 몸을 지닌 ekattakāya.
한결같은 본성에 대한 지각 ekattasaññā.
한결같이 samāniyā.
한계(限界) anta. avadhi. mariyādā. osāna. pamāṇa. paricchedа. parimāṇa. pariyanta. sīmā. sīmânta. uttamatā. uttamatta. velā.
한계까지의 yathodhi.
한계를 극복하지 못한 anodhijina.
한계를 극복한 자 odhijina.
한계를 넘다 atidhāvati. atisarati.
한계를 넘어가는 atisīmacara. ativela.
한계를 넘어서다 accāsarati.
한계를 넘어선 atikkantavela.
한계를 넘어섬 atikkantatā.
한계를 넘은 abbhatīta.
한계를 넘음 atisāra.
한계를 모르는 amattaññu.
한계를 보는 pariyantadassāvin.
한계를 정하는 pamāyin.
한계를 정하다 pamināti. paṭivibhajati. vavatthapeti. vavaṭṭhāpeti.
한계없는 ananta. anantaka. animitta. aparicchinna. asanta. atīraka. asīmita. pariyantarahita.
한계에 든 okkantaniyāma.
한계의 odhika.
한계의 밖 bahisīmā.
한계있는 sapariyanta.
한계지어진 odhikata. pariyanta.
한고비 paramakoṭi. uparimaparicchedа.
한기(寒氣) tusāra. mahikā. mahiyā.
한꺼번에 시행하는 음식의 배분 ālopasaṅkhepa.
한꺼번의 노력 ekapamadā.
한껏 편 vilaggita.
한낮 majjhantika.
한낮의 majjhantika.

한냉한 sīta. sītaka. sītala.
한다면 어떨까? yaṁ nūna.
한데 abbhokāsa. ajjhokāsa.
한도(限度) odhi.
한두 손가락 크기의 ekadvaṅgulamatta.
한량없는 amita. anodissaka. asanta.
한량없는 것을 보는 appamāṇadassa.
한량없는 기쁨의 마음 muditappamāṇacitta.
한량없는 마음에 의한 해탈 appamāṇacetovimutti.
한량없는 마음을 지닌 appamāṇacitta.
한량없는 손해와 해악 anantadosupaddava.
한량없는 앎 anantañāṇa.
한량없는 연민의 마음 karuṇappamāṇacitta.
한량없는 영광의 appamāṇasubha.
한량없는 영광의 하느님 세계의 신들 appamāṇasubha.
한량없는 자애의 마음 mettappamāṇacitta.
한량없는 평정의 마음 upekkhappamāṇacitta.
한량없이 빛나는 appamāṇâbha.
한량없이 빛나는 하느님 세계의 신들 appamāṇâbha.
한량이 있는 것 pamaññā.
한림(閑林) arañña.
한림주(閑林住) araññakatta.
한림주자(閑林住者) araññaka. araññāka.
한림처(閑林處) ārañña.
한림처(閑林處)에서 사는 araññaka. araññāka.
한마음의 상태 cetaso ekodibhāva.
한밤중 aḍḍhanisā. aḍḍharattā. aḍḍharatti. avyathisā. majjhimayāma.
한밤중에서 새벽녘까지 pacchimayāma.
한번 saki°. sakid. sakiṁ.
한번 꼬인 ekavaṭṭa.
한번 돌아오는 sakadāgāmin.
한번 돌아오는 경지 sakadāgāmiphala. sakadāgāmitā.
한번 돌아오는 경지를 실현하기 위해 길을 가는 님 sakadāgāmiphalasacchikiriyāya paṭipanna.
한번 돌아오는 경지의 마음 sakadāgāmiphalacitta.
한번 돌아오는 길 sakadāgāmimagga.
한번 돌아오는 길을 가는 님 sakadāgāmimagga.
한번 돌아오는 길의 마음 sakadāgāmimaggacitta.
한번 돌아오는 님 sakadāgāmin.
한번 돌아오는 님의 운명 sakadāgāminiyata.
한번 돌아오는 님의 조건 sakadāgāmiyaṅga.
한번 돌아오는데 도움이 되는 실천도 sakadāgāminiyāma.
한번 보다 많게 asakiṁ.
한번 식사하기 위해 앉을 뿐 일어난 뒤에는 더 이상 식사를 하지 않는 āsanapariyantika.
한번 주름진 ekavaṭṭa.
한번 출산한 여자 sakiṁ jātā.
한번만 sakid eva.
한번은 인간으로 다시 태어나는 님 ekabījin.
한부분도 빼지 않는 nippadesa.
한생과 다음 생 사이의 존재 bhavantara.
한없는 aparimāṇa. appamāṇa.
한없는 광명을 지닌 appamāṇâbha.
한없는 빛의 amitābha.
한없는 자애의 마음 mettappamāṇacitta.
한없음의 대상 appamāṇârammaṇa.
한없음의 삼매 appamāṇasamādhi.
한없이 청정한 appamāṇasubha.
한적한 pavivitta.
한정(限定) padesa. pamāṇa. pariyanta.
한정되어 odhiso.
한정된 ekacca. ekaccika. ekacciya. paricchinna. parimita. pariyantakata. pariyantika. uddissakata. voditṭha.
한정된 관계 mariyādā.
한정된 목적을 지닌 asabbasaṅgāhaka.
한정된 목표로 이끄는 계행 pariyantasīla.
한정된 목표를 지닌 청정한 계행 pariyantaparisuddhisīla.
한정된 보살 padesabodhisatta.
한정된 사실 parimitatta.
한정된 시설 padesapaññatti.
한정된 특징 padesalakkhaṇa.
한정된 허공 paricchedākāsa.
한정된 허공의 두루채움이라는 명상수행의 토대 paricchinnākāsakasiṇa.
한정보살(限定菩薩) padesabodhisatta.
한정사(限定詞)[문법] adhivacana. vevacana.
한정색(限定色) paricchedarūpa.
한정의 물질 paricchedarūpa.
한정적(限定的)인 pamāṇavant.
한정제(限定制) padesapaññatti.
한정지(限定智) padesañāṇa.
한정처(閑靜處) arañña.
한정처에서 지냄 araññavihāra.
한정편만(限定遍滿) odhisopharaṇa.
한정하는 uddesaka.
한정하다 paricchindati. viseseti.
한정허공(限定虛空) paricchedākāsa.
한정허공편처(限定虛空遍處) paricchinnākāsa-

kasiṇa.
한증막(汗蒸幕) jantāghara.
한지옥(寒地獄) sītanaraka.
한쪽 ekaṁsa.
한쪽 발 ekapāda.
한쪽 발을 저는 ekapādakhañja.
한쪽 손 ekapāṇi.
한쪽 어깨 ekaṁsa.
한쪽 어깨에 ekaṁsaṁ.
한쪽 옆구리의 ekapassayika.
한쪽 측면 ekapassa.
한쪽 측면의 ekapassayika.
한쪽에 ekamantaṁ.
한쪽에 섰다 ekamantaṁ aṭṭhāsi.
한쪽에 앉았다 ekamantaṁ nisīdi.
한쪽으로 양털을 가진 덮개 ekantalomī.
한쪽의 ekanta.
한창 교전중인 samupabbūḷha.
한탄(恨歎) ādeva. ādevanā.
한탄하다 ādevati.
한편으로는 abbhantarena.
할 마음을 잃게 된 akammañña.
할 마음이 있는 kallaka.
할 수 없는 abhabba.
할 수 없다 appabhoti. appahoti.
할 수 없음 abhabbatā.
할 수 있는 anuvejja. kātabba. namita. pahupahu. sakka.
할 수 있는 만큼 visayha.
할 수 있는 한 satti.
할 수 있다 abhisambhavati. arahati. kappati. labbhā. labbhati. sahati. sakkā. sakkoti. sakkuṇāti. ussahati.
할 수 있다는 사실 sakkuṇeyyatta.
할 일이 많은 bahukicca.
할 작정이다 abhicetayati.
할당(割當) vidhāna.
할당되지 않은 abhājita. avikappita.
할당되지 않음 avikappanā.
할당된 pariṇāmita. uddissakata. uddiṭṭha.
할당하게 하다 uddisāpeti.
할당하는 paññāpaka.
할당하다 anudassati. olaggeti. uddisati.
할머니 ayyikā.
할미새 khañjana.
할아버지 ayyaka. pitāmahā. mahāpitā.
할아버지들의 시대 pitāmahāyuga.
할재(割裁) chedana.
할퀴다 palikhati. parighaṁsati. radati. upalikkhati. vilikhati.
할퀴어 쪼개다 vippataccheti.
할퀴어 찢다 vippataccheti.
할퀴어진 vilikhita.
할퀸 상처 rakhasā.
핥기 apalekhana. apalikhana. avalehana.
핥다 apalihati. dhayati. lehatilehati. lihati. lehati. palahati.
핥아내다 apalikhati.
핥아져야 할 leyya.
핥음 apalekhana.
함(函) pañjara.
함께 anu. ekajjhaṁ. saha. sa°. saddhiṁ. saddhi°
함께 가다 anveti. apalāḷeti.
함께 거주하다 anvāvasati.
함께 결집하는 saṅgāhika.
함께 결합된 vaggabandhana.
함께 구부리다 samañcati.
함께 근심하는 sahasokin.
함께 기뻐하는 anumodaka. sahanandin.
함께 기뻐하다 anupamodati. anumodati.
함께 기뻐함 anumodana. anumodanā. pīti.
함께 꿰맨 parisaṁsibbita.
함께 놓다 upanāmeti.
함께 놓아지다 ādhiyati.
함께 놓이다 abhisaṁvisati.
함께 던져진 abhisaṅkhitta.
함께 던지다 abhisaṅkhipati.
함께 독송함으로 이루어지는 ekâjjhāyana.
함께 두기 samodahana.
함께 두다 samodahati.
함께 따라 걷다 samanukkamati.
함께 때려진 samannāhata.
함께 떨어짐 sampāta.
함께 뚫음 bandhana.
함께 만나다 samāgacchati.
함께 만난 abhisaṭa.
함께 만드는 자의 sakubbato.
함께 먹다 sambhuñjati.
함께 먹지 않는 asambhoga.
함께 모아진 sambhata.
함께 묶다 obandhati. ogumpheti.
함께 묶이지 않은 asambaddha. asambandha.
함께 묶인 ekabaddha. sambaddha.
함께 발생하는 ekuppāda.
함께 사는 sahajīvin. samānatta. saṁvāsaka. saṁvāsiya. sannivuttha.
함께 사는 자 saddhiṁvihārika.
함께 살 수 없는 asamvāsiya.

함께 살게 된 sahavyûpaga.
함께 살다 anuvasati. sahaseyyaṁ kappeti. sahavasati. saṁvāsati. sannivasati. upasaṁvasati.
함께 살아가는 것 sambhoga.
함께 살아서 탐욕이 생기게 하는 교제 sambhogasaṃsagga.
함께 살지 않는 asambhoga. asamvāsa.
함께 삶 sahaseyyā. sahavāsa. saṁvāsa. sannivāsa.
함께 생겨난 권속 sahajātaparivāra.
함께 생겨난 물질 sahajarūpa.
함께 생겨난 업 sahajātakamma.
함께 설치하다 viracayati. viraceti.
함께 소멸하는 ekanirodha.
함께 숙박하는 sahaseyya.
함께 숙박하다 sahaseyyaṁ karoti.
함께 숙박함 sahaseyyā.
함께 술 마시는 곳 āpāna.
함께 식사함 sambhoga.
함께 앉다 samacchati. samāsati.
함께 앉아있는 sannisinna.
함께 앉음 samāsana.
함께 연결된 ekâbaddha.
함께 연구하다 samanubhāsati.
함께 웃다 saṁhasati.
함께 이야기 할 수 없는 avacanīya.
함께 이야기하는 sahakathin.
함께 이야기하다 sallapati. sallapeti.
함께 이야기해야 할 savacanīya.
함께 일어나는 ekuppāda.
함께 있다 sambhavati. sambhuṇāti.
함께 있지 않은 asamvāsa.
함께 자는 sahaseyya.
함께 자란 saṁrūḷha.
함께 조직된 수습기간 samodhānaparivāsa.
함께 조직된 수습기간의 특별한 형태 agghasamodhāna.
함께 조직된 참회의 별주 samodhānamānatta.
함께 주거는 anuvusita.
함께 주거하는 anuvuttha.
함께 즐거운 sannirata.
함께 즐기다 samāroceti.
함께 태어난 sahaja. sahajāta.
함께 하는 ekathūpa. saha.
함께 하는 상태 pakkhatta.
함께 하는 춤 sanacca.
함께 하다 saṁvibhajati.
함께 합송하다 samanubhāsati.
함께 행복한 sannirata.
함께 흙먼지 속에서 뛰놀던 자 sahapaṁsukīḷita.
함락시키다 paripāteti. paripāṭeti.
함미(鹹味) loṇarasa.
함부로 지껄이는 말 muggasūpyatā.
함수(含水)의 sajala. vāriyutta.
함수초(含羞草) namakkārī. nidhikumbhī.
함유하는 dhāna.
함이 마땅하다 vaṭṭati.
함정(陷穽) opāta. opātaka. adūhala.
함지(陷地) bhājana.
함축된 antolīna.
함축적인 neyya.
함축적인 의미 neyyattha.
함축적인 의미의 가르침 neyyatthadhamma.
합계(合計) saṅkalana.
합계하다 gaṇeti. saṅkaleti.
합당한 승가의 모임 dhammikakamma.
합론자(合論者) samavāyavādin.
합류(合流) samosaraṇa. saṁsandanā.
합류된 abhisaṭa.
합류될 수 있는 sambhejja.
합류시키다 saṁsāveti.
합류하는 곳 samosaraṇaṭṭhāna.
합류하다 sambhindati. samosarati. saṁsandati.
합리성(合理性) sacetanatta. vicārasatti.
합리적으로 yuttipubbakaṁ. ñāyānusārena.
합리적인 ākāravant. paññāṇavant. ñāyānuga. yuttiyutta. sacetana. sāpadesa. orasa. orasaka. atthavasa.
합리주의(合理主義) hetuvāda.
합리주의자(合理主義者) hetuvādin.
합리화하다 hetuvasena vitthāreti.
합법성(合法性) orasatta. ñāyānugatatta.
합법적으로 yathāñāyaṁ. yathātathaṁ.
합법적인 orasa. attaja. ñāyānugata. nītyanukūla. yathātatha. yathābhūta.
합병(合倂) ekīkaraṇa.
합성(合成) saṁyoga. saṁhitā. sandhi.
합성되다 ādhiyati.
합성되지 않은 asaṅkhata.
합성된 paribhāvita. saṅkhata.
합성복합어(合成複合語)[문법] missakasamāsa.
합송(合誦) samanubhāsanā. saṅgīti.
합송된 saṅgīta.
합송된 경전 saṅgīti.
합송하다 saṅgāyati.
합의(合意) saṅketakamma.
합의하는 nibbematika.

합의한 sampiya.
합일(合一) samodhāna.
합일마나타(合一摩那陀) samodhānamānatta.
합일별주(合一別住) samodhānaparivāsa.
합일별주(合一別住)라는 수습기간의 특별한 형태 agghasamodhāna.
합장(合掌) añjali. añjalikamma. añjalippaṇāma. katâñjali.
합장의 pañjalika.
합장하기 위해 손을 올린 añjalipaggaha
합장하는 baddhañjalika. pañjali.
합장하다 añjaliṁ paṇāmeti. añjaliṁ karoti. añjaliṁ paggaṇhāti. namassati.
합장한 katapañjalika. añjalikata.
합주(合奏) sambhārasaṁyutta.
합창(合唱) saṅgīta. saṅgīti.
합체(合體) ekīkaraṇa.
합쳐진 sampiṇḍita.
합치고 pariyādāya.
합치다 saṁharati. sampiṇḍeti.
핫티가마[지명] Hatthigāma.
항견실(恒堅實) dhuvasāra.
항구(港口) nāvāsañcaraṇa. paṭṭana. paṭṭanaka. tittha.
항구도시 paṭṭana. paṭṭanaka.
항목(項目) dhātu. vatthu.
항목이 숫자에 의해 하나씩 늘어나는 배열의 방식 ekuttaranaya.
항문(肛門) adhomagga. antamukha. guda. karīsamagga. vaccamagga.
항변(抗辯) vādapatha.
항변이 없는 nippalāpa.
항복(降伏) vasaṅgamana.
항복하지 않는 ajita.
항상 건강이 안 좋은 abhiṇharoga.
항상 견실한 niccasāra.
항상 계속하는 작업 sātaccakiriyatā.
항상 계행을 준수하는 niccasīla.
항상 계행을 지키는 santatasīla.
항상 노력하는 sātaccakārin. sātatika.
항상 노력하는 것 sātaccakiriyā. sātaccakiriyatā.
항상 앉고 눕지 않는 수행 nesajjikaṅga.
항상 앉아 있는 nesajjika.
항상 앉아 있는 수행 nesajjikaṅga.
항상 유용한 sabbatthika.
항상 일을 감당할 수 있는 kammaniyeṭhita. kammanīyeṭhita.
항상 일정하게 실천된 āciṇṇaparicinna.
항상 일정하게 옷을 입는 여자 dhuvacolā.
항상 일정하게 흐르는 dhuvassava.
항상 죄를 짓는 abhiṇhâpattika.
항상 짠 accantakhāra.
항상 칭찬받는 sadatthuta.
항상(恒常) abhiṇhaso. aṭṭhitaṁ. santataṁ. tāvade. tāvadeva. niccatā. niccatta. sabbakālaṁ. satataṁ.
항상하는 nicca.
항싸[음사] haṁsa.
항아리 alañjara. arañjara. bhāṇaka. cāṭi. ghaṭa. ghaṭi. kapalla. khaḷopī. kaḷopikā. kaḷopika. kolamba. koḷamba. vāraka.
항아리 모양의 귀여운 동물들과 함께 있는 kalasâkārasutthanī.
항주(恒住) satatavihāra. santatavihāra.
항중론(巷中論) visikhākathā.
항포녀(恒布女) dhuvacolā.
항하(恒河) gaṅgā.
항해(航海) pariyena. pariyenā. samuddagamana.
항해사(航海士) kaṇṇadhāra.
항해서 날아감 adhipatana.
항해의 sāmuddika.
해(害) vyāpatti. vihiṁsā.
해(垓)[수(數)] abbuda.
해[年] hāyana. vacchara. samā. saṁvacchara. vassa.
해[年]의 vassika.
해[年]의 순환 utusaṁvacchara.
해[歲] hāyana. vacchara. samā. saṁvacchara. vassa.
해[日]의 suriyāyatta.
해[太陽] ādicca. bhānumant. ravi. sūra. suriya. verocana.
해가 서쪽으로 지다 atthaṁ gacchati.
해가 서쪽으로 진 atthaṅgata.
해가 없는 anuppīḷa.
해가 오른 후의 ussūra.
해가 오른 후의 잠 ussūraseyyā.
해가 지는 곳 avasūra.
해가 질 때까지 anāvasūraṁ.
해결(解決) adhiṭṭhāna. sādhana. vavatthāna. vyavasāna.
해결되다 visīyati.
해결되지 못한 avinicchita.
해결된 vavatthāpita. vavattita. vijaṭita. visibbita.
해결하는 힘 adhiṭṭhānabala.
해결하다 adhiṭṭhahati. vavatthapeti. vavatth-

āpeti. vijaṭeti.
해결할 수 있는 힘을 수련하는 정신 adhiṭṭhānamana.
해계(害界) vihiṁsādhātu.
해골(骸骨) aṭṭhika. aṭṭhikaṅkala. aṭṭhisaṅghāṭa. aṭṭhisaṅkhala. chavaṭṭhika. sarīra. sīsakapāla. kaṅkala. kisadeha. aṭṭhikaṅkala. aṭṭhi.
해골놀이 aṭṭhikīḷana.
해골더미 aṭṭhikhala. aṭṭhipuñja.
해골로 가득 찬 aṭṭhikaparipuṇṇa.
해골만 남은 시체에 대한 지각 aṭṭhikasaññā.
해골바가지 karoṭi.
해골상(骸骨想) aṭṭhikasaññā.
해골에 대한 혐오 aṭṭhikapaṭikūla.
해골의 집 aṭṭhikaṅkalakuṭi.
해골의 함몰부 aṭṭhipuṭa.
해군(海軍) nāvikasenā.
해독제(解毒劑) agada. paṭibāhaka. paṭicchādī. visaharaṇa.
해돋이 udaṇha.
해로운 akusala. ahita. sappaṭibhaya. savyāpajjha. vihesāvant.
해로운 말 dukkhavāca.
해로운 짐승 ukkapiṇḍaka.
해로움 vihesikā.
해롭지 않은 ahiṁsaka. akakkasa. nirupaddava.
해를 기치는 anatthakāraka.
해를 끼치길 원하는 anatthakāma.
해를 입다 pīḷiyati. risati. upahaññati.
해를 입지 않은 ahata. akkhata. aparibhinna. aparikkhata.
해마(海馬) salomamacchavisesa.
해마다 anuvassaṁ. anusaṁvaccharaṁ.
해명(解明) atthadesanā. ādīpana. jotikā. pakaraṇa. paridīpana. paridīpanā. parikathā. uddesa. uttānīkamma. vaṇṇanā. veyyākaraṇa. vibhāvanā. viniveṭhana. vinibbeṭhana. vyākaraṇa. vivaraṇa. vivaraṇā.
해명되어야 하는 ādīpanīya.
해명되지 않은 vyākata.
해명된 ukkācita. vyākata.
해명서(解明書) pakāsinī.
해명하는 paridīpaka. samatthita.
해명하는 부분 uddesavāra.
해명하다 abhivadati. gāheti. nibbeṭheti. ukkāceti. sampāyati.
해몽(解夢) supina.
해몽가(解夢家) supinapāṭhaka.
해몽학(解夢學) supinasattha.
해무리[태양의 후광] karamālā.
해묵은 asārada.
해바라기 suriyakantapuppha.
해박(解縛) bandhamokkha.
해발(解髮) vijaṭana.
해발장애(解髮障碍) vijaṭanapalibodha.
해방(解放) mokkha. muñcana. muccana. mutti. niyyānikadhamma. ossajana. pamocana. parimuccana. parimutti. vimuccana. vimutti. vimokkha. vimokha. vippamokkha.
해방되기 어려운 duppamuñcaduppamuñca.
해방되다 muccati. nissarati. omuccati. parimuccati. vimuccati.
해방되어져야 할 vimocanīya.
해방되지 못한 avippamutta.
해방된 pamutta. parimutta. vimariyādikata.
해방된 노예 bhoja. bhujissa. bhujissā.
해방됨 muttatā.
해방시키는 사람 mocetar.
해방시키다 mocāpeti. vinimoceti.
해방으로 이끄는 muttigāmin.
해방자(解放者) pamuñcakara.
해방하는 muñcaka. pamokkha. pamuñca.
해방하다 muñcati. omuñcati. ossajati. ossajjati. osajati. osajjati. palisajjati. pamuñcāpeti. pamuñcati. parimoceti. ugghāṭeti. ugghaṭṭeti. vimoceti.
해병(海兵)의 sāmuddika.
해부(解剖) vyavaccheda.
해부학(解剖學) sariravicchedavijjā.
해부학자(解剖學者) dehavicchedaka.
해부학적인 vyavacchedavisayaka.
해사(害思) vihiṁsāsaṅkappa.
해산(解産)할 때가 다가온 여자 upavijaññā.
해상(海商) sāmuddikavāṇija.
해상(害想) vihiṁsāsaññā.
해상(害想) vihiṁsāsaññā.
해서는 안 되는 akaraṇiya.
해석(解釋) adhippāya. atthûpaparikkhā. atthadesanā. atthasaṁvaṇṇanā. atthayojanā. dīpanā. otaraṇa. vibhajanā. vinicchaya. nicchayakathā. atthayojanā. yojanā
해석(海石) samuddapheṇaka.
해석된 otiṇṇa. vibhatta.
해석의 특정한 방식 adhippāyanaya.
해석이 불가능한 asampāyat.
해석하다 otarati. paridīpeti. vibhajati.
해설(解說) nibbacana. uddisana. vikappa.
해설서(解說書) dīpanī. pakāsinī.

해설을 요청하다 uddisāpeti.
해설의 방식 adhiṭṭhānahāra.
해설인용 nigamana.
해설자(解說者) bhāsāparivattaka. uddesaka. vyākattar.
해설하는 jotaka.
해소(解疏) pakāsinī.
해수(海獸)[바다괴물] makara.
해수의 뿔 makaradantaka.
해신(海神) samuddadeva. samuddadevatā.
해심(害心) sapattakacitta. vihiṁsāvitakka.
해심(害尋) vihiṁsāvitakka.
해악(害惡) abhūti. anattha. vihesā. vihiṁsā.
해악에 대한 지각 vihiṁsāsaññā.
해악을 끼치는 anatthakara.
해악을 끼치는 것 anatthakāritā.
해악을 끼침 upaghātana.
해악을 만드는 anatthajanaka.
해악을 입은 ītika.
해악을 초래하는 사유 vihiṁsāvitakka.
해악을 초래하는 요소 vihesādhātu. vihiṁsādhātu.
해악을 초래하는 의도 vihiṁsāsaṅkappa.
해안(海岸) samuddatīra. tīra. velā.
해안까지 충분히 물이 있는 supatittha.
해안에 사는 tīriya.
해안을 바라보는 육지를 찾는 tīradassin.
해안을 보지 못하는 atīradassin.
해안의 전망이 없는 atīradakkhin.
해야 하는 kattabba.
해야 하는 것 dhamma. kattabbatta.
해야 할 것에 대한 앎 kiccañāṇa.
해야 할 순간 kattabbakhaṇa.
해야 할 유일한 것 ekakicca.
해야 할 의무 kattabbakicca.
해야 할 일 kattabbaka. kattabbakamma. kiccayatā.
해야 할 일과 하지 말아야 할 일 karaṇīyâkaraṇīya. kattabbâkatabba.
해야 할 일은 해 마친[아라한] katakaraṇīya.
해야 할 일을 성취한[아라한] katakicca.
해야 할 일을 하지 않음 kattabbâkaraṇa.
해야 할 일을 행한 katakattabbakammanta.
해야 할 일을 행한 분[아라한] kiccakata.
해야 할 일이 남아 있는 karaṇīya.
해양(海洋) udadhi.
해양기원론(海洋起源論) samuddakkhāyikā. samuddakathā.
해양론(海洋論) samuddakkhāyikā. samuddakathā.
해양학(海洋學) samuddavaṇṇanā. samuddavijjā.
해염(海鹽) sāmudda.
해오라기[조류] kaṅka.
해와 달 candasuriyā.
해외(海外) parasamudda.
해요의소(解要義疏)[복주] Sāratthadīpanī.
해의(解義) kaṅkhāvitaraṇa.
해의(害意)가 있는 viruddha.
해의소(解疑疏)[주석] Kaṅkhāvitaraṇī.
해이취상(解理趣相)[서명] Nayalakkhaṇavibhāvanī.
해자(垓字) akkha. digghikā. parikhā.
해자(垓字)를 채운 자[윤회에서 벗어난 자] saṅkiṇṇaparikha.
해적(海賊) samuddacora. vilumpaka.
해죄(解罪) osāra. osāraṇa. osāraṇā.
해진 옷 duccola.
해체(解體) asandhāna. lujjana. saṁvaṭṭa. saṁvattana. uccheda. ugghāṭa. ugghāṭana. viddhaṁsa. viddhaṁsana. vilīyana. vyākulīkaraṇa. saṅkhobhana.
해체되다 viddhaṁsati. vilīyati.
해체되지 않음 asaṁvaṭṭana.
해체된 samparibhinna. viddaṁsita. viddhasta.
해체된 상태 asandhitā.
해체시키는 viddhaṁsaka.
해체시키다 viddhaṁseti.
해체하다 vyākulīkaroti. saṁvidhānaṁ bhañjati. saṅkhobheti.
해충(害蟲) kimi. kīṭa. ukkapiṇḍaka.
해충으로 뒤덮인 kīṭākiṇṇa.
해충을 낳는 kimijanaka.
해충을 먹는 kimibhakkha.
해치게 하지 않는 ahiṁsayat.
해치고자 하는 의도 hiṁsāmano.
해치는 doha. dubbha. dūbha. dubbhaka. dubbhaya. dubbhika. dubbhin. padosin. upaghātaka. upaghātin. veyyābādhika. vibādhaka. viheṭhaka. viheṭhanaka. vyāpajjha.
해치다 apakaroti. bādhati. bādheti. dubbhati. dūbhati. hiṁsati. karati. kaṭhati. lumpati. nipāteti. padussati. rujati. upahanti. upahanati. upahaṇati. upahiṁsati. vibādhati. viheṭheti. vihiṁsati. vikopeti. vyābādha. vyābādheti. vyāpajjati.
해치우는 vidhamaka.
해치우다 vidhamati.
해치움 vidhamana.

해치지 않는 anupaghātika. anūpaghātika. ahiṁsaka. ahiṁsant. appaṭigha. asaṅghaṭṭa. aviheṭhaka. aviheṭhayat. aviheṭhayaṁ. avyābādhana.
해치지 않는 손을 지닌 ahiṁsakahatha.
해치지 않음 ahiṁsā. ahiṁsana.
해칠 수 없는 abhayûvara. appadussiya.
해침 dubbhana. hanana. kaṭha. kaṭhana. padussana. rujana. upaghātana. vihiṁsā. vikopana.
해탈(解脫) mokkha. muñcana. muccana. mutti. nibbāna. nimokkha. nissaraṇa. pamocana. pamutti. parimuccana. parimutti. vimocana. vimuccana. vimutti. vimokkha. vimokha. vippamokkha. apavagga. niyyāna.
해탈과 관계되는 것 adhivimokkhatta. adhivimuttatta.
해탈과 관계된 adhivimutti.
해탈구족(解脫具足) vimuttisampanna.
해탈되게 하다 vimoceti.
해탈되기 어려운 duppamuñcaduppamuñca.
해탈되다 muccati. muñcati. omuccati. pamuccati. parimuccati. paṭimuñcati. vimuccati.
해탈되어져야 할 vimocanīya.
해탈되지 못한 anibbuta. aparimutta. avippamutta.
해탈되지 않은 avimutta.
해탈된 mutta. parimutta. vidhūma. vippamutta. vinimutta. vinimmutta. vimutta. pannabhāra.
해탈된 마음 vimuttacitta.
해탈됨 muttatā.
해탈로 통하는 nissaraṇīya. niyyānika. nīyānika.
해탈로 통하는 길을 아는 nissaraṇadassin.
해탈로 통하는 법 niyyānikadhamma.
해탈로 통하는 지혜 nissaraṇapañña.
해탈로서의 명지 vijjāvimutti.
해탈론(解脫論) vimuttikathā.
해탈무상(解脫無上) vimuttânuttariya. vimuttânuttariya.
해탈미(解脫味) vimuttirasa.
해탈성숙상(解脫成熟想) vimuttiparipācaniyasaññā.
해탈시키는 pamokkha. pamuñca. moceti. pamuñcāpeti. pamuñcati.
해탈시키는 자 mocetar.
해탈시킴 mocana.
해탈심(解脫心) vimuttacitta.
해탈에 끝까지 가는 vimuttantika.
해탈에 대한 대화 vimuttikathā.
해탈에 대한 앎과 봄 vimuttiñāṇadassana.
해탈에 대한 앎과 봄의 대화 vimuttiñāṇadassanakathā.
해탈에 대한 원숙한 지각 vimuttiparipācaniyasaññā.
해탈에 이르는 muttigāmin.
해탈에서 물러남 vimuttivivaṭṭa.
해탈온(解脫蘊) vimuttikkhandha.
해탈을 갖춘 vimuttisampanna.
해탈을 구경으로 하는 vimuttantika.
해탈을 원함 muñcitukamyatā.
해탈의 길 niyāma.
해탈의 다발 vimuttikkhandha.
해탈의 본질 vimuttirasa.
해탈의 세계 vimuttāyatana.
해탈의 영역 vimuttāyatana.
해탈의 요체 vimuttisāra.
해탈의 욕구에 대한 앎 muccitukamyatāñāṇa.
해탈의 위없음 vimuttânuttariya.
해탈의 정수 vimuttirasa.
해탈의 청정 vimuttivisuddhi.
해탈의 탁월함 vimuttânuttariya.
해탈자(解脫者) vimocaka. vimutta.
해탈지견(解脫知見) vimuttiñāṇadassana.
해탈지견론(解脫知見論) vimuttiñāṇadassanakathā.
해탈처(解脫處) vimuttāyatana.
해탈하는 muñcaka.
해탈하다 muccati. muñcati. omuccati. pamuccati. parimuccati. paṭimuñcati. vimuccati.
해탈한 mutta. parimutta. vidhūma. vimutta. pannabhāra.
해태(懈怠) kusītatā.
해태와 혼침 thīnamiddha.
핵심(核心) miñja. miñjā. miñjaka. sāra.
핵심으로 하는 sāraka.
핵심이 없는 anatthika.
핵심이 있는 sāravant.
핵심적 의미가 있는 sārattha.
핸들바퀴 karakaṭaka.
햇볕가리개 ātapavāraṇa.
햇빛 ādiccaraṁsi. ātapa. kara. suriyābhā.
햇빛에 그을린 ātapatāpita.
햇빛에 말려진 ātapasukkha.
햇빛을 쪼이는[고통을 야기하기 위해] ātapaṭṭhāpana.
햇씨앗 sāradabīja. sārādabīja.
햇종자 sāradabīja. sārādabīja.
행(行) gamana. saṅkhāra. cariya. cariyā.

행(行)을 갖춘 saṅkhāravant.
행걸(行乞) bhikkhăcariyā.
행경(行境) ācāragocara. avacara. gocara.
행경구족(行境具足) ācāragocarasampanna.
행경이 갖추어진 ācāragocarasampanna.
행고(行苦) saṅkhāradukkhatā.
행고성(行苦性) saṅkhāradukkhatā.
행고지(行苦智) saṅkhāradukkhañāṇa.
행공(行空) saṅkhārasuñña.
행구족(行具足) caraṇasampanna.
행도(行道) paṭipatticariyā. paṭipadā. paṭipatti.
행도무상(行道無上) paṭipadânuttariya.
행도지견청정(行道智見淸淨) paṭipadāñāṇadassanavisuddhi.
행도청정(行道淸淨) paṭipadāvisuddhi.
행동(行動) ācāra. ākappa. caraṇa. carita. caritaka. cāritta. cariya. cariyā. iriya. iriyā. iriyanā. karaṇa. kiriya. kiriyā. kriyā. naya. samācāra. samudācāra. sīliya. upacāra. upakkama. valañjana.
행동거지가 완벽한 gatimant.
행동방법(行動方法) paṭipajjanavidhi.
행동양식(行動樣式) karaṇaniyāma. karaṇapatha. vutti. iriyāpatha.
행동에 관한 수련 kāyabhāvanā.
행동에 대한 만족 karaṇasantosa.
행동에 적합한 karaṇayogga. kattabbapara.
행동으로 옮겨지지 않는 asamudācāra.
행동을 바라는 kammâbhilāsin.
행동을 위해 준비된 kammasajja.
행동을 유지하다 anuvatteti.
행동을 취하다 udīrayati. udīreti.
행동을 통해서 karaṇamukhena.
행동의 범주[行境]가 아닌 agocara.
행동의 순간 karaṇakkhaṇa.
행동의 왜곡 kāyavaṅka.
행동의 장 ālaya.
행동이 지혜로운 사람 buddhicarita.
행동이나 품행 ākappakutta.
행동지침(行動指針) karaṇavidhi.
행동하는 valañjanaka. vuttika. yatacārin.
행동하다 bhavati. pavatteti. samācarati. samudācarati. seti. sayati. tiṭṭhati. upakkamati. vattati.
행등지(行等至) sasaṅkhārāsamāpatti.
행랑방 osaraka. osārikā.
행랑채 → 행랑방.
행로(行路) ayana. padavalañja.
행로유밀(行路有蜜)[서명] Pajjamadhu.
행모(行母) mātikā.
행무상(行無上) pāricariyânuttariya.
행무상(行無上) paṭipadânuttariya.
행미세지(行微細智) saṅkhārasokhumma.
행복(幸福) ānandī. anukkaṇṭhana. attha. avyatha. bhagga. iṭṭha. lakkhī. pāmujja. pasādana. pasādanī. pasīdana. pasīdanā. sajjita. sampadā. sampatti. santosa. sātatā. siva. sokhya. sotthāna. sotthi. subha. sugati. suhatā. sukha. suvatthi. vaḍḍhi. vitti.
행복에 이르는 길 sivagāmimagga.
행복을 기리는 호주 suvatthiparitta.
행복의 경[경명] Maṅgalasutta.
행복의 증익 atthavaḍḍhi.
행복하게 끝난 suvosita.
행복하게 되다 sukheti. sukhayati. sukhāyati.
행복하게 하나에 전념하는(?) bhaddekaratta.
행복하게 하다 sukhāpeti.
행복하다 santussati.
행복하지 않은 apasanna.
행복한 bhagavant. bhaggavant. dhañña. haṭṭha. nirupaddava. santuṭṭha. santus(s)ita. siva. sotthika. sotthivant. sugata. sukha. sukhin. sukhita. sukhitatta. sumana. udagga. vitta.
행복한 거처 dhaññâdhivasa.
행복한 님 sugata.
행복한 마음을 지닌 udaggacitta.
행복한 믿음의 상태 pasāda.
행복한 수레 bhaddavāhana.
행복한 여인 ānandinī.
행복한 운명 sugati.
행복한 자 ānandin. sukhin.
행복한 장소 sagga.
행복한 저녁 susāyaṇha.
행복한 하루 bhaddekaratta.
행복한 한 쌍 bhaddayuga.
행사(行捨) saṅkhāramajjhattatā. saṅkhārupekkhā.
행사장(行事場)에 samajjamajjhe.
행사지(行捨智) saṅkhārupekkhāñāṇa.
행사(行使)하다 pavatteti.
행상(行商) vikkayika. vikkāyika. kacchapuṭa. kacchapuṭa. kacchapuṭavāṇija.
행상(行相)이 있는 sākāra.
행성(行星) gahatārā. tārā. tārakā.
행실이 바르지 못한 durācāra.
행온(行蘊) saṅkhārakkhandha.
행운(幸運) bhaga. bhagga. bhāgya. lakkhī. maṅgala. maṅgalya. sampadā. sampatti. sirī. suk-

kaṁsa. vaḍḍhi.
행운에 관한 질문 maṅgalapañha.
행운을 가져오는 rumhaniya.
행운의 bhāgyavant. dhañña. kaṭaggaha. maṅgala. māṅgalya. sirīmant. subhaga. lakkhika. lakkhiya.
행운의 꿈 maṅgalasupina.
행운의 노래 maṅgalagīta.
행운의 말[馬] maṅgalasindhava.
행운의 석판(石板) maṅgalasilāpaṭṭa.
행운의 여신 sirīdevatā.
행운의 오전 supubbaṇha.
행운의 조짐 maṅgalakolāhala.
행운의 주사위 jayaggaha.
행운의 코끼리 maṅgalahatthin.
행운의 황소 maṅgalusabha.
행운이 있는 bhāgyavant. dhañña. kaṭaggaha. maṅgala. māṅgalya. sirīmant. subhaga. lakkhika.
행위(行爲) ācāra. avacaraṇa. cāra. caraṇa. carita. caritaka. cariya. cariyā. gati. īhā. īhana. kamma. kammajajāta. kāra. kāraka. karaṇa. kāraṇa. karaṇabhāva. kiriya. kiriyā. kriyā. kiriyatā. kutta. naya. nigati. paṭipadā. paṭipatti. samācāra. sīliya. upacāra. upakkama. vutti.
행위가 갖추어진 caraṇasampanna.
행위가 완고하지 않은 asaṅkusakavatti.
행위가 훌륭한 것 kammasādhutā.
행위과정(行爲過程) kammapatha.
행위론(行爲論) kammavāda.
행위를 근절하는 kammantasamucchedika.
행위를 하는 vuttika.
행위에 기뻐하는 kammamodana.
행위에 대한 만족 kammâbhiraddha.
행위에 따라서 yathākammaṁ.
행위에 의한 윤회 kammavaṭṭa.
행위와 결과 사이에 유사함 kammasarikkhakā. kammasarikkhakatta. kammasarikkhakatā.
행위와 결합된 사유 aparacetanā.
행위와 범주 ācāragocara.
행위와 살림 kammantājīva.
행위와 신념 ācāradiṭṭhi.
행위와 용기가 일치하는 kammasūrābhāvânurūpa.
행위와 위범(違犯)을 구별하기 위하여 kammâpattivyattibhāvatthaṁ.
행위의 거절로서 나타나는 kammantappahāṇapaccupaṭṭhāna.
행위의 결과 kammavipāka.
행위의 결과를 일으키는 의식의 세계 kiriyamanodhātu.
행위의 결함 kammacchidda.
행위의 공덕 kammaguṇa.
행위의 과정 kammapatha. kammapaṭha.
행위의 관점에서의 성자 kāyamuni.
행위의 구족 kammasampadā.
행위의 규칙을 잘 아는 katavinaya.
행위의 길 kammapatha.
행위의 다양성 karaṇacittatā.
행위의 동기 kammadvāra.
행위의 동반자 kammasahāya.
행위의 문 kammadvāra.
행위의 본질 katasabhāva.
행위의 본질에 해당하는 katajātiya.
행위의 성숙 kammavipāka.
행위의 성취 kammantasampadā.
행위의 순간 kammakkhaṇa.
행위의 순수함 kāyasuci.
행위의 야기 karaṇakārāpana.
행위의 올바른 실천 apaccanīkapaṭipadā.
행위의 원인 kammabhūmi.
행위의 잘못 kammacchidda. kammadosa.
행위의 지속적인 반복 ābhikkhañña.
행위의 축적 katapaticaya.
행위의 축적을 그 기능으로 삼는 kammantâyūhanarasa.
행위일 뿐인 karaṇamatta.
행위자(行爲者) caritar. kāra. kāraka. kārin. kattar. kattu°. kammin.
행위자가 다른 asamānakattuka.
행위자와 업의 결과의 일치 kammavipākânubandha.
행위조건(行爲條件) kammapaccaya.
행위하는 kāraka. carita. kammin.
행위하다 iriyati. samācarati.
행음(行淫) kāmamicchācāra. aticāra. aticariyā. paradārakamma. parapurisasevanā.
행음시키다 vippaṭipādeti.
행음하다 vippaṭipajjati.
행인(行人) gantar.
행자(行者) adhunāpabbajita. adhunāsamayāgata.
행자(行者)[불교의 승려] yati.
행쟁사(行諍事) kiccâdhikaraṇa.
행정(行政) nīti.
행정부(行政府) atthânusāsana. atthânusiṭṭhi.
행정부장관(行政府長官) anuvijjaka.
행정학(行政學) nītisattha.

행주(行住) cāravihāra.
행주(行籌) salākāgāha.
행주인(行籌人) salākāgāhāpaka.
행진(行進) abhikkama. saṅkamana.
행진하다 abhikkamati.
행처(行處) kammaṭṭhāna.
행취온(行取蘊) saṅkhārûpādānakkhandha.
행하게 하다 cāreti.
행하고 행하지 않는 것 karaṇâkaraṇa.
행하고 행하지 않는 것에 대하여 설명하는 karaṇâkaraṇadassana.
행하는 cāra. kara. kārin.
행하는 대로의 yathākārin.
행하는 장소 karaṇaṭṭhāna.
행하다 ācarati. anupagacchati. carati. karoti. kubbati. pakaroti. ubbhāveti.
행하자마자 katamatte.
행하지 않는 akubbant.
행하지 않는 것 akiriyā.
행한 katavat.
행한 것과 행하지 못한 것 katâkata.
행한 것에 대한 지각을 지닌 katasaññin.
행한 것의 핵심 katasabhāva.
행한 행위에 대한 인식 katajānana.
행해져야 할 kattabba. karaṇīya. kārya. kayira. kayya. kicca.
행해져야 할 업무를 위해 kattabbaveyyāvaccanimittaṁ.
행해져야 할 행위 kattabbakiriyā.
행해져야할 보답 kattabbapaṭikamma.
행해지다 kayirati. kayyate. kariyyati. karīyati.
행해지지 않아야 할 akicca.
행해지지 않은 avihita.
행해지지 않은 것 akamma. akammaka.
행해진 āciṇa. āsita. dassita. īhita. kanta. kata. kaṭa.
행해진 것과 관련된 잘못 kattabbaṭṭhānadosa.
행해진 것에 대한 앎 katañāṇa.
행해진 것의 공덕 kataguṇa.
행해진 것의 의미 katattha.
행해진 사실 katabhāva.
행해진 순간 katakhaṇa.
행해진 장소 kataṭṭhāna.
행해진 행위 karaṇakamma.
행해질 수 없는 akiriya. akiriyarūpa.
행해질 수 있는 karaṇâraha.
행형(行刑) kārāpālana.
행형학(行刑學) kārāpālanañāṇa.
행형학자(行刑學者) kārāpālanakovida.
향(香) dhūpa.
향경(香境) gandhavisaya.
향계(香界) gandhadhātu.
향기(香氣) āmoda. gandha. sugandha. gandhasāra. sammoda. vāsa. vāsana.
향기가 가득 찬 pavūsita.
향기가 나는 surabhi. upavāsita.
향기가 나다 sampavāti. saṁvāti. vāti.
향기가 난 vāsita.
향기가 남 upavāsana.
향기가 부족하지 않은 asuññagandha.
향기가 사라지지 않은 avītagandha.
향기가 사라진 pannagandha.
향기가 없는 appagandha. agandhaka. niggandha.
향기가 없는 상태 agandhatā.
향기가 있는 gandhika. parivāsita. sagandhaka. vāsitaka.
향기가 있는 꽃을 피우는 식물 sephālikā.
향기가 있는 분(粉) añjanacuṇṇa.
향기가 있는 진흙 vāsitikā.
향기가 있다 vāseti.
향기가 좋은 쌀 sugandhataṇḍula.
향기가 퍼짐 vāyana.
향기나는 물을 만드는 분말 udakavāsacuṇṇa.
향기나지 않는 niddhūpana.
향기로 가득 채우다 anuvāseti.
향기로운 appaṭigandhika. sagandhaka. sugandha. sugandhika.
향기로운 것 anusārika.
향기로운 나무 bhujaka.
향기로운 망고의 종류 sahakāra.
향기로움 sammoda.
향기롭게 하다 sampavāyati.
향기롭게 함 sampavāyana.
향기를 퍼뜨리다 pavāyati. pavāti.
향기를 풍기다 sampadhūpeti. vidhūpeti. vidhūpayati.
향기의 도둑 gandhatthena.
향기의 종류 gandhajāta.
향기의 즐김 gandhabhoga.
향내가 잘나는 suvilitta.
향니(香泥) vāsitikā.
향도자(向道者) paṭipannaka.
향락(香樂) gandhabhoga.
향락(享樂)에 빠진 rasagaruka. sukhallikānuyoga.
향락의 sukhallika.
향락주의(享樂主義) odarikatta.

향락주의자(享樂主義者) bhogāsatta. udarambhari.
향료(香料) āmoda. dhūpana. gandha. upadaṁsa. vāsa. vāsana. vāsita. guggula. hirivera.
향료의 종류 gandhajāta.
향료장수 gandhika.
향마다 gandhagandha.
향목(香木) gososacandana.
향사(香思) gandhasañcetanā.
향상(香想) gandhasaññā.
향상(香商) gandhika. māgadha.
향상(向上)된 sampaggahīta.
향상에 대한 밝음 āyakosalla.
향수(享受) anubhava. paribhoga. ramana. upabhoga.
향수(香水) dhūpana. gandha. gandhajāta. gandhodaka. guggula. hirivera. vilepa. vilepana.
향수(鄕愁) gharavirahapīḷā. pavāsukkaṇṭhā.
향수(香水)가 뿌려진 parivāsita. upavāsita..
향수가게 gandhāpaṇa.
향수될 수 있는 upabhogiya.
향수를 바르다 ucchādeti.
향수를 바름 ucchādana.
향수를 뿌리다 dhūpayati. dhūpāyati. dhūpeti. upavāseti.
향수를 뿌린 pavāsita. pavūsita.
향수를 뿌림 upavāsana.
향수병(鄕愁病) ukkaṇṭhā.
향수자(享受者) upabhuñjaka. vindaka. bhottar. sāditar.
향수장수 māgadha.
향수하는 bhogika. bhojin.
향수하다 anubhavati. upabhuñjati. paribhuñjati. sādeti. saṁsāyati. vindati.
향신료(香辛料) āsittaka. kaṭukabhaṇḍa.
향실(香室) gandhakuṭi.
향애(香愛) gandhataṇhā.
향연(饗宴) ānandiya. chaṇa.
향유(享有) abhinandana. abhinandanā. bhuñjana.
향유(香油) mukhālepana.
향유된 bhutta.
향유자 bhuttar. bhuñjitar.
향유하고 나서 bhutvā. bhutvāna.
향유하는 adhiramma. bhuñjaka.
향을 사르다 → 향을 피우다.
향을 피우다 anuvāseti. dhūpayati. dhūpāyati. dhūpeti. padhūpāti. padhūpāyati. padhūmāti. padhūpeti.
향을 피운 padhūpita.
향을 피움 dhūpana.
향응을 제공하는 사람 tappetar.
향의사(香意思) gandhasañcetanā.
향처(香處) gandhāyatana.
향취산(香聚山) gandhamādana.
향토편애(鄕土偏愛) padesavohāra. padesānurāga.
향하게 하다 namati. ussāpeti. vattati.
향하게 함 vattana.
향하는 uddesika. vattamānaka.
향하다 abhinīharati. abhininnāmeti. abhisandahati. anusandahati. paṇāmeti. paṇidahati.
향한 abhimukha. abhimukhī°. ninnata. katâbhimukha. nata.
향해서 abhido. abhimukhaṁ. pāraṁ. paṭi°. pati°. abhimukhaṁ.
향해서 가는 poṇa. poṇika. paccagū.
향해서 가다 adhipagacchati. paccudeti. paccuyyāti.
향해서 가져오는 abhimukhakaraṇa.
향해서 방향을 잡은 abhimukhīkaraṇa.
향해진 paṇāmita. paṇihita.
향후에는 tadagge.
허가(許可) anujānana. anumati. anuññā. apalokana. sammuti.
허가된 anumata. anuññāta.
허가를 구하다 apaloketi. āpucchati.
허가를 구함 apalokita.
허가를 받다 sampucchati.
허가받은 katôkāsa.
허가하다 anujānāti. anumaññati.
허가하지 않는 anānujānat.
허가하지 않음 appaṭiññā.
허겁지겁 anupadaṁ.
허겁지겁 달리다 ādhāvati.
허공(虛空) ākāsa. ākāsanta. okāsa. vehāsa. vihāyasa.
허공계(虛空界) ākāsadhātu.
허공과 같은 ākāsasama. ākāsasamāna.
허공과 관련된 ākāsaka.
허공성(虛空性) ākāsatta.
허공에 대한 논의 ākāsakathā.
허공에 사는 ākāsavāsin.
허공에 있는 aghagata.
허공에의 의지 ākāsûpanissaya.
허공을 가는 aghasigama.
허공을 가로지르는 aghagata.
허공을 걷는 antalikkhaga.

허공을 다니는 antalikkhacara. antalikkhecara.
허공의 가운데 ākāsagabbha.
허공의 끝 ākāsanta.
허공의 두루채움을 위로 아래로 옆으로 유일하게 한량없이 지각하는 것 ākāsakasiṇa.
허공의 두루채움이라는 명상수행의 토대 ākāsakasiṇa.
허공의 명상대상 ākāsârammaṇa.
허공의 세계 ākāsadhātu.
허공의 요소 aghagata. ākāsadhātu.
허공의 조건 ākāsûpanissaya.
허공이 지붕인 ākāsacchadana.
허공인 사실 ākāsatta.
허공주(虛空住) ākāsaṭṭha.
허구(虛構) abhivañcana.
허구가 극복된 samatikkamavibhūta.
허구로 구성되다 kappīyati. kappiyyati.
허구적인 kappiya. kappiyapaṭirūpa.
허구적인 것으로 나타난 kappiyapaṭirūpa.
허구적인 핑계 kappiyalesa.
허깨비 māyā.
허담(虛談) ukkācanā.
허담자(虛談者) lepaka.
허락(許諾) anujānana. anumati. okāsa. okāsamatta. paṭiññā. sādiyanā.
허락되다 kappati.
허락되지 않는 anāmantakata.
허락되지 않은 anāmanta. ananumata. ananuññāta.
허락되지 않음 ananuññā.
허락된 kappika. okāsakata.
허락을 구해야 할 paṭisāraṇiya. paṭisāraṇa.
허락을 받은 katânuñña. katâvakāsa.
허락을 얻다 anumāneti.
허락의 인준 atisagga.
허락이 없이 anāpucchitvā.
허락이 이루어지지 않은 akatakappa.
허락하게 하다 anumāneti.
허락하는 dāyin. okāsakamma. okāsakaraṇa.
허락하다 anudadāti. dhāreti. sādiyati.
허락하지 않는 appadāna.
허리 tanutara. jaghana. kaṭa. kaṭi. kaṭippadesa. kaṭibhāga. ucchaṅga. udara.
허리 높이 kaṭimatta.
허리 높이의 kaṭippamāṇa.
허리가 아름다운 attha. atthamajjha.
허리띠 kaccha. kacchā. kāyabandhana. kaṭibandhana. kaṭisutta(ka). ovaṭṭika. ovaṭṭikā. ovaṭṭiyā. pāmaṅga. saṅkacchā.
허리띠에 찬 물병 kacchakaraka.
허리띠의 끝매듭 pavana.
허리를 가리는 옷의 안쪽 kacchantara.
허리를 묶는 천 kaṭikapaṭa.
허리싸개 kaccha. kacchā. kaṭasāṭaka.
허리에 걸치는 간단한 옷 kaccha. kacchā. celaṇḍaka. hirikopīna. parikara. saṅghāṇi.
허리에 두르는 천 kopīna. kañcanavelli. saṅkacchā.
허리에 류머티즘으로 고생하는 kaṭivātâbādhika.
허리에 매달린 짐 kaṭibhāra.
허리에 미치는 kaṭippamāṇa.
허리에 천을 두르지 않은 asaṅkacchika.
허리옷 kaṭasāṭaka.
허리옷의 주머니 kacchaputa.
허리의 kaṭika.
허리의 밑 kaṭipariyosāna.
허리의 부분 ucchaṅgapadesa.
허리의 연결 kaṭisandhi.
허리장식 kaṭûpaga.
허리장식띠 kaṭibandhana. kaṭisutta(ka).
허리주위에 묶는 끈 kaṭipilandhana.
허망(虛妄) abbhu.
허망론자(虛妄論者) abhūtavāda.
허망하게 abhūta. musā.
허망하지 않게 avitathā.
허망하지 않는 상태 avitathatā.
허망하지 않은 amogha. amosa. asuñña. atuccha. avitatha.
허망하지 않음 asuññatā.
허망한 ataccha. atatha. jiṇṇa. mosa. nekatika. vitatha. kappiya.
허망한 것 mosadhamma.
허망한 결과를 초래하는 abhūtavipāka.
허무(虛無) anabhāva. uccheda. vibhava. natthitā.
허무론자(虛無論者) natthika. venayika.
허무주의(虛無主義) ucchedadiṭṭhi. ucchedavāda. natthikadiṭṭhi. natthikavāda. vibhavadiṭṭhi. uccheda.
허무주의를 지닌 ucchedavādin.
허무주의에 대한 집착 ucchedagaṇhana.
허무주의와 영원주의 ucchedasassata.
허무주의의 수용 ucchedagaṇhana.
허무주의자(虛無主義者) ucchedin.
허무주의적인 ucchedin.
허무주의적인 견해 natthikadiṭṭhi.
허무주의적인 이론 natthikavāda.
허무주의적인 이론을 말하는 natthikavādin.
허물벗기 nimmoka.

허물없는 anaṇa. anavajja.
허벅지 ūru.
허벅지가 튼튼한 saṁyatūru.
허벅지를 지닌 것의 특징 ūrulakkhaṇa.
허벅지의 마비 ūrukkhambha.
허벅지의 사이 ūruantare.
허벅지의 피부 ūruttaca.
허비(虛費) khepana.
허비하다 khepeti.
허사(虛辭) padapāripūrī.
허사(虛辭) pūraṇa. padapāripūrī.
허상(虛像)의 māya.
허세(虛勢) parivāra. mahicchatā.
허수아비 purisaka. purisakatiṇa. tiṇapurisaka.
허스키하다 ākurati.
허식(虛飾) musāracanā.
허식적(虛飾的)인 padassanāyābhimata.
허약(虛弱) tanubhāva.
허약한 abala. atejavat. jiṇṇa. appānubhava. appathāmaka. omatta.
허약한 말(馬) abalassa.
허언(虛言) asacca. abhūta. alika. ālika.
허언하는 자 lāpin. alikavādin.
허영(虛榮) ahaṅkāra. tucchâbhimāna. tucchatta.
허영심(虛榮心) accuddhumātabhāva.
허영심이 강한 accuddhumāta. accunnatimāna.
허영에 가득 찬 ukkaṭṭha.
허용(許容) apalokana. appaṭikosanā. appaṭikkosanā.
허용되고 허용되지 않은 모든 것 kappiyâkappiya.
허용된 kappima. kappiya.
허용된 가르침 kappiyasāsana.
허용된 것을 받는 기회 kappiyadvāra.
허용된 고기 kappiyamaṁsa.
허용된 금속 kappiyaloha.
허용된 깔개 kappiyapaccatthraṇa. kappiyattharaṇa.
허용된 말이나 행동 kappiyavohāra.
허용된 면직물 kappiyatūla.
허용된 물 kappiyavāri.
허용된 물물교환 kappiyaparivattana.
허용된 발우 kappiyapatta.
허용된 밭 kappiyakhetta.
허용된 버터기름 kappiyasappi.
허용된 상품 kappiyavatthu.
허용된 실[絲]로 규정된 kappiyasuttaparicchdeda.
허용된 암시 kappiyaviññatti.
허용된 염색 kappiyarajana.
허용된 옷 kappiyacīvara.
허용된 우유 kappiyakhīra.
허용된 음료 kappiyapānaka.
허용된 음식 kappiyabhojana. kappiyâmisa.
허용된 작은 발우 kappiyathālaka.
허용된 장비 kappiyaparikkhāra.
허용된 침대 kappiyamañca.
허용된 파내도 좋은 땅 kappiyapaṭhavī.
허용될 수 없는 akappiya.
허용하다 anudadāti. dadāti.
허위(虛僞) abhivañcana. abhūta. alika. asacca. ālika. kuṭilatā. micchatta. paligedha. parikkhatatā. vañcana. vañcanā.
허위가 아니게 avitathā.
허위가 아닌 amosa. avitatha.
허위의 alika. ataccha. atatha. mosa. paligedhin. vibhūta.
허위적 조작 paṭirūpa. patirūpa. paṭirūpaka. paṭirūpatā.
허튼소리 japana. jappanā. palapana. palapita. bālalapanā.
허튼소리하는 japa. jappa.
허튼소리하다 japati. jappati. palapati.
허풍(虛風) kathanā. katthanā.
허풍떠는 katthin.
허풍선이의 pakkhandaka. pakkhandin.
허풍을 떨다 katthati.
허풍쟁이 katthika. katthitar.
헌공(獻供) āhuna. āhuṇa. āvapana. dakkhiṇā. homa. hotta. huta. ijjā. upahāra. yāja. yājana. yañña. katu.
헌공되지 않은 ahāpita.
헌공된 dakkhita.
헌공미(獻供米) upahārabali.
헌공식(獻供食) accana. accanā.
헌공의 가치가 있는 āhuneyya. āhuṇeyya. dakkhiṇeyya.
헌공의 가치가 있는 제화 dakkhiṇeyyaggi.
헌공의 제화 āhuneyyaggi.
헌공하다 abhipūjayati. juhati. juhoti. payacchati.
헌공한 katamaṅgalasakkāra.
헌공할 가치가 있는 것에 대한 억측 āhūniya.
헌공화(獻供火) āhuneyyaggi.
헌과(獻果) pūraḷāsa.
헌납(獻納) agghika. agghikā. homa. uddissana.
헌납하는 → 바치는.

헌데 aru. aruka. pilaka. piḷakā. pīḷakā. rūhita. vaṇa.
헌상품(獻上品) upayāna.
헌신(獻身) anuyoga. anuyuñjana. anuyuñjanā. āyoga. āyuñjana. tapa. tapo. bhatti. cāga. nekkhamma. odahana. paratthacariyā. pasādana. pasādanī. pasīdana. pasīdanā. purekkhāra. saddhā. sāma. samappaṇā
헌신의 부족 ayoga.
헌신적으로 sabhāvaṁ.
헌신적인 anuratta. anuyogavant. attasanniyatāna. bahula. bhattimant. sambhatta. samuyyuta. surata. vatavant.
헌신적인 믿음 manopasāda.
헌신적인 아내 patibbatā.
헌신하고 uddissa.
헌신하는 anubbata. anuyogin. attaniyyātana. dikkhita. niviṭṭha. ratin. tappara. upasevin.
헌신하다 abhinivisati. abrūheti. anubrūheti. anuyuñjati. bahulīkaroti.
헌신하지 않는 ayoganīya.
헌인제(獻人祭) purisamedha.
헌정(獻呈) niyyātana.
헌화(獻花) pupphadāna.
헐거워진 ummukka.
헐다 adhipāteti.
헐뜯고자 하는 avaṇṇakāma.
헐뜯는 avaṇṇabhāsaka.
헐뜯는 사람 apasādetar. sūcaka. avaṇṇavādin.
헐뜯다 apasādeti.
헐뜯음 apasāda. avaṇṇa. ujjhānasaññitā.
헐뜯지 않음 apesuñña.
험난처(險難處) vinipāta.
험난처자(險難處者) vinipātika.
험담(險談) itivāda. piṭṭhimaṁsikatā. pisuṇāvācā.
험담하는 pisuṇa.
험로(險路) dugga. kantāra. kantāramagga. vidugga. palipatha.
험로를 걷는 kantāramaggapaṭipanna.
험악한 ukkūla.
험애(險隘) pātāla.
험준한 절벽 sobbhapapāta.
험한 길 dugga. kantāra. kantāraddhāna.
험한 길과 윤회의 길 kantāraddhānavaṭṭaddhāna.
험한 길의 dugga.
험한 통로 vidugga.
헛간 koṭṭha. sālā. uddosita.
헛기침 ukkāsana. ukkāsitasadda.
헛기침소리 khaṭakhaṭa.
헛기침하다 kāsati. ukkāsati.
헛기침한 ukkāsita.
헛되게 늙은 moghajiṇṇa.
헛되이 mudhā.
헛되지 않은 anuyyuta. avañjha.
헛된 anatthanissita. aphala. asāra. asāraka.
헛된 견해를 갖는 padullagāhin.
헛된 기회 moghavāra.
헛된 시간 moghavāra.
헛됨 abbhu.
헛딛다 ukkamati.
헛소리 palāpa.
헝겊조각으로 표시하는 것 kaṇḍusaka. kaṇḍūsaka.
헝클어진 vikiṇṇa.
헤드라인 mātikā.
헤뚜바딘[부파] Hetuvādin.
헤르페스 vitacchikā.
헤마가(醯摩迦)[인명] Hemaka.
헤마깨[인명] Hemaka.
헤마바띠까[부파] Hemavatika. Hemavata.
헤매는 palaḷita. palāḷita. sārin. vibbhanta. vibbhantaka.
헤매다 vibbhamati. vidhāvati.
헤매며 돌아다니는 (사람) pādalola.
헤맴 vibbhama.
헤아려서 saṅkhāya.
헤아려야 하는 saṅkheyya.
헤아려지지 않은 agaṇita. asaṅkhāta.
헤아려진 gaṇita. saṅkhāta. upasaṅkhyāta.
헤아려질 수 있는 upasaṅkhātabba. upasaṅkheyya.
헤아리는 사람 saṅkhāyaka.
헤아리다 saṅkhāyati. saṅkhāti.
헤아릴 수 없는 ananta. animitta. aparimeyya. appamāṇa. asaṅkheyya. asaṅkhiya. asaṅkhya. gambhīra.
헤아릴 수 없는 존재를 그 대상으로 하는 appamāṇasattârammaṇa.
헤아릴 수 있는 anuvejja.
헤아림 saṅkhā. saṅkhyā.
헤어지다 vippakkamati.
헤엄치다 palavati. pilavati. plavati. upaplavati.
헤엄침 pilava. plava. palavana. pilavana.
헬레니즘 yavanasabbhatā. yonasabbhatā.
헬륨 suriyagatavāyu.
헬리콥터 vyomayānavisesa.

헬멧 karoṭi. kaṇerika.
헬멧을 착용한 karoṭiya.
헹구기 ācamana.
헹구다 abbhukkirati. camati. cameti. ācamati. ācameti.
혀[舌] jivhā. catutthamana.
혀가 두 개인 자 dujivha.
혀가 없는 nijjivha.
혀가 짧은 소리 lapana. lapanā.
혀끝 aggajivhā. jivhagga.
혁대(革帶) bhaddula. gaddula. gaddūla. kāya-bandhana. saṅkacchā. varatta. vega.
현(絃) guṇahīna. jiyā. tanti. tantu.
현겁(賢劫) bhaddakappa.
현관(現觀) abhisamaya.
현관(玄關) ālinda. āḷinda. ālindaka.
현관과 일치하는 abhisamayânurūpa.
현관된 abhisameta.
현관을 방해하는 abhisamayantarāyakara.
현관의 의미 abhisamayaṭṭha.
현관의 조건 abhisamayahetu.
현관이 일어난 태어남 abhisamayajāti.
현관이라는 단어 abhisamayasadda.
현관하는 자 abhisametar.
현관하다 abhisameti. abhisamikkhati.
현금(玄琴)의 가는 목 upavīṇa.
현금의 몸통 doṇī.
현기(現起) paccupaṭṭhāna. upaṭṭhāna.
현기증이 나는 pamucchita.
현기증이 나다 pamucchati.
현기하다 paccupaṭṭhahati.
현념(現念)된 vinighātin.
현대(現代)의 adhunāgata. nūtana. ajjatana. va-ttamānika. ādhunika.
현대사상 ādhunikamata.
현대성(現代性) nūtanatta.
현대주의(現代主義) ādhunikamata.
현등각(現等覺) abhisambodhi. abhisambuddh-atta. abhisambujjhana.
현등각(現等覺)하다 abhisambujjhati.
현등각자(現等覺者) abhisambuddha.
현량(現量)의 paccakkha.
현로(顯露)의 uttāna.
현명(賢明) paññā. mati. buddhi. medhā. dhī. ñāṇa. amoha.
현명하게 yoniso.
현명하고 선량한 aneḷamūga.
현명하지 못한 abuddhimat. accheka. akovida. akusala. anipuṇa. avicakkhaṇa. apaṇḍita. apaṭu. appabuddhi.
현명하지 못한 자 aviññū.
현명한 buddha. buddhika. buddhimant. bujjha-ka. dhīra. disācakkhuka. gatimant. kaṇṇavant. katabuddhi. kalla. kalya. kovida. matimant. me-dhasa. medhāvin. medhin. mejjha. mutimant. nipaka. paguṇa. paṇḍita. pañña. paññāṇavant. paññavant. paññāvant. parikkhavant. paṭu. pavīṇa. sappañña. sumedha. sumedhasa. sūrin. datta. veyyatta. vicakkhaṇa. viddasu. vidhura. vidhūra. vidū. vidura. vidvat. vipassin. vibhā-vin. vītasārada. vyatta. upāyasampanna.
현명한 사람들에 의해 칭찬을 받은 viññūpa-saṭṭha. viññūpasattha.
현명한 사람들이 격찬하는 viññūpasaṭṭha.
현명한 시대 bhaddakappa.
현명한 자 lakkhaṇapaṭiggāhaka. mantar. su-dhin. viññū. vidū.
현명함 cāturiya. dakkheyya. medhāvitā. paṇḍi-cca. yoni.
현미(玄米) nīvāra.
현미경(顯微鏡) sukhumadassaka.
현법락주(現法樂住) diṭṭhadhammasukhavihāra.
현법소수업(現法所受業) diṭṭhadhammavedan-iyakamma. diṭṭhadhammavedanīyakamma.
현법수업(現法受業) → 현법소수업.
현법열반(現法涅槃) diṭṭhadhammanibbāna.
현부(賢部) bhaddavaggiya.
현사라수(賢沙羅樹)[식물] bhaddasāla.
현상(現象) dhamma. paccupaṭṭhāna. saṅkhāra. diṭṭhivisaya. dassana.
현상(現相) nemittikatā. nimitta.
현상세계(現象世界) saṅkhāraloka. dhamma. lo-ka.
현상자(現相者) nemitta.
현상적인 suñña.
현상적인 윤리 dhammatāsīla.
현색(顯色) vaṇṇanibhārūpa.
현색(顯色) vaṇṇanibhārūpa.
현선(賢善) bhadda. bhadra.
현선일야(賢善一夜) bhaddekaratta.
현성(現成)하다 sampādeti.
현세(現世) sandiṭṭhi. diṭṭhadhamma.
현세를 망취(妄取)하는 sandiṭṭhiparāmāsin.
현세에 diṭṭhe dhamme. diṭṭhe'va. dhamme.
현세에 유익한 sandiṭṭhika. sandiṭṭhiya. san-diṭṭhin.
현세에서 받는 업 diṭṭhadhammavedaniyaka-mma. diṭṭhadhammavedanīyakamma.

현세에서 지체없이 과보가 따르는 업 ānantarikakamma.
현세에서의 열반 diṭṭhadhammanibbāna.
현세에서의 적멸의 즐거움에 머무는 것 diṭṭhadhammasukhavihāra.
현세의 akālika. diṭṭhadhammika. sandiṭṭhika. sandiṭṭhiya.
현세의 이익 sandiṭṭhi.
현수(懸垂) avalambana. olambana.
현수되다 lambati. rambati.
현승부(賢勝部)[부파] Bhaddayānika. Bhadrayānika.
현시(顯示) sandassana. avataraṇa. pakāsana.
현시갈마(顯示羯磨) pakāsaniyakamma.
현실(現實)의 → 현세(現世)의.
현악(絃樂) tantissara.
현악기를 연주하다 upavīṇāyati. upavīṇeti.
현악기의 가는 부분 upavīṇa.
현애(懸崖) ataṭa. papaṭā. papatā. sobbhapapāta.
현외부재(舷外浮材)가 달린 여물통 모양의 카누 ekadoṇikā.
현위부(賢胃部) bhaddayānika. bhadrayānika.
현을 튕겨 울리다 nikūjati.
현의(玄義) līnattha.
현의명소(玄義明疏)[복주] Līnatthapakāsanā.
현의찬(玄義讚)[주석] Līnatthavaṇṇanā.
현의해소(玄義解疏)[복주] Līnatthapakāsinī.
현자(賢者) dhīra. muni. mantar. ñāṇin. ñātar. nipaka. paṇḍita. sudhin. sumati. viññū. viddasu.
현자의 동료 bhaddavaggiya.
현장(現場) kataṭṭhāna.
현재 사용하는 명칭 vohāra. vyohāra.
현재(現在) paccuppanna. ajjatā. diṭṭhadhamma. etarahi.
현재(現在)[문법] atipatti. vattamāna.
현재가 이어지는 santatipaccuppanna.
현재분지(現在分智) paccuppannaṁsañāṇa.
현재사(現在事) paccuppannavatthūni.
현재상태 itthatta.
현재성(現在性) paccuppannabhāva.
현재소연(現在所緣) paccuppannârammana.
현재시(現在時) paccuppanna. paccuppannaddha.
현재에 대한 앎 paccuppannaṁsañāṇa.
현재에 대한 진술 paccuppannaddhakatha.
현재에 있는 upaṭṭhita.
현재에 있도록 하다 upaṭṭhapeti. upaṭṭhāpeti.
현재에 있음 upaṭṭhāna.
현재의 ajjatana. sampatta. vijjamāna. ādhunika.
현재의 대상 paccuppannârammana.
현재의 시간 paccuppannaddha.
현재의 시간이 아닌 것에 대한 표현 avippakatavaca(s).
현재의 존재 diṭṭhadhamma.
현재의 행동 diṭṭhadhamm'upakkama.
현저(顯著) anuttariya.
현저하게 paccakkhato. sappaññākārena.
현저하지 않은 apākaṭa.
현저한 adhipati. anuttara. pamukha. visiṭṭha.
현저한 조건 adhipatipaccaya.
현전(現前) upaṭṭhāna. sammukhatā.
현전비나야(現前毘奈耶) sammukhāvinaya.
현전비니(現前毘尼) sammukhavinaya.
현전비니와 유사한 sammukhavinayapaṭirūpaka.
현전비성(現前悲性) karuṇāyitatta.
현전승가(現前僧伽) saṅghasammukhatā.
현전시키다 paccupaṭṭhāpeti.
현전의 sammukha.
현전하는 paccupaṭṭhita.
현전해(現前解) abhiniropana.
현존(現存) atthibhāva. sakāsa.
현존의 santa. vijjamāna.
현존조건(現存條件) atthipaccaya.
현존하게 만들지 않고 anupaṭṭhapetvā.
현존하는 anatīta. abhimukhībhūta. vattamānaka.
현존하지 않는 anupaṭṭhita.
현존하지 않는 것에 숙달된 anupaṭṭhānakusala.
현존하지 않음 anupaṭṭhāna.
현증(現證) sacchikiriyā.
현증(現證)의 sandiṭṭhika. sandiṭṭhiya.
현증통달(現證通達) sacchikiriyāpaṭivedha.
현탐(現貪) abhinivesa.
현탐(現貪)하다 abhinivisati.
현탐욕(現貪欲) abhinivesa.
현학적(衒學的) atipaṇḍita. vibudhāyatta. vijjāvisayaka. vijjāyatanāyatta.
현학적으로 vibudhānurūpaṁ. vijjānurūpaṁ.
현학적인 것 atipaṇḍitatā.
현행(現行) abhisaṅkhāra. abhisaṅkharaṇa.
현행(現行)되는 abhisaṅkhārika.
현행(現行)하다 abhisaṅkharoti.
현행범(現行犯)의 katakamma.
현행자(現行者) ācariya.
현현(顯現) avakkanti. ābhāsana. uttānabhāva. upaṭṭhāna. okkanti. obhāsa. nidassana. nikāsa. pāturbhāva. vipphāra.
현현(顯現)하다 pakāsati.

현현된 okkanta. pākata. pākaṭa.
현현의 구족 upaṭṭhānasamaṅgitā.
현현하다 okkamati.
현현하지 않음 appakāsana.
현혹(眩惑) ākaḍḍhana. ākaḍḍhanā. mada. moha. mohana. mohatta. pamoha. pamohana. vañcana. vañcanā.
현혹되지 않음 asammoha.
현혹된 ākaḍḍhita. vañcita. vimohita.
현혹된 사람 mohacarita.
현혹시키다 ākaḍḍhati. vimoheti.
현혹하는 vañcanika. vañcaniya.
현혹하다 moheti. vañcati. vañceti.
혈(穴)을 파지 못하고 사는 사람들 vasita.
혈거동물(穴居動物) bilāsaya.
혈거인(穴居人) darīcara.
혈관(血管) dhamanī. lohitadoṇi. sirā.
혈구(血垢) lohitamala.
혈담병(血痰病) lohitapitta.
혈도상(血塗想) lohitakasaññā.
혈맥(血脈) → 혈통.
혈색이 나쁜 maṅgula.
혈색이 안 좋은 여자 maṅgulīmaṅgulī.
혈암(血暗) lohitamala.
혈액(血液) lohita. rudhira. ruha. ruhira. soṇita.
혈액의 그물망 dhamanījāla.
혈연(血緣) sālohita.
혈연관계 salohita.
혈연의 gottabandhava.
혈장(穴藏) koṭṭha.
혈통(血統) abhijana. āvali. āvalī. kulatanti. kulapaveṇī. gahaṇika. gotta. jāti. paramparā. paramparā. santati. vaṁsa.
혈통에 대한 이론 jātivāda.
혈통에 대한 자랑 gottavāda.
혈통에 든 님 gotrabhū.
혈통에 든 님의 마음 gotrabhūcitta.
혈통에 든 님의 지혜 gotrabhūñāṇa.
혈통에 든 님이 되기까지 āgotrabhuṁ. āgotrabhuto.
혈통에 의한 바라문 brahmabandhu.
혈통을 자랑하는 gottathaddha.
혈통의 vaṁsika.
혈통의 분류 jātivibhaṅga.
혈통이 좋은 ājāniya. ājānīya. ājāneyya.
혈통이 좋은 말 assājānīya.
혈통이 좋은 말의 크기를 가진 ājāneyyappamāṇa.
혐오(嫌惡) abhinibbidā. abhinibbijjana. appasāda. arati. aruccana. aruci. aṭṭiyana. aṭṭiyanā. dessatā. digucchā. jigucchā. jigucchana. nibbidā. parijegucchā. vilomatā.
혐오가 없는 anapāya.
혐오를 느끼다 addiyati.
혐오를 참아내는 appaṭikūlagāhitā.
혐오스러운 arucca. aruja. asubha. nibbiddha.
혐오스러운 것과 관련된 adhijegucha.
혐오스런 vikūlaka.
혐오의 감정을 암시하는 arucisūcana. arucisūcanattha.
혐오하는 dessin. jegucchin. jigucchaka.
혐오하다 abhinibbijjati. dessati. jigucchati. nibbijjati. nibbindati.
혐오하지 않는 ajeguccha. appaṭikūla.
혐오할 만한 jeguccha. jegucchiya.
혐의(嫌疑)가 없는 aparisaṅkita.
혐책(嫌責) ujjhāna. ujjhatti.
혐책과 관련된 계율 ujjhānasikkhāpada.
혐책하다 ujjhāyati.
혐한(嫌恨) āghāta.
혐한(嫌恨)하다 ujjhāpayati. ujjhāpeti.
혐한사(嫌恨事) āghātavatthu.
협곡(峽谷) jalaniggama. kandara. pabbatasānu. padara.
협곡의 동굴 kandaraguha.
협곡의 둑 kandaratīra.
협곡의 바닥 kandarapāda.
협동(協同) samavadhāna. samānakicca. ekatokaraṇa.
협동하다 ekato kammaṁ karoti.
협력(協力) samavadhāna. samānakicca. ekatokaraṇa.
협력하다 ekato kammaṁ karoti.
협박(脅迫) kuhanā. paribhāsa. paribhāsana. tajjanā.
협박하다 paribhāsati. santajjeti.
협소(狹小)한 amahaggata.
협잡(挾雜) sāṭheyya. upalāpanā.
협잡하는 parisaṭha.
협잡하다 upalāpeti.
협조(協助) upakāra.
협죽도(夾竹桃) karavīra.
협죽도엽전(夾竹桃葉箭) karavīrapatta.
형극(荊棘) kaṇṭaka. kaṇṭhaka.
형량(衡量) kācanā.
형리(刑吏) coraghāta. coraghātaka.
형벌(刑罰) kammakaraṇa. kammakāraṇa. kammakāraṇā. kāraṇā. nisedha.

형벌을 가하는 자 kāraṇika.
형벌을 처방하는 조항 kammakaraṇasaṁvidhāna.
형벌의 다양성 kammakāraṇanānatta.
형벌의 제목 kammakāraṇapakkha.
형벌학자(刑罰學者) kārāpālanakovida.
형사법(刑事法) daṇḍanīti.
형사법상으로 sāhasikena.
형사상의 aparādhāyatta. daṇḍanāraha.
형사학(刑事學) aparādhaparikkhā.
형상(形象) bimba. rūpa. rūpaka. saṇṭhāna. vikati.
형상과 관련해서 일치함 anaññarūpatta.
형상세계 rūpadhātu.
형상에 대한 갈애 rūpataṇhā.
형상에 대한 관찰 rūpadassana.
형상에 대한 의도 rūpasañcetanā.
형상에 대한 지각 rūpasaññā.
형상에 밝은 법관 rūpadakkha.
형상에 의한 교만 saṇṭhānamada.
형상에 의한 도취 saṇṭhānamada.
형상요소 rūpadhātu.
형상을 지닌 rūpika. kappa.
형상의 감역 rūpāyatana.
형상의 경계 rūpavisaya.
형상의 세계 rūpadhātu.
형상이 없는 arūpa. arūpin.
형상이 없는 세계와 관계되는 āruppa.
형상이 없는 활동영역 arūpâvacara.
형상이 있는 rūpin.
형상적 대상 rūpārammaṇa.
형색교(形色憍) saṇṭhānamada.
형성(形成) saṅkhāra.
형성과 경향과 대상이라는 업을 구성하는 원인 kammasaṅkhāranativisayâdihetu.
형성되다 kappīyati. kappiyyati.
형성들의 멈춤 saṅkhārasamatha.
형성에 관계된 saṅkhāragata.
형성에 대한 미세한 통찰 saṅkhārasokhumma.
형성에 대한 집중의 노력 saṅkhārapadhāna.
형성에 의한 공(空) saṅkhārasuñña.
형성을 조건으로 saṅkhārapaccayā.
형성을 지닌 saṅkhāravant.
형성의 괴로움 saṅkhāradukkhatā.
형성의 다발 saṅkhārakkhandha.
형성의 발생 saṅkhāruppatti.
형성의 세계 saṅkhāraloka.
형성의 원인 saṅkhārasamudaya.
형성의 종류 saṅkhāragata.
형성의 지멸 saṅkhārûpasama.
형성의 집착다발 saṅkhārûpādānakkhandha.
형성의 평정 saṅkhārupekkhā.
형성의 평정에 대한 앎 saṅkhārupekkhāñāṇa.
형성이 없는 asaṅkhāra.
형식(形式) vidha.
형언(形言)할 수 없는 anakkhāta. avaṇṇanīya.
형언할 수 없음 anakkhāna.
형용구(形容句) vevacana.
형용사적 복합어[문법] kammadhāraya.
형이상학(形而上學)의 cintāmaya.
형이상학적인 지혜 cintāmayapaññā.
형장(刑場) āghātana. dhammagaṇṭhikā.
형장의 북 vajjhapaṭahabheri.
형제(兄弟) bhātar. bhātika. bhātiya. bhātuka.
형제에 의해 보호받는 여자 bhāturakkhitā.
형제의 bhātika. bhātiya. bhātuka.
형제자매(兄弟姉妹) sodariya.
형집행자(刑執行者) kammakāraṇika.
형집행장(刑執行場) kammakaraṇânubhavaṭṭhāna.
형태(形態) ākāraka. dhātu.
형태가 완전하지 못한 aparimaṇḍala.
형태로 부정형태만이 존재 paṭivāṇa.
형태를 지니고 사는 존재 rūpûpagasatta.
형태를 지닌 ruppa.
형태의 다양성 ākāranānatta. ākārasamūha.
형태의 변환 ākāravikāra. ākāravikati.
형태의 전개 ākārapavatti.
형태의 합성 rūpasamussaya.
형태의 현현 rūpapātubhava.
형편없는 lāmaka.
형편이 좋은 anukūla.
혜(慧) mati. muti. paññā. paññavā.
혜검(慧劍) paññāsattha.
혜광(慧光) paññābhā.
혜광대(慧廣大) paññāvepulla.
혜구족(慧具足) paññāsampadā.
혜근(慧根) paññindriya.
혜력(慧力) paññābala.
혜론(慧論) paññākathā.
혜바라밀(慧波羅密) paññāpāramī. paññāpāramitā.
혜보(慧寶) paññāratana.
혜성(慧性) paññatā. paññatta.
혜성(彗星) sukkarāhu.
혜성취(慧成就) paññāsampatti.
혜수(慧修) paññābhāvanā.
혜수습(慧修習) paññābhāvanā.

혜시화(惠施火) dakkhiṇeyyaggi.
혜십년(慧十年) paññādasaka.
혜안(慧眼) paññācakkhu.
혜온(慧蘊) paññākkhandha.
혜위력(慧威力) paññāteja.
혜장(慧杖) paññāvudha.
혜재(慧財) paññādhana.
혜전(慧殿) paññāpāsāda.
혜조(慧照) paññobhāsa.
혜주처(慧住處) paññādhiṭṭhāna.
혜증상(慧增上) paññâdhipateyya.
혜증장(慧增長) paññāvuddhi.
혜지(慧地) paññābhūmi.
혜처(慧處) paññādhiṭṭhāna.
혜청정(慧淸淨) paññāvisuddhi.
혜해탈(慧解脫) ñāṇavimokkha. paññāvimutti.
혜해탈과(慧解脫果) paññāvimuttiphala.
혜해탈자(慧解脫者) paññāvimutta.
혜행안주(慧行安住) paññâdhiṭṭhāna.
혜행자(慧行者) paññācarita.
혜향(慧香) paññāgandha.
호(壺) vāraka.
호각(號角) kāhala.
호각소리 kāhalanāda. usseḷhana.
호각을 불다 usseḷheti.
호감이 가는 anuppiya.
호감이 가는 것 kantadhamma.
호감이 가지 않는 amanuñña.
호격(呼格) ālapana. ālapanā. āmantaṇa. āmantana. sambodhana.
호격의 기능 āmantaṇavacana.
호격인 단어 āmantaṇapada.
호경(護經) paritta. parittā.
호과(胡瓜) tipusa.
호깨나무 mella.
호도하지 않는 asandiḍḍha. asandiddha.
호두 bhallāṭaka.
호두나무 ākhota.
호랑(狐狼) kotthu. koṭṭhu. koṭṭhuka.
호랑이 vyaggha. saddūla.
호랑이 가죽 vyagghacamma.
호랑이 가죽이 덮인 수레 veyyaggha. veyyagghin.
호랑이가 없는 nivyaggha.
호랑이와 황소 vyagghusavha.
호랑이의 veyyaggha. veyyagghin.
호로(葫蘆) kosātakī.
호리병 lāpukaṭāha. tumbakaṭāha.
호리병박 alāpu. alābu. alābū. kakkāru. lāpu. lābu. lābuka.
호리호리한 tanu.
호마(護摩) homa.
호마(胡麻) tila.
호마분(胡麻粉) piññāka.
호마수(胡麻樹) tilaka.
호마유(胡麻油) tela.
호명동자(護明童子) jotipāla.
호문(護門) guttadvāratā.
호미 kuddāla.
호미와 바구니 kuddālapiṭaka.
호민관(護民官) mantikathikāsana.
호박[식물] alāpu. alābu. alābū. lābu. vallikāra. vallibha.
호성조(好聲鳥) kokila.
호소(湖沼) daha. rahada. sara. udakadaha. udakarahada.
호소(呼訴)하다 avhayati. avhāti. avheti. valañjeti.
호수(湖水) daha. rahada. sara. udakadaha. udakarahada.
호수의 둑 patittha.
호신주(護身呪) paritta. parittā.
호신주에 기도발이 서는 kataparitta.
호신주에 의해 수호된 kataparittāṇa.
호언(好言) ukkācanā.
호언장담하는 (자) bhassasamussaya.
호외경(戶外經) tirokuḍḍasutta.
호위(護衛)하다 anusāreti.
호의(好意) akkodha. anuddayatā. anuggaṇhana. anunaya. anunayana. bahumāna. mamaṅkāraṇa. nijjhāpana. paggaha. pariggaha. upakāra. ussāha.
호의가 있는 hitesin. avyāpajjha. avyāpajja.
호의를 받은 anuggahita. anuggahīta.
호의를 보이다 sampaggaṇhāti.
호의적인 akkodhana. padakkhiṇa.
호저(豪豬)[동물] sallasanthana. sāvi. salla. sallaka.
호적수(好敵手) paṭipuggala.
호전된 pavattin.
호전성(好戰性) yuddhakāmitā.
호전적 성격이 없이 appaṭiviruddha.
호족(豪族) bhogiya. antarabhogika.
호주(戶主) gahaṭṭha.
호주(護呪) paritta. parittā.
호창소(戶窓所) dvārakosa.
호초(胡椒) marica.
호출되지 않은 anavhāta.

호출하다 avhayati. avhāti. avheti. upavhayati.
호칭(呼稱) abhidhāna. ākhyā. saṅkhā. saṅkhyā.
호탕한 웃음소리 ahuhaliya. ahuhāliya.
호텔 bhojanâgāra.
호학(好學) sutappiyatā.
호향연화(好香蓮華) sogandhika.
호황(好況) kālasampatti.
호흡(呼吸) āna. apāna. āpāṇa. assāsa. pāṇana. upassāsa. assāsapassāsa. sasana.
호흡관(呼吸觀) ānāpāna(s)sati. ānāpānabhāvanā.
호흡명상 ānāpāna(s)sati.
호흡명상에 대한 논의 ānāpānakathā.
호흡새김 ānāpāna(s)sati.
호흡수행 ānāpānabhāvanā.
호흡의 명상주제 ānāpānakammaṭṭhāna.
호흡이 되살아난 자 laddhassāsa.
호흡이 없는 nirussāsa.
호흡이 있는 assāsaka.
호흡하다 assasati. sasati.
혹 gaṇḍa. kaku.
혹과 같은 것을 일으키는 자 gaṇḍuppāda.
혹뇌(惑惱) pariklesa. parikilesa.
혹독한 kaṭuka. pabāḷha.
혹독한 고뇌 kaṭukasambādha.
혹란(惑亂)되다 parimussati.
혹란(惑亂)된 parimuṭṭha.
혹란(惑亂)의 vimana.
혹사(酷使)시키다 pamāreti.
혹성(惑星) sukka.
혹세자(惑世者) keṭubhin.
혹시 ce. sace. sacāca. yañce.
혹은 atha. vā. uda. vā. udāhu. vā. yadi. vā.
혹평(酷評) ativivecana. upārambha. upārambhanā.
혹평가(酷評家) ativivecaka. sukhumarandhagavesin.
혼동된 sampamūḷha.
혼란(混亂) āloḷa. āvilatā. āvilatta. bhantatta. īgha. kampana. kampita. kampiya. kupita. mathana. mucchañcikatā. nigha. nīgha. parimohita. puñcikatā. sambhama. sambheda. sammissatā. sammosa. sañcalana. saṅkara. ubbijjanā. ussādana. vikāra. vikkhepa. vibbhama. vimati. vilekha. vilekhā. visāhāra. visāra. ākulatā. vyākulatā. uppaṭipāṭi. saṅkhobha.
혼란되다 āvilati. iñjati. khubhati. saṅkīyati. ūhaññati.
혼란되지 않는 avyagga.
혼란되지 않은 abhanta. abhinna. aghaṭṭita. ananvāhata. avikkhitta. nirākula.
혼란된 ābila. ākiṇṇa. akkula. ākula. ākulaka. ākulībhūta. āluḷa. andhakārasamākula. anuvisaṭa. anvāhata. āvila. cakita. kupita. luḷita. maṅku. maṅkubhūta. mathita. nibbusitatta. samākula. sammuṭṭha. sampamūḷha. saṁvedhita. ubbhanta. ubbhantacitta. ūhata. upasamaparibāhira. vaggavagga. vibbhanta. vibbhantaka. vikkhitta. vikkhobhita. vilulita. vimata. vimohita. vippakiṇṇa. visāhaṭa. vitthata. vyagga. vyākula.
혼란된 마음 vibbhantacitta.
혼란된 말 vippalāpa.
혼란된 사실 vippakiṇṇatā.
혼란된 적정(寂靜) kampitasanti.
혼란스러운 vikkhepika. vikkhepaka.
혼란스러워 하다 vitthāyati.
혼란스럽게 말하다 vippalapati.
혼란스럽게 하는 andhakaraṇa.
혼란스럽게 하다 moheti. vyākulayati.
혼란스럽다 ākulayati. sārajjāyati.
혼란스럽지 않은 anākula. asammosa.
혼란시키다 āloḷeti. āluḷati. cāveti. īrati. īreti. sammisseti. ūhanati. vikkhipati. vimoheti. vippakirati.
혼란을 야기하는 vikkhepaka. vikkhepika.
혼란의 제거 vikkhepapaṭibāhana.
혼란이 없는 aghaṭṭita. avyākula. akkhitta. anigha. asaṅkara.
혼란이 없음 anārambha. avyatha.
혼란하게 하다 ereti. erayati.
혼란한 vimana.
혼례(婚禮) dhāreyya. āvāha. āvāhana.
혼면(昏眠) thīnamiddha.
혼미(昏迷) momūhatta. mucchā. sambhama. sammoha.
혼미하게 하는 mohaneyya. mohanīya.
혼미하게 하다 sammucchati.
혼미하다 sammuyhati.
혼미한 mūḷha. sammūḷha. sammuṭṭha.
혼미해지다 pamucchati.
혼미해진 mucchita. pamucchita.
혼성(混成) bhinnajātikatta. saṅkarajātikatta.
혼성적인 bhinnajātika. saṅkarajātika.
혼수상태 madamattatā.
혼융(混融) missakatta.
혼인(婚姻) vāreyya.
혼자 남다 acchati.

혼자 사는 araṇa. ekacara.
혼자 사는 것 ekatta.
혼자 사는 사람 araṇavihārin.
혼자 있는 kevalin.
혼자서 attarūpena. ekaso. ekavidha. pāṭekkaṁ.
혼자의 ekaka. ekākika. ekākiya. kevala. pāṭekka. pāṭiyekka. vivitta. vivittaka.
혼자의 힘 ekabala.
혼잡(混雜) selissaka.
혼잡하지 않은 asaṅkiṇṇa.
혼잡한 nibbiddha. saṅkula.
혼침(昏沈) thīna.
혼침수면(昏沈睡眠) thīnamiddha.
혼침수면을 떠난 vigatathīnamiddha.
혼침의 상태 thīyanā. thiyitatta.
혼탁(混濁) āvilatā. āvilatta.
혼탁하다 āvilati.
혼탁하지 않은 anāluḷita. asecanaka.
혼탁한 anaccha. āvila. vyāseka.
혼탁한 눈 āvilakkha.
혼탁한 마음 āvilacitta.
혼탁한 상태 āvilabhāva.
혼합(混合) missakatta. missana. modanā. sambheda. sammissatā. saṅkara.
혼합되지 않은 suddha.
혼합된 āsittaka. kabara. missita. omissaka. sambhinna. sammissa. saṁyojita. sannīta. vītimissa. vokiṇṇaka. vyāseka.
혼합물(混合物) missībhāva. pakiṇṇaka.
혼합하다 maddati. misseti. sambhindati. sammisseti. saṅkirati.
혼효(混淆) → 혼합.
홀[왕권의 상징] rājayaṭṭhi. jayakunta.
홀로 paccattaṁ. sayaṁ.
홀로 가는 ekavajjika.
홀로 깨달은 사람 paccekabuddha.
홀로 깨달음 paccekabodhi.
홀로 된 ekībhūta.
홀로 떨어져 살아야 하는 pārivāsika.
홀로 떨어져 살아야 하는 수행승 pārivāsikabhikkhu.
홀로 떨어져 살아야 할 의무 pārivāsikavatta.
홀로 명상하다 paṭisalliyati.
홀로 명상함 paṭisallāna. paṭisallāṇa.
홀로 사는 paṭisallīna. rāhaseyyaka.
홀로 사는 것의 실천 ekattacariyā.
홀로 사는 사람 ekâsanika.
홀로 살다 vivasati.
홀로 삶 ekâsana. vippavāsa.
홀로 삶을 좋아하는 ekattanirata.
홀로 선 ekaṭṭha.
홀로 신성한 자 paccekabrahmā.
홀로 앉음 ekâsana.
홀로 올바로 깨달은 님 paccekasambuddha.
홀로 외면하는 자 ekâvatta.
홀로 있게 되다 paṭilīyati. sallīyati.
홀로 있기를 원하다 rahāyati.
홀로 있는 ogaṇa. pavivekiya. pavivitta. rahogata.
홀로 있는 곳 paccekaṭhāna.
홀로 있는 자리 vivittāsana.
홀로 있다 rahāyati.
홀로 있음 aparisā. ekabhāva.
홀로 해탈한 자 paccekamuni.
홀로의 pacceka. pāṭekka. pāṭiyekka. pāṭiyekka.
홀로인 것 rahas. raho.
홀린 momūha. pamādin.
홀림 mucchā.
홀연히 생겨난 opapaccayika.
홀연히 생겨난 것의 opapātika.
홀연히 태어나는 upapātika. opapātika.
홀연히 태어나는 것 opapātikayoni.
홀연히 태어난 opapaccayika.
홀짝홀짝 마시다 camati. cameti.
홍람(紅藍) kusumbha.
홍람색(紅藍色) mahāraṅgaratta.
홍련(紅蓮) kokanada. kokanuda. kokāsaka. kokāsika. aruṇakamala.
홍련과 같은 수행자 samaṇapaduma.
홍련사문(紅蓮沙門) samaṇapaduma.
홍련지(紅蓮池) paduminī. padumī.
홍련지옥(紅蓮地獄) kumuda. padumaniraya. padumaka. paduma.
홍련화(紅蓮花) kokanada. kokanuda. kokāsaka. kokāsika. kumuda.
홍련화와 청련화와 백련화로 아름다워진 kamaluppalapuṇḍarīkapatimaṇḍita.
홍부용(紅芙蓉) paduma.
홍색화(紅色花) kuraṇḍaka.
홍수(洪水) avaseka. ogha. udakaṇṇava. udakôgha.
홍옥(紅玉) aruṇôpala. lohitaṅka. padumarāga.
홍익인간(弘益人間) parahitaniratatā. parahitakāmitā. janahitakāmitā.
홑눈 makkhikālocana. vaṇṇabindu.
화(樺) ābhujī.
화(禍) ādīnava. agha. anaya. pariklesa. parikilesa. rūpa. upasagga.

화(禍)에 감염된 āghātita.
화[怒] āghāta. dosa. dussana. kodha. kujjhanā. padosa. pakopa. paṭigha. rosa. ujjhatti. upatāpa. vyārosa.
화가 나다 hīḷeti. kuppati. ruppati. vipāceti.
화가 난 kodhana. kupita. vyāpanna.
화가(畵家) cittakāra. vaṇṇalepaka.
화갱(火坑) aṅgārakāsu.
화경(和敬) sāmicī.
화경(花莖) vaṇṭa. nāḷa.
화경업(和敬業) sāmicī.
화경행(和敬行) sāmicīpaṭipadā. sāmicīpaṭipanna.
화계(火界) tejodhātu. tejokāya. paripācanalakkhaṇa. tejokāya.
화공(火供) aggihoma.
화과(花果) vanabhaṅga.
화관(花冠) guḷa. mālā. mālācumbaṭaka. mālya. avataṁsa. avataṁsaka. sekhara.
화나게 된 vikujjhita.
화나게 만들다 āsādeti.
화나게 하는 saṅghaṭṭa. ubbejanīya.
화나게 하다 kujjhāpeti. parikopeti. roseti. ujjhāpayati. ujjhāpeti.
화나게 함 kujjhanā. ujjhāpana. ukkhepanā. virosanā.
화나기 쉬운 rosaneyya.
화나다 upatappati.
화나서 어쩔 줄 모르는 kākôrava.
화나지 않은 appadhaṁsita.
화난 dosin. kuddha. kujjhana. rosaka. ruṭṭha. saṅkuddha. sāraddha. savera. viyāpanna.
화내고 apakiritūna.
화내기 쉬운 rosaneyya.
화내는 abhisajjana. paṭighavant. sadosa. upatāpika.
화내는 일 āghātavatthu.
화내다 abhisajjati. apakirati. dussati. ghaṭṭeti. ghaṭṭayati. issati. khuṁseti. kujjhati. pakujjhati. pakuppati. parikuppati. paṭikujjhati. ujjhāyati.
화내지 않는 aduṭṭha. akkuddha. akodhana. akopa. akuddha. anūpanāhin. arosaneyya. asāraddha. nikkuha. vikuddha.
화내지 않음 adosa.
화낼 만한 dussaniya.
화냄 āmarisa. anabhiraddhi. anabhirādhana. anabhirādhaniyabhāva. anabhiramanā. asuropa. bhūkuṭi. caṇḍikka. issā. issāyanā. issāyitatta. khīyana. kujjhanā. kuppa. kuppana. makkha. rosanā. upatāpana.
화냥년 aticārinī. micchācārinī.
화농(化膿) pubba.
화당(伙堂) → 화당(火堂).
화당(火堂) agyāgāra. aggisālā.
화대(火大) tejomahābhūta. tejomahābhūta.
화덕 aggimukha. uddhana. ukka. ukkā.
화덕을 만들다 ukkaṁ bandhati.
화락천(化樂天) nimmāṇarati. nimmāṇarati.
화랑(畵廊) cittasālā.
화려(華麗) lakkhī. sampatti. sobhā. visuddhi. viyākāra.
화려한 pāsādika. vītikiṇṇa.
화려한 색상의 신발 cittupāhana.
화려한 저택 pāsāda.
화려한 치장을 좋아하는 것 siṅgāratā.
화려함 ābhāsa. pabhāsa. pokkharatā. sirī.
화려함과 장려함 sirīvilāsa.
화로(火爐) aggidahana. aggibhājana. aggikapalla. aggiṭṭha. aṅgārakapalla. aṅgārakammakara. kapāla. mandamukhi. mandāmukhi.
화로의 문 uddhanadvāra.
화로의 불 kapālaggi.
화로의 입구 ukkāmukha.
화를 내는 duṭṭha.
화를 내다 āghāteti.
화를 낸 kopāviṭṭha.
화를 낼 만한 dosaniya. dosanīya. dosaneyya.
화를 낼 만한 일 dosaniyadhamma.
화를 돌려주다 paṭikujjhati.
화를 안냄 anissā.
화를 없앤 panunnakodha.
화를 잘 내는 kopaneyya.
화를 잘 내지 않는 arosaneyya.
화를 쫓는 kodhagaru.
화만(華鬘) malya. mālā. mālāguṇa. mālya. avaṭaṁsaka.
화만론(華鬘論) mālākathā.
화만사(華鬘師) mālika.
화만에 대한 이야기 mālākathā.
화만에서 오는 장애(障碍) mālāpalibodha.
화만으로 장식된 mālākita.
화만형(火鬘刑) jotimālikā.
화목(和睦)하게 하는 사람 paṭisandhātar.
화물(貨物) anutara. oṇī. vāha.
화물운송 anutara.
화분(花粉) parāga. reṇu.
화사(火祀) aggihotta. aggihutta.
화사(火事) jhāna.

화사(花絲) kesara.
화산(火山) addipāvaka.
화살 āḷaka. āḷakā. asana. bāṇa. bheṇḍi. kaṇḍa. kaṅkapatta. nārāca. poṅkha. salla. sara. tejana. usu. bhadda. bhadra. ropima. vikaṇṇaka.
화살과 같은 부리 saratuṇḍa.
화살과 같은 털을 지닌 아귀 usulomapeta.
화살과 포박 sallabandhana.
화살과 화살통으로 무장한 kalāpin.
화살대 kaṇḍa.
화살대를 박은 kaṇḍin.
화살로 맞추기 usuppahāra.
화살로 죽이는 자 usukāraṇika.
화살에 관통된 sallaviddha.
화살에 깃털을 단 vājita.
화살을 막아내는 주문 saraparittāṇa.
화살을 만드는 자 usukāra. usuvaḍḍhakin.
화살을 맞은 sasalla.
화살을 부러뜨리는 sarabhaṅga.
화살을 재빠르게 연달아 갈아 메우면서 poṅkhânupoṅkhaṁ.
화살을 제거하는 법 sarapaṭibāhana.
화살의 곧은 부분 ujukaṭṭhāna. ujuṭṭhāna.
화살의 과녁 안에 있는 antosalla.
화살의 깃 있는 부분 puṅkha.
화살의 깃털 vāja.
화살의 깃털을 단 부분 puṅkha.
화살의 머리 부분의 kaṇḍin.
화살의 몸체 saradaṇḍaka.
화살의 비[雨] usuvuṭṭhi.
화살이 당겨도 끊어지지 않게 poṅkhânupoṅkhaṁ.
화살이 똑바로 나감 ujukagamana.
화살이 없는 visalla.
화살이 잇닿도록 poṅkhânupoṅkhaṁ.
화살촉 tejana.
화살통 bāṇadhi. tuṇhīra. tūṇira.
화살통으로 무장된 kalāpasannaddha.
화상(和尙) upajjhāya. upajjhāyaka.
화상(火傷)을 입은 aggiparijita.
화생(化生) opapātikayoni.
화생(化生)의 opapātika. opapaccayika. upapātika. uppajjanaka.
화생(化生)의 모태 opapātikayoni.
화생유정(化生有情) opapātikasatta.
화생주(化生主) nimmātar.
화생하는 뭇삶 opapātikasatta.
화생하여 머지않아 열반에 드는 님 upahaccaparinibbāyin(?). *sk.* upapadyaparinirvāyin.
화성(火星) aṅgāraka. kuja.
화식을 하지 않는 고행자 anaggipakkikatāpasa.
화신(火神) aggi. aggideva. dhūmasikhā. pahūtabhakkha. tejokāya.
화신(火神)에 대한 헌공 aggijuhana.
화신에의 헌공 aggihotta. aggihutta. aggihoma.
화신을 섬기기 위한 여러 가지 도구 aggipūjopakaraṇa. aggihuttamissa.
화신을 섬기는 것을 주요한 것으로 삼는 aggihuttamukha.
화신을 섬기는 것을 최상으로 삼는 aggihottapadhāna. aggihottaseṭṭha.
화신을 섬김 aggipricariyā.
화실(火室) aggisālā.
화염(火焰) acci. accī. accikā. jālā. santāpa. ālimpana.
화염에 휩싸인 sampajjalita.
화염의 덩어리 accĭsaṅgha.
화옥(火玉) ukkāpāta.
화온(火蘊) aggikhandha.
화요일(火曜日) kujavāra. aṅgāravāra.
화원(花園) pupphārāma.
화일체처(火一切處) tejokasiṇa.
화자(話者) kathetar. bhāsitar.
화자성(華子城)[지명] Pāṭaliputta.
화작(化作) nimmāṇa.
화작된 abhinimmita. nimmita.
화작색(化作色) nimmitarūpa.
화작하다 nimmināti.
화장(火葬) jhāyana.
화장(化粧) maṇḍana.
화장(火葬)하다 jhāpeti. jhāyati.
화장된 jhāpita.
화장분(化粧粉) vāsacuṇṇa.
화장실(化粧室) maṇḍana. pasādhana. vaccakuṭi.
화장실에서의 규칙 vaccakuṭivatta.
화장실용향료 vilepa.
화장용(化粧用)박스 gandhakaraṇḍa.
화장용(化粧用)스틱 añjanī.
화장용(火葬用)장작 aggi.
화장용(火葬用)장작더미 citaka. citakā.
화장터 āḷāhana. daḍḍhaṭṭhāna.
화장터의 횃불 chavâlāta.
화장퇴(火葬堆) citaka. citakā.
화장품(化粧品) vaṇṇaka. vilepa.
화장한 parikkhata.
화장한 이미지의 cittabimba.
화장할 때까지 지속하는 dhūmakālika.
화재(火災) anuḍahana. uḍḍayhana.

화전(華箭) vidhutika.
화정(火定) tejojhāna.
화제(話題) kathādhamma.
화제를 바꾸기 kathâpanāmanā. kathāvikkhipana.
화주(花酒) pupphāsava. makaranda. meraya.
화지부(化地部) mahiṁsasaka.
화차(花車) phussaratha.
화초재배자(花草栽培者) paṇṇika.
화취(火聚) aggikhandha.
화판(花瓣) dala.
화편(火遍) tejokasiṇa.
화편처(火遍處) tejokasiṇa.
화폐(貨幣) kahāpaṇa.
화폐의 rūpiyāyatta.
화폐의 소나기 kahāpaṇavassa.
화폐학(貨幣學) rūpiyavijjā.
화포(畵布)에 그린 인형 pothalikā.
화피(樺皮) ābhujī.
화학자(化學者) rasāyanika.
화학적 합성물 rasāyana.
화합(和合) kalaha. samaggatta. sāmaggī. sāmaggiya.
화합되지 못한 승단에 편드는 vaggavādaka.
화합된 khīrôdaka.
화합된 무리 samaggaparisā.
화합된 승가 samaggasaṅgha.
화합된 승단의 갈마 samaggakamma.
화합된 승단의 모임 samaggakamma.
화합된 참회의 모임 sāmaggīpavāraṇā.
화합된 포살모임 sāmagguposatha.
화합승(和合僧) samaggasaṅgha.
화합의 대중 samaggā parisā.
화합자자(和合自恣) sāmaggīpavāraṇā.
화합중(和合衆) samaggaparisā.
화합포살(和合布薩) sāmagguposatha.
화합하는 sammodamāna.
화해(和解) abhiraddhi. abhirādhana. pasāda. sāma. sandhāna. saṇṭhapanā. santikamma.
화해가 없음 asamaggiya.
화해되어야 할 abhirādhaniya.
화해시키는 사람 anunetar.
화해시키다 anuneti. ārādhayati. ārādheti.
화해자(和解者) sandhātar.
화해하다 abhippasādeti.
화해한 abhiraddha.
화현(化現) okkanti.
화현된 okkanta.
화현하다 avatarati. otarati. okkamati.
화호(火壺) aṅgārakaṭāha.
화호(火護)[인명] Jotipāla.
화환 등을 쓴 (자) āveḷin.
화환(花環) cumbaṭa. dāma. guḷa. hāra. malya. māla. mālā. mālāguṇa. mālākamma. mālya. pupphāveḷā. pupphadāma. pupphamālā. vidhutika.
화환보다 아름다운 atimāla.
화환으로 장식하다 ogumpheti.
화환을 걸친 mālādhara.
화환을 쓴 mālādhara.
화환을 지닌 (자) mālin.
화환을 치장한 katamāla.
확고(確固) saṇṭhiti.
확고부동(確固不動) āneñjatā. avaṭṭhiti. avaṭṭhitatā.
확고부동한 avaṭṭhita.
확고하게 aṭṭhitaṁ. daḷhaṁ.
확고하게 붙잡은 anivattitaggahaṇa.
확고하게 서다 ogadhati. ogādhati.
확고하게 행동하지 못하는 상태 anaṭṭhikakiriyatā.
확고하게 행하는 aṭṭhitakārin.
확고하게 행함 aṭṭhitakiriyatā.
확고하게 헌신한 daḷhabhattin.
확고하지 못한 anaṭṭhika.
확고하지 못함 aṭṭhiti.
확고하지 않은 aniccala. asamāhita. athāvara. aṭṭhita.
확고한 avasāyin. akampa. akampanīya. akampiya. apalāyin. āraddha. aṭṭhita. avaṭṭhita. avipariṇāma. daḷha. dhata. dhīra. dhitimant. nibbikāra. nissaṁsaya. ogadha. ogādha. susamāhita. thāmavant. thāvara. theta. thira. vyavasita.
확고한 계법을 지닌 akuppadhamma.
확고한 믿음 āraddhasaddhā.
확고한 상태 akampiyatta.
확고한 성격을 지닌 aṭṭhitasabhāva.
확고한 위치 akuppaṭṭhāna. ogadha. ogādha.
확고한 입장 avaṭṭhiti. avaṭṭhitatā.
확고한 자의 정근 aṭṭhitapadhāna.
확고한 토대를 둔 ogadhita. ogādhita.
확고함 daḷhī. dhiti. thāma.
확고함에 한계가 없는 anantadhiti.
확고히 서다 patitthambhati.
확대(擴大) santānaka. upabrūhaṇa. vipphāra. vaḍḍhana.
확대되다 pattharati. vitthāriyati.

확대된 āyata. pabhinna. vaḍḍhita. vitata.
확대시키다 patthāreti. vaḍḍhāpeti.
확대하다 tanoti. upabrūhayati. upabrūheti. vitanoti. vitthāreti.
확립(確立) patiṭṭhā. patiṭṭhāha. patiṭṭhāna. patiṭṭhāpana. patiṭṭhita. saṇṭhapanā. ṭhapana. thāvariya. votthapana. voṭṭhapana. votthappana. voṭṭhappana.
확립되다 patiṭṭhahati. patiṭṭhāti. santiṭṭhati. saṇṭhahati. saṇṭhāhati.
확립되지 못함 anavaṭṭhāna.
확립되지 않은 anavaṭṭhita. anupaṭṭhita.
확립된 adhiṭṭhita. niviṭṭha. patiṭṭhita. pavattita. sannisinna. saṇṭhita.
확립시키다 patiṭṭhāpeti. saṇṭhāpeti. votthāpeti.
확립자(確立者) patiṭṭhāpitar.
확립하다 adhiṭṭhahati. niveseti. paṭitthambhati.
확보하다 paṭilabhati.
확신(確信) adhimokkha. adhimutti. cittasaññatti. nicchaya. nijjhatti. sambhāvanā. saniṭṭhāna.
확신된 adhimuccita. adhimutta. nicchita.
확신된 마음 adhimuttacitta.
확신시킴 saññatti. saññāpana.
확신에 의해 나타난 adhimuttipaccupaṭṭhāna.
확신에 찬 믿음 adhimokkhasaddhā.
확신으로 가득 찬 adhimokkhabahula.
확신을 주지 않는 appāṭihāriya.
확신의 특징을 지닌 adhimokkhalakkhaṇa.
확신의 힘 nijjhattibala.
확신이 없다 saṅkati. saṅkāyati.
확신이 있는 adhimuttika.
확신하는 사람 upadaṁsitar.
확신하다 abhippasīdati. adhimuccati.
확실성(確實性) apaṇṇakatā. ekantabhāva. ekaṁsikatā. nibbicikicchā. nibbecikicchā. niyāmatā. upanissaya.
확실한 apaṇṇaka. advejjha. avassaka. aviparīta. ekaṁsika. tadaṅga. nikkaṅkha. saddhāyika. taggha. yāthāva. ekanta. niyata. paccakkha. sunicchita. yathābhūta
확실한 말 advejjhavacana.
확실한 실천 apaṇṇakapaṭipadā.
확실한 입장 apaṇṇakaṭṭhāna.
확실한 입장을 취한 apaṇṇakagāhin.
확실한 친구 ekantamitta.
확실한 피난처를 얻지 못한 akatabhīruttāṇa.
확실히 addhā. aṅga. aññadatthu. atha kiṁ. avecca. bhaṇe. byā. have. hi. jātu. kāmaṁ. kho. kira. kila. kudassu. maññe. nūna. nūnaṁ. saccaṁ. sasakkaṁ. ve. nanu
확실히 깨닫지 못하는 것 ananubodha.
확실히 알지 못하는 것 ananubodha.
확실히 적멸에든 tadaṅganibbuta.
확실히 하다 upatthambheti.
확인(確認) sanniṭṭhāna.
확인된 nīta. paṭividita.
확인하다 nicchināti. upaparikkhati.
확인할 수 있는 vibhāvaniya.
확장(擴張) brūhana. upabrūhaṇa. vikāsa.
확장되다 vipañciyati. vipañcayati.
확장되지 않은 amahaggata.
확장된 nikkiṇṇa. phālita. phuṭa. mahaggata. tata. vikasita. vipphārika.
확장된 적용[문법] atidesa.
확장시키다 vipphāleti.
확장하는 phālima. visāraka.
확장하다 ātanoti.
확장한 vitthata.
확정(確定) avadhāraṇa. pariccheda. votthapana. voṭṭhapana. votthappana. voṭṭhappana.
확정되다 avasīyati.
확정되지 않다 vikampati.
확정되지 않은 무리 aniyatarāsi.
확정된 avasita. niyata. vavatthāpita.
확정론자(確定論者) anaññathā.
확정유작(確定唯作) votthap(p)anakicca. voṭṭhap(p)anakiriyā.
확정하는 paricchedaka. uddesaka.
확정하다 avadhāreti. avatiṭṭhati. paricchindati.
확증(確證) ekaṁsa.
확집(確執) medhaga. medhaka.
환(丸) piṇḍa. piṇḍi.
환각(幻覺) paṭirūpaka.
환경(環境) parikkhepa. parisara.
환관(患觀) ādīnavânupassanā.
환관(宦官) paṇḍaka. anto'macca(?). vassavara.
환뇌(患惱) daratha.
환대(歡待) aggha. paṭiggaha. sakkāra. mahāsakkāra.
환대를 받을 만한 pāhuneyya(ka). pāhuṇeyya(ka). pāhavanīya.
환득부(鐶得婦) obhaṭacumbaṭā.
환락(歡樂) abhinandana. abhinandanā. nandanā. nandikā. nandi. nandī.
환락과 탐착 nandirāga.
환락의 기원 nandisamudaya.
환락의 소멸 nandikkhaya.
환락의 속박 nandisaṁyojana.

환락하는 abhirama. nandin.
환락하다 abhinandati. abhiramati. nandati.
환멸(還滅) vivaṭṭana. vivaṭṭanā.
환멸수관(還滅隨觀) vivaṭṭânupassanā. vivaṭṭa-nânupassanā.
환멸에 대한 관찰 vivaṭṭânupassanā. vivaṭṭanâ-nupassanā.
환목(丸木) kaliṅgara.
환상(幻想) adhimāna. maññita. paṭirūpatā.
환속(還俗)시키다 uppabbājeti.
환속하다 uppabbajati. vibbhamati.
환속한 (사람) uppabbajita. vibbhantaka.
환수(歡受)하다 nijjhāpeti.
환수인용(歡受認容) nijjhānakhanti.
환술(幻術) māyā.
환술과 같은 māyûpama.
환술사(幻術師) māya. māyākāra.
환술을 하는 māyāvin.
환심(歡心) lesa.
환영(幻影) adhigatarūpa. marīci. marīcikā. pa-ṭirūpaka. paṭirūpatā. supina.
환영(歡迎) ānandana. paṭisanthāra.
환영받는 adurāgata. svāgata.
환영받지 못한 anabhinandita.
환영받지 않음 asakkāra.
환영사(歡迎辭) ādeyyavacana.
환영을 본 adhigatarūpadassana.
환영하게 하다 abhivādāpeti.
환영하는 ādeyya.
환영하는 말 ādeyyavacana.
환영하다 abhivadati. abhivādeti. āgamayati. āg-ameti. paṭisantharati.
환영하지 않음 appaṭisanthāra.
환원할 수 없는 것으로 간주되는 정신적인 대상의 요소 dhammadhātu.
환유적(換喩的)인 opacārima.
환자(患者) ābādhika. gilāna. rogin. vyādhita.
환전상(換錢商) herañňaka. heraññika.
환전상의 카운터 heraññakaphalaka.
환전상의 탁자 heraññakaphalaka.
환호(歡呼) bhiṅkāra. bhiṅgāra. udaggatā. uk-kuṭṭhi.
환호하여 맞이하는 bhadanta. bhaddanta.
환희(歡喜) attamanatā. abhinandana. abhinan-danā. abhippamoda. abhirati. abhiruci. ānanda. ānandī. ānandiya. kutūhala. nandanā. nandikā. nandi. nandī. pamoda. ratha. sampasāda. ub-bilāvitatta.
환희를 나누는 nandûpasecana.
환희를 원천으로 하는 nandûpasecana.
환희를 주는 ānandajāta.
환희심을 갖다 sampasīdati.
환희심이 나게 하다 sampasādeti.
환희심이 나는 sampasādanīya.
환희에 찬 nandin.
환희용약(歡喜踊躍) odagya.
환희원(歡喜園) nandana.
환희의 북 ānandabherī. nandi. nandī.
환희의 상태 ubbillāvitatta.
환희하게 하다 nandeti.
환희하는 abhirucika. samabhisāta. nandaka.
환희하다 abhinandati. abhippamodati. nandati. pamodati.
환희하지 않는 anabhirata.
환희환(歡喜丸) modaka.
활 cāpa. dhanu. koṇa. salākā. saralaṭṭhi.
활과 화살통 dhanukalāpa.
활기(活氣) viriya.
활기가 없는 nissāra.
활기가 있는 nisāra.
활기찬 alīna.
활기찬 의욕을 지닌 alīnajjhāsaya.
활기찬 정신의 alīnamana.
활기찬 행동 alīnavutti.
활동(活動) byappatha. īhā. īhana. īhita. jambhatā. kamma. kammakaraṇa. kammakāraṇa. pariva-ccha. samārambha. uyyuñjana. vyappatha. vy-appathi.
활동범위(活動範圍) avacara.
활동시키다 copeti.
활동에 기뻐하는 kammārāma.
활동에 의해 생겨난 kammaja.
활동에 의해 생겨난 열 kammajusman. kam-majateja.
활동영역(活動領域) gocara.
활동영역이 전쟁터인 사람 saṅgāmâvacara.
활동영역이 집착인 upādānagocara.
활동이 없음 ālasiyânuyoga.
활동이 없이 나타난 avyāpārapaccupaṭṭhāna.
활동적 삶을 사는 paradavuttasamācāra.
활동적이다 abhijavati.
활동적인 analasa. atandita. avacaraka. ocaraka. āyatta. āyūhaka. āyūhita. kattara. paradavutta. upādinna. upādiṇṇa. upakkamavat. uṭṭhānasīla. uṭṭhānavant. uṭṭhāyaka. uṭṭhāyin. vidhūra. vy-āvaṭa. kammasīla. uṭṭhānasīla. kataviriya. ka-tavīriya.
활동적인 사람 uṭṭhātar.

활동하는 abhijīvanika. avacara.
활동하다 abhijīvati. jambhati. uṭṭhahati. uṭṭhāti.
활동하지 않는 avyāpāra. kammahīna.
활동하지 않음 akiriyā. appôssukkatā.
활동하지 않음을 통한 청정 akiriyasuddhi.
활력(活力) indriya. uṭṭhāna.
활력을 갖춘 uṭṭhānasampanna.
활력을 얻은 uṭṭhānâdhigata.
활력을 주는 assāsin.
활력의 결핍 anuṭṭhāna.
활력이 있는 yāpanīya.
활력이 있음 anavasīdanavasīdana.
활력적인 samuyyuta.
활명구족(活命具足) ājīvasampadā.
활명실괴(活命失壞) ājīvavipatti.
활명청정(活命淸淨) parisuddhājīva.
활명편정(活命遍淨) ājīvapārisuddhi. ājīvapārisuddhisīla.
활명편정계(活命遍淨戒) ājīvaparisuddhisīla.
활발치 못한 appôssukka.
활발치 못한 직관 dandhâbhiññā.
활발치 못함 līnatta. līnatā.
활발하지 못한 kusīta.
활시위 jiyā.
활시위가 없는 ajiya.
활쏘기 upāsana.
활쏘는 기술 dhanusippa. cakkaviddha.
활쏘는 사람 issāsa.
활에 맞은 atikhiṇa.
활위의 표시에 의해 치는 점 dhanulakkhaṇa.
활을 구부리다 vipphāleti.
활을 당기다 vipphāleti.
활을 제작하는 사람 dhanukāra.
활을 지닌 issāsin.
활음조(滑音調) sukhuccāraṇa. siliṭṭhakkharatā.
활의 방어물 dhanupākāra.
활잡이 dhanuddhara. dhanuggaha. cāpika. vikāsitar.
활줄 sararajju. saraveṇi.
활짝 핀 phāliphulla. sampaphulla. samphulla. sampupphita.
활차(滑車) karakaṭaka.
활화지옥(活火地獄) kukkuḷavassa.
활활 타오르다 daddaḷhati.
황(黃) pīta.
황갈색 harita.
황갈색의 hari. harita. kapila. piñjara.
황갈색전단나무 haricandana.
황금(黃金) bimbi. bimbī. cāmikara. harita. haritā. hāṭaka. hema. hirañña. hiraññasuvaṇṇa. jātarūpa. kanaka. kañcana. sātakumbha. satthuvaṇṇa. siṅgi. siṅgī. siṅginada. siṅgisuvaṇṇa. soṇṇa. tapanīya. suvaṇṇa.
황금가마 suvaṇṇasivikā.
황금각(黃金閣) sovaṇṇakūṭāgāra.
황금같은 피부를 지닌 kanakûpamattaca.
황금거울 kañcanâdāsa.
황금과 같은 kanakasannibha. kanakûpama.
황금과 은과 보석으로 이루어진 kañcanarajatamaṇimaya.
황금궁전 kanakavimāna.
황금그물 hemajāla.
황금기둥 kañcanattambha.
황금깃발 sovaṇṇadhaja.
황금깃발의 soṇṇadhaja.
황금나무 suvaṇṇapādapa.
황금더미 kañcanavelli.
황금더미처럼 빛나는 몸을 지닌 kañcanarāsisassirīkasarīra.
황금덧신 suvaṇṇapādukā.
황금덩쿨 kanakalatā.
황금돔 kañcanathūpa.
황금동굴 kanakaguhā. suvaṇṇaguhā. kañcanagūha.
황금동전 kañcananikkha.
황금모습의 suvaṇṇarūpa.
황금문을 한 kañcanatoraṇa.
황금발 haripada.
황금발우 kañcanapatta. suvaṇṇapāti.
황금백조 suvaṇṇahaṁsa.
황금벽 kañcanabhitti.
황금병(黃金甁) soṇṇabhiṅkāra.
황금보관(黃金寶冠) kañcanapaṭṭa.
황금보관용금고(黃金保管用金庫) suvaṇṇagabbha.
황금보석(黃金寶石) maṇisuvaṇṇa.
황금보좌(黃金寶座) kañcanâsana.
황금봉(黃金峰) kanakasikharī.
황금분(黃金粉) soṇṇavālukā.
황금빛 연꽃 kañcanapaduma.
황금빛으로 빛나는 (고리) suvaṇṇapabhassara.
황금빛의 kanakappabhā.
황금빛횃불 kañcanadaṇḍadīpakā.
황금산(黃金山) kanakâcala. kañcanapabbata. suvaṇṇapabbata. kanakagiri.
황금상(黃金像) suvaṇṇapaṭimā. sovaṇṇaviggaha.
황금새장 kañcanapañjara.

황금색 kañcanarūpa. suvaṇṇavaṇṇa.
황금색상의 harissavaṇṇa.
황금색의 aruṇavaṇṇa. harissavaṇṇa. harittaca. hemavaṇṇa. sāma. siṅgīvaṇṇa.
황금색의 게(蟹) kañcanakakkaṭaka. suvaṇṇakakkaṭaka.
황금색의 그릇 kañcanabhājana.
황금색의 기둥 kanakayūpa.
황금색의 담쟁이 kañcanalatā.
황금색의 리본 kanakacīraka.
황금색의 백조왕 suvaṇṇarājahaṁsa.
황금색의 베디[담쟁이의 일종] kañcanavedi.
황금색의 사슴 kañcanamiga.
황금색의 수양 suvaṇṇameṇḍaka.
황금색의 지팡이 kañcanakadaṇḍa.
황금색의 탑묘 kanakacetiya.
황금색의 피부 kañcanataca.
황금색의 피부를 지닌 kanakattaca.
황금색이나 은색의 흙[醫藥] kaṅkuṭṭhaka.
황금수(黃金樹) suvaṇṇapādapa.
황금숲 kañcanavana.
황금안락의자 kanakapallaṅka.
황금왕관(黃金王冠) suvaṇṇapaṇaka.
황금울타리 kañcanavati.
황금으로 된 soṇṇamaya. sovaṇṇa. sovaṇṇaka. sovaṇṇaya. sovaṇṇamaya. kanakamaya. kañcanamaya.
황금으로 만든 작은 병 kañcananāḷī.
황금으로 만들어진 → 황금으로 이루어진.
황금으로 이루어진 soṇṇamaya. sovaṇṇa. sovaṇṇaka. sovaṇṇaya. sovaṇṇamaya. kanakamaya. kañcanamaya.
황금으로 장식한 수레 kañcanavicittaratha.
황금으로 포장된 집 antokoṭisanthāra.
황금을 갖고 있는 sahirañña.
황금의 soṇṇa. sovaṇṇa. sovaṇṇaka. sovaṇṇaya.
황금의 가치가 있는 kañcanagghika.
황금의 볏이 잇는 kanakagga.
황금의 산중턱을 가진 산[지명] Suvaṇṇapassa.
황금의자 kañcanapīṭha.
황금이 아닌 asuvaṇṇa.
황금장(黃金匠) suvaṇṇakāra.
황금장식 kañcanâbharaṇa.
황금장식의자 kañcanabaddhapīṭha.
황금전각 sovaṇṇakūṭāgāra.
황금접시 kañcanapāti. kañcanataṭṭaka.
황금접시와 유사한 kañcanamaṇḍalasannikāsa.
황금접시위의 돌기물 kañcanapātimakula.
황금차양 kañcanavitāna.
황금처럼 빛나는 kanakâbhāsa.
황금첨탑 suvaṇṇatoraṇa.
황금탑 kanakathūpa. kañcanathūpa.
황금터어반 kañcanapaṭṭa.
황금판(黃金板) suvaṇṇapaṭṭa.
황금허리띠 kañcanamekhalā.
황금화환 suvaṇṇamālā. kañcanamālā.
황금화환을 한 흰 양산 kañcanamālikasetacchatta.
황달(黃疸) lohitapitta. paṇḍuroga.
황달에 걸린 사람 paṇḍurogin.
황도광(黃道光) disāḍāha. disādāha.
황도대(黃道帶) rāsicakka.
황동(黃銅) āra. ārakūṭa. loha.
황동으로 만든 이빨 āradanta.
황량하게 만들다 ubbisati.
황량하다 ubbāsīyati.
황량한 paridhaṁsaka. ubbāsita.
황량한 곳 pattha.
황마(黃麻) dukūla.
황마포(黃麻布) dukūla.
황모석(黃毛石) paṇḍukambalasilā.
황모포(黃毛布) paṇḍukambala.
황무지(荒蕪地) iriṇa. īriṇa. jaṅgala. khila. khīla. vivana.
황무지가 없는 akhila. akhīla.
황무지에서 생겨난 khilajāta.
황무지의 akhetta.
황색(黃色) pītavaṇṇa.
황색생류(黃色生類) haliddābhijāti.
황색옷 kāsāvaka. kāsāya. kāsāva. pītantara.
황색옷을 입은 사람 kāsāviya.
황색외투 pītantara.
황색으로 바른 pītâvaḷepana.
황색을 띤 āpīta.
황색의 kāsāya. kāsāva. piṅgala. piṅgiya. piṅka. piṅga. pīta. pītika.
황색의 가득 참으로 인해 빛나고 변화되는 존재의 성질 pītapharaṇavisadavibhūtatā.
황색의 계두(鷄頭) kuraṇḍaka.
황색의 대상에 대한 명상행위 pītakamma.
황색의 대상에 대한 선정 pītajjhāna.
황색의 두루채움이라는 명상수행의 토대 pītakasiṇa.
황색의 명상대상에 대한 명상을 최상으로 하는 pītasamāpattiparama.
황색의 명상대상을 지닌 pītalābhin.
황색의 생류 haliddhâbhijāti.
황색의 장식용 돌 좌석 paṇḍukambalasilâsana.

황색의 향기가 있는 나무의 종류 kantijāsaka.
황색의 현금(絃琴) paṇḍuvīṇā.
황생류(黃生類) haliddābhijāti.
황소 anaḍuha. āsabha. balivadda. balibadda. bhadda. bhadra. puṅgava. ukkha. usabha. vasabha.
황소만큼 큰 anugava.
황소와 같은 āsabhin. balivaddûpama. usabhûpama.
황소와 같은 걸음걸이 usabhasamānakkamatā.
황소와 같은 사람 balivaddûpamapuggala.
황소와 유사한 usabhasadisa.
황소의 길조를 나타내는 특징 usabhalakkhaṇa.
황소의 눈 usabhanayana.
황소의 무리 okkhaka.
황소의 보시 usabhadāna.
황소의 비유 balivaddûpama.
황소의 왕 usabharāja.
황소의 크기 usabhappamāṇa.
황소의 혹 kakudha.
황소의 힘 usabhabala.
황소인 상태 osabbha.
황야(荒野) kantāra. vivana. gumbajati. gumbacchannabhūmi.
황야를 가로지르길 원하는 kantāranittharaṇatthika.
황야를 횡단하는 kantārâtikkama.
황야에 사는 괴물의 이름 purisallu.
황야에 있는 kantāragata.
황야에 포함된 것 kantārapariyāpannatta.
황야의 가장자리 kantāradvāra.
황야의 길을 걷는 kantārapaṭipanna.
황야의 남은 부분 kantārâvasesa.
황야의 안내자 kantāriya.
황야의 한 가운데 kantāramajjha.
황옥(黃玉) phussarāga.
황의(黃衣) kasāvavasanā.
황의를 입은 pītavattha. kāsāyavattha.
황일체처(黃一切處) pītakasiṇa.
황적(黃赤) pītâruṇa.
황전단(黃栴檀) haricandana.
황제(皇帝) abhirājan. adhirāja. aggarājā. atirājan. rājâbhirājan.
황조(黃鳥) kokila.
황태자(皇太子) yuvarāja.
황토(黃土) geruka. gerukā. paṇḍumattikā.
황토색(黃土色) geruka. gerukā.
황편(黃遍) pītakasiṇa.
황편(黃遍) pītakasiṇa.
황편처(黃遍處) pītakasiṇa.
황폐(荒廢) jiṇṇatā.
황폐하게 하다 paridūseti. dūseti. dusseti. parisussati.
황폐한 anissaya. sukkhakantāra. vinaṭṭha.
황폐한 마을 kākapaṭṭanaka.
황폐화된 nisaṭṭha.
황혼(黃昏) dosā.
황혼에 uparatti.
황홀(恍惚) ubbega.
황홀경(恍惚境) appaṇā. appanā.
황홀경에 대한 통각 appaṇājavana. appanājavana.
황홀경에 드는데 능숙한 appaṇākosalla.
황홀경에 든 마음 appaṇācitta. appanācitta.
황홀경에 든 정신 appaṇāmana(s). appanāmana(s).
황홀경으로 이끄는 명상주제 appaṇākammaṭṭhāna. appanākammaṭṭhāna.
황홀경의 삼매 appaṇāsamādhi. appanāsamādhi.
황홀경의 선정 appaṇājhāna. appanājhāna.
황홀경이 적용된 영역 appaṇākoṭṭhāsa. appanākoṭṭhāsa.
황홀한 ubbegapītiyutta.
황화수(黃花樹) kaṇikāra. kaṇṇikāra. kanikāra. kaṇikārarukkha.
황화수와 같은 나무의 분비물 kaṇikārâdirukkhaniyyāsa.
황화수의 꽃봉오리 kaṇikāramakula.
황화수의 꽃을 지닌 kaṇikārin.
황화수의 숲 kaṇikāravana.
황화수의 싹 kaṇikāramakula.
황화수의 장작 kaṇikārakaṭṭha.
황후(皇后) devī.
횃대 ālaya.
횃불 okkā. ukka. ukkā. ummuka.
횃불의 비유 ukkûpama.
회계(會計) gaṇanā. gaṇikā. lekhana.
회계사(會計司) āyakammika. rūpadakkha(?).
회계원(會計員) gaṇaka.
회과(悔過) pāṭidesanīya. pātidesanīya.
회과죄(悔過罪) pāṭidesanīya. pātidesanīya.
회관(會館) mantisabhā.
회귀(回歸) vattita.
회담(會談) sallapana.
회담하다 sallapati. sallapeti.
회당(會堂) sannisajjā.
회당의 sālaka.
회득(會得)된 pariññāta.

회득(會得)하다 pariyogāhati. pariyogāheti.
회득지(會得知) pariññā. pariññātatta.
회랑(回廊) vikkamamalaka.
회류시키다 parisandeti.
회반죽 abhilepana. cayanālepa. palepa. sudhālepa.
회반죽을 바른 uddhasudha.
회반죽의 평상 paribhaṇḍa.
회복(回復) abbhāna. abhisaṅkhāra. abhisaṅkharaṇa. osāra. osāraṇa. osāraṇā. paccudāvattana.
회복되다 parisaṇṭhāti.
회복되지 않는 anabbhita.
회복된 laddhajīvika. paṭipākatika. uparūḷha.
회복될 수 없는 anabbhita.
회복시키는 sañjīvana.
회복시키다 abhisaṅkharoti. paṭisaṅkharoti.
회복시킴 tappaṇa.
회복하다 avākaroti. paccudāvattati. paṭidadāti. saṅkharoti. punārabhati. punādāti.
회상(回想) anusaraṇa. anussaraṇa.
회상된 anussarita. laddhajīvika.
회상하게 하다 anussarāpeti.
회상하는 sañjīvana.
회상하다 anubujjhati. anuvicintayati. parisarati. samanussarati.
회색의 dhūsara. kāpotakā. palita.
회생(回生)하다 paccājāyati.
회생시키다 matam uṭṭhāpeti. punarujjīveti.
회선(回旋) vaṭṭa.
회수(回收) paṭikassana.
회수하다 paccāharati. paṭiharati. paṭikassati.
회신(回信) paṭisāsana.
회오리바람 vātamaṇḍala. verambavāta.
회원(會員) pārisajja. sāmājika.
회의(懷疑) katikā. pavitakka.
회의(會議) samaya. saṁsad.
회의소(會議所) santhāgāra.
회의실(會議室) mantisabhā.
회의장(會議場) katikāsaṇṭhāna. sannisajjā. santhāgāra.
회의적(懷疑的) 견해 anudiṭṭhi.
회의적(懷疑的) 의심의 결박 vicikicchāsaṁyojana.
회의적(懷疑的) 의심의 경향 vicikicchānusaya.
회의주의(懷疑主義) amarāvikkhepa.
회의주의자(懷疑主義者) amarāvikkhepika.
회임술(懷妊術) gabbhakaraṇa.
회장(會長) sabhāpati.
회전(回轉) anuparivatta. anuparivattana. āvatta. āvaṭṭa. āveṭhana. paribbhamana. parivattana. pariyaya. saṁvattana. vaṭṭana. viparivatta. viparivattana. vivaṭṭana. vivaṭṭanā.
회전된 parivattita.
회전시키다 bhameti. parivatteti. samparivatteti.
회전하는 āvaṭṭin. āveḷa. parivatta. vyāviddha.
회전하다 āvaṭṭati. bhamati. paribbhamati. parivattati. sambhamati. samparivattati. vaṭṭati. viparivattati.
회중(會衆) gaṇa. parisā. pārisajja.
회중을 두려워하는 parisasārajja.
회즙(灰汁) āmisakhāra. khāra.
회즙형(灰汁刑) khārâpatacchika.
회초리 patoda.
회충(蛔蟲) ukkapiṇḍaka.
회피(回避) nivattana. pahāna. parivajjana. vajjana. vāritta. parihāra.
회피된 vivajjita.
회피하는 것 parikkamana.
회피하는 사람 parivajjayitar.
회피하다 abhinivajjeti. āsappati. parivajjeti.
회하(灰河) vetaraṇī.
회한(悔恨) kukkucca. pacchânutāpa.
회합(會合) samavāya.
회합장소(會合場所) saṅketanaṭṭhāna.
회항(回航) pariyena. pariyenā.
회향(回向) pariṇāma.
회향시키다 pariṇāmeti.
회향풀[식물] satapupphā.
회향하는 pariṇāmin.
회향하다 āvaṭṭati. pariṇamati.
회화(會話) allāpasallāpa.
회화(繪畵) citta. cittakamma.
획득(獲得) adhigama. adhigamana. ajjana. anuppatti. gahaṇa. lābhaka. lābha. labhana. padāna. pāpuṇana. pariggaha. paṭilābha. paṭivedha. patti. sampāpana. upagaṇhanā. upaladdhi. upasaṁhāra. upasampadā.
획득공(獲得空) paṭilābhasuñña.
획득구족(獲得具足) paṭilābhasamannāgata.
획득되다 upalabbhati.
획득되어야 할 samudānaya.
획득되어져야 하는 ārādhanīya.
획득된 abbhatika. abhirādhita. abhisambhūta. adhigata. ajjita. anupanna. anuppatta. baddha. laddha. nibbiṭṭha. patta. samudānīta. upādinna. upāgata.
획득된 부적절한 약을 바르는 upādinnâsap-

payâlepana.
획득물(獲得物) āharaṇa.
획득시설(獲得施設) paṭilābhapaññatti.
획득에 의한 삼감 sampattavirati.
획득욕(獲得欲) paṭilābhachanda.
획득의 경지 paṭilābhabhūmi.
획득의 구족 paṭilābhasamannāgata.
획득의 수단 āharaṇûpāya.
획득의 시설 paṭilābhapaññatti.
획득의 욕구 paṭilābhachanda.
획득자(獲得者) sampādaka.
획득지(獲得地) paṭilābhabhūmi.
획득하고 āhacca.
획득하기 아주 어려운 sudullabha.
획득하는 abhisambhū.
획득하다 abhihāreti. abhijeti. āharati. ajjati. anupajjati. ārādhayati. ārādheti. avyāharati. bandhati. gaṇhāpeti. labhati. padāti. padadāti. pappoti. pāpuṇāti. paṭilabhati. pattīyati. samāsādeti. sampādeti. samudāneti. upāgacchati. upalabhati. upasampajjati. upāyati.
획득하지 못한 alābhin. asamudānita.
획득하지 못함 appaṭivijjhana.
획득한 ajjhappatta. bhāgiya. kappin. pariyāgata. upasamapanna.
획득한 것 hāra.
획득한 자 adhigatavat.
획득할 수 있는 samudānaya.
휜전시키는 āviñjana(ka). āviñchanaka.
횟수 khattuṁ.
횡(橫)으로 tiraccha. tiriyaṁ.
횡격막(橫膈膜) sasanopakārapesī.
횡단(橫斷) nittharaṇa. uttāra.
횡단하다 tarati.
횡단하여 tiriyaṁ.
횡단하여 건너가는 tiriyaṁtaraṇa.
횡목(橫木) parigha. pāsaka. piṭṭhivaṁsa.
횡와(橫臥) sayana. seyyā.
횡와의 nipanna. nipannaka. sayita.
횡와의 즐거움 passasukha.
횡와자(橫臥者) nipajjitar.
효(梟) lūka. vāyasāri.
효과(效果) pasavana. sādhakatā.
효과를 미치다 rūhati.
효과없는 anojavat. avasa. abbohāra. ananvaya. nipphala.
효과적이다 kamati.
효과적인 anittara. āraddha. upakāraka.
효과적인 정진 āraddhaviriya.
효과적인 통찰 āraddhavipassanā.
효도(孝道) petteyyatā.
효도하는 petteyya.
효력이 없는 업 ahosikamma.
효명(曉明) vivasana.
효모(酵母) kiṇṇa.
효소(酵素) kiṇṇa.
효시의(梟翅衣) ulākapakkhika.
효용(效用) valañja.
효용성(效用性) upakārakatta.
효천(曉天) pabhāta.
효험(效驗)을 부여하다 lakkheti.
후(後)에 anupubba. anvadeva. apara. pabhuti. pabhutika. para. paraṁ.
후가제월(後迦提月)[월명] pacchimakattikā.
후가제월(後迦提月)의 만월 kattikacātumāsinī.
후각(嗅覺) ghāna.
후각감역 ghānāyatana.
후각기관 ghāna. ghāṇa. ghānadvāra.
후각기능 ghānindriya.
후각기반 ghānāyatana.
후각능력 ghānindriya.
후각문(嗅覺門) ghānadvāra.
후각문의 인식과정 ghānadvāravīthi.
후각성(嗅覺性) ghānappasāda.
후각세계 ghānadhātu.
후각에 얽매인 gandhāsā.
후각요소 ghānadhātu.
후각을 구성하는 열 가지 요소 ghānadasaka.
후각의 세계 ghānadhātu.
후각의 토대 ghānavatthu.
후각의식 ghānaviññāṇa.
후각의식의 세계 ghānaviññāṇadhātu.
후각의식의 인식과정 ghānadvāravīthi.
후각작용 ghānindriya.
후각접촉 ghānasamphassa.
후각접촉에 의해 생겨나는 느낌 ghānasamphassajā vedanā.
후견인(後見人) āpādaka.
후계자(後繼者) dāyāda. dāyādaka.
후궁(後宮) itthāgāra. orodha. antepura. antepurikā. antepuritthī. pamadā.
후궁의 유원 pamadāvana.
후궁이 사는 곳 antopura.
후대(厚待) aggha.
후대의 생에서 받는 업 samparāyavedaniyakamma. samparāyavedanīyakamma. aparâpariyavedaniyakamma. aparâpariyavedanīyakamma.
후두(喉頭) gala. galaka. galanāḷi.

후두개(喉頭蓋) upajivhā.
후두음(喉頭音) gala.
후드가 있는 phaṇin.
후드를 세운[뱀] kataphaṇa.
후라이팬 tattakapāla.
후림새(?) okacara.
후보자(候補者) ajjhāvara. apekkhaka.
후부(後部) piṭṭhi. piṭṭhī. piṭṭha.
후분(後分) pacchābhāga.
후사(後嗣) bījaka.
후상(厚想) ghanasaññā.
후생수업(後生受業) → 순후수업.
후생에 과보를 받는 업 aparâpariyavedaniyakamma. aparâpariyavedanīyakamma.
후생연(後生緣) pacchājātapaccaya.
후선(後善) pariyosānakalyāṇa.
후세의 samparāyika.
후속부대 anubala.
후손(後孫) apacca.
후손이 없는 anapacca.
후야분(後夜分) pacchimayāma.
후예(後裔) anuvaṁsa. aparapajā. pajā.
후원(後援) upatthambhaka. netti. posana. posaṇa. sampaggaha.
후원으로서 유용한 행위 avassayakamma.
후원이 없음 aposana.
후원자(後援者) bhattar. kāmapāla. pāṭibhoga. hitakara.
후원하는 upatthambhaka.
후원하다 khambheti. khambhayati.
후유증(後遺症) pacchāsa.
후족(後足) pacchimapāda.
후종(朽種) pūtibīja.
후천적(後天的) pārihāriya.
후천적인 지혜 pārihāriyapaññā.
후추 āsittaka. ibhapipphalī. pippala. pipphala. pipphalī. marica. kolaka.
후추가 모여 자라는 곳 maricagaccha.
후추가루 maricacuṇṇa.
후추를 친 고기 soṇḍikā.
후퇴(後退) avakaḍḍhana. osakkanā.
후퇴하는 paṭivatta.
후퇴하다 osakkati. osarati. paccāharati. paṭivattati.
후퇴하지 않음 appaṭikkamanā.
후한[후하게 주는] madhuda.
후함 vadaññutā.
후행조건(後行條件) pacchājātapaccaya.
후회(後悔) anutāpa. anutappana. kukkucca. ottappa. ottappana. ottappiya. pacchânutāpa. ukkaṇṭhā. ukkaṇṭhanā. vippaṭisāra.
후회가 없음 avippaṭisāra.
후회될 수 있는 vippaṭisāriya.
후회로 이끌지 않는 atapanīya.
후회를 야기하는 anutāpakāra.
후회없음의 공덕 avippaṭisārānisaṁsa.
후회하는 anutāpin. kukkuccaka. ukkaṇṭhita. upatāpaka. vippaṭisārin.
후회하다 ajjheti. anutappati. kukkuccāyati. pacchânutappati.
후회하지 않는 akukkuccaka. anānutappa.
훈계(訓戒) anubhaṇanā. anusāsana. anusāsanā. anusāsanī. anusatthi. anusaṭṭhi. anuvāda. apadāna. codanā. desanā. ovāda. ovadana. ovādana. sārapā. upadesa.
훈계가 없는 anovādaka.
훈계를 따라 행동하지 않는 anovādakara.
훈계를 무시하는 bhinnamanta.
훈계를 받다 ovadiyati. ovadīyati. ovajjati.
훈계를 받아들이지 않는 anapadāna.
훈계를 받은 codita. paccanusiṭṭha.
훈계를 줄 필요가 없는 anovādin.
훈계받아야만 하는 죄 desanāgāminâpatti.
훈계에 대한 대화 ovādavacana.
훈계와 가르침 ovādânisāsana.
훈계의 목적 ovādattha.
훈계의 몰이막대 ovādapatoda.
훈계의 법문 ovādakathā.
훈계의 형식의 규칙 ovādasikkhāpada.
훈계의 형태에 대한 계율의 항목 ovādapātimokkha.
훈계자(訓戒者) anusatthar. nivedaka. samādapetar. ovādaka.
훈계하는 nivedaka.
훈계하는 사람 anusāsaka.
훈계하는 스승 ovādâcāriya.
훈계하다 anusāsati. anuvādeti. ovadati.
훈련(訓練) dama. paridamana. sikkhā. sikkhana. sikkhātā. yogga.
훈련과 관련된 sekhiya.
훈련되지 않은 adamita. asaññata. uddāma.
훈련되지 않은 말 assakhaluṅka.
훈련된 āsikkhita. kata. kaṭa. payata. sikkhita. upaṭṭhita. vinīta. katassama.
훈련된 마음의 숙달성 cittapāguññatā.
훈련된 말 vinītassa.
훈련된 인식의 katabuddhi.
훈련받는 anusikkhin.

훈련받는 사람 bhoja.
훈련받은 katasikkha.
훈련받은 코끼리 hatthidamma.
훈련받지 못한 appadakkhiṇaggāhin.
훈련받지 않은 avinīta.
훈련시키는 자 bādhin.
훈련시키다 sikkhāpeti.
훈련에 대한 칭찬 sikkhānisaṁsa.
훈련을 받아들이다 upanayati. upaneti. upanayati.
훈련을 받지 않은 adanta.
훈련의 규칙 sikkhāpada.
훈련의 체계 sikkhāsājiva.
훈련이 완성되지 않은 apariyositasikkha.
훈련이 필요 없는 사람 dantamaraṇa.
훈련자(訓練者) dametar. yoggācariya.
훈련하다 dameti. sikkhati.
훈령(訓令) ovāda.
훈습(薰習) avassava. avassavana. vāsanā.
훈습된 vāsita.
훈습시키다 anuvāseti.
훈육(訓育) vinayana.
훈제(燻製) dhūmāyanā.
훈제고기 aṅgāramaṁsa.
훈제하다 bhajjati. dhūmayati. dhūmāyati. sandhūpeti. sandhūpāyati.
훈증(薰蒸)하지 않은 adhūpana.
훌륭하게 abhikkantaṁ. balavaṁ. sāhu. suṭṭhu.
훌륭하게 숲속에서 사는 자 ukkaṭṭhâraññaka.
훌륭하게 준비된 kallarūpa.
훌륭하고 아름다운 abbhutadassaneyya.
훌륭하고 저열한 uttamâdhama.
훌륭하다! sādhu. abhikkantaṁ.
훌륭한 abhikkanta. bhadda. bhadra. kalyāṇa. kallāṇa. kalyāṇaka. kalyāṇin. kusala. mahânubhāra. mahanīya. mahant. paṇīta. paṇītadhamma. patāpavant. sādhuka. samattha. samatthiya. sobhaṇa. sundara. ukkaṭṭha. uru. ussa. vara. visiṭṭha.
훌륭한 가문에 속하지 않는 akulīna.
훌륭한 가문의 딸 kuladhitā.
훌륭한 가문의 아들 jātikulaputta. kulaputta.
훌륭한 가문의 여인 kulitthī.
훌륭한 가정의 여자노예 kuladāsī.
훌륭한 가정의 하녀 kuladāsī.
훌륭한 것 cittarūpa.
훌륭한 것에 뜻을 둔 paṇītâdhimutta.
훌륭한 견해 kalyāṇadiṭṭhi.
훌륭한 결론 sunaya. sunnaya.
훌륭한 교육의 규칙 sekhiyadhamma.
훌륭한 대신 amaccaratana.
훌륭한 덕성과 관계된 kalyāṇaguṇayoga.
훌륭한 덕성으로 장식한 kalyāṇaguṇabhūsita.
훌륭한 덕성을 갖춘 kalyāṇaguṇasamannāgata.
훌륭한 덕성을 지닌 kalyāṇaguṇa.
훌륭한 비구니 bhavati. bhavanti.
훌륭한 사람 sappurisa. sujana.
훌륭한 삶을 살지 않음 asallekhatā.
훌륭한 삼매의 특징 bhaddakasamādhinimitta.
훌륭한 성격 mona.
훌륭한 세계 paṇītadhātu.
훌륭한 식사 varabhatta.
훌륭한 실천 kalyāṇapaṭipatti.
훌륭한 실천의 항목 vatapada.
훌륭한 언변 kalyāṇapatibhāṇa.
훌륭한 옷 dussaratana.
훌륭한 외투를 입은 uttarakañcuka.
훌륭한 음식 paṇītabhojana. varabhatta.
훌륭한 인격 mona. moneyya.
훌륭한 일 puññakamma.
훌륭한 자매 bhavati. bhavanti.
훌륭한 저택 pāsādavara.
훌륭한 정원을 가진 uyyānaseṭṭha.
훌륭한 존경할 만한 sādhurūpa.
훌륭한 지각을 지닌 susañña.
훌륭한 지혜가 있는 kalyāṇapañña.
훌륭한 처신을 하는 kalyāṇiriyapatha.
훌륭한 초암 supaṇṇsālā.
훌륭한 친구 kalyāṇamitta.
훌륭한 친구가 많은 것 kalyāṇamittabahulatā.
훌륭한 친구가 없는 kalyāṇamittarahita.
훌륭한 친구를 가진 것 kalyāṇamittavantatā.
훌륭한 친구를 가짐의 조건 kalyāṇamittatappaccaya.
훌륭한 친구를 갖는 것 kalyāṇamittatā.
훌륭한 친구를 뿌리로 삼는 kalyāṇamittamūlaka.
훌륭한 친구를 얻은 kalyāṇamittasampanna.
훌륭한 친구에 대한 시중 kalyāṇamittapayirupāsana.
훌륭한 친구에 의존하는 kalyāṇamittasannissita.
훌륭한 친구에 의존하는 것 kalyāṇamittanissaya.
훌륭한 친구에 의해 이루지는 도움 kalyāṇamittûpanissaya.
훌륭한 친구와 관계된 가르침 kalyāṇamittavidhi.

훌륭한 친구와 사귀는 kalyāṇamittasevana. kalyāṇamittûpasevana.
훌륭한 친구와의 사귐 kalyāṇamittasaṁsagga.
훌륭한 친구의 권위 kalyāṇamittânubhāva.
훌륭한 친구의 덕성 kalyāṇamittaguṇa.
훌륭한 친구의 획득 kalyāṇamittasampatti.
훌륭한 친구인 kalyāṇamittabhūta.
훌륭한 태도 ācārapaṭipatti.
훌륭한 하느님 adhibrahmā.
훌륭한 한낮 sumajjhantika.
훌륭한 행동 kalyāṇacarita.
훌륭한 행동과 인간관계를 지닌 kalyāṇâcāragocara.
훌륭한 행동을 하는 pakatatta.
훌륭한 혈통으로 태어나다 ājāyati.
훌륭한 훈련을 쌓은 dhammin.
훌륭함 abbhuta.
훌륭히 나아가는 길 paṇītagāmimagga.
훔치다 avaharati. oharati. harati. luṭhati. theneti. vilumpati.
훔치려는 마음 avaharaṇacitta.
훔친 oḍḍa. oḍḍha. oḍha.
훔친 물건 theyya.
훔친 물건을 지닌 sahoḍha.
훔침 adinnādāna. apahara. avaharaṇa. corikā.
훤조(喧噪)한 ninnādin.
훼방(毀謗) paliveṭhana.
훼손(毀損)하는 dūsaka.
훼손하다 dūseti. dusseti.
훼에(毀恚) nindārosa.
훼에자(毀恚者) nindārosin.
훼예(毀譽) nindāpasaṁsā.
훼자(毀訾) ujjhāna. ujjhatti.
훼타자(毀他者) paravambhin.
휘감긴 anāviddha. āvaṭṭa.
휘감다 nandhati. paṭivellati.
휘두르기 abbhuggiraṇa. uggiraṇa.
휘두르다 abbhuggirati. uddhunāti.
휘말린 saṁsibbita.
휘발유(揮發油) sodhitakhaṇijatela.
휘어진 āvelita. āvellita. bhogga. bhuja. kujja. vaṅka.
휘어진 손가락 vaṅkaṅgula.
휘어진 지팡이 vaṅkadanda.
휘장(揮帳) kiṭika. sāṇī. sāṇikā.
휘저어지다 saṅkhubhati.
휘저어진 mathita. saṅkhubhita.
휘저음 īraṇa. mathana. saṅkhubhana. viloḷana.
휘젓다 īrati. mathati. mathayati. matheti. saṅkhobheti. viloḷeti.
휘파람 mukhavalimaka. usseḷhana.
휘파람을 불다 usseḷheti.
휘황찬란한 bhāsura.
휘황찬란한 불 jotipāvaka.
휩쓸어가다 apavahati.
휩쓸어버리다 apasammajjati.
휴게소(休憩所) patiṭṭhā. saṇṭhāna. kutūhalasālā. vissamanaṭṭhāna. sabhāgaṭṭhāna.
휴게실(休憩室) → 휴게소.
휴대(携帶) adhivahana. adhivāhana.
휴면기의 십년 sayanadasaka.
휴면중인 anusayita.
휴식(休息) parāyaṇa. parāyana. passaddhi. vissama. vissāma. vissamana. vossagga.
휴식을 제공하는 사람 vissametar.
휴식처(休息處) assaya. āvasatha. āyatana. dīpālaya. dīpagabbhaka. niḍḍa. nivāsa.
휴식하기에 좋은 nisādika.
휴식하는 사람 nipajjitar.
휴식하다 āvasati. vissamati.
휴양(休養) saṇṭhahana.
휴업(休業) unnaṅgala.
휴일(休日) chaṇa.
휴지(休止) paṭippassaddhi. paṭipassaddhi. saṇṭhāna.
휴지통(休紙桶) samalā.
휴한지(休閑地) khila.
흉갑(胸甲)을 입은 (군인) cammayodhin.
흉골(胸骨) hadayaṭṭhi.
흉기(凶器) āvudha.
흉내 anukiriyā.
흉내를 내는 anuvattaka.
흉년(凶年) dubbhikkha.
흉막(胸膜) kiloma. kilomaka.
흉벽(胸壁) vedi. vedikā. vediyā.
흉악(凶惡) caṇḍikka. kurūrakamma.
흉악(凶惡)한 caṇḍa. virūpa.
흉조(凶兆) amaṅgala. avamaṅgala. avamaṅgalla.
흉폭한 행위 luddakamma.
흐느끼다 kalindati.
흐느낌 kandita.
흐려지다 dhūmayati. dhūmāyati.
흐르게 하다 osārayati. osāreti. sandāpeti. upayāpeti.
흐르고 있는 것 savantī.
흐르는 sara. sava.
흐르는 물 ossavana. ossāvana. udakavāha. va-

ha.
흐르다 abhisandati. adhippagharati. anudhāvati. āsavati. assavati. dhāvati. gaḷati. riṇāti.
흐른 sarita.
흐름 aṇṇa. dhārā. raya. rīti. saṁsava. savana. vāhaka. vahana.
흐름속에 있게 하다 upayāpeti.
흐름속에 있다 upayāti.
흐름에 거슬러 올라가는 paṭisotagāmin.
흐름에 드는 길 sotāpattimagga.
흐름에 드는 길을 가는 님 sotāpattimagga.
흐름에 드는 길의 마음 sotāpattimaggacitta.
흐름에 드는데 도움이 되는 실천 sotāpattiniyāma.
흐름에 든 경지 sotāpattiphala.
흐름에 든 경지를 실현하기 위해 길을 가는 님 sotāpattiphalasacchikiriyāya paṭipanna.
흐름에 든 경지에 도달한 님 sotāpattiphala.
흐름에 든 경지의 마음 sotāpattiphalacitta.
흐름에 든 님 sotāpanna. sotāpattipanna.
흐름에 든 님의 경지에 드는 조건 sotāpattiyaṅga.
흐름에 따라 anusotaṁ.
흐름을 거슬러 paṭisota.
흐름을 거슬러 올라가는 ujjava. ujjavanika.
흐름을 거슬러 올라가는 배 ujjavanikā.
흐름을 거슬러 올라가다 ujjavati.
흐름을 거슬러 올라가서 ujjavanikāya.
흐름을 거슬러 올라감 ujjavana.
흐름을 거슬러서 ussotaṁ.
흐름을 따르거나 흐름을 거슬러서 anusotaṁ paṭisotaṁ.
흐름이 끊어진 khīṇasota.
흐리게 하다 dhūmayati. dhūmāyati.
흐린 날 duddina.
흐린 날씨 sammegha.
흐린 하늘 deva.
흐릿한 nirassāda.
흐트러지지 않은 avikiṇṇa.
흑(黑) kaṇha.
흑갈(黑葛) kālavalli. sāmalatā.
흑견실향(黑堅實香) kālānusārita.
흑과(黑果) kaṇhavipāka.
흑단(黑檀) koviḷāra. kāḷasāra. kālasāra.
흑단향(黑檀香) kālânusāri.
흑면원(黑面猿) gonaṅgula.
흑발(黑髮)의 kālakesa.
흑백(黑白) kaṇhasukka.
흑보(黑報) kaṇhavipāka.
흑분(黑分) kāla. kālapakkha. kaṇhapakkha.
흑사(黑蛇) kaṇhâhi.
흑색(黑色)의 kaṇha.
흑색류(黑色類)의 kaṇhâbhijātika.
흑생류(黑生類) kaṇhâbhijāti.
흑승(黑繩) kālasutta.
흑승지옥(黑繩地獄) kālasutta.
흑압(黑鴨) kāraṇā.
흑업(黑業) kaṇhakamma.
흑완(黑蜿) kaṇhā.
흑월(黑月) kāla.
흑점(黑點) kalaṅka. suriyakalaṅka. kāḷaka.
흑주줄에 사용되는 스타일로 쓰인 kaṇṭakalekha.
흑청색(黑淸色) añjana.
흑풍(黑風) kālavāta.
흔드는 kampaka.
흔드는 사람 uddhū.
흔들거리는 cañcala.
흔들게 하는 khaluṅka. khaḷuṅka.
흔들기 odhunana. odhūnana. loṭana.
흔들다 ākampayati. ākampeti. ādhunāti. caleti. cāleti. dhunāti. ejati. ereti. erayati. kopeti. mathati. nicchādeti. nicchāreti. nicchedeti. nicchodeti. nicchoreti. niddhunāti. okampeti. pacāleti. paṭikampati. paṭikopeti. pavellati. pavyatheti. phoṭeti. phunati. salayati. sampakampeti. sañcarati. sañcopati. sandhunāti. uddhunāti. vidhūnāti. vikopeti
흔들리게 하다 ākampayati. ādhunāti. caleti. cāleti. dhunāti. ejati. ereti. erayati. kopeti. mathati. nicchādeti. nicchāreti. nicchedeti. nicchodeti. nicchoreti. niddhunāti. okampeti. pacāleti. paṭikampati. paṭikopeti. pavellati. pavyatheti. phoṭeti. phunati. salayati. sampakampeti. sañcarati. sañcopati. sandhunāti. uddhunāti. vidhūnāti. vikopeti.
흔들리는 ādhuta. ākampita. āluḷa. calana. calita. cañcala. capala. copana. ittara. kampin. kuppa. lolita. pacālaka. pacalita. phandana. saṅkuppa. tasa. ugghāta. ullulita. vicāliya. vikopin.
흔들리는 사랑 ittarapema.
흔들리는 신뢰 ittarappasāda.
흔들리는 헌신 ittarabhatti.
흔들리는 확신 ittarasaddha.
흔들리다 ākampati. anupakampati. calati. dolāyati. ejati. īrati. kampati. kattarayati. kuppati. pakampati. sampakampati. saṅkampati. ubbehati. vaṅgati. vedhati. vyadhati.
흔들리지 않는 akuppa. acala. acalita. advejjha. akkhobbha. appacala. appakampin. asampa-

kampin. avedha. avedhamāna. avedhin. avikopin. vikampin. ānañja. āne(j)ja. āneñja.
흔들리지 않는 마음 advejjhamanasa.
흔들리지 않는 사문 samaṇamacala.
흔들리지 않은 asañcalita. asañcalima. avighaṭṭita.
흔들린 erita. erayita. iñjita. kampita. pakampita. pavellita. phuṭika. sañcalita. vilulita. vyādhita.
흔들린 평화 kampitasanti.
흔들릴 수 없는 akkhambhiya. asampakampiya.
흔들릴 수 있는 kampiya.
흔들림 dolā. īraṇa. kampa. kampita. pacala. parisappanā. salana. vikampana. vyathana.
흔들림의 방식 kampitâkāra.
흔들림이 없는 kampitarahita.
흔들어 놓음 vyādhiyaka.
흔들어 떨어뜨리다 ādhunāti.
흔들어 떨어지게 하다 odhunāti.
흔들어 버리는 dhunanaka.
흔들어 버림 dhunana.
흔들어 섞기 vyādhiyaka.
흔들흔들하다 pacalati.
흔듦 khaluṅkatā.
흔적(痕迹) lakkhaṇa. lañcha. lañchana. lesa. valañja.
흔적을 남긴 anukaḍḍhita.
흔적이 없는 apada. animitta.
흔하지 않은 visabhāga.
흔한 puthujja. sabbasādhāraṇa.
흘러가다 sandhāvati. abhisavati.
흘러간 sanna. vissota.
흘러감 pilava. plava.
흘러나오는 paggharaṇa(ka).
흘러나오는 paggharaṇa. paggharaṇaka. pasanna. upagaḷita. vissandaka.
흘러나오다 assavati. cikkhassati. paggharati. passavati. paṭippharati. vassati. vissandati.
흘러나온 avassuta.
흘러나옴 abhisava. paggharaṇa. paggharaṇī. vissanda. vissandana. avassava. avassavana.
흘러내리는 vassāpanaka.
흘러내리다 vassāpeti.
흘러내림 āsavana. nissanda.
흘러넘치다 abhisandati.
흘러넘치지 않는 avyāseka.
흘러들다 anussavati. abhisandati.
흘러들어가다 anvāssavati.
흘러들어감 anvāssava. anvāssavana.
흘리는 abhivassaka. pāvussaka.
흘리다 siñcati.
흘리다심(紇利陀心)[음사] hadaya.
흘리다야(紇利陀耶)[음사] hadaya.
흙 bhumma. mattikā. paṁsu. paṭhavī. pathavī. puthavī. puthuvī. puṭhuvī.
흙단지 kapallapāti.
흙덩이 guḷikā. kaṭṭhi. leḍḍu.
흙덩이와 지팡이 등 leḍḍudaṇḍādi.
흙모래 marumba.
흙손 karaṇī. pāṇikā. saṇhakaraṇī.
흙으로 만든 방패 cāṭipāla(?).
흙으로 빚은 작은 발우 kapallaka.
흙의 mattika.
흙의 성질 paṭhavatta.
흙의 요소 paṭhavīdhātu.
흠 padosa. randha. vaṅga. vedha. vyālika.
흠바라(欽婆羅) kambala.
흠뻑 적셔진 pariphuta.
흠뻑 젖은 ovaṭṭha. sosīta. upasitta.
흠없는 amala. avekalla. viraja. vantamala.
흠있는 kācin.
흠잡기 kalisāsana. otārâpekkha.
흠잡는 upanāhin.
흠잡을 데 없는 agārayha. anindiya. niddosa. pāpabhīruka.
흠집을 내다 vilometi.
흡수(吸收) ācamā.
흡수되다 osarati.
흡수하다 paccācamati.
흡인(吸引) ācamā.
흡입하는 nillehaka.
흡입하다 dhayati.
흡족(洽足) tuṭṭhi.
흡족하게 하다 santappeti.
흡족한 abhirāma. tittimant.
흡혈귀(吸血鬼) pisāca.
흥! huṁ. huṁkara.
흥거(興渠) hiṅgu.
흥겹게 놀지 않는 ahāsadhamma.
흥겹게 떠들기 hāsadhamma.
흥미(興味) anuparisakkana.
흥미가 없는 nirassāda.
흥미를 가지고 aṭṭhikatvā.
흥미를 느끼다 anuparisakkati.
흥분(興奮) abbhussahanatā. ādava. kolāhala. kutūhala. pakopa. paritassanā. rañjana. sambhama. saṅkhubhana. tumula. ubbega. uddhacca.
흥분과 관련된 uddhaccasampayutta.

흥분과 마비 uddhaccamiddha.
흥분과 회한 uddhaccakukkucca.
흥분되는 ubbejanīya.
흥분되다 saṁvijjati. saṅkhubhati. ubbijjati. ūhaññati.
흥분되지 않은 anerita. vimada.
흥분된 āraddha. ratta. samudita. saṁvigga. sañcodita. ubbegajāta. ubbigga. uddhata.
흥분된 이야기 lālappita.
흥분시키다 samuttejeti. saṁvejeti. ubbejeti.
흥분에 대한 해설 uddhaccaniddesa.
흥분에 떨어진 uddhaccânupatita.
흥분에 빠짐 uddhaccapāta.
흥분에 의해 특징지어지는 정신 uddhaccamānasa.
흥분에 의해 특징지어지는 행위 uddhaccacariyā.
흥분에서 벗어난 uddhaccavippayutta.
흥분을 수반하는 uddhaccânugata.
흥분을 야기하는 것들 rajanīyadhammā.
흥분을 잘 하는 korajika. korañjika.
흥분을 조건으로 uddhaccapaccayā.
흥분을 촉진하는 uddhaccapakkhika.
흥분의 결박 uddhaccasaṁyojana.
흥분의 고뇌 uddhaccapariḷha.
흥분의 잘못 uddhaccadosa.
흥분의 장애 uddhaccanīvaraṇa.
흥분의 지평 uddhaccabhūmi.
흥분의 포기 uddhaccavamana.
흥분이 천둥번개와 같은 uddhaccameghathanita.
흥분하는 ādava. pamādin. paritassin.
흥분하다 parikuppati. paritassati. paritasati. rajjati.
흥분한 ubbegin. upahatacitta.
흥행(興行) samajja. vibhava.
흥흥이라고 중얼거리는[擬聲語] huhuṅka.
흥흥이라고 하지 않는 nihuhuṅka.
흩날리다 abhivāyati. uddhaṁsati.
흩뜨리다 avakassati. okassati. vikkhipati. viyūhati.
흩뜨림 viyūhana.
흩뿌려진 abhippakiṇṇa. anuvikkhitta. avasitta. okkhita. otthaṭa. paccatthata. parikiṇṇa. pavutta. samotata. samupphosita. ukkhita. vibhinna. vicchurita. vikkhittaka. vippakiṇṇa.
흩뿌리게 하는 바람 santharaṇakavāta.
흩뿌리게 하다 okirāpeti. ottharati. santharāpeti.
흩뿌리기 āvapana.
흩뿌리는 avakāraka. seka. vikiraṇa.
흩뿌리다 abbhokirati. abhikirati. abhippakirati. abhiseceti. ajjhokirati. ākirati. anukirati. avakirati. avattharati. kirati. nisiñcati. okirati. osiñcati. pakirati. pakireti. parikirati. pariyottharati. samokirati. santharati. vassati. vidhamati. vidhūpeti. vidhūpayati. vikirati. vippakirati
흩뿌림 abhikiraṇa. avattharaṇa. avatthāraṇa. ottharaṇa. otthāraṇa. okiraṇa. parikiraṇa. samokiraṇa. vikiraṇa.
흩어지게 하다 avakassati. okassati. vikkhipati. viyūhati.
흩어지게 함 viyūhana.
흩어지지 않는 avisārin.
흩어지지 않은 avisaṭa.
흩어지지 않음 avisāra. avyādiṇṇa. avyādinna.
흩어진 ākiṇṇa. anusaṭa. odhasta. pakiṇṇaka. vibhinna. vidhūpita. vikiṇṇa. vikkhitta. vītikiṇṇa.
흩어진 시체에 대한 지각 vikkhittakasaññā.
희(喜) muditā. muditā. somanassa.
희각지(喜覺支) pītisambojjhaṅga.
희게 씻은 setakamma.
희견(喜見) piyadassana.
희결(喜結) nandĭsaṁyojana.
희구(希求) abhipatthanā. āsaṁsa.
희구(希求)하다 abhipatthayati. nikāmayati. nikāmeti.
희극(喜劇) hāsadāyakanāṭaka.
희근(喜根) somanassindriya.
희근사(喜近伺) somanassûpavicāra.
희등각지(喜等覺支) pītisambojjhaṅga.
희락(喜樂) pāmujja. pītisukha.
희랍(希臘) yonakaloka. yona.
희랍의 yavanadesīya. yonadesīya.
희련선하(熙蓮禪河)[江의 이름] hiraññavatī.
희론(戱論) papañca. papañcita. vilāpa. vilāpanatā.
희론에 의한 개념적 판단 papañcasaññāsaṅkhā.
희론을 좋아하지 않는 nippapañcārāma.
희론을 즐기는 사람 papañcārāma.
희론을 하다 papañcati. papañceti.
희론이 없는 appapañca. nippapañca.
희론하다 papañceti.
희롱(戱弄) lāḷana. līlā. līlā.
희망(希望) ākaṅkhā. apekkhā. apekhā. āsa. āsā. āsaṁsā. āsaya. patthanā. vara.
희망된 eṭṭha.
희망을 여읜 사람 vigatāsa.

희망이 끊긴 chinnāsa.
희망이 없는 abhabbâbhāsa.
희망자(希望者) ākaṅkhin.
희망천(戱忘天) khiḍḍāpadosika.
희망하는 apekkha. āsaṁsa. āsiṁsaka. āsasāna.
희망하다 abhipatthayati. ākaṅkhati. āsaṁsati. āsiṁsati. pattheti. patthayati.
희무량심(喜無量心) muditappamāṇacitta.
희미한 avibhūta. sandiddha.
희미한 대상 avibhūtārammaṇa.
희박한 virala. viraḷa.
희법(希法) abbhutadhamma.
희사(喜捨) yañña.
희삼법(喜三法) pītitika.
희생(犧牲) cāga. yāga. yāja(na). yiṭṭha.
희생된 yiṭṭha.
희생물이 된 upātipanna.
희생시키다 yājeti.
희생에 적합한 mejjha.
희생제(犧牲祭) balikamma. medha. yañña.
희생제가 열리게 하다 yajāpeti.
희생제의 초좌(草座) barihisa.
희생하는 cāgavant. cāgin.
희소(嬉笑) dava.
희심(喜心) muditā.
희심해탈(喜心解脫) muditācetovimutti.
희십년(戱十年) khiḍḍādasaka.
희어자(戱語者) samphappalāpin.
희열(喜悅) pamodanā. pasāda. pasādana. pasādanī. pīti. pītipāmojja. rāma. sampahaṁsanā. somanassa. muditā.
희열과 행복 sappītikasukha.
희열을 경험하는 능력 somanassindriya.
희열을 느끼다 sampamodati.
희열의 감각 somanassindriya.
희열의 깨달음 고리 pītisambojjhaṅga.
희열의 능력 somanassindriya.
희열의 수습 muditābhāvanā.
희열의 적용 somanassûpavicāra.
희열이 갖추어진 somanassasahagata.
희열이 따르는 곳 somanassaṭṭhāniya.
희열이 있는 삼매 sappītikasamādhi.
희열이 있는 선정 sappītikajhāna.
희유(希有) acchara.
희유하게 abbhutaṁ.
희유한 abbhuta. acchariya.
희지 않은 apaṇḍara.
희탐천(戱耽天) khiḍḍāpadosika.
희화(戱畵) paṭibhānacitta.
희희법(嬉戱法) hāsadhamma.
흰 avadāta. dhavala. odātaka. paṇḍara. saṅkhûpama. seta. setaka. sukka.
흰 겨자 siddhatthaka.
흰 깃발 paṇḍaraketu.
흰 담요 setakambala.
흰 담요로 덮은 제석천의 석좌(石座) kambalasilāsana.
흰 덮개를 지닌 setapacchāda.
흰 머리털 palitakesa.
흰 머리털의 palita.
흰 모래 suddhavālukā.
흰 몸을 지닌 setaṅga.
흰 배를 가진 쥐 añjanikā.
흰 붓꽃의 뿌리 golomī.
흰 뼈를 가진 setaṭṭhika.
흰 뿔이 달린 odātasiṅgha.
흰 사지를 지닌 setaṅga.
흰 양모포 paṭikā.
흰 연꽃 kumuda. puṇḍarīka.
흰 연꽃색의 kumudavaṇṇa.
흰 연꽃의 연못 puṇḍarīkinī.
흰 연꽃의 웅덩이 puṇḍarīkinī.
흰 연꽃잎 kumudapatta.
흰 연꽃지옥 puṇḍarīkaniraya.
흰 우산 paṇḍarachatta. setachatta.
흰 이빨 setadanta.
흰 조개껍질 setasaṅkha.
흰 종류의 제비꽃 alakka.
흰 참깨 setatila.
흰 천 dussapaṭṭa.
흰 코끼리 setahatthi.
흰 털로 만들어진 장식용 침대 덮개 paṭiya.
흰개미 upacikā.
흰개미탑 vammīka.
흰말 setassa.
흰머리가 난 머리카락(?) saṇhaka.
흰색 odātavaṇṇa.
흰색 나병(癩病) setakuṭṭha.
흰색 옷을 입은 odātaka.
흰색의 odāta.
흰색의 꽃 odātapuppha.
흰색의 대상에 대한 명상행위 odātakamma.
흰색의 대상에 대한 선정 odātajjhāna.
흰색의 도료가 칠해진 katasudhāparikamma.
흰색의 명상대상에 대한 명상을 최상으로 하는 odātasamāpattiparama.
흰색의 명상대상을 지닌 odātalābhin.
흰색의 수탉 odātakukkuṭa.

흰옷 odātavattha.
흰옷을 입은 odātavattha.
흰옷을 입은 사람 odātavasana.
흰옷의 odātavasana.
흼의 두루채움을 위로 아래로 옆으로 유일하게 한량없이 지각하는 것 odātakasiṇa.
흼의 두루채움이라는 명상수행의 토대 odātakasiṇa.
히드라[동물] jalavāḷa.
히란냐바띠강[지명] Hiraññavatī.
히말라야산[지명] Pabbatarājan. Himavant.
히말라야삼목[식물] khadira. devadāru(ka).
히말라야에 사는 hemavata.
히말라야의 hemavata.
힌두 hindu. indīya.
힌두교 hindusamaya.
힌디어 indubhāsā.
힐끗 보는 것 ittaradassana.
힐끗 보는 눈 olokanacakkhu.
힐끗 쳐다봄 akkhipāta.
힐난(詰難)하다 samanuyuñjati.
힐문(詰問) paṭipucchā.
힐문하다 codeti.
힘 bala. balatā. balatta. balavatā. nikkama. ojā. ojo°. pabhāva. paggaha. satti. sūrabhāva. tejo. thāma. ussāha. vāja. vasa. vega. vikkama. viriya. viriyatā.
힘과 정진을 갖춘 āraddhabalaviriya.
힘껏 āsajja.
힘닿는 대로 yathābalaṁ.
힘든 수행 dukkarakārikā.
힘들게 이루어진 sasaṅkhārā.
힘들게 일어나는 sasaṅkhārika. sasaṅkhāriya.
힘들게 일어나는 마음 sasaṅkhārikacitta. sasaṅkhāriyacitta.
힘들게 해죄(解罪)된 dosārita.
힘센 bala. balaka. balavant. balika. balya. balla. bhusa. atibala.
힘센 황소 balavagavā.
힘쓰다 padahati. vāyamati. yatati.
힘없는 anojavat. appabhavat. nitteja. anissara. avasa. nibbiriya. appathāmaka. dubbala. dubbalī°.
힘없음 dubbalya. dubballa.
힘으로 vasena.
힘을 발견하는 nissayasampanna.
힘을 빼앗다 opapakkhiṁ karoti.
힘을 주는 음료 vāja.
힘을 주는데 기여하는 anubalappadāyaka.
힘을 주지 않는 anojavat.
힘의 영역 āṇaṭṭhāna.
힘이 센 → 힘센.
힘이 없기 때문에 dubbalyā.
힘이 없는 → 힘없는.
힘이 있는 āhitabala. pabala. padhānavant. tejavant. vājin. thāmaka. vasin.
힘줄 kaṇḍarā. nahāru. nhāru.
힝구라자[조류] hiṅgurāja.

제4장 빠알리문법편

1. 음 성 론

§ 1. 빠알리어의 음성구조

모음(母音)	a ā i ī ū e o				
비모음(鼻母音)	aṁ iṁ uṁ				
자음(子音)	폐쇄음(閉鎖音)				비음
	무성음(無聲音)		유성음(有聲音)		유성음
	무기음	대기음	무기음	대기음	유기음
후음(喉音)	k	kh	g	gh	ṅ
구개음(口蓋音)	c	ch	j	jh	ñ
권설음(捲舌音)	ṭ	ṭh	ḍ	ḍh	ṇ
치음(齒音)	t	th	d	dh	n
순음(脣音)	p	ph	b	bh	m
반모음(半母音)	y	v	(r)	(l)	
유활음(柔滑音)	r	l	(ḷ)		
마찰음(摩擦音)	s				
기식음(摩擦音)	h				
설측음(舌側音)	ḷ				
억제음(抑制音)	ṁ(=ṃ)				

※ 후음은 학자에 따라 연구개음(軟口蓋音)으로 표시하기도 한다.
※ 비모음은 자음인 억제음(抑制音 ṁ)과 결합한 모음을 따로 표기한 것이다.

§ 2. 글자의 사전적 순서(→)

→ a ā i ī ū e o (ṁ)				
k	kh	g	gh	ṅ
c	ch	j	jh	ñ
ṭ	ṭh	ḍ	ḍh	ṇ
t	th	d	dh	n
p	ph	b	bh	m
y	r	l	(l)	v
s	h			

§ 3. 인도 고전어와 빠알리어의 음성학적 유사성

특히 불교의 역사에서 범어나 빠알리어의 발음 자체가 매우 중요시되어 왔다. 율장 부록에 있는 소품 가운데 불교 의례인 갈마(羯磨)와 관련해서 음성학적 진술이 있다. '다음과 같은 다섯 가지 모순 때문에 독송과 관련해서 갈마가 이루어지지 않는다. 갈마의 대상, 공동체, 또는 해당되는 사람에 대해 간과하거나. 독송에서 실독한다든가, 때가 아닌 때에 읊는 것이다.' 위와 같은 전통을 간직하고 있는 스리랑카의 사원에서는 중세에 엄격한 독송의 법칙에 대한 이견으로 말미암아 승가가 두 학파로 나뉜 적도 있다. 'Buddhaṁ saranaṁ gacchāmi(부처님께 귀의합니다.)'를 문맥상의 연결 관계로 파악하여 '붓당 싸라낭 갓차미'로 발음하는 학파와 문맥 사이에 쉼표를 넣어 '붓담 싸라남 갓차미'로 발음하는 학파로 나뉜 것이다. 전자를 비모음파(Anunāsikanta), 후자를 비음파(Makāranta)라고 한다. 붓다고싸의 율장에 관한 주석서 가운데 잘못된 발음을 질책하는 음성학적 서술이 있는데 그것을 살펴보면 완전히 빠니니의 고전 범어나 베다어의 문법적 범주 또는 음성학적 분류와 일치함을 알 수 있다. 따라서 베다어나 범어나 빠알리어의 음성학적 연구는 그 원천에 있어서 올바른 조음과정을 찾기 위해서 토착 범어문법학의 원류인 베다문헌의 각 학파의 음성학적 저술인 쁘라띠샤키야(Prātiśākhya)의 분류 방법 및 발음 방법을 추적하는 것이 가장 타당한 방법일 것이다.

§ 4. 인도 고전어의 조음과정

빠니니야-식샤(Pāṇiniya-Śikṣa)에서 볼 수 있듯이 인도의 언어학자는 언어의 조음과정에 관해 형이상학적인 근거를 갖고 있었다. 인식능력을 갖고 있는 영혼은 마음을 말하고자 하는 욕망으로 고무시켜 폐 속을 순환하는 기(氣, prāṇa, 숨)를 몰아서 머리 속에 들어가 언어 중추에 도달하게 해서 말을 야기시킨다는 것이다. 이때의 조음과정은 구강외 조음과정과 구강내 조음과정 두 가지로 나뉜다.

1) 구강외 조음과정(bāhyaprayatna)은 조음에서 고정부와 능동부의 열고 닫음에 영향을 받지 않고 구강내 조음과정에 영향을 미치는 조음과정을 말한다. 이는 세 가지로 분류된다.

① 유성음화과정(kaṇthya) : 성문의 개폐에 따른 무성 또는 유성 조음의 과정
② 대기음화과정(śvāsin) : 숨을 많고 적게 보냄에 따른 대기음과 무기음의 조음과정
③ 비음화과정(ñāsikya) : 비강의 개폐에 따른 비음의 조음과정

2) 구강내 조음과정(ābhyantaraprayatna)은 조음에서 고정부와 능동부 사이의 열고 닫음의 정도에 따라 조음과정을 분류하면 아래와 같다.

① 열개과정(裂開過程, vivṛta) : 모음의 조음과정
② 폐쇄과정(閉鎖過程, spṛṣṭa) : 자음 가운데 폐쇄음의 조음과정
③ 소폐과정(小閉過程, īṣat-spṛṣṭa) : 반모음의 조음과정
④ 소개과정(小開過程, īṣa-tvivṛta) : 마찰음의 조음과정

위의 조음과정에 대한 전통적인 분류를 참고로 하여 베다어를 포함한 범어와 빠알리어의 각각의 성음에 관해 각론한다.

§ 5. 모음과 구강외 조음과정

빠니니의 문법 계통에 따르면, 모음과 자음 가운데 모음의 역할과 비슷한 역할을 하는 자음의 구강외적 과정화에는 세 가지 요소가 작용한다.

1) 유성음화 및 대기음화 과정

① 짧은 모음 a는 순수한 성(聲, ghoṣa, 소리)으로 a 이외의 모음에 한정되며 유성음 자체에 적절한 공기의 흐름을 제공하며 모음으로서의 독립성을 지닌다.
② 비싸르가 ḥ는 순수한 기(氣, prāṇa, 숨)로 가까운 모음에 의해서 한정되기 쉽고 무성자음 자체에 적절한 공기의 흐름을 공급하며 독립된 기능으로 비싸르가의 역할을 한다.
③ 목청소리 h는 기(氣, prāṇa, 숨)와 성(聲, ghoṣa, 소리)이 섞여 있으며 가까운 모음에 의해 한정되며 유성대기음에 적절한 공기의 흐름을 공급한다.

2) 비음화 과정

모음의 콧소리 과정, 즉 비음화 과정은 모음과 콧소리 자음과의 결합에 의해서 일어난 것이다. 특히 모음을 직접적으로 비음화할 때에 사용되는 아누쓰와라, 즉 억제음(ṁ)이란 것이 있다. 모음이 비음화되면 불어에서의 jean에서처럼 '앙'에 가까운 우리말 소리가 난다. 이를 테면 쌍쓰끄리뜨란 말의 범어인 saṁskṛta는 '쌍쓰꺼러떠'처럼 소리나며, saṁtāna는 '쌍따너'처럼 소리나며, saṁlaya는 '쌍라여'와 '쌀라여'의 중간소리처럼 소리난다.

§ 6. 모음의 구강내적 조음과정 - 단모음 a, ā

① a ② ā

단음 a는 구강내적 요소에 속하지만 원래는 모든 소리가 가능하게 하는 구강외적 요소로도 분류가 됨을 앞에서 밝혔다. 쁘라띠샤키야 문헌은 목청소리로 분류된 단음 a와 장음 ā를 구별하여, 단음은 상대적으로 폐쇄과정(saṃvṛta)을 통과하는 반면 장음은 모음으로서 일반적 열개과정(vivṛta)을 통과한다는 것을 규정하고 있다. 따라서 이때 단음 a는 영어에서 sun이나 but을 발음할 때와 같은 아주 짧은 '아'음으로 발음되는데 우리말의 '어'에 더 가깝다.
그러나 또한 국제음성표기에서 'ə'음이 아니고 'Λ'음이므로 우리말 표기에서는 어쩔 수 없이 '아'로 일반적인 모음 길이와 큰 차이가 없는 장음 ā와 동일하게 표기한다. 그 밖에 단음 a를 실제와 유사한 발음 '어'가 아닌 '아'로 표기하는 데는 범어나 빠알리어에서 자음이 두 개 이상 뒤에 올 경우 단음이 장음의 역할을 하는 위치장음(Positionslänge)이란 시형론적 원리도 작용하기 때문이다.

§ 7. 모음의 구강내 조음과정 - 단모음 i, ī

③ i ④ ī

단음 i와 장음 ī는 쁘라띠샤키야에서 혀 가운데가 센입천장 부분에 접근하여 나는 소리로 규정하고 있으며 현대 음성학에서 i는 모음 가운데 상대적으로 닫힌모음[閉母音]인데 비해 인도의 음성학적 체계에서는 열린 모음[開母音]에 속해 있다. 장단음과의 관계는 단음 a 장음 ā와의 관계와 유사하지만 e, ya, ā, ai의 약세모음의 역할을 한다는 것에 주의할 필요가 있다. 우리말 표기에서는 극히 짧은 i나 보통 길이의 장음 ī나 동일하게 '이'로 표기하는 이외에 별 도리가 없다.

§ 8. 모음의 구강내 조음과정 - 단모음 u, ū

⑤ u ⑥ ū

단음 u와 장음 ū는 쁘라띠샤키야에서 혓소리보다도 입술소리로 규정하고 있다. 이 규정은 현대 언어학에서 u는 턱모가 닫히면서 혀가 연구개에 접근하며 나는 소리라는 일반적인 규정과 상치되는 것이다. 그래서 휘트니(W. D. Whitney)는 현대 언어학적 입장을 지지하면서 쁘라띠샤키야의 인도 고전 문법에 찬동을 표시하지 않았다. 이 책에서는 자모분류표에서 양쪽 입장을 모두 수록하였다. 이 장단의 u음의 장단 관계는 장단의 고음 관계와 비슷하다. 따라서 우리말 표기는 '우'로 한다.

§ 9. 모음의 구강내 조음과정 - 단모음 ṛ, ṝ

⑦ ṛ ⑧ ṝ

단음 ṛ와 장음 ṝ는 다른 언어에는 없는 기본모음이다. 빠니니는 이것을 머릿소리 즉 권설음 계열에 소속시켰으나 이 음가에 대해서는 인도 고전 문법학자들의 견해도 분명치가 않다. 그래서 권설음 뿐만 아니라 잇몸소리에 소속시키기도 했다. 휘트니는 이 음을 모음적 특성을 갖는 떨림 없는 소리로 잇소리에 소속된다고 보았다. 이 책의 분류표에서는 머릿소리인 권설음에 소속시켰다. 베다어나 범어에 특수한 이 모음은 싸르바쌈만따식샤(Sarvasammantaśikṣā)에서 ă-ř-ř-ă의 네 음소로 나누어서 설명하고 있다. 아베스따(Zend-Avesta)에도 동일한 음가가 있는 것으로 밝혀졌는데, 이를 테면 범어 pṛthu에 대한 아베스따어의 표현은 *pərəθu*이다. 후대의 쁘라끄리뜨에서도 유사한 현상이 일어난다. 따라서 베다 시대에는 '어러'로 소리났음을 알 수 있다. 오늘날 장단의 ṛ음을 각각 ri, rī로 트랜스크립션시키는 것은 비문이나 티벳 문헌에서 ṛ를 ri로 표기하는 데서 연유한 것으로 그 이후에 음가마저 그렇게 고착화된 것이다. 스텐츨러(A. F. Stenzler)에 의하면 단음 ṛ는 '리'처럼 '이'의 여운이 남고, 장음 ṝ는 '루'처럼 '우'의 여운이 남는다고 한다. 우리말 표기에서는 장단의 ṛ음 모두를 '리'로 표기한다. 그 이유는 장음 ṝ는 실제로 사용 빈도수가 훨씬 적어서 구별의 필요가 없기 때문이기도 하지만 장단 다른 모음의 상응적 관계를 따르기 위해서다.

§ 10. 모음의 구강내 조음과정 - 단모음 ḷ, ḹ

⑨ ḷ ⑩ ḹ

단음 ḷ와 장음 ḹ은 쁘라띠샤키야 문헌에서 장단의 ṛ음과 동일하게 취급되지만 빠니니의 문법에서는 잇소리의 모음 계열에 소속시켰다. 이 책의 계열별 분류에서는 빠니니의 견해를 따랐다. 그런데 장음

ḹ은 실제로 한 번도 쓰인 일이 없으며 문법상 구색을 맞추기 위해 문법학자들이 만들어 낸 의도적인 글자이다. 단음 ḷ도 실제로는 √kḷp의 파생어에 국한되며 베다 시대에는 ṛ의 경우와 똑같은 원리에 의해서 발음되면서도 설측음의 특징을 살려 '얼러'로 발음되었을 것이다. 한글 표기에서는 위의 ṛ경우와 동일하게 '(ㄹ)리'로 표기한다. 따라서 √kḷp는 '끌리쁘'로 소리날 것이다.

§ 11. 모음의 구강내 조음과정 - 복모음 e, ai

⑪ e ⑫ ai

e는 현대 음성학에서처럼 단모음으로 취급되지 않는다. e와 ai는 모두 i음의 정상변화(guṇa) 현상과 확대변화(vṛddhi) 현상의 산물이다. 빠니니야-식샤(Pāṇiniya-śikṣā)에서는 이들을 목청입천장 소리, 즉 후구개음(喉口蓋音)으로 규정하고 있다. 이 가운데 e음은 복모음적 성격을 띠지만 현재 인도인들은 단음인 e음이 아니라 약간 장음인 e음에 가깝게 발음한다. 우리말 표기에서는 '에'로 하면 그 인도 고대어적 특성을 너무 잘 표현한다고 볼 수 있다. ai는 분명한 복모음으로 우리말에서도 '아이'로 표기한다.

§ 12. 모음의 구강내 조음과정 - 복모음 o, au

⑬ o ⑭ au

빠니니야-식샤에서는 o와 au를 목청입술소리, 즉 후순음(喉脣音)으로 규정한다. 현대 음성학에서 단모음으로 되어 있는 o음도 고전 인도 문법에서는 복모음으로 취급한다. 그것은 o와 au가 각각 단모음 u의 정상변화(guṇa)현상, 확대변화(vṛddhi) 현상이기 때문이다. 따라서 o음은 복모음적 성격을 띄고 인도유럽어의 o음보다 약간 길게 ō음처럼 발음된다. 우리말 표기는 '오'로 하고 분명히 복모음인 au는 '아우'로 한다.

§ 13. 자음의 구강외 조음과정

모음의 조음과정에서의 구강외 과정의 역할처럼 자음의 조음과정에서도 구강외 과정은 자음 체계 형성에 중요한 보조 역할에 아래와 같은 세 가지 방법으로 기여한다.

1) 유성음화 과정

유성음과 무성음을 구분 짓는 원리인 성문폐쇄에 관한 과정이다. 이것은 조음과정의 인식에서 인도의 음성학자들이 중요하게 공헌한 것 가운데 하나이다. 쁘라띠샤키야 문헌에서는 성문음에 관해 깐타(kaṇṭha)란 용어를 사용하고 있다. : 성문이 닫히면 유성음이 되고 성문이 열리면 대기음이 된다. 이때에 음(音, svara)은 무성자음의 경우에 방출되며 성(聲, ghoṣa)은 유성자음과 모음의 경우에 방출된다. 성문의 열림이 중간 상태일 때는 유성 마찰음(h)과 유성 대기음이 방출된다.

2) 대기음화 과정

대기음과 무기음을 구분 짓는 원리로 이 대기음화 과정에 관해 빠니니야-식샤에서는 다음과 같이 기술하고 있다. : 'h음과 유성화된 대기음은 유성음으로, 반모음과 유성화된 폐쇄음은 부분적인 유성음으로, 무성화된 대기음은 대기음으로, 무성화된 폐쇄음은 부분적인 대기음으로 규정된다.' 그런데 중요한 것은 쁘라띠샤키야의 분류에 의하면 유성의 무기 폐쇄음보다 무성의 무기 폐쇄음이 더욱 대기성을 띈다는 것이다. 따라서 무성의 무기 폐쇄음으로 분류되고 있는 k, c, ṭ, t, p가 유성의 무기폐쇄음 g, j, ḍ, d, b보다도 대기성을 띈다. 이것을 고전 문법서들은 kh, ch, ṭh, th, ph의 다기음(多氣音, mahāprāṇa)에 비해 소기음(少氣音, alpaprāṇa)라고 한다. 따라서 무기음으로 분류되더라도 전혀 대기성이 없는 것이 아닌 것에 유념할 필요가 있다.

3) 비음화 과정

비음과 비음이 아닌 것으로 나뉘어지는 과정이다. 비강내 과정을 비음화 과정[nāsikya 또는 anunāsika]라고 부른다. 이 비음화 과정에서 폐쇄음의 조음부의 각 계열에 따른 비음 즉 ṅ, ñ, ṇ, n, m이 만들어진다. 이들 가운데는 독송 방식이나 특수한 결합 관계에 의해서 앞의 모음 자체를 장음화하면서 비음화하는 경향을 지닌다. 예를 들어 sk. trīn ekādaśan iha의 발음은 trĩ: ekadasā: iha 즉 '뜨링 에까다샹 이하'로 소리나게 된다. 그리고 반모음을 비음화하기도 한다. 예를 들어 saṁyuddhi는 saỹyuddhi로 발음되며 우리말 표기에서는 '쌍윳디' 또는 좀더 정확하게 '싸잉윳디'가 된다. 그리고 주로 비음화된 모음을 만드는 억제음(ṁ)이 있는데 그것에 관해서는 자음의 구강내 과정에서 상세히 설명한다.

§ 14. 자음의 구강내 조음과정-폐쇄음(閉鎖音)

자음의 구강내 과정은 자음을 조음부의 위치에 따른 각 계열(varga)별 분류로 가능한 묶되 알파벳 순서로 다룬다. 폐쇄음은 조음부의 위치에 따라 계열별로 분류되어 있으며 또한 숨소리의 모양에 따라 정연히 질서가 정해져 있다. 아래와 같은 ka계열(喉音), ca계열(口蓋音), ṭa계열(捲舌音), ta계열(齒音), pa계열(脣音)의 다섯 계열로 분류된다.

§ 15. 자음의 구강내 조음과정-후음(喉音, ka-varga)

⑮ ka ⑯ kha, ⑰ ga, ⑱ gha, ⑲ ṅ (ka-varga)

쁘라띠샤키야에서는 k-계열의 음들은 '혀뿌리로써 위턱 뿌리에 접촉하게 한다'라고 규정하고 있다. 이것은 여린 입천장소리 즉 연구개음(軟口蓋音)에 해당한다.

그러나 현대 음성학에서는 대개 목청소리 즉 후음(喉音)으로 취급한다. k음은 맥도넬은 영어 kill의 k에 해당하는 발음으로 규정하고 있는데 그것은 우리말 표기에서 사실상 '킬'도 아니고 '낄'도 아닌 중간 상태의 발음이다. 그러나 '낄'에 좀더 가깝다. 이런 법칙은 범어나 빠알리어의 모든 무성무기음에 적용된다. 그것은 자음의 구강내 조음과정에서 설명한 것처럼 소기음(少氣音, alpaprāṇa)의 무성무기음이기 때문이다. kha음은 '카'로 적어도 별 무리가 없다. ga음을 '가'로 적는 데도 이견이 없지만 gha를 '가'로 적을 경우에는 유성대기음으로서의 다기음(多氣音, mahāprāṇa)의 법칙에 어긋난다. 그래서 일본어 표기에서 대부분 'クハ'로 표기하듯이 한글 표기로 '그하'로 음절 수를 늘려 표기할 수도 있다. 그렇지만 그러할 경우 음절 수가 늘어날 뿐 아니라 'ㄱㅎ'란 표기를 외래어 표기법으로 채택할 수 없다는 문제가 생긴다. 그러므로 필자의 생각으로는 이들 유성대기음의 실제 사용빈도수가 많지 않으므로 그냥 유성의 무기음 '가'와 동일하게 표기하는 것이 좋을 것 같다. 무기음이라 해도 실제로 완전히 대기성이 배제될 수는 없기 때문이다.

그리고 문제가 되는 것은 ṅ에 관한 발음이다. 이것은 목구멍 소리인데, 받침으로 모음 다음에 올 경우에는 그 모음을 비음화하여 '앙' 소리를 내지만, 유일한 단어 'ṅa-kāra'의 경우 ṅ의 음소가 모음 앞에 올 경우 어떻게 적을 것인가가 티벳어에서처럼 심각하게 문제가 될 수 있다. 목구멍에서 소리나는 '나'이겠지만 '가'를 목구멍 깊숙한 곳에서 낼 때의 소리와 같다. 굳이 국제발음기호로 표기하면 'nga'가 될 것이겠지만, 이 책에서는 글자의 가시적 특성을 살려서 불가피하게 '나'로 적는다.

§ 16. 구강내 조음과정-구개음(口蓋音, ca-varga)

⑳ ca, ㉑ cha, ㉒ ja, ㉓ jha, ㉔ ña (ca-varga)

쁘라띠샤키야는 'ca-계열은 혀 가운데로 센입천장에 접촉하게 한다'고 조음 방법을 기술하고 있다. 휘트니에 의하면 이 ca계열은 본래의 목청소리인 ka-계열의 이차적 현상이다. 따라서 한글화 표기를 할 때는 ka-계열에 준해서 하되 입천장소리 즉 구개음으로서 취급되어야 할 것이다. 이 책에서는 ca는 '차'보다는 '짜'로 적어 구별하고 cha는 '차'로 옮겨 적었다. 이 cha는 위치장음을 유도하기 때문에 t와 ś의 복합적 요소를 지니고 있을 것이라고 휘트니는 추측한다.

j음은 우리말로 '자'로 표기하는 데는 무리가 없으나 그 다음에 ñ이 모음이 삽입되지 않고 바로 올 경우 발음상의 문제를 두고 이견이 대립하고 있다. 인도의 대부분의 빤디뜨(전통인도학자)들은 jña를 '그냐(gña)'로 발음한다. 올덴베르그도 범어와 빠알리어 표기에서도 jñā는 gña로 발음해야 한다고 명시하고 있다.

그런데 벵갈과 오릿사의 빤디뜨들은 jñā를 '갸(gya)'로 발음하는 경향이 있으며, 인도 서부 지방에서는 jñā는 '즈냐(jñā)'로 그대로 발음하기도 한다. 그렇지만 직접 인도를 답사한 나카무라 하지메(中村元)는 실제로 '즈냐'로 발음하는 사람은 발견할 수 없었다고 한다. 따라서 범어의 saṁjñā나 거기에서 파생된 빠알리어의 sañña는 모두 '싼냐'로 표기되어야 한다.

그리고 jh는 앞의 k-계열음과 동일한 이유로 '자'로 그냥 표기한다. 다만 이 계열의 비음 ñ의 표기에서는 몇 가지 문제가 있다. 그것은 ñ이 a모음 앞에 올 경우에 구개음으로서 '냐'로 발음되는데 받침으로 올 경우에는 그 다음에 오는 자음이 목구멍소리에서 가까운 위치에 있는가 먼 위치에 있는가에 따라 'ㅇ'소리 또는 'ㄴ'소리에 가깝게 발음할 것인가가 결정되기 때문이다. 예를 들어 'patañjali' 같은 경우 '빠딴잘리' 또는 '빠땅잘리'로 둘 다 발음이 가능하지만, milindapañhā의 경우는 목청소리 h의 영향으로 '밀린다빵하'로 발음해야 한다. 빠알리어의 saññā는 '싼냐' 또는 '쌍냐'로 적을 수 있지만 어원적으로 보아 아누쓰와라(ṁ)가 감추어져 있으므로 '쌍냐'를 선택하는 것이 옳다.

§ 17. 자음의 구강내 조음과정-권설음(捲舌音, ṭa-varga)

㉕ ṭa ㉖ ṭha ㉗ ḍa ㉘ ḍha ㉙ ṇa (ṭa-varga)

ṭa-계열의 자음은 머리의 위치에서 혀끝으로 반전하여 발음한다. 이와 같은 쁘라띠샤키야의 정의에 따라 일반적으로 권설음으로 알려진 이 계열음은 특히 머릿소리(頭音, celebral)이라고 불린다.

현대 유럽어의 대부분은 영어의 부드러운 r이외에는 권설음이 없으므로 실제로 인도의 토착 언어에서 채용된 듯한 이 ṭa-계열음들의 발음을 용납하지 않는다. 이 소리는 혀의 뒷면이 활처럼 나오고 혀끝이 경구개에서 뒤로 접혀져 나는 소리이다.

필자의 생각에는 이 음이 머릿소리로 이름 붙여진 이유는 실제로 기(氣, prāṇa)의 흐름이 머리를 고정부로 하여 그곳에서 출발하기 때문이 아닌가 한다.

윌리엄스(M. Williams)는 ṭa, ṭha, ḍa, ḍha, ṇa를 각각 true의 t, until의 t, drum의 d, redhaired의 dh, none의 n과 일치키지만 이는 근사치에 불과하다.

우리말에서도 '말' 또는 '날로'에서의 'ㄹ'이외에는 권설음이 없으므로 사실상 표기가 불가능하다. 이 ṭa-계열은 그 다음의 ta-계열과 모두 동일하게 '따, 타, 다, 다, 나'로 표기한다. 이 책에서는 ṇ는 ṅ음과 확연히 구별되며 ṇ는 권설음의 ṇ로 표기가 불가능하며 다만 표기의 편의상 그냥 '나'로 적는다.

§ 18. 자음의 구강내 조음과정-치음(齒音, ta-varga)

㉚ ta ㉛ tha ㉜ da ㉝ dha ㉞ na (ta-varga)

ta-계열은 혀끝에 의해서 일어나는 잇소리이다. 쁘라띠샤키야에서의 이러한 분석은 대체로 유럽어 음성학에서의 견해와 비슷하지만 혀끝이 잇몸에 접촉하면서 나는 유럽어의 잇소리와는 약간의 차이가 있다. 현대 인도인들은 혀끝을 윗니에 정면으로 부딪쳐서 소리를 낸다. 이 음들은 윌리엄스에 의하면 ta, tha, da, dha, na의 각각 water의 t, nuthook의 th, dice의 d, adhere의 dh, nut의 n과 유사하다.

이 음가를 한글로 표기할 때는 다른 계열에서의 한글 표기 원리와 같은 원리를 적용하여 '따, 타, 다, 다, 나'로 쓰는 것이 별 무리가 없을 것이다.

§ 19. 자음의 구강내 조음과정-순음(脣音, pa-varga)

㉟ pa ㊱ pha ㊲ ba ㊳ bha ㊴ ma (pa-varga)

pa-계열은 유럽어와 완전히 일치한다. 쁘라띠샤키야도 두 입술로 발음하는 입술소리임을 밝히고 있다. 윌리엄스는 pa, pha, ba, bha, ma를 각각 영어 put의 p, uphill의 ph, bear의 b, abhor의 bh, map의 m과 유사한 발음으로 표기하고 있다.

우리말 표기는 여타의 계열음과 동일한 방식을 거쳐 표기하면 각각 '빠, 파, 바, 바, 마'로 할 수 있다.

§ 20. 자음의 구강내 조음과정-반모음(半母音)

쁘라띠샤키야에서는 반모음 y, r, l, v를 사잇소리(antaḥsthā)라고 부른다. 이 음들은 구강의 폐쇄 또는 접촉의 정도가 중간인 소폐과정(小閉過程, īṣatspṛṣṭa)에서 발생한다.

§ 21. 자음의 구강내 조음과정-반모음 ya

㊵ ya

ya음은 조음과정상 혀 가운데가 입천장에 접근하면서 나는 센입천장소리, 즉 경구개음에 소속되어 있다. ya는 인도어에서 뿐만 아니라 한글에서도 모음 i와 밀접한 관계가 있다. 그런데 현대 음성학에서 i는 모음 가운데 상대적으로 폐모음(閉母音)인 데 반해 인도의 음성학적 체계에서는 i는 개모음(開母音)에 속해 있으며 y는 조금 닫힌 음으로 규정된다. 따라서 고대 인도어에서의 y는 오늘날의 y음의 음가와는 조금 차이가 있으며 현대 음성학의 i에 훨씬 가깝다. 맥도넬이 베다어의 트랜스크립션에서 y를 i로 옮겼다. i와 y는 실제로 연성법칙에서 상호 교환된다. 따라서 범어 ārya를 '아랴'로 옮기는 것은 잘못이며 '아리야'

로 옮겨서 y의 음가를 i로 표기하고 i음의 영향을 받아 모음동화 현상을 일으킨 a는 '야'로 표기함이 옳을 것이다. 나카무라 하지메도 일본식 표기에서 'アーリヤ'로 해야 원음에 가깝다고 기술하고 있다. 단, 이 책에서 ārya에 대한 표기는 이미 일반적으로 '아리아'를 외래어 표기로 사용하고 있기 때문에 관례를 따랐다.

§ 22. 자음의 구강내 조음과정-반모음 ra

㊶ ra

ra음은 빠니니의 문법서에서 머릿소리, 즉 혀끝이 센입천장에 닿으면서 나는 소리인 반모음의 경구개음으로 규정한다. 이 r자음은 단어 안에서 일어나는 내적 연성법칙에서 머릿소리, 즉 권설음(捲舌音)인 ṛ모음과 상호교환된다. 그러나 빠니니의 규정과는 달리 쁘라띠샤키야에서는 ṛ음을 잇몸소리로 규정하고 있는데, 이는 현대 인도의 r발음 방식과 일치한다. 즉 r은 잇소리로 규정되어 있고 l음과 빠알리어나 쁘라끄리뜨에서 상호 교체되는 현상을 보인다. 그런데 우빠따에 따르면, 고대 인도에서는 ṛ모음과 관련된 r자음이 잇몸소리인가, 머릿소리인가에 논란이 있었다. 한편, 현대 문법학에서 가이거를 위시한 독일학자들은 r음과 l음은 반모음으로 분류하지 않고 유활음(liquide)으로 분류한다.

우리말에서는 권설음의 표기에 한계가 있기 때문에 이 책에서는 ra음을 잇몸소리인 '라'로 표기했다.

§ 23. 자음의 구강내 조음과정-반모음 la, ḷa, ḷha

㊷ la ㊸ ḷa ㊹ ḷha

la음은 빠니니적 전통에서는 혀끝이 잇뿌리에 접촉하여 조음된다고 규정한다. 그러나 리끄-쁘라띠샤키야(Ṛk-Prātiśākya)에서는 la에서 소리는 혀의 양쪽 끝으로부터 조음된다고 규정한다. 현대 음성학에서는 후자의 견해와 마찬가지로 l음은 설측음으로 규정한다. 이 la음은 ra음과 비슷하게 그것의 권설음 ḷ와 단어 내에서 내적 연성법칙으로 상호교환된다. 이를테면 √kḷp → kalpate로 변하는 현상이다.

ḷ과 ḷh은 고전 범어에서는 일반적으로 사용되지 않으며 광의의 범어에 포함되는 베다어에서만 발견된다. 그런데 빠알리어에서 발견되어 빠알리어가 베다어에 뿌리를 두고 있음을 보여주는 한 예가 되고 있다. 빠알리어에서는 범어음소 ḍ가 모음 사이에 놓이면 ḷ 즉 l의 권설음으로 바뀐다.

위의 세 음가는 우리말 24자에 표기되어 있지 않지만 최현배 선생도 '널로 해서 욕을 보았다'에서 '널로'에서의 'ㄹㄹ'을 설측음으로 규정하였고, 바로 그 음이므로 '(ㄹ)라'로 규정하여 (ㄹ)은 앞 음절의 받침으로 사용하면 될 것이다. ḷh의 경우에는 유성유기음의 옮겨 적기 원리에 따라 그냥 '라'로 적었다.

§ 24. 자음의 구강내 조음과정-반모음 va

㊺ va

va음은 원순모음(圓脣母音) u와 음성학적으로 연결된 반모음으로 규정되는데 고대 인도어의 연성법칙에서 v는 u에서 유래했기 때문이다. 영어 w나 독일어 w의 음가도 이로부터 유래한 것이다.

빠니니문법에서는 '현자는 va음을 잇입술소리, 즉 치순음(齒脣音)으로 규정한다.'고 한다. 이 v음의 발음은 아랫입술의 중간이 윗이빨과 만나서 나는 소리라는 것이다. 실제로 발음해 보면 v음이 r과 모음 앞에서는 독어의 w처럼 '바'로 발음되고 자음 뒤에서는 영어의 w처럼 '와'로 발음되는 이유를 알 수가 있다. 자이덴스튀커는 '스리랑카식 빠알리어 사용용례에 따르면, 자음 가운데 r을 제외한 t, d, s만이 v음 앞에 오므로 그때에만 '와'로 발음해야 한다.'고 주장한다.

§ 25. 자음의 구강내 조음과정-마찰음

마찰음 śa, ṣa, sa는 구강이 조금 열리면서 마찰되는 음으로 쁘라띠샤키야에서는 '마찰음은 폐쇄음의 고정부에서 순차적으로(조음되지만) 그 조음의 중심부는 열려 있다'고 설명한다. 여기서 인도 문법가들은 마찰음에 관해 식(息, ūṣman, 더운 기운이 있는, 입김)이란 용어를 사용하는데 이는 기(氣, prāṇa, 숨)와 구별하기 위한 것이다.

§ 26. 자음의 구강내 조음과정-마찰음 śa

㊻ śa

śa음은 혓바닥이 경구개에 접근하면서 나는 소리이다. 이러한 고전 인도 문법학자들의 견해는 현대의

음성학적 입장과 완전히 일치한다. 그런데 이 śa는 원래 인도유럽어의 폐쇄음 ka가 그 폐쇄성을 상실하면서 조음장소가 앞으로 밀려 나가면서 생겨난 음이다. 이 śa가 대기음화되면 cha가 되고 그것의 중간 매개체 ja를 거치면 유성대기음 h가 된다. sa가 연성법칙에 의해 śa가 되는 경우가 있는데, 빠알리어에서는 śa가 sa로 변해 버려 이 성음은 존재하지 않는다. 이 śa발음은 현대 인도에서 sh[ʃ]와 sya 사이에서 변화한다.

이 책에서 우리말 표기는 śa, śi, śu, śe, śo의 경우 각각 '샤, 시, 슈, 셰, 쇼'로 표기하고 자음이 뒤에 올 경우에는 '스'로 적어서 권설음의 ṣ와 구별했다.

§ 27. 자음의 구강내 조음과정-마찰음 ṣa

㊼ ṣa

ṣa음은 머릿소리 곧 권설음과 마찬가지로 혀끝이 경구개 밑에서 뒤로 젖혀져 나는 소리이다. 쁘라띠샤키야 문헌에서는 혀의 모양을 'ṣ음은 물통 모양이다'라고 규정하고 있다. 이 ṣa음은 k, r, s 또는 a, ā 뒤에서 동화 현상으로 인해 sa를 대신하는 역할을 한다. 이것은 본래 인도유럽어의 sa에서 유래한 것이다. 이를 테면 아베스타어 aspaesu가 범어의 aśveṣu로 바뀐 것과 같다. 이 ṣa는 범어에는 있으나 빠알리어에서는 잇소리 sa로 바뀌어 아예 현존하지 않는다.

현대 인도어에서는 ṣa의 발음은 kha 발음과 뒤섞여 있다. 그것은 조음의 위치가 śa보다는 연구개에 가깝기 때문이거나 인도유럽어의 kha에서 영향을 받았기 때문일 것이다. 현대에는 음성학적 연구 결과에 따라 일반적으로 ṣa를 śa와 구별하여 [ʃ]로 표기한다.

이 책에서 ṣa의 우리말 표기는 모음 앞에 올 때는 śa의 경우처럼 발음하고 자음이 앞에 올 때만 śa와 구별하여 '슈'로 발음한다.

§ 28. 자음의 구강내 조음과정-마찰음 sa

㊽ sa

sa음은 가장 일반적인 음이며 대체로 현대 유럽어의 s와 일치한다. 그것은 혀끝이 잇뿌리에 닿아서 나는 일반적인 잇소리의 특징을 지닌다. 이 sa는 고전 인도어에서 연성법칙에 따라 śa, ṣa로 바뀌며 단어의 끝이나 문장의 끝에서도 -r, -h로 바뀐다. 따라서 마찰음적 성격을 강하게 띤다. 윌리엄스는 그 발음이 영어의 saint처럼 강하게 발음된다고 밝히고 있다.

이 책에서 이 sa에 대한 우리말 표기는 '사'가 아닌 '싸'로 한다. '사'로 표기할 경우에 śa나 ṣa와 혼동될 우려가 있다.

§ 29. 자음의 구강외조음과정

여기에는 숨소리(氣息音)인 ha, 마찰음적 성격을 띠는 ḥ, 그리고 특별한 비음인 아누쓰와라(ṁ)가 소속된다. 사전적 순서에서는 ḥ와 ṁ는 실제적 역할이 없으며 앞의 모음의 순서에 소속되어 버린다. 실제로 독립적으로 구강외적 과정에서 존재하는 자음은 h음 하나뿐이다.

앞에서 각각 그 역할에 대해서 모음이나 자음에서 구강외적 역할을 설명할 때 이미 거론했으나 좀더 알파벳으로서의 특성을 살려 상세히 논한다.

§ 30. 자음의 구강외 조음과정-ha

㊾ ha

ha음은 목청소리로 그것의 열고 닫음의 중간 상태에서 소리나며 기(氣, śvāsa, 숨)와 성(聲, ghoṣa, 소리)을 모두 방출된다고 쁘라띠샤키야에서는 정의한다. 그러나 위뜨니는 이 ha는 현대 유럽어의 무성자음 h와 동일하게 보아도 상관없다고 본다.

고대 인도어의 ha는 유성의 대기음으로 다른 유성의 대기음인 gh, jh, ḍh, dh, bh의 h와 일치하며 그 상호동화 현상에서 유래된 것이다. 범어 √dṛh가 dṛdha로 변할 때나 √dhā가 hita로 변할 때 상호전환되는 것을 알 수 있다. 따라서 h는 현대 유럽어처럼 순수한 자기 근원을 갖고 있기보다는 유성자음에 대기음을 공급하던 역할에서 분리된 것으로 보아야 한다. 윌리엄스의 음가표기로는 hier의 h에 해당된다.

한글 표기에서는 정확히 h[h]음을 표기하기 어렵지만 일반적인 '하'로 한다.

§ 31. 자음의 구강외 조음과정-ḥ

㊿ ḥ

ḥ는 특별히 비싸르가(visarga)라고 한다. 쁘라띠샤키야 문헌이나 빠니니 문헌에서는 모두 이것이 독립된 소리가 아니라고 언급하고 있다.

비싸르가 표현방식의 하나인 visarjaniya란 말은 '끝에 종속되는 것'이란 의미로 어미에 오는 무성의 기식음(氣息音)임을 암시하고 있다. 또한 마찰음 ś, ṣ, s와 상호 동화될 수 있는 것으로 보아 마찰음적 성격을 지니므로 이 비싸르가는 일치하는 조음부의 위치에 따라 [-h], [-x], [-ʃ], [-s], [-ɸ]의 음성학적 형태를 띨 수 있다. 이 가운데 마찰음 자체는 독립하여 다른 알파벳에 소속되지만 비싸르가의 서로 다른 음가인 [-h], [-x], [-ɸ]는 각각 visarjaniya, jivhāmūlya, upadhmāniya의 이름을 갖고 있다.

비싸르자니야는 목청소리 즉 후음으로 문장 끝이나 마찰음 앞에 올 경우의 비싸르가의 음가이며, 좀더 엄밀히 하면 마찰음 앞에서는 그 마찰음에 동화된다. 이를 테면 indraḥśura는 [indraʃ ʃuːrah]로 소리난다.

지흐와물리야는 어린 입천장소리 즉 연구개음(軟口蓋音)으로 k, kh앞에서 소리나는 비싸르가의 음가이다. 예를 들면 katāḥ krīyante는 [kataːx kriːyante]로 소리난다.

우빠드마니야는 입술소리, 즉 순음(脣音)으로 p, ph앞에 놓일 때 소리나는 비싸르가의 음가이다. 이를 테면 cāravaḥ putrā는 [caːraΦputra]로 소리난다. ɸ음은 특히 촛불을 불어서 끌 때의 기식음과 같다. 이러한 전문적이고 미세한 동화 현상은 한글화 표기에까지 기술하기가 곤란하다.

나카무라 하지메는 이 비싸르가 ḥ는 독일어 'ach'보다 약하게 발음된다고 주장하며 saḥ는 [saha]처럼 들리고 ariḥ는 [arihi]처럼 들리고, śatruḥ는 [śatruhu] 처럼 들린다고 했다. 한글 표기 방식은 [-ㅎ]로 하면 가장 타당한 음성학적 고려이겠지만 실제 사용하지 않으므로 이 책에서는 비싸르가 앞에 있는 모음의 영향을 고려하여 나카무라 하지메의 표기방식을 따른다면, 예를 들어, saḥ는 싸하, ariḥ는 아리히, śatruḥ는 샤뜨루후로 표기할 수 있다. 그러나 일반적으로는 '싸흐, 아리흐, 샤뜨루흐'라고 표기한다.

§ 32. 자음의 구강외 조음과정-ṁ

㊿① ṁ

이누쓰와라 ṁ(=ṃ)은 고대 인도어에서 비음의 자음 체계와 관련되어 설명되고 있긴 하나 그것이 자음에 속하는가 모음에 속하는가에 대해서도 확정적인 견해가 없다.

릭-쁘라띠샤키야(Ṛk-Prātiśakhya)에서는 아누쓰와라를 닫힘 없는 마찰음이자 모음으로 분류하고 있다. 따라서 aṁ/uṁ을 a에 대한 복모음 ai/au와 같은 관계로 취급하는데 이는 오늘날의 마라디어 발음방식, 즉 aṁsa를 [aw̃sə]로 발음하는 것에서 그 타당성을 찾을 수 있기는 하다. 빠니니야 식샤는 '조롱박으로 만든 현악기에서 나는 소리'로 규정하고 있는데, 이는 사르바쌈마따-식샤에서 '종소리처럼 심장에서 울려 나오는 소리'란 규정과 일치한다.

문법적으로 원래 단어 끝의 비음 m이 다음 단어의 자음 앞에서 변하거나 단어의 내부에서 -VṁS-(V : 모음, S : 마찰음과 기식음)의 조음 원리가 범어에서의 -VnT-(V : 모음, T : 폐쇄음) 그리고 -Vĩ L-(V : 모음, L : r를 제외한 반모음)의 원리 속으로 확대되면서 빠알리어에까지 계승된 것이다. 그러나 비문이나 필사본에서 añja를 aṁja로, aṇda를 aṁda로, anta를 aṁta로, amba를 aṁba로 표기하는 수가 많은데 이는 비음을 간략한 표현 형식인 아누쓰와라(ṁ)를 빌린 것으로 결코 아누쓰와라에 소속되지 않는다. m. 윌리엄스는 자음인 비음에서 유래된 아누쓰와라를 ṁ, 비음화된 모음의 아누쓰와라를 ṅ으로 표기하고 있다.

우리말 표기는 우리말에는 폐쇄음의 다양성이 있기 때문에 곤다(J. Gonda)의 입장에 따르기로 했다. ① 반모음, 마찰음, 비싸르가, 폐쇄음 가운데 ka, ga 앞에 오는 것은 불어의 jean 처럼 '앙'으로 ② 비음앞에서는 동일 계열의 비음으로 ③ 그 이외의 자음이나 모음 앞 또는 단독으로 쓰이는 한 단어나 문장 끝에 올 경우에는 'ㅁ'으로 받침을 넣어 발음한다. 이것이 연성법칙을 고려한 표기일 것이다.

§ 33. 자음의 구강외 조음과정-m̆

㊿② m̆

m̆이나 n̆에 ˘이 쓰이며 그것은 아누쓰와라의 단지 특수한 형태에 사용되는 기호이다. 범어의 연성에서 m̆과 n̆은 반모음의 설측음 앞에서 특수하게 발음되는 비음인데, tam̆ labdhān 또는 tan̆ labdhān은 taĩ labdhān으로 표기되기도 한다. 학자에 따라서는 이때의 ˘i을 ĩ로 표기하기도 한다. 그것에 대해 가장

편리한 발음은 '땅 랍단'이므로 'ㅇ'받침으로 하는 것이 좋을 듯하다.

§ 34. 조음의 위치도

① 입술(*sk.* oṣṭha)
② 이빨(*sk.* danta)
③ 이뿌리(*sk.* dantamūla)
④ 센입천장(*sk.* tālu) 머리(*sk.* mūrdan)
⑤ 여린입천장(*sk.* hanumūla)
⑥ 혀끝(*sk.* jivhāgra)
⑦ 혀가운데(*sk.* jivhāmadhya)
⑧ 혀뿌리(*sk.* jivhāmūla)
⑨ 목구멍(*sk.* kaṇṭha)
⑩ 폐(*sk.* uras)

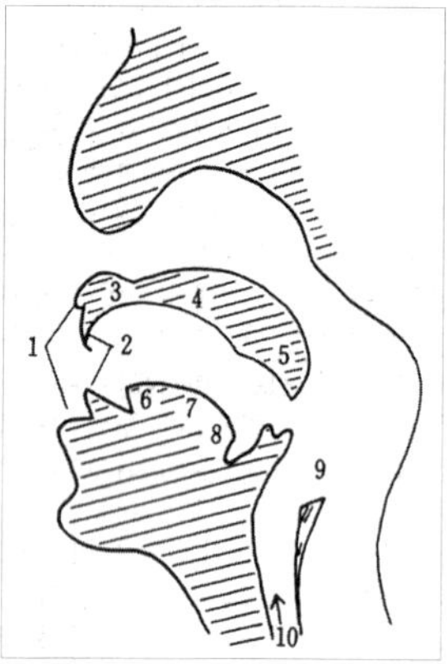

§ 35. 모음의 구개도

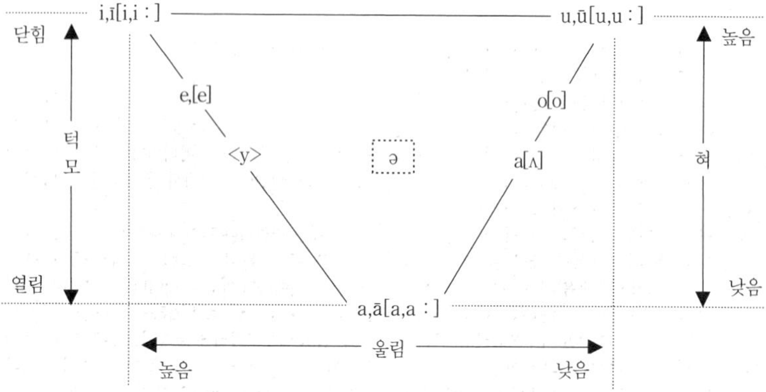

※ *ə*는 *r*, ṛ나 *l*의 발음에 있어서 kṛt를 [*k ə r ə t*]로 발음할 때의 [*ə*]를 의미한다.
※ *a→i*와 *a→u*는 복모음인 *ai*와 *au*를 표시한다.

§ 36. 인도고전어와 빠알리어의 조음과정의 분류

조음부			고정부	목청	위턱뿌리	센입천장	머리	잇끝	입술
			능동부	목청	혀뿌리	혀가운데	혀끝	잇끝	입술
조음방법			이름	후음	연구개음	경구개음	권설음	치음	순음
모음	열개과정	유성음	단모음	a [a:ㅏ]	u [u:ㅜ]	i [i:ㅣ]	ṛ [ri:리]	l [li:(ㄹ)리]	u [u:ㅜ]
			장모음	ā [ā:ㅏ]	ū [ū:ㅜ] o [o:ㅗ]	ī [ī:ㅣ] e [e:ㅔ]	ṝ [rī:리]		ū [ū:ㅜ] o [o:ㅗ]
			복모음		(o), au	(e), ai			(o), au
자음	폐쇄과정	무성음	무기음		k [k:ㄲ]	c [c:ㅉ]	ṭ [t:ㄸ]	t [t:ㄸ]	p [p:ㅃ]
			대기음		kh [kh:ㅋ]	ch [ch:ㅊ]	ṭh [th:ㅌ]	th [th:ㅌ]	ph [ph:ㅍ]
		유성음	무기음		g [g:ㄱ]	j [j:w]	ḍ [d:ㄷ]	d [d:e]	b [b:ㅂ]
			대기음		gh [gh:ㄱ(ㅎ)]	jh [jbh:ㅈ(ㅎ)]	ḍh [ḍh:ㄷ(ㅎ)]	dh [dh:ㄷ(ㅎ)]	bh [bh:ㅂ(ㅎ)]
	소폐과정	반모음	비음	ṁ[~]	ṅ [ɲ : o]	ñ [ɳ:ㄴ]	ṇ[ṇ:s]	n[n:ㄴ]	m [m]
			유성음		y [y이(야)]	r [r:ㄹ]	l [l:ㄹ(ㄹ)]	v [v:ㅂ(o)]	
	소개과정	마찰음	무성음	ḥ [-h:ㅎ]	(h) [-x]	ś [ʃ:ㅅ]	ṣ [ʃ:ㅅ]	s [s:ㅆ]	(h) [-x]
			유성음	h [h:ㅎ]					

※ 이탤릭체는 현대음성학에서의 조음부에 대한 위치를 표시한 것이다.
※ 위의 체계는 빠니니의 시비-쑤뜨라(Śivaśūtra)의 배열에 따라 시드리 알렌이 정리한 자모의 갈래에 조음부의 위치 즉 고정부와 능동부를 명시해서 필자가 보완한 것이다.
※ 여기서 모음은 현대의 음운체계에 맞지 않아 모음의 개구도를 따로 부록으로 첨가했다.

§ 37. 범어와 빠알리어의 발음법

빠알리 순 서	범 어 순 서	옮 겨 적 기	음 성 기 호	한글표기	발음방식
1	1	a	a(Λ)	아	sun(영)
2	2	ā	ā	아	father(영)
3	3	i	i	이	lily(영)
4	4	ī	i :	이	police(영)
5	5	u	u	우	full(영)
6	6	ū	u :	우	rude(영)
*	7	ṛ	ri	리	merrily(영)
*	8	ṝ	ri :	리	marine(영)

빠알리 순 서	범 어 순 서	옮 겨 적 기	음 성 기 호	한글표기	발음방식
*	9	ḷ	li	ㄹ리	revelry(영)
*	10	ḹ	li :	ㄹ리	revelry(영)
7	11	e	e	에	prey(영)
*	12	ai	ai	아이	aisle(영)
8	13	o	o	오	stone(영)
*	14	au	au	아우	house(영)
9	15	ka	ka	까	kill(영)
10	16	kha	kha	카	inkhorn(영)
11	17	ga	ga	가	gun(영)
12	18	gha	gha	가	loghut(영)
13	19	ṅa	ŋa	나	sing(영)
14	20	ca	ca	짜	dolce(영)
15	21	cha	cha	차	deutch(독)
16	22	ja	ja	자	jet(영)
17	23	jha	jha	자	hedgehog(영)
18	24	ña	nya	냐	heranjagen(독)
19	25	ṭa	ṭa	따	true(영)
20	26	ṭha	ṭha	타	until(영)
21	27	ḍa	ḍa	다	drum(영)
22	28	ḍha	ḍha	다	redhaired(영)
23	29	ṇa	ṇa	나	none(영)
24	30	ta	ta	따	water(영)
25	31	tha	tha	타	nuthook(영)
26	32	da	da	다	dice(영)
27	33	dha	dha	다	adhere(영)
28	34	na	na	나	nut(영)
29	35	pa	pa	빠	put(영)
30	36	pha	pha	파	uphill(영)
31	37	ba	ba	바	bear(영)
32	38	bha	bha	바	abhor(영)
33	39	ma	ma	마	map(영)
34	40	ya	ya	야	loyal(영)
35	41	ra	ra	라	red(영)
36	42	la	la	ㄹ라	lead(영)
37	43	ḷa	ḷa	ㄹ라	water(미)
*	44	ḷha	ḷha	ㄹ라	weather(미)
38	45	va	va	바, 와	waßer(독),water(영)
*	46	śa	śa	샤, 스	schon(독)
*	47	ṣa	ṣa	샤, 슈	shun(독)
39	48	sa	sa	싸	saint(영)
40	49	ha	ha	하	hear(영)

빠알리 순 서	범 어 순 서	옮 겨 적 기	음 성 기 호	한글표기	발음방식
*	50	ḥ	-h,	ㅎ	ich(독)
41	51	ṁ, m	ṁ	-ㅇ,-ㅁ,-비음	jean(불)
*	52	m	n	-ㅇ	〃

§ 38. 낱말의 강세법

베다 문헌에서는 액센트의 위치가 억양에 의한 액센트(pitch accent)로 복잡한 구조를 띠고 있어 단어에 표시되어 있다. 그러나 고전 범어로 내려오면서 액센트의 부호를 결정하는 새로운 방법이 생겨났으며 이를 강세 액센트(stress accent)라고 부른다. 빠라끄리뜨나 빠알리어는 액센트 표시 방식이 달리 규정되어 있지 않고 고전 범어처럼 액센트의 방식에서도 그 강세 액센트를 따른다. 이때 강세 액센트의 결정은 장단음의 결정에 따라 일차적으로 이루어진다. 단음에는 a, i, u, ṛ, ḷ가 있으며 장음에는 ā, ī, ū, e, ai, o, au, ṁ앞에 오는 단모음, ḥ 앞에 오는 단모음, 그리고 둘 이상의 자음 앞에 오는 단모음(위치장음)이 있다. 시구나 문장의 마지막 음절은 단모음이 오건 장모음이 오건 관계없이 시형론의 요구에 따라 장단이 결정된다.

장단이 결정되면 강세 액센트의 결정은 다음과 같이 이루어진다.

1) 단어의 끝에서 두 번째 음절이 장음일 때 액센트는 그 위치에 있다; sk. mūrkhéna.

2) 단어 끝에서 두 번째 음절이 단음일 경우에는 끝에서 세 번째 음절에 액센트가 있다; sk. pítaram.

3) 단어 끝에서 세 번째 음절이 단음일 경우에는 장단에 상관없이 끝에서 네 번째에 액센트가 있다; sk. dúhitaram.

그 외에 명사적 파생어에서 y, v는 일반적으로 위치장음을 만들지 않는데 유념해야 한다. 예를 들어 antarikṣya는 끝에서 두 번째 음절이 장음이라 그곳에 액센트가 있어야 하나 위치장음을 만들지 않으므로 끝에서 세 번째인 antárikṣy에 액센트가 주어진다. 그리고 명사적 합성어는 일반적으로 각 요소마다 고유의 액센트를 지닌다. 단, 첫 명사가 단음절일 경우에도 그곳에 액센트가 주어진다. 예를 들면 rāja-puruṣa란 합성어는 rā́ja-púruṣa란 식으로, vag-iśvara는 vág-íśvara란 식으로 액센트가 주어진다.

§ 39. 모음의 질적 변화 : 빠알리어와 고대인도어의 모음의 상호관계

고대인도어 a ā i ī u ū e ai o au ṛ
↓ ↓ ↓ ↓ ↓ ↓ ↘ ↙ ↘ ↙ ↙ ↓ ↘
빠알리어 a ā i ī u ū e o a i u

위의 대비에서 알 수 있듯이 일반적으로 ai, au, ṛ 만이 빠알리어에서 상응하는 다른 질적 변화를 지닌다.

§ 40. 모음의 질적 변화에 관한 일반적 법칙

모음의 질적변화에 관한 빠알리어의 일반적 법칙은 다음과 같은 법칙을 통해서 성립된다.

① 이음장(二音長)의 법칙을 통해서(§ 44.)

② 탈락된 본래 부수되는 자음들, 특히 r에 대한 보상장음을 통해서(§ 63.)

③ 시형의 운율을 맞추기 위해서 가끔 장모음이 단모음이 되기도 하고 장모음이 단모음이 되기도 한다. 그리고 복합어의 형성을 통해서 이러한 변화가 가능하다.

§ 41. 모음의 질적 변화에서의 예외적 법칙

모음의 질적 변화의 다음과 같은 현상은 훨씬 드물게 일어난다.

① *sk.* u 대신에 i가 *sk.* i 대신에 u가 등장하기도 한다.

② 일종의 모음조화 법칙에 따라 a가 인접한 음절에서 i와 u를 통해서 i 또는 u로 변화된다.

③ 이중자음 앞에서 e 또는 o는 자주 i와 u로 단모음화 된다.

④ 그와는 반대로 이중자음 앞에서 i와 u가 e 또는 u로 바뀐다.

⑤ 그 밖에 모음의 변화는 쌈쁘라싸라나(Samprasāraṇa § 41.)와 모음축약(§ 42.)통해서 일어난다.

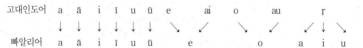

§ 42. 쌈쁘라싸라나(Samprasāraṇa)

쌈쁘라싸라나는 이중자음 앞에서 *sk.* ya/yā>ī와 *sk.* va/vā>ū 또는 o로 환원되는 것이다.

vītipatati < *sk.* vyati° <*sk.* viati°, visīveti < *sk.* viśyāpayati

sūna < *sk.* śvan, soppa < *sk.* svapna

§ 43. 모음의 축약현상

빠알리어 구조에서 자주 일어나는 특징은 축약현상이다.

aya > e(§ 247). ava > o.

그러나 이 두 법칙은 의무적인 것은 아니다. (cf. nayana '눈'·savana '귀·청문')

더욱이 다음과 같이 간략화 될 수도 있다.

upa > u. apa > o.

전혀 이질적인 축약현상도 가끔 볼 수 있다.

aya > a. āya > a. ayi > e. āyi > e. avi > e

그 밖에 축약된 형태와 축약되지 않은 형태가 자주 병렬적으로 사용된다.

jayati	—	jeti	이기다.
sayati	—	seti	놓이다.
yāyati	—	-yeti	가다.
bhāyati	—	-bheti	두려워하다.
bhavanto	—	bhonto	존자/씨(氏).
bhavati	—	hoti	이다/있다.
avakantati	—	okantati	자르다.
avakkhipati	—	okkhipati	버리다.
avagāhati	—	ogāhati	빠지다.
avakassati	—	okassati	끌다.
bhavissati	—	hessati	이다(*fut.*)

§ 44. 삽입모음

빠알리어에서는 자음군을 간략히 하려는 뚜렷한 경향을 볼 수 있다. (§ 61~63.) 그러나 동화현상과 자음탈락만이 아니라 단어의 초두음이나 중간음에서 자음군속에 삽입모음이 등장하는 것도 발음을 편리하게 하는 수단이다(비교 : 그 밖에 § 58.에서의 초두음에 모음의 첨가.). 그것은 언제나 반모음을 포함한 자음군(y.v.r.l 또는 비음)에서 나타난다. 예외가 있다면 단지 kasaṭa '나쁜'가 있는데 마이르호퍼(Mayrhoffer,14)에 따르면 그것은 방언에 불과하다.

삽입모음으로서는 먼저 i가 등장하고 a와 u도 나타나지만 후자인 a와 u는 주로 m이나 v앞에 온다. 때때로 한 단어에 다양한 삽입모음이 등장하기도 한다 : palavati = pilavati(*sk.* 헤엄치다).

i	sineha	<	*sk.* sneha
	sināna	<	*sk.* snāna
	tasiṇā	<	*sk.* tṛṣṇā
a	ratana	<	*sk.* ratna
u	tuvaṁ	≤	tvaṁ
	sumarati	<	*sk.* smarati
	pāpuṇāti	<	*sk.* prāpṅoti

§ 45. 이음장(二音長)의 법칙

아주 적은 예외만 보이는 이 법칙은 빠알리어의 구조뿐만 아니라 다른 중세 인도 언어에도 결정적인 영향을 미치는 인자이다. 음절은 오로지 다음과 같은 구조를 가질 수 있다.

① 단모음을 갖는 개모음(開母音)은 일음장(一音長)이다. : tapa

② 장모음을 갖는 개모음(開母音)은 이음장(二音長)이다. : rāja
③ 단모음을 갖는 폐모음(閉母音)은 이음장(二音長)이다. : bhutta

또한 aṁ, Iṁ, 그리고 uṁ도 이음장으로 취급된다. 그러므로 이러한 모음은 닫힌 모음에서처럼 장음표기를 해서는 안 된다. 그러나 닫힌 음절에서 e와 o는 쌍쓰끄리트어와는 달리 단모음으로 취급될 수 있다. (§ 11. § 12.)

이음장의 법칙은 모든 고대인도어에서 유래된 단어와 어형변화 뿐만 아니라 빠알리어에서의 새로운 단어형성과 어형변화어미, 그리고 신구의 복합어에도 해당된다.

① 닫힌 음절에서의 모음 단축
attā < *sk.* ātmā,　devānaṁ < *sk.* devānāṁ

② 음절 끝의 자음의 탈락 : 거의 언제나 음절끝의 r이 탈락한다.
sīsa < *sk.* śīrṣa,　akāsi < *sk.* akārṣīt

※ 예외는 아주 드물게 일어난다.
dussīlya < dussīla,　brāhmaṇa,
pītva ≤ pitva,　tatrāssa < tatra assa (문장의 연성법칙에서)

§ 46. 간모음의 변화

인도유럽어에서부터 유래된 간모음의 변화, 즉 e 모음 내지 e를 포함한 복모음과 드물지만 a 모음의 질적 양적인 변화는 인도이란 시대 이래로 e, o, a > a 와 ē, ō, ā > ā 로의 일치는 아직도 양적인 간모음의 변화로만 관찰될 수 있다.

빠알리어에서는 자신의 모방변화와 음성법칙을 통해 부분적으로 사라지긴 했어도 이러한 양적인 간모음의 변화를 대부분 보존하고 있다. 이 양적인 변화는 빠알리어에서 어근음절 뿐만 아니라 명사와 동사의 어간형성 음절에서도 살펴 볼 수 있다. 세 가지 양적으로 차별적인 단계를 다음과 같은 모음들과 복모음에서 구별해 볼 수 있다.

		약변화단계	정상변화단계	확대변화단계
1.	*ide.*	i	ei/oi	ēi/ōi
	sk.	i ī	e ay(모음앞에)	e āy(모음앞에)
	pali	i ī	e ay(모음앞에)	e āy(모음앞에)
2.	*ide.*	u	eu/ou	ēu/ōu
	sk.	u ū	o av(모음앞에)	au āv(모음앞에)
	pali	u ū	o av(모음앞에)	o āv(모음앞에)
3.	*ide.*	m	em/om	ēm/ōm
	sk.	a	aṁ	āṁ
	pali	a	aṁ	āṁ
4.	*ide.*	ṇ	en/on	ēn/ōn
	sk.	a	an	ān
	pali	a	an	ān
5.	*ide.*	ṛ	er/or	ēr/ōr
	sk.	ṛ, ir, ur, ri, ru	ar	ār
	pali	a, i, u, ir, ur	ar	ār
6.	*ide.*	e —	e/o	ē/ō
	sk.	a —	a	ā
	pali	a —	a	ā
7.	*ide.*	i	ie/io	ie/io
	sk	i	ya	yā
	pali	i, yi	ya	yā

8.	*ide.*	u	ue/uo	uē/uō
	sk.	u	va	vā
	pali	u, vu	va	vā
9.	*ide.*	e	ē ō ā(원래의 장모음)	
	sk.	i	ā	
	pali	i	ā	

간모음 변화의 의미를 빠알리어의 어형론으로 설명하면 그 예는 아래와 같다.

약변화단계	정상변화단계	확대변화단계	어근의미
1. 류			
likhati	lekheti		자르다/새기다.
pres.	*caus.*		
bhindati	bhedeti		자르다.
pres.	*caus.*		
nīta	nayati	nāyeti	이끌다.
pp.	*pres.*	*caus.*	
disati	deseti		보다.
pres.	*caus.*		
jita	jayati		이기다.
pp.	*pres.*		
cita	-cetuṁ		모으다.
pp.	*inf.*		
2. 류			
suta	sotuṁ	sāvati	듣다.
pp.	*inf.*	*caus.*	
-suta	savati	-sāveti	흐르다.
pp.	*pres.*	*caus.*	
-ruhati	-rohati		자라다.
pres.	*pres.*		
rudati	rodati		울다.
pres.	*pres.*		
ruta	ravati	-rāveti	포효하다.
pp.	*pres.*	*caus.*	
bhūta	bhavati	bhāveti	이다/있다.
pp.	*pres.*	*caus.*	
bhutta	bhottuṁ		즐기다.
pp.	*inf.*		
buddha	bodheti		깨닫다.
pp.	*caus.*		
cuta	cavati	cāveti	사라지다.

약변화단계	정상변화단계	확대변화단계	어근의미
pp.	*pres.*	*caus.*	
3. 류			
	vamati	-vāmeti	토하다.
	pres.	*caus.*	
-yata	yamati	(sañ)ñāmeti	삼가하다.
pp.	*pres.*	*caus.*	
gata	gamissati	gāmeti	가다.
pp.	*fut.*	*caus.*	
4. 류			
hata	hanissati		죽이다.
pp.	*fut.*		
mata	mantuṁ	māneti	생각하다.
pp.	*inf.*	*caus.*	
khata	khanati	khāneti	파다.
pp.	*pres.*	*caus.*	
raññā		rājā	왕
ins. (*ide.* *n.*)		*nom.* (*ide.* ēn/ōn)	
bhavatā	bhavantaṁ		
ins. (*ide.* *n.*)	bhavati의 *ppr.* *acc.*	(*ide.* en/on)	
5. 류			
haṭa	harati	hāreti	운반하다.
pp.	*pres.*	*caus.*	
mata	marati	māreti	죽다.
pp.	*pres.*	*caus.*	
dhata, -dhita	dharati	dhāreti	지니다.
pp.	*pres.*	*caus.*	
-sita, -saṭa	sarati	sāreti	가다.
pp.	*pres.*	*caus.*	
-vuta, -vaṭa	-varati	vāreti	방해하다.
pp.	*pres.*	*caus.*	
dātu	dātari	dātā	보시자.
(*ide.* -tṛs)	(*ide.* ter/tor)	(*ide.* tēr/tōr)	
gen. *abl.*	*loc.*	*nom.*	
6. 류			
	sahati	sāheti	참다.
	pres.	*caus.*	
patita	patati	pāteti	떨어지다.

약변화단계	정상변화단계	확대변화단계	어근의미
pp.	*pres.*	*caus.*	
	nadati	nādeti	부르짖다.
	pres.	*caus.*	
tapita	tapati	tāpeti	태우다.
pp.	*pres.*	*caus.*	
siyaṁ	asmi		이다/있다.
opt.	*pres.*		
7. 류			
ijjati yiṭṭa	yajati	yājeti	제사하다.
pres. pp.	*pres.*	*caus.*	
8. 류			
vuyhati	vahati	vāheti	운전하다.
pass.	*pres.*	*caus.*	
vuttha	vasati	vāseti	살다.
pp.	*pres.*	*caus.*	
vuddha	vaddhati		자라다.
pp.	*pres.*		
vutta	vapati	vāpeti	씨뿌리다.
pp.	*pres.*	*caus.*	
utta vutta	vattuṁ	vāceti	말하다.
pp.	*inf.*	*caus.*	
9. 류			
hitvā	jahāti		떠나다.
abs.	*pres.*		
ṭhita	-ṭhāti		서다.
pp.	*pres.*		
ṭhitvā	ṭhātuṁ		서다.
abs.	*inf.*		
-siṭṭha	sāsati		가르치다.
pp.	*pres.*		
mināti	mātabba		재다.
pres.	*grd.*		
hita	dhātuṁ		놓다.
pp.	*inf.*		

§ 47. 빠알리어의 자음과 고대인도어와의 관계

자음의 초두음의 특수성에 관해서는 § 59~§ 61을 보라.
자음의 말미음의 특수성에 관해서는 § 66~§ 71을 보라.

§ 48. 고대인도어의 마찰음과 빠알리어의 s

고대인도어의 마찰음은 빠알리어에서 s로 통일된다.

sk. ś ṣ s

↘ ↓ ↙

pali s

§ 49. 고대인도어의 대기음과 빠알리어의 h

고대인도어의 gh, dh, bh와 빠알리어의 h : 대기적인 유성음 gh, dh, bh는 초두음 뿐만 아니라 중간음에서 h로 변할 수 있다. 이러한 현상은 특히 후대의 빠알리어에서 보인다.

hoti ≦ bhavati dahāti ≦ dadhāti
devehi ≦ devebhi aggīhi ≦ aggībhi
lahu< *sk.* laghu hūta ≦ cbhūta

§ 50. 고대인도어의 차음과 빠알리어의 권설음

고대인도어의 치음(齒音)은 빠알리어에서 권설음(捲舌音)으로 변할 수 있다.

ḍayhati ≦ dayhati dukkaṭa ≦ dukkata
suvāṇa ≦ suvāna paṭhavi ≦ pathavi paṭi ≦ pati

§ 51. 고대인도어의 r과 빠알리어의 l

고대인도어의 r 대신에 가끔 빠알리어에는 l이 등장한다.

dalidda < *sk.* daridra lujjhati *pass.* < rujati
taluṇa ≦ taruṇa cattālīsa ≦ cattārīsa

§ 52. 고대인도어 ḍ, ḍh와 빠알리어의 ḷ, ḷh

고대인도어의 ḍ, ḍh는 빠알리어에서 ḷ, ḷh로 변한다.

soḷasa < *sk.* soḍasa mūḷha < *sk.* mūḍha rūḷha < *sk.* rūḍha

§ 53. 고대인도어의 ṣ와 빠알리어의 h

고대인도어의 ṣ는 빠알리어에서 h로 될 수 있다. 특히 잘 알려진 어근의 몇몇 미래형에서 볼 수 있다.

kahāmi ≦ kassāmi < *sk.* karṣyāmi
hehāmi ≦ bhavissāmi <*sk.* bhaviṣyāmi anubhohisi ≦ anubhossasi

§ 54. 빠알리어에서 기식음의 불이화

고대인도어로부터 유래된 어형에서는 숨소리의 이화(異化) 현상이 보존되어 있다(buddha = *sk.* buddha <*ide.* bhudh-to). 그러나 비로서 빠알리어에 와서 음성 법칙에 따라 두 개의 대기음화된 소리가 한 단어에 등장하면 더 이상 숨소리의 이화현상은 일어나지 않는다.

bhakkhati < *sk.* bhaṣati bhikkhu < *sk.* bhikṣu

§ 55. 억제음(抑制音)의 탈락

앞서가는 모음이 장음화 되면서 억제음이 탈락하는 현상은 자주 일어난다.

tīsa ≦ tiṁsa dāṭha < *sk.* daṁstrā sīha < *sk.* siṁha

거기에 비해 ṁ의 삽입은 드물다.

niraṁkaroti ≦ nirākaroti < nis+ā+kar

§ 56. 자위전환(字位轉換 : metathesis)

자위전환은 무엇보다도 이따금 중간음으로 놓여있는 r에서 일어난다.

parupati ≦ papurati kayīrati ≦ karīyati(karoti의 *pass.*)

복합어의 형성에서는 자위전환은 bahu가 첫 번째 부분에 놓일 경우에 자주 관찰된다.
bavhodaka 물이 풍부한 bavhābādho 많은 질병을 앓고 있는
그러나, bahūdika 물이 풍부한
그 밖에 자위전환은 단어 내에서 두 개의 잇닿는 자음들 사이에서 서로 발생한다.
(§ 63 참조; bh+y, s+n, s+m, h+ṇ, h+m, h+y)

§ 57. 초두모음탈락

고대인도어에서의 단어의 초두모음(§ 61~§ 62)이 빠알리어에서 탈락할 수 있다.
gini < aggini < *sk.* agni daka ≦ udaka posatha ≦ uposatha
특히 분사와 부사에 있어서 모음탈락의 현상이 심하다.
ti ≦ iti dāni ≦ idāni pi ≦ api va ≦ iva va ≦ eva

§ 58. 초두음에 모음의 첨가

다음과 같은 단어에서만 등장한다.
itthi < *sk.* strī. umhayati < *sk.* smayate(sm>mh,§ 63)
umhapeti < umhayati의 *caus.*

§ 59. 자음으로 시작되는 초두음의 변화

복합어에서 모음 다음의 초두음 ch는 대부분 cch가 된다.
acchindati < ā+chindati abhicchanna < abhi+channa
kamacchanda < kāma+chanda

§ 60. 초두음에 자음(y. v.)의 첨가

y나 v와 같은 반모음의 초두음 첨가는 i나 u로 시작되는 단어의 경우에 이따금 등장한다.(§ 19~§ 20)
yittha(yaj의 *pp.*) ≦ ijjati(*pres. pass.*) vutta(vac의 *pp.*) ≦ utta
vūḷha(vah의 *pp.*) ≦ ūḷha vuttari ≦ uttari
vuṭṭhahitvā ≦ uṭṭhahitvā

§ 61. 복합어에서의 연결되는 초두음의 중자음화

문장의 첫머리에 놓여있지 않은 단어의 초두음에서 애초의 중자음이 동화되었을지라도 다시 나타난다.
na-ppamajjasi < *sk.* pra api-ssu < *sk.* svid
또한 원래의 중자음이 동화되었을지라도, 복합어의 두 번째 부분의 초두음으로 놓이면 다시 등장한다.
bahussuta(*pali* suta, śruta) 많이 배운(자)
abhayappatto(*pali* patta, *sk.* prāpta) 두려움 없음에 도달한 (자).
pundarikattacaṅgi(*pali* taca *sk.* tvac)
흰 연꽃의 피부와 몸매를 갖고 있는(자) =흰 연꽃같은 피부와 몸매를 지닌.
vehāsaṭṭhito(*pali* ṭhita, *sk.* sthita) 공중에 서 있는.
āgantabbaṭṭhāna(*pali* ṭhāna, *sk.* sthāna) [사람이] 와야 하는 장소.
appiya(*pali* piya, *sk.* priya) 불쾌한.

§ 62. 초두자음군의 발전

초두음에서의 자음군은 고대인도어에서 빠알리어로 다음과 같이 발전했다

sk.		*pali*	*sk.*		*pali*	*sk.*		*pali*
kr	>	k, kir, kur	dhy	>	jh			
kl	>	kil, kl	dhr	>	dh	sk	>	kh
kṣ	>	kh, ch, c	dhv	>	dh	st	>	th
khy	>	kh, khy	ny	>	ñ, ny	sth	>	th, ṭh

sk.		*pali*	*sk.*		*pali*	*sk.*		*pali*
gr	>	g	pr	>	p, ph	str	>	th
gl	>	gil	pl	>	p, pal, pil, pl	sn	>	nh, nah, sin, sn
cy	>	c	ps	>	ch	sp	>	ph
jñ	>	ñ	bhr	>	bh	sph	>	ph
jy	>	j, jiy, jy, d	mr	>	m	sm	>	s, sum, mih
jv	>	j	ml	>	mil	sy	>	siy
ty	>	c	vy	>	v, viy, vy, by	sr	>	s
tv	>	t, tv, tuv	vr	>	v	sv	>	s, suv, sv
tr	>	t	śm	>	s, m	hn	>	han
ts	>	th	ṣy	>	s	hy	>	hiy, hiyy
dy	>	j	śr	>	s, sir	hr	>	r, rh, rah, har, hir, h
dv	>	d, dv, duv, b	śl	>	s, sil	hl	>	hil
dhm	>	dhum	śv	>	s, suv, sv			

§ 63. 초두자음군의 환원

빠알리어에서의 자음으로서 시작하는 초두음은 고대인도어로 다음과 같이 환원되었다.

sk.		*pali*	*sk.*		*pali*	*sk.*		*pali*
k	<	kr	duv	<	dv	viy	<	vy
kir	<	kr	dh	<	dhv, dhr	s	<	śm, śy, śr, śl, śv, sm, sr, sv
kil	<	kl	dhum	<	dhm	sin	<	sn
kur	<	kr	nah	<	sn	siy	<	sy
kh	<	kṣ, khy, sk	nh	<	sn	sir	<	sr
g	<	gr	p	<	pr, pl	sil	<	śl
gil	<	gl	pal	<	pl	sum	<	sm
c	<	kṣ, cy, ty	pil	<	pl	suv	<	śv, sv
ch	<	kṣ, ps	ph	<	pr, sp, sph	h	<	hr
j	<	jy, jv, dy	b	<	dv	han	<	hn
jiy	<	jy	by	<	vy	har	<	hr
jh	<	dhy	bh	<	bhr	hiy	<	hy
ñ	<	jñ, ny	m	<	mr, śm	hiyy	<	hy
ṭh	<	sth	mil	<	ml	hir	<	hr
t	<	tr, tv	mih	<	sm	h		
tuv	<	tv	r	<	hr	il	<	hl
th	<	st, sth, str, ts	rh	<	hr			
d	<	jy, dv	v	<	vy, vr			

§ 64. 중간 자음군의 발전

중간음 가운데 자음군은 고대인도어에서 빠알리어로 다음과 같이 전개되었다.

ṁ

ṁ+kh = ṁk, ṅk
ṁ+kh = ṁkh, ṅkh
ṁ+khy = ṁkh
ṁ+g = ṁg, ṅg
ṁ+gh = ṁgh, ṅgh

ṁ+jñ = ññ
ṁ+ṭh = ṇṭh
ṁ+ḍ = ṇḍ
ṁ+t = nt
ṁ+tr = nt
ṁ+pr = mp
ṁ+b = mb
ṁ+m = mm
ṁ+y = ṁy, ññ
ṁ+r = 동시에 모음 장음화가 이루어지면 ṁ은 사라진다.
ṁ+l = ll
ṁ+sk = ṁkh, ṅkh
ṁ+sth = ṁṭh

k

k+t = tt
k+tr = tt
k+tv = tv
k+n = kk, 모음의 삽입
k+th = tth
k+n = kk, 모음의 삽입
k+m = mm, 모음의 삽입
k+y = kk, kiy, ky
k+r = kk
k+l = kk
k+v = kk
k+ṣ = kkh, kh, cch, 드물게 kk
k+ṣn = nh, khn, kkhan
k+ṣm = kh, khum
kṣy = kkh

kh

kh+y = kkh, khiy, khy

g

g+j = jj
g+th = tth
g+dh = ddh
g+n = gg, 모음의 삽입
g+bh = bbh
g+y = gg
g+r = gg, ggh, gr

gh

gh+n = ggh
gh+r = ggh

ṅ

ṅ+kṣ = ṅk

c

c+chr = ss, cch, sir
c+y = cc

j

j+ñ = ññ, 모음의 삽입, ṇṇ
j+y = jj
j+r = jir
j+v = dd

jh

jh+y = jjh

ñ

ñ+c = ñc, 드물게, ññ, ṇṇ, nn
ñjy = ṅj

ṭ

ṭ+k = kk

ḍ

ḍ+g = gg
ḍ+m = 모음의 삽입
ḍ+y = dd
ḍ+v = bb

ḍh

ḍh+y = ḍḍh, ḍhy

ṇ

ṇ+ḍ = ṇḍ, ṇṇ
ṇ+y = ññ
ṇ+v = ṇṇ

t

t+k = kk
t+kh = kkh
t+c = cc
t+ch = cch
t+tr = tt, tr
t+tv = tt
t+n = tt, 모음의 삽입
t+p = pp
t+pl = pl, ppil
t+m = tt, 모음의 삽입
t+y = cc, tiy, ty
t+r = tt, tth, tr
t+v = tv, tt

t+vy = ty, ttiy
t+s = ss, cch
t+sn = ṇh, siṇ, sin
t+sy = cch

th

th+n = tth
th+y = cch

d

d+kṣ = ggh
d+g = gg
d+gh = ggh
d+j = jj
d+n = nn
d+b = bb
d+bh = bbh
d+m = dd, mm, 선행하는 모음의 장음화와 함께
d+y = jj, diy, dy, yy
d+r = dd, dr
d+l = dd
d+v = dv, dd, bb
d+s = ss, cch
d+h = ddh, h, 선행하는 모음의 장모음화와 함께

dh

dh+n = ddh
dh+m = 모음의 삽입
dh+y = jjh
dh+r = ddh
dh+v = ddh

n

n+ty = nc
n+tr = nt
n+dr = nd
n+m = nn
n+y = ññ
n+v = nn, nv, mm

p

p+t = tt
p+tv = tv
p+n = pp, 모음의 삽입
p+m = 모음의 삽입
p+y = pp, py
p+r = pp
p+l = pl, 모음의 삽입
p+s = cch

b

b+j = jj
b+d = dd
b+dh = ddh
b+dhv = ddh
b+r = br

bh

bh+y = bbh, 드물게, hy>yh
bh+r = bbh

m

m+n = mm
m+b = mb, mm
m+y = mm, my
m+r = mb
m+l = mbil

r

r+k = kk, kkh
r+g = gg
r+gh = ggh
r+c = cc
r+ch = cch
r+j = jj
r+jy = jj
r+ṇ = ṇṇ
r+ṇy = ṇṇiy
r+t = tt, ṭṭ
r+ty = cc
r+th = tth
r+d = dd, ḍḍ
r+dy = jj
r+dh = ddh, ḍḍh
r+dhr = ddh
r+rdhv = ddh, bbh
r+p = pp
r+b = bb
r+bh = bbh
r+m = mm, m
r+y = yy, riy, yir, r, y
r+r = r, 선행하는 모음의 장음화와 함께
r+l = ll
r+v = bb
r+ś = ss
r+ṣ = ss, s

r+ṣy	= ss
r+h	= h, 선행하는 모음의 장음화와 함께 또는 모음의 삽입

l

l+k	= kk
l+g	= gg
l+p	= pp
l+b	= bb
l+bh	= bbh
l+m	= mm
l+y	= ll, ly
l+v	= bb, ll

v

v+y	= bb
v+r	= bb

ś

ś+c	= cch
ś+n	= ñh
ś+m	= mh, sm, ṁs
ś+y	= ss
ś+r	= ss
ś+v	= ss

ṣ

ṣ+k	= kkh
ṣ+kr	= kkh
ṣ+ṭr	= ṭṭh
ṣ+ṭv	= sv
ṣ+ṇ	= ṇh
ṣ+pr	= pp
ṣ+m	= mh, sm
ṣ+y	= h

s

s+kṣ	= cch
s+tr	= tth, tt, st
s+n	= sn
s+ph	= pph
s+m	= mh, sm, ss
s+y	= ss, h
s+r	= ss, s
s+v	= ss

h

h+ṇ	= ṇh
h+t	= ddh, ḍḍh, dh, lh, 선행하는 모음의 장음화와 함께
h+m	= mh, hm
h+y	= yh, yy
h+v	= vh
h+śr	= ss

§ 65. 중간 자음군의 환원

중간음 가운데 자음군의 빠알리어에서 고대인도어로 환원하면 다음과 같다.

ṁkh	<	ṁkhy, msk
ṁp	<	ṁpr
ṁs	<	śm
kiy	<	ky
kk	<	kn, ky, kr, ks, kv, kl, ṭk, tk, rk, lk
kkh	<	kṣ, kṣm, kṣy, khy, tkh, rk, ṣk, ṣkr
kh	<	kṣ
khin	<	kṣn
khum	<	kṣim
khiy	<	khy
gg	<	gn, gy, dr, ḍg, dg, rg, lg
ggh	<	ghn, ghrn, gr, dkṣ, dgh, rgh
ṅk	<	ṁsk, ṅkṣ, ṁk
ṅkh	<	ṁkh
cc	<	cy, tc, ty, rc, rty
ch	<	tch
cch	<	kṣ, cchr, ts, tsy, thy, ds, ps, rch, śc, skṣ
jir	<	jr
jj	<	gj, jy, ḍj, dy, bj, rj, rjy, rdy
jjh	<	jhy, dhy
ñc	<	nty
ñj	<	ñjy
ññ	<	jñ, ñc, ṇy, ny, ṁjñ, ṁy
ñh	<	śn
ṭṭ	<	rt
ṭṭh	<	ṣṭr
ḍḍ	<	ḍy, rd
ḍḍh	<	ḍhy, rdh, ht
ḍh	<	ht

ṇ	<	jñ
ṇth	<	ṁsth
ṇth	<	ṁth
ṇḍ	<	ṁḍ
ṇṇ	<	ñc, ṇḍ, ṇv, rṇ
ṇṇiy	<	rṇy
ṇh	<	ṅkṣ, tsṇ, rṣṇ ṣṇ, hṇ
tt	<	kt, ktr, tn, tm, ttr, tr, ttv, tv, pt, rt, str
ttiy	<	tby
tth	<	kth, gth, tr, thn, trh, str
ty	<	tvy
tr	<	ttr
tv	<	ktv, ptv
diy	<	dy
dd	<	jv, dm, dv, dr, dl, bd, rd
ddh	<	gdh, dhn, dhv, d+h, dhr, bdh, bdhv, rdh, rdhv, ht
nt	<	ntr, mtr, mt
nd	<	ndr
nn	<	nc, dn, nm, nv
pp	<	tp, pn, py, rp, lp, spr
ppil	<	tpl
pl	<	tpl
pph	<	sph
bb	<	ḍv, db, dv, rb, rv, lb, lv, vy, vr
bbh	<	gbh, dbh, bhy, bhr, rbh, rdhv, lbh
m	<	rm
mb	<	mr, ṁb
mbil	<	ml
mm	<	km, dm, nv, mn, mb, my, rm, lm, ṁm
mh	<	rṣm, śm, ṣm, sm, hm
y	<	ry
yir	<	ry
yy	<	dy, ry, hy
yh	<	hy
r	<	ry, rr, mr
riy	<	ry
ll	<	rl, ly, lv, ml
ḷh	<	ht
vh	<	hv
s	<	rṣ, sr
sin	<	tsn
sir	<	cchr
st	<	str
sv	<	stv
ss	<	cchr, rś, rṣ, rṣy, śy, śr, śv, ṣm, ṣy, sr, sv, hśr, ts, ds
h	<	d+h, rh, ṣy, sy

§ 66. 말미자음의 탈락

원래 단어의 말미에 오는 자음들은 빠알리어에서 탈락된다. 오로지 비음들만이 ṁ이 된다. (§ 69)

§ 67. 말미모음의 장음화

말미에 오는 모음은 대부분 양적으로 변화하지 않는다. 그러나 때때로 장음화될 수 있다. 특히 아오리스트의 2와 3인칭(*aor. 2nd. 3rd.*)에서 a의 장음화가 관찰 될 수 있다.

§ 68. 말미모음의 단음화

말미음에 달한 모음은 또한 단음화될 수 있다. 특히 자주 i의 단음화가 똑같이 아오리스트 2와 3인칭(*aor. 2nd. 3rd.*)에서 확인될 수 있다.

§ 69. 말미자음의 소멸화

그 밖에 자음으로 끝나는 말미음은 a가 자음어간에 첨가되면서 a-어간으로 변함으로서 제거된다.

§ 70. 억제음(*pali.* niggahīta)의 연성법칙

절대적인 말미음 ṁ의 연성법칙(niggahīta-sandhi) ; 따라오는 모음앞에서 ṁ은 변화하지 않고 유지되지만, 또한 m으로 바뀌기도 한다. 그러나 절대적인 말미음에서 m은 언제나 ṁ으로 변한다. 오늘날 인도학자들이 m과 ṁ사이에 아무런 차별도 두지 않음으로 간단한 문법책에서 절대적 말미음으로조차 m만 사용하기도 한다.

다음과 같은 구개음, 치음 또는 순음의 폐쇄음 또는 비음 앞에서 단어의 말미음 ṁ은 대부분 그 조음부의 비음으로 바뀐다.

ṁ > ñ - c, ch, ñ   ṁ > n - t, th, n

ṁ > m - p, ph, m

y와 h앞에서 ṁ은 자주 ñ으로 바뀐다.

ṁ > ñ - y, h.

절대적인 말미음에서 ṁ은 또한 아주 떨어져 나갈 수가 있다.

idāni < sk. idānīṁ

또한 음절 aṁ은 말미음에서 완전히 사라지기도 한다. 이것은 특히 복수 속격(*pl. gen.*)에서 가끔 발견된다.

§ 71. 비싸르가의 빠알리어적 변화

빠알리어에서의 sk. aḥ : 단어의 말미음 aḥ는 빠알리어에서 o로 바뀐다. 이 현상은 다음에 오는 다른 단어의 초두음에 영향을 받지 않는다. 이 법칙의 예외는 다음과 같다.

1) 조건법과 아오리스트의 2인칭 단수(2nd. sg.)에서의 -as로 끝나는 동사형태 ; 여기서 기대되는 o 대신에 a 내지 ā가 등장한다.

2) 빠알리 경전의 마가다어적 변화

-āse (<sk. -āsaḥ) : a-곡용의 복수 주격(pl. nom.)에서

-e (<sk. -aḥ) : a-곡용의 단수 주격(sg. nom.)에서

-ave (<sk. avaḥ) : u-곡용의 복수 호격(pl. voc.)에서

특히 자주 등장하는 호칭 : bhikkhave, 비구들이여.

pure (<sk. puraḥ) sve, suve (sk. svaḥ)

3) -mu (간혹 <sk. maḥ), 부분적으로 원망법, 능동태, 일인칭, 복수(opt. act. 1st. pl.)에서 나타난다.

§ 72. 연성법칙(sandhi)

복합어와 문장의 연성은 빠알리어에서 동일한 법칙을 따른다. 고대인도어와 다른 점은 빠알리어에서 연성은 규칙적이 아니며, 문장 연성은 특히 빠알리어 저술가들이 본질적으로 소홀히 다룬 것이다. 대부분 문장 연성은 구문론적으로 아주 가까운 관계에 놓여 있는 단어들, 첨가된 단어들, 시형론의 규제를 받는 단어들이 있을 때, 가치를 지닌다.

모음의 연성이 빠알리어에서 큰 역할을 한다. 앞서가는 모음의 비음화만을 보여주는 ṁ이외에는 빠알리어에서의 말미음 법칙을 따르면, 단어의 끝에 자음을 두어서는 안되기 때문이다.(예외 § 81~§ 82) 모음의 연성은 다음과 같은 가능성으로 분류될 수 있다.

§ 73. 말미와 초두 모음의 불변화

말미와 초두의 모음은 서로 불변하면서 유지된다. 이러한 현상은 빠알리어에서 드물지 않게 발견되며, 특히 문장 연성과 두 개의 명사의 복합어적 연성에서 상이한 모음이 결합할 때 일어난다.

sattāhassa accayena

kiṁkāraṇā imasmiṁ

kañci aguṇavādiṁ

purato aggi

Bhagavato santike etassa bhāsitassa atthaṁ ājānissāma.

세존 앞에서 우리는 이 말의 의미를 알게 될 것이다.

tasmā āraññakena bhikkhunā indriyesu guttadvārena bhavitabbaṁ

그러므로 숲에서 사는 비구는 감관들의 문을 지켜야 한다.

saassukā	눈물과 함께
upavanaaraññesu	공원과 숲속에서.
akālaambaphalāni	때 아닌 때에 열린 망고열매.
khataāvāṭe	파헤쳐진 무덤에서.
mahāarañña	큰 숲 대아란야처(大阿蘭若處).
sammāājīvena	완전한 생활을 통해서.
alaṁkataitthi	성장(盛裝)한 여인.
yamakaukkāhi	한 쌍의 봉화를 가지고.
navauyyāne	새로운 공원에서.

mahāupaṭṭhānakāle	위대한 봉사(奉仕)의 시대에.
dinnaovāda	주어진 충고.
maṇiālokena	보석을 볼 때에.
hatthiassādīnaṁ(*pl. gen.*)	코끼리, 말 등의.
bhikkhunīupassaya	비구니 처소.
nidhiuddharaṇamanta	재보의 증가를 위한 주문.
ucchuādīni(*pl. acc.*)	사탕수수를 비롯한.
bahuannapāna	많은 음식.

§ 74. 두 모음의 축약

a 또는 ā	+	a 또는 ā	=	ā
i 또는 ī	+	i 또는 ī	=	ī
u 또는 ū	+	u 또는 ū	=	ū
a 또는 ā	+	i 또는 ī	=	e
a 또는 ā	+	u 또는 ū	=	o
a 또는 ā	+	e	=	e
a 또는 ā	+	o	=	o

gacchatīti = gachati iti	yathāhaṁ = yathā ahaṁ
mamedaṁ = mama idaṁ	gehābhimukho (a+a) 집으로 향한.
vītagedho (i+i) 탐욕이 없는.	bahūdika (u+u) 물이 많은.
mahesi (ā+i) 위대한 선인(仙人).	mahodadhi (ā+u) 큰 바다.
ekeka (a+e) 각각. 하나와 다른 것.	.mahogha (ā+o) 대폭류(大暴流).

§ 75. 모음의 생략

초두모음이 장음화될 때 때때로 모음의 생략이 일어난다. 빠알리어에서 많은 단축의 가능성이 있음에도 불구하고 생략은 특수한 법칙 아래 일어난다.

§ 76. 말미모음 a/ā의 생략

앞서가는 단어의 말미음 a/ā는 다음 단어의 초두음 a, i/ī, u/ū, e 또는 o 앞에서 사라진다.

katipāgen'eva (katipāhena eva)
yass'atthāya (yassa atthāya)

rājitthīsu (a+i)	왕비들에게 있어서.
puññiddhibalena (a+i)	공덕의 신통력에 의해서.
Mahindo (ā+i)	위대한 인드라신. 대제석(大帝釋).
mahiddhiko (ā+i)	위대한 신통력을 지닌.
rājuyyāne (a+u)	왕실정원에서.
naruttamo (a+u)	사람들 가운데 최상자는.
upasantūpasanto (a+u)	아주 조용한.
brahmalokūpaga (a+u)	범천계(梵天界)에 도달한 (자).
saññatūru (a+ū)	책상다리를 한.

§ 77. 말미모음 i나 u의 생략

i와 u를 말미음으로 갖는 단어는 ā를 초두음으로 갖는 단어 앞에서나 때로는 a 또는 e로 시작되는 단어 앞에서 i 내지 u를 상실한다.

vamat'ekadā (vamati ekadā)
paṇḍiteh'atthadassibhi (paṇḍitehi atthadassibhi)
korom'ahaṁ (karomi ahaṁ)
hatthārūha (i+ā) 코끼리를 탄 자.
hatthācariyakule (i+ā) 코끼리 조련사의 가족가운데.
cakkhāyatana (u+ā) 시각영역.
seṭṭhanuseṭṭhīnaṁ kulesu (i+a) 상인들과 소상인들의 가족들 가운데.

§ 78. 초두모음 a의 탈락

복합어에서 i 내지 u가 a와 결합할 때 a가 탈락된다.

ekāhadvīhaccayena (i+a) 하루나 이틀 뒤에. dvīhatīha (i+a) 이삼일.
madhutthiko (u+a) 꿀을 원하는, 찾는 자.

§ 79. 말미나 초두모음 i의 대체

i와 u/o가 결합하거나 u와 i가 결합하면 u내지 o로 대체된다.

diṭṭhupādāna (i+u) 잘못된 견해의 수용. diṭṭhogho (i+o) 잘못된 견해의 폭류(暴流).
cakkhundriya (u+i) 시각 능력. 시각기관.

§ 80. 말미모음의 반모음화(半母音化)

i/e 내지 u/o의 말미음은 이질적인 모음 앞에서 y내지 v로 바뀐다. 이때에 뒤따라오는 모음은 장음화된다. 동시에 앞서가는 자음의 동화현상도 유발될 수 있다.

ty aha (ti aha) manussesv-etaṁ (manussesu etaṁ)
ty āssa (te assa) yv-āssa (yo assa)
app-ekkacce (api ekacce) itv-eva (ito eva)
icc-eva (iti eva) khv-assa (kho assa)
agyāgara (aggi+āgara) 불을 지피워 놓은 집. paccuggacchāmi (pati+ud…) 나는 나간다.
anvāgata (anu+ā+gata) 도달한. anveti (anu+eti) 따르다.
samannāharitvā (sam+anu+āharitvā) 집중해서.

§ 81. 말미모음에의 반모음 첨가

복합어에서 앞서가는 단어의 말미음이나 뒤에 오는 초두음의 i는 iy로 u는 uv로 바뀔 수 있다.

pariyesati (pari-esati) bhikkhuvasane (bhikkhu-asane)
mamayidaṁ (mama idaṁ)

§ 82. 말미의 자음의 보존

특히 대명사에 있어서 말미 자음은 보존된다. 특히 d는 모음으로 시작하는 단어 앞에서 거의 보존된다. 그러나 부사에서나 명사에서는 이러한 현상이 아주 드물게 발생한다.

etad avoca yāvad eva patur ahosi
tasmād eva yāvadatthaṁ bhattur atthe

빠알리어에서 독립적으로 더 이상 등장하지 않는 자음으로 끝나는 명사들이 때때로 복합어에서 초두어로서 나타난다.

khuppipāsā (khud ← khudā) 기아와 갈등. parisaggata (parisad ← parisā) 모임에 간.
vaṇippatha (vaṇik ←vaṇijjā) 상가(商街). vākkaraṇa (vāc ← vācā) 대화.
sakadāgāmī (sk. sakṛt ← sakiṁ) 한번 돌아오는 자. 일래자(一來者).

§ 83. 연성자음의 삽입

모음연속(hiatus)을 피하기 위해 역사적으로 정당화 된 것은 아니지만 빠알리어에서 연성자음을 사용할 수 있다. 그 자음에 속하는 것은 ṁ, t, d, n, m, y, r, v, h가 있다.

yehi-ṁ-su ito-n-āyati dhi-r-atthu
ajja-t-agge puna-m-ahaṁ bhanta-v-udikkhati
bahu-d-eva na-y-idha na-h-eva
varaṁdhanena 최상의 재화로. rājadisī 왕고 선인(仙人).
sadattho 자신의 이익. ubhinnaṁ sīsamantaraṁ pāvisi 그는 양자의 머리 사이에 끼어 들었다.

§ 84. 자주 등장하는 불변사의 연성

api > ap, appi, pi iti > icc, ti, ty

iva > va, vā, viya   eva > va, yeva, ñeva

§ 85. 자주 등장하는 접두어의 연성

ati > acc+모음   adhi+ā > ajjhā   adhi+pra > adhippa
anu > anv+모음   abhi > abbh+모음   pati > pacc+모음
pari+ā > pariyā   par+ava > pariyo   vi > vy, viy, v, by + 모음
vi+ati > vīti   vi+apa > vyapa, vapa   vi+ava > vo
vi+ā > vyā, byā, viyā.   vi+ud > vud   vi+upa > vūpa, vupa
pari > pariy & pall + 모음 & payir+ 모음 u.

§ 86. 빠알리어의 일반격변화 원리

빠알리어의 격변화는 범어의 일반 격변화 원리에 준해서 다음과 같이 일반어미를 취한다.

	sg	*pl.*
nom.	-s	-as
acc.	-ṁ	-as
ins.	-ā	-bhi(hi)
dat.	-as	-aṁ
abl.	-ā	-bhi(hi)
gen.	-as	-aṁ
loc.	-i	-su
voc.	-s	-as

§ 87. 단수 주격(*sg. nom.*)의 일반적 어미 -s

명사·형용사의 단수·주격(*sg. nom*) 어미는 일반적으로 -s이다. 단, 이 -s 앞에 단음의 남성 -a 어간이 오면 결합된 -as는 범어에서처럼 -aḥ로 변하고 유성음 앞에서의 변화유형이 일반화된 약변화의 o로 바뀌며, 중성의 -a 어간이 오면 결합된 -as는 -aḥ로 바뀐 뒤에 강변화 유형의 -aṁ으로 바뀐다. 단음의 -a 이외의 모음으로 끝나는 어간이 올 경우에는 -s는 -ḥ로 변한 뒤에 자동적으로 탈락한다. 이때에 중성명사의 경우에는 강변화를 취하며 -ṁ이 첨가될 수 있다. 한편 자음으로 끝나는 어간과 결합할 경우 -s 이외의 자음으로 끝나는 어간과 결합하면 일반적으로 양자는 받침으로 묵음화되어 탈락하면서 앞의 모음을 대개의 경우 장음화하지만 -s 자음어간과 결합하면 단수·주격어미의 s는 그것에 완전동화되어 ass → as → aḥ → o의 변화과정을 밟게 된다. 이때에 -ant 복자음어간의 경우에는 단수·주격어미와의 사이에 삽입모음을 취한 강변화유형 -anta로서 그와 일치하는 모음으로 끝나는 어간처럼 작용할 수 있다. 그리고 현재분사(*ppr.*)에서 유래하는 -ant 어간나 그것에서 유래된 단어는 마치 중성명사에서처럼 단수·주격에서 -s와 결합해서 자음들이 탈락시킨 뒤에 그 앞에 단음 a를 강변화하면서 비모음 ṁ을 첨가시킨다.

m	buddha+s	→	[buddhas]	→	[buddhaḥ]	→	buddho
n.	phala+s	→	[phalas]	→	[phalaḥ]	→	phalaṁ
m.	aggi+s	→	[aggis]	→	[aggiḥ]	→	aggi
n.	akkhi+s	→	[akkhis]	→	[akkhiḥ]	→	akkhi, akkhiṁ
f.	jāti+s	→	[jātis]	→	[jātiḥ]	→	jāti
f.	nadī+s	→	[nadīs]	→	[nadīḥ]	→	nadī
m.	bhikkhu+s	→	[bhikkhus]	→	[bhikkhuḥ]	→	bhikkhu
n.	assu+s	→	[assus]	→	[assuḥ]	→	assu, assuṁ (중성형어미부가)
f.	dhenu+s	→	[dhenus]	→	[dhenuḥ]	→	dhenu
m.	sabbaññū+s	→	[sabbaññūs]	→	[sabbaññūḥ]	→	sabbaññū
f.	jambū+s	→	[jambūs]	→	[jambūḥ]	→	jambū

m.	go+s	→ [gos]	→ [goḥ]	→ go
		→ [goṇa+s]	→ [goṇaḥ]	→ goṇo (goṇa는 특수한 형태)
m.	rājan+s	→ [rājans]	→ rājā	→
		→ [rājn+s]	→ [raññ+a+s]	→ rañño
n.	kamman+s	→ [kammans]	→ kamma, kammaṁ (중성 -an은 -a도 취함)	
m.	guṇavant+s	→ [guṇavant+s]	→ guṇavā	→
		→ [guṇavanta+s]	→ [guṇavantaḥ]	→ guṇavanto
m.	bhavant+s	→ [bhavants]	→ bhavaṁ(현재분사적 명사로서 이 형태를 취함)	
m.	gacchant+s	→ [gacchant+s]	→ [gacchants]	→ gacchā
		→ [gacchanta+s]	→ [gacchantaḥ]	→ gacchanto
m.	hatthin+s	→ [hatthin+s]	→ [hatthins]	→ hatthǐ (남성의 -in은 -i도 취함)
n.	gāmin+s	→ [gāmins]	→ gāmi (중성의 -in은 -i만을 취함)	
n.	manas+s	→ [manass]	→ [manaḥ]	→ mano, manaṁ (중성형어미부가)
n.	vacas+s	→ [vacass]	→ [vacaḥ]	→ vaco
n.	āyus+s	→ [āyuss]	→ [āyuḥ]	→ āyu, āyuṁ (중성형어미부가)
m.	satthar+s	→ [satthars]	→ satthā	
f.	mātar+s	→ [mātars]	→ mātā	

§ 88. 단수 대격(*sg. acc.*)의 일반적어미 -ṁ

명사·형용사의 단수·대격(*sg. acc.*)의 어미는 일반적으로 -ṁ이다. 모음으로 끝나는 모든 어간에는 자동적으로 -ṁ이 부가되며 이때 음장법칙에 따라 장음표기는 상실된다. 자음으로 끝나는 어간과 결합할 경우에는 -s 이외의 단자음으로 끝나는 어간일 때에는 어미자음들은 약변화되어 사라지며, -ar 어간은 그 약변화형 -u 또는 첨가모음이 결합된 강변화형 -ăra를 취하며, 복자음의 -ant 어간은 그 끝자음을 상실하거나 삽입모음이 결합된 강변화형 -anta를 취한 뒤, 각각 일치하는 모음어미어간의 변화유형을 따른다. 단, -s 어간은 단수대격의 -ṁ과 결합할 경우 -s는 -ḥ로 되면서 -ḥ와 -ṁ이 길항적으로 작용하게 되어 두 가지 상이한 변화유형을 갖게 된다.

m	buddha+ṁ	→ buddhaṁ		
n.	phala+ṁ	→ phalaṁ		
n.	cakkhu+ṁ	→ cakkhuṁ		
f.	kaññā+ṁ	→ [kaññāṁ]	→ kaññaṁ	
f.	nadī+ṁ	→ [nadīṁ]	→ nadiṁ	
f.	jambū+ṁ	→ [jambūṁ]	→ jambuṁ	
m.	sabbaññū+ṁ	→ [sabbaññūṁ]	→ sabbaññuṁ	
m.	go+ṁ	→ go+ṁ	→ gaṁ (o[ā+ū]는 -a나 -u 어간의 곡용을 따른다)	
		→ gǎva+ṁ	→ gǎvaṁ	
		→ gǎvu+ṁ	→ gǎvuṁ	
		→ goṇa+ṁ	→ goṇaṁ	
m.	rājan+ṁ	→ rāja+ṁ	→ rājaṁ	
		→ rāja+n+ṁ	→ rājānaṁ	
n.	kamman+ṁ	→ kamma+ṁ	→ kamma, kammaṁ (중성 -an에서 ṁ은 탈락가능)	
m.	guṇavant+ṁ	→ guṇavā+ṁ	→ guṇavaṁ	
		→ guṇavanta+ṁ	→ guṇavantaṁ	
m.	bhavant+ṁ	→ bhavata+ṁ	→ bhota+ṁ	→ bhota+ṁ (약변화형)
		bhavanta+ṁ	→ bhavantaṁ	
m.	gacchant+ṁ	→ gacchā+ṁ	→ gacchaṁ	

		→	gacchata+ṁ	→	gacchataṁ (약변화형)
		→	gacchanta+ṁ	→	gacchantaṁ
m.	hatthin+ṁ	→	hatthi+ṁ	→	hatthiṁ
		→	hatthin+a+ṁ	→	hatthinaṁ
n.	gāmin+ṁ	→	gāmi+ṁ	→	gāmiṁ
m.		→	gāmin+a+ṁ	→	gāminaṁ
n.	manas+ṁ	→	manaḥ+ṁ	→	mano, manaṁ (s와 ṁ은 길항적)
m.	āyus+ ṁ	→	āyuḥ+ ṁ	→	āyu, āyuṁ (s와 ṁ은 길항적)
m.	satthar+ṁ	→	satthu+ṁ	→	satthuṁ (약변화)
m.		→	satthar+a+ṁ	→	satthāraṁ
m.	pitar+ṁ	→	pitu+ṁ	→	pituṁ
m.		→	pitar+a+ṁ	→	pitaraṁ
m.	mātar+ṁ	→	mātar+a+ṁ	→	mātaraṁ (여성에는 약변화형이 없음)

§ 89. 단수 구격(*sg. ins.*)의 일반적 어미 –ā

명사·형용사의 단수·구격(*sg. ins.*) 어미는 일반적으로 –ā이다. 모음어미어간과 결합할 경우 모음 충돌이 일어나게 되는데 이때에 –o 이외의 모음어미어간에서는 모음사이에 삽입자음으로, 여성어간에는 반자음 y, 남성이나 중성어간에는 비음 n이 첨가됨으로서 모음충돌을 피하게 된다. 이때에 결합유형 anā은 ena로 바뀌며 āyā는 āya로 바뀐다. 그리고 장모음 –ī나 ū의 어간은 단음화된 후에 삽입자음을 받아들여 변화된다. 자음으로 끝나는 어간과 결합할 경우에는 모두 –ā가 직접결합하며, –ant 의 경우에는 첨가모음과 결합된 강변화형 –anta로 변한 뒤에 –a 모음으로 끝나는 어간의 변화가 첨가될 수도 있다. 그밖에 –ar 어간은 그 약변화형 –u로 변하거나 삽입모음이 결합된 강변화형 –ā̆ra로 바뀐 뒤에 각각 일치하는 모음으로 끝나는 어간의 변화유형도 취할 수 있다.

m	buddha+ā	→	buddha+n+ā	→	[buddhanā]	→	buddhena		
n.	phala+ā	→	phala+n+ā	→	[phalanā]	→	phalena		
m.	kaññā+ā	→	kaññā+y+ā	→	[kaññāyā]	→	kaññāya		
n.	aggi+ā	→	aggi+n+ā	→	agginā				
n.	akkhi+ā	→	akkhi+n+ā	→	akkhinā				
f.	jāti+ā	→	jāti+y+ā	→	jātiyā				
f.	nādī+ā	→	nādī+y+ā	→	[nādīyā]	→	nādiyā		
m.	bhikkhu+ā	→	bhikkhu+n+ā	→	bhikkhunā				
m.	assu+ā	→	assu+n+ā	→	assunā				
f.	dhenu+ā	→	dhenu+y+ā	→	dhenuyā				
m.	sabbaññū+ā	→	sabbaññū+n+ā	→	[sabbaññūnā]	→	sabbaññunā		
f.	jambū+ā	→	jambū+y+ā	→	[jambūyā]	→	jambuyā		
m.	go+ā	→	gā̆va+ā	→	gāva+n+ā	→	gāvanā	→	gāvena
				→	gavā				
m.	rājan+ā	→	rājñ+ā	→	raññ+ā	→	raññā		
		→	rājin+ā	→	rājinā				
		→	rājan+ā	→	[rājanā]	→	rājena		
n.	kamman+ā	→	kammanā						
		→	[kammanā]	→	kammena				
		→	kammun+ā	→	kammunā (중성 –an의 약변화형)				
m.	guṇavant+ā	→	guṇavat+ā	→	guṇavatā				
		→	guṇavanta+n+ā	→	guṇavantanā	→	guṇavantena		

m.	bhavant+ā	→ bhavat+ā	→ bhavatā (약변화형만이 존재)		
			→ bhotā		
m.	gacchant+ā	→ gacchat+ā	→ gacchatā		
		→ gacchanta+n+ā	→ gacchantanā	→ gacchantena	
m.	hatthin+ā	→ hatthinā			
m.	gāmin+ā	→ gāminā			
n.	manas+ā	→ manasā			
		→ manaḥ+ā	→ mana+n+ā	→ [mananā]	→ manena
n.	vacas+ā	→ vacasā			
		→ vacaḥ+ā	→ vaca+n+ā	→ [vacanā]	→ vacena
m.	āyus+ā	→ āyusā			
m.		→ āyuḥ+ā	→ āyu+n+ā	→ āyunā	
m.	satthar+ā	→ satthā̆r+ā	→ satthā̆rā		
		→ satthu+ā	→ satthu+n+ā	→ satthunā	
m.	pitar+ā	→ pitar+ā	→ pitarā		
		→ pitu+ā	→ pitu+n+ā	→ pitunā	
		→ piti+ā	→ pety+ā	→ petyā	
f.	mātar+ā	→ mātarā			
		→ mātu+ā	→ mātu+y+ā	→ mātuyā	
		→ māti+ā	→ mātyā		

§ 90. 단수 여격(*sg. dat.*)의 일반적 어미 -as

명사, 형용사의 단수·여격(*sg. dat.*) 어미는 일반적으로 -as이다. 모음어미어간과 결합할 경우에 모음충돌이 생겨나므로 -a 어간과 남성, 중성이 아닌 -a이외의 모음어미어간에서는 반모음 y가 삽입되며, 남성, 중성으로서 -a 이외의 모음어미어간에서는 비음 n이 삽입된다. 이때의 결합형태 -ayas, -āyas에서 aya와 āya는 y가 음성적으로 반모음이므로 전체적으로 장모음 ā의 변형모음체처럼 작용하게 되므로 ā̆ya → āya로 통일되고 ī̆yas, ū̆yas는 -iyā, uyā로 통일되어 버린다. 따라서 이때 -s는 -ḥ로써 변한 뒤 탈락된다. 그리고 결합형태 nas는 당연히 no로 변한다. 그러나 이 단수·여격의 -as가 남성, 중성의 모음어미어간에 작용할 경우 강변화되어 -ssa로서 부가될 수 있다. 자음으로 끝나는 어간과 결합하는 경우 -ant 어간은 여기서 그 약변화로 -at를 취하며, -an 어간은 그 약변화로 -un 어간을 취한 뒤에 단수·여격어미와 결합할 수 있다. 이 때에 단수·여격의 강변화 유형 -ssa가 모음어미어간의 경우 원래 형태의 어간에 부과될수 있는데 단자음으로 끝나는 어간(-an, -in, -as)에서 단자음은 탈락되고 -ant 어간에는 삽입모음이 연결되는 강변화유형을 취한다. 그리고 남성의 -ar 어간은 약변화유형 -u를 취한 뒤에 세 가지 약·중강·강('s, as, ssa)의 변화유형의 단수·여격어미를 취할 수 있다.

m	dhamma+as	→ [dhammayas]	→ [dhammāyaḥ]	→ dhammāya
		→ dhamma+ssa	→ dhammassa	
n.	phala+as	→ [phalayas]	→ [phalāyaḥ]	→ phalāya
		→ phala+ssa	→ phala+ssa	
f.	kaññā+as	→ [kaññāyas]	→ kaññāya	
m.	aggi+as	→ [agginas]	→ [agginaḥ]	→ aggino
		→ aggi+ssa	→ aggissa	
n.	akkhi+as	→ [akkhinas]	→ [akkhinaḥ]	→ akkhino
		→ akkhi+ssa	→ akkhissa	
f.	jāti+as	→ [jātiyas]	→ [jātiyāḥ]	→ jātiyā
f.	nadī+as	→ [nadīyas]	→ [nadiyāḥ]	→ nadiyā

m.	bhikkhu+as	→ [bhikkhunas]	→ [bhikkhunaḥ]	→ bhikkhuno	
		→ bhikkhu+ssa	→ bhikkhussa		
n.	assu+as	→ [assunas]	→ [assunaḥ]	→ assuno	
		→ assu+ssa	→ assu+ssa		
f.	dhenu+as	→ [dhenuyas]	→ [dhenuyāḥ]	→ dhenuyā	
m.	sabbaññū+as	→ [sabbaññūnas]	→ [sabbaññunaḥ]	→ sabbaññuno	
		→ sabbaññū+ssa	→ sabbaññūssa		
f.	jambū+as	→ [jambūyas]	→ [jambuyāḥ]	→ jambuyā	
m.	go+s	→ gă̌va+ssa	→ gă̌vassa		
m.	rājan+as	→ rajñ+as	→ [rajñaḥ]	→ rañño	
		→ rajñ+ssa	→ rajñ+a+ssa	→ raññassa	
		→ rājin+as	→ [rājinaḥ]	→ rājino	
		→ rājan+ssa	→ rājassa		
n.	kamman+as	→ kammun+as	→ [kammunaḥ]	→ kammuno	
		→ kamman+ssa	→ kammassa		
m.	guṇavant+as	→ guṇavat+as	→ [guṇavataḥ]	→ guṇavato	
		→ guṇavanta+ssa	→ guṇavantassa		
m.	bhavant+as	→ bhavat+as	→ [bhavataḥ]	→ bhavato, bhoto	
		bhavanta+ssa	bhavanta+ssa		
m.	gacchant+as	→ gacchat+as	→ [gacchataḥ]	→ gacchato	
m.	hatthin+as	→ [hatthinaḥ]	→ hatthino		
n.	manas+as	→ [manasas]	→ [manasaḥ]	→ manaso	
		→ [manaḥ+ssa]	→ manassa		
n.	āyus+as	→ āyuḥ+as	→ [āyu+n+aḥ]	→ āyuno	
		→ [āyuḥ+ssa]	→ āyussa		
m.	satthar+as	→ satthu+'s	→ [satthu's]	→ [satthuḥ]	→ satthu
		→ satthu+n+as	→ [satthunas]	→ [satthunaḥ]	→ satthuno
		→ satthu+ssa	→ satthussa		
f.	mātar+s	→ mātu+'s	→ [mātu's]	→ [mātuḥ]	→ mātu
		→ mātu+y+as	→ [mātuyāḥ]	→ mātuyā	
		→ mātā+ā	→ [mātāyā]	→ mātāya	

§ 91. 단수 탈격(*sg. abl.*)의 일반적 어미 -ā

명사·형용사의 단수·탈격(*sg. abl.*)어미의 일반형은 -ā로 단수·구격의 경우와 같다. 다만 다른 것은 남성, 중성의 모음으로 끝나는 어간과 결합하면서 모음충돌을 방지하기 위하여 두 모음이 직접 결합하거나 sm이나 mh가 두 모음 사이에 삽입된다는 사실이다. 여기서 mh는 범어의 대명사 곡용적인 sm의 일종의 빠알리어적인 자위전환이다. 이들은 모두 통과비음으로 모음충돌을 융화시킬 수 있다. 자음으로 끝나는 어간의 경우에도 단자음의 탈락이나 삽입모음의 첨가로 모음으로 끝나는 어간의 변화유형을 취할 수 있는 것들은 모두 이러한 통과비음으로 모음충돌을 방지할 수 있는 것이다. 그러나 -ar 어간은 어떠한 경우에도 통과비음 sm이나 mh를 취할 수 없다. 그리고 남성과 중성의 원래의 모음으로 끝나는 어간은 별도로 -to를 단수 탈격에서 취할 수 있다.

m	buddha+ā	→ buddhā	
		→ buddha+sm+ā	→ buddhasmā
		→ buddha+mh+ā	→ buddhamhā

		→ buddha+to	→ buddhato	
n.	phala+ā	→ phala+ā	→ phalā	
		→ phala+sm+ā	→ phalasmā	
		→ phala+mh+ā	→ phalamhā	
		→ phala+to	→ phalato	
m.	kaññā+ā	→ kaññā+y+ā	→ [kaññāyā]	→ kaññāya
		→ kaññā+to	→ kaññāto	
n.	aggi+ā	→ aggi+n+ā	→ agginā	
		→ aggi+sm+ā	→ aggismā	
		→ aggi+mh+ā	→ aggimhā	
		→ aggi+to	→ aggito	
f.	jāti+ā	→ jāti+y+ā	→ jātiyā	
f.	nādī+ā	→ nādī+y+ā	→ [nādīyā]	→ nādiyā
m.	bhikkhu+ā	→ bhikkhu+n+ā	→ bhikkhunā	
		→ bhikkhu+sm+ā	→ bhikkhusmā	
		→ bhikkhu+mh+ā	→ bhikkhumhā	
		→ bhikkhu+to	→ bhikkhuto	
f.	dhenu+ā	→ dhenu+y+ā	→ dhenuyā	
		→ dhenu+to	→ dhenuto	
m.	sabbaññū+ā	→ sabbaññū+n+ā	→ [sabbaññūnā]	→ sabbaññunā
		→ sabbaññū+sm+ā	→ sabbaññusmā	
		→ sabbaññū+mh+ā	→ sabbaññumhā	
		→ sabbaññū+to	→ sabbaññūto	
f.	jambū+ā	→ jambū+y+ā	→ [jambūyā]	→ jambuyā
m.	go+ā	→ gǎva+ā	→ gǎvā	
			→ gǎva+sm+ā	gǎvasmā
			→ gǎva+mh+ā	gǎvamhā
			→ gǎva+to	gǎvato
m.	rājan+ā	→ rājñ+ā	→ raññ+ā	→ raññā
		→ rāja+sm+ā	→ rājasmā	
		→ rāja+mh+ā	→ rājamhā	
		→ rāja+to	→ rājato	
n.	kamman+ā	→ kammanā		
		→ kamma+ā	→ kammā	
m.	guṇavant+ā	→ guṇava(n)t+ā	→ guṇava(n)tā	
		→ guṇavanta+ā	→ guṇavanta+sm+ā	→ guṇavantasmā
			→ guṇavanta+mh+ā	→ guṇavantamhā
		→ guṇavanta+to	→ guṇavantato	
m.	bhavant+ā	→ bhava(n)t+ā	→ bhava(n)tā, bhotā	
m.	gacchant+ā	→ gacchat+ā	→ gacchatā	
		→ gacchanta+ā	→ gacchanta+sm+ā	→ gacchantasmā
			→ gacchanta+mh+ā	→ gacchantamhā
m.	hatthin+ā	→ hatthinā		
		→ hatthi+sm+ā	→ hatthismā	

		→	hatthi+mh+ā	→	hatthimhā		
		→	hatthi+to	→	hatthito		
n.	manas+ā	→	manasā				
		→	mana+ā	→	manā		
				→	mana+sm+ā	→	manasmā
				→	mana+mh+ā	→	manamhā
				→	mana+to	→	manato
m.	āyus+ā	→	āyusā				
		→	āyuḥ+ā	→	āyu+n+ā	→	āyunā
m.	satthar+ā	→	satthǎr+ā	→	satthǎrā		
m.	pitar+ā	→	pitarā				
		→	[pitarā]	→	[pitṛ]	→	pitu
		→	piti+to	→	petito		
f.	mātar+ā	→	mātarā				
		→	mātu+ā	→	mātu+y+ā	→	mātuyā
		→	māti+ā	→	mātyā		
		→	māti+to	→	mātito		

§ 92. 단수 속격(*sg. gen.*)의 일반적 어미 -as

명사·형용사의 단수·속격(*sg. gen.*)어미는 일반적으로 -as로서 단수·여격의 어미와 그 용법이 같다. 단, -a 어간에서 단수·속격은 단수·여격과는 달리 그 강변화 유형 -ssa만이 결합될 수 있다.

m	dhamma+as	→ dhamma+ssa	→ dhammassa	
n.	phala+as	→ phala+ssa	→ phala+ssa	
f.	kaññā+as	→ [kaññāyas]	→ kaññāya	
m.	aggi+as	→ [agginas]	→ [agginaḥ]	→ aggino
m.	aggi+as	→ aggi+ssa	→ aggissa	
n.	akkhi+as	→ [akkhinas]	→ [akkhinaḥ]	→ akkhino
n.	akkhi+as	→ akkhi+ssa	→ akkhissa	
f.	jāti+as	→ [jātiyas]	→ [jātiyāḥ]	→ jātiyā
f.	nadī+as	→ [nadīyas]	→ [nadiyāḥ]	→ nadiyā
m.	bhikkhu+as	→ [bhikkhunas]	→ [bhikkhunaḥ]	→ bhikkhuno
		→ bhikkhu+ssa	→ bhikkhussa	
n.	assu+as	→ [assunas]	→ [assunaḥ]	→ assuno
		→ assu+ssa	→ assu+ssa	
f.	dhenu+as	→ [dhenuyas]	→ [dhenuyāḥ]	→ dhenuyā
m.	sabbaññū+as	→ [sabbaññūnas]	→ [sabbaññunaḥ]	→ sabbaññuno
		→ sabbaññū+ssa	→ sabbaññūssa	
f.	jambū+as	→ [jambūyas]	→ [jambuyāḥ]	→ jambuyā
m.	go+s	→ gǎva+ssa	→ gǎvassa	
m.	rājan+as	→ rajñ+as	→ [rajñaḥ]	→ rañño
		→ rājin+as	→ [rājinaḥ]	→ rājino
		→ rajñ+ssa	→ rajñ+a+ssa	→ raññassa
		→ rājan+ssa	→ rājassa	

n.	kamman+as	→ kammun+as	→ [kammunaḥ]	→ kammuno	
		→ kamman+ssa	→ kammassa		
m.	guṇavant+as	→ guṇavat+as	→ [guṇavataḥ]	→ guṇavato	
		→ guṇavanta+ssa	→ guṇavantassa		
m.	bhavant+as	→ bhavat+as	→ [bhavataḥ]	→ bhavato, bhoto	
		bhavanta+ssa	bhavanta+ssa		
m.	gacchant+as	→ gacchat+as	→ [gacchataḥ]	→ gacchato	
m.	hatthin+as	→ [hatthinaḥ]	→ hatthino		
n.	manas+as	→ [manasas]	→ [manasaḥ]	→ manaso	
		→ [manaḥ+ssa]	→ manassa		
n.	āyus+as	→ āyuḥ+as	→ [āyu+n+aḥ]	→ āyuno	
		→ [āyuḥ+ssa]	→ āyussa		
m.	satthar+as	→ satthu+'s	→ [satthu's]	→ [satthuḥ]	→ satthu
		→ satthu+n+as	→ [satthunas]	→ [satthunaḥ]	→ satthuno
		→ satthu+ssa	→ satthussa		
f.	mātar+as	→ mātu+'s	→ [mātu's]	→ [mātuḥ]	→ mātu
		→ mātu+y+as	→ [mātuyāḥ]	→ mātuyā	
		→ mātā+ā	→ [mātāyā]	→ mātāya	

§ 93. 단수 처격(*sg. loc.*)의 일반적 어미 -i

명사·형용사의 단수·처격(*sg. loc.*)어미는 일반적으로 -i이다. 모음으로 끝나는 어간과 모음충돌이 일어날 경우에는 -a 어간과 결합이 생겨나며, -a 이외의 모음으로 끝나는 어간에서는 남성, 중성에서 두 모음 사이에 통과비음 sm이나 mh가 완충역할을 하게 된다. 단 sm이 완충역할을 할 경우에는 단수·처격어미 -i는 강변화형태 -iṁ을 취하게 된다. 그러나 -a이외의 모음으로 끝나는 어간이 여성일 경우에는 단수·처격어미 -i는 강변화 유형으로 -yā나 -yaṁ의 확대변화를 취하게 됨으로써 y가 반자음으로서의 완충역할을 담당하게 된다. 그리고 자음으로 끝나는 어간일 경우에는 단수·처격어미와 자음으로 끝나는 어간의 결합유형은 단수·탈격에서의 자음으로 끝나는 어간의 결합유형과 동일하다.

m	buddha+i	→ buddhe		
		→ buddha+sm+i	→ buddhasmiṁ	
		→ buddha+mh+i	→ buddhamhi	
n.	phala+i	→ phalae		
		→ phala+sm+i	→ phalasmiṁ	
		→ phala+mh+i	→ phalamhi	
m.	kaññā+i	→ kaññā+yā	→ [kaññāyā]	→ kaññāya
		→ kaññā+yaṁ	→ kaññāyaṁ	
n.	aggi+i	→ aggi+n+i	→ aggini	
		→ aggi+sm+i	→ aggismiṁ	
		→ aggi+mh+i	→ aggimhi	
f.	jāti+i	→ jāti+yā	→ jātiyā, jātyā, jaccā	
		→ jāti+yaṁ	→ jātiyaṁ, jātyaṁ, jaccaṁ	
f.	nādī+ā	→ nādī+yā	→ [nādīyā]	→ nādiyā, nādyā, najjā
				→ nādiyaṁ, nādyaṁ, najjaṁ
m.	bhikkhu+i	→ bhikkhu+sm+i	→ bhikkhusmiṁ	

		→ bhikkhu+mh+i	→ bhikkhumhi	
f.	dhenu+i	→ dhenu+yā	→ dhenuyā	
		→ dhenu+yaṁ	→ dhenuyaṁ	
m.	sabbaññū+i	→ sabbaññū+sm+i	→ sabbaññusmiṁ	
		→ sabbaññū+mh+i	→ sabbaññumhi	
f.	jambū+ā	→ jambū+yā	→ [jambūyā]	→ jambuyā
		→ jambū+yaṁ	→ [jambūyaṁ]	→ jambuyaṁ
m.	go+i	→ gǎva+i	→ gǎve	
			→ gǎva+sm+i	gǎvasmiṁ
			→ gǎva+mh+i	gǎvamhi
m.	rājan+i	→ rājñ+i	→ raññ+i	→ raññi
			→ rañña+i	→ raññe (-a어간 유사변화)
		→ rājin+i	→ rājini	
		→ rājin+sm+i	→ rājismiṁ	
		→ rājin+mh+i	→ rājimhi	
n.	kamman+i	→ kammǎni		
m.	guṇavant+ā	→ guṇavat+i	→ guṇavati	
		→ guṇavanta+i	→ guṇavante	
			→ guṇavanta+sm+i	-guṇavantasmiṁ
		→ guṇavanta+i	→ guṇavanta+mh+i	-guṇavantamhi
m.	bhavant+i	→ bhavat+i	→ bhavati	
		→ bhavanta+i	→ bhavante	
m.	gacchant+i	→ gacchat+i	→ gacchati	
		→ gacchanta+i	→ gacchante	
			→ gacchanta+sm+i	-gacchantasmiṁ
			→ gacchanta+mh+i	-gacchantamhi
m.	hatthin+i	→ hatthini		
		→ hatthi+sm+i	→ hatthismiṁ	
		→ hatthi+mh+i	→ hatthimhi	
n.	manas+i	→ manasi		
		→ [manaḥ+i]	→ mane	
			→ mana+sm+i	→ manasmiṁ
			→ mana+mh+i	→ manamhi
m.	āyus+i	→ āyusi		
		→ [āyuḥ+i]	→ āyu+n+i	→ āyuni
m.	satthar+i	→ satthari		
m.	pitar+i	→ pitari		
f.	mātar+i	→ mātari		
		→ mātu+i	→ mātu+yā	→ mātuyā, mātyā
			→ mātu+yaṁ	→ mātuyaṁ, mātyaṁ

§ 94. 단수 호격(*sg. voc.*)의 일반적 어미 -s

명사·형용사의 단수·호격(*sg. voc.*) 어미는 일반적으로 -s이며 단수·주격과 같은 형태를 취한다. 단,

-a 어간의 경우에는 단수·호격어미가 탈락하며, -ā 어간은 호격어미와 결합하여 -āḥ → e 의 변화 과정을 밟는다. 그 밖의 모음으로 끝나는 어간은 단수·주격과 동일한 변화를 갖는다. 그리고 자음으로 끝나는 어간의 경우에는 단수·주격과 동일하게 변화되고, 그 자음이 탈락되며 이때 탈락된 자음 앞의 모음은 장단음을 모두 취할 수 있으며, 이때 -ā̆ 어간형으로 변형되면 때로는 -a → -a, -aṁ과 -ā → -ā, -e 로 변화된 호격어미의 일부를 취할 수 있다.

m	buddha+s	→ [buddhas]	→ [buddhaḥ]	→ buddha
n.	phala+s	→ [phalas]	→ [phalaḥ]	→ phala, phalaṁ
m.	aggi+s	→ [aggis]	→ [aggiḥ]	→ aggi
n.	akkhi+s	→ [akkhis]	→ [akkhiḥ]	→ akkhi, akkhiṁ
f.	jāti+s	→ [jātis]	→ [jātiḥ]	→ jāti
f.	nadī+s	→ [nadīs]	→ [nadīḥ]	→ nadī
m.	bhikkhu+s	→ [bhikkhus]	→ [bhikkhuḥ]	→ bhikkhu
n.	assu+s	→ [assus]	→ [assuḥ]	→ assu, assuṁ
f.	dhenu+s	→ [dhenus]	→ [dhenuḥ]	→ dhenu
m.	sabbaññū+s	→ [sabbaññūs]	→ [sabbaññūḥ]	→ sabbaññū̆
f.	jambū+s	→ [jambūs]	→ [jambūḥ]	→ jambū̆
m.	go+s	→ [gos]	→ [goḥ]	→ go
m.	rājan+s	→ [rājans]	→ rājā̆	
n.	kamman+s	→ [kammans]	→ kamma, kammaṁ	
m.	guṇavant+s	→ [guṇavant+s]	→ guṇavā̆	
		→ [guṇavanta+s]	→ [guṇavantaḥ]	→ guṇavanta
m.	bhavant+s	→ [bhavants]	→ [bhavaḥ]	→ bho, bhavaṁ
		→ bhavanta+s	→ [bhontaḥ]	→ bhonta
			[bhavantā]	→ bhavante, bhante
m.	gacchant+s	→ [gacchant+s]	→ [gacchants]	→ gaccha, gacchaṁ
		→ [gacchanta+s]	→ [gacchantaḥ]	→ gacchanta
m.	hatthin+s	→ [hatthin+s]	→ [hatthins]	→ hatthī̆
n.	gāmin+s	→ [gāmins]	→ gāmi, gāmiṁ	
n.	manas+s	→ [manass]	→ [manaḥ]	→ mano, manaṁ
n.	vacas+s	→ [vacass]	→ [vacaḥ]	→ vaca, vaco
n.	āyus+s	→ [āyuss]	→ [āyuḥ]	→ āyu, āyuṁ
m.	satthar+s	→ [satthars]	→ satthā̆, satthe	
m.	pitar+s	→ [pitars]	→ pitā	
f.	mātar+s	→ [mātars]	→ mātā	

§ 95. 복수 주격(*pl. nom.*)의 일반적 어미 -as

명사·형용사의 복수·주격(*pl. nom*) 어미는 일반적으로 -as이다. -a로 끝나는 어간과 결합할 때 이 -as가 직접 모음과 결합한다. 따라서 단모음으로 끝나는 어간을 장음화하며 이때에 s는 ḥ로 변하여 탈락한다. 여기에 중성의 모음으로 끝나는 어간에서는 거기에 또한 -ni가 첨가될 수 있다. -a 이외의 남성, 여성의 모음으로 끝나는 어간에 한해서는 -as가 단모음을 장음화하고 스스로 탈락하거나 모음충돌을 방지하기 위하여 y나 v가 중성의 경우에는 n이 그 사이에서 완충역할을 할 수 있다. 대부분 반자음 y에 의해 해결되나 남성의 모음으로 끝나는 어간의 경우에는 확대변화(vṛddhi)에 의해 해결된다. 그리고 자음으로 끝나는 어간의 경우에도 일반변화유형 -as나 약변화 유형 -'s가 복수·주격어미로 사용된다. 약변화 유형이 작용할 때 중성의 경우 어미가 탈락된 후에 ni가 첨가될 수 있다. 단 -ant 어간에서는 약변화 유형의 복수·주격어미는 작용하지 않는다. 대신 -ant는 그 자체와 그것의 강변화 유형 -anta로서 복수·주격어미와 결합하게 된다.

m	buddha+as	→ buddhās	→ [bhuddhāḥ]	→ buddhā
n.	phala+as	→ phalās	→ [phalāḥ]	→ phalā, phalāni
f.	kaññā+as	→ kaññās	→ [kaññāḥ]	→ kaññā
		→ kaññā+y+as	→ [kaññāyaḥ]	→ kaññāyo
m.	aggi+as	→ [aggī+'s]	→ [aggīḥ]	→ aggī
		→ aggi+n+as	→ [agginaḥ]	→ aggino
		→ aggi+y+as	→ [aggayaḥ]	→ aggayo (-a 모방변화)
n.	akkhi+as	→ [akkhī+'s]	→ [akkhīḥ]	→ akkhī, akkhīni
f.	jāti+as	→ [jātī+'s]	→ [jātīḥ]	→ jātī
		→ jātiyas	→ [jātiyaḥ]	→ jātiyo
f.	nadī+as	→ [nadī+'s]	→ [nadīḥ]	→ nadī
		→ nadī̆yas	→ [nadī̆yaḥ]	→ nadī̆yō
		→ nadyas	→ [najjaḥ]	→ najjo
		→ najjai+as	→ [najjāyaḥ]	→ najjāyo
m.	bhikkhu+as	→ [bhikkhū+'s]	→ [bhikkhūḥ]	→ bhikkhū
		→ bhikkhau+as	→ [bhikkhavaḥ]	→ bhikkhavo
n.	assu+as	→ [assū+'s]	→ [assūḥ]	→ assū, assūni
f.	dhenu+as	→ [dhenū+'s]	→ [dhenūḥ]	→ dhenū
		→ dhenu+y+as	→ [dhenuyaḥ]	→ dhenuyo
		→ dhenu+v+as	→ [dhenuvaḥ]	→ dhenuvo
m.	sabbaññū+as	→ [sabbaññū+'s]	→ [sabbaññūḥ]	→ sabbaññū
		→ sabbaññuv+as	→ [sabbaññuvaḥ]	→ sabbaññuvo
		→ sabbaññū̆+n+as	→ [sabbaññū̆naḥ]	→ sabbaññū̆no
f.	jambū+as	→ [jambū+'s]	→ [jambūḥ]	→ jambū
		→ jambū̆v+as	→ [jambū̆vaḥ]	→ jambū̆vo
m.	go+as	→ gā̆u+as	→ [gā̆vaḥ]	→ gā̆vo
m.	rājan+as	→ [rajanaḥ]	→ rajano	
		→ rāja+as	→ [rājāḥ]	→ rājā
n.	kamman+as	→ kamman+'s	→ kammā, kammāni	
m.	guṇavant+as	→ guṇavantas	→ [guṇavantaḥ]	→ guṇavanto
		→ guṇavanta+as	→ [guṇavantāḥ]	→ guṇavantā
m.	bhavant+as	→ bhavantas	→ [bhavantaḥ]	→ bhavanto, bhonto
		→ bhavanta+as	→ [bhavantāḥ]	→ bhavantā
m.	gacchant+as	→ gacchant+as	→ [gacchantaḥ]	→ gacchanto
		→ gacchanta+as	→ [gacchantāḥ]	→ gacchantā
m.	hatthin+as	→ hatthin+'s	→ [hatthīḥ]	→ hatthī
		→ [hatthinaḥ]	→ hatthino	
n.	manas+as	→ manaḥ+as	→ [manāḥ]	→ manā, manāni
n.	āyus+as	→ āyuḥ+as	→ [āyūḥ]	→ āyū, āyūni
m.	satthar+as	→ [sattharas]	→ [satthāraḥ]	→ satthāro
f.	mātar+as	→ [mātaras]	→ [mātāraḥ]	→ mātāro

§ 96. 복수 대격(*pl. acc.*)의 일반적 어미 -as

명사·형용사의 복수·대격(*pl. acc.*) 어미는 일반적으로 복수·주격어미와 같은 -as이다. 대부분의 변화는 복수·주격과 일치하지만, 남성이나 중성의 -a 어간에서는 결합형은 ās → āḥ → e로 변하고, -ant 어간은 강변화형 -anta를 취하여 변화할 경우에 상기의 변화를 따르게 된다.

m	buddha+as	→ buddhās	→ [bhuddhāḥ]	→ buddhe
n.	phala+as	→ phalās	→ [phalāḥ]	→ phale, phalāni
f.	kaññā+as	→ kaññās	→ [kaññāḥ]	→ kaññā
		→ kaññā+y+as	→ [kaññāyaḥ]	→ kaññāyo
m.	aggi+as	→ [aggī+'s]	→ [aggīḥ]	→ aggī
		→ aggi+n+as	→ [agginaḥ]	→ aggino
		→ aggi+y+as	→ [aggayaḥ]	→ aggayo (-a 모방변화)
n.	akkhi+as	→ [akkhī+'s]	→ [akkhīḥ]	→ akkhī, akkhīni
f.	jāti+as	→ [jātī+'s]	→ [jātīḥ]	→ jātī
		→ jātiyas	→ [jātiyaḥ]	→ jātiyo
f.	nadī+as	→ [nadī+'s]	→ [nadīḥ]	→ nadī
		→ nadĭyas	→ [nadĭyaḥ]	→ nadĭyō
		→ nadyas	→ [najjaḥ]	→ najjo
		→ najjai+as	→ [najjāyaḥ]	→ najjāyo
m.	bhikkhu+as	→ [bhikkhū+'s]	→ [bhikkhūḥ]	→ bhikkhū
		→ bhikkhau+as	→ [bhikkhavaḥ]	→ bhikkhavo
n.	assu+as	→ [assū+'s]	→ [assūḥ]	→ assū, assūni
f.	dhenu+as	→ [dhenū+'s]	→ [dhenūḥ]	→ dhenū
		→ dhenu+y+as	→ [dhenuyaḥ]	→ dhenuyo
		→ dhenu+v+as	→ [dhenuvaḥ]	→ dhenuvo
m.	sabbaññū+as	→ [sabbaññū+'s]	→ [sabbaññūḥ]	→ sabbaññū
		→ sabbaññuv+as	→ [sabbaññuvaḥ]	→ sabbaññuvo
		→ sabbaññŭ+n+as	→ [sabbaññŭnaḥ]	→ sabbaññŭno
f.	jambū+as	→ [jambū+'s]	→ [jambūḥ]	→ jambū
		→ jambŭv+as	→ [jambŭvaḥ]	→ jambŭvo
m.	go+as	→ gău+as	→ [găvaḥ]	→ găvo
m.	rājan+as	→ [rajanaḥ]	→ rajano	
		→ rāja+as	→ [rājāḥ]	→ rājā
n.	kamman+as	→ kamman+'s	→ kammā, kammāni	
m.	guṇavant+as	→ guṇavantas	→ [guṇavantaḥ]	→ guṇavanto
		→ guṇavanta+as	→ [guṇavantāḥ]	→ guṇavante
m.	bhavant+as	→ bhavantas	→ [bhavantaḥ]	→ bhavanto, bhonto
		→ bhavanta+as	→ [bhavantāḥ]	→ bhavante
m.	gacchant+as	→ gacchant+as	→ [gacchantaḥ]	→ gacchanto
		→ gacchanta+as	→ [gacchantāḥ]	→ gacchante
m.	hatthin+as	→ hatthin+'s	→ [hatthīḥ]	→ hatthī
		→ [hatthinaḥ]	→ hatthino	
n.	manas+as	→ manaḥ+as	→ [manāḥ]	→ manā, manāni
n.	āyus+as	→ āyuḥ+as	→ [āyūḥ]	→ āyū, āyūni

m.	satthar+as	→ [sattharas]	→ [satthāraḥ]	→ satthāro			
			→ [satthārāḥ]	→ [satthāre			
f.	mātar+as	→ [mātaras]	→ [mātāraḥ]	→ mātāro			
			→ [mātārāḥ]	→ mātāre			

§ 97. 복수 구격(*pl. ins.*)의 일반적 어미 -bhi, -hi

명사·형용사의 복수·구격(*pl. ins.*)어미는 -bhi 또는 -hi이다. 고대 인도어의 h는 원래 유성대기음으로 bhi와 일치하므로 두 어미는 동일한 것이라고 볼 수 있다. 모음으로 끝나는 어간과 결합할 때 복수·구격의 어미는 그 앞의 모음으로 끝나는 어간을 장음화한다. 단 이 때에 단음 a는 -bhi 또는 -hi에 수반되는 i의 영향으로 e로 변하며, -a이외의 일부 모음으로 끝나는 어간에서는 남성(-ū 제외)과 중성은 장단의 어간모음을 모두 취하고 여성의 경우(약변화형태는 제외)에는 장음을 취한다. 자음으로 끝나는 어간의 경우에는 -ar 이외의 단자음으로 끝나는 어간은 그 단자음이 탈락되고 복자음으로 끝나는 어간은 -ant의 강변화형태인 -anta로 변한 뒤에 그와 일치하는 모음으로 끝나는 어간과 동일하게 변화한다. 단 -ar 어간의 경우에는 그 약변화 형태인 u 또는 강변화형태는 -ăra를 취한 뒤에 그와 일치하는 모음으로 끝나는 어간과 동일하게 변한다.

m	buddha+(b)hi	→ buddha+i(b)hi	→ bhuddhe(b)hi	
n.	phala+(b)hi	→ phala+i(b)hi	→ phale(b)hi	
f.	kaññā+(b)hi	→ kaññā(b)hi		
m.	aggi+(b)hi	→ aggĭ+(b)hi	→ aggĭ(b)hi	
n.	akkhi+(b)hi	→ akkhĭ+(b)hi	→ akkhĭ(b)hi	
f.	jāti+(b)hi	→ jāti+(b)hi	→ jātī(b)hi	
f.	nadī+(b)hi	→ [nadī+i(b)hi	→ nadī(b)hi	
m.	bhikkhu+(b)hi	→ bhikkhŭ+(b)hi	→ bhikkhŭ(b)hi	
n.	assu+(b)hi	→ assŭ+(b)hi	→ assŭ(b)hi	
f.	dhenu+(b)hi	→ dhenū+(b)hi	→ dhenū(b)hi	
m.	sabbaññū+(b)hi	→ sabbaññū(b)hi		
f.	jambū+(b)hi	→ jambū(b)hi		
m.	go+(b)hi	→ go(b)hi		
		→ gava+ihi	→ gavehi (-bhi는 발견되지 않음)	
m.	rājan+(b)hi	→ raja+i(b)hi	→ raje(b)hi	
		→ rāju+(b)hi	→ rājŭ+(b)hi	→ rajŭ(b)hi
n.	kamman+(b)hi	→ kamma+i(b)hi	→ kamme(b)hi	
m.	guṇavant+(b)hi	→ guṇavanta+i(b)hi	→ guṇavante(b)hi	
m.	bhavant+(b)hi	→ bhavanta+i(b)hi	→ bhavante(b)hi	
m.	gacchant+(b)hi	→ gacchanta+i(b)hi	→ gacchante(b)hi	
m.	hatthin+(b)hi	→ hatthi+(b)hi	→ hatthĭ+(b)hi	→ hatthĭ(b)hi
n.	manas+(b)hi	→ manaḥ+i(b)hi	→ mane(b)hi	
n.	āyus+(b)hi	→ āyuḥ+(b)hi	→ āyū(b)hi	
m.	satthar+(b)hi	→ satthu+(b)hi	→ satthū(b)hi	
		→ satthăra+i(b)hi	→ satthăre(b)hi	
f.	mātar+(b)hi	→ mātu+(b)hi	→ mātŭ(b)hi	
		→ mātara+i(b)hi	→ mātare(b)hi	

§ 98. 복수 여격(*pl. dat.*)의 일반적 어미 -aṁ

명사·형용사의 복수·여격(*pl. dat.*) 어미는 -aṁ이다. 모음으로 끝나는 어간과 결합할 경우 그 완충역할은 비음 n이 한다. 이때에 -ā̆어간은 -ā로 변하지만 -a 이외의 모음으로 끝나는 어간은 장단에 관계없이 장단음 모두를 취할 수 있다. 그리고 자음으로 끝나는 어간과 결합할 경우에는 -ar를 제외한 단자음어미는 모두 탈락되며, 복자음어미 -ant는 그 약변화유형 -at나 강변화 유형 -anta를 취한 뒤에 변한다. 이때 -at에 직접 -aṁ이 부가되며 나머지는 그와 일치하는 모음으로 끝나는 어간에 따른 변화유형을 취한다. 한편 -ar 어간은 그 약변화 유형은 -u, 강변화형으로 -ā̆ra를 취한 뒤에 그와 일치하는 모음으로 끝나는 어간처럼 변화한다.

m	buddha+aṁ	→	buddha+n+aṁ	→	buddhānaṁ		
n.	phala+aṁ	→	phala+n+aṁ	→	phalānaṁ		
f.	kaññā+aṁ	→	kaññā+n+aṁ	→	kaññānaṁ		
m.	aggi+aṁ	→	aggī̆+n+aṁ	→	aggī̆naṁ		
n.	akkhi+aṁ	→	akkhī̆+n+aṁ	→	akkhī̆naṁ		
f.	jāti+aṁ	→	jātī̆+n+aṁ	→	jātī̆naṁ		
f.	nadī+aṁ	→	nadī̆+n+aṁ	→	nadī̆naṁ		
		→	nadī̆+yā+n+aṁ	→	nadī̆yānaṁ		
m.	bhikkhu+aṁ	→	bhikkhū̆+n+aṁ	→	bhikkhū̆naṁ		
n.	assu+aṁ	→	assū̆+n+aṁ	→	assū̆+n+aṁ		
f.	dhenu+aṁ	→	dhenū̆+n+aṁ	→	dhenū̆naṁ		
m.	sabbaññū+aṁ	→	sabbaññū̆+n+aṁ	→	sabbaññū̆naṁ		
f.	jambū+aṁ	→	jambū̆+n+aṁ	→	jambū̆naṁ		
m.	go+aṁ	→	go+n+aṁ	→	gonaṁ		
		→	gau+n+aṁ	→	gavaṁ, gunnaṁ		
		→	goṇa+n+aṁ	→	goṇānaṁ		
m.	rājan+aṁ	→	rāja+n+aṁ	→	rājānaṁ		
		→	rajñ+aṁ	→	[raññ+aṁ]	→	raññaṁ
		→	rāju+n+aṁ	→	rājū+n+aṁ	→	rājūnaṁ
n.	kamman+aṁ	→	kamma+n+aṁ	→	kammānaṁ		
m.	guṇavant+aṁ	→	guṇavat+aṁ	→	guṇavataṁ		
		→	guṇavanta+n+aṁ	→	guṇavantānaṁ		
m.	bhavant+aṁ	→	bhavat+aṁ	→	bhavataṁ		
		→	bhavanta+n+aṁ	→	bhavantānaṁ		
m.	hatthin+aṁ	→	hatthī̆+n+aṁ	→	hatthī̆naṁ		
n.	manas+aṁ	→	mana+n+aṁ	→	manānaṁ		
n.	āyus+aṁ	→	āyuḥ+n+aṁ	→	āyūnaṁ		
		→	āyus+aṁ	→	āyusaṁ		
m.	satthar+aṁ	→	[satthaḥ+n+aṁ]	→	satthānaṁ		
		→	satthu+n+aṁ	→	satthūnaṁ		
		→	satthāra+n+aṁ	→	satthārānaṁ		
f.	mātar+aṁ	→	[mātaḥ+n+aṁ]	→	mātānaṁ]		
		→	mātu+n+aṁ	→	mātūnaṁ, mātunnaṁ		
		→	mātara+n+aṁ	→	mātarānaṁ		

§ 99. 복수 속격(*pl. gen.*)의 일반적 어미 -aṁ

명사·형용사의 복수·속격(*pl. gen.*)어미는 -aṁ으로 모든 변화유형에서 완전히 상기의 복수·여격과 동일하다.

§ 100. 복수 탈격(*pl. abl.*)의 일반적 어미

명사·형용사의 복수·탈격(*pl. abl.*)어미는 -bhi(hi)로서 모든 변화유형에서 완전히 상기의 복수·구격과 동일하다.

§ 101. 복수 처격(*pl. loc.*)의 일반적 어미 -su

명사·형용사의 복수·처격(*pl. loc.*) 어미는 -su이다. 이 -su의 결합 방식은 복수·구격 -bhi(hi)의 결합 방식과 완전히 동일하다. 단 -su앞에 a-모음으로 끝나는 어간이 오지 않고 다른 모음으로 끝나는 어간이 올 때는 장단을 동시에 취할 수 있다. 그리고 남성의 -an 어간의 경우에 약변화하여 n이 탈락되어 -ă 어간이 되거나 강변화하여 확장되어 -ana 어간이 되어 각각 해당되는 변화과정을 밟는 수가 있다.

m	buddha+su	→ buddha+isu	→ bhuddhesu	
n.	phala+su	→ phala+isu	→ phalesu	
f.	kaññā+su	→ kaññāsu		
m.	aggi+su	→ aggĭ+su	→ aggĭsu	
n.	akkhi+su	→ akkhĭ+su	→ akkhĭsu	
f.	jāti+su	→ jāti+su	→ jātīsu	
f.	nadī+su	→ [nadī+isu	→ nadīsu	
m.	bhikkhu+su	→ bhikkhŭ+su	→ bhikkhŭsu	
n.	assu+su	→ assŭ+su	→ assŭsu	
f.	dhenu+su	→ dhenū+su	→ dhenūsu	
m.	sabbaññū+su	→ sabbaññūsu		
f.	jambū+su	→ jambūsu		
m.	go+su	→ gosu		
		→ gava+isu	→ gavesu	
m.	rājan+su	→ raja+isu	→ rajesu	
		→ rāju+su	→ rājŭ+su	→ rajŭsu
n.	kamman+su	→ kamma+isu	→ kammesu	
m.	guṇavant+su	→ guṇavanta+isu	→ guṇavantesu	
m.	bhavant+su	→ bhavanta+isu	→ bhavantesu	
m.	gacchant+su	→ gacchanta+isu	→ gacchantesu	
m.	hatthin+su	→ hatthi+su	→ hatthĭ+su	→ hatthĭsu
n.	manas+su	→ manaḥ+isu	→ manesu	
n.	āyus+su	→ āyuḥ+su	→ āyūsu	
m.	satthar+su	→ satthu+su	→ satthūsu	
		→ satthăra+isu	→ satthăresu	
f.	mātar+su	→ mātu+su	→ mātŭsu	
		→ mātara+isu	→ mātaresu	

§ 102. 복수·호격(*pl. voc.*)의 일반적어미 -as

명사·형용사의 복수·호격(*pl. voc.*)의 어미는 -as로서 복수·주격의 어미와 동일하며 그 변화유형도 완전히 같다. 단 하나의 예외가 있다면 bhavant의 복수·주격 bhavantā 대신에 복수·호격에서는 bhante도 쓰인다는 사실이다.

m.	bhavant+as	→ [bhavantas]	→ bhavanto, bhonto
			bhavantā, bhante

2. 형 태 론

§ 103. 명사·형용사의 변화

빠알리어에서 명사의 변화는 고대인도어에 비해서 점증하는 자음으로 끝나는 어간을 억압한 결과, 특히 -a로 끝나는 명사가 증가하는 것, 개개의 곡용에서 많은 부대변화형을 지니는 것, 수(數)가 감소하는 것으로서 특징 지워진다. 원래 자음으로 끝나는 자음으로 끝나는 어간류의 명사가 모음으로 끝나는 모음으로 끝나는 어간류의 변화 부류에 속하게 되는 과정은 말미음의 탈락으로 뿐만아니라 다른 한편 a로 끝나는 명사는 말미자음에 a의 첨가로 가속화되어졌다. 폐쇄음으로 끝나는 명사는 빠알리어에서 완전히 사라졌다.

반면에 r, m, nt, s로 끝나는 명사는 비록 그 밖에 각각의 격에서 a로 끝나는 부류에 따라 변화하기도 하지만, 대부분 보존되어 있다. 빠알리어는 세가지 성을 갖고 있다. 남성, 여성, 그리고 중성이다. 명사들은 자주 남성과 중성 사이를 왔다 갔다 한다. 어떤 경우를 보면 첨가적인 형용사와 거기에 속한 명사사이에 일치에 소홀한 것이 발견된다.

수는 빠알리어에서 단수와 복수로 줄어들었다. 고대인도어에는 양수(兩數)는 빠알리어에서 복수에 속하게 되었다. 그런데 여덟 개의 고대인도어의 격은, 비록 몇몇 변화 부류에서 언제나 형식적인 분류를 통해 확연히 구별되는 것은 아니지만, 잘 보존되어 있다.

§ 104. 빠알리어에서의 중요한 격변화 어미

수와 격					특수형태	
					중성	여성
sg.						
nom.	어미가 없는 어간		o		ṁ	
voc.	주격(*nom.*)과 같음				ṁ	
acc.	ṁ					
ins.	ena	(n)ā				ya/yā
abl.	ā	to	smā	mhā		ya/yā
gen. dat.	ssa	(n)o				ya/yā
loc.	e	(n)i	smiṁ	mhi		ya/yā, yaṁ
pl.						
nom.	모음어미의 장음			o	ni	yo
voc.	모음어미의 장음			o	ni	yo
acc.	모음어미의 장음		e	o	ni	yo
ins. abl.	hi		bhi			
gen. dat.	(n)aṁ					
loc.	su					

§ 105. 격변화와 어간류의 분류

여격과 속격은 빠알리어에서 -a 어간류의 단수에 이르기까지 모든 어간류에서 동일한 형태를 지니고 있다. 여기서 속격과 여격 I(*dat1.* : 멀리떨어진 대상을 나타내는 여격 또는 유용여격(*dat. commodi.*)과 불유용여격(*dat. incommodi.*)은 동일한 형태 -assa를 갖는다. 그런데 여격 II(*dat2.*)는 -āya를 취하고 목적의 의미를 갖고 있으며 몇몇 동사에서는 방향을 지시하는 기능을 갖고 있어 속격과는 엄밀히 구별된다. 또한 복수의 구격(*ins.*)과 탈격(*abl.*)은 모든 어간류의 명사에서 동일한 변화 형태를 취한다. 주격(*nom.*)과 호격(*voc.*)은 복수에서는 대부분, 단수에서는 자주, 동일한 변화어미를 취한다. 복수의 주격(*nom.*)과 대격(*acc.*)은 남성과 여성에서 흔히 그 변화어미가 일치하며, 중성에서는 고대인도어의 주격과 대격에서 보듯이 단수와 복수 모두에서 동일한 어미를 취한다. 여성에서도 자주 단수의 속격(*abl.*), 여격(*ins.*), 구격(*dat.*), 탈격(*gen.*), 부분적으로는 처격(*loc.*)에서도 동일한 어미를 취한다.

※남성과 중성에서는 세 가지 변화유형이 서로 구별된다.

① -a 어간류(語基類) ② -i 어간류와 -u 어간류, -ī 어간류와 -ū 어간류 ③ 자음어미 어간류

※여성에서는 두 가지 주요유형이 있다.

① 모음어미 어간류 ② 자음어미 어간류

§ 106. 격변화에서의 다양성의 원인

각각의 격이 모든 변화에서 형성하는 어미변화의 다양성은 무엇보다도 다음과 같은 과정을 통해서 일어난다.

① 이형의 자음군에 대한 서로 다른 해결 ; 예 rājan '왕'의 단수 구격(*ins. sg.*)

sk. rājña > rāñña(jñ이 동화됨)

> rājinā(jñ이 삽입모음을 통해 jin으로 해결됨)

② 다른 변화부류로부터 격변화어미를 채택하여 본래의 격변화어미의 부대 형태로 쓴다.

③ 성적으로 차별되는 대명사의 변화어미는 명사변화에 첨가하여 병기된다.

§ 107. 어간류의 성구분

빠알리어에서 다음과 같은 어간류를 여러 성으로 분류하면 그 어간류의 격변화를 구분 지을 수 있다.

명사의 어간류					명사의 어간류			
-a	어간	*m.*		*n.*	-an	어간	*m.*	*n.*
-ā	어간		*f.*		-in	어간	*m.*	
-i	어간	*m.*	*f.*	*n.*	-ant	어간	*m.*	*n.*
-ī	어간	*m.*	*f.*		-mant	어간	*m.*	*n.*
-u	어간	*m.*	*f.*	*n.*	-vant	어간	*m.*	*n.*
-ū	어간	*m.*	*f.*		-as	어간		*n.*
-au	어간	*m.*	*f.*		-us	어간		*n.*
-r	어간	*m.*	*f.*					

§ 108. 다양한 격변화 유형

격변화 유형이 차별되는 몇몇 명사를 예외로 하고는 단수(*sg.*)와 복수(*pl.*)에서의 모든 어간류 변화는 다음과 같은 도표를 따른다.

1) 단수의 어미변화 I.

어간 성	-a 남성	-a 중성	-ā 여성	-i 남성	-i 중성	-ī 남성	-i 여성	-ī 여성	-u 남성	-u 중성	-ū 남성	-u 여성	-ū 여성
nom.	o e	aṁ e	ā	i	iṁ i	ī	i ī	ī i	u o	uṁ u	ū u	u	ū u
voc.	a ā e o	a aṁ	e ā a	i e	iṁ i	i	i ī	ī i	u o	uṁ u	ū u	u	ū u
acc.	aṁ	aṁ	aṁ	iṁ	iṁ	iṁ	iṁ	iṁ	uṁ	uṁ	uṁ	uṁ	uṁ

어간성	-a 남성	-a 중성	-ā 여성	-i 남성	-i 중성	-ī 남성	-i 여성	-ī 여성	-u 남성	-u 중성	-ū 남성	-u 여성	-ū 여성
					i	inaṁ		iyaṁ	unaṁ	u			
ins.	ena ā asā		āya ā	inā		inā	inā	iyā yā	unā		unā	uyā	uyā
abl.	ā asmā amhā ato		āya ato āto	inā ismā imhā ito		inā ismā imhā	iyā yā ito	iyā yā ito īto	unā u usmā umhā uto		 usmā umhā ūto	uyā uto	uyā
gen. *dat.*	assa āya ā		 āya	 issa ino e		 issa ino	 iyā yā	 iyā yā	 ussa uno u		 ussa uno	uyā	uyā
loc.	e asi asmiṁ amhi		āya āyaṁ	ini, e o ismiṁ imhi		 ismiṁ imhi	iyaṁ o yaṁ āyaṁ u	iyā yā yaṁ iyaṁ	uni usmiṁ umhi		 usmiṁ umhi	uyā uyaṁ	uyā uyaṁ

2) 단수의 어미변화 II.

어간성	-r 남성	-r 여성	-an 남성	-an 중성	-in 남성	-ant 남성	-ant 중성	-(v)ant 남성	-(v)ant 중성	-as 중성	-us 중성
nom.	ā a o	ā	ā no	aṁ a	ī i	aṁ anto ato	antaṁ aṁ	ā		o aṁ	u uṁ
voc.	ā a e	ā a e	ā a	 a	ī i	aṁ anta a	antaṁ aṁ	ā		o aṁ a	u uṁ
acc.	ăraṁ uṁ aṁ	araṁ	ānaṁ aṁ	 a aṁ	inaṁ iṁ	antaṁ ataṁ	antaṁ aṁ	aṁ		o aṁ	u uṁ
ins.	arā ārā unā	arā uyā yā	nā ena	anā ena unā ā	inā	atā antena				asā ena	usā unā
abl.	arā ārā u ito	arā uyā yā ito	nā asmā amhā ato	anā ā	inā ismā imhā ito	antā atā antasmā antamhā		 antato		asā ā asmā amhā ato	usā unā
gen. *dat.*	 ussa uno	 yā uyā	 assa no	 assa uno	 issa uno	 antassa ato				 assa aso	 ussa uno

어간 성	-r 남성	-r 여성	-an 남성	-an 중성	-in 남성	-ant 남성	-ant 중성	-(v)ant 남성	-(v)ant 중성	-as 중성	-us 중성
	u	u āya	nassa								
loc.	ari	ari uyā yā	ni ismiṁ imhi ne	āni ani e	ini ine ismiṁ imhi	ati ante antasmiṁ antamhi				asi e asmiṁ amhi	usi uni

3) 복수의 어미변화 I.

어간 성	-a 남성	-a 중성	-ā 여성	-i 남성	-i 중성	-ī 남성	-i 여성	-ī 여성	-u 남성	-u 중성	-ū 남성	-u 여성	-ū 여성
nom.	ā āse o	āni ā	ā āyo	ī ayo iyo ino	īni ī	ī ino	ī yo iyo	īyo yo iyo āyo	ū avo uyo uno	ūni ū	ū uvo uno ūno	ū uvo uyo	ū uyo ūyo
voc.	ā	āni ā	ā āyo	ī ayo iyo	īni ī	ī ino	ī yo iyo	īyo yo iyo āyo	ū avo aye uno	ūni ū	ū uvo uno ūno	ū uvo uyo	ū uyo ūyo
acc.	e ān	āni e	ā āyo	ī ayo iyo	īni ī	ī ino	ī yo iyo	īyo yo iyo āyo	ū avo ave uno	ūni ū	ū uvo uno ūno	ū uvo uyo ūyo	ū uyo ūyo
ins.	ehi ebhi e		āhi ābhi	īhi ībhi ihi ibhi		īhi ībhi ihi ibhi	īhi ībhi	īhi ībhi	ūhi ūbhi uhi ubhi		ūhi ūbhi	ūhi ūbhi	ūhi ūbhi
abl.	ehi ebhi ato		āhi ābhi	īhi ībhi ihi ibhi		īhi ībhi ihi ibhi	īhi ībhi	īhi ībhi	ūhi ūbhi uhi ubhi		ūhi ūbhi	ūhi ūbhi	ūhi ūbhi
gen./ dat.	ānaṁ		ānaṁ	īnaṁ inaṁ		īnaṁ inaṁ	īnaṁ	īnaṁ inaṁ iyanaṁ iyanaṁ	ūnaṁ unaṁ unnaṁ		ūnaṁ	ūnaṁ	ūnaṁ
loc.	esu		āsu	īsu isu		īsu isu	īsu isu	īsu isu	ūsu usu		ūsu	ūsu	ūsu

4) 복수의 어미변화 II.

어간 성	-r 남성	-r 여성	-an 남성	-an 중성	-in 남성	-ant 남성	-ant 중성	-as 중성	-us 중성
nom.	aro āro	aro ā	ā	āni	ī ayo	anto antā	antāni anti	āni ā	ūni ū

어간 성	-r 남성	-r 여성	-an 남성	-an 중성	-in 남성	-ant 남성	-ant 중성	-as 중성	-us 중성
			āno		iyo ino inā				
voc.	aro	aro	ā āno		ī ino	anto antā	antāni anti	āni ā	ūni ū
acc.	ăro ăre ū uno e	aro are	ano āno	āni	i aye iye ino ine	anto ante	antāni anti	āni e	ūni ū
ins.	ārehi ārebhi ūhi ūbhi	arehi arebhi ūhi ūbhi	ūhi ūbhi ehi ebhi nāhi	ehi	īhi ībhi ihi ibhi	antehi antebhi		ehi ebhi	uhi ubhi
abl.	ārehi ārebhi ūhi ūbhi	arehi arebhi ūhi ūbhi	ūhi ūbhi ehi ebhi	ei	īhi ībhi ihi ibhi	antehi antebhi		ehi ebhi	uhi ubhi
dat./ gen.	ārānaṁ ūnaṁ ānaṁ unnaṁ	arānaṁ ūnaṁ ānaṁ unnaṁ	naṁ ūnaṁ ānaṁ	ānaṁ	īnaṁ inaṁ	antaṁ antānaṁ		ānaṁ	usaṁ ūnaṁ
loc.	aresu āresu usu ūsu	aresu āsu usu ūsu	ūsu usu esu	esu	īsu isu inesu	antesu		esu	usu

§ 109. -a 어간 격변화

빠알리어에서 자주 일어나는 이 격변화에 따라 남성과 중성이 어미변화한다. 중성은 오로지 단수와 복수에서의 주격(*nom.*), 호격(*voc.*), 목적격(*acc.*)에서만 남성과 차이가 난다. 복수에서는 위와 동일한 격들에서 남성과 중성이 부분적으로 동일한 어미를 지님으로써 성의 혼효가 이루어지기 시작한다. 남성명사가 복수에서 어떤 것은 이미 중성의 어미를 취한다. : dhammā 대신에 dhammāni. ā로 끝나는 구격(*ins.*)은 고어형으로 오래된 텍스트에서만 발견된다. 특히 sahatthā '자신의 손으로'와 padā '발로'의 경우가 그렇다. 대부분의 형용사는 남성 또는 중성의 형태로서 -a 어간 격변화를 취한다. (§ 161)

§ 110. deva *m.* 신

	-a	-a	-as	ayya guṇa	대명사적 격변화어미	마가디어의 형 태
▸*sg.*						
nom.	devo					(*deve*)
voc.	deva	devā		ayyo		(*deve*)

acc.	devaṁ					
ins.	devena	(*devā*)	(*devasā*)			
abl.	devā				devato devasmā devamhā	
gen.	devassa					
dat1.	devassa					
dat2.	devāya	(*devā*)				
loc.	deve		(*devasi*)		devasmiṁ devamhi	
▸*pl.*						
nom.	devā			ayyo		*devāse*
voc.	devā					
acc.	deve	(*devān*)				
ins.	devehi	devebhi		guṇe		
abl.	devehi	devebhi			*devato*	
gen./dat.	devānaṁ					
loc.	devesu					

§ 111. rūpa *n.* 형태

	-a	-a	-as	대명사적 격변화어미	마가디어의 형 태
▸*sg.*					
nom.	rūpaṁ				*rūpe*
voc.	rūpa	rūpaṁ			
acc.	rūpaṁ				
ins.	rūpena	(*rūpā*)	(*rūpasā*)		
abl.	rūpā			rūpato rūpasmā rūpamhā	
gen.	rūpassa				
dat1.	rūpassa				
dat2.	rūpāya	(*rūpā*)			
loc.	rūpe		(*rūpasi*)	rūpasmiṁ rūpamhi	
▸*pl.*					
nom.	rūpāni	rūpā			
voc.	rūpāni	rūpā			
acc.	rūpāni	rūpe			
ins.	rūpehi	rūpebhi			
abl.	rūpehi	rūpebhi			
gen./dat.	rūpānaṁ				
loc.	rūpesu				

§ 112. -ā 어간 격변화

오로지 여성명사만이 이 변화류에 속한다. 다음과 같은 어머니의 또는 아버지의 애칭은 ā로 끝나는 호격을 형성한다. : annā, ambā, ammā, tātā. -a 변화유형을 취하는 대부분의 형용사는 -ā 변화유형에 따라 그들의 여성형태를 취한다. (§ 161)

§ 113. kaññā *f.* 소녀

			애칭 : 예	ammā
▸*sg.*				
nom.	kaññā			
voc.	kaññe		ammā	amma
acc.	kaññaṁ			
ins.	kaññāya	kaññā		
abl.	kaññāya	(kaññāto)		
		(kaññato)		
gen./dat.	kaññāya			
loc.	kaññāya	kaññāyaṁ		
▸*pl.*				
nom.	kaññā	kaññāyo		
voc.	kaññā	kaññāyo		
acc.	kaññā	kaññāyo		
ins.	kaññāhi	kaññābhi		
abl.	kaññāhi	kaññābhi		
gen./dat.	kaññānaṁ			
loc.	kaññāsu			

§ 114. -i 어간 격변화

-i 어간을 갖는 남성, 여성, 중성 변화는 모두 이 격변화에 의존한다. 남성과 중성은 -a 어간격 변화에서처럼 단수, 복수의 주격(*nom.*), 호격(*voc.*)에서만 서로 구별되는 반면에 여성의 -i 어간 격변화는 이들과 매우 다르며 부분적으로 -ā 어간 격변화와 유사한 형태를 취한다. -i 어간 격변화를 갖는 모든 세 성(姓)은 -u 어간 격변화와 일치하는 각각의 성을 지닌 -u 어간격변화와 강한 유사성을 갖는다.

그 가운데 sakkhi의 격변화는 아주 다양한 형태를 취한다. 왜냐하면 여기에는 다른 어간 격변화와 유사한 격변화들이 뒤섞여 있기 때문이다. -i 어간격변화에 따라 -i 어간 형용사의 남성적, 중성적인 격변화가 이루어진다.(§ 163)

§ 115. aggi *m.* 불

		-a 곡용과 유사한 변화형태	차이가 나는 변화유형 isi 선인 ādi 시작 muni 성자 giri 산
▸*sg.*			
nom.	aggi		ise
voc.	aggi		
acc.	aggiṁ		

ins.	agginā					
abl.	agginā		aggismā	aggimhā	aggito	
gen./dat.	aggino		agissa			
loc.	aggini		agismiṁ	aggimhi		mune
						ādu. ādo
						gire
▸*pl.*						
nom.	aggayo	aggiyo	aggī	aggino		
voc.	aggayo	aggiyo	aggī			
acc.	aggayo	aggiyo	aggī			ise
ins.	aggīhi	aggihi	aggībhi	aggibhi		
abl.	aggīhi	aggihi	aggībhi	aggibhi		
gen./dat.	aggīnaṁ	(agginaṁ)				
loc.	aggīsu	aggisu				

§ 116. sakkhi *m.* 친구

	–i	–i	–a	–ar	–an
▸*sg.*					
nom.			sakkho	sakkhā	
voc.		sakkhe	sakkha	sakkhā	
	sakkhi	sakkhī			
acc.	sakkhāyaṁ		sakkhaṁ	sakkhāraṁ	sakkhānaṁ
ins.	sakkhinā				
abl.	sakkhinā			sakkhārā	
				sakkhāramā	
gen./dat.	sakkhino	sakkhissa			
loc.			sakkhe		
▸*pl.*					
nom.	sakkhino	sakkhāyo	sakkhā	sakkhāro	sakkhāno
voc.	sakkhino	sakkhāyo			sakkhāno
acc.	sakkhino	sakkhāyo			sakkhāno
		sakkhī			
ins.			sakkhehi	sakkhārehi	
				sakkhārebhi	
			sakkhebhi	sakkharehi	
abl.			sakkhehi	sakkhārehi	
				sakkhārebhi	
			sakkhebhi	sakkharehi	
gen./dat.	sakkhīnaṁ		sakkhānaṁ	sakkhārānaṁ	
				sakkharānaṁ	
loc.			sakkhesu	sakkhāresu	
				sakkharesu	

§ 117. akkhi *n.* 눈

▸ *sg.*				
nom.	akkhi	akkhiṁ		
voc.	akkhi	akkhiṁ		
acc.	akkhi	akkhiṁ		
ins.	akkhinā			
abl.	akkhinā	akkhismā	akkhimhā	
gen./dat.	akkhino	akkhissa		
loc.	akkhini	akkhismiṁ	akkhimhi	
▸ *pl.*				
nom.	akkhī	akkhīni		
voc.	akkhī	akkhīni		
acc.	akkhī	akkhīni		
ins.	akkhīhi	akkhībhi	akkhihi	akkhibhi
abl.	akkhīhi	akkhībhi	akkhihi	akkhibhi
gen./dat.	akkhīnaṁ		akkhinaṁ	
loc.	akkhīsu		akkhisu	

§ 118. ratti *f.* 밤

▸ *sg.*				
nom.	ratti	rattī		
voc.	ratti			
acc.	rattiṁ			
ins.	rattiyā	ratyā	(raccā)	
abl.	rattiyā	ratyā	(raccā)	(rattito)
gen./dat.	rattiyā	ratyā	(raccā)	
loc.	rattiyaṁ	ratyaṁ	ratto	rattāyaṁ
	rattiyā			
▸ *pl.*				
nom.	rattiyo	ratyo	rattī	
voc.	rattiyo	ratyo	rattī	
acc.	rattiyo	ratyo	rattī	
ins./abl.	rattīhi	rattībhi		
gen./dat.	rattīnaṁ			
loc.	rattīsu	rattisu		

§ 119. jāti *f.* 태어남

▸ *sg.*				
nom.	jāti			
voc.	jāti			
acc.	jātiṁ			
ins.	jātiyā	jatyā	jaccā	
abl.	jātiyā	jatyā	jaccā	(jātito)

gen./dat.	jātiyā	jatyā	jaccā	
loc.	jātiyā	jatyā	jaccā	
	jātiyaṁ	jatyaṁ	jaccaṁ	
▸*pl.*				
nom.	jātiyo	jatyo	jacco	jātī
voc.	jātiyo	jatyo	jacco	jātī
acc.	jātiyo	jatyo	jacco	jātī
ins./abl.	jātīhi	jātībhi		
gen./dat.	jātīnaṁ	(jātinaṁ)		
loc.	jātīsu	jātisu		

§ 120. -ī 어간 격변화

-ī 어간을 갖는 남성과 여성이 있다. 남성 -ī 어간은 아주 드문 반면에 여성은 아주 흔히 볼수 있다. 남성의 -ī 어간의 변화는 -in 어간 격변화와 동일한 유형을 취하는데 이는 -ī 어간과 -in 어간은 서로 어미변화에 상호영향을 주었기 때문이다. 단지 남성의 -ī 어간격변화에서는 단수 처격(*sg. loc.*)에서 -ini로 끝나는 어미를 찾아볼 수 없다는 것이 다르다면 다르다. 여성의 -i 어간 격변화는 단수 주격(*sg. nom.*)을 제외하고는 여성 -i 어간 격변화와 하등의 차이가 없다. 단지 itthī '부인'의 격변화는 곡용에서 불규칙적인 요소가 있을 뿐만 아니라 단어자체가 바뀌어 변화하기도 한다.

§ 121. senānī *m.* 장군

▸*sg.*				
nom.	senānī			
voc.	senānī			
acc.	senāniṁ	senāninaṁ		
ins.		senāninā		
abl.		senāninā	senānismā	senānimhā
gen./dat.	senānissa	senānino		
loc.			senānismiṁ	senānimhi
▸*pl.*				
nom.	senānī	senānino		
voc.	senānī	senānino		
acc.	senānī	senānino		
ins.	senānīhi	senānihi	senānībhi	senānibhi
abl.	senānīhi	senānihi	senānībhi	senānibhi
gen./dat.	senānīnaṁ	senāninaṁ		
loc.	senānīsu	senānisu		

§ 122. nadī *f.* 강

※bārāṇasī

▸*sg.*				
nom.	nadī	nadi		
voc.	nadī	nadi		
acc.	nadiṁ	nadiyaṁ		
ins.	nadiyā	nadyā	najjā	
abl.	nadiyā	nadyā	najjā	(nadīto)

					※bārāṇasī
				(nadito)	
gen./dat.	nadiyā	nadyā	najjā		
loc.	nadiyā	nadyā	najjā		bārāṇassaṁ
	nadiyaṁ	nadyaṁ	najjaṁ		bārāṇasiṁ
▸*pl.*					
nom.	nadiyo	nadīyo	najjo	nadī	najjāyo
voc.	nadiyo	nadīyo	najjo	nadī	najjāyo
acc.	nadiyo	andīyo	najjo	nadī	najjāyo
ins.	nadīhi	nadībhi			
abl.	nadīhi	nadībhi			
gen./dat.	nadīnaṁ	(nadinaṁ)	nadiyānaṁ	(nadīyānaṁ)	
loc.	nadīsu	(nadisu)			

§ 123. bhavatī/bhotī *f.* 여주인

bhavatī			bhotī
▸*sg.*			
nom.	bhavatī	bhavantī	bhotī
voc.			bhoti
acc.			bhotiṁ
ins.			bhotiyā
abl.			bhotiyā
loc.			bhotiyā
▸*pl.*			
nom.			bhotiyo
acc.			bhotiyo

§ 124. itthī(thī) *f.* 여자

▸*sg.*				
nom.	itthī	itthi		thī
voc.	itthī	itthi		thī
acc.	itthiṁ	itthiyaṁ		
ins.	itthiyā			thiyā
abl.	itthiyā			thiyā
gen./dat.	itthiyā			thiyā
loc.	itthiyā	itthiyaṁ		thiyaṁ
▸*pl.*				
nom.	itthīyo	itthiyo	itthī	thiyo
voc.	itthīyo	itthiyo	itthī	thiyo
acc.	itthīyo	itthiyo	itthī	
ins.	itthīhi		itthībhi	
abl.	itthīhi		itthībhi	
gen./dat.	itthīnaṁ			thīnaṁ
loc.	itthīsu			thīsu

§ 125. -u 어간 격변화

-i 어간 격변화와 동일한 구조의 변화를 -u 어간 격변화도 따른다. 여기에는 남성, 여성, 중성의 -u 어간 명사가 해당된다. 남성과 중성은 주격(*nom*), 호격(*voc.*), 대격(*acc.*)에 이르기까지 공통된 격변화를 취한다. 여성 -u 어간 격변화는 여성 -i 어간 격변화의 유형과 아주 비슷하다. -u 어간의 형용사는 남성과 중성에서 이 격변화의 유형을 따른다.(§ 164)

§ 126. bhikkhu *m.* 거지

어간					※sutanu
▸*sg.*					
nom.	bhikkhu				sutano
voc.	bhikkhu				sutano
acc.	bhikkhuṁ	bhikkhunaṁ			
ins.	bhikkhunā				
abl.	bhikkhunā	bhikkhusmā	bhikkhumhā	bhikkhuto	
gen./dat.	bhikkhuno	bhikkhussa			
loc.		bhikkhusmin	bhikkhumhi		
▸*pl.*					
nom.	bhikkhū	bhikkhavo			
voc.	bhikkhū	bhikkhavo	bhikkhave		
acc.	bhikkhū	bhikkhavo			
ins.	bhikkhūhi	bhikkhūbhi	bhikkhuhi	bhikkhubhi	
abl.	bhikkhūhi	bhikkhūbhi	bhikkhuhi	bhikkhubhi	
gen./dat.	bhikkhūnaṁ				
loc.	bhikkhūsu		bhikkhusu		

§ 127. -u 어간 남성명사 변화의 다양성

남성에서는 더욱 광범위한 유형의 다양성이 실제로 발견되기도 한다.

hetu *m.* 이유

▸*sg.*				
nom.	hetu			
voc.	(hetu)			
acc.	hetuṁ	(hetunaṁ)		
ins.	hetunā			
abl.	hetunā	hetusmā	hetumhā	hetu
gen./dat.	hetuno	(hetusmiṁ)		hetu
loc.		hetusmiṁ	hetumhi	
▸*pl.*				
nom.	hetū	(hetuno)	hetuyo	(hetavo)
voc.	(hetū)	(hetuno)	(hetuyo)	(hetavo)
acc.	hetū	(hetuno)	hetuyo	(hetavo)
ins.	hetūhi	hetūbhi	hetuhi	hetubhi
abl.	hetūhi	hetūbhi	hetuhi	hetubhi
gen./dat.	hetūnaṁ		(hetunaṁ)	(hetunnaṁ)
loc.	hetūsu		hetusu	

§ 128. dāru *n.* 나무

▸*sg.*				
nom.	dāru	dāruṁ		
voc.	(dāru)	(dāruṁ)		
acc.	dāru	dāruṁ		
ins.	dārunā			
abl.	rārunā	dārusmā	dārumhā	
gen./dat.	dāruno	dārussa		
loc.	(dāruni)	dārusmiṁ	dārumhi	
▸*pl.*				
nom.	dārūni	dārū		
voc.	(dārūni)	(dārū)		
acc.	dārūni	dārū		
ins.	dārūni	dārūbhi	dāruhi	dārubhi
abl.	dārūni	dārūbhi	dāruhi	dārubhi
gen./dat.	dārūnaṁ		dārunaṁ	
loc.	dārūsu		dārusu	

§ 129. dhenu *f.* 소

▸*sg.*			
nom.	dhenu		
voc.	dhenu		
acc.	dhenuṁ		
ins.	dhenuyā		
abl.	dhenuyā	dhenuto	
gen./dat.	dhenuyā		
loc.	dhenuyā	dhenuyaṁ	
▸*pl.*			
nom.	dhenū	dhenuyo	dhenuvo
voc.	dhenū	dhenuyo	dhenuvo
acc.	dhenū	dhenuyo	dhenuvo
ins.	dhenūhi	dhenūbhi	
abl.	dhenūhi	dhenūbhi	
gen./dat.	dhenūnaṁ		
loc.	dhenūsu		

§ 130. -ū 어간 격변화

-ī 어간을 갖는 명사에서와 마찬가지로 -ū 어간을 갖는 명사도 남성과 여성만이 존재한다. 남성의 -ū 어간 명사는 복합어의 두 번째 구성부분으로서의 -bhū, -ññū, gū의 어근 명사에 국한된다. 여성의 -ū 어간 격변화는 무엇보다도 오로지 여성의 -u 어간격변화와 단수의 주격(*nom*)에서만 차이가 난다.

§ 131. abhibhū *m.* 극복자

▸*sg.*		
nom.	abhibhū	(abhibhu)

voc.	abhibhū	abhibhu		
acc.	abhibhuṁ			
ins.	abhibhunā			
abl.	abhibhunā	abhibhusmā	abhibhumhā	abhibhūto
gen./dat.	abhibhuno	abhibhussa		
loc.		abhibhusmiṁ	abhibhumhi	
▸*pl.*				
nom.	abhibhū	abhibhuvo	abhibhuno	abhibhūno
voc.	abhibhū	abhibhuvo	abhibhuno	abhibhūno
acc.	abhibhū	abhibhuvo	abhibhuno	abhibhūno
ins.	abhibhūhi	abhibhūbhi		
abl.	abhibhūhi	abhibhūbhi		
gen./dat.	abhibhūnaṁ			
loc.	abhibhūsu			

§ 132. vadhū *f.* 부인

				※bhū *f.* 땅
▸*sg.*				
nom.	vadhū	vadhu		
voc.	vadhū	vadhu		
acc.	vadhuṁ			
ins.	vadhuyā			
abl.	vadhuyā			
gen./dat.	vadhuyā			
loc.	vadhuyā	vadhuyaṁ		bhuvi
▸*pl.*				
nom.	vadhū	vadhuyo	vadhūyo	
voc.	vadhū	vadhuyo	vadhūyo	
acc.	vadhū	vadhuyo	vadhūyo	
ins./abl.	vadhūhi	vadhūbhi		
gen./dat.	vadhūnaṁ			
loc.	vadhūsu			

§ 133. 복모음으로 끝나는 어간격변화

고대 인도어의 복모음 어미의 어간 가운데 빠알리어에서 남아있는 것은 오로지 go(남성 : 황소, 여성 : 암소)이다. 남성과 여성의 격변화상의 차별은 없다. 어근의 다양한 간모음변화 유형과 -a 어간과 -u 어간 격변화와 같은 모방 격변화의 수용으로 다양한 변화형태를 보여주고 있다.

§ 134. go *m. f.* 황소, 암소

▸*sg.*				
nom.	go			goṇo
voc.	go			
acc.	gaṁ	gavaṁ	gāvaṁ	gaṇaṁ
		gavuṁ	gāvuṁ	

ins.		gavā		
		gavena	gāvena	
abl.		gavā	gāvā	
		gavasmā	gāvasmā	
		gavamhā	gāvamhā	
gen./dat.		gavassa	gāvassa	
loc.		gave	gāve	
		gavasmiṁ	gāvasmiṁ	
		gavamhi	gāvamhi	
▸*pl.*				
nom.		gavo	gāvo	
voc.		gavo	gāvo	
acc.		gavo	gāvo	goṇe
ins./abl.	gohi, gobhi	gavehi		
gen./dat.	gonaṁ	gavaṁ		gaṇānaṁ
	gunnaṁ			
loc.	gosu	gavesu	gāvesu	

§ 135. -r 어간 격변화

남성 행위자 명사와 남성과 여성의 친족관계 명사는 -r 어간 격변화를 따른다. 남성의 -r 어간류에 관한 한, 친족관계 명사는 부분적으로 격변화에서 예외를 갖고 있다. 왜냐하면 그것들은 -u 어간 격변화와 강한 유사 변화유형을 취하기 때문이다. 여성의 -r 어간의 명사는 부분적으로 -ā 어간 격변화 또는 여성의 -u 어간 격변화와 유사한 변화유형을 취한다. 모든 -r 어간의 명사는 어미 -ar를 취하는 명사의 다양한 간모음 변화를 따른다.

§ 136. satthar *m.* 스승[행위자 명사]

어간	satthar(a)	satthara		satthu	sattha
▸*sg.*					
nom.	satthā				
voc.	satthā		satthe		sattha
acc.	satthāraṁ	sattharaṁ			(satthaṁ)
ins.	satthārā	sattharā		satthunā	
abl.	satthārā	sattharā			
gen./dat.	satthu			satthuno	satthussa
loc.	satthari				
▸*pl.*					
nom.	satthāro				
voc.	sattharo				
acc.	satthāro	satthāre			
ins./abl.	satthārehi	sattharehi		satthūhi	
	satthārebhi	sattharebhi			
gen./dat.	satthanaṁ	satthārānaṁ		satthīnaṁ	satthānaṁ
loc.	satthāresu	sattharesu		satthūsu	

§ 137. pitar *m.* 아버지 (bhātar 형제, jāmātar 사위)[친족관계 명사]

어간	-ar(a)	-u	-u		-a
▸ *sg.*					
nom.	pitā				(jāmāto)
voc.	pitā				pita
acc.	pitaraṁ	pituṁ			
ins.	pitarā	pitunā		petyā	
abl.	pitarā	pitu		pitito	
gen./dat.	pitu	pituno	pitussa		
loc.	pitari				
▸ *pl.*					
nom.	pitaro			(nattāro)	
voc.	pitaro				
acc.	pitaro	pitū	(bhātuno)		(bhāte)
	pitare				
ins.	pitarehi	pitūhi	pituhi	(nattārehi)	
	pitarebhi	pitūbhi	pitubhi		
abl.	pitarehi	pitūhi	pituhi	(nattārehi)	
	pitarebhi	pitūbhi	pitubhi		
gen./dat.	pitarānaṁ	pitūnaṁ	pitunnaṁ		pitānaṁ
loc.	pitaresu	pitūsu	pitusu		

§ 138. mātar *f.* 어머니[친족관계명사]

어간	ar(a)	-u		-ā
▸ *sg.*				
nom.	mātā			
voc.	mātā		māta	
acc.	mātaraṁ			
ins.	mātarā	mātuyā	mātyā	
abl.	mātarā	mātuyā	mātyā	
			mātito	
gen./dat.	mātu	mātuyā		mātāya
loc.	mātari	mātuyā	mātyā	
		mātuyaṁ	mātyaṁ	
▸ *pl.*				
nom.	mātaro			
voc.	mātaro			
acc.	mātaro			
	mātare			
ins.	mātarehi	mātuhi	mātūhi	
	mātarebhi	mātubhi	matūbhi	
abl.	mātarehi	mātuhi	mātūhi	
	mātarebhi	mātubhi	mātūbhi	
gen./dat.	mātarānaṁ	mātunnaṁ	mātūnaṁ	mātānaṁ
loc.	mātaresu	mātusu	mātūsu	mātāsu

§ 139. dhitar *f.* 딸[친족관계명사]

특히 dhitar '딸'은 복수에서 -ā 어간 격변화의 유형을 따르는 경향이 짙다. 물론 그렇더라도 r-어간 격변화는 보존된다.

▸ *sg.*			
nom.	dhitā		
voc.	dhitā		dhite
acc.	dhitaraṁ		
ins.		dhituyā	
abl.		dhituyā	
gen./dat.	dhitu	dhituyā	dhitāya
loc.	dhitari		
pl.			
nom.	dhitaro		dhitā
voc.	dhitaro		
acc.	dhitaro		dhitā
ins.			dhitāhi
abl.			dhitāhi
gen./dat.		dhitunnaṁ	dhitānaṁ
loc.			dhitāsu

§ 140. -n 어간 격변화

-an 어간과 -in 어간의 격변화를 구별해야 한다.

§ 141. -an 어간 격변화

-an 어간 격변화에 속하는 성은 남성과 중성 뿐이다. -an 어간 명사가 빠알리어에서는 감소했음에도 불구하고 -n 어간 격변화에 따라 변화하는 중요한 남성명사들이 있다. 물론 그밖에 -a 어간의 격변화로부터 차용한 것을 부수적으로 쓰기도 한다. 중성의 -an 어간은 -a 어간 격변화의 영향아래 강하게 지배됨으로 복수에서는 오로지 -a 어간 변화를 따른다. 반대로 단수에서는 -n 어간 격변화의 어미를 상당수 보존하고 있다.

모든 -an 어간은 격변화에서 어간형성어미 -an에 대한 여러 가지 간모음 변화의 단계를 보여준다. -an 어간의 간모음 변화가 동일한 격의 여러 가지 명사들 사이에서 언제나 일치하는 것은 아니다.

§ 142. rājan *m.* 왕

▸ *sg.*						
nom.	rājā					rañño
voc.	rāja	rājā				
acc.	jājānaṁ			rājaṁ		
ins.	raññā	rājinā		rājena		
abl.	raññā		rājato	rājasmā	rājamhā	
gen./dat.	rañño	rājino		rājassa		raññassa
loc.	raññi	rājini		rājismiṁ	rājimhi	rāññe
▸ *pl.*						
nom.	rājāno			rājā		
voc.	rājāno			rājā		
acc.	rājāno	rājano				

ins.	rājūhi	rājūbhi	rājuhi	rājehi	rājebhi	rāññāhi
abl.	rājūhi	rājūbhi	rājuhi	rājehi	rājebhi	
gen./dat.	raññaṁ	rājūnaṁ		rājānaṁ		
loc.	rājūsu		rājusu	rājesu		

§ 143. attan *m.* 자신

▸*sg.*					
nom.	attā				
voc.	attā		atta		
acc.	attānaṁ	attanaṁ	attaṁ	atumānaṁ	
ins.		attanā	attena		
abl.		attanā	attasmā	attamhā	attato
gen./dat.		attano	attassa		
loc.		attani	attasmiṁ	attamhi	
▸*pl.*					
nom.	attāno				
voc.	attāno				
acc.	attāno	attano			
ins.	attanehi	attanebhi	attehi		
abl.	attanehi	attanebhi	attehi		
gen./dat.	attānaṁ	attanaṁ			
loc.		attanesu			

§ 144. puman *m.* 남자

▸*sg.*					
nom.	pumā		pumo		
voc.	pumaṁ		puma		
acc.	pumānaṁ		pumaṁ		
ins.	pumānā	pumunā	pumena		
	pumanā				
abl.	pumānā	pumunā	pumā	pumasmā	pumamhā
	pumanā				
gen./dat.		pumuno	pumassa		
loc.	pumāne		pume	pumasmiṁ	pumamhi
▸*pl.*					
nom.	pumāno		pumā		
voc.	pumāno				
acc.	pumāno				
ins.				pumānehi	
				pumānebhi	
abl.				pumānehi	
				pumānebhi	
gen./dat.	pumānaṁ				
loc.	pumāsu		pumesu	pumānesu	

§ 145. brahman *m.* 범천(梵天)

▸ *sg.*				
nom.	brahmā			
voc.	brahme			
acc.	brahmānaṁ		brahmaṁ	
ins.	brahmanā	brahmunā	brahmasmā	brahmamhā
abl.	brahmanā	brahmunā	brahmasmā	brahmamhā
gen./dat.		brahmuno	brahmassa	
loc.	brahmani		brahmasmiṁ	brahmamhi
▸ *pl.*				
nom.	brahmāno			
voc.	brahmāno			
acc.	brahmāno	brahmano		
ins.			brahmehi	brahmebhi
abl.			brahmehi	brahmebhi
gen./dat.	brahmānaṁ	brahmunaṁ		
loc.			brahmesu	

§ 146. yuvan *m.* 젊은이

어 간	yuvan	yuvanan	yuvāna	yuva	yūn	yuv
▸ *sg.*						
nom.	yuvā					
voc.	yuvā	yuvānā	yuvāna	yuva		
acc.	yuvānaṁ			yuvaṁ		
ins.	yuvānā		yuvānena	yuvena	yūnā	
abl.	yuvānā		yuvānasmā		yūno	
			yuvānamhā			
gen./dat.			yuvānassa	yuvassa	yūno	
loc.			yuvāne	yuve		
			yuvānasmiṁ	yuvasmiṁ		yuvi
			yuvānaṁhi	yuvamhi		
▸ *pl.*						
nom.	yuvāno		yuvānā			
voc.	yuvāno		yuvānā			
acc.			yuvāne			
			yuvānā	yuve		
ins.			yuvānehi	yuvehi		
			yuvānebhi	yuvebhi		
abl.			yuvānehi	yuvehi		
			yuvānebhi	yuvebhi		
gen./dat.	yuvānaṁ		yuvānānaṁ			
loc.	yuvāsu		yuvānesu	yuvesu		

§ 147. san *m.* 개

어간	san		sa		suvāna suvāṇa	suna suṇa
▸*sg.*						
nom.	sā					
voc.	sā		sa			suṇa
acc.	sānaṁ	sanaṁ	saṁ			
ins.	sānā	sanā	sena	sunā		suṇena
abl.	sānā		sā	sasmā		
				samhā		
gen.			sassa			
dat.			sāya			
loc.	sāne		se	sasmiṁ		
				samhi		
▸*pl.*						
nom.	sāno		sā		suvānā	
voc.	sāno		sā			
acc.	sāno	sano	sā	sāne, se		
ins.	sāhi	sābhi			suvāṇehi	
abl.	sāhi	sābhi				
gen./dat.	sānaṁ	sanaṁ				
loc.	sāsu					

※ 그 밖에 개를 뜻하는 어간은 다음과 같다; sona, soṇa, supāna, sunakha.

§ 148. kamman *n.* 행위

▸*sg.*				
nom.	kamma			kammaṁ
voc.	kamma			
acc.	kamma			kammaṁ
ins.	kammanā	kammunā	kammā	kammena
abl.	kammanā		kammā	
gen./dat.		kammuno		kammassa
loc.	kammāni			(kamme)
	kammani			
▸*pl.*				
nom.	kammāni			kammā
voc.	kammāni			
acc.	kammāni			
ins.				kammehi
abl.				kammehi
gen./dat.	kammānaṁ			
loc.				(kammesu)

§ 149. -in 어간

빠알리어에서는 오로지 남성의 -in 어간만이 있다. 왜냐하면 그와 일치하는 여성의 어간은 -ī로 확장되기 때문이다. 그러므로 여성은 -ī 어간 격변화(§ 122) 를 따르게 된다. 원래 in- 어간이었던 중성명사는 -i 어간으로 변화되어 -i 어간 격변화(§ 117)에 따라 변화된다.

§ 150. hatthin m. 코끼리

어 간	-in	-ina	-i	-i	-i
▸ *sg.*					
nom.	hatthī		hatthi		
voc.	hatthī		hatthi		
acc.	hatthinaṁ		hatthiṁ		
ins.	hatthinā				
alb.	hatthinā		hatthismā	hatthimhā	hatthito
gne./dat/	hatthino		hatthissa		
loc.	hatthini	hatthine	hatthismiṁ	hatthimhi	
▸ *pl.*					
nom.	hatthino	hatthinā	hatthī	hatthiyo	hatthayo
voc.	hatthino		hatthī		
acc.	hatthino	hatthine	hatthī	hatthiye	hatthaye
ins.	hatthīhi		hatthībhi	hatthihi	hatthibhi
abl.	hatthīhi		hatthībhi	hatthihi	hatthibhi
gen./dat.	hatthīnaṁ		hatthinaṁ		
loc.	hatthīsu	hatthinesu	hatthesu		

§ 151. -nt 어간 격변화

-nt 어간 격변화에는 -ant, -vant, -mant의 어간으로 끝나는 명사·형용사, 현재분사가 속한다. 이들은 중성과 남성을 취한다. 중성은 단수, 복수의 주격(*nom*), 호격(*voc.*), 대격(*acc.*)에서 부분적으로 다양성을 보여준다. -vant, -mant 어간을 갖는 것은 격변화에서 아무런 다양성을 내포하지 않는다. 또한 모든 -nt 어간 격변화를 취하는 것은 어미변화에서의 다양한 간모음 변화를 내포한다. 이러한 격변화는 마찬가지로 때때로 -a 어간 격변화와의 유사어미변화를 취한다. 이 -nt 어간에 일치하는 여성형태는 -ī를 통해서 확장됨으로서 이루어지며 물론 그것은 -ī 어간 격변화(§ 122)를 취한다.

§ 152. gacchant *m.* 가는 [-ant 어간]

	남성형			남성형과 다른 중성형 변화
▸ *sg.*				
nom.	gacchaṁ		gacchanto, gacchato	gacchantaṁ, gacchaṁ
voc.	gacchaṁ	gaccha	gacchanta	
acc.	gacchantaṁ	gacchataṁ		
ins.		gacchatā	gacchantena	
abl.	gacchantā	gacchatā	gacchantasmā	
			gacchantamhā	
gen./dat.		gacchato	gacchantassa	
loc.		gacchati	gacchante	
			gacchantasmiṁ	
			gacchantamhi	
▸ *pl.*				
nom.	gacchanto		gacchantā	

voc.	gacchanto		gacchantā	gacchantāni, gacchanti
acc.	gacchanto		gacchante	
ins.	gacchantehi		gacchantebhi	
abl.	gacchantehi		gacchantebhi	
gen./dat.		gacchataṁ	gacchantānaṁ	
loc.			gacchantesu	

§ 153. bhavant *m.* 존자[-ant 어간]

▸ *sg.*					
nom.	bhavaṁ				
voc.	bhavaṁ	bho	bhavante	bhante	
		bhonta			
acc.	bhavantaṁ	bhotaṁ			
ins.	bhavatā	bhotā	bhavantena		
abl.	bhavatā	bhotā	bhavantā		
gen./dat.	bhavato	bhoto	bhavantassa		
loc.	bhavati		bhavante		
▸ *pl.*					
nom.	bhavanto	bhonto	bhavantā		
voc.	bhavanto	bhonto	bhavantā	bhante	[bho]
acc.		bhonte	bhavante		
ins.	bhavantehi		bhavantebhi		
abl.	bhavantehi		bhavantebhi		
gen./dat.	bhavantaṁ		bhavantānaṁ		
loc.			bhavantesu		

§ 154. sīlavant *m.* 덕있는 (mutimant 현명한) [-vant, -mant 어간]

	-vant/-vat		-vanta	-va	남성형과 다른 중성형 어미
▸ *sing.*					
nom.	sīlavā		sīlavanto		
voc.	sīlavā	(sīlavaṁ)	sīlavanta	sīlava	-vantaṁ
acc.	sīlavantaṁ			(sīlavaṁ)	-vaṁ
ins.	sīlavatā		sīlavantena		
abl.	sīlavatā	(sīlavantā)	sīlavantasmā		
		(sīlavantato)	sīlavantamhā		
gen./dat.	sīlavato		sīlavantassa		
loc.	sīlavati		sīlavante		
			sīlavantasmiṁ		
			sīlavantamhi		
어간				-ma	
▸ *pl.*					
nom.	sīlavanto		sīlavantā	(mutimā)	-vantāni,
voc.	sīlavanto		sīlavantā		-vanti

acc.	sīlavanto	sīlavante
ins.	sīlavantehi	sīlavantebhi
abl.	sīlavantehi	sīlavantebhi
gen./dat.	sīlavantaṁ	sīlavantānaṁ
loc.	sīlavantesu	

§ 155. -s 어간 격변화

이 격변화에는 오로지 중성만이 존재한다. -as와 -us의 어간은 서로 상이하다. 고대 인도어에서의 -is 어간은 모두 -i 어간 격변화로 넘어가 버렸다. 모음적 격변화에 대한 빠알리어의 일반적 경향을 살펴볼 때, -a 어간 격변화의 어미는 -as 어간의 어미를 단수에서는 거의, 복수에서는 완전히 지배했다는 사실을 쉽게 알 수가 있다. 또한 -u 어간 격변화의 어미는 -us 어간 격변화의 어미를 가끔 지배한다.

§ 156. sotas *n.* 흐름[-as 어간]

	-as	-a	-a	-a
▸ *sg.*				
nom.	soto	sotaṁ		
voc.	(soto)	(sota)	(sotaṁ)	
acc.	soto	sotaṁ		
ins.	sotasā	sotena		
abl.	sotasā	sotā	sotasmā	sotamhā (sotato)
gen./dat.	sotaso	sotassa		
loc.	sotasi	sote	sotasmiṁ	sotamhi
▸ *pl.*				
nom.		sotā	sotāni	
voc.		(sotā)	(sotāni)	
acc.		sote	sotāni	
ins.		sotehi	sotebhi	
abl.		sotehi	sotebhi	
gen./dat.		sotānaṁ		
loc.		sotesu		

§ 157. āyus *n.* 목숨[-us 어간]

	-us	-u	-u
▸ *sg.*			
no.		āyu	āyuṁ
voc.		āyu	āyuṁ
acc.		āyu	āyuṁ
ins.	āyusā	āyunā	
abl.	āyusā	āyunā	
gen./dat.		āyuno	āyussa
loc.	āyusi	āyuni	
▸ *pl.*			
nom.		āyūni	āyū
voc.		āyūni	āyū

	-us	-u	-u
acc.		āyūni	āyū
ins.		āyūhi	āyūbhi
abl.		āyūhi	āyūbhi
gen./dat.	āyusaṁ	āyūnaṁ	
loc.		āyūsu	

§ 158. 기타의 자음으로 끝나는 어간 격변화

폐쇄음으로 끝나는 어간은 빠알리어에서는 더 이상 존재하지 않는다. 남아있는 것으로는 다음과 같은 것이 있다. sarado : sarad '가을' 의 *acc. pl.* saritaṁ : sarit '강'의 *gen. pl.*

어근 명사인 pād 와 vāc 는 이따금 고대의 구격(*ins.*) 형태를 지닌 pādā와 vācā로 나타난다. 또 하나의 고대 구격을 형태를 지는 것으로는 divā '대낮에' 가 있다.

§ 159. 형용사의 격변화

상이한 격에 있어서 이종변화의 숫자가 더 적어지더라도, 또한 고대의 형태라고 인정되는 어미를 더 이상 사용할 수 없게 되더라도, 형용사의 격변화는 명사의 격변화류와 일치하도록 변한다. 다음과 같은 형용사의 형태가 빠알리어에 등장한다.

형용사의 어간					
남성(*m.*)	여성(*f.*)	중성(*n.*)	남성(*m.*)	여성(*f.*)	중성(*n.*)
-a	*-ā*	*-a*	*-in*	*-inī*	*-i*
-a	*-ī*	*-a*	*-ant*	*-antī/-atī*	*-ant*
-i	*-inī*	*-i*	*-mant*	*-mantī/-matī*	*-mant*
-u	*-unī*	*-u*	*-vant*	*-vantī/-vatī*	*-vant*
-ū (§ 130)					

§ 160. 형용사의 -ka 어간

형용사의 어간은 대부분 특수한 형용사 어미를 통해서만 알려지는 것은 아니다. 일련의 형용사에서만 -aka 또는 -ika 어미가 등장하는데, 그들은 그러나 결정적으로 형용사 어미인 것만은 아니다. 다음과 같이 -ika 를 통해서 명사는 형용사로 전환될 수 있다.

kāya	몸	kāyika	신체적인
chanda	욕구	chandika	의욕적인

그러나 -ka 로 확대된 명사가 그 일치하는 확대되지 않은 단어 형태가 존재함에도 불구하고 형용사로 유도되지 않는 경우가 종종 있다.

gāma → gāmaka 마을 jānu → jānuka 무릎

때때로 -ka 로 확대된 형용사가 확대되지 않은 본래의 형용사와 동일하게 사용된다. 이때에 확대된 형용사는 조금도 의미의 뉘앙스에서 달라진 것은 없다.

khara → kharaka 거치른 kisa → kisaka(f. kisikā) 비쩍 마른

garu → garuka 무거운

그 밖에 어미 -ka는 형용사로 사용될 때는 완료수동 분사도 나타난다.

jiṇṇa → jiṇṇaka 늙은, 노쇄한 ṭhita → ṭhitaka 서있는, 선

§ 161. -a, -ā, -a 어간

이 형식에 빠알리어의 대부분의 형용사가 속한다. 남성과 중성은 -a 어간격변화 (§ 110~§ 111)에 따르고, 여성은 -ā 어간 격변화(§ 112)에 따른다.

dīgha

	남성(*m.*)		중성(*n.*)		여성(*f.*)	
▸*sg.*						
nom.	-o		-aṁ		-ā	
voc.	-a	-ā	-a		-e	
acc.	-aṁ		-aṁ		-aṁ	
ins.		-ena	-ā		-āya	-ā
abl.		-ā	-ato		-āya	-āto
			-asmā	-amhā		-ato
gen./dat1.		-assa			-āya	
dat2.		-āya	-ā			
loc.		-e	-asmiṁ	-amhi	-āya	-āyaṁ
▸*pl.*						
nom.	-ā		-āni	-ā	-ā	-āyo
voc.	-ā		-āni	-ā	-ā	-āyo
acc.	-e		-āni	-e	-ā	-āyo
ins.		-ebhi	-ehi		-āhi	-ābhi
abl.		-ebhi	-ehi		-āhi	-ābhi
gen./del.		-ānaṁ			-ānaṁ	
loc.		-esu			-āsu	

§ 162. -a, -ī, -a 어간

남성과 중성에서 -a 어간 격변화에 따라 변화하는 극소수의 형용사와 일련의 소유복합어가 -ī 어간 격변화(§ 122)에 따라 그 자신의 여성을 형성한다.

taruṇa 젊은

	남성(*m.*)		중성(*n.*)		여성(*f.*)	
▸*sg.*						
nom.	-o		-aṁ	-aṁ	-ī	-i
voc.	-a	-ā	-a	-a	-ī	-i
acc.	-aṁ		-aṁ	-aṁ	-iṁ	-iyaṁ
ins.		-ena	-ā		-iyā	-yā
abl.		-ā	-ato		-iyā	-yā
			-asmā	-amhā	(-īto)	(ito)
gen./dat1.		-assa			-iyā	-yā
dat2.		-āya				
loc.		-e	-asmiṁ	-amhi	-iyaṁ	-yaṁ
▸*pl.*						
nom.	-ā		-āni	-ā	-iyo	-īyo
					-ī	-āyo
voc.	-ā		-āni	-ā	-iyo	-īyo
					-ī	-āyo
acc.	-e		-āni	-e	-iyo	-īyo
					-ī	-āyo
ins.		-ebhi	-ehi		-īhi	-ībhi
abl.		-ebhi	-ehi		-īhi	-ībhi
gen./dat.		-ānaṁ			-īnaṁ	(-inaṁ)

taruṇa 젊은

	남성(*m.*)		중성(*n.*)		여성(*f.*)	
					-iyānaṁ	(-iyānaṁ)
loc.		-esu			-īsu	(-isu)

§ 163. i, inī, -i 어간의 형용사

-i 어간의 형용사는 § 115에 따라 그들의 남성형태를 형성하며 중성형태를 § 117에 따라 -ni 로 확장된 여성형태를 § 122에 따라 형성한다.

bhūr-i 수많은

	남성(*m.*)		중성(*n.*)		여성(*f.*)	
▸ *sg.*						
nom.	-i		-i	-iṁ	-inī	-ini
voc.	-i		-i	-iṁ	-inī	-ini
acc.	-iṁ		-i	-iṁ	-imiṁ	-iniyaṁ
ins.	-inā				-iniyā	
abl.	-inā	-ismā	-imhā		-iniyā	(inīto)
	-ito		-inā			(inito)
gen./dat.	-ino	-issa			-iniyā	
loc.		-ismiṁ	-imhi		-iniyā	
	-ini				-iniyaṁ	
▸ *pl.*						
nom.	-ayo	-iyo, -ī	-ī	-īni	-iniyo	-inī
	-ino				-inīyo	-ināyo
voc.	-ayo	-iyo, -ī	-ī	-īni	-iniyo	-inī
					-inīyo	-ināyo
acc.	-ayo	-iyo, -ī	-ī	-īni	-iniyo	-inī
					-inīyo	-ināyo
ins.		-ihi	-ibhi		-inīhi	-inībhi
		-īhi	-ībhi			
abl.		-ihi	-ibhi		-inīhi	-inībhi
		-īhi	-ībhi			
gen./dat.		-īnaṁ	(-inaṁ)		-inīnaṁ	(-ininaṁ)
					-iniyānaṁ	(-inīyānaṁ)
loc.		-īsu	-isu		-inīsu	(-inisu)

§ 164. -u, -unī, -u 어간의 형용사

-u 어간의 형용사는 -u 어간 격변화(§ 126/127 내지 § 128)에 따라 오직 남성과 중성의 형태를 형성한다. 여성형은 어미 -nī를 본래의 -u 어간에 첨가하며 -ī 어간 격변화(§ 122)에 따라 다른 -ī로 끝나는 형용사와 마찬가지로 변화한다.

garu 무거운

	남성(*m.*)		중성(*n.*)		여성(*f.*)	
▸ *sg.*						
nom.	-u		-u	-uṁ	-unī	-uni
voc.	(-u)		(-u)	(-uṁ)	-unī	-uni

garu 무거운

	남성(*m.*)		중성(*n.*)		여성(*f.*)	
acc.	-uṁ		-u	-uṁ	-uniṁ	-uniyaṁ
ins.		-unā			-uniyā	
abl.		-unā	-usmā		-uniyā	
		-umhā			(-unīto)	(-unito)
gen./dat.		-uno	-ussa		-uniyā	
loc.		(-uni)	-usmiṁ		-uniyā	-uniyaṁ
		-umhi				
▸ *pl.*						
nom.	-u (-uno)	-uyo	-ūni	-ū	-unīyo	-unīyo
	(-avo)				-unī	-unāyo
voc.	(-ū) (-uno)	(-uyo)	(-ūni)	(-ū)	-uniyo	-unīyo
	(-avo)				-unī	-unāyo
acc.	-ū (-uno)	-uyo	-ūni	-ū	-uniyo	-unīyo
	(-avo)				-unī	-unāyo
ins.		-ūhi	-ūbhi		-unīhi	-unībhi
		-uhi	-ubhi			
abl.		-ūhi	-ūbhi		-unīhi	-unībhi
		-uhi	-ubhi			
gen./dat.		-ūnaṁ	-unaṁ		-uniyānaṁ	-unīnaṁ
					(-unīyānaṁ)	(-uninaṁ)
loc.		-ūsu	-usu		-unīsu	(-unisu)

§ 165. -ū 어간의 형용사

-ū 어간 형용사는 매우 드물다. 그것은 오로지 남성에서만 나타난다. (격변화 § 131), 그 밖에 중성복수형으로 이 타입에 속하는 -ūni 의 어간이 있다.

§ 166. -in, -inī, -i 어간의 형용사

-in 어간의 형용사 어간은 3가지의 성에 따라 다양한 격변화를 이룬다. 그런데 오로지 남성만이 명사변화의 in- 어간 격변화(§ 150)를 따르며, 여성은 앞에서의 형용사 변화에서 다룬 것과 마찬가지로 -ī 로 확장되면서 -ī 어간 격변화(§ 122)를 쫓는다. 중성은 완전히 -i 어간 격변화로 넘어갔으며, § 117에 따라 변화한다.

vādin 말하는

	남성(*m.*)		중성(*n.*)		여성(*f.*)	
▸ *sg.*						
nom.	-ī	-i	-i	-iṁ	-inī	-ini
voc.	-ī	-i	-i	-iṁ	-inī	-ini
acc.	-inaṁ	-iṁ	-i	-iṁ	-iniṁ	-iniyaṁ
ins.	-inā		-inā		-iniyā	
abl.	-inā	-ismā	-inā	-ismā	(-iniyā)	(-inito)
	-imhā	-ito	-imhā		(inīto)	
gen./dat.	-ino	-issa	-ino	-issa	-iniyā	
loc.	-ini	-ine	-ini	-ismiṁ	-iniyā	
	-ismiṁ	-imhi	-imhi		-iniyaṁ	
▸ *pl.*						

vādin 말하는

	남성(*m.*)		중성(*n.*)		여성(*f.*)	
nom.	-ino	-inā -ayo	-ī	-īni	-iniyo	-inīyo
	-ī	-iyo			-inī	-ināyo
voc.	-ino	-ī	-ī	-īni	-iniyo	-inīyo
					-inī	-ināyo
acc.	-ino	-ine -ī	-ī	-īni	-iniyo	-inīyo
	-iye	-aye			-inī	-ināyo
ins./abl.	-īhi	-ībhi	-īhi	-ībhi	-inīhi	-inībhi
	-ihi	-ibhi	-ihi	-ibhi		
gen./dat.	-īnaṁ	-inaṁ	-īnaṁ	-inaṁ	-inīnaṁ	(-ininaṁ)
					-iniyānaṁ	(inīyānaṁ)
loc.	-īsu	-inesu	-īsu	-isu	-inīsu	(-inisu)
	-isu					

§ 167. -ant, -antī/ -atī, -ant 어간

이 형용사의 남성과 중성형태는 -nt 어간 격변화를 지향한다. 어미 -ant 는 다양한 간모음 변화 단계를 거칠 수 있다. 그 밖에 -ant 내지 그 약세단계유형 -at 는 -ī 로 확장됨으로써 여성형태를 취하며, -ī 어간 격변화(§ 122)에 따라 변하게 된다.

mahant 큰

	남성(*m.*)			중성(*n.*)	
▸*sg.*					
nom.	mahā	mahanto	mahaṁ	mahaṁ	mahantaṁ
voc.	mahā	mahanto	mahaṁ	mahaṁ	mahantaṁ
acc.	mahantaṁ			mahaṁ	mahantaṁ
ins.		mahatā	mahantena		
abl.		mahatā	mahantasmā		
			mahantamhā		
gen./dat.		mahato	mahantassa		
loc.		mahati	mahante		
			mahantasmiṁ		
			mahantamhi		
▸*pl.*					
nom.	mahanto	mahantā		mahanti	mahantāni
voc.	mahanto	mahantā		mahanti	mahantāni
acc.	mahanto	mahante		mahanti	mahantāni
ins.		mahantehi	mahantebhi		
abl.		mahantehi	mahantebhi		
gen./dat.		mahantaṁ	mahantānaṁ		
		mahataṁ			
loc.			mahantesu		

※ 그 밖에 자음으로 끝나는 어간 격변화의 복수 구격(*pl. ins.*)이 등장한다 :
sant '있는' 에서 sabbhi는 santehi와 병렬로 존재한다.

mahant 큰

	여성(*f.*)			
▸*sg.*				
nom.	mahatī	mahantī		
voc.	mahatī	mahantī		
acc.	mahatiṁ			
ins.	mahatiyā		mahatyā	
abl.	mahatiyā		mahatyā	
gen./dat.	mahatiyā		mahatyā	
loc.	mahatiyā		mahatyā	
▸*pl.*				
nom.	mahatī	mahatiyo	mahantī	mahantiyo
voc.	mahatī	mahatiyo	mahantī	mahantiyo
acc.	mahatī	mahatiyo	mahantī	mahantiyo
ins.	mahatīhi	mahatībbi	mahantīhi	mahantībhi
abl.	mahatīhi	mahatībhi	mahantīhi	mahantībhi
gen./dat.	mahatīnaṁ			mahantīnaṁ
loc.	mahatīsu			mahantīsu

§ 168. -mant, -mantī/ -matī, -mant 와 -vant, -vantī/ -vati, -vant 어간

-mant, -vant 어간은 -ant 어간과 유사하게 -nt 어간 격변화를 따라 각각의 남성과 중성형태를 형성한다. 여성형태는 어미 -mant 내지 -vant 또는 약세단계인 -mat 내지 -vat 에 -ī 가 확장됨으로써 형성된다. (남성과 중성의 격변화는 § 154를 보고 여성은 § 167를 보라)

§ 169. 형용사의 비교법(*compar. superl.*)

빠알리어에서는 세 가지 종류의 단어 즉 형용사, 부사, 명가가 비교법을 채용한다. 형용사와 부사는 자주 비교의 형태를 취하는 반면에 명사에서는 아주 드물다.

sappurisa	참다운 사람
sappurisatara	더욱 참다운 사람.

빠알리어에서의 비교법을 표시하는 가능성은 다음과 같다.

① 비교급(*compar.*) : -tara, -tarika, -iyas, -iyatara, -iṭṭhatara, -issika, *superl.*, 긍정어.
② 최상급(*superl.*) : -tama, -iṭṭha, -iṭṭhaka, -iṭṭhaka, -iṭṭhima, *compar.*

§ 170. 비교급(*compar.*)

자주 등장하며 실제로 살아 있는 비교급의 어미는 *-tara* 이다. 이것은 단어의 어간에 첨가되는데, 자음으로 끝나는 어간을 갖는 단어에서는 -a 로 확장된 뒤에 부가된다. -tara 비교급의 격변화는 § 161(*nom sg. m.* -taro. *f.* -tarā. *n.* -taram) 을 따르며, 드물게는 § 162(*nom. sg. m.* -taro, *f.* -tarī. *n.* -taram) 을 따른다.

어간	남성(*m.*)	여성(*f.*)	중성(*n.*)
piya	piyatara	piyatarā	piyatara(§ 160)
pāpa	pāpatara	pāpatarā	pāpatara
bahu	bahutara	bahutarā	bahutara
garu	garutara	garutarā	garutara
mahant	mahantatara	mahantatarā	mahantatara
sīlavant	sīlavantatara	sīlavantatarā	sīlavantatara
balavant	balavatara	balavatarī	balabatara(§ 161)

§ 171. 확장되는 비교급

드물긴 하지만 -tara 가 -ika로 확장되는 비교급이 있다. 이 어미는 능동태의 형용사와 소유 복합어에서 자주 발견된다.

어간	남성(*m.*)	여성(*f.*)	중성(*n.*)
lahuka	lahukatarika	lahukatarikā	lahukatarika

§ 172. 어근첨가의 비교급어미 -iyas

어근에 직접 붙는 비교급 -iyas는 아주 많이 사용되는 형용사나 부사에 주로 보존되어 있다.

어간	비교급어간	
pāpa	pāpiyas	보다 나쁜
	seyyas	보다 좋은
	niceyyas	보다 낮은

비교급어미 -yas 어간의 격변화

	남성(*m.*)	여성(*f.*)			중성(*n.*)	
sg.						
nom.	seyyo	seyyo	seyyā	seyyasi	seyyo	seyyaṁ
acc.	seyyaṁ		seyyaṁ		seyyaṁ	
pl.						
nom.	seyyāse					

※ 더 이상의 격변화는 -a 어간격변화(§ 161)에 따라서

§ 173. 이중의 비교급(*double compar.*)

드물지만 비교급 어미+비교급 어미, 또는 최상급 어미+비교급 어미로 구성된 이중의 비교급 형태가 있다.

seyyatara 더 좋은. pāpiṭṭhatara 더 나쁜 seṭṭhatara 더 훌륭한

§ 174. 어근첨가의 비교급어미 -issika

어근에 직접 첨가되는 비교급 어미 -issika 는 형용사 pāpa '나쁜' 에서 발견된다. : pāpissika 더욱 나쁜.

§ 175. 최상급(*superl.*)

본질적으로 비교급 보다는 드물지만 빠알리어에서 최상급을 만날 수 있다.
어미 -tama 는 매우 드물다 : uḷāratama 최상의 uttama최상의
상대적으로 자주 등장하는 최상급 어미는 -iṭṭha이다 :
upariṭṭha 최상의. kaniṭṭha 가장 젊은. jeṭṭha 가장 늙은.
pāpiṭṭha 가장 나쁜. seṭṭha가장 좋은.
이 어미 -iṭṭha 는 -ka 로 확장될 수 있다 : kaniṭṭhaka 가장 젊은. jeṭṭhaka 가장 늙은
드물지만, 중복의 최상급 형태가 있다 : upariṭṭhima 가장 높은

§ 176. 원형적 부사

빠알리어에는 일련의 비파생적인 원형의 부사들이 있다. : kho 실로. idāni 지금. vata 참으로

§ 177. 형용사파생의 부사

형용사에서 파생한 부사들은 범어에서와 마찬가지로 대부분 중성단수 대격(*sg. n. acc.*)에서 유래한다.
dukkha 괴로운 → 부사 : dukkhaṁ. dīgha 긴 → 부사 : dīghaṁ .
pāpa 나쁜 → 부사 : pāpaṁ. lahu 쉬운→ 부사 : lahuṁ, lahu.

sādhu 좋은 → 부사 : sādhu. sīgha 빠른 → 부사 : sīghaṁ.

§ 178. 명사파생의 부사

명사로부터 형성되는 부사들은 그 명사의 대격(*acc.*), 구격(*ins.*), 탈격(*abl.*), 소유격(*gen.*), 여격(*dat.*) 및 처격(*loc.*)에서 나타날 수 있다. 이 부사들은 어느 정도 고정된 격을 포함하므로, 이들 속에서 부분적으로 본래의 격의 기능을 알아차릴 수 있다. 때때로 이러한 형성 방식은 형용사에서 파생된 부사에서도 확인할 수 있다.

nāma(*acc.*)이름하여, 분명히, 곧
nāmena(*ins.*) 이름하여
javena(*ins.*) 빠르게
cirena(*ins.*) 오랜 뒤에
divā(*ins.*) 대낮에
dūrato(*abl.*) 멀리서
dīghato(*abl.*) 길이로는
na cirass'eva(*gen.*) 머지않아
cirāya(*dat.*) 오랫동안
pubbe(*loc.*) 일찌기
dūre(*loc.*) 멀게

§ 179. -so 어간의 부사

그 밖의 때때로 어미 -so 가 명사나 형용사로부터 부사를 도출하는 데 쓰인다.

bila 조각 → bilaso 조각마다
pada 말 → padaso 단어마다
dhātu 어근, 요소→ dhātuso 요소에 따른
dīgha 긴 → dīghaso 길이로는
bahu 많은 → bahuso 자주
bahūta 부유한 → bahūtaso 풍부하게(*adv.*)
bhāga 부분, 측면 → bhāgaso 부분적으로, 측면적으로

§ 180. 부사의 비교법

빠알리어에서는 부사도 비교법을 취한다. 그러나 남아 있는 것은 오직 비교급뿐이다. 일반적으로 형용사의 비교급의 단수·중성·대격(*sg. n. acc.*)에서 부사의 비교급이 나타난다.

sīgha 빠른 → 비교급 : sīghatara. sīghaṁ 빠르게(adv.) → 비교급 : sīghataraṁ(adv.)
pāpa 약한 → 비교급 : pāpatara pāpaṁ 약하게(adv.) → 비교급 : pāpataraṁ(adv.)

§ 181. 비교급의 -so 어간 부사

드물지만 부사적 어미 -so 가 비교급에 첨가되기도 한다 :

seyyas 더 좋은 → seyyaso. bhiyyo 더욱 → bhiyyoso

§ 182. 파생부사의 비교법

예외적으로 격변화 어미가 더 이상 격변화 어미로 여겨지지 않게 될 경우 비교급 어미가 곧바로 부사에 부가될 경우가 있다 :

divā(*ins.*) 대낮에 → 비교급 : divātaraṁ 오후에.
pure(*loc.*) 일찍이 → 비교급 : puretaraṁ 더욱 일찍

§ 183. 대명사(*pron.*)

많은 인도유럽어에서 대명사의 격변화가 명사의 그것과는 차이가 나듯이 빠알리어에서도 차이가 난다. 두개의 대명사의 격변화 유형 즉 인칭대명사의 격변화 유형과 지시대명사, 관계대명사, 의문대명사의 유형으로 나눌 수 있다. 고대인도어나 다른 인도유럽어에서 인칭 대명사의 격변화는 특히 명사의 그것과는 심하게 차이가 난다. 빠알리어도 특수한 대명사 어미와 함께 유형에 따른 대명사 어근의 변화를 유지하고 있다. 그러나 대명사의 격변화 어미가 명사로 전이되거나 드물지만 명사의 격변화 어미가 대명사에 전이되는 경우가 있다는 사실은 중요하다. 이러한 경향은 이미 고대인도어에서 시작되었지만 빠알리어에서 두드러지게 드러나게 되었으며, 결과적으로 명사와 대명사의 격변화의 유사성을 증가시킨 것이다. 그러나 그러한 경향은 한편으로 격변화 형태의 다양성에 기여하게 된 점이 있다.

§ 184. 인칭대명사(*pers. pron.*)

완전격변화 형태 이외에 인칭대명사는 단수의 구격(*ins.*), 속격(*gen.*), 여격(*dat.*)과 복수의 대격(*acc.*),

속격(*gen.*), 여격(*dat.*)에서 음편형태를 갖는다. 대부분 문장의 두번째 자리에 오는 이 음편형태는 특히 단수와 복수의 속격(*gen.*) 과 여격(*dat.*)에서 많이 등장한다.

§ 185. 일인칭 대명사(*1st.*)

단수에서는 *ah*, *ma* , 복수에서는 *va(y)* 와 *as(m)* 내지 *amh* 가 어근이다. 단수의 속격(*gen.*)/여격(*dat.*)에서 *anhaṁ* 은 복수의 어근을 사용한 것이고 복수의 주격(*nom.*)에서 *mayaṁ* 은 단수의 어근을 사용한 것이다.

				※축약형
sg.				
nom.	ahaṁ			
acc.	maṁ	mamaṁ		
ins.	mayā			me
abl.	mayā			
gen./dat.	mama	mamaṁ		me
	mayhaṁ	amhaṁ		
loc.	mayi			
pl.				
nom.	vayaṁ	amhe	mayaṁ	
acc.	asme	amhe	amhākaṁ	no
ins.		amhehi	amhebhi	
abl.		amhehi	amhebhi	
gen./dat.	asmākaṁ	amhaṁ	amhākaṁ	no
loc.	asmāsu	amhesu		

§ 186. 이인칭 대명사(*2nd.*)

여기서 고대인도어와는 다르게 빠알리어의 음성법칙에 조건지어진 여러 가지 유형의 변화가운데 단수와 복수를 막론하고 오직 하나의 어근만을 발견할 수 있다. 오직 복수의 음편 형태에서만 특수한 어근이 발견된다.

					※축약형
sg.					
nom.	tvaṁ	tuvaṁ	taṁ		
acc.	tvaṁ	tuvaṁ	taṁ	tavaṁ	
ins.	tvayā		tayā		te
abl.	tvayā		tayā		
gen./dat.	tuyhaṁ	tumhaṁ	tava	tavaṁ	te
loc.	tvayi		tayi		
pl.					
nom.	tumhe				
acc.	tumhe	tumhākaṁ			vo
ins.	tumhehi	tumhebhi			
abl.	tumhehi	tumhebhi			
gen./dat.	tumhaṁ	tumhākaṁ			vo
loc.	tumhesu				

§ 187. 지시대명사(*demonstrative. pron.*)

빠알리어에는 다음과 같은 지시대명사의 어근이 등장한다.

sa/ta : 이 어근이 다른 대명사와 함께 할 경우에 주어지는 수어구반복(首語句反復 *eng.* : anaphora)의 기능과 함께 한다(so ahaṁ, tesaṁ vo, yo so).

esa/eta : 본래 첨가된 지시적 기능이 부가된 두개의 대명사 어근에서 형성된 것으로 인칭대명사 앞에 등장할 수도 있다(esāhaṁ=eso ahaṁ).

ena/na : 대명사어근 eta/ta의 기능을 지니며 중성의 주격(*nom.*)과 대격(*acc.*) 이외에 어근 eta/ta 로부터 형성된 격에만 등장한다.

ay/i(*nom.* ayaṁ/idaṁ) : 가까운 인칭이나 사물을 지시하는 것으로뿐만 아니라 ayaṁ/idaṁ은 관계 내지 의문 대명사로 역할을 분담할 수 있다.(yāyaṁ=yo ayaṁ, ko ayaṁ)

asu/amu : 멀리 있는 인칭과 사물에 대한 지시대명사로 관계대명사의 역할분담은 매우 드물다.

tuma : 아주 드문 지시대명사로 남성·단수·주격(*m. sg. nom.*)에서 tumo, 속격(*gen.*)에서는 tumassa로 단 두개 격변화 형태를 갖고 있다.

tya : 이것에 관해서는 오로지 단수·처격(*loc.*)에서 tyamhi만 전해진다.

※ 동일한 대명사의 반복은 분배의 의미를 지닌다 : ayaṁ … ayaṁ 이것 ~ 저것. asu … asu 이것 ~ 저것.

§ 188. sa/ta

	남성(*m.*)		여성(*f.*)		중성(*n.*)	
sg.						
nom.	so	sa	sā		taṁ	tad(모음앞)
					se	*tadaṁ*
acc.	taṁ		taṁ		taṁ	tad
					se	*tadaṁ*
ins.	tena		tāya		tena	
abl.	tasmā	tamhā	tāya		tasmā	tamhā
	tato				tato	
gen./dat.	tassa		tassā	tissā	tassa	
			tassāya	tissāya		
			tāya			
loc.	tasmiṁ	tamhi	tassaṁ	tissaṁ	tasmiṁ	tamhi
			tāyaṁ	tāsaṁ		
pl.						
nom.	te		tā	tāyo	tāni	
acc.	te		tā	tāyo	tāni	
ins.	tehi	tebhi	tāhi	tābhi	tehi	tebhi
abl.	tehi	tebhi	tāhi	tābhi	tehi	tebhi
gen./dat.	tesaṁ	tesānaṁ	tāsaṁ	tāsānaṁ	tesaṁ	tesānaṁ
loc.	tesu		tāsu		tesu	

§ 189. esa/eta

esa/eta 의 격변화는 sa/ta 와 완전히 일치한다.

	남성(*m.*)		여성(*f.*)		중성(*n.*)
sg. nom.	eso	esa	esā		etaṁ
pl. nom.	ete		etā	etāyo	etāni

※ 남성 주격(*m. nom.*)에서 esa는 자주 등장하는 형태인 so와는 달리 eso와 동일한 빈도로 등장한다.

§ 190. ena/na

또한 ena/na 의 격변화는 완전히 ta 의 경우와 일치하며, 오직 모든 성에서 단수의 주격(*nom.*) 만을 결여하고 있다. 이 대명사에서 자주 등장하는 것은 단수와 복수의 대격(*acc.*) 과 처격(*loc.*) 이다.

§ 191. ay/i

	남성(*m.*)		여성(*f.*)		중성(*n.*)	
sg.						
nom.	ayaṁ		ayaṁ		idaṁ	imaṁ
acc.	imaṁ		imaṁ		idaṁ	imaṁ
ins.	iminā	anena	imāya		iminā	anena
					aminā	
abl.	imasmā	asmā	imāya		imasmā	asmā
	imamhā				imamhā	
gen./dat.	imassa	assa				
	imissa		imissā	assā	imissa	assa
			imissāya	assāya		
			imāya			
loc.	imasmiṁ	asmiṁ	imissaṁ	assaṁ	imasmiṁ	asmiṁ
	imamhi		imissā		imamhi	
			imāsaṁ			
			imāyaṁ			
pl.						
nom.	ime		imā	imāyo	imāni	
acc.	ime		imā	imāyo	imāni	
ins.	imehi	ehi	imāhi		imehi	ehi
	imebhi	ebhi	imābhi		imebhi	ebhi
abl.	imehi	ehi	imāhi		imehi	ehi
	imebhi	ebhi	imābhi		imebhi	ebhi
gen./dat.	imesaṁ	esaṁ	imāsaṁ	āsaṁ	imesaṁ	esaṁ
	imesānaṁ	esānaṁ	imāsānaṁ		imesānaṁ	esānaṁ
loc.	imesu	esu	imāsu		imesu	esu

§ 192. asu/amu

	남성(*m.*)		여성(*f.*)		중성(*n.*)	
sg.						
nom.	asu	amu	asu		aduṁ	
acc.	amuṁ		amuṁ		aduṁ	amuṁ
ins.	amunā		amuyā		amunā	
abl.	amusmā	amumhā	amuyā		amusmā	amumhā
gen./dat.	amussa	adussa	amussā	amuyā	amussa	adussa
loc.	amusmiṁ	amumhi	amussaṁ	amuyaṁ	amusmiṁ	amumhi
pl.						
nom.	amū	amuyo	amū	amuyo	amūni	amū

	남성(*m.*)		여성(*f.*)		중성(*n.*)	
acc.	amū	amuyo	amū	amuyo	amūni	amū
ins.	amūhi	amūbhi	amūhi	amūbhi	amūhi	amūbhi
abl.	amūhi	amūbhi	amūhi	amūbhi	amūhi	amūbhi
gen./dat.	amūsaṁ	amūsānaṁ	amūsaṁ	amūsānaṁ	amūsaṁ	samūsānaṁ
loc.	amūsu		amūsu		amūsu	

§ 193. 관계대명사(*relative pron.*) : ya

관계대명사 ya의 격변화는 지시대명사 sa/ta의 격변화와 일치한다. 관계대명사는 나중에 놓이는 지시대명사를 통해서 강조적인 의미를 지니게 된다. 관계대명사의 반복, 또는 관계대명사와 부정대명사의 결합은 일반화의 의미를 지닌다 : yo yo, yo koci 누구든지.

ya	남성(*m.*)		여성(*f.*)		중성(*n.*)	
sg.						
nom.	yo		yā		yaṁ	yad(모음앞)
					ye	
acc.	yaṁ		yaṁ		yaṁ	yad(모음앞)
					ye	
ins.	yena		yāya		yena	
abl.	yasmā	yamhā	yāya		yasmā	yamhā
gen./dat.	yassa		yassā		yassa	
			yāya			
loc.	yasmiṁ	yamhi	yassaṁ		yasmiṁ	yamhi
			yāyaṁ			
pl.						
nom.	ye		yā	yāyo	yāni	
acc.	ye		yā	yāyo	yāni	
ins.	yehi	yebhi	yāhi	yābhi	yehi	yebhi
abl.	yehi	yebhi	yāhi	yābhi	yehi	yebhi
gen./dat.	yesaṁ		yāsaṁ		yesaṁ	
	yesānaṁ		yāsānaṁ		yesānaṁ	
loc.	yesu		yāsu		yesu	

§ 194. 의문대명사(*interrogative pron.*) : ka/ki 누구, 어떤

	남성(*m.*)		여성(*f.*)		중성(*n.*)	
sg.						
nom.	ko	ke	kā		kiṁ	
acc.	kaṁ		kaṁ		kiṁ	
ins.	kena		kāya		kena	
			kassā			
abl.	kasmā	kismā	kāya		kasmā	kismā
	kamhā		kassā		kamhā	
gen./dat.	kassa	kissa	kassā		kassa	kissa
			kāya			
loc.	kasmiṁ	kismiṁ	kassaṁ		kasmiṁ	kismiṁ

	남성(*m.*)		여성(*f.*)		중성(*n.*)	
	kamhi	kimhi	kāyaṁ		kamhi	kimhi
pl.						
nom.	ke		kā	kāyo	kāni	
acc.	ke		kā	kāyo	kāni	
ins.	kehi	kebhi	kāhi	kābhi	kehi	kebhi
abl.	kehi	kebhi	kāhi	kābhi	kehi	kebhi
gen./dat.	kesaṁ	kesānaṁ	kāsaṁ	kāsānaṁ	kesaṁ	kesānaṁ
loc.	kesu		kāsu		kesu	

※ 대명형용사 katama (많은 것 중의 어느 것이)와 katara (두개 가운데 어느 것이)는 § 198 에 따라 변화한다.

※ kati(얼마)는 -i 어간 격변화(§ 118)에 따라 변화된다.

※ kittaka(얼마)는 ka처럼 변화한다.

§ 195. 소유대명사(*possessive pron.*)

1인칭(*1st.*)과 2인칭(*2nd.*)의 소유대명사는 거의 사용되지 않는 형편이다.

	1st.	*2nd.*
sg.	madīya	tadīya
	māmaka	tāvaka
	mamaka	
pl.	amhadīya	

※ 무엇보다도 그 대용으로 1인칭, 2인칭의 인칭 대명사의 소유격(*gen.*)과 3인칭에는 지시대명사, 특히 sa/ta 의 소유격(*gen.*)이 사용된다.

※ 마찬가지로 attan '자기 자신' 의 속격(*gen.*)이 3인칭의 소유대명사 대신에 때때로 사용될 수 있다(§ 196).

※ 더구나 3인칭에 관해서는 대명형용사 sa, saka, sakiya(문자 그대로 : 자기의)가 사용될 수 있다(§ 188에 따라 곡용).

§ 196. 재귀대명사(*reflexive pron.*)

빠알리어에는 본래적인 재귀대명사는 없다. 그러나 그 대용으로 attan '자기 자신' 의 격변화형태가 쓰인다(격변화 § 143, 비교 attan의 적용 § 195).

1st.	*2nd.*	*3rd.* 남성(*m.*)	*3rd.* 여성(*f.*)	*3rd.* 중성(*n.*)
sg.				
mama	tava	tassa	tassā	tassa
mayhaṁ	tuyhaṁ		tissā	
me(축약형)	te(축약형)		tassāya	
			tissāya	
pl.				
amhākaṁ	tumhākaṁ	tesaṁ	tāsaṁ	tesaṁ
asmākaṁ		tesānaṁ	tāsānaṁ	tesānaṁ
※ no(축약형)	※ vo(축약형)			

§ 197. 부정대명사(*undefinite pron.*)

빠알리어에서 부정대명사는 의문대명사 ka 의 격변화 형태에 ci(모음 앞에서는 cid)를, 중성에서는 그 밖에 cana 또는 canaṁ 을 첨가해서 만든다,

	남성(*m.*)	여성(*f.*)	중성(*n.*)	
sg.				
nom.	koci	kāci	kiñci	
	kopi	kāpi	kimpi	kiṁ api
			kiñcana	kiñcanaṁ
ins.	kenaci			
gen.	kassaci			이하생략

※ 불특정인을 지칭하는 의미를 지닌 대명형용사 : aññatara '누군가, 어떤 사람이'(§ 146).

§ 198. 대명형용사(*pronominal adj.*)

여기에 속하는 것은 다음과 같다.

adhara	밑의	katama	(셋 이상 가운데) 누구, 어떤
amuka	저기의	katara	(둘 가운데) 누구, 어떤
asuka	저기의	para	다른, 나중의
aññatara	어떤, 특정한	vissa	모든
apara	다른	sabba	모든
ubhaya	양자의		

그 대표적인 변화유형을 살펴보자.

sabba 모든	남성(*m.*)	여성(*f.*)	중성(*n.*)
sg.			
nom.	sabbo	sabbā	sabbaṁ
acc.	sabbaṁ	sabbaṁ	sabbaṁ
ins.	sabbena	sabbāya	sabbena
abl.	sabbasmā	sabbāya	sabbasmā
	sabbamhā		sabbamhā
gen./dat.	sabbassa	sabbassā	sabbassa
		sabbāya	
loc.	sabbasmiṁ	sabbassaṁ	sabbasmiṁ
	sabbamhi	sabbāyaṁ	sabbamhi
pl.			
nom.	sabbe	sabbā	sabbāni
		sabbāyo	
acc.	sabbe	sabbā	sabbāni
		sabbāyo	
ins.	sabbehi	sabbāhi	sabbehi
	sabbebhi	sabbābhi	sabbebhi
abl.	sabbehi	sabbāhi	sabbehi
	sabbebhi	sabbābhi	sabbebhi
gen./dat.	sabbesaṁ	sabbāsaṁ	sabbesaṁ
	sabbesānaṁ	sabbāsānaṁ	sabbesānaṁ
loc.	sabbesu	sabbāsu	sabbesu

※ 대명형용사로 다음과 같은 단어는 단수 처격(*sg. loc.*)에서 -e의 어미를 지닌다 :
uttara 높은, 북쪽의 dakkhiṇa 오른쪽의, 남쪽의 pubba 앞의, 동쪽의

※ 대명형용사로 다음의 단어들은 여성일 경우 특정한 격에서 불규칙한 형태를 보인다.

	aññа		itara		eka	
gen./dat.	aññissā	aññissāya	itarissā	itarissāya	ekissā	ekissāya
loc.	aññissaṁ	aññāya	itarissaṁ	itarāya	ekissaṁ	ekāya

※ ekacca(pl.) 몇몇 개의 : 여기서 남성과 중성의 속격(gen.)/여격(dat.)과는 차이가 남을 볼 수 있다; ekaccānaṁ.

§ 199. 수사(*num.*)

빠알리어에서 수사는 동화현상 또는 다른 상이한 축약을 통해서 다양한 모습을 보여준다. 왜냐하면 상이한 변화 형태들이 서로 공존하고 있기 때문이다.

수 사	기 수 (*cardinal*)		서 수 (*ordinal*)	
1	eka		paṭhama	
2	dvi		dutiya	
3	ti		tatiya	
4	catu		catuttha	
			turīya, turiya	
5	pañca		pañcatha	pañcama
6	cha		chaṭṭha	chaṭṭhama
			saṭṭha	
7	satta		sattha	sattama
8	aṭṭha			aṭṭhama
9	nava			navama
10	dasa	rasa		dasama
11	ekādasa	ekārasa	ekādasa	ekādasama
			ekārasa	ekārasama
12	dvādasa	dvādasa	dvādasa	dvādasama
		bārasa	bārasa	bārasama
13	terasa	tedasa	terasa	terasama
	teḷasa			tedasama
14	catuddasa	cuddasa	cuddasa	cuddasama
		coddasa	cātuddasa	catuddasama
			catuddasa	
15	pañcadasa	pannarasa	pannarasa	pañcadasama
		paṇṇarasa	pañcaddasa	paṇṇarasama
			pañcadasa	pannarasama
			paṇṇarasa	
16	soḷasa	sorasa	soḷasa	soḷasama
17	sattadasa	sattarasa	sattadasa	sattarasama
				sattadasama
18	aṭṭhādasa	aṭṭhārasa	aṭṭhādasa	aṭṭhārasama
				aṭṭhādasama
19	ekūnavīsati	ekūnavīsa	ekūnavīsa	ekūnavīsatima
20	vīsati	vīsa	vīsa	vīsatima
		vīsā		
		vīsaṁ		
21	ekavīsati	ekavīsa	ekavīsa	ekavīsatima

수 사	기 수 (*cardinal*)		서 수 (*ordinal*)	
22	dvāvīsati			
	bāvīsati			
23	tevīsati			
24	catuvīsati			
25	pañcavīsati			
	paṇṇavīsati			
	paṇṇuvīsati			
26	chabbīsati			
27	sattavīsati			
	sattavīsati			
28		aṭṭhavīsa		
29	ekūnatiṁsati	ekūnatiṁsa		
30	tiṁsati	tiṁsa	tiṁsa	tiṁsatima
		tiṁsā		
		tiṁsaṁ		
		tīsa		
40	cattārīsa	cattālīsa	cattāḷīsa	cattālīsatima
	cattarīsā	cattalīsa		
	cattarīsaṁ	cattalīsaṁ		
	tālisa	tālīsa		
	tālisā			
	tālisaṁ			
50	paññāsa	paññasa	paññāsa	paññasama
	paññāsā	paṇṇāsa		
	paññāsaṁ			
60	saṭṭhi		saṭṭha	saṭṭhima
70	sattati		sattata	sattatima
	sattari			
80	asīti		asīta	asītima
90	navuti		navuta	navutima
100		sata		satama
				satatama
1000		sahassa		sahassama
				sahassatama
10000		dasasahassa		
100000		satasahassa		

§ 200. 기수(*cardinal num.*)의 사용법

1~18의 기수는 형용사이다. eka '하나', ti '셋' 그리고 catu '넷'은 세 가지 성에서 상이한 형태를 취하며 dvi "둘" 과 5~18까지의 숫자는 모든 성에서 동일한 형태를 취한다. 19~98의 숫자는 명사(§ 199)이며 그들은 동격으로 처리되는 명사로 등장한다.

anussareyyaṁ … vīsatiṁ / tiṁsaṁ / cattālīsaṁ / paññasaṁ … jātiyo.
나는 20 / 30 / 40 / 50번의 태어남을 기억하고자 한다.

imehi… asītiyā vassehi. 이 80년 후에.
visatiyā yojanesu. 20마일의 거리에.
dvattiṁsa pubbanimittāni. 32개의 선행하는 표시.
tiṁsāya yojanesu. 30마일의 거리에.

cattārīsāya yojanesu. 40마일의 거리에.

§ 201. 수사의 비격변화

그러나 이 숫자들은 또한 격변화하지 않은 채로 쓰이기도 한다.

pañcapaññāsa vassāni. 55년 동안. ekatiṁsa jane uccinitvā 31명의 사람을 뽑아서.
samannāgato gotamo dvatiṁsa mahāpurisalakkhaṇeh 고따마는 32개의 대인상을 갖추었다.

§ 202. 부분속격지배의 저단위 수사(19—98)

드물지만 19~98의 숫자는 부분 속격에 명사를 속격부가어로 등장시킬 수 있다.

kappānam cullasītiyā. 84겁이 지난 후에. battiṁsa rājānaṁ 32왕들.

§ 203. 수사의 동격처리

100과 1,000부터의 수사는 동격의 명사부가어로 등장할 수 있다.

gāthā sataṁ 100게송. gandhabbā cha sahassāni. 6,000명의 가수.
sahassaṁ … vācā. 1,000단어. dveasīti sahassāni puttapaputtakā. 82,000명의 아들들과 손자들.
satasahassasatasahassaṁ kahāpaṇe ṭhapāpesi. 그는 100,000 kahāpana 마다 놓아두게 했다.

§ 204. 수사의 복합어 구성

그러나 이들 숫자는 또한 복합어의 두번째 구성요소로 작용함으로써 명사와 함께 복합어를 구성할 수 있다.

yojanasataṁ pi mayaṁ gaccheyyāma. 우리는 100마일도 갈 수 있다.
tāsaṁ … pañcannaṁ bhikkhunīsatānaṁ yā. 2,500명의 비구니 가운데 어떤 분이.
anussareyyaṁ jātisataṁ / jātisahassaṁ / jātisatasahassaṁ.
나는 100/1,000/10,000번의 탄생을 기억하고 싶다.
mārasahassena. 1.000명의 악마들에 의해서.

§ 205. 부분속격지배의 고단위 수사(100. 1,000의 수사)

그 밖에 이들 숫자를 부분속격의 지배명사로 등장시킬 수 있다.

sāṭakānaṁ sahassaṁ āhariyittha. 1,000벌의 의복이 가져와졌다.
dhanuggahānaṁ pañcasatāni. 500명의 궁수들. gavam sahassaṁ. 1,000마리의 소.

§ 206. 고단위 수사의 형용사취급

100과 1,000부터 시작되는 두 마디로 된 수사는 때때로 형용사로 취급된다.

satasahassiyo gāvo. 100,000 마리의 황소. pañcasatā vaḍḍhakī. 500명의 건축가.
tā pañcasatā yakkhiniyo te pañcasate vaṇije attano sāmike akaṁsu.
500명의 마녀들이 500명의 상인을 자신의 남편으로 만들었다.
hantvā ekasate bhāte. 100명의 형제를 죽이고 나서. soḷasahassā itthiyo. 10,000명의 부인.
pañcasa Yonakā asītisahassā ca bhikkhū. 500명의 그리스인과 80,000명의 스님.

§ 207. 기수의 격변화(eka 하나)

eka	남성(*m.*)	여성(*f.*)	중성(*n.*)
nom.	eko	ekā	ekaṁ
acc.	ekaṁ	ekaṁ	ekaṁ
ins.	ekena	ekāya	ekena
abl.	ekasmā	ekāya	ekasmā
	ekamhā		ekamhā
gen./dat.	ekassa	ekissā	ekassa

eka	남성(*m.*)	여성(*f.*)	중성(*n.*)
loc.	ekasmiṁ ekamhi	ekissāya ekissaṁ ekāya	ekasmiṁ ekamhi

§ 208. 기수의 격변화(dvi 둘)

dvi	※ 남성, 여성, 중성은 모든 격에서 동일한 형태를 지닌다.		
nom.	dve	duve	
acc.	dve	duve	
ins.	dvīhi	dvībhi	dīhi
abl.	dvīhi	dvībhi	
gen./dat.	dvinnaṁ	duvinnaṁ	
loc.	dvīsu	duvesu	

§ 209. 기수의 격변화(ti 셋)

ti	남성(*m.*)		여성(*f.*)		중성(*n.*)	
nom.	tayo		tisso		tīṇi	
acc.	tayo		tisso		tīṇi	
ins.	tīhi	tībhi	tīhi	tībhi	tīhi	tībhi
abl.	tīhi	tībhi	tīhi	tībhi	tīhi	tībhi
gen./dat.	tiṇṇaṁ		tissaṁ		tiṇṇaṁ	
	tiṇṇannaṁ		tissannaṁ		tiṇṇannaṁ	
loc.	tīsu		tīsu		tīsu	

§ 210. 기수의 격변화(catur 넷)

catur	남성(*m.*)		여성(*f.*)		중성(*n.*)	
nom.	cattāro	caturo	catasso		cattāri	
acc.	cattāro	caturo	catasso		cattāri	
ins.	catūhi	catūbhi	catūhi	catūbhi	catūhi	catūbhi
	catuhi	catubbhi	catuhi	catubbhi	catuhi	catubbhi
abl.	catūhi	catūbhi	catūhi	catūbhi	catūhi	catūbhi
	catuhi	catubbhi	catuhi	catubbhi	catuhi	catubbhi
gen./dat.	catunnaṁ		catassaṁ		catunnaṁ	
			catassannaṁ			
loc.	catūsu	catusu	catūsu	catusu	catūsu	catusu

§ 211. 기수의 격변화(5~18)

5~18의 숫자는 성의 구별이 따로 없는 단성으로서 주격(*nom*)과 대격(*acc.*)에서 원형이 그대로 쓰인다.

5-18	※ 모든 성에서 동일 ※몇몇 기수에서는 드물지만 부수적 형태를 갖고 있다.		
nom.	pañca		
acc.	pañca		
ins.	pañcahi	aṭṭhāhi	dasabhi
abl.	pañcahi	aṭṭhāhi	dasabhi

5-18	※ 모든 성에서 동일 ※몇몇 기수에서는 드물지만 부수적 형태를 갖고 있다.	
gen./dat.	pañcannaṁ	
loc.	pañcasu	chassu

§ 212. 기수의 격변화(19—81)

이들 숫자는 § 118에 따라 격변화하거나 변화하지 않는 -i로 끝나는 명사이다. 그러나 그들은 -a/-ā/-aṁ 의 어간을 지닐 수 있다.

19-81	※ § 118에 따라 변화한다.		
nom.	-a	-ā	-aṁ
acc.	-a	-ā	-aṁ
ins.		-āya	
abl.		-āya	
gen./dat.		-āya	
loc.		-āya	
		-āyaṁ	

※ 때때로 이들 기수들은 격변화를 하지 않고 머물기도 한다.

§ 213. 고단위의 수사(sata 100, sahassa 1,000)

이들은 중성이며 § 111에 따라 격변화한다. 그러나 때때로 형용사로서 § 206에 따라 변화형태를 취하기도 한다.

§ 214. 특수한 수사(ubho 양자)

이 형태는 단성으로 성의 구별이 따로 없이 모든 성에 있어서 동일하게 변한다.

ubho	※ 모든 성에서 동일함.	
nom.	ubho	ubhe
acc.	ubho	ubhe
ins.	ubhohi	ubhehi
abl.	ubhohi	ubhehi
gen./dat.	ubhinnaṁ	
loc.	ubhoso	ubhesu

§ 215. 서수(*ordinal num.* § 199)의 격변화

서수에서는 남성은 § 110에 따라, 중성은 § 111에 따라 여성은 -ī 어간 격변화를 취하는 대부분의 경우에는 § 122에 따라 -ā 어간 격변화를 취할 경우에는 § 113에 따라 변한다. paṭhama, dutiya, tatiya 와 turīya 는 -ā 어간의 여성을 형성한다. catuttha, pañcatha 와 chaṭṭha, cahaṭṭhama 는 ā- 또는 -ī 어간의 여성을 형성한다.

§ 216. 분수(1/2)

addha 또는 aḍḍha '½'은 보다 높은 숫자와 복합어를 형성한다: aḍḍhatiya, aḍḍhateyya 2½

§ 217. 분배수사

기수의 반복을 통해서 분배수사가 형성된다 : añcapañca 다섯마다. sattasatta 일곱마다.

§ 218. 수사적 부사(*numerical adv.*)

빠알리에서 수사적 부사는 다음과 같은 형태로 가능하다.

ekakkhattuṁ, eka vāraṁ; sakiṁ, sakid(모음앞) 한 번.
dvikkhattuṁ, dve vāre 두 번. tikkhattuṁ, tayo vāre 세 번. pañcakkhattuṁ 네 번.
ekadhā 한 가지로. dvidhā, dvedhā 두 가지로. tidhā 세 가지로.
sattadhā 일곱가지로, satadhā 백 가지로.
ekaso 각각, diso 둘씩, tiso 셋씩(§ 179와 비교).

§ 219. 격의 대체(*substitution of case*)

빠알리어에서 보다 많은 전치사가 문맥 관계를 표시하기 위해 사용된다는 것을 기대한다면 다소간 실망할 수도 있다. 베다어와 범어에는 인도유럽어의 시대부터 보존되어 내려오는 참으로 많은 전치사가 있다. 그러나 빠알리어에서는 이들 전치사들을 발견하기가 어렵다. 아주 드물게 고어형의 전치사 예를 들어 upari, saha, vinā 를 발견할 수 있다. anto와 paṭi(범어에서는 아직 사용된다)는 전혀 발견되지 않는다. ā도 완전히 결여되어 있다. 그리고 비교적 후대에 형성된 aññatra와 yāva도 자주 사용되지는 않는다. 그래서 전치사를 통한 문장의 구성에 관해서는 언급할 수가 없다. 실제로 자주 사용되는 것은 오로지 saddhiṁ(=saha) 뿐인데, 이것은 단지 사교구격 대신에 사용될 뿐이다. 전생담(Jāt. 151~160)에서의 전치사의 숫자를 살펴보면, saddhiṁ 을 제외하면 10 페이지당 한 개의 전치사를 발견할 수 있을 뿐이다. 빠알리어에서 이러한 전치사는 오직 동사나 명사복합어의 첫 번째 구성요소로서 대부분 보존되어 있다 : ā-yācati, upa-saṅ-kamati, paṭi-karoti, anto-valañjaka, bahi-valañjaka. 그러나 빠알리어에는 문맥관계를 표현하기 위한 다른 다음과 같은 보조수단들이 있다.

1) 보조명사
2) 수동과거의 형용사와 분사
3) 절대사(일종의 비정형동사형)
4) 관계 — 상관대명사
5) 불변화 품사

보조명사와 절대사가 지배적이다. 그것들은 전생담에서 신층의 텍스트일수록 고층의 텍스트에서 보다 많이 등장한다. 전생담에서는 관계 — 상관 대명사 yena — tena '…있는 곳으로' 대신에 언제나 보조명사 santikaṁ 이 사용되고 전치사 saddhiṁ '함께' 대신에 절대사 ādāya가 사용되며, 전치사 aññatra '이외에' 대신에 절대사 ṭhapetvā가 사용된다. 전생담 151~160 까지에서 조사로써 사용되는 것 가운데 보조명사가 48% 정도, 절대사가 32% 정도로 모두 합쳐 80% 에 육박한다.

§ 220. 보조명사에 의한 격의 대체

인도유럽어에서 전치사가 부분적으로 부사에서 유래했고 고정된 격의 형태를 나타낸다고 하더라도, 빠알리어의 보조명사를 전치사와 동일시할 수는 없다. 왜냐하면 보조명사는 명사적 특징을 동시에 지니기 때문이다. 다음과 같은 점에서 우리는 그것을 알 수 있다.

① 보조명사는 속격(*gen.*) 만을 지배하므로, 다른 또는 여타의 많은 격과 상관이 없다. 더우기 보조명사는 그것이 속한 명사와 복합어 관계를 형성할 수 있는데 거의 언제나 복합어의 두 번 째 구성성분이 된다 : sinehavasena '사랑의 힘을 통해서' = '사랑해서'. 그러나 전치사는 언제나 복합어의 첫 번째 구성성분이 된다 : paṭidaṇḍa '맞때림. 보복'.

② 보조명사는 격변화를 취한다(예 : santikaṁ, santikā, santike); 이러한 경향은 전치사에서는 불가능한 것이다. 또한 보조명사의 격변화 어미는 그 본래적 의미를 내포하고 있다 : santikaṁ(*acc.* 방향) =근처로 =~으로, santikā(*abl.* 유래) =근처로부터 =~부터, santike (*loc.* 장소) =근처에서 =~에서. 보조명사의 격은 몇몇 경우에는 다른 격을 취할 수 있다 : bhagavato piṭṭhito ṭhito hoti 그는 세존의 뒤에 섰다. brāhmaṇassa piṭṭhipasse ṭhatvā 바라문의 뒤에 서서. 여기서 -to 어간으로 나타난 탈격(*abl.*)은 passa '측면'의 처격(*loc.*)으로 바뀌었다(글자 그대로 ; '…의 후면에서'). idha… ekacco musāvādī hoti… ñatimajjhagato… abhinīto. 여기 친지들에게 끌려온 한 거짓말쟁이가 있다. 빠알리어에서 majjhe('가운데'의 *loc.*)는 단순한 처격(*loc.*) 대신 사용된다. 이 처격은 gato('간다'의 과거분사)로 다시 한 번 바꿔 쓸 수 있다. 문자 그대로 해석하면 아래와 같다 : '여기 친지 가운데로 간 한 사람으로 끌려온 거짓말쟁이가 있다.'

③ 빠알리어에서 전치사에 대한 혐오는 전치사를 보조명사로 전환시키는 데서 분명히 알 수 있다. 이처럼 전치사 antaḥ '안에' 를 보조명사 antara '안' 으로 바꾸어서 그것의 대격(*acc.*) antaraṁ과 특히

처격(*loc.*) antare 를 자주 사용한다. 전치사 anto는 도무지 발견할 수가 없다. ※ 비교 ; 베다어 antaḥ+처격(*loc.*), 빠알리어 antare+속격(*gen.*) '안에, 사이에' *ved.* mahān sadhasthe dhruva ā nishatto'ntar dyāvā 두 세계 사이의 견고한 자리에 등극한 위대한 분. *pali* yathā tesam assānaṁ antaraṁ pavisati. 그가 그 말(馬) 들 사이에 들어오도록. ※ 비교; 베다어 antaḥ+처격(*loc.*), 빠알리어 antare+속격(*gen.*) : *ved.* samudre'ntah 바다에서. *pali* gacchantare paṭicchanno 숲속에 감춰진. 베다어 puraḥ+목적격(*acc.*), 탈격(*abl.*), 처격(*loc.*)은 빠알리어에서 purato+속격(*gen.*) 으로만 사용된다.

§ 221. 절대사에 의한 격의 대체

절대사는 모든 시제, 태뿐만 아니라 모든 성과 수에서 유효한 비정형동사 형태이지만, 그것이 격의 대체에 사용되더라도, 완전 동사로서 본래의 기능인 격지배를 한다. 이때에 대부분 목적격을 지배한다 : taṁ eva saraṁ nissāya tāpasāpi··· vāsaṁ kappesuṁ. 이 연못에서 고행자들도 주거를 정했다. (문자 그대로 : 이 연못에 의지하여). 다른 격지배를 취하는 경우는 드물다 : punadivasato paṭṭhāya. 다음 날부터 (문자 그대로 : 다음 날부터 출발하여).

§ 222. 격의 대체를 위한 어형변화

격의 대체를 위한 점진적인 명사적 어형변화로의 전환에 관해서 우리는 빠알리어에서 다음과 같은 경우에 확인할 수 있다.

1) 문맥 속에서의 격과 격의 대체는 동일한 문장 속에서 함께 사용될 수 있다.
   kiṁkāraṇā imasmiṁ ṭhāne vasasi.왜 그대는 이곳에 사는가?
   imasmiṁ ṭhāne kasmā vasatha. 왜 당신들은 이 곳에 사는가?
   antevalañjakānaṁ antare kañci aguṇavādiṁ adisvā. 또는 antovalañjakādisu aguṇavādiṁ adisvā. 동거인들 가운데 비난을 말하는 사람은 아무도 보지 못했으며.
   Bhagavati··· gāravaṁ··· paṭicca. 세존에 대한 공경심 때문에.
   sikkhapadabhayena. 계법에 대한 두려움 때문에.
   mahantena balavāhanena Bārāṇasiṁ pāvisi. 그는 막대한 병력으로 베나레스에 입성했다.
   attano balavāhanaṁ ādāya sakaraṭṭhaṁ eva gato. 그는 자신의 군사력으로 자신의 왕국에 이르렀다.
2) 전생담 가운데 신층의 경전 이후의 텍스트에서 일반적으로 고층의 경전텍스트보다 격의 대체가 훨씬 자주 이루어진다. 특히 목적을 나타내는 여격(*dat.*), '~으로부터의' 의 의미를 지닌 탈격(*abl.*), 장소를 나타내는 처격(*loc.*), '···에 관하여' 를 의미하는 처격(*loc.*)에 관한 격의 대체는 훨씬 증가했다. 또한 신층의 전생담의 산문언어는 전생담 게송 언어보다 자주 격의 대체를 초래한다.
   산문 : rativasena ← 게송 : ratiyā 사랑해서
3) 모든 격이 동일한 정도로 격의 대체를 가져오는 것은 아니다. 부가명사적인 속격(*gen.*), 멀리 떨어진 대상을 나타내는 속격(*gen.*), 대상을 나타내는 대격(*acc.*)에 대한 격의 대체는 없다. 수단의 구격(*ins.*)에 대한 격의 대체도 자주 등장하지는 않는다. 그러나 이유를 나타내는 구격(*ins.*) 이나 탈격(*abl.*) 또는 장소를 나타내는 처격(*loc.*)에 대한 격의 대체는 보다 자주 일어난다.
4) 다음과 같은 범위에서는 격에 대체된 것이 격을 지배한다.
   ① 사람에서의 방향의 표시(*acc.* 대신에)
   ② 공동체의 표시(*ins.* 대신에)
   ③ 나중을 표시하는 것(*abl.* 나 *ins.* 대신에) : 전생담과 경전빠알리어에서
   ④ 사람에 있어서의 유래표시(*abl.* 대신에) : 전생담과 경전빠알리어에서
   ⑤ 일반적인 관계의 표시(*loc.* 대신에) : 전생담과 경전빠알리어에서
   ⑥ 사람에서의 근린(近隣)의 표시(*loc.* 대신에) : 전생담과 경전빠알리어에서
   ⑦ 목표의 표시(*dat.* 대신에) : 전생담과 경전빠알리어에서
   ⑧ 시간적인 출발점의 표시(*abl.* 대신에) : 전생담에서 이러한 격의 대체와 단순한 격의 비율은 8 : 1 정도이다.
   ⑨ 격의 대체는 생류(生類)와 그 대명사에 있어서 사건에서 보다 훨씬 많이 발생한다.
5) 격이 홀로는 충분히 명확히 그 뜻을 전달할 수 없다고 판단되면 격의 대체가 강조를 목적으로 그 격에 첨가되는 수가 있다 : ito dāni paṭṭhāya sīlavatā bhavitabbaṁ. 지금부터 계율을 지켜야 한다. 여기서 ito(*abl.*) '이제부터' 와 (i)dāni patthāya '지금부터' 가 중첩되어 있다.

§ 223. 전치사(*prep.*)

전치사들은 다음과 같은 격에 지배된다.

acc.	anu, antarā, tiro, paṭi, yathā, yāva, vinā
ins.	aññatra, yathā, vinā, saddhiṁ, saha
abl.	aññatra, adho, ā, uddhaṁ, paraṁ, bahiddhā, yāva, vinā
gen.	antarā, anti, anto, upari, paraṁ, saddhiṁ
loc.	anto, upari, bahi

aññatra＋탈격(*abl.*) 또는 구격(*ins.*) : '~이외에. 제외하고' 언제나 명사 앞에 놓여진다. 전생담에서는 자주 aññatra 대신에 절대사 ṭhapetvā 가 쓰인다.

anu＋대격(*acc.*) : (아주 드물다) '~을 따라서'

adho＋탈격(*abl.*) : (아주 드물다) '~을 아래에'

antarā＋목적격(*acc.*) : '사이에' ＋속격(*gen.*) : '사이에'

anti＋속격(*gen.*) : '에게, 에게로'

anto＋처격(*loc.*) : '안에, 가운데, 안으로' ＋속격(*gen.*) : '안에, 가운데' ＋대격(*acc.*) : '안에, 가운데'

ā＋탈격(*abl.*) : (아주 드물다) '까지'

uddhaṁ＋탈격(*abl.*) : '위에'

upari＋속격(*gen.*) 또는 처격(*loc.*) : (동사에서의 방향을 나타낸다) '위로', '향해서', '으로'

tiro＋대격(*acc.*) : (매우 드물다) '통해서' (장소)

paṭi＋대격(*acc.*) : (자주 뒤에 놓인다) '뒤에' : '에서' (장소나 시간)

paraṁ＋탈격(*abl.*) : '뒤에' (시간), 거의 maraṇa '죽음' 에서만 남아 있다. ＋속격(*gen.*) : '넘어서/내세에'

bahi＋처격(*loc.*) '밖에' (복합어의 첫 구성성분으로 자주 나온다).

bahiddhā＋탈격(*abl.*) '밖에.'

yathā＋대격(*acc.*) 또는 구격(*ins.*) '따라, 맞게, 일치하게'

yāva＋탈격(*abl.*) 또는 구격(*ins.*) : '까지' (시간, 장소)

vinā＋대격(*acc.*) 또는 구격(*ins.*) (흔하다) 또는 (*abl.*) (드물다) : '없이' 명사의 앞에도 뒤에 도 올 수 있다. 전치사 vinā 는 오직 이따금 등장한다. vinā 보다 자주 등장하는 것으로는 구격(*ins.*) 이나 탈격(*abl.*)에서 박탈사나 절대사 vivicca, 이따금 수동 과거분사인 rahita 와 결합하는 격의 대체가 있다.

saddhiṁ＋구격(*ins.*) 또는 속격(*gen.*) (드물다) : '함께' 빠알리어에서 유일하게 자주 사용되는 전치사이다. 전생담에서 자주 등장하긴 하지만, 그 전치사에 대한 대체로 ādāya 도 자주 등장한다. 범어와 빠알리어에서 거의 모든 전치사들처럼 대부분 saddhiṁ도 뒤에 놓인다. saddhiṁ을 이따금 앞에 놓는 수가 있는데 그 이유는 알 수가 없다. ※비교 : āsane nisīdi saddhiṁ bhikkhusaṁghena 그는 수행승의 무리와 함께 자리에 앉았다. carati … bhikkhusaṁghana saddhiṁ 그는 수행승의 무리와 함께 유행한다. saddhiṁ은 ① 공존을 표시한다. —체류의 동사에서, —진행기의 동사에서(sam이란 전철이 오는 동사에서도 나타난다.) —두 가지 명사의 밀접한 관계에서. ② 누군가와의 친절하거나 절대적인 관계를 표시한다. —언어적 표현에서(sammodati 에서는 *ins.* 이나 *gen.* 을 자신의 뒤에 둔다). —친절, 조화(調和), 놀이 등의 표현에서. —전투와 절대적 감정의 표현에서. ③ 평등이나 차별의 표시를 나타낸다. —평등의 표현에서(*ins.* 대신에). —차별의 표현에서(*gen.* 또는 *ins.* 대신에).

saha＋구격(*ins.*) : '함께, 직후, 동시에' : saddhiṁ 보다도 자주 사용되지는 않는다. 그러나 범어에서는 사교적 관계에 가장 자주 등장하는 전치사이다. 빠알리어에서 이 saha 는 명사 앞에 놓이며, 드물게는 뒤에 놓이기도 한다. 이 전치사는 다음과 같이 사용된다. ① 협의의 사교적 관계, ② 가까운 주변을 나타내는 구격(*ins.*)의 역할, ③ 협조를 나타내는 구격(*ins.*)의 역할, ④ 평등의 표시, ⑤ 시간적으로는 '직후' 또는 '동시에' (*ins.*)의 의미를 지닌다.

§ 224. 보조명사에 의한 격의 대체

모든 보조명사는 모든 다른 명사들처럼 거의 속격(*gen.*)을 지배하거나 복합어의 최후의 구성부분(*ifc.*)을 형성한다(§ 220).

agge (agga '첨단, 끝' 의 *loc.*) : 복합어지배(*ifc.*), '직후에'[시간]
accayena (accaya '경과' 의 시간의 *ins.*) : 속격(*gen.*) 또는 복합어지배(*ifc.*), '뒤에'[시간]
aṭṭhena (attha '목적' 의 *ins.*) : 복합어지배(*ifc.*) '때문에'[원인]
atthaṁ (attha '목적' 의 *acc.*) : 복합어지배(*ifc.*), '목적으로, 위해서'[목적] : 때때로 -ana 어간의 동명사의 끝에 첨가되어 부정법 대신에 쓰인다. 드물지만 그 여격(*dat.*) 인 atthāya 도 쓰인다.
atthāya (attha '목적' 의 *dat.*) : 속격(*gen.*) 또는 복합어지배(*ifc.*) '목적으로, 위해서'[목적] 또는 드물지만 '때문에'[원인] : 이 atthāya 가 완전히 본생경에서 목적여격(*fin. dat.*)을 몰아내었으므로 가장 자주 사용되는 보조 명사의 하나이다. 특히 -ana 어간의 동명사에 연결되어 부정법 대신에 쓰인다 : dhanāharaṇatthāya gacchantaṁ disvā 돈을 가져오기 위해 가는 것을 보고. 또한 bhavati 는 여격(*dat.*) 대신에 atthāya 와 함께 쓰이며, āṇāpeti 도 마찬가지이다. nimanteti에서는 목적의 구격(*ins.*)의 자리에 atthāya 가 쓰인다.
adhikaraṇaṁ (adhikaraṇa '원인, 이유' 의 *acc.*) : 복합어지배(*ifc.*) '때문에, 원인으로'
anurūpena (anurūpa '일치' 의 *ins.*) : 복합어지배(*ifc.*) '맞게. 일치하도록'
antaraṁ (antara '내부, 안' 의 *acc.*) : 속격(*gen.*) 또는 복합어지배(*ifc.*) '안으로, 사이로'[방향]
antarā (antara '내부, 안' 의 *abl.*) : '안으로부터'
antare (antara '내부, 안' 의 *loc.*) : 속격(*gen.*) 또는 복합어지배(*ifc.*) '안에, 사이에[정지점]', '안으로'[방향] = antaraṁ, 도사(島史 : Dīpavaṁsa)에서는 대격(*acc.*)을 지배하기도 한다 : antare paribhindati 비방하다. 중상하다.
antarena (antara '안' 의 *ins.*) : 속격(*gen.*) 또는 복합어지배(*ifc.*) '에, 안에서'[정지점], '으로, 안으로'[방향].
antike (antika '이웃' 의 *loc.*) : 속격(*gen.*) 또는 복합어지배(*ifc.*) '에게, 에' 범어와는 달리 빠알리어에서 antike는 santike의 뒤로 밀려났다. antike의 예는 거의 게송에서만 발견된다.
abbhantare (abbhantara '내부, 안 속'의 *loc.*) : 속격지배(*gen.*) '안에'
avidūre (avidūra '멀지 않은'의 *loc.*) : 속격(*gen.*) 또는 드물지만 탈격지배(*abl.*) '멀지 않은 곳에. 가까이'
kate (kata '만들어진'의 *loc.*) : 속격(*gen.*) 또는 복합어지배(*ifc.*) '원인으로. 때문에'[원인].
kāraṇā (kāraṇa '원인'의 *abl.*) : 속격(*gen.*) 또는 복합어(*ifc.*) '때문에'[원인].
ṭhāne (ṭhāna '장소'의 *loc.*) : 복합어지배(*ifc.*) '대신에'
tale (tala '표면'의 *loc.*) : 복합어지배(*ifc.*) '위에'
dūre (dūra '먼'의 *loc.*) : 탈격지배(*abl.*) '멀리, 먼 곳에'
nidānaṁ (nidāna '원인'의 *acc.*) 복합어지배(*ifc.*)[이 경우는 언제나 nidānaṁ 앞에서 어미 -to 를 취한다] '때문에, 원인으로'[원인]
paccayā (paccaya '조건' 의 *abl.*) : '조건으로'[원인]
pacchato (paccha의 *abl.*) : 속격지배(*gen.*), '뒤에'
passe (passa '측면'의 *loc.*) : 복합어지배(*ifc.*), '측면에서' 탈격어미 -to 의 대신으로 쓰인다.
piṭṭhiyaṁ (piṭṭhi '등'의 *loc.*) : 복합어지배(*ifc.*), '위에'
piṭṭhito (piṭṭhi '등'의 *abl.*) : 속격지배(*gen.*) '뒤에서'
piṭṭhe (piṭṭha '등'의 *loc.*) : 복합어지배(*ifc.*), '위로'[정지점과 방향].
piṭṭhena (piṭṭha '등'의 *ins.*) : 복합어지배(*ifc.*), '위로', 과정을 표시하는 구격(*ins.*)이 있을 수 있는 곳에 사용.
purato (pura의 *abl.*) : 속격지배(*gen.*), '앞에, 앞으로'[정지점과 방향].
puratthato (부사적으로 쓰이는 *abl.*) : 속격(*gen.*) 지배, '앞에서'
balena (bala '힘'의 *ins.*) : 복합어지배(*ifc.*), '힘으로, 덕분에, 통해서'.
majjhe (majjha '가운데'의 *loc.*) : 속격(*gen.*) 또는 복합어지배(*ifc.*), '가운데, 안에' 부분을 나타내는 격 대신에 처격(*loc.*)의 대신에 쓰인다.
matthake (matthaka '미리, 꼭대기'의 *loc.*) : 복합어지배(*ifc.*) '위에, 위로'[정지점, 방향], '뒤에, 초월해서' [공간적, 과거와 미래에 대해서는 시간적].
matthakena (matthaka '머리, 꼭대기' 의 *ins.*) : 복합어 지배(*ifc.*), '위로, 위에' 과정을 나타내는 구격(*ins.*) 이 사용될 수 있는 곳에서만 쓰인다.
mukhaṁ (mukha '입, 수단, 길' 의 *acc.*) : 복합어지배(*ifc.*) '안으로'

mukhe (mukha '입, 수단, 길' 의 *loc.*) : 복합어지배(*ifc.*) '도중에, 수단으로, 방식으로'
mukhena (mukha '입, 수단, 길' 의 *ins.*) : 복합어지배(*ifc.*) '통해서, 경과해서'[장소]
mūle (mūla '뿌리' 의 *loc.*) : 속격(*gen.*) 또는 복합어지배(*ifc.*) '아래에'[나무에 쓰임].
vasena (vāsa '힘' 의 *ins.*) : 복합어지배(*ifc.*), 전생담에 자주 등장하는 데 구격(*ins.*)의 대신함. '통해서, 힘으로'
vāhasā (vāha '수레' 의 *ins.*) : 속격지배(*gen.*), '통해서'
santikaṁ (santika '근처' 의 *acc.*) : 속격지배(*gen.*), '으로 향해서' : 전생담에 자주 등장하며 거기서는 언제나 사람이 있는 방향을 진술하기 위해서 동작을 나타내는 합성되지 않은 동사와 함께 쓰인다.
santikā (santika '근처' 의 *abl.*) : 속격지배(*gen.*) '에서, 부터' : 전생담에서 자주 등장하며, 특히 '…으로부터 …을 취하다', '…로부터 …을 받다' 의 의미를 지닌 동사에서 자주 볼 수 있다.
santike (samtika '근처' 의 *loc.*) : 속격지배(*gen.*), '에게. 에게로. 에 관해서' ① 체류를 나타내는 동사에서, ② 학습을 나타내는 동사에서, ③ 동사 sāveti '듣게 하다, 알리다'에서, ④ 소유를 나타내기 위해 atthi와 함께 또는 atthi 없이도 사용한다. ⑤ '지니다' 또는 '얻다' 는 의미의 동사와 함께 사용된다 : āgacchi te santike 그는 네게 왔다. na no tassa santike dhanen'attho 우리는 그에게 돈에 대한 채권이 없다.
samaye (samaya '시간' 의 *loc.*) 복합어지배(*ifc.*) '안에서'[시간].
samīpaṁ (samīpa '근처'); 복합어지배(*ifc.*), '으로, 향해서'
samīpe (samīpa '근처' 의 *loc.*) : 속격(*gen.*) 또는 복합어지배(*ifc.*)
samīpena (samīpa '근처' 의 *ins.*) : '가까이로', 과정을 나타내는 구격(*ins.*) 대신으로 '간다' 동사에서만 사용된다.
sammukhā (sammukha '얼굴을 맞댄' 의 *abl.*) : 속격지배(*gen.*), '부터' 물건을 사거나 취한다는 뜻의 동사에서 사용된다.
heṭṭhā (부사적으로 사용되는 *abl.*) : 속격(*gen.*) 또는 드물지만 처격지배(*loc.*), '아래로'(정지점과 방향). 속격지배의 경우는 보조명사가 정상적인 위치로 명사를 따르나 처격지배일 경우는 명사 앞에 놓인다.
hetu (hetu '원인' 의 *abl.*) : 속격(*gen.*) 또는 복합어지배(*ifc.*) '통해서, 때문에'.[원인. 이유].

§ 225. 형용사와 완료수동 분사에 의한 격의 대체

빠알리어에는 단순한 격 대신에 사용되는 형용사나 완료수동분사가 상당히 있다. 그들은 명사나 대명사와 함께 복합어를 형성하는데, 복합어의 뒤에 놓이게 된다(apeta, rahita, vīta 와 saṁyutta 는 예외이다.). 그러나 이러한 격의 대체에 쓰이는 형용사와 분사들의 숫자는 보조명사나 절대사에 비하면 훨씬 적은 편이다.

atthiya (*adj.*) '목적을 가지고' 목적 여격을 대체한다 : yadatthiyaṁ brahmacariyaṁ acāri. 무엇을 위해 그가 청정행을 행했는가 하는.
apeta (apeti '떠나다'의 완료수동분사) : '없이', 언제나 복합어의 앞부분에 놓인다 : apetakaddamo 진흙 구덩이 없이.
abhimukha (*adj.*) : '으로, 을 향해서', 대부분 복합어지배(*ifc.*), 드물게 속격지배(*gen.*) : puratthābhimukho nisīdi 동쪽으로 그는 앉았다.
gata (gacchati '가다' 의 *pp.*) : '과 관련해서'의 의미를 지닌다. 장소, 방향의 처격(*loc.*)을 대신한다.
nissita (nissayati '의지하다' 의 *pp.*) : '통해서. 의지해서' (원인)
mūlaka (*adj.*) : '원인을 가지고 = 원인으로'(원인). 구격(*ins.*)이나 탈격(*abl.*) 대신에 쓰이며, mūlika도 동일하게 쓰인다.
mūlika (*adj.*) : '뿌리에 속한 = 아래에'(나무에서는 처격을 대신한다), '원인으로' (=mūlaka)
yutta (yunjati '묶다'의 *pp.*) : '함께' (= saddhiṁ)
rahita (rahati '빼앗다'의 *pp.*) : '없이'
vita (vi+i 의 *pp.*) : '없이', vitataṇha '탐욕이 없이'
saṁyutta (saṁyuñjati '묶다'의 *pp.*) : '함께'

§ 226. 절대사에 의한 격의 대체

절대사는 지배적인 몇몇 예의적인 것을 제외하고는 단어의 뒤에 온다. 즉 자신의 동사적인 유래를 폭로하는 위치에 온다(§ 221).

atikkamma (atikkamati '건너뛰다'의 *abs.*) : 대격 지배(*acc.*), '뛰어 넘어. 초월해서' 언제나 명사 앞에 온다.

anvāya (anveti '따르다' 의 *abs.*) : 대격지배(*acc.*), '따라서. 뒤에'[시간].

āgamma (āgacchati '오다' 의 *abs.*) : 대격지배(*acc.*), '통해서, 알맞게'

ādāya (ādāti '취하다. 잡다' 의 *abs.*) : 대격지배(*acc.*), '함께. ~을 가지고' ① 인간과 동물의 공존, ② 가까운 주변을 나타낼 때, ③ 수단을 진술할 때에 쓰인다.

ārabbha (arabhati '시작하다'의 *abs.*) : 대격지배(*acc.*), '에 대하여. 때문에. 위하여. 향해서' [방향].

uddissa (udissati '지적하다'의 *abs.*) : 대격지배(*acc.*), '관해서. 때문에. 지정해서'

upanidhāya (upanidahati '옆에 내려놓다'의 *abs.*) : 속격(*gen.*) 또는 대격지배(*acc.*), '비교하여, 옆에'

upanissāya (upanissayati '의지하다'의 *abs.*) : 대격지배(*acc.*), '의지해서. 통해서. 가까이. 접근해서' : 그밖에 수단의 진술이나 삶의 토대를 표현하는데 쓰인다.

upādāya (upādiyati '붙잡다'의 *abs.*) : 대격지배(*acc.*), 동기의 진술에 사용된다. 속격지배(*gen.*), '관해서, 알맞게'의 뜻으로 쓰인다.

gahetvā (gaṇhāti '붙잡다'의 *abs.*) : 대격지배(*acc.*), '함께. 으로', 그밖에 수단의 구격의 뜻으로 쓰인다.

ṭhapetvā (ṭhapeti '놓다'의 *abs.*) : 대격지배(*acc.*), 처격(*loc.*), '놓아두고. 제쳐두고', aññatra 대신에 자주 쓰인다. 명사나 대명사의 앞이든 뒤든 어느 쪽에도 놓일 수 있다.

nissāya (nissayati '의지하다'의 *abs.*) : 대격지배(*acc.*), 처격(*loc.*), 여러 종류의 구격(*ins.*), 목적의 여격(*dat.*) 대신에 쓰인다.

paṭicca (pacceti '돌아가다'의 *abs.*) : 대격지배(*acc.*), 여러 종류의 구격(*ins.*) 과 처격(*loc.*) 대신에 사용된다.

paṭṭhāya (paṭṭhati '내려놓다. 떠나다. 출발하다'의 *abs.*) : 대격지배(*acc.*), '출발하여. ~이래. ~이후'

paṇidhāya (paṇidahti '앞에 두다. 원하다'의 *abs.*) : 대격지배(*acc.*), '지향해서. 향해서'

parikkhipitvā (parikkhipati '둘러싸다'의 *abs.*) 대격지배(*acc.*), '주위에. 둘러싸고'

parivaretvā (parivareti '덮다. 둘러싸다'의 *abs.*) : 대격지배(*acc.*), '주위에, 둘러싸고'.

vivicca (viviccati '떠나다. 분리되다'의 *abs.*) : '없이. 벗어나서' 언제나 명사 앞에 온다.

sandhāya (sandahati '함께 두다. 설치하다'의 *abs.*) 대격지배(*acc.*), '관하여, 대하여, 으로'

samādāya (samādiyati '받다, 가져오다'의 *abs.*) : 대격지배(*abs.*) '에 맞게. 따라서'

hutvā (bhavati '이다'의 *abs.*) : 주격지배(*nom.*), 서술 명사의 표시를 위해 사용한다.

§ 227. 관계 - 상관 대명사에 의한 격의 대체

관계대명사를 통한 격의 대체는 빠알리어에서도 독특한 의미를 지닌다. 주로 이러한 방식으로 방향의 대격(*acc.*) 과 비교의 구격(*ins.*)/탈격(*abl.*) 이 대체된다. 관계 — 상관 대명사를 통한 격의 대체는 전생담에서는 거의 등장하지 않는다. 왜냐하면 전생담에서는 관계문장보다는 보조명사와 절대사를 통한 문장유형이 훨씬 선호되기 때문이다.

yañce '보다'[비교]

nigrodhasmiṁ mataṁ seyyo yañce sākhasmiṁ jīvitan ti. 니그로다에서의 죽음이 싸카에서의 삶보다 낫다.

seyyo amitto medhāvī yañce bālānukampako. 현명한 적이 자비스런 바보보다 낫다.

sā yeva pūjanā seyyo yañce vassasataṁ hutaṁ. 이 공양은 백년 동안 공희(供犧) 보다 낫다.

yena··· tena (글자 그대로 : 어디로 ~ 거기로) : '으로, 에게로'[방향]. avasarati 이외의 '간다' 는 동사에서 사람에 대한 방향의 대격(acc.)과 장소에 대한 대체로써 자주 발견된다.

bhikkhū yen'āyasma ānando ten'upassaṅkamiṁsu.

수행승들이 존자 아난다가 있는 곳으로 가까이 갔다. = 수행승들이 아난다를 방문했다.

yena ānathapiṇḍikassa ··· nivesanaṁ ten'upasaṅkami.

그는 아나타삔디까의 집으로 갔다.

yena ··· tad (글자 그대로 : 어디로··· 거기에···) : '에', 오직 avasarati 의 경우에만 상관 대명사로서 tena 대신에 tad를 쓴다.

yena sunāparanto janapado tad avasari. 그는 쑤나빠란따 국에 도착했다.
※ 한 단어를 강조하기 위해서 때때로 단순한 격을 관계―상관 대명사로 대체시킨다.
yo bhavati manopadoso, taṁ pajahāma. 우리는 화낸다는 사실을 버린다. = 우리는 화를 내지 않는다.
atha yā buddhānaṁ··· dhammadesanā taṁ pakāsesi. 그때 그는 깨달은 이들의 법에 대한 가르침을 설명했다.

§ 228. 부정어에 의한 격의 대체

여기서는 비교의 구격(*ins.*)/탈격(*abl.*) 대신에 사용된 부정어 na, no만을 소개한다.

na (글자 그대로 : 아니다) '~보다'[비교급에서]

ekassa caritaṁ seyyo, na'tthi bāle sahāyatā.
혼자 유행(流行) 하는 것이 어리석은 자와 사귀는 것보다 낫다.

no tathā (글자 그대로 : 그렇지 않다) '~보다'[비교급에서].

kāyadaṇḍo ··· mahāsāvajjataro ··· no tathā vacidaṇḍo no tathā manodaṇḍo.
신체적인 폭력이 언어적인 폭력이나 정신적인 폭력보다 훨씬 비난받을 만하다.

§ 229. 동사(*verb.*)

고대인도어의 동사구조와 빠알리어의 동사구조를 비교하면, 시제의 감소(미완료 과거형, 완료형과 과거완료형의 상실)와 수의 감소(양수<兩數>의 상실)를 알 수 있다. 또한 의식적으로 반조태(反照態 : *med.*)를 사용하는 경우는 거의 없다. 이러한 형태의 감소는 베다어에서 뿐만 아니라 부분적으로 고전범어에서도 나타난다.

범어에서도 발견되는 과거시제의 기능에 대한 동일시는 빠알리어에서는 형식적인 규정으로 합리화되었다. 그것은 보편적인 과거시제인 아오리스트(aorist : *aor.*)의 형성을 통해서 이루어졌다. 잘못된 결론인지 모르지만, 빠알리어의 시제, 태(態) 와 수(數)의 감소는 빠알리어의 동사구조를 광범위하고 상세하게 만들지 못하고 아주 개괄적으로 만들었다. 그러나 빠알리어에서도 많이 사용되는 동사의 곡용 — 고대인도어에서는 10가지에 이른다 — 은 많은 부차적인 형태 때문에 개괄적이 아니고 복잡한 측면도 지닌다.

아래의 도표에서 빠알리어의 동사구조에 대한 개괄해 보았다. 동사에 각각의 동사형태의 빈도와 중요도를 명시했다. 몇몇 미발달된 형태는 고려되지 않았다. 빠알리어에서 정형동사형(定型動詞形)은 단수(*sg.*)와 복수(*pl.*)에다 세 개의 인칭을 갖고 있으며 시제는 현재, 미래, 아오리스트로 되어 있다. 또한 현재에서는 여러 법(法)이 있다. 직설법(*ind.*), 명령법(*imp.*), 원망법(*opt.*), 미래형(*fut.*)에서 유도된 조건법(*cond.*), 현재와 과거에 대한 비현실접속법(irrealis : *irr.*), 그리고 아오리스트에서 형성된 금지법(injuntive : *inj.*) — 아오리스트의 기능에 의해 규정되지 않는 명령적 또는 훈계적인 형태 — 이 있다. 완료형과 접속법에서는 몇몇 미전개형만이 존재한다. 빠알리어에는 세 가지 태(態) 가 있다 : 능동태(*act.*), 반조태(*med.*), 수동태(*pass.*). 능동태와 반조태는 그 형성과정에서 완전히 병행적이며 오로지 특수한 인칭어미를 통해서 구별된다. 그런데 수동태는 특수한 어간에 의해 형성되며, 능동태나 반조태의 어미를 지닌다. 물론 이때 능동태와 반조태에 있어서 기능의 차이는 없다.

동사의 구조에 대한 개괄

	단순어간		수동태 (*pass.*)	사역 I (*caus1.*)	사역 II (*caus2.*)	강 의 (*intens.*)	희 구 (*desid.*)
	능동태 (*act.*)	반조태 (*med.*)					
직설법(*ind.*)	++	–	△	++	++	○	○
명령법(*imp.*)	+	+	–	+	+	○	○
원망법(*opt.*)	+	+	○	+	+		
현재분사(*ppr.*)	+	+	△	+	+		○
미래형(*fut.*)	++	○	○	+	+		○
조건법(*cond.*)	–	○	○	–	–		
아오리스트(*aor.*)	++	○	△	+	+	○	
금지법(inj.)	–	○	○	–	–		

	단순어간		수동태 (*pass.*)	사역 I (*caus1.*)	사역 II (*caus2.*)	강 의 (*intens.*)	희 구 (*desid.*)
	능동태 (*act.*)	반조태 (*med.*)					
완료능동분사(*pp. act.*)	○	(수동어간에서)					
완료수동분사(*pp. pass.*)	++		○	++	++	○	○
미래수동분사(*grd.*)	+						
절대사(*abs.*)	++		○	+	+		○
부정사(*inf.*)	+		○	+	+		○

++ 아주 자주 사용되는 동사형태 ○ 거의 사용되지 않는 동사형태 + 자주 사용되는 동사형태
△ 비교적 자주 사용되는 동사형태 − 드물게 사용되는 동사형태

물론 능동태를 사용하는 것이 압도적이다. 반조태는 현재에서만 비교적 자주 사용되나, 그밖의 시제에서는 아주 드물며, 그리고 파생된 어간에서는 거의 나타나지 않는다. 반조태 정형동사형 가운데 2인칭·단수·명령법(*2nd. sg. imp.*)과 3인칭·단수·원망법(*3rd. sg. opt.*) 만이 자주 발견된다. 수동태는 단순 동사의 어간뿐만 아니라 때때로 파생된 어간을 지닌 동사에서도 발견되며, 상대적으로 사역동사에서 자주 등장한다. 파생된 어간으로는 빠알리어에는 사역형 I(*caus1.*), 사역형 II(*caus2.*), — 특히 자동사의 경우 이중 사역형이 사용된다 — 강의형(强意形 : intensive : *intens.*), 희구형(希求形 : desiderative : *desid.*)이 있다. 그러나 실제로 사용되는 것은 오직 사역형 I, 사역형 II이다. 강의형과 희구형은 아주 드물게 등장할 뿐이다. 빠알리어는 비정형동사의 형태로서 많은 유형을 갖는다. 여기서 먼저 두 범주를 나누어야 한다.

1) 오직 시제어간에 의해서만 형성될 수 있는 비정형동사형태
 ① 단순한 어간의 현재뿐만 아니라 파생된 어간의 현재에 의해서 성립될 수 있는 능동태와 반조태 — 자주 사용된다 — 의 현재분사(*ppr.*)
 ② 매우 드물지만, 미래어간에 의해 형성되는 미래분사(*pfut.*)
2) 어근 내지 파생어간의 특수 형태로부터 유래된 어간에 의해 형성된 비정형동사형태
 ① 완료수동분사(*pp. pass.*)
 ② 미래수동분사(수동적 형용동사) (*grd.*)
 ③ 절대사(*abs.*)
 ④ 부정사(*inf.*)

이 모든 비정형동사형들은 또한 사역형 I, 사역형 II, 강의형, 희구형등에 의해서도 성립될 수 있다. 그밖에 그들은 몇몇 경우에서 수동태에 의해서도 형성된다. 이들은 더우기 기능적인 차이를 알 수 없을 정도로 현재어간에 의해서 형성되어 있다. 특히 신층의 텍스트에 이러한 형성과정이 선호된다. 그리고 완료능동분사에 관해 언급하면, 특히 완료수동분사의 특수한 어미가 완료능동분사를 만든다. 만약 빠알리어에서 현재어간이 범어에서보다 큰 의미를 가진다면, 그것이 많은 다른 파생의 기초가 될 수 있으므로, 모든 동사형태를 알고 그 형성을 이해하려면 어근 — 모든 파생의 의미원천이자 기반이다 — 에서부터 출발하는 것이 언제나 중요하다. 어근 자체는 오로지 간모음의 변화를 통해서 변화한다(§ 46). 그 밖에 자음으로 끝나는 어근의 말미음과 자음으로 시작하는 어미사이의 다양한 동화작용을 관찰할 수 있다. 더우기 삽입철 n이 때때로 어근에 삽입된다. 동사어근 앞에서 반복음절이 특정한 현재 동사류, 강의형과 희구형에서 나타날 수 있다. 아오리스트에서는 접두모음(Augment) a가 동사어근 앞에서 나타날 수 있다. 다음과 같은 어미들이 어근에 첨가된다.
1) 수동태(*pass.*), 사역형(*caus.1*), 사역형(*caus2.*), 강의형(intens.)과 희구형(*desid.*)에서의 특수한 어미.
2) 시제, 법의 어미 내지 비정형동사 어미.
3) 인칭어미 내지 격어미

§ 230. 현재형(*pres.*)의 법과 인칭어미

현재어간은 직설법(*ind.*) 이외에 명령법(*imp.*)과 원망법(*opt.*)을 지닌다. 그에 비해 접속법(*conj.*)은 빠알리어에서 더 이상 사용되는 법이 아니다. 왜냐하면 접속법은 극히 미미한 흔적만을 남기고 있기 때문이다.

현재어간	act.			med.		
직설법 (*ind.*)						
1st. sg.	mi	ṁ		e		
2nd. sg.	si			se		
3rd. sg.	ti			te		
1st. pl.	ma			mhe	mahe	mha
					mase	*mhase*
2nd. pl.	tha			vhe		
3rd. pl.	(a)nti			(a)nte	re	
명령법 (*imp.*)						
1st. sg.	mi			e		
2nd. sg.	hi			ssu		
3rd. sg.	tu			taṁ		
1st. pl.	ma	*mu*		(ā)mase	mhase	
2nd. pl.	tha			vho		
3rd. pl.	(a)ntu			(a)ntaṁ	ruṁ	
원망법 (*opt.*)						
1st. sg.	eyyaṁ	eyyāmi	e	eyya		
2nd. sg.	eyyāsi	eyya	e	etho	*eyyātho*	
3rd. sg.	eyya	eyyati	e	etha		
1st. pl.	eyyāma	ema *emu*	*emasi*	*emase*		
2nd. pl.	eyyātha	etha				
3rd. pl.	eyyuṁ	*eyyu*		eraṁ		

※특수한 보기 드문 형태들은 이탤릭체로 표현했다.

§ 231. 직설법(*ind.*) 과 명령법(*imp.*)

원망법(*opt.*)과 비교해서 이 두 가지 법은 명령법의 단수 2인칭(*2nd. sg.*)과 단수와 복수의 3인칭(*3rd. sg. pl.*)이 그 형성과정에서 커다란 유사성을 보여준다. 유형 I의 모든 곡용에서 어간모음 -a는 직설법과 명령법을 통해 살펴볼 수 있다. 그것은 능동태(*act.*) 단수와 복수 1인칭(*1st.*)에서 그리고 명령법(*imp.*)에서는 어미 -hi 앞에서 -ā 로 장음화 된다. 이 2인칭 어미 -hi 는 현재형 II와 III에서 명령법의 능동태 2인칭 단수(*2nd. sg. act.*)에서의 소수의 예외에 이르기까지 나타난다. 유형 I에서는 2인칭 단수(*2nd. sg.*)에서 순수한 어간뿐만 아니라 자주 어미 -hi가 명령법의 표시로 사용된다.

§ 232. 접속법(*conj.*)

가이거(W. Geiger § 108)가 인용한 두개의 접속법 vitarāsi(단수 2인칭「*2nd. sg.*」) '계속하다' 와 garahāsi(단수 2인칭「*2nd. sg.*」) '비난하다' 이외에는 분명한 접속형태를 결코 보여주지 않는다. 접속법은 언제나 직설법과 동일한 인칭어미를 갖는데, 항상 어간모음이 복수 3인칭(*3rd. pl.*)에 — 물론 여기서 이음장(二音長)의 법칙에 따라 짧게 표기된다 — 이르기까지 장음화된다. 그러므로 오직 단수, 복수의 2인칭(*2nd. sg. pl.*)과 3인칭 단수(*3rd. sg.*)만이 접속법으로 확실히 승인될 수 있다. 왜냐하면 이미 직설법 1인칭 단수와 복수(*1st. sg. pl.*)에서는 어간모음의 장음화는 의무적이기 때문이다. 그러나 또한 이 직설법(*ind.*)에서 두드러지게 나타나는 형태로서, 때때로 직설법 내지 명령법 2인칭 복수(*2nd. pl.*)에 시형론상 이유로 그 장음화가 부수된다.

§ 233. 원망법(opt.)

원망법의 유형 I에서 어간모음과 원망법어미는 서로 용해되므로 잘 알려진 원망법의 표시인 -e, -eyya가 모든 인칭의 능동태나 반조태에 적용된다. 원망법의 표시인 -eyya는 능동태의 1인칭 단수(*act. 1st. sg.*)를 제외하고는 신층에 속하며 따라서 후대의 빠알리어의 텍스트에 나온다. 규칙적인 원망법의 어간인

-e 내지 -eyya는 유형 II와 III의 모든 곡용에 전이된다.

pac 요리하다

1st. sg.	paceyyaṁ	*1st. pl.*	paceyyāma
2nd. sg.	paceyyāsi	*2nd. pl.*	paceyyātha
3rd,. sg.	paceyya	*3rd. pl.*	paceyyuṁ

오로지 다음과 같은 동사에서만 원천적으로 불규칙적인 원망법을 발견할 수 있다. 그러나 그것은 이미 잠재적으로 규칙성을 내포하고 있다.

as 있다/이다				dā 주다	
1st. sg.	assam	siyam		dajjam	
2nd. sg.	assa	siyā		dajjāsi	
3rd. sg.	assa	siyā		dajjā	
1st. pl.	assāma	assu			
1st. pl.	assatha				
1st. pl.	assu	siyum	siyaṁsu	dajjum	

kar 만들다				vad 말하다	
1st. sg.	kayirāmi			vajjaṁ	
2nd. sg.	kayirāsi			vajjāsi	vajjesi vajja
3rd. sg.	kayirā kayira	kuriyā	*med.* kayirātha *med.* kayiratha	vajjā	
1st. pl.	kayirāma				
2nd. pl.	kayirātha				
3rd. pl.	kayiruṁ			vajjuṁ	vajju

jnā			pra-āp 도달하다
1st. sg.	-jāniyǎ	-jaññaṁ	
3rd. sg.		-jaññā -jañña	pappuyya
1st. pl	jāniyāma		

§ 234. 빠알리어의 다양한 현재형

유형	어근	어근형태	현재어미	범어형동사류	삼인칭단수
Ia	lih	정상변화단계	a	1. 류	leh-a-ti
Ib	khip	약변화단계	a	6. 류	khip-a-ti
Ic	gam	약변화단계	ccha		ga-ccha-ti
Id	vā	정상변화 또는 약변화단계	ya	4. 류	vā-ya-ti
Ie	bhid	n-삽입의 약변화단계	a		bhi-n-d-a-ti
If	ṭhā	반복과 약변화단계	a		ti-ṭṭh-a-ti
Ig	ci	대개 약변화단계	na		ci-na-ti
Ih	cet	정상변화단계	aya	10. 류	cet-aya-ti
IIa	vad	대부분 정상변화단계	e		vad-e-ti
IIb	bhū	정상변화 av의 o로의 축약	a, o		hoti
IIIa	yā	정상변화단계	—	2. 류	yā-ti

유형	어근	어근형태	현재어미	범어형동사류	삼인칭단수
IIIb	dā	반복과 정상변화단계	—	3. 류	da-dā-ti
IIIc	su	약변화단계	no	5. 류	su-ṇo-ti
IIId	kar	정상변화단계	o	8. 류	kar-o-ti
IIIe	kī	대개 약변화	nā	9. 류	ki-ṇā-ti

§ 235. 능동태(*act.*)에서 중요한 현재형의 곡용

pres. *act.*		유형 Ia		유형 IIa	유형 IIb
△ *Ind.*		labh 얻다		vad 말하다	bhū 이다
1st.	*sg.*	labhāmi labhaṁ		vademi	homi
2nd.	*sg.*	labhasi		vadesi	hosi
3rd.	*sg.*	labhati		vadeti	hoti
1st.	*pl.*	labhāma		vadema	homa
2nd.	*pl.*	labhatha		vadetha	hotha
3rd.	*pl.*	labhanti		vadenti	honti
△ *Imp.*					
1st.	*sg.*	labhāmi		vademi	homi
2nd.	*sg.*	labha. labhāhi		vadehi	hohi
3rd.	*sg.*	labhatu		vadetu	hotu
1st.	*pl.*	labhāma		vadema	homa
2nd.	*pl.*	labhatha		vadetha	hotha
3rd.	*pl.*	labhantu		vadentu	hontu
△ *opt.*					
1st.	*sg.*	labheyyāmi	labheyyaṁ	vadeyyāmi	huveyyaṁ
			labhe	vadeyyaṁ	
2nd.	*sg.*	labheyyāsi	labheyya	vadeyyāsi	huveyyāsi
			labhe		
3rd.	*sg.*	labheyyati	labheyya	vadeyya	huveyya
			labhe	vade	
1st.	*pl.*	labheyyāma	labhema	vadeyyāma	huveyyāma
2nd.	*pl.*	labheyyātha	labhetha	vadeyyātha	huveyyātha
3rd.	*pl.*	labheyyuṁ	labheyyu	vadeyyuṁ	huveyyuṁ
ppr.		labhant		vadent	
			labhanta	vadenta	honta

※ 유형 I의 모든 종류가 특수한 각각의 현재동사류의 어간에 연결되는 이러한 어미를 가고 있다. 유형 Id는 § 242의 도표에 있으며 유형 Ih는 § 246의 도표에 있다.

pres. *act.*		유형 IIIa	유형 IIIb	유형 IIIc	유형 IIId	유형 IIIe
△ *Ind.*		yā 간다	dā 주다	su 듣다	kar 만들다	ji 이기다
1st.	*sg.*	yāmi	dadāmi	suṇomi	karomi	jināmi
2nd.	*sg.*	yāsi	dadāsi	suṇosi	karosi	jināsi
3rd.	*sg.*	yāti	dadāti	suṇoti	karoti	jināti
1st.	*pl.*	yāma	dadāma	suṇoma	karoma	jināma
2nd.	*pl.*	yātha	dadātha	suṇotha	karotha	jinātha
3rd.	*pl.*	yanti	dadanti		karonti	jinanti

△ *Imp.*							
1st.	*sg.*	yāmi	dadāmi				
2nd.	*sg.*	yāhi	dadāhi dadā	suṇohi	korohi	kuru	jināhi
3rd.	*sg.*	yātu	dadātu		korotu	kurutu	jinātu
1st.	*pl.*	yāma	dadāma				
2nd.	*pl.*	yātha	dadātha	suṇotha	korotha		jinātha
3rd.	*pl.*	yantu	dadantu		korontu	kubbhuntu	jinantu
△ *opt.*							
1st.	*sg.*	yāyeyyaṁ	dadeyyaṁ		kayirāmi		ineyyaṁ
2nd.	*sg.*	yāyeyyāsi	dedeyyāsi		kayirāsi		jineyyāsi
3rd.	*sg.*	yāyeyya	dadeyya, dade		kayira	kareyya	jineyya
		yāye			kayirā	kare	jine
1st.	*pl.*	yāyeyyāma	dadeyyāma		kayirāma		jineyyāma
2nd.	*pl.*	yāyeyyātha	dadeyyātha		kayirātha	kubbetha	jineyyātha
3rd.	*pl.*	yāyeyyuṁ	dadeyyuṁ		kayiruṁ		jineyyuṁ
△ *ppr.*		yāyant	dadant		karont	kubbant	jinant
		yāyanta	dadanta	suṇonta	koronta	kubbanta	jinanta

§ 236. 반조태(*med.*)에서의 주요한 현재형의 곡용

pres. med.		유형 Ia		유형 IIa	유형 IIIa
△ *ind.*		labh 얻다		vad 말하다	brū 말하다
1st.	*sg.*	labhe			brave
2nd.	*sg.*	labhase			brūse
3rd.	*sg.*	labhate		vadete	brūte
1st.	*pl.*	labhamhe	labhāmahe		brūmhe brumhe
2nd.	*pl.*	labhavhe			brūvhe bruvhe
3rd.	*pl.*	labhante	labhare	vadente	bravante
△ *imp.*					
1st.	*sg.*	labhe			
2nd.	*sg.*	labhassu			bravassu
3rd.	*sg.*	labhataṁ		vadetaṁ	
1st.	*pl.*	labhāmase		vademase	
2nd	*pl.*	labhavho			
3rd.	*pl.*	labhantaṁ		vadentaṁ	
△ *opt.*					
1st.	*sg.*	labheyya		vadeyya	
2nd.	*sg.*	labhetho	labheyyātho	vadetho	
3rd.	*sg.*	labhetha		vadetha	
1st.	*pl.*	labhemase		vademase	
2nd.	*pl.*			vadeyyavho	
3rd.	*pl.*	labheraṁ		vaderaṁ	
△ *ppr.*		labhamāna		vademāna	
		labhāna			

※ 유형 Id는 § 242의 도표에 있으며 유형 Ih는 § 246의 도표에 있다.

pres. med.		유형 IIIb	유형 IIId		유형 IIIe
△ *ind.*		dā 주다	kar 만들다		jñā 알다
1st.	*sg.*	dade	kubbe		jāne
2nd.	*sg.*		kubbase	kuruse	
3rd.	*sg.*	datte	kubbate	kurute	
1st.	*pl.*	dadamhase	kubbamhe	kurumhe	jānāmase
2nd.	*pl.*		kubbavhe	kuruvhe	
3rd.	*pl.*		kubbante	kurunte	jānare
△ *imp.*					
1st.	*sg.*	dade	kubbe		
2nd.	*sg.*	dadassu		kurussu	jānassu
3rd.	*sg.*	dadataṁ		kurutaṁ	
1st.	*pl.*	dadāmase	kubbāmase	karomase	
2nd.	*pl.*			kuruvho	
3rd.	*pl.*	dadantaṁ	kubbantaṁ		
△ *opt.*					
1st.	*sg.*		kubbeyya		jāneyya
2nd.	*sg.*				
3rd.	*sg.*	dadetha	kubbetha	kayirātha kayiratha	
△ *ppr.*		dadamāna	kubbamāna kubbāna	kurumāna	jānamāna -jāna

§ 237. 현재어간의 구성

여러 가지 어근의 의미변화를 초래함이 없이 다양한 현재 어간을 구성할 수 있다. 여기에 오로지 몇몇 특징적인 예만을 소개해 보자.

kas	kassati(<karṣ, Ia), kasati(<kṛṣ, Ib)	쟁기질하다.
kvath	kathati(Ia), kuthati(Ib)	요리하다.
gah	ganhāti(IIIe), ganhati(Ig), gaheti(IIa)	붙잡다.
ci	cināti(IIIe), cinoti(IIIe), -cayati(Ia)	모으다.
ji	jayati(Ia), jeti(IIa), jināti(IIIe)	이기다.
ṭhā	-ṭhāti(IIIa), ṭhāyati(Id), -ṭheti(IIa), tiṭṭhati(If)	서 있다.
tar	tarati(Ia), turati(Ib)	서두르다.
dā	dadāti(IIIb), dāti(IIIa), deti(IIa), -diyati(Id)	주다.
duh	dohati(Ia), duhati(Ib)	젖을 짜다.
nah	nayhati(Id), -nandhati(Ie)	묶다.
budh	bodhati(Ia), bujjhati(Id)	깨닫다.
bhū	bhavati(Ia), -bhoti(IIb), -bhuṇāti(IIIe), -bhunati(Ig)	이다/있다.
man	maññati(Id), manute(IIId)	생각하다.
mar	marati(Ia), mīyati(Id), miyyati(Id)	죽다.
ruc	-rocati(Ia), ruccati(Id)	빛나다.
ruh	rohati(Ia), ruhati(Ib), -ruyhati(Id)	자라다.
lū	lunāti(IIIe), lavati(Ia)	자르다.
vā	-vāti(IIIa), vāyati(Id)	불다.
sak	sakkuṇoti(IIIc), sakkuṇāti(IIIe), sakkati(Id)	할 수 있다.

sup	supati(Ib), suppati(Id)	자다.
han	hanati(Ia), hanāti(IIIe), hanti(IIa)	죽이다.
hā	jahāti(IIIb), jahati(If), -hāyati(Id)	떠나다.

§ 238. 현재형 I

이 유형의 전형은 a를 직접 연결하거나 내지 a로 끝나는 어미를 연결함으로써 어근을 어간적으로 확장하는 것이다. 빠알리어 동사의 대부분이 거의 모두 이 유형에 속한다. 현재형을 비어간적으로 형성하는 많은 고대인도어의 어근들은 빠알리어에서는 어간적인 현재형태를 취한다. 이미 고대인도어에서 존재하는 어간적인 현재형태가 마찬가지로 이미 존재하는 비어간적인 동일한 어근의 현재형을 빠알리어로의 발전단계에서 제거해온 것이다. 이러한 경향 모든 어간적으로 변한 고대인도어의 7류 동사(*sk. 7cl.*)의 비음 삽입철의 어근에서 특히 뚜렷하게 나타난다. 또한 IIIe류 동사(고대인도어의 9류 동사 「*sk. 9cl.*」)는 부분적으로 테마적인 새로운 형태인 Ig류 동사를 형성한다.

§ 239. 현재형 Ia

이 유형은 고대인도어의 1류동사(*sk. 1cl.*)로 오직 a로 확대되는 어근의 정상 변화단계를 특징으로 한다. 여기에 다음과 같은 어근이 속한다.

1) 중간모음으로 단음 a를 지닌 어근 : 가장 잘 알려지고 자주 등장하는 빠알리어의 어근이다. 여기에 속하는 오직 중요한 어근만을 열거한다.

어근	*1st. sg.*(1인칭 단수)	*3rd. sg.*(3인칭 단수)	어근의미
kam	kam-ā-mi	kam-a-ti	가다.
kamp	kamp-ā-mi	kamp-a-ti	떨다.
car	car-ā-mi	car-a-ti	가다.
tap	tap-ā-mi	tap-a-ti	불타다.
nam	nam-ā-mi	nam-a-ti	구부리다.
yaj	yaj-ā-mi	yaj-a-ti	헌공하다.
vadh	vadh-ā-mi	vadh-a-ti	죽이다.
vand	vand-ā-mi	vand-a-ti	인사하다/절하다.
vam	vam-ā-mi	vam-a-ti	토하다.
vas	vas-ā-mi	vas-a-ti	살다.
sar	sar-ā-mi	sar-a-ti	가다.
sah	sah-ā-mi	sah-a-ti	참다.
har	har-ā-mi	har-a-ti	취(取)하다.
has	has-ā-mi	has-a-ti	웃다.

2) 어근의 음절내에 ā, ī, ū를 지닌 어근 : 장모음은 거의 언제나 불변이다.

어 근	*1st.* sg(1인칭 단수)	*3rd.* sg(3인칭 단수)	어근의미
ās	ās-ā-mi	ās-a-ti	앉다.
khād	khād-ā-mi	khād-a-ti	먹다.
dhāv	dhāv-ā-mi	dhād-a-ti	달리다.
bhād	bhād-ā-mi	bhād-a-ti	괴롭히다.
bhās$_1$	bhās-ā-mi	bhās-a-ti	말하다.
bhās$_2$	bhās-ā-mi	bhās-a-ti	빛나다.
yāc	yāc-ā-mi	yāc-a-ti	구걸하다.
sās	sās-ā-mi	sās-a-ti	가르치다.
kīḷ	kīḷ-ā-mi	kīḷ-a-ti	놀다.

어 근	*1st.* sg(1인칭 단수)	*3rd.* sg(3인칭 단수)	어근의미
jīv	jīv-ā-mi	jīv-a-ti	살다.
gūh	gūh-ā-mi	gūh-a-ti	숨기다.
	guh-ā-mi	guh-a-ti	
pūr	pūr-ā-mi	pūr-a-ti	채우다.
brūh	brūh-ā-mi	brūh-a-ti	발전하다.
yūh	yūh-ā-mi	yūh-a-ti	취(取)하다/옮기다.

3) 중간모음이 u인 어근은 정상변화단계(*ide.* eu = *pali.* o)를 취한다.

어근	*1st.* sg(1인칭 단수)	*3rd.* sg(3인칭 단수)	어근의미
kus	kos-ā-mi	kos-a-ti	꾸짖다.
duh	doh-ā-mi	doh-a-ti	(젖을)짜다.
pus	pos-ā-mi	pos-a-ti	키우다.
budh	bodh-ā-mi	bodh-a-ti	깨다.
mud	mod-ā-mi	mod-a-ti	즐겁다.
ruc	roc-ā-mi	roc-a-ti	마음에 들다.
rud	rod-ā-mi	rod-a-ti	울다.
ruh	roh-ā-mi	roh-a-ti	자라다.
suc	soc-ā-mi	soc-a-ti	슬퍼하다.
subh	sobh-ā-mi	sobh-a-ti	빛나다.

4) 중간모음이 i인 어근은 정상변화단계 (*ide.* ei = *pali.* e)를 거친다. 빠알리어에서 이러한 유형은 극히 드물다. 이렇게 형성된 어근은 대부분 타입 Ib에 따라 곡용하기 때문이다.

어근	*1st.* sg(1인칭 단수)	*3rd.* sg(3인칭 단수)	어근의미
div	dev-ā-mi	dev-a-ti	슬퍼하다.
lih	leh-ā-mi	leh-a-ti	핥다.

5) u나 ū로 끝나는 어근은 인도유럽어의 정상변화단계를 밟는다.(*ide.* eu = *pali.* av).

어근	*1st.* sg(1인칭 단수)	*3rd.* sg(3인칭 단수)	어근의미
cu	cav-ā-mi	cav-a-ti	움직이다.
thu	thav-ā-mi	thav-a-ti	칭찬하다.
bhū	bhav-ā-mi	bhav-a-ti	이다. 되다.
ru	rav-ā-mi	rav-a-ti	포호하다.
su	sav-ā-mi	sav-a-ti	흐르다.
그러나 āv :			
lū	lāv-ā-mi	lāv-a-ti	자르다.

6) i나 ī로 끝나는 어근은 인도유럽어의 정상변화단계를 밟는다(*ide.* ei = *pali.* ay). 이들 모든 어근은 타입 IIa에 따라 변화될 수도 있다.

어근	*1st.* sg(1인칭 단수)	*3rd.* sg(3인칭 단수)	어근의미
ji	jay-ā-mi	jay-a-ti	이기다.
nī	nay-ā-mi	nay-a-ti	이끌다.
sī	say-ā-mi	say-a-ti	눕다.
그러나			
bhī	bhāy-ā-mi	bhāy-a-ti	두려워하다.

7) 어근 sev와 dhov는 자신의 중간모음을 변화시키지 않는다.

어근	*1st.* sg(1인칭 단수)	*3rd.* sg(3인칭 단수)	어근의미
sev	sev-ā-mi	sev-a-ti	봉사하다.
dhov	dhov-ā-mi	dhov-a-ti	씻다.

§ 240. 현재형 Ib

이 유형은 고대인도어 6류동사(*sk.* 6. cl.)에 속하는 것으로 어근이 약변화단계에서 머무는 것으로 인해서 유형 Ia와 구별된다. 대부분은 i 또는 u의 복모음의 약변화단계를 갖는 어근이다. 그들은 Ia류 동사의 e 또는 o 대신에 i 또는 u를 갖는다. 그리고 드물지만 a, i 또는 u를 중간모음으로 갖는 어근은 대부분 고대인도어의 ṛ에서 기원하는 것이 있다.

어근	*1st.* sg(1인칭 단수)	*3rd.* sg(3인칭 단수)	어근의미
1.부류			
khip	khip-ā-mi	khip-a-ti	던지다.
dis	dis-ā-mi	dis-a-ti	가리키다.
likh	likh-ā-mi	likh-a-ti	긁다/쓰다.
vid	vid-ā-mi	vid-a-ti	알다.
vis	vis-ā-mi	vis-a-ti	가다.
2.부류			
kuṭ	kuṭ-ā-mi	kuṭ-a-ti	굽히다.
khub	khub-ā-mi	khub-a-ti	흥분하다/화내다.
tud	tud-ā-mi	tud-a-ti	때리다.
duh	duh-ā-mi	duh-a-ti	(젖을)짜다.
nud	nud-ā-mi	nud-a-ti	제거하다.
rud	rud-ā-mi	rud-a-ti	울다.
ruh	ruh-ā-mi	ruh-a-ti	자라다.
	rūh-ā-mi	rūh-a-ti	
sup	sup-ā-mi	sup-a-ti	잠자다.
3.부류			
kas(*sk.* kṛṣ)	kas-ā-mi	kas-a-ti	쟁기질하다.
(=*sk.* karṣ)	kass-ā-mi	kass-a-ti	쟁기질하다. =유형(Ia)
kir(*sk.* kṛ)	kir-ā-mi	kir-a-ti	뿌리다.
phus(*sk.* spṛś)	phus-ā-mi	phus-a-ti	접촉하다.
jar(*sk.* jṛ)	jir-ā-mi	jir-a-ti	늙다.
	jūr-ā-mi	jūr-a-ti	

§ 241. 현재형 Ic

어근의 약변화단계가 어미 -ccha로 확대되는 이 유형은 빠알리어에서는 매우 드물다. 어근 ās는 여기서 오직 a로 단축된다.

어 근	*1st.* sg(1인칭 단수)	*3rd.* sg(3인칭 단수)	어근의미
ās	acchāmi	acchati	앉다.
is	icchāmi	icchati	원하다.
gam	gacchāmi	gacchati	가다.

※ gam의 약변화단계는 ga이다. 인도유럽어에서는 gṁ이다.

§ 242. 현재형 Id

어미 -ya로 확대되는 이 동사류의 어근은 고대인도어의 4류동사(*sk. 4cl.*)인데, 중간모음으로 i 또는 u의 복모음을 가지면 약변화 단계를 보여준다. 중간모음으로 단음 a를 갖는 어근은 6류 동사의 경우를 제외하고는 자신의 모음을 변화시키지 않는다. 특히 어근의 말미음이 되는 자음과 어미 -ya사이의 자음동화는 아주 흔히 발견된다. 자위전환(字位轉換 : *metathesis*)을 통해서 어미 -ya의 y는 많은 동사에서 어근에 소속되어 버린다. 장모음으로 끝나는 어근에서는 어미 -ya앞에서 그 형태가 변한다. 이때에 이러한 유형의 형성과정은 명확히 들어난다. i 또는 ī로 끝나는 어근에서 이 동사류에 소속되는 것은 어근 li뿐이 없다.

li 달라붙다.		*pres. ind.*		*imp.*		*med. imp.*
1st.	*sg.*	līyāmi	līyaṁ	līyāmi		
2nd.	*sg.*	līyasi		līya	līyāhi	līyassu
3rd.	*sg.*	līyati		līyatu		
1st.	*pl.*	līyāma		līyāma		
2nd.	*pl.*	līyatha		līyatha		
3rd.	*pl.*	līyanti		līyantu		
1st.	*sg.*	līyeyyāmi		līyeyyaṁ	līye	
2nd.	*sg.*	līyeyyāsi		līyeyya	līye	
3rd.	*sg.*	līyeyyati		līyeyya	līye	līyetha
1st.	*pl.*	līyeyyāma			līyema	
2nd.	*pl.*	līyeyyātha			līyetha	
3rd.	*pl.*	līyeyyuṁ		līyeyyu		
ppr.	*act.*	līyant		līyanta		
ppr.	*med.*	līyamāna		līyāna		

어 근	*1st.* sg(1인칭 단수)	*3rd.* sg(3인칭 단수)	어근의미
1.부류			
gā	gā-yā-mi	gā-ya-ti	노래하다.
ghā	ghā-yā-mi	ghā-ya-ti	냄새맡다.
tā	tā-yā-mi	tā-ya-ti	보호하다.
thā	thā-yā-mi	thā-ya-ti	당황하다.
nahā	nahā-yā-mi	nahā-ya-ti	목욕하다.
bhā	bhā-yā-mi	bhā-ya-ti	빛나다.
yā	yā-yā-mi	yā-ya-ti	가다.
vā	vā-yā-mi	vā-ya-ti	(바람이) 불다.
hā	-hā-yā-mi	-hā-ya-ti	떠나다.
lī	lī-yā-mi	lī-ya-ti	붙다.
	li-yā-mi	li-ya-ti	
2.부류			
dīp	dippā-mi	dippa-ti	빛나다.
dib	dibbā-mi	dibba-ti	놀다.
sid	sijjā-mi	sijja-ti	땀나다.
sidh	sijjā-mi	sijjha-ti	성공하다.
3.부류			
kup	kuppā-mi	kuppa-ti	화나다.
tus	tussā-mi	tussa-ti	만족하다.
budh	bujjhā-mi	bujjha-ti	깨닫다.

어 근	1st. sg(1인칭 단수)	3rd. sg(3인칭 단수)	어근의미
yudh	yujjhā-mi	yujjha-ti	싸우다.
ruc	ruccā-mi	rucca-ti	마음에 들다.
lubh	lubbhā-mi	lubbha-ti	탐구하다.
sudh	sujjhā-mi	sujjha-ti	청정하다.
4.부류			
vyadh	vijjhā-mi	vijjha-ti	관통하다.
5.부류			
nac	naccā-mi	nacca-ti	춤추다.
nas	nassā-mi	nassa-ti	파멸하다.
pad	pajjā-mi	pajja-ti	가다.
pas	passā-mi	passa-ti	보다.
mad	majjā-mi	majja-ti	즐거워하다.
man	maññā-mi	mañña-ti	생각하다.
sak	sakkā-mi	sakka-ti	할 수 있다.
sam	sammā-mi	samma-ti	피곤하다.
6.부류			
ar를 포함한 어근은 빠알리어에서 ir내지 i 또는 ur내지 u로 나타내는 약변환 단계를 취한다.			
ardh	ijjhā-mi	ijjha-ti	성공하다/번영하다.
jar	jiyyā-mi	jiyya-ti	늙다.
	jīyā-mi	jīya-ti	
7.부류			
자위전환과 함께			
nah	nayhā-mi	nayha-ti	잇다/꿰메다.
muh	muyhā-mi	muyha-ti	어리석다.
ruh	ruyhā-mi	ruyha-ti	자라다.
snih	siniyhā-mi	siniyha-ti	사랑하다.
어근에 자위전환이 일어남.			
hū	-vhyā-mi	-vhya-ti	부르다.

§ 243. 현재형 Ie

이러한 유형은 어근의 마지막 자음 앞에 n을 삽입하는데 특징이 있다. 그것은 i 또는 u를 중간모음으로 지닌 어근에서는 언제나 약변화 단계를 유지한다. 고대인도어와도 달리 이 유형은 예외 없이 어간적(어근 + a)이다. 고대인도어의 7류 동사처럼 다양한 삽입철에 의한 간모음변화는 일어나지 않는다. 다음과 같은 어근이 이 유형에 해당된다.

어 근	1st. sg(1인칭 단수)	3rd. sg(3인칭 단수)	어근의미
chid	chi-n-d-ā-mi	chi-n-d-a-ti	쪼개다.
pis	pi-ṁ-s-ā-mi	pi-ṁ-s-a-ti	가루내다.
bhid	bhi-n-d-ā-mi	bhi-n-p-a-ti	파괴하다.
ric	ri-ñ-c-ā-mi	ri-ñ-c-a-ti	버리다.
lip	li-m-p-ā-mi	li-m-p-a-ti	바르다.
vid	vi-n-d-ā-mi	vi-n-d-a-ti	발견하다.
sic	si-ñ-c-ā-mi	si-ñ-c-a-ti	물을 대다.
bhuj	bhu-ñ-j-ā-mi	bhu-ñ-j-a-ti	향수하다.
muc	mu-ñ-c-ā-mi	mu-ñ-c-a-ti	풀다/해탈하다.

어 근	*1st.* sg(1인칭 단수)	*3rd.* sg(3인칭 단수)	어근의미
yuj	yu-ñ-j-ā-mi	lu-ñ-j-a-ti	연결하다.
rudh	ru-n-dh-ā-mi	ru-n-dh-a-ti	방해하다.
luc	lu-ñ-c-ā-mi	lu-ñ-c-a-ti	잡아다니다.
lup	lu-m-p-ā-mi	lu-m-p-a-ti	부수다.
das	da-ṁ-s-ā-mi	da-ṁ-s-a-ti	물다.
nadh	na-n-dh-ā-mi	na-n-dh-a-ti	묶다.
bhaj	bha-ñ-j-ā-mi	bha-ñ-j-a-ti	사귀다.
raj	ra-ñ-j-ā-mi	ra-ñ-j-a-ti	밝다. 빛나다.

§ 244. 현재형 If

몇몇 어근들은 반복적인 음절에 어간모음 a를 첨가해서 현재어간을 형성한다.

어 근	1인칭 단수	3인칭 단수(*3rd.* sg)							
	1st. sg	반복		어근		어간모음			어근의미
ṭhā	ti-ṭṭh-ā-mi	ti	—	ṭṭh	—	a	—	ti	서다.
pā	pi-v-ā-mi	pi	—	v	—	a	—	ti	마시다.
sad	si-d-ā-mi	sī	—	d	—	a	—	ti	앉다.

그리고, 비어간적인 동사류III들에 따라 현재어간을 갖는 몇몇 어근들 또한 그 속에서 말미의 어근모음이 마치 어간모음으로 변형된 것 같은 현재형태를 지닌다. 그런데 어근 dā '주다'는 말하자면 어간적인 현재형태뿐만 아니라 비어간적인 형태도 지닌다. dasi(*2nd. sg.*), dati(*3rd. sg.*). 그리고 어근 dā '주다'에는 원망법 dajjeyyaṁ(*sk.* dadyām)에서 어간적인 현재어간으로 발전된 것이 있다. dajjāmi(*1st. sg.*), dajjati(*3rd. sg.*)

어 근	비어간적인 현재형	어간적인 현재형 3인칭단수(*3rd. sg.*)							
	3인칭단수(*3rd. sg.*)	반복		어근		어간모음			어근의미
dhā	da-(d)hā-ti	da	—	h	—	a	—	ti	두다.
hā5	ja-hā-ti	ja	—	h	—	a	—	ti	버리다.
hu	ju-ho-ti	ju	—	h	—	a	—	ti	헌공하다.
		jū	—	h	—	a	—	ti	
	자위전환과 함께	ju	—	vh	—	a	—	ti	

§ 244. 현재유형 Ig

유형 IIIe의 고대인도어의 9류 동사(*sk.* 9. cl.)의 동사나 유형 IIId의 고대인도어의 5류동사(*sk.* 5. cl.)의 동사는 자주 그 비어간적인 현재어미 -nā내지 -no를 어간적인 na로 바꾸는 것을 이 유형의 특징으로 한다. 이러한 발전은 특히 유형 IIIe가 단수와 복수 1인칭(*1st. sg. pl.*)에서의 모음의 장음화와 복수 3인칭(*3rd. pl.*)에서의 이음장 법칙뿐만 아니라 특히 수용된 어간적인 -na를 통한 현재형과의 무분별 때문에 가속화된 것이다.

jñā 인식하다		비어간적 현재형	어간적 현재형
1st.	*sg.*	jā-nā-mi	jā-nā-mi
1st.	*pl.*	jā-nā-ma	jā-nā-ma
3rd.	*pl.*	jā-na-nti	jā-na-nti
3rd.	*sg.*	jā-nā-ti	jā-na-ti(차이에 유의)

※ 어간적인 -na 어간의 현재형

ci 모으다		직설법(*ind.*)	명령법(*imp.*)
1st.	*sg.*	ci-nā-mi	ci-nā-mi
2nd.	*sg.*	ci-na-si	ci-na
3rd.	*sg.*	ci-na-ti	ci-na-tu
1st.	*pl.*	ci-nā-ma	ci-nā-ma
2nd.	*pl.*	ci-na-tha	ci-na-tha
3rd.	*pl.*	ci-na-nti	ci-na-ntu

그 밖에 다음과 같은 어근이 부분적으로 현재형에 연결된다.

어 근	비어간적 현재형 3인칭 단수(*3rd. sg.*)	어간적 현재형 3인칭 단수(*3rd. sg.*)	어근의미
āp	āp-u-nā-ti	āp-u-na-ti	얻다/도달하다.
than	thu-nā-ti	thu-na-ti	천둥치다.
bhū	bhu-ṇā-ti	bhu-ṇa-ti	이다/있다.
hi	hi-nā-ti	hi-na-ti	보내다.
su	su-ṇo-ti	su-ṇa(오직 *2nd.* imp)	듣다.

§ 246. 현재유형 Ih

고대인도어의 10류동사(*sk.* 10cl.)로 어근이 -aya를 통해서 확대되는 것이 특징이다. 특히 신층의 빠알리어 문헌에서는 e로 축약되며 그렇게 되면 유형 II로 넘어간다. 주로 사역형 II(*caus2.*) 는 대부분 -e 곡용에 따라 변화하는데 비해 이 유형에는 명사파생동사(*denom.*)와 사역형 I(*caus1.*)이 해당된다.
또한 사역형 I에는 대부분 축약되지 않은 형과 축약형이 서로 혼재한다.

어 근	현재유형 Ih *3rd. sg.*(3인칭 단수)	현재유형 II *3rd. sg.*(3인칭 단수)	어근의미
cet	cet-aya-ti	cet-e-ti	생각하다.
mant	mant-aya-ti	mant-e-ti	충고하다/상담하다.
sukh(a)	sukh-aya-ti	sukh-e-ti	행복하다.
gūh	gūh-aya-ti	gūh-e-ti	숨기다.
gam	gam-aya-ti	gam-e-ti	가다.
dhar	dhār-aya-ti	dhār-e-ti	지니다.
nam	nam-aya-ti	nam-e-ti	굽히다.
bhū	bhāv-aya-ti	bhāv-e-ti	이다/있다.
math	math-aya-ti	math-e-ti	회전시키다.
lū	lāv-aya-ti	lāv-e-ti	자르다.
har	hār-aya-ti	hār-e-ti	옮기다.

nam 구부리다		현재직설법(*pres. ind.*)		현재명령법(*pres. imp.*)	반조태(*med.*)
1st.	*sg.*	namayāmi	namayaṁ	namayāmi	
2nd.	*sg.*	namayasi		namayāhi	namayassu
				namaya	
3rd.	*sg.*	namayati		namayatu	
1st.	*pl.*	namayāma		namayāma	
2nd.	*pl.*	namayatha		namayatha	

nam 구부리다		현재직설법(*pres. ind.*)	현재명령법(*pres. imp.*)		반조태(*med.*)
3rd.	*pl.*	namayanti	namayantu		
		현재원망법(*pres. opt.*)			
1st.	*sg.*	namayeyyāmi	namayeyyaṁ	namaye	
2rd.	*sg.*	namayeyyāsi	namayeyya	namaye	
3rd.	*sg.*	namayeyyati	namayeyya	namaye	namayetha
1st.	*pl.*	namayeyyāma		namayema	
2nd.	*pl.*	namayeyyātha		namayetha	
3rd.	*pl.*	namayeyyuṁ	namayeyyu		
		현재분사 (*ppr.*)			
		namayant	namayanta		namayamāna
					namayāna

어 근	*1st. sg.*(1인칭 단수)	*3rd. sg.*(3인칭 단수)	어근의미
cint	cint-ayā-mi	cint-aya-ti	생각하다.
cet	cet-ayā-mi	cet-aya-ti	생각하다.
div	dev-ayā-mi	dev-aya-ti	슬퍼하다.
pih	pih-ayā-mi	pih-aya-ti	질투하다.
dhūp	dhūp-ayā-mi	dhūp-aya-ti	향기롭게 하다.
mant	mant-ayā-mi	mant-aya-ti	충고하다.
caus1.			
gajj	gajj-ayā-mi	gajj-aya-ti	천둥치다.
jar	jar-ayā-mi	jar-aya-ti	사라지다.
tar_1	tār-ayā-mi	tār-aya-ti	건너다.
dass	dass-ayā-mi	dass-aya-ti	보다.
$phus_2$	phus-ayā-mi	phus-aya-ti	내리붓다.
bhī		bhāy-aya-te(*med.*)	두려워하다.
lap	lāp-ayā-mi	lāp-aya-ti	말하다.
suc	soc-ayā-mi	soc-aya-ti	슬퍼하다.
caus2.			
suc	soc-apayā-mi	soc-āpaya-ti	슬퍼하다.

§ 247. 현재유형 II

어간적인 현재 유형 I과 비어간적인 현재유형 III 이외에 빠알리어에서는 다른 고대인도어에서는 존재하지 않는 현재유형 II가 축약을 통해서 성립되어 있다.

§ 248. 현재유형 IIa

-aya와 -āya의 -e로의 작은 축약을 통해 성립한 새로운 곡용의 변화유형은 사역형과 명사파생형, 유형 Ia, 6의 어근어미 -ay + 어간모음 a를 지닌 동사에만 국한되는 것이 아니라 어근이 우연히 -ā로 끝나고 현재어미를 통해 확장되는 유형 Id(고대인도어 4류 동사 *sk.* 4. cl)의 동사들에서도 선택될 수 있다. 이처럼 e- 곡용을 빠알리어의 화자나 저자가 기억했으므로 음성법칙에 따라서 이 유형에 본래 속하는 것이 아닌 다른 동사를 이 유형에 따라 곡용시킬 수 있는 것이다. 다음과 같은 동사의 그룹이 이러한 e-곡용을 취한다.

1) 현재가 유형 Ih 즉, 고대인도어의 10류 동사 (*sk.* 10. cl.)에 따라 e-곡용하는 동사는 명사파생동사와 마찬가지로 어근은 불변인 채로 곡용한다.

어 근	*1st. sg.*(1인칭 단수)	*3rd. sg.*(3인칭 단수)	어근의미
kath	kath-e-mi	kath-e-ti	설명하다.
cint	cint-e-mi	cint-e-ti	생각하다.
chaḍḍ	chaḍḍ-e-mi	chaḍḍ-e-ti	내뱉다/던지다.
cuṇṇ(a)	cuṇṇ-e-mi	cuṇṇ-e-ti	갈다/분쇄하다.
pih	pih-e-mi	pih-e-ti	부러워하다.
mant(a)	mant-e-mi	mant-e-ti	충고하다.
lakkh(a)	lakkh-e-mi	lakkh-e-ti	표시하다.
sākacch(ā)	sākacch-e-mi	sākacch-e-ti	의논하다.
sukh(a)	sukh-e-mi	sukh-e-ti	행복하다.

2) 원래의 사역형 어미 -aya를 보존하고 있는 사역형 I의 대부분이 이 e-곡용의 이 유형에 속한다.

어 근	*1st. sg.*(1인칭 단수)	*3rd. sg.*(3인칭 단수)	어근의미
kamp	kamp-e-mi	kamp-e-ti	떨다.
kup	kop-e-mi	kop-e-ti	화나다.
khaṇ	khaṇ-e-mi	khaṇ-e-ti	묻다.
chid	ched-e-mi	ched-e-ti	자르다.
tus	tos-e-mi	tos-e-ti	만족하다.
nud	nod-e-mi	nod-e-ti	제거하다.
yuj	yoj-e-mi	yoj-e-ti	연결하다.
ruc	roc-e-mi	roc-e-ti	빛나다.
sic	sec-e-mi	sec-e-ti	물을 대다.

3) 사역형 I과는 반대로 거의 모든 사역형 II는 이 e-곡용에 따라 변화한다.

어근	*1st. sg.*(1인칭 단수)	*3rd. sg.*(3인칭 단수)	어근의미
khip	khip-āpe-mi	khip-āpe-ti	던지다.
gaṇ	gaṇ-āpe-mi	gaṇ-āpe-ti	계산하다.
gā	gāy-āpe-mi	gāy-āpe-ti	노래하다.
ji	jay-āpe-mi	jay-āpe-ti	이기다.
ruc	roc-āpe-mi	roc-āpe-ti	빛나다.
lī	līy-āpe-mi	līy-āpe-ti	달라붙다.
lū	lav-āpe-mi	lav-āpe-ti	자르다.
sib	sibb-āpe-mi	sibb-āpe-ti	꿰매다.
su	suṇ-āpe-mi	suṇ-āpe-ti	듣다.

4) 그 정상단계변화에서 -ay 내지 -āy를 취하는 -i 내지 -ī로 끝나는 어근이 현재 유형 Ia(즉 어근의 정상단계 변화 ay+어간모음 a)에 따라 변화하면 이렇게 형성된 -aya를 -e로 단축할 수 있다. 이것으로써 e-곡용으로의 전환이 성립된다.

어 근	*3rd. sg.* 현재유형Ia.	*3rd. sg.* 현재유형 IIa	어근의미
ji	jay-a-ti	je-ti	이기다.
ni	nay-a-ti	ne-ti	이끌다.
bhī	bhāy-a-ti	bhe-ti	두려워하다.
si	say-a-ti	se-ti	기대다.
sī	say-a-ti	se-ti	눕다.

5) -ā로 끝나고 현재어미 -ya를 지닌 어근(Id)은 축약을 통해 e-곡용으로 전이될 수 있다.

어 근	*3rd. sg.* 현재유형 Ia	*3rd. sg.* 현재유형 IIa	어근의미
ṭhā	-ṭhā-ya-ti	-ṭhe-ti	서다.
dhā	dhā-ya-ti	dhe-ti	놓다/두다.
yā	yā-ya-ti	ye-ti	가다.

6) 또한 명령형 내지 아오리스트에 나타나는 e-모음이 잘못 현재어간을 형성하면서 e-곡용을 취한다.

어 근	*3rd. sg.* 현재유형 IIa	*3rd. sg.* 현재유형 IIa	어근의미
dā	(*2nd. sg. imp.*) dehi :	deti	가다.
hi	(*3rd. sg. aor.*) hesi :	heti	보내다.

7) 정상변화단계 e를 지닌 -i 어근은 역사적으로 보아 불규칙적인 동사류IIIa. 즉, 고대인도어의 2류동사(*sk.* 2cl.)에 속하는데, 나타난 현상으로만 보면 e-곡용의 동사가 되어 버린다.

어 근	*1st. sg.*(1인칭 단수)	*3rd. sg.*(3인칭 단수)	어근의미
i	e-mi	e-ti	가다.

8) e-곡용을 하는 흥미 있는 동사군은 그 현재를 유형 I에 따라 형성하는 동사어근이 구성하고 있다. 그러나 이 유형 I은 음성적인 발전인 축약현상을 취하지 않고 e-곡용의 경향을 따른다. 그것은 다음 예에서 분명히 알 수 있듯이 변화된 의미를 상실한 예전의 사역형으로부터 형성된 것도 아니다.

어 근	*3rd. sg.* 사역형 I	*3rd. sg.* 사역형 IIa	어근의미
gah	gāheti	gaheti	붙잡다.
nud	nodeti	nudeti	제거하다.
vad	vādeti	vadeti	말하다.

어 근	현재유형 I	현재유형 II	어근의미
kaṁs	kaṁsati	kaṁseti	칭찬하다.
kilam	kilamati	kilameti	피곤하다.
ganth	ganthati	gantheti	엮다.
dham	dhamati	dhameti	불다.
dhā	dahati	daheti	두다.
nud	nudati	nudeti	몰아내다.
bhakkh	bhakkhati	bhakkheti	먹다.
math	mathati	matheti	휘젓다.
lamb	lambati	lambeti	매달리다.
vad	vadati	vadeti	말하다.

※ 더욱 특이한 것은 어근 sib '꿰매다'의 현재형이다. 여기서 현재유형 IIa의 어미 e는 어근이 아니라 오히려 유형 I 즉, 고대인도어의 4류동사(*sk.* 4. cl.)를 통해서 만들어진 현재어간에 첨가되고 동시에 타입 Id의 어미 ya의 a는 폐기된다.

어 근	유형 Id 현재어간	유형 IIa 현재어간	*3rd.* sg	어근의미
sib	sibba(<sib-ya) (*sk.* siv-ya)	sibbe	sibbe-ti	꿰매다.

※ 이따금 현재어간의 각각의 형태 내지 이차적으로 현재어간에서 파생된 형태가 등장하는데 이것은 -e 어간이 아니면서도 e-곡용에 따라 변화한다.

어 근	3rd. sg.(3인칭 단수)		
phus	phusati	phusehi(*2nd. sg. imp.*)	접촉하다.
bhaj	bhajati	bhajehi(*2nd. sg. imp.*)	나누어주다.
ṭhā	ṭhahati	ṭhahessati(*3rd. sg. fut.*)	서있다.
ram	ramati	ramessati(*3rd. sg. fut.*)	즐거워하다.
har	harati	hissati, hessati(*3rd. sg. fut.*)	가져오다.
man	maññati	-maññesi(*3rd. sg. aor.*)	생각하다.
	그러나	mānesi(*3rd. sg. aor. caus.*)	

§ 249. 현재유형 IIb

ayа가 e로 축약되는 것과 마찬가지로 ava가 o로 축약된다. 그러나 이러한 현상은 어근 bhū에서만 부분적으로 효력을 지닌다. 현재유형 Ia의 bhavati는 모든 현재어간의 축약 형태를 동시에 지니고 있다 : hoti 내지 복합어에서 -bhoti(§ 237).

§ 250. 현재유형 III

ā로 끝나는 어미를 갖지 않거나 현재어미를 취하지 않는 간단히 말해서 인칭어미 앞에 a가 없는 현재어간을 지닌 현재변화는 비어간적인 유형 III에 속한다.

§ 251. 현재유형 IIIa

고대인도어의 2류동사(*sk.* 2. cl.)에 속하며, 빠알리어에서는 -a로 끝나는 어근에 주로 인칭어미에 어근이 직접 연결되는 것이 이 유형에 속한다. 그에 비해 대부분이 자음으로 끝나는 어근은 유형 I로 전이된다. 그러나 비어간적 변화의 어근 as는 여기에 속한다. 어근 han은 거기에 비해 어간적 변화도 자주 취한다. 또한 어근 i '간다'는 그 정상변화단계 e를 취하므로 이론적으로 여기에 포함시킬 수도 있으나 빠알리어 문법가들은 유형 IIa에 포함시켜 버렸다.

어 근	1st. sg.(1인칭 단수)	3rd. sg.(3인칭 단수)	어근의미
as	as-mi	atthi(<as-ti)	있다.
khā	khā-mi	khā-ti	알리다.
ṭhā	-ṭhā-mi	-ṭhā-ti	서있다.
dā		-dā-ti	주다.
brū	brū-mi	brū-ti	말하다.
bhā	bhā-mi	bhā-ti	빛나다.
yā	yā-mi	yā-ti	가다.
vā	vā-mi	vā-ti	(바람이) 불다.
snā		sinā-hi(*2nd. sg. imp.*).	목욕하다.
han		han-ti	죽이다.

§ 252. 현재유형 IIIb

고대인도어의 3류동사(*sk.* 3. cl.)에 속하며 유형 IIIb(§ 236)에 따라 변화하는 소수의 동사들이 있다. 이 유형의 특징은 어근의 중복과 인칭어미의 직접연결이다. 반복 음절에서 -ā 어근은 -a를, -u와 복모음의 어근은 u를 취한다. 그 밖에 유형 IIIb의 대부분의 동사는 테마적인 변화를 유형 If에 따라 형성한다.

어근	1st. sg.(1인칭 단수)	3rd. sg.(3인칭 단수)
	반복어근+인칭어미	반복어근+인칭어미
dā	da — dā — mi	da — dā — ti
dhā	da — dhā — mi	da — dhā — ti
		da — hā — ti

어근	*1st. sg.*(1인칭 단수) 반복어근+인칭어미	*3rd. sg.*(3인칭 단수) 반복어근+인칭어미
hā	ja — hā — mi	ja — hā — ti
hu	ju — ho — mi	ju —b ho — ti

§ 253. 현재유형 IIIc

고대인도어의 5류동사(*sk.* 5. cl.)에 속하는 이 유형의 특징은, 어미 -no를 어근에 직접 첨가시키거나 어근과 -no 사이에 삽입모음을 끼워넣는 것이다. 자음으로 끝나는 어근에서 자음으로 끝나는 어근의 그 자음과 어미 -no 사이에 자음동화 현상도 일어날 수 있다. 모든 이러한 유형은 동사는 유형 IIIe로 전이될 수도 있다(§ 256).

3rd. sg.(3인칭 단수) 어근+어미+인칭어미 no	어근+삽입모음+어미+인칭어미 no	어근의미
pra+āp	pra+āp	
pāp — po — ti	pāp — u — ṇo — ti	얻다/도달하다.
ci — no — ti		모으다.
vu — ṇo — ti		
va — ṇo — ti	(어근 var, 약변화단계 va 또는 vu, *sk.* vṛ)	방해하다.
sak — ko — ti	sak(k) —u — no — ti	할 수 있다.
su — ṇo — ti		듣다.

※ 어미 no의 약변화단계인 nu는 어근 āp의 원망법에 나타난다 : pappuyya(<pra-āp-nu)
나머지의 현재유형은 알파벳 순서의 어근 사전을 참고하기 바란다.

§ 254. 현재유형 IIId

고대인도어의 8류동사(*sk.* 8cl.)에 속하며 아주 자주 사용되는 어근 kar '만들다'만이 이 유형의 특징인 o-어간 어미를 취한다(§ 234). 그것은 어근에 직접 연결된다. 그 약변화 단계는 u인데 자주 karoti의 곡용에 등장한다(§ 235). 예를 들면 kurute(*3rd. sg. pres. ind. med.*)과 kurussu(*2nd. sg. pres. imp. med.*). 또한 어간 kubb의 형태에 약변화단계 u가 숨겨져 있다 : kubbant<kur-v-ant(*ppr.*) 어근 man '생각하다'는 3인칭 직설법 반조태(*3rd. ind. med.*)에서 동일하게 이 유형의 약 변화단계인 -u를 포함하고 있다.

3인칭 단수 능동태(*3rd. sg. act.*)			3인칭 단수 반조태(*3rd. sg. med.*)			어근의미
어근	어미	인칭어미	어근	어미	인칭어미	
kar	—o	—ti	kur	—u	—te	만들다.
			man	—u	—te	생각하다.

§ 255. 현재유형 IIIe

고대인도어의 9류동사(*sk.* 9cl.)에 속하며 유형 IIIa 이외에 이 유형은 빠알리어에서 가장 자주 등장하는 비어간적 변화를 갖고 있다. 특히 유형 IIIc의 동사가 이 유형과 관련되는데 어미 nā를 바로 어근에 첨가시키는 특징을 갖는다. 이 유형의 어근은 대부분 약변화 단계를 취한다.

어근	정상변화단계	약변화단계	어근의미
mā	mā	mi	측량하다.
vā	vā	vi	(옷감을) 짜다.
han	han	ha	죽이다.

※ 모든 어근에서 간모음의 변화가 분명한 것은 아니다. 몇 개는 이차적인 변화를 초래한다. 이 유형의 어근은 대부분 모음으로 끝난다. 동사 as '먹다'는 어근과 어간어미 nā사이에 삽입모음을 취한다.

다음과 같은 어근은 유형 IIIe에 속한다.

어근	*1st. sg.*(1인칭 단수)	*3rd. sg.*(3인칭 단수)	어근의미
as	as-a-nā-mi	as-a-nā-ti	먹다.
kī	ki-ṇā-mi	ki-ṇā-ti	사다.
jñā	jā-nā-mi	jā-nā-ti	인식하다.
dhū	dhū-nā-mi	dhū-nā-ti	흔들다.
pū	pū-nā-mi	pū-nā-ti	깨끗이하다.
bhū	bhu-ṇā-mi	bhu-ṇā-ti	이다/있다.
mā	mi-nā-mi	mi-nā-ti	측량하다.
lū	lū-nā-mi	lū-nā-ti	자르다.
vā	vi-nā-mi	vi-nā-ti	(옷감을) 짜다.
han	ha-nā-mi	ha-nā-ti	죽이다.
hi	hi-nā-mi	hi-nā-ti	보내다.
자위전환과 함께			
gah	gaṇhā-mi	gaṇhā-ti	붙잡다.

§ 256. 현재유형 IIIe (<IIIc)

다음과 같은 유형 IIIc의 어근은 유형 IIIe에 따라 곡용될 수도 있다.

어 근	*1st. sg.*(1인칭 단수)	*3rd. sg.*(3인칭 단수)	어근 의미
pra+āp	pāpu-ṇā-mi	pāpu-ṇā-ti	얻다/도달하다.
ci	ci-nā-mi	ci-nā-ti	모으다.
var	vu-ṇā-mi	vu-ṇā-ti	방해하다.
sak	sak-kā-mi	sak-kā-ti	할 수 있다.
	sakku-nā-mi	sakku-nā-ti	
su	su-ṇā-mi	su-ṇā-ti	듣다.

§ 257. 현재분사(*ppr.*)

현재분사(*ppr.*)는 여러 가지 현재유형과 그 세부유형의 모든 것으로부터 능동태(*act.*)와 반조태(*med.*)를 형성할 수 있다. 또한 능동태 뿐만 아니라 반조태도 당연히 사용되고 있다. 능동태에서 현재분사형 어미 -nt 내지 -nta 또는 반조태에서는 -māna, 또는 드물지만 고층의 문헌에서는 -āna를 사용한다. 그런데 -āna는 현재어간의 말미모음을 제거하는 특징이 있다. 현재어간은 3인칭 단수 직설법(*3rd. sg. ind.*)의 인칭어미 -ti를 떼어냄으로서 간단히 얻을 수 있다.

어근	*3rd. sg.*	현재어간	현재분사(*ppr.*)	
dā 주다.	-diyati	diya	*act.*	diyant, diyanta
			med.	diyamāna, diyāna
dhā 놓다/두다.	dahati	daha	*act.*	dahant, dahanta
			med.	dahamāna, dahāna

§ 258. 현재분사의 곡용

능동태의 현재분사는 남성과 중성에서 부분적으로 자주 -a(-anta)를 보충하거나 약화시키는 자음으로 끝나는 어미 -ant 를 취하며 § 152에 따라 곡용한다. 능동태의 여성 현재분사는 자음으로 끝나는 어미에 -ī를 첨가한 -antī에 의해 형성되며 § 123에 따라 곡용한다. 반조태일 경우에는 a/-ā 어기의 형용사 변화처럼 곡용한다(§ 161).

dhā 놓다/두다.	남성(*m.*)	여성(*f.*)	중성(*n.*)
ppr. act.			
nom.	dahaṁ, dahanto	dahantī	dahaṁ, dahantaṁ
ppr. med.			
nom. ppr.	dahamāno	dahamāna	dahamānaṁ
	dahāno	dahānā	dahānaṁ

§ 259. 여러 현재유형의 현재분사 형성

현재유형	어근	*3rd. sg. pres.*	*ppr. act.*	*ppr. med.*	
Ia	car	cara-ti	carant	caramāna	
			caranta		
	is	-esa-ti	-esanta		esāna
	bhū	bhava-ti	bhavant	bhavamāna	
			bhavanta		
	sī	saya-ti	sayant	sayamāna	sayāna
			sayanta		
Id	rud	ruda-ti	-rudant	rudamāna	
			rudanta		
Ic	gam	gaccha-ti	gacchant		
			gacchanta		
	is	iccha-ti	icchant		
Id	mar	mīya-ti		mīyamāna	
	hvā	-vhāya-ti	-vhāyanta	-vhāyamāna	-vhāyāna
	lī	līya-ti	līyanta	ḷīyamāna	
Ie	bhuj	bhuñja-ti	bhuñjanta	bhuñjamāna	
	bhid	bhinda-ti	bhindanta		
	sic	siñca-ti		siñcamāna	
If	ṭhā	tiṭṭha-ti	tiṭṭhant		
			tiṭṭhanta		
		-ṭhaha-ti	-ṭhahanta	-ṭhahamāna	ṭhahāna
	sad	sīda-ti	-sīdanta	sīdamāna	
Ig	ci	cina-ti	cinant, cinanta		
Ih	cet	cetaya-ti			cetayāna
	cint	cintaya-ti	cintayant		
			cintayanta		
IIa	cint	cinte-ti	cintenta		
	dā	de-ti	denta		
	sī	se-ti			
IIb	bhū	ho-ti	honta		
IIIa	yā	yā-ti	yant		
IIIb	dhā	dadhā-ti			dadhāna
	dā	dadā-ti	dadant		
			dadanta		
	hu	juho-ti	juhonta		
	hā	jahā-ti	jahant		

현재유형	어근	*3rd. sg. pres.*	*ppr. act.*	*ppr. med.*
			jahanta	
IIIc	su	suṇo-ti	suṇonta	
IIId	kar	karo-ti	karont	karāna
			karonta	
IIIe	jñā	jānā-ti	jānant	bb
			jānanta	

§ 260. 다양한 현재분사의 획득

여러 가지 현재어간을 형성하는 동사어근은 또한 현재분사로 여러 유형을 취할 수 있다.

어 근	*3rd. sg.*	*ppr. act.*	*ppr. med.*
dā	dadā-ti	dadant, dadanta	dadamāna
	-diya-ti	diyant, diyanta	diyamāna, diyāna
	de-ti	denta	

§ 261. 약변화단계의 현재분사

유형 IIId에 따른 정상적인 변화어근 kar '만들다'는 정상변화 이외에도 분사의 약변화 단계를 형성하며 이와 유사하게 테마적인 어간을 변화시킨다.

어 근	*3rd. sg.*	*ppr. act.*	*ppr. med.*
kar	kubba-ti	kubbant, kubbanta	kubbamāna, kubbāna
	kuru-te		kurumāna
	(*kara-ti)	karant, karanta	karamāna, karāna

§ 262. 불규칙적 반조태 현재분사

몇몇 동사는 반조태 현재분사(*ppr. med.*) 어미의 형성에서 불규칙적이다.

어 근	*3rd. sg.*	*ppr. med.*
dhā	dadhā-ti	dadhāna, -dhāna
jñā	jānā-ti	-jāna
budh	bodha-ti	budhāna

§ 263. 미래형(*fut.*)

빠알리어에서 미래형(*fut.*)는 어미 -ssa 또는 -issa의 도움으로 형성된다. 이 두 어미는 곧바로 어근에 첨가된다. 그밖에 -issa는 자주 특수한 현재어간에 첨가(§ 239~§ 265)되지만, -ssa는 매우 드물게 첨가된다. 능동태에서는 미래 인칭어미는 현재 직설법(*pres. ind.* § 230)와 동일하지만 오직 1인칭 단수(*1st. sg.*)에서만 2칭어미 -mi 대신에 -ṁ이 현재와 비교해서 보다 자주 등장한다. 이것은 특히 고층의 빠알리어에서 현저하게 나타난다. 반조태의 미래 인칭어미는 아주 드물게 나타나며 오직 1인칭 복수(*1st. pl.*)만이 몇몇 다른 유형들을 갖고 있다.

§ 264. 능동태(*act.*)와 반조태(*med.*)의 미래형 어미

		act.		*med.*	
1st.	*sg.*	(i)ssāmi	(i)ssaṁ	hāmi	
2nd.	*sg.*	(i)ssasi	hisi	hasi	(i)ssase
3rd.	*sg.*	(i)ssati	(i)hiti	hati	(i)ssate

		act.		med.		
1st.	*pl.*	(i)ssāma		hāma	(i)ssamhe	(i)ssāmhe (i)ssāmase
2nd.	*pl.*	(i)ssatha		hatha	(i)ssavhe	
3rd.	*pl.*	(i)ssanti	hinti	hanti	(i)ssante	(i)ssare

		어근+ ssa	어근 + issa	현재어간 + ssa	현재어간 + issa
어근		su	rud	hu	gam
정상변화단계		so	rod		
현재—어간				juho	gaccha
1st.	*sg.*	sossāmi sossaṁ	rodissāmi rodissaṁ	juhossāmi juhossaṁ	gacchissāmi gacchissaṁ
2nd.	*sg.*	sossasi	rodissasi	juhossasi	gacchissasi
3rd.	*sg.*	sossati	rodissati	juhossati	gacchissati
1st.	*pl.*	sossāma	rodissāma	juhossāma	gacchissāma
2nd.	*pl.*	sossatha	rodissatha	juhossatha	gacchissatha
3rd.	*pl.*	sossanti	rodissanti	juhossanti	gacchissanti

§ 265. h를 지닌 미래형

어미 -ssa, -issa의 ss는 몇몇 어근에서 부분적으로 h로 전이되어 미래어미 -ha(<-ssa) 내지 -iha(<-issa)로 변한다. 그 중에는 2·3인칭 단수(*2nd. 3rd. sg.*)와 3인칭 복수(*3rd. pl.*)에서 미래어간 어미 a는 다시 i로 전이될 수 있다(-hi 내지 -ihi).

kar(미래= 어근 + ssa)		ssa	ssa>ha	ssa>hi
1st.	*sg.*	kassāmi	kahāmi	
2nd.	*sg.*	kassasi	kahasi	kahisi
3rd.	*sg.*	kassati	kahati	kahiti
1st.	*pl.*	kassāma	kahāma	
2nd.	*pl.*	kassatha	kahatha	
3rd.	*pl.*	kassanti	kahanti	kahinti

그리고 어미 -issa가 h로 전이되는 현상은 매우 드물게 나타난다. karissati는 karihiti를 취할 수 있다. h로 이루어지는 미래 어미형성은 어근 kar 이외에 다음과 같은 단어 가운데 부분적으로 인칭어미에서 나타나기도 하고 그 전체에서 나타나기도 한다.

어 근	*1st. sg.*	*2nd. sg.*	*3rd. sg.*	*3rd. pl.*	어근 의미
i		ehisi	ehiti	ehinti	가다.
palā	(*pres.* palemi)		palehiti		도망가다.
bhū	hohāmi (bhossaṁ) hehāmi	hohisi bhohisi hehisi	hohiti hehiti	hohinti hehinti	이다/있다.
lamb			lambahīti		걸다.
nih+vā		hibbāhisi			끄다.
har		hāhisi	hāhiti		운반하다.
hā		hāhasi hāhisi	 hāhiti		버리다.

또한 미래어간 어미 a가 i로 바뀌는 현상은 다른 경우에도 일어날 수 있다.

어근	3rd. sg. fut.		어근 의미
chid	checchati	checchiti	쪼개다.
das	dakkhati	dakkhiti	보다.
ruj		rucchiti	부수다.
rud	rucchati	rucchiti	울다.

§ 266. 어근 + ssa의 미래형

이러한 어근+ssa의 유형은 숫자적으로 한정지어져 있고, 더 이상 생산적이지 못하다. 이러한 유형은 아주 많이 사용되는 동사 특히 모음으로 끝나는 어근에서 많이 발견된다. 이때 어미의 장모음 ā는 이음장 법칙 때문에 대부분 단음화된다(어근 dā는 미래에서 dassati가 된다. 오직 어근 pā에서만 pāssati가 나타난다). 자음으로 끝나는 어근에서는 말미자음과 ssa 사이에서 다양한 동화현상이 벌어진다. -i 어근은 미래형에서 대부분 정상단계변화 e(§ 46)를 취한다(예 : ci → cessati). 그러나 드물지만 약변화 단계를 그대로 취하는 경우도 있다.(예 : ci → cissati). -u 어근은 정상 변화단계의 o 뿐만 아니라 약변화단계 u를 모두 취한다(§ 46)(예 : su → sossati, sussati).

어근	1st. sg. fut.	3rd. sg. fut.	어근의미
ṭhā	ṭhassāmi	ṭhassati	서있다.
dā	dassāmi	dassati	주다.
pā	pāssāmi	pāssati	마시다.
yā	yassāmi	yassati	가다.
hā	hassāmi	hassati	버리다.
i	essāmi	essati	가다.
kī	kessāmi	kessati	사다.
ci	cessāmi	cessati	모우다.
	cissāmi	cissati	
ji	jessāmi	jessati	이기다.
nī	nessāmi	nessati	이끌다.
sī	sessāmi	sessati	눕다.
chid	checchāmi	checchati	쪼개다.
bhid	bhecchāmi	bhecchati	파괴하다.
	bhejjāmi	bhejjati	
vis	vekkhāmi	vekkhati	들어가다.
bhuj	bhokkhāmi	bhokkhati	향수하다.
rud	rucchāmi	rucchati	울다.
su	sossāmi	sossati	듣다.
	sussāmi	sussati	
sus	succhāmi	succhati	마르다.
labh	lacchāmi	lacchati	얻다.
vac	vakkhāmi	vekkhati	말하다.
vas	vacchāmi	vacchati	살다.
sak	sakkhāmi	sakkhati	할 수 있다.
han	hañchāmi	hañchati	죽이다.
har	hassāmi	hassati	운반하다.

§ 267. 현재 유형 Ia, Ib의 현재어간 + issa의 미래형

어근내지 현재어간 -issa의 미래형은 상대적으로 자주 등장하며, 특히 현재유형 Ia, Ib를 지닌 어근에서 나타난다. 현재어간의 어미 a 대신에 미래어간의 어미 -issa가 어근에 첨가된다. 이때 간모음의 변화는 현재형과 같다.

어 근	*3rd. sg. pres.*	*3rd. sg. fut.*	어근의미
khād	khādati	khādissati	먹다.
khip	khipati	khipissati	버리다. 던지다.
gam		gamissati	가다.
car	carati	carissati	가다. 행하다.
cal	calati	calissati	움직이다.
ji	jayati	jayissati	이기다.
dhar	dharati	dharissati	유지하다.
nam	namati	namissati	굽히다.
nī	nayati	nayissati	이끌다.
pat	patati	patissati	떨어지다.
pus	posati	posissati	부양하다.
pucch	pucchati	pucchissati	질문하다.
phus	phusati	phusissati	접촉하다.
bhu	bhavati	bhavissati	이다.
mar	marati	marissati	죽다.
yaj	yajati	yajissati	헌공하다. 바치다.
yam	yamati	yamissati	제어하다.
ru	ravati	ravissati	울부짖다.
rud	rodati	rodissati	울다.
ruh	rohati	rohissati	자라다.
vatt	vattati	vattissati	전기(轉기)하다.
vadh	vadhati	vadhissati	죽이다.
vam	vamati	vamissati	토하다.
vas_2	vasati	vasissati	살다.
vass	vassati	vassissati	비내리다.
vis	visati	visissati	들어가다.
sap	sapati	sapissati	저주하다.
sar	sarati	sarissati	기억하다.
sar	sarati	sarissati	가다.
sah	sahati	sahissati	참다.
sī	sayati	sayissati	눕다.
sup	supati	supissati	잠자다.
han	hanati	hanissati	죽이다.
har	harati	harissati	가져오다.

§ 268. 현재어간 + ssa의 미래형

자주 등장하며, 그 수가 사역형 I, II내지 명사파생동사를 통해 증가된 e-어미로 끝나는 현재어간(유형 IIa)을 제외하면 현재어간 -ssa로 형성된 미래형은 드문 편이다.

어 근	*3rd. sg. pres.*	*3rd. sg. fut.*	어근의미
dhā	dadhāti	dadhassati	두다.

어 근	3rd. sg. pres.	3rd. sg. fut.	어근의미
bhū	bhoti	bhossati	이다/있다.
	hoti	hossati	
hu	juhoti	juhossati	붓다.
gah	gaheti	gahessati	붙잡다.
cit	ceteti	cetessati	생각하다.
chaḍḍ	chaḍḍeti	chaḍḍessati	내뱉다/버리다.
dhā	dheti	dhessati	두다/설치하다.
	daheti	dahessati	
bpūj	pūjeti	pūjessati	존경하다. 공양하다.
brūh	brūheti	brūhessati	증대하다.
vad	vadeti	vadessati	말하다.

그리고 어근에 e로 끝나는 현재어간이 등장하지 않지만, -essa를 미래형어간 어미로 취하는 다른 몇몇 미래형이 있다.

어 근	3rd. sg. fut.	3rd. sg. fut.	어근의미
ṭhā	ṭhahissati	ṭhahessati	서있다.
ram	ramissati	ramessati	즐거워하다.
har	hissati	hessati	가져오다.

§ 269. 현재형 Ic, IIIe의 미래형

어간적이든 비어간적이든 현재어간의 모음어미는 탈락되고 미래형(*fut.*)은 -issa로 대체된다.(현재유형 Ia와 Ib § 276)

어 근	현재유형	3rd. sg. pres.	3rd. sg. fut.	어근의미
as	*Ic*	acchati	acchissati	앉다.
is	*Ic*	icchati	icchissati	바라다.
gam	*Ic*	gacchati	gacchissati	가다.
gā	*Id*	gāyati	gāyissati	노래하다.
jar	*Id*	jiyyati	jiyyissati	잃다/사라지다.
dib	*Id*	dibbati	dibbissati	놀다.
nas	*Id*	nassati	nassissati	멸망하다.
pad	*Id*	pajjati	pajjissati	가다.
pas	*Id*	passati	passissati	보다.
budh	*Id*	bujjhati	bujjhissati	깨닫다.
bhā	*Id*	bhāyati	bhāyissati	빛나다.
man	*Id*	maññati	maññissati	생각하다.
mar	*Id*	miyyati	miyyissati	죽다.
yudh	*Id*	yujjhati	yujjhissati	싸우다.
vyadh	*Id*	vijjhati	vijjhissati	꿰뚫다.
sib	*Id*	sibbati	sibbissati	꿰메다.
sus	*Id*	sussati	sussissati	마르다.
chid	*Ie*	chindati	chindissati	자르다.
pis	*Ie*	piṁsati	piṁsissati	가루내다.
bhaj	*Ie*	bhañjati	bhañjissati	파괴하다.

어 근	현재유형	*3rd. sg. pres.*	*3rd. sg. fut.*	어근의미
bhid	*Ie*	bhindati	bhindissati	부수다.
bhuj	*Ie*	bhuñjati	bhuñjissati	향유하다.
muc	*Ie*	muñcati	muñcissati	풀다/해탈하다.
ric	*Ie*	riñcati	riñcissati	버리다.
sic	*Ie*	siñcati	siñcissati	물을 대다.
ṭhā	*If*	tiṭṭhati	tiṭṭhissati	서있다.
dhā	*If*	dahati	dahissati	두다/설치하다.
pā	*If*	pivati	pivissati	마시다.
sad	*If*	sīdati	sīdissati	앉다.
khā	*IIIa*	khāti	khissati	알리다.
yā	*IIIa*	yāti	yissati	가다.
※ -ā로 끝나는 어근은 다른 현재어간(반복어간)을 통해서 이 유형에 종속된다.				
jñā	*(IIIe)*	(jānāti)	-ññissati	인식하다.
pā	*(If)*	(pivati)	pissati	마시다.
mā	*(IIIe)*	(mināti)	missati	측정하다.
dā	*IIIb*	dadāti	dadissati	주다.
hā	*IIIb*	jahāti	jahissati	버리다.
hu	*IIIb*	juhoti	juhissati	헌공하다.
pa+āp	*IIIc*	pāpuṇoti	pāpuṇissati	얻다/도달하다.
ci	*IIIc*	cinoti	cinissati	모우다.
sak	*IIIc*	sakkunoti	sakkunissati	할 수 있다.
su	*IIIc*	suṇoti	suṇissati	듣다.
kar	*IIId*	karoti	karissati	만들다.
kī	*IIIe*	kiṇāti	kiṇissati	사다.
ji	*IIIe*	jināti	jinissati	이기다.
jñā	*IIIe*	jānāti	jānissati	알다/인식하다.
mā	*IIIe*	mināti	minissati	측량하다.

§ 270. 축약미래형(*contracted fut.*)

미래형에도 몇몇 축약형이 등장한다.

어 근	정상적인 미래형	축약적인 미래형	어근의미
bhū	hehiti	heti	이다/있다.
vis	visissati	-vissati	들어가다.
har	harissati	-hissati	운반하다.

§ 271. 중복미래형(*double fut.*)

빠알리어에는 몇몇 중첩미래형이 있다. 미래형어미 -ssa가 동화작용에 의해 변형되었음에도 그것이 무시되고 다시 미래형 어미가 거기에 첨가된 경우이다.

※ 어근으로부터 미래형의 기초어간이 되는 많은 현재어간의 파생과, 축약, 중첩에 의한 미래형의 다양한 형성가능성을 빠알리어의 많은 어근을 가지고 있다. 그 가운데 특히 다음과 같은 어근이 여기에 속한다 : kar, ci, chid, ji, ṭhā, pā, bhid, bhuj, bhū, mar, mā, rud, lamb, vas, vis, sak, han, har, hā (여러 어간에 관해서 어근 사전을 보라.)

kar : karissati, karihiti, kassati, kāhati, kāhiti

어근	정상적인 미래형	중복적인 미래형	어근의미
das	dakkhati	dakkhissati	보다.
nud		nudahissati	제거하다.
bhū	hehiti	hehissati	이다/있다.
	hohiti	hobhissati	
vac	vakkhati	vakkhissati	말하다.

bhū : bhavissati, hessati, hossati, bhossati, hehiti, heti, hohiti, hehissati, hohissati.

§ 272. 미래분사(*pfut.*)

미래형의 능동태나 반조태의 분사는 매우 드물다. 미래분사는 미래어간에 현재형 분사어미를 첨가해서 만든다. 즉 능동태에는 -ant/-anta를 반조태 -māna/-āna를 첨가한다.

어근	미래형	*pfut. act.*	*pfut. med.*
kar	karissa	karissant	karissamāna
		karissanta	karissāna
mar	marissa	marissant	
vac	vakkha		vakkhamāna

§ 273. 조건법(*cond.*)

조건법은 미래형의 용법으로 귀결되며 능동태나 반조태에서나 모두 나타난다. 조건법 어미 -ssa와 -issa는 미래형 어미와 일치한다. 오직 그 인칭어미가 미래형의 인칭어미와는 간혹 차이가 나지만 기본적으로 미래형과 일치하며 구별이 용이하지 않다.

cond.		능동태(*act.*)			반조태(*med.*)	
1st.	*sg.*	(i)ssam			(i)ssase	
2nd.	*sg.*	(i)ssasi	(i)ssa	(i)sse		
3rd.	*sg.*	(i)ssa	(i)ssā	(i)ssati	(i)ssatha	
1st.	*pl.*	(i)ssāma	(i)ssamhā		(i)ssamhase	(i)ssāmhase
2nd.	*pl.*	(i)ssatha			(i)ssavhe	
3rd.	*pl.*	(i)ssaṁsu	(i)ssiṁsu			

조건법의 또 다른 특징인 어근 앞에 첨가되는 접두모음(augment) a는 대부분 복합어가 아닌 동사에서 발견되지만 물론 예외도 있다. 복합어에서는 이 접두모음 a가 생략된다. 그래서 때때로 조건법은 미래형과 동일한 인칭어미를 가질 경우에 구별이 불가능하다. 우리는 여러 어근에서 발견되는 특수한 미래형을 그에 해당하는 어근의 조건법 형태로 전용할 수 있다.

bhū 이다/있다		조건법(*cond.*)		
1st.	*sg.*	abhavissaṁ		
2nd.	*sg.*	abhavissa	abhavissasi	
3rd.	*sg.*	abhavissa	bhavissa	abhavissati
		abhavissā	bhavissā	
1st.	*pl.*	abhavissāma		
2nd.	*pl.*	abhavissatha		
3rd.	*pl.*	abhavissaṁsu	abhavissiṁsu	

§ 274. 여러 가지 조건법의 형성

어근	미래형(*fut.*)	조건법(*cond.*)	어근의미
pa+āp	pāpuṇissa	pāpuṇissa (*3rd. sg.*)	얻다/도달하다.
i	essa	essaṁ (*1st. sg.*)	가다.
kam	kamissa	-kamissatha (*3rd. sg. med.*)	걷다.
kar	karissa	akarissa (*3rd. sg.*)	만들다.
khā	khissa	-khissaṁ (*1st. sg.*)	전하다.
gam	gamissa	-gamissāma (*1st. pl.*)	가다.
	gacchissa	-gacchissaṁ (*1st. sg.*)	
car	carissa	-carissaṁ (*1st. sg.*)	가다.
ṭhā	ṭhahissa	-ṭhahissaṁ (*1st. sg.*)	서다.
dā	dassa	adassaṁ (*1st. sg.*)	가다.
		adassā (*3rd. sg.*)	
		adassatha (*3rd. sg. med.*)	
dhāv	dhāvissa	-dhāvissaṁ (*1st. sg.*)	달리다.
nas	nassissa	anassissa (*3rd. sg.*)	멸망하다.
		nassissati (*3rd. sg.*)	
pad	pajjissa	-pajjissa (*3rd. sg.*)	가다.
bhās₁	bhāsissa	abhāsissaṁ (*1st. sg.*)	말하다.
labh	labhissa	alabhissa (*3rd. sg.*)	얻다.
		alabhissatha (*3rd. sg. med.*)	
		alabhissāma (*1st. pl.*)	
o+lok	olokessa	olokessaṁ (*1st. sg.*)	바라보다.
vadh	vadhissa	vadhissaṁ (*1st. sg.*)	죽이다.
sak	sakkhissa	asakkhissa (*3rd. sg.*)	할 수 있다.
hā	jahissa	jahissaṁ (*1st. sg.*)	버리다.

§ 275. 아오리스트형(*aor.* 부정과거)

빠알리어에서는 네 가지 직접적인 아오리스트 형태가 있다.

1) 유형 I 어근 - 아오리스트
2) 유형 II 근본 - 아오리스트
3) 유형 III s - 아오리스트
4) 유형 IV i - 아오리스트
5) 그 밖에 유형 V는 유형 II의 아오리스트형에 유형 III의 어미가, 유형III의 아오리스트형에 유형 IV의 어미가 첨가됨으로서 발생한다.

아오리스트의 특징의 하나는 아오리스트형의 앞에 첨가되는 접두모음(Augment)이다 :

mar 죽다 → a-mara 그는 죽었다.

접두모음은 임의에 따른다. 같은 유형의 아오리스트 형태에서, 때로는 같은 동사에서도 접두모음을 붙이기도 하고 떼기도 한다. 접두모음이 없는 경우에는 인칭어미에도 불구하고 한 음절이 될지 모르는 어근—아오리스트 만이 언제나 접두모음을 갖고 있다. 다른 모든 아오리스트에서는 이 접두모음의 사용에서 다소간의 차이를 보여준다. 또한 박커나겔(Wackernagel)의 다소 복잡한 규칙(Nchrichten der Göttinger Akademie der Wissenschaften 1906. S. 154 ff.)이 있으나 빠알리어에서의 접두모음 사용에 관한 '고대의 미완료과거로 돌아가는 2음절 아오리스트가 언제나 접두모음을 갖는다'는 그의 확신조차도 완전히 입증된 것은 아니다. 그런데 이러한 확신은 오로지 장식용 인도학에만 도움을 줄 수 있다. 이러한 박커나겔의 견해와는 달리 접두모음이 없는 2음절 s - 아오리스트와 2음절의 근본—아오리스트가 있다. 그것에 관해서 나중에 살펴볼 수 있을 것이다. e - 현재어간(유형 IIa)에서 파생된 아오리스트들은 거의 접두모음을 취하지 않는다. i- 아오리스트도 자주 접두모음없이 등장한다. 그리고 복합동사에서도 접두모음은 드물게 나타난다. 그러나 복합동사에서 접두모음이 등장한다면 접두어와 어근사이에 등장한다.

nud : apa-a-nudi>apānudi (*3rd. sg.* aor)
pad : ud-a-padi (*3rd. sg.* aor)

빠알리어에서는 한 어근이나 현재동사류를 하나의 특정한 아오리스트 유형에 소속시키는 것은 불가능하다. 다음의 일련의 자주 사용되는 어근은 모든 또는 적어도 상당한 아오리스트 유형을 형성할 수 있다.

kar	만들다.	pat	떨어지다.	labh	얻다.
gam	가다.	pā	마시다.	vad	말하다.
gah	붙잡다.	budh	깨닫다.	vis	가다.
chid	쪼개다.	bhā	비추다	vyadh	꿰뚫다.
ji	이기다.	bhid	부수다.	sak	할 수 있다.
das	보다.	bhū	이다/있다.	sar	가다.
dhā	두다.	man	생각하다.	hi	보내다.
nī	이끌다.	ruh	자라다.		

§ 276. 여러 아오리스트형의 어미

유형 I : 어근 - 아오리스트						유형 II : 근본 - 아오리스트				
				med.					*med.*	
1st.	*sg.*	ṁ				aṁ	a ā			
2nd.	*sg.*					o	a ā	asi	ase	
3rd.	*sg.*			tha	ttha	ā	a		atha	attha
1st.	*pl.*	mhā	mha			amhā	amha	āma	amhase	amhasa
2nd.	*pl.*	ttha				atha	atha			
3rd.	*pl.*	ū	u	uṁ		u	u	ū	are	aruṁ

유형 III : s - 아오리스트					유형 IV : i - 아오리스트			
								med.
1st.	*sg.*	siṁ			iṁ	isaṁ	issaṁ	issaṁ
2nd.	*sg.*	si			i	ī		ittho
3rd.	*sg.*	si			i	ī		ittha
1st.	*pl.*	simhā	simha	mha	imha	imhā		imhe
2nd.	*pl.*	sittha	ttha		ittha			ivho
3rd.	*pl.*	suṁ	siṁsu	sisuṁ	iṁsu	isuṁ	uṁ	

§ 277. 다양한 종류의 아오리스트형

1) 유형 I : 어근 - 아오리스트

		bhū 이다/있다.			kar 만들다.
1st.	*sg.*	ahuṁ			akaṁ
2nd.	*sg.*	ahū	ahu	-abhū	akā
3rd.	*sg.*	ahū	ahu	ahud	akā
1st.	*pl.*	ahuṁ	ahumhā	ahumha	akamhā
2nd.	*pl.*	(ahuttha)			akattha
3rd.	*pl.*	ahuṁ	ahū		

2) 유형 II : 근본 - 아오리스트

		bhū 이다/있다.		kar 만들다.		
1st.	*sg.*	ahuvaṁ	ahuvā	akaraṁ		
2nd.	*sg.*	ahuvo	ahuvā	akaro	akara akarā	akarase
b3rd.	*sg.*	ahuva	ahuvā	akara	akarā	akarattha
1st.	*pl.*	ahuvamhā	ahuvamha ahuvāma	akaramha	akarāma	akarmhase akaramhasa
2nd.	*pl.*	ahuvattha		akarattha		
3rd.	*pl.*	ahuvu		akaruṁ	akaru akarū	

3) 유형 III : s - 아오리스트

		su 듣다.	yā 가다.	kar 만들다.		vad 말하다.
						vadeti(*pres.*)
1st.	*sg.*	assosiṁ	yāsiṁ	akāsiṁ		vadesiṁ
2nd.	*sg.*	assosi	yāsi	akāsi		vadesi
3rd.	*sg.*	assosi	yāsi	akāsi		vadesi
1st.	*pl.*	assumha	yāsimha	akāsimha	akamha	vadesimhā
2nd.	*pl.*	assuttha	(yāsittha)	akāsittha	akattha	vadesittha
3rd.	*pl.*	assosuṁ	yaṁsu	akāsuṁ	akaṁsu	vadesuṁ

4) 유형 IV : i - 아오리스트

		gam 가다.		kar 만들다.		mant 충고하다.
						manteti(*pres.*)
1st.	*sg.*	agamiṁ	agamisaṁ	kariṁ	akariṁ	mantayiṁ
2nd.	*sg.*	agami		kari	akari	mantayi
3rd.	*sg.*	agami	agamī	kari	akarī	mantayi
1st.	*pl.*	agamimha				mantayimha
2nd.	*pl.*	agamittha		karittha	akarittha	mantayittha
3rd.	*pl.*	agamiṁsu	agamisuṁ	kariṁsu	akariṁsu	mantayiṁsu

§ 278. 유형 I : 어근- 아오리스트

이 아오리스트 유형은 소수의 중요한 자주 등장하는 동사에 국한된다. 1인칭과 2인칭 복수에서 유형 III에 속하는 인칭어미(mha, ttha)가 발견된다. 그렇지 않으면 때때로 다른 유형에로의 모방형성도 이루어진다. 다음과 같은 개별적인 형태를 보존하고 있다.(bhū와 kar § 285).

		gam/gā (가다)		dā (주다)		
1st.	*sg.*	agaṁ	agā	adaṁ		
2nd.	*sg.*		agā	adā		
3rd.	*sg.*		agā	adā		adattha
1st.	*pl.*	agumha		adamha		
2nd.	*pl.*	aguttha		adattha		
3rd.	*pl.*	aguṁ	agu agū	aduṁ	adū	

		ṭhā (서다)	su (듣다)	labh (얻다)
1st.	*sg.*		assuṁ	
2nd.	*sg.*		assu	*med.*
3rd.	*sg.*	atthā		alattha(<alabh-tha)

§ 279. 유형II : 근본 - 아오리스트

근본 - 아오리스트는 어근 - 아오리스트보다 자주 등장하지만 실제로 활발하게 사용되고 있는 것은 아니다. 그것은 고대 인도어의 아오리스트와 미완료과거에서 유래한 것이다. 대부분 개별적인 인칭만이 전해지고 있다. 오직 그 소수의 동사만이 모든 인칭에서 곡용한다. 이러한 아오리스트는 임의적인 접두모음을 제외하고 동사어근에 첨가되는 a를 특징으로 하는데 그것은 아오리스트 인칭어미와 함께 용해되어 버린다(§ 284). 근본 현재어간(유형 I)은 근본 - 아오리스트를 위한 기초를 제공한다. 거기에 아오리스트 인칭어미가 갖추어지고 접두모음이 첨가된다.

§ 280. 근본 - 현재어간에 일치하는 근본- 아오리스트

어 근	현재어간 *3rd. sg.*	아오리스트 *aor.*	어근의미
kamp	kampa-ti	akampatha (*3rd. sg. med.*)	떨다.
kar	kubba-ti	akubbatha (*3rd. sg. med.*)	만들다.
kas	kasa-ti	kasaṁ (*1st. sg.*)	쟁기질하다.
dā	dadā-ti	adadaṁ (*1st. sg.*)	주다.
nas	nassa-ti	nassaṁ (*1st. sg.*)	망하다.
		anassāma (*1st. pl.*)	
pat	pata-ti	-patā (*3rd. sg.*)	떨어지다.
pad	pajja-ti	-pajjatha (*3rd. sg. med.*)	가다.
pucch	puccha-ti	apucchasi (2st. *sg.*)	묻다/질문하다.
budh	bujjha-ti	abujjhatha (*3rd. sg. med.*)	깨어나다.
budh	-bodha-ti	-bodhaṁ (*1st. sg.*)	깨닫다.
bhass	bhassa-ti	abhassatha (*3rd. sg. med.*)	말하다.
$bhās_1$	bhāsa-ti	abhāsatha (*3rd. sg. med.*)	생각하다.
man	mañña-ti	amaññaṁ (*1st. sg.*)	생각하다.
		amaññatha (*2nd. pl.*)	
		amaññaruṁ (*3rd. pl. med.*)	
mar	mara-ti	amarā (*3rd. sg.*)	죽다.
rudh	ruddha-ti	-ruddha (*3rd. sg.*)	방해하다.
ruh	ruha-ti	aruhaṁ (*1st. sg.*)	자라다.
vac	vaca-ti	avaca, avacā (*3rd. sg.*)	말하다.
vaddh	vaddha-ti	avaddhatha (*3rd. sg. med.*)	자라다.
vap	vapa-ti	vapaṁ (*1st. sg.*)	(씨를)뿌리다.
sar	sara-ti	asara (*3rd. sg.*)	가다.

§ 281. 어근에서 형성된 근본 - 아오리스트

어 근	아오리스트(*aor.*)	현재	어근의미
kar	akaraṁ (*1st. sg.*)	karo-ti	만들다.
	akara (*3rd. sg.*).		
gam	agamā, (*3rd. sg.*)	gaccha-ti	가다.
	gama (*3rd. sg.*)		
chid	acchida, acchidā, acchidda (*3rd. sg.*)	chinda-ti	자르다.

어 근	아오리스트(*aor.*)	현재	어근의미
das	addasaṁ (*1st. sg.*)		보다.
	addasā (*3rd. sg.*)		
bhid	abbhida (*3rd. sg.*)	bhinda-ti	부수다.
bhū	ahuvaṁ (*1st. sg.*)	bhava-ti	이다/있다.
	-ahuvā (*3rd. sg.*)		
mad	-mādo, -mado (*2nd. sg.*)	majja-ti	즐거워하다.
	mādattha (*2nd. pl.*)		
sad	-sado (*2nd. sg.*)	sīda-ti	앉다.
hes	-hesaṁ (*1st. sg.*)	hese-ti	해치다

§ 282. 특수한 근본 - 아오리스트(<vac)

특수한 근본-아오리스트 형태에 어근 vac '말하다'가 포함되는데, 원천적으로는 중복 아오리스트로 취급되고 있다 : *3rd. sg.* avoca

§ 283. 특수한 근본 - 아오리스트(<das)

간략한 아오리스트 형태가 어근 das '보다'에서 형성된다 :
1st. sg. addaṁ, *3rd. sg* adda, addā *3rd. pl.* addaṁsu

§ 284. 특수한 근본 - 아오리스트(<labh)

어근 labh '얻다'의 alattha(*3rd.* sg. *med.*)에서 능동적인 유사 근본 - 아오리스트가 형성된다 :
1st. sg. alatthaṁ *2nd. sg.* alattha *3rd. sg.* alattha
1st. pl. alatthamha *3rd. pl.* alatthuṁ, alatthaṁsu

§ 285. 유형 III : s - 아오리스트

이 아오리스트 유형 또한 어근이나 다양한 현재어간 특히 e - 현재어간과 s - 아오리스트 형성의 주요한 부분을 차지하는 명사파생동사와 사역동사의 현재어간으로부터 직접적으로 형성된 것이다.

§ 286. 어근에서 직접 형성된 s - 아오리스트

모음으로 끝나는 어근은 s - 아오리스트를 구성하기 쉽다. -i 또는 -u 어근은 아오리스트에서 정상변화 단계 e 내지 o를 취한다.

어 근	아오리스트 *aor.*				
	1st. sg.	*3rd. sg.*		*3rd. pl.*	어근의미
khā		-khāsi		-khaṁsu	알리다.
jñā	-aññāsiṁ	aññāsi		-aññāsuṁ	알다. 인식하다.
ṭhā	aṭṭhāsiṁ	aṭṭhāsi	-ṭhāsi	aṭṭhaṁsu	서다.
thā			-thāsi		당황하다.
dā	adāsiṁ	adāsi		adaṁsu	주다.
pā	apāsiṁ	apāsi		apaṁsu	마시다.
bhā		-bhāsi		-bhaṁsu	빛나다.
yā	-yāsiṁ	-yāsi		-yaṁsu	가다.
hā	-hāsiṁ	-hāsi		-haṁsu	버리다.
hvā/hu		-vhāsi			부르다.
i				esuṁ	가다.
hi		-hesi		-hesuṁ	보내다.
dhu		adhosi			흔들다.

어 근	아오리스트 aor.				
	1st. sg.	*3rd. sg.*		*3rd. pl.*	어근의미
bhū	ahosiṁ	-bhosi	ahosi	ahesuṁ	이다/있다.
su		assosi		assosuṁ	듣다.
		assossi	sossi		

※ 어근 mā '재다'는 s - 아오리스트 앞에서 자신의 모음을 e로 변화시킨다. mesi, 어근 ci "모으다"는 3인칭·복수(*3rd. pl.*)로서 ciyiṁsu를 형성한다.

§ 287. 자음으로 끝나는 어근의 s - 아오리스트

자음으로 끝나는 어근이 s - 아오리스트 드물지만 취하는 경우가 있다. 이때에 아오리스트 어미의 s가 어근의 말미자음과 동화되거나 내지 어근의 어미 r이 완전히 제거되어 버리기 때문에 그 형태를 알아보기 힘들다. 동화작용의 경과는 미래형에서와 같다.

어 근	*1st. sg. fut.*	*3rd. sg. aor.*	어근의미
kar	kāsaṁ	akāsi	만들다.
kus		-kocchi	꾸짖다.
chid	checchāmi	acchecchi, acchejji	쪼개다.
thar		-thāsi	뿌리다.
das	dakkhaṁ	addakkhi, dakkhi	보다.
ruh		-rucchi	자라다.
labh	lacchāmi	lacchiṁ(*1st. sg.*)	얻다.
vis	vekkhāmi	vekkhi	들어가다.
sak	sakkhīti (*3rd. sg.*)	sakkhi	할 수 있다.
har	hassaṁ	hāsi, ahāsi	운반하다.

§ 288. 현재어간(IIa)에서 형성된 s - 아오리스트

어 근	*3rd. sg. pres.*	*3rd. sg. aor.*	어근의미
kath	kathe-ti	kathesi	이야기하다.
kap	kappe-ti	kappesi	준비하다.
gah	gahe-ti	gahesi	붙잡다.
chaḍḍ	chaḍḍe-ti	chaḍḍesi	내뱉다/버리다.
dhā	-dhe-ti	-dhesi	두다.
mant	mante-tu	mantesi	충고하다.
vad	vade-ti	vadesi	말하다.
sib	sibbe-ti	sibbesi	꿰매다.

§ 289. -i 어근의 s - 아오리스트

다음과 같은 s - 아오리스트는 정상변화단계에서 e 를 취하는데, -e(<ay-a) 현재어간은 원래 -i 어근에서 생겨난 것이다.

어근	*3rd. sg. pres.*	*3rd. sg. aor.*	어근의미
ji	je-ti	ajesi	이기다.
nī	ne-ti	nesi	이끌다.
b sī	se-ti	sesi	눕다.

§ 290. 사역형 유래 s - 아오리스트

특히 사역형(*caus1. caus2.*)에서 유래된 s - 아오리스트가 자주 등장한다.

어근	*3rd. sg. pres.*	*3rd. sg. aor.*	어근의미
caus1.			
ṭhā	ṭhāpe-ti	ṭhāpesi	서있다.
	ṭhape-ti	ṭhapesi	
var	vāre-ti	vāresi	방해하다.
vas_2	vāse-ti	vāsesi	살다.
sad	sāde-ti	sādesi	앉다.
caus2.			
vas_2	vasāpe-ti	-vasāpesi	살다.
	vāsāpe-ti	-vāsāpesi	
vas_3	vassāpe-ti	vassāpesi	울부짖다.
※ e를 포함하지 않는 현재어간으로부터는 다음과 같은 아오리스트가 형성된다.			
dhā	daha-ti	dahaṁsu(*3. pl.*)	두다.

§ 291. 유형 IV : i - 아오리스트

i - 아오리스트는 어근 또는 대부분 현재어간으로부터 형성된다. 어근으로부터 형성된 아오리스트는 어근모음의 경우 정상변화단계를 취한다. 중간음으로 a를 갖는 어근은 아오리스트에서 단음 a를 ā로 대개 장음화한다. 그러나 그 두 가지 형태가 동일한 어근에서 등장하기도 한다. 현재어간으로부터 형성된 아오리스트들은 현재 유형 II를 제외하고는 현재어간의 말미모음을 모두 버린다 : 현재유형 Ia, IIb의 어간모음이든, 어간적인 현재어미(유형 I c-h)의 -a이든, 어근의 모음어미(유형 IIIb)이든, 비어간적인 현재어미(유형 IIIc-e)이든 상관없다. 그러나 특히 명사파생동사, 사역동사 I, 사역동사 II에서 자주 등장하는 현재어간 II는 아오리스트 형성에서 이 현재어간의 비축약의 형태로 사용되는지에 상관없이 축약되지 않은 어미 ay를 사용한다. 그러므로 현재유형 IIa로 형성된 아오리스트와 유형 Ih로 형성된 아오리스트를 구별해야 한다.

§ 292. 어근에서 형성된 i - 아오리스트

어근	*3rd. sg. aor.*				어근의미
kam	kami		kāmi		걷다.
kamp	akampi		akampittha (*2nd. pl.*)		떨다.
khād	khādi				먹다.
khip	khipi				던지다.
gam	agamiṁ(*1st. sg.*)		agami	-gami	가다.
gah			aggahī	aggahi	붙잡다.
car	acāri		acari	cari	가다.
ji	jīyi				이기다.
tar	atāri	atari	atarī	-tari	건너다.
pad	apādi				가다.
brū	abravi	abrūvi	abruvi		말하다.
mad	mādi				즐거워하다.
ru	arāvi	aravi			부르짖다.
var	avāri				방해하다.
vid	vedi	avedi			알다.
vyadh	avyādhi				꿰뚫다.
bhū	-abhi (현재어간 IIIb에서처럼 어근의 말미모음은 상실한다).				이다/있다.

§ 293. 현재어간에서 형성된 i - 아오리스트

어근	3rd. sg. pres.	3rd. sg. aor.		어근의미
	유형 Ia & Ib			
kir	kir-a-ti	kiri	akiri	뿌리다
garah	garah-a-ti	garahi		꾸짖다.
nad	nad-a-ti	nadi		울부짖다.
nī	nay-a-ti	nayi		이끌다.
bhū	bhav-a-ti		abhavi	이다/있다.
rud	rod-a-ti	rodi		울다.
suc	soc-a-ti	soci		슬퍼하다.
	유형 Ic			
ās	accha-ti	acchi		앉다.
is	iccha-ti	icchi		원하다.
gam	gaccha-ti		agacchi agañchi	가다.
	유형 Id			
kup	kuppa-ti	kuppi		흥분하다. 화내다.
gā	gāya-ti	gāyi		노래하다.
nah	nayha-ti	nayhi		연결하다.
mad	majja-ti	majji		즐거워하다.
man	mañña-ti	maññi	amaññi	생각하다.
yudh	yujjha-ti	yujjhi	ayujjhi	싸우다.
rādh	rajjha-ti	-rajjhi		성공하다.
li	līya-ti	līyi		붙다.
sib	sibba-ti	sibbi		꿰매다.
vā	vāya-ti	vāyi		(바람이) 불다.
	유형 Ie			
chid	chinda-ti	chindi	acchindi	쪼개다.
bhaj	bhañja-ti	bhañji		나누다/교제하다.
bhuj	bhuñja-ti	bhuñji		향수하다.
luc	luñca-ti		aluñci	끌어당기다.
sic	siñca-ti	siñci		내리붓다. 젓다.
	유형 If			
dhā	daha-ti	dahi		놓다/두다.
pā	piva-ti	pivi	apivi	마시다.
sad	sīda-ti	sīdi		앉다.
	유형 Ih			
cint	cintaya-ti	cintayi		생각하다.
cet	cetaya-ti		acetayi	생각하다.
dhūp	dhūpaya-ti	dhūpayi		연기나다.
	유형 IIa			
mant	mante-ti	mantayi		충고하다.
cu	cāve-ti(*caus1.*)		acāvayi	사라지다.
muh	mohe-ti(*caus1.*)		amohayi	어리석다.
ṭhā	ṭhapāpe-ti(*caus2.*)	ṭhapāpayi		서있다.

어근	3rd. sg. pres.	3rd. sg. aor.		어근의미
	유형 IIIa			
han	han-ti	hani		죽이다.
	유형 IIIb			
dā	dadā-ti	dadi		주다.
		dadittha(mbed.)		
hā	jahā-ti	jahi		버리다.
hu	juho-ti	juhiṁ(1st. sg.)		헌공하다.
	유형 IIIc			
pra-āp	pāpuṇo-ti	pāpuṇi	apāpuṇi	얻다/도달하다.
sak	sakkuṇo-ti	sakkuṇi		할 수 있다.
su	suṇo-ti	suṇi		듣다.
	유형 IIId			
kar	karo-ti	kari	akarǐ	만들다.
	유형 IIIe			
kī	kiṇā-ti	kiṇi		사다.
ji	jinā-ti	jini	ajini	이기다.
jñā	jānā-ti	jāni	ajāni	인식하다.
mā	minā-ti	mini		측량하다.
hi	hinā-ti	hini		보내다.

§ 294. i - 아오리스트에서의 어미첨가

일련의 i - 아오리스트들은 1인칭 단수(1st. sg.)에서 어미 -isaṁ 내지 -issaṁ 을 더 취할 경우가 있다.

어근	1st. sg. aor.	어근의미
ikkh	ikkisaṁ	보다.
gam	gacchisaṁ, gacchissaṁ	가다.
car	acarisaṁ	가다.
jñā	jānissaṁ	알다.
dhāv	dhāvissaṁ	서두르다.
nand	nandissaṁ	즐거워하다.
pucch	apucchissaṁ, pucchisaṁ	질문하다.
bandh	abandhissaṁ	연결하다.
bhās	bhāsissaṁ	말하다.
bhuj	bhuñjisaṁ	향수하다.
yuj	yuñjisaṁ	연결하다.
lih	lehisaṁ	핥다.
sev	asevissaṁ	봉사하다.

§ 295. 중첩 - 아오리스트

다음과 같은 근본 - 아오리스트(유형 II)에는 그 밖에 또한 s - 아오리스트의 어미가 첨가될 수 있다.

어 근	아오리스트 유형 II	아오리스트 유형 II+유형 III			
	3rd. sg.	1st. sg.	3rd. sg.	3rd. pl.	어근의미
gam	agamā		agamāsi	agamaṁsu	가다.
das	addasā	addasāsiṁ	addasāsi	addasāsuṁ	보다.
				addasaṁsu	

어 근	아오리스트 유형 II	아오리스트 유형 II+유형 III			어근의미
	3rd. sg.	*1st. sg.*	*3rd. sg.*	*3rd. pl.*	
pat	-patā		apātāsi		떨어지다.
pā			pivāsi		마시다.
bhū	ahuvā	ahuvāsi			이다/있다.
		ahuvāsiṁ			
ram			-ramāsi		즐기다.
vac	avacā		avacāsi		말하다.
			(*2nd.* 와 *3rd. sg.*)		
	avoca		avocāsi		

§ 296. 중복 아오리스트(아오리스트 유형 III유형 IV)

유형 III가운데 강력한 동화작용으로 변형된 어근 das '보다' 와 sak '할 수 있다'의 아오리스트 형태는 거기에 i - 아오리스트의 어미가 첨가됨(아오리스트 유형 IV)으로 중첩 아오리스트를 형성함으로 그 원형을 알아보기 어렵다 : das : dakkhisaṁ(*1st. sg.*). sak : sakkhisaṁ(*1st. sg.*), sakkhissaṁ(*1st. sg.*), sakkhiṁsu(*3rd. pl.*)

§ 297. 금지법(*Inj.*)

금지법은 아오리스트에서 형성되지만 과거형의 시제가 아니고 그 앞에 놓이는 금지분사 mā와 함께 금지적 기능을 행한다. 그럼에도 불구하고 금지법도 동사의 아오리스트가 접두모음을 갖는 경우에 이 접두모음을 보존한다. 그래서 앞에 놓이는 mā만이 금지법의 유일한 특징으로 남는다. 이 금지법은 모든 아오리스트 유형으로부터 형성될 수 있으며 능동태에서 뿐만 아니라 때때로 반조태에서도 나타난다. 금지법이 가장 많이 사용되는 형태는 2인칭 단수 복수(*2nd.* sg. *pl.*)와 3인칭 단수(*3rd.* sg.)이다.

mā tesaṁ aphāsuṁ akāsi 그들에게 방해하지 말라! mā bhāyi 두려워하지 마라!
mā tvaṁ agamā 너는 가지 마라! evam me rūpaṁ mā ahosi 내 몸이 이래서는 안 된다!
mā adā. … dehi 주지 마라 … 주라! māhaṁ kāmehi saṁgacchiṁ 나는 애욕에 따르지 않겠다!
mā jīyittha 그는 사라져서는 안된다! mā turittho 너는 서두르지 말라!

§ 298. 완료형(*perf.*)

완료형태는 빠알리어에서 더 이상 살아있는 시제라고 할 수 없다. 근대의 완료시제의 유산을 다음과 같이 두 그룹으로 분류할 수 있다.

1) 어근 ah '말하다'와 어근 vid '알다'의 완료형태
   어근 ah 가운데는 오직 몇몇 완료의 인칭형태만이 현재 또는 과거의 의미를 지니며 존재하다 : *2nd. sg.* āha *3rd. sg.* āha, *3rd. pl.* āhu, āhaṁsu
   어근 vid 가운데는 오직 3인칭 복수(*3rd. pl.*)만이 사용되고 있다 : *3rd. pl.* vidu, vidū, viduṁ
2) 어근의 중복과 정상변화단계를 지닌, 근본적으로 어근모음(=ide. o)의 조화를 갖는 완료형태는 잘 사용되지는 않지만 아마도 고대인도어의 용례에 따라 형성되었으리라고 추측되는 개별적인 몇몇 형태를 지니고 있다.

어근	*3rd. pl.*	어근의미
chid	cicheda	쪼개다.
budh	bubodha	깨닫다.
suc	susoca	슬퍼하다.

§ 299. 완료수동·능동분사(*pp. pass.·act.*)

완료수동분사(*pp. pass; pp.*)와는 반대로 빠알리어에서 완료능동분사(*pp. act.*)는 거의 역할을 하지 않는다. 그래서 일반적으로 완료수동분사를 *pp.*로 표기한다. 완료능동분사는 오직 완료수동분사로부터 유도

된다. 즉 완료수동분사의 어간에 어미 -vant 또는 어미 -vin을 첨가하면 만들어진다. 이때 -vin앞에서 완료수동 어간의 -a 어간는 장음화된다. 이 -vant로 끝나는 분사의 곡용은 남성과 중성일 경우 § 154에 따라 여성일 경우 § 167에 따라 변화하며 -vin으로 끝나는 분사는 § 166에 따라 변화한다.

	남성(*m.*)	여성(*f.*)	중성(*n.*)
nom. sg.	vusitavā	vusitavatī	vusitavaṁ
	vusitavanto	vusitavantī	vusitavantaṁ
nom. sg.	sutāvī	sutāvinī	sutāvi

어근	*pp. pass.*	*pp. act.*		어근의미
kīḷ	kīḷita		kīḷitāvin	놀다.
ji	jita		-jitāvin	이기다.
dā	dinna	dinnavant		주다.
$phus_1$	phuṭṭha	phuṭṭhavant		만지다.
bhuj	bhutta	bhuttavant	bhuttāvin	향수하다.
vas_2	vusita	vusitavant		살다.
sam	samita		samitāvin	피곤하다.
su	suta		sutāvin	듣다.

§ 300. -ta, -na 어간의 완료수동분사

완료수동분사는 두 어미 -ta와 -na에 의해서 이루어진다. 어미 -ta는 광범위하게 사용되며 생산적이어서 현재어간과 이차적인 곡용(*caus.*I. *caus.* II. *intens. desid.*)에서의 새로운 형성이나 파생어에서 등장하는 반면에 어미 -na는 고대인도어에서 이미 완료수동분사로 그렇게 굳어진 일련의 어근에 국한된다.

다음과 같은 일반적인 규칙이 완료 수동태의 형성에 작용한다.

1) 완료수동분사는 어근으로부터, 특히 신층의 텍스트에서는 현재어간에서 형성된다.
2) 어근으로부터 파생된 완료수동분사는 i- 나 u- 복모음 또는 ar나 부분적으로는 ā를 갖는 어근일지라도 약변화 단계를 취한다.
3) 자음으로 끝나는 어근은 어미 -ta나 -na와 함께 다양한 동화 작용을 일으킨다.
4) 어미 -ta 앞에 삽입모음 i가 끼어들 수 있다. 이것은 언제나 이차적인 곡용이나 e- 곡용에서 일어난다.
5) 일련의 자주 사용되는 많은 어근은 상이한 완료수동분사를 형성한다.

§ 301. -na 어간 완료수동분사

어근 ās를 제외하고, 어미 -na는 d, r 또는 모음으로 끝나는 어근만이 취한다. 또한 -gga로 끝나는 분사도 이미 -na를 포함한다. 이외에도 -na 어간의 분사를 형성하는 어근은 자주 -ta 어간의 완료수동분사를 취하곤 한다.

어근	*pp. pass.*			어근의미
ās	āsina	-āsita		앉다.
kir	kiṇṇa			뿌리다.
khī	khīṇa	khita		소멸하다.
car	ciṇṇa	carita		가다.
ci	cina	ciṇa	cita	모우다.
$chad_1$	channa	chādita		덮다.
$chad_2$	channa			마음에 들다.
chid	chinna			쪼개다.
jar	jiṇṇa			늙다.
ji	jiṇa	jita		이기다.
tar_1	tiṇṇa			건너다.

어근	*pp. pass.*		어근의미
tar_2	tuṇṇa	turita	서두르다.
tud	tunna		때리다.
dā	dinna		주다.
nud	nunna		제거하다.
pad	panna		가다.
par	puṇṇa		채우다.
bhid	bhinna		파괴하다.
rud	ruṇṇa	rudita	울다.
lī	līna	lita	달라붙다.
lū	lūna	luta	자르다.
sad	sanna	-sinna	앉다.
sand	sanna		흐르다.
sar	siṇṇa		분쇄하다.
sid	sinna		삶다/땀흘리다.
sī	sīna		춥다/차다.
hā	hīna		버리다.

§ 302. -na 어간 완료수동분사의 변형

몇몇 j로 끝나거나 드물지만 g로 끝나는 어근은 어미 -na의 n과 동화되어 -gga로 끝나는 완료수동분사를 형성시킨다.

어근	*pp. pass.*	어근의미
bhaj	bhagga	부수다.
mujj	mugga	가라앉다.
ruj/luj	lugga	부수다.
lag	lagga	걸다.
vij	vigga	흥분하다.

§ 303. -ta 어간의 완료수동분사

어근	*pp. pass*	어근의미
i	ita	가다.
khā	khāta	알리다.
ghā	ghāta	냄새맡다.
cu	cuta	사라지다.
jñā	ñāta	알다.
tā	tāta	보호하다.
dhū	dhŭta	흔들다.
nī	nīta	이끌다.
pū	pūta	깨끗이 하다.
bhā	bhāta	빛나다.
bhī	bhīta	두려워하다
bhū	bhūta	이다/있다.
yā	yāta	가다.
ru	ruta	울부짖다.
vā	vāta	(바람이)불다.
si	sita	기대다.

어근	*pp. pass*	어근의미
su	suta	듣다.
su	sūta	흐르다.
hi	hita	보내다.
hu	huta	헌공하다.
hvā	-vhāta	부르다.

§ 304. -ā 어근의 완료수동분사

-ā 어근은 대부분 완료수동분사에서 그 약변화 단계의 i 또는 ī를 취한다.

어근	*pp.*pass	어근의미
gā	gīta	노래하다.
jhā₁	-jhita	명상하다.
ṭhā	ṭhita	서 있다.
dhā	hita	두다.
pā	pīta	마시다.
mā	mita	측량하다.
vā	vīta	엮다/짜다.
sās	siṭṭha	가르치다.

§ 305. -an, -am 어근의 완료수동분사

-an 또는 -am 어근은 대부분 완료수동분사에서 그 약변화단계로 a 또는 ā를 취한다.

어 근	*pp.* pass		어근 의미
khan	khāta	khata	파다.
ghaṁs	haṭṭha		마찰하다.
jan	jāta		낳다/생산하다.
tan	tata		넓히다.
dhaṁs	dhasta		함락하다.
nam	nata		굽히다.
bandh	naddha		묶다.
man	mata	muta	생각하다.
yam	yata		제어하다.
saṁs	sattha		선언하다.
haṁs	haṭṭha		(몸의 털이) 곤두서다.
han	hata		죽이다.

§ 306. -ar 어근의 완료수동분사

-ar을 포함하거나, 고대인도어에서의 ṛ을 포함한 어근은 대부분 완료수동분사에서 그 약변화단계로 a, i 또는 u를 취한다(비교 -na 어미를 갖는 완료수동분사 「*pp. pass.*」.)

어 근	*pp.* pass		어근의미
ijjh(ardh)	iddha	aḍḍha	성공하다.
kar	kata		만들다.
gijjh(gardh)	gaddha	giddha	바라다.
thar	thaṭa		뿌리다.
das(darś)	diṭṭha		보다.

어 근	*pp.* pass		어근의미
dhar	dhata	dhaṭa	지니다.
		dhita	
phar	phuṭa	phuṭṭa	편만하다.
bhar	bhata		운반하다.
mar	mata		죽다.
vaddh(vardh)	vuḍḍha	vaḍḍha	자라다.
	vuddha	vaddha	
var	vuta	vaṭa	방해하다.
sar	-sita	-saṭa	가다.
sar	sata		기억하다.
har	haṭa	hita	운반하다.
마찬가지로			
phal	phulla		파열하다.

§ 307. 자음으로 끝나는 어근과 완료수동어미의 동화

자음으로 끝나는 어근과 완료수동어미 -ta 사이에 다양한 동화작용이 일어날 수 있다.

어 근	*pp. pass.*		어근의미
khip	khitta	khipita	던지다.
gup	gutta		보호하다.
tap_1	tatta		불타다.
tap_2 (tarp)	titta		만족하다.
dīp	ditta		빛나다.
lup	lutta		부수다.
vap	vatta	vutta	씨뿌리다.
sap	satta		저주하다.
svap	sutta	supita	잠자다.
is	iṭṭha		바라다.
kas	kaṭṭha	kattha	쟁기질하다.
kas/kaṁs	kaṭṭha		칭찬하다.
kilis	kiliṭṭha		더럽다.
kus	kuṭṭha		꾸짖다.
ghas	ghasta		먹다. 삼키다.
ghus	ghuṭṭha		부르다.
ḍas	ḍaṭṭha		물다.
dus	duṭṭha		나쁘다.
nas	naṭṭha		멸망하다.
pis	piṭṭha		가루내다.
pus	puṭṭha		부양하다.
bhass	bhaṭṭha		떨어지다.
bhās	bhaṭṭha		말하다.
mas	maṭṭha		만지다/접촉하다.
vas_1	vuttha	vattha	옷을 걸치다.
vas_2	vuttha		살다.
	vusita	vasita	
vass	vuttha		비가오다.
	vaṭṭa	vaṭṭha	

어 근	pp. pass.		어근의미
vis	viṭṭha		들어가다.
sas_1	sattha		때리다.
sas_2	sattha		숨쉬다.
sis	-siṭṭha		남겨두다.
has	haṭṭha		웃다.
kujjh	kuddha		화내다.
ḍah	daḍḍha		태우다.
duh	duddha		(젖을) 짜다.
nah	naddha		있다. 꿰매다.
budh	buddha		깨닫다.
muh	muddha		어리석다.
yudh	yuddha		싸우다.
ā+rabh	-raddha		시작하다.
radh	raddha		성공하다.
rudh	ruddha		망설이다.
labh	laddha		얻다.
lubh	luddha		열망하다.
vyadh	viddha		꿰뚫다.
sambh	saddha		조용하다.
sīdh	siddha		성취하다.
sudh	suddha		맑다.
snih	siniddha		사랑하다.
kant	-kanta	-kantita	가르다.
kam	-kanta		걷다.
kilam	kilanta	kilamita	피로하다/부족하다.
khan	khanta		참다.
dam	danta	damita	훈련하다.
dham	dhanta	dhanita dhamita	불다.
bham	bhanta		유행하다.
vam	vanta		토하다.

§ 308. -h 어근의 완료수동분사.

-h로 끝나는 어근의 완료수동분사는 대부분 -ḷha로 끝난다. 드물게 -dh로 끝나는 어근에서도 살펴볼 수 있다.

어 근	pp. pass	어근의미
gūh	gūḷha	숨지다.
ā+barh	abbūḷha	당기다.
muh	mūḷha	어리석다.
yūh	yūḷha	가지다.
rudh	rūḷha	방해하다.
ruh	rūḷha	자라다.
lih	līḷha	핥다.
vah	ūḷha vūḷha vuḷha	운반하다

§ 309. -ita 어미의 완료수동분사

빠알리어의 많은 동사어근은 -ita 어미를 지닌 완료수동분사를 취한다. 특히 두 개의 자음으로 끝나는 어근에서 이러한 형성이 이루어진다.

어근	*pp. pass.*	어근의미
ikkh	ikkhita	보다.
kaṅkh	kaṅkihita	의심하다.
kand	kandita	울다.
kamp	kampita	떨다.
kas	kasita	펴다/열다.
kīḷ	kīḷita	놀다.
kut	kutita	구부리다.
kup	kupita	화내다.
khaṇḍ	khaṇḍita	부수다.
khād	khādita	먹다.
khub	khubita	화내다.
ganth	ganthita	엮다.
garah	garahita	꾸짖다.
gah	gahīta	붙잡다.
gil	gilita	삼키다.
ghar	gharita	방울방울 떨어지다.
cal	calita	움직이다.
cud	cudita	꾸짖다.
pat	patita	떨어지다.
bhaṇ	bhaṇita	말하다.
mud	mudita	즐거워하다.
yāc	yācita	구걸하다/요청하다.
lajj	lajjita	부끄러워하다.
lap	lapita	말하다.

§ 310. 현재어간 + ita 어미의 완료수동 분사

완료수동분사는 여러 유형의 현재어간으로부터 형성될 수 있다. 이때 현재어간의 끝에 있는 모음이 제거되고 거기에 -ita가 첨가된다.

현재유형	어근	3rd *sg. pres.*	*pp. pass*	어근의미
Ia	thu	thavati	thavita	칭찬하다.
Ia	div	devati	devita	슬퍼하다.
Ia	ru	ravati	ravita	울부짖다.
Ia	rud	rodati	rodita	울다.
Ic	is	icchati	icchita	바라다.
Ic	gam	gacchati	gacchita	가다.
Id	gā	gāyati	gāyita	노래하다.
Id	thā	thāyati	thāyita	당황하다/미치다.
Id	pad	pajjati	pajjita	가다.
Id	vā	vāyati	vāyita	(바람이)불다.
Ie	muc	muñcati	muñcita	풀다/해탈하다.
Ie	raj	rañjati	rañjita	밝다/빛나다
If	dhā	dahati	dahita	두다.
If	sad	sīdati	sīdita	앉다.

현재유형	어근	3rd *sg. pres.*	*pp. pass*	어근의미
If	hā	jahati	jahita	버리다.
Ih	cirā	cirāyati	cirāyita	머뭇거리다.
Ih	dhūp	dhūpayati	dhūpayita	연기나다.
IIa	kath	katheti	kathita	이야기하다.
IIa	kapp	kappeti	kappita	준비하다.
IIa	gaṇ	gaṇeti	gaṇita	계산하다.
IIa	gup	gopeti	gopita	수호하다.
IIa	ghaṭṭ	ghaṭṭeti	ghaṭṭita	때리다.
IIa	ghāt	ghāteti	ghātita	죽이다.
IIa	cint	cinteti	cintita	생각하다.
IIa	cuṇṇ	cuṇṇeti	cuṇṇita	가루내다.
IIa	chaḍḍ	chaḍḍeti	chaḍḍita	내뱉다.
IIa	mant	manteti	mantita	충고하다.
IIa	vaṇṇ	vaṇṇeti	vaṇṇita	색칠하다.
IIa	sukh	sukheti	sukhita	행복하다.
IIa	heth	hetheti	hethayita	괴롭히다/상처내다.
IIIe	ji	jināti	jinita	이기다.
pass.	chid	chijjati	chijjita	자르다.
pass.	muc	muccati	muccita	풀다/해탈하다.

§ 311. 미래수동분사(*grd.*)

빠알리어에서는 일련의 많은 미래수동분사(*grd.*)의 어미가 존재한다. 그것을 네 가지로 유형별로 분류해보면 아래와 같다.

1) -tabba, -itabba
2) -anīya, -aniya, -aniyya, -aneyya
3) -ya, -iya, -eyya, -cca
4) -tāya, -tayya, -teyya

자주 사용되는 미래수동어미는 아래와 같다.

-tabba, -itabba, -anīya, -aniya, -ya, -iya.

모래 미래수동은 a/ā의 곡용을 하는 형용사와 동일하게 변화한다.(§ 161).

§ 312. -tabba, -itabba 어미의 미래수동분사

미래수동어미 -tabba는 어근에 직접 연결된다. 이때의 어근모음 a는 불변이며 i 또는 u를 포함하는 어근은 정상변화형태 e 또는 o를 취한다. 자음으로 끝나는 어근은 어미 -tabba 와 동화작용을 일으키며, 또한 i로 확장된 형태의 어미 -itabba를 취할 수 있는데, 이런 현상은 본질적으로 현재어간의 파생어에서 자주 등장한다.

§ 313. 어근＋미래수동분사어미 -tabba 내지 -itabba

어근	미래수동(*grd.*)		
	-tabba	-itabba	어근의미
pa+āp	pattabba		얻다/도달하다.
kar	kātabba kattabba	gamitabba	만들다.
khan	khantabba		파내다.
gam	gantabba		가다.
ci	cetabba	janitabba	모으다.

어근	미래수동(*grd.*)		
	-tabba	-itabba	어근의미
cet	cetabba		생각하다.
chid	chetabba		쪼개다.
jan			낳다/생산하다.
ji	jetabba		이기다.
jñā	ñātabba		알다/인식하다.
ṭhā	ṭhātabba		서있다.
das	daṭṭhabba		보다.
dā	dātabba		주다.
dhā	dhātabba		두다.
nī	netabba		이끌다.
pā	pātabba		마시다.
bhuj		bhojitabba	향수하다.
man	mantabba	manitabba	생각하다.
mā	mātabba		측량하다.
labh	laddhabba		얻다.
vac	vattabba		말하다.
vatt	vattabba		전기(轉起)하다.
vas	vatthabba		살다.
su	sotabba		듣다.
han	hantabba		죽이다.
	hātabba		
har	hātabba		가져오다.
hā	hātabba		떠나다.
hu	hotabba		붓다/헌공하다.
hvā	-vhātabba		부르다.

§ 314. 현재어간+미래수동분사어미 -itabba

특히 현재어간에다가 -itabba를 첨가하여 형성시킨 미래수동분사가 생산적이고 따라서 자주 등장한다 : 예외 -tabba 만을 취하는 유형 II가 있다. 모음으로 끝나는 현재어간어미이든 현재어간에서 특수한 어미가 없는 모음으로 끝나는 어근이든 간에 고려하지 않고 현재어간은 이 모든 경우에서 언제든지 말미모음을 잃어버린다.

어근	*3rd. sg. pres.*	현재유형	미래수동분사(*grd.*)	어근의미
kam	kamati	*Ia*	-kamitabba	걷다.
dhar	dharati	*Ia*	-dharitabba	유지하다.
pac	pacati	*Ia*	pacitabba	요리하다.
har	harati	*Ia*	haritabba	운반하다.
sar	sarati	*Ia*	saritabba	기억하다.
sās	sāsati	*Ia*	sāsitabba	가르치다.
khip	khipati	*Ib*	khipitabba	던지다.
vis	visati	*Ib*	visitabba	들어가다.
is_1	icchati	*Ic*	icchitabba	원하다.
kujjh	kujjhati	*Id*	kujjhitabba	화내다.
gā	gāyati	*Id*	gāyitabba	노래부르다.
dhā	dhāyati	*Id*	dhāyitabba	두다.
pad	pajjati	*Id*	pajjitabba	가다.

어근	*3rd. sg. pres.*	현재유형	미래수동분사(*grd.*)	어근의미
pas	passati	*Id*	passitabba	보다.
mā	māyati	*Id*	metabba	측량하다.
vas_3	vassati	*Id*	vassitabba	울부짖다.
vyadh	vijjhati	*Id*	vijjhitabba	꿰뚫다.
sib	sabbati	*Id*	sibbitabba	꿰매다.
bhaj	bhañjati	*Ie*	bhañjitabba	부수다.
bhuj	bhuñjati	*Ie*	bhuñjitabba	향수하다.
lip	limpati	*Ie*	limpitabba	바르다.
sic	siñcati	*Ie*	-siñcitabba	물을 대다.
dhā	dahati	*If*	dahitabba	두다.
sad	sīdati	*If*	sīditabba	앉다.
cint	cintayati	*Ih*	cintayitabba	생각하다.
mant	mantayati	*Ih*	mantayitabba	충고하다.
kath	katheti	*IIa*	kathetabba	이야기하다.
gah	gaheti	*IIa*	gahetabba	붙잡다.
cint	cintet	*IIa*	cintetabba	생각하다.
chaḍḍ	chaḍḍeti	*IIa*	chaḍḍetabba	토하다.
patth	pattheti	*IIa*	patthetabba	열망하다.
			patthayitabba	
si	-seti	*IIa*	-setabba	의지하다.
bhū	hoti	*IIb*	hotabba	이다/있다.
	-bhoti	*IIb*	-bhotabba	
dhā	dahāti	*IIIb*	dahitabba	두다.
hā	jahāti	*IIIb*	jahitabba	버리다.
ji	jināti	*IIIe*	jinitabba	이기다.
jñā	jānāti	*IIIe*	jānitabba	알다.
mā	mināti	*IIIe*	minitabba	측량하다.
jan	jāyati	*(pass.)*	jāyitabba	낳다/생산하다.
bhid	bhijjati	*(pass.)*	bhijjitabba	파괴하다.

§ 315. -aniya 계통어미의 미래수동분사.

-aniya, -anīya, -aniyya, -aneyya 어미의 미래수동분사가 있다. 이 어미들은 정상변화 단계의 어근에 연결된다. 단, 어근모음 a와 ā는 변화되지 않는다. i와 u를 포함하는 어근은 e 내지 o로 변화한다. 이때에 i와 u로 끝나는 어근은 ay내지 av로 변한다. 몇몇 어근은 이 그룹의 다양한 미래수동분사어미를 취할 수 있다.

어근	미래수동분사(*grd.*)			
	-anīya	-aniya	-aneyya. -aniyya	어근의미
kath	kathanīya			이야기하다.
kam	kamanīya			걷다.
kar	karaṇīya			만들다.
kham	khamanīya			참다.
ganth		ganthaniya		묶다.
gam	gamanīya			가다.
chaḍḍ		chaḍḍaniya		토하다.
ṭhā		ṭhāniya		서있다.
tap	tapanīya			불타다.

어근	미래수동분사(*grd.*)			
	-anīya	-aniya	-aneyya. -aniyya	어근의미
tar	taraṇīya			서두르다.
das	dassanīya		dassaneyya	보다.
div		devaniya	devaneyya	슬퍼하다.
nind	nindanīya			꾸짖다.
pā	pānīya	pāniya		마시다.
pūj	pūjanīya		pūjaneyya	공양드리다.
bandh	bandhanīya			묶다.
bhās		bhāsaniya		말하다.
bhuj		bhojaniya		향수하다.
bhū	bhavanīya			이다/있다.
mud	modanīya			즐거워하다.
ram	ramanīya			즐거워하다.
labh	labhanīya			얻다.
lubh	lobhanīya		lobhaneyya	탐하다.
vac	vacanīya		vaccaniyya	말하다.
saṅk	saṅkanīya			의심하다.
saj		sajjaniya		보내다.
sar	saraṇīya			가다.
sar	saraṇīya			기억하다.
sās		sāsaniya		가르치다.
si	sayanīya			의지하다.
su	savanīya			듣다.
han	hanīya			죽이다.

※ 어근 yuj '묶다'의 수동현재어간인 yujja로부터 미래수동분사 yujjaniya가 형성된다. 어근 labh '얻다'는 이중적인 미래수동분사를 갖고 있다. 어간 labbha에 미래수동분사의 어미 -aneyya가 첨가될 수 있다 : labbhaneyya.

§ 316. -ya 계통어미의 미래수동분사

-ya, -iya, -eyya, -cca 어미의 미래수동분사가 있다. 흔히 어근에 직접 어미 -ya가 첨가된다. 이때에 물론 자음으로 끝나는 어근은 어미 -ya와 다양한 동화작용을 일으킨다. 따라서 어근형태가 알아볼 수 없을 정도로 변형되기도 한다. 어근모음 a는 불변이다. 장모음은 이음장 법칙이 적용되면 단음화된다. i와 u를 포함하는 어근은 정상변화단계 e 내지 o를 취하지만 그 이외에 약변화단계를 택할 수도 있다.

§ 317. 어근+미래수동분사어미 -ya

어근에 직접 미래수동분사어미 -ya가 첨가된다.

어근	미래수동분사(*grd.*)	어근의미
kath	kaccha	이야기하다.
khād	khajja	먹다.
khip	-khippa	던지다.
gam	-gamya, gamma	가다.
gah	gayha, -gahāya	붙잡다.
caj	caja	놓아주다.
cet	cecca, cicca	생각하다.
chid	chejja	쪼개다.
jan	jañña	낳다/생산하다.

어근	미래수동분사(*grd.*)	어근의미
das	dissa	보다.
pūj	pujja	존경하다. 공양하다.
bhid	bhejja, bhijja	부수다.
bhuj	-bhogga, -bhojja	향수하다.
bhū	bhabba	이다/있다.
mas	massa	접촉하다.
ram	ramma	즐거워하다.
labh	labbha	얻다.
lih	leyya	핥다.
vadh	vajjha	꿰뚫다.
vic	-vicca	넓히다.
sak	sakka	할 수 있다.
sah	sayha	참다.
han	haññа	죽이다.
har	hīra	운반하다.
hā	-hāya	버리다.

§ 318. 현재어간+미래수동분사어미 -iya

미래수동분사의 어미 -iya는 대부분 말미모음를 상실한 현재어간에 첨가된다

어 근	*3rd. sg. pres.*	현재유형	*grd.*	
dhaṁs	dhaṁsati	*Ia*	dhaṁsiya	붕괴하다.
nand	nandati	*Ia*	nandiya	즐거워하다.
bhar	bharati	*Ia*	bhariya	옮기다.
rakkh	rakkhati	*Ia*	rakkhiya	보호하다.
vad	vadati	*Ia*	-vadiya	말하다.
sās	sāsati	*Ia*	sāsiya	가르치다.
suc	socati	*Ia*	sociya	슬퍼하다.
har	harati	*Ia*	hariya hāriya	운반하다.
nind	nindati	*Ib*	nindiya	비난하다.
tap_2	tappati	*Id*	tappiya -tappaya	만족하다.
saj	sajjati	*Id*	sajjiya	보내다.
chid	chindati	*Ie*	chindiya	쪼개다.
bhuj	bhuñjati	*Ie*	-bhuñjiya	향수하다.
rudh	rundhati	*Ie*	rundhiya	방해하다.
patth	pattheti	*IIa*	patthiya	열망하다.
pūj	pūjeti	*IIa*	pūjiya.	공양하다.
kar	karoti	*IIId*	kāriya kayira	하다.
kī	kaṇāti	*IIIe*	kiṇiya	사다.
labh	labbhati	*(pass.)*	labbhiya	얻다.

§ 319. 미래수동분사 어미 -eyya

미래수동분사의 어미 -eyya는 i또는 ī로 끝나는 몇몇 어근과 또한 ā로 끝나는 어근에 첨가된다. 그 밖에 현재어간에서 두 가지 파생어를 가질지라도 거기에 해당되는 몇몇 자음어미의 어근은 이 유형을 따른다.

어근	미래수동분사(*grd.*)	어근의미

어근	미래수동분사(*grd.*)	어근의미
ci	ceyya	모으다.
ji	jeyya	이기다.
nī	neyya	이끌다.
khā	kheyya	알리다.
jñā	-ññeyya	알다.
dhā	dheyya	놓다/두다.
mā	meyya	측량하다.
hā	heyya	버리다.
cint	cinteyya	생각하다.
cet	ceteyya	생각하다.
dhar	dhareyya	유지하다.
rakh	rakheyya	보호하다.

어 근	*3rd. sg. pres.*	현재유형		어근의미
ci	cinoti	IIIc	cineyya	모으다.
sak	sakkuṇoti	IIIc	sakkuṇeyya	할 수 있다.

§ 320. 미래수동분사 어미 -cca

몇몇 -ar 의 어근은 미래수동분사의 어미 -cca를 취한다.

어근	미래수동분사(*grd.*)	어근의미
bhar	bhacca	옮기다. 들다.
mar	macca	죽다.
har	hacca	운반하다.

§ 321. 미래수동분사 -taya 류

-tāya, -itāya, -itayya, -teyya 어미를 지닌 미래수동분사 : 이 유형은 오직 몇몇 어근에서만 볼 수 있다.

어근	미래수동분사(*grd.*)			
	-tāya,-itāya	-tayya	-teyya	어근의미
pa+āp		pattayya	patteyya	얻다/도달하다.
jñā		ñātayya	ñāteyya	알다.
tas	tasitāya			두려워하다.
das	daṭṭhāya	daṭṭhayya	daṭṭheyya	보다.
lajj	lajjitāya			부끄러워하다.
labh			laddheyya	얻다.
vyadh			viddheyya	꿰뚫다.

§ 322. 절대사(*abs.*)

완료수동분사 이외에 이 절대사는 빠알리어에 가장 많이 사용하는 비정형동사형태일뿐만 아니라 가장 많이 등장하는 동사형태 가운데 하나이다. 이 절대사는 신층 빠알리어 텍스트일수록 그 의미가 두드러지며, 점점 절대사를 통한 문장 연결이 증가됨을 볼 수 있다. 절대사를 격변화에 대체하는데 사용한다는 사실이 이미 § 226에서 다루었다. 절대사는 불변사이며 모든 성과 수에서 변화하지 않는다. 대부분 절대사는 정형동사의 행위에 대한 전시간성이나 드물지만 동시성을 나타낸다. 우리말로는 '하고나서', '하고' '하면서' 등으로 번역할 수 있다 : 어근 kar '하다' → *abs.* katvā '하고, 하면서'

빠알리어에는 많은 일련의 절대사 어미가 있다.

1) -tvā, -tvāna, -itvā, -itvāna
2) -ya, -iya, -iyana
3) -tūna, -itūna, -tuṁ, -tu
4) -cca(*sk.* -tya)

이에 그룹의 순서는 자주 등장하는 확률에 따른 것이다. 특히 세 번째와 네 번째의 어미는 드물게 등장한다. 마찬가지로 두 번째의 -iyana도 매우 드물게 등장한다. 어미 -tvā, -tvāna와 -ya는 어근에 바로 첨가된다. 단 예외는 -e 로 끝나는 유형 IIa의 현재어간으로부터 형성된 e+tvā의 절대사는 예외이다. 그에 비해 -tvā, -tvāna와 -iya는 말미모음을 상실한 현재어간에 또는 드물지만 직접 어근에 부착된다. 이 여섯가지의 어미가 가장 많이 사용된다. 빠알리어에서는 현재어간이 점점 중요시 되므로 무엇보다도 그것과 결합하기 쉬운 -itvā로 끝나는 절대사가 신층의 텍스트에서 주로 등장하게 된다. 어근에 직접 등장하는 절대사 어미는 여러 가지 동화작용을 겪으므로 쉽게 알아보기가 어렵다. 범어에서처럼 어미 -tvā, -tvāna 내지 -itvā, -itvāna를 비복합동사에, -ya내지 -iya를 복합동사에 한정시켜 사용하는 법칙은 빠알리어에서 잘 지켜지지 않는다. 무엇보다도 자주 등장하는 동사는 여러 종류의 절대사 어미를 공동으로 사용한다.

어근	절대사(*abs.*)	어근의미
kar	katvā, katvāna, kātūna, kattūna, -kacca, karitvā	만들다.
chid	chetvā, chetvāna, chinditvā, chitvā, -chindiya, -chijja	쪼개다.
su	sutvā, sutvāna, suṇitvā, suṇitvāna, sotūnaṁ, suṇiya	듣다.
har	-hatvā, -hatvāna, haritvā, -hacca, -hātūna, -hatthuṁ	운반하다.
hā	hitvā, hitvāna, -hatvāna, jahitvā, jahetvā, -hāya, -hātūna	버리다.

§ 323. 약변화어근 + 절대사어미 -tvā, tvāna

-tvā, -tvāna 어미의 절대사는 어근에서 약변화단계를 요구한다(§ 46). 이음장법칙(§ 45)은 어근모음의 단음화로 이끈다. 어근 pā의 절대사 pitvā와 pitvāna는 예외이다.

어근	절대사(*abs.*)	어근의미
kar	katvā, katvāna	만들다.
chid	chitvā	쪼개다.
ji	jitvā	이기다.
jñā	-ñitvā	알다.
ṭhā	ṭhitvā	서있다.
da(r)s	diṭṭhā, disvā, disvāna	보다.
dhar	dhatvā	들다/유지하다
pā	pītvā, pītvāna, pitvā, pitvāna	마시다.
bhuj	bhutvā, bhutvāna	향수하다.
bhū	-bhutvā, hutvā, hutvāna	이다/있다.
muc	mutvā	풀다/해탈하다.
vyadh	viddhā	꿰뚫다.
sar	sitvā	가다.
sic	sitvā	물을 대다.
sī	sitvā	눕다.
su	sutvā, sutvāna	듣다.
har	hatvā, hatvāna	운반하다.
hā	hitvā, hitvāna	버리다.

§ 324. 정상변화어근 + 절대사어미 -tvā, -tvāna

-tvā와 -tvāna 어미의 절대사가 어근에서 정상변화단계를 취할 경우가 있다(§ 45). 여기에도 예외 없이 이음장법칙(§ 45)이 적용된다.

어근	절대사(*abs.*)	어근의미
pa+āp	paptvā, paptvāna	얻다/도달하다.
gam	gantvā, gantvāna	가다.
ghā	ghātvā	냄새맡다.
chid	chetvā, chetvāna	쪼개다.
ji	jetvā, jetvāna	이기다.
jñā	ñatvā, ñatvāna	알다.
ṭhā	ṭhatvā, ṭhatvāna	서있다.
dā	datvā, datvāna, dajjā	주다.
dhā	dhatvā	놓다/두다.
nī	netvā, netvāna	이끌다.
bhid	bhetvā, bhetvāna	부수다.
bhuj	bhotvā	향수하다.
bhū	bhotvā, bhotvāna	이다/있다.
man	mantvā, mantvāna, mantā	생각하다.
labh	laddhā, laddhāna	얻다.
vac	vatvā, vatvāna	말하다.
han	hantvā, hantvāna	죽이다.
hā	-hatvāna	버리다.

§ 325. 현재어간 + 절대사어미 -itvā, -itvāna

-itvā, -itvāna와 -e + tvā 어미의 절대사가 있다. -itvā 어미와 그 보다 드물지만 -itvāna 어미의 절대사는 현재 어간에서 형성된다. 특히 -e 어간의 유형 IIa 로부터 형성된 -etvā 로 끝나는 절대사도 여기에 포함된다.

어근	*3rd. sg. pres.*	현재유형	절대사(*abs.*)	어근의미
as_2	(asanā-ti)		asitvā asitvāna	먹다.
kant	kanta-ti	*Ia, 1*	kantitvā	자르다.
kand	kanda-ti	*Ia, 1*	kanditvā	울다.
kam	kama-ti	*Ia, 1*	kamitvā	걷다.
khaṇ	khaṇa-ti	*Ia, 1*	khaṇitvā	파내다.
car	cara-ti	*Ia, 1*	caritvā caritvāna	가다.
tar	tara-ti	*Ia, 1*	taritvā	건너다.
dhar	dhara-ti	*Ia, 1*	dharitvā	들다/유지하다.
pac	paca-ti	*Ia, 1*	pacitvā	요리하다.
pat	pata-ti	*Ia, 1*	patitvā	떨어지다.
yaj	yaja-ti	*Ia, 1*	yajitvā, yajitvāna	헌공하다.
lajj	lajja-ti	*Ia, 1*	lajjitvā	부끄러워하다.
labh	labha-ti	*Ia, 1*	labhitvā, labhitvāna	얻다.
lamb	lamba-ti	*Ia, 1*	lambitvā	걸려있다.
vaddh	vaḍḍha-ti	*Ia, 1*	vaḍḍhitvā	자라다.
vadh	vadha-ti	*Ia, 1*	vadhitvā	죽이다.
vand	vanda-ti	*Ia, 1*	vanditvā	절하다. 인사하다.
vap	vapa-ti	*Ia, 1*	vapitvā	씨뿌리다.

어근	*3rd. sg. pres.*	현재유형	절대사(*abs.*)	어근의미
vas_2	vasa-ti	*Ia, 1*	vasitvā	살다.
saj	sajja-ti	*Ia, 1*	sajjitvā, sajjitvāna	보내다.
sand	sanda-ti	*Ia, 1*	sanditvā	흐르다.
sap	sapa-ti	*Ia, 1*	sapitvā	저주하다.
sar_1	sara-ti	*Ia, 1*	saritvā	가다.
sar_2	sara-ti	*Ia, 1*	saritvā	기억하다.
han	hana-ti	*Ia, 1*	hanitvā, hanitvāna	죽이다.
har	hara-ti	*Ia, 1*	haritvā	운반하다.
ās	āsa-ti	*Ia, 2*	-āsitvā	앉다.
khād	khāda-ti	*Ia, 2*	khāditvā	먹다.
bhās	bhāsa-ti	*Ia, 2*	bhāsitvā	말하다.
yāc	yāca-ti	*Ia, 2*	yācitvā, yācitvāna	부탁하다. 구걸하다.
sās	sāsa-ti	*Ia, 2*	sāsitvā	가르치다.
mud	moda-ti	*Ia, 3*	moditvā	즐거워하다.
rud	roda-ti	*Ia, 3*	-roditvā	울다.
ruh	roha-ti	*Ia, 3*	rohitvā	자라다.
lih	leha-ti	*Ia, 4*	lehitvā	핥다.
bhū	bhava-ti	*Ia, 5*	bhavitvā	이다/있다.
nī	naya-ti	*Ia, 6*	nayitvā, nayitvāna	이끌다.
si	saya-ti	*Ia, 6*	sayitvā, sayitvāna	의지하다.
sī	saya-ti	*Ia, 6*	sayitvā	눕다.
sev	seva-ti	*Ia, 7*	sevitvā	봉사하다.
khip	khipa-ti	*Ib, 1*	-khipitvā	던지다.
vis	visa-ti	*Ib, 1*	visitvā	들어가다.
rud	ruda-ti	*Ib, 2*	ruditvāna	울다.
ruh	ruha-ti	*Ib, 2*	ruhitvā	자라다.
	rūha-ti	*Ib, 2*	rūhitvā	
kir	kira-ti	*Ib, 3*	kiritvā	뿌리다.
$phus_1$	phusa-ti	*Ib, 3*	phusitvā	접촉하다.
saj	saja-ti	*Ib, 3*	sajitvāna	보내다.
is	iccha-ti	*Ic*	icchitvā	원하다.
kup	kuppa-ti	*Id*	kuppitvā	화내다.
ghā	ghāya-ti	*Id*	ghāyitvā	냄새맡다.
dā	diya-ti	*Id*	diyitvā	주다.
nah	nayha-ti	*Id*	-nayhitvā	잇다/묶다.
pad	pajja-ti	*Id*	pajjitvā	가다.
budh	bujjha-ti	*Id*	bujjhitvā	깨닫다.
yā	yāya-ti	*Id*	yāyitvā	가다.
yudh	yujjha-ti	*Id*	yujjhitvā	싸우다.
lī	līya-ti	*Id*	līyitvā	붙다.
vyadh	vijjha-ti	*Id*	vijjhitvā	꿰뚫다.
chid	chinda-ti	*Ie*	chinditvā	쪼개다.

어근	*3rd. sg. pres.*	현재유형	절대사(*abs.*)	어근의미
bhid	bhinda-ti	*Ie*	bhinditvā	부수다
bhuj	bhuñja-ti	*Ie*	bhuñjitvā	향수하다.
muc	muñca-ti	*Ie*	muñcitvā	풀다/해탈하다.
ric	riñca-ti	*Ie*	riñcitvā	버리다.
rudh	rundha-ti	*Ie*	rundhitvā	방해하다.
luc	luñca-ti	*Ie*	luñcitvā	잡아당기다.
sic	siñca-ti	*Ie*	siñcitvā	물을 대다.
gar_2	-jagga-ti	*If*	-jaggitvā	깨어있다.
ṭhā	ṭhaha-ti	*If*	ṭhahitvā	서 있다.
dhā	daha-ti	*If*	dahitvā	두다.
pā	piva-ti	*If*	pivitvā	마시다.
sad	sīda-ti	*If*	sīditvā, sīditvāna	앉다.
cint	cintaya-ti	*Ih*	cintayitvā	생각하다.
pīḷ	pīḷaya-ti	*Ih*	pīḷayitvā	억압하다/괴롭히다.
mant	mantaya-ti	*Ih*	mantayitvā, mantayitvāna	충고하다.
kath	kathe-ti	*IIa*	kathetvā	이야기하다.
kap	kappe-ti	*IIa*	-kappayitvā	준비하다.
gaṇ	gaṇe-ti	*IIa*	gaṇetvā	계산하다.
ganth	ganthe-ti	*IIa*	ganthetvā	묶다.
gaḥ	gahe-ti	*IIa*	gahetvā, gahetvāna	붙잡다.
ghus	ghose-ti	*IIa*	ghosetvā	부르다.
cint	cinte-ti	*IIa*	cinetetvā	생각하다.
dhā	dahe-ti	*IIa*	dahetvā	두다.
	dhe-ti	*IIa*	dhetvā	
mant	mante-ti	*IIa*	mantetvā	충고하다.
sib	sibbe-ti	*IIa*	sibbetvā	꿰메다.
hvā	-vhe-ti	*IIa*	-vhetvā	부르다.
dā	dadā-ti	*IIIb*	daditvā	주다.
hā	jahā-ti	*IIIb*	jahitvā	버리다.
pa+āp	pāpuṇo-ti	*IIIc*	pāpuṇitvā, pāpuṇitvāna	얻다/도달하다.
ci	cino-ti	*IIIc*	cinitvā	모으다.
sak	sakkuṇo-ti	*IIIc*	sakkuṇitvā	할 수 있다.
su	suṇo-ti	*IIIc*	suṇitvāna, suṇitvā	듣다.
kar	karo-ti	*IIId*	karitvā	만들다.
kī	kiṇā-ti	*IIIe*	kiṇitvā	사다.
ji	jinā-ti	*IIIe*	jinitvā	이기다.
jñā	jānā-ti	*IIIe*	jānitvā	알다.
mā	minā-ti	*IIIe*	minitvā, minitvāna	측량하다.
hi	-hiṇā-ti	*IIIe*	-hiṇitvā	보내다.

§ 326. -ya 어미의 절대사

어미 -ya는 어근에 직접 첨가되며 자음어미의 어근에서는 다양한 동화작용을 형성한다. 이 때에 어근모음의 대체장음화가 나타날 수 있다. 어근은 대부분 약변화 단계(§ 46)를 보여주지만 -ā 어근은 부분적으로 아무런 변화도 초래하지 않는다.

어근	절대사(*abs.*)			어근의미
i	iya	-āya		가다.
kas	-kassa			쟁기질하다.
kir		kira		뿌리다.
kup	kuppa			화내다.
khan	-khañña	-khāya		파내다.
gam	gamma			가다.
gah		gayha		붙잡다.
ci		-ciya	-ceyya	모으다.
chid	-chijja			쪼개다.
ji		-jiya	jeyya	이기다.
jñā		-ñāya	-ñaya	알다.
ṭhā		ṭhāya		서있다.
thar		thāya		뿌리다.
dā		dāya	diya	주다.
dhā		dhāya	dayha	두다.
nī		nīya	neyya	이끌다.
nud	-nujja			부딪히다.
pad	-pajja			가다.
pucch			puccha	질문하다.
phus	phussa			접촉하다.
bhaj	-bhajja			사귀다.
bhid	-bhijja			부수다.
bhū			-bhuyya	이다/있다.
mā		māya		측량하다.
muc	-mucca			풀다/해탈하다.
ā+rabh	-arabbha			시작하다.
ram	ramma			즐거워하다.
ruh			ruhya	자라다.
vis	-vissa			들어가다.
vyadh	-vijjha			꿰뚫다.
saj	-sajja			보내다.
sad	sajja			앉다.
sah			-sayha	참다.
si		sāya		의지하다.
har	-hacca			가져오다.
hā		-hāya		버리다.

§ 327. -iya, -iyana 어미의 절대사

어미 -iya로 끝나는 절대사는 말리모음이 제거되어 버린 현재어간으로부터 형성된다.

어근	*3rd. sg. pres.*	현재유형	절대사(*abs.*)	어근의미
ās	āsa-ti	*la*	āsiya	앉다.

어근	*3rd. sg. pres.*	현재유형	절대사(*abs.*)	어근의미
khād	khāda-ti	*Ia*	khādiya	먹다.
tar_1	tara-ti	*Ia*	-tariya	건너가다.
bandh	bandha-ti	*Ia*	bandhiya	묶다.
$bhās_1$	bhāsa-ti	*Ia*	bhāsiya	말하다.
yāc	yāca-ti	*Ia*	yāciya	구걸하다.
vand	vanda-ti	*Ia*	vandiya	절하다.
sar	sumara-ti	*Ia*	sumariya	기억하다.
kir	kira-ti	*Ib*	kiriya	뿌리다.
phus	phusa-ti	*Ib*	phusiya	접촉하다.
ruh	rūha-ti	*Ib*	rūhiya	자라다.
pas	passa-ti	*Id*	passiya	보다.
bhuj	bhuñja-ti	*Ie*	bhuñjiya	향수하다.
muc	muñca-ti	*Ie*	muñciya	풀다/해탈하다.
sic	siñca-ti	*Ie*	siñciya	물을 대다.
ṭhā	tiṭṭha-ti	*If*	-tiṭṭhāya	서있다.
sad	sīda-ti	*If*	sīdiya	앉아 있다.
gah	gaṇha-ti	*Ig*	gaṇhiya	붙잡다.
da(r)s	dakkha-ti		dakkhiya	보다.
su	suṇo-ti	*IIIc*	suṇiya	듣다.
jñā	jānā-ti	*IIIe*	jāniya	알다.

-iyana 어미의 소수의 절대사도 위와 동일한 방식으로 현재어간으로부터 형성된다.

어근	*3rd.sg.pres.*	절대사(*abs.*)	어근의미
khand	khanda-ti	-khandiyana	도약하다.
tar	tara-ti	-tariyana	건너가다.
vad	vada-ti	-vadiyana	말하다.
var	vara-ti	-variyana	방해하다.

§ 328. -tūna, -itūna 어미의 절대사

어미 -tūna는 어근에, -itūna는 말미모음이 제거되어버린 현재어간에 첨가된다

어근	절대사(*abs.*)	어근의미
kar	kātūna, kattūna	만들다.
gam	gantūna	가다.
chaḍḍ	chaḍḍūna	토하다.
man	mantūna	생각하다.
han	hantūna	죽이다.
har	hātūna	운반하다.
hā	hātūna	버리다.

어근	*3rd. sg.* pres	절대사(*abs.*)	어근의미
kam	kama-ti	kamitūna	걷다.
kir	kira-ti	kiritūna	뿌리다.
pucch	puccha-ti	pucchitūna	질문하다.

§ 329. -tu, -tuṁ 어미의 절대사

어근에 직접 첨가되는 어미 -tu, -tuṁ을 지닌 절대사는 아주 드물다. 어근과의 동화작용으로 절대사의

어미는 변화된다.

어근	절대사(*abs.*)	어근의미
da(r)s	daṭṭhu	보다.
har	-haṭṭhuṁ	운반하다.

§ 330. -cca 어미의 절대사

어미 -cca는 직접 어근에 첨가된다. 이때에 어근은 언제나 약변화단계(§ 46)를 취한다.

어근	절대사(*abs.*)	어근의미
i	-icca	가다.
kar	-kacca	만들다.
han	-hacca	죽이다.
har	-hacca	운반하다.

§ 331. 축약형의 절대사

어미 -ya가 -a로 축약되거나 어근에서 출발하는 중요한 동사의 절대사가 축약형을 취하는 경우가 드물지만 존재한다.

어근	절대사(*abs.*)	축약형의 절대사(*abs.*)	어근의미
kh(y)ā	-khāya	-khā	알리다.
jñā	-ñāya, ñaya	-ñā	알다.
dā	dāya, -diya	-dā	주다.
lamb		lamba	걸려 있다.

§ 332. 부정사(*inf.*)

빠알리어에서는 완료수동분사와 절대사보다 부정사가 그 빈도수에 있어서 적은 편이다. 다음과 같은 부정사의 어미가 있다.

1) -tuṁ, -ituṁ
2) -tave
3) -tuye, -ituye
4) -itāye, -tase
5) -ana로 끝나는 동명사의 여격

위에 4가지의 부정사어미의 유형가운데 -tuṁ 내지 -ituṁ이 전체의 부정사 가운데 98~99%를 차지한다. -tuṁ 어미의 부정사는 대부분 어근으로부터 형성되며, 완료수동분사(*pp.*)와는 달리 언제나 정상변화단계(§ 45)를 취한다. 오로지 e로 끝나는 유형IIa와 o로 끝나는 유형 IIb의 현재 어간에 -tuṁ이 첨가된다. 물론 이 때에 자음어미의 어근과 만나면 동화현상을 유발한다. 특히 -ituṁ으로 끝나는 부정사는 활동적이다. 대부분 현재어간으로부터 구성되며 현재어간의 말미모음은 이때 탈락한다. 어근에 직접 연결되는 -ituṁ은 다음과 같이 매우 드물다.

man '생각하다'	부정사(*inf.*)	manituṁ
	현재어간	mañña
gam '가다'	부정사(*inf.*)	gamituṁ
	현재어간	gaccha

유형 2~4의 부정사 가운데서 -tave 어미의 부정사가 비교적 빈도가 높다. 그것은 대부분 어근에서 직접 형성된다. 오로지 e로 끝나는 유형 IIa의 현재어간만이 때때로 -tave로 끝나는 부정사를 취한다. 물론 이 때에 사역동사의 부정사도 거기에 해당된다. -tuye나 -ituye 어미의 부정사는 어근이나 현재어간에서 모두 형성된다. -tase 어미의 부정사는 유일하게 어근에서만 형성되지만, -itāye 어미의 부정사는 현재어간을 그 기반으로 한다. 많은 동사들은 여러 가지 부정사의 어미를 취한다. 특히 자주 사용되는 동사들 속에서 흔히 서너 개의 동일한 부정사형태를 보살펴볼 수 있다.

§ 333. 주요동사의 다양한 부정사형태

어근	부정사(*inf.*)	어근의미
kar	kātuṁ, katturṁ, kātave, kātuye, karaṇāya	만들다.
gam	gantuṁ, gamituṁ, gantave, gamanāya	가다.
su	sotuṁ, suṇituṁ, sotave, savanāya	듣다.
har	hātuṁ, hattuṁ, harituṁ, hātave	운반하다.

§ 334. 어근에서 파생된 -tuṁ 어미의 부정사.

어근	부정사(*inf.*)	어근의미
kar	kātuṁ, kattuṁ	만들다.
khan	khantuṁ	파내다.
gam	gantuṁ	가다.
das	daṭṭhuṁ	보다.
man	mantuṁ	생각하다.
yaj	yaṭṭhuṁ, yitthuṁ	헌공하다.
labh	laddhuṁ	얻다.
vac	vattuṁ	말하다.
vas	vatthuṁ	살다.
saj	satthuṁ	보내다.
han	hantuṁ	죽이다.
har	hātuṁ, hattuṁ	운반하다.
jan	jātuṁ	낳다/생산하다.
pa+āp	pattuṁ	얻다/도달하다.
ghā	-ghātuṁ	냄새 맡다.
jñā	-ñatuṁ	알다.
ṭhā	ṭhātuṁ	서있다.
dā	dātuṁ	주다.
dhā	dhātuṁ	놓다/두다.
pā	pātuṁ	마시다.
hā	hātuṁ	버리다.
i	etuṁ	가다.
is	-eṭṭhuṁ	원하다.
ci	cetuṁ	모으다.
chid	chettuṁ, -chetuṁ	쪼개다.
ji	jetuṁ	이기다.
nī	netuṁ	이끌다.
lih	leḍhuṁ	핥다.
thu	thutuṁ	칭찬하다.
budh	bodhuṁ, boddhuṁ, -buddhuṁ	깨닫다.
bhuj	bhottuṁ	향수하다.
su	sotuṁ	듣다.
sup	sottuṁ	잠자다.

§ 335. 현재어간에서 파생된 -tuṁ 어미의 부정사

어근	*3rd. sg. pres.*	현재유형	부정사(*inf.*)	어근의미

어근	*3rd. sg. pres.*	현재유형	부정사(*inf.*)	어근의미
kath	kathe-ti	*IIa*	kathetuṁ	이야기하다.
kap	kappe-ti	*IIa*	kappetuṁ	준비하다.
gaṇ	gaṇe-ti	*IIa*	gaṇetuṁ	계산하다.
gah	gahe-ti	*IIa*	gahetuṁ	붙잡다.
dam	dame-ti	*IIa*	dametuṁ	제어하다.
dhā	-dhe-ti	*IIa*	-dhetuṁ	두다.
sib	sibbe-ti	*IIa*	sibbetuṁ	꿰매다.
sī	se-ti	*IIa*	setuṁ	눕다.
bhū	ho-ti	*IIb*	hotuṁ	이다/있다.

§ 336. 현재어간에서 파생된 -ituṁ 어미의 부정사

어근	*3rd. sg. pres.*	현재유형	부정사(*inf.*)	어근의미
kaṅkh	kaṅkha-ti	*Ia, 1*	kaṅkhituṁ	의심하다.
kaddh	kaddha-ti	*Ia, 1*	kaddhituṁ	모으다.
khan	khana-ti	*Ia, 1*	khanituṁ	파내다.
car	cara-ti	*Ia, 1*	carituṁ	가다.
ḍas	ḍasa-ti	*Ia, 1*	ḍasituṁ	물다.
tar_1	tara-ti	*Ia, 1*	tarituṁ	건너가다.
nand	nanda-ti	*Ia, 1*	nandituṁ	즐거워하다.
pac	paca-ti	*Ia, 1*	pacituṁ	요리하다.
bandh	bandha-ti	*Ia, 1*	bandhituṁ	연결하다.
bhakkh	bhakkha-ti	*Ia, 1*	bhakkhituṁ	먹다.
bhaj	bhaja-ti	*Ia, 1*	bhajituṁ	사귀다.
mar	mara-ti	*Ia, 1*	marituṁ	죽다.
yaj	yaja-ti	*Ia, 1*	yajituṁ	헌공하다.
yam	yama-ti	*Ia, 1*	yamituṁ	제어하다.
rakkh	rakkha-ti	*Ia, 1*	rakkhituṁ	보호하다.
raj	raja-ti	*Ia, 1*	rajituṁ	밝다/빛나다.
lajj	lajja-ti	*Ia, 1*	lajjituṁ	부끄러워하다.
vad	vada-ti	*Ia, 1*	vadituṁ	말하다.
vand	vanda-ti	*Ia, 1*	vandituṁ	절하다.
vart	vatta-ti	*Ia, 1*	vattituṁ	전향하다.
vas	vasa-ti	*Ia, 1*	vasituṁ	살다.
vah	vaha-ti	*Ia, 1*	vahituṁ	운반하다.
sar	sara-ti	*Ia, 1*	-sarituṁ	기억하다.
sas	sasa-ti	*Ia, 1*	sasituṁ	때리다.
sah	saha-ti	*Ia, 1*	sahituṁ	참다.
han	hana-ti	*Ia, 1*	hanituṁ	죽이다.
har	hara-ti	*Ia, 1*	harituṁ	얻다.
khād	khāda-ti	*Ia, 2*	khādituṁ	먹다.
yāc	yāca-ti	*Ia, 2*	yācituṁ	부탁하다.
sās	sāsa-ti	*Ia, 2*	-sāsituṁ sasituṁ	가르치다.
kīḷ	kīḷa-ti	*Ia, 2*	kīḷituṁ	놀다.
budh	-bodha-ti	*Ia, 3*	-bodhituṁ	깨닫다.
rud				

어근	*3rd. sg. pres.*	현재유형	부정사(*inf.*)	어근의미
	roda-ti	*Ia, 3*	rodituṁ	울다.
ruh	rūha-ti	*Ia, 3*	rūhituṁ	자라다.
bhū	bhava-ti	*Ia, 5*	bhavituṁ	이다/있다.
nī	naya-ti	*Ia, 7*	nayituṁ	이끌다.
sī	saya-ti	*Ia, 6*	sayituṁ	눕다.
dhov	dhova-ti	*Ia, 7*	dhovituṁ	세탁하다.
khip	khipa-ti	*Ib, 1*	khipituṁ	던지다.
likh	likha-ti	*Ib, 1*	likhituṁ	새기다/조각하다.
vis	-visa-ti	*Ib, 1*	-visituṁ	들어가다.
sup	supa-ti	*Ib, 2*	supituṁ	잠자다.
kas	kasa-ti	*Ib, 3*	kāsituṁ	쟁기질하다.
$phus_1$	phusa-ti	*Ib, 3*	phusituṁ	접촉하다.
jhā	jhāya-ti	*Id*	jhāyituṁ	명상하다.
nah	nayha-ti	*Id*	-nayhituṁ	매다.
pad	pajja-ti	*Id*	pajjituṁ	가다.
pas	passa-ti	*Id*	passituṁ	보다.
budh	pujjha-ti	*Id*	bujjhituṁ	깨닫다.
mad	majja-ti	*Id*	majjituṁ	취(醉)하다.
man	mañña-ti	*Id*	maññituṁ	생각하다.
mā	-māya-ti	*Id*	-metuṁ	측량하다.
lī	-līya-ti	*Id*	-līyituṁ	달라붙다.
	-liya-ti	*Id*	liyituṁ	
vā	vāya-ti	*Id*	vetuṁ	(바람이) 불다.
vyadh	vijjha-ti	*Id*	vijjhituṁ	꿰뚫다.
sidh	sijjha-ti	*Id*	sijjhituṁ	성취하다.
chid	chinda-ti	*Ie*	chindituṁ	쪼개다.
bhaj	bhañja-ti	*Ie*	bhañjituṁ	분배하다.
bhid	bhinda-ti	*Ie*	bhindituṁ	파괴하다.
bhuj	bhuñja-ti	*Ie*	bhuñjituṁ	향수하다.
muc	muñcati	*Ie*	muñcituṁ	풀다/해탈하다.
sic	siñca-ti	*Ie*	siñcituṁ	물을 대다.
gar	-jagga-ti	*If*	-jaggituṁ	깨어있다.
dhā	daha-ti	*If*	dahituṁ	두다.
mant	mantaya-ti	*Ih*	mantayituṁ	충고하다.
hā	jahā-ti	*IIIb*	jahituṁ	버리다.
pa+āp	pappo-ti	*IIIc*	pappotuṁ	얻다/도달하다.
ci	ciṇo-ti	*IIIc*	ciṇituṁ	모으다.
su	suṇo-ti	*IIIc*	suṇituṁ	듣다.
pa+āp	pāpuṇā-ti	*IIIe*	pāpuṇituṁ	얻다/도달하다.
kī	kinā-ti	*IIIe*	kiṇituṁ	사다.

§ 337. 어근에서 파생된 -tave 어미의 부정사

어근	부정사(*inf.*)	어근의미
i	etave	가다.
kar	kātave	만들다.
gam	gantave	가다.

어근	부정사(*inf.*)	어근의미
dā	dātave	주다.
nī	netave	이끌다.
yā	yātave	가다.
vac	vattave	말하다.
su	sotave	듣다.
har	hātave	운반하다.
hā	hātave	버리다.

§ 338. 현재어간에서 파생된 -tave 어미의 부정사.

어근	*3rd.sg.pres.*	현재유형	부정사(*inf.*)	어근의미
kath	kathe-ti	*IIa*	kathetave	이야기하다.
dhā	-dhe-ti	*IIa*	dhetave	놓다/두다.

§ 339. -tuye, ituye 어미의 부정사

어근	*3rd. sg. pres.*	현재유형	부정사(*inf.*)	어근의미
gaṇ	gaṇe-ti	*IIa*	gaṇetuye	계산하다.
bhū	(bhavi>he)		hetuye	이다/있다.
mar	mara-ti	*Ia*	marituye	죽다.

§ 340. -itāye, tase 어미의 부정사

어근	*3rd. sg. pres.*	부정사(*inf.*)	어근의미
das	dakkha-ti	dakkhitāye	보다.
i		etase	가다.

§ 341. 부정사의 대체(*substitution of inf.*)

부정사의 대체로서의 -ana 어미의 동명사의 여격이 있다. 빠알리어에서 여격의 -ana 어미를 지닌 동명사가 행위의 목적을 진술하기 위해서 자주 사용된다. 그것은 속격(*gen.*)을 주로 지배하지만 대격(*acc.*)도 지배한다. 결국에 가서는 -tuṁ 어미의 부정사와 구조적으로 동일해진다. -ana 어미의 동명사의 여격(또는+atthāya)은 본래적인 부정사만큼이나 흔히 쓰이며, 따라서 부정사로 취급될 수 있다.(베다어와 그리스어에서 동명사의 여격은 부분적으로 부정사이다).

어근	동명사	여격(*dat.*)	+atthāya	어근의미
kar	karaṇa	karaṇāya	karaṇatthāya	만들다.
gam	gamana	gamanāya		가다.
gah	gahaṇa	gahaṇāya	gahaṇatthāya	붙잡다.
tar	taraṇa	taraṇāya	taraṇatthāya	건너가다.
das	dassana	dassanāya	dassanatthāya	보다.
vac	vacana	vacanāya	vacanatthāya	말하다.
su	savana	savanāya		듣다.
har	haraṇa	haraṇāya	haraṇatthāya	운반하다.
hā	-hāna	-hānāya		버리다. 떠나다.

동명사의 여격 대신에 빠알리어의 고층의 텍스트에서는 다른 명사에서도 그렇듯이 격변화의 대체로서 atthāya를 사용한다(§ 224).

dhanāharaṇatthāya gacchantaṁ disvā 돈으로 가져오러 간 자를 보고

Rājā tassa dassanatthāya nikkhami. 왕은 그것을 보러 밖으로 나갔다.
mayā dhammo desito nittharaṇatthāya no gahaṇatthāya
집착을 위해서가 아니라 해탈을 위해서 나는 법을 설했다.

-ana 어미의 동명사에서 그 여격은 행위의 목적을 진술하기 위한 것으로 labhati, arahati, bhabba, abhabba, dullabha, yutta, samattha뒤에 주로 놓인다. 또한 -ana 어미의 동명사는 -kāma 복합어의 첫 구성부분으로 희구형을 대체할 때 부정사 대신으로 쓰인다. 그래서 많은 경우에 이 동명사는 -tuṁ 어미의 부정사를 대변할 수 있다. 다음과 같은 예를 서로 비교해보자.

pañcamattāni bhikkhusatāni…anupattāni honti bhagavantaṁ dassanāya.
대략 500명의 스님이 세존을 뵈러 왔다.
rājānaṁ nikkhaṅkhaṁ kātuṁ gato'mhi. 나는 왕을 의심시키지 않기 위해 왔다.
labheyyāma … kathaṁ savanāya. 우리가 이야기를 듣도록 허락을 해 주십시오.
kiṁ pana sabbe va khādituṁ labhasi. 당신은 모든 것을 먹을 수 있습니까?
abhabba … dassanāya 볼 수 없는(미래수동분사).
abhabba kātuṁ 할 수 없는(미래수동분사)
arahati…dassanāya 그것은 볼 가치가 있다.
ko tam ninditum arahati 누가 그를 꾸짖을 수 있는가?
akālo … bhagavantaṁ dassanāya. 세존을 뵐 때가 아니다.
akālo … bhagavato vādaṁ āropetuṁ 세존께 논의 드릴 때가 아니다.
dassanakāmā hi mayan tam āyasmantaṁ ānandan ti. 우리는 그 존자 아난다를 보고 싶어 하기 때문이다.
daṭṭhukāmo 보기를 원하는
vesāliṁ piṇḍāya pavisitukāmo 그는 탁발하러 베쌀리 성으로 들어가고자 한다.

위의 마지막 예에서 볼 수 있듯이 -tuṁ 내지 -ituṁ 어미의 부정사에서 그 가운데에서 본래 대격(*acc.*)을 나타내는 것으로 사용된 ṁ이 탈락되었다. 이러한 복합어 형성에서는 ṁ이 사라지고 부정사 어간만이 남는다.

§ 342. 수동태(*pass.*)

능동태와 반조태가 완전히 평행적으로 형성되고 오직 다양한 인칭어미로 구별되는 것과는 달리 빠알리어의 세 번째 태인 수동태는 고대 인도어에서처럼 특수한 어간에 기인한다. 수동태의 형성에는 어미 -ya가 많은 변화형과 첨가형을 가지고 기여한다. 그래서 수동어간 형성어미는 다음과 같이 나타난다.

1) -ya, -yya 2) -iya, -īya, -iyya

자주 사용되는 동사들은 여러 종류의 수동어간들을 취한다.

어근	*3rd. sg. pres. pass.*	
kar	kayya-ti, kīra-ti, karīya-ti, kariya-ti, kariyya-ti, kayirati	만들다.
dā	dīya-ti, diya-ti, diyya-ti	주다.
yaj	ijja-ti, yajīya-ti	헌공하다.
vas	vussa-ti, vasīya-ti	살다.
vah	vuyha-ti, vuḷha-ti, vahīya-ti	운반하다.
hā	hīya-ti, hāya-ti, -heti, hiyya-ti	버리다.

§ 343. 수동태의 구조

수동어간으로부터 현재의 모든 태와 분사뿐만 아니라 명령, 미래형을 포함한 아오리스트와 드물지만 조건법도 형성된다. 분명히 수동태에서는 능동태의 인칭어미가 지배적이다.

그러나 드물지만 2인칭(*2nd.*)과 자주 3인칭(*3rd.*)이 반조태의 인칭어미를 취한다. 현재 분사(*ppr.*)는 대부분의 경우 본래 반조태의 어미를 능동태로써 취한다. 그 밖에 수동태 어간으로부터 일련의 어근의 완료수동(*pp. pass.*), 미래수동(*grd.*), 절대분사(*abs.*), 부정사(*inf.*)등을 형성할 수 있다.

	수동의 능동태(*pass. act.*)	수동의 반조태(*pass. med.*)	
pres. ind.			
1st. sg.	muccāmi		
2nd. sg.	muccasi		
3rd. sg.	muccati	muccate	
1st. pl.	muccāma		
2nd. pl.	muccatha		
3rd. pl.	muccanti	muccare	muccante
pres. imp.			
1st. sg.	muccāmi		
2nd. sg.	mucca	muccassu	
3rd. sg.	muccatu	muccataṁ	
1st. pl.	muccāma		
2nd. pl.	muccatha		
3rd. pl.	muccantu	muccantaṁ	
pres. opt.			
1st. sg.	mucceyyaṁ		
2nd. sg.	mucceyyāsi		
3rd. sg.	mucceyya	muccetha	
1st. pl.	mucceyyāma		
2nd. pl.	mucceyyātha		
3rd. pl.	mucceyyuṁ		
ppr.	muccanta	muccamāna	
fut.			
1st. sg.	muccissāmi		
2nd. sg.	muccissasi		
3rd. sg.	muccissati	muccissate	
1st. pl.	muccissāma		
2nd. pl.	muccissatha		
3rd. pl.	muccissanti	muccissare	muccissante
cond.			
3rd. sg.	muccissa	muccissatha	
aor.& inj.			
1st. sg.	mucciṁ		
2nd. sg.	mucci	muccittho	
3rd. sg.	mucci	muccittha	
1st. pl.	muccimha		
2nd. pl.	muccittha		
3rd. pl.	mucciṁsu		
pp.		어근에서	현재어간능동태에서
pp. pass.	muccita	mutta	muñcita
grd.	muccitabba		
abs.	muccitvā		
inf.	muccituṁ		

§ 344. 수동태의 미래(*pass. fut.*)

수동태의 미래는 어미 -issa로 형성되는데, 그것은 수동태 어간의 말미모음 -a를 제거된 상태에서 첨가된다. 반조태의 어미는 미래형에서 현재형보다 더욱 드물게 사용된다.

어근 jñā의 경우 규칙적인 3인칭 복수(*3rd. pl.*)의 미래 ñāyissanti 이외에 예외적으로 ñāyihinti가 나타나기도 한다(§ 265). 특히 어근 muc에서 유의해야 할 사항은 규칙적인 미래어간 mucissa 대신에 원래의 능동태 어간인 mokkha가 수동태적인 미래로 사용되기도 한다는 것이다 : *2nd. sg.* : mokkhasi, *3rd. sg.* : mokkhati, *3rd. pl.* : mokkhanti.

§ 345. 수동태의 i - 아오리스트(*pass. aor.*)

수동태의 아오리스트는 다양하다. 가장 자주 등장하는 것이 수동어간의 말미모음 -a를 탈락시키고 덧붙여지는 i - 아오리스트이다. 3인칭 단수(*3rd. sg.*)에서 반조태어미가 자주 등장한다.

어근	*3rd. sg.*	*3rd. sg. aor. pass.*		
	pres. pass.	*act.*	*med.*	어근의미
khī	khīya-ti	khīyi	khīyittha	소멸하다.
-chid	chija-ti	chijji		자르다.
jan	jāya-ti	ajāyi	ajāyittha	낳다/생산하다.
ṭhā	-ṭhīya-ti	-ṭhīyi		서있다.
dā	dīya-ti	adīyi	adīyittha	주다.
bandh	bajjha-ti	bajjhi		묶다.
muc	mucca-ti	mucci	muccittha	풀다/해탈하다.
rudh	rujjha-ti	rujjhi		방해하다.
han	haññа-ti	-haññi		죽이다.
har	hariya-ti		hariyittha	가져오다.

§ 346. 수동태의 근본 - 아오리스트(*pass. aor.*)

어근	*3rd. sg.*	*3rd. sg.*	
	pres. pass.	*aor. pass.*	어근의미
das	dissa-ti	adassatha	보다.
dā	dīya-ti	adīyattha	주다.
bandh	bajjha-ti	abajjhare (*3rd. pl.*)	묶다.
har	hīra-ti	ahīratha	가져오다.
hā	hāya-ti	ahāyatha	버리다.

※ 그 밖에 3인칭 단수(*3rd. sg.*)의 경우, 어근 dā에서 수동태의 아오리스트 adiyāsi와 adāyatha도 등장하며 어근 das '보다'에서는 아오리스트 adassi가 등장한다.

§ 347. 변형된 3인칭 단수의 수동태 아오리스트.

수동태 어간에서 형성되어서는 안 되는 3인칭 단수(*3rd. sg.*)의 몇몇 수동태 아오리스트를 발견할 수 있다.

어근	*3rd. sg.*	*3rd. sg.*	
	pres. pass.	*aor. pass.*	어근의미
thar	thariya-ti	thari	뿌리다.
pūr	pūriya-ti	-pūri	채우다.
bhid	bhijja-ti	abhedi	자르다.
rudh	rujjha-ti	-rodhi	방해하다.

§ 348. 이중수동어간(*double pass.*)

빠알리어의 저자들은 이따금 수동어간 — 자주 동화작용 때문에 식별하기 어려운 — 을 독립된 동사로서 여기는 경우가 많다. 이것은 특별한 기능을 부여함이 없이 이중수동태를 사용한다는 데서도 입증된다.

어근	수동어간	이중수동어간	어근의미
chid	chijja(<chidya)	chijjiya	쪼개다.
pac	pacca(<pacya)	pacciya	요리하다.

§ 349. 수동어간의 절대사와 부정사(*pass. abs.*, *pass. inf.*)

수동태에서 완료수동이나 미래수동이 어근에서 형성되는 것과 마찬가지로 수동태에서 부정사(*inf. pass.*)가 부가적으로 형성되는 것은 수동어간을 독립된 동사어간으로 여긴다는 사실을 의미하는 것이다.

때로는 수동태의 의미를 갖는 수동어간에서 절대사(*pass. abs.*)나 부정사(*pass. inf.*)가 형성되는 것을 볼 수 있다.

어근	*pp. pass.*	*grd.*	*abs. pass.*	*inf. pass.*	어근의미
chid	chijjita		chijjitvā		쪼개다.
jan		jāyitabba	-jāyitvā(na)		낳다/생산하다.
pac			-paccitvā		요리하다.
bandh			bajjhitvā		묶다.
bhid			bhijjitvā		파괴하다.
yuj		yujjaniya			연결하다.
muc	muccita		muccitvā	muccituṁ	풀다/해탈하다.
rudh			rujjhitvā		방해하다.
han			haññitvā		죽이다.

§ 350. -ya 와 yya 어미의 수동어간

어미 -ya 내지 -yya는 어근에 등장한다. ā로 끝나는 어근은 대부분 약변화 단계의 i(§ 46)를 취한다. 그런데 이 i는 어미 -ya 앞에서 자주 ī로 장음화된다. 어근이 변하지 않는 경우는 드물다.

어근	*3rd. sg. pres. pass.*			어근의미
khā	khāya-ti			알리다.
jñā	ñāya-ti			알다.
ṭhā	-ṭhīya-ti			서있다.
dā	-dīya-ti	-diya-ti	diyya-ti	주다.
pā	pīya-ti			마시다.
mā	mīya-ti			측량하다.
vā$_1$	-vīya-ti		viyya-ti	(옷감을) 짜다.
hā	hīya-ti		hiyya-ti	버리다.

i 또는 ī 로 끝나는 어근은 대부분 ī를 취하며 드물게 어미 -ya 앞에서 i, 어미 -yya 앞에서 i 또는 e를 취한다.

어근	*3rd. sg. pass.*			어근의미
khī	khīya-ti		khīyya-ti	쇠망하다.
ci	-cīya-ti	ciya-ti	ciyya-ti	모우다.
			ceyya-ti	
ji	jīya-ti			이기다.
nī	nīya-ti		niyya-ti	이끌다.
si	sīya-ti			의지하다.

u 또는 ū로 끝나는 어근은 어미 -ya 앞에서 ū, 어미 -yya 앞에서는 u를 취한다.

어근	3rd.sg.pass.		어근의미
bhū	bhūya-ti	bhuyya-ti	이다/있다.
lū	lūya-ti		자르다.
su	sūya-ti	suyya-ti	듣다.

§ 351. 어근과 수동어간어미 -ya 사이의 동화작용

자음으로 끝나는 모든 어근은 어근과 수동어간 어미 -ya 사이에서 동화현상을 일으키며, h로 끝나는 어근에서는 자위전환(字位轉換)이 일어난다. 모음 i나 ya를 갖는 어근은 약변화단계 i를 취하고 u나 va로 갖는 어근은 약변화단계 u나 vu를 취한다.

모음 a를 갖는 어근은 변화하지 않는다. 원래 r를 포함하고 ar를 갖는 kas, das와 같은 어근의 경우, a는 i 내지 ī로 변한다. an을 갖는 어근 가운데 오직 bandh만이 약변화단계(§ 46)를 취하고 어근 jan은 수동형에서 장모음 ā를 취한다. 그리고 어근 sās는 약변화단계의 i(§ 46)를 수동형에서 취한다.

어근	3rd. sg. pres. act.	3rd. sg. pres. pass.	어근의미
khan	khaṇa-ti	khañña-ti	파내다.
bhaṇ	bhaṇa-ti	bhañña-ti	말하다.
han	hana-ti	hañña-ti	죽이다.
gam	gaccha-ti	-gamma-ti -gamya-ti	가다.
dam	dame-ti	damma-ti damya-ti	제어하다.
pac	paca-ti	pacca-ti	요리하다.
muc	muñca-ti	mucca-ti	풀다/해탈하다.
ric	riñca-ti	ricca-ti	버리다/제거하다.
sic	siñca-ti	sicca-ti	물을 대다.
caj	caja-ti	cajja-ti	포기하다.
bhaj	bhañja-ti	bhajja-ti	분배하다.
yuj	yuñja-ti	yujja-ti	연결하다.
khād	khāda-ti	khajja-ti	먹다.
cud	code-ti	cujja-ti	질책하다.
tud	tuda-ti	tujja-ti	때리다.
nud	nuda-ti	nujja-ti	제거하다.
chid	chinda-ti	chijja-ti	쪼개다.
bhid	bhinda-ti	bhijja-ti	부수다.
tap	tapa-ti	tappa-ti	불타다.
lip	limpa-ti	lippa-ti	바르다.
lup	lumpa-ti	luppa-ti	파괴하다.
rudh	rundha-ti	rujjha-ti	방해하다.
labh	labha-ti	labbha-ti	얻다.
vass	-vassa-ti	-vassa-ti	비오다.
gah	gaṇhā-ti	gayha-ti	붙잡다.
duh	duha-ti	duyha-ti	(젖을)짜다.
ruh	-ruha-ti	ruyha-ti	자라다.
vac		vacca-ti ucca-ti	말하다.
vah	vaha-ti	vuḷha-ti vuyha-ti	운반하다.
vas	vasa-ti	vussa-ti	살다.

어근	*3rd. sg. pres. act.*	*3rd. sg. pres. pass.*	어근의미
yaj	yaja-ti	ijja-ti	헌공하다.
vyadh	vijjha-ti	vijjha-ti	꿰뚫다.
kar	karo-ti	kīra-ti kayya-ti	만들다.
bhar	bhara-ti	-bhīra-ti	운반하다.
har	hara-ti	hīra-ti	취(取)하다.
kas	kasa-ti	-kissa-ti	쟁기질하다.
	kassa-ti	-kassa-ti	
das	dakkha-ti	dissa-ti	보다.
bandh	bandha-ti	bajjha-ti	묶다.
jan		jāya-ti	낳다/생산하다.
sās	sāsa-ti	-sissa-ti	가르치다.
dal	dala-ti	-dīya-ti -drīya-ti	터지다.

§ 352. -iya, -īya, -iyya 어미의 수동어간

이 어미들은 능동태 어간 내지 현재어간에 첨가된다. 이때에 어간의 말미모음은 탈락된다. 어미 -iyya는 드물며, -iya와 -īya는 그와는 반대로 다 같이 자주 등장한다. 많은 어근이 -iya와 -īya를 끝나는 수동어간을 취한다.

어근	*3rd. sg. pres. pass.*			어근의미
pa+āp		pāpīyati		얻다/도달하다.
pa+is	pesiya-ti			보내다.
kaḍḍh	kaḍḍhiya-ti			모으다.
kath	kathiya-ti	kathīya-ti		설명하다.
kar	kariya-ti	karīya-ti	kariyya-ti	만들다.
kir	kiriya-ti	kirīya-ti	kiriyya-ti	뿌리다.
khād	khādiya-ti			먹다.
khip	khipiya-ti			버리다.
gaṇ		gaṇīya-ti		계산하다.
gam		gamīya-ti		가다.
ghaṁs	ghaṁsiya-ti	ghaṁsīya-ti		마찰하다.
		haṁsīya-ti		
ghaṭṭ	ghaṭṭiya-ti	ghaṭīya-ti		때리다.
cud	codiya-ti			질책하다.
chaḍḍ		chaḍḍīya-ti		내뱉다/버리다.
chad		chadīya-ti		덮다.
thar	-thariya-ti			뿌리다.
dhaṁs		dhaṁsīya-ti		붕괴하다.
dhā	dhiya-ti	dhīya-ti	dhiyya-ti	두다.
dhov	dhoviya-ti			세탁하다.
pāl	-pāliya-ti			보호하다.
pīḷ	pīḷiya-ti			억압하다.
pūj	pūjiya-ti			공경하다.
pūr	pūriya-ti			채우다.
bādh	bādhiya-ti			억누르다.
bhās	-bhāsiya-ti			말하다.
magg		maggīya-ti		따르다.

어근	*3rd. sg. pres. pass.*		어근의미
majj		majjīya-ti	닦다.
mah		mahīya-ti	존경하다.
yaj		yajīya-ti	헌공하다.
yac	yaciya-ti	yacīya-ti	요청하다.
rakkh	rakkhiya-ti		보호하다.
lakkh		lakkhīya-ti	표시하다.
vaḍḍh	vaḍḍhiya-ti		자라다.
vad	-vadiya-ti		말하다.
vas		vasīya-ti	살다.
vah		vahīya-ti	운반하다.
veṭh		veṭhīya-ti	감추다.
vedh	vedhiya-ti		떨다.
saṇk		saṇkīya-ti	의식하다.
sar$_1$	sariya-ti		가다.
sar$_2$	sariya-ti	sarīya-ti	기억하다.
sās	sāsiya-ti	sāsīya-ti	가르치다.
haṁs		haṁsīya-ti	곤두서다.
har	hariya-ti	harīya-ti	가져오다.
has	hasiya-ti	hasīya-ti	웃다.
heṭh	heṭhiya-ti		상해하다.

§ 353. 현재어간에서 파생된 수동어간

몇몇 수동어간 가운데 현재어간에서 파생된 것은 특히 두드러지게 나타난다.

어근	*3rd. sg. pres. act.*	현재유형	*3rd. sg. pres. pass.*		어근의미
is$_1$	iccha-ti	*Ic*		icchīya-ti	원하다.
gam	gaccha-ti	*Ic*		gacchīya-ti	가다.
ṭhā	ṭhaha-ti	*If*		ṭhahīya-ti	서있다.
pad	pajja-ti	*Id*	pajjiya-ti		가다.
bhuj	bhuñja-ti	*Ie*	bhuñjiya-ti		향수하다.
bhū	bhava-ti	*Ia*		bhavīya-ti	이다/있다.
yuj	yuñja-ti	*Ie*	yuñjiya-ti	yuñjīya-ti	연결하다.
lip	limpa-ti	*Ie*		limpīya-ti	바르다.

§ 354. 예외적 수동어간의 형성

자위전환되는 수동어간에서는 규칙적인 변화는 아니지만 어근 kar '만들다'의 경우, kariyati가 kayirati가 되는 수가 있다. 어근 hā '떠나다'의 경우에 수동형태에서 축약 현상이 일어나는 경우, hāyati가 heti가 된다. 특히 어근 su '듣다'의 경우 아주 드문 수동태가 등장한다 : sūyati나 suyyati 대신에 sussute를 사용하기도 한다.

§ 355. 사역형(*caus.*)

사역형(*caus.*)은 빠알리어에서 아주 자주 사용된다. 동사 가운데 사역형이 없는 경우는 거의 없다. 사역형은 수동태보다 원래 자주 등장하며 최소한 고대인도어에서처럼 흔히 나타난다. 빠알리어에서는 사역형은 I(*caus1.*) 과 II(*caus2.*)로 나뉘어진다. 그러나 이 두 사역형은 단순동사로 규정되는 행위를 유도하게끔 하는 동일한 기능을 갖고 있다. 그 밖에 사역형 II는 특히 자동사의 경우에는 이중 사역형의 역할을 한다

(자동사—타동사—사역형동사).

사역형 I(*caus1.*)의 어간의 특징은 어미 -aya 내지 -e를 첨가해서 어근을 확장시키는 데 있다. 사역형 II(*caus2.*)의 어간의 특징은 어미 -paya 내지 -pe를 통해 어근을 확장시키는 것이다. 고층의 빠알리어일수록 비축약적인 어미 -aya 내지 -paya가 자주 등장하며 신층일수록 축약된 어미 -e내지 -pe가 많이 등장한다. 몇몇 동사에서 어떤 한 형태가 더욱 많이 등장하지만, 어떤 시제의 어떠한 인칭에서는 어떤 비정형동사에서의 한 형태가 지배적임에도 불구하고 다른 형태가 등장할 수 있다. 그러므로 많은 동사는 축약형과 비축약형의 어간 사이에서 변동하고 있다. 축약형의 현재어간의 변화는 현재유형 IIa(§ 235, § 248)와 일치하며 비축약형의 경우에도 현재유형 Ih(§ 246)의 변화와 동일한다.

사역형 I(*caus1.*)과 사역형 II(*caus2.*)의 두 가지 사역형은 현재어간에만 국한되지 않고, 조건적인 미래형, 명령적인 아오리스트, 모든 비정형 동사형태를 형성할 수 있다. 반조태의 형태는 사역형에는 매우 드물다. 반조태는 3인칭 단수(*3rd. sg.*) 2인칭 단수(*2nd. sg.*)의 명령법과 현재분사에서 등장한다. 그런데 반조태의 형태는 사역형 II에서보다 사역형 I에서 자주 발견되며, 또한 축약형보다는 비축약형이 주로 나타난다. 사역형 I로부터 단순동사의 수동태와도 구별되는 수동태가 유도될 수 있다(비교 § 290).

§ 356. 사역형 I과 II의 도표

dhar 유지하다.	*3rd. sg. pres. caus1.*		*3rd. sg. pres. caus2.*	
pres. ind.				
1st. sg.	dhārayāmi	dhāremi	dharāpayāmi	dharāpemi
2nd. sg.	dhārayasi	dhāresi	dharāpayasi	dharāpesi
3rd. sg.	dhārayati	dhāreti	dharāpayati	dharāpeti
3rd. sg. med.	dhārayate			
1st. pl.	dhārayāma	dhārema	dharāpayāma	dharāpema
2nd. pl.	dhārayatha	dhāretha	dharāpayatha	dharāpetha
3rd. pl.	dharayanti	dharenti	dharapayanti	dharapenti
pres. imp.				
1st. sg.	dhārayāmi	dhāremi	dharāpayāmi	dharāpemi
2nd. sg.	dhāraya		dharāpaya	
	dhārayāhi	dhārehi	dharāpayāhi	dharāpehi
2nd. sg. med.	dhārayassu		dharāpayassu	
3rd. sg.	dhārayatu	dhāretu	dharāpayatu	dharāpetu
1st. pl.	dhārayāma	dhārema	dharāpayāma	dharāpema
2nd. pl.	dhārayatha	dhāretha	dharāpayatha	dharāpetha
3rd. pl.	dhārayantu	dhārentu	dharāpayantu	dharāpentu
pres. opt.				
1st. sg.	dhārayeyyāmi	dhāreyyāmi	dhārapayyeyyāmi	dharāpeyyāmi
	dhārayeyyaṁ	dhāreyyaṁ	dharāpayeyyaṁ	dharāpeyyaṁ
	dhāraye		dharāpaye	
2nd. sg.	dhārayeyyāsi	dhāreyyāsi	dharāpayeyyāsi	dharāpeyyāsi
	dhārayeyya		dharāpayeyya	
	dhāraye		dharāpaye	
3rd. sg.	dhārayeyyāti		dharāpayeyyāti	
	dhārayeyya	dhareyya	dharāpayeyya	dharāpeyya
	dhāraye	dhāre	dharāpaye	dharāpe
3rd. sg. med.	dhārayetha	dhāretha	dharāpayetha	dharāpetha
1st. pl.	dhārayeyyāma	dhāreyyāma	dharāpayeyyāma	dharāpeyyāma
2nd. pl.	dhārayeyyātha	dhāreyyātha	dharāpayeyyātha	dharāpeyyātha
3rd. pl.	dhārayeyyuṁ	dhāreyyuṁ	dharāpayeyyuṁ	dharāpeyyuṁ

dhar 유지하다. *3rd. sg. pres. caus1.*			*3rd. sg. pres. caus2.*	
ppr.				
ppr. act.	dhārayant	dhārent	dharāpayant	dharāpent
	dhārayanta	dhārenta	dharāpayanta	dharāpenta
ppr. med.	dhāraymāna	dhāremāna	dharāpayamāna	dharāpemāna
	dhārayāna			
fut.				
1st. sg.	dhārayissāmi	dhāressāmi	dharāpayissāmi	dharāpessāmi
	dhārayissaṁ	dhāressaṁ	dharāpayissaṁ	dharāpessaṁ
2nd. sg.	dhārayissasi	dhāressasi	dharāpayissasi	dharāpessasi
3rd. sg.	dhārayissati	dhāressati	dharāpayissati	dharāpessati
3sg. med.	dhārayissate	dhāressate	dharāpayissate	
1st. pl.	dhārayissāma	dhāressāma	dharāpayissāma	dharāpessāma
2nd. pl.	dhārayissatha	dhāressatha	dharāpayissatha	dharāpessatha
3rd. pl.	dhārayissanti	dhāressanti	dharāpayissanti	dharāpessanti
aor.				
1st. sg.	(a)dhārayiṁ	(a)dhāresiṁ	dharāpayiṁ	dharāpesiṁ
2nd. sg.	dhārayi	dhāresi	dharāpayi	dharāpesi
3rd. sg.	dhārayi	dhāresi	dharāpayi	dharāpesi
3rd. sg. med.	dhārayittha			
1st. pl.	dhārayimha	dhāresimha	dharāpayimha	dharāpesimha
2nd. pl.	dhārayittha	dhāresittha	dharāpayittha	dharāpesittha
3rd. pl.	dhārayiṁsu	dhāresuṁ	dharāpayiṁsu	dharāpesuṁ
	dhārayuṁ		dharāpayuṁ	
pp. pass.	dhārita	dhārita	dharāpita	dharāpita
grd.	dhārayitabba	dhāretabba		dharāpetabba
	dhāraniya	dhāretāya	dharāpaniya	dharāpetāya
	dhāraneyya	dhāreyya		
abs.	dhārayitvā	dhāretvā	dharāpayitvā	dharāpetvā
	dhārayitvāna	dhāretvāna	dharāpayitvāna	dharāpetvāna
	dhāriya(dhāriyāna)		dharāpiya	
inf.	dhārayituṁ	dhāretuṁ	dharāpayituṁ	dharāpetuṁ
		(dhāretave)		

§ 357. 사역형(*caus.*)의 태 비교 (사역형의 능동태(*act.*), 반조태(*med.*), 수동태(*pass.*) 비교대조)

sar '기억하다' <능동태(*3rd. sg.*)>

sar '기억하다'			사역어간 I(*caus1.*)			
sara			sāraya		sāre	
act.		*med.*	*act.*	*med.*	*act.*	*med.*
pres. ind.	sarati	sarate	sārayati	sārayate	sāreti	sārete
pres. imp.	saratu	sarataṁ	sārayatu	sārayataṁ	sāretu	sāretaṁ
pres. opt.	sareyya	saretha	sārayeyya	sārayetha	sāreyya	sāretha
ppr.	sarant	saramāna	sārayant	sārayamāna	sārent	sāremāna
fut.	sarissati	sarissate	sārayissati	sārayissate	sāressati	sāressate
aor.	sari	sarittha	sārayi	sārayittha	sāresi	

sar '기억하다' <수동태(*3rd. sg.*)>

sar '기억하다'			사역형 I의 수동어간(*caus1. pass.*)	
sariya			sāriya	
	act.	*med.*	*act.*	*med.*
pres. ind.	sariyati	sariyate	sāriyati	sāriyate
pres. imp.	sariyatu	sariyataṁ	sāriyatu	sāriyataṁ
pres. opt.	sariyeyya	sariyetha	sāriyeyya	sāriyamāna
fut.	sariyissati	sariyissate	sāriyissati	sāriyissate
aor.1.	sariyi	sariyittha	sāriyi	sāriyittha

§ 358. 사역형어간의 유도

사역형 I(*caus1.*)과 II(*caus2.*)는 어근으로부터 또는 현재어간에서 형성될 수 있다. 현재어간으로부터 유도된 것은 사역형 I에서 보다 사역형 II에서 훨씬 자주 등장한다. 사역형 I에서 어근으로부터 사역형 어간을 유도할 때 다음과 같은 규칙을 고려해야 한다.

1) a를 중간모음으로 하는 어근은 대부분 ā로 변한다. 그러나 어근이 변화되지 않는 경우도 있다. 물론 장음화가 이음장 법칙에 따라 허용되지 않을 경우는 더구나 말할 나위조차 없다. 많은 어근에서는 a나 ā를 포함하는 사역형이 병존한다.
2) ā, ī, ū를 중간모음으로 하는 어근은 자신의 모음을 변화시키지 않는다.
3) -ā 어근은 오직 사역형 II만을 취한다. 어근 pā는 예외이다.
4) 중간모음 i를 갖는 어근은 정상 변화단계 e를, 중간모음 u를 갖는 어근은 정상변화단계 o를 취한다(§ 46).
5) -i내지 -ī 어근은 ay또는 āy를, -u 내지 - ū 어근은 -av 내지 -āv를 취해서 사역형어미와 연결된다.

사역형 II는 어근내지 현재어간과 사역형어미 사이에 ā를 삽입시킨다. 어근의 모음은 단순동사의 현재어간이나 사역형 I의 현재어간과 일치한다. 그러므로 사역형 II의 중간모음 a는 자주 어근 가운데 장단모음의 ă사이에서 변동한다.

어근	단순현재	사역형 I	사역형 II	어근의미
likh	likha-ti	lekheti	likhāpeti	긁다. 자르다.
bhid	bhinda-ti	bhedeti	bhedāpeti	부수다.
vas	vasa-ti		vasāpeti	살다.
		vāseti	vāsāpeti	

§ 359. 1류 동사의 사역형 I (*caus1.*)

어근	*3rd. sg. pres. caus1.*			어근의미
kas		kāse-ti		쟁기질하다.
khan		khāne-ti		파내다.
gam	gamayati	gāme-ti	game-ti	가다.
gah	gahaya-ti	gahe-ti		붙잡다.
ghaṭ		ghāṭe-ti	ghaṭeti	애쓰다.
car		cāreti		가다.
cal		cāleti	caleti	흔들다.
chad		chādeti		덮다.
jan	janayati	jāneti	janeti	낳다/생산하다.
jar	jarayati		jareti	쇠망하다.
jal		jāleti	jaleti	불타다.
tan		tāneti	taneti	넓히다.

어근	*3rd. sg. pres. caus1.*			어근의미
tap		tāpeti		불타다.
tar_1	tārayati	tāreti		건너가다.
tar_2		tāreti		달려가다.
tas		tāseti		떨다.
thar		thāreti		뿌리다.
dham			dhameti	불다(吹).
dhar		dhāreti		유지하다.
nad	nādayati	nādeti		울부짖다.
nam	namayati	nāmeti	nameti	굽히다.
nas		nāseti		멸망하다.
pac	pācayati	pāceti		요리하다.
pat		pāte ti		떨어지다.
pad		pādeti		가다.
phal		phāleti		터지다.
bhaj		bhājeti		사귀다.
bhaṇ		bhāṇeti		말하다.
bham			bhameti	유행하다.
man		māneti		생각하다.
mar		māreti		죽다.
mas		māseti		접촉하다.
yaj	yajayati	yājeti		헌공하다.
yam		yāmeti	yameti	제어하다.
raj		rājeti	rajeti	밝다/빛나다.
ram	ramayati		rameti	즐거워하다.
labh	lābhayati	lābheti		얻다.
vac		vāceti		말하다.
vad		vādeti		말하다.
vadh			vadheti	죽이다.
vap	vāpayati	vāpeti		씨뿌리다.
vam		vāmeti	vameti	토하다.
var	vārayati	vāreti		방해하다.
vas_1		vāseti		입다.
vas_2		vāseti		살다.
vah		vāheti		운반하다.
sad		sādeti		앉다.
sap		sāpeti		씨뿌리다.
sam		sāmeti	sameti	피곤하다.
sar_1	sārayati	sāreti		가다/흐르다.
sar_2	sārayati	sāreti		기억하다.
sar_3		sāreti		분쇄하다.
sah		sāheti		참다.
har	hārayati	hāreti		운반하다.
has	hāsayati	hāseti		웃다.

닫힌 어근음절을 갖는 사역형은 언제나 단모음을 취한다.

어근	*3rd. sg. pres. caus1.*		*3rd. sg. aor.*	어근의미
thambh	-thambhayati	thambheti		단단하다.
dhaṁs		dhaṁseti	dhaṁsesi	붕괴하다.
nand		nandeti		즐거워하다.
bandh		bandheti		묶다.
rakkh		rakkheti		보호하다.
randh		randheti	randhayi	종속되다.
langh		langheti		뛰어오르다.
lajj		lajjeti		부끄러워하다.
lañch		lañcheti		날인하다.
		-laccheti,	-lacchesi	
lamb		lambeti		걸리다.
vaḍḍh		vaḍḍheti	vaḍḍhesi	자라다.
vatt	vattayati	vatteti	vattesi	전향하다.
			vattayi	
vass		vasseti		비가 내리다.
sand		sandeti		흐르다.
sambh		sambheti		고요해지다.
haṁs		haṁseti		곤두서다.

§ 360. 2류 동사의 사역형 I (*caus1.*)

어근	*3rd. sg. pres. caus1.*		*3rd. sg. aor.*	어근의미
pa+āp	pāpayati	pāpeti	-pāpayi	얻다.
khād		khādeti	khādayi	먹다.
dhāv		dhāveti		서두르다.
bādh		bādheti	bādhayi	억누르다.
yāc		yāceti		부탁하다.
rādh		rādheti	-rādhesi	성공하다.
			-rādhayi	
sās		sāseti		가르치다.
dīp		dīpeti	dīpayi	빛나다.
gūh	gūhayati	gūheti		숨기다.
pūr		pūreti	pūrayi	충만하다.

§ 361. 3류 동사의 사역형 II (*caus2.*)

-ā 어근은 사역형 II를 취한다.

어근	*3rd. sg. pres. caus2.*			어근의미
jñā		-ñāpeti	-ñapeti	알다.
$jhā_1$		jhāpeti		명상하다.
$jhā_2$		jhāpeti		태우다.
ṭhā		ṭhāpeti	ṭhapeti	서있다.
dā	dāpayati	dāpeti	-dapeti	주다.
dhā		dhāpeti		놓다/두다.
mā		māpeti		측량하다.
yā		yāpeti	yapeti	가다.

어근	*3rd. sg. pres. caus2.*			어근의미
hā		hāpeti		버리다.
		예외 :		
pā		pāyeti	pāyati	마시다.

§ 362. 4류 동사의 사역형 I (*caus1.*)

어근	*3rd. sg. pres. caus1.*		*3rd. sg. aor.*	어근의미
kilis	-kileseti			더럽다.
khip	khepeti		khepesi	버리다.
chid	chedeti			쪼개다.
bhid	bhedeti			부수다.
likh	lekheti			긁다. 자르다.
lip	lepeti			바르다.
vi+vic		viveceti		멀리하다.
vis		veseti	-vesesi	들어가다.
			vesayi	
sic	secayati	seceti	-secayi	물을 대다.
sid		sedeti	sedesi	끓이다.
sis		seseti	sesesi	남기다.
그러나 :				
kir		-kireti		뿌리다.
kuc		-koceti		구부리다.
kujj		-kojjeti		닫다.
kuṭ		-koṭṭeti		끊다.
kup		kopeti		화나다.
khubh		khobheti		흥분하다.
cud		codeti		질책하다.
nud		-nodeti		제거하다.
pus		poseti		부양하다.
$phus_2$		phoseti		방울져 떨어지다.
budh		bodheti	bodhesi	깨닫다.
			bodhayi	
bhuj		bojheti		향수하다.
muc		moceti	mocesi	풀다/해탈하다.
mud		modeti		즐거워하다.
muh		moheti	amohayi	어리석다.
yuj		yojeti	yojesi	묶다.
			yojayi	
yudh		yodheti		싸우다.
ruc		roceti	rocesi	빛나다.
			rocayi	
rudh		rodheti		방해하다.
luc		loceti	alocayi	잡아당기다.
lubh		-lobheti		열망하다.
luḷ		loleti		동요하다.

어근	3rd. sg. pres. caus1.		3rd. sg. aor.	어근의미
suc	socayati	soceti		슬퍼하다.
sudh		sodheti		청정하다.
subh		sobheti	sobhesi	빛나다.
sus		-soseti		마르다.
그러나 :				
mujj		-mujjeti		가라앉다.
ruh		ruheti		자라다.

§ 363. 5류 동사의 사역형 I (*caus1.*)

어근	단순동사어간형	3rd. sg. pres. caus1.		어근의미
nī	nayati		nāyeti	이끌다.
bhī	bhāyati		bhāyayate	두려워하다.
sī	sayati	sayeti		눕다.
cu	cavati		cāveti	움직이다./사라지다.
thu	thavati	thaveti		칭찬하다.
plu	plavati	plaveti		수영하다.
bhū	bhavati		bhāveti	있다/이다.
ru	ravati		rāveti	울부짖다.
lū	lāvati		lāveti	자르다.
su$_1$	(suṇoti)		sāveti	듣다.
su$_2$	savati	saveti	sāveti	흐르다.

§ 364. 불규칙 사역형 I (*caus1.*)

불규칙적인 사역형 I (*caus.1*)은 다음과 같다.

어근	3rd. sg. pres. caus1.		어근의미
kir	kireti		뿌리다.
mujj	-mujjeti		가라앉다.
ruh	ruheti		자라다.
īr	-ereti	-īreti	움직이다.
li	leneti	līna	달라붙다.

§ 365. 현재어간에서 만들어진 사역형 I (*caus1.*)

단순동사의 현재어간으로부터 형성된 사역형 I은 사역형 II보다 드물게 나타난다.

어근	단순동사어간형	3rd. sg. pres. caus2.	어근의미
chid	chindati	chindeti	쪼개다.
nacc(nṛt-ya)	naccati	nacceti	춤추다.
phus$_1$	phassati	phasseti	접촉하다.
bhaj$_2$	bhañjati	bhañjeti	분배하다.
raj	rañjati	rañjeti	밝다.
lag	laggati	laggeti	부착하다.
lip	limpati	limpeti	바르다.
vyadh	vijjhati	vijjheti	꿰뚫다.

어근	단순동사어간형	3rd. sg. pres. caus2.	어근의미
sad	sīdati	sīdeti	앉다.
sic	siñcati	siñcayati	물을 대다.

§ 366. 중요한 사역형 II (*caus2.*)

중요한 사역형 II의 곡용은 다음과 같다.

어근	단순동사어간형	*3rd. sg. pres. caus1.*	*3rd. sg. pres. caus2.*	어근의미
aggh	agghati		agghāpeti	가치 있다.
kath	katheti		kathāpeti	이야기하다.
kas	kasati		kasāpeti	쟁기질하다.
kir	kirati		kirāpeti	뿌리다.
kiḷ	kiḷati		kīḷāpeti	놀다.
khan	khanati		khanāpeti	파내다.
khip	khipati		khipāpeti	버리다.
gaṇ	gaṇeti		gaṇāpeti	계산하다.
ganth	ganthati		ganthāpeti	엮다.
gam		gameti	gamāpeti	가다.
	gacchati		gacchāpeti	
gar₁	gilati		gilāpeti	삼키다.
gar₂	-jaggati		-jaggāpeti	깨어 있다.
gah	gaṇhāti		gaṇhāpeti	붙잡다.
		gāheti	gāhāpeti	
gā	gāyati		gāyāpeti	노래하다.
ghus	ghoseti		ghosāpeti	부르다.
car	carati		carāpeti	가다.
		cāreti	cārāpeti	
ci	cinoti		cināpeti	모두다.
chid		chedeti	chedāpeti	쪼개다.
	chindati		chindāpeti	
jar	jīrati		jīrāpeti	쇠망하다.
ji	jināti		jināpeti	이기다.
	jayati		jayāpeti	
jñā	jānāti		jānāpeti	알다.
tar₁	tarati		tarāpeti	건너뛰다.
thar	tharati		tharāpeti	뿌리다.
dhā	dahati		dahāpeti	두다.
dhar	dharati		dharāpeti	유지하다.
dhov	dhovati		dhonāpeti	세탁하다.
nad	nadati		nadāpeti	울부짖다.
pac	pacati		pacāpeti	요리하다.
pat		pāteti	pātāpeti	떨어지다.
pad	pajjati		pajjāpeti	가다.
pā		pāyeti	pāyāpeti	마시다.
pus	poseti		posāpeti	부양하다.
pū	punāti		-punāpeti	깨끗이하다.

어근	단순동사어간형	3rd. sg. pres. caus1.	3rd. sg. pres. caus2.	어근의미
plu	pilavati		pklāpeti	부유하다.
phal		phāleti	phālāpeti	터지다.
bandh	bhandati		bandhāpeti	묶다.
budh	bujjhati		bujjhāpeti	깨닫다.
bhaṇ	bhaṇati		bhaṇāpeti	말하다.
bhās	bhāsati		bhāsāpeti	말하다.
bhid		bhedeti	bhedāpeti	부수다.
	bhindati		bhindāpeti	
bhī	bhāyati		bhāyāpeti	두려워하다.
bhuj		bhojeti	bhojāpeti	향수하다.
	bhuñjati		bhuñjāpeti	
bhū		bhāveti	bhāvāpeti	이다/있다.
mar		māreti	mārāpeti	죽다.
mā	mināti		mināpeti	측량하다.
muc		moceti	mocāpeti	풀다/해탈하다.
	muñcati		muñcāpeti	
yaj	yajati		yajāpeti	헌공하다.
		yājeti	yājāpeti	
yuj		yojeti	yojāpeti	연결하다.
raj	rajati		rajāpeti	비치다.
	rañjati		rañjāpeti	
ram	ramati		ramāpeti	즐거워하다.
rud	rodati		rodāpeti	울다.
ruh	-rūhati		rūhāpeti	자라다.
lajj	lajjati		lajjāpeti	부끄러워하다.
lap	lapati		lapāpeti	말하다.
likh	likhati		likhāpeti	긁다. 자르다.
lip	limpati		limpāpeti	바르다.
luc	luñcati		luñcāpeti	잡아당기다.
lup	lumpati		lumpāpeti	약탈하다.
vac		vāceti	vācāpeti	말하다.
vad		vādeti	vādāpeti	말하다.
vand	vandati		vandāpeti	절하다.
vap	vapati		vapāpeti	씨뿌리다.
		vāpeti	vāpāpeti	
var		vāreti	vārāpeti	방해하다.
vas_1		vāseti	vāsāpeti	(옷을)입다.
vas_2	vasati		vasāpeti	살다.
		vāheti	vāsāpeti	
vah	vahati		vahāpeti	운반하다.
		vāheti	vāhāpeti	
vā	vināti		vināpeti	(옷을) 짜다.
vis		veseti	vesāpeti	들어가다.
vyadh	vijjhati		vijjhāpeti	꿰뚫다.
sad	sīdati		sīdāpeti	앉다.

어근	단순동사어간형	3rd. sg. pres. caus1.	3rd. sg. pres. caus2.	어근의미
sand	sandati		sandāpeti	흐르다.
sar_1	sarati		sarāpeti	가다
		sāreti	sārāpeti	
sar_2	sarati		sarāpeti	기억하다
sic	siñcati		siñcāpeti	물을 대다.
sid		sedeti	sadāpeti	끓이다.
sib	sibbati		sibbāpeti	꿰매다.
$sī_1$	sayati		sayāpeti	눕다.
$sī_2$		sīveti	sīvāpeti	차갑다.
su	suṇoti		suṇāpeti	듣다.
suc	socati		socāpeti	슬퍼하다.
sudh		sodheti	sodhāpeti	청정하다.
han		ghāteti	ghātāpeti	죽이다.
	hanāti		hanāpeti	
har	harati		harāpeti	가져오다.
		hāreti	hārāpeti	
has	hasati		hasāpeti	웃다.
		hāseti	hāsāpeti	
hā	jahāti		jahāpeti	버리다.

§ 367. 불규칙 사역형 II (*caus2.*)

불규칙적인 사역형 II에는 다음과 같은 어근이 있다.

어근	*caus.2.*(불규칙)		*caus.2.*(정상)	어근의미
ji	jāpeti	jāpayati	jināpeti	이기다.
nī	nāpeti			이끌다.
si	sāpeti			의지하다.
ṭhā	ṭhapeti		ṭhāpeti	서있다.
yā	yapeti		yāpeti	가다.
vā	vāyapeti		vināpeti	(옷감을)짜다.
ci	cetāpeti		ciṇāpeti	모으다.
bhī	bhiṁsāpeti		bhāyāpeti	두려워하다.
hu	hāpeti			붓다. 헌공하다.
lū	lavāpeti (단순동사 lāvati의 현재어간임에도 불구하고)			자르다.
sī	-sīveti(v<p)			차갑다.

§ 368. 이중사역형 II (*double caus2.*)

그 밖에 때때로 사역형 II 어미는 이중사역기능과 연결되지 않으면서 이중으로 어근에 중첩될 때가 있다.

어근	*double caus2.*	*caus2.*	어근의미
jñā	-ñāpāpeti	jānāpeti	알다.
ṭhā	ṭhapāpeti	ṭhāpeti	서있다.
ruh	ropāpeti	ropeti	자라다.

§ 369. 자동사의 사역형 II (*caus2.*)

이중사역형은 또한 일련의 동사에서 나타난다. 물론 사역형 II의 형태로만 변화 될 수 있다. 그 어근은 언제나 자동사이다. 그러므로 사역형의 단순한 타동사 이외에 이중사역형의 역할을 할 수 있는 사역형이 성립한다.

현재형	marati	죽다.
사역형 I	māreti	죽이다.
사역형 II	mārāpeti	죽이게 하다.
※ 예	vyagghena darake mārāpetvā 호랑이로 하여금 어린아이들을 죽이게 하고	
현재형	sannipatati	함께 모이다.
사역형 I	sannipāteti	모으다.
사역형 II	sannipātāpeti	모이게 하다.
현재형	nivaseti	옷을 입다.
사역형 I	nivāseti	옷을 입히다.
사역형 II	nivāsāpeti	옷을 입게 하다.
현재형	ruhati	자라다.
사역형 I	ropeti	심다/자라게 하다.
사역형 II	ropāpeti	심게 하다.
현재형	tiṭṭhati	서다.
사역형 I	ṭhapeti	서게 하다/놓다.
사역형 II	ṭhapāpeti	놓게 하다.
현재형	pavattati	밖으로 나가다.
사역형 I	pavatteti	나가게 하다/주다.
사역형 II	pavattāpeti	주게 하다.
현재형	vaḍḍhati	자라다.
사역형 I	vaḍḍheti	자라게 하다/확대하다.
사역형 II	vaḍḍhāpeti	확대시키다.
현재형	pūrati	가득 차다.
사역형 I	pūreti	가득 채우다.
사역형 II	pūrāpeti	가득 채우게 하다.

자동사에서의 사역형 II는 언제나 이처럼 이중사역형의 역할을 하는 것이 아니라 오히려 대부분 단순한 사역형의 역할을 하기도 한다.

§ 370. 사역형의 수동태(*caus. pass.*) 어간

어근	*3rd. sg. pres. caus1.*	사역형의 수동태어간	어근의미
jan	janeti	janīya-, jañña-	낳다/생산하다.
das	dasseti	sassīya-, dassiya-	보다.
nam	nameti	namīya-	구부리다.
pat	tāteti	patīya-	떨어지다.
phus	phasseti	phassīta-	접촉하다.
bhaj	bhājeti	bhājiya-	사귀다.
bhū	bhāveti	bhāviya-	이다/있다.
mad	maddeti	maddīya-	즐거워하다.
mar	māreti	māriya-	죽다.
yuj	yojeti	yojiya-	연결하다.

어근	3rd. sg. pres. caus1.	사역형의 수동태어간	어근의미
raj	rañjeti	rañjiya-	밝다. 빛나다.
lī	-līyāpeti	-lipīya-	달라붙다.
vad	vādeti	vādiya-	말하다.
var	vāreti	vāriya-	방해하다.
vah	vāheti	vāhīya-, vāhiya	운반하다.
vi+vic	-veceti	-veciya-	분리하다.
vis	veseti	vesiya-	들어가다.
sar	sāreti	sāriya-	기억하다.
su	sāveti	sāviya-	듣다.
han_1	ghāteti	ghātiya-	죽이다.
har	hāreti	hāriya-	운반하다.

§ 371. 사역형의 불규칙적 수동태 어간

사역형 I의 불규칙적인 수동형을 취하는 것으로는 어근 ir '움직이다'가 있다 : 3인칭 단수 현재(*3rd. sg. pres.* -īreti)의 수동어간 : īya, iyya. 사역형 II의 불규칙적인 수동형으로는 어근 ṭhā '서다'가 있다 : 3인칭단수현재(*3rd. sg. pres.* ṭhāpeti)의 수동어간 : thāpiya-.

§ 372. 희구법(*desid.*)의 의미

빠알리어에서 희구법은 그렇게 활발하게 많이 쓰이지는 않는다. 남아있는 희구법은 고대 인도어에서 유래된 것으로 빠알리어의 음성법칙에 따라 변화된 것이다. 희구법의 기능은 동사어근이 나타내는 행위에 있어서 추구와 열망을 표현하는 데 있다. 몇몇 희구법을 취하는 동사들은 동사어근에서 파생된 것이 아니라 오히려 완전히 다른 독립된 동사로 사용되는 인상을 준다. 그것은 이들 동사들은 원래의 어근과는 완전히 다른 의미를 가질 뿐만 아니라 음성학적으로 원래의 어근과는 어떠한 유사성도 보여주지 않기 때문이다.

어근		희구법(*desid.*) 어간	어근의미
cit	생각하다.	tikiccha-	치료하다.
man	생각하다.	vimaṁsa-	시험하다/탐구하다.
tij	단단하다.	titikkha-	참다.
sak	할 수 있다.	sikkha-	배우다.

§ 373. 희구법(*desid.*) 어간의 형성

빠알리어에서 희구법 어간의 대부분은 어두에 식별할 수 있는 반복 음절과 어말에 어미 -sa를 취한다. 그밖에 몇몇 축약된 희구법 어간이 등장한다. diccha는 어근 dā에서, sikkha는 어근 sak에서, sīṁsa는 어근 sar에서 생겨난 것이다.

	정상적인 어간		축약된 어간	
어근	man	su	sak	
desid.	vimaṁsa-	sussūsa-	sikkha-	
pres. ind. 3rd. sg.	vimaṁsati	sussūssati	sikkhati	
pres. opt. 3rd. sg.			sikkheyya	sikkhe
ppr. act.		sussūsant	sikkhanta	
ppr. med.	visaṁsamāna	sussūsamāna	sikkhamāna	
fut. 3rd. sg.		sussūsissati	sikkhissati	
aor. 3rd. sg		sussūsi		

	정상적인 어간		축약된 어간
어근	man	su	sak
pp. pass.			sikkhita
grd.			sikkhitabba, sikkha
abs.	vimaṁsitvā		sikkhitvā
inf.	vimaṁsituṁ		sikkhituṁ
caus.	vimaṁsāpe-		sikkhāpe-
pres. ind. 3rd. sg.	vimaṁsapeti		sikkhāpeti
aor. 3rd. sg.			sikkhāpesi
abs.			sikkhāpetvā

§ 374. 희구법(*desid.*)의 활용

이론적으로는 희구법 어간으로부터 비정형동사를 포함한 능동태와 반조태에서의 모든 시제와 태가 성립될 뿐만 아니라 수동태나 사역형처럼 파생된 동사어간도 형성될 수 있다. 그러나 반조태의 형태에는 현재분사와 파생어간 이외에 사역형이 있지만, 그밖에는 아주 드물다. 변화는 다른 이차적인 곡용에서처럼 아주 규칙적이며 현재유형I(§ 224~§ 236)과 일치한다. 미래형에는 희구법 어간에 어미 -issa(§ 263~§ 264)가 첨가된다. 아오리스트에서는 희구법 어간에 i - 아오리스트(§ 277, § 291)의 어미가 첨가된다. 비정형동사 형태에서는 -a를 상실한 희구법어간과 완료수동(*pp. pass.*), 미래수동(*grd.*), 절대사(*abs.*), 또는 부정사 (*inf.*)의 어미 사이에 i 가 삽입된다. 사역형 II는 -a를 확장한 희구법 어간에 접미사가 첨가됨으로서 등장한다.

§ 375. 빠알리어에서의 희구법(*desid.*)과 의미의 변화

어근	어근의미	*3rd. pres. desid.*		희구법 의미
gup	방어하다.	jigucchati		싫어하다/피하다.
ghas	먹다.	jighacchati		배고프다.
cit	생각하다.	tikicchati	(vikicchati)	치료하다.
ji	이기다.	jigīsati	jigiṁsati	탐욕을 부리다.
tij	단단하다.	titikkhati		참아내다.
dā	주다.	dicchati		주고 싶어 하다.
pā	마시다.	pivasāti	pipāsati	갈증이 나다.
bhuj	먹다.	bubhukkhati		배고르다.
man	생각하다.	vimaṁsati		시험하다/탐구하다.
vac	말하다.	vavakkhati		부르고 싶다.
sak	할 수 있다.	sikkhati		배우다.
sar	가다.	siṁsati		달리고 싶다.
su	듣다.	sussūsati	sussūyati	듣고 싶다.
har	가져가다.	jigiṁsati		얻기를 원하다.

§ 376. 강의법(*intens.*)

빠알리어에서 강의법은 희구법보다 드물게 나타난다. 일반적으로 강의법은 단순동사의 내용을 강조하며, 때로는 그것에서부터 파생되는 특별한 의미를 지닐 수도 있다. 강의법의 곡용은 희구법의 경우와 일치한다. 현재어간은 유형 I(§ 234~§ 236)에 따른다.

어근	어근의미	*3rd. pres. intens.*		강의법 의미
kath	이야기하다.	kākacchati	sākacchati	수다를 떨다.
kam	걷다.	caṅkamati		배회하다.

어근	어근의미	3rd. pres. intens.		강의법 의미
ā+khyā	알리다.	ā-cikkhati (고대의 강의법이 아님)		설명하다.
gam	가다.	jaṅgamati		배회하다.
cal	움직이다.	cañcalati		출랑거리다.
jal	불타다.	dadallati		밝게 타오르다.
lap	말하다.	lālappati	lālapati	불평하다.
muh	어리석다.	momuhati		아주 어리석다.

§ 377. 강의법(*intens.*) 어간의 활용

강의법의 미래형에서는 어미 -ssa-가 강의법어간(§ 263~§ 264)에 첨가된다. 과거형태로는 오로지 i - 아오리스트만이 사용된다(§ 277, § 291). 비정형동사형태를 취할 때는 언제나 -a를 상실한 강의법 어간과 완료수동(*pp.pass.*), 미래수동(*grd.*), 절대사(*abs.*) 또는 부정사(*inf.*) 어미 사이에 i를 삽입한다. 또한 사역형II도 강의법어간으로부터 형성될 수 있다. 이때에 강의법 어간의 -a는 사역형 II의 어미 -pe 앞에서 장음화된다

§ 378. 명사파생동사(*denom.*)

명사어간으로부터 동사의 파생을 취급하는 것은 조어론의 과제이지 형태론의 과제는 아니다. 그러므로 여기서는 오직 명사파생동사의 곡용에 관해서만 서술한다. 어간형성어미 -aya, -āya, -e, -ya, -iya 또는 -a로 나타날 수 있는 빠알리어의 모든 명사 파생동사는 통일적으로 변화된다.

명사		명 사 파 생 동 사 (*denom.*)		
dhūma	연기	dhūmayati	dhūmāyati	연기나다.
piṇḍa	덩어리	piṇḍeti		덩어리로 만들다.
namas	존경	namassati	(ss<sy)	존경하다.
taṇhā	갈증	taṇhiyati	yaṇhīyati	갈증을 내다.
dukkha	괴로움	dukkhati		괴롭다.

§ 379. 명사파생동사의 활용

현재어간은 유형 I(§ 234~§ 236)에 따라, -e 어간은 유형 IIa 에 따라 변화한다. 미래에서는 -a가 탈락된 명사파생동사 어간에 어미 -issa를 첨가한다(§ 263~§ 264). 이때 -aya/-e 어간에는 어미 -ssa(=-essa)를 첨가한다. 과거형태는 -a로 끝나는 어간에서 i - 아오리스트(§ 277, § 291), -e 어간에서는 s - 아오리스트(§ 285~§ 290)를 취한다. 비정형동사형태에는 자신의 -a 내지 -e 말미모음을 상실한 명사파생동사어간과 완료수동(*pp.*), 미래수동(*grd.*), 절대사(*abs.*) 또는 부정사(*inf.*) 사이에 i를 삽입한다. 명사파생동사에는 사역형에서 사역형 II의 어미가 첨가된다. 이때에 명사파생동사 어간의 -a는 탈락된다 :

dukkha 괴로움 → dukkhati 괴롭다. → dukkhāpeti 괴롭히다.(*caus2.*)

§ 380. 정형동사의 대체(*substitution of finite vb.*)

빠알리어에서는 흔히 정형동사(*finite vb.*)가 없이 쓰인다. 정형동사는 자주 완료수동분사(*pp. pass.*)로 대체된다. 이렇게 사용된 분사는 자동사의 경우에는 능동태적으로, 타동사의 경우에는 대부분 수동태적으로 사용된다. 능동적 의미를 갖는 완료수동분사는 문장에서 정형동사가 있어야 할 자리에 대부분 놓인다. 그와는 달리 수동적으로 사용되는 완료수동분사는 문장의 주어 앞이나 뒤에 놓인다. 이러한 문맥 속에서 중요한 것은 비교 가능한 정형동사형에 관한 문제이다. 문제는 완료수동분사가 바로 어근에서 형성되며 스스로 어떠한 시제어간에도 속하지 않으며 시간관계에 중성적이라는 사실에서 출발하다. 완료수동분사는 자신이 뜻하는 행위가 이미 완료되었음을 뜻하는 표현이다. 이 기능은 정확히 완료된 행위와 일치하며 시제, 즉 화자의 현재와의 시간적 관계와는 아무런 관련이 없다. 이러한 기본적인 기능에서

완료수동분사의 네 가지 사용방법을 설명할 수 있다.

1) 완료수동분사는 화자의 현재 직전에 행위의 종결을 의미하므로 그 효과가 화자의 현재에 영향을 미치는 것을 뜻한다.(=현재완료)
2) 완료수동분사는 자주 무시간적으로 표현되는 일반적 규정에서 행위의 종결을 의미한다.
3) 완료수동분사는 과거에서의 다른 행위 앞에서의 한 행위의 종결을 의미한다.(=과거완료)
4) 완료수동분사는 과거에서의 행위 또는 과정을 나타낸다.

완료수동분사는 완료적인 능동태로부터 점차적으로 설화체로 발전했다. 고층 빠알리어에서도 이미 드물게 사용되기 시작했지만 점점 신층 빠알리어에서 많이 사용되게 되었다. 이것은 인도유럽어의 과거완료의 발전과 유사한 것이다. 인도유럽어의 과거완료는 완료적인 능동태였으며 그러한 기능은 부분적으로 베다어에서 보존되어있지만 범어에서는 설화체의 일반적 시제가 되었다.

§ 381. 완료수동분사(*pp.*)의 대체의미

완료수동분사는 그것이 정형동사를 대신한다면, 본래 명사 문장에서의 서술명사이므로 이 문장은 다른 모든 명사 문장처럼 계사를 갖추지 않고 사용될 수도 있다. 그러나 완료수동분사의 첫 세 가지 사용방식 속에서만 계사를 갖으며 네 번째의 사용방식에서는 그것이 매우 드물게 나타난다. 완료수동분사에서 어근 bhū의 미래를 미래I의 표시로, 또는 어근 bhū의 원망법을 행위의 불확실한 종결을 나타내기 위해 첨가할 수 있다. 또한 어근 bhū의 절대사 hutvā를 완료수동분사에 첨가할 수 있다.

1) 화자의 현존 앞에서 행위의 종결 : 만약에 첨가된다면 계사는 atthi이다.
   hitvā ghare…upasanto'mhi 집을 떠나서 나는 평온해 있다.
   theragato…abhisambuddho ti vadāmi 그 장로는 완전히 깨달아 있다고 나는 말한다.
   āgato 'smi tav' antike 나는 너에게 와 있다.
2) 일반적인 무시간적인 인식에서의 행위의 종결 :
   ye te kulaputtā saddhā agārasmā anagāriyaṁ pabbajitā…te…pipanti
   좋은 가문의 아들들이 믿음으로 집을 떠나 집없는 곳으로 출가하면, 그들은…마신다.
   no ce pi…pabbajito hoti, …so…pujjo
   출가하지 않더라도 그는 공양받을 만하다.
3) 과거 완료의 기능 :
   ekaṁ samayaṁ bhagavā vesāliyaṁ viharati. … tena kho pana samayena Sunakhatto … acir-apakkanto hoti imasmā dhammavinayā. 한 때 세존께서는 베쌀리에 계셨다. 이 때에 쑤낙캇따는 이 가르침과 계율을 떠난 지 오래되지 않았다.
   tena kho pana samayena bhagavā…sunivattho hoti. … piṇḍāya pavisitukāmo. atha n… saccako … upasaṅkami 이 때 세존께서 가사를 잘 걸치시고 탁발하러 가려고 했는데 싸짜까가 다가왔다.
4) 설화체의 시제 대신에 :
   gotamo … mātāpitunnaṁ … rudanānaṁ … pabbajito 고따마는 부모가 울부짖음에도 불구하고 출가했네.
   tava āgatabhāvo … no atthāya jāto 그대가 왕림한 것이 우리에게 유익했다네.
   āyuñ c'assa parikkhīṇaṁ ahosi 이 분의 목숨은 다했네.

§ 382. 행위자 명사의 대체(*substitution of ag.*)

정형동사는 계사가 있든 없든 -tar로 끝나는 동사에서 전성된 행위자 명사(*ag.*)를 통해서 대체될 수 있다. 그러나 범어에서처럼 미래적 기능은 여기서 발견할 수 없다. 나머지의 동사에서 전성된 명사처럼 동사에서 전성된 -tar 어미의 명사는 시제에 관련해서 무규정적이다. 그들은 현재(*pres.*), 과거(*pret.*) 또는 미래(*fut.*)의 동사에 등장할 수 있다.

aham tesaṁ jivitaṁ dātā … no tathā mayi nipaccākāraṁ karonti tathā bhagavati
나는 그들에게 생계를 대준다. 그런데 그들은 나에게 세존에게처럼 오체투지를 하지 않는다.
te naṁ…vinetāro yāva aṭṭhaṁsu jivite 그들은 목숨이 붙어있는 한 나를 인도했다.
ye…rūpūpagā…āgantāro punabbhavaṁ 형상을 취한 자는 재생하게 된다.
ce…puchitāro assu te evaṁ assu vacanīyā 만약 질문했다면 그들에게 이렇게 말했을 것이다.

§ 383. 희구법의 대체(*substitution of opt.*)

정형적인 희구법 대신에 자주 단순 동사어간의 부정사 또는 동사에서 전성된 명사가 쓰임으로서 정형동사가 대체된다. 이때에 양자는 kāma와 함께 복합어를 이룬다.

vesāliṁ piṇḍāya pavisitukāmo 그는 탁발하기 위해 베쌀리로 가고자 했다.

dassanakāmā hi mayan taṁ āyasmantaṁ ānandan ti

왜냐하면 우리는 존자 아난다를 보고 싶어 하기 때문이다.

§ 384. 정형동사의 변용(지속적 반복적 동작의 표현)

지속적 또는 반복적인 동작 양태는 자주 viharati, tiṭṭhati, carati, 드물게는 vattati와 함께 동사의 변용을 통해서 표현될 수 있다. 이때에 주요 동사는 절대사(*abs.*), 완료수동분사(*pp. pass.*), 현재분사(*ppr.*) 또는 -in 어미의 형용사적 분사의 형태를 띠게 된다.

tena kho pana samayena … bhikkhū … aññamaññaṁ mukhasattīhi vitudantā viharanti.

그 때에 수행승들은 서로 입에 칼을 물고(날카로운 말로) 싸우고 있었다.

na ca pana … kassapaṁ sāvakā sakkatvā garūkatvā upanissāya viharanti

그런데 성문승들은 깟싸빠를 공경하고 존중하고 섬기곤 하지 못했다.

yan nūna mayaṁ yo no mahallakataro tassa abhivādanādīni karontā vihareyyāma

우리가 우리 가운데 나이 많이 든 분에게 항상 예절을 갖춘다면 어떨까?

ten'eva tvaṁ … vihareyyāsi ahorattānusikkhī kusalesu dhammesu

그래서 너는 밤낮 착하고 건전한 가르침을 공부하고 싶어하였지.

rati…dibbaṁ sukhaṁ samadhiggayha tiṭṭhati 즐거움이 천상의 행복에까지 이르렀다.

dukkhā vedanā cittaṁ na pariyādāya tiṭṭhati 괴로운 느낌이 마음을 정복하고 있지는 못했다.

khaggaṁ dhovitvā sannahitvā aṭṭhāsi 그는 칼을 씻어서 몸에 차고 있었다.

ekasmiṁ gumbe laggitvā aṭṭhāsi 한 덤불에 그는 걸려 있었다.

nāññesaṁ pihayañ care. 다른 사람을 부러워해서는 안된다.

kulāni paribhavanto carati 그는 가족들을 언제나 멸시했다.

dante khādanto kampento vicarati 그는 이빨로 물고는 떨고 있었다.

ambapakkāni khādanto vicarati 그는 언제나 망고열매를 먹었다.

vokkamma ca satthu sāsanā vattanti 그들은 스승의 가르침에 빗나가곤 했다.

3. 구 문 론

§ 385. 빠알리어의 구문론

빠알리어의 문장은 주어·목적어·술어 내지 기타의 수식어들로 구성되어 있다. 완전한 문장에서는 이들 요소가 생략되어 있지 않지만, 일반적으로 문장가운데 주어나 술어동사가 생략되어 있는 경우가 흔하다.

§ 386. 명령문의 주어

명령문의 주어는 생략되어 있는 경우가 많다. 생략된 경우에는 아래의 괄호에 표시한다.

yena dvārena (so) icchati, tena dvārena (so) gacchatu
(그가) 바라는 바로 그 문을 통해서 (그를) 가게 하십시오.
sīghaṁ (tvaṁ) pesehi taṁ mātu santike.
(당신은) 급히 그를 어머니 앞으로 보내십시오.

§ 387. 명백한 경우의 주어의 생략

주어가 제 1인칭, 제2인칭의 대명사일 경우, 또는 앞의 문장이 계속되어 주어가 없이도 판단이 가능한 경우 주어를 생략할 수 있다.

(ahaṁ) gacchāmi (나는) 간다.
(tvaṁ) āgacchasi (너는) 온다.
yena dvārena (so) icchati, tena dvārena (so) gacchatu.
(그가) 바라는 바로 그 문을 통해서 (그를) 가게 하십시오.
= (그가) 원한다면, 그 문을 통해 가게 하십시오.
(여기서 so의 생략은 앞 문장에서 계속이기 때문임)

§ 388. 일반적인 경우의 주어의 생략

주어가 막연하거나 일반적인 문장에서는 주어를 생략한다.

na tena (so) paṇḍito hoti, yāvatā (naro) bahu bhāsati. (인구에) 회자된다고 해서 현자는 아니다.
siyā tumhākaṁ evaṁ (mataṁ) assa. 당신들이 이와 같이 생각할 지도 모른다.

§ 389. 인칭대명사의 축약형

인칭대명사의 축양형인 me, no, te, va는 결코 문장의 맨 앞에 올 수 없다.

tumhākaṁ (vo : ×) gāmā āgacchasi. 너는 당신들의 마을로부터 온다.
amhākaṁ (no : ×) sunakhā magge sayiṁsu. 우리들의 개들은 길거리에서 잤다.
mama (me : ×) puttā giriṁ āruhiṁsu. 나의 아들들은 산으로 올라갔다.

§ 390. 계사의 생략

술어가 분사형이나 명사형일 때에는 거기에 맞는 계사 as '있다', bhū '이다'는 생략될 수 있다.

lobho akusala-mūlaṁ (hoti). 탐욕은 악하고 불건전한 것의 뿌리(不善根)이다.
vāṇijo so (hoti), na (atthi) brāhmaṇo. 그는 상인이지 바라문은 아니다.
idānī pañcamattāni sakaṭasatāni atikkantāni (honti). 방금 오백대 정도의 차량이 통과했다.

§ 391. 빠알리어의 문장의 순서

빠알리어에서 문장의 일반적인 순서는 주어, 목적어, 술어로 배열되어 있으나 엄격한 격변화를 유지하고 있으므로 그 순서가 뒤바뀌어도 상관없다. 따라서 빠알리어 문장의 순서에는 일정한 규칙이 없다. 주어와 술어만 있는 경우에는 술어를 앞에 두고 주어를 뒤에 둔다는 설도 있지만 그 반대의 경우도 흔하다.

puriso rukkham chindati rukkham *puriso* chindati chindati *puriso* rukkhaṁ. chindati rukkhaṁ *puriso*.	사람이 나무를 자른다.

anicca vata saṅkhārā. 모든 조건지어진 것은 참으로 무상하라.
tesaṁ vūpasamo sukho. 그들에게 적멸(寂滅)은 즐거움이다.

§ 392. 형용사, 부사의 위치

주어나 술어를 수식하는 형용사, 부사 등은 주로 해당되는 주어나 술어 앞에 둔다.

tadā tasmiṁ gāme cattāro purisā mahantaṁ rukkhaṁ sīghaṁ chindiṁsu.
그 당시에 그 마을의 4인의 남자들은 큰 나무를 급히 베어냈다.

§ 393. 호칭의 위치

호칭은 대개 문장의 최초의 위치에 둔다. 단 의문어, 긍정어, 명령어 등이 있을 경우에는 호칭은 그 다음 위치에 놓인다. 그러나 때로는 호칭이 문장 가운데 놓일 경우가 있다.

āvuso, imaṁ temāsaṁ katīgi iriyāpathehi vītināmessatha.
벗들이여, 그 (우기의) 3개월간을 어떠한 행동양식(威儀)에 의해서 보낼 것인가?
kim pana, bhante, idāni pi dinne labhissantī ti?
세존이시여, 그런데 지금 주어지더라도 그것들을 얻겠습니까?

§ 394. 의문사의 위치

불변사, 대명사 등에 의한 의문사는 문장의 최초에 놓인다.

kiṁ kathesi 무엇을 너는 말하는가?
kuhiṁ yāsi, upāsaka? 처사여, 그대는 어디로 가는가?
ap'āvuso, amhākaṁ satthāraṁ jānāsi? 벗이여, (그대는) 아마도 우리들의 스승을 알고 있겠지?
kasmā so sappo eraṁ na dasi. 왜 그 뱀은 이 사람들을 물지 않았는가?

§ 395. 의문사 없는 의문문

의문어가 없는 의문문에는 의문의 동사가 문장의 앞에 놓인다.

passatha nu tumhe, bhikkhave, mahantaṁ aggikkhandhaṁ?
수행승들이여, 너희들은 큰 불더미를 보느냐, 그렇지 않으냐?

§ 396. 명령어의 위치

명령문에는 명령의 동사가 문장의 최초에 놓인다.

desetu Bhugavā dhamaṁ. 세존께서는 가르침을 설해주십시오.

§ 397. 긍정어의 위치

긍정어는 문장의 최초에 놓인다.

āma, samma, idānāhaṁ vihāraṁ gamtvā theraṁ disvā āgato'mhi.
그렇다, 벗이여 나는 지금 승원에 가서 장로를 뵙고 오는 것이다.

§ 398. 금지어의 위치

금지어 mā는 대부분 문장의 맨 앞에 둔다. 또한 부정어 na, no도 문장의 맨 앞에 오는 수가 있다.

mā saddaṁ akāsi. 소리를 내지 말라.
mā kho vitthāsi, mā kho maṅku ahosi. 당황하지 말게, 부끄러워하지 말게.
na aññe bhikkhū rājagahe vassaṁ upagaccheyyuṁ.
다른 수행승들은 라자가하에서우기를 맞고 싶어 하지 않는다.

na brāhmaṇassa pahareyya. 바라문을 때려서는 안 된다.

§ 399. 복합인칭의 열거순서

한 문장에서 많은 주어와 인칭이 사용되는 경우에는 그 열거의 순서는 제3인칭, 제2인칭, 제1인칭으로 하며 또한 그들이 하나의 술어를 갖는 경우에는, 그 동사는 최후에 주어진 주어의 인칭의 복수형을 취한다.

so ca tvañ ca ahañ ca gāmaṁ gacchāma. 그와 그대와 나는 마을로 간다.

te ca tumhe ca nadiyaṁ nahāyatha. 그들과 너희들은 강에서 목욕한다.

§ 400. 동반구격과 동사의 수

주어가 단수이면, 거기에 saha, saddhiṁ, samaṁ(함께, 같이) 등의 말에 의한 부사구를 수반하던, 수반하지 않던 많은 사람들이 동일행동을 하는 경우에는 그 행동을 표시하는 동사는 단수가 된다. (※saha, samaṁ은 결합어의 앞에, saddhim은 결합어의 뒤에 놓인다)

rājā saha parisāya uyyānam agami. 왕은 신하와 함께 정원으로 갔다.

ajjāhaṁ pañcahi bhikkusatehi saddhiṁ vihāre yeva nisīdissāmi.
오늘 나는 오백 명의 비구와 함께, 그 사원에 참석할 것이다.

satthā ānandattherena pacchāsamaṇena piṇḍāya cari.
스승은 아난다 장로를 시자로 삼아 탁발하기 위해 유행했다.

§ 401. 집합명사와 동사의 수

주어가 집합명사일 경우에는 술어 동사도 단수형을 취한다.

tesu gacchantesu sañjassa parisā bhiji.
그들이 가고 있을 무렵, 산자야의 무리들은 분열했다.

raññо udenassa orodho yen'āyasmā ānando ten'upasaṅkami.
우데나 왕의 내궁(內宮, 궁녀들)은 존자 아난이 있는 처소를 방문했다.

§ 402. 관계-상관문장의 순서

관계대명사로 이끌어지는 관계절은 일반적으로 상관대명사로 이끌어지는 주절의 앞에 온다. 관계대명사는 절을 이끌지만 전체 문장과 연결된 불변사가 그것에 선행하기도 한다.

atha kho ye icchiṁsu te akaṁsu. 그래서 원했던 사람들이 일했다.

yena dvarena nikkhami taṁ gotamadvāraṁ nāma ahosi. 그가 통해서 나간 그 문은 고따마 문이라고 불렸다.

§ 403. 상관대명사의 구성

상관 대명사는 지시대명사나 그 밖에 대명사가 그 역할을 하기도 하지만 대명사적인 형용사가 그 역할을 하기도 한다 : ye ahesuṁ, sabbe bhakkhesi. 거기에 있었던 모든 사람들을 그는 먹어치웠다.

§ 404. 관계 - 상관대명사의 반복

관계 대명사의 상관대명사의 반복은 관계절의 보편성을 나타낸다.

yo yo ādiyissati, tassa tassa anuppadassāmi. 누구든지 가지려는 자에게는 그것을 허락할 것이다.

§ 405. 관계 - 지시대명사의 연속

관계대명사 다음에 곧바로 지시대명사가 따라올 경우에는 강조를 나타낸다.

yo so satta paṭhamaṁ upapanno, tassaevaṁ hotahaṁ asmi brahmā.
최초로 생성된 그 존재야 말로 '나는 하느님이다'라고 생각한다.

§ 406. 일반관계대명사 yaṁ

yaṁ은 관계절의 문두에 오며 가장 내용상 자유롭게 해석할 수 있는 일반관계대명사로 단순히 관계절을 유도하는 역할을 하는데 영어의 that의 용법이나 빠알리어의 ti(직접화법의 유도)에 해당한다. 그것은 실제로 직접화법을 유도하긴 하지만 매우 드물며, 가정(parikappa), 허락(anumati), 원인이나 자격(araha, satti)를 유도하는 관계대명사이다.

hoti kho so samayo yaṁ ayaṁ loko vivaṭṭati.
이 세계가 전개되는 때가 되었다. = 때가 되어 이 세계가 전개되었다.

anaccharyaṁ kha pan'etaṁ ānanda, yaṁ manussabhūto kālaṁ kareyya.
그런데 아난다여, 인간이 죽어야 한다는 사실은 놀라운 것이 아니다.

yaṁ passanti brāhmaṇā candimasuriye, pahonti candimasuriyānaṁ sahavyatāya maggaṁ desetuṁ.
바라문들이 일월(日月)을 보더라도 그들이 일월과 결합하기 위한 길을 가르칠 수 있는가?

yaṁ taṁ jātaṁ, taṁ vata mā palujjī tī, n'etaṁ ṭhānaṁ vijjati.
태어난 것이 죽지 않아야 한다면 그것은 불가능하다.
(yaṁ … etaṁ ṭhānaṁ vijjati. = ~라는 사실은 가능하다)

yaṁ pi bho samaṇo gotamo campaṁ anuppatto, atith'amhākaṁ samaṇo gatamo
존자여, 사문 고따마가 짬빠국에 도달한 이래 사문 고따마는 우리의 손님이 되었다.

yaṁ sukho bhavam taṁ sukhā mayaṁ. 존자께서 행복하면 우리도 행복하다.

yad agge ahaṁ mahāli bhagavantaṁ upanissāya viharāmi, na ciraṁ tīṇi vassāni, dibbāni hi kho rūpāni passāmi, no ca kho dibbāni saddāni suṇāmi.
마할리여, 내가 세존께 의탁해서 산 이래 거의 삼년 동안을 성스러운 형상을 보았지만 성스러운 소리는 듣지 못했다.(yad agge = '~한 이래')

akaraṇīyā va vajjī raññā, yad idaṁ yuddhassa.
밧지족들은 왕에 의해서 즉, 전쟁에 의해서 정복될 수 없다.
(yad idaṁ = 즉, 다시 말해서. 동일화나 특수화를 위한 것).

§ 407. 일반관계사 yathā

yathā는 yaṁ 다음으로 내용상 자유롭게 해석할 수 있는, 일반관계사이다. 이때에 상관사 tathā가 쓰이기도 하고 생략되기도 하며, 때로는 tathā가 단독으로 쓰이기도 한다. 일반적으로 관계절의 맨 앞에 오며, 그 관계절은 주절보다 앞에 오는 경우가 많다. 논리의 일관성, 수단의 의미, 또는 비교, 이유·목적 등을 나타낸다.

yathā te khameyya tathā naṁ vyākareyyāsi.
당신은 당신이 마음에 드는 대로 그것을 설명하기 바랍니다.

yathā vyākaroti taṁ āroceyyāsi.
그가 어떻게 설명하는지 당신은 그것을 알려주십시오.

atthi paṭipadā yathā paṭipanno sāmaṁ yeva ñassati.
이처럼 실천함으로써 자신을 발견할 수 있는 길이 있다.

yathā va pana' eke bhonto samaṇabrāhmaṇā, evarūpaṁ bījagāmabhūtagāmasamārambhaṁ anuyuttā viharati …iti evarūpā bījagāmabhūtagāmasamārambhā paṭivirato samaṇo gotamo.
그러나 존자들이시여, 어떤 사문들이나 바라문들은 이와 같이 종자와 식물을 해치며 살고 있는데 비해서, 사문 고따마는 이와 같이 종자와 식물의 해치는 것을 금하고 있다.

yathā nu kho imāni bhante puthusippayatanāni… sakkā nu kho bhante evaṁ evaṁ diṭṭhe va dhamme sandiṭṭhikaṁ sāmaññaphalaṁ paññāpetuṁ.
세존이시여, 이러한 여러 기술을 지닌 자들이 하는 것처럼 그와 같이 현세에서 볼 수 있는 사문의 과보를 알려주실 수 있습니까?

tena hi bho nama pi suṇātha, yathā mayaṁ eva arahāma taṁ bhbavantaṁ gotamaṁ dassanāya upasaṅkamituṁ.
그러므로, 우리가 바로 왜 세존이신 고따마를 뵈러 가야 하는가에 관해서, 존자여, 나에게 들어보라.

pahoti me samaṇo gotamo dhammaṁ desetuṁ tathā ahaṁ imaṁ kaṅkhādhamaṁ pajaheyyaṁ.
사문 고따마께서는 내가 이 의심의 요소를 제거시키도록 법을 설해주실 수 있다.

§ 408. 관계사 seyyathā

seyyathā라는 관계사는 비유를 나타낼 때 사용되는 것으로 yathā보다 한정된 의미로 쓰이며, 관계절의 문두에 온다.

atha kho bhagavā seyyathā pi nāma balavā puriso bāhaṁ pasāreyya … evaṁ evaṁ pārimatīre paccuṭṭhāsi.
그 때에, 세존께서 마치 힘센 사람이 팔을 펴고 ~듯이, 그와 같이 저 언덕(彼岸)에 올라섰다.

§ 409. 조건, 양보, 가정의 관계사 sace, ce yadi

sace, ce, yadi 등은 조건, 양보, 가정을 나타내며 ce를 제외하고 일반적으로 주절보다 앞에 많이 오며 관계절의 문두에 온다. 그러나 ce는 관계절의 두 번째 위치에 오는 경우가 대부분이다. 만약 조건, 양보, 가정과 그 결과가 순수하게 화자의 관점에서 보아 가정적이라면 관계절과 주절의 모든 동사는 원망법(opt.)을 취한다. 만약 그 결과가 확실하다면 현재와 미래의 직설법을 취한다. 즉 영원한 진리(결과가 언제나 진리인 경우)에 대해서는 현재, 특수한 경우(확실하지만 다른 상황아래서는 그렇지 않을 때)에는 미래를 취한다. 이 경우는 각 절에는 동일한 시제가 사용된다. 그러나 주절이 금지나 명령 또는 희망(명령법)을 나타낸다던가 특수한 부정적 구조(alaṁ과 같은 금지를 나타내는 법)가 있다던가 또는 완료수동이 결과적 행위가 일어나기 전에 선행적 행위가 완료되었음을 나타내는 조건을 표시하기 위해 사용된다면, 주절의 동사에서 현재 대신에 비정형동사들이나 다른 시제가 사용될 수 있다. yadi가 사용될 때에는 현재시제(현재, 과거분사, 또는 명사절)가 사용된다. 왜냐하면 즉 적어도 모든 선택가운데 하나만이라도 사실이므로 따라서 그 분리가 전체적으로 확실하기 때문이다.

sace te agaru, bhāsassu. 당신에게 실례가 되지 않는다면, 말해주십시오.
sace yāceyyāsi, atha adhivāseyya. 만약 네가 요청했다면, 그 때에 그는 받아들였을 것이다.
sace kho ahaṁ yo yo ādiyissati tassa tassa dhanaṁ anuppadassāmi, evaṁ idaṁ addinnādānaṁ pavaḍḍhissati.
내가 누구에게든지 돈을 갖도록 허락한다면, 그만큼 이러한 훔치는 행위가 증가할 것이다.
sace na vyākarissati, aññena vā aññnaṁ paṭicarissati, tuṇhī vā bhavissasi, pakkamissasi vā, et-th'eva te sattadhā muddhā phalissati.
당신이 대답하지 않는다거나, 부당하게 발뺌한다던가, 침묵하든가 또는 떠나버리려 한다면, 그때에는 너의 머리가 당장 일곱 조각날 것이다.
sace pana tumhākaṁ evaṁ hoti … tiṭṭhatha tumhe.
그런데 당신들이 만약 이와 같이 생각한다면, 걱정하지 마라.
sace agāraṁ ajjhāvasati, rāja hoti…, sace kho pana pabbajati, arahaṁ hoti.
만약 그가 집에서 산다면, 왕이 될 것이지만, 출가한다면 거룩한 님이 될 것이다.
ito ce pi so yojanasate viharati, alam eva upasaṅkamituṁ.
그가 여기서 1400km 떨어져 있더라도 방문하는 것이 옳다.
taṁ ce te purisā evaṁ āroceyyuṁ … api mu tvaṁ evaṁ vadeyyāsi….
만약에 사람들이 당신에게 그것을 알려주었더라면 정말 이와 같이 말했을까?
taṁ kiṁ maññasi mahārāja, yadi evaṁ sante hoti vā sandiṭṭhikaṁ, sāmaññaphalaṁ no vā.
위대한 왕이시여, 그렇다면 그것이 볼 수 있는[現證의] 사문의 과보인지 아닌지, 그대는 어떻게 생각하십니까?
jānāhi yadi vā taṁ bhavantaṁ gotamaṁ tathā santaṁ yeva saddo abbhuggato yadi vā no tathā, yadi vā so bhavaṁ gotamo tādiso vā na tādiso.
그 세존이신 고따마에 관한 명성이 진실인지 아닌지, 세존이신 고따마가 이러한 분인지 아닌지 그대는 알아야 한다.

§ 410. 시간·조건의 관계사 yadā

yadā는 시간이나 조건의 관계절을 유도하는 관계사로, 그 관계절은 주절보다 앞에 오는 경우가 대부분이다.

yadā bhagavā tamhā samādhimhā vuṭṭhito hoti, atha mama vacanena bhagavantaṁ abhivādehi.
세존께서 그 삼매에서 일어나셨을 때, 내 인사말을 세존께 전해라.
yadā nikkhamati, pātubhavanti. 그가 떠났을 때 그들이 나타났다.
yadā passeyyāsi, atha me āroceyyāsi. 만약 너희들이 본다면, 곧 나에게 알려 주어야 한다.

§ 411. 원인, 발생의 관계사 yato

yato는 원인을 나타내며 때로는 발생의 장소를 의미한다. yato는 관계절의 맨 앞에 오며, 그 관계절은 일반적으로 주절보다 앞에 온다.

yato brahmaṇo sīlavā ca hoti, sammā vadeyya.
성직자는 계행을 지니므로 올바로 말할 것이다.

yato kho bho ayaṁ attā vinassati, na hoti paraṁ maraṇā, ettāvatā kho bho ayaṁ attā sammā samucchinno hoti.
존자이여, 이 자아는 완전히 파멸되어 죽은 후에서 존재하지 않으므로, 그러한 한 존자이시여, 이 자아는 완전히 소멸되었습니다.

§ 412. 원인의 관계사 yasmā

yasmā는 yato와 유사하게 사용되나 그것보다 자주 쓰이지 않으며, 주로 원인의 관계절을 이끌며 주절에서는 그 상관사인 tasmā가 함께 쓰인다.

yasmā ca kho kassapa aññatr'eva imāya mattāya sāmaññaṁ vā hoti brahmaññaṁ vā dukkaraṁ sudukkaraṁ, tasmā etaṁ kallaṁ vacanāya dukkaraṁ sāmaññan ti.
까싸빠여, 이러한 일을 떠나서, 수행자가 되는 것이나 성직자가 되는 것은 어려운 것이고 더구나 매우 어려운 것이므로, '사문이 되는 것은 어렵다.'고 말하는 것은 옳은 것이다.

§ 413. 원인, 이유의 관계사 hi

관계사 hi도 일반적으로 원인이나 이유의 관계절을 이끄는데, 그 의미는 때로는 매우 불확실하고 '참으로'라고 해석되기도 한다. hi가 이끄는 관계절은 일반적으로 주절의 뒤에 온다.

āroceyyāsi, na hi tathāgatā vitathaṁ bhaṇanti.
여래께서는 진리가 아닌 것은 말하지 않기 때문에, 너는 (그가 무엇을 말하는지) 알려주어야 한다.

§ 414. 조건, 한정의 관계사 yāva, yāvakīvaṁ, yāvatā

yāva나 yāvakīvaṁ, yāvatā는 관계절을 이끌며 조건이나 한정의 관계절을 이끌며 문두에 오지만 yāva의 경우는 대부분 주절 다음에 온다.

na tāva bhagavā parinibbāyissati yāva bhagavā bhikkhusaṁghaṁ ārabbha kiñcid eva udāharati.
세존께서는 비구승단에 관해서 무엇인가를 말씀하실 것이 있는 한, 완전한 열반에 들지 않을 것이다.

yāv'assa kāyo ṭhassati, tāva naṁ dakkhinti devamanussā
그의 몸이 남아 있는 한, 신들과 인간들이 그를 볼 것이다.

yāvakīvaṁ samaggā sannipatissanti vuddhi yeva ānanda vajjīnaṁ pāṭikaṅkhā.
그들이 단결하여 모이는 한, 아난이여! 밧지족의 번영만이 기대된다.

yāvatā ānanda ariyaṁ āyatanaṁ … idaṁ agganagaraṁ bhavissati.
아난다여, 아리야인의 영역이 (확대되는 한), 이것이 최상의 도시가 될 것이다.

§ 415. 장소의 관계사 yattha, yena

장소를 나타내는 관계사로는 yattha와 yena가 있는데, yattha는 관계절을 이끌고 주절에서 주로 상관사 tattha와 함께 쓰이지만 yena는 tena나 tad와 함께 장소나 방향을 나타내며 단순히 처격(loc.)이나 목적격(acc.) 대신에 쓰인다.

yattha sīlaṁ tattha paññā, yattha paññā tatta sīlaṁ.
계행이 있는 곳에 지혜가 있고 지혜가 있는 곳에 계행이 있다.

te … jāneyyuṁ yatth'ime cattāro mahābhūtā aparisesā nirujjhanti.
그들은 어디서 이 네 가지 요소(四大)가 남김없이 소멸되는지 알 것이다.

atha ko te brāhmaṇā yena assalāyano māṇavo ten'upasaṁkamiṁsu.
그리고 그들 바라문들은 아쌀라야나 바라문 청년이 있는 곳을 방문했다.

yena nāḷandā tad avasati.
그는 날란다에 도착했다.

§ 416. 관계 — 상관 문장의 도치

관계절은 주절보다 앞에 오는 것이 일반적이지만 주절의 내용을 강조하기 위해서, 또는 전체문장이 의문문인 경우에는 뒤에 오게 된다.

tassa te āvuso lābha, tassa te suladdhaṁ, yassa te tathāgato pacchimaṁ piṇḍapātaṁ bhuñjitnā paribnibbuto.
벗이여, 여래께서는 당신이 들던 최후의 공양을 드시고 열반에 드셨다는 사실은 당신에게 그것은 이득이 된다. 당신에게 훌륭한 이득이 된다.
katame ca pana te bhikkhave dhammā gambhīrā ye tathāgato pavedeti
비구들이여, 여래께서 설하신 깊은 법은 어떠한 것들입니까?

§ 417. 부정적 질문에 대한 대답

부정적 질문 즉 '…그렇지 않습니까?'라고 하는 경우 그 대답은 영어와 달리 우리말과 같다.
na si rājabhaṭo? āma bhante. 그대는 왕의 용병이 아닌가? 존자이시여, 그렇습니다(용병이 아닙니다).

§ 418. 복합어의 구성방식

빠알리어에서는 명사복합어의 구성방식에 육합석(六合釋 : cha samāsā)이란 것이 된다. 그 육합석에는 ① 동격한정복합어 즉 지업석(持業釋 : kammadhāraya), ② 수사한정복합어 즉 대수석(帶數釋 : digu), ③ 격한정복합어 즉 의주석(依主釋 : tappurisa), ④ 병렬복합어 즉 상위석(相違釋 : dvanda), ⑤ 불변화복합어 즉 인근석(隣近釋 : avyayībhāva), ⑥ 소유복합어 즉 유재석(有財釋 : bahubbīhi)이 있다.

§ 419. 동격한정복합어(同格限定複合語)

지업석(持業釋 : kammadhāraya)이라고 하며 두 단어가 합성해서 한 단어가 다른 한 단어를 형용하는 경우 그 두 단어가 동격(同格 : apposition)이 되는 복합어구성의 해석 방식이다.

① 앞 부분이 뒷 부분을 형용하는 경우
nilaṁ+uppalaṁ = nīluppalaṁ 푸른 연꽃.
puṇṇā+nadī = puṇṇānadī 만수(滿水)의 하천.

② 앞 뒤의 두 단어가 동격인 경우 앞부분이 주체가 된다.
vinayaṁ+piṭakaṁ = vinayapiṭakaṁ 율장(율이라고 하는 장).
sāriputto+thero = sāriputtatthero 사리불장로(사리불이라고 하는 장로).

③ 때로는 형용하는 부분이 뒤에 놓인다.
nāgo viya buddha = buddhanāgo 불용상(佛龍像) [용상과 같은 불타(佛陀)].
cando viya mukkhaṁ = mukkhacando 면월(面月) [달과 같은 얼굴].

④ 형용사 mahant는 성의 여하에도 불구하고 mahā로 결합한다.
mahanto+muni = mahāmuni 대모니(大牟尼).
mahatī+paṭhavī = mahāpaṭhavī 대지(大地).

⑤ 결합될 때 앞부분의 여성어미는 남성어미로 바뀐다. 단 앞부분이 고유명사일 경우 그대로 유지한다.
khattiyā+kumarī= khattiyakumarī 찰제리 계급의 동녀(童女).
nandā+pokkharaṇī = nandāpokkharaṇī 난다녀(難陀女)의 연못.

⑥ 부정의 불변사 na의 형용사적 결합에는 a나 an을 사용한다.
na+samaṇo = assamaṇo 비사문(非沙門).
na+uttaro = anuttaro 무상(無上) = 최상

§ 420. 수사한정복합어(數詞限定複合語)

대수석(帶數釋 : digu)이라고 하며 지업석의 한 종류로 형용사 역할을 수사가 한다는 것이 다른 것이다. 이때에 복합어의 어미가 중성단수형으로 표현되는 경우를 집합대수(集合帶數 : samāhāra-digu)라고 하고 복합어 어미의 성에 의한 복수를 취할 경우를 비집합대수(非集合帶數 : asamāhāra-digu)라고 한다.

① 집합대수
tayo+lokā = tilokaṁ 삼계(三戒).
catasso+disā = catuddisaṁ 사방(四方).

pañca+sīlāni = pañcasīlaṁ 오계(五戒).

② 비집합대수

tayo+bhavā = tibhavā 세 가지 존재, 삼유(三有).

pañca+indriyāni = pañcindriyāni 다섯 감관, 오근(五根).

§ 421. 격한정복합어(格限定複合語)

의주석(依主釋 : tappurisa)이라고 하며 지업석이나 대수석, 상위석이 주격적인 동격관계인데 비해, 사격(斜格 : oblique) 관계복합어로서 여섯가지의 종류가 있다. 거기에는 복합어 자체에 격의 표시가 떨어져 나가지 않은 불예복합어(不刈複合語 : aluttasamāsa)가 있고 또한 복합어의 끝부분이 단독으로는 사용되지 않고 항상 복합어에 부수되는 부수의주석(附隨依主釋 : upapadatappurisa)이 있다.

① 대격한정복합어[對格依主釋 : dutiyātappurisa]

gāmaṁ+gato=gāmagato 마을로 간(자).

sukhaṁ+patto=sukhappatto 행복을 얻은(자).

pabhaṁ+karo=pabhaṅkaro [불예복합어] 빛을 내는 자. 태양.

kumbhaṁ karotī ti=kumbhakāro [부수주의석] 용기를 만드는 자. 도공.

② 구격한정복합어[具格依主釋 : tatiyātappurisa]

buddhena+desitaṁ=buddhadesitaṁ 불타에 의해 가르쳐진(법).

raññā+hato=rājahato 왕에 의해서 살해된 (사람).

urena gacchātī ti=uraso [부수의주석] 배로 가는 것. 뱀.

③ 여격한정복합어[與格依主釋 : catutthītappurisa] 여격과 부정사에 의한 것이 있다.

buddhassa+deyyaṁ=buddhadeyyaṁ 부처님께 받쳐진 (것).

yāguyā+taṇḍulā=yāgutaṇḍulā 죽을 위한 쌀.

gamanassa+kāmo=gamanakāmo 가고 싶은 (자).

dātuṁ+kāmatā=dātukāmatā 주고 싶은 것.

dānassa+kāmatā=dānakāmatā 보시하고 싶은 것.

parassa+padaṁ=parassapadaṁ [불예복합어] 다른 사람을 위한 말. 위타태(爲他態).

attano+padaṁ=attanopadaṁ [불예복합어] 자신을 위한 말. 위자태(爲自態).

④ 탈격한정복합어[奪格依主釋 : pañcamītappurisa]

rukkhā+patito=rukkhapatito 나무에서 떨어진 (자).

raññā+bhīto=rājabhīto 왕을 두려워 하는 (자)[두려움은 탈격지배 동사].

attamhā+jāto=attajo [부수의주석] 자신에게서 태어난 것. 아들.

⑤ 속격한정복합어[屬格依主釋 : chaṭṭhītappurisa]

buddhassa+vacanaṁ=buddhavacanaṁ 부처님의 말씀. 불어(佛語).

pupphānaṁ+gandho=pupphagandho 꽃의 향기. 화향(花香).

⑥ 처격한정복합어[處格依主釋 : sattamītappurisa]

ante+vāsiko=antevāsiko[불예복합어] 안에 사는 자. 동거인. 제자.

dhamme+rato=dhammarato 법에 관해 즐거워 하는 (자).

gāme+vāsī=gāmavāsī 마을에 사는 (자).

manasi+kāro=manasikāro [불예복합어] 마음에 관해 작용하는 것. 작의(作意).

paṅke+ruhaṁ=paṅkeruhaṁ [불예복합어] 진흙 속에서 자란 것. 연꽃.

pabbate tiṭṭhatī ti=pabbataṭṭho [부수의주석] 산 위에 서 있는 (자).

§ 422. 병렬복합어(竝列複合語)

상위석(相違釋 : dvanda)이라고 하며 명사형이 병렬되는 경우의 합성관계로 당연히 주격적인 동격관계이며 대수석과 마찬가지로 합성된 단어의 성수와 상관없이 중성단수를 취하는 집합병렬복합어[集合相違 : samāhāra-dvanda]와 마지막 단어의 성의 복수를 취하는 비집합병렬복합어[非集合相違 : asamāhāra-dvanda]가 있다.

① 집합병렬복합어.

gitañ ca vāditañ ca = gītavāditaṁ 성악과 기악.

cakkhu ca sotañ ca ghānañ ca = cakkhusotaghānaṁ 눈과 귀와 코.
jarā ca maraṇañ ca = jarāmaraṇaṁ 늙음과 죽음, 노사(老死).
hatthino ca assā ca rathā ca pattikā ca = hatthassarathapattikaṁ
코끼리들과 말들과 수레들과 보병들.

② 비집합병렬복합어.
samaṇā ca brāhmaṇā ca = samaṇabrāhmaṇā 사문들과 바라문들.
cando ca suriyo ca = candasuriyā 달과 태양.
māta ca pitā ca = mātāpitaro 부모.
sura ca asurā ca narā ca nāgā ca yakkhā ca = surāsuranaranāgayakkhā
신들과 아수라들과 사람과 용들과 야차들.

§ 423. 불변화복합어(不變化複合語)

인근석(隣近釋 : avyayībhāva)이라고 하며 두 단어의 합성에서 앞부분이 불변사(不變辭)일 경우에 해당되며 전체적으로 중성단수 대격(*sg. n. acc.*)을 취함으로 부사로서 활동한다.

nagarassa + upa	= upanagaraṁ	도시 가까이.
rathassa + anu	= anurathaṁ	차를 따라서.
vātassa + anu	= anuvātaṁ	바람에 따라서.
anu + aḍḍhamāsam	= anvaḍḍhamāsaṁ	보름마다.
mañcassa + heṭṭhā	= heṭṭhāmañcaṁ	침대 아래로.
pāsādassa + upari	= uparipāsādaṁ	누각 위로.
pākārassa + tiro	= tiropākāraṁ	성벽을 가로질러.
gāmassa + anto	= antogāmaṁ	마을 안으로.
nagarato + bahi	= bahinagaraṁ	도시 밖으로.
sotaṁ + paṭi	= paṭisotaṁ	흐름을 거역해서.
vātaṁ + paṭi	= paṭivātaṁ	바람을 거슬러서.
kamaṁ + yathā	= yathākkamaṁ	순서에 맞게. 차제로.
balaṁ + yathā	= yathābalaṁ	힘에 따라서. 능력껏.
bhūtaṁ + yathā	= yathabhūtaṁ	여실하게. 있는 그대로.
bhattassa + pacchā	= pacchābhattaṁ	식후에.
jīvo + yāva	= yāvajīvaṁ	목숨이 있는 한.
attho + yava	= yāvadatthaṁ	원하는 만큼.
ā + samuddā	= āsamuddaṁ	바다까지.

§ 424. 소유복합어(所有複合語)

유재석(有財釋 : bahubbīhi)이라고 하며 복합어가 형용사로 사용되는 것을 뜻하며, 따라서 지업석, 대수석, 의주석 등의 모든 복합어가 유재석으로 변할 수가 있다. 단, 이때에는 복합어의 해석에서 말미에 소유의 의미를 첨가된다. 특히 주의할 것은 복합어가 아닌 단일어가 유재석으로 해석될 수 있다는 점이다(※saddhā '믿음'이라는 여성명사지만 saddho manusso라고 할 경우에 saddho는 유재석으로 해석되어 형용사적으로 쓰인 것으로 '믿음을 지닌 사람'이란 뜻으로 쓰인 것이다.) 그리고 유재석의 뒷부분이 ī, ū로 끝나는 여성명사이거나 tu로 끝나는 어간일 경우에는 거기에 ka를 첨가한다. 그 밖에 유재석의 뒷부분이 보통의 여성명사일 경우에는 남성이나 중성의 형태를 취하며 그것을 수식하는 첫부분의 여성형어미도 교체된다.

chinnā + hatthā = chinnahatto 잘린 손을 지닌 > 손이 잘리운 (자).
bhinnā + nāvā = bhinnanāvo 파괴된 배를 지닌 > 파선된 (자).
lohitena + makkhitaṁ + sīsaṁ = lohitamakkhitasīso 피로 물들은 머리를 지닌 > 머리가 피로

물든 (자).
ārūḷhā + vāṇijā = ārūḷhavāṇijā 올라탄 상인들을 지닌 > 상인들이 탄 (배).
jitāni + indriyāni = jitindriyo 정복된 감관을 지닌 > 감관을 정복한 (자).
khīṇā + āsavā = khīṇāsavo 부서진 번뇌를 지닌 > 번뇌가 부서진 (자).
bahavo + nadiyo = bahunadiko 많은 강을 지닌 > 강이 많이 있는 (지역).
apagato + satthā = apagatasatthukaṁ 떠나간 스승을 지닌 > 교조가 돌아가신 (가르침).
bahū + vadhuyo = bahuvadhuko 많은 부인을 지닌 > 아내가 많은 (남자).
mahantī + paññā = mahāpañño 큰 지혜를 지닌 > 지혜가 많은 (자).
acalā + saddhā = acalasaddho 흔들리지 않은 믿음을 지닌 > 믿음이 흔들리지 않은 (자).

§ 425. 합성복합어(合成複合語)

합성복합어(合成複合語 : missakasamāsa)는 단순한 복합어가 몇 종류 결합하여 복잡한 합성관계를 표시하는 복합어이다.

① bikkhusahassaparivuto 천 명의 비구들이 따르는 (자).
a) bhikkhūnaṁ + sahassaṁ = bhikkhusahassaṁ (격한정복합어)
b) bhikkhusahassena + parivuto = bhikkhusahassaparivuto (격한정복합어)

② gandhamālādihatthā 향이나 화환등을 손에 지닌 (자들).
a) gandhā ca mālā ca = gandhamālā (병렬복합어)
b) gandhamālā + ādi = gandhamālādayo (격한정복합어)
c) gandhamālādayo gatthesu = gandhamālādihatthā (격한정복합어의 소유복합어)

③ dvattiṁsamahāpurisalakkhaṇapaṭimaṇḍito 32대 인상으로 장엄된 (자).
a) mahanto + puriso = mahāpuriso (동격한정복합어)
b) mahāpurisānaṁ lakkhaṇāni = mahāpurislakkhaṇāni (격한정복합어)
c) dvattiṁsa + mahāpurisalakkhaṇāni = dvattiṁsamahāpurisalakkhaṇāni(수사한정복합어)
d) dvattiṁsamahāpurisalakkhaṇāni + paṭimaṇḍito (격한정복합어)
= dvattiṁsamahāpurisalakkhaṇapaṭimaṇḍito (격한정복합어의 소유복합어).

§ 426. 복합어 형성에서 유의할 단어들

복합어를 구성할 경우 변화하는 특수한 단어들이 있다 : mahanta는 mahā로 gopuman은 puṁ으로 saha, samāna는 sa로 바뀌며 sahassa는 복합어에서 뿐만 아니라 분리어에서도 lokadhātu 앞에서는 sahassī로 바뀐다. 그리고 어근 kas나 bhū의 명사형 앞에 오는 단어는 -ī 를 취한다.

cittā go = cittagu. 반점 있는 소.
hatthī ca go ca asso ca = hatthigavassaṁ 코끼리와 소와 말.
dve aṅguliyo = dvaṅgulaṁ. 두 뼘의 길이.
dīghā rattiyo = dīgharattaṁ. 장시간.
sahassaṁ + akkhīni = sahassakkho. 천개의 눈이 있는 (자). 제석천.
pumā + go = puṅgavo. 목우.
pumuno + liṅgaṁ = pullingaṁ. 남성.
saha parivārena = saparivāro. 권속(眷屬)과 함께 하는 (자).
samānā + jāti = sajātiko. 함께 태어난 자. 동생자(同生者).
dasasahassā + likadhātu = dasasahassīlokadhātu. 일만의 세계.
pākataṁ + bhūtaṁ = pākatībhūtāṁ. 명료하게 됨.
uttānaṁ + karoti = uttānīkaro. 명백하게 하는 것.
manusso + bhūto=manusībhūto. 인간으로 된.

§ 427. 격변화의 구문론적 의미

빠알리어 구문론의 대부분은 여덟 가지 격(格)에 의해서 결정된다. 그 여덟 가지는 주격(主格 *nom* paṭhamā), 대격(對格 *acc.* dutiyā), 구격(具格 *ins.* karaṇa, tatiyā), 여격(與格 *dat.* catutthī), 탈격(奪格 *abl.* ,pañcamī), 속격(屬格 *gen.* chaṭṭhī), 처격(處格 *loc.* sattamī), 호격(呼格 *voc.* ālapana)이다. 그러나

이러한 격들은 내용상으로 상호연관되며 엄밀한 구분이 불가능할 때가 종종 있다. 즉 어느 한 격이 다른 격을 대용할 때가 많고, 격은 때에 따라 다양한 불변사를 만들어내는 까닭에 상세히 격을 구분하기는 쉽지 않다.

§ 428. 주격(*nom.*)의 구문론적 의미

주격은 능동태 또는 수동태 문장의 주어 내지 보어 또는 그들의 형용사로 사용된다. 그러나 주어는 생략되는 경우가 많으며 보어를 유도하는 계사도 생략되는 경우가 많다. 특히 주어 또는 보어의 형용사로서의 역할을 하는 형용사구는 독립주격(*nom. absolute*)이라고 부른다.

§ 429. 주격의 일반용법

so buddho lokassa aggo. 그 부처님이 세간의 최상자이다.
apaṇḍito maññati paṇḍito. 어리석은 자가 현자라고 생각한다.

§ 430. 독립주격(*nom. absolute*)

주격의 분사구문으로 내용에 따라 적절한 부문장으로 해석될 수 있다.

bodhisatto brāhmaṇakule nibbattitvā vayappatto kāme pahāya isipabbajjaṁ pabbajitvā himavante vasi.
보살은 바라문의 집에 태어나서 청년에 이르렀을 때(*nom. absolute*), 감각적 쾌락에 대한 욕망들을 버리고 선인의 출가에 따라 출가하여 설산에 거주했다.
vāṇijo pātarāsaṁ pacāpento gadrabhaṁ yavakkhettaṁ vissajjesi.
상인은 아침식사를 요리시키면서(*nom. absolute*), 당나귀를 보리밭에 풀어 놓았다.
sujātakumāro ti' ssa nāmaṁ kariṁsu.
사람들은 그 이름을 수짜따꾸마라라고(*nom. absolute*) 했다.

§ 431. 대격(*acc.*)의 구문론적 의미

대격은 목적격이지만, 영어의 목적격은 반드시 타동사가 취하는 반면, 빠알리어에서는 방향대격이 있어 자동사도 목적격을 취할 수 있다. 그리고 특정한 전치사나 접두사는 항상 대격을 취한다. 목적어는 영어에서처럼 직접목적어와 간접목적어가 있는 것은 영어에서와 같다. 이때에 동사에 따라 간접목적어는 여격(*dat.*)을 취하기도 하고 대격(*acc.*)을 취하기도 하는데, 대격을 취할 경우에는 이중대격(*double acc.*)이라고 한다. 그리고 특수한 용법으로 중성단수의 대격은 분사의 역할을 하여 시간(범위), 거리(범위), 정도, 방법 등을 표현하다. 그밖에 목적어와 함께 그것을 수식하는 형용사구는 독립대격(*acc. absolute*)이라고 불리며 전체적으로 중성단수 대격의 부사처럼 부사구를 형성한다.

§ 432. 대격의 일반용법

so bhikkhu gāthaṁ bhāsati. 그 비구는 게송을 읊는다.
buddhaṁ saraṇaṁ gacchāmi.(*double acc.*)
나는 부처님이라는 귀의처를 향해서 간다. = 부처님께 귀의합니다.
dāso bhāraṁ gāmaṁ vahati. (*double acc.*) 하인은 짐을 마을로 운반한다.
saccaṁ vādī. 진실을 말하는 자는. arahattaphalaṁ patto. 아라한의 경지에 도달한 (자)는.
dhī brāhmaṇassa hantaraṁ. 바라문을 죽이는 노예는 악독한지고![dhī는 간투사로 대격지배]

§ 433. 대격을 취하는 접두사나 전치사

anu, abhi, adhi, pati, upa, santike, vinā와 같은 접두사나 전치사는 항상 대격(*acc.*)을 취한다. 그리고 antarā ca… antarā ca '사이에'는 대격(*acc.*)을 취한다.

mātaraṁ pati. 어머니에 대해서. vīna bhattaṁ. 음식 없이.
caturāsītipaṇasahassāni vipassi bodhisattaṁ pabbajitaṁ anupabbajiṁsu.
팔만사천의 사람들이 비바시(毘婆尸) 보살의 출가를 따라서 출가했다.
adhi brahmānaṁ mayaṁ, bhante, bhagavantaṁ apucchimhā.
세존이시여, 우리들은 범천에 관해서 세존께 질문했습니다.

antarā ca rājagahaṁ antarā ca nālandaṁ. 왕사성과 나란다 사이에

§ 434. 시간, 거리, 정도, 방법의 대격

시간(동안), 거리, 정도, 방법 등의 부사로서의 불변적 용법이 있다.

ekadivasaṁ 하루. 하루 동안. ekaṁ samayaṁ 한 때에. 일시(一時). dīgharattaṁ 오래동안. abhiṇhaṁ 자주. -pāṇupetaṁ 살아 있는 한. ajjakālaṁ 지금. niccaṁ, satataṁ 늘. 언제나. sīgham, tuvaṭaṁ, turitaturitaṁ 급히. saṇikaṁ 천천히. thokaṁ 천천히, 조금씩. atītaṁ addhānaṁ 과거세에. pubbaṇha-samayaṁ 오전에. sabbakālaṁ 언제나. sakiṁ 한번. dvikkhattuṁ 두 번. paṭhamaṁ 최초에. dutiyaṁ 두 번째에, 다시. yojanaṁ 14km의 거리. bhūtapubbaṁ 옛날에. ito paraṁ 금후에. uddhaṁ 위로. anu-lomaṁ 순리에 맞게. paṭilomaṁ 역으로. yathātathaṁ 그와 같이. yathābhutaṁ 있는 그대로. añña-maññaṁ 서로서로. nāma 실로,~라는. adho 아래로. adhikaraṇaṁ ~때문에, ~의 결과로서. par-imaṇḍalaṁ nivāsessāmi (나는 나를) 둘러싸도록 (옷을 입을 것이다).

§ 435. 이중대격(*double acc.*)

사역동사는 이중대격을 취하지만 그 중 어느 하나를 수단, 도구, 또는 대리의 구격으로 대체할 수 있다. 사역동사가 아닌 것 가운데 이중대격을 취하는 동사로는 vacati, pucchati, yācati 등이 있다. karoti는 주로 '~으로 만든다.'는 의미에서 이중대격을 취하고, 그밖에 '여기다, 생각하다'란 의미의 동사들도 이중대격을 취한다. 또한 karati, dadāti, gacchati는 동사와 대격명사가 융합하여 개념적으로 하나의 복합동사를 구성할 경우 이중대격을 형성하게 된다. 마지막으로 해석학적 목적어가 원래의 목적어에 부가될 경우에도 이중대격을 취한다.

seṭṭhī vaḍḍhakiṁ gehaṁ kārāpeti. 백만장자는 목수에게 집을 짓게 한다.

gahapatayo purisehi dārūni gaṇhāpenti. 장자들은 사람들로 하여금 땔감을 해오도록 했다.

verañjo brāhmāṇo bhagavantaṁ etad avoca. 베란자 출신의 한 바라문이 이것을(이와 같이) 세존께 말했다.

sace mayaṁ āyasmantaṁ revataṁ pañhaṁ pucchissāma. 만약 우리가 존자 레바따에게 질문을 한다면.

itthan nāmo saṁghaṁ upasaṁpadaṁ yācati. 모모씨는 승단에 입단(구족계를 받음)을 요청한다.

pañhaṁ puṭṭho katheti. 질문이 제기됐다고 그는 말했다.

(※수동태의 문장에서 사건의 대격은 그대로 보존된다.)

adāsiṁ taṁ karomi. 나는 당신에게 자유를 요구한다.

etad eva paccayaṁ karitvā anaññaṁ. 이것을 의존하지 다른 것에 의존하지 않고.

upāsake no bhagavā dhāretu. 세존께서는 우리를 재가신자들(우바새)로 여겨주십시오.

taṁ kiṁ maññasi? 당신은 그것을 무엇으로 생각하느냐?=당신은 그것에 관해 어떻게 생각하느냐?

abbhānaṁ ussukkaṁ karissāmi. 나는 복귀를 위해 노력할 것이다.

pattaṁ paṭiggahetvā nīcaṁ katvā. 발우를 바닥에 집어놓고.

bhagavantaṁ abhivādetvā padakkhiṇaṁ katvā pakkāmi.
나는 세존께 인사를 드린 뒤에 그 오른쪽으로 돌아 그곳을 떠났다.

saccaṁ kira tvaṁ dhaniya rañño dārūni adinnaṁ ādiyi. 다니야야, 너는 참으로 왕의 땔감을 훔쳤느냐?

taṁ parittaṁ pātheyyaṁ antarā magge sākete parikkhayaṁ agamāsi.
그 얼마 되지 않은 노자(路資 : 糧食)가 도중에 싸께따에서 다 떨어졌다.

so taṁ mālavālataṁ mūlaṁ chetvā palikhaṇeyya.
그가 덩굴식물의 뿌리를 자른 뒤에 파낸다고 하자. [mūlaṁ은 해석학적 목적격].

§ 436. 독립대격(*acc. absolute*)

독립대격은 대격의 분사구문 형태를 주로 취하며 내용에 따라 적절한 시간, 원인, 양보의 부문장으로 해석될 수 있다. 독립대격에 viditvā '알고 나서'를 부가하면 해석이 간편해진다. 빠알리어에서는 매우 드문 편이다.

bhagavantaṁ bhuttāviṁ onītapattapāṇiṁ.
세존께서 식사를 하시고 손을 발우에서 놓으실 때에.

tā chandarāgaṁ purisesu uggataṁ hiriyā nivārenti sacittaṁ attano.
그녀들은 남자들이 탐애를 일으켰을 때 (그것을 알고) 부끄러워서 자신의 마음을 추스렸다.

aññatara upāsako addasa taṁ brāhmaṇaṁ ummukaṁ gahetvā upassayaṁ pavisantaṁ.
어떤 재가신도는 한 바라문이 봉화를 들고 처소로 들어갈 때, 그를 보았다.

§ 437. 구격(*ins.*)의 구문론적 의미

구격은 일반적으로 도구, 수단, 방법을 나타낸다. 따라서 수동태에서는 행위자를 나타낸다. 그밖에 비유, 원인, 동기 뿐만 아니라 가치, 가격, 댓가를 표시하고 수반, 교제, 분리, 길항(拮抗)을 나타낸다. 통과시간과 통과장소를 나타내며, 추상명사의 구격은 관점을 나타낸다. 그리고 그 문법적 구조가 탈격(*abl.*)과 가장 자주 혼동을 일으킨다. 특수용법으로는 서술구격(*ins. predicative*)과 독립구격(*ins. absolute*)이 있다.

§ 438. 구격의 일반용법

buddhena bhāsitaṁ vacanaṁ.	부처님에 의해 설해진 말.
kammunā vasalo hoti.	행위에 의해서 천민이 된다.
tena maggena gato.	그 길을 따라 온 (사람).
sahassena sahassaṁ.	천에 의한 천. 천의 천배. 백만.
akkhinā kāṇo.	한 눈을 지닌 애꾸눈.
pādena kañjo.	한발의 절름발이.
attanā catuttho.	자기가 네번째.
jātiyā khattiyo.	태생이 찰제리인.
nāmena Ānando.	이름이 아난인.
ekapassena gacchati.	겨드랑이 넓이로 가다.
satasahassena me kītaṁ.	나에 의해 10만에 구매된 것.
dvīhi ūnaṁ purisasahassaṁ.	두 사람이 적은 천 명의 남자. 998명의 남자
saṁvibhajetha no rajjena.	통치권을 우리에게도 나누어 주십시요
kusalena atthiko.	선(善)을 바라는 자.
piyehi vippayogo.	사랑하는 사람과의 이별.

※ piyehi는 탈격(*abl.*)대신 쓰인 것이지만 어근 yuj는 구격(*ins.*)을 취한다.

appiyehi sampayogo.	증오하는 사람과의 만남.
ariyamaggena samannāgato.	성스러운 길을 갖춘 (자).
apeto damasaccena.	자제과 진실에서 떠난 자.
upeto damasaccena.	자제과 진실을 갖춘 자.
sumuttā tena mahāsamaṇena.	그 대사문에게서 완전히 해방된 자들.

※ mahāsamaṇena는 탈격(*abl.*)대신 쓰인 것이다.

tumhehi sadiso.	당신들과 같은 자.
paṭhaviyā ekarajjena saggassa gamanena vā sabbalokādhipaccena sotāpattiphalaṁ varaṁ.	지상의 통일 왕국보다도 하늘에 가는 것이나 일체세간의 주권보다도 진리의 흐름에 든 님의 과보(預流果)을 얻는 것이 훌륭하다.

※ 위의 문장은 주어도 목적어도 없이 수동적 동사에 의해 구성되는 문장 즉 상황태(狀況態 : bhāvakāraka)의 일종이다.

kataññunā (me) bhavituṁ vaṭṭati	저는 은혜에 감사할 뿐입니다.
na tena raññā ciraṁ jīvitabbaṁ hoti.	그 왕은 오랫동안 살 수가 없을 것이다.
me vijātāya bhavissati	나에 의해 산부에 의해 있을 것이다 =나는 탄생할 것이다.

§ 439. 불필요 금지와 구격

alaṁ 과 kiṁ에 구격이 첨가되면 각각 불필요(不必要) 또는 금지에의 권고를 뜻하게 된다.
alaṁ etehi ambehi jambūhi ca. 이들 망고열매나 잠부열매로 충분하다. = 더 이상 필요 없다.

alaṁ te idha vāsena. 당신은 여기에 살 필요가 없다. = 당신은 여기서 그만 사십시오.
ko attho jīvitena me. 나에게 목숨이 어떤 의미가 있을까? = 살아서 보람이 없다
kiṁ me gharavāsena. 내가 집에 살아서 무엇을 하겠는가?

§ 440. 수반구격과 시간, 공간의 구격

saddhiṁ, saha, samaṁ, vinā 등의 수반의 전치사는 구격과 결합하는 그 자체로 부사 등의 불변사가 형성된다. 이때 시간과 공간의 구격은 통과시간과 통과장소를 나타내며, 추상명사의 구격은 관점을 나타낸다.

sattārā saddhiṁ. 스승과 함께.
tena samayena. 그 때에, 그 무렵에.
saha paṭisambhidāhi arahattaṁ pāpuṇiṁsu. 그들은 분석적 앎(無碍解)과 함께 아라한의 지위를 얻었다.
brahmunā samaṁ. 범천과 동일하게.
vinā kusala-kammena. 착하고 건전한 업(善業)이 없이.
ekena māsena. 일 개월이 되어. dvīhi māsehi. 이 개월이 되어.
tena khaṇena, tena layena, tena muhuttena. 그 찰나에. 그 순간에. 그 잠깐 사이에.
anukkamena. 순차적으로.
cirena. 오래되어. 오랜 후에. 뒤늦게.
vegena. 급히. sahasā. 급히.
sukhena. 즐겁게. 쉽게. dukkhena. 어렵게. 힘들게.
vitthārena. 상세하게. saṅkhittena. 간략하게.
pakatiyā. 자연히. bhiyyosomattāya. 점점. 더욱더.
uttarena. 북쪽으로. 위쪽으로. dakkhiṇena. 남쪽으로. 오른쪽으로.
antarena yamakasālānaṁ. 싸라쌍수의 사이에.
attanā. 스스로. kālena kālaṁ. 때때로.
sabbena sabbaṁ. 전연. 모두.
tassā rattiyā accayena. 그 밤을 지내며
yena tena upāyena. 하등의 방법으로. 어떻게 해서든지.
kiṁ kāraṇā. 어떠한 이유로. 왜. kena. 왜. tena. 그러므로.
tena hi. 그렇다면.
yena kenaci. 어떻게 해서든.

§ 441. 관계대명사의 구격

관계대명사 yo의 단수 구격은 특수한 용법으로 쓰이는데 처격을 대신하는 역할을 한다. upasaṅkami는 yena··· tena와 avasari는 yena··· tad와 결합한다.

yena sāriputto tena upasaṅkami. 그는 사리불이 있는 곳으로 가까이 갔다.
yena māgadhakānaṁ gayā tad avasari. 그는 마가다국의 가야읍이 있는 곳에 도착했다.
※ 접속사와 상관사 사이의 명사는 주격(*nom.*)을 취하지만 간혹 대격(*acc.*)을 취하는 경우도 있다.

§ 442. 서술구격(*ins. predicative*)

서술구격은 미래수동분사의 서술동사에 부가되어 서술부를 형성한다.

pattaṁ gahetvā upajjhāyassa pacchāsamaṇena hotabbaṁ.
발우를 들고 화상의 수도사문(隨徒沙門)으로(이) 되어야 한다.
māsaṁ yeva maṁ suṇisābhogena bhuñjiṁsu.
그들은 한 달 동안만을 나를 며느리 일로 부려먹었다.

§ 443. 독립구격(*ins. absolute*)

독립구격은 대부분 분사형의 부사구를 형성하므로, 내용상 구격에 준하며 문맥에 맞는 부문장으로 해석될 수 있다. 주로 시간, 원인, 양보 등을 나타낸다.

catunnaṁ māsānaṁ accayena. 4개월을 경과해서.

amhākaṁ rañño accayena. 우리의 왕이 죽은 뒤에.
āyasmatā tissena upajjhāyena. 존자 띳싸를 친교사로 삼아.

§ 444. 여격(*dat.*)의 구문론적 의미

여격은 먼저 일반적으로 관심이나 행위가 귀속되는 대상을 말하며 그 다음으로는 이익이나 손해를 받는 대상을 뜻한다. 전자의 경우 여격 I(*dat1.*)에 속하며 「…에게」로 후자의 경우에는 여격II(*dat2.*)에 속하며 「…위하여」로 번역이 될 수 있다. 시간적으로 여격은 대격(*acc.*), 속격(*gen.*)과 마찬가지로 기간을 나타내며 공간적으로 대격(*acc.*), 처격(*loc.*)과 같이 목적지를 나타낸다. 여격의 특수용법으로는 부정사와 같은 역할을 하는 대용부정사 용법이 있다. 여격은 빠알리어에서 형태론적으로 속격(*gen.*)과 구별이 용이하지 않다. 그러나 단어의 어간에 따라 여격 I과 구별은 용이하지 않으나 여격 II와의 구별은 이루어지는 경우가 있다(형태론 참조). 실제로 혼용되고 있는 경우가 적지 않다.

§ 445. 여격 I과 여격 II의 일반적 용법

samaṇassa cīvaraṁ dadāti. 사문에게 옷을 주다. rañño āroceti. 왕에게 고하다.
tassa evaṁ ahosi. '그에게 이와 같이 생겨났다.' = 그는 이와 같이 생각했다.
tassa rañño cakkaratanaṁ pātur ahosi. 그 왕에게 보륜이 나타났다.
tassa paṭissuṇitvā. 그에게 대답하고.
devadattassa anucchavika. 데바닷따에게 어울리는
saggassa gamanaṁ. 하늘로 가는 것.
sāvatthiyaṁ piṇḍāya carati. 사위성에 탁발하러 가다.
appo saggāya gacchati 적게 하늘로 간다. = 하늘로 가는 자는 적다.
uṇhassa paṭighātāya = uṇhaṁ paṭihantuṁ. 더위를 막기 위하여.
dhammasavanassa atthāya = dhammaṁ sotuṁ. 법의 청문을 위하여 = 법을 청취하기 위하여.
devamanussānaṁ hitāya. 신들과 인간들의 이익을 위하여.
namo buddhāya. 부처님께 정례합니다. = 나무불(南無佛).
sotthi pajānaṁ. 사람들의 행복! = 사람들에게 행복이 있으라!
svāgataṁ te. 그대를 위하여 선래(善來). = 그대는 잘 왔네. 어서 오십시오.
lābhā me. 나를 위한 이익, 나의 이익.
cirāya(=ciraṁ=cirassa). 오랫동안. 오랜 뒤에. 뒤늦게.

§ 446. 목적의 여격 II의 지배술어

특수하게 alaṁ(충분하다). samattha(가능한), asamattha, abhabba(불가능한), paṭikūla(적당한), ap-paṭikūla(부적당한), antarāyika(방해되는), kallaṁ(올바른, 아름다운), paccaya(원인. 이유) 등의 단어는 목적의 여격 II를 취한다.

alan te ettakaṁ jivikāya. 그 정도면 당신을 위해 생계는 충분하다.
dhāvanāya samattho = dhāvituṁ samattho. 달릴 수 있는 (자).
appaṭikūlaṁ savanāya = na arahati suṇituṁ. 듣기에 적당하지 않다.
paṭhamassa jhānassa adhigamanāya antarāyiko. 초선(初禪)의 도달에 방해가 되는.
kallaṁ sampassituṁ. 그것은 보기에 아름답다.
ko paccayo sitassa pātukammāya? 무엇이 웃음이 나타난 것의 이유인가?=웃는 이유는 무엇인가?

§ 447. 여격 II의 부정사 대체

-ana 어미 등을 갖는 행위명사의 여격은 동사 anubhavati, anujānāti, labhati 등과 함께 사용되어, 부정사의 역할을 하며 목적의 여격 II를 형성한다.

taṁ vigatabhayaṁ sukhiṁ asokaṁ devā nānubhavanti dassanāya.
신들은 그 두려움 없고 행복하고 슬프지 않은 것을 볼 수 없다.
anujānātha maṁ agārasmā anagariyaṁ pabbajjāya.
집에서 집 없는 곳으로 출가하는 것을 저에게 허락해 주십시오.
sādhu mayaṁ bhante labheyyāma bhagavantaṁ dassanāya.

존자여! 우리가 세존을 뵐 수 있다면 좋겠습니다.

§ 448. 탈격(*abl.*)의 구문론적 의미

탈격은 일반적으로 출발점이나 원천, 이탈, 소재(素材), 원인, 이유, 동기 등의 뜻을 지닌다. 그 밖에 열등이나 차이·비교의 기준의 역할을 하며, 시간의 탈격은 '후에'란 뜻을 지니며, 공간의 탈격은 기준점 「에서 부터」를 표시한다. 그리고 부사로 사용되는 탈격에는 고유한 탈격과 모든 어간에 -to를 붙여 사용하는 단수의 탈격이 있다. 또한 일반적인 부사가 -to가 첨가되어 확장되는 수가 있다.

§ 449. 탈격의 일반용법

gāmā apagacchati 마을로부터 떠나다.
mutto vividhakilesehi. 여러 가지 번뇌에서 해탈된 자.
pāṇātipātā veramaṇī. 살생으로부터의 금지. 불살생.
pāpā cittaṁ nivāraye. 악으로부터 마음을 방어하라.
kāmato jāyati soko 감각적 쾌락에 대한 욕망에서 슬픔이 생긴다.
vāṇijaṁ jīvitā voropeti. 상인을 생명으로부터 박탈한다. = 상인의 목숨을 빼앗다.
[구격(*ins.*)으로도 해석이 가능하다]
sīlato nindati. 계(戒)에 관해서 비난하다.
sāraṁ sārato ñatvā. 진실을 진실로 알고.
tato malā malataraṁ. 그 구예(垢穢)보다 더 오염된 것.
tayā abhirūpatarā. 그녀보다 더 아름다운.
dhammassa savanato. 법의 청문보다. 법을 듣는 까닭에.
pītiyā virāgā. 기쁨을 떠나는 까닭에.
sukhaṁ dukkhato'ddakkhi. 즐거움을 괴로움이라고 그는 보았다.
nirayā tiracchānayoni seyyo. 지옥보다도 축생계가 좋다.
sukhassa ca pahānā dukkhassa ca pahānā. 즐거움도 버리고 괴로움도 버리는 까닭에.
bhāyāmi paccagamanāya tassa. 나는 그가 돌아오는 것을 두려워한다.
poāpakehi akusalehi dhammehi aṭṭīyati harāyati jigucchati.
그는 악하고 건전하지 못한(惡不善) 법들을 싫어하고 부끄러워하고 혐오한다.

§ 450. 탈격지배 불변사

탈격(abl.)은 ārā, ārakā 멀리떠나, avidūre 멀지 않은 곳에, upari 위로, aññatra 제외하고, 이외에, rahitā, rite, vinā 없이, ā, yāva 까지, pati 대하여, apa 떠나서, santike, samīpe 가까이, pabhuti, paṭṭhāya, uddhaṁ 이래, 이후, pubbe, pure 전에, puretaraṁ 보다 이전에, paraṁ 후에, oraṁ 이내에 등의 불변사와 함께 부사를 만든다. 단 vinā는 따로 대격(acc.)을, aññatra는 구격(ins.)을 santika는 대격(acc.)과 소유격(gen.)을 samīpa는 대격(acc.), 구격(ins.), 소유격(gen.)을 모두 취할 수 있다.

ārā āsavakkhayā. 번뇌의 소멸에서 떠나서.
sāvatthito avidūre. 사위성에서 머지 않는 곳에.
buddhiyā rahitā sattā. 깨달음이 없이 중생들은.
ā brahmalokā. 범천계까지.
ito pubbe. 지금보다 이전에.
tato paraṁ. 그 후.
ārakā saṅghamhā. 승단에서 떠나서.
avīcito upari. 아비지옥에서 위로.
rite saddhammena. 정법이 없이.
yāva majjhantikasamayā. 정오 때까지.
therehi puretaraṁ. 장로들보다 앞서서.
oraṁ chahi māsehi. 육 개월 안에.
tato pabhuti, tato paṭṭhāya, tato uddhaṁ. 그 이래. 그 이후.
aññatra dhammacariyāya. 가르침의 실천을 제외하고.

§ 451. 탈격불변사와 시간·공간의 탈격

divā. 낮에.
kasmā. 왜?
kuto. 어디서. 왜?
gāmā gāmaṁ. 마을에서 마을로.
yasmā. 왜냐하면.
parato. 나중에.
tasmā. 그러므로.
tato. 그것보다. 그러므로.
sabbato. 널리.

samantato. 널리.
gambhīrato. 깊이로는.
samaggā. 화합하여.
purato=purā. 앞에. 먼저.
piṭṭhito piṭṭhito. 뒤이어.
uttarato. 북방으로.
dīghato. 길이로는.
vyaggā. 불화하여.
uparito=upari. 위에. 위로.
pacchato=pacchā. 뒤에. 나중에.
heṭṭhato=heṭṭhā. 아래로.
puthulato. 넓이로는.
pacchā. 나중에. 뒤에.
piṭṭhito. 나중에.

§ 452. 탈격의 대체

원인을 나타내는 탈격의 대체로는 소유격과 결합하는 kāraṇā와 hetu가 있고 복합어의 뒷부분(ifc.)을 구성하는 paccayā와 hetu가 있다.

ājīvassa hetu. 생계 때문에.
taṁ kissa hetu. 무슨 원인으로 그러한가?
tappaccayā. 그것 때문에.
suvaṇṇamālāya kāraṇā. 황금의 화환 때문에.
āmisahetu. 이익 때문에.
tathārūpapaccayā. 그러한 이유로.

§ 453. 서술탈격(*abl. predicative*)

서술탈격(*abl. predicative*)은 이중대격을 취할 수 있는 인식, 사유의 동사에서 대격가운데 하나로 어미 -to의 탈격을 취함으로써 이루어진다.

tejaṁ tejato sañjānāti. 광휘를 광휘로 인식한다.
sārañ ca sārato ñatva. 본질적인 것을 본질적인 것으로 알고.

§ 454. 속격(*gen.*)의 구문론적 의미

속격은 일반적으로 소유·종속을 의미하므로 광범위한 해석학적 범주를 지니게 되며, 주격(*nom.*), 여격(*dat.*), 처격(*loc.*)의 의미를 지닐 뿐만 아니라 특수하게는 대격(*acc.*), 구격(*ins.*), 탈격(*abl.*)과도 의미상의 연관을 가진다. 빠알리어에서 속격은 여격(*dat.*)과 형태론적으로 구별이 곤란한 경우가 많으므로 여격과 엄밀히 구분하기는 곤란하다. 공간적으로 속격은 전체에 대한 부분을 의미하는 부분속격이며 시간적으로는 부분속격 이외의 탈격과 같은 의미의 '뒤에, 후에'란 뜻을 지닌다. 동사 가운데는 특히 격정을 나타내는 것은 대격(*acc.*) 대신에 속격(*gen.*)을 취하는 경우가 많으며, 드물지만 부사 등의 불변사를 만드는 속격도 있고, 내용상 속격의 분사구문을 형성하는 독립속격(*gen. absolute*)도 있다.

§ 455. 속격의 일반용법

buddhassa sāvakā. 부처님의 제자들.
mātu samo = mātarā(*ins.*) samo. 어머니와 같은 (사람).
pitu sadiso = pitarā(*ins.*) sadiso. 아버지와 같은 (사람).
amhākaṁ buddhassa pubbe. 우리들의 부처님 앞에.
tiṇṇaṁ divasānaṁ accayena. 삼일이 지나고.
vassasatānaṁ upari. 백년 후에.
gāmassa avidūre. 마을에서 멀지 않은 곳에.
sītassa ca uṇhassa ca kkhamo hoti 추위와 더위를 참아내다.
buddhassa pasanno=buddhe pasanno. 부처님을 믿는 (자).
candimasuriyānaṁ dassāvī. 달이나 태양을 보는 (자).
akusaladhammānaṁ kārako. 악하고 불건전한 법[不善法]을 짓는 자.
bhagavato bhāsitaṁ abhinandi. 그는 세존이 말씀하신 바를 기뻐했다.
narānaṁ(=naresu) khattiyo sūratamo. 사람들 가운데 왕족이 가장 용맹하다.
mama seyyo. 나보다 훌륭한 (사람).
gonaṁ sāmī=goṇesu sāmī. 소들의 주인.
sakko devānaṁ indo. 신들의 왕인 제석천(帝釋天).
sippānaṁ kusalo 기술에 능숙한 (자).
sippikānaṁ sataṁ. 기술자 가운데 백명 = 백명의 기술자.
aññataro arahataṁ. 아라한 가운데 어떤 사람.

kappassa tatiyo bhāgo. 일겁(一劫)의 세 번째 시기.
rattiyā paṭhame yāme. 밤의 초야(初夜)에.
kulaputtassa dassaniyadhammo. 선남자가 보아야만 하는 것.
gānassa pūjito. 마을 사람의 존경받는 (자)=마을 사람으로부터 존경받는 (자).
brāhmaṇassa manāpo. 바라문의 마음에 든 (자).
devatānaṁ piyo. 신들의 사랑받는 (자)=신들에게 사랑받는 (자).

§ 456. 속격의 지배술어

속격(*gen.*)을 취하는 동사의 용법에는 격렬한 정서를 표현하는 것이 대부분이다.

tasati daṇḍassa. 처벌을 두려워하다.
mā me kujjha. 나를 노하게 하지 말라.
appamaññati pāpassa. 악을 경시하다.
pūrati puññassa. 공덕으로 충만하다.
mātussa sarati. 어머니를 추억하다.
bhāyati maccuno. 죽음을 두려워하다.
paṇḍitassa pihayati. 현자를 부러워하다.
dussati narassa suddhassa. 청정한 자를 오염시키다.
buddhassa siloghati. 부처님을 찬탄하다.
pajānāti dukkhassa. 괴로움을 이해하다.
harāyati aṭṭīyati jigucchati brāhmaṇassa. 바라문을 부끄러워하고 싫어하고 혐오하다.
na brāhmaṇassa pahareyya. 바라문을 때려서는 안 된다.
nāssa muñcetha bramaṇo. 바라문은 그를 놓아주어서는 안 된다.
udapānaṁ tiṇassa ca bhusassa ca yāva mukhato pūresuṁ.
그들은 우물을 그 입구까지 풀이나 겨로 채웠다.

§ 457. 속격불변사와 시간의 속격

부사 즉 불변사로 사용되는 속격(*gen.*)이 있다. 그 중에는 시간의 속격이 많다. 시간적으로는 부분속격 이외의 탈격과 같은 의미의 「뒤에, 후에」란 뜻을 지닌다.

cirassa. =cirassaṁ. 오래되어. 오랜 뒤에.
na cirass'eva 곧. cirassāpi. 결국. 드디어.
kālavato. 적당한 때에, 좋은 시간에.
kissa. 왜?
divādivassa. (아침)일찍 [밤과 낮의 사이에].
dvinnaṁ antaravassānaṁ. 두 우기가 지난 뒤에.
kālassa. (아침) 일찍. (rattiyā kālassa '밤의 시간이 지난 뒤에'의 축약형).

§ 458. 독립속격(*gen. absolute*)

독립속격(*gen. absolute*)은 속격의 독립분사구분으로 주로 형성되어 있으며 내용에 따라 동시성을 나타내는 적절한 부문장으로 해석된다. 시간, 조건, 양보, 가정 등을 나타낸다.

tassa bhattaṁ bhuttassa udakaṁ āharanti. 그가 식사를 마치자마자, 그들은 물을 가져왔다.
tesaṁ kīḷantānaṁ yeva suriyatthaṅgatavela jātā. 그들이 놀고 있는 사이에 곧 일몰시가 되었다.
rudato dārakassa so pabbaji. 아들이 울고 있는데도 불구하고 그는 출가했다.
tassa vayappattassa pitāmaho kālam akāsi. 그가 청년이 되었을 때, 할아버지가 돌아가셨다.
ekena naṅgalena kasantassa satta sītāyo gacchanti. 하나의 쟁기로 갈아도 일곱 고랑에 도달한다.
brahmuno pekkhamānassa cittaṁ vimucci me. 범천[부처님]이 보고 계실 때, 나의 마음이 해탈했다.
= 부처님 앞에서 나의 마음이 해탈했다.

§ 459. 처격(*loc.*)의 구문론적 의미

처격은 일반적으로 장소를 표시하며 「근처에」, 「사이에」, 「가운데」의 뜻도 지니며 운동방향을 지시하는 구상적, 추상적 동사의 목적지가 목표가 된다. 그리고 문장 속에서 동기, 이유, 관심을 또한 나타낸다. 시간의 처격은 「때에」란 부사적 용법으로 쓰이며 공간의 처격은 거리나 간격을 나타낸다. 그리고 특수용법으로 서술처격(*loc. predicative*)이 있다. 또한 처격에는 독립처격(*loc. absolute*)이 있는데, 독립구문들 가운데 가장 많은 빈도로 사용된다.

§ 460. 처격의 일반용법

ekasmiṁ samaye. 어느 때에. 한 때에.
tesaṁ āgatakāle. 그들이 도착했을 때.
nagare vasati. 도시에 살다.
bhūmitaṁ pati. 땅에 떨어졌다.
tilesu telaṁ. 호마중의 기름.
rukkhamūle. 나무 밑에. 나무 근처에.
saṅghe dehi. 승단에 주시오.
imasmiṁ atthe. 이러한 관련 아래. 이러한 의미에서.
rukkhamūlesu udakaṁ siñcati. 나무의 뿌리에 물을 붓다.
dvīsu raṭṭhesu rajjaṁ kāresi. 두 나라에서 통치를 했다. 두 나라를 다스렸다.
avidūre udumbararukkho. 멀지 않은 곳에 있는 무화과나무.
pādesu surasā vandati. 두 발에 머리를 조아렸다.
taṁ puggalaṁ bahāyaṁ gahetvā. 그 사람을 팔에 대하여 잡고. = 그 사람의 팔을 잡고.
jaṭasu ca gīvāyañ ca akkami. 그는 나의 상투와 머리를 공격했다. = 그는 나를 혼내주었다.
tassa hadaya-maṁse dohalaṁ uppādeti. 그의 심장육(心臟肉)에 대해 이상욕구(異常欲求)를 일으키다.
tathāgate daddhaṁ paṭilabhati. 여래에 대한 믿음을 획득하다.
kāmesu micchācāro. 제욕(諸欲)에 대한 사행(邪行), 애욕에서 잘못 행함.
asāre sāramatino. 진실이 아닌 것에 관해서 진실이라고 생각하는 사람들.
pamāde bhayadassivā. 방일에서 두려움을 보는 자.
kāye kāyānupassī.몸에 대하여 몸을 관찰하는 자.
sampajānamusāvāde pācittiyaṁ. 고의의 망언에 대한 고백참회죄(波逸提).
abhikkante paṭikkante sampajānakārī hoti. 가거나 돌아오거나 그는 (스스로) 의식을 하고 있다[독립처격(*loc. absolute*)도 가능].
hatthī dantesu haññate. 코끼리는 상아 때문에 살해된다.
hatthismiṁ sikkhati. 코끼리 병법에 관해 배운다.
dhamme ramati paṇḍito. 현자는 법에 관해 즐긴다.
appamāde pamodanti. 그들은 방일하지 않음에 대해 기뻐한다.
suññāgāre abhiramāmi. 나는 빈 집에서 즐긴다. = 나는 사람이 없는 곳에서 좌선하는 것을 즐긴다.

§ 461. 처격불변사와 시간, 공간의 처격

부사 즉 불변사로 사용되는 처격(*loc.*)의 경우는 아래와 같다.

bāhire. 밖에.
dūre. 멀리.
avidūre. 멀지 않은 곳에.
santike. 근처에.
khaṇe khaṇe 찰나마다.
aparabhāge. 후분(後分)에.
ajjatagge. 오늘 이후.
divase divase. 매일매일.
sāyaṇhasamaye. 저녁무렵에.
sattame divase. 제7일에.
kāle(= kālena). 올바른 때에. 적절한 때에.
akāle(=vikāle). 때 아닌 때에. 적당하지 않은 시간에.

§ 462. 서술처격(*loc. predicative*)

특수한 용법으로 서술처격(*loc. predicative*)이 있다. 이것은 이중대격(*double. acc.*)을 취할 수 있는 동사에서 발견되다.

idaṁ assa musāvādasmiṁ vadāmi. 나는 이것이 그의 거짓이라고 말한다.
tañ ca sukhasmiṁ paññāpeti. 그는 그것을 행복이라고 표현하다.

§ 463. 독립처격(*loc. absolute*)

독립처격(*loc. absolute*)은 처격의 분사구문 형식을 띄우며, 독립구문 가운데 가장 흔히 사용되며 주문장에 선행하는 상황 즉 시간, 양태, 원인, 조건, 가정, 양보 등을 나타낸다.

evaṁ vutte. 이렇게 말했을 때. 이렇게 말하고 나서.
sante paṭirūpe gahake databbaṁ. 적당한 수임자가 있으면, (이 옷을) 줄 것이다.
imasmiṁ sati idaṁ hoti. 이것이 있을 때, 저것이 있다.
vassasataparinibbute bhagavati. 세존께서 입멸하신 백년 뒤에.

kathaṁ hi nāma bhaddantā maya dūte pahite nāgacchissanti.
내가 심부름꾼을 보냈음에도 불구하고 대덕들께서는 왜 오시지 않습니까?
dinakare atthaṅgacchati nisākare ca udente. 태양이 지고 달이 나타날 때에.
tesu vivadantesu bodhisatto cintesi. 그들이 논쟁하고 있는 사이에 보살은 생각했다.
imasmiṁ veyyākaraṇasmiṁ bhaññamāne āyasmato koṇḍaññassa dhammacakkhuṁ udapādi.
그 설법이 설해지고 있는 동안 존자 꼰당냐에게는 진리의 눈[法眼]이 생겨났다.

§ 464. 현재시제(*pres.*)와 역사적 현재

현재 시제는 현재 또는 가까운 미래를 나타내거나 바로 직전의 과거를 표시하거나 역사적 현재를 표시한다. 역사적 현재를 표시할 때에는 sma와 함께 쓰이기도 한다. 그 밖에 습관이나 반복을 나타내는 정형동사형이 있는데 그것에 관해서는 § 392을 보라.

mayaṁ dhammaṁ jānāma. 우리들은 법을 안다.
kiṁ karomi. 나는 무엇을 할까?
yāvāhaṁ āgacchāmi tāva imasmiṁ uyyāne rukkhapotakesu udakaṁ siñcituṁ sakkhissatha?
내가 올 때까지 당신들은 이 정원의 작은 나무들에 물을 줄 수 있을까?
rathenāhaṁ āgata'smi. 나는 수레를 타고 왔다.
āyasmā ānando bhagavato piṭṭhito ṭhito hoti. 존자 아난다는 세존의 뒤에 섰다.
ekaṁ samayaṁ bhagavā sāvattiyaṁ viharati(sma.) 한때에 세존께서 사위성에 계셨다.

§ 465. 과거시제와 아오리스트(*aor.*) 용법

빠알리어에서 과거시제에는 영어 등에서와 같이, 과거완료, 현재완료, 미래완료 등의 완료형이 없다. 과거시제는 아오리스트 또는 과거분사에 의해서 단지 무규정적인 과거를 표시하는데 쓰인다. 본래는 범어, 빠알리어 등에서 완료형(*perf.* parokkhā)은 '그 존재를 화자가 알지 못하는 불확정의 과거'를 지칭하며, 부정과거(*imperf.* hīyattanī)는 '어제보다 이전에 확정되거나 불확정된 과거'를 의미하며, 아오리스트(*aor.* ajjattanī)는 '오늘 확정되거나 불확정된 과거'를 뜻하는 것이었다. 말하자면 완료형은 영어의 단순과거에 해당하며 부정과거는 과거완료에, 아오리스트는 현재완료에 준하는 것이라고 생각할 수 있다. 그러나 이러한 구별은 베다어에서 비교적 준별되지만 빠알리어에서는 아오리스트 유형 속에 모두 포함된다고 볼 수 있다. 단지 과거수동분사가 보다 현재완료의 뉘앙스를 과거능동분사가 보다 과거완료의 뉘앙스를 풍기는 경우가 있기는 하다.

tumhe munīnaṁ āhāraṁ adadittha. 당신들은 성자에게 음식을 드렸다.
isayo kavīnaṁ dhammaṁ desesuṁ. 선인들은 시인들에게 법을 설했다.
kiṁ āgat'attha. 어떻게 당신들이 온 것인가?
bhagavantaṁ bhuttāviṁ onītapattapāṇiṁ. 세존께서 식사를 마치고 발우에서 손을 뗐을 때.

§ 466. 과거시제의 특수용법

과거시제 가운데 과거시제 이외의 용법으로 사용되는 경우가 있다. 완료형 āha은 특수하게 과거 '말했다'와 현재 '말하다' 두 가지 의미로 사용된다. 그리고 아오리스트에 mā가 첨가되는 금지(禁止) 용법으로 사용된다.

mā kho vitthāsi, mā kho maṅku ahosi. 두려워하지 말게, 부끄러워하지 말게.
mā saddaṁ akāsi. 너는 소리를 내서는 안 된다. = 소리를 내지 말게.
mā asakkhimhā 우리는 할 수 없었다. (여기서 mā는 금지의 의미보다는 na의 대용으로 사용되었으며 과거완료의 부정이란 뜻을 지니고 있다.)

§ 467. 완료수동분사(*pp.*)용법

완료수동분사(*pp.*)는 정형동사의 대체(§ 372)에서 설명했으나 구문론에서도 함께 다루어야 하므로 간단히 그 네 가지 사용방법에 관해 설명하자면 첫째 화자의 현존 앞에서 행위의 종결을 의미하는 현재완료, 둘째 무시간적인 인식에서의 행위의 종결, 셋째 과거의 다른 행위 앞에서의 행위 종결을 의미하는 과거완료, 넷째 설화체의 시제의 의미를 지니다.

hitvā ghare upassanto'mhi. 집을 떠나서 나는 평온해 있다.

no ce pi pabbajito hoti, so pujjo. 출가하지 않더라도, 그는 공양받을 만하다.
tena kho pana samayena bhagavā sunivattho hoti piṇḍāya pavisitukamo, atha saccako upasaṅkami. 이때에 세존께서는 잘 착의하시고 탁발하고자 했었는데 싸짜까가 다가 왔다.
tava āgatabhāvo no atthāya jāto. 그대가 왕림한 것은 우리에게 유익했다네.

§ 468. 미래시제(*fut.*)용법

미래시제는 일반적 미래를 표현하기도 하지만 요청, 명령, 희망, 의지, 기대, 보증가능 등을 나타내기도 한다.

tvaṁ tassa bandhanaṁ dantehi khādissasi.
당신은 그의 포승을 이빨로 물어뜯을 것이다. = 그의 포승을 이빨로 끊어 주십시오.
imaṁ bhikkhaṁ sabbakalaṁ tumhe labhissatha.
당신들은 항상 이 시식(施食)을 얻을 것이다. = 나는 항상 당신들에게 이 시식을 베풀 것이다.
devo bhavissati. '그는 신일 것이다.' = 그는 신임에 틀림없다.
ayam me putto bhavissati. '이놈이 내 아들일 것이다.' 이 녀석은 나의 아들임이 분명하다.
kahaṁ gaṅgaṁ labhissati? '너는 어디서 갠지스강을 얻을 것인가?' = 어디에 갠지스강이 있을까?

§ 469. 명령법(*imp.*)의 용법

명령법은 보통의 경우 일반적 명령을 의미하지만, 눈앞의 사람을 제2인칭으로 부르기 송구스러울 경우에는 제 3인칭으로 부르며, 그때 정중한 명령문은 주로 상대방에 대한 원망(願望)을 나타낸다. 명령법은 명령의 의미 외에 권고, 허가, 요청, 무관심, 방임, 가능, 의문 등을 표시하기도 한다. 그리고 명령문의 부정어는 mā이다.

vanitāyo navāhi gaṅgāyaṁ gacchantu.
'부인들은 배로 갠지스강에 가야합니다.' 부인들로 하여금 배로 갠지스강으로 가게 하시오.
devatā vasudhāyaṁ manusse rakkhantu. 신들은 지상의 인간을 보호해 주십시오.
desetu bhante bhagavā dhammaṁ, desetu sugato dhammaṁ.
세존이시여, 세존께서는 법을 설해주십시오. 선서께서는 법을 설해 주십시오.
pivatu bhagavā pānīyaṁ, pivatu sugato pānīyaṁ.
세존께서 물을 드십시오, 선서께서는 물을 드십시오.
= 세존이시여, 물을 드십시오. 선서이시여, 물을 드십시오.
yena dvārena icchati tena dvārena gacchatu. 원하는 문으로 그를 가게 하십시오.
yattake bhikkhū icchati tattakehi bhikkūhi saddhiṁ āgacchatu.
오로지 원하는 비구들과 함께 그를 오게 하십시오.
alaṁ bhaṇe, tuyh'eva hotu; amhākaññ eva antepure nivesanaṁ māpetu.
말할 것도 없지만, 당신에게는 어떻든 좋다. 단, 우리에게는 내궁(內宮)에 주거를 마련해주시오.
ete tāvad aguṇā hontu. 하여간 그들이 덕이 없을지라도.
nibbānassa sannihit'okāso mā hotu. 열반의 감추어진 장소는 없다 해도 좋다.
ajja ādiṁ katvā agginā pi mama santikaṁ mā ḍayhatu, udakenā pi mā vuyhatu.
오늘을 시작해서[오늘 이후], 나의 가까이에 불도 지피우지 말고 물도 운반하지 마시오.

§ 470. 지속적, 반복적 동작의 용법

지속적 반복적인 동작 양태는 자주 viharati, tiṭṭhati, carati, vicarati 그리고 드물게는 vattati와 함께 동사의 절대사(*abs.*), 완료수동분사(*pp. pass.*), 현재분사(*ppr.*), 또는 -in 어간의 형용사적 분사가 결합함으로서 이루어진다.

vokkamma ca satthu sāsanā vattanti. 그들은 스승의 가르침에서 빗나곤 했다.
ambapakkāni khādanto vicarati. 그는 언제나 망고 열매를 먹었다.
kulāni paribhavanto carati. 그는 가족들을 멸시하곤 했다.
ekasmiṁ gumbe laggitvā aṭṭhāsi. 한 덤불에 그는 걸려 있었다.
ten'eva tvam vihareyyāsi ahorattānusikkhī kusalesu dhammesu.
그래서 너는 밤낮 착하고 건전한 법(善法)에 관해 공부하고 싶어하겠지.

§ 471. 원망법(*opt.*)의 용법

원망법은 명령법과 유사하며, 권고, 교훈, 허가의 요청, 의지, 원망, 가능, 가정, 개연, 비유, 미래, 의문 등을 표시한다. 이때에 미래형이 이 모든 것을 대신할 수 있다. 단 범어에서 원망법의 부정에는 명령법에 사용되는 mā를 쓸 수 없으나 빠알리어에서는 금지를 나타낼 경우 사용될 수 있다.

handa mayaṁ, āvuso, tathā vihāraṁ kappema, yathā no viharataṁ bhagavā attamano assa.
자아, 벗들이여. 우리가 삶을 세존께서 기뻐하시도록 삶을 영위합시다.
labheyaṁ ahaṁ upasampadaṁ. 나는 구족계를 얻고 싶다.
pavattiñ c'assa ñatvā va āgaccheyyāsi. 당신은 그의 소식을 알면 곧 돌아오시는 것이 좋습니다.
pahiṇeyyāsi tvaṁ ānanda, bhikkhūnaṁ santike dūtaṁ. 아난이여, 그대는 비구들에게 사자를 파견하십시오.
cittaṁ rakkhetha medhavī. 지혜로운 자라면 마음을 수호하십시오.
tuṇhī assa. 침묵하십시오.
yassa na kkhamati, so bhāseyya. 참을 수 없는 자는 말하시오.
na aññe bhikkhū rājagahe vassaṁ upagacheyyuṁ.
다른 수행승들은 라자가하에서 우기를 맞이해서는 안 된다.
mā pamādaṁ anuyuñjetha. 게으름을 따르지 말라.
sakkā panāyaṁ mayhaṁ pi datuṁ.
그런데 우리에게도 그것이 주어질 수 있을까? =그런데 우리에게도 허락될까.
brūhi yatha jānemu te kasiṁ.
우리가 당신의 경작(이 어떠한 것인가)를 알 수 있도록 말하시오.
ahañ ca kho pana dhammaṁ deseyyaṁ, pare ca me na ājāneyyuṁ.
그런데 내가 법을 설하여도 다른 사람들은 나의 말을 이해할 수 없을 것이다.
sace bhikkhunaṁ santike dūtaṁ pahiṇeyya. 만약 그 수행승들에게 사자를 파견한다면.
sādhū, mayaṁ labheyyāma bhagavayaṁ dassanāya. 우리가 세존을 뵐 수 있다면 좋겠다.
siyā tumhākaṁ evaṁ assa. 너희들은 이와 같이 생각하겠지.
yan nūnahaṁ sve antepure sallapeyyaṁ. 우리가 내일 궁중에서 토론하면 어떨까.
yaṁ iccheyya taṁ vadeyya. 그가 원하는 바를 그는 말할 것이다.
seyyathā pi nama balavā puriso sammiñjiyaṁ vā bāhiṁ pasāreyya, pasāritaṁ vā bahaṁ sammiñ-heyya 마치 힘센 자가 굽혀진 팔을 펴거나, 펴진 팔을 굽히는 것과 같이.

§ 472. 불변사(*ind.*)의 정의

불변사(*ind.* nipāta)는 넓은 의미로 오늘날의 문법에서 사용되는 부사, 접속사, 감탄사, 전치사를 말한다.

§ 473. 부사(*adv.*)의 종류

부사에는 불변사로서의 본래의 부사와, 다른 명사, 형용사, 대명사 수사, 동사변화에서 만들어진 파생적인 부사와의 두 가지 종류가 있다.

§ 474. 본래적 부사

본래의 부사에는 다음과 같은 것이 있다.

na, no 아니다(부정).
nanu …이 아닌가?
addhā 확실히. 틀림없이.
āma 그렇다. 예.
evaṁ 이와 같이.
eva, va 만. 뿐.
su 참으로. 실로.
hīya 어제.
mā 말라(금지)
nūna 분명히. 어떨까.
hi 참으로. 왜냐하면.
api 역시.
udāhu 혹은. 또는.
iva, va, viya 같이. 처럼.
sudaṁ 바로. 정말로.
sve. 내일.
nu 어떨까?(의문)
kho, khu, khalu, have, ve vata, jātu 참으로.
app'eva, app'eva nāma 아마. 어쩌면. 필시.
api ca 또한. 그럼에도 불구하고.
puna 다시.
kira, kila 참으로. 전하는 바에 의하면.
ajja 오늘.

§ 475. 파생적 부사

파생적인 부사에는 명사, 형용사, 대명사, 수사의 격변화에서 유래한 것, 부사적인 접미어가 붙은 것, 절대사가 부사로서 쓰이는 것, 동사의 활용형이 부사로서 사용되는 것 등이 있다.

§ 476. 부사적 접미어

대명사, 수사 등에 부사적인 접미어가 붙어서 시간, 장소, 방법, 정도를 나타낸다. 여기에는 시간의 부사적 어미, 공간의 부사적 어미, 방법의 부사적 어미 등이 있다.

§ 477. 시간의 부사적 접미어

시간을 나타내는 접미어에는 -dā, -dāni, -dāci, -dācanaṁ, -hi, -āvad 등이 있다.

tadā 그때.
kadā 어느 때.
kadāci, karahaci, kudācanaṁ 어느 때라도. 때때로.
yada ~하는 때에.
idāni, dāni 지금.
ekadā 한때.
sadā 항상.
sabbadā 모든 때에.
etarahi(ṁ) 지금.
pāto 아침에.
divā 대낮에.
tāvade 그때에.
tāvad 우선.
tāvad eva 곧바로.

※ -āvad는 「까지」「뿐」의 의미를 나타내며, pāto는 대격(*acc.*)으로 사용된 것인지도 모른다. divā는 구격(*ins.*) 또는 탈격(*abl.*)으로 사용된 것일 것이다.

§ 478. 공간의 부사적 접미어

장소를 나타내는 접미어에는 -ttha, -tra, hiṁ, -hiñcanaṁ, -dhi, -dha, -haṁ, -to 등이 있다.

kattha, kutra, kuttha, kuhiṁ, kuhaṁ, kva, kuvaṁ 어디에.
kuhiñcanaṁ 어디론가.
tattha, tatra 거기에.
ettha 여기에.
yattha, yatra ~의 곳에.
ekattha 어떤 한 곳에.
ubbayattha 양쪽의 곳에.
sabbattha 모든 곳에.
sabbadhi 모든 곳에.
idha 여기에.
dūrato 멀리서부터.
uddhaṁ 위로.
adho 아래로.
heṭṭhā 아래로.

※ -ttha, -tra는 장소의 뜻이 있고 -hiṁ, -dhi, -dha, -haṁ 등은 처격(*loc.*)을 표시한다. dūrato와 heṭṭhā는 dūra와 heṭṭha의 탈격(*abl.*)이며 uddhaṁ과 adho는 adhas의 대격(*acc.*)으로 간주될 수 있다.

§ 479. 방법·정도의 부사적 접미어

방법이나 정도를 나타내는 접미어에는 -ttha, -thaṁ, -dhā, khattuṁ, -ti, -āvatā, -to, -so 등이 있다.

tathā 그와 같이.
yathā ~과 같이.
kathā, kathaṁ 어떻게.
aññathā 다른 방법으로.
sabbathā 모든 방법으로.
itthaṁ 이와 같이. 이렇게.
ekadhā 한 가지로.
dvidhā 두 가지로.
tidhā 세 가지로.
anekadhā 다양한 종류로.
bahudhā 여러 종류로.
ekakkhattuṁ 일회.
dvikkhattuṁ 이회.
tikkhattuṁ 삼회.
ekaso, ekato 함께. 한 개씩.
diso 두 개씩.
yoniso 근본적으로.
kittāvatā 어느 정도.
kati 얼마.
ettāvatā 그 정도.
yāvatā ~하는 정도.
tavata 그 정도.
saki, sakiṁ 한번.
kīva 어느 정도.
kinti ~하면 어떨까.
kacci 아마도 ~이 아닐까.
kiñca 오히려 ~이 아닐까.

※ -thā, -thaṁ은 방법을 나타내며 -dhā는 종류를 -khattuṁ은 횟수를 -āvatā는 정도를 표시한다.

§ 480. 부사적 절대사

절대사(*abs.*)가 부사로서 사용되는 것에는 다음과 같은 경우가 있다.

sandhāya (sam-dhā), ārabbha (ā-rabh) 관해서. uddissa (ud-dis) 관해서.

nissāya (ni-si), upanissāya (upa-ni-si) 의해서.
anvāya (anu-i) 따라서.
ādāya (ā-dā), upādāya (upa-ā-dā) 함께. 가지고.
sañcicca (sa-cit) 고려하여.
paṭisaṅkhaya, paṭisaṅkha (paṭi-sam-khā) 관하여.
āgamma (ā-gam) 이므로. 까닭에.
paṭicca (pati-i) 원인으로. 조건으로.
ṭhapetvā (ṭhā-ṭha-pe) 놔두고, 제쳐두고, 이외에
paṭṭhāya (pa-ṭhā) 이래로, 비롯하여.

§ 481. 동사(*vb.*)의 부사화

특수하게 동사의 일반적 활용형이 부사로 사용되는 경우가 있다.
bhaṇe (bhaṇ의 *1st. sg. med.*) 나는 말한다 → 확실히. 분명히.
maññe (man의 *1st. sg. med.*) 나는 생각한다 → 생각컨대.
aññadatthu 어떠하든 될 대로 되라 → 에라. 모르겠다. → 어떻든.

§ 482. 접속사(*conj.*)의 정의

접속사는 말과 말, 구절과 구절을 연결시키는 말인데, 거기에는 불변어에서 온 본래의 접속사와 대명사 등의 격변화나 부사적 접미어가 부가된 파생적 접속사의 두 가지가 있다.

§ 483. 본래적 접속사

본래적 접속사에는 다음과 같은 것이 있다.

atha, atho. 한때에. 그리고. 그래서
api ca. 다시 또한. 그럼에도 불구하고.
api, pi. 역시. 또한. 또.
vā. 또는.
atha vā, udavā, udāhu, yadi vā. 또는. 혹은.
yadi evaṁ=yajjevaṁ 만약 그렇다면.
pana. 그러나.
tena hi. 그러므로.
thathā pi. 그럼에도 불구하고.
kiñcā pi. 비록 ~이라도.
ca. 과. 그리고.
ca…ca, ceva…ca. ~과 ~과는.
api…api. ~도 ~도. ~뿐만아니라 ~도.
vā…vā. ~이나 ~이나
yadi, sace, ce. 만약 ~이라면.
no ce. 만약 ~아니라면.
puna. 다시. 또한.
hi. 왜냐하면. 참으로.
api ca kho. 그렇지만

§ 484. 파생적 접속사

파생적 접속사에는 다음과 같은 것이 있다.
yasmā… tasmā, yena… tena…. ~이므로, 그러므로.
pure ~의 앞에.
yāva… tāva, yāvakīvaṁ… tāva, yāva… atha. ~하는 한, 그러한 한, ~하는 사이에, 그러는 사이에.
yathā… tathā, yathā… evaṁ, yathā tatha…. ~과 같이, 그와 같이. ~식 으로, 그와 같은 식으로.
yadā… tadā, yadā… atha…. ~하는 때에, 그때에.
seyyathā pi nāma. 마치 ~과 같이.
yattha…tattha…. ~하는 곳에, 그곳에.
yena… tena…. ~이 있는 곳에, 그곳에.

§ 485. 감탄사(*interj.*)의 정의

감탄사는 문장 속에 삽입되어 감탄의 뜻을 표시하는 것으로, 본래 불변적인 것과 명사, 동사 등에서 파생된 것이 있다.

§ 486. 본래적 감탄사

본래 불변어인 감탄사에는 다음과 같은 것이 있다.

aho, ahe 아-!
are 빌어먹을!(불행·저주의 기원)
je 야!(아랫사람을 부를 때)
iṅgha, handa 자!
sādhu 좋겠다! 다행이다! 선재(善哉)라! 착할지고!
he 오-!
dhī, dhīratthu 퉤! 제기랄!(싫어할 때 쓰는 말)
yagghe 부디. 제발. 모쪼록(손윗 사람에게 쓰는 말)

§ 487. 파생적 감탄사

파생적인 감탄사에는 다음과 같은 것이 있다.

alaṁ 충분하다!
abbhutaṁ 미증유이다!
bho, ambho 벗이여!
tāta 아빠! (애칭)
ayye 니사(尼師)여! 사모여!
acchariyaṁ 희유(稀有)하다!
abhikkantaṁ 수승하다! 탁월하다!
amma 엄마! (애칭)
ayya 존사(尊師)여!
ehi 자, 그럼!

§ 488. 전치사(*prep.*)의 격지배

범어와 빠알리어에는 격변화가 특히 발달해 있으므로 전치사가 영어에서처럼 많이 쓰이지 않으나 격변화로써 그 의미를 충분히 표현하지 못할 경우에 한해서 쓰인다. 이러한 전치사는 특수한 격을 지배한다, 물론 여기에도 본래적인 전치사와 파생적인 전치사가 있다.

① 대격(*acc.*)을 취하는 것 : anu 따라서. pati 대해서. upa 가까이에. bahi 밖에.
② 구격(*ins.*)을 취하는 것 : saha, saddhiṁ, samaṁ 함께. vinā 없이. alaṁ 충분하다.
③ 탈격(*abl.*)을 취하는 것 : aññatra, vinā 제외하고. yāva 까지.
para 저쪽으로. samaṁ, saha 함께. 동시에.
④ 속격(*gen.*)을 취하는 것 : pubbe 앞에. avidūre 멀지 않은 곳에. heṭṭhā 아래에.
upari 위에. antare 가운데에. 사이에. atthāya ~을 위해서.
⑤ 처격(*loc.*)을 취하는 것 : adhi 위에. upa 가까이에. bahi 밖에. para 저쪽에.

4. 조 어 론

§ 489. 조어론(造語論)

빠알리어 단어의 구성요소에는 범어 등에서와 동일하게 어근(dhātu), 접두사(upasagga), 접미사(paccaya), 어미(vibhatti)로 구성되어 있다. 이 네 가지 요소 가운데 어근이 중심이며, 어근과 접미사가 합하여 어간(語幹)이 형성된다. 어근은 범어와 동일한 경우가 대부분이지만 조어(造語)에서는 빠알리어 고유의 연성법칙이나 철자법이 사용된다.

§ 490. 접두사의 형성

접두사	접두사 + 어근
없음	dā 주다.
한 개	ā-dā 받다.
두 개	upa-ā-dā 취착(取著)하다.
세 개	pari-upa-ā-dā 두루 취착하다.
네 개	a-pari-upa-ā-dā 추루 취착하지 않다.

접두사(upasagga)는 어근의 앞에 부가되어 어근의 의미를 한정짓는 것이다. 동사 가운데는 접두사가 없는 것, 한 개 접두사를 갖는 것, 두 개 또는 그 이상의 접두사를 갖는 것이 있다.

§ 491. 접미사의 형성

접미사	어근 + 접미사=어간
한 개	kar + -a=kara, karo- 만들다.
두 개	kar + a + āpe=kārāpe 만들게 하다.
세 개	kar + a + āpe + issa=kārāpessa 만들게 할 것이다.
네 개	kar + a + āpe + issa + māna=kārāpessamāna 만들게 하려고 하는.
다섯 개	kar + a + āpe + issa + māna + in=kārāpessamānin 만들게 하려고 하는 사람.

접미사(paccaya)에는 근본접미사(kita-paccaya)와 지말접미사(taddhita-paccaya)의 두 종류가 있다. 전자는 어근에 직접 부가되어 여러 가지 동사형의 어간이나 명사어간을 만들며, 후자는 동사형의 어간이나 명사, 형용사, 대명사, 불변사 등에 부가되어 파생적 어간을 만드는 것이다. 따라서 한 개의 단어에도 접미사가 한 개인 것, 두세 개 또는 그 이상인 것이 있다.

§ 492. 어미의 구성

어미(vibhatti)에는 명사적 어미(nāmikavibhatti)와 동사적 어미(ākhyātavibhatti)의 두 종류가 된다. 그 구체적인 예는 곡용 또는 활용의 변화표에 나타나 있다.

§ 493. 접두사의 종류

접두사는 특정한 의미를 갖고 있으나, 본래적 의미에서 파생될 수 있는 다양한 의미(어휘사전 참조)를 함께 지니는 경우가 대부분이며 또한 그 다양성이 의미의 모호성으로 연결되는 경우가 많다. 따라서 접두어에 너무 의미를 한정하는 것은 옳지 않다. 접두사는 보통 어근의 앞에 주어지며 동사의 활용형에 부가되지만, a-, du-, su-, anto-, tiro- 등은 특수하게 a- 같은 경우에 운율을 맞추기 위한 것 이외에는 동사의 활용형에 직접 부가되지 않는다. 단지 동사의 명사형으로서의 분사 또는 절대사, 부정사 등에서 접두사로 사용된다.

a- 부정 : a-manussa 비인(非人). a-kusala 불선(不善). an-attha 무익(無益).
ati- 초월 : atibala 대력(大力). atīta(ati-ita) 지나간. ati-māna 과만(過慢).
adhi 증진 : adhi-māna 증상만(增上慢). adhi-sīla 증상계(增上戒). adhi-karaṇa 사건. 문제.
anu- 순응 : anu-loma 순모(純毛). anu-saya 수면(隨眠). anvaya(anu-i) 수행(隨行). anumode 수희하다.
anto- 내부 : anto-nagara 성안.
antara- 내부, 중간. : antara-dhā 안에 두다. 사라지다.
apa- 분리 : apa-gam 떠나가다. apacaya(apa-ci) 감소.
abhi- 대면. 탁월 : abhi-mukha 대면. abhidhamma 대법(對法), 승법(勝法). abhi-nand 크게 기뻐하다.
ava-, o- 하방 : ava-tar 강림(降臨)하다. o-māna 무시. o-lokana 내려다봄, 관망.
ā- 차방(此方) : ā-dāna 여지로 주는 것. 받음. ā-gam 이쪽으로 가다, 오다.
u-, ud- 상방. 벗아남 : ud-ṭhā 위로서다. ud-pat 일어나다.
ud-gir 토출하다. ud-dhamma 사법(邪法). up-patha 방로(傍路). up-pabbājeti 환속(還俗)시키다.
upa- 인근 : upa-gam 가까이 가다. upa-raja 부왕(副王). = upa-nagara 도시 부근(都市附近)
tiro- 횡단. 초월 : tiro-raṭṭha 외국. tiro-kuḍḍa 담 건너편.
du- 나쁨. 어려움 : dug-gati 악취(惡趣). dukkara 난행(難行).
ni- 하방(下方) : ni-sad 앉다. ni-pat 밑으로 떨어지다. 모이다. ni-khip 아래로 던지다. 버리다.
ni- nir- 부정(否定) 외부(外部) : nir-ālaya 무집착. nibbāna (nir-vā) 열반(涅槃). nit-taṇhā 무갈애(無渴愛).
pa- 앞 ; pa-mukha 전면(全面) pa-dhā 앞에 두다. 노력하다.
pati- 대치. 반대 : paṭi-pad 향해서 걷다. 실천하다. paṭi-gam 반대로 가다. 포기하다. paṭivacana 대답.
para- 타인. 피안 : parā-kam 남에게 가다. 용기를 보이다. 노력하다. parā-ji 타인에 이기다.
pari- 둘레. 두루 : pari-nibbāna 원적. pari-ñā 두루알다.
pātu- 출현 : pātu-bhū 나타나다. pātu-kar 나타내다.
vi- 분리. 다양. 반대 : vi-bhaj 나누다. vi-rāga 이탐(離貪). vi-rūpa 추함. vikkaya- 팔다. vi-kkhepa 혼란.
sam- 함께. 올바름 : saṁ-vāsa 동거. saṅ-gha 공동체. sambodhi 정각(正覺).
su- 좋음. 쉬움. 강조 : su-gata 선서(宣誓). su-kara 하기 쉬운. su-dujjaya 극난승(極難勝)

§ 494. 근본 접미사

접미사(paccaya)가운데 어근에 직접 부가되는 근본 접미사(kita-paccaya)에는 ① 동사어미를 만드는 접미사 ② 분사 및 분사형 어미를 만드는 접미사 ③ 명사어미를 만드는 접미사가 있다. 그 가운데 ①과 ② 는 빠알리어의 형태론에서 상세히 언급되어 있으므로 여기서 주로 명사어미를 만드는 접미사만을 다루도록 하겠다.

동사 어근에 부가되어 명사어미를 만드는 접미사에는 -a, -aka, -ana, -tar, -i, -ti, -atha, -ma, -u 등이 있다

§ 495. 근본접미사 -a

dā + a	=	daya 보시자	nī + a	=	naya 지도자.
bhū + a	=	bhava 존재.	pati - i + a	=	paccaya. 인연.
pac + a	=	paca 요리.	caj + a	=	cāga 포기.
yuj + a	=	yoga 멍에. 요가.	kar + a	=	kara, kāra 작자.
car + a	=	cara, cāra 행위. 행자.	dhar+ a	=	dhara 담지자.
har + a	=	hāra 운반.	gah+ a	=	gaha, gāha 포획자.

§ 496. 근본접미사 -ka

dā + aka	=	dāyaka 보시자.	nī + aka	=	nāyaka 지도자.
su + aka	=	sāvaka 제자.	yāc + aka	=	yacaka 구걸자.
kar + aka	=	kāraka 작자.	pāl + aka	=	pālaka 수호자.

gah + aka = gāhaka 포획자.
saha-ya +aka = sahayaka 반려자.
upa-ās + aka = upāsaka 우바새. 신자.
upa-ṭhā + aka = upaṭṭhā(ya)ka 시봉자.

§ 497. 근본접미사 -ana

ñā + ana = ñāṇa 지혜.
su + ana = savana 정문.
pac + ana = pacana 취사.
nand + ana = nandana 환희
kar + ana = karaṇa 행위.
nī + ana = nayana 지도자. 눈.
bhū + ana = bhavana 존재. 주소.
bhuj + ana = bhojana 식사.
gam + ana = gamana 가는 것.
gah + ana = gahaṇa 포획.

§ 498. 근본접미사 -tar 또는 itar

ñā + tar = ñātar 지자(知者)
nī + tar = netar 지도자.
vac + tar = vattar 말하는 자.
kar + tar = kattar 작자.
puch + itar = pucchitar 묻는 자.
ni-pad + itar = nipajjitar 누운 자.
dā + tar = dātar 보시자.
su + tar = sotar 듣는 자. 청자.
bhuj + tar = bhuttar 먹는 자.
gam + tar = gantar 가는 자.
ni-sad + itar = nisajjitar 앉은 자.

※때로는 현재어간에서 만들어진 것이 있다. 특히 사역동사의 경우가 많다.
kar → kāre- + tar = kāretar 만들게 하는자.
mar → māre- + tar = māretar 죽이는 자.
mar → māre-, mārāpe + tar = mārāpetar 죽이게 하는 자.

§ 499. 근본접미사 -i 내지 -ti를 취하는 것.

ā-dā + i = ādi 최초. 등.
su + ti = suti 청취.
budh + ti = buddhi 깨달음.
man + ti = mati 사유.
gup + ti = gutti 수호.
kham + ti = khanti 인내.
yam + ti = yati 제어. 억제.
sar + ti = sati 억념. 기억.
uda+dhā + i = udadhi 바다.
muc + ti = mutti 해탈.
sudh + ti = suddhi 청정.
ram + ti = rati 즐거움.
pa-āp + ti = patti 획득.
gam + ti = gati 과정. 존재.
sam + ti = santi 적정. 고통.

§ 500. 근본접미사 -atha 내지 -ma를 취하는 것

dam + atha = damatha 훈련.
bhī + ma = bhīma 공포.
dhar + ma = dhamma 법.
mar + ma = mamma 급소.
sam + atha = samatha 멈춤.
kar + ma = kamma 작업.
var + ma = vamma 갑옷.

§ 501. 근본접미사 -u를 취하는 것.

sabbam + ñā + u = sabbaññū 일체지자.
pāra + gam + u = pāragū 도피안자(到彼岸者).
veda + gam + u = vehagū 베다에 능통한 자.

bhikh + u = bhikkhu 걸사. 비구.

§ 502. 근본접미사 -in 또는 -vin

어근에서 파생된 동사 어미에 접미사 -in또는 -vin이 첨가되는 경우

dā → daya + in = dāyin 보시자.
vad → vāda + in = vādin 언설자.
car → cāra + in = cārin 실천자.
das → dassa + vin = dassāvin 보는 자.
kar → kāra + in = kārin 작자.
gah → gāha + in = gāhin 획득자.
vi-ji → vijita + vin = vijitavin 정복자.

§ 503. 근본접미사 -ra

접미사 -ra가 첨가되는 경우, ra 는 rahita(無)의 의미로서 어근의 어미의 자음을 박탈하고는 사라진다.

du + gam + ra = dugga 가기 어려운 곳 → 험로.
ura + gam + ra = uraga 배로 가는 것 → 뱀.
kuñja + ram + ra = kuñjara 숲에서 즐기는 자 → 코끼리.
thala + jan + ra = thalaja 육지에서 생겨나는 자 → 육지 동물.
jala + jan + ra = jalaja 물에서 생겨나는 자 → 수생동물.
aṇḍa + jan + ra = aṇḍaja 알에서 태어나는 자 → 난생동물.

§ 504. 지말접미사

접미사(paccaya) 가운데 명사, 형용사, 수사 등에 부가되는 접미사인 지말접미사(taddhita-paccaya)에는 다음과 같은 것들이 있다: -ka, -ika, -ya, -i, -eyya, -ma, -ima, -in, -vin, -mat, -vat, -maya, -ya, -yya, -tā, -tta, -ā, -ī, -nī 등.

§ 505. 지말접미사 -ka, -ika

접미사 -ka 또는 -ika가 부가되어 형용사가 되는 경우(관계 소유 및 집합)

tela. 기름	telaka 기름의. telika 기름장사.
vassa 우기. 년.	vassika 우기의. 년(年)의.
abhidhamma 아비달마.	ābhidhammika 아비 달마사. 논사.
manussa, mānusa 사람.	mānusika 사람의. 이간적인.
cetas 마음.	cetasika 마음의. 심소(心所)의.
ehi passa 와서 보라.	ehipassaika 「와서 보라」의.
ājīva 목숨.	ājīvaka, ājīvika 사명외도(邪命外道).
Magadha 마가다국.	Māgadhika 마가다국의
dvi, du 2.	duka 두 개의.
ti 3	tika 세 개의.
aṭṭha 8.	aṭṭhaka 여덟 개의.
dasa 10	dasaka. 열 개의. 십으로 이루어진.
sata 100.	sataka 백개로 이루어진.
sahassa 천.	sahassika 천개의.
bahu 많은.	bahuka 다수의.

§ 506. 왜소, 경멸의 지말접미사 -ka

명사에 -ka가 부가되어 왜소함. 경멸 등을 표시하는 경우.

pīṭha 의자.	pīṭhaka 작은 의자.

kuṭī, koṭṭha 헛간. kuṭikā, koṭṭhaka 소옥(小屋).
thāla 그릇. thālaka 작은 그릇.
nadī 강. nadikā 작은 강.
putta 자식. puttaka 꼬마.
samaṇa 사문. samaṇaka 거짓 사문.
muṇḍa 삭발자. muṇḍaka 까까중.
jaṭila 결발자(結髮者). jaṭilaka 결발자(경멸스러운).

§ 507. 특수한 지말접미사 -ka

접미사 -ka또는 -ika가 부가되어 의미가 변하지 않는 경우
chava 시체. chavaka 시체.
naṭa 무용수. nāṭaka 무용수.

§ 508. 지말접미사 -ya, -iya

명사, 형용사 등에 -ya, iya가 첨가되어 형용사를 만든다. 이때에 -ya는 앞의 -ka와 동일하게 사용되며 범어의 -ka는 빠알리어에서 -ya로 사용되는 수가 있다.
arūpa 무색. aruppa 무색의.
kappa 겁(劫). kappiya 겁의.
yoga 적당. yogga 적당한.
bodhipakkha 보리분. 깨달음의 요소. bodhipakkhiya 깨달음에 기여하는.
sakyaputta 석가족 출신자. 석존. sakyaputtiya 석존의 무리. 불제자.
pañcavagga 다섯 무늬. pañcavaggiya 다섯 무리의.
aparasela 서산(西山). aparaseliya 서산주부(西山主部) [부파의 일종].

§ 509. 간모음의 변화와 지말접미사 -i

명사나 형용사 등에 -i가 부가되면, 간모음은 정상변화(guṇa)화 되거나, 장모음화되거나 반모음화되어 형용사나 파생어가 되는 경우가 있다. 이때에 지말접미사 -i는 사라져 버리는 경우가 대부분이다.
tila 참깨. tela 참깨의. 참기름.
silā 돌. sela 바위의. 산.
manussa 사람. mānusa 사람의.
purisa 남자. porisa 남자의.
kasāva 오렌지색. kāsāva 오렌지색의. 가사(袈裟).
nagara 도시. nāgara 시민.
vasiṭṭha 바씻따 vāseṭṭha 바씻타의 자손.
dasaratha 십차왕. dāsarathī 십차왕(十車王)의 자손.
manu 마누. māṇava 마누의 자손. 인간. 바라문 청년.
paṇḍu 빤두. pāṇḍava 빤두의 자손.

§ 510. 지말접미사 -eyya, era, ima

접미사 -eyya, era, -ima등이 부가되어 형용사가 되는 경우(이때에 -ima는 최상급을 나타내기도 한다.)
mettā 자비. metteyya 자비스런.
pitar 아버지. petteyya 아버지에 대한 효도.
samaṇa 사문. sāmaṇera 사문의 자식. 사미.
vinata 비나따. venateyya 비나따의 자손.
patha 길. pātheyya 여비. 양식.
heṭṭha 아래. heṭṭhima 최하의.
anta 끝. antima 끝의.
purattha 앞. 동쪽. puratthima 전방의. 동쪽의.
majjha 가운데. majjhima 중간의.

paccha 뒤. 서쪽. pacchima 후방의. 서쪽의.

§ 511. 지말접미사 -in, āvin, -mat, -vat

접미사 -in, āvin, -mat, -vat등이 부가되어 수유를 표시하는 명사, 형용사가 되는 경우. 이때 -a, -ā의 어미에는 vat를 기타의 어미에는 -mat를 부가한다.

daṇḍa 지팡이.	daṇḍin 지팡이를 집는 사람.
pakkha 날개.	pakkhin 날개가 있는 자. 새
bhovada '존자여'라는 말.	bhovādin '존자여라고 부르는 자. → 바라문.
gāma 가게 하는 것.	gāmin 가게 하는 (것).
sasa 토끼.	sasin '토끼를 지닌 자' 달.
hattha 손.	hatthin '손을 지닌 자' 코끼리.
mata 사유.	matin 사유자.
seṭṭha 최상의.	seṭṭhin 장자(長者).
nanda 환희.	nandin 환희자.
tapas 고행.	tapassin 고행자.
yasas 명성.	yasassin 유명한 자.
medha 지혜	medhāvin 지혜로운 자.
dassa 봄.	dassāvin 보는 자.
āyus 목숨.	āyasmat 구수(具壽). 존자.
sati 새김있는.	satimat 새김있는 자.
siri 길상.	sirimat 길상자(吉祥者).
guṇa 덕.	guṇavat 유덕자.
bhaga 복.	bhagavat 구복자(俱福者). 세존.

§ 512. 지말접미사 -maya

명사에 접미사 -maya를 부가하여 '이루어짐'의 의미를 표시한다.

mano 의(義).	manomaya 의소성(意所成)의.
dhamma 법.	dhammamaya 법으로 이루어진.
sāra 핵심.	sāramaya 핵심으로 이루어진.
ayas 쇠.	ayomaya 철제의.
suvaṇṇa 금.	suvaṇṇamaya 금제(金製)의.
dāru 나무.	dārumaya 나무로 만들어진.

§ 513. 추상명사(*abstr.*)를 만드는 지말접미사

형용사, 명사에 접미사 -ya(*m*) -yya(*n*), -tā(*f.*), -tta(*n*) -ava(*m n*)등이 부가되면 추상명사를 형성한다.

paṇḍita 현자.	paṇḍicca 현철(玄哲).
kusala 착한.	kosalla 선교(善巧).
samaṇa 사문.	sāmañña 사문성(沙門性).
kusīta 나태한.	kosajja 나태.
arga 병없는.	arogyaṁ 무병건강.
rājja 왕.	rajjaṁ 왕위. 왕전. 왕국
gilāna 병있는.	gelaññaṁ 병환.
saṭha 교활한.	sāṭheyyaṁ 교활. 간계.
vyāvaṭa 바쁜.	veyyāvaccaṁ 다망.
sat 존재.	saccaṁ 존재성. 진실.
sumanas 유쾌한.	somanassa 흔쾌. 유쾌.
dumanas 불쾌한.	domanassa 우울. 근심.
lahu 가벼운.	lahutā 경성(輕性).

ujuka 바른.	ujukatā 정직성.
anicca 무상한.	aniccatā 무상성.
suñña 빈.	suññata 공성(空性).
arahat 아라한.	arahatā, arahattaṁ 아라한과, 아라한의 지위.
manussa 사람.	manussatā, manussatta 인간성
kaṭuka 매운.	kaṭukattaṁ 신랄.
dubbala 허약한.	dubbalattaṁ 허약.
garu 무거운.	gārava 존경.
patu 교묘한.	paṭava 교묘. 숙련.

§ 514. 서수(*ord. num.*)를 만드는 지말접미사

수사에 있어서 기수를 서수로 하는 경우는 이미 형태론에서 언급했으며 접미사 -ka가 붙어 소유 및 집합을 나타내는 것에 관해서도 언급했으나 언급되지 않은 특수한 접미사가 있다. 달의 며칠을 표시할 때에 수사의 서수에 접미사 -i를 부가시킨다. 단, dasa의 경우에는 -dasamī로 하지 않고 -dasa 에 -ī를 부가하여 -dasī로 한다.

paṭhama 첫째.	paṭhamī 1일.	
dutiya 둘째.	dutiyī 2일.	
catuttha 넷째.	catutthī 4일.	
pañcama 다섯째.	pañcamī 5일.	
aṭṭhama 여덟째.	—aṭṭhamī 8일.	
catuddasama, cuddasama 열네 번째.	cātuddasī 14일.	pañcadasī, paṇṇarasī 15일.

§ 515. 비교(*compar.*), 최상급(*superl.*)을 만드는 지말접미사

형용사의 원급의 비교급 내지 최상급의 접미사가 있다. 일반적으로 비교급은 -tara, -ra이고, 최상급은 -tama, -ma이지만 그 밖에 비교급에 -ya, iyya, 최상급에 -iṭṭha, -ssika, -sika가 부가되는 수가 있다. 단, aññatara, aññatama, katara, katama 등도 비교급, 최상급을 표시하여 원래 '둘 중의 어떤?' '셋 이상의 어떤?'을 나타내지만 빠알리어에서는 엄밀히 구별되어 쓰이지 않으며 막연히 '어떤 것' 또는 '어느 것?'의 의미로 쓰인다. pāthama '제일'에 대해서도 강조하기 위해 비교급인 paṭhamatara가 쓰이는 것도 막연한 강조일 뿐이다.

원급	비교급	최상급
suci 맑은	sucitara	sucitama
ud 위.	uttara	uttama
adhas 아래.	adhara	adhama
pāpa 나쁜.	pāpiya, pāpiya, pāpatara	pāpiṭṭha, pāpiyyasika pāpatama

§ 516. 비교, 최상급의 불규칙 지말접미사

형용사의 원급에서 비교급, 최상급을 유도하는 불규칙적인 접미사의 사용

원급	비교급	최상급
vuḍḍha 늙은.	jeyya	jaṭṭha
appa 적은. (kana-kañña)	kaṇiya, kaniya	kaṇiṭṭha, kaniṭṭha
yuva 젊은.		
pasaṭṭha 훌륭한. (sirī)	seyya(*sk.* sreyas)	seṭṭha(*sk.* śresṭha)
bahu 많은. (bhūri)	bhīya, bhiyya	없음.

§ 517. 여성화의 지말접미사

남성명사를 여성명사로 만드는 접미사에는 -ā, -ī, -ikā, -(ā)nī 등이 있다.

bala 힘센.	balā 힘센 여인.
paṇḍita 현자.	paṇḍitā 현명한 여인.
pabbajita 출가자.	pabbajitā 출가한 여인.
deva 신.	devī 여신. 황후.
sīha 사자.	sīhī(sīhinī) 암시자.
thera 장로.	therī 장로니.
nara 사람.	narī 여인.
mānusa 남자.	mānusī(mānusinī) 여자.
yakkha 야차.	yakkhī(yakkhinī) 야차녀.
brāhmaṇa 바라문.	brāhmaṇī 바라문 여인.
suvaṇṇamaya 금으로 만들어진(*m*).	suvaṇṇamayī 금으로 만들어진(*f.*)
upāsaka 우바새. 평신남.	upāsikā 우바이. 평신녀
kumāraka 소년.	kumārikā 소녀.
paribbājaka 유행자(遊幸者).	paribbājikā 유행녀(遊幸女).
upaṭṭhayaka 시자.	upaṭṭhāyika 시녀.
bhikkhu 비구. 수행승	bhikkhunī 비구니. 수행녀.
garu 스승.	garunī 여교사.
mārula 숙부.	mārulānī 숙모.
gahapati. 거사.	gahapatinī 거사녀.
khattiya 찰제리.	khattiyānī(khattiya, khattiyī) 찰제리녀.
guṇavat, guṇavant 유덕자.	guṇavatī, guṇavantī 덕 있는 여인.
satimat, satimant 새김이 있는 자.	satimatī, satimantī 새김 있는 여인.
arahat, arahant 아라한.	arahatī, arahantī 아라한녀.
gacchat, gacchant 가고 있는자.	gacchatī, gacchantī 가고 있는 여인.
tapassin 고행자.	tapassinī 고행녀.
medhāvin 지혜로운 자.	medhāvinī 지혜로운 여인.
hatthin 코끼리.	hatthinī 암코끼리.
dīpin 표범.	dupinī 암표범.

§ 518. 불변어를 명사·형용사화하는 지말접미사 -tana

불변어에서 명사나 형용사를 만들 경우에 -tana란 접미사를 부가한다.

ajja 오늘.	ajjattana 오늘의.	hīya 어제.	hīyattana 어제의.
sve 내일.	svatana 내일의.	pura 이전.	puratana 옛날의.
sanaṁ 옛날.	sanantana 옛날부터의. 태고의. 영원의.		

§ 519. 명사·형용사적 어미와 동사적 어미

명사·형용사적 어미의 변화에 관해서는 § 103~§ 218을 보라. 그리고 동사어미의 활용에 대해서는 § 229~§ 379와 부록의 어근활용사전을 보라.

5. 시 형 론

§ 519. 시의 운율

빠알리어에서 시의 운율은 다음의 두 가지 규칙이 지배한다.

① 단모음을 갖고 있으며 한 개의 자음보다 많은 자음이 따라오지 않는 음절은 짧다(단음절 lahu : ⏑).

② 장모음을 갖거나 단모음이라도 억제음 ṁ 또는 한 개보다 많은 자음이 따라올 경우의 음절은 위치장음으로 취급되어 길어진다. (장음절 garu : –)

※ 범어시를 다루는 시형론자들은 음절모음인 가나(gaṇa)를 여덟 종류로 고안해냈다. 그것은 각각 세 개의 음절로 구성되어 있으며, 그들은 장단음의 특수한 배열에 따라 서로 구별된다. 빠알리어의 시형을 분석하는 데에도 사용한다. 범어시에 대한 시형론의 전체윤곽을 보려면 필자의 저술인 『범어문법학』을 보라.

가나이름	장(–) 단(⏑)음절	가나이름	장(–) 단(⏑)음절
ya	⏑ – –	ja	⏑ – ⏑
ra	– ⏑ –	sa	⏑ ⏑ –
ta	– – ⏑	ma	– – –
bha	– ⏑ ⏑	na	⏑ ⏑ ⏑

§ 520. 시운율의 불규칙성

그러나 빠알리어의 철자법과 발음사이의 작은 균열 때문에 불규칙적인 장단의 차이가 발생한다. 특히 반모음 y, r, v가 모음과의 결합에서 나타나는 상이한 발음에서 유래된다.

-cariya	=	– ⏑ (-carya)		-iriyati	=	– ⏑ ⏑ (iryati)
sirīmant	=	– – (srīmant)		sirī	=	– ⏑ ⏓
vya	=	⏑ ⏑ (viya)		veḷuriyo	=	– ⏑ ⏑ –
ariya	=	– ⏑ (arya), – ⏑ ⏑(āriya)				
ariya	=	– ⏑ (virya), – ⏑ ⏑(vīriya)				
suriyo	=	– – (suryo), – ⏑ –(sūriyo)				

그리고 단어 brahmaṇo의 경우 br는 두 개의 자음이 아니라 한 자음으로 취급이 되므로 br에 앞서는 단모음은 장음절이 될 수 없다. 이러한 사항은 범어의 시형론에서 유래한 것이다.

§ 521. 구유형의 시와 신유형의 시

빠알리어의 구유형의 시들은 양적인 규범에 종속되었으나 신유형의 시들은 B.C. 4~5세기에 도입되어 운율적 규범에 종속되었다. 이러한 유형에서 장단의 구별이 엄격해졌으며 장음절은 정확히 단음절의 두 배의 길이였다. 이 새로운 유형은 사실상 그 운율적 규범을 음악에서 도입한 것이다. 지금 남아있는 시들은 보다 구유형에 속하는 것으로 비록 신유형에 영향을 받지 않는 것은 아니지만 장단의 대비는 근사치적인 것이어서 오직 한 구절에 음절의 숫자만이 결정적으로 중요한 것이라는 감을 주게 한다.

§ 522. 시의 구성

빠알리어의 시는 네 개의 시행(詩行 : pāda)으로 구성되어 있다. 때로는 육행시(六行詩)도 있다. 압운은 사용하지 않는다.

§ 523. 구유형의 시

구유형의 시는 시행마다 음절수가 일정하며, 드물게 신유형의 시의 영향으로 예외적인 음절이 부가되는데 장음절이 두 개의 단음절로 나누어지기도 한다.

§ 524. vatta(서사시의 대화체시 : 근사치적으로 양적인 시)

4개의 시형으로 이루어져 있고 각 시행의 음절은 8개, 각 시행은 하나 건너 교체적으로 대조되는 운율을 갖고 있다. 서사시에는 두 개의 시행을 합쳐 16음절의 2행시로 사용하는 경우가 많은데, 이것은 매우 유용한, 지속적인 대화를 표현하는 유연한 방식이다.

⏓/⏖ ⏓ ⏓ ⏓ ⏑ ⏖̱ – ⏓ | ⏓ ⏓ ⏓ ⏓ ⏑ – ⏑ ⏓ × 2 (일반적)

⏓ – ⏑ – { ⏑ ⏑ ⏑ / – ⏑ ⏑ / – ⏖̱ – / – ⏑ – / ⏑ ⏑ – / ⏑ ⏑ – }

vatta

vande te pitaraṁ bhadde | timbaruṁ suriyavaccase |
yena jāta'si kalyāṇi | ānandajananī mama ||

vāto va sedakaṁ kanto | pānīyaṁ va pipāsino |
aṅgīrasī piyā me'si | dhammo arahatām iva ||

āturass'eva bhesajjaṁ | bhojanaṁ va jighacchato |
parinibbāpaya bhadde | jalantaṁ iva vārinā ||

§ 525. anuṭṭhubha

이것은 vatta의 고전적 형식으로, 여기서 각 시행은 대조되지 않는다. 그러나 위에 소개된 vatta의 첫 번째의 시행의 운율이 여기에 적용될 수 있다.

⏓ ⏓ ⏓ ⏓ ⏑ – ⏑ ⏓ × 4 (일반적)

⏓/⏖ ⏓ ⏓ ⏓ ⏑ ⏖̱ – ⏓ (때로는 허용)

anuṭṭhubha

yena uttarakurū rammā | mahāneru sudassano |
manussā tattha jāyanti | amamā apariggahā ||

na te bījaṁ pavapanti | na pi nīyanti naṅgalā |
akaṭṭhapākimaṁ sāliṁ | paribhuñjanti mānusā ||

akaṇaṁ athusaṁ suddhaṁ | sugandhaṁ taṇḍulapphalaṁ |
tuṇḍikīre pacitvāna | tato bhuñjanti bhojanaṁ ||

§ 526. tuṭṭhubha-jagatī

이 시형은 일반적으로 각 시행마다 11개의 음절(tuṭṭhubha) 또는 12개의 음절 (jagatī)로 이루어져 있다. 서로 다른 운율을 지닌 이 두시들은 따로 사용되기도 하지만 자유롭게 혼합된다. 그리고 네 번째나 다섯 번째 음절 사이에 쉼표(caesura)가 하나 있다.

tuṭṭhubha

⏓ – ⏑ –, ⏓, ⏑ ⏓ – ⏑ – ⏓ × 4
⏕

jagatī

⏓ – ⏑ –, ⏓, ⏑ ⏓ – ⏑ – ⏑ ⏓ × 4
⏕

그런데 다섯 번째 음절에 쉼표(caesura)가 올 경우 마치 네 번째 음절에 쉼표가 온 것처럼 되어 tuṭṭhubha는 12음절로 jagatī는 13음절로 길어지는 수가 있다.

⏓ – ⏑ – –, ⏓ ⏑ ⏓ – ⏑ – ⏓ | (tuṭṭhubha)
⏓ – ⏑ – –, ⏓ ⏑ ⏓ – ⏑ – ⏑ ⏓ | (jagatī)

tuṭṭhubha
pucchāmi brahmānaṁ sanaṅkumāraṁ | kaṅkhī akaṅkhiṁ paravediyesu |
kattha ṭṭhito kimhi ca sikkhamāno | pappoti macco amataṁ brahmalokan ti ||

hitvā mamattaṁ manujesu brahme | ekodibhūto karuṇādhimutto |
ettha ṭṭhito ettha ca sikkhamāno | pappoti macco amataṁ brahmalokan ti ||

§ 527. 신유형의 시

신유형의 시는 각 시형의 단음절의 단위이자 운율의 단위인 mattā의 숫자는 정해져 있고 음절의 숫자는 가변적인 형태를 취한다.

§ 528. mattāchandas

운율은 고정되어 있고 전체적인 운율단위(mattā)의 숫자도 고정되어 있으나 변화가 심하다. 언제나 두 개의 서로 다른 행이 반복된다.

vitalīya ; 첫 번째와 세 번째의 시행은 14 운율단위로, 두 번째와 네 번째는 16 운율단위로 구성되어 있고 운율은 – ⏑ – ⏑ ⏓ 로 되어 있다.

⏕ ⏕ ⏕ – ⏑ – ⏑ ⏓ | ⏕ ⏕ ⏕ ⏕ – ⏑ – ⏓ × 2
⏑ – ⏑

opacchandasaka ; vetalīya로써 각 시행에 두 개의 운율단위가 첨가되어 보다 긴 운율 – ⏑ – ⏑ – ⏓ 을 이룬다.

⏕ ⏕ ⏕ – ⏑ – ⏑ – ⏓ | ⏕ ⏕ ⏕ ⏕ – ⏑ – ⏑ – ⏓ × 2
⏑ – ⏑

opacchandasaka
khanti paramaṁ tapo titkkhā | nibbānaṁ paramaṁ vadanti buddhā |
na hi pabbajito parūpaghātī | samaṇo hoti paraṁ viheṭhayanto ||

※ 드물게 veyālīya와 opacchandaka가 혼합되기도 한다. 이와 유사한 유형으로 svāgata가 있는데, 이보다 덜 가변적이므로 akkharacchanda에서 분류된다.

§ 529. gaṇacchandas(운율시형)

아주 운율적이며 음악적 리듬처럼 정확히 규범적이다.

gīti ; 30개의 운율단위(mattā)로 구성된 두 개 또는 세 개의 시행으로 각 행은 오직 2개의 시구로 이론적으로만 나뉘어질 수 있다. 각각의 두 시행은 각각 4개의 운율단위로 이루어진 여덟 개의 가나(gaṇa)로 구성되어 있다. 그리고 두 개의 운율단위의 나머지가 끝에 놓인다. 그 특징적인

운율은 다음과 같이 | ⏗ – | ⏑ – ⏑ | (2 gaṇa)이다. 이 위에 다양한 운율을 형성할 수 있다. ariyā ; gīti에서처럼 30개의 운율단위로 되어 있는 시행에 단축된 27개의 운율단위의 시행이 뒤따른다.

§ 530. 파생된 시형

이 유형은 빠알리 문헌에 세 번째로 지배적인 유형이 된 시의 형태를 대표한다. 지속적인 대화를 위해 어느 정도 vatta의 형태가 제한된 것이다. 후기 인도문헌에서는 각 시행의 마지막 음절을 제외하곤 절대적으로 고정되어 있는 것처럼, 음절의 양이나 숫자가 고정되려는 경향이 특징이지만 빠알리어 경전에서는 아직 많은 유동성을 내포하고 있다. 대표적인 것은 아래와 같다.

§ 531. akkharacchandas(음절시형)

A. samavutta(4개의 시행이 같은 형태)

upajāti(고정된 tuṭṭhubha의 형태)
⏓ – ⏑ – – ⏑ ⏑ – ⏑ – ⏓ × 4

rathoddhatā(고정된 vetālīya 시행의 형태)
– ⏑ – ⏑ ⏑ ⏑ – ⏑ – ⏑ ⏓ × 4
rathoddhatā
geham āvasati ce tathāvidho | aggataṁ vajati kāmabhogīnaṁ |
tena uttaritaro na vijjati | jambudīpam abhibhuyya iriyati ||

vaṁsaṭṭhā(고정된 jagatī의 형태)
⏓ – ⏑ – – ⏑ ⏑ – ⏑ – ⏑ ⏓ × 4
vaṁsaṭṭhā
sacce ca dhamme ca dame ca saṁyame | soceyyasīlālayuposathesu ca |
dāne ahiṁsāya asāhase rato | daḷhaṁ samādāya samattam ācari ||

pamitakkharā(gaṇacchanda로부터의 파생된 형태)
⏗ – ⏑ – ⏑ ⏑ ⏑ – ⏑ ⏑ ⏓ × 4
pamitakkharā
pubbaṅgamo sucaritesu ahu | dhammesu dhammacariyābhirato |
anvāyiko bahujan'assa ahu | saggesu vedayitha puññaphalaṁ ||

rucirā(jagatī의 5번째 음절이 분해된 형태)
⏓ – ⏑ – ⏑ ⏑ ⏑ ⏑ – ⏑ – ⏑ ⏓ × 4
rucirā
na pāṇinā na ca pana daṇḍaleḍḍunā | satthena vā maraṇavadhena vā puna |
ubbādhanāya ca paritajjanāya vā | na heṭhayī janataṁ aheṭhako ahu ||

B) aḍḍhasamavutta (두개의 상이한 시행의 반복되는 형태)

pupphitagga (고정된 opacchandasaka의 특수한 형태)
⏑ ⏑ ⏑ ⏑ ⏑ ⏑ – ⏑ – ⏑ – ⏓ | ⏑ ⏑ ⏑ ⏑ – ⏑ ⏑ – ⏑ – ⏑ – ⏓ × 2
pupphitagga
caviya punar idhāgato samāno | karacaraṇāmudutañ ca jālino ca |
atirucirasuvaggudassaneyyaṁ | paṭilabhatī daharo susūkumāro ||

svāgatā

```
    ⏑ – ⏑          ⏑⏑ ⏑         ⏑ – ⏑                  ⏑
–          – –          |  –           – – ⏑ ⏑ –        × 2
    ⏑ ⏑ –          – –          ⏑ ⏑ –                  –
```

svāgatā
chetvă khīlăṁ chetvā paligharṁ | indakhīlaṁ ūhaccamanejā |
te caranti suddhā vimalā | cakkhumatā dantā susunāgā ||

C. visamavutta(네 개의 시행이 모두 다른 형태)

upaṭṭhitappacupita(아마도 mattachanda로부터 파생된 형태)

– – – ⏑ ⏑ – ⏑ – ⏑ – ⏑ ⏑ – – |
⏖ – ⏑ ⏑ ⏑ ⏑ – ⏑ – ⏑ – – |
⏑ ⏑ ⏑ ⏑ ⏑ ⏑ ⏑ ⏑ – |
⏑ ⏑ ⏑ ⏑ ⏑ ⏑ ⏑ ⏑ ⏑ ⏑ – ⏑ ⏑ – ⏖ × 1

upaṭṭhitappacupita
akkodhañ ca adhiṭṭhahī adāsi ca dānaṁ |
vatthāni ca sukhumāni succhavīnī |
purimatarabhavaṭhito |
abhivisaji mahiṁ iva suro abhivassaṁ ||

uggatā(gaṇacchandas에서 파생된 형태)

⏑ ⏑ – ⏑ – ⏑ ⏑ ⏑ – ⏑ |
⏑ ⏑ ⏑ ⏑ ⏑ – ⏑ – ⏑ – |
⏖ ⏑ ⏖ ⏑ ⏑ ⏑ – ⏑ ⏑ – |
⏑ ⏑ – ⏑ – ⏑ ⏑ ⏑ – ⏑ – ⏑ ⏓ × 1

uggatā
na ca vīsataṁ na ca visāci |
na ca pana viceyyapekkhitā |
ujju tathe pasaṭam ujjumano |
piyacakkhunā bahujanaṁ udikkhitā ||

§ 532. 시형론에 의한 시적 허용

빠알리어에서 시는 질적인 액센트에 의해서 규정되기보다는 순저히 음절의 길이에 따라 결정되는 양적인 운율에 의해 좌우된다. 이러한 특징으로 말미암아 시의 문장은 시형론적 운율의 규정을 따르기 위해서 한편으로는 시형론적 허용이라는 자유를 누리게 된다. 시형론적 허용은 내용상 다섯 가지로 분류된다.

① 문장의 순서에서 배열의 자유가 극대화된다. 빠알리어는 원래 격변화와 곡용의 법칙을 통해 문장의 단어들 사이의 관계를 명확히 하므로 거의 모든 다양한 문장 배열을 의미의 변화를 초래하지 않고도 성립시킬 수 있다. 단 물론 이때에 배열에 따라 특정한 의미에 대한 강조가 달라지므로 운율적으로 현저히 드러나는 곳에 원하는 단어를 배열하므로써 그 의미를 강조할 수 있다. 그렇지만 이러한 문장 배열의 임의성은 빠알리어 시를 난해하게 만드는 결정적인 요소이다.

② 문장의 단어를 시형론 규제에 맞추기 위해 단어의 선택에서 다양한 동의어 가운데 어느 한 단어를 적절히 선택하거나 아주 희귀한 단어를 사용하는 것이 필수불가결한데, 이러한 선택은 시적으로 허용된다.

③ 양적인 운율의 규범을 지키기 위해 과잉적이거나 없어도 좋은 단어들, 특히 불확실한 불변사나 강조를 위해 부사 등이 시행을 메우도록 사용되는 것이 허용된다. 심지어 문장의 의미에 약간의 변화를 감수할 수 있다면 과도한 접두사의 사용이나 필요한 접두사의 탈락마저도 용인된다.

④ 운율을 맞추기 위해서는 또한 문장의 연성(連聲)을 산문에서보다 훨씬 다양하게 사용하는 것이 허용된다. 이때 고려되는 것은 당연히 문법적인 배려보다는 운율적 필요성이다.

⑤ 운율의 규제에 맞도록 특정한 단어의 음절을 장음화하거나 단음화하는 경향이 용인된다. 이러한 용인은 자주 발생하는 것은 아니지만 어미를 어근에 연결시키는 모음이나 단어의 말미모음에서 특히 현저하다.

-말미모음의 장음화 : ramatī ≦ ramati (ram의 *pres. 3rd.*), heṭhatī ≦ heṭhayi (heṭh의 *aor.*)

-말미모음의 단음화 : gihi ≦ gihī (<gihin), santŏ ≦ santa, buddhāna ≦ buddhānaṁ, kammāṁ ≦ kamma, chetva ≦ chetva(chid의 *abs.*)

-어근과 어미 사이의 연결 부분의 장음화 : satīmanto ≦ satimanto

-어근과 어미 사이의 연결 부분의 단음화 : jānahi ≦ jānāhi

-접두사와 어근 사이의 연결 부분의 장음화 : sūgatiṁ ≦ sugatiṁ

§ 533. 빠알리어의 고층시

비록 제한적이긴 하지만 빠알리어의 시 또는 시가 속에서 빠알리어가 일반적으로 사용되기보다 훨씬 과거의 수세기로부터 전해져 내려온 고층 형태의 시가 보존되어있다. 일상언어에서는 받아들여지지 않았으나, 시인들은 고층 언어들을 그 순수한 시적인 연상(聯想) 때문에 시적 표현으로 적합하다고 생각했다. 그들은 또한 고층언어가 일상적 형태보다 훨씬 권위가 있고 위력적인 것이라고 생각했을 것이다. 뿐만 아니라 훨씬 고층 언어이므로 생겨날 수 있는 어휘의 모호성에 관해서는 시인들이 그 때문에 거부한 것이 아니라 오히려 신비적인 것 또는 잠재적인 가능성을 함축한 것으로 받아들였다. 빠알리어의 시나 게송에는 고층의 문법형태가 남아 있는 시들을 자주 볼 수 있는데, 여기서 그 자주 나오는 몇몇 형태에 관해 알아보자.

① *pl. nom.* : -āse ≦ ā, sāvakase ≦ sāvakā, gatase ≦ gatā

② *imp. 1st. pl.*; -mu ≦ ma, jānemu ≦ jānema

③ *opt. 3rd. sg.*; -e ≦ -eyya, ādise ≦ ādiseyya(ā-dis)

④ *aor. 3rd. pl.*; uṁ ≦ (i)ṁsu, akaruṁ ≦ akaṁsu, āpādum ≦ āpādiṁsu[어근 아오리스트임].

⑤ 다른 잘 사용되지 않는 아오리스트의 사용 : abhida ≦ abhindi

⑥ 어근 hū의 미래용법 : hessati ≦ bhavissati

⑦ 부정사(*inf.*)로 -tāye의 사용 : dakkhitāye ≦ daṭṭhuṁ

⑧ 산문에서 드문 절대사(*abs.*) -(t)vāna의 사용 : caritvāna, disvāna, katvāna, sutvāna

⑨ 산문에서 유통되지 않는 반조태의 사용 : vande ≦ vandāmi, amhāse ≦ amhā, karomase ≦ karoma, ārabhavho ≦ ārabhattha(*imp.*), vademase ≦ vadeyyāma, āsīne(ās의 *ppr. med. sg. loc.*)

⑩ 고층시일수록 명사파생동사(*denom.*), 강의법(*intens.*), 희구법(*desid.*), 어근 아오리스트(*aor.*)등이 신층의 시나 산문에 비해 많이 쓰인다.

⑪ 단어에서는 어간과 어미 사이에 동화작용이 일어나 구별의 모호성이 생기거나, 연결 모음이 삽입되어 구별의 명확성이 생겨난다. 이때 고층의 시일수록 동화작용에 의한 어간과 어미의 구별의 모호성이 선호되며 신층의 시나 산문에서는 그 구별의 명확성이 선호된다 : dajjā(dā의 *opt. 3rd. sg.* ; 중복어근 dad+고대 원망법어미 yā(t), jaññā ≦ jāneyya, kassāma ≦ karissāma.

⑫ 다른 고층의 형태 : diviyā ≦ dibbā(*abl.*), poso ≦ puriso, tuvaṁ ≦ tvaṁ, duve ≦ dve,

⑬ 다른 시적 형태 : caviya ≦ cavitvā, ramma ≦ ramaṇīya.

⑭ 산문에서는 사용되지 않는 단어 : brū bruhi *imp. 2nd. sg.*, ram ramati, rame(*pres. med. 1st. sg.*), vid vindati, ambujo 물고기, mahī 땅, suro 신, have(*ind.*) 진실로, ve 확실히.

제5장 빠알리어원편

빠알리어근활용사전

aggh [*sk.* arh] 가치가 있다. ※ 1

pres. ind. 3rd. sg.	agghati
1st. pl.	agghāma
caus.	
pres. ind. 3rd. sg.	agghāpeti
cond. 2nd. sg.	agghāpessasi
abs.	agghāpetvā

as_1 [*sk.* as] 이다/있다. ※ 2

pres. ind. 1st. sg.	asmi		amhi	*med.*		
pres. ind. 2nd. sg.	asi					
pres. ind. 3rd. sg.	atthi					
pres. ind. 1st. pl.	asma	asmā	amha amhā	asmase	amhase	amhāse
pres. ind. 2nd. pl.	attha					
pres. ind. 3rd. pl.	santi			sante		
pres. imp. 1st. sg.	asmi	amhi				
pres. imp. 2nd. sg.	āhi					
pres. imp. 3rd. sg.	atthu	astu				
pres. imp. 1st. pl.	asma	amha				
pres. imp. 2nd. pl.	attha					
pres. imp. 3rd. pl.	santu					
pres. opt. 1st. sg.	assaṁ	siyaṁ				
pres. opt. 2nd. sg.	assa	siyā				
pres. opt. 3rd. sg.	assa	siyā				
pres. opt. 1st. pl.	assāma	assu				
pres. opt. 2nd. pl.	assatha					
pres. opt. 3rd. pl.	assu	siyuṁ	siyaṁsu			
ppr. act.	sat	santa		*med.* samāna		
aor. 1st. sg.	asiṁ	āsi				
aor. 2nd. sg.	āsi					
aor. 3rd. sg.	āsi					

as_1 [*sk.* as] 이다/있다. ※ 2

aor. 1st. pl.	āsimhā	āsimha
aor. 2nd. pl.	asittha	
aor. 3rd. pl.	asiṁsu	āsuṁ

as_2 [*sk.* aś] 먹다. ※3

pres. ind. 3rd. sg.	asanāti			
pres. imp. 3rd. sg.	asnātu			
ppr.			*med.* asamāna	añhamāna
fut. 1st. sg.	asissāmi			
pp. pass.	asita			
abs.	asitvā	asitvāna		

ah [*sk.* ah.] 말하다. ※ 4

perf. 2nd. sg.	āha	
perf. 3rd. sg.	āha	
perf. 3rd. pl.	āhu	āhaṁsu

āp (대부분 pra+āp) [*sk.* āp] 획득하다. ※ 5

pres. ind. 3rd. sg.	pappoti	ppoti	pāpuṇoti	pāpuṇāti	-āpuṇati
pres. ind. 3rd. pl.	papponti			pāpuṇanti	
pres. imp. 2nd. sg.				pāpuṇa	
pres. imp. 3rd. sg.				papuṇātu	
pres. imp. 2nd. pl.				-āpunātha	
pres. imp. 3rd. pl.	pappontu			pāpuṇantu	
pres. opt. 3rd. sg.	pappuyya(<prāpnuyāt)			pāpuṇe	pāpuṇeyya
1st. pl.	pappomu				papuṇeyyama
ppr. act.	papponta		papuṇanta	pāpuṇant	
fut. 3rd. sg.			āpuṇissati	pāpuṇissati	
fut. 3rd. pl.				pāpuṇissanti	
cond. 3rd. sg.				pāpuṇissa	
aor. 1st. sg.	pāpuṇiṁ				
aor. 3rd. sg.	pāpuṇi	apāpuṇi			
aor. 2nd. pl.		*inj.*	mā apattha		
aor. 3rd. pl.	pāpuṇiṁsu	āpuṇiṁsu			
pp. pass.	patta	(pariy)-āputa	(pariy)-atta		
grd.	pattabba				
abs.	patvā	pappuyya	pāpuṇitvā	pāpuṇitvāna	
	-patvāna		āpuṇitvā		
inf.	pattuṁ	pappotuṁ	pāpuṇituṁ		
pass. pres. ind.					
3rd. sg.	pāpīyati				
caus. pres. ind.					
3rd. sg.	pāpeti	(āpeti)			
pres. imp. 2nd. sg.	pāpaya			*med.*	pāpayassu

āp (대부분 pra+āp) [*sk.* āp] 획득하다. ※ 5

fut. 3rd. sg.	pāpessati	pāpayissati
cond. 1st. sg.	apāpessaṁ	
aor. 3rd. sg.	-pāpayi	
aor. 1st. pl.	papayimha	
pp. pass.	-pāpita	

ās [*sk.* ās] 앉다. ※ 6

			med.	
pres. ind. 3rd. sg.	āsati	acchati(<āsyati)		
pres. ind. 3rd. pl.		acchanti	-āsare	-acchare
pres. imp. 2nd. sg.	āsaya			
pres. opt. 3rd. sg.		acche	āsetha	
1st. pl.	-āseyyāma			
pp. pass.	-asanta		āsamāna	
fut. 3rd. sg.		acchissati		
aor. 1st. sg.	āsim			
aor. 3rd. sg.		acchi		
pp. pass.	-āsina	-āsita		
abs.	-āsitvā	-āsiya		

i [*sk.* i] 가다. ※ 7

pres. ind. 1st. sg.	emi		
pres. ind. 2nd. sg.	esi		
pres. ind. 3rd. sg.	eti	ayati	
pres. ind. 1st. pl.	ema		
pres. ind. 2nd. pl.	etha		
pres. ind. 3rd. pl.	enti	-ayanti	
pres. imp. 1st. sg.	emi		
pres. imp. 2nd. sg.	ehi		
pres. imp. 3rd. pl.	etu		
pres. imp. 1st. pl.	ema		
pres. imp. 2nd. pl.	etha		
pres. imp. 3rd. pl.	entu		
pres. opt. 1st. sg.	eyyaṁ		
pres. opt. 2nd. sg.	eyyāsi		
pres. opt. 3rd. sg.	eyya	-ayeyya	
ppr. act.	enta	-ayant	-ayanta
fut. 1st. sg.	-essaṁ	essāmi	esaṁ
fut. 2nd. sg.	essasi	ehisi	
fut. 3rd. sg.	essati	ehiti	
fut. 3rd. pl.	essanti	ehinti	
cond. 1st. sg.	-essaṁ		
aor. 3rd. pl.	-esuṁ	-iṁsu	
pp. act.	-etavin		

i [sk. i] 가다. ※ 7

pp. pass.	ita	-eta			
grd.	-etabba				
abs.	-etvā	-ecca	-iya	-icca	-āya
inf.	etuṁ	tase	etave		

ikkh [sk. ikṣ] 보다. ※ 8

				med.	
pres. ind. 2nd. sg.				-ekkhase	
pres. ind. 3rd. sg.	ikkhati		-ekkhati	-ikkhate	
pres. ind. 3rd. pl.				-ikkhare	-iccare
pres. opt. 3rd. sg.	-ikkheyya		-ekkhe		
ppr.	-ikkhant		-ekkhant	-ikkhamāna	ekkhamāna
aor. 1st. sg.	-ikkhisaṁ		-ikkhiṁ		
pp. pass.	-ikkhita				
abs.	-ikkhita	ikkhitvā	-ikkha	-ekkha	-ekkhiya
caus1. ind. 3rd. sg.	-ikkheti				

ijjh [sk. ṛdh] 성공하다. ※ 9

pres. ind. 3rd. sg.	ijjhati	
pres. opt. 3rd. sg.	ijjhe	
3rd. pl.	-ijjheyyuṁ	
fut. 3rd. sg.	-ijjhissati	
aor. 3rd. sg.	-ijjhi	
aor. 2nd. pl.	ijjhittha	
pp. pass.	iddha	aḍḍha
caus2. ind. 3rd. sg.	-ijjhāpeti	

is₂ [sk. iṣ] 원하다. 간청하다. ※ 10

			adhi+is	pari+is
pres. ind. 3rd. sg.	icchati		ajjhesati	pariyesati
pres. imp. 3rd. sg.	icchatu			
pres. opt. 1st. sg.	iccheyyāmi			
pres. opt. 2nd. sg.	iccheyyāsi			
pres. opt. 3rd. sg.	iccheyya	icche		
ppr. act.	icchant			-esanta
fut. 3rd. sg.	icchissati			
aor. 3rd. sg.	icchi		ajjhesi	
pp. pass.	iṭṭha	icchita	ajjhiṭṭha	pariyiṭṭha
			ajjhesita	pariyesita
grd.	icchitabba			-esitabba
abs.				-esitvā
inf.				-eṭṭhuṁ
				-esituṁ
pass. ind. 3rd. sg.	icchīyati			

is₂ [*sk.* iṣ] 보내다. (pa+iṣ) ※ 11

pres. ind. 3rd. sg.	peseti	
pp. pass.	pesita	
grd.	pessa	
pass.		
pres. ind. 3rd. sg.	pesiyati	*med.*
ppr. act.	pesiyanta	pesiyamāna

ir [*sk.* īr] 움직이다. ※12

pres. ind. 3rd. sg.	iriyati		
caus.			
pres. ind. 3rd. sg.	-īreti	ereti	
pres. imp. 2nd. sg.			eraya
pres. opt. 3rd. sg.	-īraye	-īreyya	eraye
pp. pass.	īrita		erita
pass. ind. 3rd. sg.	-īyati	-iyyati	

kaṅkh [*sk.* kāṅks] 의심하다. ※ 13

pres. ind. 3rd. sg.	kaṅkhati
pres. opt. 3rd. sg.	kaṅkheyya
ppr. act.	-kaṅkhant
ppr. med.	-kaṅkhamāna
pp. pass.	kaṅkhita
abs.	-khaṅkha
inf.	kaṅkhituṁ

kaṭh [*sk.* kvath] 끓다. 끓이다. ※ 14

pres. ind. 3rd. sg.	kaṭhati		kuthati	
ppr. act.			kuthanta	
pp. pass.	kaṭhita	-kaṭṭhita	-kuṭṭhita	-kuthita
caus2. ind. 3rd. sg.	kaṭṭhāpeti			

kaḍḍh [*sk.* kṛṣ] 끌다/잡아당기다. ※15

pres. ind. 3rd. sg.	kaḍḍhati
ppr. act.	kaḍḍhanta
aor.	
3rd. sg.	kaḍḍhi
3rd. pl.	kaḍḍhiṁsu
abs.	kaḍḍhitvā
inf.	kaḍḍhituṁ
pass.	
ppr. med.	kaḍḍhiyamāna

kath(*denom.*<kathā) 이야기하다. ※16

pres. ind. 1st. sg.	kathemi		
pres. ind. 3rd. sg.	katheti		
pres. ind. 3rd. pl.	kathenti		
pres. imp. 2nd. sg.	kathehi		
pres. opt. 2nd. sg.	katheyyāsi		*med*
ppr. act.	kathenta		kathayamāna
fut. 1st. sg.	kathessami		*inj.*
aor. 2nd. sg.			mā kathesi
3rd. sg.	kathesi		
ppr. pass.	kathita		
grd.	kathetabba	kaccha	kathanīya
abs.	kathetvā		
inf.	kathetuṁ	kathetave	
pass.			
pres. ind. 3rd. sg.	kathīyati	kathiyati	
ppr. med.	kathīyamāna	kacchamāna	
caus2.			
pres. ind. 3rd. sg.	kathāpeti		
aor. 3rd. sg.	kathāpayi		
intens.			
pres. ind. 3rd. sg.	kākacchati	sākacchati	

kant₁ [*sk.* kṛt] 자르다. ※17

pres. ind. 3rd. sg.	kantati	
pp. pass.	-kanta	-kantita
abs.	-kantitvā	-kacca

kant₂ [*sk.* kṛt] 방적하다. 짜다. ※ 18

pres. ind. 3rd. sg.	kantati
ppr. act.	kantant

kand [*sk.* krand] 울다. 울부짖다. ※19

pres. ind. 3rd. sg.	kandati
aor. inj. 2nd. sg.	kandī
pp. pass.	kandita
abs.	kanditvā

kap [*sk.* kḷp] 준비하다. ※20

pres. ind. 3rd. sg.	kappeti	
pres. imp. 2nd. sg.	kappehi	*med.*
2nd. pl.		kappayavho
ppr. act.	kappenta	
aor. 3rd. sg.	kappesi	

kap [*sk.* klp] 준비하다. ※20

aor. 3rd. pl.	kappesuṁ
pp. pass.	-kappita
abs.	-kappayitvā
inf.	kappetuṁ
pass. ppr. med.	kappiyamāna

kam [*sk.* kram] 걷다. (nih+kam = nikkham) ※21

pres. ind. 3rd. sg.	kamati		-khamati	
pres. imp. 2nd. sg.			-khama	
pres. opt.	kameyya	-kame	-khameyya	*med.*
ppr. act.			-khamanta	kamamāna
fut. 1st. sg.	kamissaṁ		-khamissāmi	
fut. 3rd. sg.			-khamissati	*med.*
cond. 3rd. sg.				-kamissatha
aor. 1st. sg.	-kāmiṁ			
aor. 3rd. sg.	-kāmi	kami	-khami	
aor. 1st. pl.		kamimha		
aor. 3rd. pl.	-kāmuṁ	-kamuṁ		
	-kāmiṁsu	-kamiṁsu	-khamiṁsu	
pp. pass.	kanta		-khanta	
grd.	kamanīya		-khamitabba	
abs.	kamitvā	-khamitvā	-khamitūna	
	-kamma	-khamma		
inf.	-kamituṁ	-khamituṁ		
caus1.				
pres. ind. 3rd. sg.	-kāmeti	-khāmeti	-khameti	
pp. pass.			-khamita	
intens.				
pres. ind. 3rd. sg.	caṅkamati			
pp. pass.	caṅkamita			
caus2.				
pres. ind. 3rd. sg.	caṅkamāpeti			

kamp [*sk.* kamp] 떨다/동요하다. ※ 22

			med.
pres. ind 3rd. sg.	kampati		kampate
pres. imp. 2nd. sg.	kampa		kampassu
ppr. act.	kampanta	kampant	kampamāna
aor. 3rd. sg.	akampi		
pp. pass.	-kampita		kampittha
caus2.			
pres. ind. 3rd. sg.	kampeti		
abs.	kampayitvāna		

kar [*sk.* kṛ] 만들다/하다. ※23

				med.		
pres. ind. 1st. sg.	karomi	kummi		kubbe	kare	
pres. ind. 2nd. sg.	karosi	kubbasi		kubbase		kuruse
pres. ind. 3rd. sg.	karoti	kubbati		kubbate		kurute
pres. ind. 1st. pl.	karoma			kubbamhe		kurumhe
pres. ind. 2nd. pl.	karotha			kubbavhe		kuruvhe
pres. ind. 3rd. pl.	karonti	kubbanti		kubbante	(kare)	kurunte
pres. imp. 1st. sg.	karomi			kubbe		
pres. imp. 2nd. sg.	karohi	kara			karassu	kurussu
pres. imp. 3rd. sg.	karotu					kurutam
pres. imp. 1st. pl.	koroma			kubbamāse	karomase	
pres. imp. 2nd. pl.	karotha					kuruvho
pres. imp. 3rd. pl.	karontu	kubbantu		kubbantam		
pres. opt. 1st. sg.	kareyyaṁ		kayirāmi	kubbeyya		
pres. opt. 2nd. sg.	kareyyāsi		kayirāsi			
pres. opt. 3rd. sg.	kareyya	kubbeyya	kayirǎ	kubbetha	kayirātha	kayiratha
	kare	kubbaye	kuriyā			
pres. opt. 1st. pl.	kareyyāma		kayirāma			
pres. opt. 2nd. pl.	kareyyātha	kubbetha	kayirātha			
pres. opt. 3rd. pl.	kareyyuṁ		kayiruṁ			
ppr. act.	karont	kubbant	karant	kubbamāna	karamāna	kurumāna
	karonta	kubbanta	karanta	kubbāna	karāna	
fut. 1st. sg.	karissāmi	kassāmi	kāsam			
		kassaṁ	kāhāmi			
fut. 2nd. sg.	karissasi	kāhisi	kāhasi			
fut. 3rd. sg.	karissati	kassati	kāhati			
		kāhiti	karihiti			
fut. 1st. pl.	karissāma	kassāma	kāhāma			
fut. 2nd. pl.	karissatha		kāhatha	*med.*		
fut. 3rd. pl.	karissanti	kāhinti	kāhanti	karissare		
fut. pt. act.	karissant	karissanta		karissamāna	karissāna	
cond. 3rd. sg.	akarissa					
cond. aor.						
cond. 1st. sg.	akaraṁ	kaṁ	kariṁ			
		akariṁ	akāsiṁ			
cond. 2nd. sg.	akarāakaro	akā	kari	akarase		
		akara	akāsi			
cond. 3rd. sg.	akarǎ	akā	akarǐ, kari	akarattha	akubbatha	
			akāsi			
cond. 1st. pl.	akarāma	akamhā	akāsimha	akaramhasa		
	akaramhā			akaramhase		
cond. 2nd. pl.	akarattha	karittha	akarittha	akāsittha		
	akattha	kattha	akaritha			
cond. 3rd. pl.	akaruṁ	akaṁsu	akariṁsu	akāsuṁ		

kar [*sk.* kṛ] 만들다/하다. ※23

	akarū	akaru	kariṁsu		
inj. 2nd. sg.	mā akāsi	mā kari	mā kāsi		
inj. 2nd. pl.			mā karittha		
ppr. act.	katāvin				
pp. pass.	kata, kaṭa	-kkhata	-kkhaṭa		
grd.	kātabba	kattabba	karaṇīya	kayya	kicca
		kayira	kāriya		
abs.	katvā	katvāna	katūna	kattuna	-kacca
	karitvā	kariya			
inf.	kātuṁ	kattuṁ	kātuye	kātave	
pass. ind. 3rd. sg.	kariyati	karīyati	kariyyati	kīrati	
		kayirati	kayyati		
fut. 3rd. sg.	kariyissati				
caus1.					
pres. ind. 3rd. sg.	kāreti				
pres. imp. 2nd. sg.	kārehi	kāraya			*med.*
ppr. act.	kārenta				kāraymāna
fut. 1st. sg.	karessaṁ	karayissāmi			
aor. 1st. sg.	kāresiṁ				
aor. 3rd. sg.	kāresi	akārayi	akāresi		
aor. 3rd. pl.		akārayuṁ			
pp. pass.	kārita				
grd.	kāretabba	-kāreyya			
abs.	kāretva	kāriya	(karitvā)		
inf.	kāretuṁ				
caus2.					
pres. ind. 3rd. sg.	kārāpeti				
fut. 1st. sg.	kārāpessāmi				
aor. 3rd. sg.	kārāpesi				
pp. pass.	kārāpita				
grd.	kārāpetabba				
abs.	kārāpetvā				

kas/kaṁs [*sk.* kṛṣ ?] 들어올리다. 칭찬하다. ※ 24

pres. ind. 3rd. sg.	kaṁsati	-kaṁseti
pp. pass.	-kaṭṭha	

kas$_{1}$ [*sk.* kṛṣ] 쟁기질하다. ※ 25

				med.
pres. ind. 3rd. sg.	kasati	kassati	-kāsati	kassate
pres. imp. 2nd. pl.		-kassatha		*med.*
ppr. med.				-kassamāna
aor. 1st. sg.	kasaṁ			
aor. 3rd. sg.	akāsi			

kas₁ [*sk.* kṛṣ] 쟁기질하다. ※ 25

pp. pass.	kattha	-kaṭṭha
abs.	-kassa	
inf.	-kāsituṁ	
pass. ind. 3rd. sg.	-kissati	-kassati
caus1. ind. 3rd. sg.		-kāseti
caus2. ind. 3rd. sg.	kasāpeti	

kas₂ [*sk.* kas] 넓히다. 열다. ※26

pres. ind. 3rd. sg.	-kasati
pp. pass.	-kasita
caus1 ind. 3rd. sg.	-kāseti

ki [*sk.* krī] 사다. ※27

pres. ind. 1st. sg.	kiṇāmi	
pres. ind. 3rd. sg.	kiṇāti	
pres. imp. 2nd. pl.	-kiṇātha	
pres. opt. 3rd. sg.	kiṇe	
fut. 1st. sg.	-kiṇissāmi	
fut. 3rd. sg.		kessati
aor. 3rd. sg.	kiṇi	
aor. 3rd. pl.	kiṇiṁsu	
grd.	-kiṇiya	
abs.	kiṇitvā	
inf.	kiṇituṁ	-ketuṁ

kir [*sk.* kṛ] 뿌리다. ※ 28

pres. ind. 2nd. sg.	-kirasi				
pres. ind. 3rd. sg.	-kirati	-kīrati		*med.* -kirate	
pres. ind. 3rd. pl.	-kiranti			*med.* -kirare	-kīrare
pres. imp. 2nd. sg.	-kirāhi				
pres. opt. 3rd. sg.	-kireyya				
pres. opt. 3rd. pl.	-kireyyuṁ				
aor. 3rd. sg.	-kiri	-akiri			
aor. 3rd. pl.	-kiriṁsu				
pp. pass.	-kiṇṇa				
abs.	-kiritvā	-kiriya	-kiritūna	-kira	
inf.	-kirituṁ				
pass.					
pres. ind. 3rd. sg.	-kirīyati	-kiriyati	-kiriyyati	-kīyati	
pres. ind. 3rd. pl.	-kirīyanti				
pres. imp. 3rd. sg.			-kiriyyatu		
ppr. med.	kirīyamāna				
caus1.pres. ind.					
3rd. sg.	-kireti				

kir [*sk.* kṛ] 뿌리다. ※ 28

caus2.pres. ind.	
3rd. sg.	-kirāpeti

kilam [*sk.* klam] 부족하다. 피곤하다. ※ 29

pres. ind. 3rd. sg.	kilamati	kilameti
fut. 1st. sg.	kilamissāmi	
pp. pass.	kilanta	kilamita
caus2. ind. 3rd. sg.	kilamāpeti	

kilis [*sk.* kliś] 더럽다. 오염되다. ※ 30

pres. ind. 3rd. sg.	kilissati
pres. ind. 3rd. pl.	kilisissanti
pres. opt. 3rd. sg.	kilisseyya
pp. pass.	-kiliṭṭha
caus1. ind. 3rd. sg.	-kileseti

kīḷ [*sk.* krīḍ] 놀다. ※ 31

pres. ind. 3rd. sg.	kīḷati	
1st. pl.	kīḷāma	*med.*
ppr. act.	kīḷanta	kīḷamāna
aor. 3rd. sg.	kīḷi	
pp. pass.	kīḷita	
inf.	kīḷituṁ	
caus2. ind. 3rd. sg.	kīḷāpeti	

kuc [*sk.* kuc] 오그라들다/구부러지다. ※ 32

pres. ind. 3rd. sg.	-kucati	
pp. pass.	kuñcita	-kucita
caus1. ind. 3rd. sg.	-koceti	

kujj [*sk.* kubja *denom.* ?] 덮다. 가리다. ※ 33

pres. ind. 3rd. sg.	-kujjati
pp. pass.	-kujjita
caus1. ind. 3rd. sg.	-kojjeti

kujjh [*sk.* krudh] 화나다. ※ 34

pres. ind. 3rd. sg.	kujjhati
pres. opt. 3rd. sg.	kujjheyya
aor. inj. 2nd. sg.	mā kujjhi
aor. inj. 2nd. pl.	mā kujjhittha
pp. pass.	kuddha
grd.	kujjhitabba
abs.	kujjhitvā

kuṭ [sk. kuṭ] 구부러지다/퉁기다. ※ 35

pres. ind. 3rd. sg.	-kuṭati		
pp. pass.	-kuṭita		
caus1. ind. 3rd. sg.	-koṭṭeti		

kup [sk. kup] 화나다. 화내다. ※ 36

			med.
pres. ind. 1st. sg.			kuppe
pres. ind. 3rd. sg.	kuppati		*med.*
ppr. med.			kuppamāna
aor. 3rd. sg.	kuppi		
pp. pass.	kupita		
abs.	kuppa	kuppitvā	
caus1.			
pres. ind. 3rd. sg.	kupeti		
abs.	kopetvā		
inf.	kopetuṁ		

kus [sk. kruś] 꾸짖다. ※ 37

pres. ind. 3rd. sg.	-kosati	
aor. 3rd. sg.	-kocchi	-kosi
pp. pass.	-kuṭṭha	
caus1. aor. 3rd. sg.	kosesi	
caus2. ind. 3rd. sg.	-kosāpeti	

khaṇḍ [sk. khaṇḍ] 파괴하다. ※ 38

pres. ind. 3rd. sg.	khaṇḍati
abs.	-khaṇḍitvā
pp. pass.	-khaṇḍita
caus1.(denom.)	
pres. ind. 3rd. sg.	khaṇḍeti
abs.	khaṇḍetvā

khan [sk. khan] 파다. ※ 39

pres. ind. 3rd. sg.	khaṇati	khanati	
pres. imp. 2nd. pl.	khaṇatha		
pp. pass.	khāta	khata	
grd.		khantabba	khanitabba
abs.	khaṇitva	-khañña	-khāya
inf.		khantuṁ	khanituṁ
pass. ind. 3rd. sg.	khaññati		
caus1. ind. 3rd. sg.	khāneti		
caus2. ind. 3rd. sg.	khanāpeti		

kham [*sk.* kśam] 참다. ※ 40

pres. ind. 3rd. sg.	khamati		
pres. imp. 2nd. sg.	khama		
pres. opt. 3rd. sg.	khameyya		*med.*
ppr. med.			khamamāna
pp. pass.	khanta		
grd.	khamanīya	khamitabba	
caus2.			
pres. ind. 3rd. sg.	khamāpeti		
pres. imp. 2nd. sg.	khamāpehi		
aor. 3rd. sg.	khamāpayi		
aor. 3rd. pl.	khamāpayuṁ		
pp. pass.	khamāpita		
abs.	khamapetvā		

ā-khā [*sk.* khyā] 알리다. ※ 41

pres. ind. 1st. sg.	(ak)khāmi	
pres. ind. 3rd. sg.	(ak)khāti	-khāyati
pres. ind. 3rd. pl.	-khanti	
pres. imp. 2nd. sg.	(ak)khāhi	
ppr. act.	-khant	
fut. 1st. sg.	(ak)khissaṁ	
fut. 3rd. sg.	(ak)khissati	
cond. 1st. sg.	(ak)khissaṁ	
aor. 3rd. sg.	(ak)khāsi	
aor. 3rd. pl.	(ak)khaṁsu	
pp. pass.	(ak)khāta	
grd.	(ak)kheyya	
abs.	-khāya	-khā
inf.	-khātuṁ	
pass.		
pres. ind. 3rd. sg.	(ak)khāyati	
ppr. med.	khāyamāna	
aor. 3rd. pl.	khāyiṁsu	
intens.		
pres. ind. 3rd. sg.	(ā)cikkhati	
pres. imp. 2nd. sg.	(ā)cikkha	(ā)cikkhāhi
aor. 3rd. sg.	(ā)cikkhi	
pp. pass.	(ā)chikkhita	
caus2.		
pres. ind. 3rd. sg.	(ā)cikkhāpeti	

khād [*sk.* khād] 먹다/삼키다. ※ 42

pres. ind. 3rd. sg.	khādati	*med.*
pres. ind. 3rd. pl.		khādare

khād [*sk.* khād] 먹다/삼키다. ※ 42

pres. imp. 2nd. sg.	khāda			
pres. imp. 2nd. pl.	khādatha			
pres. opt. 2nd. sg.	khādeyyāsi			
pres. opt. 2nd. pl.	khādeyyātha			
pres. opt. 3rd. pl.	khādeyyuṁ			
ppr. act.	khādanta			
fut. 1st. sg.	khādissāmi			
fut. 3rd. sg.	khādissati			
aor. 3rd. sg.	khādi			
aor. 3rd. pl.	khādiṁsu			
pp. pass.	khādita			
grd.	khādanīya	khajja	khāditabba	khādaniya
abs.	khāditvā	khādiyā		
inf.	khādituṁ			
pass.				
pres. ind. 3rd. sg.	khajjati			
ppr. med.	khajjamāna	khādiyamāna		
caus1.				
pres. ind. 3rd. sg.	khādeti			
aor. 3rd. pl.	khādayuṁ			
caus2.				
pres. ind. 3rd. sg.	khādāpeti			

khi [*sk.* kṣi] 쇠망하다.(*pass.*) ※ 43

pass.			
pres. ind. 3rd. sg.	khīyati	khiyyati	
pres. imp. 3rd. sg.	khīyatu		
pres. opt. 3rd. sg.		khīyetha	
ppr. med.	khīyamāna		
fut. 3rd. sg.	-khīyissati		
aor. 3rd. sg.	khīyi	khīyittha	
pp. pass.	khīṇa	khita	khinna
grd.	khīyitabba		
caus.			
pres. ind. 3rd. sg.	khepeti		

khip [*sk.* kṣip] 던지다. ※ 44

pres. ind. 3rd. sg.	khipati	
pres. opt. 3rd. sg.	-khipeyya	
fut. 3rd. sg.	-khipissati	
aor. 3rd. sg.	khipi	
aor. 3rd. pl.	khipiṁsu	
pp. pass.	khipita	-khitta
grd.	-khippa	

khip [*sk.* kṣip] 던지다. ※ 44

abs.	khipitvā	
inf.	-khipituṁ	
pass. ind. 3rd. sg.	-khipiyati	
caus1.		
pres. ind. 3rd. sg.	khepeti	
aor. 3rd. pl.	khepesuṁ	
abs.	khepetvā	khepayitvāna
caus2.		
pres. ind. 3rd. sg.	khipāpeti	
aor. 3rd. sg.	khipāpesi	
abs.	khipāpetvā	

khubh [*sk.* kṣubh] 화나다. ※ 45

pres. ind. 3rd. sg.	-khubhati	
aor. 3rd. sg.	-khubhi	
pp. pass.	-khubhita	
abs.	-khubhitvā	
caus. ind. 3rd. sg.	-khobheti	

gajj [*sk.* garj] 천둥치다/표효하다. ※46

pres. ind. 3rd. sg.	gajjati	
aor. 3rd. sg.	gajji	
pp. pass.	gajjita	
abs.	-gajjiya	
caus.		
pres. ind. 3rd. sg.	gajjayati	
abs.	gajjayitvā	

gan [*denom.* <gaṇa] 계산하다. ※47

pres. ind. 3rd. sg.	gaṇeti	
ppr. act.		gaṇayant
pp. pass.	gaṇita	
abs.	gaṇetvā	
inf.	gaṇetuye	
pass. ind. 3rd. sg.	gaṇīyati	
caus. ind. 3rd. sg.	gaṇāpeti	

ganth [*sk.* grath] 묶다. 엮다. ※48

pres. ind. 3rd. sg.	ganthati	gantheti
pp. pass.	ganthita	
grd.	ganthanīya	ganthitabba
abs.		ganthetvā
caus. ind. 3rd. sg.	ganthāpeti	

gam/gā [*sk.* gam, gā] 가다. ※49

pres. ind. 1st. sg.	gacchāmi	gacchaṁ			*med.*
pres. ind. 2nd. sg.	gacchasi				
pres. ind. 3rd. sg.	gacchati				
pres. ind. 1st. pl.	gacchāma				
pres. ind. 3rd. pl.	gacchanti				
pres. imp. 2nd. sg.	gaccha	gacchāhi			gacchassu
pres. imp. 2nd. pl.	gacchatha				
pres. opt. 2nd. sg.	gaccheyyāsi				
pres. opt. 3rd. sg.	gaccheyya	gacche			-gaccheyyātho
pres. opt. 2nd.pl.	gaccheyyātha				
pres. opt. 3rd. pl.	gaccheyyuṁ				gaccheraṁ
ppr.act.	gacchanta	gacchant			gacchamāna
fut. 1st. sg.	gacchissāmi	gacchissaṁ	gamissāmi		
fut. 2nd. sg.		gacchisi	gamissasi		gamissase
fut. 3rd. sg.	gacchissatha				
cond. 1st. sg.	-gacchissaṁ				
cond. 3rd. sg.	agacchiassa		agamissa		
aor. 1st. sg.	-gacchisaṁ	gañchiṁ	agamam	agamisaṁ	gamā
	-gacchissaṁ	agamiṁ	-agam, -agā	-gaṁ	
aor. 2nd. sg.	agacchisi	gañchisi	agamā	gamā	
			agamī	-agā	
aor. 3rd. sg.	agacchi	agañchi	agamā, gamā	agami	
		agamāsi	agami, gami	-agā	-gacchitha
aor. 1st. pl.		agamāma	agamamha	agamha	agamimhase
			agamimha	agumha	
aor. 2nd. pl.	agacchittha	agamatha	agamattha	aguttha	
	gacchittha		agamittha		
aor. 3rd. pl.	agacchiṁsu	gañchuṁ	agamisuṁ	agaṁ	agamiṁsu
	gacchiṁsu	agamuṁ	agamaṁsu	aguṁ	agū
inj. 3rd. sg.		mā gañchi		mā gami	
inj. 2nd. pl.				mā gamittha	
pp. pass.	gacchita		gata		
grd.		gantabba	gamya	gamanīya	
		gamitabba	-gamma		
abs.		gantvā	gantvāna	gantūna	
			-gamma		
inf.		gantuṁ	gantave	gamituṁ	
pass.					
pres. ind. 3rd. sg.	gacchīyati	-gammati	-gamyati	gamīyati	
ppr. med.					gammamāna
caus1.					
pres. ind. 3rd. sg.		gameti	gāmayati	gāmeti	
ppr. med.					-gamayamāna
caus2.					

gam/gā [*sk.* gam, gā] 가다. ※49

pres. ind. 3rd. sg.	gacchāpeti		gamāpeti	
intens.				
pres. ind. 3rd. sg.	jaṅgamati			

gar$_1$ [*sk.* gṛ] 삼키다/토하다. ※50

pres. ind. 3rd. sg.	girati	gilati		
pres. imp. 2nd. sg.		gila	gilāhi	
pres. opt. 3rd. sg.		gileyya		
inj. 2nd. sg.		mā gilī		
pp. pass.		gilita		
abs.		gilitvā		
inf.		-gilituṁ		
caus. ind. 3rd. sg.		gilāpeti		

gar$_2$ [*sk.* gṛ] 깨어나다/자각하다. ※51

intens.				
pres. ind. 1st. sg.		-jaggāmi		
pres. ind. 3rd. sg.		-jaggati		
pres. ind. 3rd. pl.		-jagganti		*med.*
pres. imp. 2nd. sg.				jāgarassu
pres. opt. 3rd. sg.		-jaggeyya		
ppr. act.	jāgarant	jaggant		jāgaramāna
fut. 1st. sg.		-jaggissāmi		
fut. 2nd. pl.		-jaggissatha		
aor. 3rd. pl.		-jaggiṁsu		
pp. pass.	jāgarita	-jaggita		
grd.		-jaggiya		
abs.		-jaggitvā		
caus. ind. 3rd. sg.		-jaggāpeti		

garah [*sk.* garh] 꾸짖다. ※52

pres. ind. 3rd. sg.	garahati			
aor. 3rd. sg.	garahi			
inj. 2nd. pl.	mā garahittha			
pp. pass.	garahita			
grd.	garahitabba		gārayha	

gah [*sk.* grah] 붙잡다. ※53

pres. ind. 1st. sg.	gaṇhāmi			
pres. ind. 2nd. sg.	gaṇhāsi	gaṇhasi		
pres. ind. 3rd. sg.	gaṇhāti	gaṇhati	gaheti	gahāyati
pres. ind. 1st. pl.	gaṇhāma			
pres. ind. 2nd. pl.	gaṇhātha	gaṇhatha		

gah [*sk.* grah] 붙잡다. ※53

pres. ind. 3rd. pl.	gaṇhanti			-gahāyanti	*med.*
pres. imp. 2nd. sg.	gaṇhāhi	gaṇha	-gaha		gaṇhassu
pres. imp. 3rd. sg.	gaṇhātu	gaṇhatu			
pres. imp. 2nd. pl.		gaṇhatha			
pres. imp. 3rd. pl.	gaṇhantu				
pres. opt. 1st. sg.	gaṇheyyaṁ				
pres. opt. 3rd. sg.	gaṇheyya				*med.*
ppr. act.	gaṇhanta				-gahamāna
fut. 1st. sg.	gaṇhissāmi	gaṇhissaṁ	gahessāmi		
fut. 2nd. sg.	gaṇhissasi				
fut. 3rd. sg.	gaṇhissati		gahessati		
fut. 1st. pl.	gaṇhissāma				
fut. 2nd. pl.	gaṇhissatha				
aor. 1st. sg.		aggahiṁ			
aor. 2nd. sg.	gaṇhi				
aor. 3rd. sg.	gaṇhi	aggahī	-gahesi	aggahesi	
	agaṇhi	aggahi			
aor. 2nd. pl.	gaṇhittha				
aor. 3rd. pl.	gaṇhiṁsu	aggahuṁ			
pp. pass.	gahita	gahīta			
grd.		-gahāya	gahetabba	gayha	
abs.	gaṇhitvā	-gahāya	gahetvā	gayha	
	gaṇhiya		gahetvāna		
pass.					
pres. ind. 3rd. sg.	gayhati	gheppati			
pres. imp. 2nd. sg.	gayhatu				
ppr. med.	gayhamāna				
caus1.					
pres. ind. 3rd. sg.	gāheti				
aor. 3rd. sg.	-gāhesi				
abs.	gāhetvā	gāhayitvā	gāhiya		
caus2.					
pres. ind. 3rd. sg.	gaṇhāpeti	gāhāpeti			
ppr. act.	gaṇhāpenta				
aor. 3rd. sg.		gāhāpesi	gāhāpayi		
aor. 3rd. pl.		gāhāpesuṁ			
abs.	gaṇhāpetvā	gāhāpetvā	gāhāpayitvā	gāhāpetvāna	

gā [*sk.* gā] 노래부르다. ※54

pres. ind. 3rd. sg.	gāyati				
pres. ind. 3rd. pl.	gāyanti				
pres. imp. 2nd. sg.	gāyahi	gāyāhi	gāhi	*med.*	
ppr. act.	gāyanta			gayamāna	gīyamāna
fut. 3rd. sg.	gāyissati				

gā [*sk.* gā] 노래부르다. ※54

aor. 3rd.sg.	gāyi			
aor. 3rd. pl.	gāyiṁsu			
pp. pass.	gīta	gāyita		
grd.	gāyitabba			
abs.	gāyitvā			
caus. ind. 3rd. sg.	gāyāpeti			

gijjh [*sk.* gṛdh] 열망하다. ※55

pres. ind. 3rd. sg.	gijjihati			
pp. pass.	gaddha	giddha	gijjhita	gedhita

gil [*sk.* gil] 삼키다. → gar_1 ※56

gup [*sk.* gup] 수호하다. ※57

pres. ind. 3rd. sg.	gopeti			*med.*
pres. opt. 3rd. sg.				gopetha
pp. pass.	gopita	gutta		
desid.				
pres. ind. 3rd. sg.	jigucchati			
ppr. med.				jigucchamāna
pp. pass.	jigucchita			
grd.	jigucchitabba			

guh [*sk.* guh] 숨기다. ※58

pres. ind. 3rd. sg.	gūhati	-guhati		
pp. pass.	-gūḷha			
caus.				
pres. ind. 3rd. sg.	gūhayati	gūheti		
ppr. act.	gūhayant			

ghaṁs [*sk.* ghṛṣ] 문지르다. ※59

pres. ind. 3rd. sg.	ghaṁsati	-haṁsati		
ppr. act.	-ghaṁsanta			
aor. 3rd. sg.	-haṁsi			
3rd.	-haṭṭha	-haṁsita		
pass. ind. 3rd. sg.	ghaṁsīyati	ghaṁsiyati		
caus1.				
pres. ind. 3rd. sg.	haṁseti			
pass. ind. 3rd. sg.	haṁsīyati			
caus2.				
pres. ind. 3rd. sg.	ghaṁsāpeti			
grd.	ghaṁsāpetabba			

ghaṭ [*sk.* ghaṭ] 노력하다. ※60

pres. ind. 3rd. sg.	ghaṭati	
ppr. act.	ghaṭanta	
caus1.		
pres. ind. 3rd. sg.	ghaṭeti	ghāṭeti
abs.	ghaṭetva	
pass. ind. 3rd. sg.	ghaṭīyati	

ghaṭṭ [*sk.* ghaṭṭ] 때리다/접촉하다. ※61

pres. ind. 3rd. sg.	ghaṭṭeti	
ppr. act.	-ghaṭṭenta	
aor. 3rd. sg.	-aghaṭṭayi	
aor. 1st. pl.	-aghaṭṭayimha	
ppr. pass.	ghaṭṭita	-ghaṭita
pass. ind. 3rd. sg.	-ghaṭṭiyati	ghaṭīyati

ghar [*sk.* ghṛ] 방울방울 떨어지다. ※62

pres. ind. 3rd. sg.	-gharati
aor. 3rd. sg.	-ghari
3rd. pl.	-ghariṁsu
pp. pass.	-gharita

ghas [*sk.* gras] 먹다. ※63

pres. ind. 3rd. sg.	ghasati	
ppr. med.		ghasamāna
pp. pass.	ghasta	
desid.		
pres. ind. 3rd. sg.	jighacchati	
pp. pass.	jighacchita	

ghā [*sk.* ghrā] 냄새 맡다. ※64

pres. ind. 3rd. sg.	ghāyati	
pp. pass.	-ghāta	
abs.	ghāyitvā	ghatvā
inf.	-ghātuṁ	

ghāṭ [*denom.* <ghāta] 죽이다. ※65

pres. ind. 3rd. sg.	ghāteti
pres. opt. 3rd. sg.	ghātaye
aor. 3rd. sg.	aghātayi
pp. pass.	ghātita
abs.	ghātetvā
caus.	
pres. ind. 3rd. sg.	ghātāpeti

ghus [*sk.* ghuṣ] 크게 부르다. ※66

pres. ind. 3rd. sg.	ghoseti	
aor. 3rd. sg.	ghosesi	
pp. pass.	ghosita	ghuṭṭa
abs.	ghosetvā	
caus.		
pres. ind. 3rd. sg.	ghosāpeti	
pp. pass.	ghosāpita	
abs.	ghosāpetvā	

caj [*sk.* tyaj] 포기하다. ※67

pres. ind. 3rd. sg.	cajati
1st. pl.	cajāma
pres. opt. 3rd. sg.	caje
ppr. act.	cajanta
pp. pass.	catta
grd.	caja
pass. ind. 3rd. sg.	cajjati

car [*sk.* car] 가다. ※68

					med.
pres. ind. 3rd. sg.	carati				
pres. imp. 2nd. sg.	cara	carā			carassu
pres. imp. 1st. pl.					caramāse
pres. opt. 3rd. sg.	careyya	care			
pres. opt. 1st. pl.					-caremāse
ppr. act.	carant	caranta			caramāna
fut. 3rd. sg.	carissati				
cond. 1st. sg.	-carissaṁ				
aor. 1st. sg.	(a)cāriṁ	(a)cāri	acārisaṁ		
aor. 3rd. sg.	acāri	acari	cari		
aor. 3rd. pl.	acārisuṁ	acariṁsu	cariṁsu	acǎruṁ	
pp. pass.	carita	ciṇṇa			
abs.	caritvā	caritvāna			
inf.	carituṁ				
caus1.					
pres. ind. 3rd. sg.	cāreti				
pp. pass.	-cārita				
grd.	cāritabba				
pass.					
pres. ind. 3rd. sg.	cāriyati				
ppr. med.					cāriyamāna
caus2.					
pres. ind. 3rd. sg.	carāpeti	cārāpeti			
abs.	carāpetvā				

cal [*sk.* cal] 움직이다. ※69

pres. ind. 3rd. sg.	calati			*med.*	
ppr. med.				calamāna	
fut. 3rd. sg.	calissanti				
aor. 3rd. pl.	caliṁsu				
pp. pass.	calita				
caus. ind. 3rd. sg.	cāleti	caleti			

ci [*sk.* ci] 모으다. ※70

pres. ind. 2nd. sg.	cināsi				
pres. ind. 3rd. sg.	cināti	cinati	cinoti	cayati	-cināyati
pres. ind. 3rd. pl.	cinanti				
pres. imp. 2nd. sg.	cināhi	cina			
pres. imp. 2nd. pl.	cinātha				
pres. opt. 1st. sg.				-ceyyaṁ	
pres. opt. 3rd. sg.				-ceyya	
pres. opt. 2nd. pl.		-cinetha			
ppr. act.		cinant			
		cinanta		cayanta	
fut. 3rd. sg.	-cessati	-cissati			-cinissati
aor. 3rd. sg.	-cini				
aor. 1st. pl.	-cinimha				
aor. 3rd. pl.	-ciniṁsu			ciyiṁsu	
pp. pass.	cita	-ciṇa	-cina		
grd.	-cineyya	cetabba	-ceyya		
abs.	cinitvā	-ciya	-ceyya		
inf.	cinituṁ			cetuṁ	
pass. pres. ind.					

cirāya [*denom.* <cira] 주저하다. ※71

pres. ind. 3rd. sg.	cirāyati
ppr. act.	cirāyanta
pp. pass.	cirāyita
abs.	cirāyitvā

cet/cint [*sk.* cit, cint] 생각하다. ※72

					med.
pres. ind. 2nd. sg.					cetayase
pres. ind. 3rd. sg.	cinteti	cintayati	ceteti	cetayati	
pres. imp. 2nd. sg.	cintehi	cintaya			
pres. opt. 3rd. sg.	cinteyya	cintaye		cetaye	
pres. opt. 2nd. pl.	cinteyyātha				
pp. act.	cintenta	cintayanta	cintayant		cetayāna
fut. 3rd. sg.			cetessati		
aor. 1st. sg.	cintesiṁ				

cet/cint [*sk.* cit, cint] 생각하다. ※72

aor. 2nd. sg.	cintesi			
aor. 3rd. sg.	cintesi	cintayi	cetesi	acetayi
aor. 2nd. pl.		cintayittha		
aor. 3rd. pl.	cintesuṁ	acintayuṁ	acintesuṁ	
inj. 3rd. sg.	mā cintesi	mā cintayi		
pp. pass.	cintita			cetayita
grd.	cintetabba	cintayitabba	cetabba	ceteyya
	-cinteyya		-cicca	
abs.	cintetvā	cintayitvā	-cicca	
desid.				
pres. ind. 3rd. sg.	tikicchati	cikicchati		
ppr. act.	tikicchanta			
grd.	tikicchitabba			
inf.	tikicchituṁ			
caus.				
pres. ind. 3rd. sg.	tikicchāpeti			
pres. imp. 2nd. sg.	tikicchāpehi			

cu [*sk.* cyu] 움직이다/사라지다. ※73

pres. ind. 3rd. sg.	cavati	
pres. med.	cavamāna	
pp. pass.	cuta	
abs.	cavitvā	caitvāna
caus.		
pres. ind. 3rd. sg.	cāveti	
aor. 3rd. sg.	acāvayi	
inf.	cāvetuṁ	

cuṇṇ [*denom.* <cuṇṇa] 가루로 만들다. ※74

pres. ind. 3rd. sg.	cuṇṇeti
pres. opt. 3rd. sg.	cuṇṇeyya
pp. pass.	cuṇṇita
abs.	cuṇṇetvā
pass. ppr. med.	cuṇṇiyamāna

cud [*sk.* cud] 질책하다. ※75

pres. ind. 3rd. sg.	codeti	
pres. imp. 2nd. sg.	codaya	
aor. 3rd. sg.	acodayi	
pp. pass.	cudita	codita
grd.	codetabba	
abs.	codetvā	
inf.	codetuṁ	
pass.		

cud [*sk.* cud] 질책하다. ※75

pres. ind. 3rd. sg.	cujjati	codiyati			
ppr. med.				cujjamāna	codiyamāna
caus1.					
pres. ind. 3rd. sg.	-codeti				
pres. ind. 2nd. pl.	-codetha				
caus2.					
pres. ind. 3rd. sg.	codāpeti				

chaḍḍ [*sk.* chṛd] 토하다/격퇴하다. ※76

pres. ind. 3rd. sg.	chaḍḍeti		
pres. imp. 2nd. sg.	chaḍḍehi		
ppr. act.	chaḍḍenta		
fut. 3rd. sg.	chaḍḍessati		
aor. 3rd. sg.	chaḍḍesi		
pp. pass.	chaḍḍita		
grd.	chaḍḍetabba	chaḍḍiya	chaḍḍanīya
abs.	chaḍḍetvā	chaḍḍūna	
pass. ind. 3rd. sg.	chaḍḍīyati		
caus.			
pres. ind. 3rd. sg.	chaḍḍāpeti		
aor. 3rd. sg.	chaḍḍāpesi		

chad$_1$ [*sk.* chad] 덮다/가리다. ※77

pres. ind. 3rd. sg.	chādeti	
aor. 3rd. pl.	chādesuṁ	
pp. pass.	channa	-chādita
pass. ind. 3rd. sg.	chādīyati	
caus. ind. 3rd. sg.	chādāpeti	

chad$_2$ [*sk.* chad, chand] 마음에 들다. ※78

pres. ind. 3rd. sg.	chādeti			*med.*	
ppr. med.				chādayamāna	chadamāna
pp. pass.	channa				

chid [*sk.* chid] 쪼개다. ※79

pres. ind. 3rd. sg.	chindati			
pres. imp. 2nd. sg.	chinda			
pres. imp. 2nd. pl.	chindatha			
pres. opt. 3rd. sg.	chinde	-chindeyya		
fut. 1st. sg.			checchāmi	checcham
fut. 3rd. sg.	chindissati		checchati	checchiti
fut. 3rd. pl.	chindissanti			
aor. 3rd. sg.	acchindi	acchida	acchecchi	acchejji
	chindi	acchidā		acchidda

chid [*sk.* chid] 쪼개다. ※79

aor. 3rd. pl.	acchindiṁsu	acchiduṁ			
perf. 3rd. sg.	ciccheda				
pp. pass.	chinna	chijjita(수동어간으로부터)			
grd.	chindiya		chetabba	chejja	
abs.	chinditvā	chitvā	chetvā		
	-chindiya	-chijja	chetvāna		
inf.	chindituṁ	chettuṁ	chetuṁ		
pass.					
pres. ind. 3rd. sg.	chijjati				
pres. ind. 3rd. pl.	chijjanti				
ppr. med.					-chijjiyamāna
fut. 3rd. sg.	chijjissati				
aor. 3rd. sg.	chijji				
abs.	chijjitvā				
caus. fut. 1st. sg.	chejjapessāmi				
caus1.					
pres. ind. 3rd. sg.	chindeti		chedeti		
grd.			chedātabba		
caus2.					
pres. ind. 3rd. sg.	chindāpeti		chedāpeti		
grd.			chedāpetabba		
abs.	chindāpetvā				

chup [*sk.* ?] 만지다/접촉하다. ※80

pres. ind. 3rd. sg.	chupati
aor. 3rd. sg.	chupi
pp. pass.	chupita
abs.	chupitvā

jan [*sk.* jan] 낳다.(*trs*)/태어나다.(*intr*) ※81

intr				
pres. ind. 3rd. sg.	jāyati	jāyati		jāyate
pres. ind. 3rd. pl.				jāyare
pres. opt. 3rd. sg.				jāyetha
ppr. act.	jāyanta		*med.*	jāyamāna
aor. 3rd. sg.	jāyi	ajāyi	ajani	ajāyittha
aor. 3rd. pl.	jāyisuṁ	ajāyisuṁ		
pp. pass.	jāta			
grd.	jāyitabba	janitabba	jañña	
abs.	-jāyitvā	-jāyitvāna		
inf.	jātuṁ			
caus. ind. 3rd. sg.	-jāyāpeti			
caus.				
pres. ind. 3rd. sg.	jāneti	janeti		*med.*

jan [*sk.* jan] 낳다.(*trs*)/태어나다.(*intr*) ※81

aor. 3rd. sg.	janayi			*inj.* mā janayittha	
pp. pass.	janita				
abs.	janayitvā	-janayitvāna			
pass.					
pres. ind. 3rd. sg.	janīyati	jaññati			

jal [*sk.* jval] 작열하다. ※82

pres. ind. 3rd. sg.	jalati				
pres. opt. 3rd. sg.	jaleyya				
ppr. act.	jalanta				
aor. 3rd. sg.	ajali				
pp. pass.	jalita				
caus.					
pres. ind. 3rd. sg.	jaleti	jāleti			
3rd. pl.		jālenti			
abs.	jaletvā				
intens.					
pres. ind. 3rd. sg.	daddallati				
ppr. med.			*med.*	daddallamāna	daddaḷhamāna

jar [*sk.* jṛ] 쇠퇴하다/줄다. ※83

pres. ind. 3rd. sg.	jīrati	jūrati	jiyyati	jīyati	*med.*
pres. ind. 3rd. pl.	jīranti			jīyanti	jīyare
pres. imp. 3rd. sg.	jīratu				
pres. opt. 3rd. sg.					jīyetha
ppr. act.	jīrant				jīramāna
fut. 3rd. sg.			jiyyissati		
aor. 3rd. sg.				*inj.*	mā jīyittha
pp. pass.	jiṇṇa				
caus1.					
pres. ind. 3rd. sg.	jīrayati	jīreti	jarayati	jareti	
fut. 1st. sg.				-jaressāmi	
caus2.					
pres. ind. 3rd. sg.	jīrāpeti				
intens.					
pp. pass.	jaggarita				

ji [*sk.* ji] 이기다. ※84

pres. ind. 3rd. sg.	jayati	jeti	jināti	
pres. ind. 3rd. pl.	jayanti	jenti	-jinanti	
pres. imp. 2nd. sg.			jināhi	jina
pres. opt. 1st. sg.		jeyyaṁ		
pres. opt. 3rd. sg.		-jeyya		jine
pres. opt. 3rd. pl.				jineyyuṁ

ji [*sk.* ji] 이기다. ※84

ppr. act.	jayant	jayanta			
fut. 1st. sg.			jinissāmi		
fut. 2nd. sg.			jinissasi		
fut. 3rd. sg.	jayissati	jessati	jinissati		
aor. 3rd. sg.	jīyi	ajesi	ajini	jini	
aor. 3rd. sg.					*med.* jīyittha
aor. 3rd. pl.	-jiyiṁsu	-jiṁsu	-jiniṁsu		
pp. act.	-jitāvin				
pp. pass.	jita	jīna	jinita		
grd.	jetabba	jeyya	jinitabba		
abs.	jetvā	jitvā	jinitvā		
	jetvāna	-jeyya	-jiya		
inf.	jetuṁ		jinituṁ		
pass.					
pres. ind. 3rd. sg.	jīyati(또한 jarati의 *pass.*)			jiyyati	
pres. ind. 1st. pl.				jiyyāma	
pres. ind. 3rd. pl.	jīyanti		jiyare		
caus2.					
pres. ind. 3rd. sg.	jāpeti	jāpayati	jayāpeti	jināpeti	
grd.	jāpetāya				
desid.					
pres. ind. 3rd. sg.	jigīsati	jigiṁsati			

jīv [*sk.* jīv] 살다. ※85

				med.
pres. ind. 1st. sg.				jīve
pres. ind. 3rd. sg.	jīvati			
pres. ind. 3rd. pl.				jīvare
pres. imp. 2nd. sg.	jīva	jīvāhi		
pres. imp. 3rd. pl.	jīvantu			
pres. opt. 3rd. sg.	jīve			
ppr. act.	jīvant			jīvamāna
fut. 1st. sg.	jīvissāmi			
pp. pass.	-jīvita			
inf.	jīvituṁ			

jot [*sk.* dyuth] 빛나다. ※86

pres. ind. 3rd. sg.	jotati
ppr. act.	jotanta
caus.	
pres. ind. 3rd. sg.	joteti
pres. opt. 3rd. sg.	jotaye
fut. 3rd. sg.	jotayissati
pp. pass.	jotīta
abs.	jotetvā

jñā [*sk.* jñā] 알다. ※87

					med.
pres. ind. 1st. sg.	jānāmi				jāne
pres. ind. 2nd. sg.	jānāsi				
pres. ind. 3rd. sg.	jānāti	jānati			
pres. ind. 1st. pl.	jānāma				jānamase
pres. ind. 2nd. pl.	janātha				
pres. ind. 3rd. pl.	jānanti				jānare
pres. imp. 2nd. sg.	jānāhi	jāna	jānahi		-jānassu
pres. imp. 3rd. sg.	jānātu				
pres. imp. 2nd. pl.	jānātha	jānatha			
pres. imp. 3rd. pl.	jānantu				
pres. opt. 1st. sg.	jāneyyaṁ	-jāniyaṁ	-jaññaṁ		jāneyya
pres. opt. 2nd. sg.	jāneyyāsi				
pres. opt. 3rd. sg.	jāneyya	jāniyā	-jaññā		
	jaññeyya		jañña		
pres. opt. 1st. pl.	jāneyyāma	jāniyāma		jānemu	
pres. opt. 2nd. pl.	jāneyyātha				
pres. opt. 3rd. pl.	jāneyyuṁ		jāneyyaṁ		*med.*
ppr. act.	jānant	jānanta	-jāna		jānamāna
fut. 1st. sg.	jānissāmi	-ññissaṁ			
fut. 2nd. sg.	jānissasi				
fut. 3rd. sg.	jānissati	-ññissati	jañassati		
fut. 1st. pl.	jānissāma				
fut. 2nd. pl.	jānissatha				
fut. 3rd. pl.	jānissanti	-ññissanti			
aor. 1st. sg.	-aññāsiṁ	-ññāsiṁ	-jānissaṁ	-jāniṁ	
aor. 2nd. sg.	aññāsi				
aor. 3rd. sg.	aññāsi		jāni	ajāni	
aor. 1st. pl.	aññāsiṁha				
aor. 3rd. pl.	-aññāsuṁ	aññiṁsu	aññaṁsu	jāniṁsu	
pp. pass.	ñāta	-ññita			
grd.	ñātabba	ñāteyya	ñātayya	jānitabba	ñeyya
abs.	ñatvā	-ññāya	-ññā	jānitvā	-jāniya
	ñatvāna	-ññaya	-ñitvā		
inf.	ñātuṁ			-jānituṁ	
pass.					
pres. ind. 1st. sg.	ñāyāmi				
pres. ind. 3rd. sg.	nāyati				*med.*
ppr. med.					-ñāyamāna
fut. 2nd. pl.	-ñāyissatha				
fut. 3rd. pl.	-ñāyissanti	-ñāyihinti			
aor. 3rd. sg.	-ñāyi				ñāyittha
caus.					
pres. ind. 3rd. sg.	jānāpeti	-ñǎpeti	-ṇāpeti	-ñāpāpeti	

jñā [*sk.* jñā] 알다. ※87

pres. imp. 2nd. sg.	jānāpehi			
pres. opt. 3rd. sg.		ñāpeyya		
ppr. act.		ñāpenta		
fut. 1st. sg.	jānāpessāmi			
aor. 3rd. sg.		ñāpayi		ṇāpesi
pp. pass.		-ñāpita	ñatta	-ṇatta
grd.		ñāpetabba		
abs.	jānāpetvā	ñāpetvā		ñāpāpetvā
inf.		ñāpetuṁ	ñattuṁ	
pass. ind. 3rd. sg.		-ñāpiyati		

jhā [*sk.* dhyā] 명상하다/선관(禪觀)하다. ※88

pres. ind. 3rd. sg.	jhāyati	-jhāti
pres. imp. 2nd. sg.	jhāya	
ppr. act.	jhāyant	jhāyanta
aor. 3rd. pl.	jhāyiṁsu	
pp. pass.	jhāyita	-jhita
abs.	-jhāya	
inf.	jhāyituṁ	
caus.		
pres. ind. 3rd. sg.	-jhāpeti	
pp. pass.	-jhāpita	

jhāy [*sk.* kṣā, kṣai] 불타다. ※89

pres. ind. 3rd. sg.	jhāyati	-jjhāyati	-jjhāti		*med.*
pres. ind. 3rd. pl.					jhāyare
ppr. act.	jhāyanta				jhāyamāna
fut. 3rd. sg.	jhāyissati				
aor. 3rd. sg.	jhāyi				
aor. 3rd. pl.	jhāyiṁsu				
pp. pass.	jhatta				
abs.	jhatvā	jhatvāna		jhāyitvā	
caus.					
pres. ind. 2nd. sg.	jhāpesi				
pres. ind. 3rd. sg.	jhāpeti				
pres. opt. 3rd. sg.	jhāpeyya				
aor. 3rd. sg.	jhāpesi	*inj.* mā jhāpesi			
pp. pass.	jhāpita				
abs.	jhāpetvā				
inf.	jhāpetuṁ				

ṭhā [*sk.* sthā] 서있다. ※90

pres. ind. 1st. sg.	tiṭṭhāmi	-ṭhāmi	-ṭhāyāmi
pres. ind. 2nd. sg.	tiṭṭhasi		

ṭhā [*sk.* sthā] 서있다. ※90

pres. ind. 3rd. sg.	tiṭṭhati	-ṭhāti	-ṭheti	-ṭhahati	
pres. ind. 1st. pl.	tiṭṭhāma		-ṭhema	-ṭhahāma	
pres. ind. 2nd. pl.	tiṭṭhatha				
pres. ind. 3rd. pl.	tiṭṭhanti			-ṭhahanti	
pres. imp. 2nd. sg.	tiṭṭha	-ṭhāhi	-ṭhehi	-ṭhaha	
	tiṭṭhāhi				*med.*
pres. imp. 2nd. sg.					-ṭhahassu
pres. imp. 3rd. sg.	tiṭṭhatu	-ṭhātu			
pres. imp. 2nd. pl.	tiṭṭhatha	-ṭhātha	-ṭhetha	-ṭhahatha	
pres. opt. 2nd. sg.	tiṭṭheyyāsi				
pres. opt. 3rd. sg.	tiṭṭheyya		ṭheyya	-ṭhaheyya	
	tiṭṭhe		-ṭhāyeyya	ṭhahe	
pres. opt. 2nd. pl.				-ṭhaheyyātha	
ppr. act.	tiṭṭhant	tiṭṭhanta		-ṭhahanta	
ppr. med.	tiṭṭhamāna		-ṭhāyamāna	-ṭhahamāna	-ṭhahāna
fut. 1st. sg.	tiṭṭhissāmi			ṭhahissāmi	
fut. 3rd. sg.		-ṭhassati	-ṭhahissati	-ṭhahessati	
fut. 1st. pl.				-ṭhahissāma	
fut. 3rd. pl.		-ṭhassanti		-ṭhahissanti	
cond. 3rd. sg.				-ṭhahissa	
aor. 1st. sg.	aṭṭhāsiṁ			-ṭhahiṁ	
aor. 3rd. sg.	aṭṭhāsi	aṭṭhā	-ṭhāyi	-ṭhahi	
	-ṭhāsi			-ṭhāhi	
aor. 1st. pl.		-ṭhamha			
aor. 3rd. pl.	aṭṭhaṁsu	-ṭhiṁsu		-ṭhahiṁsu	
pp. pass.		ṭhita			
grd.	-ṭhātabba	-ṭhātavya	ṭhānīya		
abs.	tiṭṭhitvā	-ṭhitvā	-ṭhāya	-ṭhahitvā	
	-tiṭṭhāya	ṭhatvā	-ṭhatvāna		
inf.			ṭhātuṁ	-ṭhahituṁ	
pass.					
pres. ind. 3rd. sg.	-ṭhīyati			-ṭhahīyati	
ppr. med.					-ṭhahīyamāna
aor. 3rd. sg.	-ṭhīyi				
caus1.					
pres. ind. 2nd. sg.	ṭhapesi				
pres. ind. 3rd. sg.	ṭhapeti	ṭhāpeti			
pres. imp. 2nd. sg.	ṭhapehi				
ppr. act.	ṭhapenta	ṭhāpenta			
fut. 3rd. sg.	-ṭhapayissati				
aor. 3rd. sg.	ṭhapesi	-ṭhāpesi			
aor. 3rd. pl.	ṭhapesuṁ		ṭhapayiṁsu	ṭhapayuṁ	
pp. pass.	ṭhapita	ṭhāpita			
grd.	ṭhapetabba		ṭhapanīya		

ṭhā [*sk.* sthā] 서있다. ※90

abs.	ṭhapetvāna	ṭhāpetvāna	ṭhapetvā
inf.	thapetuṁ	ṭhāpetuṁ	
pass. ppr. act.		-ṭhāpiyamāna	
caus2.			
pres. ind. 3rd. sg.	ṭhapāpeti		
aor. 3rd. sg.	ṭhapāpesi	ṭhapāpayi	
pp. pass.	ṭhapāpita		
grd.	ṭhapāpiya		
abs.	ṭhapāpetvā		

ḍas [*sk.* daś, daṁś] 물다. ※91

pres. ind. 3rd. sg.	ḍasati	ḍaṁsati	
pres. opt. 3rd. sg.	ḍaseyya	ḍaṁseyya	
ppr. med.	ḍasamāna		
fut. 1st. sg.		ḍaṁsayissāmi	
aor. 3rd. sg.	ḍasi	aḍaṁsi	ḍaṁsi
pp. pass.	daṭṭha		
abs.	ḍasitvā		
inf.	ḍasituṁ		
caus.			
pres. ind. 3rd. sg.	ḍasāpeti		
abs.	ḍasāpetvā		

taj [*sk.* tarj] 놀라게 하다. ※92

pres. ind. 3rd. sg.	tajjeti
pp. pass.	tajjita
abs.	tajjevā
caus. ind. 3rd. sg.	tajjāpeti

tan [*sk.* tan] 확장하다. ※93

pp. pass.	-tata	
abs.	-tanitvāna	
caus. ind. 3rd. sg.	-taneti	-tāneti

tap_1 [*sk.* tap] 불타다. ※94

pres. ind. 3rd. sg.	tapati		
pres. opt. 3rd. pl.	tapeyyuṁ		
ppr. act.	tapant		
pp. pass.	tatta		
grd.	tapanīya		
pass.			
pres. ind. 3rd. sg.	tappati		
ppr. act.	-tappant	*med.*	tappamāna

tap$_1$ [*sk.* tap] 불타다. ※94

grd.	-tappa				
caus.					
pres. ind. 3rd. sg.	tāpeti				
aor. inj. 3rd. sg.	ma tāpi				
pp. pass.	tāpita				
grd.	tāpiya				

tap$_2$ [*sk.* tṛp] 만족하다. ※95

pres. ind. 3rd. sg.	tappati				*med.*
pres. ind. 1st. pl.					tappāmase
pp. pass.	titta				
grd.	tappiya	-tappaya			
caus.					
pres. ind. 3rd. sg.	tappeti				
pp. pass.	tappita				

tar$_1$ [*sk.* tṛ] 건너다/건너뛰다. ※96

pres. ind. 3rd. sg.	tarati				
pres. opt. 3rd. sg.	tare				
pres. opt. 3rd. pl.	tareyyuṁ				
ppr. act.	taranta				
aor. 3rd. sg.	atāri	atari	-tari		
aor. 3rd. pl.	atāruṁ	atariṁsu	tariṁsu		
pp. pass.	tiṇṇa				
grd.	taritabba				
abs.	taritvā	-tariya	-tariyāna		
inf.	-tarituṁ				
caus1.					
pres. ind. 3rd. sg.	tāreti	tārayati		tīreti	
pres. imp. 2nd. sg.	tārehi				
pres. imp. 2nd. pl.	tāretha				
pres. opt. 3rd. sg.		tāraye			
ppr. act.		tārayanta			
aor. 3rd. sg.	-tāresi	atārayi	tārayi		
pp. pass.	tārita			tīrita	
abs.	tāretvā				
inf.		tārayituṁ			
caus2.					
pres. ind. 3rd. sg.	tarāpeti				

tar$_2$ [*sk.* tvar] 서두르다. ※97

pres. ind. 3rd. sg.	tarati	turati			
ppr. med.				taramāna	
aor. 2nd. sg.				*med. inj.* mā turittho	

tar$_2$ [*sk.* tvar] 서두르다. ※97

pp. pass.	turita	tuṇṇa		
grd.	taranīya			
caus.				
pres. ind. 3rd. sg.	tāreti			

tas [*sk.* tras] 두려워하다. ※98

pres. ind. 3rd. sg.	tasati			
pres. opt. 3rd. sg.	-tase			
ppr. act.	-tasant	-tasanta		
pp. pass.	tasita	-tasta	-trasta	-tatta
caus.				
pres. ind. 3rd. sg.	-tāseti			

tā [*sk.* trā] 보호하다. ※99

pres. ind. 3rd. sg.	tāyati			*med.* tāyate
pres. imp. 2nd. sg.				*med.* tāyassu
pp. pass.	tāta			

tij [*sk.* tij] 단단하다. (희구법 *desid.*만이 현존 : 인내한다.) ※100

desid.	
pres. ind. 3rd. sg.	titikkhati
aor. 1st. sg.	titikkhissaṁ

tud [*sk.* tud] 부딪히다/때리다. ※101

pres. ind. 3rd. sg.	tudati		
pres. ind. 3rd. pl.	tudanti		
pp. pass.	tunna		
pass.			
pres. ind 3rd. sg.	tujjati		
ppr. med.			*med.* tujjamāna

tus [*sk.* tuś] 만족하다. ※102

pres. ind. 3rd. sg.	tussati		
ppr. med.	-tussamāna		
aor. 3rd. sg.	tussi		
pp. pass.	tuṭṭha	-tussita	-tusita
abs.		-tussitvā	
caus.			
pres. ind. 3rd. sg.	toseti		
pp. pass.	tosita		
abs.	tosetvā		

than [*sk.* stan] 천둥치다. ※103

pres. ind. 3rd. sg.	-thanati	-thanayati	-thunāti	-thunati	thaneti
pres. ind. 3rd. pl.			thunanti		
ppr. act.		thanayant	-thunant	-thunanta	
aor. 3rd. pl.			-thuniṁsu		
pp. pass.		thanita	-thuta		

thambh [*sk.* stambh] 단단하다. ※104

pres. ind. 3rd. sg.	-thambhati			
pres. imp. 2nd. sg.			*med.* -thambhassu	
caus.				
pres. ind. 3rd. sg.	-thambheti			
ppr. med.			*med.* -thambhayamāna	
pp. pass.	-thambhita			

thar [*sk.* stṛ] 뿌리다. ※105

pres. ind. 3rd. sg.	-tharati	
abs.	-thāya	-tharitvā
pp. pass.	thaṭa	
pass. ind. 3rd. sg.	-thariyati	
aor. 3rd. sg.	-thari	
caus1. ind. 3rd. sg.	-thāreti	
caus2. ind. 3rd. sg.	-thrāpeti	

thā [*sk.* ?] 당황하다. ※106

pres. ind. 3rd. sg.	-thāyati	
aor. 3rd. sg.	-thāsi	
pp. pass.	-thāta	-thāyita

thu [*sk.* stu] 칭찬하다. ※107

pres. ind. 3rd. sg.	thavati
pp. pass.	thavita
inf.	thutuṁ
caus. ind. 3rd. sg.	thaveti

dam [*sk.* dam] 길들이다. ※108

pres. ind. 3rd. sg.	dameti			
pres. ind. 3rd. pl.	damayanti			
pres. opt. 3rd. sg.				*med.* dametha
ppr.	damayant			
pp. pass.	danta	damita		
inf.	dametuṁ			
pass. ind. 3rd. sg.	dammati	damyati		

dal [*sk.* dal] 파열하다. ※109

pres. ind. 3rd. sg.	dalati				
pass.					
pres. ind. 3rd. sg.	-dīyati	-drīyati			
fut. 3rd. sg.		-drīyissati			
caus.					
pres. ind. 3rd. sg.	dāleti	-dāreti			
aor. 3rd. pl.	-dālayuṁ				
pp. pass.	-dālita		-dārita		
abs.	dālayitvā	dāliya			
	dālayitvāna				

das [*sk.* dṛś] 보다. ※110

pres. ind. 1st. sg.	dakkhaṁ	dakkhisaṁ			
pres. ind. 2nd. sg.	dakkhasi	dakkhisi			
pres. ind. 3rd. sg.	dakkhati	dakkhiti			
pres. ind. 1st. pl.		dakkhisāma			
pres. ind. 3rd. pl.	dakkhanti	dakkhinti			
pres. imp. 2nd. sg.	dakkha				
pres. opt. 3rd. sg.					*med.* dakkhetha
pres. opt. 1st. pl.	dakkhemu	dakkhema			
fut. 2nd. sg.	dakkhissasi				
fut. 3rd. sg.	dakkhissati				
fut. 1st. pl.	dakkhissāma				
fut. 2nd. pl.	dakkhissatha				
aor. 1st. sg.	adakkhiṁ	addakkhiṁ	dakkhisaṁ	dakkhiṁ	addasa
	addasaṁ	addasāsiṁ	addaṁ	addasāmi	addasiṁ
aor. 2nd. sg.	adakkhi	addakkhi	addasă		
aor. 3rd. sg.	adakkhi	addakkhi	addasă	addă	
		dakkhi	addasāsi		
aor. 1st. pl.				addasāma	
aor. 2nd. pl.				addasătha	
aor. 3rd. pl.		addakkhuṁ		addasuṁ	
		addasāsuṁ	addaṁsu	addasaṁsu	
inj. 3rd. sg.			mā addasa		
ppr. act.				dassivas	
pp. pass.			diṭṭha		
grd.	daṭṭhabba	daṭṭhāya			
		daṭṭheyya	dassanīya	dassaneyya	-dissa
abs.	dakkhiya	daṭṭhu	disvā	diṭṭhā	disvāna
inf.	dakkhituṁ	dakkhitāye	daṭṭhuṁ		
pass.					
pres. ind. 3rd. sg.	dissati		dissate		
pres. ind. 3rd. pl.	dissanti		dissare		
ppr. med.			dissamāna		

das [*sk.* dṛś] 보다. ※110

aor. 3rd. sg.	adassi		adassatha		
aor. 2nd. pl.		dassitha			
caus.					
pres. ind. 3rd. sg.	dasseti		-daṁseti		
pres. ind. 3rd. pl.	dassenti	dassayanti			
pres. imp. 2nd. sg.	dassehi				
pres. imp. 2nd. pl.	dassetha				
pres. opt. 3rd. sg.	dasseyya				
ppr. act.	dassenta				
fut. 1st. pl.	dassessāma				
aor. 3rd. sg.	dassesi	dassayi			
aor. 3rd. pl.	dassesuṁ				
pp. pass.	dassita				
abs.	dassetvā	dassayitvā			
inf.	dassetuṁ				
pass. ind. 3rd. sg.	dassiyati	dassīyati			
ppr. med.					*med.* dassiyamāna

dah, ḍah [*sk.* dah] 불태우다/화장하다. ※111

pres. ind. 3rd. sg.	ḍahati	dahati			
pres. opt. 3rd. sg.	-ḍaheyya				
ppr. act.	ḍahant				
aor. 3rd. sg.					*med.* adaḍḍha
pp. pass.		daḍḍha			
pass.					
pres. ind. 3rd. sg.	-ḍayhati	-dayhate			
ppr. med.				ḍayhamāna	
fut. 3rd. sg.	-ḍayhissati				
aor. 2nd. sg.				*inj.* mā dayhittho	

dā [*sk.* dā] 주다. ※112

					med.
pres. ind. 1st. sg.	dadāmi	dammi	demi	dajjāmi	dade
pres. ind. 2nd. sg.	dadāsi	dasi	desi	dajjasi	
pres. ind. 3rd. sg.	dadāti	dati	deti	dajjati	datte
	-diyati	-dāti			
pres. ind. 1st. pl.	dadāma	damma	dema		dadamhase
pres. ind. 2nd. pl.		dattha	detha		
pres. ind. 3rd. pl.	dadanti		denti		
pres. imp. 1st. sg.					dade
pres. imp. 2nd. sg.	dada	dadāhi	dehi	dajja	dadassu
	-diya	dadā		dajjehi	
pres. imp. 3rd. sg.	dadātu		detu		dadataṁ
pres. imp. 1st. pl.			dema		dadāmase

dā [*sk.* dā] 주다. ※112

pres. imp. 2nd. pl.	dadātha		detha		
pres. imp. 3rd. pl.	dadantu				dadantaṁ
pres. opt. 1st. sg.	dadeyyaṁ	diyeyyaṁ	dajjaṁ	deyyaṁ dajjāmi	
pres. opt. 2nd. sg.	dadeyyāsi		dajjāsi		
pres. opt. 3rd. sg.	dadeyya	dade	dajjā	dajjeyya	dadetha
pres. opt. 1st. pl.	dadeyyāma			dajjeyyāma	
pres. opt. 2nd. pl.	dadeyyātha			dajjeyyātha	
pres. opt. 3rd. pl.	dadeyyuṁ		dajjuṁ		
ppr. act.	dadanta dadant	-diyanta -diyant	denta		dadamāna -diyāna -diyamāna
fut. 1st. sg.	dassāmi	dassaṁ			
fut. 2nd. sg.	dassasi				
fut. 3rd. sg.	dassati		dadissati		dassate
fut. 1st. pl.	dassāma				
fut. 2nd. pl.	dassatha				
fut. 3rd. pl.	dassanti				
cond. 1st. sg.	adassaṁ	dassaṁ			
cond. 3rd. sg.	adassā	adassa			adassatha
aor. 1st. sg.	adam		adadam	adasiṁ	
aor. 2nd. sg.	ado	ada		adāsi	
aor. 3rd. sg.	adā	-diyi -diyāsi	adāsi dāsi dadi	adāyittha	adadattha adatha adattha
aor. 1st. pl.	adamhā		adamha	adasimha	
aor. 2nd. pl.	adattha		dattha	dadittha	
aor. 3rd. pl.	adū	aduṁ	adaṁsu		
pp. pass.	dinna	datta	atta(ā+dā)	-dita	
grd.	dātabba			-deyya	
abs.	datvā dajjā	datvāna	daditvā -diyitvā	(ā)dā, -diya (ā)dāya	
inf.	dātuṁ	dātave			
pass.					
pres. ind. 3rd. sg.	dīyati dīyate	-diyati	diyyati diyyate		
pres. imp. 2nd. sg.		-diya			
pres. imp. 3rd. sg.	dīyatu		diyyatu		
opt. 3rd. sg.	-diyeyyaṁ			*med.*	
ppr. act.	diyanta	-diyant		-diyāna -diyamāna	dīyamāna -diyyamāna
fut. 3rd. sg.	dīyissati	dīyissate			
cond. 3rd. sg.	adiyissā	adiyissatha			
aor. 3rd. sg.	adīyi	adīyittha	adīyattha		

dā [*sk.* dā] 주다. ※112

	adāyatha	dīyittha	adiyāsi		
caus.					
pres. 3rd. sg.	dāpeti	dāpayati	(ā)dapeti		
fut. 3rd. sg.	dāpessati	dāpayissati			
aor. 3rd. sg.	adāpesi	-adāpayi	-dāpesi		adāpayittha
pass. ind. 3rd. sg.	dāpīyati	dāpiyati			
	dāpīyate	dāpiyate			
fut. 3rd. sg.	dāpiyissati	dāpiyissate			
aor. 3rd. sg.		adāpiyittha			
pp. pass.	dāpita				
desid.					
pres. ind. 3rd. sg.	dicchati				
pres. ind. 3rd. pl.	dicchanti				dicchare

dip [*sk.* dip] 빛나다. ※113

pres. ind. 3rd. sg.	dippati		
pp. pass.	-ditta		
caus.			
pres. 3rd. sg.	dīpeti		
pres. opt. 3rd. sg.	dīpeyya		
aor. 3rd. pl.	dīpayuṁ		
pp. pass.	dīpita		
grd.	-dīpeyya	-dīpiya	-dīpetabba
inf.	dīpetuṁ	dīpayituṁ	

dib [*sk.* div] 놀이하다. ※114

pres. ind. 3rd. sg.	dibbati
fut. 3rd. sg.	dibbissati

div [*sk.* div] 슬퍼하다/한탄하다. ※115

pres. ind. 3rd. sg.	-devati	-devayati
ppr. med.	-devamāna	-devayamāna
aor. inj. 2nd. pl.	mā -devittha	
pp. pass.	-devita	
grd.	-devanīya	-devaneyya

dis [*sk.* dviṣ] 증오하다. ※116

pres. ind. 3rd. sg.	dessati
grd.	dessanīya

dus [*sk.* duṣ] 나쁘다/나쁘게 되다. ※117

pres. ind. 3rd. sg.	dussati

dus [*sk.* duṣ] 나쁘다/나쁘게 되다. ※117

aor. 3rd. sg.	-dussi				
pp. pass.	duṭṭha				
caus.					
pres. ind. 3rd. sg.	dūseti	dusseti	-doseti		
pres. opt. 3rd. sg.			-doseyya	-dosaye	
aor. 3rd. sg.	dūsayi				
inf.	dūsetuṁ				
pp. pass.	dūsita				
abs.			-dosetvā		

duh [*sk.* duh] (젖을) 짜다. ※118

pres. ind. 3rd. sg.	dohati	duhati			*med.*
pres. ind. 1st. pl.	dohāma	duhāma			duhāmase
pres. ind. 3rd. pl.		duhanti			
pres. opt. 3rd. sg.		duhe			
abs.		duhitvā			
pp. pass.		duddha			
pass.					
pres. ind. 3rd. sg.		duyhati			
ppr. med.					duyhamāna

dhaṁs [*sk.* dhvaṁs] 함락하다/이탈하다. ※119

pres. ind. 3rd. sg.	dhaṁsati				
opt. 3rd. sg.	dhaṁseyya				
pp. pass.	-dhaṁsita	-dhasta			
grd.	-dhaṁsiya				
pass. ind. 3rd. sg.	-dhaṁsīyati				
caus.					
pres. ind. 3rd. sg.	dhaṁseti				
aor. 3rd. sg.	dhaṁsesi				

dham [*sk.* dham] 불다. ※120

pres. ind. 3rd. sg.	dhamati	dhameti			
ppr. med.	dhamāna				
aor.					
3rd. sg.	-dhami				
pp. pass.	dhanta	-dhamita	dhanita		
caus1. ind. 3rd. sg.	-dhameti				
caus2. ind. 3rd. sg.	dhamāpeti				

dhar [*sk.* dhṛ] 유지하다. ※121

pres. ind. 3rd. sg.	dharati				
pres. opt. 3rd. sg.	dhareyya	-dhare			*med.*
ppr. act.	dharanta				dharamāna

dhar [*sk.* dhṛ] 유지하다. ※121

fut. 3rd. sg.	-dharissati				
aor. 3rd. sg.	addhari	-dhari			
pp. pass.	dhata	-dhaṭa	-dhita		
grd.	dhareyya				
abs.	-dharitvā	dhatvā			
caus1.					
pres. ind. 1st. sg.	dhāremi	dhārayāmi			
pres. ind. 3rd. sg.	dhāreti	dhārayati			dhārayate
pres. ind. 2nd. pl.	dhāretha				
pres. ind. 3rd. pl.	dhārenti				
pres. imp. 2nd. sg.	dhārehi				
pres. imp. 3rd. sg.	dhāretu				
pres. imp. 2nd. pl.	dhāretha				
pres. opt. 2nd. sg.	dhāreyyāsi				
pres. opt. 3rd. sg.	dhāreyya	dhāraye			
	dhārayanta				
fut. 3rd. sg.	dhāressati				
fut. 1st. pl.	dhāressāma				
fut. 3rd. pl.	dhārayissanti				
aor. 3rd. pl.	dhāresuṁ				
pp. pass.	dhārita				
grd.	dhāreyya	-dhāriya			
inf.	dhārayituṁ				
caus2.					
pres. ind. 3rd. sg.	-dharāpeti				

dhā [*sk.* dhā] 놓다/두다. ※122

pres. ind. 1st. sg.	dahāmi	dadhāmi		-dhemi	
pres. ind. 2nd. sg.	dahasi	dadhāsi	dahāsi		
pres. ind. 3rd. sg.	dahati	dadhāti	dahāti	-dheti	
			-daheti	dhāyati	
pres. ind. 1st. pl.	dahāma	dadhāma			
pres. ind. 2nd. pl.	dahatha	dadhātha			
pres. ind. 3rd. pl.	dahanti	dadhanti		-dhenti	*med.*
pres. imp. 2nd. sg.	daha			-dhehi	dahassu
pres. imp. 2nd. pl.	dahatha				
pres. opt. 2nd. sg.	daheyyāsi				
pres. opt. 3rd. sg.	daheyya		-dahe	-dheyya	dahetha
pres. opt. 1st. pl.	daheyyāma				
pres. opt. 2nd. pl.			-dahetha		
pres. opt. 3rd. pl.	daheyyuṁ			-dheyyuṁ	
ppr. act.	-dahant				-dahamāna
	-dahanta				dahāna
					dadhāna

dhā [*sk.* dhā] 놓다/두다. ※122

					dhāna
					dhāyamāna
fut. 1st. sg.	-dahissāmi		-dahessāmi	-dhessāmi	
fut. 3rd. sg.	-dahissati	-dadhassati	-dahessati	-dhessati	
fut. 1st. pl.	-dahissāma				
fut. 2nd. pl.	-dahissatha				
aor. 3rd. sg.	-dahi			-dhesi	-dahittha
				-dhāyi	dhāyatha
aor. 3rd. pl.	-dahiṁsu		-dahaṁsu		
inj. 2nd. sg.			mā -dahesi		
perf. 3rd. pl.		-dadhu			
	dahita	hita		-dhāyita	
grd.	-dahitabba	-dhātabba	dahātabba	dhāyitabba	-dheyya
abs.	-dahitvā	-dhatvā	-dahetvāna	dhāya	-dhetvā
			-dayha		
inf.	dahituṁ	dhātuṁ		-dhetuṁ	-dhetave
pass.					
pres. ind. 3rd. sg.	dhīyati	-dhiyati	dhiyyati	-thīyati	-thiyyati
	-dhīyate		-dhiyyate		
aor. 3rd. pl.				-thīyiṁsu	
caus.					
pres. ind. 3rd. sg.	-dahāpeti	dhāpeti			
pres. opt. 3rd. sg.	-dahāpeyya				
pres. opt. 1st. pl.		-dhāpeyyāma			
fut. 3rd. sg.	-dahāpessati				

dhāv [*sk.* dhāv] 달리다. ※123

pres. ind. 3rd. sg.	dhāvati	
pres. imp. 2nd. pl.	dhāvatha	dhāvathā
ppr. act.	dhāvanta	
cond. 1st. sg.	dhāvissaṁ	
aor. 1st. sg.	-dhāvissaṁ	
aor. 3rd. sg.		-dhāvi
abs.	-dhāvitvā	
pp. pass.	dhāvita	
caus. ind. 3rd. sg.	dhāveti	

dhū [*sk.* dhū] 흔들다/파괴하다. ※124

pres. ind. 3rd. sg.	dhunāti		
pres. ind. 3rd. pl.	dhunanti		
pres. imp. 2nd. sg.	dhunāhi		
pres. imp. 1st. pl.	dhunāma		
pres. imp. 2nd. pl.	dhunātha	-dhunatha	
aor. 3rd. sg.			adhosi

dhū [sk. dhū] 흔들다/파괴하다. ※124

aor. 3rd. pl.	dhuniṁsu	
pp. pass.	dhuta	dhūta

dhūp [denom. <dhūpa] 연기나다/향을 사르다. ※125

pres. ind. 3rd. sg.	dhūpāyati	dhūpayati	-dhūpeti	-dhūpāti
ppr. med.		dhūpayamāna		
aor. 3rd. sg.	dhūpāyi			-dhūpāsi
pp. pass.	dhūpāyita			dhūpita

dhop [sk. dhāv] 깨끗이 하다. ※126

pres. ind. 3rd. sg.	dhopati
pres. imp. 2nd. pl.	dhopatha
pres. opt. 3rd. sg.	dhopeyya

dhov [sk. dhāv] 깨끗이 하다. ※127

pres. ind. 3rd. sg.	dhovati	
aor. 3rd. sg.	dhovi	
abs.	dhovitvā	
inf.	dhovituṁ	
pp. pass.	dhota	dhovita
pass. ind. 3rd. sg.	dhovāpti	

nacc [sk. nṛt] 춤추다. ※128

pres. ind. 3rd. sg.	naccati			
pres. imp. 2nd. sg.			med.	naccassu
ppr. act.	naccant	naccanta		
fut. 1st. sg.	naccissāmi			
aor. 3rd. sg.	nacci			
aor. 3rd. pl.	nacciṁsu	anaccuṁ		
inf.	naccituṁ			
caus1. ind. 3rd. sg.	nacceti			
caus2. ind. 3rd. sg.	naccāpeti			

nad [sk. nad] 울부짖다. ※129

pres. ind. 3rd. sg.	nadati	
ppr. act.	nadanta	
aor. 3rd. sg.	nadi	
aor. 3rd. pl.	-nadiṁsu	anādisuṁ
pp. pass.	nadita	
caus1.		
pres. ind. 3rd. sg.	-nādeti	
ppr. med.	nādayamāna	
pp. pass.	nādita	

nad [*sk.* nad] 울부짖다. ※129

abs.	nādetvā
caus2.	
pres. ind. 3rd. sg.	nadāpeti

nand [*sk.* nand] 즐거워하다. ※130

pres. ind. 3rd. sg.	nandati	*med.*
pres. ind. 1st. pl.		-nandāmase
pres. opt. 3rd. sg.	-nandeyya	
aor. 1st. sg.	nandissaṁ	
aor. 3rd. sg.	-nandi	
aor. 3rd. pl.	-nanduṁ	
pp. pass.	-nandita	
grd.	-nandiya	
inf.	-nandituṁ	
caus.		
pres. ind. 3rd. sg.	nandeti	
ppr. act.	nandayanta	

nam [*sk.* nam] 구부리다/굽다. ※131

pres. ind. 3rd. sg.	namati		
pres. imp. 3rd. sg.	namatu		
ppr. act.	namanta		
fut. 3rd. sg.	-namissati		
aor. 3rd. sg.	nami		
pp. pass.	nata		
caus.			
pres. ind. 3rd. sg.	nameti	namayati	nāmeti
pres. ind. 3rd. pl.		namayanti	
ppr. act.			nāmenta
pp. pass.	namita		nāmita
grd.			nāmetabba
abs.			nāmetvā
inf.	-nametave		
pass. ind. 3rd. sg.	namīyati		

namassa [*denom.*<namas] 절하다/예배하다. ※132

pres. ind. 1st. sg.	namassāmi		
pres. ind. 3rd. sg.	namassati		
pres. opt. 3rd. sg.	namasseyya		
pres. opt. 1st. pl.	namassemu		
ppr. act.	namassant	namassanta	*med.* namassamāna
aor. 3rd. pl.	namassiṁsu		
pp. pass.	namassita		
grd.	namassaniya		
caus. ind. 3rd. sg.	namassāpeti		

nas [*sk.* naś] 멸망하다. ※133

pres. ind. 3rd. sg.	nassati		
pres. imp. 2nd. sg.	-nassa		
pres. imp. 3rd. sg.	nassatu		
pres. imp. 3rd. pl.	-nassantu		
fut. 3rd. sg.	nassissati		
cond. 3rd. sg.	anassissa	nassissa	
aor. 1st. sg.	nassaṁ		
aor. 3rd. sg.		nassi	*inj.* mā nassi
aor. 1st. pl.	anassāma		
aor. 3rd. pl.		nassiṁsu	
pp. pass.	naṭṭha		
caus.			
pres. ind. 2nd. sg.	nāsesi		
pres. ind. 3rd. sg.	nāseti		
pres. ind. 2nd. pl.	nāsetha		
aor. 3rd. sg.			*inj.* mā nāsayi
inf.	nāsetuṁ		

nah [*sk.* han] 묶다. ※134

pres. ind. 3rd. sg.	nayhati		-nandhati
pres. ind. 3rd. pl.	-nayhanti	-nayihanti	
aor. 3rd. sg.	-nayhi		-nandhi
pp. pass.	naddha		
abs.	-nayhitvā	-nahitvā	
inf.	-nayhituṁ		-nandhituṁ

nind [*sk.* nind] 꾸짖다. ※135

pres. ind. 3rd. sg.	nindati	
pp. pass.	nindita	
grd.	nindanīya	nindiya
inf.	nindituṁ	

ni [*sk.* nī] 이끌다. ※136

pres. ind. 3rd. sg.	nayati	neti		*med.*
pres. imp. 2nd. sg.	naya	nehi	-nayāhi	-nayassu
pres. opt. 1st. sg.	-naye	neyyaṁ		
pres. opt. 3rd. sg.		neyya		nayetha
pres. opt. 2nd. pl.		-neyyātha		
ppr. act.	nayanta	nayant		nayamāna
fut. 1st. sg.		nessāmi		
fut. 2nd. sg.	-nayissati	-nessati		
fut. 1st. pl.	-nayissāma			
fut. 2nd. pl.		nessatha		
aor. 3rd. sg.	nayi	nesi		

ni [*sk.* nī] 이끌다. ※136

aor. 1st. pl.	nayimha			
aor. 3rd. pl.	nayiṁsu	nesuṁ	nayuṁ	
pp. pass.	nīta			
grd.	netabba	neyya		
abs.	nayitvā	nayitvāna	netvā	netvāna
	-neyya	-nīya		
inf.	-nayituṁ	netuṁ	netave	
pass.				
pres. ind. 3rd. sg.	nīyati	niyyati		
pres. ind. 3rd. pl.	nīyanti			
pres. imp. 3rd. sg.		-niyyataṁ		
pres. imp. 1st. pl.	niyāmase			
pres. opt. 3rd. sg.	nīyetha	niyyetha		
ppr. med.	nīyamāna			
fut. 3rd. sg.		niyyissati		
caus1.				
pres. ind. 3rd. sg.	-nāyeti			
caus2.				
pres. ind. 3rd. sg.	-nāpeti			
pp. pass.	-nāpita			
abs.	-nāpayitvā	-nāpetvā	-nāpiya	

nud [*sk.* nud] 몰아내다. ※137

pres. ind. 3rd. sg.	nudati	-nudeti			*med.*
pres. ind. 1st. pl.					nudāmāse
pres. imp. 2nd. sg.		-nudehi			
pres. opt. 3rd. sg.	-nudeyya				
fut. 3rd. sg.	-nudahissati				
aor. 3rd. sg.	nudi	-anudi			
pp. pass.	nunna	-nuṇṇa	nutta	-nudita	
abs.	-nujja	-nuditvā			
pass.					
pres. ind. 3rd. sg.	-nujjati				
ppr. med.	-nujjamāna				
caus.					
pres. ind. 3rd. sg.	-nodeti				
pres. imp. 2nd. sg.	-nodehi				
pres. opt. 3rd. sg.	-nodaye				

pac [*sk.* pac] 요리하다. ※138

pres. ind. 3rd. sg.	pacati	
pres. imp. 2nd. sg.	pacāhi	
ppr. act.	pacanta	pacant
pp. pass.	pakka	pacita

pac [*sk.* pac] 요리하다. ※138

abs.	pacitvā				
inf.	pacituṁ				
pass.					
pres. ind. 3rd. sg.	paccati				
ppr. med.				*med.* pacciyamāna	paccamāna
abs.	-paccitvā				
caus1.					
pres. ind. 3rd. sg.	pāceti				
ppr. act.	pācayant	pācent			
pp. pass.	-pācita				
abs.	-pācayitvā				
caus2.					
pres. ind. 3rd. sg.	pacāpeti				
ppr. act.	pacāpenta				
inf.	pacāpetuṁ				

pat [*sk.* pat] 떨어지다. ※139

pres. ind. 3rd. sg.	patati	-paṭati			*med.*
pres. ind. 1st. pl.					patāmase
pres. imp. 3rd. sg.	patatu				
pres. imp. 3rd. pl.	patantu				
ppr. act.	patanta				patamāna
fut. 1st. sg.	patissāmi				
fut. 3rd. sg.	patissati				
aor. 3rd. sg.	-patā	apatta	pati	apatāsi	
aor. 3rd. pl.			patiṁsu		
perf. 3rd. sg.	papāta				
pp. pass.	patita				
abs.	patitvā				
caus1.					
pres. ind. 3rd. sg.	pāteti			-pāṭeti	
ppr. act.	pātenta				
fut. 1st. sg.	pātessāmi				
fut. 2nd. sg.	pātessasi				
aor. 3rd. sg.	pātesi				
aor. 3rd. pl.		pātayuṁ			
pp. pass.	pātita				
abs.	pātetvā	pātayitvā	pātiya		
pass. ind. 3rd. sg.	patīyati				
caus2.					
pres. ind. 3rd. sg.	pātāpeti				

patth [*sk.* pra-arth] 바라다. ※140

pres. ind. 2nd. sg.		pathayasi			

patth [*sk.* pra-arth] 바라다. ※140

pres. ind. 3rd. sg.	pattheti				
pres. imp. 2nd. sg.	patthehi			*med.*	
ppr. act.	patthenta	patthayant	patthayanta	patthayamāna	patthayāna
aor. 3rd. sg.	patthesi				
pp. pass.	patthita				
grd.	patthetabba	pattayitabba	patthiya		

pad [*sk.* pad] 가다. ※141

pres. ind. 3rd. sg.	-pajjati		*med.*
pres. ind. 3rd. pl.	pajjanti		-pajjare
pres. imp. 2nd. sg.	-pajja	-pajjāhi	
pres. imp. 2nd. pl.	pajjatha		
pres. opt. 3rd. sg.	-pajjeyya		
ppr. act.	-pajjanta		-pajjamāna
fut. 3rd. sg.	-pajjisati		
fut. 2nd. pl.	-pajjissatha		
fut. 3rd. pl.	-pajjissanti		
cond. 2nd. sg.	-pajjissa		
aor. 1st. sg.	-apādiṁ		
aor. 3rd. sg.	-apādi	-pajji	-pajjatha
aor. 3rd. pl.	-apādu		
pp. pass.	-panna	-pajjita	
grd.	pajjitabba		
abs.	-pajjitvā	-pajja	
inf.	-pajjituṁ		
pass. ind. 3rd. sg.	-pajjīyati		
caus1.			
pres. ind. 3rd. sg.	pādeti		
pres. imp. 2nd. pl.	pādetha		
ppr. act.	pādenta		
aor. 2nd. sg.	-pādesi		
aor. 3rd. sg.	-pādesi		
aor. 3rd. pl.	pādesuṁ		
pp. pass.	pādita		
abs.	pādetvā		
caus2.			
pres. ind. 3rd. sg.	-pajjāpeti		
abs.	-pajjāpetvā		

palā [*sk.* palā-i] 도망가다. ※142

pres. ind. 2nd. sg.	palāyasi	
pres. ind. 3rd. sg.	palāyati	paleti
pres. ind. 1st. pl.	palāyāma	
pres. ind. 2nd. pl.	palāyatha	

palā [*sk.* palā-i] 도망가다. ※142

pres. ind. 3rd. pl.	palāyanti				
pres. imp. 2nd. sg.		palehi			
pres. imp. 3rd. pl.	palāyantu				
ppr. act.	palāyanta				
fut. 3rd. sg.	palāyissati	palehiti			
fut. 1st. pl.	palāyissāma				
fut. 3rd. pl.	palāyissanti				
aor. 3rd. sg.	palāyi				palittha
aor. 3rd. pl.	palāyiṁsu				
pp. pass.	palāta	palāyita			
abs.	palāyitvā				
inf.	palāyituṁ				
caus.					
pres. ind. 3rd. sg.	palāpeti				
pres. imp. 2nd. sg.	palāpehi				
pres. imp. 2nd. pl.	palāpetha				
aor. 3rd. sg.	palāpesi				
inf.	palāpetuṁ				

pas [*sk.* paś] 보다. ※143

pres. ind. 3rd. sg.	passati				
pres. ind. 1st. pl.	passāma				
pres. imp. 2nd. sg.	passa				
pres. imp. 2nd. pl.	passatha			*med.* passavho	
pres. opt. 3rd. sg.	passe	passeyya			
pres. opt. 1st. pl.	passemu				
ppr. act.	passant	passanta		*med.* -passamāna	
fut. 1st. sg.	passissāmi				
fut. 3rd. sg.	passissati				
aor. 3rd. sg.	passi	apassi	*inj.* mā passi		
aor. 1st. pl.	passimha				
aor. 3rd. pl.	-passisuṁ	passiṁsu			
grd.	passitabba				
abs.	passitvā	passiya			
inf.	-passituṁ				

pā [*sk.* pā] 마시다. ※144

pres. ind. 1st. sg.	pivāmi				
pres. ind. 2nd. sg.	pivasi				
pres. ind. 3rd. sg.	pivati			pipati	
pres. ind. 2nd. pl.	pivatha	pivātha			
pres. ind. 3rd. pl.					*med.* piyyare
pres. imp. 2nd. sg.	piva			pipa	
pres. imp. 3rd. sg.	pivatu				

pā [*sk.* pā] 마시다. ※144

pres. opt. 3rd. sg.	piveyya				
ppr. act.	pivant	pivanta		pipant	
fut. 1st. sg.	passissāmi	pissāmi			
fut. 2nd. sg.	pivissasi				
fut. 3rd. sg.	pivissati		pāssati		
fut. 1st. pl.	pivissāma				
fut. 2nd. pl.	pivissatha				
aor. 1st. sg.	pivāsiṁ		apāsiṁ		
aor. 3rd. sg.	pivi	apivi	-apāsi	apāyi	
aor. 1st. pl.				apāyiṁha	
aor. 3rd. pl.			-apaṁsu		
pp. pass.	pīta				
grd.		pātabba	pānīya	pāniya	peyya
abs.	pivitvā	pitvā	pītvā	pitvāna	pītvāna
inf.			pātuṁ		
pass. ind. 3rd. sg.	pīyati				
caus1.					
pres. ind. 3rd. sg.	pāyeti		pāyati		
pres. imp. 2nd. sg.	pāyehi				
pres. opt. 3rd. sg.	pāyaye				
ppr. act.			pāyant		*med.* pāyamāna
aor. 3rd. sg.	apāyesi				
pp. pass.	pāyita				
abs.	pāyetvā				
caus2.					
pres. ind. 3rd. sg.	pāyāpeti				
desid.					
pres. ind. 3rd. sg.	pivāsati			pipāsati	
pp. pass.				pipāsita	

pāl [*denom.* <pāla <*sk.* pā] 수호하다. ※145

pres. ind. 3rd. sg.	pāleti	
pres. imp. 3rd. sg.	pālayatu	
ppr. act.	pālayant	
pp. pass.	-pālita	
abs.	pāletabba	
pass. ind. 3rd. sg.	-pāliyati	pallate

pis [*sk.* piś] 가루내다. ※146

pres. ind. 3rd. sg.	piṁsati	pisati	
fut. 3rd. sg.	piṁsissati		
pp. pass.	piṁsa	pisita	piṭṭha
pass. ind. 3rd. sg.	pisīyati		
caus. ind. 3rd. sg.	piṁsāpeti		

pih [*sk.* spṛh] 원하다/질투하다. ※147

pres. ind. 3rd. sg.	pihayati	piheti	
pres. ind. 3rd. pl.	pihayanti		
ppr. act.	pihayant	pihenta	
aor. 2nd. sg.	pihayi		*inj.* mā pihayi
aor. 2nd. pl.	pihāyittha		
pp. pass.	pihayita		

piḷ [*sk.* pīḍ] 괴롭히다. ※148

pres. ind. 3rd. sg.	pīleti	pīḷayati
ppr. act.	pīḷenta	
pp. pass.	pīḷita	
abs.	pīḷetvā	pīḷayitvā
pass. ppr. med.		pīḷiyāmāna

pupph [*sk.* puṣp] 꽃피다. ※149

pres. ind. 3rd. sg.	pupphati
aor. 3rd. pl.	pupphiṁsu
pp. pass.	pupphita
caus.	
pres. ind. 3rd. sg.	pupphāpeti
ppr. act.	pupphāpenta

pus [*sk.* pus] 부양하다. ※150

pres. ind. 3rd. sg.	posati	
fut. 3rd. sg.	posissati	
pp. pass.	puṭṭha	
caus1.		
pres. ind. 3rd. sg.	poseti	
pp. pass.	posita	
caus2.		
pres. ind. 3rd. sg.	posāpeti	posāveti
pp. pass.	posāpita	posāvita
abs.	posāpetvā	

pū [*sk.* pū] 깨끗이 하다. ※151

pres. ind. 3rd. sg.	punāti
pp. pass.	pūta
caus. ind. 3rd. sg.	-punāpeti

pūj [*sk.* pūj] 공양하다/존경하다. ※152

pres. ind. 3rd. sg.	pūjeti
pres. imp. 3rd. sg.	-pujetu
pres. imp. 2nd. pl.	pūjetha

pūj [*sk.* pūj] 공양하다/존경하다. ※152

pres. opt. 3rd. sg.	pūjaye	pūjeyya		
ppr. act.	pūjayant	pūjenta		*med.* pūjayamāna
fut. 3rd. sg.	pūjessati			
aor. 3rd. sg.	pūjayi			
3rd. pl.	pūjesuṁ	apūjesuṁ		
pp. pass.	pūjita			
grd.	pūjetabba	pūjanīya	pūjiya	
		pūjaneyya	pujja	
abs.	pūjayitvā	pūjetvā		
pass. ind. 3rd. sg.	pūjiyati			

pūr. [*sk.* pṝ] 차다/채우다. ※153

pres. ind. 3rd. sg.	pūrati			
ppr. med.				*med.* -pūramāna
fut. 3rd. sg.	-pūrissati			
pp. pass.	-puṇṇa			
pass.				
pres. ind. 3rd. sg.	-pūriyati			
ppr. med.	-pūriyamāna			
caus1.				
pres. ind. 3rd. sg.	pūreti			
ppr. act.	-pūrayanta			
fut. 1st. sg.	pūrayissaṁ			
aor. 2nd. pl.	pūrayittha			
aor. 3rd. pl.	pūrayiṁsu			
pp. pass.	pūrita			
grd.	-pūretabba			
abs.	pūretvā		pūriya	
caus2.				
pres. ind. 3rd. sg.		pūrāpeti		

plu [*sk.* plu] 부유하다/수영하다. ※154

pres. ind. 3rd. sg.	palavati	pilavati	-plavati	
pres. ind. 3rd. pl.			plavanti	
aor. 1st. sg.			-plaviṁ	aplaviṁ
pp. pass.			-pluta	
caus1.				
pres. ind. 3rd. sg.			plaveti	
caus2.				
pres. ind. 3rd. sg.	-pilāpeti			
pp. pass.	-pilāpita			

phand [*sk.* spand] 떨다. ※155

pres. ind. 3rd. sg.	phandati

phand [*sk.* spand] 떨다. ※155

pp. pass.	phandita				
caus. ind. 3rd. sg.	phandāpeti				

phar [*sk.* sphṛ] 널리 펴지다. ※156

pres. ind. 3rd. sg.	pharati				
ppr. med.					*med.* pharamāna
aor. 3rd. sg.	phari				
pp. pass.	pharita	phurita	phuṭa	phuṭṭa	
abs.	pharitvā				

phal [*sk.* phal] 파열하다. ※157

pres. ind. 3rd. sg.	phalati				
pres. imp. 3rd. sg.	phalatu				
pres. opt. 3rd.sg.	phaleyya	phale			
aor. 3rd. sg.	phali	apphali			
aor. 3rd. pl.	phaliṁsu				
pp. pass.	phalita	phulla			
caus1.					
pres. ind. 3rd. sg.	phāleti				
pres. opt. 3rd. sg.	phāleyya				
ppr. act.	phālenta				
aor. 3rd. sg.	phālesi				
pp. pass.	phālita				
abs.	phāletvā				
caus2.					
pres. ind. 3rd. sg.	phālāpeti				

phus₁ [*sk.* spṛś] 접촉하다. ※158

pres. ind. 1st. sg.	phusāmi				
pres. ind. 3rd. sg.	phusati	phassati			
pres. imp. 2nd. sg.	phusāhi		phusehi		
pres. opt. 3rd. sg.		phasse			
pres. opt. 3rd. pl.	phuseyyuṁ	phuseyyu			
fut. 1st. sg.	phusissaṁ				
aor. 1st. sg.	aphusiṁ				
aor. 3rd. sg.	phusi	aphussayi			
ppr. act.	phuṭṭhavant				
pp. pass.	phuṭṭha	phusita			
grd.	phoṭṭhabba				
abs.	phusitvā	phusiya	phussa		
inf.	phusituṁ				
caus. pres. ind.					
3rd. sg.	phasseti				
pres. opt.					
3rd. sg.	phassayeyya				

phus$_1$ [*sk.* spṛś] 접촉하다. ※158

ppr. act.	phassayant	phassayanta
pp. pass.	phassita	phussita
caus. pass. pres. ind.		
3rd. sg.	phassīyati	

phus$_2$ [*sk.* pruṣ] (물을) 주다. ※159

pres. ind. 3rd. sg.	phusati	
inf.	phusituṁ	
caus.		
pres. ind. 3rd. sg.	phoseti	phusāyati
pp. pass.	phosita	
abs.	phositvā	
inf.	phosituṁ	

bandh [*sk.* bandh] 묶다. ※160

pres. ind. 3rd. sg.	bandhati		
pres. imp. 2nd. sg.	bandha		
pres. imp. 3rd. pl.	banhantu		
pres. opt. 3rd. sg.	bandheyya		
pres. opt. 3rd. pl.	bandheyyuṁ		
aor. 1st. sg.	-bandhiṁ		-bandhissaṁ
aor. 3rd. sg.	bandhi	abandhi	
aor. 3rd. pl.	bandhiṁsu		
pp. pass.	-baddha		
grd.	-bandhitabba	-bandhanīya	
abs.	bandhitvā	bandhiya	
inf.	bandhituṁ		
pass.			
pres. ind. 3rd. sg.	bajjhati		
pres. ind. 3rd. pl.	bajjhare		
pres. opt. 3rd. sg.	bajjheyya		
aor. 3rd. sg.	bajjhi		
aor. 3rd. pl.		abajjhare	
abs.	bajjha	bajjhitvā	
caus1.			
pres. ind. 3rd. sg.	bandheti		
fut. 1st. sg.	bandhayissāmi		
pp. pass.	bandhita		
caus2.			
pres. ind. 3rd. sg.	bandhāpeti		
abs.	bandhāpetvā		

ā+barh [*sk.* ā+bṛh, ā+vṛh] 잡아당기다. ※161

pres. ind. 3rd. sg.	abbahati		abbuhati
pres. imp. 2nd. sg.	abbaha		

ā+barh [*sk.* ā+bṛh, ā+vṛh] 잡아당기다. ※161

pres. opt. 3rd. sg.	abbahe				
aor. 2nd. sg.	abbahi	abbahī	abbuhi		
pp. pass.	abbūḷha				
abs.	abbuhya				
caus.					
pres. ind. 3rd. sg.	abbāheti				
pp. pass.	abbūḷhita	abbūhitta			
abs.	abbāhitvā				

bah [*denom.* <bahi] 끌어내다. ※162

pres. ind. 3rd. sg.	bāheti	-bāhati			
aor. 3rd. pl.			*med.*	-bāhire	
pp. pass.	bāhita				
abs.	bāhetva	bāhitva	-bāhiya		

bādh [*sk.* bādh] 억압하다. ※163

pres. ind. 3rd. sg.	bādhati				
pp. pass.	bādhita				
grd.	bādhitabba	bādhaniya			
pass.					
pres. ind. 3rd. sg.	bādhiyati				
ppr. med.	bādhiyamāna				
caus.					
pres. ind. 3rd. sg.	bādheti				
pres. opt. 3rd. sg.	bādhaye				
aor. 3rd. pl.	bādhayiṁsu				
grd.	bādhetabba				

budh [*sk.* budh] 깨닫다. ※164

pres. ind. 3rd. sg.	bujjhati	-bodhati			
pres. ind. 3rd. pl.	bujjhanti			*med.*	bujjhare
pres. imp. 2nd. sg.				*med.*	bujjhassu
pres. opt. 3rd. sg.	bujjheyya				
ppr. act.	bujjhanta		*med.*	-budhāna	bujjhamāna
fut. 3rd. sg.	bujjhissati				
aor. 1st. sg.		-bodhiṁ	-bodhaṁ		
aor. 3rd. sg.	abujjhi	bujjhi		*med.*	abujjhatha
aor. 3rd. sg.	bubodha				
pp. pass.	buddha				
abs.	bujjhitvā				
inf.	bujjhituṁ	buddhuṁ	-bodhituṁ	-bodhuṁ	boddhuṁ
pass. 3rd. sg.	bujjhīyati				
caus1.					
pres. ind. 3rd. sg.	bodheti				

budh [*sk.* budh] 깨닫다. ※164

aor. 3rd. sg.	bodhesi	abodhayi	bodhayi
pp. pass.	-bodhita		
grd.	bodhabba		
inf.	bodhetuṁ		
caus2.			
pres. ind. 3rd. sg.	bujjhāpeti		

brū [*sk.* brū] 말하다. ※165

				med.	
pres. ind. 1st. sg.	brūmi			brave	
pres. ind. 2nd. sg.	brūsi			brūse	
pres. ind. 3rd. sg.	brūti	bravīti		brūte	
pres. ind. 1st. pl.	brūma			brūmhe	brumhe
pres. ind. 2nd. pl.	brūtha			brūvhe	bruvhe
pres. ind. 3rd. pl.	brūnti	bravanti		bravante	
pres. imp. 2nd. sg.	brūhi				
pres. imp. 2nd. pl.	brūtha				
aor. 1st. sg.	abraviṁ				
aor. 3rd. sg.	abravī	abravi	abruvi	*med.* bravittha	
	abrūvi	abrūvi			
aor. 3rd. pl.	abravuṁ				

brūh [*sk.* bṛh] (거의 *caus.*로만 사용) 발전시키다. ※166

pres. ind. 3rd. sg.	-brūhati	
pp. pass.	-būlha	
caus.		
pres. ind. 3rd. sg.		brūheti
pres. imp. 2nd. sg.	brūhaya	-brūhehi
pres. opt. 3rd. sg.	brūhaye	brūheyya
ppr. act.	brūhayant	brūhenta
fut. 1st. sg.		-brūhessami
fut. 1st. pl.		-brūhessāma
aor. 1st. sg.	-brūhayiṁ	
aor. 3rd. sg.	-brūhayi	
pp. pass.	-brūhita	
inf.		-brūhetuṁ

bhakkh [*sk.* bhakṣ] 먹다. ※167

pres. ind. 3rd. sg.	bhakkhati	bhakkheti	
ppr. med.			*med.* bhakkhayamāna
aor. 3rd. sg.		abhakkhayi	
pp. pass.	bhakkhita		
inf.	bhakkhituṁ	bhakkhetuṁ	

bhaj$_1$ [*sk.* bhañj] 부수다. ※168

pres. ind. 3rd. sg.	bhañjati	
pres. imp. 3rd. sg.	bhañjatu	
pres. opt. 2nd. sg.	bhañjeyya	
ppr. act.	bhañjanta	
fut. 1st. sg.	bhañjissaṁ	
aor. 3rd. sg.	bhañji	*inj.* mā bhañji
pp. pass.	bhagga	
grd.	bhañjitabba	
inf.	bhañjituṁ	
pass. aor. 1st. sg.	-abhajjisaṁ	
caus. ind. 3rd. sg.	-bhañjeti	

bhaj$_2$ [*sk.* bhaj] 나누어주다/교제하다. ※169

			med.
pres. ind. 3rd. sg.	bhajati		
pres. imp. 2nd. sg.	bhajehi		bhajassu
pres. opt. 3rd. sg.	bhajeyya	bhaje	bhajetha
ppr. act.	bhajant	bhajanta	bhajamāna
pp. pass.	-bhatta		
grd.	bhajitabba		
abs.	-bhajja		
inf.	-bhajituṁ		
caus.			
pres. ind. 3rd. sg.	bhājeti		
abs.	bhājetva		
inf.	bhājetuṁ		
pass. ppr. med.	bhājiyamāna		

bhajj [*sk.* bhṛjj] 태우다/굽다. ※170

pres. ind. 3rd. sg.	bhajjati		
ppr. med.			*med.* bhajjamāna
aor. 3rd. sg.	bhajji		
pp. pass.	bhaṭṭha	bhajjita	
abs.	bhajjitvā		
pass.			
pres. ind. 3rd. sg.	bhajjīyati		
caus.			
pres. ind. 3rd. sg.	bhajjāpeti		

bhaṇ [*sk.* bhaṇ] 말하다. ※171

		med.
pres. ind. 1st. sg.		bhaṇe
pres. ind. 3rd. sg.	bhaṇati	
pres. imp. 2nd. sg.	bhaṇa	
pres. conj. 1st. pl.		bhaṇāmase
pres. opt. 1st. sg.	bhaṇeyyaṁ	

bhaṇ [*sk.* bhaṇ] 말하다. ※171

pres. opt. 3rd. sg.	bhaṇeyya	bhaṇe		
ppr. act.	bhaṇanta			bhaṇamāna
aor. 1st. sg.	abhāṇiṁ			
aor. 3rd. sg.	abhaṇi	bhaṇi		
inj. 3rd. sg.	mā bhāṇi	mā bhaṇi		
pp. pass.	bhaṇita			
pass.				
pres. ind 3rd. sg.	bhaññati			
ppr. med.				bhaññamāna
caus1.				
pres. ind. 3rd. sg.	bhāṇeti			
pres. opt. 3rd. sg.	bhāṇaye			
aor. 3rd. sg.	bhāṇi			
caus2.				
pres. ind. 3rd. sg.	bhaṇāpeti			

bham [*sk.* bhram] 방랑하다/헤매다. ※172

pres. ind. 3rd. sg.	bhamati		
pres. imp. 2nd. sg.		*med.*	bhamassu
aor. 3rd. pl.	bhamiṁsu		
pp. pass.	bhanta		
caus1.			
pres. ind. 3rd. sg.	bhameti		
abs.	bhametvā		
caus2.			
pres. ind. 3rd. sg.	bhamāpeti		

bhar [*sk.* bhṛ] (짐을) 지다/운반하다. ※173

pres. ind. 3rd. sg.	bharati		
pp. pass.	bhata		
grd.	bhāriya	bhariya	bhacca
pass. ppr. med.	-bhīramāna		

bhas [*sk.* bhaṣ] 짖다/고함치다. ※174

pres. ind. 3rd. sg.	bhasati	bhusati
aor. 3rd. sg.	bhasi	bhusi
pp. pass.	bhasita	bhusita

bhass [*sk.* bhraṁs] 떨어지다/낙하하다. ※175

pres. ind. 3rd. sg.	bhassati		*med.*	
ppr. med.			bhassamāna	
aor. 3rd. sg.	bhassi		bhassittha	
			abhassittha	abhabssatha
pp. pass.	bhaṭṭha	bhasita		

bhā [*sk.* bhā] 빛나다. ※176

pres. ind. 3rd. sg.	bhāti	-bhāyati
pres. ind. 3rd. pl.	-bhanti	
pres. imp. 3rd. sg.	bhātu	
fut. 3rd. sg.		-bhāyissati
aor. 3rd. sg.	-bhāsi	bhāyi
3rd. pl.	-bhāsi	
3rd. pl.	-bhaṁsu	
pp. pass.	bhāta	

bhās1 [*sk.* bhāṣ] 말하다. ※177

				med.	
pres. ind. 2nd. sg.	bhāsasi			bhāsase	
pres. ind. 3rd. sg.	bhāsati			bhāsate	
pres. imp. 2nd. sg.	bhāsa			-bhāsassu	
pres. opt. 1st. sg.				-bhāseyya	
pres. opt. 3rd. sg.	bhāseyya	bhāsaye	bhāse		
ppr. act.	bhāsanta				
fut. 1st. sg.	bhāsissāmi				
cond. 1st. sg.	abhāsissaṁ				
aor. 1st. sg.	bhāsissaṁ	abhāsiṁ			
aor. 3rd. sg.	abhāsi			abhāsatha	bhāsatha
aor. 1st. pl.				bhāsimhase	
pp. pass.	bhaṭṭha	bhāsita			
grd.	bhāsitabba	-bhāsaniya			
abs.	bhāsitva	bhāsiya			
pass. ppr. med.				-bhāsiyamāna	
caus1.					
pres. ind. 3rd. sg.	-bhāseti				
caus2.					
pres. ind. 3rd. sg.	-bhāsāpeti				

bhās2 [*sk.* bhās] 빛나다. ※178

			med.
pres. ind. 3rd. sg.	bhāsati		bhāsate
ppr. act.	bhāsanta		bhāsamāna
fut. 2nd. sg.	bhāsihi	bhāsissasi	
caus.			
pres. ind. 3rd. sg.	-bhāseti		
ppr. act.	-bhāsayanta	-bhāsenta	
pp. pass.	-bhāsita		
grd.	-bhāsetvā		

bhikkh [sk. bhikṣ] 구걸하다. ※179

	med.
pres. ind. 3rd. sg.	bhikkhate
pres. imp. 2nd. sg.	bhikkhassu
ppr. med.	bhikkhamāna

bhid [sk. bhid] 파괴하다. ※180

pres. ind. 3rd. sg.	bhindati			
pres. opt. 3rd. sg.	bhinde	bhindeyya		
ppr. act.	bhindanta			
fut. 3rd. sg.	bhindissati	bhecchati	bhejjati	
aor. 3rd. sg.	abhindi	bhindi	abhida	abbhidā
pp. pass.	bhinna			
grd.	bhiñjitabba	bhejja	-bhijja	
	bhijjitabba	bhijjeyya		
abs.	bhinditvā	bhetvā	bhetvāna	-bhijja
inf.	bhindituṁ			
pass.				
pres. ind. 3rd. sg.	bhijjati			
pres. ind. 3rd. pl.	bhijjare			
pres. imp. 3rd. sg.	bhijjatu			
ppr. act.(f.)	bhijjantī			
fut. 3rd. sg.	bhijjissati			
aor. 3rd. sg.	-bhijjittha	abhedi		
aor. 3rd. pl.	-bhijjiṁsu			
abs.	bhijjitvā			
caus1.				
pres. ind. 3rd. sg.	-bhedeti			
pp. pass.	bhedita			
caus2.				
pres. ind. 3rd. sg.	bhedāpeti	bhindāpeti		

bhi [sk. bhi] 두려워하다. ※181

pres. ind. 1st. sg.	bhāyāmi	bhemi	
pres. ind. 2nd. sg.	bhāyasi		
pres. ind. 3rd. sg.	bhāyati	-bheti	
pres. ind. 1st. pl.	bhāyāma		
pres. ind. 3rd. pl.	bhāyanti		
pres. imp. 2nd. pl.	bhāyatha	bhāthā	
pres. opt. 3rd. sg.	bhāyeyya	bhāye	
pres. opt. 3rd. pl.	bhāyeyyuṁ		
aor. 1st. sg.	bhāyiṁ		
aor. 2nd. sg.	bhāyi		*inj.* mā bhāyi
aor. 2nd. pl.	bhāyittha		
pp. pass.	bhīta		
grd.	bhāyitabba		

bhi [*sk.* bhi] 두려워하다. ※181

caus1.			*med.*
pres. ind. 3rd. sg.			bhāyayate
caus2.			
pres. ind. 3rd. sg.	bhāyāpeti	bhiṁsāpeti	

bhuj [*sk.* bhuj] 향수하다/먹다. ※182

pres. ind. 1st. sg.	bhuñjāmi			*med.*
pres. ind. 3rd. sg.	bhuñjati			
pres. imp. 2nd. sg.				bhuñjassu
pres. imp. 3rd. sg.	bhuñjatu			
pres. imp. 2nd. pl.	bhuṇjatha			
pres. opt. 2nd. sg.				bhuñjetho
pres. opt. 3rd. sg.	bhuñjeyya			bhuñjetha
pres. opt. 2nd. pl.	bhuñjetha			bhuñjetha
ppr. act.	bhuñjanta			
fut. 1st. sg.	bhuñjissāmi	bhokkham		
fut. 3rd. sg.	bhuñjissati	bhokkhati		bhokkhate
fut. 3rd. pl.	bhuñjissanti			
aor. 1st. sg.	bhuñjiṁ	bhuñjisaṁ		
aor. 3rd. sg.	bhuñji			
aor. 3rd. pl.	abhuñjiṁsu	abhuñjisuṁ		
pp. act.	bhuttavant	bhuttāvin		
pp. pass.	bhutta			
grd.	bhuñjitabba	-bhuñjiya	bhojitabba	
	bhojaniya	-bhoyya	bhojja(먹을 수 있는)	
abs.	bhutvā	bhutvāna	bhotvā	
	bhuñjitvā	-bhuñjiya		
inf.	bhottuṁ	bhuñjituṁ		
pass. ppr. med.	-bhuñjiyamāna			
caus1.				
pres. ind. 3rd. sg.	bhojeti			
abs.	bhojetvā	bhojayitvāna		
caus2.				
pres. ind. 3rd. sg.	bhojāpeti	bhuñjāpeti		
desid.				
pres. ind. 3rd. sg.	bubhukkhati			
pp. pass.	bubhukkhita			

bhū [*sk.* bhū] 이다/있다/되다. ※183

pres. ind. 1st. sg.	bhavāmi		homi	-bhomi		-bhuṇāti
pres. ind. 1st. pl.	bhavāma		homa	-bhoma	*med.*	bhavāmahe
pres. ind. 2nd. pl.	bhavatha		hotha	-bhotha		
pres. ind. 3rd. pl.	bhavanti		honti	-bhonti		-bhuṇanti
pres. imp. 2nd. sg.	bhava	bhavāhi	hohi	-bhohi	*med.*	bhavassu

bhū [*sk.* bhū] 이다/있다/되다. ※183

pres. imp. 3rd. sg.	bhavatu		hotu		
pres. imp. 1st. pl.				*med.*	bhavāmase
pres. imp. 2nd. pl.	bhavatha	bhavātha	hotha		
pres. imp. 3rd. pl.	bhavantu		hontu		
pres. opt. 1st. sg.	bhaveyyaṁ			huveyyaṁ	heyyāmi
pres. opt. 2nd. sg.	bhaveyyāsi			huveyyāsi	heyyāsi
pres. opt. 3rd. sg.	bhaveyya	bhave	huveyya	hupeyya	heyya
pres. opt. 1st. pl.	bhaveyyāma	bhavema		huveyyāma	heyyāma
pres. opt. 2nd. pl.		bhavetha		huveyyātha	heyyātha
pres. opt. 3rd. pl.	bhaveyyuṁ	heyyuṁ	huveyyuṁ	*med.*	bhaveraṁ
ppr. act.	bhavant	bhavanta		*med.*	-bhavamāna
	honta	-bhonta	-bhuṇanta	*med.*	-bhuṇamana
fut. 1st. sg.	bhavissāmi	hessāmi	hessaṁ		
	hohāmi	-bhossaṁ		hehāmi hemi	
fut. 2nd. sg.	bhavissasi				
	hohisi	-bhossasi	bhohisi	hesisi hesi	
fut. 3rd. sg.	bhavissati	hessati	hehissati	hohiti	-bhossati
			hehiti heti	*med.*	hessate
			hohissati	hossati	hehitī
fut. 1st. pl.	bhavissāma	hehāma	hohāma	bhossāma	hema
fut. 2nd. pl.	bhavissatha	hessatha	hehitha	hohitha	hetha
fut. 3rd. pl.	bhavissanti		hehinti	hohinti	henta
cond. 1st. sg.	abhavissaṁ				
cond. 2nd. sg.	abhavissa				
cond. 3rd. sg.	abhavissǎ	bhavissǎ	abhavissati	ahavissā	
cond. 3rd. pl.	abhavissṁsu				
aor. 1st. sg.	abhaviṁ	ahuvā	ahuṁ	ahosiṁ	-bhosiṁ
	abhavi	ahuvaṁ	bhaviṁ	ahuvāsiṁ	ahuvāsi
aor. 2nd. sg.		ahuvā	ahū	ahosi	
		ahuvo	ahu	abhū	
aor. 3rd. sg.	abhavi	ahuvā	ahū	ahosi	
		-bhosi	-bhavi	*med.*	ahuvattha
	abhi	ahuva	ahu	ahud	abhavā
aor. 1st. pl.		ahuvāma	ahumha	ahuvamhā	ahumhā
		ahesumha		*med.*	ahuvamhase
aor. 2nd. pl.	adhavattha	ahuvattha			
aor. 3rd. pl.	abhavuṁ	ahuvu	ahuṁ		
		bhosuṁ	-bhaṁsu	ahesuṁ	bhaviṁsu
pp. pass.	bhūta			-hūta	
grd.	bhavitabba	bhavanīya	bhaviyāna	hotabba	-bhotabba
		bhabba	-bhāviya		
abs.	bhavitvā	-bhutvā	hutvāna	hutvā	
		-bhotvā	-bhotvāna	-bhuyya	
inf.	bhavituṁ		hotuṁ	hetuye	
pass.					
pres. ind. 3rd. sg.	-bhavīyati	-bhavīyate	-bhūyati	-bhūyate	-bhuyyati

bhū [*sk.* bhū] 이다/있다/되다. ※183

ppr. med.		-bhavīyamāna		-bhūyamāna	
caus1.					
pres. ind. 3rd. sg.	bhāvayati		bhāveti		
pres. opt. 2nd. sg.	bhavasi		hosi	-bhosi	
pres. opt. 3rd. sg.	bhavati		hoti	-bhoti	
pres. opt. 3rd. sg.	bhāvaye				*med.* bhāvetha
ppr. act.	bhāvayant	bhāvayanta	bhāventa		
aor. 3rd. sg.			bhāvesi		
aor. 3rd. pl.	bhāvayiṁsu				
pp. pass.	bhāvita				
grd.	bhāvanīya		bhāvetabba		
abs.	-bhāvayitvā		bhāvetvā		
inf.			bhāvetuṁ		
pass. ppr. med.					bhāviyamāna
caus2.					
pres. ind. 3rd. sg.	-bhāvāpeti				

makkh [*sk.* mṛkṣ] 바르다. ※184

caus1.		
pres. ind. 3rd. sg.	makkheti	
pp. pass.	makkhita	
abs.	makkhiya	makkhetvā
pass. ind. 3rd. sg.	makkhīyati	
caus2.		
pres. ind. 3rd. sg.	makkhāpeti	

magg [*denom.* <magga] 따르다. ※185

pres. ind. 3rd. sg.	maggati	mageti
ppr. med.	maggayamāna	magayamāna
pp. pass.	maggito	
pres. ind. 3rd. sg.	maggīyati	
caus.		
pres. ind. 3rd. sg.	maggāpeti	

majj [*sk.* mṛj] 문지르다/닦다. ※186

pres. ind. 3rd. sg.	majjati	
pp. pass.	majjita	maṭṭha
abs.	-majjitabba	
pass.		
pres. ind. 3rd. sg.	-majjīyati	
caus.		
pres. ind. 3rd. sg.	-majjāpeti	

math [*sk.* math] 휘젓다. ※187

pres. ind. 3rd. sg.	-matthati	-manthati	-matheti	-mantheti
caus.				
pres. ind. 3rd. sg.	mathayati		matheti	
pres. opt. 3rd. sg.	mathaye			
pp. pass.	mathita			
grd.	mathayitabba			
pass. ppr. med.	mathiyamāna			

mad [*sk.* mad] 즐기다. ※188

pres. ind. 3rd. sg.	majjati			
pres. opt. 3rd. sg.	majjeyya	majje		
ppr. act.	majjanta			
aor. 1st. sg.	madassaṁ			
aor. 2nd. sg.	-mādo			*inj.* mā majji
	-mado			*inj.* mā mado
aor. 3rd. sg.		mādi	majji	
aor. 2nd. pl.	mādattha			
pp. pass.	matta			
abs.	-majjitvā	-majjitvāna		
inf.	-majjituṁ			
caus.				
pres. ind. 3rd. sg.	-maddeti			
pass. ind. 3rd. sg.	-maddīyati			

madd [*sk.* mṛd] 파괴하다. ※189

pres. ind. 3rd. sg.	maddati			
ppr. act.	maddanta			*med.* maddamāna
pp. pass.	-maddita			
abs.	madditvā			
caus1.				
pres. ind. 3rd. sg.	maddeti			
aor. 3rd. sg.	maddayi			
pp. pass.	maddita			
caus2.				
pres. ind. 3rd. sg.	maddāpeti			

man [*sk.* man] 생각하다. ※190

				med.	
pres. ind. 3rd. sg.	maññati	-mannati	munāti	maññate	manute
pres. ind. 1st. pl.				maññamha	
pres. opt. 1st. sg.	maññeyyaṁ	maññe			
pres. opt. 3rd. sg.	maññeyya	maññe		maññetha	
ppr. med.				maññamāna	
fut. 2nd. sg.	maññissasi				

man [*sk.* man] 생각하다. ※190

fut. 3rd. pl.	-maññissanti			
aor. 1st. sg.	amaññam	maññi		
aor. 2nd. sg.				maññittho
aor. 3rd. sg.		maññi	maññesi	
		amaññi	-mannesi	
aor. 1st. pl.				maññimhe
aor. 2nd. pl.				maññivho
aor. 3rd. pl.		-maññiṁsu	amaññiṁsu	amaññaruṁ
			amaññisuṁ	
pp. pass.	mata	muta		
grd.	mantabba	manitabba		
abs.	mantvā	mantā	mantvāna	mantūna
inf.	mantuṁ	manituṁ	-mannituṁ	
caus.				
pres. ind. 3rd. sg.	-māneti			
aor. 3rd. pl.	mānesuṁ			
pp. pass.	mānita			
desid.				
pres. ind. 3rd. sg.	vīmaṁsati			
ppr. med.	-vīmaṁsamāna			
abs.	vīmaṁsitvā			
inf.	vīmaṁsituṁ			
caus. ind. 3rd. sg.	vīmaṁsāpeti			

mant [*denom.*<manta] 충고하다. ※191

pres. ind. 1st. sg.	mantayāmi	-mantemi			
pres. ind. 3rd. sg.		manteti		*med.*	
pres. imp. 2nd. pl.	mantayatha			mantayavho	mantavho
pres. opt. 3rd. sg.	mantaye				
ppr. act.		mantenta		mantayamāna	
aor. 3rd. sg.	mantayi	mantesi			
aor. 3rd. pl.	mantayiṁsu	mantesuṁ			
pp. pass.	mantita				
grd.	mantayitabba				
abs.	mantayitvāna	mantetvā	-manta		
	mantayitvā				
inf.	mantayituṁ	manteturh			
caus. ind. 3rd. sg.	-mantāpeti				

mar [*sk.* mṛ] 죽다. ※192

pres. ind. 3rd. sg.	marati	mīyati	miyyati	*med.*
pres. ind. 3rd. pl.	maranti	mīyanti		miyyare
pres. opt. 1st. sg.	mareyyaṁ			
pres. opt. 2nd. sg.	mareyyāsi			

mar [*sk.* mṛ] 죽다. ※192

pres. opt. 3rd. sg.			miyye	mīyetha	
ppr. med.	maramāna	mīyamāna	miyyamāna		
fut. 3rd. sg.	marissati		miyyissati		
fut. pt.	marissant				
aor. 3rd. sg.	amarā	amari	mari		
aor. 3rd. pl.			mariṁsu		
pp. pass.	mata				
grd.	maritabba	macca			
inf.	mārituṁ	marituye			
caus1.					
pres. ind. 3rd. sg.	māreti				
pp. pass.	mārita				
pass. ind. 3rd. sg.	māriyati				
ppr. med.	māriyamāna				
caus2.					
pres. ind. 3rd. sg.	mārāpeti				
pp. pass.	mārāpita				

mas [*sk.* mṛś] 접촉하다. ※193

pres. ind. 3rd. sg.	-masati				
ppr. act.	-masant	masanta		*med.* masamāna	
aor. 3rd. sg.	-masi				
pp. pass.	-maṭṭha	-masita			
grd.	-masitabba	-massa			
abs.	-masitvā				
caus.					
pres. ind. 3rd. sg.	-māseti				
pres. imp. 2nd. sg.	-māse	māsaya			

mah [*sk.* mah] 존경하다. ※194

pres. opt. 1st. pl.			*med.* mahemāse		
pp. pass.	mahita				
pass.					
pres. ind. 3rd. sg.	mahīyati				
ppr. med.	mahīyamāna				
caus.					
pres. ind. 3rd. sg.	mahāyati				
abs.	mahāyitvāna				

mā [*sk.* mā] 재다/측량하다. ※195

pres. ind. 3rd. sg.	-mināti	-māyati			*med.*
pres. ind. 1st. pl.					-mimhase
pres. imp. 2nd. sg.	-minā				
pres. opt. 3rd. sg.	mineyya	mine			

mā [*sk.* mā] 재다/측량하다. ※195

pres. opt. 1st. pl.	-mineyyāma				
ppr. act.	-minanta				
fut. 3rd. sg.	minissati	-missati			
aor. 3rd. sg.	-mini		-māya	-mesi	
aor. 3rd. pl.	-miṁsu				
pp. pass.	mita				
grd.	minitabba	-meyya	mātabba	metabba	
abs.	-minitvāna	-minitvā	-māya		
inf.	-minituṁ			-metuṁ	
pass. ind. 3rd. sg.	mīyati				
caus1.					
pres. ind. 3rd. sg.	māpeti				
caus2.					
pres. ind. 3rd. sg.				mināpeti	
aor. 3rd. sg.	māpesi	amāpayi			
abs.	māpetvā	māpayitvā			

milā [*sk.* mlā] 위축되다/시들다. ※196

pres. ind. 3rd. sg.	milāyati
pres. ind. 3rd. pl.	milāyanti
pp. pass.	milāta
caus.	
pres. ind. 3rd. sg.	milāpeti
fut. 3rd. sg.	milāpessati
abs.	milāpetvā

miss [*sk.* mikṣ] 섞다. ※197

pres. ind. 3rd. sg.	misseti
fut. 1st. pl.	missayissāma
pp. pass.	missita
inf.	missetuṁ

muc [*sk.* muc] 풀다/해탈하다. ※198

	act.		*med.*	*pass.*	
pres. ind. 3rd. sg.	muñcati			muccati	
pres. ind. 3rd. pl.	muñcanti		-muñcare	muccanti	
pres. imp. 2nd. sg.	muñca				muccassu
pres. opt. 1st. sg.			muñceyya		
pres. opt. 3rd. sg.	-muñceyya	muñce	muñcetha	mucceyya	
pres. opt. 2nd. pl.	muñcetha				
ppr. act.	muñcant	muñcanta		muccanta	
fut. 1st. sg.	muñcissāmi			muccissāmi	
fut. 2nd. sg.					mokkhasi
fut. 3rd. sg.	muñcissati			muccissati	-mokkhati

muc [*sk.* muc] 풀다/해탈하다. ※198

fut. 3rd. pl.	muñcissanti				mokkhanti
aor. 3rd. sg.	muñci			mucci	muccittha
aor. 3rd. pl.	muñciṁsi			mucciṁsu	
abs.	muñcitvā	mutvā		muccitvā	
	muñciya	-mucca			
inf.	muñcituṁ			muccituṁ	
pp. pass.	muñcita	mutta	-mukka	muccita	
caus1.					
pres. ind. 3rd. sg.	moceti				
pres. imp. 2nd. sg.	mocehi				
aor. 3rd. sg.	mocesi				
grd.	mocanīya				
abs.	mocetvā				
inf.	mocetuṁ				
caus2.					
pres. ind. 3rd. sg.	mocāpeti	muñcāpeti			

mujj [*sk.* majj] 가라앉다. ※199

pres. ind. 3rd. sg.	-mujjati
ppr. med.	mujjamāna
aor. 3rd. sg.	-mujji
pp. pass.	-mugga
abs.	-mujjitvā
caus1.	
pres. ind. 3rd. sg.	-mujjeti
pp. pass.	-mujjita
caus2.	
pres. ind. 3rd. sg.	-mujjāpeti
abs.	-mujjāpetvā

mud [*sk.* mud] 환희하다. ※200

pres. ind. 3rd. sg.	modati		*med.*
pres. ind. 3rd. pl.			modare
pres. imp.	modāhi		
ppr. med.			modamāna
aor. 3rd. sg.	-modi		
pp. pass.	mudita	-modita	
grd.	-modanīya		
abs.	-moditvā		
caus.			
pres. ind. 3rd. sg.	-modeti		
ppr. med.			modayamāna

muh [*sk.* muh] 어리석다. ※201

				med.
pres. ind. 2nd. sg.				muyhase
pres. ind. 3rd. sg.	muyhati			
pres. ind. 3rd. pl.	muyhanti			
pp. pass.	muddha	mūḷha		
caus.				
pres. ind. 3rd. sg.	moheti			
aor. 2nd. sg.	amohayi			
aor. 3rd. sg.	amohayi			amohayittha

yaj [*sk.* yaj] 헌공하다. ※202

pres. ind. 3rd. sg.	yajati			*med.*
pres. imp. 2nd. sg.	yajāhi			yajassu
pres. imp. 3rd. sg.	yajatu			yajataṁ
pres. opt. 1st. sg.	yajeyyaṁ			
pres. opt. 3rd. sg.	yajeyya			yajetha
pres. opt. 3rd. pl.	yajeyyuṁ			
ppr. act.	yajant	yajanta		yajamāna
fut. 1st. sg.	yajissāmi			
fut. 2nd. sg.	yajissasi			
fut. 3rd. pl.	yajissanti			
aor. 1st. sg.	yajim			
aor. 3rd. sg.	yaji	ayajī		
pp. pass.	yiṭṭha	yajita		
grd.	yajitabba			
abs.	yajitvā	yajitvāna		
inf.	yaṭṭhuṁ	yiṭṭhuṁ	yajituṁ	
pass. ind. 3rd. sg.	yājiyati	ijjati		
caus1.				
pres. ind. 3rd. sg.	yājeti			
pres. opt. 2nd. sg.	yājeyya			
pres. opt. 3rd. pl.	yājeyyuṁ	yājayeyyuṁ		
ppr.	yājenta			
abs.	yājetvā			
caus2.				
pres. ind. 3rd. sg.	yājāpeti	yajāpeti		
pres. imp. 2nd. sg.		yajāpehi		

yam [*sk.* yam] 제어하다(sam-yam=saṁyamati/saññamati) ※203

pres. ind. 3rd. sg.	yamati			*med.*
pres. imp. 1st. pl.				yamāmase
fut. 1st. sg.	-yamissāmi			
pp. pass.	-yata			
inf.	-yamituṁ			

yam [*sk.* yam] 제어하다(sam-yam=saṁyamati/saññamati) ※203

caus. ind. 3rd. sg.	-yameti	(sañ)ñameti		
caus. imp. 2nd. sg.		(sañ)ñāmaya		
fut.				
3rd. pl.		(sañ)ñamessanti		
pp. pass.	-yamita			

yā [*sk.* yā] 가다. ※204

pres. ind. 1st. sg.	yāmi			
pres. ind. 2nd. sg.	yasi			
pres. ind. 3rd. sg.	yāti	yāyati	-yeti	
pres. ind. 1st. pl.	-yāma			
pres. ind. 2nd. pl.	yātha			
pres. ind. 3rd. pl.	-yanti	yāyanti		
pres. imp. 2nd. sg.	yāhi			
pres. imp. 3rd. sg.	yātu			
pres. imp. 1st. pl.	-yāma			
pres. imp. 2nd. pl.	yātha			
pres. imp. 3rd. pl.	yantu			
pres. opt. 3rd. sg.		yāyeyya		
ppr. act.	yanta	yāyant	yant	
fut. 3rd. sg.	yassati			
fut. 3rd. pl.	-yissanti			
aor. 1st. sg.	-yāsiṁ			
aor. 2nd. sg.	-yāsi			
aor. 3rd. sg.	-yāsi			
aor. 1st. pl.	-yāsimha			
aor. 3rd. pl.	-yaṁsu	-yiṁsu	-yesuṁ	-yāyiṁsu
pp. pass.	-yāta			
abs.		yāyitvā		
inf.	yātave		-yātuṁ	
caus.				
pres. ind. 3rd. sg.	yāpeti	yepeti		
ppr. act.	yāpenta			
fut. 3rd. pl.	yāpessanti			
aor. 3rd. sg.	yāpesi			
inf.	yāpetuṁ			

yāc [*sk.* yāc] 요청하다. ※205

pres. ind. 1st. sg.			*med.*	-yāce
pres. ind. 3rd. sg.	yācati			
pres. imp. 2nd. sg.	yācāhi			
pres. opt. 2nd. pl.	yāceyyātha			
aor. 3rd. sg.	yāci			
aor. 3rd. pl.	yāciṁsu	ayācisuṁ	yācuṁ	

yāc [*sk.* yāc] 요청하다. ※205

pp. pass.	yācita		
abs.	yācitvā	yācitvāna	yāciya
inf.	yācituṁ		
pass.			
pres. ind. 3rd. sg.	yācīyati	yāciyati	
ppr. med.		yāciyamāna	
ppr. act.		yāciyanta	
caus. ind. 3rd. sg.	yāceti		

yuj [*sk.* yuj] 묶다/연결하다. ※206

				med.
pres. ind. 3rd. sg.	yuñjati			yuñjate
pres. ind. 2nd. pl.	yuñjatha			
pres. ind. 3rd. pl.	yuñjanti			
pres. imp. 2nd. pl.	yuñja			yuñjassu
pres. opt. 3rd. sg.	-yuñjeyya			yuñjetha
pres. opt. 2nd. pl.	-yuñjetha			
ppr. act.	-yuñjant	-yuñjanta		-yuñjamāna
fut. 3rd. sg.	-yuñjissati			
aor. 1st. sg.	-yuñjisaṁ			
aor. 3rd. sg.		yuñji		
aor. 2nd. pl.		huñjittha		
pp. pass.	yutta			
grd.		-yuñjitabba		
abs.	-yuñjitvā			
inf.	-yuñjituṁ			
pass.				
pres. ind. 3rd. sg.	yuñjiyati	yuñjīyati	yujjati	
ppr. med.	yuñjiyamāna		-yujjamāna	
grd.			yujjaniya	
caus1.				
pres. ind. 3rd. sg.	yojeti			
pres. imp. 2nd. sg.	yojehi			
pres. opt. 3rd. sg.				yojetha
ppr. act.	yojayant			
aor. 3rd. sg.	yojayi		yojesi	
aor. 3rd. pl.			yojesuṁ	
pp. pass.	yojita			
grd.	yojetabba			
abs.	yojetvā			
pass. ind. 3rd. sg.	yojīyati			
caus2.				
pres. ind. 3rd. sg.	yojāpeti			
abs.	yojāpetvā			

yudh [*sk.* yudh] 싸우다. ※207

pres. ind. 3rd. sg.	yujjhati	(nib)bujjhati		*med.*
ppr. act.	yujjhanta			yujjhamāna
fut. 1st. pl.	yujjhissāma			
aor. 3rd. sg.	yujjhi	ayujjhi		yujjhittha
pp. pass.	yuddha	(nib)buddha		
abs.	yujjhitvā			
caus.				
pres. ind. 3rd. sg.	yodheti			
pres. opt. 3rd. sg.				yodhetha

yūh [*sk.* ?] 가지고 가다. ※208

pres. ind. 3rd. sg.	-yūhati
pp. pass.	-yūlha
abs.	-yūhitvā

rakkh [*sk.* rakṣ] 수호하다. ※209

				med.
pres. ind. 3rd. sg.	rakkhati			-rakkhate
pres. imp. 2nd. sg.	rakkha			
pres. opt. 3rd. sg.	rakkheyya	rakkhe		rakkhetha
pres. opt. 2nd. pl.	rakkheyyātha			
ppr. act.	rakkhanta	rakkhant		-rakkhamāna
fut. 1st. sg.	rakkhissāmi			
fut. 3rd. sg.				-rakkhissate
aor. 3rd. sg.	rakkhi			
pp. pass.	rakkhita			
grd.	rakkhitabba	rakkhiya	-rakkhiyya	
inf.	rakkhituṁ			
pass. ppr. med.				rakkhiyamāna
caus1.				
pres. ind. 3rd. sg.	rakkheti			
caus2.				
pres. ind. 3rd. sg.	rakkhāpeti			
aor. 3rd. sg.	rakkhāpesi			

raj, raṅj [*sk.* raj] 비치다. ※ 210

pres. ind. 3rd. sg.	rajati	rajjati	rañjati
pres. opt. 3rd. sg.		rajjeyya	
ppr. act.	rajant		
ppr. med.		rajjamāna	
fut. 3rd. sg.		rajjissati	
aor. 3rd. sg.			arañji
pp. pass.	ratta		rañjita
grd.	rajitabba	rajjitabba	

raj, raṅj [*sk.* raj] 비치다. ※ 210

abs.	rajitvā		
inf.	rajituṁ		
caus1.			
pres. ind. 3rd. sg.	rajeti	-rājeti	rañjeti
pres. ind. 3rd. pl.			rañjita
inf.	rajetave		
pass.			
pres. ind. 3rd. sg.			rañjīyati
caus2.			
pres. ind. 3rd. sg.	rajāpeti		rañjāpeti
pres. opt. 3rd. sg.	rajāpeyya		
abs.	rajāpetvā		

randh [*sk.* radh] 종속되다/ 억압되다. ※ 211

pres. ind. 3rd. sg.	randhati
pres. imp. 3rd. pl.	randhantu
pres. opt. 3rd. sg.	randheyya
pp. pass.	randha
caus.	
pres. ind. 3rd. sg.	randheti
pres. imp. 2nd. sg.	randhehi
aor. inj. 3rd. sg.	mā randhayi
aor. inj. 3rd. pl.	mā randhayuṁ

ā-rabh [*sk.* ā+rabh] 시작하다. ※ 212

pres. ind. 3rd. sg.	-rabhati	-rabbhati
ppr. act.	-rabhant	
aor. 1st. sg.	-rabhiṁ	
aor. 3rd. sg.	-rabhi	-rabbhi
aor. 3rd. pl.	-rabhiṁsu	
pp. pass.		-raddha
abs.	-rabhitvā	-rabbha

ram [*sk.* ram] 즐기다. ※ 213

pres. ind. 1st. sg.			rame
pres. ind. 3rd. sg.	ramati		
pres. imp. 2nd. sg.	rama		-ramassu
pres. imp. 3rd. sg.	ramatu		
pres. conj. 1st. pl.			ramāmase
pres. opt. 3rd. sg.	-rameyya	-rame	
pres. opt. 3rd. pl.	-rameyyuṁ		
fut. 3rd. sg.	ramissati	-ramessati	
aor. 3rd. sg.	-ramāsi	-rami	-ramittha
pp. pass.	ratta		

ram [*sk.* ram] 즐기다. ※ 213

grd.	ramma	ramaṇīya		
abs.	ramma			
inf.	ramituṁ			
caus1.				
pres. ind. 3rd. sg.	rameti			
pres. imp. 2nd. sg.	ramehi			
ppr. med.				ramayamāna
pp. pass.	ramita			
caus2.				
pres. ind. 3rd. sg.	ramāpeti			
pres. opt. 1st. sg.	ramāpeyyaṁ			
ppr. act.	ramāpenta			
abs.	ramāpetvā			
inf.	ramāpetuṁ			

rādh [*sk.* rādh] 성취하다. ※ 214

pres. ind. 3rd. sg.	-rajjhati			
aor. 3rd. sg.	-rajjhi			
pp. pass.	-raddha			
caus.				
pres. ind. 3rd. sg.	-rādheti		-rādhayati	
pres. opt. 3rd. sg.	-rādheyya	rādhe	rādhaye	
ppr. act.	rādhayanta			
aor. 1st. sg.			-rādhayiṁ	
aor. 2nd. sg.			-rādhayi	
aor. 3rd. sg.		-rādhesi	-rādhayi	
pp. pass.	-rādhita			

ric [*sk.* ric] 떠나다/버리다. ※ 215

pres. ind. 3rd. sg.	riñcati			*med.*
ppr. med.				riñcamāna
fut. 3rd. sg.	riñcissati			
fut. 3rd. pl.	riñcissanti			
pp. pass.	ritta			
abs.	riñcitvā			
pass.				
pres. ind. 3rd. sg.	riccati			
ppr. med.				-riccamāna

ru [*sk.* ru] 울부짖다. ※ 216

pres. ind. 3rd. sg.	ravati			*med.*
ppr. act.	ravanta			ravamāna
fut. 3rd. sg.	-ravissati			
aor. 3rd. sg.	arāvi	aravi	ravi	

ru [*sk.* ru] 울부짖다. ※ 216

aor. 3rd. pl.			raviṁsu		
pp. pass.	ravita	ruta			
abs.	ravitvā				
caus. ind. 3rd. sg.	-rāveti				

ruc [*sk.* ruc] 빛나다. ※ 217

pres. ind. 1st. sg.			-rocayāmi		
pres. ind. 3rd. sg.	-rocati	-ruccati		*med.* rocate	ruccate
pres. ind. 3rd. pl.				*med.* -rocare	
pres. imp. 2nd. sg.			-rocayāhi		
pres. imp. 3rd. sg.	rocatu				
pres. opt. 3rd. sg.	-roceyya				
pres. opt. 1st. pl.	-roceyyāma				
aor. 2nd. sg.		*inj.* mā rucci			
aor. 1st. pl.				*med.* ruccādimhase	
pp. pass.		rucita			
abs.		ruccitvā			
caus1. ind. 3rd. sg.	roceti				
ppr. act.	rocenta				
aor. 3rd. sg.	-rocayi	-rocesi	-arocayi		
aor. 3rd. pl.		-rocesuṁ			
pp. pass.	-rocita				
abs.	-rocetvā				
caus2.					
pres. ind. 3rd. sg.	rocāpeti				

ruj/luj [*sk.* ruj] 부수다/상처를 입히다. ※ 218

pres. ind. 3rd. sg.	rujati				
pres. ind. 3rd. pl.	rujanti				
fut. 3rd. sg.	rucchiti				
aor. 3rd. pl.	rujiṁsu				
pp. pass.	lugga				
pass.					
pres. ind. 3rd. sg.	-lujjati				
pres. opt. 3rd. pl.	-lujjeyyuṁ				

rud [*sk.* rud] 울다. ※ 219

pres. ind. 3rd. sg.	rudati		rodati		
pres. imp. 2nd. sg.	ruda				
pres. opt. 1st. sg.			rode	rodeyyaṁ	
ppr. act.	rudanta	rudant	rodanta	rodant	
ppr. med.	rudamāna		rodamāna		
fut. 3rd. sg.	rucchati	rucchiti	rodissati		
aor. 1st. sg.			rodiṁ		

rud [*sk.* rud] 울다. ※ 219

aor. 3rd. sg.			rodi	
pp. pass.	ruṇṇa	rudita	rodita	
abs.	ruditvāna	ruditvā	roditvā	
inf.			roditurṁ	
caus2.				
pres. ind. 3rd. sg.			rodāpeti	

rudh [*sk.* rudh] 방해하다. ※ 220

pres. ind. 3rd. sg.	rundhati	rundhiti	rumbhati	-ruddhati	
		rundhīti	rumhati		
pres. opt. 3rd. sg.	-rundheyya			-ruddheyya	
	-rundhe			-ruddhe	
ppr. act.	rundhanta				*med.* rundhamāna
aor. 3rd. sg.	rundhi			-ruddha	
aor. 3rd. pl.	rundhiṁsu				
pp. pass.	ruddha	rūḷha			
grd.	rundhiya				
abs.	rundhitvā		rumbhitvā	rumhitvā	
caus1.					
pres. ind. 3rd. sg.	rujjhati				
ppr. med.			-rujjhamāna		
aor. 3rd. sg.	-rujjhi			rodhi	
abs.	-rujjhitvā				
caus.					
pres. ind. 3rd. sg.				-rodheti	
pp. pass.				-rodhita	

ruh [*sk.* ruh] 자라다. ※ 221

pres. ind. 3rd. sg.	-rohati	-ruhati	-rūhati	ruyhati	
pres. imp. 2nd. sg.	-roha		-rūha		
pres. imp. 3rd. sg.			-rūhatu		
pres. opt. 3rd. sg.			rūheyya		
ppr. act.	-rohanta		-rūhanta		
ppr. med.			-rūhamāna		
fut. 3rd. sg.	-rohissati				
aor. 1st. sg.		aruhaṁ	-rūhiṁ		
aor. 2nd. sg.			-rūhi		
aor. 3rd. sg.	ruhi	aruhi	-rūhi	-ruyhi	-rucchi
aor. 3rd. pl.		aruhuṁ	rūhiṁsu	-ruyhiṁsu	
pp. pass.			rūḷha		
grd.			-rūhitabba		
abs.	rohitvā	ruhitvā	-rūhitvā	ruyhitvā	
		ruhya	-rūhiya		
inf.			rūhituṁ		

ruh [*sk.* ruh] 자라다. ※ 221

pass.			
pres. ind. 3rd. sg.		ruhyati	
caus1.			
pres. ind. 3rd. sg.	-ropeti		-rūheti
pres. imp. 2nd. sg.	-ropehi		
pres. imp. 1st. pl.	-ropema		
pres. opt. 3rd. sg.		-ropayeyya	
ppr. act.	-ropenta		
aor. 1st. sg.	-ropesiṁ	-ropayiṁ	
aor. 3rd. sg.	-ropesi	-ropayi	
pp. pass.	-ropita		
grd.	-ropitabba		
abs.	-ropetvā	-ropayitvā	
inf.	-ropetuṁ		
caus2.			
pres. ind. 3rd. sg.	-ropāpeti		-rūhāpeti
abs.	-ropāpetvā		

lakkh (*denom.* <lakkha) [*sk.* lakṣ] 표시하다. ※ 222

pres. ind. 3rd. sg.	lakkheti
pp. pass.	lakkhita
abs.	-lakkhetvā
pass.	
pres. ind. 3rd. sg.	lakkhīyati
ppr. med.	lakkhīyamāna
caus.	
pres. ind. 3rd. sg.	-lakkhāpeti

lag [*sk.* lag] 걸리다/부착되다. ※ 223

pres. ind. 1st. sg.	laggāmi			
pres. ind. 3rd. sg.	laggati		lagati	
pres. imp. 3rd. sg.	laggatu			*med.*
ppr.				laggamāna
aor. 3rd. sg.	laggi			
pp. pass.	lagga	laggita	lagita	
abs.	laggitvā			
caus1.				
pres. ind. 3rd. sg.	laggeti		lageti	
aor. 3rd. sg.	laggesi			
abs.	laggetvā			
caus2.				
pres. ind. 3rd. sg.	laggāpeti			
3rd. pl.	laggāpenti			
abs.	laggāpetvā			

laṅgh [*sk.* laṅgh] 뛰어넘다. ※ 224

pres. ind. 3rd. sg.	laṅghati			*med.*
ppr. med.				laṅghamāna
abs.	laṅghitvā			
caus.				
pres. ind. 3rd. sg.	laṅgheti			
aor. 3rd. sg.	laṅghesi			
pp. pass.	laṅghita			
abs.	laṅghayitvā	laṅghayitvāna		
inf.	laṅghetuṁ			

lajj [*sk.* lajj] 부끄러워하다. ※ 225

pres. ind. 3rd. sg.	lajjati			*med.*
pres. ind. 3rd. pl.	lajjanti			lajjare
ppr. med.				lajjamāna
fut. 3rd. sg.	lajjissati			
pp. pass.	lajjita			
grd.	lajjitabba	lajjitāya		
abs.	lajjitvā			
inf.	lajjituṁ			
caus1.				
pres. ind. 3rd. sg.	lajjeti			
caus2.				
pres. ind. 3rd. sg.	lajjāpeti			
abs.	lajjāpetvā			

lañch [<*sk.* lakṣ] 도장을 찍다/구별하다. ※ 226

pres. ind. 3rd. sg.	lañchati			
ppr. act.	lañchanta			
caus1.				
pres. ind. 3rd. sg.	lañcheti			
aor. 3rd. sg.		-lacchesi		
pp. pass.	lañchita	-lacchita		
caus2.				
pres. ind. 3rd. sg.	lañchāpeti			

lap [*sk.* lap] 말하다. ※ 227

pres. ind 3rd. sg.	lapati				*med.*
pres. ind 3rd. pl.					lapante
pp. pass.	lapita				
aor. 3rd. pl.	-lapiṁsu				
caus1.					
pres. ind. 3rd. sg.	lapeti	lāpeti	lāpayati	lapayati	
pres. opt. 3rd. sg.			lāpayeyya	lapayeyya	
inf.	lapetave				

lap [*sk.* lap] 말하다. ※ 227

caus2.		
pres. ind. 3rd. sg.	lapāpeti	
intens.		
pres. ind. 3rd. sg.	lālappati	lālapati
pp. pass.	lālappita	

labh [*sk.* labh] 얻다. ※ 228

					med.
pres. ind. 3rd. sg.	labhati				labhate
pres. imp. 2nd. sg.	labha	labhāhi			labhassu
pres. imp. 3rd. pl.	labhantu				
pres. opt. 3rd. sg.	labheyya				-labhetha
ppr. act.	labhanta				labhamāna
fut. 1st. sg.	lacchāmi	lacchaṁ	labhissāmi		
fut. 2nd. sg.	lacchasi		labhissasi		
fut. 3rd. sg.	lacchati		labhissati		
fut. 1st. pl.			labhissāma		lacchāmase
fut. 2nd. pl.			labhissatha		
fut. 3rd. pl.			labhissanti		
cond. 3rd. sg.			alabhissā		alabhissatha
cond. 1st. pl.			alabhissāma		
aor. 1st. pl.	alatthaṁ	alabhitthaṁ	alabhiṁ	labhiṁ	
aor. 2nd. sg.	alattha				
aor. 3rd. sg.	alattha		alabhi	labhi	alattha alabhittha
aor. 1st. pl.	alatthamha		alabhimha	alabhimhā	
aor. 3rd. pl.	alatthuṁ	alatthaṁsu	-laddhaṁsu	-labhiṁsu	
inj. 3rd. sg.					mā laddhā
pp. pass.	laddha				
grd.	laddhabba laddheyya		labhanīya -labbhaneyya	labbha labbhiya	
abs.	laddhā	laddhāna	labhitvā	labhitvāna	
inf.	laddhuṁ				
pass.					
pres. ind. 3rd. sg.	labbhati		labbhate		
ppr. med.			labbhamāna		
caus.					
pres. ind. 3rd. sg.	labbheti	-lābheti			
pres. ind. 3rd. pl.		-lābhayanti			
aor. 3rd. sg.	alabbhesi				

lamb [*sk.* lamb] 매달리다. ※ 229

pres. ind. 3rd. sg.	-lambati	-lambeti		*med.*
3rd. pl.	-lambanti			-lambare

lamb [*sk.* lamb] 매달리다. ※ 229

ppr. med.	-lambanta		-lambamāna
fut. 3rd. sg.	lambahīti	lambissati	
aor. 3rd. pl.	lambiṁsu		
pp. pass.	lambita		
grd.	-lambiya		
abs.	-lambitvā	lambetvā	
	-lamba	-lubbha	
caus1.			
pres. ind. 3rd. sg.	lambeti		
caus2.			
pres. ind. 3rd. sg.	lambāpeti		

likh [*sk.* likh] 자르다/쓰다. ※ 230

pres. ind. 3rd. sg.	likhati
aor. 3rd. sg.	likhi
pp. pass.	likhita
inf.	likhituṁ
caus1.	
pres. ind. 3rd. sg.	lekheti
pp. pass.	lekhita
caus2.	
pres. ind. 3rd. sg.	likhāpeti
abs.	likhāpetvā

lip/limp [*sk.* lip, limp] 바르다/칠하다. ※ 231

pres. ind. 3rd. sg.	limpati	-limpeti
ppr.	-limpanta	
pp. pass.	litta	
grd.	-limpitabba	
abs.	-limpitvā	limpitvāna
pass.		
pres. ind. 3rd. sg.	lippati	-limpīyati
ppr. med.	lippamāna	
caus1.		
pres. ind. 3rd. sg.	lepeti	-limpeti
pp. pass.		limpita
grd.	lepanīya	
abs.		limpetvā
caus2.		
pres. ind. 3rd. sg.	limpāpeti	
abs.	-limpāpetvā	

lih [*sk.* lih] 핥다. ※ 232

pres. ind. 3rd. sg.	lehati	
aor. 1st. sg.	-lehisaṁ	
aor. 3rd. pl.		lehayiṁsu
pp. pass.	līḷha	
grd.	leyya	
abs.	lehitvā	
inf.	leḍhuṁ	

li [*sk.* li] 붙다. ※ 233

pres. ind. 3rd. sg.	līyati	-liyati	*med.*
ppr. act.	-līyanta		-līyamāna
aor. 3rd. sg.	-līyi		
aor. 3rd. pl.	-līyiṁsu		
pp. pass.	līna	-lita	
abs.	-līyitvā		
inf.	-līyituṁ	-liyituṁ	
caus1.			
pres. ind. 3rd. sg.	-leṇeti		
caus2.			
pres. ind. 3rd. sg.	-līyāpeti	-liyāpeti	
pp. pass.	-līpita		
abs.		-liyāpetvā	
pass.			
pres. ind. 3rd. sg.	-līpīyate		

luc 끌어내다/잡아다니다. ※ 234

pres. ind. 3rd. sg.	luñcati
aor. 3rd. sg.	aluñci
pp. pass.	luñcita
abs.	luñcitvā
caus1.	
pres. ind. 3rd. sg.	loceti
aor. 1st. sg.	alocayiṁ
caus2.	
pres. ind. 3rd. sg.	luñcāpeti

lup/rup [*sk.* lup] 부수다/약탈하다. ※ 235

pres. ind. 3rd. sg.	-lumpati	ruppati
ppr. act.		ruppant
pp. pass.	lutta	
abs.	-lumpitvā	
pass.		
pres. ind. 3rd. sg.	-luppati	
caus1.		

lup/rup [*sk.* lup] 부수다/약탈하다. ※ 235

pres. ind. 3rd. sg.	-lumpeti			
abs.	-lumpetvā			
caus2.				
pres. ind. 3rd. sg.	-lumpāpeti			
aor. 3rd. sg.	-lumpāpesi			

lubh [*sk.* lubh] 바라다/욕구하다. ※ 236

pres. ind. 3rd. sg.	lubbhati			
pp. pass.	luddha			
caus.				
pres. ind. 3rd. sg.	-lobheti			
ppr. med.	-lobhiyamāna			
pp. pass.	-lobhita			
grd.	-lobhanīya	lobhaneyya		
abs.	-lobhetvā			

luḷ [*sk.* lul] 동요하다. ※ 237

pres. ind. 3rd. sg.	luḷati			
pp. pass.	luḷita			
caus.				
pres. ind. 3rd. sg.	loleti			
pp. pass.	lolita			
abs.	loletvā			

lū [*sk.* lū] 자르다. ※ 238

pres. ind. 3rd. sg.	lunāti		lāvati	lāyati
pres. ind. 3rd. pl.	lunanti			
pp. pass.	luta	lūna		lāyita
abs.			lāvitvā	lāyitvā
pass.				
pres. ind. 3rd. sg.	lūyati			
pres. imp. 3rd. pl.	lūyantu			
aor. 3rd. pl.	lūyiṁsu			
caus1.				
pres. ind. 3rd. sg.		lāvayati	lāveti	lāyeti
caus2.				
pres. ind. 3rd. sg.	lavāpeti			

vac [*sk.* vac] 말하다. ※ 239

fut. 1st. sg.	vakkhāmi	-vakkhissaṁ		
fut. 3rd. sg.	vakkhati			
fut. 1st. pl.	vakkhāma			
fut. 3rd. pl.	vakkhanti			*med.*

vac [*sk.* vac] 말하다. ※ 239

fut. pt.				vakkhamāna
aor. 1st. sg.	avacaṁ	avocaṁ		
aor. 2nd. sg.	avaca	avoca	avacāsi	
aor. 3rd. sg.	avaca	avoca	avacāsi	avocāsi
	avacā			
aor. 1st. pl.	avacumha	avocumha		
aor. 2nd. pl.	avacuttha	avocuttha		avocattha
aor. 3rd. pl.	avacuṁ	avocuṁ		
inj. 2nd. sg.	mā avaca	mā voca		
inj. 2nd. pl.		mā avacattha		
pp. pass.	vutta	utta		
grd.	vattabba	vacanīya	vacaniyya	vācca
abs.	vatvā	vatvāna		
inf.	vattuṁ	vattave		
pass.				
pres. ind. 3rd. sg.	vuccati	uccati	vuccate	uccate
pres. ind. 3rd. pl.	vuccanti		vuccante	
ppr. med.			vuccamāna	
caus1.				
pres. ind. 3rd. sg.	vāceti			
fut. 3rd. sg.	vācessati			
aor. 3rd. pl.		vācayiṁsu		
pp. pass.	vācita			
abs.	vācetva			
inf.	vāceturṁ			
caus2.				
pres. ind. 3rd. sg.	vācāpeti			
desid.				
pres. ind. 3rd. sg.	vavakkhati			
abs.	vavakkhitvāna			

vaj₁ [*sk.* vṛj] (방향을) 돌리다/피하다. ※ 240

pres. ind. 3rd. sg.	vajjati	
pres. imp. 3rd. pl.	-vajjantu	
pres. opt. 3rd. sg.	vajje	
ppr. act.	vajjant	
caus.		
pres. ind. 3rd. sg.	-vajjeti	*med.*
pres. imp. 2nd. sg.		-vajjayassu
pres. conj. 2nd. pl.	vajjayātha(내지 *opt.* < vajjayeyyātha)	
pres. opt. 3rd. sg.	-vajjaye	
pres. opt. 2rd. pl.	-vajjetha	
fut. 3rd. sg.	-vajjessati	
aor. 3rd. sg.	-vajjayi	

vaj$_1$ [*sk.* vṛj] (방향을) 돌리다/피하다. ※ 240

grd.	-vajjayitabba			
abs.	-vajjetvā			

vaj$_2$ [*sk.* vraj] 향해서 가다 (자주 anu, upa, pa, pari와 복합동사를 구성한다). ※ 241

pers. ind. 3rd. sg.	vajjati	(pa)bbajati		
pres. imp. 2nd. sg.	vajja	(pa)bbaja	(pa)bbajāhi	
pres. opt. 3rd. sg.	vajjeyya	(pa)bbajeyya		
fut. 3rd. sg.		(pa)bbajissati		
aor. 3rd. sg.		(pa)bbaji		
pp. pass.		(pa)bbajita		
abs.		(pa)bbajitvā	(pa)bbajitvāna	
inf.		(pa)bbajituṁ		
caus.				
pres. ind. 3rd. sg.			(pas)bbājeti	
pres. imp. 3rd. sg.			(pa)bbājetu	
ppr. act.		(pa)bbājayant	(pa)bbājenta	
aor. 3rd. sg.			(pa)bbājesi	
pp. pass.		(pa)bbājita		
grd.			(pa)bbājetabba	
inf.			(pa)bbājetuṁ	

vañc [*sk.* vañc] 방랑하다. ※ 242

aor. 3rd. sg.	avañci			
aor. 1st. pl.	vañcimha			
pp. pass.	vañcita			
inf.	vañcituṁ			
caus.				
pres. ind. 3rd. sg.	vañceti			
aor. 1st. sg.	vañcisiṁ			
aor. 3rd. sg.	vañcesi	avañcayi		
pp. pass.	vañcita			
grd.	vañcetabba			
abs.	vañcetvā			
inf.	vañcetuṁ			

vaḍḍh [*sk.* vṛdh] 자라다. ※ 243

pres. ind. 3rd. sg.	vaḍḍhati	vaddhati		*med.*
pres. imp. 3rd. sg.				vaḍḍhataṁ
ppr. med.				vaḍḍhamāna
aor. 3rd. sg.				-vaḍḍhatha
aor. 3rd. pl.	vaḍḍhiṁsu			
pp. pass.	vuddha	vaddha	vuḍḍha	
	-buḍḍha	vaḍḍha		
abs.	vaḍḍhitvā			

vaḍḍh [*sk.* vṛdh] 자라다. ※ 243

pass. ppr. med.				vaḍḍhiyamāna	
caus1. pres. ind.					
3rd. sg.	vaḍḍheti				
ppr. act.	-vaḍḍhenta				
fut. 3rd. sg.	vaḍḍhessati				
aor. 3rd. sg.	vaḍḍhesi				
pp. pass.	vaḍḍhita				
abs.	vaḍḍhetvā				
caus2.					
pres. ind. 3rd. sg.	vaḍḍhāpeti				

vaṇṇ (*denom.* <vaṇṇa) 묘사하다/그리다. ※ 244

pres. ind. 3rd. sg.	vaṇṇeti				
fut. 1st. sg.	vaṇṇessāmi				
fut. 1st. pl.		vaṇṇayissāma			
aor. 3rd. sg.	vaṇṇesi				
pp. pass.	vaṇṇita				
pass. ppr. med.	vaṇṇiyamāna				

vatt [*sk.* vṛt] (nih-vatt=nibbatt) 전기(轉起)하다/존재하다. ※ 245

				med.	
pres. ind. 3rd. sg.	vattati	vaṭṭati	-battati	vattate	-battate
pres. imp. 3rd. sg.	vattatu				
pres. opt. 3rd. sg.	vatteyya				
pres. opt. 2nd. pl.	-vatteyyātha				
ppr.	vattant			vattamāna	
fut. 1st. sg.	vattissāmi		-battissāmi		
cond. 3rd. sg.				vattissatha	
cond. 3rd. sg.	vatti	vaṭṭi	-batti	vattittha	-battatha
cond. 3rd. pl.	-vattiṁsu				
pp. pass.	vatta	-vaṭṭa	-batta		
grd.	vattabba				
abs.	vattitvā		-battitvā		
inf.	vattituṁ				
caus1.					
pres. ind. 3rd. sg.	vatteti	-vaṭṭeti	-batteti		
pres. imp. 2nd. sg.	vattehi	vattaya			
pres. opt. 2nd. sg.	-vatteyyāsi				
ppr. act.	vattayant	vattenta		vattayamāna	
fut. 3rd. sg.	vattessati				
aor. 3rd. sg.	vattesi				
	vattayi	-vaṭṭayi			
pp. pass.	vattita		-battita		
grd.	vattitabba	-vattiya			

vatt [*sk.* vṛt] (nih-vatt=nibbatt) 전기(轉起)하다/존재하다. ※ 245

abs.	vattetvā	vaṭṭetvā	-battetvā		
	vattiya				
inf.	vattetuṁ				
pass. ppr. med.				vattiyamāna	
caus2.					
pres. ind. 3rd. sg.	-vattāpeti	vaṭṭāpeti	-battāpeti		
abs.		vaṭṭāpetvā			

vad [*sk.* vad] 말하다. ※ 246

pres. ind. 1st. sg.	vadāmi	vademi	vajjāmi		
pres. ind. 2nd. sg.	vadasi	vadesi	vajjasi		
pres. ind. 3rd. sg.	vadati	vadeti	vajjati		
pres. imp. 2nd. sg.	vada	vadehi			
pres. imp. 2nd. pl.	vadatha	vadetha			
pres. opt. 1st. sg.			vajjaṁ		
pres. opt. 2nd. sg.	vadeyyāsi		vajjāsi	vajja	
			vajjesi		
pres. opt. 3rd. sg.	vadeyya			vajjā	*med.*
pres. opt. 1st. pl.					vademase
pres. opt. 3rd. pl.	vadeyyuṁ		vajjuṁ	vajju	
ppr. act.	vadanta				vadamāna
					vadāna
fut. 3rd. sg.		vadessati			
aor. 1st. sg.		vadesiṁ			
aor. 2nd. sg.	vādi	vadesi			
aor. 3rd. sg.	vadi	vadesi			
aor. 2nd. pl.	vadittha				
aor. 3rd. pl.	vadiṁsu				
pp. pass.	udita				
grd.	-vaditabba	-vadiya			
abs.	vaditvā				
inf.	-vadituṁ				
pass.					
pres. ind. 3rd. sg.	-vadiyati	vajjati			
ppr. med.	vadiyamāna				
caus1.					
pres. ind. 3rd. sg.	vādeti				
ppr. act.	vādenta				
pres. opt. 1st. pl.	vādeyyāma				
aor. 1st. sg.		-vādayim			
aor. 3rd. sg.	vādesi				
aor. 3rd. pl.	vādesuṁ				

vad [*sk.* vad] 말하다. ※ 246

pp. pass.	vādita		
pass. ind. 3rd. sg.	vādiyati	vajjati	
pass. ppr. med.		vajjamāna	
pass. aor. 3. pers. pl.		vajjiṁsu	
caus2.			
pres. ind. 3rd. sg.	vādāpeti		
grd.	-vādāpetabba		

vadh [*sk.* vadh] 죽이다. ※ 247

pres. ind. 3rd. sg.	vadhati		
fut. 1st. sg.	vadhissāmi		
fut. 3rd. sg.	vadhissati		
cond. 1st. sg.	vadhissaṁ		
aor. 3rd. sg.	avadhi	vadhi	
grd.	vajjha		
abs.	vadhitvā		
caus.			
pres. ind. 3rd. sg.	vadheti		
pp. pass.	vadhita		

vand [*sk.* vand] 절하다. ※ 248

pres. ind. 3rd. sg.	vandati		
pres. imp. 2nd. sg.	vanda		
pres. imp. 3rd. pl.	vandantu		*med.*
ppr. act.	vandanta		vandamāna
aor. 1st. sg.	vandissaṁ		
aor. 3rd. sg.	vandi		
pp. pass.	vandita		
abs.	vandiya	vanditvā	
inf.	vandituṁ		
caus2.			
pres. ind. 3rd. sg.	vandāpeti		

vap [*sk.* vap] 씨뿌리다. ※ 249

pres. ind. 3rd. sg.	vapati		
pp. pass.	vutta	vatta	
abs.	vapitvā		
pass.			
pres. ind. 3rd. sg.	vuppati	vappate	
caus1.			
pres. ind. 3rd. sg.	vāpeti		
pp. pass.	vāpita		

vap [*sk.* vap] 씨뿌리다. ※ 249

inf.	vāpayituṁ	
caus2.		
pres. ind. 3rd. sg.	vapāpeti	vāpāpeti
aor. 3rd. sg.	vapāpesi	

vam [*sk.* vam] 토하다. ※ 250

pres. ind. 3rd. sg.	vamati	
fut. 3rd. sg.	vamissati	
pp. pass.	vanta	
caus.		
pres. ind. 3rd. sg.	vameti	-vāmeti

vambh [*denom.* <*sk.* vamha] 경멸하다. ※ 251

pres. ind. 3rd. sg.	vambheti	vamheti
pp. pass.	vambhita	vamhayita

var [*sk.* vṛ] 덮다/방해하다. ※ 252

pres. ind. 3rd. sg.	-varati	vuṇati	vuṇoti	vanoti
	(pā)purati	(o)puṇati		(pā)rupati
pres. ind. 3rd. pl.	(apā)puranti	(apā)puṇanti		
pres. opt. 2nd. sg.	-vareyyāsi			
fut. 3rd. sg.				(pā)rupissati
aor. 3rd. sg.	avāri			
pp. pass.	-vuta	-vaṭa	(apā)ruta	(pā)ruta
grd.				(pā)rupitabba
abs.				(pā)rupitvā
pass.				
pres. ind. 3rd. sg.				(pā)rupiyati
caus1.				
pres. ind. 3rd. sg.	vāreti			
pres. ind. 3rd. pl.			-vārayanti	
pres. opt. 3rd. sg.	-vāreyya		-vāraye	
ppr. act.	vārenta		vārayant	
fut. 3rd. sg.	-vāressati			
aor. 1st. sg.	-vāresiṁ	vārayissaṁ		
3rd. sg.	-vāresi	vārayi		
3rd. pl.	vāresuṁ	-vārayiṁsu		
pp. pass.	vārita			
grd.	-vāretabba			
abs.	-vāriyana	-vāretvā	-vārayitvā	
inf.	vāretuṁ			
pass. ind. 3rd. sg.	vāriyati			(apā)purīyati
ppr. act.	vāriyanta	vāriyamāna		
caus2.				

var [*sk.* vṛ] 덮다/방해하다. ※ 252

pres. ind. 3rd. sg.	vārāpeti			(o)punāpeti

val [*sk.* val] 감기다. ※ 253

caus.	
pres. ind. 3rd. sg.	valeti
pp. pass.	valita
abs.	valitvā
inf.	valetuṁ

vas$_1$ [*sk.* vas] (옷을) 입다. ※ 254

pres. ind. 3rd. sg.	vasati	
pp. pass.	vuttha	-vattha
caus1.		
pres. ind. 3rd. sg.	-vāseti	
fut. 3rd. sg.	-vāsessati	
abs.	-vāsetvā	-vasetvāna
caus2.		
pres. ind. 3rd. sg.	-vāsāpeti	
abs.	-vāsāpetvā	

vas$_2$. [*sk.* vas] 살다. ※ 255

				med.
pres. ind. 3rd. sg.	vasati			vasate
pres. imp. 2nd. sg.	vasa			
pres. opt. 1st. sg.	-vase			
pres. opt. 2nd. sg.	-vase			
pres. opt. 3rd. sg.	-vase	vaseyya		
pres. opt. 1st. pl.	vasemu			
ppr. act.	vasant	vasanta		vasamāna
fut. 1st. sg.	vasissami	vachāmi	vacchaṁ	
fut. 2nd. sg.		vacchasi		
fut. 3rd. sg.	vasissati	vacchati		
fut. 1st. pl.	vasissāma			
fut. 3rd. pl.				vasissare
aor. 3rd. sg.	avasi	vasi	vasī	
aor. 1st. pl.	avasimha			
aor. 3rd. pl.		vasiṁsu	-vasuṁ	
ppr. act.	vusitavant			
pp. pass.	vusita	vuttha	vasita	
grd.	vasitabba	vatthabba		
abs.	vasitvā			
inf.	vasituṁ	vatthuṁ		
pass.				
pres. ind. 3rd. sg.	vussati	vasīyati		

vas₂ would need LaTeX; write as vas_2. [*sk.* vas] 살다. ※ 255

caus1.				
pres. ind. 3rd. sg.	-vāseti			
pres. imp. 2nd. sg.	-vāsehi			
pres. imp. 2nd. pl.	-vāsetha			
aor. 3rd. sg.	-vāsesi	-vāsayi		
pp. pass.	vāsita			
abs.	vāsetvā	-vāsayitvā	-vāsetvāna	-vāsiya
inf.	vāsetuṁ			
caus2.				
pres. ind. 3rd. sg.	-vasāpeti	-vāsāpeti		
aor. 3rd. sg.	-vasāpesi	-vāsāpesi		
abs.	-vasāpetvā			

vas_3. [*sk.* vāś] 울부짖다. ※ 256

pres. ind. 3rd. sg.	vassati		*med.*
ppr. act.	vassanta		vassamāna
pp. pass.	vassita		
grd.	vassitabba		
abs.	vassitvā		
caus.			
pres. ind. 3rd. sg.	vassāpeti		
aor. 3rd. sg.	vassāpesi		

vass [*sk.* vṛṣ] 비오다. ※ 257

pres. ind. 3rd. sg.	vassati			
pres. imp. 2nd. sg.	-vassa			
pres. imp. 3rd. sg.	-vassatu			*med.*
ppr. act.	-vassant	vassanta		vassamāna
fut. 3rd. sg.	vassissati			
aor. 3rd. sg.	vassi			
aor. 3rd. pl.	-vassiṁsu			
pp. pass.	vuṭṭha	-vaṭṭa	-vaṭṭha	
pass.				
pres. ind. 3rd. sg.	-vassati			
caus1.				
pres. ind. 3rd. sg.	vasseti			
ppr. act.	vassenta			
pp. pass.	vassita			
caus2.				
pres. ind. 3rd. sg.	-vassāpeti			
fut. 1st. sg.	vassāpessāmi			
fut. 2nd. pl.	vassapessatha			
aor. 3rd. sg.	vassāpesi			
inj. 2nd. pl.	mā vassāpayittha			

vass [*sk.* vṛṣ] 비오다. ※ 257

pp. pass.	vassāpita				
abs.	vassāpetvā				

vah [*sk.* vah] 운반하다. ※ 258

pres. ind. 3rd. sg.	vahati			(nib)-bāhati	
pres. ind. 3rd. pl.	vahanti				
pres. imp. 3rd. sg.	vaha				
ppr. act.	vahant	vahanta	*med.*	vahamāna	
pp. pass.	ūḷha	vūḷha	vuḷha	-bāḷha	
grd.	vahitabba				
abs.				-bayha	
inf.	vahituṁ				
pass.					
pres. ind. 3rd. sg.	vuyhati	vuḷhati	vahīyati	-buyhati	
pres. opt. 3rd. sg.	vuyheyya				
ppr. act.	vuyhamāna		vahīyamāna		
caus1.					
pres. ind. 3rd. sg.	vāheti		-bāheti		
fut. 1st. sg.	vāhayissāmi				
pp. pass.	vāhita				
pass.					
pres. ind. 3rd. sg.			-bāhīyati		
ppr. med.	vāhiyamāna				
caus2.					
pres. ind. 3rd. sg.		-bahāpeti	-bāhāpeti		

vā$_1$ [*sk.* vā] (옷감을) 짜다. ※ 259

pres. ind. 3rd. sg.		vināti			
pp. pass.	vāyita	vīta			
inf.		vetuṁ			
pass.					
pres. ind. 3rd. sg.		viyyati	-viyati		
caus.					
pres. ind. 3rd. sg.	vāyāpeti	vināpeti			

vā$_2$ [*sk.* vā] (nir-va = nibbā) 불다(吹). ※ 260

pres. ind. 2nd. sg.	vāsi		vāyasi		
pres. ind. 3rd. sg.	-vāti	nibbāti	vāyati	nibbāyati	*med.*
pres. ind. 3rd. pl.	-vanti	nibbanti	vāyanti	nibbāyanti	-vāyante
pres. imp. 3rd. sg.		-nibbātu			
pres. opt. 3rd. sg.			nibbāyeyya	nibbāye	
ppr. act.			-vāyanta		
fut. 1st. sg.		-nibbissaṁ			
fut. 2nd. sg.		-nibbāhisi			

vā$_2$ [*sk.* vā] (nir-va = nibbā) 불다(吹). ※ 260

fut. 3rd. sg.		-nibbissati		
aor. 3rd. sg.			vāyi	nibbāyi
aor. 3rd. pl.		-nibbiṁsu		
pp. pass.	vāta	nibbuta	vāyita	
inf.		nibbātuṁ		
caus.				
pres. ind. 3rd. sg.		nibbāpeti		
pres. imp. 2nd. pl.		nibbāpetha		
pres. opt. 3rd. sg.		nibbāpaye		
aor. 3rd. sg.		nibbāpesi		
pp. pass.		nibbāpita		
inf.		nibbāpetuṁ		

vic [*sk.* vyac] 넓히다.(오로지 vi와 복합동사로 존재). vivic 원리(遠離)하다/멀리하다 ※ 261

pres. ind. 3rd. sg.	-viccati	
pp. pass.	-vitta	
grd.		-vicca
abs.	-viccitvā	-vicca
caus.		
pres. ind. 3rd. sg.	-veceti	
ppr. med.	-veciyamāna	

vij [*sk.* vij] 흥분하다/부채질하다 (복합동사로만 존재) ※ 262

pres. ind. 3rd. sg.	-vijjati	
pp. pass.	-vigga	
caus.		
pres. ind. 3rd. sg.	-vejeti	
pres. imp. 2nd. sg.	-vejehi	
aor. 3rd. sg.	-vejesi	
pp. pass.	-vejita	-vijita
grd.	-vejanīya	
abs.	-vejetvā	
inf.	-vejetuṁ	

vis [*sk.* viś] 들어가다. ※ 263

pres. ind. 3rd. sg.	-visati			
pres. imp. 2nd. sg.	-visa			
pres. opt. 3rd. sg.	-vise			
ppr. act.	-visanta			
fut. 1st. sg.	-vekkhāmi	-visissāmi	-vissāmi	
fut. 3rd. sg.	-vekkhati	-visissati	-vissati	
aor. 3rd. sg.	-vekkhi	-avisi	-avisī	-visi
aor. 2nd. pl.			-avisittha	
aor. 3rd. pl.		-avisuṁ	-avisiṁsu	

vis [*sk.* viś] 들어가다. ※ 263

pp. pass.	-viṭṭha	
grd.	-visitabba	
abs.	-visitvā	(pa)vissa
inf.	-vituṁ	
caus1.		
pres. ind. 3rd. sg.	veseti	
pres. opt. 3rd. sg.	-vesaye	
fut. 3rd. sg.	-vesessati	
aor. 3rd. sg.	-vesayi	vesesi
abs.	-vesetvā	-vesiya
caus1. pass.		
pres. ind. 3rd. sg.	vesiyati	
caus2.		
pres. ind. 3rd. sg.	-vesāpeti	

veṭh [*sk.* viṣṭ] 감다/덮다. ※ 264

pres. ind. 3rd. sg.	veṭheti
pp. pass.	-veṭhita
abs.	veṭhetvā
pass.	
pres. ind. 3rd. sg.	-veṭhīyati

vedh/vyadh [*sk.* vyath] 떨다/동요하다. ※ 265

				med.
pres. ind. 2nd. sg.				vyadhase
pres. ind. 3rd. sg.	vedhati	vyadhati		
pres. opt. 3rd. sg.	vedheyya			
ppr. med.				vedhamāna
pass. ppr. med.	vedhiyamāna			
caus.				
pres. ind. 3rd. sg.	vedheti	vyadheti	vyādheti	
fut. 3rd. sg.			vyādhayissati	
pp. pass.	-vedhita	vyadhita		

vyadh [*sk.* vyadh] 뚫다. ※ 266

pres. ind. 3rd. sg.	vijjhati		
ppr. act.	-vijjhanta		
fut. 3rd. sg.	vijjhissati		
aor. 3rd. sg.	-vijjha	-avyādhi	vijjhi
3rd. pl.		avidhuṁ	
pp. pass.	viddha		
grd.	-vijjhitabba	viddheyya	
abs.	vijjhitvā	viddhā	-vijjha
inf.	vijjhituṁ		

vyadh [*sk.* vyadh] 뚫다. ※ 266

pass.					
pres. ind. 3rd. sg.	vijjhati				
pres. imp. 3rd. pl.	vijjhantu				
ppr. med.	vijjhamāna				
caus1.					
pres. ind. 3rd. sg.	vijjheti	vijjhayati	vedheti		
ppr. act.		vijjhayanta			
fut. 3rd. sg.				vedhayissati	
pp. pass.				vedhita	
caus2.					
pres. ind. 3rd. sg.	vijjhāpeti				

saṁs [*sk.* saṁs] 설명하다. ※ 267

pres. ind. 3rd. sg.	saṁsati		-siṁsati		
pres. opt. 3rd. sg.	saṁse				*med.*
ppr. med.					siṁsamāna
aor. 1st. sg.		-sasiṁ			
aor. 1st. sg.	asaṁsi asāsi	-sasi	-sīsi	-sisi	-saṁsittha
pp. pass.	-saṁsita	-sattha			

sak$_1$ [*skb.* śak] 할 수 있다. ※ 268

	<śakno	<śakno	<śaknā	<śakya	
현재어간	sakko	sakkuṇo	sakkunā	sakkă	
pres. ind 1st. sg.	sakkomi	sakkuṇomi	sakkuṇāmi	sakkāmi	
pres. ind 2nd. sg.	sakkosi			sakkasi	
pres. ind 3rd. sg.	sakkoti	sakkuṇoti	sakkuṇāti	sakkati	*med.*
			sakkāti		sakkate
pres. ind 1st. pl.	sakkoma				
pres. ind 2nd. pl.	sakkotha				
pres. ind 3rd. pl.	sakkonta		sakkuṇanti		
pres. opt. 2nd. sg.			sakkuṇeyyāsi		
pres. opt. 3rd. sg.		sakkā	sakkuṇeyya		
pres. opt. 1st. pl.			sakkuṇemu		
ppr. act.	sakkonta				
fut. 1st. sg.				sakkhissāmi	
fut. 2nd. sg.	sagghasi			sakkhissasi	
fut. 3rd. sg.	sakkhati	sakkhiti		sakkhissati	
fut. 1st. pl.			sakkuṇissāma	sakkhissāma	
fut. 2nd. pl.			sakkuṇissatha	sakkhissatha	
fut. 3rd. pl.		sakkhinti		sakkhissanti	
cond. 3rd. sg.				asakkhissa	
aor. 1st. sg.	asakkhiṁ	sakkhiṁ	sakkhissaṁ	asakkhissaṁ	
aor. 2nd. sg.	asakkhi	sakkhi			
aor. 3rd. sg.	asakkhi	sakkhi	sakkuṇi		

sak$_1$ [*skb.* śak] 할 수 있다. ※ 268

aor. 1st. pl.			sakkhimha	asakkhimhă	
aor. 3rd. pl.			sakkhiṁsu		
pp. pass.	satta				
grd.	sakka		-sakkuṇeyya		
abs.			sakkuṇitvā		
desid.					
pres. ind. 3rd. sg.	sikkhati				
pres. ind. 3rd. pl.	sikkhanti				sikkhare
pres. opt. 2nd. sg.	sikkheyyāsi				
pres. opt. 3rd. sg.	sikkheyya	sikkhe			
pres. opt. 1st. pl.	sikkheyyāma	sikkhema			
ppr. act.	sikkhanta				sikkhamāna
fut. 1st. sg.	sikkhissāmi				
fut. 1st. pl.					sikkhissāmase
pp. pass.	sikkhita				
grd.	sikkhitabba	sikkha			
abs.	sikkhitvā				
inf.	sikkhituṁ				
desid. caus.					
pres. ind. 3rd. sg.	sikkhāpeti				
aor. 3rd. sg.	sikkhāpesi				
abs.	sikkhāpetvā				

saṅk [*sk.* śaṅk] 의심하다. ※ 270

				med.	
pres. ind. 1st. sg.	saṅkāmi			saṅke	
pres. ind. 3rd. sg.	saṅkati				
ppr. act.	-saṅkanta				
pres. opt. 3rd. sg.				saṅketha	
aor. 3rd. sg.	-saṅki			saṅkittha	
pp. pass.	-saṅkita				
grd.	saṅkanīya				
pass. pres. ind.					
3rd. sg.	saṅkīyati				

saj$_1$ [*sk.* saj] 걸다/붙이다. ※ 271

pass.					
pres. ind. 3rd. sg.	sajjati				
pres. opt. 3rd. sg.		-saje		*med.*	
ppr. med.				sajjamāna	
aor. 2nd. sg.			*med.*	sajjittho	asajjittho
aor. 3rd. sg.	sajji				
pp. pass.	satta				
abs.	sajjitvā				

saj$_2$ [*sk.* sṛj] 보내다. ※ 272

pres. ind. 3rd. sg.	sajati	-sajjati		
pres. ind. 3rd. pl.		sajjanti		
pres. imp. 2nd. sg.	sajāhi			
aor. 3rd. sg.	saji	sajji		
pp. pass.	-saṭṭha	-saṭa		
grd.	sajjaniya	sajjiya		
abs.	sajitvāna	sajjitvā	-sajjitvāna	-sajja
inf.	saṭṭhuṁ			
caus1.				
pres. ind. 3rd. sg.	sajjeti			
pres. imp. 3rd. sg.	-sajjehi			
3rd. pl.	-sajjentu			
pres. opt. 1st. sg.	-sajjeyyaṁ			
pres. opt. 3rd. pl.	-sajjeyyuṁ			
ppr.	-sajjenta			
fut. 3rd. sg.	-sajjessati			
aor. 3rd. sg.	-sajjesi	sajjayi		
aor. 3rd. pl.	-sajjesuṁ			
pp. pass.	sajjita			
abs.	-sajjetvā	-sajjetvāna		
caus2.				
pres. ind. 3rd. sg.	sajjāpeti			
aor. 3rd. sg.	-sajjāpesi			
abs.	sajjapetvā			

sajjhāya [*denom.* <sajjhāya<sva-adhi-i] 학습하다. ※ 273

pres. ind. 3rd. sg.	sajjhāyati	
pres. ind. 3rd. pl.	sajjhāyanti	
ppr. act.	sajjhāyanta	
abs.	sajjhāyitvā	sajjhāya
caus.		
pres. ind. 3rd. sg.	sajjhāpeti	sajjhāyapeti

sad$_1$ [*sk.* sad] 앉다. ※ 274

pres. ind. 3rd. sg.	sīdati		*med.*
pres. ind. 3rd. pl.	sīdanti		sīdare
pres. imp. 2nd. sg.	-sīda		
pres. opt. 3rd. sg.	sīde	-sīdeyya	
ppr. act.	-sīdanta		-sīdamāna
fut. 3rd. sg.	sīdissati		
aor. 1st. sg.	-sīdiṁ		
aor. 2nd. sg.		sado	
aor. 3rd. sg.	-sīdi		

sad$_1$ [*sk.* sad] 앉다. ※ 274

3rd. pl.	-sīdiṁsu	-sīdisuṁ	
pp. pass.	sanna	-siunna	-sīdita
grd.	sīditabba		
abs.	sīditvā	sīditvāna	sidiya sajja
caus1.			
pres. ind. 3rd. sg.	sādeti	sīdeti	
pres. opt. 3rd. sg.	-sādeyya	-sādaye	
ppr. act.	-sādenta		
fut. 1st. sg.	-sādessāmi		
aor. 3rd. sg.	-sādesi		
pp. pass.	-sādita		
grd.	-sādanīya	-sādetabba	
abs.	-sādetvā	sādiya	
inf.	-sāduṁ	-sādituṁ	-sādetuṁ
caus2.			
pres. ind. 3rd. sg.	-sīdāpeti		
fut. 3rd. pl.	-sidāpessanti		
aor. 2nd. sg.	-sīdāpesi		
aor. 3rd. sg.	-sīdāpesi		
abs.	-sīdāpetvā	-sīdāpiya	

sad$_2$ [*sk.* svad] 향수하다/즐기다. ※ 275

pres. ind. 3rd. sg.	sāyati
ppr. act.	sāyanta
pp. pass.	sāyita
grd.	sāyanīya
abs.	sāyitvā
caus. med. pass.	
pres. ind. 3rd. sg.	sādiyati
pres. opt. 3rd. sg.	sādiyeyya
ppr. med.	sādiyamāna
fut. 3rd. sg.	sādiyissati
aor. 3rd. sg.	sādiyi
grd.	sāditabba
inf.	sādituṁ

sand [*sk.* syand] 흐르다. ※ 276

pres. ind. 3rd. sg.	sandati	*med.*
pres. ind. 3rd. pl.	-sandanti	-sandare
ppr. act.	sandanta	-sandamāna
aor. 3rd. sg.	-sandi	-sandittha
pp. pass.	sanna	
abs.	sanditvā	
caus1.		

sand [*sk.* syand] 흐르다. ※ 276

pres. ind. 3rd. sg.	-sandeti		
pres. opt. 3rd. sg.	-sandeyya		
ppr. med.			-sandayamāna
caus2.			
pres. ind. 3rd. sg.	sandāpeti		

sap$_1$ [*sk.* śap] 저주하다/맹세하다. ※ 277

pres. ind. 3rd. sg.	sapati
pres. imp. 1st. pl.	-sapāma
pres. opt. 3rd. sg.	-sapeyya
ppr.	-sapanta
fut. 3rd. sg.	-sapissati
aor. 1st. sg.	-sapiṁ
aor. 3rd. sg.	-sapi
aor. 3rd. pl.	-sapiṁsu
pp. pass.	satta
abs.	-sapitvā
caus.	
pres. ind. 3rd. sg.	-sāpeti
ppr. act.	-sāpenta
pp. pass.	-sāpita

sap$_2$ [*sk.* sṛp] 기다/포복하다. ※ 278

pres. ind. 3rd. sg.	-sappati
pres. ind. 3rd. pl.	-sappanti

sam [*sk.* śam] 고요해지다. ※ 279

pres. ind. 3rd. sg.	sammati	-samati
ppr. med.	sammamāna	
pp. act.		-samitāvin
pp. pass.	santa	-samita
caus.		
pres. ind. 3rd. sg.	sāmeti	sameti
pres. imp. 2nd. pl.		-samāyatha
fut.		
1st. sg.	-sāmessāmi	
pp. pass.		samita
grd.	-sāmetabba	
abs.	sāmetvā	
inf.		sametuṁ

sambh [*sk.* śrambh] 진정시키다. ※ 280

pres. ind. 3rd. sg.	-sambhati

sambh [*sk.* śrambh] 진정시키다. ※ 280

aor. 3rd. sg.	-sambhi
pp. pass.	-saddha
caus.	
pres. ind. 3rd. sg.	-sambheti

sar$_1$ [*sk.* śṛ, śṝ] 분쇄하다. ※ 281

pass.	
pres. ind. 2nd. sg.	seyyasi
pres. ind. 3rd. sg.	seyyati
pp. pass.	siṇṇa
caus.	
pres. ind. 3rd. sg.	sāreti

sar$_2$ [*sk.* sṛ] 가다/흐르다. ※ 282

pres. ind. 3rd. sg.	sarati			
pres. opt. 3rd. sg.	sare			*med.*
ppr. act.	sarant	saranta		saramāna
fut. 3rd. sg.	sarissati			
aor. 2nd. sg.			-sarī	
aor. 3rd. sg.	asarā	-asari	-sari	
pp. pass.	-sarita	-sita	-saṭa	
grd.	saraṇīya			
abs.	saritvā	-sitvā		
pass.				
pres. ind. 3rd. sg.	-sariyati			
caus1.				
pres. ind. 3rd. sg.	sāreti			
pres. imp. 2nd. sg.	-sārehi	-sāraya		
pres. opt. 3rd. sg.	-sāreyya			
aor.				
3rd. sg.	-sāresi			
pp. pass.	-sārita			
grd.	-sāretabba			
abs.	-sāretvā			
caus2. pres. ind.				
3rd. sg.	sarāpeti	-sārāpeti		
desid. pres. ind.				
3rd. sg.	siṁsati			
3rd. pl.				siṁsare

sar$_3$ [*sk.* smṛ] 기억하다. ※ 283

				med.
pres. ind. 1st. sg.				sare
pres. ind. 3rd. sg.	sarati		sumarati	
pres. imp. 2nd. pl.	sara	sarāhi		

sar$_3$ [*sk.* smṛ] 기억하다. ※ 283

pres. imp. 3rd. sg.	saratu			
pres. opt. 2nd. sg.	sareyyāsi			
pres. opt. 3rd. sg.	sareyya	-sare		
pres. opt. 1st. pl.				saremhase
ppr. act.	sarant	saranta		saramāna
fut. 3rd. sg.	-sarissati			
aor. 1st. sg.	-sariṁ			
aor. 2nd. sg.				sarittho
aor. 3rd. sg.	-sari			
aor. 3rd. pl.	-saruṁ			
pp. pass.	sata	sarita		
grd.	-saritabba	-saraṇīya		
abs.	saritvā		sumariya	
inf.	sarituṁ			
pass.				
pres. ind. 3rd. sg.	sariyati	sarīyati		
ppr. med.				sariyamāna
caus1.				
pres. ind. 3rd. sg.	sāreti			
ppr. med.				sārayamāna
grd.	sāretabba			
pass.				
ppr. med.				sāriyamāna
caus2.				
pres. ind. 3rd. sg.	sarāpeti			
inf.	-sarāpetuṁ			

sas$_1$ [*sk.* śas] 때리다. ※ 284

pp. pass.	sattha			
inf.	sasituṁ			
pass. ppr. med.	sassamāna			

sas$_2$ [*sk.* śvas] 호흡하다. ※ 285

pres. ind. 3rd. sg.	-sasati	-sāseti		
pres. opt. 3rd. sg.	-sase	-sāsaye		
pp. pass.	-sattha			
abs.		-sāsayitvā		

sah [*sk.* sah] 참다/정복하다. ※ 286

pres. ind. 1st. sg.		sayhāmi		*med.*
pres. ind. 3rd. sg.	sahati			sahate
pres. imp.				
2nd. sg.	saha			
pres. opt. 3rd. sg.	saheyya	sahe		-sahetha

sah [*sk.* sah] 참다/정복하다. ※ 286

pres. opt. 3rd. pl.	saheyyuṁ		
ppr. act.	sahant	-sahanta	-sahamāna
fut. 3rd. sg.	-sahissati		
aor. 3rd. sg.	-sahi		
abs.	-sayha		
grd.	sayha		
inf.	sahituṁ		
pass.			
pres. ind 3rd. sg.	sayhati		
caus.			
pres. ind. 3rd. sg.	-sāheti		
pp. pass.	-sāhita		

sākaccha [*denom.* <sākacchā <sa-kathā-ya] 토론하다. ※ 287

pres. ind. 3rd. sg.	sākkaccheti	
ppr. act.	sākacchanta	*med.* sākacchāyamāna
fut. 3rd. pl.	sākacchissanti	
grd.	sākacchātabba	

sādh [*sk.* sādh] 성취하다. ※ 288

caus. pres. ind.		
3rd. sg.	sādheti	
pres. opt.		
3rd. sg.	-sādhaye	*med.*
1st. pl.		sādhayemase

sās [*sk.* śās] 가르치다. ※ 289

				med.
pres. ind. 3rd. sg.	-sāsati			-sāsate
pres. ind. 3rd. pl.	-sāsanti			-sāsare
pres. imp. 2nd. sg.	-sāsa			
pres. imp. 3rd. sg.	-sāsatu			-sāsatam
pres. opt. 3rd. sg.	-sāseyya			
pres. opt. 1st. pl.	-sāsemu			
pres. opt. 3rd. pl.	-sāseyyuṁ			
ppr.	-sāsant	-sāsanta		-sāsamāna
fut. 2nd. sg.	-sāsissasi			
aor. 1st. sg.	-sāsiṁ			
aor. 3rd. sg.	-sāsi			
aor. 3rd. pl.	-sāsisuṁ			
pp. pass.	-siṭṭha	-sāsita		
grd.	-sāsitabba	sāsiya	-sāsaniya	
abs.	-sāsitvā			
inf.	-sāsituṁ	-sasituṁ		

sās [*sk.* śās] 가르치다. ※ 289

pass.					
pres. ind. 3rd. sg.	-sāsiyati	-sāsīyati	-sissati		
ppr. med.				-sāsiyamāna	
caus1.					
pres. ind. 3rd. sg.	-sāseti				
ppr. act.	-sāsenta				
abs.	-sāsetvā				

si [*sk.* śri] 기대다. ※ 290

pres. ind. 3rd. sg.	-seti	-sayati			
pres. ind. 3rd. pl.	-senti				
pres. opt. 3rd. sg.	-seyya				
pp. pass.		-sayant			
aor. 1st. sg.		-sayiṁ			
aor. 3rd. sg.	-sesi	-sayi			
pp. pass.	-sita				
grd.	-setabba	-sayanīya			
abs.	-sāya	-sayitvā			
pass.					
pres. ind. 3rd. sg.		-sīyati			
caus.					
pres. ind. 3rd. sg.	-sāpeti				
aor. 3rd. sg.	-sāpesi				
pp. pass.	-sāpita				
abs.	-sāpetvā				

sic [*sk.* sic] 물을 대다. ※ 291

pres. ind. 3rd. sg.	siñcati				
pres. imp. 2nd. sg.	siñca				
pres. opt. 3rd. pl.	siñceyyuṁ			*med.*	
ppr. med.				siñcamāna	
fut. 3rd. pl.	siñcissanti				
aor. 2nd. sg.	siñci				
aor. 3rd. sg.	siñci			-siñcittha	-siñcatha
pp. pass.	siñcita	sitta			
grd.	-siñcitabba				
abs.	siñcitvā	sitvā	-siñciya		
inf.	siñcituṁ				
pass.					
pres. ind. 3rd. sg.	siccati				
caus1.					
pres. ind. 3rd. sg.	seceti				
pres. imp. 2nd. sg.				secayassu	
aor. 3rd. sg.	-secayi	-siñcayi			

sic [*sk.* sic] 물을 대다. ※ 291

aor. 3rd. pl.	-secayuṁ	-siñcayuṁ
caus2.		
pres. ind. 3rd. sg.	siñcāpeti	
aor. 3rd. sg.	siñcāpesi	

sid [*sk.* svid] 끓다/땀흘리다. ※ 292

			med.
pres. ind. 3rd. sg.	sijjati		
ppr. med.			sijjamāna
pp. pass.	sinna	siddha	
caus1.			
pres. ind. 3rd. sg.	sedeti		
aor. 3rd. sg.	sedesi		
pp. pass.	sedita		
abs.	sedetvā		
caus2.			
pres. ind. 3rd. sg.	sedāpeti		

sidh [*sk.* sidh] 증가하다/성공하다. ※ 293

pres. ind. 3rd. sg.	sijjhati
pp. pass.	siddha
inf.	sijjhituṁ

sib [*sk.* sīv] 꿰메다/재봉하다. ※ 294

pres. ind. 3rd. sg.	sibbati	sibbeti
ppr. act.	-sibbanta	
fut. 1st. sg.	sibbissāmi	
aor. 3rd. sg.	sibbi	sibbesi
pp. pass.	sibbita	
grd.	sibbitabba	
abs.		sibbetvā
inf.		sibbetuṁ
caus.		
pres. ind. 3rd. sg.	sibbāpeti	

sis [*sk.* śiṣ] 남다/잔류하다. ※ 295

pass.	
pres. ind. 3rd. sg.	sissati
pres. imp. 3rd. sg.	-sissatu
pp. pass.	-siṭṭha
caus.	
pres. ind. 3rd. sg.	-seseti
aor. 3rd. sg.	-sesesi
pp. pass.	-sesita

sis [*sk.* śiṣ] 남다/잔류하다. ※ 295

grd.	sesitabba	
abs.	sesetvā	

sī$_1$ [*sk.* śī] 눕다. ※ 296

pres. ind. 1st. sg.		sayāmi		*med.*	
pres. ind. 2nd. sg.	sesi				
pres. ind. 3rd. sg.	seti	sayati		sete	
pres. ind. 3rd. pl.	senti	sayanti		sente	
pres. imp. 2nd. sg.		saya			
pres. opt. 3rd. sg.	sayeyya	saye			sayetha
ppr. act.		sayant		semāna	sayamāna
		sayanta			sayāna
fut. 1st. sg.	sessaṁ				
fut. 3rd. sg.	sessati	sayissati			
aor. 1st. sg.	sesiṁ				asayitthaṁ
aor. 3rd. sg.	sesi	sayi		settha	asayittha
aor. 3rd. pl.		sayiṁsu			
pp. pass.		sayita			
abs.	sitvā	sayitvā			
inf.	setuṁ	sayituṁ			
caus1.					
pres. ind. 3rd. sg.		sayeti			
caus2.					
pres. ind. 3rd. sg.	sayāpeti				
pp. pass.	sayāpita				

sī$_2$ [*sk.* śyā, śyai] 얼다/차다. ※ 297

pres. ind. 3rd. sg.	-sīyati			*med.*
pres. imp. 3rd. pl.				-siyaruṁ
pp. pass.	sīna			
caus1.				
pres. ind. 3rd. sg.	-sīveti	-sibbeti		
abs.	-sīvetvā			
caus2.				
pres. ind. 3rd. sg.	-sīvāpeti			

su$_1$ [*sk.* śru] 듣다. ※ 298

pres. ind. 1st. sg.	suṇomi	suṇāmi	
pres. ind. 2nd. sg.	suṇosi	suṇāsi	
pres. ind. 3rd. sg.	suṇoti	suṇāti	
pres. ind. 1st. pl.	suṇoma	suṇāma	
pres. ind. 2nd. pl.	suṇotha	suṇātha	
pres. ind. 3rd. pl.		suṇanti	
pres. imp. 2nd. sg.	sunohi	suṇāhi	suṇa

su_1 [*sk.* śru] 듣다. ※ 298

pres. imp. 3rd. sg.		suṇātu			
pres. imp. 2nd. pl.		suṇātha			
pres. imp. 3rd. pl.		suṇantu			
pres. opt. 1st. sg.	suṇeyyaṁ				
pres. opt. 3rd. sg.	suṇeyya	suṇe			
ppr. act.	suṇonta	suṇanta	suṇant	savant	
fut. 1st. sg.	sosṣāmi			sussaṁ	
fut. 2nd. sg.	sossi				
fut. 3rd. sg.	sossati	suṇissati		sussati	
ppr. act.				sussanta	
aor. 1st. sg.	assuṁ	asuṇiṁ			
aor. 2nd. sg.	assu				
aor. 3rd. sg.		suṇi	assosi	assossi	sossi
aor. 1st. pl.	assumha				
aor. 2nd. pl.	assuttha				
aor. 3rd. pl.		suṇiṁsu	assosuṁ		
pp. act.	sutāvin				
pp. pass.	suta				
grd.	savanīya		sotabba		
abs.	sutvā	suṇitvā	sotūnam	suṇiya	
	sutvāna	suṇitvāna			
inf.		suṇituṁ	sotuṁ	sotave	
pass.					
pres. ind. 3rd. sg.	sūyati	suyyati	sussute		
	sūyate				
pres. ind. 3rd. pl.	sūyare	suyyare			
caus1.					
pres. ind. 3rd. sg.	sāveti				
pres. imp. 2nd. sg.		sāvaya			
pres. opt. 3rd. sg.	sāveyya				
ppr. act.	sāventa				
aor. 1st. sg.	sāvesiṁ	sāvayiṁ			
aor. 3rd. sg.	sāvesi	sāvayi			
aor. 3rd. pl.	sāvesuṁ				
pp. pass.	-sāvita				
abs.	-sāvetvā			*med.*	
pass. ppr. med.				-sāviyamana	
caus2.					
pres. ind. 3rd. sg.	suṇāpeti				
desid.					
pres. ind. 3rd. sg.	sussūsati	sussuyati			
pres. ind. 3rd. pl.	sussūsanti				
ppr. act.	sussūsant			sussūsamāna	
fut. 3rd. pl.	sussūsissanti	sussusissanti			

su$_1$ [*sk.* śru] 듣다. ※ 298

aor. 3rd. pl.	sussūsiṁsu

su$_2$ [*sk.* sru] 흐르다. ※ 299

pres. ind. 3rd. sg.	savati	
ppr. act.	savant	
pp. pass.	-suta	-sūta
caus.		
pres. ind. 3rd. sg.	-sāveti	-saveti
pp. pass.	-sāvita	

sukhaya [*denom.* <sukha] 행복하다. ※ 300

pres. ind. 3rd. sg.	sukheti	sukhayati
pp. pass.	sukhita	
caus.		
pres. ind. 3rd. sg.	sukhāpeti	

suc [*sk.* śuc] 슬퍼하다. ※ 301

pres. ind. 3rd. sg.	socati		*med.*
pres. ind. 3rd. pl	socanti		socare
pres. opt. 3rd. sg.	-soceyya		
ppr. act.	socant	-socanta	socamāna
aor. inj. 2nd. sg.	mā soci		
aor. inj. 2nd. pl.	mā socittha		
pref. 3rd. sg.	susoca		
pp. pass.	socita		
grd.	-sociya		
caus1. pres. ind.			
3rd. sg.	socayati	soceti	
abs.	socayitvā		
caus2.			
pres. ind. 3rd. sg.	socāpayati	socāpeti	

sudh [*sk.* śudh] 청정하다. ※ 302

pres. ind. 3rd. sg.	sujjhati
pp. pass.	suddha
caus.	
pres. ind. 3rd. sg.	sodheti
pres. ind. 3rd. pl.	sodhenti
pres. opt. 3rd. sg.	-sodhaye
pres. opt. 2nd. pl.	sodheyyātha
ppr. act.	sodhenta
fut. 1st. sg.	sodhessāmi
grd.	sodhetabba

sudh [*sk.* śudh] 청정하다. ※ 302

abs.	sodhetvā
inf.	sodhetuṁ
caus1.	
pass. pres. ind. 3rd. sg.	sodhīyati
ppr. med.	sodhiyamāna
caus2.	
pres. ind. 3rd. sg.	sodhāpeti
pres. imp. 2nd. pl.	sodhāpetha

sup [*sk.* svap] 자다. ※ 303

pres. ind. 3rd. sg.	supati	suppati	soppati	
pres. imp. 2nd. sg.	supa	supāhi		
pres. opt. 3rd. sg.	supe			*med.*
ppr. act.	supanta			suppamāna
fut. 3rd. sg.	-supissati			
aor. 3rd. sg.	supi			
aor. 3rd. pl.	supiṁsu			
pp. pass.	sutta	supita	sotta	
abs.		supitvāna		
inf.		supituṁ	sottuṁ	

subh [*sk.* śubh] 빛나다. ※ 304

pres. ind. 3rd. sg.	sobhati	
pres. opt. 2nd. pl.	sobhetha	*med.*
ppr. med.		sobhamāna
aor. 3rd. sg.	sobhi	sobhatha
caus.		
pres. ind. 3rd. sg.	sobheti	
ppr. act.	sobhayanta	
aor. 3rd. sg.	sobhesi	
pp. pass.	sobhita	

sus [*sk.* śuṣ] 마르다/건조해지다. ※ 305

			śuska에서
pres. ind. 3rd. sg.	sussati		sukkhati
pres. imp. 3rd. sg.	-sussatu		
ppr. act.			sukkhanta
ppr. med.	sussamāna		sukkhamāna
fut. 3rd. sg.	sussissati	-succhati	sukkhissati
pp. pass.			sukkhita
abs.	sussitvā		
caus1.			
pres. ind. 3rd. sg.	-soseti		
pres. opt. 3rd. sg.	-sosaye		

sus [*sk.* śuṣ] 마르다/건조해지다. ※ 305

pp. pass.	-sosita				
caus2.					
pres. ind. 3rd. sg.			sukkhāpeti		

sev [*sk.* sev] 봉사하다. ※ 306

pres. ind. 3rd. sg.	sevati			*med.*	
pres. ind. 3rd. pl.				-sevare	
pres. opt. 3rd. sg.	seve	seveyya			
aor. 1st. sg.	asevissaṁ				
inj. 3rd. sg.		mā sevi			
pp. pass.	sevita				
grd.	sevitabba	sevanīya			
abs.	sevitvā				

snih [*sk.* snih] 사랑하다. ※ 307

pres. ind. 3rd. sg.	siniyhati				
pp. pass.	siniddha				
caus.					
pres. ind. 3rd. sg.	sineheti	sneheti	snehayati		

haṁs [*sk.* hṛṣ] (모발이) 곤두서다. ※ 308

pres. ind. 3rd. sg.	haṁsati				
pp. pass.	haṭṭha	-haṁsita			
pass.					
pres. ind. 3rd. sg.	-haṁsīyati				
caus.					
pres. ind. 3rd. sg.	haṁseti				

han₁ [*sk.* han] 죽이다/때리다. ※ 309

pres. ind. 1st. sg.	hanāmi				
pres. ind. 2nd. sg.		hanāsi			
pres. ind. 3rd. sg.	hanati	hanāti	hanti		
pres. ind. 1st. pl.	hanāma				
pres. ind. 2nd. pl.	hanatha				
pres. ind. 3rd. pl.	hananti				
pres. imp. 2nd. sg.	hana				*med.* hanassu
pres. imp. 3rd. sg.	hanatu		-hantu		
pres. imp. 3rd. pl.	hanantu				
pres. opt. 3rd. sg.	haneyya	-hāne	hane	haññe	
ppr. act.	hanant	hananta			
fut. 1st. sg.		-haṅkhāmi	-hañchaṁ		-hañhi
fut. 3rd. sg.	hanissati		-hañchati	-hessati	
fut. 1st. pl.	hanissāma		hañchema		
aor. 3rd. sg.	ahani	hani			

han$_1$ [sk. han] 죽이다/때리다. ※ 309

aor. 3rd. pl.		hanimsu		
pp. pass.	hata			
grd.	hanitabba	hantabba	-hānīya	hañña
abs.	hanitvā	hanitvāna	hantvā	hantūna
		hātabba	hantvāna	-hacca
inf.	hanituṁ	hantuṁ	-ghātuṁ	
pass.				
pres. ind. 3rd. sg.	haññati	haññate		
pres. ind. 3rd. pl.		haññare		
pres. imp. 3rd. sg.	haññatu			
ppr. med.		haññamāna		
fut. 3rd. sg.	haññissati			
aor. 3rd. sg.	-haññi	-hani	*inj.*	mā haññi
aor. 3rd. pl.	haññiṁsu			
abs.	-haññitvā			
caus1.				
pres. ind. 3rd. sg.	ghāteti			haneti
pres. imp. 2nd. sg.	ghātehi	ghātaya		
pres. opt. 1st. sg.		ghāteyyaṁ		
pres. opt. 3rd. sg.		ghātaye	ghātayeyya	
ppr. act.		ghātayant		
fut. 1st. sg.	ghātessāmi			
fut. 3rd. pl.	ghātessanti			
aor. 3rd. sg.		aghātayi	ghātayi	
aor. 3rd. pl.			ghāttayiṁsu	
pp. pass.		ghātita		
grd.	ghātetāya	ghātiya	ghacca	
abs.	ghātetvā	ghātiya	ghātayitvā	
pass. ind. 3rd. sg.	ghātiyati			
caus2.				
pres. ind. 3rd. sg.	ghātāpeti			hanāpeti

han$_2$ [sk. had] 비우다/없게 하다. ※ 310

pres. ind. 3rd. sg.	hanati
pp. pass.	hanna
abs.	-hacca

har [sk. hṛ] 가져가다/취(取)하다. ※ 311

pres. ind. 1st. sg.			*med.*	-hare
pres. ind. 3rd. sg.	harati			
pres. imp. 2nd. sg.	hara			
pres. imp. 3rd. pl.	harantu			
pres. opt. 3rd. sg.	hare	hareyya		
pres. opt. 1st. pl.	haremu	hareyyāma		haremasi
pres. opt. 2nd. pl.		hareyyātha		haramāna

har [*sk.* hṛ] 가져가다/취(取)하다. ※ 311

ppr. act.	haranta				
fut. 1st. sg.		hassaṁ	hissami	-harissāmi	
			hissaṁ		
fut. 2nd. sg.	-hāhisi			harissasi	
fut. 3rd. sg.	-hāhiti	-hassati	-hissati	harissati	
			-hessati		
fut. 1st. pl.			-hissāma	harissāma	
aor. 1st. sg.	-hāsiṁ				
aor. 3rd. sg.	hāsi	ahāsi	hari	-ahari	
aor. 1st. pl.	harimha	harimhā			
aor. 2nd. pl.	harittha				
aor. 3rd. pl.	hariṁsu	aharuṁ	ahaṁsu	hiṁsu	
			haṁsu		
pp. pass.	haṭa	-harita	-hita		
grd.	haritabba	-hāriya	-hariya	-hacca	
	-hātabba		-hīra		
abs.	haritvā	hātūna	-hatvā	-haṭṭhuṁ	
		-hatvāna	-hacca		
inf.	harituṁ	hātuṁ	hātave	hattuṁ	
pass.					
pres. ind. 3rd. sg.	hīrati	harīyati	-hariyati		
ppr. med.					-hīramāna
aor. 3rd. sg.	ahīratha		-hariyittha		
caus1.					
pres. ind. 3rd. sg.	hāreti		hārayati		
pres. opt. 3rd. sg.			hāraye		
pres. opt. 3rd. pl.	-hāreyyuṁ				
aor. 1st. sg.			hārayiṁ		
aor. 3rd. sg.	hāresi				
aor. 3rd. pl.	hāresuṁ		hārayuṁ		
pp. pass.	hārita				
grd.	hāretabba				
inf.	hāretuṁ				
pass. aor. 3rd. sg.	hāriyittha				
caus2.					
pres. ind. 3rd. sg.	-harāpeti		-hārāpeti		
pres. opt. 2nd. sg.	-harāpeyyāsi				
pres. opt. 3rd. sg.	-harāpeyya				
aor. 3rd. pl.	-harāpesuṁ				
grd.	-harāpetabba				
abs.	-harāpetvā				
desid.					
pres. ind. 3rd. sg.	jigiṁsati				

has [*sk.* has] 웃다. ※ 312

pres. ind. 3rd. sg.	hasati	hassati		*med.*	
pres. ind. ppr. act.	hasant	hasanta		hasamāna	
aor. 1st. sg.	hasiṁ				
aor. 2nd. sg.	hasi				
aor. 3rd. sg.	hasi				
aor. 3rd. pl.	hasiṁsu	hassiṁsu			
pp. pass.	-hasita	haṭṭha			
abs.	hasitvā				
pass. pres. ind.					
3rd. sg.	-hasīyati	-hasiyati			
ppr. med.	-hasīyamāna				
caus1.					
pres. ind. 3rd. sg.	hāseti				
ppr. act.	hāsenta			hāsayamāna	
aor. 3rd. sg.	hāsesi				
abs.		hāsayitvāna			
caus2.					
pres. ind 3rd. sg.	hāsāpeti				
ppr. act.	hasāpenta				

hā [*sk.* hā] 버리다/포기하다. ※ 313

pres. ind. 1st. sg.	jahāmi		-hāmi		
pres. ind. 2nd. sg.	jahāsi	jahasi			
pres. ind. 3rd. sg.	jahāti	jahati		-hāyati	
pres. ind. 1st. pl.	jahāma				
pres. ind. 2nd. pl.	jahātha	jahatha			
pres. ind. 3rd. pl.	jahanti				
pres. imp. 2nd. sg.	jahi	jaha		*med.*	jahassu
pres. imp. 2nd. pl.		-jahatha			
pres. opt. 1st. sg.	jaheyyaṁ				
pres. opt. 2nd. sg.	jaheyyāsi				
pres. opt. 3rd. sg.	jaheyya	jahe		*med.*	jahetha
pres. opt. 3rd. pl.	jaheyyu			hāyeyyuṁ	
ppr. act.	-jahant	jahanta			
fut. 1st. sg.	jahissāmi	hessāmi	-hāssaṁ	-hassāmi	
fut. 2nd. sg.	jahissasi		-hāhisi	hāhasi	
fut. 3rd. sg.	jahissati		hāhiti		
fut. 2nd. pl.				hassatha	
cond. 1st. sg.	jahissaṁ				
aor. 1st. sg.	-jahiṁ				
aor. 3rd. sg.	-jahi		-hāsi		
aor. 3rd. pl.	jahiṁsu	jahuṁ			
pp. pass.	jahita		hīna		
grd.	jahitabba	-hātabba	-hāya	-heyya	

hā [*sk.* hā] 버리다/포기하다. ※ 313

abs.	jahitvā	hitvā	-hāya	hatvāna	
	jehetvā	hitvāna	hātūna		
inf.	jahituṁ		hātuṁ	hātave	
pass.					
pres. ind. 3rd. sg.	hīyati	hiyyati	hāyati	hāyate	-heti
pres. ind. 3rd. pl.				hāyare	
ppr. act.	-hīyamāna	hiyyamāna			
fut. 3rd. sg.	-hīyissati				
aor. 3rd. sg.				ahāyatha	
abs.	-hīyitvā				
caus.					
pres. ind. 3rd. sg.	hāpeti	jahāpeti			
pres. opt. 3rd. sg.	hāpaye				
ppr. act.	hāpenta				
aor. 3rd. sg.	hāpesi				
abs.	hāpetvā				

pā+hi [*sk.* pra+hi] 보내다. ※ 314

pres. ind. 3rd. sg.	(pā)heti	(pa)hiṇati	(pa)hiṇāti
pres. ind. 3rd. pl.		(pa)hiṇanti	
pres. imp. 3rd. sg.		(pa)hiṇatu	
pres. imp. 2nd. pl.	(pā)hetha		
pres. opt. 3rd. sg.			(pa)hiṇeyya
pres. opt. 2nd. pl.		(pa)hiṇeyyātha	
ppr. act.		(pa)hiṇanta	
fut. 3rd. sg.		(pa)hiṇissati	
aor. 3rd. sg.	(pā)hesi	(pa)hiṇi	(pā)hiṇi
aor. 3rd. pl.	(pā)hesuṁ	(pa)hiṇiṁsu	
pp. pass.		(pa)hita	
grd.	(pā)hetabba		
abs.		(pa)hiṇitvā	
inf.	(pā)hetuṁ		

hu [*sk.* hu] 붓다/헌공하다. ※ 315

pres. ind. 1st. sg.	juhāmi	jūhāmi	juhomi	
pres. ind. 2nd. sg.	juhasi	jūhasi	juhosi	
pres. ind. 3rd. sg.	juhati	jūhati	juhoti	juvhati
pres. ind. 1st. pl.			juhoma	
pres. ind. 2nd. pl.			juhotha	
pres. ind. 3rd. pl.			juhonti	juvhanti
ppr. act.	juhant	jūhant		
	juhanta	jūhanta	juhonta	
fut. 3rd. sg.	juhissati		juhossati	

hu [*sk.* hu] 붓다/헌공하다. ※ 315

aor. 1st. sg.	juhiṁ
pp. pass.	huta
grd.	hotabba
caus.	
pres. ind. 3rd. sg.	hāpeti
pp. pass.	hāpita

heṭh [*sk.* hid] 상처를 주다/괴롭히다. ※ 316

pres. ind. 3rd. sg.		heṭheti	-hīḷeti	*med.*
ppr. act.	-heṭhayant			-hethayāna
	-heṭhayanta			-hīḷayāna
aor. inj. 2nd. sg.		mā heṭhesi		
pp. pass.	heṭhayita		līḷita	
abs.	heṭhayitvāna	heṭhetvā		
pass. ppr. med.	-heṭhiyamāna			
fut. 3rd. sg.	-heṭhiyissati			

hes/hiṁs [*sk.* hiṁs] 해치다/죽이다. ※ 317

pres. ind. 3rd. sg.	-heseti		hiṁsati	*med.*
ppr. med.				hiṁsamāna
aor. 1st. sg.	-hesaṁ			
aor. 3rd. sg.		hesayi		
pp. pass.			hiṁsita	
caus.				
pres. ind 2nd. sg.			hiṁsāpeti	

hvā/hu [*sk.* hū] 부르다(오로지 복합동사에서만 사용). ※ 318

pres. ind. 3rd. sg.	-vhayati	-vhāyati	-vheti	-vhyati	
pres. ind. 3rd. pl.	-vhayanti	-vhāyanti			*med.*
pres. imp. 2nd. sg.	-vhaya				vhayassu
pres. imp. 1st. pl.	-vhayāma				
pres. imp. 3rd. pl.	-vhayantu				
pres. opt. 3rd. sg.	-vhayeyya		-vheyya		
ppr. med.	-vhayanta				-vhayamāna
pp. pass.					-vhayāna
aor.					
3rd. sg.	-vhayesi		-vhāsi		-vhettha
pp. pass.			-vhāta		
grd.			-vhātabba		
abs.		-vhetvā			

빠알리어미사전

-a (-) 1. *m n. sg. voc.* 보기 buddha(부처님이시여), phala(열매여), rāja(왕이여), brahma(하느님이여). 2. 자음으로 끝나는 어간의 *n. sg. acc.* 보기 kamma(업을), nāma(이름을). 3. *aor. 1sg. 2sg. 3sg.* addasa(보았다), alattha(얻었다), avoca(말했다). 4. *imp. 2sg.* 보기. labha(얻어라), suṇa(들어라)

-aṁ, -iṁ, -uṁ, -ṁ 1. *m n. f. sg. acc.* 보기 buddhaṁ(부처님을), phalaṁ(열매를), gāthaṁ (게송을), rājaṁ(왕을). 2. *n. sg. nom.* 보기 phalaṁ(열매는), kammaṁ(업은). 3. *aor. 1sg.* 보기 ajjhagaṁ(도착했다), alatthaṁ(얻었다), avocaṁ(말했다).

-ato → -to

-attha(-ttha) 1. *aor. 2pl.* 보기 akattha(만들었다), addattha(주었다). 2. *aor. 3sg. med.* 보기 addttha(주었다), sūyattha(들었다).

-anā, -ani → -nā, ni.

-anīya(-nīya) *grd.* stem 보기 karaṇīya(만들어져야 하는), gamanīya(가져야 하는).

-amha, -amhase *aor. 1pl.* 보기 akamha, akaramha(만들었다), agamha, agamamha(갔다), alatthamha(얻었다), akaramhase(만들었다), ahumhase(있었다).

-amhā, -amhi → -mhā, -mhi

aya- (=-e-) 1. *caus.* stem kāraya-(만들게 하다), gamaya-(가게 하다), bhāvaya(있게 하다, 수행하다). 2. *denom.* stem kāmaya-(바라다), ghātaya-(죽이다).

-araṁ, -ara, -aranaṁ → -raṁ, -rā, -ānaṁ

-aresu, -arehi → -su, -hi₁

-aro -ar 어간의 *m f. pl. nom. voc. acc.* 보기 pitaro(아버지들은, ~이여, ~을), mātaro(어머니들은, ~이여, ~을).

-asā, -aso → -sā, -so.

-asmā, -samiṁ → -smā, -smiṁ.

-assa, -assaṁ, -assā → -ssa, -ssaṁ, -ssā.

-ā 1. *m n. sg. abl.* 보기 buddhā(부처님으로부터), rūpā(색으로부터). 2. *m. pl. nom. voc.* 보기 buddhā(부처님들은, ~이여), rājā(왕들은, ~이여). 3. *f. sg. nom.* 보기 kaññā(소녀는), gāthā(게송은), sā(그녀는). 4. *f. pl. nom. voc. acc.* 보기 kaññā(화녀들은, ~이여, ~을), gāthā(게송들은, ~이여, ~을) tā(그녀들은, ~을). 5. 자음으로 끝나는 어간의 *m f. sg. nom.* 보기 rājā(왕은), bhagavā(세존께서는), āyasmā(존자는), arahā(거룩한 이는), satthā(스승은), pitā(아버지는), mātā (어머니는). 6. *aor. 2sg. 3sg.* 보기 akā, akarā(만들었다), agā, agamā(갔다).

-āna 1. *m n. f. pl. dat. gen.* 보기 buddhāna(부처님들께, ~의), ariyasaccāna(거룩한 진리들을 위해, ~의). 2. *ppr.* stem 보기 karāna, kubbāna(만들면서), esāna(구하면서).

-ānaṁ (-īnaṁ), (-ūnaṁ) 1. *m n. f. pl. dat. gen.* 보기 buddhānaṁ(부처님들께, ~의), phalānaṁ (결과들에, ~의), gāthāṁ(게송들에, ~의). 2. 자음으로 끝나는 어간의 *m. sg. acc.* 보기 rājānaṁ (왕을), attānaṁ(자아를), brahmānaṁ(하느님을).

-āni (-īni), (-ūni) *n. pl. nom. voc. acc.* 보기 phalāni(열매들은, ~이여, ~을), rūpāni(형상들은, ~이여, ~을), akkhīni(눈들은, ~이여, ~을), āyūni(목숨들은, ~이여, ~을), tīni(3은, ~을).

-āpaya- (-āpe-) *caus.* stem 보기 kārāpaya, kārāpe-(만들게 하다), gamāpe-(가게 하다), mārāpe-(죽이게 하다)

-āya *f. sg. ins. abl. dat. gen. loc.* kaññāya(소녀에 의해서, ~부터, ~에게, ~의, ~에 있어서), gāthāya(게송에 의해서, ~부터, ~에, ~의, ~에 있어서).

-āya- (-e-) *denom.* stem 보기 piyāya-(사랑하다), saddāya-(소리를 내다), sukhāya-(즐기다).

-āyaṁ *f. sg. loc.* 보기 kaññāyaṁ(소녀에 있어서), gāthāyaṁ(게송에 있어서).

-āyo *f. pl. nom. voc. acc.* 보기 kaññāyo(소녀들은, ~이여, ~을), gāthāyo(게송들은, ~이여, ~을).

-āvin 과거 능동분사 어미. 보기 katāvin(이미 만든), sutāvin(이미 들은).

-āvin, -āsaṁ → -assaṁ
-āsu, -āhi *f. pl. loc. ins. abl.* → -su, -hi
-i 1. (-) *m n. f. sg. nom. voc.* 보기 aggi(불은, ~이여), akkhi(눈은, ~이여), jāti(태어남은, ~이여). 2. (-ti, -ni, -ri, -si, -yi) *m n. sg. loc.* 보기 guṇavati(덕있는 자에게는), bhagavati(세존께 있어서), kammani(업에 있어서), hatthini (코끼리에 있어서), manasi(뜻에 있어서), pitari (부친에 있어서), mayi(나에 있어서). 3. *aor. 1sg. 2sg. 3sg.* 보기 labhi(얻었다), āsi(있었다), aggahi(얻었다).
-iṁ 1. → -ṁ. 2. *aor. 1sg.* 보기 labhiṁ, alabhiṁ (얻었다), āsiṁ(있었다), gaṇhiṁ, aggahiṁ(획득했다).
-iṁsu *aor. 3pl.* 보기 kariṁsu(만들었다), āsiṁsu(있었다), gaṇhiṁsu(취했다).
ito → -to
-ittha 1. *aor. 2pl.* 보기 āsittha(있었다), gaṇhittha(잡았다), pasārayittha(펼쳤다). 2. *aor. 3sg. med.* 보기 pucchittha(물었다(聞)), alabhittha(얻었다), pasārayittha(펼쳤다).
-ittho *aor. 2sg. med.* 보기 pucchittho(물었다(聞)), amññittho(생각했다).
-in *suf.* 소유하다 hatthin(손있는, 코끼리), vādin (말하는, 화자)
-ima, -imha *aor. 1pl.* 보기 labhima, labhimhā (얻었다), āsimha(있었다), upasaṅkamimha(가까이 갔다), sakkhimha(할 수 있다)
-imhā, imhi → mhā, -mhi
-iya- (-iyya-) 1. *pass.* stem 보기 kariya-, kariyya-(만들어지다), pucchiya-(질문받다), posiya-(양육되다), māriya-(살해되다). 2. *denom.* stem 보기 aṭṭiya-(괴로워하다), sam-ādhiya(입정하다).
-iyaṁ, -iyā → -yaṁ, -yā.
-isaṁ *aor. 1sg.* 보기 icchisaṁ(원했다), agacchisaṁ(갔다), dakkhisaṁ(보았다).
-isuṁ *aor. 3pl.* 보기 acarisuṁ(거닐었다), abhuñjisuṁ(먹었다), pucchisuṁ(물었다).
-ismā, -ismiṁ → -smā, -smiṁ.
-issa- *fut.* stem 보기 karissa-(만들 것이다), gamissa-(갈 것이다), labhissa-(얻을 것이다).
-issaṁ 1. *aor. 1sg.* 보기 agamissaṁ(갔다), apucchissaṁ(물었다), sakkhissaṁ(가능했다). 2. *fut. 1sg.* 보기 karissaṁ(만들 것이다), bhavissaṁ(있을 것이다). 3. *cond. 1sg.* 보기 abhavissaṁ(있다면).
-ī 1. *f. sg. nom.* 보기 nadī(강은), devī(여신은). 2. *f. pl. nom. voc. acc.* 보기 nadī(강들은, ~이여, ~을), devī(여신들은, ~이여, ~을). 3. -in 자음으로 끝나는 어간의 *m sg. nom.* 보기 hatthī(코끼리는), pakkhī(새는), vādī(말하는 자는). 4. *aor. 2sg.* 보기 agamī(갔다), gilī(삼켰다).
-īnaṁ → ānaṁ
-īya- (-iya-), (-iyya-) 1. *pass.* stem 보기 gaṇhīya-(붙잡히다), cīya-(모여지다), pīya-(마셔지다). 2. *denom.* stem 보기 puttīya-(아들로서 사랑하다), balīya-(강하게 하다), hiriya-(부끄러워하다).
-īsu, -īhi → -su, -hi
-u 1. *m n. f. sg. nom. voc.* 보기 bhikkhu(수행승은, ~이여), cakkhu(눈「眼」은, ~이여), dhenu (목우는, ~여). 2. -ar 어간의 *m f. sg. dat. gen.* 보기 satthu(스승에게, ~의), pitu(아버지에게, ~의), mātu(어머니에게, ~의). 3. *aor. 2sg. 3sg.* 보기 ahu(있었다), assu(들었다).
-uṁ 1. *m nf. sg. acc.* 보기 bhikkhuṁ(수행승을), cakkhuṁ(눈「眼」을), dhenuṁ(목우를). 2. *n. sg. nom.* 보기 cakkhuṁ(눈「眼」은), assuṁ(눈물은), āyuṁ(목숨은). 3. *aor. 3pl.* 보기 akaruṁ(만들었다), aguṁ, gacchuṁ(갔다), avocuṁ, avacuṁ(말했다).
-unā, -uno, -unhā, -unhi → -nā, -no, -mhā, -mhi.
-uyaṁ, -uyā, -uyo → -yaṁ, -yā, -yo.
-usaṁ, -usā, -usmā → -saṁ, -sā, -smā.
-usmiṁ, -ussa → smiṁ, -ssa.
-ū 1. *m n. f. sg. nom.* 보기 abhibhū(정복자는), pāragū(피안에 도달한 자는). 2. *m f. pl. nom. voc. acc.* 보기 bhikkhū(수행승들은, ~이여, ~을), pāragū(피안에 도달한 자들은, ~이여, ~을). 3. *aor. 2sg. 3sg.* 보기 ahū(있었다). 4. *aor. 3pl.* 보기 ahū(있었다), agū(갔다).
-ūnaṁ, -ūni → -ānaṁ, -āni.
-ūbhi, -ūhi → -bhi, -hi₁
-e 1. *m n. sg. loc.* 보기 buddhe(부처님께 있어서), phale(결과에 있어서), raññe(왕에 있어서). 2. *m pl. acc.* 보기 buddhe(부처님들은), dhamme(법들을). 3. *f. sg. voc.* 보기 kaññe(소녀여), gāthe(게송이여). 4. *pron. m. pl. nom. acc.* 보기 te(그들은, ~을), sabbe(일체는, ~을). 5. *pres. 1sg. med.* 보기 kubbe(만들다), labhe(얻다). 6. *imp. 1sg. med.* 보기 kubbe(만들어라), labhe(얻어라). 7. *opt. 1sg. 3sg.* 보기 kubbe, kare(만들고 싶다), labhe(얻고 싶다).
-e- (-aya-) 1. *caus.* stem 보기 kāre-(만들게 하다), gāhe-, gaṇhe-(잡게 하다). 2. *denom.* stem 보기 kāme-(바라다), gaṇe-(세다), ghāte-(죽다).

-etha *opt. 3sg. med.* 보기 kubbetha(만들고 싶다), rakkhetha(보호하고 싶다).
-etho *opt. 2sg. med.* 보기 kubbetho(만들고 싶다), *cf.* āgaccheyyātho.
-ena *m. n. sg. ins.* 보기 buddhena(부처님에 의해서), phalena(결과에 의해서), kena(무엇에 의해서).
-ema, -emu *opt. 1pl.* 보기 dakkhema(보고 싶다), jānemu(알고 싶다), suṇemu(듣고 싶다).
-eyya 1. *grd.* stem 보기 labheyya, laddheyya(얻어질), bhaveyya(있어야 할). 2. *opt. 3sg.* 보기 kareyya, kubbeyya(만들고 싶다), deyya, dadeyya(주고싶다).
-eyyaṁ *opt. 1sg.* 보기 kareyyaṁ(만들고 싶다), dadeyyaṁ(주고 싶다).
-eyyāma *opt. 1pl.* 보기 kareyyāma(만들고 싶다).
-eyyāsi *opt. 2sg.* 보기 kareyyāsi(만들고 싶다), āhareyyāsi(가져오고 싶다).
-eraṁ *opt. 3pl. med.* 보기 kubberaṁ(만들고 싶다), gaccheraṁ(가고 싶다).
-esaṁ (-āsaṁ *f.*) *pron. m. n. pl. dat. gen.* 보기 tesaṁ(그들에게, ~의), sabbesaṁ(모두에게, ~의).
-esānaṁ (-āsānaṁ *f.*) pron, *m. n. pl. dat. gen.* 보기 tesānaṁ(그들에게, ~의), sabbesānaṁ(모두에게, ~의).
-esu(*m. n.*), -ehi(*m. n.*) → -su, -hi₁.
-o 1. *m. sg. nom.* 보기 buddho(부처님은), dhammo(법은), so(그는), sabbo(일체는). 2. 자음으로 끝나는 어간의 *m. n. f. sg. nom. voc. acc.* 보기 mano(뜻은, ~이여, ~을), vaco(말은, ~이여, ~을), pitaro(아버지는, ~여, ~를).
-ṁ (-aṁ, -iṁ, -uṁ). 1. *m. n. f. sg. acc.* 보기 buddhaṁ(부처님을), akkhiṁ(눈「眼」을), nadiṁ(강을), bhikkhuṁ(수행승). 2. *n. sg. nom.* 보기 phalaṁ(결과는), kammaṁ(업은), akkhiṁ(눈「眼」은), assuṁ(눈물은). 3. -at 어간의 *m. sg. nom.* 보기 arahaṁ(거룩한 이는), bhavaṁ(존자는), gacchaṁ(가고 있는 자는), passaṁ(보고 있는 자는). 4. *aor. 1sg.* 보기 akaṁ, akaraṁ(만들었다), agaṁ, agamaṁ(갔다). 5. *fut. 1sg.* 보기 kassaṁ, karissaṁ(만들 것이다), bhavissaṁ, hessaṁ(있을 것이다).
-cca = -tya
-ta *pp.* stem 보기 kata(만들어진), gata(간)
-taṁ 1. *m. n. pl. dat. gen.* 보기 arahataṁ(거룩한 이들에게, ~의), guṇavataṁ(덕있는 자들에게, ~의), gacchataṁ(가고 있는 자들에게, ~의). 2. *imp. 3sg. med.* 보기 kurutaṁ(만들어야 한다), labhataṁ(얻어야 한다).
-tabba *grd.* stem 보기 kattabba, kātabba(만들어질), gantabba, gamitabba(가게 될).
-tave infin. 보기 kātave(하러), gantave(가러).
-tā (-ā) *m. n. sg. ins. abl.* 보기 bhagavatā(세존에 의해서, ~로부터), arahatā(거룩한 이에 의해서, ~로부터), gacchatā(가고 있는 자에 의해서, ~로부터).
-tāya *grd.* stem 보기 lajjitāya(부끄러워 할), daṭṭhāya(보여져야 할).
-ti 1. (-i) *m. n. sg. loc.* bhagavati(세존께 있어서), arahati(거룩한 이에게 있어서), guṇavati(덕있는 자에게 있어서). 2. *pres. 3sg.* 보기 karoti(만들다), gacchati(가다). 3. *fut. 3sg.* 보기 karissati(만들 것이다), gamissati, gacchissati(갈 것이다).
-tu 1. *imp. 3sg.* 보기 karotu(해야 한다), gacchatu(가야 한다). 2. infin. 보기 kattu(하러), gantu(가러).
-tuṁ infin. 보기 kātuṁ, kattuṁ(하러), bhavituṁ, hotuṁ(있으려).
-tuye infin. 보기 kātuye(하러), hetuye(있으려), marituye(죽으려).
-tūna *ger.* 보기 kātūna, kattūna(만들고), gantūna(가고).
-te 1. *pres. 3sg. med.* 보기 kurute, kubbate(만들다), labhate(얻다). 2. *fut. 3sg. med.* 보기 karissate(만들 것이다), labhissate(얻을 것이다).
-to 1. (-ato) *m. n. f. sg. abl.* 보기 buddhato(부처님으로부터), phalto(과보로부터), kaññato(소녀로부터). 2. -at 어간의 *m. n. sg. dat. gen.* 보기 bhagavato(세존께, ~의), arahato(거룩한 이에게, ~의), gacchato(가고 있는 자에게, ~의).
-tthaṁ *aor. 1sg.* 보기 alabhitthaṁ(얻다), asayitthaṁ(눕다).
-tya (-cca) *ger.* 보기 kacca(만들고), paṭicca(연해서), vivicca(떠나서).
-tvā (-tvāna) *ger.* 보기 katvā, katvāna(만들고), gantvā, gamitvā, gantvāna(가고).
-tha 1. *pres. 2pl.* 보기 karotha(만들다), gacchatha(가다). 2. *fut. 2pl.* 보기 karissatha(만들 것이다), gamissatha(갈 것이다). 3. *imp. 2pl.* 보기 karotha(만들어라), gacchatha(가라). 4. *aor. 2pl.* 보기 adatha(주었다), addasatha(보았다). 5. *aor. 3sg. med.* 보기 apucchatha(물었다(聞)), abhāsatha(이야기했다), avocatha(말했다).
-na *pp.* stem 보기 dinna(주어진), khīṇa(부서진), hīna(버려진, 열등한).
-nā *m. n.sg. ins. abl.* 보기 agginā(불에 의해서, ~로부터), bhikkhunā(수행승에 의해서, ~으로부터), brahmanā, brahmunā(하느님에 의해서,

~으로부터), kammanā, kammunā(업에 의해서, ~으로부터), satthunā(스승에 의해서, ~으로부터).

-ni 1. → -āni. 2. (-i), 자음으로 끝나는 어간의 *m. n. sg. loc.* 보기 rājini(왕에게 있어서), kammani(업에 있어서), hatthini(코끼리에 있어서), āyuni(목숨에 있어서), cakkhuni(눈「眼」에 있어서).

-nīya → -anīya.

-no 1. *m. n. sg. dat. gen.* 보기 aggino(불에, ~의), bhikkhuno(수행승에게, ~의), attano(자기에게, ~의), brahmano, brahmuno(하느님에게, ~의), kammuno(업에, ~의), satthuno(스승에게, ~의). 2. *m. pl. nom. voc. acc.* 보기 sakhāno, sakhino(우리들은, ~이여, ~을), attāno(자신들은, ~이여, ~을), rājāno(왕들은, ~이여, ~을), hatthino(코끼리들은, ~이여, ~을).

-nta *ppr.* stem 보기 karonta(만들면서), gacchanta(가면서).

-ntaṁ *imp. 3pl. med.* 보기 kubbantaṁ(만들어야 한다), labhantaṁ(얻어야 한다).

-ntā *m. pl. nom. voc.* 보기 arahantā(거룩한 이들은, ~이여), guṇavantā(유덕한 이들은, ~이여), gacchantā(가고 있는 자들은, ~이여).

-ntāni *n. pl. nom. voc. acc.* 보기 guṇavantāni(유덕한 이는, ~여, ~을).

-nt 1. *pres. 3pl.* 보기. karonti(만들다), gacchanti(가다). 2. gut. *3pl.* 보기 karissanti(만들 것이다), gamissanti(갈 것이다).

-ntu *imp. 3pl.* 보기 karontu(만들어야 한다), gacchantu(가야 한다).

-nte 1. *m. pl. acc.* 보기 arahante(거룩한 이들은), guṇavante(유덕한 이들은). 2. *pres. 3pl. med.* 보기 kubbante(만들다), labhante(얻다). 3. *fut. 3pl. med.* 보기 karissante(만들 것이다), labhissante(얻을 것이다).

-nto *m. pl. nom. voc. acc.* 보기 arahanto(거룩한 이들은, ~이여, ~을), guṇavanto(유덕한 이들은, ~이여, ~을).

-pe- (-paya-) *caus.* stem 보기 kārāpe-, kārāpaya-(만들게 하다), gamāpe-(-paya-)(가게 하다).

-bhi *m. n. f. pl. ins. abl.* 보기 buddhebhi(부처님들에 의해서, ~로부터), gāthābhi(게송들에 의해서, ~로부터).

-ma 1. *pres. 1pl.* 보기 karoma(만들다), gacchāma(가다). 2. *fut. 1pl.* 보기 karissāma(만들 것이다), gamissāma(갈 것이다). 3. *imp. 1pl.* 보기 karoma(만들자), gacchāma(가자).

-maṁ → ṁ 1

-mat, -mant *suf.* 소유하다. 보기 pāpimant(악한, 파순「波旬」), satimant(주의「念」깊은).

-mataṁ, -matā, -mati, -mato → -taṁ 1, -tā, -ti, 1, -to 2

-mantaṁ, -mantā, -mante, -manto → ṁ 1, -ā 2, -e 1, 2, -o 1

-mase (-amase) 1. *pres. 1pl. med.* 보기 labhāmase(얻다), asmase(있다). 2. *imp. 1pl. med.* 보기 labhāmase(얻자), kubbāmase(만들자).

-mā → -ā 5

-māna *ppr.* stem 보기 kurumāna(만들면서), gacchamāna(가면서), labbhamāna(얻으면서).

-mi 1. *pres. 1sg.* 보기 karomi(만들다), gacchāmi(가다). 2. *fut. 1st.* 보기 karissāmi(만들 것이다), gamissāmi(갈 것이다). 3. *imp. 1sg.* 보기 karomi(만들어야 한다), gacchāmi(가야 한다).

-mhā (-amhā) *m. n. sg. abl.* 보기 buddhamhā(부처님으로부터), phalamhā(열매로부터), tamhā(그로부터, 그것으로부터).

-mhi (-amhi) *m. n. sg. loc.* 보기 buddhamhi(부처님께 있어서), phalamhi(과보에 있어서), tamhi(그에게 있어서, 그것에 있어서).

-mhe 1. *pres. 1pl. med.* 보기 kurumhe, kubbamhe(만들다), labbamhe(얻다). 2. *fut. 1pl. med.* 보기 karissāmhe(만들 것이다), labhissāmhe(얻을 것이다).

-ya 1. *ger.* 보기 kariya, kiriya(만들고), jāniya(알고), nisīdiya(알고). 2. *grd.* stem 보기 kāriya, kayira(만들어질), vākya(말해질, 말해져야 하는 바), vajja(말되어질).

-ya- 1. *pass.* stem 보기 ñāya-(알려지다), nīya-(이끌어지다), ḍayha-(-ḍahya 불태워지다). 2. *denom.* stem 보기 namassa-(=namasya- 절하다), tapassa-(고행하다).

-yaṁ 1. *f. sg. loc.* 보기 gāthāyaṁ(게송에 있어서), jātiyaṁ(태생에 있어서), dhenuyaṁ(목우에 있어서), mātuyaṁ(어머니에게 있어서). 2. *opt. 1sg.* 보기 siyaṁ, assaṁ(asyaṁ 있고 싶다), dajjaṁ(dadyaṁ 주고 싶다).

-yā 1. *f. sg. ins. abl. dat. gen. loc.* 보기 jātiyā(태생에 의해서, ~에 있어서), dhenuyā(목우에 의해서, ~에 있어서), nadiyā(가에 의해서, ~에 있어서), mātuyā(어머니에 의해서, ~에 있어서). 2. *opt. 3sg.* 보기 siyā(있고 싶다), jāniyā, jaññā(알고 싶다).

-ye *opt. 3sg.* 보기 kubbaye(만들고 싶다), ānaye(인도하고 싶다).

-raṁ -ar 어간의 *m. f. sg. acc.* 보기 sattharaṁ(스승을), pitaraṁ(부모를), mātaraṁ(어머니).
-rā -ar 어간의 *m. f. sg. ins. abl.* 보기 sattharā(스승에 의해서, ~으로부터), pitarā(어머니에 의해서, ~로부터), mātarā(어머니에 의해서, ~로부터).
-ruṁ *aor. 3pl. med.* 보기 amaññaruṁ(생각했다).
-re 1. *pres. 3pl. med.* 보기 labhare(얻다). 2. *fut. 3pl. med.* 보기 karissare(만들 것이다).
3. *aor. 3pl. med.* 보기 abajjhare(묶었다).
-va, -vaṁ → -a, -aṁ
-vat, -vant 1. *suf.* 소유하다 bhagavat(세존), guṇavat(유덕한). 2. 과거능동분사어간의 katavat(이미 만든), sutavat(이미 들은).
-vatṁ, -vatā, -vati, -vato → -taṁ 1, -tā, -ti 1, -to 2
-vhe 1. *pres. 2pl. med.* 보기 kubbavhe(만들다), labhavhe(얻다). 2. *fut. 2pl. med.* 보기 karassavhe(만들 것이다), labhissavhe(얻을 것이다).
-vho *imp. 2pl. med.* 보기 kuruvho(만들어라), labhavho(얻어라).
-saṁ *n. pl. dat. gen.* 보기 āyusaṁ(목숨들에, ~의).
-sā -as, -us 어간의 *n. sg. ins. abl.* 보기 manasā (뜻을 갖고, ~으로부터), vacasā(말에 의해서, ~로부터), āyusā(목숨에 의해서, ~으로부터).
-sānaṁ pron, *pl. dat. gen.* 보기 tesānaṁ(그들에게, ~의), tāsānaṁ(그녀들에게, ~의), sabbesānaṁ, sabbāsānaṁ(모두에게, ~의).
-si 1. *pres. 2sg.* 보기 karosi, kubbasi(만들다), labhasi(얻다). 2. *fut. 2sg.* 보기 karissasi, kāhasi (만들 것이다), labhissasi, lacchasi(얻을 것이다). 3. *aor. 1sg. 2sg. 3sg.* 보기 akāsi(만들었다), cintesi(생각했다).
-siṁ *aor. 1sg.* 보기 akāsiṁ(만들었다), cintesiṁ (생각했다).
-sittha *aor. 2pl.* 보기 akāsittha(만들었다), ahosittha(있었다).
simha *aor. 1pl.* 보기 aggahesimha(얻었다), adāsimha(주었다).
-su (-esu, -āsu), (-īsu, ūsu) *m. n. f. pl. loc.* 보기 buddhesu(부처님들에게 있어서), phalesu (결과들에 있어서), gāthāsu(게송들에 있어서), nadīsu(강들에 있어서), bhikkhusu(수행승들에게 있어서), tesu(그들에게 있어서), tāsu(그녀들에게 있어서).
-suṁ *aor. 3pl.* 보기 akāsuṁ(만들었다), ahesuṁ (있었다), pucchisuṁ(질문했다).
-se 1. *pres. 2sg. med.* 보기 kuruse, kubbase(만들다), labhase(얻다). 2. *fut. 2sg. med.* 보기 karissase(만들 것이다), labhissase(얻을 것이다).
-so -as, -us 어간의 *n. sg. dat. gen.* 보기 manaso(뜻에, ~의), vacaso(말에, ~의), āyuso(목숨에, ~의).
-smā (-asmā) *m. n. sg. abl.* 보기 buddhasmā(부처님으로부터), phalasmā(결과로부터), tasmā (그로부터, 그것으로부터, 그러므로).
-smiṁ (-asmiṁ) *m. n. sg. loc.* 보기 buddhasmiṁ(부처님에 있어서), phalasmiṁ(결과에 있어서), tasmiṁ(그에게 있어서, 그것에 있어서)
-ssa 1. (-assa) *m. n. sg. dat. gen.* 보기 buddhassa(부처님에게, ~의), phalassa(결과에, ~의), tassa(그에게, ~의). 2. *cond. 2sg. 3sg.* 보기 akarissa(만들었다면), abhavissa(있었다면).
-ssa- *fut.* stem 보기 karissa-(만들 것이다), gamissa-(갈 것이다).
-ssaṁ 1. *pron. f. sg. loc.* 보기 tassaṁ, tissaṁ(그녀에게 있어서), kassaṁ(어떤 여자에게 있어서), sabbassaṁ(모든 여자에게 있어서). 2. *fut. 1sg.* 보기 karissaṁ, kassaṁ(만들 것이다), bhavissaṁ hessaṁ(있을 것이다). 3. *cond. 3pl.* 보기 abhavissaṁ(있었다면).
-ssaṁsu *cond. 3pl.* 보기 abhavissaṁ(있었다면).
-ssatha ① *fut. 2pl.* 보기 karissatha(만들 것이다), bhavissatha, hessatha(있을 것이다). ② *cond. 3sg. med.* 보기 alabhissatha(얻었다면), nibbattissatha(태어났다면).
-ssati, -ssanti, -ssati → -ti, -nti, si.
-ssā *pron. f. sg. dat. gen.* 보기 tassā(그녀에게, ~의), sabbassā(모두에게, ~의).
-ssāma ① *fut. 1pl.* 보기 karissāma(만들 것이다), bhavissāma, hessāma(있을 것이다). ② *cond. 1pl.* 보기 āgamissāma(왔다면), alabhissāma(얻었다면).
-ssāmi → -mi
-ssu *imp. 2sg. med.* 보기 kurussu, karassu(만들어지다), labhassu(얻어라).
-ha-, -hi- (-ssa-) *fut.* stem 보기 kāha-(만들 것이다), -hāhi-(옮길 것이다), hāha-(웃을 것이다), hehi-, hohi-(있을 것이다). hāhi-(옮길 것이다 <har, hṛ).
-hi ① (-ehi, -āhi, -īhi, -ūhi) *m. n. f. pl. ins. abl.* 보기 buddheti(부처님들에 의해서, ~로부터), phalehi(결과에 의해서, ~로부터), gāthāhi(게송들에 의해서, ~로부터), nadīhi(강들에 의해서, ~로부터), bhikkhuhi(수행승들에 의해서, ~로부터), tehi(그들에 의해서, ~로부터), tāhi(그녀들에 의해서, ~로부터). ② *imp. 2sg.* 보기 karhi. karohi(만들어라), labhahi(얻어라).

범어어근사전

aṁh 좁다. 쪼들리다.
akṣ$_1$ 도달하다. 만나다. 성취하다. 쌓다.
akṣ$_2$ 파괴하다. (팔다리를) 자르다. 거세하다.
aṅg 움직이다. 가다.
ac, añc 가다. 굽히다. 존경하다. 요구하다.
aj 가다. 몰다. 쫓다.
añj 바르다. 장식하다. 존경하다.
aṭ 헤메다. 방랑하다. 방황하다.
at 항상 가다. 방랑하다. 유행하다.
ad 먹다. 삼키다.
an 숨쉬다. 호흡하다.
am 가다. 소리내다. 해치다(*caus.*)
ay ⇒ i
arc, ṛc 빛나다. 칭찬하다. (노래를)부르다. 예배하다.
arj ⇒ ṛj, ṛñj
art ⇒ ṛt
arh 가치가 있다. 권리가 있다. 의무가 있다.
av 만족하다. 편애하다. 호의를 베풀다. 돕다. 지키다.
aś$_1$, aṁś 얻다. 획득하다. 숙달하다. 채우다.
aś$_2$ 먹다. 즐기다.
as$_1$ 존재하다. 있다. 이다. 되다.
as$_2$ 던지다. 쏘다. 버리다.
ah 말하다. 의미하다. 인정하다. 부르다.
āñch 설치하다. 똑바로 하다.
āp 도달하다. 얻다. 우연히 만나다.
ār 칭찬하다(?).
ās 앉다. 체류하다. 종사하다.
i$_1$, ī, ay 가다. 구걸하다.
i$_2$, īnv, in 보내다. 촉진하다. 정복하다.
iṅg, iñj 가다. 움직이다. 흔들리다.
ich ⇒ iṣ$_1$
iḍ 위로하다(?).
idh, indh (불을)켜다. 태우다. 밝히다.
in, inv ⇒ i$_2$
inakṣ ⇒ naṣ$_2$
iyakṣ ⇒ yaj
irajy ⇒ ṛj
iradh ⇒ rādh
il 보내다. 조용해지다. 정지하다.
iṣ$_1$, ich 찾다. 원하다. 갈망하다.
iṣ2 보내다. 발사하다. 고무하다.
ī ⇒i$_1$
ikṣ 보다. 깨닫다.
īṅkh 흔들리다. 가다. 움직이다.
ij ⇒ ej
īḍ 칭찬하다. 간절히 원하다(double *acc.*).
īr 움직이다. 활동하다. 촉진하다.
īrṣy 질투하다(*dat.*).
īś 다스리다. 소유하다. ~에 소속되다. 자격이 있다.
īṣ, eṣ 가다. 도망하다. 떠나다.
īh 얻으려고 노력하다.
u 부르다.
ukṣ$_1$ 살포하다. 적시다.
ukṣ$_2$ ⇒ vakṣ
uc 좋아하다. 즐겨하다.
uch ⇒ vas$_1$
ujh, ujjh 그만두다. 포기하다. 놓다.
uñch (이삭을) 줍다. 모우다.
ud, und 용출하다. 적시다.
ubj 억누르다. 가제하다.
ubh 묶다. 가두다. 덮다.
uṣ ⇒ vas$_1$
uṣ 태우다. 벌하다. 파괴하다.
ūrṇu ⇒ vṛ$_1$
ūh$_1$ 옮기다. 바꾸다. 제거하다.
ūh$_2$ 주시하다. 관찰하다. 추론하다.
ṛ, ṛch 가다. 달리다. 흐르다. 도달하다. 얻다.
ṛc ⇒ arc
ṛj$_1$, ṛñj, arj 지도하다. 펼치다. 늘이다. 얻다.
ṛj$_2$ 빛나다.
ṛt, art 추구하다. 꾸짖다.
ṛd, ard 동요하다. 흩어지다. 해치다. 죽이다.
ṛdh 번영하다. 행복하다. 성공하다. 완성하다.
ṛś 해치다.
ṛś 흐르다. 가다. 활주하다. 밀다. 추진하다.
ej, ïj 움직이다. 동요하다. 움직이게 하다.
edh 번영하다. 무성하다.

katth 자랑하다. 칭찬하다. 비난하다.
kad 파괴하다.
kan 만족하다. 즐기다. 호감을 가다.
kam 사랑하다. 원하다.
kamp 떨다. 흔들리다.
kaṣ 긁다. 마찰하다. 상처를 입히다.
kas 가다. 움직이다. 열리다.
kā ⇒ kan
kāṅkṣ 원하다. 갈망하다. 기대하다.
kāś 나타나다. 보이다. 광휘를 발하다.
kās 기침하다.
ku ⇒ kū
kuc 줄다. 주름지다. 오그라들다. 구부러지다.
kuñj 바스락거리다. 중얼거리다. 포효하다.
kuṭṭ 박살내다. 분쇄하다.
kuṇṭh 둔하게 되다. 불구로 되다.
kuth 냄새나다. 부패하다. 악취를 풍기다.
kup 노하다. 화내다(*loc., dat.*). 싸우다(*gen.*)
kuṣ 찢다. 파열하다.
kū 기도하다.
kūj (단조로운 소리를) 내다. 부르짖다.
kūḍ, kūl 불태우다. 그을리다.
kūṇ 줄어들다. 축약되다. 줄이다.
kūrd 도약하다. 뛰어오르다.
$kṛ_1$(skṛ) 만들다. 행하다. 하다.
$kṛ_2$, kṛ, kir 흩뜨리다. 뿌리다. 살포하다.
$kṛ_3$, 기념하다. 기억하다. 칭찬하다.
$kṛt_1$ 자르다. 절단하다.
$kṛt_2$ 감다. (실을)짜다.
kṛp 슬퍼하다. 탄원하다. 애원하다.
kṛś 가늘게 되다. 수척해지다.
kṛṣ 끌다. 당기다. 쟁기질하다. 경작하다.
kḷp ~하는 경향이 있다(*dat.*). 적당하다(*loc.*). 일치하다(*ins.*). 준비하다(*caus.*).
knū 젖다. 흠뻑젖다.
krakṣ 쾅하고 소리내다. 화내다.
krath 기뻐하다. 파괴하다.
krand, kland 신음하다. 슬퍼하다. 울부짖다. ~에게 애원하다.
kram 걷다. 가까이 가다. 소유하다. 점령하다.
krī 사다. 구입하다.
krīḍ 놀다. 즐기다(*ins.*).
kru 거칠다.
krudh 분노하다. 화내다(*dat., gen., loc.*).
kruś 울부짖다. 기도하다. 간원하다. 질책하다. 꾸짖다.
krūḍ (농도를) 짙게 하다.
klath 회전하다. 덩어리로 되다.
kland ⇒ krand.
klam 피곤하다. 쇠약해지다.
klav 말을 더듬다.
klid 축축해지다. 눈물에 젖다. 부패하다.
kliś 괴로워하다. 괴롭히다. 번민하다.
kvaṇ (새가) 울다. (벌이) 윙윙거리다. 연주하다. 소리내다.
kvath 끓다. 끓이다. 삶다.
kṣad 나누다. 자르다. 죽이다. (고기를) 썰다.
kṣaṇ 상처를 주다. 상처를 입다. 죽이다.
kṣap 금욕이나 고행을 하다.
kṣam 참다. 복종하다(*dat.*). ~에게(*loc.*)을 (*acc.*) 용서하다.
kṣar 흐르다. 사라지다. 유출하다. 붓다. 방출하다.
kṣal 씻다. 청결하게 하다.
kṣā, kṣai 점화하다. 태우다.
$kṣi_1$ 머물다. 체류하다. 가다. 움직이다. 주인이 되다. 지배하다(*loc.*).
$kṣi_2$, kṣī 파괴하다. 죽이다.
kṣip 던지다. 보내다. 살포하다.
kṣu 재채기하다.
kṣud 구타하다. 부수다. 흔들다. 흔들리다. 동요하다.
kṣudh 굶다. 굶주림을 느끼다.
kṣup 깜짝 놀라게 되다.
kṣubh 혼란스럽다. 흔들리다. 동요하다.
kṣṇu 갈다. 날카롭게 하다.
kṣmā 떨다. 오들오들 떨다.
kṣviḍ, kṣvid 불명료한 소리를 내다. 이빨을 갈다. (물에) 젖다. 땀나다. 축축해지다.
kṣvel 도약하다. 유희하다.
khac 빛을 발하다. 나타나다.
khañj 절룩거리다. 파행하다.
khaḍ, khaṇḍ 파괴하다. 조각내다. 부수다. 정복하다.
khad 견고하다. 때리다.
khan, khā 파다. 뚫다. 관통하다.
kharj 삑삑 소리내다. 삐걱거리다.
khall 비틀거리다. 이완되다.
khā ⇒ khan
khād 씹다. 삼키다. 파괴하다.
khid 누르다. 짓누르다. 피곤하다.
khud (남근을) 삽입하다.
khel 흔들리다. 동요하다.
khyā 보다. 알려지다(*pass.*). 알리다(*caus.*).
gacch ⇒ gam
gad 암송하다. 말하다. ~에게(*acc.*) ~을(*acc.*) 이야기하다.
gadh 접근하다. 사로잡다.
gavh ⇒ gāh

gam, gacch 가다. 걷다. 도달하다. 획득하다. 인식하다.
garj 부르짖다. 포효하다. 자랑하다.
gard 기뻐하여 울부짖다. 환희하다. 울부짖다.
garh 비난하다. 후회하다.
gal 떨어지다. 미끄러지다. 소멸하다.
galbh 용감히 하다.
gā 간다. 참여하다(*dat.*). 관계하다(*acc.*).
gā gai 노래하다. 찬양하다. 시로 짓다. ~앞에서(*acc.*) 노래부르다.
gāh 잠입하다. 뛰어들다. 목욕하다.
gir, gil ⇒ gṛ$_2$
gu 기뻐서 부르짖다.
guñj (곤충들이) 붕붕 울다. (저음으로) 소리내다.
guṇṭh 덮다. 싸다.
gup 보존하다. 감추다. 지키다. ~으로부터(*abl.*) ~을(*acc.*) 보호하다.
guph, gumph 꼬다. 감다. (현을) 늘이다. 맺다.
gur 환영하다. 인사하다.
gulph 다발로 만들다. 축적하다.
guh 감추다. 덮다. 비밀로 하다.
gūrd 환희하다(?).
gūrdh 칭찬하다.
gṛ$_1$, gṝ$_1$ 노래하다. 칭찬하다. 동의하다.
gṛ$_2$. gṝ$_2$, gir, gil 삼키다. 토하다.
gṛ$_3$, jāgṛ 깨어나다. 각성하다. 크게 뜨다(*loc.*).
gṛdh 얻으려고 애쓰다. 탐구(貪求)하다.
grath, granth 묶다. 구성하다. 정리하다.
grabh, grah 잡다. 파악하다.
gras 삼키다. 소멸시키다.
grah ⇒ grabh
glap ⇒ glā
glah 도박하다. ~을(*acc.*) 걸고 ~과(*ins.*) 주사위 놀이를 하다.
glā 싫증나다. 혐오하다.
ghaṭ 열중하다. 노력하다.
ghaṭṭ 문지르다. 접촉하다. 압박하다.
ghar ⇒ ghṛ
ghas 먹다.
ghuṭ 돌다(?).
ghuṣ$_1$ 소리내다. 울려퍼지다. 선언하다.
ghuṣ$_2$ 부수다.
ghūrṇ 동요하다. 떨다. 흔들리다.
ghṛ, ghar 방울방울 떨어지다. 적하(滴下)하다. 세탁하다.
ghṛṣ 마찰하다.
ghrā 냄새맡다. 지각(知覺)하다.
cak 흔들리다. 놀라다.
cakās 빛나다.
cakṣ 보다. 주목하다. 말하다.
cañc 뛰다. 춤추다. 떨다. 흔들리다.
caṭ ~에 걸리다. 들어가다. 일어나다.
cat 숨다(?).
can 기뻐하다(*loc.*).
cand ⇒ ścand
cam 홀짝홀짝 마시다.
car 가다. 배회하다. 풀을 뜯다. 실행하다.
carc 반복하다.
carv 씹다. 맛보다.
cal 움직이다. 흔들리다. 방황하다.
cāy 두려워하다. 공경하다. 주시하다. 인식하다.
ci$_1$ 모으다. 쌓다. 건설하다.
ci$_2$ 주시하다. 인식하다. 전심하다. ~에 관해서(*acc.*) ~을(*acc.*) 찾다.
cit 지각(知覺)하다. 주목하다(*acc.* 또는 *loc.*). 기도하다(*dat.*). 알다. 빛나다.
cint 생각하다. 숙고하다.
cud 자극하다. 격려하다. 서둘다. 추진하다.
cup 활동하다.
cumb 키스하다. (입으로) 접촉하다.
cur (물건을) 훔치다. (사람을) 약탈하다.
culump 빨다(?).
cūṣ 빨아올리다(*caus.*). 끓다(*pass.*). 화농하다(*pass.*).
cṛt 함께 묶다. 교살하다.
ceṣṭ 활동하다. 수족을 움직이다. 살다.
cyu 흔들리다. 떨어지다. 죽다. 타락하다.
cyut 빼앗기다. 떨어지다. 낙하하다. 타락하다. 죽다.
chad 덮다. 은폐하다. 어둡게 하다.
chand, chad ~으로 여기다. 뜻에 맞다. 기뻐하다. 제공하다.
chā 자르다. 절취하다.
chid 자르다. 부수다. 끊다.
chuṭ, dhuḍ 비틀다. 확장하다.
chur 흩어지게 하다. 흩뜨리다. 철거하다. 끼우다. 덮다. 중지하다.
chṛd 구토하다. 내뿜다.
jakṣ$_1$ 먹어치우다[ghas의 반복형].
jakṣ$_2$ 웃다[has의 반복형].
jagh 먹다. 삼키다.
jajh[?], jañj[?]
jan, jā 낳다. 생기(生起)하다. 태어나다.
jap (저음으로) 반복하다. 묵도하다. 중얼거리다.
jam 행하다. 먹다.
jambh, jabh 물다. 씹다. 부수다.
jar ⇒ jṛ
jalp 이야기하다. 떠들다. 중얼거리다.

jas 지치다. 쇠약하다.
jah ⇒ hā
jā ⇒ jan
ji1 이기다. 구축하다. 정복하다.
ji2, jinv 충동하다. 추진하다. 충족시키다. 활동적으로 되다.
jīv 살다. 생존하다.
jur ⇒ jṛ
juṣ 즐기다. 애무하다. 좋아하다.
jū 앞으로 밀다. 추진하다. 촉진하다.
jūrv (열로) 태우다. 초토화하다.
jṛ1, jṝ, jur 늙다. 노쇠하다. 피로하다. 파멸하다.
jṛ2 (불이) 팍팍 소리내며 타다. 권청하다. 기도하다[어근 gṛ1의 이차적 형태].
jṛmbh 하품하다. 열리다. 확장되다.
jeh 입을 열다. 하품하다. 숨이 차다.
jñā 알다. 추측하다. 시인하다. ~에 종사하다(*loc.*).
jyā, ji 압도하다. ~으로부터(*acc.*). ~을(*acc.*) 탈취하다[*cf.* ji].
jyut 빛나다[*cf.* dyut]
jri 가다. 도달하다.
jvar 열을 내다. 발병하다.
jval 불태우다. 불타오르다. 빛나다.
jhaṭ 혼란하다(?).
jhaṇ 울려 퍼지다.
jhar 흘러내리다.
ṭaṅk 덮다(?).
ṭal 혼란하다.
ṭīk (작은 다리로) 걷다.
ṭup 부풀게 하다.
ḍam (북이) 울리다.
ḍamb 비웃다. 업신여기다. 속이다.
ḍī 날다. 비상하다.
ḍval 섞다. 혼합하다.
ḍhak 접근하다(*acc.*).
taṁs, tas 꾸미다. (욕망을) 불어넣다. 흔들다.
tak 달리다. 질주하다.
takṣ 만들다. 창조하다. 조각하다.
tañc, tac 축소하다. 응고시키다.
taṭ 타닥타닥 소리나다
taḍ 때리다. 치다. 벌을 주다.
tan1, tā 넓히다. 펼치다. (제사를) 집행하다.
tan2 포효하다. 메아리치다.
tand 이완되다. 노쇠하다.
tap 빛나다. 타다 비추다. 태우다. 고행하다.
tam 슬프다. 숨이 끊어지다. 마비되다. 실신하다.
tark 상상하다. 추측하다. 기도하다. 반성하다.
tarj 위협하다. 질책하다. 꾸짖다.
tas ⇒ taṅs
tā ⇒ tan
tāy 넓히다. 펼치다.
tāv [?]
ti 부수다.
tij 날타롭다.
tim (물이) 젖다. 진정되다. 조용하다.
tir ⇒ tṛ
til [?]
tu 강하다. 우월하다.
tuc 촉진하다. 생장하다[*cf.* tuj].
tuj 강요하다. 때리다. 위협하다.
tud 밀다. 치다. 박살내다. 찌르다.
tur ⇒ tṛ
turv, tūrv 능가하다. 정복하다. 구하다.
tul 응시하다. 동등하게 하다. 비교하다.
tuś 떨어지다. 떨어뜨리다.
tuṣ 만족하다. 기뻐하다(*ins. dat. gen. loc.*).
tūrv ⇒ turv
tṛ, tṝ, tir, tur 건너다. 지나가다. 횡단하다. 극복하다. 구제하다.
tṛd 찢다. 뚫다. 자르다. 열다.
tṛp 만족하다. 기뻐하다(*ins. dat. gen.*).
tṛṣ 갈증을 느끼다. 목마르다.
tṛh 부수다. 분쇄하다.
tyaj 포기하다. 버리다. 무시하다.
trap 당혹하게 되다. 부끄러워하다.
tras 전율하다. 두려워하다(*ins. abl. gen.*).
trā 보호하다. 구조하다.
truṭ 조각내다. 부수다.
tvakṣ 창조하다. 산출하다. 껍질을 벗기다[*cf.* takṣ].
tvaṅg 뛰다. 진보하다.
tvac 덮다.
tvar 서두르다. 급하다[tṛ의 이차적 어근].
tviṣ 흥분하다. 날뛰다. 불타다. 자극하다. 격려하다.
tsar 몰래 다가가다.
thurv [?]
daṁś, daś 물다. 씹다. 쏘다.
daṁs 놀랍다. 기적적이다.
dakṣ 만족하다. 가능하다. 적합하다(*dat.*).
dagh 도달하다.
dad ⇒ dā1
dadh ⇒ dhā1
dan 곧게 하다(?).
dabh, dambh 상해하다. 해치다. 속이다.
dam 길들이다. 지배하다. 관리하다. 제어하다.
day 나누다. 분할하다. 할당하다. 동정하다(*loc. acc.*).

daridrā ⇒ drā$_1$
dal 파열하다. (꽃봉오리가) 터지다[dṛ의 이차적 어근].
das, dās 결핍으로 괴로워하다. 쇠약해지다.
dah 불태우다. 파괴하다. 선동하다.
dā$_1$, dad 주다. 받치다. 인도하다. ~을(*acc. gen.*) ~에게(*dat. gen. loc.*) 주다.
dā$_2$ 나누다. 자르다[*cf.* day]
dā$_3$, di 묶다. 결박하다.
dā$_4$ 청정하게 하다. 맑게 하다[dā$_2$의 특수형]
dāś ~으로(*ins.*) ~에게(*acc. dat.*) 헌공하다. ~을(*acc.*) ~에게(*dat.*) 기부하다. 숭배하다.
dās ⇒ das
div ⇒ dīv$_1$
diś 가리키다. 지시하다. 배분하다. 명령하다.
dih 바르다. 더럽히다.
dī$_1$ 나르다. 비상하다.
dī$_2$, dīdī 빛나다. 마음에 들다.
dīkṣ 몸을 깨끗이 하다. 세례를 받다. 제식을 준비하다.
dīdhī ⇒ dhī
dīp 불타오르다. 빛나다.
dīv$_1$ 놀다. 유희하다(*ins.*).
dīv$_2$ 괴로워하다. 슬퍼하다.
du, dū 불타다. 애태우다. 괴롭게 하다.
dudh 성내다. 해치다. 불러일으키다.
dul 위로 올리다. 동요시키다.
duṣ 죄가 있다. 오염되다. 더럽혀지다. 황폐하다.
duh (젖을) 짜다. 이익을 얻다. 산출하다.
dū ⇒ du
dṛ$_1$, dṝ 파열하다. 부수다[*cf.* dal.].
dṛ2 주의하다. 신중히 생각하다. 고민하다. 공경하다.
dṛp 미치다. 정신이 착란되다. 방종하다.
dṛbh 묶어두다. 함께 묶다.
dṛś 보다. 눈뜨다. 깨닫다.
dṛh, darh, dṛṁh, dṛṁh 견고하게 하다. 단단하게 하다. 단단하다. 견고하다.
dṝ ⇒ dṛ$_1$
dev ⇒ dīv$_2$
dyu 공격하다.
dyut 빛나다. 번쩍이다.
dram 배회하다. 달리다.
drā$_1$ 달리다. 도주하다.
drā$_2$ 잠자다.
drāḍ 부수다. 파열하다.
dru 달리다. 뛰다. 도망가다.
druh 적대감을 품다. 적대하다. 해치다.
drū 던지다. 투척하다.
dvar 열다(?).
dviṣ 미워하다. 증오하다. 혐오감을 갖다(*dat. gen.*). 싸우다.
dhan 달리다. 달리게 하다. 운동시키다.
dhanv 달리다. 달리게 하다[dhan의 이차적 어근].
dham, dhmā 불다. 취주(吹奏)하다. (불을) 지피우다.
dhav 흐르다. 달리다.
dhā$_1$, dadh 두다. 적용하다. 임명하다.
dhā$_2$, dhe 마시다. 빨다. 흡수하다.
dhāv$_1$ 흐르다. 달리다. 추적하다.
dhāv$_2$ 깨끗이 하다. 씻다. 털다.
dhi, dhinv 만족하게 하다. 먹이다.
dhī, didhī 명상하다. 숙고하다.
dhukṣ 불을 켜다. (생명을) 불어넣다.
dhu 흔들다. 반항하다. (부채를) 부치다.
dhūrv 해치다. 괴롭히다.
dhṛ 들다. 지탱하다. 유지하다. 체류하다. 존속하다. 참다.
dhṛṣ 대담하다. 용기가 있다. 공격하다.
dhmā ⇒ dham
dhyā 생각하다. 명상하다. 숙고하다.
dhraj 질주하다. 비행하다. 배회하다.
dhvaṁs, dhvas 붕괴하다. 와해되다. 망하다.
dhvan 울부짖다. 소리내다 울리다.
dhvṛ, dhur, dhru 해치다. 구부리다. 파괴하다.
naṁś ⇒ naś$_2$
nakṣ 가까이 가다. 도달하다.
naṭ 무용하다. 놀다. 춤추다.
nad 울부짖다. 울다. 지저귀다.
nand 기뻐하다. 즐기다[*cf.* nad].
nabh 깨다. 깨지다. 파열하다.
nam 구부리다. 절하다.
nard 날카롭게 부르짖다.
naś$_1$ 멸망하다. 사라지다.
naś$_2$, naṁś 도달하다. 만나다[*cf.* nakṣ].
nas ~과 묶다. 포옹하다. 결합하다.
nah 묶다. 꿰매다. 착용하다.
nāth, nādh ~에게(*acc.*) ~을(*acc.*) 구하다. 원조를 구하다. 탄원하다.
niṁs 키스하다. 접촉하다.
nikṣ 뚫다. 관통하다[naś의 *opt.* 형].
nij 깨끗이 하다. 목욕하다.
nind, nid 경멸하다. 꾸짖다. 비난하다.
nī 이끌다. 안내하다.
nīḍ 쉬다. 휴식하다.
nu$_1$, nū 소리지르다. 탄성하다. 칭찬하다.
nu$_2$ 움직이다. 이동하다.

nud 밀다. 추진하다. 쫓다.
nṛ 놀다. 스포츠하다[*cf.* nṛt].
nṛt 춤추다. 공연하다[*cf.* naṭ, nṛ].
ned 가다. 흐르다.
pac 요리하다. 굽다. 삶다. 익히다. 성숙시키다.
paj, pañj 결합시키다. 둘러싸다.
paṭ 균열되다. 파열되다. 질주하다. 빨리 흐르다.
paṭh 배우다. 읽다. 낭송하다.
paṇ 사다. 흥정하다. 도박하다. 승부를 걸다.
pat$_1$ 날다. 떨어지다.
pat$_2$ 지배하다. 소유하다. 참여하다(*loc.*).
path 가다(?).
pad 떨어지다. 가다.
pan 상찬하다. 예찬하다.
pard 걷다.
paś$_1$, spaś 보다. 깨닫다[dṛś의 현재형].
paś$_2$ 묶다.
pā$_1$ 마시다. 삼키다.
pā$_2$ 보호하다. 감시하다.
pā$_3$ 반항하다. 적대하다.
pāy 분뇨를 배설하다.
pi 팽창시키다. 충만하다.
pinv 충만하게 하다. 넘치다. 충만하다[pi의 이차적 어근].
pibd 다져지다. 단단해지다.
piś 준비하다. 장식하다.
piṣ 분쇄하다. 갈다. 짓이기다.
pis 확장하다(?).
pī$_1$ ⇒ pi
pī$_2$ ⇒ pīy
pīḍ 괴롭히다. 압박하다.
pīy 조소하다. 매도하다.
puṭ 변장하다. 포장하다. 마찰하다.
puth 부수다. 압도하다. 없애다.
puṣ 번영하다. 자라다. 열어 보이다. 번영시키다. 교육하다. 조장하다.
pū 깨끗이 하다. 공부하다. 청소하다.
pūj 예배하다. ~으로(*ins.*) ~에게(*acc.*) 경의를 표하다.
pūy 부패하다. 악취를 내다.
pūr ⇒ pṛ
pṛ$_1$, pṛṇ, pūr 충만하다. 채우다. 만족시키다.
pṛ$_2$ 능가하다. 보호하다. (악을) 정복하다. 구출하다.
pṛ$_3$ 바쁘다. 분주하다.
pṛc 뒤섞다. 결합하다. 채우다.
pṛṇ ⇒ pṛ
pṛt 싸우다. 전쟁하다. 공격하다.
pṛś, pṛṣ 만지다. 접촉하다(?)[*cf.* spṛś].
pyā 팽창하다. 넘치다. 발효하다[pī의 이차적 어근].
prach 질문하다. 상담하다. 청하다.
prath 넓어지다. 확장되다. 늘다. 증대하다. 나타나다.
prā 채우다. 충만하게 하다.
prī 만족시키다. 기뻐하다.
pru 날아오르다. 도달하다.
pruth 거치게 숨쉬다. 내뿜다.
pruṣ 뿌리다. (물을) 주다[*cf.* pluṣ].
plī 가다. 움직이다.
plu 수영하다. 목욕하다. 항해하다.
pluṣ 타다. 굽어지다.
psā 씹다. 씹어 삼키다.
phakk 부풀다. 불룩해지다.
phaṇ 도약하다.
phar 흩뜨리다. 살포하다(?).
phal$_1$ 파열하다. 반사하다[*cf.* phal$_2$].
phal$_2$ 열매맺다. 익다. 실현하다.
baṁh, bah 가하게 하다. 증대하다.
bandh 묶다. 잡다. 연결하다. 건축하다.
barh ⇒ bṛh
bal 선회하다(?).
bādh 핍박하다. 괴롭히다. 포위하다. 격퇴하다.
budh ~에(*loc.*) 주의하다. 이해하다. ~을(*acc.*) ~이라고(*acc.*) 인식하다.
bul 잠수하다. 침잠하다.
bṛṅh ⇒ vṛṅh
bṛh$_1$, barh 크게 하다. 가하게 하다.
bṛh$_2$, barh ⇒ vṛh
blī ⇒ vlī
bhakṣ 먹다. 씹다. 소모하다.
bhaj 나누다. 나누어주다. 몫으로 얻다. 향수하다. 경험하다.
bhañj 파괴하다. 깨뜨리다. 부수다.
bhaṭ 빌리다. 임차하다.
bhaṇ ~에 관하여(*acc.*) 이야기하다. ~을(*acc.*) ~이라고(*acc.*) 부르다.
bhan 말하다. 선언하다.
bhand 빛나다. 환호갈채를 받다.
bharts 위협하다. 욕하다. 조소하다.
bharv 삼키다. 먹다.
bhal 바라보다. 인식하다.
bhaṣ 짖다. 욕하다.
bhas 먹다. 먹어치우다.
bhā 빛나다. 번쩍이다. 나타나다. 보이다.
bhām 격노하다.
bhāṣ 말하다. 논하다. ~을(*acc.*) ~에게(*acc.*) 이야기하다. ~을(*acc.*) ~이라고(*acc.*) 부르다.
bhās 빛나다. 명료해지다. 떠오르다. 이해되다.

bhikṣ ~을(*acc.*) ~로부터(*acc., abl.*) 구걸하다. 간청하다[bhaj의 *opt.* 형].
bhid 분할하다. 파괴하다. 돌파하다. 제거하다.
bhiṣaj 치료하다.
bhī, bhīṣ 두려워하다(*abl., loc.*).
bhuj$_1$ 구부리다.
bhuj$_2$ 먹다. 즐기다. 이용하다. 경험하다.
bhur 몸부림치다. 몸을 흔들다. 떨다[bhṛ의 특수형].
bhuraj 태우다(?). 받치다(?)[bhṛjj의 파생어근].
bhū 이다. 있다. 되다. 생성하다.
bhūṣ 얻고자 노력하다. 장식하다(casu.)[bhū의 이차적 형태].
bhṛ 운반하다. 유지하다. 보호하다. 지탱하다.
bhṛjj, brajj 튀기다. 굽다. 태우다.
bhyas 두려워하다(*abl.*).
bhraṁś, bhraś 떨어지다. 잃다. 소멸하다.
bhram 소요하다. 방황하다. 배회하다.
bhrāj 빛나다. 발광하다.
bhrī 화내다. 해치다.
bhreṣ 동요하다. 비틀거리다. 넘어지다[*cf.* bhraṁs].
maṁh, maṅh, mah 위대하다. 증여하다. 베풀다. 많이 주다.
majj 빠지다. 가라앉다. 침몰하다. 목욕하다.
mañc 깨끗이 하다(?).
maṇ (교접시에) 소리내다.
manṭ [?]
manḍ 장식하다. 칭찬하다.
math, manth 휘젓다. 교반하다. 뒤섞다.
mad, mand 기뻐하다. 흥분하다. 취하다.
man 생각하다. 추측하다. 고려하다.
mah ⇒ maṅh
mā$_1$ 측정하다. 비교하다(*ins.*). 형성하다.
mā$_2$ 교환하다[mā$_1$의 특수형].
mā$_3$ 큰 소리로 울다. 포효하다[omonat.].
mārg 수색하다. 탐색하다. ~에게(*acc.*) ~을(*acc.*) 구하다.
mi$_1$ 고정하다. 건립하다. 감지하다.
mi$_2$ ⇒ mī
mikṣ, miś 혼합하다. 섞다.
migh ⇒ mih
mith 동료가 되다. 논쟁하다. 비난하다.
mid, mind ⇒ med
mil 동료가 되다. 만나다. 모이다.
miṣ (눈을) 뜨다. 윙크하다.
mih ~에게(*acc. loc.*) 방뇨하다. 사정하다[*cf.* mikṣ].
mī, mi 속이다. 바꾸다. 손상시키다. 소실시키다. 소실되다.
mīl 눈을 깜박거리다. 눈짓하다. 눈감다.
mīv, mū 밀다. 움직이다.
muc, mokṣ 놓다. 풀다. 석방하다. 해방하다. 해탈하다. 버리다.
muṭ 부수다. 파괴하다.
mud 즐거워하다. 기뻐하다.
muṣ 강탈하다. 훔치다.
muh 당혹하다. 의식을 잃다. 혼란되다.
mū ⇒ mīv
mūrch, mūr 경직되다. 졸도하다. 확대되다. ~에(*loc.*) 영향력이 있다.
mṛ$_1$ 죽다. 사망하다.
mṛ$_2$, mṛṇ 부수다. 파괴하다[*cf.* mṛ$_1$].
mṛkṣ 쓰다듬다. 바르다[mṛj의 이차적 어근].
mṛc 해치다. 상처를 입히다.
mṛch 소멸하다[mr$_1$의 파생어근?].
mṛj 깨끗이 하다. 닦다. 마찰하다[*cf.* mṛkṣ].
mṛḍ 자비심이 깊다. 친절하다. 관대하다.
mṛṇ ⇒ mṛ$_2$
mṛd, mrad 문지르다. 압착하다. 분쇄하다. 섞다. 유전하다.
mṛdh 무시하다. 잊다.
mṛś, marś 만지다. 어루만지다. 반성하다.
mṛṣ 잊다. 참다. 용서하다. 허락하다(*loc.*).
med 살찌다.
mokṣ ⇒ muc
mnā 말하다. 언명하다. 기록하다[man의 이차적 형태].
myakṣ 놓여있다. 존재하다. 속한다(*loc.*).
mrad ⇒ mṛd
mṛt, mlit 용해시키다. 분해하다[*cf.* mṛd].
mruc, mluc, mlup (해가) 지다. 넘어가다.
mreḍ 반복하다. 만족시키다(?).
mlā 시들다. 위축되다. 의기소침하다. 피로하다.
mluc ⇒ mruc
mlup ⇒ mrup
mlech, mlich 야만스럽게 이야기하다. 비(非) 아리안어로 이야기하다.
yakṣ 누르다. 압박하다(?).
yach ⇒ yam
yaj 헌공하다. 제사지내다(*acc.* : 신. 사람. *ins.* : 제물)[*cf.* yam, yach, yat].
yat 적당한 곳에 두다. 준비하다. 노력하다. 전념하다(*dat.*) 경쟁하다(*ins.*).
yabh 성적(性的)으로 관계하다.
yam, yach 지탱하다. 사용하다. 억제하다.
yas, yes 끓다. 열내다. 노력하다. 정진하다.
yah 빨리 흐르다(?).

yā 가다. 오다. 걷다. 도달하다[i의 파생어근].
yāc ~을(*acc.*) ~에게(*acc.*) 간청하다. ~에게(*dat.*) ~을(*acc.*) 제공하다.
yād 결합되다(?).
yu$_1$ 묶다. 고정하다. 소유하다[*cf.* yuj].
yu$_2$, yuch ~으로부터(*abl.*) ~을(*acc.*) 멀리하다. 보호하다. 멀다.
yuj 결합시키다. 묶다. 임명하다. 사용하다. 이용하다. 주다. 옳다. 적당하다. 결혼하다.
yudh 싸우다. 전쟁하다(*ins.*). 공격하다. 정복하다. 정벌하다.
yup 막다. 거부하다. 범하다. 제거하다. 희미해지다. 소멸하다.
yeṣ ⇒ yas
raṁh, raṅh, raṅgh 서두르다. 흐르게 하다. 흐르다. 달리다.
rakṣ 보호하다. 지배하다. 통치하다.
raṅg 흔들다(?).
rac 구성하다. 저술하다. (시, 문장을) 짓다. 건축하다.
raj$_1$ ⇒ ṛj
raj$_2$, rañj 물들다. 붉게 되다. 매혹되다. 연모하다(*loc.*).
rañch 표시하다[*cf.* lāñch].
raṭ 높고 예리한 소리를 지르다. 포효하다. 울부짖다.
raṇv 기쁘다. 유쾌하다. 사랑스럽다.
rad 긁다. 파다. 길을 내어 이끌다. 열다.
radh, randh 존속되다. 종사하다(*dat.*). ~을(acc). ~의 손에(*dat.*) 인도하다.
ran$_1$ 만족하다. 기뻐하다(*loc. acc.*).
ran$_2$ 울려 퍼지다.
rap 재잘거리다. 소근거리다[*cf.* lap].
rapś 충만하다. 가득차다.
raph 비참하다(?).
rabh, rambh 잡다. 포옹하다. 착수하다[*cf.* labh].
ram 휴식하다. 즐기다. 기쁘게 하다. 휴식시키다.
ramb 수직으로 걸리다.
rambh 울부짖다.
raś (띠를) 두르다(?).
ras 부르짖다. 포효하다. 울리다.
rah 가르다. 분리하다.
rā$_1$, rās 주다. 수여하다.
rā$_2$ 짖다. 으르렁거리다. (누구를) 짖다.
rāj 다스리다. 지배하다. 왕의 지위가 되다[*cf.* ṛj, raj].
rādh 성공하다. 성취하다. 번영하다. 행복하다.
rās$_1$ 울부짖다. 금속성의 소리를 내다.
rās$_2$ ⇒ rā

ri, rī 해방하다. 놓다. 분리하다. 흐르다. 분리되다. 분해되다[*cf.* lī].
rikh 긁다. 할퀴다[*cf.* likh].
riṅkh, riṅg (어린아이가) 기다. 천천히 움직이다.
ric 떠나다. 버리다. 공허하게 되다. 허무하다.
rip 바르다. 고착시키다[*cf.* lip].
riph 으르렁거리다. 딱딱거리다.
ribh (불이) 탁탁 소리내다. 노래하다. 부르짖다.
riś 뜯다. 수확하다.
riṣ 상처받다. 실패하다. 해치다. 상처를 주다.
rih 핥다. 애무하다.
rī ⇒ ri
ru$_1$ 울부짖다. 외치다. 큰 소리를 내다.
ru$_2$ 파괴하다. 분쇄하다.
ruc 빛나다. 아름답다. 마음에 들다. 좋아하다.
ruj 파괴하다. 괴롭히다. 상처를 입히다.
ruṭh 괴롭히다[*cf.* luth].
rud 슬퍼하다. 울다. 슬퍼하며 울다.
rudh$_1$ 생장하다. 발아하다[ruh의 파생적 형태].
rudh$_2$ 저지하다. 억제하다. 방해하다. 닫다. 감추다. 싸다.
rup 격통을 느끼다. 중지하다[*cf.* lup].
ruś 수확하다. (새싹을) 먹다.
ruṣ 괴로워하다. 화를 내다.
ruh 성장하다. 자라다. 오르다. (말등을) 타다.
rūṣ 뿌리다. 먼지를 덮다.
rej 진동시키다. 떨다. 흔들리다.
reḍ 속이다(?).
rebh ⇒ ribh
lakṣ 인식하다. 유의하다. 이해하다. 관찰하다.
lag 붙다. 걸리다. 매달리다. 집착하다. 만나다.
laṅgh 가로지르다. 넘다. 뛰어오르다. 소모하다.
lajj 부끄러워하다. 당혹하다.
lap 말하다. 지껄이다. 이야기하다[*cf.* rap].
labh 얻다. 발견하다[*cf.* rabh].
lam 향락에 빠지다[*cf.* ram].
lamb 매달리다. 의존하다. 유유히 걷다. 소요하다[*cf.* ramb].
lal 놀다. 장난하다. 유희하다.
laṣ 원하다. 절망하다.
las 빛나다. 생동적이다. 유희하다.
lā 잡다. 가다.
lāñch 도장을 찍다. 구별하다. 특성을 표시하다[*cf.* lakṣ].
likh 쓰다. 묘사하다. 조각하다[*cf.* rikh].
lip, limp 바르다. 물들이다. 오염시키다.
liś 씹다. 찢다. 부수다[*cf.* riś].
lih 혀로 핥다. 파괴하다[*cf.* rih].
lī$_1$ 붙다. 의지하다. 정착하다. 숨다.

lī$_2$ 동요하다. 진동하다.
luñc 찢다. 벗기다. 뽑다.
luṭh 구르다. (스스로) 흔들다. 출렁이다. 교반하다.
luṭh$_2$, luṇṭh 훔치다. 약탈하다.
luḍ 자극하다. 교반하다. 혼합하다.
lup 파괴하다. 해치다.
lubh 당혹하다. 탐내다. 갈망하다. 절망하다(*dat., loc.*).
lul 이리저리 움직이다. 회전하다[*cf.* luḍ].
lū 자르다. 수확하다. 파괴하다.
lok 보다. 주시하다. 인지하다. 알다[ruc에서 유래된 어근].
vak ⇒ vañc
vaks, ukṣ 증가하다. 강해지다.
vac 말하다. 부르다. ~을(*acc.*) ~에게(*acc. dat. loc.*) 이야기하다.
vaj 강하게 하다. 빠르다.
vañc 동요하다. 구불구불 가다.
vaṇṭ 분할하다. 분배하다.
vat 이해하다.
vad 말하다. 선언하다. 통지하다. ~을(*acc.*) ~이라고(*acc.*) 말하다. ~을(*acc.*) ~에게(*acc. gen. loc.*) 말하다.
vadh, badh 때리다. 죽이다.
van, vā 좋아하다. 얻다. 구하다. 정복하다.
vand 찬탄하다. 인사하다. 경의를 표하다[*cf.* vad].
vap$_1$ 살포하다. (씨를) 뿌리다.
vap$_2$ (털, 잡초를) 자르다. 경작하다[*cf.* vap$_2$].
vam 구토하다. 보내다. 방출하다.
val 돌다(*acc. loc.*). 돌아가다. 출현하다.
valg 뛰어오르다. 질주하다. 울려퍼지다.
valh 시험하여 묻고, 문제 삼다.
vaś 바라다. 열망하다. 절망하다. 명령하다.
vas$_1$, uṣ, uch 빛나다. 먼동이 트다. 광명으로 ~을 구축하다.
vas$_2$ 옷을 입다. 착용하다. (형태를) 취하다.
vas$_3$ 살다. 체류하다. 의존하다. ~상태에(*acc.*) 머물다.
vas$_4$ 돕다. 도와주다.
vas$_5$ 자르다(*caus.*).
vah 운반하다. 지탱하다. 나아가다. 흐르다. 바람이 불다.
vā$_1$ (바람이) 불다. 향기가 뻗치다. (피리를) 불다. (향기를) 맡다.
vā$_2$, vi, u (옷감을) 짜다.
vā$_3$ ⇒ van
vāñch 희망하다. 주장하다[*cf.* van].
vāś 울다. 울려퍼지다. 부르짖다. 지저귀다.
vāh 밀고나가다. 누르다.
vic$_1$ 체로 쳐서 고르다. 음미하다.
vic$_2$ ⇒ vyac
vij (파도가) 높아지다. 후퇴하다. 전율하다. 떨다.
vid$_1$ 알다. 지각하다. 이해하다. 숙고하다.
vid$_2$ 만나다. 발견하다. 획득하다. ~을(*acc.*) ~으로(*acc.*) 여기다. 존재하다(*pass.*).
vidh$_1$ ~으로(*ins.*) ~에게(*acc.*) 헌공하다. 숭배하다. 봉사하다.
vidh$_2$ ⇒ vyadh
vindh, vidh 결핍하다. 모자라다(*ins.*).
vip, vep 흔들리다. 부들부들 떨다. 동요하다.
viś 들어가다. 떨어지다. 흘러들다. 착수하다. 시작하다.
viṣ 작용하다. 활동하다. 봉사하다. 지배하다. (음식을) 먹다.
viṣṭ, veṣṭ 감기다. 감다. 껍질을 벗다.
vī 열심히 구하다. 즐기다. 공격하다.
vīj, vyaj 부채질하다. (물을) 끼얹다.
vīḍ 견고하게 하다.
vṛ$_1$ 덮다. 포위하다. 숨기다.
vṛ$_2$ 선택하다. 간택하다. 구하다.
vṛṁh, varh, bṛṁh, barh 포효하다. 울부짖다.
vṛj 비틀다. 뽑다. 떼다. 제외하다. 자기 것으로 고르다.
vṛt 돌다. 향하다(*loc.*). 취급하다(*ins.*). 시작하다. 종사하다. 사용하다.
vṛdh$_1$ 자라다. 증가하다. 증가시키다. 높이다. 고양하다.
vṛdh$_2$ (탯줄을) 자르다.
vṛṣ 비오다. 비내리다. 압도하다.
vṛh, varh, bṛh, barh 뽑다. 찢다.
ven 연모하다. 향수를 느끼다. 선망하다. 부러워하다.
vell 흔들리다. 진동하다.
veṣṭ ⇒ viṣṭ
vyac, vic 확장하다. 연장하다. 포함하다.
vyaj ⇒ vīj
vyath 흔들리다. 비틀비틀 걷다. 불안하다.
vyadh, vidh 관통하다. 꿰뚫다. 상처를 주다. ~에게(*acc.*) ~으로(*ins.*) 영향을 미치다.
vyay 소비하다. 낭비하다.
vyā, vī 덮다. 싸다.
vraj 가다. 출발하다. 여행하다. 공격하다. 성교하다.
vrad, vrand 부드럽게 되다. 약해지다.
vran 소리내다. 울리다(?).
vraśc 쳐서 넘어뜨리다. 절단하다.

vrādh 자극하다. 고무하다.
vrīḍ 무안해하다. 당황하다.
vruḍ 가라앉다. 길을 잃다.
vlag, vlaṅg 쫓아가다. 포획하다.
vlī, blī 부수다. 깨뜨리다.
śaṁs 칭찬하다. 선언하다. 노래하다.
śak 할 수 있다. 능력을 갖다. 수행하다.
śaṅk ~에 관해서(*abl.*) 걱정하다. 두려워하다. 불신하다. ~을(*acc.*) ~이라고(*acc.*) 가정하다. 상상하다.
śat 구분하다. 조각내다. 파괴하다.
śad$_1$ 탁월하다. 압도적이다. 승리하다. 개선하다.
śad$_2$ 떨어지다. 붕괴하다[*cf.* śat].
śap 저주하다. 모욕하다. 맹세하다.
śam$_1$, śim 일하다. 부지런하다. 준비하다.
śam$_2$ 고요하다. 평온하다. 그치다. 적멸하다.
śam$_3$ 유념하다. 알아채다. 배우다.
śal 뛰어오르다[śrī, śṛ의 파생어근].
śaś 도약하다. 뛰다.
śas, śās 자르다. 도살하다.
śā, śi 날카롭게 하다. 주다. 증여하다.
śās$_1$, śiṣ 처벌하다. 명령하다. 가르치다.
śās$_2$ ⇒ śas
śikṣ ⇒ śak
śiṅgh 냄새맡다.
śiñj 금속성을 내다. (새가) 울다.
śip 부드럽다(?).
śim ⇒ śam$_1$
śiṣ 남기다. 남겨두다.
śī$_1$ 떨어지다. 소실하다.
śī$_2$ 눕다. 자다.
śuc 불타오르다. 애태우다. 슬퍼하다.
śuj 부풀다(?).
śudh, śundh 청정하다. 청정하게 하다. 스스로 깨끗이 하다. 청정해지다.
śubh, śumbh 빛나다. ~처럼(iva.) 보이다. 장식하다. 준비하다.
śuṣ$_1$ 마르다. 시들다.
śuṣ$_2$ ⇒ śvas
śū, śvā, śvi 팽창하다. 부풀다.
śṛ$_1$, śṝ 파괴하다. 분쇄하다.
śṛ$_2$ ⇒ śrā
śṛ$_3$ ⇒ śri
śṛdh 도전적이다. 반항적이다.
ścand, cand 빛나다.
ścam 달래다. 진정시키다[*cf.* śam].
ścut 똑똑 떨어지다. 흘리다.
śnath 찌르다. 뚫다.
śyā, śī 응결시키다. 얼리다.
śrath. ślath 풀리다. 이완되다. 풀다. 이완하다.
śran 주다. 베풀다.
śram 노력하다. 고행하다. 지치다. 피곤하다.
śrambh 믿다. 신뢰하다(*loc.*).
śrā, śrī$_2$, śṛ$_2$ 끓다. 요리되다.
śri, śṛ$_3$ 향하다. 자주가다. 의지하다. 의뢰하다. 참가하다. 경험하다.
śriṣ ⇒ śliṣ
śrī$_1$, śr 혼합하다. 뒤섞다.
śrī$_2$ ⇒ śrā
śru 듣다. 배우다. 연구하다. 귀를 기울이다.
śruṣ 듣다.
ślath ⇒ śrath
ślā 녹이다(?).
ślāgh 신뢰하다(*dat.*). 자만하다(*loc. ins.*). 칭찬하다.
śliṣ, sriṣ 붙다. 포옹하다. 합해지다.
śvañc 머리를 숙이다. 양보하다.
śvas, śuṣ 불다. 헐떡이다. 호흡하다.
śvā, śvi ⇒ śū
śvit 밝다. 빛나다.
ṣṭhīv, ṣṭhu 토하다. 침을 뱉다. 게우다.
sakṣ 구하고 있다.
sagh 동등하다. 감당하다[*cf.* sah].
sac 교류하다. 결합하고 있다(*ins.*). 수반하다. 속하다. 전념하다.
saj, sañj 붙다. 집착하다.
sad 앉다. 가라앉다. 지치다.
san, sā$_2$ 획득하다. 성취되다.
sap 구하다. 존경하다. 따르다. 봉사하다.
sarj 삐꺽거리다.
saśc ⇒ sac
sas 잠자다. 아무것도 하지 않다.
sah 참다. 인내하다. 필적하다.
sā$_1$, si 묶다. 결박짓다.
sā$_2$ ⇒ san
sādh, sadh 완성하다. 목적을 달성하다. 성취하다.
si ⇒ sā$_1$
sic 물을 주다. 관수하다(*loc.*)
siv ⇒ sīv
sidh$_1$ 쫓아버리다. 위협하다. 격퇴하다.
sidh$_2$ 완성하다. 성취하다[sādh의 약변화 형태].
sī ⇒ si
sīv, siv, syū 눕이다. 꿰메다.
su 압착하다. 짜내다.
sul ⇒ til
subh, sumbh 질식시키다. 숨막히게 하다.
sū, su 낳다. 활기띠게 하다. 자극하다.
sūd 정리하다. 올바로 이끌다.

sūrkṣ 심려하다(*gen.*). 걱정하다(*acc.*).
sṛ 흐르다. 질주하다. 추적하다. 공격하다.
sṛk 뾰족하다(?).
sṛj 발사하다. 창조하다. 지급하다. 이용하다.
sṛp 기어가다. 활주하다. 조용히 움직이다.
sev 봉사하다. 머물다. 인사하다. 사랑을 나누다.
skad, skand 뛰어오르다. 분출하다. 떨어지다. 넘쳐흐르다.
skambh, skabh 고정하다. 지탱하다. 확립하다.
sku 뚫다. 찌르다. 찢다.
skṛ ⇒ kṛ
skhal 넘어지다. 흔들리다. 비틀거리다. 실패하다.
stan 천둥이 치다. 굉음을 내다.
stambh, stabh 고정하다. 지탱하다.
stā 은밀하다. 비밀하다.
stigh 오르다. 허벅다리로 걷다.
stim, stīm 굳게 하다. 평정하게 하다[*cf.* styā].
stu$_1$ 칭찬하다. 찬미하다.
stu$_2$ 떨어지다. 응결하다.
stubh 칭찬하다. 노래하다[*cf.* stu$_1$].
stṛ 살포하다. 뿌리다. (적을) 넘어뜨리다.
stṛh 부수다. 분쇄하다[tṛh의 변형].
styā, stī 굳게되다. 조밀해지다. 응고하다.
sthag 비밀로 하다. 덮다. 감추다.
sthā 서있다. 있다. 상태에 있다.
snā 목욕하다. 목욕재계하다.
snih 애정을 느끼다. 집착하다(*gen. loc.*).
snu 스며나오다. 젖을 내다.
spand 박동하다. 태동하다. 활동하다.
spaś ⇒ paś
spūrdh ⇒ spṛdh
spṛ ~으로부터(*abl.*) ~을(*acc.*) 해방하다. 구출하다.
spṛdh, spūrdh 경쟁하다(*acc. ins.*). 노력하다(*loc.*).
spṛś 만지다. 건드리다. 지각(知覺) 하다[*cf.* pṛś, pṛṣ].
spṛh 바라다. 열망하다. 갈망하다(*acc. dat. loc.*).
sphaṭ 파열하다. 퍼지다.
sphar ⇒ sphṛ
sphal 치다. 때리다.
sphā, sphāy 살찌다. 증대하다.
sphuṭ 개화하다. 균열되다. 팍하고 열리다.
sphur, sphul ⇒ sphṛ
sphṛ, sphar, sphur, sphul 널리 퍼지다. 불꽃을 발하다. 돌진하다. 진동하다.
smi 미소하다. 얼굴을 붉히다.
smṛ 기억하다. 생각하다. 전승하다. 가르치다.
syand, syad 흐르다. 돌진하다. 움직이다. (액체를) 흘리다. 증류하다.
sraṁs, sras 붕괴하다. 소멸하다.
sridh 허둥대다. 잘못하다. 실패하다.
sriv, srīv 생겨나지 않다. 실패하다.
sru 흐르다. 유래하다. 소멸하다. 흘리다.
svaj, svañj 잡다. 끌어안다. 포용하다.
svad, svād 맛있다. 입에 맞다. 맛보다.
svan 소리내다. 울려퍼지다. 반향하다.
svap 잠자다. 눕다.
svar 소리를 내다. 찬미하여 노래부르다.
svād ⇒ svad
svid 땀내다. 발한하다.
had 비우다. 없게 하다.
han 때리다. 죽이다. 명중하다. 방해하다.
har 기분좋게 되다. 만족하다[hṛ의 파생어근].
has 웃다. 비웃다. (꽃이) 피다.
hā$_1$ 포기하다. 떠나다. 버리다. 단념하다.
hā$_2$ 날아오르다. 나아가다. 양보하다.
hās 경주하다(*ins.*).
hi 보내다. 촉진시키다. 운반하다. 서두르다. 돕다[hā의 다른 형태].
hiṁs 상해하다. 해치다. 살해하다[han의 생략된 *opt.* 형].
hikk 흐느끼다. 울다[*onomat.*].
hiṇḍ 가다. 비어있다.
hīḍ, hel 적대감을 품다. 노하다.
hu (불 속에) 넣다. 헌공하다.
hur ⇒ hvṛ
hū, hvā 부르다. 기원하다.
hūrch 떨어지다. 이탈하다[*cf.* hvṛ].
hṛ$_1$ 빼앗다. 운반하다. 획득하다[bhṛ의 파생어근].
hṛ$_2$ 화내다. 분노하다(*dat.*)[*cf.* bhur].
hṛṣ 기뻐하다. 흥분하다. 털이 곤두서다.
heṭh 사악하다. 괴롭히다. 해치다.
heḍ, hel ⇒ hīḍ
heṣ 애처롭게 울다.
hnu 감추다. 빼앗다. 가져가다.
hras 축소되다. 줄다. 소멸하다.
hrād 울려 퍼지다. 소리를 내다.
hrī 부끄러워하다.
hru ⇒ hvṛ
hreṣ (말이) 울다.
hlād 상쾌하다. 기쁘다.
hval 잘못가다. 실패하다.
hvṛ, hru, hur 방향을 바꾸다. 구부리다. 잘못가다. 타락시키다.

부 록

인명문헌색인

난해어형색인

-khā ※41
khāta ※39
khādati ※42
-khāya ※39
-khāyati ※41
khita ※43
-khitta ※44
khipati ※44
-khippa ※44
khiyyati ※43
khīṇa ※43
khīyati ※43
-khubhati ※45
khepeti ※43,※44
-khobheti ※45
gacchati ※49
gacchisi ※49
gaccheraṁ ※49
gajjati ※46
gañchi ※46
gañchiṁ ※49
gañchisi ※49
gañchuṁ ※49
gaṇeti ※47
gaṇetuye ※47
gaṇhati ※53
gaṇhāti ※53
gata ※49
gaddha ※55
gantave ※49
gantūna ※49
ganthati ※48
gantheti ※48
gam §132
gamā ※49
gamissati ※49
-gamma ※49
-gammati ※49
gayha ※53
gayhati ※53
garahati ※52
gav/a + *suf.* §134
gavuṁ §134
-gahāya ※53
gahāyati ※53
gaheti ※53
gāyati ※54
gārayha ※52
gāhi ※54
gīhiya ※53
gāheti 53
gijjhati ※55
giyamāna ※54
girati ※50
-girati ※50
gilati ※50,※56
gīta ※54
guṇe ※109
gutta ※57
gunnaṁ §132
-guhati ※58
-gūḷha ※58
gūhati ※58
gedhita ※55
go + suf. §133. §134
goṇaṁ §133. §134
goṇ/o +suf. §133. §134
gopeti ※57
ghacca ※309
ghaṭati ※60
-ghaṭita ※61
ghaṭīyati ※61
ghaṭṭeti ※61
ghatvā ※64
gharati ※62
ghasati ※63
ghasta ※63
ghātayi ※309
-ghātuṁ ※309
ghātetāya ※309
ghāteti ※65,※309
ghātiyati ※309
ghāyati ※64
ghaṁsati ※59
ghuṭṭa ※66
gheppati ※53
ghoseti ※66
caṅkamati ※21
caja ※67
cajati ※67
catu §199
catuttha §199
catuddasa §199
catuddasama §199
catuvīsati §199
catta ※67
cattarīsaṁ §199
cattarisā §199
cattalīsa §199
cattārīsa §199
cattārīsa §199
cattālīsa §199
cattālīsatima §199
cattlīsaṁ §199
cayati ※70
carati ※68. ※69
calati ※68. ※69
cavati ※73
cātuddasa §199
cikicchati ※72
-cikkhati ※41
-cicca ※72
cicheda ※79
-ciṇa ※70
ciṇṇa ※68. ※69
-cina ※70
cinati ※70
cināti ※70
-cināyati ※70
cinoti ※70
cintayati ※72
cinteti ※72
-ciya ※70
ciyiṁsu ※70
ciyyati ※70
cirāya §177
cirāyati ※71
cirassa §177
cirena §177
cīyati ※70
cujjati ※75
cuṇṇeti ※74
cuta ※73
cuddasa §199
cuddasama §199
cetabba ※70,※72
cetayati ※72
cetayāna ※72
cetāpeti ※70
ceteti ※72
ceteyya ※72
cetuṁ ※70
ceyya ※70
-ceyyaṁ ※70
-ceyyamāna ※70
-cessati ※70
codeti ※75
coddasa §199
cha §199
chaṭṭama §199
chaṭṭha §199
chaḍḍūna §76
chaḍḍeti ※76
chadamāna ※78
channa ※77,※78
chabbīsati §199
chādeti ※77,※78
-chijja ※79
chijjati ※79
chijjita ※79
chitvā ※79
chindati ※79
chinna ※79
chupati ※80
checchati ※79
checchiti ※79
chejja ※79
chejjapessāmi ※79
chetabba ※79
chetuṁ ※79
chettuṁ ※79
chetvā ※79
chedeti ※79
jaṅgamati ※49
jaccaṁ §119
jaccā §119
jacco §119
-jaggati ※51
jaggarita ※83
jañña ※81,※87
jaññati ※81
-jaññāṁ ※87
-jaññā ※87
janissati ※81
jayati ※84
jayāpeti ※84
jarayati ※83
jareti ※83
jalati ※82
jaha ※313
jahati ※313
jahāti ※313
jahi ※313
jahuṁ ※313
jahe ※313
jahetvā ※313

tudati ※101
tunna ※101
tumhaṁ §186
tumhākaṁ §186
tumhe §186
tumhebhi §186
tumhesu §186
tumhehi §186
tuyhaṁ §186
turati ※97
turiya §199
turīya §199
tuvaṁ §186
-tusita ※102
tussati ※102
te §186. §188
tedasa §199
tedasama §199
tena §188
tebhi §188
terasa §199
terasama §199
telasa §199
tevīsati §199
tesaṁ §188
tesānaṁ §188
tesu §188
tehi §188
toreti ※102
-trasta ※98
tvaṁ §186
tvayā §186
tvayi §186
thata ※105
-thanati ※103
-thanayati ※103
thaneti ※103
-thambhati ※104
-tharati ※105
thavati ※107.
-thahati ※90
-thahīyati ※90
-thāta ※106
-thāya ※105
-thāyati ※106
-thāyeyya ※90
-thāsi ※90. ※106
thiyaṁ §124
thiyā §124
thiyo §124
-thiyyati ※122
thī §124
thīnaṁ §124
-thīyati ※122
thīyi ※90
thīyaṁsu ※122
thīsu §124
-thuta ※103
thutuṁ ※107
-thunati ※103
-thunāti ※103
-daṁseti ※110
dakkhati ※110
dakkhaṁ ※110
dakkhitāye ※110
dakkhiti ※110
dakkhisaṁ ※110
dakkhema ※110
dajjati ※112
dajjaṁ ※112
dajjā ※112
dajjāsi ※112
dajjuṁ ※112
dajjeyya ※112
dajjehi ※112
daṭṭha ※91
daṭṭhabba ※110
daṭṭhāya ※110
daṭṭhu ※110
daṭṭhuṁ ※110
daṭṭheyya ※110
daḍḍha ※111
dati ※112
datta ※112
datte ※112
dattha ※112
datvā ※112
dadataṁ ※112
dadantaṁ ※112
dadamāna ※112
dadamhase ※112
dadassu ※112
dadāti ※112
dadi ※112
dadittha ※110
daditvā ※112
dadissati ※112
dade ※112
dadetha ※112
daddallati ※82
-dadhassati ※112
dadhāti ※122
-dadhu ※122
danta ※108
-dapeti ※112
damayanti ※108
dameti ※108
damma ※112
dammati ※108
dammi ※112
-dayha ※122
-dayhate ※111
dalati ※109
dasa §199
dasama §199
dasasahassa §199
dassati §199
dassanīya §199
dassaneyya ※110
dassaṁ ※112
dassayanti ※110
dassitha ※110
dassiyati ※110
dassivas ※110
dassīyas ※110
dassīyati ※110
dasseti ※110
dahati ※111. ※122
dahāti ※122
-dahāna ※122
-dahāpeti ※122
-dahi ※122
-dahittha ※122
-dahe ※122
-daheti ※122
dahetha ※122
-dā ※112
dātave ※112
dāti ※112
dātuṁ ※112
dāpiyati ※112
dāpīyati ※112
dāpeti ※112
-dāya ※112
-dāyhittho ※111
dāreti ※112
dāleti ※112
dicchati ※112
dicchare ※112
diṭṭha ※110
diṭṭha ※110
-dita ※112
-ditta ※113
dinna ※112
dippati ※113
dibbati ※114
-diya ※112
-diyati ※112
-diyāna ※112
-diyāsi ※112
-diyi ※112
-diyeyyaṁ ※112
-diyyati ※112
-divā §157. §177
-divātaraṁ §181
-dissa ※110
dissati ※110
divsā ※110
disvāna ※110
dīghato §177
dīpeti ※113
-dīyati ※113
dīyati ※109
dīyittha ※112
duṭṭha ※117
dutiya §199
duddha ※118
duyhati ※118
dussati ※117
duhati ※118
dūrato §177
dūre §177
dūseti ※177
deti ※112
denta ※112
deyyaṁ ※112
-devati ※112
-devaneyya ※115
-devayati ※115
dessatii ※116
dessanīya ※116
-doseti ※116
dohati ※118
-drīyati ※109
dvādasa §199
dvādasama §199

dvārasa §199
dvāvīsati §199
dvi §199
dhaṁsati ※119
-dhaṭa ※121
dhata ※121
-dhatvā ※122
dhanita ※120
dhanta ※120
dhamati ※120
dhameti ※120
dhayati ※122
dharati ※121
dhavissaṁ ※123
-dhasta ※119
dhāpeti ※122
dhāya ※122
dhāyatha ※122
dhāvati ※123
-dhita ※121
dhitu + *suf.* §139
-dhiyati ※122
dhiyyati ※122
dhīyati ※122
dhuta ※124
-dhunatha ※124
dhunāti ※124
-dhupāti ※125
dhūta ※124
dhūpayati ※125
dhūpāyati ※125
-dhūpāsi ※125
-dhūpeti ※125
-dhetave ※122
-dheti ※122
-dheyya ※122
-dheyyuṁ ※122
-dhesi ※122
-dhessati ※122
dhota ※127
dhopati ※126
dhovati ※127
naccati ※128
najjaṁ §122
najjā §122
najjāyo §122
najjo §122
naṭṭha ※133
nata ※131
nadati ※129
naddha ※134
nandati ※130
nandissaṁ ※130
-nanduṁ ※130
-nandhati ※134
namati ※131
namassati ※132
-nametave ※131
nayati ※136
-nayihanti ※134
nayuṁ ※136
nayihati ※130
nandati ※130
nava §199
navama §199
navuta §199
navuti §199
navutima §199
nassati §199
nassaṁ §199
nassissa §199
-nāpayitvā ※136
-nāpiyā ※136
-nāpeti ※136
nāma §178
niceyyas §172
nindati ※135
nibbāti ※260
-niya ※136
niyyati ※136
nīta ※136
nīyati ※136
nujja ※137
nujjati ※137
nuṇṇa ※137
nutta ※137
nudati ※137
nudahissati ※137
nudeti ※137
nunna ※137
netave ※136
neti ※136
neyya ※136
neyyaṁ ※136
nesi ※136
nessati ※136
no §184
nodeti ※137
pakka ※138
pacati ※138
paccati ※138
-pajjati ※141
-pajjapeti ※141
-pajjisa ※141
pañca §199
pañcatha §199
pañcadasa §199
pañcadasama §199
pañcaddasa §199
pañcama §199
pañcavīsati §199
-paṭati ※139
paṇṇarasa §199
paṇṇarasama §199
paṇṇavīsati §199
paṇṇāsa §199
paṇṇuvīsati §199
patati ※138
-patā ※138
pattabba ※5
pattatuṁ ※5
patthiya ※140
pattheti ※140
patvā ※5
patthama §199
patthayasi ※140
-panna ※141
pannarasa §199
pannarasama §199
papāta ※139
papuṇāti ※5
papuṇi ※5
pappuya ※5
pappoti ※5
paññasa §199
paññsama §199
paññāsā §199
palavati ※154
palāyati ※142
paleti ※142
pallate ※145
passati ※143
passiya ※143
pātāpeti ※139
pādā ※157
dādeti ※141
pāniya ※144
pānīya ※144
pāpaya ※5
-pāpayi ※5
pāpiṭṭha §174
pāpiṭṭhatara ※172
-pāpita ※5
pāpiyas §171
pāpissika §173
pāpīyati ※5
pāpuṇoti ※5
pāyati ※144
pāyaye ※144
pāyāpeti ※144
pāyeti ※144
pāyatu ※144
-pāliyati ※145
pāleti ※145
pāssati ※144
piṁsa ※146
piṁsati ※146
piṁsāpeti ※146
piṭṭha ※146
pitito §137
pitu+ *suf.* §137
pitvā ※144
pipati ※144
pitāsati ※144
piyyare ※144
pilavati ※144
-pilāpeti ※144
pivati ※144
paivāsati ※144
pisati ※146
pisīyati ※146
pissāmi ※144
pihayati ※147
piheti ※147
pīta ※144
pīyati ※144
piḷayati ※148
pīḷeti ※148
pujja ※152
puṭṭha ※150
-puṇati ※342
-puṇṇa ※153
punāti ※151
pupphati ※149
pubbe §177
-purati ※252

-rūhati ※221
-rocati ※217
-rocayaṁ ※217
roceti ※217
rodati ※219
-rodheti ※220
-ropayeyya ※221
-ropeti ※221
-rohati ※221
-lakkhāpeti ※222
lakkhīyati ※222
lakkheti ※222
lagati ※223
lagga ※223
laggati ※223
laṅghati ※224
lacchati ※228
laccaṁ ※228
lacchāmase ※228
lacchāmi ※228
-lacchita ※226
-lacchiṁ ※228
-lacchesi ※226
lajjati ※225
lajjitāya ※225
lañchati ※226
laddha ※228
laddhabba ※228
laddhā ※228
laddhāna ※228
laddhuṁ ※228
laddheyya ※228
-laddhaṁsu ※228
lapati ※227
lapāpeti ※227
lapetave ※227
labbha ※228
labbhati ※228
-labbhaneyya ※228
labbhiya ※228
labbheti ※228
labhati ※228
-lamba ※229
-lambari ※229
lambahīti ※229
-lambeti ※229
lālappati ※227
lāyati ※238
lāvati ※238
lāvayati ※238
likhati ※230
-lita ※233
litta ※231
lippati ※231
limpati ※231
-limpeti ※231
liyati ※233
lina ※233
-lipita ※233
lipiyate ※233
liyati ※233
liḷha ※232
lugga ※218
-lujjati ※218
luñcati ※234
luta ※238
lutta ※235
luddha ※236
lunāti ※238
-luppati ※235
-lubbha ※229
lubbhati ※236
-lumpati ※235
luḷati ※237
lūna ※238
lūyati ※238
lekheti ※230
leḍhuṁ ※232
-leṇeti ※233
lepeti ※231
leyya ※232
lehati ※232
lehayiṁsu ※232
lehisaṁ ※232
loceti ※234
lobhaneyya ※236
-lobhamāna ※236
-lobheti ※236
loleti ※237
vakkhati ※239
-vakkhissaṁ ※239
vacanīya ※239
vaccaniyya ※239
vacchati ※255
vacchaṁ ※255
vajja ※246
vajjati ※240. ※241. ※246
vajjaṁ ※246
vajjayātha ※240
-vajjayi ※240
-vajjaye ※240
vajjāsi ※246
vajju ※246
vajjuṁ ※246
-vajjeti ※240
vajjesi ※246
vañcita ※242
vañceti ※242
-vaṭa ※252
-vaṭṭa ※245. ※257
vaṭṭati ※245
-vaṭṭha ※257
vaḍḍha ※243
vaḍḍhati ※243
vaṇṇayissāma ※244
vaṇṇeti ※244
vatta ※245. ※249
vattati ※245
-vattatha ※245
vattabba ※239. ※245
vattave ※239
vattiya ※245
vattuṁ ※239
-vattha ※254
vatthabba ※255
vatthuṁ ※255
vatvā ※239
vadati ※246
vadāna ※246
vadeti ※246
vaddha ※243
vaddhati ※243
vadhati ※247
vadhissaṁ ※247
vanoti ※252
vanta ※250
-vanti ※260
vandati ※248
vapati ※249
vappate ※249
vamati ※250
vambheti ※251
vamheti ※251
va(y) §184
vayaṁ §184
-varati ※252
valeti ※253
vavakkhati ※239
vasati ※254. ※255
vasissare ※255
vassati ※256. ※257
vahati ※258
vācayiṁsu ※239
vācā §158
vāceti ※239
vācca ※239
-vāti ※260
vādi ※246
vāyati ※260
vāyāpeti ※259
vāyita ※259
-vāriyana ※252
vigga ※262
-vicca ※261
-viccati ※261
-vijita ※262
-vijjati ※262
-vijjha ※266
-vijjhati ※266
-viṭṭha ※263
-vitta ※261
viddha ※266
viddhā ※266
vināti ※259
viyyati ※259
visa ※263
-visati ※263
-vissa ※263
-vissati ※263
vīta ※259
vīmaṁsati ※190
-vīyati ※259
vīsa §199
vīsati §199
vīsatima §199
vīsaṁ §199
vīsā §199
vuccati ※239
vuṭṭha ※257
vuḍḍha ※243
vuṇati ※252
vuṇoti ※252
-vuta ※252
vutta ※239. ※249
vuttha ※254. ※255

참고문헌

빠알리어 사전

- Childers, R. C., 『A Dictionary of the Pali Language』(London, 1875)
- Anderson, D., 『A Pāli Reader with Notes and Glossary』 2parts(London & Leipzig & Copenhagen, 1901~1907)
- Rhys Davids, T. W. and Stede, W., 『Pali-English Dictionary』(London : PTS, 1921~1925)
- Buddhadatta, A. P., 『Concise Pāli-English Dictionary』(Colombo, 1955)
- Buddhadatta, A. P., 『English-Pāli Dictionary』(Colombo : PTS, 1955)
- Malalasekera, G. P., 『Dictionary of Pāli Proper Names』 vol.1, 2 (London : PTS, 1974)
- Trenckner, V 『A Critical Pali Dictionary』(Copenhagen : The Royal Danish Academy of Science and Letters, 1924~)
- 雲井昭善, 『巴和小辭典』(京都 : 法藏館, 1961)
- 水野弘元, 『パーリ語辭典』(東京 : 春秋社, 1968, 二訂版 1981)

범어사전

- Bothlingk, O. und Roth, R., 『Sanskrit-Wörterbuch』 7 Bände(St. Petersburg : Kaiserischen Akademie der Wissenschaften, 1872~1875)
- Monier Williams, M., 『A Sanskrit-English Dictionary』(Oxford, 1899)
- Uhlenbeck, C. C., 『Etymologisches Wörterbuch des Alt-Indischen Sprache』(Osnabrück, 1973)
- Edgerton, F., 『Buddhist Hybrid Sanskrit Grammar and Dictionary』 2vols(New Haven : Yale Univ, 1953)
- V. S. Apte, 『The Practical Sanskrit-English Dictionary』(Poona : Prasad Prakshan, 1957)
- 鈴木學術財團, 『梵和大辭典』(東京 : 講談社, 1974, 增補改訂版 1979)

불교사전

- 織田得能, 『佛教大辭典』(東京 : 大藏出版株式會社, 1953)
- 耘虛龍夏, 『佛教辭典』(서울 : 東國譯經院, 1961)
- 中村元, 『佛教語大辭典』(東京 : 東京書籍, 1971)
- 弘法院 編輯部, 『佛教學大辭典』(서울 : 弘法院, 1988)
- Nyanatiloka, 『Buddhistisches Wörterbuch』(Konstanz : Christiani Konstanz, 1989)
- Malalasekera, G. P. 『Encyclopadia of Buddhism』 (Ceylon : The Government of Sri Lanka, 1970~)

빠알리어 및 범어관계 문법서

- Buddhadatta, A P. ; 『The New Pali Course I, II,』(Colombo, 1974)
- Buddhadatta, A P. ; 『Aids to Pali Conversation and Translation』(Colombo, 1974)
- Childers, R. C. A ; 『Dictionary of the Pali Language』(London, 1875)
- Anderson, D. A ; 『Pāli Reader with Notes and Glossary』 2 parts(London and Leipzig, Copenhagen, 1901-1907)
- Rhys Davids, T. W. and Stede, W. ; 『Pali-English Dictionary』(London : PTS, 1921-1925)
- Buddhadatta, A. P. ; 『Concise Pāli-English Dictionary』(Colombo, 1955)
- Malalasekera, G. P. ; 『Dictionary of Pāli Proper Names Vol. I. II』(London : PTS, 1974)
- Fahs, A. ; 『Grammatik des Pali』(Leipzig : Verlag Enzyklopädie, 1989 1989)
- Allen, W. S. ; 『Phonetic in Ancient India』(London : Oxford University Press, 1965)
- Oskar von Hinüber ; 「Das Buddhistische Recht und die Phonetik」(Studien zur Indologie und Iranistik Heft 13-14. Reinbek, 1987)
- Allen, W. S. ; 『The Theoretica Phonetic and Historical Bases of Wordjuntion in Sanskrit』(Paris : The Hague, 1965)
- Whitney, W. D. ; 『Indische Grammatik, übersetzt von Heinlich Zimmer』(Leipzig, 1979)
- Weber, A. ; "Vājasaneyiprātiśākhya" in Indische Studien IV, 1858
- Geiger, W. ; 『Pali Literatur und Sprache』(Straßburg, 1916)
- 전재성, 『梵語文法學』(서울 : 한국빠알리성전협회, 2002)

빠알리어 한글표기법

빠알리어는 구전되어 오다가 각 나라 문자로 정착되었으므로 고유한 문자가 없다. 그러므로 일반적으로 빠알리성전협회(Pali Text Society)의 표기에 따라영어 알파벳을 보완하여 사용한다. 빠알리어의 알파벳은 41개이며, 33개의 자음과 8개의 모음으로 되어 있다.

자음(子音)	폐쇄음(閉鎖音)				비음(鼻音)
	무성음(無聲音)		유성음(有聲音)		
	무기음	대기음	무기음	대기음	무기음
① 후음(喉音)	ka 까	kha 카	ga 가	gha 가	ṅa 나
② 구개음(口蓋音)	ca 짜	cha 차	ja 자	jha 자	ña 냐
③ 권설음(捲舌音)	ṭa 따	ṭha 타	ḍa 다	ḍha 다	ṇa 나
④ 치음(齒音)	ta 따	tha 타	da 다	dha 다	na 나
⑤ 순음(脣音)	pa 빠	pha 파	ba 바	bha 바	ma 마
⑥ 반모음(半母音)	ya 야, 이야 va 바, 와				
⑦ 유활음(流滑音)	ra 라 la ㄹ라 ḷa ㄹ라				
⑧ 마찰음(摩擦音)	sa 싸				
⑨ 기식음(氣息音)	ha 하				
⑩ 억제음(抑制音)	ṁ -ㅇ, -ㅁ, -ㄴ				

모음에는 단모음과 장모음이 있다. a, ā, i, ī, u, ū, e, o 모음의 발음은 영어와 같다. 단, 단음은 영어나 우리말의 발음보다 짧고, 장음은 영어나 우리말보다 약간 길다. 단음에는 a, i, u가 있고, 장음에는 ā, ī, ū, e, o가 있다. 유의할 점은 e와 o는 장모음에 속하지만 종종 복자음 앞에서 짧게 발음된다 : metta, okkamati. 그러나 실제로 우리 한글에서는 이들 장단의 모음을 구별할 수 있는 방도가 없다. 그래서 장단표기를 따로 하면 표기를 너무 복잡하게 할 염려가 있기 때문에 장단의 구별 없이 동일하게 '아, 이, 우, 에, 오'로 표기한다.

자음의 발음과 한글표기는 위의 도표와 같다.

ka는 '까'에 가깝게 발음되고, kha는 '카'에 가깝게 소리 나므로 그대로 표기한다.

ga, gha는 하나는 무기음이고, 하나는 대기음이지만 우리말에는 구별이 없으므로 모두 '가'로 표기한다.

발음에서 특히 유의해야 할 것은 aṅ은 '앙'으로, añ은 '얀'으로, aṇ은 '안, 언'으로, an은 '안'으로, aṁ은 그 다음에 오는 소리가 ①, ②, ③, ④, ⑤일 경우에는 각각 aṅ, añ, aṇ, an, am으로 소리 나며, 모음일 경우에는 '암', 그 밖의 다른 소리일 경우에는 '앙'으로 소리 난다.

그리고 y와 v일 경우에는 일반적으로 영어처럼 발음되지만, 그 앞에 자음이 올 경우와 모음이 올 경우 각각 발음이 달라진다. 예를 들어 aya는 '아야'로 tya는 '띠야'로 ava는 '아바'로 tva는 '뜨와'로 소리 난다.

또한 añña는 '안냐'로 표기할 수 있지만 어원적으로 거기에 포함된 비모음을 고려하면 '앙냐'로 표기되어야 하는 경우가 있다. 그리고 yya는 표기가 곤란하지만 y는 원래 I에서 유래한 것으로 어원적인 음성학적 분석을 통하면 '이야'로 표기되어야 한다.

폐모음 ②, ③, ④가 묵음화되어 받침이 될 경우에는 ㅅ, ①은 ㄱ, ⑤는 ㅂ으로 표기한다.

글자의 사전적 순서는 위의 모음과 자음의 왼쪽부터 오른쪽으로의 순서와 일치한다.

단, ṁ은 항상 모음과 결합하여 비모음에 소속되므로 해당 모음의 뒤에 배치된다.

그 외에 이 책에서는 이미 자주 사용하여 굳어진 용어의 음성표기는 가능하면 이미 사용되는 그대로 채택하도록 노력했다. 예를 들어 『경집(經集)』의 원래 명칭은 정확히 표기하면 쑷따니빠따가 되지만 숫타니파타라는 기존의 표기를 채택했다. 일반적으로 빠알리어나 범어를 자주 써왔던 관례에 존중하지만 정확한 발음의 표기에 관해서는 음성론을 참고하기 바란다.

불교의 세계관

불교의 세계관은 일반적으로 알려진 것처럼 단순히 신화적인 비합리성에 근거하는 것이 아니라 인간의 정신세계인 명상 수행의 차제에 대응하는 방식으로 합리적으로 조직되었다. 물론 고대 인도의 세계관을 반영하고 있는 것은 사실이지만 언어의 한계를 넘어선다면 보편적인 우주의 정신세계를 다루고 있다고 볼 수 있다.

여기서 세계의 존재[有 : bhavo]라고 하는 것은, 엄밀히 말하면 육도윤회하는 무상한 존재를 의미하며, 감각적 쾌락에 대한 욕망의 세계[欲界], 미세한 물질의 세계[色界], 비물질의 세계[無色界]라는 세 가지 세계의 존재가 언급되고 있다. 감각적 쾌락에 대한 욕망의 세계, 즉 감각적 쾌락에 사는 존재[欲有 : kāmabhava]는 지옥, 아귀, 축생, 수라, 인간과 하늘에 사는 거친 육체를 지닌 감각적 쾌락의 존재를 의미한다. 미세한 물질의 세계, 즉 색계에 사는 존재[色有 : rūpabhava]는 하느님 세계의 하느님의 권속인 신들의 하늘[梵衆天]에서 궁극적인 미세한 물질로 이루어진 신들의 하늘[有頂天]에 이르기까지 첫 번째 선정에서 네 번째 선정에 이르기까지 명상의 깊이를 조건으로 화생되는 세계를 말한다. 따라서 이들 세계는 첫 번째 선정의 하느님 세계의 신들[初禪天]에서부터 청정한 하느님 세계의 신들[Suddhāvāsa : 淨居天은 '돌아오지 않는 님[不還者]이 화생하는 하느님 세계]까지의 이름으로도 불린다. 초선천부터 하느님 세계에 소속된다. 가장 높은 단계의 세계인 비물질의 세계, 즉 무색계에 사는 존재[無色有 : arūpabhava]에는 '무한한 공간의 하느님 세계의 신들'[空無邊處天], '무한한 의식의 하느님 세계의 신들'[識無邊處天], '아무 것도 없는 하느님 세계의 신들'[無所有處天], '지각하는 것도 아니고 지각하지 않는 것도 아닌 하느님 세계의 신들'[非想非非想處天]이 있다. '무한한 공간의 세계'에서 '지각하는 것도 아니고 지각하지 않는 것도 아닌 세계'에 이르기까지는 첫 번째 비물질계의 선정에서 네 번째의 비물질계의 선정에 이르기까지의 명상의 깊이를 조건으로 화현하는 비물질의 세계이다.

이들 하늘나라나 하느님 세계 세계에 사는 존재들 가운데 인간은 태생, 축생은 태생과 난생 등을 생성방식으로 택하고 있고 그 밖의 존재는 마음에서 홀연히 생겨나는 화생(化生)이라는 생성방식을 택하고 있다. 그것들의 형성조건은 윤리적이고, 명상적인 경지의 성취 정도에 달려있다. 천상의 감각적 쾌락의 세계인 하늘나라에 태어나려면, 믿음과 보시와 지계와 같은 윤리적인 덕목을 지켜야 한다. 인간으로 태어나기 위해서는 오계에 대한 인식이 있어야 한다. 그리고 아수라는 분노에 의해서, 축생은 어리석음과 탐욕에 의해서, 아귀는 인색함과 집착에 의해서, 지옥은 잔인함과 살생을 저지르는 것에 의해서 태어난다. 미세한 물질의 세계에 속해 있는 존재들은 초선에서부터 사선에 이르기까지 명상의 깊이에 따라 차별적으로 하느님 세계인 범천계에 태어난다. 미세한 물질의 세계에 태어나는 최상층의 존재들은 돌아오지 않는 님[不還者]의 경지를 조건으로 한다. 물질이 소멸한 비물질의 세계의 존재들은 '무한한 공간의 세계'에서 '지각하는 것도 아니고 지각하지 않는 것도 아닌 세계'에 이르기까지 무형상의 세계의 선정의 깊이에 따라 차별적으로 각각의 세계에 태어난다.

불교에서 여섯 갈래의 길[六道]는 천상계, 인간, 아수라, 축생, 아귀, 지옥을 말하는데, 이 때 하늘나라[天上界]는 감각적 쾌락의 욕망이 있는 하늘나라와 하느님 세계[梵天界]로 나뉘며, 하느님 세계는 다시 미세한 물질의 세계와 비물질의 세계로 나뉜다. 그리고 부처님은 이러한 육도윤회[六道輪廻]의 세계를 뛰어넘어 불생불멸한다. 여기 소개된 천상의 세계 즉 하늘의 세계에 대하여 이 책에서는 다음과 같이 번역한다.

1) 감각적 쾌락의 세계의 여섯 하늘나라 : ① 네 위대한 왕들의 하늘나라(cātummahārājikā devā : 四天王) ② 서른 셋 신들의 하늘나라(tāvatiṁsā devā : 三十三天) ③ 축복 받는 신들의 하늘나라(yāmā devā : 耶摩天) ④ 만족을 아는 신들의 하늘나라(tusitā devā : 兜率天) ⑤ 창조하고 기뻐하는 신들의 하늘나라(nimmāṇaratī devā : 化樂天) ⑥ 다른 신들이 만든 존재를 지배하는 신들의 하늘나라(paranimmitavasavattino devā : 他化自在天) 2) 첫 번째 선정의 세계의 세 하느님 세계 : ⑦ 하느님의 권속인 신들의 하느님 세계(brahmakāyikā devā : 梵衆天) ⑧ 하느님을 보좌하는 신들의 하느님 세계(Brahmapurohitā devā : 梵輔天) ⑨ 위대한 하느님 세계의 신들(Mahābrahma devā : 大梵天) 3) 두 번째 선정의 세계의 세 하느님 세계 : ⑩ 작게 빛나는 신들의 하느님 세계(Parittābhānā devā : 小光天) ⑪ 한량없이 빛나는 신들의 하느님 세계(Appamāṇābhānā devā : 무량광천) ⑫ 빛이 흐르는 신들의 하느님 세계(Ābhāssarānā devā : 極光天, 光音天) 4) 세 번째 선정의 세계의 세 하느님 세계 : ⑬ 작은 영광의 신들의 하느님 세계(Parittasubhānā devā : 小淨天) ⑭ 한량없는 영광의 신들의 하느님 세계(Appamāṇasubhānā devā : 無量淨天) ⑮ 영광으로 충만한 신들의 하느님 세계(Subhakiṇṇā devā : 遍淨天) 5) 네 번째 선정의 세계의 아홉 하느님 세계 : ⑯

번뇌의 구름이 없는 신들의 하느님 세계(Anabhaka : 無雲天「大乘」) ⑰ 공덕이 생겨나는 신들의 하느님 세계(Puññappasava : 福生天「大乘」) ⑱ 위대한 과보로 얻은 신들의 하느님 세계(Vehapphalā devā : 廣果天) ⑲ 지각을 초월한 신들의 하느님 세계(Asaññasattā devā : 無想有情天) = 승리하는 신들의 하느님 세계'(Abhibhū : 勝者天) ⑳ 성공으로 타락하지 않는 신들의 하느님 세계(Avihā devā : 無煩天) ㉑ 괴롭힘이 없는 신들의 하느님 세계(Atappā devā : 無熱天) ㉒ 선정이 잘 이루어지는 신들의 하느님 세계(Sudassā devā : 善現天) ㉓ 관찰이 잘 이루어지는 신들의 하느님 세계(Sudassī devā : 善見天) ㉔ 궁극적인 미세한 물질로 이루어진 신들의 하느님 세계(Akaniṭṭhā devā : 色究竟天) 6) 비물질적 세계에서의 네 하느님 세계 : ㉕ 무한공간의 신들의 하느님 세계(Ākāsānañcāyatanūpagā devā : 空無邊處天) ㉖ 무한의식의 신들의 하느님 세계(Viññāṇañcāyatanūpagā devā : 識無邊處天) ㉗ 아무 것도 없는 신들의 하느님 세계(Ākiñcaññāyatanūpagā devā : 無所有處天) ㉘ 지각하는 것도 아니고 지각하지 않는 것도 아닌 신들의 하느님 세계(Nevasaññānāsaññāyatanūpagā devā : 非想非非想處天)

형성조건	생성방식	명칭	분류			
無形象	化生	nevasaññanāsaññāyatana(非想非非想處天) akiñcaññāyatana(無所有處天) viññāṇañcāyatana(識無邊處天) ākāsānañcāyatana(空無邊處天)	梵天界	無色界	天上界	善業報界
형상의 소멸						
不還者의 淸淨 (四禪)	化生	akaniṭṭha(有頂天) sudassin(善見天) sudassa(善現天) atappa(無熱天) aviha(無煩天)		色界		
四禪	化生	asaññasatta(無想有情天)=abhibhū(勝者天) vehapphala(廣果天) puññappasava(福生天: 大乘) anabhaka(無雲天: 大乘)				
三禪	化生	appamāṇasubha(無量淨天) subhakiṇṇa(遍淨天) parittasubha(小淨天)				
二禪	化生	ābhassara(極光天) appamāṇābha(無量光天) parittābha(小光天)				
初禪	化生	mahābrahmā(大梵天) brahmapurohita(梵輔天) brahmapārisajja(梵衆天)				
다섯 가지 장애(五障)의 소멸						
信 布施 持戒	化生	paranimmitavasavattī(他化自在天) nimmāṇarati(化樂天) tusita(兜率天) yāma(耶麻天) tāvatiṁsa(三十三天) cātumāharājikā(四天王)	天上의欲界	欲界		
五戒	胎生	manussa(人間)			인간	
瞋恚	化生	asura(阿修羅)			수라	惡業報界
吝嗇, 執著	化生	peta(餓鬼)			아귀	
愚癡, 貪欲	胎生, 卵生	tiracchāna(畜生)			축생	
殘忍, 殺害	化生	niraya(地獄)			지옥	

빠알리대장경구성

빠알리삼장	주석서
Vinaya Piṭaka(律藏)	Samantapāsādikā(善見律毘婆沙疏) Kaṅkhāvitaraṇī(on Pātimokkha) (解疑疏:戒本에 대한 것)
Sutta Piṭaka(經藏):	
Dīgha Nikāya(長部阿含)	Sumaṅgalavilāsinī(妙吉祥讚)
Majjhima Nikāya(長部阿含)	Papañcasūdanī(滅戱論疏)
Saṁyutta Nikāya(相應阿含)	Sāratthappakāsinī(要義解疏)
Aṅguttara Nikāya(增部阿含)	Manorathapūraṇī(如意成就)
Khuddaka Nikāya(小部阿含):	
Khuddakapāṭha(小誦經)	Paramatthajotikā(I)(勝義明疏)
Dhammapada(法句經)	Dhamapadaṭṭhakathā(法句義釋)
Udāna(自說經)	Paramatthadīpanī(I)(勝義燈疏)
Itivuttaka(如是語經)	Paramatthadīpanī(II)(勝義燈疏)
Suttanipāta(經集)	Paramatthajotikā(II)(勝義明疏)
Vimānavatthu(天宮事)	Paramatthadīpanī(III)(勝義燈疏)
Petavatthu(餓鬼事)	Paramatthadīpanī(IV)(勝義燈疏)
Theragāthā(長老偈)	Paramatthadīpanī(V)(勝義燈疏)
Therīgāthā(長老尼偈)	Paramatthadīpanī(V)(勝義燈疏)
Jātaka(本生經)	Jātakaṭṭhavaṇṇanā(本生經讚)
Niddesa(義釋)	Saddhammapajotikā(妙法解疏)
Paṭisambhidāmagga(無碍解道)	Saddhammappakāsinī(妙法明釋)
Apadāna(譬喩經)	Visuddhajanavilāsinī(淨人贊疏)
Buddhavaṁsa(佛種姓經)	Madhuratthavilāsinī(如蜜義讚)
Cariyāpiṭaka(所行藏)	Paramatthadīpanī(VII)(勝義燈疏)
Abhidhamma Piṭaka(論藏):	
Dhammasaṅgaṇi(法集論)	Aṭṭhasālinī(勝義論疏)
Vibhaṅga(分別論)	Sammohavinodani(除迷妄疏)
Dhātukathā(界論)	Pañcappakarañatthakathā(五論義疏)
Puggalapaññatti(人施設論)	Pañcappakarañatthakathā(五論義疏)
Kathāvatthu(論事)	Pañcappakaraṇatthakathā(五論義疏)
Yamaka(雙論)	Pañcappakaraṇatthakathā(五論義疏)
Tika-Paṭṭhāna(發趣論)	Pañcappakaraṇatthakathā(五論義疏)
Duka-Paṭṭhāna(發趣論)	Pañcappakaraṇatthakathā(五論義疏)

한국빠알리성전협회
Korea Pali Text Society
Founded 1997 by Cheon, Jae Seong

한국빠알리성전협회는 빠알리성전협회의 한국대표인 전재성 박사가 빠알리성전, 즉 불교의 근본경전인 빠알리 삼장의 대장경을 우리말로 옮겨 널리 알리기 위한 목적으로, 당시 빠알리성전협회 회장인 리챠드 곰브리지 박사의 승인을 맡아 1997년 설립하였습니다. 그 구체적 사업으로써 빠알리성전을 우리말로 옮기는 한편, 부처님께서 사용하신 빠알리어의 이해를 돕기 위하여, 사전, 문법서를 발간하였으며, 기타 연구서, 잡지, 팜플렛, 등을 출판하고 있습니다. 한국빠알리성전협회는 부처님의 가르침을 빠알리어에서 직접 우리말로 옮겨 보급함으로써 부처님의 가르침이 누구에게나 쉽게 다가가고, 명료하게 이해될 수 있도록 더욱 노력할 것입니다. 한국빠알리성전협회는 부처님의 가르침이 널리 퍼짐으로써, 이 세상이 지혜와 자비가 가득한 사회로 나아가게 되기를 바랍니다.

= 한국빠알리성전협회
우 120-090
서울 서대문구 홍제동 456번지 #홍제성원 102-102.
Korea Pali Text Society.
456 Hongjedong Suhdaemunku #Seongwon 102-102
Seoul 120-090 Korea
= TEL : 02-2631-1381. 070-7767-8437; FAX : 735-8832.
= 홈페이지 : www.kptsoc.org 전자우편 kptsoc@kptsoc.org

빠알리성전협회
Pali Text Society

빠알리성전협회는 1881년 리스 데이비드 박사가 '빠알리성전의 연구를 촉진시키고 발전시키기 위해' 영국의 옥스포드에 만든 협회로 한 세기가 넘도록 동남아 각국에 보관되어 있는 빠알리 성전을 로마자로 표기하고, 교열 출판한 뒤에 영어로 옮기고 있습니다. 또한 사전, 색인, 문법서, 연구서, 잡지 등의 보조서적을 출판하여 부처님 말씀의 세계적인 전파에 불멸의 공헌을 하고 있습니다.

President: Dr. R. M. L. Gethinn, Pali Text Society
73 Lime Walk Headington Oxford Ox3 7AD, England